Harz/Kääb/Riecke/Schmid

Handbuch des Fachanwalts Miet- und Wohnungseigentumsrecht

Harz/Kääb/Riecke/Schmid

Handbuch des Fachanwalts Miet- und Wohnungseigentumsrecht

Herausgegeben von

Dr. Annegret Harz
Rechtsanwältin, Fachanwältin für Miet- und Wohnungseigentumsrecht, München

Ottheinz Kääb, LL.M.
Rechtsanwalt, Fachanwalt für Verkehrsrecht,
Fachanwalt für Versicherungsrecht, München

Dr. Olaf Riecke
Richter am Amtsgericht, Hamburg-Blankenese

Dr. Michael J. Schmid
Richter am Oberlandesgericht, Richter am Bayerischen Obersten Landesgericht a.D., München

3. aktualisierte und erweiterte Auflage

Luchterhand 2011

Bibliografische Information der Deutschen Bibliothek
Die Deutsche Bibliothek verzeichnet diese Publikation in der Deutschen Nationalbibliografie; detaillierte bibliografische Daten sind im Internet über http://dnb.ddb.de abrufbar.

ISBN 978-3-472-07835-7

Zitierhinweis: FA MietRWEG/Bearb

www.wolterskluwer.de
www.luchterhand-fachverlag.de

Umschlagskonzeption: Martina Busch, Grafikdesign, Fürstenfeldbruck
Satz: TypoScript GmbH, München
Druck und Verarbeitung: L.E.G.O. S.p.A. – Lavis, Italy

♾ Gedruckt auf säurefreiem, alterungsbeständigem und chlorfreiem Papier

Vorwort zur 3. Auflage

Auch in der dritten Auflage wurde die bewährte Grundkonzeption beibehalten. Primäres Ziel des Werkes ist es weiterhin, sowohl dem angehenden Fachanwalt die schwierige Materie nahe zu bringen als auch dem praktizierenden Fachanwalt eine Hilfestellung bei der täglichen Arbeit zu bieten. Das Buch stellt deshalb die obergerichtliche Rechtsprechung in den Vordergrund der Darstellung. Daneben wird aber auch eine Vielzahl von Entscheidungen der Instanzgerichte zu Einzelproblemen wiedergegeben. Literaturmeinungen werden vor allem dort besonders berücksichtigt, wo sich eine gefestigte Rechtsprechung noch nicht gebildet hat.

Im Mietrecht waren es vor allem grundlegende Entscheidungen des BGH, die in weiten Bereichen eine tiefgreifende Überarbeitung erforderlich gemacht haben. Die Folgen der WEG-Reform 2007 sind nun in vielen Facetten sichtbar geworden. Kontroversen, die der Gesetzgeber nicht vorhergesehen hat, haben zu Verunsicherungen geführt. Das Buch bietet auch hierzu Hilfestellungen an.

Die Schwerpunkte der Bearbeitung liegen naturgemäß auf dem Mietrecht des BGB, dem Wohnungseigentumsrecht und den speziell hierfür bedeutenden prozessualen Fragen. Die in der Praxis engen Verflechtungen zu anderen Rechtsgebieten ließen es jedoch angezeigt erscheinen, auch hierauf einzugehen. Damit will das Handbuch ein umfassender Ratgeber für den Fachanwalt Miet- und Wohnungseigentumsrecht sein.

Für Anregungen und Kritik sind die Herausgeber immer dankbar (Kontakt: olaf@riecke-hamburg.de.)

München und Hamburg, im Oktober 2010

Herausgeberin und Herausgeber

Die Bearbeiter

Dr. Dr. Andrik Abramenko
Richter am Landgericht, Frankfurt a. M.

Malte Büttner
Richter am Amtsgericht, Berlin

Dr. Oliver Elzer
Richter am KG, Berlin

Dr. Peter Finger
Privatdozent, Rechtsanwalt, Fachanwalt für Familienrecht, Frankfurt a. M.

Professor Dr. Oliver Fehrenbacher
Universität Trier

Jens Harting
Rechtsanwalt, Fachanwalt für Verwaltungsrecht, Fachanwalt für Handels- und Gesellschaftsrecht, Leipzig

Dr. Annegret Harz
Rechtsanwältin, Fachanwältin für Miet- und Wohnungseigentumsrecht, München

Dr. Werner Hinz
Vorsitzender Richter am Landgericht, Itzehoe

Jupp Joachimski
Vorsitzender Richter am Bayerischen Obersten Landesgericht a.D., München

Walter Junker
Rechtsanwalt, Hamburg

Ottheinz Kääb LL.M.
Rechtsanwalt, Fachanwalt für Verkehrsrecht, Fachanwalt für Versicherungsrecht, München

Dr. Doris Kloster-Harz
Rechtsanwältin, Fachanwältin für Familienrecht, München

Norbert Monschau
Rechtsanwalt, Fachanwalt für Miet- und Wohnungseigentumsrecht, Neunkirchen-Seelscheid

Dr. Andreas Ott
Rechtsanwalt, Berlin

Dr. Olaf Riecke
Richter am Amtsgericht, Hamburg-Blankenese

Wolf-Georg Rohde
Dipl. Kfm. Steuerberater, Wirtschaftsprüfer, Köln

Christiane Roos
Ass.iur., Homburg/Saar

Dr. Michael J. Schmid
Richter am Oberlandesgericht, Richter am Bayerischen Obersten Landesgericht a.D., München

Dr. Michael Schulte, LLM
Rechtsanwalt, Düsseldorf

Prof. Wolfgang Schneider
Dipl.-Rechtspfleger, Berlin

Dr. Gangolf Scholz
Richter am Amtsgericht a.D., München

Dr. Andreas Stangl
Rechtsanwalt, Fachanwalt für Miet- und Wohnungseigentumsrecht, Fachanwalt für Bau- und Architektenrecht, Cham

Wolfgang Unnützer
Weiterer Aufsichtführender Richter am Amtsgericht, München

Cornelius Wendler
Richter am Amtsgericht, Hamburg

Inhaltsübersicht

Inhaltsverzeichnis

Literaturverzeichnis

Abramenko	Das neue WEG in der anwaltlichen Praxis, 1. Aufl. 2007
Bamberger/Roth (Bearbeiter)	BGB-Kommentar, 2. Aufl. 2008
Bärmann/Pick	Wohnungseigentumsgesetz, 19. Aufl. 2010
Bärle	Wohnungseigentumsgesetz, 11. Aufl. 2010
Baumbach/Lauterbach/Albers/Hartmann	Zivilprozessordnung, 68. Aufl. 2010
Assenmacher/Mathias	KostO, 16. Aufl. 2008
Basty	Der Bauträgervertrag, 6. Aufl. 2009
Beierlein/Kinne/Koch/Stackmann/Zimmermann	Der Mietprozess, 2006
Binz/Dörndorfer/Petzold/Zimmerman	GKG JVEG, 2. Aufl. 2009
Bischoff/Jungbauer/Bräuer/Curkovic/Mathias/Uher/Enders	RVG Kommentar, 2. Aufl. 2007
Blank	Bauträgervertrag, 4. Aufl. 2010
Blank/Börstinghaus	Miete, 3. Aufl. 2008
Börstinghaus	Mieterhöhungen bei Wohnraummietverträgen 4. Aufl. 2008
Böttcher	Kommentar zum ZVG, 5. Aufl. 2010
Böttcher	Zwangsvollstreckung im Grundbuch, 2. Aufl. 2002
Bub/Treier	Handbuch der Geschäfts- und Wohnraummiete, 4. Aufl.2010
Dassler/Schiffhauer/Hintzen	Zwangsversteigerungsgesetz, 13. Aufl. 2008
Demharter	GBO, 27. Aufl. 2010
Dröge	Handbuch der Mietpreisbewertung für Wohn- und Gewerbemietraum, 3. Aufl. 2005
Eckert/Ball/Wolf	Handbuch des gewerblichen Miet-, Pacht- und Leasingsrecht, 10. Aufl. 2009
Eickmann	Zwangsversteigerungs- und Zwangsverwaltungsrecht, 2. Auflage 2004
Emmerich/Sonnenschein	Miete, 9. Aufl. 2007
Enders	RVG für Anfänger, 14. Aufl. 2008
Erman (Bearbeiter)	BGB, 12. Aufl. 2008
Ernst/Zinkahn/Bielenberg/Krautzberger	BauGB Kommentar, Loseblattwerk, Stand 2010
Fischer-Dieskau (Bearbeiter)	Wohnungsbaurecht, Kommentar, Loseblattwerk, Stand 2010
Franken/Dahl	Mietverhältnisse in der Insolvenz, 2. Aufl. 2006
Frankfurter Kommentar zur Insolvenzordnung	5. Aufl. 2009
Fritz	Gewerberaummietrecht, 4. Aufl. 2005

Gebauer/Schneider	AnwaltKommentar RVG, 3. Aufl. 2006
Gerber/Eckert	Gewerbliches Miet- und Pachtrecht, 7. Aufl. 2010
Göttlich/Mümmler, fortgef. von Rehberg/Xanke	RVG, 3. Aufl. 2009
Gottwald	Zwangsvollstreckung, 6. Aufl. 2010
Grziwotz/Lüke/Saller	Praxishandbuch des Nachbarrechts, 2005
Hamburger Kommentar zum Insolvenzrecht	3. Aufl. 2009
Haarmeyer/Wutzke/Förster/Hintzen/Habermeyer	Zwangsverwaltung, 4. Aufl. 2007
Habermeyer	Die Zwangshypothek der ZPO, 1988
Halm/Engelbrecht/Krahe	Handbuch des Fachanwalts Versicherungsrecht, 3. Aufl. 2008
Hansens/Braun/Schneider	Praxis des Vergütungsrechts, 2. Aufl., 2006
Hartmann	Kostengesetze, 40. Aufl. 2010
Herrlein/Kandelhard	Mietrecht, 4. Aufl. 2010
Hintzen	Handbuch der Immobiliarvollstreckung, 3. Aufl. 1999
Hintzen/Wolf	Handbuch der Mobiliarvollstreckung, 2. Aufl. 1999
Hinz/Junker/v.Rechenberg/Sternel	Formularbuch des Fachanwalts Miet- und Wohnungseigentumsrecht, 1. Aufl. 2009
Hock/Mayer/Hilbert/Deimann	Immobilarvollstreckung 4. Aufl. 2008
Horst	Praxis des Mietrechts, Wohn- und Geschäftsraummiete, 1. Aufl. 2002
Horst	Rechthandbuch Nachbarrecht, 2. Aufl. 2006
Hügel/Elzer	Das neue Wohnungseigentumsrecht, 1. Aufl. 2007
Jaeger	Insolvenzordnung, 2004
Jungbauer	Rechtsanwaltsvergütung, 5. Aufl. 2010
Kahlen	Das neue Wohnungseigentumsrecht, 1. Aufl. 2007
Kahlen	Wohnungseigentumsrecht und Steuern, 1. Aufl. 2007
Kayser/von Feldmann/Groth/Keinhorst	Handbuch des Nachbarrechts, 3. Aufl. 2003
Kinne/Schach/Bieber	Mietvertragsrecht und Mietprozessrecht, 5. Aufl. 2008
Korintenberg/Lappe/Bengel/Reimann	KostO, 18. Aufl. 2010
Krämer/Mauer/Kilian	Vergütungsvereinbarung und -management, 1. Aufl. 2005
Kreft	Insolvenzordnung, 5. Aufl. 2008
Kuntze/Ertl/Herrmann/Eickmann (KEHE/Bearbeiter)	Grundbuchrecht, 6. Aufl. 2006
Lammel	Wohnraummietrecht, 3. Aufl. 2006
Lammel	Heizkostenverordnung 3. Aufl. 2010
Langenberg	Betriebskostenrecht der Wohn- und Gewerberaummiete, 5. Aufl. 2009
Leesmeister	Materielles Liegenschaftsrecht im Grundbuchverfahren, 3. Aufl. 2006

Lindner-Figura/Opree/Stellmann	Geschäftsraummiete, 2. Aufl. 2008
Lützenkirchen (Bearbeiter)	Anwaltshandbuch Mietrecht, 4. Aufl. 2010
Lutter	Umwandlungsgesetz, 4. Aufl. 2009
Mayer/Kroiß	RVG Handkommentar, 4. Aufl. 2009
Meikel (Bearbeiter)	Grundbuchrecht, 10. Aufl. 2009
Meyer	Kommentar zum Gerichtsvollzieherkostengesetz, 1. Aufl. 2005
Mohrbutter/Drischler/Radke/Tiedemann	Die Zwangsversteigerungs- und Zwangsverwaltungspraxis 7. Aufl. 1986 (Bd.I) und 1990 (Bd. II)
MüKo/(Bearbeiter)	Münchener Kommentar zum BGB, 5. Aufl. 2006-2010
MüKo/ZPO/(Bearbeiter)	Münchener Kommentar zur ZPO, 3. Aufl. 2007
Müller	Praktische Fragen des Wohnungseigentums, 4. Aufl. 2004
Musielak/(Bearbeiter)	Zivilprozessordnung, 7. Aufl. 2009
Muth	Zwangsversteigerungspraxis, 1. Aufl. 1989
Niedenführ/Kümmel/Vandenhouten	WEG, 9. Aufl. 2010
Oefele/Winkler	Handbuch des Erbbaurechts, 4. Aufl. 2008
Palandt/(Bearbeiter)	BGB-Kommentar, 69. Aufl. 2010
Picker	Negatorischer Beseitigungsanspruch, 1972
Prölss/Martin	Versicherungsvertragsgesetz, 27. Aufl. 2004
PWW/(Bearbeiter)	BGB Kommentar, 3. Aufl. 2008
Redeker/Uechtritz	Anwaltshandbuch für Verwaltungsverfahren, Loseblattwerk Stand Mai 2007
Riecke/Schmid	Fachanwaltskommentar Wohnungseigentumsrecht, 3. Aufl. 2010
Riedel/Sußbauer	RVG, 9. Aufl. 2005
Sailer/Langemaack	Kompendium für Makler, Hausverwalter und Sachverständige, 10. Aufl. 2003
Schmid (Hrsg)	Kompaktkommentar Mietrecht 1. Aufl. 2006
Schmid (Hrsg)	Miete und Mietprozess, 4. Aufl. 2004
Schmid (Hrsg)	Fachanwaltskommentar Mietrecht 2. Aufl. 2008
Schmid	Handbuch der Mietnebenkosten, 11. Aufl. 2009
Schmid/Kahlen	Wohnungseigentumsgesetz 1. Aufl., 2007
Schmidt-Futterer	Mietrecht 10. Aufl. 2010
Schöner/Stöber	Grundbuchrecht, 14. Aufl. 2008
Schuschke/Walker	Vollstreckung und vorläufiger Rechtsschutz, 4. Aufl. 2008
Schreiber	Immobilienrecht, 2. Aufl. 2005
Schröder-Kay	Das Kostenwesen der Gerichtsvollzieher, 12. Aufl. 2006
Schwerdtner	Maklerrecht, 5. Aufl. 2008
Seidel	Öffentlich-rechtlicher und privatrechtlicher Nachbarschutz, 2000
Stangl	Intensivkurs Mietrecht für Vermieter 1. Aufl. 2005
Staudinger/(Bearbeiter)	BGB-Kommentar, 2007
Stein/Jonas/(Bearbeiter)	Zivilprozessordnung, 22. Aufl. 2002 ff.

Steiner/(Bearbeiter)	Zwangsversteigerung und Zwangsverwaltung, 9. Aufl. 1984 (Bd. I) und 1986 (Bd.II)
Sternel	Mietrecht aktuell, 4. Aufl. 2009
Sternel	Mietrecht, 3. Aufl. 1988
Stöber	Zwangsversteigerungsgesetz, 19. Aufl. 2009
Stöber	Forderungspfändung, 15. Aufl. 2010
Stöber	Zwangsvollstreckung in das unbewegliche Vermögen, 8. Aufl. 2007
Storz	Praxis des Zwangsversteigerungsverfahrens, 11. Aufl. 2008
Storz/Kiderlen	Praxis der Teilungsversteigerung, 4. Aufl. 2008
Weitnauer (Bearbeiter)	Wohnungseigentumsgesetz 9. Aufl. 2004
Werner/Pastor	Der Bauprozess 12. Aufl. 2008
Wolf/Wellenhofer	Sachenrecht, 25. Aufl. 2010
Zöller (Bearbeiter)	Zivilprozessordnung, 28. Aufl. 2010

Abkürzungsverzeichnis

a.A.	anderer Ansicht
a.a.O.	am angegebenen Ort
a.E.	am Ende
a.F.	alte Fassung
abl.	ablehnend
Abs.	Absatz
Abschn.	Abschnitt
Abw.	abweichend
AG	Amtsgericht
AGB	Allgemeine Geschäftsbedingungen
AGBG	Gesetz zur Regelung des Rechts der Allgemeinen Geschäftsbedingungen (AGB-Gesetz)
allg.	allgemein
Alt.	Alternative
Anh.	Anhang
Anl.	Anlage
Anm.	Anmerkung
AO	Abgabenordnung
Art.	Artikel
Aufl.	Auflage
AVBFernwärmeV	Verordnung über allgemeine Bedingungen für die Versorgung mit Fernwärme vom 20. 6. 1980 (BGBl. I S. 742)
AZ	Aktenzeichen
BAG	Bundesarbeitsgericht
BauGB	Baugesetzbuch
BauNVO	Baunutzungsverordnung
BauR	Baurecht (Zeitschrift)
BayHausBesZ	Bayerische Hausbesitzer-Zeitung (Zeitschrift)
BayObLG	Bayerisches Oberstes Landesgericht
BayObLGZ	Entscheidungen des Bayerischen Obersten Landesgerichts in Zivilsachen
BayVBl	Bayerische Verwaltungsblätter
BayVerfGH	Bayerischer Verfassungsgerichtshof
BayVGH	Bayerischer Verwaltungsgerichtshof
BB	Betriebs-Berater (Zeitschrift)
Bd.	Band
Bek.	Bekanntmachung
BerlVerfGH	Verfassungsgerichtshof des Landes Berlin
Beschl.	Beschluss
Betr.	betreffend
BetrKV	Betriebskostenverordnung
BetrVG	Betriebsverfassungsgesetz
BewG	Bewertungsgesetz
BFH	Bundesfinanzhof
BGB	Bürgerliches Gesetzbuch
BGBl	Bundesgesetzblatt
BGH	Bundesgerichtshof
BGHZ	Entscheidungen des Bundesgerichtshofs in Zivilsachen
BImSchV	Verordnungen zur Durchführung des Bundes-Immissionsschutzgesetzes (mit jeweiliger Nr.)
BlGBW	Blätter für Grundstücks-, Bau- und Wohnungsrecht
BR-Drucks	Bundesrats-Drucksache
BRAGO	Bundesgebührenordnung für Rechtsanwälte
BStBl	Bundessteuerblatt
BT-Drucks	Bundestagsdrucksache
Buchst.	Buchstabe
II.BV	Zweite Berechnungsverordnung

BVerfG	Bundesverfassungsgericht
BVerfGE	Entscheidungen des Bundesverfassungsgerichts
BVerwG	Bundesverwaltungsgericht
BVerwGE	Entscheidungen des Bundesverwaltungsgerichts
BWNotZ	Zeitschrift für das Notariat in Baden-Württemberg
bzgl.	bezüglich
bzw.	beziehungsweise
ca.	circa
d.h.	das heißt
dass.	dasselbe
DB	Der Betrieb (Zeitschrift)
ders.	derselbe
DGVZ	Deutsche Gerichtsvollzieher-Zeitung
DIN	Deutsche Industrienorm
DNotZ	Deutsche Notar-Zeitschrift
DRiZ	Deutsche Richterzeitung
DStR	Deutsches Steuerrecht (Zeitschrift)
DtZ	Deutsch-Deutsche Rechts-Zeitschrift
DW	Die Wohnungswirtschaft (Zeitschrift)
DWE	Der Wohnungseigentümer (Zeitschrift)
DWW	Deutsche Wohnungswirtschaft (Zeitschrift)
EGBGB	Einführungsgesetz zum Bürgerlichen Gesetzbuch
EichG	Gesetz über das Eich- und Messwesen
EnEG	Gesetz zur Einsparung von Energie in Gebäuden vom 22. 7. 1996
entspr.	entsprechend
ErbbauVO	Verordnung über das Erbbaurecht
Erl.	Erläuterung(en)
EStG	Einkommensteuergesetz
etc.	et cetera
EuGVVO	Verordnung (EG) des Rates über die gerichtliche Zuständigkeit und die Anerkennung und Vollstreckung von Entscheidungen in Zivil- und Handelssachen
EuGVÜ	Europäische Übereinkunft über die gerichtliche Zuständigkeit und die Vollstreckung gerichtlicher Entscheidungen in Zivil- und Handelssachen
EZB	Europäische Zentralbank
EzFamR	Entscheidungssammlung zum Familienrecht
f. (ff)	folgend(e)
FamGB	Familiengesetzbuch der DDR
FamRZ	Zeitschrift für das gesamte Familienrecht
FGG	Gesetz über die Angelegenheiten der freiwilligen Gerichtsbarkeit
FinVerw	Finanzverwaltung
Fn.	Fußnote
GE	Das Grundeigentum. (Zeitschrift für die gesamte Grundstücks-, Haus- und Wohnungswirtschaft)
gem.	gemäß
GenG	Gesetz betreffend die Erwerbs- und Wirtschaftsgenossenschaften
GewO	Gewerbeordnung
GewStG	Gewerbesteuergesetz
GewStR	Gewerbesteuerrichtlinien
GG	Grundgesetz
Ggf.	gegebenenfalls
GKG	Gerichtskostengesetz
GmbH	Gesellschaft mit beschränkter Haftung
GmbHG	Gesetz betreffend die Gesellschaften mit beschränkter Haftung
GVG	Gerichtsverfassungsgesetz
GVKostG	Gesetz über die Kosten d. Gerichtsvollzieher

h.M.	herrschende Meinung
HaagUntÜbk	Haager Übereinkommen über das auf Unterhaltsverpflichtungen gegenüber Kindern anzuwendende Recht
Halbs.	Halbsatz
HausratsVO	Verordnung über die Behandlung der Ehewohnung und des Hausrats (Sechste Durchführungsverordnung zum Ehegesetz)
HaustürWG	Gesetz über den Widerruf von Haustürgeschäften
HeizkostenV	Verordnung über die verbrauchsabhängige Abrechnung der Heiz- und Warmwasserkosten (Verordnung über die Heizkostenabrechnung - Heizkostenverordnung)
HGB	Handelsgesetzbuch
HKA	Die Heizkostenabrechnung
HmbGE	Hamburger Grundeigentum (Zeitschrift)
i.d.F.	in der Fassung
i.d.R.	in der Regel
i.E.	im Einzelnen
i.H.v.	in Höhe von
inkl.	inklusive
InsO	Insolvenzordnung
i.S.d.	im Sinne des (der)
i.Ü.	im Übrigen
i.V.m.	in Verbindung mit
JGG	Jugendgerichtsgesetz
JurBüro	Das Juristische Büro (Zeitschrift)
JW	Juristische Wochenschrift (Zeitschrift)
JZ	Juristen-Zeitung
KG	Kammergericht, Kommanditgesellschaft
KO	Konkursordnung
KrsG	Kreisgericht
KStG	Körperschaftsteuergesetz
L	Leitsatz
LAG	Landesarbeitsgericht
LG	Landgericht
Lit.	Literatur
LPartG	Lebenspartnerschaftsgesetz
m.	mit
m.E.	meines Erachtens
m.w.N.	mit weiteren Nachweisen
MaBV	Verordnung über die Pflichten der Makler, Darlehens- und Anlagenvermittler, Bauträger und Baubetreuer (Makler- und Bauträgerverordnung)
MDR	Monatsschrift für Deutsches Recht (Zeitschrift)
MHG	Gesetz zur Regelung der Miethöhe
MieWo	Miet- und Wohnungsrecht - Texte und Erläuterungen
MieWoE	Miet- und Wohnungsrecht Entscheidungssammlung
MieWoEG	Miet- und Wohnungsrecht Entscheidungssammlung Gewerberaum
MitBayNot	Mitteilungen der Bayerischen Notarkammer und der Notarkasse
MK/MüKo	Münchener Kommentar zum Bürgerlichen Gesetzbuch
MM	Mietermagazin (Zeitschrift)
ModEnG	Gesetz zur Förderung der Modernisierung und von Maßnahmen zur Einsparung von Heizenergie (Modernisierungs- und Energieeinsparungsgesetz) vom 12. 7. 1978 (BGBl I S. 993)
MwSt.	Mehrwertsteuer
NdsRpfl.	Niedersächsische Rechtspflege
n.F.	neue Fassung
NJ	Neue Justiz (Zeitschrift)

NJW	Neue Juristische Wochenschrift (Zeitschrift)
NJW-RR	NJW-Rechtsprechungsreport Zivilrecht
NJWE-MietR	NJW-Entscheidungsdienst Miet- und Wohnungsrecht (Zeitschrift)
NMV 1970	Verordnung über die Ermittlung der zulässigen Miete für preisgebundene Wohnungen (Neubaumietenverordnung)
Nr.	Nummer
n.v.	nicht veröffentlicht
o.	oben
o.ä.	oder ähnliches
o.g.	oben genannt(e)
OLG	Oberlandesgericht
OLGE	Die Rechtsprechung der Oberlandesgerichte auf dem Gebiet des Zivilrechts
OLGZ	Entscheidungen der Oberlandesgerichte in Zivilsachen
OVG	Oberverwaltungsgericht
OWiG	Gesetz über Ordnungswidrigkeiten
Rn.	Randnummer
RE	Rechtsentscheid
RES	Sammlung der Rechtsentscheide in Wohnraummietsachen
RG	Reichsgericht
RGRK	Das Bürgerliche Gesetzbuch mit besonderer Berücksichtigung der Rechtsprechung des Reichsgerichts und des Bundesgerichtshofes
RGZ	Entscheidungen des Reichsgerichts in Zivilsachen
RiLi	Richtlinie
Rpfleger	Der Deutsche Rechtspfleger (Zeitschrift)
RPflG	Rechtspflegergesetz
Rspr	Rechtsprechung
RVG	Rechtsanwaltsvergütungsgesetz
S.	Satz/Seite
s.a.	siehe auch
SchRAnpG	Gesetz zur Anpassung schuldrechtlicher Nutzungsverhältnisse an Grundstücken im Beitrittsgebiet (Schuldrechtsanpassungsgesetz)
s.o.	siehe oben
sog.	so genannt(e)
st.	ständig(e)
StGB	Strafgesetzbuch
str.	streitig
s.u.	siehe unten
sub.	unter
Tz	Textziffer
u.	und
u.a.	unter anderem
u.U.	unter Umständen
Urt.	Urteil
UStG	Umsatzsteuergesetz
UStR	Umsatzsteuerrichtlinien
usw.	und so weiter
v.	vom, von
VDI	Verein Deutscher Ingenieure
VerschG	Verschollenheitsgesetz
VersR	Versicherungsrecht (Zeitschrift)
VG	Verwaltungsgericht
VGH	Verwaltungsgerichtshof
vgl.	vergleiche
v.H.	vom Hundert
Vorbem.	Vorbemerkung

VuR	Verbraucher und Recht (Zeitschrift)
VwGO	Verwaltungsgerichtsordnung
WärmeschutzV	Verordnung über einen energiesparenden Wärmeschutz bei Gebäuden (Wärmeschutzverordnung)
WE	Wohnungseigentum (Zeitschrift)
WEG	Wohnungseigentumsgesetz
WGG	Gesetz über die Gemeinnützigkeit im Wohnungswesen (Wohnungsgemeinnützigkeitsgesetz)
WGGDV	Verordnung zur Durchführung des Wohnungsgemeinnützigkeitsgesetzes
WiB	Wirtschaftsrechtliche Beratung (Zeitschrift)
WiStG	Wirtschaftsstrafgesetz
WKSchG	Zweites Wohnraumkündigungsschutzgesetz
WoBauErlG	Gesetz zur Erleichterung des Wohnungsbaus im Planungs- und Baurecht sowie zur Änderung mietrechtlicher Vorschriften (Wohnungsbau-Erleichterungsgesetz)
II. WoBauG	Zweites Wohnungsbaugesetz (Wohnungsbau und Familienheimgesetz)
WoBindG	Gesetz zur Sicherung der Zweckbestimmung von Sozialwohnungen (Wohnungsbindungsgesetz)
WoFG	Wohnraumförderungsgesetz
WoflV	Wohnflächenverordnung
WoFÜG	Wohnraumförderung-Überleitungsgesetz
WPM	Wertpapier-Mitteilungen (Zeitschrift)
WoVermG	Gesetz zur Regelung der Wohnungsvermittlung
WuM	Wohnungswirtschaft und Mietrecht (Zeitschrift)
z.B.	zum Beispiel
ZGB	Zivilgesetzbuch der DDR
Ziff.	Ziffer
ZIP	Zeitschrift für Wirtschaftsrecht
zit.	zitiert
ZK	Zivilkammer
ZMR	Zeitschrift für Miet- und Raumrecht
ZPO	Zivilprozessordnung
z.T.	zum Teil
ZVG	Gesetz über die Zwangsversteigerung und die Zwangsverwaltung (Zwangsversteigerungsgesetz)
Zzgl.	zuzüglich
ZZP	Zeitschrift für Zivilprozess

A.
Mietrecht

1. Kapitel
Allgemeine Grundsatzfragen

Übersicht **Rdn.**

Der Mietvertrag ist eines der Schuldverhältnisse, welche das BGB im 8. Abschnitt »Einzelne Schuldverhältnisse« seines zweiten Buches »Recht der Schuldverhältnisse« geregelt hat. Die maßgeblichen Bestimmungen befinden sich im fünften Titel »Mietvertrag, Pachtvertrag« in den §§ 535 bis 580a BGB. **1**

7 Nachfolgend kommt es zunächst darauf an, im Hinblick auf die Anwendbarkeit der Vorschriften über **Mietverhältnisse über Wohnraum**, d.h. den Vorschriften der §§ 549 bis 577a BGB, diesen Miettyp von anderen Miettypen, wie der Geschäftsraummiete, Raummiete und Grundstücksmiete, abzugrenzen (vgl. Rdn. 12 ff.). Danach wird auf die Mischmietverhältnisse (vgl. Rdn. 24 ff.) und den Wohnraum mit besonderen Merkmalen, d.h. den Mietverhältnissen nach § 549 Abs. 2 und 3 BGB (vgl. Rdn. 33 ff.), eingegangen. Auch die einen Mietvertrag vorbereitenden Rechtsverhältnisse, »Anbahnungsverhältnisse«, wie Vorvertrag, Anmietrecht und Vormietrecht, bedürfen in diesem Zusammenhang einer näheren Betrachtung (vgl. Rdn. 84 ff.).

I. Wohnraummietverhältnisse und andere Mietverhältnisse

8 Der Gesetzgeber hat das Mietrecht als 5. Titel des 8. Abschnitts (»einzelne Schuldverhältnisse«) nun in drei Untertitel aufgegliedert:
- Allgemeine Vorschriften für Mietverhältnisse (§§ 535 bis 548 BGB)
- Vorschriften für Mietverhältnisse über Wohnraum (§§ 549 bis 577a BGB)
- Mietverhältnisse über andere Sachen (§§ 578 bis 580a BGB)

Die **allgemeinen Vorschriften** des 1. Untertitels gelten für alle Arten von Mietverhältnissen, unabhängig von der Art der gemieteten Sache. Gegenstand eines Mietverhältnisses ist gemäß § 535 Abs. 1 S. 1 BGB die »Mietsache«. Sachen sind i.S.v. § 90 BGB alle körperlichen Gegenstände, demzufolge sowohl bewegliche wie unbewegliche Sachen.

9 Die Vorschriften **für Mietverhältnisse über Wohnraum** des 2. Untertitels gelten nur für Wohnraummietverhältnisse. Der Gesetzgeber hat für diesen Mietvertragstyp umfassende Sonderregelungen geschaffen. Die Kapitel dieses Untertitels orientieren sich an den zeitlichen Ablauf eines Mietverhältnisses. Der 2. Untertitel ist wie folgt gegliedert:
- Allgemeine Vorschriften (§§ 549 bis 555 BGB)
- Die Miete (§§ 556 bis 561 BGB)
- Pfandrecht des Vermieters (§§ 562 bis 562d BGB)
- Wechsel der Vertragsparteien (§§ 563 bis 567b BGB)
- Beendigung des Mietverhältnisses (§§ 568 bis 576d BGB)
- Besonderheiten bei der Bildung von Wohnungseigentum an vermieteten Wohnungen (§ 577 f. BGB).

10 Als 3. Untertitel folgen noch Vorschriften betr. **Mietverhältnisse über andere Sachen**, die teilweise wiederum Verweisungen auf die Vorschriften, die Mietverhältnisse im Wohnraum betreffen, enthalten. »Andere Sachen« sind Grundstücke, Räume, die keine Wohnräume sind, insbesondere Geschäftsräume, und im Schiffsregister eingetragene Schiffe.

11 Es bedarf deshalb einer Systematisierung der Miettypen, wobei für die Abgrenzung gegenüber anderen Mietverhältnissen entsprechend der praktischen Bedeutung zunächst der Definition des Wohnraummietverhältnisses der Vorrang einzuräumen ist.

1. Wohnraummietverhältnisse

12 Nach der Terminologie des BGB fallen unter **Mietverhältnisse über Wohnraum** Räume, die zu **Wohnzwecken** vermietet werden, ohne aber den Begriff des Wohnraums selbst näher zu definieren. Maßgebend sind bei der Definition drei Kriterien.

Wohnraum ist: 13
- jeder Raum,
- der zum Wohnen geeignet und
- bestimmt ist.

a) Raum

Ein Raum ist ein von Decke, Wänden und Fußboden umschlossenes Gebilde innerhalb 14 eines wie immer gearteten Bauwerks. Fehlt es bereits hieran, kommt eine Wohnraummiete von vornherein nicht in Betracht. Eine bewegliche Sache wie z.B. ein Wohnwagen, selbst wenn er ständig zu Wohnzwecken benutzt wird, erfüllt nicht die Begriffsdefinition. Nicht notwendig gehört zur Raumdefinition, ob die Mietsache wesentliches Bestandteil eines Grundstücks gem. § 94 BGB ist oder nicht. Somit können auch Gartenhäuser oder Baracken Wohnraum sein.

b) Zum Wohnen geeignet

Der Raum sollte Wohnzwecken dienen können, was für die Klassifizierung als Wohn- 15 raummietverhältnis aber nicht entscheidend ist, weil die Zweckbestimmung der Vertragsparteien vorrangig ist. Wohnen ist der Inbegriff »von sich aufhalten«. Die Befriedigung der eigenen Wohnbedürfnisse und/oder Wohnbedürfnisse der Familie, insbesondere zum Schlafen, Essen, Trinken und Kochen gehören hierzu. Unschädlich ist dabei, dass die Räume nicht sämtlichen Bedürfnissen gerecht werden, wie z.B. beim Fehlen eigener sanitärer Einrichtungen, oder nur zeitweise benutzt werden, wie z.B. bei einer Zweitwohnung oder Studentenzimmer. Ein zu Wohnzwecken vermieteter, aber hierzu nicht geeigneter Raum entspricht zwar nicht den vertraglichen Vereinbarungen, hindert aber die Einordnung als Wohnraummietverhältnis nicht. Ein ungeeigneter Raum löst ggf. eine Mängelhaftung aus.

c) Zum Wohnen bestimmt

Die Räume müssen zum Wohnen bestimmt sein. Diese **Zweckbestimmung** erfolgt meist 16 durch ausdrückliche oder stillschweigende Vereinbarung der Vertragsparteien. Entscheidend ist deshalb die zwischen den Parteien getroffene **Vereinbarung.** Wohnraummiete liegt vor, wenn die Räume dem Mieter vertragsgemäß zur Befriedigung seiner eigenen Wohnbedürfnisse und/oder der Wohnbedürfnisse seiner Familie zu dienen bestimmt sind. Die Ausübung beruflicher Tätigkeiten ist dabei unschädlich, soweit diese üblicherweise in einer Wohnung ausgeübt werden, wie etwa die Tätigkeiten eines Geisteswissenschaftlers, schriftstellerische Tätigkeiten, PC-Schreibtätigkeiten, etc. Die Grenzen sind insoweit fließend. Solange sich diese Tätigkeit auf ein Arbeitszimmer innerhalb der Wohnung beschränkt und keine Außenwirkung oder zu einer verstärkten Abnutzung der Wohnung führt, wird dadurch die Qualifikation als Wohnraummietverhältnis nicht tangiert.

Die **tatsächliche Nutzung** ist **nicht maßgeblich**, ebenso wenig wie die Eignung der 17 Räume zu Wohnzwecken, solange zwischen den Parteien eine entsprechende Vereinbarung existiert, wonach Zweck der Miete die Befriedigung der Wohnbedürfnisse in den Räumen ist. Es ist zu unterscheiden zwischen der Vereinbarung im Mietvertrag und einer etwaigen vertragswidrigen Nutzung seitens des Mieters bzw. dem Vorliegen eines Mangels, weil die Räumlichkeiten aufgrund ihrer Beschaffenheit nicht zu dem vereinbarten Zweck benutzt werden können. Entscheidend sind allein die übereinstimmenden Vorstellungen der Parteien über die Art der Raumnutzung. Eine fehlerhafte oder zur Umgehung von Schutzbestimmungen gewählte Bezeichnung der Mietvertragsurkunde, ist

Schuppen vermietet wird. In diesen Fällen liegt kein anderer Vertragstyp als Miete vor, sondern das Mietverhältnis bezieht sich auf unterschiedliche Nutzungszwecke.

25 Vermieter und Mieter haben die Möglichkeit, durch die Vertragsgestaltung zu wählen, ob sie ihr Rechtsverhältnis, das unterschiedliche Nutzungszwecke verfolgt, in einen Vertrag oder in mehreren Verträgen regeln wollen. Dies ist keine theoretische Fragestellung, sondern hat erhebliche praktische Auswirkungen auf die rechtliche Beurteilung des/der Mietverhältnisse. Diese Frage ist deshalb praxisrelevant, da bei Mischmietverhältnissen z.B. entweder die Vorschriften über die Wohnraummiete oder die Vorschriften über die Geschäftsraummiete Anwendung finden. Bei Anwendung des Geschäftsraummietrechts finden eine Vielzahl der sozialen Schutzbestimmungen des Mietrechts keine Anwendung. Die **Vereinbarung** kann **ausdrücklich** oder **stillschweigend** erfolgen. Eine derartige vereinbarte Zweckbestimmung kann auch noch nachträglich getroffen werden. Dies kann ebenfalls ausdrücklich geschehen, aber auch stillschweigend. Weicht der Mieter mit Wissen und Billigung des Vermieters von der ursprünglichen Zweckbestimmung ab, indem er angemieteten Wohnraum teilweise in ein Büro umwandelt, liegt darin eine stillschweigende Veränderung der Zweckbestimmung. Anders ist dies, wenn der Mieter ohne Wissen und Wollen des Vermieters teilweise von dem ursprünglich vereinbarten Nutzungszweck abweicht, da es sich dann lediglich um einen vertragswidrigen Gebrauch der Mietsache, nicht aber um ein Mischmietverhältnis handelt.

2. Beurteilung der Einheitlichkeit

26 Entscheidend für die Frage, ob verschiedene Nutzungszwecke zu einem einheitlichen Mietverhältnis zusammengefasst worden sind, ist zunächst der **Wille der Vertragsparteien**. Im Wege der Vertragsauslegung ist der maßgebliche Wille zu ermitteln. Eine Einheitlichkeit des Mietverhältnisses liegt meist dann vor, wenn die Vertragsparteien einen einheitlichen, schriftlichen Mietvertrag über alle Mietobjekte abgeschlossen haben (BGHZ 89, 43) oder zwar zwei voneinander getrennte Verträge vorliegen, diese aber ausdrücklich oder konkludent aufeinander Bezug nehmen. Fehlt ein konkreter Hinweis, so können sich aus den Umständen wichtige Hinweise für eine getrennte oder einheitliche Vertragsgestaltung ergeben. Bei Bestehen einer wirtschaftlichen Einheit, wie z.B. Gaststätte nebst Wohnung, liegt ein einheitliches Mischmietverhältnis nahe. Gegen ein derartiges einheitliches Mietverhältnis spricht eine tatsächliche bzw. wirtschaftliche Unabhängigkeit der Räume, also wenn die getrennte Benutzung sinnvoll und möglich ist. Im **Zweifel** ist davon auszugehen, dass die Parteien ein **einheitliches Mietverhältnis** gewollt haben.

27 Diese Frage der Einheitlichkeit begegnet in der Praxis häufig bei der Vermietung von Wohnungen zusammen mit einer Garage. Maßgeblich ist auch hier der Parteiwille. Dabei spricht die wirtschaftliche Zusammengehörigkeit der Räume, die typischerweise auch bei Mietwohnung und Garage angenommen wird, für ein einheitliches Mietverhältnis (OLG Düsseldorf IMR 2007, 279). Selbst wenn der Mieter einer Wohnung später nach einigen Jahren eine Garage hinzumietet, wird angenommen, dass sich der ursprüngliche Wohnungsmietvertrag um eine Garage erweitert hat (OLG Karlsruhe RE NJW 1983, 1499). Getrennte Mietverhältnisse werden angenommen, wenn Wohnung und Garage auf verschiedenen Grundstücken gelegen sind (BayObLG WuM 1991, 78). Weitere Indizien sind, ob die Vertragsparteien ein Vertragsformular oder mehrere Vertragsformulare genutzt haben. Die Benutzung eines einzigen Formulars spricht für eine rechtliche Einheit. Dabei darf aber auch die Vertragsgestaltung nicht außer Acht gelassen werden, so etwa, wenn die Parteien unterschiedliche Vertragslaufzeiten (LG Berlin ZMR 1987, 18) oder Kündigungsbedingungen (LG Stuttgart WuM 1987, 379) vereinbart haben. Die in

Formularmietverträgen häufige bloße Angabe unterschiedlicher Mieten für die Wohnräume und die Garage genügen nicht für eine rechtliche Selbständigkeit (LG Baden-Baden WuM 1991, 34). Str. ist, ob eine Formularklausel im Mietvertrag wirksam ist, wonach bezüglich der Garage ein »selbstständiges und unabhängiges Mietverhältnis« begründet werden soll (so AG Frankfurt WuM 1986, 254; unwirksam: LG Baden-Baden WuM 1991, 34). Bei der Vertragsgestaltung in einem Formularmietvertrag ist für die Parteien Vorsicht geboten, falls unterschiedliche Mietvertragstypen begründet werden sollen. Bedenken bestehen gegen derartige Formularklauseln nicht, allerdings ist diesbezüglich das Transparenzgebot zu beachten. Diese Frage ist praxisrelevant, da bei Mischmietverhältnissen entweder die Vorschriften über die Wohnraummiete oder die Vorschriften über die Geschäftsraummiete Anwendung finden. Bei Anwendung des Geschäftsraummietrechts findet eine Vielzahl der sozialen Schutzbestimmungen des Mietrechts keine Anwendung.

3. Beurteilung des anzuwendenden Rechts

28 Gesetzliche Regelungen, welche Normen auf ein Mischmietverhältnis anzuwenden sind, gibt es nicht. Im Grundsatz ist bei Fehlen vorrangiger vertraglichen Vereinbarungen davon auszugehen, dass ein einheitliches Vertragsverhältnis auch einer **einheitlichen rechtlichen Beurteilung** unterliegt. Dies gilt für alle im Zusammenhang mit dem Mischmietverhältnis auftretenden Rechtsfragen. Welche Vorschriften des Mietrechts, insbesondere ob Wohnraummietrecht mit seinen zahlreichen Schutzvorschriften zugunsten des Mieters, zur Anwendung kommen, ist eine Frage des Einzelfalls.

29 Primär ist dabei auf den Parteiwillen abzustellen, d.h. wie der Mieter die Räume nutzen soll und welche Art der Nutzung im Vordergrund steht (BGH ZMR 1986, 278). Grenzen sind der Vertragsgestaltung gesetzt, wenn ein Umgehungstatbestand vorliegt, beispielsweise wenn bei Gleichwertigkeit oder gar Überwiegen der Wohnraumnutzung das gesamte Mischmietverhältnis der Geschäftsraummiete unter Umgehung der Schutzvorschriften für Wohnraum unterworfen sein soll. Maßgebend ist stets der wahre Vertragszweck. Ein diesem entgegenstehender, im Vertrag vorgetäuschter Zweck, wäre unbeachtlich (BGH ZMR 1986, 278).

30 Bei fehlender ausdrücklicher Vereinbarung kommt es bei Mischmietverhältnissen entscheidend darauf an, in welchem Bereich das Mietverhältnis seinen **Schwerpunkt**, sog **»Schwerpunkt- oder Übergewichtstheorie«**, hat (BGH ZMR 1986, 278). Maßgeblich ist dabei das Übergewicht des einen oder des anderen Nutzungszwecks. Ergibt dies kein eindeutiges Ergebnis, kann auf den Mietwert der verschiedenen Vertragszwecke abgestellt werden. Weiteres Indiz kann z.B. sein, wie das Verhältnis der Wohnfläche zur Geschäftsfläche ist (OLG Schleswig RE NJW 1983, 49).

31 Bei der Gleichwertigkeit von Wohn- und Geschäftszwecken ist im Zweifel zum Schutz des Mieters insgesamt eine Wohnraummiete anzunehmen. Abweichende Vereinbarungen sind aus Umgehungsgesichtspunkten unwirksam (OLG Hamburg ZMR 1979, 279).

32 **Checkliste:**

- Parteiwille: Beschreibung im Vertragstext, Aufspaltung von Mietbeträgen, was dominiert? Vorverhandlungen (Schriftverkehr, Protokolle etc.)
- Nutzung: Gewichtung der Nutzungszwecke, Mietwert, Flächenanteile
- Zweifelsfall: Geltung Wohnraummietrecht

III. Mietverhältnisse nach § 549 Abs. 2 und 3 BGB

33 Grundsätzlich unterfallen alle Arten von Wohnraummietverhältnissen den §§ 549 bis 577a BGB. Wichtige Ausnahmen sind in den § 549 Abs. 2 und 3 BGB aufgeführt. Die § 549 Abs. 2 und 3 BGB regeln für eine Gruppe von bestimmten Wohnraummietverhältnissen, dass Schutzvorschriften des sozialen Mietrechts, insbesondere bestimmte Vorschriften zum Kündigungsschutz des Mieters und Beschränkungen der Mieterhöhungen, nicht gelten. Daneben bestehen bei einigen Mietverhältnissen, die an sich den Vorschriften der §§ 549 bis 577a BGB unterliegen, spezielle Regelungen. An dieser Stelle wären der preisgebundene Wohnraum zu nennen, bei dem Besonderheiten hinsichtlich der Kostenmiete gelten (Schmid/Lengler A 1 III Rn. 9, IV Rn. 15).

1. Ausnahmetatbestände, Sinn und Zweck

34 Der **Sinn und Zweck** der Ausnahmetatbestände in § 549 Abs. 2 und 3 BGB ist unterschiedlich. Der Grund für die Fallgruppe des § 549 Abs. 2 **Nr. 1** BGB ist das geringe Schutzbedürfnis des Mieters, weil durch die Vermietung nur zum vorübergehenden Gebrauch nahe liegt, dass dieser Wohnraum nicht der Lebensmittelpunkt des Mieters ist.

35 Der Grund für die Fallgruppe des § 549 Abs. 2 **Nr. 2** BGB ist, dass das Wohnraummietverhältnis gleichzeitig Teil der vom Vermieter selbst bewohnten Wohnung ist, wodurch dem Nutzungsrecht des Vermieters Vorrang gegenüber dem Interesse des Mieters am Erhalt seines Lebensmittelpunkts eingeräumt wird.

36 Der Grund für die Fallgruppe des § 549 Abs. 2 **Nr. 3** BGB besteht in dem wohnungspolitischem Anliegen, bei der Weitervermietung durch juristische Personen des öffentlichen Rechts oder anerkannten privaten Trägern der Wohlfahrtspflege, zusätzlichen Wohnraum bereitzustellen.

37 Der Grund für die Fallgruppe des § 549 **Abs. 3** BGB ist der Zweck, zugunsten der Träger von Studenten- und Jugendheimen, wegen des zu geringen Bestandes an Wohnheimplätzen, eine Fluktuation der Belegung zu fördern.

38 Trotz unterschiedlicher Gründe verbindet diese Fallgruppen, dass bestimmte Vorschriften zum Kündigungsschutz des Mieters und von Beschränkungen der Mieterhöhung mit Hilfe von Katalogen der ausgenommenen Vorschriften nicht anwendbar sind.

2. Fallgruppen des § 549 Abs. 2 BGB

a) Wohnraum zum vorübergehenden Gebrauch (Abs. 2 Nr. 1)

39 Es handelt sich hierbei um Mietverhältnisse, die aufgrund **besonderer Umstände** nur von einer **kurzen Dauer** sein sollen. Beide Komponenten, sowohl die inhaltliche als auch die zeitliche, müssen nach der Vorstellung **beider Parteien** Vertragsinhalt geworden sein. Das Wohnraummietverhältnis verknüpft eine vereinbarungsgemäß kurzfristig überschaubare Vertragsdauer mit einem Vertragszweck, der sachlich die Kurzfristigkeit der Gebrauchsüberlassung begründet und so das Mietverhältnis in Übereinstimmung mit seiner kurzen Dauer nur als Durchgangsstadium erscheinen lässt (OLG Bremen RE ZMR 1982, 238). Die besonderen Umstände sind vom Sinn und Zweck des Ausnahmetatbestandes zu verstehen, der Mietverhältnissen eine Reihe von Schutzvorschriften des sozialen Mietrechts entzieht, mit der Begründung, dass es sich hierbei nicht um den Lebensmittelpunkt des Mieters handelt. Es geht um die Deckung eines kurzzeitigen Sonderbedarfs (OLG Frankfurt RE ZMR 1991, 63). Das Entfallen des Sonderbedarfs muss lediglich absehbar sein. Die kurze Dauer setzt keine Befristung des Mietverhältnisses voraus, die aber ein Indiz für ein

Mietverhältnis zum vorübergehenden Gebrauch sein kann. Maßgeblich ist eine überschaubare Vertragsdauer, die im Zusammenhang mit dem Vertragszweck gesehen werden muss. Die zeitliche Komponente darf nicht isoliert von den besonderen Umständen betrachtet werden. Beide Komponenten, die überschaubare Vertragsdauer wie auch die besonderen Umstände, müssen Vertragsinhalt geworden sein. Zunächst scheiden damit bereits einseitige Vorstellungen einer Partei aus dem Ausnahmetatbestand aus. Weder eine kurze Vertragsdauer von wenigen Monaten noch eine längere Vertragsdauer, beispielsweise von einem Jahr, genügen, wenn dies nicht durch die besonderen Umstände gerechtfertigt ist.

Beispiele für das Mietverhältnis auf vorübergehende Dauer sind typischerweise die Vermietung von Hotelzimmern, Ferienwohnungen für die Dauer einiger Tage oder Wochen, Unterkünfte für die Dauer einer Messe, Unterbringung eines auswärtigen Monteurs oder Wissenschaftlers bis zur Erledigung des Arbeitsziels, Kur, Tagung, Fortbildungsseminar etc. **40**

Gemeinsam ist in dieser Aufzählung, dass der Mieter bei diesen Mietverhältnissen seinen Lebensmittelpunkt nicht verlagert. Es fehlt »am sich einrichten« des Mieters. Charakteristisch für die Beispiele ist hier die besonders kurze Dauer des Mietverhältnisses. Aber auch längere Zeiträume sind möglich, sofern die besonderen Umstände dies rechtfertigen. Denkbar ist beispielsweise die Begründung eines Mietverhältnisses als **Notunterkunft** wegen eines Brandes, einer Überschwemmung oder sonstiger Naturkatastrophen (Blank/Börstinghaus/Blank § 549 BGB Rn. 4; Emmerich/Sonnenschein/Weitemeyer § 549 BGB Rn. 10; a.A. Sternel Rn. III 504). Auch die Überlassung eines Einfamilienhauses an einen familiären Erben für die Dauer eines Jahres soll noch genügen (LG Mannheim ZMR 1977, 238). Ebenso die Vermietung eines Wohnraums an einen Studenten für ein Semester (LG Köln WuM 1992, 251). Die besonderen Umstände sind in der Ausbildung zu sehen, die relativ kurze Dauer in der Begrenzung auf ein Semester. **41**

Kein vorübergehender Gebrauch liegt vor bei Vermietung von Wohnraum an Studenten für die Dauer des gesamten Studiums (OLG Hamm RE ZMR 1982, 93; OLG Bremen ZMR 1982, 238; LG Freiburg ZMR 1980, 143). Gleiches gilt bei Vermietung für eine längere Zeit als ein Semester (LG Köln WuM 1992, 251), die Vermietung einer Ferienwohnung oder eines Ferienhauses auf Dauer, selbst wenn der Mieter die Mietsache nur gelegentlich nutzt (AG Charlottenburg MM 1990, 394), die Vermietung bis zum (ungewissen) Verkauf des Grundstücks (LG Köln WuM 1991, 190) oder Vermietung bis zum (ungewissen) Neubau eines Hauses. Gemeinsam ist diesen Beispielen, dass es an dem Merkmal der kurzen Dauer fehlt. Es mag im Einzelfall ein besonderer Umstand vorliegen, der aber nicht ausreicht, wenn die zeitliche Komponente einer kurzfristigen, überschaubaren Vertragsdauer fehlt. Deutlich wird dies bei der Vermietung an Studenten/Auszubildende, wenn die Ausbildungszeit nicht feststeht, sodass Mietverhältnisse mit Studenten oder einer Wohngemeinschaft nicht von vorneherein unter den Ausnahmetatbestand fallen. Es ist in diesen Fällen von der Verlagerung des Lebensmittelpunktes auszugehen, der eine Einschränkung der Mieterschutzrechte nicht rechtfertigt. **42**

b) Möblierter Wohnraum (Abs. 2 Nr. 2)

Es handelt sich hierbei um Wohnraum, der Teil der vom Vermieter selbst bewohnten Wohnung ist und den der Vermieter ganz oder überwiegend mit Einrichtungsgegenständen auszustatten hat, sofern der Wohnraum nicht zum dauernden Gebrauch für eine Familie überlassen ist. Gleichgestellt sind Personen, mit denen der Mieter einen auf Dauer angelegten gemeinsamen Haushalt führt. **43**

44 Die Wohnung des Mieters muss ein **Teil der Vermieterwohnung** sein. Der möblierte Wohnraum muss in einem **räumlichen oder funktionalen Zusammenhang** mit der Wohnung des Vermieters stehen (AG Königswinter WuM 1994, 689; AG Münster WuM 1987, 323; Kinne ZMR 2001, 599 ff.). Maßgebliches Kriterium ist, dass der Mieter darauf angewiesen ist, den Wohnbereich des Vermieters in Anspruch zu nehmen (Palandt/Weidenkaff § 549 BGB Rn. 16).

Der typische Fall dieses Ausnahmetatbestandes ist das möblierte Zimmer innerhalb der Vermieterwohnung. Die Vorschrift ist aber weiter gefasst. Es ist gleichgültig, ob es sich um eine Etagenwohnung oder um ein Einfamilienhaus handelt, sofern dem Mieter ein einzelner Raum innerhalb der abgeschlossenen Wohnung des Vermieters überlassen wird. Ist die Wohnung des Vermieters in einem Mehrfamilienhaus, so sind sämtliche Räume hinter der Wohnungsabschlusstür des Vermieters die Vermieterwohnung. Selbst wenn die Räume des Mieters einen separaten Abschluss haben, so fallen diese Räume gleichfalls unter Abs. 2 Nr. 2, wenn die Vertragsparteien Funktionsräume gemeinschaftlich benutzen, wie z.B. Küche, Bad oder WC. Der räumliche und wirtschaftliche Zusammenhang fehlt bei bloßer Mitbenutzung des Treppenhauses oder lediglich von Wirtschafts- und Nebenräumen (AG Königswinter WuM 1994, 689). Ein möbliertes Zimmer, das von den Räumen des Vermieters durch eine verschlossene Tür abgetrennt ist und einen eigenen Zugang zum Treppenhaus hat, gehört nicht zur Vermieterwohnung (LG Detmold NJW-RR 1991, 77). Auch wenn die Wohnung des Vermieters und die Räume des Mieters in verschiedenen Stockwerken liegen und der Vermieter im Wohnbereich des Mieters nur ein Zimmer nutzt, scheidet der Ausnahmetatbestand aus, um diese als »Vermieterwohnung« zu qualifizieren (AG Köln WuM 1985, 267). Sinn und Zweck des Ausnahmetatbestandes ist es, ein vorrangiges Nutzungsrecht des Vermieters gegenüber dem Interesse des Mieters am Erhalt seines Lebensmittelpunktes anzunehmen. Dieser Vorrang kann bei lediglich einem Zimmer auf verschiedenen Etagen nicht mehr gesehen werden, sodass ein räumlicher oder funktionaler Zusammenhang zu verneinen ist. Unerheblich ist, wer von den Parteien den überwiegenden Teil der Räume nutzt.

45 Der Vermieter muss die Räume **selbst** als Wohnung nutzen, was aber nicht bedeutet, dass der Vermieter ständig anwesend sein muss (LG Berlin ZMR 1980, 174). Strittig ist, ob der Vermieter die Wohnung als Hauptwohnung nutzen muss (Sternel Rn. III, 507) oder ob auch die Nutzung als Zweitwohnung genügt (Blank/Börstinghaus/Blank § 549 BGB Rn. 10). Maßgeblich ist, dass der Vermieter die Wohnung nutzt. Weder der Wortlaut noch der Sinn und Zweck des Ausnahmetatbestandes erfordern eine weitergehende Einschränkung. Die Interessenskollision durch die räumliche oder funktionale Nähe versucht der Gesetzgeber durch einen Vorrang des Vermieterinteresses zu lösen. Das Bestehen der Interessenskollision ist aber unabhängig von der Nutzung als Haupt- oder Zweitwohnung.

46 Der Vermieter muss nach den vertraglichen Vereinbarungen verpflichtet sein, die Wohnung ganz oder überwiegend mit **Einrichtungsgegenständen** auszustatten. Dabei ist auf die funktionale Bedeutung der Einrichtungsgegenstände abzustellen, nicht auf den Wert der Gegenstände. Überwiegende Ausstattung bedeutet, dass der Vermieter mehr als die Hälfte der für eine Haushaltsführung erforderlichen Einrichtungsgegenstände gestellt hat (AG Köln WuM 1971, 156; Blank/Börstinghaus/Blank § 549 Rn. 11; Emmerich/Sonnenschein/Weitemeyer § 549 BGB Rn. 14). Unter Einrichtungsgegenständen versteht man Möbel, Spüle, Herd, Beleuchtungskörper, Gardinen, Betten, Bett- und Tischwäsche, nicht aber Geschirr und sonstigen Hausrat (Blank/Börstinghaus/Blank § 549 BGB Rn. 11). Dabei kommt es nicht darauf an, ob die Einrichtungsgegenstände fest eingebaut sind, mangelhaft sind oder ob und in welchem Umfang der Mieter weitere Einrichtungsgegenstände in die Wohnung eingebracht hat.

Maßgeblich sind dabei die vertraglichen Vereinbarungen, nicht die tatsächliche Ausstattung der Mieträume. Ist Inhalt des Mietvertrages die Übergabe eines »möblierten« Zimmers und hat der Vermieter vertragswidrig ein Leerzimmer übergeben, so ist Abs. 2 Nr. 2 anwendbar. Selbst ein späterer Verzicht des Mieters auf die vertraglich vereinbarte Ausstattung ändert nichts an der Anwendung des Abs. 2 Nr. 2. Keine Anwendung findet der Ausnahmetatbestand, wenn zwar der Vertragstext die Übergabe eines »möblierten« Zimmers vorsieht, die Parteien tatsächlich aber einen Mietvertrag über ein Leerzimmer beabsichtigt haben. Ist nach dem Willen der Parteien nur die Übergabe eines Leerzimmers geschuldet, so ändert die bloße, spätere, tatsächliche Möblierung nichts an der Nichtanwendbarkeit des Abs. 2. Dabei kommt es entscheidend darauf an, ob die spätere Zurverfügungstellung der Einrichtungsgegenstände aus reiner Gefälligkeit des Vermieters erfolgt, oder ob es sich um eine nachträgliche (ausdrückliche oder stillschweigende) Vereinbarung handelt, die zu einer nachträglichen Anwendung des Ausnahmetatbestandes führt. Der Ausnahmetatbestand stellt nicht auf einen konkreten Zeitpunkt der Vereinbarung ab, sodass die Verpflichtung des Vermieters nicht von Anfang an bestehen muss und noch später begründet werden kann. 47

Der Wohnraum darf nicht zum **dauernden Gebrauch** für eine Familie oder eine Person, mit der der Mieter einen auf Dauer angelegten gemeinsamen Haushalt führt, überlassen sein. Für die Unanwendbarkeit des Abs. 2 ist es nicht erforderlich, dass der Vermieter den Mietvertrag mit allen Familienangehörigen oder Haushaltsmitgliedern abgeschlossen hat. Es genügt, dass der Mieter nach dem Vertrag berechtigt ist, die Räumlichkeiten mit diesen Personen zu beziehen. Die einseitige Änderung der Verhältnisse durch den Mieter führt dagegen nicht zu einer Änderung der Rechtsnatur des Mietverhältnisses. Das vertragswidrige Verhalten des Mieters führt nicht zu einer Privilegierung durch Nichtanwendung des Ausnahmetatbestandes. 48

Familie ist nach den Bestimmungen des BGB zu definieren. Hierzu gehören alle durch Ehe, Verwandtschaft und Schwägerschaft verbundenen Personen. Der Lebenspartner gilt gemäß § 11 Abs. 1 LPartG als Familienangehöriger. Die Streitfrage, ob auch die Partner einer nichtehelichen Lebensgemeinschaft unter den Begriff der Familie zu fassen sind, hat sich erübrigt, da mit dem Mietrechtsreformgesetz es zur Anwendung des Ausnahmetatbestandes ausreicht, wenn der Wohnraum dem Mieter mit Personen überlassen ist, mit denen er einen auf Dauer angelegten gemeinsamen Haushalt führt. 49

Ein **auf Dauer angelegter gemeinsamer Haushalt** mit dem Mieter betrifft insbesondere nichteheliche Lebensgemeinschaften, aber auch gleichgeschlechtliche Partnerschaften, sofern nicht ohnehin § 11 Abs. 1 LPartG greift. Der gemeinsame Haushalt setzt keine sexuelle Beziehung voraus. Auch das Zusammenleben von Geschwistern und älteren Menschen ist ausreichend i.S.d. Ausnahmetatbestandes. Voraussetzung eines Zusammenlebens ist eine Lebensgemeinschaft, die auf Dauer angelegt ist, daneben keine weiteren Lebensgemeinschaften gleicher Art zulässt und sich durch eine innere Bindung auszeichnet, die ein gegenseitiges Einstehen der Partner füreinander begründet, also über eine bloße Wirtschaftsgemeinschaft hinaus geht (Regierungsentwurf BT-Drucks. 14/4553, 38). Diese Voraussetzungen sind der Rspr. des BGH zu den eheähnlichen Gemeinschaften entlehnt (BGH ZMR 1993, 261). Eine bestimmte Zeitdauer des Bestehens wird man schon dem Wortlaut nicht entnehmen können. Maßgeblich ist vielmehr, ob der gemeinsame Haushalt auf Dauer angelegt ist, nicht dass dieser bereits seit längerer Zeit besteht. 50

c) Weitervermietung an Personen mit dringendem Wohnbedarf (Abs. 2 Nr. 3)

Dieser Ausnahmetatbestand setzt voraus, dass eine juristische Person des öffentlichen Rechts oder ein anerkannter privater Träger der Wohlfahrtspflege Wohnraum angemietet 51 hat, um ihn Personen mit dringendem Wohnungsbedarf zu überlassen. Es bestehen somit mindestens zwei Mietverhältnisse, ein Mietverhältnis zwischen der juristischen Person des öffentlichen Rechts oder mit anerkannten privaten Trägern der Wohlfahrtspflege und einem Dritten (Hauptmietverhältnis) und ein Mietverhältnis zwischen Ersteren und der Person mit dringendem Wohnungsbedarf (Untermietverhältnis). Im letzteren Mietverhältnis greift der Ausnahmetatbestand des Abs. 2 Nr. 2 ein, sofern bei Vertragsschluss auf diese Zweckbestimmung des Wohnraums und den Ausschluss der Schutzvorschriften hingewiesen wurde.

52 Als **Körperschaften und Anstalten des öffentlichen Rechts** kommen beispielsweise die Gemeinden und Gemeindeverbände, die Landkreise, die Landeswohlfahrtsverbände, die Kirchen, kirchliche Organisationen und die Studentenwerke an den deutschen Hochschulen (falls nicht privatrechtlich organisiert) in Betracht.

53 Der Begriff **anerkannter privater Träger der Wohlfahrtspflege** ist nicht näher definiert. Diese Träger werden unabhängig von ihrer Rechtsform den o.g. juristischen Personen gleichgestellt. Aufgrund der zunehmenden Verlagerung sozialer Aufgaben auf private Einrichtungen der Wohlfahrtspflege wurde dieser Ausnahmetatbestand durch das Mietrechtsreformgesetz auf diese Träger ausgeweitet (Regierungsentwurf BT-Drucks. 14/4553, 46). In erster Linie zählen zu diesen Trägern die Verbände der freien Wohlfahrtspflege i.S.d. § 10 BSHG (Blank/Börstinghaus/Blank § 549 BGB Rn. 18). Dazu sind zu zählen (vgl. Lammel Wohnraummietrecht § 549 BGB Rn. 33): der Deutsche Caritasverband e.V., das Diakonische Werk der Evangelischen Kirche in Deutschland e.V., der Deutsche Paritätische Wohlfahrtsverband e.V., das Deutsche Rote Kreuz e.V., die Arbeiterwohlfahrt – Bundesverband e.V., die Zentrale Wohlfahrtsstelle der Juden in Deutschland e.V., der Deutsche Blindenverband e.V., der Verband Deutscher Wohltätigkeitsstiftungen e.V., der Bund der Kriegsblinden Deutschland e.V., die Bundesarbeitsgemeinschaft »Hilfe für Behinderte« e.V., der Verband der Kriegs- und Wehrdienstopfer, Behinderter und Sozialrentner Deutschland e.V., sowie alle Personenvereinigungen und Körperschaften, die Mitglied der genannten Verbände sind.

54 Voraussetzung ist, dass die Wohnräume von den o.g. Organisationen **angemietet** sind. Für Wohnraum aus dem Eigenbestand gilt der Ausnahmetatbestand nicht. Sinn und Zweck dieser Ausnahmeregelung war es, schutzbedürftigen Personen Wohnraum zur Verfügung zu stellen, da viele Eigentümer aus Angst vor den Kündigungsschutzvorschriften nicht vermieten wollten (Regierungsentwurf BT-Drucks. 11/6508, 12).

55 Abs. 2 Nr. 3 soll der Bedarfsdeckung für **Personen mit dringendem Wohnungsbedarf** dienen. Dazu zählen alle Personen, die aus verschiedensten Gründen heraus besondere Schwierigkeiten bei der Wohnraumsuche haben, so z.B. sozial schwächer gestellte Personen, wie einkommensschwache Personen, ältere Menschen, kinderreiche Personen, Alleinerziehende, Obdachlose, Studenten etc.

56 Der Mieter muss aber nicht selbst zu den Personen mit dringendem Wohnungsbedarf gehören. Es genügt, wenn der Zweck des Hauptmietverhältnisses darauf ausgerichtet ist, die Versorgung mit Wohnraum für diese Personengruppe zu sichern. Die tatsächliche Zugehörigkeit des Mieters zum bedürftigen Personenkreis ist nicht Voraussetzung für die Anwendung des Ausnahmetatbestandes. Es ist genügend, dass der **Wohnraum generell zur Erfüllung des genannten Zwecks angemietet** wurde (Blank/Börstinghaus/Blank § 549 BGB Rn. 23; Emmerich/Sonnenschein/Weitemeyer § 549 BGB Rn. 21; MüKo/Häublein § 549 BGB Rn. 25; a.A. Ermann/Jendrek § 564b BGB Rn. 50). Bereits der Wortlaut der Vorschrift legt dieses Verständnis nahe. Aber auch der Sinn und Zweck des Ausnahmetatbestandes, hier eine Fluktuation der Belegung zu erreichen, spricht dafür, die

Anwendung unabhängig von der tatsächlichen Person des Mieters zu machen, um das gesetzgeberische Ziel zu erreichen.

57 Weitere Voraussetzung ist es, dass der Vermieter den Mieter spätestens bei Abschluss des Mietvertrages auf die besondere Zweckbestimmung des Wohnraums als auch auf die Rechtsfolgen des Ausschlusses der besonderen Mieterschutzvorschriften hingewiesen hat. Die Hinweispflicht muss sich folglich auf beide Punkte beziehen. Das Gesetz fordert zwar keine Aufnahme des Hinweises in den Vertrag bzw. eine bestimmte Form. In der Praxis ist es aber für den Vermieter nicht empfehlenswert, lediglich mündlich hinzuweisen, da dies kaum bewiesen werden kann und im Hinblick auf die einzelnen Ausnahmevorschriften auch praktisch kaum möglich sein wird.

d) Ausgeschlossene Mieterschutzvorschriften

58 Für die vorstehend aufgezählten Mietverhältnisse sind folgende Mieterschutzvorschriften nicht anwendbar:

59 **Vorschriften über die Mieterhöhung** (§§ 575 bis 561 BGB)

Eine Mieterhöhung kann durch Vereinbarung geregelt oder im Wege der Änderungskündigung erfolgen. Bei Mietanpassungsvereinbarungen im Mietvertrag müssen die Beschränkungen der §§ 557a BGB (Staffelmiete) und 557b BGB (Indexmiete) nicht eingehalten werden.

60 **Vorschriften über den Mieterschutz bei Beendigung des Mietverhältnisses** (§ 578 Abs. 2 BGB, §§ 573, 573a, 573d Abs. 1 und §§ 575, 575a Abs. 1 BGB)

Ein Zeitmietvertrag kann im Hinblick auf das Rotationsprinzip ohne die Beschränkungen des § 575 BGB vereinbart werden, das Mietverhältnis kann somit befristet werden (§ 542 Abs. 2 BGB). Fraglich ist, inwieweit formularmäßige Laufzeitbestimmungen an § 307 Abs. 1 Satz 1 BGB scheitern. Bei einem »Studentenzimmer« wurde ein zweijähriger Kündigungsausschluss der ordentlichen Kündigung wegen des schutzwürdigen Bedürfnisses nach Mobilität und Flexibilität als unwirksam angesehen (BGH ZMR 2010, 94). Da die Situation bei einer Zeitabrede keine andere als bei einem Kündigungsverzicht ist, sind auch Befristungen an § 307 Abs. 1 BGB zu messen (Hinz, ZMR 2010, 245 ff., 249; Hinz InfoM 2009, 370). Nach m.E. ist der Einzelfall maßgeblich. Das Organisations- und Beleginteresse des Vermieters ist gegen das Mobilitätsinteresse des Mieters abzuwägen. Längere Laufzeiten als ein Semester (Studenten) bzw. ein Schuljahr (Schüler) erscheinen formularmäßig bedenklich zu sein. Liegt ein unbefristetes Mietverhältnis vor, endet dieses durch Kündigung. Die Schriftform ist zu beachten, da § 568 Abs. 1 BGB nicht zum Katalog der ausgeschlossenen Vorschriften gehört. Ebenfalls nicht ausgeschlossen ist § 569 Abs. 4 BGB, sodass eine fristlose Kündigung auch für die Mietverhältnisse nach § 549 Abs. 2 BGB zu begründen ist. Zulässig ist auch die Teilkündigung seit dem Mietrechtsreformgesetz, da § 573b BGB nicht im Katalog erwähnt ist. Die Kündigungsfristen richten sich nach den §§ 573c und 573d Abs. 2 BGB.

61 **Ausgeschlossen sind:**

Hinweisobliegenheit des Vermieters, den Mieter im Kündigungsschreiben auf die Möglichkeit des Kündigungswiderspruchs hinzuweisen (§ 568 Abs. 2 BGB), der Kündigungsschutz (§§ 573, 573a, 573d, 575a Abs. 1 BGB), der Kündigungswiderspruch (§§ 574 bis 574c BGB) sowie die Regelungen über den Zeitmietvertrag (§ 575 BGB). Die außerordentliche Kündigung mit gesetzlicher Frist ist möglich, selbst wenn keine Kündigungsgründe i.S.d. § 573 BGB im Mietverhältnis auf bestimmte Zeit vorliegen (§ 575a Abs. 1 BGB).

62 **Vorschriften über den Mieterschutz bei der Begründung von Wohnungseigentum** (§§ 577, 577a BGB)

Den Mietern steht kein Vorkaufsrecht bei der Umwandlung von Miete in Eigentumswohnungen zu (§ 577 BGB) und es greifen für den Erwerber einer solchen umgewandelten Wohnung keine Kündigungsbeschränkungen (§ 577a BGB).

3. Fallgruppe des § 549 Abs. 3 BGB

a) Wohnraum in einem Studenten- oder Jugendwohnheim (Abs. 3)

63 Der Begriff des **Wohn**heims ist in den §§ 15, 100 des II. WoBauG definiert, wenn sie »nach ihrer baulichen Anlage und Ausstattung für die Dauer dazu bestimmt und geeignet sind, Wohnbedürfnisse zu befriedigen«. Die Firmierung des Heims ist nicht maßgeblich, es kommt entscheidend auf die objektiven Gegebenheiten an. Ebenfalls nicht maßgeblich ist es, in welcher Trägerschaft das Wohnheim steht. Voraussetzung ist, dass das Wohnheim ein »**Studenten**- oder **Jugend**wohnheim« ist.

64 Ein Studentenwohnheim liegt vor, wenn es dem fremdnützigen Zweck gewidmet ist, bei geeigneter baulicher Anlage und Ausstattung eine Vielzahl von Studierenden mit preisgünstigem Wohnraum zu versorgen (LG Konstanz WuM 1995, 539; AG München WuM 1992, 133). Charakteristische Merkmale sind demnach die Zweckbestimmung, die Eignung für die Zweckbestimmung, ein günstiger Mietzins und ein Rotationsprinzip, das eine Fluktuation erlaubt. Das Jugendwohnheim unterscheidet sich von dieser Definition lediglich dadurch, dass die Zielgruppe nicht Studenten, sondern Jugendliche sind.

65 Zielgruppe des von § 549 Abs. 3 BGB erfassten Wohnheims sind allein Studenten und Jugendliche. **Studenten** sind immatrikulierte Angehörige der Universitäten und technischen Hochschulen sowie Besucher der Fachhochschulen. **Jugendliche** sind Personen zwischen dem 14. und 18. Lebensjahr (vgl. § 1 Abs. 2 JGG). Der Ausnahmetatbestand führt die Personengruppen, Studenten und Jugendlichen abschließend auf, eine Übertragung auf ähnliche oder verwandte Einrichtungen scheidet aus. Maßgeblich ist die Zweckbestimmung des Wohnheims. Andere Zweckbestimmungen zugunsten anderer Personengruppen, wie Alleinerziehende, ledige Erwachsenenbildung etc., fallen nicht hierunter. Für diese gelten die allgemeinen Vorschriften.

66 Für die Eignung als Studenten- oder Jugendwohnheim ist es ausreichend, wenn die Räume für die Unterbringung von Studenten und Jugendlichen bestimmt sind und im Wesentlichen auch von diesem Personenkreis bewohnt werden (AG Konstanz WuM 1989, 573). Die Art der Räume ist nicht entscheidend. Die Unterbringung kann in Mehrbettzimmern, Einzimmerappartements oder in abgeschlossenen Wohnungen vorgenommen werden. Weder Möblierung noch das Vorhandensein von Gemeinschaftseinrichtungen (Küche, Aufenthaltsräume) ist zwingend (AG Freiburg WuM 1987, 128). Das Vorhandensein von Gemeinschaftseinrichtungen ist aber ein starkes Indiz für das Vorliegen eines Wohnheims.

67 Genügend ist für den Heimcharakter, dass das Objekt im Wesentlichen vom beabsichtigten Personenkreis bewohnt wird. Es ist unschädlich, wenn einzelne Räume an andere Personen vermietet werden bzw. die Personen der Zielgruppe nach Beendigung des Studiums oder Eintritt der Volljährigkeit der weitere Aufenthalt gestattet wird. Die Privilegierung des Ausnahmetatbestandes entfällt nicht durch den tatsächlichen Nutzer der Wohnung. Umgekehrt wird nicht durch die zufällige Übereinstimmung der Bewohner eines Hauses hinsichtlich eines Merkmals (Student) ein Gebäude zum Wohnheim.

Indizien 68

Für ein Studenten- und Jugendwohnheim spricht: ein Heimträger, eine Satzung des Heims, das Vorhandensein von Gemeinschaftseinrichtungen, Wohnungsbelegung nach einem durch den Heimzweck vorgegebenen Modus, nur kostendeckender Mietzins, Nähe zu einer Ausbildungsstätte.

Gegen ein Studenten- und Jugendwohnheim spricht: privater Vermieter, Wohnungsbelegung nach Marktprinzipien, gemischte Belegung, das Fehlen einer Heimsatzung.

b) Ausgeschlossene Mieterschutzvorschriften

Bei den vorstehenden Mietverhältnissen sind folgende Mieterschutzvorschriften nicht anwendbar: 69

Vorschriften über die Mieterhöhung (§§ 557 bis 561 BGB) 70

Eine Mieterhöhung kann durch Vereinbarung geregelt oder im Wege der Änderungskündigung erfolgen. Bei Mietanpassungsvereinbarungen im Mietvertrag müssen die Beschränkungen der §§ 557a BGB (Staffelmiete) und 557b BGB (Indexmiete) nicht eingehalten werden.

Vorschriften über den Mieterschutz bei Beendigung des Mietverhältnisses (§§ 573, 71
573a, 573d Abs. 1, 575, 575a Abs. 1 BGB)

Ein Zeitmietvertrag kann im Hinblick auf das Rotationsprinzip ohne die Beschränkungen des § 575 BGB vereinbart werden, das Mietverhältnis kann somit befristet werden (§ 542 Abs. 2 BGB). Fraglich ist, inwieweit formularmäßige Laufzeitbestimmungen an § 307 Abs. 1 S. 1 BGB scheitern. Bei einem »Studentenzimmer« wurde ein zweijähriger Kündigungsausschluss der ordentlichen Kündigung wegen des schutzwürdigen Bedürfnisses nach Mobilität und Flexibilität als unwirksam angesehen (BGH ZMR 2010, 94). Da die Situation bei einer Zeitabrede keine andere als bei einem Kündigungsverzicht ist, sind auch Befristungen an § 307 Abs. 1 BGB zu messen (Hinz ZMR 2010, 245 ff., 249; ders. InfoM 2009, 370). Nach m. E. ist der Einzelfall maßgeblich. Das Organisations- und Beleginteresse des Vermieters ist gegen das Mobilitätsinteresse des Mieters abzuwägen. Längere Laufzeiten als ein Semester (Studenten) bzw. ein Schuljahr (Schüler) erscheinen formularmäßig bedenklich zu sein.

Entscheidender Unterschied der Mietverhältnisse nach Abs. 3 gegenüber den Mietverhältnissen nach Abs. 2 ist die Anwendbarkeit der Vorschriften über die **Sozialklausel** (§§ 574 bis 574c BGB). Bei Wohnraum in einem Studenten- und Jugendwohnheim kann gegenüber den anderen Mietverträgen nach § 549 Abs. 2 BGB einer Kündigung widersprochen werden. In der Praxis sollte der Vermieter daher den Mieter in der Kündigungserklärung auf die Möglichkeit des Kündigungswiderspruchs aufmerksam machen (§ 568 Abs. 2 BGB). Die Gewährung einer Räumungsfrist und von Vollstreckungsschutz ist möglich. Die Geltung der vorstehend genannten Vorschriften ergibt sich daraus, dass die §§ 568 Abs. 2, 574 bis 574c BGB nicht in den Katalog der ausgeschlossenen Vorschriften enthalten sind.

I.Ü. gelten die gleichen Vorschriften über den Mieterschutz bei Beendigung des Mietverhältnisses wie bei den Mietverhältnissen nach Abs. 2. Es kann daher auf die Rdn. 60 und 61 verwiesen werden. 72

73 **Vorschriften über den Mieterschutz bei der Begründung von Wohnungseigentum (§§ 577, 577a BGB)**

Den Mietern steht kein Vorkaufsrecht bei der Umwandlung von Miete in Eigentumswohnungen zu (§ 577 BGB) und es greifen für den Erwerber einer solchen umgewandelten Wohnung keine Kündigungsbeschränkungen (§ 577a BGB).

4. Wohnraum in Ferienhäusern und Ferienwohnungen in Ferienhausgebieten

74 Bis zum 31.08.2001 war auch Wohnraum in Ferienhäusern und Ferienwohnungen in Ferienhausgebieten vom Mieterschutz ausgenommen (§ 564b Abs. 7 Nr. 4 BGB a.F.). Dieser Ausnahmetatbestand ist ersatzlos gestrichen worden.

75 Es gilt für diese Fallgruppe eine Übergangsvorschrift: Ein am 01.09.2001 bestehendes Mietverhältnis über Wohnraum in Ferienhäusern und Ferienwohnungen in Ferienhausgebieten konnte noch bis zum 01.09.2006 unter Anwendung des § 564b Abs. 7 BGB a.F. gekündigt werden (Art. 223 § 3 Abs. 2 EGBGB).

5. Beweislast

76 Die Beweislast für das tatsächliche Vorliegen der Voraussetzungen der einzelnen Ausnahmefallgruppen trägt der Vermieter, weil es sich um Ausnahmetatbestände vom Grundsatz des § 549 Abs. 1 BGB handelt.

IV. Genossenschaftswohnungen

77 Bei Genossenschaftswohnungen sind zwei Rechtsverhältnisse zu unterscheiden, zum einen das Genossenschaftsverhältnis, zum anderen das Dauernutzungsverhältnis.

Der vorrangige Zweck von Genossenschaften ist eine gute, sichere und sozial verantwortbare Wohnungsversorgung ihrer Mitglieder. Das genossenschaftliche Rechtsverhältnis zwischen der Genossenschaft sowie ihren Mitgliedern und wird durch die Satzung geregelt.

Auf entgeltliche Überlassung von Wohnungen im Rahmen von Dauernutzungsverträgen zwischen einer Wohnungsbaugenossenschaft und ihren Mitgliedern, werden die wohnraummietrechtlichen Bestimmungen angewandt, die Verträge werden als Wohnraummietverträge angesehen (OLG Karlsruhe ZMR 1985, 122 ff.; OLG Stuttgart WuM 1991, 379; LG Dresden ZMR 1998, 292). Aus dem genossenschaftlichen Gleichbehandlungsgrundsatz erfolgt, dass von einzelnen Mietern keine stärkere Mieterhöhung gefordert werden darf als von den übrigen (LG Offenburg WuM, 1998, 289).

Im Hinblick auf das Recht zur Mietminderung gelten die allgemeinen Regeln.

Im Hinblick auf die Kündigung besteht die Besonderheit darin, dass bei Ausschluss eines Mitglieds aus der Genossenschaft wegen genossenschaftswidrigen Verhaltens, die von ihm genutzte Wohnung gekündigt werden darf, wenn sie für ein anderes Mitglied benötigt wird, da bei der Würdigung der Kündigungsinteressen der besondere Charakter des genossenschaftlichen Mietverhältnisses berücksichtigt werden muss (BGH WuM 2003, 691 ff.).

Die Entscheidung (AG Saarbrücken WuM 2007, 506) wonach die satzungsrechtliche Pflicht des Mitglieds, zusätzliche Anteile beim Abschluss eines Dauernutzungsvertrages zu zeichnen, dem Umfang nach auf den Betrag einer zulässigen Mietkaution begrenzt werden muss, ist auf Kritik gestoßen (s. Feßler WuM 2007, 693 ff.).

Das genossenschaftliche Rechtsverhältnis zwischen der Genossenschaft sowie ihren Mitgliedern und wird durch die Satzung geregelt. Das Recht, in der Insolvenz des Mitglieds einer Genossenschaft die Mitgliedschaft mit dem Ziel zu kündigen, den zur Insolvenzmasse gehörigen Anspruch des Schuldners auf Auszahlung des Auseinandersetzungsguthabens (§ 73 GenG) zu realisieren, steht dem Insolvenzverwalter zu (BGH NJW 2009, 1820 Rn. 5). Genossenschaftsanteile können auch gepfändet werden. Die Pfändung und Überweisung des Anspruchs auf Auszahlung des genossenschaftlichen Auseinandersetzungsguthabens stellt nicht deshalb eine unzumutbare Härte i.S.d. § 765a ZPO dar, weil sie mittelbar zum Verlust der genossenschaftlichen Wohnungsrechte des Schuldners geführt hat und die Möglichkeit besteht, dass er seine derzeitige Wohnung verliert (BGH MDR 2010, 49 = NZM 2009, 916). **78**

Auf entgeltliche Überlassung von Wohnungen im Rahmen von Dauernutzungsverträgen zwischen einer Wohnungsbaugenossenschaft und ihren Mitgliedern, werden die wohnraummietrechtlichen Bestimmungen angewandt, die Verträge werden als Wohnraummietverträge angesehen (OLG Karlsruhe ZMR 1985, 122 ff.; OLG Stuttgart WuM 1991, 379; LG Dresden ZMR 1998, 292). Aus dem genossenschaftlichen Gleichbehandlungsgrundsatz erfolgt, dass von einzelnen Mietern keine stärkere Mieterhöhung gefordert werden darf als von den übrigen (LG Offenburg WuM 1998, 289). **79**

Im Hinblick auf die Kündigung besteht die Besonderheit darin, dass bei Ausschluss eines Mitglieds aus der Genossenschaft wegen genossenschaftswidrigen Verhaltens, die von ihm genutzte Wohnung gekündigt werden darf, wenn sie für ein anderes Mitglied benötigt wird, da bei der Würdigung der Kündigungsinteressen der besondere Charakter des genossenschaftlichen Mietverhältnisses berücksichtigt werden muss (BGH WuM 2003, 691 ff.). **80**

Im Falle einer Scheidung kann die Wohnung einem der Ehepartner zugewiesen werden, auch wenn dieser nicht Mitglied der Genossenschaft ist (BVerfG WuM 1991, 572). Es wird jedoch auch die Auffassung vertreten, dass der Vermieter analog § 563 Abs. 4 BGB kündigen kann, wenn der verbleibende Mieter nicht Mitglied der Genossenschaft ist (Götz/Brudermüller NJW 2010, 5 ff.) **81**

Die genossenschaftliche Pflicht zur Beteiligung an der Genossenschaft durch Einlagen ist unabhängig von einer Kaution und berührt deshalb die Höchstgrenze des § 551 BGB nicht (Feßler WuM 2007, 693 ff.; Feßler/Roth WuM 2010, 57 m.w.N. auch zur Gegenmeinung). **82**

Innerhalb der Genossenschaft gilt grundsätzlich der Gleichbehandlungsgrundsatz. Dieser lässt aber sachgerechte Differenzierungen zu. Verzichtet ein Teil der Mieter in Absprache mit der Genossenschaft auf eine Mietminderung während der Durchführung von Modernisierungs- und Instandsetzungsarbeiten, so ist der Gleichbehandlungsgrundsatz nicht verletzt, wenn bei diesen Mietern keine Mieterhöhung durchgeführt wird, wohl aber bei denen, die die Miete gemindert haben (BGH NZM 2010, 121 = GE 2010, 56 = IMR 2010, 4). Der Gleichbehandlungsgrundsatz kann auch nicht auf die Begründung neuer Vertragsverhältnisse angewendet werden (LG Hamburg WuM 2010, 117). **83**

V. Einzelfragen zum Mietvertragsabschluss

1. Vorvertrag

In Ausnahmefällen wollen die Parteien vor Abschluss eines Mietvertrages einen Vorvertrag abschließen, durch den sie sich zum Abschluss eines Mietvertrages verpflichten (BGHZ 102, 384). Hierbei muss der Inhalt des künftigen Mietvertrages zumindest **84** bestimmbar sein (BGH WuM 1994, 71) und mit einem solchen Maß an Bestimmbarkeit und Vollständigkeit getroffen sein, dass im Streitfall der Inhalt des Vertrages richterlich festgestellt werden kann. Dies ist i.d.R. der Fall, wenn die Vertragsparteien über Mietobjekt, Miethöhe und Mietdauer eine hinreichende Einigung erzielt haben. Dabei kann die Ausgestaltung näherer Vertragsbedingungen weiteren Verhandlungen vorbehalten bleiben (BGH 03.07.2002, Az. XII ZR 39/00).

Das Mietobjekt muss definiert sein.

Für die erforderliche Einigung zur Miethöhe reicht es aus, wenn sie notfalls mit sachverständiger Hilfe bestimmbar ist, da selbst ohne jegliche Vereinbarung über die Miete ein Mietvertrag zustande kommen kann, wenn die Parteien sich bindend über eine entgeltliche Überlassung des Gebrauchs der Mietsache einigen. Dann kann im konkreten Fall eine angemessene, ortsübliche Miete als vereinbart gelten (BGH WuM 1992, 312, 313).

Als Mietbeginn kann der Zeitpunkt der künftigen Übergabe der Mietsache vereinbart werden (BGH IMR 2007, 210; entschieden zur Schriftform).

Die Vereinbarung in einem Vorvertrag, dass ein langfristiges Mietverhältnis begründet werden soll, unterliegt nicht dem Formerfordernis des § 566 BGB a.F., verpflichtet die Parteien aber zur Mitwirkung am Zustandekommen des schriftlichen und damit der Form des § 550 BGB (566 BGB a.F.) genügenden Hauptvertrags (BGH IMR 2007, 211). Im dieser Entscheidung zugrunde liegenden Fall, waren die Parteien des Vorvertrags sich darüber einig, dass ein Mietverhältnis auf längere Dauer geschlossen werden soll. Da der Abschluss eines längerfristigen Mietvertrages (auf unbestimmte Zeit) auch ohne die Einhaltung des Schriftformerfordernisses möglich ist, liegt in dieser Rechtsprechung des BGH auch kein dogmatischer Bruch.

Es ist sorgfältig zu prüfen, ob es sich nur um die Verpflichtung handelt, einen Hauptvertrag abzuschließen oder die Vertragsparteien schon unmittelbar die sich aus einem Hauptvertrag ergebenden Rechte und Pflichten begründen wollten (BGH WPM 1996, 1064 (1065)). Der Vorvertrag kommt in Betracht, wenn der Hauptvertrag aus rechtlichen oder tatsächlichen Gründen noch nicht abgeschlossen werden soll, etwa die in Aussicht genommene Wohnung noch nicht wirksam gekündigt wurde, aber bereits eine Bindung der zukünftigen Vertragsparteien gewollt ist (LG Berlin WuM 1992, 387). Vereinbaren Käufer und Verkäufer eines Mietobjektes, dass jede Partei ab einem bestimmten Zeitpunkt zu einem bestimmten Preis eine Anmietung durch den Verkäufer verlangen kann, so handelt es sich rechtlich um einen Vorvertrag, nicht um ein Optionsrecht (OLG Köln ZMR 1998, 283). Eine umfassende Darstellung hierzu findet sich bei Michalski (ZMR 1999, 141 ff.; s.a. AG Schöneberg ZMR 1999, 643 ff.).

85 Wenn eine Partei aufgrund eines Vorvertrages den Abschluss eines Hauptvertrages erreichen will, muss sie auf Feststellung klagen, dass die andere Partei verpflichtet ist, zur Annahme eines konkreten, von ihr selbst abgegebenen Angebots (BGH NJW-RR 1994, 317 (318)). Der Klageantrag auf Abschluss eines nach einem Vorvertrag geschuldeten Hauptvertrages muss grundsätzlich den gesamten Vertragsinhalt umfassen (BGH NZM 2006, 674 ff.; BGH NJW-RR 1994, 317 (318)). Eine Feststellungsklage ist ausnahmsweise auch möglich, wenn die Leistungsklage mit unzumutbaren Schwierigkeiten verbunden wäre und das Feststellungsverfahren zur Erledigung der aufgetretenen Streitpunkte führen kann, insbesondere dann, wenn nicht Details des Mietvertrages streitig sind, sondern die Frage der Vermietung überhaupt (BGH v. 03.07.2002, Az. XII ZR 39/00).

86 Zur Frage, inwieweit die Einigung über spätere Mietvertragserweiterungen als bedingter Vorvertrag auszulegen ist vgl. OLG Hamburg, Urteil v. 06.06.2001, Az. 4 U 163/98.

Der Annahme eines Vorvertrages steht entgegen, wenn die Vertragsparteien den sofortigen Beginn eines langfristigen Mietvertrages vereinbart haben, einer umgehenden Nutzung der Mietsache durch den Mieter keine Hindernisse entgegenstehen und in der Urkunde alle für den Abschluss eines Mietvertrages wesentlichen Punkte enthalten sind (OLG Karlsruhe v. 12.11.2002, Az. 17 U 177/00). Auch wenn in der als Vorvertrag bezeichneten Vertragsurkunde die Klausel enthalten ist »Weitere Einzelheiten werden in einem ausführlichen Mietvertrag, wie besprochen, niedergelegt.« lässt dies nicht zwingend den Schluss zu, bei den schriftlich niedergelegten Abreden handele es sich nur um einen Vorvertrag. Dies gilt insbesondere, wenn der Vollzug des Mietverhältnisses ersichtlich nicht von der Unterzeichnung eines ergänzenden Vertrages abhängig gemacht worden ist (OLG Karlsruhe a.a.O.). Allein die Tatsache, dass ein ausführlicher, noch zu entwerfender, ergänzender Mietvertrag geschlossen werden soll, rechtfertigt nicht die Annahme eines Vorvertrages. Dies gilt insbesondere, wenn umgehend Besitzeinräumung erfolgte und die vereinbarten Mietzahlungen erbracht werden (OLG Karlsruhe v. 12.11.2002, Az. 17 U 177/00). Allein auf einen Mietvorvertrag kann der Anspruch auf Mietzahlung nicht gestützt werden, dies ist nur möglich in Verbindung mit der Klage auf Abschluss des Hauptvertrages (OLG Düsseldorf GE 2009, 1554). Zum Rücktritt vom Vorvertrag vgl. OLG Koblenz NZM 1998, 405 f. **87**

Der »letter of intent« kann als Vorvertrag ausgelegt werden. Es kommt auf den konkreten Vereinbarungsinhalt an (s. Lindner-Figura NZM 2000, 113).

2. Anmietrecht

Durch ein Anmietrecht übernimmt der Vermieter die Verpflichtung, unter bestimmten Bedingungen die Mietsache zunächst dem Berechtigten anzubieten, wobei die Vertragskonditionen erst später festgelegt werden sollen (KG BeckRS 2002, 30231733). Üblicherweise dürfte es sich hier um einen Vorvertrag handeln, der unter der aufschiebenden Bedingung geschlossen wurde, dass der Vermieter sich tatsächlich zur Vermietung entschließt (s. BGH NJW 1978, 1371). Wenn ein unklar gefasstes Optionsrecht vereinbart wurde, kann es sich um ein Anmietrecht handeln, in Form eines doppelt aufschiebend bedingten Mietvertrages (OLG Hamburg ZMR 2001, 889). **88**

3. Vormietrecht

Bei dem Begriff Vormietrecht handelt es sich nicht um einen feststehenden allgemein verständlichen Begriff. Eine gesetzliche Regelung dieses Vertragstyps findet sich nicht, die Regelungen über den Vorkauf werden entsprechend angewandt (BGH GuT 2003, 4; ZMR 1988, 89). Das Vormietrecht begründet für den Berechtigten die Befugnis, durch einseitige, an den Verpflichteten gerichtete Erklärung mit diesem einen Mietvertrag zu den Bedingungen abzuschließen, die dieser in einem Mietvertrag mit einem Dritten festgelegt hat (BGHZ 55, 71, 74). Da ein allgemeines Verständnis für den Begriff Vormietrecht nicht ohne weiteres vorausgesetzt werden kann, bedarf seine konkrete Ausgestaltung grundsätzlich einer Erläuterung im Vertragstext. Andernfalls ist das Vormietrecht, sofern die andere Vertragsseite diesem Institut eine andere Bedeutung beimessen sollte, der Auslegung zugänglich (LG Heilbronn ZMR 2001, 975). **89**

Charakteristisch für das Vormietrecht ist, dass der Berechtigte keinen Einfluss darauf hat, ob der Vormietfall jemals eintreten wird. Er trägt das Risiko, Inhaber eines wertlosen Rechts zu sein. **90**

91 Da der Vermieter in der Gestaltung des Vertrages mit dem Dritten grundsätzlich frei ist und auf die Interessen des Berechtigten keine Rücksicht nehmen muss, läuft der Berechtigte Gefahr, sich Vertragsbedingungen ausgesetzt zu sehen, die die Ausübung seines Vormietrechts wirtschaftlich sinnlos machen (LG Heilbronn ZMR 2001, 975). Um überprüfen zu können, ob die Ausübung eines Vormietrechts möglich und sinnvoll ist, muss der Berechtigte den Inhalt des Mietvertrags kennen, ihm steht ein entsprechendes Auskunftsrecht zu (BGH NJW 2002, 3016). Für den wirksamen Verzicht auf ein Vormietrecht ist der Abschluss eines Erlassvertrages erforderlich (BGH GuT 2003, 417). Zu Einzelheiten s. Michalski ZMR 1999, 1 ff.

92 Die Vereitelung eines Vormietrechts kann unter Umständen zu einer Kündigung wegen schuldhafter Vertragsverletzung berechtigen. Die Nichteinräumung des Vormietrechts allein genügt hierfür nicht (KG BeckRS 2002, 30289998).

Abzugrenzen ist das Vormietrecht von einer Verlängerungsoption (KG BeckRS 2010, 24375). Zur Verlängerungsoption s. Kap. 15 und Einzelfragen Stichwort »Verlängerungsoption«.

4. Vorläufiges Mietverhältnis

93 Ein vorläufiges Mietverhältnis ist i.d.R. anzunehmen in Fällen der Nutzung bereits überlassener Räume und einem noch auszuhandelnden endgültigen Mietvertrag (OLG Hamburg WuM 2003, 84; LG Freiburg/OLG Karlsruhe WuM 1991, 81). Nach der Lebenserfahrung will derjenige, der durch Austausch von Leistungen in dauernde Beziehungen zu anderen tritt, regelmäßig nicht in einem vertragslosen Zustand handeln, in welchem die Leistungen nur nach den für solche Dauerbeziehungen nicht passenden Vorschriften der §§ 812 ff. BGB kondizierbar wären (BGHZ 41, 275; BGH NJW 1983, 1727, 1728). Eine Vorvereinbarung vor Abschluss eines neuen Mietvertrags kann zur Begründung eines Mietverhältnisses ausreichend sein (OLG Hamburg ZMR 2003, 179 m.w.N.). Ein Mietvertrag erfordert gemäß § 535 BGB nichts weiter, als dass ein Vertragsteil sich verpflichtet, dem anderen Vertragsteil den Gebrauch einer Sache gegen Entgelt zu gewähren. Unschädlich ist, wenn dies unter Vorbehalt jederzeitigen Widerrufs steht, d.h., die Mietsache auf unbestimmte Zeit und in der beiderseitigen Erwartung des Zustandekommens eines endgültigen Mietvertrages überlassen wurde (BGHZ 10, 171, 175).

5. Option

94 Die Option ist ein einseitiges Gestaltungsrecht (BGH NJW 1968, 551, 552), das sowohl der Vermieter, als auch der Mieter ausüben kann. i.d.R. wird das Optionsrecht dem Mieter eingeräumt. Die Option ist abzugrenzen von den weiteren Gestaltungsmöglichkeiten durch einseitige Erklärung Einfluss auf Zustandekommen oder Verlängerung eines Mietvertrages auszuüben. (Staudinger/Emmerich, vor § 535 BGB Rn. 100). Der Abschluss eines Vorvertrags in Verbindung mit einem entsprechenden Gestaltungsrecht des Mieters kann vereinbart werden oder der sofortige Abschluss eines aufschiebend bedingten Mietvertrages, dessen Bedingung der Entschluss des Mieters zum endgültigen Vertragsabschluss ist, ebenso der Abschluss eines Optionsvertrages sowie ein langfristig bindender Antrag des Vermieters auf Abschluss eines Mietvertrages, der dem Mieter gestattet diesen zu einem ihm genehmen Zeitpunkt anzunehmen.

a) Begründungsoption

Durch eine Begründungsoption wird ein dem Ankaufsrecht entsprechendes Anmietrecht begründet (RGZ 161, 267). Wenn Käufer und Verkäufer eines Mietobjekts vereinbaren, dass jede Partei ab einem bestimmten Zeitpunkt, zu einem bestimmten Preis, eine Anmietung desselben durch den Verkäufer verlangen kann, handelt es sich um einen Vorvertrag, nicht um ein Optionsrecht (OLG Köln ZMR 1998, 283; s.a. Vorvertrag). **95**

b) Verlängerungsoption

Die Verlängerungsoption (s. hierzu Kap. 15 I. Stichwort »Verlängerungsoption«) begründet kein neues Mietverhältnis, das alte Mietverhältnis wird fortgesetzt. Einer oder beiden Vertragspartei(en) wird das Optionsrecht eingeräumt, üblicherweise wird der Mieter durch die Option begünstigt. **96**

6. Verschulden bei Vertragsschluss

Die Haftung der Parteien aus culpa in contrahendo bei Verletzung vorvertraglicher Aufklärungs- und Sorgfaltspflichten war von Rechtsprechung und Lehre anerkannt, sie ist durch die Schuldrechtsreform gesetzlich geregelt worden und wurde in den §§ 280 Abs. 1, 241 Abs. 2, 311 Abs. 2 BGB kodifiziert (Palandt/Heinrichs § 311 Rn. 11 ff.). **97**

Ein Schuldverhältnis mit Pflichten gemäß § 241 Abs. 2 BGB kann auch gemäß § 311 Abs. 2 Nr. 1 BGB durch die Aufnahme von Vertragsverhandlungen, gemäß § 311 Abs. 2 Nr. 2 BGB durch Einräumen der Einwirkungsmöglichkeit auf die Rechtssphäre des Vertragspartners bei der Anbahnung eines Vertrages oder gemäß § 311 Abs. 2 Nr. 3 BGB durch ähnliche geschäftliche Kontakte entstehen. Dabei kommt es lediglich auf das erkennbare Vorhandensein einer Vertragsabschlussintention an. Der in Bezug genommene § 241 Abs. 2 BGB enthält die Bestimmung, dass ein Schuldverhältnis zur Rücksicht auf die Rechte, Rechtsgüter und Interessen des anderen verpflicht. Kombiniert mit dem Generaltatbestand der Pflichtverletzung in § 280 Abs. 1 BGB ergibt sich so ein Schadensersatzanspruch wegen der Verletzung der Pflicht zur vorvertraglichen Rücksichtnahme. **98**

Nach seinem Wortlaut gebietet § 311 Abs. 2 BGB i.V.m. § 241 Abs. 2 BGB nur Rücksichtnahme, nicht aktives Handeln. Kritisiert wurde daher, dass nur Schutz-, nicht aber Aufklärungspflichten normiert worden seien (Kandelhard WuM 2003, 4, der davon ausgeht, dass auch Aufklärungspflichten erfasst sind; zum Ganzen Medicus a.a.O. Rn. 104 ff.). **99**

Die Rechtsprechung kann auf die bisher entwickelten Rechtsgrundsätze und anerkannten Fallgruppen zur c.i.c. zurückgreifen (Palandt/Heinrichs § 311 Rn. 14 und 33 ff.). Klargestellt ist durch den BGH (NJW 2002, 208, 210), dass die Haftung aus c.i.c. nicht greift, wenn die vorvertragliche Pflichtverletzung nur in einer unrichtigen Angabe über die Beschaffenheit der Mietsache bestand s. aber BGBl NJW 2010, 2648 f. zur konkludenten Vereinbarung der Beschaffenheit und Kap. 3 Rdn. 9). **100**

Ansprüche aus c.i.c. werden ab Überlassung der Mietsache durch die Vorschriften über die Mängelhaftung verdrängt (§§ 280 Abs. 1, 241 Abs. 2, 311 Abs. 2 BGB). Der Anspruch aus c.i.c. kommt aber in Betracht, wenn die §§ 536 ff. BGB nicht eingreifen, eine Überlassung der Mietsache nicht mehr erfolgt oder (str.) der Vermieter vorsätzlich gehandelt hat (Palandt/Weidenkaff § 536 Rn. 14 m.w.N.). Eine Ersatzpflicht besteht dann, wenn eine der Parteien unter Verletzung einer vorvertraglichen Aufklärungspflicht schuldhaft unzutreffende Informationen in Bezug auf das Mietobjekt erteilt hat (BGH NZM 2000, 492), Verkehrssicherungspflichten verletzt werden oder eine Partei die Verhandlungen ohne triftigen Grund abbricht, nachdem sie in zurechenbarer Weise bei dem anderen **101**

Teil Vertrauen auf das Zustandekommen des Vertrages geweckt hat (BGH NJW 1996, 1884, 1885), wenn also nach dessen Vorstellungen die Annahme gerechtfertigt war, es werde mit Sicherheit zum Abschluss kommen (BGH ZMR 1977, 149). Die Ersatzpflicht beschränkt sich auf die nach Entstehung des Vertrauenstatbestandes entstandenen Schäden (OLG Dresden ZIP 2001, 604; str. s. Kandelhard WuM 2003, 3, 4). Sofern die Ansprüche darauf gestützt werden, dass der Vermieter bei den Vertragsverhandlungen fahrlässig unrichtige Angaben über die Beschaffenheit der Mietsache gemacht hat (BGH NJW 1997, 2813 = ZMR 1997, 565; NJW 1980, 780 m.w.N.) war vor der Schuldrechtsreform der Anspruch des Mieters aus c.i.c. ausgeschlossen. Nunmehr ist § 276 BGB über § 280 Abs. 1 BGB anwendbar, somit ist fahrlässiges Handeln ausreichend, die Ausnahme für Vorsatz sollte aufgegeben werden (Palandt/Heinrichs § 311 Rn. 29; Palandt/Weidenkaff § 536 Rn. 14). Eventuelle Aufwendungen einer Partei sind ihrem eigenen Risikobereich zuzuordnen, wenn nicht aufgrund des Verhaltens der anderen Partei die Annahme gerechtfertigt war, es werde mit Sicherheit zum Abschluss kommen (OLG Düsseldorf NJW-RR 1988, 988; für Erstellung von Freihandskizzen OLG Düsseldorf ZMR 2000, 23, 24). Ausnahmsweise kann das Interesse des Geschädigten an der Erfüllung eines nicht zustande gekommenen Vertrages zu ersetzen sein, wenn ohne das schuldhafte Verhalten ein anderer, für den Geschädigten günstigerer Vertrag (mit einem Dritten) zustande gekommen wäre (BGH ZMR 1998, 610, 611).

102 Soweit der Vertrauensschaden bisher in Analogie zu den §§ 122, 197, 307 a.F. BGB ersetzbar war, ist dies zweifelhaft geworden, da im Falle anfänglicher Unmöglichkeit jetzt gemäß § 311a Abs. 2 BGB ein Anspruch auf das positive und nicht mehr nur das negative Interesse gegeben ist (s. Kandelhard WuM 2003, 3 ff.). Der Grundsatz (BGH ZMR 1996, 367), dass ein Schadensersatzanspruch wegen Abbruchs der Verhandlungen über einen formbedürftigen Vertrag, dessen Abschluss als sicher hingestellt wurde, die Feststellung eines vorsätzlich pflichtwidrigen Verhaltens erfordert, findet auf i.S.v. §§ 550, 578 BGB formbedürftige Mietverträge keine Anwendung (OLG Celle ZMR 2000, 168).

103 Die vorgenannte Einschränkung gilt jedoch nicht, wenn es zu einer Übergabe der vermieteten Räume gar nicht erst gekommen ist. Die mietrechtlichen Gewährleistungsregeln wegen eines Sachmangels sind nach höchstrichterlicher Rechtsprechung grundsätzlich erst dann anwendbar, wenn die Mietsache auch tatsächlich übergeben wurde. S. hierzu Kap. 7.

104 Der Vermieter ist verpflichtet, den Mietinteressenten darüber zu unterrichten, wenn etwa Zwangsversteigerung oder Zwangsverwaltung angeordnet ist (OLG Hamm NJW-RR 1988, 784).

105 Eine Haftung aus c.i.c. (§§ 280 Abs. 1, 241 Abs. 2, 311 Abs. 2 BGB) kann gegeben sein, wenn der Vermieter beim Mieter den Eindruck erweckt hatte, er strebe eine langfristige Vermietung des Objekts an, sich diese aber nicht realisieren lässt. Das Vertrauen auf ein längeres Bestehen des Mietverhältnises soll dem Vertrauen auf den Abschluss eines solchen Vertrages gleichstehen (OLG Hamm WuM 1981, 102).

106 Die Grundsätze der c.i.c. sind anwendbar, wenn in der Präambel eines Mietvertrages für Räume in einem Einkaufszentrum der gegenwärtige Vermietungsstand aufgenommen wurde (s. BGH NZM 2004, 618, s. Kap. 15 Stichwort Risikoverteilung).

Zur culpa in contrahendo hat sich eine umfangreiche Kasuistik entwickelt. Zu weiteren Einzelfällen s. Franke ZMR 2000, 733. Zur Vertreterhaftung s. OLG Dresden WuM 2000, 124.

107 Nicht ausreichend ist, die Ankündigung der Unterzeichnung des Vertrages, sobald erforderliche behördliche Genehmigungen erteilt sind (OLG Düsseldorf ZMR 2000, 23, 24).

Auch den Mieter kann eine Haftung aus culpa in contrahendo treffen. Bei Übergabe der Mietsache vor Vertragsschluss hat er dieselben Obhut- und Fürsorgepflichten wie nach Vertragsschluss (BGH BB 1977, 121). **108**

Vermieterhaftung aus c.i.c. bei Erstvermietung und unzureichender Nebenkosten-Vorauszahlungsabrede liegt nur vor, wenn besondere Umstände einen Vertrauenstatbestand begründet haben (BGH NZM 2004, 619). **109**

Der Vermieter darf über die Höhe der angemessenen Vorauszahlungen auf die Betriebskosten keine falschen Angaben machen (OLG Düsseldorf ZMR 2000, 605; LG Berlin ZMR 1999, 637). **110**

Wenn der potentielle Mieter keine ordnungsgemäßen Zahlungsgarantien oder Bürgschaften beigebracht hat, kommt ein Schadensersatzanspruch aus c.i.c. nicht in Betracht (OLG Düsseldorf GuT 2004, 119, 120). **111**

Neben der c.i.c. besteht die Anfechtungsmöglichkeit gemäß § 123 BGB bei Täuschung oder Drohung, da die Schutzgüter verschieden sind. Durch c.i.c. soll das Vermögen geschützt werden, durch die Regelungen über die Anfechtung die freie Willensbildung. **112**

Auf einen Schadensersatzanspruch aus culpa in contrahendo wegen Um- und Rückbaukosten ist die sechsmonatige Verjährungsfrist des § 558 BGB a.F. (jetzt § 548 BGB) analog anzuwenden (BGH NJW 2006, 1963 ff.). Dies gilt auch, wenn es nicht wie vorgesehen zum Abschluss des Mietvertrages gekommen ist. **113**

Hat in einem solchen Fall der potentielle Vermieter noch den unmittelbaren Besitz an der Sache, beginnt die Verjährungsfrist bereits ab dem Zeitpunkt zu laufen, an dem die Vertragsverhandlungen der Parteien ihr tatsächliches Ende gefunden haben. Dies gilt auch dann, wenn zu diesem Zeitpunkt der Schaden noch nicht beziffert werden kann, da die Möglichkeit einer Feststellungsklage ausreicht, um die Verjährung zu unterbrechen (BGH NJW 2006, 1963; s.a. OLG Celle ZMR 2007, 689).

7. Doppelmiete

Doppelvermietung ist als wichtigster Rechtsmangel anzusehen (BGH ZMR 2006, 604 ff. auch zur Anwendung des § 281 BGB a.F.), zu Einzelheiten s. Kap. 9. **114**

Vermietet der Vermieter eine Mietsache mehrfach, sind die Verträge ohne Rücksicht darauf gültig, dass der Vermieter möglicherweise nur einen erfüllen kann (BGH BB 1962, 157; OLG Köln WuM 1998, 602). Es gilt nicht der Grundsatz der Priorität (OLG Hamm NZM 2004, 192). Der Vermieter kann und soll selbst entscheiden, welchen Vertrag erfüllen will und an welchen Mieter er unter Umständen Schadensersatz leistet. Dies entspricht dem Wesen der Privatautonomie (KG ZMR 2007, 614 f.). **115**

Sobald der Vermieter einen der Mietverträge erfüllt hat, verlieren die anderen Mieter ihren Erfüllungsanspruch, denn der Vermieter ist außerstande diesen zu erfüllen, § 275 BGB. Der Erfüllungsanspruch scheitert an § 275 Abs. 1 BGB, wenn der Vermieter die Sache von dem besitzenden Mieter nicht mehr – z.B. durch Kündigung oder Abstandszahlung – zurückerlangen kann. D.h., der nicht besitzende Mieter kann Besitzeinräumung gemäß § 535 Abs. 1 S. 1 BGB verlangen, solange die Behebung des Leistungshindernisses nicht ausgeschlossen ist (BGH ZMR 2003, 647 (651); KG ZMR 2009, 119 (120)). Ob die Erfüllung rechtlich oder tatsächlich möglich ist, muss der Schuldner des Erfüllungsanspruchs darlegen und beweisen (vgl. BGH, NJW 1999, 2034).

Ob dem Vermieter durch einstweilige Verfügung vorgeschrieben werden kann, welchem Mieter er die Räume überlässt, ist umstritten. Teilweise wird in Rechtsprechung und **116**

Literatur (OLG Düsseldorf NJW RR 1991, 336; Zöller/Vollkommer ZPO, § 938 ZPO Rn. 12) der Erlass einer einstweiligen Verfügung als zulässig bejaht. Überwiegend lehnt die neuere Rechtsprechung dies ab (OLG Koblenz ZMR 2008, 50; OLG Celle ZMR 2009, 113; KG ZMR 2007, 614 f. m.w.N.). Zu Einzelheiten s. Kap. 32.

8. Miete vom Reißbrett

117 Insbesondere bei Gewerberäumen werden Mietverträge häufig im Planungsstadium abgeschlossen. Der Beginn des Mietverhältnisses wird dann an den Eintritt eines bestimmten Ereignisses geknüpft oder auf einen konkreten Zeitpunkt festgelegt. Schwierigkeiten ergeben sich, wenn die vertraglichen Vereinbarungen zum Überlassungszustand des Mietobjekts und die nach Baufertigstellung vorhandene Mietsache nicht übereinstimmen (s. Kap. 6 II. und Kap. 15 Gewerberaum Stichwort Miete vom Reißbrett). Zu Schriftformproblemen s. Kap. 3.

9. Haustürgeschäfte

118 Das Gesetz über den Widerruf von Haustürgeschäften und ähnlichen Geschäften wurde durch das Schuldrechtsmodernisierungsgesetz in die §§ 312 ff. BGB übernommen. Inzwischen ist anerkannt, dass § 312 BGB auf den Abschluss von Mietverträgen und bei Vertragsänderungen anwendbar ist, wenn dies in der Privatwohnung des Mieters oder Vermieters erfolgt. Teilweise wurde eine Anwendbarkeit vollständig abgelehnt (Schläger ZMR 2000, 413). Die h.M. bejaht die Anwendbarkeit sowohl für den Abschluss (OLG Braunschweig NZM 1999, 916; LG Zweibrücken NZM 1999, 306) des Mietvertrages als auch bei Vertragsänderungen (OLG Koblenz WuM 1994, 257: Entscheidung erging zur Vereinbarung einer Mieterhöhung und Staffelmietzahlung) oder bei Mietaufhebung (AG Halle WuM 2009, 651). Die Haustürsituation muss zumindest mitursächlich sein. Die Bestimmungen finden Anwendung für Verträge zwischen einem Unternehmer i.S.d. § 14 BGB und einem Verbraucher i.S.d. § 13 BGB. Auch die nebenberufliche unternehmerische Tätigkeit wird erfasst. Die Verwaltung und Anlage eigenen Vermögens, wie Anlage von Geld in Mietshäusern erfüllt nicht den Unternehmerbegriff (BGH NJW 2002, 368; BFH NZM 1999, 1018). Allerdings gilt dies nur für den Eigentümer, der Leistungen nachfragt. Bietet er als Vermieter Leistungen gegen Entgelt an, ist er Unternehmer (s. Palandt/Heinrichs § 14 Rn. 2; a.A. Staudinger § 24a AGBG a.F. Rn. 29). Offen gelassen wird, jedoch, wo die Grenze zu ziehen ist, wenn ein Eigentümer mehrere Wohnungen jeweils längerfristig vermietet. Das AG Stuttgart (WuM 1996, 467) lässt eine Wohnung ausreichen. Das LG Köln (WuM 2000, 194) verlangt zwei Wohnungen, das AG Köln (WuM 2007, 123 f.) sechs Wohnungen. Nach Auffassung des LG Mannheim (ZMR 1994, III Nr. 20) wurde die geschäftsmäßige Vermietung jedenfalls bejaht bei Vermietung von zehn Wohnungen durch einen Verwalter. Abzustellen sein dürfte darauf, ob der Umfang der mit der Verwaltung eines umfangreicheren Privatvermögens verbundenen Geschäfte diese zu einer gewerblichen Tätigkeit machen; das ist etwa der Fall, wenn sie einen planmäßigen Geschäftsbetrieb mit Büro und Organisation erfordern (BGH NJW 2002, 368, 369).

119 Das Widerrufsrecht regeln §§ 312 Abs. 1 S. 1 und 355 BGB. An die Widerrufsbelehrung sind umfangreiche Anforderungen gestellt (s. Muster bei Palandt/Heinrichs Anmerkungen 13 ff. zu § 355 BGB). Durch den Widerruf wandelt sich der zunächst wirksame Vertrag mit Wirkung ex nunc in ein Rückgewährschuldverhältnis um, die beiderseitigen Leistungen sind gemäß §§ 346 ff. BGB zurückzugewähren.

VI. Minderjährige, Betreute, Pflegschaften

1. Allgemeines

Auch der gesetzliche Vertreter muss offenbaren, dass er als Vertreter handelt. Insbesondere bei einer Kündigung ist eine verdeckte Stellvertretung nicht zulässig (LG Köln WuM 1997, 219). 120

Eine Betreuung mit dem Aufgabenkreis Zuführung zur ärztlichen Behandlung und Aufenthaltsbestimmung umfasst auch die Verpflichtung, die Wohnverhältnisse zu kontrollieren und einer Vermüllung der Wohnung vorzubeugen, wenn der Betroffene Verwahrlosungstendenzen zeigt (BayObLG OLGR 2004, 1124). Die Entmüllung einer Wohnung kann als Aufgabenkreis eines Betreuers bestimmt werden (BayObLG FamRZ 2002, 348). Nach Meinung des OLG Oldenburg (NZM 2004, 198) sollen jedoch öffentlich-rechtliche Maßnahmen Vorrang haben. 121

Das Betreuungsrecht bietet keine Rechtsgrundlage für den Zutritt des Betreuers zur Wohnung des Betreuten gegen dessen Willen (BayObLG FamRZ 2002, 348 = NJW-RR 2001, 1513; OLG Oldenburg NZM 2004, 198).

Hat eine nicht prozessfähige volljährige natürliche Person wirksam eine andere natürliche Person schriftlich mit ihrer gerichtlichen Vertretung bevollmächtigt, so steht diese Person nach § 51 Abs. 3 ZPO einem gesetzlichen Vertreter gleich, wenn die Bevollmächtigung geeignet ist, gemäß § 1896 Abs. 2 S. 2 BGB die Erforderlichkeit einer Betreuung entfallen zu lassen.

2. Genehmigungserfordernisse

a) Der **Vormund** bedarf nach § 1822 Nr. 5 BGB der Genehmigung des Fmiliengerichts u.a. zu einem Mietvertrag, wenn das Vertragsverhältnis länger als ein Jahr nach dem Eintritt der Volljährigkeit des Mündels fortdauern soll, 122

Ein Fortdauern des Vertrages über ein Jahr der Volljährigkeit hinaus ist dann gegeben, wenn der Vertrag vom Mündel nicht zu einem früheren Zeitpunkt ordentlich gekündigt werden kann (Palandt/Diederichsen § 1822 Rn. 15). Für einen Mietvertrag auf unbestimmte Zeit mit gesetzlicher Kündigungsmöglichkeit wird dies nicht angenommen (LG Münster MDR 1994, 276, 277). 123

Genehmigungsbedürftig ist nur der Vertrag als solcher. Ergibt sich die Bindung bei einem Grundstückserwerb aus § 566 BGB, ist § 1822 Nr. 5 BGB nicht anwendbar (BGH NJW 1983, 1780). 124

Für die **Eltern** gilt § 1822 Nr. 5 BGB über § 1643 Abs. 1 BGB. Zuständig ist das Familiengericht. § 1822 Nr. 5 BGB ist in § 1908 BGB nicht erwähnt und gilt deshalb nicht für den Betreuer. Hierfür besteht die Sonderregelung des § 1907 Abs. 3 BGB. 125

b) Will der **Vormund** ein Mietverhältnis kündigen, bei dem das Mündel Vermieter ist, wird § 1812 BGB angewendet, da durch die Kündigung über Leistungsansprüche des Mündels verfügt wird (LG Köln WuM 1997, 219). Die Regelung gilt über § 1908i BGB entsprechend für den **Betreuer.** 126

c) Der **Betreuer** bedarf der Genehmigung des Betreuungsgerichtes zur Kündigung eines Mietverhältnisses über Wohnraum, den der Betreute gemietet hat. Gleiches gilt für eine Willenserklärung, die auf Aufhebung eines solchen Mietverhältnisses gerichtet ist (§ 1907 Abs. 1 BGB). Das Genehmigungserfordernis besteht auch dann, wenn ein geschäftsfähiger Betreuter der Beendigung des Mietverhältnisses zustimmt (KG ZMR 2002, 265, 268). 127

128 Entscheidend ist nur, ob der Betreute Mieter des Wohnraumes ist. Es genügt, dass der Betreute Mitmieter ist. Auch eine Untervermietung steht der Genehmigungspflicht nicht entgegen. Es ist nach dem Gesetzeswortlaut unerheblich, ob der Betreute den Wohnraum bewohnt. Dem § 1907 Abs. 1 BGB unterfällt deshalb auch Wohnraum, den der Betreute nicht selbst angemietet hat, wenn der Betreute durch Erbfolge in den Mietvertrag eingetreten ist, auch wenn er nicht in diesen Räumen wohnt (LG Berlin ZMR 2000, 297). Die Genehmigungspflicht soll jedoch nach h.M. (Prütting/Wegen/Weinreich/Bauer § 1907 Rn. 3 m.w.N.) dann nicht bestehen, wenn die Wohnung von vorneherein nicht den eigenen Wohnzwecken des Betreuten gedient hat.

129 d) Nach § 1907 Abs. 3 BGB bedarf der **Betreuer** u.a. der Genehmigung des Betreuungsgerichts zu einem Mietvertrag, wenn das Vertragsverhältnis länger als vier Jahre dauern oder vom Betreuten Wohnraum vermietet werden soll.

130 Bei der Vermietung von Wohnraum des Betreuten spielt die Vertragsdauer keine Rolle. Die Genehmigungspflicht ist nicht davon abhängig, ob der Betreute den Wohnraum bewohnt oder jemals bewohnen will (Schwab FamRZ 1992, 507; a.A. LG Münster WuM 1994, 276; Palandt/Diederichsen § 1907 Rn. 8). Der Gesetzeswortlaut ist eindeutig. Dem Schutzzweck der Norm kann dadurch Rechnung getragen werden, dass die Genehmigung zu erteilen ist, wenn der Wohnraum vom Betreuten nicht benötigt wird.

131 e) Für die Aufgabe von dinglichen Rechten an einem Grundstück, die zum Wohnen berechtigen, bedürfen **Eltern, Vormund und Betreuer** der Genehmigung des Gerichts (§§ 1821 Nr. 1 und 4, 1643 Abs. 1, 1908i Abs. 1 S. 1 BGB).

3. Mitteilungspflicht des Betreuers

132 a) Besteht nicht ohnehin eine Genehmigungspflicht nach § 1907 Abs. 1 BGB, so hat ein Betreuer, zu dessen Aufgabenkreis das Mietverhältnis oder die Aufenthaltsbestimmung gehören, nach § 1907 Abs. 2 S. 1 BGB dem Betreuungsgericht unverzüglich Mitteilung zu machen, wenn Umstände eintreten, aufgrund derer eine Beendigung des Mietverhältnisses über vom Betreuten gemieteten Wohnraum in Betracht kommt. Will der Betreuer Wohnraum des Betreuten auf andere Weise als durch Kündigung oder Aufhebung eines Mietverhältnisses aufgeben, so hat er dies gleichfalls unverzüglich mitzuteilen (§ 1907 Abs. 2 S. 2 BGB).

133 b) Die Mitteilungspflicht des § 1907 Abs. 2 S. 1 BGB besteht bereits dann, wenn eine Beendigung des Mietverhältnisses in Betracht kommt, also auch dann, wenn noch Zweifel an der Beendigung des Mietverhältnisses bestehen. Umfasst sind vor allem Kündigungen des Vermieters und befristete Mietverhältnisse ohne Verlängerungsklausel. Mitteilungspflichtig ist auch die Erhebung einer Räumungsklage gegen den Betreuten (Palandt/Diederichsen § 1907 Rn. 6).

134 c) Für die Mitteilungspflicht nach § 1907 Abs. 2 S. 2 BGB wird nicht auf die rechtlichen Verhältnisse abgestellt, sondern auf die tatsächliche Aufgabe von Wohnraum des Betreuten.

135 d) Das Betreuungsgericht kann auf die Mitteilung hin Maßnahmen nach §§ 1908i Abs. 1 S. 1, 1837 BGB ergreifen, kann aber auf Rechte Dritter keinen Einfluss nehmen.

136 Die Entscheidung des Betreuungsgerichts hat sich ebenso wie das Handeln des Betreuers am Wohle des Betreuten auszurichten, wobei nach § 1901 Abs. 2 und 3 BGB primär die Wünsche des Betreuten maßgeblich sind. Diesen ist jedoch nicht zu entsprechen, wenn die Realisierung kostenträchtiger Maßnahmen eine erhebliche Gefährdung des Vermögens des Betreuten in seiner Substanz nach sich zöge und zur absoluten Verarmung des

Betreuten führen würde. Bloße Unwirtschaftlichkeit schließt es nicht aus, dem Willen des Betreuten zu folgen (KG ZMR 2002, 265, 268). Selbst der Leerstand eines Hauses des Betreuten ist hinzunehmen, wenn dieser von der irrationalen Vorstellung geleitet wird, er könne rasch in sein Haus zurückkehren, und eine wirtschaftliche Notwendigkeit zur Vermietung nicht besteht (OLG Schleswig NZM 2001, 868).

Wird die vorgeschriebene Mitteilung unterlassen, so ist dies auf die Wirksamkeit von Rechtshandlungen ohne Einfluss, kann aber zu einer Entlassung des Betreuers nach § 1908b Abs. 1 BGB führen. **137**

4. Erklärungen von und gegenüber Betreuten

Der Betreuer vertritt den Betreuten in seinem Aufgabenkreis nach § 1902 BGB gerichtlich und außergerichtlich. Allein durch die Bestellung eines Betreuers wird der Betreute in seiner Geschäftsfähigkeit jedoch nicht beschränkt. Für Erklärungen des Betreuten selbst und den Zugang von Erklärungen an den Betreuten selbst (vgl. LG Dresden WuM 1994, 377) gelten deshalb die allgemeinen Vorschriften, es sei denn, dass ein Einwilligungsvorbehalt nach § 1903 BGB angeordnet ist. **138**

Ist der Betreute geschäftsunfähig, ist eine Erklärung an den Betreuer als gesetzlichen Vertreter des Betreuten zu richten. Eine bloß zufällige Kenntnisnahme des Betreuers von der Erklärung reicht für die Wirksamkeit nicht aus (LG Dresden WuM 1994, 377, 378). Wird die Betreuung aufgehoben, wirken Erklärungen gegenüber dem ehemaligen Betreuer nicht gegenüber dem ehemals Betreuten. Es besteht weder eine Rechtsscheinvollmacht noch eine Pflicht des ehemals betreuten Mieters dem Vermieter die Aufhebung der Betreuung mitzuteilen (AG Berlin-Wedding GE 2008, 737). **139**

Bei einem geschäftsunfähigen Mieter kann der Vermieter die Bestellung eines Betreuers anregen; gegen eine ablehnende Entscheidung hat er ein Beschwerderecht (BayObLG WuM 1996, 275, 276). Statt oder neben der Anregung einer Betreuung kann sich jedoch auch ein Antrag auf Prozesspflegschaft empfehlen (vgl. unten Rdn. 141). **140**

5. Pflegschaften

a) Soll eine nicht prozessfähige Partei verklagt werden, wird nach § 57 ZPO ein **Prozesspfleger** bestellt, wenn ein gesetzlicher Vertreter fehlt und Gefahr im Verzuge ist. Die Bestellung eines Prozesspflegers ist gegenüber Betreuungsmaßnahmen nicht subsidiär (Flatow WuM 2005, 314; a.A. Schumacher NZM 2003, 259). **141**

Die Bestellung erfolgt auf Antrag und ist auch möglich, wenn sich die Prozessunfähigkeit erst nach Rechtshängigkeit herausstellt (OLG Stuttgart MDR 1996, 198). Zweifel an der Geschäftsfähigkeit, die nicht abschließend geklärt werden können, genügen (BGH NJW 1990, 1734, 1736). **142**

Für den Vermieter ist mit einer Verzögerung Gefahr verbunden, wenn die Klage auf rückständige Miete und Räumung gerichtet ist und sich der Mietrückstand laufend vergrößert (LG Berlin GE 2001, 924). **143**

Der nach § 57 ZPO bestellte Prozesspfleger ist auch zur Entgegennahme einer Kündigung vertretungsbefugt, wenn diese in unmittelbarem Zusammenhang mit dem Rechtsstreit und dem bisherigen Streitstoff steht (LG Hamburg WuM 1996, 271). **144**

b) Der **Abwesenheitspfleger** kann grundsätzlich Mietverträge abschließen und auch kündigen, da es sich insoweit um eine Vermögensangelegenheit i.S.d. § 1911 BGB handelt. **145**

Soll jedoch der vom Abwesenden vorher bewohnte Wohnraum aufgegeben werden, so kann je nach Lage des Einzelteiles ein offensichtlicher Vollmachtsmissbrauch vorliegen, sodass sich auch der Dritte auf eine Vertretungsmacht nicht berufen kann (vgl. OLG Köln ZMR 1997, 227).

146 c) Das Nachlassgericht hat auf Antrag des Berechtigten nach § 1961 BGB einen **Nachlasspfleger** zu bestellen, wenn ein Anspruch gegen den Nachlass gerichtlich geltend gemacht werden soll und die Voraussetzungen des § 1960 Abs. 1 BGB vorliegen. Diese sind: Die Erbschaft ist noch nicht angenommen und es besteht ein Bedürfnis für die Sicherung des Nachlasses oder der Erbe ist unbekannt oder es ist ungewiss, ob der Erbe die Erbschaft angenommen hat. Dies gilt auch, wenn ein Erbe nicht ermittelt werden konnte. Betroffen sind davon insbesondere die Fälle, in denen ein Vermieter auf Räumung, Herausgabe und rückständige Miete klagen will. Ein Kostenvorschuss kann vom Gläubiger nicht verlangt werden (LG Frankfurt/O. ZMR 2007, 699; LG Köln ZMR 2009, 41).

2. Kapitel
Besonderheiten bei der Vermietung

Übersicht **Rdn.**

Rdn.

Rdn.

I. Mietvertrag über mehr als 30 Jahre

1 Den Vertrag über mehr als 30 Jahre regelt § 544 BGB. Er gewährt ein außerordentliches befristetes Kündigungsrecht nach 30 Jahren (§ 544 S. 1 BGB). § 544 S. 2 BGB enthält die Ausnahme vom Verbot einer Bindung über mehr als 30 Jahre, wenn ein Mietverhältnis auf Lebenszeit abgeschlossen wurde.

2 Die Vorschrift ist zwingend (Staudinger/Emmerich § 544 BGB Rn. 1 m.w.N.). Ihr Anwendungsbereich ist umfassend, sie gilt für alle Miet- und Pachtverträge ebenso wie für ähnliche Rechtsverhältnisse (BGH ZMR 1992, 291 zu § 567 BGB a.F.). Auch langfristige Mietverträge sind nicht als kreditähnliche Geschäfte zu werten (BGH ZMR 2004, 413).

1. Vertragsabschluss über mehr als 30 Jahre

3 Nur wenn durch eine vertragliche Regelung, nicht ausschließlich durch Zeitablauf, die Frist von 30 Jahren Vertragsdauer seit Überlassung überschritten wird, greift die Vorschrift des § 544 S. 1 BGB. Ob eine solche Regelung vorliegt, beurteilt sich anhand der Situation bei Vertragsabschluss. Auch ein nicht ausdrücklich befristeter Vertrag kann nach § 544 BGB zu beurteilen sein.

4 Wird eine über 30 Jahre hinausgehende Vertragslaufzeit erst durch eine nachträgliche Vertragsergänzung/-änderung erreicht, bleibt die Zeit vor der Vertragsergänzung/-änderung bei der Berechnung der 30-Jahres-Frist unberücksichtigt.

5 Ein Verstoß gegen die Bestimmungen des § 544 S. 1 BGB lässt die Wirksamkeit des Vertrages unberührt, der Vertrag ist aber in jedem Fall nach 30 Jahren kündbar (Staudinger/Emmerich § 544 Rn. 7).

a) Anwendungsbereich

6 Es reicht aus, wenn nur ein Mietvertragspartner die Laufzeit des Vertrages auf über 30 Jahre ausdehnen kann, um von einem Vertrag über mehr als 30 Jahre auszugehen (OLG Düsseldorf ZMR 2002, 189 m.w.N.). Anders kann der Gesetzeszweck, Erbmiete und ähnliche Verhältnisse auszuschließen, nicht erreicht werden (RGZ 130, 143/146; BGH NJW 2004, 1523; BGH WPM 1968, 7 [9]).

7 Eine dem Mieter eingeräumte Verlängerungsoption, durch die ihm vor Beginn der 30-Jahres-Frist die Möglichkeit eingeräumt wurde, das Mietverhältnis über die Zeitgrenze von 30 Jahren hinaus zu verlängern, führt zur Anwendbarkeit des § 544 BGB (BGH GuT 2004, 58 ff., zur Verlängerungsoption s. Kap. 16 I Stichwort »Verlängerungsoption«). Gleiches gilt für den Ausschluss des Kündigungsrechts auch nur einer Partei für mehr als 30 Jahre (Staudinger/Emmerich § 544 BGB Rn. 5 m.w.N.). Durch einen Veräu-

ßerungsfall (§ 566 BGB) wird die Frist des § 544 Abs. 1 BGB nicht tangiert (OLG Karlsruhe WuM 2008, 552).

Über ihren Wortlaut hinaus wird die Vorschrift bei folgenden Fallgestaltungen angewandt:
- wenn der Beendigungszeitpunkt nicht von vornherein feststeht,
- – sondern mit dem Eintritt eines objektiv bestimmten Ereignisses automatisch enden soll, das nach mehr als 30 Jahren eintreten kann und der Zeitpunkt dieses Ereignisses ungewiss ist (BGH ZMR 1992, 291, entschieden für Stromleitung),
- – dies gilt auch, wenn nur eine Partei hierauf Einfluss hat,
- – wenn bei einem Miet- oder Pachtverhältnis auf unbestimmte Zeit die Kündigung für mindestens einen Vertragspartner für mehr als 30 Jahre
- – ausgeschlossen ist (RGRK-Gelhaar BGB, 12. Aufl. § 567 Rn. 2; Staudinger/Emmerich § 544 Rn. 5; OLG Frankfurt/M. NZM 1999, 419),
- – unzumutbar erschwert wurde (MüKo-Voelskow BGB, 3. Aufl., § 567 Rn. 2),
- – wenn die erste Beendigungsmöglichkeit durch ordentliche Kündigung nur bei Eintritt eines Ereignisses möglich ist, das vor oder erst nach mehr als 30 Jahren eintreten kann (hier: Nichtausübung des Vorkaufsrechts durch den Pächter), selbst dann, wenn der Verpächter das Ereignis vor Ablauf von 30 Jahren herbeiführen konnte, aber nur um den Preis der Aufgabe seines Pachtgrundstücks durch Verkauf an den Pächter aufgrund eines vereinbarten Vorkaufsrechts (OLG Hamburg ZMR 1998, 28 ff.).

b) Ausnahmen

Die Vorschrift findet keine Anwendung, wenn der Vertrag eine Laufzeit von genau 30 Jahren hat oder ein auf unbestimmte Zeit abgeschlossener Mietvertrag länger als 30 Jahre läuft. **8**

Wenn Kettenmietverträge so ineinander greifen, dass ihre Dauer insgesamt 30 Jahre übersteigt und kein Zwang zum Abschluss eines neuen Kettenmietvertrages bestand, findet die Vorschrift keine Anwendung.

Zu weiteren Ausnahmen s. Staudinger/Emmerich § 544 BGB Rn. 3.

c) Wohnraummiete

Umstritten ist, ob für Wohnraummietverhältnisse seit Wegfall des einfachen Zeitmietvertrages eine vertragliche Regelung i.S.d. § 544 S. 1 BGB nur in Betracht kommt, wenn die Voraussetzungen des § 575 BGB erfüllt sind, insbesondere die in dieser Vorschrift genannten Befristungsgründe vorliegen (s. Hinz NZM 2003, 659 ff.). **9**

Seit Wegfall des einfachen Zeitmietvertrages kann die Regelung des § 544 S. 1 BGB für Wohnraummietverträge, die für mehr als 30 Jahre geschlossen wurden, nur noch Anwendung finden, wenn der Vertrag die Voraussetzungen des qualifizierten Zeitmietvertrages i.S.d. § 575 BGB erfüllt oder die Parteien individualvertraglich einen wirksamen Kündigungsausschluss für den entsprechenden Zeitraum vereinbart haben. Eine dauerhafte Bindung von Vermieter und Mieter entspricht der Intention des Gesetzgebers, da nach dessen Auffassung bei Fehlen eines Befristungsgrundes auf der Vermieterseite »dem Interesse des Mieters an einer langfristigen Bindung des Mietverhältnisses vertraglich dadurch Rechnung getragen werden (könne), dass die Parteien einen unbefristeten Vertrag schließen oder für einen vertraglich festgelegten Zeitraum das **ordentliche** Kündigungsrecht beiderseits ausschließen« (BT-Drucks. 14/4553, 69). Eine zeitliche Obergrenze für diesen Kündigungsausschluss nennt der Gesetzgeber nicht. Höchstrichterlich anerkannt ist, dass ein formularmäßiger **beiderseitiger** Kündigungsausschluss nur wirk- **10** sam ist, wenn er für nicht mehr als vier Jahre gilt (BGH NJW 2006, 1059; BGH ZMR 2005, 443). Bei Wohnraum im Studentenwohnheim ist ein solcher Ausschluss (formularmäßig) bei einer Dauer von zwei Jahren unwirksam (BGH NJW 2009, 3506). **Einseitig,** zu Lasten des Mieters, kann eine solche Regelung nicht formularmäßig wirksam getroffen werden, da der Mieter unangemessen benachteiligt wäre (BGH NJW 2009, 912 m.w.N.). Etwas anderes gilt bei Staffelmietvereinbarungen, hier sind vier Jahre möglich (BGH NJW 2009, 353 (354)).

11 Ob ein individualvertraglicher Ausschluss für mehr als 30 Jahre Gültigkeit hat, ist offen. Für 60 Monate kann eine solche Vereinbarung allein zu Lasten des Mieters getroffen werden (BGH ZMR 2004, 251 ff.). Der BGH (a.a.O.) sieht in einem solchen Ausschluss auch keinen Verstoß gegen § 575 Abs. 4 BGB und betont, dass eine längere Bindung an den Vertrag zulässig ist. An die wirksame Vereinbarung eines solchen Kündigungsausschlusses sind strenge Anforderungen zu stellen wegen der sich hieraus ergebenden Einschränkung der Dispositionsfreiheit des Mieters. Um diese gleichwohl angemessen sicherzustellen, ist für einen solchen Kündigungsverzicht zu fordern, dass zugleich durch eine weit gefasste echte Ersatz- oder Nachmieterklausel den Interessen des Mieters bei unvorgesehenen oder ungewollten Veränderungen seiner Lebensverhältnisse Rechnung getragen wird.

d) Kündigung

12 Die Verwendung des Begriffs der außerordentlichen Kündigung ist hier, wie an anderen Stellen des Gesetzes, neu und geht auf die übliche systematische Unterscheidung zwischen außerordentlicher befristeter oder fristloser und ordentlicher Kündigung zurück.

13 Während die ordentliche Kündigung das rechtliche Mittel zur »normalen« Vertragsbeendigung unter Einhaltung der allgemeinen (ordentlichen) Kündigungsfristen ist, gilt die außerordentliche Kündigung nur in den im Gesetz genannten Fällen für bestimmte Sachverhalte, meist vor dem Hintergrund geänderter tatsächlicher Verhältnisse, je nachdem, entweder fristgebunden als außerordentliche befristete Kündigung oder ohne Einhaltung einer Frist als außerordentliche fristlose Kündigung.

aa) Kündigungsfrist und Kündigungszeitpunkt

14 Die dreimonatige Kündigungsfrist ergibt sich nicht aus der Vorschrift selbst, sondern ist wie für die außerordentliche Kündigung mit gesetzlicher Frist gem. §§ 573d, 575a, 580a Abs. 4 BGB zu berechnen.

15 Klargestellt ist, dass die Kündigung erst nach Ablauf von 30 Jahren gerechnet ab dem Zeitpunkt der Überlassung der Mietsache möglich ist (Begr. zum RegE BT-Drucks. 14/4553, 44).

16 Der nach § 567 BGB a.F. unklare Zeitpunkt für die Berechnung des Beginns der 30-Jahres-Frist (s. hierzu OLG Hamm ZMR 2002, 196 ff.) ist in § 544 S. 1 BGB neu definiert. Es kommt jetzt auf den vereinbarten Zeitpunkt der Überlassung der Mietsache an. Lammel (Schmidt-Futterer § 544 BGB Rn. 11) geht davon aus, dass für den Zeitpunkt der Überlassung der vertraglich vereinbarte Überlassungszeitpunkt maßgebend sein soll. Diese Auffassung ist abzulehnen. Es kommt auf den Zeitpunkt der tatsächlichen Überlassung, die Übergabe der Mietsache an, die vor oder nach dem vertraglich vereinbarten Termin liegen kann (s. Gather § 566 BGB Rn. 43 m.w.N.).

17 Das Kündigungsrecht muss nicht für den erstmöglichen Termin ausgeübt werden (BGHZ 117, 236).

Die außerordentliche befristete Kündigung kann erst nach Ablauf von 30 Jahren seit Überlassung der Mietsache ausgesprochen werden. Bei Wohnraum gemäß § 573d BGB (§ 575a BGB) i.d.R. mit dreimonatiger Frist (§ 575a Abs. 3, 1. Hs. BGB), bei sonstiger Miete gemäß § 580a BGB mit den hier genannten Fristen. 18

bb) Kündigungsgrund

Aus der Verweisung auf § 573 BGB in § 575a BGB wird gefolgert, dass für Wohnraum bei Vermieterkündigung ein berechtigtes Interesse vorliegen muss und die Sozialklausel gilt (Palandt/Weidenkaff § 544 BGB Rn. 6). 19

2. Vertrag auf Lebenszeit

Von der nach § 544 S. 1 BGB bestehenden Kündigungsmöglichkeit bei Verträgen über mehr als 30 Jahre macht § 544 S. 2 BGB eine Ausnahme für Mietverhältnisse auf Lebenszeit des Vermieters oder des Mieters. Hier gilt das Verbot einer längeren Bindung als auf 30 Jahre nicht. 20

a) Besonderheiten bei der Wohnraummiete

Schon für den wortgleichen § 567 S. 2 a.F. BGB war in Rechtsprechung und Literatur weitgehend anerkannt, dass ein auf Lebenszeit des Mieters oder Vermieters abgeschlossener Mietvertrag über Wohnraum ein befristetes, auf bestimmte Zeit eingegangenes Mietverhältnis begründet (BayObLG ZMR 1993, 462 m.w.N.). Das Mietverhältnis auf Lebenszeit wurde und wird zutreffend sowohl in der Rechtsprechung als auch in der Literatur ganz überwiegend als ein befristetes, auf bestimmte Zeit eingegangenes Mietverhältnis betrachtet und nicht, wie bereits früher durch Mindermeinung vertreten, als unbefristetes Mietverhältnis bewertet (BayObLG ZMR 1993, 462 m.w.N.). In seiner Begründung dafür, dass ein auf Lebenszeit abgeschlossener Mietvertrag ein befristetes Mietverhältnis darstellt, setzt sich das BayObLG auch mit der Meinung auseinander, dass das Mietverhältnis als auflösend bedingt zu gelten habe und lehnt dies zutreffend ab. Gerade hier fehle der für eine Bedingung charakteristische Schwebezustand, da es schon bei Vertragsabschluss feststeht, dass der Tod der Person eines Tages eintritt und somit das Ereignis stattfinden wird, an welches das Ende des Mietverhältnisses geknüpft ist (BayObLG ZMR 1993, 463). Das Ende dieses Mietverhältnisses ist nicht von einer Kündigung abhängig, sondern von einem, zwar nicht kalendermäßig bestimmten, aber doch zweifelsfrei eintretenden Ereignis. Niemand ist unsterblich. 21

Die Frage der Anwendbarkeit des in § 544 S. 2 BGB festgelegten Kündigungsausschlusses für Lebenszeitverträge auf neu begründete Wohnraummietverhältnisse ist gleichfalls streitig. 22

Möglicherweise wurde bei der Mietrechtsreform übersehen, dass Wohnraummietverhältnisse, bei denen ein Befristungsgrund i.S.v. § 575 Abs. 1 Ziff. 1 bis 3 BGB nicht genannt ist, als auf unbestimmte Zeit abgeschlossen gelten (§ 575 Abs. 1 S. 2 BGB) und so die Frage der Zulässigkeit von Lebenszeitverträgen für Wohnraum zu stellen ist. Zweifel an der Zulässigkeit hat Kandelhard (§ 544 Rn. 6). Er geht davon aus, dass § 544 S. 2 BGB in Folge des Wegfalls des einfachen Zeitmietvertrages ohne Anwendungsbereich ist. 23

Fraglich ist, ob die Belange des Mieterschutzes und die Begründung des Gesetzgebers zum neuen qualifizierten Zeitmietvertrag gebieten, die Vorschrift des § 575 Abs. 1 S. 2 BGB so auszulegen, dass sie auf Wohnraummietverhältnisse auf Lebenszeit von Mieter oder Vermieter keine Anwendung findet. 24

25 Intention des Gesetzgebers beim neuen qualifizierten Zeitmietvertrag war, dass ein echter Zeitmietvertrag geschaffen werden sollte, der nach Ablauf der vereinbarten Mietzeit tatsächlich zur Beendigung des Mietverhältnisses führt, wobei eine zeitliche Beschränkung/ Befristung im Hinblick auf die Dauer nicht vorgesehen ist. Durch die Befristung sollte es dem Vermieter einerseits im Interesse der Vermeidung wohnungspolitisch unerwünschter Leerstände ermöglicht werden, die Wohnräume bis zu der von ihm vorgesehenen anderweitigen Nutzung so zu vermieten, dass er sie nach Beendigung der Mietzeit auch tatsächlich der anderweitigen Nutzung zuführen kann. Andererseits sollte durch die Beschränkung auf die bestimmten Befristungsgründe ein Missbrauch zur Umgehung der dem Mieterschutz dienenden Kündigungsschutz- und Mieterhöhungsvorschriften ausgeschlossen werden.

26 Als weiteres wesentliches Argument dafür, dass der einfache Zeitmietvertrag entfallen ist, wird neben dem Interesse der Rechtsvereinfachung und Rechtssicherheit angeführt, dass durch die Neuregelung anders als bisher zwischen Vermieter und Mieter von Beginn an Klarheit über die Dauer und den Ablauf der Mietzeit herrscht. Dies sei der eigentliche Sinn und Zweck eines Zeitmietvertrages (s. Begründung zur RE BT-Drucks. 14/4553, 69). Wird der Vertrag auf Lebenszeit geschlossen, ist dieses gesetzgeberische Ziel erreicht.

27 Das Mietverhältnis auf Lebenszeit stellt keinen Zeitmietvertrag i.S.d. § 575 Abs. 1 S. 1 BGB dar, sondern ist ein von dieser Vorschrift nicht erfasstes eigenes Rechtsinstitut, das die Begründung eines Mietverhältnisses auf bestimmte Zeit regelt und einen eigenen Befristungsgrund enthält.

28 Wie Blank (ZMR 2002, 797, 801) ausführt, ist zu vermuten, dass der Gesetzgeber an das Mietverhältnis auf Lebenszeit bei der Schaffung des § 575 BGB nicht gedacht hat, hierfür spricht auch, dass in der Begründung zum Entwurf des § 575 BGB dieses Mietverhältnis an keiner Stelle erwähnt wird.

29 Bei Wohnraummietverhältnissen ist § 544 S. 2 BGB Vorrang vor § 575 BGB einzuräumen, andernfalls würde die Regelung des § 544 S. 2 BGB für Wohnraummietverhältnisse leer laufen (s. Emmerich in Staudinger/Emmerich § 544 Rn. 10, str.; a.A. Blank/Börstinghaus Neues Mietrecht Rn. 4). Blank geht davon aus, dass § 544 S. 2 BGB bei der Wohnraummiete nur anwendbar ist, wenn für die Begrenzung des Vertragsverhältnisses auf die Lebenszeit des Vermieters oder Mieters Gründe i.S.d. § 575 Abs. 1 S. 1 Ziff. 1–3 BGB vorliegen und genannt sind. Zugleich ist nach seiner Ansicht die Vorschrift des § 575 Abs. 1 S. 2 BGB restriktiv dahin auszulegen, dass sie auf Mietverhältnisse auf Lebenszeit des Vermieters keine Anwendung finden (ZMR 2002, 797, 801).

b) Abgrenzung zum Wohnungsrecht

30 Von der Einigung auf Verpflichtung zur Bestellung eines Wohnungsrechts ist nur auszugehen, wenn der Wille zur Grundstücksbelastung genügend klar ausgedrückt wird; im Zweifel ist Miete anzunehmen (Schleswig-Holsteinisches OLG NZM 2008, 341 ff.).

c) Schriftform

31 Da Mietverhältnisse auf Lebenszeit vom Mieter oder Vermieter als Mietverhältnisse auf bestimmte Zeit anzusehen sind, muss die Form des § 550 S. 1 BGB gewahrt werden.

d) Kündigungsausschluss

32 Keine Anwendung findet § 544 S. 2 BGB, wenn das Kündigungsrecht des Vermieters für immer ausgeschlossen ist (OLG München HRR 1942 Nr. 852).

Wurde der Kündigungsausschluss auf Lebenszeit in einem gerichtlichen Vergleich auf das ordentliche Kündigungsrecht beschränkt, kann außerordentlich gekündigt werden (OLG Bremen ZMR 2007, 688).

Ein auf Lebenszeit geschlossener Mietvertrag kann jedenfalls dann wegen Wegfalls der Geschäftsgrundlage beendet werden, wenn eine Verwaltertätigkeit Grundlage des Nutzungsverhältnisses ist und der Verwaltervertrag wegen Unstimmigkeiten vorzeitig beendet wird (Schleswig-Holsteinisches OLG NZM 2008, 341; a.A. Lammel in Schmidt/Futterer, 7. Auflage, § 567 a.F. BGB, Rn. 16).

e) Juristische Personen

Die Anwendbarkeit auf juristische Personen wird abgelehnt (Staudinger/Emmerich § 544 Rn. 11). **33**

f) Eintrittsrechte

Mietverträge auf Lebenszeit sind auflösend befristet, sowohl bei Tod des Vermieters als auch bei Tod des Mieters. Auf Seiten des Mieters tritt der Erbe nicht in den Mietvertrag ein (BayObLG ZMR 1993, 462 m.w.N.). **34**

Ein Eintrittsrecht von Ehegatten oder Angehörigen besteht nicht (a.A. Lammel § 544 Rn. 31).

g) Übergangsregelung

Die Übergangsregelung ergibt sich aus Art. 229 § 3 Abs. 1 Ziff. 1 und Abs. 3 EGBGB. **35**

II. Vertragsstrafe

1. Anwendungsbereich der Vorschrift

Für die Wirksamkeit einer Vertragsstrafe ist strikt danach zu unterscheiden, ob ein Wohnraummietverhältnis oder ein Mietverhältnis über andere Sachen betroffen ist. **36**

a) Wohnraummietverhältnisse

Der Anwendungsbereich der Vorschrift des § 555 BGB erstreckt sich ausschließlich auf Wohnraummietverhältnisse und Mischverhältnisse, soweit auf das betroffene Mietverhältnis Wohnraummietrecht Anwendung findet. Zu Einzelheiten s. Kap. 1 I. **37**

§ 555 BGB bestimmt, dass der Vermieter sich keine Vertragsstrafe vom Mieter versprechen lassen darf (BGH NJW 2010, 859). Er ist eine Schutzvorschrift ausschließlich zugunsten des Wohnraummieters, sodass Vertragsstrafenabreden zulasten des Vermieters zulässig sind. **38**

b) Mischmietverhältnisse

Anknüpfungspunkte für die Einordnung des Mietverhältnisses sind sowohl die tatsächliche Nutzung als auch die zwischen den Parteien getroffenen Vereinbarungen. Nicht nur die tatsächliche Nutzung, sondern auch der wahre, vorherrschende und vereinbarte Vertragszweck (BGH ZMR 1986, 278; OLG Düsseldorf NZM 2004, 743; OLG Düsseldorf WuM 2002, 481) ist zu berücksichtigen, es sei denn, es liegt eine einvernehmliche Änderung des Nutzungszwecks vor (OLG Celle ZMR 1999, 469, 470). **39**

40 Sollen Mieträume dem privaten Aufenthalt des Mieters selbst und/oder seiner nächsten Angehörigen dienen, besteht ein Wohnraummietverhältnis (s. BGH WPM 1985, 288). Dies gilt auch, wenn der Wohnraum Personen überlassen ist, mit denen der Mieter einen auf Dauer angelegten gemeinsamen Haushalt führt.

41 Erfolgt die Anmietung von Wohnraum zum Zweck der gewerblichen oder nicht gewerblichen Weitervermietung, liegt kein Wohnraummietverhältnis vor, auch wenn die Räume zu Wohnzwecken geeignet sind und letztlich auch so genutzt werden (BGH ZMR 1981, 332 ff.; HansOLG Hamburg ZMR 1999, 106, 108; OLG Düsseldorf WuM 2003, 151). Zu Einzelfragen der Abgrenzung s. Kap. 1 II.

42 Nur wenn das Mietverhältnis als Wohnraummietverhältnis zu qualifizieren ist, greift § 555 BGB. Es kann nicht darauf ankommen, ob die Vertragsstrafe sich auf Pflichten aus dem Wohn- und dem Geschäftsbereich des Mieters bezieht (s.o. Staudinger/Emmerich § 555 BGB Rn. 2 m.w.N.; a.A. ders. Vb 27 zu § 535 BGB), da die Einordnung des Vertragsverhältnisses mit allen Rechten und Pflichten nur einheitlich erfolgen kann. Ein »Rechtswahlrecht« für die jeweils in Frage stehende Vertragspflicht in einem einheitlichen Vertragsverhältnis ist bereits aus Gründen der Rechtssicherheit abzulehnen.

c) Gewerbemietverhältnis

43 Gewerbemietverhältnisse liegen vor, wenn Räume angemietet werden, um dort einer geschäftlichen, insbesondere gewerblichen oder anderen beruflichen Tätigkeit nachzugehen, die Räume dem Mieter also anderen als Wohnzwecken dienen. Zu Einzelheiten Kap. 1 II.

44 Auf Mietverhältnisse i.S.d. § 578 BGB findet § 555 BGB keine Anwendung, sodass hier nicht von Unwirksamkeit der Vertragsstrafe auszugehen ist. Vertragsstrafen werden gerade im gewerblichen Mietverhältnis häufig vereinbart, um die Einhaltung wesentlicher Vertragspflichten zu sichern. Zu Einzelfällen s. Kap. 15 I. Stichwort »Vertragsstrafe« Einzelfragen.

d) Wohnungsbindung

45 Bei preisgebundenem Wohnraum ist § 9 WoBindG zu beachten. Ein Verstoß gegen § 9 WoBindG liegt nach höchstrichterlicher Rechtsprechung nicht vor (BGH NJW 1978, 1053 ff.), wenn sich der Vermieter für den Fall der vorzeitigen einvernehmlichen Vertragsbeendigung versprechen lässt, dass der Mieter die hieraus resultierenden Verwaltungskosten trägt, da es sich nicht um eine Mieterleistung handelt, die mit Rücksicht auf die Überlassung der Wohnung erfolgt.

e) Allgemeine Geschäftsbedingungen

46 Sofern die Vertragsstrafe formularmäßig vereinbart wurde, sind bei Wohnraum insbesondere die Regelungen der §§ 309 Nr. 5 und 6, 308 Nr. 7 BGB zu beachten. Vertragsstrafenklauseln sind gemäß § 309 Nr. 6 BGB in Wohnraummietverträgen unwirksam. Der Geschäftsverkehr zwischen Unternehmern bedarf des Schutzes des § 309 Nr. 6 BGB nicht. Hier verbleibt es bei der Prüfung gemäß § 307 BGB. Auf selbständige Strafgedinge, Verfallklauseln und Reuegelder ist die Vorschrift gleichfalls anwendbar (MieWo/Schmid § 309 BGB Rn. 25). Die Vereinbarung einer Vertragsstrafe ist im Wohnraummietrecht schon individualvertraglich unwirksam, soweit sie zulasten des Mieters geht. Vertragsstrafenabreden zulasten des Vermieters hingegen sind zulässig. Einer unzulässigen Vertragsstrafe sind Pauschalen für Mahngebühren und Verzugszinsen jedenfalls dann gleichzustellen, wenn sie im Hinblick auf den voraussichtlichen tat-

sächlichen Schaden überhöht sind (AG Schöneberg ZMR 1999, 489) und der Nachweis geringerer Kosten abgeschnitten ist (BGH WuM 2006, 97 (100)).

47 Die Pauschalierung von Schadensersatzansprüchen in Allgemeinen Geschäftsbedingungen ist nur unter den engen Voraussetzungen des § 309 Nr. 5 BGB zulässig. Der geänderte § 309 Nr. 5 lit. b BGB gestattet Schadenpauschalierungen nur noch, wenn dem anderen Teil ausdrücklich der Nachweis gestattet wird, ein Schaden oder eine Wertminderung sei überhaupt nicht entstanden oder wesentlich niedriger als die Pauschale.

48 Für andere als Wohnraummietverhältnisse ist die Vereinbarung einer Vertragsstrafe auch formularvertraglich grundsätzlich zulässig. Eine Vertragsstrafe mit gesetzesfremden Gehalt kann wirksam sein, wenn sie individuell ausgehandelt wurde (BGH NJW 1998, 3488 f. [zum Werkvertrag]).

2. Begriff der Vertragsstrafe

a) Vertragsstrafe

49 Die gesetzliche Definition der Vertragsstrafe ergibt sich aus § 339 BGB. Danach ist Vertragsstrafe das Versprechen einer Zahlung oder einer anderen in Geld zu erbringende Leistung (s.a. § 342 BGB), die der Schuldner für den Fall der Nichterfüllung oder nicht gehörigen, insbesondere nicht rechtzeitigen (§ 341 BGB), Erfüllung seiner Verbindlichkeit verspricht.

Nach der Rechtsprechung des BGH und der h.A. in der Literatur kann auch in dem Verzicht auf eigene Rechte eine Leistung zu sehen sein, die im Einzelfall dazu führen kann, die für die Vertragsstrafe geltenden Vorschriften jedenfalls entsprechend anzuwenden (BGH, NJW 2010, 859 m. w. N.).

Die unter dem Schutz des Richterspruchs (§ 343 BGB) stehende Vereinbarung (s. BGH ZMR 2003, 647 [650 ff.] zu Gewerbemietrecht) bezweckt die Erfüllung der Hauptverbindlichkeit und soll diese als »Druckmittel« sichern (BGHZ 49, 84 [89]). Sie kann aber auch eine Nebenpflicht sichern. Die Vertragsstrafe wurde vom Gesetzgeber mit einer doppelten Zielrichtung geschaffen: Sie soll als Zwangsmittel den Schuldner zur Erbringung der geschuldeten Leistung anhalten, aber auch dem Gläubiger im Verletzungsfall die Möglichkeit einer erleichterten Schadloshaltung eröffnen (BGHZ 85, 305 (312 f.)). Sie enthält mithin neben der Erfolgssicherung typischerweise auch von vornherein ein schadensersatzrechtliches Moment (BGHZ 63, 256 [259]).

aa) Verhältnismäßigkeit

50 Die Vertragsstrafe muss in einem angemessenen Verhältnis zur Schwere des mit ihr geahndeten Verstoßes stehen. Dies wird dann angenommen, wenn eine Vertragsstrafe vereinbart ist, deren Höhe von der Zeitspanne abhängig ist, innerhalb derer der Vertragspartner seine Verpflichtung zur fortlaufenden Gebrauchsgewährung nicht erfüllt. Für die Prüfung der Angemessenheit der Vertragsstrafe ist hierbei nicht auf den theoretisch denkbaren Extremfall abzustellen, sondern z.B. darauf, in welchem Verhältnis der zahlende Betrag zu dem steht, was eine Überschreitung der zugesagten Fristen für den Mieter bedeutet, der seinen Vertragspartner durch diese Klausel von Anfang an ausdrücklich darauf hingewiesen hat, dass er größten Wert auf pünktliche Fertigstellung legt (zu den Bemessungskriterien des BGH: Beyer Prozentsätze als Auslegungskriterium des BGH NJW 2010, 1025 (1027)).

bb) Höchstbetrag, Herabsetzung, Erlöschen, Schriftform

51 Erforderlich ist nicht eine von vornherein vereinbarte Begrenzung der Vertragsstrafe auf einen Höchstbetrag (BGH ZMR 2003, 647 [651]). Für Kaufleute greift die Regelung über die Herabsetzung der Vertragsstrafe gemäß § 343 BGB nicht. Es besteht jedoch die Möglichkeit der Herabsetzung der Strafe gemäß § 242 BGB (BGH NJW 1998, 1144 [47]) oder wegen Wegfalls der Geschäftsgrundlage.

Auf eine für den Fall vereinbarte Vertragsstrafe, dass die Gebrauchsgewährung nicht zu dem festgesetzten Übergabezeitpunkt erfolgt, ist § 341 Abs. 3 BGB anzuwenden, mit der Folge, dass ein Strafanspruch erlischt, wenn der Mieter sich die Geltendmachung der Vertragsstrafe bei der verspäteten Übergabe der Mieträume nicht vorbehält (OLG Düsseldorf Urteil v. 28.04.2005, I-10 U 129/04, ZMR 2006, 36 f.).

Sofern für den Vertrag Schriftform gemäß § 550 BGB gilt, ist diese auch für die Vertragsstrafe zu wahren.

b) Abgrenzung zu anderen Vereinbarungen

52 Für die Abgrenzung zwischen Vertragsstrafe und Schadenspauschale kommt es wesentlich auf die Interessen der Vertragsparteien an. In Rechtsprechung und Schrifttum wird ein pauschalierter Schadensersatz i.d.R. nur dann angenommen, wenn die zur Beurteilung stehende Vertragsklausel erkennen lässt, dass die Parteien wirklich einen Schadensersatzanspruch regeln wollten. Die Vertragsstrafe dient demgegenüber dazu, durch möglichst wirkungsvollen Druck die Erfüllung der Hauptforderung zu sichern (BGHZ 49, 84 [89]). Die Qualifizierung einer individualvertraglichen Abrede als Schadenspauschalierung oder als Vertragsstrafenregelung darf nicht beim Wortlaut der getroffenen Vereinbarung stehen bleiben. Vielmehr ist entscheidend, welche Funktion die getroffene Abrede nach den Gesamtumständen des Rechtsgeschäfts hat (OLG Düsseldorf NJOZ 2008, 411 m.w.N.). Eine Schadenspauschalierung setzt danach voraus, dass die Vereinbarung der vereinfachten Durchsetzung eines als bestehend vorausgesetzten Schadensersatzanspruchs dienen soll und sich die Höhe des pauschalierten Ersatzes an dem geschätzten Ausmaß des nach den konkreten Gegebenheiten typischerweise entstehenden Schadens orientiert. Übersteigt der pauschal zu bezahlende Betrag den nach dem gewöhnlichen Verlauf der Dinge zu erwartenden Schaden erheblich, liegt die Vereinbarung einer Vertragsstrafe vor (OLG München v. 06.04.2005 7 U 1573/05).

53 Zu unterscheiden ist die Vertragsstrafe auch vom uneigentlichen (selbstständigen) Strafversprechen, bei dem eine erzwingbare Hauptverbindlichkeit nicht vorliegen muss (BGH NJW 1982, 759).

c) Analoge Anwendung

54 Verfall- oder Verwirkungsklauseln bezwecken auf Seiten des Schuldners bei Nichterfüllung oder nicht gehöriger Erfüllung seiner Verbindlichkeit, dass dieser eigene Rechte verliert. Es besteht weitgehend Einigkeit, dass das Vertragsstrafenverbot auf Verfallklauseln entsprechend anwendbar ist (BGH NJW 1960, 1568; Staudinger/Emmerich § 555 Rn. 5).

55 Auf Schadenspauschalierungen sind die Regelungen der Vertragsstrafe entsprechend anwendbar. Allerdings kommt es auf den Einzelfall an, welchen Inhalt die Schadensersatzpauschale hat. Schadensersatzpauschalen, wie die Pauschalabgeltung bei vorzeitiger Vertragsaufhebung, sind auf ihre Wirksamkeit zu prüfen. Blank (Schmidt-Futterer/Blank Mietrecht, § 555 BGB Rn. 4) will die Vorschrift bei der Wohnraummiete des § 555 BGB auf Schadenspauschalen aller Art entsprechend anwenden (str. a.A. Emmerich/Sonnenschein Miete, § 550a BGB Rn. 3). In Fällen, in denen in aller Regel tatsächlich zusätzliche

Kosten anfallen, wie z.B. bei vorzeitigem Mieterwechsel, ist eine pauschale Unkostenabgeltung zulässig (s.o. auch AG Reinbek WuM 1985, 112; AG Norderstedt WuM 1985, 112; a.A. AG Hamburg WuM 1980, 247). Auch hier wird man aber eine Einschränkung insofern vornehmen müssen, als die Abgeltung sich an den in solchen Fällen üblicherweise entstehenden Kosten orientieren muss. Eine reine Abstandszahlung für die vorzeitige Entlassung aus dem Mietverhältnis ist unzulässig (AG Wuppertal, WuM 1981, 105).

3. Einzelfälle

Die nachfolgenden Einzelfälle betreffen überwiegend Wohnraummietverhältnisse. Zur Geschäftsraummiete s. Kap. 15 Rdn. 243. **56**

a) Abstandszahlung bei vorzeitigem Auszug

Eine reiche Kasuistik hat sich zur Frage der vorzeitigen Vertragsbeendigung entwickelt. **57**

Nach einer Entscheidung des **OLG Hamburg** (WuM 1990, 244) ist die in einem auf Wunsch des Mieters abgeschlossenen Mietaufhebungsvertrag über Wohnraum enthaltene Formularklausel wirksam: »Für den erhöhten Verwaltungs- und Vermietungsaufwand ihrer vorzeitigen Vertragsauflösung bezahlen Sie eine Pauschalabgeltung in Höhe von einer Monatsmiete – netto/kalt – ohne besonderen Nachweis des Vermieters.« Das OLG Hamburg hat die fragliche Klausel nicht als gegen § 550a BGB a.F. verstoßend angesehen, insbesondere da sie nicht darauf gerichtet war, die Mietzinszahlung zu erzwingen, sondern an die einvernehmliche Vertragsaufhebung angeknüpft hat (s.a. LG Lübeck WuM 1985, 114; LG Itzehoe WuM 1989, 176). **58**

Nach **OLG Karlsruhe** (ZMR 2000, 379, 380) ist folgende Formularklausel unwirksam: »Sollte das Mietverhältnis auf Wunsch des Mieters vor Ablauf der Vertragszeit bzw. der gesetzlichen Frist einvernehmlich beendet werden, zahlt der Mieter als pauschale Abgeltung der Kosten der vorzeitigen Beendigung des Mietverhältnisses an den Vermieter den Betrag der zuletzt vereinbarten Kaltmiete für einen Monat.« Diese Klausel wurde als überraschend gewertet, allerdings wurde diese Klausel im Gegensatz zu der Klausel, die der Entscheidung des OLG Hamburg (a.a.O.) zugrunde lag, in einem Wohnraummietvertrag verwendet, die Klausel des OLG Hamburg in einem Mietaufhebungsvertrag. **59**

Eine Abgeltung in Höhe einer Monatsmiete sieht das LG Lübeck (WuM 1981, 104) als unzulässig an. **60**

Die Klausel eines Gaststättenpachtvertrages »Endet der Vertrag auf Wunsch des Pächters und mit Einverständnis des Verpächters oder durch fristlose Kündigung des Verpächters vorzeitig, so hat der Pächter an den Verpächter eine Vertragsstrafe in Höhe von zwei Monatsmieten zu zahlen. Außerdem ist der Pächter verpflichtet, dem Verpächter allen hierdurch entstandenen Schaden zu ersetzen« ist unwirksam (BGH GE 1984, 625). **61**

Unwirksam ist auch die Klausel in einem Pachtvertrag »Bei Nichteinhaltung des Vertrages wird eine Konventionalstrafe von DM 10.000,– vereinbart«, da durch diese Klausel auch der Fall umfasst ist, dass der Pächter durch Zahlungsverzug die fristlose Kündigung des Verpächters provoziert hat (OLG Hamburg ZMR 1988, 264). **62**

Zu weiteren Formularklauseln bei vorzeitiger Vertragsbeendigung und deren Wirksamkeit s. Harz/Schmid Die Allgemeinen Geschäftsbedingungen im Mietrecht, Rn. 487 ff. **63**

b) Pauschalierung von Renovierungskosten

64 Da nicht generell davon auszugehen ist, dass Renovierungskosten zulasten des Mieters entstehen, fällt eine derartige Klausel unter § 555 BGB (ebenso Emmerich/Sonnenschein Miete, § 550a BGB a.F. Rn. 3). Nach OLG Düsseldorf (ZMR 1992, 388 ff.) ist die Vereinbarung einer Abstandssumme für »noch nicht abgewohnte Schönheitsreparaturen« nur unter den Voraussetzungen des § 138 Abs. 1 BGB – auffälliges Missverhältnis von Leistung und Gegenleistung – unwirksam (betrifft Abrede zwischen Vormieter und Nachmieter bei Wohnraummiete).

65 Treppenhausrenovierungskosten, die eine Zahlungspflicht für beim Umzug verursachte Bagatellschäden vorsehen, wurden für unwirksam erklärt (LG Kassel (i.H.v. 150,00 DM), WuM 1983, 94; AG Frankfurt (i.H.v. 200,00 DM) WuM 1990, 195), wenn sie formularvertraglich vereinbart waren.

c) Mahnkosten, Bearbeitungsgebühren und Verzugszinsen

66 Als gegen das Verbot der Vertragsstraferegelung verstoßend werden oft insbesondere formularvertragliche Mahnkostenvereinbarungen gewertet. Häufig findet sich eine Pauschalierung von Schadensersatzansprüchen bei Mahnkosten, wobei klargestellt sein muss, dass für eine den Verzug begründende Erstmahnung keine Zahlungspflicht besteht (BGH NJW 1985, 320 [324] zu Möbelhandel). Auch pauschalierte Verzugszinsen sowie Abgeltungsbeträge für den Fall der Räumung, Pauschalen für Schlüsselverlust u.a. (s. Horst DWW 2002, 6 [18]) werden oft vereinbart.

67 Bedenken bestehen gegen formularmäßig vereinbarte pauschalierte Mahnkosten, wenn dem Mieter nicht ausdrücklich der Nachweis gestattet ist, ein Schaden sei nicht entstanden oder wesentlich niedriger als der pauschalierte Schaden (hier je 6,00 € pro Mahnschreiben BGH WuM 2006, 97 (100)). Streitig ist, ob die Vereinbarung von Bearbeitungsgebühren, etwa für die Ausfertigung des Mietvertrages, zulässig ist. Teilweise wird dies für geringe Beträge bejaht (50–75 €, AG Hamburg WuM 1999, 215), für höhere Beträge verneint (LG Hamburg WuM 1990, 62) oder bei ungenauer Formulierung (OLG Celle WuM 1990, 103) und für Verwalter (AG Hamburg WuM 1999, 472) abgelehnt. Auch die Vereinbarung von Verzugszinsen in einer bestimmten Höhe bei bestehendem Zahlungsverzug wurde häufig, sofern die Klausel formularvertraglich vereinbart war, für unwirksam erklärt (Harz/Schmid Die Allgemeinen Geschäftsbedingungen im Mietrecht, Rn. 532 ff.). Bei der Pauschalierung von Verzugszinsen kann die Höhe in einem bestimmten Prozentsatz über dem Basiszinssatz der EZB angegeben werden. Schon die gesetzliche Regelung des § 288 BGB gewährt 5 % Zinsen und bei Rechtsgeschäften, an denen ein Verbraucher nicht beteiligt ist, 8 % Zinsen über dem jeweiligen Basiszinssatz, sodass im Hinblick auf die frühere restriktive Rechtsprechung (OLG Celle WuM 1990, 103, 109 zu Wohnraum) kaum davon ausgegangen werden kann, dass formularvertraglich wesentlich höhere Zinsen verlangt werden können (zu 6 % Zins über Basiszinssatz BGH NJW 1984, 2941 zu Bürgschaft; s. auch v. Westphalen NZM 2002, 368, 376).

d) Verfallklauseln

68 Derartige Klauseln können als Belohnung (BGH NJW 1980, 1043) oder mit Strafcharakter gestaltet sein.

Im Hinblick auf die Kaution wurden zahlreiche als Verfallklauseln zu wertende Vereinbarungen für unwirksam erklärt. Unwirksam ist die Klausel in einem Wohnraummietvertrag, wonach der Vermieter für den Fall vorzeitiger Vertragsauflösung zur Verrechnung eines Pauschalbetrages in Höhe von 500,00 DM mit der Kaution berechtigt sein soll (AG

Wiesbaden WuM 1996, 25). Eine solche Klausel zur pauschalen Abfindung bei vorzeitiger Beendigung des Wohnraummietverhältnisses wird nach Auffassung des OLG Karlsruhe (WuM 2000, 236) nicht einmal Vertragsbestandteil. In einem vorformulierten Mietaufhebungsvertrag ist die Klausel, wonach sich der Mieter pauschal zur Zahlung der Kosten verpflichtet, die mit der Entlassung aus dem Vertrag verbunden sind, unwirksam (LG Itzehoe WuM 1989, 176).

Die Verpflichtung zur Räumung der Wohnung bei nicht rechtzeitiger Erfüllung einer Ratenzahlungsvereinbarung für bestehende Mietrückstände im gerichtlichen Räumungsvergleich ist kein unwirksames Vertragsstrafeversprechen, wenn zum Zeitpunkt des Vergleichsabschlusses der Räumungsanspruch des Vermieters wegen Mietrückstands begründet war (BGH NJW 2010, 859), s.a. Entscheidungsbesprechung von Blank (NZM 2010, 31).

e) Auszugsgebühren

Unzulässige Auszugsgebühren durch die sich der Mieter verpflichtet, bei Auszug eine Bearbeitungsgebühr für die mit dem Auszug in Verbindung stehenden Formalitäten an den Vermieter zu zahlen (LG Augsburg ZMR 1999, 257; AG Kamen WuM 1988, 109) werden häufig vereinbart. **69**

4. Nichtigkeit der Vertragsstrafe

Wenn die Nichtigkeit der Vertragsstrafe feststeht, wird der Mietvertrag i.Ü. davon nicht berührt. **70**

III. Vermietung von Sonder- oder Gemeinschaftseigentum

1. Einführung

a) Allgemeines

Nach § 13 Abs. 1 WEG kann ein Wohnungseigentümer mit seinem **Sondereigentum** grundsätzlich beliebig umgehen. Er hat daran – in den gesetzlichen Grenzen des § 14 WEG, gemäß den Bestimmungen der Wohnungseigentümer sowie unter Wahrung der Grundrechte der anderen Wohnungseigentümer (dazu BVerfG ZMR 2010, 206 = NJW 2010, 220) – ein **umfassendes Gebrauchs- und Nutzungsrecht**. Aus Art. 14 GG i.V.m. § 13 Abs. 1 WEG folgt auch das Recht eines Wohnungseigentümers, sein Sondereigentum (Wohnungs- oder Teileigentum) zu **vermieten** (OLG Stuttgart WE 2010, 247, vom 5.8.2010, 7 U 82/10; LG Essen NJW-RR 1998, 874). Neben einer »Dauervermietung« ist – ist nichts anderes vereinbart (dazu Rdn. 134 ff.) – nach Meinung des Bundesgerichtshofes sogar die Vermietung an täglich oder jedenfalls wöchentlich **wechselnde Feriengäste** Teil einer noch zulässigen Wohnnutzung (BGH ZMR 2010, 378 m. Anm. Kümmel = NZM 2010, 285) und stellt keine gewerbliche Nutzung dar. Statt eines Sondereigentums kann aber auch das **Gemeinschaftseigentum** Mietsache – und nicht im Rahmen eines Mitgebrauchsrecht nur mitvermietet (dazu Rdn. 72) – sein (Rdn. 87 ff). **71**

Für den Mietvertrag über ein Sonder- oder das Gemeinschaftseigentum gelten §§ 535 ff. BGB. **72** Auch die für eine Mietsache – sei es dem sozialen Mietrecht unterliegender Wohnraum oder sei es eine beabsichtigte gewerbliche Nutzung – aus dem BGB und den weiteren einschlägigen Vorschriften (u.a. BetrKVO, HeizkostenV, NMV 1970) zu beachtenden Pflichten und Grenzen sind anwendbar. Ist ein Sonder- oder ist das Gemeinschaftseigentum Mietsache, sind bei der Vermietung und während des Laufs eines Mietvertrages über eine Mietwohnung oder

Gewerberaum darüber hinaus **wohnungseigentumsrechtliche Besonderheiten** zu beachten. Fraglich kann bereits sein, wer als Vermieter anzusehen ist. Zwar gilt auch im Wohnungseigentumsrecht, dass ein Mietvertrag zwischen denjenigen Personen zustande kommt, die miteinander vertragliche Beziehungen eingehen wollen (allgemein s. PWW/Elzer § 535 Rn. 64). Der Vermieter braucht nicht Eigentümer oder alleiniger Eigentümer der Mietsache zu sein (BGH GuT 2008, 38 = MietRB 2008, 102; OLG Zweibrücken ZMR 1995, 119, 120). Die Parteien eines Mietvertrages werden allein durch den zwischen ihnen geschlossenen Mietvertrag bestimmt. Ihre Beziehungen zur Mietsache, seien es Eigentums-, Besitz- oder sonstige Nutzungsrechte, sind unerheblich (KG MDR 1998, 529). Im Wohnungseigentumsrecht können gegenüber dem so skizzierten allgemeinen Mietrecht im Hinblick auf die Person des Vermieters Besonderheiten aus der zeitlichen Abfolge von Mietvertrag und Begründung des Wohnungseigentums folgen. Vor Entstehung der Gemeinschaft der Wohnungseigentümer ist bei einer Begründung nach § 8 WEG der aufteilende Alleineigentümer als Vermieter anzusehen. Bei einer noch nicht vollzogenen Aufteilung nach § 3 WEG sind hingegen sämtliche Miteigentümer ggf. als nicht rechtsfähige Vermietergemeinschaft, i.d.R. als rechtsfähige Außen-GbR Vermietergesellschaft der »Vermieter«. Probleme können daraus erwachsen, dass nach einer Umwandlung des Mietshauses nicht nur ein Sondereigentum, sondern ein Sondereigentum oder gar mehrere Sondereigentumsrechte und/oder das Gemeinschaftseigentum Gegenstand einer einheitlichen Mietsache werden (Umwandlungsfälle; s. dazu Rdn. 109 ff.).

73 **Hinweis**

Noch nicht entschieden ist, wie sich die ursprüngliche Vermieterstellung des ehemaligen Alleineigentümers oder der früheren Miteigentümer zu der im Wohnungseigentumsrecht vertretenen Meinung verhält, Vermieter der im Gemeinschaftseigentum stehenden Flächen sei der Verband Wohnungseigentümergemeinschaft (s. dazu Rdn. 87 ff., 120 ff.), sowie zur Anordnung in § 10 Abs. 6 S. 3 WEG, dass allein der Verband »Wohnungseigentümergemeinschaft« berechtigt ist, gemeinschaftsbezogene Rechte auszuführen. So für dingliche Rechtsänderungen jetzt LG Hamburg v. 24.9.2010, 318 S 6/09.

74 Bereits zum Zeitpunkt des Vertragsschlusses, aber auch später können sich für die Mietvertragsparteien **Rechte und Pflichten** aus dem Wohnungseigentumsgesetz, einem Teilungsvertrag oder einer Teilungserklärung, den verdinglichten und schuldrechtlichen Vereinbarungen i.S.d. § 10 Abs. 2 S. 2 WEG sowie den Beschlüssen der Wohnungseigentümer ergeben. Ferner bestehen teilweise ganz **erhebliche Abhängigkeiten** zwischen Miet- und Wohnungseigentumsrecht, vor allem in Bezug auf die vom Vermieter geschuldeten Erhaltungsmaßnahmen (Rdn. 197 ff.) und die Betriebskosten (dazu Rdn. 206 ff.). Wohnungseigentumsrechtliche Eigentümlichkeiten sind etwa bei der Frage zu beachten, was als **Mietsache** und wer als **Vermieter** angesehen werden kann, vor allem, aber nicht nur bei Mietverträgen, die noch vor Umwandlung eines Mietshauses geschlossen worden waren. Aus einer Vereinbarung der Wohnungseigentümer für ihr Verhältnis untereinander kann sich auch ein **Vermietungsgebot oder -verbot** ergeben (s.a. BGH ZMR 2010, 378 m. Anm. Kümmel = NZM 2010, 285, 286; Rdn. 134). Aus einer Vereinbarung oder einem Beschluss nach § 15 Abs. 1 oder Abs. 2 WEG können sich ferner Einschränkungen des **zulässigen Mietgebrauchs** ergeben. Stichworte sind hier die Zweckbestimmungen im weiteren und engeren Sinne sowie Gebrauchsregelungen nach § 15 Abs. 2 WEG, wozu vor allem eine Hausordnung gehört. Diese Fragen sind insbesondere bei der **Gewerberaumiete** von ganz erheblicher Bedeutung. Spezifisch wohnungseigentumsrechtliche Probleme ergeben sich auch bei **Störungen des Mietverhältnisses**. Im Zentrum stehen hier vor allem Störungen des Mieters und die Frage, ob und wie der Vermieter, aber auch die anderen Wohnungseigentümer gegen die Störungen vorgehen können.

75 Erwirbt ein Mieter das Wohnungseigentum an seiner Wohnung (Sondereigentumseinheit) und wird er dadurch selbst **Wohnungseigentümer**, ist das **Mietverhältnis beendet**, es sei denn, zur **einheitlichen** Mietsache gehörte neben dem Sondereigentum eine Fläche des Gemeinschaftseigentums (vgl. dazu BGH ZMR 2006, 30, 31 = NZM 2005, 941) und der Veräußerer war nicht alleiniger Vermieter. Für den ehemaligen Mieter und neuen Wohnungseigentümer werden der Teilungsvertrag (die Teilungserklärung), eine ggf. bestehende Gemeinschaftsordnung sowie die Beschlüsse der Wohnungseigentümer ohne Weiteres bindend (KG ZMR 2002, 544, 545 = ZWE 2002, 327).

b) Wege zur Vermeidung von Kollisionen

76 Soll ein Mietvertrag über Sonder- oder Gemeinschaftseigentum abgeschlossen oder vorbereitet werden, ist von beiden Seiten sorgfältig zu prüfen, ob und ggf. inwieweit wohnungseigentumsrechtlichen Besonderheiten zu beachten sind, ob **Kollisionen** zum allgemeinen Mietrecht bestehen und ob und ggf. wie diese auf eine angemessene und sachgerechte Art und Weise **vermeidbar** sind (s.a. Lehmann-Richter ZWE 2009, 345 ff.; Riecke, FS Deckert [2002], S. 353 ff.).

aa) Anfängliche Kollisionen

77 Um einer bereits **anfänglichen Kollision** ausweichen, sollte der Vermieter eines Sonder- oder Gemeinschaftseigentums ebenso wie der künftige Mieter bei Neuabschluss eines Mietvertrages versuchen, die jeweiligen Rechtskreise miteinander so weit wie möglich zu **harmonisieren.** Um dieses Ziel zu erreichen, sind von den Parteien und dem sie beratenden Rechtsanwalt u.a. die im Folgenden jeweils noch näher darzustellenden Punkte zu beachten und wenn möglich, im Mietvertrag durch entsprechende Klauseln angemessen zu berücksichtigen:

- Steht die Mietsache im Sondereigentum oder/und im Gemeinschaftseigentum?
- Wer tritt als Vermieter oder für den Vermieter als Vertreter auf?
- Ist der ggf. für den Verband handelnde Verwalter nach § 27 Abs. 3 S. 1 Nr. 7 WEG dazu ermächtigt worden, über das Gemeinschaftseigentum einen Mietvertrag zu schließen?
- Ist Mietsache ein Wohnungs- oder Teileigentum?
- Was ist der beabsichtigte Mietzweck: Nutzung als Wohnraum oder Nutzung zu gewerblichen Zwecken?
- Welchen Störungen sind durch den beabsichtigten Mietzweck zu erwarten?
- Gibt es ein Vermietungsverbot, ggf. welchen Umfangs?
- Gibt es eine die Vermietung beschränkende Regelung?
- Gibt es einen Zustimmungsvorbehalt?
- Würden die dem Mieter eingeräumten Rechte das Maß übersteigen, in dem der Vermieter das Gemeinschaftseigentum nach §§ 13 und 14 Nr. 1 und Nr. 2 WEG nutzen dürfte?
- Bestehen Gebrauchsbestimmungen nach § 15 Abs. 1 oder Abs. 2 WEG (Zweckbestimmungen im engeren Sinne), die im Mietvertrag berücksichtigt werden müssten?
- Gibt es eine Eigentümer-Hausordnung, die im Mietvertrag berücksichtigt werden müsste?
- Welcher Abrechungsmaßstab und welches Abrechnungsprinzip soll im Mietvertrag für die Umlage der Betriebskosten gelten?
- Sind die als Abrechnungsmaßstab ggf. zu vereinbarenden (evtl. in Prozentzahlen umgerechnete) Miteigentumsanteile angemessen festgesetzt worden?
- Stimmen der Abrechnungszeitraum der Wohnungseigentumsanlage und der mietvertraglich vorgesehene überein?

bb) Kollisionen im Laufe des Mietverhältnisses

78 Wenn bei Mietvertragsabschluss auf wohnungseigentumsrechtlichen Besonderheiten geachtet wurde und die jeweiligen Regelungskreise identisch oder miteinander jedenfalls soweit als möglich synchronisiert sind, sind die Mietvertragsparteien im Laufe des Mietverhältnisses vor den Mietvertrag betreffenden **Änderungen** dennoch **nicht gefeit**. Zwar muss der Vermieter, wenn kein Fall des § 10 Abs. 2 S. 3 WEG vorliegt, eine Vereinbarung, die unmittelbar oder mittelbar in das Mietverhältnis eingriffe, nicht schließen (ob der Mieter einen Anspruch auf eine ablehnende Haltung des Vermieters hätte, ist ungeklärt, aber i.d.R. wohl zu **bejahen**). Die Wohnungseigentümer können aber in einem sehr weiten Umfange auch im Wege des Beschlusses – und also bloß mehrheitlich – ihre Angelegenheiten regeln. Ein vermietender Wohnungseigentümer kann sich gegen solche Beschlüsse dann, wenn sie ordnungsmäßig i.S.v. §§ 15 Abs. 2, 21 Abs. 4 WEG sind, nicht wehren. In Bezug auf Mietverhältnisse kommen vor allem in Betracht Beschlüsse nach § 15 Abs. 2 WEG, mit denen sich die Wohnungseigentümer eine **neue Gebrauchsregelung** geben, solche nach § 16 Abs. 3 WEG, mit denen sich die Wohnungseigentümer **neue Umlageschlüssel für die Betriebskosten** geben, und solche nach § 21 Abs. 5 Nr. 2 WEG, mit denen die bestehende **Hausordnung verändert** wird. In allen diesen Fällen kann der Vermieter zwar seine besonderen Belange und seine besondere Situation als vertraglich gegenüber einem Mieter ggf. anders Gebundener in die Abstimmung über einen Beschlussantrag mit einbringen und seine Rechte geltend machen – auch im Wege einer Anfechtung eines entsprechenden Beschlusses nach §§ 43 Nr. 4, 46 Abs. 1 S. 1 WEG. Allein in der Vermietung wird aber jedenfalls i.d.R. kein Moment erkannt werden können, dass es den Wohnungseigentümern verbietet, eine bestehende Bestimmung zu ändern und ihren neuen Bedürfnissen anzupassen. Etwas anderes kann nur **ausnahmsweise** und dann gelten, wenn die Belange des oder der vermietenden Wohnungseigentümer die Interessen der Gesamtheit der Wohnungseigentümer nach billigem Ermessen **deutlich überragen**. Das kann z.B. in einer Anlage der Fall sein, wo es keine oder überwiegend keine selbstnutzenden Wohnungseigentümer gibt, wenn nahezu alle vermietenden Eigentümer sich auf die Regelung in der Gemeinschafts- oder Hausordnung eingestellt und diese in ihre Mietverträge übernommen haben.

(1) Einseitige Änderungsmöglichkeiten

79 Vermietende Sondereigentümer oder der ein Gemeinschaftseigentum Vermietende haben kraft Gesetzes die Möglichkeit, durch einseitige Erklärung nach § 556a Abs. 2 BGB den mietrechtlichen Abrechnungsmaßstab dem wohnungseigentumsrechtlichen Maßstab anpassen, wenn in einer Anlage **erstmals** eine verursachungsbezogene Abrechnung eingeführt wird. Entsprechendes gilt, wenn die per 01.01.2009 noch erweiterten Voraussetzungen des § 6 Abs. 4 S. 2 HeizkostenV (vgl. Lammel, HeizkV § 6 Rn. 92 ff.) vorliegen. In Ausnahmefällen kann außerdem § 313 BGB (Störung/Wegfall der Geschäftsgrundlage) greifen (Armbrüster FS Blank [2006], S. 577, 587).

(2) Dynamische Klauseln

80 Um ein Auseinanderfallen zwischen den Regelungen des Mietvertrages und den Bestimmungen der Wohnungseigentümer zu verhindern, ist neben **Änderungsvorbehalten** (dazu Rdn. 246) vorstellbar, den Mieter durch eine Bestimmung im Mietvertrag an die jeweils zwischen den Wohnungseigentümern geltenden Bestimmungen zu binden (**dynamische Klausel**; ein **Formulierungsvorschlag** findet sich bei Röll/Sauren Teil E Nr. 7). Soweit dieses in einem **Individualvertrag** geschieht, bestehen **keine durchgreifenden Einwände** (Müller/Becker Beck'sches Formularbuch Wohnungseigentumsrecht N. I. 1.

Anm. 1; Röll/Sauren Teil C Rn. 296; Elzer MietRB 2006, 75; Müller ZMR 2001, 506, 508; **a.A.** Nüßlein PiG 76, S. 153).

Soweit der Mietvertrag – wie meist – hingegen ein **Formularvertrag** ist, ist die entsprechende Klausel anhand von §§ 305 ff. BGB zu überprüfen. Teilweise wird insoweit vor allem für Klauseln zu den **Betriebskosten** und zur **Hausordnung** geltend gemacht, eine dynamische Klausel sei i.S.v. § 305c Abs. 1 BGB **überraschend** (u.a. Riecke WuM 2003, 309; Ruthmann Wohnungseigentumsrechtliche Bindungen bei Mietverträgen über Wohnungseigentum, S. 26). Diese Ansicht kann bedeutende Argumente für sich geltend machen. Sie überzeugt aber letztlich **nicht für alle Materien**. Wenn der Mieter weiß – und wenn es dazu etwa bei vermieteten Reihenhäusern, die Sondereigentum nach WEG sind, erst durch die Verweisungsklausel auf künftige WEG-Beschlüsse selbst gekommen ist – worum es sich bei der Mietsache handelt, kann eine Harmonisierungsklausel nicht überraschend sein, auch wenn der Inhalt der künftigen WEG-Beschlüsse natürlich unbekannt ist. Der Mieter einer Eigentumswohnung muss mit dem Wunsch des Vermieters, die Rechtsgebiete zu harmonisieren, stets rechnen (Armbrüster FS Blank [2006], S. 577, 582; ders. ZWE 2004, 217, 223; Nüßlein PiG 76, S. 149; Schmid ZMR 2005, 27, 29; Abramenko ZMR 1999, 676, 679). 81

Gegen eine dynamische Klausel wird allerdings weiter geltend gemacht, in ihr sei nach § 308 Nr. 4 BGB ein **unzulässiger Änderungsvorbehalt** zu sehen (Nüßlein PiG 76, S. 152/153). Auch diese Ansicht überzeugt jedenfalls in ihrer Allgemeinheit nicht (s.a. Elzer MietRB 2006, 75). Ein Änderungsvorbehalt ist nur unwirksam, wenn die Vertragsänderung **nicht zumutbar** ist (s. dazu vor allem dazu Armbrüster FS Blank [2006], S. 577, 581 ff.). Für die Frage der Zumutbarkeit ist in den Blick zu nehmen, dass der Mieter selbst dann, wenn eine vertragliche Bindung nicht bestünde, keine weiteren Gebrauchsrechte besäße (hierher ist auch die Hausordnung zu zählen), als ihm die unter den Wohnungseigentümern geltenden Bestimmungen dem Vermieter einräumen (s. Rdn. 152). Wenn aber der Vermieter nur bestimmt, was **ohnehin** für den Mieter im Verhältnis zu den Wohnungseigentümern gilt, kann diese Änderung **nicht** per se immer **unzumutbar** sein. Voraussetzung für die zulässige Bindung eines Mieters ist allerdings, dass es sich um einen **beschlossenen neuen Gebrauchsmaßstab** handelt (gegen vertragliche muss sich der Vermieter stemmen, Rdn. 78) und der neue, jetzt geltende Gebrauch **ordnungsmäßig** i.S.v. § 15 Abs. 2 WEG ist (Rdn. 159). Der Vermieter kann nur einen ordnungsmäßig beschlossenen Gebrauch für den Mieter als Inhalt des Mietverhältnisses bestimmen (Armbrüster FS Blank [2006], S. 577, 585; s.a. Müller/Becker Beck'sches Formularbuch Wohnungseigentumsrecht N. I. 4.). Zumutbar sind danach z.B. Änderungen, die allgemeine Verhaltenspflichten **konkretisieren**, wie Ruhezeiten, (mit Brandschutzgesichtspunkten zu vereinbarende) Haustürschließungszeiten etc. (Blank/Börstinghaus § 541 BGB Rn. 22). Unzumutbar sind hingegen etwa Regelungen die dem Mieter (neue) Handlungspflichten auferlegen (Blank/Börstinghaus § 541 BGB Rn. 22). Ein wirksamer Änderungsvorbehalt muss sich deshalb immer auf Regelungen im Rahmen des ordnungsgemäßen Gebrauchs i.S.v. § 15 Abs. 2 WEG beschränken; außerdem muss sich aus der Klausel selbst ergeben, dass der mietvertraglich vereinbarte Gebrauch in diesem Rahmen auch durch Mehrheitsbeschlüsse der Wohnungseigentümer eingeschränkt werden kann (Armbrüster in FS Blank [2006], S. 577, 586). 82

Etwas anderes gilt bei den **Umlegungsfaktoren** (s. dazu Rdn. 245/246). Es ist ohne weiteres vorstellbar, dass ein Mieter durch einen nach § 16 Abs. 3 WEG geänderten Maßstab mehr Kosten als zuvor mit ihm vereinbart zu tragen hätte. Diese Änderung ist ihm im Regelfall nicht zumutbar. Zumutbar kann nur eine ex ante gesehen **kostenneutrale** oder **kostenverbessernde** Änderung sein. 83

2. Mietsache

a) Allgemeines

84 In der Praxis steht als Mietsache das Sondereigentum – also **Wohnungs- und Teileigentum** – im Vordergrund. Mietsache kann aber natürlich auch das Gemeinschaftseigentum sein (Drasdo FS Blank [2006], S. 617 ff.), was vor allem bei Stellplätzen und Kellerräumen praktisch wird.

b) Sondereigentum

85 Ob und ggf. in welcher Weise ein Sondereigentum (Wohnungseigentum ist Sondereigentum an einer Wohnung, Teileigentum Sondereigentum an nicht zu Wohnzwecken dienenden Räumen, § 1 WEG) vermietet wird, hat – ist nichts anderes vereinbart oder zulässiger Weise beschlossen – **allein** der Eigentümer des Sondereigentums zu bestimmen. Ist Sondereigentum die Mietsache, schließt der Sondereigentümer oder für ihn ein Vertreter den Mietvertrag. **Vertragliche Beziehungen** bestehen nur zwischen den Vertragsparteien. Wegen der Bindungen, denen er selbst als Wohnungseigentümer unterliegt, ist der Vermieter bei der Formulierung der Vertragsregelungen nicht frei. Er muss vor allem die Rechte und Pflichten beachten, die für ihn selbst nach §§ 13 bis 15 WEG sowie nach den Vereinbarungen der Wohnungseigentümer gelten. Ferner kann er Probleme bei Erstellung der von ihm geschuldeten Betriebskostenabrechnung – trotz der insoweit umstrittenen 10 %-Rechtsprechung des BGH (ZMR 2008, 31) – haben, wenn er eine Harmonisierung und eine vertraglich eingeräumte Änderungsbefugnis versäumt hat (s. Rdn. 78 ff.).

86 Wird Sondereigentum vermietet, steht die **Miete** dem Sondereigentümer zu. Ein Beschluss, wonach der Verwalter für die ihre Wohnung vermietenden Sondereigentümer die Miete einzuziehen hat und diese einen Teil des Mietertrags der Gemeinschaft zur Verfügung stellen müssen, ist wegen **Fehlens der Beschlusskompetenz** nichtig (OLG Düsseldorf ZMR 2001, 306).

c) Gemeinschaftseigentum als Mietsache

aa) Allgemeines

87 Die Wohnungseigentümer können **vereinbaren**, im Gemeinschaftseigentum stehende Flächen und/oder Räume zu vermieten. In Betracht kommen z.B. Kellerräume, Bodenräume, Garagen, Parkflächen, Parkplätze oder Freiflächen. Über die Frage der Vermietung von Gemeinschaftseigentum kann ferner **durch Beschluss** entschieden werden (BGH ZMR 2000, 845; OLG Hamburg ZMR 2000, 628, 630; WE 1993, 167, 168; BayObLG BayObLGZ 1999, 377; Kreuzer FS Blank [2006], S. 651, 653/654; Müller ZWE 2005, 303, 312). In der Vermietung von Gemeinschaftseigentum ist eine Regelung des Gebrauchs des Gemeinschaftseigentums i.S.v. § 15 Abs. 1 und Abs. 2 WEG zu sehen (Kreuzer FS Blank [2006], S. 651, 653/654). Der Beschluss schafft die gemeinschaftsrechtliche Voraussetzung dafür, dass Gemeinschaftseigentum vermietet werden kann und entzieht den Wohnungseigentümern nicht das Recht zum Mitgebrauch (Kreuzer FS Blank [2006], S. 651, 653/654; **a.A.** Merle WE 1989, 20). Der Beschluss über die Vermietung von Gemeinschaftseigentum regelt nämlich die **Art und Weise** seiner Ausübung, indem er die Möglichkeit des unmittelbaren (Eigen-)Gebrauchs durch die des mittelbaren (Fremd-)Gebrauchs ersetzt und an die Stelle des unmittelbaren Gebrauchs, §§ 13 Abs. 2 S. 2, 16 Abs. 1 WEG, den Anteil an den Mieteinnahmen treten lässt (BGH ZMR 2000, 845; BayObLG BayObLGZ 1992, 1, 3 = NJW-RR 1992, 599: kritisch zu dieser Konstruktion Riecke/Schmid/Riecke Anhang § 15 WEG Rn. 2: es gäbe keine mittelbaren Gebrauch). Eine Einschränkung ist nur dort geboten, wo eine Vermietung im Ergebnis zur Begrün-

dung eines einem Sondernutzungsrecht **gleich kommenden Rechts** führen würde (OLG Düsseldorf NZM 2005, 623; Drasdo FS Blank [2006], S. 617, 618). Jedenfalls mit einem Wohnungseigentümer kann ein **sehr langfristiger Mietvertrag** (OLG Frankfurt OLGReport Frankfurt 2005, 334: 30 Jahre) **nicht wirksam** beschlossen werden (OLG Frankfurt OLG Report Frankfurt 2005, 334). Auch Ketten-Mietverträge für je ein Jahr jeweils mit demselben Eigentümer sind bedenklich. Ferner muss eine beschlossene Vermietung zu einer **angemessenen und marktüblichen** Miete führen.

bb) Vermieter

(1) Grundsatz

Im Grundsatz ist allein der **Verband »Wohnungseigentümergemeinschaft«** befugt, Räume oder Flächen des Gemeinschaftseigentums zu vermieten. Die Vermietung des dem Verband eigentumsrechtlich allerdings fremden Gemeinschaftseigentums ist i.S.v. § 10 Abs. 6 S. 3 Variante 1 WEG »**gemeinschaftsbezogen**« (Bärmann/Klein § 10 Rn. 248 und § 13 Rn. 73; Riecke/Schmid/Elzer § 10 Rn. 418) und hat im Namen des Verbandes Wohnungseigentümergemeinschaft als allein Ausübungsberechtigtem zu erfolgen (Wenzel NZM 2006, 321, 322; Drasdo FS Blank [2006], S. 617, 620 ff.). 88

Dass der Verband **nicht Eigentümer** des Gemeinschaftseigentums sein muss bzw. ist, ist – wie auch allgemein (s.a. Rdn. 74) – unerheblich. Dass das Gemeinschaftseigentum vermietet werden soll und zu welchen Bedingungen, müssen die **Wohnungseigentümer beschließen** (s. Rdn. 95). Dass der Verband Vermieter sein soll, müssen und können die Wohnungseigentümer hingegen nicht beschließen (anders noch Drasdo FS Blank [2006], S. 617, 621). Ihr Recht als Eigentümer des Gemeinschaftseigentums, dieses auch im eigenen Namen zu vermieten, begrenzt § 10 Abs. 6 S. 3 WEG. Ein Wechsel im Bestand der aktuellen Wohnungseigentümer ist wegen der Vermietung durch den Verband unerheblich und berührt das Mietverhältnis nicht (Drasdo FS Blank [2006], S. 617, 622). 89

(2) Erstvermietungen durch den Alleineigentümer; Umwandlungsfälle

Der Verband Wohnungseigentümergemeinschaft taucht mit Entstehung der Gemeinschaft der Wohnungseigentümer oder mit Entstehung einer werdenden Gemeinschaft von Wohnungseigentümern auf (Riecke/Schmid/Elzer § 10 WEG Rn. 377 ff.). War vor Entstehung des Verbandes der Alleineigentümer oder eine Vermietergesellschaft Vermieter von Flächen, die später **nur im Gemeinschaftseigentum** stehen (s. i.Ü. Rdn. 118 ff.), ist bei von diesen geschlossenen Verträgen anzunehmen, dass die Mietvertragsparteien schlüssig einen **Vertragsübergang auf den Verband für den Zeitpunkt vereinbart** haben, in dem der Verband entstanden ist. Diese Sichtweise **versagt** allerdings bei solchen Verträgen, die zuvor selbst nach § 566 BGB auf den Alleineigentümer oder die Miteigentümer übergegangen waren. Für diesen Sonderfall wird man anerkennen müssen, dass bis zu einem gewillkürten Vertragsübergang oder einem Neuabschluss (Rdn. 96) ungeachtet des § 10 Abs. 6 S. 3 WEG zunächst **Wohnungseigentümer** als Vermieter von Gemeinschaftseigentum auftreten. Sind ausnahmsweise die Wohnungseigentümer als Vermieter anzusehen, sind sie wegen § 10 Abs. 6 S. 3 WEG bei einem **Neuabschluss** allerdings gezwungen, aus der **Vermieterstellung auszutreten** und den Vertragsschluss allein dem Verband zu überlassen. Ähnlich liegt es bei den Umwandlungsfällen (s. Rdn. 118). Hier wie dort ist es **unumgänglich**, bis zu einer Neuvermietung nicht den Verband, sondern alle **Wohnungseigentümer** oder Einzelne **von ihnen** als Vermieter des Gemeinschaftseigentums anzusehen. 90

cc) Mieter

91 Gemeinschafts- und Sondereigentum können von »Jedermann« gemietet werden. Mieter kann natürlich auch – und das ist bei Gemeinschaftseigentum sogar die Regel – ein **Wohnungseigentümer** sein (BayObLG NZM 2000, 667; Drasdo FS Blank [2006], S. 617; Kreuzer FS Blank [2006], S. 651, 655/656). »Konkurrieren« ein Dritter und ein Wohnungseigentümer um das Gemeinschaftseigentum als Mietsache, entspricht es nach dem die Wohnungseigentümer verbindenden **Gemeinschaftsverhältnis** allein ordnungsmäßiger Verwaltung, dem abschlussbereiten Wohnungseigentümer bei denselben Bedingungen und identischer Leistungsfähigkeit einen **Vorrang als Mieter** einzuräumen (Kreuzer FS Blank [2006], S. 651, 657).

dd) Mietdauer; klare Abgrenzung zum Sondernutzungsrecht

92 Probleme können sich ergeben, wenn beschlossen wird, das Gemeinschaftseigentum **langfristig** an einen Wohnungseigentümer zu vermieten und die Vermietung in ihren **Wirkungen** letztlich einem indes nicht – ohne Anpassungsvereinbarung/Öffnungsklausel – im Wege des Beschlusses begründbaren **Sondernutzungsrecht** gleich kommt (vgl. Rdn. 87.

ee) Abschluss des Mietvertrages

(1) Allgemeines

93 Über die Fragen, ob durch den Verband Gemeinschaftseigentum vermietet werden soll, an wen und zu welchen Bedingungen (der Beschluss muss die Vorgaben der §§ 535 ff. BGB beachten), muss eine **Willensbildung der Wohnungseigentümer** sowohl für sich als auch als dafür zuständige Stelle des Verbandes stattfinden. Die Willensbildung muss in eine Vereinbarung oder einen Beschluss münden. Eine Vereinbarung ist – soweit sie die Vereinbarungen allgemein gesetzten Grenzen der Privatautonomie einhält – stets zulässig und nicht auf eine Ordnungsmäßigkeit zu prüfen. Bei Beschlüssen muss hingegen gefragt werden, ob sie ordnungsmäßig sind. Ein Beschluss über eine Vermietung von Gemeinschaftseigentum ist i.d.S. ordnungsmäßig, wenn er verfahrensmäßig ordnungsgemäß zustande gekommen ist und die Wohnungseigentümer oder einzelne von ihnen an einem (teilweise) **gemeinsamen Gebrauch** des Gemeinschaftseigentums **keinen Bedarf** haben (vgl. Drasdo FS Blank [2006], S. 617, 618). Der Beschluss darf ferner nur einen **ordnungsmäßigen Gebrauch** i.S.v. § 15 Abs. 2 WEG erlauben und muss dem Maßstab des § 15 Abs. 3 WEG entsprechen. Außerdem darf keinem Wohnungseigentümer durch die Vermietung ein Nachteil i.S.v. § 14 Nr. 1 WEG entstehen (Kreuzer FS Blank [2006], S. 651, 655/656 mit Beispielen). Ein Beschluss, Gemeinschaftseigentum, das einem **Sondernutzungsrecht** unterliegt, zu vermieten, ist nichtig. Die Willensbildung darüber, ob und wie Gemeinschaftseigentum zu vermieten ist, kann nicht im Wege des Beschlusses dauerhaft auf den Verwalter oder einen Dritten, z.B. den Beirat, übertragen werden. Die Willensbildung ist originäre Verwaltungsangelegenheit der Wohnungseigentümer, die nur im Wege der Vereinbarung auf Dritte übertragen werden kann (Riecke/Schmid/Elzer § 20 WEG Rn. 43 ff.). Ein Beschluss, der z.B. den Verwalter ermächtigt, den Mieter und den Inhalt des Mietvertrages zu bestimmen, ist als Verstoß gegen das gesetzliche Kompetenzgefüge nicht ordnungsmäßig, als **Einzelfallverstoß** indes nur anfechtbar (Riecke/Schmid/Elzer § 20 WEG Rn. 48).

Hinweis 94

> Will ein Wohnungseigentümer eine Vermietung verhindern, kann er den **Ermächtigungsbeschluss** nach §§ 43 Nr. 4, 46 Abs. 1 WEG **anfechten**. Da die Anfechtung keine aufschiebende Wirkung hat, sollte er daneben nach §§ 935, 940 ZPO im Wege einer **einstweiligen Verfügung** (vgl. dazu Abramenko ZMR 2010, 329 ff.) ein Verbot erwirken, dass zunächst kein auf den Beschluss gestützter Mietvertrag – zumindest nicht ohne Rücktrittsrecht (mit Sicherheits-Klausel!; vgl. AG Düsseldorf ZMR 2008, 81 m. Anm. Elzer; LG Düsseldorf ZMR 2008, 484) für den Verband im Falle einer rechtskräftigen Ungültigerklärung des Vermietungsbeschlusses – geschlossen werden darf.

(2) Angebot und Annahme

95 Neben der Willensbildung, ob Gemeinschaftseigentum vermietet werden soll – und zu welchen Konditionen –, bedarf es eines **Vertrages** zwischen dem vermietenden Verband und dem jeweiligen Mieter. Zum eigentlichen Vertragsschluss zwischen Verband und Mieter ist ein **Beschluss untauglich** (Riecke/Schmid/Riecke Anhang § 15 WEG Rn. 22). Nach der Rechtsgeschäftslehre notwendig sind – wie auch bei anderen Verträgen des Verbandes (Hügel ZMR 2008, 1, 4; Elzer Info M 2008, 29) – **Angebot und Annahme**. Der Verband handelt beim **rechtsgeschäftlichen Vertragsschluss** durch den Verwalter, soweit ihn die Wohnungseigentümer hierzu nach § 27 Abs. 3 S. 1 Nr. 7 WEG durch Vereinbarung oder Beschluss ermächtigt haben. Fehlt es an einer Ermächtigung, müssen sämtliche Wohnungseigentümer – soweit kein Fall des § 27 Abs. 3 S. 3 WEG vorliegt – den Verband beim Vertragsschluss vertreten und den Mietvertrag im Namen des Verbandes schließen.

ff) Durchführung des Mietvertrages

96 Sind im **Laufe des Mietverhältnisses** Erklärungen abzugeben, nimmt diese nach § 27 Abs. 3 S. 1 Nr. 1 WEG der Verwalter für den Verband als Zustellungsvertreter entgegen. Will der Verband als Vermieter eine Erklärung abgeben, geschieht dieses durch den Verwalter, soweit der Verwalter für diese Geschäfte nach § 27 Abs. 3 S. 1 Nr. 7 WEG von den Wohnungseigentümern für den Verband ermächtigt wurde (s. noch Rdn. 97). Fehlt es hieran, vertreten die Wohnungseigentümer nach § 27 Abs. 3 S. 2 WEG den Verband in seiner Stellung als Vermieter, z.B. bei der Erklärung einer Mieterhöhung.

gg) Kündigung

97 Der Verband wird bei der Kündigung vom Verwalter vertreten – sofern er hierzu nach § 27 Abs. 3 S. 1 Nr. 7 WEG ermächtigt wurde; ansonsten müssen die Wohnungseigentümer den Verband vertreten. § 174 BGB ist **nicht anwendbar**. Noch unentschieden ist, ob der Verband Wohnungseigentümergemeinschaft bei der Wohnraummiete eine Art »Betriebsbedarf« (PWW/Riecke § 573 BGB Rn. 18) als Unterfall des **Eigenbedarfs** i.S.v. § 573 Abs. 2 S. 1 Nr. 2 BGB geltend machen kann, wenn die Wohnungseigentümer das Gemeinschaftseigentum (wieder) für den **gemeinsamen Gebrauch benötigen** oder jedenfalls ein oder mehrere Wohnungseigentümer einen **berechtigten Bedarf** an den vermieteten Flächen anmelden (zur Eigenbedarfskündigung eines Erwerbers s. Rdn. 120).

98 Nach hier vertretener Meinung ist der Verband wenigstens zu einer Kündigung § 573 Abs. 2 S. 1 Nr. 2 BGB für die Wohnungseigentümer berechtigt, die bei **Abschluss des Mietvertrages bereits Wohnungseigentümer waren**. Diese Ansicht entspricht der Sichtweise, die der Bundesgerichtshof für die insoweit ähnlich liegende Gesellschaft bürgerlichen Rechts (GbR) entwickelt hat. Für diese hat er geklärt, dass die Kündigung eines

Mietverhältnisses über Wohnraum grundsätzlich auch wegen des Eigenbedarfs einer der Gesellschafter zulässig ist (BGH ZMR 2007, 772 = NZM 2007, 679 m. Anm. Häublein NJW 2007, 2847), die bereits bei Abschluss des Mietvertrags Gesellschafter waren (BGH ZMR 2010, 99; BGH ZMR 2007, 772 = NZM 2007, 679, 680; a.A. allerdings LG Hamburg ZMR 2010, 286 für Personenhandelsgesellschaften). Die vom Bundesgerichtshof für seine Ansicht angeführten Erwägungen treffen wegen der **gleich liegenden Interessenslagen** auch auf die Vermietung von Gemeinschaftseigentum durch den Verband zu und können für Eigenbedarfskündigungen durch den Verband ohne Weiteres übernommen werden.

hh) Instandhaltungen/Instandsetzungen

99 Der Verband Wohnungseigentümergemeinschaft als Vermieter hat nach § 535 Abs. 1 S. 2 BGB das Gemeinschaftseigentum als Mietsache in einem zum vertragsgemäßen Gebrauch geeigneten Zustand zu überlassen und sie während der Mietzeit in diesem Zustand zu erhalten (s.a. OLG Zweibrücken WuM 1995, 144; KG WuM 1990, 376; Nüßlein PiG 76, S. 28/29). Die Entscheidung hierüber müssen die Wohnungseigentümer als **Willensbildungsorgan des Verbandes** (Jennißen/Elzer § 23 WEG Rn. 38 ff.) treffen. Die Verpflichtung zum Erhalt eines geeigneten Zustandes endet gem. § 275 BGB dort, wo der dazu erforderliche Aufwand die **Opfergrenze** übersteigt (s.a. BGH ZMR 2010, 672; BGH ZMR 2005, 935, 937; PWW/Elzer § 535 BGB Rn. 99 m.w.N.). Wann diese Zumutbarkeitsgrenze überschritten ist, muss von **Fall zu Fall** unter Berücksichtigung der beiderseitigen Parteiinteressen wertend ermittelt werden (BGH ZMR 2005, 935, 937). Es darf kein krasses Missverhältnis entstehen zwischen dem Reparaturaufwand einerseits und dem Nutzen der Reparatur für den Mieter sowie dem Wert der Mietsache und den aus ihm zu ziehenden Einnahmen andererseits. Ob der vom Verband »Wohnungseigentümergemeinschaft« Mietende Mängel des Gemeinschaftseigentums nach § 536a Abs. 2 BGB **selbst beheben** kann, ist umstritten (**verneinend** Riecke/Schmid/Riecke Anhang § 15 WEG Rn. 35; **bejahend** Nüßlein PiG 76, S. 29) und zu verneinen. Sind ausnahmsweise die **Wohnungseigentümer** Vermieter des Gemeinschaftseigentums (Rdn. 90), können diese entscheiden, eine als notwendig erkannte Instandhaltung durchzuführen und dazu ggf. die nach § 10 Abs. 7 WEG im »formellen« Eigentum des Verbandes als »Treuhänder« stehende Instandhaltungsrückstellung einzusetzen. Der Verband hat kein Recht, den Einsatz des ihm zugeordneten Verwaltungsvermögens zur Instandhaltung des Gemeinschaftseigentums zu verweigern.

ii) Bauliche Veränderungen

100 Vor allem, aber nicht nur in der **Gewerberaummiete** kann der Mieter ein Bedürfnis daran haben, die **Mietsache baulich seinen Bedürfnissen** anzupassen und dabei auch in das Gemeinschaftseigentum, z.B. in tragende Wände, einzugreifen. Eine Berechtigung des Mieters zu baulichen Veränderungen kann sich mietrechtlich aus dem Vertrag oder Sondervereinbarungen, wohnungseigentumsrechtlich indes nur aus § 22 Abs. 1 bis Abs. 3 WEG ergeben. Ohne Zustimmung der Wohnungseigentümer ist der Mieter jedenfalls im Verhältnis zu den Wohnungseigentümern nicht berechtigt, das Gemeinschaftseigentum zu verändern. In der Entscheidung der Wohnungseigentümer für eine Vermietung liegt keine Zustimmung zu einer baulichen Veränderung, auch dann nicht, wenn die bauliche Veränderung absehbar war (**a.A.** Drasdo FS Blank [2006], S. 617, 619). Anders liegt es nur, wenn die bauliche Veränderung bereits **Gegenstand des Mietvertrages** war und dieser von den Wohnungseigentümern bestandskräftig beschlossen worden ist. In diesem Falle kann eine Auslegung des Billigungsbeschlusses ergeben, dass mit der Vermietung zugleich eine bauliche Veränderung gebilligt werden sollte, z.B. eine Antenne oder ein Werbeschild.

men) im Außenverhältnis nur gemeinschaftlich abgeben. Die damit verbundenen Probleme würden bei Eigentumswohnanlagen mit häufig wechselnden Wohnungseigentümern noch verstärkt. In vielen Fällen wären Wohnungseigentümer und Mieter mit dieser Rechtslage überfordert. § 566 Abs. 1 BGB ist deshalb nach seinem **Sinn und Zweck** in diesem Umwandlungsfall ausnahmsweise **einschränkend** und nur so anzuwenden, soweit der mit ihm bezweckte Mieterschutz dies erfordert (Nüßlein PiG 76, S. 51; Greiner ZMR 1999, 365, 368; Sternel MDR 1997, 315, 317). Zum Schutz des Mieters ist es aber ausreichend, den **Sondereigentümer** der »Eigentumswohnung« – die indes nur ein Teil der einheitlichen Mietsache ist – allein als **Vermieter** anzusehen (BGH ZMR 1999, 546, 549 = WuM 1999, 390 m. Anm. Riecke/Schütt WuM 1999, 499 ff. = ZfIR 1999, 526; Drasdo DWW 2000, 6; Bärmann/Armbrüster § 1 Rn. 224; s.a. Greiner WE 2000, 106; a.A. Bärmann/Klein § 13 Rn. 72, der die Entscheidung für überholt hält, weil Vermieter des Gemeinschaftseigentums die Gemeinschaft der Wohnungseigentümer ist; das wäre zwar wünschenswert, verkennt aber, dass nach § 566 BGB der »Erwerber« Vermieter wird, nicht ein bloßer Treuhänder des Erwerbers). Für die besondere »Nutzung« des Gemeinschaftseigentums schuldet der Vermieter den anderen Wohnungseigentümern ein Entgelt (einen angemessenen Bruchteil der Miete).

Diese Sichtweise ist zwar **dogmatisch brüchig** und angreifbar, aber pragmatisch und praxisnah. Ihre Anwendung ist erklärbar, indem die Wirkung des § 566 BGB bei der Veräußerung von Wohn- oder Teileigentum beschränkt wirkt und keine Anwendung auf die (notwendige) Mitveräußerung der mit dem Sondereigentum verbundenen Anteile am Gemeinschaftseigentum findet (MüKo/Häublein § 566 BGB Rn. 29). Mängel des mit angemieteten, im Gemeinschaftseigentum befindlichen Raumes kann der Mieter ebenso wie Mängel des Sondereigentums in Folge dieser einschränkenden Ansicht **nur dem Vermieter gegenüber** geltend machen. Ferner sind sämtliche das Mietverhältnis betreffenden Erklärungen nur zwischen diesen auszutauschen. **121**

bb) Einem Sondernutzungsrecht unterliegendes Gemeinschaftseigentum

Steht eine **einheitliche Mietsache** durch eine Umwandlung **im Sonder- und Gemeinschaftseigentum** und besteht an der im Gemeinschaftseigentum stehenden Fläche ein Sondernutzungsrecht, ist nach den allgemeinen Regelungen (Rdn. 118 ff.) wiederum der **Sondereigentümer** der Wohnung allein als Vermieter anzusehen (Nüßlein PiG 76, S. 51; Drasdo NJW-Spezial 2006, 6; Riecke/Schmid/Riecke Anhang § 13 WEG Rn. 158 ff.; **a.A.** – ohne Problembewusstsein zu den Besonderheiten eines Sondernutzungsrechts – BGH ZMR 2006, 30, 31 = NZM 2005, 941; Bärmann/Klein § 13 WEG Rn. 72). Bei unmittelbarer Anwendung von § 566 BGB wären neben dem Sondereigentümer zwar **sämtliche Wohnungseigentümer** als »Vermieter« anzusehen (Weitemeyer NZM 1998, 169, 175; **a.A.** Bärmann/Klein § 13 WEG Rn. 72). An der Fläche, an der das Sondernutzungsrecht begründet wurde, sind sämtliche Wohnungseigentümer Miteigentümer und müssten also als Erwerber i.S.v. § 566 BGB angesehen werden. **122**

Eine solche **Vermehrung der Vermieter** führte aber (wieder) zu einer nicht hinzunehmenden Erschwerung der Vermietung durch eine Vervielfältigung der Vermieterstellung (BGH ZMR 1999, 546, 547 = WuM 1999, 390; Rdn. 120). § 566 Abs. 1 BGB ist daher nach Sinn und Zweck **auch hier einschränkend und nur so anzuwenden**, soweit der mit ihm bezweckte Mieterschutz dies erfordert (s.a. Sternel MDR 1997, 315, 317). Dies bedeutet, dass bei der Veräußerung von Wohn- oder Teileigentum sich die Wirkung des § 566 BGB beschränkt und keine Anwendung auf die (notwendige) Mitveräußerung der mit dem Sondereigentum verbundenen Anteile am Gemeinschaftseigentum findet. Der Sondereigentümer der »Eigentumswohnung« wird allein neuer Vermieter (s. dazu auch BGH ZMR 1999, 546 = WuM 1999, 390; **a.A.** BGH ZMR 2006, 30, 31 = NZM 2005, 941). **123**

d) Eigenbedarfskündigung eines Erwerbers nach einer Umwandlung

aa) Allgemeines

124 Ist an vermieteten Wohnräumen nach **Überlassung** an einen Mieter – der Zeitpunkt der Überlassung muss nicht mit dem vereinbarten Mietbeginn oder Einzugstermin übereinstimmen – Wohnungseigentum begründet und das Wohnungseigentum anschließend i.S.v. § 566 BGB veräußert worden, kann sich ein Erwerber gemäß § 577a Abs. 1 BGB auf berechtigte Interessen i.S.d. § 573 Abs. 2 Nr. 2 oder 3 BGB (insbesondere **Eigenbedarf**) frühestens nach Ablauf von 3 Jahren seit der Veräußerung berufen. Dies ist auch dann der Fall, wenn die Absicht, Wohnungseigentum zu begründen, bereits zuvor bestand und dies dem Mieter bekannt war (MüKo/Häublein § 577a BGB Rn. 6; str.).

125 Die Frist beträgt nach § 577a Abs. 2 BGB sogar bis zu 10 **Jahre**, wenn die ausreichende Versorgung der Bevölkerung mit Mietwohnungen zu angemessenen Bedingungen in einer Gemeinde oder einem Teil einer Gemeinde besonders gefährdet ist und eines Landesregierung in einer Verordnung (vgl. auch WuM 2004, 455 und 521) bestimmt hat.

126 **Hinweis**

Von der Verordnungsermächtigung des § 577a Abs. 2 S. 2 BGB haben zurzeit Gebrauch gemacht:

Land	Fundstelle	Dauer	Gebiet	Jahre
Bayern	GVBl. 2007, 192	01.10.2007–30.09.2017	116 Gemeinden	10
Berlin	GVBl. 2004, 294	01.09.2004–31.08.2011	Friedrichshain-Kreuzberg, Charlottenburg-Wilmersdorf, Tempelhof-Schöneberg, Pankow	7
Hamburg	GVBl. 2004, 30	01.02.2004–31.01.2014	Stadt Hamburg	10
Hessen	GVBl. 2004, 262	31.12. 2009–31.12.2014	Darmstadt, Frankfurt a.M., Wiesbaden, Kelsterbach, Rüsselsheim, Kronberg i.T., Oberursel (Taunus), Maintal, Kelkheim (Taunus) und Schwalbach am Taunus	5
Nordrhein-Westfalen	GVBl. 2006, 461	In Fällen der Umwandlung von Mietwohnungen in Eigentumswohnungen und anschließender Veräußerung vor dem 01.01.2007 waren die am 31.12.2006 geltenden Bestimmungen über die Kündigungssperrfristen der Verordnung zur Bestimmung der Gebiete mit Kündigungssperrfrist bei der Begründung und Veräußerung von Wohnungseigentum an vermieteten Wohnungen – Kündigungssperrfristverordnung – KSpVO – v. 20.04.2004 (GVBl. 2004, 216) noch **bis zum 31.12.2009** weiter anzuwenden. Ein am 01.01.2007 bereits verstrichener Teil einer Frist wird angerechnet.		

§ 577a Abs. 1 BGB meint nicht eine **beliebige Sachlage**, sondern eine, die in **folgender zeitlicher Reihenfolge** abläuft (s. PWW/Riecke § 577a BGB Rn. 4). Erstens: Vermietung/Überlassung der Wohnung; Zweitens: Begründung von Wohnungseigentum an der vermieteten Wohnung; Drittens: Veräußerung der Eigentumswohnung. 127

Die Veräußerung einer vermieteten Eigentumswohnung, an der schon **vor dem Mietvertrag** Wohnungseigentum bestand, löst also **keine Sperrfrist** aus. Dasselbe gilt für die Begründung von Wohnungseigentum ohne anschließende Veräußerung. Nur eine **erstmalige Veräußerung** löst eine Sperrfrist aus. Bei einer **weiteren Veräußerung** beginnt sie nicht wieder von neuem zu laufen (BayObLG BayObLGZ 1981, 343, 345 = NJW 1982, 451 = ZMR 1982, 88 = MDR 1982, 322). 128

bb) Begründung nach § 3 WEG

Die Begründung von Wohnungseigentum nach § 3 WEG **gilt nicht als Veräußerung i.S.d. § 566 BGB** (BGH ZMR 1994, 554, 555 = GE 1994, 1045 = WuM 1994, 452). Denn der entsprechende Miteigentümer war im Rahmen einer Vermietergemeinschaft oder Vermietergesellschaft schon vor der Begründung des Wohnungseigentums (Mit-)Vermieter. Als nunmehriger Sondereigentümer tritt er nicht in die Rechte und Pflichten aus dem Mietverhältnis über die betreffende Wohnung ein, sondern bleibt als jetzt alleiniger Vermieter gleichsam übrig. Die Sperrfrist des § 577a Abs. 1 BGB kann daher erst nach **Veräußerung durch den Sondereigentümer** in Lauf gesetzt werden. Eine BGB-Gesellschaft als Vermieterin darf einem Mieter grundsätzlich wegen Eigenbedarfs eines ihrer Gesellschafter auch dann kündigen, wenn die BGB-Gesellschaft durch Erwerb des Mietwohnraums in den Mietvertrag eingetreten ist. § 566 BGB schützt den Mieter, indem der Erwerber anstelle des alten Vermieters in die sich aus dem Mietverhältnis ergebenden Rechte und Pflichten eintritt. Die Vorschrift schützt den Mieter aber nicht davor, dass eine Personenmehrheit, sei es in Form einer Eigentümergemeinschaft oder einer BGB-Gesellschaft, als Erwerberin in den Mietvertrag eintritt (BGH ZMR 2010, 99 = NJW 2009, 2738). Im Einzelfall kann die Berufung auf Eigenbedarf allerdings rechtsmissbräuchlich sein. 129

cc) Begründung nach § 8 WEG

Wird nach der Begründung von Wohnungseigentum nach § 8 WEG einem Sondernachfolger des teilenden Alleineigentümers durch Auflassung und Eintragung in das Wohnungsgrundbuch Eigentum an einer bestimmten vermieteten Wohnung übertragen und ist er als (ggf. noch werdender) Wohnungseigentümer anzusehen, **gilt dies als Veräußerung nach § 566 BGB** mit der Folge, dass die Sperrfrist des § 577a Abs. 1 BGB ausgelöst wird (BayObLG BayObLGZ 1981, 343, 345 = NJW 1982, 451 = ZMR 1982, 88 = MDR 1982, 322). 130

e) Weitere Fragenkreise

Zu Fragen eines **Mietpools** s. Jäckel ZMR 2004, 393 ff. Für das Vorkaufsrecht des Mieters s. BGH ZMR 2007, 770; ZMR 2006, 511; PWW/Riecke § 577 BGB Rn. 4 ff. Zu Fragen des **Versicherungsschutzes**, des **Leerstands** eines vermieteten Sondereigentums und dem Betretungsrechts des Verwalters s. Riecke in FS Deckert [2002], S. 353, 370, 386 und 389. Zu einer **Mietgarantie des Bauträgers** s. Müller/Becker Beck'sches Formularbuch Wohnungseigentumsrecht N. II. und BGH ZMR 2003, 481 = NJW 2003, 2235. Zu den Auswirkungen der neuen Beschlusskompetenzen der Wohnungseigentümer nach der WEG-Reform 2007 für Mietverhältnisse s.a. Derleder WuM 2008, 444; Drasdo ZMR 2008, 421. 131

6. Vermietungsbeschränkungen

132 Nach § 13 Abs. 1 WEG kann jeder Wohnungseigentümer mit den im Sondereigentum stehenden Gebäudeteilen im Grundsatz **nach Belieben verfahren**, insbesondere diese vermieten (s. bereits Rdn. 71). Dieses Recht ist aber auf verschiedenen Wegen einschränkbar. Es kann sogar **vollständig ausgeschlossen** werden. Die Wohnungseigentümer haben nämlich das Recht und die Möglichkeit, sich jedenfalls durch eine **Vereinbarung** gegen das Eindringen Dritter in ihre Gemeinschaft zu schützen (BGH ZMR 2010, 378 m. Anm. Kümmel = NZM 2010, 285, 286; BayObLG ZMR 1976, 313; **a.A.** Gottschalg DWE 2000, 50 ff.; Bub WE 1989, 122; differenzierend Blank PiG 15, 33, 35).

133 ▶ **Überblick: Vermietungsbeschränkungen**

- Vermietungsausschlüsse;
- Vermietungsgebote;
- Zustimmungsvorbehalte.

a) Vermietungsausschluss

aa) Vereinbarungen

134 Die Wohnungseigentümer können das Recht zur **Vermietung** eines Wohnungs- oder Teileigentums im Wege einer **Vereinbarung** i.S.v. § 10 Abs. 2 und § 5 Abs. 4 WEG **untersagen** (absolutes Vermietungsverbot) oder wenigstens einschränken (relatives Vermietungsverbot; s. BGH ZMR 2010, 378 m. Anm. Kümmel = NZM 2010, 285, 287; OLG Frankfurt NJW-RR 2004, 662; BayObLG NJW-RR 1988, 17; Kümmel ZMR 2010, 382, 381; Riecke/Schmid/Abramenko § 15 WEG Rn. 6). Eine solche, auch umfassende **und nicht nur modifizierende** Beschränkung ist zulässig (BGH ZMR 2010, 378 m. Anm. Kümmel = NZM 2010, 285, 287; BayObLG WuM 1994, 156; BayObLGZ 1975, 233; s.a. BT-Drucksache 16/887, S. 27). Jeder künftige Wohnungseigentümer kann sich vor dem Erwerb des Wohnungseigentums Gewissheit darüber verschaffen, ob eine Vereinbarung eine und ggf. welche Vermietungsbeschränkung enthält. Ist dass der Fall und nimmt ein Bewerber gleichwohl nicht Abstand von einem Erwerb, kann sein Verhalten nur als Verzicht auf die Ausübung seines aus in §§ 13 Abs. 1 WEG, 903 BGB, Art. 14 GG garantiertem Eigentumsrechts verstanden werden (vgl. Ruthmann Wohnungseigentumsrechtliche Bindungen bei Mietverträgen über Wohnungseigentum, S. 30 ff.). Denn es ist ihm in solcher Lage nur möglich, das Wohnungseigentum mit dem eingeschränkten Inhalt zu erwerben, der sich aus eingetragenen Vereinbarungen und mithin namentlich aus der Gemeinschaftsordnung ergibt (Kümmel, Die Bindung der Wohnungseigentümer und deren Sondernachfolger an Vereinbarungen, Beschlüsse und Rechtshandlungen nach § 10 WEG, S. 53 f.).

135 Der völlige Ausschluss des Vermietungsrechts ist **keine unzulässige Knebelung** i.S.d. § 138 BGB oder des in den §§ 13 WEG, 903 BGB festgeschriebenen Rechts jedes Eigentümers, mit seinem Eigentum nach Belieben verfahren zu dürfen (BGH ZMR 2010, 378 m. Anm. Kümmel = NZM 2010, 285, 287 Tz. 22; Armbrüster ZWE 2004, 217, 221; Ruthmann Wohnungseigentumsrechtliche Bindungen bei Mietverträgen über Wohnungseigentum, S. 30 ff.). Denn selbst bei einem Vermietungsverbot kann jeder Wohnungseigentümer – wenn er sein Sondereigentum nicht selbst nutzen kann oder will – einen **Nießbrauch** oder ein **Dauerwohnrecht** bestellen und wäre also von der Fremd-Nutzung seines Eigentums jedenfalls **nicht völlig ausgeschlossen**.

Hinweis 136

> Nach § 21 Abs. 7 WEG können die Wohnungseigentümer eine **Vertragsstrafe** für den Fall beschließen, dass eine Wohnungseigentümer gegen eine vereinbarte Vermietungsbeschränkung verstößt (BT-Drucks. 16/887, S. 27; Niedenführ/Kümmel/Vandenhouten § 21 WEG Rn. 114; krit. Abramenko Das neue WEG, § 2 Rn. 9; Köhler Das neue WEG, Rn. 305).

bb) Beschlüsse

Ein absolutes oder relatives Vermietungsverbot kann **nicht** als Gebrauchsregelung gemäß § 15 Abs. 2 WEG **beschlossen** werden (BGH ZMR 2010, 378 m. Anm. Kümmel = NZM 2010, 285, 286; OLG Frankfurt ZMR 2006, 554; OLG Celle NZM 2005, 184). Die Beschlusskompetenz aus § 15 Abs. 2 WEG umfasst nur weniger wichtige Regelungen, nicht aber das **vollständige Verbot** des Vermietens. Ein solcher Beschluss hätte zum Ziel, dauerhaft von § 13 Abs. 1 WEG abzuweichen (gesetzes- oder vereinbarungsändernder Beschluss) und wäre **nichtig** (BGH ZMR 2010, 378 m. Anm. Kümmel = NZM 2010, 285, 286). 137

Die Wohnungseigentümer können aus diesem Grunde auch nicht »in Ergänzung der Hausordnung« wirksam beschließen, dass Wohnungseigentum **nicht an Feriengäste** vermietet werden kann (BGH ZMR 2010, 378 m. Anm. Kümmel = NZM 2010, 285, 286; OLG Celle NZM 2005, 184; s.a. BayObLG WE 1988, 32; BayObLGZ 1982, 9; BayObLGZ 1978, 305; Müller ZMR 2001, 506, 507). Auch ein Beschluss, der die Nutzung eines Sondereigentums nur zu »Boarding-Haus-Zwecken« erlauben will, wäre nichtig (OLG Frankfurt ZMR 2006, 554). Beschließen die Wohnungseigentümer hingegen, dass nur ein kurzzeitiges Vermieten unzulässig, Vermietern aber als solches zulässig sein soll, ist der Beschluss nur anfechtbar (a.A. BGH ZMR 2010, 378 m. Anm. Kümmel = NZM 2010, 285, 286). 138

b) Vermietungsgebot

aa) Allgemeines

Die Wohnungseigentümer können ein **Vermietungsgebot vereinbaren** (OLG Karlsruhe OLGReport Karlsruhe 2004, 214, 215; BayObLG NZM 1998, 210; BayObLG WE 1992, 208; BayObLG NJW-RR 1988, 1163; Bärmann/Klein § 13 WEG Rn. 58; s.a. BGH ZMR 2007, 284, 286) – was für allem für »**betreutes Wohnen**« interessant sein kann, s. dazu Rdn. 141. Besteht ein Vermietungsgebot, ist ein Sondereigentümer **verpflichtet**, sein Eigentum etwa an den Betreiber eines Hotels **zu vermieten** (BayObLG WuM 1994, 156 = WE 1994, 283). Ergibt sich aus der Gemeinschaftsordnung, dass »die Nutzung der Eigentumswohnungen auf die **Vermietung an einen gewerblichen Zwischenmieter beschränkt ist** und dass das gesamte Bauwerk **nur als Studentenwohnheim** genutzt werden darf«, können die Wohnungseigentümer, wenn diese Regelung von ihnen eingehalten wird, durch Beschluss bestimmen, dass alle Wohnungseigentümer verpflichtet sind, dem Verwalter über den Namen und den Beruf ihrer Mieter Auskunft zu erteilen. Die Wohnungseigentümer können als Vermietungsgebot auch vereinbaren, dass das Sondereigentum **nur als Ferienappartement** im gewerblichen Fremdenverkehr genutzt werden darf, dass dem Verwalter eine weitgehende Kontrolle über die konkrete Art der Nutzung eingeräumt ist und dass i.d.R. die Nutzung der Wohnungen als Ferienappartements durch Verpachtung an eine Betriebsgesellschaft, der auch die im Gemeinschaftseigentum stehenden Hoteleinrichtungen verpachtet sind, geschieht (BayObLG WE 1988, 202 = NJW-RR 1988, 1163; Gottschalg DWE 2000, 50). 139

140 Ein **Vermietungsverpflichtungsbeschluss wäre nichtig**, da ein Vermietungsgebot nur vereinbart werden kann. Hier gelten die Ausführungen zu beschlossenen Vermietungsverboten entsprechend (s. Rdn. 134). Im Einzelfall folgt aus dem die Wohnungseigentümer verbindenden Treueverhältnis, dass es einem Wohnungseigentümer erlaubt sei muss, sein Eigentum selbst zu bewohnen, wenn eine Vermietung nicht möglich ist (Bärmann/Klein § 13 WEG Rn. 65).

bb) Betreutes Wohnen

141 Die Wohnungseigentümer können als besondere Form eines Vermietungsgebotes nach § 15 Abs. 1 WEG als Gebrauchsbestimmung vereinbaren, dass sämtliche Wohnungen zu einem **betreuten Wohnen** zu nutzen sind (BGH ZMR 2007, 284, 286; Drasdo NJW-Spezial 2007, 193, 194). In der Praxis geht es vor allem um Einrichtungen für Senioren, die einerseits **barrierefreies Wohnen** ermöglichen, zusätzlich ein umfangreiches Dienstleistungsangebot bieten, von der Sozial-, Gesundheits- und Pflegeberatung über die Organisation des Gemeinschaftslebens, Putz- und Einkaufsdienste bis hin zu Pflegeleistungen und zusätzlicher medizinischer Versorgung (Kahlen ZMR 2007, 671). Die Senioren sind entweder selbst Wohnungseigentümer oder Mieter von Wohnungseigentümern (müssen die Bewohner die Räumlichkeiten anmieten, besteht die Möglichkeit, den Mietvertrag entsprechend den **Vorgaben des Heimgesetzes** auszugestalten, BGH NJW 2005, 2008 = NZM 2005, 515). Besteht eine Vereinbarung zum betreuten Wohnen muss der Wohnungsnutzer ein **bestimmtes Mindestalter** erreicht haben oder betreuungsbedürftig sein (BGH ZMR 2007, 284, 286). Es ist in diesem Falle nicht zu beanstanden, wenn zur Umsetzung der Gebrauchsregelung mit Bindungswirkung nach § 10 Abs. 3 WEG eine **Verpflichtung sämtlicher Wohnungseigentümer** festgeschrieben wird, einen **Betreuungsvertrag** abzuschließen (BGH ZMR 2007, 284, 286; Forst RNotZ 2003, 292, 295). Eine Verpflichtung, diesen Vertrag mit einer zeitlichen Bindung von **mehr als 2 Jahren abzuschließen**, wäre aber unwirksam (BGH ZMR 2007, 284, 286).

c) Zustimmungsvorbehalte

aa) Grundsatz

(1) Einführung durch eine Vereinbarung

142 Die Wohnungseigentümer können gemäß §§ 5 Abs. 4, 10 Abs. 2 S. 2, 15 Abs. 1 WEG vereinbaren, dass ein Wohnungseigentümer, der sein Sondereigentum ganz oder zum Teil einem Dritten zur Benutzung überlassen will, nach der Rechtsidee des § 12 Abs. 1 WEG einer **Zustimmung bedarf** (BGH BGHZ 37, 203, 206; OLG München 2 UR 2010, 469, 470; OLG Frankfurt NZM 2004, 231; BayObLG WuM 1992, 278; Armbrüster ZWE 2004, 217, 221; Gottschalg in FS Deckert [2002] S. 161, 163; Weitemeyer NZM 1998, 169, 170; Riecke/Schmid/Schneider § 12 WEG Rn. 71; Riecke/Schmid/Riecke Anhang § 13 WEG Rn. 11 ff.). Die Vermietbarkeit soll durch einen Zustimmungsvorbehalt (etwa »will der Wohnungseigentümer die Wohnung ganz oder zum Teil einem Dritten zur Benutzung überlassen, so bedarf er der schriftlichen Einwilligung des Verwalters bzw. eines Beschlusses der Eigentümerversammlung«, vgl. Riecke/Schmid/Riecke Anhang § 13 WEG Rn. 11), zwar nicht ausgeschlossen sein, aber einer **Überprüfung unterstehen**. Ein Zustimmungsvorbehalt ist eng auszulegen und ergreift z.B. keine bloße Nutzungsüberlassung OLG München ZMR 2010, 469, 470).

(2) Einführung durch einen Beschluss

143 Ein Zustimmungsvorbehalt kann **nicht wirksam beschlossen** werden. Das Recht, eine Wohnung zu vermieten und die Mieterträge einzuziehen, gehört zum wesentlichen Inhalt der Nutzung von Wohnungseigentum. Ein **Eingriff in dieses Recht stellt** sich als Ein-

selbst betroffen. Dies bedeutet aber nicht, dass sich für einen Mieter aus den Regelungen der Wohnungseigentümer keine Pflichten ergäben. Tatsächlich sind Mieter eines Sondereigentümers in bestimmten Beziehungen **wenigstens reflexartig** den Regelungen des Wohnungseigentumsrechts unterworfen (allgemein Riecke/Schmid/Elzer § 10 WEG Rn. 64 ff.; vgl. auch AG Hannover ZMR 2010, 153 m. Anm. Riecke). Zum Hundehaltungsverbot vgl. LG Nürnberg-Fürth ZMR 2010, 69 m. Anm. Riecke sowie ZWE 2010, 24 ff. m. Anm. Briesemeister.

▶ Überblick 151

Probleme im Verhältnis der Mietvertragsparteien über jeweils ein Sondereigentum untereinander sowie Probleme der übrigen Wohnungseigentümer mit den Mietvertragsparteien ergeben sich vor **allem zu folgenden Punkten:**
- Wenn der Mieter gegen die Verhaltensregeln verstößt, denen der Vermieter nach §§ 13 und 14 WEG unterliegt (s. Rdn. 163 f.).
- Wenn der Mieter sich nicht an die zwischen den Wohnungseigentümern geltenden Nutzungsvereinbarungen hält (s. Rdn. 169 ff.).
- Wenn der Mieter gegen die zwischen den Mietvertragsparteien vereinbarte Hausordnung verstößt oder wenn der Mieter gegen die für den Vermieter gegenüber den Wohnungseigentümern geltende Hausordnung verstößt (s. Rdn. 175 ff.).
- Wenn der Mieter das Gemeinschaftseigentum beschädigt (s. Rdn. 178 ff.).
- Wenn der Mieter das Gemeinschaftseigentum baulich verändert (s. Rdn. 183 ff.).

a) Grundlagen

aa) Verschiedene Rechts- oder Pflichtenkreise

Wird das Gemeinschafts- oder ein Sondereigentum vermietet, sind **verschiedene Rechts- und Pflichtenkreise** betroffen. Vertragliche Beziehungen entwickelt der Mieter nur zu dem vermietenden Wohnungs- oder Teileigentümer (Sondereigentümer) oder zum Verband als Vermieter. Daneben und von diesen nicht isoliert stehen aber die Rechte und Ansprüche der anderen Wohnungseigentümer zum Mieter und zu dem vermietenden Sondereigentümer. Die Regelungen des Wohnungseigentumsrechts »sprengen« im Grundsatz faktisch jede mietvertragliche Regelung. Kein Wohnungseigentümer kann einem Mieter gegenüber den anderen Wohnungseigentümern weiter gehende Rechte einräumen, als sie ihm selbst zustehen oder zustehen könnten. Durch eine schuldrechtliche Vermietung können **sachenrechtlich geschützte Eigentümerpositionen** nicht wirksam eingeschränkt werden (str.; vgl. AG Hannover ZMR 2010, 153 m. Anm. Riecke). Mieter besitzen außer nach §§ 858 ff. BGB keine originären Rechte an der Mietsache, sondern leiten ihre Rechtsstellung in Bezug auf Gemeinschafts- oder Sondereigentum stets ab (KG ZMR 2002, 458, 459; ZMR 2001, 1007, 1008 = ZWE 2001, 497 = NZM 2001, 761). Der Vermieter kann (und darf) dem Mieter durch einen Mietvertrag nur solche Rechte einräumen (weitergeben), die ihm selbst zukommen (OLG Düsseldorf NJW-RR 1995, 1165 = WuM 1995, 497; Wangemann WuM 1987, 3, 7). Um andere, weitere Rechte geschützt abzugeben und den Inhalt des Eigentums der Wohnungseigentümer i.S.v. §§ 13 Abs. 1 WEG, 903 BGB gleichsam sachenrechtlich zu definieren, fehlt dem Vermieter eine Rechtsmacht. Eine Bindung der anderen Wohnungseigentümer an einen von ihren Bestimmungen abweichenden Mietvertrag scheitert schon an dem allgemeinen Grundsatz, dass der Vermieter keine Verträge zulasten Dritter schließen kann. 152

153 **Hinweis**

> In jüngster Zeit ist allerdings streitig geworden, ob es einen **Unterschied** macht, ob Rechte gegen einen Mieter aus dem Gesetz, aus einer verdinglichten Vereinbarung, aus einer schuldrechtlichen Vereinbarung oder aus einem Beschluss abgeleitet werden. Während die wohl h.M. diese Fälle noch gleich behandelt (BGH ZMR 1996, 147, 149 = NJW 1996, 714; KG NJW-RR 1997, 713; Elzer MietRB 2006, 75), will eine andere **Ansicht** nur dem Gesetz, verdinglichten Vereinbarungen und auf einer Öffnungsklausel beruhenden Entscheidungen eine dingliche Wirkung gegenüber Mietern beimessen (Armbrüster/Müller FS Seuß [2007], S. 3, 7 ff.; dies. ZMR 2007, 321, 323; Bärmann/Armbrüster § 1 WEG Rn. 244; s.a. Bärmann/Klein § 13 WEG Rn. 69; LG Nürnberg-Fürth ZMR 2010, 69). Blickt man auf § 10 Abs. 3 und Abs. 4 WEG, liegt nahe, im Grundsatz der h.M. zu folgen, bloß schuldrechtlichen Vereinbarungen aber ggf. Wirkungen abzusprechen (Elzer MietRB 2007, 203).

bb) Reichweite zulässigen Gebrauchs

154 Welcher Gebrauch jedem Eigentümer und solchen Personen, die wie Mieter Rechte von ihm ableiten, am Gemeinschaftseigentum gestattet ist, ergibt sich **nicht aus dem Mietvertrag** als Gebrauchsüberlassungsvertrag, sondern aus dem Gesetz (§§ 13 und 14 WEG), aus den Vereinbarungen und Beschlüssen der Eigentümer (§§ 3, 8, 10, 15 WEG) und nach dem Interesse der Gesamtheit der Wohnungseigentümer nach billigem Ermessen (§ 15 Abs. 3 WEG). Darf der vermietende Sondereigentümer danach »stören« – bewegt er sich im rechtlich Zulässigen – darf es auch sein Mieter. Das dem Zulässigen entsprechende Verhalten ist immer rechtmäßig und zu dulden. Darf der vermietende Sondereigentümer aber nicht »stören«, ist jede von den allgemeinen Bestimmungen abweichende, aber mietvertraglich erlaubte Nutzungsart vom Inhalt des Sondereigentums nicht gedeckt und beeinträchtigt die anderen Wohnungseigentümer unzumutbar.

cc) Rechtsfolge eines Verstoßes

155 Verstößt ein vermietender Sondereigentümer gegen die ihm auferlegten Schranken – sei es aus Unachtsamkeit, sei es bewusst – und schließt er einen Mietvertrag mit Inhalten, die im Widerspruch zum Gesetz und/oder zur Gemeinschaftsordnung stehen, ist dieses Versprechen **nicht nichtig** (Armbrüster ZWE 2004, 217, 219; s.a. § 311a BGB). Der Wirksamkeit eines Mietvertrages steht es nicht entgegen, dass bei Vertragsschluss (noch) ein Leistungshindernis vorliegt. Der vermietende Sondereigentümer verpflichtet sich in diesem Falle gegenüber seinem Mieter schuldrechtlich, diesem bestimmte Rechte am Sonder- oder Gemeinschaftseigentum erst noch zu verschaffen. Gelingt ihm die darin liegende Erweiterung eigener Rechte, sind Mietvertrag und Gemeinschaftsordnung (erstmals) deckungsgleich. Zum ersten Mal darf der Mieter dann ein Recht ausüben, was ihm bereits mietvertraglich versprochen ist. Bis dahin, bis also der vermietende Sondereigentümer sein Versprechen eingelöst hat und die Gemeinschaftsordnung geändert ist, darf der Mieter ein mietvertraglich über die Gemeinschaftsordnung hinausgehendes Recht aber nur im Verhältnis zu seinem Vermieter ausüben.

dd) Unterlassungs- und Beseitigungsansprüche

156 Die anderen Wohnungseigentümer sind **bis zu einer Anpassung der Regelungswerke** durch eine den wohnungseigentumsrechtlichen Bestimmungen zuwider laufende Nutzung in ihren Eigentumsrechten verletzt und haben einen dinglichen Abwehranspruch aus § 1004 Abs. 1 S. 1 und S. 2 BGB mit absoluter Wirkung gegen jeden zweckwidrig Nutzenden. Sie sind zur Duldung eines störenden Gebrauchs **weder dem Vermieter**

(auch nicht dem Verband als Vermieter) **noch seinem Mieter** gegenüber verpflichtet (KG ZMR 2002, 269 = KGReport 2002, 269; ZMR 1997, 315, 316; WuM 1985, 236, 237 = MDR 1985, 675, 676 = ZMR 1985, 207). Der Unterlassungsanspruch erfordert nicht, dass **aktuell eine Eigentumsbeeinträchtigung** stattfindet. Es genügt vielmehr die begründete Besorgnis zukünftiger unzulässiger Nutzungen (BayObLG NJW-RR 1996, 464; WuM 1993, 294). Im Einzelfall kann der Unterlassungsanspruch am **Einwand unzulässiger Rechtsausübung** scheitern. Dies ist z.B. der Fall, wenn der Unterlassungsanspruch lediglich geltend gemacht wird, um einen geschäftlichen Konkurrenten auszuschalten, und zwar selbst dann, wenn ein Dritter im Interesse des Mitkonkurrenten den Anspruch durchzusetzen versucht, weil der Mitkonkurrent zuvor mit seinem eigenen Antrag rechtskräftig unterlegen war (BayObLG ZMR 1998, 176 = WuM 1998, 49 = NJW-RR 1998, 301; WuM 1996, 437 = WE 1997, 69 = NJW-RR 1996, 1359). Wenn eine von mehreren Wohnungen einer Wohnanlage über viele Jahre hinweg zweckbestimmungswidrig genutzt wird, verstößt das Verlangen auf Unterlassung der zweckbestimmungswidrigen Nutzung anderer Wohnungen hingegen nicht regelmäßig gegen die Grundsätze von Treu und Glauben i.S.v. § 242 BGB (BayObLG ZMR 2000, 778). Der Beseitigungs- und Unterlassungsanspruch ist allerdings **verwirkbar** (BayObLG WuM 1993, 558 = WE 1994, 180; Ott ZfIR 2005, 129, 133). An die Verwirkung des Anspruchs auf Wiederherstellung eines der Teilungserklärung oder des Teilungsvertrages oder einer Regelung der Gemeinschaftsordnung entsprechenden Zustandes sind aber sehr hohe Anforderungen zu stellen (OLG Hamburg ZMR 2005, 805; OLGReport Köln 2005, 261).

ee) Anspruchsinhaber

(1) Störungen

157 Träger des Gemeinschaftseigentums und Inhaber des Grundstücks i.S.v. § 1 Abs. 5 WEG sind die Wohnungseigentümer (§ 10 Abs. 1 WEG). Stört ein Vermieter oder ein Mieter das Gemeinschaftseigentum, **kann** jeder andere Wohnungs- oder Teileigentümer **allein** (BayObLG WE 1997, 79; ZMR 1994, 234) oder **gemeinsam** mit den anderen Eigentümern Unterlassung und Beseitigung der Nutzung verlangen (BGH ZMR 1995, 480 = NJW-RR 1995, 715; OLG Celle ZMR 2004, 689; OLG Hamm ZMR 2002, 622; NJW-RR 1993, 786; BayObLG ZMR 2000, 689, 691; Hannemann NZM 2004, 531, 533). An der Befugnis der Eigentümer, **selbst** Beseitigungs- und Unterlassungsansprüche außerprozessual und prozessual geltend zu machen, hat sich durch Anerkennung des Verbandes Wohnungseigentümergemeinschaft **nichts** geändert (s. ausführlich Rdn. 162 f.). Die Wohnungseigentümer sind freilich befugt, einen **Anspruch auf Beseitigung- und Unterlassung** zu **vergemeinschaften** und dadurch zu einer Sache des Verbandes nach § 10 Abs. 6 S. 3 Variante 2 WEG (Sonstiges Recht) zu machen.

(2) Schadenersatz

158 Schadenersatzansprüche wegen Störungen stehen vermögensrechtlich den Wohnungseigentümern zu. Berechtigt, diese **gemeinschaftsbezogenen Ansprüche** vom Störer **gerichtlich oder außergerichtlich** einzufordern, ist nach § 10 Abs. 6 S. 1 WEG nur der Verband »Wohnungseigentümergemeinschaft« (Riecke/Schmid/Elzer § 10 WEG Rn. 418). Der Verband ist **ohne Bestimmung** der Wohnungseigentümer allerdings nicht berechtigt, diese Ansprüche in das Verwaltungsvermögen i.S.v. § 10 Abs. 7 WEG zu vereinnahmen. Die eingezogenen Mittel dürfen nicht mit dem Verwaltungsvermögen vermengt werden: ansonsten drohte ein Zugriff der Verbandsgläubiger. Für die allein den Eigentümern zustehenden Ansprüche, muss ein »zweites Verwaltungsvermögen« angesammelt werden (Köhler/Bassenge/Drabek Teil 8 Rn. 197; Riecke/Schmid/Elzer § 10 WEG Rn. 418).

ff) Vermeidung von Kollisionen

159 Die dem Mieter eingeräumten Rechte können von Anfang an den innerhalb der Wohnungseigentümer geltenden Bestimmungen widersprechen. Um das zu vermeiden, sollte vor Abschluss des Mietvertrages dafür Sorge getragen werden, dass sich die **Rechtskreise entsprechen** (Rdn. 77). Durch eine solche Vorgehensweise können **spätere Veränderungen** – jedenfalls beschlossene – allerdings **nicht verhindert** werden (Rdn. 78 ff.). Es ist vorstellbar und in der Praxis gängig, dass die Wohnungseigentümer nachträglich andere, als die zwischen den Mietvertragsparteien vereinbarten Nutzungsbestimmungen treffen, z.B. Grillzeiten einschränken, die Hundehaltung verbieten oder die Ruhezeiten neu definieren. Um ein (künftiges) **Auseinanderfallen zu verhindern**, kann der Vermieter, den Mieter durch eine Verweisung auf die jeweils zwischen den Wohnungseigentümern geltenden Bestimmungen **grundsätzlich** binden (**dynamische Klausel**). Voraussetzung für eine Bindung ist erstens, dass der andere Gebrauch **beschlossen** wurde. Und zweitens muss der beschlossene Gebrauch **ordnungsmäßig** i.S.v. § 15 Abs. 2 WEG sein, er darf also den Mieter nicht i.S.v. § 308 Nr. 4 BGB unzumutbar beachteiligen (Rdn. 78). Fehlt es hieran, ist eine Bindung nicht möglich. Die ordnungswidrige beschlossene Regelung bindet zumindest die Wohnungseigentümer (einschließlich des Vermieters) und reflexartig wohl auch den Mieter bis zur rechtskräftigen gerichtlichen Ungültigerklärung. Der Vermieter darf sich also weder für seine bloß **eigenen Gebrauchsvorstellungen** einen Änderungsvorbehalt einräumen lassen noch darf er für den Mieter einen **nicht ordnungsmäßigen Gebrauch** bestimmen. Stattdessen muss der vermietende Sondereigentümer den den Gebrauch regelnden Beschluss nach §§ 43 Nr. 4, 46 Abs. 1 S. 1 WEG anfechten und aus der Welt schaffen. Dies ist im Regelfall erst mit **Rechtskraft** der Hauptsacheentscheidung der Fall.

gg) Überblick

160 Die Rechte der Wohnungseigentümer gegen einen vermietenden Sondereigentümer oder seinen Mieter stellen sich, wenn der Mieter »stört«, im Überblick wie folgt dar:

161 **Rechte gegen den vermietenden Wohnungseigentümer:**
- Unterlassung und Beseitigung gemäß §§ 15 Abs. 3 WEG, 1004 BGB;
- Verlangen der Einwirkung auf den Mieter, soweit das Mieterverhalten mietvertraglich unzulässig ist; das Verlangen einer konkreten Maßnahme ist nicht möglich;
- Schadenersatz gemäß §§ 280 Abs. 1 S. 1, 241 BGB (durch Verband auszuüben, falls nicht das Sondereigentum gestört ist);
- Schadenersatz gemäß §§ 823 Abs. 1, Abs. 2 BGB, 303 StGB (durch Verband auszuüben, falls nicht das Sondereigentum gestört ist).

Rechte der Wohnungseigentümer gegen einen Mieter, der »stört«:
- Unterlassung und Beseitigung gemäß § 1004 BGB, auch wenn das Mieterverhalten mietvertraglich zulässig ist;
- Schadenersatz gemäß §§ 823 Abs. 1, Abs. 2 BGB, 303 StGB, auch wenn das Mieterverhalten mietvertraglich zulässig ist.

Rechte des vermietenden Sondereigentümers gegen einen Mieter, der »stört«:
- Unterlassung gemäß § 541 BGB, soweit das Mieterverhalten mietvertraglich unzulässig ist;
- ggf. Kündigung gemäß § 543 Abs. 2 S. 1 Nr. 2 oder § 573 Abs. 2 Nr. 1 BGB;
- Unterlassung und Beseitigung gemäß § 1004 BGB str., vgl. BGH WuM 2007, 387 = NJW 2007, 2180;
- Schadenersatz gemäß §§ 280 Abs. 1 S. 1, 241 BGB;
- Schadenersatz gemäß §§ 823 Abs. 1, Abs. 2 BGB, § 303 StGB.

b) Verstöße des Mieters gegen §§ 13, 14 WEG

aa) Ansprüche des Vermieters

162 Der vermietende Sondereigentümer kann von seinem Mieter grundsätzlich die Einhaltung der durch § 14 Nr. 1 WEG urtümlich nur für ihn und sämtliche anderen Wohnungseigentümer beschriebenen Pflichten verlangen. Dies gilt, soweit es vertraglich bestimmt ist. Es gilt aber darüber hinaus, wenn der Mietvertrag (auch) insoweit keine Koordinierung herstellt. Denn jeder Mieter muss, soweit er eine Mietsache nutzt, einen **vertragsgemäßen Gebrauch** einhalten (BGH ZMR 1993, 263, 266; vgl. ferner §§ 541, 543 Abs. 2 Nr. 1 und Nr. 2 BGB), also einen Gebrauch, der entweder nach dem Mietvertrag oder den daneben geltenden gesetzlichen Regelungen (noch) zulässig ist. Die Grenzen, die ein Mieter bei der Nutzung der gemieteten Räume einzuhalten hat, ergeben sich aus dem Vertragsverhältnis und – bei vermietetem Sondereigentum – aus dem WEG und den Bestimmungen der Wohnungseigentümer. Überschreitet ein Mieter die durch § 14 Nr. 1 WEG beschriebenen Pflichten, verletzt er mithin gleichsam vertragliche Bestimmungen. Der Vermieter kann deshalb nach § 541 BGB Unterlassung verlangen und ggf. gemäß § 543 Abs. 2 S. 1 Nr. 2 BGB oder § 573 Abs. 2 Nr. 1 BGB kündigen.

bb) Ansprüche der weiteren Wohnungseigentümer

163 Auch die nicht vermietenden Wohnungseigentümer können bei einer Verletzung von § 14 Nr. 1 WEG den Mieter direkt in Anspruch nehmen (s.a. Rdn. 156) Sie besitzen zwar **keine vertraglichen Ansprüche auf Unterlassung**. Ihr Unterlassungsanspruch gegen eine Störung durch den Mieter folgt aber unmittelbar aus § 1004 Abs. 1 S. 2 BGB. Die Wohnungseigentümer sind durch eine Störung des Mieters in ihrem aus § 13 Abs. 1 WEG, § 903 BGB, Art. 14 GG garantiertem Eigentumsrecht verletzt und haben folglich einen dinglichen Abwehranspruch mit absoluter Wirkung (s. bereits Rdn. 151 ff.). Verhält sich ein Mieter wider der durch § 14 Nr. 1 WEG aufgestellten Verhaltenspflicht, haben die Wohnungseigentümer aus §§ 14 Nr. 1, Nr. 2, 15 Abs. 3 WEG i.V.m. § 1004 Abs. 1 Nr. 1 BGB ferner gegen den **vermietenden Sondereigentümer** einen Anspruch, dass dieser gegen den störenden Mieter **vorgeht** (OLG Köln OLGReport Köln 1997, 141 = ZMR 1997, 253, 254). Sie können den Wohnungseigentümer-Vermieter allerdings **nicht auf einen bestimmten Weg** der Beseitigung der Störung festlegen, insbesondere nicht auf die Kündigung des Mietvertrages. Die Wahl der gegenüber dem Mieter jeweils einzusetzenden Mittel obliegt vielmehr dem betreffenden Sondereigentümer. Wenn eine klageweise Entmietung keine rasche Abhilfe verspricht, kommt dabei auch das Anbieten von Geld für einen freiwilligen Auszug in Betracht.

c) Nutzungsverletzungen

aa) Allgemeines

164 In der Regel besteht in jeder WEG-Anlage eine die Nutzung eines Sondereigentums regelnde **allgemeine Nutzungs-Bestimmung** durch die Anordnung, dass ein Sondereigentum ein Wohnungs- oder ein Teileigentum ist. Ist als zulässige Nutzung eines Sondereigentums »Wohnungseigentum« oder »Teileigentum« bestimmt, handelt es sich nach h.M. um eine Vereinbarung i.S.v. §§ 5 Abs. 4, 10 Abs. 2 S. 2, 15 Abs. 1 WEG. Solche »Zweckbestimmungen im weiteren Sinne« bestimmen wenigstens grob, welcher Gebrauch einem Wohnungseigentümer – und damit dem Mieter – erlaubt ist. Dies ist nicht unproblematisch, da bei der Aufteilung nicht offen gelassen werden kann, ob Wohnungsnutzung oder nur andere Nutzung gewollt ist.

165
- Ein Wohnungseigentum darf bei einer Zweckbestimmung »Ausübung einer freiberuflichen Tätigkeit« z.B. als Arztpraxis (vgl. OLG Düsseldorf ZMR 2008, 393) mit

erheblichem Patientenverkehr ebenso wie als Aussiedlerheim (OLG Hamm WE 1992, 135) oder Architekturbüro (KG WuM 1994, 494) genutzt werden. Zulässig ist auch eine psychologische Einzelpraxis. Unzulässig ist die Nutzung als Pflegeheim (OLG Köln GuT 2007, 101), die Ausübung der Prostitution (OLG Zweibrücken IMR 2009, 279; OLG Hamburg Info M 2009, 21; LG Hamburg ZMR 2008, 828) oder Nutzung als oder Laden (BayObLG ZMR 2000, 778). Für die Frage, ob die Nutzung als Büro zulässig ist, kommt es auf die Umstände an (BayObLG ZMR 2001, 41).
- Ein Teileigentum darf bei einer Zweckbestimmung »Ausübung einer freiberuflichen Tätigkeit« nicht zum Wohnen gebraucht werden. Im Teileigentum stehende Kellerräume dürfen nur als Keller oder in einer Weise genutzt werden, die nicht mehr stört oder beeinträchtigt (OLG Schleswig ZMR 2006, 891). Kellerräume dürfen daher i.d.R. nur als Lager- oder Abstellraum genutzt werden. Auch eine Nutzung als Party-, Werk- oder Abstellraum sowie Waschküche ist zulässig (BayObLG ZMR 1993, 530, 531).

166 Neben den Zweckbestimmungen im weiteren Sinne gibt es solche **im engeren Sinne**. Diese Zweckbestimmungen sind Vereinbarungen nach § 15 Abs. 1 WEG oder Beschlüsse nach § 15 Abs. 2 WEG. Sie bestimmen über § 14 Nr. 1 WEG hinaus, welcher Gebrauch einem Wohnungseigentümer erlaubt sein soll. Besonders bedeutend sind Zweckbestimmungen im weiteren Sinne für die Gewerberaummiete. Häufig ist nämlich von den Wohnungseigentümern relativ detailliert bestimmt, in welcher Weise es erlaubt sein soll, ein Teileigentum zu nutzen.

167 ▶ **Beispiele für mögliche Zweckbestimmungen nach § 15 WEG**

- Abstellraum
- Archivraum
- Arzt- oder Zahnarztpraxis
- Architekturbüro
- Bodenraum
- Fahrradkeller
- Gaststätte/Restaurant/Pizzeria
- Hobbyraum
- Krankengymnastikpraxis
- Laden
- Lagerraum
- Praxis
- Speicherraum
- Steuerberaterpraxis
- Trockenraum
- Waschküche
- Werkstatt

bb) Ansprüche des Vermieters

168 Ist zwischen den Mietvertragsparteien eine **bestimmte Nutzung vereinbart worden** und verstößt der Mieter dagegen, kann der vermietende Wohnungseigentümer gemäß § 541 BGB (BGH WuM 2007, 387 = NJW 2007, 2180) Unterlassung einer danach unzulässigen Nutzung verlangen. Auf das Wohnungseigentumsrecht kommt es nicht an. Fehlt es hingegen an einer mietrechtlichen Regelung, kommt es für Ansprüche des Vermieters wegen einer ggf. störenden Nutzung des Mieters darauf an, ob sich der Mieter nach **allgemeinen Mietrecht** im Rahmen des (noch) zulässigen Gebrauchs hält. Ist dies der Fall, ist das Verhalten des Mieters aber **wohnungseigentumsrechtlich** unzulässig, etwa weil eine Vereinbarung oder ein Beschluss die mietrechtlich erlaubte Nutzung dem Vermieter verbieten, kann der Vermieter den mietrechtlich zulässigen Gebrauch ggf. **einseitig ändern** oder er hat sich sogar **dynamisch geändert**, wenn dies zulässiger Weise vereinbart ist (Rdn. 80 ff.); i.d.R. werden dem Vermieter die Hände gebunden sein. Er kann dann nur versuchen, im Wege einer einvernehmlichen Änderung des Mietvertrages diesen den wohnungseigentumsrechtlichen Gegebenheiten anzupassen. Eine **Kündigung** aus wichtigem Grunde scheidet in jedem Falle aus (BGH ZMR 1996, 147, 148 = NJW 1996, 714 = MDR 1996, 355 = WuM 1996, 487). Eine Kündigung aus wichtigem Grunde kann nur ausnahmsweise auf Umstände gestützt werden, die dem **Einfluss des Kündigungsgegners** entzogen sind und die aus den eigenen Interessen des Kündigenden hergeleitet werden. Liegen die Gründe in dem Risikobereich einer Partei, geben sie grundsätzlich nicht das Recht, sich von einem Vertrage zu lösen, weil die Rechtsfolgen einer Änderung der Geschäftsgrundlage nicht zu einer Beseitigung der im Vertrage liegenden Risikoverteilung führen dürfen. Nach diesen Grundsätzen muss ein Kündigungsrecht des vermietenden Sondereigentümers i.d.R. ausscheiden, weil es in seinem Risikobereich liegt, dass die Vermietung seines Sondereigentums nicht mit der Gemeinschaftsordnung vereinbar ist.

cc) Ansprüche der weiteren Wohnungseigentümer

(1) Gegen den vermietenden Sondereigentümer

169 Bei einem **Verstoß des Mieters** gegen ihre Zweckbestimmungen besitzen die gestörten Wohnungseigentümer Ansprüche **gegen den vermietenden Sondereigentümer** (s. Rdn. 157). Soweit der vertraglich geschuldete Mietgebrauch dem Teilungsvertrag oder der Teilungserklärung oder einer nach § 15 Abs. 2, Abs. 3 WEG vereinbarten oder beschlossenen Nutzungsregelung zuwider läuft, erwächst den anderen Teil- und Wohnungseigentümern das Recht, allein oder gemeinsam mit den anderen gemäß §§ 1004 Abs. 1 S. 2, 1011 BGB, §§ 15 Abs. 3, 14 Nr. 1 WEG (BGH ZMR 1996, 147, 148 = NJW 1996, 714 = MDR 1996, 355 = WuM 1996, 487; ZMR 1995, 480, 481= NJW-RR 1995, 715; OLG Celle ZMR 2004, 689, 690; OLG Hamm ZMR 2002, 622; BayObLG ZMR 2000, 689, 691; Riecke/Schmid/Abramenko § 14 WEG Rn. 27) **Unterlassung und Beseitigung** der störenden Nutzung zu verlangen.

170 Der vermietende Wohnungseigentümer kann sich regelmäßig **nicht darauf berufen**, eine Einwirkung auf den Mieter sei ihm nach § 275 Abs. 1 BGB **unmöglich**, weil sich der Mieter im mietrechtlich Zulässigen bewege (OLG Düsseldorf ZMR 2004, 931 = MietRB 2005, 37, 38; OLG Celle ZMR 2004, 689, 690). Soweit das Verhalten des Mieters vertraglich zulässig ist, kann der Vermieter zwar nichts unternehmen (Rdn. 168). Die **langfristige Bindung** ist allerdings grundsätzlich keine mögliche Einwendung. Denn auch ein langfristiger Mietvertrag kann im Wege einer Aufhebungsvereinbarung vorzeitig einverständlich beendet und der Mieter zum Verzicht auf seine Rechte bewegt werden. Sofern der Mieter von sich aus nicht ohne weiteres zur Beendigung des Mietvertrages oder Unterlassung der Störung bereit ist, ist es Aufgabe des Sondereigentümers, den Mieter z.B. durch das Angebot auch hoher Abfindungszahlungen zu einer vorzeitigen Beendigung des Mietverhältnisses zu bewegen.

(2) Gegen den Mieter

171 Bei einer vereinbarungs- oder beschlusswidrigen Nutzung eines vermieteten Sondereigentums haben die Wohnungseigentümer ferner die Möglichkeit, unmittelbar gegen den Mieter des störenden Sondereigentümers vorzugehen und von ihm als Individualanspruch die **Beseitigung von Störungen** zu verlangen, die über die Regelungen in Vereinbarungen und Beschlüsse der Wohnungseigentümer hinausgehen (BGH ZMR 1996, 147, 148 = NJW 1996, 714 = MDR 1996, 355 = WuM 1996, 487; NJW-RR 1995, 715 = ZMR

1995, 480; KG GE 2005, 133; ZMR 2002, 458; BayObLG ZMR 1994, 234, 236). Ferner können die anderen Wohnungseigentümer verlangen, dass der vermietende Sondereigentümer **präventive Maßnahmen** zur Verhinderung weiterer Störungen unternimmt, z.B. Sanitäreinrichtungen abtrennt oder einen Briefkasten abbaut (BayObLG WE 1998, 398; ZMR 1993, 530, 532).

172 Hinweis

Ab dem Zeitpunkt, in dem sich das Recht der anderen Wohnungseigentümer für Mieter als Beeinträchtigung seines Mietgebrauchs auswirkt, ist **im Verhältnis der Mietvertragsparteien** zueinander von einem Rechtsmangel i.S.d. § 536 Abs. 1 S. 1 BGB auszugehen. Der Mangel kann u.a. eine **Haftung des Vermieters** auf Schadenersatz gemäß § 536a Abs. 1 BGB auslösen; daneben ist der Mieter ggf. berechtigt, nicht aber verpflichtet, das Mietverhältnis fristlos zu kündigen (BGH ZMR 1995, 480 = NJW-RR 1995, 715 m.w.N.).

173 Der Verwalter hat den Vermieter nach § 27 Abs. 1 Nr. 1 WEG anzuhalten, auf die Einhaltung der Gebrauchsregelungen, z.B. in einer Hausordnung, durch seinen Mieter hinzuwirken (Riecke/Schmid/Abramenko § 27 WEG Rn. 17). Gegen den Mieter kann der Verwalter hingegen nicht ohne Ermächtigung durch die Wohnungseigentümer nach § 27 Abs. 2 Nr. 3 WEG vorgehen (Riecke/Schmid/Abramenko § 13 WEG Rn. 2).

d) Eigentümer-Hausordnung

aa) Bestandteil des Mietvertrages

174 Der Mieter ist an eine Eigentümer-Hausordnung gebunden, wenn diese durch eine **Vereinbarung** der Mietvertragsparteien Vertragsbestandteil des Mietvertrages geworden ist (BGH ZMR 2004, 335 = NJW 2004, 775; ZMR 1991, 290, 293 = WuM 1991, 381, 384; BayObLG WuM 1992, 498; Nüßlein PiG 76, S. 146). Zur Einbeziehung der Eigentümer-Hausordnung genügt ihre Erwähnung (Bezugnahme) im Mietvertrag oder ihre Beifügung als eine der Anlagen des Mietvertrages. Ist die (geltende) Eigentümer-Hausordnung Bestandteil des Mietvertrages, **kann der vermietende Sondereigentümer** von seinem Mieter deren Einhaltung verlangen. Verletzt der Mieter durch sein Verhalten die Eigentümer-Hausordnung und damit vertragliche Bestimmungen, kann der Vermieter nach § 541 BGB Unterlassung verlangen und ggf. nach § 543 Abs. 2 S. 1 Nr. 2 BGB oder § 573 Abs. 2 Nr. 1 BGB kündigen.

175 Für die Ansprüche der anderen Wohnungseigentümer bei einem Verstoß des Mieters gegen die Hausordnung gilt das gleiche wie bei einem **Verstoß gegen das Gesetz** (Keuter in FS Deckert [2002], S. 199, 216; s. dazu Rdn. 163 ff.). Ebenso gelten die Ausführungen zu **dynamischen Klauseln** bei Veränderung der Eigentümer-Hausordnung entsprechend (s. dazu Rdn. 80).

bb) Keine vertragliche Regelung

(1) Ansprüche des Vermieters

176 Fehlen vertragliche Regelungen, ist der Mieter **nicht direkt an die Eigentümer-Hausordnung** gebunden. Allein dass zwischen den Wohnungseigentümern eine Hausordnung besteht oder bestehen könnte, führt zu keiner vertraglichen Bindung des Mieters. Dem vermietenden Sondereigentümer ist es ohne solche Vereinbarung verwehrt, Ansprüche auf Einhaltung dieser Hausordnung gegen den Mieter durchzusetzen.

(2) Ansprüche der anderen Wohnungseigentümer

Ist der Mieter an die Eigentümer-Hausordnung nicht vertraglich gebunden, ist er in seiner Gebrauchsausübung in Bezug auf das Sonder- und Gemeinschaftseigentum und in der Steuerung seines Verhaltens dennoch nicht frei. Seine Mieterrechte werden durch die Schranken des Gemeinschaftsverhältnisses jedenfalls mittelbar beschränkt. Die Eigentümer-Hausordnung trifft den Mieter auch ohne eine entsprechende Vereinbarung als Reflex. Der Mieter besitzt deshalb **gegenüber den anderen Wohnungseigentümern** nur die Rechte, die ihm der vermietende Sondereigentümer **einräumen konnte.** Hat ihm dieser ein Verhalten erlaubt, das (ggf. später) gegen die Eigentümer-Hausordnung verstößt, ist der Mieter jedenfalls im Verhältnis zu den anderen Wohnungseigentümern in jedem Falle den durch die Eigentümer-Hausordnung gesetzten Schranken unterworfen und muss sich insoweit Unterlassungsansprüche gefallen lassen (**a.A.** Lüke in Weitnauer Nach § 13 WEG Rn. 3). Für die Ansprüche der **anderen Wohnungseigentümer** bei einem Verstoß des Mieters gegen die Hausordnung gilt dabei nicht anderes, als bei einem Verstoß gegen das Gesetz (Keuter in FS Deckert [2002], S. 199, 216; s. dazu Rdn. 170 ff.). 177

e) Beschädigungen des Gemeinschaftseigentums

aa) Ansprüche gegen den Mieter

Ergibt sich im Verlaufe des Mietverhältnisses, dass der Mieter von dem Gemeinschaftseigentum in **unzulässiger Weise Gebrauch macht** und dadurch die Rechte der übrigen Wohnungseigentümer beeinträchtigt werden, obliegt es dem vermietenden Sondereigentümer, seinen Mieter etwa gemäß § 541 BGB – ggf. gerichtlich – auf Unterlassung in Anspruch zu nehmen. Werden Rechte des Vermieters durch einen vertragswidrigen Gebrauch der Sache in erheblichem Maße verletzt oder wird die Sache durch Vernachlässigung der Sorgfaltspflicht erheblich gefährdet, kann der Vermieter außerdem nach fruchtloser Abmahnung auch fristlos (§ 543 Abs. 2 S. 1 Nr. 2 BGB) oder ordentlich (§ 573 Abs. 2 Nr. 1 BGB) kündigen. Das ist der Fall, wenn der Mieter die **Grenzen des ihm zustehenden vertragsgemäßen Gebrauchs des Sonder- oder Gemeinschaftseigentums überschreitet** und dadurch die Mietsache verschlechtert oder verändert (OLG Düsseldorf NJW-RR 1995, 1165 = WuM 1995, 497). Der Mieter muss dabei auch für seine Erfüllungsgehilfen einstehen. Das sind nicht nur seine Familienangehörigen und seine Angestellten, sondern auch sämtliche von ihm beauftragten Handwerker und Lieferanten, seine Besucher sowie die von ihm mit der Bewachung der Mietsache beauftragten Personen. Gegenüber dem vermietenden Sondereigentümer, aber auch gegenüber den anderen Wohnungseigentümern schuldet der Mieter bei einer Beschädigung der Mietsache außerdem nach § 823 Abs. 1, Abs. 2 BGB i.V.m. § 303 Abs. 1 StGB **Schadenersatz.** Anspruchsinhaber sind sämtliche Wohnungseigentümer als Miteigentümer am beschädigten Gemeinschaftseigentum. Die **Durchsetzung** dieses Anspruches kann nur durch den Verband erfolgen. Beachte: Hier soll die kurze Verjährungsfrist von 6 Monaten (§ 548 BGB) auch für Ansprüche des Verbandes gegen Mieter eines Sondereigentümers gelten (OLG Stuttgart v. 05.08.2010, 7 U 82/10). 178

Hinweis 179

In jüngster Zeit hat *Prölss* eine von der h.M. abweichende Begründung zur Erfüllungsgehilfenhaftung entwickelt (FS Canaris [2007], Band I S. 1037 ff.). Er gelangt zu einer differenzierten Betrachtung des § 540 Abs. 2 BGB. Nach h.M. handelt es sich bei dieser Vorschrift um eine Klarstellung dessen, was sich ohnehin bereits aus § 278 BGB ergibt. Im Unterschied hierzu unterscheidet *Prölss* zwischen der von ihm so bezeichneten »Zweckverfolgungs- oder Gehilfenhaftung«, die in § 278 BGB geregelt sei, und der »Ausübungshaftung«, die § 540 Abs. 2 BGB regele. Erstere beruhe auf dem Gedanken, dass es für den Geschädigten einen ungerechtfertigten Nachteil bedeutete, wenn der Schuldner allein deswegen entlastet würde, weil er eine geschuldete Handlung nicht selbst vorgenommen habe (FS Canaris [2007], Band I S. 1037, 1048). Da der andere zur Zweckverfolgung eingeschaltet werde, reiche die Haftung des Schuldners für den Dritten aber auch nur soweit, wie dieser Zwecke des Schuldners verfolgt. Demgegenüber beruhe die Haftung des Hauptmieters für den Untermieter nicht auf der Obhutsgehilfenstellung des Letzteren, sondern darauf, dass Ersterer ein ihm vom Vermieter zugewiesenes »Handlungsfeld« (Wohnung) einem Dritten überlässt. Daher hafte der Hauptmieter auch bei Vorsatz des Untermieters sowie für andere Personen, denen er Zutritt gewährt (FS Canaris [2007], Band I S. 1037, 1073). Inwieweit sich dieser Gedanke auf das **Verhältnis Wohnungseigentümer/Mieter** übertragen lässt, ist noch ungeklärt.

bb) Ansprüche gegen den vermietenden Sondereigentümer

180 Der vermietende Sondereigentümer ist gemäß § 14 Nr. 2 WEG verpflichtet, dafür zu sorgen, dass sein Mieter vom gemeinschaftlichen Eigentum nur in einer solchen Weise Gebrauch macht, dass dadurch keinem der anderen Wohnungseigentümer über das bei einem geordneten Zusammenleben **unvermeidliche Maß** hinaus ein Nachteil erwächst. Diese Verpflichtung setzt bereits mit der »Auswahl« des betreffenden Mieters und der Ausgestaltung der mietvertraglichen Vereinbarungen ein. Verletzt ein Wohnungseigentümer diese Aufgabe, hat er für den einem anderen Wohnungseigentümer dadurch entstehenden Schaden einzustehen. Voraussetzung ist allerdings, dass den vermietenden Sondereigentümer ein »Schuldvorwurf« trifft (BayObLG WuM 1994, 504 = WE 1995, 92).

181 Neben der Haftung des Mieters für Schäden am Gemeinschaftseigentum ist daher auch (kumulativ) eine **Haftung des vermietenden Sondereigentümers** gegenüber den übrigen Miteigentümern für ein schuldhaftes Verhalten seines Mieters vorstellbar. »Bedient« sich ein Wohnungseigentümer eines Mieters für die Erfüllung dieser Pflicht, haftet er den Miteigentümern bei einem Fehlverhalten aus §§ 241 Abs. 2, 280 Abs. 1 S. 1, 278 BGB (früher positive Forderungsverletzung) und macht sich **schadenersatzpflichtig** (BayObLG ZMR 2002, 285, 286; OLG Hamm ZMR 1996, 41, 42 = NJW-RR 1996, 335; Riecke/Schmid/Abramenko § 14 WEG Rn. 28). Mit der Vermietung oder Verpachtung wird der Mieter oder Pächter zum **Erfüllungsgehilfen** des vermietenden Sondereigentümers (KG ZMR 2002, 269 = KGReport 2002, 269; BayObLG ZMR 2002, 285, 286 = NZM 2002, 167; BayObLG BayObLGZ 1970, 65 = NJW 1970, 1550, 1554 = MDR 1970, 586 = ZMR 1970, 221) für die Erfüllung seiner vertraglichen Obhutspflichten gegenüber den anderen Wohnungseigentümern (KG ZMR 2002, 269 = KGReport 2002, 269; ZMR 2000, 559, 561 = NJW-RR 2000, 1684 = MDR 2000, 1311 = GE 2000, 1189 = ZWE 2000, 419). Bei einer Nutzungsüberlassung können die anderen Wohnungseigentümer **den vermietenden Sondereigentümer** für etwaige, von seinem Mieter verursachte Schäden – durch den Verband als nach § 10 Abs. 6 S. 3 WEG **Ausübungsberechtigten** – in Anspruch nehmen (KG ZMR 2000, 559, 561 = NJW-RR 2000, 1684 = MDR 2000, 1311 = GE 2000, 1189 = ZWE 2000, 419). Der Wohnungseigentümer muss z.B. dafür einstehen, wenn sein Mieter die Wohnung nicht ausreichend beheizt. Eine Haftung des Wohnungseigentümers für seinen Mieter soll allerdings dann nicht in Betracht kommen, wenn dessen Verantwortlichkeit für eigenes Verschulden nach §§ 827, 828 BGB ausgeschlossen ist. Ferner ist unsicher, ob die Haftung des Vermieters eine Einwirkungsmöglichkeit auf seinen Nutzer voraussetzt.

Hinweis 182

Werden die Wohnungseigentümer durch einen anderen Wohnungseigentümer geschädigt, können es die zwischen den Wohnungseigentümern bestehenden Treue- und Rücksichtnahmepflichten (dazu Riecke/Schmid/Elzer § 10 WEG Rn. 40 ff.) gebieten, dass die Wohnungseigentümer ihre **Ansprüche allein gegen den Mieter** – geltend machen (vgl. BGH ZMR 2007, 464 = NJW 2007, 292 = MDR 2007, 390 = MietRB 2007, 100 = Info M 2007, 229 m. Anm. Elzer). Dies ist jedenfalls dann der Fall, wenn der Schaden von dem Mieter ersetzt wird, ein Rückgriff des Mieters gegen den schädigenden Wohnungseigentümer ausscheidet und ein besonderes Interesse an einer Inanspruchnahme gerade des schädigenden Wohnungseigentümers nicht ersichtlich ist. Bei zufälligem und verantwortlichem Handeln kommt ferner dem Versicherungsschutz wegen der Rechtsprechung zum **Regressverzicht** (BGH ZMR 2002, 175; Prölss ZMR 2005, 241 ff. und Prölss ZMR 2001, 157 ff.; v. Rechenberg/Riecke MDR 2002, 123, 124) große Bedeutung zu.

f) Bauliche Veränderungen

Für bauliche Veränderungen gelten die **allgemeinen Grundsätze**. Im Falle einer **unzulässigen** baulichen Veränderung des Gemeinschaftseigentums durch den Mieter kann sich der Unterlassungs- und Störungsbeseitigungsanspruch der anderen Wohnungseigentümer also sowohl gegen den Mieter (Jennißen/Hogenschurz § 22 Rn. 54) als auch gegen den vermietenden Sondereigentümer, der selbst (mittelbarer) Störer i.S.v. § 1004 Abs. 1 BGB wird, richten (OLG Düsseldorf ZWE 2001, 116, 117 = ZMR 2001, 374, 375; OLG Köln OLGReport Köln 2000, 438 = ZMR 2001, 65, 66; BayObLG WE 1997, 154 = WuM 1996, 790). 183

Wegen einer unzulässigen baulichen Veränderung können die anderen Wohnungseigentümer den Mieter des Sondereigentümers als **Zustandsstörer auf Duldung** in Anspruch nehmen (BGH ZMR 2007, 188 = NZM 2007, 130 = MietRB 2007, 203 m. Anm. Elzer). Der Mieter beherrscht die Quelle der Störung und hat die Möglichkeit zu deren Beseitigung, jedenfalls aber – was ausreicht – die **Pflicht zur Duldung des Rückbaus** (BGH ZMR 2007, 188 = NZM 2007, 130, 131 = MietRB 2007, 203 m. Anm. Elzer). Ein gegen den Vermieter gerichteter Eigentumsstörungsanspruch beschränkt das Recht des Mieters an dem ungestörten Besitz der Wohnung und verpflichtet ihn zumindest – im Einzelfall haftet auch der Zustandsstörer auf Beseitigung; BGH ZMR 2010, 622 –, die Beseitigung einer von der Wohnung ausgehenden Störung zu dulden. Dass der Mietvertrag den Mieter zur Nutzung in dem bestehenden Zustand berechtige, führt zu keiner anderen Beurteilung. Der Mietvertrag wirkt nur im Verhältnis zwischen den Mietvertragsparteien (BGH ZMR 2007, 188 = NZM 2007, 130, 131 = MietRB 2007, 203 m. Anm. Elzer; MDR 1996, 355 = NJW 1996, 714). Der vermietende Sondereigentümer muss außerdem auf den Mieter mit **allen geeigneten rechtlichen Maßnahmen** einwirken, dass dieser, soweit erforderlich, bei der Beseitigung der unzulässigen baulichen Veränderungen mitwirkt. 184

Der Anspruch auf Beseitigung einer rechtswidrigen baulichen Veränderung ist – wie jeder andere Anspruch auch – **verwirkbar**, s. OLG Hamburg ZMR 2002, 451; WE 2000, 248 m. Anm. Riecke; KG ZMR 1989, 346. 185

g) Verfahrensrechtliche Aspekte

aa) Anspruch auf Unterlassung/Beseitigung gegen Vermieter

Sämtliche Wohnungseigentümer mit Ausnahme des störenden Sondereigentümers können den Anspruch auf Beseitigung der Beeinträchtigung des gemeinschaftlichen Eigen- 186 tums (Störungen des Sondereigentums kann nur der gestörte Sondereigentümer selbst geltend machen) oder den Unterlassungsanspruch **gerichtlich** gegen den störenden Sondereigentümer oder/und seinen Mieter geltend machen (BGH NJW 1992, 167, 168; s.a. BayObLG ZMR 1996, 565 = WE 1997, 79; KG ZMR 1997, 315, 316; ZMR 1995, 418, 419 = WuM 1995, 444 = NJW-RR 1995, 1228; zu Aspekten einzelner Klagen s. Müller/ Becker Beck'sches Formularbuch Wohnungseigentumsrecht N. III.). Der Unterlassungs- oder Beseitigungsanspruch ist seinem Wesen nach allerdings ein **Individualanspruch** (BGH ZMR 1999, 41 = NJW 1998, 3714; OLG Frankfurt OLGReport Frankfurt 2005, 58). Daher kann auch jeder einzelne Wohnungseigentümer ohne Ermächtigung tätig werden und Unterlassung und Beseitigung verlangen.

187 Haben die Wohnungseigentümer die Ansprüche gegen Vermieter und/oder Mieter durch einen Beschluss vergemeinschaftet und zu einer **gemeinschaftlichen Sache** gemacht, ist die Verfolgung der Ansprüche nach § 10 Abs. 6 S. 3 Variante 2 WEG allein Aufgabe des Verbandes (BGH ZMR 2010, 622 = NZM 2010, 365, Tz. 11; BGH ZMR 2010, 378 m. Anm. Kümmel = NZM 2010, 285; BGH ZMR 2006, 457 = NZM 2006, 465 = NJW 2006, 2187 = IMR 2006, 13 m. Anm. Elzer; Armbrüster ZWE 2006, 470, 473). Außerprozessual übt der mit der Ausführung der Rechte betraute Verband Wohnungseigentümergemeinschaft die Rechte der Eigentümer als Verwaltungstreuhänder aus. Im Prozess ist der Verband gesetzlicher Prozessstandschafter, der als eigenes Rechtssubjekt ihm fremde Abwehrrechte geltend macht (BGH NJW 2010, 933, 934 m. Anm. Schmid; Riecke/ Schmid/Elzer § 10 WEG Rn. 414; Bärmann/Klein Nach § 10 WEG Rn. 62). Ob nach einer Vergemeinschaftung der einzelne Wohnungseigentümer noch wegen Störung des Gemeinschaftseigentums Rechte wahrnehmen kann, ist umstritten, im Ergebnis aber zu **verneinen** (OLG Hamm ZWE 2010, 44; Elzer AnwZert MietR 2/2010, Anm. 1; **a.A.** OLG Hamburg ZMR 2009, 306; OLG München NZM 2008, 76). Die notwendige Rechtskrafterstreckung eines vom Verband erstrittenen Urteils gegen einen Wohnungseigentümer sichert die notwendige Beiladung der anderen Wohnungseigentümer gemäß § 48 Abs. 1 S. 1, Abs. 3 WEG.

bb) Schadenersatz

188 Die **Geltendmachung von Schadenersatzansprüchen** fällt in die alleinige Verwaltungsbefugnis des Verbandes. Ein einzelner Wohnungseigentümer kann einen Schadenersatzanspruch nur nach einer **Ermächtigung** durch den Verband gerichtlich durchsetzen (BGH ZMR 1993, 173 = MDR 1993, 445 = NJW 1993, 727, 728).

cc) Zuständigkeit

189 Gegen den störenden Mieter (Nutzer) ist – weil keiner der Fälle des § 43 WEG vorliegt – vor dem allgemeinen Prozessgericht – nicht der ggf. eingerichteten Abteilung für WEG-Sachen – vorzugehen (KG ZMR 1997, 315, 316; OLG Karlsruhe NJW-RR 1994, 146 = MDR 1994, 59; OLG München ZMR 1992, 306, 308; Müller/Becker Beck'sches Formularbuch Wohnungseigentumsrecht N. III. 1. Anm 2). Der vermietende Sondereigentümer ist hingegen nach § 43 Nr. 1 oder Nr. 2 WEG vor der Wohnungseigentumsabteilung i.S.v. § 43 WEG in Anspruch zu nehmen (Müller/Becker Beck'sches Formularbuch Wohnungseigentumsrecht N. III. 2. Anm. 1). Die Zuständigkeit der WEG-Abteilungen ist auch dann gegeben, wenn Wohnungseigentümer gegen einen Wohnungseigentümer vorgehen, der Mieter eines anderen Wohnungseigentümers ist und er auf Unterlassung des ordnungswidrigen Gebrauchs der Mietsache/des Wohnungseigentums des Mitwohnungseigentümers in Anspruch genommen wird (KG ZMR 2005, 977).

Sind Prozess- und WEG-Abteilung **identisch** und werden die Ansprüche in einer Klage geltend gemacht, ist erstinstanzlich dasselbe Gericht zuständig (vgl. OLG München ZMR 2008, 818 zur Zuständigkeitsbestimmung). Sind die WEG-Sachen beim Amtsgericht einer besonderen Abteilung zugewiesen, ist der gegen den Eigentümer gerichtete Anspruch abzutrennen und formlos an die entsprechende Abteilung abzugeben. Ist keine besondere Abteilung gebildet worden, ist eine Trennung rechtlich nicht geboten, aber wegen der Konzentrationsgerichte in WEG-Sachen in 2. Instanz sinnvoll. **190**

Hinweis **191**

> Ist für den Mieter das Land-, für den vermietenden Wohnungseigentümer hingegen das Amtsgericht zuständig, kann das zuständige Gericht nach § 36 Abs. 1 Nr. 3 ZPO bestimmt werden, soweit es um die Bestimmung eines gemeinsam sachlich zuständigen Gerichts geht (OLG München ZMR 2008, 818 = NZM 2008, 777, 778 = NJW-RR 2008, 1466). Ein Ausspruch dahin, dass die »Abteilung für Wohnungseigentumssachen zuständig ist«, ist hingegen nicht möglich (OLG München ZMR 2008, 818 = NJW-RR 2008, 1466). Wenn das nach §§ 43 Nr. 1 WEG, 23 Nr. 2 lit. c) GVG für die Klage gegen den vermietenden Wohnungseigentümer zuständige AG zum gemeinsamen Gericht bestimmt worden ist, ist offen, welches Landgericht für eine Berufung zuständig wäre. Vertreten wird, dass es das nach § 72 Abs. 2 GVG zuständige Landgericht ist (OLG München ZMR 2008, 818 = NJW-RR 2008, 1466; Hogenschurz AnwZert MietR 15/2008 Anm. 3). Dass sich durch die Bestimmung eines sachlich gemeinsam zuständigen Gerichts nach § 36 Abs. 1 Nr. 3 ZPO für eine der Klagen die Eingangszuständigkeit und als deren Folge auch der Rechtmittelzug ändert, sei der Bestimmung immanent (OLG München ZMR 2008, 818 = NJW-RR 2008, 1466).

Im Falle einer positiven Entscheidung ist der erstrittene Unterlassungstitel nach § 890 ZPO zu vollstrecken (BGH ZMR 1996, 147, 148 = NJW 1996, 714 = MDR 1996, 355 = WuM 1996, 487; OLG Düsseldorf ZMR 2003, 349; BayObLG ZMR 2001, 51, 53; Müller/Becker Beck'sches Formularbuch Wohnungseigentumsrecht N. III. 1. Anm. 5; **a.A.** OLG Köln OLGReport Köln 2000, 438 = ZMR 2001, 65, 66: § 888 ZPO). Der **selbstständige Anspruch** gegen den vermietenden Sondereigentümer auf mietrechtliche Einwirkung ist gemäß § 888 ZPO zu vollstrecken. **192**

8. Störungen des Mieters des Verbandes Wohnungseigentümergemeinschaft

a) Problemlage

Vermietet der **Verband »Wohnungseigentümergemeinschaft« Gemeinschaftseigentum**, fragt sich, ob die allgemeinen Regelungen für das Verhalten des Mieters gegenüber den Wohnungseigentümern greifen können. Da die Vermietung nach einer Willensbildung der Wohnungseigentümer erfolgt und jeder Wohnungseigentümer auch dann, wenn die Vermietung nur beschlossen wurde, dem von ihm für unrichtig gehaltenem Beschluss nach § 10 Abs. 4 und Abs. 5 WEG sowie den allgemeinen Regelungen unterworfen ist, wäre vorstellbar, dass die Wohnungseigentümer Ansprüche wegen vom Mieter ausgehender Störungen nicht geltend machen könnten. **193**

b) Ansprüche gegen den Verband als Vermieter

Der Verband kann das Gemeinschaftseigentum nur nach einer entsprechenden Willensbildung der Wohnungseigentümer vermieten. Ansprüche der Wohnungseigentümer **gegen den Verband als Vermieter** müssen damit ausscheiden. Zwar sind Verband und Wohnungseigentümer zwei unterschiedliche Zuordnungssubjekte von Rechten und **194**

Pflichten. Sind die Wohnungseigentümer indes der Auffassung, dass der Verband gegen einen Mieter Rechte durchsetzen sollte, müssen sie nur einen **entsprechenden Verbandswillen** bilden. Kann sich ein Wohnungseigentümer mit einem von ihm für richtig erachteten Verbandswillen nicht durchsetzen, muss er den entsprechenden Negativbeschluss anfechten und auf eine entsprechende Willensbildung klagen. Haben die Wohnungseigentümer jegliche Willensbildung verweigert, liegt ein Fall des § 21 Abs. 8 WEG vor.

c) Ansprüche gegen den Mieter

aa) Durch den Verband

195 Der Verband selbst kann – wie jeder andere Vermieter – die ihm durch den Mietvertrag oder das Gesetz zugeordneten Rechte ausüben. Besonderen Einschränkungen gegen einen das Gemeinschaftsverhältnis der Wohnungseigentümer störenden Mieter unterliegt er nicht. Eine Grenze ist nur dort erreicht, wo jedenfalls der **Mietvertrag** dem störenden Mieter ein bestimmtes Verhalten **erlaubt**.

bb) Durch die Wohnungseigentümer

196 Ob die Wohnungseigentümer neben der Möglichkeit, nach ihrer Willensbildung »durch« den Verband gegen einen Mieter vorzugehen, gegen einen Mieter des Verbandes, der gegen ihre Gebrauchsbestimmungen, gegen die Pflichten aus §§ 13 und 14 WEG oder gegen ihre Hausordnung verstößt, wie gegen andere Mieter **unmittelbar** vorgehen können, ist noch nicht entschieden, im Ergebnis aber zu **bejahen**. Zwar ist vorstellbar, dass sich der Mieter jedenfalls bei absehbaren Störungen auf eine konkludent mit dem Mietvertrag abgegebene Zustimmung der Wohnungseigentümer beruft (s. dazu bereits Rdn. 101 f.). Nach hier vertretener Ansicht kann der Mieter indes nicht einwenden, dass sich die Wohnungseigentümer durch die von ihrem Willen getragene Entscheidung, an ihn zu vermieten, mit **jeglichen Störungen** einverstanden erklärt haben.

9. Instandsetzungsansprüche des Mieters

a) Grundsätzliches

197 Instandsetzungsansprüche des Mieters können gegenüber dem vermietenden Wohnungseigentümer, dem gewerblichen Zwischen(ver)mieter oder sonstigen vermietenden Dritten bestehen, und zwar **unabhängig** davon, ob Mängel im Bereich des Sondereigentums, des Gemeinschaftseigentums oder an Sondernutzungsflächen des Gemeinschaftseigentums geltend gemacht werden.

198 Für die Ansprüche des Mieters ist zu **unterscheiden** zwischen Mängeln an der Mietsache, deren Ursache und Beseitigung allein im Sondereigentum liegen, und solchen, die ohne Eingriff in das Gemeinschaftseigentum nicht behoben werden können.

b) Mängel am Sondereigentum und am Gemeinschaftseigentum

aa) Mängel am Sondereigentum/Zuständigkeit für eine Mängelbehebung

199 Liegt ein Schaden am **Sondereigentum** vor, kann der Mieter die mietrechtlichen Gewährleistungsansprüche (§§ 536 ff. BGB) gegen den vermietenden Sondereigentümer geltend machen (zu den **Gegenständen des Sondereigentums** s. ausführlich u.a. Riecke/Schmid/Schneider § 5 Rn. 12 ff. und 27 ff.). Der Mieter kann den Mangel bei Verzug des Vermieters gemäß § 536a Abs. 2 Nr. 1 BGB im Wege der Ersatzvornahme auf Kosten des vermietenden Sondereigentümers beseitigen lassen oder – umständlich, aber ohne Vor-

- Die Betriebskostenabrechnung will den Mieter hingegen in die Lage versetzen, zu prüfen, ob und in welchem Umfange es gegen ihn gerichtete Ansprüche des Vermieters wegen der nach § 556 Abs. 1 S. 1 BGB auf ihn vertraglich umgelegten Betriebskosten gab oder gibt (s. dazu noch Rdn. 225 ff.). Die Betriebskostenabrechnung legt im **Verhältnis des Vermieters und des Mieters** die Höhe der Betriebskosten eines Abrechungszeitraums und etwaige Nachzahlungen oder Guthaben fest. **208**

209 Aus den unterschiedlichen Funktionen und Zielsetzungen beider Abrechnungen ergibt sich, dass – ungeachtet der sogar überwiegend ähnlichen Inhalte – von Gesetzes wegen an Jahresabrechnung und Betriebskostenabrechnung **unterschiedliche Anforderungen** gestellt sind und unterschiedliche Inhalte erwartet werden müssen (Riecke ZMR 2001, 77; ausführlich Riecke/Schmid/Riecke Anhang zu § 16 WEG; besondere Probleme gibt es auch in Mehrhausanlagen, wenn eine einheitengerechte Abrechnung vereinbart wurde). Bei **Erstellung der Betriebskostenabrechnung** für ein vermietetes Sondereigentum oder für vermietetes Gemeinschaftseigentum muss der Vermieter diese **Unterschiede** beachten. Ein Mieter muss z.B. nach den §§ 16 Abs. 3 und Abs. 4, 21 Abs. 7 WEG auf seinen Vermieter nach wohnungseigentumsrechtlichen Grundsätzen abwälzbare Kosten auch nach einer anders lautenden Vereinbarung nicht tragen. Etwa die Tragung von Instandsetzungskosten durch den Mieter wäre – soweit dies die BetrKVO nicht ausdrücklich zulässt – nach §§ 134, 138 BGB **nichtig** (LG Wiesbaden ZMR 1999, 409; s.a. Rdn. 231). Kosten, die zwar der Vermieter nach Bestimmungen des Wohnungseigentumsrechts tragen muss, nicht aber der Mieter nach dem allgemeinen Mietrecht, sind bei Erstellung der Betriebskostenabrechnung zu **bereinigen** (LG Berlin MM 1994, 102; LG Köln WuM 1985, 399). Ist eine Jahresabrechnung zu Lasten des Vermieters falsch, darf das **nicht zu einer Belastung des Mieters** führen (Schmid ZMR 2008, 260). Wenn die Abrechnung falsch ist, wird der über das richtige Ergebnis hinausgehende Betrag jedenfalls vom Mieter nicht geschuldet. Nicht geschuldete Beträge kann der Vermieter nach dem Wirtschaftlichkeitsgrundsatz nicht auf den Mieter umlegen (LG Chemnitz WuM 2003, 217). Es kommt nicht darauf an, ob der Vermieter den Fehler erkannt hat oder hätte erkennen können. Unerheblich ist auch, dass der Abrechnungsbeschluss für den Vermieter endgültig verbindlich wird, wenn er nicht für ungültig erklärt wird. Der Vermieter muss weiter beachten, dass den Abrechnungen zum Teile **andere Maßstäbe** und **andere Schlüssel** zu Grunde liegen müssen. Noch ungesichert ist die Frage, ob Grundlage der Umlegung der Mietnebenkosten die Kosten sind, die dem Verband »Wohnungseigentümergemeinschaft« entstehen oder die Kosten, die der Wohnungseigentümer an die Gemeinschaft zu bezahlen hat (s. dazu Schmid ZMR 2008, 260). Als ein besonderes Problem stellt sich insoweit auch dar, dass sich bestimmte, zwischen den Wohnungseigentümern geltende **Parameter** im Laufe der Mietzeit **ändern können**.

Checkliste: **210**

Der Vermieter eines Sonder- oder des Gemeinschaftseigentums muss bei Erstellung der nach § 556 Abs. 3 S. 1 BGB zu erstellenden Betriebskostenabrechnung u.a. auf **folgende Punkte achten**:
- Stimmt das **Verständnis der Betriebskosten** in der Jahresabrechnung und in der Betriebskostenabrechnung überein?
- Welche **Betriebskosten** i.E. sind auf den Mieter nach dem Mietvertrag **umgelegt** worden? **211**
- Muss die Jahresabrechnung vor Erstellung der Betriebskostenabrechnung **bereinigt** werden?
- Stimmen der mietrechtliche und der wohnungseigentumsrechtliche **Abrechnungszeitraum** überein?
- Stimmen die mietrechtlichen und der wohnungseigentumsrechtlichen **Abrechnungsfristen** überein?

- Sind der mietrechtliche und der wohnungseigentumsrechtliche **Umlegungsmaßstab** für die Betriebskosten identisch?
- Sind die **Miteigentumsanteile** angemessen bestimmt und was gilt hier im Verhältnis zum Mieter?
- Welche **Umlegungseinheiten** sind den jeweiligen Abrechnungen zu Grunde gelegt worden?
- Gab es eine **Vorwegermittlung** bei gewerblich genutzten Einheiten?
- Stimmen die **Maßstäbe der Heizkosten- und Warmwasserabrechnung** jeweils überein?

b) Kurzüberblick zur WEG-Abrechnung

aa) Zweck

212 Eine Jahresabrechnung bezweckt es, den Wohnungseigentümern aufzeigen, welche **Ausgaben und welche Einnahmen** die Wohnungseigentümergemeinschaft im Abrechnungszeitraum wirklich hatte (BGH ZMR 2010, 300 m. Anm. Jennißen = NZM 2010, 243, 245; s. bereits Rdn. 207). Daneben dient sie der **turnusmäßigen Rechnungslegung** des Verwalters gemäß §§ 666 BGB (OLG München ZMR 2007, 723, 724).

bb) Gegenstand/Inhalt einer Jahresabrechnung

213 § 28 Abs. 3 WEG bestimmt die Inhalte einer Jahresabrechnung nicht. Nach der Rechtsprechung hat sie – ist nichts anderes vereinbart, z.B. bei Mehrhausanlagen – **folgende Bestandteile:**

- Mit Blick auf § 259 Abs. 1 BGB eine **Einnahmen- und Ausgabenrechnung** (BGH ZMR 2010, 300 m. Anm. Jennißen = NZM 2010, 243, 244). Die Jahresabrechnung hat sämtliche Veränderungen im Bestand der gemeinschaftlichen Gelder so auszuweisen, wie sie im Abrechnungszeitraum (Wirtschaftsjahr) tatsächlich erfolgt sind (OLG Düsseldorf ZMR 2001, 375 = WuM 2001, 260 = ZWE 2001, 114; BayObLG ZMR 2000, 687 = WuM 2000, 431 = ZWE 2000, 407, 409; ZMR 1998, 792, 793; OLG Hamm ZMR 1997, 251; Riecke/Schmid/Abramenko § 28 WEG Rn. 67; **a.A.** Lang, WE Sonderbeilage Heft 8/2010 S. 1–20; Jennißen ZMR 2005, 267 ff.; Jennißen MietRB 2004, 307 ff.; Jennißen ZWE 2002, 19 ff.; Happ ZMR 2001, 260, 262). Die Einnahmen- und Ausgabenrechnung muss **geordnet und übersichtlich** sein (BGH ZMR 2010, 300 m. Anm. Jennißen = NZM 2010, 243, 244). Es dürfen nur **tatsächlich erzielte Einnahmen und tatsächlich erfolgte Ausgaben** gebucht werden (BGH ZMR 2010, 300 m. Anm. Jennißen = NZM 2010, 243, 245). Kostenarten müssen aufgegliedert werden; Globalpositionen sind unzulässig.
- Die **Entwicklung der Instandhaltungsrücklage** i.S.v. § 21 Abs. 5 Nr. 4 WEG. Die Darstellung soll es den Wohnungseigentümern ermöglichen, die Vermögenslage ihrer Gemeinschaft zu erkennen und die Jahresabrechnung auf Plausibilität zu überprüfen (BGH ZMR 2010, 300 m. Anm. Jennißen = NZM 2010, 243, 245). Auszuweisen sind die Zahlungen, die die Wohnungseigentümer auf die Instandhaltungsrückstellung tatsächlich erbracht haben, als auch die Beträge, die sie schulden, aber noch nicht aufgebracht haben.
- Die **offenen Wohngeldforderungen** des Verbandes Wohnungseigentümergemeinschaft gegen die Wohnungseigentümer (str.).
- Eine Mitteilung über den **Stand und die Entwicklung** der vom Verband »Wohnungseigentümergemeinschaft« zu Beginn und am Ende des Abrechnungszeitraumes gehaltenen **Konten** (OLG Köln OLGReport Köln 2005, 658; BayObLG WuM 1994, 498). Solche Konten kommen für Wohngelder, Rückstellungen, Zahlungen aus Abrechnungen und Sonderumlagen etc. in Betracht. Werden die tatsächlichen Einnahmen und

Ausgaben in der Abrechnungsperiode vollständig in die Abrechnung aufgenommen, so stimmt deren Differenz mit der Differenz der Anfangs- und Endbestände der Bankkonten und ggf. der Kasse mit Bargeld überein, über die diese Umsätze getätigt wurden.
- Eine **Abrechnung über die Heizkosten** sowie über **Warmwasser,** § 6 Abs. 1 S. 1 HeizKostenV.
- Unbedingt sinnvoll, nach der Rechtsprechung aber nicht zwingend und nicht mitzubeschließen ist eine **Aufstellung der offenen Forderungen bzw. der Verbindlichkeiten** des Verbandes »Wohnungseigentümergemeinschaft«.

cc) Verständlichkeit

214 Die Jahresabrechnung muss für einen Wohnungseigentümer auch **ohne Hinzuziehung fachlicher Unterstützung** verständlich sein (BGH ZMR 2010, 300 m. Anm. Jennißen = NZM 2010, 243, 244). Diesen Anforderungen genügt eine Abrechnung nur, wenn sie die tatsächlichen Einnahmen und Kosten ausweist (BGH ZMR 2010, 300 m. Anm. Jennißen = NZM 2010, 243, 244).

dd) Rechnungsabgrenzungen

215 In die **Gesamtabrechnung und auch in die Einzelabrechnungen** sind grundsätzlich alle Einnahmen und Ausgaben aufzunehmen, die in dem Abrechnungszeitraum getätigt worden sind (OLG München OLGReport München 2005, 451; OLG Köln OLGReport Köln 2005, 658; BayObLG ZMR 2004, 359, 360; OLG Hamm ZMR 2001, 1001; allgemein Flomm WE 2010, 78 ff.). **Rechnungsabgrenzungen sind** nach h.M. **nicht vorzunehmen** (zum Streitstand Köhler/Bassenge/Köhler Teil 6 Rn. 21 ff.). Unerheblich ist, ob der Rechtsgrund für die Zahlung in der betreffenden Rechnungsperiode gelegt wurde oder ob tatsächliche Auswirkungen auch spätere Jahre betreffen können. Unerheblich ist ferner, ob eine Ausgabe zu Recht erfolgt ist. In die Gesamtabrechnung sind die im Abrechnungszeitraum tatsächlich gezahlten Wohngeldbeiträge einzustellen, auch wenn sie der Tilgung rückständiger Wohngeldschulden aus den Vorjahren dienten (BayObLG WuM 1993, 92).

216 Eine Ausnahme ist nach noch h.M. bei den Heizkosten im Hinblick auf die in § 6 HeizkostenV geforderte verbrauchsabhängige Abrechnung zu machen (OLG Köln OLGReport Köln 2005, 658; BayObLG NJW-RR 2000, 604; BayObLGZ 1987, 86 = WuM 1988, 101 = NJW-RR 1988, 81 f.; WE 1992, 175, 176; Riecke/Schmid/Abramenko § 28 WEG Rn. 73; a.A. Drasdo NZM 2010, 681 ff. m.w.N.). Ferner werden Abgrenzungen für Kaltwasser und Abwasser, Nachzahlungen und Rückzahlungen erlaubt. Eine periodengerechte Zuordnung auch anderer Ausgabepositionen, z.B. für Wasser und Abwasser, Strom und Hauswart, wird hingegen ganz **überwiegend abgelehnt** (Köhler ZMR 1998, 327, 328; **a.A.** Jennißen ZMR 2005, 267 ff.; Jennißen MietRB 2004, 307 ff.; Jennißen ZWE 2002, 19 ff.), ist aber natürlich vereinbar (s. Rdn. 221).

ee) Pflichten des WEG-Verwalters

(1) Grundsatz

217 Der **vermietende Sondereigentümer** kann vom Verwalter verlangen, dass die Einnahmen und Ausgaben – soweit diese umlagefähig sind – in der Jahresabrechnung so »aufgegliedert« werden, dass er imstande ist, daraus **die Mietnebenkostenabrechnung für seinen Mieter zu erstellen** (BGH ZMR 1982, 108 = NJW 1982, 573 = MDR 1982, 483). Der WEG-Verwalter muss die Einnahmen und Ausgaben innerhalb der Gesamt- und Einzeljahresabrechnung daher jedenfalls so weit aufschlüsseln, dass sich ihre Berechti-

gung und die Frage, ob sie auf den Mieter umzulegen sind, durch die einzelnen Wohnungseigentümer ohne besondere Fachkenntnisse überprüfen lässt. Dazu genügt grundsätzlich zur Straffung der Abrechnung eine **Aufgliederung nach Kostenarten**, wobei eine schlagwortartige Bezeichnung der Kostengruppen genügt. Eine Bezugnahme auf bestimmte Belege oder gar eine Aufgliederung nach Buchungsdaten, Gegenstand, Belegnummer und Betrag ist **nicht erforderlich**. Inwieweit Einzelpositionen **zusammengefasst** werden dürfen, ist eine Frage des Einzelfalls, wobei kein kleinlicher Maßstab angelegt werden darf (vgl. zum Mietrecht BGH ZMR 2009, 839 m. Anm. Schläger ZMR 2010, 266 sowie BGH ZMR 2010, 102). Keinesfalls dürfen aber Einnahmen und Ausgaben **saldiert** werden (OLG Hamm ZMR 2001, 1001). Posten, für die unterschiedliche Verteilungsschlüssel gelten, sind ebenfalls gesondert auszuweisen. Von einem WEG-Verwalter kann **ohne gesonderte Vereinbarung** aber **nicht** verlangt werden, dass er bei einem vermieteten Sondereigentum in der jeweiligen Einzelabrechnung die umlagefähigen Nebenkosten nach Maßgabe der BetrKVO ausweist (BayObLG ZMR 2005, 564). Der WEG-Verwalter haftet auch nicht für eine mietrechtlich unbrauchbare, aber **WEG-konforme Jahresabrechnung** (BayObLG ZMR 2005, 564). Soll etwas anders gelten, muss im Verwaltervertrag **vereinbart** werden, dass die Jahresabrechnung nicht nur auf der Grundlage des WEG zu erstellen ist, sondern dass sich aus der Abrechnung bei allen umlagefähigen – insbesondere den verbrauchsabhängigen – Betriebskosten ohne weiteres eine der Mietrechtslage gemäße Mieterbetriebskostenabrechnung ableiten lässt. Dazu können z.B. gehören die Mitteilung – zumindest die beweiskräftige Feststellung – der Zählerstände von Strom-, Gas- und Wasseruhren zum Beginn und zum Ende eines Abrechnungsjahres sowie die zu dieser Zeit berechneten Einzelpreise.

218 **Hinweis**

Der Verwalter ist im Zusammenhang mit Jahresabrechnung und Betriebskostenabrechnung als befugt anzusehen, dem Mietern eines Wohnungseigentümers die von ihm vorbereitete oder erstellte **Betriebskostenabrechnung zu erläutern** (OLG Nürnberg ZMR 2004, 300, 301). Der Verwalter darf auch einem Vermieter zur **Klage** gegen einen säumigen Mieter raten (Riecke/Schmid/Abramenko § 27 WEG Rn. 2).

(2) Abbedingung von § 28 WEG

219 Es ist zulässig, § 28 WEG durch Vereinbarung zu **modifizieren** (Riecke/Schmid/Abramenko § 28 WEG Rn. 94) und anzuordnen, dass der Verwalter eine **periodengerechte Zuordnung** der umlagefähigen Betriebskosten, einen Überblick über die offenen Gemeinschaftsverbindlichkeiten und -forderungen, die Ausweisung von Rechnungsabgrenzungen und die Angabe eines Vermögensstatus fertigen muss (BayObLG ZMR 2000, 687 = ZWE 2000, 407, 409). Für das **einzelne Wirtschaftsjahr** kann ferner ein § 28 WEG inhaltlich ergänzender Mehrheitsbeschluss gefasst werden, entsprechend zu verfahren. Bei regelmäßiger Wiederholung läuft dieser Beschluss allerdings Gefahr, als gesetzes- oder vereinbarungsändernder Beschluss nichtig zu sein (§ 21 Abs. 7 WEG ist nicht anwendbar).

220 **Hinweis**

Es kann deshalb sinnvoll sein, die Zusatzpflichten des Verwalters als Sollvorschrift auszugestalten (vgl. den **Formulierungsvorschlag** bei Riecke ZMR 2001, 77, 78). Ein derartiger Beschluss entspricht allerdings nicht ordnungsmäßiger Verwaltung und wäre auf Antrag für ungültig zu erklären. Das gilt auch, wenn der Verwalter zu den Mehrleistungen nicht verpflichtet wird, sondern ihm dazu lediglich eine **Befugnis** verliehen wird (vgl. BayObLG ZMR 2000, 687 = ZWE 2000, 407, 409).

ff) Wirkungen der Beschlussfassung der Wohnungseigentümer

221 Eine Beschlussfassung gemäß § 28 Abs. 5 WEG ist – auch wenn sie die Abrechnung erleichtert und nützlich ist – **keine Voraussetzung** für die Betriebskostenabrechnung des vermietenden Sondereigentümers (LG Itzehoe ZMR 2003, 38, 39; Nüßlein PiG 76, S. 114; Langenberg NZM 2004, 361, 362; Riecke WuM 2003, 309, 310; **a.A.** OLG Düsseldorf ZMR 2000, 452, 454 = NZM 2001, 48; Lützenkirchen AHB Mietrecht L Rn. 36m ff.; Blank NZM 2004, 365, 371; Geldmacher DWW 1997, 165, 167; s.a. Maciejewski MM 2001, 51, 52).

c) Kurzüberblick zur Betriebskostenabrechnung eines Sondereigentums

aa) Grundsatz

222 Eine Betriebskostenabrechnung ist eine **geordnete Zusammenstellung der Einnahmen und Ausgaben in Bezug auf eine bestimmte Mietsache** (BGH v. 11.08.2010 – VIII ZR 45/10 – Tz 10j; ZMR 2008, 777 = NZM 2008, 567; ZMR 2003, 334, 335). Die Einnahmen und Ausgaben sind zweckmäßig und übersichtlich in Abrechungsposten aufzugliedern. Einzelangaben und -abrechnung müssen klar, übersichtlich und aus sich heraus verständlich sein. Abzustellen ist auf die durchschnittliche Auffassungsgabe eines juristisch und betriebswirtschaftlich nicht geschulten Mieters (BGH ZMR 2005, 121, 123 = GE 2005, 1118, 1119). Soweit keine besonderen Abreden getroffen werden, sind in die Abrechnung bei Gebäuden mit mehreren Wohneinheiten regelmäßig folgende Mindestangaben **aufzunehmen** (BGH v. 11.08.2010 – VIII ZR 45/10 Tz 10; ZMR 2008, 777 = NZM 2008, 567; NJW 2008, 2258 = MDR 2008, 792; ZMR 2007, 359 = NJW 2007, 1059): eine Zusammenstellung der Gesamtkosten, die Angabe und Erläuterung der zugrunde gelegten Verteilerschlüssel, die Berechnung des Anteils des Mieters und der Abzug der Vorauszahlungen des Mieters. Die formelle Ordnungsmäßigkeit einer Abrechnung erfordert keine Erläuterung (BGH ZMR 2008, 777 = NZM 2008, 567 = NJW 2008, 2258 = MDR 2008, 792). Für die formelle Ordnungsmäßigkeit kommt es nur auf eine Nachvollziehbarkeit der Abrechnung aus sich heraus an. Bei der Abrechnung der Betriebskosten für ein teils gewerblich, teils zu Wohnzwecken genutztes Gebäude gehört die Vornahme eines Vorwegabzugs für die gewerbliche Nutzung selbst dann nicht zu den an eine Abrechnung zu stellenden Mindestanforderungen, wenn durch die gewerbliche Nutzung ein erheblicher Mehrverbrauch verursacht wird und deshalb in solcher Vorwegabzug geboten ist (BGH v. 11.08.2010 – VIII ZR 45/10 – Tz. 11; siehe auch Rdn. 249).

223 Im Mietrecht muss – sofern nichts anderes vereinbart ist – **kein bestimmtes Abrechnungsprinzip** Anwendung finden (BGH ZMR 2008, 444; ZMR 2006, 847 = NJW 2006, 3350 = MDR 2007, 204 = NZM 2006, 740; s.a. LG Berlin GE 2007, 1552; GE 2007, 451; GE 2007, 368). Etwas anders kann gelten, wenn es im Abrechnungszeitraum zu einem **Mieterwechsel** gekommen ist (BGH ZMR 2008, 444). Insbesondere für diese Situation vertreten werden das Leistungs- (auch Zeitabgrenzungs- oder Verbrauchsprinzip genannt) und das Abflussprinzip:

224 – Nach dem Leistungsprinzip sind diejenigen Betriebskosten abzurechnen, die für den jeweiligen Abrechnungszeitraum angefallen sind (LG Hamburg NZM 2001, 806; WuM 2000, 197; LG Berlin GE 2000, 813; s.a. Nüßlein PiG 76, 79; Riecke/Schmid/Riecke Anhang § 16 WEG Rn. 12). Die Anhänger des Leistungsprinzips sind der Auffassung, dass – soweit nicht die Heizkostenverordnung anwendbar ist –, die Mietvertragsparteien ein anderes Abrechnungsprinzip vereinbaren können. Treffen sie aber keine Vereinbarung getroffen, steht dem Vermieter kein Wahlrecht zu: Er muss nach dem Leistungsprinzip verfahren (Schmid Mietnebenkosten Rn. 3198).

225 – Nach dem Abflussprinzip kann der Vermieter alle Kosten, mit denen er im laufenden Abrechnungszeitraum belastet wird, in die Abrechnung für den betreffenden Zeitraum einstellen (OLG Schleswig NJW-RR 1991, 78; LG Wiesbaden NZM 2002, 944; LG Berlin MM 2004, 374). Die Anhänger des Abflussprinzips sind der Auffassung, dass – sofern nicht etwas anderes vereinbart ist – der Vermieter berechtigt ist, die Kosten auch nach dem Abflussprinzip zu berechnen (Kinne GE 2003, 504, 505 f.). Dies soll jedenfalls dann gelten, wenn bis zur Abrechnung kein Mieterwechsel stattgefunden habe, weil eine Mehrbelastung des Mieters dann ausgeschlossen sei (BGH ZMR 2008, 444; LG Berlin GE 2006, 725; LG Düsseldorf DWW 1990, 51).

– Zum vermeintlich zulässigen Vermischen der Abrechnungsprinzipien innerhalb derselben Abrechnung vgl. Schach GE 2008, 444; Schmid Mietnebenkosten Rn. 3200; **a.A.** AG Hamburg-Blankenese, ZMR 2010, 613.

bb) Besonderheiten des Wohnungseigentumsrechts

226 Bei der Vermietung von Wohnungseigentum oder von gewerblich genutztem Teileigentum gelten im Grundsatz die allgemeinen Vorschriften. Der Vermieter eines Sondereigentums oder eines gewerblichen Teileigentums hat mithin **dieselben Pflichten wie jeder andere Vermieter** und kann sich nicht darauf berufen, bei der Betriebskostenabrechnung nur deshalb anders (besser) behandelt zu werden, weil ihm nicht alle Einheiten des Gebäudes gehören (Blank NZM 2004, 365; Langenberg NZM 2004, 361; Lützenkirchen ZWE 2003, 99 ff.; Riecke WuM 2003, 309; ders. in FS Deckert [2002], S. 351, 377 ff.). Der Mieter von Wohnungs- oder Teileigentum braucht sich – sofern nichts anderes vereinbart ist (s. Rdn. 227) – nicht mit den Abrechnungsunterlagen zu begnügen, die der vermietende Sondereigentümer vom Verwalter als Wohnungseigentümer nach § 28 WEG erhalten hat. Eine Befugnis des vermietenden Sondereigentümers, eine Verwalterabrechnung über die entsprechende Einheit **unbearbeitet weiterzugeben**, würde die rechtlich klare Trennung zwischen dem Mietverhältnis einerseits und der Stellung der Eigentümer untereinander sowie zum Verwalter andererseits missachten. Die **zufällige Doppelstellung** des Vermieters darf dem Mieter nicht zum Nachteil gereichen.

227 Ob die Mietvertragsparteien vereinbaren können, dass die Einzeljahresabrechung, die der Vermieter erhält, die nach § 556 Abs. 3 S. 1 BGB geschuldete Betriebskostenabrechnung ist, ist streitig (ein Formulierungsvorschlag findet sich bei Müller/Becker Beck'sches Formularbuch Wohnungseigentumsrecht N. I. 1). Eine individual-vertragliche Vereinbarung wird jedenfalls überwiegend für zulässig erachtet (OLG Schleswig WuM 1991, 133; Sternel PiG 55, S. 79; s.a. Blank NZM 2004, 365 und Riecke WuM 2003, 309, 311; **a.A.** Nüßlein PiG 76, 95: Verstoß gegen § 138 BGB). Eine Regelung in einem Formularvertrag verstieße hingegen gegen §§ 305c Abs. 1, Abs. 2, 307 Abs. 1 und Abs. 2 BGB.

d) Begriff der Betriebskosten im Miet- und Wohnungseigentumsrecht

aa) Begriff

228 Sowohl das Mietrecht als auch das Wohnungseigentumsrecht kennen den **Begriff der Betriebskosten**. Beide Rechtsgebiete verzichten allerdings weitgehend auf eine eigene Definition. Das Mietrecht verweist ungeachtet der Beschreibung in § 556 Abs. 1 S. 2 BGB durch § 556 Abs. 1 S. 3 BGB auf die BetrKVO, das Wohnungseigentumsrecht verweist in § 16 Abs. 3 WEG hingegen auf § 556 BGB und damit mittelbar auch auf die BetrKVO. Ob beide Rechtsgebiete durch die jeweiligen Verweisungen **denselben Begriff** teilen, ist **nicht richterlich** geklärt (einführend Hügel/Elzer NZM 2009, 457, 462; Klimesch ZMR 2009, 342; Häublein ZMR 2007, 409, 416). Unstreitig ist, dass der mietrechtliche Begriff jedenfalls zu weit ist, als er in § 2 Nr. 1 BetrKV auch die Grundsteuern erfasst. Im Woh-

nungseigentumsrecht können die Grundsteuern nicht als Betriebskosten verstanden werden. Obwohl die Grundsteuern über § 2 Nr. 1 BetrKV unter den Betriebskostenbegriff subsumiert werden könnten, sind diese keine Kostenposition, für die § 16 Abs. 3 WEG eine Beschlussmacht einräumt (Hügel/Elzer NZM 2009, 457, 462; Becker ZWE 2005, 136, 137; Köhler ZMR 2005, 19, 20). Der Grundsteuerbescheid ergeht gegenüber jedem einzelnen Sondereigentümer. Damit steht fest, dass der mietrechtliche und der wohnungseigentumsrechtliche Betriebskostenbegriff jedenfalls nicht identisch sind (Hügel/Elzer NZM 2009, 457, 462).

Hinweis 229

> Der Gesetzgeber strebte eine unterschiedliche Deutung des Betriebskostenbegriffs nicht an. Die Einbeziehung des bislang vollständig mietrechtlich geprägten und mietrechtlich entwickelten Begriffs der Betriebskosten in § 16 Abs. 3 WEG sollte einer **Rechtsvereinheitlichung dienen** und die **Rechtsanwendung vereinfachen** (BT-Drucks. 16/887 S. 22).

bb) Tragung der Betriebskosten

Die Betriebskosten einer vermieteten Eigentumswohnung sind **grundsätzlich vollständig in der Miete** enthalten (allgemein PWW/Elzer § 535 BGB Rn. 139). Das Gesetz geht davon aus, dass der Vermieter die Betriebskosten selbst zu tragen hat (BGH ZMR 2004, 327, 328; LG Berlin ZMR 2005, 957). Kosten etwa für Energieverbrauch, für die Wasser- oder Wärmeversorgung muss der Mieter nur dann tragen, wenn er **selbst Anschlussnehmer ist** oder die Parteien eine Kostentragungspflicht des Mieters **vereinbart** haben (LG Berlin ZMR 2005, 957). Ein solcher Vertrag bedarf grundsätzlich (anders ist es bei den Heizkosten) einer ausdrücklichen und inhaltlich bestimmten Vereinbarung (BGH ZMR 2005, 844, 846). Eine pauschale Umlage genügt nicht (OLG Hamburg NZM 2002, 189; OLG Jena NZM 2002, 70; Schmid NZM 2002, 483). Auch bei einem vermieteten Sondereigentum (Entsprechendes gilt für vermietetes Gemeinschaftseigentum) muss sich **aus dem Mietvertrag selbst ergeben**, welche **Betriebskostenarten** der Mieter tragen soll, damit es ihm möglich ist, sich zumindest ein grobes Bild davon zu machen, welche zusätzlichen Kosten auf ihn zukommen. Nimmt der **Mietvertrag nur pauschal** auf die Beschlüsse der Eigentümer oder die Abrechnung des WEG-Verwalters nach § 28 WEG Bezug, liegt wegen fehlender inhaltlicher Bestimmtheit **keine wirksame Betriebskostenabwälzung** vor (LG Braunschweig NJW-RR 1986, 639; Langenberg NZM 2004, 361; Sternel III Rn. 313). Für eine Übertragung der Betriebskosten i.S.v. § 2 Nr. 1–16 BetrKVO reicht es allerdings aus, wenn – auch in einem Formularmietvertrag (BGH ZMR 2006, 919 = NJW 2006, 3557) – auf die BetrKV **Bezug genommen** wird (BGH ZMR 2007, 851, 852). Bei der Gewerberaummiete reicht für die Übertragung eine **Bezugnahme auf die Verwaltungskosten** (BGH ZMR 2010, 351 = NZM 2010, 123; OLG Hamburg ZMR 2003, 180, 181,). Sonstige Betriebskosten i.S.v. § 2 Nr. 17 BetrKVO sind hingegen nur dann **umlagefähig**, wenn die Umlegung der im Einzelnen bestimmten Kosten mit dem Mieter jeweilig (BGH ZMR 2003, 1061) **vereinbart** worden ist (BGH ZMR 2007, 25 = NZM 2006, 896, 897; ZMR 2004, 430, 432; Kinne GE 2005, 165, 166; für Gewerberaummiete **a.A.** Celle ZMR 1999, 238; LG Frankenthal NZM 1999, 958). Zur Frage, was der **Vermieter** für eine Überwälzung **darlegen** muss, s. BGH ZMR 2007, 21 = NJW-RR 2007, 84, 85. Für Heizkosten bedarf es nach § 2 HeizkostenV allerdings **keiner Umlagevereinbarung**. Der Vermieter kann nach § 2 HeizkostenV jederzeit **einseitig** den Heiz- und Warmwasserkostenanteil aus der Miete herausnehmen und den darauf entfallenen Mietanteil als Betriebskostenvorschuss auf die entsprechenden Kosten verrechnen (BayObLG ZMR 1988, 384; OLG Hamm WuM 1986, 267 = ZMR 1986, 436). 230

231 **Hinweis**

Der Vermieter eines Sonder- oder Gemeinschaftseigentums muss bei Gestaltung des Mietvertrages und bei Erstellung seiner Betriebskostenabrechnung beachten, dass **nicht alle Positionen einer Jahresabrechnung** auf einen Mieter **umgelegt** werden können. Zu **den nicht umlagefähigen** Kosten gehören vor allem die Verwaltungskosten und dem Grunde nach auch keine Instandhaltungs- und Instandsetzungskosten (vgl. § 1 Abs. 2 Nr. 1 und Nr. 2 BetrKVO). Eine Vereinbarung, wonach vom Mieter **sämtliche Kosten** für die (Eigentums-)Wohnung gemäß Verwaltungsabrechnung zu tragen sind, wäre i.Ü. gemäß §§ 134, 556 Abs. 1, Abs. 4 BGB nichtig, wenn dadurch Betriebskosten erfasst werden, die **nicht der BetrKVO** unterfallen (LG Wiesbaden ZMR 1999, 3030; s.a. LG Berlin GE 1998, 1169; Langenberg NZM 2004, 361). Zur Umlagefähigkeit einzelner Betriebskostenpositionen bei Wohnraum s. Stangl ZMR 2006, 95 ff.

e) Einzelfragen

aa) Abrechnungszeitraum

232 Im Mietrecht darf der **Abrechnungszeitraum** nicht länger als **ein Jahr** sein (§ 20 Abs. 3 S. 2 NMV 1970; § 556 Abs. 3 BGB), ist aber **nicht an das Kalenderjahr** gebunden (Drasdo NZM 2004, 372, 375). Das Wirtschaftsjahr kann im Mietvertrag frei vereinbart oder vom Vermieter einseitig bestimmt werden und muss kein Kalenderjahr sein (Drasdo NZM 2004, 372, 375). Der Verwalter einer Wohnungseigentümergemeinschaft muss hingegen gemäß § 28 Abs. 3 WEG – soweit nichts anderes bestimmt ist (s. Rdn. 233) – nach Ablauf des Kalenderjahres eine Abrechnung aufstellen (KG NJW-RR 2002, 880; BayObLG NJW-RR 1991, 533; zur Umstellung vom Kalenderjahr auf ein abweichendes Wirtschaftsjahr und umgekehrt s. LG Berlin ZMR 2002, 385; vgl. auch OLG München ZMR 2009, 630).

233 Bei vermietetem Sondereigentum bietet es sich daher an, dass der Vermieter den mietvertraglichen Abrechnungszeitraum und die in der Gemeinschaft **geltende Abrechnungsperiode** anpasst (Drasdo ZMR 2008, 421, 429; Blank ZWE 2004, 242, 243). Diese **Harmonisierung** läuft freilich leer, wenn die Wohnungseigentümer den Abrechnungszeitraum nachträglich im Wege des Beschlusses gemäß § 16 Abs. 3 WEG oder der Vereinbarung ändern (KG WuM 1990, 407, 408; BayObLG WuM 1989, 42, 43) oder gesetzeswidrig anders abrechnen.

bb) Abrechnungsfristen

(1) Wohnungseigentumsrecht

234 Die nach § 28 WEG geforderte Jahresabrechnung ist in den ersten Monaten des Jahres von dem zu diesem Zeitpunkt bestellten Verwalter (Fälligkeitstheorie, OLG Celle ZMR 2005, 718) zu erstellen und den Wohnungseigentümern in der Eigentümerversammlung zur Beschlussfassung vorzulegen. Einen einheitlichen Termin, wann die Vorlage zu erfolgen hat, gibt es freilich nicht (Riecke/Schmid/Abramenko § 28 WEG Rn. 61). Die (noch) zulässige Abrechnungsfrist hängt von der Größe der jeweiligen Gemeinschaft, der Zahl der Geschäftsvorfälle und anderen Momenten ab. In kleinen Gemeinschaften kann die Erstellung der Jahresabrechnung nach **3 Monaten** fällig sein (OLG Hamm NJW-RR 1993, 846; BayObLG WE 1991, 223 = NJW-RR 1990, 660). Längstens wird dem Verwalter ein Zeitraum von **6 Monaten** eingeräumt (Jennißen/Jennißen § 28 WEG Rn. 122).

(2) Mietrecht

Die höchstzulässige Abrechnungsfrist beträgt im Mietrecht **ein Jahr nach Ablauf des Abrechnungszeitraums** (§ 556 Abs. 3 S. 1 BGB, § 20 Abs. 3 S. 4 NMV 1970). Nach Ablauf dieser Frist ist die Geltendmachung einer Nachforderung durch den Vermieter ausgeschlossen, es sei denn, der Vermieter hat die verspätete Geltendmachung nicht zu vertreten. Die Abrechnung ist von demjenigen Verwalter zu erstellen, der am Ende des Abrechnungszeitraums unter Vertrag stand (LG Hamburg, HambGE 1999, 410; Happ HambGE 1999, 220, **a.A.** AG Magdeburg ZMR 2005, 992). 235

(3) Kollisionen

Erstellt der Verwalter die Jahresabrechnung zu spät (oder legt er sogar keine vor), kann der vermietende Sondereigentümer die Überschreitung der gesetzlichen Ausschlussfristen im Mietrecht nicht damit begründen, dass es noch **an einer beschlossenen WEG-Abrechnung fehle** (Riecke/Schmidt NOMOS-Komm.-BGB Anhang zu §§ 535 bis 580a BGB Rn. 54; Riecke WE 2002, 221; Sternel ZMR 2001, 937, 940; zur **Bedeutung der Beschlussfassung** über die Abrechnung s. Rdn. 221). Eine Beschlussfassung über die Jahresabrechnung gemäß § 28 Abs. 5 WEG ist – auch wenn sie die Abrechnung erleichtert – **keine Voraussetzung** für die Betriebskostenabrechnung des vermietenden Sondereigentümers. Entsprechende Versäumnisse des WEG-Verwalters oder der anderen Wohnungseigentümer muss er sich der Vermieter als **eigenes Verschulden** zurechnen lassen (Gies NZM 2002, 514; **a.A.** AG Singen MietRB 2004, 295; Drasdo NZM 2004, 372, 374; Schmid Mietnebenkosten Rn. 3165; Jennißen Verwalterabrechnung, Rn. 812). 236

cc) Umlegungsmaßstab (Kostenverteilungsschlüssel)

(1) Grundsatz

Der für die umlagefähigen Betriebskosten in einer Wohnungseigentumsanlage geltende gesetzliche oder gewillkürte **Kostenverteilungsschlüssel** muss zwar nicht, kann aber nach § 556a Abs. 1 S. 1 BGB zunächst auch im Mietvertrag als für die Mietvertragsparteien **bindend vereinbart** werden (Schmid Mietnebenkosten Rn. 4005 und Rn. 4074; Blank DWW 1992, 67). Die Vereinbarung kann Inhalt eines **Individual-, aber auch eine Formularvertrages** sein (AG Düsseldorf DWW 1991, 373; Schmid Mietnebenkosten Rn. 4074). Die **weitere Übereinstimmung** der Maßstäbe ist freilich durch eine solche Vereinbarung **nicht garantiert.** Die Wohnungseigentümer können die Schlüssel jederzeit ändern, nach § 16 Abs. 3 WEG sogar durch bloßen Beschluss (s. dazu Rdn. 242). Die Formularvertragliche Klausel »bei vermieteten Eigentumswohnungen« trägt der Mieter den Betriebskostenanteil, den die Verwalterabrechnung vorgibt, so wie die weiteren Betriebskosten, die außerhalb dieser Abrechnung, unmittelbar auf die Wohnung entfallen (z.B. Grundsteuer)« ist nichtig (LG Hamburg ZMR 2009, 288 = WuM 2008, 727 = Info M 2009, 167). 237

(2) Abweichungen der jeweiligen Schlüssel

Stimmen der im Mietvertrag vereinbarte und der für den Vermieter geltende Umlegungsmaßstab nicht (mehr) überein, schuldet der Vermieter eines Gemeinschafts- oder Sondereigentums dem Mieter dennoch eine Betriebskostenabrechnung, der der zwischen den Mietvertragsparteien **vereinbarte Umlegungsschlüssel** zu Grunde gelegt ist. Um die vertraglich geschuldete Betriebskostenabrechnung herzustellen, muss der Vermieter zur Herstellung der Abrechnung die ggf. bereits vorliegende Jahresabrechnung **umrechnen** (Riecke WE 2002, 220, 221; Drasdo NZM 2001, 13, 15; Nüßlein PiG 76, S. 86). Ist in einem Mietvertrag die Wohnfläche als Abrechnungsmaßstab vereinbart oder sind die 238

Betriebskosten nach § 556a Abs. 1 S. 1 BGB nach der Wohnfläche umzulegen, ist deshalb eine Betriebskostenabrechnung, die sich an einem anderen Maßstab orientiert, z.B. den Miteigentumsanteilen, fehlerhaft. Ein rechnerischer Nachzahlungsbetrag ist dann bis zu einer Umrechnung nicht fällig (LG München I ZMR 2003, 431).

(3) Miteigentumsanteile als Kostenverteilungsschlüssel

239 § 556a Abs. 1 S. 1 BGB erlaubt es den Mietvertragsparteien über ein Sonder- oder das Gemeinschaftseigentum, einen anderen als den in § 556a Abs. 1 S. 1 BGB genannten Maßstab (Wohnfläche) zu vereinbaren (BGH ZMR 2004, 662, 663). Nach h.M. kann dabei als Abrechnungsmaßstab – soweit es sich nicht um verbrauchs- oder verursachungsabhängige Kosten handelt, vgl. § 556a Abs. 1 S. 2 BGB – auch die Höhe der »**Miteigentumsanteile**« – am Besten ausgedrückt in % – vereinbart werden (BGH NJW 2009, 283, 284 = MDR 2009, 196; BGH ZMR 2004, 662, 664; OLG Brandenburg WuM 1999, 173; LG Berlin GE 2002, 860; AG Frankfurt/M. DWW 1999, 158; Langenberg NZM 2004, 361, 362; Blank NZM 2004, 365, 367; Schmidt-Futterer/Langenberg § 556a BGB Rn. 31; ein **Formulierungsvorschlag** findet sich bei Müller/Becker Beck'sches Formularbuch Wohnungseigentumsrecht N. I. 1. 3). Das soll auch dann gelten, wenn dieser Umlegungsmaßstab in einem Formularmietvertrag vereinbart wurde (AG Düsseldorf DWW 1991, 373; Blank WuM 2004, 446) und gilt auch für die für eine Einheit zu entrichtende **Grundsteuer** (BGH ZMR 2004, 662, 664). Diese Praxis beruht auf der Tatsache, dass im Wohnungseigentumsrecht vorbehaltlich einer anderen, gewillkürten Bestimmung für die Kosten des Gemeinschafts-, aber auch des Sondereigentums (grundlegend BGH ZMR 2007, 975 = NJW 2007, 3492 = NZM 2007, 886; OLG München ZMR 2007, 811 = NZM 2007, 775) gemäß oder entsprechend § 16 Abs. 2 WEG die »Miteigentumsanteile« als **subsidiärer Kostenverteilungsschlüssel** Anwendung finden (Riecke/Schmid/Elzer § 16 WEG Rn. 25 und 29).

240 Die Vereinbarung der »Größe der Miteigentumsanteile« einer vermieteten Einheit ist in **Ausnahmefällen** allerdings **fragwürdig** und kann den Mieter benachteiligen (Langenberg NZM 2004, 361, 362; s.a. LG München I ZMR 2003, 431; AG Köln MietRB 2003, 61; Derleder WuM 2008, 444, 452; Müller/Becker Beck'sches Formularbuch Wohnungseigentumsrecht N. I. 1. Anm. 4). Ein Abrechnungsmaßstab »Miteigentumsanteile« kann zu **Unbilligkeiten** führen kann und ist dem Mieter im Einzelfall nicht zumutbar. Das Gesetz enthält nämlich keine Bestimmung darüber, **welche Größe Miteigentumsanteile** haben müssen und ob und wie sie im Verhältnis zum Sondereigentum und etwaigen Sondernutzungsrechten stehen (Riecke/Schmid/Elzer § 3 WEG Rn. 13). Die Bestimmung, welche Größe die Miteigentumsanteile haben sollen, ist vielmehr der Willkür der Wohnungseigentümer überlassen (OLG Düsseldorf ZMR 2004, 613; Riecke/Schmid/Elzer § 3 WEG Rn. 13). **Allgemein anerkannte Maßstäbe** für die notwendige Bewertung der Anteile gibt es nicht (OLG Düsseldorf ZMR 2001, 378 = ZWE 2001, 388). Es ist mithin weder erforderlich, dass Miteigentumsanteile angemessen miteinander korrelieren, noch dass sie sich an dem Wert, der Grundfläche oder der Nutzungsmöglichkeit des jeweiligen Wohnungs- oder Teileigentums orientieren (dies ist nur meistens der Fall, vgl. Happ DWE 2003, 5, 10). Die Miteigentumsanteile müssen auch nicht in einem bestimmten Verhältnis zueinander noch zum Wert oder der Größe des Sondereigentums stehen (BGH NJW 1986, 2759, 2760; NJW 1976, 1976 = MDR 1977, 41; BayObLG NZM 2000, 301).

241 Weichen die Miteigentumsanteile **erheblich** von der Wohnfläche ab (mehr als 25 %; **a.A.** Nüßlein PiG 76, 105: 10 %; Derleder WuM 2008, 444, 452: 40 %) und war die Abweichung dem **Mieter** nicht erkennbar, vor allem, weil der Vermieter eine Aufklärung unterließ, kann der Mieter gemäß § 242 BGB eine **Änderung des Abrechnungsmaßstabes** verlangen (Derleder WuM 2008, 444, 452; s.a. BT-Drucks. 14/4553, S. 51: Mieter kann einen Anspruch auf Umstellung des Umlagemaßstabes haben, soweit es im Einzelfall zu einer **krassen Unbilligkeit** kommt). Ein Änderungsanspruch ist vor allem dann anzunehmen, wenn außergewöhnliche Umstände auch den vermietenden Sondereigentümer selbst gegenüber den anderen Wohnungseigentümern an der Kostenregelung nicht festhalten würden, weil die Miteigentumsanteile grob unbillig bestimmt worden waren und damit gegen Treu und Glauben verstoßen (s. dazu Riecke/Schmid/Elzer § 3 Rn. 17 und § 8 WEG Rn. 11; so auch Derleder WuM 2008, 444, 452). Bis zu einer Änderung kann der Mieter die von ihm zu zahlenden Betriebskosten **angemessen kürzen**.

Hinweis 242

Der Verteilerschlüssel »Miteigentum« ist aus sich heraus verständlich und bedarf keiner Erläuterung. Es liegt auf der Hand, dass bei diesem Schlüssel die Kosten nach dem Verhältnis der auf die Wohnung des Mieters entfallenden Miteigentumsanteile zur Summe aller Miteigentumsanteile der Abrechnungseinheit verteilt werden sollen. Es genügt daher, wenn der für die Wohnung des Mieters zu Grunde gelegte Miteigentumsanteil und die Summe aller Anteile angegeben werden, so dass der Mieter die vorgenommenen Rechenschritte nachvollziehen kann (BGH NJW 2009, 283, 284 = MDR 2009, 196).

(4) Gewillkürte Änderungen der bislang geltenden Schlüssel

Die Wohnungseigentümer können die in einer Wohnungseigentumsanlage geltenden 243
Schlüssel jederzeit durch eine Vereinbarung oder durch einen auf § 16 Abs. 3 WEG oder auf eine Öffnungsklausel gestützten Beschluss – durch Mehrheitsbeschluss i.d.R. aber nur für die Zukunft (Jennißen Verwalterabrechnung, Rn. 71), d.h., die kommende Abrechnungsperiode (= Wirtschaftsjahr) – ändern. Es gibt keinen Rechtssatz, nach der die Wohnungseigentümer einen einmal gewählten Schlüssel beibehalten müssten. Dies gilt auch dann, wenn in einer Anlage Einheiten vermietet sind. Ist ein Sondereigentum vermietet, müssen die Wohnungseigentümer bei der nach §§ 15 Abs. 3, 21 Abs. 4 WEG gebotenen Abwägung und bei Ausübung ihres Ermessens, welche Maßnahme ordnungsmäßiger Verwaltung entspricht, zwar einbeziehen, dass dem Vermieter bei der Umstellung der Schlüssel **Probleme bei Erstellung seiner Betriebskostenabrechnung** entstehen (Schmid ZMR 2005, 27, 28; Riecke/Schmid/Elzer § 16 WEG Rn. 90). Nach der **gebotenen Abwägung** ist aber vorstellbar, dass die Interessen des Vermieters letztlich zurückstehen müssen (so inzidenter auch Drasdo ZMR 2008, 421, 427; Derleder WuM 2008, 444, 450). Der vermietende Sondereigentümer kann diesen Beschluss gemäß §§ 43 Nr. 4, 46 Abs. 1 S. 1 WEG mit der Begründung anfechten, der Beschluss entspreche deshalb nicht ordnungsmäßiger Verwaltung, weil er die Bedürfnisse vermietender Sondereigentümer nicht ausreichend beachte (s.a. Riecke/Schmid/Elzer § 16 WEG Rn. 90). Im Regelfall wird die Klage aber scheitern – zumindest wenn die Änderung nur für die Zukunft beschlossen wurde. Denn dem § 16 Abs. 3 WEG ist nicht zu entnehmen, dass die Belange eines Vermieters stets vorrangig wären. Die Wohnungseigentümer sind sogar abweichend von § 556a Abs. 2 S. 2 BGB berechtigt, Schlüssel prinzipiell **rückwirkend zu ändern** (BGH NJW 2010, 2654). Ob für die Schlüssel zur Umlage der Heizkosten und des Warmwassers anderes gilt, ist hingegen unklar (dazu BGH NZM 2010, 707).

(5) Gesetzliche Änderungsmöglichkeiten

Führen die Wohnungseigentümer nach § 16 Abs. 3 WEG **erstmals** eine verursachungsbe- 244
zogene Abrechnung ein, kann der vermietende Wohnungseigentümer den mietrechtlichen Abrechnungsmaßstab durch einseitige Erklärung nach § 556a Abs. 2 BGB anpassen; Entsprechendes gilt, wenn die Voraussetzungen des § 6 Abs. 4 S. 2 HeizkostenV vorliegen

(Lammel, § 6 HkVO Rn. 88 f.; Schmid ZMR 2005, 27, 28). Zu beachten ist, dass § 556a Abs. 2 BGB nur solche Kosten erfasst, die nach Verbrauch oder Verursachung erfasst werden (Drasdo ZMR 2008, 421, 432). In allen anderen Änderungsfällen hat der Vermieter **kraft Gesetzes keine einseitige Änderungsmöglichkeit**. Er kann nur versuchen, den mietvertraglich vereinbarten Abrechnungsmaßstab einvernehmlich anzupassen. Die Änderung des Umlegungsmaßstabs kommt dann aber **frühestens mit Beginn des nächsten Abrechnungszeitraums** in Betracht. In der laufenden Abrechnungsperiode ist eine Änderung ebenso wenig zulässig, wie rückwirkend für eine Vergangene (OLG Frankfurt ZMR 2004, 182).

(6) Änderungsklauseln; § 313 BGB

245 Um bereits im Mietvertrag **künftigen Änderungen** präventiv entgegenzuwirken, können die Mietvertragsparteien eine **dynamischen Verweisungsklausel** oder einen Änderungsvorbehalt zu Gunsten des Vermieters vereinbaren (Abramenko ZMR 1999, 676, 679; s.a. Riecke WE 2000, 10; s. bereits Rdn. 80 ff.; einen **Formulierungsvorschlag** für eine Klausel findet sich bei Müller/Becker Beck'sches Formularbuch Wohnungseigentumsrecht N. I. 1.). Durch diese Instrumente wäre jeweils die fortwährende Geltung eines einheitlichen Umlegungsmaßstabes und einer Kongruenz der Jahresabrechnung und der Betriebskostenabrechnung gesichert. Eine Änderung des Verteilerschlüssels unter den Wohnungseigentümern schlüge dann auf das Mietverhältnis gewissermaßen durch.

246 – **Dynamische Verweisungen**: Die Vereinbarung einer dynamischen Verweisung in einem Formularmietvertrag ist nach § 305c Abs. 1 BGB allerdings **unwirksam** (Derleder WuM 2008, 444, 452; Langenberg Betriebskostenrecht Kap. G Rn. 118; ders. NZM 2004, 361, 365; Riecke WE 2000, 10; **a.A.** OLG Schleswig WuM 1991, 333; LG Düsseldorf DWW 1988, 210; AG Düsseldorf, DWW 1991, 373; Schmid ZMR 2005, 27, 28; Blank NZM 2004, 365; ders. DWW 1992, 67; Abramenko ZMR 1999, 679; s.a. Rdn. 80), jedenfalls wenn eine Klausel fehlt, dass die Änderung nur verbindlich ist, wenn der Mieter durch die Änderung **nicht unbillig benachteiligt** wird. Der Mieter von Sonder- oder Gemeinschaftseigentum braucht mit einer unmittelbaren Verbindlichkeit künftiger Mehrheitsbeschlüsse für sich nicht zu rechnen. Schon die Frage, ob die besondere Pflichtenbindung eines vermietenden Sondereigentümers im Gemeinschaftsgefüge der WEG sich auch einem rechtsunkundigen Mieter erschließt, ist offen. Die vom Mieter verlangte Pauschaleinwilligung in Gesamtakte der Eigentümergemeinschaft zu seinen Lasten verstößt jedenfalls aber gegen § 307 BGB.

– **Vertragliche Änderungsvorbehalte:** Die Vereinbarung eines Rechts für den vermietenden Sondereigentümer, den Abrechnungsmaßstab zu ändern oder von ihm abzuweichen, ist gemäß § 308 Nr. 4 BGB unwirksam, sofern nicht die Vereinbarung der Änderung oder Abweichung unter Berücksichtigung der Interessen des Verwenders für den anderen Vertragsteil **zumutbar** ist (BGH BGHZ 124, 351, 362; BGHZ 89, 206, 211; LG Hamburg ZMR 1988, 36; LG Bonn WuM 1988, 220; s.a. Schmid GE 2007, 1094). Für die Änderung muss ein sachlicher Grund gegeben sein. Außerdem müssen die Gründe, die eine Änderung erlauben, bereits in der Vereinbarung aufgezählt werden. Für die Änderung des Abrechnungsmaßstabes für die Heizkosten s. BGH ZMR 1993, 263, 264.

247 Im Einzelfall ist vorstellbar, dass der Vermieter vom Mieter eine Änderung des vertraglich vereinbarten Schlüssels unter den Voraussetzungen **einer Störung der Geschäftsgrundlage** (§ 313 BGB) verlangen kann (Derleder WuM 2008, 444, 453; Schmid GE 2007, 1094; **a.A.** Drasdo ZMR 2008, 4231, 432).

dd) Umlegungseinheit/Wirtschaftseinheit/Verwaltungseinheit

Wird Sondereigentum vermietet, ist »**Umlegungseinheit**« in der Regel nicht die **einzelne Mieteinheit**, sondern das **gesamte Gebäude** (Schmid Mietnebenkosten Rn. 4028). **Bei Gebäuden mit mehreren Wohneinheiten** dürfen bestimmte Betriebskosten – sofern dies nicht anders vereinbart ist – zusammengefasst werden. Dies gilt auch, wenn bei einer größeren Wohnungseigentumsanlage **mehrere Gebäude oder Gebäudeteile** für bestimmte Betriebskosten **zu einer Abrechnungseinheit** zusammengefasst werden (BGH v. 23.6.2010 – VIII ZR 227/09, Tz. 13 m.w.N.; BGH ZMR 2005, 937; BGH WuM 2004, 403; BGH ZMR 1982, 108 = NJW 1982, 573 = MDR 1982, 483; LG Bonn NZM 2005, 616). 248

ee) Vorwegermittlung bei gewerblich genutzten Einheiten

Bei gemischt genutzten Gebäuden können die Betriebskosten der gewerblichen Teile vorweg zu ermitteln sein (AG Wiesbaden WuM 1996, 96; AG Köln ZMR 1995, 210; Lützenkirchen ZWE 2003, 99, 116 f.). Ein Vorwegabzug ist aus Billigkeitsgründen erforderlich, wenn die Gewerbenutzung bei der Abrechnung nach dem Flächenmaßstab, also pro Quadratmeter Fläche, zu einer erheblichen Mehrbelastung der Wohnungsmieter führt (BGH v. 11.08.2010 – VIII ZR 45/10 – Tz. 21; NJW 2007, 211; NJW 2006, 1419). Soweit die Parteien nichts anderes vereinbart haben, ist im **preisfreien** Wohnraum ein Vorwegabzug der Kosten für Gewerbeflächen in gemischt genutzten Abrechnungseinheiten für alle oder einzelne Betriebskostenarten **allerdings dann nicht geboten**, wenn die auf die Gewerbeflächen entfallenden Kosten **nicht zu einer ins Gewicht fallenden Mehrbelastung** der Wohnraummieter führen (BGH ZMR 2007, 101 = NJW 2007, 211, 212; ZMR 2006, 358, 359 m. Anm. Rau/Dötsch = WuM 2006, 200; s. dazu Riecke/Schmid/Riecke Anhang § 16 WEG Rn. 74 ff.). Soweit der Teilungsvertrag oder die Teilungserklärung diese Abrechnungsart vorschreiben, gibt es keine Probleme. Ist eine Vorwegermittlung aber **nicht bestimmt**, sollte mit dem Mieter **individualvertraglich** vereinbart werden, bei Abschluss eines Mietvertrages ausdrücklich auf die Vorwegermittlung der Betriebskosten der gewerblichen Einheiten zu verzichten (s.a. Drasdo ZMR 2008, 421, 430). Soweit dem Mieter dies nicht in Form einer AGB-Klausel angetragen wird, sondern als Ergebnis einer eingehenden und überzeugenden Erörterung, dürften an der Wirksamkeit keine Zweifel bestehen. 249

ff) Belegprüfungs- und Belegeinsichtsrecht

Der Mieter muss nach h.M. Nachzahlungen auf Nebenkosten erst dann leisten, wenn ihm auf Verlangen **Einsicht in die Originalbelege** gewährt wurde (zum Problem bloß eingescannter Belege s. Schmid ZMR 2003, 15). Dem Mieter steht gegenüber der Nachforderung des Vermieters also ein Zurückbehaltungsrecht nach § 273 Abs. 1 BGB zu, solange der Vermieter ihm keine Überprüfung der Abrechnung ermöglicht hat (BGH ZMR 2006, 358, 360). Der Mieter ist berechtigt, die Belege am **Ort der Mietsache** (LG Hannover WuM 1985, 346) zu überprüfen (OLG Düsseldorf WuM 1993, 411; LG Frankfurt/M. WuM 1997, 52; LG Mannheim WuM 1996, 630). Diese Grundsätze gelten auch dann, wenn die Jahresabrechnung von den Wohnungseigentümern bereits **genehmigt** wurde (BayObLG DWE 1979, 61; OLG Karlsruhe MDR 1976, 758). 250

Der vermietende Sondereigentümer, dem analog § 24 Abs. 6 S. 1, Abs. 7 S. 8 WEG, § 716 Abs. 1 BGB selbst auch ein **individuelles Einsichtsrecht** zusteht (BayObLG ZMR 2002, 946; Jennißen MietRB 2004, 277; Riecke/Schmid/Abramenko § 27 WEG Rn. 147), muss aus diesen Gründen dafür sorgen, dass dem **Mieter Einsicht** in die Belege **gewährt** wird (LG Frankfurt/M. WuM 1997, 52). An **Anspruch auf Kopien** besitzt der Mieter i.d.R. aber nicht (BGH ZMR 2006, 918, 919; ZMR 2006, 358, 360). 251

252 Befindet sich die WEG-Verwaltung an Wohnort des Mieters, ist es ihm unter Umständen zuzumuten, statt des vermietenden Sondereigentümers den Verwalter in **dessen Büro** aufzusuchen, um die Belege einzusehen. Es kann treuwidrig sein, den Vermieter vor größere Mühen bei der Besorgung der Unterlagen zu stellen, wenn es dem Mieter ein Leichtes ist, den Verwalter aufzusuchen und Einsicht zu nehmen (AG Frankfurt/M. DWW 1999, 158, 159 m. Anm. Abramenko). Probleme können entstehen, wenn der Verwalter sein Büro an einem **anderen Ort** hat. Nach dem WEG muss der Verwalter allerdings dann dafür Sorge tragen, dass der Einsicht verlangende Wohnungseigentümer die Belege vor Ort (Riecke/Schmid/Abramenko § 27 WEG Rn. 152; Langenberg Betriebskostenrecht Kap. I Rn. 8; **a.A.** Jennißen MietRB 2004, 277, 278) einsehen kann (OLG Karlsruhe NJW 1969, 1968). Der vermietende Sondereigentümer seinerseits wird entsprechend dafür Sorge zu tragen haben, dass diese Möglichkeit auch seinem Mieter eingeräumt wird (s.a. Riecke ZMR 2001, 77, 79; Römer WuM 1996, 392).

253 Gegenüber dem Recht jedes Wohnungseigentümers auf Einsicht in die der Jahresabrechnung zugrunde liegenden Belege kann sich der Verwalter als aus dem Einsichtsrecht Verpflichteter (Riecke/Schmid/Abramenko § 27 WEG Rn. 148; str.) nicht auf **tatsächliche Schwierigkeiten** berufen, die sich bei der Geltendmachung des Einsichtsanspruchs durch die zahlreichen Eigentümer einer großen Wohnanlage für ihn ergeben (BayObLG ZMR 2000, 687 = NZM 2000, 873). Eine etwa behauptete Überforderung wird rechtlich erst an der Grenze zu § 242 BGB und § 226 BGB relevant. Außerdem steht es dem WEG-Verwalter frei, sich für nicht selbstgenutzte Wohnungen eine höhere Vergütung versprechen zu lassen; hier ist ein Beschluss nach § 21 Abs. 7 WEG möglich. Eine Pauschalerhöhung um **3 Euro je Monat** entspricht dabei z.B. ordnungsmäßiger Verwaltung (OLG Frankfurt NJW 1991, 659).

gg) Heizkosten- und Warmwasserabrechnung

(1) Allgemeines

254 Für die Abrechnung über die **Kosten für Heizung und Warmwasser** nach den einschlägigen mietrechtlichen Vorschriften und nach WEG gibt es keine Unterschiede. Es gilt **einheitlich die HeizkostenVO**, die Vorrang hat vor allen rechtsgeschäftlichen Bestimmungen und nach § 3 HeizkostenVO auch für Wohnungseigentum gilt. Auch in kleinen Wohnungseigentumsanlagen mit nur **zwei Wohnungen** ist die HeizkostenV anwendbar, wenn von zwei Eigentumswohnungen, die verschiedenen Eigentümern gehören, eine vermietet ist (OLG München NJW-RR 2008, 609 = ZMR 2007, 1001; OLG Düsseldorf FGPrax 2004, 11; a.A. Bub/Bernhard FD-MietR 2007, 244590). Das Gleiche gilt, wenn **beide Eigentumswohnungen vermietet** sind.

255 **Hinweis**

> Die HeizkostenV soll analog § 2 HeizkostenV **nicht anwendbar** sein, wenn eine oder beide Sondereigentumseinheiten Teileigentum sind. Entsprechendes soll gelten, wenn eine Eigentumswohnanlage nur aus zwei Wohnungen besteht und beide Wohnungen von dem jeweiligen Eigentümer bewohnt werden (AG Hamburg-Blankenese ZMR 2004, 544, 545). Jedenfalls im Fall einer Veräußerung nebst anschließender Vermietung ist freilich **anders zu entscheiden**. Ferner darf nicht übersehen werden, dass die Anwendung der Heizkostenverordnung nicht davon abhängig ist, dass ein Wohnungseigentümer die Anwendung der HeizkostenV und ihrer Bestimmungen verlangt (Schmid WE 2007, 7; zum Mietrecht BGH ZMR 2006, 766).

256 Soweit Wohnanlagen über eine zentrale Beheizungs- und/oder eine zentrale Warmwasserversorgungsanlage verfügen, müssen die Wohnungseigentümer die **Anwendungsvo-**

raussetzungen für die HeizkostenVO schaffen. Dazu gehören: Der Einbau von gesetzlich zugelassenen Messeinrichtungen zur Verbrauchserfassung – wobei diese gekauft oder gemietet werden können – und die Festlegung eines Kostenverteilungsschlüssels im Rahmen der §§7 bis 9 der HeizkostenVO. Danach sind grundsätzlich mindestens 50 %, aber höchstens 70 % der Kosten nach Verbrauch und die verbleibenden Kosten nach Wohn- oder Nutzfläche zu verteilen (s. dazu Jennißen MietRB 2005, 21 22). Durch eine Vereinbarung kann hiervon abgewichen werden und auch 100 % nach Verbrauch bestimmt werden (vgl. § 10 HeizkostenVO). In Gebäuden, die das Anforderungsniveau der Wärmeschutzverordnung v. 16.08.1994 (BGBl. I, 2121) nicht erfüllen, die mit einer Öl- oder Gasheizung versorgt werden und in denen die freiliegenden Strangleitungen der Wärmeverteilung überwiegend gedämmt sind, sind von den Kosten des Betriebs der zentralen Heizungsanlage ausnahmsweise zwingend (mindestens) 70 % nach dem erfassten Wärmeverbrauch der Nutzer zu verteilen. Solche Objekte gibt es in der Praxis allerdings nur selten.

(2) Umlageschlüssel

Die Wohnungseigentümer können (und müssen) sich nach § 6 Abs. 1 HeizkostenV einen **Umlageschlüssel** für die Kosten der Versorgung mit Wärme und Warmwasser auf der Grundlage der **Verbrauchserfassung** geben; fehlt es hieran, gilt subsidiär § 16 Abs. 2 WEG (Riecke/Schmid/Elzer § 16 WEG Rn. 32). Die nach § 6 Abs. 1 HeizkostenV geforderte Bestimmung kann im Wege der **Vereinbarung**, aber auch durch einen **Beschluss** geregelt werden. Unabhängig davon, welcher Weg gewählt wird, muss beachtet werden, dass nach § 2 HeizkostenV die Vorschriften der HeizkostenV den rechtsgeschäftlichen Bestimmungen der Wohnungseigentümer vorgehen. **257**

Ein **Verzicht auf die Verbrauchserfassung ist unzulässig** (OLG Düsseldorf DWE 1989, 29). Die Anwendung der HeizkostenV ist auch **nicht davon abhängig**, dass ein Wohnungseigentümer die Anwendung der HeizkostenV und ihrer Bestimmungen verlangt (Schmid WE 2007, 7; zum Mietrecht BGH ZMR 2006, 766 = WuM 2006, 418 = NJW-RR 2006, 1305; **a.A.** Abramenko ZWE 2007, 61). § 2 HeizkostenV schränkt die rechtsgeschäftliche Gestaltungsfreiheit der Parteien kraft Gesetzes mit der Folge ein, dass **entgegenstehende Vereinbarungen** jedenfalls für die Zeit der Geltung der HeizkostenV **unwirksam** sind, d.h. überlagert werden (BayObLG ZMR 2005, 135 = NZM 2005, 106 = WuM 2004, 737). Wird kein Mehrheitsbeschluss zur Verbrauchserfassung gefasst, hat jeder Wohnungseigentümer das Recht, die widerstrebenden Eigentümer im Verfahren nach § 43 Nr. 1 WEG auf Zustimmung und Mitwirkung gerichtlich in Anspruch zu nehmen. **258**

Soweit Heiz- und Warmwasserverbrauchskosten nicht verbrauchsabhängig entsprechend der HeizkostenV – inklusive Ersatzverfahren nach § 9a HeizkostenV – abgerechnet werden, kann der **Mieter die Kosten um 15 % kürzen** (§ 12 HeizkostenV). Einem **Wohnungseigentümer** steht dieses Recht nicht zu. Er muss zur Wahrung seiner Interessen die verbrauchsabhängige Abrechnung gegenüber den anderen Wohnungseigentümern notfalls gerichtlich durchsetzen. Liegen die gesetzlichen Voraussetzungen vor, hat der vermietende Sondereigentümer ggf. einen Schadenersatzanspruch gegen die sich weigernden Eigentümer in Höhe der vom Mieter nicht gezahlten 15 % der Heizkosten. **259**

Die **Festlegung** des Verteilungsschlüssels i.S.v. § 6 Abs. 4 S. 1 HeizkostenV kann, soweit dieses nicht schon im Teilungsvertrag oder in der Teilungserklärung erledigt wurde, durch **Beschluss** erfolgen (§ 21 Abs. 3 WEG i.V.m. der HeizkostenV). Wollen die Wohnungseigentümer den Schlüssel **ändern**, ermöglicht ihnen § 16 Abs. 3 WEG eine Änderung durch Beschluss (Schmid WE 2007, 7; Abramenko ZWE 2007, 61, 66). Die Ände- **260** rung ist nach Novellierung der HeizkostenV seit 01.01.2009 auch mehrfach möglich, vor allem, aus anderen sachgerechten Gründen (§ 6 Abs. 4 S. 2 Nr. 3 HeizkostenV). Dies soll es dem Gebäudeeigentümer – den Wohnungseigentümern – ermöglichen, Verteilungsmaßstäbe, die sich als nicht sachgerecht erwiesen haben, noch zu ändern. Im Falle einer **Änderung** ist unerheblich, ob die **ursprüngliche Bestimmung** nach § 6 Abs. 4 S. 2 HeizkostenV durch eine Vereinbarung – etwa im Rahmen der Teilungserklärung – getroffen worden war, ob eine Öffnungsklausel besteht oder ob die ursprüngliche Bestimmung durch einen **Beschluss** getroffen wurde (BGH NZM 2010, 707). Die Änderungsmöglichkeit einer Vereinbarung auch im Wege des Beschlusses folgt aus § 16 Abs. 3 WEG (BGH NZM 2010, 707). Selbst dann, wenn die Wohnungseigentümer eine vertragliche Bestimmung nach § 10 HeizkostenV getroffen hatten, verschafft ihnen § 16 Abs. 3 WEG eine Möglichkeit, diesen Vertrag im Beschlusswege zu ändern (BGH NZM 2010, 707; a.A. Schmid WE 2007, 7). Ob eine Änderung des Verteilungsschlüssels für Heizkosten mit der Heizkostenverordnung vereinbar ist, bestimmt sich nach der Fassung der Verordnung, welche bei erstmaliger Geltung des neuen Schlüssels in Kraft ist (BGH NZM 2010, 707). Ob die Änderung nur ordnungsgemäßer Verwaltung entspricht, wenn ein sachlicher Grund für die Bestimmung eines neuen Abrechnungsmaßstabs besteht und ob die § 6 Abs. 4 S. 2 Nr. 3 HeizkostenV die Beschlusskompetenz nach § 16 Abs. 3 WEG beschränken, ist noch ungeklärt (dazu BGH NZM 2010, 707, 708).

11. Versorgungssperren

a) Selbstgenutztes Sondereigentum

261 Zahlt ein Wohnungseigentümer kein Wohngeld, ist der Verband Wohnungseigentümergemeinschaft (OLG Frankfurt OLGReport Frankfurt 2006, 1060, 1061 = NJW-RR 2006, 1673 = ZWE 2006, 450) grundsätzlich berechtigt, den Säumigen von einem **Leistungsbezug auszuschließen** (BGH ZMR 2010, 263; ZMR 2005, 880, 881 m. Anm. Elzer = NZM 2005, 626 = MDR 2005, 1279 = WuM 2005, 540; KG GE 2010, 483; OLG Frankfurt OLGReport Frankfurt 2006, 1060, 1061 = NJW-RR 2006, 1673 = ZWE 2006, 450; OLG München NJW-RR 2005, 598 = NZM 2005, 304 = ZMR 2005, 311; BayObLG NJW-RR 2004, 1382; OLG Hamm OLGZ 1994, 269, 272; KG ZWE 2002, 182, 183 = ZMR 2002, 458, 460; H. Merle in FS Merle [2010], S. 243 ff.; Börstinghaus MietRB 2007, 209, 212; Riecke/Schmid/Elzer § 16 WEG Rn. 248; zum Extremfall einer »großen Versorgungssperre« vgl. AG Gladbeck ZMR 2007, 734; OLG Hamm ZMR 2008, 474).

262 Grundlage dieses Rechts ist § 273 BGB (BGH ZMR 2005, 880, 881 m. Anm. Elzer = NZM 2005, 626; Gaier ZWE 2004, 109, 112). Die **Konnexität** (Wechselbezüglichkeit) der zurückgehaltenen Leistung mit der Verpflichtung, zu deren Durchsetzung das Zurückbehaltungsrecht ausgeübt wird, folgt aus der für alle Wohnungseigentümer bestehenden Berechtigung zur Teilhabe an den gemeinschaftlichen Leistungen und der damit korrespondierenden Pflicht zur Erfüllung der jedem Mitglied der Gemeinschaft **gegenüber dem Verband** bestehenden Verpflichtungen (BGH ZMR 2005, 880, 881 m. Anm. Elzer = NZM 2005, 626 = MDR 2005, 1279 = WuM 2005, 540).

263 Für eine Versorgungssperre bedarf es **fünf Voraussetzungen** (Riecke/Schmid/Elzer § 16 WEG Rn. 248):

- **Beschluss**: Die Ausübung eines Zurückbehaltungsrechts ist ein Druck- und Sicherungsmittel und geht über die dem Verwalter eingeräumten Befugnisse zur Anforderung laufender und rückständiger Zahlungen hinaus. Sie bedarf daher grundsätzlich – außer in Notfällen – eines (ggf. allgemeinen) **Beschlusses** (BGH ZMR 2005, 880, 881 m. Anm. Elzer = NZM 2005, 626 = MDR 2005, 1279 = WuM 2005, 540; Armbrüster WE 1999, 14, 17; Kümmel/v. Seldeneck GE 2002, 1045).

- **Erheblicher Rückstand**: Die Bedeutung der zurückbehaltenen Versorgungsleistungen (meistens Heizwärme, aber auch Wasser, Gas etc.) und die Pflicht der Mitglieder der Gemeinschaft der Wohnungseigentümer untereinander zur Rücksichtnahme, lässt einen Beschluss, die Versorgung zu unterbinden, nur bei einem **erheblichen Rückstand** des betroffenen Mitglieds rechtmäßig sein. Als erheblich ist insoweit ein Rückstand mit mehr als **sechs Monatsbeträgen** des Wohngelds anzusehen (BGH ZMR 2005, 880, 882 m. Anm. Elzer = NZM 2005, 626 = MDR 2005, 1279 = WuM 2005, 540; Armbrüster WE 1999, 14, 16; Kümmel/v. Seldeneck GE 2002, 1045, 1046).
- **Anspruch**: Die Ansprüche des Verbandes müssen fällig sein und zweifelsfrei bestehen (OLG Frankfurt OLGReport Frankfurt 2006, 1060, 1061 = NJW-RR 2006, 1673; OLG München ZMR 2005, 311 = NJW-RR 2005, 598 = NZM 2005, 304).
- **Androhung**: Dem Vollzug der Sperre muss eine Androhung vorausgehen (BGH ZMR 2005, 880, 882 m. Anm. Elzer = NZM 2005, 626; Gaier ZWE 2004, 109, 115), sofern um den Vollzug nicht prozessiert wird (BGH ZMR 2005, 880, 882 m. Anm. Elzer = NZM 2005, 626 = MDR 2005, 1279 = WuM 2005, 540).
- **Berücksichtigung des verfassungsrechtlichen Verhältnismäßigkeitsgebotes**: Im Einzelfall kann eine Versorgungssperre unverhältnismäßig sein – etwa bei einer Gesundheitsgefährdung oder wegen des Alters des Wohnungseigentümers oder Mieters (dazu Gaier ZWE 2004, 109, 115).

Durch **Teilzahlungen** in Höhe der auf die Versorgungsleistungen entfallenden Beträge kann das Zurückbehaltungsrecht des Verbandes **nicht abgewendet** werden (Riecke/Schmid/Elzer § 16 WEG Rn. 248). Denn der Wohngeld-Beitragsschuldner kann nicht i.S.d. § 366 BGB Zahlungsbestimmungen dahin treffen, dass er eine Geldsumme nur auf bestimmte Rechnungsposten, etwa anteilig für bestimmte Betriebskosten zahlen will (KG GE 2010, 483; ZMR 2005, 905 = WuM 2005, 600). **264**

Liegen die Voraussetzungen vor, ist ein schuldender Wohnungseigentümer in entsprechender Anwendung von § 14 Nr. 4 WEG verpflichtet, das **Betreten** seiner Wohnung zum Zwecke des Absperrens der Versorgungsleitungen **zu dulden** (OLG Frankfurt OLGReport Frankfurt 2006, 1060, 1061 = NJW-RR 2006, 1673 = ZWE 2006, 450; OLG München ZMR 2005, 311 = NJW-RR 2005, 598 = NZM 2005, 304; Briesemeister ZMR 2007, 661, 664; Elzer ZMR 2005, 882, 884; Gaier ZWE 2004, 109, 116). **265**

b) Vermietetes Sondereigentum

Einer Versorgungssperre steht im Verhältnis des Verbandes zum vermietenden Wohnungseigentümer **nicht entgegen**, dass dessen Wohnungs- oder Teileigentum **vermietet** ist (KG ZMR 2002, 458, 460 = ZWE 2002, 182, 183; NZM 2001, 761 = NJW-RR 2001, 456, 457; OLG Hamm OLGZ 1994, 269, 273; Börstinghaus MietRB 2007, 209, 212; Briesemeister FS Blank [2006], S. 591, 597; Jennißen/Jennißen § 28 Rn. 222; s.a. Köhler/Bassenge/Wolicki Teil 16 Rn. 453 ff.). Der Mieter wird **nicht im Besitz** gestört (**a.A.** OLG Köln ZMR 2000, 639 = ZWE 2000, 543, 545 = NJW-RR 2001, 301 = NZM 2000, 1026; Kümmel/v. Seldeneck GE 2002, 1045, 1047; Suilmann ZWE 2001, 476). Gegenüber dem Mieter liegt **keine verbotene Eigenmacht** i.S.d. §§ 858, 862 BGB vor, weil das Gesetz die Besitzentziehung oder -störung gestattet. Zwar besteht das Zurückbehaltungsrecht des Verbandes lediglich gegenüber dem vermietenden Sondereigentümer, der Mieter kann aber – wie stets – gegenüber dem Verband keine bessere Rechtsstellung haben als der Wohnungseigentümer selbst. Die Durchsetzung der Versorgungssperre unmittelbar gegenüber dem Mieter ist rechtlich nicht anders zu bewerten als die Durchsetzung von Unterlassungsansprüchen der Wohnungseigentümer oder des Verbandes unmittelbar gegenüber dem Mieter, wenn dieser in den gemieteten Räumen über die Nutzungsart hinausgeht, die dem vermietenden Sondereigentümer zusteht. **266**

267 **Unsicher** ist allerdings, ob auch der Mieter den Zutritt zur Wohnung und das Abstellen der dort befindlichen Versorgungsanlagen **dulden** muss. Im Ergebnis ist das zu **bejahen,** weil der Mieter nicht mehr Rechte als der vermietende Wohnungseigentümer hat (Briesemeister NZM 2003, 777, 780; Vogl ZMR 2003, 716, 720) und dieser ein **Betreten dulden** muss (Briesemeister ZMR 2007, 661, 664; s.a. KG ZWE 2002, 182, 183 = ZMR 2002, 458, 460; NZM 2001, 761 = NJW-RR 2001, 456, 457; **a.A.** KG ZMR 2006, 379, 380; OLG Köln NZM 2000, 1026; Börstinghaus MietRB 2007, 209, 212; Briesemeister FS Blank [2006], S. 591, 598; Köhler/Bassenge/Wolicki Teil 16 Rn. 456).

268 Etwas anderes gilt, wenn die Versorgungsleistung i.S.v. § 16 Abs. 3 WEG **aufgrund direkter Verträge** zwischen dem Wohnungseigentümer und den Versorgern erfolgt, etwa wie bei der Stromlieferung oder der Telekommunikation. In diesem Falle ist der Verband **nicht berechtigt**, die Zuleitungen durch das gemeinschaftliche Eigentum zu unterbrechen. Die Kosten der Belieferung werden nicht über die Kosten der Bewirtschaftung des gemeinschaftlichen Eigentums abgerechnet, sondern direkt zwischen dem Wohnungseigentümer und dem Versorgungsunternehmen.

c) Verhältnis vermietender Sondereigentümer und Mieter

269 Für vermietende Sondereigentümer und für andere Vermieter muss unterschieden werden. **Nach Beendigung** des Mietverhältnisses ist der Vermieter berechtigt, gegenüber dem unredlichen Mieter die **Versorgungsleistungen** einzustellen und diese gem § 273 Abs. 1 BGB zurückzubehalten (KG GE 2007, 1316 = DWW 2007, 371; AG Hohenschönhausen GE 2007, 1127; str.). Ein genereller Ausschluss des Zurückbehaltungsrechts bei Dauerschuldverhältnissen oder Sukzessivlieferungsverträgen ist mit dem Gesetz nicht vereinbar (Herrlein NZM 2006, 527; Ulrici ZMR 2003, 895, 898).

270 Etwa die Unterbrechung der Wasserversorgung (aber auch Gas, Wärme, Abfall und ggf. Strom) durch den Vermieter – jedenfalls **nach wirksamer Beendigung** eines **Gewerbemietverhältnisses** wegen Verzugs des Mieters mit den Mietzahlungen und den Nebenkostenvorauszahlungen i.H.v. mindestens **zwei Monatsmieten** – ist **keine Besitzstörung** i.S.v. § 858 BGB (für die Gewerberaumiete BGH ZMR 2010, 263 = NJW 2009, 1947, 1949; KG ZMR 2008, 47, 48; für die Wohnraummiete AG Bergheim ZMR 2005, 53). Die zur Nutzung der Mietsache erforderlichen Energielieferungen sind nicht Bestandteil des Besitzes. **Innerhalb** eines laufenden Mietverhältnisses soll der Vermieter hingegen nach noch h.M. nicht berechtigt sein, die von ihm zu erbringenden Versorgungsleistungen einzustellen, wenn sich der Mieter mit der Zahlung der Miete im Verzug befindet (OLG Saarbrücken GuT 2005, 218; KG ZMR 2005, 951, 952). Das überzeugt nicht. Eine Besitzstörung liegt auch hier nicht vor (s.a. BGH ZMR 2010, 263 = NJW 2009, 1947, 1949), sodass unter Wahrung der Verhältnismäßigkeit auch im laufenden Mietverhältnis eine Sperre grundsätzlich als möglich erscheint. Ob eine gerechtfertigt ist oder ein Anspruch auf Weiterbelieferung besteht, bestimmt sich allein nach vertraglichen Kriterien (BGH ZMR 2010, 263 = NJW 2009, 1947, 1949; Herrlein NZM 2006, 527, 529).

271 Liefert das Versorgungsunternehmen nicht, kann der Mieter seinerseits seine Vorauszahlungen einstellen (LG Frankfurt/M. NZM 1998, 714; LG Gera NZM 1998, 715). Rechte gegen das Versorgungsunternehmen hat der Mieter regelmäßig nicht (LG Frankfurt/O. NJW-RR 2002, 803 m.w.N.; Ulrici ZMR 2003, 895, 898). Zu Problemen mit dem **einstweiligen Rechtsschutz** in diesem Zusammenhang Streyl WuM 2006, 234, 236 und Hinz NZM 2005, 841, 846.

272 Ist der Mieter verpflichtet, einem Gläubiger **Zutritt** zu gestatten und etwa die Einstellung der Gasversorgung zu dulden, stellt dies keine Durchsuchung i.S.v. Art. 13 Abs. 2 GG, §§ 758, 758a ZPO dar. Dem Richtervorbehalt zum Schutz der Unverletzlichkeit der

Wohnung dadurch genügt, dass dem Schuldner in einer von einem Richter erlassenen Entscheidung aufgegeben wurde, dem Gläubiger den Zutritt zu seiner Wohnung zu gestatten (BGH ZMR 2007, 675 = NZM 2006, 863).

12. Verkehrspflichten

a) Allgemeines

Ein Vermieter schuldet seinem Mieter einen Schutz gegenüber von der Mietsache ausgehenden Gefahren (Verkehrspflichten). Der Vermieter muss zur Wahrung der **Verkehrspflichten** diejenigen Sicherheitsvorkehrungen treffen, die ein verständiger, umsichtiger, vorsichtiger anderer Vermieter für ausreichend halten darf, um Mieter und deren Angehörige vor Schäden zu bewahren, und die ihm den Umständen nach zuzumuten sind (BGH MDR 2007, 777 = NJW 2007, 1683, 1684 m.w.N.). Bei einem vermieteten Sonder- oder Gemeinschaftseigentum muss zwischen der gemieteten Einheit selbst und den im Gemeinschaftseigentum stehenden Flächen unterschieden werden. **273**

b) Eigentliche Mietsache

Für die eigentliche Mietsache schuldet **der Vermieter** eine Erfüllung der Verkehrspflichten. Kommt der Mieter in der eigentlichen Mietsache durch eine Pflichtwidrigkeit des Vermieters zu Schaden, richten sich daher Ersatzansprüche nur an den Vermieter. **274**

c) Mitvermietete Flächen

Die Verkehrspflichten für **mitvermieteten Flächen des Gemeinschaftseigentums**, etwa Balkontrennwände, das Treppenhaus, das Treppengeländer, den Eingang zum Haus, die tragenden Wände, die Fenster, Türen und Fahrstühle, Fußböden, Schächte, gemeinschaftliche Anlagen und Einrichtungen (z.B. die Heizungsanlage, die Garagen, ein Schuppen, die Spielplätze, die Beleuchtung, etwa ein Zeitschalter), gemeinschaftliche Flächen (Straßen, Wege, Beete, Bäume, Hecken, Gärten, Rasenflächen, Grünanlagen, Wasserflächen, etc.) und öffentliche Straßenflächen **obliegen den Wohnungseigentümern gemeinsam** (BGH ZMR 1989, 170 = MDR 1989, 532 = NJW-RR 1989, 394; MDR 1985, 311 = NJW 1985, 484). Die Eigentümer in ihrer Gesamtheit haben dafür zu sorgen, dass dem Mieter und anderen außen stehenden Dritten, wie etwa Besuchern oder Handwerkern, keine Schäden entstehen, wenn diese mit dem Gemeinschaftseigentum in Berührung geraten. **275**

Für die **Erfüllung** der i.S.v. § 10 Abs. 6 S. 3 WEG **gemeinschaftsbezogenen Verkehrspflichten** hat jedenfalls der **Verband »Wohnungseigentümergemeinschaft«** zu sorgen (Bärmann/Klein § 10 WEG Rn. 259). Ob daneben auch die Wohnungseigentümer eine über eine bloß Aufsichts- und Kontrollpflicht hinausgehende Handlungspflicht trifft – und ggf. auch den Verwalter – ist noch unentschieden. Nach hier für richtig erachteter Ansicht müssen auch die **Wohnungseigentümer selbst** für die Erfüllung der Verkehrspflichten sorgen (Riecke/Schmid/Elzer § 10 WEG Rn. 424). Nach **a.A.** haften die Wohnungseigentümer wenigstens nach § 10 Abs. 8 S. 1 Hs. 1 WEG **neben dem Verband pro rata** (Bärmann/Klein § 10 WEG Rn. 261). **276**

13. Besonderheiten bei der Vermietung von Sondereigentum zu gewerblichen Zwecken

a) Kurzüberblick

277 Üblich und in der Praxis bedeutsam ist die Vermietung eines Teileigentums zu **gewerblichen Zwecken** (Gewerberaummiete). Dies ist ohne weiteres möglich und wird von § 1 Abs. 3 WEG vorausgesetzt (s.a. Fritz Gewerberaummietrecht Rn. 460 ff.). Über ein Wohnungseigentum (§ 1 Abs. 2 WEG) sollte hingegen kein Gewerberaummietvertrag geschlossen werden. Eine gewerbliche Nutzung scheidet i.d.R. aus. Allenfalls Nutzungen als Büro, als Praxis oder ähnlichem sind im Einzelfall hinzunehmen.

b) Regelungsbereiche

278 Bei der Vermietung eines Teileigentums für gewerbliche Zwecke zu beachten sind die **Kostenverteilungsschlüssel** für die Betriebs- und Verwaltungskosten. Wie auch sonst, sollte der Mietvertrag – soweit möglich – für Veränderungen Sorge tragen, die der Vermieter nach § 16 Abs. 3 WEG hinnehmen muss (s.a. Rdn. 80 ff.). Probleme können sich ferner bei durch den Mieter gewünschten **Umbauten**, z.B. für ein Ladengeschäft ergeben, soweit diese **Eingriffe in das Gemeinschaftseigentum** notwendig machen. Bauliche Veränderungen, die nur das Sondereigentum betreffen, kann der Vermieter hingegen i.d.R. leicht ermöglichen. Etwas anderes gilt hier nur, wenn durch die Veränderung vom Sondereigentum ein Gebrauch gemacht wird, der über § 14 Nr. 1 WEG hinaus geht. Weitere Probleme können **Immissionen** der Nutzung des Teileigentums als Gewerberaum machen, z.B. Geräusche oder Gerüche. Diese sind i.d.R., gehen sie über ein Normalmaß hinaus, unzulässig. Weiterer, besonders zu beachtender Punkte kann ferner die **Nutzung des Gemeinschaftseigentums** sein, z.B. für:

- ein Hinweis- oder ein Namenschild:
- für Leuchtwerbung;
- für Parkzwecke;
- für Schaukästen etc.

c) Zweckbestimmungen

279 Ein besonderes Problem stellen **Zweckbestimmungen** der Wohnungseigentümer »im engeren und weiteren Sinne« nach § 15 Abs. 1 und Abs. 2 bzw. §§ 3 und 8 WEG dar. In der Praxis am häufigsten findet sich die Bestimmung, dass ein Teileigentum (nur) als »Laden« genutzt werden darf. Es lassen sich aber auch ganz andere Gebrauchsregelungen entdecken. Liegt eine Zweckregelung vor, ist einerseits auszulegen, ob die Bezeichnung eine Nutzungsbeschränkung gem. § 10 Abs. 2 S. 2 bzw § 15 WEG sein soll (das wird meist der Fall sein). Anderseits ist auszulegen, welche Nutzungen neben der vereinbarten/beschlossenen **auch zulässig** sind. Eine Auslegung ist zum einen geboten, soweit eine vereinbarte oder beschlossene Gebrauchsregelung sprachlich ungenau gefasst ist. Dann ist zu ermitteln, was ihr Inhalt sein soll. Die Auslegung hat dabei – wie stets im WEG – den für Grundbucheintragungen maßgeblichen Regeln zu folgen (Riecke/Schmid/Elzer § 3 Rn. 39). Zum anderen ist nach h.M. im Wege der Auslegung zu ermitteln, welcher Gebrauch und welche Nutzung aufgrund einer **typisierenden Betrachtungsweise** neben der eigentlich gewollten Nutzung (noch) zulässig ist (vgl. nur OLG Düsseldorf NJOZ 2008, 1071, 1073; FGPrax 2003, 153; KG KGReport Berlin 2007, 521; KG ZMR 2002, 696; KG NJW-RR 1995, 333; OLG München GuT 2007, 40). Neben einer vereinbarten Nutzung sind nach h.M. auch solche Nutzungen zulässig, die nicht mehr stören oder beeinträchtigen als die nach der Gebrauchsregelung einstmals vorgesehene Nutzung (OLG Hamm ZMR 2005, 219, 220; OLG Celle ZMR 2004, 689, 690;

BayObLG ZfIR 2004, 332; ZMR 2001, 51, 52; KG NJW-RR 1995, 333, 334). Die zweckbestimmungsgemäße Nutzung bildet dabei für das Störungsmoment die obere »Messlatte«. Ein »Begriffswandel« muss nicht in die rechtliche Bewertung einbezogen werden. Für die Entscheidung, ob eine Nutzung zulässig ist, ist **nicht darauf abzustellen**, ob sie im **Einzelfall** stört. Zu fragen ist vielmehr, ob der »typische« Gewerbetreibende stören würde. Eine »massive Störung« oder eine Beeinträchtigung »im Übermaß« ist nicht erforderlich (BayObLG ZMR 2000, 778).

d) Umsatzsteuer

Nach § 14 Nr. 13 UStG sind Leistungen, die der Verband »Wohnungseigentümergemeinschaft« den Wohnungseigentümern und Teileigentümern erbringt, soweit die Leistungen in der Überlassung des gemeinschaftlichen Eigentums zum Gebrauch, seiner Instandhaltung, Instandsetzung und sonstigen Verwaltung sowie der Lieferung von Wärme und ähnlichen Gegenständen bestehen, steuerfrei. Etwas anderes gilt nur, wenn auf die Steuerbefreiung der Leistungen an die Wohnungs- und Teileigentümer insgesamt oder an einen einzelnen Wohnungs- oder Teileigentümer verzichtet wurde (BayObLG NJW-RR 1997, 79). Der Verwalter ist dann den einzelnen Wohnungs- oder Teileigentümern zur gesonderten Ausweisung der Umsatzsteuer in den Einzelabrechnungen verpflichtet (BayObLG NJW-RR 1997, 79). **280**

Von § 14 Nr. 13 UStG nicht erfasst werden die Instandhaltung, Instandsetzung und Verwaltung des Sondereigentums (Abschn. 87 Abs. 2 S. 5 UStR). **281**

14. WEG-Modernisierungen und Mietrecht

a) Überblick

Probleme können in der Abstimmung zwischen Wohnungseigentums- und Mietrecht durch den Wunsch der Wohnungseigentümer entstehen, das **Gemeinschaftseigentum** – meist auf Basis von § 22 Abs. 2 WEG, ggf. nach § 22 Abs. 3 WEG oder im Einzelfall nach § 22 Abs. 1 WEG – zu **modernisieren**. **282**

b) Unbillige Beeinträchtigung

Bei der Beschlussfassung sind unter dem Aspekt der »**unbilligen Beeinträchtigung**« die Belange vermietender Wohnungseigentümer zu beachten. Vor allem ist zu beachten, dass der vermietende Wohnungseigentümer seinem Mieter nach § 554 Abs. 4 BGB ggf. **Aufwendungen** in angemessenem Umfang zu ersetzen und auf Verlangen **Vorschuss** zu leisten hat. **283**

c) Härte i.S.v. § 554 Abs. 2 BGB

Beim Modernisierungsbeschluss ist zu beachten, dass dieser ggf. **nicht umsetzbar** ist, wenn der Mieter eines Wohnungseigentümers eine Härte i.S.v. § 554 Abs. 2 BGB geltend machen kann. Ob eine nach § 22 Abs. 2 S. 1 WEG beschlossene Modernisierung auch »umgesetzt« werden kann, ist mietrechtlich gesehen danach zu beurteilen, ob der Mieter eines Wohnungseigentümers die Modernisierung zu **dulden** hat. Dies richtet sich an § 554 Abs. 2 S. 1 BGB aus. Nach § 554 Abs. 2 S. 1 BGB muss ein Mieter danach Maßnahmen zur Verbesserung der Mietsache, zur Einsparung von Energie oder Wasser oder zur Schaffung neuen Wohnraums dulden. Etwas anderes gilt aber, wenn die Voraussetzungen der Härteklausel des § 554 Abs. 2 S. 2 BGB vorliegen. **284**

d) § 554 Abs. 3 S. 1 BGB

285 Bei beschlossenen und grundsätzlich mietrechtlich auch zulässigen Modernisierungen ist ferner darauf zu achten, dass auch jeder vermietende Wohnungseigentümer nach § 554 Abs. 3 S. 1 BGB seinem Mieter i.d.R. (s. § 554 Abs. 3 S. 3 BGB) spätestens **drei Monate vor Beginn der Maßnahme** deren Art sowie voraussichtlichen Umfang und Beginn, voraussichtliche Dauer und die zu erwartende Mieterhöhung in Textform mitzuteilen hat.

286 Es ist anzunehmen, dass ein vermietender Wohnungseigentümer, der dieser Pflicht **schuldhaft nicht nachkommt**, sich gegenüber den anderen Wohnungseigentümern schadenersatzpflichtig macht. Dies kommt z.B. in Betracht, wenn eine Modernisierung durch eine unterlassende Mitteilung nach § 554 Abs. 3 BGB und die Nichtduldung seines Mieters nachhaltig verzögert wird oder sich verteuert. Ggf. sollte bereits im Modernisierungsbeschluss ein Hinweis auf § 554 BGB aufgenommen werden. Ist der Mieter eines vermietenden Wohnungseigentümers trotz Duldungspflicht zu einer Duldung nicht bereit, kann der Duldungsanspruch nach § 554 Abs. 1 und 2 BGB **im Wege der Leistungsklage** durchgesetzt werden. Kläger ist i.d.R. der vermietende Wohnungseigentümer. Nach hier vertretener Auffassung kann aber auch der Verband »Wohnungseigentümergemeinschaft« als **gewillkürter Prozessstandschafter** diese Klage für den oder die vermietenden Wohnungseigentümer – auf Kosten des Verwaltungsvermögens – führen.

e) § 554 Abs. 4 BGB

286a Ein vermietender Wohnungseigentümer kann im Einzelfall einem Anspruch des Mieters nach § 554 Abs. 4 BGB ausgesetzt sein. Handelt es sich um eine vom Mieter nach § 554 Abs. 1 BGB zu duldende Maßnahme, kann der Vermieter Freistellung/Ersatz nach § 14 Nr. 4 WEG verlangen. Bei einer nach § 554 Abs. 2 BGB zu duldenden Modernisierung kommt es ggf. darauf an, ob der Vermieter für diese stimmte oder selber »erdulden muss«. Im zweiten Falle sind durchaus Ansprüche nach § 14 Nr. 4 WEG vorstellbar.

f) § 559 Abs. 1 BGB

286b Auch wenn der Verband Wohnungseigentümergemeinschaft eine Maßnahme in Auftrag gibt, sind mietrechtlich die jeweiligen Wohnungseigentümer als »Bauherr« anzusehen (Elzer ZWE 2008, 153, 160).

15. Barrierefreiheit

287 Der Mieter eines gemieteten Sondereigentums kann nach § 554a BGB bei einem berechtigten Interesse vom vermietenden Sondereigentümer die Zustimmung zu baulichen Veränderungen oder sonstigen Einrichtungen verlangen, die für eine behindertengerechte Nutzung der Mietsache oder den Zugang zu ihr erforderlich sind (Bärmann/Seuß/Suilmann Teil B Rn. 56; BeckOK WEG Timme/Elzer § 22 WEG Rn. 386). Dies gilt für das Sonder-, aber auch für das Gemeinschaftseigentum (Elzer/Riecke Mietrechtskommentar § 554a Rn. 17).

288 Verlangt der Mieter die Zustimmung nach § 554a BGB, ist der vermietende Sondereigentümer ggf verpflichtet, einen Beschluss herbeizuführen und ist ggf. ferner verpflichtet, diesen, wenn er nämlich den Interessen des Mieters nicht gerecht wird, auch anzufechten (Elzer MietRB 2007, 150).

IV. Ehewohnung, Lebenspartnerschaften, nicht ehel. Lebensgemeinschaften, Gewaltschutz

1. Ehewohnung

a) Grundsätzliches

aa) Definition des Begriffs Ehewohnung

289 Im Gesetz ist der Begriff »Ehewohnung« nicht definiert. Im Bereich des Mietrechts taucht der Begriff »Ehe- oder Familienwohnung« gar nicht auf. Lediglich in § 563 Abs. 1 BGB ist geregelt, dass der Ehegatte, der mit dem Mieter einen gemeinsamen Haushalt führt, mit dem Tod des Mieters in das Mietverhältnis eintritt.

290 Ausdrücklich erwähnt ist die Ehewohnung im Bereich des Familienrechts in § 1361b BGB und in § 1568a BGB. Letztere Vorschrift wurde zum 01.09.2009 in das BGB neu aufgenommen und löst die bislang geltenden materiell-rechtlichen Regelungen in der HausratsVO zur Zuweisung der Ehewohnung im Fall der Scheidung ab. Die HausratsVO wurde insgesamt aufgehoben und die verfahrensrechtlichen Vorschriften in das ebenfalls ab 01.09.2009 geltende FamFG integriert. Das Verfahren regeln nun die §§ 200 ff. FamFG (s. i.E. dazu unter Ziffer 1g) bb) Scheidung Rdn. 412 ff.). In den Vorschriften §§ 1361b und § 1568a BGB ist der Begriff der Ehewohnung nicht definiert, sondern Tatbestandsmerkmal, an das sich bestimmte Rechtsfolgen knüpfen, insbesondere die richterliche Entscheidungsbefugnis hinsichtlich der Nutzungszuweisung. Die amtliche Begründung zur ehemaligen HausratsVO enthielt keine Definition der Ehewohnung. In der Anmerkung zu § 5 HausratsVO heißt es nur:

»Wohnung, die beide Ehegatten bisher bewohnt haben« (DJ 1944, 278 ff.).Auch die amtliche Begründung zu § 1568a BGB enthält keine Definition.

291 In der Rechtsprechung und in der Literatur wird als »Ehewohnung« die Wohnung bezeichnet, in der die Ehegatten bestimmungsgemäß gewohnt haben oder wohnen wollten (OLG München FamRZ 1986, 1019). Sie wird auch als räumlich-zeitliches Zentrum der Ehe bezeichnet (Wysk Rechtsmissbrauch und Eherecht Bielefeld 1994 zugleich Diss. Bochum 1991/1992; Kloster-Harz Die eheliche Wohnung bei Trennung und Scheidung, Das Online-Familienhandbuch, www.familienhandbuch.de/cmain/f_Fachbeitrag/a_Rechtsfragen/s_687.html). Der Begriff Ehewohnung ist weit auszulegen (Gernhuber FamRZ 1959, 465 ff.).

292 Nach der Definition des BGH gehören dazu alle Räume, in denen die Ehegatten gewohnt haben – oder auch solche Räume, die nach den Umständen zu Wohnzwecken bestimmt waren (BGH FamRZ 1990, 987 ff.). Zur Ehewohnung zählen auch Nebenräume wie Keller und Speicher, desgleichen Garage und Gartenanteile.

293 Betreibt ein Ehepartner in einem Haus einen Betrieb oder unterhält er eine Praxis dort (Arztpraxis, Steuerberaterpraxis, Anwaltskanzlei etc), so gehören diese Räume nicht zur Ehewohnung.

294 Umstritten ist, ob Ferienwohnungen, Lauben und Wochenendhäuser ebenfalls als Ehewohnung anzusehen sind (verneint von: OLG Zweibrücken FamRZ 1981, 259; KG FamRZ 1986, 1010; OLG München FamRZ 1994, 1331; bejaht von: OLG Frankfurt/M. FamRZ 1982, 398). Auch ein Gartenhäuschen kann Ehewohnung sein (BGH FamRZ 1990, 987).

295 In Einzelfällen kann selbst ein Wohnwagen oder ein Wohnmobil als Ehewohnung angesehen werden, wenn es sich dabei um die Räume handelt, die den Mittelpunkt des ehelichen Zusammenlebens gebildet haben (LG Stuttgart FamRZ 1978, 703; OLG Koblenz MDR 1994, 589). Dies wird jedoch nur die Ausnahme sein. Normalerweise gehören Wohnwagen und Wohnmobile zum Hausrat und werden lediglich in der Freizeit benutzt.

296 Letztendlich wird man bei der Entscheidung darauf abstellen müssen, ob die Wohnmöglichkeit den Lebensmittelpunkt der Familie gebildet hat oder ob sie nur hobbyweise von einem der Partner benutzt worden ist. Standen auch diese Räume im Mittelpunkt der familiären Nutzung und wurden sie regelmäßig aufgesucht, so sind sie ebenfalls als Ehewohnung anzusehen.

Die Regelungsbefugnis des Familiengericht nach §§ 1361b, 1568a BGB besteht auch dann, wenn mehrere Wohnungen vorhanden sind (so zur HausratsVO entschieden: BayObLGZ 1956, 153).

297 Eine Wohnung verliert ihren Charakter als Ehewohnung nicht, wenn ein Ehepartner wegen häufiger Streitigkeiten notgedrungen auszieht. In diesem Fall hat das OLG München auch noch längere Zeit nach dem Auszug ein Hausratsverfahren als zulässig angesehen und zwar nach 13 Jahren (OLG München FamRZ 1986, 1019; KG FamRZ 1991, 467; OLG Köln FamRZ 1994, 632). Nach anderer Ansicht kann die Ehewohnung den Charakter als solche verlieren, wenn beide Ehegatten aus der Ehewohnung ausziehen und die Wohnraumbedürfnisse anderweit befriedigt sind (Beschluss des AG Weilheim v. 17.01.2003, Az. 2 F 864/01). Für die erstgenannte Ansicht des OLG München spricht, dass es allein darauf ankommt, ob die Wohnung die Ehewohnung war oder als Ehewohnung bestimmt gewesen ist. Außerdem ist maßgeblich auf den Willen der Ehegatten abzustellen, z.B. ob eine weitere Nutzung der Ehewohnung gewollt ist. Auch wenn beide Ehegatten ausgezogen sind, verliert die Ehewohnung allein deswegen nicht den Charakter als Ehewohnung (OLG Karlsruhe NJW-RR 1999, 73; OLG Jena NJW-RR 2004, 435). Die Aufgabe der Wohnung i.S.d. §§ 1361b, 1568a BGB kommt nur dann in Betracht, wenn die Ehegatten über die Weiterbenutzung der Wohnung eindeutig und endgültig eine Entscheidung getroffen haben. Gegen eine endgültige Aufgabe spricht eine Vereinbarung, die nur eine vorübergehende, im beiderseitigen Einvernehmen kurzfristig abänderbare Einigung enthält. Fraglich ist in diesem Zusammenhang, ob eine unbillige Härte vorliegt, die die Zuweisung der Wohnung rechtfertigt.

298 Haben die Eheleute mehrere Wohnungen, werden diese zusätzlichen Wohnungen teilweise nur dann als Ehewohnung i.S.d. §§ 1361b, 1568a BGB angesehen, wenn sie einen Lebensmittelpunkt des Ehepaares darstellen (OLG Zweibrücken FamRZ 1981, 259 ff.). In diesem Zusammenhang hat das Kammergericht betont, dass es nicht der Sinn der (damals geltenden) HausratsV sei, den Ehegatten die Auseinandersetzung nach §§ 741 ff., 985 BGB zu ersparen (KG FamRZ 1986, 1010 ff.).

bb) Besitzverhältnisse an der Ehewohnung

299 Nach überwiegender Ansicht sind die Eheleute Besitzer der Ehewohnung unabhängig davon, wer Mieter dieser Wohnung ist (BGH FamRZ 1971, 633 ff.). Die h.M. geht von schlichtem Mitbesitz aus (Breetzke NJW 1953, 734 ff.). Eine Mindermeinung nimmt gesamthänderischen Besitz an (Schmid JuS 1984, 101 ff.).

300 Für die Annahme gesamthänderischen Mitbesitzes spricht zwar die tatsächliche Sachherrschaft jedes Ehegatten. Gesamthänderischer Mitbesitz ist aber nur dann anzunehmen, wenn z.B. für die Öffnung eines Safes zwei Schlüssel notwendig sind und jeder Besitzer nur über einen Schlüssel verfügt. Die Ehegatten können jedoch die Wohnung jeder für sich betreten. Die tatsächliche Sachherrschaft kann – im Gegensatz zum gesamt-

händerischen Besitz – nicht nur von den Besitzern gemeinsam ausgeübt werden, sondern von jedem allein für sich. Es bedarf auch nicht der Annahme kollektiven Mitbesitzes, um zu verhindern, dass einer der Eheleute ihn störende Dritte ohne weiteres aus der Wohnung verweisen kann. Besitzschutzansprüche setzen verbotene Eigenmacht voraus (§ 858 Abs. 1 BGB). Verbotene Eigenmacht muss nicht geduldet werden. Bei der Ehewohnung sind aber beide Ehegatten Besitzer. Beim Fehlen einer Einwilligung nur eines Ehegatten kann nicht ohne weiteres geschlossen werden, dass diesem gegenüber verbotene Eigenmacht geübt wird. Nicht jeder Aufenthalt Dritter in der gemeinsamen Ehewohnung ist eine Beeinträchtigung des Mitbesitzes, die nicht geduldet werden muss. Aus der Verpflichtung zur ehelichen Lebensgemeinschaft (§ 1353 Abs. 1 S. 2 BGB) ergibt sich eine Verpflichtung, den üblichen Besuch des anderen Partners zu dulden. Es wäre auch falsch anzunehmen, dass der jeweilige Ehegatte die Zutrittsrechte für seinen Besuch grundsätzlich erst erstreiten müsste. Hält sich ein Dritter gegen oder ohne den Willen nur eines Ehegatten in der Wohnung auf, so ist dies keine Frage des Besitzschutzes nach außen, sondern eine Streitigkeit hinsichtlich des Nutzungsumfangs der Ehegatten untereinander (OLG Hamm FamRZ 1955, 361).

In diesem Fall ist kein possessorischer Besitzschutz der Besitzer untereinander gegeben **301** (§ 866 BGB).

Da jeder Ehegatte die tatsächliche Gewalt an der Ehewohnung allein ausüben kann, ist **302** von schlichtem Mitbesitz auszugehen. Die Ehegatten haben jedoch bei Ausübung ihres Besitzrechtes die Interessen des anderen Ehegatten zu berücksichtigen.

cc) Begründung der Ehewohnung

Kern aller Definitionen des Begriffes der Ehewohnung ist, dass diese Wohnung von den **303** Eheleuten bestimmungsgemäß bewohnt wird. Die Wohnung wird durch den Willen der Eheleute, die angemietete Wohnung als äußere Grundlage ihrer Lebensgemeinschaft zu nutzen, zur Ehewohnung. Wesentlich für den Begriff ist also einerseits die tatsächlich durchgeführte Nutzung, andererseits der Wille, diese Wohnung zu Zwecken der ehelichen Lebensgemeinschaft zu nutzen (Widmung). Dies gilt nicht für ehefremde Zwecke (z.B. Büro). Diese Widmung erfolgt durch ausdrückliche oder konkludente Erklärung des Paares. Indiz dafür ist die tatsächliche Nutzung der Wohnung als Mittelpunkt des Ehelebens. Es bedarf auch der Nutzung während einer gewissen Dauer (A. Schulz Ehewohnung und Hausrat in ungestörter Ehe, Schriften zum bürgerlichen Recht Band 71 Berlin 1982 zugleich Diss. München 1981).

dd) Aufgabe der Ehewohnung

Kommen beide Ehegatten aufgrund eines übereinstimmenden Entschlusses dazu, dass **304** die Wohnung wieder aufgegeben werden oder anders genutzt werden soll, so ist von einer »Entwidmung« der Ehewohnung auszugehen. Ob eine Wohnung als Ehewohnung anzusehen ist, ist von der entsprechenden Nutzung und Entscheidung der Eheleute abhängig. Die Eigenschaft einer Wohnung als Ehewohnung geht nicht durch Kündigung des Vermieters unter (BayObLG BayObLGZ 1960, 379–389 (384) = FamRZ 1961, 123).

Die Kündigung führt nur dazu, dass die Eheleute i.d.R. die Wohnung räumen müssen **305** und diese nicht mehr Ehewohnung ist. Maßgeblich ist aber das Verhalten der Eheleute und nicht die formale Kündigung.

Es stellt sich auch die Frage, ob ein Ehegatte rechtlich die Möglichkeit hat, gegen den **306** Willen des Partners aus der Ehewohnung auszuziehen und damit die Ehewohnung zu »entwidmen«. Dies ist zu verneinen, da die Widmung nur durch beide Ehegatten möglich ist. Eine solche Widmung kann nicht einseitig aufgehoben werden. Die Wohnung ist der äußere Rahmen, in dem sich die eheliche Lebensgemeinschaft verwirklicht. Da die Ehe nicht durch eine einseitige Erklärung eines Ehegatten beendet wird, sondern durch Scheidungsurteil, ist Voraussetzung für die »Entwidmung der Ehewohnung« das Scheitern der Lebensgemeinschaft, das erst mit dem Scheidungsurteil festgestellt wird. Auf diese Weise kann die äußere Basis der Gemeinschaft aufgehoben werden. Die Ehewohnung bleibt also solange Ehewohnung, bis die Ehe geschieden ist, auch wenn nur einer der Ehegatten die Ehewohnung bewohnt (KG FamRZ 1984, 1242 f.; BayObLG BayObLGZ 1960, 379–398 (384) = FamRZ 1961, 123; OLG Frankfurt/M. FamRZ 1990, 49 f.).

307 Der Auszug nur eines Ehegatten nimmt der Wohnung also nicht die Qualität als Ehewohnung. Eine solche Folge setzt zumindest einen gemeinsamen Entschluss der Ehepartner voraus. Dieser kann sich dadurch dokumentieren, dass ein Ehepartner die Fortsetzung des Mietverhältnisses mit ihm allein vom Vermieter verlangt und der andere zustimmt.

308 **Prozesskostenvorschuss für die Abwehr von Ansprüchen, die sich gegen die Erhaltung des gemeinsamen Heims richten**

Dient eine Klage der Sicherung der Ehewohnung und der Abwehr einer erheblichen, wenn auch nicht existenzgefährdeten Forderung in Bezug auf die Ehewohnung und damit der Erhaltung der Ehewohnung, so ist die Einschaltung eines Rechtsanwalts sachgerecht, die entstehenden Anwaltskosten für die Prozessführung sind unter dem Begriff des Lebensbedarfs i.S.d. § 1357 Abs. 1 BGB zu subsumieren. Dabei kommt es nicht funktional auf die Haushaltsführung und somit etwa auf ein Bedarfsgeschäft des täglichen Lebens an. Der Begriff des Lebensbedarfs ist umfassend zu verstehen. Hierzu kann auch die Beauftragung eines Rechtsanwalts gehören, wenn es um die Anmietung und die Aufgabe einer Wohnung als Grundlagengeschäft geht. Die Kosten für die Anwaltsbeauftragung sind daher als Lebensbedarf i.S.v. § 1357 Abs. 1 BGB anzusehen (KG Urt. v. 28.11.2005, ZMR 2006, 207).

b) Ehegatten als Mietvertragsparteien

aa) Spannungsverhältnis Familienrecht/Mietrecht

309 Die Ehegatten sind gem. § 1353 Abs. 1 S. 2 BGB einander zur ehelichen Lebensgemeinschaft verpflichtet. Die Rechtsprechung geht davon aus, dass die Pflicht zur ehelichen Lebensgemeinschaft i.d.R. auch die Verpflichtung zur häuslichen Gemeinschaft umfasst (BGH FamRZ 1987, 572 ff.; OLG Köln FamRZ 1987, 77 ff.).

310 Allerdings ist die Führung einer Lebensgemeinschaft nicht zwingend von einer gemeinsamen Wohnung abhängig. Wenn die Eheleute von vornherein keinen gemeinsamen Wohnsitz haben und keiner der beiden zum Nachgeben bereit ist, hat es damit sein Bewenden. Dies jedenfalls hat der BGH in der o.a. Entscheidung festgestellt. Er hat sich allerdings nicht mit der Frage auseinander gesetzt, ob die Ehegatten für ihr Verhalten ein berechtigtes Interesse haben müssen.

311 Die aus § 1353 BGB resultierende Verpflichtung zur Führung einer Lebensgemeinschaft beinhaltet alle Aspekte ehelicher Gemeinsamkeit von der ehelichen Treue über vermögensrechtliche Ansprüche bis hin zum Recht auf Benutzung der Ehewohnung. Das Recht auf Benutzung der Ehewohnung besteht, wenn damit der »persönlich-sittliche« Anspruch zum Zusammenleben verfolgt wird, aber auch dann, wenn ein Ehegatte, der nicht Mieter der Wohnung ist, diese lediglich deshalb nutzen will, weil er ein Dach über dem Kopf haben will. So jedenfalls hat das OLG Bremen entschieden, als der obdachlose

Kläger eine Klage gegen seine Ehefrau auf Mitbenutzung der Ehewohnung erhoben hat, um eine drohende Obdachlosigkeit abzuwenden (OLG Bremen FamRZ 1965, 77 ff.).

bb) Vertragsabschluss

312 Wie jedes Schuldverhältnis fordert der Abschluss des Mietvertrages eine Einigung der Parteien. Hierzu sind ausdrückliche oder konkludente sich deckende Willenserklärungen seitens der Mieter und des Vermieters hinsichtlich der wesentlichen Vertragsbestandteile notwendig. Die Frage, wer Partei des abzuschließenden Vertrages sein soll, gehört zu den entscheidenden Vertragsbestandteilen. Von beiden Vertragsparteien muss ein Angebot auf Abschluss des Mietvertrages durch beide Ehegatten abgegeben worden sein (§ 145 BGB), das von der Vermieterseite angenommen wird. Die Willenserklärungen können ausdrücklich oder konkludent erfolgen. Zur Problematik des Vertragsabschlusses hinsichtlich der Ehewohnung hat sich eine vielfältige Rechtsprechung gebildet. Sind beide Ehegatten im Vertrag als Mieter genannt und haben sie den Vertrag auch gemeinsam unterschrieben, so sind sie gleichberechtigte Mieter. Dies folgt aus der Einheitlichkeit des Mietverhältnisses und daraus, dass alle Mitmieter gemeinschaftlich die Mieterseite des bestehenden Mietverhältnisses bilden (BGHZ 136, 314, 323).

(1) Beide Ehegatten als Vermieter

313 Wird der Mietvertrag auf Vermieterseite für Eheleute geschlossen und unterzeichnet, ist die Situation nur dann problematisch, wenn nur von einem der Eheleute unterschrieben wird. In diesem Fall ist von einem Vertretungswillen auszugehen, jedenfalls bei einem sodann über mehrere Jahre bestehenden Vertragsverhältnis. In diesem Fall ist von einer stillschweigenden Genehmigung der Stellvertretung auszugehen (AG Gießen, Urt. v. 02.04.2007, ZMR 2007, 864).

(2) Beide Ehegatten als Mieter

314 Grundsätzlich wird nur derjenige Vertragspartei eines Mietvertrages, der im Kopf des Mietvertrages als Partei aufgeführt ist und der den Vertrag auch mit unterschrieben hat. Ist ein Ehegatte im Mietvertrag aufgeführt, unterzeichnet aber (nur) der andere Ehegatte, ergeben i.d.R. die Umstände (§ 164 Abs. 1 S. 2 BGB), dass der Unterschreibende als Vertreter des im Vertrag Genannten handelt (AG Villingen-Schwenningen WuM 1998, 698).

(3) Beide Ehegatten sind im Rubrum des Mietvertrages genannt, nur einer hat unterschrieben

315 In diesem Fall gibt es unterschiedliche Rechtsprechung hinsichtlich der rechtlichen Konsequenzen, wer Vertragspartner geworden ist. Der BGH fordert, dass aus der Vertragsurkunde ersichtlich sein muss, dass ein Vertragspartner in Vollmacht für den nicht Unterschreibenden gehandelt hat (LG Mannheim WuM 1987, 414; BGH MDR 1994, 579).

316 Teilweise wird allerdings von der Rechtsprechung gefordert, dass besondere Umstände für die Vollmachtserteilung auch bei Ehegatten vorliegen müssen, z.B. Verhinderung desjenigen, der nicht unterschrieben hat, oder aber die erkennbare Tatsache, dass ein Ehegatte dem anderen aufgrund größerer Sachkunde die Verhandlungen überlassen hat. Nimmt ein Ehepartner an den Vertragsverhandlungen beim Abschluss des Mietvertrages teil, unterzeichnet dann jedoch nicht, so legt dies die Vermutung nahe, dass er keine Vollmacht zur Mitunterzeichnung erteilt hat (LG Mannheim NJW-RR 1994, 274; ZMR 1993, 415).

317 Demgegenüber lassen OLG Oldenburg und OLG Düsseldorf es bei Mietverträgen über Wohnraum mit Eheleuten genügen, wenn beide Eheleute im Kopf des Mietvertrages als Mietvertragspartei bezeichnet sind, aber nur einer von ihnen unterschrieben hat. Die OLGs gehen davon aus, dass in diesem Fall der unterschreibende Ehegatte den anderen vertreten hat (OLG Oldenburg ZMR 1991, 268; OLG Düsseldorf WuM 1989, 362).

318 Dies gilt aber nur für die Wohnraummiete hinsichtlich der Ehewohnung. Bei **gewerblichen Mietverträgen**, auch von Ehegatten, kommt es darauf an, dass die im Vertragsrubrum benannten Personen auch beide unterschrieben haben. Auch aus Art. 6 GG kann nicht der Schluss gezogen werden, dass der nicht unterzeichnende Ehepartner vom Unterzeichnenden vertreten wird.

319 Bei der Gewerbemiete ist weder ein Anspruch des Vermieters auf Abschluss eines Mietvertrages gegenüber dem nicht unterschreibenden Ehegatten noch gegenüber dem später erst durch Heirat hinzutretenden Ehegatten zu rechtfertigen. Dies gilt natürlich auch umgekehrt für den Anspruch eines später hinzutretenden Ehegatten auf Abschluss eines Mietvertrages mit dem Vermieter (LG Berlin GE 1993, 45).

(4) Ein Ehegatte ist im Rubrum genannt, beide haben unterschrieben

320 Umstritten ist, welche rechtliche Wertung für den Fall zutrifft, dass nur einer der Ehegatten im Rubrum genannt ist, aber beide den Vertrag unterschrieben haben. Hierzu werden folgende Meinungen vertreten:

- Durch die Mitunterschrift des nicht im Rubrum Genannten wird eine Bürgschaft begründet (LG Berlin ZMR 1988, 103 ff.).
- Es kann darin ein Schuldbeitritt des Mitunterschreibenden liegen (Niendorff Mietrecht nach dem bürgerlichen Gesetzbuch 10. Aufl. Berlin 1914).
- Es kann zu einem akzessorischen Mietverhältnis führen (OLG Köln NJW 1958, 598 ff.).
- Es kann die Konsequenz daraus gezogen werden, dass der Mitunterschreibende gleichberechtigter Mieter wird (LG Berlin GE 1986, 1119).

321 Bei solchen Mietverträgen, die nur einen der Ehegatten im Rubrum nennen, aber von beiden unterschrieben worden ist, sind nach richtiger Auffassung beide Ehegatten als gleichberechtigte Mieter anzusehen (verneinend jedoch: LG Berlin ZMR 1988, 103; AG Nagold FamRZ 2001, 1708).

322 Problematisch kann die Situation jedoch dann werden, wenn der Vermieter den Mietvertrag zuerst unterschrieben hat und bewusst nur einen Ehegatten im Vertragsrubrum als Mieter akzeptiert hat und danach der andere Ehegatte mit unterschreibt. In einem solchen Fall kann dem Vermieter nicht der andere Ehegatte als Vertragspartner aufgedrängt werden. Anders sieht die Situation aus, wenn es sich lediglich um ein Versäumnis bei der Aufnahme des zweiten Ehepartners in das Vertragsrubrum gehandelt hat.

(5) Ein Ehegatte ist im Rubrum genannt, nur dieser hat unterschrieben

323 Für den Fall der streitigen Auseinandersetzung muss derjenige, der sich darauf beruft, dass beide Ehegatten Mieter der Wohnung sind, beweisen, warum gerade die schriftliche Fixierung dieses wichtigen Teils unterblieben ist. Es sind hohe Anforderungen zu stellen an die Widerlegung der von der Urkunde ausgehenden Vermutung der Vollständigkeit (BGH NJW 1980, 1680 ff.).

324 Das AG Villingen-Schwenningen (WuM 1998, 689) hat entschieden, dass der unterschreibende, aber nicht als Mieter im Mietvertrag aufgeführte Ehegatte nur im Namen seines Ehegatten als Alleinmieter unterschrieben hat. Nur wenn der Ehegatte, den der Mietver-

trag als alleinigen Mieter ausweist, den Mietvertrag auch unterschrieben hätte, könnte die **weitere** Unterschrift des anderen Ehegatten darauf hindeuten, dass dieser ebenfalls Mieter sein soll.

(6) Zuzug eines Ehegatten in die Wohnung

Bei Ehegatten ist es allg. Meinung, dass sich das Recht zur Aufnahme eines Ehegatten in die Mietwohnung aus dem Gebrauchsrecht des § 535 BGB unmittelbar ergibt und nicht zustimmungsbedürftig ist, sodass der Einzug eines Ehegatten in die Wohnung des anderen nicht der Vermieterzustimmung bedarf (AG Trier FamRZ 1993, 547). Der zuziehende Ehegatte wird aber nicht automatisch Mietpartei. Weder der Vermieter noch der Mieter haben Anspruch darauf, dass der Ehegatte in den Mitvertrag mit aufgenommen wird. 325

(7) Auszug eines Partners bei Trennung oder Scheidung

Die Tatsache, dass sich ein nach außen hin im Mietvertrag als Vertragspartner auftretendes Ehepaar trennt oder scheiden lässt, ändert nichts daran, dass beide auch dann Mitmieter bleiben. Lediglich eine Freistellung im Innenverhältnis gegenüber dem Vermieter kann in diesem Fall u.U. in Betracht kommen. Das Außenverhältnis zum Vermieter wird durch Trennung und Scheidung hinsichtlich der Haftung des Ehepaares als Mietvertragspartei nicht berührt (LG Heidelberg WuM 1993, 342; grundlegend zur Forthaftung des Mietmieters nach dessen Auszug aus der Mietwohnung Sonnenschein NZM 1999, 977). 326

Der Vermieter kann gegen den ausgezogenen Ehegatten Forderungen geltend machen, die aus dem Mietverhältnis bis zu dem Zeitpunkt der Vertragsbeendigung erwachsen. Der Ehegatte, der die Wohnung aufgibt, wird von der weiteren Haftung auf Miete aber bereits nach dem Zeitpunkt frei, zu dem der Vermieter angesichts von Zweifeln an der Solvenz des verbleibenden Ehegatten den Vertrag kündigen kann oder eine Kündigung rechtsmissbräuchlich unterlässt (LG Duisburg WuM 1997, 671). 327

Es empfiehlt sich daher bereits in der Trennungszeit, dass der Vertragspartner, der aus der Ehewohnung auszieht, mit dem Vermieter einen Mietaufhebungsvertrag schließt und klarstellt, dass das Mietverhältnis nur mit dem in der Wohnung verbleibenden Partner fortgesetzt wird. Nach überwiegender Auffassung bedarf ein zwischen Vermieter und einem Mitmieter geschlossener Aufhebungsvertrag zu seiner Wirksamkeit auch der Zustimmung des in der Wohnung verbleibenden Mieters (BGH NJW 2004, 1797 m.w.N.). Dem Vermieter und dem verbleibenden Partner kann ein Mietaufhebungsvertrag **in der Trennungszeit nicht** aufgezwungen werden (Kloster-Harz/Schmid Ehewohnung, Partnerwohnung, Wohngemeinschaften, 1999 Rn. 2050). 328

Wenn jedoch der aus der Wohnung ausziehende Ehegatte mit dem Vermieter seine Entlassung aus dem Mietverhältnis vereinbart hat und nur der andere Ehegatte seitdem die Wohnung nutzt und die Miete zahlt, ist dieser auch allein berechtigt und verpflichtet aus dem Mietvertrag (vgl. BGH NJW 2004, 1797). 329

Eine einseitige Kündigung eines Ehegatten ist nicht möglich. Wird ein Mietvertrag mit einer Personenmehrheit abgeschlossen, kann auch nur die Personenmehrheit gemeinsam das Mietverhältnis kündigen. Die Kündigung nur eines Vertragspartners wäre eine unzulässige Teilkündigung, die im Mietrecht nicht möglich ist. 330

Selbst wenn man in der Übersendung des Scheidungsurteils konkludent ein Angebot auf Abschluss eines Mietaufhebungsvertrages sehen könnte, so muss nachgewiesen werden, dass der Vermieter ein solches Angebot angenommen hat. Auch aus der Abmeldung beim Einwohnermeldeamt kann nicht auf den Abschluss eines Mietaufhebungs- 331 vertrages geschlossen werden. Eine Haftungsentlassung des ausgezogenen, geschiedenen Ehepartners ist auch nicht nach den Grundsätzen der Gesellschaft, insbesondere gem. § 736 Abs. 2 BGB erfolgt. Die gesellschaftsrechtlichen Grundsätze der Nachhaftung gelten bei Auszug des geschiedenen Ehegatten aus der gemeinsam angemieteten bisherigen Wohnung nicht, weil die Gesellschaft jedenfalls nicht fortbesteht (AG Dortmund NZM 2001, 94 ff.).

332 Der Mieter, der nach dem Auszug seines Mitmieters (Ehepartner) und dessen Entlassung aus dem Mietverhältnis durch den Vermieter allein in der Wohnung zurückbleibt, jahrelang die Miete zahlt und gegenüber dem Vermieter bei der Nebenkostenabrechnung im Jahr des Auszug seines Ehepartners eine Berücksichtigung der veränderten Personenzahl reklamiert, kann sich gegen ein nur gegen ihn allein gerichtetes Mieterhöhungsverlangen nicht damit verteidigen, dass auch der ausgezogene Mieter dem Verlangen zustimmen müsse (BGH NJW 2004, 1797).

333 Wie bereits oben ausgeführt, kann einem Vermieter und dem verbleibenden Ehegatten in der Trennungszeit kein Mietaufhebungsvertrag aufgezwungen werden. In der Vergangenheit bestand häufig das Problem, dass sich die Ehegatten zwar einig waren, aber der Vermieter die Zustimmung zu einem solchen Aufhebungsvertrag verweigerte. Die Vermieter befürchteten, dass der verbleibende Ehegatte (häufig die Frau mit den Kindern) die Miete zukünftig nicht bezahlen könnte, insbesondere wenn der Ehegattenunterhalt und der Kindesunterhalt noch streitig sind. Den Ehegatten blieb dann oft nur die Möglichkeit ein Ehewohnungszuweisungsverfahren für die Zeit ab Rechtskraft der Scheidung zu betreiben (h.M. OLG Celle, FamRZ 2002, 340; OLG Karlsruhe FamRZ 1995, 45), da erst ab diesem Zeitpunkt der Richter das Mietverhältnis nach § 5 HausratsVO umgestalten konnte. Um Ehewohnungszuweisungsverfahren in solchen Fällen zu vermeiden, hat der Gesetzgeber bei der Neureglung des Ehewohnungszuweisungsverfahrens ab 01.09.2009 eine völlig neue Lösung in § 1568a Abs. 3 Nr. 1 BGB geschaffen, mit dem Ziel, den Wechsel der Mieterpartei für die Ehegatten zu erleichtern.

334 Für Vermieter ist diese Neuregelung in § 1568a **Abs. 3** BGB deswegen so bedeutsam, weil es zukünftig auch keine Schutzanordnungen mehr zugunsten des Vermieters gibt wie nach der alten HausratsVO.

335 Ab 01.09.2009 wurden die Vorschriften zur Ehewohnung und zum Hausrat in der HausratsVO komplett aufgehoben. Stattdessen traten zeitgleich im BGB die Paragraphen §1568a BGB zur Regelung der Rechtsverhältnisse an der Ehewohnung und § 1568b BGB zur Zuweisung der Haushaltsgegenstände (= Hausrat) anlässlich der Scheidung in Kraft. § 1568a BGB wurde als materiell-rechtlicher Anspruch des Ehegatten auf Zuweisung der Ehewohnung ausgestaltet. Die früheren Verfahrensvorschriften der HausratVO wurden in den §§ 200 ff. FamFG integriert und größtenteils übernommen. Für gleichgeschlechtliche Partnerschaften wird für den Fall der Aufhebung der Lebenspartnerschaften in § 17 LPartG auf die entsprechende Anwendung der §§ 1568a, b BGB verwiesen, so dass die nachfolgenden Ausführungen nicht nur für Ehegatten, sondern auch für Lebenspartnerschaften gelten. Wie bisher kann ein Ehegatte auch für die Zeit ab Rechtskraft der Scheidung beantragen, dass ihm die Wohnung zur alleinigen Nutzung zugewiesen wird. Die Details zum Wohnungszuweisungsverfahren werden i.E. unter Rdn. 412 ff. dargestellt.

336 Wenn sich beide **Ehegatten einig** sind, welcher Ehegatte auch nach der Scheidung in der Mietwohnung verbleiben soll, so reicht es jetzt nach § 1568a Abs. 3 Nr. 1 BGB aus, dass **beide Ehegatten gemeinsam gegenüber dem Vermieter erklären**, an welchen Ehegatten die Wohnung **ab Rechtskraft der Scheidung** überlassen wird. Ab Zugang dieser Erklärung tritt dieser Ehegatte an Stelle des anderen Ehegatten in dessen Mietvertrag ein oder der Ehegatte setzt das von beiden eingegangene Mietverhältnis allein fort. Diese Änderung der Vertragspartei tritt allein aufgrund dieser Mitteilung kraft Gesetzes ein, unabhängig davon, ob der Vermieter damit einverstanden ist oder nicht. Nur wenn es sich um eine Dienstwohnung (§ 1568a Abs. 4 BGB) handelt, ist die Zustimmung des Vermieters neben der gemeinsamen Erklärung der Ehegatten notwendig.

337 Vom Gesetzeswortlaut unklar geregelt ist, ab welchem Zeitpunkt die Ehegatten diese Erklärung abgegeben können und ab wann diese Rechtsfolge eintritt. Geht die Erklärung der Ehegatten bereits während der Trennungszeit dem Vermieter zu, so tritt diese Rechtsfolge **frühestens mit Eintritt der Rechtskraft des Scheidungsbeschlusses** (Hinweis: Entscheidungen nach dem FamFG ergehen nur noch durch Beschluss § 38 FamFG) ein. Wird die Erklärung erst nach Rechtskraft des Scheidungsbeschlusses abgegeben, so tritt die Rechtsfolge **erst mit Zugang** dieser Erklärung beim Vermieter ein. Da der Anspruch eines Ehegatten auf Eintritt in ein Mietverhältnis oder seine Begründung 1 Jahr nach Rechtskraft der Scheidung nach § 1568a Abs. 6 BGB erlischt, muss auch die gemeinsame Erklärung beider Ehegatten binnen dieser Jahresfrist dem Vermieter zugehen. Etwas anderes gilt nur dann, wenn ein Ehegatte seinen Anspruch vor Ablauf der Jahresfrist in einem Wohnungszuweisungsverfahren rechtshängig gemacht hat (§ 1568a Abs. 6 BGB).

338 Aus der Stellung des § 1568a Abs. 3 Nr. 1 BGB und der Formulierung »anlässlich der Scheidung« ergibt sich, dass diese Erklärung der Ehegatten zwar bereits in der Trennungszeit erklärt werden kann, aber nicht bereits zu einem Mieterwechsel in der Trennungszeit führt. Der Gesetzgeber hat diese Neuregelung ganz bewusst nicht in § 1361b BGB aufgenommen, so dass sich eine Analogie mangels Regelungslücke verbietet (ebenso FA-FamR/Klein Kap. 8 Rn. 233; OLG Köln FamRZ 2005, 1993 zur HausratsVO). Ob diese Neuregelung in der Praxis eine große Rolle spielen wird, bleibt abzuwarten, da die meisten Ehegatten bereits in der Trennungszeit eine klare Regelung des Mietverhältnisses anstreben. Mit dem Verweis der Ehegatten auf § 1568a Abs. 3 Nr. 1 BGB, dass sich spätestens ab der Scheidung der Vermieter gegen den Mieterwechsel nicht mehr wehren kann, ist zu vermuten, dass viele Vermieter bereit sind, schon vorher einen Ehegatten aus dem Mietverhältnis zu entlassen bzw. einen Wechsel der Mietpartei in der Trennungszeit zu vereinbaren. Aus Vermietersicht ist aber zu berücksichtigen, dass der ausziehende Ehegatte bei gemeinsamer Anmietung zumindest bis zur Scheidung als Gesamtschuldner weiterhin mithaftet, wenn ein solcher Vertrag nicht zustande kommt. Denkbar wäre, dass der Vermieter als »Mittelweg« und zur zumindest zeitweiligen Sicherung seiner Ansprüche (insbesondere seiner Zahlungsansprüche), den weichenden Ehegatten nicht sofort, sondern erst ein paar Monate später aus dem Mietvertrag entlässt im Hinblick auf das einzuhaltende Trennungsjahr. Andererseits ergibt sich aber für den Vermieter in der Trennungszeit evt. die Chance, neue Konditionen auszuhandeln oder alte, unwirksame AGB-Klauseln zu »eliminieren« und gegen neue wirksame Klauseln auszutauschen, wenn er einem Mietaufhebungsvertrag zustimmt und mit dem in der Wohnung verbleibenden Ehegatten einen neuen Mietvertrag abschließt. Im Mietvertrag kann jedoch nicht von vorne herein vereinbart werden, dass die Erklärung der Ehegatten nach § 1568a Abs. 3 BGB ausgeschlossen wird. Eine temporäre Mithaftung des ausziehenden Ehegatten dürfte allenfalls individualvertraglich möglich sein (Götz/Brudermüller NJW 2010, 5).

339 Nicht geregelt ist der Fall, dass die Ehegatten sich zwar über die Nutzung der Mietwohnung durch einen Ehegatten allein einig sind, dieser Ehegatte aber nicht bereit ist, einen dreiseitigen Vertrag zwischen Ehegatten und Vermieter abzuschließen oder die gemeinsame Erklärung nach § 1568a Abs. 3 Nr. 1 BGB abzugeben. Götz/Brudermüller (NJW 2008, 3025, 3029) vertreten die Auffassung, dass ein Verfahren auf Zuweisung der Ehewohnung am fehlenden Rechtschutzbedürfnis aufgrund der Einigung über die Woh-

nungsnutzung scheitert (ebenso BT-Drucks. 16/6308, 249; Keidel FamFG, 16. Aufl. § 266 FamFG Rn. 3). Ein Antrag auf Zuweisung an den »gegnerischen Ehegatten« ist nach der jetzigen Ausgestaltung des § 1568a Abs. 1 BGB als Anspruchsgrundlage nicht möglich. Nach dieser Auffassung verbleibt dem Ehegatten dann nur die Möglichkeit, den in der Wohnung verbliebenen Ehegatten auf Zustimmung zur Abgabe der Kündigungserklärung zu verklagen. Eine solche Klage wäre ebenfalls vor dem Familiengericht als sonstige Familiensache gem. § 266 Abs. 1 Nr. 3 FamFG (Keidel FamFG, 16. Aufl. § 266 FamFG Rn. 14) durch zu führen. Bei Streit unter Lebenspartnern wäre eine solche Klage ebenfalls als sonstige Lebenspartnerschaftssache gem. § 269 Abs. 2 Nr. 3 FamFG beim Familiengericht einzureichen. Nach a.A. (Blank WuM 2009, 555) ergibt sich aus der Einigung der Ehegatten über die Weiternutzung der Wohnung eine Verpflichtung zur Umgestaltung des Mietverhältnisses. Dieser Anspruch kann vom Ehegatten dann im Wege der Klage geltend gemacht werden. Blank lässt allerdings offen, ob ein solcher Anspruch trotz Einigung im Ehewohnungszuweisungsverfahren nach §§ 200 ff. FamFG oder als sonstige Familiensache nach § 266 Abs. 1 Nr. 3 FamFG anhängig zu machen ist mit dem Ziel, den anderen Ehegatten zur Abgabe der gemeinsamen Willenserklärung nach § 1568a Abs. 3 Nr. 1 BGB zu verpflichten.

340 Handelt es sich bei der angemieteten Ehewohnung um eine **Wohnung, die die Ehegatten auf Grund eines Dienst- oder Arbeitsverhältnisses innehaben**, so genügt die gemeinsame Erklärung der Ehegatten nach § 1568a BGB Abs. 3 Nr. 1 BGB nicht für die Umgestaltung des Mietvertrages. In diesem Fall ist **auch die Zustimmung des Vermieters notwendig** (BT-Drucks. 16/10798, 36; Blank WuM 2009, 555). Dies ergibt sich aus § 1568a Abs. 4 BGB, wonach im Wohnungszuweisungsverfahren auch das Gericht die Dienstwohnung dem anderen Ehegatten nur dann zuweisen darf, wenn der Vermieter einverstanden ist oder die Zuweisung zur Vermeidung einer schweren Härte notwendig ist.

341 Die Erklärung muss auf jeden Fall **von beiden Ehegatten** abgegeben werden. Diese kann wohl auch in getrennten Erklärungen erfolgen. Bei Kündigungen ist von der Rechtsprechung anerkannt, dass diese zeitlich versetzt erfolgen können, aber noch ein enger zeitlicher Zusammenhang zwischen beiden Kündigungsschreiben bestehen muss (LG München I WuM 1999, 218: Unterschied von 30 Tagen ausreichend; OLG Düsseldorf NJW-RR 1987, 1369: mehr 1 Monat zu lang; s. Kap. 3 Rdn. 306). Ob die Gerichte diese Rechtsprechung übernehmen werden, bleibt abzuwarten.

342 Für diese Erklärung der Ehegatten ist **keine Form** vorgeschrieben. Im Gesetzestext ist lediglich vom Begriff »Erklärung« die Rede ohne Hinweis auf die sonst üblichen Begriffe der Schriftform oder Textform. Fraglich ist daher, ob z.B. ein Fax oder eine E-Mail ohne Unterschrift der Ehegatten ausreicht. Aus Gründen der Rechtssicherheit empfiehlt es sich, dass der Vermieter auf einer schriftlichen Erklärung mit Unterschrift beider Ehegatten besteht. Nicht nachvollziehbar ist, warum der Gesetzgeber angesichts dieser so wichtigen Willenserklärung, die vergleichbar mit einer Kündigung ist und in die Rechte des Vermieters ohne seinen Willen eingreift, keine Schriftform vorgesehen hat. Der Vermieter hat oft keinerlei Kenntnis davon, ob die Ehegatten wirklich einvernehmlich diese Erklärung abgeben wollen und ob der eine Ehegatte bei einer schlichten E-Mail des anderen Ehegatten, die er in seinem Namen abgegeben hat, überhaupt Kenntnis davon hat. Gerade bei einer Trennung der Ehegatten kann gerade nicht davon ausgegangen werden, dass überhaupt noch eine Vertretungsmacht geschweige denn Einvernehmen zwischen den Ehegatten besteht. Für einen Ehegatten kann es wegen eines laufenden Streits um Unterhaltsansprüche und einer schwachen finanziellen Situation durchaus von Interesse sein, dass der andere Ehegatte nicht so schnell aus dem Mietverhältnis ausscheidet. Es bleibt abzuwarten, welche Kriterien die Gerichte hierzu entwickeln werden, damit Klarheit herrscht, ob die Erklärung (form)wirksam erfolgt ist und ab wann der Eintritt erfolgt ist.

343 Die gemeinsame Erklärung hat zur Folge, dass der ausziehende Ehegatte aus einem von beiden Ehegatten gemeinsam abgeschlossenen Mietvertrag ausscheidet. Das Mietverhältnis wird nur mit dem anderen Ehegatten allein fortgeführt. Hat nur der ausziehende Ehegatte den Mietvertrag unterzeichnet, dann scheidet er aus und der Vermieter begründet mit dem anderen Ehegatten ein neues Mietverhältnis, aber mit den **ursprünglichen** Mietvertragskonditionen.

344 In § 1568a BGB ist allerdings nicht geregelt, welche Konsequenzen diese Vertragsübernahme z.B. für bereits bestehende Verbindlichkeiten des »alten« Mieters hat. Wie bei sonstigen Vertragsübernahmen im Mietrecht ist davon auszugehen, dass in der Regel keine vollständige Schuldübernahme erfolgt (Blank WuM 2009, 555). Der Vermieter kann nur den **bisherigen** Mieter wegen **aller bereits fälligen** Verbindlichkeiten (z.B. rückständige Miete; Schadensersatzansprüche) in Anspruch nehmen. Setzt ein Ehegatte das Mietverhältnis alleine fort, haftet er für seine »alten und fälligen« Verbindlichkeiten weiter neben dem ausscheidenden Ehegatten als Gesamtschuldner. Etwas anderes gilt aber für noch nicht fällige Verbindlichkeiten (z.B. Schönheitsreparaturen vor Ablauf der Renovierungsfristen; Verpflichtung zur Beseitigung von baulichen Veränderungen bei Ende der Mietzeit). In diese Verbindlichkeiten tritt der Ehegatte als neuer Alleinmieter ein. Eine weitergehende Haftung des Ehegatten als »neuer« Mieter für die bereits fälligen Verbindlichkeiten seines Vorgängers als Alleinmieter bedarf der ausdrücklichen Vereinbarung. Für eine solchen befreienden Schuldnerwechsel ist es notwendig, dass eine ausdrückliche Vereinbarung hierzu zwischen dem Vermieter und dem Ehegatten als neuen Mieter getroffen wird (§ 414 BGB). Der bisherige Mieter muss lediglich an seiner Entlassung aus dem Mietverhältnis mitwirken; einer Mitwirkung an der Schuldbefreiung bedarf es nicht. Wird die Schuldübernahme nur zwischen den beiden Ehegatten vereinbart; muss die Schuldübernahme vom Vermieter genehmigt werden (§ 415 BGB), da sie sonst nur im Innenverhältnis zwischen den Ehegatten wirkt.

345 Im Vergleich zur früheren Rechtslage gibt es für den Vermieter keinerlei Sicherungsmöglichkeiten mehr wie z.B. die Anordnung einer gesamtschuldnerischen Mithaftung des ausziehenden Ehegatten für eine gewisse Übergangszeit oder die Anordnung einer Sicherheitsleistung nach § 5 Abs. 1, 2 HausratsVO. Da sich der Gesetzgeber ausdrücklich dagegen entschieden hat, solche Sicherungsmaßnahmen im Gesetz wieder aufzunehmen, können solche Anordnungen auch nicht nach § 209 FamFG analog getroffen werden (Götz/Brudermüller NJW 2010, 5). Dem Vermieter verbleibt nach Abgabe der vorgenannten Erklärung beider Ehegatten ebenso wie bei einer gerichtlichen Wohnungszuweisung nur die Möglichkeit nach **§ 1568a Abs. 3, S. 2 i.V. m. § 563 Abs. 4 BGB das Mietverhältnis innerhalb eines Monats**, nachdem er von dem **endgültigen Eintritt** des Ehegatten in das Mietverhältnis **Kenntnis erlangt** hat, **außerordentlich mit der gesetzlichen Frist (3 Monate) zu kündigen.**

346 Voraussetzung dieser Kündigung ist aber, dass ein wichtiger Grund in der Person des eingetretenen Ehegatten vorliegt. Aufgrund der Verweisung auf § 563 Abs. 4 BGB wird man wohl die Rechtsprechung heranziehen können, die zum Eintritt von Familienangehörigen nach dem Tod des Mieters ergangen ist (ebenso Götz/Brudermüller Wohnungszuweisung und Hausratsteilung, NJW 2008, 3025). Als wichtiger Grund wurde von der Rechtsprechung bei Eintritt von Familienangehörigen z.B. persönliche Feindschaft zwischen Vermieter und eintretendem Mieter und unsittlicher Lebenswandel angesehen. Bei der Vermietung einer Genossenschaftswohnung liegt ein wichtiger Grund vor, wenn der Ehegatte nicht Mitglied der Genossenschaft ist und zum Beitritt nicht bereit ist. Insoweit wird auf die Kommentierung zu Kap. 13 Rdn. 253 ff. verwiesen.

347 Ob allein die (drohende) Zahlungsunfähigkeit des Ehegatten nach der Neuregelung des § 1568a BGB als wichtiger Kündigungsgrund ausreichen wird, bleibt abzuwarten. Diese Frage ist bereits bei der Kündigung nach § 563 Abs. 4 BGB umstritten. Die h.M. (Blank/Börstinghaus/Blank § 563 BGB Rn. 59; Emmerich/Sonnenschein/Rolfs § 563 BGB Rn. 22; Schmidt/Futterer/Gather § 563 BGB Rn. 40; FAKo MietR-WEG/Stangl Kap. 14 Rn. 237) vertritt dazu die Auffassung, dass die mangelnde Liquidität des Mieters ein wichtiger Grund sei. Sternel (ZMR 2004, 713, 719) ist dagegen der Meinung, dass diese Fälle über das außerordentliche Kündigungsrecht nach § 543 Abs. 1, Abs. 2 Nr. 3 BGB zu lösen sind. In der Begründung des Gesetzesentwurfs (BT-Drucks. 16/10798,„36) heißt es dazu lediglich, dass aus mietrechtlicher Sicht für eine Nachhaftung kein Bedürfnis bestehe, da der Vermieter bei Zahlungsrückständen das Mietverhältnis kündigen könne. Nachdem der Gesetzgeber ganz bewusst auf die Regelung von Sicherungsmaßnahmen zugunsten des Vermieters bei der Neufassung des § 1568 a BGB verzichtet hat, wird man wohl die Rechtsprechung und h.M. zu § 563 Abs. 4 BGB nicht ohne weiteres übertragen können. Andernfalls würde die Möglichkeit der Ehegatten, durch eine Erklärung den Mieterwechsel schnell und einfach herbei zu führen, wieder zunichte gemacht, wenn der Vermieter den Eintritt der Voraussetzungen für eine Kündigung wegen Zahlungsverzuges nicht abwarten muss, sondern nach § 563 Abs. 4 BGB kündigen kann. Wenn bereits Mietrückstände in der Trennungszeit der Ehegatten bestehen, die aber noch nicht für eine Kündigung nach § 543 Abs. 1, Abs. 2, Nr. 3 BGB ausreichen, wird man wohl einen wichtigen Grund bejahen können. Gegen die Annahme eines wichtigen Grundes spricht, dass sich der Ehegatte bei einer Kündigung nach § 1568a Abs. 3 i.V.m. § 563 Abs. 4 BGB nicht auf § 569 Abs. 3 Nr. 1 oder Nr. 2 BGB berufen kann. § 569 Abs. 3 BGB ist nicht anwendbar, da sich diese Vorschrift nur auf die Kündigung nach § 543 Abs. 2 S. 1 Nr. 3 bezieht. Aus diesem Grunde kritisieren Götz/Brudermüller (NJW 2008, 3025) den Wegfall der bisherigen Sicherungsmöglichkeiten, da gerade im Fall der Wohnungszuweisung an den meist finanziell schwächeren Ehegatten häufig schon die Vermieterkündigung droht, bevor mögliche Unterhaltsansprüche gerichtlich durchgesetzt und vollstreckt werden können.

348 Aufgrund der kurzen Überlegungsfrist von nur 1 Monat empfiehlt es sich für den Vermieter, sich schnell rechtlich beraten zu lassen, ob eine Kündigung überhaupt Chancen hat.

349 Der Ehegatte kann sich wie bei jeder anderen ordentlichen Kündigung auch auf die allgemeinen Mieterschutzvorschriften nach §§ 574 ff. BGB berufen und die Fortsetzung des Mietverhältnisses verlangen, wenn die Kündigung für ihn und seine Familie eine Härte bedeuten würde. In der Kündigung des Vermieters muss daher unbedingt der Hinweis auf Form und Frist des Widerspruchsrechts des Mieters erfolgen.

350 Nach § 1568a Abs. 6 BGB erlischt der Anspruch des Ehegatten auf Eintritt in ein Mietverhältnis der Ehewohnung ein Jahr nach Rechtskraft der Endentscheidung in der Scheidungssache, es sei denn, der Anspruch wurde vorher rechtshängig gemacht. Mehr als ein Jahr nach Rechtskraft des Scheidungsbeschlusses darf somit nicht mehr gegen den Willen des Vermieters in seine Rechte eingegriffen werden, so dass die Ausschlussfrist nach Abs. 6 auch für die gemeinsame Erklärung der Ehegatten gilt (FA-FamR Klein/Weinreich Kap. 8 Rn. 419; Blank WuM 2009, 555).

cc) Besonderheiten für Mietverhältnisse bei Ehegatten als Vermieter

351 Wenn Eheleute als Eigentümer einer gemeinsamen Wohnung Vermieter sind, ist unbedingt darauf zu achten, dass der Mietvertrag sorgfältig und komplett ausgefüllt wird, dass sowohl im Rubrum als auch bei der Unterschrift beide als Vertragspartner im Mietver-

trag aufgeführt werden und dass ihn auch beide unterzeichnen. Andernfalls kann es bei Abmahnungen, Kündigungen oder sonstigen Erklärungen/Klagen auf Schadensersatz erhebliche Probleme geben. Umstritten ist, wer hier aus der Sicht des Vertragsgegners gem. §§ 133, 157 BGB Vermieter ist und wem die entsprechenden Willenserklärungen zuzurechnen sind (Prozessstandschaft, Forderungsabtretung), vgl. OLG Düsseldorf ZMR 2000, 210; auch Lützenkirchen WuM 2001, 56.

c) Verhältnis zum Vermieter

aa) Nutzungsrechte der Ehegatten an der Ehewohnung

Sind beide Ehegatten Mieter der Wohnung, so hat jeder einen vertraglichen Überlassungsanspruch gegen den Vermieter. Dieser Überlassungsanspruch ist nicht teilbar. Der einzelne Mieter kann Überlassung nicht an sich, sondern nur an beide Mieter fordern. 352

bb) Ein Ehegatte als Mieter/Zuzug eines Ehegatten

Es besteht Einigkeit, dass die Aufnahme des Ehegatten in die Wohnung zum vertragsgemäßen Gebrauch gehört (BayObLGZ 1983, 228–230 = NJW 1984, 60; BayObLGZ 1983, 285–289 = WuM 1984, 13; OLG Stuttgart ZMR 1959, 226; LG Aachen FamRZ 1968, 412). 353

Umstritten ist, wie das erweiterte Gebrauchsrecht des verheirateten Mieters zu begründen ist. 354

Grundsätzlich steht die Überlassung der gemieteten Wohnung an Dritte nach § 540 BGB unter dem Erlaubnisvorbehalt des Vermieters. Zunächst nahm die Rechtsprechung an, dass sich dieser Erlaubnisvorbehalt nur auf die Überlassung zum selbstständigen Mitgebrauch beziehe (LG Berlin GE 1986, 39). Bei Personen, die in den Haushalt des Mieters eingegliedert waren, wurde angenommen, dass diese die Wohnung nur unselbständig mitnutzen konnten und dass der Mieter sie daher jederzeit mit in die Wohnung aufnehmen konnte. Auch dem aufgenommenen Ehegatten sei die Wohnung nicht zum selbstständigen Gebrauch überlassen. Nach einem Rechtsentscheid des OLG Hamm fällt aber auch der auf eine gewisse Dauer angelegte unselbstständige Gebrauch der Wohnung unter diese Regelung (OLG Hamm OLGZ 1982, 481 = NJW 1982, 2876–2881; BayObLGZ 1983, 285–289 = WuM 1984, 13). 355

Das Kriterium der Abgrenzung selbstständiger/unselbstständiger Gebrauch der Mietwohnung wäre ohnehin abhängig von einer Unterordnung der Personen, die in die Wohnung aufgenommen wurden, unter die Interessen des Mieters. Insofern erscheint es ohnehin fraglich, auch bei einem Ehegatten an der Wohnung nur unselbstständigen Gebrauch anzunehmen. Die Ehegatten benutzen die Ehewohnung gemeinsam, ohne dass man von einem Über- oder Unterordnungsverhältnis ausgehen kann (OLG Hamm NJW 1982, 2876 ff.). Für die Frage, welche Personen vom Mieter mit in die Wohnung aufgenommen werden dürfen, ist entscheidend, was im Mietvertrag steht. Der Mietvertrag ist nach den §§ 133, 157 BGB auszulegen (BGH Warn Rechtsprechung 1970 Nr. 66; BayObLGZ 1983, 285–89). 356

Fehlen ausdrückliche Regelungen, so ergibt sich das **Mitbenutzungsrecht** aus einer ergänzenden Vertragsauslegung. Da Eheleute typischerweise in einer gemeinsamen Wohnung leben, entspricht es den Prinzipien eines gerechten Interessenausgleichs, dass verheiratete Mieter ihre Ehepartner in die Wohnung aufnehmen dürfen. Da bei der ergänzenden Vertragsauslegung auf Treu und Glauben mit Rücksicht auf die Verkehrssitte abzustellen ist, wird die Verpflichtung zur häuslichen Gemeinschaft gem. § 1353 Abs. 1 S. 2 BGB herangezogen und daraus gefolgert, dass dem Vermieter nicht gestattet werden 357 darf, es Verheirateten unmöglich zu machen, diese Verpflichtung zu erfüllen. Der mit in die Wohnung aufgenommene Ehepartner ist somit nicht Dritter i.S.d. § 540 BGB. Für die Anwendung von § 540 BGB besteht insofern kein Raum.

358 Auch der findige Vermieter kann die Aufnahme des Ehepartners grundsätzlich vertraglich nicht abbedingen. Entgegenstehende Klauseln sind nach § 138 BGB, Art. 6 Abs. 1 GG nichtig (BayObLGZ 1983, 228–230 = NJW 1984, 60; OLG Karlsruhe ZMR 1987, 263).

358a Grenzen bestehen allerdings in Bezug auf das erweiterte Gebrauchsrecht des Ehegatten, wenn durch die Aufnahme die Wohnung überbelegt würde (BayObLGZ 1983, 229 f. = NJW 1984, 60) oder dies z.B. mit dem Charakter der Wohnung nicht vereinbar ist (Aufnahme des Ehemannes in ein Schwesternwohnheim).

359 Die überwiegende Ansicht in Literatur und Rechtsprechung verlangt jedoch, dass der Mieter die dauernde **Aufnahme seines Ehepartners dem Vermieter anzeigt**, damit der Vermieter über die Personen informiert ist, die dauerhaft die Wohnung mitbenutzen, ohne dass er mit ihnen einen Vertrag abgeschlossen hat.

360 Der Ehegatte, der selbst nicht Mieter der Wohnung ist, ist mit in den Schutzbereich des Mietvertrages einbezogen und hat damit einen eigenen vertraglichen Anspruch gegen den Vermieter auf gefahrenfreie Beschaffenheit der Wohnung. Ihm stehen im Schadensfall eigene vertragliche Ersatzansprüche zu.

361 Ist nur einer der Ehegatten Mieter der Wohnung, steht dem anderen kein vertraglicher Gebrauchsüberlassungsanspruch gegenüber dem Vermieter zu. Eines solchen Anspruches bedarf es in der ungestörten Ehe auch nicht, da der Ehegatte von seinem Partner zur Realisierung der Lebensgemeinschaft verlangen kann, dass dieser ihn in die Wohnung aufnimmt. Dieser Aufnahme kann der Vermieter nicht widersprechen. Der Vermieter kann weder vom Mieter den Auszug des Ehegatten verlangen noch kann er die Räumung von dem in die Wohnung aufgenommenen Partner fordern, da dieser ein Recht zum Besitz an der Ehewohnung hat gem. § 986 BGB. Daraus ist die Schlussfolgerung zu ziehen, dass der Ehegatte ohne eigenes Gebrauchsrecht die Wohnung mitbenutzen kann. Der Vermieter hat aber auch keinen Anspruch auf Beitritt des zugezogenen Ehegatten in den Mietvertrag (Götz/Brudermüller NJW 2010, 5).

362 Da die Rechtsprechung zu den Fragen, wer Partei eines Mietvertrages geworden ist, sehr vielfältig ist und es nahezu unüberschaubare Fallkonstellationen gibt, empfiehlt es sich für den Vermieter, wie bei allen Willenserklärungen, die das Mietverhältnis betreffen, wie z.B. Ankündigung von Modernisierungsmaßnahmen, Mieterhöhungen und dergleichen, diese ausdrücklich an beide Ehegatten zu richten.

363 Für die Endphase einer Ehe nach Auszug des Ehegatten aus der gemeinsam angemieteten Wohnung kann jedoch § 736 Abs. 2 BGB herangezogen werden. Die dem Vermieter bekannt gewordene räumliche Trennung der Mitmieter entspricht der Auflösung der Gesellschaft. Zwar haften beide Eheleute wie Gesellschafter für die fortbestehenden vertraglichen Verpflichtungen als Mitmieter weiterhin gesamtschuldnerisch dem Vermieter gegenüber für die Verbindlichkeiten aus dem Mietverhältnis über die Ehewohnung – vorbehaltlich der Anwendung des § 1568a Abs. 3 Nr. 1 BGB -. Die Nachhaftung des ausgeschiedenen Gesellschafters ist jedoch zu begrenzen. Es gilt nicht die starre 5-Jahre-Nachhaftungsfrist, bei Dauerschuldverhältnissen tritt eine vorzeitige Haftungsentlassung ein, wenn der Vermieter davon absieht, den Vertrag zu kündigen, obwohl er kündigen könnte und ihm die Kündigung angesichts der Zweifel an der Solvenz des verbleibenden Gesellschafters, mit dem das Schuldverhältnis fortgesetzt wird, zuzumuten ist (BGHZ 70, 132; 87, 236).

d) Kündigung

aa) Kündigung des Mietverhältnisses

(1) Durch den Vermieter

Die ordentliche Kündigung eines Dauerschuldverhältnisses bedarf grundsätzlich keines Kündigungsgrundes. Dies ist jedoch im Mietrecht (wie im Arbeitsrecht) anders. Die Vermieterkündigung setzt ein berechtigtes Interesse i.S.d. § 573 BGB voraus. Ohne ein solches berechtigtes Interesse des Vermieters ist die Kündigung nicht wirksam. Selbst wenn die Hürde des § 573 BGB überwunden ist, kann der Mieter der Kündigung nach § 574 BGB widersprechen, wenn die vertragsmäßige Beendigung des Mietverhältnisses für ihn oder seine Familie eine Härte bedeuten würde, die auch unter Würdigung der berechtigten Interessen des Vermieters nicht zu rechtfertigen ist. Insoweit bezieht diese mietrechtliche Grundnorm den Schutz der Familie mit ein. **364**

Auch wenn sich die Ehegatten trennen und der ausziehende, solvente Ehegatte das gemeinsam mit dem anderen Ehegatten abgeschlossene Mietverhältnis allein kündigt und gleichzeitig erklärt, dass er keine Mietzahlungen mehr leisten werde, ist sowohl die Kündigung des Ehegatten als auch die außerordentliche und die ordentliche Kündigung des Vermieters unwirksam. Der BGH stellt fest, dass allein der Auszug des Ehemannes und seine Ankündigung keine Miete mehr zu zahlen, keine Gründe für den Vermieter zur außerordentlichen Kündigung darstellen, da die am Mietvertrag festhaltende Ehefrau keine solche Erklärung abgegeben habe. Allein der Auszug des alleinverdienenden Ehemannes führe weder zu einem berechtigten Interesse des Vermieters für eine ordentliche Kündigung, noch zu einem Wegfall der Geschäftsgrundlage, da der Fortbestand der bei Abschluss des Mietvertrages angegebenen finanziellen Verhältnisse, insb. die des Ehemannes und die dauerhafte Nutzung der Wohnung durch beide Ehegatten nicht Geschäftsgrundlage geworden sind. Wenn das Jobcenter (Sozialamt) in der Folgezeit für die Ehefrau die Mietzahlungen übernimmt und verspätet leistet, so kann der Vermieter auch wegen der verspäteten Mietzahlungen nicht fristlos nach vorheriger Abmahnung kündigen, da der Mieter sich das Verschulden des Jobcenters nicht nach § 278 BGB anrechnen lassen muss (Urt. v. 21.10.2009 Az. VI-II ZR 64/09; vgl. dazu Reinelt jurisPr – BGHZivilR 24/2009 Anm. 1). **365**

Hat der Vermieter wirksam gekündigt, könnte zwar eine Überlassung der Wohnung nach § 1568a BGB durch einen Ehegatten für die Zeit nach der Scheidung zwar noch verlangt werden, die daran gekoppelte Mietvertragsänderung nach § 1568a Abs. 3 Nr. 2 BGB führt jedoch dazu, dass der neue Alleinmieter den Vertrag in der gekündigten Form übernehmen und die Wohnung mit Ablauf der Kündigungsfrist verlassen muss. Nur wenn der eintretende Ehegatte mit Erfolg gem. § 574 BGB der Kündigung widersprechen kann, kann er eine Fortsetzung des Mietverhältnisses nach § 574a BGB verlangen. Hat der Vermieter bereits in der Kündigung ordnungsgemäß über Form und Frist des Widerspruchs (§ 574b Abs. 2 S. 2 BGB) belehrt, wirkt dies auch zu Lasten des neuen Alleinmieters. Wurde der Hinweis vom Vermieter unterlassen, kann der in der Wohnung verbliebene Ehegatte den Widerspruch noch im ersten Termin des Räumungsrechtsstreits erklären gem. § 574 Abs. 2 S. 2 BGB. Im Räumungsrechtstreit kann der Ehegatte einen Räumungsschutzantrag nach §§ 721 bzw. 765a BGB stellen. **366**

Wurde die Wohnung vom Vermieter wirksam gekündigt, kann ein Ehegatte keine Neubegründung eines Mietverhältnisses nach § 1568a Abs. 5 BGB verlangen, die den Vermieter zur erneuten Kündigung zwingen würde (Götz/Brudermüller NJW 2010, 5; Blank FuR 1997, 119). Der Unterschied zu dem Fall, dass der Ehegatte, der allein die Wohnung angemietet hat und diese kündigt (s. dazu unten Rdn. 374), ist der, dass der Vermieter nur **367** bei Vorliegen von Kündigungsgründen kündigen kann. Das Interesse des Vermieters an der Vertragsbeendigung ist grundsätzlich höher zu bewerten als das Interesse des Ehegatten an der Neubegründung eines Mietverhältnisses.

368 Umstritten ist, ob im Ehewohnungszuweisungsverfahren die Räumungsschutzvorschriften §§ 721, 765a BGB anwendbar sind. Götz/Brudermüller (NJW 2010, 5) lehnen dies ab, da §§ 209 Abs. 1, 48 Abs. 1 FamFG leges speciales seien. Nach der anderen Auffassung ist zumindest § 765a ZPO anwendbar, da § 95 Abs. 1 Nr. 2 FamFG auf die ZPO-Vorschriften für die Vollstreckung verweist (Keidel FamFG, 16. Aufl. (2009) § 209 Rn. 3).

(2) Durch den Mieter

369 Sind beide Ehegatten Mieter der Wohnung, kann sich einer allein nicht durch Kündigung oder Auszug aus dem Mietvertrag lösen (BayObLG WuM 1983, 107 ff.; LG Hannover ZMR 1987, 18 ff.; BGH v. 21.10.2009, Az. VI ZR 64/09). Das Recht zur Kündigung des Mietvertrages kann nicht isoliert abgetreten werden (Lützenkirchen WuM 2001, 62).

370 Kündigt der Alleinmieter die Wohnung, findet die **Sozialklausel** nach § 574 BGB keine Anwendung, da ratio des Kündigungsschutzes die besondere Bedeutung ist, die die Wohnung für den Mieter hat (BVerfG NJW 1993, 2035 ff.).

371 Diskutiert wurde auch, ob sich Familienmitglieder, für die die Kündigung durch den Mieter eine ebenso große Härte darstellen kann wie die Kündigung durch den Vermieter, eigenständig auf diese Norm berufen können.

372 Weil der gesetzliche Bestandsschutz auf der vertraglichen Beziehung zwischen Mieter und Vermieter beruht, wird dies verneint. Sozialklauseln sind nicht als grundrechtlicher Besitzstand, sondern als Verstärkung der Vertragsrechte zu werten. Es kann sich also nur derjenige dem Vermieter gegenüber auf die Sozialklausel berufen, der zu diesem in unmittelbaren Vertragsbeziehungen steht. Dies gilt jedoch nur dann, wenn man mit dem BVerfG das Besitzrecht des Mieters als mit dem Eigentum i.S.d. Art. 14 Abs. 1 GG vergleichbares Recht ansieht. Auf den grundrechtlichen Bestandsschutz kann sich also ein Familienmitglied im Verhältnis zum Vermieter nicht unmittelbar berufen, da Grundrechte unter Privatleuten nur eine sog mittelbare (Dritt-)Wirkung entfalten. Der Ehegatte des verheirateten Mieters nutzt die Wohnung im Verhältnis zum Vermieter nicht aus eigenem Recht – soweit er nicht selbst den Mietvertrag mit unterschrieben hat –, sondern aufgrund eines erweiterten Gebrauchsrechts.

373 Im Ergebnis ist davon auszugehen, dass der Ehepartner, der die Wohnung allein gemietet hat, sie i.d.R. auch allein wieder kündigen kann. Nach der mietrechtlichen Konzeption des BGB hat der andere Ehepartner kein Widerspruchsrecht gegen die Beendigung des Mietverhältnisses. Die Kündigung ist i.d.R. wirksam. In Bezug auf seine Bestandsinteressen an dem Wohnungsmietvertrag ist der Schutz des Ehepartners also wesentlich davon abhängig, ob er ebenfalls Mieter der Ehewohnung ist.

374 Auch wenn die Kündigung des Alleinmieters wirksam ist, kann der andere Ehegatte einen Anspruch nach § 1568a Abs. 5 BGB auf Begründung eines Mietverhältnisses geltend machen, solange er noch in der Wohnung lebt. Ein zur Vermietung berechtigter Dritter i.S.v. § 1568a Abs. 5 BGB kann auch der Vermieter sein (vgl. BT-Drucks. 16/10798, 35). Es kommt dann der Abschluss eines neuen Mietvertrags zwischen dem Vermieter und dem anderen Ehegatten in Betracht, solange der Vermieter im Vertrauen auf die Wirksamkeit der Kündigung des Alleinmieters noch nicht weiter an einen Dritten vermietet hat (Götz/Brudermüller NJW 2010, 5; AG Hamburg-Altona MDR 1994, 1125).

bb) Wirkungen der Kündigung der Ehewohnung im Innenverhältnis der Ehegatten

375 Unabhängig von den mietrechtlichen Aspekten sind jedoch bei der Ehewohnung auch die familienrechtlichen zu berücksichtigen. Auch der Ehegatte, der nicht Mieter der Wohnung ist, hat ein Recht zur Mitbenutzung der Wohnung aus § 1353 Abs. 1 S. 2 BGB. Dabei kommt es nicht darauf an, ob die Wohnung zur Realisierung der Lebensgemeinschaft angemietet wurde und zum tatsächlichen Zusammenleben genutzt wird oder ob der Ehegatte lediglich ein Dach über dem Kopf haben will. Streitig ist, ob und unter welchen Umständen der betroffene Ehegatte aus § 1353 Abs. 1 S. 2 BGB ein Unterlassen der Kündigung verlangen kann und ob sich der Ehegatte, der nicht Mieter der Wohnung ist, mit der Herstellungsklage gem. §§ 1353 Abs. 1 BGB gegen die Kündigung wehren kann.

376 Die ZPO enthielt in dem zum 01.09.2009 aufgehobenen § 606 Abs. 1 S. 1 einen speziellen Rechtsbehelf für Klagen, die auf Herstellung der ehelichen Lebensgemeinschaft gerichtet sind. Diese Verfahren waren bislang Ehesachen. In § 121 FamFG, der § 606 ZPO ersetzt, wurde diese Klage auf Herstellung der ehelichen Lebensgemeinschaft gestrichen. Eine solche Klage ist nunmehr als sonstige Familien(streit)sache nach § 266 Abs. 1 Nr. 2 FamFG vor dem Familiengericht geltend zu machen (Keidel FamFG, 16. Aufl. § 121 Rn. 2, § 266 Rn. 9 ff.). Zuständig ist das Familiengericht (§§ 23a, b GVG, § 111 Nr. 10 FamFG). Die Verpflichtung des § 1353 Abs. 1 S. 2 BGB umfasst alle Aspekte ehelicher Gemeinsamkeit und damit auch das Recht, die Ehewohnung zu nutzen.

376a Maßgeblich für die Zuordnung dieser Klage ist die tatsächliche Begründung des geltend gemachten Anspruchs (BGH FamRZ 1980, 988 ff.; NJW 1981, 128 f.).

377 Das Begehren des einen Ehegatten ist dann als Herstellungsklage nach § 606 ZPO a.F. anzusehen, wenn der Kläger die Lebensgemeinschaft erhalten oder wieder herstellen will. Es muss um die Realisierung des gemeinsamen ehelichen Lebens gehen (OLG Hamburg FamRZ 1982, 507; OLG Hamm FamRZ 1991, 1070).

378 Grundsätzlich ist keiner der Ehegatten berechtigt, den »räumlich gegenständlichen Bereich der Ehe« vor deren Beendigung zu vernichten (OLG Bremen FamRZ 1965, 77 ff.; LG Detmold MDR 1969, 576; OLG Köln FamRZ 1987, 77 ff.). Die Grundlage der Ehe soll nicht schon vor ihrer Beendigung aufgehoben werden. Die Pflichten aus § 1353 Abs. 1 BGB beinhalten auch, dass ein Ehegatte dem anderen nicht das Dach über dem Kopf entzieht. Dies gilt auch, wenn die Ehe sich in einer Krise befindet (Hanisch NJW 1963, 1033 ff.).

379 Aber auch in diesen Fällen ist eine Interessenabwägung notwendig. Leben die Ehegatten schon längere Zeit getrennt, kann das Verlangen auf Beendigung des Mietverhältnisses zulässig sein. Hier ist eine Interessenabwägung, bezogen auf den Einzelfall, vorzunehmen (BGHZ 37, 38 ff.; OLG Stuttgart NJW 1970, 101; LG Karlsruhe FamRZ 1966, 353 ff.; LG Köln MDR 1970, 418). Bei dieser Interessenabwägung ist das Verhalten des Ehegatten mit zu werten, der in der Ehewohnung bleiben will.

380 Eine Interessenabwägung hat auch stattzufinden, wenn der Alleinmieter die Ehewohnung kündigt, um eine neue Wohnung anzumieten, die dann Ehewohnung werden soll. Der Ehegatte, der in der alten Ehewohnung bleiben will, kann durchaus berechtigte Interessen geltend machen an seinem Verbleiben (soziale Kontakte, Nähe der Ehewohnung zur Schule der Kinder usw.). Bei der Interessenabwägung sind auch veränderte Familiensituationen zu berücksichtigen, z.B. Geburt von Kindern, Versetzung, Vermögensverschlechterung (BGH FamRZ 1970, 363 ff.).

cc) Kündigung des von beiden Ehegatten gemeinsam geschlossenen Mietvertrages

(1) Grundsätzliches

381 Das Recht zur Kündigung richtet sich nach dem Innenverhältnis und der Verteilung der Verfügungsbefugnis. Daher sind im Zweifel nur alle gemeinsam zur Kündigung berechtigt. Dies folgt aus der Einheitlichkeit des Mietvertrages. Der Rechts- und Pflichtenkreis der Parteien ist nicht teilbar. Es muss also die Kündigung durch beide Mieter erklärt werden (Brühl FamRZ 1952, 210 ff.). Die Kündigung durch nur einen Vertragspartner ist wirkungslos (BayObLG FamRZ 1983, 701 ff.; BGH v. 21.10.2009, Az. VI ZR 64/09).).

382 Zieht ein Ehegatte aus, so berührt dies das Verhältnis zum Vermieter nicht (LG Hannover ZMR 1987, 18 ff.; LG Köln FamRZ 1993, 803).

383 Zahlt ein Mieter die Miete allein weiter und nimmt der Vermieter diese Miete an, so liegt darin keine konkludente Zustimmung des Vermieters, den anderen Ehegatten aus dem Mietverhältnis zu entlassen (BayObLG FamRZ 1983, 701 ff.).

384 Erfolgt der Auszug aus der Ehewohnung seitens eines Ehepartners mit dem Einvernehmen des anderen, so kann daraus nicht der Rückschluss gezogen werden, dass der verbleibende Partner sein Einverständnis durch einverständliche Aufhebung der häuslichen Gemeinschaft zur Entlassung des anderen aus dem Mietvertrag erteilt (BayObLG FamRZ 1983, 701 ff.).

385 Ein unbefristetes Mietverhältnis kann jederzeit nach § 542 Abs. 1 BGB unter Einhaltung der Frist von 3 Monaten nach § 573c BGB von den Ehegatten gemeinsam gekündigt werden. Ist ein befristetes Mietverhältnis abgeschlossen worden, dann ist die ordentliche Kündigung grundsätzlich ausgeschlossen. Ausnahmsweise wird jedoch ein aus § 242 BGB abgeleiteter Anspruch auf vorzeitige Vertragsentlassung angenommen, wenn hieran ein berechtigtes Interesse besteht und dem Vermieter ein geeigneter und zumutbarer Ersatzmieter gestellt wird. Ein solches berechtigtes Interesse wird man bei einem Scheitern der Ehe annehmen können, wenn die bisherige Ehewohnung für einen Ehepartner allein zu groß oder zu teuer ist (Götz/Brudermüller NJW 2010, 5).

(2) Vertretung

386 Teilweise wird angenommen, dass bei intakter Ehe von einer Anscheinsvollmacht ausgegangen werden kann. Dies ist jedoch insofern problematisch, als der Vermieter nicht erkennen kann, ob die Ehe intakt ist. Über die Anscheinsvollmacht darf auch der Sicherungszweck des anderen Ehegatten, der ebenfalls Mieter ist, nicht unterlaufen werden (LG Hannover ZMR 1987, 18). Nur unter besonderen Voraussetzungen, die den tatsächlichen Willen des anderen Ehegatten erkennen lassen, kann angenommen werden, dass eine Vollmacht durch konkludentes Handeln erteilt worden ist (Brühl FamRZ 1952, 210 ff.).

387 Es wird auch die Meinung vertreten, dass eine Kündigung der gemeinsamen Ehewohnung ein Geschäft nach § 1357 BGB sei, wenn die Kündigung wegen eines Umzuges erfolge. Soweit das Kündigungsschreiben keine Gründe für die Kündigung der Mieter enthalte, müsse der Vermieter nachfragen, um festzustellen, ob die Kündigung zum Zwecke des Umzuges erfolge (Wacke FamRZ 1980, 13 ff.).

388 Nach richtiger Meinung setzt das wirksame Ausscheiden eines Ehegatten aus dem Mietvertrag eine gemeinsame Kündigung voraus (Kloster-Harz/Schmid Rn. 2116). Auch alle anderen Vertragsänderungen (Erhöhungsverlangen) sind nur im Zusammenwirken aller drei Beteiligten möglich (BayObLG WuM 1983, 107 ff.; OLG Koblenz ZMR 1984, 30 ff.).

(3) Anspruch eines Ehegatten gegen den anderen auf Ausspruch der gemeinsamen Kündigung

389 Ob und inwieweit im Innenverhältnis ein Aufhebungsanspruch gegeben ist, hängt von der Wertung des Innenverhältnisses der Mieter untereinander ab. Es ist umstritten, ob das Innenverhältnis als BGB-Gesellschaft anzusehen ist oder ob hier die Regeln des Gemeinschaftsrechts anzuwenden sind (LG Detmold MDR 1969, 576).

390 Es wird auch die Meinung vertreten, es handele sich um einen besonderen Einzelfall. Sowohl Gesellschaftsrecht als auch Gemeinschaftsrecht seien zu dogmatisch strukturiert, um zu befriedigenden Lösungen zu führen (Schopp ZMR 1976, 321 ff.).

391 Teilweise wird angenommen, dass das Innenverhältnis nicht anders zu behandeln sei als bei sonstigen Mietern (LG Berlin II JW 1924, 855; LG Berlin NJW 1961, 1406 ff.). Eine andere Meinung wiederum betont die familienrechtliche Bindung der Eheleute untereinander. Wenn in der gemeinsam angemieteten Wohnung das Eheleben stattfindet, könne weder eine Gemeinschaft noch eine Gesellschaft angenommen werden, da es den Eheleuten am gesellschaftsrechtlichen Rechtsbindungswillen fehle (RG DR 1944, 69; OLG Hamm FamRZ 1983, 911 ff.; LG Kiel WuM 1982, 217). Deshalb seien Eheleute bei der Anmietung einer Wohnung im Innenverhältnis anders zu behandeln als mehrere Mieter einer Wohnung. Teilweise wird bei Abschluss eines gemeinsamen Mietvertrages über die Ehewohnung ein familienrechtliches Verhältnis sui generis angenommen (KG MDR 1960, 586; OLG Hamm FamRZ 1983, 911 ff.). Das Innenverhältnis wird auch als Gesellschaftsvertrag mit familienrechtlichem Einschlag qualifiziert (Behrens Beteiligung mehrerer Mieter an einem Mietverhältnis, Schriften zum Bürgerlichen Recht Bd. 118 Berlin 1989). Auch ein gesamthandliches Schuldverhältnis wird angenommen oder ein familienrechtliches Verhältnis, das im Zweifel nach den Grundsätzen der BGB-Gesellschaft zu behandeln sei.

392 Am ehesten ist das Innenverhältnis der Eheleute als familienrechtliche Zweckgemeinschaft sui generis anzusehen, auf das die §§ 705 ff. BGB anwendbar sind, soweit es mit dem familienrechtlichen Charakter der Gemeinschaft vereinbar ist. Die familienrechtliche Bindung ist bei der Frage nach dem Vorliegen eines wichtigen Grundes gem. § 723 BGB lex specialis zum schuldrechtlichen Auseinandersetzungsanspruch des § 723 Abs. 1 BGB. Die Ehegatten haben gegeneinander einen Anspruch auf Zustimmung zur Kündigung der gemeinsam gemieteten Ehewohnung, wenn der andere Ehegatte sein Recht zum Besitz aus § 1353 Abs. 1 S. 2 BGB verloren hat. Die Bestimmung bildet sowohl die Anspruchsgrundlage als auch die Grenze für das entsprechende Verlangen. Die Frage nach der Freistellung im Innenverhältnis von den mietvertraglichen Verpflichtungen hängt letztendlich von den Unterhaltsleistungen und den zur Verfügung stehenden Mitteln der Ehegatten ab. Es hat also nicht prinzipiell der in der Ehewohnung verbleibende Ehegatte die gesamten Lasten der Wohnung zu tragen, häufig ist dies mangels Leistungsfähigkeit gar nicht möglich. Das OLG Frankfurt/M. hat entschieden, dass der unterhaltsberechtigte Ehegatte, der während der Trennungszeit in der Wohnung verbleibt, im Innenverhältnis von der Miete freizustellen ist (OLG Frankfurt/M. FamRZ 1990, 49 ff.; OLG München FamRZ 1986, 1019). Das AG Charlottenburg (FamRZ 1990, 532 ff.) hat diesen Anspruch sogar für die Zeit nach der Scheidung bejaht.

393 Das OLG Köln hat entschieden, dass nach endgültiger Trennung der Eheleute ein Ehepartner die Zustimmung zur Kündigung der gemeinsam angemieteten ehemaligen Wohnung von dem in der Wohnung verbleibenden Ehegatten dann verlangen kann, wenn unterhaltsrechtliche Gründe oder auch der Gesichtspunkt nachehelicher Solidarität dem nicht entgegenstehen. Dem Interesse des in der Wohnung verbleibenden Ehegatten am Fortbestand des Mietverhältnisses steht das nach Trennung vorrangig gewordene Inte-

resse des auf Auflösung des Mietvertrages drängenden (geschiedenen) anderen Ehegatten entgegen. Dieser ist nicht mehr mit den möglichen finanziellen Forderungen aus diesem Mietverhältnis zu belasten. Allein der unbestritten bestehende Freistellungsanspruch gegenüber dem Vermieter lässt sein Interesse an der Auflösung des Mietverhältnisses nicht entfallen (OLG Köln, Urt. v. 11.04.2006, ZMR 2006, 771).

394 Eine solche Streitigkeit auf Zustimmung zur Abgabe der Kündigungserklärung ist nach Inkrafttreten des FamFG ab 01.09.2009 nunmehr beim Familiengericht und nicht mehr beim Amtsgericht durchzuführen. Bei einer solchen Streitigkeit handelt es sich jetzt um einen sonstige Familiensache i.S.d. § 266 Abs. 1 Nr. 3 FamFG (Keidel FamFG § 266 Rn. 14; 16. Aufl.). Ein Ziel der Reform im FamFG war gerade die Einführung eines sog. großen Familiengerichts, so dass zukünftig zahlreiche zivile Streitigkeiten zwischen Ehegatten, die einen familienrechtlichen Bezug aufweisen, vor dem Familiengericht verhandelt werden können. Bei Streit unter Lebenspartnern wäre eine solche Klage ebenfalls als sonstige Lebenspartnerschaftssache gem. § 269 Abs. 2 Nr. 3 FamFG beim Familiengericht einzureichen.

e) Besitzverhältnisse an der Ehewohnung bei Gütergemeinschaft

395 In dem in der Praxis seltenen Fall einer Gütergemeinschaft verwalten die Ehegatten ihren Besitz am Gesamtgut gemeinschaftlich (§ 1450 Abs. 1 S. 2 BGB). Jedem Ehegatten steht ein Recht zum Besitz zu. Die tatsächlichen Herrschaftsverhältnisse bestimmen sich nach Sachenrecht (BGH NJW 1983, 114 ff.). Hat jeder Ehegatte ungehinderte selbstständige Zugriffs- und Einwirkungsmöglichkeiten, so sind die Eheleute Mitbesitzer. Auch bei der Frage, wer Besitz an der Wohnung hat, ist auf die tatsächliche Sachherrschaft abzustellen. Insoweit gilt für die in Gütergemeinschaft lebenden Ehegatten nichts anderes als für Eheleute, die im gesetzlichen Güterstand oder im Güterstand der Gütertrennung leben. Verwaltet ein Ehepartner das Gesamtgut, so bleibt trotzdem die tatsächliche Sachherrschaft des anderen an der Ehewohnung erhalten. Die Verwaltung des Gesamtguts durch einen Partner erfasst nur dessen rechtliche Verfügungsbefugnis. Besitz hingegen ist die tatsächliche und nicht die rechtliche Beziehung zu einer Sache. Auch wenn das Gesamtgut durch einen Ehegatten verwaltet wird, besteht schlichter unmittelbarer Mitbesitz beider Eheleute an der Ehewohnung.

f) Tod des Mieters

396 Grundsätzlich hat der Vermieter beim Tod des Mieters ein Sonderkündigungsrecht gem. § 580 BGB. Dieses Sonderkündigungsrecht besteht jedoch nicht, wenn die Voraussetzungen für eine Fortsetzung des Mietverhältnisses nach den §§ 563 oder 563a BGB vorliegen.

g) Ehewohnungszuweisung

397 Wenn sich die Ehegatten nicht einigen können, wer nach der Trennung oder nach der Scheidung die Ehewohnung allein weiter benutzt, können einer bzw. beide Ehegatten beantragen, dass ihm die Wohnung zur alleinigen Nutzung zugewiesen wird. Für die Zeit zwischen Trennung und rechtskräftiger Scheidung richtet sich der Anspruch nach § 1361b BGB und für die Zeit nach Rechtskraft der Scheidung nach § 1568a BGB. Beide Vorschriften sind in ihren Voraussetzungen sehr ähnlich ausgestaltet. Eine Zuweisung an den nicht dinglich berechtigten Ehegatten setzt in beiden Fällen voraus, dass die Zuweisung zur Vermeidung einer unbilligen Härte notwendig ist. Das Gericht hat außerdem immer das Wohl der im Haushalt lebenden Kinder und die Lebensverhältnisse beider Ehegatten zu berücksichtigen, was letztlich zu einer Gesamtabwägung aller wesentlichen Umstände des Einzelfalls führt. Der wesentliche Unterschied zwischen beiden Vorschriften ist, dass der Richter bei einer Zuweisung in der Trennungszeit keine Änderung der rechtlichen Verhältnisse vornehmen darf wie im Fall der Scheidung z.B. durch Begründung oder Fortführung eines Mietverhältnisses durch einen Ehegatten allein. Ein Anspruch auf Nutzungsentschädigung gibt es nur für einen bei einer Zuweisung für die Trennungszeit, nicht aber für die Zeit ab Rechtskraft der Scheidung.

aa) Zuweisung für Zeit der Trennung

398 Gem. § 1361b BGB kann der getrennt lebende Ehegatte vom anderen Ehegatten verlangen, dass ihm dieser die Ehewohnung oder einen Teil zur alleinigen Nutzung überlässt, soweit dies notwendig ist, um eine **unbillige Härte** zu vermeiden. Durch das Gesetz zur Verbesserung des zivilgerichtlichen Schutzes bei Gewalttaten und Nachstellungen sowie zur Erleichterung der Überlassung der Ehewohnung bei Trennung v. 11.12.2001 (BGBl. I 2001, 3513 ff.) wurde die Schwelle für die Anwendung der Vorschrift herabgesetzt. Es ist nunmehr keine »schwere« Härte mehr notwendig, sondern es genügt, wenn die Wohnungszuweisung zur Vermeidung einer »unbilligen« Härte erforderlich ist. Ziel dieser Gesetzesänderung war es, den Schutz vor häuslicher Gewalt zu verbessern und dem Opfer einen Anspruch auf Überlassung der gesamten Wohnung zu geben (§ 1361b Abs. 2 BGB). Die Änderung der Eingriffsschwelle für die Zuweisung der Ehewohnung von »schwerer« in »unbillige« Härte bezweckt primär eine Verbesserung des Rechtsschutzes für den von häuslicher Gewalt oder erheblichen Drohungen betroffenen Ehegatten (AG Saarbrücken NJW-RR 2003, 145 ff.; auch Weber NJW 2004, 3091).

Das OLG Naumburg hat mit Beschl. v. 27.7.2005, Az. 3 UF 108/05 (FamRZ 2006, 1207) Folgendes entschieden:

Nach der Vorstellung des Gesetzgebers bedeutet die Einführung des Begriffs der unbilligen Härte eine bewusst hohe, über bloße Unannehmlichkeiten und Billigkeitsabwägungen hinausgehende Eintrittsschwelle für ein gerichtliches Eingreifen. Andererseits ist der Anwendungsbereich nicht auf Sachverhalte unmittelbarer Gefahr für Leib und Leben des betroffenen Ehegatten beschränkt. Es genügen vielmehr außergewöhnliche Umstände, die auch unter Berücksichtigung der Interessen des anderen Ehegatten dessen Verbleib in der Ehewohnung für den betroffenen Ehegatten zur unerträglichen Belastung machen. Dazu zählt insbesondere grob rücksichtsloses Verhalten des anderen Ehegatten (im streitgegenständlichen Fall die Drohung: »Ich mach Dich fertig, so dass Du Dich ins Wasser stürzt«).

399 In diesem Zusammenhang ist auch auf das Erschwerungs- und Vereitelungsverbot in § 1361b Abs. 3 S. 1 BGB hinzuweisen. Wurde einem Ehegatten die Wohnung ganz oder zum Teil überlassen, so hat der andere alles zu unterlassen, was geeignet ist, die Ausübung dieses Nutzungsrechts zu erschweren oder zu vereiteln. Gem. § 209 Abs. 1 FamFG, der die alte Vorschrift in § 15 HausratsVO ersetzt und für beide Wohnungszuweisungsverfahren nach § 1361b BGB und § 1568a BGB gilt, kann das Gericht zur Durchführung der Wohnungszuweisung die erforderlichen Anordnungen treffen. Dazu gehört auch das Verbot an einen Ehegatten, die Wohnung wieder zu betreten oder sich der Ehewohnung auf eine bestimmte Distanz hin zu nähern (OLG Köln FamRZ 2003, 319). Das Gericht kann z.B. auch ein Kündigungsverbot gegen den Antragsgegner anordnen, wenn dieser Alleinmieter der Wohnung ist. Dieses hat die Wirkung eines relativen Verfügungsverbotes gem. §§ 135, 136 BGB. Umstritten ist, ob das Gericht auch ein Veräußerungsverbot aussprechen kann (verneinend: Haußleiter/Schulz Kap. 4 Rn. 111; bejahend: Schuhmacher FamRZ 2002, 645, 552). Solche Verbote dürfen im Hinblick auf den Verhältnismäßigkeitsgrundsatz nur so weit gehen, wie es zur Sicherung der Nutzungsbefugnis des Ehegatten notwendig ist. Wenn z.B. der Kaufvertrag über die Wohnung vor-

sieht, dass der Besitz an der Wohnung erst übergeht, wenn die Nutzungsbefugnis des Ehegatten endet, wird gegen ein solches Veräußerungsverbot nichts einzuwenden sein. Daneben besteht die Möglichkeit, ein Mietverhältnis oder Nutzungsverhältnis zwischen den Ehegatten zu begründen, um entsprechenden Schutz zu gewährleisten. Das Gericht kann jedoch auch eine Aufteilung der Wohnung vornehmen und einzelnen Familienmitgliedern bestimmte Räume zuweisen. Ein entsprechender Gerichtsbeschluss im Rahmen einer einstweiligen Anordnung ist nicht mit der sofortigen Beschwerde anfechtbar, wenn nur ein Antrag auf Aufteilung der Wohnung gestellt wurde. Die sofortige Beschwerde setzt voraus, dass die Wohnung einem Ehegatten allein zugewiesen wurde (OLG Naumburg v. 09.12.2004, Az. 8 UF 165/04 FamRZ 2005, 2074 zu § 620c ZPO; Zöller/Philippi § 620c ZPO Rn. 6a; ebenso zu Beschwerde gegen eAO gem. § 57 S. 2 Nr. 5 FamFG: Keidel FamFG § 57 Rn. Rn. 10; a.A. J. Ebert Einstweiliger Rechtschutz in Familiensachen, Rn. 80, 2. Aufl. 2007).

400 Gem. § 1361b Abs. 1 S. 2 BGB kann eine unbillige Härte auch dann gegeben sein, wenn das Wohl der im Haushalt lebenden Kinder beeinträchtigt ist (OLG Stuttgart NJW-RR 2004, 434). Mit dieser Vorschrift wird lediglich klargestellt, dass das Kindeswohl ein vorrangig zu berücksichtigendes Kriterium ist und die bereits existierende Rechtsprechung normiert. Zur Beurteilung der Frage, ob eine unbillige Härte vorliegt, kann es von ausschlaggebender Bedeutung sein, wenn schwere Gesundheitsgefährdungen der **Kinder** zu erwarten sind.

401 Nicht ausreichend ist nach der bisherigen Rechtsprechung, dass die minderjährigen Kinder durch die andauernden Spannungen der Eltern belastet werden und es ihnen nicht zuzumuten ist, ihr Zuhause und die vertraute Umgebung zu verlassen. Die meisten Scheidungskinder sind davon betroffen, dass ihre Eltern in Unfrieden leben oder auch nur getrennt leben wollen und sich über die Benutzung der Ehewohnung nicht einigen können. Es würde dem Gesetzeszweck zuwiderlaufen, in derartigen Fällen regelmäßiger Beeinträchtigung des Kindeswohls schon eine schwere Härte i.S.d. § 1361b BGB zu sehen (OLG Düsseldorf FamRZ 1988, 1058 zu § 1361 BGB a.F.). Eine schwere Gesundheitsgefährdung der Kinder ist zwar nicht Voraussetzung, aber eine Gewaltanwendung unter den Ehegatten führt i.d.R. auch bei den Kindern zu seelischen Schäden, wenn sie die elterliche Gewalt miterleben (Kindler/Salzgeber/Fichtner/Waldner FamRZ 2004, 1241). Auch andauernde Spannungen und Streitereien der Eltern können zu erheblichen Belastungen der Kinder führen, so dass nach der neueren Rechtsprechung auch ohne Gewaltanwendung allein aus Gründen des Kindeswohls dem Ehegatten die Wohnung zugewiesen werden kann, der die Kinder betreut (OLG Celle NJW-RR 2006, 505; AG Tempelhof-Kreuzberg FamRZ 2003, 532; ebenso Haußleiter/Schulz Kap. 4 Rn. 19)

402 Bei einer Entscheidung über das Vorliegen einer unbilligen Härte i.S.v. § 1361b BGB muss das Gericht auch eine Abwägung treffen, die dahin geht, ob die Zuweisung der Ehewohnung zur alleinigen Benutzung »ultima ratio« ist und keine Alternative darin besteht, ein erträgliches Nebeneinander der Ehegatten in der aufgeteilten Ehewohnung zu gewährleisten (zur Rechtsstellung des getrennt lebenden Ehegatten gegenüber dem Vermieter der Ehewohnung, wenn der andere Ehegatte allein Mieter ist vgl. Johann Schneider FamRZ 2006, 10–11).

403 Ein Ehegatte kann von dem anderen die Überlassung der Ehewohnung zur alleinigen Benutzung nur verlangen, wenn auf eine andere Weise eine Befriedung der Ehegatten nicht zu erreichen ist und ein Zusammenleben unter einem Dach den auf die Beibehaltung der Ehewohnung stärker angewiesenen Ehegatten unzumutbar belasten würde (OLG Frankfurt/M. FamRZ 1987, 159).

Bei der Entscheidung im Rahmen des § 1361b Abs. 1 S. 1 BGB kommt es nicht auf die Ehedauer an. Auch eine kurze Ehedauer reicht aus, weil die Vorschrift des § 1361b BGB allein auf die Notwendigkeit der Besitzüberlassung abstellt (OLG Frankfurt/M. FamRZ 1987, 159). **404**

Die Ehegatten haben das Recht zum Mitbesitz an der Ehewohnung ungeachtet der dinglichen oder schuldrechtlichen Zuordnung. **405**

Das Gericht hat sodann eine Abwägung vorzunehmen zwischen den widerstreitenden Individualinteressen der Ehegatten (Coester FamRZ 1993, 249). Dabei ist zu berücksichtigen, dass der Ehegatte, der selbst überwiegend die Ursache für die unerträglichen Zustände in der Ehewohnung herbeigeführt hat, i.d.R. die Wohnungszuweisung zu seinen Gunsten nicht verlangen kann. **406**

Selbst wenn der Ehegatte mit den Kindern bereits aus der Ehewohnung ausgezogen ist, vom Verbleibenden keine Nutzungsentschädigung erhält und die Wohnung veräußern oder vermieten will wegen seiner Finanzierungslasten, reicht dies nicht aus. Normzweck des § 1361b BGB ist nur die vorläufige Benutzungsregelung für die Trennungszeit und nicht der Schutz des Eigentümers oder Miteigentümers (OLG Karlsruhe v. 13.10.1998, Az. 2 WF 97/98, 100/98; EzFamR aktuell 5/99, 72 ff.; OLG Hamm FamRZ 1998, 1172). **407**

Der alleinigen Wohnungszuweisung steht auch nicht entgegen, dass ein Partner ein dingliches Wohnrecht am gesamten Haus hat, das im Alleineigentum des anderen Ehepartners ist. Es stehen sich zwar wechselseitige dingliche Berechtigungen an der Ehewohnung gegenüber, die aber nicht für den Vorrang des einen oder anderen Ehepartners sprechen (OLG Köln FamRZ 1987, 77, 78). **408**

Das Alleineigentum des den anderen Ehegatten aussperrenden Ehepartners rechtfertigt die Zuweisung an den Alleineigentümer nicht, auch in diesem Fall erfolgt eine Wohnungszuweisung nur, wenn sie erforderlich ist, um eine unbillige Härte zu vermeiden (NJW-RR 2001, 939 f. zu § 1361b). **409**

Die Alleinzuweisung der Ehewohnung für die Dauer des Getrenntlebens setzt jedoch voraus, dass der antragstellende Ehepartner dort wohnen will. Eine vorläufige Ehewohnungszuweisung zum Zwecke der Vermietung kommt deshalb nicht in Betracht, selbst dann, wenn dem antragstellenden Ehegatten der Nießbrauch zusteht und der andere Ehegatte sich in Strafhaft befindet (OLG Frankfurt/M. v. 26.08.2003, Az. 3 UF 112/03). **410**

Statt einer Zuweisung zur alleinigen Nutzung, kann im Rahmen der Interessenabwägung vom Gericht auch die Zuweisung von einzelnen Wohnräumen und die gemeinsame Mitbenutzung von Gemeinschaftsräumen wie Bad, Küche, WC, durch das Gericht für die Trennungszeit angeordnet werden, wenn sich die Ehepartner nicht einigen können. **411**

bb) Zuweisung für die Zeit ab Scheidung

Nach einjährigem Getrenntleben ist eine einverständliche Scheidung möglich. Das Getrenntleben kann auch innerhalb der Ehewohnung stattfinden. Voraussetzung für die Zulässigkeit einer einverständlichen Scheidung ist jedoch, dass sich die Ehegatten über die Ehewohnung und den Hausrat einvernehmlich geeinigt haben. Dies geschieht i.d.R. durch Abschluss einer **Scheidungsvereinbarung**, in der die Rechtsverhältnisse über die Ehewohnung geklärt sind. Einigen sich die Parteien darüber, dass nur einer von ihnen das Mietverhältnis an der Ehewohnung fortsetzen soll und soll dies auch Wirkung im Außenverhältnis zum Vermieter entfalten, so mussten die Ehegatten früher die Zustimmung des Vermieters für eine solche Scheidungsvereinbarung einholen. Aufgrund der Neuregelung des § 1568a Abs. 3 BGB genügt jetzt eine gemeinsame Erklärung der Ehe- **412** gatten gegenüber dem Vermieter, dass nur ein Ehegatte das Mietverhältnis allein fortsetzt oder in das Mietverhältnis des anderen Ehegatten eintritt. Ein Zustimmungserfordernis besteht daher nur noch in den zwei Fällen, dass sich die Vereinbarung über die Mietwohnung bereits auf die Trennungszeit erstrecken soll oder dass es sich um eine Dienstwohnung handelt. Die Einzelheiten zu dieser gemeinsamen Erklärung der Ehegatten sind unter Rdn. 333 ff. erläutert. Erfolgt diese gemeinsame Erklärung nicht oder wird keine Vereinbarung mit dem Vermieter mit dessen Zustimmung getroffen, so bleibt der Ehepartner, der ausgezogen ist, dennoch Vertragspartner und damit mit verpflichtet gegenüber dem Vermieter (s.a. Schwartmann FamRB 2005, 371 ff.).

413 Streiten sich die Ehegatten über die Nutzung der Ehewohnung, so regelt der Familienrichter auf Antrag einer oder beider Parteien die Rechtsverhältnisse an der Ehewohnung. Ein Ehegatte kann nach § 1568a BGB die Überlassung der Wohnung verlangen, wenn er auf deren Nutzung unter Berücksichtigung des Wohls der im Haushalt lebenden Kinder und der Lebensverhältnisse der Ehegatten in stärkerem Maße angewiesen ist als der andere Ehegatte oder die Überlassung aus anderen Gründen der Billigkeit entspricht. Ist einer der Ehegatten allein oder gemeinsam mit einem Dritten Eigentümer des Grundstücks, auf dem sich die Ehewohnung befindet, oder steht einem Ehegatten allein oder gemeinsam mit einem Dritten ein Nießbrauch, das Erbbaurecht oder ein dingliches Wohnrecht an dem Grundstück zu, so kann der andere Ehegatte die Überlassung nur verlangen, wenn dies notwendig ist, um eine unbillige Härte zu vermeiden. Entsprechendes gilt für das Wohnungseigentum und das Dauerwohnrecht. Hinsichtlich der Auslegung des Begriffs der »unbilligen Härte« wird auf die obigen Ausführungen unter Rdn. 398 ff. zur Zuweisung in der Trennungszeit verwiesen. Es ist daher zwischen der Zuweisung einer Mietwohnung und einer Zuweisung der Ehewohnung an den nicht dinglich berechtigten Ehegatten zu unterscheiden.

414 Bisher war das Familiengericht jedoch an einen konkret gestellten Antrag nicht gebunden. Es konnte nach billigem Ermessen unter Berücksichtigung aller Umstände des Einzelfalles entscheiden, welchem der Partner es die Ehewohnung zuweist. Da § 1568a BGB nun als Anspruchsgrundlage (s. Wortlaut »verlangen«) ausgestaltet ist, kann das Gericht jetzt nur noch dem Ehegatten die Wohnung zuweisen, der die Zuweisung an sich beantragt. Ein Ehegatte kann deswegen auch nicht beantragen, dass die Ehewohnung dem anderen Ehegatten zugewiesen wird (Götz NJW 2008, 3025, 3027).

415 Der Richter konnte früher nach § 2 HausratsVO die Rechtsverhältnisse nach billigem Ermessen gestalten. § 2 HausratsVO wurde ersatzlos gestrichen und der Gesetzgeber sieht jetzt als Rechtsfolge einer Zuweisung nur noch die **Begründung oder die Fortführung eines Mietverhältnisses** vor, so dass auch bei einer Zuweisung an den nicht dinglich Berechtigten im Regelfall ein Mietvertrag nach § 1568a Abs. 5 BGB zu begründen ist (BT-Drucks. 16/10798 S. 35). Das Gericht hat zwar wie bisher alle Umstände des Einzelfalles, insbesondere das Wohl der Kinder und die Erfordernisse des Gemeinschaftslebens zu berücksichtigen (OLG Karlsruhe FamRZ 1978, 132 und 712; OLG Koblenz FamRZ 1987, 852). In der Praxis führt die Abwägung der widerstreitenden Interessen der Ehegatten durch den Familienrichter i.d.R. dazu, dass er der Ehefrau und den ggf. mit ihr gemeinsam in der Ehewohnung lebenden Kindern die Ehewohnung zuspricht. Den Kindern soll neben Trennung und Scheidung der Eltern nicht zusätzlich ein Umgebungswechsel, häufig verbunden mit Kindergarten- und Schulwechsel, zugemutet werden. Zudem trägt das Gericht der Tatsache Rechnung, dass es für einen Alleinstehenden eher möglich ist, eine Wohnung zu finden (OLG Karlsruhe FamRZ 1981, 1087).

416 Grundsätzlich ist jedoch auch die Entscheidung möglich, dass das Familiengericht im Wege der einstweiligen Anordnung verfügt, dass dem anderen Ehegatten, der aus der

Ehewohnung ausgewiesen wurde, wieder Mitbesitz an der Ehewohnung einzuräumen ist. Eine solche im Wege der einstweiligen Anordnung ergangene Entscheidung ist mit der sofortigen Beschwerde nicht anfechtbar, weil es sich nicht um eine Zuweisung der Ehewohnung handelt (OLG Bamberg v. 21.02.2005, Az. 2 WF 22/05).

(1) Zuweisung einer angemieteten Ehewohnung

417 Wurde die Ehewohnung von einem Ehegatten allein oder von beiden Ehegatten angemietet, so führt die Zuweisung der Ehewohnung zu einem Wechsel der Mietpartei. Mit Rechtskraft des Beschlusses führt der Ehegatte bei gemeinsamer Anmietung das Mietverhältnis alleine fort bzw. tritt bei alleiniger Anmietung durch den anderen Ehegatten in das Mietverhältnis ein. Diese in § 1568a BGB angeordnete Rechtsfolge tritt kraft Gesetzes ein. Es ist nicht mehr notwendig, dass der Richter wie früher nach § 5 Abs. 2, 1 HausratsVO ein Mietverhältnis begründet. Der **Vermieter** ist zwar an diesem Verfahren gem. § 204 Abs. 1 FamFG zu beteiligen, die Entscheidung des Gerichts kann jedoch auch gegen seinen Willen getroffen werden (Dörr NJW 1989, 810, 811). Das Familiengericht kann aber nicht mehr wie früher (s. z.B. zur alten Rechtslage OLG Hamburg FamRZ 1982, 939, 940) mit rückwirkender Kraft ein solches Mietverhältnis zugunsten eines Ehepartners begründen, wenn es zuvor durch wirksame Kündigung eines Ehegatten oder durch Vereinbarung mit dem Vermieter vorzeitig beendet worden ist.

418 Handelt es sich um eine Mietwohnung, die aufgrund eines Dienst- oder Arbeitsverhältnisses überlassen wurde, so kann ein Ehegatte die Zuweisung an sich nur verlangen, wenn der **Vermieter zustimmt** oder die Zuweisung notwendig ist, um eine **schwere Härte** zu vermeiden (§ 1568a Abs. 4 BGB). In den seltensten Fällen wird der Vermieter zustimmen. Für eine Zuweisung gegen den Willen des Vermieters reicht somit nicht eine unbillige Härte, sondern nur eine schwere Härte, um der Zweckbindung der Wohnungsüberlassung im Verhältnis zwischen Dienstherr und Dienstverpflichtetem Rechnung zu tragen. Nach der Gesetzesbegründung (BT-Drucks. 16/10798 S. 34) kann eine schwere Härte z.B. dann angenommen werden, wenn der Ehegatte psychisch schwer krank ist und die mit dem Fortzug veranlasste Veränderung seiner Lebensumwelt sich negativ auf seinen Gesundheitszustand auswirken würde (AG Kerpen FamRZ 1997, 1344, 1345) oder wenn die Wohnung für diesen Ehegatten behindertengerecht umgebaut worden ist. Der Grundsatz der Verhältnismäßigkeit und die besonders geschützten Interessen des Vermieters gebieten es i.d.R., dass die Wohnung nur befristet zugewiesen wird (BayObLG FamRZ 1974, 17).

419 Nach dem Wortlaut des § 1568a Abs. 4 BGB gilt dieser sowohl für Werkmietwohnungen als auch für Werkdienstwohnungen. Bei letzteren beruht die Überlassung der Wohnung jedoch auf dem Arbeitsvertrag. Bei der Begründung eines Mietverhältnisses mit dem anderen Ehegatten würde jedoch in den Arbeitsvertrag eingegriffen, wofür aber § 1568a Abs. 4 BGB keine rechtliche Grundslage bietet. § 1568a Abs. 4 BGB ist daher auf Werkdienstwohnungen nicht anwendbar (Blank WuM 2009, 555; Götz/Brudermüller NJW 2010, 5).

420 Wenn die Ehegatten untereinander Einvernehmen über die weitere Nutzung der Ehewohnung durch einen Ehegatten erzielt haben und der Vermieter mit einer derartigen Nutzung einverstanden war, aber die Entlassung eines Ehegatten aus dem Mietverhältnis verweigerte, konnte das Gericht früher nach § 5 HausratsVO rechtsgestaltend in die Regelung des Mietverhältnisses eingreifen und eine Wohnungszuweisung durchführen mit der Folge, dass der Mietvertrag dennoch nur zwischen Vermieter und einem der Ehegatten fortgesetzt werden konnte (OLG Köln EzFamR Nr. 24 1998, 375; a.A. OLG Köln FamRZ 1989, 640). Aufgrund der Neuregelung in § 1568a Abs. 3 BGB ist ein Wohnungszuweisungsverfahren in einem solchen Fall jetzt entbehrlich, da die Ehegatten, wenn sie sich über die Weiternutzung der Mietwohnung einig sind, nur noch eine gemeinsame Erklärung gegenüber dem Vermieter abgeben müssen, wer ab Rechtskraft der Scheidung die Ehewohnung weiter nutzen wird. Allein aufgrund dieser Erklärung tritt per Gesetz die Rechtsfolge ein, dass das Mietverhältnis bei gemeinsamer Anmietung nur noch mit einem Ehegatten allein fortgesetzt wird bzw. bei alleiniger Anmietung des einen Ehegatten der andere Ehegatte in das Mietverhältnis zu unveränderten Mietkonditionen eintritt (s. dazu i.E. Rdn. 333 ff.). Ein Wohnungszuweisungsverfahren ist trotz Einigkeit der Ehegatten aber dann erforderlich, wenn es sich um eine Werkmietwohnung handelt, da ohne Zustimmung des Vermieters, die Zuweisung an einen Ehegatten nur bei einer schweren Härte erfolgen darf (s.o. Rdn. 418).

421 Die Neuregelung in § 1568a Abs. 3 BGB mit einem automatischen Eintritt des Ehegatten in das bestehende Mietverhältnis sieht aber keinerlei Sicherungsmaßnahmen mehr zugunsten des Vermieters vor, obwohl dem Vermieter häufig der wirtschaftlich schwächere Teil als Vertragspartner aufgedrängt wird. Früher konnte der Familienrichter bei der Umgestaltung des Mietverhältnisses auch zugunsten des Vermieters Anordnungen zur Sicherung seiner mietrechtlichen Ansprüche treffen (§ 5 Abs. 1 S. 2 HausratsV). Hier kam eine zeitlich befristete Haftung des räumenden Ehegatten z.B. für Mietzahlung, Schönheitsreparaturen, Kaution in Betracht. § 5 Abs. 1 S. 2 HausratsVO wurde ersatzlos gestrichen und stattdessen lediglich die Kündigungsmöglichkeit des Vermieters aus wichtigem Grunde gem. § 1568a Abs. 3 S. 2 i.V.m. § 563 Abs. 4 BGB eingeführt (s. nähere Einzelheiten zum Kündigungsrecht (Rdn. 345 ff.). Diese Streichung wurde damit begründet, dass eine solche richterliche Anordnung in ein auf Anspruchsgrundlagen umgestelltes System nicht passen würde. Für den Vermieter gäbe es hierfür auch kein Bedürfnis, da er bei Zahlungsrückständen das Mietverhältnis kündigen könne (BT-Drucks. 16/10798 S. 34).

422 Das **Pfandrecht des Vermieters** an den eingebrachten Sachen des ausscheidenden Mieters erlischt für die Zukunft. Nur der verbleibende Ehegatte wird bei entsprechender richterlicher Regelung Alleinmieter.

(2) Zuweisung der Wohnung bei Alleineigentum/Miteigentum der Ehegatten

423 Das Gericht kann sowohl bei einer Entscheidung nach § 1361b BGB als auch nach § 1568a Abs. 5 BGB die Wohnung dem Nichteigentümer nur zur Nutzung zuweisen, nicht aber in die Eigentumsverhältnisse an der Ehewohnung eingreifen. In § 1568a Abs. 5 BGB ist vorgesehen, dass sowohl der Ehegatte, dem die Wohnung zugewiesen wird, als auch die zur Vermietung berechtigte Person, die **Begründung eines Mietverhältnisses zu ortsüblichen Bedingungen verlangen** kann.

424 Der Vermieter kann eine **angemessene Befristung** des Mietverhältnisses verlangen und zwar dann, wenn die Voraussetzungen des § 575 Abs. 1 BGB vorliegen, oder wenn die Begründung eines unbefristeten Mietverhältnisses unter Würdigung der berechtigten Interessen des Vermieters unbillig wäre.

425 Zur Wahrung der Belange der im Haushalt lebenden Kinder kann das Gericht auch bei Alleineigentum des anderen Partners eine befristete Zuweisung der Ehewohnung an den betreuenden Elternteil vornehmen (vgl. OLG Stuttgart NJW-RR 2004, 434; OLG Jena NJW-RR 2004, 435).

426 Kommt eine Einigung über die Höhe der Miete nicht zustande, kann der Vermieter eine angemessene Miete, im Zweifel die ortsübliche Vergleichsmiete, verlangen. Insoweit bietet die gerichtliche Begründung eines Mietverhältnisses zwischen den Eheleuten, dh dem

Alleineigentümer und dem verbleibenden Ehegatten als Nutzer, ausreichend Schutz. Sollte der Alleineigentümer die Ehewohnung veräußern, so kann sich der verbleibende Ehegatte gegenüber dem Erwerber auf den Kündigungsschutz aus dem Mietvertrag berufen (§§ 566, 573 BGB). Wird dem Ehegatten für die Zeit der Trennung die Wohnung nach § 1361b BGB nur zur Nutzung zugewiesen ohne gleichzeitige Begründung eines Mietverhältnisses, so kann sich der Ehegatten im Veräußerungsfall auf den Schutz des § 566 BGB nicht berufen, wenn er es versäumt hat, auch einen Antrag auf Zuweisung der Wohnung für die Zeit nach Rechtskraft der Scheidung zu stellen und die Begründung eines Mietverhältnisses nach § 1568a Abs. 5 BGB zu verlangen. Eine analoge Anwendung des § 566 BGB scheidet dann aus (OLG München FamRZ 2001, 1709).

427 Droht eine Veräußerung und bedarf der Ehegatte, der in der Ehewohnung verbleiben will, des raschen Rechtsschutzes, so ist eine Sicherung seines Rechts auf Begründung eines Mietverhältnisses durch einstweilige Anordnung nach §§ 49 ff. FamFG erzielbar. Eine solche einstweilige Anordnung kann nunmehr selbstständig anhängig gemacht werden (§ 51 Abs. 3 FamFG), unabhängig von der Anhängigkeit einer Hauptsache.

428 Gemäß § 1568a Abs. 6 BGB **erlischt** in den Fällen der Absätze 3 und 5 der **Anspruch** auf Eintritt oder Begründung eines Mietverhältnisses **ein Jahr nach Rechtskraft der Endentscheidung** in der Scheidungssache, wenn er nicht vorher rechtshängig gemacht worden ist. Da es sich um eine materielle Ausschlussfrist handelt, kann das Gericht nach Fristablauf auch keine Regelung nur im Innenverhältnis zwischen den Ehegatten mehr treffen. Nach Ablauf der Frist kann daher nur im Einverständnis mit dem Vermieter oder einem Drittbeteiligten ein Eintritt in ein Mietverhältnis bzw. seine Begründung oder Änderung vereinbart werden (BT-Drucks. 16/10798 S. 37).

cc) Nutzungszuweisung und Nutzungsentschädigung

429 Bei der Frage, inwieweit ein Anspruch auf Nutzungsentschädigung besteht, muss zwischen der Zuweisung für die Trennungszeit und für die Zeit ab Rechtskraft der Scheidung unterschieden werden. Eine Nutzungsentschädigung ist im Gesetz ausdrücklich nur bei einer Zuweisung der Ehewohnung nach § 1361b Abs. 3 S. 2 BGB für die Trennungszeit vorgesehen. Eine entsprechende Regelung wurde vom Gesetzgeber in der Neuregelung des § 1568a BGB bei einer Zuweisung für die Zeit ab Rechtskraft der Scheidung leider nicht mit aufgenommen. Der Gesetzgeber sieht in letzterem Fall nur noch die Begründung eines Mietverhältnisses nach § 1568a Abs. 5 BGB zwischen den Ehegatten oder zwischen dem Ehegatten und einem zur Vermietung berechtigten Dritten vor, wenn kein Mietverhältnis über die Wohnung besteht. Der Mietvertrag soll den Ehegatten vor allem vor dem Verkauf der Ehewohnung durch den Alleineigentümer oder vor einer möglichen Teilungsversteigerung bei Miteigentum schützen.

(1) in der Trennungszeit

430 In der Trennungszeit richtet sich nach inzwischen wohl überwiegender Ansicht der Anspruch auf Nutzungsentschädigung allein nach § 1361b Abs. 3 S. 2 BGB, da insbesondere auch bei Miteigentum der Ehegatten § 1361b BGB als lex specialis zu der allgemeinen Reglung des § 745 Abs. 2 BGB anzusehen ist (OLG Hamm FamRZ 2008, 1935, ebenso Palandt/Brudermüller § 1361b BGB Rn. 20 m.w.N.) Ein Anspruch auf Nutzungsentschädigung kommt auch bei freiwilligem Auszug eines Ehegatten, der weder gerichtlich noch vertraglich dazu verpflichtet ist, dem anderen Ehegatten die Wohnung allein zu überlassen, in Betracht. Die Nutzungsentschädigung kann nicht bereits ab Auszug des Partners verlangt werden, sondern erst ab dem Zeitpunkt, ab dem das Begehren geltend gemacht wird, weil dem in der Wohnung Verbleibenden Gelegenheit gegeben werden muss, sich auf das Zahlungsverlangen einzustellen (OLG München EzFamR Nr. 4 1999, 54). Für die Höhe einer eventuellen Nutzungsentschädigung sind die wirtschaftlichen Verhältnisse der Ehegatten und ihre bisherige Lebensgestaltung, der beabsichtigte Wohnbedarf und die dafür verfügbaren Mittel maßgebend (OLG Karlsruhe EzFamR Nr. 5 1999, 72 f.). Nach Auffassung des BGH ist Obergrenze stets die ortsübliche Miete (BGH NJW 1994, 1721). Nach Ansicht des OLG Düsseldorf bestimmt sich die Nutzungsentschädigung für eine Eigentumswohnung nach der ortsüblichen Miete abzüglich der Kosten und Lasten, die der verbleibende Ehegatte faktisch allein trägt (OLG Düsseldorf 24.05.2005, Az. I-24 U 198/04; OLG Dresden 10.05.2005, Az. 21 ARf 7/05). In der Praxis ist der Tatsache Rechnung zu tragen, dass der Mietwert der selbst genutzten Wohnung in die Unterhaltsberechnung mit einfließt und dass ggf. ein gesamtschuldnerischer Ausgleich für noch auf der Wohnung lastende gemeinsame Verbindlichkeiten geltend gemacht wird. Diese wirtschaftlichen Erwägungen sind bei der Bestimmung der Nutzungsentschädigung mit zu berücksichtigen.

431 Für sämtliche Verfahren über die Nutzungsentschädigung in der Trennungszeit sind die Verfahrensvorschriften der §§ 200 ff. FamFG anzuwenden, da Verfahren nach § 1361b BGB gem. § 200 Abs. 1 Nr. 1 FamFG Ehewohnungssachen darstellen. Wurde die Nutzungsentschädigung festgesetzt, gelten die §§ 200 ff. FamFG auch für einen Streit um die Erstattung von Nebenkosten (OLG Frankfurt Beschl. v. 17.09.2008, Az. 6 UFH 1/08).

(2) ab Rechtskraft der Scheidung

432 Der Streit darüber, auf welche Rechtsgrundlage der Anspruch auf eine Nutzungsentschädigung gestützt werden kann, wird gerade für die Zeit ab Rechtskraft der Scheidung relevant, da § 1568a BGB hierzu keine Regelung trifft. Wird von dem Ehegatten (evtl. ganz bewusst) kein Antrag auf Begründung eines Mietverhältnisses gestellt, dann ist die Frage der Nutzungsentschädigung zu klären, da die Zuweisung der Wohnung an den Nichteigentümer verfassungsrechtlich nur zulässig ist, wenn die Zuweisung befristet wird und dem Eigentümer ein Nutzungsentgelt gewährt wird. Teilweise wird auf §§ 987 Abs. 1, 990 Abs. 1, 100 BGB zurückgegriffen (Wever in: Schröder/Bergschneider FamilienvermögensR, 2. Aufl., Rn. 5.114). Als Rechtsgrundlage bei Alleineigentum wurde teilweise auch § 3 HausratsVO herangezogen (OLG Köln FamRZ 2002, 1124; Haußleiter/Schulz Vermögensauseinandersetzung bei Trennung zu. Scheidung, Kap. 4 Rn. 67). Das OLG München wendete bei Miteigentum §§ 2, 3 HausratsVO analog an (OLG München NJW 2008, 381). Diese beiden vorgeschlagenen Wege scheiden nunmehr aus, da §§ 2, 3 HausratsVO durch die Gesetzesänderung abgeschafft wurden und § 1568a BGB ausdrücklich keine Nutzungsentschädigungsregelung, sondern nur die Begründung eines Mietverhältnis vorsieht. Bei Miteigentum geht die wohl noch herrschende Ansicht von § 745 Abs. 2 BGB als Anspruchsgrundlage aus. Der BGH hatte die Frage zuletzt offen gelassen (BGH NJW-RR 2006, 1081). Götz/Brudermüller (NJW 2008, 3025, 3030) vertreten daher die Auffassung, dass in § 1568a BGB unbedingt noch eine Regelung zur Nutzungsentschädigung aufgenommen werden sollte, für den Fall, dass kein Mietverhältnis zustande kommt. Die Möglichkeit, ein Mietverhältnis zu begründen, würde nicht allen familienrechtlichen Fallkonstellationen gerecht werden.

433 Mangels ausdrücklicher Erwähnung der Nutzungsentschädigung in § 1568a BGB ist derzeit offen, nach welchen Verfahrensvorschriften sich dieses Verfahren richtet. Naheliegend wäre es, insb. im Hinblick auf die Regelung zur Nutzungsentschädigung in § 1361b BGB, einen solchen Streit zwischen Ehegatten kraft Sachzusammenhangs als Ehewohnungssache nach § 200 Abs. 1 Nr. 2 FamFG zu behandeln mit der Konsequenz, dass die Verfahrensvorschriften nach §§ 200 ff. FamFG nebst Amtsermittlungsgrundsatz anzuwenden sind (so Keidel § 200 FamFG Rn. 10). Stellt man mit der h.M. auf § 745 BGB als

Anspruchsgrundlage ab, dann müsste ein solches Verfahren wohl als sonstige Familienstreitsache nach §§ 111 Nr. 10, 266 FamFG beim Familiengericht anhängig gemacht werden (Götz/Brudermüller NJW 2008, 3025, 3030).

Umstritten war bisher, ob gegen Beschlüsse, die Regelungen über Räumungsfristen und Nutzungsentschädigungen enthielten, die sofortige Beschwerde gem. § 620c S. 1 ZPO a.F. statthaft ist (verneinend OLG Brandenburg FamRZ 2003, 1305; bejahend Wick Rechtsbehelfe gegen einstweilige Anordnungen, Familienrecht kompakt 3/2005, 50, 52). Dieser Streit hat sich nunmehr erledigt. § 209 Abs. 1 FamFG regelt für das Hauptsacheverfahren, dass das Gericht mit der Endentscheidung die Anordnungen treffen soll, die zur Durchführung erforderlich sind. Da sich das einstweilige Anordnungsverfahren grundsätzlich nach den Vorschriften der Hauptsache richtet (§ 51 Abs. 2 FamFG), soweit sich nicht aus den Besonderheiten des einstweiligen Rechtsschutzes etwas anderes ergibt, kann das Gericht bereits im einstweiligen Anordnungsverfahren auch Anordnungen zu Räumungsfristen und Nutzungsentschädigungen treffen. Da nach dem FamFG einheitlich, d.h. auch im einstweiligen Anordnungsverfahren nur noch durch Beschluss (§ 38 FamFG) entschieden wird, ist die Beschwerde gegen eine einstweilige Anordnung zulässig, wenn das Gericht aufgrund mündlicher Erörterung über einen Antrag auf Zuweisung der Ehewohnung entschieden hat (§ 57 S. 2 Nr. 5, § 58 FamFG). **434**

dd) Prozessuales

Das Wohnungszuweisungsverfahren richtet sich sowohl für die Zeit ab Trennung der Ehegatten als auch die Zeit nach der Scheidung nach dem FamFG (in Kraft seit 01.09.2009) und ist ein Verfahren der freiwilligen Gerichtsbarkeit, so dass insbesondere der Amtermittlungsgrundsatz gilt. Für das Verfahren gelten die speziellen Vorschriften in **§§ 200 ff. FamFG**, die insbesondere Regelungen zur örtlichen Zuständigkeit, zur Abgabe an das Gericht der Ehesache, zur Antragstellung und den Beteiligten, zur Anhörung des Jugendamtes und zur Durchführung und Wirksamkeit der Entscheidung enthalten. Im Übrigen sind die allgemeinen Vorschriften des FamFG anzuwenden. Alle Entscheidungen nach dem FamFG ergehen nur noch als Beschluss (§ 38 FamFG). **435**

(1) Antrag

Die Einleitung des Verfahrens setzt einen **Antrag** nach § 203 FamFG voraus, da das Gericht von Amts wegen nicht tätig wird. In dem Antrag sind gem. § 23 FamFG die Personen, die als Beteiligte in Betracht kommen, also z.B. auch der Vermieter, zu benennen. Der Antrag soll begründet werden und die zur Begründung dienenden Tatsachen und Beweismittel angegeben werden. Außerdem ist anzugeben, ob Kinder im Haushalt der Ehegatten leben (§ 203 Abs. 2 FamFG). Bei den entsprechenden Anträgen ist darauf zu achten, dass Gründe für eine unbillige Härte dargelegt werden. Ein allgemeiner Sachvortrag wie etwa die Behauptung, »der Ehemann habe die Ehefrau ständig beschimpft und bedroht«, ist nicht ausreichend (OLG Karlsruhe FamRZ 1991, 1440). Es müssen die einzelnen Vorfälle unter Aufführung von Ort, Zeit und genauen Umständen, möglichst mit Beweismitteln dargelegt werden. Ansonsten läuft der Antragsteller Gefahr, dass der Sachvortrag als unsubstantiiert zurückgewiesen wird. Bei einem einmaligen Vorfall müssen Anhaltspunkte dargelegt werden, dass sich Vergleichbares wiederholen könnte (OLG München EzFamR Nr. 4 1999, 54). Die Gerichte stellen auf den Einzelfall ab. Zur Wahrung der Belange der im Haushalt lebenden Kinder kann das Gericht auch bei Alleineigentum des anderen Partners eine befristete Zuweisung der Ehewohnung an den betreuenden Elternteil vornehmen (vgl. OLG Stuttgart NJW-RR 2004, 434; OLG Jena NJW-RR 2004, 435). **436**

(2) Zuständigkeit

437 **Sachlich zuständig** ist das **Familiengericht** (§ 23a Abs. 1 Nr. 1 GVG i.V.m. § 111 Nr. 5 FamFG).

438 Die **örtliche** Zuständigkeit ist als **ausschließliche** Zuständigkeit in der nachfolgenden Reihenfolge geregelt:

- während der Anhängigkeit einer Ehesache das Gericht, bei dem die Ehesache im ersten Rechtszug anhängig ist oder war;
- das Gericht, in dessen Bezirk sich die gemeinsame Wohnung der Ehegatten befindet;
- das Gericht, in dessen Bezirk der Antragsgegner seinen gewöhnlichen Aufenthalt hat;
- das Gericht, in dessen Bezirk der Antragsteller seinen gewöhnlichen Aufenthalt hat.

(3) Verfahrensablauf und Anhörung/Beteiligung des Jugendamtes

439 Das Gericht soll die Angelegenheit mit den Ehegatten in einem Termin erörtern, das persönliche Erscheinen der Ehegatten anordnen (§ 207 FamFG) und darauf hinwirken, dass sie sich gütlich einigen (§ 36 Abs. 1 S. 2 FamFG). Gem. § 204 FamFG sind in Ehewohnungssachen nach § 200 Abs. 1 Nr. 2 i.V.m. § 1568a BGB auch der Vermieter der Wohnung, der Grundstückseigentümer, der Dritte (§ 1568a Abs. 4 BGB) und Personen, mit denen die Ehegatten oder einer von ihnen hinsichtlich der Wohnung in Rechtsgemeinschaft stehen, zu beteiligen.

440 Das Gericht soll gem. § 205 FamFG das Jugendamt anhören, wenn Kinder im Haushalt der Ehegatten leben. Unterbleibt die Anhörung allein wegen Gefahr im Verzug, ist sie unverzüglich nachzuholen. Das Jugendamt ist nicht nur anzuhören, sondern am Verfahren zu beteiligen, wenn Kinder im Haushalt der Ehegatten leben und das Jugendamt einen solchen Antrag stellt (§ 204 Abs. 2 FamFG). Weiterhin hat das Gericht die Entscheidung förmlich mitzuteilen, da dem Jugendamt nunmehr gegen die Entscheidung eine eigene Beschwerdebefugnis nach § 205 Abs. 2 S. 2 FamFG zusteht, unabhängig davon, ob es am Verfahren beteiligt war oder beschwert ist.

(4) Inhalt und Rechtskraft der Entscheidung

441 Das Gericht soll mit der Endentscheidung gem. § 209 Abs. 1 FamFG die Anordnungen treffen, die zu ihrer Durchführung erforderlich sind. Das Gericht kann daher insbesondere die Räumung und Herausgabe der Wohnung und der Schlüssel, Räumungsfristen, ein Betretungsverbot, die Erstattung von Umzugskosten, die Zuweisung einzelner Räume nebst Festlegung von Zeiten zur Mitbenutzung anordnen. Daneben kann es auch Unterlassungsanordnungen und eine Nutzungsvergütung nach § 1361b Abs. 3, 2 BGB festlegen. Der Ehegatte hat somit alles zu unterlassen, was geeignet ist, die Ausübung des Nutzungsrechts an der Wohnung zu erschweren oder zu vereiteln, so dass auch das Verbot ergehen kann, das Mietverhältnis über die Wohnung zu kündigen oder durch Vertrag aufzuheben.

442 Die Endentscheidungen in Ehewohnungssachen werden mit Rechtskraft wirksam und nicht schon mit der Bekanntgabe (§ 209 Abs. 2 FamFG). Das Gericht soll in Ehewohnungssachen nach § 200 Abs. 1 Nr. 1 (Zuweisung für die Trennungszeit) die sofortige Wirksamkeit anordnen. Gem. § 209 Abs. 3 FamFG kann das Gericht mit der Anordnung der sofortigen Wirksamkeit auch die Zulässigkeit der Vollstreckung vor der Zustellung an den Antragsgegner anordnen.

443 Gem. § 48 Abs. 1 FamFG kann das Gericht des ersten Rechtzugs eine rechtskräftige Endentscheidung mit Dauerwirkung aufheben oder ändern, wenn sich die zugrunde liegende Sach- oder Rechtslage nachträglich wesentlich geändert hat. Da es sich bei einer Woh-

nungszuweisung um eine Entscheidung mit Dauerwirkung handelt, kann ein solche Abänderung oder Aufhebung auf Antrag erfolgen. § 48 FamFG ist auf das Wohnungszuweisungsverfahren anwendbar, da § 113 FamFG lediglich für Familienstreitsachen die Anwendung ausschließt. Eine Abänderung wird daher im Regelfall nur bei Wohnungszuweisungsverfahren für die Trennungszeit nach § 1361b BGB oder im Rahmen von einstweiligen Anordnungen praktisch in Betracht kommen, da hier nicht rechtsgestaltend in das Mietverhältnis eingegriffen wird. Wird die Mietwohnung einem Ehegatten nach § 1568a BGB zugewiesen und tritt damit dieser in das Mietverhältnis ein bzw. setzt es alleine fort oder wird ein Mietverhältnis nach § 1568a Abs. 5 mit einem Dritten begründet, würde eine abändernde Entscheidung erneut in die Rechte des Vermieters eingreifen. § 17 HausratsVO wurde durch § 48 FamFG ersetzt, aber nicht vollständig vom Wortlaut her übernommen, insb. nicht § 17 Abs. 1 S. 2 und Abs. 2. Nach dem in § 17 Abs. 1 S. 2 HausratsVO ehemals geltenden Rechtsgedanken, dass eine Abänderung nur erfolgen darf, wenn der Dritte einverstanden ist, ist auch § 48 Abs. 1 FamFG in diesem Sinne einschränkend auszulegen. Das Verhältnismäßigkeitsprinzip und der grundrechtliche Schutz des Eigentums des Vermieters gebieten es, dass eine Abänderung nur mit Zustimmung des Vermieters erfolgt. Angesichts der Frist in § 1568a Abs. 6 BGB, nach der der Anspruch auf Zuweisung der Ehewohnung ein Jahr nach Rechtskraft der Scheidung erlischt, wird ein solcher Abänderungsantrag nur vor Ablauf der Jahresfrist gestellt werden können.

Auch wenn die Beteiligten einen gerichtlichen Vergleich gem. § 36 FamFG geschlossen **444** haben, kommt ein materieller Anspruch auf Anpassung wegen Wegfalls der Geschäftsgrundlage (§§ 242, 313 BGB) in Betracht. Ein solcher Anspruch ist auf Antrag in einem neuen Verfahren geltend zu machen. Gem. § 17 Abs. 2 HausratsVO konnten auch Vergleiche abgeändert werden, so dass viel für die analoge Anwendung von § 48 Abs. 1 FamFG auf Vergleiche spricht, nachdem das FamFG nur für Unterhaltsvergleiche eine spezielle Regelung in § 239 FamFG trifft (Keidel FamFG 16. Aufl. § 36 Rn. 49). Auch bei Prozessvergleichen, die im Rahmen einer Ehewohnungssache nach § 1568a BGB geschlossen wurden, wird die Ausschlussfrist nach § 1568a BGB dazu führen, dass eine Abänderung nach Ablauf der Frist nicht mehr verlangt werden kann, jedenfalls nicht ohne Zustimmung des Vermieters.

(5) Streitwert

Gem. § 48 Abs. 1 FamGKG beträgt der Verfahrenswert in Ehewohnungssachen nach **445** § 200 Abs. 1 Nr. 1 FamFG für die Trennungszeit 3.000 Euro und in Ehewohnungssachen nach § 200 Abs. 1 Nr. 2 FamFG für die Zeit ab Rechtskraft der Scheidung 4.000 Euro. Das Gericht kann jedoch nach § 48 Abs. 3 FamGKG einen höheren oder niedrigeren Wert festsetzen, wenn die vorgenannten Beträge nach den Umständen im Einzelfall unbillig sind. Im Verfahren der einstweiligen Anordnung ist der Wert i.d.R. unter Berücksichtigung der geringeren Bedeutung gegenüber der Hauptsache zu ermäßigen (§ 41 FamGKG). Dabei ist von der Hälfte des für die Hauptsache bestimmten Werts auszugehen. Da Hauptsacheverfahren und einstweilige Anordnungen jeweils eigene Angelegenheiten gem. § 17 Nr. 4b RVG darstellen, erhält der Rechtsanwalt wie bisher für beide Verfahren jeweils die Gebühren nach Nr. 3100 VV RVG ff.

(6) einstweilige Anordnung

Im FamFG wurde nunmehr für Familiensachen und für Verfahren der freiwilligen **446** Gerichtsbarkeit ein einheitliches Verfahren für eine einstweilige Anordnung in den §§ 49 ff. FamFG geschaffen. Es besteht daher in Ehewohnungssachen wie bisher die Möglichkeit, eine einstweilige Anordnung zu beantragen, wenn die einstweilige Anordnung nach den für das Rechtsverhältnis maßgebenden Vorschriften gerechtfertigt ist (= Verfügungsanspruch) und ein dringendes Bedürfnis für ein sofortiges Tätigwerden besteht. Das Gericht muss daher summarisch prüfen, ob die Voraussetzungen für eine Wohnungszuweisung nach § 1361b BGB oder § 1568a BGB vorliegen. Die einstweilige Verfügung nach §§ 935 ff. ZPO ist im Anwendungsbereich der einstweiligen Anordnung nach dem FamFG ausgeschlossen (BT-Drucks. 16/6308 S. 226).

447 Neu ist, dass die einstweilige Anordnung ein selbstständiges Verfahren gem. § 51 Abs. 3 FamFG bildet und nicht mehr wie früher die Anhängigkeit einer Hauptsache voraussetzt. Wird die einstweilige Anordnung erlassen, so kann jeder Beteiligter nach § 52 Abs. 1 FamFG beantragen, dass das Hauptsacheverfahren eingeleitet wird. Nachdem Ehewohnungssachen nur auf Antrag eingeleitet werden, hat das Gericht gem. § 52 Abs. 2 FamFG auf Antrag eines Beteiligten anzuordnen, dass der Beteiligte, der die einstweilige Anordnung erwirkt hat, binnen einer zu bestimmenden Frist von max. 3 Monaten einen Antrag auf Einleitung des Hauptsacheverfahrens zu stellen hat. Wird dieser Anordnung nicht Folge geleistet, so muss das Gericht die einstweilige Anordnung aufheben.

(7) Rechtsbehelfe

448 Gegen den im ersten Rechtszug in der Hauptsache ergangenen Beschluss des Familiengerichts ist die Beschwerde nach §§ 58 ff. FamFG zum OLG (§ 119 Abs. 1 Nr. 1a GVG) statthaft. Gegen eine einstweilige Anordnung ist die Beschwerde nur dann statthaft, wenn die Entscheidung aufgrund einer mündlichen Erörterung ergangen ist (§ 57 Nr. 5 FamFG). Ist keine mündliche Erörterung erfolgt, dann muss zunächst ein Antrag nach § 54 Abs. 2 FamFG auf mündliche Verhandlung gestellt werden. Neu ist, dass jeder Beschluss gem. § 39 FamFG eine Rechtsbehelfsbelehrung über das statthafte Rechtsmittel, die Form, die Frist und über das Gericht, bei dem das Rechtsmittel einzulegen ist, enthalten muss.

449 Die Beschwerde gegen die Hauptsache ist innerhalb von einer Frist von 1 Monat einzulegen gem. § 63 Abs 1 FamFG. Für die Beschwerde gegen die einstw. Anordnung beträgt die Frist dagegen nur 2 Wochen gem. § 63 Abs. 2 FamFG. Die Beschwerde ist schriftlich oder zur Niederschrift der Geschäftsstelle beim Ausgangsgericht, somit dem Amtsgericht, einzulegen (§ 64 FamFG) und soll begründet werden (§ 65 FamFG). Das Gericht hat die Beschwerde sofort dem OLG vorzulegen, da in Familiensachen das Abhilferecht des Ausgangsgericht ausgeschlossen ist (§ 68 Abs. 1 S. 2 FamFG).

450 Die Rechtsbeschwerde zum BGH ist gem. § 70 FamFG nur statthaft, wenn sie das Beschwerdegericht in dem Beschluss zugelassen hat. Die Rechtsbeschwerde ist nur zuzulasssen, wenn die Rechtssache grundsätzliche Bedeutung hat oder die Fortbildung des Rechts oder die Sicherung einer einheitlichen Rechtsprechung eine Entscheidung des Beschwerdegerichts erfordert. Eine Rechtsbeschwerde ist jedoch nicht zugelassen in einem Verfahren über die Anordnung, Abänderung oder Aufhebung einer einstweiligen Anordnung.

451 Die Rechtsbeschwerde ist gem. § 71 Abs. 1 FamFG innerhalb 1 Monats nach schriftlicher Bekanntgabe des Beschlusses beim BGH einzulegen. Bei der Einlegungsfrist handelt sich um eine Notfrist. Die Rechtsbeschwerde ist außerdem innerhalb von 1 Monat nach schriftlicher Bekanntgabe des Beschlusses zu begründen (§ 71 Abs. 2, 3 FamFG), falls die Begründung nicht bereits mit der Einlegung erfolgt. Die Begründungsfrist kann jedoch verlängert werden.

(8) Anwaltszwang

452 Sowohl im selbstständigen Hauptsacheverfahren als auch für die einstweilige Anordnung besteht kein Anwaltszwang (§ 10 FamFG). Auch in der Beschwerdeinstanz besteht kein Anwaltszwang, außer im Rechtsbeschwerdeverfahren vor dem BGH (§ 10 Abs. 4 FamFG).

(9) Vollstreckung

453 Die Vollstreckung in Ehewohnungssachen richtet sich nach. § 95 Abs. 1 Nr. 2 FamFG i.V.m. § 885 ZPO. § 96 Abs. 2 FamFG regelt ergänzend für einstweilige Anordnungen, dass eine mehrfache Vollstreckung, d.h. eine wiederholte Räumung, zulässig ist.

ee) Rechtsverhältnisse an der Ehewohnung nach der Scheidung

454 Der geschiedene Ehepartner des Vermieters ist nicht mehr als Angehöriger anzusehen, zu dessen Gunsten gem. § 573 Abs. 2 Nr. 3 BGB Eigenbedarf an der vermieteten Wohnung geltend gemacht werden kann (AG Hamburg WuM 1996, 38).

455 Nach der bisherigen Rechtsprechung (§§ 542, 535, 1569 BGB; LG Düsseldorf WuM 1996, 36) konnte der unterhaltspflichtige Ehemann nach der Ehescheidung und seinem Auszug von der geschiedenen Ehefrau grundsätzlich nicht die Zustimmung zur Kündigung der zuvor gemeinsam angemieteten Ehewohnung verlangen. Da beide Ehegatten durch gemeinsame Erklärung nach § 1568a Abs. 3 Nr. 1 BGB auch bis zu 1 Jahr nach der Scheidung erklären können, dass das Mietverhältnis nach Rechtskraft der Scheidung nur von einem Ehegatten allein fortgesetzt wird, wird die Frage, ob der Ehegatte die Zustimmung zur Kündigung verlangen kann, nur dann relevant, wenn der Ehegatte diese gemeinsame Erklärung verweigert. Götz/Brudermüller (NJW 2008, 3025, 3029) vertreten die Auffassung, dass ein Antrag auf Zuweisung an den »gegnerischen Ehegatten« nicht möglich ist, nachdem § 1568a Abs. 1 BGB als Anspruchsgrundlage ausgestaltet wurde. Nach dieser Auffassung verbleibt dem Ehegatten dann nur die Möglichkeit, den in der Wohnung verbliebenen Ehegatten auf Zustimmung zur Abgabe der Kündigungserklärung zu verklagen. Eine solche Klage wäre ebenfalls vor dem Familiengericht als sonstige Familiensache gem. § 266 Abs. 1 Nr. 3 FamFG (Keidel FamFG, 16. Aufl. § 266 FamFG Rn. 14) bzw. bei Lebenspartnern als sonstige Lebenspartnerschaftssache gem. § 269 Abs. 2 Nr. 3 FamFG durchzuführen. Nach a.A. (Blank WuM 2009, 555) bestehe eine Verpflichtung des anderen Ehegatten auf Umgestaltung des Mietverhältnisses. Dieser Anspruch könne vom Ehegatten dann im Wege der Klage geltend gemacht werden. Blank lässt allerdings offen, ob ein solcher Anspruch im Ehewohnungszuweisungsverfahren nach §§ 200 ff. FamFG oder als sonstige Familiensache nach § 266 Abs. 1 Nr. 3 FamFG anhängig zu machen ist mit dem Ziel, den anderen Ehegatten zur Abgabe der gemeinsamen Willenserklärung nach § 1568a Abs. 3 Nr. 1 BGB zu verpflichten.

ff) Fragen des internationalen Privatrechts

456 Bei Familienrechtsangelegenheiten ausländischer Familien, die in Deutschland leben, stellt sich zunächst die Frage des anwendbaren Rechts. Die kollisionsrechtliche Anknüpfung für die Regelung der Rechtsverhältnisse an der Ehewohnung war bislang sehr streitig. Als Anknüpfungsnormen wurden das Scheidungsfolgenstatut des Art. 17 EGBGB, das Unterhaltsstatut des Art. 18 Abs. 4 (bzw. Art. 8 HUStÜ) oder das Güterrechtsstatut des Art. 15 EGBGB in Betracht gezogen. Diese Normen führen alle zum Ehewirkungsstatut des Art. 14 EGBGB. Dies bedeutet im Regelfall die Anwendung ausländischen Rechts, wenn beide Ehegatten eine gemeinsame fremde Staatsbürgerschaft haben und nicht auf das deutsche Recht zurückverwiesen wird. Dies führte häufig zu Komplikatio-

nen, wenn das Heimatrecht der Ehepartner eine Wohnungszuweisung während der Trennung bzw. nach der Scheidung nicht oder nur eingegrenzt kennt.

457 Mit Einführung des Gewaltschutzgesetzes (in Kraft seit 01.01.2002) wurde nunmehr mit der Neuregelung des Art. 17a EGBGB dieser Streit beendet und zugunsten der lex rei sitae entschieden. Liegt die **Ehewohnung im Inland**, so bestimmen sich die Rechtsverhältnisse an der Ehewohnung sowie damit zusammenhängende Betretungs-, Näherungs- und Kontaktverbote nach **deutschem Recht**. Damit sind nun § 1361b BGB für die Zeit der Trennung bzw. § 1568a BGB im Fall der Scheidung mit den einhergehenden Verfahrensvorschriften in §§ 200 ff. FamFG anwendbar. Dies bedeutet aber nicht zwingend, dass auch deutsche Gerichte international zuständig sind, da es keinen automatischen Gleichlauf zwischen materiellem Kollisionsrecht und den internationalen Zuständigkeitsvorschriften gibt. Die internationale Zuständigkeit deutscher Gerichte richtet sich nach den Vorschriften in §§ 97, 98 bzw. 105. FamFG, soweit nicht Konventions- oder Gemeinschaftsrecht vorrangig ist. Ist eine Scheidungssache vor einem deutschen Gericht anhängig, gilt für die Wohnungszuweisung als Folgesache die Verbundzuständigkeit (§ 98 FamFG). Andernfalls richtet sich die internationale Zuständigkeit aufgrund der Doppelfunktionalität der Vorschriften über den örtlichen Gerichtsstand nach § 105 FamFG i.V.m. § 201 FamFG.

458 Liegt die **Wohnung im Ausland**, ist Art. 17a EGBGB i.V.m. §§ 1361b, 1568a BGB **nicht** anwendbar. Für diese Wohnungen verbleibt es bei den umstrittenen Anknüpfungsnormen nach Art. 14, 17, 18 Abs. 4IV EGBGB (s.o. Rdn. 456) Trotzdem ist aber immer gesondert zu prüfen, ob evt. eine internationale Zuständigkeit der deutschen Gerichte gegeben ist, die sich aus vorrangigem Konventions- oder Gemeinschaftsrecht, einem internationalen Scheidungsverbund (§ 98 FamFG) oder aus der örtlichen Zuständigkeit nach § 105 FamFG i.V.m. § 201 FamFG ergeben könnte. Im Regelfall wird bei Belegenheit der Wohnung im Ausland wohl kein Regelungsbedürfnis durch deutsche Gerichte bestehen. Fraglich ist in diesem Zusammenhang auch, ob es den deutschen Gerichten hierfür nicht an der Regelungskompetenz fehlt (vgl. Rahm/Künkel/Petzold Kap. VIII Rn. 706).

459 Auch für Lebenspartnerschaften zwischen ausländischen gleichgeschlechtlichen Partnern gilt für ein Wohnungszuweisungsverfahren deutsches Sachenrecht (§ 14 LPartG), wenn die Wohnung im Inland belegen ist. Art. 17b EGBGB, der die Frage des anwendbaren Rechts für die Lebenspartnerschaft regelt, verweist in Abs. 2 S. 1 auf Art. 17a EGBGB.

2. Lebenspartnerschaften

a) Allgemeines zum LPartG

460 Die Zahl der in der Bundesrepublik Deutschland lebenden Paare, die nicht miteinander verheiratet sind, erhöht sich von Jahr zu Jahr. Sie liegt derzeit bei ca. 10 %.

461 Für die Gruppe der gleichgeschlechtlich orientierten Partner hat der Gesetzgeber einen rechtlichen Rahmen geschaffen, um deren Verantwortungsbereich und den Bereich des Füreinander-Einstehens in der Gemeinschaft gesetzlich zu regeln. Dies ist geschehen durch das Gesetz zur Beendigung der Diskriminierung gleichgeschlechtlicher Lebensgemeinschaften.

462 Das Gesetz wurde am 16.02.2001 verkündet und ist am 01.08.2001 in Kraft getreten (BGBl. I 2001, 266; geändert durch Art. 11 des Gesetzes zur Verbesserung des zivilgerichtlichen Schutzes bei Gewalttaten und Nachstellungen sowie zur Erleichterung der Überlassung der Ehewohnung bei Trennung v. 11.12.2001, BGBl. I 2001, 3513, 3517 sowie durch das Gesetz zur Überarbeitung des Lebenspartnerschaftsrechts v. 15.12.2004, BGBl. I 2004, 3396, in Kraft getreten zum 01.01.2005).

463 Gegen das Gesetz sind verfassungsrechtliche Bedenken schon vor seinem In-Kraft-Treten geltend gemacht worden. Das BVerfG hat den Eilantrag, mit dem das In-Kraft-Treten zum 01.08.2001 verhindert werden sollte, zurückgewiesen. Das BVerfG hat nunmehr am 17.07.2002 entschieden, dass das Lebenspartnerschaftsgesetz verfassungsgemäß ist und insbesondere nicht gegen Art. 6 des Grundgesetzes verstößt (BVerfG NJW 2002, 2543). Die frühere Rot-Grüne-Regierungskoalition und die FDP-Fraktion haben die Entscheidung des Verfassungsgerichts zum Anlass genommen, eine Ergänzung des Lebenspartnerschaftsrechts in den Bundestag einzubringen, da das Lebenspartnerschaftsgesetz nach ihrer Meinung nur eine Teilregelung für einzelne Rechtsgebiete enthielt, viele Rechtsbereiche aber noch unberücksichtigt gelassen hatte. Wegen der Mehrheitsverhältnisse im Bundesrat haben die damaligen Regierungsfraktionen aber davon abgesehen, auch im Beamten- und Steuerrecht die eingetragene Lebenspartnerschaft der Ehe gleichzustellen. Diese Änderungen sind also noch der Zukunft vorbehalten. Die nicht zustimmungspflichtigen Änderungen sind durch das o.a. Gesetz zur Überarbeitung des Lebenspartnerschaftsrechts zum 01.01.2005 in Kraft getreten (i.E. vgl. Burhoff ZAP 2005, 699 ff.).

b) Die gesetzlichen Regelungen des LPartG für den Bereich der Partnerwohnung

464 Für den Bereich der Partnerwohnung sieht das Gesetz klare Regelungen vor, die sich schon lange in der Entwicklung der Rechtsprechung in der Angleichung an die Regelung über die Ehewohnung vorbereitet haben. Neben den Lebenspartnerschaften, für die dieses neue Gesetz greift, wird es ohnehin weiterhin die nicht ehelichen Lebensgemeinschaften, also die nicht registrierten Lebenspartnerschaften geben, wie auch die Wohngemeinschaft.

aa) Personenkreis und Grundzüge des LPartG

465 Der Personenkreis, für den das Lebenspartnerschaftsgesetz gilt, ist gesetzlich klar definiert.

466 § 1 LPartG bestimmt, dass zwei Personen gleichen Geschlechts eine Lebensgemeinschaft begründen, wenn sie gegenseitig persönlich und bei gleichzeitiger Anwesenheit gegenüber dem Standesbeamten erklären, miteinander eine Partnerschaft auf Lebenszeit führen zu wollen (Lebenspartnerinnen oder Lebenspartner). Diese Erklärung muss unbedingt und ohne Zeitbestimmung abgegeben werden (§ 1 Abs. 1 LPartG).

467 Eine solche Lebenspartnerschaft kann nicht wirksam begründet werden mit einer Person, die minderjährig oder verheiratet ist oder bereits mit einer anderen Person eine Lebenspartnerschaft führt oder zwischen Personen, die in gerader Linie miteinander verwandt sind oder zwischen vollgebürtigen oder halbgebürtigen Geschwistern oder wenn die Lebenspartner bei der Begründung der Lebenspartnerschaft darüber einig sind, einander nicht zu Fürsorge und Unterstützung sowie zur gemeinsamen Lebensgestaltung verpflichtet sein zu wollen und füreinander Verantwortung zu tragen (§ 1 Abs. 3 LPartG).

468 Hier werden also in Analogie zur Ehe bestimmte Personengruppen ausgegrenzt, die aufgrund anderer Bindungen oder des Inzestverbotes nicht unter den gesetzlich geschützten Bereich fallen, für den die neuen Regelungen gelten. Auch die Verpflichtung zur gemeinsamen Lebensgestaltung, Verantwortung und Fürsorge füreinander muss vereinbart sein.

469 Für die Personengruppen, für die gem. § 1 Abs. 3 LPartG die neuen gesetzlichen Vorschriften nicht anwendbar sind, ist also weiterhin die zu den Wohngemeinschaften und nicht ehelichen Lebensgemeinschaften entwickelte Rechtsprechung heranzuziehen.

Demgegenüber stellt der Gesetzgeber die Parteien, die eine registrierte Lebenspartnerschaft eingegangen sind, im Wesentlichen gleich mit Ehepartnern. Sie erhalten den gesetzlichen Schutz, wie er Ehepartnern gewährt wird, sind im Gegenzug dazu aber auch verpflichtet, Fürsorge füreinander zu tragen und sich gegenseitig zu unterstützen und ihr Leben gemeinsam zu gestalten (§ 2 LPartG). Sie sind verpflichtet, einander Unterhalt zu leisten (§ 5 LPartG). Sie leben wie Ehegatten im Güterstand der Zugewinngemeinschaft, soweit sie nicht einen anderen Güterstand durch Lebenspartnerschaftsvertrag vereinbaren (§§ 6, 7 LPartG).

bb) Wohnungszuweisung bei Getrenntleben

470 Die sonstigen vermögensrechtlichen Bestimmungen in Bezug auf die gemeinsamen beweglichen Sachen enthält § 8 LPartG. Dieser verweist in Abs. 2 überraschenderweise nicht auf die Regelungen zur Ehewohnung, wie sie in § 1361b BGB enthalten sind. In § 14 LPartG ist jedoch die Wohnungszuweisung bei Getrenntleben wörtlich identisch mit der für die Ehewohnung geltenden Bestimmung des § 1361b BGB geregelt. Bei Getrenntleben der Lebenspartner kann also einer verlangen, dass ihm der andere die gemeinsame Wohnung oder einen Teil zur alleinigen Benutzung überlässt. Der Maßstab für die Frage, ob dieses Verlangen gerechtfertigt ist oder nicht, liegt gleich hoch wie bei Ehepartnern. Die Zuweisung der Wohnung muss notwendig sein, um eine unbillige Härte zu vermeiden.

471 Hier ist auf die veränderte Rechtslage seit In-Kraft-Treten des Gewaltschutzgesetzes am 01.01.2002 hinzuweisen. § 1361b BGB wurde wesentlich reformiert und die Eingriffsschwelle herabgesetzt. Statt der »schweren Härte« reicht nunmehr eine »unbillige Härte« für eine Wohnungszuweisung aus. Bei der Wohnungszuweisung zwischen Lebenspartnern wird man die Rechtsprechung heranziehen können, die sich bereits für die Ehewohnungszuweisung, zu dem unbestimmten Gesetzesbegriff der schweren Härte entwickelt hat. Wenn nach der früheren Rechtsprechung ein Fall schwerer Härte vorliegt, dann muss erst recht eine unbillige Härte bejaht werden.

472 Weiterhin sieht die Neuregelung in § 14 Abs. 2 LPartG ebenso wie § 1361b Abs. 2 BGB vor, dass einem Lebenspartner die Wohnung ganz zuzuweisen ist, wenn der andere Lebenspartner diesen widerrechtlich und vorsätzlich an Körper, Gesundheit oder Freiheit verletzt oder mit einer solchen Verletzung oder der Verletzung des Lebens widerrechtlich gedroht hat. Der Anspruch auf Überlassung der gesamten Wohnung ist nur dann ausgeschlossen, wenn keine Wiederholungsgefahr mehr besteht, es sei denn, dem verletzten Lebenspartner ist das weitere Zusammenleben mit dem anderen wegen der Schwere der Tat nicht zuzumuten.

473 Auch die in § 14 Abs. 1 S. 3 LPartG aufgenommene Gesetzesregelung für den Fall, dass einem Lebenspartner allein oder gemeinsam mit einem Dritten das Eigentum, das Erbbaurecht oder der Nießbrauch an dem Grundstück zusteht, auf dem sich die gemeinsame Wohnung befindet, entspricht wörtlich der Bestimmung in § 1361b Abs. 1 S. 3 BGB.

474 Soweit ein Partner in eine Lebenspartnerschaft Kinder mit einbringt, bleibt es bei der hierzu entwickelten Rechtsprechung, die das Wohl der Kinder bei der Entscheidung über die Wohnungszuweisung zu berücksichtigen hat. § 14 Abs. 1 S. 2 LPartG bringt insoweit lediglich eine Klarstellung, als nun im Gesetz ausdrücklich vorgesehen ist, dass eine unbillige Härte auch dann gegeben sein kann, wenn das Wohl von im Haushalt lebenden Kindern beeinträchtigt ist. Für ein Zuweisungsverfahren in der Trennungszeit wurden bisher die Vorschriften der HausratsVO analog über § 18a angewandt. Die HausratsVO wurde jedoch ab 01.09.2009 insgesamt aufgehoben und die Verfahrensvorschriften in das neue FamFG integriert. Bei der Zuweisung der Lebenspartnerschaftswohnung nach § 14

LPartG oder nach § 17 LPartG handelt es sich um eine Lebenspartnerschaftssache nach § 269 Abs. 1 Nr. 5 FamFG. Für das Verfahren verweist § 270 Abs. 1 S. 2 FamFG auf die entsprechende Anwendung der Vorschriften für Ehewohnungs- und Haushaltssachen zwischen Ehegatten gem. §§ 200 ff. FamFG. In den Vorschriften der §§ 200 ff. FamFG sind insbesondere Regelungen zur örtlichen Zuständigkeit, zu Form und Inhalt des Antrags, der Beteiligung Dritter und zur Durchführung und Wirksamkeit der Entscheidung geregelt. Gem. § 205 FamFG soll das Gericht das Jugendamt anhören, wenn Kinder im Haushalt der Lebenspartner leben (Sollvorschrift). Unterbleibt die Anhörung allein wegen Gefahr im Verzug, ist sie unverzüglich nachzuholen. Das Gericht ist auch verpflichtet, die getroffene Entscheidung dem Jugendamt im Wohnungszuweisungsverfahren mitzuteilen. Das Jugendamt hat ein eigenes Beschwerderecht gegen diesen Beschluss. Neu ist, dass das Jugendamt nach § 204 FamFG ein eigenes Antragsrecht hat, am Wohnungszuweisungsverfahren beteiligt zu werden, wenn Kinder in der Wohnung leben (sog. Zugriffslösung).

§ 8 LPartG regelt die sonstigen vermögensrechtlichen Wirkungen der Lebenspartner untereinander und den Gläubigerschutz. Die Regelung stellt klar, dass zugunsten der Gläubiger eines Lebenspartners vermutet wird, dass die im Besitz eines Lebenspartners oder beider Lebenspartner befindlichen beweglichen Sachen dem Schuldner gehören. Diese gesetzliche Vorschrift bringt eine Klarstellung für das Vermieterpfandrecht. **475**

Gemäß § 14 Abs. 3 S. 2 LPartG hat der Lebenspartner, der die gemeinsame Wohnung oder einen Teil zur alleinigen Benutzung erhält, dem anderen eine Vergütung für die Benutzung zu leisten, soweit dies der Billigkeit entspricht. Auch insoweit besteht Wortgleichheit mit § 1361b Abs. 3 S. 2 BGB. Die Rechtsprechung wird sich hier an den Kriterien orientieren, die bereits zu § 1361b Abs. 3 S. 2 BGB entwickelt worden sind. In die Billigkeitserwägungen sind die beiderseitige Leistungsfähigkeit und die Marktlage einzubeziehen. **476**

cc) Wohnungszuweisung bei Aufhebung der Lebenspartnerschaft

Ebenso wie die Ehe geschieden werden kann, kann die Lebenspartnerschaft aufgehoben werden. Die Voraussetzungen hierfür sind in § 15 LPartG dargelegt. Das Gericht hebt die Lebenspartnerschaft durch Beschluss auf, wenn die Lebenspartner seit einem Jahr getrennt leben und beide Lebenspartner die Aufhebung beantragen oder der Antragsgegner der Aufhebung zustimmt oder nicht erwartet werden kann, dass eine partnerschaftliche Lebensgemeinschaft wieder hergestellt werden kann. Hier wird so verfahren, wie bei einer einvernehmlichen Scheidung (§ 1566 BGB). **477**

Die Lebenspartnerschaft ist auch – gegen den Willen des andern Lebenspartners – aufzuheben, wenn ein Lebenspartner die Aufhebung der Lebenspartnerschaft beantragt hat und die Lebenspartner seit drei Jahren getrennt leben (§ 15 Abs. 2 Nr. 2 LPartG). Im Kern entspricht diese Bestimmung § 1566 Abs. 2 BGB. Entsprechend § 1565 Abs. 2 BGB gibt es auch für die Lebenspartnerschaft die Härtefallaufhebung. Diese ist geregelt in § 15 Abs. 2 Nr. 3 LPartG. Wenn die Fortsetzung der Lebenspartnerschaft für denjenigen, der den Antrag auf Aufhebung stellt, eine unzumutbare Härte wäre aus Gründen, die in der Person des anderen Lebenspartners liegen, so ist die Lebenspartnerschaft aufzuheben. **478**

Die Lebenspartnerschaft soll nach § 15 Abs. 3 nicht aufgehoben werden, obwohl die Lebenspartner seit mehr als drei Jahren getrennt leben, wenn und solange die Aufhebung der Lebenspartnerschaft für den Antragsgegner, der sie ablehnt, aufgrund außergewöhnlicher Umstände eine so schwere Härte darstellen würde, dass die Aufrechterhaltung der Lebenspartnerschaft auch unter Berücksichtigung der Belange des Antragstellers ausnahmsweise geboten erscheint. Auch diese Vorschrift ist der Vorschrift für Ehegatten in § 1568 Abs. 1, 2. Halbs. BGB nachgebildet. **479**

480 Ebenso wie der Gesetzgeber gesonderte Wohnungszuweisungsregelungen für Ehegatten für den Fall der Trennung und für den Fall der Scheidung getroffen hat, hat er dies auch für die Lebenspartnerschaft in unterschiedlichen Vorschriften geregelt. § 17 LPartG verweist hinsichtlich der materiellen Voraussetzungen auf die ab 01.09.2009 neu geschaffene Vorschrift des § 1568a BGB für Ehegatten, die entsprechend anwendbar ist. Die alten Vorschriften zur Zuweisung der Lebenspartnerschaftwohnung und des Hausrats in §§ 18, 19 LPartG wurden insgesamt aufgehoben. Für den Fall der Zuweisung der Partnerwohnung anlässlich der Aufhebung der Lebenspartnerschaft gilt daher Folgendes: Können sich die Partner nicht einigen, wer von ihnen die gemeinsame Wohnung künftig bewohnen wird, so regelt das Familiengericht auf Antrag eines Partners die Rechtsverhältnisse an der Wohnung. Dabei hat das Gericht die Umstände des Einzelfalles zu berücksichtigen. Die neue Bestimmung des § 1568a BGB entspricht im Wesentlichen den Grundsätzen der aufgehobenen HausratsVO. Es ist die bereits zu den entsprechenden Bestimmungen der Hausratsverordnung entwickelte Rechtsprechung heranzuziehen mit den Besonderheiten, die sich aus neuen Sachverhalten für die Partnerschaftswohnungen ergeben. Für Haushaltsgegenstände (früherer Begriff »Hausrat«) verweist die Bestimmung des § 17 LPartG auf die neu geschaffene Regelung in § 1568b BGB, die ebenfalls die alten Vorschriften in der HausratsVO ersetzt. Nachdem die HausratsVO aufgehoben wurde, gelten für ein Verfahren auf Zuweisung der Partnerschaftswohnung und von Hausratsgegenständen die Vorschriften in § 269 Abs. 1 Nr. 5 und 6 FamFG. § 270 Abs. 1 S. 2 FamFG verweist auf die Verfahrensvorschriften für Ehegatten in §§ 200 ff. FamFG.

481 Wie im Einzelnen diese rechtsgestaltende Wirkung in Bezug auf die gemeinsame Wohnung aussehen kann, bestimmt sich nach § 1568a Abs. 3 Nr. 2 BGB. Weist das Gericht einem Lebenspartner die Mietwohnung zu, dann wird ein von beiden Lebenspartnern eingegangenes Mietverhältnis von einem Lebenspartner allein fortgesetzt oder ein Lebenspartner tritt in das nur von dem anderen Lebenspartner eingegangene Mietverhältnis an dessen Stelle ein. Dieser Wechsel der Mietpartei tritt allein kraft Gesetzes mit Rechtskraft der Endentscheidung im Wohnungszuweisungsverfahren ein. Neu ist die Möglichkeit, dass die Lebenspartner nach § 1568a Abs. 3 Nr. 1 BGB eine gemeinsame Erklärung gegenüber dem Vermieter abgegeben können, mit der Wirkung, dass ab Rechtskraft der Entscheidung über die Aufhebung der Lebenspartnerschaft das Mietverhältnis nur mit einem Ehegatten allein fortgesetzt wird oder mit dem anderen Ehegatten begründet wird und dieser in das Mietverhältnis eintritt (siehe dazu im Einzelnen für Ehegatten Rdn. 333 ff.)

482 Steht die gemeinsame Wohnung im Eigentum oder Miteigentum eines Lebenspartners, so kann der Lebenspartner eine Zuweisung an sich nur verlangen, wenn die Zuweisung zur Vermeidung einer unbilligen Härte notwendig ist (§ 17 LPartG i.V.m. § 1568a Abs. 2 BGB). Auch hier greift die Unbilligkeitsregelung wie bei Zuweisung der Ehewohnung. Sie darf im Hinblick auf die Miteigentums- oder Eigentumsverhältnisse nur erfolgen, wenn dies durch besondere Gründe gerechtfertigt ist. Liegt keine unbillige Härte für den Partner vor, der in der Wohnung bleiben will, so muss er räumen. Die Billigkeitsrechtsprechung, die zu den entsprechenden Bestimmungen der Hausratsverordnung für Ehepartner entwickelt worden ist, ist auch für § 17 LPartG i.V.m. § 1568a BGB heranzuziehen. Bei der Ehewohnung sind die Umstände des Einzelfalles zu berücksichtigen, aber auch das Wohl der Kinder und die Erfordernisse des Gemeinschaftslebens. Die Kriterien betreffend die Kinder werden für Lebenspartnerschaften, in die Kinder mit einbezogen sind, genauso gelten wie für Ehen. Die Bestimmungen an die Erfordernisse des Gemeinschaftslebens werden eine gewisse Modifizierung erfahren müssen, für die Lebenspartnerschaft also neu zu bilden sein, wenn auch unter Beachtung der Kriterien, die für eine Ehe gelten, da in beiden Fällen lebenslange Partnerschaften begründet worden sind und eine Mitverantwortung für das Leben des jeweils anderen Partners entstanden ist als rechtliche Verpflichtung. Die Fürsorgepflicht füreinander ist in beiden Fällen im Gesetz geregelt. Dabei darf das Gericht jedoch nicht verkennen, dass die Rechte aus der dinglich geschützten Rechtsposition in jedem Fall abzuwägen sind gegen die Gründe, die für eine Zuweisung der Ehewohnung an den nicht dinglich berechtigten Partner sprechen. Besteht kein Mietverhältnis, kann der Lebenspartner von der zur Vermietung berechtigten Person die Begründung eines Mietverhältnis zu ortsüblichen Bedingungen verlangen (§ 1568a Abs. 5 BGB). Das Gericht legt dann den Inhalt des Mietvertrages durch eine rechtsgestaltende Entscheidung fest.

Eine Teilung der Wohnung kann durch das Gericht nicht mehr angeordnet werden, da § 6 HausratVO ersatzlos gestrichen wurde.. **483**

Gemäß § 204 Abs. 1 FamFG ist der Vermieter der Ehewohnung, der Grundstückseigentümer und bei einer Dienstwohnung der Dienstherr am gerichtlichen Verfahren über die Zuweisung der Partnerwohnung zu beteiligen. Das Gleiche gilt für Personen, die mit den Lebenspartnern oder einem von ihnen hinsichtlich der Wohnung in Rechtsgemeinschaft stehen. **484**

Bei Streitigkeiten über die Wohnungszuweisung und die Haushaltsgegenstände zwischen ausländischen Lebenspartnern bestimmt die Neufassung des Art. 17b Abs. 2 S. 1 EGBGB i.V.m. Art. 17a EGBGB, dass dann deutsches Sachrecht anzuwenden ist, wenn die Wohnung bzw. die Haushaltsgegenstände im Inland belegen sind. **485**

Für Haushaltsgegenstände verweist § 17 LPartG auf die entsprechende Anwendung der neuen Vorschrift für Ehegatten in § 1568b BGB. **486**

dd) Fortsetzung des Mietverhältnisses bei Tod des Lebenspartners

Das Lebenspartnerschaftsgesetz hat Änderungen des Bürgerlichen Gesetzbuches bzgl. des Mietrechts bedingt. Sie gelten überall dort, wo der Ehegatte besondere Vorzüge oder einen besonderen gesetzlichen Schutz erhält. Dieser ist auf den Lebenspartner ausgeweitet. So gilt die Regelung, dass das Mietverhältnis mit dem Tod des Mieters durch den Ehegatten fortgesetzt werden kann, der mit ihm einen gemeinsamen Haushalt führt, selbstverständlich nunmehr auch für Lebenspartner. Auch der Vorrang des Lebenspartners wie auch der des Ehegatten vor anderen Familienangehörigen, die mit dem Mieter einen gemeinsamen Haushalt führten, ist entsprechend erweitert. **487**

ee) Vermieterpfandrecht

§ 8 LPartG regelt die sonstigen vermögensrechtlichen Wirkungen der Lebenspartner untereinander. § 8 Abs. 1 LPartG bestimmt, dass zugunsten der Gläubiger eines Lebenspartners vermutet wird, dass die im Besitz eines oder beider Lebenspartner befindlichen beweglichen Sachen dem Schuldner gehören. Die Bestimmung ist identisch mit § 1362 Abs. 1 S. 1 BGB für Ehepartner, auf den i.Ü. § 8 Abs. 1 S. 2 LPartG verweist, sodass insoweit keine Besonderheiten hinsichtlich des Vermieterpfandrechts gelten. **488**

3. Nicht eheliche Lebensgemeinschaft

a) Innenverhältnis

Neben den Lebenspartnerschaften i.S.d. LPartG, d.h. den gleichgeschlechtlichen Partnerschaften, die registriert sind und die ehegleich geführt werden sollen, wird es nach wie vor die nicht ehelichen Lebensgemeinschaften geben. Eine gesetzliche Definition des Begriffes fehlt. Nach BVerfG FamRZ 1993, 164, 167 hebt sie sich von anderen Gemein- **489** schaften dadurch ab, dass es sich um eine Lebensgemeinschaft handelt, die auf Dauer angelegt ist, daneben keine andere Lebensgemeinschaft solcher Art zulässt und sich durch innere Bindungen auszeichnet. Sie umfasst gegenseitiges Füreinander-Einstehen in einer Haushalts- und Wirtschaftsgemeinschaft (BVerfG NJW 1999, 1622; vgl. auch Schreiber Definition der nicht ehelichen Lebensgemeinschaft FPR 2001, 12 ff.). Wer eine rechtliche Bindung mit seinem Lebenspartner will, entscheidet sich für eine Ehe oder im Fall der Gleichgeschlechtlichkeit der Partner für eine registrierte Lebenspartnerschaft und geht damit grundsätzlich eine lebenslange Partnerschaft mit den gesetzlich vorgegebenen Regeln (Rechten und Pflichten) ein. Den Gegensatz hierzu bildet nach wie vor die nicht eheliche Lebensgemeinschaft. Diese wird wegen ihrer Unverbindlichkeit gewählt. Weil sich jeder Partner ohne Einhaltung einer Kündigungsfrist aus der Gemeinschaft entfernen kann, wurde ihr die Anerkennung als Rechtsgemeinschaft zunächst versagt (BGH FamRZ 1981, 530). Die Rechtsprechung geht davon aus, dass sich diese persönliche Unverbindlichkeit auf die gesamten Beziehungen der Partner einer nicht ehelichen Lebensgemeinschaft auswirken muss (BGH FamRZ 1980, 664). Wer eine nicht eheliche Lebensgemeinschaft wählt, will gerade kein rechtliches Gerüst. Es bleibt abzuwarten, wann unsere von der Verrechtlichung jedes Lebensbereichs besessene Gesellschaftsordnung auch diesen Bereich gesetzlich normiert.

490 Durch die Neuschaffung des Lebenspartnerschaftsgesetzes wird für Partner, die nicht die Eheform wählen wollen oder die aufgrund ihres Geschlechts keine Ehe miteinander schließen können, die Möglichkeit eröffnet, eine ehegleiche Lebenspartnerschaft einzugehen. Hierdurch gewinnt die Tatsache, dass eine nicht eheliche Lebensgemeinschaft nicht die zwangsläufige Lebensform für solche Paare sein muss, sondern auch eine rechtsverbindliche Form gewählt werden kann, noch einmal zusätzlich Bedeutung. Die Rechtsprechung wird überprüfen müssen, ob und inwieweit sie für die bewusst gewählte Form der nicht registrierten Partnerschaft, die nach wie vor als nicht eheliche Lebensgemeinschaft fortbestehen wird, die gesellschaftsrechtlichen Regelungen als verbindlich klären will. Voraussetzung für das Entstehen einer vertraglichen Regelung ist ein entsprechender Rechtsbindungswille auf beiden Seiten. Daran fehlt es in der Regel bei der nicht ehelichen Lebensgemeinschaft. Allein aus der Tatsache, dass ein Mann und eine Frau oder gleichgeschlechtliche Paare diese unverbindliche Lebensform wählen, kann nicht geschlossen werden, dass sie ihre persönlichen Bindungen den verbindlichen Regelungen des Gesellschaftsrechtes unterstellen wollen, zumal nun alle Paare entweder eine Ehe miteinander eingehen können oder ihre Partnerschaft registrieren lassen können, wenn sie eine rechtliche Bindung wollen. Mit noch größerer Vorsicht als bisher wird daher nicht ehelichen Lebensgemeinschaften eine gesellschaftsrechtliche Bindung zugeordnet werden dürfen. Wer eine rechtliche Bindung mit seinem Lebenspartner will, hat zwei Modelle zur Verfügung, die ihm die rechtliche Verwirklichung dieser Bindung garantieren (Ehe- oder Lebenspartnerschaft). Zu Recht hat daher auch früher die Rechtsprechung grundsätzlich das Gesellschaftsrecht nur da angewandt, wo es ausdrücklich vereinbart oder aber wo die Annahme einer Vereinbarung durch konkludentes Handeln deutlich erkennbar wurde.

491 Mit Beschl. v. 11.04.2005, Az. 4 WF 86/05 hat das OLG Hamm entschieden, dass die Vorschriften der Hausratsverordnung nicht entsprechend auf die nichteheliche Lebensgemeinschaft anwendbar sind, da Ehegatten und nichteheliche Lebensgemeinschaften rechtlich nicht gleichwertig sind. Die Vorschriften der HausratsVO seien lediglich auf Ehegatten zugeschnitten. Ehegatten und nichteheliche Lebensgemeinschaften seien rechtlich nicht gleichwertig. Mit dem Verfahren gem. § 5 HausratsVO werden überdies gewichtig in die ebenfalls grundgesetzlich geschützten Rechte des Vermieters (Art. 14 Abs. 1 GG) eingegriffen. Es bedürfte deshalb einer entsprechenden gesetzgeberischen Entscheidung, um die Vorschriften über die Hausratsverordnung auf nichteheliche Lebensgemeinschaften anzuwenden (s.o. auch LG Hagen FamRZ 1993, 187). Das Landgericht München I hielt andererseits eine analoge Anwendung der Hausratsordnung für zutreffend, weil die persönliche Ausgangslage der Parteien vergleichbar sei (LG München I NJW-RR 1991, 834). Zum 01.09.2009 wurde die HausratsVO komplett aufgehoben und die materiell-rechtlichen Vorschriften zur Zuweisung der Ehewohnung anlässlich der Scheidung in § 1568a BGB neu geregelt. Da der Gesetzgeber auch bei der Neufassung der Vorschrift des § 1568a BGB erneut keine Regelung für nichteheliche Lebenspartnerschaften in Kenntnis der mit Ehegatten vergleichbaren Problematik geschaffen hat, ist die Rechtsauffassung des LG München I wohl nicht mehr haltbar.

492 Grundsätzlich bietet das Gesellschaftsrecht nach den §§ 705 ff. BGB den geeigneten rechtlichen Rahmen für nicht eheliche Lebensgemeinschaften. Dort finden sich grundlegende Bestimmungen über Beiträge (§ 706 BGB), über Gesellschaftsvermögen (§ 718 BGB), über die Kündigung (§ 723 BGB) und über die Auseinandersetzung (§§ 730 ff. BGB). In Zukunft wird die Rechtsprechung ein besonderes Augenmerk darauf verwenden müssen, ob und inwieweit ein Paar Rechtsbindungswillen hatte.

493 Dies ist der Fall, soweit mehrere Mieter den Mietvertrag gemeinsam abschließen. Sie sind dann als Mitglieder einer BGB-Gesellschaft anzusehen und entsprechend rechtlich untereinander verbunden. Insoweit ist auch die Rechtsprechung des BGH zur Rechtsfähigkeit der BGB-Gesellschaft zu beachten (BGH 29.01.2001, Az. II ZR 331/00, BB 2001, l). Das OLG München bezieht dies insbesondere auf die nicht eheliche Lebensgemeinschaft (vgl. OLG München ZMR 1994, 216).

494 Die schlichte Unterzeichnung des Mietvertrages durch einen Partner der nicht ehelichen Lebensgemeinschaft erfolgt jedoch nicht zugleich für den anderen Partner, auch wenn dieser im Mietvertrag als Mieter aufgeführt wird (AG Osnabrück WuM 1996, 754).

495 Im Innenverhältnis können die Partner bei Beendigung ihrer Lebensgemeinschaft wechselseitig verlangen, dass der andere einer Kündigung des Mietverhältnisses zustimmt (LG Hamburg WuM 1993, 343; LG München I WuM 1993, 611; LG Köln WuM 1993, 613; a.A. AG Schöneberg NJW-RR 1993, 1038).

496 Nach dem Scheitern der nicht ehelichen Partnerschaft kann der ausgezogene Mitmieter von dem in der Wohnung verbleibenden Mitmieter die zur Beendigung des Mietvertrages führende Kündigungserklärung verlangen (AG Hannover WuM 1996, 768).

497 Die Auflösung der nicht ehelichen Lebensgemeinschaft führt aber im Außenverhältnis zum Vermieter keinen ausreichenden Grund für eine außerordentliche Kündigung des Mietvertrages herbei. Aus dem Grundsatz von Treu und Glauben (§ 242 BGB) sowie dem Rechtsgedanken des § 732 Abs. 2 BGB, wonach eine Kündigung des Gesellschaftsverhältnisses nicht zur Unzeit erfolgen darf, folgt vielmehr, dass der in der Wohnung verbliebene Partner einen Anspruch auf Einhaltung der mietvertraglichen Kündigungsfrist nach §§ 580a, 573c BGB hat (LG Hamburg WuM 1993, 343; LG Gießen ZMR 1997, 143).

498 Hat der in der Wohnung verbliebene Partner jedoch keine Ersatzwohnung oder ist er aus anderen wichtigen Gründen nicht in der Lage, die Wohnung sofort zu räumen, so ist der Anspruch auf Zustimmung zu einer sofortigen Kündigung als rechtsmissbräuchlich anzusehen (LG Mannheim ZMR 1993, XIV Nr. 9).

499 Bei Beendigung des Mietverhältnisses kann der Partner, der allein Mieter geworden ist, von dem mit ihm in Lebensgemeinschaft lebenden Partner die Räumung unter Hinweis auf § 723 BGB (AG Potsdam WuM 1994, 528) oder Wegfall der Geschäftsgrundlage (AG Gelsenkirchen WuM 1994, 124) verlangen.

500 Dem Lebenspartner, der nicht Mieter geworden ist, ist für eine gewisse Übergangszeit Besitzschutz gegenüber dem anderen Partner vor verbotener Eigenmacht eingeräumt (AG Waldshut-Tiengen NJW-RR 1994, 712).

501 Dem Mieter steht kein Selbsthilferecht zu. Der Nichtmieter genießt Besitzschutz. Es ist also nicht zulässig, dass der Alleinmieter etwa das Schloss auswechselt, um dem Nichtmieter den Gebrauch zu verwehren. Geschieht dies trotzdem, so kann der Nichtmieter vom Gericht mit einstweiliger Verfügung wieder in die Wohnung eingewiesen werden, allerdings mit kurz bemessener Räumungsfrist (AG Waldshut-Tiengen FamRZ 1994, 522).

502 Wegen des Selbsthilfeverbots ist der Mieter daher auf eine Räumungsklage gegen den Nichtmieter angewiesen. In einem solchen Fall kann der Nichtmieter nach § 721 Abs. 5 ZPO eine Räumungsfrist bis zu einem Jahr beanspruchen.

503 Demgegenüber sind einstweilige Verfügungen auf Räumung seitens des Mieters gegen den Nichtmieter nach § 940a ZPO unzulässig. Eine Ausnahme kann nur gemacht werden, wenn der Mieter bei weiterer Mitbenutzung durch den Nichtmieter um sein Leben fürchten muss (LG Braunschweig NJW-RR 1991, 832). Mit dem Gewaltschutzgesetz wurde nun in § 940a ZPO klargestellt, dass die Räumung mittels einstweiliger Verfügung nicht nur bei verbotener Eigenmacht, sondern auch bei einer konkreten Gefahr für Leib und Leben zulässig ist und die bereits existierende Rechtsprechung gesetzlich geregelt.

504 Wenn beide Partner einer nicht ehelichen Lebensgemeinschaft Mieter der Wohnung sind, wird es schwierig. Es ist umstritten, ob im Innenverhältnis gesellschaftsrechtliche oder gemeinschaftsrechtliche Vorschriften gelten sollen. Die Rechtsprechung stellt hier auf den konkreten Einzelfall ab.

505 Haben die Partner einer nicht ehelichen Lebensgemeinschaft gemeinsam als Mitmieter eine Wohnung gemietet, so sind sie im Falle der Beendigung der Lebensgemeinschaft wechselseitig verpflichtet, an der Beendigung des Mietverhältnisses durch Zustimmung zu dessen Kündigung mitzuwirken. Dies ergibt sich entweder aus gesellschaftsrechtlichen Regelungen oder aus den Vorschriften über die Gemeinschaft (KG WuM 1992, 323; LG Berlin ZMR 2002, 75/OLG Düsseldorf Beschl. v. 02.05.2007, ZMR 2007, 960).

506 Es steht dem Vermieter dann frei, die Wohnung einem oder auch keinem von ihnen zu überlassen. Der Vermieter ist zu einem Neuabschluss in diesem Fall nicht verpflichtet. Er kann sich einer Weiterführung des Mietvertrages mit nur einem Mieter selbst dann widersetzen, wenn sich die ehemaligen Partner im Innenverhältnis hierüber geeinigt haben. Dem Vermieter soll die Entlassung eines Partners aus der Haftung für die Mietschulden des anderen nicht entgegen seinem Willen aufgezwungen werden können.

507 Für die Innenhaftung hinsichtlich der Miete bei Beendigung der nicht ehelichen Lebensgemeinschaft hat das OLG Düsseldorf (WuM 1998, 413) Folgendes entschieden:

Ist ein befristeter Mietvertrag über eine Wohnung abgeschlossen worden von beiden Partnern einer nicht ehelichen Lebensgemeinschaft und wird diese beendet und zieht der andere Partner aus, während der verbleibende Partner nicht an einer vorzeitigen Beendigung des Mietverhältnisses mitwirkt, sondern zu erkennen gibt, dass er in der Wohnung bleiben will, so muss er im Innenverhältnis die Miete allein tragen und den ausgezogenen Partner gegenüber dem Vermieter von der Mietforderung freistellen.

508 Für die Mietmehrheit wird nach überwiegender Meinung angenommen, dass beide Partner eine Innengesellschaft nach den Regeln der §§ 705 ff. BGB bilden (OLG München OLG-Report 1994, 75; LG München II NJW-RR 1993, 334). Nach anderer Auffassung soll Gemeinschaftsrecht gem. § 741 ff. BGB anzuwenden sein (LG Berlin NJW-RR 1995, 463).

Teilweise wird die rechtliche Einordnung des Innenverhältnisses offen gelassen und bei Kündigung angenommen, dass die Beendigung der Lebensgemeinschaft einen wichtigen Kündigungsgrund i.S.d. § 723 Abs. 1 BGB oder einen Aufhebungsgrund gem. § 749 Abs. 2 BGB darstelle, weil mit dem Scheitern der Beziehung das Vertrauensverhältnis zerstört worden sei und ein Zusammenleben unter einem Dach nicht mehr möglich sei (OLG München ZMR 1994, 217; LG München II WuM 1993, 612; LG Gießen ZMR 1997, 143). In diesem Fall könne der Mitmieter vom anderen auch die Mitwirkung an der Beendigung des Mietverhältnisses verlangen. Aus dem Grundsatz von Treu und Glauben (§ 242 BGB) sowie dem Rechtsgedanken des § 723 Abs. 2 BGB, wonach eine Kündigung des Gesellschaftsverhältnisses nicht zur Unzeit erfolgen darf, folgt aber, dass der in der Wohnung verbleibende Partner einen Anspruch auf Einhaltung der mietvertraglichen Kündigungsfrist nach §§ 580a, 573c BGB hat (LG Hamburg WuM 1993, 343; LG Gießen ZMR 1997, 143). Die nicht eheliche Lebensgemeinschaft sei dadurch gekennzeichnet, dass die Partner keine rechtliche Bindung untereinander wünschten und im Fall der Trennung getrennte Wege gehen wollten, ohne füreinander aufkommen zu müssen und deshalb sei auch davon auszugehen, dass im Zweifel bei Scheitern der Lebensgemeinschaft derjenige, der in der Wohnung bleibe bis zum Ablauf der Mietzeit ab Auszug die Miete allein zu bezahlen habe. Eine Beteiligung an der Miete käme faktisch einer Unterhaltszahlung seitens des ausgezogenen Partners gleich. Dies widerspreche dem Wesen der nicht ehelichen Lebensgemeinschaft. Wenn nicht besondere Gründe für die Beteiligung des anderen an der Miete vorlägen, müsse der verbleibende Partner die volle Miete allein tragen. Dies entspreche nicht zuletzt materieller Gerechtigkeit (OLG München FamRZ 1996, 291, entsprechend für die Ehewohnung). Für die Mithaftung reiche es auch nicht aus, wenn der Ausziehende einige Gegenstände in der Wohnung zurücklasse und auch noch einen Schlüssel besitze. **509**

Eine starre systematische Zuordnung zu dem einen oder anderen Vertragstyp kommt aufgrund der unterschiedlichen tatsächlichen Gegebenheiten nicht in Betracht. Je nach Ausgestaltung des Zusammenwohnens und unter Heranziehung der Regelungen des Mietvertrages wird man auf das Gesellschafts- oder Gemeinschaftsrechts zurückgreifen müssen. Da die Regelungen beider Rechtsinstitute weitgehend dispositiv sind, ist für die konkrete Problemlösung primär auf die vertragliche Gestaltung abzustellen, wobei stillschweigenden Vereinbarungen eine besondere Bedeutung zukommt (Kloster-Harz/Schmid Rn. 3024). **510**

Zieht ein Partner aus und zahlt auch derjenige, der in der Wohnung verbleibt, die Miete nicht mehr, so haftet auch der Partner nach Auszug nach wie vor für die Mietzahlungen. Er kann nicht einseitig kündigen, auch nicht einseitig mit dem Vermieter einen Aufhebungsvertrag abschließen und somit nicht einseitig aus der Haftung entlassen werden. Um den Auszugswilligen jedoch nicht auf alle Ewigkeit am Mietvertrag festzuhalten, wird angenommen, dass der in der Wohnung verbliebene Partner aus dem Gemeinschaftsverhältnis heraus verpflichtet ist, an einer Kündigung mitzuwirken (LG München II NJW-RR 1993, 334; LG Karlsruhe FamRZ 1995, 94). **511**

In diesem Fall muss derjenige, der in der Wohnung verbleiben will, auf Abgabe der Kündigungserklärung verklagt werden. Nach Eintritt der Rechtskraft gilt die Kündigungserklärung als abgegeben (§ 894 ZPO). **512**

Die Verzögerung der Zustimmung zur Kündigung kann Schadensersatzansprüche des säumigen Partners gegen den Auszugswilligen nach sich ziehen. Der in der Wohnung verbleibende Partner kann sich gegenüber dem anderen nicht auf die Kündigungsfristen aus dem Mietvertrag berufen, weil die Aufhebung der nicht ehelichen Lebensgemeinschaft jederzeit ohne besonderen Grund verlangt werden kann (LG Karlsruhe FamRZ 1995, 94). **513**

514 Wenn zwischen den Partnern einer nicht ehelichen Lebensgemeinschaft nichts anderes vereinbart ist, so sind die **Renovierungskosten** hälftig zu teilen. Wird die Wohnung überwiegend von einem Partner genutzt, so sollte unbedingt eine abweichende Absprache hinsichtlich der Verteilung der Renovierungskosten getroffen werden. Einen Anspruch auf Auszahlung der anteiligen **Mietkaution** hat der ausgezogene Partner erst dann, wenn der Vermieter über die Kaution abgerechnet hat (AG Köln WuM 1994, 194 ff.).

515 Beanspruchen beide Partner die bisherige gemeinsame Wohnung für sich allein, gibt es keinen Rechtsgrundsatz, nach dem der Streit um die Wohnung durch das Gericht entschieden werden kann. Es fehlt eine Bestimmung, die dem § 1568a BGB entspricht. Nach herrschender Meinung sind die Vorschriften der inzwischen aufgehobenen Hausratsverordnung, die durch § 1568a BGB, §§ 200 ff. FamFG ersetzt wurden, nicht analog auf nichtehelichen Lebensgemeinschaften anwendbar (LG Hagen FamRZ 1993, 187; Brudermüller FamRZ 1994, 207, 215, 216; OLG Hamm v. 11.04.2005, Az. 4 WF 86/05; a.A. LG München I NJW-RR 1991, 834).

516 Nach der Beendigung der Lebensgemeinschaft kann auch kein Partner dem anderen verbieten, einen neuen Partner in die gemeinsam gemietete Wohnung aufzunehmen (AG Offenbach FamRZ 1992, 1427).

b) Verhältnis zum Vermieter

aa) Allgemeines

517 Grundsätzlich wird nur der Mieter, der im Mietvertragskopf als Mieter bezeichnet ist und der den Mietvertrag auch unterschrieben hat.

518 Hat nur ein Partner einer nicht ehelichen Lebensgemeinschaft einen Mietvertrag mit dem Vermieter über die gemeinsam genutzte Wohnung abgeschlossen, so hat der andere weder gegenüber dem Vermieter noch gegenüber dem Mieter ein Nutzungsrecht. Er muss daher grundsätzlich nach Beendigung der Lebensgemeinschaft die Wohnung räumen. Der Mieter hat aber Anspruch auf Gestattung der Aufnahme des Lebensgefährten in die Mieträume, es sei denn es liegen sachliche Gründe dagegen vor, die in der Wohnung oder in der Person des Lebensgefährten begründet sind. Ein derartiger sachlicher Grund liegt nicht allein darin, dass der Lebensgefährte Mietschulden beim Vermieter hat (AG Hamburg WuM 1997, 555).

519 Der Nichtmieter hat gegenüber dem Räumungsanspruch auch kein Zurückbehaltungsrecht nach § 273 BGB wegen Gegenansprüchen, etwa aus Darlehen (OLG Hamm NJW 1986, 728).

520 Selbst wenn er sich an den Mietzahlungen beteiligt hatte, ist er ohne besondere Vereinbarung auch dann nicht als Untermieter anzusehen. Der Nichtmieter hat keine Ansprüche auf Besitz (wohl aber Abwehransprüche aus Besitz) und kann daher jederzeit aus der Wohnung gewiesen werden.

521 Die hier teilweise von der Rechtsprechung entwickelten Ausnahmeregelungen für Ehegatten gelten bisher nur in Ausnahmefällen für die Partner einer nicht ehelichen Lebensgemeinschaft.

522 Nachdem die nicht ehelichen Lebensgemeinschaften zunehmen, neigt die Rechtsprechung dazu, den Begriff des Familienangehörigen auch auf die nicht eheliche Lebensgemeinschaft zu erstrecken, also häufig für analogiefähig gehaltene gesetzliche Regelungen auf die Lebenspartner anzuwenden. Allerdings ist die Rechtsprechung bei Analogieschlüssen großzügiger anzuwenden, wenn es nicht um die Stellung des Partners einer

nicht ehelichen Lebensgemeinschaft nach außen geht, sondern gegenüber dem anderen Partner selbst. Der BGH hat bereits 1982 den Inhaber eines dinglichen Wohnrechts unter bestimmten Voraussetzungen für berechtigt gehalten, einen Lebensgefährten in analoger Anwendung des § 1093 Abs. 2 BGB in die Wohnung aufzunehmen (BGHZ 84, 36).

Ferner hat der BGH entschieden, dass der Vermieter aufgrund einer Güterabwägung verpflichtet sein kann, den ständigen Aufenthalt eines nicht ehelichen oder auch gleichgeschlechtlichen Lebenspartners in der Ehewohnung zu dulden. Eine Berücksichtigung der Belange des Vermieters findet dabei nur unter dem Gesichtspunkt der Zumutbarkeit i.S.v. § 549 Abs. 2 S. 1 2. Halbs. a.F., § 553 n.F. BGB statt (BGHZ 92, 213, auch BGH NJW 2004, 56 ff.). **523**

bb) Tod des Mieters

Ebenso wie dem Ehegatten steht dem Partner, der mit dem verstorbenen Mieter in nicht ehelicher Lebensgemeinschaft gewohnt hat, ein Eintrittsrecht in den Mietvertrag gem. § 563 Abs. 2 S. 4 BGB zu, wenn die Lebensgemeinschaft zwischen Mieter und nicht ehelichem Lebensgefährten auf Dauer angelegt war und beide Teile unverheiratet waren (BGH NJW 1993, 999; OLG Saarbrücken RE] WuM 1991, 251). **524**

Die Beziehung muss über eine reine Haushalts- und Wirtschaftsgemeinschaft hinausgehen (BVerfG WuM 1993, 240). **525**

Das BVerfG hat entschieden, dass die analoge Anwendung von § 569a Abs. 2 S. 1 a.F., jetzt § 563 Abs. 2 S. 4 BGB auf nicht eheliche Lebenspartner die Eigentumsgewährleistung nicht verletzt (BVerfG WuM 1990, 241). Es sei verfassungsgemäß, dem Lebenspartner, der 18 Jahre mit dem Verstorbenen zusammengelebt hat, ein Eintrittsrecht analog dieser Bestimmung zu gewähren. Diese Auslegung verstoße auch nicht gegen die Interessen des Vermieters (BVerfG FamRZ 1990, 727 ff.). **526**

Der BGH hat die analoge Anwendung dieser gesetzlichen Regelung auf nicht eheliche Partner bejaht, wenn die Lebensgemeinschaft der Partner einer Ehe so ähnlich ist, dass ihr im Unterschied zur Ehe lediglich die formalrechtliche Bindung fehlt (BGH FamRZ 1993, 533). Voraussetzung dafür ist ua, dass die Lebensgemeinschaft auf Dauer angelegt ist. Welcher Zeitraum als gewichtiges Indiz für eine auf Dauer angelegte Lebensgemeinschaft angenommen werden kann, ist von der Rechtsprechung noch nicht abschließend festgelegt worden. Den Entscheidungen lagen Fälle zugrunde, in denen die Gemeinschaft jedenfalls über 10 Jahre gedauert hat (OLG Saarbrücken ZMR 1991, 336; BVerfG WuM 1990, 241; LG Berlin NJW-RR 1990, 1041). Allerdings hat das LG Hamburg (WuM 1997, 221) entschieden, dass es im Einzelfall aufgrund besonderer Umstände für das Merkmal der Dauerhaftigkeit nicht auf die tatsächliche Dauer des Zusammenlebens, sondern auf die gewollte Dauerhaftigkeit ankommen kann. **527**

Umstritten war lange Zeit, ob das Eintrittsrecht auch Partnern einer gleichgeschlechtlichen Lebensgemeinschaft zugebilligt wird. Nach In-Kraft-Treten des LPartG ist die bisherige anders lautende Rechtsprechung unhaltbar, da auch dem Partner einer eingetragenen Lebenspartnerschaft das Eintrittsrecht gem. § 563 Abs. 1 S. 2 BGB zusteht und dieser dem überlebenden Ehegatten gleichgestellt wird. Eine Ungleichbehandlung der Partner in einer gleichgeschlechtlichen nicht ehelichen Lebensgemeinschaft ist nicht gerechtfertigt (Hinz ZMR 2002, 640, 642; BT-Drucks. 14/4553 S. 61). **528**

Sind Personen i.S.d. § 563 BGB gemeinsam Mieter, so wird das Mietverhältnis beim Tod eines Mieters mit den überlebenden Mietern fortgesetzt (§ 563a Abs. 1 BGB). Aufgrund der oben erläuterten Gesetzesänderung in § 563 Abs. 2 S. 4 BGB wird das Mietverhältnis automatisch mit dem überlebenden nicht ehelichen Lebenspartner fortgesetzt, wenn **529** beide Partner Mietvertragsparteien waren. Dem überlebenden Partner steht allerdings die Möglichkeit zu, innerhalb eines Monats nach Kenntnis vom Tod des Partners das Mietverhältnis außerordentlich mit der gesetzlichen Frist zu kündigen (§ 563a Abs. 2 BGB).

530 Für den in nicht ehelicher Lebensgemeinschaft lebenden Partner eines verstorbenen Mieters hat dies allerdings zur Folge, dass auch er den Eintritt in das Mietverhältnis gegenüber dem Vermieter ablehnen muss, wenn er die Wohnung nicht beibehalten will. Es genügt eine formlose Mitteilung gegenüber dem Vermieter. Schlüssiges Verhalten reicht aus. Zur Vermeidung von Missverständnissen wird empfohlen, eine schriftliche Erklärung gegenüber dem Vermieter abzugeben mit dem Inhalt, dass der Lebenspartner von seinem Eintrittsrecht in den Mietvertrag nach Versterben des Mieters keinen Gebrauch machen will.

531 Das Mieteintrittsrecht nach §§ 563, 563a BGB für den nicht ehelichen Lebensgefährten gilt auch für Genossenschaftswohnungen, wenn der Eintrittsberechtigte bereit ist, der Genossenschaft beizutreten (OLG Saarbrücken NJW 1991, 1760; BGH NJW 1993, 999).

532 Häufig wird der Lebenspartner und ggf. auch der gleichgeschlechtliche Lebenspartner Erbe des Mieters sein. Nach dem Tode des Mieters kann der Vermieter das Mietverhältnis aufgrund des Sonderkündigungsrechts gem. § 580 BGB gegenüber dem Erben des Mieters, der mit dem verstorbenen Mieter in der Wohnung keinen gemeinsamen Hausstand geführt hat und nicht gem. § 563 BGB in das Mietverhältnis eingetreten ist, nur dann kündigen, wenn er ein berechtigtes Interesse an der Beendigung des Mietverhältnisses i.S.d. § 573 BGB hat (BGH ZMR 1997, 343).

cc) Zwangsräumung

533 Nach überwiegender Meinung ist ein Räumungstitel gegen alle Personen nötig, die unmittelbare Sachherrschaft an den herausverlangten Räumen haben, auch wenn sie nicht Mieter sind. Der Räumungstitel muss sich also auch gegen den nicht ehelichen Lebenspartner richten (BGH NJW 2008, 1959; KG NJW-RR 1994, 713; OLG Düsseldorf ZMR 1998, 621 m.w.N.).

534 Ein Lebenspartner kann sich aber nach § 242 BGB nicht auf das Fehlen eines gegen ihn gerichteten Titels berufen, wenn er den Mitbesitz ohne oder gegen den Willen des Vermieters begründet und über einen erheblichen Zeitraum gegenüber dem Vermieter verheimlicht hat (OLG Hamburg ZMR 1993, 16; LG Mönchengladbach DGVZ 1996, 74).

535 Haben beide Lebensgefährten den Mietvertrag unterschrieben, so ist auch gegen beide ein Räumungstitel erforderlich, da beide Mitbesitzer der Wohnung sind. Dies gilt unabhängig davon, ob beide Partner die Wohnung von Anfang an bezogen haben oder ob der Zweite erst später eingezogen, dann aber dem Mietvertrag beigetreten ist.

536 Leben außer dem nicht ehelichen Lebensgefährten auch noch minderjährige Kinder mit in der Wohnung, sind diese i.d.R. auf jeden Fall wegen des bestehenden elterlichen Sorgerechts und der sozialen Abhängigkeit nur Besitzdiener und keine Mitbesitzer. Gegen sie ist deshalb kein eigenständiger Räumungstitel erforderlich (BGH NJW 2008, 1959; Becker FamRZ 1994, 1302; Pawlowski Durchsuchungsanordnung gegen Ehegatten GGVZ 1997, 17, 18).

537 Bei volljährigen Kindern ist auf die grundlegenden Umstände des Einzelfalles abzustellen. Wenn die volljährigen Kinder einen eigenen Hausstand führen und sich an der Mietzahlung beteiligen, wird man sie als Mitbesitzer ansehen müssen, sodass ein eigener Titel erforderlich ist (vgl. (BGH NJW 2008, 1959, OLG Hamburg FamRZ 1991, 466; BVerfG NJW-RR 1991, 1101). Anders ist die Situation zu beurteilen, wenn sie wirtschaftlich noch abhängig sind von dem Mieterelternteil. Dann besteht kein eigenes Besitzrecht, sodass in diesem Fall auch kein besonderer Räumungstitel notwendig ist. Ist für den Vermieter die Sach- und Rechtslage in Bezug auf die Kinder ungeklärt, so empfiehlt es sich, gegen die volljährigen Mitbewohner/Kinder Räumungsklage zu erheben, damit gegen alle ein vollstreckbarer Titel erlangt wird. Es kommt insoweit nicht darauf an, ob sich die volljährigen Kinder gegen den Willen oder im Einvernehmen mit dem Vermieter in der Wohnung aufhalten. Einer solchen Klage fehlt nicht das Rechtsschutzbedürfnis (OLG Schleswig NJW-RR 1993, 274).

Folgt man der Rechtsauffassung, wonach nur der gegen den Mieter gerichtete Titel für die Räumungsvollstreckung ausreichend ist, so ist der mitbewohnende Partner trotzdem nicht schutzlos. Er kann im Räumungsprozess dem Beklagten gem. § 66 ZPO als Nebenintervenient beitreten, da er durch ein mögliches Räumungsurteil rechtlich betroffen sein würde. Er kann Anträge nach § 721 ZPO stellen, wenn er meint, er habe selbstständigen Besitz, kann er gegen einen Räumungstitel mit der Drittwiderspruchslage gem. § 771 ZPO vorgehen. Gegen die Räumung kann er sich durch die Erinnerung nach § 766 ZPO zur Wehr setzen, wenn sein selbstständiger Besitz offensichtlich ist (KG NJW-RR 1994, 713). **538**

c) Wohnungszuweisung bei Beendigung einer nicht ehelichen Lebensgemeinschaft

aa) Grundsätzliches

Die einschlägigen gesetzlichen Vorschriften (§ 1361b BGB, § 1568a BGB und die entsprechenden Bestimmungen des LPartG in §§ 14 und 17 LPartG) beziehen sich ausschließlich auf die Regelung der Rechtsverhältnisse über die Wohnungszuweisung zwischen Ehegatten und registrierten Lebenspartnern. **539**

Nach bisher herrschender Meinung ist der vertraglich nicht geschützte Lebenspartner, der zum Mitbewohner geworden ist, weitgehend rechtlos. Der Mieter kann von seinem Lebenspartner grundsätzlich jederzeit nach den Vorschriften über die Herausgabe der ungerechtfertigten Bereicherung die Aufgabe des Mitbesitzes aus dem Gesichtspunkt der §§ 812 ff. BGB verlangen. Letztendlich kommt es darauf an, wie sich das Verhältnis zwischen dem Mieter und seinem aufgenommenen Lebenspartner tatsächlich gestaltet und welche rechtlichen Konsequenzen aus der unterschiedlich möglichen Gestaltung abzuleiten sind. **540**

Der hinzugezogene Partner hat Mitbesitz an der Wohnung gem. § 535 BGB erworben. Sobald ein Räumungsverlangen gegen ihn geltend gemacht wird, hat er diesen grundsätzlich aufzugeben. So jedenfalls die noch herrschende Meinung (LG Wiesbaden FamRZ 1960, 152; Finger JZ 1981, 498, 509; ders. WuM 1982, 257, 259; OLG Hamm NJW 1986, 728, 729; Meyer ZMR 1990, 444 ff.). **541**

bb) Beide Partner als Mieter

Sind beide Partner einer nicht ehelichen Lebensgemeinschaft hinsichtlich der gemeinsamen Wohnung Mieter, so haben beide ein Besitzrecht an der Wohnung. Demzufolge kann keiner vom anderen die Räumung der Wohnung verlangen. Die Kündigungserklärung oder Räumung durch einen Partner befreit diesen nicht von seinen Pflichten aus dem Mietvertrag. Zur Beendigung des Mietverhältnisses, auch nur für einen der Partner, muss also gemeinsam gekündigt oder aber ein Aufhebungsvertrag mit dem Vermieter geschlossen werden. Weigert sich nun einer der Partner, diese Kündigungserklärung gegenüber dem Vermieter abzugeben oder an einer einvernehmlichen Regelung mit dem Vermieter mitzuwirken, so kann im Innenverhältnis die Verpflichtung zur Abgabe einer **542** solchen Erklärung oder Mitwirkung aus § 723 BGB abgeleitet werden, wenn man die Regeln der bürgerlich-rechtlichen Gesellschaft auf die nicht eheliche Lebensgemeinschaft anwendet (OLG Hamm BB 1976, 529; Schulz WuM 1980, 110; LG München II FamRZ 1992, 1077, 1078).

543 Wertet man die nicht eheliche Lebenspartnerschaft als Gemeinschaft i.S.d. § 721 BGB, so leitet sich das entsprechende Recht aus § 749 BGB ab (LG Heidelberg WuM 1977, 31, 32; Derleder NJW 1980, 545, 550).

544 Dies hat die Konsequenz, dass sich der Vermieter nach einer Kündigung aussuchen kann, mit welchem von beiden Partnern er den Vertrag neu abschließen bzw. fortsetzen will. Dies wird im Zweifel der wirtschaftlich stärkere Partner und damit i.d.R. der Mann sein. Das Problem der Wohnungszuweisung tritt dann auf, wenn der Lebenspartner die in der Wohnung mit lebende Frau und/oder die Kinder misshandelt oder tyrannisiert. Der erwünschte Schutz für die Lebenspartnerin und die gemeinsamen Kinder oder deren Kinder kann dann ohne Wohnungszuweisung nicht erreicht werden.

545 Der Vermieter kann den Neuabschluss eines Mietvertrages verweigern mit der Konsequenz, dass jeder der Partner die Wohnung verliert. Zudem ist der Vermieter bei einem Neuabschluss nicht an die gesetzlichen Vorschriften über die Zulässigkeit einer Mieterhöhung gebunden. Lediglich die Vorschriften des WiStG sind zu beachten.

cc) Ein Partner als Mieter

546 Ist nur einer der Lebenspartner Mieter der gemeinsam bewohnten Wohnung, so kommt es darauf an, wie das rechtliche Verhältnis zwischen beiden zu qualifizieren ist.

547 Ein Untermietverhältnis kommt nur dann in Betracht, wenn der in die Wohnung aufgenommene Lebenspartner einen gesonderten Teil der Wohnung zu seiner ausschließlichen Verfügung hat und z.B. Küchen- und Badmitbenutzung vereinbart ist. In der Praxis erscheint die Konstruktion eines Untermietverhältnisses lebensfremd, da Lebenspartner i.d.R. die gesamte Mietsache im selben Umfang miteinander nutzen und einen gemeinsamen und nicht zwei selbstständige Haushalte in der Mietwohnung führen. Nur in Ausnahmefällen kann es sein, dass der Lebenspartner als Untermieter anzusehen ist mit den sich daraus ergebenden rechtlichen Konsequenzen.

548 Zieht ein nicht ehelicher Lebenspartner in die Wohnung ein, ohne dass am Mietvertrag etwas geändert wird und wird auch kein Untermietverhältnis zwischen ihm und dem Hauptmieter, seinem Lebenspartner, begründet, so hat der nicht eheliche Partner gegenüber dem Vermieter kein selbstständiges Recht zum Besitz. Nur durch die Aufnahme in die Wohnung wird kein Mietverhältnis begründet. Der BGH hat zwar entschieden, dass der Vermieter nach den Grundsätzen des § 549 a.F./540 n.F. BGB, also aufgrund einer Güterabwägung, den ständigen Aufenthalt eines nicht ehelichen Partners in der Mietwohnung zu dulden hat (BGHZ 92, 213 = FamRZ 1985, 42; NJW 2004, 56 ff.).

549 Allein die Aufnahme des Nichtmieters in die Wohnung und das Dulden durch den Vermieter führt aber nicht zur Begründung eines Mietverhältnisses zwischen Vermieter und hinzugezogenem Lebenspartner. Die früher vielfach vorgenommene Unterscheidung zwischen »selbstständigem« und »unselbstständigem« Gebrauch mit der Folge, dass der Lebensgefährte des Mieters von vornherein nicht als Dritter i.S.d. § 549 BGB a.F. galt, hat bereits das OLG Hamm in seinem Rechtsentscheid v. 17.08.1982 aufgegeben (OLG Hamm NJW 1982, 2876). Dem hat sich der BGH in seiner Entscheidung v. 05.11.2003 (BGH NJW 2004, 56 ff.) angeschlossen. In der Literatur wird häufig auf diese Unterscheidung zurückgegriffen.

Der BGH führt aus, dass die Reform des Mietrechts durch das Gesetz v. 19.06.2001 keinen Anlass zu einer Veränderung der bisherigen Rechtsprechung des VIII. Senats gibt. Der Wortlaut der einschlägigen Bestimmung sei unverändert geblieben. Der Mieter bedürfe »für die Aufnahme seines Lebenspartners zum Zwecke der Bildung oder Fortführung eines auf Dauer angelegten Haushalts« der Erlaubnis des Vermieters (BT-Drucks. 14/4553 S. 49). **550**

Allerdings hat das Mietrechtsreformgesetz die Rechtsstellung des Lebenspartners insofern gestärkt, als § 563 BGB nunmehr ausdrücklich seinen Eintritt in den Mietvertrag bei Tod des Mieters vorsieht, und zwar sowohl für den Partner einer homosexuellen Lebenspartnerschaft (§ 563 Abs. 1 S. 2 BGB) als auch für sonstige Lebensgefährten (§ 563 Abs. 2 S. 4 BGB). Diese Regelung geht über den Geltungsbereich des § 569a BGB a.F. hinaus, an dessen Stelle § 563 BGB getreten ist. Die hier zugrunde liegende allgemeine Wertentscheidung des Mietrechtsreformgesetzes rechtfertigt es jedoch entgegen einer im Schrifttum vertretenen Ansicht nicht, abweichend vom konkret geäußerten Willen des Gesetzgebers, den Lebensgefährten im Rahmen des § 553 BGB dem Ehegatten oder dem Lebenspartner i.S.d. § 1 Abs. 1 LebensPartG gleichzustellen. Wenn der Gesetzgeber eine solche Gleichstellung gewollt hätte, hätte es sich ihm – angesichts der ihm bekannten höchstrichterlichen Rechtsprechung – aufgedrängt, eine entsprechende Klarstellung in § 553 BGB aufzunehmen. Der BGH geht jedoch davon aus, dass für die Aufnahme eines Lebensgefährten in eine gemietete Wohnung bei Nachweis eines berechtigten Interesses im Regelfall ein Anspruch auf Erlaubnis des Vermieters besteht (BGH NJW 2004, 58). **551**

Für die Frage, ob der Partner, der später einzieht, nur Besitzdiener oder Mitbesitzer der Wohnung ist, kommt es auf die Verkehrsanschauung an. Hat er selbstständige Sachherrschaft an der Mietsache begründet, dann ist er als Besitzer anzusehen. Dies führt dann zu einer Gleichbehandlung zwischen dem nicht ehelichen Partner und dem Ehegatten mit den entsprechenden materiell-rechtlichen und vollstreckungsrechtlichen Konsequenzen, auch hinsichtlich der Erwirkung eines Titels bei Räumungsklagen. **552**

Die Position des hinzugezogenen Lebenspartners gegenüber dem Vermieter wird geschwächt, wenn er über einen längeren Zeitraum den Zuzug gegenüber dem Vermieter verheimlicht und wenn er den Mitbesitz gegen oder ohne Wissen und Wollen des Vermieters eingenommen hat. Er kann sich dann nicht auf eine besitzrechtliche Position gegenüber dem Vermieter berufen. Dies sei ein Verstoß gegen Treu und Glauben (OLG Hamburg WuM 1992, 548). **553**

Zur Klärung der Rechtsposition gegenüber dem Vermieter empfiehlt es sich daher, dass der Lebenspartner mit in den Mietvertrag eintritt. **554**

Demgegenüber kann sich ein Lebenspartner gegenüber dem anderen, der ihn in die Wohnung aufgenommen hat, auf seinen Mitbesitz berufen, wenn ihm die Wohnungsschlüssel ausgehändigt worden sind. Er genießt dann den Besitzschutz gem. §§ 858, 866 BGB. Der Zutritt kann ihm dann nicht mehr einfach verwehrt werden. Sonst würde der Lebenspartner und Mieter verbotene Eigenmacht begehen (§§ 862, 861 BGB). In einem solchen Fall kann der aus der Wohnung heraus geworfene Partner vom Mieter im Wege der einstweiligen Verfügung grundsätzlich die Wiedereinräumung des Mitbesitzes verlangen. Eine Ausnahme gilt nur z.B. bei Gewalttätigkeiten. Die Einwendungen des Lebenspartners gegenüber dem ausgesperrten Partner sind im Rahmen des § 863 BGB zu überprüfen (BGH NJW 1978, 2157 ff.). **555**

Der von einzelnen Amtsgerichten vertretenen Mindermeinung, das Verlangen des hinausgeworfenen Mitbesitzers zur Wiedereinräumung des Mitbesitzes sei grundsätzlich rechtsmissbräuchlich, ist nicht zuzustimmen (AG Bruchsal FamRZ 1981, 447; AG Hamburg NJW-RR 1989, 271). **556**

557 Beantragt der ausgesperrte Partner den Erlass einer **einstweiligen Verfügung**, so ist grundsätzlich das Amtsgericht gem. § 23 Nr. 2a GVG zuständig. Sind gemeinsame nicht eheliche Kinder involviert, kann hier auch eine Zuständigkeit des Familiengerichts gem. § 23b Abs. 1 Nr. 5 GVG analog gegeben sein, da die Wohnungsgewährung als Naturalunterhalt/Unterhaltspflichterfüllung anzusehen ist. Im Übrigen sind die neuen Möglichkeiten nach dem Gewaltschutzgesetz zu berücksichtigen.

558 Auch der wohnungsgewährende Lebenspartner ist bei »Aussperrung« durch seinen hinzugezogenen Partner auf die gerichtliche Geltendmachung angewiesen. Dieser kann, selbst wenn er kein Besitzrecht mehr hat, für eine Übergangszeit Räumungsschutz nach § 721 ZPO verlangen (LG Wiesbaden FamRZ 1960, 152, 154).

559 Mit dem Gewaltschutzgesetz wurde nun in § 940a ZPO klargestellt, dass die Räumung mittels einstweiliger Verfügung auch bei einer konkreten Gefahr für Leib und Leben zulässig ist.

dd) Miteigentum

560 Steht die Wohnung im Miteigentum beider Lebenspartner, so steht ihnen das Eigentumsrecht gem. § 741 BGB gemeinschaftlich zu. Jeder von ihnen kann jederzeit die Aufhebung der Gemeinschaft gem. § 743 Abs. 1 BGB verlangen. Der BGH hat hier über die Vorschrift des § 745 Abs. 2 BGB eine Änderung der bisherigen Nutzungsvereinbarung als zulässig angesehen (BGH FamRZ 1982, 355; FamRZ 1983, 795).

ee) Alleineigentum eines Partners

561 Ist einer der Lebenspartner Alleineigentümer der gemeinsam bewohnten Wohnung, kann er bei Beendigung der nicht ehelichen Lebensgemeinschaft vom anderen nach § 985 BGB Räumung und Herausgabe verlangen.

562 Ein stillschweigend abgeschlossener Mietvertrag kann nur unter besonderen Voraussetzungen angenommen werden. Selbst jahrelanges gemeinsames Wohnen ist kein Indiz dafür. Das Zusammenwohnen hat seinen Grund in der nicht ehelichen Lebensgemeinschaft, nicht in einem stillschweigend abgeschlossenen Mietvertrag (OLG Hamm NJW 1986, 728 ff.). Allerdings kann der zur Räumung verpflichtete Lebenspartner gegenüber der Räumungsaufforderung des Eigentümers die Bewilligung einer Räumungsfrist gem. § 721 ZPO beantragen.

563 Wenn der Hinzugezogene regelmäßige Zahlungen an den Alleineigentümer leistet, so kann dies ein Indiz für den Abschluss eines Mietvertrages sein. In diesem Fall ergeben sich keine weiteren Besonderheiten. Es ist das allgemeine Mietrecht anzuwenden. Es überlagert die Regeln hinsichtlich der Beendigung der Lebensgemeinschaft. Damit ist klar, dass eine Beendigung der Lebensgemeinschaft den Mietvertrag unberührt lässt.

ff) Sonstiges

564 Das Räumungsverlangen kann **rechtsmissbräuchlich** sein, wenn es zur Unzeit verlangt wird. Dies wurde angenommen in einem Fall, in dem das Staatsexamen kurz bevorstand (Meyer ZMR 1990, 444, 445). Eine rechtsmissbräuchliche Äußerung eines Räumungsverlangens führt immer nur dazu, dass dem Lebenspartner, der eingezogen ist, eine gewisse Übergangszeit zur Räumung der Wohnung eingeräumt wird. Eine Wohnungszuweisung an den zugezogenen, vertraglich nicht berechtigten Partner kann nicht begründet werden. Hier sind verschiedene Lösungsmöglichkeiten in der Literatur diskutiert worden: Auch nicht rechtsgeschäftliche Abreden und dauerhafte Übung könnten den Tatbestand des Vertrauensschutzes schaffen. Es wird eine Vertrauenshaftung konstruiert, bei der den

Grundsätzen von Treu und Glauben Rechnung getragen wird. Derartige Konstruktionen können aber auf dem Umweg über eine Vertrauenshaftung bei der nicht ehelichen Lebensgemeinschaft nicht dazu führen, dass eine rechtliche Bindung hergestellt wird – wie etwa bei der Ehe oder beim Abschluss eines Mietvertrages (Schwab in Landwehr Die nicht eheliche Lebensgemeinschaft 1978 S. 61, 81).

Es wird auch der Ansatzpunkt gewählt, dass die Wohnungszuweisung unter nicht ehelichen Lebenspartnern unter Berücksichtigung der Interessen der Kinder nach § 1666 Abs. 1 S. 1 BGB erfolgen kann. Eine solche Anweisung würde durch das Familiengericht in Betracht kommen, wenn das körperliche, geistige oder seelische Wohl durch die rechtsmissbräuchliche Ausübung der elterlichen Sorge, durch Vernachlässigung des Kindes oder durch unverschuldetes Versagen der Eltern oder durch das Verhalten eines Dritten gefährdet wird. Die Anwendung dieser Vorschrift wird in den seltensten Fällen eine Wohnungszuweisung begründen können, sie mag in Ausnahmefällen zu einer vorübergehenden Zuweisung der gemeinsam mit den Kindern bewohnten Wohnung an einen Lebenspartner führen (s.u. Rdn. 571). **565**

4. Gewaltschutzgesetz

a) Grundsätzliches

Das Gesetz zur Verbesserung des zivilgerichtlichen Schutzes bei Gewalttaten und Nachstellungen sowie zur Erleichterung der Überlassung der Ehewohnung bei Trennung (Gewaltschutzgesetz) ist am 01.01.2002 in Kraft getreten (BGBl. I 2001, 3513). Mit dem Gesetz soll der zivilrechtliche Schutz bei Gewalttaten und bei bestimmten unzumutbaren Belästigungen verbessert werden. Insbesondere der Schutz von Frauen vor Gewalt soll erreicht werden. **566**

Der Gesetzgeber hat die Schwelle zum Einschreiten und zur Ehewohnungszuweisung herabgesetzt, indem die Wohnungsüberlassung möglich ist, wenn eine »unbillige Härte« vorliegt. Die Schwelle der »schweren Härte« für eine Wohnungszuweisung wurde als zu hoch angesehen. **567**

Daneben soll auch eine effektivere Durchsetzung der gerichtlich angeordneten Maßnahmen gewährleistet werden, indem Strafbewehrungen für den Fall des Verstoßes gegen gerichtliche Anordnungen nach dem Gewaltschutzgesetz vorgesehen wurden. Mit dem Gesetz sollen insgesamt häusliche Gemeinschaften vor den Auswirkungen von Gewalttaten geschützt werden. Es soll keine nur teilweise Wohnungsüberlassung bei Gewalttaten mehr geben (Doris Kloster-Harz Fünf Jahre Gewaltschutzgesetz – Ein Rückblick, ZAP 2007, 831 ff.). **568**

b) Inhalt des Gewaltschutzgesetzes

Der Kern des Gewaltschutzgesetzes ist in § 1 und 2 geregelt. Nach § 1 GewaltschutzG können die Familiengerichte bei vorsätzlicher Verletzung des Körpers, der Gesundheit oder der Freiheit einer anderen Person die erforderlichen Schutzmaßnahmen anordnen, z.B. Kontakt- und Näherungsverbote. Hat das Opfer mit dem Täter zum Zeitpunkt der Tat einen auf Dauer angelegten gemeinsamen Haushalt geführt, kann das Opfer gem. § 2 GewaltschutzG verlangen, dass ihm die gemeinsam genutzte Wohnung zur alleinigen Benutzung überlassen wird, insbesondere dann, wenn auch das Wohl der im gemeinsamen Haushalt lebenden Kinder beeinträchtigt wird (zur Vermittlung eines Gesamtüberblicks vgl. Schuhmacher Mehr Schutz bei Gewalt in der Familie FamRZ 2002, 645 ff.). **569**

c) Persönlicher Anwendungsbereich

570 Der persönliche Anwendungsbereich ist in § 3 Abs. 1 GewSchG geregelt. Hieraus folgt, dass sowohl minderjährige als auch erwachsene Personen durch das Gewaltschutzgesetz geschützt werden. Lediglich dann, wenn es um Gewalttaten von sorgeberechtigten Eltern, Vormund oder Pfleger gegenüber Kindern geht, regelt Abs. 1 die vorrangige Anwendung der für das Sorgerechts-, Vormundschafts- oder Pflegschaftsverhältnis maßgebenden Vorschriften. Das Familiengericht kann nach § 1666 BGB alle erforderlichen Maßnahmen treffen, wenn das Wohl von Kindern durch Handlungen beeinträchtigt wird, die unter den Anwendungsbereich des Gewaltschutzgesetzes fallen. § 1666 BGB wurde durch das Gesetz zur Erleichterung familiengerichtlicher Maßnahmen bei Gefährdung des Kindeswohls v. 04.07.2008 neu gefasst. In § 1666 Abs. 3 BGB sind nun entsprechende Maßnahmen wie im GewSchG als Regelbeispiele aufgezählt. § 1666 Nr. 3 BGB sieht das Verbot vor, vorübergehend oder auf unbestimmte Zeit die Familienwohnung oder eine andere Wohnung zu nutzen, sich in einem bestimmten Umkreis der Wohnung aufzuhalten oder zu bestimmende andere Orte aufzusuchen. § 1666 Nr. 4 BGB sieht das Verbot vor, Verbindung zum Kind aufzunehmen oder ein Zusammentreffen mit dem Kind herbeizuführen. Zum Schutz der Kinder kann auch der gewalttätige Elternteil aus der Wohnung verwiesen werden. Zur Klarstellung unter welchen Voraussetzungen ein Elternteil oder ein Dritter aus der Wohnung gewiesen werden kann, wurde die Neuregelung in § 1666a Abs. 1 S. 2 und S. 3 BGB geschaffen, die mit dem am 12.04.2002 in Kraft getretenen Kinderrechteverbesserungsgesetz eingeführt wurde (BGBl. I 2002, 1239). Ebenso wie zwischen Ehegatten oder anderen Personen, die einen auf Dauer angelegten Haushalt führen, ist die sachen- oder schuldrechtliche Berechtigung des Elternteils an der Wohnung zu berücksichtigen. Der Verhältnismäßigkeitsgrundsatz ist streng zu beachten.

571 Die Kinder genießen aber dann neben § 1666 BGB parallel den Schutz des Gewaltschutzgesetzes, wenn die Gewalttaten oder Beeinträchtigungen von nicht sorgeberechtigten Dritten ausgehen. Umgekehrt können auch die Eltern oder andere sorgeberechtigte Personen Maßnahmen nach dem Gewaltschutzgesetz beantragen, wenn die Misshandlungen von den Kindern begangen werden.

d) Maßnahmen nach dem Gewaltschutzgesetz

aa) Gerichtliche Maßnahmen zum Schutz vor Gewalt und Nachstellungen

(1) Voraussetzungen für den Erlass von Schutzmaßnahmen nach § 1 Abs. 1 GewSchG

572 § 1 GewSchG ermöglicht es dem Gericht, zugunsten des Opfers einer Gewalttat oder von Nachstellungen die erforderlichen Schutzmaßnahmen anzuordnen. Aus der Formulierung des GewaltschutzG geht bereits die verfahrensrechtliche Konzeption hervor. § 1 GewSchG enthält keine eigene materiellrechtliche Anspruchsgrundlage.

573 Voraussetzung für Schutzmaßnahmen nach § 1 Abs. 1 GewSchG ist, dass ein materiellrechtlicher Anspruch nach §§ 823, 1004 BGB auf Unterlassung der Verletzung bzw. Beeinträchtigung der in § 1 genannten Rechtsgüter besteht. Dies richtet sich nach den Vorschriften über die unerlaubte Handlung. Zu den Fragen, wann eine Verletzung des Körpers, der Gesundheit oder der Freiheit einer Person liegt, kann daher auf die zu § 823 Abs. 1 BGB ergangene Rechtsprechung verwiesen werden.

574 Weitere Voraussetzung ist, dass der Täter vorsätzlich und rechtswidrig gehandelt hat. Die Rechtswidrigkeit der Tat ist grundsätzlich indiziert und entfällt nur beim Vorliegen von Rechtfertigungsgründen.

seine Nutzungsbefugnis gegenüber Dritten, wie z.B. dem Vermieter berufen. Die Rechte des Vermieters zur Kündigung der Wohnung bleiben davon unberührt. Hat der Vermieter Räumungsklage erhoben, so wird das Opfer dadurch geschützt, dass das Gericht auf Antrag oder von Amts wegen eine Räumungsfrist bis zu einem Jahr gem. § 721 ZPO gewähren kann.

(7) Verhältnis zu anderen Ansprüchen des Opfers wegen der Gewalttat

Gemäß § 3 Abs. 2 GewSchG werden weiter gehende Ansprüche des Opfers durch das Gewaltschutzgesetz nicht berührt. Dies gilt selbstverständlich für Schadens- und Schmerzensgeldansprüche. Im Verhältnis zu den familienrechtlichen Ansprüchen auf Wohnungszuweisung besteht Anspruchskonkurrenz. Auch Ehegatten können daher Anträge auf Wohnungsüberlassung nach dem Gewaltschutzgesetz stellen, ohne dass es auf die Voraussetzung des Getrenntlebens wie in § 1361b BGB ankommt. Da das Gewaltschutzgesetz nur den Schutz vor weiteren Gewalttaten sicherstellen will, kann eine endgültige Regelung der Nutzungsbefugnisse an der Wohnung nur über die allgemeinen Vorschriften getroffen werden, insbesondere nach § 1361b BGB oder § 1568a BGB für die Ehewohnung bzw. gem. § 14 und § 17 LebenspartnerschaftsG für die Partnerschaftswohnung. Unterlassungsansprüche können daneben auch auf §§ 823, 1004 BGB analog gestützt werden, wenn dem Täter der Schuldvorwurf des vorsätzlichen Handelns nicht gemacht oder nicht nachgewiesen werden kann und deswegen ein Anspruch nach §§ 1, 2 GewSchG nicht besteht (Schweikert/Baer Das neue Gewaltschutzrecht Rn. 110). **599**

Soweit sich die Ehegatten bereits getrennt haben oder eine Trennung beabsichtigen, geht § 1361b BGB als lex specialis dem § 2 GewSchG vor, wenn die Ehegatten um die alleinige Nutzung der Ehewohnung für die Zeit der Trennung bis zur Scheidung streiten (Müller ff. 2002, 43; a.A. Schuhmacher FamRZ 2002, 645, 653). **600**

e) Prozessuales

Eine erhebliche Erleichterung in prozessualer Hinsicht bringt das FamFG und das zugleich eingeführte sog. Große Familiengericht mit sich, das zum 01.09.2009 in Kraft getreten ist. Gewaltschutzsachen sind nun gem. § 111 Nr. 6 FamFG Familiensachen. Bisher waren entweder die Familiengerichte oder die allgemeinen Zivilgerichte sachlich zuständig, was zu erheblichen Abgrenzungsschwierigkeiten bei der sachlichen Zuständigkeit und infolgedessen auch zur Anwendung unterschiedlicher Verfahrensvorschriften, nämlich ZPO oder FGG, geführt hat. Diese Schwachstelle wurde nun beseitigt, nachdem die Familiengerichte nun für alle Gewaltschutzverfahren sachlich zuständig sind, unabhängig davon, ob es sich um Verfahren zwischen Ehegatten, Lebenspartnern, nichtehelichen Lebenspartnern oder gegen andere Dritte handelt. Für das Verfahren gilt nun einheitlich das FamFG und hier die besonderen Vorschriften in §§ 210 FamFG ff. **601**

In den §§ 210 ff. FamFG sind speziell nur die örtliche Zuständigkeit (§ 211), die Beteiligung und Anhörung des Jugendamts (§§ 212, 213), die einstweilige Anordnung (§ 214), die Durchführung der Endentscheidung (§ 215), die Wirksamkeit und Vollstreckung der Entscheidung (§ 216) und die Mitteilung von Entscheidungen (§ 216a) geregelt. Im Übrigen sind die allgemeinen Vorschriften des FamFG anzuwenden. Auf das Verfahren wird nachfolgend noch näher im Detail eingegangen. **602**

Das Gewaltschutzverfahren ist nun einheitlich ein Verfahren der freiwilligen Gerichtsbarkeit. Das Gericht wir zwar **nur auf Antrag** der verletzten Person tätig, da die Verfahren nach §§ 1, 2 GewSchG als Streitverfahren konzipiert sind. Der Antrag des Opfers hat aber nur verfahrenseinleitende Wirkung. Wegen des Amtsermittlungsgrundsatzes (§ 26 **603**

FamFG) ist das Gericht nicht an die Antragstellung gebunden und kann nach eigenem Ermessen alle erforderlichen Maßnahmen zum Schutz des Opfers anordnen. Neben den förmlichen Beweismitteln der ZPO kann das Gericht die Tatsachen mittels Freibeweis (§ 29 FamFG) ermitteln. Alle Entscheidungen nach dem FamFG ergehen nur noch als Beschluss (§ 38 FamFG).

aa) Zuständigkeit

604 Die sachliche Zuständigkeit für Maßnahmen nach den §§ 1, 2 GewSchG liegt als Familiensache (§ 111 Nr. 6 FamFG) nunmehr stets beim Familiengericht (§ 23a Abs. 1 Nr. 1 GVG)

605 Die örtliche Zuständigkeit des Familiengerichts richtet sich nach § 211 FamFG und sieht zugunsten des Opfers als Antragsteller eine Wahlmöglichkeit zwischen mehreren Gerichtsständen vor:

- das Familiengericht, in dessen Bezirk die Tat begangen wurde (§ 211 Nr. 1 FamFG);;
- das Familiengericht, in dessen Bezirk sich die gemeinsame Wohnung des Antragstellers und des Antragsgegners befindet (§ 211 Nr. 2 FamFG);
- das Familiengericht, in dessen Bezirk der Antragsgegner seinen gewöhnlichen Aufenthalt hat (§ 211 Nr. 3 FamFG)

Der Gerichtsstand nach § 211 Nr. 1 FamFG entspricht dem Gerichtsstand der unerlaubten Handlung gem. § 32 ZPO. Der Gerichtsstand des gewöhnlichen Aufenthalts entspricht dem allgemeinen Gerichtsstand nach §§ 12, 13 ZPO. Für beide Gerichtsstände kann somit auf die entsprechende Kommentierung zur ZPO verwiesen werden. Der Begriff der gemeinsamen Wohnung in § 211 Nr. 2 FamFG entspricht dem Begriff des auf Dauer angelegten gemeinsamen Haushalts i.S.v. § 2 Abs. 1 GewSchG (s. dazu oben Rdn. 584 ff.).

606 Das örtlich zuständige Gericht ist auch international zuständig gem. § 105 FamFG, soweit es keine vorrangigen Abkommen gibt. Nach Art. 17a EGBGB ist deutsches Recht anwendbar, soweit mit einer Wohnungszuweisung verbundene Schutzanordnungen ergehen (Neumann FamRB 2009, 255).

bb) Beteiligte – insb. Anhörung und Beteiligung des Jugendamts

607 Die Beteiligtenstellung ist allgemein in § 7 FamFG geregelt. Der Antragsteller (§ 7 Abs. 1 FamFG) und der Antragsgegner (§ 7 Abs. 2 Nr. 1 FamFG) sind Beteiligte. Der Vermieter der Wohnung des Antragstellers oder des Antragsgegners ist nicht Beteiligter i.S.v. § 7 Abs. 2 Nr. 1 FamFG, da die Wohnungszuweisung nach § 2 GewSchG in das Mietverhältnis nicht eingreift (Keidel FamFG § 212 Rn. 3; Jansen/Wick FGG § 64b Rn. 8; a.A. Bumiller/Harders FamFG § 212 Rn. 1) Sollte eine Verhandlung zur Aufklärung des Sachverhalts notwendig sein, kann das Gericht die Beteiligten getrennt anhören gem. § 33 Abs. 1 S. 2 FamFG oder auch z.B. nach schweren Verletzungen auch von der Anhörung des Opfers absehen gem. § 34 Abs. 2 FamFG.

608 In Gewaltschutzsachen ist in § 212 FamFG speziell geregelt, dass das Jugendamt am Verfahren zu beteiligen ist, wenn ein Kind in dem Haushalt lebt und das Jugendamt einen Antrag auf Beteiligung stellt. Das Gericht kann diesen Antrag nicht ablehnen, da die Hinzuziehung zwingend im Gesetz vorgesehen ist (Keidel FamFG § 212 Rn. 2; BT-Drucks. 16/6308 S. 251).

609 Gem. § 213 FamFG soll das Familiengericht in Verfahren nach § 2 GewSchG das Jugendamt vorher anhören, wenn Kinder im Haushalt der Beteiligten leben. Im Antrag sollte daher immer angegeben werden, ob Kinder im Haushalt leben. Die Anhörung soll zum einen die Sachverhaltsaufklärung fördern und zum anderen dem Gericht ermöglichen, die besondere Erfahrung des Jugendamts bei der Entscheidungsfindung zu nutzen. Unterbleibt die Anhörung allein wegen Gefahr im Verzug z.B. bei einer einstweiligen Anordnung, ist die Anhörung unverzüglich nachzuholen. Weiterhin hat das Gericht gem. § 213 Abs. 2 FamFG die Entscheidung förmlich mitzuteilen, nachdem dem Jugendamt nunmehr gegen die Entscheidung eine eigene Beschwerdebefugnis nach § 213 Abs. 2 S. 2 FamFG zusteht, unabhängig davon, ob es am Verfahren beteiligt war oder beschwert ist.

cc) Anordnungen zur Durchführung der Entscheidung

In § 215 FamFG ist ausdrücklich geregelt, dass das Gericht in Verfahren nach § 2 GewSchG (Überlassung einer gemeinsam genutzten Wohnung) in der Endentscheidung als auch in einer einstweiligen Anordnung die zu ihrer Durchführung erforderlichen Anordnungen treffen soll. Da das Gericht nicht an Anträge gebunden ist, kann das Gericht wie im Ehewohnungszuweisungsverfahren insbesondere die Räumung und Herausgabe der Wohnung und der Schlüssel, sowie Räumungsfristen anordnen. Daneben kann es auch Unterlassungsanordnungen gem. § 2 Abs. 4 GewSchG treffen und eine Nutzungsvergütung nach § 2 Abs. 5 GewSchG festlegen. Der Täter hat somit alles zu unterlassen, was geeignet ist, die Ausübung des Nutzungsrechts an der Wohnung zu erschweren oder zu vereiteln, so dass auch das Verbot ergehen kann das Mietverhältnis über die Wohnung zu kündigen oder durch Vertrag aufzuheben. 610

dd) Wirksamkeit der Entscheidung und Mitteilungen

Entscheidungen nach dem GewSchG werden erst mit Rechtskraft wirksam (§ 216 FamFG) und nicht schon mit der Bekanntmachung. Zum Schutz des Opfers z.B. bei unmittelbarer Drohung weiterer Gewalttaten soll das Gericht die sofortige Wirksamkeit der Entscheidung (§ 216 Abs. 1 S. 2 FamFG) anordnen, was letztlich der Regelfall sein wird. Darüber hinaus kann das Gericht die Zulässigkeit der Vollstreckung vor der Zustellung an den Antragsgegner anordnen (§ 216 Abs. 2 S. 1 FamFG). In diesem Fall wird die Entscheidung in dem Zeitpunkt wirksam, in dem sie der Geschäftsstelle zur Bekanntmachung übergeben wird. Aus diesem Grunde ist der Zeitpunkt der Übergabe an die Geschäftsstelle auf der Entscheidung zu vermerken (§ 216 Abs. 2 S. 2 FamFG). Zweck dieser Vorschrift ist es, dass das Opfer durch die Bekanntgabe der einstweiligen Anordnung nicht »zur Unzeit« gefährdet wird (BT-Drucks. 14/5429 S. 36). 611

Das Gericht informiert gem. § 216a FamFG unverzüglich die zuständigen Polizeibehörden und die anderen von der Entscheidung betroffenen öffentlichen Stellen (z.B. Kindergärten und Schulen), über sämtliche Anordnungen nach §§ 1 und 2 GewSchG. Von der Information soll jedoch abgesehen werden, wenn schutzwürdige Interessen eines Beteiligten die Interessen anderer Beteiligter überwiegen. Die Beteiligten sollen über die Mitteilung unterrichtet werden. Zweck dieser Mitteilungspflicht ist, dass Verstöße gegen Anordnungen nach dem GewSchG noch effektiver verhindert und geahndet werden können, da insbesondere die Polizei die Informationen benötigt, um bei Verstößen ein Ermittlungsverfahren wegen einer Straftat nach § 4 GewSchG einleiten zu können. 612

ee) Einstweilige Anordnung

Im FamFG wurde nunmehr für Familiensachen und für Verfahren der freiwilligen Gerichtsbarkeit ein einheitliches Verfahren für eine einstweilige Anordnung in den §§ 49 ff. FamFG geschaffen. Gem. § 214 FamFG besteht auch in einem Gewaltschutzverfahren daher die Möglichkeit, eine einstweilige Anordnung zu beantragen, wenn die einstweilige Anordnung nach den für das Rechtsverhältnis maßgebenden Vorschriften 613 gerechtfertigt ist (= Verfügungsanspruch) und ein dringendes Bedürfnis für ein sofortiges Tätigwerden besteht. Das Gericht muss daher summarisch prüfen, ob die Voraussetzungen der §§ 1, 2 GewSchG vorliegen. § 214 FamFG regelt ausdrücklich, dass ein dringendes Bedürfnis für ein sofortiges Tätigwerden in der Regel dann vorliegt, wenn eine Tat nach § 1 GewSchG begangen wurde oder aufgrund konkreter Umstände mit einer Begehung zu rechnen ist. Die einstweilige Verfügung nach §§ 935 ff. ZPO ist im Anwendungsbereich der einstweiligen Anordnung nach dem FamFG ausgeschlossen (BT-Drucks. 16/6308 S. 226).

614 Neu ist, dass die einstweilige Anordnung ein selbstständiges Verfahren gem. § 51 Abs. 3 FamFG bildet und nicht mehr wie früher die Anhängigkeit einer Hauptsache zur Voraussetzung hat. Wird die einstweilige Anordnung erlassen, so kann jeder Beteiligter nach § 52 Abs. 1 FamFG beantragen, dass das Hauptsacheverfahren eingeleitet wird. Umgekehrt kann das Gericht gem. § 52 Abs. 2 FamFG auf Antrag eines Beteiligten anordnen, dass der Beteiligte, der die einstweilige Anordnung erwirkt hat, binnen einer zu bestimmenden Frist von maximal 3 Monaten einen Antrag auf Einleitung des Hauptsacheverfahrens zu stellen hat. Wird dieser Anordnung nicht Folge geleistet, so muss das Gericht die einstweilige Anordnung aufheben.

615 Das einstweilige Anordnungsverfahren und das Hauptsacheverfahren können parallel nebeneinander beantragt werden. Einem Antragsteller kann die Verfahrenskostenhilfe im Hauptsacheverfahren nach §§ 1, 2 GewSchG nicht schon deshalb verweigert werden, weil er gleichzeitig ein Verfahren auf Erlass einer einstweiligen Anordnung eingeleitet hat. Dies ist nicht mutwillig i.d. §§ 76 FamFG, 114 ZPO Das OLG Hamm führt dazu in seinem Beschl. v. 09.12.2009 – 10 WF 274/09 aus, dass es sich »bei der vom Gesetzgeber mit der Regelung des § 214 FamFG vorgenommenen Beschränkung der einstweiligen Anordnung auf eine bloß vorläufige Regelung lediglich um den Ausfluss des auch in Ansehung der Neuregelung des § 51 Abs. 3 FamFG weiterhin geltenden Grundsatzes handelt, dass der Erlass der einstweiligen Anordnung – auch wenn diese nun nicht mehr von der Einleitung eines entsprechenden Hauptsacheverfahrens abhängig ist – i.d.R. nicht zu einer Vorwegnahme der Hauptsache führen darf und sich auf eine aufgrund summarischer Prüfung zu treffende, vorläufige Regelung zu beschränken hat (Keidel-Giers FamFG, 16. Aufl. 2009, § 49 Rn. 15). Dann aber muss dem Antragsteller die Möglichkeit eröffnet bleiben, neben dem einstweiligen Anordnungsverfahren das Hauptsacheverfahren zur endgültigen Klärung der Angelegenheit und zur Erreichung der von ihm angestrebten weiterreichenden Regelung einzuleiten (Götsche ZFE, 2009, 124, 129; vgl. auch OLG Frankfurt NJW-RR 2008, 779, wonach wegen des nur vorläufigen Charakters einer einstweiligen Verfügung grundsätzlich ein Rechtsschutzbedürfnis für die Durchführung des Hauptsacheverfahrens zu bejahen ist).«

ff) Streitwert

616 Der Verfahrenswert beträgt nach § 49 FamGKG für Verfahren nach § 1 GewSchG 2.000 EUR und für Verfahren nach § 2 GewSchG 3.000 EUR. Das Gericht kann jedoch nach § 49 Abs. 2 FamGKG einen höheren oder niedrigeren Wert festsetzen, wenn die vorgenannten Beträge nach den Umständen im Einzelfall unbillig sind. Gem. KV Nr. 1320 fallen für das Hauptsacheverfahren i.d.R. 2,0 Gerichtsgebühren an. Im Verfahren der einstweiligen Anordnung ist der Wert i.d.R. unter Berücksichtigung der geringeren Bedeutung gegenüber der Hauptsache zu ermäßigen (§ 41 FamGKG). Dabei ist von der Hälfte des für die Hauptsache bestimmten Werts auszugehen. Gem. KV Nr. 1420 fallen für das einstweilige Anordnungsverfahren 1,5 Gerichtsgebühren an. Der Rechtsanwalt erhält wie bisher für Hauptsacheverfahren und einstweiliges Anordnungsverfahren die üblichen Gebühren, da beide Verfahren eigene Angelegenheiten darstellen.

gg) Rechtsbehelfe

(1) Beschwerde

Gegen den im ersten Rechtszug in der Hauptsache ergangenen Beschluss des Familiengerichts ist die Beschwerde nach §§ 58 ff. FamFG zum OLG (§ 119 Abs. 1 Nr. 1a GVG) statthaft. Gegen eine einstweilige Anordnung ist die Beschwerde nur dann statthaft, wenn die Entscheidung aufgrund einer mündlichen Erörterung ergangen ist (§ 57 Nr. 4 FamFG). Ist keine mündliche Erörterung erfolgt, dann muss zunächst ein Antrag nach § 54 Abs. 2 FamFG auf mündliche Verhandlung gestellt werden. Neu ist, dass jeder Beschluss gem. § 39 FamFG eine Rechtsbehelfsbelehrung über das statthafte Rechtsmittel, über Form und Frist und über das Gericht, bei dem das Rechtsmittel einzulegen ist, enthalten muss. 617

Die Beschwerde gegen die Hauptsache ist innerhalb von einer Frist von 1 Monat einzulegen gem. § 63 Abs. 1 FamFG. Für die Beschwerde gegen die einstw. Anordnung beträgt die Frist dagegen nur 2 Wochen gem. § 63 Abs. 2 FamFG. Die Beschwerde ist schriftlich oder zur Niederschrift der Geschäftsstelle beim Ausgangsgericht, somit dem Amtsgericht, einzulegen (§ 64 FamFG) und soll begründet werden (§ 65 FamFG). Das Gericht hat die Beschwerde sofort dem OLG vorzulegen, da in Familiensachen das Abhilferecht des Ausgangsgerichts ausgeschlossen ist (§ 68 Abs. 1 S. 2 FamFG). 618

(2) Rechtsbeschwerde

Die Rechtsbeschwerde zum BGH ist gem. § 70 FamFG nur statthaft, wenn sie das Beschwerdegericht in dem Beschluss zugelassen hat. Die Rechtsbeschwerde ist nur zuzulasssen, wenn die Rechtssache grundsätzliche Bedeutung hat oder die Fortbildung des Rechts oder die Sicherung einer einheitlichen Rechtsprechung eine Entscheidung des Beschwerdegerichts erfordert. Eine Rechtsbeschwerde ist jedoch nicht zugelassen in einem Verfahren über die Anordnung, Abänderung oder Aufhebung einer einstweiligen Anordnung. 619

Die Rechtsbeschwerde ist gem. § 71 Abs. 1 FamFG innerhalb 1 Monats nach schriftlicher Bekanntgabe des Beschlusses beim BGH einzulegen. Bei der Einlegungsfrist handelt sich um eine Notfrist. Die Rechtsbeschwerde ist außerdem innerhalb von 1 Monat nach schriftlicher Bekanntgabe des Beschlusses zu begründen (§ 71 Abs. 2, 3 FamFG), falls die Begründung nicht bereits mit der Einlegung erfolgt. Die Begründungsfrist kann jedoch verlängert werden. 620

hh) Anwaltszwang

Sowohl im selbstständigen Hauptsacheverfahren als auch für die einstweilige Anordnung besteht kein Anwaltszwang (§ 10 FamFG). Auch in der Beschwerdeinstanz besteht kein Anwaltszwang, außer im Rechtsbeschwerdeverfahren vor dem BGH (§ 10 Abs. 4 FamFG). 621

ii) Vollstreckung

Die Vollstreckung einer Entscheidung nach dem Gewaltschutzgesetz richtet sich nach den allgemeinen Vorschriften für die Zwangsvollstreckung in §§ 86, 87 FamFG, so dass grundsätzlich Titel und Zustellung sowie ggf. Klausel notwendig sind. Die Vollstreckung in Gewaltschutzsachen erfolgt je nach dem Inhalt des Titels gem. § 95 Abs. 1 Nr. 2 oder Nr. 4 FamFG i.V.m. den jeweiligen ZPO-Vorschriften. § 96 FamFG regelt ergänzend die Besonderheiten bei der Vollstreckung in Gewaltschutzsachen. 622

§ 86 FamFG legt fest, dass die Vollstreckung nur aus einem Titel, insbesondere gerichtlichen Beschlüssen stattfinden darf. Beschlüsse sind erst mit ihrem Wirksamwerden vollstreckbar (§ 86 Abs. 2 FamFG). Da Entscheidungen nach dem GewSchG nicht schon mit Bekanntgabe, sondern erst mit Rechtskraft wirksam (§ 216 FamFG) werden, soll das Gericht die sofortige Wirksamkeit der Entscheidung (§ 216 Abs. 1 S. 2 FamFG) anordnen, damit die Vollstreckbarkeit gegeben ist.

Darüber hinaus kann das Gericht die Zulässigkeit der Vollstreckung vor der Zustellung an den Antragsgegner anordnen (§ 216 Abs. 2, 1 FamFG), so dass in diesem Fall auch auf das Zustellerfordernis nach § 87 Abs. 2 FamFG verzichtet werden kann. In diesem Fall wird die Entscheidung in der Hauptsache in dem Zeitpunkt wirksam, in dem sie der Geschäftsstelle zur Bekanntmachung übergeben wird. Aus diesem Grunde ist der Zeitpunkt der Übergabe an die Geschäftsstelle auf der Entscheidung zu vermerken (§ 216 Abs. 2 S., 2 FamFG). Handelt es sich um eine einstweilige Anordnung in Gewaltschutzsachen, kann das Gericht ebenfalls anordnen, dass die Vollstreckung vor der Zustellung zulässig ist. Die einstweilige Anordnung wird dann schon mit Erlass wirksam und im Gegensatz zur Hauptsacheentscheidung nicht erst mit der Übergabe an die Geschäftsstelle zur Bekanntmachung.

Eine Klausel ist immer dann notwendig, wenn die Vollstreckung nicht durch das Gericht erfolgt, das den Titel erlassen hat, also insbesondere dann, wenn die Zwangsvollstreckung durch einen Beteiligten betrieben wird (Keidel FamFG § 86 Rn. 17; Baumbach/Hartmann FamFG § 86 Rn. 3). Für die Hauptsacheentscheidung ist daher eine Klausel notwendig. Für die Vollstreckung aus einer einstweiligen Anordnung ist gem. § 53 Abs. 1 FamFG dagegen keine Klausel notwendig.

623 Beschlüsse in Gewaltschutzsachen werden nach den Vorschriften der ZPO vollstreckt (§ 95 FamFG). § 96 Abs. 1 FamFG trifft darüber hinaus eine ergänzende Regelung. Handelt der Verpflichtete einer Anordnung nach § 1 GewSchG zuwider, eine Handlung zu unterlassen, so kann der Berechtigte zur Beseitigung einer jeden andauernden Zuwiderhandlung einen Gerichtvollzieher hinzuziehen. In diesem Fall hat der Gerichtsvollzieher nach § 758 Abs. 3 und § 759 ZPO zu verfahren, so dass die Anwendung von unmittelbarem Zwang durch den Gerichtsvollzieher möglich ist. Außerdem ist geregelt, dass daneben die §§ 890 und 891 ZPO anwendbar bleiben, so dass der Berechtigte die Verhängung von Ordnungsmitteln beantragen kann.

624 Die Verpflichtung, die Wohnung nach § 2 GewSchG zu überlassen, wird nach den Regeln der Räumungsvollstreckung gem. § 95 Abs. 1 Nr. 2 i.V.m. § 885 ZPO durchgesetzt. Auch hier ordnet § 96 Abs. 2 FamFG ergänzend an, dass einstweilige Anordnungen, die eine Wohnungsüberlassung zum Gegenstand haben, während ihrer Geltungsdauer mehrfach vollstreckt werden dürfen. Es bedarf daher keiner neuen Entscheidung, wenn das Opfer den Täter wieder in die Wohnung aufnimmt und es wieder zu Gewalttätigkeiten kommt (Schuhmacher FamRZ 2002, 645, 659). In diesen Fällen muss auch nicht erneut zugestellt werden (§ 96 Abs. 2 S. 2 FamFG).

jj) Polizeiliche Maßnahmen

625 Da allein die neu geschaffenen zivilrechtlichen Möglichkeiten nach dem Gewaltschutzgesetz zum Schutz der Opfer nicht ausreichen, sind daneben in vielen Bundesländern auch die Vorschriften über den Platzverweis in den Polizeigesetzen geändert worden, um den schnellen Schutz der Opfer im Rahmen der Gefahrenabwehr zu verbessern (vgl. zu den Problemen bei der Umsetzung des Gewaltschutzes durch polizeiliche Maßnahmen: Herrmann NJW 2002, 3062; vgl. Überblick über die anzuwendenden Rechtsgrundlagen in den einzelnen Polizeigesetzen der Länder Naucke-Lömker NJW 2002, 3525 ff.; ausführlich Eicke Die polizeiliche Wohnungszuweisung bei häuslicher Gewalt, 2008). In Bayern wurde z.B. in Art. 16 BayPAG die Möglichkeit geschaffen, dem Täter neben dem Platzverweis ein befristetes Verbot zum Betreten der gemeinsam genutzten Wohnung zu erteilen. Damit hat das Opfer die Möglichkeit, noch schneller Rechtsschutz im Rahmen der Gefahrenabwehr zu bekommen, wenn es die Polizei informiert.

Wichtig für Opfer sind aber nicht nur die Hinweise auf die rechtlichen Möglichkeiten **626** nach dem Gewaltschutzgesetz und dem PAG, sondern auch praktische Hinweise für das Opfer im konkreten Notfall. Insoweit wird beispielhaft auf die Informationskampagne des Bayerischen Staatsministeriums des Innern zur Aufklärung über häusliche Gewalt hingewiesen (www.polizei.bayern.de). Unter anderem sind dort verschiedene Anlaufstellen, an die sich das Opfer wenden kann, und ein persönlicher Sicherheitsplan für den Notfall zu finden.

In Fällen häuslicher Gewalt kann nicht nur der Gewalttäter selbst, sondern auch dessen **627** Ehegatte eine an diesen als Adressaten gerichtete polizeiliche Verfügung über eine Wohnungsverweisung und einem Rückkehrverbot anfechten und einstweiligen Rechtschutz nach § 80 Abs. 5 VwGO beantragen. Die mögliche Beeinträchtigung eigener Rechte folgt insoweit unmittelbar aus Art. 6 Abs. 1 GG. Wenn sich jedoch nicht feststellen lässt, ob das Einverständnis des Gewaltopfers hinsichtlich der Rückkehr des Gewalttäters in die Wohnung auf einem freien Willensentschluss beruht oder ob es nicht doch geprägt ist von einem wirtschaftlichen oder sozialen Abhängigkeitsverhältnis zum Gewalttäter, gebührt dem staatlichen Schutzauftrag der Vorrang. Es kommt nicht auf die Einschätzung der Gefahrenlage durch das Opfer, sondern durch die von der Polizei vorgenommene Gefahrenprognose im Zeitpunkt ihres Einschreitens an (VG Aachen NJW 2004, 1888 m.w.N.).

3. Kapitel
Mietvertrag

Übersicht **Rdn.**

I. Allgemeiner Überblick

1 Der Mietvertrag ist ein gegenseitiger schuldrechtlicher Vertrag, der ein Dauerschuldverhältnis begründet. Der Grundsatz der Vertragsfreiheit gilt auch hier (BVerfGE 8, 328). Die allgemeinen Vorschriften des BGB über Verträge und Schuldverhältnisse sind anzuwenden, soweit nicht die §§ 535 bis 580a BGB und die sonstigen Mietgesetze Sonderregelungen enthalten. Zahlreiche Vorschriften sind nicht zulasten des Mieters, insbesondere des Wohnraummieters, abdingbar. Zur Abdingbarkeit der einzelnen Vorschriften sowohl individualvertraglich als auch durch Formularvertrag hat sich eine umfangreiche Rechtsprechung entwickelt. Die Frage der Abdingbarkeit wird bei den einzelnen Sachgebieten erörtert. Die Gestaltungsmöglichkeit der Parteien ist am größten im Bereich der Geschäftsraummiete. Für frei finanzierten Wohnraum ist sie größer als für preisgebundenen. Hier sind zahlreiche Sondervorschriften zu beachten. Die generell bestehende Abschlussfreiheit der Parteien ist nur ausnahmsweise eingeschränkt, z.B. infolge einer Einweisungsverfügung zur Vermeidung von Obdachlosigkeit. Für den Abschluss von Wohnraum- und Geschäftsraummietverträgen werden überwiegend Vertragsmuster verwandt. Unter Rdn. 56 ff. wird ein Überblick über die Vorschriften zur Gestaltungsmöglichkeit durch Allgemeine Geschäftsbedingungen gegeben, soweit diese im Bereich des Mietrechts relevant sind.

2 Bei der Vermietung von Gewerberaum sind Art. 6 §§ 1 bis 3 MietRVerbessG und die landesrechtlichen Vorschriften zu beachten. Im räumlichen Anwendungsbereich der Vorschriften darf Wohnraum nur mit behördlicher Genehmigung anderen als Wohnzwecken zugeführt werden (zum Ganzen s. Böhle Das Verbot der Zweckentfremdung von Wohnraum). Die fehlende Zweckentfremdungsgenehmigung führt allerdings nicht zur Nichtigkeit des Mietvertrages, da sowohl Art. 6 § 1 MietRVerbessG als auch die landesrechtlichen Regelungen keine Verbotsgesetze i.S.d. § 134 BGB sind (BGH ZMR 1994, 255).

II. Zustandekommen des Mietvertrages

1. Einigung der Parteien

a) Ausdrücklicher Vertragsabschluss

3 Für das Zustandekommen eines wirksamen Mietvertrages ist erforderlich, dass eine Einigung der konkret genannten Parteien über Mietobjekt, Mietzweck, Miethöhe und Mietdauer erfolgt (BGH WPM 1964, 1216; KG NZM 2000, 1229; LG Düsseldorf WuM 1986, 133). Mindestens über die essentialia negotii muss eine Einigung erfolgt sein (§ 154 Abs. 1 S. 1 BGB). Sie muss so bestimmt sein, dass der Vertragsinhalt feststeht oder durch Vertragsauslegung ermittelt werden kann. Der BGH geht zunehmend davon aus, dass Bestimmbarkeit ausreicht (BGH NJW 2009, 2195; BGH ZMR 2002, 895 zu Miethöhe und Mietobjekt; BGH NJW 2002, 3322 zu Mietgegenstand; BGH ZMR 2002, 907 zu den Parteien).

4 Soweit eine Einigung der Parteien über einzelne Punkte nicht erreicht wurde, kommt es darauf an, ob der Vertrag auch ohne Einigung zu diesen Punkten zustande gekommen wäre (§ 155 BGB). Hier gelten die allgemeinen Regeln (s. Palandt/Ellenberger § 155 BGB Rn. 2 ff.).

5 Wenn die Parteien sich erkennbar vertraglich binden wollten und die bestehenden Vertragslücken auszufüllen sind, greift § 154 Abs. 1 BGB nicht. Dies gilt insbesondere, wenn die Parteien im beiderseitigen Einvernehmen mit der tatsächlichen Durchführung des Vertrages beginnen, sie ihn als abgeschlossen ansehen und in Vollzug setzen durch Benutzung und Mietzahlung, Geltendmachung von Mängelrechten (BGH NJW 2009, 433; ZMR 2005, 777 [779]) oder durch Kündigung beenden wollen (BGH ZMR 2000, 76, 79).

6 Der Vertragsabschluss kann mündlich, schriftlich oder in elektronischer Form erfolgen (§ 126a BGB). Aus Beweisgründen empfiehlt sich die schriftliche Niederlegung der Vereinbarungen. Wurde der Abschluss eines schriftlichen Mietvertrages vereinbart, ist der Vertrag ohne Einhaltung der Form im Zweifel nicht geschlossen (s. Palandt/Ellenberger § 154 BGB Rn. 4 ff.). An der konstitutiven Bedeutung der Schriftform fehlt es, wenn diese nur Beweiszwecken dienen soll oder die Parteien einen noch nicht beurkundeten Vertrag einvernehmlich in Vollzug setzen, s. BGH NZM 2008, 931. Gemäß §§ 550, 578 BGB ist Schriftform nur dann erforderlich, wenn der Vertrag für längere Zeit als ein Jahr geschlossen sein soll (s. Kap. 3 V.).

b) Konkludenter Vertragsschluss

7 Der konkludente Abschluss des Mietvertrages ist anzunehmen, wenn objektive Anhaltspunkte dafür vorhanden sind, dass beide Parteien einen Mietvertrag miteinander abschließen wollten. Hierfür sind erhebliche Anforderungen an den Grad der Willensübereinstimmung und die inhaltliche Bestimmtheit zu stellen (s. Sternel Rn. 213; s.a. Artz ZMR 2006, 165 ff.). Die Vereinbarung über die zu entrichtende Miete muss nicht bestimmt, sondern nur bestimmbar sein (BGH ZMR 2003, 415). Der Streit, ob die Schriftform des § 550 BGB gewahrt ist, wenn zwar eine von beiden Mietvertragsparteien unterzeichnete Vertragsurkunde existiert, jedoch eine Partei das formgerechte Angebot der anderen Partei verspätet angenommen hat und ein inhaltsgleicher Vertrag sodann durch Vollzug konkludent abgeschlossen worden ist, dürfte durch die Entscheidung des BGH (NJW 2010, 8) erledigt sein. Ausreichend ist danach bei verspäteter Annahme eines Vertragsangebotes zur Wahrung der Form gemäß §§ 550, 126 Abs. 2 BGB, die Einhaltung der »äußeren Form«, d.h. eine einheitliche Vertragsurkunde muss von beiden Parteien unterzeichnet sein. Der Vertrag kann inhaltsgleich mit dem in der äußeren Form des § 126 BGB festgelegten Inhalt konkludent abgeschlossen werden. Die längerfristige Entgegennahme von Mietzahlungen lässt den Schluss auf einen konkludenten Mietvertrag bei Überlassung der Mietsache zu (LG Berlin ZMR 2001, 32). Dies gilt nicht, wenn sich aus weiteren Umständen ergibt, dass der Vermieter Wert auf den Abschluss eines schriftlichen Mietvertrages gelegt hat (LG Hannover ZMR 1999, 407, 408). Die bloße Entgegennahme des vom Vermieter unterschriebenen Mietvertragsexemplars und des Wohnungsschlüssels soll nicht ausreichen, da der Vermieter durch Übergabe des schriftlichen Mietvertrages selbst zu erkennen gegeben hat, dass er den Vertragsschluss in schriftlicher Form wünsche (AG Lüdenscheid WuM 1998, 595). Vom konkludenten Abschluss eines Mietvertrages kann man nur in Ausnahmefällen ausgehen. So wurde der Einzug des Mieters in die Mieträume und Entgegennahme der Miete durch den Vermieter über einen längeren Zeitraum (nach LG Düsseldorf DWW 1991, 24 reichen zwei Monate), ohne dass dieser einen Vorbehalt eingeräumt hat, als hinreichend für das Zustandekommen eines konkludenten Mietvertrages gewertet (OLG Düsseldorf ZMR 1988, 54; BGH WPM 1983, 922; LG Berlin ZMR 2001, 32 f.). Zum konkludenten Eintritt in einen Miet-

vertrag BGH ZMR 2005, 781, für die Zwangsversteigerung ZMR 2010, 674; zur Kritik s. Artz WuM 2005, 215 ff. und Rn. 3 ff. Zur konkludenten Genehmigung des Mietvertrages durch zweiten GmbH-Geschäftsführer OLG Düsseldorf ZMR 2006, 35.

8 Bei Streit darüber, ob ein bindender Mietvertrag vorliegt, trifft denjenigen, der sich auf den Vertragsschluss beruft und hieraus Rechte herleiten will, die Darlegungs- und Beweislast für den Abschluss des Mietvertrages.

9 Möglich ist auch der konkludente Neuabschluss eines Mietvertrages nach fristloser Mieterkündigung durch monatelange beiderseitige Erfüllung (OLG Düsseldorf ZMR 2002, 46; KG KGR 1999, 143). Dem steht eine im Ursprungsvertrag vereinbarte Schriftformabrede nicht entgegen.

Zur Änderung des Mietvertrages durch konkludentes Verhalten s. Artz ZMR 2006, 165 ff., zur konkludenten Wohnflächenvereinbarung s. BGBl NJW 2010, 2648 ff.

c) Einzelfragen zur Einigung

aa) Willensmängel

10 Für die Anfechtung von Mietverträgen gelten die allgemeinen Regeln der §§ 119 bis 144 BGB. Unstreitig ist dies, wenn die Mietsache noch nicht bezogen wurde (LG Köln ZMR 1984, 278 ff.). Wurde das Mietobjekt dem Mieter bereits überlassen, ist streitig, ob die mietrechtlichen Gewährleistungsvorschriften und die Kündigungsregelungen die allgemeinen Anfechtungsregeln verdrängen (Staudinger/Emmerich Vb zu § 535 BGB Rn. 70 m.w.N. und Fischer, Anfechtung von Willenserklärungen im Mietrecht NZM 2005, 567 und WuM 2006, 3 ff.).

bb) Annahmefrist

11 Sofern der Vermieter sich vorbehält, ein ihm vorliegendes Mietvertragsangebot des Mieters anzunehmen oder abzulehnen, richtet sich die Annahmefrist, bis zu deren Ablauf die Erklärung dem Mietinteressenten zugegangen sein muss, nach den regelmäßigen Umständen. In Rechtsprechung und Literatur werden unterschiedlich lange Fristen angesetzt, sie reichen von zwei bis drei Tagen Überlegungsfrist und zwei Tagen Übermittlungszeit (KG WuM 2001, 111, 112), bis zu drei bis vier Wochen (Kinne/Schach 3. Aufl. § 535 Rn. 7; Sternel Mietrecht aktuell Rn. 15). Die Annahme binnen einer Überlegungsfrist von höchstens zwei bis drei Tagen, wenn das Angebot gegenüber der Hausverwaltung des Vermieters gemacht wurde (KG WuM 2001, 111), ist zu kurz (BGH NJW 2000, 2984). Nach neuerer, zutreffender Auffassung auch des Kammergerichts (KG ZMR 2007, 781) sind bei einer großen Gesellschaft regelmäßig 2 bis 3 Wochen angemessen (unter Hinweis auf die h.M., s.a. OLG Brandenburg BeckRS 2009, 9203).

Die Verlängerung der Frist zur Annahme eines der Schriftform unterliegenden Mietvertrags (§ 550 BGB) bedarf nicht der Schriftform (BGH NJW 2010, 8).

cc) Perplexität

12 Von dem Zustandekommen eines wirksamen Mietvertrages kann dann nicht ausgegangen werden, wenn eine vertragswesentliche Erklärung (hier: Anwaltsschreiben mit Vertragstexten) erkennbar zwei gleichrangige, in unlösbarem Widerspruch stehende Bestimmungen (sog. »Perplexität«) enthält. Sie ist dann wegen Unmöglichkeit einer eindeutigen Auslegung unwirksam, ohne dass es einer Anfechtung bedarf (OLG Hamburg ZMR 1997, 350). Wegen Dissenses ist ein hierauf zu gründender Vertrag nicht zustande gekommen.

2. Notwendiger Inhalt von Mietverträgen

a) Mietobjekt

Das Mietobjekt muss so hinreichend bestimmbar bezeichnet sein, dass seine Individualisierbarkeit gegeben ist (BGH NJW 2009, 2195). Dies ist sicher der Fall, wenn im Mietvertrag genaue Angaben zu den Größenverhältnissen und zur Anzahl und Lage der Räume vorhanden sind (s. OLG Celle ZMR 1996, 209; NZM 2002, 823). Möglich ist auch, den Mietgegenstand nur gattungsgemäß, d.h. nach Art der Räumlichkeit, Größe und Ausstattung festzulegen (BGH NJW 1982, 873). Zu Einzelheiten Kap. 7 und Kap. 9. 13

b) Mietdauer

Ohne Vereinbarung einer bestimmten Mietdauer gilt der Mietvertrag als auf unbestimmte Zeit geschlossen. Hierbei ist allerdings zu beachten, dass bei einer nicht bestimmbaren Vertragsdauer kein ausreichender vertraglicher Bindungswille der Parteien besteht (zum Ganzen: s. OLG Oldenburg ZMR 1987, 425). Zum Vertragsbeginn bei Vermietung vom Reißbrett s. Kap. 15 Stichwort »Vermietung vom Reißbrett«. Verträge, die für längere Zeit als ein Jahr geschlossen werden, bedürfen der Schriftform. Diese ist im Hinblick auf die Mietzeit gewahrt, wenn sich Beginn und Ende der Mietzeit im Zeitpunkt des Vertragsschlusses in hinreichend bestimmbarer Weise aus der Vertragsurkunde ergeben (BGH NJW 2009, 2195, 2197; s. Rdn. 56 ff.). 14

Für Wohnraummietverhältnisse kann ein sog. einfacher Zeitmietvertrag nicht mehr vereinbart werden. Möglich ist ein beiderseitiger befristeter Kündigungsverzicht. Seine formularmäßige Vereinbarung ist wirksam, wenn er für nicht mehr als vier Jahre gilt (BGH NJW 2005, 1574 ff.; s.a. BGH ZMR 2004, 251). Qualifizierte Zeitmietverträge sind im Wohnraummietrecht weiterhin zulässig. Für andere als Wohnraummietverhältnisse können Zeitmietverträge geschlossen werden. 15

Wird die nach § 550 Abs. 1 BGB erforderliche Schriftform für Mietverträge über Grundstücke, die für längere Zeit als ein Jahr geschlossen werden sollen, nicht beachtet, ist von einem unbefristeten Mietverhältnis auszugehen. Nach Auffassung des OLG Köln (WuM 1999, 521) ist dies auch dann anzunehmen, wenn ein schriftlicher Mietvertrag hinsichtlich der Frage, ob er befristet oder unbefristet geschlossen wurde, bei objektiver Auslegung widersprüchlich ist (s. hierzu Schmid WuM 1999, 666 mit dem zutreffenden Hinweis auf die Perplexität der Vertragsurkunde). 16

c) Miete

Für den wirksamen Abschluss eines Mietvertrages ist eine Einigung über eine bestimmte Höhe der Miete nicht zwingend erforderlich. Ausreichend ist, wenn die Parteien sich auf eine bestimmbare Miete einigen (BGH ZMR 2003, 415 f.), wie z.B. Vereinbarung einer angemessenen oder ortsüblichen Miete. Auch ohne jegliche Vereinbarung über die Miete kann ein Mietvertrag zustande kommen, sofern die Parteien sich auf eine entgeltliche Überlassung geeinigt haben. Dann gilt die angemessene oder ortsübliche Miete als vereinbart (BGH WuM 1992, 312, 313). Erforderlich ist nicht, dass die Miete in Form eines periodisch wiederkehrenden Geldbetrages erbracht wird, möglich sind auch Sach-, Werk- oder Dienstleistungen (BGH ZMR 1994, 457 [Gebrauchsüberlassung eines Grundstücks]; LG Aachen ZMR 1989, 227). Zur Mietvereinbarung s. ausführlich Kap. 4. 17

d) Mietzweck

Die Parteien müssen sich darüber einigen, welchen Gebrauch der Mieter von der Mietsache machen darf. Diese Einigung kann sich auch schlüssig aus der Beschaffenheit der 18

Mieträume ergeben, z.B. bei einer erkennbar nur für Wohnraumnutzung ausgerichteten Wohnung (s. Sternel I Rn. 175). Die Abreden zur Beschaffenheit der Mietsache können auch konkludent dadurch getroffen werden, dass der Mieter dem Vermieter bestimmte Anforderungen an die Mietsache zur Kenntnis bringt und dieser zustimmt (BGH NJW 2010, 1133 ff.). S. Kap. 7 und Kap. 9.

e) Parteien

19 Sowohl auf Mieter- als auch Vermieterseite müssen die Mietparteien exakt bezeichnet sein, s. Rdn. 24 ff.

3. Abgrenzung Wohnraum- und Gewerbemietvertrag

20 Ob auf Mietverhältnisse Bestimmungen des Gewerbemietrechts oder des Wohnraummietrechts anzuwenden sind, entscheidet sich grundsätzlich nicht nur nach der tatsächlichen Nutzung, auch der wahre, vorherrschende und vereinbarte Vertragszweck (BGH ZMR 1986, 278 (Überwiegenstheorie); OLG Düsseldorf NZM 2004, 743; OLG Düsseldorf WuM 2002, 481) ist zu berücksichtigen, es sei denn, es liegt eine einvernehmliche Änderung des Nutzungszwecks vor (OLG Celle ZMR 1999, 469 ff.). Sollen die Mieträume dem privaten Aufenthalt des Mieters selbst und/oder seiner nächsten Angehörigen dienen, besteht ein Wohnraummietverhältnis (s. BGH WPM 1985, 288; NJW 1981, 1377). Wird ein Reihenhaus an eine GmbH vermietet und soll es sowohl dem Geschäftsführer als Wohnraum dienen als auch sein Geschäftslokal sein, liegt ein Gewerbemietverhältnis vor, da eine »juristische Person … schon begrifflich nicht zu (eigenen) Wohnzwecken anmieten (kann)« (BGH NZM 2008, 905).

21 Erfolgt die Anmietung von Wohnraum zum Zweck der gewerblichen oder nicht gewerblichen Weitervermietung, liegt zwischen diesen Parteien kein Wohnraummietverhältnis vor sondern ein Gewerbemietverhältnis, auch wenn die Räume zu Wohnzwecken geeignet sind und letztlich auch so genutzt werden (BGH NJW 1997, 1845; ZMR 1981, 332; OLG Düsseldorf WuM 2003, 151).

22 Gewerbemietverhältnisse werden angenommen, wenn Räume angemietet werden, um dort einer geschäftlichen, insbesondere gewerblichen oder anderen beruflichen Tätigkeit nachzugehen, die Räume dem Mieter also anderen als Wohnzwecken dienen. Bei einer Vermietung einheitlicher Räume an einen Freiberufler, sowohl zur Berufsausübung als auch zu Wohnzwecken, erfolgt im Allgemeinen die Vermietung in erster Linie zu gewerblichen Zwecken (OLG Köln ZMR 2001, 963 ff.; BGH ZMR 1986, 278). Werden Räume zur teilgewerblichen Nutzung überlassen, wobei die gewerbliche Nutzung übereinstimmend überwiegen soll, wird aber trotzdem ein Wohnraummietvertragsformular verwandt, bleibt es gleichwohl dabei, dass Wohnraummietrecht keine Anwendung findet (KG NZM 2000, 338). Bei Mischmietverhältnissen kann nur eine einheitliche Bewertung als Wohnraum- oder gewerbliches Mietverhältnis erfolgen, hier soll die überwiegende Nutzungsart (OLG München ZMR 1995, 295) oder der wahre, vorherrschende Vertragszweck entscheidend sein.

Die Einzelheiten der Abgrenzung sind in Kap. 1 dargestellt.

Zu Besonderheiten der Gewerbemietverhältnisse s. Kap. 15.

4. Exemplarische Darstellung eines Wohnraummietvertrages

Die folgende Darstellung des Inhaltes eines Wohnraummietvertrages orientiert sich an einem häufig gewählten Musteraufbau und betrifft nicht preisgebundenen Wohnraum. 23

Die eingehende Erörterung der summarisch aufgezeigten Regelungspunkte erfolgt bei den einschlägigen Sachgebieten.

a) Mietvertragsrubrum

Im Mietvertragsrubrum werden die Vertragsparteien bezeichnet. Auf die exakte Bezeichnung der Vertragsparteien ist große Sorgfalt zu verwenden, um späteren Schwierigkeiten wie z.B. bei Mieterhöhungen zu begegnen, s. Scholz ZMR 2010, 503 ff. Zur Mehrheit von Vermietern und Mietern, Wohngemeinschaften und Gesellschaften, s.u. Rdn. 243 ff.; zu Minderjährigen, Betreuten und Pflegschaften s. unten Rdn. 243 ff. 24

Sofern auf der Vermieterseite ein Vertreter auftritt, muss klargestellt sein, ob er selbst Vertragspartei werden will oder für den Vermieter den Vertrag abschließen will, zu Einzelheiten unten Rdn. 243 ff. 25

Wenn im Rubrum eines Vertrages Eheleute als Vermieter oder Mieter genannt sind, nur einer davon die Verhandlungen führt und allein unterschreibt, liegt aus der Sicht des Vertragspartners eine Vertretung des anderen Ehegatten vor (OLG Düsseldorf ZMR 2000, 210 str. a.A. OLG Saarbrücken ZMR 2008, 115). Der nur unterschreibende Ehegatte soll nicht Vertragspartei sein, so OLG Hamm ZMR 2006, 205). Zu Einzelfragen bei Ehegatten, Lebenspartnern und nicht ehelichen Lebensgemeinschaften als Mietvertragspartei Kap. 2. 26

Wenn mehrere Verträge geschlossen werden, z.B. über Wohnraum und Nebenräume, ist von einem einheitlichen Mietverhältnis nur dann auszugehen, wenn Identität der Vertragsparteien besteht (BayObLG WuM 1991, 78). Dies gilt auch für durch Rechtsnachfolge entstehende Vermieteridentität (LG Köln NZM 2001, 285). 27

Die Erbengemeinschaft als solche ist nicht rechtsfähig (BGH WuM 2006, 695), daher sind die einzelnen Mitglieder exakt zu bezeichnen.

b) Mietobjekt

Die Mietsache muss so genau wie möglich bezeichnet werden. Die vertraglich vereinbarte Sollbeschaffenheit definiert die Tauglichkeit zum vertragsgemäßen Mietgebrauch (s. BGH NZM 2000, 492 m.w.N.). Bei Anpreisungen im Exposé, der Baubeschreibung (OLG Bamberg NZM 2009, 859) und vor Vertragsschluss ist Vorsicht geboten (s. BGH NJW 2010, 2648 ff; NZM 2009, 124; NJW 2005, 218; KG IMR 2010, 6). Der Nutzungszweck ist exakt anzugeben. Ein erst noch zu erstellendes Mietobjekt wird mangels abweichender Vereinbarungen für die Nutzung in dem Zustand geschuldet, wie er sich aus bei Vertragsabschluss – ausdrücklich oder konkludent – einbezogenen Plänen und sonstigen Bauantragsunterlagen ergibt (OLG Düsseldorf ZMR 2001, 346). Hilfreich ist die Angabe der Wohnfläche, sowohl für spätere Mieterhöhungsverlangen als auch für ggf. nach qm-Wohnfläche umzulegende Betriebskosten oder für Umlage von Modernisierungskosten. Der Begriff »Wohnfläche« ist auslegungsbedürftig, insbesondere bei Altverträgen (vor 01.01.2004). Die Verordnung zur Berechnung der Wohnfläche (WoFlV) ist zum 01.01.2004 in Kraft getreten. Auch wenn diese explizit nur für preisgebundenen Wohnraum gilt, wird im Zweifel hierauf zurückzugreifen sein (BGH ZMR 2004, 501; BGH WuM 2007, 441 ff.). Die Tauglichkeit der Mietsache zum vertragsgemäßen Gebrauch ist dann erheblich gemindert, wenn die tatsächliche Fläche um mehr als 10 % 28 hinter der vertraglich vereinbarten Größe zurückbleibt (BGH LSK 2010, 180424; NJW 2010, 1064; ZMR 2004, 500; BGH WuM 2007, 450 ff. zur Zugrundelegung der Fläche bei Mieterhöhungen). Dieses erhebliche Flächendefizit trägt in sich bereits die tatsächliche Vermutung für eine Beeinträchtigung der Gebrauchstauglichkeit, die der Mieter nicht gesondert belegen muss. Zum Ganzen s. Kap. 9.

Die mitvermieteten Nebenräume sind genau zu benennen, die Lage des Kellers kann mündlich vereinbart sein (BGH NJW 2008, 1661).

29 Bei vorhandenen Gemeinschaftseinrichtungen geht man ohne Erwähnung im Mietvertrag gleichwohl davon aus, dass der Mieter zur Mitbenutzung berechtigt ist (LG Münster WuM 1998, 723). Zur Vermeidung von Missverständnissen ist es jedoch hilfreich, anzugeben, welche mitvermieteten Einrichtungen und Anlagen der Mieter mitbenutzen darf. Gleichfalls aufzuführen sind die mitvermieteten Sachen und das Zubehör der Mietsache. Um Streit bei der Rückgabe des Mietobjekts zu vermeiden, ist es hilfreich, die Anzahl der übergebenen Schlüssel festzuhalten, zu Einzelheiten s. Kap. 14 IX.

30 Wird eine Garage zugleich mit der Wohnung vermietet, stellt sich die Frage der Einheitlichkeit des Mietverhältnisses. Erfolgt die Einbeziehung der Vermietung der Garage in den Wohnraummietvertrag, ist von einem einheitlichen Mietverhältnis auszugehen (LG Köln ZMR 1992, 251; LG Wuppertal WuM 1996, 621; AG Menden ZMR 1999, 263) mit der Folge, dass eine Teilkündigung nur der Garage unzulässig ist, sofern nicht die Voraussetzungen des § 573b BGB gegeben sind (BayObLG WuM 1991, 78; LG Wuppertal WuM 1996, 621).

Der über eine Wohnung und eine Garage geschlossene einheitliche Mietvertrag wird durch die Veräußerung der Wohnung und der Garage an verschiedene Erwerber nicht in mehrere Mietverhältnisse aufgespalten; vielmehr treten die Erwerber in den einheitlichen Mietvertrag ein. Ihr Verhältnis bestimmt sich nach den Regelungen über die Bruchteilsgemeinschaft (BGH ZMR 2006, 30 f.).

Jeweils im Einzelfall zu prüfen ist, ob von einem selbstständigen Garagenmietvertrag auszugehen ist. Allein aus der Tatsache, dass der Wohnraummietvertrag zu einem früheren Zeitpunkt abgeschlossen wurde als der Vertrag über eine Garage oder sonstige Nebenräume, kann nicht gefolgert werden, dass kein enger wirtschaftlicher Zusammenhang zwischen beiden Verträgen besteht (vgl. OLG Karlsruhe WuM 1983, 166). Die Unabhängigkeit des Garagenmietvertrages von der Wohnraummiete ist Frage des Einzelfalls, besondere Umstände müssen auf einen entsprechend erkennbaren Willen der Parteien schließen lassen (OLG Düsseldorf IMR 2007, 279; LG München I WuM 2002, 268). Getrennte Vertragsurkunden mit jeweils ausgewiesenen Mieten, unterschiedlichen Laufzeiten und Kündigungsregelungen weisen auf eine Trennung von Garagenmiete und Wohnraummiete hin (LG München I WuM 1992, 15).

c) Miete und Betriebskosten

31 Bei der Mietstruktur (s. hierzu Kap. 4) ist zwischen folgenden Begriffen zu unterscheiden:

Unter **Nettokaltmiete** wird die Miete ohne (kalte) Betriebskosten und ohne Kosten für Beheizung und Warmwasser verstanden.

Unter **Bruttokaltmiete** wird die Miete inkl. aller (kalten) Betriebskosten ohne Kosten für Beheizung und Warmwasser verstanden.

Unter **Bruttowarmmiete** versteht man die Miete inkl. der (kalten) Betriebskosten sowie der Kosten für Heizung und Warmwasser. Die Vorschrift des § 2 HeizkostenVO ist zu beachten.

Mischformen sind üblich und möglich.

Von einer **Teil-Inklusivmiete** spricht man, wenn einige der Betriebskosten (»kalte« und/oder Kosten für Heizung und Warmwasser) durch die Miete abgegolten sind.

Auf die exakte Festlegung der vereinbarten Mietstruktur und genaue Umlagenvereinbarung sollte größter Wert gelegt werden. Geklärt sein muss, ob und inwieweit der Mieter direkte Verträge mit Versorgungsträgern abschließt (z.B. Strom, Gas, Kabel). Zu den genauen Anforderungen an die Bestimmtheit einer Nebenkostenvereinbarung s. eingehend Kap. 5. Durch die ausdrückliche Klarstellung in § 307 BGB, dass das Transparenzgebot Maßstab der Inhaltskontrolle ist, wurde bei formularvertraglichen Vereinbarungen erneut die Diskussion eröffnet, ob für die Verpflichtung des Mieters zur Tragung von Betriebskosten die Bezugnahme auf § 27 II. BV, jetzt BetrKV, respektive § 19 Abs. 2 S. 2 WoFG ausreicht (s. Kap. 5). Die gesonderte Zahlung der Betriebskosten kann in Form einer Pauschale oder durch Erbringung von Vorauszahlungen erfolgen (§ 556 Abs. 2 BGB). Wird im Mietvertrag eine Betriebskostenpauschale vereinbart, kann der Vermieter Erhöhungen der Betriebskosten nur dann umlegen, wenn dies bereits im Mietvertrag vereinbart wurde (§ 560 Abs. 1 BGB). 32

Bei Wohnraummietverhältnissen können nur die in § 2 BetrKV genannten Kosten umgelegt werden (s. i.E. Kap. 5).

Zur Mietvereinbarung, zu Staffel- und Indexmiete (§ 557b BGB) s. Kap. 4.

d) Mietzahlungen

Die Fälligkeitsregelung des § 556b Abs. 1 BGB betrifft Wohnräume. Sie hat die bisher überwiegende Vertragspraxis aufgegriffen und den Zeitpunkt der Fälligkeit der Miete verlagert auf den Beginn der Mietzeit, spätestens den dritten Werktag der einzelnen Zeitabschnitte, nach denen die Miete zu entrichten ist (zum Ganzen s. Kap. 4 VII.). Die Bestimmung ist nicht zwingend. Eine Rechtzeitigkeitsklausel ist zulässig (Palandt/Weidenkaff § 556b Rn. 3). Zu Einzelheiten Kap. 4 VII. 33

e) Mietdauer

Nicht erforderlich ist es, ein konkretes Datum für den Beginn des Mietverhältnisses zu nennen, ausreichend ist z.B., auf die Bezugsfertigkeit der Wohnung oder das Freiwerden der Wohnung abzustellen (s. Sternel I Rn. 182). Zur Wahrung der Schriftform muss sich der kalendermäßige Beginn des Mietverhältnisses aus der Urkunde ergeben (OLG Rostock ZMR 2001, 27) oder hinreichend bestimmbar sein (BGH ZMR 2006, 115 f.) s.a. unten V. 34

Möglich ist, das Mietverhältnis sowohl auf unbestimmte Zeit abzuschließen als auch auf bestimmte Zeit (s. § 542 BGB). Für den Abschluss von Mietverträgen für mehr als ein Jahr ist Schriftform gemäß § 550 Abs. 1 BGB erforderlich. Der bisherige »einfache« Zeitmietvertrag für Wohnraum (i.S.d. § 564c Abs. 1 a.F.) ist ersatzlos weggefallen. Die bis zum 31.08.2001 abgeschlossenen einfachen Zeitmietverträge bleiben gültig (Art. 229 § 3 Abs. 3 EGBGB), ebenso Altverträge mit automatischer Vertragsverlängerungsklausel (BGH WuM 2010, 508 ff.; WuM 2007, 513; WuM 2007, 514 f.; WuM 2005, 465; WuM 2005, 342; ZMR 2002, 582). Bei neu abzuschließenden Verträgen kann ein unbefristeter Mietvertrag mit beiderseitigem befristeten Ausschluss des Rechts zur ordentlichen Kündigung geschlossen werden, wobei formularvertraglich die Dauer des Kündigungsausschlusses nur für maximal vier Jahre möglich ist (BGH ZMR 2006, 270 ff.; ZMR 2004, 802; BGH ZMR 2005, 443). Möglich ist auch ein einseitiger formularvertraglicher Kündigungsausschluss zu Lasten des Mieters, bei gleichzeitig vereinbarter Staffelmiete, für die Dauer bis zu vier Jahren seit Abschluss der Staffelmietvereinbarung (BGH ZMR 35

2006, 262 ff.). Der individualvertragliche Kündigungsausschluss für 60 Monate ist möglich (BGH ZMR 2004, 251 ff.).

Bei Vereinbarung eines Mietverhältnisses auf bestimmte Zeit muss der Vermieter gemäß § 575 BGB einen Befristungsgrund schriftlich angeben (zum Ganzen ausführlich Kap. 14 I.).

Bei Vereinbarung dieses sog. qualifizierten Zeitmietvertrages müssen bereits bei Mietvertragsabschluss die in § 575 BGB geforderten Angaben der geplanten Verwendung detailliert gemacht werden. Dieser Mietvertrag kann für eine Zeit von beliebiger Dauer geschlossen werden (zu Einzelheiten s. Kap. 14).

Zu Verlängerungsklauseln s. Kap. 15 Rdn. 206, zur Verlängerungsoption s. Kap. 15 Rdn. 207.

Wenn das Mietverhältnis auf Lebenszeit des Mieters abgeschlossen wurde, kann auch nach einer Mietzeit von 30 Jahren nicht gekündigt werden. Das Mietverhältnis endet mit dem Tod des Mieters (BayObLG ZMR 1993, 462) s. Kap. 2 I.

36 Werden keine Vereinbarungen über die Mietdauer getroffen, gilt der Mietvertrag als auf unbestimmte Zeit geschlossen. Nach OLG Oldenburg (ZMR 1987, 425) ist es Sache desjenigen, der Rechte aus dem Vertragsverhältnis herleiten will, darzulegen und zu beweisen, dass eine Einigung über die Dauer erzielt worden ist, mit der Folge, dass bei fehlender Einigung über die Vertragsdauer eine vertragliche Bindung fehlt (entschieden zum Pachtverhältnis).

f) Kündigung

37 Zu unterscheiden sind ordentliche und außerordentliche Kündigungen, bei Letzterer ist zu differenzieren zwischen außerordentlicher fristloser und außerordentlicher befristeter (s. ausführlich Kap. 14).

38 Der auf unbestimmte Zeit geschlossene Mietvertrag ist jederzeit ordentlich und außerordentlich kündbar, wobei der Vermieter immer einen Kündigungsgrund für die Beendigung benötigt. Gesetzlich vorgeschrieben ist die Angabe der Kündigungsgründe für die ordentliche und erleichterte Vermieterkündigung gemäß §§ 573 Abs. 3 S. 1, 573a Abs. 3 BGB sowie für die außerordentliche Vermieterkündigung (§ 569 Abs. 4 BGB). Der Mieter muss keine Angaben machen, sofern er ordentlich kündigt. Bei außerordentlicher Kündigung muss auch der Mieter gemäß § 569 Abs. 4 BGB den Grund angeben. Befristete Mietverhältnisse können von den Vertragsparteien in den vom Gesetz zugelassenen Fällen außerordentlich befristet (z.B. §§ 544, 561, 563 Abs. 4, 564 S. 2, 580 BGB), unter Einhaltung der Fristen des § 575a BGB oder außerordentlich fristlos (z.B. §§ 543, 569 BGB) gekündigt werden (§ 542 Abs. 2 Nr. 1 BGB).

Sofern ein Vertrag für längere Zeit als ein Jahr geschlossen wurde, aber die Schriftform nicht beachtet wurde, kann er erstmals zum Ablauf eines Jahres nach Überlassung gekündigt werden.

Weder § 543 BGB noch die Regelungen des § 569 BGB sind zum Nachteil des Wohnraum-Mieters abdingbar.

39 Häufig erfolgt im Mietvertrag eine Vereinbarung zur Kündigungsfrist. Die ordentlichen Kündigungsfristen regelt § 573c BGB. Von den hier festgelegten Kündigungsfristen kann nicht zum Nachteil des Mieters abgewichen werden (§ 573c Abs. 4 BGB), es sei denn, die Kündigungsfristen wurden vor dem 01.09.2001 durch Individualvertrag vereinbart. Für Altmietverträge sah die Übergangsvorschrift des Art. 229 § 3 Abs. 10 EGBGB vor, dass längere Kündigungsfristen, die vertraglich vereinbart waren, »weiter gelten« sollten. Der

BGH (ZMR 2004, 427 (428); ZMR 2003, 655) hat entschieden, dass eine solche Vereinbarung vorliegt, wenn eine Formularklausel die bis zum 01.09.2001 geltenden gesetzlichen Kündigungsfristen wörtlich oder sinngemäß wiedergibt; s.a. BGH ZMR 2006, 509 wonach »gesetzliche Kündigungsfristen« im Altvertrag der jeweiligen gesetzlichen Regelung entsprechen sollen. Seit 01.06.2005 gilt die kurze dreimonatige Frist für Kündigungen des Mietvertrages durch den Mieter auch für Altverträge, in denen die bis zum 01.09.2001 geltend Kündigungsfristen formularmäßig vereinbart wurden. Zu Einzelheiten s. Kap. 12.

g) Ersatzmieter

Die vertragliche Vereinbarung von Ersatzmieterklauseln ist möglich, durch Individual- **40** vereinbarungen immer, durch Formularvereinbarungen nur in beschränktem Umfang (zum Ganzen s. Kap. 11).

h) Schönheitsreparaturen, Instandsetzung und Instandhaltung

Grundsätzlich ist die Ausführung von Schönheitsreparaturen Pflicht des Vermieters **41** gemäß § 535 BGB. Üblich ist die Überwälzung der Pflicht zur Durchführung der Schönheitsreparaturen auf den Mieter. Die Einzelheiten hierzu gehören zu den umstrittensten Gebieten im Mietrecht (s. Kap. 8 II und Beyer NJW 2008, 2065 ff.). Bei der Mietrechtsreform wurde von einer starren gesetzlichen Regelung abgesehen, da diese der Vielzahl der in der Praxis vorkommenden und möglichen Fallgestaltungen nicht hätte gerecht werden können, es bleibt beim gesetzlichen Leitbild des § 535 Abs. 1 S. 2 BGB, der auch Maßstab für die Zulässigkeit insbesondere von Formularklauseln ist (BT-Drucks. 14/4553, 40). Zur Erhaltungspflicht des Vermieters allgemein s. Kap. 8.

i) Bagatellschäden

Zur Erhaltungspflicht des Vermieters gemäß § 535 Abs. 1 S. 2 BGB gehört auch die **42** Durchführung von Kleinreparaturen. In Mietverträgen wird häufig eine Überwälzung auf den Mieter vereinbart (zu den Einzelheiten s. Kap. 8).

j) Aufrechnung und Zurückbehaltung

Das Aufrechnungs- und Zurückbehaltungsrecht ist in § 556b BGB verbindlich geregelt. **43** Eine zum Nachteil des Mieters abweichende vertragliche Regelung ist unwirksam; dies gilt auch für Ansprüche aus ungerechtfertigter Bereicherung. Durch die Neuregelung wurde die bisherige höchstrichterliche Rechtsprechung berücksichtigt (s. BGH WuM 1995, 28 f.; OLG Hamm WuM 1993, 176 ff.). Zu Einzelheiten s. Kap. 4 VIII.

k) Benutzung der Mietsache

Genau vertraglich vereinbart werden sollten die Gebrauchsrechte des Mieters. Zu den **44** Gebrauchsrechten im Einzelnen s. Kap. 7. In § 554a BGB ist der Anspruch des Mieters zur Herstellung der Barrierefreiheit der Mietsache geregelt, s. Kap. 8 VI.

l) Überlassung an Dritte/Untervermietung

Im Mietvertrag wird häufig eine Regelung darüber getroffen, ob und in welchem **45** Umfang der Mieter zur Untervermietung berechtigt sein soll (i.E. s. Kap. 11).

m) Haushaltsmaschinen

46 Nach allg. Meinung darf der Mieter in der Wohnung Haushaltsgeräte aufstellen und betreiben. Hierzu gehören Waschmaschinen, Trockenautomaten und Geschirrspülmaschinen. Zu abweichenden Vereinbarungen im Mietvertrag und deren Wirksamkeit s. mit Rechtsprechungsnachweisen Emmerich/Sonnenschein §§ 535, 536 BGB Rn. 18 ff.; OLG Frankfurt/M. WuM 1997, 609, 610. Zu Einzelheiten s. Kap. 7.

n) Instandhaltung der Mietsache

47 Nach der gesetzlichen Regelung des § 535 Abs. 1 S. 2 BGB ist der Vermieter zur Instandhaltung der Mietsache verpflichtet. Vertragliche Vereinbarungen zur Überbürdung der Instandhaltungspflicht auf den Mieter sind häufig. Einzelheiten hierzu sind umstritten (s. LG München I WuM 1994, 370; LG Hamburg WuM 1992, 593; BGH NJW 1992, 1761; LG München I WuM 1997, 612; OLG Frankfurt/M. WuM 1997, 609; BayObLG [RE] WuM 1997, 362; Eine ausführliche Darstellung findet sich in Kap. 8).

o) Betreten der Mietsache durch den Vermieter

48 Üblicherweise wird vertraglich ein Besichtigungsrecht des Vermieters vereinbart. Ein grundsätzliches Besichtigungsrecht ergibt sich, auch ohne Vereinbarung als Nebenpflicht aus dem Dauerschuldverhältnis, da der Mieter eine ihm nicht als Eigentümer gehörende Sache nutzt (Lützenkirchen NJW 2007, 2152; eingehende Darstellung in Kap. 7).

p) Rückgabe der Mietsache

49 Über die gemäß § 546 BGB bestehende Verpflichtung des Mieters, die Mietsache zurückzugeben, insbesondere den Rückgabezustand, werden häufig vertragliche Vereinbarungen getroffen. Der Vermieter hat Anspruch auf Einräumung des unmittelbaren Besitzes. Zu Einzelfragen s. Kap. 14 IX.

q) Personenmehrheit als Mieter

50 Da auf der Mieterseite häufig mehrere Personen als Mieter auftreten, sind gesonderte Vereinbarungen zum Mieterwechsel erforderlich. Ob und inwieweit diese durch Formularklauseln oder individualvertraglich getroffen werden können, ist umstritten (s. hierzu Rdn. 243 ff.).

r) Hausordnung

51 Der Umfang der Gebrauchsgewährung durch den Vermieter wird häufig durch Einzelvereinbarungen in der Hausordnung detailliert beschrieben. Zu Begriff, Inhalt und Wirkung s. Schmid WuM 1987, 71. Der Mieter muss bei Vertragsabschluss Gelegenheit haben, von ihr in zumutbarer Weise Kenntnis zu erlangen (BGH NJW 1991, 1750). Insbesondere Regelungen über die Tierhaltung, Reinigungs- und Streupflichten, Mitbenutzung von Gemeinschaftseinrichtungen und Ruhezeiten finden sich in der Hausordnung (zum Schriftformerfordernis s. Kap. 3 V).

s) Sicherheitsleistung

52 Die Regelungen über die Gestellung der Mietkaution enthält § 551 BGB. Diese Vorschrift ist für Wohnraummiete zwingend, sodass zum Nachteil des Mieters erfolgende Vereinbarungen im Mietvertrag nicht getroffen werden können (s. Kap. 6).

t) Zusätzliche Vereinbarungen

Wenn weiterer Regelungsbedarf zwischen Vermieter und Mieter besteht, sind diese Punkte in zusätzliche Vereinbarungen aufzunehmen. Hier finden sich häufig z.B. Regelungen zu Besonderheiten bei der Heiz- und Warmwasserversorgung, Direktabrechnung von Betriebskosten, Liftbenutzung, Gartennutzung und/oder -pflege, Räum-, Streu- und Reinigungspflicht, Versicherungen, Veränderungen an der Mietsache durch den Mieter. 53

u) Energieausweis

Der Vermieter muss dem potentiellen Mieter einen Energieausweis vorlegen, s. hierzu Flatow NZM 2008, 2886 ff. 54

5. Form

Zur Schriftform s.u. V. 55

III. Einschränkungen der Abschluss- und Inhaltsfreiheit

Bei Mietverträgen sind die Schranken der Vertragsfreiheit, die auch für sonstige schuldrechtliche Verträge Gültigkeit haben, zu beachten. Dies gilt sowohl für Sittenwidrigkeit als auch für gesetzliche Verbote und Wucher (zu Einzelfällen Staudinger/Emmerich Vorbem. zu § 535 BGB Rn. 114 ff.). Hinzu kommen Besonderheiten des Mietrechts. 56

1. Besonderheiten der Abschlussfreiheit für nicht preisgebundenen Wohnraum

a) Ehewohnung

Das Ehewohnungszuweisungsverfahren ist ab 01.09.2009 neu geregelt. § 1568a BGB ersetzt die bislang geltenden materiell-rechtlichen Regelungen der HausratsVO, die verfahrensrechtlichen Bestimmungen finden sich in §§ 200 ff. FamFG. Ziel des Gesetzgebers war, den Wechsel der Mietpartei zu erleichtern, Schutzanordnungen zu Gunsten des Vermieters – wie nach der HausratsVO – gibt es nicht mehr (s. Götz/Brudermüller NJW 2010, 5 ff.). Der Vermieter kann nach den allgemeinen Kündigungsregelungen kündigen oder analog § 563 Abs. 4 BGB (s. hierzu Kap. 3 V 1. und 7.). 57

b) Obdachlose

Die Vermeidung von Obdachlosigkeit ist eine Aufgabe der Gefahrenabwehr zur Aufrechterhaltung der öffentlichen Sicherheit und Ordnung. Die Gemeinden sollen geeignete Wohnmöglichkeiten zur Unterbringung Obdachloser bereithalten. Wenn diese Möglichkeit nicht vorhanden ist, kommt eine Einweisung in eine Wohnung des freien Marktes in Betracht. 58

Durch Hoheitsakt kommt ein Mietverhältnis zustande, sofern eine Einweisungsverfügung des Wohnungsamts zur Vermeidung von Obdachlosigkeit ergeht. Hierfür sind die landesrechtlichen Vorschriften zu beachten. Nach den – im Einzelnen unterschiedlich ausgestalteten – Vorschriften der Länder kann nur dann eine Wiedereinweisung in die zu räumende Wohnung erfolgen, wenn die Gemeinde den Mieter anderweitig nicht unterbringen kann und auch eine Anmietung anderer Wohnungen oder Räume in Hotels oder Pensionen nicht möglich ist. Eine Einweisung gegen den Willen des Vermieters ist nur möglich, wenn der Obdachlose anderweitig nicht untergebracht werden kann (OVG Lüneburg NJW 2010, 1094 ff.; VG Köln WuM 1990, 579; VGH BaWü ZMR 1997, 207).

Die Einweisung erfolgt für einen konkreten Zeitraum. Häufig wird hier eine Frist von 3 Monaten genannt (VGH Kassel BeckRS 23094). Die Einweisung soll ausgeschlossen sein, wenn der Vermieter bereits einen Mietvertrag abgeschlossen hat, der ihn verpflichtet, die Wohnung einem Dritten zu überlassen (s. Harkel WuM 1987, 403, 411 m.w.N.). Zur Räumung und Herausgabe nach Ablauf der Räumungsfrist s. BGH NJW 1995, 2918.

c) Wohnraumzuweisung im Gebiet der neuen Bundesländer

59 Fehler bei der Wohnraumzuweisung durch die Wohnraumbehörde vor dem 03.10.1990 stehen nicht dem Fehlen der staatlichen Genehmigung der Wohnungsvergabe gleich, der vereinbarte Mietvertrag ist nicht nichtig (KreisG Rostock DtZ 1991, 345; LG Magdeburg WuM 1997, 36).

2. Vertragsgestaltung von Wohn- und Gewerbemietverträgen durch Allgemeine Geschäftsbedingungen

60 Für den Abschluss von Wohnraum- und Geschäftsraummietverträgen werden überwiegend Vertragsmuster verwandt. Dies hat lange Tradition. Schon 1899 wurde vom Zentralverband der Haus- und Grundbesitzervereine Deutschland ein Formular für einen einheitlichen Mietvertrag entworfen. Die inhaltliche Gestaltung der Vertragsmuster ist ebenso unterschiedlich wie die regionale Verbreitung.

Die Wirksamkeit von Klauseln in Formularmietverträgen ist häufiger Streitpunkt und führt dazu, dass der Einfluss der Rechtsprechung auf den Inhalt von Formularmietverträgen wächst.

61 Unter Rdn. 66 wird ein Überblick über die Vorschriften zur Gestaltung rechtsgeschäftlicher Schuldverhältnisse durch Allgemeine Geschäftsbedingungen gegeben, soweit diese im Bereich des Mietrechts relevant sind.

Die Gestaltung der Formularverträge dient weitgehend den Interessen der Vermieter, da die dispositiven Bestimmungen des BGB und der anderen Mietgesetze überwiegend mieterfreundlich sind. Vermieter sollten sich daher bei Abschluss von Mietverträgen nicht unbedingt darauf verlassen, dass alle Klauseln, die in den Formularverträgen enthalten sind, einer gerichtlichen Überprüfung standhalten und von vornherein auf Individualvereinbarungen ausweichen, zumindest für die Vertragsteile, die für sie im Hinblick auf die Vertragsdurchführung unabdingbar erscheinen, oder den Teil des Formularvertrages durch ein individuelles Aushandeln so zu Disposition stellen, dass in diesen Vertragsteilen nicht mehr von Formularbestimmungen gesprochen werden kann. Hierbei ist zu vermeiden, dass es zu einem Summierungseffekt, kommt. Mieter hingegen sollten das ihnen vorgelegte Formular auch dann akzeptieren, wenn dies scheinbar Regelungen enthält, die sie nicht billigen. Wenig zu empfehlen ist in diesem Fall, sich auf eine Diskussion einzulassen und einen Kompromiss mit dem Vermieter auszuhandeln, da dann der Schutz der §§ 305 ff. BGB für die Mieter versagt und der Mieter an den individuell ausgehandelten Bestimmungen bis zur Grenze von deren Sittenwidrigkeit festgehalten werden kann. Die AGBs stehen mithin im Brennpunkt der divergierenden Interessen von Vermietern und Mietern, insbesondere im Bereich der Wohnraummiete.

62 Im Bereich der Geschäftsraummiete kommt den AGB nicht die gleiche Relevanz zu wie bei Gestaltung von Formularverträgen im Wohnraummietrecht, da für Gewerbemietverhältnisse die Inhaltskontrolle gemäß § 310 BGB beschränkt ist, wenn die Allgemeinen Geschäftsbedingungen gegenüber einem Unternehmer im Rahmen seiner geschäftlichen Tätigkeit oder gegenüber einer juristischen Person des öffentlichen Rechts oder einem öffentlich-rechtlichen Sondervermögen verwandt worden sind. Zunehmend erstrecken

die Gerichte, auch der BGH, den Wohnraummietern gewährten Schutz in ähnlichem Umfang auf Gewerbemietverhältnisse.

Besonders im Bereich des Wohnraummietrechts sind Zweifel daran angebracht, ob das vorrangige rechtspolitische Ziel noch erfüllt wird, bei Verwendung von Formularverträgen das Prinzip des angemessenen Ausgleichs der beiderseitigen Interessen zu wahren und die Überlegenheit der Partei, die ihre vorgefertigten Bestimmungen in dem Vertrag durchsetzt, durch Schutzvorschriften zugunsten des anderen Vertragspartners sachgerecht und vernünftig auszugleichen, ohne die Privatautonomie über Gebühr einzuengen. 63

Geschützt werden soll die wirtschaftlich oder intellektuell unterlegene Vertragspartei. 64
Häufig besteht ein Machtungleichgewicht zugunsten des Vermieters. Umgekehrt kann dies der Fall sein, wenn Unternehmen oder Behörden als Mieter auftreten, insbesondere im Gewerbemietrecht. Im Bereich des Mietrechts können Interessenkonflikte gerade nicht durch eine nach Statusverhältnissen vorgefasste Interessenbewertung gelöst werden. Hier ist eine konkrete Betrachtung der Situation von Mieter und Vermieter angebracht.

Auch soweit Individualvereinbarungen getroffen werden, ist zu beachten, inwieweit die 65
gesetzlichen Vorschriften abdingbar sind.

Für Wohnraum- und Gewerberaummiete hat sich hierzu eine umfangreiche Kasuistik entwickelt, die bei den jeweiligen Sachgebieten erörtert wird.

a) Einleitung

Durch das Gesetz zur Modernisierung des Schuldrechts wurden die materiell-rechtlichen 66
Vorschriften des AGBG als §§ 305 bis 310 BGB in das Bürgerliche Gesetzbuch übernommen. Sachlich finden die Regelungen auf Wohnraummietverhältnisse in vollem Umfang Anwendung. Der persönliche Anwendungsbereich ist unter Rdn. 225 dargestellt, der zeitliche Anwendungsbereich unter Rdn. 229 ff. Die Verfahrensvorschriften sind seit der Reform durch das Schuldrechtsmodernisierungsgesetz Teil des Unterlassungsklagengesetzes. Durch Art. 5 S. 1 Richtlinie 93/13/EWG über missbräuchliche Klauseln in Verbrauchverträgen (NJW 1993, 1838 [1840]) war der Gesetzgeber veranlasst, das schon von der Rechtsprechung entwickelte Transparenzgebot gesetzlich zu verankern (§ 307 Abs. 1 S. 2 BGB). Für den Praktiker empfiehlt sich folgende Prüfungsreihenfolge: § 305 Abs. 1 BGB – § 310 Abs. 1 BGB – § 305 Abs. 2 BGB – § 309 BGB – § 308 BGB – § 307 Abs. 1 und 2 BGB.

Schon die äußere Gestaltung der Formularverträge birgt Tücken: Wenn einzelne 67
Abschnitte des Vertrages mit Überschriften versehen wurden, müssen sie stimmen und ausschließlich das genannte Thema abschließend regeln. Der Vertragsaufbau muss verständlich und überschaubar gegliedert sein (OLG Naumburg NZM 2000, 90 [91 f.]). Wird hiergegen verstoßen, sind die Klauseln schon wegen des Überraschungseffekts (s. hierzu Rdn. 125) und/oder des Verstoßes gegen das Transparenzgebot unwirksam.

Das Transparenzgebot des § 307 Abs. 1 S. 2 BGB gebietet klare und verständliche Formu- 68
lierungen (s.a. BGH NZM 1998, 710). Der Geltungsbereich der Vertragsbestimmungen muss klar definiert sein, er darf nicht nur vage und damit intransparent sein (BGH NJW 1991, 1750; KG NZM 2002, 954). Gleiches gilt für Leistungsbeschreibungen und Preisvereinbarungen, die auch dem Transparenzerfordernis unterliegen (BGH NJW 2006, 996). Eine Klauselkombination kann zur Unwirksamkeit führen, wenn diese aus ihrem Zusammenhang heraus intransparent ist (BGH NJW 1995, 254). Der Verwender einer aus zwei Teilen bestehenden Klausel, deren einer Teil nur Bestand haben kann, wenn der andere Teil unwirksam ist, kann sich nach Auffassung des BGH (NJW 2003, 2234)

wegen des Transparenzgebots nicht zu seinen Gunsten auf die Unwirksamkeit des anderen Klauselteils berufen. Definitionen und Standards, die von den Parteien zur Vertragsgrundlage gemacht werden oder auf die Bezug genommen wird, sind in den Mietvertrag aufzunehmen und umfassend darzustellen (BGHZ 106, 259 [264 f.]). S. Gewerberaummiete, z.B. Stichwort Werbegemeinschaften, Fläche. Zur Bezugnahme auf die BetrKV bei der Betriebskostenabwälzung s. BGH NJW 2010, 671 und Kap. 4.

Eine gesetzesverweisende Klausel stellt keinen Verstoß gegen das Transparenzgebot dar, nach Auffassung des OLG Rostock (NJW 2007, 2064).

69 Nach dem Transparenzgebot ist der Verwender entsprechend den Grundsätzen von Treu und Glauben gehalten, so zu formulieren, dass die Klausel die wirtschaftlichen Nachteile und Belastungen so weit erkennen lässt, wie dies nach den Umständen gefordert werden kann (BGH NJW 2006, 46; NJW 2001, 2014 [2016] m.w.N.).

Abgestellt wird hierbei auf Erwartungen und Erkenntnismöglichkeiten eines durchschnittlichen Vertragspartners des Verwenders im Zeitpunkt des Vertragsschlusses (BGH NJW 2007, 2176; 2006, 996).

70 Zum Streit, ob das Transparenzgebot nicht länger als eigenständiges Prüfkriterium angesehen werden kann, sondern sich aus dem Verstoß auch eine unangemessene Benachteiligung ergeben muss, s. Kappus NJW 2003, 322; Borzutzki/Pasing NZM 2004, 161, 165.

b) Anwendungsbereich

71 Die Vorschriften der §§ 305 ff. BGB sind auf eine doppelte Kontrolle hin angelegt: Durch die Abschlusskontrolle wird geprüft, ob die gesetzlichen Vorschriften auf den konkreten Vertrag überhaupt Anwendung finden. Sodann setzt die Inhaltskontrolle ein, d.h. die Überprüfung der Wirksamkeit einzelner Vertragsbestimmungen.

72 Gemäß § 305 Abs. 1 BGB werden alle für eine Vielzahl von Verträgen vorformulierten Bedingungen erfasst, die der Verwender der anderen Vertragspartei bei Abschluss eines Vertrags stellt.

Es kommt hierbei weder auf Art, Umfang, Form noch Inhalt der Vertragsbedingungen an. Maßgeblich sind die nachfolgenden Kriterien:

aa) Vorformulierte Vertragsbedingungen

73 Es muss sich um vorformulierte Vertragsbedingungen handeln.

74 Nach höchstrichterlicher Rechtsprechung handelt es sich bei Vertragsbedingungen um alle Bestimmungen, die den Vertragsinhalt gestalten sollen und den rechtserheblichen Tatsachen eine bestimmte rechtliche Qualifizierung geben (BGHZ 133, 184, 99, 374, 376), wobei eine Unterscheidung zwischen Haupt- und Nebenabreden nicht stattfindet.

75 Die wortgetreue Wiedergabe gesetzlicher Vorschriften stellt keine Allgemeine Geschäftsbedingung dar. Dies ist nur dann der Fall, wenn eine vom Gesetzeswortlaut abweichende Formulierung gebraucht wird.

Auch Regelungen über den Vertragsabschluss werden erfasst (LG München I NJW-RR 1992, 244; BGH NJW 1988, 1908 [1909]).

Einseitige Rechtsgeschäfte des Kunden, die auf einer Vorformulierung des Verwenders beruhen, fallen unter § 305 Abs. 1 BGB (Palandt/Grüneberg § 305 Rn. 7; BGHZ 98, 24, 28).

76 Von *vorformulierten Vertragsbedingungen* spricht man immer dann, wenn sie für eine mehrmalige Verwendung fixiert wurden und nicht für den konkreten Vertragsschluss entworfen worden sind (Palandt/Grüneberg § 305 Rn. 8).

Auch wenn eine Wahl zwischen mehreren bereits formulierten Textfassungen erfolgt, kann das Merkmal »Vorformulierung« erfüllt sein (BGH NJW 1996, 1676 [1677]; 1992, 503, 504). Dies gilt auch für das Ausfüllen von Leerräumen wie Namen oder Entgelte, die nur unselbständiger Art sind, es sei denn, die Regelungsalternative ist ausgehandelt (BGH NJW 2003, 1313). 77

Aber auch Klauseln mit ausfüllungsbedürftigen Leerräumen sind, selbst wenn die Einfügung den Regelungsinhalt der Klausel mitbestimmt, vom Anwendungsbereich der §§ 305 ff. BGB umfasst, wenn der Mieter die einzutragenden Daten nicht mitbestimmt hat (LG Berlin ZMR 1998, 705 zu Fristen zur Durchführung von Schönheitsreparaturen). 78

Höchstrichterlich geklärt ist, dass bei Verwendung eines Formularvertrages eines Haus- und Grundbesitzervereins das Merkmal der Vorformulierung bejaht wird (BGH GE 1996, 407 [409]; OLG Hamm RES § 536 BGB Nr. 2). 79

Von Vorformulierung spricht man auch, wenn ein elektronisch gespeicherter Text, der mit Hilfe eines Textverarbeitungssystems beliebig oft ausgedruckt werden kann, ohne dass der ausgedruckte Text nach außen hin sofort als Formularvertrag erkennbar ist, verwandt wurde (s. Schultz ZMR 1987, 41, 42). 80

Ausreichend ist, wenn bei späteren Vertragsabschlüssen auf früher irgendwo festgehaltene Formulierungen zurückgegriffen wird. Hierfür nicht erforderlich ist, dass der Text schriftlich aufgezeichnet wurde oder in sonstiger Weise stofflich fixiert war (BGH NJW 2001, 2635). Eine wörtliche Übereinstimmung wird nicht gefordert, sondern sachliche Gleichförmigkeit (OLG Düsseldorf NZM 1998, 353; OLG Dresden BB 1999, 228). 81

Der für einen konkreten Vertrag ausgearbeitete Text fällt nicht unter § 305 Abs. 1 BGB. Hier kann aber § 310 Abs. 3 BGB anwendbar sein. 82

bb) Vielzahl von Verträgen

Die Vertragsbedingungen müssen für eine Vielzahl von Verträgen vorformuliert sein. Auf die tatsächliche Anzahl der Verwendungsfälle kommt es nicht an (h.M. MüKo/Basedow § 305 BGB Rn. 18). 83

Als Untergrenze für die numerische Anzahl für die beabsichtigten Verwendungsfälle nennt der BGH (NJW 2002, 138; 1998, 2286, 2287; WPM 1981, 944, 946) mindestens drei Verwendungsfälle. Hier gelten die §§ 305 ff. BGB aber bereits bei der ersten Anwendung eines Vertragstextes unabhängig davon, ob die geplante spätere Verwendung erfolgt. Die zweimalige Verwendung (Haupt- und Untermietvertrag) soll nicht ausreichen (OLG Düsseldorf GuT 2004, 118), wenn keine mehrmalige Verwendung geplant war. 84

Insbesondere ist nicht erforderlich, dass die Partei selbst eine mehrmalige Verwendung der vorformulierten Vertragsbedingungen plant (BGH WPM 2006, 247; NJW 1991, 843).

Auszunehmen von dieser Rechtsprechung ist § 310 Abs. 3 BGB, da nach § 310 Abs. 3 Nr. 2 BGB die einmalige Verwendung ausreichend ist. Zu Verbraucherverträgen s.u.

Wenn das Merkmal der geplanten Vielzahl der Verwendungsfälle erfüllt ist, gelten die §§ 305 ff. BGB bereits für den ersten Verwendungsfall.

cc) Merkmal »Stellen«

Durch das »Stellen« der Vertragsbedingungen erfolgt die Festlegung der Verwendereigenschaft. 85

Dieses Merkmal enthält die EG-Richtlinie über missbräuchliche Klauseln in Verbraucherverträgen vom 05.04.1993 nicht. Dem trägt § 310 Abs. 3 Nr. 1 BGB Rechnung, in dem er fingiert, dass in Verbraucherverträgen verwandte Allgemeine Geschäftsbedingungen grundsätzlich als »vom Unternehmer gestellt« gelten.

86 Nach gängiger höchstrichterlicher Rechtsprechung (BGH NJW 1985, 2477) wird als Verwender derjenige angesehen, auf dessen Veranlassung hin vorformulierte Vertragsbedingungen beim Vertragsabschluss unverändert zugrunde gelegt werden, ohne dass über Einzelheiten gesprochen wurde, ein konkretes Einbeziehungsangebot muss vorliegen (Palandt/Heinrichs § 305 Rn. 10). Allerdings wird auch derjenige »Verwender«, wenn er in ständiger Praxis bestimmte in seinem Interesse entwickelte Vertragsbedingungen gebraucht und der andere Teil diese dann von vornherein in sein Angebot aufnimmt (BGH NJW 1997, 2043; Heinrichs NJW 1998, 1447, 1448 spricht insoweit treffend von etwas Ähnlichem wie »mittelbarer Täterschaft«).

87 Kennzeichnend ist, dass die im Vertragsformular enthaltenen Bedingungen einseitig dem anderen Vertragspartner auferlegt worden sind (BGH WPM 1984, 240).

88 Üblicherweise ist Verwender derjenige, von dem das Angebot zur Einbeziehung der Vertragsbedingungen in den konkreten Vertrag ausgeht. I.d.R. wird dies der Vermieter sein. Bei entsprechender Marktstärke des Mieters kann dies jedoch auch der Mieter sein (BGH NJW 1995, 2034, 2035).

89 Es kommt nicht darauf an, ob der Verwender die Vertragsbedingungen selbst entworfen hat, sie können auch durch einen Dritten formuliert worden sein, selbst wenn die Vertragspartei, die sie stellt, sie nur in einem einzigen Vertrag verwenden will (BGH NJW 2010, 1131, m.w.N.).

90 Problematisch ist das gegenseitige »Stellen« von Vertragsbedingungen. Sachgerecht ist hier, die Vorschriften der §§ 305 ff. BGB nicht anzuwenden (str. s. Palandt/Heinrichs § 305 Rn. 13). Durch die Entscheidung des BGH (NJW 2010, 1131) stellt sich die Frage erneut, wann bei Mietverträgen zwischen Verbrauchern der Schutz der §§ 305 ff. BGB greift. Schmid (Grundeigentum 2010 S. 741) ist zuzustimmen, dass bei Vorliegen vorgedruckter Texte im Einzelfall zu prüfen ist, ob der Vertragspartner die Möglichkeit hatte, eigene Textvorschläge durchzusetzen.

91 Regelmäßig werden die Vertragsbedingungen spätestens bei Vertragsschluss gestellt. Sie können nachträglich gestellt werden, wenn eine Vertragsänderung erfolgt und die Vertragsbedingungen auf Vorschlag einer Seite einbezogen werden (OLG Frankfurt/M. WPM 1986, 570, 571).

dd) Äußeres Erscheinungsbild

92 Das äußere Erscheinungsbild ist von untergeordneter Bedeutung.

Gerade im Bereich des Mietrechts bilden häufig Bestimmungen einen äußerlich gesonderten Bestandteil des Vertrages oder sind nicht in die Vertragsurkunde selbst aufgenommen. Insbesondere die Hausordnung ist regelmäßig von der sonstigen Vertragsurkunde getrennt. Sie wird nur dann Inhalt des Mietvertrages, wenn die Voraussetzungen des § 305 Abs. 2 BGB erfüllt sind, sie mithin in den Vertrag einbezogen wurde.

Dies gilt auch für Allgemeine Mietbedingungen, Übergabeprotokolle, Inventarlisten u.Ä.

93 Der Umfang des formulierten Vertragstextes ist ebenso unwichtig wie die Schriftart. Vorformulierte Vertragsbedingungen können mit der Hand, der Schreibmaschine und mit einem Textverarbeitungssystem geschrieben, gedruckt, fotokopiert oder auf sonstige

Weise hergestellt sein. Dies gilt auch für handschriftlich in einen Formularvertrag eingefügte einzelne Klauseln (LG Frankfurt/M.WuM 1979, 151).

Der Vertrag kann mündlich, schriftlich, in elektronischer Form oder in Textform sowie notariell geschlossen sein. 94

c) Individualvereinbarung durch Aushandeln

Nach § 305 Abs. 1 S. 3 BGB liegen keine Allgemeinen Geschäftsbedingungen vor, wenn die Vertragsbedingungen von den Parteien im Einzelnen ausgehandelt wurden. Daher muss abgegrenzt werden zur Individualvereinbarung. Aushandeln bedeutet mehr als bloßes Verhandeln (BGH NJW 1991, 1678, 1679). Belehrung über den Text reicht nicht aus (BGH NJW 1992, 2759 [2760]). Ebenso wenig das gemeinsame Durchgehen des Textes und die dem Mieter hierbei eingeräumte Möglichkeit, die Vertragsbestimmungen zu prüfen (BGHZ 143, 103 [111]). 95

Der Verwender der Vertragsbedingungen müsste den gesetzesfremden Kerngehalt, also die den wesentlichen Inhalt der gesetzlichen Regelung ändernden oder ergänzenden Bestimmungen inhaltlich ernsthaft zur Disposition stellen und dem Vertragspartner Gestaltungsfreiheit zur Wahrnehmung eigener Interessen einräumen, mit der realen Möglichkeit, die inhaltliche Ausgestaltung der Vertragsbedingungen zu beeinflussen (BGH ZMR 2009, 672; NJW 2000, 1110; NJW-RR 1996, 787; str. s. Heinrichs NJW 1998, 1448 Fn. 26 m.w.N.; BGH NJW-RR 1993, 504). 96

Ein weder geänderter noch ergänzter Text kann »ausgehandelt« worden sein (BGH NJW 1998, 2600; 1992, 2283, 2285; OLG Köln WPM 1995, 1595; a.A. wohl früher BGH NJW 1988, 410). 97

Wichtig ist, dass sich die beiderseitige Verhandlungsbereitschaft in einem wirklichen Aushandeln konkretisiert und manifestiert (Palandt/Grüneberg § 305 Rn. 21). 98

Das Aushandeln des Vertrages kann sich sowohl auf einzelne Klauseln, Teile von Klauseln (BGH NJW 1998, 2600) oder auf das gesamte Vertragswerk beziehen. Möglich ist demnach auch, nur Teile des Mietvertrages auszuhandeln (BGHZ 97, 212, 215). Ausreichend ist das Verlangen des Vertragspartners, in den Vertragstext eine zusätzliche Klausel aufzunehmen und hierin eine neue inhaltliche Regelung zu treffen (BGH NZM 2009, 397). 99

Wenn nur einzelne Klauseln ausgehandelt wurden, sind auch nur diese vom Anwendungsbereich der §§ 305 ff. BGB ausgenommen, eine Ausstrahlungswirkung für die übrigen Klauseln geht hiervon regelmäßig nicht aus, es sei denn, die geänderten Klauseln haben für den gesamten Vertrag zentrale Bedeutung und können als Indiz dafür gelten, dass auch die übrigen Klauseln ausgehandelt wurden. 100

Von Aushandeln kann nicht gesprochen werden, 101

- wenn das Klauselwerk nur durch den Verwender erläutert wird (BGH NJW 1992, 2759, 2760),
- bei der Möglichkeit für den Vertragspartner, sich zwischen zwei als unabänderlich dargestellten Varianten zu entscheiden (BGH WuM 1986, 53),
- wenn eine formularmäßige Regelung dem Vertragspartner die Möglichkeit einräumt, durch Ankreuzen oder in sonstiger Weise zwischen verschiedenen formularmäßigen Ausgestaltungen zu wählen (BGH NJW-RR 1997, 1000),
- bei Wahlmöglichkeit für den Vertragspartner zwischen den Vertragsbedingungen und der ohne die Vertragsbedingungen eingreifenden gesetzlichen Regelung (BGH WuM 1986, 53),
- bei formularmäßiger Bestätigung des Vertragspartners, die im Vertrag enthalten ist, dass dieser vor Abschluss des Vertrages ausreichend Zeit gehabt hat, denselben durchzulesen, die einzelnen Bestimmungen zu überprüfen, zur Kenntnis zu nehmen und

vorbehaltlos mit allen Bestimmungen des Vertrages einverstanden zu sein (OLG Hamm RES § 536 BGB Nr. 2),

– eine allgemein gehaltene Erklärung, zur Änderung einer Klausel bereit zu sein (BGH NJW-RR 2005, 1040).

102 Kein Aushandeln liegt auch vor bei Ausfüllen ergänzungsbedürftiger Formulare, sofern es sich um unselbständige Eintragungen handelt, die ohne Einfluss auf den sachlichen Gehalt der Regelung sind. Wenn die Einfügung den Regelungsgehalt mitbestimmt, ist zu differenzieren: Sofern der Vertragspartner den Freiraum ohne Verwendung von Formulierungsvorschlägen nach seinen Vorstellungen ausfüllt, liegt i.d.R. keine AGB vor (BGH NJW 1998, 1066). Anders ist es, wenn die Lücke ohne individuelles Aushandeln oder Ergänzen ausgefüllt wird, also der Vorschlag des Verwenders nach der Gestaltung des Formulars im Vordergrund steht und andere Wahlmöglichkeiten überlagert und praktisch verdrängt (BGH NJW 1998, 1066).

103 Nicht ausreichend ist auch das Erläutern der rechtlichen Bedeutung einzelner Klauseln und deren Besprechung (BGH NJW 1992, 2759, 2760; OLG München NJW 1981, 2472), um das Merkmal »Aushandeln« zu erfüllen.

104 Einzelne Durchstreichungen der Wörter »kleine« bzw. »kleinem« in einem Formularvertrag reichen gleichfalls nicht aus, um das Merkmal »Aushandeln« zu erfüllen (LG Hamburg WuM 1985, 21).

105 Das Aushandeln der Vertragsbedingungen muss zwischen den konkreten Vertragsparteien erfolgen. Regelmäßig wird das Aushandeln vor Vertragsabschluss stattfinden. Grundsätzlich möglich ist auch das nachträgliche Umwandeln eines Formularvertrages in eine Individualvereinbarung durch späteres Aushandeln der Bestimmungen im Rahmen eines Änderungsvertrages. Dies kann sowohl die Gesamtheit der Vertragsbedingungen erfassen als auch einzelne Klauseln (OLG Hamm NJW 1981, 1049).

106 Das Einfügen von nachträglichen Änderungen in den vorformulierten Vertragstext soll ein Indiz für individuelles Aushandeln sein (Palandt/Grüneberg § 305 Rn. 23).

107 Möglich ist, nach Abschluss eines Mietvertrages mit unwirksamen Formularklauseln zu Schönheitsreparaturen, eine Endrenovierungspflicht nachträglich (hier: im Übergabeprotokoll bei Einzug) in individueller Form zu treffen, die dann nicht der Inhaltskontrolle gemäß § 307 Abs. 1 S. 1 BGB unterliegt (BGH ZMR 2009, 358 ff.) und zu einer Endrenovierungspflicht führt.

d) Beweislast

108 Die Beweislast richtet sich danach, ob das Vorliegen Allgemeiner Geschäftsbedingungen oder einer Individualvereinbarung bewiesen werden soll. Der Verwender trägt die Beweislast für das Vorliegen einer Individualvereinbarung, wenn es sich um vorformulierte Vertragsbedingungen handelt, bei Einzelvertragsbedingungen muss der Vertragspartner beweisen, dass er keine Möglichkeit der Einflussnahme gehabt hat. Beruft sich eine Partei im Individualprozess darauf, dass ein Vertrag insgesamt oder Teile des Vertrages Allgemeine Geschäftsbedingungen sind, trägt sie die Beweislast (BGH NJW 1992, 2160, 2162).

109 Die Vermutung für das Vorliegen von Allgemeinen Geschäftsbedingungen ist gegeben bei einem gedruckten oder auf sonstige Weise vervielfältigten Klauselwerk (BGHZ 118, 229; OLG Brandenburg BeckRS 2010, 03474; OLG München NJW 1997, 1057; OLG Frankfurt/M. NJW-RR 1990, 283). Hier bezieht sich die prima-facie-Vermutung auf alle vorformulierten Klauseln (BGH NJW 2000, 1110).

110 In diesem Fall muss der Verwender die Vermutung entkräften (BGHZ 83, 56, 58).

e) Einbeziehung in den Vertrag

Vor Überprüfung einzelner Klauseln auf ihre Wirksamkeit ist zu klären, ob sie überhaupt Vertragsbestandteil geworden sind. Die wesentlichen Regelungen hierüber enthalten § 305 Abs. 2 und Abs. 3 BGB. Nur die vollständige Erfüllung der in dieser Vorschrift genannten Voraussetzungen führt zur wirksamen Einbeziehung der Allgemeinen Geschäftsbedingungen (BGH NJW-RR 1987, 113). Andernfalls gilt der Vertrag ohne die vorgesehenen Vertragsbedingungen (§ 306 Abs. 1 BGB), sofern nicht ausnahmsweise der Vertrag gemäß § 306 Abs. 3 BGB unwirksam ist. **111**

f) Anwendungsbereich des § 305 Abs. 2 und 3 BGB

Angewandt werden die Regelungen auf alle Vertragsbedingungen, die die Voraussetzungen der in § 305 Abs. 1 BGB festgelegten Definition erfüllen. Weiter findet die Vorschrift Anwendung auf einseitige Rechtsgeschäfte, Einbeziehung von AGB in gesetzliche Schuldverhältnisse und Änderungsvereinbarungen. **112**

Ausnahmen vom persönlichen und sachlichen Anwendungsbereich sind in § 310 BGB geregelt. Danach finden § 305 Abs. 2 und 3 BGB keine Anwendung für Verträge, die gegenüber einem Unternehmer verwandt werden, wenn der Abschluss des Vertrages seiner gewerblichen oder selbstständigen beruflichen Tätigkeit zuzurechnen ist oder es sich um eine juristische Person des öffentlichen Rechts oder öffentlich-rechtliches Sondervermögen handelt. **113**

Im kaufmännischen Verkehr können AGB – vorbehaltlich des Bestehens eines Handelsbrauchs, der gemäß § 346 HGB auch ohne Einbeziehung Vertragsinhalt wird – nur Kraft rechtsgeschäftlicher Vereinbarung Vertragsinhalt werden (OLG Dresden NZM 1998, 446 ff.; BGH NJW 1992, 1232). **114**

Für Verbraucherverträge gelten Sonderregelungen. Ausnahmen vom sachlichen Anwendungsbereich – Erb-, Familien- und Gesellschaftsrecht und die weiteren in § 310 Abs. 4 BGB genannten Rechtsgebiete – erfassen den hier relevanten Bereich des Mietrechts nicht. **115**

g) Einbeziehungsvoraussetzungen

Einbeziehung in den Vertrag erfolgt nur dann, wenn der Verwender darauf hinweist, dass Allgemeine Geschäftsbedingungen einbezogen werden und der Vertragspartner mit Geltung der AGB einverstanden ist. **116**

Der Verwender muss mithin einen klaren und deutlichen Hinweis geben und erkennen lassen, dass er den Vertrag nur unter Zugrundelegung seiner konkret bezeichneten Vertragsbedingungen abschließen will. Weder ein konkludenter Hinweis noch Verweis auf die Verkehrssitte genügt für die Einbeziehungsvereinbarung. Die Einbeziehung der AGB muss nach objektiver Betrachtung vom Vertragswillen beider Parteien getragen sein. **117**

Gerade im Mietrecht wird häufig neben einem individuell vereinbarten Vertragsteil, der wesentliche Daten über das Mietverhältnis enthält, auf weitere formularvertraglich festgelegte Mietbedingungen verwiesen. Hier muss klar und eindeutig erkennbar sein, dass Vertragsgrundlage neben dem Individualteil auch die weiteren Mietbedingungen sind, die konkret bezeichnet sein müssen (BGH ZIP 1981, 1220). **118**

Der Vertragspartei muss die Möglichkeit verschafft werden, in zumutbarer Weise vom Inhalt der Vertragsbedingungen Kenntnis zu nehmen, d.h. die Vertragsbedingungen müssen insbesondere gut lesbar (s. OLG Hamm NJW-RR 1988, 944) und verständlich sein (OLG Karlsruhe WuM 1986, 9 [10]). Die Regelungen müssen dem Transparenzgebot **119** entsprechen. Dieses Kriterium ist nicht erfüllt, wenn im Text der Klausel ein Paragraf genannt wird (hier: § 568 BGB a.F.) ohne dessen Inhalt zu erläutern (OLG Schleswig NJW 1995, 2859). Weiter wird eine übersichtliche Anordnung der Klauseln gefordert. Bei einem erkennbar behinderten Vertragspartner muss der Verwender auf die Behinderung Rücksicht nehmen (s. hierzu Heinrichs NZM 2003, 6 (8)). Zum Vertragsschluss mit ausländischem Mieter s. BGHZ 87, 112. Zur Einbeziehung mittels BTX geschlossenen Vertrages s. OLG Köln NJW RR 1998, 1277. Zum Vertragsschluss im Internet s. Köhler NJW 1998, 184, 188 f.

120 Der Hinweis auf die Allgemeinen Geschäftsbedingungen muss vor oder spätestens bei Vertragsschluss erfolgen. Nach Vertragsschluss erfolgende Hinweise sind unbeachtlich (BGH NJW 1983, 816, 817). Hier ist nur eine Vertragsänderung möglich.

121 Ist ein Vertragspartner mit der Geltung der Vertragsbedingungen nicht einverstanden, muss er dies regelmäßig ausdrücklich erklären.

Die vertragliche Einigung der Parteien muss sich auch auf die Einbeziehung der AGB erstrecken.

h) Nichterfüllung der Einbeziehungsvoraussetzungen

122 Wurden die Einbeziehungsvoraussetzungen nicht erfüllt, kommt der Vertrag ohne Einbeziehung der formularmäßigen Vertragsbedingungen zustande, wenn die sonstigen Voraussetzungen für einen wirksamen Vertragsabschluss erfüllt sind. Die Fehler bei der Einbeziehung können sich auf die Vertragsbedingungen insgesamt oder auf einzelne Klauseln beziehen. Sofern die Parteien einverstanden sind, kann die Einbeziehung nachgeholt werden oder eine Individualabrede getroffen werden. Erfolgt dies nicht, gelten gemäß § 306 Abs. 2 BGB die gesetzlichen Vorschriften.

123 Für den Vertragsschluss mit Unternehmern i.S.d. § 14 BGB findet die Regelung des § 305 Abs. 2 BGB zu den Einbeziehungsvoraussetzungen keine Anwendung.

124 Für die Erfüllung der Einbeziehungsvoraussetzungen trägt derjenige die Beweislast, der aus den Vertragsbedingungen Rechte herleiten will. Regelmäßig wird dies der Verwender sein, es kann aber auch der Vertragspartner sein.

i) Überraschende Klauseln

125 Nach § 305c Abs. 1 BGB werden solche Klauseln nicht Vertragsbestandteil, die nach den Umständen des Vertrages so ungewöhnlich sind, dass der Vertragspartner des Verwenders mit ihnen nicht zu rechnen brauchte.

126 Hierbei kommt es entscheidend auf das Überraschungsmoment an. Die Klausel muss nach den Umständen so ungewöhnlich sein, dass der Vertragspartner keinesfalls mit ihr rechnen musste, ihr muss ein Überrumpelungseffekt oder Übertölpelungseffekt innewohnen (BGHZ 100, 85; NJW 1990, 576, 577; BGHZ 84, 109, 112 ff.). Dies ist nach den Gesamtumständen zu beurteilen (BAG NJW 2000, 3299).

Die Klausel muss somit aus subjektiver Sicht überraschend und aus objektiver Sicht ungewöhnlich sein (BGH NJW 1995, 2637, 2638).

127 Bei der Modifizierung von Hauptpflichten wird ein strengerer Maßstab angelegt als bei Nebenpflichten. Klauseln, die den Gegenseitigkeitscharakter des Mietverhältnisses berühren, sind ungewöhnlich.

128 Zur Prüfung der Ungewöhnlichkeit der Vertragsbedingungen wird zunächst darauf abgestellt, ob die Bestimmung »unüblich« ist. Hierfür ist entscheidend, ob der vom Verwender angesprochene Kreis von Vertragspartnern mit Vertragsbedingungen dieses Inhalts bei dem konkreten Vertragstyp rechnen muss.

Für das weiter geforderte Überraschungsmoment kommt es darauf an, ob die Vertragsbedingungen so gestaltet sind, dass sie auf Seiten des Vertragspartners einen »Überrumpelungs- oder Übertölpelungseffekt« haben (BGH NJW 1995, 2637, 2638). 129

Abgestellt wird hierbei nicht auf den Kenntnisstand des einzelnen Vertragspartners, sondern auf die Erkenntnismöglichkeit des an derartigen Verträgen üblicherweise beteiligten Personenkreises (BGH NJW 1989, 222) bzw. den typischerweise zu erwartenden Durchschnittskunden (BGHZ 101, 33; NJW 1995, 2637, 2638), d.h. konkret auf die Verständnisfähigkeit eines durchschnittlichen rechtsunkundigen Mieters (BGH NJW 1982, 2309). 130

Derjenige, der sich auf das Vorliegen der Voraussetzung des § 305c Abs. 1 BGB beruft, muss dies beweisen. Der Verwender ist beweispflichtig dafür, dass er den Vertragspartner auf die Klausel hingewiesen hat (BGH NJW 1992, 1822, 1823), wenn er Rechte daraus herleitet. 131

Bei Vorliegen einer überraschenden Klausel kommt der Vertrag regelmäßig ohne die Klausel zustande, an ihre Stelle tritt die gesetzliche Regelung (§ 306 BGB). 132

Zu Einzelfallentscheidungen s. Miete und Mietprozess Rn. 221 ff.; Palandt/Heinrichs § 305c Rn. 7.

j) Vorrang der Individualabrede

§ 305b BGB bestimmt, dass individuelle Vereinbarungen Vorrang vor vorformulierten Vertragsbestimmungen haben. Die im Regelungsgehalt mit der Individualabrede konkurrierende Allgemeine Geschäftsbedingung wird also durch die Individualabrede verdrängt (s.a. OLG Köln ZMR 2006, 859). 133

Streitig ist, ob das Vorrangprinzip nur dann Anwendung findet, wenn die Individualabrede wirksam getroffen wurde. Zur Rechtssicherheit ist zu fordern, dass die Individualabreden die Voraussetzungen erfüllen müssen, die für einen wirksamen Vertragsabschluss bei dem konkreten Vertragstyp erforderlich sind, nur dann gehen sie vor (BGH NJW 1986, 3131, 3132). Willensmängel dürfen nicht vorhanden sein. Mängel beim Vertreterhandeln sollen ausgeschlossen sein. 134

Den Vorrang gegenüber Allgemeinen Geschäftsbedingungen haben individuelle Vertragsabreden ohne Rücksicht auf die Form, in der sie getroffen worden sind, auch dann, wenn sie auf mündlichen Erklärungen beruhen. Das gilt auch dann, wenn durch eine AGB-Schriftformklausel bestimmt wird, dass mündliche Abreden unwirksam sind. Somit haben nachträgliche mündliche Individualvereinbarungen auch vor Schriftformklauseln in Formularverträgen über langfristige Geschäftsraummietverhältnisse Vorrang und können zum Verlust der langfristigen Bindung führen (BGH ZMR 2006, 104 f. m.w.N.).

aa) Abweichung durch Abrede

Die Abweichung vom Vertragstext kann mündlich, schriftlich, in elektronischer Form, in Textform oder konkludent erfolgen (BGH NJW 1986, 1807). Sofern der konkrete Vertrag eine bestimmte Form erfordert, muss auch bezüglich der Abweichung diese Form beachtet werden. Die mündliche Individualvereinbarung hat Vorrang vor dem Formulartext (BGH NJW 1987, 2011). 135

Möglich ist auch, dass die Parteien einer vorformulierten Vertragsbedingung einen von der objektiven Auslegung abweichenden Sinn geben, der dann Vorrang hat (BGH NJW 1995, 1494, 1496 m.w.N.). 136

137 Häufig wird in vorformulierten Vertragsbedingungen vereinbart, dass Änderungen oder Nebenabreden des Vertrages nur in schriftlicher Form erfolgen dürfen. Relevanz für eine Prüfung nach § 305b Abs. 1 BGB hat eine Schriftformklausel nur dann, wenn sie der Inhaltskontrolle standgehalten hat und wirksam in den Vertrag einbezogen wurde. S. Schriftform.

bb) Beweislast

138 Die Vermutung des § 125 BGB für Vollständigkeit und Richtigkeit des Vertragstextes ist auch im Rahmen des § 305b BGB anzuwenden, wenn die Parteien eine Vertragsurkunde errichtet haben. Hierfür ist Unterzeichnung eines Formulartextes oder sonstige Einbeziehung, schriftlich fixierter AGB zu fordern.

Die Beweislast für das Vorliegen mündlicher Individualabreden trifft den Vertragspartner, der sich auf ihre Existenz beruft.

k) Unklarheitenregel des § 305c Abs. 2 BGB

139 Aus dem Charakter der Allgemeinen Geschäftsbedingungen als Vertragsbedingungen, die nicht für ein konkretes, zwischen zwei feststehenden Vertragspartnern zu schließendes Rechtsgeschäft erstellt wurden, sondern vorformuliert für eine Vielzahl von künftigen Vertragsbeziehungen zwischen beliebigen Vertragspartnern aufgestellt worden sind, ergibt sich, dass auch die Auslegung anderen Erfordernissen entsprechen und Regeln folgen muss, als die Auslegung von Individualabreden. Hier gilt die Unklarheitenregel des § 305c Abs. 2 BGB.

140 Zu beachten ist, dass nach § 310 Abs. 3 BGB die Vorschrift auch auf vorformulierte Vertragsbedingungen anwendbar ist, wenn ein einmaliger Verwendungsfall vorliegt und der Vertragspartner auf den Inhalt der Vertragsbestimmungen keinen Einfluss nehmen konnte.

141 Die Unklarheitenregel des § 305c Abs. 2 BGB ist nicht bereits dann heranzuziehen, wenn der Vertragstext im Hinblick auf eine bestimmte Fallgestaltung auslegungsbedürftig ist oder zwischen den Parteien Streit über die Tragweite einer Klausel besteht (BGH WuM 1978, 10). Wenn die Parteien die Klausel übereinstimmend in einem bestimmten Sinn verstanden haben, ist für die Anwendung der Unklarheitenklausel kein Raum (BGH ZIP 2002, 1534).

142 Zunächst ist immer durch Auslegung der Inhalt der Klausel zu ermitteln. Erst wenn nach Ausschöpfung der in Betracht kommenden Auslegungsmethoden (s. hierzu Palandt/Grüneberg Einleitung Rn. 34 ff.) und nach dem Wortlaut (s. BGH ZMR 2006, 266 ff.) keine Klärung möglich ist, sondern noch mindestens zwei Alternativen rechtlich vertretbar sind, gehen die Zweifel zulasten des Verwenders (BGH ZMR 2006, 266 ff. m.w.N.; NJW-RR 1996, 857).

143 Zu Einzelfallentscheidungen s. Beyer NZM 2009, 137 ff..

aa) Anwendungsbereich

144 Kommt die Unklarheitenregel zur Anwendung, müssen zunächst die Allgemeinen Geschäftsbedingungen im Hinblick auf ihren objektiven Klauselinhalt geprüft werden. Hierbei werden nicht die besonderen Umstände des Einzelfalls berücksichtigt, sondern die Auslegung erfolgt nach objektiven Maßstäben so wie die an solchen Geschäften üblicherweise beteiligten Verkehrskreise die Bestimmung verstehen können und müssen (BGH NJW 2001, 2165). Als Maßstab wird dabei die Verständnismöglichkeit des rechtsunkundigen Durchschnittskunden herangezogen (BGH BB 1981, 389).

bb) Auslegung

Nur die ernsthaft in Betracht kommenden Auslegungsvarianten sind zu berücksichtigen, die eine Gefährdung des Rechtsverkehrs tatsächlich befürchten lassen (OLG Stuttgart BB 1984, 2218). Sofern von Auslegungsmöglichkeiten keine den klaren Vorzug verdient und auch nicht »weitaus näher liegend« (BGH ZMR 2002, 899, 901) ist, gehen die Auslegungszweifel zu Lasten des Verwenders (OLG Karlsruhe ZMR 2009, 33). **145**

Gerade in Mietverträgen werden häufig **fachsprachliche Ausdrücke** verwandt. Hierbei ist zu unterscheiden, ob es sich um juristische Fachausdrücke handelt, die einem Gesetzestext entnommen wurden, oder sonstige Begriffe der juristischen Fachsprache. Soweit die Ausdrücke dem Gesetzestext entnommen wurden, werden sie in dem Sinn ausgelegt, den sie in dem betreffenden Gesetz haben. **146**

Bestehen Probleme, wie ein Ausdruck zu verstehen ist, kommt der Bedeutung des Ausdrucks, die dieser im allgemeinen Sprachgebrauch hat, der Vorrang zu, da nach höchstrichterlicher Rechtsprechung immer wieder auf den Maßstab der Verständnismöglichkeit eines rechtsunkundigen Durchschnittskunden abgestellt wird und hierbei vom allg. Sprachgebrauch auszugehen ist (BGH NJW 1981, 867). **147**

Sofern in Formularmietverträgen juristische Fachausdrücke gebraucht werden, deren Bedeutung im allg. Sprachgebrauch nicht bekannt ist und die den Inhalt einzelner Klauseln bestimmen, ist davon auszugehen, dass bereits ihre Einbeziehung in den Vertrag scheitert, sofern der Vertragspartner nicht in der Lage ist, die Bedeutung der Klausel zu verstehen (s. OLG Schleswig NJW 1995, 2858 ff.). **148**

Fern liegende Auslegungszweifel werden nicht berücksichtigt. Ebenso wird Mehrdeutigkeit verneint, wenn nur Zweifel an der inhaltlichen Angemessenheit der Klausel oder ihrer Rechtsnatur bestehen. **149**

Wenn eine Klausel nicht nur in Randzonen, sondern auch im Kernbereich unklar ist, ist sie sowohl nach § 307 BGB als auch gemäß § 305 Abs. 2 Nr. 2 BGB unwirksam (Palandt/Heinrichs § 305c Rn. 18). **150**

Die jeweils dem anderen Teil günstigste Auslegung muss ermittelt werden. Soweit die Unwirksamkeit der Klausel die Rechtsstellung des Mieters verbessern würde, wird die Unklarheitenregel auch im Individualprozess zunächst umgekehrt angewandt, d.h. zunächst ist zu prüfen, ob die Klausel bei scheinbar kundenfeindlichster Auslegung wegen Verstoßes gegen ein Klauselverbot unwirksam wäre (Palandt/Heinrichs § 305c BGB Rn. 20; BGH NZM 2008, 522; LG Hamburg ZMR 1999, 338, 339). **151**

Erweist sich die Klausel im ersten Auslegungsschritt als wirksam, wird die Unklarheitenregel »direkt« angewandt, d.h., es gilt die kundenfreundlichste Auslegung (Palandt/Heinrichs § 305c Rn. 20). **152**

cc) Unterlassungsprozess

Im Unterlassungsprozess ist zunächst von der kundenfeindlichsten Auslegung auszugehen, sie ist die in Wahrheit für den Kunden günstigste, da sie zur Unwirksamkeit der Klausel führen kann (BGH NJW 1999, 276; NJW 1994, 1062). Es besteht keine Veranlassung, das Abstellen auf die kundenfeindlichste Auslegung auf den Unterlassungsprozess zu beschränken (Palandt/Grüneberg § 305c Rn. 20). **153**

l) Rechtsfolgen der Nichteinbeziehung und Unwirksamkeit

154 Rechtsfolgen bei Nichteinbeziehung und Unwirksamkeit regelt § 306 BGB. Sein Leitgedanke ist die Schutzfunktion zugunsten des Vertragspartners. Bei dem auf Individualvereinbarungen zugeschnittenen § 139 BGB ergibt sich bereits aus der Teilnichtigkeit eines Vertrages im Zweifel die Gesamtnichtigkeit des Vertrages. § 306 Abs. 1 BGB hingegen statuiert die Fortgeltung des Vertrages auch bei teilweiser Unwirksamkeit. Dies soll dem Schutzbedürfnis des Vertragspartners entgegenkommen. Der Vertrag soll auch im Fall der Nichtigkeit zahlreicher AGB-Klauseln im Übrigen wirksam bleiben, wenn nicht wegen der Nichtigkeit der Klauseln eine vom Gericht vorzunehmende Änderung des Vertrages zu einer völlig neuen, von den Parteien nicht gewollten Vertragsgestaltung führen würde (BGH NJW 2007, 3568). Hierbei werden auch Eingriffe in die wirtschaftliche Bewegungsfreiheit des Vertragspartners des Verwenders toleriert. Allerdings ist für das Aufrechterhalten des gesamten Vertrages erforderlich, dass die wesentlichen Rechte und Pflichten der Vertragsparteien erhalten bleiben und aufgrund von unwirksamen Einzelklauseln der Vertrag nicht in einer Vielzahl von Punkten unklar, schwer verständlich und unübersichtlich geworden ist (BGH NJW 1985, 2637, 2638).

aa) Unwirksamkeit

155 Die Unwirksamkeit kann einzelne Klauseln insgesamt oder Klauselteile erfassen. Bei Klauselteilen muss ein Klauselteil aus sich heraus verständlich und sinnvoll in einen inhaltlich zulässigen und einen anderen unzulässigen Regelungsteil teilbar sein, sog. »blue pencil-test« (st. Rspr. des BGH NJW 2001, 292 (294); OLG Brandenburg ZMR 2004, 745 [747]). Nur der zulässige Teil ist aufrechtzuerhalten. Das Verbot der »geltungserhaltenden Reduktion« gilt insoweit nicht (BGH NJW 1999, 1108; ZMR 1998, 17, 19; 550, 552; NJW 1995, 2221; BayObLG ZMR 1997, 405, 407; 517, 520).

156 Wenn sich aus dem Gesamtgefüge des Vertrages ergibt, dass der Klauselrest nicht mehr sinnvoll ist, insbesondere der als unwirksam beanstandete Klauselteil von einschneidender Bedeutung für den gesamten Vertragsinhalt ist und so von einer gänzlich neuen – von der bisherigen Vertragsgestaltung völlig abweichenden – Regelung gesprochen werden müsste, ergreift die Unwirksamkeit der Teilklausel die Gesamtklausel (BGH ZMR 1997, 129; NJW 1994, 2816, 2817).

157 Zu unterscheiden von der vorgenannten Teilunwirksamkeit oder Gesamtunwirksamkeit ist das von der Rechtsprechung entwickelte Verbot der »geltungserhaltenden Reduktion«. Nicht möglich ist, eine sachlich oder sprachlich nicht trennbare Klausel so aufzuspalten, dass ein Teil unwirksam, der andere Teil hingegen wirksam ist. Hier würde eine sog »geltungserhaltende Reduktion« erfolgen (st. Rspr. BGH BGHZ 114, 338 (342 f.); NJW 1996, 1407, 1408). Unzulässig ist eine Rückführung teilweise unzulässiger Klauseln auf ihren zulässigen Inhalt (BGH NJW 1982, 2310). Hierdurch wird vermieden, dem Klauselverwender die Möglichkeit zu eröffnen, dass er bei Aufstellung seiner Konditionen unbedenklich über die Grenze des Zulässigen hinausgeht, ohne mehr befürchten zu müssen, als dass die Benachteiligung seines Vertragspartners durch das Gericht auf ein gerade noch zulässiges Maß zurückgeführt wird (BGHZ, 143, 103 (119) m.w.N.). Gerade im Bereich der Schönheitsreparaturen hat dies für Vermieter schmerzliche Bedeutung erlangt (s. Beyer NJW 2008, 2065 ff.) Bei unwirksamer Abwälzung kann auch kein Mietzuschlag verlangt werden (BGH NJW 2008, 2840). Das Verbot der »geltungserhaltenden Reduktion« gilt sowohl im Unterlassungsprozess als auch im Individualprozess (BGH NJW 1984, 48).

bb) Nichteinbeziehung

§ 306 BGB ist unanwendbar, wenn eine Klausel wegen einer widersprechenden Individualabrede gemäß § 305b BGB keinen Bestand hat. Hier gilt die Individualabrede. 158

Eine entstehende Regelungslücke wird gemäß § 306 Abs. 2 BGB bei Wegfall von Klauselteilen, Klauseln insgesamt oder Klauselwerken durch das dispositive Recht geschlossen. 159

Gesetzesrecht i.S.d. § 306 Abs. 2 BGB ist nicht nur das von der Rechtsprechung entfaltete und konkretisierte geschriebene Recht, sondern auch das per analogicum heranziehbare Recht eines verwandten Vertragstyps sowie die von der Rechtsprechung und Lehre herausgebildeten ungeschriebenen Rechtsgrundsätze. 160

Sofern dispositive gesetzliche Bestimmungen fehlen, die anstelle der nicht Vertragsbestandteil gewordenen oder unwirksamen Regelung treten können, wird die Regelungslücke im Wege der ergänzenden Vertragsauslegung gemäß §§ 157, 133 BGB geschlossen, wenn der Regelungsplan der Parteien vervollständigungsbedürftig ist, das Unterbleiben einer Vervollständigung also keine angemessene, den typischen Interessen des AGB-Verwenders und des Vertragspartners Rechnung tragende Lösung bietet (BGH NJW 2008, 2172; WuM 1989, 129 m.w.N.). 161

Die Regelungslücke soll durch diejenige Regelung ersetzt werden, welche die Parteien bei sachgemäßer Abwägung der beiderseitigen Interessen nach Treu und Glauben redlicherweise vereinbart hätten, sofern ihnen die Unwirksamkeit bekannt gewesen wäre (BGH BGHZ 90, 69; OLG Stuttgart NJW-RR 1990, 491). Hierbei wird abgestellt auf Willen und Interesse der typischerweise beteiligten Verkehrskreise. Ein objektiv generalisierender Maßstab ist zu wählen. Die Umstände des Einzelfalles sind nicht zu berücksichtigen. 162

Die ergänzende Vertragsauslegung ist nur im Individual-, nicht jedoch im Unterlassungsprozess zulässig.

Gesamtnichtigkeit gemäß § 306 Abs. 3 BGB tritt nur dann ein, wenn das Festhalten am Vertrag für eine Vertragspartei eine unzumutbare Härte darstellen würde. Dies betont den Ausnahmecharakter der Vorschrift (Heinrichs NJW 1996, 2195). So reichen wirtschaftliche Nachteile, die durch Wegfall einer Klausel entstehen nicht aus, es sei denn, das Vertragsgleichgewicht wird durch die Unwirksamkeit der AGB grundlegend gestört (BGH NJW-RR 1996, 1009, 1010). Maßgeblicher Zeitpunkt für die Prüfung dieser Voraussetzung ist die Geltendmachung von Ansprüchen aus dem Vertrag, nicht der Vertragsabschluss (BGH NJW 1996, 2092, 2094). 163

Ist ein Vertrag unwirksam i.S.d. § 306 Abs. 3 BGB, besteht ein der Kündigung bei Dauerschuldverhältnissen vergleichbares einseitiges Lösungsrecht. Ein außerordentliches Kündigungsrecht wird für Mietverträge bejaht (s. LG Berlin MDR 1990, 315). 164

cc) Umgehensverbot des § 306a BGB

Die Vorschrift des § 306a BGB soll die ungeschriebenen allgemeinen Umgehungsgrundsätze für den Bereich der AGB konkretisieren. Wegen der weiten Fassung der §§ 305 ff. BGB kann Umgehungsversuchen i.d.R. schon durch Auslegung begegnet werden (Palandt/Grüneberg § 306a Rn. 2). 165

Nach der Vorschrift des § 306a BGB soll verhindert werden, dass eine vom Gesetz verbotene Regelung trotz identischer Interessenlage durch eine andere rechtliche Gestaltung erreicht wird, die nur den Sinn hat, das gesetzliche Verbot zu umgehen. Hierfür ist nur 166 die Erfüllung der objektiven Voraussetzungen für den Umgehungstatbestand erforderlich. Ausreichend ist, dass der Umgehungsversuch nur ein einzelnes Verbot erfasst (Palandt/Grüneberg § 306a Rn. 1).

m) Unwirksame Klauseln

aa) Vorbemerkung

167 Die §§ 305 Abs. 2, 305b, 305c Abs. 1 BGB regeln, welche Voraussetzungen erfüllt sein müssen, damit Allgemeine Geschäftsbedingungen überhaupt Vertragsbestandteil werden. Die §§ 307 ff. BGB befassen sich mit der materiellen Wirksamkeit der Klauseln.

168 Da der Verwender vorformulierter Klauseln die Freiheit inhaltlicher Gestaltung für sich allein in Anspruch nimmt und seinen Vertragspartner auf die Abschlussfreiheit bezüglich des Vertrages beschränkt, muss der Vertragspartner stärker geschützt werden, um nicht unangemessen benachteiligt zu werden.

169 Eine Inhaltskontrolle der Allgemeinen Geschäftsbedingungen ist in den §§ 307 Abs. 1 und 2, 308, 309 BGB vorgesehen. Für die Prüfungsreihenfolge gilt, dass zunächst die Verbote des § 309 BGB (ohne richterliche Wertungsmöglichkeit) herangezogen werden, dann die des § 308 BGB (mit richterlicher Wertungsmöglichkeit); sodann wird anhand von § 307 Abs. 2 BGB geprüft, ob ein Verstoß vorliegt und zuletzt wird § 307 Abs. 1 BGB für die Prüfung herangezogen.

bb) Generalklausel

170 Die Generalklausel des § 307 Abs. 1 und 2 BGB bildet einen Auffangtatbestand und stellt das Kernstück des Gesetzes dar.

§ 307 Abs. 1 BGB legt den grundlegenden Wertungsmaßstab der Inhaltskontrolle durch die Gerichte fest, während die in § 307 Abs. 2 BGB enthaltene Generalklausel die zur Beurteilung heranzuziehenden rechtlichen Kriterien konkretisiert, aus denen durch unangemessene Benachteiligung die Unwirksamkeit der Klausel folgt. § 307 Abs. 3 BGB regelt die Schranken der Inhaltskontrolle. Den Definitionsansatz für das Vorliegen Allgemeiner Geschäftsbedingungen bietet zum einen § 305 Abs. 1 BGB im Hinblick auf das äußere Erscheinungsbild; § 307 Abs. 3 BGB knüpft an die inhaltliche Ausgestaltung der Klauseln an. Die Generalklausel findet auch dann Anwendung in einem Verbrauchervertrag, wenn es sich um einen einmaligen Verwendungsfall der vorformulierten Bedingungen handelt (s. § 310 Abs. 3 BGB).

cc) Einschränkungen

171 § 307 Abs. 3 BGB schränkt den sachlichen Anwendungsbereich für die Inhaltskontrolle ein und schafft insoweit einen kontrollfreien Raum (BGHZ 127, 35, 41 ff. ergangen zu § 8 AGBG).

Wenn Leistung und Gegenleistung durch die Parteien unmittelbar festgelegt sind, ist dies einer Inhaltskontrolle entzogen. Zu beachten ist auch hier allerdings das Transparenzgebot (Palandt/Grüneberg § 307 Rn. 55). Dessen Auswirkung auf das Mietrecht hat zu kontroversen Diskussionen geführt, insbesondere bei Abwälzung der Betriebskosten auf den Mieter; durch das Schuldrechtsmodernisierungsgesetz wurde der Streit um die Transparenzkontrolle neu belebt (Heinrichs NZM 2003, 6 ff.; WuM 2002, 643, 646).

n) Die Generalklausel des § 307 BGB

aa) Allgemeines

Die Generalklausel des § 307 Abs. 1 und 2 BGB ist als Auffangtatbestand ausgestaltet. **172**
Klauseln, die nicht in den Regelungsbereich der §§ 308 und 309 BGB fallen, unterliegen der richterlichen Inhaltskontrolle entsprechend der vorgenannten Generalklausel. Sie legt den richterlichen Wertungsmaßstab für die Inhaltskontrolle fest und kann als Kernstück des AGB-Rechts bezeichnet werden (Palandt/Grüneberg § 307 Rn. 2).

Gegenstand der Inhaltskontrolle ist der, gegebenenfalls durch Auslegung zu ermittelnde, **173**
objektive Inhalt einer Klausel. Hierbei ist unerheblich, ob der Verwender von einer unangemessenen Klausel nur in dem Umfang Gebrauch machen will, der rechtlich unbedenklich wäre (BGH NJW 1983, 161).

Im Rahmen der Inhaltskontrolle muss trotz der grundsätzlich gebotenen generalisieren- **174**
den und typisierenden Betrachtungsweise, Art und Gegenstand, Zweck und insbesondere Eigenart des jeweiligen Geschäfts berücksichtigt werden. Bei Verwendung von AGB für verschiedene Arten von Geschäften oder gegenüber verschiedenen Verkehrskreisen, deren Interessen, Verhältnisse und Schutzbedürfnisse unterschiedlich gelagert sind, kann die Abwägung zu gruppentypisch unterschiedlichen Ergebnissen führen, ohne dass hierdurch das Verbot der geltungserhaltenden Reduktion umgangen würde (OLG Frankfurt/M. MDR 1998, 664 m.w.N.). Deutlich wird dies an der unterschiedlichen Beurteilung der Wirksamkeit von Klauseln in Wohn- und Geschäftsraummietverträgen, die sich allerdings in der höchstrichterlichen Rechtsprechung zunehmend annähert.

Zum Verhältnis von § 138 BGB zur Inhaltskontrolle hat der BGH (NJW 1996, 2952) **175**
Stellung genommen: Danach liegt die Wirksamkeitsschranke des § 138 BGB bereits im objektiven Bereich erheblich höher als die der Inhaltskontrolle. Letztere setzt nur eine den Geboten von Treu und Glauben zuwiderlaufende unangemessene Benachteiligung des Vertragspartners voraus, § 138 BGB verlangt einen Verstoß gegen die guten Sitten und somit eine grobe Interessenverletzung von erheblicher Stärke.

bb) Regelungsgehalt des § 307 Abs. 1 und 2 BGB

Gemäß § 307 Abs. 1 BGB sind Bestimmungen unwirksam, wenn sie den Vertragspartner **176**
des Verwenders entgegen den Geboten von Treu und Glauben unangemessen benachteiligen. Durch dieses Rekurrieren auf den Begriff »Treu und Glauben« und die Feststellung der Unangemessenheit haben die Gerichte einen weiten Beurteilungsspielraum. Allerdings ist Voraussetzung, dass es sich um erhebliche Nachteile handelt, unbequeme oder nur geringfügig nachteilige Regelungen rechtfertigen keine Anwendung der Vorschrift. Bei Anwendung der Vorschrift auf Verbraucherverträge ist auch Art. 3 RL zu beachten (s. Palandt/Grüneberg § 307 Rn. 6).

Anhand des Gesetzeszwecks ist zu ermitteln, ob eine unangemessene Benachteiligung **177**
vorliegt, die sich gemäß § 307 Abs. 1 S. 2 BGB auch daraus ergeben kann, dass die Bestimmung nicht klar und verständlich ist. Im Hinblick auf die Entscheidung des EuGH (NJW 2001, 2244) wurde diese Formulierung in die Neufassung übernommen, sachlich bringt dies nichts Neues, da das hier formulierte Transparenzgebot aufgrund langjähriger ständiger Rechtsprechung schon Maßstab der Inhaltskontrolle war (BGH NJW-RR 2005, 902; Palandt/Grüneberg § 307 Rn. 16). Die unangemessene Benachteiligung muss den Vertragspartner, nicht den Verwender oder einen Dritten treffen (BGHZ 99, 160; BGH NJW 1982, 180).

178 Anerkannt ist, dass sich eine unangemessene Benachteiligung auch aus Unklarheit oder Undurchschaubarkeit Allgemeiner Geschäftsbedingungen ergeben kann. Die Rechtsprechung zu den Schönheitsreparaturen, hat hier eindrucksvolle Beispiele geliefert (BGH NJW 2008, 1438, 1989, 222).

Vorstehendes gilt auch, wenn die Geschäftsbedingungen die Rechtslage unrichtig darstellen (BGH NJW 1993, 263).

179 Die von Rechtsprechung und Literatur aufgestellten Kriterien sind zu berücksichtigen: Die Nachteile müssen erheblich sein (OLG Hamm WuM 1981, 77). Erheblichkeit allein ist allerdings nicht ausreichend, hinzukommen muss die Unangemessenheit der Regelung; dies wird beurteilt nach Gegenstand, Zweck und Eigenart des Vertrages sowie der Interessenlage der Vertragsparteien und der Verkehrssitte der beteiligten Kreise (BGHZ 92, 368).

180 Abzustellen ist auf eine Interessenabwägung, bei der die typischen Belange der beteiligten Kreise zu würdigen sind und zu prüfen ist, ob der Inhalt der Klausel vor dem Hintergrund dieser Interessenlage eine billige und gerechte Regelung darstellt oder ob sie das Gleichgewicht der Rechte und Pflichten zum Nachteil des Vertragspartners des Verwenders erheblich stört (BGH ZMR 1997, 570, 571). Eine unangemessene Benachteiligung ist dann gegeben, wenn der Verwender der Klausel missbräuchlich eigene Interessen auf Kosten des Vertragspartners durchzusetzen versucht, ohne die des Vertragspartners von vornherein hinreichend zu berücksichtigen (BGH ZMR 1997, 570, 571; OLG Düsseldorf ZMR 2006, 521 ff.; 1999, 389) und ihm keinen angemessenen Ausgleich zugesteht (BGH NJW 2006, 1056; 2005, 1774; KG ZMR 2006, 524 f.).

181 Häufig wird bei Wohnraumverträgen darauf zurückgegriffen, ob sich eine entsprechende Regelung im Mustermietvertrag des Bundesjustizministeriums findet (s. hierzu auch BGH NZM 2007, 879) oder Vorschriften enthalten sind, die auch den sozialen Wohnungsbau betreffen. Auch die Begründungen (BT-Drucks. 14/5663 und 14/4553) zur Mietrechtsreform liefern wichtige Anhaltspunkte.

182 Immer wieder wird darauf abgestellt, ob eine Summierung einzelner angemessener und für sich allein unbedenklicher, aber inhaltlich zusammengehöriger und in ihrer Gesamtwirkung den Vertragspartner dennoch benachteiligender Klauseln dazu führen kann, dass die Regelung unangemessen ist. Dies gilt auch beim Zusammentreffen von Formularklausel und Individualvereinbarung (BGH NJW 2006, 2116; 2003, 2234; 1993, 532; zu Schönheitsreparaturen s. Kap. 8 II).

183 Das Äquivalenzprinzip muss gewahrt sein (BGH NJW 2007, 1054; 1991, 1746, 1749 m.w.N.). Die Ausgeglichenheit von Leistung und Gegenleistung darf nicht durch Leistungsschmälerung oder Freizeichnung ohne Ausgleich missachtet werden (BGH BGHZ 82, 21). Die durch eine Klausel begründeten Nachteile können durch Vorteile anderer Vertragsbedingungen ausgeglichen werden, wenn es sich um sachlich zusammengehörende Regelungen handelt, die zueinander in einem Wechselverhältnis stehen (BGH NJW 2003, 889).

184 Bei der Angemessenheitsprüfung wird das Preisargument berücksichtigt. Zwar gibt generell ein geringes Entgelt dem Verwender nicht die Möglichkeit, die Rechte des Vertragspartners einzuschränken (BGHZ 77, 131). Bei der Überwälzung von Schönheitsreparaturen wird jedoch gleichwohl auf das Preisargument abgestellt (BGH NZM 2007, 879; NJW 2006, 3778; WuM 1988, 294; s.a. Kap. 8 II.).

185 Soweit Haftungsregelungen betroffen sind, wird die Überschaubarkeit des Risikos (BGH NJW 2007, 679; NJW 2005, 863) und die Versicherbarkeit des Risikos überprüft (BGH

NZM 2002, 116). Bei der Versicherbarkeit ist maßgeblich, ob ein Risiko üblicherweise vom Verwender oder dessen Vertragspartner versichert wird (Palandt/Grüneberg § 307 Rn. 15 m.w.N.; s.a. Kap. 29). Eine unangemessene Benachteiligung kommt im Falle eines umfassenden Gewährleistungsausschlusses in Betracht (OLG Düsseldorf ZMR 1999, 23, 24; s.a. Kap. 7). Eine uneingeschränkte Zufallshaftung ist immer eine unangemessene Benachteiligung (OLG Brandenburg NZM 2004, 905).

Mangelnde Transparenz führt zur Annahme der Unangemessenheit, wenn eine klare Regelung möglich und im Interesse des Vertragspartners erforderlich ist. Bei Beurteilung der Frage, ob dem Transparenzgebot entsprochen wurde, ist auf den aufmerksamen und sorgfältigen Vertragspartner abzustellen (hierzu Heinrichs NZM 2003, 6 ff.). **186**

Liegt eine Abweichung vom dispositiven Recht vor, besteht die Vermutung für eine unangemessene Benachteiligung. Hierfür heranzuziehen sind sämtliche mietrechtlichen Bestimmungen des BGB, einschließlich der zwingenden Vorschriften sowie die Nebengesetze und die durch Rechtsprechung und Lehre entwickelten Rechtsgrundsätze (BGHZ 100, 175). Eine unangemessene Benachteiligung ist stets gegeben, wenn die Klausel gegen einen wesentlichen Grundgedanken der gesetzlichen Regelung, von der abgewichen wird, verstößt (LG München I ZMR 1998, 295, 296). **187**

Nach § 307 Abs. 2 BGB liegt eine unangemessene Benachteiligung vor, wenn wesentliche Rechte oder Pflichten, die sich aus der Natur des Vertrages ergeben, so eingeschränkt wurden, dass eine Erreichung des Vertragszwecks gefährdet ist. Hiervon kann man ausgehen, wenn der Verwender sich von der Erfüllung der Haupt- oder Nebenpflichten, die der Erreichung des Vertragszwecks dienen, freizeichnet. Auch im Verkehr zwischen Unternehmern gilt der Grundsatz, dass sich der Verwender nicht von solchen Pflichten freizeichnen kann, deren Erfüllung die ordnungsgemäße Durchführung des Vertrages überhaupt erst ermöglicht und auf deren Erfüllung der andere Teil vertraut (BGH NJW 1993, 335). **188**

Die Überprüfung dieser Freizeichnungsklauseln bildet den Schwerpunkt der Anwendung des § 307 Abs. 2 BGB.

Zu beachten ist, dass bei Prüfung einer Klausel nach § 307 Abs. 1 und 2 BGB der gesamte Vertragsinhalt einschließlich seiner Individualteile zu würdigen ist (BGH NJW 1990, 761). **189**

Bei einseitigen Änderungsrechten des Verwenders wird Wirksamkeit nur dann angenommen, wenn die Klausel schwerwiegende Änderungsgründe nennt und sowohl im Hinblick auf die Voraussetzungen als auch auf die Folgen erkennbar die Interessen des Vertragspartners angemessen berücksichtigt (BGHZ 124, 351). **190**

o) Klauselverbote ohne Wertungsmöglichkeit

aa) Allgemeines

Die Regelung des § 309 BGB konkretisiert in erster Linie die Generalklausel des § 307 Abs. 2 BGB, d.h. diese Vorschrift betrifft Klauseln, die mit wesentlichen Gedanken der Rechtsordnung nicht vereinbar sind oder eine Einschränkung vertraglicher Rechte und Pflichten bewirken. Im Gegensatz zu den in § 308 BGB enthaltenen Klauseln, sind die hier genannten Klauseln unabhängig von einer richterlichen Wertung unwirksam. **191**

bb) Kurzfristige Preiserhöhungen (§ 309 Nr. 1 BGB)

Nach § 309 Nr. 1 BGB sind Preiserhöhungen untersagt, wenn die Leistungen innerhalb von vier Monaten nach Vertragsschluss erbracht werden sollen. Die Vorschrift umfasst **192** alle entgeltlichen Verträge, ausgenommen sind Dauerschuldverhältnisse, insbesondere Miet-, Pacht- und sonstige Gebrauchsüberlassungsverträge.

Angewandt wird die Vorschrift nur auf ganz kurzfristige Mietverträge, z.B. Hotelzimmer (Palandt/Heinrichs § 309 Rn. 6).

cc) Leistungsverweigerungsrechte (§ 309 Nr. 2 BGB)

193 § 309 Nr. 2 BGB bestimmt, dass das Leistungsverweigerungsrecht gemäß § 320 BGB jeder Änderung oder Einschränkung durch Allgemeine Geschäftsbedingungen zulasten des Vertragspartners des Verwenders entzogen ist. Dies gilt auch für das Zurückbehaltungsrecht gemäß § 273 BGB. Voraussetzung für die Anwendung der Vorschrift ist der Bestand der vorgenannten Rechte. Nach der Rechtsprechung des BGH können im Geschäftsverkehr zwischen Unternehmern die §§ 273, 320 BGB grundsätzlich in den Allgemeinen Geschäftsbedingungen abbedungen werden. In Anlehnung an § 309 Nr. 3 BGB gilt dies allerdings nicht, soweit die der Geltendmachung des Zurückbehaltungsrechts zugrunde liegenden Gegenforderungen unbestritten oder rechtskräftig festgestellt sind (OLG Hamburg WuM 1998, 152). Eine diesbezügliche geltungserhaltende Reduktion ist unzulässig (BGH ZMR 1993, 320, 321; s. Kap. 4 VII.).

194 Wird durch Allgemeine Geschäftsbedingungen eine Vorleistungspflicht begründet, ist nicht § 309 Nr. 2 lit. a BGB, sondern die Generalklausel des § 307 BGB Grundlage der Inhaltskontrolle (BGH NJW 2001, 292, 294). Zum Aufrechnungs- und Zurückbehaltungsrecht Kap. 4 VIII.

dd) Aufrechnungsverbot (§ 309 Nr. 3 BGB)

195 Durch die Regelung in § 556b Abs. 2 BGB und dem darin enthaltenen Verbot, das Aufrechnungsrecht des Mieters vertraglich auszuschließen, dürfte diese Bestimmung künftig für Wohnraummietverhältnisse keine große Relevanz mehr haben. Sie ist für sonstige Mietverhältnisse zu beachten, s. Kap. 4 VIII.

Unwirksam ist das Verbot mit unbestrittenen oder rechtskräftig festgestellten Gegenforderungen aufzurechnen auch im kaufmännischen Verkehr (BGH WPM 1978, 629). Dies gilt auch für die Mietbürgschaft (KG ZMR 2006, 524 ff.).

ee) Mahnung, Fristsetzung (§ 309 Nr. 4 BGB)

196 Der Grundsatz, dass Verzug i.d.R. erst nach Mahnung eintritt (§ 286 BGB), wird durch § 309 Nr. 4 BGB einer Änderung durch AGB entzogen. Voraussetzung hierfür ist, dass für die Geltendmachung des Anspruchs des Verwenders eine Mahnung oder Nachfrist überhaupt erforderlich ist.

ff) Pauschalierung von Schadensersatzansprüchen (§ 309 Nr. 5 BGB)

197 Die Pauschalierung von Schadensersatzansprüchen in Allgemeinen Geschäftsbedingungen ist nur unter den engen Voraussetzungen des § 309 Nr. 5 BGB zulässig. § 309 Nr. 5 lit. b BGB gestattet Schadenspauschalierungen nur noch, wenn dem anderen Teil ausdrücklich der Nachweis gestattet wird, ein Schaden oder eine Wertminderung sei überhaupt nicht entstanden oder wesentlich niedriger als die Pauschale (BGH NJW 2006, 1056; s.a. Heinrichs NZM 2003, 6 (9)). Für sonstige Pauschalen wie z.B. Betriebskostenpauschalen gilt die Vorschrift nicht (MieWo/Schmid § 309 BGB Rn. 14).

gg) Vertragsstrafe (§ 309 Nr. 6 BGB)

Vertragsstrafenklauseln sind für Wohnraummietverhältnisse zu Lasten des Mieters sowohl individual- als auch formularvertraglich unwirksam (§ 555 BGB und Erläuterung Kap. 2 II.). 198

Sie sind für Geschäftsraummietverhältnisse relevant.

Der Geschäftsverkehr zwischen Unternehmern hingegen bedarf des Schutzes des § 309 Nr. 6 BGB nicht. Hier verbleibt es bei der Prüfung gemäß § 307 BGB.

Zu Einzelfragen s. Kap. 2 II. und Kap. 15.

hh) Haftungsausschluss bei Verletzung von Leben, Gesundheit und bei grobem Verschulden (§ 309 Nr. 7 BGB)

§ 309 Nr. 7 BGB gilt für alle Verträge. Auf deliktische Ansprüche wird er entsprechend angewandt (BGHZ 100, 184). Das Verbot betrifft nur den Anspruch gegen den Verwender. Gegen den Erfüllungsgehilfen kann in den Grenzen des § 307 Abs. 1 und 2 BGB der Anspruch auf eine Haftungsfreistellung zugunsten Dritter abbedungen werden (Palandt/Grüneberg § 309 Rn. 41; a.A. BGH BGHZ 96, 25). 199

Gemäß § 309 Nr. 7 lit. a BGB ist der Haftungsausschluss bei Verletzung von Leben, Körper und Gesundheit auch dann unwirksam, wenn dem Verletzer nur einfache Fahrlässigkeit zur Last fällt (Heinrichs NZM 2003, 6 (9)). Bislang wurde dies aus § 307 Abs. 1 und 2 BGB hergeleitet. Bei der Formulierung von Haftungseinschränkungsklauseln insbesondere für Kardinalpflichten des Verwenders, muss dies beachtet werden. Es empfiehlt sich, Klauseln inhaltlich und sprachlich so zu trennen, dass für Schäden, die aus einer Verletzung des Lebens, des Körpers und der Gesundheit die Haftung für einfache Fahrlässigkeit umfasst ist, für sonstige Schäden die Haftung auf Vorsatz und grobe Fahrlässigkeit beschränkt wird. Sicherer ist es, auch bei Verletzung sonstiger Pflichten diese Trennung vorzunehmen. 200

Im Anwendungsbereich des § 309 Nr. 7 lit. b BGB ist neben einem Haftungsausschluss auch jede Haftungsbegrenzung unzulässig. Dies gilt insbesondere hinsichtlich der Höhe des Anspruchs, des Ausschlusses bestimmter Schäden oder z.B. selbst dann, wenn die Verjährungsfrist abgekürzt wird (BGH WPM 1989, 1521). 201

Zu Einzelheiten s. die jeweiligen Sachgebiete und Kap. 15 I. Rdn. 76 Stichwort »Haftung«.

ii) Sonstige Haftungsausschlüsse bei Pflichtverletzung (§ 309 Nr. 8 BGB)

Gemäß § 309 Nr. 8 lit. a BGB darf das Recht des Vertragspartners, sich wegen einer vom Verwender zu vertretenden Pflichtverletzung vom Vertrag zu lösen, nicht ausgeschlossen oder beschränkt werden. Dabei wird der Begriff Lösung vom Vertrag so weit gefasst, dass auch Rücktritts-, Kündigungs- und Widerrufsrechte umfasst sind (MieWo/Schmid § 309 BGB Rn. 30). 202

§ 309 Nr. 8 lit. b BGB betrifft Mängel bei neu hergestellten Sachen und gilt nur für Kauf-, Tausch- und Werkverträge.

jj) Laufzeit bei Dauerschuldverhältnissen (§ 309 Nr. 9 BGB)

Entgegen seiner Überschrift erfasst § 309 Nr. 9 BGB nicht alle Dauerschuldverhältnisse, insbesondere ist er auf Mietverhältnisse nicht anwendbar (BGH NJW 1993, 1134; WuM 1986, 56). Dies bedeutet aber nicht, dass nach dem Willen des Gesetzgebers für diese Vertragsverhältnisse strengere Regeln gelten sollen (BGH ZMR 1997, 172, 173). 203

Bei gemischten Verträgen, wie über Dienstwohnungen, findet nach h.M. die Vorschrift dann Anwendung, wenn das dienstvertragliche Element überwiegt (MieWo/Schmid § 309 BGB Rn. 38). Überwiegt das mietvertragliche Element, ist die Vorschrift unanwendbar.

kk) Wechsel des Vertragspartners (§ 309 Nr. 10 BGB)

204 Die Vorschrift des § 309 Nr. 10 BGB, die den Wechsel des Vertragspartners betrifft, findet auf Mietverträge keine Anwendung.

ll) Haftung des Abschlussvertreters (§ 309 Nr. 11 BGB)

205 Die Vorschrift hat nur klarstellende Bedeutung, da ein Vertreter grundsätzlich nie für sich selbst, sondern immer für den Vertretenen die Willenserklärung abgeben will. Die Vorschrift gilt nicht, wenn der Vertreter auch selbst als Vertragspartner auftritt, z.B. Mitmieter ist. Allgemeine Geschäftsbedingungen, die eine Mithaftung des Vertreters vorsehen, scheitern regelmäßig schon an den §§ 305b und 305c Abs. 1 BGB. Die Mithaftung des Vertreters kann durch gesonderte Erklärung oder durch Handeln des Vertreters begründet werden, wenn er nicht erkennbar in fremdem Namen handelt (s.a. Kap. 2 IV.).

mm) Beweislast (§ 309 Nr. 12 BGB)

206 Die Vorschrift enthält ein Verbot der Veränderung von Beweislastregeln zum Nachteil des Vertragspartners. Hierunter fallen auch Bestimmungen, die dem Verwender die Beweisführung erleichtern oder sie dem Vertragspartner erschweren. Die Vorschrift findet auch auf Geschäftsraummietverträge Anwendung und ist im Verkehr zwischen Unternehmern anwendbar.

Dem Mieter darf die Beweislast nicht dafür auferlegt werden, dass ihn Verschulden nicht trifft (OLG Frankfurt/M.WuM 1992, 56, 61; OLG München WuM 1989, 128 ff.).

Eine reiche Kasuistik hat sich zur Bestätigungsklausel entwickelt (s. OLG Celle WuM 1990, 103, 106; LG Berlin ZMR 1996 V Nr. 2; LG Osnabrück WuM 1986, 93; LG Berlin GE 1983, 1115).

nn) Form von Anzeigen und Erklärungen (§ 309 Nr. 13 BGB)

207 § 309 Nr. 13 BGB soll den Vertragspartner davor schützen, dass ihm die Ausübung seiner Rechte dadurch verwehrt wird, dass strengere Formerfordernisse als Schriftform verlangt werden. Möglich und zulässig ist die Vereinbarung der gegenüber § 126 BGB milderen Textform (§ 126b BGB). Erfasst werden nur Erklärungen und Anzeigen des Vertragspartners, nicht des Verwenders.

208 Unzulässig sind Klauseln, die von der gesetzlichen Regelung des § 130 BGB abweichende Zugangserfordernisse aufstellen, (Palandt/Grüneberg § 309 Rn. 106) wie z.B. »die Erklärung des Vertragspartners habe an eine bestimmte Anschrift des Verwenders zu erfolgen«. Gerade bei Mietverträgen kann nicht verlangt werden, dass Erklärungen durch eingeschriebenen Brief, Telegramm, Fernschreiben bzw Telefax abgegeben werden oder bestimmte Formulare zu benutzen sind (OLG Naumburg WuM 2000, 117 f. entschieden zu § 9 AGBG).

p) Klauselverbote mit Wertungsmöglichkeit (§ 308 BGB)

aa) Allgemeines

209 Der Katalog der Klauseln des § 308 BGB umfasst nur Klauselverbote mit Wertungsmöglichkeit. Hält eine Klausel der Prüfung anhand des § 309 BGB stand, ist sie gleichwohl noch an den übrigen Vorschriften zu messen. Während die von § 309 BGB erfassten Klauseln stets unwirksam sind, ist bei den in § 308 BGB genannten Klauseln im Einzelfall richterlich zu prüfen, ob sie zu einer unangemessenen Benachteiligung führen.

Die Verbote des § 308 BGB enthalten unbestimmte Rechtsbegriffe und bedürfen daher zur Feststellung der Unwirksamkeit einer Klausel der richterlichen Wertung. Häufig sind sie Konkretisierungen des § 307 Abs. 1 und 2 BGB, sodass die dort geltenden Regeln grundsätzlich auch bei der nach § 308 BGB vorzunehmenden Prüfung Geltung haben. Auch hier muss gefragt werden, ob der Verwender seinen Vertragspartner durch die Klausel in unangemessener oder sachlich nicht gerechtfertigter oder unzumutbarer Weise benachteiligen würde. **210**

Die Klauselverbote der §§ 308 und 309 BGB sind gleichrangig und nebeneinander anwendbar.

bb) Annahme- und Leistungsfrist (§ 308 Nr. 1 BGB)

Nach § 308 Nr. 1 BGB darf der Verwender sich keine unangemessen langen oder nicht hinreichend bestimmten Fristen für Annahme oder Ablehnung eines Angebots oder Erbringung seiner Leistung vorbehalten. Die Vorschrift betrifft nur Annahmefristen, die sich der Verwender gegenüber einem Vertragsangebot seines Vertragspartners gewähren lässt und erfasst nur die zu lange oder zu unbestimmte Dauer der Annahmefrist, nicht dagegen eine mit dem Fristablauf verbundene Fiktion der Annahme oder Ablehnung des Vertragsangebots. **211**

Die Angemessenheit der Frist bestimmt sich nach Inhalt und wirtschaftlicher Bedeutung des Vertrages sowie der allgemeinen Verkehrsanschauung (hierzu BGH NJW 2010, 1518; Ehrich/Pleister ZMR 2009, 818). Zur Konkretisierung des Maßstabes der Unangemessenheit wird teilweise § 147 Abs. 2 BGB herangezogen. Teilweise wird auch ein eigener Maßstab der Interessenabwägung gewählt, wonach die Interessen des Verwenders gegen die Interessen des Vertragspartners unter Berücksichtigung der für den Vertragsgegenstand typischen Umstände und der Grundwertung der §§ 305 ff. BGB gegeneinander abzuwägen sind (BGH NJW 1986, 1807, 1808; zur Annahmefrist s. Rdn. 11). **212**

Die Vorschrift findet auch Anwendung auf Verlängerungsklauseln und Optionen, soweit die Optionsfrist nicht individualvertraglich, sondern durch Allgemeine Geschäftsbedingungen festgelegt ist (s. Kap. 15 Stichwort »Verlängerungsklausel« und »Verlängerungsoption«). **213**

cc) Nachfrist (§ 308 Nr. 2 BGB)

§ 308 Nr. 2 BGB betrifft nur Vereinbarungen, durch die der Verwender als Schuldner eine unangemessene Nachfrist setzt. Bestimmt der Verwender als Gläubiger eine Nachfrist, greift die Vorschrift nicht ein. Die Vorschrift erfasst nur unangemessen lange Nachfristen. Die Unangemessenheit wird aufgrund einer Interessenabwägung festgestellt. Hierbei ist der Sinn der Nachfrist zu würdigen. Die Vorschrift findet auch Anwendung auf Fristen der §§ 281, 323 BGB. Üblicherweise wird eine Nachfrist von zwei Wochen als angemessen angesehen (s. auch BGH NJW 1985, 323). Es kommt jedoch auf den Einzelfall an (s. Lützenkirchen NZM 1998, 558; s. Kap. 8). **214**

Die Vorschrift findet auch bei Gewerbemietverträgen Anwendung (Palandt/Grüneberg § 308 Rn. 13a).

dd) Rücktrittsvorbehalt (§ 308 Nr. 3 BGB)

215 Da der Rücktrittsvorbehalt des § 308 Nr. 3 BGB nicht für Dauerschuldverhältnisse gilt, findet die Bestimmung keine Anwendung auf Miet- und Pachtverträge.

ee) Änderungsvorbehalt (§ 308 Nr. 4 BGB)

216 Die Fragen zur Zumutbarkeit aufgrund einer Interessenabwägung sind äußerst umstritten (vgl. Palandt/Grüneberg § 308 BGB Rn. 23).

Der Grundgedanke der Vorschrift findet auch Anwendung auf Gewerbemietverträge (Palandt/Grüneberg § 308 Rn. 24). So ist der Vorbehalt eines einseitigen Leistungsänderungsrechts unwirksam, wenn er zu einer wesentlichen Veränderung des Leistungsgefüges führen kann (OLG Celle ZMR 1996, 209 ff.).

ff) Fingierte Erklärungen (§ 308 Nr. 5 BGB)

217 § 308 Nr. 5 BGB will verhindern, dass der Vertragspartner des Verwenders durch Erklärungsfiktionen mit Rechtsfolgen überrascht wird, die er nicht wollte und auf die er sich nicht einstellen konnte.

Die Regelung findet nur Anwendung für rechtsgeschäftliche Erklärungen im Rahmen der Vertragsdurchführung, nicht für das Zustandekommen des Vertrages überhaupt, es sei denn die Parteien hätten durch antizipiert einbezogene AGB den Vertragsschluss als solchen geregelt (OLG Düsseldorf NJW 2005, 1515 zu Kaufvertrag). Fingierte Erklärungen sind jedoch nur bei Vorliegen eines berechtigten Interesses des Verwenders zulässig, wenn dem Vertragspartner eine angemessene Frist zur Abgabe einer ausdrücklichen Erklärung eingeräumt wurde und der Verwender sich in den Allgemeinen Geschäftsbedingungen verpflichtet hat, ihn bei Beginn der Frist auf die Bedeutung seines Verhaltens nochmals besonders hinzuweisen. Der Hinweis muss in der Form geschehen, dass dem Vertragspartner die Kenntnisnahme möglich ist (BGH NJW 1985, 617). Der Verwender muss den Zugang beweisen. Eine Frist von einem Monat wurde bei einer Anerkenntnisfiktion für zu kurz erachtet (BGH MDR 1999, 933; OLG Düsseldorf ZMR 2000, 453, 454 m. Anm. Schmid).

Auf formularmäßige Fiktionsklauseln ist § 308 Nr. 5 BGB auch im Verkehr zwischen Unternehmern anwendbar (BGH BGHZ 101, 365).

gg) Fiktion des Zugangs (§ 308 Nr. 6 BGB)

218 Schon § 309 Nr. 12 BGB regelt, dass die Grundsätze der Beweislastverteilung der formularmäßigen Änderung entzogen sind.

219 Die Vorschrift des § 308 Nr. 6 BGB enthält eine Sonderregelung, die ausschließlich Zugangsfiktionen erfasst.

220 Das Verbot gilt für Erklärungen von besonderer Bedeutung, wie z.B. Kündigungen (BayObLG NJW 1980, 2818), Mahnungen und Nachfristsetzungen (s. Palandt/Grüneberg § 308 Rn. 33). Als Erklärungen von besonderer Bedeutung werden alle Erklärungen angesehen, die für den Vertragspartner mit nachteiligen Folgen verbunden sind. Zu Bevollmächtigungsklauseln bei Mehrheit von Mietern und Vermietern s. dort.

hh) Abwicklung von Verträgen (§ 308 Nr. 7 BGB)

221 Nach § 308 Nr. 7 BGB ist die Bestimmung unzulässig, die für den Fall der Vertragsauflösung durch eine der Parteien, gleich ob durch Rücktritt, Kündigung, Widerruf oder

Wandlung eine unangemessen hohe Vergütung zugunsten des Verwenders für die Nutzung der Sache oder des Rechts sowie für die erbrachte Leistung, oder einen unangemessen hohen Aufwendungsersatz vorsieht. Die Vorschrift wird auf alle Entgeltansprüche angewandt, die dem Verwender nach gesetzlicher oder vertraglicher Regelung bei vorzeitiger Beendigung des Vertrages zustehen (Palandt/Grüneberg § 308 Rn. 36 m.w.N.). Zum Ganzen s. Kap. 14.

Ausgenommen sind Schadensersatzpauschalen und Vertragsstrafen, die unter § 309 Nr. 5 und 6 BGB fallen.

Die Vertragsklausel, die gegen die Bestimmung des § 308 Nr. 7 lit. a und b BGB verstößt, ist unwirksam, wenn das vereinbarte Entgelt unangemessen hoch ist. Hierbei dient als Anhaltspunkt stets der dem Verwender bei Vertragsauflösung zustehende Betrag (BGH NJW 1991, 2764). Dem Vertragspartner muss ausdrücklich der Nachweis gestattet werden, dass der im konkreten Fall angemessene Betrag wesentlich niedriger ist als der pauschalierte Betrag (§ 309 Nr. 5b BGB analog). **222**

Schon zu Zeiten des AGBG war anerkannt, dass § 11 Nr. 5b AGBG im Fall von § 10 Nr. 7 AGBG analog anwendbar war. Die strengere Neufassung des § 309 Nr. 5 BGB ist jetzt heranzuziehen, sodass die bisherige Rechtsprechung und deren Fortgeltung unter diesem Gesichtspunkt für jede einzelne Entscheidung zu überprüfen ist. **223**

Gerade zur vorzeitigen Vertragsbeendigung hat sich eine reiche Kasuistik entwickelt (s. Kap. 15 Stichwort »vorzeitige Vertragsbeendigung« m.w.N.).

§ 308 Nr. 7 BGB gilt ebenso wie die Parallelvorschrift des § 309 Nr. 5 BGB auch im Bereich des Gewerbemietrechts (Palandt/Grüneberg § 308 Rn. 41).

ii) Nichtverfügbarkeit der Leistung (§ 308 Nr. 8 BGB)

Die formularmäßige Begründung eines Rücktrittsrechts für den Fall der Nichtverfügbarkeit der Leistung ist nur wirksam, wenn sich der Verwender ausdrücklich verpflichtet, den Vertragspartner unverzüglich über die Nichtverfügbarkeit zu informieren und die Gegenleistung unverzüglich zu erstatten. Da § 308 Nr. 8 BGB eine Ergänzung von § 308 Nr. 3 BGB ist, findet die Vorschrift auf Miet- und Pachtverträge keine Anwendung. **224**

q) Persönlicher Anwendungsbereich

Insbesondere für den Bereich des Gewerberaummietrechts ist § 310 Abs. 1 BGB von Bedeutung. Danach finden die Vorschriften der §§ 305 Abs. 2 und 3 sowie 308, 309 BGB keine Anwendung auf Allgemeine Geschäftsbedingungen, die gegenüber einem Unternehmer, einer juristischen Person des öffentlichen Rechts oder einem öffentlich-rechtlichen Sondervermögen verwendet werden. Für die Einbeziehung der AGB ist eine stillschweigende Willensübereinstimmung ausreichend, die Voraussetzungen des § 305 Abs. 2 und 3 BGB müssen nicht erfüllt sein (Palandt/Grüneberg § 310 Rn. 4). **225**

§ 14 Abs. 1 BGB definiert den Begriff des Unternehmers. Unternehmer sind natürliche oder juristische Personen oder Gesellschaften, die am Markt planmäßig und dauerhaft Leistungen gegen Entgelt anbieten (K. Schmidt HandelsR § 9 IV.). Auch Freiberufler, Handwerker und Kleingewerbetreibende sind damit erfasst, ebenso nebenberufliche Tätigkeit. Auf die Gewinnerzielungsabsicht kommt es nicht an. **226**

Unternehmerisches Handeln ist schon dann gegeben, »wenn das betreffende Geschäft im Zuge der Aufnahme einer gewerblichen oder selbstständigen beruflichen Tätigkeit (so genannte Existenzgründung) geschlossen wird« (BGH NZM 2005, 342 m.w.N.). **227**

228 Bei der Verwaltung und Anlage eigenen Vermögens, z.B. bei Mietshäusern, ist zu differenzieren: Die Unternehmereigenschaft wird verneint, sofern der Eigentümer Leistungen nachfragt. Bejaht wird seine Unternehmertätigkeit, wenn er, z.B. als Vermieter, im Wettbewerb mit anderen planmäßig Leistungen gegen Entgelt anbietet und wegen des Umfangs der Vermietung seine Tätigkeit als berufsmäßige anzusehen ist (Heinrichs NJW 1996, 2191; a.A. Pfeiffer NJW 1999, 174). Für die Differenzierung ist nicht auf die Höhe der verwalteten Werte oder auf die Größe des Immobilienvermögens abzustellen, sondern auf den Umfang der mit der Vermögensverwaltung verbundenen Geschäfte (BGH NJW 2002, 368 [369]).

Im persönlichen Anwendungsbereich des § 310 Abs. 1 BGB erfolgt die Inhaltskontrolle ausschließlich gemäß § 307 i.V.m. § 310 Abs. 1 S. 2 BGB.

Die Klauselverbote der §§ 308 und 309 BGB gelten nicht unmittelbar (BGH NJW 1988, 1785, 1788), aber die zu diesen Klauseln entwickelten Grundsätze und Zielvorgaben sind zu berücksichtigen (s.a. BGH NJW 2007, 3774).

r) Zeitlicher Anwendungsbereich

229 Art. 229 § 5 S. 2 EGBGB enthält eine allgemeine Überleitungsvorschrift zum Schuldrechtsmodernisierungsgesetz.

Für Dauerschuldverhältnisse – wie Mietverträge – sind zwei Regeln zu beachten:

(1) Für vor dem 01.01.2001 geschlossene Mietverhältnisse ist die Anwendung des neuen Rechts bis zum 01.01.2003 hinausgeschoben.

(2) Die Rechtsfolgen des Satz 1 treten erst ein Jahr später ein. Satz 2 enthält zugleich eine die Auswirkungen des neuen Rechts verstärkende Regelung. Bei Dauerschuldverhältnissen, wie der Miete, findet das neue Recht mit Wirkung ab 01.01.2003 Anwendung, auch wenn sie lange vor dem In-Kraft-Treten der Schuldrechtsreform begründet wurden (Heinrichs NZM 2003, 6 ff.; s.a. BGH NJW 2005, 1572 (1573)). Für Mietverträge, die vor dem In-Kraft-Treten des AGBG (bis 31.03.1977) geschlossen wurden, ist das alte Recht und damit auch das alte Überleitungsrecht anwendbar, mit der Folge, dass ab 01.01.2003 auch auf Verträge, die vor dem 1. 4. 1977 geschlossen wurden, die Regelungen der §§ 305 ff. BGB anwendbar sind. Ausgenommen ist § 305 Abs. 2 Nr. 2 BGB (Heinrichs WuM 2002, 643, 648).

s) Streitwert

230 Der Regelstreitwert für die AGB Überprüfung in auf Unterlassung gerichteten Verfahren beträgt i.d.R. 2.500,00 € je angegriffener Klausel (BGH NJW-RR 2007, 497 m.w.N.).

3. Verbraucherverträge

231 Wohnraummietverträge sind Verbraucherverträge i.S.d. § 310 Abs. 3 BGB. Verbraucherschutz ist das zweite tragende Schutzprinzip des AGB-Rechts. In Verbraucherverträgen unterliegen auch Dritt- und Einzelvertragsklauseln der Kontrolle (Palandt/Grüneberg Überblick vor § 305 Rn. 9). Verbraucher i.S.v. § 13 BGB ist »jede natürliche Person, die ein Rechtsgeschäft zu einem Zweck abschließt, der weder ihrer gewerblichen noch selbstständigen beruflichen Tätigkeit zugerechnet werden kann.« In Verbraucherverträgen gelten die AGB als vom Unternehmer (§ 14 BGB) gestellt, es sei denn, dass sie beweisbar vom Verbraucher in den Vertrag eingeführt wurden. Auch ein Unternehmen, das die Wohnung für einen namentlich benannten Mitarbeiter zu Wohnzwecken anmietet, soll als Verbraucher in diesem Sinn anzusehen sein (Kinne ZMR 2000, 725, 726).

Erfasst sind alle rechtsgeschäftlichen Regelungen, die auf das Vertragsverhältnis einwirken, unabhängig davon, ob die Regelung in die Gestaltungsmacht des Verbrauchers eingreift oder nicht (Heinrichs NJW 1996, 2190, 2194). Die Inhaltskontrolle erstreckt sich auf formularmäßig getroffene Regelungen, die auf Vorschlag eines Dritten, z.B. eines Maklers, Vertragsinhalt geworden sind. Auch bei Vertragsbedingungen, die nur zur einmaligen Verwendung bestimmt sind, erfolgt die Inhaltskontrolle soweit der Verbraucher auf ihren Inhalt keinen Einfluss nehmen konnte. Für die Beurteilung der unangemessenen Benachteiligung i.S.d. § 307 BGB, sind auch die den Vertragsschluss begleitenden Umstände zu berücksichtigen (zu den streitigen Einzelheiten Palandt/Grüneberg § 310 Rn. 19 ff.). **232**

4. Allgemeines Gleichbehandlungsgesetz

a) Die Anwendung des Gesetzes auf Mietverhältnisse ergibt sich aus § 2 Nr. 8 AGG, der Wohnraum ausdrücklich erwähnt. Der Öffentlichkeit zur Verfügung steht Wohnraum im Sinne dieser Vorschrift, wenn er öffentlich angeboten wird, insbesondere durch Anzeigen in einer Tageszeitung oder durch sonstige Veröffentlichungen (Schmidt-Räntsch NZM 2007, 6 (9)). Dagegen wird Öffentlichkeit verneint, wenn der Wohnraum nur im Bekanntenkreis angeboten oder auf Nachfrage an einen Interessenten vermietet wird (Hinz ZMR 2006, 743 [744]). **233**

b) Das Gesetz soll gem. § 1 AGG Benachteiligungen aus Gründen der Rasse oder wegen der ethnischen Herkunft, des Geschlechts, der Religion oder Weltanschauung, einer Behinderung, des Alters oder der sexuellen Identität verhindern oder beseitigen. **234**

Als zulässige Differenzierungsgründe werden genannnt (Rolfs NJW 2007, 1489 [1491/1492]): Finanzielle Leistungsfähigkeit, Mindestkenntnisse der deutschen Sprache, Familiengröße in Relation zur Wohnung. **235**

c) Eine ausdrückliche Sonderregelung für Wohnraum enthält § 19 Abs. 3 AGG. Danach ist bei der Vermietung von Wohnraum eine unterschiedliche Behandlung im Hinblick auf die Schaffung und Erhaltung sozial stabiler Bewohnerstrukturen und ausgewogener Siedlungsstrukturen sowie ausgeglichener wirtschaftlicher, sozialer und kultureller Verhältnisse zulässig. Gegen diese Vorschrift werden Bedenken im Hinblick darauf angemeldet, dass die Richtlinie 2000/43/EG keine Rechtfertigungsgründe für eine Benachteiligung wegen Rasse oder ethnischer Herkunft vorsieht (Palandt/Grüneberg § 19 AGG Rn. 6; Lingemann in Prütting/Wegen/Weinreich § 19 AGG Rn. 9). Eine Rechtfertigungsmöglichkeit wird in § 5 AGG gesehen, dann wird aber ein Integrationskonzept verlangt (Hinz ZMR 2006, 826 [828]; Eisenschmid WuM 2006, 475 [478]). **236**

d) Einen für das Mietrecht besonders bedeutsamen Ausnahmetatbestand enthält § 19 Abs. 5 AGG. Nach § 19 Abs. 5 S. 1 AGG finden die Vorschriften des Abschnitts 3 des AGG – Schutz vor Benachteiligungen im Zivilrechtsverkehr – allgemein keine Anwendung auf zivilrechtliche Schuldverhältnisse, bei denen ein besonderes Nähe- oder Vertrauensverhältnis der Parteien oder ihrer Angehörigen begründet wird. **237**

Für Mietverhältnisse wird das insbesondere angenommen, wenn die Parteien oder ihre Angehörigen Wohnraum auf demselben Grundstück nutzen (§ 19 Abs. 5 S. 2 AGG). Als Angehörige werden Eltern, Kinder, Ehe- und Lebenspartner und Geschwister (Lingemann in Prütting/Wegen/Weinreich § 19 Rn. 11), Enkelkinder, Stiefkinder, Schwager und Schwiegereltern (Hinz ZMR 2006, 826 [829]) angesehen. Räumlich wird dabei nicht auf das Grundstück im Sinne des Grundbuchs oder dasselbe Haus, sondern auf die räumliche Nähe abgestellt (Palandt/Grüneberg § 19 AGG Rn. 8). Im Sinne einer richtlinienkonformen Auslegung wird der Beispielsfall nur als widerlegliche Vermutung angesehen, der **238** dem abgelehnten Mietbewerber den Nachweis offen lässt, dass es nach der konkreten örtlichen Situation zu keinen Berührungspunkten kommen kann (Hinz ZMR 2006, 826 [828]). Wie Schmidt-Räntsch (NZM 2007, 6 (10)) zutreffend feststellt, müsste in einem Rechtsstreit geklärt werden, worin sich das Nähe- und Vertrauensverhältnis in solchen Fällen ausdrückt.

239 e) § 19 Abs. 5 Satz 3 AGG nimmt für den Regelfall der Vermietung von Wohnraum zum nicht nur vorübergehenden Gebrauch kein Massengeschäft i.S.d. § 19 Abs. 1 Nr. 1 AGG an, wenn der Vermieter insgesamt nicht mehr als 50 Wohnungen vermietet. Ein für die Vermietung zwischengeschalteter Wohnungsverwalter ist nicht »Benachteiligender« i.S.d. § 21 Abs. 2 S. 1 AGG (LG Aachen NZM 2009, 318; Anm. dazu Derleder NZM 2009, 310). Weitergehend nimmt Rolfs (NJW 2007, 1489) an, dass auch Kleinvermietern eine Benachteiligung aus Gründen der Rasse und der ethnischen Herkunft untersagt ist. Als nur vorübergehende Vermietungen sind umfasst, die Vermietung von Hotelzimmern oder Privatunterkünften für Feriengäste, Messebesucher oder ähnliche Personen (Hinz ZMR 2006, 826 [827]). Bei Privatunterkünften wird allerdings eine Anwendung von § 19 Abs. 5 S. 2 AGG in Betracht kommen.

240 f) Die Konsequenzen eines Verstoßes gegen das AGG können für den Vermieter beträchtlich sein. Neben den allgemeinen Regeln bei Verstößen gegen das Diskriminierungsverbot, gelten die Besonderheiten des AGG:
- Beseitigung der Beeinträchtigung (§ 21 Abs. 1 S. 1 AGG), die sich auch als Anspruch auf Abschluss eines Vertrages darstellen kann.
- Unterlassungsanspruch bei der Besorgung weiterer Beeinträchtigungen (§ 21 Abs. 1 S. 2 AGG).
- Schadensersatz einschließlich einer angemessenen Entschädigung in Geld für einen Schaden der nicht Vermögensschaden ist, es sei denn der Benachteiligte hat die Pflichtverletzung nicht zu vertreten (§ 21 Abs. 2 AGG). Der Schadensersatz geht grundsätzlich im Wege der Naturalrestitution nach § 249 Abs. 1 BGB auf Abschluss des Mietvertrages (Rolfs NJW 2007, 1489 [1493]). Das wird bei Wohnungen i.d.R. wegen zwischenzeitlicher anderweitiger Vermietung nicht möglich sein. Es ist dann Schadensersatz in Geld zu leisten. Besteht der Schaden darin, dass der abgelehnte Bewerber eine teurere Wohnung anmieten muss, ist die Differenz des Mietpreises zu ersetzen. Der Schadensersatz ist jedoch auf die Zeit begrenzt, in der es dem Mieter möglich ist, eine Ersatzwohnung zu finden, die der verweigerten im Preis entspricht, im Allgemeinen wird ein Zeitraum von drei bis vier Jahren angenommen(Hinz ZMR 2006, 826 [830]).
- Ansprüche aus unerlaubter Handlung (§ 21 Abs. 3 AGG).

241 Ansprüche nach § 21 Abs. 1 und 2 AGG müssen gem. § 22 Abs. 5 S. 1 AGG innerhalb einer Frist von zwei Monaten geltend gemacht werden. Geltendmachung erfordert keine Klage, sondern eine Erklärung des Anspruchsinhabers gegenüber dem Anspruchsgegner (Palandt/Grüneberg § 21 AGG Rn. 8). Nach Fristablauf kann der Anspruch nur geltend gemacht werden, wenn der Benachteiligte ohne Verschulden an der Einhaltung der Frist gehindert war. Die Geltendmachung ist dann unverzüglich nachzuholen, sobald das Hindernis beseitigt ist (Rolfs NJW 2007, 1489 [1494]). Für Ansprüche aus unerlaubter Handlung gilt die Ausschlussfrist nicht (Hinz ZMR 2006, 826 [831]). Die Schwierigkeiten der Zulässigkeit einer Klage stellt Derleder (NZM 2009, 310) eindrucksvoll dar.

242 g) Die Beweislast ist in § 22 AGG für den Vermieter recht ungünstig ausgestaltet. Beweist der Benachteiligte das Vorliegen von Indizien, die eine Benachteiligung wegen eines in § 1 AGG genannten Grundes vermuten lassen, trägt der Vermieter die Beweislast dafür, dass kein Verstoß gegen die Bestimmungen zum Schutz vor Benachteiligungen vorgelegen hat. Dem Vermieter ist deshalb zu empfehlen, die Ablehnungsgründe zu dokumentieren (Hinz ZMR 2006, 826 [832]).

IV. Vertragsparteien, Mehrheit von Mietern und Vermietern, Wohngemeinschaften, Gesellschaften

1. Vertragsparteien

a) Grundsätzliches

Wer Partei des Mietvertrages auf Vermieter- oder Mieterseite ist, ergibt sich allein aus dem Mietvertrag (KG MDR 1998, 529). Grundsätzlich müssen die im Vertragsrubrum genannten Vertragsparteien den Vertrag unterschreiben. 243

Die sachenrechtlichen Beziehungen der Parteien zur Mietsache, seien es Eigentums-, Besitz- oder sonstige Nutzungsrechte, sind unerheblich (KG a.a.O.), – für den Mieter allenfalls im Hinblick auf § 566 BGB von Interesse, da der Grundsatz »Kauf bricht nicht Miete« nur bei dem Vermieter gilt, der auch Eigentümer der Mietsache ist. 244

Dieser Grundsatz (Rdn. 243) wird durchbrochen, wenn sich die vertragsschließenden Parteien über die »eigentliche« Person des Vertragspartners im Klaren sind (BGH NJW-RR 1997, 527; OLG Köln NZM 1999, 1098; Schmidt-Futterer/Blank Vor § 535 Rn. 287). Der übereinstimmende Wille der Vertragsparteien geht dem Wortlaut des Mietvertrags vor, auch wenn dieser völlig eindeutig ist (BGH NJW-RR 1996, 1458). Erklärt also eine bestimmte Person, als Geschäftsführer der GmbH und für diese zu handeln, kommt der Mietvertrag mit dem Unternehmen zustande, sodass der Vertragspartner nicht davon ausgehen kann, der Erklärende wolle persönlich Partei sein (OLG Köln NZM 1999, 1098). 245

Die exakte Bezeichnung der Vertragsparteien ist von erheblicher Bedeutung, um Unklarheiten zu vermeiden. So kann nur diejenige, als Vermieter im Vertrag bezeichnete natürliche oder juristische Person eine Kündigungs- oder Mieterhöhungserklärung wirksam abgeben, auch wenn sie nicht allein Eigentümer des Gebäudes oder der Wohnung ist. 246

Vertragspartei kann eine natürliche Person, eine juristische Person des öffentlichen oder privaten Rechts oder eine Gesellschaft sein. 247

Ist die Bezeichnung der Vertragspartei unklar (»Fa. X Inhaber Y, Z«) werden diejenigen Personen Vertragspartei, die hinter dieser Bezeichnung stehen (Schmidt-Futterer/Blank Vor § 535 Rn. 286; KG NZM 2001, 587). Bei der Anmietung von Geschäftsräumen handelt es sich um ein Rechtsgeschäft, das unternehmensbezogen ist. Der Wille der Beteiligten geht im Zweifel dahin, dass der Inhaber des Betriebes Vertragspartner wird (OLG Köln NZM 1999, 1098 für die GmbH; BGH NJW 2000, 2984; OLG Düsseldorf ZMR 2003, 252). Zur Gesamtproblematik vgl. Scholz ZMR 2010, 503. 248

b) Zwangsverwalter

Der Zwangsverwalter ist ein **Amtsorgan**. Er tritt für die Dauer der Beschlagnahme in die Rechte und Pflichten aus dem Mietvertrag ein (§ 152 ZVG). Der Zwangsverwalter schließt Mietverträge im eigenen Namen ab und ist befugt, rechtsgeschäftliche Gestaltungserklärungen wie Kündigungen oder Mieterhöhungen abzugeben. Aufgrund der Besonderheiten des Zwangsverwaltungsverfahrens ist der Verwalter hinsichtlich der Vertragsdauer neu abzuschließender Verträge grundsätzlich auf ein Jahr beschränkt (§ 6 Abs. 2 ZwVerwVO; zu den Ausnahmen Schmidt-Futterer/Blank Vor § 535 Rn. 204). 249

Beim Abschluss eines Mietvertrages durch den hierzu nicht berechtigten Eigentümer und fehlender Genehmigung durch den Zwangsverwalter ist der Mietvertrag gegenüber dem Zwangsverwalter unwirksam. Der Mieter schuldet Nutzungsentschädigung für die Dauer seines Besitzes (vgl. Kap. 32 Rdn. 223 ff.). 250

c) Insolvenzverwalter

251 Die Insolvenzverwaltung über das Vermögen des Vermieters hat in Bezug auf das Weiterlaufen des Mietvertrages keinen Einfluss. Der Vermieter bleibt in dieser Rechtsstellung. Erst der Erwerber ist in der Lage, den Mietvertrag durch Kündigung aufzulösen (§ 57a ZVG; vgl. Kap. 32 Rdn. 205).

d) Nachlassverwaltung

252 Solange die Nachlassverwaltung besteht, ist der Erbe zum Abschluss von Mietverträgen nicht berechtigt. Dieses Recht steht ausschließlich dem Nachlassverwalter zu (vgl. Kap. 32 Rdn. 206).

e) Vertragsschluss durch den nicht berechtigten Dritten

253 Schließt ein hierzu unberechtigter Dritter einen Mietvertrag, ist dieser wirksam. Der berechtigte Eigentümer kann gegenüber dem Mieter aber nach §§ 985 ff. BGB Herausgabe verlangen. Schuldrechtlich wirksam ist auch ein Mietvertrag, der von einem von mehreren Miteigentümern abgeschlossen wird. Eine Bindung der übrigen Miteigentümer wird aber nicht bewirkt (OLG Karlsruhe WuM 1981, 179). Der Mieter ist in diesem Fall aber gegenüber den übrigen Eigentümern nicht zum Besitz berechtigt, so dass diese bei fehlender Einwilligung Herausgabe verlangen können.

f) Geschäftsunfähigkeit

254 Natürliche Personen, die das 7. Lebensjahr noch nicht vollendet haben, sind geschäftsunfähig (§ 104 Nr. 1 BGB). Nach Vollendung des 7. Lebensjahres tritt beschränkte Geschäftsfähigkeit bis zum Erreichen der Volljährigkeit ein (§§ 106, 107–113 BGB). Willenserklärungen Geschäftsunfähiger sind nicht wirksam (§ 105 Abs. 1 BGB). Wird der geschäftsfähige Vermieter oder Mieter nach Abgabe der auf den Mietvertragsabschluss gerichteten Willenserklärung nachträglich geschäftsunfähig, hat die Erklärung Bestand (§ 130 Abs. 2 BGB). Nimmt die andere Vertragspartei das Angebot an, wird der Mietvertrag wirksam (Bub-Treier/Straßberger II Rn. 243). Unwirksam sind Willenserklärungen, die gegenüber geschäftsunfähigen oder nicht voll geschäftsfähigen Personen abgegeben werden. Sie werden erst dadurch wirksam, dass sie dem gesetzlichen Vertreter zugehen (§ 131 BGB).

g) Nicht rechtsfähiger Verein

255 Der nicht rechtsfähige Verein (§ 54 BGB) ist eine Personenvereinigung, die einen gemeinsamen Zweck verfolgt. Er kann Mietverträge als Vermieter oder Mieter abschließen. Vertragspartei wird aber nicht der Verein, sondern dessen Mitglieder als Gesamthänder bzw. Gesamtschuldner. Der Vertrag wird vom Vorstand abgeschlossen.

256 Die Vereinsmitglieder haften beschränkt auf das Vereinsvermögen. Ist der Zweck des Vereins aber wirtschaftlich ausgerichtet, besteht die persönliche Haftung der Mitglieder (§§ 54 Abs. 1, 417, 427 BGB; Bub-Treier/Straßberger II Rn. 324).

257 Der für den Verein Handelnde haftet persönlich aus Rechtsgeschäften, die im Namen des Vereines gegenüber Dritten vorgenommen werden; mehrere Personen haften als Gesamtschuldner (§ 54 S. 2 BGB).

2. Vertragsabschluss durch Verwalter

Vermieter und Mieter können sich beim Abschluss von Mietverträgen vertreten lassen. Dabei muss das Vertretungsverhältnis gegenüber dem Vertragspartner offen gelegt werden. Mietverträge werden auf Vermieterseite oft von Verwaltern für den Eigentümer abgeschlossen. Fehlt in solchen Fällen ein Hinweis auf die Stellvertretung, wird der Verwalter Vermieter und nicht der Eigentümer (KG MDR 1998, 529). Der Umstand, dass im Kopf des Mietvertrages eine »X-Verwaltung« als Vermieterin genannt ist, berechtigt nicht zur Annahme, dass der Mietvertrag nur vertretungsweise geschlossen wurde (KG a.a.O.; OLG Düsseldorf NJW-RR 1993, 885; a.A. früher KG WPM 1984, 254: Im Zweifel handelt die Verwaltung in Stellvertretung). 258

Etwas anderes gilt, wenn dem Mieter die Funktion des Hausverwalters als Vertreter des Vermieters bekannt ist und ein Hinweis des Verwalters beim Abschluss des Mietvertrages, als bloßer Verwalter zu handeln, erfolgte. In diesem Fall kommt es auch nicht darauf an, ob der Name des Eigentümers dem Mieter bei Vertragabschluss oder erst später bekannt gegeben wird (OLG Brandenburg ZMR 1997, 598). Der Mieter hat einen Anspruch auf Auskunft über die Identität des Vermieters/Eigentümers (KG NZM 2000, 861 = WuM 2000, 480). 259

Ist streitig, ob eine Willenserklärung im eigenen Namen oder als Vertreter eines Dritten abgegeben wurde, hat jener zu beweisen, dass er nicht Vertragspartei geworden ist, sondern dass ein Fall der Vertretung gegeben war (BGH NJW-RR 1992, 109; Schmidt-Futterer/Blank Vor § 535 Rn. 188). 260

Von der Stellvertretung zu unterscheiden ist die Ermächtigung. Der Ermächtigte gibt seine Erklärung im eigenen Namen ab, der Stellvertreter im fremden Namen. Auch bei der Ermächtigung muss offen gelegt werden, dass kein eigenes Recht ausgeübt wird (BGH WuM 1998, 99, 100). Zur Klage in gewillkürter Personenstandschaft vgl. Kap. 32 Rdn. 220, 1. 261

3. Mietermehrheit

a) Grundsätzliches

Eine Wohnung oder Geschäftsräume werden häufig von mehreren Personen angemietet. Hier gibt es Besonderheiten zu beachten. Praxisrelevant bei der Anmietung von Räumen ist der Fall von Eheleuten oder Wohngemeinschaften. 262

aa) BGB-Innengesellschaft

In der Regel bildet die Mehrheit von Mietern eine **Gesellschaft des bürgerlichen Rechts** (Kraemer NZM 2002, 465). Dabei liegt eine Innengesellschaft nach §§ 705 ff. BGB vor (BGH WuM 1997, 599 für Wohnraum; OLG München ZMR 1994, 216; Kraemer a.a.O. für Gewerberaum). Deren Zweck besteht in der gemeinsamen Nutzung der Mietsache. 263

Die einzelnen Mieter sind Gesamtschuldner für die Verpflichtungen aus dem Mietvertrag (§ 427 BGB). Dadurch haftet jeder Mieter für die volle Miete oder die Bezahlung der Kaution, für die Durchführung von Renovierungsarbeiten und sonstige Verpflichtungen. 264

Im Innenverhältnis steht einem Mieter gegenüber den übrigen Mietern ein Ausgleichsanspruch zu (§ 426 BGB). 265

Andererseits ist der einzelne Mieter auch berechtigt, Ansprüche aus dem Mietvertrag für sich zu reklamieren, wobei allerdings Leistung an alle zu verlangen ist. 266

bb) Gestaltungsrechte

267 Die Ausübung von Gestaltungsrechten wie Kündigungen muss gemeinsam von allen Mietern ausgeübt werden (BGH MDR 1964, 308; OLG Düsseldorf NJWE-MietR 1996, 172; OLG Frankfurt/M. WuM 1991, 76).

268 Erfolgen die Kündigungen der Einzelmieter zeitlich versetzt, muss ein enger zeitlicher Zusammenhang zwischen den Kündigungen bestehen. Ein Unterschied von 30 Tagen soll hierzu noch genügen (LG München I WuM 1999, 218), mehr als ein Monat wurde für zu lange gehalten (OLG Düsseldorf NJW-RR 1987, 1369 für fristlose Kündigungen des Vermieters).

269 Hat aber ein Mieter die Wohnung vor Jahren verlassen, kann die Kündigung des verbliebenen Mieters genügen, auch wenn der frühere Mitmieter seine Anschrift dem Vermieter nicht hinterlassen hatte (OLG Frankfurt/M. WuM 1991, 76).

270 Von Bedeutung ist der Fall einer gegenseitigen **Bevollmächtigung** der Mieter für rechtsgestaltende Willenserklärungen. Sie erfolgt häufig durch Formularklausel folgenden Inhalts:

> »Erklärungen, deren Wirkung die Mietsache berührt, müssen von oder gegenüber allen Mietern abgegeben werden. Die Mieter bevollmächtigen sich jedoch gegenseitig zur Entgegennahme solcher Erklärungen. Diese Vollmacht gilt auch für die Entgegennahme von Kündigungen, jedoch nicht für Mietaufhebungsverträge«.

Eine solche Klausel ist rechtswirksam (BGH NZM 2002, 950, 952; BGH WuM 1997, 599).

271 Bei einer Mieterhöhung muss das Erhöhungsschreiben an alle Mieter gerichtet werden (OLG Celle WuM 1982, 102). Dies gilt auch, wenn ein Mieter ohne Einverständnis des Vermieters aus der Wohnung auszog (BayObLG WuM 1983, 107). In diesem Zusammenhang ist aber die formularmäßige gegenseitige Bevollmächtigung (s. Rdn. 270) gleichermaßen wirksam, sodass die Mieterhöhung an einen der Mieter ausreichend ist.

272 Zu beachten ist aber, dass die Klage auf Zustimmung zur Mieterhöhung gegen alle Mieter zu richten ist, auch wenn vereinbart wurde:

> »Für die Rechtswirksamkeit einer Erklärung des Vermieters genügt es, wenn sie gegenüber einem der Mieter abgegeben wird. Willenserklärungen eines Mieters sind auch für anderen Mieter verbindlich. Die Mieter gelten zur Vornahme und Entgegennahme solche Erklärungen als gegenseitig bevollmächtigt.«

Solche Klauseln entbinden den Vermieter nicht, alle Mieter verklagen zu müssen, da die Klausel nichts daran ändert, dass alle Mieter die Zustimmung zur Mieterhöhung nur gemeinschaftlich erklären können. Weder nach dem Wortlaut noch nach dem Sinn bezieht sich die Klausel auf den Klagefall, wobei i.Ü. die Verurteilung nur eines Mieters die anderen auch nicht binden würde.

273 Entscheidend für die Wirksamkeit solcher Klauseln ist, dass die Klausel nur zum Empfang von Willenserklärungen ermächtigt, nicht aber zur Abgabe von Willenserklärungen. Damit soll verhindert werden, dass ein Mitmieter den Mietvertrag in seinem Bestand ganz oder wesentlich verändert (z.B. durch Kündigung, Untervermietung o.Ä.). So hat beispielsweise das OLG Düsseldorf (ZMR 2008, 44) die Klausel

»Rechtshandlungen u. Willenserklärungen eines Vermieters sind auch für die anderen Vermieter, eines Mieters auch für die anderen Mieter verbindlich.«

wegen unangemessener Benachteiligung der Mieterpartei als unwirksam angesehen.

b) Eheleute

Bei der Überlassung einer Wohnung oder von Geschäftsraum an Eheleute kann sich die Frage stellen, wer Vertragspartei wurde. Dabei sind verschiedene Konstellationen denkbar, je nach dem, wer den Vertrag unterzeichnet hat und wer im Rubrum als Mieter aufgeführt ist. 274

Haben beide Eheleute den Mietvertrag unterzeichnet und sind sie auch jeweils im Mietvertragskopf als Mieter aufgeführt, kann es nicht zweifelhaft sein, dass auch beide Eheleute Mieter geworden sind. 275

Ist nur ein Ehegatte als Mieter in den Vertrag eingetragen worden und hat auch nur dieser Ehegatte den Vertrag unterzeichnet, ist es ebenso selbstverständlich, dass es nur diesen einen Mieter gibt. 276

Nennt der Mietvertrag einen Mieter, haben aber beiden Eheleute den Vertrag unterzeichnet, werden beide Eheleute Vertragspartner des Vermieters (LG Schweinfurt WuM 1989, 362; Sternel Mietrecht aktuell, 4. Aufl., I Rn. 57; Scholz ZMR 2010, 503; a.A., LG Berliin ZMR 1998, 103). 277

Sind beide Eheleute im Mietvertrag als Mieter bezeichnet, hat jedoch nur ein Ehegatte als Mieter unterschrieben, soll nach einer Rechtsansicht der unterzeichnende Mieter den anderen vertreten (OLG Düsseldorf WuM 1989, 362; OlG Schleswig WuM 1992, 674; Scholz WuM 1986, 5 – Anscheinsvollmacht). Nach a.A. wird eine solche Annahme zumindest dann nicht vertreten, wenn es an einem Hinweis auf die Stellvertretung im Mietvertrag fehlt (LG Osnabrück WuM 2001, 438). Der BGH (ZMR 2004, 19) hat das Erfordernis eines die Vertretung anzeigenden Zusatzes bekräftigt, wobei offen gelassen wurde, ob auch Art und Angabe des Grundes des Vertretungsverhältnisses erforderlich ist. Die Entscheidung fußte auf der Einhaltung der Schriftform bei langfristigen Mietverträgen. Ebenso hat der BGH (NZM 2002, 950, 952) für den Fall der Vermietung von Gewerberaum durch eine Erbengemeinschaft einen Stellvertretungsvermerk gefordert. 278

Der BGH (NZM 2005, 659) hat die Frage offen gelassen, ob ein Mietvertrag auch mit der im Rubrum genannten Ehefrau zustande gekommen ist, wenn der Ehegatte wegen des Auslandsaufenthaltes der Ehefrau allein unterzeichnet hat, erwägt aber die Möglichkeit eines **konkludenten Eintritts** in den Mietvertrag (Zur Änderung des Mietvertrages durch konkludentes Verhalten s. Artz NZM 2005, 367). 279

Zu beachten ist, dass ein Räumungstitel – auch – gegen den nicht mietenden Ehegatten erforderlich ist (OLG Frankfurt/M.WuM 2003, 640; OLG Jena WuM 2002, 221; OLG Oldenburg NJW-RR 1994, 715). Näheres hierzu Kap. 32 Rdn. 199 ff. 280

4. Vermietermehrheit

a) Grundsätzliches

Wurde die Mietsache von mehreren Personen vermietet, sind diese **Mitgläubiger** i.S.d. §432 BGB. Gleiches gilt für den Fall der Miteigentümergemeinschaft nach §§741 ff. BGB (Kraemer NZM 2002, 465, 470). Der Mietvertrag kann nur von allen Vermietern gemeinsam aufgekündigt werden, Mieterhöhungen nur gemeinsam erklärt werden (zur Bevollmächtigung s. Rdn. 186). Hinsichtlich der Verbindlichkeiten aus dem Mietvertrag sind mehrere Vermieter **Gesamtschuldner** nach §§421 ff. BGB. 281

b) Einzelne Personenmehrheiten

aa) Erbengemeinschaft

282 Die Erbengemeinschaft wird gesetzlich begründet und ist auf Auseinandersetzung ausgerichtet. Hierin unterscheidet sie sich von der Gesellschaft bürgerlichen Rechts, die rechtsgeschäftlich begründet und auf Dauer angelegt wird (BGH NZM 2002, 950, 952).

283 Bei der Erbengemeinschaft kommt der Mietvertrag nicht mit dieser, sondern ausschließlich mit den einzelnen Mitgliedern zustande (BGH NZM 2002, 950; BGH WuM 1992, 602). Die Erbengemeinschaft als solche besitzt **keine eigene Rechtspersönlichkeit** und ist auch sonst nicht rechtsfähig (BGH NJW 1989, 2133, 2134). Sie ist als solche dementsprechend auch nicht parteifähig (BGH WuM 1992, 602). Im Streitfall sind die einzelnen Erben Partei (BGH WuM 2006, 695).

284 Es soll ausreichend sein, wenn die Erbengemeinschaft im Mietvertrag als solche bezeichnet ist (»Erbengemeinschaft XY«), ohne dass die einzelnen Mitglieder namentlich aufgeführt sind (Schmidt-Futterer/Börstinghaus Vor § 558 Rn. 29). Der BGH (NZM 2002, 950, 952) hat aber für den Fall der Vermietung von Gewerberaum durch eine »Erbengemeinschaft S« im Zusammenhang mit dem Schriftformerfordernis für langfristige Mietverträge Unbestimmtheit bejaht. Unklar sei schon, ob die Erben nach dem Erblasser S oder Erben mit dem Namen S gemeint sind.

bb) Bruchteilsgemeinschaft

285 Bei der Bruchteilsgemeinschaft (§§ 741 ff. BGB) kann jeder Teilhaber Leistung an alle Teilhaber gemeinschaftlich verlangen (§ 432 BGB; OLG Oldenburg ZMR 1994, 507, 508).

286 Ebenso kann bei der auf Vermieterseite bestehenden Bruchteilsgemeinschaft der einzelne Teilhaber den Anspruch auf Räumung und Herausgabe der Mietsache nur auf Leistung an alle Gläubiger richten. Nur insoweit besitzt er die Prozessführungsbefugnis (OLG Düsseldorf ZMR 1998, 25, 26).

cc) BGB-Innengesellschaft

287 Die Gesellschaft bürgerlichen Rechts in Form der Innengesellschaft besitzt keine eigene Rechtspersönlichkeit. Ihr Zweck erschöpft sich in einer internen Bindung der Gesellschafter, ohne dass die Gesellschaft als solche am Rechtsverkehrt teilnimmt (Kraemer NZM 2002, 465, 466). Eine BGB-Gesellschaft liegt in aller Regel vor, wenn die gemieteten Räume (Wohnung oder Geschäftsraum) von mehreren Vermietern vermietet werden, ohne dass eine Erben- oder Bruchteilsgemeinschaft gegeben ist.

288 Bei der BGB-Innengesellschaft sind die einzelnen Mitglieder Partei des Mietvertrages als Gesamtschuldner bzw. Gläubiger zur gesamten Hand.

289 Hieraus folgt, dass rechtsgestaltende Willenserklärungen wie Kündigungen oder Mieterhöhungen nur von allen Vermietern gemeinsam wirksam erklärt werden können. Gleiches gilt auch für rechtsgeschäftliche Erklärungen wie Abmahnungen (Blank/Haug/Sauer Vermieten & Verwalten »Personenmehrheiten im Mietverhältnis« unter 1.2). Betroffen sind aber vornehmlich Kündigungen (OLG Celle NJWE-MietR 1996, 27 speziell auch für den Fall der ausnahmsweise zulässigen Teilkündigung) und Mieterhöhungen.

290 Für Mietforderungen gilt § 432 Abs. 1 BGB: Jeder Vermieter kann die Forderung nur für sich und die übrigen Vermieter zur gesamten Hand verlangen (OLG Oldenburg ZMR 1994, 508; OLG Düsseldorf ZMR 1998, 25).

5. Wohngemeinschaften

a) Grundsätzliches

Die Wohngemeinschaft (kurz auch »WG« genannt) erfüllt keinen Rechtsbegriff. Sie ist ein Zusammenschluss mehrerer Personen (nicht unbedingt auch gleichzeitig Mieter), die die Räumlichkeiten bewohnen. Dabei handelt es sich zumeist um jüngere Leute, wobei die Bildung von Wohngemeinschaften bei älteren Personen immer aktueller wird. Nach ganz überwiegender Ansicht bilden die Mitglieder der Gemeinschaft eine **BGB-Gesellschaft** nach §§ 705 ff. BGB mit dem Zwecke des gemeinsamen Wohnens und Zusammenlebens in der Wohnung. **291**

Eine Innengesellschaft liegt vor, wenn die einzelnen Gemeinschaftsmitglieder im Vertragsrubrum bezeichnet sind (KG WuM 1992, 323), sofern kein zusätzlicher Vermerk gesellschaftsrechtlicher Bedeutung mit aufgenommen wird. **292**

Es besteht keine grundsätzliche Vermutung für das Vorliegen einer Außengesellschaft. Indizwirkung diesbezüglich wird jedoch darin gesehen, dass an »die Wohngemeinschaft« vermietet wird, wenn die Mitglieder nicht im Vertrag genannt sind (Schmid/Schmid Miete und Mietprozess Kap. 21 Rn. 457). **293**

Teilweise wird vertreten, dass eine aus nur zwei Personen bestehende Wohngemeinschaft diesem Begriff nicht gerecht werde (LG Köln WuM 1991, 483), was allerdings nicht überzeugt. Eine Wohngemeinschaft ist eine Personenmehrheit ohne Angabe einer Mindestzahl an Mitgliedern (LG Karlsruhe WuM 1997, 429). **294**

Soweit die Wohngemeinschaft im Außenverhältnis am Rechtsverkehr teilnimmt und dadurch eigene Rechte und Pflichten begründet erlangt sie **eigene Rechtsfähigkeit** (BGH WuM 2007, 134; vgl. Rdn. 308 ff.). **295**

b) Ausscheiden einzelner Mitglieder

Nach überwiegender Rechtsansicht hat bei der Mietereigenschaft aller Mitglieder ein aus der Gesellschaft ausgeschiedenes Mitglied einen Rechtsanspruch gegen den Vermieter, aus dem Mietvertrag gegen Stellung eines »Ersatzmieters« entlassen zu werden (LG Karlsruhe WuM 1997, 429; LG München I WuM 1982, 190; a.A. LG Berlin GE 1992, 723). Das entsprechende Recht muss allerdings auch den sonstigen Mietern zustehen. Oftmals finden sich solche »Gestellungsklauseln« in den Mietverträgen mit Wohngemeinschaften. Die hierzu ergangene Einzelfallrechtsprechung betraf vornehmlich studentische Wohngemeinschaften. Zur Begründung für den Anspruch auf Entlassung wird darauf abgehoben, dass im Gegensatz zur Lebensgemeinschaft nicht ehelicher Lebenspartner bei Vermietung an eine studentische Wohngemeinschaft für den Vermieter von vornherein klar sein muss, dass die Gemeinschaft aufgrund möglicher Wohnsitzwechsel oder aus anderen Gründen nicht auf Dauer ausgerichtet ist. Das BVerfG (WuM 1993, 104; WuM 1992, 45, 46) hat für den Fall der studentischen Wohngemeinschaft entschieden, dass es verfassungsrechtlich nicht zu beanstanden ist, wenn der Mietvertrag den Mietern die Auswahl neuer Mieter anstelle der ausscheidungswilligen Mieter gestattet und die Fachgerichte die Auffassung vertreten, dass bei der Vermietung einer Wohnung an eine Wohngemeinschaft im Zweifel konkludent die Zustimmung zu dem typischerweise verbundenen Mieterwechsel erteilt werde, mit Ausnahme der Unzumutbarkeit des eintrittswilligen Mietinteressenten für den Vermieter. In dieser fachgerichtlichen Rechtsprechung (z.B. LG Braunschweig WuM 1982, 188; LG Karlsruhe a.a.O.) hat das BVerfG jedenfalls eine grundsätzlich unrichtige Anschauung und Auslegungsfehler nicht festgestellt. Dies hat zur Folge, dass der Vermieter das »Wechselrecht« der Mitglieder der Gemeinschaft vertraglich ausschließen muss, um die nachteiligen Folgen des Eintritts **296** eines neuen Vertragspartners zu vermeiden (Blank/Haug/Sauer Vermieten & Verwalten »Wohngemeinschaften« unter 1., wobei die entsprechende Vertragsgestaltung Sache der Mietergemeinschaft sein soll).

297 Demgegenüber wird auch vertreten, dass es einen Rechtsanspruch auf Entlassung aus dem Mietvertrag für einzelne Mieter nicht gibt, denn wer als Mitglied einer Wohngemeinschaft mietet, geht das Risiko ein, entweder die Wohnung nur mit allen Mitmietern gemeinsam aufgeben zu können oder als zurückbleibendes Mitglied allein für die Miete aufkommen zu müssen (LG Trier WuM 1997, 548; LG Berlin GE 1992, 723).

298 Dabei zerstört nach auch vertretener Ansicht (LG Göttingen WuM 1993, 341) der Einzug eines Anmietwilligen vor der erforderlichen Zustimmung des Vermieters die Vertrauensgrundlage für das Vertragsverhältnis.

c) Untervermietung

299 Scheidet ein Mitglied aus der Wohngemeinschaft aus, wird den übrigen Mitgliedern, die Mieter sind (auch) das Recht zugebilligt, vom Vermieter die Zustimmung zur Untervermietung zu erhalten. Die Zustimmung des Vermieters hierzu kann sich dabei auch konkludent aus dem Vertragszweck ergeben, soweit sich die Vertragsparteien über die Vermietung zur vorgesehenen Bildung einer Wohngemeinschaft einig sind (Horst MDR 1999, 266, 268; Schmid/Schmid Miete und Mietprozess Kap. 21 Rn. 458). Allerdings bleibt in einem solchen Fall der ausgeschiedene Mieter ein solcher mit den Folgen weiterer Haftung.

300 Wird der Mietvertrag nur von einem namentlich benannten Mitglied der Wohngemeinschaft abgeschlossen, gestaltet sich das Rechtsverhältnis des Mieters zu den übrigen Mitgliedern der Gemeinschaft so, dass diese als Untermieter anzusehen sind, sofern ihnen vom Mieter einzelne Räume zur alleinigen Nutzung zugewiesen sind. Anderenfalls liegt eine BGB-Innengesellschaft vor (Blank/Haug/Sauer Vermieten & Verwalten »Wohngemeinschaft« unter 2.).

301 Ausschlaggebend ist in solchen Fällen weiter die Ausgestaltung des Hauptmietvertrages. Wird die generelle Untervermietungserlaubnis im Mietvertrag erteilt, spielt die später erfolgte Aufnahme weiterer Mitglieder als Bewohner oder Untermieter keine grundsätzliche Rolle mit Ausnahme, dass aus Sicht des Vermieters erhebliche Gründe in der Person des neuen Untermieters vorliegen.

302 Ist eine Höchstgrenze an Untermietern im Mietvertrag festgelegt, versteht es sich, dass diese Anzahl an Personen auch beibehalten werden kann (LG München I WuM 1982, 189). Allerdings sind solche Erklärungen nicht schlechthin bindend. Sofern damit keine Überbelegung verbunden ist, kann es dem Mieter nicht verwehrt werden, weitere Personen als Untermieter auch über die vertragliche Zahl hinausgehend aufzunehmen, wenn dafür vernünftige Gründe gegeben sind. Maßgebend sind selbstredend die Umstände des Einzelfalls.

d) Kündigung

303 Nicht zu verwechseln mit dem Anspruch eines aus der Wohngemeinschaft ausscheidenden Mieters gegen den Vermieter auf Zustimmung zur Stellung eines anderen Mietinteressenten ist die weiter bleibende Notwendigkeit, den Mietvertrag nur insgesamt aufgrund der Einheitlichkeit des Mietverhältnisses durch Kündigung auflösen zu können (LG Gießen ZMR 1997, 143).

Allerdings wird dem aus der Gemeinschaft ausscheidungswilligen oder schon ausgeschiedenen Mitglied und Mieter gegenüber den anderen Mietern ein Rechtsanspruch auf Zustimmung zur Kündigung zuerkannt (KG MM 1995, 183 für die Wahrnehmung von Sonderkündigungsrechten nach Mieterhöhung; KG WuM 1992, 323; LG München I WuM 1993, 611 für die nichteheliche Lebensgemeinschaft; LG Köln WuM 1993, 613). Dieser aus den §§ 242, 705, 730 BGB hergeleitete Anspruch kann vom kündigungswilligen Mieter im Wege der Zustimmungsklage geltend gemacht werden (LG Köln WuM 1993, 613). **304**

Etwas anderes gilt für den Fall interner abweichender Vereinbarung (Bub-Treier/Straßberger II Rn. 281). **305**

Zum Muster einer Klage des Mitmieters gegen einen anderen Mitmieter auf Zustimmung zur Kündigung Hinz pp. 10.8.2.

e) Mietaufhebungsvertrag

Der Mietaufhebungsvertrag kann nur von allen Mitgliedern gemeinsam erneuert werden (LG Gießen ZMR 1997, 142 für nichteheliche Lebensgemeinschaft). **306**

f) Mieterhöhung

Die Mieterhöhung kann nur gegenüber allen mietenden Mitgliedern der Wohngemeinschaft wirksam erklärt werden. **307**

6. Gesellschaften

a) BGB-Außengesellschaft – »GbR«

Die Außengesellschaft bürgerlichen Rechts kann es auf Vermieter- und/oder Mieterseite geben. Die Gesellschaft besitzt eine **eigene Rechtspersönlichkeit** (BGH WuM 2001, 134; MDR 2003, 639). Sie nimmt am rechtsgeschäftlichen Verkehr als solche teil. Die Gesellschaftmitglieder haften persönlich für die Erfüllung mietvertraglicher Verpflichtungen (BGH a.a.O.; BGH ZMR 1990, 212). **308**

Die Gesellschaft ist deshalb auch **aktiv- und passivbevollmächtigt**. Dabei ist auf eine genaue Bezeichnung durch Benennung der Gesellschafter, der gesetzlichen Vertretung oder der Benennung, unter welcher die Gesellschaft nach außen hin auftritt zu achten (Blank/Haug/Sauer Vermieten & Verwalten »Personenmehrheiten im Mietverhältnis« unter 1.3.4.). **309**

Beim Abschluss des Mietvertrages muss für den Mieter erkennbar sein, dass der Vertrag mit der Gesellschaft zustande kommen soll (Kraemer NZM 2002, 471). Dies kann durch den Zusatz »GbR« geschehen (Schmidt-Futterer/Blank Vor § 535 Rn. 153). Die namentliche Bezeichnung der Gesellschaft ohne derartige Zusätze kann dazu führen, dass rechtlich eine Innengesellschaft mit der Folge anzunehmen ist, dass der Mietvertrag mit den einzelnen Mitgliedern zustande kommt. Die Schriftform des § 550 BGB ist nur gewahrt, wenn alle Gesellschafter den Mietvertrag unterzeichnen. Sie ist nicht eingehalten, wenn für die vermeintliche GbR nur ein Vertreter den Mietvertrag unterzeichnet, ohne dass sich aus den Urkunde ergibt, in welcher Funktion er dies tat und ob seine Unterschrift ausreicht, um die Gesellschaft zu binden (BGH GE 2003, 523; BGH GE 2002, 1326; BGH ZMR 2004, 106 = NJW 2004, 1103). **310**

Kündigungen oder Mieterhöhungen müssen vom Alleinvertretungsberechtigten oder von allen zur Gesamtvertretung Bevollmächtigten oder von einem sonst hierzu Bevollmächtigten erklärt werden. § 174 BGB findet dabei Anwendung. **311**

312 Der interne Wechsel der Gesellschafter oder die Änderung der Gesellschaftsform hat keine Bedeutung für den Fortbestand des bisherigen Mietvertrages (BGH NJW 1981, 453; KG NZM 2001, 520). Bilden die vermietenden Gesellschafter einer bisherigen Innengesellschaft nach Abschluss des Mietvertrags eine Außengesellschaft zur Verwaltung ihres Miteigentums, wird die Außengesellschaft dadurch nicht Vermieter (Kraemer NZM 2002, 471). Scheidet der vorletzte Gesellschafter aus, wird der Mietvertrag mit dem letzten Gesellschaft unter Erlöschen der Gesellschaft fortgeführt (BGH NJW-RR 2002, 538).

313 Soweit der Gesellschafter für die Verbindlichkeiten der Gesellschaft bürgerlichen Rechts persönlich haftet, entspricht das Verhältnis zwischen der Verbindlichkeit der Gesellschaft und der Haftung des Gesellschafters derjenigen bei der OHG (Akzessorietät)-BGH WuM 2001, 134 (Fortführung von BGHZ 142, 315 = WuM 1999, 703).

b) Handelsgesellschaften (Offene Handelsgesellschaft und Kommanditgesellschaft)

314 Da nach § 125 HGB bei der OHG jeder Gesellschafter vertretungsbefugt ist, kann der einzelne Gesellschafter als Vermieter oder Mieter den Mietvertrag über die Räumlichkeiten zugunsten oder zulasten der Gesellschaft abschließen (§ 124 Abs. 1 HGB). Vertragspartei wird die Gesellschaft als solche.

315 Bei der KG sind nur die Vollhafter (Komplementäre) vertretungsberechtigt (§§ 161, 164, 170 HGB). Dementsprechend kann ein Mietvertrag nicht von den Teilhaftern (Kommanditisten) abgeschlossen werden.

316 Die Gesellschaftsform muss im Mietvertragsrubrum nicht genannt werden. Wird eine Firma »Immobilien-Fond x-Straße … KG« im Vertrag mit »Immobilienfond, x-Straße« bezeichnet, ist die Schriftform gewahrt, da die Bezeichnung so klar ist, dass die Gesellschaft unzweifelhaft identifiziert werden kann (OLG Hamm NZM 1998, 720).

317 Änderungen im Gesellschafterverband berühren den Mietvertrag nicht, auch wenn durch Ausscheiden eines OHG-Gesellschafters oder eines Vollhafters bei der KG eine Gesellschaft bürgerlichen Rechts entsteht (BGH NJW 1967, 487). Gleiches gilt für den umgekehrten Fall (Bub-Treier/Straßberger II Rn. 304). Bei gleicher Identität der Gesellschaft hat sich lediglich deren Rechtsform geändert: Wer mit einer KG einen Mietvertrag abschließt, erklärt damit sein Einverständnis, den Vertrag ohne Rücksicht auf einen etwaigen Gesellschafterwechsel aufrechtzuerhalten (BGH WPM 1975, 99). Gleiches gilt, wenn eine KG in einer Gesellschaft bürgerlichen Rechts und danach in eine GmbH umgewandelt wird. Die Identität der Gesellschafter bleibt dieselbe. Die Umwandlungsakte haben keinen Einfluss auf den bestehenden Mietvertrag (KG NZM 2001, 520 für Vermietung einer Wohnung an eine KG).

318 Klagebefugt ist diejenige Gesellschaft, die zum Zeitpunkt der Anhängigkeit des Rechtsstreits Vertragspartner ist (Schmidt-Futterer/Blank Vor § 535 Rn. 145). Im o.g. Fall des Kammergerichts also die GmbH, auch wenn diese zwischenzeitlich aus anderen Personen als Gesellschafter besteht.

319 Das Ausscheiden eines Gesellschafters hat auf seine fortbestehende Haftung für die Verbindlichkeiten der Gesellschaft keinen Einfluss (BGH WuM 1987, 260; vgl. Rdn. 313).

c) Juristische Personen (Gesellschaft mit beschränkter Haftung, Aktiengesellschaft, eingetragener Verein)

320 Partei des Mietvertrages ist die *juristische* Person (die Gesellschaft), handelnd über den oder die Geschäftsführer (GmbH) bzw den Vorstand (AG, Verein) oder entsprechend

Bevollmächtigte. Dementsprechend ist die Gesellschaft als solche partei- und prozessfähig (§ 50 ZPO; Bub-Treier/Straßberger II Rn. 311).

Ein Wechsel im Mitgliederbestand durch Ein- oder Austritte hat auf den Bestand eines Mietvertrages keinen Einfluss. Soll bei einem Mietvertrag mit einer Aktiengesellschaft der Schriftform des § 550 BGB gewahrt sein, so müssen alle Vorstandsmitglieder unterzeichnen bzw. die Unterschrift mit Vertretungszusatz für die übrigen Vorstandsmitglieder versehen sein (BGH ZMR 2010, 280). **321**

V. Gesetzliche Schriftform

1. Grundsätzliches

a) Anwendungsbereich

Die Schriftformregelung des § 550 BGB steht im gesetzlichen Untertitel »Mietverhältnisse über Wohnraum« und erwähnt in S. 2 den Wohnraum ausdrücklich. Die Regelung gilt jedoch über § 578 Abs. 1 BGB auch für Mietverhältnisse über Grundstücke und über § 578 Abs. 2 S. 1, Abs. 1 BGB auch für Mietverhältnisse über Räume, die keine Wohnräume sind, insbesondere auch für Mietverhältnisse über Geschäftsräume. **322**

b) Gesetzeszweck und Unabdingbarkeit

Im Vordergrund steht nach der Rechtsprechung des BGH (ZMR 2004, 19 = MieWoE § 550 BGB Nr. 1) die Information des Grundstückserwerbers, der nach § 566 BGB und den Vorschriften, die hierauf verweisen, in den Mietvertrag eintritt. Daneben hat auch die Formvorschrift des § 550 BGB eine Klarstellungs-, Beweis- und Warnfunktion (vgl. Schlicht ZMR 2004, 238 [239] m.w.N.). § 550 BGB ist nicht abdingbar (OLG Rostock NZM 2008, 646 = ZfIR 2008, 627). **323**

c) Beweislast

Die für die Einhaltung der Schriftform maßgeblichen Tatsachen hat derjenige zu beweisen, der sich auf die feste Vertragsdauer bzw. Unkündbarkeit beruft (OLG Rostock NZM 2002, 955). **324**

2. Laufzeit

§ 550 BGB findet Anwendung, wenn die Mietvertragsdauer ein Jahr überschreitet, wobei der Beginn des Mietverhältnisses maßgeblich ist (Palandt/Weidenkaff § 550 Rn. 6). Unter § 550 BGB fallen auch Mietverhältnisse auf Lebenszeit und Mietverhältnisse, die eine so lange Kündigungsfrist vorsehen, dass sie nicht mindestens jährlich aufgelöst werden können (Palandt/Weidenkaff § 550 Rn. 7). Entsprechendes gilt für Mietverträge, bei denen das Kündigungsrecht einer oder beider Parteien für länger als ein Jahr ausgeschlossen ist (BGH NZM 2008, 687 = NJW-RR 2008, 1239). Dasselbe muss auch dann gelten, wenn die Kombination von vereinbarter Kündigungsfrist und Ausschluss des Kündigungsrechts auf bestimmte Zeit dazu führt, dass der Zeitraum für die Beendigung eines Mietverhältnisses länger ist als ein Jahr (Schmid GE 2002, 1039). Der Ausschluss der Kündbarkeit kann sich auch aus den Umständen ergeben, z.B. wenn die Kündigung eine Amortisation von Aufwendungen voraussetzt (BGH IMR 2009, 5). **325**

3. Schriftform des § 126 BGB

326 Nach überwiegender Auffassung (LG Berlin NZM 2003, 284; LG Hamburg ZMR 2009, 536; Sternel ZMR 2001, 937; für Erleichterungen gegenüber der bisherigen Formstrenge: Eckert NZM 2001, 409 ff.; Ormanschick/Riecke MDR 2002, 247 [248]; einschränkend auch Wiek GuT 2009, 365 [367]) ist die Schriftform des § 126 BGB einzuhalten.

327 Die schriftliche Form wird nach § 126 Abs. 3 BGB durch die elektronische Form ersetzt, wobei die Anforderungen des § 126a BGB beachtet werden müssen. Ein Ausschluss dieser Ersatzmöglichkeit besteht bei § 550 BGB nicht. Nach § 126 Abs. 4 BGB ersetzt auch die notarielle Beurkundung die Schriftform, wobei die notarielle Beurkundung wiederum durch einen gerichtlichen Vergleich gemäß § 127a BGB ersetzt werden kann.

328 Bei der elektronischen Form ist insbesondere zu beachten, dass der gesamte Vertrag den Formvorschriften des § 126a BGB entsprechen muss. Das schließt die Formwahrung aus, wenn der Vertrag als solcher der elektronischen Form entspricht, die Anlagen aber nur in Papierform vorliegen. Auch insoweit ist die Wahrung der elektronischen Form erforderlich (Stellmann/Süss NZM 2001, 969 ff.).

4. Anspruch auf Wahrung der Schriftform

329 Aus einem nur mündlich geschlossenen Mietvertrag kann sich ein Anspruch auf Einhaltung der Schriftform ergeben, wenn die Parteien dies ausdrücklich oder stillschweigend vereinbart haben (vgl. BGH NZM 2005, 502). Aus einer salvatorischen Klausel kann nicht ohne weiteres abgeleitet werden, dass die Parteien verpflichtet sind, die zunächst nicht gewahrte Schriftform nachzuholen (BGH NZM 2007, 730 = MDR 2008, 18 = GE 2007, 1311). Eine – auch formularmäßig getroffene – Vereinbarung, wonach sich die Parteien verpflichten, jederzeit alle Handlungen vorzunehmen und Erklärungen abzugeben, die erforderlich sind, um dem Schriftformerfordernis Genüge zu tun, und bis dahin den Mietvertrag nicht unter Berufung auf die Nichteinhaltung der Schriftform zu kündigen, sind wirksam (KG ZMR 2007, 271; einschränkend OLG Rostock NZM 2008, 646 = ZfIR 2008, 627 m. Anm. Gerber). Die Verpflichtung ist aus dem Mietvertrag ersichtlich und geht auf den Grundstückserwerber über (Kreikenbohm/Niederstetter NJW 2006, 406 [408]; a.A. Streyl NZM 2009, 261 [263]). Zum Vorvertrag s.u. Rdn. 373.

330 Bei Nachholung der Schriftform gilt der Vertrag als von Anfang an in der gesetzlich vorgeschriebenen Form abgeschlossen (BGH DWW 2004, 293).

5. Änderungen

a) Änderungsverträge

331 Das Schriftformerfordernis gilt grundsätzlich auch für Änderungsverträge (BGH NJW 1999, 2517). Die Wirksamkeit der Änderung als solche wird zwar von der fehlenden Schriftform nicht berührt. Die Festlaufzeit des Vertrages geht aber verloren. Es tritt die Rechtsfolge des § 550 S. 2 BGB ein (OLG Düsseldorf DWW 2003, 93). Eine Ausnahme gilt nur für unwesentliche oder nur kurzfristige Änderungsvereinbarungen (Schmid/Harz Kap. 2 Rn. 540).

332 Bei einer Vermietung vom Reißbrett muss bei einer Änderung der Planung der vermieteten Räume ein formgültiger Änderungsvertrag geschlossen werden; ein bloßes Austauschen der Pläne genügt zur Wahrung der Schriftform nicht (Luckey GE 2004, 285).

Ist die Änderungsurkunde formgültig, wird der Formmangel des ursprünglichen Vertrages geheilt (BGH ZMR 2009, 750 = GuT 2009, 173). 333

Die Änderung ist nicht formbedürftig, wenn sie nur das erste Mietjahr betrifft oder ihre Geltungsdauer ein Jahr nicht übersteigt (Horst MDR 2008, 365 [368]). Nicht formbedürftig sind bloße Duldungen, durch die eine neue Rechtspflicht des Vermieters nicht begründet wird (LG Hamburg ZMR 2009, 287). 334

b) Änderungen durch einseitige Erklärung

aa) Das Schriftformerfordernis gilt jedoch nicht, wenn das Gesetz selbst für die Vertragsänderung andere Verfahren vorsieht (Schmid GE 2002, 1039; a.A. Ormanschick/Riecke MDR 2002, 247), wie für den Abrechnungsmaßstab für Betriebskosten in § 556a Abs. 2 S. 1 BGB, für die Änderung der Indexmiete in § 557b Abs. 3 S. 1 BGB, für die Veränderung der Betriebskosten in § 560 BGB und für die Mieterhöhung in §§ 558a, 559b BGB. Es handelt sich dabei um Sonderregelungen, die dem § 550 BGB vorgehen, und zudem – abgesehen von der Mieterhöhung nach §§ 558 ff. BGB – um einseitige Erklärungen und nicht um Verträge. 335

bb) Entsprechendes gilt, wenn dem Vermieter bereits im Mietvertrag einseitige Änderungsmöglichkeiten eingeräumt sind, z.B. für eine Erhöhung der Betriebskostenvorauszahlungen bei Nichtwohnraummietverhältnissen (vgl. Schmid Handbuch der Mietnebenkosten, Rn. 3125). Es wird nämlich nicht der ursprüngliche Vertrag geändert, sondern es wird unter unverändertem Fortbestehen des Vertrages lediglich von einer dort bereits bestehenden einseitigen Änderungsmöglichkeit Gebrauch gemacht. 336

cc) In der Praxis nicht selten ist es allerdings, dass der Vermieter nicht einseitig tätig wird, obwohl er dies könnte, sondern aus Akzeptanzgründen, den Mieter zu einer Zustimmung zu dem ersucht, was er auch einseitig durchsetzen könnte. Stimmt der Mieter zu, liegt ein Änderungsvertrag vor, der auch bei Wohnraummietverhältnissen nach § 557 Abs. 1 BGB möglich ist (vgl z.B. Schmid Handbuch der Mietnebenkosten, Rn. 3088). § 550 BGB findet Anwendung, da es für die rechtliche Einordnung als Vertrag auf die Durchführung der Änderung und nicht nur auf das praktische Ergebnis ankommt. Den Rechtsfolgen des § 550 BGB kann dann allenfalls noch mit dem Einwand von Treu und Glauben begegnet werden. 337

6. Umfang des Formzwangs

a) Grundsätzliches

Die Urkunde muss grundsätzlich das gesamte formbedürftige Rechtsgeschäft enthalten. Auf außerhalb der Urkunde liegende Umstände darf zurückgegriffen werden, wenn diese zum Zeitpunkt des Vertragsabschlusses bereits vorgelegen haben (BGH ZMR 2009, 273). 338

Das Formerfordernis erstreckt sich auch auf alle Nebenabreden (OLG Naumburg WuM 2000, 671). Die ganz h.M. (vgl. z.B. OLG Hamm ZMR 1998, 622, 624; Ormanschick/Riecke MDR 2002, 247 je m.w.N.) lässt jedoch Ausnahmen für unwesentliche Nebenabreden zu. Schon allein im Hinblick auf die dadurch entstehenden Abgrenzungsschwierigkeiten ist dem nicht zuzustimmen (Schmid GE 2002, 1041). Bei verspäteter Annahme eines Angebots (§ 150 BGB) und konludenter Zustimmung der anderen Partei, ist die Form gewahrt, wenn die Vertragsurkunde der Schriftform entspricht (BGH NJW 2010, 1518 = MDR 2010, 617 = ZMR 2010, 593). 339

Werden mehrere Regelungen zu einem rechtlich einheitlichen Geschäft zusammengefasst, so unterliegt das gesamte Rechtsgeschäft der Form (BGH BGHZ 78, 349). Bestehen für 340 die zusammengefassten Regelungen unterschiedliche Formvorschriften, z.B. Vorkaufsrecht in einem Mietvertrag, müssen diese gewahrt sein (BGH DWW 1994, 283), wobei die notarielle Beurkundung die Schriftform nach § 126 Abs. 4 BGB ersetzt. Etwas anderes gilt, wenn die Vermutung des § 139 BGB widerlegt ist (BGH GE 2008, 195).

341 Die Formbedürftigkeit schließt eine Auslegung der Urkunde nach allgemeinen Grundsätzen nicht aus, wenn sich für die Auslegung in der Urkunde selbst ein Anhalt findet (BGHZ 76, 187 ff.). Hierfür genügt es, dass sich der Vertragsinhalt unter Anwendung der Unklarheitenregelung des § 305c Abs. 2 BGB aus der Urkunde entnehmen lässt (Schmid WuM 1999, 666). Auch Falschbezeichnungen sind unschädlich. Wird von den Parteien vergessen, in einem Formular eine übereinstimmend nicht gewollte Klausel zu streichen, so ist die Schriftform gleichwohl gewahrt (OLG Düsseldorf ZMR 1995, 404 ff.), das nicht Gewollte ist nicht vereinbart.

342 Wenn das Vereinbarte in der Urkunde Ausdruck gefunden hat, ist die Form gewahrt, auch wenn das Vereinbarte unbestimmt ist; jedoch kann die Bindungswirkung wegen der Unbestimmtheit fehlen (BGH WuM 2001, 153).

343 Enthält die Vertragsurkunde widersprüchliche Regelungen, von denen eine dem Willen der Parteien entspricht, ist die Schriftform nicht gewahrt, weil sich das Gewollte der Urkunde auch nicht andeutungsweise entnehmen lässt (OLG Köln ZMR 1999, 760; OLG Rostock ZMR 2001, 27). Enthält der Urkundentext Widersprüche, die die Parteien überhaupt nicht bedacht haben (häufig bei Formularen, wenn Nichtzutreffendes nicht gestrichen wird oder Alternativen nicht angekreuzt werden), so hat eine Einigung hierzu nicht stattgefunden mit der Folge, dass die gesetzlichen Regelungen gelten. Schriftformprobleme stellen sich dabei nicht, weil die Vertragsurkunde insoweit keinerlei Aussagekraft hat und die Nichtregelung aus der Urkunde ersichtlich ist (Schmid WuM 1999, 666).

b) Einzelfragen

aa) Vertragsparteien

344 Die Bezeichnung der Vertragsparteien muss in einer Weise erfolgen, dass die Vertragsparteien anhand der Vertragsurkunde ermittelt werden können (BGH ZMR 2002, 907 [909] = WuM 2002, 601– »Erbengemeinschaft Sa.« genügt nicht). Es genügt, wenn die Vertragspartei bestimmbar ist. Bei einer BGB-Gesellschaft muss deren künftige Zusammensetzung noch nicht feststehen. Sollen Vermieter die künftigen Erwerber des Grundstücks sein, ist eine entsprechende Bezeichnung ausreichend (BGH NZM 2006, 104). Die Urkunde muss von allen Vertragsparteien unterschrieben sein (BGH NZM 2002, 950).

345 Formbedürftig ist ein rechtsgeschäftlicher Mieter- oder Vermieterwechsel (BGH NJW-RR 2000, 744; ZfIR 2005, 408; OLG Düsseldorf GE 2003, 183 für eine nicht rechtsfähige Innengesellschaft; einschr. OLG Köln NZM 1999, 1004). Dabei muss die Eintrittsvereinbarung schriftlich geschlossen werden und auf den ursprünglichen Vertrag Bezug nehmen (BGH ZfIR 2005, 408). Der Mieter- bzw. Vermieterwechsel setzt die Zustimmung aller Mieter und Vermieter voraus. Wird der Vertrag von zwei Parteien schriftlich geschlossen und erfolgt die Zustimmung der dritten formfrei, so wird dadurch die Schriftform nicht in Frage gestellt (BGH GE 2005, 791). Entsprechendes gilt für den Beitritt eines weiteren Mieters zum Mietvertrag (OLG Celle NZM 2008, 488 = ZMR 2008, 120).

346 Vereinbarungen über die Entlassung des Mieters aus dem Mietverhältnis bei Stellung eines Nachmieters werden als nicht formbedürftig angesehen (OLG Düsseldorf ZMR 2002, 510). *Das erscheint bedenklich*, wenn dadurch der sich aus Treu und Glauben ergebende Anspruch auf Entlassung aus dem Mietverhältnis erweitert wird.

Eine unabsichtliche Falschbezeichnung einer Partei ist nach allgemeinen Grundsätzen formunschädlich. Hiervon ist jedoch bei § 550 BGB vom Schutzzweck der Norm (oben Rdn. 323) her eine Ausnahme zu machen. Der Grundstückserwerber muss erkennen können, wer Vertragspartner ist. Dass die Vertragschließenden selbst gewusst haben, was gemeint war, ist unerheblich (MieWo/Schmid § 550 BGB Rn. 29a; offen gelassen von KG GE 2003, 1155). **347**

bb) Vertretung

Unterschreibt ein Vertreter den Vertrag, muss hinreichend deutlich zum Ausdruck kommen, dass eine Vertretung vorliegt (BGH NZM 2002, 950) und wer vertreten wird. Das bedeutet bei Personengesellschaften insbesondere, dass erkennbar sein muss, ob ein Gesellschafter einen anderen Gesellschafter oder die Gesellschaft vertritt oder nur für sich selbst handelt (BGH NJW 2008, 2178; Luckey GE 2004, 286; Schraufl NZM 2005, 444). Bei einer Gesamtvertretung einer AG muss jedoch klargestellt sein, dass der Handelnde auch für den anderen Gesamtvertreter mitunterschreibt (BGH GE 2010, 55 = GuT 2009, 402 = IMR 2010, 9). Entsprechendes gilt bei mehreren Geschäftsführern einer GmbH (Wiek GuT 2009, 365 [367]). Werden im Rubrum des Mietvertrages mehrere Vertretungsberechtigte genannt und unterschreibt nur einer, muss erkennbar sein, dass dieser einzelvertretungsberechtigt ist oder zugleich für die anderen unterschreibt (BGH NZM 2003, 801). **348**

Angaben darüber, woraus der Unterzeichner seine Vertretungsmacht ableitet (Gesetz, Vollmacht) sind für die Wahrung der Schriftform nicht erforderlich (BGH GE 2010, 55 = IMR 2010, 9). **349**

Dass jemand als Vertreter ohne Vertretungsmacht unterschreibt, steht der Wahrung der Schriftform nicht entgegen (BGH ZMR 2005, 691). Deshalb ist es bei einer rechtsgeschäftlichen Gesamtvertretungsbefugnis nicht ein Schriftform- sondern ein Vollmachtsproblem, wenn nur einer statt der zwei erforderlichen Vertretungsbefugten unterschreibt und dieser als allein vertretungsbefugt auftritt (a.A. LG Braunschweig GuT 2005, 208). Entsprechendes gilt für eine Befreiung vom Verbot des Selbstkontrahierens nach § 181 BGB (BGH NJW 2008, 2178). Die Genehmigung des Handelns des vollmachtlosen Vertreters ist formfrei (OLG Düsseldorf ZMR 2006, 35). **350**

cc) Mietgegenstand

Das Mietobjekt ist hinreichend bestimmt, wenn es im Vertragstext genau bezeichnet ist (LG Gießen WuM 2007, 11). Der Beschrieb im Vertrag muss zumindest eine Individualisierung der Räume ermöglichen. Das gilt insbesondere bei einer Vermietung »vom Reißbrett« (BGH NZM 2006, 104). Die Beifügung eines Lageplanes genügt auch dann, wenn dieser nicht maßstabsgetreu ist (OLG Naumburg ZMR 2008, 49). Das Fehlen eines Lageplanes ist bei wörtlichem Beschrieb unschädlich (BGH NZM 2001, 43), auch wenn ein solcher im Text des Mietvertrages erwähnt, dem Vertrag aber nicht beigefügt ist (BGH NZM 2005, 502). Reicht der wörtliche Beschrieb für eine Individualisierung des Mietobjekts nicht aus und fehlt ein Lageplan, ist die Schriftform nicht gewahrt (BGH ZMR 2007, 185). **351**

Wird das gesamte auf einem Grundstück zu errichtende Gebäude vermietet, reicht die Bezeichnung des Grundstücks und der Hinweis, dass das gesamte Gebäude Mietgegenstand ist (BGH GuT 2007, 126). Die Bezeichnung »im Obergeschoss« genügt nicht, wenn sich dort auch noch andere Räume befinden (BGH ZMR 2006, 116). Auch bei einem fertig gestellten Mietobjekt genügt es jedoch nicht, wenn nur durch Augenschein festgestellt werden kann, welche Räume vermietet sind (a.A. OLG Naumburg GuT **352**

2006, 16). Geringfügige Änderung in der Bauausführung gegenüber dem Beschrieb sind für die Schriftform unschädlich (KG NZM 2007, 731).

353 Bei einem fertig gestellt Objekt genügt eine Beschreibung, nach der es bei der Besichtigung vor Ort möglich ist, zu erkennen, welche Räume vermietet sind (BGH ZMR 2009, 273). Kann in diesen Fällen nach einem Umbau der Beweis für die nicht ausreichende Bezeichnung und damit für den Mangel der Schriftform nicht erbracht werden, ist die vorzeitige Kündigung ausgeschlossen (OLG München IMR 2009, 269).Auf eine Beschreibung des Mietobjekts kann auch dann nicht gänzlich verzichtet werden, wenn das Mietobjekt bei Vertragsabschluss bereits genutzt wird (a.A. OLG Düsseldorf ZMR 2008, 362 = GE 2008, 476). Die Bezeichnung mit einer Nummer ist ausreichend, wenn diese im Mietobjekt allgemein verwendet wird (BGH GE 2007, 1375 = NZM 2007, 443).

354 Mitvermietete Stellplätze müssen bestimmbar bezeichnet werden (OLG Rostock ZMR 2008, 958; a.A. Blank IMR 2008, 152). Die unentgeltliche Überlassung von Stellplätzen neben den eigentlichen Mieträumen muss schriftlich vereinbart werden (LG Köln ZMR 1998, 432; a.A. Wiek GuT 2003, 83).

355 Als unwesentlich und damit nicht formbedürftig angehen wird eine Vereinbarung, nach welcher außerhalb der Wohnung gelegene, nicht zu Wohnzwecken dienende Kellerräume mitvermietet werden (BGH WuM 2008, 290). Entsprechendes wird für andere Zubehörräume angenommen (Blank IMR 2008, 152).

356 Ebenfalls als unwesentlich angesehen werden die Verlegung einer Anlieferungszone und ein Mitbenutzungsrecht statt eines Alleinbenutzungsrechtes hieran (OLG Jena NZM 2008, 572; zweifelhaft). Demgegenüber ist das OLG Rostock zu Recht der Auffassung, dass jedenfalls bei einem Baumarkt Parkplätze, Zufahrten und Anlieferungsflächen nicht unwesentlich sind und sich aus dem Vertrag ergeben müssen.

357 Eine Reduzierung der Mietfläche ist formbedürftig (OLG Düsseldorf GE 2003, 251). Unschädlich sind dagegen unwesentliche Abweichung von der beschriebenen Bauausführung (KG GE 2007, 1381 = NZM 2007, 731).

358 Zusagen und Zusicherungen zur Beschaffenheit der Mietsache sind ebenfalls formbedürftig (Eckert NZM 2001, 409 [411]). Dasselbe gilt für bauliche Arbeiten, die der Vermieter oder Mieter im Mietobjekt vorzunehmen hat (KG GE 2007, 149 und NZM 2007, 731). Die Formulierung, dass das »gesamte« Inventar mitvermietet ist, ist ausreichend; eine vorgesehene Auflistung dient nur Beweiszwecken (BGH ZMR 2009, 273).

359 Hat der Vermieter ein Leistungsbestimmungsrecht, z.B. für die Zuweisung eines Kellerraums, genügt es für die Schriftform, dass sich das Leistungsbestimmungsrecht – ggf. durch Auslegung – aus der Urkunde ergibt (BGH WuM 2008, 290). Steht von mehreren Stellplätzen dem Mieter nur eine bestimmte Anzahl zur Verfügung, hat der Miete ein Wahlrecht; die Schriftform wird nicht tangiert (BGH ZMR 2009, 273).

dd) Miete

360 Aus dem Vertrag muss sich die Miethöhe ergeben (OLG Rostock ZMR 2001, 27). Formbedürftig ist auch die Vereinbarung über die Umlegung von Mietnebenkosten (LG Duisburg WuM 1997, 671; Schmid Handbuch der Mietnebenkosten, Rn. 2079; ders. DWW 2002, 118, 123; eher großzügig BGH, ZMR 1999, 691 für das Fehlen der Anlage mit der Betriebskostenaufstellung: a.A. OLG Koblenz NZM 2002, 293). Sollen neben der Miete geldwerte Sach- oder Dienstleistungen erbracht werden, ist auch diese Vereinbarung formbedürftig (Leo MDR 2004, 261).

Einmalleistungen bei Vertragsschluss müssen nach dem Normzweck (Schutz des Erwerbers – vgl. z.B. BGH ZMR 2004, 19) nicht schriftlich vereinbart werden (MieWo/Schmid § 550 BGB Rn. 36; a.A. OLG Düsseldorf ZMR 2007, 446 für die Verpflichtung des Mieters, Bauleistungen auf eigene Kosten vorzunehmen). Dasselbe gilt für einen Mietnachlass, den der Vermieter oder sein Rechtsnachfolger jederzeit zumindest mit Wirkung für die Zukunft widerrufen können (BGH DWW 2005, 233 = GE 2005, 671 = GuT 2005, 148 m. Anm. Wiek), und für einen Verzicht auf Mietrückstände (Kinne GE 2005, 231). **361**

Vereinbarungen über eine Änderung der Miethöhe auf Dauer sind ebenfalls formbedürftig (OLG Düsseldorf WE 2004, 16; a.A. KG GuT 2005, 151 für ein Mieterhöhung von nicht mehr als 5 %). Auch eine einvernehmliche Erhöhung der Mietnebenkostenvorauszahlungen bedarf der Schriftform (KG bei Bieber GE 2004, 404); ebenso eine vertragliche Erhöhung der Nebenkostenpauschale (Schmid Handbuch der Mietnebenkosten, Rn. 2123); ferner eine Übernahme zusätzlicher Betriebskosten während des Mietverhältnisses (Böttcher/Schnapp WE 2006, 160). Das gilt auch für eine Änderung der Mietstruktur, Umstellung von Brutto- auf Nettomiete (Ormanschick/Riecke MDR 2002, 248). Eine Ausnahme gilt für die Erhöhung der Miete im Verfahren nach §§ 558 ff. BGB, obwohl dieses Verfahren konstruktiv eine vertragliche Mieterhöhung darstellt. Hier enthält aber das Gesetz die Sonderregelung, dass für die Erklärung des Vermieters die Textform genügt (§ 558a Abs. 1 BGB) und die Zustimmung des Mieters formfrei ist (vgl. z.B. BGH NZM 1998, 102; teilweise a.A. AG Hohenschönhausen und LG Berlin ZMR 2007, 196, die zu Unrecht dem Vermieter einen Anspruch auf schriftliche Zustimmung des Mieters geben). Die Ausübung einer vereinbarten Erhöhungsmöglichkeit erfordert keinen schriftlichen Änderungsvertrag (OLG Jena NZM 2008, 572). **362**

Regeln die Parteien die Fälligkeit der Miete abweichend von den gesetzlichen Bestimmungen, gehört diese Vereinbarung zu den wesentlichen Vertragsbestimmungen und bedarf der Schriftform (BGH ZMR 2008, 105). **363**

Der Schuldbeitritt eines Dritten auf Seiten des Mieters kann die Rechtsstellung eines Grundstückserwerbers nur verbessern und wirkt auf den Mietvertrag selbst nicht ein. Der Anwendungsbereich des § 550 BGB ist deshalb nicht eröffnet (a.A. OLG Naumburg GuT 2005, 209 m. abl. Anm. Wiek). **364**

ee) Mietdauer

Der Beginn des Mietverhältnisses muss sich aus der Urkunde ergeben. Die Regelung, dass das Mietverhältnis mit der Übergabe beginnt, reicht aus (BGH ZflR 2006, 49 = NZM 2006, 54 = GuT 2006, 11 = GE 2006, 50). Der kalendermäßige Beginn muss in solchen Fällen nicht gesondert schriftlich festgehalten werden (KG GE 2007, 780). Wird jedoch später eine mit dem Übergabetermin nicht übereinstimmender Vertragsbeginn festgelegt, muss dies schriftlich erfolgen (OLGBrandenburg NZM 2008, 406). **365**

Die Einräumung einer Option (Ormanschick/Riecke MDR 2002, 247) ist ebenso formbedürftig wie die Einigung über eine Fortsetzung des Mietverhältnisses nach Kündigung (BGH BGHZ 139, 123). Ein Verzicht des Vermieters auf das Recht, das Wohnraummietverhältnis wegen Eigenbedarfs zu kündigen, bedarf –wie in solchen Fällen der gesamte Mietvertrag – der Schriftform, wenn der Verzicht für mehr als ein Jahr gelten soll (BGH WuM 2007, 272). **366**

Ein Verzicht des Vermieters auf das Recht, das Wohnraummietverhältnis wegen Eigenbedarfs zu kündigen, bedarf wie der gesamt Mietvertrag der Schriftform, wenn der Verzicht für mehr als ein Jahr gelten soll (BGH NZM 2007, 399 = WuM 2007, 272). **367**

ff) Hausordnung

368 Die Hausordnung jedenfalls dann formbedürftig, wenn deren Nichteinhaltung ausdrücklich als Vertragsverletzung qualifiziert wird (OLG Naumburg WuM 2000, 671; a.A. Wiek 2001, 221). Nicht formbedürftig ist eine Hausordnung jedoch dann, wenn sie nur den Kraft Gesetzes gegebenen Mietgebrauch konkretisiert (BGH ZMR 1999, 691 = GE 1999, 980).

gg) Recht zur Untervermietung

369 Ein dauerndes uneingeschränktes Recht zur Untervermietung muss schriftlich vereinbart werden (OLG Düsseldorf ZMR 2002, 741). Dagegen sind Untervermietungsgenehmigungen im Einzelfall nicht formbedürftig (KK-Mietrecht/Schmid § 550 Rn. 40).

hh) Untermietvertrag

370 Durch die Bezugnahme des Untermietvertrages auf den Hauptmietvertrag wird die Schriftform auch dann gewahrt, wenn dem Untermieter der Hauptmietvertrag nicht bekannt ist (OLG Bremen ZMR 2007, 363).

ii) Mängelhaftung

371 Vom Gesetz abweichende Regelungen über die Mängelhaftung sind grundsätzlich formbedürftig. Formlos kann eine Einigung über die Behandlung eines bereits eingetretenen Mangels getroffen werden (BGH DWW 2005, 233 = GE 2005, 671).

jj) Erläuterungen

372 Nicht formbedürftig sind Vertragsbestandteile, denen kein eigener Erklärungswert zukommt (OLG Hamm ZMR 1998, 623), Ausführungen, die den Vertragsinhalt nur erläutern (BGH GE 1999, 980 = ZMR 1999, 691), Beilagen, die nur als Anschauungsobjekt oder Orientierungsbehelf dienen (BGH NZM 2001, 43), Vereinbarungen, die nur wiederholen, was schon von Gesetzes wegen gilt (BGH NJW 2000, 354).

kk) Vorvertrag

373 Ein Mietvorvertrag ist nicht formbedürftig (BGH NJW 1980, 1577). Er begründet die Verpflichtung, den Hauptvertrag formgültig abzuschließen (BGH NJW 2007, 1817 = GuT 2007, 126). Diese Verpflichtung kann der Kündigung des nicht formgültigen Hauptvertrages entgegengehalten werden (BGH IMR 2009, 264). Die Verpflichtung aus dem Vorvertrag geht jedoch nicht nach § 566 BGB auf den Erwerber über (Wenske IMR 2009, 264).

ll) Sonstiges

374 Ob das Vertragsangebot rechtzeitig angenommen wurde, muss sich aus der Urkunde selbst nicht ergeben (a.A. LG Nürnberg-Fürth GuT 2006, 13). Es handelt sich dabei um eine allgemeine Voraussetzung für das Zustandekommen des Vertrages und nicht um seinen Inhalt. Es ist deshalb auch nicht erforderlich, dass sich eine Annahmefrist nach § 148 BGB aus der Vertragsurkunde ergibt (KG NZM 2007, 86).

375 Bedingungen stehen der Wahrung der Schriftform nicht entgegen, obwohl deren Eintritt aus der Urkunde nicht ersichtlich ist (BGH NJW 2003, 2158).

376 Übergabeprotokolle dokumentieren lediglich tatsächliche Gegebenheiten und bedürfen deshalb nicht der Schriftform (KG GE 2008, 124). Etwas anderes kann geltend, wenn in den Protokollen auch Verpflichtungen enthalten sind, obwohl sie da nicht hingehören.

7. Verstoß gegen Treu und Glauben

a) Grundsätzliches

Dem Berufen auf die fehlende Form kann nur in Ausnahmefällen der Einwand des Rechtsmissbrauches entgegengehalten werden, wenn andernfalls das Ergebnis nicht nur hart, sondern schlechthin untragbar wäre (BGH NJW 1984, 607). Verstößt die Ausübung des Kündigungsrechts nicht gegen Treu und Glauben, besteht i.d.R. auch kein Schadensersatzanspruch wegen Nichteinhaltung der Schriftform oder Erklärung der Kündigung (OLG Rostock NZM 2007, 733). **377**

Beim Eintritt des Erwerbers in das Mietverhältnis geht die Arglisteinrede grundsätzlich nicht mit über, sofern nicht Veräußerer und Erwerber kollusiv zusammenwirken (OLG Düsseldorf ZMR 2004, 749; Wiek GuT 2005, 53). **378**

b) Einzelfälle

Der Einwand eines Verstoßes gegen Treu und Glauben ist begründet, wenn eine Partei die andere arglistig oder zumindest schuldhaft von der Beachtung der Formvorschrift abgehalten hat (BGH NJW 2008, 2181). **379**

Hat eine Partei den Mietvertrag insbesondere das Rubrum vorformuliert, so kann sie sich auf Unklarheiten bei der Bezeichnung der Vertretungsverhältnisse nicht berufen (OLG Köln GuT 2005, 53 m. Anm. Wiek; a.A. LG Berlin WE 2007, 202). Entsprechendes gilt für denjenigen, der den Mangel der Schriftform und seine Folgen gekannt hat (OLG Brandenburg NZM 2008, 406). **380**

Wird ein Mietvertrag nicht schriftlich abgeschlossen, so kann der Kündigung der Einwand von Treu und Glauben auch dann nicht entgegengehalten werden, wenn der Vermieter erhebliche Aufwendungen getätigt hat und die Parteien den Vertrag über einen längeren Zeitraum erfüllt haben (BGH NZM 2004, 97 [98]; a.A. OLG Düsseldorf GE 2003, 251 = WE 2004, 16). **381**

Es gilt grundsätzlich als treuwidrig, wenn eine Partei unter Berufung auf § 550 BGB das Mietverhältnis kündigt, obwohl die nicht formgerechte Änderung nur zu ihren Gunsten getroffen wurde (OLG Düsseldorf ZMR 2002, 510). Führt eine einvernehmliche Erhöhung der Miete dazu, dass die Formvorschrift des § 550 BGB nicht mehr eingehalten ist, so ist der Vermieter nach Treu und Glauben (§ 242 BGB) daran gehindert, sich auf den Formmangel zu berufen und den Vertrag unter Berufung auf § 550 BGB zu kündigen (OLG Koblenz NZM 2002, 293; LG Kassel ZMR 1999, 915). Entsprechendes gilt bei einer stillschweigenden Zustimmung zu einer unberechtigten Mieterhöhung durch Zahlung des Erhöhungsbetrages (OLG Karlsruhe NZM 2003, 513). Gegen Treu und Glauben verstößt es umgekehrt auch, wenn der Mieter einen formgerecht abgeschlossenen Mietvertrag, der später formlos durch Senkung der Miete geändert worden ist, vorzeitig mit der Begründung kündigt, der gesamte Mietvertrag entbehre wegen dieser Änderung nunmehr der Schriftform (BGH NJW 1975, 1653 = MieWoEG Stichwort: »Schriftform bei Vertragsänderung«). **382**

Besteht ein Anspruch auf Nachholung der Schriftform, ist eine Kündigung, die auf § 550 BGB gestützt wird, wegen Verstoßes gegen Treu und Glauben unwirksam (BGH NZM 2005, 502; OLG Celle NZM 2005, 219; Horst MDR 2008, 365 [371]; a. A. OLG Rostock ZMR 2008, 961 m. Anm. Wichert = ZfIR 2008, 627 m. Anm. Gerber; differenzierend Streyl NZM 2009, 261, der eine Berufung auf Treu und Glauben erst dann zulässt, wenn die Nachholung der Schriftform verlangt wird). **383**

384 Arglistig ist auch eine Berufung des Mieters auf den Formmangel einer mündlich erklärten Kündigung, wenn der Mieter dem Vermieter die Kündigung schriftlich bestätigt hat (AG Gifhorn WuM 1992, 250).

385 Treuwidrig handelt eine Partei auch, wenn sie den Mietvertrag unter Berufung auf einen Formmangel vor Ablauf der vereinbarten Mietzeit kündigen will, nachdem sie zuvor Kündigungsabsichten des Vertragspartners entgegengetreten ist (BGH ZMR 2000, 590).

8. Kündigungsmöglichkeit

386 Die Nichteinhaltung der Schriftform führt abweichend von § 125 S. 1 BGB nicht zur Nichtigkeit des Vertrages, sondern nur zu einer unbestimmten Laufzeit.

387 § 550 S. 2 BGB nennt als frühesten Zeitpunkt für die Beendigung des Mietverhältnisses ein Jahr nach Überlassung des Wohnraums. Es kann also nicht erst nach einem Jahr gekündigt werden, sondern die Kündigungserklärung kann bereits so rechtzeitig abgegeben werden, dass das Mietverhältnis nach einem Jahr beendet wird (Schmid GE 2002, 1039). Die Kündigungsfrist richtet sich nach den für das jeweilige Mietverhältnis geltenden Vorschriften.

388 Da das Mietverhältnis als ein unbefristetes gilt, müssen auch die sonstigen Voraussetzungen für eine Beendigung eines unbefristeten Mietverhältnisses vorliegen. Insbesondere gelten für Wohnraum die §§ 573 ff. BGB. Zu beachten ist auch, dass nach § 580a Abs. 1 Nr. 3 und Abs. 2 BGB für die dort genannten Mietverhältnisse eine Kündigung nur zum Ablauf eines Kalendervierteljahres möglich ist.

389 Für den Beginn der Jahresfrist maßgeblich ist nicht der Zeitpunkt des Vertragsabschlusses, sondern derjenige der Überlassung der Mietsache, wobei es nicht auf die tatsächliche Überlassung, sondern auf den vertraglich bestimmten Zeitpunkt der Überlassung ankommt (Ormanschick/Riecke MDR 2002, 247 [248]).

390 Das Gebrauchmachen von der Kündigungsmöglichkeit begründet für den Vertragsgegner keinen Anspruch auf Ersatz des Vertrauensschadens (OLG Rostock NZM 2007, 733).

VI. Gewillkürte Schriftform

391 Die Parteien können auch rechtsgeschäftlich die Einhaltung der Schriftform vereinbaren. Schriftform kann für den Mietvertrag selbst, aber auch für Änderungen vereinbart werden. Die Pflicht, an einer nachträglich notwendig werdenden Beurkundung mitzuwirken, kann auch formularvertraglich vereinbart werden (OLG Düsseldorf MDR 2004, 1179).

392 Wenn die Vereinbarung hierzu keine ausdrückliche Regelung enthält, ist durch Auslegung zu ermitteln, ob nach dem Parteiwillen die vereinbarte Form Wirksamkeitsvoraussetzung sein soll oder nur Beweiszwecken dient (OLG Naumburg ZMR 1999, 708). Im Zweifel ist von einer Wirksamkeitsvoraussetzung auszugehen (OLG Koblenz VersR 1995, 662).

393 Die überwiegende Rechtsprechung (OLG Düsseldorf ZMR 1988, 54; KG GE 2002, 1265) geht bei einem Mietvertrag für mehr als ein Jahr von einer widerleglichen Vermutung aus, dass die Parteien die Wirksamkeit des Vertrages von der Einhaltung der Schriftform abhängig machen wollen. Steht fest, dass der Vertrag schriftlich abgeschlossen werden sollte, was aber unterblieben ist, muss derjenige, der aus dem Vertrag Rechte herleiten will, beweisen, dass die Schriftform nur Beweisfunktion haben sollte (Horst MDR 2008, 365 [372]).

Soll die Schriftform Wirksamkeitsvoraussetzung für den Mietvertrag oder einen Änderungsvertrag sein, gilt zunächst nicht § 550 BGB. Vielmehr ist nach § 154 Abs. 2 BGB im Zweifel davon auszugehen, dass der Vertrag ohne Einhaltung der Schriftform nicht zustande gekommen ist (OLG Düsseldorf ZMR 1988, 54; KG GE 2002, 1265). Kommt es aber zu einem schriftlichen Vertrag, erlangt wieder § 550 BGB Bedeutung (BGH NJW 2000, 354), wenn der Vertrag zwar die Anforderungen an die gewillkürten Schriftform (§ 127 BGB), aber nicht die Anforderungen an die gesetzliche Schriftform erfüllt. Die Vereinbarung ist dann zwar wirksam, aber mit den Rechtsfolgen des § 550 BGB behaftet. **394**

Änderungsverträge und **Aufhebungsverträge**, bei denen eine vereinbarte Schriftform nicht beachtet ist, sind nach § 125 S. 2 BGB im Zweifel nichtig. Zu beachten ist dabei jedoch, dass die Parteien die vereinbarte Schriftform jederzeit, auch stillschweigend wieder aufheben können. Dafür reicht es aus, dass die Parteien die Wirksamkeit der Änderung gewollt haben (vgl z.B. BGH NJW 1962, 1908; KG NZM 2005, 457). Damit ist die einfache Schriftformklausel praktisch bedeutungslos. Dem trägt der BGH (NJW 1976, 1395 = MDR 1976, 925) dadurch Rechnung, dass eine mündliche oder stillschweigende Aufhebung der Formklausel für unwirksam angesehen wird, wenn der Vertrag für die Aufhebung der Formabrede ebenfalls einen Formzwang vorsieht (doppelte oder qualifizierte Schriftformklausel). In Allgemeinen Geschäftsbedingungen wird eine solche Klausel jedoch für unwirksam erachtet (OLG Rostock NZM 2009, 705 = MDR 2010, 22). **395**

Der BGH (NJW 2000, 354 [356]; NZM 2000, 548) geht in der Aufrechterhaltung des Mietvertrages trotz Nichteinhaltung der vereinbarten Schriftform sehr weit. Sofern keine gegenteiligen Anhaltspunkte ersichtlich sind, entnimmt der BGH dem nachträglichen Verhalten der Vertragsparteien, dass sie unter der vereinbarten Schriftform nur diejenige Form verstanden haben, die sie anschließend durch die Vertragsunterzeichnung verwirklicht haben. Damit wird der Anwendungsbereich von §§ 125 S. 2, 154 Abs. 2 BGB auf die Fälle nur mündlicher Einigung beschränkt. Diese Auffassung erscheint bedenklich, da damit die genannten Regelungen in ihr Gegenteil verkehrt werden. Wird ein Mietverhältnis tatsächlich in Vollzug gesetzt, kann darin trotz beabsichtigter Schriftform der konkludente Abschluss eines Mietvertrages gesehen werden, wenn sich die Parteien über den Vertragsinhalt einig sind (vgl. LG München I NZM 2002, 946). Dabei ist jedoch Zurückhaltung geboten, wenn keine Anhaltspunkte dafür gegeben sind, dass die Parteien auf die Schriftform verzichten wollten (LG Berlin WE 2004, 178). **396**

Soll die Einhaltung der Schriftform lediglich Beweiszwecken dienen, ist der Vertrag auch ohne Beachtung der Form wirksam. Es treten jedoch die Rechtsfolgen des § 550 BGB ein. **397**

Für die Wirksamkeit eines Mieterhöhungsverlangens nach § 558a BGB ist die Textform auch dann ausreichend, wenn im Mietvertrag formularmäßig für Vertragsänderungen die Schriftform vereinbart ist (LG Berlin GE 2005, 1431). **398**

VII. Änderung des Mietvertrages

1. Parteiabrede

Während der Laufzeit des Mietvertrages können die Parteien den Vertragsinhalt ausdrücklich oder konkludent ändern. Für eine einvernehmliche nachträgliche Änderung des Vertragsinhalts sind die auch bei Vertragsabschluss geltenden Regeln zu beachten. **399**

Der *BGH* (WuM 2007, 694 = NJW 2008, 283 = GE 2008, 534 = ZMR 2008, 107 m. Anm. Schmid) verlangt für eine stillschweigende Vertragsänderung, dass aus der Sicht des Mie- **400** ters der Wille des Vermieters erkennbar sein muss, eine Änderung des Mietvertrages herbeizuführen, und umgekehrt. Der Vertragspartner muss nach den Gesamtumständen davon ausgehen können, dass der Mieter einer Umlegung weiterer Betriebskosten zustimmt.

401 Durch Parteiabrede ist der Wechsel der Vertragsparteien möglich. Zum konkludenten Eintritt eines Ehegatten in den von seinem Ehepartner geschlossenen Mietvertrag s. BGH ZMR 2005, 781; zur Kritik s. Artz WuM 2005, 215 ff.; s.a. Kap. 11 und Kap. 14.

402 Sofern für den Vertrag Schriftform beachtet werden muss, gilt dies auch für Nachträge (BGH WuM 1990, 141; zu Einzelheiten bei der gesetzlichen Schriftform s. Rdn. 332 ff. und bei der gewillkürten Schriftform Rdn. 395). Gleiches gilt, wenn der ursprüngliche Vertrag in elektronischer Form geschlossen wurde.

403 Das OLG Düsseldorf hat entschieden, dass die formularmäßig vereinbarte Schriftform für Änderungen eines Pachtvertrages einer einverständlichen vorzeitigen Aufhebung des Vertrages nicht entgegensteht, wenn der Pächter die hierüber geführte Besprechung schriftlich bestätigt und der Verpächter auf dieses Bestätigungsschreiben schweigt (MDR 1991, 349).

2. Gesetzliche Sondervorschriften

404 Für einen Wechsel der Vertragsparteien bei Tod des Mieters gelten bei Mietverhältnissen über Wohnraum die Sondervorschriften der §§ 563 ff. BGB (zu Einzelheiten s. hierzu Kap. 11). Für sonstige Mietverhältnisse und beim Tod des Vermieters verbleibt es bei der Regelung der §§ 1922, 1967 BGB (BGH NJW 1978, 2504). Es besteht das Sonderkündigungsrecht des § 580 BGB.

405 Kraft Gesetzes tritt ein Vermieterwechsel ein, bei Veräußerung des vermieteten Grundstücks nach Überlassung an den Mieter. Die Rechtsfolgen regeln die §§ 566 ff. BGB (s. dazu i.E. Kap. 11 Rdn. 28).

406 Möglich ist eine Änderung der Vertragsbedingungen im Falle des § 574a BGB. Sofern die Parteien sich über die Änderung der Vertragsbedingungen nicht einigen können und dem Vermieter eine Fortsetzung des Mietverhältnisses auf der bisherigen Basis nicht zumutbar ist, kann das Gericht gemäß § 308a Abs. 1 ZPO von Amts wegen entscheiden oder entsprechend § 139 ZPO darauf hinwirken, dass sachdienliche Anträge für geänderte Vertragsbedingungen gestellt werden (zum Ganzen s.u. Kap. 12).

407 Mieterhöhungen sind möglich nach §§ 558, 559, 560 BGB. Eine einvernehmliche Mieterhöhung ist auch bei Wohnraummietverhältnissen nach § 557 BGB möglich.

3. Haustürgeschäfte

408 Auf Änderungsverträge zum Mietvertrag sind die §§ 312 ff. BGB grundsätzlich anwendbar (OLG Koblenz [RE] WuM 1994, 257 ff.; LG Wiesbaden WuM 1996, 698, 699; AG Köln WuM 1999, 324, 325).

4. Kapitel
Miete

Übersicht **Rdn.**

Rdn.

I. Mietzinsvereinbarungen, Vereinbarung zur Miethöhe

1. Begriff der Miete

Die Mieter sind nach § 535 Abs. 2 BGB verpflichtet, dem Vermieter die vereinbarte Miete zu entrichten. Die Pflicht zur Bezahlung der Miete ist eine Hauptleistungspflicht des Mietvertrages. Für preisgebundenen Wohnraum s. Kap. 30 Rdn. 1. 1

2. Art der Miete

§ 535 Abs. 2 BGB spricht von der »vereinbarten« Miete. Damit ist nicht nur deren Höhe, sondern auch deren Art umfasst. Die Miete muss nicht in jedem Fall in Form von Geld vereinbart sein. Jede Art von Leistung als Gegenleistung für den Gebrauch der Mietsache ist zulässig. Selbst die Einräumung eines Überfahrtsrechts ist als Miete ist anerkannt worden (BGH WuM 1989, 229, 230). 2

3. Bestandteile der Miete

Die mietrechtliche Praxis bedient sich in aller Regel der Unterscheidung zwischen der »Grundmiete« und den »Mietnebenkosten«. Dabei handelt es sich um Bezeichnungen, die dem Gesetz selbst fremd sind, das nur von Miete und Betriebskosten spricht. Sind die Betriebskosten nicht gesondert ausgewiesen, sondern haben die Parteien einen einheitlichen Betrag als Miete vereinbart, spricht man von einer Inklusivmiete. Von einer Brutto- 3 kaltmiete spricht man, wenn außer den Heizkosten die sonstigen Betriebskosten in der Miete enthalten sind. Bei einer Teilinklusivmiete sind bestimmte Betriebskosten in der Miete enthalten, andere Betriebskostenarten werden abgerechnet. Die Inklusivmiete ist der gesetzliche Ausgangsfall der Mietstruktur (Schmid Handbuch der Mietnebenkosten, Rn. 2000; Hinz ZMR 2001, 331). Nebenkosten, deren Umlage nicht wirksam vereinbart oder zulässigerweise durch einseitige Erklärung bestimmt ist, gelten als in der Miete enthalten. Es handelt sich dann um eine (Teil-)Inklusivmiete. In der Praxis überwiegt jedoch die Nettomietvereinbarung mit zusätzlicher Umlegung von Mietnebenkosten.

4 Die Betriebskosten sind Bestanteil der Miete. Jedoch ist bei jeder einzelnen Vorschrift zu prüfen, ob nach deren Sinn und Zweck »Miete« unter Einschluss oder Ausschluss der Nebenkosten zu verstehen ist (Schmid Handbuch der Mietnebenkosten, Rn. 1100 ff., sowie die Hinweise in den einzelnen Kapiteln.

4. Die Vereinbarung der Miethöhe

a) Wohnraum

5 Im Bereich des der Preisbindung nicht unterliegenden Wohnraums gilt der Grundsatz, dass die Miete sowohl nach ihrer Art als auch von ihrer Höhe her zwischen den Vertragsparteien ausgehandelt werden kann (Grundsatz der Vertragsfreiheit). Wird dies bei Abschluss des Mietvertrages, also erstmals vereinbart, sind die Parteien nicht an die höhenmäßigen Begrenzungen der Miete nach den §§ 558 ff. BGB gebunden. Vielmehr wird der Grundsatz der Vertragsfreiheit begrenzt durch die Anwendung der Vorschriften über das Verbot der Mietpreisüberhöhung nach § 5 WiStG (s.u. Rdn. 43 ff.) bzw. des Mietwuchers nach §§ 138 BGB, 302a StGB. Bei der erstmaligen Mietvereinbarung kann die ortsübliche Vergleichsmiete unter- oder überschritten werden, solange die Miethöhe sich innerhalb der Überhöhungs- und Wuchergrenzen hält.

b) Geschäftsraum

aa) Vereinbarungsumfang und Vereinbarungsgrenzen

6 Bei der Vermietung von Gewerberaum unterliegt die Miethöhe in einem weitaus größerem Umfang der Vertragsfreiheit als bei der Wohnraummiete. S. hierzu Kap. 15 Rdn. 271.

7 Die Grenzen der Vertragsfreiheit finden sich für diesen Bereich im Mietwucher (§ 138 Abs. 2 BGB) und in der Sittenwidrigkeit (§ 138 Abs. 1 BGB). S. hierzu Kap. 15 Rdn. 126.

8 Da Mietverträge über Gewerberäume meist auf lange Zeit angelegt sind, besteht für den Vermieter ein Bedürfnis, sich gegen die Geldentwertung abzusichern. Dies geschieht in der Hauptsache durch Staffelmietvereinbarungen und Wertsicherungsklauseln (Kap. 15 Rdn. 251, 287).

bb) Sonderfall: Umsatzmiete

9 Die Parteien eines Gewerberaummietvertrages können in zulässiger Weise vereinbaren, dass die Miete in Form eines Prozentsatzes des Umsatzes zu entrichten ist.

10 Eine Ausnahme gilt für Apotheken (§ 8 ApothekenG; vgl. aber auch § 9 ApothekenG zur Umsatzpacht). Wurde in einem solchen Fall die Umsatzmiete vereinbart, ist die Vertragslücke nach den Grundsätzen über den Wegfall der Geschäftsgrundlage zu bestimmen. Die festzusetzende Miete orientiert sich dabei weder an der ortsüblichen Vergleichsmiete

noch an der zuletzt bezahlten Miete, sondern ist unter Berücksichtigung des hypothetischen Parteiwillens entsprechend der wirtschaftlichen Entwicklung der Apotheke zu bestimmen (OLG Oldenburg NJW-RR 1990, 84).

Bei der Umsatzmiete wird üblicherweise eine Mindestmiete festgelegt, wobei der Mieter zusätzlich einen prozentualen Teil des Umsatzes ohne Mehrwertsteuer entrichtet (Fritz Rn. 95). 11

Auch ohne Vereinbarung steht dem Vermieter bei Vereinbarung einer Umsatzmiete ein Einsichtsrecht in die Umsatzunterlagen des Mieters zu. Der Vermieter ist in solchen Fällen berechtigt, im Wege der Stufenklage im Verbund mit einer Zahlungsklage vorzugehen (Lindner-Figura NZM 1999, 492, 494). Wurden im Zusammenhang mit dem Einsichtsrecht aber keine konkreten Vereinbarungen zu den Einzelheiten der Nachweise geregelt, ist der Mieter nur gehalten diejenigen Belege vorzulegen, die üblicherweise geführt und aufbewahrt werden müssen (OLG Düsseldorf NJW-RR 1990, 1098). Die bloße Vereinbarung, wonach der Mieter »gewissenhaft Buch zu führen und alle das Mietobjekt betreffenden Einnahmen und Ausgaben genau und übersichtlich auszuweisen und auf Verlangen des Vermieters eine Ertragsberechnung mit Beifügung sämtlicher Belege vorzulegen« hat, definiert den Begriff der Belege nicht ausreichend. Kassenbons oder ähnliche Unterlagen müssen dann nicht vorgelegt werden. Die Vorlage der Kassenbücher ist ausreichend (OLG Düsseldorf a.a.O.). 12

Zu Schwierigkeiten erheblicher Art führt es, wenn der Begriff des Umsatzes nicht vertraglich definiert wird. An zivil- oder steuerrechtliche Umsatzbegriffe sind die Parteien nicht gebunden (Lindner-Figura NZM 1999, 493). Deshalb sollte genau geregelt sein, welche konkreten Umsätze der Mietberechnung zugrunde liegen sollen. Werden im Übrigen nur die Umsätze des Mieters erfasst, ergeben sich Schwierigkeiten bei einer Änderung der Betriebsart oder im Fall der Untervermietung (Fritz Rn. 98). 13

cc) Umsatzsteuer

Nach § 4 Nr. 12 lit. a Umsatzsteuergesetz sind Mieteinnahmen bei der Vermietung von Grundstücken, von gewissen Ausnahmen abgesehen, von der Umsatzsteuer befreit. § 9 Abs. 1 UStG eröffnet dem Vermieter aber die Möglichkeit, zur Umsatzsteuer zu optieren, dh die Mieteinkünfte umsatzsteuerpflichtig zu erklären, wenn er das Grundstück einem anderen Unternehmer für dessen Unternehmen überlassen hat. Dies ist nach § 9 Abs. 2 UStG aber nur zulässig, wenn der Mieter ausschließlich Umsätze tätigt, die den Abzug von Vorsteuer nicht ausschließen. 14

Der Mehrwertsteuerbetrag ist vom Mieter nur dann geschuldet, wenn der Vermieter wirksam zur Umsatzsteuer optiert hat und die Zahlung der Umsatzsteuer vertraglich vereinbart worden ist. Sonst gilt die Steuer als in der Miete enthalten (LG Hamburg ZMR 1998, 294; Westphal ZMR 1998, 262, 264). 15

Will der Vermieter nach Abschluss des Mietvertrages optieren und die Umsatzsteuer auf den Mieter abwälzen, erfordert auch dies eine eindeutige Vereinbarung (LG Hamburg NZM 1998, 294; LG Berlin GE 1995, 497; Schmid NZM 1999, 292, 293). 16

Wurde in wirksamer Weise vertraglich geregelt, dass der Mieter auf die Miete die Umsatzsteuer übernimmt, muss der Vermieter auch tatsächlich optieren. Er kann aber von seinem steuerrechtlichen Widerrufsrecht Gebrauch machen, wenn der Mieter ungeachtet des Mehrwertsteuernachweises in den Rechnungen keine Umsatzsteuer bezahlt. Nach Beendigung des Mietvertrages ist der Vermieter aber nicht mehr verpflichtet, rückwirkend zu optieren, wenn der Mieter alsdann die Mehrwertsteuer zahlt (OLG Hamm NZM 1998, 575). 17

18 Das Erfordernis einer Vereinbarung der Umsatzsteuer gilt auch für die Übernahme der Steuer auf die Betriebskostennachzahlung. Ist vereinbart, dass die Miete »zuzüglich Umsatzsteuer« geschuldet ist, ist die Nachzahlung aus einer Betriebskostenabrechnung hiervon ausgenommen (OLG Düsseldorf WuM 1993, 411, 412). Im Hinblick auf den einheitlichen Begriff der Miete, der die Betriebskosten mit umfasst, wird auch das Gegenteil vertreten (OLG Karlsruhe ZMR 1998, 178).

19 Ist im Mietvertrag die Umsatzsteuer auf die gesamten Betriebskostenvorauszahlungen festgelegt, folgt aus der Auslegung der Regelung, dass die Umsatzsteuer (auch) auf den endgültigen Abrechnungsbetrag zu übernehmen ist (Schmid NZM 1999, 293).

20 Probleme entstehen, wenn im Mietvertrag eine Miete zuzüglich Umsatzsteuer vereinbart ist, eine Umsatzsteuer aber nicht anfällt. Hier gilt grundsätzlich, dass eine nicht anfallende Umsatzsteuer vom Mieter auch nicht zu zahlen ist. Eine Ausnahme hiervon kann gelten, wenn der Mieter sich bei Abschluss des Vertrages bereit erklärt hat, den vom Vermieter geforderten Gesamtpreis zu bezahlen und zwar ohne Rücksicht auf die steuerlichen Gegebenheiten bei Mieter und Vermieter (BGH ZMR 2009, 436 und hierzu Ortmanns/Neumann ZMR 2010, 91 ff.).

21 Zur Umsatzsteuer s. im Übrigen Kap. 15 Rdn. 126 und Kap. 31 Rdn. 188 ff. Zur Behandlung der Umsatzsteuer speziell bei Mietnebenkosten s. Schmid Handbuch der Mietnebenkosten, Rn. 1080 ff.

5. Besondere Mietvereinbarungen

a) Mietvorauszahlung

22 Die Mietvorauszahlung ist die Leistung eines bestimmten Betrages durch den Mieter, mit dem die Miete für die entsprechende Zeit bis zum Verbrauch der Vorauszahlungen im Voraus getilgt wird. Der Vermieter ist im Gegensatz zum Baukostenzuschuss in der Verwendung des Geldes frei.

aa) Nicht preisgebundener Wohnraum – Gewerberaum

23 In § 547 Abs. 1 BGB ist die Erstattung im Voraus entrichteter Miete geregelt, wobei eine Verzinsungspflicht besteht. Gemeint sind damit Fälle, in denen das Mietverhältnis (gleich aus welchem Grund) vor dem »Abwohnen« der Vorauszahlung endet. Denkbar sind also vornehmlich der Zeitablauf, die Kündigung, der Aufhebungsvertrag, der Eintritt einer auflösenden Bedingung, gleichermaßen auch die Kündigung durch den Erwerber in der Zwangsversteigerung. Durch die Rechtsfolgenverweisung (BGHZ 54, 347) auf die bereicherungsrechtlichen Vorschriften in § 547 Abs. 1 S. 2 BGB ist klargestellt, das dem Mieter ein Erstattungsanspruch auch dann zusteht, wenn der Vermieter die Vertragsbeendigung nicht zu vertreten hat. Eben so wenig kommt es auf ein Verschulden des Mieters an (LG Mönchengladbach WuM 1989, 78).

24 Herauszugeben ist die noch nicht abgewohnte Mietvorauszahlung, wobei der Vermieter gem. § 818 Abs. 3 BGB einwenden kann, dass die Vorauszahlung wirtschaftlich nicht mehr in seinem Vermögen vorhanden ist (Feldhahn in Elzer/Riecke Mietrechtskommentar, § 547 Rn. 8).

25 Abweichende Vereinbarungen zum Nachteil des Mieters von Wohnraum sind unwirksam (§ 547 Abs. 2 BGB). Bei Gewerberaummietverhältnissen sind abweichende Vereinbarungen nicht ausgeschlossen (OLG Düsseldorf ZMR 1992, 110). Formularmäßige Vereinbarungen sind aber an §§ 307, 309 Nr. 6 BGB zu messen.

bb) Preisgebundener Wohnraum

Die Zulässigkeit der Vereinbarung einer Mietvorauszahlung beurteilt sich hier nach den Vorschriften der § 9 WoBindG. S. Kap. 30 Rdn. 60 ff. 26

b) Mieterdarlehen

aa) Preisfreier Wohnraum

Die Tilgung des Darlehens erfolgt in der Regel durch Verrechnung der Miete entsprechend deren Fälligkeit (Schmidt-Futterer/Eisenschmid § 535 Rn. 606). 27

Die Abgrenzung des Mieterdarlehens zur Mietvorauszahlung richtet sich nach dem Zweck der Kreditvereinbarung, wobei auf die Loslösung von mietrechtlichen Zusammenhängen, insbesondere vom Verwendungszweck wie etwa der Herstellung der Wohnung abzustellen ist: Das echte Mieterdarlehen steht bezugslos zur den mietvertraglichen Verhältnissen. § 547 BGB findet keine Anwendung (BGH GuT 2003, 86). 28

Sind indessen Bezüge zum Mietvertrag festzustellen, liegt kein Mieterdarlehen, sondern eine Mietvorauszahlung oder ein Baukostenzuschuss vor. So etwa, wenn der nicht abgewohnte Teil eines zur Errichtung eines Gebäudes zur Verfügung gestellten Betrages dem Zahlenden bei Auszug zu erstatten ist (BGH GuT 2003, 86). 29

bb) Preisgebundener Wohnraum

Siehe hierzu § 9 WoBindG (Kap. 30 Rdn. 60 ff.). 30

c) Baukostenzuschuss

Durch den Baukostenzuschuss erhält der Vermieter vom Mieter Finanzierungsmittel zum Bau oder zur Modernisierung. Die Abgrenzung zur Mietvorauszahlung und zum Mieterdarlehen richtet sich danach, ob die Parteien eine Erstattung der Mieterleistung oder eine Verrechnung mit der Miete vereinbart haben. Gibt es eine solche Abrede, liegt kein Baukostenzuschuss vor (Schmidt-Futterer/Eisenschmid § 535 Rn. 616). 31

Der BGH hat im Zusammenhang mit der Leistung des Mieters zur Errichtung eines Wohngebäudes und einer Vereinbarung, wonach der nicht abgewohnte Teil dem Mieter bei vorzeitigem Auszug zu erstatten ist, festgestellt, dass zwischen den Parteien ein Mietvertrag zustande kommt (BGH GuT 2003, 86 = NZM 2003, 314). Die Höhe der Miete kann durch das Gericht in ergänzender Vertragsauslegung oder rechtsentsprechend der §§ 612 Abs. 2, 632 Abs. 2 BGB bestimmt werden (so schon BGH WuM 1997, 545). 32

Von einem verlorenen Baukostenzuschuss spricht man, wenn nach den Vereinbarungen der Parteien die Leistung des Mieters weder verrechnet noch bei Vertragsende erstattet werden soll (Schmidt-Futterer/Eisenschmid § 535 Rn. 616). 33

Verlorene Baukostenzuschüsse können auch in Sach- oder Arbeitsleistungen des Mieters bestehen (Schmidt-Futterer/Gather § 547 Rn. 15). 34

Die Rückerstattung verlorener Baukostenzuschüsse als Leistung des Mieters frei finanzierten Wohnraums richtet sich nach Art. IV des Gesetzes zur Änderung des II. WoBauG, das dem § 547 BGB nachgebildet ist (Schmidt-Futterer/Gather § 547 Rn. 17 und 18). Für den Bau steuerbegünstigter Wohnungen gilt dies nicht (Schubart/Kohlenbach/Bohndick § 50 II. WoBauG Anm. 2). 35

Für die Rückforderung nicht verbrauchter Zuschüsse des Gewerberaummieters gilt § 812 Abs. 1 S. 2 BGB, sofern der Mietvertrag vorzeitig endet (Schmidt-Futterer/Gather § 547 36

Rn. 19) oder der laufende Mietvertrag wegen Verstoßes gegen § 550 BGB als unbefristet gilt (BGH ZMR 1990, 332).

37 Beim öffentlich geförderten Wohnraum ist die Leistung verlorener Baukostenzuschüsse grundsätzlich unzulässig, es sei denn, sie erfolgen von dritter Seite (Verwandte, Arbeitgeber) zugunsten des Mieters und begründen keine Verpflichtung für diesen (§ 50 Abs. 1 II. WoBauG).

d) Gebühr bei Vertragsabschluss

38 Die Vereinbarung einer Bearbeitungsgebühr, die der Mieter dem Vermieter für die Ausstellung des Vertrages zu zahlen hat, kann durch Individualvereinbarung festgelegt werden (Schmid WuM 2009, 558 [559] m.w.N.). Dagegen ist eine entsprechende Vereinbarung in Allgemeinen Geschäftsbedingungen nach § 307 Abs. 1 S. 1 BGB unwirksam. Eine Vertragsabschlussgebühr ist nicht Bestandteil der Miete, sondern deckt Auslagen, die dem Vermieter im Zusammenhang mit der Vermietung entstehen. Dabei handelt es sich um Tätigkeiten, die im nahezu ausschließlichen Interesse des Vermieters liegen und die dieser nach dem Gesetz selbst zu tragen hat. § 307 Abs. 3 S. 1 BGB steht deshalb einer Inhaltskontrolle nicht entgegen. Trotz einiger gesetzlicher Regelungen, die eine Umlegung von Verwaltungskosten auf den Mieter ausdrücklich zulassen, weicht eine Vertragsabschlussgebühr von dem wesentlichen Grundgedanken des § 535 BGB ab, dass Verwaltungskosten vom Vermieter zu tragen sind. Diese Abweichung indiziert eine unangemessene Benachteiligung Dieses Indiz kann im Rahmen der erforderlichen Interessenabwägung nicht entkräftet werden, da das bloße Kostenabwälzungsinteresse des Vermieters die Belastung des Mieters nicht rechtfertigt (Schmid WuM 2009, 558 ff.).

6. Fehlende Vereinbarung zur Miete

39 Enthält der Mietvertrag keine Festlegung einer bestimmten, konkret geschuldeten Miete, scheitert das Zustandekommen des Vertrages dadurch nicht. Es ist insoweit ausreichend, dass die Parteien sich auf eine bestimmbare Miete einigen (BGH NJW 2002, 3016). Darüber hinausgehend reicht es aus, wenn die Parteien sich bindend über die entgeltliche Gebrauchsüberlassung als solche einigen. Alsdann gilt eine angemessene oder ortsübliche Miete als vereinbart (BGH WuM 1992, 313). Die letztgenannte Entscheidung fiel zum Gewerberaummietrecht, wobei es der BGH offen ließ, ob die genaue Höhe durch das Gericht oder vom Vermieter nach billigem Ermessen festzusetzen ist.

40 Im Zweifel gilt aber der Mietvertrag als nicht zustande gekommen, wenn überhaupt keine Einigung über die Miete erzielt wurde (KG NZM 2000, 1229, 1230). Im entschiedenen Fall führte auch die ergänzende Auslegung des Vertrages im Zusammenhang mit der Mietzahlung zu keiner Klärung. Der Vermieter hatte in der Klageschrift vortragen lassen, dass eine konkrete Vereinbarung über die Miethöhe nicht erfolgte und dass Einigkeit darüber bestand, dass dies in einem Mietvertrag noch im Einzelnen geregelt werden sollte, was nicht der Fall war.

41 Im Regelfall wird jedoch über die ergänzende Vertragsauslegung oder eine analoge Anwendung von §§ 612 Abs. 2, 632 Abs. 2 BGB eine angemessene oder ortsübliche Miete zu ermitteln sein (PWW/Elzer § 535 Rn. 17).

42 Besteht hinsichtlich der Miethöhe ein offener Einigungsmangel, haben die Vertragsparteien aber mit dem tatsächlichen Vollzug des Vertrages begonnen, kann sich eine Partei nicht auf den Grundsatz des § 154 Abs. 1 BGB berufen, wonach der Vertrag im Zweifel als nicht geschlossen gilt (LG Landau/Pf. WuM 1997, 428). In diesem Fall ging die Vereinbarung der Parteien dahin, dass der Mieter auch ein solcher sein sollte. Die Wohnungsschlüssel waren übergeben worden, der Mieter führte Renovierungsarbeiten durch, bezahlte Miete.

II. Mietpreisbegrenzung – § 5 WiStG

Da § 5 WiStG – eine Vorschrift des »Mietpreisstrafrechts« – eine Einschränkung der Vertragsfreiheit bewirkt, können Vereinbarungen über die Miethöhe nicht in beliebiger Höhe wirksam geschlossen werden (vgl. Kinne GE 2009, 880 ff.; Busz Die Äquivalenz im freifinanzierten Wohnraummietrecht, Diss. Hannover 2002). Zur Fortgeltung der Preisvorschriften der ehemaligen DDR vgl. LG Neuruppin ZMR 2004, 587; zur Abgrenzung zum Wucher vgl. AG Hamburg WuM 2008, 565. 43

1. Normzweck

§ 5 WiStG wird als Nachfolgeregelung des § 4 PreistreibereiVO von 1923 verstanden (vgl. Herrlein/Kandelhard § 5 WiStG Rn. 1). Normzweck des § 5 WiStG ist der Schutz des Mietervermögens und die Förderung des allgemeinen Wohnungsmarktes durch Verhinderung von Wettbewerbsstörungen. Nach Langenberg (ZMR 2005, 97 ff. = GS Sonnenschein 2003, 489, 490, 494) soll § 5 WiStG der Ausnutzung des geringen Angebots im Interesse einer funktionierenden (und sozialen) Marktwirtschaft entgegenwirken. Zutreffend verweist Lammel (Wohnraummietrecht 3. Aufl., § 5 WiStG Rn. 28) darauf, dass § 5 WiStG weder zur Wohnraumbewirtschaftung noch zur Wohnraumlenkung herangezogen werden darf. § 5 WiStG ist zwar rechtspolitisch umstrittenen, aber verfassungsgemäß (vgl. BVerfG WuM 1999, 382 sowie Schmidt-Futterer/Blank Anhang zu § 535 Rn. 1). Das OLG Celle (WuM 1996, 562) schreibt zum Normzweck von § 5 WiStG: »Nach Sinn und Zweck der Regelung solle die wirtschaftliche Ausnutzung eines geringen Wohnungsangebots zulasten breiter Bevölkerungsschichten, die die hohen Mieten nicht bezahlen können, verhindert werden.« Der BGH (ZMR 2004, 410) sieht in § 5 WiStG keine Norm, die – jedenfalls nicht vorrangig – Wettbewerbsstörungen verhindern soll. Der Vermieter soll davon abgehalten werden, die unausgewogene Lage am Wohnungsmarkt zur Erzielung einer unangemessen hohen Miete auszunutzen. Zur ratio legis vgl. auch HessStGH WuM 1999, 385, 389 l. Sp. und Jungemeyer ZMR 2007, 936 ff.; MüKo/Artz § 557 Rn. 64 sowie Langenberg FS Blank S. 292: Sozialschutznorm. Die Vorschrift soll Appell- und Präventivfunktion haben (Herrlein/Kandelhard § 5 WiStG Rn. 2). Durch die aktuelle BGH-Rechtsprechung hat § 5 WiStG viel von seiner Bedeutung verloren (vgl. Börstinghaus NZM 2006, 721 ff.). 44

Behauptet der Mieter permanent, sein Vermieter kassiere eine verbotswidrig überhöhte Miete, so kann dies im Einzelfall bei einer Einliegerwohnung zur Kündigung führen, auch wenn das Mietverhältnis langfristig angelegt war (AG Hamburg-Blankenese WE 2005, 18). 45

2. Grenzen der Mietpreisvereinbarung

§ 5 WiStG ist insbesondere zivilrechtlich als Verbotsgesetz i.S.v. § 134 BGB von (bis 2004 sogar erheblicher) wirtschaftlicher und rechtlicher Bedeutung. Bereits ein Verstoß nur gegen den objektiven Tatbestand der Norm führt zur Teilnichtigkeit der Miethöhevereinbarung, wobei die individuelle Situation des Mieters kaum Relevanz hatte (vgl. Schmidt-Futterer/Blank Nach § 535 Rn. 77 ff.). Der sich aus § 812 BGB ergebende Rückzahlungsanspruch des Mieters verjährt nunmehr in drei Jahren (§ 195 BGB; Schmidt-Futterer/Blank Nach § 535 Rn. 86–88). 46

3. Anwendungsbereich

47 Der Anwendungsbereich der Vorschrift (vgl. MüKo/Artz § 557 Rn. 67) beschränkt sich auf frei finanzierte Mietverhältnisse. § 5 WiStG ist nur auf **Wohn**raummietverhältnisse anwendbar, hierzu zählen auch Mischmietverhältnisse mit überwiegender Wohnraumnutzung (vgl. Schmidt-Futterer/Blank Nach § 535 Rn. 10; Bub/Treier II Rn. 681a m.w.N., Herrlein/Kandelhard § 5 WiStG Rn. 2, LG Berlin GE 2002, 1606); für Geschäftsräume gilt § 4 WiStG. Der Gesetzeswortlaut (»Vermietung von Räumen zum Wohnen«) ist weit gefasst und bedeutet, dass diese Vorschrift auch Räume betrifft, die eigentlich nicht zum Wohnen bestimmt sind, aber zu Wohnzwecken überlassen werden, z.B. Vermietung eines Kellers oder einer Garage zum Wohnen (vgl. OLG Hamburg WuM 1983, 255). Für preisgebundenen Wohnraum gelten ab 01.01.2002 die §§ 28, 52 Abs. 1 Nr. 5 WoFG. Gem. der zwingenden Norm des § 28 Abs. 2 WoFG darf der Vermieter eine Wohnung nicht gegen eine höhere als die in der Förderzusage erwähnte höchstzulässige Miete zum Gebrauch überlassen. Die Bußgeldbewehrung folgt aus § 52 Abs. 1 Nr. 4 WoFG. Im Laufe des Mietverhältnisses kann die Miete nach den §§ 558 ff. BGB bis zur ortsüblichen Vergleichsmiete, maximal bis zur Limitierung in der Förderzusage erhöht werden (vgl. MieWo/Schmid § 28 WoFG Rn. 9).

48 Bei gewerblicher Zwischenvermietung gem. § 565 BGB (vgl. Schmidt-Futterer/Blank, Nach § 535 Rn. 9) gilt § 5 WiStG nur im Verhältnis Zwischenmieter – Untermieter (vgl. OLG Celle WuM 1996, 562). Im Verhältnis von Zwischenvermieter und Eigentümer ist § 5 WiStG unanwendbar, da insoweit das Tatbestandsmerkmal »Vermietung von Räumen zum Wohnen« nicht erfüllt ist. Eine solche Vermietung ist wie die Vermietung gewerblicher Räume zu behandeln (vgl. zu § 4 WiStG Neuhaus NZM 2009, 646 sowie OLG Schleswig Info M 2008, 375). Dies gilt selbst, wenn die Weitervermietung aus sozialen Gründen ohne Gewinnerzielungsabsicht erfolgt.

49 Zum Sonderfall des betreuten Wohnens vgl. AG Neuwied NZM 2004, 702 ff.; zur Bedeutung bei Staffelmiete vgl. MüKo/Artz § 557a Rn. 10.

4. Tatbestandsvoraussetzungen

50 Die nachfolgend genannten Voraussetzungen müssen in der Regel schon bei Vertragschluss vorliegen und sind für die jeweiligen folgenden Zeiträume neu festzustellen. Wird das Entgelt (i.d.R. die Miete) nach Vertragschluss wegen Modernisierungen des Vermieters nach § 559 BGB (dies gilt nicht für die Mieterhöhung im Zustimmungsverfahren nach § 558 BGB, wenn der Mieter freiwillig einer höheren Miete zustimmt, vgl. Herrlein/Kandelhard § 5 WiStG Rn. 10; LG Berlin GE 2002, 860) erhöht, kann jedoch allein hierdurch nachträglich der Tatbestand des § 5 WiStG erfüllt werden. Der spätere Wegfall des geringen Angebots ändert allerdings nichts an der einmal eingetretenen Teilunwirksamkeit der Entgeltabrede (LG Hamburg ZK 7, WuM 1999, 338; Schläger ZMR 2000, 421, 422 und ZMR 1999, 440, 441). Unter Entgelt fallen alle geldwerten Gegenleistungen des Wohnraummieters für die Gebrauchsüberlassung der Wohnung. Zum gemischten Vertrag etwa über eine Hauswartswohnung wird verwiesen auf Riecke WuM 2003, 663 ff.

51
- Fordern, Versprechen lassen oder – insbesondere in Fällen des § 566 BGB – Annehmen
- Vorliegen eines »**geringen Angebots**« an **Wohn**raum (§ 5 Abs. 2 S. 1 WiStG)
- »**Ausnutzen**« des geringen Angebots durch den Vermieter

– Überschreiten der Wesentlichkeitsgrenzen durch die vereinbarte Miete:
  (1) Entgelt/Miete von **über 120 %** der ortsüblichen Vergleichsmiete (§ 5 Abs. 2 S. 1 WiStG), Ausnahme: Der Vermieter kann entsprechend hohe laufende Aufwendungen nachweisen. Ein Zuschlag wegen teilgewerblicher Nutzung wird in die Bewertung nicht mit einbezogen (Sternel Mietrecht aktuell III Rn. 31; OLG Brandenburg WuM 2007, 14).
  (2) Entgelt/Miete von **über 150 %** der ortsüblichen Miete selbst bei höheren laufenden Aufwendungen i.S.d. § 5 Abs. 2 S. 2 WiStG.

a) »Geringes Angebot« an Wohnraum

Ein geringes Angebot wird bejaht, wenn das »örtliche Angebot die Nachfrage nicht um wenigstens 5% übersteigt« (LG Hamburg ZK 16, WuM 1994, 696). Bei einer Leerstandsreserve von bis zu 5 % greift § 5 WiStG also nach h.M. (zweifelnd BGH ZMR 2005, 530 m. Anm. Riecke) noch ein (vgl. Schmidt-Futterer/Blank Nach § 535 Rn. 72, wonach keine Unterversorgung mit Wohnraum erforderlich ist). Maßgeblich ist immer die konkrete Marktsituation. § 5 WiStG erfasst nicht den Standardfall, sondern ist für Störfälle eine Sonderregelung (Herrlein/Kandelhard § 5 WiStG Rn. 8). Dies setzt keine echte Unterversorgung voraus, sondern wird bereits dann angenommen, wenn das Angebot die Nachfrage nicht spürbar übersteigt. Zutreffend hat bereits Sternel (Mietrecht aktuell III Rn. 48 und Mietrecht III Rn. 59) darauf hingewiesen, dass entgegen dem früheren § 2b WiStG (dem Vorläufer des heutigen § 5 WiStG) nicht auf den Stand der Wohnraumversorgung abzustellen ist und es nicht darauf ankommt, ob eine **Mangellage** (so aber noch BGH ZMR 2004, 410; ZMR 2005, 530; krit. Sternel Mietrecht aktuell III Rn. 48) vorliegt. **52**

Ungenau formuliert nämlich der BGH (ZMR 2004, 410 m. Anm. R. Breiholdt): »Das Tatbestandsmerkmal der ‚Ausnutzung eines geringen Angebots‘ ist nur erfüllt, wenn die Mangellage auf dem Wohnungsmarkt für die Vereinbarung der Miete im Einzelfall ursächlich war.« Richtigerweise setzt der Begriff Mangellage gerade weit mehr voraus als ein geringes Angebot (mit Leerstandsreserve). **53**

Umstritten war, ob das Vorhandensein des geringen Angebots nur bei Mietvertragsabschluss bzw. zu Mietvertragsbeginn vorliegen muss (OLG Hamburg ZMR 1999, 329 = WuM 1999, 209; das OLG Frankfurt ZMR 2000, 755 hat sich inzwischen der Auffassung des OLG Hamburg angeschlossen) oder jedes Jahr neu zu überprüfen ist. D.h., streitig war insbesondere, ob alle Tatbestandsmerkmale der Verbotsnorm während des gesamten Zeitraums vorliegen müssen, wozu auch das Merkmal des »geringen Angebots« zählt (LG Frankfurt/M. WuM 1999, 393; KG WuM 1995, 384; Schläger ZMR 1999, 437, 440). **54**

Als Indizien für das Vorliegen eines geringen Angebots werden angesehen: **55**
– Signifikantes Ansteigen der Nachfragen Wohnungssuchender beim Wohnungsamt
– Geltung einer Zweckentfremdungsverordnung im betreffenden Gebiet
– Hohe Zahl registrierter Fälle von Obdachlosen
– Behördlich erstellte hohe Bedarfsprognosen
– Existenz einer landesrechtlichen Verordnung (vgl. § 577a Abs. 2 BGB) wegen Gefährdung der Wohnraumversorgung
– Staatliche Förderprogramme zur Verbesserung der Wohnraumversorgung
– Schnelleres Steigen des Mietpreisindexes als des Verbraucherpreisindexes für Deutschland
– Steigen des Anteils der Wohnkosten am Einkommen der Nutzer
– Diktat der Mietbedingungen durch den Vermieter
– 6-monatige Wohnungssuche des Mieters (AG Hamburg v. 01.06.2005, 46 C 605/01).

56 Als Gegenindizien werden gewertet:
- Nachhaltig strukturell bedingter Leerstand von Wohnraum
- Mietsenkungen bei Neuvermietungen
- Vergebliche Zeitungsanzeigen der Vermieter
- Aufhebung von Zweckentfremdungsverordnungen
- Aufhebung von Verordnungen gem. § 577a Abs. 2 BGB
- Einseitiger Verzicht des Vermieters auf das Recht zur ordentlichen Kündigung.

57 Die Wirkung dieser Indizienkataloge darf nicht überschätzt werden. Insbesondere Lammel (a.a.O. Rn. 27) moniert, dass bei Anwendung der Positivindizien seit 1900 bzw. spätestens seit In-Kraft-Treten des WiStG ein geringes Angebot geherrscht haben müsste. Hinzu kommt, dass auch aus politischen Gründen z.B. eine Zweckentfremdungsverordnung nicht aufgehoben werden könnte. Ganz generell droht die Gefahr eines Zirkelschlusses (vgl. LG Berlin GE 2003, 671) von der Zweckentfremdungsverordnung auf das geringe Angebot und umgekehrt. § 5 WiStG muss eine Sondervorschrift für Störungen der Marktmechanismen bleiben. So hat das AG Hamburg-Barmbek (ZMR 2004, 919 = WE 2005, 17) die Bejahung eines geringen Angebots in Hamburg nicht mehr auf die Auskunft der Behörde (Amt für Wohnungswesen) v. 24.04.1998 für einen Mietvertrag aus dem Jahr 2003 stützen mögen.

58 Das geringe Angebot kann sich – nur bei subjektiver Betrachtung – allein schon aus der Zugehörigkeit zu einer bestimmten Personengruppe (subjektiver Teilmarkt) ergeben, so etwa bei Studenten oder Ausländern (OLG Hamm WuM 1986, 206 = ZMR 1986, 292).

b) Ausnutzen

59 Das Vorliegen des (doppelten) Tatbestandsmerkmals »infolge der Ausnutzung eines geringen Angebots an vergleichbaren Räumen« hat nach den Entscheidungen des BGH v. 28.01.2004 (ZMR 2004, 410) und 13.04.2005 (ZMR 2005, 530 m. Anm. Riecke) – Ersterer folgend z.B. OLG Brandenburg WuM 2007, 14; LG Berlin 11.05.2004, Az. 64 S 12/04, dagegen für einen durch Krankheit des Partners beeinträchtigten Mietsuchenden für ein Objekt im Bereich des betreuten Wohnens AG Neuwied (NZM 2004, 702, 705) – eine erhebliche praktische Bedeutung im Hinblick auf das »Ausnutzen« erlangt (Jungemeyer ZMR 2007, 938; zur Unerlässlichkeit dieses Merkmals bereits MüKo/Artz § 557 Rn. 72). Der Mieter muss nämlich nunmehr darlegen und ggf. beweisen, welche Bemühungen er bei der Wohnungssuche bisher unternommen hat, weshalb diese erfolglos geblieben sind und dass er mangels einer Ausweichmöglichkeit nunmehr auf den Abschluss des ihm ungünstigen Mietvertrags angewiesen war. Dies führt gerade bei schon älteren Mietverhältnissen zu erheblichen Darlegungs- und Beweisproblemen für den Mieter. Schon nach Auffassung des BVerfG bedurfte es konkreter Feststellungen im Rahmen des § 5 WiStG (vgl. BVerfG WuM 1999, 382). Gelingt es dem Mieter den Vermieter (erheblich) herunterzuhandeln, soll § 5 WiStG nicht erfüllt sein (LG Wiesbaden WuM 1999, 338) mangels »Ausnutzen« des geringen Angebots (Herrlein/Kandelhard § 5 WiStG Rn. 12). Dagegen formliert das OLG Brandenburg (WuM 2007, 14): Ausnutzen i.S.d. § 5 WiStG (Mietpreisüberhöhung) bedeutet nach seinem Wortsinn das bewusste Zunutze machen, einer für den anderen Teil ungünstigen Lage; dazu gehört mindestens, dass der Vermieter erkennt oder in Kauf nimmt, dass der Mieter sich in einer Zwangslage befindet, weil er aus nachvollziehbaren gewichtigen Gründen nicht auf eine preiswertere Wohnung ausweichen kann.

60 Ein »**Ausnutzen**« liegt vor, wenn durch Gestaltung des Mietpreises der Marktmechanismus ausgeschaltet wird, dh kein Ausweichen auf billigeren Wohnraum möglich ist (Lammel § 5 WiStG Rn. 31). Ausgenutzt werden muss das geringe Angebot, nicht die exklusiven Wünsche des Mieters.

Umstritten war, ob das Merkmal »Ausnutzen« sich auf den Mieter oder auf das geringe Angebot bezieht (vgl. für Bezug auf geringes Angebot LG Berlin GE 2002, 465; a.A. LG Köln NZM 2002, 340). Nach Auffassung des BGH (ZMR 2004, 410) ist auch auf die Situation des Mieters im Einzelfall abzustellen (vgl. auch LG Aachen NZM 2001, 466; LG Berlin GE 2003, 189 und GE 2002, 1267; mit zust. Anm. Schach GE 2002, 1234; OLG Braunschweig ZMR 2000, 18 = WuM 1999, 684 = GE 2000, 408). Damit ist nicht mehr ohne Bedeutung, ob der Mieter sich in einer Not- oder Zwangslage befunden hat. 61

In Konsequenz dieser Sichtweise erscheint es nicht mehr möglich, dass der Vermieter durch ein (unbegründetes) Mieterhöhungsverlangen nach § 558 BGB, das der Mieter durch bloßes Schweigen zum Scheitern bringen konnte, bei dennoch ohne Not erklärter Zustimmung des Mieters einen Verstoß gegen § 5 WiStG begehen kann (so aber noch Schmidt-Futterer/Blank Nach § 535 Rn. 68; Sternel III Rn. 58). 62

Der Begriff wird in der Instanz-Rechtsprechung unterschiedlich interpretiert: 63

Bei der Anspruchsvoraussetzung des »**Ausnutzens**« nach § 5 Abs. 2 S. 1 WiStG handele es sich um ein anspruchsbegründendes Merkmal. Der Kläger habe unabhängig davon, wie hoch letztlich die Anforderungen sein mögen, die an die Darlegungslast zu stellen sind, das Vorliegen dieser Voraussetzungen zunächst vorzutragen. Sachvortrag zum Ausnutzen des geringen Angebots könne auch nicht mit der Begründung als entbehrlich angesehen werden, dass es sich dabei um einen subjektives Tatbestandsmerkmal handele, dessen Vorliegen für die Nichtigkeit der Mietzinsvereinbarung nicht erforderlich sei (LG Hamburg ZK 7 v. 06.05.1999, Az. 307 S 204/98).

Ein geringes Angebot werde bereits dann vom Vermieter ausgenutzt, wenn feststehe, dass der überhöhte Mietzins nicht erzielt worden wäre, wenn ein ausreichendes Angebot an Wohnraum vorhanden gewesen wäre (LG Hamburg ZK 16, ZMR 2000, 677 = NZM 2000, 1002 und ZK 11 v. 04.06.1999, Az. 311 S 152/98; vgl. Sternel III Rn. 63; LG Hamburg ZK 16, NZM 2000, 820 = WuM 2000, 424). 64

Es gibt keine Automatik zwischen der Annahme eines geringen Angebots und der Ausnutzung desselben. Bei dem Erfordernis der objektiven Umstände kann nicht von einem »Ausnutzen« gesprochen werden, wenn der Mieter nicht wenigstens ansatzweise »Marktforschung« betrieben oder gar ohne Kenntnis des Marktangebotes die Wohnung angemietet hat (LG Köln ImmobilienPuR 5/99, S. 48). Ein solcher Mieter ist nicht schutzwürdig – es kann nicht allein auf eine mögliche Mietpreisüberhöhung abgestellt werden (LG Krefeld v. 26.05.1999, Az. 2 S 24/99). Der Mieter muss i.E. darlegen, dass er in Kenntnis des Marktangebots die Wohnung angemietet habe. Dazu ist Sachvortrag darüber nötig, auf welche Weise er sich im ganzen Stadtgebiet umgesehen habe, Anlass des Umzugs, Zeit- und Mittelaufwand bei der Wohnungssuche, Anzahl zugegangener Angebote und den Verlauf der Vertragsverhandlungen mit dem Vermieter werden verlangt (so LG Frankfurt/M. WuM 1998, 167). Ferner hat der Mieter darzulegen, in welchem räumlichen Bereich er welche Art von Wohnungen gesucht hat (LG Köln WuM 1999, 123; näher zur Rechtsprechung in Köln Scholl NZM 1999, 396). Insbesondere darf der Wohnungssuchende sich nicht auf ein bestimmtes bevorzugtes Stadtgebiet fixieren. Diese Darlegung des Mieters sei notwendig, um mit der Behauptung erfolgreich sein zu können, dass ihm ein marktgerechtes Verhalten durch Ausweichen auf Alternativangebote nicht möglich gewesen sei (vgl. Lammel § 5 WiStG Rn. 58–61). 65

Nach nunmehriger Auffassung des LG Hamburg (ZK 16, ZMR 2005, 458) fehlt es am Ausnutzen einer sog. »Mangellage«, wenn der Mieter seine Suche nach Wohnraum aus persönlichen Gründen auf ein bestimmtes Stadtgebiet einer Großstadt beschränkt hat. 66

67 Das AG Hamburg-Barmbek (ZMR 2004, 919 = WE 2005, 17) verneint ein »Ausnutzen« eines geringen Angebots schon dann, wenn der Mieter – ohne eine begründete Aussicht auf eine neue Wohnung in derselben Stadt – durch die eigene Kündigung sich in die Lage des Wohnungssuchenden gebracht hat. Das AG Mönchengladbach (WuM 2007, 590) meint, der Vermieter müsse die Zwangslage des Mieters gekannt haben.

c) Kausalität

68 Bereits der eindeutige Wortlaut des Gesetzes und dessen das Kausalitätserfordernis unterstreichende Formulierungen, die Entgeltvereinbarung müsse »infolge der Ausnutzung« eines geringen Angebots an vergleichbaren Räumen zustande gekommen sein, lassen keinen Zweifel daran, dass zumindest ein innerer Zusammenhang zwischen einem geringen Angebot an Wohnraum auf dem allgemeinen Wohnungsmarkt – nur dessen Störungen sollen durch die Norm reguliert werden – und der Anmietung gerade der streitigen Wohnung vorausgesetzt wird (LG Hamburg ZK 7 v. 06.05.1999, Az. 307 S 204/98; vgl. OLG Braunschweig ZMR 2000, 18, 20 = WuM 1999, 684; LG Berlin MM 2004, 410). Die reine Kausalitätsprüfung, die durch Indizien (rückwirkender Abschluss eines Mietvertrags, Bestehen einer Zweckentfremdungsverordnung usw.) erleichtert sein kann, ist immer erforderlich.

5. Sondermarkt/Wohnungsteilmarkt

69 Als Folge der unterschiedlichen Beurteilung des Merkmals »Ausnutzen« in der Instanz-Rechtsprechung, nämlich ob es sich lediglich auf die individuelle Situation des Mieters bezieht oder ob auf die **allgemeine Knappheitssituation** am Wohnungsmarkt abzustellen ist (vgl. Bub/Treier II Rn. 681; LG Mannheim WuM 1999, 467, 468; LG Braunschweig ZMR 1999, 639; OLG Braunschweig ZMR 2000, 18; LG Hamburg ZK 16, WuM 2000, 426; einen anderen Ansatz verfolgt Langenberg FS Blank S. 298) ist auch den in diesem Zusammenhang verwendeten Begriffen »Sondermarkt« und »Wohnungsteilmarkt« dieselbe Problematik immanent. Soll § 5 WiStG auch die Ausnutzung einer nur individuellen Notlage ahnden, oder wird an eine gleichförmig gegebene Marktsituation angeknüpft (sog. Sozialwucher im Gegensatz zum Individualwucher, vgl. Lammel § 5 WiStG Rn. 3 und Sternel III Rn. 31; OLG Hamm ZMR 1986, 292 = WuM 1986, 206, 207). Nach AG Hamburg (ZMR 2003, 849; a.A. Sternel Mietrecht aktuell III Rn. 30a; vgl. auch Herrlein/Kandelhard § 5 WiStG Rn. 10) greift § 5 WiStG nicht ein bei Wohnungen in sog Adressenlagen; hier sei eine teleologische Reduktion der Norm geboten. Nach Herrlein (Herrlein/Kandelhard § 5 WiStG Rn. 9) ist jedenfalls hinsichtlich der Wohnungsgröße ein Teilmarkt zugrunde zu legen. Ob ein geringes Angebot an vergleichbaren Räumen besteht, ist jeweils für die in Betracht kommende Wohnungsgruppe ("Teilmarkt") festzustellen. Für eine Wohnung mit weit überdurchschnittlicher Qualität stellt deshalb der Umstand, dass sie in einem Ballungsgebiet liegt und für die betreffende Gemeinde ein Zweckentfremdungsverbot besteht, kein hinreichend aussagekräftiges Anzeichen für das Vorliegen einer Mangelsituation dar (BGH ZMR 2006, 355).

a) Objektive Umstände

70 **Kein Ausnutzen** eines geringen Angebots soll nach den Entscheidungen nachgenannter Gerichte vorliegen, wenn sich ein Mieter bei der Wohnungssuche auf einen **Sondermarkt** beschränkt, d.h. die Wohnungssuche nur in einem bestimmten bevorzugten, und nicht im gesamten Stadtgebiet vornimmt oder er ein Sonderobjekt anmieten will (LG *Hamburg ZK 7, MDR 1999, 1258*; LG Frankfurt/M. WuM 1998, 169; MDR 1998, 397; LG Wiesbaden WuM 1999, 338 und LG Frankfurt/M. WuM 1998, 359, bestätigt vom

BVerfG WuM 1999, 382; Lammel § 5 WiStG Rn. 26). Dies wird damit begründet, dass als Zweck der Norm der Schutz der sozialen Marktwirtschaft anzusehen sei und damit deutlich werde, dass es nicht Sinn der Norm sein soll, in solche Mechanismen der Preisbildung einzugreifen, die sich außerhalb dieses Bereiches abspielen und unabhängig von der Höhe des Preises nicht an dem Schlagwort des Sozialwuchers (vgl. ZK 7 des LG Hamburg, zwei Urteile v. 15.07.1999 Hamburger Grundeigentum 1999, 289, 291 = auszugsweise MDR 1999, 1258, 1259; LG Köln NJW 1965, 157, 159) gemessen werden können.

In einem solchen Fall hätten die allgemeinen Marktverhältnisse »keine Gültigkeit« und damit komme § 5 WiStG nicht zur Anwendung (LG Frankfurt/M. MDR 1998, 397 f. m. Anm. Riecke/v. Rechenberg). Langenberg (ZMR 2005, 97 ff.) sieht zwar einen Markt für Sonderobjekte, konstatiert jedoch, dass dieser nicht der sozialen Marktwirtschaft unterfällt. 71

Für die Feststellung eines geringen Angebots sind zwar primär objektive Umstände maßgebend, aber subjektive Vorlieben einzelner Mieter oder – mit BGH ZMR 2004, 410 – persönliche Gründe, beispielsweise wegen einer vom Mieter bevorzugten Wohnlage, führen bereits zur Verneinung des Merkmals »Ausnutzen«. 72

In diesem Zusammenhang haben sich die entsprechenden Gerichte auch **gegen** die Bildung von geographischen Wohnungs**teil**märkten ausgesprochen (LG Frankfurt/M. (WuM 1999, 406; HessStGH WuM 1999, 385; LG Hamburg ZK 7, WuM 1999, 338 mit dem Argument des einheitlichen Siedlungsbildes; vgl. auch Sternel III Rn. 37 und 57). Zu dieser Frage hat der BGH mit Urteil v. 13.04.2005 (ZMR 2005, 530 m. Anm. Riecke) entschieden, dass auf das gesamte Gebiet einer Gemeinde/Großstadt und nicht lediglich auf den Stadtteil abzustellen sei, in dem sich die Wohnung befindet. Konsequenz hieraus ist, dass das Tatbestandsmerkmal des »geringen Angebots« nicht erfüllt ist, wenn der Wohnungsmarkt für vergleichbare Wohnungen nur in dem betreffenden Stadtteil angespannt, im übrigen Stadtgebiet aber entspannt ist. 73

Zum Teil wird in diesem Zusammenhang die Auffassung vertreten, § 5 WiStG sei seinem Ausgangspunkt nach nur auf Mietevereinbarungen über Wohnraum anwendbar, für den es einen Markt gibt, auf dem Wohnungen angeboten werden, die mit der betreffenden Wohnung vergleichbar sind (LG Hamburg ZK 7, NZM 2000, 30; ZMR 2000, 676 = WE 2000, 254; LG Wiesbaden WuM 1999, 338). Diese Auffassung bedeutet, dass zumindest bei fehlenden Vergleichsobjekten Klagen der Mieter wegen Beweisfälligkeit zum Ausnutzungsmerkmal ohne Erfolg bleiben werden. Es wird darauf verwiesen, dass auch bei Betrachtung der Gesetzessystematik sog. Liebhaber- und Luxusobjekte nicht von § 5 WiStG erfasst werden (vgl. Langenberg ZMR 2005, 97 = GS Sonnenschein S. 489, 492, 495). Und auch die anderen Bestimmungen des ersten Abschnitts des WiStG (1954) betreffen Verstöße gegen besondere preisbindende Vorschriften oder Abreden über Entgelte für Gegenstände oder Leistungen des lebenswichtigen Bedarfs. Damit werde deutlich, dass es hier darum gehe, Störungen des Marktgeschehens dort entgegenzuwirken, wo der Nachfrager Güter auf einem Markt beziehen müsse, auf deren Erwerb er zur Befriedigung elementarer Bedürfnisse des täglichen Lebens angewiesen sei. Hierunter fällt insbesondere auch das in § 5 WiStG erfasste Wohnen. Ebenso wenig wie § 4 WiStG darauf abzielt, die Preisbildung im Handel mit Luxusgütern wie z.B. Kaviar oder Champagner zu regulieren, fällt unter den Schutz des § 5 WiStG das Wohnen in besonders exponierter Lage – außerhalb des normalen. Jedenfalls diene § 5 WiStG mit seiner Reglementierung der Miethöhe nicht dazu, einen außergewöhnlichen Wohngeschmack besonders zu schützen, wenn die Mieter aufgrund der hohen Miete alternativ mit dem dafür aufgewendeten Geld auch in der Lage gewesen wären, in Stadtrandlage ein Einfamilienhaus zu mieten oder in Vorortlage sogar ein solches zu finanzieren. 74

b) Subjektive Umstände

75 Die – durch BGH ZMR 2004, 410 und BGH ZMR 2005, 530 m. Anm. Riecke überholte – Gegenauffassung stellt fest, dass auch bei Wohnraum in hervorstechender Lage der Mieter sich auf eine unzulässig überhöhte Miete berufen könne (LG Hamburg ZK 16, ZMR 2000, 677 = MDR 2000, 1006). Dabei sei nicht auf die allgemeinen Nachfragesituation abzustellen, sondern auf den für die Bewertung relevanten (personen- bzw. wohnungsbezogenen) Teilmarkt einschließlich der persönlichen Situation des Nachfragenden (AG Frankfurt/M. NZM 2000, 618; Lammel § 5 WiStG Rn. 26).

76 Bei der Sachverständigenermittlung des geringen Angebots sei dabei nicht auf den gesamten (hier: Hamburger) Wohnungsmarkt abstellen, sondern auf entsprechende **Teilmärkte** auch in Form von Stadtbezirken (LG Hamburg ZK 11, NZM 2000, 180; a.A. BGH, ZMR 2005, 530 m. Anm. Riecke). Dies solle nicht nur für die Art der zu vergleichenden Wohnungen sowie für die bestimmten Nachfragergruppen gelten, sondern auch für bestimmte Stadtteile. Jedenfalls sei die Heranziehung des »sehr großen Bezirks Hamburg-Mitte« bei der Beurteilung der Nachfragesituation für eine Wohnung mitten in diesem Bezirk nicht zu beanstanden (a.A. zutreffend Lammel § 5 WiStG Rn. 26).

77 Letztlich wird man aber der in Anwaltskreisen als **»Kaviar-Rechtsprechung«** (vgl. Weyhe MDR 2000, 742, 743) bezeichneten erstgenannten Ansicht folgen müssen, mit der Einschränkung, dass keine Verallgemeinerung dahin möglich ist, dass Mietvereinbarungen über eine in besserer Lage oder in einem repräsentativen Gebäude belegene Wohnung per se nicht gegen § 5 WiStG verstoßen könnten. Gerade wenn ausschließlich in einem bestimmten noblen Stadtviertel Wohnraum gesucht wird, greift § 5 WiStG nicht ein (vgl. auch LG Krefeld v. 26.05.1999, Az. 2 S 24/99).

78 Hierzu der BGH (ZMR 2004, 410): »In diesen Fällen bedarf der Mieter nicht des Schutzes, den das Gesetz demjenigen gewähren will, der sich auf die unangemessen hohe Miete nur deshalb einlässt, weil er sonst auf dem unausgewogenen Wohnungsmarkt keine seinen berechtigten Erwartungen entsprechende Wohnung zu finden vermag.«

6. Beweislast

79 Die Darlegungs- und Beweislast des Mieters (BGH ZMR 2004, 410, 411; Herrlein/Kandelhard § 5 WiStG Rn. 32) wird nicht hinsichtlich des Tatbestandsmerkmals »Ausnutzen« erleichtert. Dagegen wird in der Instanzrechtsprechung ein prima-facie-Beweis für das Vorliegen eines »geringen Angebots« zum Teil bejaht, wenn Indizien für ein geringes Angebot sprechen. Nach Ansicht des LG Berlin (NZM 1998, 810) ist dies schon der Fall, wenn die gemietete Wohnung in einem ausgewiesenen Gebiet mit gefährdeter Wohnraumversorgung (§ 577a BGB) liegt. Entsprechendes gelte u.a. bei Bestehen einer Zweckentfremdungsverordnung (vgl. dazu Otto ZMR 2000, 200 = WE 2001, 52), obwohl dies zu einem Zirkelschluss oder gar der Delegation von Rechtsprechung auf die Verwaltung führen kann (so aber LG Berlin ImmobilienPuR 5/2000, 40.1; vgl. auch Lammel § 5 WiStG Rn. 27).

80 Im Prozess ist ein Sachvortrag über die fehlende Leerstandsreserve erforderlich, da ein schlüssiger Vortrag ausnahmslos die Sachverhaltsdarstellung sämtlicher einschlägiger Tatbestandsmerkmale enthalten muss. Ein Anstieg der Mieten im Mietenspiegel kann ein Indiz sein für ein geringes Angebot.

81 Das LG Frankfurt/M. (WuM 1996, 286) hat jedenfalls einen konkreten Vortrag, dass ein *geringes Angebot an vergleich*baren Räumen bestehe, bei einem Sonderobjekt, das nicht in den »allgemeinen Wohnungsmarkt« einzuordnen sei (Zweifamilienhaus mit einer

zulässigen Miete von 4.400 DM), verlangt. Zur Kostentragung für ein die Mangellage (richtig: geringes Angebot) bestätigendes Sachverständigengutachten vgl. AG Hamburg ZMR 2006, 781.

7. Rechtsfolge bei Verstoß gegen § 5 WiStG

Der Mietvertrag ist bei Erfüllung der Tatbestandsvoraussetzungen des § 5 WiStG zwar nicht insgesamt nichtig, sondern lediglich die Miethöheabrede ist, soweit sie die sog Wesentlichkeitsgrenze übersteigt, in Anwendung des § 134 Halbs. 2 BGB partiell unwirksam (OLG Stuttgart WuM 1981, 225 = ZMR 1981, 318; OLG Karlsruhe WuM 1982, 128 = ZMR 1983, 59; BGH WuM 1984, 68 = ZMR 1984, 121; OLG Frankfurt/M. ZMR 2000, 753; MüKo/Artz § 557 Rn. 79; Herrlein/Kandelhard § 5 WiStG Rn. 26). **82**

Der BGH führt hierzu aus, »... dass § 5 WiStG als Mieterschutzvorschrift lediglich die Vereinbarung überhöhter Mieten unterbinden soll. Dieser Schutz würde in sein Gegenteil verkehrt, wenn über den unzulässigen Teil der Mietpreisabrede hinaus der Mietvertrag insgesamt vernichtet würde«. **83**

Im Hinblick auf die Veränderungen der ortsüblichen Vergleichsmiete während der Vertragslaufzeit erscheint es oft ausreichend, diese Vergleichsgröße bei Erscheinen eines neuen Mietenspiegels (nach § 558c Abs. 3 BGB soll er alle 2 Jahre erscheinen) neu zu ermitteln (»gleitende (Teil)Nichtigkeit«; vgl. LG Hamburg, ZK 34 v. 14.11.1996, Az. 334 S 1/96) und bei verspätetem Erscheinen mit Zeitzuschlägen zu arbeiten. **84**

8. Wesentlichkeitsgrenzen

a) Miete von über 120 % der ortsüblichen Vergleichsmiete (§ 5 Abs. 2 S. 1 WiStG)

Als unangemessen hoch definiert § 5 Abs. 2 S. 1 WiStG solche Entgelte, die infolge Ausnutzung eines geringen Angebots an vergleichbaren Räumen die üblichen Entgelte **um mehr als 20 %** übersteigen (sog. Wesentlichkeitsgrenze). **85**

aa) Ortsübliche Miete

Um das Überschreiten der Wesentlichkeitsgrenze feststellen zu können, ist zunächst die **ortsübliche Miete** für das konkrete Objekt nach den mit § 558 BGB identischen Grundsätzen zu ermitteln (OLG Stuttgart WuM 1982, 129 = ZMR 1982, 176): »Bestimmendes Kriterium für die Bemessung der ortsüblichen Vergleichsmiete ist mithin der objektive Wohnwert. Jedenfalls kommen als zusätzliche Bewertungsmerkmale nur solche Umstände in Betracht, die geeignet sind, den objektiven Wohnwert für den Mieter zu beeinflussen.« **86**

»Für die Bemessung des ortsüblichen Mietentgelts sind neben den im Gesetz (§ 5 WiStG) genannten Wohnwertmerkmalen (Art, Größe, Ausstattung, Beschaffenheit und Lage) Umstände, die durch den Mieter der Wohnung begründet werden, wie etwa der Gesichtspunkt der Überbelegung oder der stärkeren Gebrauchsabnutzung oder der unverhältnismäßigen Fluktuation der Mieter, nicht zu berücksichtigen« (OLG Hamm WuM 1983, 108 = ZMR 1983, 238). **87**

Nach § 5 Abs. 2 S. 1 WiStG sind Entgelte »oder damit verbundene Nebenleistungen« zu berücksichtigen. Es sind sämtliche vom Vermieter erbrachte Leistungen zu erfassen, wie etwa Sondernutzungen, Benutzung von Gemeinschaftseinrichtungen (Waschküche, Trockenraum, Garten, Abstellplatz). Bei einer vereinbarten Nebenkostenpauschale, die nicht kostendeckend ist, sind die tatsächlichen Vermieterleistungen heranzuziehen (OLG **88**

Stuttgart WuM 1982, 129 = ZMR 1982, 176). Überhöhte Nebenkostenvorauszahlungen sind wegen der später erfolgenden Abrechnung unschädlich (Herrlein/Kandelhard § 5 WiStG Rn. 5).

bb) Untermietzuschlag

89 Hierzu zählt auch der in § 553 Abs. 2 BGB geregelte Untermietzuschlag. Aus dieser Vorschrift lässt sich jedoch kein allgemeiner Rechtssatz ableiten, dass dem Vermieter bei der im Einzelfall durch besondere Umstände hervorgerufenen besonderen Abnutzung der Mietsache ein pauschaler Zuschlag gestattet sei (OLG Hamm WuM 1986, 206 = ZMR 1986, 292 zu Studentenwohngemeinschaften). Die Zahlung einer höheren Miete kann nach § 553 Abs. 2 BGB nämlich nur dann verlangt werden, wenn ein Unterbleiben einer Mieterhöhung unzumutbar wäre, was nicht nur an der stärkeren Belegung liegen darf.

cc) Möblierung

90 Ein Möblierungszuschlag (vgl. Schmidt-Futterer/Blank Nach § 535 Rn. 27) für die vom Vermieter gestellte **Möblierung** ist anzusetzen, da diese eine geldwerte Gegenleistung darstellt. Auch dieser Zuschlag kann zum Überschreiten der Wesentlichkeitsgrenze führen (Herrlein/Kandelhard § 5 WiStG Rn. 4 a.E.). Über die Höhe des Zuschlags gehen die Meinungen auseinander, wobei ein anteiliger Abschreibungssatz des Mobiliars oder im Einzelfall nach Art und Qualität der Möbel festzustellende Ansätze herangezogen werden.

91 In jedem Fall kommt für einen Zuschlag nur der Zeitraum in Betracht, in dem die diesen begründenden Umstände tatsächlich vorliegen (OLG Hamm a.a.O.).

dd) Sonstiges

92 Der für **teilgewerbliche** (tatsächlich mieterseits gewollte) **Nutzung** der Wohnung zulässige Zuschlag ist jedoch nicht als Teil der Miete im Sinn einer Nebenleistung nach § 5 Abs. 1 WiStG anzusehen.

93 Das LG Berlin (GE 1995, 1549 und GE 1997, 243) führt hierzu überzeugend aus, dass als Nebenleistung sonstige Leistungen des Vermieters zu verstehen sind, die »neben der reinen Raumüberlassung anfallen, etwa bei Heizung oder Möblierung«.

94 **Unzulässig** ist ein Zuschlag wegen der Ausländereigenschaft des Mieters (OLG Stuttgart WuM 1982, 129 = ZMR 1982, 176) oder Zugehörigkeit zu Stationierungskräften (OLG Hamm WuM 1983, 78 = ZMR 1983, 207).

ee) Änderungen der ortsüblichen Vergleichsmiete

95 Bei der Frage der Überschreitung der Wesentlichkeitsgrenze über einen längeren Zeitraum sind **Änderungen** der ortsüblichen Vergleichsmiete zu berücksichtigen (KG WuM 1995, 384 = ZMR 1995, 309 im Anschluss an OLG Hamm WuM 1983, 108 = ZMR 1983, 314 und OLG Frankfurt/M. WuM 1985, 139 = ZMR 1985, 200). Ergänzend wird verwiesen auf Schläger ZMR 2000, 416, Schmidt-Futterer/Blank Nach § 535 Rn. 71 f. und OLG Hamburg ZMR 2000, 216. Nur nach Auffassung der ZK 11 des LG Hamburg (NZM 2000, 662) soll eine nach Vertragsschluss ansteigende ortsübliche Vergleichsmiete bei der Berechnung des Rückzahlungsanspruchs erst dann zugunsten des Vermieters berücksichtigt werden, wenn und soweit sie die bei Vertragsschluss wirksam vereinbarte Miete übersteigt. Aus dogmatischen Gründen hat sich auch Blank (Schmidt-Futterer/Blank Nach § 535 Rn. 71) für das Abstellen auf den Zeitpunkt des Vertragsabschlusses ausgesprochen, anderenfalls sei ein Ansteigen der wirksam vereinbarten Miete bei steigender ortsüblicher Miete nicht zu erklären.

Für die Beurteilung der Teilnichtigkeit ist dagegen nach h.M. in der Rechtsprechung nicht auf den Zeitpunkt der Vereinbarung, sondern auf den vereinbarten **Fälligkeitszeitpunkt** der Miete abzustellen, sodass bei Entfallen der gesetzlichen Voraussetzung der Verbotsnorm – hier: durch Veränderung der ortsüblichen Vergleichsmiete – die Teilnichtigkeit der Mietevereinbarung für diesen Zeitabschnitt aufgehoben wird. 96

Nach dem Rechtsentscheid des OLG Hamm (WuM 1983, 108 = ZMR 1983, 238) war Maßstab für die Länge des zu beurteilenden Zeitraums § 2 Abs. 1 S. 1 Nr. 1 MHG a.F., nämlich der Ein-Jahreszeitraum, heute wäre es ein 15-Monats-Zeitraum gem. § 558 Abs. 1 BGB. In Gebieten mit kontinuierlich erscheinenden Mietenspiegeln wird i.d.R. jeweils mit deren Erscheinen die maßgebliche Vergleichsmiete neu bestimmt. 97

Nach AG Hamburg (DWW 2003, 302) führt das Ansteigen der ortsüblichen Vergleichsmiete zur Heilung der Miethöhenvereinbarung. Ein späteres Absinken der ortsüblichen Vergleichsmiete sei dann unschädlich. 98

ff) Staffelmietvereinbarungen

Durch Rechtsentscheid des OLG Hamburg (NZM 2000, 232 = ZMR 2000, 216 = NJW-RR 2000, 458; Schmidt-Futterer/Blank Nach § 535 Rn. 36, der jetzt auf die aktuelle Staffelmiete abstellt) wurde festgestellt, dass bei Teilnichtigkeit einer **Staffelmietvereinbarung** wegen Verstoßes gegen § 5 WiStG dies nicht zum Wegfall der folgenden Staffelbeträge führt, sondern dass deren Wirksamkeit selbständig im Hinblick auf die ortsübliche Vergleichsmiete im Zeitpunkt des jeweils bestimmten Anfangstermins zu beurteilen ist (a.A. unter Hinweis auf § 139 BGB LG Hamburg NZM 1999, 401 = WuM 1999, 274 im Vorlagebeschluss). Dies bedeutet, dass jeder vereinbarte Staffelsatz zum Zeitpunkt seines vorgesehenen **Anfangstermins** auf seine Vereinbarkeit mit § 5 WiStG anhand der dann feststellbaren Höhe der ortsüblichen Vergleichsmiete zu überprüfen ist. Auch die Rechtssicherheit erfordere nicht eine Fortschreibung des Verdikts der Teilnichtigkeit auf künftige Staffelsätze. Vielmehr spreche der Grundsatz der Verhältnismäßigkeit dafür, es bei der Teilnichtigkeit des aktuell zu beurteilenden Staffelsatzes zu belassen. Der Mieter kann sich der Unwirksamkeit späterer Staffelsätze nicht sicher sein; die beschränkte Vorhersehbarkeit dieser Entwicklung ebenso wie die Unsicherheiten der Feststellungen der aktuellen ortsüblichen Vergleichsmiete sind unvermeidlich. Selbst bei einer überhöhten festen Miete (ohne Staffelsatz) verändert sich die zunächst festzustellende Teilnichtigkeit jeweils nach Maßgabe der Veränderungen der ortsüblichen Vergleichsmiete. In concreto bedeutet dies, dass bei jeder Herausgabe eines neuen Mietenspiegels auch der Umfang der Teilunwirksamkeit neu zu bestimmen ist. Die Entscheidung steht nicht im Widerspruch zum Rechtsentscheid des OLG Hamburg v. 03.03.1999 (NZM 1999, 363 = ZMR 1999, 329), da es dort um das anders strukturierte Tatbestandmerkmal des Ausnutzens eines geringen Angebots ging. 99

gg) Beweismittel

Zur Feststellung der Wesentlichkeitsgrenze dienen die auch im Mieterhöhungsverfahren heranzuziehenden Beweismittel, nämlich einfacher und qualifizierter Mietspiegel und Sachverständigengutachten. Die Auffassungen, welches der drei Erkenntnismittel zu bevorzugen ist, weichen erheblich voneinander ab. Streitig ist insbesondere, ob die Vermutungswirkung des qualifizierten Mietspiegels (§ 558d Abs. 3 BGB) auch im Verfahren nach §§ 5 WiStG, 812 BGB gelten soll (zum Streitstand vgl. Schmidt-Futterer/Blank Nach § 535 Rn. 89) 100

Der Gesichtspunkt der Verlässlichkeit der Beurteilungsgrundlage ist jedenfalls bei Mietpreisüberhöhungen bzw. beim Mietwucher, die den Vorwurf der Erfüllung eines Ord- 101 nungswidrigkeiten- bzw. Straftatbestandes mit sich bringen, von besonderer Bedeutung. Grundsätzlich kann ein (einfacher) Mietenspiegel nicht wie ein antizipiertes Sachverständigengutachten prozessual verwertet werden. Das AG Hamburg (v. 04.11.1995, Az. 43b C 857/94) und die ZK 11 des LG Hamburg (v. 02.02.1996, Az. 311 S 90/95; v. 18.12.1998, Az. 311 S 123/98) wenden den Hamburger Mietenspiegel auch im § 5 WiStG-Verfahren an, da er eine zuverlässige Erkenntnisquelle (vgl. ZK 16 des LG Hamburg WuM 1996, 45) auf breiter empirischer Basis darstellt, an dessen Erstellung alle relevanten Kreise beteiligt waren. Die ZK 16 des LG Hamburg (v. 22.06.1999, Az. 316 S 39/98) konstatiert sogar, dass ihr bessere Erkenntnismittel als der Mietenspiegel nicht zur Verfügung standen. Im Landgerichtsbezirk Köln wird der Mietenspiegel ohne Hilfe durch Sachverständige angewendet.

102 Allerdings ist nach Auffassung des OLG Stuttgart (NJW 1981, 2365 = WuM 1981, 225) die ortsübliche Vergleichsmiete im Allgemeinen nicht einem Mietenspiegel zu entnehmen.

103 Das OLG Karlsruhe (WuM 1997, 500 = MDR 1998, 96, 97) hat – wenn auch in einem Strafverfahren – insoweit entschieden, dass die im Verfahren notwendige Wahrscheinlichkeit der Erfüllung des Tatbestands nicht mittels eines Mietspiegels festzustellen sei, wenn schon Streit über seine Bedeutung im Zivilprozess bestehe. Der Mietspiegel hatte allerdings damals keine gesetzliche Vermutungswirkung (vgl. jetzt § 558d Abs. 3 BGB für qualifizierte Mietspiegel).

104 Genügt ein Mietenspiegel allein als Erkenntnisquelle nicht, etwa auch bei einem vorhandenen Leerfeld, oder gibt es in der betroffenen Gemeinde keinen (qualifizierten) Mietenspiegel, ist zur Feststellung der ortsüblichen Miete regelmäßig ein Sachverständigengutachten einzuholen.

b) Zulässige Überschreitung der 120 %-Grenze bis zu 150 % der ortsüblichen Vergleichsmiete (§ 5 Abs. 2 S. 2 WiStG)

105 Nach § 5 Abs. 2 S. 2 WiStG wird dessen S. 1 insoweit eingeschränkt, als eine Miete, die zur Deckung der laufenden Aufwendungen des Vermieters erforderlich ist, nicht unangemessen hoch ist. Die Wesentlichkeitsgrenze von 120 % kann durch laufende Aufwendungen jedoch maximal bis zur Wuchergrenze (§ 138 Abs. 2, § 291 StGB) von 150 % der ortsüblichen Vergleichsmiete überschritten werden (OLG Hamburg WuM 1992, 527 = ZMR 1992, 501).

Laufende Aufwendungen:

106 Die Höhe der geltend gemachten laufenden Aufwendungen (vgl. Herrlein/Kandelhard § 5 WiStG Rn. 14) ist durch eine Wirtschaftlichkeitsberechnung des Vermieters (vgl. Schema bei Lammel a.a.O., § 5 WiStG Rn. 39) i.E. darzulegen. In ihr sind die laufenden Aufwendungen den Erträgen gegenüberzustellen (§ 2 Abs. 1 II. BV). Ein Auskunftsanspruch des Mieters vor Prozessbeginn wird bejaht vom LG Berlin NJW-RR 1997, 10 (a.A. AG Duisburg NJW-RR 1997, 12).

107 Der Begriff der laufenden Aufwendungen wurde schon vor In-Kraft-Treten des WoFG v. 13.09.2001 an den fortgeltenden § 8 Abs. 1 WoBindG (vgl. dazu MieWo/Schmid § 8 WoBindG Rn. 7 ff.) angelehnt. Die h.M. zieht für die Beurteilung der Frage, ob die Miete für nicht preisgebundenen Wohnraum zur Deckung der laufenden Aufwendungen erforderlich ist, die für die Ermittlung der Kostenmiete im öffentlich geförderten Wohnungsbau vorgesehenen §§ 8, 8a, 8b WoBindG und §§ 18 bis 29 der II. BV als Vorläufer der BetriebskostenumlageVO als Grundlage heran (BGH WuM 1995, 428 = ZMR 1995, 344 *unter Verweis* auf den Willen des Gesetzgebers in BT-Drucks. 9/2284 S. 5; LG Berlin GE 1994, 345).

Bei einem Mietshaus mit mehreren Einheiten sind die laufenden Aufwendungen nur für die Einzelwohnung zu berechnen, die der Rückzahlung wegen Mietüberhöhung fordernde Mieter bewohnt. Es kommt nicht darauf an, in welchem Verhältnis die Gesamteinnahmen aus allen Wohnungen zu den anfallenden Gesamtaufwendungen stehen (a.A. LG Berlin ZMR 1998, 556 m. abl. Anm. Greiner). **108**

Unter den Begriff »laufende Aufwendungen« fallen nach §§ 8a Abs. 3 S. 1, 8b Abs. 1 WoBindG, 18 Abs. 1 II. BV Kapitalkosten und Bewirtschaftungskosten (vgl. Schmidt-Futterer/Blank Nach § 535 Rn. 38 ff.; Lammel § 5 WiStG Rn. 36 ff.). **109**

Kapitalkosten

umfassen nach § 19 II. BV die Eigen- und die Fremdkapitalkosten (OLG Stuttgart WuM 1988, 395 = ZMR 1988, 463; Sternel III Rn. 43; MieWo/Schmid § 8 WoBindG Rn. 9). Überschreitet allein Höhe der Kapitalkosten die ortsübliche Vergleichsmiete um mehr als 20 %, darf der Vermieter die Berechnung und den dazugehörigen Tatsachenvortrag auf diese beschränken. **110**

Fremdkapitalkosten (§ 21 II. BV) sind Kosten, die sich aus der Inanspruchnahme von Fremdmitteln ergeben, nämlich, **111**

- Zinsen für Fremdmittel (§ 21 Abs. 1 S. 1 Nr. 1 II. BV), und zwar die tatsächlich zu bezahlenden, nicht die marktüblichen Zinsen (LG Stuttgart DWW 1997, 271),
- laufende Kosten, die aus Bürgschaften für Fremdmittel entstehen (§ 21 Abs. 1 S. 1 Nr. 2 II. BV),
- sonstige wiederkehrende Leistungen aus Fremdmitteln, namentlich aus Rentenschulden (§ 21 Abs. 1 S. 1 Nr. 3 II. BV),
- Erbbauzinsen (§ 21 Abs. 1 S. 2 II. BV),
- laufende Nebenleistungen, namentlich Verwaltungskostenbeiträge, die wie Zinsen zu behandeln sind (§ 21 Abs. 1 S. 3 II. BV).

Nach Meinung des LG Frankfurt/M. (WuM 1995, 443, vgl. auch Schmidt-Futterer/Blank Nach § 535 Rn. 40 Fn. 50 zum Streitstand) ist von den Fremdkapitalkosten jedoch die Steuerersparnis abzuziehen, die sich bei Verlusten aus Vermietung und Verpachtung ergeben, weil »insoweit die Aufwendungen zu einem unmittelbaren Vermögensvorteil bei den Vermietern führen und deshalb die Aufwendungen im Endergebnis mindern« (vgl. auch AG Bergheim NJW 1999, 47). Anderer Ansicht ist das LG Ravensburg (WuM 1997, 121): »Die Steuerersparnis ist von zahlreichen Parametern abhängig; bei wechselndem Einkommen wäre sie für die Laufzeit eines abgeschlossenen Mietvertrages nicht als feste Größe zugrunde zu legen.«. Die diesbezügliche Vorlagefrage (LG Hamburg ZMR 1992, 249) hat der Rechtsentscheid des OLG Hamburg (WuM 1992, 527 = NJW-RR 1992, 1366) nicht beantwortet. Nach Blank (Schmidt-Futterer/Blank Nach § 535 Rn. 40) sollen die einschlägigen Steuervorschriften nicht den Mieter entlasten, sondern für den Vermieter einen Anreiz zur Investition schaffen (a.A. Lammel § 5 WiStG Rn. 48). Der Vermieter muss allerdings in keinem Fall seine komplette Steuererklärung offen legen (Herrlein/Kandelhard § 5 WiStG Rn. 22; a.A. LG Frankfurt/M. WuM 1995, 443, AG Bergheim WuM 1999, 47). **112**

Der Vermieter kann, wenn er das Objekt nicht (vollständig) fremdfinanziert hat, fiktive Eigenkapitalkosten in Ansatz bringen, und zwar in Form fiktiver Zinsen (vgl. BGH ZMR 1995, 344 = WuM 1995, 428; Lammel a.a.O., § 5 WiStG Rn. 44). Das OLG Stuttgart (WuM 1988, 395 = ZMR 1988, 463) begründet dies damit, dass Inhaber von Eigenkapital nach dem Willen des Gesetzgebers verstärkt zur Schaffung von Mietwohnungen motiviert werden sollen. Der Vermieter, der mit einem hohen Anteil von Eigenkapital gebaut oder Mietwohnungen erworben hat, soll nicht schlechter gestellt werden als der, der mehr Fremdkapital eingesetzt hat. **113**

114 Eigenkapital ist gem. § 20 Abs. 2 S. 1 der II. BV in Höhe der marktüblichen Zinsen für eine erstrangige Hypothek zu berücksichtigen (LG Stuttgart DWW 1997, 271; Herrlein/Kandelhard § 5 WiStG Rn. 15). Zinsen sind dabei von dem gesamten Eigenkapital zu berechnen, obwohl hypothekarisch gesicherte Darlehen regelmäßig durch die laufenden Zahlungen auf Zins und Tilgung zurückgeführt werden. »Für Eigenkapital ist es aber geradezu typisch, dass es nicht zurückgezahlt wird, bei ihm ist eine Umwandlung von Fremdkapital in Eigenkapital nicht möglich« (OLG Stuttgart WuM 1990, 11 = ZMR 1990, 111), d.h. fiktive Tilgungen bleiben außer Betracht. Der Stichtag für die marktüblichen Zinsen ist der Beginn des Mietverhältnisses.

115 Zur Berechnung der Zinsen hat der BGH (WuM 1995, 428 = ZMR 1995, 344) in Abweichung des Rechtsentscheids des OLG Stuttgart (WuM 1990, 11 = ZMR 1990, 111) folgende Grundsätze aufgestellt: Bei der Berechnung der laufenden Aufwendungen sind im Fall der Herstellung des Wohnraums durch den Vermieter die Herstellungskosten (Gesamtkosten i.S.d. §§ 5 ff. II. BV), im Fall des entgeltlichen Erwerbs die Erwerbskosten zugrunde zu legen. Nach Ansicht des BGH entspricht der im Gegensatz dazu vom OLG Stuttgart zugrunde gelegte Verkehrswert im Zeitpunkt des Abschlusses des Mietvertrags nicht den oben genannten gesetzlichen Regelungen.

116 Das LG Hamburg (WuM 1993, 595) will für einen Eigenanteil bis zu 15 % nur 4 % Zinsen anerkennen; für den darüber hinausgehenden Kapitalbetrag 6,5 %.

117 Die vom OLG Stuttgart angeführten Schwierigkeiten bei der Feststellung der Herstellungskosten von Bauten aus der Vorkriegszeit seien laut BGH von einem Vermieter, der sich auf laufende Aufwendungen berufe, in Kauf zu nehmen. Zudem erübrige sich die Feststellung in diesen Fällen regelmäßig, da davon ausgegangen werden könne, dass sich laufende Aufwendungen ergeben, die erheblich unter der Vergleichsmiete liegen.

118 Das weitere Argument des OLG Stuttgart, es müsse eine Gleichbehandlung des Vermieters, der Wohnraum entgeltlich erworben hat, mit dem, der ihn hergestellt oder geerbt hat, gewährleistet sein, entkräftet der BGH mit dem Hinweis, dass eine Vergleichbarkeit nicht gegeben sei, da diese sich nämlich hinsichtlich der von ihnen tatsächlich aufgewandten Kosten unterscheiden. Im Fall des entgeltlichen Erwerbs des Mietobjekts begründet der BGH dies damit, dass es Zweck der Berücksichtigung der laufenden Aufwendungen sei, bei Überschreitung der Wesentlichkeitsgrenze die Sanktion des § 5 WiStG so lange nicht auszulösen, wie das Entgelt zur Deckung der laufenden Aufwendungen erforderlich ist. Ein Vermieter, der aus den Erträgen keinen Gewinn erzielt, soll grundsätzlich nicht dem Odium ausgesetzt sein, möglicherweise eine Ordnungswidrigkeit zu begehen. Die Anknüpfung an den von den tatsächlichen Kosten des Vermieters losgelösten Verkehrswert würde ihm dagegen oberhalb der Wesentlichkeitsgrenze nicht nur die vom Gesetz bezweckte Vermeidung von Verlusten, sondern darüber hinausgehend die Erzielung von Gewinnen bis hin zur Wuchergrenze ermöglichen.

119 Die Berechnung nach dem Verkehrswert zum Zeitpunkt des Mietvertragsabschlusses hätte zudem die Folge, dass mit steigendem Verkehrswert auch die laufenden Aufwendungen und damit die zulässige Miete ständig steigen würden.

120 Bei einem Mischmietverhältnis müssen die Kapitalkosten für den Wohnraum von den Gesamtkosten grundsätzlich herausgerechnet werden, und es ist eine Teilwirtschaftlichkeitsberechnung analog §§ 32 ff. II. BV zu erstellen.

121 Bei gewerblicher Zwischenvermietung kann der Zwischenvermieter dem Endmieter seine an den Eigentümer gezahlten Mietbeträge nur bis zur Höhe der Aufwendungen des Eigentümers als laufende Aufwendungen des Vermieters i.S.v. § 5 Abs. 2 S. 2 WiStG in Ansatz bringen (OLG Celle WuM 1996, 562; vgl. auch Schmidt-Futterer/Blank Nach § 535 Rn. 39).

Bewirtschaftungskosten

Zu den Bewirtschaftungskosten zählen gem. § 24 Abs. 1 der II. BV: 122

Abschreibung für Abnutzung (AfA) 123

Analog § 25 Abs. 2 II. BV kann regelmäßig 1% der Baukosten für Abnutzung abgeschrieben werden.

Als besondere Abschreibung für Anlagen und Einrichtungen dürfen die in § 25 Abs. 3 II. BV speziell aufgeführten Kosten angesetzt werden, wobei jedoch darauf zu achten ist, dass die Abschreibungsgrundlage gem. Abs. 2 um den Wert der Sonderabschreibungsgegenstände zu bereinigen ist.

Verwaltungskosten 124

Verwaltungskosten dürfen nach § 26 Abs. 2 II. BV. pro Wohnung nur in Höhe von jährlich 230,– € für eine Garage oder einen Einstellplatz in Höhe von jährlich 30,– € (§ 26 Abs. 3 der II. BV) angesetzt werden. Auch bei tatsächlich höheren Kosten können diese Pauschalbeträge nicht überschritten werden (LG Berlin GE 1994, 345). Bei tatsächlich geringeren Kosten bleibt es richtigerweise ebenfalls bei dem Pauschbetrag, da bei preisfreiem Wohnraum ein Meistbegünstigungsgrundsatz zugunsten des Mieters und zulasten des Vermieters nicht geboten ist und außerdem ein Hin- und Herspringen zwischen Pauschalierung und Nichtpauschalierung systemwidrig ist.

Betriebskosten 125

Betriebskosten sind die in § 2 BetrKVO aufgelisteten Kosten. Sie können bei Vereinbarung einer Nettokaltmiete zzgl. Betriebskostenvorauszahlungen aber nicht angesetzt werden, da sie über die Jahresabrechnung letztlich vom Mieter zu tragen sind. Bei Vereinbarung einer Inklusiv- oder Teilinklusivmiete hingegen dürfen die in der Miete enthaltenen Nebenkosten den übrigen laufenden Aufwendungen hinzugerechnet werden (Lammel § 5 WiStG Rn. 46).

Instandhaltungskosten 126

Instandhaltungskosten sind in Höhe der in § 28 II. BV i.E. je nach Alter der Wohnung genannten Quadratmeterbeträge zu berücksichtigen (Herrlein/Kandelhard § 5 WiStG Rn. 20). Auch die Verzinsung der Instandhaltungsaufwendungen ist zu berücksichtigen (LG Stuttgart DWW 1997, 271). Zur Höhe vgl. Schmidt-Futterer/Blank Nach § 535 Rn. 54 ff.

Mietausfallwagnis 127

Das Mietausfallwagnis, das analog § 29 II. BV die Ertragsminderung durch uneinbringliche Mietrückstände oder Leerstehen von Räumen regelt, ist i.H.v. 2 % der Jahresnettokaltmiete anzurechnen. Zum Streit, ob bei Kautionsvereinbarung diese Position wegfallen muss, vgl. verneinend LG Mannheim DWW 1997, 512; Lammel § 5 WiStG Rn. 48 m.w.N. sowie Schmidt-Futterer/Blank Nach § 535 Rn. 59.

9. Der Rückforderungsausschluss nach § 814 BGB

Der Rückforderungsausschluss nach § 814 BGB (vgl. Schmidt-Futterer/Blank Nach § 535 128
Rn. 83) kann ausnahmsweise dann gegeben sein, wenn der Mieter positive Kenntnis der Nichtschuld hatte und dennoch zahlte (LG Braunschweig WuM 1983, 268; LG Stuttgart 1989, 168).

129 Diese Ansicht erscheint wegen des Schutzzwecks der Norm problematisch, da das Erzielen überhöhter Preise wegen angespannter Wohnungsmarktlage verhindert werden soll und nicht auf die Schutzbedürftigkeit des einzelnen Mieters abgestellt wird. Diese Frage wird aber kaum von Bedeutung sein, da positive Kenntnis aller Umstände kaum feststellbar und beweisbar ist.

130 Die Rückforderung überhöht gezahlter Kostenmiete richtet sich nach § 8 Abs. 2 WoBindG, der lex specialis gegenüber den §§ 812 ff. BGB ist. Unstreitig ist dies jedenfalls für eine die zulässige Grenze übersteigende vereinbarte Miete (OLG Karlsruhe NJW-RR 1986, 887; Sternel MR III Rn. 953). Hat hingegen der Vermieter die Miete einseitig er- und überhöht, hält die wohl überwiegende Ansicht Bereicherungsrecht anstelle des § 8 Abs. 2 WoBindG für anwendbar (OLG Hamm WuM 1997, 543; a.A. Sternel MR III Rn. 960). Die Rückforderungsansprüche verjähren nach § 195 BGB in drei Jahren (vgl. noch zur analogen Anwendung des § 197 BGB a.F. OLG Hamburg WuM 1989, 126 = ZMR 1989, 146).

131 Als rechtsmissbräuchlich wurde ein Rückforderungsverlangen eingestuft, falls der Mieter die später angemietete Wohnung per Anzeige zu einer in seinen Augen angemessenen Miete gesucht hat, die **über** der letztlich zu zahlenden lag (vgl. LG Frankfurt/M. MDR 1998, 397, 398 m. Anm. Riecke/v. Rechenberg).

132 Zur Verwirkung eines Rückzahlungsanspruchs stellte das LG Frankfurt/M. (ZMR 2000, 95, 96) fest, für das Zeitmoment sei im Anschluss an den Rechtsentscheid des OLG Hamburg (ZMR 1999, 329) auf den Abschluss des Mietvertrages abzustellen.

133 Die Darlegungs- und Beweislast bei der Rückforderung von Miete obliegt – wie bei Ansprüchen aus § 812 BGB generell – dem Mieter; allerdings muss der Vermieter (vgl. Schmidt-Futterer/Blank Nach § 535 Rn. 89 ff., 94) die laufenden Aufwendungen darlegen und beweisen.

Checkliste zu § 5 WiStG

1. Liegt die Grundmiete höher als 120 % der ortsüblichen Vergleichsmiete?
2. Sind laufende Aufwendungen (§ 5 Abs. 2 S. 2 WiStG) gegeben?
3. Wird die 50 %-Grenze des § 5 Abs. 2 S. 2 WiStG überschritten?
4. Lag ein geringes Angebot vor?
5. Hat der Vermieter bei Überschreitung einer der o.g. Grenzen das geringe Angebot ausgenutzt?

III. Mieterhöhungsmöglichkeiten – Übersicht

134 – Änderungen der höchstzulässigen Miete: § 28 WoFG, § 10 WoBindG
– Bauliche Maßnahmen: § 559 BGB
– Betriebskostenpauschalen: § 560 BGB
– Betriebskostenvorauszahlungen: § 560 BGB
– Indexmiete: § 557b BGB
– Modernisierung: § 559 BGB
– Staffelmiete: § 557a BGB
– Vereinbarung: § 557 BGB
– Vergleichsmiete: § 558 BGB
– Wohnraumförderungsgesetz: § 28 WoFG
– Wohnungsbindungsgesetz: § 10 WoBindG.

IV. Mieterhöhungen (§§ 557 bis 561 BGB)

Für **nicht preisgebundene Wohnungen**, also solche, bei denen die Miete nicht durch Gesetz oder im Zusammenhang mit einer **Förderzusage** festgelegt ist, werden die Mieten bei Abschluss des Mietvertrages und bei späteren Mieterhöhungen grundsätzlich frei vereinbart. Ist der Vermieter später mit der Miethöhe nicht mehr zufrieden, darf er nach § 573 Abs. 1 S. 2 BGB zwar nicht kündigen, um eine höhere Miete zu erzwingen. Falls Vermieter und Mieter nicht preisgebundener Wohnungen sich nicht auf eine frei vereinbarte Mieterhöhung einigen, kann der Vermieter aber eine gerechtfertigte Mieterhöhung nach dem Vergleichsmietensystem der §§ 558 ff. BGB durchsetzen. 135

Hinweis 136

> Nach Art 14 Abs. 1 S. 1 GG muss der Gesetzgeber sicherstellen, dass der Vermieter sein Eigentum **wirtschaftlich verwerten** und also u.a. die Miete erhöhen kann (MDR 1986, 643; BGH NJW 2007, 2546). Wenn die Vermietung auch bei voller Ausschöpfung des gesetzlich vorgesehenen Mieterhöhungsrechts zu Verlusten führen würde, kann der Vermieter daher auch **jenseits** von § 558 BGB eine Anpassung **nach § 313 BGB** verlangen (BGH ZMR 2005, 184, 186). Obergrenze für eine Vertragsanpassung ist die ortsübliche Vergleichsmiete (BGH GE 2010, 685; BGH v. 24.03.2010 – VIII ZR 235/09; BGH v. 24.03.2010 – VIII ZR 60/09).

1. Grundsätzliches

Das Gesetz unterscheidet einerseits zwischen einem **Vertrag** der Mietvertragsparteien zur Erhöhung der Miete und andererseits einem **bloßen Anspruch** des Vermieters auf Zustimmung einer von ihm einseitig gewünschten Mieterhöhung. Eben so ist es auch aufgebaut: Am Anfang stehen in §§ 557 Abs. 2, 557a und 557b BGB die Vorschriften über eine **einvernehmliche Mieterhöhung** nach einer Vereinbarung der Mietvertragsparteien. In §§ 558 bis 558e BGB folgen dann die Vorschriften über ein **Erhöhungsverlangen** des Vermieters. Mit der Voranstellung der Mieterhöhungen **kraft Parteivereinbarung** in § 557 Abs. 1 und Abs. 2 BGB soll nach der Intention des Gesetzgebers das grundsätzlich auch für Mieterhöhungen geltende Prinzip der Vertragsfreiheit und Privatautonomie im Interesse der Streitvermeidung hervorgehoben und einvernehmlichen Vertragsänderungen grundsätzlich der Vorzug eingeräumt werden (BGH NJW 2007, 3122, 3123; BT-Drucks. 14/4553, S. 52). 137

a) Vertragliche Veränderungen

§ 557 Abs. 1 BGB bestimmt, dass eine privatautonome vertragliche Änderung der Miethöhe frei von Zwängen **nur** während eines laufenden Mietverhältnisses möglich ist (s. Rdn. 162). Alle anderen Änderungen sind mehr oder weniger **geknebelt und gefesselt.** Künftige vertragliche Änderungen der Miete sind gemäß § 557 Abs. 2 BGB nur in Form von Staffel- oder Indexmieten (§§ 557a, 557b BGB) zulässig (s. dazu Rdn. 166 ff.). Andere vertragliche Veränderungen sind nach §§ 557 Abs. 4, 134 BGB sogar nichtig. 138

Wird die Miethöhevereinbarung anlässlich eines Hausbesuchs des Vermieters beim Mieter geschlossen, handelt es sich um ein **Haustürgeschäft** nach § 312 BGB (OLG Braunschweig WuM 1999, 631; OLG Koblenz WuM 1994, 257; LG Berlin ZMR 2002, 52). Dies gilt auch dann, wenn die Vereinbarung in einer Gaststätte getroffen wird, soweit sie nicht vorher verabredet worden ist (LG Wiesbaden WuM 1996, 698). 139

b) Anspruch auf Mieterhöhung

140 Kommt zwischen den Parteien keine Vereinbarung zustande, bestimmt § 557 Abs. 3 BGB, dass ein Vermieter – soweit nicht etwas anderes vereinbart ist (s. dazu Rdn. 143) – **einseitige Mieterhöhungen** ausschließlich im gesetzlichen Mieterhöhungsverfahren nach §§ 558 bis 560 BGB durchsetzen kann. In Betracht kommen drei Mieterhöhungen:

141 – Mieterhöhungen zur Anpassung der Miete an die ortsübliche Vergleichsmiete (§ 558 BGB i.V.m. §§ 558a bis 558e BGB)
– Mieterhöhungen wegen einer durchgeführten Modernisierung (§ 559 BGB)
– Mieterhöhungen wegen gestiegener Betriebskosten (§ 560 BGB).

142 Während § 558 BGB insoweit einen **Anspruch auf Zustimmung** gibt, handelt es sich bei §§ 559, 560 BGB um **einseitige Gestaltungserklärungen** des Vermieters (Artz WuM 2005, 215, 217).

2. Ausschluss eines Mieterhöhungsrechts

143 Das Mieterhöhungsrecht des Vermieters nach dem BGB ist ausgeschlossen, wenn es sich um preisgebundenen Wohnraum handelt, eine der Varianten des § 549 Abs. 2 Nr. 1 bis Nr. 3, Abs. 3 BGB vorliegt oder wenn im Übrigen ausgeschlossen ist. Ein solcher Ausschluss ist vertraglich möglich (§ 557 Abs. 3 BGB). Ein vollständiger gesetzlicher Ausschluss ist nicht möglich.

a) Gesetzlicher Ausschluss

144 Ein gesetzlicher Ausschluss des Mieterhöhungsrechts für den Fall, dass keine Einigung zwischen den Parteien zustande kommt, wäre **verfassungsrechtlich unzulässig.** Gemäß Art. 14 GG muss die Rechtsordnung gewährleisten, dass der Vermieter die Miete im angemessenen Rahmen zur Erhaltung des Hausbesitzes erhöhen kann (BVerfG ZMR 1980, 202; s. Rdn. 136). Das Gesetz verbietet deshalb zwar in § 573 Abs. 1 S. 2 BGB eine Änderungskündigung. Als verfassungsrechtlich erforderliches Korrelat ermöglicht es aber durch §§ 558 bis 558e BGB **gesetzlich gebundene** Mieterhöhungen.

b) Vertraglicher Ausschluss

145 Die Vertragsparteien sind gemäß § 557 Abs. 3 BGB berechtigt, Mieterhöhungen nach §§ 558 bis 560 BGB

146 – ganz oder teilweise (z.B. können Erhöhungen nach § 559 BGB ausgeschlossen werden),
– für eine bestimmte Dauer (BGH NJW 1992, 2281) oder
– für bestimmte Mietteile auszuschließen (BayObLG NZM 1999, 215, 216).

147 Ein solcher Ausschluss kann nach dem Gesetz ausdrücklich vereinbart werden oder sich stillschweigend aus den Umständen ergeben (BGH ZMR 2004, 408, 409). Mieterhöhungen, nicht aber Mietsenkungen sind dann unwirksam.

aa) Ausdrückliche Vereinbarungen

148 Um eine Mieterhöhung auszuschließen, sind **ausdrückliche Vereinbarungen** möglich, aber sehr selten. Sie bedürfen gemäß § 557 Abs. 3 Halbs. 2 1. Alt. BGB einer **formfreien Vereinbarung**, die im Mietvertrag selbst, aber auch an anderer Stelle geschlossen werden kann. Eine Ausschlussvereinbarung ist z.B. anzunehmen, wenn eine Mieterhöhung nur *zulässig ist, sofern die* geforderte Miete **unterhalb** der ortsüblichen Vergleichsmiete liegt (BGH NJW-RR 2009, 1524, 1525 = ZMR 2009, 833), oder wenn eine Wohnung als

öffentlich gefördert (Sozialwohnungen) bezeichnet wird (BGH WuM 2004, 282) oder bei Werkförderungsverträgen mit Wohnungsbelegungsrechten für werksfremde Wohnungen als Verträge zu Gunsten Dritter (Riecke WuM 2003, 663, 667). Der Rechtsnachfolger des Vermieters ist an eine Mieterhöhungsbegrenzung gebunden, wenn sie an ihn weitergegeben worden ist (BGH ZMR 2004, 22, 23 = NJW 2003, 3767 zu Drittmitteln). Der Ausschluss kann auch als Vertrag zu Gunsten des Mieters zwischen Vermieter und einem Dritten geschlossen werden.

Hinweis 149

> Etwas anderes gilt, wenn der Rechtsnachfolger durch den Erwerb des Grundstücks im **Wege der Zwangsversteigerung** in den Mietvertrag nebst Ergänzungsvereinbarung eingetreten ist (§§ 57, 90 ZVG). Dann ist er in gleicher Weise wie der Voreigentümer durch vertragliche Abmachung gebunden.

bb) Konkludente Vereinbarungen

Ein Ausschluss für Mieterhöhungen kann sich gemäß § 557 Abs. 3 Halbs. 2 Var. 2 BGB auch **aus den Umständen** ergeben. Für die Auslegung eines konkludenten Mieterhöhungsausschlusses kommt es entscheidend auf die **konkrete Ausgestaltung** des Vertrages an. Ein Ausschluss kann sich etwa in folgenden Fällen ergeben: 150

- aus einer sehr kurzen Dauer des Mietverhältnisses; 151
- aus der ggf. vereinbarten Wohnungsgröße (LG Berlin NZM 2002, 947; LG Braunschweig WuM 1999, 205; Sternel FS Blank, 421, 431);
- aus Verwaltungsvorschriften (BayObLG NJW-RR 1999, 1100);
- wenn eine Wohnung als öffentlich gefördert (Sozialwohnungen) bezeichnet wird (BGH ZMR 2004, 407, 408 = WuM 2004, 282);
- wenn der Mietvertrag auf bestimmte Zeit und mit fester Miete geschlossen worden ist (LG Stuttgart ZMR 1994, 401, 402).

Enthält der Mietvertrag eine **Kostenmietklausel**, ist hierin **kein konkludenter** Ausschluss zu sehen. Die Bindung an eine Kostenmietklausel entfällt vielmehr auf Grund ergänzender Vertragsauslegung mit dem Wegfall der Wohnungsgemeinnützigkeit und den damit verbundenen Steuervorteilen ersatzlos (BGH NZM 2006, 693, 694 = ZMR 2006, 841, 842). Die Miete kann dann nach §§ 558 ff. BGB erhöht werden. Ob ein konkludenter Mieterhöhungsausschluss bereits dann anzunehmen ist, wenn die Parteien einen **Zeitmietvertrag mit fester Miete** geschlossen haben, ist umstritten. Ohne besondere Anhaltspunkte kann ein Zeitmietvertrag allein, anders als nach § 1 S. 3 MHG, wohl nicht mehr als Ausdruck eines Ausschlusses angesehen werden. Umstritten ist ferner, ob eine **unwirksame Index- oder Staffelmiete** das Recht des Vermieters jedenfalls auf die von ihm in den Vertrag eingebrachte unwirksame Klausel beschränkt (LG Berlin GE 2002, 468; LG Görlitz WuM 1997, 682 für die Staffelmiete; LG Frankfurt/M. WuM 1998, 603 für die Indexmiete). Dies wird meist **abzulehnen** sein (LG Berlin ZMR 1998, 930; WuM 1992, 198 für die Staffelmiete; Sternel FS Blank, 421, 432). Die Mietvertragsparteien vereinbaren eine Staffel- oder Indexmiete, um keine Erhöhungen der Miete nach §§ 558 ff. BGB vornehmen zu müssen. Die Parteien einigen sich vertraglich auf eine Miete und deren Erhöhung für einen bestimmten Zeitraum, die an die Stelle der ortsüblichen Vergleichsmiete treten soll. Die absolute Begrenzung des Mietanstieges liegt darin nicht. 152

cc) Rechtsfolge

153 Ein Ausschluss gilt grundsätzlich dauerhaft, bei befristeten Mietverträgen mit Verlängerungsklausel aber nur für die Zeit der ersten Befristung. Er erstreckt sich nicht auf einen Verlängerungszeitraum (OLG Karlsruhe ZMR 1986, 80, 81).

3. Anwendungsbereich der §§ 557–561 BGB

154 §§ 557 bis 561 BGB gelten primär für bestehende befristete und unbefristete Mietverträge über **Wohnraummietverhältnisse**. Wohnraummiete liegt vor, wenn Räumlichkeiten aufgrund eines Vertrages entgeltlich zum Zwecke des privaten Aufenthalts des Mieters oder Angehöriger überlassen werden. Ist eine Garage mitvermietet, kann eine Erhöhung nur einheitlich verlangt werden (LG Rottweil NZM 1998, 432). Bei der Frage, ob das soziale Mietrecht auf Mischmietverträge anzuwenden ist, ist darauf abzustellen, ob die gewerbliche Nutzung oder diejenige zu Wohnzwecken überwiegt (BGH ZMR 1986, 278 = NJW-RR 1986, 877; ZMR 1979, 49 = MDR 1979, 394; OLG Düsseldorf ZMR 2006, 685, 686 [**Übergewichtstheorie**]). Für die hierzu anzustellende Beurteilung sind alle Umstände des Einzelfalls zu würdigen (OLG Düsseldorf ZMR 2006, 685, 686; PWW/Elzer § 535 Rn. 14 m.w.N.). Für die Frage, welche Gesichtspunkte für die Feststellung des Überwiegens einer Nutzungsart maßgeblich sind, richtet sich die Antwort nach dem vereinbarten Vertragszweck, also dem **Parteiwillen** (BGH MDR 1986, 46 = ZMR 1985, 228; MDR 1986, 842 = ZMR 1986, 278). Die Vertragsparteien entscheiden privatautonom, welche Vertragszwecke sie verfolgen wollen. Von dieser, keiner gesetzlichen Regulierung unterliegenden Entscheidung hängt dann erst ab, welche gesetzlichen Regeln auf das Vertragsverhältnis anzuwenden sind (OLG Düsseldorf ZMR 2002, 589, 591 = NZM 2002, 739). Dabei entscheidet der **wahre**, das Rechtsverhältnis prägende Vertragszweck (BGH MDR 1986, 842), also das, was dem tatsächlichen und übereinstimmenden Willen der Parteien entspricht. Dieser ist notfalls nach den allgemeinen Regeln gemäß §§ 133, 157 BGB auszulegen. Ein dem wahren Vertragszweck entgegenstehender, im Vertrag vorgetäuschter Zweck ist unbeachtlich (BGH MDR 1986, 842).

155 **Hinweis**

> Lässt sich aus dem Mietvertrag nicht entnehmen, welche Nutzung überwiegt, ist **Wohnraummietrecht** anzuwenden (LG Frankfurt/M. ZMR 1992, 542). Die Verwendung des Formulars eines Wohnraummietvertrages ist zumindest ein sehr starkes Indiz für die Vereinbarung der Geltung des Wohnraummietrechtes für den gesamten Vertrag. Teilweise wird sogar angenommen, dass insoweit in jedem Fall das Wohnraummietrecht ausschließlich Anwendung findet (OLG Hamburg NZM 1998, 507; einschränkend KG NZM 2000, 338). Liegt eine **Gleichwertigkeit** beider Nutzungsarten vor, ist streitig, ob die Parteien Gewerberaummietrecht vereinbaren können. Unter **steuerrechtlichen Gesichtspunkten** empfiehlt es sich, eine **konkrete Aufteilung** der zu Gewerbezwecken vermieteten Räumlichkeiten und der jeweiligen Mietanteile vorzunehmen, damit eine eindeutige Bemessungsgrundlage gegeben ist.

156 Auf Mietverhältnisse über die in § 549 Abs. 2, Abs. 3 BGB genannten Wohnungen, nämlich Wohnraum

157
- der nur zum vorübergehenden Gebrauch vermietet ist,
- der Teil der vom Vermieter selbst bewohnten Wohnung ist und den der Vermieter überwiegend mit Einrichtungsgegenständen auszustatten hat, sofern der Wohnraum dem Mieter nicht zum dauernden Gebrauch mit seiner Familie oder mit Personen überlassen ist, mit denen er einen auf Dauer angelegten gemeinsamen Haushalt führt,

- den eine juristische Person des öffentlichen Rechts oder ein anerkannter privater Träger der Wohlfahrtspflege angemietet hat, um ihn Personen mit dringendem Wohnungsbedarf zu überlassen, wenn sie den Mieter bei Vertragsschluss auf die Zweckbestimmung des Wohnraums und die Ausnahme von den genannten Vorschriften hingewiesen hat und
- in einem Studenten- oder Jugendwohnheim

sind §§ 557 bis 561 BGB nicht anwendbar. §§ 557 bis 561 BGB gelten auch nur bei **bestehenden Mietverhältnissen**. Für **beendete Mietverhältnisse** gelten §§ 546a, 571 BGB. Zwar bestimmt sich auch die Nutzungsentschädigung nach § 546a Abs. 1 BGB nach der ortsüblichen Vergleichsmiete, doch genügt z.B. für die Anhebung der Nutzungsentschädigung auf das Niveau der Vergleichsmiete die **einseitige Erklärung** des Vermieters.

4. Abdingbarkeit

158 Die Vorschriften über die Mieterhöhung sind zum **Nachteil des Mieters** gemäß § 557 Abs. 4 BGB **nicht abdingbar** (§ 558 Abs. 6 BGB wiederholt dieses Verbot). Eine Regelung ist **nachteilig**, wenn der Vermieter durch sie eine günstigere Rechtsstellung erhält, als sie ihm in **formeller** oder **materieller** Hinsicht das Gesetz einräumt (BGH NJW 2009, 2739, 2740; NJW-RR 2007, 667; OLG Stuttgart ZMR 1989, 416, 417). Dies trifft auf eine **Wohnflächenvereinbarung** nicht zu, selbst wenn sie im Rahmen eines späteren Mieterhöhungsverfahrens mittelbar Bedeutung erlangen kann (BGH NJW 2009, 2739, 2740). Hat der Mieter aufgrund einer **unwirksamen Klausel** Leistungen an den Vermieter erbracht, sind Rückforderungsansprüche nach §§ 812 ff. BGB möglich (BGH NJW-RR 2007, 667; ZMR 2004, 740, 742). Ein Bereicherungsanspruch entfällt aber gemäß § 814 BGB, wenn der Mieter positiv wusste, nicht zur Zahlung in dieser Höhe oder unter diesen Voraussetzungen verpflichtet zu sein.

5. Kündigung

159 Der Anspruch des Vermieters auf Zustimmung des Mieters zur Kündigung setzt kein zum Zeitpunkt der mündlichen Verhandlung **bestehendes Mietverhältnis** voraus (LG Hamburg ZMR 2010, 363; a.A. AG Hamburg-Altona ZMR 2008, 542). Sähe man dies anders, wäre ein Vermieter während der Dauer eines Rechtsstreits, welcher die Wirksamkeit einer Kündigung zum Inhalt hat, gehindert, eine Mieterhöhung geltend zu machen.

6. Grenzen

160 Eine privatautonome vertragliche Änderung der Miethöhe frei von Zwängen ist **nur** während eines **laufenden Mietverhältnisses** möglich. Alle anderen Änderungen sind **gefesselt**. Bereits künftige vertragliche Änderungen der Miete sind gemäß § 557 Abs. 2 BGB bloß in Form von Staffel- oder Indexmieten (§§ 557a, 557b BGB) zulässig. Kommt zwischen den Parteien keine Vereinbarung zustande, bestimmt § 557 Abs. 3 BGB, dass ein Vermieter – soweit nicht etwas anderes vereinbart ist – **einseitige** Mieterhöhungen ausschließlich im gesetzlichen Mieterhöhungsverfahren nach §§ 558 bis 560 BGB durchsetzen kann.

V. Vereinbarte Mieterhöhungen

1. Erhöhung der gegenwärtigen Miete

a) Allgemeines

161 Die Vertragsparteien – Vereinbarungen des noch nicht im Grundbuch eingetragenen Grundstückserwerbers binden den Mieter nicht (AG Köln WuM 2007, 577), sofern sie nicht unter einer aufschiebenden Bedingung geschlossen werden (LG Duisburg WuM 2004, 231, 232) – können die **gegenwärtige Miete** gemäß § 557 Abs. 1 BGB während des Mietverhältnisses jederzeit frei vereinbaren und **erhöhen** oder **ermäßigen** (Artz ZMR 2006, 165, 167). Eine solche Miethöheänderungsvereinbarung ist ein Vertrag i.S.v. § 311 Abs. 1 BGB. Sie kommt durch **Angebot und Annahme** zustande. Es gelten die Bestimmungen über Willenserklärungen (§§ 116 bis 144 BGB) und die über Verträge (§§ 145 bis 157 BGB).

162 Ein Antrag des Vermieters auf Mieterhöhung kann vom Mieter **ausdrücklich**, aber auch **schlüssig** angenommen werden (BGH NJW 2008, 283, 284; NZM 2005, 736, 737 = ZMR 2005, 848, 849; ZMR 2005, 847, 848; NJW 1998, 445, 446 = ZMR 1998, 83, 84). Für eine schlüssige Annahme erforderlich ist, dass der Vermieter nach den Gesamtumständen davon ausgehen kann, dass der Mieter der **Änderung zustimmt**. Für einen Änderungsvertrag reicht es **grundsätzlich nicht** aus, dass der Mieter z.B. Betriebskostenabrechnungen unter Einbeziehung bisher nicht vereinbarter Betriebskosten lediglich nicht beanstandet (LG Itzehoe ZMR 2010, 365). Selbst wenn der Mieter daraufhin eine Zahlung erbringt, kommt darin zunächst allein die Vorstellung des Mieters zum Ausdruck, hierzu verpflichtet zu sein (BGH NJW 2008, 283, 284). Dem Mieter muss bei einem ausdrücklichen oder konkludenten Antrag **bewusst** sein, wie hoch die vereinbarte Miete ist und dass er durch die Zahlung einer Mieterhöhung zustimmt. Die Zahlung einer erhöhten Miete ist nur ein Indiz für einen Änderungswillen (s.a. BGH ZMR 2005, 848, 849; ZMR 2005, 847, 848). Eine schlüssige Annahme ist auch nicht darin zu sehen, dass der Mieter einen »Befehl« des Vermieters annimmt und einen Dauerauftrag ändert (LG Mannheim WuM 2004, 481). Hat der Vermieter eine ausdrückliche Erklärung verlangt, kommt eine konkludente Erklärung nicht mehr in Betracht (LG Berlin GE 2008, 605; AG Schöneberg GE 2009, 117, 118).

163 Ein **unwirksames Mieterhöhungsverlangen** nach §§ 558, 558b BGB kann i.d.R. nicht nach § 140 BGB in ein schlüssiges Angebot auf Abschluss eines Abänderungsvertrages **umgedeutet** werden (BGH ZMR 05, 848, 849; **a.A.** LG Berlin GE 2008, 1492, 1493). Ein einseitiges Verlangen nach §§ 559, 560 BGB ist nie umdeutbar. Hat sich der Vermieter unter Verstoß gegen § 557 Abs. 4 BGB eine einseitige Neufestsetzung der Miete vorbehalten und hat er in seinem Mieterhöhungsschreiben dieses Bestimmungsrecht ausüben wollen, liegt darin kein Angebot zum Abschluss einer Mieterhöhungsvereinbarung (BGH ZMR 2005, 848, 849). Die Beteiligten haben sich für eine Mieterhöhung außerdem grundsätzlich auf einen bestimmten Betrag zu verständigen. Die Erhöhung wirkt zum vereinbarten Termin. Ist kein Termin vereinbart worden, gilt § 271 BGB. Das Sonderkündigungsrecht nach § 561 BGB ist bei einer einvernehmlichen Mietänderung ausgeschlossen (Artz ZMR 2006, 165, 168). I.d.R. ist der Vermieter darlegungs- und beweispflichtig (BGH NJW 1998, 445, 446), dass ein Änderungsvertrag geschlossen worden ist; anders ist es ggf. unter Kaufleuten (vgl. OLG Düsseldorf ZMR 1995, 534).

b) Beweis

164 Im Regelfall ist der Vermieter dafür **darlegungs- und beweispflichtig** (BGH NJW 1998, 445, 446 = ZMR 1998, 83, 84), dass ein Vertrag über eine Mieterhöhung geschlossen wor-

den ist. Etwas anderes gilt z.B., wenn sich der Mieter bei einem Erhöhungsverlangen nach §§ 558 ff. BGB darauf beruft, dass die Sperrfrist oder die Kappungsgrenze verletzt worden sind. Der Vermieter hat auch die Beweislast dafür, dass die Vereinbarung nicht unter § 312 BGB fällt (AG Köln WuM 1999, 325).

c) Abgrenzung

Ob die Parteien die gegenwärtige oder der zukünftige Miete erhöhen, ist danach abzugrenzen, **wann** die Mietererhöhung eintreten soll. Wird z.B. der Vertrag für die nächste fällige Miete, etwa den nächsten Monat, abgeschlossen, wird die gegenwärtige Miete geändert. Soll die Änderung erst später eintreten, z.B. ab dem nächsten Quartal, wird die zukünftige Miete erhöht. **165**

2. Staffelmiete

a) Begriff und Zweck

Wird die Miete erstens für bestimmte Zeiträume und zweitens in unterschiedlicher Höhe vereinbart, liegt eine **Staffelmiete** i.S.v. § 557a Abs. 1 S. 1 BGB vor. Eine auf unbeschränkte Zeit abschließbare Staffelmietvereinbarung gestattet eine Veränderung der Miete jenseits der ortüblichen Vergleichsmiete. Sie soll den Mietvertragsparteien vor allem Kalkulationssicherheit verschaffen (BGH NJW 2009, 353, 354 = ZMR 2009, 189; ZMR 2006, 262, 264 = GE 2006, 250, 251; NJW-RR 2005, 236, 237 = ZMR 2005, 112; WuM 2005, 519, 520). Nach der Gesetzesbegründung (BT-Drucks. 9/2079, S. 9) sollen dem Vermieter Investitionsentscheidungen dadurch erleichtert werden, dass er mit den künftigen Steigerungen der Mieteinnahmen schon zu einem früheren Zeitpunkt sicher rechnen kann, um die in den ersten Jahren regelmäßig entstehende Verlustphase zu überwinden; bei Altbauten wird im Hinblick auf die regelmäßig erheblichen Unterhaltungskosten ein entsprechendes Bedürfnis des Vermieters anerkannt. Der Mieter wiederum hat die Möglichkeit, sich schon frühzeitig auf Umfang und Zeitpunkt der auf ihn zukommenden Mieterhöhung einzurichten (BGH ZMR 2004, 175, 176), sodass die Vereinbarung einer Staffelmiete zugleich in seinem Interesse liegt. Zum Nachteil des Mieters sind die gesetzlichen Bestimmungen über die Staffelmiete nicht abdingbar (§ 557a Abs. 4 BGB). Dies ist nicht der Fall, wenn sich der Mieter auf eine niedrigere ortsübliche Miete berufen darf (BGH ZMR 2009, 519, 520). Vereinbaren die Parteien neben einer Staffelmiete einen **formularmäßigen Kündigungsausschluss**, der die nach § 557a Abs. 2 S. 1 BGB höchstzulässige Frist von vier Jahren übersteigt, ergibt sich die Unwirksamkeit des gesamten Kündigungsverzichtes aus § 307 Abs. 1 S. 1 BGB, weil sie den Mieter entgegen den Geboten von Treu und Glauben unangemessen benachteiligt (BGH NZM 2006, 579, 581). Unwirksam sind ferner Klauseln, **166**

- die kürzere Staffeln als ein Jahr vorsehen oder **167**
- neben der Staffelmiete Mieterhöhungen nach §§ 558, 559 BGB zulassen wollen (dies gilt auch für Anpassungsklauseln, die auf eine nachträgliche Abänderung der vereinbarten Staffelbeträge abzielen).

b) Anwendungsbereich, Abschluss und Grenzen

aa) Anwendungsbereich

Eine Staffelmietvereinbarung ist grundsätzlich bei allen Arten von **preisfreien** (frei finanzierten) **Wohnraummietverhältnissen** zulässig, also sowohl bei Alt- als auch bei Neubauten. Eine Staffelmietvereinbarung ist für befristete Mietverhältnisse und für Mietverhältnisse auf unbestimmte Zeit ebenso zulässig wie für Einlieger- oder Werk- **168** dienstwohnungen. Staffelmietvereinbarungen können auch für **preisgebundenen**, öffentlich geförderten Wohnraum geschlossen werden, soweit die höchste Staffel die bei Vertragsschluss preisrechtlich zulässige Kostenmiete nicht übersteigt (OLG Hamm ZMR 1993, 162, 163).

Hinweis

Auch in **Geschäftsraummietverträgen** können Staffelmietvereinbarung getroffen werden. Eine Ausdehnung des § 557a BGB auf die gewerbliche Miete ist aber nicht geboten (BGH NJW-RR 2005, 236, 237; für ein Mischmietverhältnis s. ferner LG Berlin GE 2004, 425). Insbesondere können die Staffeln in einem Geschäftsraummietvertrag kürzer als ein Jahr sein. Zu beachten sind allerdings auch hier die allgemeinen Grenzen der Vertragsfreiheit, z.B. die Sittenwidrigkeit und das Wucherverbot (§ 138 BGB). Während der Dauer einer Preisbindung ist die Vereinbarung einer Staffelmiete zulässig (OLG Hamm NJW-RR 1993, 659 = ZMR 1993, 162), wenn die höchste Staffel nicht die bei Vertragsschluss maßgebliche Kostenmiete übersteigt. Die Staffeln werden bei einer Kostenmiete aber **nicht automatisch** wirksam (LG Berlin GE 2007, 719, 720).

Für Staffelmieten, die vor dem 01.09.2001 vereinbart wurden, gilt die Bestimmung des § 10 Abs. 2 MHG weiter (BGH ZMR 2004, 735, 736). Verstieß eine Staffelmiete gegen § 10 Abs. 2 S. 2 MHG, ist sie allerdings nur **insoweit unwirksam**, als sie über die damalige zulässige **Höchstdauer von zehn Jahren** hinausgeht (BGH NJW-RR 2009, 306 = ZMR 2009, 189).

bb) Abschluss

169 Eine Staffelmietvereinbarung wird regelmäßig bereits **bei Abschluss des Mietvertrages** getroffen. Sie kann aber auch **während der Mietzeit** (BGH GE 2006, 121, 125 = ZMR 2006, 192 = NJW-RR 2006, 229; Mersson ZMR 2002, 732) sowohl in einem befristeten als auch in einem unbefristeten Vertrag vereinbart werden. Eine Staffelmiete kann wegen des Grundsatzes der Vertragsfreiheit aus § 311 Abs. 1 BGB auch während der Dauer einer Mietpreisbindung für den Zeitraum nach ihrem Ablauf vereinbart werden (BGH ZMR 2004, 175, 176; LG Berlin NJW-RR 1991, 1040; a.A. LG Hamburg WuM 1997, 331; OLG Stuttgart ZMR 1989, 552, 553). Wäre der Vermieter darauf verwiesen, mit dem Mieter eine Einigung auf eine Staffelmiete erst nach Ablauf einer Mietpreisbindung zu erzielen, hätte dies zur Folge, dass die Preisbindung des Mietverhältnisses trotz rechtlicher Beendigung tatsächlich noch eine gewisse Zeitlang weiterbestünde (BGH ZMR 2004, 175, 176).

170 In der bloßen Zahlung der erhöhten Miete kann **keine** (nachträgliche) **Zustimmung** zu einer Mieterhöhung um einen bestimmten Betrag nach § 557a BGB gesehen werden. Der Mieter geht nämlich regelmäßig davon aus, nach der Staffelmietvereinbarung zur Zahlung verpflichtet zu sein (LG Berlin GE 2003, 325; LG Kiel WuM 2000, 308; **a.A.** LG Berlin GE 2002, 804). Wenn allerdings eine Vereinbarung nach § 557 Abs. 1 BGB über die Zahlung einer höheren Miete zustande kommt, bedarf diese **nicht** der Schriftform des § 557a Abs. 1 BGB (a.A. LG Berlin GE 2003, 325).

c) Voraussetzungen einer Staffelmiete

171 Eine Staffelmietvereinbarung hat **vier Voraussetzungen**:

172 – die Vereinbarung muss **schriftlich** getroffen werden (§ 557a Abs. 1 Halbs. 1 BGB),
– die für jede einzelne Staffel geltende Miete oder die jeweilige Erhöhung ist **in einem Geldbetrag** *schriftlich auszuweisen* (§ 557a Abs. 1 Halbs. 2 BGB),
– es müssen **mehrere Staffeln** vereinbart werden,
– jede Mietstaffel muss mindestens **ein Jahr** betragen (§ 557a Abs. 2 S. 1 BGB).

aa) Schriftform

Eine Staffelmietvereinbarung muss nach § 557a Abs. 1 Halbs. 1 BGB schriftlich i.S.v. § 126 BGB getroffen werden. Der Schriftform gleichwertig ist die elektronische Form (§ 126a BGB). Die Textform gemäß § 126b BGB (s. Rdn. 280) ist hingegen **unzureichend.** 173

bb) Angabe der erhöhten Miete/des Erhöhungsbetrages

Gemäß § 557a Abs. 1 Halbs. 2 BGB ist die für jede einzelne Staffel geltende Miete (Netto-, Teilinklusiv- oder Bruttokaltmiete) oder die jeweilige Erhöhung **in einem Geldbetrag** schriftlich auszuweisen; die bloße Angabe eines **Erhöhungsprozentsatzes** reicht nicht aus (Kinne ZMR 2001, 868, 875). Die Wirksamkeit der Staffelmietvereinbarung wird nicht dadurch berührt, dass dem Mieter **zusätzlich** die Möglichkeit eingeräumt wird, sich zu seinen Gunsten auf eine **niedrigere ortsübliche Vergleichsmiete** zu berufen (BGH NZM 2009, 355 = ZMR 2009, 519). Die Mietvertragsparteien sollen durch die Angabe der Beträge bei Abschluss des Mietvertrages **klar ersehen** können, wann zukünftig welche Miethöhen gelten (LG Berlin GE 2009, 1494). 174

Hinweis

> Diese Voraussetzung erfüllt eine tabellarische über zehn Jahre aufgeführte Staffel nicht, wenn sie einen Zusatz enthält, wonach die Miete reduziert werden soll, soweit sie die nach den »gesetzlichen Regelungen hinsichtlich der Begrenzung von Mieterhöhungen« zulässigen Mieten überschreiten sollte. Der Hinweis auf nicht näher benannte gesetzliche Regelungen zur Begrenzung von Mieterhöhungen steht dem entgegen, weil der Mieter schon nicht übersehen können muss, welche Regelungen im Einzelnen in Betracht kommen und wie sie sich auswirken können. Dadurch werden die bezifferten Mieterhöhungen relativiert und ggf. verändert, so dass der konkret geschuldete Mietzins zu Vertragsbeginn gerade nicht eindeutig beziffert feststeht (LG Berlin GE 2009, 1494).

Die Höhe der einzelnen Staffel kann **frei ausgehandelt** werden. An die Höhe der ortsüblichen Miete sind die Parteien nicht gebunden. Sieht ein Wohnraummietvertrag im Rahmen einer Staffelmietvereinbarung vor, dass sich die Miete einer bestimmten Staffel nach der ortsüblichen Vergleichsmiete richten soll, führt dies zur Unwirksamkeit der gesamten Staffelmietvereinbarung (LG Halle 2004, 821, 822). Ist der Inhalt der Staffelvereinbarung so unbestimmt, dass der Mieter bei Abschluss der Vereinbarung die Höhe der von ihm eingegangenen Verpflichtung überhaupt nicht erkennen oder abschätzen konnte, ist die **Staffelvereinbarung insgesamt unwirksam** (AG Hamburg-St. Georg WuM 2010, 37).

cc) Mehrere Staffeln

Die Parteien müssen **mindestens zwei Staffeln** vereinbaren (Kinne ZMR 2001, 868, 877). 175
Keine Staffelmietvereinbarung ist eine Bestimmung, wonach bis zu einem bestimmten Zeitpunkt eine bestimmte Miete zu zahlen ist und dann einmalig eine Erhöhung um einen bestimmten Betrag eintritt. Es handelt sich hier um eine nach § 557 Abs. 2 BGB **unzulässige** anderweitige Vereinbarung künftiger Änderungen der Miethöhe (a.A. AG Rheinbach WuM 1987, 362).

dd) Dauer der Staffeln: mindestens ein Jahr

Jede Staffel muss nach § 557a Abs. 2 S. 1 BGB **mindestens** ein Jahr betragen, kann aber 176
länger sein oder in der Länge **wechseln** (Mersson ZMR 2002, 732). Fehlt z.B. auch nur ein **einziger Tag**, ist die gesamte Vereinbarung unwirksam (LG Berlin GE 2004, 625; LG Hamburg ZMR 1999, 339 = NZM 1999, 957; LG Nürnberg-Fürth ZMR 1997, 648; AG

Berlin-Lichtenberg GE 1997, 321; AG Büdingen WuM 1996, 344; AG Bergisch-Gladbach WuM 1991, 700; Emmerich NZM 2001, 690, 691).

177 **Hinweis**

Eine **geltungserhaltende Auslegung** oder eine **Umdeutung** der Staffelmietvereinbarung wird ganz überwiegend für nicht zulässig gehalten (LG Nürnberg-Fürth ZMR 1997, 648; LG Berlin GE 1995, 369; Sternel Mietrecht III Rn. 432). Selbst eine längerfristige Zahlung der unwirksam vereinbarten Staffelmiete führt nicht zur Heilung des Verstoßes. In besonderen Fällen kann es dem Mieter aber nach **Treu und Glauben** gemäß § 242 BGB verwehrt sein, sich auf die **Unwirksamkeit zu berufen** (LG Hamburg ZMR 1999, 339, 340 = NZM 1999, 957). Das ist etwa der Fall, wenn sich der Mietvertragsbeginn nachträglich um einen kurzen Zeitraum verschoben hat und die Parteien die daraus erwachsenden Folgen für die Staffelmietvereinbarung übersehen haben (LG Berlin GE 2006, 453).

d) Wirkungen

178 Eine wirksame Staffelmietvereinbarung kann **drei Rechtsfolgen** haben:

179 – automatischer Eintritt der Mieterhöhung zum vereinbarten Zeitpunkt,
– Ausschluss des Kündigungsrechts für einen längeren Zeitraum von höchstens vier Jahren,
– Ausschluss anderer Mieterhöhungen.

aa) Automatische Mieterhöhung

180 Die jeweilige Mieterhöhung tritt **kraft Gesetzes** und also **automatisch** ein. Es bedarf keiner Erhöhungserklärung. Der Mieter gerät bei Nichtzahlung gemäß § 286 Abs. 2 BGB in Verzug. Die Parteien können aber ohne Verstoß gegen § 557a Abs. 4 BGB vereinbaren, dass zusätzlich zur Staffelvereinbarung die jeweilige Staffelerhöhung auch noch durch den Vermieter innerhalb einer bestimmten Frist angekündigt werden muss.

bb) Kündigungsrecht

181 § 557a Abs. 3 S. 1 BGB erlaubt einen **einseitigen Kündigungsverzicht** des Mieters (BGH ZMR 2006, 262, 265 = GE 2006, 250). Ein einseitiger **formularmäßig** erklärter Kündigungsausschluss zu Lasten des Mieters von Wohnraum benachteiligt den Mieter aber nur dann nicht unangemessen (§ 307 BGB), wenn er **zusammen** mit einer nach § 557 a BGB zulässigen Staffelmiete vereinbart wird (fehlt es hieran, ist die Bestimmung unwirksam, Wiek WuM 2005, 369; Häublein ZMR 2004, 252, 253; Hinz WuM 2004, 126, 128) und die Dauer des Kündigungsausschlusses nicht mehr als 4 Jahre beträgt (BGH NJW 2009, 353, 354 = ZMR 2009, 189; ZMR 2006, 262, 265 = GE 2006, 250, 251; GE 2006, 121, 125 = ZMR 2006, 192 = NJW-RR 2006, 229; zum **beiderseitigen Kündigungsverzicht** s. BGH ZMR 2004, 802 = NJW 2004, 3117). Die Frist berechnet sich mit Abschluss des Mietvertrages (BGH NZM 2006, 653, 654; NZM 2006, 579, 580), nicht mit Bezug der Wohnung (BGH WuM 2005, 519, 520 = NZM 2005, 782; LG Berlin GE 2005, 307; NZM 2000, 1051). Eine **formularmäßige Bestimmung**, wonach der Mieter nach Ablauf von vier Jahren **nur zu einem einzigen Zeitpunkt** kündigen kann, ist **nichtig** (BGH ZMR 2004, 175, 176). Auch wenn das Kündigungsrecht für mehr als vier Jahre ausgeschlossen wird, ist der Ausschluss **insgesamt nichtig** (BGH GE 2006, 247, 248 = NJW 2006, 1059 = ZMR 2006, 270). Soweit die Rechtsprechung für § 10 Abs. 2 S. 6 MHG einen formularmäßigen Ausschluss des Kündigungsrechts von mehr als vier Jahren in einem Staffelmietvertrag lediglich als **teilunwirksam** ansah (BGH WuM 2005, 519, 520; LG Berlin NZM 2000, 1051), beruhte dies auf einem abweichenden Inhalt der Vorschrift, der Ausdruck

eines entsprechenden gesetzgeberischen Willens gewesen ist. Dieser gilt für § 557a Abs. 3 S. 1 BGB nicht (BGH GE 2006, 247, 248 = NJW 2006, 1059 = ZMR 2006, 270).

Hinweis

Etwas anderes gilt für eine **Individualvereinbarung**. Ist in einem Mietvertrag ein längerer Kündigungsausschluss individualvertraglich vereinbart, führt dies zur **Teilnichtigkeit** der Klausel (BGH ZMR 2009, 433 = NZM 2009, 154). Zwischen den Parteien gilt dann ein Kündigungsausschluss von vier Jahren (BGH NZM 2006, 653, 654). Die in § 557a Abs. 3 S. 1 BGB bestimmte Höchstfrist von vier Jahren ist auch dann maßgeblich, wenn ihr Ende auf einen Kalendertag **vor dem Ende eines Monats** fällt (BGH NZM 2006, 579, 580 = NJW-RR 2006, 1236 = WuM 2006, 385). Die Vier-Jahres-Frist **beginnt mit Abschluss** des Mietvertrages zu laufen (LG Berlin GE 2005, 1435).

cc) Ausschluss anderer Mieterhöhungen

Neben den einzelnen Staffeln sind gemäß § 557a Abs. 2 S. 2 BGB nur Mieterhöhungen **182** nach § 560 BGB wegen Betriebskostenerhöhungen (wenn dies vereinbart ist, § 560 Abs. 1 S. 1 BGB) sowie **einvernehmliche Vertragsänderungen** zulässig (BGH ZMR 2006, 262, 263 = GE 2006, 250, 251; LG Berlin ZMR 2004, 270; AG Tiergarten GE 2007, 59). Der Vermieter kann daher die Staffelmiete auch dann nicht – über den vereinbarten Betrag hinaus – erhöhen, wenn die einzelne Staffel unter der ortsüblichen Vergleichsmiete liegt (Kinne ZMR 2001, 868, 877). Ist die Staffelmietvereinbarung freilich unwirksam, sind Mieterhöhungen zulässig (LG Berlin GE 1993, 95; **a.A.** LG Bonn WuM 1992, 199; LG Berlin WuM 1992, 198; s. Rdn. 152).

e) Verstöße

aa) Nichtigkeit

Die Mindestzeit von einem Jahr je Staffel ist eine **absolute Grenze**. Die gesamte Staffel- **183** vereinbarung ist daher **nichtig**, wenn eine Staffel kürzer ist, wenn z.B. ein Tag fehlt (LG Berlin GE 2004, 625; GE 2001, 852; Emmerich NZM 2001, 690, 691). Der Mieter kann in diesem Falle einen **Anspruch aus §§ 812 ff. BGB** (§ 812 Abs. 1 S. 1, 1. Alt. BGB) haben (LG Halle ZMR 2004, 821, 822; LG Kiel WuM 2000, 308). Auch wenn die Staffelmiete nicht formgerecht vereinbart wird, ist sie unwirksam. Die einmalige Herabsetzung einer Staffelmiete ohne Anpassung der folgenden Staffeln wegen der ursprünglich vereinbarten Erhöhungszeitpunkte und des Erhöhungsbetrages führt aber nicht zur Unwirksamkeit der Staffelmietvereinbarung (LG Berlin ZMR 2004, 279). Auch die Kappungsgrenze des § 558 Abs. 3 BGB gilt nicht.

bb) Der Vertrag im Übrigen

Der Mietvertrag bleibt bei Nichtigkeit der Staffelmiete i.Ü. wirksam (a.A. LG Görlitz **184** WuM 1997, 682). Ist eine Staffelmietvereinbarung unwirksam, gilt der Mietvertrag so, als sei die Staffelmietvereinbarung nie geschlossen worden. Der Mieter schuldet dann die Miete, die bei Abschluss des Mietverhältnisses vereinbart worden ist. Mieterhöhungen richten sich nach §§ 557 bis 560 BGB, insbesondere nach § 558 BGB (LG Berlin NZM 1998, 859 = ZMR 1998, 230).

f) Ende der Staffelmietvereinbarung

Eine Staffelmiete endet mit **Ablauf der letzten Staffel**. Es gibt keine automatische Fort- **185** schreibung. Der Mietvertrag im Übrigen bleibt vom Ende der Vereinbarung unberührt.

Nach Ablauf der Staffelmietvereinbarung gilt die in der letzten Staffel vereinbarte Miete. Mieterhöhungen richten sich mit dem Ende wieder grundsätzlich nach §§ 558 ff. BGB (LG München I WuM 1996, 557). Den Vertragsparteien können aber auch eine freie Mieterhöhungsvereinbarung nach § 557 Abs. 1 BGB oder eine neue Staffelmietvereinbarung abschließen.

g) Wegfall der Geschäftsgrundlage und Verwirkung

186 Bei einer Staffelmiete besteht grundsätzlich die Möglichkeit, dass die vereinbarte Miete im Laufe der Zeit erheblich von der Entwicklung der marktüblichen Miete abweicht. Der Mieter bleibt dennoch auch bei einem gravierenden Absinken des allgemeinen Mietniveaus in aller Regel an die vertraglich vereinbarten Staffelerhöhungen gebunden, es sei denn, die Parteien hätten eine **abweichende Regelung** getroffen (BGH NJW-RR 2005, 236, 237; ZMR 2002, 654, 655). Wenn der Vermieter den Erhöhungsbetrag über einen längeren Zeitraum nicht geltend macht, kann hierin ein **Verzicht** (LG München I ZMR 2003, 431) oder eine **Verwirkung** (KG ZMR 2004, 577, 578) liegen. Aus dem bloßen Schweigen beider Parteien kann ohne Hinzutreten weiterer Umstände aber nicht auf eine Verwirkung geschlossen werden. Auch wenn eine automatische Mietanpassung viele Jahre nicht praktiziert wird, ohne dass dies von einer Vertragspartei angesprochen wird, kann der Vermieter sein Recht auf automatische Anpassung nur dann verloren haben, wenn – zusätzlich zu dem Zeitablauf – weitere **besondere Umstände** hinzutreten (OLG Düsseldorf NJW-RR 1993, 1036).

h) Beweislast

187 Im Prozess muss der, der eine Staffelmiete behauptet, ihre Voraussetzungen darlegen und beweisen. Das wird regelmäßig der Vermieter sein. Es kann aber auch der Mieter sein, der etwa andere Mieterhöhungsmöglichkeiten durch § 557 Abs. 2 S. 2 BGB als ausgeschlossen ansieht.

3. Indexmiete

a) Allgemeines

188 Als Ausnahme vom Verbot der Mietanpassungsklauseln gemäß § 557 Abs. 3 BGB lässt § 557 Abs. 2 BGB die **schriftliche Vereinbarung einer Indexmiete** unter den Voraussetzungen des § 557b BGB zu. Eine Indexmiete ermöglicht es leicht und überschaubar, die Miete zu erhöhen oder zu senken. Die in § 557b Abs. 1 S. 1 BGB legal definierte Indexmiete ist neben der Staffelmiete die einzig zulässige **antizipierte Mietpreisänderungsklausel** (unzulässig sind in der Wohnraummiete z.B. Leistungsvorbehalts-, Spannungs-, Umsatz- oder Wertsicherungsklauseln). Eine Indexmiete bewirkt im Regelfall eine Mieterhöhung (OLG Hamm DWW 1993, 321). Sie kann aber auch zu einer **Mietsenkung** führen. Die Vereinbarung kann zu Beginn, aber auch während des Laufs des Mietvertrages geschlossen werden.

189 **Hinweis**

Die Zulässigkeit von Indexklauseln hat sich in den letzten Jahrzehnten **immer wieder verändert**. In »Altfällen« ist vorstellbar, dass die nachfolgenden Ausführungen zu **modifizieren** sind, weil sich der Fall noch nach altem Recht richtet. Überblick:

- Bis zum **31.08.1993** richtete sich die Zulässigkeit von Indexklauseln nach § 3 WährG. Danach waren Indexklauseln für Wohnraummietverträge gemäß § 10 Miethöhegesetz (MHG) **unzulässig**.

- Zwischen **01.09.1993 und 31.12.1998** waren für Wohnraummietverträge Indexklauseln nach § 10a MHG **genehmigungsfähig**. Abweichend von § 10 Abs. 1 MHG konnte schriftlich vereinbart werden, dass die weitere Entwicklung des Mietzinses durch den Preis von anderen Gütern oder Leistungen bestimmt werden soll (Mietanpassungsvereinbarung). Die Vereinbarung war nur wirksam, wenn eine **Genehmigung** nach § 3 WährG oder entsprechenden währungsrechtlichen Vorschriften erteilt worden war. Während der Geltungsdauer einer Mietanpassungsvereinbarung musste die Miete jeweils mindestens ein Jahr unverändert bleiben.
- Vom **01.01.1999 bis zum 31.08.2001** sah § 10a Abs. 1 MHG für Wohnungsmietverträge in Verbindung mit § 4 Abs. 2 PreisklauselVO Folgendes vor: »(Abs. 1) Abweichend von § 10 Abs. 1 MHG kann schriftlich vereinbart werden, dass die Entwicklung des Mietzinses durch die Änderung eines von dem Statistischen Bundesamt ermittelten Preisindexes für die Gesamtlebenshaltung bestimmt werden soll (Mietanpassungsvereinbarung). Das Ausmaß der Mietanpassung muss in der Vereinbarung bestimmt sein und darf höchstens der prozentualen Indexänderung entsprechen. Die Vereinbarung ist nur wirksam, wenn (1.) der Vermieter für die Dauer von mindestens 10 Jahren auf das Recht zur ordentlichen Kündigung verzichtet oder (2.) der Mietvertrag für die Lebenszeit eines Vertragspartners abgeschlossen wird. (Abs. 2) Während der Geltungsdauer einer Mietanpassungsvereinbarung muss der Mietzins [...] jeweils mindestens ein Jahr unverändert bleiben. [...]. (Abs. 3) Eine Änderung des Mietzinses auf Grund einer Vereinbarung nach Abs. 1 muss durch schriftliche Erklärung geltend gemacht werden Dabei ist die jeweils eingetretene Änderung des vereinbarten Indexes anzugeben. Der geänderte Mietzins ist mit Beginn des auf die Erklärung folgenden übernächsten Monats nach dem Zugang der Erklärung zu zahlen«. Für Wohnraummietverträge entfiel damit die Genehmigungsbedürftigkeit wie auch die Genehmigungsfähigkeit von Indexklauseln.
- Am **01.09.2001** trat § 557b BGB in Kraft. Altverträge blieben nach ihm wirksam, da **keine Übergangsvorschrift** angeordnet war. Die Wirksamkeit von Indexklauseln, die vor dem 01.09.2001 vereinbart worden waren, richtete sich **weiterhin** nach § 10a MHG unabhängig von der Frage, ob die erste Mieterhöhung erst nach diesem Datum erfolgen sollte.
- Mit Wirkung vom **01.01.2003** stellte das Statistische Bundesamt die Berechnung der **meisten Preisindizes** ein. Beim Statistischen Bundesamt werden nur noch der der **Preisindex für die Lebenshaltung aller privaten Haushalte** in (Gesamt-)Deutschland (»Verbraucherpreisindex Deutschland«) und der harmonisierte Verbraucherpreisindex (»HVPI«) für die Mitgliedstaaten der EU geführt (dieser dient dazu, Preisveränderungen innerhalb der EU zu vergleichen und zu einer Gesamt-Inflationsrate zusammenzufassen. Dieser Index ist für Wohnraummietverhältnisse nicht anwendbar). Zum 01.01.2003 gilt als **Basisjahr** für die Errechnung des Verbraucherpreisindex Deutschland das **Jahr 2000**. Das Basisjahr wird vom statistischen Bundesamt für die Berechnung der Lebenshaltungskosten der folgenden Jahre zugrunde gelegt. Es wird ermittelt, um wie viel sich die Lebenshaltungskosten im Vergleich zu den Lebenshaltungskosten des Basisjahres geändert haben, ob sie also gestiegen oder gesunken sind. Da sich die Konsumgewohnheiten und Verbraucherverhältnisse regelmäßig ändern, muss auch die Berechnung der Lebenshaltungskosten entsprechend angepasst werden. In die Ermittlung mit einbezogen werden die **durchschnittlichen Kosten für Mietwohnungen**. Bereits dadurch ist ein Bezug zur Miethöhe hergestellt, der die Gefahr einer divergierenden Entwicklung der Lebenshaltungskosten und der ortsüblichen Vergleichsmiete wesentlich verringert (AG Hamburg WuM 2000, 494).
- Nimmt eine alte Indexklausel auf den »Preisindex für die Lebenshaltungskosten aller privaten Haushalte in Deutschland« Bezug, ist anzunehmen, dass die entsprechende Klausel auch nach dem 01.01.2003 in unveränderter Form gültig bleibt (Rasch DNotZ 2003, 730 ff.). Nimmt eine Indexklausel auf einen anderen Index Bezug, ist der eingestellte Index im Wege der **ergänzenden Vertragsauslegung** zum Verbraucherpreisindex Deutschland zu **über-**

führen (BGH NJW-RR 2009, 880 = ZMR 2009, 591; AG Mönchengladbach NZM 2005, 742; Aufderhaar/Jaeger, ZfIR 2008, 121, 124; Hülsdunk/Schnabl ZfIR 2007, 337, 340; Reul DNotZ 2003, 92, 97; Klingmüller/Wichert ZMR 2003, 797, 799). Diese Auffassung ist **praxisnah und wirtschaftlich interessengerecht** (s.a. Rdn. 209).

190 Eine **Mindestlaufzeit** ist für die Indexmiete nicht vorgeschrieben. Sie kann daher sowohl in einem befristeten als auch in einem unbefristeten Vertrag vereinbart werden. Mietpreisänderungsklauseln, die vor dem 01.09.2001 vereinbart wurden, **bleiben wirksam.** Für sie gilt noch § 10a MHG in der jeweiligen Fassung. Wertsicherungsvereinbarungen, die wegen Unterschreitung der Mindestdauer nicht genehmigungsfähig waren, sind **nicht** am 01.09.2001 **wirksam geworden** (Schmidt-Futterer/Börstinghaus § 557b BGB Rn. 5; Langenberg WuM 2001, 523, 524; str.).

191 § 557b BGB gilt nach § 549 Abs. 1 BGB nur für **Wohnraummietverhältnisse** mit Ausnahme der in § 549 Abs. 2 und 3 BGB vom sozialen Mietrecht weitgehend ausgenommenen Mietverhältnisse. Für **geförderte Wohnungen** kann eine Indexmiete vereinbart werden (Söfker WuM 2002, 291, 295). Zur Sicherung der mit der Förderung verfolgten Ziele sieht allerdings § 28 Abs. 3 und 5 WoFG vor, dass der Vermieter keine höhere Miete als die in der Förderzusage bestimmte Miethöhe verlangen kann.

192 Die indexierte Miete unterliegt den **allgemeinen Begrenzungen** der Miethöhe wie den Vorschriften über die Mietpreisüberhöhung nach § 5 WiStG und über den Mietwucher nach § 291 StGB (OLG Hamm DWW 1993, 321, 324; Bohnert JZ 1994, 610). Zu einer überhöhten Miete kann es z.B. kommen, wenn die Preise für die Lebenshaltung stärker steigen als die Vergleichsmiete.

b) Voraussetzungen

193 Eine Indexmiete kommt durch einen Vertrag zwischen Mieter und Vermieter nach den §§ 145 ff. BGB zustande. Die Vereinbarung kann entweder als Teil eines neuen Mietvertrags abgeschlossen oder bei einem bestehenden Vertrag durch dessen Änderung getroffen werden. Es bestehen **zwei Voraussetzungen:**

194
- Bindung an den Preisindex für die Lebenshaltung,
- Schriftform nach § 126 BGB.

aa) Bindung an den Preisindex für die Lebenshaltung

195 Die Vereinbarung muss die geschuldete Miete für die gesamte Mietzeit oder für einen bestimmten Abschnitt an den vom Statistischen Bundesamt ermittelten **Preisindex für die Lebenshaltung** aller privaten Haushalte in Deutschland **binden.** Die Bindung an einen anderen Index ist gemäß § 557b Abs. 3 BGB unzulässig.

bb) Schriftlichkeit

196 Die **Indexvereinbarung** muss – auch bei einem mündlichen Vertrag – gemäß § 557b Abs. 1 S. 1 BGB i.S.v. § 126 BGB **schriftlich** geschlossen werden (s. dazu Mankowski ZMR 2002, 481, 484). Eine Erklärung in **Textform** (s. Rdn. 280) reicht nicht. Das Formerfordernis besteht unabhängig davon, ob der gesamte Vertrag kraft rechtsgeschäftlicher Vereinbarung oder gemäß § 550 BGB der Schriftform bedarf. Wenn die Indexvereinbarung unabhängig von einem nach § 550 BGB der Schriftform bedürfenden Mietvertrag ohne ausreichende Bezugnahme auf diesen Vertrag geschlossen wurde, führt dies dazu, dass der **gesamte Mietvertrag** nicht mehr die Schriftform erfüllt und sich nach § 550 BGB in ein unbefristetes Mietverhältnis umwandelt (OLG Karlsruhe DWW 2001, 273; Nies NZM 2001, 1071).

c) Wirkungen

Eine wirksame Indexmietvereinbarung kann **zwei Rechtsfolgen** haben: 197
- nach Aufforderung: Eintritt der Mieterhöhung zum vereinbarten Zeitpunkt; 198
- den Ausschluss anderer Mieterhöhungen.

aa) Erhöhung der Miete

Durch Vereinbarung einer Indexmiete wird die Miete nach § 557 Abs. 3 S. 1 BGB nicht automatisch geändert. Die Änderung der Miete muss vielmehr durch den Mieter oder den Vermieter durch eine einseitige, empfangsbedürftige Erklärung **in Textform** (Rdn. 280) geltend gemacht werden. 199

(1) Inhalt der Erklärung

Die Erklärung muss gemäß § 557b Abs. 3 S. 2 BGB 200
- die **Änderung des Preisindexes** und
- die **jeweilige Miete** oder die **Erhöhung** in einem Geldbetrag angeben (Weitemeyer NZM 2001, 563, 567; Langenberg WuM 2001, 523, 524).

Bei mehreren Mietern oder Vermietern ist die Erklärung von allen bzw. gegenüber allen abzugeben (Wieser MDR 2001, 977, 980). Die Parteien sind bei Änderung des Preisindexes nicht gezwungen, eine Erklärung abzugeben. Hat es der Vermieter über einen Zeitraum von fast vier Jahren unterlassen, eine indexbedingte Mieterhöhung geltend zu machen, kann der Erhöhungsanspruch verwirkt sein (s. Rdn. 202).

(2) Stillhaltefrist

Die Erklärung wirkt gemäß § 557b Abs. 2 S. 1 BGB **frühestens** mit Wirkung zum Ablauf der **einjährigen Stillhaltefrist**. Sie kann h.M. nach aber **bereits vor Ablauf** abgegeben werden. Maßgebend ist nicht der Zeitpunkt ihres Zugangs, sondern der **Wirkungszeitpunkt** (Bub NJW 1993, 2900; a.A. Emmerich NZM 2001, 690, 694; Blank WuM 1993, 510). Die Stillhaltefrist selbst berechnet sich ab dem Beginn des Mietverhältnisses oder ab dem Zeitpunkt der letzten Mieterhöhung. Ausnahmen bilden Mieterhöhungen nach §§ 559 bis 560 BGB. Einvernehmliche Änderungen der Miete nach § 557 Abs. 1 f. BGB lösen die Stillhaltefrist aus (s. Rdn. 204). 201

(3) Verwirkung

Hat es der Vermieter über einen Zeitraum von fast vier Jahren unterlassen, eine indexbedingte Mieterhöhung gegenüber dem Mieter geltend zu machen, kann dieser unter Umständen dem nunmehrigen entsprechenden Zahlungsbegehren den **Einwand der Verwirkung** entgegenhalten (OLG Düsseldorf ZMR 2002, 34, 35). 202

(4) Entrichtung der erhöhten Miete

Die geänderte Miete ist nach § 557b Abs. 3 S. 3 BGB **mit Beginn des übernächsten Monats** nach dem Zugang der Erklärung zu entrichten. Diese Regelung soll es dem Mieter ermöglichen, die Mietzahlungen termingerecht zu erhöhen und Daueraufträge umzustellen. Fristbeginn ist der Zugang der Änderungserklärung. Die Frist verkürzt sich gemäß § 193 BGB, wenn der letzte Tag vor Ablauf der Frist, die für eine Mieterhöhung zum übernächsten Monat notwendig wäre, kein Werktag ist. Zahlt der Mieter eine erhöhte Miete nicht freiwillig, muss der Vermieter klagen. 203

bb) Andere Mieterhöhungen

204 Neben einer Indexvereinbarung sind gemäß § 557b Abs. 2 S. 2 BGB **ausschließlich** Betriebskostenerhöhungen nach § 560 BGB sowie Mieterhöhungen nach § 559 Abs. 1 Var. 4 BGB wegen solcher baulicher Veränderungen zulässig, die der Vermieter **nicht** zu vertreten hat. In Betracht kommen insoweit z.B. Maßnahmen aufgrund der EnEV. Die Vereinbarung einer Staffelmiete und einer Indexklausel schließen sich gegenseitig aus (Samm GE 1993, 1100, 1120). Eine einvernehmliche Mieterhöhung nach § 557 Abs. 1 BGB ist während der Dauer einer Mietanpassungsvereinbarung allerdings zulässig (OLG Hamm DWW 1993, 321, 324; Blank WuM 1993, 503, 510; Samm GE 1993, 1110, 1116).

cc) Kein Sonderkündigungsrecht

205 Wird die Miete aufgrund der Anpassungsvereinbarung erhöht, kann der Mieter den Mietvertrag wegen der Erklärung nicht gemäß § 561 BGB kündigen. Ist der Mietvertrag auf bestimmte Zeit geschlossen, hat der Mieter auch keine Möglichkeit, das Mietverhältnis einseitig zu beenden, wenn er die erhöhte Miete nicht mehr tragen kann.

d) Abdingbarkeit

206 Eine Indexmiete kann an **keinen anderen Preisindex** gekoppelt werden. § 557b Abs. 1 BGB ist zum Nachteil des Mieters **nicht abdingbar** (§ 557b Abs. 4 BGB). Auch eine Vereinbarung, die die Miete nur an Erhöhungen des Preisindexes bindet, Senkungen aber aussparen will, oder eine solche, die die Miete an einen bestimmten, abstrakten Wert über dem Preisindex koppelt, wäre nichtig (Grothe NZM 2002, 54).

e) Beweislast

207 Im Prozess muss der, der eine Mietänderung durch Änderung des Indexes behauptet (das kann bei einer Senkung auch einmal der Mieter sein), sowohl die Indexmietvereinbarung als auch die Indexveränderung und die sonstigen Veränderungsvoraussetzungen darlegen und ggf. beweisen.

4. Vereinbarungsgrenzen

208 Für eine Vereinbarung zur **laufenden Miete** sind die Mietvertragsparteien von den Beschränkungen der §§ 558 bis 558b BGB **vollständig befreit**. Die Grenzen folgen allein aus einer Mietpreisüberhöhung i.S.v. § 5 WiStG (BGH ZMR 2004, 410, 411) und aus § 291 Abs. 1 S. 1 Nr. 1 StGB (Wucher). Ist eine Staffelmiete teilnichtig, fallen die folgenden Staffelbeträge ggf. weg (KG ZMR 2001, 452; OLG Hamburg ZMR 2000, 216). Wird von dem Mieter preisfreien Wohnraums ein Verstoß gegen § 5 Abs. 1 WiStG für einen zurückliegenden Zeitraum geltend gemacht, sind der Vereinbarung nachfolgende Änderungen der ortsüblichen Vergleichsmiete gegebenenfalls zu berücksichtigen (KG ZMR 1995, 309 = NJW-RR 1995, 1037 = WuM 1995, 384). Überschreiten einzelne Staffeln daher die Wesentlichkeitsgrenze, ist nicht die gesamte Vereinbarung unwirksam, sondern nur die jeweilige Staffel (OLG Hamburg ZMR 2000, 216, 218; LG Frankfurt/M. WuM 1996, 425; a.A. LG Hamburg WuM 1999, 274; Bohnert JZ 1994, 605, 608, der alle Staffelsätze allein an der Vergleichsmiete bei Vertragsschluss messen will).

Hinweis

Für die Bestimmung der Grenzen der Wirksamkeit einer Staffelmietvereinbarung ist davon auszugehen, dass nicht nur die Anfangsmiete, sondern auch alle bei Vertragsschluss **noch zukünftigen Staffelsätze** an §§ 5 WiStG, 134 BGB zu messen sind. Ein nachträgliches Absinken der ortsüblichen Vergleichsmiete führt nicht zur Unwirksamkeit einer späteren Mietstaffel nach §§ 5 WiStG, 134 BGB, wenn die vereinbarte Miete zu einem früheren Zeitpunkt der Höhe nach zulässig war (KG ZMR 2001, 452 = NZM 2001, 283).

5. Übergangsprobleme

§§ 557 bis 557b BGB sind **ohne zeitliche Beschränkung** seit dem 01.09.2001 anwendbar. **209**
Fraglich ist, ob vor diesem Datum getroffene Staffel- oder Indexvereinbarungen in Wohnraummietverträgen, die den Anforderungen der §§ 10, 10a MHG **widersprachen** und also unwirksam waren, **wirksam** geworden sind. Richtiger Ansicht nach ist dies zu **verneinen**. Ist in einem Alt-Mietvertrag ein ehemals zulässiger Index vereinbart worden (s. Rdn. 189), ist die Klausel nicht dadurch unwirksam geworden, dass das Statistische Bundesamt diesen Index nicht mehr ermittelt. Im Rahmen der ergänzenden Vertragsauslegung ist dieser Alt-Index auf den Verbraucherpreisindex **umzurechnen** (BGH NJW-RR 2009, 880 = ZMR 2009, 591; Rdn. 189). Für die Umrechnung bietet das Statistische Bundesamt im Internet unter www.destatis.de/wsk/contractdata/start.do ein interaktives Programm an, das die selbstständige Berechnung von Schwellenwerten ermöglicht. Für eine Gebühr von 30,00 € führt das statistische Bundesamt die Berechnung auch individuell durch.

VI. Anspruch auf Zustimmung zur Mieterhöhung nach §§ 558 ff. BGB

Kommt es zu keiner Vereinbarung über eine einvernehmliche Erhöhung der Miete, kann **210**
der Vermieter unter den in § 558 Abs. 1 BGB bestimmten Voraussetzungen die **Zustimmung zu einer Erhöhung der Miete** verlangen. Während die meisten Ansprüche **unaufgefordert** zu erfüllen sind, ist dieser Zustimmungsanspruch freilich nur auf Verlangen zu erfüllen. Er ist ein sog verhaltener Anspruch, der erst mit dem wirksamen Erfüllungsverlangen vollständig entsteht (Wieser MDR 2001, 977, 978). Zweck des § 558 BGB ist es, dem Vermieter einen angemessenen und marktorientierten Ertrag zu garantieren, gleichzeitig aber den Mieter vor überhöhten Mietforderungen des Vermieters zu schützen, die nur aufgrund einer Mangellage am Markt durchsetzbar wären (OLG Frankfurt/M. ZMR 2001, 449, 451). Der Anspruch auf Zustimmung zu einer Erhöhung der Miete kann nur vom Vermieter geltend gemacht werden. Maßgeblich ist die Vermietereigenschaft im Zeitpunkt der Abgabe des Erhöhungsverlangens; dass der Erklärende die Rechtsstellung im Zeitpunkt des Zugangs erlangt hat, reicht nicht aus (LG Köln WuM 1996, 623). Das formelle Mieterhöhungsverlangen des veräußernden Eigentümers wirkt zugunsten des in das Mietverhältnis eintretenden Erwerbers fort, denn gemäß § 566 BGB tritt der Erwerber auch in diese Rechtsposition ein (LG Kassel NJWE-MietR 1996, 222). Fraglich ist die Zulässigkeit der **Ermächtigung des neuen Grundstückseigentümers** zur Mieterhöhung vor dem Eigentumsübergang durch den bisherigen Vermieter. Soweit dies bejaht wird, muss die Ermächtigung offen gelegt werden; der Mangel der Offenlegung soll im Prozess nach § 558b Abs. 3 S. 2 BGB heilbar sein (LG Berlin GE 2007, 1489; GE 2009 326 unter Hinweis auf BGH NJW 1998, 896, 897 [Ermächtigung des Erwerbers zur Kündigung des Mietverhältnisses]; LG Berlin MM 2009, 298, 299). Der Anspruch ist nicht abtretbar (KG Berlin NJWE-MietR 1997, 170, 171; LG Berlin NJW-RR 2002, 1378, 1379).

Ausgangsmiete i.S.v. § 558 BGB ist stets der Betrag, auf den sich die Parteien als Gegen- **211**
leistung i.S.v. § 535 S. 2 BGB geeinigt haben (OLG Frankfurt/M. ZMR 2001, 449, 451) und wie er sich seitdem durch zulässige Erhöhungen darstellt. Für den Begriff der Miete ist es unerheblich, ob der Mieter die Zahlung in einem Festbetrag (Inklusivmiete) oder

getrennt nach Grundmiete und Nebenkosten zu leisten hat. Miete i.S.d. § 535 S. 2 BGB ist daher nicht nur die Grundmiete. Zur Miete gehören auch alle sonstigen finanziellen oder geldwerten Leistungen des Mieters. Welche Miete der Mieter zu entrichten hat, ergibt sich aus den zwischen den Vertragsparteien getroffenen Vereinbarungen. Die zu erhöhende Miete kann eine Netto-, eine Brutto- oder eine (Teil)Inklusivmiete sein (BGH ZMR 2004, 327, 328). Eine **Bruttowarmmiete** als Ausgangsmiete ist allerdings – außer bei Gebäuden mit nicht mehr als zwei Wohnungen, von denen eine der Vermieter selbst bewohnt – gemäß § 2 HeizkV unwirksam (BGH GE 2006, 1094 = ZMR 2006, 766). Ein Anhaltspunkt dafür, dass der Gesetzgeber den Begriff »Miete« in § 558 BGB nur als Nettomiete habe verstehen wollen, eine Inklusivmiete deshalb in eine Grundmiete und einen Betriebskostenanteil aufgeteilt werden muss, besteht nicht. Dem Gesetzgeber war bei der Fassung des § 558 BGB bekannt, dass in der Praxis der Wohnungswirtschaft die von den Mietparteien vereinbarte Miete von **unterschiedlicher Struktur** ist (BT-Drucks. 14/4553, S. 50 zu § 556 Abs. 1 Entwurf; dazu Rdn. 293).

212 **Hinweis**

Die Miete wird in der Regel **als Geldleistung** vereinbart. Das ist jedoch nicht zwingend; möglich ist auch die Vereinbarung einer anderen geldwerten Leistung. Das BGB schließt solche in der Vertragsfreiheit der Parteien liegenden Vereinbarungen nicht aus. Andere als Geld geschuldete Leistungen können allerdings bei Mieterhöhungen zu Problemen führen.

213 § 558 Abs. 1 BGB gibt dem Vermieter **einen Anspruch** auf Zustimmung zu einer (angemessenen) Mieterhöhung, wenn das Erhöhungsverlangen in der gesetzlich vorgeschriebenen Form gestellt ist (§ 558b BGB) und die in § 558 BGB geregelten materiellen Voraussetzungen vorliegen (BayObLG ZMR 1993, 11, 12). Um den Mieter nicht über Gebühr zu belasten, ist das im Grundsatz **verfassungsrechtliche garantierte Erhöhungsrecht** dreifach gefesselt:

214
- Der Vermieter muss bestimmte Fristen einhalten:
- die Miete darf nach § 558 Abs. 1 BGB nur bis zur ortsüblichen Vergleichsmiete erhöht werden,
- eine Erhöhung darf die Kappungsgrenze nicht überschreiten.

Hinweis

Nur ein ordnungsgemäß begründetes Mieterhöhungsverlangen vermag die **Zustimmungsfrist** in Gang zu setzen (BayObLG ZMR 1985, 100 = WuM 1985, 53; OLG Koblenz ZMR 1982, 243 = WuM 1982, 127). Wird die Zustimmungsfrist nicht in Gang gesetzt, ist eine auf Zustimmung zur Mieterhöhung gerichtete Klage mangels Ablaufs der Zustimmungsfrist **unzulässig** (LG Berlin ZMR 2001, 349, 350). Nach § 558b Abs. 3 S. 1 BGB kann der Vermieter noch im Rahmen der Zustimmungsklage allerdings formelle Mängel eines (unwirksamen) Erhöhungsverlangens beheben. Nach § 558b Abs. 3 S. 2 BGB kann der Vermieter sein unwirksames Erhöhungsverlangen allerdings nur mit Wirkung für die Zukunft nachbessern; die Zustimmungsfrist des Mieters ist ausgehend vom Zeitpunkt des Zugangs des nachgebesserten Zustimmungsverlangens zu berechnen. Erkennt der Mieter daraufhin an oder stimmt er dem Mieterhöhungsverlangen innerhalb der Zustimmungsfrist zu, so hat der Vermieter die Kosten des Rechtsstreits zu tragen (BT-Drucksache 14/4553, S. 56 zu § 558b Abs. 3 BGB Entwurf lit. d); LG München NZM 2004, 420).

215 Die mietrechtlichen Verfahrensvorschriften dienen auch dem Ausgleich für die Beschränkungen, die dem Vermieter im Mieterinteresse auferlegt sind, und dürfen nicht in einer Weise ausgelegt werden, die die Verfolgung der Vermieterinteressen unzumutbar erschwert (BVerfG ZMR 1993, 558, 559). Dabei ist zu berücksichtigen, dass das Gesetz

die zulässige Miethöhe an einen objektiven Maßstab knüpft, dessen Ausfüllung nicht nur Gerichte, sondern vor allem auch Vermieter vor erhebliche praktische Schwierigkeiten stellt. Ein Mieterhöhungsverlangen setzt nicht voraus, dass sich die ortsübliche Vergleichsmiete seit Vertragsschluss erhöht hat (BGH NJW 2007, 2546). Der Mieter muss grds. damit rechnen, dass eine Miete stufenweise bis zur ortsüblichen Vergleichsmiete angepasst wird. Den Interessen des Mieters wird durch die Grenze der ortsüblichen Vergleichsmiete, die Sperrfrist, die Wartefrist und die Kappungsgrenze Rechnung getragen.

Hinweis

Verlangt der Vermieter durch ein Erhöhungsverlangen **weitere Vertragsänderungen**, ist das Verlangen **insgesamt unwirksam**. Das gilt insbesondere dann, wenn das Angebot zur Änderung der Miethöhe **inhaltlich untrennbar** mit dem Angebot zur Änderung der Mietstruktur verbunden ist (OLG Hamburg NJW 1983, 580; LG Berlin GE 2002, 737; GE 2007, 986, 987; offen gelassen von BGH NJW 2010, 2945; BGH NJW 2008, 848). Hat der Mieter aber einer solchen Mieterhöhung zugestimmt, dann kann sich die Mietstruktur geändert haben (LG Berlin GE 1998, 433).

1. Anwendbarkeit

Die Vorschriften über die Mieterhöhung bis zur ortsüblichen Vergleichsmiete gemäß §§ 558 ff. BGB sind unter **folgenden Voraussetzungen** anwendbar: 216

- es muss sich um ein Wohnraummietverhältnis handeln (s.o. Rdn. 154); 217
- §§ 558 ff. BGB dürfen nicht durch §§ 557a, 557b BGB ausgeschlossen sein (s.o. Rdn. 166 ff.);
- die Parteien dürfen keine abweichende Vereinbarung gemäß § 557 Abs. 3 BGB geschlossen haben (s.o. Rdn. 143 ff.).

2. Fristen

a) Sperrfrist

aa) Allgemeines

§ 558 Abs. 1 S. 2 BGB stellt klar, dass Mieterhöhungsverlangen frühestens **ein Jahr nach der letzten Mieterhöhung** geltend gemacht werden können (die sog. **Sperrfrist**). Für den Beginn der Sperrfrist ist die **letzte Mietvereinbarung** maßgeblich (BayObLG NJW-RR 1989, 1172). Auf eine tatsächliche Zahlung kommt es nicht an. Bei einer Neuvermietung ist Tag der letzten Mieterhöhung der Mietvertragsbeginn, nicht der Zeitpunkt des Abschlusses der Vereinbarung. Haben die Parteien bei einem bestehenden Mietverhältnis eine Mieterhöhung vertraglich vereinbart, beginnt die Frist mit der Fälligkeit der ersten erhöhten Miete zu laufen. Beruhte die letzte Mieterhöhung auf einem früheren Mieterhöhungsverfahren nach § 558 BGB, ist die Jahresfrist mit Ablauf des Tages in Lauf gesetzt worden, an welchem die letzte Mieterhöhung gemäß § 558b Abs. 1 BGB wirksam geworden war und der Mieter die erhöhte Miete schuldete. Die Frist ist vom **Zugang des Mieterhöhungsverlangens** an rückwärts nach Maßgabe der §§ 188 Abs. 1, Abs. 2, 187 Abs. 1, Abs. 2 und 193 BGB zu berechnen (OLG Oldenburg WuM 1982, 105). 218

bb) Auslösung der Sperrfrist

Durch Mieterhöhungen nach einer Modernisierung (§ 559 BGB), wegen Veränderungen von Betriebskosten (§ 560 BGB) – oder nach einer Mietsenkung (AG Mitte MM 2004, 126) – wird die Jahressperrfrist nicht ausgelöst. Ferner bleiben solche Mieterhöhungen 219 unberücksichtigt, die auf den in § 559 BGB genannten Gründen beruhen, jedoch **einvernehmlich** von den Parteien vereinbart worden sind (BGH NJW 2007, 3122, 3123; NJW 2004, 2088). Jede **andere Art** von Mieterhöhungen lässt die Sperrfrist hingegen von Neuem beginnen:

220 – Wenn die Vertragsparteien die Miete einvernehmlich geändert haben, z.B. aus Anlass einer Betriebskostenerhöhung.
– Wenn der Mieter einem formell unwirksamen Mieterhöhungsverlangen zugestimmt hat.
– Bei Eintritt eines neuen oder eines weiteren Mieters in den Mietvertrag (LG Berlin GE 1997, 185; Hinz NZM 2004, 681, 682); etwas anderes gilt hingegen im Falle der Gesamtrechtsfolge.
– Die Sperrfrist kann auch durch eine **Teilzustimmung** ausgelöst werden (LG Mannheim ZMR 1994, 516). Dies gilt dann, wenn die Miete tatsächlich anschließend vertraglich geändert wird (LG Berlin WuM 1997, 51; LG Mannheim ZMR 1994, 516, 517). Nimmt der Vermieter die Teilzustimmung hingegen nicht an, bleibt die Jahressperrfrist unberührt (LG Mannheim ZMR 1994, 516, 517; Kinne ZMR 2001, 775, 777).

221 Verlangt der Vermieter ehemals preisgebundenen Wohnraums **nach Wegfall der Preisbindung** vom Mieter eine Zustimmung zur Mieterhöhung, gilt auch für ihn die einjährige Wartefrist, und zwar bezogen auf die letzte Erhöhung der Kostenmiete. Außer Betracht zu bleiben haben aber Kostenmieterhöhungen, die auf den gleichen Gründen beruhen wie Mieterhöhungen gemäß §§ 559, 560 BGB (OLG Hamm ZMR 1995, 247; LG Köln ZMR 1994, 569; LG Arnsberg WuM 1989, 207; LG Berlin WuM 1989, 334 = ZMR 1989, 262).

cc) Verletzung der Sperrfrist

222 Ein Erhöhungsverlangen, das dem Mieter vor Ablauf der Sperrfrist zugeht, ist gemäß § 558 Abs. 1 S. 2 BGB formell unwirksam (BGH ZMR 1993, 453, 454). Es kann jedoch nach Ablauf der Sperrfrist gemäß § 558b Abs. 3 S. 1 BGB analog **geheilt** werden. Nichtigkeit ist ferner anzunehmen, wenn der **Wirkungszeitpunkt** (§ 558 Abs. 1 S. 1 BGB) im Erhöhungsverlangen falsch angegeben war, str.

b) Wartefrist

223 Der Vermieter hat seinen Anspruch auf Zustimmung zu einer Mieterhöhung bis zur Höhe der ortsüblichen Vergleichsmiete gemäß § 558 Abs. 1 S. 1 BGB erst dann, wenn die geltende Miete zum Erhöhungszeitpunkt seit 15 Monaten unverändert ist (**Wartefrist**). Die Dauer der Wartefrist ergibt sich aus einer Addition der Sperrfrist des § 558 Abs. 1 S. 2 BGB und der Zustimmungsfrist des Mieters in § 558b Abs. 2 BGB (12 Monate + 3 Monate).

3. Ortsübliche Vergleichsmiete

a) Allgemeines

224 Die Miete darf nach § 558 Abs. 1 S. 1 BGB nur bis zur **ortsüblichen Vergleichsmiete** erhöht werden. Diese Miete muss sich seit der letzten Erhöhung oder dem Vertragsschluss allerdings nicht erhöht haben (BGH NJW 2007, 2546). Bei der ortsüblichen Vergleichsmiete handelt es sich **nicht um die Marktmiete**, die im Falle einer Neuvermietung zu erzielen wäre. Unter den »üblichen Entgelten« i.S.v. § 558 Abs. 2 BGB versteht man *vielmehr* einen repräsentativen Querschnitt von Mieten, die für vergleichbaren Wohnraum in der Gemeinde üblicherweise bezahlt werden.

Der **Begriff der ortsüblichen Vergleichsmiete** ist in § 558 Abs. 2 BGB definiert. Sie wird danach wie folgt gebildet: 225
- aus den üblichen Entgelten,
- die in der Gemeinde oder einer vergleichbaren Gemeinde,
- für Wohnraum vergleichbarer Art, Größe, Ausstattung, Beschaffenheit und Lage in den letzten vier Jahren vereinbart oder, von Erhöhungen nach § 560 BGB abgesehen, geändert worden sind.

Ausgenommen ist Wohnraum, bei dem die Miethöhe durch Gesetz oder im Zusammenhang mit einer Förderzusage festgelegt worden ist. Die ortsübliche Vergleichsmiete stellt die **absolute Obergrenze** für eine Mieterhöhung nach § 558 BGB dar und entspricht den tatsächlich und üblicherweise gezahlten Mieten für vergleichbare Wohnungen. Besonders hohe oder niedrige Mieten sind unüblich (BVerfG BVerfGE 53, 358) und auszuschließen. Die Vergleichsmiete ist freilich auch **kein genau bestimmter Betrag**, sondern eine Spanne (BGH NZM 2005, 660; ZMR 2005, 771, 772 = GE 2005, 663; BayObLG ZMR 1993, 11, 12; LG München I WuM 2000, 361). Sie kann keine feste Größe sein, weil sich das Mietniveau durch Neuabschlüsse und Erhöhungsvereinbarungen laufend ändert. Für den Verlauf solcher Veränderungen, insbesondere für eine Steigerung der ortsüblichen Vergleichsmiete, gibt es keine **allgemeinen Erfahrungssätze** (BayObLG ZMR 1993, 11, 12; OLG Hamburg ZMR 1983, 135 = NJW 1983, 1803, 1804; OLG Stuttgart ZMR 1982, 215 = NJW 1982, 945, 946). 226

Wohnungen sind bereits miteinander vergleichbar, wenn sie in den in § 558 Abs. 2 S. 1 BGB genannten Merkmalen im **Wesentlichen** übereinstimmen (BVerfG ZMR 1993, 558, 559; AG Mainz WuM 1972, 197). Sie müssen also nur ungefähr vergleichbar sein (LG Berlin GE 2004, 1396). Dabei genügt für eine Vergleichbarkeit eine überwiegende Übereinstimmung (OLG Hamburg MDR 1974, 585). Die Vergleichswohnungen müssen so identifizierbar sein, dass der Mieter sie ohne Schwierigkeiten auffinden kann (Überblick von Paschke GE 2007, 971, 972) 227

b) Übliche Entgelte

Entgelt ist die nach § 535 Abs. 2 BGB geschuldete Miete. Miete ist danach, was der Mieter nach Willen der Mietvertragsparteien als Gegenleistung für die Gebrauchsgewährung zu erbringen hat. Das wird i.d.R. ein regelmäßig, häufig monatlich zu entrichtendes Entgelt sein (BGH NJW 1998, 595, 596). Die geschuldete Miete muss freilich kein Entgelt sein; Miete kann jede Art von Gegenleistung sein, ohne den Charakter des Vertrages als Mietvertrag zu verändern (BGH ZMR 1989, 212). Als Miete kommen beliebige sonstige Leistungen in Betracht, etwa Sach- oder Dienstleistungen, z.B. Naturalien oder Hausmeisterdienste (BGH ZMR 2004, 413, 415). Auch andere Tätigkeiten zu Gunsten des Vermieters, wie z.B. die Versorgung von Haustieren, der Einbau einer Breitbandanlage, Reinigungsarbeiten oder sonstige Haushalts- und Überwachungsdienste können als Entgelt vereinbart werden. Das Gesetz geht von keinem bestimmten Mietbegriff (Mietstruktur) aus (s. dazu auch Rdn. 293). Bestehen bei dem zu vergleichenden Mieten **verschiedene Mietstrukturen**, müssen die Mieten für einen Vergleich **angepasst** werden (dazu vor allem Rdn. 293). Trägt ein Erhöhungsverlangen der vereinabrten Mietstruktur keine Rechnung, soll es formell unwirksam sein (Hamburg NJW 83, 580; LG Berlin GE 2007, 986, 987; offen gelassen von BGH NJW 2008, 848). Richtig ist Gegenteil. 228

c) Vergleichbare Gemeinde

Anhand der Wohnwertmerkmale bestimmte Vergleichswohnungen müssen sich in selben oder in einer vergleichbaren Gemeinde befinden (OLG Stuttgart NJW 1982, 945, 946 = 229

ZMR 1982, 215; LG Düsseldorf ZMR 2006, 447 = WuM 2006, 100; vgl. auch J. Riecke NZM 1998, 561). Eine Gemeinde ist vergleichbar, wenn die dort vorrangig errichteten Bauten ähnlich, wenn auch nicht gleich sind. Für die **formelle Wirksamkeit** eines Mieterhöhungsverlangens genügt, dass der Vermieter behauptet, die Gemeinden seien vergleichbar (LG Mönchengladbach WuM 1993, 197). Ob diese Behauptung stimmt, muss ggf. im Zustimmungsprozess geklärt werden.

230 Der Begriff der »ortsüblichen Vergleichsmiete« hat nicht nur im Mieterhöhungsverfahren nach § 558 BGB Bedeutung. Er ist auch Grundlage der Mietpreisüberhöhung nach § 5 WiStG, beim Tatbestand des Mietwuchers nach § 291 StGB, bei der gerichtlichen Mietfestsetzung nach § 574 Abs. 2 S. 1 BGB und bei einer Erhöhung der Nutzungsentschädigung nach § 546a Abs. 1 BGB.

d) Merkmale

231 Die Vergleichbarkeit der Wohnungen richtet sich nach den in § 558 Abs. 2 S. 1 BGB abschließend aufgezählten **fünf wohnwertbildenden Merkmalen** (BVerfG ZMR 1993, 558, 559). Weitere Merkmale sind unbeachtlich (OLG Hamm WuM 1983, 108; LG Aachen MDR 1983, 492).

aa) Art

232 Das Merkmal der Art bezieht sich auf die **Struktur des Hauses** (z.B. Einfamilien-, Doppel-, Reihen- oder Mehrfamilienhäuser) und die **Struktur der Wohnung** (etwa Maisonette- oder Dachgeschosswohnung). Das Baualter ist hingegen nach zutreffender h.M. eine Frage der »Beschaffenheit«.

233 ▶ **Beispiel**

Bei Berücksichtigung der Art einer Wohnung sind z.B. Dachgeschoss- mit Geschosswohnungen nicht vergleichbar. Die mangelnde Vergleichbarkeit ergibt sich durch die schlechtere Belichtung, schlechtere Wärmeisolierung und geringere Bauhöhe.

234 Ebenso sind grundsätzlich unter diesem Gesichtspunkt **nicht miteinander vergleichbar** einerseits Einfamilienhäuser (einschließlich Doppelhäuser und Reihenhäuser) und Geschosswohnungen andererseits (AG Spandau MM 1997, 242). Bei einem Vergleich der Erdgeschosswohnung mit anderen Geschosswohnungen ist die Miete für die Erdgeschosswohnung ggf. vorher hinsichtlich etwaiger Sonderleistungen des Erdgeschossmieters zu bereinigen, etwa die Verpflichtung zur Pflege des Gartens, die Verpflichtung zum Streuen des Bürgersteiges bei Glätte etc.

bb) Größe

235 Die Größe richtet sich nach der **vereinbarten Fläche die Wohnung**. Eine davon abweichende tatsächlich **kleinere** oder **größere Wohnungsgröße** ist **grundsätzlich nicht maßgebend** (BGH NJW 2009, 2739, 2740; NJW 2007, 2626; NJW 2004, 3115 = ZMR 2004, 501). Für ein Erhöhungsverlangen und für die Vergleichbarkeit ist grundsätzlich die **vereinbarte**, nicht die die tatsächliche geringere oder höhere Größe einer Wohnung maßgeblich (**a.A.** LG Berlin GE 2007, 520, 521). Auch für eine Mieterhöhung gilt die »Abweichungsrechtsprechung« (dazu BGH ZMR 2006, 43 = GE 2006, 642). Bei einer Flächenabweichung von mehr als 10 % (Erheblichkeitsgrenze) ist es dem jeweils nachteilig betroffenen Vertragspartner allerdings **nicht mehr** zumutbar, sich an der vereinbarten Wohnfläche festhalten zu lassen. In diesem Falle ist die **tatsächliche Wohnfläche** maßgeblich *(BGH NJW 2009, 2739, 2740;* NJW 2007, 2626, 2627).

Hinweis

> Es ist streitig, ob der Vermieter die **wahre Größe** oder aber die **wahre Größe unter Abzug von 10 %** ansetzen kann (s. dazu den Überblick von Börstinghaus NZM 2010, 18, 25; NJW 2007, 2603). Richtig ist es, die **wahre Größe** anzusetzen. Zur Ermittlung von Wohnungsgröße gibt es freilich **verschiedene Berechnungsregeln** und -vorschriften. Die Wohnfläche ist im Wohnraummietrecht auch bei frei finanziertem Wohnraum anhand der §§ 42-44 der II. BetrKV (für Baujahrgänge bis 2003) bzw. der ab dem 01.01.2004 geltenden Wohnflächenverordnung zu ermitteln; etwas anderes gilt, wenn die Parteien dem Begriff der Wohnfläche im Einzelfall eine abweichende Bedeutung beigemessen haben oder ein anderer Berechnungsmodus (insbesondere DIN 283 oder DIN 277) ortsüblich oder nach der Art der Wohnung nahe liegender ist (BGH NJW 2009, 2295, 2296; NJW 2007, 2624). Danach können etwa Grundflächen von Balkonen, Loggien, Dachgärten und gedeckten Freisitzen unabhängig von ihrer Lage, Ausrichtung und Nutzbarkeit bis zur Hälfte angerechnet werden.

Probleme können sich bei einer Mieterhöhung geben, wenn sich die zu berücksichtigende Wohnfläche durch eine Modernisierungsmaßnahme gem. § 554 BGB **vergrößert** hat, z.B. durch Anbau eines Balkons. Ggf. kann die Regelungslücke über eine ergänzende Vertragsauslegung geschlossen werden (Dickersbach WuM 2010, 117). 236

cc) Ausstattung

Unter **Ausstattung** wird alles verstanden, was der Vermieter dem Mieter **zur ständigen Nutzung** zur Verfügung gestellt hat und für das der Mieter keine besondere Vergütung zu zahlen hat (Schmidt-Futterer/Börstinghaus § 558 BGB Rn. 75). Hierzu gehören z.B.: 237
- Ein- und Vorrichtungen,
- An- und Einbauten,
- die Art der Energieversorgung und die Qualität der Wärmedämmung (BT-Drucks. 14/4553, S. 54) sowie die Heizungsart (z.B. Zentral- oder Etagenheizung; Heizung mit Koks oder mit Öl),
- sanitäre Einrichtungen (etwa Badezimmer mit Komfortausstattung [herausgehobene Verfliesung, zusätzliche Dusche oder Bidet, neuzeitliche Armaturen, Doppelwaschbecken, zusätzliche Raumheizung für den Sommer] oder mit einer Einfachausstattung [etwa frei stehende Badewanne, Wandölsockel, Kohlebadeofen, Steinzeugfußboden]); ferner fällt ins Gewicht, ob die Toilette außerhalb der Wohnung oder außerhalb des Hauses ist oder ob die Wohnung etwa über eine zweite Toilette verfügt,
- bei der Küche sind als Kriterien einer guten Ausstattung anzusehen z.B. eine Doppelspüle, Unterbauschränke, Dunstabzugshaube, Wandfliesen, Warmwasserversorgung,
- Fußböden oder Nutzung von Garten,
- isolierverglaste Fenster,
- Waschküche, Keller, Speicher, Boden- und Trockenräume, Fahrradkeller, Vorplätze, Gärten, Kinderspielanlagen,
- Elektroinstallation, z.B. Eignung zum Betrieb gewöhnlicher Haushaltsgeräte (BGH WuM 2010, 235; GE 2004, 1090),
- Terrasse.

Vom Mieter auf seine Kosten vorgenommene Wohnwertverbesserungen bleiben bei der Bewertung unberücksichtigt (BGH v. 07.07.2010 – VIII ZR 315/09; BayObLG NJW 1981, 2259; LG Baden-Baden WuM 1993, 358; LG Berlin GE 2002, 594; Kinne GE 2007, 30, 34). Etwas anderes gilt nur dann, wenn der Vermieter dem Mieter die Kosten erstattet hat (BGH v. 07.07.2010 – VIII ZR 315/09) oder die Parteien eine konkrete anderweitige Vereinbarung getroffen haben (BGH v. 07.07.2010 – VIII ZR 315/09; BayObLG ZMR 238

1982, 34); hierzu genügt es nicht, dass sich der Mieter bei Abschluss des Mietvertrags zum Einbau der Ausstattung verpflichtet hat (BGH v. 07.07.2010 – VIII ZR 315/09).

dd) Beschaffenheit

239 Unter Beschaffenheit sind **Zuschnitt** (etwa Bauweise und Raumaufteilung) und **Zustand** (z.B. Baualter [str.] oder Instandhaltungsgrad) zu verstehen. Modernisierte Altbauten sind grundsätzlich mit dem Jahr der ersten Bezugsfertigkeit anzusetzen.

240 **Hinweis**

Modernisierte Altbauten können in eine **andere Baualtersklasse** eingestuft werden, wenn wesentlicher Bauaufwand betrieben wurde und die Wohnung durch die Modernisierung des Gebäudes (AG Hamburg-Blankenese v. 24.02.2010–508 C 362/09) das Gepräge einer Neubauwohnung erhalten hat (LG Berlin NZM 1999, 172; LG Hamburg WuM 1978, 146). Wesentlicher Bauaufwand wurde betrieben, wenn dieser ca. 1/3 des für eine Neubauwohnung erforderlichen Aufwandes erreicht. Bei der Bestimmung des Instandhaltungsgrades sind **behebbare Mängel** nicht zu berücksichtigen (OLG Stuttgart NJW 1981, 2365; LG Saarbrücken WuM 1989, 578; LG Traunstein ZMR 1986, 294; AG Lichtenberg GE 10, 699; AG Hannover ZMR 2010, 371). Der Mieter kann hier stattdessen eine **Frist zur Beseitigung** setzen und bei Nichtbeseitigung die Miete mindern.

241 Für modernisierte Wohnungen sind grundsätzlich **ähnlich modernisierte** Vergleichswohnungen heranzuziehen. Im Rahmen der Beschaffenheit sind ferner zu bewerten:

242
- der energetische Zustand,
- ggf. eine Lärmbelastung,
- die Grundrissgestaltung (gefangene Räume, übergroße Räume, übergroße Nebenräume, Anzahl der Räume),
- Belichtung und Belüftung,
- Fußböden,
- Aufzüge,
- Mitbenutzungsrechte,
- Einbauten,
- Ausstattung des WC (Gäste-WC),
- die Raumhöhe,
- Verkehrsanbindung,
- das Vorhandensein von Balkonen, Loggien, Garagen oder Terrassen.

243 Zu- oder Abschläge sind nur dann anzusetzen, wenn diese oder Anlagen von der Bausubstanz und den tatsächlichen Gegebenheiten her (Himmelsrichtung, Lärm etc.) tatsächlich genutzt werden können und somit einen Wohnwertvorteil darstellen. Schließlich ist beachtlich, ob die Fenster der Wohnung isolier- oder einfachverglast sind und ob die Wohnung über einen Vollwärmeschutz verfügt. Auch behebbare Mängel wie starke Lärmbelästigung, schlechte Isolierung, schlechte Lichtverhältnisse und ungünstige Himmelsrichtungen sind zu berücksichtigen. **Behebbare Mängel**, wie schadhafte Fußböden, schlechte Heizleistung oder behebbare Geräusche **bleiben hingegen außer Acht** (OLG Stuttgart WuM 1981, 225; LG Berlin GE 2008, 1627; GE 2008, 1494; LG Traunstein ZMR 1986, 294). Behebbare Mängel können nur berücksichtigt werden, wenn ihre Beseitigung für den Vermieter mit unverhältnismäßigem Aufwand verbunden wäre und sie deshalb nicht beseitigt werden (z.B. schlechte Schallisolierung oder Wärmedämmung). Behebbare Mängel können aber im Rahmen einer **Mietminderung** geltend gemacht werden.

ee) Lage

Als Lage einer Wohnung sind etwa zu berücksichtigen: 244
- der Platz in einem bestimmten Stadt- oder Ortsteil, 245
- der Platz in dem konkreten (str.) Haus (z.B. Dach- oder Erdgeschoss),
- Verkehrslärm,
- Umweltbeeinträchtigungen,
- die Umgebung.

Stets kommt auf die **objektive Einordnung** innerhalb einer Gemeinde an (LG Düsseldorf WuM 2006, 572). Die subjektiven Bedürfnisse des Mieters sind nicht beachtlich. Als eine **sehr gute Wohnlage** könnte z.B. eine Villengegend mit größeren Grünflächen angesehen werden, während sog. »gut-bürgerliche Quartiere« im Wesentlichen **gute Wohnlagen** darstellen. Gemeindliche Durchschnittslagen können als »normale Wohnlagen« bezeichnet werden (Riedmaier ZMR 1991, 5, 10). Die schlechten Wohnlagen zeichnen sich aus durch periphere Lage, Lage in Industriegebieten und an lärmintensiven Verkehrseinrichtungen, durch das Fehlen von üblichen Infrastruktureinrichtungen (z.B. mangelnde Einkaufsmöglichkeiten, fehlende ärztliche Versorgung, schlechte Verkehrsanbindung). Der zu vergleichende Wohnraum kann auch von demselben Vermieter stammen (BVerfG ZMR 1993, 362) oder sogar im selben Haus liegen (OLG Frankfurt/M. WuM 1984, 123) oder vom selben Mieter bewohnt werden (OLG Karlsruhe WuM 1984, 123). 246

e) Sonder- oder Teilmärkte

Sonder- oder Teilmärkte (etwa für Studentenwohnungen oder für Wohnungen für Ausländer) gibt es nicht (str.). 247

f) Zeitraum

Als Vergleichsmieten können nur solche Entgelte genutzt werden, die in den letzten vier Jahren vereinbart oder – von Erhöhungen nach § 560 BGB abgesehen – geändert worden sind. Maßgeblicher Zeitpunkt ist der Zugang des Erhöhungsverlangens (BayObLG ZMR 1993, 11, 12). 248

g) Ausgenommener Wohnraum

Bei Ermittlung der ortsüblichen Vergleichsmiete können nur Wohnungen herangezogen werden, deren Miete frei vereinbar ist (§ 558 Abs. 2 S. 2 BGB). Ausgenommen ist ferner Wohnraum, bei dem die Miethöhe durch Gesetz oder im Zusammenhang mit einer Förderzusage festgelegt worden ist. Hierzu ist nach § 558 Abs. 2 S. 2 BGB neben dem ersten und zweiten Förderweg auch sozialer Wohnungsbau des dritten Förderweges zu zählen, da seine Miete üblicherweise im Rahmen einer Förderzusage unterhalb der Marktmiete festgelegt wird. Ist die Miethöhe nicht mehr durch Gesetz oder im Zusammenhang mit einer Förderzusage festgelegt, wirken diese Maßnahmen aber faktisch maßgeblich fort, müssen die Mieten beim Vergleich vorübergehend noch ausscheiden. 249

h) Berechnung

Die mit der Erhöhung verlangte Miete ist der gemäß § 558 Abs. 2 BGB zu errechnenden ortsüblichen Vergleichsmiete gegenüberzustellen. Maßgebender Zeitpunkt ist der **Zugang des Verlangens**, nicht das Wirksamwerden nach § 558b Abs. 1 BGB (BGH NJW-RR 2006, 227, 228; BayObLG ZMR 1993, 11, 12; LG Berlin GE 2009, 1494). Das schriftliche, mit einer Begründung versehene Erhöhungsverlangen des Vermieters ist nämlich eine einseitige empfangsbedürftige Willenserklärung (Antrag i.S.v. § 145 BGB), 250 die den Abschluss eines Änderungsvertrags zum Ziel hat (BayObLG BayObLGZ 1989, 277, 281). Der an den Mieter gerichtete Antrag ist gemäß § 130 Abs. 1 S. 1 BGB in dem Zeitpunkt wirksam gestellt, in welchem er zugeht. Dementsprechend setzt der Zugang des Mieterhöhungsverlangens die Frist, während welcher der Mieter anhand der mitgeteilten Daten überlegen und entscheiden kann, ob er dem Erhöhungsverlangen zustimmen will oder nicht (BayObLG ZMR 1993, 11, 12; BayObLGZ 1988, 70, 73).

4. Kappungsgrenze

a) Allgemeines

251 Der Vermieter kann eine Miete **nicht bereits dann** erhöhen, wenn die ortsübliche Vergleichsmiete höher ist als die Vertragsmiete. Die von ihm verlangte Miete darf ferner **nicht** die nicht zu beanstandende (BVerfG NJW 1986, 1669; BGH ZMR 2005, 184, 186) **Kappungsgrenze** überschreiten. Die **jeweils niedrigere** der beiden Begrenzungen (ortsübliche Vergleichsmiete/Kappungsgrenze) bestimmt den Umfang des Mieterhöhungsrechts im Einzelfall (BVerfG NJW 1986, 1669).

252 ▶ **Beispiel**

Ein Mieter zahlt seit mehreren Jahren 4,00 € Miete pro qm. Die ortsübliche Vergleichsmiete liegt bei 5,85 €. Hier darf der Vermieter 20 % von 4,00 €, also höchstens 0,80 € Mieterhöhung pro qm verlangen, obwohl damit die ortsübliche Vergleichsmiete nicht erreicht wird.

253 Begriff und Höhe der Kappungsgrenze sind in § 558 Abs. 3 BGB geregelt – keine Erhöhung über 20 % in drei Jahren. Der **Sinn der Kappungsgrenze** besteht darin, zum Schutz der Mieter einen zu raschen Anstieg solcher Mieten zu vermeiden, die bislang erheblich unter der ortsüblichen Vergleichsmiete lagen. Sie gilt für Mieterhöhungen nach § 558 BGB, auch beim Übergang vom preisgebundenen zum preisfreien Wohnraum (BGH WuM 2004, 345, 348), nicht aber für Nutzungsentschädigungen nach § 546a Abs. 1 BGB oder für Untermietzuschläge nach § 553 Abs. 2 BGB.

254 Die Kappungsgrenze ist auch auf Mieterhöhungsverlangen anzuwenden, durch die eine Mieterhöhung erstmals nach dem **Wegfall einer Preisbindung** verlangt wird (BGH WuM 2004, 348 = MDR 2004, 989). Dies ergibt sich aus dem Wortlaut des § 558 Abs. 3 BGB, der keine Einschränkung im Hinblick auf ehemals preisgebundenen Wohnraum enthält sowie aus einem Umkehrschluss zu § 558 Abs. 4 S. 1 und S. 3 BGB, die nur unter bestimmten Voraussetzungen vormalig preisgebundenen Wohnraum von der Kappungsgrenze ausnehmen.

b) Berechnung

255 Der Berechnung der Kappungsgrenze ist nicht die zuletzt geschuldete aktuelle Miete, sondern die **drei Jahre** vor Wirksamwerden des Erhöhungsverlangens (§ 558b Abs. 1 BGB) geltende **Ausgangsmiete** zugrunde zu legen (BGH WuM 2004, 348; OLG Hamburg MDR 1996, 684, 685; OLG Celle NJW-RR 1996, 331 = WuM 1996, 86). Eine **fehlerhafte Angabe** der Ausgangsmiete berührt nicht die formelle Wirksamkeit des Erhöhungsverlangens (BGH GE 2008, 45). Der Begriff »Miete« ist entsprechend dem allgemeinen Sprachgebrauch als vom Mieter zu zahlender Betrag ohne zusätzlich vereinbarte Betriebskostenvorauszahlungen zu verstehen. Eine **Inklusivmiete** ist nicht in eine Grundmiete und einen Betriebskostenanteil aufzuteilen (BGH ZMR 2004, 327). Ist z.B. *eine Teilinklusivmiete* (s. Rdn. 293) vereinbart worden, ist die Kappungsgrenze nicht anhand der Nettomiete, sondern von der Teilinklusivmiete zu ermitteln

(BGH ZMR 2004, 327; OLG Hamm NJW-RR 1993, 398 = ZMR 1993, 112, 114; OLG Koblenz NJW 1985, 333 = ZMR 1985, 58, 59; OLG Hamburg WuM 1984, 24 = ZMR 1984, 206, 208; OLG Hamm WuM 1984, 121 = ZMR 1984, 282, 283). Mieterhöhungen wegen gestiegener Kapitalkosten sind in die Kappungsgrenze mit einzuberechnen (BGH WuM 2004, 348 = MDR 2004, 989).

Hinweis 256

Erhöhungen nach §§ 559, 560 BGB bleiben gemäß § 558 Abs. 3 BGB **unberücksichtigt**, sofern sie nicht älter als drei Jahre sind (LG Berlin ZMR 1998, 348). Dazu sind die Kosten zunächst auszuklammern und nach Feststellung der Kappungsgrenze wieder hinzurechnen (OLG Hamm ZMR 1993, 161). Ausgeklammert bleiben auch solche Mieterhöhungen, die auf den in §§ 559, 560 BGB genannten Gründen beruhen, jedoch **nicht** in dem dort vorgesehenen einseitigen Verfahren vom Vermieter geltend gemacht, sondern einvernehmlich von den Parteien vereinbart worden sind (BGH ZMR 2004, 503).

c) § 558 Abs. 4 S. 1 BGB

aa) Allgemeines

Das Gesetz enthält mit § 558 Abs. 4 BGB eine Ausnahme beim **Übergang vom preisgebundenen zum preisfreien Wohnungsbau**. Die Kappungsgrenze gilt gem. § 558 Abs. 4 S. 1 BGB **nicht**, wenn eine Verpflichtung des Mieters zur Ausgleichszahlung nach den Vorschriften über den Abbau der **Fehlsubventionierung** im Wohnungswesen wegen des Wegfalls der öffentlichen Bindung **erloschen** ist und soweit die Erhöhung den Betrag der zuletzt zu entrichtenden Ausgleichszahlung **nicht übersteigt**. § 558 Abs. 4 S. 1 BGB gilt gem. § 558 Abs. 4 S. 3 BGB entsprechend, wenn die Verpflichtung des Mieters zur Leistung einer Ausgleichszahlung nach den §§ 34 bis 37 des Wohnraumförderungsgesetzes und den hierzu ergangenen landesrechtlichen Vorschriften wegen Wegfalls der Mietbindung erloschen ist. Oberste Grenze bildet auch nach § 558 Abs. 4 S. 1 BGB die **ortsübliche Vergleichsmiete**. Beispiel: Zahlt der Mieter keine Ausgleichszahlung mehr und liegt die ortsübliche Vergleichsmiete 20 % oder weniger über der Ausgangsmiete, kann die **ortsübliche Vergleichsmiete** verlangt werden. Liegt die ortsübliche Vergleichsmiete hingegen mehr als 20 % über der Ausgangsmiete, gilt als Grenze § 558 Abs. 3 BGB. 257

Hinweis

§ 558 Abs. 4 S. 1 BGB ist nicht auf die erste Mieterhöhung nach Mietpreisbindungsende beschränkt. § 558 Abs. 4 S. 1 BGB gilt solange, bis die gezahlte Miete die ehemalige Kostenmiete zzgl. Fehlbelegungsabgabe erreicht hat (AG Köln WuM 1996, 480).

bb) Auskunftsanspruch

Hat der Vermieter **keine Kenntnis** von der Höhe der zu zahlenden Abgabe, steht ihm ein **Auskunftsanspruch** zu; er kann gem. § 558 Abs. 4 BGB vom Mieter **frühestens vier Monate** vor Wegfall der Bindung verlangen, ihm über die Verpflichtung zur Ausgleichzahlung und über deren Höhe Auskunft zu erteilen. Die Verpflichtung des Mieters erstreckt sich auf die Auskunft. Belege muss er nicht vorlegen. Sofern dem Vermieter durch die unvollständige, falsche oder verspätete Auskunft ein Schaden entsteht, muss der Mieter diesen Schaden gemäß §§ 241 Abs. 2, 280 Abs. 1 S. 1 BGB ersetzen (Kinne ZMR 2001, 775, 779). Kommt der Mieter seiner Auskunftspflicht nicht nach, kann frühestens drei Monate vor Ablauf der Preisbindung auf **Auskunft geklagt** werden. Alter- 258 nativ kann der Vermieter die Zahlung der höchstmöglichen Abgabe unterstellen (LG Köln ZMR 1998, 783; **a.A.** Börstinghaus WuM 1994, 417, 418).

d) Wirkung

259 Hat der Vermieter die Kappungsgrenze von 20 % **ausgeschöpft**, muss er bis zur nächsten Mieterhöhung drei Jahre warten, außer wenn er die Erhöhung mit einer Modernisierung oder mit gestiegenen Betriebskosten begründet. Schöpft er die Kappungsgrenze **zunächst nur teilweise** aus, darf er innerhalb der folgenden drei Jahre nur noch den Unterschiedsbetrag zu der 20 %-Kappungsgrenze geltend machen.

260 ▶ **Beispiel**

Der Mieter hat seit mehr als drei Jahren 5,00 € pro qm bis April 2005 gezahlt. Zum 01.05.2005 ist die Miete um 0,50 € auf 5,50 € erhöht worden. Der Vermieter darf nunmehr die Miete in den drei Jahren bis April 2008 nur noch um insgesamt weitere 0,50 € erhöhen, denn von der durch die Kappungsgrenze zugelassenen Erhöhung um 1,00 € hat er bereits 0,50 € verbraucht.

e) Verstoß

261 Die Kappungsgrenze ist eine bloße **Begründetheitsvoraussetzung** für ein Erhöhungsverlangen (OLG Celle ZMR 1996, 194, 196; LG Bonn WuM 1985, 311; **a.A.** LG Augsburg ZMR 1997, 425). Im Streitfall ist sie als negative Voraussetzung ggf. **nachzuweisen**. Wird die Kappungsgrenze überschritten, ist nicht das gesamte Mieterhöhungsverlangen unwirksam (OLG Celle ZMR 1996, 194, 196): Nur der die Kappungsgrenze **übersteigende Betrag** kann nicht verlangt werden.

5. Drittmittel: Abzug von Kürzungsbeiträgen

262 Von dem Jahresbetrag, der sich bei einer Erhöhung auf die ortsübliche Vergleichsmiete ergäbe, sind gemäß § 558 Abs. 5 BGB **Drittmittel** i.S.d. § 559a BGB abzuziehen, im Falle des § 559a Abs. 1 BGB mit 11 % des Zuschusses. § 558 Abs. 5 BGB bestimmt damit auch für die Erhöhung nach § 558 BGB (gemeint ist der gesamte Jahresbetrag der ortsüblichen Vergleichsmiete) die Anrechnung von Drittmitteln (Sadowski GE 1999, 1102). Wenn der Vermieter eine Modernisierung i.S.v. § 559 BGB vorgenommen hat, kann er nämlich **wählen** (Heilmann GE 2005, 42, 43): Er kann die Miete durch einseitige Erklärung nach §§ 559, 559b BGB oder aber nach § 558 BGB auf Grundlage des modernisierten Zustandes erhöhen. In beiden Fällen sind zum **Schutz des Mieters** Drittmittel i.S.v. § 559a BGB zu berücksichtigen. Der Vermieter muss u.a. Kürzungsbeträge aufgrund der Inanspruchnahme öffentlicher Fördermittel einschließlich der zugrunde liegenden Berechnungspositionen in das Erhöhungsverlangen aufnehmen (BGH NJW 2009, 1737 = ZMR 2009, 674). Drittmittel sind nur dann nicht mehr abzuziehen, wenn der Förderzeitraum beendet ist. Bei einer befristeten Förderung durch einen Kredit zu verbilligten Zinsen hat eine Anrechnung in dem Zeitraum zu erfolgen, in dem der Vermieter die Zinsvergünstigung erhält (BGH NJW 2009, 1737 = ZMR 2009, 674); der Vermieter kann die Miete in diesem Zeitraum nur bis zu dem Betrag erhöhen, der sich nach Abzug der Zinsverbilligung von der ortüblichen Vergleichsmiete ergibt (BGH NJW 2009, 1737 = ZMR 2009, 674). Bei unbegrenzter Laufzeit sind sie zwölf Jahre anzurechnen (BGH NJW 2009, 1737 = ZMR 2009, 674; ZMR 2004, 421; 2004, 655; LG Görlitz WuM 2008, 489). Drittmittel sind auch dann zu berücksichtigen, wenn es sich um Vermietung einer bereits **modernisierten** Wohnung (KG GE 2002, 259; LG Berlin GE 2004, 298) oder um eine **weitere Mieterhöhung** handelt (BGH NJW 2009, 1737 = ZMR 2009, 674). Eine Angabe ist **entbehrlich**,

wenn ein Abzug keine Auswirkungen auf die verlangte Miete hat (LG Berlin GE 2004, 298; str.). Veräußert ein Eigentümer die Mietwohnung, ohne eine gegenüber einer Förderstelle eingegangene Verpflichtung dem Erwerber aufzuerlegen, muss sich der Erwerber keine Drittmittel anrechnen lassen (BGH ZMR 2004, 22, 23; ZMR 1998, 83, 86). Fehlt ein Abzug oder ist er nicht ausreichend erläutert, ist das Mieterhöhungsverlangen **formell unwirksam** (BGH ZMR 2004, 655; LG Berlin GE 2004, 297). Im Falle einer Neuvermietung, besteht **keine Anrechnungspflicht**.

6. Das Mieterhöhungsverlangen

Besitzt der Vermieter einen Anspruch auf Zustimmung zu einer Mieterhöhung, ändert **263** sich die Miete nicht automatisch. Der Vermieter muss vielmehr die Zustimmung des Mieters zu einer Mieterhöhung bis zu Höhe der ortsüblichen Vergleichsmiete – oder darunter – ausdrücklich verlangen (**Mieterhöhungsverlangen**). Das Mieterhöhungsverlangen soll dem Mieter die Tatsachen mitgeteilt werden, die er benötigt, um die vom Vermieter begehrte Mieterhöhrung auf ihre Berechtigung – zumindest ansatzweise – überprüfen zu können (BGH NJW 2010, 2945 m.w.N.). Dem Mieter sollen im Interesse einer außergerichtlichen Einigung zur Überprüfung konkrete Hinweise auf die sachliche Berechtigung des Erhöhungsverlangens gegeben werden, damit er während des Laufs der Zustimmungsfrist sich darüber schlüssig werden kann, ob zustimmt oder nicht (BGH NJW 2010m 2945; BGH NZM 2010, 436, 437).

a) Form und Inhalt

Ein Mieterhöhungsverlangen des oder der Vermieter ist ein **formalisiertes Angebot** i.S.v. **264** § 145 BGB gegenüber dem oder den Mietern zum Abschluss eines Änderungsvertrages i.S.v. § 311 Abs. 1 BGB (BayObLG NJW-RR 1989, 1172) gegenüber dem bestehenden Mietvertrag. Es ist also eine einseitige empfangsbedürftige Willenserklärung des Vermieters auf Zustimmung zur Erhöhung der Miete. Das Mieterhöhungsverlangen muss die **Aufforderung** enthalten, der Vertragsänderung zuzustimmen. Die Besonderheit liegt darin, dass der Vermieter vom Mieter unter bestimmten Voraussetzungen die Zustimmung verlangen und ggf. auf Erteilung der Zustimmung klagen kann, wenn nämlich die Voraussetzungen des § 558 BGB gegeben sind. Mit der erteilten Zustimmung wird der Mietvertrag teilweise (in Bezug auf die Höhe der geschuldeten Miete) geändert. Ein Mieterhöhungsverlangen kann auch in einem Schriftsatz enthalten sein. Diese Prozesserklörung muss aber eindeutig erkennen lassen, dass nicht nur eine Verfahrenshandlung erfolgt, sondern gegenüber dem Beklagten als Mieter eine materielle Mieterhöhungserklärung abgegeben wird.

Der Zugang des Verlangens hat eine **zweifache Bedeutung** und also eine **Doppelfunk-** **265** **tion** (Börstinghaus NZM 2009, 681, 682; Kunze MietRB 2005, 161, 162):
- **materiell**: Die Zustimmungsfrist des § 558b Abs. 2 S. 1 BGB wird in Lauf gesetzt. **266**
- **formell**: Die Klagefrist des § 558b Abs. 2 S. 2 BGB wird in Lauf gesetzt.

aa) Inhalt

Das grundsätzlich **bedingungsfeindliche** (LG Hamburg ZMR 2005, 367, 368) **Mieterhö-** **267** **hungsverlangen** bezweckt u.a., dem Mieter die Überprüfung der begehrten Mieterhöhung zu ermöglichen. Es muss deshalb die **erhöhte Miete in einem Betrag**, nicht den Erhöhungsbetrag ausweisen (KG ZMR 1997, 638, 640) und in sich widerspruchsfrei sein (BGH ZMR 2004, 655). Es muss ferner so formuliert sein, dass der Mieter nur »ja« sagen muss (AG Pinneberg ZMR 2004, 277) und darf nicht den Eindruck erwecken, die Mieterhöhung trete automatisch in Kraft (Kunze MietRB 2005, 161, 162). Eine Erklärung über Jahressperrfrist, Kappungsgrenze, den Zeitpunkt des Eintritts der Mieterhöhung nach § 558b Abs. 1 BGB oder der Zustimmungsfrist ist nicht notwendig.

268 In das Mieterhöhungsverlangen sind auch nach § 559a BGB anzusetzende **Kürzungsbeträge** aufzunehmen. Mit dem Verfahren nach § 558a BGB soll dem Mieter die Möglichkeit gegeben werden, die Berechtigung eines Mieterhöhungsverlangens durch den Vermieter zu überprüfen. Damit sollen **überflüssige Prozesse** vermieden werden (BGH NZM 2010, 436, 437).

Hinweis

> Nach Untersuchungen sollen ca. 99 % aller Mieterhöhungsverfahren außergerichtlich erledigt werden und nur in ca. 1 % der Fälle kommt es zu einer gerichtlichen Auseinandersetzung (Börstinghaus NZM 2009, 681, 682).

269 Diesem Regelungszweck ist nur dann Genüge getan, wenn dem Mieter die **abzusetzenden Kürzungsbeträge** und deren **Berechnungsgrundlagen** bekannt gegeben werden, da er nur dann nachvollziehen kann, ob er die vom Vermieter berechnete und verlangte Miete zu zahlen hat (BGH ZMR 2004, 655; ZMR 2004, 421, 422; LG Berlin GE 2002, 396). Der Vermieter muss angeben, wann er welche Mittel, zu welchem Zweck – Modernisierung oder Instandsetzung – gegebenenfalls zu welchem Zinssatz erhalten hat. Die bloße Mitteilung des Berechnungsergebnisses genügt nicht (BGH ZMR 2004, 655). Soweit Kürzungen nach § 558 Abs. 5 BGB vorzunehmen sind, muss der Vermieter diese **nachvollziehbar** darlegen (BGH NJW 2009, 1737 = ZMR 2009, 674; ZMR 2004, 421, 422; ZMR 2004, 655); anderenfalls ist das Verlangen **formell unwirksam** (BGH ZMR 2004, 655; ZMR 2004, 421, 422).

bb) Erklärung des Vermieters

(1) Allgemeines

270 Das Mieterhöhungsverlangen muss entweder vom Vermieter zum Zeitpunkt der Abgabe des Verlangens (Weitemeyer FS Blank [2006], S. 445, 449) **abgegeben** werden (LG Köln WuM 1996, 623) oder die Erklärung muss dem Vermieter **zurechenbar** sein (KG MDR 1998, 529; LG Berlin GE 1999, 777; ZMR 1997, 358). Wer Vermieter ist, ergibt sich aus dem Mietvertrag (PWW/Elzer BGB § 535 Rn. 64). Es reicht **Bestimmbarkeit** (BGH NJW 2006, 140, 141; NJW 1989, 164). Ist zu zweifeln, muss gem. §§ 133, 157 BGB ermittelt werden, wer Vertragspartei sein soll. Der Vermieter braucht **nicht Eigentümer** oder **alleiniger Eigentümer** der Mietsache zu sein (BGH GuT 2008, 38 = MietRB 2008, 102; OLG Zweibrücken ZMR 1995, 119, 120). Wird nicht deutlich, wer Vermieter ist, ist das Mieterhöhungsverlangen **formell unwirksam** (LG Berlin GE 2009, 326; AG Charlottenburg GE 2006, 61).

(2) Personenmehrheit

271 Sind **mehrere Personen** Vermieter, müssen **alle** die Erklärung abgeben (Weitemeyer ZMR 2004, 153, 163; Nies NZM 1998, 221, 222). Mieterhöhungserklärungen der Mietvertragsparteien, müssen, wenn sich aus dem Mietvertrag nichts anderes ergibt, von allen Vermietern gegenüber allen Mitmietern erklärt werden (BGH ZMR 2005, 522; ZMR 2004, 492). Die Erklärung nur eines von mehreren Vermietern ist unwirksam und kann nach h.M. auch nicht geheilt werden (AG Stuttgart WuM 1973, 105). Die Angabe **weiterer Erklärender**, die nicht Vermieter sind, soll das Erhöhungsverlangen unwirksam machen (LG Berlin ZMR 1999, 822; zw.).

Hinweis

> Erben können ein Mietverhältnis über eine zum Nachlass gehörende Sache wirksam mit Stimmenmehrheit kündigen, wenn sich die **Kündigung** als Maßnahme ordnungsgemäßer Nachlassverwaltung darstellt (BGH NJW 2010, 765). Dies dürfte auch für Mieterhöhungen und andere Gemeinschaften gelten.

(3) Juristische Personen; rechtsfähige Personengesellschaften

Bei juristischen Personen muss die Erklärung von einem **vertretungsberechtigten Organ** erfolgen, wobei die Vertretungsverhältnisse offen zu legen sind, es sei denn, der Vermieter darf aufgrund der Vorkorrespondenz oder anderer Umstände voraussetzen, dass diese dem Mieter bekannt sind (KG ZMR 1998, 276; LG Berlin GE 2007, 986, 987; WuM 2003, 568). Ein Mieterhöhungsverlangen einer juristischen Person, in dem die konkrete natürliche Person nicht benannt ist, die die Erklärung für die juristische Person abgibt, ist unwirksam (LG Hamburg NZM 2005, 255 = ZMR 2004, 680). Ist eine Gesellschaft bürgerlichen Rechts Vermieterin, kann nur die **Gesellschaft** ein Mieterhöhungsverlangen abgeben. Handelt etwa ein Gesellschafter allein, muss er deshalb deutlich machen, dass er die Gesellschaft vertritt. Die jeweilige Vermietergesellschaft muss außerdem im Verlangen zutreffend benannt werden (AG Königstein NJW 2001, 1357). Zum Verband Wohnungseigentümergemeinschaft als Vermieter s. Kap. 2 Rdn. 91 ff. 272

(4) Vermieterwechsel

Erwirbt jemand eine Wohnung, kann er ein Mieterhöhungsverlangen erst abgeben, wenn er im Grundbuch eingetragen ist und nach § 566 Abs. 1 BGB Vermieter wird. Der Veräußerer kann nach h.M. den Erwerber allerdings **ermächtigen**, eine Mieterhöhung durchzuführen (BGH NZM 1998, 146, 147; LG Berlin GE 2004, 483; Kinne ZMR 2001, 775, 780; s.a. BGH ZMR 2008, 519 und Börstinghaus NZM 2009, 681, 683). 273

Hinweis

> Der Unterschied zur Stellvertretung besteht bei einer Ermächtigung im Wesentlichen darin, dass der Stellvertreter eine Erklärung im fremden, der Ermächtigte hingegen im eigenen Namen abgibt. Der Ermächtigte muss die Ermächtigung im Mieterhöhungsverlangen offenbaren. Weist der Ermächtigte seine Befugnis nicht nach, kann der Mieter sie gem. §§ 182 Abs. 3, 111 BGB zurückweisen.

Erklärt noch der frühere Vermieter das Erhöhungsverlangen, wirkt es zugunsten des Erwerbers fort (LG Kassel WuM 1996, 417).

(5) Vertretung

Eine Erhöhungserklärung kann von einem **Vertreter** abgeben werden. Aus der Erklärung muss dann hervorgehen, dass sie **in fremdem Namen** abgegeben wird (LG Köln WuM 2001, 287, 288). Eine **verdeckte Stellvertretung** ist also nicht zulässig. Der Bevollmächtigte muss seine Vollmacht durch Vorlage einer Original-Vollmachtsurkunde nachweisen. Legt der Bevollmächtigte seine Vollmacht nicht vor und weist der Mieter aus diesem Grunde das Erhöhungsbegehren unverzüglich zurück, ist die Erklärung nach § 174 S. 1 BGB unwirksam. Nach h.M. ist diese Bestimmung auf Mieterhöhungsverlangen anwendbar (OLG Hamm NJW 1982, 2076 = ZMR 1982, 374; offen gelassen von BGH ZMR 2003, 406, 408 = NJW 2003, 963). 274

Hinweis

Eine Zurückweisung ist gemäß § 174 S. 2 BGB ausgeschlossen, wenn der Mieter auf andere Weise, z.B. durch den Mietvertrag, von der Bevollmächtigung weiß. Sie ist ferner **im Prozess** ausgeschlossen, wenn der Rechtsanwalt des Vermieters im Verfahren ein Verlangen nach § 558b Abs. 3 BGB nachbessert oder nachholt (BGH ZMR 2003, 406, 408 = NJW 2003, 963). §§ 78 ff. ZPO bilden für die Prozessvollmacht ein Sonderrecht. Die allgemeinen Regeln der §§ 164 ff. BGB finden auf die Prozessvollmacht nur insoweit Anwendung, als die ZPO auf sie verweist oder in ihnen allgemeine Rechtsgedanken der Stellvertretung zum Ausdruck kommen. Das ist beim Zurückweisungsrecht des § 174 BGB jedenfalls gegenüber einem Rechtsanwalt nicht der Fall. § 174 BGB gilt auch nicht für **gesetzliche Vertreter**, etwa den Geschäftsführer einer vermietenden GmbH (LG Berlin GE 2007, 986, 987); hier genügt der Schutz durch die Publizität des Handelsregisters.

cc) Erklärung gegenüber Mieter

(1) Mieter

275 Der Zustimmungsanspruch ist gegenüber **dem Mieter** geltend zu machen.

(2) Mehrere Mieter

276 Hat eine Personenmehrheit eine Sache gemietet, ist das Mieterhöhungsverlangen an **alle Mitmieter** zu richten (BGH NJW 2004, 1797 = ZMR 2004, 492; ZMR 1998, 17, 20). Mehrere Mieter können die Zustimmung **nur gemeinschaftlich** erteilen (BGH NJW 2004, 1797 = ZMR 2004, 492; KG NJW-RR 1986, 439, 440). Dies folgt aus der Einheitlichkeit des Mietverhältnisses und daraus, dass alle Mitmieter gemeinschaftlich die Mieterseite des bestehenden Mietverhältnisses bilden ((BGH NJW 2004, 1797 = ZMR 2004, 492; ZMR 1998, 17, 20). Bei mehreren Mietern sind gegenüber dem Mieter abzugebende Erklärungen grundsätzlich an **alle Mitmieter** zu richten und müssen **allen zugehen** (BGH NJW 2004, 1797 = ZMR 2004, 492). Dies folgt auch daraus, dass alle Mitmieter gemeinschaftlich die Mieterseite des bestehenden Mietverhältnisses bilden (BGH ZMR 1998, 17, 20). Wohnen die Mieter – wie in der Regel – zusammen, reicht ein Erhöhungsverlangen. Im Erhöhungsverlangen bedarf es dann aber der Anrede »Herrn/Frau/Eheleute« (AG Hamburg ZMR 1988, 106). Unzureichend ist hingegen »Familie XY« (AG Greifswald WuM 1994, 268). Ein nicht an alle Mieter gerichtetes Erhöhungsverlangen ist formell **unwirksam** (AG Kiel v. 18.05.2010–108 C 567/09).

277 **Hinweis**

Im Einzelfall kann die Zustimmung eines Mietmieters **nach Treu und Glauben** (§ 242 BGB) entbehrlich sein (BGH NJW 2004, 1797, 1798 = ZMR 2004, 492). Dies ist in einem Fall bejaht worden, als derjenige Mieter, der nach Auszug seines Mitmieters (Ehefrau) und dessen Entlassung aus dem Mietverhältnis durch den Vermieter allein in der Wohnung zurückblieb, jahrelang die Miete zahlte.

(3) Empfangsvertretung

278 Die formularmäßige Klausel »Erklärungen, deren Wirkung die Mieter berührt, müssen von oder gegenüber allen Mietern abgegeben werden. Die Mieter bevollmächtigen sich jedoch gegenseitig zur Entgegennahme ... solcher Erklärungen. Diese Vollmacht gilt auch für die Entgegennahme von Kündigungen, jedoch nicht für ... Mietaufhebungsver-

träge« (**Empfangsvollmacht**) ist zwar zulässig, wenn sie **widerruflich** ist (BGH ZMR 1998, 17, 19 = NJW 1997, 3437; für Eheleute s. KG WuM 1985, 12).

Die Erklärung muss aber gleichwohl an **alle Mieter adressiert** sein (OLG Koblenz NJW 1984, 244; LG Berlin NZM 2002, 780; AG München NZM 2003, 394; **unzutreffend** OLG Schleswig NJW 1983, 1862). **279**

dd) Textform

Das Mieterhöhungsverlangen ist nach § 558a Abs. 1 BGB in Textform (§ 126b BGB) zu **erklären** (dazu Hinz NZM 2004, 681, 683) und zu **begründen**. Ist durch Gesetz Textform vorgeschrieben, gilt Folgendes: **280**

- **Medium**. Die Erklärung muss **in einer Urkunde** (Papierdokument, Kopie, Fax, Telegramm, Fernschreiben) oder auf **andere** zur **dauerhaften Wiedergabe in Schriftzeichen geeignete Weise** abgegeben werden (Diskette, CD-ROM, E-Mail, Niederlegung im Festplattenspeicher eines Rechners mit Ausdruckmöglichkeit oder Möglichkeit einer Wiedergabe auf dem Bildschirm). Ob es notwendig ist, dem Empfänger die Erklärung **unmittelbar per E-Mail** zu übermitteln, oder es ausreicht, dass dieser von sich aus tätig wird und ein Internetportal nehmen muss, ist streitig (verneinend OLG Naumburg NJW-RR 2008, 776; KG NJW 2006, 3215, 3216; OLG Hamburg NJW-RR 2007, 840; offen BGH NJW 2009, 3227, 3228). Ungenügend ist eine bloß mündliche Erklärung.
- **Person des Erklärenden**. Die Erklärung muss die **Person des Erklärenden** nennen. In Betracht kommt in erster Linie eine **Namensnennung**. Es genügt aber jede Bezeichnung, die seine zweifelsfreie Identifikation ermöglicht. Ausreichend ist, dass für den Empfänger in einer für den Rechtsverkehr erforderlichen Weise eindeutig klargestellt ist, welche konkrete Person den ihm übermittelten Text verfasst hat. Ein **unleserlicher Schriftzug** lässt keine Person erkennen (LG Berlin WuM 2003, 568). **Bei einer juristischen Person genügt deren Bezeichnung**. Der Name einer dieser vertretenen natürlichen Person muss **nicht zusätzlich angegeben werden** (BGH NJW 2010, 2945, 2946). Die Angabe der Person des Erklärenden dient dazu, dass der Empfänger weiß, von wem das Schreiben stammt (BGH NJW 2010, 2945, 2946). Für diesen Zweck reicht bei einer maschinell (vgl. § 10 Abs. 1 S. 5 WoBindG) oder in Textform abgegebenen Erklärung einer juristischen Person **die Angabe des Namens der juristischen Person aus**.
- **Abschluss der Erklärung**. Der **Abschluss der Erklärung** muss durch eine Unterschrift oder die **Nachbildung der Namensunterschrift** (Faksimile, eingescannte Unterschrift) oder auf andere Weise kenntlich gemacht werden, etwa durch einen vorgedruckten Hinweis (»Diese Erklärung ist maschinell gefertigt und ohne Unterschrift wirksam«), durch die Eingabe des Namens in einem dafür vorgesehenen Adressfeld oder durch die vorprogrammierte Absenderangabe am Ende einer E-Mail. Erforderlich ist nur, dass der räumliche Abschluss des Dokuments in einer Weise kenntlich gemacht, durch die die Ernstlichkeit des vorangestellten Textes deutlich wird (BT-Drucksache 14/4987, S. 20).
- Die Erklärung muss nicht mit Hilfe automatischer Einrichtungen gefertigt sein. Die **Angabe von Ort und Datum** ist üblich, in der Regel aber nicht erforderlich.

Ein sogar der Schriftform des § 126 BGB entsprechendes Erhöhungsverlangen wahrt selbstverständlich auch die Textform: Die Textform kann durch jede strengere Form ersetzt werden, da sie in dieser aufgeht. Nach dem Gesetz **muss die Begründung**, nicht aber müssen etwaige Anlagen der Textform genügen (LG Potsdam WuM 2004, 671).

Hinweis

Bei **langfristigen Zeitmietverträgen** erstreckt sich die Schriftform des § 126 BGB auch auf das Mieterhöhungsverlangen. Wird diese Form nicht gewahrt und das Verlangen **nur in Textform** erklärt, soll das Verlangen zwar wirksam, ein Zeitmietvertrag gemäß § 575 BGB selbst aber fortan als Mietvertrag **auf unbestimmte Zeit** i.S.v. § 550 gelten (LG Gießen ZMR 2002, 272, 273). Nach Sinn und Zweck des § 550 BGB, der nur den Erwerber i.S.v. § 566 BGB schützen sollte (BGH NJW 2010, 1518; BGH NJW 1954, 71), ist diese Ansicht indes **abzulehnen**. Es ist nicht Zweck der Schriftform, dem Erwerber Gewissheit über die gerade geltende Höhe der Miete zu verschaffen.

ee) Angaben eines qualifizierten Mietspiegels

281 Enthält ein qualifizierter Mietspiegel (§ 558d Abs. 1 BGB), bei dem die Vorschrift des § 558d Abs. 2 BGB eingehalten ist, Angaben für die Wohnung, so **hat** der Vermieter in seinem Mieterhöhungsverlangen diese Angaben auch dann **mitzuteilen**, wenn er die Mieterhöhung auf ein **anderes Begründungsmittel** stützt. Die Mitteilung kann sich auf die Werte des konkreten Mietspiegelfeldes beschränken; unterbleibt die Angabe, ist das Mieterhöhungsverlangen formell unwirksam (LG Berlin GE 2007, 988; LG München I WuM 2002, 427; WuM 2002, 496, 497), kann aber ggf. über § 558b Abs. 3 BGB geheilt werden (LG München I WuM 2002, 427).

ff) Keine Begrenzung durch Ausgangsmiete

282 Ein Mieterhöhungsverlangen nach § 558 BGB ist nicht deshalb unwirksam, weil sich bereits die Höhe der Ausgangsmiete im Rahmen der ortsüblichen Vergleichsmiete hält (BGH NJW 2005, 2621, 2622). Ein Vermieter hat die Möglichkeit, die Zustimmung zu einer Mieterhöhung berechtigterweise schon dann zu verlangen, wenn die Bandbreite der konkreten ortsüblichen Vergleichsmiete eine höhere Miete zulässt. Müsste der Vermieter zuwarten, bis aufgrund einer allgemeinen Steigerung der ortsüblichen Vergleichsmieten die Ausgangsmiete unterhalb der Spanne des Mietspiegels liegt, wäre er gehalten, stets den höchstzulässigen Betrag am oberen Ende der Spanne zu fordern, da ihm eine spätere Erhöhung innerhalb der Spanne verwehrt wäre. Eine derartige Anhebung auf eine wesentlich höhere Miete wird dabei in vielen Fällen an der Kappungsgrenze des § 558 Abs. 3 BGB scheitern, der eine Erhöhung der Miete nach § 558 Abs. 1 BGB auf 20 % innerhalb von drei Jahren begrenzt. Einem Mieterhöhungsverlangen steht auch nicht entgegen, dass die **Ausgangsmiete unter** der – seit Vertragsbeginn unveränderten – ortsüblichen Vergleichsmiete liegt (BGH NJW 2007, 2546).

b) Begründung und Begründungsmittel

283 Erhöhungsverlangen sind nach § 558a Abs. 1 BGB **nachvollziehbar und verständlich** zu begründen. Die Begründung soll dem Mieter **konkrete Hinweise** auf die **sachliche Berechtigung** des Erhöhungsverlangens geben, damit er während der Zustimmungsfrist des § 558b Abs. 1 BGB die Berechtigung der Mieterhöhung überprüfen und sich darüber schlüssig werden kann, ob er dem Erhöhungsverlangen **zustimmt oder nicht** (BGH WuM 2010, 161; GE 2006, 1162, 1163; ZMR 2003, 406 = NJW 2003, 963; ZMR 1983, 69, 71; LG Berlin GE 2005, 307, 309). Der Begründungszwang des § 558a Abs. 1 BGB soll die Möglichkeit zu einer außergerichtlichen Einigung bei einem Mieterhöhungsverlangen fördern und so überflüssige Zustimmungsklagen vermeiden helfen. Die Begründung hat im schriftlichen Mieterhöhungsverlangen selbst zu erfolgen. Der Mieter muss aufgrund des Mieterhöhungsverlangens ohne besondere Überlegungen, Vorkenntnisse und Nachforschungen erkennen können, aufgrund welcher Sachumstände die Mieterhöhung begehrt wird. Hierzu ist der Vermieter verpflichtet, sämtliche Merkmale der Wohnung, die für eine sachgerechte Einordnung der Wohnung im Mietspiegel erforderlich sind, zu benennen und zu erläutern. Nur dann hat der Mieter die Möglichkeit, die ihm gesetzlich eingeräumte zweimonatige Zustimmungsfrist zu nutzen, das Vorhandensein der dargelegten Wohnungsmerkmale zu überprüfen und diese Überprüfung zur Grundlage seiner Entscheidung zu machen (AG Greifswald ZMR 2002, 352). Der Vermieter muss dem Mieter mitzuteilen, wie er die ortsübliche Vergleichsmiete im konkreten Fall berechnet hat (BVerfG NJW 1987, 313). Auf den Erhalt öffentlicher Mittel zur Modernisierung ist hinweisen (KG NZM 2002, 211). **An die Begründung eines Mieterhöhungsverlangens dürfen aber keine Anforderungen gestellt werden, durch die die mit dem Mieterhöhungsverfahren verbundenen Schwierigkeiten einseitig zulasten des Vermieters gehen** (BVerfG ZMR 1993, 558, 559). Die Praxis der Untergerichte verfährt hier **vielfach zu streng**. Die Gerichte haben bei der Prüfung, ob das Erhöhungsverlangen formell wirksam ist, den Einfluss des Grundrechts aus Art. 14 Abs. 1 S. 1 GG und des damit eng verzahnten Anspruchs auf Gewährung effektiven Rechtsschutzes (Art. 19 Abs. 4 GG) zu beachten (BVerfG ZMR 1980, 202; ZMR 1978, 363; ZMR 1974, 297). Dieser verbietet es, durch restriktive Auslegung und Handhabung der verfahrensrechtlichen Voraussetzungen für das Mieterhöhungsverlangen die gesetzlichen Beschränkungen übermäßig zu verstärken und den Anspruch auf gerichtliche Durchsetzung der gesetzlich zulässigen Miete zu verkürzen (BVerfG ZMR 1993, 558, 559). Sie verpflichten die Fachgerichte zugleich, den geltend gemachten Anspruch gerichtlich nachzuprüfen und den Rechtsschutz nicht zulasten des Vermieters von einer unzumutbar strengen Handhabung der Verfahrensvoraussetzungen abhängig zu machen (BVerfG ZMR 1989, 142).

Zur Begründung des Mieterhöhungsverlangens kann u.a. auf eines der vier im Gesetz **284**
beispielhaft genannten **Begründungsmittel** Bezug genommen werden.

aa) Mietspiegel (§ 558 Abs. 2 Nr. 1 BGB)

(1) Allgemeines

§ 558 Abs. 2 Nr. 1 BGB nennt nach ihrer Bedeutung als erstes Begründungsmittel **einfa- 285**
che oder **qualifizierte Mietspiegel**. Ein Mietspiegel in diesem Sinne ist gemäß §§ 558c, 558d BGB eine Übersicht über die **ortsübliche Vergleichsmiete**. Enthält der Mietspiegel ein Raster aus mit Buchstaben und Ziffern bezeichneten Feldern, in denen für bestimmte Kategorien von Wohnungen (gegliedert nach Größenordnung, Zeitraum der Bezugsfertigkeit, Wohnlage und Ausstattung) jeweils eine bestimmte Mietspanne ausgewiesen ist, ist im Erhöhungsverlangen die Mitteilung des konkreten Mietspiegelfeldes, das hinsichtlich Größe, Alter, Wohnlage und Ausstattung **nach der Auffassung des Vermieters** für die gemietete Wohnung einschlägig ist, ausreichend, um den Mieter auf die im Mietspiegel enthaltenen Angaben für die Wohnung, insbesondere die dort angegebene Spanne, hinzuweisen. Liegt die verlangte Miete oberhalb der im Mietspiegel ausgewiesenen Mietspanne, ist das Erhöhungsverlangen nur wegen des Mehrbetrags unbegründet (BGH ZMR 2004, 325).

Hinweis **286**

Zur Erstellung eines Mietspiegels ist grundsätzlich niemand verpflichtet, wenn auch die Aufstellung für die Gemeinden eine Aufgabe der öffentlichen Daseinsvorsorge ist (BVerwG NJW 1996, 2046). Gemeinden sollen Mietspiegel nach § 558c Abs. 4 S. 1 BGB erstellen, wenn hierfür ein Bedürfnis besteht und dies mit einem vertretbaren Aufwand möglich ist. Zur Aufstellung eines Mietspiegels berechtigt ist jedermann. Das Gesetz nennt in § 558c Abs. 1 BGB

- Gemeinden,
- die Interessenvertreter der Vermieter und die Mieter gemeinsam
- oder Dritte.

Soweit ein Mietspiegel von Dritten erstellt wird, müssen ihn die Interessenvertreter (aber nicht alle: OLG Hamm ZMR 1991, 341; kritisch Mersson ZMR 2002, 806, 80) oder eine Gemeinde allerdings anerkennen. Die Anerkennung ist eine gegenüber dem Dritten abzugebende Willenserklärung (Mersson ZMR 2002, 806) und muss durch die vertretungsberechtigten Organe erfolgen (AG Dortmund ZMR 2003, 194, 195).

287 Der Gesetzgeber hat bewusst darauf verzichtet, für die Erstellung eines Mietspiegels ein bestimmtes Verfahren vorzuschreiben. Auch die Bundesregierung hat von der in § 558c Abs. 5 BGB vorgesehenen Ermächtigung, durch Rechtsverordnung Vorschriften über den näheren Inhalt und das Verfahren zur Aufstellung und Anpassung von Mietspiegeln zu erlassen, keinen Gebrauch gemacht. Der einfache Mietspiegel darf daher zwischen den Verbänden ausgehandelt werden; er muss auch nicht nach wissenschaftlichen Erstellungsmethoden zustande kommen. Mietspiegel und ihre Änderungen sollen nach § 558c Abs. 4 S. 2 BGB veröffentlicht werden.

288 Der **Vorzug eines Mietspiegels** als Begründungsmittel besteht vor allem darin, dass ordnungsgemäß aufgestellte Mietspiegel i.d.R. auf einer erheblich breiteren Tatsachenbasis beruhen, als sie ein gerichtlich bestellter Sachverständiger mit einem Kosten- und Zeitaufwand ermitteln könnte, der zum Streitwert des gerichtlichen Verfahrens in einem angemessenen Verhältnis stünde (AG Dortmund ZMR 2003, 194). Die inhaltlichen Anforderungen an Mietspiegel regelt das Gesetz in §§ 558c, 558d BGB. Soweit der Vermieter auf einen Mietspiegel Bezug nimmt, der den gesetzlichen Anforderungen entspricht, ist es unbeachtlich, ob die Tabellenwerte tatsächlich richtig sind, wie fachgerecht die statistische Auswertung erfolgte oder ob genügend Vergleichsmaterial vorlag.

289 Der Mietspiegel ist dem Erhöhungsverlangen **beizufügen**. Etwas anderes gilt, wenn der Mietspiegel **allgemein** zugänglich oder gegen eine geringe Schutzgebühr (3,00 bis 4,00 EUR) verfügbar ist (BGH v. 31.08.2010 – VIII ZR 231/09; WuM 2009, 747; NJW 2009, 1667). Als allgemein verfügbare Orte kommen in Betracht:

- das Kundencenter des Vermieters am Wohnort des Mieters (BGH NJW 2009, 1667);
- das Internet (BGH NZM 2009, 429; KG WuM 2009, 407; a.A. Börstinghaus AnwZert MietR 21/2010 Anm. 1);
- der Verein der Haus-, Wohnungs- und Grundeigentümer;
- der Mieterverband;
- eine Veröffentlichung im Amtsblatt (BGH NJW 2008, 573, 574). Es bedarf im Mieterhöhungsverlangen grundsätzlich keines Hinweises auf die Stellen, bei denen der Mietspiegel erhältlich ist (BGH v. 31.08.2010 – VIII ZR 231/09). Die Existenz von Mietvereinigungen und Grundstückseigentümerverbänden ist allgemein bekannt. Die Adresse und die Öffnungszeiten der Geschäftszeiten der genannten Vereinigungen zu ermitteln, ist dem Mieter regelmäßig zumutbar. Ob dies anders zu sehen ist, wenn es in der Person des Mieters liegende Gründe (Alter/Krankheit) verhindern, dass dieser sich die erforderlichen Informationen zum Erhalt des Mietspiegels verschafft, ist eine der Bewertung des Tatrichters obliegende Frage des Einzelfalls, die sich einer generell Betrachtung entzieht.

Ein i.Ü. einwandfreier Mietspiegel ist als Begründungsmittel ungeeignet, wenn er für die Mietwohnung keine Aussagen trifft, z.B. das entsprechende Rasterfeld leer ist oder die Angaben nicht repräsentativ sind.

(2) Durchführung

Wird ein Mieterhöhungsverlangen auf einen Mietspiegel gestützt, muss der Vermieter wie folgt vorgehen: 290

1. Die vermietete Wohnung ist in die entsprechende Kategorie des Mietspiegels (das Mietspiegelfeld) **einzuordnen** (BGH NJW 2008, 848, 849), das hinsichtlich Größe, Alter, Wohnlage und Ausstattung nach der Auffassung des Vermieters für die gemietete Wohnung **einschlägig** ist.
2. Der Vermieter muss die im Mietspiegel ggf. vorgesehene **Mietspanne** richtig nennen. Enthält der Mietspiegel Spannen, reicht es nach § 558a Abs. 4 S. 1 BGB aus, wenn die verlangte Miete **innerhalb** der Spanne liegt (BGH GE 2009, 512; NZM 2008, 164, 165). Wird die Spanne durch das Mieterhöhungsverlangen **überschritten**, ist das Mieterhöhungsverlangen nicht formell unwirksam; es wird jedoch insoweit beschränkt, als es über den im Mietenspiegel ausgewiesenen Höchstbetrag hinausgeht (BGH ZMR 2004, 325). Der Vermieter muss die Mietspanne ausnahmsweise nicht mitteilen, wenn der Mieter die Spanne **ohne weiteres** in dem vom Vermieter angegebenen Mietspiegelfeld, z.B. »H5«, ablesen kann (BGH NJW 2008, 573). Die Wahl eines falschen Mietspiegelfelds macht ein Verlangen **nicht formell** unwirksam (BGH ZMR 2009, 521). Die Frage, ob das angegebene Feld zutreffend ist, ist eine der Begründetheit des Verlangens (BGH ZMR 2009, 521).
3. Der Vermieter muss die erhöhte Miete angeben (BGH NJW 2008, 573, 574; ZMR 2004, 325).

(3) Zuschläge

Der Vermieter darf bei der Einordnung für besondere Merkmale seiner Wohnung keine Zuschläge erheben, etwa für nicht auf den Mieter abgewälzte Kosten für Kleinreparaturen (LG Dortmund NZM 2007, 245, 246; AG Frankfurt WuM 2006, 204). Der Vermieter darf auch keinen Zuschlag in dem Fall nehmen, dass eine Schönheitsreparaturenklausel unwirksam ist (BGH ZMR 2009, 514; BGH WuM 2008, 487). 291

Hinweis

Etwas anderes gilt bei **öffentlich gefördertem, preisgebundenem Wohnraum.** Hier kann der Vermieter die Kostenmiete einseitig um den in II. BV geregelten Betrag erhöhen (BGH NJW 2010, 1590, 1591/1592 = MietRB 2010, 157). Etwas anderes gilt ferner dann, wenn die Wohnung **teilgewerblich** genutzt wird (BayObLG NJW-RR 1986, 892; LG Berlin ZMR 1998, 165, 166), eine Untervermietung erlaubt ist, die Wohnung möbliert vermietet ist oder der Mietspiegel Zuschläge ausdrücklich vorsieht.

(4) Abschläge

Ein Abschlag, z.B. für auf den Mieter **abgewälzte Kleinreparaturen**, ist unnötig (LG Berlin GE 2009, 654). 292

(5) Mietstruktur

Die zu erhöhende Miete muss dem Mietbegriff des Mietspiegels entsprechen. Entspricht die **vereinbarte Mietstruktur** nicht der des Mietspiegels, müssen die Werte des Spiegels angepasst werden (BGH WuM 2010, 161; NJW-RR 2006, 227, 228). 293

Hinweis

Als Mietstruktur können unterschieden werden:

1. Brutto- oder Inklusivmiete (in dieser sind alle Betriebskosten enthalten). Eine Bruttowarmmiete ist – außer bei Gebäuden mit nicht mehr als zwei Wohnungen, von denen eine der Vermieter selbst bewohnt – gem. § 2 HeizkostenVO allerdings nicht anzuwenden, weil sie den Bestimmungen der Heizkostenverordnung widerspricht (BGH NJW-RR 2006, 1305 = ZMR 2006, 766).
2. Netto- oder Exklusivmiete (in dieser sind keine Betriebskosten enthalten).
3. Teil-Inklusivmiete (in dieser sind einige Betriebskosten enthalten).
4. Kaltmiete (in dieser sind die Kosten für die Beheizung und Warmwasser nicht enthalten; bei einer Brutto-Kaltmiete sind bis auf die Kosten für die Beheizung und Warmwasser alle Betriebskosten enthalten).

Für eine Vergleichbarkeit muss z.B. eine Brutto- in eine Nettomiete oder aber die im Mietspiegel aufgeführte Netto- in eine Bruttomiete **umgerechnet** werden (BGH WuM 2010, 161; NJW-RR 2006, 227, 228). Die Vergleichbarkeit ist dadurch herzustellen, dass ein **Zuschlag** in Höhe der derzeit auf die Wohnung entfallenden Betriebskosten zu der im Mietspiegel ausgewiesenen ortsüblichen Nettokaltmiete hinzugerechnet wird (BGH WuM 2010, 161; NJW-RR 2006, 227, 228), sofern sie den Rahmen des Üblichen nicht überschreiten. Umgekehrt kann der Betriebskostenanteil aus der vereinbarten Bruttomiete herausgerechnet werden, um den in der Vertragsmiete enthaltenen Nettomietanteil dem (Netto-)Mietspiegelwert gegenüber zu stellen (BGH WuM 2010, 161; NJW-RR 2006, 227, 228). Die Angaben zur Höhe der Betriebskosten gehören zur (formellen) Begründung des Mieterhöhungsverlangens. Der im Mietspiegel enthaltenen Netto-Kaltmiete sind die Betriebskosten hinzuzurechnen, die der Vermieter **aktuell**, also zum Zeitpunkt der Abgabe des Mieterhöhungsverlangens, im Außenverhältnis zu tragen hat (BGH NJW 2008, 848; NJW 2007, 2626). Der auf die Wohnung tatsächlich entfallende Betriebskostenanteil ist der zuletzt feststellbare Betriebskostenanteil (BGH NJW 2007, 2626; NJW-RR 2006, 227). Dieser ergibt sich i.d.R. aus der Betriebskostenabrechnung für den dem Mieterhöhungsverlangen vorangegangenen Abrechnungszeitraum. Bei Erhöhung einer Bruttomiete durch einen Nettomietspiegel ist zu erläutern, wie sich der verlangte Betriebskostenanteil zusammensetzt (LG Berlin GE 2007, 785; AG Wedding GE 2008, 483). Ein mit **pauschalen Betriebskosten** (statistische Durchschnittswerte) begründetes Erhöhungsverlangen ist **nicht formell unwirksam** (BGH NJW 2008, 848; NJW-RR 2006, 1599). Die Frage, ob der angegebene Betriebskostenanteil (auch im Ansatz) zutreffend ist, betrifft nicht die formelle Ordnungsmäßigkeit des Erhöhungsverlangens, sondern allein dessen materielle Berechtigung (BGH NJW 2008, 848; NJW-RR 2006, 1599).

Hinweis

Diese Grundsätze gelten auch bei **Erhöhung einer Teilinklusivmiete** (BGH NZM 2008, 124 = ZMR 2008, 190). Bei Erhöhung einer Teilinklusivmiete braucht der Vermieter im Mieterhöhungsverlangen zur Höhe der in der Miete enthaltenen Betriebskosten allerdings keine Angaben zu machen, wenn auch die von ihm beanspruchte erhöhte Teilinklusivmiete die ortsübliche Nettomiete nicht übersteigt.

Auf Grund des Vorrangs der verbrauchsabhängigen Abrechnung der Wärme- und Warmwasserkosten ist eine im Mietvertrag vereinbarte **Bruttowarmmiete** als eine **Bruttokaltmiete** (Teilinklusivmiete), verbunden mit einer Pflicht zur gesonderten verbrauchsabhängigen Abrechnung der Kosten der Versorgung mit Wärme und Warmwasser zu behandeln (BGH NJW-RR 2006, 1305, 1307 = ZMR 2006, 766; BayObLG NJW-RR 1988, 1293). Der dem Erhöhungsverlangen zu Grunde liegende Heiz- und Warmwasserkostenanteil ist aus der vertraglichen Bruttowarmmiete herauszurechnen und gegebenenfalls als Vorauszahlung auf die nunmehr abzurechnenden Heiz- und Warmwasserkosten zu behandeln (BGH NJW-RR 2006, 1305, 1307 = ZMR 2006, 766). Dieser Kostenanteil bleibt daher bei der Bestimmung der ortsüblichen Vergleichsmiete gem. § 558 BGB außer Betracht (BGH NJW-RR 2006, 1305, 1307 = ZMR 2006, 766).

(6) Veralteter Mietspiegel

Nach § 558a Abs. 4 S. 2 BGB darf dann, wenn ein nach §§ 558c Abs. 3, 558d Abs. 2 BGB **294**
aktualisierter Mietspiegel nicht vorliegt, ein **veralteter** verwendet werden. Ein Mietspiegel ist i.d.S. veraltet, wenn zum **Zeitpunkt der Abgabe des Erhöhungsverlangens** bereits ein gegenüber dem Genutzten **Neuerer in Kraft** ist (KG GE 2007, 1629; LG Stuttgart ZMR 2010, 452, 453 = NZM 2010, 161). Hat der Vermieter bei **Abgabe des Erhöhungsverlangens zulässiger Weise** einen noch nicht veralteten Mietspiegel genutzt, muss er im Prozess seine Begründung **nicht auf den neuen umstellen** (LG Berlin GE 2006, 626). Wird ein veralteter Mietspiegel zur Begründung genutzt, ist ein Erhöhungsverlangen **formell unwirksam** (LG Stuttgart ZMR 2010, 452, 453 = NZM 2010, 161).

Hinweis

> Das **Gericht** selbst kann für die Frage, ob eine Erhöhungsklage begründet ist, den Mietspiegel anwenden, dessen Erhebungsstichtag sich auf den **Zugang des Erhöhungsverlangens** bezieht (LG Berlin GE 2008, 1057), aber auch auf den **veralteten** Spiegel abstellen (KG GE 2007, 1629).

Ein **Zuschlag des Vermieters** (nicht des Gerichts: OLG Stuttgart WuM 1994, 58) zu einem veralteten Mietspiegel ist **unzulässig** (OLG Hamburg ZMR 1983, 136; LG München II WuM 1998, 726). Ein unzulässiger Zuschlag macht das Mieterhöhungsverlangen aber **nicht formell unwirksam**. Die Mieterhöhung beschränkt sich auf den Betrag, der sich aus dem Mietspiegelrasterfeld ohne Zuschlag ergibt.

(7) Mietspiegel als »Anhalt« (§ 558a Abs. 4 S. 2)

Enthält ein Mietspiegel **keine vergleichbaren Wohnungen**, kann ein Mieterhöhungsver- **295**
langen grundsätzlich **nicht auf ihn** gestützt werden (LG Berlin GE 2005, 675, 677). Interpolationen, Kombinationen verschiedener Felder, Analogien oder Bezugnahmen auf andere Felder (LG Berlin GE 2008, 1492, 1493) sind unzulässig (Kossmann ZAP 2004, 701, 721). Der Vermieter kann indes in »freiwilliger Selbstbeschränkung« die Werte eines Mietspiegels für Etagenwohnungen als Mindestmiete für Ein- und wohl auch für Zweifamilienhäusern heranziehen (BGH NZM 2009, 27 = ZMR 2009, 511; LG Hamburg ZMR 2003, 491, 492; LG Mönchengladbach ZMR 1997, 600). Denn die Miete für Einfamilienhäuser liegt erfahrungsgemäß i.d.R. über der Miete für Wohnungen in Mehrfamilienhäusern (BGH NZM 2009, 27 = ZMR 2009, 511). Ein aus einer vergleichbaren Gemeinde herangezogener Mietspiegel ist im Zweifel ohne Einschränkungen anzuwenden (Riecke NZM 1998, 561; s.a. BGH NZM 2010, 665, 666). Er ist aber nur anwendbar, wenn es in der maßgeblichen Gemeinde **keinen Spiegel** gibt.

bb) Mietdatenbank (§ 558 Abs. 2 Nr. 2 BGB)

296 Weiteres Begründungsmittel ist die **Auskunft aus einer Mietdatenbank.** Die bloße Mitteilung eines Wertes aus dieser Datenbank genügt nicht. Es ist vielmehr eine Auskunft über **mehrere konkrete Mietdaten** erforderlich (Schmidt-Futterer/Börstinghaus § 558a BGB Rn. 72). Eine Mietdatenbank ist nach § 558e BGB eine strukturiert aufgearbeitete, fortlaufend geführte und sich ständig ändernde Sammlung einzelner Mieten. Ihre Funktion besteht darin, Angaben zu Mietvereinbarungen und Mietänderungen bereitzustellen, aus denen für einzelne Wohnungen Erkenntnisse über ortsübliche Vergleichsmieten gewonnen werden können. Eine Mietdatenbank wird von einer Gemeinde oder gemeinsam von Interessenvertretern der Vermieter und der Mieter geführt. Möglich ist auch, dass ein Dritter die Mietdatenbank betreut, sofern sie von Vermieter- und Mieterrepräsentanten oder von einer Gemeinde anerkannt wird. Der wesentliche Unterschied gegenüber einem Mietspiegel liegt in der fortlaufenden Erfassung von Daten. Damit ermöglicht eine Mietdatenbank grundsätzlich eine hohe Aktualität.

297 Eine Mietdatenbank soll Auskünfte geben, die für einzelne Wohnungen einen Schluss auf die ortsübliche Vergleichsmiete zulassen. Bei Auswahl der Mietdaten sind daher die gesetzlichen Vorgaben zur Ermittlung der ortsüblichen Vergleichsmiete einzuhalten (Kinne ZMR 2001, 775, 782). Die Mietdaten sind daher gemäß § 558 Abs. 2 S. 1 BGB nach

298
- Art,
- Größe,
- Ausstattung,
- Beschaffenheit
- und Lage

299 zu strukturieren und dürfen nicht älter als vier Jahre sein. Mieten nach § 558 Abs. 1 S. 2 BGB und § 549 Abs. 2, Abs. 3 BGB dürfen nicht in die Sammlung aufgenommen werden. Wie viele Daten – bezogen auf die jeweilige Wohnungskategorie – zu sammeln sind, ob es sich um einen repräsentativen Querschnitt aus den einzelnen Wohnungskategorien handeln muss, von wem die Daten stammen und wie diese Daten verarbeitet werden, ist ungeklärt (Stöver NZM 2002, 279).

cc) Sachverständigengutachten (§ 558 Abs. 2 Nr. 3 BGB)

(1) Allgemeines

300 Begründungsmittel kann auch das **Gutachten** eines **öffentlich bestellten und vereidigten Sachverständigen** sein, der sich mit der Bewertung von Mietpreisen beschäftigt (BGH NJW 1982, 1701, 1702). Erforderlich ist, dass der Sachverständige in dem Bereich, für den er öffentlich bestellt oder vereidigt ist, mit Mietbewertung befasst ist, diese also in den Zuständigkeitsbereich fällt, für den die Bestellung ausgesprochen ist. Das Sachverständigengutachten ist ein **Parteigutachten,** mithin für das Gericht **nicht bindend.** Da es nur Teil des Parteivortrags ist, können an das Gutachten auch nicht dieselben Anforderungen gestellt werden wie an ein gerichtliches Sachverständigengutachten i.S.v. §§ 402 ff. ZPO. Während der Mietspiegel eine Übersicht über die **üblichen Entgelte** enthält, hat der Sachverständige die ortsübliche Miete allein für die **streitbefangene Wohnung** zu ermitteln. Das Gutachten darf **nicht zu alt** sein (LG Berlin GE 1998, 357, 358; AG Schöneberg GE 2006, 725; AG München NZM 2002, 822; **Faustformel**: nicht älter als 1 Jahr).

(2) Verhältnis zum Mietspiegel

Der Sachverständige ist nicht genötigt, sein Gutachten an einem ggf. vorhandenen Mietspiegel zu orientieren oder das Gutachten auf diesem aufzubauen. Wenn er sich mit dem Zahlenwerk eines vorliegenden Mietspiegels befasst, weil auch dieser zu den von ihm benutzten Erkenntnisquellen, die Aufschluss über die Höhe der ortsüblichen Miete geben, gehören kann, darf er dies ohne Rücksicht darauf tun, ob dieses Zahlenwerk den an einen Mietspiegel zu stellenden Anforderungen genügt oder nicht. Selbst wenn der Mietspiegel den gesetzlichen Anforderungen entspricht, ist der Sachverständige rechtlich nicht daran gehindert, die ortsübliche Miete **anders** als der Mietspiegel zu beziffern. **301**

(3) Schriftliche Begründung

Der Sachverständige hat sein Gutachten **schriftlich zu begründen**. Der Begründungspflicht ist grundsätzlich Genüge getan, wenn das Gutachten Angaben über Tatsachen enthält, aus denen die geforderte Mieterhöhung hergeleitet wird, und zwar in einem Umfang, wie der Mieter solche Angaben benötigt, um der Berechtigung des Erhöhungsverlangens nachgehen und diese zumindest ansatzweise selbst überprüfen zu können (BGH NJW-RR 2010, 1162; NJW 2008, 573 = NZM 2008, 164). Der Sachverständige muss somit eine Aussage über die tatsächliche ortsübliche Vergleichsmiete treffen und die zu beurteilende Wohnung in das örtliche Preisgefüge einordnen (BVerfG WuM 1986, 239; NJW 1987, 313; BGH NJW-RR 2010, 1162). Ferner ist zu beachten: **302**

- Das Gutachten muss **erkennen** lassen, dass dem Sachverständigen **Vergleichswohnungen** auf dem üblichen Wohnungsmarkt in ausreichender Zahl bekannt sind und er die zu beurteilende Wohnung in vergleichender Abwägung in das Mietpreisgefüge der Vergleichswohnungen eingeordnet hat (OLG Karlsruhe ZMR 1983, 243 = WuM 1982, 269; Krapf MietRB 2006, 301, 303). Die **Beschränkung auf 19 Vergleichswohnungen** ist in der Regel ebenso wenig wie eine bloße **Befragung von Vermietern** zu beanstanden (BGH WuM 2009, 746). **303**
- Bleiben Ausstattung und Beschaffenheit der Wohnung teilweise **hinter** dem **Standard** der **Vergleichswohnungen zurück**, ist dem durch Abschläge (Anpassungsfaktoren) Rechnung zu tragen (BGH WuM 2009, 746).
- Das Gutachten muss **keinen exakten Betrag** ermitteln. Ausreichend ist eine Bandbreite (Spanne). Bis zu deren Obergrenze darf erhöht werden (BGH WuM 2009, 746).
- Umstritten ist, ob der Sachverständige die von ihm verwendeten **Vergleichswohnungen** völlig **offen legen** muss (Kunze/Tietzsch MietRB 2009, 52, 53). Richtig ist wohl, dass exakte Angaben über die für vergleichbar angesehenen Objekte **nicht enthalten** sein müssen (LG Halle ZMR 2002, 427).
- Ausreichend ist, wenn in dem Gutachten in einer für den Mieter **nachvollziehbaren und überprüfbaren** Weise dargelegt wird, warum die nunmehr begehrte Miete der ortsüblichen Miete i.S.v. § 558 Abs. 2 BGB entspricht (BVerfG WuM 1986, 239; LG Gießen WuM 1994, 27, 28).
- Das Gutachten muss erkennen lassen, dass ihm die ortsübliche Vergleichsmiete als Maßstab zugrunde gelegt worden ist (LG Hof WuM 1977, 232).
- Das Gutachten muss sich auf eine Wertermittlung in einem Zeitraum **unmittelbar vor Zugang** des Erhöhungsverlangens beziehen. Daher sind nur in den letzten vier Jahren vor Zugang des Erhöhungsverlangens vereinbarte oder geänderte Mieten sind heranzuziehen.
- Das Sachverständigengutachten muss sich **nicht unmittelbar** auf die Wohnung des Mieters beziehen; möglich ist auch, dass es sich auf andere, nach Größe und Ausstattung vergleichbare Wohnungen bezieht. Auch ein Typengutachten versetzt den Mieter

in die Lage, der Berechtigung des Erhöhungsverlangens nachzugehen und dieses zumindest ansatzweise zu überprüfen (BGH NJW-RR 2010, 1162).
- Der Sachverständige darf Wohnungen nur aus dem Bestand des Vermieters zu Grunde legen (BGH NJW-RR 2010, 1162).

(4) Beifügung; Kosten

304 Das Gutachten ist dem Mieterhöhungsverlangen in **vollem Wortlaut** zumindest in Kopie (LG Berlin ZMR 1985, 341) **beizufügen** (Paschke GE 2007, 971, 972). Ein bloßer Hinweis auf das Ergebnis des Gutachtens **genügt nicht**, auch wenn dem Mieter die Einsichtnahme in das Gutachten angeboten wird (OLG Braunschweig WuM 1982, 272). Der Fehler kann im Prozess gemäß § 558b Abs. 3 BGB durch **Nachreichen des Gutachtens** geheilt werden. Die Kosten des Gutachtens sind von dem Vermieter zu tragen (LG Köln WuM 1997, 269; LG Heidelberg WuM 1980, 32).

dd) Vergleichswohnungen (§ 558 Abs. 2 Nr. 4 BGB)

(1) Allgemeines

305 Nach § 558 Abs. 2 Nr. 4 BGB sind ein zulässiges Begründungsmittel Vergleichswohnungen. Nach dem Gesetz genügen **drei Vergleichswohnungen**; es können aber (natürlich) auch mehr sein (BayObLG ZMR 1992, 144). Das Mieterhöhungsverlangen ist nicht formell unwirksam, wenn dieses mit Vergleichswohnungen begründet wird, deren Miete **unter** derjenigen der Wohnung liegt, für die die Zustimmung zur Mieterhöhung begehrt wird (BayObLG WuM 1984, 276). Wenigstens drei Wohnungen müssen aber die Erklärung stützen (OLG Karlsruhe WuM 1984, 21; LG Berlin GE 2004, 482). Das Mieterhöhungsverlangen ist daher nur bis zur **niedrigsten einzelnen Vergleichsmiete** wirksam. Der zu vergleichende Wohnraum kann vom selben Vermieter stammen (BVerfG ZMR 1993, 362, 363; BGH NJW-RR 2010, 1162; LG Berlin ZMR 2001, 349, 350) oder/und im selben Haus liegen (OLG Frankfurt/M. WuM 1984, 123), es können sogar andere Zimmer sein (**unzutreffend** AG Köln Info M 2010, 468). Zwar mag die Benennung anderer Vermieter zur Begründung eines Mieterhöhungsverlangens einen **größeren Informationswert** hinsichtlich der Ortsüblichkeit des Mietzinses haben als der Hinweis auf eigene Wohnungen des Vermieters aus eigenem Bestand und zudem noch aus demselben Haus. Es kann aber nicht davon ausgegangen werden, dass eine Berücksichtigung vermietereigener Wohnungen Mieter benachteiligt.

306 Hinweis

Unschädlich sind auch deutlich abweichende Größen von Vergleichswohnungen. Denn die Vergleichswohnungen und die Wohnung des Mieters müssen nur **ungefähr vergleichbar** sein (LG Berlin ZMR 2001, 349, 350). Die Wohnungsgröße ist dabei für die Wirksamkeit des Mieterhöhungsbegehrens kein maßgebendes Kriterium.

(2) Identifikation

307 Wird ein Mieterhöhungsverlangen anhand von Vergleichswohnungen begründet, soll der Mieter durch die Benennung von »einzelne(n)« Wohnungen die Möglichkeit haben, sich über die Vergleichswohnungen zu informieren und die behauptete Vergleichbarkeit nachzuprüfen (BGH ZMR 2003, 406, 407 = NJW 2003, 963; BGHZ 84, 392, 395 f. = NJW 1982, 2867 m.w.N.). Die Vergleichswohnungen müssen dabei **so genau bezeichnet** werden, dass der Mieter sie ohne nennenswerte Schwierigkeiten auch auffinden kann (BGH ZMR 2003, 406, 407 = NJW 2003, 963; AG Pinneberg ZMR 2004, 583). Die

Namen von Mietern oder Vermietern zur Bezeichnung der Vergleichswohnungen müssen zwar in der Regel nicht mitgeteilt werden. Notwendig, aber auch ausreichend ist, dass durch die Mitteilungen im Erhöhungsschreiben (AG Köln WuM 1994, 546) die Vergleichswohnungen ohne weiteres **identifiziert** werden können. Zur Identifikation bedarf es wenigstens der **vollständigen Anschrift** und des **Geschosses**. Befinden sich in einem Mehrfamilienhaus mit mehreren Geschossen auf derselben Ebene mehr als eine Wohnung, sind für die Auffindbarkeit **weitere Angaben** erforderlich (BGH ZMR 2003, 406, 407 = NJW 2003, 963). Solche Angaben können sein:

- die Beschreibung der genauen Lage der Wohnung im Geschoss, **308**
- die Bezeichnung einer nach außen erkennbaren Wohnungsnummer oder
- der Name des Mieters.

(3) Entsprechendes Entgelt

Die aktuelle Miete der Vergleichswohnung (das Entgelt i.S.v. § 558a Abs. 2 Nr. 4 BGB) ist **309** entweder in Form der **Quadratmetermiete** mit Angabe der Gesamtgröße der Wohnung oder in Form des **Gesamtmietpreises** unter Angabe der Wohnungsgröße anzugeben. Die Miete muss in derselben Weise errechnet sein wie bei der betroffenen Wohnung.

(4) Vergleichbarkeit der Vergleichswohnungen

Ob eine Vergleichswohnung i.S.d. Gesetzes vergleichbar ist, bestimmt sich nach § 558 **310** Abs. 2 S. 1 BGB. Die Vergleichswohnungen müssen also:

- in der Gemeinde oder einer vergleichbaren Gemeinde liegen und
- nach Art, Größe, Ausstattung, Beschaffenheit und Lage vergleichbar sein (AG Schöneberg WuM 1986, 342).

Zur Überprüfung der Wohnwertmerkmale muss der Vermieter wenigstens stichwortartige Angaben gemacht werden (BGH ZMR 1983, 69, 71). Die Vergleichswohnungen und die Wohnung des Mieters müssen allerdings **nur ungefähr vergleichbar** sein (LG Berlin ZMR 2001, 349, 350). Die Vergleichbarkeit muss **nicht für alle fünf Wohnwertmerkmale** gegeben sein (AG Hannover ZMR 2010, 371). Bezogen auf Ausstattung, Lage und Größe **schadet nur offensichtliche Unvergleichbarkeit**. Gewerblich vermietete Wohnungen scheiden allerdings ebenso aus wie zur Zeit des Erhöhungsverlangens nicht vermietete Wohnungen (LG Kiel WuM 1977, 36). Als Vergleichswohnung für eine Wohnung mit Einzelöfen kann eine Wohnung mit Etagen- bzw. Zentralheizung nicht ohne weiteres herangezogen werden (LG München I NZM 2003, 431). Die Angabe von Altbauten als Vergleichsobjekte ist grundsätzlich nicht ausreichend, wenn es sich bei dem Haus des Mieters um einen Neubau handelt. Eine Vergleichbarkeit kommt aber dann in Betracht, wenn es sich um modernisierten Altbau oder um eine neu errichtete Wohnung in einem teilweise zerstörtem Altbau handelt (LG Berlin ZMR 2001, 349, 350). Unvergleichbar sind Neubauwohnungen gegenüber einer **nicht grundlegend** sanierten Altbauwohnung.

(5) Überblick

Überblick: **311**

- **Mussinhalt**: Genaue Bezeichnung der Vergleichsobjekte (Ort, Straße, Hausnummer)
- **Mussinhalt**: Quadratmetermiete
- **Mussinhalt bei einem Mehrfamilienhaus**: genaue Lage der Wohnung im Geschoss, oder einer nach außen erkennbaren Wohnungsnummer oder der Name des Mieters
- **Kanninhalt**: Wohnfläche, Grundausstattung, Gesamtmiete.

(6) Unvergleichbarkeit

312 Sind die Vergleichswohnungen letztlich nicht vergleichbar, soll ein Zustimmungsverlangen gleichwohl **nicht formell unzulässig** sein (LG Berlin ZMR 2003, 263). Das Mieterhöhungsverlangen ist jedenfalls nicht deshalb unwirksam, weil die Besichtigung der Vergleichswohnungen nicht möglich ist oder Informationen von den dortigen Mietern/Vermietern nicht erhältlich (OLG Schleswig NJW 1984, 245).

ee) Sonstige Begründungsmittel

313 Vermieter können Mieterhöhungsverlangen auch in anderer Weise begründen. Diese Begründungsmittel müssen aber denen im Gesetz gleichwertig sein. In Betracht kommen z.B.:

314 – Mietpreisübersichten der Finanzämter,
– Gerichtsgutachten aus einem gerichtlichen Verfahren dritter Personen, wenn die zu beurteilenden Wohnungen vergleichbar sind (LG München WuM 1986, 223) oder
– ggf. Gemeindestatistiken oder Gemeindegutachten des Bauausschusses nach BauGB.

ff) Angabe der Größe der Wohnung

315 Zur Wohnfläche und ihrer Angabe im Erhöhrungsverlangen siehe Rdn. 235.

c) Mängel des Zustimmungsverlangens

316 Ein unwirksames Mieterhöhungsverlangen setzt weder die **Zustimmungsfrist** des § 558b Abs. 1 S. 1 BGB noch die **Klagefrist** in Lauf. Eine Zustimmungsklage ist ohne ein vorausgegangenes formell wirksames Mieterhöhungsverlangen als **unzulässig abzuweisen**. Zur Heilung ist grundsätzlich ein neues Erhöhungsverlangen erforderlich. Ob die im Zustimmungsverlangen geforderte Miete gemäß § 558 BGB der Höhe nach (materiell) berechtigt ist, ist allerdings **bedeutungslos** (BGH NZM 2006, 653, 654; WuM 2006, 39). Eine **Nachbesserung oder Nachholung** gemäß § 558b Abs. 3 S. 1 BGB ist eine Ausnahme die nur gilt, wenn ein Verfahren **rechtshängig** ist.

317 ▶ **Beispiel**

Ein Mieterhöhungsverlangen ist z.B. aus formellen Gründen unwirksam, wenn der Vermieter in der Begründung auf die Inanspruchnahme einer öffentlichen Förderung für die Modernisierung der Wohnung und die dadurch veranlasste Kürzung der Mieterhöhung hinweist, den Kürzungsbetrag jedoch **nicht nachvollziehbar** erläutert. Dies gilt auch dann, wenn der Hinweis auf einem Versehen beruht, weil eine solche Förderung in Wirklichkeit nicht erfolgt und deshalb eine Kürzung nicht erforderlich ist (BGH ZMR 2004, 65; ZMR 2004, 421).

7. Die Zustimmung des Mieters

a) Allgemeines

318 Mit Zugang eines formell und inhaltlich wirksamen Mieterhöhungsverlangens wird dem Mieter nach § 558b Abs. 1, Abs. 2 S. 1 BGB eine zweimonatige **Zustimmungsfrist** eingeräumt (z.T. Überlegungsfrist genannt). Die Zustimmungsfrist soll dem Mieter die Nachprüfung ermöglichen, ob die verlangte Mieterhöhung gerechtfertigt ist (OLG Celle ZMR 1996, 206, 208). Er soll anhand der mitgeteilten Daten überprüfen und entscheiden können, ob er dem Erhöhungsverlangen zustimmen soll oder nicht. Innerhalb der Frist muss der Mieter entscheiden, ob er bereit ist, das abänderte Vertrags**angebot** des Vermieters anzunehmen. Dem Mieter steht wegen Mietmängeln an seiner Zustimmungserklärung

kein Zurückbehaltungsrecht zu (OLG Frankfurt/M. ZMR 1999, 703, 704; LG Berlin GE 1999, 378; LG Hamburg WuM 1991, 593). Ein **unwirksames** Mieterhöhungsverlangen löst die Frist nicht aus (LG Hamburg ZMR 2005, 367, 368). Eine gleichwohl erhobene Klage ist **unzulässig**.

b) Berechnung der Zustimmungsfrist

Für die Berechnung der Zustimmungsfrist gelten §§ 187 ff. BGB. Die Zustimmungsfrist **beginnt** mit dem **Zugang** des Mieterhöhungsverlangens; bei einer Personenmehrheit auf Seiten des Mieters mit Zugang **beim Letzten**. Die Zustimmungsfrist **endet** um 24.00 Uhr **des letzten Tages** des übernächsten Monats (AG Pinneberg ZMR 2002, 834, 835; Börstinghaus MDR 2002, 501, 502). Das Fristende am Ende eines Kalendermonats soll zum einen eine einfache Fristberechnung ermöglichen und zum anderen auch der Tatsache Rechnung tragen, dass die Miete für Wohnräume ganz überwiegend nach Monaten berechnet wird. Die Zustimmungsfrist beträgt also **mindestens zwei Monate** und einen Tag, maximal einen Tag weniger als drei Monate. Etwas anderes gilt nur dann, wenn der letzte Tag des Monats, in dem die Zustimmungsfrist abläuft, auf einen Sonnabend, einen Sonntag oder einen am Erklärungsort, also dem Wohn- oder Geschäftssitz des Vermieters, staatlich anerkannten Feiertag fällt (§ 193 BGB). In diesem Fall endet die Zustimmungsfrist erst mit Ablauf des nächsten Werktages (AG Pinneberg ZMR 2002, 834, 835). Ob das Mieterhöhungsverlangen an einem Werktag zugeht und der erste Tag des dritten Kalendermonats ein Werk- oder Sonntag oder ein am Ort der Mietwohnung gesetzlich bestimmter Feiertag ist, ist hingegen gleichgültig. 319

▶ Beispiel 320

Zugang des Erhöhungsverlangens am 05.01. Ablauf der Zustimmungsfrist am 31.03.
Zugang des Erhöhungsverlangens am 31.07. Ablauf der Zustimmungsfrist am 30.09.

Die Zustimmungsfrist kann **nicht verkürzt** und wegen des formalen Charakters des Erhöhungsverfahrens auch **nicht verlängert** werden (LG München I WuM 1994, 384; str.). 321

c) Inhalt

Die Zustimmung des Mieters zur Mieterhöhung ist eine einseitige und empfangsbedürftige Willenserklärung i.S.v. § 130 BGB. Sie ist ihrem Wesen nach die Annahme (§§ 146 ff. BGB) einer **angetragenen Vertragsänderung** i.S.v. § 311 BGB. Mit ihrem Zugang beim Antragenden kommt der Änderungsvertrag zustande. Wie jede empfangsbedürftige Willenserklärung ist eine Annahmeerklärung gemäß § 133 BGB in erster Linie vom Empfängerhorizont her auszulegen, also so, wie sie der Erklärungsempfänger nach Treu und Glauben unter Berücksichtigung der Verkehrssitte verstehen musste. 322

d) Form

(1) Allgemeines

Die Zustimmung ist **grundsätzlich formfrei** und kann schriftlich, mündlich, telefonisch, per Fax, per E-Mail oder in einer anderen Form erfolgen. Die Parteien können aber etwas anderes – z.B. die Schriftform gemäß § 126 BGB – vereinbaren. Die Mieterzustimmung heilt Mängel der Form und des Inhalts des Erhöhungsverlangens. Im Falle von § 550 BGB sollte die Zustimmung **schriftlich** erteilt werden. Wird sie nicht schriftlich erteilt, wird ein befristeter zu einem **unbefristeten Mietvertrag** (BGH NJW 2007, 1742, 1743). Der Vermieter hat aus diesem Grunde **ausnahmsweise** einen Anspruch auf eine schriftliche Erteilung der Zustimmung (LG Wiesbaden WuM 2000, 195; **a.A.** Schmid ZMR 2007, 514). 323

Hinweis

> Bittet der Vermieter den Mieter eine dem Mieterhöhungsverlangen beigefügte Einverständniserklärung zu unterzeichnen und an ihn zurückzusenden, macht das ein Mieterhöhungsverlangen jedenfalls nicht formell unzulässig (BGH NJW 2010, 2945).

(2) Schlüssiges Verhalten

324 Die Zustimmung des Mieters zur Mieterhöhung kann durch **schlüssiges Verhalten** abgegeben werden, sofern der Vermieter keine **ausdrückliche Erklärung** verlangt (LG Berlin GE 2008, 605; LG Wuppertal NJWE-MietR 1997, 266). Bereits die **einmalige** und vorbehaltslose Zahlung einer erhöhten Miete kann als Zustimmung i.S.v. § 558b Abs. 1 BGB **ausgelegt** werden (**a.A.** LG Berlin GE 1992, 207: bei zweimonatiger vorbehaltloser Zahlung; LG Hamburg ZMR 1980, 86: bei viermonatiger Zahlung; AG Schöneberg GE 2000, 1544: dreimalige Zahlung). In der vorbehaltlosen Zahlung auf ein **unwirksames Erhöhungsverlangen** kann ggf. auch eine **Vertragsänderung** i.S.v. § 557 Abs. 1 BGB gesehen werden (BGH ZMR 2004, 341; NJW 1998, 445, 446; LG Berlin GE 2003, 807, 808; **a.A.** Artz WuM 2005, 215, 218). Aus der **passiven Duldung** der Einziehung der erhöhten Miete kann selbst bei mehrfacher Abbuchung kein Rechtsbindungswille hergeleitet werden (LG München WuM 1996, 44). Stimmt der Mieter einem Mieterhöhungsverlangen des Vermieters **nicht ausdrücklich** zu, zahlt jedoch sodann die erhöhte Miete vorbehaltslos, kann der Vermieter eine **ausdrückliche Zustimmungserklärung** verlangen (LG Berlin GE 2009, 657; **a.A.** LG Itzehoe WuM 2009, 741; AG Berlin-Schöneberg jurisPR-MietR 22/2009 Anm. 5). Der Annahme einer stillschweigenden Zustimmung steht § 150 Abs. 2 BGB nicht entgegen. Das **Schweigen des Mieters** auf ein Erhöhungsverlangen ist keine konkludente Erklärung und weder Zustimmung noch Ablehnung. Widerspricht der Mieter schriftlich einer geforderten Mieterhöhung, kann eine spätere konkludente Zustimmung nicht daraus entnommen werden, dass er die Erhöhungsbeträge für die beiden ersten Monate kommentarlos teilweise bezahlt (AG Charlottenburg MDR 1998, 1159).

(3) Bedingung

325 Die Zustimmung ist **bedingungsfeindlich** (AG Heilbronn ZMR 1998, 171; AG Hohenschönhausen GE 1996, 869). Stimmt der Mieter einem Mieterhöhungsbegehren etwa nur »ohne Anerkennung einer Rechtspflicht« zu, um die Sache »einstweilen zum Abschluss zu bringen«, liegt darin **keine wirksame Zustimmung**. Eine solche unter Bedingungen oder Vorbehalt erklärte Zustimmung ist vielmehr nichtig.

e) Teilweise Zustimmung

326 Eine Zustimmungserklärung kann auf **einen Teil** der verlangten erhöhten Miete beschränkt werden (LG München ZMR 2007, 865, 866). Der Mieter kann einem Mieterhöhungsverlangen nämlich nicht nur im Ganzen, sondern auch **teilweise zustimmen** (BayObLG ZMR 1993, 11, 12; BayObLGZ 1989, 277, 281 m.w.N. = NJW-RR 1989, 1172; LG Berlin NJWE-MietR 1996, 195). Abweichend von § 150 Abs. 2 BGB ist die Zustimmung insoweit erteilt und **keine Ablehnung**. Hinsichtlich der restlichen Forderung kann dann erst nach Ablauf der Zustimmungsfrist Klage erhoben werden (Kinne ZMR 2001, 775, 777).

Hinweis

Die vom Vermieter **angenommene** Teilzustimmung des Mieters löst die Jahressperrfrist des § 558 Abs. 1 BGB aus. Will der Vermieter einer Teilzustimmung entgegen treten, muss er klagen.

Liegt die verlangte Miete höher als die ortsübliche Vergleichsmiete, kann der Mieter seine Zustimmung auch auf den Erhöhungsbetrag **bis zur ortsüblichen Vergleichsmiete** beschränken. Er kann seine Zustimmung vom Zugang des Erhöhungsverlangens an erklären, braucht die Zustimmungsfrist also nicht auszuschöpfen.

f) Mehrheit von Mietern

Bei einer Mehrheit von Mietern kann die nicht unter § 1357 BGB fallende Zustimmung **327** nur **von allen Mietern abgegeben** werden (KG ZMR 1986, 117; LG Berlin GE 1999, 573). Eine **Formularklausel**, die eine gegenseitige Bevollmächtigung **für die Zustimmungserklärung** vorsieht, verstößt gegen § 307 Abs. 1 BGB. Stimmt nur einer von mehreren Mitmietern dem Zustimmungsverlangen zu, so gilt die Zustimmung **insgesamt als versagt** (AG Wiesbaden WuM 1992, 135). Wegen der gesamthänderischen Bindung mehrerer Mieter ist eine Zustimmungsklage daher auch dann erforderlich, wenn vorprozessual nur einer von mehreren Mietern zugestimmt hat (AG Wiesbaden WuM 1992, 135; **a.A.** LG Kiel WuM 1989, 429).

g) Erteilte Zustimmung

Stimmt der Mieter bedingungslos der erhöhten Miete innerhalb der Zustimmungsfrist zu **328** (KG NZM 1998, 68: die Zustimmung zum Erhöhungs**betrag** ist nicht ausreichend), schuldet er diese **mit Beginn des dritten Kalendermonats** nach dem Zugang des Erhöhungsverlangens. Bei der Berechnung der Frist gilt § 193 BGB.

▶ **Beispiel** **329**

Bei Zugang des Mieterhöhungsverlangens am 05.01. wirkt die Mieterhöhung zum 01.04. Bei Zugang des Mieterhöhungsverlangens am 30.04. wirkt die Mieterhöhung zum 01.07.

Stimmt der Mieter **nach** Ablauf der Zustimmungsfrist zu – ggf. nach einer zunächst **330** verweigerten Zustimmung (KG ZMR 1996, 267) – oder im Prozess (ist bereits Klage erhoben, **erledigt** sich hierdurch die Hauptsache i.S.v. § 91a ZPO) oder wird seine Zustimmung mit materieller Rechtskraft eines Urteils nach § 894 Abs. 1 S. 1 ZPO fingiert, schuldet er die Miete **rückwirkend**. Die Fälligkeit der geschuldeten erhöhten Miete richtet sich nicht nach § 558b BGB, sondern nach dem Mietvertrag oder subsidiär nach § 556b Abs. 1 BGB (Beuermann GE 1995, 848, 849). Der Mieter gerät durch Rechtskraft des Zustimmungsurteils allerdings **nicht rückwirkend** mit der Zahlung der Erhöhung in Verzug (BGH ZMR 2005, 699, 700). Der Vermieter kann den Mieter aber durch Mahnung wegen der geschuldeten Zustimmung in Verzug setzen und dann ggf. Schadensersatz verlangen.

8. Verweigerte Zustimmung: Die Zustimmungsklage

Stimmt der Mieter einem Mieterhöhungsverlangen nicht bis zum Ablauf des zweiten **331** Kalendermonats nach dem Zugang des Verlangens zu (schweigt er sich z.B. aus) und lehnt er das Mieterhöhungsverlangen damit i.S.v. § 146 BGB ab, kann der Vermieter auf Erteilung der **Zustimmung** zur Mieterhöhung nach § 558b Abs. 2 S. 1 BGB **klagen** –

wobei ein Urkundenprozess nicht möglich ist (Sommer/Wichert ZMR 2009, 503). Diese Zustimmungsklage des Vermieters hat unter folgenden Voraussetzungen Erfolg:

332 – es besteht zwischen den Parteien ein **Mietvertrag;**
– die **Zustimmungsfrist** des § 558b Abs. 2 S. 1 BGB ist abgelaufen;
– die **Klagefrist** des § 558b Abs. 2 S. 2 BGB ist eingehalten;
– der Klage ist ein formell **wirksames Erhöhungsverlangen** vorausgegangen (ggf. kann dieses nachgeholt werden);
– die Mieterhöhung ist **berechtigt.**

a) Zulässigkeit

333 Die Zustimmungsklage hat neben den allgemeinen Sachurteilsvoraussetzungen (etwa Parteifähigkeit, Prozessfähigkeit, Rechtskraft usw.) drei **besondere Sachurteilsvoraussetzungen,** nämlich die Einhaltung der Zustimmungs- und Klagefrist (BayObLG NZM 2000, 488, 489; LG Berlin ZMR 2005, 367, 368) sowie ein formell wirksames Erhöhungsverlangen.

aa) Zuständigkeit

334 Für die Zustimmungsklage ist zum Schutz des Mieters nach § 29a Abs. 1 ZPO **örtlich ausschließlich** das **Amtsgericht** zuständig, in dessen Bezirk sich die Räume befinden. Es wäre mit dem Sinn des sozialen Wohnraummietrechts unvereinbar, wenn es dem Vermieter bei Abschluss eines Mietvertrages ohne Weiteres möglich wäre, die örtliche Zuständigkeit des Gerichts frei zu vereinbaren. Die **sachliche Zuständigkeit** des Amtsgerichts folgt aus § 23 Nr. 2 lit. a GVG. Danach ist das Amtsgericht ausschließlich sachlich zuständig für alle Ansprüche aus einem Mietverhältnis über Wohnraum oder über den Bestand eines solchen Mietverhältnisses, gleichgültig, ob es sich um ein Haupt- oder Untermietverhältnis handelt.

bb) Zustimmungsfrist

335 Der Vermieter kann den Mieter gemäß § 558b Abs. 2 S. 1 BGB erst dann auf Erteilung der Zustimmung klagen, wenn der Mieter der Mieterhöhung nicht bis zum Ablauf des zweiten Kalendermonats nach dem Zugang des Verlangens zustimmt hat. Diese **Zustimmungsfrist** soll den Mieter die Prüfung der Berechtigung des Erhöhungsverlangens und ggf. die Durchführung von Vergleichsverhandlungen mit dem Vermieter ermöglichen.

336 Wenn der Kläger **vor Ablauf** der Zustimmungsfrist Klage erhebt, ist diese zunächst zwar unzulässig (LG Frankenthal NJW 1985, 273). Die Zustimmungsfrist muss aber nicht schon bei Erhebung der Klage eingehalten sein, sondern erst zur Zeit der letzten mündlichen Verhandlung. Läuft die Zustimmungsfrist daher während des Verfahrens ab, wird eine **verfrüht erhobene Klage** im Verfahren **zulässig** (BayObLG NJW 1982, 1292; KG ZMR 1981, 158). Die Zustimmungsfrist ist i.Ü. gar nicht einzuhalten und auch eine verfrüht erhobene Klage zulässig, wenn der Mieter die Zustimmung **ausdrücklich** verweigert hat (OLG Celle ZMR 1996, 206, 208; KG WuM 1981, 54). Der Zweck der Zustimmungsfrist für den Mieter ist nämlich erfüllt, wenn dieser ausdrücklich die geforderte Mieterhöhung ablehnt und damit nicht mehr lediglich für sich in Anspruch nimmt, seine Entscheidung über eine mögliche Zustimmung zu überdenken.

337 Stimmt der Mieter dem Erhöhungsverlangen während des Prozesses zu, ist der Zustimmungsanspruch erfüllt. War die Klage zulässig und begründet, ist der Rechtsstreit in der **Hauptsache** i.S.v. § 91a ZPO **erledigt.**

cc) Klagefrist

Die Zustimmungsklage kann gemäß § 558 Abs. 1 S. 2 BGB **frühestens** nach Ablauf der Zustimmungsfrist und **spätestens** innerhalb von weiteren drei Monaten erhoben werden. Die Klagefrist beginnt nach Ablauf der Zustimmungsfrist. Da die Zustimmungsfrist in der Regel am Ende des Monats endet, beginnt die Klagefrist meistens am ersten Tag des nächsten Monats und endet am letzten Tag des nächsten Monats. Etwas anderes gilt aber dann, wenn die Zustimmungsfrist wegen § 193 BGB nicht am letzten Tag eines Monats endet, sondern erst am nächsten Werktag. 338

▶ Beispiel 339

Zugang des Mieterhöhungsverlangens am 05.01. Ablauf der Klagefrist am 30.06.
Zugang des Mieterhöhungsverlangens am 31.07. Ablauf der Klagefrist am 31.12.

Die Berechnung der Klagefrist erfolgt nach §§ 187, 188 BGB. Versäumt der Vermieter die Klagefrist, so ist er mit dem **Mieterhöhungsverlangen ausgeschlossen** (LG Hamburg ZMR 2009, 452, 453; LG Frankenthal NJW 1985, 273); eine Wiedereinsetzung nach §§ 233 ff. ZPO ist ausgeschlossen (LG Hamburg ZMR 2009, 452, 453; LG Berlin GE 1994, 1549). Eine nach Ablauf der Klagefrist erhobene Klage ist ebenso wie eine vor Ablauf der Zustimmungsfrist erhobene Klage stets **unzulässig** (BVerfG NJW 1980, 1617 f. = MDR 1980, 732; BayObLG NJW 1982, 1292; OLG Koblenz WuM 1982, 127; LG Berlin ZMR 2001, 349; a.A. Wieser MDR 2001, 977, 978: unbegründet). Es kann aber **erneut** ein Mieterhöhungsverlangen gestellt werden. 340

dd) Wirksames Erhöhungsverlangen

Der Zustimmungsklage muss ein formell wirksames Erhöhungsverlangen vorausgegangen sein. Ist ihr kein wirksames Erhöhungsverlangen vorausgegangen, ist sie als unzulässig abzuweisen. Ist ein Erhöhungsverlangen unwirksam, gibt das Gericht dem Vermieter allerdings nach § 139 ZPO (so auch Hinz NZM 2002, 633) Gelegenheit, innerhalb einer gerichtlich bestimmten Frist die Anforderungen des § 558a BGB zu erfüllen (§ 558b Abs. 3 BGB). Erst wenn der Vermieter diese Frist verpasst, wird die Zustimmungsklage endgültig als unzulässig abgewiesen. 341

Hinweis 342

Ist der Klage allerdings **überhaupt kein Erhöhungsverlangen** vorausgegangen, wird sie in der Regel sofort abgewiesen.

b) Besonderheiten der Klage

aa) Inhalt der Klageschrift

Der klagende Vermieter muss nach § 253 ZPO das vorprozessuale Mieterhöhungsverfahren sowie weitere Umstände schildern. Dazu gehören u.a.: 343

- Mietvertrag zwischen den Parteien, 344
- der Inhalt und die Begründung des Mieterhöhungsverlangens (meist als Kopie oder Original [§ 420 ZPO] Anlage der Klage),
- das Datum des Zugangs des Mieterhöhungsverlangens,
- der Wirkungszeitpunkt der letzten zu berücksichtigenden Mieterhöhung (Einhaltung der Jahressperrfrist),
- die Einhaltung der Kappungsgrenze,
- die Einhaltung von Zustimmungs- und Klagefrist,
- die Darlegung, dass der Mieter nicht zugestimmt hat,

– ggf. Darlegung von Kürzungsbeträgen,
– ggf. Darlegung der Wartefrist,
– die Darlegung, dass und warum die verlangte Miete die ortsübliche Vergleichsmiete nicht übersteigt.

345 Die Zustimmungsklage selbst ist eine **Leistungsklage** auf Abgabe einer Willenserklärung (§ 894 ZPO) und setzt ein **formell wirksames** Mieterhöhungsverlangen voraus (BGH ZMR 2004, 655; BayObLG NJW-RR 2000, 964, 965; s. Rdn. 341). Unbeachtlich ist es hingegen, wenn die in einem Mieterhöhungsverlangen enthaltenen Angaben nicht zutreffen und es nicht rechtfertigen. Unbeachtlich ist auch, dass der Vermieter eine frühere Mieterhöhung wegen einer **Modernisierung** i.S.v. § 559 BGB nicht in die Ausgangsmiete einrechnet (BGH ZMR 2008, 190, 191 = NZM 2008, 124). Dies sind **Fragen der Begründetheit** des materiell-rechtlichen Erhöhungsanspruchs (KG KGReport 2005, 171, 172) und machen die Klage nicht unzulässig (BGH ZMR 2008, 190, 191 = NZM 2008, 124). Wenn **mehrere Personen** Mieter sind, ist eine notwendige Streitgenossenschaft nach § 62 Abs. 1 Alt. 2 ZPO gegeben, da diese eine Zustimmung nur gemeinschaftlich erteilen können (BGH ZMR 2004, 492, 493; KG ZMR 1986, 117, 119). Die nur gegen einen Streitgenossen erhobene Klage ist – als unzulässig – abzuweisen (BGH ZMR 2004, 492, 493; ZMR 1991, 99 = NJW-RR 1991, 333). Mit der Zustimmungsklage kann für den Fall ihres Erfolges h.M. nach nicht die Klage auf **Zahlung des erhöhten Miete** gemäß § 260 ZPO (unechte Eventualklage) verbunden werden (LG Braunschweig ZMR 1973, 154; Sternel Mietrecht III Rn. 730; Rau/Eckert ZMR 1999, 335; Börstinghaus NZM 1999, 881, 888; **a.A.** LG Duisburg ZMR 1999, 334). Hier würde es sich um eine Klage auf **künftige Leistung** handeln, die nur nach § 259 ZPO zulässig ist. Leistet der Mieter nach Verurteilung zur Zustimmung die erhöhte Miete nicht, muss eine **gesonderte Zahlungsklage** erhoben werden (a.A. LG Duisburg NZM 1998, 764).

346 **Hinweis**

> Verbindet der Vermieter von Wohnraum die Klage auf Zustimmung zu einer Mieterhöhung mit einer Klage auf Zahlung der erhöhten Miete, so bestehen im Berufungsverfahren gegen die Zulässigkeit der Zahlungsklage jedenfalls dann keine Bedenken (mehr), wenn der Mieter in erster Instanz verurteilt worden ist, der Mieterhöhung zuzustimmen, und diese Verurteilung vor der Berufungsverhandlung über die Zahlungsklage in **Teilrechtskraft** erwachsen ist (BGH ZMR 2005, 697, 698 = GE 2005, 854 = WuM 2005, 458).

bb) Klageantrag

347 Der richtige Klageantrag lautet auf **Leistung** (Wieser MDR 2001, 977, 978), und zwar auf **Abgabe einer Willenserklärung** (§ 894 ZPO). Nicht möglich ist die Zahlungsklage, eine Feststellungsklage oder die Stufenklage. Ein bezifferter Zahlungsantrag ist ebenso wie ein unbezifferter Zustimmungsanspruch unzulässig. Der **Klageantrag** muss wegen § 253 Abs. 2 ZPO und mit Blick auf § 894 ZPO das betreffende Mietverhältnis und damit die konkrete Wohnung des Mieters (AG Charlottenburg GE 2006, 1619; a.A. AG Schöneberg GE 2006, 1621), die neu erhöhte Miete (OLG Frankfurt/M. ZMR 2001, 449, 452; KG ZMR 1997, 590; LG Berlin GE 2007, 986, 987), ggf. den Erhöhungsbetrag, jedenfalls aber den **Wirkungszeitpunkt** enthalten. Der Antrag kann niedriger, nicht aber höher als die im Mieterhöhungsverlangen genannte neue Miete sein.

▶ **Beispiel** 348

Der Beklagte wird verurteilt, für die von ihm innegehaltene Wohnung ... (Ort, Straße, Hausnummer, Geschoss, Lage) mit Wirkung ab ... (Angabe eines Monats) der Erhöhung der monatlichen Bruttomiete in Höhe von derzeit ... € um ... € auf ... € zuzustimmen.
Der Beklagte wird verurteilt, einer Mieterhöhung der monatlichen Nettokaltmiete für die von ihm innegehaltene Wohnung ... (Ort, Straße, Hausnummer, Geschoss, Lage) mit Wirkung ab ... (Angabe eines Monats) von derzeit ... € um ... € auf ... € zuzüglich Betriebs- und Heizkostenvorschuss wie bisher zuzustimmen.

Ein Urteil aufgrund des Klageantrags darf **die Mietstruktur nicht** ändern (OLG Frankfurt/M. ZMR 2001, 449, 452). Hat der Mieter vorprozessual teilweise der Mieterhöhung zugestimmt, muss sich dies dem Antrag entnehmen lassen. 349

cc) Verzug

Der Mieter gerät durch Rechtskraft des Zustimmungsurteils **nicht rückwirkend** mit der Zahlung der Erhöhung in Verzug (BGH ZMR 2005, 699, 700; GE 2005, 854, 855; GE 2005, 730). Der Vermieter kann den Mieter aber durch Mahnung wegen der geschuldeten Zustimmung in Verzug setzen und ggf. Schadensersatz verlangen. Die Zwangsvollstreckung erfolgt nach § 894 ZPO. 350

Hinweis 351

Nach einer Verurteilung **auf Zustimmung** kann der Vermieter gemäß § 569 Abs. 3 Nr. 3 BGB das Mietverhältnis wegen Zahlungsverzugs des Mieters nicht vor Ablauf von zwei Monaten nach rechtskräftiger Verurteilung kündigen, wenn nicht die Voraussetzungen der außerordentlichen fristlosen Kündigung schon wegen der bisher geschuldeten Miete erfüllt sind (LG Berlin ZMR 1994, 143). Die Vorschrift ist **nicht** entsprechend anwendbar, wenn der Mieter dem Mieterhöhungsverlangen zustimmt oder Mieter und Vermieter sich in einem außergerichtlichen oder einem Prozessvergleich auf eine höhere Miete geeinigt haben (OLG Hamm ZMR 1992, 109 = WuM 1992, 54).

dd) Prozessvollmacht

Die Prozessvollmacht des Anwalts umfasst die Befugnis zur Abgabe und Entgegennahme von Erhöhungsverlangen (BGH ZMR 2003, 406, 407 = NJW 2003, 963). Eine Prozessvollmacht ermächtigt nach § 81 ZPO den Bevollmächtigten zu allen den Rechtsstreit betreffenden Prozesshandlungen. »Prozesshandlungen« im Sinne dieser Vorschrift sind auch materiell-rechtliche Willenserklärungen, wenn sie sich auf den Gegenstand des Rechtsstreits beziehen, weil sie zur Rechtsverfolgung innerhalb des Prozessziels oder zur Rechtsverteidigung dienen. Solche Erklärungen sind auch dann von der Prozessvollmacht umfasst, wenn sie außerhalb des Prozesses abgegeben werden. Im gleichen Umfang, wie die Prozessvollmacht zur Abgabe von Erklärungen befugt, ermächtigt sie auch den Prozessbevollmächtigten der Gegenseite zu deren Entgegennahme (BGH ZMR 2003, 406, 407 = NJW 2003, 963). 352

ee) Prozessstandschaft

Eine Prozessstandschaft muss im Zustimmungsprozess zur Mieterhöhung vor Ablauf der Klagefrist offen gelegt sein. Ansonsten ist die Klage als unzulässig abzuweisen (KG GE 1997, 110; LG Karlsruhe WuM 1988, 88; a.A. LG Augsburg WuM 1990, 226). 353

c) Prüfungsprogramm des Gerichts

354 Das Gericht muss untersuchen, ob die allgemeinen und besonderen Sachurteilsvoraussetzungen vorliegen. Materiell-rechtlich ist allein zu prüfen, ob die konkret vom Vermieter geltend gemachte Mieterhöhung tatsächlich **berechtigt** ist (BGH NZM 2010, 665; ZMR 2005, 771 = GE 2005, 663), insbesondere ob die neue Miete innerhalb der ortsüblichen Vergleichsmiete liegt (BGH NZM 2010, 665); und die Kappungsgrenze eingehalten ist (OLG Zelle ZMR 1996, 194, 196).

aa) Ortsübliche Vergleichsmiete

355 Das Gericht muss die **ortsübliche Vergleichsmiete** (Rdn. 224) zum Tag des Zugangs des Mieterhöhungsverlangens feststellen (BayObLG NJW-RR 1993, 202). Die Feststellung erfordert die Ermittlung der tatsächlich und üblicherweise gezahlten Miete für vergleichbare Wohnungen (BVerfG NJW 1980, 1617; BGH ZMR 2005, 771, 772 = GE 2005, 663). Die orstübliche Vergleichsmiete ist nach diesen gesetzlichen Vorgaben ein objektiver Maßstab, der einen repräsentativen Querschnitt der üblichen Entgelte darstellen soll (BVerfG NJW 1980, 1617; BGH NZM 2010, 665). Sie darf im Prozess daher nur auf der Grundlage von Erkenntnisquellen bestimmt werden, die die tatsächlich und üblicherweise gezahlten Mieten für vergleichbare Wohnungen in einer für die freie tatrichterliche Überzeugungsbildung (§ 286 ZPO) hinreichenden Weise ermittelt haben (BVerfG NJW 1974, 1499; BGH NZM 2010, 665).

bb) Kappungsgrenze

356 Das Gericht muss als negative Voraussetzung überprüfen, ob die Kappungsgrenze nicht überschritten, wird die Kappungsgrenze überschritten, ist nicht das gesamte Mieterhöhunhsverlangen unwirksam (OLG Celle ZMR 1996, 194, 196). Nur der die Kappungsgrenze übersteigende Betrag kann nicht verlangt werden.

d) Beweiserhebung und Beweislast

357 Für die Beweiserhebung ist zwischen dem vorprozessualen Erhöhungsverfahren einerseits und der Beweispflicht im anschließenden Mieterhöhungsprozess andererseits zu **unterscheiden**:
- Die Begründungspflicht des § 558a BGB ist **formales Erfordernis** für die Zulässigkeit der Erhöhungsklage (BVerfG BVerfGE 53, 352 = ZMR 1980, 202 = DWW 1980, 123, 124 = NJW 1980, 1617).
- Ob das vom Vermieter nach § 558a Abs. 2 BGB als Beleg für den materiell-rechtlichen Erhöhungsanspruch herangezogene Begründungsmittel die ortsübliche Vergleichsmiete zutreffend beschreibt, ist **im Mieterhöhungsprozess** mit den wie in jeden Prozess zu zulässigen Beweismitteln zu klären (OLG Hamm ZMR 1999, 22, 24).

Nach den allgemeinen Regelungen ist der Vermieter für die **Berechtigung** seines Mieterhöhungsverlangens darlegungs- und beweispflichtig. Der Vermiieter muss auch die Einhaltung der Kappungsgrenze darlegen und ggf. beweisen.

e) Beweismittel

aa) Sachverständigengutachten

358 Zur Ermittlung der ortsüblichen Vergleichsmiete kommt nach den Beweismitteln der ZPO nur ein **Sachverständigengutachten** i.S.v. §§ 402 ff. ZPO in Betracht. Dieses Gutachten ist **nicht** mit dem *in* § 558a Abs. 2 BGB genannten Privatgutachten des Vermieters als eines der fünf im Gesetz genannten Begründungsmittel zu **verwechseln.** Die Auswahl des Sachverständigen erfolgt durch das Gericht (§ 404 ZPO).

Hinweis 359

> Es kann gegen Art. 2 Abs. 1 GG i.V.m. dem Rechtsstaatsprinzip verstoßen, wenn ein Gutachten über die ortsübliche Vergleichsmiete zur Grundlage eines Urteils gemacht wird, obwohl weder das Gericht noch die Prozessparteien die Möglichkeit hatten, die vom Sachverständigen zugrunde gelegten **Befundtatsachen** zu überprüfen (BVerfG ZMR 1995, 7, 8). Eine dem Rechtsstaatsprinzip genügende Urteilsgrundlage fehlt, wenn der Richter einem Sachverständigengutachten, dessen Befundtatsachen bestritten sind, **ohne nähere Prüfung** dieser Tatsachen folgt und sich ohne weiteres darauf verlässt, dass die vom Sachverständigen zugrunde gelegten und nicht im Einzelnen konkretisierten tatsächlichen Feststellungen richtig sind. Auch den Parteien wird auf diese Weise die Möglichkeit abgeschnitten, an einer Überprüfung mitzuwirken. Es wird ihnen dadurch verwehrt, gegebenenfalls die tatsächlichen Grundlagen und somit die Tauglichkeit des Gutachtens zur Streitentscheidung zu erschüttern. Zur Nachprüfung eines Sachverständigengutachtens **kann** die Kenntnis der einzelnen tatsächlichen Umstände, die der Sachverständige selbst erhoben und seinem Gutachten zugrunde gelegt hat, unentbehrlich sein.

360 Ein Sachverständiger, der eine höhere als die im Mietspiegel festgestellte Miete für ortsüblich erachtet, muss sich mit den Feststellungen eines vorhandenen Mietspiegels ausdrücklich **auseinandersetzen** (LG Düsseldorf WuM 1996, 421; LG Köln WuM 1992, 256; LG Wiesbaden WuM 1992, 256; AG Dortmund MDR 1991, 1062). Eine bloße Übernahme der Werte des Mietspiegels ist nicht zulässig (Lützenkirchen WuM 1996, 735 f.; **a.A.** Fischer WuM 1996, 604 ff.)

bb) Mietspiegel

361 Das Gericht darf zur Beweiserhebung die Werte eines **einfachen Mietspiegels** gem. § 558c BGB verwerten (BGH NZM 2010 665, 666). In der Gerichtspraxis haben sich Mietspiegel zu einem wichtigen, wenn nicht dem **wichtigsten Erkenntnismittel entwickelt** (s.a. LG Duisburg WuM 2005, 460). Einem einfachen Mietspiegel kommt im Prozess ein Erkenntniswert zu. Er ist eine taugliche Erkennntisquelle bei der richterlichen Überzeugungsbildung (BGH NZM 2010, 665, 666).

Hinweis 362

> Allerdings kommt dem bloß einfachen Mietspiegel nicht die in § 588d Abs. 3 BGB dem qualifizierten Mietspiegel vorbehaltene Vermutungswirkung zu (dazu Rdn. 363). Der einfache Mietspiegel stellt jedoch ein Indiz dafür dar, dass die dort angegebenden Entgelte die orstübliche Vergleichsmiete zutreffend wiedergeben (BGH NZM 2010, 665, 666). Diese Indizwirkung besteht auch dann, wenn ein einfacher Mietspiegel nicht von der Gemeinde, sondern gemeinsam von Interessenvertretern der Mieter und der Vermieter erstellt wurde (BGH NZM 2010, 665, 666). Ob die Indizwirkung eines einfachen Mietspiegels im Einzelfall zum Nachweis der Orstüblichkeit der verlangten Miete ausreicht, hängt davon ab, welche Einwendungen der auf Zustimmung zur Mieterhöhung in Anspruch genommene Mieter gegen den Erkenntniswert der Angaben des Mietspiegels erhebt. Trägt der Mieter etwa substanziiert vor, den Verfassern des Mietspiegels habe es an der erforderlichen Sachkunde gefehlt oder sie hätten sich von sachfremden Erwägungen leiten lassen oder der Mietspiegel beruhe auf unrichtigem oder nicht repräsentativem Datenmaterial, wird der Tatrichter dem nachzugehen haben. Verbleiben danach Zweifel an der Verlässlichkeit des Mietspiegels, so ist die Indizwirkung erschüttert.
> In diesem Fall ist es Sache des Vermieters als Anspruchssteller, für seinen Vortrag, die von ihm verlangte neue Miete liege innerhalb der orstüblichen Vergleichsmiete, anderweit Beweis anzutreten.

cc) Gesetzliche Vermutung (§ 558d Abs. 3 BGB)

(1) Allgemeines

363 Gibt es in der Gemeinde einen qualifizierten Mietspiegel i.S.v. § 558d BGB, gilt nach h.M. nicht nur für das Mieterhöhungsverlangen, sondern auch im Prozess die – widerlegbare – Vermutung (§ 292 ZPO), dass die Entgelte des qualifizierten Mietspiegels die ortsübliche Vergleichsmiete wiedergeben. Ein solcher qualifizierter Mietspiegel i.S.v. § 558d BGB setzt neben den Anforderungen, die an einen einfachen zu stellen sind, insoweit **weiter voraus**, dass

364 – er nach anerkannten wissenschaftlichen Grundsätzen erstellt,
– im Abstand von zwei Jahren der Marktentwicklung angepasst wurde,
– nach vier Jahren erneuert wird und
– eine Gemeinde oder die jeweiligen Interessenverbände der Mieter und Vermieter ihn anerkannt haben.

365 Was wissenschaftliche Grundsätze sind, ist unklar (Sternel ZMR 2001, 937, 941) und höchstrichterlich nicht entschieden. Neben der Rechtswissenschaft gehört zu den Grundsätzen auch die **Statistik**. Wissenschaftliche Grundsätze sind daher nicht erfüllt, wenn bei der Auswahl eine Repräsentativität **nicht gegeben** ist, oder wenn die Art und Weise, in der die Mietspannen bestimmt wurden, nach der statistischen Methodik ebenso wenig wie die konkrete Anwendung der Regressionsmethode nicht nachvollziehbar sind (LG Bochum DWW 2007, 270). Ferner gehören zu den wissenschaftlichen Grundsätzen, dass der Spiegel vom **richtigen Begriff der ortsüblichen Vergleichsmiete** ausgeht und eine anerkannte wissenschaftliche Auswertungsmethode gewählt worden ist. Wegen der Vermutungswirkung des § 558d Abs. 3 BGB müssen die Methoden außerdem dokumentiert und damit **nachvollziehbar und überprüfbar** sein (LG Bochum DWW 2007, 270; Kinne ZMR 2001, 775, 782). Richtschnur für ein realistisches Abbild des Wohnungsmarktes können insbesondere die Tabellen- und die Regressionsmethode (dazu LG München I WuM 2003, 97, 98) sein (kritisch Langenberg WuM 2001, 523, 524). Ferner muss die Datenerhebung empirischen Grundsätzen genügen (Börstinghaus/Börstinghaus NZM 2003, 377, 381). Außerdem müssen die Daten repräsentativ sein. Bloß **ausgehandelte** Mietspiegel sind **nicht** qualifiziert. Etwa die Mietspiegel von Berlin und München sind zurzeit qualifiziert.

366 **Hinweis**

> Die **Beweislast**, dass ein Mietspiegel i.S.v. § 558d BGB **qualifiziert** ist, trifft nach den allgemeinen Grundsätzen den, der sich auf die **Qualifizierung beruft** (zutreffend Börstinghaus NZM 2002, 273; Sternel ZMR 2001, 937, 941). Wer hingegen behauptet, dass ein qualifizierter Mietspiegel **nicht die ortsübliche Vergleichsmiete wiedergibt**, muss den Beweis des Gegenteils i.S.v. § 292 ZPO, z.B. durch ein Gutachten (LG Berlin GE 2004, 1456), führen.

(2) Vermutungswirkung

367 Erfüllt ein Mietspiegel die Voraussetzungen von § 558d Abs. 2 BGB wird vom Gesetz **vermutet**, dass die im qualifizierten Mietspiegel bezeichneten Entgelte die ortsübliche Vergleichsmiete wiedergeben.

368 Soweit sich der Vermieter auf einen qualifizierten Mietspiegel beruft, erfolgt die Überprüfung anhand eines Vergleichs der in dem Mietspiegel ausgewiesenen Mietspanne mit der begehrten erhöhten Miete (BGH ZMR 2005, 771, 772 = GE 2005, 663; NJW 2004, 1379). Das Gericht hat dazu *die in* § 558 Abs. 2 BGB definierte ortsübliche Vergleichsmiete für die betreffende Wohnung festzustellen und die Wohnung innerhalb der Spanne **einzustufen**.

Wo die ortsübliche Vergleichsmiete **innerhalb einer Mietspiegelspanne** liegt, vermutet § 558d Abs. 3 BGB nicht (LG Berlin WuM 2003, 499). Dies kann vom Gericht im Verfahren gemäß **§ 287 Abs. 2 ZPO geschätzt** werden (BGH ZMR 2005, 771, 772 = GE 2005, 663). Die Einholung eines Sachverständigengutachtens ist **nicht erforderlich** (BGH ZMR 2005, 771, 772 = GE 2005, 663). Zur **Grundlage einer Schätzung** kann auch eine dem Mietspiegel beigefügte »Orientierungshilfe« genutzt werden (BGH ZMR 2005, 771, 772 = GE 2005, 663, 664). **369**

f) Heilung fehlerhafter Mieterhöhungen

Ist der Klage ein Erhöhungsverlangen vorausgegangen, das nicht den Anforderungen des § 558a BGB entspricht, kann es der Vermieter im Rechtsstreit nachholen oder die Mängel des Erhöhungsverlangens beheben (§ 558b Abs. 3 BGB). Diese Vorschrift gestattet die **Heilung von Mängeln** nach § 558a BGB (BGH WuM 2010, 161; NJW 2009, 1737) und der Beteiligung. **370**

Nicht geheilt werden kann z.B. die fehlende Aktivlegitimation. Eine Heilung ist auch nicht möglich, wenn der Vermieter die Klagefrist versäumt hat (LG Duisburg WuM 2005, 457, 458; **a.A.** AG Pinneberg ZMR 2002, 602). **371**

aa) Nachbesserung

Soweit der Vermieter ein mangelhaftes Mieterhöhungsverlangen abgegeben hat, kann er nach § 558b Abs. 3 BGB bei einer rechtshängigen Klage bis zum Schluss der mündlichen Verhandlung und auch noch in der Berufungsinstanz einzelne **Mängel dieses Verlangens beheben** (§ 558b Abs. 3 Var. 2 BGB). Als solche Mängel kommen alle Anforderungen des § 558a BGB in Betracht: **372**

- Mängel der Form **373**
- Mängel des Inhaltes
- Mängel der Begründung
- Mängel der Beteiligung.

bb) Nachholung

Der Vermieter kann die Klage aber auch ändern und ein **neues Mieterhöhungsverlangen** ausbringen (§ 558b Abs. 3 Var. 1 BGB). Hierin liegt zwar eine nicht nach § 264 ZPO privilegierte **Klageänderung** gemäß § 263 ZPO (BGH ZMR 2003, 406, 408 = NJW 2003, 963; AG Charlottenburg GE 2004, 693; a.A. LG München ZMR 2007, 865, 866). Diese Klageänderung ist aber stets als sachdienlich anzusehen (BGH ZMR 2003, 406, 408 = NJW 2003, 963). Sie verändert nicht das Prozessziel der ursprünglichen Klage, sondern dient dessen Weiterverfolgung, indem dasselbe Begehren auf eine weitere tatsächliche Begründung gestützt wird. Da der Gesetzgeber dem Vermieter in § 558b Abs. 3 S. 1 BGB die Möglichkeit eingeräumt hat, ein weiteres Mieterhöhungsverlangen nachzuschieben, ist im Rechtsstreit über das ursprüngliche Mieterhöhungsverlangen von vornherein damit zu rechnen, dass die Klage um ein erneutes Mieterhöhungsverlangen »erweitert« wird, gegen das sich der Mieter noch im anhängigen Rechtsstreit verteidigen muss. Das neue Mieterhöhungsverlangen liegt auch immer innerhalb des vom Vermieter verfolgten Prozesszieles, denn mit ihm wird Zustimmung zur Mieterhöhung um denselben Betrag begehrt wie mit dem zuerst gestellten Klageantrag. Dass die Erhöhung der Miete im zweiten Erhöhungsverlangen mit Rücksicht auf die Zustimmungsfrist erst ab einem späteren Zeitpunkt beansprucht wird, stellte lediglich eine **Einschränkung** gegenüber dem Klageantrag dar. Eine das bisherige Begehren lediglich einschränkende Klageänderung lässt aber die Identität des Rechtsschutzbegehrens unberührt. **374**

cc) Vollzug

375 Nachholung oder Nachbesserung können außergerichtlich oder durch Schriftsatz erfolgen. Dem Mieter muss in jedem Fall verdeutlicht werden, dass ein **neues** Mieterhöhungsverlangen gestellt wird.

dd) Voraussetzung

376 Voraussetzung für Nachholung oder Nachbesserung ist, dass der Klage ein Erhöhungsverlangen vorausgegangen ist, das den Anforderungen des § 558a BGB nicht entspricht. Ist der Klage überhaupt **kein Mieterhöhungsverlangen** vorausgegangen oder ist bereits die **Klagefrist verstrichen**, ist § 558b Abs. 3 BGB unanwendbar (Hinz NZM 2004, 681, 687).

ee) Rechtsfolge

377 Nach § 558b Abs. 2 S. 1 wird mit dem Zugang der Nachholung oder Nachbesserung des Mieterhöhungsverlangens grundsätzlich eine **vollständig neue Zustimmungsfrist** in Gang gesetzt (BGH NJW 2009, 1737; LG München I NJW-RR 2004, 523; AG Charlottenburg GE 2004, 693). Wenn der Vermieter bei abweichender Mietspiegelstruktur die Höhe der Betriebskosten erst im Prozess benennt, gilt die Sperrfrist im Hinblick auf eine vorangegangene Mieterhöhung, die infolge einer Teilzustimmung des Mieters zum ursprünglichen Mieterhöhungsverlangen wirksam geworden ist, allerdings nicht (BGH WuM 2010, 161). Die auf ein verfrühtes Verlangen gestützte Klage ist unzulässig und kann abgewiesen werden. Etwas anderes gilt, wenn der Mieter ausdrücklich erklärt, auch dem neuen Verlangen nicht zustimmen zu wollen (AG Charlottenburg GE 2004, 693). Etwas anderes gilt ferner, wenn das **Gericht** die neue **Frist berücksichtigt** und einen (ggf. neuen) Termin auf die Zeit nach ihrem Ablauf anberaumt oder die mündliche Verhandlung wieder eröffnet. Einen Zwang hierzu gibt es nicht (LG München I NJW-RR 2004, 523, 524; AG Pinneberg ZMR 2003, 583, 584; str.). Prozessökonomischer ist **allein** eine **Vertagung** nach § 227 Abs. 1 ZPO (Paschke NZM 2008, 705, 708; dies. GE 2007, 971, 976) oder eine Wiedereröffnung.

9. Mietverwalter

378 Welche Aufgaben ein Mietverwalter zu erfüllen hat, ist grundsätzlich im Verwaltungsvertrag festgelegt (Bub NZM 2000, 1202). Fehlt eine ausdrückliche Regelung, so sind die **üblichen Aufgaben** zu erfüllen. Zu diesen Aufgaben gehört es, gesetzlich zulässige und mögliche Mieterhöhungen seinem Auftraggeber vorzuschlagen und gegebenenfalls für ihn durchzusetzen (OLG Saarbrücken NZM 2006, 878). Eine Verwaltervollmacht, die (nur) zur Entgegennahme, nicht aber auch zur **Abgabe von Willenerklärungen** berechtigt, genügt nicht zur Erklärung eines Mieterhöhungsverlangens; daran ändert sich auch dadurch nichts, dass der Verwalter in der Vollmacht ermächtigt wird, bestehende Rechte zu regeln bzw. wahrzunehmen, weil die Mieterhöhungserklärung eine auf Gestaltung der Höhe der Miete in der Zukunft gerichtete Willenserklärung darstellt (LG München I NZM 2004, 220). Unterlässt es der Mietverwalter, die Voraussetzungen von eventuellen Mieterhöhungsverlangen zu prüfen und/oder hierauf rechtzeitig hinzuweisen, macht er sich **schadenersatzpflichtig** (OLG Saarbrücken NZM 2006, 878, 879; Wagner IMR 2008, 153).

Hinweis

> Ist der Verwalter allerdings bloßer Geschäftsführer **ohne Auftrag**, so ist er grundsätzlich nicht verpflichtet, *gegenüber dem Mieter* ein Mieterhöhungsverlangen auszusprechen (BGH NJW-RR 2008, 759).

Ein Mieterhöhungsverlangen, das ein WEG-Verwalter unter eigenem Briefkopf und unter Angabe seines Absenders ohne Hinweis auf eine Vertreterstellung ausbringt, ist unwirksam (LG München I NZM 2004, 220).

10. Sonderkündigungsrecht (§ 561 BGB)

a) Allgemeines

Das zum Nachteil des Mieters nicht abdingbare Sonderkündigungsrecht nach § 561 BGB) ist Mieterschutzvorschrift und Korrelat zum gesetzlich garantierten Recht des Vermieters auf Durchsetzung einer Mieterhöhung. Der Mieter hat nach dem Gesetz die Wahl, ob er das Mietverhältnis nach einer Mieterhöhung fortsetzen oder beenden will. **Einzige Voraussetzung** ist der Zugang einer Mieterhöhungserklärung gemäß § 558 Abs. 1 S. 1 BGB. Eine Erklärung nach § 557b Abs. 3 BGB oder § 560 Abs. 1 S. 1, Abs. 4 BGB ist hingegen bedeutungslos. Das Kündigungsrecht besteht nach Sinn und Zweck nicht, wenn das Erhöhungsverlangen **unwirksam** ist (a.A. h.M. vgl. LG Gießen WuM 2000, 423; LG Berlin GE 1998, 43). Jedenfalls muss nach § 242 BGB wenigstens eine dem äußeren Schein nach wirksame Erhöhungserklärung vorliegen. Erkennt der Mieter **selbst und zweifelsfrei**, dass ein Mieterhöhungsverlangen unwirksam erhoben wurde, kommt ihm kein Sonderkündigungsrecht zu (LG Berlin GE 1998, 43, 44; AG Münsingen NZM 1998, 305). Keine Mieterhöhung stellt ein an den Mieter gerichtetes Angebot auf einverständliche Vertragsänderung zur Miethöhe dar. Das Sonderkündigungsrecht ist ferner ausgeschlossen, wenn der Mieter der Mieterhöhung ausdrücklich oder konkludent zugestimmt hat. **379**

b) Voraussetzungen

Macht der Vermieter eine Mieterhöhung nach § 558 oder § 559 BGB geltend, kann der Mieter nach § 561 Abs. 1 S. 1 BGB bis zum Ablauf des zweiten Monats nach dem Zugang der Erklärung des Vermieters (also nur innerhalb der Zustimmungsfrist) das Mietverhältnis außerordentlich zum Ablauf des übernächsten Monats kündigen. Kündigt der Mieter, tritt die **Mieterhöhung nicht** ein. Der kompliziert formulierte § 561 Abs. 1 S. 1 BGB nennt zwei Fristen: **380**

- Eine **Kündigungsfrist** bis wann die Kündigung nach einer Mieterhöhung gemäß §§ 558, 559 BGB erklärt werden kann (zum Ablauf des zweiten Monats nach Zugang der Erklärung des Vermieters; also mindestens zwei Monate und ein Tag, längstens zwei Monate und 30 Tage).
- Eine **Wirkungsfrist** mit deren Ablauf die Kündigungswirkung eintritt (zum Ablauf des übernächsten Monats nach Zugang der Kündigung; also mindestens zwei Monate, längstens zwei Monate und 30 Tage). Für die Berechnung der Fristen gelten §§ 187 ff. BGB.
- **Beispiel**: Zugang der Mieterhöhungserklärung 5.1. Die Überlegungsfrist läuft bis 31.3, die Wirkungsfrist bis zum 31.5; Zugang der Mieterhöhungserklärung am 30.1. Die Überlegungsfrist läuft bis zum 31.3, die bis zum Wirkungsfrist zum 31.5.

c) Erklärung

Die Kündigung ist **schriftlich** zu erklären (§§ 568, 126 BGB). Sie muss **nicht** begründet werden; § 569 Abs. 4 BGB gilt nicht. Kündigt der Mieter, erhöht sich die Miete nicht. Zum anderen endet das Mietverhältnis zum Ablauf des übernächsten Monats nach Zugang der Kündigung. **381**

11. Gebühren

382 Für die Erstellung des Mieterhöhungsverlangens durch einen Anwalt ist es umstritten, ob sich der Streitwert nach dem Jahresbetrag der Erhöhung gemäß § 41 Abs. 5 GKG oder nach dem dreifachen Jahresbetrag nach § 25 KostO bemisst. Richtig ist wohl die Bemessung nach § 41 Abs. 5 GKG, weil der Rechtsanwalt verschiedene Erhöhungsmöglichkeiten prüfen und abwägen muss. Nach Ziffer 2300 des Vergütungsverzeichnisses (VV-RVG) fällt **eine Geschäftsgebühr** an, wobei ein Gebührenansatz von 1,3 angemessen sein dürfte. Das spätere Zustimmungsverfahren ist ein **anderer Gegenstand.**

Hinweis

> Nach Ansicht des BGH ist es einem **gewerblichen Großvermieter** in tatsächlich und rechtlich einfach gelagerten Fällen zuzumuten ist, ein Kündigungsschreiben ohne anwaltliche Hilfe zu verfassen (BGH v. 06.10.2010 – VIII ZR 271/09). Die Kosten für einen dennoch beauftragten Rechtsanwalt sind vom Mieter nicht zu erstatten (BGH v. 06.10.2010 – VIII ZR 271/09). Ob diese Rechtsprechung auch für Mieterhöhungserklärungen gilt, ist offen, aber nicht völlig unwahrscheinlich.

383 Der **Gebührenstreitwert** für die Mieterhöhungsklage bemisst sich nach § 41 Abs. 5 S. 1 GKG **höchstens** mit dem Jahresbetrag der geforderten Mieterhöhung. Ein geringerer als der Jahresdifferenzbetrag kann beispielsweise dann in Betracht kommen, wenn die Restlaufzeit eines auf bestimmte Zeit geschlossenen Vertrages weniger als ein Jahr beträgt oder sonst aus dem übereinstimmenden Parteivortrag sich ergibt, dass das Mietverhältnis aus anderen Gründen weniger als zwölf Monate andauert. Bei der Berechnung des Differenzbetrages zwischen der bisherigen und der geforderten höheren Miete ist von derjenigen Miete auszugehen, die zum Zeitpunkt der Klageerhebung gegolten hat. Eine vorprozessuale **teilweise Zustimmung** des Mieters in die Mieterhöhung wirkt sich **streitwertmindernd** aus.

Hinweis

> § 41 Abs. 5 S. 1 GKG gilt nur für Ansprüche auf Erhöhung der Miete für Wohnraum. Hiermit ist der Fall der typischen Mieterhöhungsklage gemeint, bei der der Vermieter den Mieter auf Zustimmung zur Mieterhöhung in Anspruch nimmt. Begehrt der Vermieter die konkrete Zahlung eines erhöhten Mietzinses, ist der für die Wertfestsetzung maßgebliche Streitgegenstand die **konkrete Geldforderung** und nicht die Mieterhöhung selbst (KG IMR 2010, 254 = MietRB 2010, 168). Geht der Vermieter **aus einer Mieterhöhung** gegen den Mieter vor, richtet sich die Wertfestsetzung nach §§ 3, 9 ZPO (KG IMR 2010, 254 = MietRB 2010, 168).

384 Der **Rechtsmittelstreitwert** berechnet sich analog § 9 ZPO mit dem 42-fachen monatlichen Erhöhungsbetrag (BGH ZMR 2007, 107 = WuM 2007, 32 m.w.N.). Mieterhöhungen von monatlich 14,29 € oder eine Klageabweisung in dieser Höhe sind somit berufungsfähig.

VII. Fälligkeit der Miete

1. Allgemeines

385 Die Fälligkeit der Miete richtet sich sowohl nach der Art des betroffenen Mietverhältnisses als auch danach, ob und in welchem Umfang von den gesetzlichen Regelungen abweichende Vereinbarungen bestehen.

a) Raummiete

§ 556b Abs. 1 BGB bestimmt, dass bei Wohnraummietverhältnissen die Zahlung der Miete im Voraus erfolgt. **386**

Die Vorschrift des § 556b Abs. 1 BGB gilt für **Wohnraum** (zum Begriff des Wohnraums s. Kap. 1), auch solchen i.S.v. § 549 Abs. 2 und 3 BGB und für Mischmietverhältnisse, sofern auf sie Wohnraummietrecht Anwendung findet (s. dazu Kap. 15). Gemäß § 579 Abs. 2 BGB ist die Regelung des § 556b Abs. 1 BGB auf Räume entsprechend anwendbar, sodass **Geschäftsraummietverhältnisse** und **Mietverhältnisse über sonstige Räume** erfasst sind (zum Begriff s. Kap. 1 Rdn. 19 ff.). **387**

b) Anwendungsbereich des § 579 Abs. 1 BGB

Für die in § 579 Abs. 1 BGB geregelten Grundstücksmietverhältnisse, Mietverhältnisse über eingetragene Schiffe und für bewegliche Sachen verbleibt es dabei, dass der Vermieter vorleistungspflichtig ist und die Miete am Ende der Mietzeit zu entrichten ist bzw. nach Ablauf des vertraglich bestimmten Zeitabschnitts (s. Kap. 1). **388**

c) Übergangsregelung

Gemäß Art. 229 § 3 Abs. 1 Nr. 7 EGBGB ist auf Altverträge, d.h. solche Verträge, die am 01.09.2001 bereits bestanden, weiterhin auch noch nach dem 01.01.2003 § 551 BGB a.F. anzuwenden (BGH NJW 2010, 2882; WuM 2009, 228 (229)). Für diese Verträge hat die Rechtsprechung zur Kombination von Vorfälligkeitsklausel und Aufrechnungsverbot im Wohnraummietverhältnis weiterhin erhebliche (s. Rdn. 397) Bedeutung. **389**

Die Fälligkeitsregelung des § 556b Abs. 1 BGB gilt mithin nur für Mietverhältnisse, die am oder nach dem 01.09.2001 begründet wurden. **390**

Aus der Formulierung der Übergangsregelung, es komme darauf an, ob das Mietverhältnis am 01.09.2001 bestand, wurde die Auffassung hergeleitet, es komme nicht auf das Datum des Vertrages an, sondern auf die Invollzugsetzung des Mietverhältnisses (s. Franke ZMR 2001, 951 [953]; Gellwitzky WuM 2001, 373 [379]). Diese Meinung ist abzulehnen. Es kommt ausschließlich darauf an, wann der Vertrag abgeschlossen wurde. Zwar ist die Gesetzesbegründung zu Art. 229 § 3 EGBGB missverständlich, aus der Erläuterung zu Art. 229 § 3 Abs. 1 Nr. 7 ergibt sich aber, dass nach dem Willen des Gesetzgebers angeordnet werden sollte, dass es bei bestehenden Miet- oder Pachtverhältnisses hinsichtlich der Fälligkeit der Miete oder Pacht bei der alten Regelung bleibt (BT-Drucks. 14/4553 S. 76). Abgestellt werden muss auf das Abschlussdatum des Mietvertrages (BGH WuM 2006, 620). **391**

d) Abdingbarkeit

Die Vorschrift des § 556b Abs. 1 BGB ist auch für Wohnraum nicht zwingend. **392**

Sofern die Fälligkeit der Miete abweichend von den gesetzlichen Bestimmungen geregelt wird, unterliegt diese Vereinbarung der Schriftform, wenn für den Mietvertrag die Schriftform i.S.d. § 550 BGB zu wahren ist (BGH ZMR 2008, 105 ff.).

aa) Rechtzeitigkeitsklausel

Die Vereinbarung einer Rechtzeitigkeitsklausel war und ist (BGH NJW 1998, 2664 [zur laufenden Mietzahlung bei Kaufleuten]) möglich und sinnvoll. **393**

394 Die Vereinbarung von Rechtzeitigkeitsklauseln ist auch formularvertraglich möglich unter Beachtung der §§ 305 ff. BGB (BGH ZMR 1998, 612, 613; OLG München ZMR 1996, 376). Die Klauseln müssen darüber hinaus § 242 BGB entsprechen (zum Ganzen Derleder WuM 2007, 599 ff.).

bb) Kombination Vorfälligkeit und Aufrechnungseinschränkung für Gewerbemiete

395 Im Gegensatz zur Wohnraummiete ist bei der gewerblichen Raummiete auch die Kombination einer Vorauszahlungsklausel mit Klauseln unbedenklich, die die Aufrechnungsbefugnis des Mieters einschränken oder ausschließen bzw. das Zurückbehaltungsrecht des Mieters modifizieren (BGH NJW-RR 1993, 519; NJW-RR 1991, 971 ff.). Dies gilt, soweit formularvertragliche Bestimmungen den Regelungen der § 309 Nr. 2 und Nr. 3 BGB entsprechen. Minderungsausschluss und Aufrechnungsverbot dürfen formularmäßig vereinbart werden, solange Bereicherungs- und Schadensersatzansprüche des Mieters wegen vorhandener Mängel nicht ausgeschlossen werden und das außerordentliche Kündigungsrecht des Mieters erhalten bleibt.

396 Wirksam ist die Kombination von Vorfälligkeit und »Anzeigeklausel« (OLG Köln ZMR 1998, 763). Die Ankündigungsklausel kann allein oder in vorgenannter Kombination formularmäßig wirksam getroffen werden (OLG Frankfurt/M. 22.12.2004, Az. 2 U 34/04 m.w.N.). Die in einem mehrjährigen Mietvertrag mit einem Kaufmann formularmäßig vereinbarte Klausel, nach der bei einem Mietrückstand von mehr als zwei Monatsmieten der gesamte Mietzins fällig wird, ist wirksam (OLG Hamburg MDR 1983, 575). Zu den sog. Abkopplungsklauseln, d.h. dem Verbot, gegen den Anspruch des Vermieters auf Zahlung aufzurechnen oder die Miete zu mindern s. Horst ZMR 2006, 172 ff. und Rdn. 441 ff.

cc) Vorfälligkeit und Aufrechnungsverbot bei Altverträgen über Wohnraum

397 Vor der Mietrechtsreform war bereits überwiegend vertraglich – i.d.R. formularvertraglich – vereinbart worden, dass die Miete zu Beginn der Mietzeit zu zahlen war, entgegen der Vorschrift des § 551 Abs. 1 BGB a.F.

398 Die in diesen Verträgen, insbesondere zu Wohnraummietverhältnissen getroffene Vereinbarung der Vorfälligkeit war häufig wegen der Kombination einer Vorfälligkeitsklausel mit einer Aufrechnungsklausel unwirksam, sodass die Miete erst nach Ablauf des jeweiligen Zeitabschnittes, in der Regel eines Monats, fällig wurde. Der BGH hat klargestellt, dass die in einem Mietvertrag über Wohnraum enthaltene Formularklausel: *»Die Miete ist monatlich im Voraus, spätestens bis zum dritten Werktag eines Monats zu entrichten«* unwirksam ist, wenn der Vertrag zugleich die folgende Klausel enthält: *»Der Mieter kann gegen eine Mietzinsforderung mit einer Forderung wegen Schadensersatzes aufgrund eines Mangels der Mietsache (§ 538 BGB a.F.) nur aufrechnen oder wegen einer solchen Forderung ein Zurückbehaltungsrecht ausüben, wenn er seine Absicht dem Wohnungsunternehmen mindestens einen Monat vor der Fälligkeit des Mietzinses schriftlich angezeigt hat. I.Ü. ist die Aufrechnung gegen Mietzinsforderungen ausgeschlossen, soweit der Mieter nicht unbestrittene oder rechtskräftig festgestellte Forderungen geltend macht«* (BGH WuM 1995, 28 f.). Entschieden wurde, dass die Kombination der Vorfälligkeitsklausel mit der Aufrechnungsklausel das Minderungsrecht des Mieters einschränkt und dies bei Wohnraummietverhältnissen gemäß § 537 Abs. 3 BGB a.F. unzulässig war. Die durch die Klauselkombination erfolgende Einschränkung wirke sich aus, wenn im Laufe eines Monats ein Mangel auftritt, die Miete hierdurch automatisch gemindert sei, aber bereits, wie durch die Vorfälligkeitsklausel bestimmt, in voller Höhe bezahlt wurde. In Höhe der Minderung entstehe dann für den Mieter ein Bereicherungsanspruch, mit dem er gegen

die Mietforderung in den folgenden Monaten aufrechnen könnte. Diese Möglichkeit werde durch die Aufrechnungsklausel nahezu ausgeschlossen. Der BGH folgerte hieraus, dass das Mietminderungsrecht unzulässig eingeschränkt wird, da der Mieter in Folge der Kombination von Vorauszahlungs- und Aufrechnungsklausel die Minderung zumindest für den ersten Monat, in dem der Mangel auftritt, weder durch Abzug von der geschuldeten Miete noch durch Aufrechnung mit einem auf der Überzahlung der Miete in diesem Monat beruhenden Bereicherungsanspruch gegenüber der Mietforderung in den Folgemonaten durchsetzen konnte. Im Streitfall müsste er den Minderungsbetrag stattdessen gerichtlich geltend machen. Dies konnte nach Auffassung des BGH auch nicht durch Geltendmachung eines Zurückbehaltungsrechts im Folgemonat ausgeglichen werden, sofern der Mangel fortbestehen würde. Das Zurückbehaltungsrecht sei nur als Druckmittel zur Mängelbeseitigung zu sehen, sobald diese erfolgt ist, müsse die einbehaltene Miete nachentrichtet werden.

Unterschiedlich beurteilt wurde die darüber hinaus häufig zu findende Klausel, dass die Aufrechnung zugelassen, aber von einer **Vorankündigung** von einem Monat abhängig gemacht wird. Nach einem vor der Entscheidung des BGH ergangenen Rechtsentscheid des OLG Hamm (ZMR 1993, 217) wurde die Vorauszahlungsklausel nicht unwirksam durch die weitere Formularklausel, dass die Aufrechnung gegen die Mietforderung nur bei schriftlicher Anzeige der Aufrechnungsabsicht mindestens einen Monat vor Fälligkeit der Mietforderung erfolgen dürfe. Diese Rechtsprechung war zutreffend und ist auch durch das vorgenannte Urteil des BGH nicht überholt (OLG Köln ZMR 1998, 763). Gleichwohl ist umstritten, ob allein die Ankündigungspflicht zur Unwirksamkeit der Vorauszahlungsklausel führt (so LG Berlin ZMR 1998, 33; a.A. LG Berlin WuM 1996, 541; LG München WuM 1996, 329). Zur Unwirksamkeit der Vorauszahlungsklausel in Verbindung mit einem Dauerauftrag s. LG Berlin WuM 2007, 13 f. 399

Relevant ist der vorgenannte Streit zur Kombination der Vorfälligkeitsklausel mit dem Aufrechnungsverbot für die Mietverträge, die vor dem 01.09.2001 geschlossen wurden (s.a. Derleder WuM 2007, 606 f. zu Auswirkungen der Mietrechtsreform auf Altverträge). Wenn die Vorauszahlungsklausel eines Altvertrages nach den vorgenannten Grundsätzen unwirksam ist, verbleibt es bei der Fälligkeit im Nachhinein gemäß § 551 Abs. 1 BGB a.F. Dies ist insbesondere bei Zahlungsverzugskündigungen zu beachten. 400

dd) Kombination von Vorauszahlung und Minderungsbeschränkung sowie Aufrechnungsausschluss bei ab 01.09.2001 geschlossenen Wohnraummietverträgen 401

Für die ab dem 01.09.2001 begründeten Mietverhältnisse geht die gesetzliche Regelung des § 556 Abs. 1 BGB von Vorfälligkeit der Miete aus. Bei Neuverträgen ist die Kombination von Vorfälligkeitsregeln und Einschränkung von Aufrechnungs- und Zurückbehaltungsrechten in den Grenzen des § 556b Abs. 2 BGB möglich, sofern auch §§ 309 Nr. 2, 3, 307 Abs. 2 BGB beachtet sind.

ee) Vorfälligkeit und Kautionszahlung bei Wohnraum

Da § 556b BGB Abs. 1 dispositiv ist, kann als formularvertragliche Vereinbarung wirksam eine Verknüpfung der Miet- und Kautionszahlung erfolgen. Nach LG Bonn (ZMR 2009, 529 f.) ist eine mietvertragliche Formularklausel, wonach die Wohnungsübergabe erst nach Zahlung der ersten Monatsmiete und der ersten Kautionsrate erfolgen soll, ist nicht wegen Verstoßes gegen § 307 BGB nichtig. 402

2. Fälligkeitszeitpunkt und Zahlung bei Raummiete

a) Vorverlagerung der Fälligkeit oder Vorleistungspflicht des Mieters

403 Durch die Regelung in § 556b Abs. 1 BGB ist der Zahlungszeitpunkt auf den Beginn der Mietzeit, bei periodisch wiederkehrenden Zahlungen spätestens den 3. Werktag des jeweiligen Zeitabschnitts, gelegt worden.

404 Streitig ist, ob die Änderung des § 556b BGB nur die Verlagerung des Fälligkeitszeitpunkts beinhaltet, oder die Vorleistungspflicht des Vermieters als solche betrifft und somit durch die Neuregelung das Leistungsverweigerungsrecht des Mieters gemäß § 320 BGB betroffen ist (zum Streit s. MüKo/Artz § 556b Rn. 7; Langenberg in Schmidt-Futterer § 556b BGB Rn. 9 ff.).

405 Nach der Begründung des Gesetzgebers sollte durch § 556b BGB der Zeitpunkt der Fälligkeit der Miete auf den Beginn der Mietzeit oder der vereinbarten Zeitabschnitte verlegt werden, wie es der heute ganz überwiegenden Vertragspraxis entspricht (BT-Drucks. 14/4553 S. 52). Der Gesetzgeber wollte mithin der geänderten Verkehrsanschauung Rechnung tragen. In § 551 BGB a.F. war die Vorleistungspflicht des Vermieters zur gesetzlichen Regel erhoben worden (s. Motive II 398 ff.). Hiervon wollte der Gesetzgeber abweichen und die Leistungspflicht der geänderten Verkehrsanschauung und Vertragspraxis anpassen (BT-Drucks. 14/4553 S. 52).

406 § 556b Abs. 1 BGB bestimmt, dass die Miete zu Beginn der einzelnen Zeitabschnitte zu entrichten ist. Danach besteht eine sofortige Leistungspflicht des Mieters, abweichend von § 551 BGB a.F. und damit die Vorleistungspflicht des Mieters. Sein Zurückbehaltungsrecht soll jedoch gleichwohl fortbestehen (Palandt/Weidenkaff § 556b BGB Anm. 1).

b) Dritter Werktag

407 Modifiziert wird die Regelung durch die zusätzlich in § 556b Abs. 1 BGB enthaltene Fälligkeitsregelung für periodisch wiederkehrende Zahlungen, dass die Miete nicht am 1. Tag des Zeitabschnitts zu entrichten ist, sondern spätestens bis zum 3. Werktag des einzelnen Zeitabschnitts. § 556b Abs. 1 BGB regelt somit sowohl die Vorleistungspflicht des Mieters als auch die Fälligkeit der Miete (str. s. Palandt/Weidenkaff § 556b BGB Rn. 4 m.w.N.).

408 Nach der gesetzlichen Regelung des § 556b Abs. 1 BGB ist der Mieter zu Beginn, spätestens bis zum 3. Werktag des jeweiligen Zeitabschnitts zur Zahlung der Miete verpflichtet (s.a. § 286 Abs. 2 Nr. 1 BGB). Im Hinblick auf die Zeitabschnitte kommt es auf die vertraglichen Vereinbarungen an. Es kann sich z.B. um Tage, Wochen, Monate, Vierteljahre, Halbjahre oder Jahre (BGH NJW-RR 2009, 21) handeln. Die Miete ist dann gemäß § 556b Abs. 1 BGB jeweils zu Beginn der einzelnen vertraglich vereinbarten Zeitabschnitte zu zahlen, spätestens jeweils am 3. Werktag des einzelnen Zeitabschnitts, sofern es sich nicht um einen per se kürzeren Zeitabschnitt als 3 Tage handelt. Dies dürfte nur bei der Einmalmiete der Fall sein, nicht bei periodisch wiederkehrenden Zahlungen. Einmalmiete ist zu Beginn der Mietzeit fällig.

409 Wenn der Mietbeginn nicht mit dem Beginn des Kalendermonats identisch ist, wie es der Regelfall sein dürfte, und die Fälligkeit gleichwohl spätestens am 3. Werktag eines Kalendermonats eintreten soll, ist hierfür eine vertragliche Vereinbarung erforderlich.

410 Streitig war, ob der Samstag zu den Werktagen gehört. Durch die Entscheidung des BGH (*NJW 2010, 2879*) ist klargestellt, dass der Samstag bei der Frist zur Zahlung der Miete bis zum dritten Werktag eines Monats nicht mitzählt. Dies gilt auch für Altverträge

(BGH NJW 2010, 2882). Nach überwiegender Meinung wurde der Samstag zu den Werktagen gezählt (BGH ZMR 2005, 695, entschieden für Berechnung der Kündigungsfrist; OLG Koblenz NJW-RR 1993, 583; Palandt/Weidenkaff § 556b Rn. 4). Zur neueren Rechtsprechung s. Häublein NZM 2010, 651 ff.

Ist der Samstag nicht zu berücksichtigen, tritt die Fälligkeit erst am nächsten Montag (§ 193 BGB) ein, Verzug mithin frühestens ab Dienstag. **411**

c) Zahlung

§ 556b Abs. 1 BGB enthält keine Bestimmungen zu Zahlungsort und zu Zahlungszeitpunkt, sodass es hier bei den Regelungen des §§ 269, 270 BGB verbleibt. Regelmäßig ist Miete qualifizierte Schickschuld (§ 270 BGB). **412**

Wurde zwischen den Parteien Lastschriftverfahren (s. Palandt/Sprau § 675 f. Rn. 32 ff.) vereinbart, liegt eine Holschuld vor, da hierdurch die Schickschuld in eine Holschuld umgewandelt wird, sodass der Vermieter für den rechtzeitigen Einzug Sorge tragen muss (KG ZMR 2009, 30; BGH MDR 1985, 472 ff.). Die Vereinbarung des Lastschriftverfahrens ist formularvertraglich zulässig (BGH NJW 1996, 988), für das Abbuchungsverfahren ist dies umstritten, s. OLG Karlsruhe NJW-RR 1994, 689; OLG Düsseldorf DB 1996, 2610; Derleder WuM 2007, 599 ff. **413**

In diesen Fällen hat der Mieter das seinerseits Erforderliche zum Zeitpunkt der Fälligkeit getan, wenn auf seinem Konto Deckung vorhanden war. Die Einziehung ist Sache des Vermieters, der auch das Verzögerungsrisiko trägt. **414**

Bei Zahlung durch Scheck, soweit diese Zahlungsform vereinbart oder akzeptiert ist, kommt es bei Übersendung durch die Post auf den Zeitpunkt der Absendung an (BGH NJW 1998, 1302). Erfüllung tritt erst mit Einlösung ein, sodass der Scheck so rechtzeitig abgesandt werden muss, dass Einlösung vor Ablauf der Zahlungsfrist erfolgt (Palandt/Grüneberg § 270 Rn. 5 BGB). **415**

Sofern die Parteien die Barzahlung der Miete vereinbart haben, handelt es sich i.d.R. um eine Bringschuld, d.h. der Mieter hat die Miete dem Vermieter am Wohnsitz oder Ort seiner Niederlassung auszuhändigen oder bei einem Geldinstitut, bei dem der Vermieter ein Konto unterhält, am Tag der Fälligkeit einzuzahlen. Auch hier trägt er die Transportgefahr und das Verzögerungsrisiko. **416**

Bei dem wohl häufigsten Fall, dass die Miete durch Überweisung gezahlt werden soll, ist für die pünktliche Zahlung ausreichend, wenn der Überweisungsvertrag rechtzeitig geschlossen wurde und das Konto gedeckt war (BGH NJW 2005, 1771 zur elektronischen Gutschrift). Zu beachten ist die Entscheidung des EuGH (ZMR 2009, 262 f.), wonach Art. 3 Abs. 1 Buchst. c Ziffer ii der Richtlinie 2000/35/EG des Europäischen Parlaments und des Rates vom 29.06.2000 zur Bekämpfung von Zahlungsverzug im Geschäftsverkehr (ZVerzugsRL) dahin auszulegen ist, dass bei einer Zahlung durch Banküberweisung der geschuldete Betrag dem Konto des Gläubigers rechtzeitig gutgeschrieben sein muss, wenn das Entstehen von Verzugszinsen vermieden oder beendet werden soll. Dies gilt nicht nur für Verzugszinsen sondern auch für die Hauptleistung. Die Rechtzeitigkeit der Leistung muss durch richtlinienkonforme Auslegung erfolgen. Für nicht vorhersehbare Fehlleistungen an den beteiligten Banken, steht der Mieter nicht ein (s. Palandt/Grüneberg § 270 Rn. 5 BGB). **417**

Wurde vertraglich eine sog Rechtzeitigkeitsklausel vereinbart, wird das Verzögerungsrisiko auf den Mieter verlagert, sodass zu dem im Vertrag vereinbarten Zeitpunkt die Miete beim Vermieter eingegangen sein muss und somit der Mieter die Banklaufzeit einzurech- **418** nen hat (OLG Koblenz NJW-RR 1993, 583 zu Pachtvertrag).Die Vereinbarung von Rechtzeitigkeitsklauseln ist auch formularvertraglich möglich (BGH ZMR 1998, 612, 613 [zu Gewerbemietverhältnis OLG München ZMR 1996, 376]). Die Rechtzeitigkeitsklauseln werden überwiegend auch formularmietvertraglich vereinbart und auch für Wohnraummietverhältnisse als zulässig angesehen (LG Berlin WuM 1992, 606; LG Heilbronn WuM 1992, 10; a.A. LG Hamburg WuM 1992, 124).

d) Tilgungsbestimmung

419 Der Mieter hat die Befugnis zur Tilgungsbestimmung (§ 366 Abs. 1 BGB), die auch stillschweigend getroffen werden kann, z.B. durch Zahlung der Beträge zu dem im Mietvertrag genannten Zeitpunkt. Wenn kein auf eine bestimmte Tilgungsreihenfolge genannter Wille festzustellen ist, gilt die gesetzliche Tilgungsreihenfolge des § 366 Abs. 2 BGB. Auch wenn die Leistungsbestimmung des Schuldners ins Leere geht und er es versäumt eine unrichtige oder wirkungslose Leistungsbestimmung gemäß § 119 BGB unverzüglich anzufechten (§ 121 BGB), tritt diese Rechtsfolge ein (OLG Düsseldorf BeckRS 2010, 02136).

Formularklauseln, die eine Verrechnung auf die jeweils älteste Forderung bestimmen sind im Wohnraummietvertrag (BGH ZMR 1984, 370) ebenso unwirksam wie bei Gewerbemietverträgen (OLG Düsseldorf ZMR 2009, 275 f.; die Entscheidung erstreckt dies auch auf Kosten und Zinsen).

3. Fälligkeit im Anwendungsbereich des § 579 Abs. 1 BGB

a) Fälligkeit

420 Die Fälligkeit der Miete für Grundstücke, ein im Schiffsregister eingetragenes Schiff und bewegliche Sachen regelt § 579 Abs. 1 BGB und legt sie auf das Ende der Mietzeit respektive der einzelnen Zeitabschnitte.

421 Die Vorschrift unterscheidet im Hinblick auf den Fälligkeitszeitpunkt zwischen Grundstücken und im Schiffregister eingetragenen Schiffen sowie beweglichen Sachen. Danach ist die Miete für ein Grundstück, wenn sie nicht nach kürzeren Zeitabschnitten bemessen ist, immer nach Ablauf eines Kalendervierteljahres am 1. Werktag des folgenden Monats zu entrichten, während die Miete für im Schiffregister eingetragene Schiffe und bewegliche Sachen am Ende der Mietzeit zu entrichten ist.

422 Für Grundstücke wird in der Regel eine monatliche oder ein vierteljährliche Zahlungsweise vereinbart sein. Ist eine monatlich zu zahlende Miete für ein Grundstück vereinbart, so wird sie nach Ablauf des jeweiligen Monats fällig.

423 Bei Vereinbarung einzelner Zeitabschnitte wie Wochen, Monate oder Kalendervierteljahre tritt Fälligkeit am Ende des einzelnen Zeitabschnitts, also jeweils am 1. Werktag des nachfolgenden Zeitabschnitts ein.

424 Bei wirksamer Vereinbarung einer Rechtzeitigkeitsklausel wird das Verzögerungsrisiko auf den Mieter verlagert, sodass zu dem im Vertrag vereinbarten Zeitpunkt die Miete beim Vermieter eingegangen sein muss. Sofern der Mieter die Miete durch Banküberweisung zahlt, muss er die Banklaufzeit einrechnen (OLG Koblenz NJW-RR 1993, 583). Zu Einzelheiten s.o.

Zur Frage, ob der Samstag als Werktag zu sehen ist, s.o. 2.b).

b) Übergangsregelung

Gemäß Art. 229 § 3 Abs. 1 Nr. 7 EGBGB ist auf Altverträge, d.h. solche Verträge, die am 1. 9. 2001 bereits bestanden, weiterhin § 551 BGB a.F. anzuwenden. Die Regelung des § 579 Abs. 1 BGB gilt mithin nur für Mietverhältnisse, die nach dem 01.09.2001 begründet wurden. 425

Der im Hinblick auf § 556b Abs. 1 BGB entstandene Streit, ob es für die Anwendbarkeit der Neuregelung auf das Datum des Vertrages oder die Invollzugsetzung des Vertrages ankommt, ist irrelevant, soweit § 579 Abs. 1 BGB anzuwenden ist, da es bei Zahlung der Miete postnumerando verblieben ist und eine sachliche Änderung des § 551 BGB a.F. nicht erfolgte. 426

c) Abdingbarkeit (§ 579 Abs. 1 BGB)

Die Regelung ist abdingbar, insbesondere ist sowohl die Vereinbarung von Vorauszahlungs- als auch von Rechtzeitigkeitsklauseln formularvertraglich möglich (BGH ZMR 1998, 612 [613] für Unternehmer; OLG München ZMR 1996, 376 [378] für gewerblichen Vertrag). Auch die Vereinbarung, dass die Miete ein Jahr im Voraus zu zahlen ist, verstößt nicht gegen § 307 BGB (OLG Köln ZMR 1998, 91 [entschieden zu § 9 AGBG a.F.]). Die Klauseln müssen darüber hinaus § 242 BGB entsprechen. 427

VIII. Aufrechnung und Zurückbehaltung

1. Allgemeines

Durch die Regelung der §§ 556b Abs. 1, 579 Abs. 2 BGB und die auf den Beginn der Mietzeit bzw. der vereinbarten Zeitabschnitte verlegten Fälligkeit der Miete für Wohnraum und sonstige Räume hat der Gesetzgeber der zuvor üblichen Vertragspraxis Rechnung getragen. Die bisherigen Streitfragen, insbesondere bei Kombination von Vorfälligkeitsklausel und Aufrechnungsverbot bzw. -einschränkung im Wohnraummietrecht, dürften weitgehend erledigt sein. Zur Kombination von Vorfälligkeit und Aufrechnungsverbot bzw. -einschränkung in Altverträgen s.o. 428

§ 556b Abs. 2 BGB ist ausschließlich auf Wohnraummietverhältnisse anwendbar, dies ergibt sich bereits aus der Verweisung des § 579 Abs. 2 BGB. 429

Für Wohnraummietverhältnisse gelten darüber hinaus die sich aus § 556b Abs. 2 S. 2 BGB ergebenden Einschränkungen im Hinblick auf die Abdingbarkeit. 430

Aufrechnung und Zurückbehaltung sind grundsätzlich zulässig, wenn die allgemeinen Voraussetzungen der §§ 387 ff. BGB oder der §§ 273, 320 BGB vorliegen. 431

Bei bestehender Aufrechnungslage i.S.v. § 387 BGB, muss der Mieter seine Aufrechnungserklärung i.S.v. § 388 BGB abgeben. Die vertraglich zulässigen Einschränkungsmöglichkeiten zur Ausübung der Rechte sind für Wohn- und Gewerberaum unterschiedlich. § 320 BGB gewährt ebenso wie § 273 BGB grundsätzlich ein Zurückbehaltungsrecht gegenüber dem gesamten Mietzinsanspruch. Welcher Betrag angemessen ist, hängt von den Umständen des Einzelfalls ab. Überwiegend wird auf den jeweils zur Reparatur oder Herstellung erforderlichen Betrag oder das Drei- bis Fünffache des Minderungsbetrages abgestellt (Staudinger/Emmerich § 536 BGB Rn. 61 m.w.N.). Dem Mieter muss die Durchführung der Arbeiten zumutbar sein (BGH ZMR 2003, 416 ff.). Andernfalls kommen auch höhere Beträge in Betracht. Ein Betrag in dreifacher Höhe der Herstellungskosten kann gerechtfertigt sein (BGH ZMR 2003, 416 (418); der Vermieter hatte sich zur

Durchführung konkreter Arbeiten (Brandschutzwand im Gewerbemietvertrag) verpflichtet. Gerade im Hinblick darauf, dass Ansprüche auf Miete sowohl bei Wohnraum (BGH WuM 2005, 526) als auch bei Gewerberaummietverhältnissen (BGH WuM 1999, 345) im Urkundenprozess gemäß §§ 592 ff. ZPO geltend gemacht werden können, sollte der Mieter auch die Einrede des nicht erfüllten Vertrages erheben (§ 320 BGB).

2. Aufrechnung und Zurückbehaltung im Wohnraummietrecht

432 Die Regelung des § 556b Abs. 2 BGB übernimmt das schon in § 552a BGB a.F. enthaltene Aufrechnungs- und Zurückbehaltungsrecht des Mieters von Wohnraum gegenüber Mietforderungen, hierzu zählen auch Betriebskostenforderungen. § 556b Abs. 2 S. 2 BGB beschränkt ausdrücklich die Möglichkeit, das Aufrechnungs- und Zurückbehaltungsrecht des Mieters vertraglich auszuschließen und bestimmt, dass der Mieter auch mit Aufwendungsersatzansprüchen aufrechnen kann. Damit sollten Abgrenzungsschwierigkeiten zu § 536a BGB vermieden werden. Darüber hinaus darf die Aufrechnung mit Ansprüchen aus ungerechtfertigter Bereicherung wegen zu viel gezahlter Miete nicht vertraglich ausgeschlossen werden. Begründet wird dies damit, dass der Mieter nach der Neufassung des Gesetzes verpflichtet ist, die Miete im Voraus zu entrichten. Wenn ein Mangel eintritt, mindert sich die Miete automatisch. Da der Mieter die Miete aber bereits entrichtet hat, kann er sie nur gemäß §§ 812 ff. BGB zurückverlangen.

433 Sowohl das Recht zur Aufrechnung als auch die Ausübung des Zurückbehaltungsrechts soll dem Mieter auch über die Dauer des Mietverhältnisses hinaus zustehen (str. s. Schmidt/Futterer/Langenberg § 556b BGB Rn. 34).

Wird vermieteter Wohnraum nach der Überlassung an den Mieter von dem Vermieter an einen Dritten veräußert, verliert der Mieter dem Veräußerer gegenüber sein Zurückbehaltungsrecht an der rückständigen Miete wegen eines Mangels der Mietsache, der vor der Veräußerung entstanden ist. Vom Zeitpunkt der Veräußerung an ist nur noch der Erwerber zur Mangelbeseitigung verpflichtet und der Mieter kann nur die Leistung der diesem geschuldeten Miete bis zur Mangelbeseitigung verweigern (BGH ZMR 2006, 761 ff.).

a) Ausschließung oder Beschränkung

434 Zum Nachteil des Mieters dürfen die Rechte des Mieters nicht ausgeschlossen oder beschränkt werden. Betroffen sind Schadensersatzansprüche aus § 536a Abs. 1 BGB, Aufwendungsersatzansprüche aus §§ 536a Abs. 2, 539 Abs. 1 BGB sowie Ansprüche aus ungerechtfertigter Bereicherung wegen zu viel gezahlter Miete. Gleiches gilt für ein auf einer solchen Forderung basierendes Zurückbehaltungsrecht.

435 Durch die Regelung in § 556b Abs. 2 BGB und das darin enthaltene Verbot, das Aufrechnungsrecht des Mieters vertraglich auszuschließen, dürften abweichende Regelungen künftig für Wohnraummietverhältnisse keine große Relevanz mehr haben, zumal § 309 Nr. 3 BGB bestimmt, dass Aufrechnungsverbote nur wirksam sind, wenn sie unbestrittene oder rechtskräftig festgestellte Forderungen ausnehmen.

436 Die Aufrechnung durfte auch bisher nicht abhängig gemacht werden von der Anerkennung der Gegenforderung durch den Vermieter (BGH NJW 1994, 658).

437 Das Zurückbehaltungsrecht (§ 309 Nr. 2 lit. b BGB) und das allgemeine Leistungsverweigerungsrecht (§ 309 Nr. 2 lit. a) BGB) sind strenger als § 556b Abs. 2 BGB und können zur Unwirksamkeit der Regelung führen (s.o.).

b) Ankündigung

Die Geltendmachung der in § 556b Abs. 2 BGB bestimmten Rechte steht dem Mieter nur dann zu, wenn er seine Absicht dem Vermieter gegenüber mindestens einen Monat vor Fälligkeit der Miete in Textform angezeigt hat (zur Textform s.o.). Das Gesetz sieht hier die gegenüber § 126 BGB mildere Textform gemäß § 126b BGB vor, mithin ist Schriftform nicht erforderlich, aber eine mündliche Anzeige wäre unwirksam (§ 125 S. 1 BGB). **438**

Die Monatsfrist ist gemäß §§ 187 Abs. 1, 188 Abs. 2 und 3 BGB zu berechnen und stellt eine Mindestfrist dar. Der Aufrechnungsbetrag ist der Höhe nach anzugeben. Zur Kombination von Ankündigungspflicht und Vorauszahlungsklausel vor dem 01.09.2001 s.o. **439**

Ob die Ankündigungsverpflichtung nach dem Ende des Mietverhältnisses entfällt, ist streitig (BGH ZMR 2000, 364, entschieden zu einem Gewerberaummietvertrag, der individuell ausgehandelt war). Dies ist zu bejahen, da sie ihren Sinn mit Beendigung des Mietverhältnisses und Rückgabe des Mietobjekts verliert. **440**

3. Aufrechnung und Zurückbehaltung bei sonstiger Raummiete

a) Individuelle Regelungen

Im Vergleich zur Wohnraummiete ist bei Raum-, Grundstücks- und Fahrnismiete die Möglichkeit zur Einschränkung von Aufrechnung und Zurückbehaltung umfassender, die Regelungen des § 556b Abs. 2 BGB gelten nicht. Durch § 579 Abs. 2 BGB wird ausschließlich auf § 556b Abs. 1 BGB verwiesen, sodass § 556b Abs. 2 BGB bei anderen als Wohnraummietverhältnissen den Ausschluss von Aufrechnung und Zurückbehaltung nicht tangiert. Ein individualvertraglicher Ausschluss ist möglich. **441**

Bei einem individuell ausgehandelten Vertrag darf die Aufrechnungsbeschränkung über das Vertragsende hinaus vereinbart werden (hier: rechtskräftig festgestellte Ansprüche, BGH NZM 2000, 336).

b) Formularmäßige Einschränkungen

Gewerbemietverträge enthalten häufig formularmäßige Einschränkungen zu Aufrechnung und Zurückbehaltung. Dies ist weitgehend zulässig. **442**

Allerdings benachteiligt die in AGB enthaltene Bestimmung, dass die Aufrechnung mit Forderungen des Vertragspartners des Verwenders ausnahmslos ausgeschlossen ist, den Vertragspartner entgegen den Geboten von Treu und Glauben und ist daher unwirksam (BGH NJW 1985, 319 entschieden zu § 9 AGBG a.F. erging zu Werkvertrag). Unangemessen ist auch eine Formularklausel, die dem Vertragspartner generell die Befugnis nimmt, mit einer unbestrittenen oder rechtskräftig festgestellten Forderung aufzurechnen oder ein Zurückbehaltungsrecht geltend zu machen (BGH NJW 1984, 2404, 2405).

Das unbestrittene und rechtskräftig festgestellte Gegenforderungen vom Aufrechnungsverbot nicht erfasst werden dürfen (BGHZ 92, 312, 315 f.; OLG Brandenburg BeckRS 2010, 03474; OLG Düsseldorf ZMR 1999, 23 [24]; OLG Köln ZMR 1998, 763), wird allerdings nicht erstreckt auf »entscheidungsreife« Gegenforderungen (OLG Düsseldorf GE 2009, 1432).

Unwirksam ist formularmäßig zu vereinbaren, dass die Minderung ausgeschlossen ist, wenn die Nutzung der Mietsache durch Umstände beeinträchtigt wird, die der Vermieter nicht zu vertreten hat (BGH NZM 2008, 609 = NJW 2008, 2497). Auch die Formularklausel »Der Mieter kann gegenüber den Ansprüchen der Vermieter auf Zahlung des Mietzinses und der Nebenkosten kein Minderungsrecht wegen Mängeln der Mietsache geltend machen, es sei denn, die Vermieterin hat die Mängel vorsätzlich oder grob fahrlässig zu vertreten. Dies gilt auch für Störungen im Mietgebrauch durch Einwirkungen von außen« hält der BGH (NJW 2008, 2254 = NZM 2008, 522) für unwirksam, da sich aus der Gesamtschau der Vermieter-AGB der vollständige Ausschluss des Minderungsrechts ergebe. Auch wurde die Klausel: »Aufrechnung gegenüber Miete und Nebenkosten sowie die Ausübung eines Minderungs- und Zurückbehaltungsrechts ist ausgeschlossen, es sei denn, es liegt ein vorsätzliches oder grob fahrlässiges Verschulden des Vermieters vor. Etwaige Ersatzansprüche des Mieters gegenüber dem Vermieter sind gesondert geltend zu machen« wurde für unwirksam gehalten (OLG Celle WuM 1989, 234; s.a. BGH NZM 2008, 522 ff.). Die Klausel wonach *»der Mieter ... die Miete (nicht) mindern kann«* ist nicht als dauerhafter Ausschluss der Gewährleistungsrechte des Mieters anzusehen, er kann die Miete nach bereicherungsrechtlichen Grundsätzen zurückfordern (OLG Düsseldorf MDR 2005, 1045; BGH NJW 1984, 2404). Der Aufrechnungsvorbehalt für unbestrittene Forderungen muss aus der Klausel ersichtlich sein (BGH GuT 2007, 294).

Beschränkt sich die Klausel entweder auf unbestrittene oder rechtskräftig festgestellte Forderungen, besteht die Möglichkeit der Auslegung. Die Zulassung der Aufrechnung mit rechtskräftig festgestellten Forderungen, soll unbestrittene Forderungen mit umfassen (BGH ZMR 1993, 320 ff.; OLG Düsseldorf BeckRS 2009, 28073). Umgekehrt soll der Ausschluss unbestrittener Forderungen so auszulegen sein, dass damit auch rechtskräftig festgestellte Forderungen erfasst sind (BGHZ 107, 189). Unwirksam sind hingegen jene Klauseln, bei denen Zulässigkeit der Aufrechnung davon abhängt, dass die Forderungen vom Vermieter anerkannt oder rechtskräftig festgestellt sind (BGH NJW-RR 2006, 1350) oder zu denen der Vermieter im Einzelfall jeweils seine Zustimmung erklärt (BGH ZMR 2007, 854). Derartige Klauseln sind so anzulegen, dass die Zulässigkeit der Aufrechnung mit unbestrittenen Gegenforderungen von der Anerkennung bzw. Zustimmung seitens des Verwenders abhängig wird und damit die Aufrechnung mit unbestrittenen Forderungen nicht mehr uneingeschränkt zulässig ist. Der Bereicherungsanspruch des Mieters wegen Mietminderung darf nicht endgültig ausgeschlossen sein, dem Mieter muss das Recht verbleiben, seinen Anspruch gemäß § 812 BGB zu verfolgen, durch gesonderte Klage (ständige Rechtsprechung des BGH s. BGH NZM 2008, 522 m.w.N.; OLG Düsseldorf MDR 2005, 1045; LG Hamburg ZMR 2005, 50 ff.). Zulässig ist die Klausel »Auf das Recht zur Aufrechnung, Minderung (Herabsetzung des Pachtpreises) und Zurückbehaltung verzichtet der Pächter, soweit dies gesetzlich zulässig ist und soweit nicht mit rechtskräftig festgestellten Forderungen die vorgenannten Rechte geltend gemacht werden«, wobei sinngemäß mit umfasst ist der Fall der unbestrittenen Forderung (BGH ZMR 1993, 320 ff.). Zulässig ist, bei nicht ausdrücklich zugestandenen Mietminderungen, dem Mieter aufzuerlegen, den Abzug von der Miete nur dann vorzunehmen, wenn er gleichzeitig diesen Betrag hinterlegt (KG NJOZ 2010, 148 ff.)

443 Problematisch ist die Beschränkung der Aufrechnung auf einen bestimmten Anteil oder Prozentsatz der Miete. Zur Begründung der formularmäßig möglichen Einschränkung des Aufrechnungs- und Zurückbehaltungsrechts wird immer wieder dargelegt, dass die entsprechenden Klauseln den Mietern nur auferlegen, vorläufig die volle Miete zu zahlen, ihm aber das Recht bleibt, zu viel Geleistetes nach §§ 812 ff. BGB zurückzufordern. Wenn ihm Schadensersatzansprüche und das Kündigungsrecht belassen sind, ist er nicht unangemessen benachteiligt.

444 Die Klausel: »Die Ausübung eines Zurückbehaltungsrechts oder die Aufrechnung mit anderen als Ersatzforderungen wegen Mängeln der Mietsache (§ 536 BGB a.F.) ist ausgeschlossen.« hält das OLG Frankfurt/M. (22.12.2004, Az. 2 U 34/04) für unwirksam.

Möglich ist, durch vertragliche Vereinbarung die Aufrechnung oder Zurückbehaltung von einer i.d.R. einmonatigen Ankündigungsfrist abhängig zu machen (OLG Celle ZMR 1998, 272; OLG Rostock NZM 1999, 1006; KG GuT 2002, 77f.). Eine Ankündigungsklausel ist bei der Geschäftsraummiete auch formularmäßig zulässig (OLG Hamburg WuM 1998, 152; OLG Koblenz IBR 2006, 1023). 445

Ein formularmäßig wirksam vereinbartes Aufrechnungsverbot oder die sonstige zulässige Beschränkung von Gewährleistungsrechten wirkt auch nach Mietende weiter (OLG Düsseldorf v. 27.10.1994, Az. MieWoEG 4 vom August 1995; OLG Frankfurt/M. NJW 1987, 1650).

Die Fortgeltung des Aufrechnungsverbots über das Mietende hinaus begründet das OLG Düsseldorf (a.a.O.) damit, dass das Aufrechnungsverbot dem Vermieter die Durchsetzung seiner Mietansprüche sichern soll, indem es dem Mieter die Berufung auf streitige Gegenforderungen versagt. Dieses Interesse entfällt auch nicht mit Beendigung des Mietverhältnisses, nicht einmal mit Rückgabe der Mietsache, sondern besteht fort, solange Mietzahlungen rückständig sind. Für eine individuell ausgehandelte Klausel im Gewerbemietvertrag ist dies bereits höchstrichterlich entschieden (BGH ZMR 2000, 364). 446

Ein formularmäßig wirksames Aufrechnungsverbot ist auch auf den Kautionsrückzahlungsanspruch anzuwenden, wenn die Gegenforderungen des Mieters weder anerkannt noch unstreitig oder rechtskräftig festgestellt sind (OLG Düsseldorf GuT 2004, 156). Dies gilt, soweit die formularvertraglichen Bestimmungen der Regelung des § 309 Nr. 3 BGB entsprechen (s. hierzu OLG Düsseldorf ZMR 1999, 23 [24], entschieden für Gewerbe; OLG Köln WuM 1998, 23; a.A. bei Wohnraum BGH WuM 1995, 28). 447

Eine vertragliche Beschränkung des Zurückbehaltungsrechts erfasst sowohl das Zurückbehaltungsrecht i.S.v. § 273 BGB als auch die Einrede des nicht erfüllten Vertrages (BGH WuM 2003, 439; OLG Düsseldorf GuT 2004, 118 [119]). 448

Dem Vermieter steht ein Zurückbehaltungsrecht bezüglich der Wasserversorgung des Gewerberaummieters zu, der die Miete nicht zahlt (KG GuT 2004, 228 [229]), s.a. Kap. 15. Gewerberaummiete Einzelfragen Stichwort »Versorgungsleistungen«, s.a. Gewerberaummiete Stichwort »Aufrechnung und Zurückbehaltung« und »Minderung«; Törnig Minderungs- und Aufrechnungsverbot-AGB im Gewerberaummietvertrag NZM 2009, 847. 449

IX. Zahlungspflicht bei persönlicher Verhinderung des Mieters

1. Grundsätzliches

Nach § 537 Abs. 1 S. 1 BGB wird der Mieter von der Zahlungspflicht, d.h. der Entrichtung der Miete, grundsätzlich nicht dadurch befreit, dass er durch einen in seiner Person liegenden Grund an der Ausübung seines Gebrauchsrechts gehindert wird. Der Mieter trägt somit das **Verwendungsrisiko**. 450

Diese Vorschrift gilt für Wohnräume, Räume die keine Räume sind, insbesondere Geschäftsräume und die Grundstücksmiete. 451

Der Mieter ist von der Entrichtung der Miete nur befreit, wenn der Vermieter nicht mehr erfüllungsbereit ist (§ 537 Abs. 2 BGB). Im Falle des § 537 Abs. 1 BGB muss sich der Vermieter auf seinen fortbestehenden Erfüllungsanspruch die ersparten Aufwendungen und sonstige Vorteile anrechnen lassen (§ 537 Abs. 1 S. 2 BGB). Praxisrelevant ist besonders die Frage, ob und unter welchen Bedingungen der Mieter berechtigt ist, bei vorzeitigem 452

Auszug einen Nachmieter (Ersatzmieter) zu benennen und der Vermieter verpflichtet ist, einen solchen als Mieter zu akzeptieren.

453 Bei § 537 BGB wollte der Gesetzgeber für den Bereich des Mietrechts eine von den allgemeinen Vorschriften der §§ 293, 275, 326 BGB abweichende Regelung für den Fall der freiwilligen oder unfreiwilligen Gebrauchshinderung des Mieters treffen. Es handelt sich bei § 537 BGB insoweit um eine Spezialvorschrift zu den allgemeinen Vorschriften. Maßgeblich ist allein, ob der Mieter entweder vor oder nach Überlassung der Mietsache aus Gründen, die aus seiner Risikosphäre stammen, am Gebrauch gehindert wird (OLG Hamm WuM 1986, 201).

2. Verwendungsrisiko (§ 537 Abs. 1 S. 1 BGB)

454 Nach § 537 Abs. 1 S. 1 BGB wird darauf abgestellt, ob der Mieter durch einen in seiner Person liegenden Grund an der Ausübung seines Gebrauchsrechts gehindert wird. Es ist deshalb zu unterscheiden zwischen den Hinderungsgründen aus der Person des Mieters und Hinderungsgründen, die ihre Ursache in der objektiven Unmöglichkeit der Nutzung der Mietsache oder gar ihre Ursache in der Person des Vermieters haben. In § 537 Abs. 1 S. 1 BGB ist bestimmt, dass der Mieter nicht dadurch von der Entrichtung der Miete befreit wird, dass er durch einen in seiner Person liegenden Grund an der Ausübung des ihm zustehenden Gebrauchsrechts gehindert wird. Die Mietsache muss dem Mieter nicht bereits überlassen sein (OLG Düsseldorf ZMR 1992, 536; Blank/Börstinghaus/Blank § 537 BGB Rn. 1; Schmidt-Futterer/Langenberg 537 BGB Rn. 5; a.A.: Roquette § 552 BGB Rn. 5, 9). § 537 BGB wird auch im Falle des freiwilligen vorzeitigen Auszugs des Mieters angewandt (BGH NJW 1993, 1645; OLG Hamm NJW 1986, 2321; OLG Düsseldorf ZMR 1986, 164). Dies ergibt sich bereits daraus, dass das Verwendungsrisiko allein beim Mieter liegt, der zwar zum Gebrauch der Mietsache berechtigt, nicht aber verpflichtet ist. Sofern der Mieter vor Ablauf der Kündigungsfrist auszieht, ist er zur Entrichtung der Miete weiter verpflichtet, gleichgültig welche Partei gekündigt hat. Anders nur, wenn der Mieter aufgrund einer unwirksamen Kündigung des Vermieters die Räumlichkeiten verlässt, denn der Vermieter kann sich nicht auf die Unwirksamkeit seiner eigenen Erklärung berufen und hieraus Vorteile ziehen (Blank/Börstinghaus/Blank § 537 BGB Rn. 1). Auch in Fällen des Mietaufhebungsvertrages greift die Vorschrift des § 537 Abs. 1 S. 1 BGB bei vorzeitigem Auszug des Mieters. Die Vereinbarung ist aber dahin gehend zu überprüfen, ob nicht Bestimmungen enthalten sind, die einen vorzeitigen Auszug ohne weitere Entgeltzahlung vorsehen.

455 Keine Anwendung findet § 537 Abs. 1 S. 1 BGB auf sog. »Fitnessstudios«. Die Verträge zwischen den Inhabern und deren Kunden sind typengemischt. Es gibt sowohl Elemente des Mietvertragrechts, aber auch Elemente des Dienstvertragrechts. Insoweit wird § 537 Abs. 1 S. 1 BGB im Hinblick auf das Verwendungsrisiko für das Mitglied nicht angewandt (BGH NJW 1997, 193, 195). Die üblicherweise verwendeten Klauseln, wonach der Kunde das Entgelt weiter zu entrichten hat, wenn er die Einrichtungen des Fitnessstudios nicht nutzt, verstoßen häufig gegen § 307 Abs. 1 BGB, wenn dort die Interessen des Kunden nicht angemessen berücksichtigt werden (BGH NJW 1997, 193, 195; OLG Hamm NJW-RR 1992, 242; OLG Düsseldorf NJW-RR 1995, 55; OLG München NJW-RR 19951467; die ältere instanzgerichtliche Rechtsprechung LG Freiburg MDR 1981, 56; LG Darmstadt NJW-RR 1991, 1015; AG Frankfurt/M. NJW-RR 1993, 758 sind überholt).

a) Hinderung wegen eines in der Person des Mieters liegenden Grundes

Nach dem Gesetzestext erfasst der § 537 Abs. 1 S. 1 BGB nur den Fall, dass der Mieter von der Mietsache keinen Gebrauch machen kann (»gehindert wird«). Gleiches gilt aber, wenn zwar kein Hinderungsgrund vorliegt, der Mieter aber den Gebrauch nicht ausüben will (BGH WuM 1981, 57; OLG Köln NJW-RR 1992, 443; Blank/Börstinghaus/Blank § 537 BGB Rn. 3). **456**

Die Hindernisse müssen sich aus der **Person des Mieters** ergeben. Es ist zu differenzieren zwischen Hinderungsgründen aus der Person des Mieters und sonstigen Hinderungsgründen, die ihre Ursache in der Person des Vermieters oder in objektiven Umständen haben können. Auf ein Vertretenmüssen kommt es dabei nicht an, sondern es ist auf die Risikosphäre abzustellen, aus der der Hinderungsgrund stammt (BGH NJW 1963, 341; OLG Düsseldorf ZMR 1992, 536). Grundsätzlich gilt, dass das Risiko der Gebrauchstauglichkeit der Mietsache der Vermieter, das Verwendungsrisiko dagegen der Mieter trägt. Es kommt deshalb nicht darauf an, ob der Mieter den Gebrauch der Mietsache antritt oder, ob er ihn später aufgibt, sondern allein darauf, aus welcher Risikosphäre die Gründe stammen. Da das Verwendungsrisiko beim Mieter liegt, wird er selbst bei **freiwilliger** oder **unverschuldeter** Hinderung am Mietgebrauch nicht von der Entrichtung der Miete befreit. **457**

Beispiele für Hinderungsgründe in der Person des Mieters sind: Krankheit und Tod des Mieters (OLG Düsseldorf ZMR 2001, 106), Tod eines Angehörigen (Weimar ZMR 1971, 202 f.), berufliche Versetzung des Mieters (OLG Oldenburg WuM 1981, 125), Verbüßung einer Freiheitsstrafe, Einberufung zum Wehrdienst, Antritt einer längeren Reise (KG OLGE 8, 394), berufliche Veränderung (LG Gießen NJW-RR 1995, 395) sowie behördliche Verbote, die ihren Grund in der Person des Mieters haben (OLG Düsseldorf ZMR 1992, 536). Weitere Beispiele sind Versagung der Konzession oder Betriebsgenehmigung wegen der Person des Mieters (OLG Hamburg OLGE 16, 416, 417), auch das Risiko, aus Witterungsgründen keinen Gebrauch von der Sache machen zu können liegt allein beim Mieter (LG Düsseldorf ZMR 1990, 379). Auch im Hinblick auf ein gebuchtes Hotelzimmer, muss der Mieter auch dann die Miete entrichten, wenn die Messe nicht stattfindet (OLG Braunschweig NJW 1976, 570), ähnlich auch, wenn ein Reiseveranstalter die angemieteten Hotelzimmer bezahlen muss, weil die Reise mangels genügender Teilnehmerzahl entfällt (OLG Köln NJW-RR 1992, 443). **458**

b) Hinderung wegen eines in der Person des Vermieters liegenden Grundes

Liegt der Hinderungsgrund in der Risikosphäre des Vermieters, dann wird der Mieter von der Verpflichtung zur Entrichtung der Miete frei und der Mieter erhält ein Kündigungsrecht nach § 543 Abs. 2 Nr. 1 BGB zur außerordentlich fristlosen Kündigung. Einen Sonderfall regelt § 537 Abs. 2 BGB, wenn der Vermieter den Gebrauch nicht gewähren kann, weil das Mietobjekt inzwischen an einen Dritten überlassen ist. **459**

c) Hinderung bei objektiver Unmöglichkeit der Nutzung

Bei der objektiven Unmöglichkeit der Nutzung der Mietsache kann zwischen anfänglicher Unmöglichkeit, der nachträglichen Unmöglichkeit sowie einer vom Vermieter zu vertretenden Unmöglichkeit unterschieden werden. **460**

Liegt ein Fall **der anfänglichen Unmöglichkeit** vor, d.h. die Mietsache ist beispielsweise untergegangen, so wird § 537 BGB nicht angewendet. Es gilt § 275 Abs. 1 BGB, wonach der Anspruch auf Leistung aufgeschlossen ist. Es wären Ansprüche nach §§ 275 Abs. 4, 280, 281 BGB denkbar. **461**

462 Liegt ein Fall **der nachträglichen Unmöglichkeit** vor, d.h. nach der Überlassung der Mietsache an den Mieter, ist zu unterscheiden, ob die Aufhebung der Gebrauchtauglichkeit auf einen **Fehler** der Mietsache oder aber einen **Untergang** der Mietsache zurückzuführen ist.

463 Im Falle des **Fehlers** der Mietsache ist der Mieter gem. § 536 Abs. 1 BGB von der Zahlung der Miete befreit.

464 Im Falle des **Untergangs** der Mietsache stellt sich die Frage des **Vertreten müssens.**

Hat der **Mieter** die Unmöglichkeit der Nutzung der Mietsache zu vertreten, so wird der Vermieter nach § 275 BGB von seiner Leistungsverpflichtung freigestellt, behält aber den Anspruch auf die Gegenleistung, d.h. die Miete des Mieters nach § 326 Abs. 2 BGB. Die Abgrenzung der Anwendung des § 326 Abs. 2 BGB gegenüber § 537 BGB wird danach vorgenommen, ob die Mietsache untergegangen ist oder aber, ob die Mietsache noch fortbesteht, die Nutzung aber durch Gründe aus der Risikosphäre des Mieters nicht möglich ist.

465 Hat der **Vermieter** die Unmöglichkeit der Nutzung der Mietsache zu vertreten, so wird der Mieter gem. § 275 BGB von der Leistungsverpflichtung, d.h. Entrichtung der Miete, befreit und hat daneben das Recht, den Mietvertrag nach § 543 Abs. 1, Abs. 2 Nr. 1 BGB außerordentlich fristlos zu kündigen.

466 Hat **weder Vermieter noch Mieter** die Unmöglichkeit zu vertreten, so wird der Vermieter gem. § 275 BGB von seiner Leistungsverpflichtung befreit, verliert aber gem. § 326 Abs. 1 BGB den Anspruch auf die Gegenleistung, dh, den Anspruch auf Miete.

3. Ersparte Aufwendungen (§ 537 Abs. 1 S. 2 BGB)

467 Nach § 537 Abs. 1 S. 2 BGB muss sich der Vermieter auf den nach § 537 Abs. 1 S. 1 BGB aufrechterhaltenen Erfüllungsanspruch den Wert der ersparten Aufwendungen sowie derjenigen Vorteile anrechnen lassen, die er aus einer anderweitigen Verwendung des Gebrauchs (tatsächlich) erlangt. Damit wird klargestellt, dass den Vermieter grundsätzlich **keine Pflicht** zur anderweitigen Verwertung der Sache während der Gebrauchshinderung des Mieters trifft. Eine Schadensminderungspflicht des Vermieters besteht nicht, da § 254 BGB an einen Schadensersatzanspruch anknüpft, nicht aber an einen Erfüllungsanspruch, der hier gegeben ist (BGH WuM 2007, 319; BGH WuM 1981, 57; OLG Koblenz WuM 2002, 552, 554; LG Gießen NJW-RR 1995, 395; a.A. mit einer Argumentation über Treu und Glauben LG Braunschweig WuM 1998, 220). Durch § 537 BGB ist die Risikoverteilung bei Nichtnutzung abschließend geregelt, so dass ein Rückgriff auf § 254 BGB nicht möglich ist. Die Anrechnung führt zu einer automatischen Reduzierung des Anspruchs des Vermieters, weshalb es einer Aufrechnungserklärung nicht bedarf. Sofern der Mieter trotz Bestehen der Anrechnungslage zuviel geleistet hat, kann er die Differenz gem. §§ 812, 818 BGB zurückverlangen (Schmidt-Futterer/Langenberg § 537 BGB Rn. 10).

a) Ersparte Aufwendungen

468 Den Wert der ersparten Aufwendungen muss sich der Vermieter anrechnen lassen. Es ist dabei auf die **tatsächliche Ersparnis** abzustellen, nicht auf dasjenige, was sich der Vermieter hätte ersparen können (LG Kassel WuM 1989, 410). Dies betrifft insbesondere die Betriebskosten, wobei zwischen **verbrauchsbedingten** Betriebskosten und **verbrauchsunabhängigen** Betriebskosten zu unterscheiden ist. Eine Ersparnis tritt dabei bei Heizung, Wasserverbrauch, ggf. auch Strom, sofern der Vermieter diese zu tragen hat, ein.

Im Gegensatz dazu wird keine Ersparnis bei fixen Kosten, wie Grundsteuer, Versicherungsprämien etc eintreten. Auch ersparte Wartungs- und/oder Instandhaltungspflichten können zu einem anrechenbaren Vermögensvorteil führen, der nach § 287 ZPO schätzbar sein kann (OLG Düsseldorf ZMR 1985, 382). Bei nicht in Anspruch genommenen Hotelzimmern werden üblicherweise Beträge zwischen 10 % (Zimmer mit Frühstück), 30 % (Halbpension) und 40 % (Vollpension) in Abzug gebracht (Blank/Börstinghaus/Blank § 537 BGB Rn. 9; Schmidt-Futterer/Langenberg § 537 BGB Rn. 12).

b) Anderweitige Verwertung des Gebrauchs

Sofern der Mieter sein Gebrauchsrecht, gleich aus welchen Gründen, nicht ausübt und die vermieteten Räume einen Leerstand aufweisen, stellt sich für den Vermieter die Frage, ob und wie die Fälle der Überlassung an einen Dritten oder die Selbstnutzung zu behandeln sind. Die **Verwertung durch Überlassung an einen Dritten** nach § 537 Abs. 1 S. 2 BGB ist zu unterscheiden von der Überlassung an einen Dritten nach § 537 Abs. 2 BGB. Die Abgrenzung ist danach vorzunehmen, ob die Erfüllungsbereitschaft des Vermieters aufrechterhalten bleibt oder nicht. Sofern die Erfüllungsbereitschaft des Vermieters nach wie vor weiter besteht, gilt die Anrechnungsvorschrift des § 537 Abs. 1 S. 2 BGB. Fehlt die Erfüllungsbereitschaft des Vermieters, dann gilt § 537 Abs. 2 BGB. Greift die Vorschrift des § 537 Abs. 1 S. 2 BGB, bleibt der Mieter zur Entrichtung der Miete verpflichtet, sodass sich die Problematik auf die Frage der Vorteilsausgleichung zwischen Vermieter und Mieter verlagert. Sinn und Zweck der Vorschrift ist es, dass der Vermieter durch die fortbestehende Zahlungsverpflichtung des Mieters nicht günstiger gestellt werden soll, als wenn der Mieter die Mietsache weiter genutzt hätte. Der Vermieter muss sich lediglich die Vorteile aus der anderweitigen Verwertung anrechnen lassen. In den Fällen der fortbestehenden Erfüllungsbereitschaft des Vermieters begünstigt insoweit § 537 Abs. 1 S. 2 BGB den Vermieter gegenüber den Fällen des § 537 Abs. 2 BGB. Im Rahmen der Vorteilsausgleichung hat der Vermieter zumindest die Möglichkeit, eine etwaig bestehende Mietdifferenz zwischen dem vorzeitig ausgezogenen Mieter gegenüber der durch Überlassung an einen Dritten erzielten Miete ausgeglichen zu bekommen. 469

Die derartig gelagerten Fälle dürften aber kaum praxisrelevant sein, da das Fortbestehen der Erfüllungsbereitschaft selten der Fall sein wird. Der Vermieter wird dem Dritten als neuen Mieter kaum jederzeit den Gebrauch entziehen können, um nach wie vor erfüllungsbereit i.S.d. § 537 Abs. 1 S. 2 BGB zu sein. Denkbar sind derartige Fälle, wenn nahe Bekannte oder Verwandte vorübergehend die Mietsache nutzen, bei gleichzeitiger Bereitschaft, die Räume bei Rückkehr des ursprünglichen Mieters wieder zurückzuräumen. Der Vermieter müsste sich dann auf die ihm gegenüber dem Mieter zustehende Miete etwaige Zahlungen des Dritten als Vorteile anrechnen lassen. 470

Auch im Falle der **Verwertung durch Selbstnutzung** stellt sich die Frage der Abgrenzung zwischen § 537 Abs. 1 S. 2 BGB und § 537 Abs. 2 BGB, da es keinen Unterschied macht, ob der Vermieter die Mietsache selbst nutzt, oder sie einem Dritten überlässt. 471

Auch hier kommt es für die Frage der Anwendung des § 537 Abs. 1 S. 2 BGB darauf an, ob der Vermieter weiter erfüllungsbereit ist oder nicht. Beispielsfälle für eine derartige Weiterfortbestehung der Erfüllungsbereitschaft könnten die kurzfristige Unterstellung von Gegenständen oder die kurzfristige Inanspruchnahme der Mietsache zum Zwecke der Durchführung von Renovierungsarbeiten oder kleineren Instandsetzungsarbeiten sein (Schönheitsreparaturen). Haben die Arbeiten einen größeren Umfang, gilt § 537 Abs. 2 BGB (BGH NJW 1963, 341). Die Vorteilsausgleichung hat je nach Fallgruppe danach zu erfolgen, welchen Betrag der Vermieter erspart hat, den er für die Anmietung vergleichbarer Räume für den genannten Zweck hätte aufwenden müssen bzw. je nach 472

Art und Umfang des Vermietereingriffs, nach einem fiktiven Minderungsbetrag, wenn der Vermieter die fraglichen Maßnahmen während der Besitzzeit des Mieters durchgeführt hätte (vgl. Blank/Börstinghaus/Blank § 537 BGB Rn. 8; Sternel Rn. III 99).

473 Liegt dagegen keine Erfüllungsbereitschaft des Vermieters mehr vor, weil er beispielsweise die Mietsache im eigenen Interesse für Sanierungsarbeiten nutzt, so greift § 537 Abs. 2 BGB, der zu einem Entfallen des Anspruchs auf Entrichtung der Miete führt.

c) Stellung eines Ersatzmieters (Nachmieter)

474 Ein Problem im Rahmen des § 537 BGB ist die Frage, inwieweit der Mieter bei vorzeitigem Auszug berechtigt ist, dem Vermieter einen Ersatz in Form eines Nachmieters zu stellen und inwieweit der Vermieter verpflichtet ist, einen Nachmieter zu akzeptieren. Es handelt sich um einen Unterfall der Anrechnungspflicht des Vermieters.

Dabei ist zu unterscheiden, ob es bereits im Mietvertrag eine vereinbarte Nachmieterstellung gibt oder ob zwar keine Nachmieterstellung vereinbart ist, die Rechtsprechung aber hiervon unter dem Gesichtspunkt von Treu und Glauben ausnahmsweise eine Ersatzmieterstellung zulässt.

4. Überlassung an einen Dritten (§ 537 Abs. 2 BGB)

475 Im Gegensatz zu § 537 Abs. 1 BGB regelt diese Vorschrift den Fall, dass der Mieter nicht zur Entrichtung der Miete verpflichtet ist, wenn der Vermieter infolge der Überlassung des Gebrauchs an einen Dritten außerstande ist, dem Mieter den Gebrauch zu gewähren. Im Unterschied zu § 537 Abs. 1 S. 2 BGB fehlt es hier an einer weiterbestehenden Erfüllungsbereitschaft des Vermieters.

a) Vermietung der Mietsache an einen Dritten

476 Die Erfüllungsbereitschaft fehlt bei Weitervermietung. Erforderlich ist insoweit, dass es sich um eine Vermietung auf Dauer handelt, sodass der Vermieter nicht in der Lage ist, dem Mieter die Sache jederzeit zur Verfügung zu stellen. Fälle des freiwilligen Auszugs des Mieters und der Weitervermietung der Mietsache durch den Vermieter zu einem niedrigeren Mietzins sind im Hinblick auf die Kollision zwischen § 537 Abs. 1 S. 2 BGB und § 537 Abs. 2 BGB geklärt. Der Streit hat insofern Bedeutung, als es um einen Anspruch des Vermieters auf die Mietdifferenz geht. Danach ist eine Weitervermietung möglich, damit auch ein Anspruch auf die Mietdifferenz, wobei dies teilweise mit dem Vorrang des § 537 Abs. 1 S. 2 BGB zum anderen Teil damit begründet wird, dass die Berufung des vertragsuntreuen Mieters gegen Treu und Glauben verstoße (BGH ZMR 2008, 378; BGH ZMR 1993, 317; OLG Rostock ZMR 2003, 260; OLG Düsseldorf ZMR 1991, 380; OLG Koblenz WuM 1995, 154; KG GE 2001, 1539; LG München WuM 1996, 766). Letzterem ist zu folgen, da der Mieter selbst eine Vertragsverletzung begeht, wenn er ohne Rücksicht auf den bestehenden Mietvertrag vorzeitig auszieht und die Miete nicht mehr entrichtet. Sofern der Vermieter, obwohl nicht dazu verpflichtet, die Mietsache weiter vermietet, um den Mietausfall gering zu halten, so handelt der Mieter rechtsmissbräuchlich, wenn er die Zahlung der Differenzmiete mit der Begründung verweigert, dass der Vermieter wegen der Weitervermietung zur Gebrauchsüberlassung nicht mehr in der Lage sei. Die Lösung ist im Einzelfall über § 242 BGB zu suchen. Das Gewicht der Vertragsverletzung ist dabei maßgeblich. Kein Rechtsmissbrauch des Mieters liegt in folgenden Fällen vor:

- Der Mieter hat aufgrund einer unklaren Sach- und Rechtslage begründeten Zweifel am Fortbestand des Mietvertrages.

- Der Vermieter hat die Mietsache ohne wichtigen Grund unter dem erzielbaren Marktpreis weitervermietet.
- Der Vermieter hat Zweifel, ob der Mieter endgültig ausgezogen ist.

b) Eigennutzung durch den Vermieter

Im Falle der Eigennutzung durch den Vermieter gilt § 537 Abs. 1 S. 2 BGB, falls der Vermieter nach wie vor erfüllungsbereit ist. Dies ist dann der Fall, wenn die Mietsache dem Mieter wieder jederzeit zur Verfügung gestellt werden kann. Der Anspruch auf Entrichtung der Miete entfällt, wenn der Vermieter die Eigennutzung im eigenen Interesse zu umfangreichen **Ausbesserungs- und Umbauarbeiten** nutzt (BGH NJW 1963, 341). In diesen Fällen fehlt es an der Erfüllungsbereitschaft, sodass § 537 Abs. 2 BGB mit der Entbindung der Pflicht zur Mietzahlung anzuwenden ist. Nicht als Nutzung des Vermieters im eigenen Interesse ist anzusehen, wenn der Vermieter die Mietsache einem Dritten (Nachmieter), der noch nicht einzieht, zu Renovierungsarbeiten überlässt, die der Dritte im Hinblick auf seine Nutzung übernimmt (OLG Koblenz DWW 1995, 81). **477**

5. Abweichende Vereinbarungen

§ 537 BGB ist abdingbar, selbst bei der Wohnraummiete. Eine Abdingbarkeit kann aber bei Individualvereinbarungen sittenwidrig nach § 138 BGB sein und bei Formularklauseln gegen § 307 BGB verstoßen (Staudinger/Emmerich § 537 BGB Rn. 38). **478**

6. Beweislast

Der Vermieter hat zu beweisen, dass er erfüllungsbereit ist, also auch nach Auszug des Mieters die Mietsache bereithält. Des Weiteren hat er die tatsächlichen Voraussetzungen für die Nichtanwendung des § 537 Abs. 2 BGB zu beweisen. Der Mieter muss beweisen, dass der Vermieter Aufwendungen erspart hat oder durch anderweitige Verwertung der Mietsache Vorteile erzielt hat und darüber hinaus, dass der Vermieter endgültig einem Dritten den Gebrauch der Sache überlassen hat oder dass der Vermieter die Wohnung selbst bezogen hat. **479**

5. Kapitel
Mietnebenkosten

Übersicht **Rdn.**

Rdn.

I. Begriffsbestimmungen

1. Nebenkosten

1 Der Ausdruck Nebenkosten hat sich im allgemeinen Sprachgebrauch eingebürgert. Er wird in einem weiten Sinne verstanden. Gemeint sind alle Zahlungen, die der Mieter neben der Grundmiete erbringen muss (Gortzmann ZMR 2002, 566), wobei vorwiegend auf regelmäßige Leistungen abgestellt wird. Insbesondere sind Nebenkosten die Betriebskosten und bei peisgebundenem Wohnraum das Umlageausfallwagnis (vgl. hierzu Schmid Handbuch der Mietnebenkosten, Rn. 5465 ff.), Vergütungen (vgl. hierzu Schmid Handbuch der Mietnebenkosten, Rn. 5491 ff.) und Zuschläge (vgl. hierzu Schmid Handbuch der Mietnebenkosten, Rn. 5476 ff.). Eine klare Abgrenzung hat sich jedoch auch im allgemeinen Sprachgebrauch nicht herausgebildet (OLG Düsseldorf ZMR 1984, 20). Das Gesetz verwendet den Begriff Nebenkosten in § 41 Abs. 1 S. 2 GKG und stellt ihn in Gegensatz zum Nettogrundentgelt.

2. Betriebskosten

a) Grundsätzliches

Betriebskosten sind die Kosten, die dem Eigentümer (Erbbauberechtigten) durch das Eigentum am Grundstück (Erbbaurecht) oder durch den bestimmungsgemäßen Gebrauch des Gebäudes (oder der Wirtschaftseinheit), der Nebengebäude, Anlagen, Einrichtungen und des Grundstücks laufend entstehen (§ 556 Abs. Satz 2 BGB, § 2 Abs. 1 S. 1 BetrKV, § 27 Abs. 1 S. 1 II. BV). 2

Die Regelungen sprechen nur die Kosten des Eigentümers und des Erbbauberechtigten an. Sie gelten aber auch für den Wohnungseigentümer und den Wohnungserbbauberechtigten. Ferner ist der Begriff auch für Mietverhältnisse von Bedeutung, bei denen der Vermieter nicht Eigentümer oder Erbbauberechtigter ist, z.B. bei der Untermiete, insbesondere bei der gewerblichen Zwischenvermietung. Bei Mietverhältnissen über Wohnraum ergibt sich dies aus der Verweisung des § 556 BGB auf die BetrKV. Bei sonstigen Mietverhältnissen kann die Anwendung der BetrKV vereinbart werden; beschränkt sich die Umlegungsvereinbarung hierauf, können auch bei der Geschäftsraummiete nur solche Betriebskosten umgelegt werden, die auch für Wohnräume umlegungsfähig sind (OLG Celle ZMR 1999, 238). 3

Negativ grenzt § 1 Abs. 2 BetrKV die Betriebskosten ab von den Verwaltungskosten und der Instandhaltung und Instandsetzung. Auch Herstellungskosten sind keine Betriebskosten. Auf eine Erwähnung der ebenfalls nicht umlegungsfähigen Kostenarten, wie z.B. Kapital- oder Finanzierungskosten, wurde in der BetrKV mangels Klarstellungsbedürfnisses verzichtet (BR-Drucks. 568/03 S. 29). 4

Die BetrKV wurde erlassen auf Grund des § 19 Abs. 2 S. 2 WoFG a.F. Die Geltung der Verordnung ist nunmehr in § 556 Abs. 1 BGB ausdrücklich gesetzlich geregelt. 5

b) Kosten des Betriebes

aa) Positive Abgrenzung

Zum Betrieb einer Wohnanlage gehören Aufwendungen des Vermieters, die entweder durch öffentlich-rechtliche Vorschriften entstehen oder dem Mieter den Gebrauch der Mietsache erst ermöglichen (Eisenhuth WuM 1987, 88). Nicht durch den vertragsgemäßen Gebrauch entstehen Kosten, die mit dem Eigentumsrecht und der Gebrauchsgewährungspflicht nichts zu tun haben, z. B. Zuschüsse zu einem Mieterfest (Kinne GE 2005, 165). 6

Kosten, die in der BetrKV ausdrücklich als Betriebskosten genant sind, gelten als solche auch dann, wenn sich nach der Definition des § 1 BetrKV nicht um Betriebskosten handelt (vgl. AG Bremen WuM 2009, 403). 7

bb) Negative Abgrenzung

(1) Verwaltungskosten

Das sind nach § 1 Abs. 2 Nr. 1 BetrKV, § 26 Abs. 1 II. BV die Kosten der zur Verwaltung des Gebäudes oder der Wirtschaftseinheit erforderlichen Arbeitskräfte und Einrichtungen, die Kosten der Aufsicht sowie der Wert der vom Vermieter persönlich geleisteten Verwaltungsarbeit sowie die Kosten für die gesetzlichen oder freiwilligen Prüfungen des Jahresabschlusses und für die Geschäftsführung. 8

Soweit Verwaltungskosten, insbesondere solche der Verbrauchserfassung und der Kostenverteilung in der BetrKV bei den einzelnen Betriebskosten ausdrücklich genannt sind, geht die spezielle Regelung jedoch den allgemeinen Abgrenzungsgrundsätzen vor (oben Rdn. 7). 9

10 Nicht umlegungsfähig sind auch sogenannte versteckte Verwatungskosten. Um solche handelt es sich, wenn ein Dienstleister zu den an sich umlegungsfähigen Tätigkeiten Verwaltungsaufgaben des Vermieters übernimmt. Vgl. die ausdrückliche Regelung für den Hauswart in »2 Nr. 14 BetrKV; v. Seldenek ZMR 2003, 393 [396] für einen Generalunternehmer. Als weiteres Beispiel ist zu nennen der Einzug und die Abrechnung (nicht nur Kostenverteilung) der Heizung durch Wärmelieferanten (Schmid, Handbuch der Mietnebenkosten Rn. 1026a).

(2) Instandhaltung und Instandsetzung

11 Instandhaltungskosten sind nach § 28 Abs. 1 S. 1 II. BV die Kosten, die während der Nutzungsdauer zur Erhaltung des bestimmungsmäßigen Gebrauches aufgewendet werden müssen, um die durch Abnutzung, Alterung und Witterungseinwirkung entstehenden baulichen oder sonstigen Mängel zu beseitigen. § 1 Abs. 2 Nr. 2 BetrKV übernimmt diese Definition, bezeichnet diese Kosten aber als Instandhaltungs- und Instandsetzungskosten. Zu den Instandsetzungskosten gehören grundsätzlich auch die Kosten für eine Wiederbeschaffung (BGH WuM 2004, 290). Damit ist klargestellt, dass der enge Instandhaltungsbegriff des § 28 II. BV auch für die Abgrenzung zu den Betriebskosten gilt. Nur die Beseitigung von Mängeln gehört zu Instandhaltung und Instandsetzung. Vorsorgemaßnahmen gehören dann zur Instandhaltung, wenn Erneuerungen schon vor dem Auftreten von Mängeln getätigt werden (BGH ZMR 2007, 361 = GE 2007, 440). Maßnahmen zur Schadensvorsorge gehören nicht generell zu den Instandhaltungs- und Instandsetzungskosten, auch soweit es sich um Überwachungs-, Vorsorge- und Pflegemaßnahmen handelt, sondern können Betriebskosten sein (vgl. z.B. AG Berlin-Neukölln GE 1988, 524; a.A. noch Wall WuM 1998, 527). Regelmäßig anfallende, nicht durch eine bereits aufgetretene Störung veranlasste Maßnahmen, die Überprüfung der Funktionsfähigkeit und Betriebssicherheit einer technischen Einrichtung dienen, sind Betriebskosten (BGH ZMR 2007, 361 = GE 2007, 440).

12 Ein besonderes Problem stellen **Wartungsverträge** dar. Der Begriff »Wartung« hat nach dem allgemeinen Sprachgebrauch keinen klaren Inhalt. Vielmehr richten sich Art und Umfang der Tätigkeit nach den jeweiligen höchst unterschiedlichen Wartungsverträgen. Wartung kann nur reine Pflegearbeiten, aber auch Reparaturen und den Ersatz von Verschleißteilen umfassen. Der Begriff Wartung wird in § 2 Nr. 2 BetrKV verwendet, dort aber nicht definiert. Die Überschrift zu § 2 Nr. 5 Buchst. (3) BetrKV enthält ebenfalls den Begriff Wartung, der im Text umschrieben wird als regelmäßige Prüfung der Betriebsbereitschaft und Betriebssicherheit und der damit zusammenhängenden Einstellung durch eine Fachkraft. Dadurch wird aber die Umlegung weiterer Erhaltungsmaßnahmen nicht ausgeschlossen. Bei Wartungen, die über die bloße Kontrolle, Pflege und Erhaltung hinausgehen (häufig als Vollwartungsverträge bezeichnet) muss eine Aufteilung nach umlegungsfähigen und nicht umlegungsfähigen Kosten erfolgen (Schmid ZMR 1998, 258 m.w.N.).

(3) Anschaffungen und Ersatzteile

13 Keine Betriebskosten sind Aufwendungen für die Anschaffung von Geräten (Anlage 1 zu § 5 Abs. 5 II. BV Nr. 5), Werkzeugen, Arbeitsmitteln, und Kleinteilen (LG Wuppertal WuM 1999, 342; AG Lörrach WuM 1996, 628). Das gilt grundsätzlich auch, wenn es sich um Ersatzbeschaffungen handelt (BGH WuM 2004, 290; a.A. AG Lichtenberg NZM 2004, 96). Ebenfalls nicht umlegungsfähig sind Aufwendungen für die Beschaffung und Bevorratung von Ersatzteilen (LG Hamburg WuM 1989, 640). Zur Mangelbeseitigung und damit zur Instandsetzung gehört auch der regelmäßige Austausch von

Verschleißteilen, auch wenn dieser vorsorglich erfolgt, da hier ein alterungsbedingter Mangel schon vorliegt, bevor das Verschleißteil endgültig unbrauchbar ist (LG Hamburg ZMR 2001, 971; Wall WuM 1998, 527; a.A. OLG Düsseldorf NZM 2000, 762.

c) Laufende Entstehung

Betriebskosten sind nur solche Kosten, die laufend entstehen. Voraussetzung für eine Umlegung ist jedenfalls eine gewisse Wiederkehr der Entstehung der jeweiligen Kosten. Der BGH (MDR 2004, 932 L = MietRB 2004, 202 = WuM 2004, 290; MDR 2007, 769 = MietRB 2007, 137 = NJW 2007, 1356 = ZMR 2007, 361 = GE 2007, 439) stellte bisher lediglich darauf ab, ob die Maßnahme in regelmäßigen Abständen durchgeführt werden muss oder ob eine einmalige Maßnahme aus einem bestimmten Anlass vorliegt. Unperiodisch anfallende Kosten wurden bisher nicht als Betriebskosten angesehen. Das Merkmal der periodischen Wiederkehr wurde aber vom BGH bereits im Urteil vom 11.11.2009 im Ergebnis (»fünf bis sieben Jahren«) praktisch aufgegeben (MDR 2010, 137 = NZM 2010, 79) und im Urteil vom 13.01.2010 (VIII ZR 137/09) werden Turnus oder periodische Wiederkehr gar nicht mehr erwähnt. M. E. grenzt das Merkmal der laufenden Entstehung nur ab von einmalig entstehenden Kosten, insbesondere von den Baukosten und den Kosten, die nur aus bestimmten, nicht von vorneherein als wiederkehrend feststehenden Ereignissen abhängen. Laufend bedeutet wiederkehrend, ohne dass das Wort etwas über den Zeitabstand oder die Regelmäßigkeit der Wiederkehr aussagt. Es kommt deshalb nicht darauf an, ob die Zeitabstände zwischen den einzelnen Maßnahmen gleich lang sind. Ein Intervall von fünf bis sieben Jahren schließt die laufende Entstehung nicht aus (BGH MDR 2010, 137 = NZM 2010, 79). 14

Die laufende Entstehung kann bezogen werden allgemein auf die Mietverhältnisse, auf das ganze Gebäude oder auf das einzelne Mietverhältnis. Das ist wesentlich z. B. für Kosten, die nur beim Ein- oder Auszug eines Mieters anfallen. Solche Kosten fallen zwar im ganzen Hause immer wieder an, im einzelnen Mietverhältnis aber nur einmal. Der BGH (MDR 2008, 313 = MietRB 2008, 129 = WuM 2008, 85 = GE 2008, 193 = NZM 2008, 123) stellte in seiner Entscheidung zu den Nutzerwechselkosten auf das einzelne Mietverhältnis ab, ohne dies näher zu begründen. In der Entscheidung zu den Sperrmüllkosten (GE 2010, 333) wird die Frage nicht problematisiert. Jedoch folgt schon aus dem Umstand, dass auch die Kosten der Beseitigung von Sperrmüll, der von Dritten abgestellt wird, auf die Mieter soll umgelegt werden können, dass es nicht auf das einzelne Mietverhältnis ankommen kann. M. E. muss von vorneherein, abstrakt und generell feststehen, ob Kosten umlegbar sind oder nicht. Das verbietet es auf das einzelne Mietverhältnis abzustellen. Wie soll z. B. bei der ersten Sperrmüllablagerung festgestellt werden, ob derselbe Mieter erneut Sperrmüll auf Gemeinschaftsflächen abstellt? Nicht viel anders ist es, wenn man die Abrechnungseinheit als Bezugsgröße ansieht. Auch hier weiß man nicht, wann wie oft Sperrmüll abgelagert wird oder Ungeziefer bekämpft werden muss. Außerdem würde die Umlegungsfähigkeit von Abrechnungseinheit zu Abrechnungseinheit wechseln. Sachgerecht ist es deshalb darauf abzustellen, ob die die jeweiligen Kosten verursachende Maßnahme generell immer wieder zu beobachten ist oder ob es sich nur um ganz vereinzelt auftretende Ausnahmefälle handelt, die nicht als laufende Vorkommnisse bezeichnet werden können. 15

Darlegungs- und beweispflichtig für die laufende Entstehung der Kosten ist der Vermieter (Schmid, Handbuch der Mietnebenkosten Rn. 1038). 16

d) Tatsächliches Entstehen der Kosten

aa) Grundsätzliches

17 Betriebskosten sind nur tatsächlich entstehende Kosten, nicht fiktive Kosten (AG Neuss DWW 1987, 236 f.). Preisnachlässe und Rabatte mindern die Aufwendungen und sind deshalb in Abzug zu bringen. Ein Barzahlungsnachlass (Skonto) ist in entsprechender Anwendung von § 7 Abs. 1 S. 1 II. BV nicht in Abzug zu bringen, soweit er handelsüblich ist (Schmid Handbuch der Mietnebenkosten, Rn. 1041). Rückvergütungen (»kick-back«) sind an die Mieter auszukehren. Unzulässig und möglicherweise von strafrechtlicher Relevanz ist es, wenn Leistungserbringer und Vermieter, die Rückvergütung von vorneherein zu Lasten der Mieter in Form eines höheren Preises vereinbaren (vgl. *BGH* CuR 2008, 66).

18 Kann nicht festgestellt werden, in welcher Höhe Kosten tatsächlich angefallen sind, so ist nicht auf Durchschnittswerte, sondern auf Mindestwerte abzustellen (Schmid NZM 1998, 499). Ein Ansatz von Erfahrungswerten (so LG Frankfurt/M. WuM 1996, 561) oder Annäherungswerten aus anderen Abrechnungszeiträumen (so AG Bergisch-Gladbach WuM 1998, 109) kann zu einem Wert über den tatsächlichen Kosten führen. Da der Vermieter das Risiko der Kostenerfassung trägt, ist eine solche mögliche Benachteiligung der Mieter nicht gerechtfertigt. Wie der Mindestbetrag zu ermitteln ist, ist eine Frage des Einzelfalles. Mehr oder weniger willkürliche Schätzungen sind nicht ausreichend (OLG Nürnberg WuM 1995, 308; LG Berlin ZMR 1998, 166). Es müssen vielmehr konkrete Tatsachen vorliegen, die den Schluss auf den Anfall der angegebenen Kosten zulassen (vgl. LG Düsseldorf DWW 1990, 240).In der Abrechnung muss darauf hingewiesen werden, dass eine Schätzung erfolgt ist (LG Leipzig ZMR 2004, 594 = WuM 2004, 24; Schmid GE 2008, 905 [908]).

19 Bei einer Abrechnung nach dem Abfluss- (Fälligkeits-) prinzip können Voraus- und Abschlagszahlungen bereits im Jahr ihrer Fälligkeit berücksichtigt werden. Bei einer Abrechnung nach dem Leistungsprinzip dürfen nur die endgültig entstandenen Kosten angesetzt werden. So ist z.B. bei den Wasserkosten nur der sich aus der endgültigen Abrechnung der Wasserwerke ergebende Betrag umlegungsfähig (LG Gießen NJW-RR 1996, 1163).

20 **Beweisbelastet** dafür, dass die Kosten tatsächlich entstanden sind, ist der Vermieter. Mit der Vorlage von betriebsinternen Leistungsstatistiken und Eigenrechnungen kann dieser Beweis in der Regel nicht geführt werden (*AG Freiburg* WuM 1991, 121 f.; *LG Potsdam* WuM 1997, 677, 679). Erfahrungswerte können ein Indiz für den tatsächlichen Anfall der Kosten sein und gegebenenfalls in Verbindung mit anderen Beweismitteln den Kostenanfall in einer bestimmten Höhe belegen (Schmid, Handbuch der Mietnebenkosten Rn. 1044a)

bb) Eigenleistungen des Vermieters

21 Nach § 2 Abs. 1 S. 2 BetrKV, § 27 Abs. 2 II. BV dürfen Sach- und Arbeitsleistungen des Eigentümers (Erbbauberechtigten), durch die Betriebskosten erspart werden, mit dem Betrag angesetzt werden, der für eine gleichwertige Leistung eines Dritten, insbesondere eines Unternehmers angesetzt werden könnte, jedoch ohne Umsatzsteuer. Der Ausschluss der Umsatzsteuer dient der Ermittlung des ansetzbaren Betrages.

22 Die Verordnung differenziert dabei nicht zwischen den Leistungen einer natürlichen oder juristischen Person. Leistungen von Arbeitnehmern oder unselbstständigen Regiebetrieben des Vermieters können bis zu der Höhe umgelegt werden, die bei Beauftragung eines Dritten entstehen würden (BR-Drucks. 568/03 S. 28; vgl. bereits LG Hamburg

ZMR 1995, 32 f.). Unter Arbeitnehmer i.S.d. Berücksichtigung von Eigenleistungen können dabei nur solche verstanden werden, die in den allgemeinen Geschäftsbetrieb des Vermieters eingegliedert sind. Die Kosten von Arbeitnehmern, die speziell mit Aufgaben betraut sind, für deren Erfüllung die BetrKV eine Kostenumlegung vorsieht, z.B. Reinigungskräfte oder Hauswarte, sind nicht hierher zu rechnen. Die hierfür anfallenden Kosten sind – unter Berücksichtigung des Wirtschaftlichkeitsgrundsatzes – voll umlegbar (Schmid Handbuch der Mietnebenkosten, Rn. 1046).

Eigenleistungen können auch dann umgelegt werden, wenn dies nicht ausdrücklich oder im Wege der Bezugnahme auf § 1 BetrKV (§ 27 II. BV a.F.) vereinbart ist (AG Löbau WuM 1994, 19; a.A. LG Kiel WuM 1990, 228). Zwar ist es richtig, dass Eigenleistungen keine tatsächlich entstehenden Betriebskosten sind. Die Gleichstellung mit den Ausgaben für Fremdleistungen soll aber gerade darüber hinweghelfen. 23

e) Eigentum am Grundstück oder bestimmungsgemäßer Gebrauch

Durch das Eigentum am Grundstück entstehen die Kosten, die den Eigentümer des Grundstücks als solchen treffen, z. B. die Grundsteuer. Durch den bestimmungsgemäßen Gebrauch entstehen Kosten, die ihren Grund in einer ordnungsgemäßen Benutzung haben. Keine Betriebskosten sind deshalb Kosten, die durch ein rechtswidriges Verhalten von Mietern oder von Dritten entstehen (Schmid WuM 2008, 519; ders. MDR 2010, 362; a.A. BGH NJW 2010, 1198 = MDR 2010, 375 = ZMR 2010, 433) 24

II. Wirtschaftlichkeitsgrundsatz

1. Grundsatz

Der Wirtschaftlichkeitsgrundsatz ist in §§ 556, 560 BGB festgelegt. Deutlicher ist die Umschreibung bei preisgebundenem Wohnraum. Der Ansatz der Bewirtschaftungskosten hat den Grundsätzen einer ordentlichen Bewirtschaftung zu entsprechen (§ 24 Abs. 2 S. 1 II. BV). Bewirtschaftungskosten dürfen nur angesetzt werden, soweit sie bei gewissenhafter Abwägung aller Umstände und bei ordentlicher Geschäftsführung gerechtfertigt sind (§ 24 Abs. 2 S. 2 II. BV, § 20 Abs. 1 S. 2 NMV 1970). Dass die umzulegenden Kosten erforderlich sein müssen, ist ein allgemeiner, auf Treu und Glauben beruhender Grundsatz, der für alle Mietverhältnisse (Schmid GE 2001, 1026) und Mietnebenkosten gilt. 25

2. Beurteilung der Wirtschaftlichkeit

a) Allgemeines

Bei der Beurteilung der Wirtschaftlichkeit ist vom Standpunkt eines vernünftigen Vermieters auszugehen, der ein vertretbares Kosten-Nutzen-Verhältnis im Auge behält (AG Köln WuM 1999, 221). Der Vermieter kann alle sachlichen Gesichtspunkte heranziehen. Dabei ist zu berücksichtigen, dass sich die ordentliche Geschäftsführung auf die Bewirtschaftung des Gebäudes bezieht. Das Gebäudemanagement ist aber zunächst von der Kostenumlegung auf die Mieter unabhängig (Schmid Handbuch der Mietnebenkosten, Rn. 1055). Gleichwohl sieht der BGH (GE 2008, 116) bereits im Abschluss unwirtschaftlicher Verträge einen Verstoß gegen eine vertragliche Nebenpflicht (s.u. Rdn. 51). 26

Im Rahmen des Wirtschaftlichkeitsgebotes hat der Vermieter einen Entscheidungsspielraum, der teils als billiges Ermessen i.S.d. § 315 BGB (h.M.; OLG Celle ZMR 1999, 238, 27

240; AG Köln WuM 1999, 291) teils als Beurteilungsspielraum (Börstinghaus MDR 2000, 1345) eingeordnet wird. Da die Wirtschaftlichkeit objektiv zu beurteilen ist, kommt es auf die persönlichen Kenntnisse und Möglichkeiten des Vermieters nicht an (a.A. v. Seldenek NZM 2002, 549). Insbesondere kann nicht danach differenziert werden, ob es sich um einen Großvermieter oder den Vermieter nur einer Wohnung handelt.

28 Zur »gewissenhaften Abwägung aller Umstände« gehört schließlich eine Abwägung der Interessen von Mieter und Vermieter unter Berücksichtigung der Belange der Allgemeinheit insbesondere des Umweltschutzes (LG Frankfurt/O. WuM 1999, 403, 404; LG Neubrandenburg WuM 2001, 130). Der Wirtschaftlichkeitsgrundsatz gilt nur innerhalb der vom Vermieter gewählten Versorgungsart und verpflichtet den Vermieter nicht, schon bei der Auswahl schon die wirtschaftlich vorteilhafteste Versorgungsvariante zu wählen (*BGH* ZMR 2007, 685 = NZM 2007, 563 = GE 2007, 1051 für das Verhältnis Zentralheizung/Wärmecontracting).

29 Dabei kommen auf **Vermieterseite** vor allem in Betracht das Interesse an Schutz und Erhaltung des Gebäudes und ein geringer Verwaltungsaufwand sowie die Kompetenz und Zuverlässigkeit des Vertragspartners (Gärtner GE 1999, 1176, 1191), Betriebsgröße des Vertragspartners und Berücksichtigung der örtlichen Verhältnisse (Kinne GE 2003, 442). Auch der Wunsch des Vermieters, einen bereits bewährten Anbieter weiter zu beschäftigen, ist zu berücksichtigen (Klas ZMR 1995, 7).

30 Auf Seiten der **Mieter** stehen vor allem geringe Kosten, aber auch eine ordnungsgemäße Erbringung der vom Vermieter geschuldeten Nebenleistungen im Vordergrund.

31 Bei der Heranziehung des **Umweltschutzgedankens** ist Zurückhaltung geboten. Das Mietverhältnis ist ein privatrechtliches Rechtsverhältnis, das primär einen Austausch von Leistung und Gegenleistung und nicht die Wahrung der Belange der Allgemeinheit zum Inhalt hat. Umweltschutz auf Kosten des Mieters kann deshalb nicht Richtschnur für das Handeln des Vermieters sein. So wird man es nicht als wirtschaftlich ansehen können, wenn der Vermieter deutlich teureren »Ökostrom« einkauft und die Kosten auf den Mieter umlegt. Abzustellen ist grundsätzlich auf durchschnittliche Standards (Schmid Handbuch der Mietnebenkosten, Rn. 1075).

b) Unnötige Kosten

32 Die Kosten für Maßnahmen, die **nicht erforderlich oder sinnlos** sind, können nicht auf die Mieter umgelegt werden. Das gilt insbesondere für Wartungsverträge über Einrichtungen und Anlagen, die keinem regelmäßigen Verschleiß unterliegen und von denen auch keine Gefahr ausgeht, z.B. Wartungsverträge für Klingel- und Gegensprechanlagen (AG Hamburg WuM 1998, 308) und Herde (AG Lichtenberg WuM 1998, 572), wenn nicht im Einzelfall aufgrund besonderer Umstände ein Wartungsbedarf besteht. Eine Überprüfung von Anlagen entsprechend den Unfallverhütungsvorschriften der Berufsgenossenschaften widerspricht nicht dem Wirtschaftlichkeitsgebot (BGH GE 2007, 439). Auch private Versicherungsverträge können Überprüfungspflichten vorsehen und dadurch eine Obliegenheit des Versicherungsnehmers (Vermieter) begründen (vgl. OLG Köln zfs 2008, 340). Ein Erforderlichkeit im Sinne des Wirtschaftlichkeitsgrundsatzes wird dadurch jedoch nur dann begründet, wenn die Überprüfung tatsächlich sinnvoll ist oder wenn die Versicherung zu anderen Bedingungen nicht angeboten wird (Schmid, Handbuch der Mietnebenkosten Rn. 1057). Aus der Erwähnung von Kostenpositionen in § 2 BetrKV folgt nicht, dass deren Aufwendung auch dem Wirtschaftlichkeitsgrundsatz entspricht (a.A. LG Halle ZMR 2009, 916 m. abl. Anm. Schmid).

Kosten, die vom Vermieter dem Leistungserbringer **nicht geschuldet** werden, sind nicht umlegungsfähig (LG Chemnitz WuM 2003, 217). Das gilt auch für Trinkgelder (LG Berlin GE 1981, 235; a.A. LG Hamburg ZMR 1960, 75). Für verjährte Forderungen wird die Auffassung vertreten, dass deren Bezahlung dem Wirtschaftlichkeitsgrundsatz widerspricht (Pfeifer DWW 2000, 16). 33

Ebenfalls nicht umlegungsfähig sind Kosten, die wegen einer **Säumnis des Vermieters** entstehen, z.B. Säumniszuschläge, Mahngebühren (v. Seldeneck NZM 2002, 545) und Verzugszinsen. 34

Eine **schlechte Aufgabenerfüllung** durch Angestellte oder Unternehmen reicht für sich alleine noch nicht aus, um die Höhe des hierfür gezahlten Entgelts nur teilweise als umlegungsfähig anzusehen (Schmid, Handbuch der Mietnebenkosten Rn. 1060; a.A. AG Offenbach WuM 1980, 114; AG Frankfurt/M. WuM 1996, 778). Erst wenn der Vermieter kündigen oder Abzüge vom Entgelt machen kann, fehlt es an der Erforderlichkeit der Ausgaben (Schmid Handbuch der Mietnebenkosten, Rn. 1060). Unberührt bleibt die Minderung der Miete, wenn die schlechte Aufgabenerfüllung zu einer Gebrauchsbeeinträchtigung führt. 35

c) Erforderlichkeit in Bezug auf das Mietobjekt

Welche Maßnahmen erforderlich sind, hängt wesentlich vom **Charakter des Mietobjekts** ab, der sich aus der Lage, den baulichen Gegebenheiten, dem Repräsentationscharakter und dem Nutzungszweck ergibt (LG Hamburg ZMR 2001, 970). Der Nutzungszweck bestimmt sich nach dem vertragsgemäßen Gebrauch und damit insbesondere auch nach dem jeweiligen Mietvertrag. Bestimmte Standards können mietvertraglich vereinbart werden (v. Seldeneck NZM 2002, 546). Wenn keine vertraglichen Regelungen bestehen, ist die Erforderlichkeit nach objektiven Maßstäben zu beurteilen, nicht nach den subjektiven Vorstellungen des Vermieters (Langenberg NZM 2001, 793). 36

Bei der **Auslegung der Kapazität** von Anlagen hat der Vermieter einen Spielraum. So wird es für zulässig angesehen, dass Anlagen so große Leistungsreserven haben, dass die Kapazität auch unter ungünstigsten Verhältnissen ausreicht, auch wenn dadurch höhere Betriebskosten entstehen (Schmidt-Futterer/Langenberg Mietrecht § 546 Rn. 289). Zu Notmaßnahmen, wie etwa zur Beschaffung von Müllsäcken bei der Überfüllung von Mülltonnen, muss der Vermieter nur in Ausnahmefällen greifen (a.A. AG Dannenberg WuM 2000, 380, 381). Mehrkosten, die auf willkürlich überhöhten Kapazitäten beruhen, muss der Mieter jedoch nicht tragen (Rips WuM 2001, 421). 37

Sofern nicht ausdrückliche vertragliche Vereinbarungen bestehen, ist die Erforderlichkeit von Maßnahmen nicht statisch bezogen auf den Zeitpunkt der Vermietung zu beurteilen. **Änderungen der tatsächlichen Verhältnisse**, z.B. die Verschlechterung der Sicherheitslage (vgl. OLG Celle ZMR 1999, 238 ff.) können bisher nicht erforderliche Maßnahmen als angemessen erscheinen lassen. 38

Stellt sich die Unwirtschaftlichkeit erst im Laufe der Zeit heraus, muss der Vermieter zu einer kostengünstigeren Handhabung übergehen (Wall WuM 1998, 65). Zu beachten sind dabei aber vertragliche Bindungen. Es kann deshalb mit einem bloßen Kostenargument nicht von einer verbrauchsabhängigen zu einer verbrauchsunabhängigen Abrechnung übergegangen werden (a.A. Wall WuM 1998, 65). 39

Dem Vermieter steht es frei, **Verbesserungen** am Mietobjekt vorzunehmen (Gärtner GE 1999, 1176, 1184). Begrenzt wird die Duldungspflicht lediglich durch § 554 BGB. Dabei sind im Rahmen der Erhöhung der Miete auch die Erhöhungen von Nebenkosten im Gefolge der Modernisierung zu berücksichtigen (LG Berlin GE 1993, 861). Ob die durch 40 eine Verbesserungsmaßnahme zusätzlich entstehenden Kosten umlegbar sind, ist, soweit nicht bereits die Maßnahme als solche nicht erforderlich ist, nicht eine Frage der Wirtschaftlichkeit (a.A. Klas ZMR 1995, 5), sondern des Problems der »neuen Betriebskosten«, also der Frage, ob die Kosten bereits dem Grunde nach auf den Mieter umgelegt werden können.

d) Höhe der Kosten

41 Nicht einer ordentlichen Geschäftsführung entspricht es, wenn sich der Vermieter auf unangemessene, marktunübliche, überhöhte Entgeltvereinbarungen mit Dritten einlässt (OLG Celle ZMR 1999, 238, 240). Der Preis muss ins Verhältnis zum Leistungsinhalt gesetzt werden (LG Hamburg ZMR 2001, 970). Der Vermieter muss nicht unbedingt den billigsten Anbieter wählen (AG Dortmund NZM 2004, 26). Da sich ein exakt angemessenes Entgelt kaum abstrakt ermitteln lässt, wird es unter Heranziehung der Wesentlichkeitsgrenze des § 5 WiStG zugelassen, dass die aufgewendeten die üblichen Kosten um 20% übersteigen können (vgl. AG Köln WuM 1999, 221; Schmid Handbuch der Mietnebenkosten, Rn. 1066; zweifelnd Kinne GE 2003, 442). Dies kann jedoch nicht als starre Grenze angesehen werden. Der Vermieter ist grundsätzlich zu kostengünstiger Beschaffung, auch unter Ausnutzung besonders günstiger Beschaffungsmöglichkeiten verpflichtet, soweit ihm dies zumutbar ist. Er kann nicht von vorneherein einen Anbieter auswählen, dessen Preise 20% über dem Durchschnitt liegen. Dem Mieter muss deshalb die Möglichkeit bleiben, darzutun, dass die Leistungen bei gleichen sonstigen Gegebenheiten günstiger hätten erlangt werden können. Umgekehrt kann der Vermieter Gründe darlegen, die eine Überschreitung der 20%-Grenze vertretbar erscheinen lassen (Schmid Handbuch der Mietnebenkosten, Rn. 1067).

42 Da im Rahmen der Wirtschaftlichkeit auch der Verwaltungsaufwand zu berücksichtigen ist (a.A. LG Neubrandenburg WuM 2001, 130), kann vom Vermieter nicht verlangt werden, dass er alle denkbaren Anbieter zur Abgabe eines Angebotes auffordert. Auch eine Ausschreibung ist nicht erforderlich (Gärtner GE 1999, 1176, 1188; a.A. v. Seldeneck Betriebskosten im Mietrecht Rn. 2607). Dasselbe gilt für die Einholung von Vergleichsangeboten (Schmid, Handbuch der Mietnebenkosten Rn. 1068; a.A. Langenberg WuM 2001, 531). Das Risiko bei marktunüblich hohen Vergütungen trägt ohnehin der Vermieter.

43 Gegen überhöhte Gebühren und Steuern muss der Vermieter mit Rechtsbehelfen vorgehen (LG Berlin GE 2003, 121; Kinne GE 2003, 712), gegebenenfalls auch mit einem Normenkontrollverfahren (AG Demmin WuM 2008, 337).

44 Maßnahmen zur Kostensenkung muss der Vermieter nur ergreifen, wenn sie ihm zumutbar sind (Langenberg WuM 2001, 531).

e) Unwirtschaftliche Anlagen, Mängel, fehlende Überwachung

45 Teilweise wird ein Verstoß gegen das Wirtschaftlichkeitsgebot auch angenommen, wenn unwirtschaftliche Anlagen verwendet oder Mängel nicht beseitigt werden und dadurch höhere Kosten entstehen (vgl. Kinne GE 2003, 713; Dötsch MietRB 2008, 328 [329]). Hierbei handelt es sich jedoch nicht um ein Problem der Nebenkostenumlegung. Die Nebenkostenumlegung bezieht sich immer nur auf den Ist-Zustand und nicht auf den Soll-Zustand des Mietobjekts. Aus dem Nebenkostenrecht heraus besteht weder eine Verpflichtung des Vermieters, verbrauchsgünstige Anlagen anzuschaffen, noch ergibt sich hieraus die Pflicht zur Mängelbeseitigung. Maßgeblich für die Behandlung dieser Fälle ist die Gebrauchsgewährungspflicht nach § 535 Abs. 1 S. 2 BGB. Die Umlegungsfähigkeit der beim gegenwärtigen Zustand der Mietsache anfallenden Kosten als solche wird dadurch nicht berührt (Schmid Handbuch der Mietnebenkosten, Rn. 1069).

Eine andere Frage ist es, ob der Forderung des Vermieters ein Schadensersatzanspruch aus §§ 241 Abs. 2, 280 BGB (so Schmidt-Futterer/Langenberg Mietrecht § 546 Rn. 288 ff.) oder aus § 536a BGB (so v. Seldeneck Betriebskosten im Mietrecht Rn. 2652 ff.) entgegengehalten werden kann. Bei fehlender Überwachung ist zu differenzieren. Entstehen durch die ungenügende Überwachung Mängel, hat der Mieter die Mängelrechte. Hat dagegen die mangelnde Überwachung zur Folge, dass ungerechtfertigte Kosten berechnet, z.B. mehr Stunden als gearbeitet in Rechnung gestellt werden, so handelt es sich hierbei um eine Frage der Erforderlichkeit der Kosten (oben Rdn. 36). Ungerechtfertigte Ansätze des Dienstleisters können nicht umgelegt werden. **46**

Die Energieeinsparungsverordnung wird als Konkretisierung des Wirtschaftlichkeitsgrundsatzes angesehen mit der Folge, dass ein Verstoß hiergegen zu Schadensersatzansprüchen des Mieters führen kann (*Blank* WuM 2008, 311 [313]). **47**

f) Organisationskompetenz des Vermieters

Sofern nicht abweichende vertragliche Regelungen bestehen, obliegt es der Organisationskompetenz des Vermieters, ob er selbst tätig wird oder die Aufgaben durch Angestellte oder selbständige Unternehmer erledigen lässt (vgl. z.B. Weyhe MDR 2000, 737, 744). Besondere Gründe für einen Wechsel zwischen Eigen- und Fremdleistung muss der Vermieter nicht darlegen (Schmid, Handbuch der Mietnebenkosten Rn. 1071; a.A. Langenberg WuM 2001, 531). Der Wirtschaftlichkeitsgrundsatz verpflichtet den Vermieter auch nicht, einzelne Aufgaben, z.B. Reinigung, vertraglich den Mietern zu übertragen (offen gelassen von Rips WuM 2001, 421). **48**

g) Verursachungsbezogene Abrechnung

Eine verursachungsbezogene Abrechnung führt durch Erfassung und Verteilung zu zusätzlichen Kosten. Da das Gesetz die verursachungsbezogene Abrechnung grundsätzlich vorsieht, kann eine Unwirtschaftlichkeit nicht allein mit den zusätzlichen Kosten begründet werden (vgl. AG Brandenburg a.d. Havel GE 2004, 1458). Unwirtschaftlichkeit ist jedoch anzunehmen, wenn die zusätzlichen Kosten außer Verhältnis zu den Kosten der abzurechnenden Position und zu den durch den Sparanreiz eingesparten Kosten entstehen (AG Bersenbrück NZM 2000, 863). Eine starre Grenze wird sich hier ebenso wenig finden lassen wie eine allgemein gültige Berechnungsweise. Unter Berücksichtigung des Einspareffektes, der üblicherweise mit 15% angesetzt wird (vgl. OLG Köln WuM 1998, 621), und des Umweltschutzgedankens (Rdn. 31) sowie des Wunsches vieler Mieter nach einer verbrauchabhängigen Abrechnung wird man je nach den Umständen des Einzelfalles einen Kostenanteil für Erfassung und Verteilung bis zu 25% an der jeweiligen Kostenposition als vertretbar ansehen können (Schmid Handbuch der Mietnebenkosten, Rn. 1071d). **49**

3. Unabdingbarkeit

Die Beachtung des Wirtschaftlichkeitsgrundsatzes kann nicht vertraglich ausgeschlossen werden (Langenberg NZM 2001, 794, 795). Für preisfreien Wohnraum ist dies ausdrücklich in §§ 556 Abs. 4, 560 Abs. 6 BGB geregelt und ergibt sich im Übrigen aus Treu und Glauben. Dies gilt sowohl für den generellen Ausschluss des Wirtschaftlichkeitsgebotes als auch für Einzelmaßnahmen. Unberührt bleibt jedoch das Recht der Vertragsparteien, Einzelmaßnahmen zur Gebrauchswerterhöhung zu vereinbaren (Rdn. 36) auch wenn diese über den üblichen Standards liegen und zusätzliche Kosten verursachen. **50**

4. Verstoß gegen den Wirtschaftlichkeitsgrundsatz

51 Der BGH (GE 2008, 116 = ZMR 2008, 195) sieht bereits in der Eingehung der Verpflichtung, die zu den unwirtschaftlichen Ausgaben führt die Verletzung einer vertraglichen Nebenpflicht. Das hat zur Folge, dass eine Pflichtverletzung nur gegenüber den Mietern vorliegt, mit denen zu diesem Zeitpunkt bereits ein Mietvertrag bestand bzw. Vertragsverhandlungen aufgenommen worden waren. Der Schadensersatzanspruch ist auf Freistellung von den unwirtschaftlichen Kosten gerichtet. Das bedeutet, dass der Vermieter nicht berechtigt ist, die unnötigen Kosten dem Mieter in der Abrechnung zu belasten. Tut er dies gleichwohl ist die Abrechnung fehlerhaft. Die Einwendung muss der Mieter in der Frist des § 556 Abs. 3 Satz 5 BGB geltend machen. Nach Ablauf der Frist gilt die Abrechnung als ordnungsgemäß und verbindlich (s.u. Rdn. 948 ff.). Ein Schadensersatzanspruch kann dann auch nicht mehr darauf gestützt werden, dass die Aufnahme der unnötigen Kosten in die Abrechnung die Pflichtverletzung darstellt (Schmid ZMR 2008, 599 [600]; a.A. Streyl NZM 2008, 23 [24]).

52 Der BGH (GE 2008, 116 = NJW 2008, 440 = NZM 2008, 78 = ZMR 2008, 195 = DWW 2008, 143 = WuM 2008, 29) sieht in einem Verstoß gegen den Wirtschaftlichkeitsgrundsatz jedenfalls bei preisfreiem Wohnraum die Verletzung einer Nebenpflicht. aus dem Mietvertrag. Die schädigende Handlung liegt bereits in der Eingehung der Verpflichtung, die zu den erhöhten Ausgaben führt. Bereits damit ist der Anspruch auf Freihaltung von den Kosten entstanden (§ 199 Abs. 1 Nr. 1 BGB). Hinzukommen muss für den Verjährungsbeginn nach § 199 Abs. 1 Nr. 2 BGB die Kenntnis oder grob fahrlässige Unkenntnis des Mieters von den den Anspruch begründenden Umständen. Diese Umstände sind die Kenntnis von den tatsächlich entstandenen Kosten und das Wissen um kostengünstigere Möglichkeiten. Von den tatsächlichen Kosten erlangt der Mieter spätestens mit der Abrechnung Kenntnis. Wann der Mieter von günstigeren Möglichkeiten Kenntnis erhält, kann nur im Einzelfall beurteilt werden. Eine grundsätzliche Nachforschungspflicht zur Vermeidung der Annahme grober Fahrlässigkeit wird man nicht bejahen können. Sie kommt allenfalls dann in Betracht, wenn extrem hohe Kosten oder extreme Kostensteigerungen eine Erkundigungspflicht nahe legen (Schmid GE 2009, 298 [300]).

5. Darlegungs- und Beweislast

53 Die Darlegungs- und Beweislast für die Schadensersatz begründenden Tatsachen trägt der Mieter (AG Schöneberg GE 2009, 217; Milger NZM 2008, 1 [10]; Streyl NZM 2008, 23) mit Ausnahme des Verschuldens, wo sich der Vermieter gem. § 280 Abs. 1 S. 2 BGB entlasten muss. Soweit der Mieter die maßgeblichen Umstände nicht kennen kann, trifft den Vermieter eine sekundäre Darlegungslast (Schmid, Handbuch der Mietnebenkosten Rn. 1077c). Zu weiteren Einzelheiten s. Schmid, Handbuch der Mietnebenkosten Rn. 1077f ff.

III. Umlegbare Kosten

1. Grundsätzliches

54 An Nebenkosten kann nur umgelegt werden, was gesetzlich zugelassen und vereinbart oder bei preisgebundenem Wohnraum einseitig bestimmt ist. Dabei ist der Umfang des gesetzlich Zulässigen nach der Art des Mietverhältnisses verschieden geregelt.

55 Bei preisgebundenem Wohnraum können umgelegt werden die Betriebskosten (§ 20 NMV 1970), das Umlageausfallwagnis (§§ 20, 25a NMV 1970), Zuschläge (§ 26 NMV

1970) und Vergütungen (§ 27 NMV 1970). Umlegbar sind bei preisfreiem Wohnraum nur Betriebskosten (§ 556 Abs. 1 BGB). Bei Nichtwohnraummietverhältnissen bestehen keine speziellen Beschränkungen. Die Umlegbarkeit wird nur begrenzt durch die guten Sitten (§ 138 BGB) und bei der Verwendung allgemeiner Geschäftsbedingungen durch das Verbot unangemessener Benachteiligung nach § 307 BGB. Bei ungewöhnlicher Vertragsgestaltung kann eine Klausel auch als überraschend i.S.d. § 305c Abs. 1 BGB eingestuft werden. Zu einzelnen Kostenpositionen s. Pfeifer DWW 2000, 13 ff.; Gather DWW 2002, 56; Schmid Handbuch der Mietnebenkosten, Rn. 5500 ff. und 8003.

2. Die einzelnen Betriebskosten – Vorbemerkung

Die einzelnen Betriebskosten sind aufgeführt in § 2 BetrKV. Zu einigen Positionen enthält auch die NMV 1970 Regelungen. 56

Die folgende Darstellung folgt dem Aufbau des § 2 BetrKV, geht aber auch auf andere Fragen im Zusammenhang mit den einzelnen Nebenkostenpositionen ein. Insbesondere werden auch Nebenkostenprobleme erörtert, die für Nichtwohnraummietverhältnisse von Bedeutung sind. 57

Bei einem Teil der einzelnen Kostenpositionen (Nrn. 1, 8, 13) werden nur Beispiele genannt (»namentlich«). Die anderen Positionen enthalten eine abschließende Aufzählung. Hieraus wird der Schluss gezogen, dass nicht genannte Einzelkosten, die der jeweiligen Position zugeordnet werden können, auch nicht nach Nr. 17 umlegbar sind (Hess/Latinovic NZM 1999, 344 m.w.N.). Dem ist jedoch nicht zu folgen, da Nr. 17 als Auffangtatbestand ausgestaltet ist (Schmid DWW 2004, 288). 58

Entsprechend der Rechtsprechung des BGH (NZM 2004, 290) zu § 2 Nr. 17 BetrKV wird man für eine wirksame Vereinbarung der Umlegung der nicht namentlich genannten Kosten eine ausdrückliche Benennung verlangen müssen (Schmid GE 2004, 736; a.A. Kinne GE 2004, 1500). 59

3. Die einzelnen Betriebskosten entsprechend § 2 BetrKV

Nr. 1 Die laufenden öffentlichen Lasten des Grundstücks

Hierzu gehört namentlich die Grundsteuer. 60

(I) Umlegbare Kosten

Zu den öffentlichen Lasten gehören neben der Grundsteuer z.B. Realkirchensteuern und Deichgebühren (Kinne ZMR 2001, 2). Von den Gemeinden erhobene Straßenausbaubeiträge, die als Deckungsgrundlage für Investitionsaufwendungen dienen und wiederkehrend erhoben werden, werden nicht den öffentlichen Lasten i.S.d. Nr. 1 zugeordnet (AG Greiz WuM 1999, 133). Eine Vereinbarung, wonach »Grundbesitzabgaben« umgelegt werden, ist nicht hinreichend bestimmt und ermöglicht auch nicht die Umlegung von Grundsteuer (AG Köln WuM 1988, 419 f. m. abl. Anm. Sommerfeld). Demgegenüber »tendiert« das OLG Düsseldorf (DWW 2000, 196, 197) dazu, zumindest die Grundsteuer unter den Begriff »Grundbesitzabgaben« zu subsumieren und für umlegungsfähig zu erachten. Die Vereinbarung der Umlegung von »Gemeindeabgaben« hält das OLG Hamm (ZMR 2005, 617) in einem gewerblichen Mietvertrag für ausreichend bestimmt und sieht davon auch die Grundstuer mitumfasst. M. E. (Schmid, Handbuch der Mietnebenkosten, Rn. 5003a) ist in diesen Fällen in einem Formularmietvertrag mangelnde Transparenz anzunehmen; bei einem Individualvertrag kommt es darauf an, was die Parteien unter den jeweiligen Schlagworten verstanden haben. 61

(II) Kostenverteilung

(1) Einzelverteilung

62 Im Anwendungsbereich der NMV 1970 erfolgt die Umlegung nach dem Verhältnis der Wohnfläche (§ 20 Abs. 1 S. 1 NMV 1970). Bei nicht preisgebundenem Wohnraum gelten die allgemeinen Grundsätze.

63 Bei Wohnungs- und Teileigentum wird die Grundsteuer für das jeweilige Wohnungs- bzw. Teileigentum festgesetzt. Es ist deshalb zur Vermeidung erheblicher Abrechnungsschwierigkeiten zweckmäßig, mit dem Mieter zu vereinbaren, dass dieser Betrag umgelegt wird. Die allgemeine Vereinbarung der Umlegung nach Wohn- und Nutzfläche führt dazu, dass die Grundsteuerbelastung für die gesamte Anlage zu ermitteln und dann nach dem Flächenmaßstab aufzuteilen ist (BGH WuM 2004, 403). Entsprechendes gilt bei Wohnraum beim Fehlen einer Vereinbarung, da dann § 556a Abs. 1 BGB eingreift (a.A. LG Berlin GE 2006, 34). Zu denken ist allerdings auch an eine ergänzende Vertragsauslegung dahin, dass die Umlegung nach den Stuerbescheiden erfolgt (Schmid, Handbuch der Mietnebenkosten Rn. 5608 a).

(2) Voraufteilung

64 Wird ein Grundstück teils zu Wohnzwecken, teils gewerblich genutzt, wird im Einheitswertbescheid, auf den der Grundsteuerbescheid über den Grundsteuermessbescheid letztlich zurückgreift, für Gewerberäume bezogen auf den Quadratmeter Wohn- oder Nutzfläche meist ein höherer Wert angesetzt als für Wohnräume. Über die Sondervorschriften des § 20 Abs. 2 S. 2 NMV 1970 hinaus wird deshalb die Auffassung vertreten, dass die Grundsteuer nach Wohn- und Gewerberaum voraufgeteilt werden muss, wenn der Einheitswert wie meist (§ 76 Abs. 1 BewG), nach dem Ertragswertverfahren ermittelt wird (LG Frankfurt/M. ZMR 1997, 642 f. = WuM 1997, 630 f.; LG Hamburg ZMR 2001, 971; LG Braunschweig ZMR 2003, 113). Wird ausnahmsweise (§ 76 Abs. 3 BewG) das Sachwertverfahren angewendet, bedarf es einer Voraufteilung nicht.

65 Die Voraufteilung geschieht in der Weise, dass aus dem Einheitswertbescheid das angesetzte Wertverhältnis Wohnraum – Gewerberaum ermittelt wird. Nach diesem Verhältnis wird dann die Grundsteuer voraufgeteilt (vgl. LG Frankfurt/M. ZMR 1997, 642 f.).

Nr. 2 Die Kosten der Wasserversorgung

66 Hierzu gehören die Kosten des Wasserverbrauchs, die Grundgebühren, die Kosten der Anmietung oder anderer Arten der Gebrauchsüberlassung von Wasserzählern sowie die Kosten ihrer Verwendung einschließlich der Kosten der Eichung sowie der Kosten der Berechnung und Aufteilung, die Kosten der Wartung von Wassermengenreglern, die Kosten des Betriebs einer hauseigenen Wasserversorgungsanlage und einer Wasseraufbereitungsanlage einschließlich der Aufbereitungsstoffe.

(I) Allgemeine Umlegungsvoraussetzungen

(1) Grundsätzliches

67 Umlegungsfähig sind nur laufend entstehende Kosten. Nicht umlegungsfähig sind einmalige Gebühren, wie Anschlussgebühren oder besondere Gebühren, z.B. für die Erweiterung der kommunalen Wasserversorgungsanlage.

68 Der Wasserverbrauch muss mit dem allgemeinen Wohngebrauch in Zusammenhang stehen. Keine laufenden Verbrauchskosten sind Wasserkosten, die durch Schäden, z.B. infolge eines Wasserrohrbruches oder undichter Leitungen anfallen (AG Salzgitter WuM

1996, 285). Entsprechendes gilt für einen Verbrauch, der durch Baumaßnahmen verursacht ist, die vom Vermieter oder von anderen Mietern durchgeführt werden (LG Berlin ZMR 1998, 166, 167; AG Frankfurt a. M. ZMR 2009, 691). § 2 Nr. 2 BetrKV setzt allerdings nicht voraus, dass das Wasser innerhalb einer Wohnung verbraucht wird, wenn ein Zusammenhang mit der üblichen Wohnungsnutzung besteht. Insbesondere wird die Umlegung nicht dadurch ausgeschlossen, dass das Wasser für Gemeinschaftsflächen verbraucht wird, z.B. Putzwasser (AG Ibbenbühren WuM 2000, 83). Der nicht umlegungsfähige Wasserverbrauch muss nicht durch Zwischenzähler erfasst werden (a.A. LG Berlin ZMR 1998, 166, 167), jedoch empfiehlt sich dies, weil der Vermieter im Streitfall beweisen muss, dass der Wasserverbrauch umlegungsfähig ist (LG Karlsruhe WuM 1996, 230).

(2) Verhältnis zu anderen Positionen

Bei den Wasserkosten für das Warmwasser hat der Vermieter ein ausdrücklich geregeltes Wahlrecht (§ 2 BetrKV Nrn. 5 und 6). Eine entsprechende Regelung treffen § 2 Nr. 16 BetrKV und § 25 Abs. 1 NMV 1970 für den Wasserverbrauch maschineller Wascheinrichtungen. Wasser wird auch verbraucht für die Gebäudereinigung und für die Gartenpflege. Die Wasserkosten sind in § 2 Nr. 9 und 10 BetrKV nicht ausdrücklich erwähnt, können aber diesen Kosten zugerechnet werden. In entsprechender Anwendung der vorgenannten Vorschriften wird man auch insoweit dem Vermieter ein Wahlrecht zugestehen können, bei welcher Position der Ansatz erfolgt. Aus Vereinfachungsgründen empfiehlt sich ein Ansatz bei der Position Wasserversorgung (Schmid, Handbuch der Mietnebenkosten Rn. 5023; a.A. Milger NZM 2008, 757 [761], die bei einer Abrechnung nach Verbrauch nur eine gesonderte Erfassung zulässt). 69

(II) Umlegbare Kosten

(1) Kosten des Wasserverbrauchs und Grundgebühren

Das sind die laufenden Kosten, die von dem Wasserversorgungsunternehmen dem Vermieter in Rechnung gestellt werden, und zwar verbrauchsabhängige und verbrauchsunabhängige Kosten. 70

(2) Kosten der Verbrauchserfassung und Kostenaufteilung

Nicht als Kosten der Wasserversorgung umlegbar sind die Kosten für einen Erwerb von Wasserzählern. Eine Umlegung der Anschaffungskosten kommt jedoch nach § 559 BGB bzw. § 11 II. BV in Betracht (Schläger ZMR 1994, 192). 71

Unter Nr. 2 fallen die Kosten für die Anmietung oder anderer Arten der Gebrauchsüberlassung von Wasserzählern. Umgelegt werden können auch die Kosten der Verwendung von Wasserzählern. Hierzu gehören insbesondere die Kosten einer vorgeschriebenen Eichung. Sind die Kosten für einen Geräteaustausch nicht höher als die Eichkosten, können statt der Eichkosten diese Kosten angesetzt werden (vgl. Lammel HeizkostenV § 5 Rn. 48). 72

Werden zur Erfassung des Verbrauches verschiedener Mietergruppen (z.B. Wohnraum/ Gewerberaum) Zwischenzähler verwendet, so sind die dadurch entstehenden Betriebskosten den Gesamtkosten zuzurechnen (Schmid Handbuch der Mietnebenkosten, Rn. 5028). Die Gegenmeinung (Kinne ZMR 2001, 2) verkennt, dass der Zwischenzähler zur Verbrauchserfassung für beide Gruppen dient, wobei es gleichgültig ist, ob der Verbrauch der einen oder der anderen Gruppe gemessen und dann vom Gesamtverbrauch abgezogen wird (vgl. hierzu Rdn. 83). 73

(3) Wartungskosten für Wassermengenregler

74 Diese Kosten sind seit dem 1. 1. 2002 umlegungsfähig. Bei Nichtwohnraummietverhältnissen konnte eine entsprechende Regelung bereits früher getroffen werden.

(4) Kosten der hauseigenen Wasserversorgungsanlage

75 Umlegungsfähig sind nur die Betriebskosten, nicht die Kosten der Errichtung oder von Reparaturen. Betriebskosten sind z.B. die Stromkosten für die Wasserpumpe (Kinne ZMR 2001, 3) und die Kosten für eine behördlich angeordnete Trinkwasseruntersuchung (AG Wesel WuM 1990, 443). Letzteres kann allerdings nur dann gelten, wenn es sich um regelmäßige Untersuchungen handelt, da es ansonsten am Merkmal der »laufenden« Entstehung fehlt. Umlegbar sind auch die Betriebskosten für Druckerhöhungsanlagen, wenn der Wasserdruck aus dem Netz des Wasserlieferanten nicht ausreicht (Kinne ZMR 2001, 3).

(5) Kosten der Wasseraufbereitungsanlage

76 Wasseraufbereitungsanlagen sind Einrichtungen, durch die das Frischwasser in irgendeiner Weise verbessert wird. Hierzu gehören insbesondere Filteranlagen und Entkalkungsgeräte. Die Aufbereitung muss nicht zwingend erforderlich sein; es genügt eine Verbesserung. Der Schutz von Leitungen und Geräten vor Verkalkung reicht aus (AG Steinfurt WuM 2004, 567). Der Vermieter ist für die Verbesserung der Wasserqualität im Streitfall beweispflichtig (AG Lörrach WuM 1995, 593).

(III) Kostenverteilung

(1) Anwendungsbereich der NMV 1970

77 Nach § 21 Abs. 2 S. 1 NMV 1970 sind zunächst die Kosten abzuziehen, die nicht mit der üblichen Benutzung der Wohnungen zusammenhängen. Diese Kosten können anhand vergleichbarer Objekte geschätzt werden (LG Berlin GE 2001, 698). Unerheblich ist, ob sich die Trennung im Ergebnis zugunsten oder zuungunsten der Wohnungsmieter auswirkt (LG Berlin ZMR 2001, 111). Die verbleibenden Kosten dürfen nach dem Verhältnis der Wohnflächen oder nach einem Maßstab, der dem unterschiedlichen Wasserverbrauch der Wohnparteien Rechnung trägt, umgelegt werden (§ 21 Abs. 2 S. 2 NMV 1970).

Zur Feststellung des unterschiedlichen Verbrauches werden vor allem Wasserzähler verwendet. Wenn der mit der üblichen Benutzung der Wohnungen zusammenhängende Verbrauch in allen Wohnungen des Gebäudes mit Wasserzählern erfasst wird, muss der Vermieter die auf die Wohnungen entfallenden Kosten nach dem erfassten unterschiedlichen Verbrauch der Wohnparteien umlegen (§ 20 Abs. 2 S. 3 NMV 1970).

78 Als zulässiger Verteilungsmaßstab wird auch die Zahl der Bewohner angesehen. Eine solche Umlegung hat jedoch vor allem in größeren Mietobjekten den Nachteil eines erheblichen Verwaltungsaufwandes, weil laufend die Zahl der Bewohner festgestellt werden muss. Das Beharren des Vermieters auf einer Abrechnung nach Wohnfläche ist deshalb grundsätzlich nicht rechtsmissbräuchlich (AG Köln ZMR 1987, 473).

(2) Preisfreier Wohnraum

79 Für preisfreie Wohnungen bestehen für die Kostenverteilung grundsätzlich keine Sonderregelungen. Von besonderer Bedeutung sind jedoch gerade für den Wasserverbrauch die Regelungen des § 556a BGB für die verbrauchsabhängige Abrechnung

80 *Eine* Umlegung nach Personenzahl kann i.d.R. auch hier nicht verlangt werden (AG Duisburg WuM 1994, 549; AG Siegburg WuM 1995, 120; str.). Wird nach Personenzahl

abgerechnet, können keine Zu- oder Abschläge gemacht werden für Säuglinge, Hundehaltung, Autowaschen, Waschmaschinen oder sonstige Umstände, die mit den Bewohnern und ihren Lebensgewohnheiten zusammenhängen (LG Mannheim NZM 1999, 365; AG Bergisch-Gladbach WuM 1994, 549). Entsprechende Vereinbarungen können jedoch getroffen werden (AG Hannover WuM 2001, 409).

Hat der Wasserversorger Zähler in den einzelnen Wohnungen installiert und rechnet auf Grund dieser Zähler nach Wohnungen ab, kann der Vermieter die für die Wohnung in Rechnung gestellten Beträge unmittelbar weitergeben (BGH NZM 2008, 442). **81**

(3) Gewerberaum

Für Geschäftsräume bestehen keine ausdrücklichen Regelungen. Ist keine Vereinbarung getroffen, bestimmt der Vermieter den Abrechnungsmaßstab nach billigem Ermessen. Bei einer Verteilung nach Mieteinheiten kann sich der Gewerberaummieter grundsätzlich nicht darauf berufen, dass die übrigen Mieteinheiten zu Wohnzwecken genutzt werden (OLG Düsseldorf IMR 2009, 385). **82**

(4) Vorerfassung außerhalb der NMV 1970

Eine gesonderte Erfassung des gewerblichen Verbrauches durch Wasserzähler und ein Abzug der Kosten vor Umlegung auf die Wohnraummieter sind nur bei deutlichen Unterschieden erforderlich. Bei der Vorerfassung muss der Verbrauch jeder Mietergruppe erfasst werden; eine Differenzrechnung aus dem Gesamtverbrauch und dem Verbrauch einer Nutzergruppe ist nicht zulässig (a. A. BGH WuM 2010, 35; wie hier für Heizung: BGH ZMR 2008, 887 = WuM 2008, 556 [für Heizung]). Die Differenzierung des BGH zwischen Heizungs- und Warmwasserverbrauch ist nicht überzeugend, da allein toleranzbedingt Messdifferenzen zwischen verschiedenen Zählern bis zu 20 % auftreten können (vgl. Schmid, Handbuch der Mietnebenkosten Rn. 5057 ff.) **83**

Die Notwendigkeit einer Vorerfassung wurde verneint für die Toiletten einer Friseurladens, nicht aber für den Salon selbst (AG Hamburg WuM 2002, 265); einen Hundesalon (AG Berlin-Wedding GE 2007, 525); für einen Juwelierladen (AG Hamburg WuM 2002, 265); für ein Reisebüro (AG Hamburg WuM 2002, 265). Bejaht wird die Notwendigkeit einer Vorerfassung für Saunen, Wäschereien und Getränkehersteller (Kinne GE 2003, 443), Restaurants (BGH GE 2008, 661). **84**

(5) Kostenverteilung bei Verwendung von Zählern

(aa) Allgemeines

Bei einer Verbrauchserfassung durch Wasserzähler kann der erfasste Verbrauch i.d.R. nicht einfach mit einem bestimmten Wasserpreis multipliziert werden (LG Gießen NJW-RR 1987, 473). Ein Ansatz nur des Verbrauchspreises des Wasserlieferanten würde nicht alle Kosten, insbesondere nicht die Grundgebühren und die Verteilungskosten abdecken. Der Umlegungsbetrag ist aus den endgültigen Gesamtkosten nach dem festgestellten Verbrauch anteilig zu ermitteln. Ablesezeitraum und Abrechnungszeitraum sollen sich möglichst decken. **85**

Anders als bei den Heizkosten (BGH ZMR 2008, 885 = NZM 2008, 767 = GE 2008, 1120 = MDR 2008, 1147) wird es bei den Wasserkosten zugelassen, dass ein Wert aus der Differenz zwischen Gesamtverbrauch und gemessenem Verbrauch anderer Auslassstellen errechnet wird (BGH DWW 2010, 20 = BGH GE 2010, 117). Dagegen bestehen schon im Hinblick auf die bei den Messgeräten zulässigen Toleranzen Bedenken. **86**

(bb) Bedeutung der eichrechtlichen Bestimmungen

87 Wasserzähler müssen geeicht sein und sind in regelmäßigen Abständen nachzueichen. Auf die Einhaltung der eichrechtlichen Bestimmungen hat der Mieter einen Anspruch. Ungeeichte Zähler dürfen nicht verwendet werden (BayObLG NZM 2005, 509). Bei Wohnraum erfolgt eine Abrechnung nach Wohnfläche (LG Saarbrücken WuM 2005, 606 = GE 2006, 1557; LG Kleve ZMR 2007, 620). Gedanken des Verschuldens und insbesondere des Mitverschuldens i.S.d. § 254 BGB sind der Betriebskostenabrechnung fremd (Beuermann GE 2008, 633 gegen LG Berlin und KG GE 2008, 669).

88 Ein Verstoß gegen das Eichrecht führt aber nicht dazu, dass die Messwerte überhaupt nicht anerkannt werden dürfen (Schmid GE 2001, 681; a.A; LG Saarbrücken WuM 2005, 606 = GE 2006, 1557; AG Löbau WuM 2008, 486). Zwar ist die Verwendung ungeeichter Zähler verboten und nach § 25 EichG mit Geldbuße bedroht (BayObLG NZM 2005, 509). Mit der erfolgten Ablesung, spätestens mit dem Zugang der Abrechnung an den Mieter ist die verbotene Handlung jedoch bereits beendet. Ein Verwertungsverbot ist dem Gesetz nicht zu entnehmen (AG Berlin-Spandau GE 2007, 1127; a.A. AG Löbau WuM 2008, 486). Allerdings wird man den Beweiswert für die Richtigkeit des festgestellten Verbrauches in Frage stellen können (LG Berlin und KG GE 2008, 669). Dem Vermieter bleibt jedoch der Nachweis, z.B. durch ein Sachverständigengutachten, offen, dass die Geräte trotz fehlender Eichung richtig angezeigt haben oder dass sich eventuelle Unrichtigkeiten nicht zum Nachteil des betroffenen Mieters auswirken. Ein Kürzungsrecht, wie es § 12 HeizkostenV bei einer Verwendung nicht ordnungsgemäßer Ausstattungen zur Verbrauchserfassung vorsieht, besteht für die Kaltwasserkosten nicht

89 Sind Messgeräte ordnungsgemäß angebracht und geeicht, ist zu vermuten, dass sie auch ordnungsgemäß funktionieren (OLG Köln GE 1986, 341, 345).

(cc) Erfassungsmängel

90 Kann wegen Erfassungsmängeln, insbesondere wegen Ausfalls des **Hauptzählers**, nicht mehr festgestellt werden, welcher Verbrauch in der Abrechnungseinheit überhaupt entstanden ist, so ist unabhängig von der Abrechnung mit dem Lieferanten für die Kostenverteilung auf die Mieter nach den konkreten Umständen ein Mindestverbrauch zu schätzen (Schmid NZM 1998, 499; a.A. AG Bergisch Gladbach WuM 1998, 109: durchschnittliche Verbrauchsmenge zweier Abrechnungsperioden). Dieser Mindestverbrauch ist dann nach dem Verhältnis der Einzelzähler auf die Mieter umzulegen.

91 Beim **Ausfall von Zählern, die den Einzelverbrauch messen**, ist eine verbrauchsabhängige Abrechnung nicht mehr möglich (Schmid WE 2001, 206). Mit dem Fehlen eines Einzelwertes bricht nämlich die gesamte Verhältnisrechnung in sich zusammen. Im Hinblick auf die Messtoleranzen (Rn. 5057 ff.) kann einer Auslassstelle auch nicht als Differenz des Hauptzählers zur Summe der Einzelzähler errechnet werden (Milger NZM 2008, 757 [760]; a.A. AG Löbau WuM 2008, 486; Wagner IMR 2008, 185). Der Vermieter kann dann einen anderen Umlegungsmaßstab wählen, i.d.R. das Wohn- bzw. Nutzflächenverhältnis (vgl. LG Kleve ZMR 2007, 620). Dem Mieter bleibt jedoch der – allerdings meist schwer zu führende – Nachweis, dass er wenig verbraucht hat und ihn deshalb ein geringerer Kostenanteil trifft (Schmid NZM 1998, 500). Ein pauschaler Abzug von 15%, wie ihn § 12 HeizkostenV vorsieht, findet im Gesetz keine Stütze (AG Berlin-Spandau GE 2007, 1127; a.A. LG Kleve ZMR 2007, 620).

92 Entsprechendes gilt für Ablesefehler an Einzelgeräten. Die Richtigkeit der Ablesung wird jedoch vermutet, wenn der Mieter oder sein Vertreter ein Ableseprotokoll unterschrieben haben (LG Hannover ZMR 1989, 97; LG Berlin ZMR 1997, 156). Für Ablesefehler am Hauptzähler gilt dasselbe wie für einen Ausfall des Hauptzählers (oben Rdn. 90).

Um die verbrauschabhängige Abrechnung aufrechtzuerhalten, wird von der Rechtsprechung die Auffassung vertreten, dass eine Schätzung analog § 9a HeizkostenV zulässig ist (AG Hohenschönhausen ZMR 2003, 934). Hierfür bietet aber die Verordnung ebenso wenig eine Grundlage wie für eine analoge Anwendung des Kürzungsrechts nach § 12 HeizkostenV (a.A. Langenberg Rn. G 146). 93

(dd) Zählerdifferenz

Bereits aus technischen Gründen wird sich die Summe der durch die Einzelzähler ermittelten Werte kaum jemals mit dem am Hauptzähler festgestellten Verbrauch exakt decken (vgl. hierzu ausführlich Wall WuM 1998, 63 ff.) Es ist deshalb allgemein anerkannt, dass **Zählerdifferenzen bis zu 20%** (LG Braunschweig WuM 1999, 294), nach Wall (WuM 1998, 63, 69) bis zu 25%, bei der Abrechnung unberücksichtigt bleiben. Bei Differenzen, die über die Toleranzgrenze hinausgehen, kommt es für die rechtliche Behandlung der Zählerdifferenz auf die Ursache an: 94

Zunächst ist zu berücksichtigen, dass ein Vergleich der Summe der Einzelwerte mit dem am Hauptzähler gemessenen Verbrauch nur dann möglich ist, wenn der Hauptzähler und die Einzelzähler **zeitgleich** abgelesen werden. Bei unterschiedlichen Ablesezeitpunkten ergibt nämlich ein Vergleich der Summe der Einzelwerte aus einem Verbrauchszeitraum mit dem am Hauptzähler ermittelten Verbrauch für einen anderen Zeitraum von vorneherein keinen Sinn. 95

Beruht die Differenz darauf, dass **Wasserauslassstellen für den gemeinschaftlichen Verbrauch,** z.B. für Reinigung oder Gartenbewässerung, nicht mit Zählern versehen sind, kommt es auf die Vereinbarung über die Nebenkostenumlegung an. Sind sämtliche Positionen, für die Wasser verbraucht wird, umlegbar, wird man es in Analogie zu § 2 Nr. 5 und Nr. 16 BetrKV, § 25 Abs. 1 NMV 1970 sowie §§ 5 Abs. 2, 8 HeizkostenV zulassen können, dass der Wasserverbrauch nach dem Verhältnis des Verbrauches in den einzelnen Wohnungen umgelegt wird, also in die verbrauchsabhängige Abrechnung einfließt (Schmid WE 2001, 206). Sind dagegen Wasserverbräuche außerhalb der Wohnung nicht umlegungsfähig, sind diese Kosten vom Vermieter zu tragen. Die Höhe dieser Kosten kann mangels anderer Anhaltspunkte nach der Zählerdifferenz ermittelt werden, wenn die Richtigkeit der Verbrauchserfassung im Übrigen feststeht. 96

Sind sonstige Ursachen für Zählerdifferenzen ausgeschlossen und übersteigt die Differenz die Toleranzgrenze, ist nach den Grundsätzen des Anscheinsbeweises von einem nicht umlegungsfähigen **Leitungsverlust** auszugehen (AG Salzgitter WuM 1996, 285). In diesen Fällen kann der auf die Differenz entfallende Betrag überhaupt nicht umgelegt werden (LG Braunschweig WuM 1999, 294). 97

Ist auch ein Leitungsverlust ausgeschlossen und bleibt die Ursache ungeklärt, kann eine verbrauchsabhängige Abrechnung überhaupt nicht erfolgen (Schmid Handbuch der Mietnebenkosten, Rn. 5064). 98

(6) Wohnungseigentum

Die Anbringung von Zählern kann ordnungsmäßiger Verwaltung entsprechen und als Maßnahme der Kostenverteilung nach § 16 Abs. 3 WEG beschlossen werden. Dabei zieht das OLG Düsseldorf (WuM 2009, 600) die Regelung des § 11 Abs. 1 Nr. 1 Buchst. b) HeizkostenV zur Beurteilung heran. 99

Nr. 3 Die Kosten der Entwässerung

100 Hierzu gehören die Gebühren für die Haus- und Grundstücksentwässerung, die Kosten des Betriebs einer entsprechenden nicht öffentlichen Anlage und die Kosten des Betriebs einer Entwässerungspumpe.

(I) Umlegbare Kosten

101 Zu den Kosten des Betriebs der **Entwässerungsanlage** gehören auch Aufwendungen, die erforderlich sind, um den Betrieb der Anlage aufrechtzuerhalten (AG Greiz WuM 1999, 65). Hierzu gehören insbesondere Strom- und Wartungskosten (Kinne ZMR 2001, 4).

102 Die Kosten für die Beseitigung einer **Abwasserrohrverstopfung** sind Reparaturkosten und keine laufenden Kosten der Entwässerung (OLG Hamm WuM 1982, 201). Kosten einer **Dachrinnenreinigung** gehören nicht zu Nr. 3, sondern zu Nr. 17 (s.u. Rdn. 331) oder sind bei einer bereits eingetretenen Verstopfung nicht umlegungsfähig (BGH WuM 2004, 290).

103 Im Gegensatz zur Regelung für die Wasserkosten nach Nr. 2 sind hier die **Kosten für eine verbrauchsabhängige Abrechnung** nicht umlegungsfähig, und zwar auch dann nicht, wenn die Abwasserkosten nach dem Frischwasserverbrauch berechnet werden. Mehrkosten, die zu der Abrechnung des Frischwassers hinzukommen, hat der Vermieter zu tragen (Schmid Handbuch der Mietnebenkosten, Rn. 5070).

(II) Umlegungsvereinbarung

104 Sind laut Mietvertrag nur »Wasserkosten« umlegungsfähig, so kann hieraus nicht die Befugnis zur Umlegung von Entwässerungskosten abgeleitet werden (AG Dortmund WuM 1987, 359). Entsprechendes muss für die Formulierung »Wassergeld« (a.A. OLG Dresden GuT 2002, 87; LG Berlin GE 1996, 125) und »Frischwasser« (a.A. AG Berlin-Schöneberg GE 2003, 889 für eine vom Mieter entworfene Klausel) gelten. Primär maßgeblich ist jedoch der festgestellte Parteiwille (LG Hannover NZM 2004, 343). Die Vereinbarung einer Umlegung von »Grundbesitzabgaben« reicht für die Umlegung der Abwassergebühren nicht aus (AG Köln WuM 1998, 420 mit abl. Anm. Sommerfeld). Eine Vereinbarung über die Umlegung der Kosten der »Entwässerung« umfasst auch die Aufwendungen für das Abführen des Oberflächenwassers, und zwar auch dann, wenn insoweit eine besondere Ausweisung im Gebührenbescheid erfolgt (OLG Düsseldorf WuM 2000, 591; vgl. auch LG Hannover NZM 2004, 343 = NJW-RR 2004, 730).

(III) Kostenverteilung

105 Bei preisfreiem Mietraum gelten die allgemeinen Umlegungsgrundsätze. Eine Umlegung nach der Personenzahl kann nicht verlangt werden (AG Siegburg WuM 1995, 120).

106 Ist vereinbart, dass Wasser- und Abwasserkosten nach dem **gemessenen Wasserverbrauch** umgelegt werden, so trägt der Mieter auch dann die vollen Abwassergebühren, wenn der Entsorger bei der Bemessung der Abwassergebühr auch entwässerte Flächen berücksichtigt (LG Aachen NZM 1998, 333; LG Berlin GE 2008, 1063), insbesondere die Kosten für das Abführen von Oberflächenwasser gesondert ausweist (OLG Düsseldorf WuM 2000, 591). Eine Änderung in der Preisgestaltung des Versorgers ist deshalb kein Grund für eine Änderung des Umlegungsmaßstabes (a.A. LG Berlin GE 2003, 1159). Bei Neuvereinbarungen oder aus anderen Gründen bestehenden Änderungsmöglichkeiten *kann jedoch eine Angleichung* an das Preissystem des Versorgers in der Weise erfolgen, dass der Flächenwasseranteil nach dem Verhältnis der Wohn- bzw. Nutzflächen verteilt

wird. Die Aufteilung muss aus der Abrechnung ersichtlich sein (OLG Braunschweig WuM 1999, 173, 174).

Nach § 21 Abs. 3 S. 2 NMV 1970 sind die Kosten der Entwässerung nach dem Maßstab des § 21 Abs. 2 NMV 1970 umzulegen. Das heißt, der Umlegungsmaßstab für die Entwässerungskosten muss dem Umlegungsmaßstab für die Versorgung mit Frischwasser entsprechen. **107**

Nr. 4a) Die Kosten des Betriebs der zentralen Heizungsanlage einschließlich der Abgasanlage

Hierzu gehören die Kosten der verbrauchten Brennstoffe und ihrer Lieferung, die Kosten des Betriebsstroms, die Kosten der Bedienung, Überwachung und Pflege der Anlage, der regelmäßigen Prüfung ihrer Betriebsbereitschaft und Betriebssicherheit einschließlich der Einstellung durch eine Fachkraft, der Reinigung der Anlage und des Betriebsraums, die Kosten der Messungen nach dem Bundes-Immissionsschutzgesetz, die Kosten der Anmietung oder anderer Arten der Gebrauchsüberlassung einer Ausstattung zur Verbrauchserfassung sowie die Kosten der Verwendung einer Ausstattung zur Verbrauchserfassung einschließlich der Kosten der Eichung sowie der Kosten der Berechnung und Aufteilung. **108**

(I) Umlegbare Kosten

(1) Kosten der verbrauchten Brennstoffe und ihrer Lieferung

Bei den **Brennstoffkosten** sind die tatsächlich entstandenen Kosten anzusetzen, nicht die Preise zum Zeitpunkt der Abrechnung. Das gilt auch dann, wenn der Vermieter Heizöl auf Reserve eingelagert (LG Berlin GE 1984, 869) und vorfinanziert (LG Hamburg WuM 1989, 522) hat. Zu den Brennstoffkosten werden auch Additive gerechnet, die Sedimentablagerungen im Tank verringern (Pfeifer MietRB 2010, 34). **109**

Bei leitungsgebundener Versorgung (z.B. Gas, Strom) sind die Lieferpreise anzusetzen (AG Berlin-Schöneberg GE 1986, 1177). **110**

Bei nicht leitungsgebundener Versorgung (z.B. Öl, Kohle) gilt bei Anwendung des Zeitabgrenzungsprinzips folgende Kostenermittlung (Schmid, Handbuch der Mietnebenkosten Rn. 5083): **111**

Wert des Anfangsbestandes (= Wert des Endbestandes des Vorjahres)
\+ Preis der Zukäufe
– Wert des Endbestandes
= Gesamtkosten der Brennstoffe.

Für die Bewertung des Endbestandes ist der Preis der letzten Lieferung maßgebend (Schmid Handbuch der Mietnebenkosten, Rn. 5084; a.A. Lammel HeizkostenV § 7 Rn. 37 für den Fall, dass sich der Restbestand aus mehreren Lieferungen zusammensetzt). Ein bloßer Ansatz der nachgelieferten Mengen ist unzulässig (AG Wittlich WuM 2002, 377). Zur Anwendung von Zeitabgrenzungs- und Fälligkeitsprinzip siehe Rdn. 867 ff. **112**

Kosten der Lieferung sind nur die unmittelbaren Lieferkosten. Nicht nach der Heizkostenverordnung umlegungsfähig sind deshalb die Kosten für die Überwachung der Ölanlieferung (AG Berlin-Charlottenburg GE 1986, 1075) und für die Hausreinigung nach der Anlieferung von Brennstoffen. Reinigungskosten sind bei Nr. 9 ansetzbar. **113**

Trinkgelder für Brennstofffahrer sind nicht umlegungsfähig (Rdn. 33). Nicht zu den Lieferkosten zählen ferner eigene Arbeiten des Gebäudeeigentümers für die Abwicklung der **114**

Brennstoffbeschaffung (Lammel HeizkostenV § 7 Rn. 51). Etwas anderes kann nach § 1 Abs. 1 S. 2 BetrKV nur dann gelten, wenn der Gebäudeeigentümer die Brennstoffe selbst abholt und dadurch Lieferkosten erspart.

(2) Kosten des Betriebsstroms

115 Betriebsstrom ist nur der Stromverbrauch für die Anlage selbst, nicht sonstiger Stromverbrauch wie etwa für die Beleuchtung des Heizungsraumes (Lammel HeizkostenV § 7 Rn. 52). Da der Heizungsraum auch nicht der gemeinsamen Benutzung durch die Bewohner dient, kann der Strom für die Beleuchtung auch nicht nach Nr. 11, sondern nur nach Nr. 17 BetrKV umgelegt werden.

116 Streng genommen muss der Verbrauch durch einen Zwischenzähler gemessen werden. Im Hinblick auf die Unverhältnismäßigkeit eines dadurch entstehenden Aufwandes wird man jedoch eine Schätzung für zulässig erachten müssen. Dabei gibt es keine bestimmte Relation zwischen Brennstoffkosten und den Stromkosten (LG Hannover WuM 1991, 540). Die Grundlagen für die Schätzung müssen zwar nicht schon in der Abrechnung, aber im Prozess offen gelegt werden (BGH GE 2008, 662 = NZM 2008, 403), vor allem dann, wenn die Kosten von den üblichen Werten abweichen (AG Hamburg WuM 1989, 522).

(3) Kosten der Bedienung, Überwachung und Pflege der Anlage

117 Hierzu gehören nur die Kosten, die mit dem laufenden Betrieb verbunden sind, nicht Reparatur- und Ersatzbeschaffungskosten (OLG Düsseldorf NZM 2000, 762). Der Pflege der Anlage zugerechnet werden laufende kleinere Instandhaltungsarbeiten wie der Austausch von verschleißanfälligen Teilen, z.B. Dichtungen, Filter, Düsen (OLG Düsseldorf NZM 2000, 762 – zweifelhaft; vgl. grundsätzlich Rdn. 13). Umlegbar sind auch die Kosten der wiederkehrenden Reinigung des Öltanks. Sie müssen nicht auf mehrere Jahre verteilt werden, sofern nicht wegen des Vorliegens besonderer Umstände der Mieter bei einer einmaligen Umlage unbillig belastet würde (BGH NJW 2010, 226 = WuM 2010, 33 = MDR 2010, 137 = GE 2010, 118).

118 Nicht umgelegt werden können die Kosten einer Heizöltankbeschichtung (LG Frankenthal ZMR 1985, 302); ebenso nicht die Kosten einer Tankreinigung, wenn diese nur als Vorarbeiten für die Beschichtung notwendig sind (LG Hamburg WuM 1989, 522).

(4) Kosten der regelmäßigen Prüfung der Betriebsbereitschaft und Betriebssicherheit einschließlich der Einstellung durch eine Fachkraft

119 Umlegungsfähig sind nur die Prüfungs- und Einstellungskosten, nicht die Kosten von Reparaturen, deren Notwendigkeit bei der Prüfung festgestellt wird. Bei einer Gaszentralheizung gehören zur Überprüfung der Betriebssicherheit auch Druck- und Dichtigkeitsprüfungen der zugehörigen Gasleitungen (Schmid Handbuch der Mietnebenkosten, Rn. 5099).

(5) Kosten der Reinigung der Anlage und des Betriebsraumes

120 Hierzu gehören die Reinigungskosten für die gesamte Anlage und die Schornsteinreinigung (Lammel § 7 Rn. 58). Umlegbar sind auch die Kosten der wiederkehrenden Reinigung des Öltanks. Sie müssen nicht auf mehrere Jahre verteilt werden, sofern nicht wegen des Vorliegens besonderer Umstände der Mieter bei einer einmaligen Umlage unbillig belastet würde (BGH NJW 2010, 226 = WuM 2010, 33 = GE 2010, 118).

(6) Kosten der Messungen nach dem Bundes-Immissionsschutzgesetz

Hierzu gehören nur die Kosten der vorgeschriebenen Messungen, nicht sonstige Messkosten. 121

(7) Kosten der Anmietung oder anderer Arten der Gebrauchsüberlassung einer Ausstattung zur Verbrauchserfassung

Hierzu gehören bei einer Funkablesung grundsätzlich auch die Kosten für die Anmietung der Funkanlage (Schmid Handbuch der Mietnebenkosten, Rn. 5103a; a.A. LG Berlin WuM 2004, 340). Die Funkablesung ermöglicht eine gleichzeitige Ablesung bei allen Nutzern, ohne dass deren Wohnungen betreten werden müssen. Sie hat gegenüber einer Ablesung vor Ort erhebliche Vorteile. Nur im Einzelfall können deshalb unverhältnismäßig hohe Kosten gegen den Wirtschaftlichkeitsgrundsatz verstoßen. 122

(8) Kosten der Verwendung einer Ausstattung zur Verbrauchserfassung einschließlich der Eichkosten und der Kosten der Berechnung und Aufteilung

Kosten einer **Ausstattung zur Verbrauchserfassung** sind auch die Kosten der vorgeschriebenen Eichungen. Sind die Kosten für einen Geräteaustausch nicht höher als die Eichkosten, können auch diese Kosten angesetzt werden (Wall WuM 1998, 67). Nicht umlegungsfähig sind die Kosten für eine Ersatzbeschaffung defekter Geräte und Reparaturkosten (Wall WuM 1998, 67). Zu den Betriebskosten der Wärmezähler werden auch die Kosten für deren Wartung und die Kosten für Erneuerung der zu ihrem Betrieb benötigten Batterien gerechnet (AG Steinfurt WuM 1999, 721). 123

Kosten der **Berechnung und Aufteilung** sind insbesondere die Kosten der Messdienstfirmen. Überhöhte Kosten für Messdienstfirmen sind nicht umlegungsfähig (AG Bersenbrück WuM 1999, 467, das allerdings zuunrecht auf eine Relation zu den Gesamtkosten abstellt und nicht darauf, ob preiswertere Anbieter vorhanden sind). 124

Eine **Einzelumlegung zusätzlicher Kosten** auf einen Mieter kann erfolgen, wenn dieser die Ablesung entgegen seinen Verpflichtungen schuldhaft nicht ermöglicht hat (AG Hamburg WuM 1996, 348). Dies gilt jedoch nicht, wenn der Termin aus triftigem Grund rechtzeitig abgesagt und mit der Ablesefirma ein neuer Termin vereinbart wurde (AG Hamburg WuM 1996, 348, das anscheinend bereits einen Anspruch der Ablesefirma gegen den Vermieter verneint). 125

Ein unmittelbarer **Anspruch der Ablesefirma** gegen den Mieter besteht nicht. Nach § 307 BGB unwirksam ist die Mitteilung der Messdienstfirma an die Mieter, dass im Falle einer Abwesenheit bei einem angekündigten Termin ein zweiter Termin stattfindet, für den der Mieter die Kosten für Fahrt- und Zeitaufwand direkt an den Ableser bezahlen soll (LG München I WuM 2001, 190). 126

Nicht umlegungsfähig sind die Kosten für die Anschaffung von Wärmezählern nach § 9 Abs. 2 Satz 1 HeizkostenV (Kinne GE 2009, 492). 127

(9) Kosten der Verbrauchsanalyse

Nach der Neufassung des § 7 Abs. 2 Satz 1 HeizkostenV gehören zu den Kosten des Betriebs der zentralen Heizungsanlage auch die Kosten einer Verbrauchsanalyse. Wenn die amtliche Begründung (BR-Drucks 570/08 Begründung Satz 14) davon spricht, dass die »berücksichtigungsfähigen« Kosten um die Kosten der Verbrauchsanalyse »erweitert« werden, meint sie wohl damit eine Grundlage für die Kostenumlegung geschaffen zu haben. Dabei wird nicht gesehen, dass die HeizkostenV nur die Kostenverteilung, 128 aber nicht die Kostenumlegung regeln kann (Schmid GE 2009, 27; ders. NZM 2009, 104 [106]) a.A. Pfeiffer GE 2009, 156 [162]). Auf § 556 Abs. 1 Satz 4 BGB kann sich die Verordnung nicht stützen, da diese Ermächtigungsgrundlage nicht zitiert ist. Nach der Rechtsprechung des Bundesverfassungsgerichts (BVerfGE 101, 1 [41, 43) führen Verstöße gegen das Zitiergebot des Art. 80 Abs. 1 Satz 3 GG zur Nichtigkeit der Rechtsverordnung. Eine Verordnung, die auf mehreren Ermächtigungsgrundlagen beruht, muss diese vollständig zitieren. Die Kosten der Verbrauchsanalyse sind auch keine sonstige Betriebskosten nach § 2 Nr. 17 BetrKV, sondern Verwaltungskosten (Schmid MDR 2009, 129 [130]). Verwaltungskosten sind als Betriebskosten nur dann umlegungsfähig, wenn sie in der BetrKV ausdrücklich genannt sind. Ansonsten kann eine Umlegung von Verwaltungskosten zwar vereinbart werden, aber nur mit einem festen Betrag (LG Berlin NZM 1999, 405), was der von der HeizkostenV geforderten Kostenverteilung gerade widerspricht. Darüber hinaus ist die Umlegung sonstiger Betriebskosten nach § 2 Nr. 17 BetrKV nur dann wirksam vereinbart, wenn die jeweilige Kostenart bezeichnet ist (BGH NZM 2004, 290), was bei Altverträgen naturgemäß nicht der Fall ist. Da keine Verpflichtung zur Erstellung einer Verbrauchsanalyse besteht, könnte eine Kostentragung auch nicht über eine ergänzende Vertragsauslegung begründet werden. In verfassungskonformer Auslegung kann die Vorschrift nur mit der Maßgabe Geltung haben, dass die Kosten einer Verbrauchsanalyse dann nach den Vorschriften der HeizkostenV zu verteilen sind, wenn sie auf den Nutzer überhaupt umlegbar sind (Schmid GE 2009, 27). Bei Wohnraummietverhältnissen ist das, wie gezeigt, nicht möglich. Bei anderen Mietverhältnissen ist eine Umlegung zulässig, erfordert aber eine Vereinbarung. Eine Bezugnahme auf die HeizkostenV kann zwar als ausreichend angesehen werden, aber nur dann, wenn die Vereinbarung seit dem 01.01.2009 getroffen wurde (vgl. BGH, NZM 2006, 534 = NJW 2006, 2185 = WuM 2006, 322 = ZMR 2006, 595) oder wenn vereinbart ist, dass sich die Kostenumlegung nach der HeizkostenV in ihrer jeweiligen Fassung richten soll (Schmid, ZMR-Sonderheft HeizkostenV, § 7 Nr. 58).

(10) Leasing- und Mietkosten

129 Nicht als Betriebskosten umlegbar sind Leasingkosten für Brenner, Öltank und Zuleitungen (BGH NJW 2009, 667 = WuM 2009, 115). Die Kosten für die Anmietung eines Flüssiggastanks werden ebenfalls nicht umlegungsfähig angesehen (AG Bad Kreuznach BayHausBesZ 1989, 341).

(11) Kostenverteilung

130 Eichkosten bzw. Austauschkosten sind bei Anwendung des Leistungsprinzips auf die Dauer der Gültigkeit der Eichung gleichmäßig auf die Abrechnungszeiträume zu verteilen (*LG Berlin* GE 2003, 121; *Wall* WuM 1988, 67). Entsprechendes gilt für die Kosten der Tankreinigung (*Wall* WuM 2006, 21 [22]). Wendet man dagegen das ebenfalls zulässige Leistungsprinzip (Fälligkeitsprinzip) an, können die Kosten in dem Jahr, in dem sie anfallen umgelegt werden (Schmid, Handbuch der Mietnebenkosten Rn. 5115).

Nr. 4b) Die Kosten des Betriebs der zentralen Brennstoffversorgungsanlage

131 Hierzu gehören die Kosten der verbrauchten Brennstoffe und ihrer Lieferung, die Kosten des Betriebsstroms und die Kosten der Überwachung sowie die Kosten der Reinigung der Anlage und des Betriebsraums.

132 Zentrale Brennstoffversorgungsanlagen sind Einrichtungen, durch die von einem zentralen Vorratsbehälter aus die Wohnungen mit Brennstoff versorgt werden (Fischer-Dieskau/Pergande/Schwender Anm. 6.2. zu § 27 II. BV).

Zu Einzelfragen für die unter Buchst. b) genannten Kostenpositionen s.o. Rdn. 109 ff. Anders als in Nr. 4 Buchst. a) sind hier die Kosten der Bedienung und Pflege der Anlage nicht genannt. Umlegbar sind auch die Kosten für die Überprüfung der Leitungen vom Tank zur Heizung (Schach GE 2005, 337). **133**

Da nur die Brennstoffversorgung zentral erfolgt, nicht aber die Zurverfügungstellung von Heizung und Warmwasser ist die HeizkostenV nicht anwendbar. Die Kosten der zentralen Brennstoffversorgungsanlage dürfen bei preisgebundenem Wohnraum nach § 23 Abs. 2 NMV 1970 nur nach dem Brennstoffverbrauch umgelegt werden. Der Brennstoffverbrauch der einzelnen Mietparteien muss deshalb erfasst werden. **134**

Nr. 4c) Die Kosten der eigenständig gewerblichen Lieferung von Wärme, auch aus Anlagen i.S.d. Buchstabens a

Hierzu gehören das Entgelt für die Wärmelieferung und die Kosten des Betriebs der zugehörigen Hausanlagen entsprechend Buchstabe a. **135**

(I) Wärmelieferung

Eine eigenständig gewerbliche Lieferung von Wärme liegt auch dann vor, wenn der Wärmelieferer die Wärme mit einer im Eigentum des Vermieters stehenden Heizungsanlage produziert (KG GE 2009, 1312). **136**

(II) Umlegbare Kosten

(1) Entgelt für die Wärmelieferung

Vom Grundsatz her ist das gesamte Entgelt, das der Wärmelieferer erhält, umlegbar, auch wenn darin als unselbständige Kalkulationsposten Investitionen, Finanzierungskosten, Amortisationen, Reparaturen, Pacht von Räumlichkeiten und ein Unternehmergewinn enthalten sind (BGH WuM 2003, 501; LG München II MDR 2001, 210). Der Katalog der Einzelkosten nach § 2 Nr. 4 Buchst. a) BetrKV, § 7 Abs. 2 HeizkostenV ist bei einer Umlegung der Wärmelieferungskosten nicht von Belang (AG München WuM 2002, 434). S. zum Wärmecontracting grundsätzlich unten Rdn. 478 ff. **137**

Das Entgelt für die Wärmelieferung i.S.d. Nr. 4 Buchst. a) kann jedoch nicht ausschließlich nach der Vereinbarung zwischen Vermieter und Wärmelieferer bestimmt werden. Das würde nämlich dazu führen, dass an sich nicht umlegungsfähige Kosten in der Weise auf den Mieter umgelegt werden, dass der Wärmelieferer als Nebenleistung Aufgaben des Vermieters übernimmt und seinen Aufwand dafür in den Wärmelieferungspreis einkalkuliert. Das gilt auch für Investitionskosten für Hausanlagen (LG Gera ZMR 2001, 350 = WuM 2000, 681; a.A. Burmeister/Kues ZMR 2001, 352). Kosten, die mit der eigentlichen Wärmelieferung nichts zu tun haben, müssen herausgerechnet werden, sofern sie nicht nach anderen Vorschriften umlegungsfähig sind (Schmid, Verordnung über Heizkostenabrechnung, ZMR-Sonderheft, 2009, § 7 Nr. 64). Erst recht unzulässig ist es, in den Wärmelieferungspreis Beträge aufzunehmen, die dann als »kick-back« an den Vermieter zurückfließen (*BGH* CuR 2008, 66). **138**

(2) Betriebskosten für die Hausanlagen

Unter Hausanlagen im Sinne dieser Vorschrift wird die Übergabestation samt den zugehörigen Einrichtungen, die zwischen der Leitung des Lieferanten und den zu den einzelnen Nutzern führenden Hausleitungen liegen, verstanden (LG Gera ZMR 2001, 350). **139**

140 Umgelegt werden können bei Wohnraum nur Betriebskosten, nicht die Kosten der Anlage selbst. Das gilt auch, wenn die Hausanschlussstation vom Wärmelieferanten gestellt wird und die Kosten hierfür im Wärmelieferungspreis enthalten sind (LG Gera ZMR 2001, 350; Schmid ZMR 2001, 690; a.A. AG München WuM 2002, 434; Burmeister/Kues ZMR 2001, 352). Bedenklich erscheint es deshalb alle Kosten der Kundenanlage, einschließlich der Instandhaltungs- und Finanzierungskosten, für umlegungsfähig anzusehen, wenn die Anlage dem Wärmelieferanten übereignet ist und von diesem betrieben wird (so jedoch LG Berlin GE 2009, 1254). Beim Wohnungseigentum sind Kosten, die keine Betriebskosten sind, außerhalb der Heizkostenabrechnung zu verteilen, sofern nicht durch Vereinbarung eine andere Regelung getroffen ist (Schmid, Verordnung über Heizkostenabrechnung, ZMR-Sonderheft, 2009, § 7 Nr. 76).

(III) Kostenverteilung

141 Wenn die Betriebskosten für die Hausanlagen nicht im Wärmelieferungspreis enthalten sind, gilt der Ausnahmetatbestand des § 11 Nr. 4 HeizkostenV.

Nr. 4d) Die Kosten der Reinigung und Wartung von Etagenheizungen und Gaseinzelfeuerstätten

142 Hierzu gehören die Kosten der Beseitigung von Wasserablagerungen und Verbrennungsrückständen in der Anlage, die Kosten der regelmäßigen Prüfung der Betriebsbereitschaft und Betriebssicherheit und der damit zusammenhängenden Einstellung durch eine Fachkraft sowie die Kosten der Messungen nach dem Bundes-Immissionsschutzgesetz.

143 Für Etagenheizungen und Gaseinzelfeuerstätten trifft Buchst. d) teilweise eine ähnliche Regelung wie Nr. 4 Buchst. a) für die zentrale Heizungsanlage. Gaseinzelfeuerstätten sind auch Gasaußenwandheizungen (AG Berlin-Mitte NZM 2002, 950). Zu den Einzelpositionen s. oben Rdn. 109 ff.

144 Besonders erwähnt sind die Kosten der Beseitigung von Wasserablagerungen und Verbrennungsrückständen in der Anlage. Die Reinigung des Öltanks fällt nicht darunter, weil die Ablagerungen im Öltank weder Wasserablagerungen noch Verbrennungsrückstände sind.

145 Da nur die Kosten der Heizungen selbst genannt sind, sind in dieser Position die Kosten einer Dichtigkeitsprüfung der Gaszuleitungen nicht umlegungsfähig (AG Kassel NZM 2006, 537 = WuM 2006, 149; a.A. AG Bad Wildungen WuM 2004, 669). Es handelt sich um sonstige Betriebskosten nach Nr. 17 (Schmid Handbuch der Mietnebenkosten, Rn. 5130). Eine Überprüfung alle zwei Jahre ist nicht unwirtschaftlich (Schach GE 2005, 336).

Nr. 5a) Die Kosten des Betriebs der zentralen Warmwasserversorgungsanlage

146 Hierzu gehören die Kosten der Wasserversorgung entsprechend Nr. 2, soweit sie nicht dort bereits berücksichtigt sind, und die Kosten der Wassererwärmung entsprechend Nr. 4 Buchst. a.

(I) Kosten der Wasserversorgung

147 Die Kosten der Wasserversorgung sind nur dann als Kosten des Betriebs der zentralen Warmwasserversorgungsanlage abzurechnen, wenn sie nicht gesondert abgerechnet werden. Insoweit besteht also ein Wahlrecht. Maßgeblich sind zunächst die mietvertraglichen Vereinbarungen, *wenn solche nicht* bestehen, hat der Vermieter ein einseitiges Bestimmungsrecht. In Betracht kommt insbesondere eine Abrechnung zusammen mit dem

Kaltwasser (Nr. 2). Wenn die Abrechnung zusammen mit dem Kaltwasser erfolgt, sind die hierfür geltenden Abrechnungsmaßstäbe anzuwenden, nicht diejenigen der HeizkostenV (Schmid, Verordnung über Heizkostenabrechnung, ZMR-Sonderheft, 2009, § 8 Nr. 7).

(II) Kosten der Wassererwärmung

Für die Kosten der Wasserwärmung verweist Nr. 5 Buchst. b) auf Nr. 4 Buchst. a). **148**

Nr. 5b) Die Kosten der eigenständig gewerblichen Lieferung von Warmwasser, auch aus Anlagen i.S.d. Buchstabens a

Hierzu gehören das Entgelt für die Lieferung des Warmwassers und die Kosten des **149** Betriebs der zugehörigen Hausanlagen entsprechend Nr. 4 Buchst. a.

Die Regelung entspricht Nr. 4 Buchst. c). **150**

Nr. 5c) Die Kosten der Reinigung und Wartung von Warmwassergeräten

Hierzu gehören die Kosten der Beseitigung von Wasserablagerungen und Verbrennungs- **151** rückständen im Inneren der Geräte sowie die Kosten der regelmäßigen Prüfung der Betriebsbereitschaft und Betriebssicherheit und der damit zusammenhängenden Einstellung durch eine Fachkraft.

Dem Buchst. c) unterfallen Warmwassergeräte, die in der Wohnung selbst aufgestellt **152** sind – im Gegensatz zur zentralen Warmwasserversorgungsanlage. Die Beseitigung von Kalkablagerungen geht über eine Reinigung und Wartung hinaus und ist deshalb nicht umlagefähig (Stangl ZMR 2006, 95 [96]).

Nr. 6 Die Kosten verbundener Heizungs- und Warmwasserversorgungsanlagen

a) bei zentralen Heizungsanlagen entsprechend Nr. 4 Buchst. a und entsprechend Nr. 2, **153** soweit sie nicht dort bereits berücksichtigt sind; oder b) der eigenständig gewerblichen Lieferung von Wärme entsprechend Nr. 4 Buchst. c und entsprechend Nr. 2, sie nicht dort bereits berücksichtigt sind; oder c) bei verbundenen Etagenheizungen und Warmwasserversorgungsanlagen entsprechend Nr. 4 Buchst. d und entsprechend Nr. 2, soweit sie nicht dort bereits berücksichtigt sind.

Eine Kostenaufteilung ist nur nach § 9 HeizkostenV für den Anwendungsbereich dieser **154** Verordnung vorgeschrieben.

Nr. 7 Die Kosten des Betriebs des Personen- oder Lastenaufzuges

Hierzu gehören die Kosten des Betriebsstroms, die Kosten der Beaufsichtigung, der **155** Bedienung, Überwachung und Pflege der Anlage, der regelmäßigen Prüfung der Betriebsbereitschaft und Betriebssicherheit einschließlich der Einstellung durch eine Fachkraft sowie die Kosten der Reinigung der Anlage.

(I) Umlegbare Kosten

Die Kosten des **Betriebsstroms** sind grundsätzlich durch einen Zwischenzähler zu ermit- **156** teln (Kinne ZMR 2001, 4). Eine Schätzung ist zulässig, wenn die Kosten für einen Zwischenzähler unverhältnismäßig hoch sind oder der Zwischenzähler ausgefallen ist (Kinne GE 2007, 494, 495). Hierfür können der Stromverbrauch in anderen Abrechnungszeiträumen und unter Berücksichtigung der Besonderheiten des Hauses auch Erfahrungswerte in vergleichbaren Objekten herangezogen werden (Schmid GE 2009, 757).

157 Kosten der **Beaufsichtigung** und **Überwachung** sind die Kosten für einen Aufzugswart (Kinne ZMR 2001, 4) und die Kosten einer Überwachungsanlage mit Notrufmöglichkeit (LG Gera WuM 2001, 615; AG Frankfurt-Höchst WuM 2001, 615) und einer Alarmanlage (LG Braunschweig ZMR 2003, 114). Umlegbar sind die Wartungs- und Betriebskosten (AG Hamburg WuM 1989, 126) sowie die Kosten einer Anmietung (LG Gera WuM 2001, 615), nicht aber die Kosten der Anschaffung.

158 Zu den Kosten der **Pflege** der Anlage gehören auch Reinigungsmittel und Schmierstoffe, nicht jedoch der Austausch von Teilen (Kinne GE 2007, 494, 495).

159 Kosten der **Prüfung der Betriebsbereitschaft und Betriebssicherheit** sind Aufwendungen für regelmäßige Überprüfungen, insbesondere für solche, die öffentlich-rechtlich vorgeschrieben sind.

160 Die Kosten der **Einstellung** durch eine Fachkraft umfassen auch Aufwendungen für eine Störungsbeseitigung, die eine Reparatur nicht erfordert (LG Berlin GE 1987, 89).

161 Nach Nr. 7 umlegbar sind nur die Kosten der **Reinigung** der Aufzugsanlage. Reinigungskosten für den Fahrkorb gehören zu Nr. 9.

162 **Versicherungen** sind nach Maßgabe der Nr. 13 umzulegen.

163 Sehr weit gehend rechnet das AG Frankfurt-Höchst (WuM 2001, 615) die Kosten eines Feuerwehreinsatzes zur **Personenbefreiung** den Aufzugskosten zu.

164 **Vollwartungsverträge** (vgl. hierzu generell Rdn. 12) spielen vor allem bei Aufzügen eine große Rolle. Der Abschluss eines Vollwartungsvertrages verstößt nicht gegen die Grundsätze einer ordnungsgemäßen Bewirtschaftung (LG Berlin GE 1988, 523). Für den Reparaturkostenanteil werden unterschiedliche pauschale Abzüge gemacht (20%: LG Berlin GE 1987, 89; 40–50%: LG Duisburg WuM 2004, 717; 50%: AG Rheinbach WuM 1988, 221). Teilweise wird auch auf die Kalkulation der Wartungsfirma abgestellt (LG Braunschweig ZMR 2003, 114).

(II) Kostenverteilung

(1) Anwendungsbereich der NMV 1970

165 Die Kosten sind nach § 24 Abs. 2 S. 1 NMV 1970 grundsätzlich nach dem Verhältnis der Wohnflächen umzulegen.

166 Im Einvernehmen mit allen Mietern kann der Vermieter jedoch auch einen anderen Umlegungsmaßstab vereinbaren (§ 24 Abs. 2 S. 1 NMV 1970). Bei Eigentumswohnungen kann dies auch eine Umlegung nach Miteigentumsanteilen sein (AG Düsseldorf DWW 1991, 373).

167 Nach § 24 Abs. 2 S. 2 NMV 1970 kann Wohnraum im Erdgeschoss von der Umlegung ausgenommen werden mit der zwangsläufigen Folge, dass sich die auf die übrigen Wohnungen entfallenden Kosten erhöhen.

168 Es gibt aber auch Mietobjekte, die von dem Aufzug keinen Vorteil haben, z.B. weil der Aufzug auf dem betroffenen Stockwerk nicht hält. Hierfür kann die Regelung über Erdgeschosswohnungen entsprechend angewendet werden (vgl. AG Verden ZMR 1994, 336). Dasselbe gilt für Abrechnungseinheiten, die aus mehreren Häusern bestehen, für die Gebäude, in denen kein Aufzug vorhanden ist (für ein generelles Umlegungsverbot auf die dort befindlichen Wohnungen: Kinne ZMR 2001, 5).

169 Die Herausnahme *einer* Wohnung von der Umlegung wird i.d.R. dann billigem Ermessen entsprechen, wenn die Mieter von dem Aufzug keinen Vorteil haben. Ein solcher

Vorteil ist jedoch schon dann gegeben, wenn der Aufzug in die Tiefgarage führt oder wenn die Mieter Speicher- oder Kellerabteile haben (AG Köln WuM 1998, 233). Für den Fall, dass eine Wirtschaftseinheit aus mehreren Gebäuden besteht, erscheint eine Ausklammerung der Gebäude ohne Lift sachgerecht (vgl. BayObLG NZM 1999, 850 zum Wohnungseigentum) und wird teilweise zwingend gefordert (Kinne ZMR 2001, 5).

Einen Anspruch auf Kostenfreistellung haben die Mieter jedoch nicht (AG Leverkusen WuM 1988, 436; AG Düsseldorf DWW 1991, 373; AG Berlin-Tempelhof-Kreuzberg GE 1992, 679). Die gegenteilige Auffassung (vgl. z.B. LG Braunschweig WuM 1990, 558; AG Verden ZMR 1994, 336) verkennt, dass es sich bei § 24 Abs. 2 S. 2 NMV um eine Kannvorschrift handelt, somit die Verordnung ausdrücklich die Möglichkeit einräumt, von der Kostenausnehmung abzusehen, ohne dass dafür besondere Gründe vorliegen müssen. Die Beteiligung der Erdgeschosswohnungen an den Aufzugskosten ist nach dem Verordnungswortlaut die Regel (LG Berlin WuM 1990, 559). **170**

In jedem Fall ist eine Umlage auf den Mieter einer Erdgeschosswohnung zulässig, wenn die Umlage der Aufzugskosten mietvertraglich vereinbart ist (LG Berlin GE 1990, 559; LG Duisburg WuM 1991, 597). Dies kann auch in einem Formularmietvertrag geschehen, da die Beteiligung aller Wohnungen die Regel ist und deshalb von den Grundgedanken bestehender Regelungen nicht abgewichen wird (AG Köln WuM 1998, 233; a.A. AG Pinneberg WuM 1982, 234; AG Braunschweig WuM 1996, 284; AG Augsburg ZMR 2002, 827). **171**

(2) Vermietungen ohne Preisbindung

Die formularmäßige Beteiligung des Mieters einer Erdgeschoßwohnung an den Aufzugskosten benachteiligt diesen nicht unangemessen im Sinne des § 307 BGB (BGH WuM 2006, 613 = GE 2006, 2398). Gegenteiliger Ansicht ist der BGH (GE 2009, 711 = ZMR 2009, 675 m. Anm. Schmid) für den Fall, dass zu einer Abrechnungseinheit zwei Häuser gehören, aber nur in einem ein Lift ist; der Unterschied ist schwer nachvollziehbar. Auch der Gewerberaummieter, dessen Geschäftslokal keinen unmittelbaren Zugang zum Treppenhaus hat, kann formularmäßig wohl nicht zur Kostentragung herangezogen werden (Schmid GE 2009, 757). Soweit Wohnungen an den Aufzugskosten nicht beteiligt werden, ist bei einer Kostenumlegung nach Wohnfläche die Gesamtfläche um die Fläche dieser Wohnungen zu reduzieren (Schmid ZMR 2009, 676). **172**

Ein Erreichen des Kellers, der Tiefgarage oder einer anderen Gemeinschaftseinrichtung reicht jedoch für die Möglichkeit der Kostenumlegung aus (Schmid ZMR 2009, 667; offen gelassen von BGH ZMR 2009, 675 = GE 2009, 711). Eine Regelung durch Individualvereinbarung ist möglich (Schmid GE 2009, 757 [758]). **173**

Eine Kostenverteilung nach Personenzahl ist unzweckmäßig, aber grundsätzlich zulässig. Ein Ausschluss von Kleinkindern bei der Zählung ist nicht geboten. Diese können den Lift zwar selbständig nicht betätigen, aber mitbenutzen (Schmid, Handbuch der Mietnebenkosten Rn. 5151a; a. A. Derleder WuM 2008, 444 [450]). **174**

(3) Vorerfassungen

Bei der Vermietung von Wohn- und Gewerberäumen in einem Objekt hält das LG Köln (ZMR 1994, 336) auch bei preisfreiem Wohnraum eine getrennte Ermittlung nach Gewerbeflächen und Wohnflächen für erforderlich. Nur ein vernachlässigenswerter Mehrverbrauch wird bei Arztpraxen angenommen (LG Braunschweig ZMR 2003, 114). Es kommt auf den Einzelfall an. Da eine konkrete Erfassung praktisch nicht möglich ist, muss bei erheblichem Publikumsverkehr auf Schätzungen zurückgegriffen werden. **175**

176 Die Kosten von Aufzügen in verschiedenen Häusern einer Abrechnungseinheit dürfen zusammen abgerechnet werden (Schmid Handbuch der Mietnebenkosten, Rn. 5159; a.A. LG Berlin GE 1988, 465).

(4) Wohnungseigentum

177 Beim Wohnungseigentum erstreckt sich die Beschlusskompetenz nach § 16 Abs. 3 WEG bei Vollwartungsverträgen nur auf den Betriebskostenanteil, nicht auf den Reparaturanteil (Schmid MDR 2007, 989 [991]). Eine Differenzierung der Kostentragung nach Stockwerken widerspricht nicht ordnungsmäßiger Verwaltung (LG Nürnberg-Fürth ZMR 2009, 638 = IMR 2009, 281).

Nr. 8 Die Kosten der Straßenreinigung und Müllbeseitigung

178 Zu den Kosten der Straßenreinigung gehören die für die öffentliche Straßenreinigung zu entrichtenden Gebühren und die Kosten nicht öffentlicher Maßnahmen; zu den Kosten der Müllbeseitigung gehören namentlich die für die Müllabfuhr zu entrichtenden Gebühren, die Kosten entsprechender nichtöffentlicher Maßnahmen, sowie die Kosten des Betriebs von Müllkompressoren, Müllschluckern, Müllabsauganlagen sowie des Betriebs von Müllmengenerfassungsanlagen einschließlich der Kosten der Berechnung und Aufteilung.

(l) Straßenreinigung

179 Die Vorschrift betrifft die Kosten für die Reinigung der öffentlichen Straßen. Entsprechende Maßnahmen auf dem Grundstück selbst können über die Positionen Hausmeister (Nr. 14) oder Gartenpflege (Nr. 10) umgelegt werden. Für die Abgrenzung ist darauf abzustellen, ob die Fläche nach öffentlichem Recht dem allgemeinen Verkehr gewidmet ist. Zu den Straßen gehören auch Fuß- und Radwege.

180 Zur Straßenreinigung gehören auch die Beseitigung von Eis und Schnee und das Streuen bei Glätte (BGH ZMR 1985, 120).

181 Reinigungsmittel (Kinne ZMR 2001, 5) und Streugut (BGH WuM 2004, 666), die der Vermieter verwendet oder von einem Dritten in Rechnung gestellt bekommt, gehören zu den Kosten der Straßenreinigung.

182 Umlegbar ist auch der Betrag eines Mietnachlasses, der einem Mieter für die Übernahme der Reinigungstätigkeit gewährt wird (Kinne ZMR 2001, 5).

183 Die Kosten für die Anschaffung und Ersatzbeschaffung von Geräten zur Schnee- und Schmutzbeseitigung sind nicht umlegbar (Schmid, Handbuch der Mietnebenkosten Rn. 5164; a.A. Kinne ZMR 2001, 5). Dasselbe gilt für die Kosten einer Reparatur dieser Geräte (a.A. Kinne ZMR 2001, 5; Hitpaß ZMR 2008, 935 [941]). Umlegbar sind die Wartungskosten (Kinne ZMR 2001, 5) und die Treibstoffkosten (MieWo/Schmid § 2 BetrKV Rn. 158).

184 Der Mieter kann sich vertraglich zur Übernehme der Straßenreinigung einschließlich des Winterdienstes verpflichten. Nach § 613 BGB ist im Zweifel der Verpflichtete zur persönlichen Dienstleistung verpflichtet. Diese Auslegung entspricht hier jedoch nicht dem Parteiwillen (Schmid, Handbuch der Mietnebenkosten Rn. 5170a; a. A. *LG Hamburg* WuM 1989, 622). Es ist allgemein üblich, dass die Reinigungsarbeiten zumindest teilweise von Ehegatten oder erwachsenen Kindern des Mieters oder, z. B. während eines Urlaubs, von Mitmietern oder Nachbarn erledigt werden. Der Mieter kann deshalb seine Leistung nicht nach § 275 Abs. 3 BGB verweigern. Er wird aber von seiner Verpflichtung nach

§ 275 Abs. 1 BGB frei, wenn er die Arbeiten aus gesundheitlichen Gründen nicht mehr erledigen kann und kein Dritter zu einer Übernahme bereit ist (*LG Münster* WuM 2004, 193). Ist ein Dritter zur Übernahme bereit, hat ihn der verhinderte Mieter auf seine Kosten zu beauftragen (*AG Münster* WuM 2005, 648). Die Verpflichtung des Mieters zur Durchführung der Arbeiten beinhaltet nicht auch die Verpflichtung zur Beschaffung von Streugut, wenn dies nicht extra vereinbart ist (*AG Solingen* WuM 1979, 239; a. A. *AG Essen* ZMR 1980, 316; *Hitpaß*ZMR 2008, 935 [941]).

(II) Müllbeseitigung

(1) Umlegbare Kosten

(a) Einzelne Kosten

Die umlegbaren Kostenpositionen sind »namentlich« aufgezählt. Es können deshalb unter dieser Position auch weitere, nicht ausdrücklich genannte Kosten umgelegt werden, die sich als Betriebskosten für die Müllbeseitigung darstellen (Kinne GE 2009, 1220), z.B. die Kosten für die **Reinigung der Müllbehältnisse**. Rechnet man diese Kosten nicht hierher, sind sie nach § 2 Nr. 17 BetrKV umlegungsfähig (vgl. Schmid DWW 2004, 288). Nicht umlegungsfähig sind die Kosten für die Anschaffung von Abfallbehältern (OLG Naumburg ZMR 2007, 618). **185**

Unabhängig von der Bezeichnung als Müll oder Wertstoff können auch die Kosten für die Leerung einer **Komposttonne** umgelegt werden (Schläger ZMR 1998, 676; a.A. AG Uelzen NZM 1998, 75). **186**

Hinsichtlich der Beseitigung von **Sperrmüll** ist zu differenzieren (vgl. *Schmid* WuM 2008, 519 [520]): **187**

- Bietet bereits der Müllentsorger eine regelmäßige Sperrmüllabfuhr an, sind die Kosten in den Müllgebühren enthalten und werden zusammen mit diesen umgelegt.
- Veranlasst der Vermieter eine regelmäßige Sperrmüllabfuhr für alle Mieter, sind diese Kosten umlegungsfähig (vgl. *LG Berlin* NZM 2002, 65).
- Für die Entfernung von Sperrmüll einzelner Mieter fehlt es am Merkmal der Regelmäßigkeit. Bei der Beurteilung der Regelmäßigkeit stellt der *BGH* (WuM 2008, 85 = GE 2008, 193 = NZM 2008, 123) nämlich nicht auf das ganze Haus, sondern auf das einzelne Mietverhältnis ab (Schmid WuM 2008, 199). Die Kosten sind von den jeweiligen Mietern zu tragen (*Wall* in Eisenschmid/Rips/Wall, Betriebskosten-Kommentar 2. Aufl., Rn. 3449). Anders sieht dies der BGH ohne nähere Begründung im GE 2010, 333.
- Wird Sperrmüll unberechtigt von Mietern oder von Dritten abgelagert oder zurückgelassen, treffen die Kosten zunächst den Vermieter und dieser hat in der Regel Ersatzansprüche gegen den Verursacher (vgl. *Kinne* GE 2003, 711). Eine Umlegung als Betriebskosten scheidet aus, weil die Kosten weder regelmäßig entstehen noch auf einen bestimmungsgemäßen Gebrauch zurückzuführen sind (Schmid WuM 2008, 519; a.A. BGH GE 2010, 333; LG Itzehoe WuM 2009, 494 = ZMR 2010, 41; Kinne GE 2009, 17). Die Gegenmeinung setzt sich nicht mit der Umlegungsvoraussetzung des bestimmungsgemäßen Gebrauchs auseinander.
- Bei Nichtwohnraummietverhältnissen können abweichende Vereinbarungen getroffen werden.

Sehr umstritten ist, inwieweit die Kosten für ein **Müllmanagement** umgelegt werden können (bejahend z. B. *AG Mainz* WuM 2003, 450; verneinend z.B. LG Berlin GE 2009, 1254; für eine nachträgliche Mülltrennung verneinend *LG Tübingen* WuM 2004, 497). Unter Müllmanagement wird vor allem die Nachbehandlung und Nachsortierung des **188**

Mülls verstanden, um Müllabfuhrgebühren zu sparen (vgl. *Wall* WuM 2005, 393 und *Gabriel* DWW 2005, 366 ff.). Da die Kosten der Müllbeseitigung in Nr. 8 nur »namentlich« aufgeführt sind, ist eine Umlegung jedenfalls dann möglich, wenn sie ausdrücklich vereinbart ist und der Mieter im Ergebnis nicht mehr zu zahlen hat als ohne Müllmanagement (vgl. Kinne GE 2009, 1220).

189 Die gesonderte Beseitigung von **Gartenabfällen** wird den Gartenpflegekosten (Nr. 10) zugeordnet (Schläger ZMR 1998, 676). Werden solche Abfälle jedoch über die normale Müllabfuhr entsorgt, sind die Kosten solche der Nr. 8.

190 Die Kosten für die **Reinigung der Tonnenräume** sind bei Nr. 9 oder bei den Hauswartkosten (Nr. 14) anzusetzen.

(b) Wirtschaftlichkeit

191 Die Müllabfuhrkosten sind in Höhe der für das Haus **benötigten Kapazitäten** umlegungsfähig. Dabei ist auf die tatsächliche Notwendigkeit abzustellen und nicht auf die Richtwerte des Entsorgungsunternehmens (a.A. AG Dannenberg WuM 2000, 381; teilweise auch AG Köln WuM 2002, 53). Die Verweisung auf zusätzliche Müllsäcke kommt nur in Ausnahmefällen in Betracht (teilweise a.A. AG Dannenberg WuM 2000, 381, 383). Der Vermieter ist verpflichtet, gelegentlich zu überprüfen, ob Überkapazitäten vorhanden sind und diese dann abzubauen (OLG Naumburg ZMR 2003, 260).

192 Nach dem Wirtschaftlichkeitsgebot hat der Vermieter auch zugunsten einzelner Mieter Befreiungsmöglichkeiten vom Anschluss- und Benutzungszwang für die Biotonne zu nutzen (LG Neubrandenburg WuM 2001, 130). Das gilt jedoch nicht, wenn dadurch praktische oder organisatorische Schwierigkeiten entstehen (insoweit a.A. LG Neubrandenburg WuM 2001, 130).

(c) Umlegungsvereinbarung

193 Die Vereinbarung einer Umlegung von »Grundbesitzabgaben« reicht für die Umlegung der Müllabfuhrgebühren nicht aus (AG Köln WuM 1998, 419 mit Anm. abl. Anm. Sommerfeld). Zur Notwendigkeit der Benennung von in der Verordnung nicht ausdrücklich genannten Kosten s.o. Rdn. 58.

(2) Abrechnungsmaßstäbe

(a) Preisgebundener Wohnraum

194 Zulässig ist die Umlegung nach einem Maßstab, der der unterschiedlichen Müllverursachung durch die Wohnparteien Rechnung trägt, oder nach dem Verhältnis der Wohnflächen (§ 22a Abs. 2 NMV 1970).

(b) Preisfreier Wohnraum

195 Hier gelten die allgemeinen Verteilungsgrundsätze.

(c) Vorerfassung

196 Eine getrennte Abrechnung von Müll aus Wohnungen und sonstigen Mieträumen ist für den Regelfall nicht erforderlich und stößt vielfach auch auf praktische Schwierigkeiten (LG München I NZM 2002, 286, wenn Platzgründe getrennte Müllgefäße nicht zweckmäßig erscheinen lassen und für den Papiermüll keine zusätzlichen Kosten anfallen; a.A. LG Berlin GE 2003, 190; AG Köln *ZMR 1995*, 210). Die vom AG Köln (ZMR 1995, 210) vorgeschlagene Trennung der Müllgefäße kann zu Überwachungsproblemen und bei ungleicher

Auslastung auch zu höheren Kosten führen. Etwas anderes hat zu gelten, wenn ein Betrieb unverhältnismäßig viel Müll verursacht (vgl. zum grundsätzlichen Problem Rn. 364 ff.). Das ist bejaht worden für einen Schnellimbiss (AG Hamburg WuM 2002, 265) und einen Friseursalon (AG Hamburg WuM 2002, 265); verneint für Läden (LG Braunschweig ZMR 2003, 114) und Arztpraxen (LG Braunschweig ZMR 2003, 114).

Nr. 9 Die Kosten der Gebäudereinigung und Ungezieferbekämpfung

Zu den Kosten der Gebäudereinigung gehören die Kosten der Säuberung der von den Bewohnern gemeinsam benutzten Gebäudeteile, wie Zugänge Flure, Treppen, Keller, Bodenräume, Waschküchen, Fahrkorb des Aufzuges. **197**

(I) Kosten der Gebäudereinigung

(1) Umlegbare Kosten

Zu den Kosten der Gebäudereinigung gehören auch die Putzmittel (AG Berlin-Tiergarten GE 1988, 631). Dagegen wird man den Erwerb von Putzgeräten nicht hierher rechnen können, da es sich insoweit nicht um Betriebskosten handelt (AG Lörrach WuM 1996, 628; a.A. Kinne ZMR 2001, 5). Die Betriebskosten für solche Maschinen sind jedoch umlagefähig (Kinne ZMR 2001, 5), nicht aber die Reparaturkosten (a.A. Kinne ZMR 2001, 5). Nicht ansetzbar sind auch die Erwerbskosten für sonstige Arbeitsmittel (Rdn. 13). Wird die Gebäudereinigung durch eine angestellte Reinigungskraft vorgenommen, sind die Lohnkosten umlagefähig (LG Kiel WuM 1996, 631, 632). Nicht als umlegungsfähig angesehen werden die Kosten der Lohnabrechnung (LG Kiel WuM 1996, 631, 632). **198**

Keine Reinigungskosten sind Instandsetzungskosten wie die Beschichtung eines Bodenbelages, z.B. die Versiegelung von Parkett (AG Hamburg WuM 1995, 652). **199**

Nicht umlegungsfähig sind Sonderreinigungskosten aufgrund von Baumaßnahmen (Kinne ZMR 2001, 6) und bei Ein- und Auszügen (Schmid WuM 2008, 199 [200]). **200**

Miet- und Reinigungskosten für Fußmatten sind nicht hier, sondern bei Nr. 17 anzusetzen, da die Matten zwar die Verschmutzung des Hauses verringern, aber nicht dessen Reinigung betreffen (Schmid, Handbuch der Mietnebenkosten Rn. 5200a; a. A. *LG Berlin* GE 2007, 1123). **201**

Ebenfalls nicht nach Nr. 9 umlegungsfähig sind die Kosten einer Fassadenreinigung. Die Fassade ist mit den Beispielen der Nr. 9 nicht vergleichbar und wird deshalb im Sinne dieser Vorschrift nicht »gemeinsam genutzt«. Dies gilt auch für die Kosten einer Dachrinnenreinigung. Die Kosten für die Reinigung von Lichtschächten gehören ebenfalls nicht zu Nr. 9, sondern zu Nr. 17 (vgl. LG München I WuM 2000, 258, 259). Die Reinigung von Parkplätzen außerhalb des Hauses unterfällt der Nr. 10, die Reinigung von Tiefgaragen oder Garagengebäuden gehört zu Nr. 9. Die Reinigungskosten für Passagen oder Arkaden gehören nicht zur Nr. 9, da sie nicht dem Gebäude zuzurechnen sind (Pfeifer DWW 2000, 14), sondern zu Nr. 8 oder Nr. 10. Laufende Reinigungskosten, die nicht unter Nr. 9 oder eine andere Nr. fallen, sind sonstige Betriebskosten i.S.d. Nr. 17 (a.A. AG Hamburg WuM 1995, 652 für Fassadenreinigung). **202**

Zusätzliche Gebäudereinigungskosten sind nicht umlegungsfähig, wenn die Reinigung durch vertragswidrige, insbesondere mutwillige Schmutzverursachung einzelner Mieter notwendig wurde (LG Siegen WuM 1992, 630). Dasselbe gilt für **rechtswidrige Verschmutzungen** durch dritte Personen (*Stangl* ZMR 2006, 95 [96]; a. A. *Schulze* GE 2007, 1221). Bei der Geschäftsraummiete wird man je nach Art des Mietobjekts übliche Verun- **203** reinigungen, auch wenn sie rechtswidrig sind, als von den Reinigungskosten umfasst ansehen, z. B. weggeworfenes Papier (*Schmid* WuM 2008, 519 [521]).

204 Nach der hier vertretenen Auffassung sind die Kosten für die Beseitigung von **Graffitis** schon deshalb nicht umlegbar, weil die Verunstaltung von Wänden durch Graffitis nicht einem bestimmungsgemäßen Gebrauch des Gebäudes entspricht (*Schmid* WuM 2008, 519 [521]; a. A. *AG Berlin-Mitte* GE 2007, 1259). Abweichende Vereinbarungen zur Umlegung sind bei Nichtwohnraummietverhältnissen möglich. Dabei ist eine Kostenumlegung für Schäden, die durch außenstehende Dritte verursacht sind, allenfalls dann zulässig, wenn ein Höchstbetrag festgelegt wird.

(2) Kostenverteilung

205 Eine Umlegung der Reinigungskosten nach Wohnungen erscheint nicht unbillig (a.A. LG Nürnberg-Fürth ZMR 2009, 638). Reinigungskosten für Garagen können nur auf Mieter umgelegt werden, denen ein Garagenstellplatz zur Verfügung steht (Kinne ZMR 2001, 6). Mieter von Räumen, die keinen Zugang zu Treppenhaus haben, können formularmäßig nicht an den Reinigungskosten für das Treppenhaus beteiligt werden (Schmid ZMR 2009, 667).

(3) Wohnungseigentum

206 Nach § 16 Abs. 3 WEG kann beschlossen werden, dass die Reinigungskoten nach Wohnungseigentumseinheiten umgelegt werden (a.A. LG Nürnbberg-Fürth, ZMR 2009, 638). Eine Unbilligkeit ist darin nicht zu sehen, weil die Gebäudereinigung im Wesentlichen allen Wohnungseigentümern in gleicher Weise zugute kommt.

(II) Ungezieferbekämpfung

207 Einmalige Ungezieferbekämpfungen sind nach überwiegender Meinung nicht umlagefähig (LG Siegen WuM 1992, 630 f.; LG Oberhausen WuM 1996, 714; a.A. LG Köln Mietrechtliche Entscheidungen in Leitsätzen ZMR 1995 Heft 9 S. XII; AG Offenbach NZM 2002, 214). Eine einmalige Maßnahme ist z.B. die Beseitigung eines Bienennestes (AG Freiburg WuM 1997, 471). Ist jedoch mit weiteren Bekämpfungsmaßnahmen, insbesondere auch mit prophylaktischen Maßnahmen zu rechnen, handelt es sich um laufend entstehende Kosten auch dann, wenn sie im Abstand von mehreren Jahren anfallen (AG Köln WuM 1992, 630; AG Oberhausen WuM 1996, 714, 715; AG Lichtenberg GE 1998, 1401: Turnus von vier Jahren). Zu weit gehend setzt das LG Siegen (WuM 1992, 630) die Darlegung einer Bekämpfung im jährlichen Turnus voraus.

208 Ein Mieter, der in seiner Wohnung das Ungeziefer selbst beseitigt, hat nur dann einen Anspruch auf Aufwendungsersatz (§ 536a Abs. 2 Nr. 1 BGB), wenn sich der Vermieter in Verzug befindet (AG Bremen WuM 2002, 215).

Nr. 10 Die Kosten der Gartenpflege

209 Hierzu gehören die Kosten der Pflege gärtnerisch angelegter Flächen einschließlich der Erneuerung von Pflanzen und Gehölzen, der Pflege von Spielplätzen einschließlich der Erneuerung von Sand und der Pflege von Plätzen, Zugängen und Zufahrten, die dem nicht öffentlichen Verkehr dienen.

(I) Nutzbarkeit als Umlegungsvoraussetzung

210 Die Kosten der Gartenpflege können auch dann umgelegt werden, wenn der Mieter den Garten nicht unmittelbar nutzen kann (BGH WuM 2004, 399).

Etwas anderes gilt jedoch dann, wenn die **ausschließliche Nutzung** am Garten dem Vermieter, einem bestimmten anderen Mieter oder einem Dritten zusteht (BGH WuM 2004, 399). Diejenigen, die ein ausschließliches Nutzungsrecht haben, müssen auch ausschließlich mit den Kosten belastet werden. Durch die Zuweisung einer Sondernutzung verliert der Garten den Charakter einer Gemeinschaftseinrichtung. Entsprechendes gilt für sonstige Flächen, die nur Einzelnen zur Verfügung stehen. Deshalb können die Kosten, die für an einzelne Mieter vermietete Stellplätze anfallen, nicht auf die Gesamtheit der Mieter umgelegt werden (LG Hamburg WuM 1989, 640). **211**

Der Garten darf auch nicht der Benutzung durch die Öffentlichkeit dienen (LG Berlin GE 2004, 627). Das erfordert es jedoch nicht, dass der Garten irgendwie abgegrenzt oder als Privatgarten gekennzeichnet ist (Schmid Handbuch der Mietnebenkosten, Rn. 5225; a.A. LG Berlin GE 2004, 627). **212**

(II) Umlegbare Kosten

(1) Garten

(a) Grundsätzliches

Die Nr. 10 spricht von gärtnerisch angelegten Flächen. Erfasst ist deshalb jedenfalls der **ebenerdige Garten**. Zweifelhaft ist, ob hierunter auch Dachgärten fallen. M.E. ist dies zu verneinen, da die Vorschrift nach ihrem Gesamtzusammenhang ebenerdige Flächen betrifft. Die Anlage eines Dachgartens ist eher mit sonstigen Verschönerungsmaßnahmen vergleichbar, wie etwa mit dem Aufstellen von Pflanzen im Treppenhaus. In Betracht kommt uU eine Kostenumlegung nach Nr. 17. Nicht umlegungsfähig sind auch die Kosten für mietweise gelieferte Pflanzen für einen bestimmten Anlass (OLG Düsseldorf NZM 2000, 762, 763 für ein gewerbliches Mietverhältnis). **213**

Erneuerungen sind zwar Instandsetzungsmaßnahmen nach § 1 Abs. 2 Nr. 2 BetrKV, aber in Nr. 10 ausdrücklich genannt. **214**

Umlegbar sind die gesamten der Pflege gärtnerisch angelegter Flächen dienenden Kosten (AG Düsseldorf ZMR 2002, 828). Der Vermieter entscheidet, welche Maßnahmen zur Gestaltung des Gartens ergriffen werden, solange diese nicht mit unverhältnismäßigen Aufwendungen verbunden sind oder sich die vertragliche Beschaffenheit der Mietsache sich dadurch ändert (AG Mönchengladbach ZMR 2003, 198). **215**

(b) Einzelfälle

Die Gartenpflege umfasst insbesondere das **Rasenmähen** und **Nachsäen** (Schmid ZMR 2004, 794), das **Schneiden** von Bäumen (AG Köln NZM 2001, 41), Sträuchern und Hecken, jedenfalls sofern es sich um einen regelmäßigen Rückschnitt handelt (LG Reutlingen WuM 2004, 669; a.A. LG Landshut DWW 2004, 126); außerdem dann, wenn der Rückschritt wiederholt – auch in unregelmäßigen Abständen – erforderlich ist (Schmid ZMR 2004, 794); die Beseitigung von **Unkraut** und die **Reinigung** des Gartens (LG Berlin GE 1988, 355). **216**

Auch das **Fällen von Bäumen** wird man im Hinblick auf die laufende Entstehung der Kosten und die Abgrenzung zur Instandsetzung kaum als umlegungsfähige Maßnahme ansehen können (AG Dinslaken WuM 2009, 115; Schmid ZMR 2004, 794) Die Beseitigung von Sturmschäden unterfällt der Instandsetzung nach § 1 Abs. 2 Nr. 1 BetrKV (Witterungseinflüsse). Eine umlegungsfähige Gartenpflegemaßnahme kann angenommen werden, wenn der Baum wegen seines Wachstums nicht mehr an seinem Standort verbleiben kann (AG Sinzing ZMR 2004, 829). Dagegen handelt es sich nicht um eine gärt- **217** nerische Maßnahme, wenn der Baum aus nachbarrechtlichen Gründen (LG Hamburg WuM 1994, 695; Hertle ZMR 1990, 406) oder aufgrund einer behördlichen Anordnung (AG Oberhausen WuM 1990, 556) beseitigt werden muss, sofern nicht eine Beseitigung schon aus gärtnerischen Gründen erforderlich ist (Horst MDR 2000, 1166). Das Fällen sämtlicher Bäume wird nicht als Pflegemaßnahme, sondern als wesentliche Umgestaltung des Gartens angesehen (AG Köln NZM 2001, 41). Grundsätzlich wird man darauf abstellen können, dass die Fällkosten dann und nur dann umlegbar sind, wenn die Fällung im Zuge der »Erneuerung von Gehölzen« erfolgt.

218 Die **Erneuerung von Pflanzen und Gehölzen** ist ausdrücklich als umlegungsfähige Maßnahme bezeichnet. Das gilt auch für eine turnusmäßige Neubepflanzung des Gartens (AG Steinfurt WuM 1999, 721), insbesondere mit kurzlebigen Pflanzen (Schmid ZMR 2004, 794). Dabei ist der Vermieter nicht auf eine bloße Ersatzbeschaffung beschränkt (AG Mönchengladbach ZMR 2003, 198). In unregelmäßigen Abständen von mehreren Jahren erforderliche Erneuerungen werden als nicht »laufend« für nicht umlegungsfähig gehalten (AG Reutlingen WuM 2004, 95).

219 Umlegbar ist auch die Beseitigung von **Gartenabfällen** gleichgültig, ob sie zuvor kompostiert wurden oder nicht (Schläger ZMR 1998, 676). Auch die Kosten der Beseitigung gefällter oder umgestürzter Bäume sind umlegungsfähig (Kinne GE 2003, 444). Bei Entsorgung mit dem allgemeinen Müll unterfallen die Kosten der Nr. 8.

220 Zu den umlegungsfähigen Kosten gehören auch die Aufwendungen für **Gießwasser** (AG Steinfurt WuM 1999, 721), sofern die Umlegung nicht zusammen mit den Wasserkosten vorgenommen wird. Kosten für Dünger sind umlegbar (Wolbers ZMR 2009, 417).

221 Nicht umlegungsfähig sind die Anschaffungskosten für **Geräte**, auch wenn es sich um Ersatzbeschaffungen handelt (AG Steinfurt WuM 1999, 721; a.A. AG Lichtenberg NZM 2004, 96); dagegen sind die laufenden Betriebskosten für die Gerätschaften, z.B. der Treibstoff für den Rasenmäher, umlegungsfähig (LG Hamburg WuM 1989, 640). Pauschale Vorhaltekosten für einen Traktor sind nicht umlegungsfähig (LG Kiel WuM 1996, 631, 632), wohl aber die Wartungskosten (BGH WuM 2004, 666).

(c) Arbeiten des Mieters

222 Ist vereinbart, dass der Mieter den Garten pflegen muss, so sind nur einfache und grundsätzliche Pflegearbeiten wie Rasenmähen, Unkrautjäten und Entfernung von Laub geschuldet (*OLG Düsseldorf* NZM 2004, 866 = GE 2005, 615; *LG Hamburg* ZMR 2003, 265); nicht verlangt werden können Arbeiten, die ein fachmännisches Wissen erfordern, wie das Beschneiden von Sträuchern und Bäumen zur Förderung des richtigen Wachstums (*LG Wuppertal* WuM 2000, 353) oder außergewöhnliche Arbeiten wie eine Rasensanierung, vergleichbare Pflanz- und Sanierungsarbeiten (*LG Marburg* WuM 2000, 691), eine Generalüberholung des Gartens (AG Neustadt a. d. Weinstraße NZM 2010, 41) oder das Fällen morscher Bäume (*AG Reutlingen* WuM 2004, 95).

(2) Spielplatz

223 Hierzu gehören die Pflege- und Reinigungskosten für den Spielplatz und die Spielgeräte und sonstigen Einrichtungen sowie die Kosten der Überwachung und Wartung (Kinne ZMR 2001, 7). Die Kosten für die Erneuerung von Sand sind ausdrücklich als umlegungsfähig erwähnt.

(3) Plätze, Zugänge, Zufahrten

Nr. 10 betrifft nur die Flächen, die **nicht dem öffentlichen Verkehr** dienen. Hierzu gehören auch Parkplätze außerhalb von Gebäuden sowie Höfe und Müllplätze (Kinne ZMR 2001, 7). Die Aufwendungen für öffentliche Verkehrsflächen sind in Nr. 8 geregelt. 224

Umlegungsfähig sind vor allem **Reinigungsarbeiten** und die Kosten der **Schnee- und Eisbeseitigung** (LG Hamburg WuM 1989, 640, 641), unabhängig davon, in welchen Intervallen geräumt und gestreut werden muss (Schmid ZMR 2004, 795). Für den Winterdienst dürfen angemessene Vorhaltekosten auch dann umgelegt werden, wenn die kalkulierten Arbeiten witterungsbedingt nicht oder nur zum Teil erbracht werden müssen (LG Hamburg ZMR 1995, 32, 33). 225

(III) Kostenverteilung

Werden von einem Gartenbaubetrieb **Pflegearbeiten und Instandsetzungsarbeiten** ausgeführt, so muss der Gesamtpreis aufgeteilt werden. Eine ordnungsgemäße Abrechnung erfordert eine schlüssige Darstellung, welcher Kostenanteil auf bei Nr. 10 zu berücksichtigende Positionen entfällt (vgl. AG Wuppertal ZMR 1994, 336). 226

Werden die Arbeiten für **mehrere Gebäude** von einem Unternehmer zu einem Pauschalpreis ausgeführt, so rechtfertigt es dieser Umstand für sich alleine noch nicht, die Gebäude zu einer Abrechnungseinheit zusammenzufassen. Die Kosten müssen auf die verschiedenen Anlagen aufgeteilt werden (AG Siegen ZMR 1996, 426; AG Mülheim/Ruhr WuM 1998, 39). 227

Von den Gesamtkosten sind diejenigen abzuziehen, die auf Flächen entfallen, die nur bestimmten Personen zustehen oder nur in deren Interesse nutzbar sind (Rdn. 211). 228

Bei einem **Mieterwechsel** innerhalb eines Jahres ist eine zeitanteilige Aufteilung grundsätzlich nicht zu beanstanden, auch wenn die Kosten für Winterdienst und Gartenpflege jahreszeitlich unterschiedlich anfallen (OLG Düsseldorf ZMR 2000, 215). 229

Nr. 11 Die Kosten der Beleuchtung

Hierzu gehören die Kosten des Stroms für die Außenbeleuchtung und die Beleuchtung der von den Bewohnern gemeinsam genutzten Gebäudeteile, wie Zugänge, Flure, Treppen, Keller, Bodenräume, Waschküchen. 230

(I) Umlegbare Kosten

Umgelegt werden können auch die Kosten für die Beleuchtung der Tiefgarage und des Parkplatzes (AG Neuss WuM 1997, 471). Umlegungsfähig sind auch die Kosten für den Betrieb eines Notstromaggregats (AG Koblenz NZM 2000, 238). 231

Da nur die Stromkosten erwähnt sind, sind die Kosten für Lampen und Glühbirnen nicht umlegungsfähig (OLG Düsseldorf NZM 2000, 762; AG Berlin-Tiergarten GE 1988, 631). 232

Stromkosten können bei verschiedenen Positionen angesetzt werden. Auch wenn es einfacher wäre, die Stromkosten insgesamt umzulegen, ist nach der Systematik der BetrKV und im Hinblick auf mögliche unterschiedliche Umlegungskriterien eine Aufteilung erforderlich (LG Kiel WuM 1996, 631, 632; a.A. Wienicke GE 1984, 608; AG Wetzlar WuM 2001, 30, 31: Position »Allgemeinstrom« zulässig). Zweckmäßigerweise wird der Verbrauch durch Zwischenzähler erfasst. Für die Abrechnung hat das zur Folge, dass eine Position »Strom allgemein« nicht den Anforderungen an eine ordnungsmäßige 233

Abrechnung genügt (OLG Hamburg ZMR 2003, 181 = WuM 2003, 268; a.A. ohne auf das Problem einzugehen BGH WuM 2010, 493 = MietRB 2010, 298; AG Suhl WuM 2005, 669).

(II) Kostenverteilung

234 Eine Kostenverteilung nach der Anzahl der Wohnungen ist nicht unbillig und kann nach § 16 Abs. 3 WEG beschlossen werden (AG Recklinghausen ZMR 2010, 242).

Nr. 12 Die Kosten der Schornsteinreinigung

235 Hierzu gehören die Kehrgebühren nach der maßgebenden Gebührenordnung, soweit sie nicht bereits als Kosten nach Nr. 4 Buchst. a berücksichtigt sind.

236 Nr. 12 betrifft die Fälle, in denen die Schornsteinfegerkosten nicht zusammen mit den Heizkosten umgelegt werden.

237 Für die Umlegungsmaßstäbe gelten die allgemeinen Grundsätze. Außerhalb des Anwendungsbereiches der NMV 1970 ist eine Voraufteilung nach Wohn- und Geschäftsräumen nicht erforderlich (LG Braunschweig ZMR 2003, 114; a.A. AG Köln ZMR 1994, 336).

Nr. 13 Die Kosten der Sach- und Haftpflichtversicherung

238 Hierzu gehören namentlich die Kosten der Versicherung des Gebäudes gegen Feuer-, Sturm-, Wasser- sowie sonstige Elementarschäden, der Glasversicherung, der Haftpflichtversicherung für das Gebäude, den Öltank und den Aufzug.

(I) Umlegungsfähige Kosten

239 Die Aufzählung der einzelnen Versicherungsarten ist nicht abschließend (»namentlich«). Unter Nr. 13 fallen auch die Kosten einer Aufzugssprech- und Aufzugssignalanlagenversicherung (LG Berlin GE 1987, 517), einer Versicherung gegen Hausbock und Schwamm (AG Hamburg WuM 1998, 352).

240 Zu den Kosten der Sachversicherung gehört auch eine Versicherung gegen Schäden durch innere Unruhen und böswillige Handlungen, soweit hierdurch veranlasste Sachschäden versichert sind (Schmid, Handbuch der Mietnebenkosten Rn. 5264; a.A. OLG Brandenburg NZM 2000, 572). Da bestimmte Risiken nur »namentlich« genannt sind, sind entsprechend der Überschrift zu Nr. 13 alle Sachversicherungen des Gebäudes umfasst (Schach GE 2004, 1596), auch eine Terrorversicherung (OLG Stuttgart GE 2007, 444 = GuT 2007, 89; OLG Frankfurt a.M. IMR 2009, 309). Ein besonderes Gefährdungspotential muss nicht vorliegen (OLG Stuttgart GE 2007, 444 = GuT 2007, 89; a.A. AG Berlin-Spandau GE 2005, 1255). Umlegbar sind auch die Kosten einer Versicherung zum Neuwert (a.A. Leipzig NZM 2009, 858).

241 Nicht umlegungsfähig sind die Kosten einer Reparaturversicherung, da Reparaturen dem Vermieter obliegen (AG Köln WuM 1990, 556). Nicht umlegungsfähig sind deshalb auch die Kosten einer Vandalismusversicherung (Jendrek DWW 2003, 143). Nicht unter Nr. 13 fällt eine Versicherung gegen die Folgen von Streik und Aussperrung, soweit nur Vermögensschäden abgedeckt werden (OLG Brandenburg NZM 2000, 572).Auch die Kosten einer Rechtsschutzversicherung können weder nach Nr. 13 noch nach Nr. 17 umgelegt werden (OLG Düsseldorf WuM 1995, 203, das – zu weit gehend – auch in Gewerbemietverträgen die Unwirksamkeit einer Umlegungsvereinbarung für möglich hält). Entsprechendes gilt für die Kosten einer Wertverlustversicherung (OLG Düsseldorf DWW 2000, 196, 199) und einer Mietausfallversicherung (OLG Düsseldorf NZM 2001, 588). Das wirft Probleme bei der Gebäudeversicherung auf, wenn sich der Versicherungsschutz auch auf einen eventuellen Mietausfall erstreckt (vgl. *Jendrek* DWW 2003, 145). Insoweit ist eine Herausrechnung nicht erforderlich, weil in erster Linie das Gebäude versichert ist (*OLG Stuttgart* GE 2007, 444 = GuT 2007, 89) und der Mietausfall eine Folge des Sachschadens ist (Schmid, Handbuch der Mietnebenkosten Rn. 5266). Dasselbe gilt für eine Terrorversicherung, in der ein Betriebsunterbrechungsschaden mitversichert ist (OLG Frankfurt a. M. IMR 2009, 109).

Umgelegt werden können Versicherungsprämien auch insoweit, als eine Beitragserhöhung auf früheren Schadensereignissen beruht (Schmid Handbuch der Mietnebenkosten, Rn. 5268; a.A. AG Köln WuM 2000, 37 für Schäden am Rohrleitungssystem). Zwar ist die Instandhaltung des Gebäudes Sache des Vermieters. Die Versicherung dient aber gerade dazu, hieraus resultierende Risiken abzudecken. Nur bei schuldhafter Verletzung der Instandhaltungspflicht kann je nach den Umständen des Einzelfalles eine Umlegung des Erhöhungsbetrages treuwidrig sein. **242**

Die Haftpflichtversicherung ist auch insoweit umlegbar, als sie Schäden aus einer Verletzung der Instandhaltungspflicht umfasst (BGH NZM 2002, 116). **243**

(II) Umlegungsvereinbarung

Die Vereinbarung der Umlegung »notwendiger oder üblicher Versicherungen« ist für sich allein auch bei der Geschäftsraummiete zu unbestimmt (KG GE 2004, 234). Werden in einem Gewerberaummietvertrag ohne weitere Spezifizierung die »Kosten der Sach- und Haftpflichtversicherung« als umlegungsfähig vereinbart, ist der Vertrag dahin auszulegen, dass nur die in Nr. 13 genannten Kosten umlegbar sind (OLG Brandenburg NZM 2000, 572). Schließt der Vermieter erst nach Beginn des Mietverhältnisses eine Versicherung ab, sind diese Kosten bei Vorliegen der allgemeinen Umlegungsvoraussetzungen umlegungsfähig (LG Frankfurt/M. WuM 1999, 46; AG Hamburg WuM 1998, 352; a.A. AG Neustadt/Weinstraße ZMR 1997, 305). Wenn die neu abgeschlossene Versicherung vom Wortlaut der Umlegungsvereinbarung umfasst ist, bedarf es auch keiner ergänzenden Vertragsauslegung (a.A. LG Landau in der Pfalz ZMR 2005, 871 = WuM 2005, 720 mit kritischer Anm. Wall WuM 2006, 23). **244**

(III) Wirtschaftlichkeitsgrundsatz

Umlegbar sind die Kosten für eine erforderliche Versicherung. Als nicht umlegungsfähig bezeichnet wird eine Erdbebenversicherung in einem in dieser Hinsicht nicht gefährdetem Gebiet (Otto ZfIR 2004, 146). Etwas anderes kann allerdings dann gelten, wenn das Risiko in einem Paket mit anderen Risiken versichert ist und die übrigen Risiken nicht einzeln versichert werden können bzw. keine Mehrbelastung gegenüber dem Abschluss erforderlicher Einzelversicherungen eintritt (Streyl NZM 2006, 125 [128]). **245**

(IV) Abrechnung

Nach Meinung des BGH (ZMR 2010, 102 m. krit. Anm. Schmid) darf der Vermieter die Kosten der Sach- und Haftpflichtversicherung in einer Summe unter der Kostenposition »Versicherungen« abrechnen. **246**

Nr. 14 Die Kosten für den Hauswart

Hierzu gehören die Vergütung, die Sozialbeiträge und alle geldwerten Leistungen, die der Eigentümer oder Erbbauberechtigte dem Hauswart für seine Arbeit gewährt, soweit diese nicht die Instandhaltung, Instandsetzung, Erneuerung, Schönheitsreparaturen oder **247** die Hausverwaltung betrifft; soweit Arbeiten vom Hauswart ausgeführt werden, dürfen Kosten für Arbeitsleistungen nach Nummern 2 bis 10 und 16 nicht angesetzt werden.

(I) Umlegbare Kosten

(1) Hauswarttätigkeiten

(a) Positive Abgrenzung

248 Die Hauswarttätigkeit wird bezeichnet als Verrichtung von Arbeiten, die mehr praktisch-technischer Natur sind und den bestimmungsgemäßen Gebrauch sowie die pflegliche Behandlung und ordnungsgemäße Benutzung des Grundstücks und des Gebäudes gewährleisten sollen (AG Dortmund WuM 1996, 561). Diese Definition bietet aber keine hinreichende Abgrenzung zur Instandsetzung und zu Verwaltungstätigkeiten. Westphal (WuM 1998, 329) beschreibt die Hauswartaufgaben in dem Sinne, dass hierzu alle Arbeiten gehören, die unmittelbar dem Erhalt der Mietsache in tatsächlicher Hinsicht dienen und bei deren Ausführung nur Sachmittel eingesetzt werden, die entweder einfachstes Handwerkszeug oder reine Verbrauchsgüter sind. Angesichts der Verwendung verschiedenster technischer Hilfsmittel ist der Einsatz einfachsten Handwerkszeuges kein klares und brauchbares Abgrenzungskriterium. Schließlich versagt das Merkmal der Eigenhändigkeit dort, wo Hauswartfirmen eingesetzt werden, weil es diesen i.d.R. unbenommen ist, Subunternehmer zur Erfüllung ihrer Aufgaben tätig werden zu lassen. Nach Sinn und Zweck der Norm zählt v. Seldeneck (Betriebskosten im Mietrecht Rn. 2378) betriebsdienliche, servicegeneigte Tätigkeiten zu den Hauswarttätigkeiten und rechnet hierzu konsequent z.B. auch den Austausch von Kleinteilen und die Reparatur von Hilfsgeräten. Damit wird jedoch die Grenze zur Instandhaltung verwischt.

249 M.E. ergibt sich eine positive Abgrenzung der Hauswarttätigkeit aus der negativen Abgrenzung in Verbindung mit dem allgemeinen Betriebskostenbegriff und den Sonderregelungen des § 2 BetrKV. Dass es sich um Betriebskosten handeln muss, folgt schon aus § 556 BGB. § 2 Nr. 14 BetrKV ermöglicht es deshalb nicht, Kosten nur deshalb auf den Mieter umzulegen, weil bestimmte Tätigkeiten einem Hauswart übertragen sind. Andererseits sind aber die ausdrücklich als Betriebskosten bezeichneten Aufwendungen auch dann umlegungsfähig, wenn die Tätigkeiten von einem Hauswart erledigt werden. Dies gilt auch für Aufwendungen, die den Nrn. 15 bis 17 unterfallen, obwohl Halbs. 2 der Nr. 14 nur die Nrn. 2 bis 10 und 16 erwähnt. Ein doppelter Ansatz kommt auch hier nicht in Betracht. Umgekehrt ist dem Halbs. 2 der Nr. 14 nicht zu entnehmen, dass Tätigkeiten, die Betriebskosten nach Nr. 15 und 17 der BetrKV sind, bei der Ausführung durch einen Hauswart nicht umlegungsfähig sind.

250 Eine weitere Einschränkung ergibt sich daraus, dass Nr. 14 nur die Umlegung von Arbeitskosten zulässt. Sachaufwendungen sind nur bei anderen Positionen ansetzbar, wenn dies dort vorgesehen ist. Anders als die übrigen Positionen des § 2 BetrKV werden die umlegungsfähigen Kosten nicht sachbezogen, sondern personenbezogen bezeichnet. Geregelt ist die Art der Kostenumlegung bei einer bestimmten Form der Aufgabenwahrnehmung, nicht die Kostenumlegung für bestimmte Aufgaben. Diese werden nur bei der negativen Abgrenzung genannt.

251 Kosten des Hauswartes sind deshalb diejenigen Kosten, die für Arbeitsleistungen anfallen, die bei gesonderter Vergütung bei den Nrn. 2 bis 10 und 15 bis 17 anzusetzen wären.

252 Die Umlegung der Kosten, die dem § 2 Nr. 17 BetrKV unterfallen würden, muss auch dann besonders vereinbart werden, wenn die Arbeiten vom Hauswart erledigt werden (Schmid GE 2009, 1472).

(b) Negative Abgrenzung

(aa) Instandhaltung und Instandsetzung

Maßnahmen der Instandhaltung und Instandsetzung sind keine umlegungsfähigen Tätigkeiten. Nach der hier vertretenen Auffassung (Rdn. 11) ist der Instandhaltungsbegriff von § 1 Abs. 2 Nr. 2 BetrKV zugrunde zu legen, sodass Maßnahmen, die zur Pflege von Einrichtungen und zur Verhinderung eines Schadens dienen, als Hauswartkosten umlegungsfähig sind. Auch der Begriff der Instandsetzung umfasst nur Maßnahmen, die der Beseitigung von bereits eingetretenen Schäden dienen (AG Neukölln GE 1988, 524). 253

(bb) Erneuerung

Nicht umlegungsfähig sind Arbeiten für Erneuerungen. Eine Ausnahme hiervon ist zu machen, wenn der Hausmeister die Erneuerung von Spielsand vornimmt und diese Kosten nicht gesondert umgelegt werden (vgl. Nr. 14 Hs. 2 und Nr. 10). Dieser spezielle Fall ist bei der allgemeinen Formulierung der Nr. 14 offensichtlich nicht bedacht worden. 254

(cc) Schönheitsreparaturen

Als Schönheitsreparaturen nennt § 28 Abs. 4 S. 4 II. BV das Tapezieren, Anstreichen oder Kalken der Wände und Decken, das Streichen der Fußböden, Heizkörper einschließlich der Heizrohre, der Innentüren sowie der Fenster und Außentüren von innen. Diese Definition enthält jedoch eine Einschränkung, die speziell für § 28 II. BV Bedeutung hat, wie sich aus dem Wort »nur« ergibt. Diese Einschränkung hat im Rahmen der Nr. 14 keine Berechtigung. Umfasst sind hier alle Schönheitsreparaturen am gesamten Haus, insbesondere auch das Streichen der Außenseiten von Fenstern und Türen. 255

(dd) Hausverwaltung

Schwierigkeiten bereitet auch die Abgrenzung zwischen Hauswarttätigkeit und Hausverwaltungstätigkeit, weil vom Hauswart oft Tätigkeiten vorgenommen werden, die streng genommen Verwaltungstätigkeiten sind, aber von einer Person vor Ort erledigt werden. 256

(c) Kostenaufteilung

Nimmt eine Person aufgrund **eines einheitlichen Vertrages** sowohl Hauswarttätigkeiten als auch sonstige Dienstleistungen für den Vermieter vor, so sind die Kosten verhältnismäßig aufzuteilen und nur die auf die Hauswarttätigkeiten entfallenden Kosten anzusetzen (AG Wuppertal ZMR 1994, 372, 373; AG Hannover WuM 1994, 435). Dabei will das LG Bonn (WuM 1998, 353) die Kostenaufteilung auf der Grundlage des Hauswartvertrages vornehmen. Es kommt jedoch nicht auf die vertragliche Zuordnung, sondern auf die tatsächlich geleisteten Arbeiten an (Riecke WuM 2003, 670). Ein pauschaler Abzug von 20% für Verwaltungs-, Instandhaltungs- und Erneuerungsarbeiten wird den Umständen des Einzelfalles nicht gerecht (LG Potsdam GE 2003, 743; a.A. LG Berlin GE 2002, 860; vgl. Kinne GE 2003, 443). Aufgrund konkreter Anhaltspunkte kann jedoch eine Schätzung erfolgen (vgl. AG Charlottenburg GE 2005, 997). 257

Eine Aufteilung ist auch notwendig, wenn ein Hauswart aufgrund eines Vertrages mehrere Abrechnungseinheiten betreut (AG Köln WuM 1997, 273). Die Aufteilung hat bei einem einheitlichen Vertrag nach der tatsächlich geleisteten Arbeit zu erfolgen. Eine Umlegung nach dem Verhältnis der Wohnflächen der Abrechnungseinheiten ist nicht zulässig (AG Pinneberg ZMR 2004, 597). 258

259 Die Darlegungs- und Beweislast dafür, ob und in welchem Umfang der Hauswart Tätigkeiten vorgenommen hat, deren Kosten nicht umlegungsfähig sind, trifft den Vermieter; einen pauschalen Ansatz kann der Mieter ohne weitere Darlegungen bestreiten (*BGH* ZMR 2008, 691 [693] = NZM 2008, 403 = GE 2008, 662 [664]; a. A. *Derckx* NZM 2008, 394, der mangels Erläuterung einen formellen Mangel der Abrechnung annimmt).

(2) Einzelfragen

(a) Reparaturen, insbesondere Schönheitsreparaturen

260 Die Kosten für hierauf entfallende Tätigkeiten können nicht umgelegt werden (AG Köln WuM 1995, 120). Das gilt auch für Kleinreparaturen (LG Wuppertal WuM 1999, 342). Den Reparaturkosten zuzurechnen ist auch das Auswechseln von Glühbirnen (Wall WuM 1998, 527; a. A. LG Frankfurt a. M. WuM 1996, 561). Als Schönheitsreparaturen nennt § 28 Abs. 4 Satz 4 II. BV das Tapezieren, Anstreichen oder Kalken der Wände und Decken, das Streichen der Fußböden, Heizkörper einschließlich der Heizrohre, der Innentüren sowie der Fenster und Außentüren von innen. Diese Definition enthält jedoch eine Einschränkung, die speziell für § 28 II. BV Bedeutung hat, wie sich aus dem Wort »nur« ergibt. Diese Einschränkung hat im Rahmen der Nr. 14 keine Berechtigung. Umfasst sind hier alle Schönheitsreparaturen am gesamten Haus, insbesondere auch das Streichen der Außenseiten von Fenstern und Türen (Schmid, Handbuch der Mietnebenkosten, 11. Aufl., 2009, Rn. 5290).

(b) Wartung

261 Wartungs- und Pflegekosten sind teilweise in der BetrKV ausdrücklich genannt. Sie sind umlegungsfähig (BGH ZMR 2007, 361 = GE 2007, 439). Sie können deshalb auch umgelegt werden, wenn die Tätigkeit von einem Hauswart vorgenommen wird. Genannt werden: Gangbarhaltung der allgemein genutzten Türen und Fenster sowie der Gas- und Wasserabsperrhähne (Schmid, Handbuch der Mietnebenkosten, 11. Aufl., 2009, Rn. 5294a. A. AG Köln WuM 1994, 612); Pflege des Maschinenparks, soweit es sich nicht um Instandsetzungsarbeiten handelt (vgl. LG München I WuM 2000, 258).

(c) Handwerker und andere Dienstleister

262 Nicht umlegungsfähig ist die Beauftragung von Handwerkern (AG Bergisch-Gladbach WuM 1992, 490) oder anderen Dienstleistern; Wahrnehmung von Terminen mit Handwerkern (LG Wuppertal WuM 1999, 342); Einweisung für die erforderliche Tätigkeiten (LG Gera WuM 2001, 615; a. A. Schmidt-Futterer/Langenberg, § 556 Rn. 181, wenn die Fremdfirmen umlegungsfähige Tätigkeiten ausführen); Nachsicht bei kleineren Reparaturen (a. A. AG Köln WuM 1995, 120).

(d) Kontroll- und Überwachungstätigkeiten.

263 Bei Kontrolltätigkeiten ist zu differenzieren, worauf sich die Kontrolle bezieht.

264 Regelmäßig anfallende, nicht durch eine bereits aufgetretene Störung veranlasste Maßnahmen, die der Überprüfung der Funktionsfähigkeit und Betriebssicherheit einer technischen Einrichtung dienen, sind Betriebskosten (BGH ZMR 2007, 361 = GE 2007, 439). Werden diese Tätigkeiten durch einen Hauswart vorgenommen, bestehen keine Bedenken, hierin umlegungsfähige Hauswarttätigkeiten zu sehen (LG Wuppertal WuM 1999, 342; AG Hohenschönhausen GE 2008, 933; a. A. AG Suhl WuM 2003, 453). Hierzu zu rechnen sind: Kontrolle der Funktionsfähigkeit von Abflüssen (LG Berlin GE 2007, 851); Überwachung des Fahrstuhls (AG Köln Mietrechtliche Entscheidungen in Leitsät-

zen ZMR 1996 Heft 9 S. XII); Überwachung der Heizungsanlage (AG Berlin-Mitte NJW-RR 2002, 656); Kontrolle der Beleuchtung (a.A. AG Köln WuM 2007, 264); Kontrolle von Wärmemessgeräten auf Funktionieren, sofern eine solche erforderlich ist (a.A. LG München I WuM 2000, 258, 259; LG Gera WuM 2001, 615); Überwachung der Wasserversorgungsanlage (AG Köln Mietrechtliche Entscheidungen in Leitsätzen ZMR 1996 Heft 9 S. XII).

Dagegen müssen solche Kontrolltätigkeiten aus den Hauswartkosten herausgerechnet werden, bei denen es sich um Verwaltungsangelegenheiten handelt. Das sind insbesondere allgemeine Kontrollen des Bauzustandes (LG München I WuM 2000, 258) und des Gesamtzustandes des Anwesens (AG Köln WuM 1999, 235); Überprüfung der Ordnung im Hause (AG Köln WuM 1999, 235; a. A. für die Überprüfung der Gemeinschaftsanlagen auf ordnungsmäßige Nutzung und die Kontrolle der Einhaltung von Ruhezeiten: LG Berlin GE 2007, 851); Kontrollen, ob Rettungs- und Fluchtwege frei sind (a. A. LG Berlin GE 2007, 851; Schmidt-Futterer/Langenberg, § 556 Rn. 181); Überwachung der zur Ausführung von Arbeiten herangezogenen Unternehmen (LG Gera WuM 2001, 615; AG Köln WuM 1999, 466), auch, wenn die Kosten für die durchgeführten Arbeiten umlegungsfähig sind, weil die Überprüfung ordnungsgemäßer Auftragserledigung eine Verwaltungstätigkeit ist (Schmid, Handbuch der Mietnebenkosten, Rn. 5308; a. A. LG Berlin GE 2007, 851; AG Köln WuM 1995, 120); Kontrolle der Ausführung von Wartungsverträgen durch Drittunternehmen (LG München I WuM 2000, 258, 259); Überwachung des Schornsteinfegers (LG München I WuM 2000, 258, 259). 265

Zu Sicherheitstätigkeiten siehe bei Wachdienst, unten IV. 5. 266

(e) Wachdienst

Ob die Kosten für einen Wachdienst umlegungsfähig sind, ist umstritten. Bewachungskosten sind Kosten der Aufsicht und damit Verwaltungskosten i. S. d. § 2 Abs. 2 Nr. 1 BetrKV (OLG Düsseldorf DWW 1981, 283; Schmid, Handbuch der Mietnebenkosten, 11. Aufl., 2009, Rn. 5439; a. A. OLG Celle ZMR 1999, 338 ff.; OLG Frankfurt a. M. ZMR 2004, 182; LG Berlin GE 2005, 237; wohl auch BGH NZM 2005, 452 = WuM 2005, 336). Die Überprüfung der Sicherheit auf dem Grundstücksgelände ist Verwaltungstätigkeit (AG Kerpen WuM 2000, 37). Ein Abstellen darauf, ob die Bewachung dem Interesse des Vermieters oder des Mieter dient, verbundenen mit einer nur anteiligen Umlegung der Kosten (so LG Köln WuM 2004, 400; AG Hamburg-Barnbeck WuM 2007, 289) ist weder rechtsdogmatisch begründbar noch praktikabel. Rechnet man die Bewachungskosten den Betriebskosten zu, so kann die Umlegung nicht mit der Begründung verneint werden, dass in einer Großstadt Einbruchsversuche üblich sind (Schmid, Handbuch der Mietnebenkosten, Rn. 5439; a. A. AG Hamburg-Barnbeck WuM 2007, 289). 267

Der Wachdienst ist jedoch keine typische Hauswarttätigkeit. Eine Umlegung unter der Position Hauswart kommt deshalb ohnehin nur dann in Betracht, wenn es sich um einzelne Tätigkeiten handelt, die gegenüber der sonstigen Arbeit des Hauswarts untergeordnet sind. 268

(f) Bereitschaftsdienst oder Notfalldienste

Diese Dienste werden als umlegungsfähig angesehen (LG Köln WuM 1997, 230; AG Köln Mietrechtliche Entscheidungen in Leitsätzen ZMR 1996 Heft 9 S. XII). Das erscheint jedoch nur zutreffend, soweit die Bereitschaft eines Aufzugswartes erforderlich ist, da dessen Kosten dem § 2 Nr. 7 BetrKV unterfallen (Kinne ZMR 2001, 1 [4]). 269

(g) Pförtnertätigkeit

270 Kosten für einen Pförtner (Concierge, Doorman) werden vom BGH (NZM 2005, 452 = WuM 2005, 336) grundsätzlich als sonstige Betriebskosten anerkannt, sind aber nur umlegungsfähig, wenn eine konkrete Notwendigkeit besteht. Der BGH musste zu dem Problem nicht abschließend Stellung nehmen, da es an einer konkreten Notwendigkeit fehlte. Das LG Berlin (GE 2007, 657) bejaht eine solche Notwendigkeit, wenn die Gefahr besteht, dass Einbrecher das Gebäude betreten. Verfehlt (a. A. Beyer GE 2007, 950 [952]) zieht das Gericht auch die Entgegennahme von Postsendungen, die Wahrnehmung von Ableseterminen und die Aufbewahrung von Schlüsseln durch den Doorman heran. Jedenfalls insoweit handelt es sich um Verwaltungskosten. Die Pförtnertätigkeit betrifft nur Tätigkeiten im Eingangsbereich; Patroulliendienste können deshalb nicht als Pförtnerkosten umgelegt werden (AG Berlin-Charlottenburg GE 2007, 1124).

271 Der Pförtnerdienst ist zudem keine typische Hauswarttätigkeit (a.A. Schmidt-Futterer/Langenberg, § 556 Rn. 229). Eine Umlegung unter der Position Hauswart kommt deshalb ohnehin nur dann in Betracht, wenn es sich um einzelne Tätigkeiten handelt, die gegenüber der sonstigen Arbeit des Hauswarts untergeordnet sind.

(h) Abrechnungen

272 Als Verwaltungstätigkeit grundsätzlich nicht umlegungsfähig ist alles, was mit der Abrechnung zu tun hat (AG Köln WuM 1995, 120). Hierzu gehören die Entleerung von Münzautomaten (AG Köln WuM 1999, 466) und die Verbrauchserfassung und Abrechnung der Betriebskosten für Einrichtungen für die Wäschepflege (AG Mühlheim/Ruhr WuM 2000, 424). Zählerablesungen sind nicht umlegungsfähig (LG Berlin GE 2007, 851; AG Köln WuM 1999, 235). Dasselbe gilt für die Wahrnehmung von Ableseterminen (Schmid, Handbuch der Mietnebenkosten, Rn. 5426b; a. A: LG Berlin GE 2007, 657). Ein nur geringfügiger Zeitaufwand hierfür kann vernachlässigt werden (AG Hohenschönhausen GE 2008, 933). Eine Ausnahme gilt jedoch, wenn es sich um Verteilungskosten nach § 2 Nrn. 2, 4, 5 oder 8 BetrKV handelt. In diesen Positionen sind die Kosten für die Verbrauchserfassung und Kostenverteilung ausdrücklich als umlegungsfähig bezeichnet, so dass sie auch umgelegt werden können, wenn die Tätigkeit vom Hauswart vorgenommen wird (Wall in Eisenschmid/Rips/Wall, Betriebskosten-Kommentar, Rn. 3716).

(i) Kontaktpflege und Mitteilungen

273 Kontakte mit Mietern sind als Verwaltungsmaßnahmen nicht umlegungsfähig (AG Köln WuM 2002, 615). Das gilt auch für die Entgegennahme von Mängelanzeigen (AG Bergisch-Gladbach WuM 1992, 490); Weiterleitung von Reparaturmeldungen und Benachrichtigung des Vermieters von Störungen (a.A. LG Berlin GE 2009, 979 m. abl. Anm. Beuermann GE 2009, 938); Abhaltung von Mietersprechstunden (AG Dortmund ZMR 1996, 387); Verteilung von Schreiben an Mieter (AG Berlin-Mitte NJW-RR 2002, 656; AG Hamburg – St. Georg WuM 2007, 446).

(j) Heizung und Warmwasser

274 Nimmt ein Hauswart Tätigkeiten vor, die in §§ 7, 8 HeizkostenV genannt sind, so sind die dafür anfallenden Kostenteile abweichend von den allgemeinen Grundsätzen aus den Hauswartkosten herauszurechnen und nach den Umlegungsmaßstäben der HeizkostenV umzulegen (Schmid, Handbuch der Mietnebenkosten, 11. Aufl., 2009, Rn. 6249; a. A. AG Hamburg HKA 1989, 43 für preisgebundenen Wohnraum). Das folgt aus dem Vorrang der HeizkostenV auch hinsichtlich der danach umzulegenden Kostenpositionen (§ 2

HeizkostenV). Die HeizkostenV stellt auf die Art der Tätigkeit und nicht auf die Person des Tätigen ab. In Betracht kommen hier insbesondere Bedienung, Überwachung und Pflege der Anlage, Prüfung der Betriebsbereitschaft und Betriebssicherheit, Reinigung der Anlage und des Betriebsraumes sowie Zählerablesungen.

(k) Vermietungstätigkeiten

Der Hauswart wird oft auch bei Neuvermietungen oder bei der Abwicklung beendeter Mietverhältnisse herangezogen. Solche Tätigkeiten sind Verwaltungstätigkeiten und dürfen deshalb nicht in die Betriebskostenabrechnung einbezogen werden. Die Rechtsprechung beschäftigt haben bereits: Maklertätigkeiten (AG Neumünster WuM 1992, 284); das Anschaffen von Namensschildern der Mieter (LG München I WuM 2000, 258, 259); diverse Tätigkeiten anlässlich einer Neuvermietung (AG Köln WuM 1995, 120); Wohnungsbesichtigungen (LG Berlin-Mitte NJW-RR 2002, 656); Wohnungsübergaben (AG Köln WuM 1995, 120). In all diesen Fällen wurde eine Umlegungsfähigkeit verneint. 275

(l) Entgelt

Die Vergütung des Hauswarts ist umlegungsfähig. Hierzu gehören bei angestellten Hauswarten die Lohn- und Lohnnebenkosten (AG Kleve WuM 1989, 28), bei selbständigen Hauswarten oder Hauswartfirmen auch die Umsatzsteuer (Schmid, Handbuch der Mietnebenkosten, 11. Aufl., 2009, Rn. 5343). Das Entgelt für einen selbständigen Hauswart ist voll umlegungsfähig, auch wenn darin Sachaufwendungen einkalkuliert sind (Westphal WuM 1998, 329). Kostenlose oder verbilligte Zurverfügungstellung einer Wohnung sind umlegbare Aufwendungen (AG Köln WuM 1997, 273). Ein Mietnachlass, der einem Mieter für die Erbringung von Hauswarttätigkeiten gewährt wird, kann umgelegt werden (Schmid, Handbuch der Mietnebenkosten, 11. Aufl., 2009, Rn. 5342). 276

Kosten, die vom Vermieter dem Hauswart nicht geschuldet werden, sind nicht umlegungsfähig (LG Chemnitz WuM 2003, 217). Das gilt auch für Trinkgelder (LG Berlin GE 1981, 235; a.A. LG Hamburg ZMR 1960, 75) und Gutscheine fürs Oktoberfest oder andere Volksfeste (a.A. AG München bei Küttner WE 2007, 265). 277

Zur Arbeitskleidung s. u. Rdn. 281. 278

(m) Vertretung

Kosten der **Vertretung** im Urlaubs- und Krankheitsfall sind umlegungsfähig (AG Köln WuM 1997, 273). Das gilt auch für den Einsatz so genannter Springer, die bei größeren Unternehmen angestellt sind und bei Urlaub oder Krankheit des Hauswarts aushelfen, soweit eine Aushilfstätigkeit stattfindet (Wolbers ZMR 2009, 417 [418]). 279

(n) Sachaufwendungen

Nicht umlegungsfähige Sachaufwendungen sind: Kosten für Arbeitsmittel und Geräte (AG Steinfurt WuM 1999, 721; AG Starnberg NZM 2002, 910; a. A. AG Köln Mietrechtliche Entscheidungen in Leitsätzen ZMR 1996, Heft 9 S. XII). Fahrtkosten jedenfalls dann, wenn sie dem Hauswart nur deshalb erstattet werden, weil dieser auch noch andere Anlagen betreut (LG Bonn WuM 1998, 553). Als Sachaufwendungen wird man Fahrtkosten jedoch generell als nicht umlegungsfähig ansehen müssen (Schmid, Handbuch der Mietnebenkosten, 11. Aufl., 2009, Rn. 5347; a. A. Schmidt-Futterer/Langenberg § 546 Rn. 151). Kosten für Kleinteile, die der Hauswart verwendet (LG Wuppertal WuM 1999, 342). Telefonkosten sind unstreitig nicht umlegbar, soweit sie auf Verwaltungstätigkeiten entfallen (AG Hannover WuM 1994, 435). Als Sachaufwendungen sind Telefonkosten in 280 der Position Hauswart generell nicht umlegungsfähig (Schmid, Handbuch der Mietnebenkosten, 11. Aufl., 2009, Rn. 5350; a. A. AG Hannover WuM 1994, 435; Schmidt-Futterer/Langenberg, Mietrecht, 9. Aufl., § 556 Rn. 188). Das gilt auch für die Kosten einer Rufumleitung, wenn sich der Hauswart nur stundenweise im Hause aufhält (LG Bonn WuM 1998, 353).

281 Die Arbeitskleidung für den Hauswart kann umgelegt werden (Schmid, Handbuch der Mietnebenkosten, 11. Aufl., 2009, Rn. 5339; a. A. AG Lörrach WuM 1996, 628). Die Bezahlung der Arbeitskleidung ist entweder als geldwerter Vorteil für den Hauswart oder als eine arbeitsvertragliche Nebenpflicht des Vermieters anzusehen. Die Zurverfügungstellung von Arbeitskleidung kommt unmittelbar dem Hauswart zugute.

(o) Sonstiges

282 Umlegungsfähig sind: Bereitstellung der Tonnen für die Müllabfuhr bzw. Öffnen des Müllkellers (Schmidt-Futterer/Langenberg, Mietrecht, 9. Aufl., § 556 Rn. 182); leeren von Abfallbehältnissen auf dem Grundstück (Wall in Eisenschmid/Rips/Wall, Betriebskosten-Kommentar, 2. Aufl., Rn. 3716). Der Aufwand für Schnee- und Eisbeseitigung (LG Berlin NZM 2002, 65) und die Besorgung und Bevorratung von Streugut (LG Gera WuM 2001, 615). Reinigungsarbeiten (LG Frankfurt a. M. WuM 1996, 561). Die Gartenpflege ist umlegungsfähig, soweit es sich um Gartenpflegetätigkeiten im Sinne von § 2 Nr. 10 BetrKV handelt (AG Köln WuM 1995, 120; AG Hohenschönhausen GE 2008, 933). Überwachung, Pflege und Reinigung der Gemeinschaftswaschmaschine (Wall in Eisenschmid/Rips/Wall, Betriebskosten-Kommentar, 2. Aufl., Rn. 3716).

283 Nicht umlegungsfähig ist der für Aufwand eine Mitteilung besonderer Vorkommnisse an die Hausverwaltung (AG Köln WuM 1999, 466, 467). Die Bestellung von Waren (LG Berlin GE 2009, 979). Aufstellen von Plänen zur Reinigung des Treppenhauses und zur Benutzung der Einrichtungen für die Wäschepflege (Wall in Eisenschmid/Rips/Wall, Betriebskosten-Kommentar, 2. Aufl., Rn. 3718). Abmahnung von Mietern (Schmidt-Futterer/Langenberg, Mietrecht, 9. Aufl., § 556 Rn. 184).

(ll) Verhältnis zu anderen Positionen

284 Nach Nr. 14 Halbs. 2 dürfen Kosten für Arbeitsleistungen nach Nummern 2 bis 10 und 16 nicht angesetzt werden, soweit die Arbeiten vom Hauswart ausgeführt werden. Die Hauswartkosten sind also grundsätzlich nicht auf die sonstigen Kostenpositionen zu verteilen (LG Hamburg WuM 1990, 561; LG Stendal ZMR 2004, 42). Das ist unproblematisch, wenn die Hauswartkosten und alle anderen Kostenpositionen, bei denen der Hauswart tätig wird, als umlegungsfähig vereinbart sind.

285 Ist die Umlegung von Hauswartkosten vereinbart, aber nicht die Umlegung anderer Positionen, bei denen der Hauswart tätig wird, so sind die Hauswartkosten voll bei Nr. 14 umlegungsfähig. Im Einzelfall kann eine Vertragsauslegung jedoch ergeben, dass die auf die anderen Positionen entfallenden Kosten abzuziehen sind.

286 Sind andere Kostenpositionen als umlegungsfähig vereinbart, aber nicht die Hauswartkosten, so ist der Aufwand für die jeweilige Position aus den Hauswartkosten herauszurechnen und bei den jeweiligen anderen Positionen umzulegen. Andernfalls würde die Höhe der Belastung des Mieters davon abhängen, wer die Arbeiten ausführt. Eine anderweitige Auslegung der Vereinbarung im Einzelfall ist jedoch nicht ausgeschlossen.

287 Bei Anwendung der HeizkostenV ist eine Herausrechnung der danach umzulegenden Kosten notwendig, weil diese Kosten nach den Umlegungsmaßstäben der HeizkostenV zu verteilen sind.

(III) Kostenverteilung

In die Umlegung ist auch ein Mieter einzubeziehen, der selbst als Hauswart tätig ist (*AG Stuttgart* WuM 1997, 231). Eine abweichende Vereinbarung mit dem Vermieter ist zulässig, darf aber jedenfalls bei Wohnraum nicht zu Lasten der übrigen Mieter gehen. Das bedeutet, dass die Kosten zu errechnen und vom Vermieter zu tragen sind. **288**

Eine Voraufteilung zwischen Wohn- und Geschäftsräumen ist nicht erforderlich (*LG Braunschweig* ZMR 2003, 114). **289**

Ein nach § 16 Abs. 3 WEG gefasster Beschluss, wonach die Hauswartkosten nach Wohnungseigentumseinheiten umgelegt werden, widerspricht nicht ordnungsmäßiger Verwaltung (a.A. LG Nürnberg-Fürth IMR 2009, 281). **290**

Nr. 15 Die Kosten

a) des Betriebs der Gemeinschafts-Antennenanlage hierzu gehören die Kosten des Betriebsstroms und die Kosten der regelmäßigen Prüfung ihrer Betriebsbereitschaft einschließlich der Einstellung durch eine Fachkraft oder das Nutzungsentgelt für eine nicht zu dem Gebäude gehörende Antennenanlage sowie die Gebühren, die nach dem Urheberrechtsgesetz für die Kabelweitersendung entstehen; oder **291**

b) des Betriebs der mit einem Breitbandkabelnetz verbundenen privaten Verteilanlage hierzu gehören die Kosten entsprechend Buchst. a, ferner die laufenden monatlichen Grundgebühren für Breitbandanschlüsse.

(I) Gemeinschafts-Antennenanlage

Der Betriebsstrom kann nicht zusammen mit dem Strom für Beleuchtung abgerechnet werden (a.A. Wienicke GE 1984, 608; vgl. Rdn. 232). Ist kein Zwischenzähler vorhanden, muss eine Schätzung unter Heranziehung des Anschlusswertes erfolgen (Kinne ZMR 2002, 9). **292**

Nicht umlegungsfähig sind die Kosten für den Einbau einer Sattelitenempfangsanlage, auch wenn hierfür ein monatlicher Betrag angesetzt wird (AG Gelsenkirchen WuM 2004, 234). **293**

Die Kostenverteilung richtet sich nach den allgemeinen Grundsätzen. Bei preisgebundenem Wohnraum dürfen die Kosten nach dem Verhältnis der Wohnflächen umgelegt werden, sofern nicht im Einvernehmen mit allen Mietern ein anderer Umlegungsmaßstab vereinbart ist (§ 24a Abs. 2 S. 1 NMV 1970). **294**

(II) Mit einem Breitbandkabelnetz verbundene Verteilanlage

(1) Umlegbare Kosten

Keine ansetzbaren Kosten nach Buchst. b) sind die Entgelte für den Anschluss an ein Breitbandkabelnetz, auch wenn diese in Form wiederkehrender Teilzahlungen geleistet werden (Wienicke GE 1984, 603; vgl. auch BayVGH DWW 1992, 119 ff. m.w.N.). **295**

Die Kosten für einen Sperrfilter, der den Empfang bestimmter Programme verhindern soll, weil der Mieter den Anschluss an das Breitbandkabel verweigert hat, sind nicht umlegungsfähig (AG Freiburg WuM 1996, 285). **296**

Die bloße Nutzung reicht nicht (a.A. LG Frankfurt/M. ZMR 2000, 763). Je nach Sachlage kann aber in der Nutzung eine stillschweigende Zustimmung gesehen werden. Ist die Kostenumlegung vereinbart, kommt es nicht darauf an, ob der Mieter das Kabel nutzt (AG Schöneberg GE 2004, 1595). **297**

(2) Umlegungsmaßstäbe

(a) Anwendungsbereich der NMV 1970

298 Die laufenden monatlichen Grundgebühren dürfen nach § 24a Abs. 2 S. 2 NMV 1970 nur zu gleichen Teilen auf die Wohnungen umgelegt werden, die mit Zustimmung des Nutzungsberechtigten angeschlossen worden sind.

299 Für die übrigen Kosten kann im Einvernehmen mit allen Mietern der Umlegungsmaßstab frei vereinbart werden. Besteht eine solche Vereinbarung nicht, dürfen diese Kosten nach dem Verhältnis der Wohnflächen umgelegt werden. Voraussetzung für die Umlegung ist es, dass die jeweilige Wohnung auch versorgt werden kann. Andernfalls ist eine Umlegung nur auf die Wohnungen zulässig, die von der Anlage Gebrauch machen können (Wienicke GE 1984, 607). Auf den tatsächlichen Anschluss kommt es hier nicht an (§ 24a Abs. 2 S. 1 NMV 1970).

(b) Nicht preisgebundener Mietraum

300 Bei preisfreiem Wohnraum besteht keine Verpflichtung zu einer Umlegung nach Wohneinheiten (AG Hamburg WuM 2000, 331). Es kann auch nicht einseitig von einem vereinbarten Umlegungsmaßstab abgewichen werden (a.A. LG Frankfurt/M. ZMR 2000, 763). Ist kein Abrechnungsmaßstab vereinbart, gilt § 556a Abs. 1 S. 1 BGB. Kann der Vermieter den Abrechnungsmaßstab einseitig bestimmen, widerspricht eine Umlegung nach Mieteinheiten nicht dem billigen Ermessen. Das gilt nach Meinung des BGH (WuM 2007, 572 = NZM 2007, 768 = ZMR 2007, 771; ZfIR 2007, 669 m. krit. Anm. Schmid) auch, wenn sich die Kostentragungspflicht aus einer ergänzenden Vertragsauslegung ergibt.

(c) Wohnungseigentum

301 Eine Umlegung pro Wohnungseinheit kann nach § 16 Abs. 3 WEG beschlossen werden (LG Nürnberg-Fürth ZMR 2009, 639).

Nr. 16 Die Kosten des Betriebs der Einrichtungen für die Wäschepflege

302 Hierzu gehören die Kosten des Betriebsstroms, die Kosten der Überwachung, Pflege und Reinigung der maschinellen Einrichtung, der regelmäßigen Prüfung ihrer Betriebsbereitschaft und Betriebssicherheit sowie die Kosten der Wasserversorgung entsprechend Nr. 2, soweit sie nicht dort bereits berücksichtigt sind.

(l) Grundsätzliches

303 Der Betrieb von Wascheinrichtungen kann in verschiedenen rechtlichen Formen erfolgen. Entweder hat die Benutzung von Wascheinrichtungen bereits im Wohnungsmietvertrag ihre Grundlage; dann richtet sich die Kostentragung nach § 2 Nr. 16 BetrKV. Oder die Wascheinrichtung steht ohne mietvertragliche Bindung zur Benutzung zur Verfügung; dann gelten die hierfür vereinbarten Bedingungen, insbesondere ist der festgesetzte Preis zu bezahlen.

304 Besteht keine mietvertragliche Grundlage für den Betrieb der Wascheinrichtung, kann diese nur aufgrund eines besonderen, meist stillschweigend geschlossenen Vertrages benutzt werden (vgl. Schmid BlGBW 1983, 161 ff.). Insbesondere bei Münzgeräten kommt eine solche Gestaltung vor. Mit dem Einwurf der Münzen oder einer sonstigen Zahlung ist das Entgelt entrichtet. Der Preis darf die bloße Kostendeckung überschreiten. Nachzahlungen oder Rückzahlungen erfolgen nicht. Die Kosten der Wascheinrichtung dürfen nicht auf die Mieter umgelegt werden (vgl. LG Hamburg WuM 1985, 390 L.).

Ob die Benutzung der Wascheinrichtung auf der Grundlage des Raummietvertrages erfolgt oder hiervon unabhängig, ist eine Frage der vertraglichen Gestaltung. In den meisten Mietverträgen fehlt jedoch eine ausdrückliche Regelung. In diesen Fällen wird eine mietvertragliche Grundlage angenommen, wenn die Wascheinrichtung im Mietvertrag erwähnt ist, insbesondere wenn eine Kostenumlegung vorgesehen ist, wenn vor Vertragsschluss, z.B. bei einer Besichtigung, von der Möglichkeit der Benutzung ausgegangen wurde (Schmid BlGBW 1983, 161), wenn der Mieter auf die Benutzung der Wascheinrichtung angewiesen ist oder wenn eine Trennung der Kosten von den Gemeinschaftskosten des Hauses nicht möglich ist. Da einer dieser Fälle meist vorliegen wird, geschieht die Benutzung der Wascheinrichtung i.d.R. auf mietvertraglicher Grundlage. **305**

Bei Münzautomaten empfiehlt sich jedoch zur Vermeidung des komplizierten Abrechnungsverfahrens die Vereinbarung eines selbständigen Automatenvertrages. Der Mieter wird ohnehin davon ausgehen, dass er mit dem Münzeinwurf seiner Zahlungspflicht genügt hat. **306**

Dem Mieter kann auch nur ein Platz für die Aufstellung eigener Wascheinrichtungen mit eigenem Strom- und Wasserzähler zur Verfügung gestellt werden. Der Mieter hat dann die Strom- und Wasserkosten selbst zu tragen. Ist kein Wasserzähler vorhanden, können die Wasserkosten bei § 2 Nr. 2 BetrKV umgelegt werden. Die Stromkosten müssen gesondert erfasst werden, da andere Mieter nicht damit belastet werden dürfen. **307**

Die folgenden Ausführungen beziehen sich auf eine Kostenumlegung auf mietvertraglicher Grundlage. **308**

(II) Umlegungsfähige Kosten

Einrichtungen für die Wäschepflege sind alle für die Wäschepflege aufgestellten Einrichtungen, insbesondere Waschmaschinen, Wäscheschleudern, Trockner, Wäscheleinen und Bügelmaschinen. **309**

Betriebsstrom: Die Stromkosten müssen über einen eigenen Zähler gesondert erfasst werden, da eine hinreichend genaue Schätzung kaum möglich ist (Schmid DWW 1997, 68). **310**

Überwachung, Pflege, Reinigung: Diese Maßnahmen müssen die Wascheinrichtung selbst betreffen, nicht den Waschraum (Rdn. 315). **311**

Prüfung der Betriebsbereitschaft und Betriebssicherheit: Genannt sind nur die Kosten der Prüfung, nicht Aufwendungen für eine Beseitigung von Störungen. Bei Wartungsverträgen sind deshalb nur die Überprüfungskosten umlegbar, nicht die darin enthaltenen Reparaturkosten (Schmid DWW 1997, 68). **312**

Wasserkosten: Die Wasserkosten können entweder in dieser Position umgelegt werden. Das setzt voraus, dass sie gesondert erfasst werden. Es kann aber auch eine Umlegung zusammen mit den anderen Wasserkosten nach Nr. 2 erfolgen. Wenn die sonstigen Wasserkosten und die Kosten für die Wascheinrichtung verbrauchsabhängig abgerechnet werden, wird es in aller Regel der Billigkeit entsprechen, den Wasserverbrauch gesondert zu erfassen und hier umzulegen (Schmid DWW 1997, 68). **313**

Instandhaltungspauschale: Nur im Anwendungsbereich der NMV 1970 darf für die Kosten der Instandhaltung der Wascheinrichtungen ein Erfahrungswert als Pauschbetrag angesetzt werden (§ 25 Abs. 1 S. 2 NMV 1970). **314**

Nicht genannt und deshalb nicht nach dieser Position umlegungsfähig, sind die Kosten für den **Waschraum**. Möglich ist jedoch eine Zuordnung hierdurch veranlasster Betriebskosten zu anderen Positionen des § 2 BetrKV, z.B. zu Nr. 4 ff für Heizung, zu Nr. 9 für Reinigung, zu Nr. 11 für Beleuchtung, zu Nr. 14 für Hauswartkosten. **315**

316 Ebenfalls nicht genannt sind die **Abwasserkosten**. Ihre Umlegung erfolgt nach § 2 Nr. 3 BetrKV, § 21 NMV 1970, und zwar auch dann, wenn sich die Abwasserkosten nach dem Frischwasserverbrauch richten.

317 Die Kosten der **Verbrauchserfassung und Abrechnung** können nicht umgelegt werden (AG Mühlheim/Ruhr WuM 2000, 424).

(III) Kostenverteilung

(1) Nicht preisgebundener Mietraum

(a) Allgemeines

318 Für Mietverhältnisse, die nicht der Preisbindung unterliegen, gelten keine Sonderregelungen. Die Kostenverteilung richtet sich deshalb nach allgemeinen Grundsätzen.

(b) Münzwaschgeräte

319 Anders als bei selbständiger Automatenaufstellung hat bei einer Benutzung aufgrund des Mietvertrages eine Abrechnung stattzufinden. Dabei müssen die Münzeinnahmen den Mietern gutgebracht werden (AG Hamburg WuM 1993, 619, 620). Das bedeutet, dass von den umlegbaren Kosten die Münzerträge abzuziehen sind. Eine Anrechnung der Erträge auf die Kostenpositionen Wasser und Allgemeinstrom kann nicht erfolgen (Schmid Handbuch der Mietnebenkosten, Rn. 5396; a.A. AG Pinneberg ZMR 2003, 121), da die mit einer Kostenposition zusammenhängenden Einnahmen die Ausgaben für diese mindern und deshalb dort zu berücksichtigen sind. Ein verbleibender Rest ist nach allgemeinen Grundsätzen zu verteilen. Sind die Münzerträge höher als die entstandenen Kosten, muss der Mehrerlös in der Betriebskostenabrechnung nach allgemeinen Grundsätzen auf die Mieter verteilt werden.

(c) Elektronische Verbrauchserfassung

320 Bei einer Gebrauchserfassung durch Chipkarten oder andere elektronische Erfassungseinrichtungen erfolgt die Kostenverteilung entsprechend dem Verhältnis der erfassten Verbrauchsanteile.

(2) Anwendungsbereich der NMV 1970

(a) Kostenumlegung

321 Die Kosten dürfen nur auf die Mieter umgelegt werden, die die Wascheinrichtung auch tatsächlich benutzen (§ 25 Abs. 2 S. 1 NMV 1970). Die bloße Möglichkeit, die Wascheinrichtung zu benutzen, führt zu keiner Kostentragungspflicht, auch nicht hinsichtlich einer Grundgebühr (MieWo/Schmid § 25 NMV 1970 Rn. 6).

322 Dies führt zwangsläufig dazu, dass die Kosten für die Wascheinrichtung gesondert erfasst werden müssen (AG Hamburg WuM 1993, 619, 620). Das ist auch bei einer eventuellen Hauswarttätigkeit, die sich auf die Wascheinrichtung selbst bezieht, erforderlich. Eine Anwendung von Nr. 14 Abs. 2 BetrKV ist im Hinblick auf die Sonderregelung des § 25 NMV 1970 nicht möglich (Schmid DWW 1997, 69).

323 Für die Wasserkosten besteht nach § 21 Abs. 1 S. 1 NMV 1970 die Möglichkeit, diese zusammen mit den sonstigen Wasserkosten nach den hierfür geltenden Regeln umzulegen. Die Beschränkungen nach § 25 Abs. 2 und 3 NMV 1970 gelten insoweit nicht.

324 Der Umlegungsmaßstab muss nach § 25 Abs. 2 S. 2 NMV 1970 dem Gebrauch Rechnung tragen.

(b) Keine Vorauszahlungen

Eine Vorauszahlung auf den voraussichtlichen Umlegungsbetrag ist nach § 25 Abs. 3 NMV 1970 nicht zulässig. Das würde bei ganz strenger wörtlicher Auslegung eigentlich dazu führen, dass Münzgeräte nicht zulässig sind, da hier der Mieter eine Vorleistung erbringt. Eine solche Auslegung würde aber nicht dem Zweck der Regelung entsprechen. Gerade die Verwendung von Münzgeräten führt zu einer dem Gebrauch in besonderer Weise Rechnung tragenden Kostenverteilung. Die Zeit der Vorleistung bis zum Beginn des Waschvorganges ist minimal. Auch den vorläufigen Kauf von Waschmünzen wird man noch nicht als verbotene Erhebung von Vorauszahlungen ansehen müssen (MieWo/Schmid Erl. zu § 25 NMV 1970 Rn. 12). **325**

(c) Abrechnung bei Verwendung von Münzgeräten

Da an der Kostenverteilung nur die Benutzer der Wascheinrichtung teilnehmen, sind auch nur sie zu einer Nachzahlung verpflichtet bzw. zur Entgegennahme einer Rückzahlung berechtigt. Die Verteilung erfolgt gemäß § 20 Abs. 1 S. 1 NMV 1970 nach Wohnfläche (MieWo/Schmid Erl. zu § 25 NMV 1970 Rn. 11 ff.). **326**

Nr. 17 Sonstige Betriebskosten

Hierzu gehören Betriebskosten, die von den Nummern 1 bis 16 nicht erfasst sind. **327**

(I) Allgemeines

Nr. 17 enthält einen Auffangtatbestand für Betriebskosten, die in den vorhergehenden Nummern nicht einzeln aufgeführt sind (OLG Celle ZMR 1999, 238, 240). **328**

»Sonstige Betriebskosten« müssen in der Umlegungsvereinbarung bezeichnet werden (BGH NZM 2004, 290). **329**

Aus der Abrechnung muss erkennbar sein, welche Kosten in dieser Position angesetzt sind. **330**

(II) Umlegbare Kosten

Unter Nr. 17 fallen z.B.: **331**
- Überprüfungskosten für **Abflussrohre** (AG Tiergarten GE 1996, 1435).
- Betriebskosten für **Abwasserreinigungsanlagen** (Kinne ZMR 2001, 10).
- **Beleuchtungskosten** für den Heizungsraum (Rdn. 116).
- Kosten für einen **Bereitschaftsdienst** (AG Köln Mietrechtliche Entscheidungen in Leitsätzen ZMR 1996 Heft 3 S. IV).
- Kosten der Prüfung der **Betriebsbereitschaft und Betriebssicherheit** (a.A. Wall WuM 1998, 528). Teilweise sind diese Kosten ausdrücklich angeführt. Im Übrigen handelt es sich um Kosten des Betriebes der jeweiligen Anlage.
- Kosten für die Wartung einer **Blitzschutzanlage** (AG Bremervörde WuM 1987, 198; a.A. Kinne GE 2003, 444).
- **Brandschutzkosten,** insbesondere Wartungskosten für Brandmelde- und Sprinkleranlagen (AG Köln Mietrechtliche Entscheidungen in Leitsätzen ZMR 1996 Heft 9 S. XII; a.A. Kinne GE 2003, 444).
- Concierge-Kosten werden als umlegungsfähig angesehen (AG Erfurt WuM 2008, 393).
- Kosten für eine **Dachrinnenbeheizung** (a.A. Eisenhuth WuM 1987, 88 ff.; offen gelassen AG Lüdenscheid WuM 1987, 87, 88).

- **Dachrinnenreinigung**. Die Kosten sind umlegungsfähig, wenn die Reinigung in regelmäßigen Abständen durchgeführt wird, nicht aber wenn eine einmalige Maßnahme aus einem bestimmten Anlass vorliegt oder eine bereits eingetretene Verstopfung beseitigt werden soll (BGH WuM 2004, 290).
- gemeinschaftlich entstehende Kosten bei **Einzelheizungen** außer Schornsteinfegerkosten (vgl. Schmid Handbuch der Mietnebenkosten, Rn. 6323 ff.).
- Überprüfungs- und Wartungskosten für **elektrische Anlagen** (BGH ZMR 2007, 361 = GE 2007, 440).
- **Fassadenreinigung** (Schmid DWW 2004, 288; a.A. AG Hamburg WuM 1995, 652, 653 – Instandsetzung; vgl. Rdn. 203).
- Wartungskosten für **Feuerlöschgeräte** (LG Köln WuM 1997, 230; LG Berlin NZM 2002, 65; a.A. AG Steinfurt WuM 1993, 135; AG Hamburg WuM 1998, 352).
- Wartungskosten für **Gasaußenwandheizkörper** (AG Lichtenberg WuM 1998, 572).
- Druck- und Dichtigkeitsprüfungen von **Gasleitungen**, sofern die Leitungen nicht zur zentralen Heizungsanlage (AG Königstein/Ts. WuM 1997, 684) oder zu einer Etagenheizung gehören. In diesen Fällen sind die Kosten bei der jeweiligen Position umlegungsfähig. Es handelt sich um eine Überprüfung technischer Einrichtungen. Eine Überprüfung alle zwei Jahre ist nicht unwirtschaftlich (Schach GE 2005, 334, 336).
- Reinigungskosten für **Jalousien** (AG Potsdam GE 2007, 918).
- Reinigungskosten für **Lichtschächte** (vgl. Rdn. 203).
- Kosten der Wartung für eine **Lüftungsanlage** (AG Köln Mietrechtliche Entscheidungen in Leitsätzen ZMR 1996 Heft 9 S. XII).
- Kosten für **Notfallsysteme**. Hierzu gehören neben den Kosten für Strom und Wartung auch die Kosten für die Notrufzentrale (Schmid WE 2007, 274). Eine Kostenverteilung nach Wohnungen ist sachgerecht (Schmid ZMR 2008, 98 [99/100]).
- Kosten für einen **Pförtner** (Concierge, Doorman) werden vom BGH (NZM 2005, 542 = WuM 2005, 336) grundsätzlich als sonstige Betriebskosten anerkannt, sind aber nur umlegungsfähig, wenn eine konkrete Notwendigkeit besteht. Der BGH musste zu dem Problem nicht abschließend Stellung nehmen, da es an einer konkreten Notwendigkeit fehlte. Das LG Berlin (GE 2007, 657) bejaht eine solche Notwendigkeit, wenn die Gefahr besteht, dass Einbrecher das Gebäude betreten. Verfehlt (a.A. Beyer GE 2007, 950 [952]) zieht das Gericht auch die Entgegennahme von Postsendungen, die Wahrnehmung von Ableseterminen und die Aufbewahrung von Schlüsseln durch den Doorman heran. Jedenfalls insoweit handelt es sich um Verwaltungskosten. Die Pförtnertätigkeit betrifft nur Tätigkeiten im Eingangsbereich; Patroulliendienste eines Wachschutzunternehmens können deshalb nicht als Pförtnerkosten umgelegt werden (AG Berlin-Charlottenburg GE 2007, 1124)
- Wartungskosten für **Pumpen** (LG Berlin NZM 2002, 65).
- Wartungskosten für eine **Rauchabzugsanlage** (Schmid Handbuch der Mietnebenkosten Rn. 5428; a.A. LG Berlin NZM 2000, 27). Aus Sicherheitsgründen ist zumindest eine regelmäßige Funktionsprüfung erforderlich.
- Umlegungsfähig sind die Kosten für die Wartung von **Rauchmeldern**, nicht jedoch die Anschaffungskosten (AG Lübeck ZMR 2008, 302) und nach h.M. (vgl. Schmid, Handbuch der Mietnebenkosten Rn. 5457) auch nicht die Anmietkosten. Die Kosten für neue Batterien sind als Ersatzbeschaffungskosten nicht umlegungsfähig (a.A. AG Lübeck ZMR 2008, 302). Auch bei Wohnraummietverhältnissen kann eine Kostenverteilung nach Mietobjekten vereinbart werden. Ergibt sich bei einem nachträglichen Einbau die Umlegungsmöglichkeit aus einer ergänzenden Vertragsaulegung (Schmid, Handbuch der Mietnebenkosten Rn. 3035c), ist eine Verteilung nach Mietobjekten naheliegend (Schmid ZMR 2008, 98 [99]; Schmidt/Breitholt/Riecke ZMR 2008, 341 [352]). Nicht umlegungsfähig sind nach h. M. die Anmietkosten (a. A. Harsch WuM 2008, 521 [522]).

- Wartungskosten für **Rücktauschsicherungen** (LG Braunschweig ZMR 1984, 243, 245).
- Betriebskosten für ein **Schwimmbad** (Bub/Treier III. A 41), soweit nicht eine Umlegung bei anderen Positionen erfolgt, z.B. für Heizung und Warmwasser.
- **Stromkosten** für vom Mieter **in den Mieträumen** verbrauchten Strom werden i.d.R. unmittelbar von diesem selbst an das Elektrizitätswerk bezahlt. Wird der Strom dem Vermieter in Rechnung gestellt, erfordert eine Abwälzung auf den Mieter eine vertragliche Vereinbarung (AG Nidda WuM 1990, 312). Stromkosten für Elektrogeräte des Mieters, die an das Stromnetz des Vermieters angeschlossen sind, sind vom Mieter zu tragen (AG Trier WuM 2001, 44).
- Als umlegungsfähig anzusehen sind laufend entstehende **Stromkosten, die keiner anderen Position unterfallen**, z.B. für Rolltore und Duplexstellplätze in einer Tiefgarage.
- Betriebskosten für **Videoüberwachungsanlage**, sofern Anbringung und Betrieb einer solchen Anlage den Mietern gegenüber zulässig sind (*Kinne* GE 2005, 165 [167]).
- Reinigungskosten von **Wärmeversorgungsräumen** bei Fernheizungen (vgl. AG Berlin-Charlottenburg GE 1988, 309), sofern man sie nicht bereits den Heizkosten zurechnet.

(III) Nicht über Nr. 17 umlegbare Kosten

Nicht über Nr. 17 umgelegt werden können z.B.: 332

- **Abrechnungskosten**, soweit nicht ausdrücklich etwas anderes bestimmt ist, wie in § 2 Nrn. 2, 4, 5, 6 und 8 BetrKV.
- Kosten der **Bewachung** des Mietobjekts (OLG Düsseldorf DWW 1981, 283; Schmid Handbuch der Mietnebenkosten, Rn. 5439; a.A. OLG Celle ZMR 1999, 238 ff.; OLG Frankfurt/M. ZMR 2004, 182; LG Berlin GE 2005, 426). Bewachungskosten sind Kosten der Aufsicht und damit Verwaltungskosten i.S.d. § 2 Abs. 2 Nr. 1 BetrKV. Ein Abstellen darauf, ob die Bewachung dem Interesse des Vermieters oder des Mieter dient, verbundenen mit einer nur anteiligen Umlegung der Kosten (so LG Köln WuM 2004, 400) ist weder rechtsdogmatisch begründbar noch praktikabel. Rechnet man die Bewachungskosten den Betriebskosten zu, so kann die Umlegung nicht mit der Begründung verneint werden, dass in einer Großstadt Einbruchsversuche üblich sind (Schmid, Handbuch der Mietnebenkosten Rn. 5439; a.A. AG Hamburg-Barnbeck WuM 2007, 289).
- Kosten der **Dachbegrünung** jedenfalls dann, wenn dem Mieter kein Nutzungsrecht für die begrünte Fläche zusteht (LG Karlsruhe WuM 1996, 230); für Wasserverbrauch s. Rdn. 69.
- Kosten für die Kontrolle der **Dachflächen.** Zwar sind solche Kontrollen notwendig (a.A. Wall WuM 1998, 530), damit sich der Vermieter im Falle eines Schadens nach § 836 Abs. 1 S. 2 BGB entlasten kann (LG Offenburg NJW-RR 2002, 596). Es handelt sich jedoch um Verwaltungskosten.
- Anschaffungs- und Installationskosten für **Feuerlöschgeräte** (LG Berlin GE 2005, 237).
- **Finanzierungskosten** (AG Idar-Oberstein WuM 1990, 10).
- Spülung der **Fußbodenheizung** (AG Köln WuM 1999, 235).
- Kosten für die Aufstellung eines **Geldautomaten** (Ormanschick WE 2000, 24).
- Kosten für die Beseitigung von **Graffitis** (AG Köln WuM 2001, 515 – Instandsetzung).
- **Instandhaltungskosten**, die keine laufenden Wartungskosten sind.
- Beiträge des Wohnungseigentümers zur **Instandhaltungsrücklage**. In einem Geschäftsraummietvertrag kann die Umlegung der Instandhaltungsrücklage zwar grundsätzlich vereinbart werden, In einem Formularmietvertrag ist die Vereinbarung

aber dann unwirksam, wenn auch die Kosten der Gemeinschaftsanlagen ohne Begrenzung betroffen sind (KG GE 2002, 1266).

- **Instandsetzungskosten** (LG Braunschweig ZMR 1973, 154).
- **Mietkosten** sind in Nrn. 2, 4–6 und 15 ausdrücklich genannt. Im Übrigen wird eine Umlegbarkeit generell verneint (Wall WuM 1998, 528; Schumacher NZM 2005, 643). Dem ist jedoch nicht uneingeschränkt zu folgen. Wenn eine Anmietung von Gerätschaften zur Erfüllung von Aufgaben sachgerecht ist und die Aufwendungen für diese Aufgaben Betriebskosten sind, wird eine Umlegung der Miete vom Betriebskostenbegriff nicht ausgeschlossen (vgl. Schmid ZMR 2000, 197 ff.). Ein Umlegung von Leasingkosten für Brenner, Öltank und Verbindungsleitungen scheitert daran, dass diese Gegenstände Voraussetzung für den Betrieb der Heizungsanlage sind und nicht Kosten des Betriebs dieser Anlage (Schmid ZMR 2009, 357; im Ergebnis ebenso BGH ZMR 2009, 354).
- **Umzugskosten** sind keine Betriebskosten. Der BGH (WuM 2008, 85 = GE 2008, 193) lässt jedoch die Umlegung auch nur einmalig anfallender Kosten zu.
  Vertragsausfertigungspauschalen beim Einzug werden als zulässig angesehen (LG Lüneburg ZMR 2000, 303), nicht jedoch eine unmittelbar an den Verwalter zu zahlende Pauschale (AG Hamburg ZMR 2000, 306).
  Der Vereinbarung einer Auszugspauschale in angemessener Höhe stehen deshalb keine rechtlichen Hindernisse entgegen (Merson NZM 2002, 773 [775]; Schmid WuM 2008, 199 [200]). Dabei können bei der Prüfung der Angemessenheit in Abgrenzung zu Vertragsstrafe, Aufwendungsersatz und Schadensersatz (§ 555, § 308 Nr. 7, § 309 Nr. 5 und 6 BGB) nur solche Kosten berücksichtigt werden, die ohne eine ausdrückliche Vereinbarung der Vermieter selbst tragen müsste, insbesondere also die zusätzlichen Kosten bei verbrauchsabhängiger Abrechnung und Kosten für eine Sonderreinigung des Treppenhauses und Zwischenablesungskosten. Dabei kann auch zu erwartenden Preissteigerungen Rechnung getragen werden. Um einer damit möglichen unangemessenen Belastung des Mieters bei kurzer Mietdauer vorzubeugen und unter Heranziehung des Rechtsgedankens des § 309 Nr. 5 Buchst. b) BGB wird man bei einer Angemessenheitsprüfung nach § 307 BGB verlangen müssen, dass dem Mieter der Nachweis offen bleibt, dass dem Vermieter geringere Aufwendungen entstanden sind (Schmid WuM 1981, 99 [100]).
  Eine mietvertragliche Regelung, wonach der Mieter dem Vermieter die für den Fall eines Auszugs eine vom Vermieter an die Gemeinschaft der Wohnungseigentümer zu zahlende Auszugsgebühr (vgl. § 21 Abs. 7 WEG) erstattet, wird man grundsätzlich für zulässig ansehen können, wenn man nicht die Wirksamkeit dynamischer Verweisungsklauseln überhaupt ablehnt. Die Angemessenheit der Höhe nach ist im Einzelfall zu prüfen.
  Eine Ausnahme gilt für preisgebundenen Wohnraum nach § 9 Abs. 1 Satz 1 WoBindG. Auch wenn die Auszugspauschale erst am Ende des Mietverhältnisses zu zahlen ist, wird sie »mit Rücksicht auf die Überlassung der Wohnung« vereinbart. Die Vereinbarung ist deshalb bereits aus diesem Grunde insgesamt unwirksam. Außerdem sind Verwaltungs- und Instandhaltungskosten bereits durch die Beträge nach §§ 26, 28 II. BV abgedeckt. Bei Wohnraum, der nach dem WoFG gefördert ist, wenn dies nach Landesrecht oder nach den Bestimmungen der Förderzusage zugelassen ist (§ 28 Abs. 4 Nr. 2 WoFG).
- Die Vergütung für den **Verwalter nach dem Wohnungseigentumsgesetz** (LG Frankfurt/M. ZMR 1980, 278; AG Freiburg WuM 1982, 215). Auch Kosten für den Wohnungsverwalter oder sonstige Verwaltungskosten sind nicht nach Nr. 17 umlegungsfähig.

IV. Kostenverteilung – Abrechnungsmaßstäbe

1. Grundsätze

a) Bedeutung

Die Kostenverteilung betrifft das Problem des Verhältnisses der Zahlungsverpflichtungen der **Mieter untereinander**, nämlich die Frage, wie die umlegungsfähigen Gesamtkosten auf die einzelnen Mietparteien verteilt werden. Gegebenenfalls sind vor der endgültigen Kostenverteilung Voraufteilungen vorzunehmen. **333**

Das Problem der Umlegungsmaßstäbe steht im Vordergrund bei der Kostenumlegung im Wege der **Abrechnung.** Der Umlegungsmaßstab ist aber auch bei **Pauschalen** und **Vorauszahlungen** von Bedeutung. Bei der Beurteilung der Höhe der Pauschale und bei einer Erhöhung oder Senkung der Pauschale muss nämlich anhand der Umlegungsmaßstäbe der auf das jeweilige Mietverhältnis entfallende Betrag ermittelt werden. Dass die Überschrift des § 556a BGB den »Abrechnungsmaßstab« nennt, schließt es nicht aus, diese Grundsätze auch bei Pauschalen anzuwenden (Schmid Handbuch der Mietnebenkosten, Rn. 4002). **334**

Die Kostenverteilung soll einerseits möglichst gerecht, andererseits aber auch praktikabel sein. Während das Verursachungsprinzip eine gerechte Kostenverteilung bringt, dienen starre Abrechnungsmaßstäbe, wie z. B. das Verhältnis der Wohnflächen, einer einfachen Abrechnung. Wenn der Verwaltungsaufwand höher ist als die eingesparten Beträge, dient dies niemandem, da auch die Mieter entweder direkt oder über die Kalkulation der Grundmiete mit den Verwaltungskosten belastet werden. Gewisse Ungenauigkeiten müssen im Interesse der Vereinfachung der Abrechnung hingenommen werden (Beyer GE 2007, 950). **335**

b) Stimmigkeit

Die Abrechnungsmaßstäbe müssen so gewählt werden, dass sie für die gesamte Umlegungseinheit stimmig sind. Dadurch wird gewährleistet, dass die Summe der Einzelbeträge dem gesamten Umlegungsbetrag entspricht **336**

Führt die Maßgeblichkeit verschiedener Umlegungsmaßstäbe für verschiedene Mieter dazu, dass der Vermieter keine 100%ige Kostendeckung erreicht, geht dies zu seinen Lasten. Der vom unterschiedlichen Umlegungsmaßstab begünstigte Mieter kann sich hierauf berufen. Er ist grundsätzlich auch nicht verpflichtet, einer Änderung zur Angleichung der Umlegungsmaßstäbe zuzustimmen (AG Frankfurt/O. WuM 1997, 432). **337**

Würde dagegen die Anwendung der festgelegten Umlegungsmaßstäbe dazu führen, dass der Vermieter mehr erhält, als an Kosten insgesamt entstanden ist, greift der Grundsatz ein, dass der Vermieter nie mehr als die entstandenen Kosten umlegen kann (Schmid, Handbuch der Mietnebenkosten Rn. 4009). Die Gegenmeinung (Lützenkirchen ZMR 2009, 895 [897]) verkennt, dass Betriebskosten nur tatsächlich entstandene Kosen sind und durch manipulierte Abrechnungsmaßstäbe darüber hinaus errechnete Beträge eben keine Betriebskosten sind. Die auf die Mieter rein rechnerisch entfallenden Beträge müssen deshalb reduziert werden. Wie dies zu geschehen hat, ist eine Frage des Einzelfalles, insbesondere der maßgeblichen unterschiedlichen Umlegungsmaßstäbe. Mangels anderer Anhaltspunkte wird der Überschussbetrag nach dem Verhältnis der Wohn- oder Nutzflächen auf die Mieter aufzuteilen und diesen bei der Berechnung des Endbetrages gutzubringen sein. **338**

339 In die Kostenverteilung müssen alle Räume und Flächen einbezogen werden, die Betriebskosten verursachen können, insbesondere auch Kfz-Stellplätze (AG Schöneberg GE 2009, 1630).

c) Leer stehende Räume

340 Die auf den leer stehenden Raum entfallenden Kosten hat derjenige zu tragen, der über den Raum verfügen kann. Das ist bei unvermieteten Räumen der Vermieter (vgl. z.B. AG Coesfeld WuM 1996, 155; AG Köln, WuM 1998, 290), bei vermieteten Räumen der Mieter (AG Wipperfurth WuM 1987, 195). Bei einer Umlegung nach dem Flächenmaßstabe dürfen deshalb leer stehende Räume nicht ausgeklammert werden (AG Leipzig ZMR 2004, 120). Die unvermieteten Räume werden bei der Kostenverteilung wie genutzte behandelt. Der auf die unvermieteten Räume entfallende Betrag kann jedoch auf niemanden umgelegt werden und verbleibt deshalb beim Vermieter.

341 Das ist für Kosten, die unabhängig von einer Nutzung der Räume entstehen, weitgehend unstreitig (BGH NJW 2003, 2902 und ZMR 2004, 343; sehr stark differenzierend Langenberg WuM 2002, 590 ff., dessen Vorschläge zwar durchaus der Verteilungsgerechtigkeit dienen, aber bei einem häufigen Mieterwechsel und dadurch bedingten Zwischenleerständen nicht praktikabel sind).

342 Diese Grundsätze gelten auch für Kosten, deren Entstehen zwar von einem Verbrauch abhängt, die aber nicht verursachungsbezogen abgerechnet werden (a.A. AG Zwickau NZM 2001, 467 = ZMR 2002, 205; zu den Grundkosten bei der Heizkostenabrechnung s. BGH ZMR 2004, 343 = WuM 2004, 150 und Schmid Handbuch der Mietnebenkosten, Rn. 6175b). Dass dadurch die Mieter der benutzten Räume begünstigt werden, ist bei einer verursachungsunabhängigen Kostenverteilung systemimmanent. Vielverbraucher werden hier immer gegenüber Wenigverbrauchern begünstigt. Außerdem besteht auch in den leer stehenden Räumen eine Verbrauchsmöglichkeit durch den Verfügungsberechtigten. Dies durch einen mehr oder weniger willkürlichen Abschlag von 10% der Kosten zu berücksichtigen (so AG Zwickau NZM 2001, 467 = ZMR 2002, 205; Pfeifer DWW 2003, 191), kann weder mit einem tatsächlichen Erfahrungssatz noch mit rechtsdogmatischen Erwägungen begründet werden (AG Braunschweig ZMR 2003, 490).

343 Wirken sich anzuwendende Umlegungsmaßstäbe dahin aus, dass leere Wohnungen von der Kostenverteilung faktisch ausgenommen werden, z.B. bei einer Verbrauchsabrechnung zu 100% oder bei einer Kostenverteilung nach Personenzahl, so ist diese Konsequenz bei einer vertraglichen (Schmid ZMR 1998, 609; teilweise a.A. AG Köln WuM 1998, 290) oder gesetzlichen (LG Berlin ZMR 2005, 714) Regelung hinzunehmen (KG GE 2005, 1424). Die leeren Wohnungen bei einer Kostenverteilung nach Personen je nach Größe als mit einer oder zwei Personen belegt zu fingieren, findet im Gesetz keine Stütze (a.A. Sternel NZM 2006, 813 m.w.N.). Bei erheblichem Leerstand kann ein Anspruch des Mieters auf Änderung des Abrechnungsmaßstabes nach § 313 BGB in Betracht kommen (Wall WuM 2006, 443). Bei verbrauchsabhängiger Abrechnung kann die Festlegung eines bestimmten Festkostenanteils nicht verlangt werden (AG Köln WuM 2000, 37; a.A. AG Medebach DWW 2003, 190 m. zust. Anm. Pfeifer; Wall WuM 2006, 443), da das Gesetz z.B. in § 556a BGB, §§ 20 ff. NMV 1970 eine vollständige Umlegung nach dem erfassten Verbrauch ausdrücklich zulässt bzw. vorschreibt (Schmid ZMR 1998, 609). Eine möglichst hohe verbrauchsabhängige Kostenverteilung ist deshalb für den Vermieter bei einem Leerstand günstiger (Derleder NZM 1999, 731; Maaß WE 2002, 162). Bei einer einseitigen Festlegungs- und Änderungsmöglichkeit durch den Vermieter müssen jedoch Billigkeitsgesichtspunkte berücksichtigt werden (vgl. AG Köln WuM 1998, 290; Langenberg WuM 2002, 592).

Ein Leerstand gibt dem Vermieter grundsätzlich kein Recht, den Abrechnungsmaßstab bei einem vereinbarten Änderungsvorbehalt **einseitig zu ändern** oder vom Mieter die **Zustimmung zu einer Vertragsänderung** zu verlangen (LG Berlin GE 2005, 1069). Der BGH (ZMR 2006, 758 = WuM 2006, 440 = GE 2006, 1030) bezeichnet jedoch einen Abänderungsanspruch wegen Wegfalls der Geschäftsgrundlage (§ 313 BGB) als möglich, wenn dem Vermieter ein Festhalten an der bisherigen Regelung nicht zugemutet werden kann. Es muss jedoch sichergestellt sein, dass sich für die Mieter nicht ein ständig wechselnder Abrechnungsmaßstab ergibt (Breitholdt WE 2007, 15). Der Anpassungsanspruch scheitert deshalb oft schon daran, dass Leerstände schwer prognostizierbar sind und sich deshalb die Situation im nächsten Abrechnungszeitraum, zu dem die Änderung frühestens wirksam werden könnte, ganz anders darstellen kann. Der Anpassungsanspruch wird deshalb auf die Fälle zu beschränken sein, in denen auf Grund besonderer Umstände feststeht, dass die Räume über mehrere künftige Abrechnungszeiträume hinweg ungenutzt bleiben. Der BGH hat sich nicht dazu geäußert, wie hoch ein Leerstand sein muss, um einen Änderungsanspruch zu begründen. Diskutiert werden 20–30% (vgl. Maaß ZMR 2006, 761), bei kleineren Wohnanlagen 70–80% (Sternel NZM 2006, 812). Ferner muss der Leerstand unvermeidbar und darf nicht Folge einer beabsichtigten Entmietung sein (Sternel NZM 2006, 812). 344

Bei preisgebundenem Wohnraum ist das Leerstandsrisiko durch das Umlageausfallwagnis des § 25a NMV 1970 generell abgegolten. Es handelt sich insoweit um eine abschließende Sonderregelung, die die Anwendung des § 313 BGB in diesen Fällen ausschließt (MieWo/Schmid § 25a NMV 1970 Rn. 3a; a.A. Maaß ZMR 2006, 761, der den Abänderungsanspruch bei einem über 2% hinausgehenden Leerstand gewährt). 345

2. Umlegungseinheit

a) Preisgebundener Wohnraum

Nach § 27 Abs. 1 S. 1 II. BV ist bei den in § 1 II. BV genannten Mietverhältnissen auf das Gebäude oder die Wirtschaftseinheit abzustellen. 346

Der Begriff des Gebäudes ist nicht definiert. Maßgeblich ist die Verkehrsanschauung. Danach versteht man unter Gebäude ein eigenständiges Haus. Bei einem Wohnblock mit mehreren Eingängen und Treppenhäusern wird von mehreren Gebäuden ausgegangen (Sternel ZMR 1995, 444). Nebengebäude werden dem Gebäude zugerechnet. 347

Eine Wirtschaftseinheit ist nach § 2 Abs. 2 S. 3 II. BV eine Mehrheit von Gebäuden, die demselben Eigentümer gehören, in örtlichem Zusammenhang stehen und deren Errichtung ein einheitlicher Finanzierungsplan zugrunde gelegt worden ist oder zugrunde gelegt werden soll. 348

Der teilweise (vgl. z.B. LG Itzehoe ZMR 2004, 198; AG Hamburg-Wandsbek WuM 2008, 409; AG Rathenow WuM 2001, 412, das immerhin zugunsten des Vermieters den Wirtschaftlichkeitsgrundsatz anerkennt) behauptete Grundsatz, dass der Vermieter zur Abrechnung nach kleinstmöglichen Einheiten verpflichtet sein soll, findet im Gesetz nicht nur keine Stütze, sondern widerspricht dem Wortlaut der §§ 27, 2 II. BV. Gerechtigkeitserwägungen spielen im Ergebnis keine Rolle (Schmid, Handbuch der Mietnebenkosten Rn. 4026; a.A. LG Bonn WuM 1998, 353, 354). Kein Mieter kann sich einen sparsamen Mitmieter aussuchen, weder in einer kleinen noch in einer großen Abrechnungseinheit. Auch der Umstand, dass bei großen Umlegungseinheiten die »Kontrollbefugnisse« des Mieters (wohl die Überprüfung der Abrechnung durch Belegeinsicht) erschwert werden, steht für sich allein der Bildung einer großen Umlegungseinheit nicht entgegen. Die Überprüfungsbefugnis kann sich immer nur auf eine vorhandene Abrechnung beziehen, aber keine Anforderungen an die Grundlagen der Abrechnung stellen. 349

b) Preisfreier Wohnraum und Geschäftsraum

aa) Grundsätzliches

350 Außer für preisgebundenen Wohnraum gibt es keine ausdrückliche Regelung über die Bildung einer Abrechnungseinheit. Grundsätzlich ist deshalb nach der Verkehrsanschauung davon auszugehen, dass ein Gebäude auch eine Abrechnungseinheit bildet.

351 Bei der Vermietung von Wohnungs- und Teileigentum ist Umlegungseinheit grundsätzlich nicht die einzelne Mieteinheit sondern das gesamte Gebäude, bei Mehrhausanlagen die gesamte Wohnungseigentumsanlage, wenn die mietrechtlichen Voraussetzungen für die Zusammenfassung zu einer Umlegungseinheit gegeben sind. Hiervon geht auch der BGH (ZMR 1982, 108 = NJW 1982, 573; WuM 2004, 403) aus. Neben den in dieser Weise umzulegenden Beträgen können bei Vorliegen der allgemeinen Voraussetzungen die Kosten umgelegt werden, die gerade für die Mieteinheit entstehen, z.B. die Grundsteuer. Das setzt aber eine entsprechende Vereinbarung voraus (BGH WuM 2004, 403). Es spricht jedoch vor allem im Hinblick auf § 10 Abs. 6 WEG viel dafür, als Abrechnungseinheit nur die einzelne Wohnung anzusehen (Blank NZM 2004, 365; Schmid ZMR 2008, 260).

bb) Vertragliche Regelung

352 Der Vermieter kann mit allen betroffenen Mietern eine Vereinbarung dahin treffen, dass mehrere Gebäude zu einer Abrechnungseinheit zusammengefasst werden (vgl. *LG Berlin* GE 1989, 679; *LG Itzehoe* ZMR 2006, 779). Umgekehrt kann aber auch ausdrücklich vereinbart werden, dass für jedes Haus einer Mehrhausanlage eine Einzelabrechnung erstellt wird. Ob bereits die Bezeichnung des Mietobjekts mit Straße und Hausnummer eine Vereinbarung über die Abrechnungseinheit enthält, hat der *BGH* (DWW 2005, 328 = WuM 2005, 579 = GE 2005, 1118) offen gelassen. Die Frage ist zu verneinen, da die Lagebeschreibung in der Regel nur der Bezeichnung des Mietobjekts dient (Schmid, Handbuch der Mietnebenkosten Rn. 4030; a. A. LG Itzehohe ZMR 2007 S. 539, einschränkend ZMR 2009, 369; *LG Bonn* NZM 2005, 516, das einen besonderen Hinweis auf die Bildung einer Wirtschaftseinheit im Mietvertrag verlangt; *AG Pinneberg* ZMR 2004, 595, das eine ausdrückliche Vereinbarung verlangt).

cc) Fehlen einer vertraglichen Regelung

353 Fehlt eine vertragliche Regelung, kann der Vermieter nach billigem Ermessen bestimmen, ob mehrere Gebäude zu einer Abrechnungseinheit zusammengefasst werden (OLG Koblenz WuM 1990, 268; LG Köln WuM 1991, 281; a.A. AG Hamburg WuM 1987, 89; AG Cham BayHausBesZ 1989, 91). Bei der Beurteilung des billigen Ermessens werden weitgehend die Regelungen der Zweiten Berechnungsverordnung (oben Rdn. 346 ff.) herangezogen. Im Grundsatz gilt Folgendes:

354 (1) Die Gebäude müssen einheitlich verwaltet sein, jedoch nicht notwendig dem gleichen Eigentümer gehören (LG Itzehoe ZMR 2009, 369).

355 (2) Die Gebäude müssen in einem unmittelbaren örtlichen Zusammenhang stehen. Dafür genügt es, dass sie ein zusammenhängendes Baugebiet bilden; eine unmittelbare Nachbarschaft ist nicht unbedingt erforderlich. Die Gebäude auch auf gegenüberliegenden Straßenseiten sein (AG Hamburg-Wandsbek WuM 2008, 409). Nicht ausreichend ist jedoch allein der Umstand, dass sich die Gebäude in derselben Stadt befinden und einzelne Arbeiten für alle Gebäude zu einem Pauschalpreis vergeben sind (AG Siegen ZMR 1996, 426). Bauliche Gegebenheiten (nur eine Zufuhr von Gas und Wasser) können die Bildung einer Umlegungseinheit rechtfertigen (LG Bonn WuM 1998, 353, 354).

(3) Zwischen den einzelnen Gebäuden dürfen keine wesentlichen Unterschiede im Nutzungswert bestehen. Das bedeutet: Sie müssen nach demselben bautechnischen Stand errichtet worden sein und dieselbe Bauweise und dieselbe Ausstattung aufweisen. Darüber hinaus müssen sie der gleichartigen Nutzung dienen und auch dieselbe Nutzungsart haben; dazu gehört, dass die einzelnen Gebäude und die sich darin befindlichen Räume einen vergleichbaren Zuschnitt haben. Dass sich in der Wirtschaftseinheit Wohn- und Gewerberäume befinden, ist unschädlich (LG Bonn WuM 1998, 353, 354). Dass ein unterschiedlicher Nutzungswert bereits deshalb angenommen werden kann, weil ein Gebäude siebenstöckig und die anderen nur zweistöckig sind (so AG Köln WuM 2000, 152), erscheint ohne Hinzutreten weiterer Umstände zweifelhaft. **356**

(4) Die Gebäude müssen eine gleichartige Nutzung haben. Ein Gebäude mit reiner Gewerbenutzung kann deshalb grundsätzlich nicht mit einem Gebäude mit überwiegender oder reiner Wohnnutzung zusammengefasst werden (LG Köln NZM 2001, 617). **357**

(5) Die Nebenkosten müssen zumindest teilweise gemeinsam anfallen. **358**

(6) Es darf keine abweichende vertragliche Regelung bestehen, die eine Zusammenfassung ausschließt. **359**

Ein unterschiedlicher Verbrauch in den einzelnen Häusern schließt eine gemeinsame Abrechnung nicht von vorneherein aus. Etwas anderes kann gelten, wenn die Verbrauchsunterschiede erheblich sind (LG Siegen WuM 1991, 281 f.). Dabei lässt sich eine feste Zahl kaum angeben. Bei einem Unterschied um das Dreifache wird Unbilligkeit anzunehmen sein (vgl. LG Aachen DWW 1991, 284). Auch dass bestimmte Einrichtungen nur den Mietern bestimmter Gebäude zur Verfügung stehen, kann der Bildung einer Wirtschaftseinheit nicht entgegengehalten werden (a.A. AG Köln WuM 2000, 36 für verschiedene Mülltonnen). **360**

Eine Verpflichtung zur Abrechnung nach kleinstmöglichen Einheiten besteht auch hier nicht (vgl. oben Rdn. 349). **361**

Eine während der Preisbindung zulässig gebildete Wirtschaftseinheit bleibt für Altmieter auch nach Beendigung der Preisbindung verbindlich (*AG Hamburg-Wandsbek* WuM 2008, 409). **362**

3. Erstmalige Festlegung der Abrechnungsmaßstäbe

a) Preisgebundener Wohnraum

Die Umlegung nach dem Verhältnis der Wohnflächen ist im Anwendungsbereich der Neubaumietenverordnung 1970 der Grundsatz (§ 20 Abs. 2 S. 1 NMV 1970). Soweit nicht Sonderregelungen (unten Rdn. 364) bestehen, müssen die Betriebskosten nach diesem Verteilungsschlüssel umgelegt werden. Abweichungen sind nicht zulässig. Flächenangaben im Mietvertrag haben deshalb keinen Einfluss auf die Kostenverteilung (Kraemer Beilage zu WuM 12/1998 S. 18). Die Wohnfläche ist gemäß § 2 NMV 1970 nach der II. BV zu berechnen. **363**

Ausnahmen gelten für **364**
- Wasserversorgung und Entwässerung (§ 21 NMV 1970), Wärme und Warmwasser (§ 22 NMV 1970 und HeizkostenV),
- Müllbeseitigung (§ 22a Abs. 2 NMV 1970),
- zentrale Brennstoffversorgungsanlage (§ 23 NMV 1970),
- Aufzüge (§ 24 Abs. 2 NMV 1970),

– Breitbandkabelnetz (§ 24a Abs. 2 NMV 1970),
– Einrichtungen zur Wäschepflege (§ 25 Abs. 2 NMV 1970).

365 Wenn die Abweichung vom Flächenmaßstab nur zulässig, aber nicht zwingend vorgeschrieben ist, ist der Vermieter i.d.R. nicht verpflichtet, vom Wohnflächenmaßstab abzuweichen (LG Mannheim NZM 1999, 365, 366; LG Berlin NZM 1999, 1003).

b) Preisfreier Wohnraum

aa) Gesetzliche Regelung

(1) Anteil der Wohnfläche

366 Regelmäßiger Abrechnungsmaßstab ist nach § 556a Abs. 1 S. 1 BGB der **Anteil der Wohnfläche**. Dieser Umlegungsmaßstab kommt zur Anwendung, wenn die Parteien nichts anderes vereinbart haben, nicht die vorrangige Regelung des § 556a Abs. 1 S. 2 BGB eingreift und keine anderweitigen Vorschriften bestehen. Anderweitige Vorschriften enthält die HeizkostenV. Eine vertragliche Vereinbarung fehlt auch dann, wenn die getroffene Regelung unwirksam ist (Langenberg WuM 2001, 529).

367 Befinden sich in einer Abrechnungseinheit Wohnräume und sonstige Räume, sind unbeschadet der Notwendigkeit einer Voraufteilung die Nutzflächen den Wohnflächen gleichzustellen (vgl. § 20 Abs. 2 S. 2 Halbs. 2 NMV 1970; Gather DWW 2001, 196; Schmid Handbuch der Mietnebenkosten, Rn. 4062a).

(2) Verbrauchs- und Verursachungserfassung

368 Betriebskosten, die von einem erfassten Verbrauch oder einer erfassten Verursachung durch die Mieter abhängen, sind nach einem Maßstab umzulegen, der dem unterschiedlichen Verbrauch oder der unterschiedlichen Verursachung durch die Mieter Rechnung trägt (§ 556a Abs. 1 S. 2 BGB).

369 Diese Vorschrift hat als Sonderregelung Vorrang vor dem allgemeinen Grundsatz des Wohnflächenanteils (Gather DWW 2001, 196).

370 Der Vorrang vertraglicher Regelungen auch vor § 556a Abs. 1 Satz 2 BGB ergibt sich daraus, dass in § 556a Abs. 3 BGB eine Abweichung von § 556a Abs. 1 BGB nicht ausgeschlossen wird und dass dem Vermieter in § 556a Abs. 2 BGB eine einseitige Abänderungsbefugnis vertraglicher Regelungen bei einer Verursachungserfassung eingeräumt wird (Schmid, Handbuch der Mietnebenkosten Rn. 4065). Der Mieter kann deshalb grundsätzlich keine verbrauchsabhängige Abrechnung verlangen, wenn eine Umlegung nach Wohnfläche vereinbart ist LG Berlin NZM 2001, 707). Ebenso kann der Vermieter nicht durch eine bloße Ankündigung zur verbrauchsabhängigen Abrechnung übergehen (a.A. wohl AG Potsdam ZMR 2009, 458).

371 Voraussetzung ist eine tatsächliche Verbrauchs- oder Verursachungserfassung. Der Regelung unterfällt auch nicht ein Umlegungsmaßstab, der ohne Verursachungserfassung dem unterschiedlichen Verbrauch Rechnung trägt, wie die Umlegung nach Personenzahl.

372 § 556a Abs. 1 S. 2 BGB begründet keine Verpflichtung des Vermieters eine Verursachungserfassung durchzuführen. Sieht jedoch der Mietvertrag eine verbrauchsabhängige Abrechnung vor, hat der Mieter auch einen Anspruch darauf, dass die erforderlichen Geräte angebracht und instand gehalten, insbesondere dass die notwendigen Eichungen durchgeführt werden (Schmid GE 2008, 905 [909]). Der Mieter hat kein Recht, selbst Messgeräte einzubauen und dann vom Vermieter eine verbrauchsabhängige Abrechnung zu verlangen (Beuermann GE 2003, 364; a. A. AG Berlin-Tiergarten GE 2003, 396). Das

Vorhandensein von Zählern, die nicht auf Veranlassung des Vermieters eingebaut worden sind, ist unbeachtlich (Kinne GE 2006, 752).

Der Abrechnungsmaßstab muss dem unterschiedlichen Verbrauch oder der unterschiedlichen Verursachung Rechnung tragen. Demzufolge ist es zulässig, aber nicht notwendig, dass sich die Kostenumlegung zu 100% nach dem Verbrauch richtet. Möglich ist auch eine Kombination von Festkostenanteil und Verursachungsanteil. Das Verhältnis von Festkostenanteil und Verursachungsanteil kann vertraglich bestimmt werden. Fehlt eine vertragliche Regelung, kann der Vermieter eine einseitige Bestimmung nach billigem Ermessen treffen. Für die Änderung einer einmal getroffenen Festsetzung gelten die Voraussetzungen für die Änderung der Umlegungsmaßstäbe. 373

Ein Kürzungsrecht analog § 12 Abs. 1 Satz 1 HeizkostenV steht dem Mieter nicht zu, da § 12 HeizkostenV eine systemwidrige Ausnahmevorschrift ist, die einer analogen Anwendung nicht zugänglich ist (a.A. AG Neukölln GE 2009. 384). 374

bb) Vertrag

Wie bereits erwähnt haben vertragliche Vereinbarungen Vorrang vor den Regelungen des § 556a Abs. 1 BGB. Der Mieter kann deshalb grundsätzlich keine verbrauchsabhängige Abrechnung verlangen, wenn eine Umlegung nach Wohnfläche vereinbart ist (LG Berlin NZM 2001, 707). 375

Bei den Mietverhältnissen, die bereits am 1. 9. 2001 bestanden haben, sind die zu diesem Zeitpunkt praktizierten Abrechnungsmaßstäbe Vertragsbestandteil (Franke ZMR 2001, 955). 376

Die mietvertragliche Regelung kann sich auch darauf beschränken, dass dem Vermieter die Bestimmung der Verteilungsmaßstäbe überlassen wird (Schmid Handbuch der Mietnebenkosten, Rn. 4071; Breitholdt ZMR 2009, 291; a.A. AG Oberhausen DWW 2003, 231; Blank NZM 2004, 367). Die Ausübung eines einmaligen einseitigen Bestimmungsrechts führt zu einer vertraglichen Bindung (vgl. BGH ZMR 2005, 606). 377

Grundsätzlich lässt es die allgemeine Vertragsfreiheit auch zu, dass Regelungen Dritter für verbindlich erklärt werden. Das ist insbesondere für die Vermietung von Wohnungseigentum von Bedeutung. Hier entspricht es einem praktischen Bedürfnis, dass die Umlegungsmaßstäbe mit dem Mieter einer Eigentumswohnung denjenigen entsprechen, die für die Wohnungseigentümergemeinschaft gelten. Eine solche vertragliche Vereinbarung ist möglich (Blank DWW 1992, 67), und zwar auch in einem Formularvertrag (AG Düsseldorf DWW 1991, 373; Schmid Handbuch der Mietnebenkosten, Rn. 4074 sowie grundlegend BGH JZ 2002, 354 ff. zu § 4e HeimG a.F. m. Besprechung Oetker JZ 2002, 337; a.A. Riecke ZMR 2009, 290; Breiholdt ZMR 2009, 291). Da die Bedenken gegen die dynamischen Verweisungsklauseln auch aus § 305c Abs. 1 BGB (überraschende Klauseln) hergeleitet werden (Riecke ZMR 2009, 290), soll der Mieter beweisbar auf diese Vereinbarung besonders hingewiesen werden (Schmid MietRB 2009, 276 [278]). 378

Da die Rechtsprechung bei Änderungsklauseln in Formularverträgen im Hinblick auf § 308 Nr. 4 (§ 307) BGB strenge Maßstäbe anlegt (vgl. LG Hamburg ZMR 1998, 36), sollte die Klausel den Zusatz enthalten, dass die Änderung nur verbindlich ist, wenn der Mieter hierdurch nicht unbillig benachteiligt wird (Schmid DWW 2002, 122). 379

(1) Beweislast

Die Beweislast für die Vereinbarung eines einseitigen Bestimmungsrechts trifft denjenigen, der ein solches behauptet. Der Vermieter ist also beweispflichtig, wenn er den 380

Abrechnungsmaßstab einseitig festgelegt hat. Der Mieter, der eine Festsetzung nach billigem Ermessen verlangt, muss beweisen, dass keine anderweitige Regelung besteht. Behauptet der Vermieter er müsse nicht billigem Ermessen handeln, muss er dies beweisen (Palandt/Grüneberg § 315 Rn. 19). Die Beweislast für die Tatsachen, aus denen sich die Billigkeit ergibt, trägt der Vermieter (BGH NJW 2009, 2894). Das OLG Düsseldorf (ZMR 2000, 215) verlangt jedoch, dass zuerst der Mieter die Billigkeit substantiiert bestreitet.

cc) Festlegung durch den Vermieter

(1) Voraussetzungen

381 Eine einseitige Festlegung durch den Vermieter ist möglich, wenn dies im Gesetz vorgesehen oder zulässigerweise vereinbart ist.

382 Ferner besteht ein einseitiges Bestimmungsrecht des Vermieters auch dann, wenn sich der Umlegungsmaßstab weder aus dem Gesetz noch aus einer vertraglichen Vereinbarung ergibt (BGH ZMR 1993, 263; KG GE 2004, 423).

383 Da bei preisfreiem Wohnraum die Abrechnungsmaßstäbe in § 556a BGB vorgegeben sind, besteht ein einseitiges Bestimmungsrecht nur für die nähere Ausgestaltung der verursachungsbezogenen Kostenverteilung oder bei entsprechender Vereinbarung.

(2) Billiges Ermessen

384 Wenn der Vermieter die Umlegungsmaßstäbe einseitig bestimmt, muss er nach billigem Ermessen (§ 315 BGB) vorgehen (einhellige Meinung, vgl. z.B. OLG Hamm GE 1984, 223). Entspricht die getroffene Regelung nicht der Billigkeit, ist sie gemäß § 315 Abs. 3 S. 1 BGB für den Mieter unverbindlich. Hierauf kann sich der Mieter berufen, ohne zuvor den Weg der Bestimmung durch Urteil gemäß § 315 Abs. 3 S. 2 BGB gehen zu müssen (Schopp ZMR 1990, 364 m.w.N.).

385 Bei der Ermessensausübung ist eine generalisierende Betrachtungsweise zulässig und i.d.R. auch notwendig (vgl. OLG Hamm ZMR 1987, 300). Ein Abstellen auf die Lebensgewohnheiten des einzelnen Mieters und die dadurch bedingte Kostenverursachung ist nicht geboten (vgl. AG Freiburg WuM 1993, 745). Generell wird man sagen können, dass aufgrund der gesetzlichen Wertung davon auszugehen ist, dass diejenigen Verteilungsmaßstäbe nicht unbillig sind, die das Gesetz für andere Regelungsbereiche vorsieht (vgl. LG Wuppertal WuM 1989, 520; Blank DWW 1992, 67), so z.B. die Umlegungsmaßstäbe nach §§ 20 ff. NMV 1970 (LG Mannheim NZM 1999, 365).

386 Aus der Regelung des § 556a Abs. 1 S. 2 BGB zur verursachungsbezogenen Abrechnung kann nicht entnommen werden, dass andere Abrechnungsmaßstäbe unbillig i.S.d. § 315 BGB sind (Schmid Handbuch der Mietnebenkosten, Rn. 4086; a.A. Langenberg NZM 2001, 790). Das Gesetz gibt hierfür keinen Anhalt.

c) Geschäftsraum

387 Bei der Geschäftsraummiete gibt es abgesehen von der HeizkostenV keine gesetzlichen Vorgaben für die Kostenverteilung. Wenn auch keine vertragliche Vereinbarung getroffen ist, legt der Vermieter die Abrechnungsmaßstäbe einseitig nach billigem Ermessen fest (KG GE 2004, 423).

4. Änderung der Abrechnungsmaßstäbe

a) Grundsätzliches

Der Vermieter kann einen einmal bestehenden Umlegungsmaßstab nicht beliebig ändern (LG Bautzen WuM 2001, 288). Hierzu ist vielmehr eine rechtliche Grundlage erforderlich, die sich aus Gesetz oder Vertrag ergeben kann. **388**

b) Vertragliche Änderung

Entsprechend dem Grundsatz der Vertragsfreiheit können einmal festgelegte Umlegungsmaßstäbe durch Vereinbarung der Parteien geändert werden. Theoretisch ist ein solcher Vertrag auch zwischen dem Vermieter und einer einzelnen Mietpartei möglich. Praktisch ist aber die Zustimmung aller betroffenen Mieter erforderlich, da ansonsten Unstimmigkeiten innerhalb der Abrechnungseinheit auftreten. Ein Angebot des Vermieters zu einer Änderung steht deshalb unter der stillschweigenden Bedingung, dass ein Einvernehmen mit allen Mietern erzielt wird (AG Köln WuM 1998, 692). **389**

Eine Verpflichtung des Mieters, einer Änderung zuzustimmen, besteht nur, wenn der Vermieter selbst zu einer Änderung verpflichtet ist (Rdn. 408). Insbesondere besteht keine Verpflichtung des Mieters, einer Änderung nur deshalb zuzustimmen, weil der Vermieter unzweckmäßige oder unterschiedliche Maßstäbe gewählt hat (AG Frankfurt/O. WuM 1997, 432). **390**

c) Einseitige Änderung durch den Vermieter

aa) Gesetzliche Änderungsbefugnisse

(1) HeizkostenV

Für alle Mietverhältnisse gelten die in der HeizkostenV vorgesehenen Änderungsmöglichkeiten. Die HeizkostenV hat Vorrang vor § 556a Abs. 2 S. 1 BGB, da diese Vorschrift eine abweichende Vereinbarung voraussetzt, eine solche aber durch § 2 HeizkostenV überlagert wird. Liegt ein Ausnahmefall des § 11 HeizkostenV vor und haben die Parteien gleichwohl die Anwendung der HeizkostenV vereinbart liegt eine rechtsgeschäftliche Regelung vor, die die Anwendung von § 556a Abs. 2 BGB nicht von vorneherein ausschließt. **391**

(2) Preisfreier Wohnraum

§ 556a Abs. 2 S. 1 BGB nennt als Voraussetzung, dass die Parteien eine von § 556a Abs. 1 BGB abweichende **Vereinbarung** getroffen haben. Als abweichende Vereinbarung in diesem Sinne ist es auch anzusehen, wenn der Abrechnungsmaßstab zunächst vom Vermieter einseitig bestimmt worden ist, weil dadurch eine Bindung des Vermieters eingetreten ist, die einer vertraglichen Regelung gleichkommt. **392**

Es muss eine **Verbrauchs- oder Verursachungserfassung** durchgeführt werden. **393**

Die künftige Kostenumlegung muss dem **erfassten Verbrauch oder der erfassten Verursachung Rechnung tragen**. **394**

§ 556a Abs. 2 S. 1 BGB bietet jedoch keine Rechtsgrundlage für eine Änderung eines bereits festgelegten **Verhältnisses von Festkosten und Verbrauchsanteil** (Schmid Handbuch der Mietnebenkosten, Rn. 4101; a.A. Maaß ZMR 2002, 206). **395**

Die Änderung erfolgt durch **einseitige Erklärung** in **Textform**, die **vor Beginn eines Abrechnungszeitraumes** abgegeben werden muss. Eine Rückwirkung ist ausgeschlos- **396** sen. Das ist auch dann der Fall, wenn während des Abrechnungszeitraumes die von der HeizkostenV vorgeschriebenen Messgeräte angebracht werden (Kinne GE 2008, 156; a.A. AG Berlin-Lichtenberg GE 2008, 205).

397 Sind die Kosten in der Miete enthalten, ist die **Miete herabzusetzen** (§ 556a Abs. 2 Satz 3 BGB).

398 Der Vermieter ist zu einer Änderung **nicht verpflichtet**, sofern sich die Änderungspflicht nicht aus anderen Umständen ergibt.

399 Nach § 556a Abs. 3 BGB kann zum Nachteil des Mieters von den Regelungen des § 556a Abs. 2 BGB nicht **abgewichen** werden.

(3) Preisgebundener Wohnraum

400 § 556a Abs. 2 BGB ist auf preisgebundenen Wohnraum entsprechend anzuwenden. Abweichende Vorschriften des Preisbindungsrechts stehen nicht entgegen. Die Förderung der verbrauchsabhängigen Abrechnung entspricht auch bei preisgebundenem Wohnraum dem Gesetzeszweck. Für die Durchführung der Änderung ist ebenfalls auf § 556a Abs. 2 BGB zurückzugreifen. Da es nicht um Vorauszahlungen und Nachzahlungen geht, findet § 20 Abs. 4 S. 1 NMV 1970 keine Anwendung. Es handelt sich auch nicht um eine Mieterhöhung i.S.d. § 10 WoBindG. Praktische Bedeutung erlangt die Änderungsbefugnis allerdings nur für die Kostenarten, für die nicht ohnehin eine verursachungsbezogene Abrechnung zwingend vorgeschrieben ist und soweit die §§ 20 ff. NMV 1970 nicht abschließende Sonderregelungen enthalten (Schmid Handbuch der Mietnebenkosten, Rn. 4105 ff.).

(4) Geschäftsraummietverhältnisse

401 Auf die Geschäftsraummiete sind die für Wohnraum geltenden Vorschriften nicht entsprechend anwendbar.

bb) Vertraglicher Änderungsvorbehalt

402 Im Mietvertrag kann vereinbart werden, dass der Vermieter den Umlegungsmaßstab einseitig ändern kann. § 556a BGB steht einer solchen Vereinbarung nicht entgegen (*LG Bonn* WuM 1988, 220; *Schmid* DWW 2002, 123; a.A. *Blank* DWE 2005, 107). Es handelt sich um eine Vereinbarung nach § 556a Abs. 1 BGB, für die die Unabdingbarkeitsregelung des § 556a Abs. 3 BGB nicht gilt (Schmid, Handbuch der Mietnebenkosten Rn. 4109). Auch § 557 Abs. 4 BGB steht nicht entgegen, auch wenn die Änderung des Abrechnungsmaßstabs zu einer höheren Belastung des Mieters führt (a.A. Lehmann-Richter ZWE 2009, 345). § 556a BGB, der Vereinbarungen über den Abrechnungsmaßstab zulässt, ist nämlich lex specialis zu § 557 BGB. Die Änderung des Abrechnungsmaßstabs ist keine Änderung der Miethöhe. Eine höhere Miete kann lediglich folge der Änderung des Abrechnungsmaßstabs sein.

403 Dabei ist bei Formularmietverträgen zu beachten, dass die Rechtsprechung eine Änderungsklausel nach §§ 307, 308 Nr. 4 BGB für unwirksam hält, wenn nicht die Änderungsbefugnis ausdrücklich an das Vorliegen sachlicher Gründe gebunden ist und diese Gründe in der Klausel genannt sind (LG Hamburg ZMR 1988, 36; AG Wiesbaden WuM 2007, 324).

404 Bei einer vertraglich vereinbarten Änderungsmöglichkeit hängt die Zulässigkeit der Änderung zunächst vom Vertrag ab. Geändert werden kann nur unter den Voraussetzungen und in dem Umfang, in dem dies der Mietvertrag zulässt. Sind die Voraussetzungen für eine

Änderung vertraglich nicht näher bestimmt, kann der Vermieter nicht willkürlich tätig werden, sondern ist durch das billige Ermessen sowohl für das Ob als auch für das Wie der Änderung gebunden. i.d.R. muss für die Änderung ein Grund vorhanden sein (LG Bonn WuM 1988, 220), z.B. dass sich der bisherige Maßstab als unzweckmäßig oder unbillig erwiesen hat. Billigem Ermessen entspricht i.d.R. nur eine Änderung für künftige Abrechnungszeiträume. Falls vertraglich nicht etwas anderes vereinbart ist, kann deshalb der Vermieter nicht nach Ablauf der Abrechnungsperiode den Umlegungsmaßstab für einzelne Betriebskostenarten einseitig ändern (OLG Hamburg WuM 1992, 76).

Ist ein wirksamer Änderungsvorbehalt vereinbart, so entspricht die Änderung des Abrechnungsmaßstabs in der Regel billigem Ermessen, wenn die Wohnungseigentümer den Kostenverteilungsschlüssel im Rahmen einer ordnungsmäßigen Verwaltung nach § 16 Abs. 3 WEG ändern (Schmid MietRB 2009, 276 [278]). Auch die Verwaltung der Wohnungseigentümer muss nach § 21 Abs. 4 WEG billigem Ermessen entsprechen. Allerdings ist hierbei (nur) auf das Interesse der Wohnungseigentümer abzustellen. Bei der Kostenverteilung werden jedoch wesentliche Wertungsunterschiede nicht auftreten. Eine bewusste Benachteiligung der vermieteten Wohnungen würde ordnungsmäßiger Verwaltung widersprechen. Unbilligkeiten können sich deshalb nur in Einzelfällen ergeben. Es empfiehlt sich eine Änderung der Abrechnungsmaßstäbe innerhalb der Wohnungseigentümergemeinschaft im Mietvertrag ausdrücklich als Fall einer Änderungsmöglichkeit aufzuführen. 405

Billigem Ermessen entspricht in der Regel nur eine Änderung für künftige Abrechnungszeiträume (OLG Frankfurt a. M. ZMR 2004, 182). Falls vertraglich nicht etwas anderes vereinbart ist, kann deshalb der Vermieter nicht nach Ablauf der Abrechnungsperiode den Umlegungsmaßstab für einzelne Betriebskostenarten einseitig ändern (OLG Hamburg WuM 1992, 76). 406

Die Änderungserklärung muss gegenüber allen betroffenen Mietern abgegeben werden. 407

d) Verpflichtung zur Änderung

aa) Verpflichtung des Vermieters

Die Annahme einer Verpflichtung des Vermieters setzt voraus, dass diesem eine einseitige Änderung überhaupt rechtlich möglich ist. Das ist dann der Fall, wenn der Vermieter aufgrund gesetzlicher oder vertraglicher Regelungen ein einseitiges Änderungsrecht hat. Besteht ein solches Recht nicht, kann der Vermieter zu einer Änderung nur verpflichtet sein, wenn alle betroffenen Mieter der Änderung zustimmen oder wenn deren Widerspruch wegen rechtsmissbräuchlichen Verhaltens unbeachtlich ist. 408

Eine Verpflichtung zu einer rückwirkenden Änderung kann in aller Regel nicht angenommen werden, da sich auch der Vermieter darauf verlassen können muss, dass er die Abrechnung wie von ihm geplant und vorbereitet durchführen kann. Insbesondere ist eine Änderung bereits erfolgter Abrechnungen unzumutbar (AG Lippstadt WuM 1995, 594, 595; AG Moers WuM 1996, 96, 97; AG Weimar WuM 1997, 119). 409

Für die Zukunft wird jedoch eine Änderungsverpflichtung des Vermieters nach §§ 242, 315 BGB angenommen, wenn der bisherige Maßstab grob unbillig ist (OLG Düsseldorf WuM 2003, 287) oder im Laufe der Zeit unbillig geworden ist (LG Düsseldorf WuM 1996, 777), für einen Mieter zu nicht mehr hinnehmbaren Belastungen führt (LG Aachen WuM 1991, 503, für den konkret entschiedenen Fall zweifelhaft) und ein Wechsel des Maßstabes möglich und zumutbar ist (LG Mannheim NZM 1999, 365). Die Unbilligkeit muss evident sein und ein anderer Maßstab muss zu gerechteren Ergebnissen führen (LG Mannheim NZM 1999, 365). 410

411 Dabei ist jedoch ein strenger Maßstab anzulegen (OLG Düsseldorf WuM 2003, 287). Durch die Festlegung der Umlegungsmaßstäbe wird ein Vertrauenstatbestand geschaffen, auf den sich sowohl der Vermieter als auch die anderen Mieter berufen können. Es ist grundsätzlich Sache des Mieters, vor Vertragsschluss zu prüfen, welche Auswirkungen die Nebenkostenregelungen auf ihn haben. M.E. ist deshalb die Änderungsverpflichtung auf Fälle zu beschränken, in denen der bisherige Umlegungsmaßstab aufgrund nicht vorhersehbarer Umstände zu schlechthin untragbaren Ergebnissen führt. Allein mit Treu und Glauben kann ein Änderungsanspruch nicht begründet werden. Es müssen schon besondere Umstände vorliegen, die eine Weigerung des Vermieters als rechtsmissbräuchlich erscheinen lassen würden (für eine bloße Interessensabwägung: AG Moers WuM 1996, 96).

412 Ein neuer Abrechnungsmaßstab ist vom Vermieter auch dann festzulegen, wenn der bisherige Abrechnungsmaßstab unwirksam ist (KG GE 2004, 423). Dabei handelt es sich allerdings streng genommen nicht um eine Änderung, da noch kein wirksamer Maßstab bestimmt war.

413 Bei einer Störung der Geschäftsgrundlage besteht nach § 313 BGB ein Anspruch auf Anpassung des Vertrages. Der Vermieter kann also verpflichtet sein, einer Vertragsänderung zuzustimmen. Das setzt allerdings voraus, dass alle Mieter zu einer Vertragsänderung bereit oder zur Zustimmung verpflichtet sind.

bb) Zustimmungsverpflichtung der Mieter

414 Auch hier wird man den Zustimmungsanspruch auf Ausnahmefälle beschränken und ähnliche Grundsätze wie für die Verpflichtung des Vermieters anwenden müssen (vgl. LG Bautzen WuM 2001, 289). Dabei müssen besonders strenge Anforderungen gestellt werden. Die Beseitigung eines Nachteils für einen Mieter führt nämlich zwangsläufig zu Nachteilen anderer Mieter.

415 Eine Störung der Geschäftsgrundlage kann zu einer Zustimmungsverpflichtung des Mieters nach § 313 BGB führen. Bei der Vermietung von Eigentumswohnungen kann eine Störung der Geschäftsgrundlage vorliegen, wenn die Parteien bewusst gerade den für die Kostenverteilung unter den Wohnungseigentümern zu Grunde gelegten Maßstab vereinbart haben und dieser geändert wurde, ohne dass der Vermieter hiergegen mit Aussicht auf Erfolg hätte vorgehen können (Schmid GE 2007, 1094 [1095]; offen gelassen von OLG Frankfurt aM ZMR 2004, 182 [183]; a.A. Drasdo ZMR 2008, 421 [424]). Wenig praktikabel erscheint der Vorschlag (Lehmann-Richter ZWE 2009, 345 [350]) darauf abzustellen, ob sich die Änderung zugunsten oder zu Lasten des Mieters auswirkt. Wenn verbrauchsabhängige Komponenten im Abrechnungsmaßstab enthalten sind, lässt sich das nämlich nicht generell feststellen.

416 Je nach Sachlage kann sich eine Streitverkündung im Beschlussanfechtungsverfahren nach dem WEG empfehlen (Drasdo DWW 2004, 321), wenn zweifelhaft ist, ob die Änderung ordnungsmäßiger Verwaltung und damit billigem Ermessen entspricht (Schmid GE 2007, 1094 [1095]).

5. Einzelne Umlegungsmaßstäbe

a) Wohn- und Nutzfläche

aa) Flächenberechnung

417 Bei **preisgebundenem Wohnraum** erfolgt die Berechnung der Wohnfläche (nach der II. BV; vgl. § 2 NMV 1970).

Nach § 42 II. BV in der seit 1. 1. 2004 geltenden Fassung verbleibt es für **Wohnflächenberechnungen, die bis zum 31. 12. 2003 erfolgt sind**, bei dieser Berechnung. Hierfür gelten also weiter die §§ 42 ff. II. BV a.F. 418

Soweit **nach dem 31. 12. 2003** bauliche Änderungen vorgenommen werden, die eine Neuberechnung der Wohnfläche erforderlich machen, sind die Vorschriften der WoFlV anzuwenden (§ 42 S. 2 II. BV n.F.). 419

Für **sonstige Mietverhältnisse** gibt es keine gesetzliche Regelung für die Flächenberechnung. Das gilt auch für Mietverhältnisse über Wohnraum, der nach dem WoFG gefördert ist. Nach § 1 Abs. 1 WoFlV gilt diese nur für die Wohnfläche, die nach dem WoFG berechnet wird. Insoweit handelt es sich jedoch nur um spezielle Vorschriften des WoFG, insbesondere § 10 dieses Gesetzes. Die Betriebskosten sind zwar auch in § 28 Abs. 4 Nr. 1 WoFG erwähnt. Dort wird aber keine bestimmte Berechnungsweise vorgeschrieben, sondern auf die §§ 556, 556a und 560 BGB verwiesen. 420

Für die Flächenberechnung werden verschiedene Verfahren vorgeschlagen: 421
- Anwendung der Vorschriften der WoFlV (BGH NZM 2004, 454 für den Regelfall; LG Paderborn WuM 1998, 289; AG Bergheim WuM 1998, 36; ablehnend für Gewerberäume: Schul/Wichert ZMR 2002, 634).
- Abstellen auf die inzwischen zurückgezogene DIN 283 Blatt 2 für nicht preisgebundenen Wohnraum und DIN 277 Teil 1 für Gewerbeimmobilien (vgl. Durst/v. Zitzewitz NZM 1999, 605). Die Vereinbarung der DIN 277 für Wohnraum benachteiligt den Mieter unangemessen i.S.d. § 307 BGB, da sie die Besonderheiten einer Wohnraumnutzung nicht berücksichtigt (Eisenschmid WuM 2006, 241 [242]).
- Richtlinien der Gesellschaft für immobilienwirtschaftliche Forschung eV (gif) zur Berechnung der Mietflächen für Büroraum bzw. Handelsraum (vgl. Durst/v. Zitzewitz NZM 1999, 605; Schul/Wichert ZMR 2002, 634/635).
- Berechnung nach Achsmaß bei einfach strukturierten Objekten (Schießer MDR 2003, 1401 ff.).
- Berechnung nach den Außenlinien der Umfassungswände, bei angrenzenden Mietobjekten nach der Mittellinie der Trennwand (KG ZMR 2004, 752).
- Ausmessen der Grundfläche (Blank NZM 2008, 745 [755]).
- Maßgeblichkeit der Verhältnisse des Einzelfalls (BayObLG WuM 1983, 254 für eine Mieterhöhung).
- Eigene Flächenberechnungsmethoden des Vermieters (Durst/v. Zitzewitz NZM 1999, 605).

Da es keine gesetzliche Regelung gibt und auch im allgemeinen Sprachgebrauch keine klaren Konturen erkennbar sind (BGH NZM 2001, 234), können m.E. grundsätzlich alle Berechnungsmethoden angewendet werden. Klar ist, dass innerhalb einer Abrechnungseinheit für die Kostenverteilung dieselbe Berechnungsmethode Anwendung finden muss (Kraemer NZM 1999, 162). 422

Die **WoFlV** wurde als Bundesrecht erlassen aufgrund der Ermächtigungsgrundlage des § 19 Abs. 1 S. 2 WoFG a. F. § 19 WoFG in der Fassung des Föderalismusreform-Begleitgesetzes vom 5. 9. 2006 (BGBl. I S. 2098) ermächtigt nunmehr die Länder, Vorschriften zur Berechnung der Grundfläche und zur Anrechenbarkeit auf die Wohnfläche zu erlassen. Soweit und solange solche Regelungen nicht erlassen sind, gilt die WoFlV weiter (Hinz WuM 2008, 633 [645]). Für Balkone, Loggien, Dachgärten und Terrassen enthält § 4 Nr. 4 WoFlV einen Regelansatz von einem Viertel und einen Höchstansatz von der Hälfte. Der Ansatz kann – vorbehaltlich einer Regelung in einer Fördervereinbarung – mietvertraglich festgelegt werden. Fehlt eine Vereinbarung kann der Vermieter den Ansatz für die Nebenkostenumlegung nach billigem Ermessen bestimmen. Dabei müssen für eine 423

Abweichung vom Regelansatz besondere Gründe vorhanden sein. Maßgeblich wird dabei meist der Nutzungswert sein. Zu weiteren Einzelheiten der WoFlV siehe Schmid in FAK-Mietrecht, Kommentierung der WoFlV.

424 Die Berechnungsmethode kann in einem Individualvertrag frei vereinbart werden (BGH NZM 2004, 454; Schul/Wichert ZMR 2002, 633). Das kann auch stillschweigend geschehen (vgl. BGH ZMR 2006, 441). Bei Formularmietverträgen darf keine unbillige Benachteiligung einzelner Mieter i.S.d. § 307 BGB erfolgen. Hierfür wird verlangt, dass die Berechnungsvorschriften dem Mietvertrag beigefügt werden (Joachim GuT 2004, 207). Bei Anwendung der WoFlV erscheint jedoch ein Verweis hierauf ausreichend. Ist keine bestimmte Berechnungsmethode vereinbart und lässt sich eine solche auch nicht aus den Umständen, insbesondere den Vertragsverhandlungen oder den örtlichen Gepflogenheiten entnehmen (vgl. Feuerlein GE 2002, 110; Schul/Wichert ZMR 2002, 637), bestimmt der Vermieter die Berechnungsmethode einseitig und muss das billige Ermessen nach § 315 BGB gewahrt werden. Bei Wohnraummietverhältnissen nimmt der BGH (NJW 2004, 1947; GE 2010, 55) jedoch eine Berechnung nach der II. BV oder der WoFlV vor, je nachdem wann der Mietvertrag abgeschlossen wurde.

bb) Vereinbarte Flächen

425 Von der Vereinbarung einer bestimmten Berechnungsmethode ist **die Vereinbarung einer bestimmten Fläche** zu unterscheiden. Dabei weist Kraemer (NZM 1999, 162) zutreffend darauf hin, dass die Vereinbarung einer einzelnen Mietfläche mit einem einzelnen Mieter für die Nebenkostenabrechnung sinnlos ist, weil es nicht auf die absolute Fläche, sondern auf das Flächenverhältnis ankommt. Gleichwohl wird die Vereinbarung bestimmter Flächen auch für die Nebenkostenabrechnung grundsätzlich zugelassen (BGH NJW 2008, 142 = WuM 2007, 700 = ZMR 2008, 38 m. abl. Anm. Schmid; OLG Düsseldorf DWW 2000, 194; KG ZMR 2006, 284 = WuM 2006, 35; a.A. zu Recht AG Trier WuM 2006, 168; AG Holzminden WuM 2007, 197), sofern es sich nicht um preisgebundenen Wohnraum oder die Anwendung der HeizkostenV handelt.

426 Bei nicht näher spezifizierter Flächenangabe im Mietvertrag ist im Einzelfall zu prüfen, ob es sich nur um eine Beschreibung des Mietobjektes handelt oder um eine **verbindliche Umlegungsregelung**. Der BGH (NJW 2008, 142 = WuM 2007, 700 = ZMR 2008, 38 m. abl. Anm. Schmid) geht grundsätzlich von einer verbindlichen Flächenvereinbarung auch für die Betriebskostenabrechnung aus und hält Abweichungen von der tatsächlichen Fläche von nicht mehr als 10 % für unbeachtlich. Übersehen werden dabei die Auswirkungen auf andere Mietverhältnisse. Zu den sich hieraus ergebenden Problemen s. für Wohnraum Schmid WuM 2008, 9 und für Gewerberaum Schmid GuT 2008, 19 und zu den verschiedenen Fallkonstellationen Schmid, Handbuch der Mietnebenkosten Rn. 3130 ff.

cc) Besonderheiten der Wohnflächenberechnung für Mietnebenkosten

427 Die Vorschriften der WoFlV und der §§ 42 ff. II. BV a.F. sind nicht auf die Betriebskostenumlegung zugeschnitten und würden uneingeschränkt angewendet zu teilweise grob unbilligen Ergebnissen führen. Es sind deshalb folgende Einschränkungen zu machen (Schmid Handbuch der Mietnebenkosten, Rn. 3134a ff.):

428 Räume, die den Anforderungen des **Bauordnungsrechts** nicht genügen (§ 2 Abs. 3 Nr. 2 WoFlV, § 42 Abs. 4 Nr. 3 II. BV a.F.), sind bei der Wohnflächenberechnung zu berücksichtigen, da andernfalls eine sachlich nicht zu rechtfertigende Privilegierung der Mieter dieser Räume eintreten würde.

Wohnfläche, die **vom Mieter selbst geschaffen** wurde, kann bei der Wohnflächenberechnung grundsätzlich nicht einbezogen werden (LG Berlin NZM 1999, 307). Das beruht darauf, dass dem Vermieter hierfür keine Kosten entstanden sind. Für die Betriebskostenumlegung gilt dieses Argument jedoch nicht, sodass eine Berücksichtigung zu erfolgen hat. 429

Zubehörräume (§ 2 Abs. 3 Nr. 1 WoFlV), die nur einer Mietpartei zur Verfügung stehen, können besondere Betriebskosten verursachen, insbesondere wenn sie beheizt sind (z.B. Keller) oder über einen Warm- und/oder Kaltwasseranschluss verfügen (z.B. Garagen). Sie sind dann bei der Verteilung der Kosten miteinzubeziehen. Dem unterschiedlichen Nutzungswert oder der unterschiedlichen Kostenverursachung kann entweder dadurch Rechnung getragen werden, dass die Räume entsprechend dem geringeren Nutzungswert und einer geringeren Kostenverursachung analog § 4 Nr. 4 WoFlV nur mit einer geringeren Grundfläche, höchstens bis zur Hälfte ihrer Grundfläche in die Wohnflächenberechnung miteinbezogen werden (vgl. LG Berlin GE 2001, 923). Um den damit verbundenen Bewertungsschwierigkeiten zu entgehen, erscheint es jedoch zweckmäßiger, eine Voraufteilung entsprechend der Trennung von Wohn- und Geschäftsräumen vorzunehmen. 430

Geschäftsräume (§ 2 Abs. 3 Nr. 2 WoFlV) sind in die Berechnung einzubeziehen, wenn sie sich innerhalb der Wohnung befinden, z.B. ein häusliches Arbeitszimmer. Zum gleichen Ergebnis kommt Hinz (WuM 2008, 633 [642]), der das Arbeitszimmer von vorneherein als Wohnraum qualifiziert. 431

Gehören **selbständige Räume**, die nach §§ 42 ff. II. BV a.F. oder §§ 2, 4 WoFlV nicht oder nur zum Teil berücksichtigt werden, nicht ausschließlich zu einer bestimmten Wohnung, sind diese Vorschriften nicht anwendbar. Dienen die Räume allen Mietern der Abrechnungseinheit, bleiben sie bei der Flächenberechnung außer Betracht. Nutzt die Räume der Vermieter selbst oder sind sie gesondert vermietet, müssen sie bei der Ermittlung der Gesamtfläche berücksichtigt werden. Dem unterschiedlichen Nutzungswert oder der unterschiedlichen Kostenverursachung kann dadurch Rechnung getragen werden, dass eine Voraufteilung nach Wohnraum und Nichtwohnraum erfolgt. 432

b) Umbauter Raum

Dieser Umlegungsmaßstab kommt vor allem dann in Betracht, wenn unterschiedliche Raumhöhen zu einem unterschiedlichen Verbrauch führen können, wie z.B. bei Heizkosten. § 7 Abs. 1 S. 2 HeizkostenV sieht deshalb für die Festkosten als Umlegungsmaßstab den umbauten Raum oder den umbauten Raum der beheizten Räume vor. Regelungen zur Berechnung des umbauten Raumes, die auch verwendet werden können, wenn ihre Anwendung nicht vorgeschrieben ist (vgl. LG Berlin GE 2002, 1627), enthält die Anlage 2 zur II. BV. 433

c) Mieteinheit

Denkbar ist auch, dass jede Mieteinheit mit gleichen Kosten belastet wird. Dies wird allerdings i.d.R. nur in Betracht kommen, wenn die Mieteinheiten auch annähernd vergleichbar, insbesondere ungefähr gleich groß sind, oder wenn jede Mieteinheit den gleichen Nutzen hat. Letzteres wird z.B. für die Breitbandkabelgebühren bejaht (Kinne GE 2003, 442; vgl. auch § 24a Abs. 2 S. 2 NMV 1970). Ein gleicher Nutzen kann auch für die Tätigkeit des Hauswarts angenommen werden (Schmid Handbuch der Mietnebenkosten, Rn. 4140; a.A. Kinne GE 2003, 442), da die Hauswartstätigkeiten unabhängig von der Wohnungsgröße anfallen. 434

d) Personenzahl

435 Eine Umlegung nach der Anzahl der Bewohner kann auch in einem Formularmietvertrag vereinbart werden (Milger NZM 2008, 757 [758]).

436 Erfolgt die Verteilung nach der Anzahl der Bewohner, kommt es auf die tatsächliche Benutzung an, nicht auf die melderechtliche Registrierung (BGH WuM 2008, 151). Besucher werden nicht mitgezählt, auch wenn die Besuche »mehr oder weniger« häufig sind (AG Ahaus WuM 1997, 232). Als »Besuch« werden Aufenthalte bis zu vier oder sechs Wochen angesehen (Herrlein ZMR 2007, 249).

437 Zu- oder Abschläge für Säuglinge, Hundehaltung, Autowaschen, Waschmaschinen (AG Bergisch Gladbach WuM 1994, 549) oder sonstige Umstände, die mit den Bewohnern und ihren Lebensgewohnheiten zusammenhängen, sind nicht zu machen (vgl. LG Mannheim NZM 1999, 365 ff.). Die Heranziehung solcher Umstände kann aber vertraglich vereinbart werden (AG Hannover WuM 2001, 469).

438 Hängt das Entstehen von Kosten (z.B. Müllabfuhrgebühren nach bestimmten Ortssatzungen) von der **Zahl der gemeldeten Personen** ab und kommt der Mieter seiner Abmeldepflicht nicht nach, so hat er dem Vermieter gegenüber weiter die Gebühren zu tragen (AG Wesel WuM 1990, 421). Kennt der Vermieter den Auszug und die Nichtabmeldung, ist es jedoch für ihn eine Obliegenheit, die Meldebehörde auf den Auszug hinzuweisen. I.d.R. überwiegt jedoch das Verschulden des Mieters so stark, dass bei der Abwägung nach § 254 BGB der Mieter voll mit den Kosten zu belasten ist (AG Wesel WuM 1990, 421).

439 Die Gesamtpersonenzahl muss in der Abrechnung angegeben werden (*BGH* ZMR 1992, 108). Zu diesem Zweck kann der Vermieter von den Mietern Auskunft verlangen, wie viele Personen in welchem Zeitraum in der Wohnung gewohnt haben (*Herrlein* ZMR 2007, 249). Der Vermieter muss im Prozess darlegen und, wenn der Mieter bestreitet, beweisen, in welchem Monat wie viele Personen in den einzelnen Wohnungen wohnten (*AG Köln* ZMR 1995, Heft 9 S. IX). Um den damit verbundenen Schwierigkeiten zu entgehen, wird daran gedacht, vertraglich auf die melderechtliche Registrierung abzustellen und danach die Kosten zu verteilen. Der *BGH* (WuM 2008, 151 = GE 2008, 401 = NZM 2008, 242) scheint eine solche Vereinbarung für zulässig zu erachten, hat die Frage aber letztlich offen gelassen (*Blank* NZM 2008, 745 [755]). Teilweise wird für eine solche Regelung in Allgemeinen Geschäftsbedingungen wegen Ungeeignetheit des Maßstabes Unwirksamkeit nah § 307 BGB angenommen (*Milger* NZM 2008, 757 [758]). Kann bei einer solchen Regelung von der Meldebehörde keine ausreichende Auskunft erlangt werden, ist die Bestimmung unwirksam und der Vermieter hat den Umlegungsmaßstab nach billigem Ermessen zu bestimmen (vgl. *BayObLG* WuM 1996, 439 [440] zum Wohnungseigentumsrecht).

e) Verbrauchs- und Verursachungserfassung

440 Die Beweislast für die Richtigkeit der Verbrauchserfassung trifft den Vermieter (LG Berlin ZMR 1997, 156). Da der Mieter zu einer Kontrolle nicht verpflichtet ist, kann er die Richtigkeit der festgestellten Werte im Prozess nach § 138 Abs. 4 ZPO mit Nichtwissen bestreiten (Schmid ZMR 1997, 452; a.A. LG Berlin ZMR 1997, 145). Hat der Mieter oder mit dessen Einverständnis ein Dritter ein Ableseprotokoll unterschrieben, so ist dies i.d.R. ein so starkes Indiz für die Richtigkeit der Ablesung, dass faktisch der Nutzer beweisen muss, dass der Ablesewert falsch ist (OLG Köln GE 1986, 341, 345; LG Hannover ZMR 1989, 97; Schmid ZMR 1997, 453; a.A. Gruber NZM 2000, 843). Die Unterschrift unter das Ableseprotokoll beinhaltet jedoch kein deklaratorisches Schuldanerkenntnis (Schmid ZMR 1997, 452; Gruber NZM 2000, 843; a.A. LG Berlin ZMR 1997, 156). Dem Mieter steht deshalb der Beweis für die Unrichtigkeit offen.

Bei **Erfassungsmängeln** ist eine verbrauchsabhängige Abrechnung häufig nicht möglich. **441** Der Vermieter hat dann einen anderen Umlegungsmaßstab nach billigem Ermessen zu bestimmen. Dem einzelnen Mieter bleibt jedoch der – nur schwer zu führende – Nachweis offen, dass er bei korrekter Verbrauchserfassung weniger zu zahlen gehabt hätte. Auch haftet der Vermieter auf Schadensersatz, wenn er die Unmöglichkeit der verbrauchsabhängigen Abrechnung verschuldet hat (vgl. Schmid NZM 1998, 500).

Bloße Verbrauchsschätzungen sind entgegen der wohl h.M. (AG Höhenschönhausen **442** ZMR 2003, 934) nicht zulässig (Schmid NZM 1998, 500). § 9a HeizkostenV ist nicht Ausdruck eines allgemeinen Rechtsgedankens, sondern enthält Ausnahmeregelungen, die auf die Verteilung anderer Kostenarten nicht analog angewendet werden können.

f) Miteigentumsanteile

Eine Verteilung nach Miteigentumsanteilen spielt vor allem bei der Vermietung von **443** Wohnungs- und Teileigentum eine Rolle, kann aber auch bei sonstigen Miteigentümergemeinschaften in Betracht kommen, wenn zwischen den Miteigentümern intern eine ähnliche Regelung wie beim Wohnungseigentum besteht.

Eine Kostenverteilung nach Miteigentumsanteilen ist im Mietverhältnis grundsätzlich **444** zulässig (BGH WuM 2004, 403 und NJW 2005, 219 = ZMR 2005, 121), aber nicht notwendig (BGH WuM 2004, 403). Die Miteigentumsanteile können allerdings willkürlich dem Sondereigentum zugeordnet werden. Die hieran anknüpfende Kostentragungspflicht wird man für den Mieter nur dann als billig ansehen können, wenn sich keine wesentlichen Unterschiede gegenüber anderen Verteilungsmaßstäben ergeben oder wenn der Mieter bei Vertragsschluss auf die unter Umständen erhöhte Kostenbelastung hingewiesen wurde (einschränkend Langenberg NZM 2004, 361, der diesen Maßstab nur zulassen will, wenn die Miteigentumsanteile in etwa dem Wohnflächenverhältnis entsprechen). Eine Hinweispflicht wird bei einer Abweichung von mehr als 25% angenommen (Riecke/Elzer in Schmid, FAK-Mietrecht, Kap. 12 Rn. 150).

g) Sonstige Umlegungsmaßstäbe

Auch sonstige Abrechnungsmaßstäbe können gewählt werden, wobei bei einseitiger **445** Bestimmung oder in Formularmietverträgen Einschränkungen bestehen können. Siehe zu weiteren Abrechnungsmaßstäben Schmid, Handbuch der Mietnebenkosten Rn. 4159 ff.

6. Voraufteilungen

a) Abzug nicht umlegbarer Kosten

Erbringt der Vermieter für umlegbare und nicht umlegbare Kosten eine einheitliche Zahlung, muss vor der Kostenumlegung der Aufwand für die nicht umlegbaren Leistungen herausgerechnet werden. **446** Vgl. hierzu insbesondere für die Hauswartkosten Rdn. 257 ff.

b) Voraufteilung auf Umlegungseinheiten

Entstehen Kosten für mehrere Umlegungseinheiten einheitlich, müssen sie vor der Verteilung auf die einzelnen Mieter auf die Umlegungseinheiten aufgeteilt werden (LG Köln WuM 2001, 496). **447**

448 Nach welchen Kriterien dies zu erfolgen hat, richtet sich nach der Art und Weise des einheitlichen Anfalls und den jeweiligen tatsächlichen Gegebenheiten. Vereinbarungen hierzu sind zwar möglich, kommen aber in der Praxis kaum vor. Der Vermieter hat deshalb die Aufteilung nach billigem Ermessen vorzunehmen. Ist eine Verbrauchsmessung möglich, ist eine solche durchzuführen. Unterbleibt sie, kann gemäß § 287 ZPO ein Abzug geschätzt werden (LG Köln NZM 2001, 617). Erfolgt die Aufteilung nach dem Flächenverhältnis, müssen für die Nachvollziehbarkeit der Abrechnung die Flächen genannt werden (LG Köln WuM 2001, 496).

449 Innerhalb der jeweiligen Abrechnungseinheiten erfolgt dann die Verteilung des hierauf entfallenden Betrages nach den dort geltenden Abrechnungsmaßstäben.

c) Aufteilung auf verschiedene Kostenpositionen

450 Fallen einheitlich Kosten an, die mehrere Kostenpositionen betreffen, ist eine Voraufteilung aus Gründen der Übersichtlichkeit und Nachvollziehbarkeit der Abrechnung erforderlich. Sie ist insbesondere dann notwendig, wenn unterschiedliche Abrechnungsmaßstäbe bestehen oder eine Kostenposition nicht auf alle Mieter umlegbar ist.

451 Die Aufteilung hat in der Weise zu erfolgen, dass die Gesamtkosten nach dem Verhältnis des Aufwandes der jeweiligen Kostenposition zugeordnet werden.

d) Sondervorteile für bestimmte Mieter

452 Haben einzelne Mieter besondere Rechte, die anderen Mietern nicht zustehen, z.B. Gartenanteile oder Parkplätze, so sind die übrigen Mieter von der Umlegung der dadurch entstehenden Kosten auszunehmen. Das setzt voraus, dass die Mieter aus tatsächlichen oder rechtlichen Gründen von der Nutzung ausgeschlossen sind. Dasselbe gilt, wenn bestimmte Kosten für bestimmte Gebäudeteile nicht anfallen (LG Berlin GE 2001, 923 für Entwässerungskosten, an deren Entstehung die Tiefgarage nicht beteiligt ist). Eine Kostenfreistellung kann nicht schon dann verlangt werden, wenn der Mieter von einer Einrichtung keinen Gebrauch machen will oder für die Benutzung kein Bedürfnis hat (AG Gera WuM 2002, 285). Sie hat jedoch dann zu erfolgen, wenn ein Ausschluss von der Nutzung vereinbart ist (OLG Köln NZM 2008, 106). Unerheblich ist auch der Umfang der Nutzung (*LG Mainz* WuM 2004, 624).

453 Die Kosten sind zwischen den von der Umlegung nicht ausgenommenen Mietern entsprechend den geltenden Abrechnungsmaßstäben zu verteilen. Hat nur ein Mieter eine Nutzungsmöglichkeit werden diesem die Kosten direkt zugeordnet.

e) Aufteilung nach Wohnräumen und Geschäftsräumen

aa) Preisgebundener Wohnraum

454 Nach § 20 Abs. 2 S. 2 NMV 1970 sind Betriebskosten, die nicht für Wohnraum entstanden sind, grundsätzlich vorweg abzuziehen.

455 Eine hinreichend sichere Aufteilung ist vielfach **nicht möglich**. Für solche Fälle bestimmt § 20 Abs. 2 S. 2 Halbs. 2 NMV 1970, dass die Kosten für den Wohnteil und den anderen Teil des Gebäudes oder der Wirtschaftseinheit die Kosten im Verhältnis des umbauten Raumes oder der Wohn- und Nutzflächen aufzuteilen sind. Bei der Berechnung des umbauten Raumes ist dabei die Anlage 2 zur II. BV zugrunde zu legen (§ 20 Abs. 2 S. 3 NMV 1970). Teilweise werden für die Ermittlung des Anteils, der auf die Nichtwohnräume entfällt, auch Schätzungen zugelassen (LG Berlin GE 2001, 698).

Der Unmöglichkeit ist es gleichzustellen, wenn eine Aufteilung nur mit einem **unvernünftigen und unvertretbarem Aufwand** möglich wäre (AG Frankfurt/M. ZMR 1997, 244; a.A. AG Köln ZMR 1995 Heft 6 Mietrechtliche Entscheidungen in Leitsätzen S. VIII). Dabei werden an die Unvertretbarkeit des Aufwandes teilweise strenge Anforderungen gestellt. Ein gewisses Rechenwerk wird für zumutbar erachtet (LG Frankfurt/M. ZMR 1997, 642 für die Ermittlung des Grundsteueranteils anhand der Zahlen des Einheitswertbescheides). **456**

Auf einen Vorwegabzug kann auch dann verzichtet werden, wenn durch andere Be- oder Verrechnungsweisen sichergestellt ist, dass den Wohnraummietern kein Nachteil entsteht (LG Dortmund NZM 1998, 573; LG Freiburg WuM 2000, 614, 614). **457**

Eine abweichende vertragliche Regelung ist bei preisgebundenem Wohnraum nicht möglich. **458**

bb) Preisfreier Wohnraum

(1) Grundsatz

Rechnet der Vermieter preisfreien Wohnraums über Betriebskosten in gemischt genutzten Abrechnungseinheiten ab, ist – soweit die Parteien nichts anderes vereinbart haben – ein Vorwegabzug der auf Gewerbeflächen entfallenden Kosten für alle oder einzelne Betriebskostenarten jedenfalls dann nicht geboten, wenn diese Kosten nicht zu einer ins Gewicht fallenden Mehrbelastung der Wohnraummieter führen (BGH WuM 2006, 200 = GE 2006, 502). Liegen die Voraussetzungen, unter denen eine Trennung erforderlich ist, vor, kann auch der Gewerberaummieter die Trennung verlangen. Er kann sich jedoch nicht darauf berufen, dass die Wohnungsmieter benachteiligt werden (OLG Düsseldorf ZMR 2005, 943; offen gelassen von KG GuT 2006, 233). **459**

(2) Vereinbarung

Der BGH (WuM 2006, 200 = GE 2006, 502) hebt hervor, dass der Vorwegabzug dann erforderlich ist, wenn die Mietvertragsparteien das vereinbart haben. Hierauf können sich sowohl der Wohnraummieter als auch der Mieter von Geschäftsräumen berufen. Umgekehrt kann m.E. auch eine an sich gebotene Vorerfassung ausgeschlossen werden. **460**

(3) Erhebliche Mehrbelastung

Erheblichkeit: Der BGH (WuM 2006, 200 = GE 2006, 502) hat keine konkreten Vorgaben dazu gemacht, wann eine erhebliche Mehrbelastung vorliegt sondern die Entscheidung im Wesentlichen den Tatsacheninstanzen überlassen. Ob überhaupt und in welchem Umfang eine Mehrbelastung eintritt, muss errechnet und gegebenenfalls durch Beweiserhebung geklärt werden. Dabei ist grundsätzlich eine abstrakt generelle Betrachtungsweise geboten. Das heißt der jeweilige Geschäftstyp ist in Relation zu setzen zu einer durchschnittlichen Wohnraumnutzung. Ein Abstellen auf die jeweiligen Lebensgewohnheiten der einzelnen Wohnungsmieter, das Geschäftsgebaren der einzelnen Gewerberaummieter und die dadurch konkret verursachten Kosten ist praktisch nicht durchführbar. Für die Erheblichkeit wird man in Anlehnung an andere Entscheidungen, z.B. zur Minderfläche (BGH ZMR 2004, 495), eine Mehrbelastung von bis zu 10% einschließlich in jedem Fall als unerheblich ansehen können (a.A. LG Aachen WuM 2006, 615, das eine Erheblichkeit bereits bei mehr als 3% der Gesamtkosten annimmt). **461**

Vergleichskriterien: Nicht absolut klar wird aus dem Urteil (BGH WuM 2006, 200 = GE 2006, 502), ob für die Mehrbelastung auf alle umlegbaren Betriebskosten oder auf die jeweilige Betriebskostenart abzustellen ist. Typisch für eine gemischte Nutzung ist es **462**

nämlich, dass einzelne Kosten stärker durch eine Wohnungsnutzung, andere stärker durch eine geschäftliche Nutzung anfallen. So fallen etwa in einer Familienwohnung mehr Kosten für Wasser und Abwasser an als in einem Büro. Das gleiche Büro kann aber bei erheblichem Parteiverkehr einen erhöhten Stromverbrauch durch Liftbenutzung und Treppenhauslicht und erhöhte Reinigungskosten verursachen. Die Formulierung des BGH »in Bezug auf einzelne Kostenarten« (BGH WuM 2006, 200 unter II. A. 1. a) aa) (2) – Absatz 17) deutet daraufhin, dass die jeweiligen einzelnen Kostenarten zueinander in Beziehung zu setzen sind. Andererseits betont der BGH zuvor (BGH WuM 2006, 200 unter II. A. 1. a) aa) (2) – Absatz 16), dass dem Wohnraummieter kein Nachteil erwächst, wenn er durch die Umlage der auf das Gebäude entfallenden Gesamtkosten nach einem einheitlich für alle Mieter geltenden Maßstab nicht schlechter gestellt wird als im Fall einer Voraufteilung zwischen Wohn- und Gewerbeflächen. Ob der Mieter besser oder schlechter gestellt wird, kann aber nur auf Grund einer Gesamtbetrachtung aller Betriebskosten ermittelt werden. Ansonsten könnte der Gewerberaummieter seinerseits Unbilligkeit einwenden, wenn nach der Rosinentheorie eine Voraufteilung nur dort vorgenommen wird, wo sie den Wohnraummieter begünstigt. Eine Aufsplittung nach jeder einzelnen Betriebskostenart würde zudem dem vom BGH ebenfalls herangezogenen Gedanken einer Vereinfachung der Abrechnung widersprechen.

463 Eine erheblich größere Kostenverursachung wurde angenommen für ein Lebensmittelgeschäft (LG Aachen WuM 2006, 615), Gaststätten, Friseurgeschäfte und Metzgereien (Kinne GE 2003, 184). Verneint wurde die Erheblichkeit für eine Physiotherapiepraxis (LG Berlin GE 2007, 223), einen Hundesalon (AG Berlin-Wedding GE 2007, 525), Kindergärten und Obdachlosenpensionen (LG Berlin GE 2002, 1124).

464 **Darlegungs- und Beweislast:** Der BGH (BGH WuM 2006, 200 = GE 2006, 502) stellt auf §§315, 316 BGB ab. Im Rahmen dieser Regelungen trifft grundsätzlich den Bestimmungsberechtigten, hier also den Vermieter, die Beweislast dafür, dass die Billigkeit gewahrt ist (Palandt/Grüneberg BGB, §315 Rn. 19 m.w.N.). Hier handelt es sich aber nach der Konstruktion des BGH um eine Ausnahme von dem Grundsatz der einheitlichen Abrechnung, so dass die Beweislast den Mieter trifft (BGH GE 2006, 1544; LG Berlin GE 2007, 223). Den Vermieter trifft allerdings eine sekundäre Darlegungslast für Umstände, die der Mieter nicht kennen kann (Schmid ZMR 2009, 335 [337]).

f) Verschiedenartige Gewerbebetriebe

465 Eine Voraufteilung kann auch bei verschiedenen Gewerbebetrieben notwendig sein, wenn einzelne Betriebe spezifisch höhere Kosten verursachen (*KG* GuT 2006, 233). Verneint wurde dies in Relation zwischen einer Anwaltskanzlei einerseits und einem Internet-Café, einem türkischen Imbiss und einer Arztpraxis andererseits (*KG* GuT 2006, 233).

7. Direkte Kostenzuordnung

466 Die direkte Kostenzuordnung unterscheidet sich von einem Direktbezug des Mieters vom Leistungserbringer dadurch, dass die kostenverursachende Maßnahme vom Vermieter geschuldet und erbracht wird. Demzufolge hat der Mieter auch nicht an den Dritten sondern an den Vermieter zu bezahlen.

467 Bei einer direkten Kostenzuordnung findet keine Verteilung der Kosten innerhalb der Mieter eines Objektes statt, sondern die von einem Mieter verursachten Kosten werden direkt an diesen weitergegeben. Ein solches Vorgehen setzt voraus, dass die Kosten nicht für mehrere Mieter einheitlich entstehen. In Betracht kommen hier insbesondere Kosten, die nur für einen Gewerbebetrieb in einem Mietobjekt entstehen. Bei einer Eigentumswohnung entsteht die Grundsteuer direkt für die vermietete Wohnung.

Die direkte Kostenzuordnung ist regelmäßig interessengerecht (BGH GE 2004, 879). **468** Dieser Maßstab ist jedoch nicht vorrangig und bedarf deshalb jedenfalls bei Wohnraummietverhältnissen einer ausdrücklichen Vereinbarung, da ansonsten § 556a Abs. 1 S. 1 BGB gilt (vgl. BGH GE 2004, 879).

Im Wege der direkten Kostenzuordnung weitergegeben werden auch die umlegbaren **469** Kosten bei der Vermietung des Mietobjekts an nur einen Mieter, da hier naturgemäß eine Kostenverteilung ausscheidet.

Eine direkte Kostenzuordnung hat auch dann zu erfolgen, wenn einem Mieter aus- **470** schließlich eine bestimmte Fläche zugewiesen ist, z.B. ein Gartenanteil oder eine Garage (Schmid DWW 2004, 298 m.w.N.).

V. Kostenverteilung nach der HeizkostenV

1. Regelungsgehalt der HeizkostenV

Die HeizkostenV gilt für die Verteilung der Kosten (§ 1 HeizkostenV). Nicht geregelt **471** wird von der HeizkostenV die Versorgungspflicht des Vermieters. Ob eine solche vorliegt, ergibt sich ausschließlich aus dem Mietvertrag. Die HeizkostenV regelt auch nicht unmittelbar die Umlegbarkeit von Heizkosten. Die Beschränkung der Umlegungsfähigkeit ergibt sich für Wohnraum aus Nrn. 4 bis 6 des § 2 BetrKV (i.V.m. § 556 BGB). Auch Heiz- und Warmwasserkosten sind nur umlegbar, wenn hierfür eine besondere Grundlage besteht. Die HeizkostenV gibt allein direkt kein Recht zur Umlegung von Heiz- und Warmwasserkosten (BayObLG DWW 1988, 249).

2. Anwendungsbereich

a) Grundsätzliches

Die Heizkostenverordnung gilt nicht nur für Mietverhältnisse. Die Verordnung spricht **472** deshalb auch nicht von Vermieter und Mieter, sondern vom Gebäudeeigentümer (unten Rdn. 493 ff.), dem Gebäudeeigentümer Gleichgestellten (unten Rdn. 406 ff.), dem Lieferer (unten Rdn. 412 ff.) und dem Nutzer (unten Rdn. 399 ff.). Aus Gründen der systematischen Darstellung werden hier auch bereits Fragen der Anwendung der HeizkostenV auf das Wohnungseigentum behandelt.

b) Preisgebundener Wohnraum

Die Heizkostenverordnung gilt im Grundsatz für alle Mietverhältnisse. § 1 Abs. 4 Heiz- **473** kostenV, § 22 Abs. 1 NMV 1970 stellen klar, dass die Verordnung auch für preisgebundenen Wohnraum gilt, soweit für diesen nichts anderes bestimmt ist.

c) Beitrittsgebiet

Die Heizkostenverordnung gilt nach Art. 8 des Einigungsvertrages in Verbindung mit **474** Anlage I Kapitel V Sachgebiet D Abschnitt III. Nr. 10 des Einigungsvertrages weitgehend auch für das Gebiet der ehemaligen DDR. Die Ausstattungen zur Verbrauchserfassung waren in Räumen, die vor dem 1. 1. 1991 bezugsfertig geworden sind, bis spätestens 31. 12. 1995 anzubringen. Auf weitere noch aktuelle Sonderregelungen wird bei den jeweiligen Einzelfragen eingegangen.

3. Versorgungsarten

a) Grundsätzliches

475 Die Zurverfügungstellung von Heizung und Warmwasser kann auf mietvertraglicher Grundlage erfolgen; dann schuldet der Vermieter selbst die Versorgung als mietvertragliche Nebenpflicht. In diesen Fällen kann die Versorgung aus einer zentralen Anlage durch den Vermieter oder durch einen Anlagenbetreiber erfolgen oder durch Ankauf seitens des Vermieters von einem Lieferanten. Möglich ist aber auch eine Versorgung in der Weise, dass der Vermieter die Möglichkeit der Beheizung und des Bezugs von Wärme und Warmwasser bietet, der Mieter aber unabhängig vom Mietvertrag den Versorgungsvertrag unmittelbar mit dem Lieferer abschließt.

b) Wärmecontracting

aa) Verweisung an Wärmelieferer

476 Besteht eine **Versorgungspflicht des Vermieters,** kann dieser den Mieter nicht einseitig auf einen Bezug von Wärme und Warmwasser von einem Lieferer verweisen (LG Berlin WuM 1998, 481; AG Erfurt WuM 2000, 259). Eine einvernehmliche Regelung ist möglich (Wüstefeld WuM 1996, 736 ff.; Schmid ZMR 1998, 734; a.A. Ropertz/Wüstefeld NJW 1989, 1366). In einem Individualvertrag kann sich der Mieter verpflichten, während des Mietverhältnisses den Vermieter aus der Versorgungspflicht zu entlassen und einen Vertrag mit einem Lieferer abzuschließen. In einem Formularmietvertrag ist eine solche Vereinbarung, die ein einseitiges Leistungsbestimmungsrecht des Vermieters beinhaltet, jedoch an § 308 Nr. 4 (bei Geschäftsraummiete i.V.m. §§ 307, 310 Abs. 1) BGB zu messen. Da eine wesentliche Pflichtenänderung eintritt, sind die Interessen des Mieters nur ausreichend gewahrt, wenn ihm bei Haftung und/oder Preis oder durch eine Senkung der Grundmiete ein angemessener Ausgleich geboten wird (Schmid ZMR 1998, 734). Dagegen ist eine solche Klausel nicht überraschend i.S.d. § 305c BGB (Schmid ZMR 1998, 734; a.A. Eisenschmid WuM 1998, 451).

477 Besteht keine Versorgungspflicht des Vermieters, kann der Mieter an einen Wärmelieferer verwiesen werden. Das gilt sowohl bei Neuabschluss eines Mietvertrages (Schmid ZMR 1998, 733) als auch in den Fällen, in denen durch eine zulässige Modernisierung Einzelheizungen beseitigt werden (LG Frankfurt/O. WuM 1999, 403; a.A. AG und LG Bonn WuM 2006, 563).

bb) Umlegung der Wärmelieferungskosten durch Vermieter

478 Die Wärmelieferungskosten können unproblematisch umgelegt werden, wenn bereits bei Abschluss des Mietvertrages die Beheizung über Wärmecontracting erfolgt und der Mietvertrag die Umlegung von Wärmelieferungskosten (Fernheizung oder zentrale Heizungsanlage) ausdrücklich vorsieht (BGH ZMR 2007, 685 = GE 2007, 1051). Der Umstand, dass der Vermieter überhaupt das Wärmecontracting gewählt hat, begründet noch keinen Verstoß gegen den Wirtschaftlichkeitsgrundsatz (*BGH* ZMR 2007, 685 = GE 2007, 1051). Unwirtschaftlich handelt der Vermieter nur, wenn unter den Anbietern von Wärme ohne sachlichen Grund einen teueren auswählt. Hierzu verlangt der *BGH* (ZMR 2007, 685 = GE 2007, 1051) vom Mieter einen konkreten Vortrag, dass ein anderer preiswerter Wärmecontractor vorhanden gewesen wäre.

479 Allein die Tatsache, dass das Haus bereits bei Abschluss des Mietvertrages durch Wärmelieferung versorgt wird, reicht aber für die Umlegung nicht aus, wenn im Mietvertrag die Wärmelieferungskosten nicht genannt sind, sondern nur die Kosten, die bei einem Betrieb der zentralen Heizungsanlage durch den Vermieter anfallen (*BGH* WuM 2007,

445). In solchen Fällen würde es naheliegen, eine ergänzende Vertragsauslegung zu diskutieren, weil die vereinbarten Kosten nicht anfallen, aber dafür andere (*Schmid* ZMR 2008, 25 [26]). Der *BGH* hält jedoch strikt am Wortlaut des Vertrages fest. Jedenfalls entspricht es nicht dem Willen der Parteien, dass der Vermieter gar keine Kosten erhält oder dass bei einer Anpassung an die HeizkostenV die Grundmiete zu senken ist (Schmid WE 2009, 8).

Strikt getrennt wird zwischen Nahwärme, die im beheizten Gebäude produziert wird, und Fernwärme, die außerhalb erzeugt wird, (*BGH* WuM 2007, 445=ZMR 2007, 768). Eine Vereinbarung über die Umlegung von Fernwärmekosten deckt nicht die Kosten einer Wärmelieferung ab, wenn sich die Heizungsanlage im versorgten Haus befindet. **480**

Dieses strikte Festhalten am Wortlaut der Vereinbarung praktiziert der *BGH* (ZMR 2007, 851 = ZfIR 2007, 669) auch dort, wo Nahwärme und Fernwärme im Mietvertrag genannt sind, sei es auch nur durch die Bezugnahme auf die Anlage 3 zu § 27 II. BV oder § 2 BetrKV. Diese Bezugnahme ist ausreichend und zwar auch dann, wenn die Umstellung auf Wärmelieferung erst während des Mietverhältnisses erfolgt. Durch den Oberbegriff Wärmelieferung wird sowohl die Nah- als auch die Fernwärme einbezogen (*Kinne* GE 2007, 1082). **481**

Für Altverträge, die das Wärmecontracting in Form der Nahwärme noch nicht vorsehen konnten, weil eine entsprechende Umlegungsmöglichkeit in der Anlage zu § 27 II. BV noch nicht vorgesehen war, liegt eine ergänzende Vertragsauslegung nahe (*Schmid* ZMR 2008, 25 [26]), wird vom *BGH* (NJW 2006, 2185 = ZMR 2006, 595 = WuM 2006, 322 = NZM 2006, 534 = GE 2006, 839) aber auch hier nicht vorgenommen. Etwas anderes wird zu gelten haben, wenn die Verweisung im Vertrag ausdrücklich als dynamisch bezeichnet ist. **482**

In Fällen der Modernisierung, die der Mieter nach § 554 BGB zu dulden hat, wird die ergänzende Vertragsauslegung ebenfalls ergeben, dass Wärmelieferungskosten umlegungsfähig sind. Die bloße Umstellung von Wärmeeigenerzeugung auf Wärmecontracting stellt jedoch keine Modernisierung dar. Da in den Lieferkosten in der Regel auch Investitionskosten enthalten sind, kann der Vermieter bei voller Umlegung der Wärmelieferungskosten nach Treu und Glauben keine Mieterhöhung nach § 559 BGB (mehr) verlangen, die darauf beruht, dass die Heizungsanlage modernisiert wurde (Schmid ZMR 1998, 735). **483**

Eine Ausnahme gilt, wenn der Übergang zum Wärmecontracting unter der Geltung des § 14 MHG a. F. erfolgt ist und der Vermieter die Kostenumlegung durch einseitige Erklärung festgelegt hat (*BGH* NZM 2003, 757 = NJW 2003, 2902). Derartige Bestimmungen konnten nach damaligem Recht wirksam erfolgen und bleiben wirksam (*Schmid* ZMR 2008, 25 [26]). **484**

Im Hinblick auf die Sonderregelung von § 5 Abs. 3 NMV 1970 und § 28 Abs. 2 Satz 1 II. BV erscheint bei preisgebundenem Wohnraum ein einseitiges Vorgehen des Vermieters möglich, zumal die Betriebskostenumlegung allgemein auch durch einseitige Festlegung des Vermieters nach § 10 WoBindG erfolgen kann (vgl. § 20 NMV 1970 und *Schmid*, Handbuch der Mietnebenkosten, Rn. 3055). Die Erklärung des Vermieters über die Umlegung der Wärmelieferungskosten und die entsprechende Erhöhung der Betriebskostenvorauszahlungen ist nur wirksam, wenn gleichzeitig die Einzelmiete gesenkt wird (LG Hamburg WuM 1994, 196). Die Formalien des § 10 WoBindG müssen beachtet werden (*Schmid* ZMR 2008, 25 [26]). Eine analoge Anwendung auf andere Mietverhältnisse findet nicht statt (*BGH* ZMR 2007, 851 = ZfIR 2007, 669). **485**

486 Ausgeschlossen ist ein Übergang zur Wärmelieferung bei voller Kostenumlegung dann, wenn eine bestimmte Heizungsart vertraglich vereinbart ist, wobei der bloße Umstand, dass dem Mieter die Beheizungsart bekannt ist nicht ausreicht. Auch ein bloße Frage des Mieters und entsprechende Auskunft des Vermieters genügt nicht (Schmid, Handbuch der Mietnebenkosten Rn. 6022a; a. A. *Milger* NZM 2008, 1 [5]).

487 Erhält der Vermieter vom Contractor Zahlungen, insbesondere Pachtzahlungen für die vom Vermieter errichtete Heizungsanlage oder den Heizungsraum, sind diese Zahlungen in der Abrechnung nicht zugunsten des Mieters zu berücksichtigen (Schmid, Handbuch der Mietnebenkosten Rn. 6022b; a. A. *Milger* NZM 2008, 1 [5]). Hierfür besteht keine Rechtsgrundlage. Bei preisgebundenem Wohnraum sind solche Zahlungen jedoch Erträge im Sinne des § 31 II. BV, wenn sie laufend gezahlt werden.

4. Nutzer

488 Nutzer i.S.d. HeizkostenV ist nicht nur derjenige, der Heizung und Warmwasser tatsächlich in Anspruch nimmt, sondern jeder, der die versorgten Räume benutzen kann. Auch derjenige, der tatsächlich nichts verbraucht, wird i.d.R. mit Festkosten belastet. Aber auch der Vermieter selbst kann Nutzer sein, wenn er in dem versorgten Gebäude wohnt oder sonst Räume nutzt oder für unvermietete leer stehende Räume in die Verteilung einzubeziehen ist.

489 Auf die Art des Nutzungsverhältnisses kommt es nicht an. Maßgeblich ist die tatsächliche Nutzungsmöglichkeit. Die HeizkostenV findet deshalb auch dann Anwendung, wenn das Mietverhältnis bereits beendet ist, z.B. bei der verweigerten Räumung oder während des Laufes einer Räumungsfrist (Lammel HeizkostenV § 1 Rn. 45).

490 Sie gilt auch dann, wenn der Nutzer von vorneherein nicht zur Nutzung berechtigt war, z.B. wegen Nichtigkeit des Mietvertrages (Schmid, Verordnung über Heizkostenabrechnung, ZMR-Sonderheft, 2009, § 1 Nr. 11; Schmid Handbuch der Mietnebenkosten, Rn. 6025; a.A. Lammel HeizkostenV § 1 Rn. 45). Das ist schon deshalb erforderlich, weil alle versorgten Räume in die Verteilung einbezogen werden müssen, und entspricht dem weiten Anwendungsbereich der HeizkostenV. Eine andere Frage, die nur nach den jeweiligen Umständen des Einzelfalles beantwortet werden kann, ist es, ob der Gebäudeeigentümer hier überhaupt einen Anspruch gegen den Nutzer auf Zahlung von Heiz- und Warmwasserkosten hat.

491 Nutzer kann auch derjenige sein, der Heizung und Warmwasser nicht selbst in Anspruch nimmt, sondern einem Dritten zur Verfügung stellt, wie etwa der Mieter dem Untermieter, bei einem Blockheizwerk der Vermieter eines angeschlossenen Hauses seinen Mietern (OLG Köln ZMR 1991, 141) oder der vermietende Wohnungseigentümer seinem Mieter.

492 Der Wohnungseigentümer ist Nutzer, wenn er die Räume selbst nutzt oder für die leerstehenden Räume in die Kostenverteilung einzubeziehen ist (Schmid, Handbuch der Mietnebenkosten, Rn. 6024). Er ist zugleich auch Gebäudeeigentümer, wenn er die Wohnung vermietet oder sonst Dritten überlässt. Im Verhältnis zur Wohnungseigentümergemeinschaft ist er immer Nutzer.

5. Versorgung durch den Gebäudeeigentümer (§ 1 Abs. 1 HeizkostenV)

493 **Gebäudeeigentümer** ist vom Grundsatz her der Eigentümer des versorgten Gebäudes. Bei Zwangsverwaltung oder Insolvenz treffen die Pflichten des Gebäudeeigentümers den Zwangs- oder Insolvenzverwalter (Lammel HeizkostenV § 1 Rn. 25).

§ 1 Abs. 1 Nr. 1 HeizkostenV betrifft den Fall, dass der Vermieter die Beheizung und die Bereitstellung von Warmwasser mietvertraglich schuldet und die Versorgung aus einer zentralen Heizungs- und/oder Warmwasserversorgungsanlage vornimmt. Das sind Anlagen, die von einer Stelle aus mehrere Nutzer mit Wärme oder Warmwasser versorgen. Hierzu gehören auch Blockheizwerke, bei denen durch eine zentrale Anlage mehrere Häuser versorgt werden (OLG Köln ZMR 1991, 141). Hierunter fallen auch mehrere Anlagen in einem Hause, wenn durch die jeweilige Anlage mehrere Nutzer versorgt werden, z.B. Stockwerksheizungen für mehrere Wohnungen (Schmid Handbuch der Mietnebenkosten, Rn. 6029; Lammel HeizkostenV § 1 Rn. 5). **494**

Die HeizkostenV gilt auch bei einer eigenständig gewerblichen Lieferung von Wärme und Warmwasser (Wärmelieferung und Warmwasserlieferung). Um Lieferung von Wärme und Warmwasser i.S.v. § 1 Abs. 1 Nr. 2 HeizkostenV handelt es sich, wenn Wärme und Warmwasser nicht vom Gebäudeeigentümer produziert, sondern von einem Dritten geliefert werden. Charakteristisch für die Wärmelieferung ist es, dass die Wärme vom Lieferer erzeugt wird; ein Leasing von Brenner, Öltank und Verbindungsleitungen begründet keine Wärmelieferung (BGH WuM 2009, 115). **495**

6. Dem Gebäudeeigentümer Gleichgestellte

a) Grundsätzliches

Die Heizkostenverordnung findet unter den Voraussetzungen des § 1 Abs. 1 HeizkostenV auch dann Anwendung, wenn nicht der Gebäudeeigentümer betroffen ist, sondern die dem Gebäudeeigentümer nach § 1 Abs. 2 HeizkostenV Gleichgestellten. **496**

b) Überlassungsberechtigte

Dem Gebäudeeigentümer steht nach § 1 Abs. 2 HeizkostenV gleich, wer zur Nutzungsüberlassung im eigenen Namen und für eigene Rechnung berechtigt ist. Gleichgültig ist der Rechtsgrund für die Überlassungsberechtigung. Überlassungsberechtigte sind zum Beispiel der vermietende Nießbraucher und der Mieter im Verhältnis zum Untermieter. Diese Gleichstellung wird man auch dann annehmen müssen, wenn das Recht zur Gebrauchsüberlassung zwar nicht besteht, die Gebrauchsüberlassung jedoch tatsächlich erfolgt und der Vertrag mit dem nutzenden Mieter auch tatsächlich durchgeführt wird, z. B. bei unberechtigter Untervermietung (Schmid, Verordnung über Heizkostenabrechnung, ZMR-Sonderheft, 2009, § 1 Nr. 11; a. A. *Lammel* HeizkostenV § 1 Rn. 26). Es entstünde sonst eine Regelungslücke, da den Gebäudeeigentümer, der ein Recht zur Nutzungsüberlassung nicht eingeräumt hat, mit dem Mieter des unberechtigt Vermietenden keine Rechtsbeziehungen verbinden, andererseits aber die Wirksamkeit des Untermietvertrages nicht von einer Vermietungsberechtigung des Vermieters abhängt. **497**

c) Anlagenbetreiber

Dem Gebäudeeigentümer gleich steht auch derjenige, dem der Betrieb von zentralen Heizungs- und Warmwasserversorgungsanlagen in der Weise übertragen worden ist, dass er dafür ein Entgelt vom Nutzer zu verlangen berechtigt ist. Das sind die Fälle, in denen der Vermieter Heizung und Warmwasser mietvertraglich schuldet, diese Pflicht aber nicht selbst erfüllt, sondern einen Dritten damit beauftragt und diesem die Befugnis einräumt, das Entgelt unmittelbar von den Nutzern zu fordern. **498**

Der Dritte kann deshalb den Mietern gegenüber nur die Betriebskosten nach § 2 Nr. 4–6 BetrKV (§ 7 Abs. 2, § 8 Abs. 2 HeizkostenV) ansetzen; für sein Entgelt ist der Vertrag mit dem Gebäudeeigentümer maßgebend (Schubart/Kohlenbach/Wienicke § 1 Heiz- **499** kostenV Anm. 4). An diese Vereinbarung ist aber der Mieter nicht gebunden (AG Duisburg-Hamborn WuM 1988, 172).

500 Wenn der Vermieter mietvertraglich zur Lieferung von Wärme und Warmwasser verpflichtet ist, bedarf es zur Übertragung der Anlage durch einen Drittbetreiber der Zustimmung des Mieters, wenn zwischen dem Drittbetreiber und dem Mieter Rechte und Pflichten, insbesondere eine Zahlungspflicht des Mieters begründet werden sollen (Eisenschmid HKA 1989, 47). Die Parteien können die Einschaltung des Dritten bereits im Mietvertrag vereinbaren (Wüstefeld WuM 1996, 736 ff.). Möglich ist auch eine spätere Vertragsänderung (Schmid ZMR 1998, 734; a.A. Ropertz/Wüstefeld NJW 1989, 2366). Der Vorbehalt einer einseitigen Änderungserklärung ist bei Formularverträgen an § 308 Nr. 4 (§§ 307, 310 Abs. 1) BGB zu messen und nur wirksam, wenn auch die Interessen des Mieters z.B. bei Haftung und/oder Preis berücksichtigt werden (Schmid ZMR 1998, 734). Ansonsten können nur die Zahlungsansprüche des Vermieters abgetreten werden.

d) Wohnungseigentum

501 Dem Gebäudeeigentümer stehen nach § 1 Abs. 2 Nr. 3 HeizkostenV gleich beim Wohnungseigentum die Gemeinschaft der Wohnungseigentümer im Verhältnis zum Wohnungseigentümer, bei Vermietung einer oder mehrerer Eigentumswohnungen der Wohnungseigentümer im Verhältnis zum Mieter. Nach §§ 1 Abs. 6, 30 Abs. 3 S. 2 WEG gelten die Vorschriften für das Wohnungseigentum für das Teileigentum, das Wohnungserbbaurecht und das Teilerbbaurecht entsprechend. § 1 Abs. 2 Nr. 3 HeizkostenV gilt deshalb auch für diese Rechte (Demmer MDR 1981, 530). Der vermietende Wohnungseigentümer hat also eine Doppelstellung. Er ist im Verhältnis zur Wohnungseigentümergemeinschaft Nutzer und im Verhältnis zum Mieter dem Gebäudeeigentümer gleichgestellt.

7. Wärme- und Warmwasserlieferer

502 Nach § 1 Abs. 3 HeizkostenV gilt die Verordnung auch für die Verteilung der Kosten der Wärme- und Warmwasserlieferung auf die Nutzer der mit Wärme oder Warmwasser versorgten Räume, soweit der Lieferer unmittelbar mit den Nutzern abrechnet und dabei nicht den für den einzelnen Nutzer gemessenen Verbrauch, sondern die Anteile der Nutzer am Gesamtverbrauch zugrunde legt; in diesen Fällen gelten die Rechte und Pflichten des Gebäudeeigentümers aus der HeizkostenV auch für den Lieferer.

503 Die eigenständig gewerbliche Lieferung kann auch durch den Gebäudeeigentümer selbst erfolgen (Schmid Handbuch der Mietnebenkosten, Rn. 6047; a.A. Peruzzo Erl. zu § 1 Abs. 1 HeizkostenV; wie hier für Kommunen, die aus einem eigenen Heizkraftwerk ihre eigenen Häuser versorgen: Schubart/Kohlenbach/Wienicke § 1 HeizkostenV Anm. 3). Maßgeblich für die Annahme einer eigenständigen Lieferung ist nämlich nicht die Person des Lieferers, sondern die Art der Vertragsgestaltung. Nimmt der Gebäudeeigentümer die Versorgung nicht auf mietvertraglicher Grundlage vor, sondern schließt er gesonderte Versorgungsverträge, liegt eine eigenständige Lieferung vor. § 1 Abs. 3 HeizkostenV stellt weder ausdrücklich auf die Lieferung durch einen Dritten ab, noch verbietet es die HeizkostenV, dass der Gebäudeeigentümer selbst eine eigenständig gewerbliche Lieferung vornimmt.

504 Soweit nicht nach der HeizkostenV, insbesondere nur aufgrund einer Verbrauchsmessung beim einzelnen Nutzer abgerechnet wird, ist die AVBFernwärmeV zu beachten (vgl. Peruzzo Anm. zu § 1 Abs. 3 HeizkostenV).

8. Ausnahmen

a) Grundsätzliches

Wenn einer der Ausnahmetatbestände des § 11 HeizkostenV vorliegt, finden die §§ 3 bis 8 HeizkostenV keine Anwendung. Die §§ 9 bis 10 und 12 HeizkostenV sind im Ausnahmetatbestand zwar nicht erwähnt, aber ebenfalls nicht anwendbar, weil sie die Anwendbarkeit von §§ 3 bis 8 HeizkostenV voraussetzen (Gruber NZM 2000, 842). Das heißt, der Vermieter ist nicht zur Verbrauchserfassung und Kostenverteilung verpflichtet. Umgekehrt treffen den Mieter auch keine Pflichten nach der Heizkostenverordnung (VG Berlin GE 1988, 1283), sofern nicht im Mietvertrag etwas anderes geregelt ist. Liegen die Voraussetzungen des § 11 HeizkostenV vor, findet § 3 HeizkostenV keine Anwendung (*Schmid* FGPrax 2004, 103; a. A. Abramenko ZWE 2007, 61 [64]). Damit fehlt es den Wohnungseigentümer an einer aus der HeizkostenV abzuleitenden Beschlusskompetenz der Wohnungseigentümer für eine Änderung des geltenden Verteilungsmaßstabs. Eine Änderung durch Beschluss ist jedoch gleichwohl möglich, nämlich nach § 16 Abs. 3 WEG. Allerdings wird ein solcher Beschluss bei unverhältnismäßig hohen Kosten nicht ordnungsmäßiger Verwaltung entsprechen. Der Beschluss ist in solchen Fällen nur anfechtbar, aber nicht nichtig. **505**

Abgesehen von der Sonderregelung des § 22 NMV 1970 sind die Parteien nicht gehindert, die Anwendung der HeizkostenV zu vereinbaren. § 556a Abs. 1 BGB steht nicht entgegen, da diese Vorschrift ausdrücklich vom Fehlen einer Vereinbarung ausgeht. § 11 HeizkostenV tangiert eine Vereinbarung ebenfalls nicht (Schmid, Verordnung über Heizkostenabrechnung, ZMR-Sonderheft, 2009, § 11 Anm. 3; a.A. Wall WuM 2002, 130, 133). § 11 HeizkostenV ist weder ein Verbotsgesetz i.S.d. § 134 BGB noch geht er rechtsgeschäftlichen Regelungen i.S.d. § 2 HeizkostenV vor. § 11 HeizkostenV befreit lediglich von einer Verpflichtung, verbietet es aber nicht, freiwillig entsprechend zu verfahren (Schmid Handbuch der Mietnebenkosten, Rn. 6052). Im Falle der Unverhältnismäßigkeit (Rdn. 511 ff.) findet die Vertragsfreiheit jedoch dort ihre Grenze, wo der Grundsatz der Wirtschaftlichkeit nicht mehr gewahrt ist (vgl. §§ 556 Abs. 4, 560 Abs. 6 BGB). **506**

b) Die Einzelfälle

aa) Passivhausregelung

§ 11 Abs. 1 Nr. 1 Buchst. a) HeizkostenV befreit so genannte Passivhäuser von der Verpflichtung zur Anwendung der HeizkostenV. **507**

bb) Unmöglichkeit

Selbstverständlich ist, dass nicht nach der Heizkostenverordnung vorgegangen werden kann, wenn das Anbringen der Messgeräte, die Erfassung des Verbrauches oder die Kostenverteilung objektiv unmöglich sind. In § 11 Nr. 1 Buchst. a) HeizkostenV ist dies ausdrücklich erwähnt. **508**

Unmöglichkeit wird z.B. angenommen: **509**
- für Messeinrichtungen an Badewannenheizungen (AG Köln WuM 1988, 38);
- bei einer Erwärmung von Räumen ohne Heizkörper durch durchlaufende Rohre (VG Berlin GE 1988, 1283; zumindest dann, wenn eine erhebliche nicht messbare Erwärmung eintritt: Schmid, Verordnung über Heizkostenabrechnung, ZMR-Sonderheft, 2009, § 11 Anm. 9);
- wenn wegen anderer Wärmequellen (z.B. Küchenherd) ein einigermaßen zuverlässiges Messergebnis nicht erreicht werden kann (AG Bremerhaven WuM 1989, 30);

- bei Fußbodenheizungen, die mehrere Nutzungseinheiten versorgen (Lammel HeizkostenV § 11 Rn. 23; Wall WuM 2002, 134).
- wenn nur ein geringer Teil der abgegebenen Wärmemenge durch Messgeräte erfasst werden kann (LG Gera WuM 2007, 511: weniger als 30 %; LG Mühlhausen WuM 2009, 234: 6 %; einschränkend Wall WuM 2009, 221 ff., der generell eine Anwendung der VDI-Richtlinie 2077 für angezeigt hält). Das gilt jedoch nicht, wenn der Wärmeverbrauch gemäß § 7 Abs. 1 Satz 3 HeizkostenV nach den anerkannten Regeln der Technik bestimmt werden kann (Schmid, Verordnung über Heizkostenabrechnung, ZMR-Sonderheft, 2009, § 11 Anm. 9).

510 Keine Unmöglichkeit wird angenommen:
- wenn die Anbringung von Verbrauchserfassungseinrichtungen durch die Anbringung von Heizkörperverkleidungen lediglich erschwert ist (LG Hamburg WuM 1992, 259);
- wenn Heizkörperverkleidungen zu einer Beeinträchtigung der Messergebnisse führen, weil es sich dabei nicht um technische Probleme des Heizungssystems selbst handelt (Schmid ZMR 2005, 716);
- bei Fußbodenheizungen, die nur eine Nutzungseinheit versorgen (Lammel HeizkostenV § 11 Rn. 23);
- bei Einrohrheizungen, wenn der Nutzer das Heizkörperventil abstellen kann, aber gleichwohl durch den Umlauf in den Rohren eine Erwärmung eintritt (BayObLG WuM 1997, 691, 692; AG Neukölln WuM 2003, 325).

cc) Unverhältnismäßigkeit

511 Dem Verhältnismäßigkeitsgrundsatz wird dadurch Rechnung getragen, dass eine verbrauchsabhängige Abrechnung nicht notwendig ist, wenn dadurch ein unverhältnismäßiger Aufwand entstünde. Alternativ kann die Unverhältnismäßigkeit gegeben sein hinsichtlich der Anbringung der Ausstattung zur Verbrauchserfassung oder der Erfassung des Wärmeverbrauches als solcher oder der Verteilungskosten. Zwischen den Heizkosten und den Kosten der Wassererwärmung ist zu trennen (Wall WuM 2009, 3 [14/15]). Zu Einzelfällen siehe Schmid, Verordnung über Heizkostenabrechnung, ZMR-Sonderheft, 2009, § 11 Anm. 17 ff.

512 Notwendig ist ein Vergleich der **Kosten** für die Installation der Messgeräte sowie des Mess- und Abrechnungsaufwandes mit der möglichen Einsparung von Energiekosten (*BGH* GE 1991, 397 m.w.N.; *LG Berlin* GE 2003, 679 [680]). Maßgeblich sind die Gesamtkosten, nicht nur die Brennstoffkosten (Schmid DWE 2008, 38 [39]; a.A. Wall WuM 2002, 130 [132]). Zu berücksichtigen sind bei der Prüfung der Unverhältnismäßigkeit insbesondere auch die laufenden Kosten für Wartung, Ablesung, Eichung und eventuelle Austauschkosten (*BayObLG* WuM 1993, 754, 755).

513 Für die zu den Kosten ins Verhältnis zu setzende **Einsparung** wird eine übliche Einsparquote von 15% angesetzt (*BayObLG* WuM 2004, 737; *OLG Köln* WuM 1998, 621), sofern keine andere Berechnungsmöglichkeit zur Verfügung steht. Entsprechend § 12 Abs. 1 Satz 1 HeizkostenV ist dabei auf die Gesamtkosten abzustellen (a. A. *Wall* WuM 2002, 130 [132], der nur die Brennstoffkosten heranziehen will). Zu erwartende Steigerungen der Energiepreise sind zu berücksichtigen (*OLG Köln* ZMR 2007, 389).

514 Der Zeitraum von zehn Jahren ist durch die Verordnung als **Beurteilungszeitraum** festgelegt.

515 Rechnet der Vermieter verbrauchsabhängig ab, obwohl die Kosten unverhältnismäßig sind, liegt darin wohl meist ein Verstoß gegen den **Wirtschaftlichkeitsgrundsatz**. Es können die Kosten der Verbrauchserfassung nur bis zur Wirtschaftlichkeitsgrenze umge-

legt werden (Wall WuM 2002, 133). Das gilt jedenfalls dann, wenn der Vermieter die Unwirtschaftlichkeit rechtzeitig erkennen konnte (Börstinghaus MDR 2000, 1345). Eine bestimmte Relation zwischen den Energiekosten und dem Aufwand für die Kostenverteilung kann jedoch auch bei hohen Erfassungskosten nicht hergestellt werden (AG Lüdinghausen WuM 2001, 499; a.A. AG Münster WuM 2001, 499).

dd) Keine Verbrauchsbeeinflussung

Nach § 11 Nr. 1 Buchst. b) HeizkostenV besteht eine Ausnahme für Räume, die vor dem 516 1. Juli 1981 (im Beitrittsgebiet vor dem 1. Januar 1991) bezugsfertig geworden sind und in denen der Nutzer den Wärmeverbrauch nicht beeinflussen kann. Mangelnde Beeinflussbarkeit wird angenommen bei Einrohrheizungen, die mehrere Nutzungseinheiten versorgen (Schröder JurBüro 1981, 826) und bei kombinierten Decken-Fußbodenheizungen, bei denen eine Heizeinheit gleichzeitig die obere und die untere Wohnung mit Wärme versorgt (Lammel HeizkostenV § 11 Rn. 45). Keine Beeinflussbarkeit ist auch gegeben bei ausschließlich zentral gesteuerten Fußboden-/Deckenheizungen (Peruzzo Erl. zu § 11 Abs. 1 HeizkostenV). Die Ausnahme greift auch, wenn die Heizkörper nicht regulierbar sind (BGH WuM 2003, 699). Dagegen wird eine Beeinflussungsmöglichkeit angenommen, wenn zwar keine Thermostatventile, aber herkömmliche Ventile zum An- und Abschalten der Heizung vorhanden sind (LG Hamburg WuM 1986, 119).

ee) Besondere Nutzungsverhältnisse

Eine weitere Ausnahme betrifft Alters- und Pflegeheime, Studenten- und Lehrlingsheime 517 sowie vergleichbare Gebäude oder Gebäudeteile, deren Nutzung Personengruppen vorbehalten ist, mit denen wegen ihrer besonderen persönlichen Verhältnisse regelmäßig keine üblichen Mietverträge abgeschlossen werden (§ 11 Nr. 2 HeizkostenV).

Vergleichbare Räume sind auch alle anderen Heime sowie Hotels oder Ferienwohnungen 518 (Lammel HeizkostenV § 11 Rn. 49). Entscheidend ist, dass üblicherweise – nicht im Einzelfall – eine Miete inklusive Heiz- und Warmwasserkosten vereinbart wird (Peruzzo NJW 1981, 802; Schröder JurBüro 1981, 826). Dies ist z.B. auch der Fall bei der Untervermietung nur eines Zimmers.

ff) Energiesparende Versorgungsanlagen

§ 11 Nr. 3 HeizkostenV betrifft Räume in Gebäuden, die überwiegend versorgt werden 519 mit Wärme aus Anlagen zur Rückgewinnung von Wärme oder aus Wärmepumpen- oder Solaranlagen oder mit Wärme aus Anlagen der Kraft-Wärme-Kopplung oder aus Anlagen zur Verwertung von Abwärme, sofern der Wärmeverbrauch des Gebäudes nicht erfasst wird.

Die Aufzählung ist abschließend. Die Anwendung sonstiger Techniken ermöglicht keine 520 Ausnahme (Wall WuM 2009, 3 [15]).

Die Voraussetzungen muss der Gebäudeeigentümer eigenverantwortlich prüfen (Schmid 521 ZMR 2009, 172[175]).

gg) Hausanlagen für Wärme- und Warmwasserlieferung

Eine weitere Ausnahme besteht für die Kosten des Betriebs der zugehörigen Hausanla- 522 gen, soweit diese Kosten in den Fällen des § 1 Abs. 3 HeizkostenV nicht in den Kosten der Wärme- bzw. Warmwasserlieferung enthalten sind, sondern vom Gebäudeeigentümer gesondert abgerechnet werden (§ 11 Nr. 4 HeizkostenV). Der Gebäudeeigentümer kann diese Kosten nach allgemeinen Grundsätzen verteilen (Müller GE 1989, 214).

hh) Generalklausel

523 Nach § 11 Nr. 5 HeizkostenV kann die zuständige Behörde in Einzelfällen von den Anforderungen der Heizkostenverordnung befreien, um wegen besonderer Umstände einen unangemessenen Aufwand oder sonstige unbillige Härten zu vermeiden. Die Vorschrift hat nur geringe praktische Bedeutung, da die hiervon umfassten Fälle meist schon von § 11 Nr. 1 Buchst. a) HeizkostenV erfasst werden. Eine unbillige Härte liegt nicht schon dann vor, wenn die verbrauchsabhängige Abrechnung den Mieter einer Wohnung in exponierter Lage besonders belastet (LG Berlin ZMR 1987, 338) oder wenn die Mehrheit der Mieter keine verbrauchsabhängige Abrechnung wünscht (VG Berlin GE 1983, 1283) oder wenn Räume durch durchlaufende Rohre erwärmt werden (VG Berlin GE 1988, 1283).

9. Heizkostenverordnung und rechtsgeschäftliche Regelungen

a) Vorrang der HeizkostenV

524 Die Vorschriften der HeizkostenV haben grundsätzlich Vorrang vor rechtsgeschäftlichen Bestimmungen (§ 2 HeizkostenV). Nach h.M. (vgl. z.B. OLG Düsseldorf ZMR 2003, 109; offen gelassen von BGH ZMR 2006, 766 = GE 2006, 1094 = WuM 2006, 418) ist § 2 HeizkostenV kein Verbotsgesetz i.S.d. § 134 BGB. Die vertraglichen Regelungen sind deshalb nicht nichtig, sondern werden lediglich von den Vorschriften der HeizkostenV überlagert. Bei preisgebundenem Wohnraum steht jedoch einer Vereinbarung § 22 NMV 1970 entgegen.

525 Das hat zur Konsequenz, dass für den Fall, dass die HeizkostenV einmal aufgehoben werden sollte, die entgegenstehenden vertraglichen Regelungen wieder Geltung erlangen (Demmer MDR 1981, 530, 531). Entsprechendes gilt, wenn der Ausnahmetatbestand des § 2 HeizkostenV eintritt (Rdn. 535).

526 Die Geltung der Vorschriften der HeizkostenV ist nicht davon abhängig, dass der Gebäudeeigentümer oder der Nutzer eine verbrauchsabhängige Kostenverteilung verlangt BGH (ZMR 2006, 766 = GE 2006, 1094 = WuM 2006, 418). Vielmehr wird dadurch, dass die Vorschriften der HeizkostenV abweichenden Vereinbarungen gemäß § 2 HeizkostenV ohne weiteres »vorgehen«, die rechtsgeschäftliche Gestaltungsfreiheit der Parteien kraft Gesetzes eingeschränkt.

527 Das hat zur Folge, dass der kalkulatorische Anteil der Inklusivmiete oder die Pauschale werden nicht mehr als solche geschuldet. Diese Beträge werden, auch für vergangene Abrechnungszeiträume als Vorauszahlung geschuldet, über die abzurechnen ist. Da eine rückwirkende Verbrauchserfassung nicht mehr möglich ist, ist nach dem Flächenmaßstab abzurechnen, was zum Kürzungsrecht des Mieters nach § 12 Abs. 1 HeizkostenV führt (*OLG Düsseldorf* IMR 2008, 239 = ZfIR 2008, 568 m. Anm. *Schmid*; a. A. *AG Erfurt* WuM 2007, 130; *Lammel* WuM 2007, 439, die eine Abrechnung für zurückliegende Zeiträume generell ausschließen).

b) Umfang des Vorrangs

528 Der Umfang des Vorrangs der HeizkostenV geht nur so weit, wie diese Regelungen enthält. Deshalb können z.B. Heizkostenvorauszahlungen nach allgemeinen Grundsätzen vereinbart werden. Vom Zweck der Verordnung her werden auch Vereinbarungen zu den Umlegungsmaßstäben im Rahmen der Vorgaben der HeizkostenV für zulässig erachtet (Schmid Handbuch der Mietnebenkosten, Rn. 6179a).

Sehr umstritten ist, ob auch die Regelung über die zu verteilenden Kosten in §§ 7, 8 HeizkostenV zwingend ist oder ob hierzu abweichende Vereinbarungen möglich sind (vgl. insbesondere Lammel HeizkostenV § 2 Rn. 32 ff. m.w.N.). M.E. gilt der Vorrang der HeizkostenV auch hier. Eine Vereinbarung von weniger Umlegungspositionen würde eine von der HeizkostenV überlagerte Teilinklusivmietvereinbarung darstellen. **529**

Die Vereinbarung einer Umlegung zusätzlicher Kosten geht über eine bloße Heizkostenumlegung hinaus. Ihre Wirksamkeit beurteilt sich deshalb nicht nach der HeizkostenV, sondern nach den allgemeinen Grundsätzen über die Umlegung von Nebenkosten. Insbesondere bei der Vermietung von Geschäftsräumen kann die Umlegung zusätzlicher Kosten und deren Umlegung nach der HeizkostenV vereinbart werden. **530**

Umlegungsfähige Kosten, die mit der Heizung oder Warmwasser in Zusammenhang stehen, aber nicht in §§ 7, 8 HeizkostenV genannt sind, werden bei anderen Kostenpositionen nach den hierfür geltenden Abrechnungsmaßstäben umgelegt. Die Parteien können aber – außer bei preisgebundenem Wohnraum – vereinbaren, dass diese Kosten für die Kostenumlegung wie Heizkosten behandelt werden. **531**

Ferner kann – außer bei preisgebundenem Wohnraum – eine Abrechnung nach der HeizkostenV vereinbart werden, auch wenn sie nicht vorgeschrieben ist. **532**

c) Zugelassene Regelungen

aa) Zwei Wohnungen, von denen der Vermieter eine selbst bewohnt

Der Vorrang der Heizkostenverordnung besteht nach § 2 HeizkostenV nicht bei Gebäuden mit nicht mehr als zwei Wohnungen, von denen eine der Vermieter selbst bewohnt. Das bedeutet, dass abweichende vertragliche Regelungen möglich sind und zwar sowohl im Hinblick auf Einzelpunkte (vgl. *LG Berlin* GE 1987, 455) als auch bis hin zum völligen Ausschluss der Anwendbarkeit der Heizkostenverordnung. Wird keine Vereinbarung getroffen, verbleibt es bei der Anwendung der Heizkostenverordnung. **533**

§ 2 HeizkostenV wird analog angewendet, wenn es sich bei einer der beiden Nutzungseinheiten nicht um eine Wohnung, sondern um andere Räume, z. B. Gewerberäume handelt (*Lammel* HeizkostenV § 2 Rn. 43). Eine analoge Anwendung ist auch möglich und geboten, wenn eine Eigentumswohnanlage nur aus zwei Wohnungen besteht und beide Wohnungen von dem jeweiligen Eigentümer bewohnt werden (*AG Hamburg-Blankenese* ZMR 2004, 544). Dagegen ist die Vorschrift trotz des missverständlichen Wortlauts nicht anwendbar, wenn in einem Gebäude zwar nur zwei Wohnungen, daneben aber zusätzliche Gewerbeeinheiten oder sonstige Nutzungseinheiten vorhanden sind (*Lammel* HeizkostenV § 2 Rn. 43 m. w. N.). Nicht anwendbar ist die Vorschrift auch, wenn von zwei Eigentumswohnungen, die verschiedenen Wohnungseigentümern gehören, eine vermietet ist (*OLG Düsseldorf* ZMR 2004, 694 = FGPrax 2004, 11; *OLG München* ZMR 2007, 1001 = DNotZ 2008, 292) oder wenn beide Eigentumswohnungen vermietet sind (*Schmid* DWE 2008, 38). **534**

Zieht der Vermieter aus der von ihm bewohnten Wohnung aus, entfällt der Ausnahmetatbestand und es gelten die Regelungen der HeizkostenV. Es ist eine Anpassung des Mietvertrages (Rdn. 539 ff.) erforderlich. **535**

Zieht umgekehrt der Vermieter in eine der beiden Wohnungen ein, so wird eine vertragliche Abweichung von der Heizkostenverordnung möglich. Der Vermieter ist jedoch an die bisherigen Regelungen mit dem verbleibenden Mieter gebunden. Er kann diesen nicht zu einer Änderung des Vertrages zwingen. Der Vermieter kann allenfalls eine Änderungskündigung nach § 573a BGB durchführen (MieWo/*Schmid* Erl. zu § 2 HeizkostenV **536**

Rn. 14). Bestand bereits früher eine von der Heizkostenverordnung abweichende Regelung, so gelangt diese Vereinbarung wieder zur Anwendung (*Lammel* HeizkostenV § 2 Rn. 45 ff.).

537 Dieselben Grundsätze wie beim Ein- und Auszug des Vermieters gelten bei baulichen Veränderungen, durch die aus mehreren Wohnungen nur zwei oder aus zwei Wohnungen mehrere geschaffen werden (*Lammel* HeizkostenV § 2 Rn. 46).

bb) Sonstige

538 Vereinbarungen sind auch möglich, wo dies von der HeizkostenV ausdrücklich zugelassen ist: § 10 HeizkostenV für einen höheren verbrauchsabhängigen Anteil; § 6 Abs. 3 Satz 2 HeizkostenV für Kosten der Gemeinschaftsräume; § 9b Abs. 4 HeizkostenV für abweichende Vereinbarungen bei einem Nutzerwechsel. § 8 Abs. 2 HeizkostenV ermöglicht in Verbindung mit § 2 Nr. 5 Buchst. a) BetrKV eine Vereinbarung über den Ansatz von Wasserkosten.

d) Anpassung der Mietverträge

aa) Grundsätzliches

539 Ein Mietvertrag, der nicht der HeizkostenV entspricht, muss den Vorschriften dieser Verordnung angepasst werden, wenn der Vorrang der HeizkostenV besteht und eine Partei die Beachtung der HeizkostenV verlangt. Der HeizkostenV entsprechen alle zugelassenen Regelungen, insbesondere auch der höhere Verbrauchsanteil nach § 10 HeizkostenV. Die HeizkostenV selbst bewirkt weder eine automatische Anpassung der Verträge (AG Hamburg WuM 1994, 195; Heix WuM 1994, 1178) noch enthält sie Vorschriften hierfür.

bb) Vertrag

540 Die Parteien können den Mietvertrag einvernehmlich so abändern, dass er der HeizkostenV entspricht (LG Berlin ZMR 1999, 556).

cc) Bestimmung durch den Vermieter

541 Wird keine einvernehmliche Regelung getroffen, kann der Vermieter die Anpassung durch einseitige Erklärung vornehmen, muss aber dabei das billige Ermessen nach § 315 BGB beachten (LG Berlin ZMR 1999, 556; Schmid DWW 1982, 226). Die Anpassung erfolgt durch Erklärung gegenüber dem Mieter. Bei preisgebundenem Wohnraum sind die §§ 20 NMV 1970, 10 WoBindG zu beachten.

542 Dem **billigen Ermessen** entspricht es, dass in die bestehenden vertraglichen Regelungen möglichst wenig eingegriffen wird (Schmid Handbuch der Mietnebenkosten, Rn. 6098). Hieraus wird abgeleitet, dass bei einer bisher verbrauchsunabhängigen Abrechnung oder bei einer Inklusivmiete oder Pauschalen der verbrauchsabhängige Anteil an der untersten Grenze, also mit 50% festzusetzen ist (vgl. z.B. Zimmermann DNotZ 1981, 543). Soweit die vereinbarten Abrechnungsmaßstäbe nach der HeizkostenV, insbesondere auch unter Berücksichtigung des § 10 HeizkostenV zulässig sind, wird eine Änderung kaum der Billigkeit entsprechen.

543 **Alle Heiz- und Warmwasserkosten** i.S.d. HeizkostenV sind bei der Anpassung miteinzubeziehen. Die Anpassung darf jedoch nicht zu einer Bereicherung des Vermieters führen. Deshalb müssen zusätzlich umgelegte Kosten an anderer Stelle ausgeglichen werden.

Sieht der bisherige Mietvertrag eine **Abrechnung** der Heiz- und Warmwasserkosten vor, ist nur eine Änderung des Abrechnungsmaßstabes notwendig. Dabei entspricht es i.d.R. billigem Ermessen, in die bisherigen Regelungen möglichst wenig einzugreifen, insbesondere bei einer bisher verbrauchsunabhängigen Abrechnung den verbrauchsabhängigen Anteil auf 50% festzusetzen (Zimmermann DNotZ 1981, 543; Schmid BlGBW 1981, 107). **544**

Waren die Heiz- und Warmwasserkosten bisher **in der Grundmiete** enthalten, so muss die Grundmiete um diese Kosten gesenkt werden. Dabei sind zunächst die Kosten für die ganze Abrechnungseinheit zu ermitteln und dann anhand eines der Billigkeit entsprechenden Maßstabes, zumeist wohl nach Wohnfläche, auf die einzelnen Mieter aufzuteilen. Durch Abzug dieses Anteils von der bisherigen Grundmiete ergibt sich die neue Grundmiete (MieWo/Schmid Erl. zu § 2 HeizkostenV Rn. 30 ff.; str.) Zu dieser Grundmiete kommen dann die nach der HeizkostenV umzulegenden Kosten als abzurechnende Vorauszahlungen. **545**

Dabei ist nicht auf den Beginn des Mietverhältnisses (so jedoch Schmidt-Futterer/Lammel § 2 HeizkostenV Rn. 16), sondern auf die letzte abgelaufene Abrechnungsperiode abzustellen. Nur dadurch kann sichergestellt werden, dass die Umstellung bezogen auf die gesamte Abrechnungseinheit möglichst kostenneutral ausfällt. Bei einem Abstellen auf den **Zeitpunkt** des Vertragsabschlusses würden Kostensteigerungen und zwischenzeitliche Mieterhöhungen nicht berücksichtigt (Schmid Handbuch der Mietnebenkosten, Rn. 6101). **546**

War bisher eine nicht abzurechnende **Heiz- und Warmwasserkostenpauschale** vorgesehen, so ist es eine Frage des Einzelfalles, wie die Nebenkostenpauschale aufzuspalten und auf die Heizkosten und die übrigen Nebenkosten zu verteilen ist (Schmid, Verordnung über Heizkostenabrechnung, ZMR-Sonderheft, 2009, § 2 Anm. 24). Dabei ist entscheidende darauf abzustellen, dass das Leistungsgefüge erhalten bleibt. Maßgeblich ist der kalkulatorische Anteil der Heiz- und Warmwasserkosten (OLG Düsseldorf ZfIR 2008, 658 m. Anm. Schmid = IMR 2008, 239 m. Anm. Bolz) Mehr als eine vollständige Anrechnung der Pauschale auf die nach der HeizkostenV errechneten Beträge kann der Mieter in keinem Fall verlangen (OLG Hamm DWW 1987, 69 = GE 1986, 851). **547**

Beim Wohnungseigentum kann die Anpassung durch Vereinbarung aber auch durch Beschluss erfolgen. Die Beschlusskompetenz ergibt sich aus § 16 Abs. 3 WEG und § 3 HeizkostenV (Schmid, Verordnung über Heizkostenabrechnung, ZMR-Sonderheft, 2009, § 2 Anm. 28). **548**

10. Pflicht zur Verbrauchserfassung

a) Verpflichtungen des Gebäudeeigentümers

aa) Grundsatz

Nach § 4 Abs. 1 HeizkostenV hat der Gebäudeeigentümer den anteiligen Verbrauch der Nutzer an Wärme und Warmwasser zu erfassen. Er hat hierzu nach § 4 Abs. 2 S. 1 Halbs. 1 HeizkostenV Ausstattungen zur Verbrauchserfassung anzubringen und zu verwenden. Nicht zulässig ist es, auf die Heizleistung der Heizkörper abzustellen (OLG Hamburg ZMR 1999, 502). Messgeräte sind auch an nicht isolierten Rohrleitungen anzubringen, auch wenn der Nutzer hier den Wärmeverbrauch nicht regulieren kann (LG Dresden WuM 2009, 292; AG Hohenschönhausen GE 2009, 657 m. zust. Anm. Kinne GE 2009, 620). **549**

550 In Gebäuden, in denen die freiliegenden Leitungen der Wärmeversorgung überwiegend ungedämmt sind und deswegen ein wesentlicher Anteil des Wärmeverbrauchs nicht erfasst wird, kann der Wärmeverbrauch der Nutzer ab 01.01.2009 nach anerkannten Regeln der Technik bestimmt werden (§ 7 Abs. 1 Satz 3 und 4 HeizkostenV). Der so bestimmte Verbrauch der einzelnen Nutzer wird als erfasster Wärmeverbrauch nach § 7 Abs. 1 Satz 1 berücksichtigt. Für die anerkannten Regeln der Technik verweist die amtliche Begründung (BR-Drucks 570/08 S. 14) auf das Beiblatt zur Richtlinie VDI 2077.

551 Der anteilige Verbrauch ist immer ein Verhältniswert, da auch Festkosten und Leitungsverluste in die Heizkostenabrechnung einfließen (OLG Hamm ZMR 2005, 73). Erfasst werden muss also nicht unbedingt der absolute Verbrauch, sondern lediglich das Verhältnis des Verbrauches der einzelnen Nutzer untereinander.

bb) Vorerfassung gemeinschaftlich genutzter Räume

552 Gemeinschaftlich genutzte Räume sind von der Pflicht zur Verbrauchserfassung ausgenommen. Diese Ausnahme gilt jedoch nicht für Gemeinschaftsräume mit nutzungsbedingt hohem Wärme- oder Warmwasserverbrauch (§ 4 Abs. 3 HeizkostenV). Als Räume sind auch beheizte Verkehrsflächen, z.B. in Einkaufszentren, anzusehen (vgl. OLG Düsseldorf ZMR 2005, 43).

553 Als Beispiele mit nutzungsbedingt hohem Verbrauch nennt die Verordnung Schwimmbäder und Saunen. Kein nutzungsbedingt hoher Verbrauch wird angenommen in Gängen, Treppenhäusern (Schmid BayHausBesZ 1989, 151) und Trockenräumen (Schmid, Verordnung über Heizkostenabrechnung, ZMR-Sonderheft, 2009, § 4 Anm. 52; a.A. Lammel HeizkostenV § 4 Rn. 56).

554 Nach § 4 Abs. 3 S. 1 HeizkostenV besteht lediglich keine Pflicht zur gesonderten Verbrauchserfassung. Der Gebäudeeigentümer ist jedoch nicht gehindert, eine solche vorzunehmen (Schmid Handbuch der Mietnebenkosten, Rn. 6110). Beim Wohnungseigentum kann die Einführung der Vorerfassung durch Mehrheitsbeschluss sowohl nach § 16 Abs. 3 WEG als auch nach § 3 HeizkostenV erfolgen (Schmid DWE 2008, 38 [41]). Einer Umlegung der durch die Vorerfassung zusätzlich entstehenden Kosten kann jedoch in diesen Fällen der Wirtschaftlichkeitsgrundsatz entgegenstehen, wenn in den gemeinschaftlichen Räumen nur ein unwesentlicher Verbrauch anfällt.

555 Ist eine Vorerfassung nicht vorgeschrieben und findet sie auch nicht statt, fließen die Kosten in die sonstige Kostenverteilung ein.

cc) Vorerfassung bei verschiedenen Ausstattungen zur Verbrauchserfassung

556 Wird der Verbrauch aus einer Anlage i.S.d. § 1 Abs. 1 HeizkostenV bei den versorgten Nutzern nicht mit gleichen Ausstattungen erfasst, so sind zunächst durch Vorerfassung vom Gesamtverbrauch die Anteile der Gruppen von Nutzern zu erfassen, deren Verbrauch mit gleichen Ausstattungen erfasst wird (§ 5 Abs. 2 S. 1 HeizkostenV). Dies ist deshalb erforderlich, weil nur Messergebnisse von gleichen Geräten zueinander in Beziehung gesetzt werden können.

557 Der BGH (ZMR 2008, 885 = NZM 2008, 767 = GE 2008, 1120) verlangt dabei eine Messung aller Werte. Die Berechnung der Differenz aus dem Gesamtverbrauch und einem gemessenen Wert wird im Rahmen der HeizkostenV nicht für ausreichend erachtet (anders für die Wasserkosten BGH DWW 2010, 20 = BGH GE 2010, 117).

dd) Vorerfassung aus sachgerechten Gründen

Der Gebäudeeigentümer kann auch bei unterschiedlichen Nutzungs- oder Gebäudearten oder aus anderen sachgerechten Gründen eine Vorerfassung nach Nutzergruppen durchführen (§ 5 Abs. 2 S. 2 HeizkostenV). In Betracht kommt hier vor allem eine getrennte Erfassung des Verbrauches von Wohn- und Gewerberäumen. Einen allgemeinen Grundsatz, dass in Gewerberäumen stets ein höherer Wärmeverbrauch stattfindet und deshalb eine Vorerfassung erforderlich ist, gibt es jedoch nicht (AG Berlin-Schöneberg GE 1986, 1177, 1178). 558

Eine Verpflichtung zur Vorerfassung besteht auch bei Vorliegen sachlicher Gründe nicht, es sei denn, dass eine Kostenverteilung ohne Vorerfassung zu schlechthin unbilligen Ergebnissen führen würde (LG Berlin GE 1990, 1037). Bei einer solchen Billigkeitsprüfung müssen einerseits die Interessen der Nutzer, andererseits aber auch der Verwaltungsaufwand und die damit verbundenen Kosten berücksichtigt werden (OLG Schleswig ZMR 2005, 406). Eine Verpflichtung zur Vorerfassung kann sich aus der Verpflichtung zur Trennung des Verbrauchs von Wohn und Gewerberäumen nach § 20 Abs. 2 S. 2 NMV 1970 ergeben oder wenn bei preisfreiem Wohnraum ausnahmsweise (BGH WuM 2006, 200) eine Voraufteilung stattzufinden hat. 559

ee) Mitteilungspflicht

Das Ergebnis der Ablesung soll dem Nutzer in der Regel **innerhalb eines Monats** mitgeteilt werden. 560

Einer besonderen **Form** bedarf die Mitteilung nach § 6 Abs. 1 Satz 2 und 3 HeizkostenV nicht, so dass auch eine mündliche Mitteilung ausreicht (Schiz DW 2008, 80; Schmid MDR 2009, 129; a.A. Wall 2009, 3; Pfeiffer GE 2009, 156 [157] für eine Mitteilung per Telefon). Enthält der Ablesebeleg, der dem Nutzer meist zur Unterschrift vorgelegt wird, die Messergebnisse, was in der Regel der Fall ist, ist der Mitteilungspflicht bereits Genüge getan (Pfeiffer GE 2009, 156 [157]). Gibt der Ableser die Werte in ein elektronisches Datenerfassungsgerät ein, genügt die mündliche Mitteilung (Schmid NZM 2009, 104 [105]). 561

Unklar ist, was untere einem **»längeren Zeitraum«** im Sinne von § 6 Abs. 1 Satz 3 HeizkostenV zu verstehen ist. Man wird wohl von einem Zeitraum bis zur Versendung der Abrechnung, u. U. also von einem Jahr ausgehen müssen (Schmid, Verordnung über Heizkostenabrechnung, ZMR-Sonderheft, 2009, § 6 Anm. 11; für eine längere Dauer: Wall WuM 2009, 3 [4]; für ein Jahr: Pfeiffer GE 2009, 156 [158]). 562

Die **Abrufbarkeit durch den Nutzer** ist theoretisch meist gegeben. In der Praxis wissen die Nutzer aber oft nicht, wie die Geräte funktionieren. Es ist deshalb in der Regel eine Einweisung des Nutzers in die Bedienung des Geräts und eine Überlassung einer Bedienungsanleitung erforderlich (Wall WuM 2009, 3 [4]). Zu verlangen, dass die Einweisung auch für Ausländer verständlich erfolgt (so Pfeiffer GE 2009, 156 [157]), dürfte bei manchen Sprachen erhebliche Schwierigkeiten bereiten und ist zu weitgehend (Schmid, Verordnung über Heizkostenabrechnung, ZMR-Sonderheft, 2009, § 6 Anm. 12). 563

Eine **Sanktion** für einen Verstoß gegen die Mitteilungspflicht ist nicht vorgesehen. Selbst ein einklagbarer Anspruch des Nutzers erscheint nicht gegeben, da es sich nur um eine Sollvorschrift handelt, im Gegensatz zu dem sonst recht apodiktischen Wortlaut der Verordnung (Schmid MDR 2009, 129). Eine Kürzungsrecht nach § 12 Abs. 1 HeizkostenV besteht ebenfalls nicht, weil das Unterbleiben der Mitteilung keine Abrechnung entgegen den Vorschriften der HeizkostenV ist (Wall WuM 2009, 3 [4]; Schmid MDR 2009, 129; a.A. Pfeiffer GE 2008, 156 [157], der in der Mitteilung zu Unrecht bereits einen Bestand- 564 teil der Abrechnung sieht). Die amtliche Begründung (BR-Drucks Begründung 570/08 Satz 11) erweckt zwar den Eindruck einer Verpflichtung, von der nur in Ausnahmefällen abgewichen werden können soll. Im Verordnungswortlaut hat dies aber keinen Niederschlag gefunden (Schmid, Verordnung über Heizkostenabrechnung, ZMR-Sonderheft, 2009, § 6 Anm. 13).

565 **Beweislast**: Die Mitteilungspflicht kann jedoch in einem anderen, vom Verordnungsgeber nicht genannten Bereich Bedeutung gewinnen. Wenn ein Streit über die Richtigkeit der in der Abrechnung berücksichtigten Messergebnisse entsteht, geht eine Unaufklärbarkeit zu Lasten des Gebäudeeigentümers, wenn nicht ausgeschlossen werden kann, dass bei rechtzeitiger Mitteilung eine Aufklärung möglich gewesen wäre (Schmid MDR 2009, 129). Auch das dürfte jedoch nur selten zum Tragen kommen. Speichert nämlich das Messgerät in den Räumen des Mieters die Daten, ist eine Mitteilung grundsätzlich nicht erforderlich und es kann meist bei der Abrechnung noch auf die gespeicherten Daten zurückgegriffen werden. Speichert es die Daten nicht, ist nach einem Monat auch nichts mehr festzustellen. In Betracht kommen deshalb nur die Fälle, in denen das für den Mieter nicht zugängliche Gerät die Daten zwischen einem Monat nach der Ablesung und dem Ablauf der Einwendungsfrist nach § 556 Abs. 3 Satz 5 BGB löscht (Schmid NZM 2009, 104 [106]).

566 Die **Kosten** sind solche der Berechnung und Aufteilung und damit nach § 2 Nr. 4 Buchst. a) BetrKV, § 7 Abs. 2 HeizkostenV umzulegen (Schmid, Verordnung über Heizkostenabrechnung, ZMR-Sonderheft, 2009, § 6 Anm. 15).

b) Rechte und Pflichten der Nutzer

aa) Rechte der Nutzer

567 Der Nutzer kann vom Gebäudeeigentümer nach § 4 Abs. 4 HeizkostenV die Anbringung der Ausstattung und die Verbrauchserfassung verlangen und diese Ansprüche notfalls gerichtlich durchsetzen. Der Anspruch umfasst auch, dass die Vorschriften der Heizkostenverordnung beachtet werden (vgl. BayObLG MDR 1998, 709). Der Mieter kann statt oder neben der Geltendmachung dieser Ansprüche auch mittelbar dadurch Druck ausüben, dass er von dem Kürzungsrecht nach § 12 Abs. 1 HeizkostenV (unten Rdn. 682 ff.) Gebrauch macht.

bb) Pflichten der Nutzer

568 Der Nutzer hat die **Anbringung der Ausstattungen** zu dulden (§ 4 Abs. 2 S. 1 Halbs. 2 HeizkostenV). Voraussetzung der Duldungspflicht ist eine rechtzeitige Ankündigung. Die Voraussetzungen und das Verfahren des § 554 BGB müssen nicht eingehalten werden, da es sich bei § 4 Abs. 2 S. 1 Halbs. 2 HeizkostenV um eine Sonderregelung handelt (Schmid Handbuch der Mietnebenkosten, Rn. 6120; a.A. LG Kassel NZM 2006, 81; Eisenschmid WuM 2009, 624 [629]). Das Wahlrecht des Gebäudeeigentümers besteht auch nach erstmaliger Anbringung. Der Vermieter kann deshalb die Art der Messgeräte wechseln, ohne dass das eine Modernisierung darstellen muss (AG Düsseldorf DWW 2008, 98).

569 Auch wenn es nicht ausdrücklich geregelt ist, entspricht es der Erfassungspflicht des Vermieters, dass der Mieter das Betreten der Räume auch zum Zwecke der **Durchführung der Ablesung** dulden muss (AG Brandenburg a.d. Havel GE 2004, 1459). Diesen Anspruch kann der Vermieter gegebenenfalls durch einstweilige Verfügung, in jedem Falle aber im Klagewege durchsetzen (LG Köln DWW 1985, 233, 234). Der Nutzer ist auch verpflichtet, Maßnahmen zu unterlassen, die zu einer Verfälschung der Messergebnisse führen, z. B. die Anbringung von Heizkörperverkleidungen vor Verdunstungsgeräten (Schmid, Verordnung über Heizkostenabrechnung, ZMR-Sonderheft, 2009, § 4 Anm. 8; a.A. *AG Aschersleben* ZMR 2005, 715 m. abl. Anm. *Schmid*).

Der Vermieter bzw. die Ablesefirma müssen jedoch den **Ablesetermin** unmissverständlich bekannt geben und auch einen zweiten Termin im Abstand von mindestens zwei Wochen einrichten (LG München I WuM 2001, 190, 192). Die Ankündigungsfrist muss mindestens zwei Wochen betragen (a.A. AG Münster WuM 1987, 230 und AG Brandenburg a.d. Havel GE 2004, 1459: eine Woche). Eine möglichst frühzeitige Ankündigung ist empfehlenswert. Eine besondere Form der Mitteilung ist nicht vorgeschrieben; jedoch muss der Mieter in zumutbarer Weise rechtzeitig Kenntnis erlangen können (vgl. Lammel HeizkostenV § 6 Rn. 8). Das bedeutet bei einer Mitteilung durch Aushang zumindest, dass bei mehreren Hauseingängen an jedem Eingang ein Anschlag angebracht wird (Schmid Handbuch der Mietnebenkosten, Rn. 6124). Die Ankündigung muss den Termin möglichst genau angeben (vgl. Lammel HeizkostenV § 6 Rn. 10). Eine Zeitspanne von mehr als zwei Stunden ist für den Mieter nicht zumutbar (Schmid Handbuch der Mietnebenkosten, Rn. 6124). Der Mieter ist nicht verpflichtet, bereits bei einem Termin den Zutritt zu seiner Wohnung durch Zuhilfenahme Dritter zu ermöglichen (LG München I WuM 2001, 190, 102). Bei Verhinderung auch beim zweiten Termin wird man eine solche Pflicht jedoch bejahen müssen (vgl. LG Berlin GE 1989, 39). Die verschuldete unberechtigte Zutrittsverweigerung verpflichtet den Mieter zum Schadensersatz (AG Brandenburg a.d. Havel GE 2004, 1459). 570

Die verschuldete unberechtigte Zutrittsverweigerung verpflichtet den Mieter zum Schadensersatz (AG Brandenburg a.d. Havel GE 2004, 1459). Hat der Nutzer die Notwendigkeit eines weiteren Termins nicht zu vertreten, sind die Kosten als normale Verbrauchserfassungskosten zu behandeln (Kinne GE 2006, 1025). 571

11. Messgeräte (Ausstattungen zur Verbrauchserfassung)

a) Anforderungen an die Messgeräte

Für die Erfassung des Wärmeverbrauches dürfen Wärmezähler und Heizkostenverteiler verwendet werden. Nicht zulässig ist es, auf die Heizleistungen des Heizkörpers abzustellen (OLG Hamburg ZMR 1999, 502, 503). Der Warmwasserverbrauch darf mit Warmwasserzählern oder anderen geeigneten Ausstattungen erfasst werden. Die Anforderungen an die Ausstattungen zur Verbrauchserfassung sind in § 5 Abs. 1 HeizkostenV beschrieben. Ausdrücklich wird in § 5 Abs. 1 S. 4 HeizkostenV bestimmt, dass die Ausstattungen für das jeweilige Heizsystem geeignet und so angebracht sein müssen, dass ihre technisch einwandfreie Funktion gewährleistet ist. Es genügt deshalb nicht in jedem Fall die Verwendung eines generell zugelassenen Gerätes (vgl. LG Meiningen WuM 2003, 453 ff.). Eine fehlerhafte Anbringung steht der Verwendung unzulässiger Geräte gleich (LG Berlin WuM 1987, 32). Zur Zulässigkeit der Verwendung eines Messgerätes gehört es, dass vorgeschriebene Eichungen durchgeführt werden (vgl. BayObLG MDR 1998, 708). 572

Erfüllen die Ausstattungen zur Verbrauchserfassung die vorgeschriebenen Voraussetzungen, so müssen gewisse **Messungenauigkeiten** in Kauf genommen werden (OLG Köln GE 1986, 341, 343; AG Salzgitter DWW 1986, 102). Der Nutzer kann keine Einwendungen gegen die Abrechnung erheben, wenn Fertigungs-, Skalierungs- oder Montagemängel innerhalb der zulässigen Toleranzen liegen (LG Hamburg DWW 1988, 14). 573

Dies gilt insbesondere für die **Kaltverdunstung**, die bei Verdunstungsgeräten zu einer Verbrauchsanzeige führt, ohne dass die Heizung betrieben wird (AG Salzgitter DWW 1986, 102). 574

575 Behauptete **Fehler** der Messeinrichtungen muss der Nutzer darlegen und beweisen, es sei denn, dass so viele Anzeichen für einen Fehler sprechen, dass dieser Anscheinsbeweis vom Gebäudeeigentümer entkräftet werden muss (OLG Köln GE 1986, 341, 345). Werden unzulässige Ausstattungen zur Verbrauchserfassung verwendet, ist die Abrechnung nach einem verbrauchsunabhängigen Maßstab, i.d.R. nach dem Verhältnis der Wohnfläche, vorzunehmen (LG Meiningen WuM 2003, 453 [455]); es besteht ein Kürzungsrecht nach § 12 Abs. 1 HeizkostenV.

b) Beschaffung der Ausstattungen zur Verbrauchserfassung

aa) Wahlrecht des Gebäudeeigentümers

576 Die Wahl der Ausstattungen bleibt nach § 4 Abs. 2 S. 3 HeizkostenV im Rahmen des § 5 HeizkostenV dem Gebäudeeigentümer überlassen. Der Vermieter hat dabei einen weiten Ermessenspielraum. Er ist nicht verpflichtet, die technisch optimale Lösung zu wählen (LG Hamburg WuM 1992, 245). Er darf Zuverlässigkeit und Genauigkeit im Rahmen seines Auswahlermessens ebenso berücksichtigen wie den Vorteil einer einfachen Ablesung bei Geräten mit einem Funksystem (Wall WuM 2002, 134). Ein Ermessensfehlgebrauch begründet keinen Erfassungsmangel, kann aber zu einer Reduzierung der umlegungsfähigen Kosten führen. Ein Anspruch des Mieters auf Verwendung oder Nichtverwendung eines bestimmten Gerätes besteht nicht (Schmid Handbuch der Mietnebenkosten, Rn. 6134; a.A. Wall WuM 2002, 134).

bb) Erwerb der Ausstattungen

577 Die Nutzer müssen nicht beteiligt werden, wenn der Gebäudeeigentümer die Ausstattungen zu Eigentum erwirbt.

cc) Anmietung und sonstige Gebrauchsüberlassung

578 Eine Beteiligung der Nutzer ist vorgeschrieben, wenn der Gebäudeeigentümer die Ausstattungen zur Verbrauchserfassung mieten oder durch eine andere Art der Gebrauchsüberlassung beschaffen will (§ 4 Abs. 2 S. 2 HeizkostenV).

579 Die Beteiligung muss nach dem Verordnungswortlaut nur erfolgen, wenn ein Gebrauchsüberlassungsvertrag geschlossen werden soll, nicht jedoch bei einer Änderung, Verlängerung oder einem Wechsel des Vertragspartners (MüKo/Schmid § 4 HeizkostenV Rn. 6; a.A. Lammel HeizkostenV § 4 Rn. 14).

580 Der Gebäudeeigentümer hat seine Absicht den Nutzern vorher unter Angabe der durch die Anmietung entstehenden Kosten **mitzuteilen.**

581 Da vom Vermieter nichts Unmögliches verlangt werden kann, bezieht sich die Pflicht zur Mitteilung der Kosten nur auf die voraussehbaren Kosten, jedoch nicht auf eine mögliche Miete in ferner Zukunft. Soweit die Angabe weiterer Einzelheiten als von der Verordnung gefordert verlangt wird (so Lammel HeizkostenV § 4 Rn. 14), ist dieser Ansicht nicht zu folgen. Zwar liegt es im Interesse einer sachgerechten Entscheidung der Nutzer, umfassend informiert zu werden. Die ohnehin systemwidrige Vorschrift ist jedoch einer erweiternden Auslegung nicht zugänglich, da der Wortlaut eindeutig ist (AG Hamburg WuM 1994, 695, 696; MieWo/Schmid § 4 HeizkostenV Rn. 15). Auch eine Hinweispflicht auf das Widerspruchsrecht besteht nicht (AG Hamburg WuM 1994, 695).

582 Eine besondere Form ist nicht vorgeschrieben. Die Mitteilung muss den Nutzern i.S.d. § 130 Abs. 1 S. 1 BGB zugehen. Hierfür soll ein Aushang im Haus nicht genügen (AG Neuss WuM 1995, 46; AG Rüdesheim am Rhein WuM 2007, 265). Ob das auch dann

gilt, wenn ein Mieter den Aushang tatsächlich gelesen hat, erscheint zumindest zweifelhaft. Schon aus Beweisgründen ist jedoch die Versendung von Einzelschreiben anzuraten (MieWo/Schmid § 4 HeizkostenV Rn. 16).

Nicht geregelt ist, was geschieht, wenn die Mitteilung unterbleibt. Zunächst ist eine **583** Umlegung der Kosten zu versagen (LG Köln WuM 1990, 562; AG Coesfeld DWW 1987, 238; AG Neuss WuM 1995, 46 f.; AG Tecklenburg WuM 1999, 365). Jedoch bestehen keine Bedenken dagegen, dass die Mitteilung nachgeholt wird (AG Warendorf WuM 2002, 339; Schmid GE 1984, 891; a.A. Wall WuM 1998, 68; Börstinghaus MDR 2000, 1345). Eine Kostenumlegung ist aber dann erst nach Ablauf der Monatsfrist möglich und ausgeschlossen, wenn die Mehrheit der Mieter widerspricht (MieWo/Schmid § 4 HeizkostenV Rn. 18).

Die Maßnahme ist unzulässig, wenn die Mehrheit der Nutzer innerhalb eines Monats **584** nach Zugang der Mitteilung **widerspricht** (§ 4 Abs. 2 S. 2 Halbs. 2 HeizkostenV). Eine Zustimmung ist nicht erforderlich. Bei der Berechnung der Mehrheit ist davon auszugehen, dass jede Nutzungseinheit eine Stimme gibt, auch wenn sie von mehreren Mietern gemietet ist (MieWo/Schmid § 4 HeizkostenV Rn. 24). Der Widerspruch kann deshalb auch nur einheitlich von allen erklärt werden. Für den Widerspruch brauchen die Mieter keine Gründe anzugeben und können bis hin zur Grenze des Rechtsmissbrauches nach freiem Belieben entscheiden.

Trotz des apodiktischen Wortlautes »ist unzulässig« kann der Vermieter die Geräte auch **585** bei Widerspruch der Mehrheit der Mieter durch Gebrauchsüberlassung anschaffen. Er kann dann aber keine Kosten umlegen (Schmid, Verordnung über Heizkostenabrechnung, ZMR-Sonderheft, 2009, § 4 Anm. 24).

Dem Verordnungswortlaut nach gelten die Mitteilungspflicht und das Widerspruchsrecht **586** nach § 4 Abs. 2 Satz 2 HeizkostenV auch für **Wohnungseigentümergemeinschaften**. An sich ist jeder Wohnungseigentümer auch Nutzer (§ 1 HeizkostenV). Andererseits hat der Wohnungseigentümer bereits bei der Beschlussfassung ein Stimmrecht. Es wäre deshalb eine unnötige Förmelei, das Widerspruchsverfahren durchzuführen. Das Mitwirkungsrecht der Nutzer nach § 4 Abs. 2 Satz 2 HeizkostenV wird durch die Sonderregelung des § 3 Satz 2 HeizkostenV verdrängt (Schmid DWE 2008, 38 [41]). Dass § 3 Satz 2 HeizkostenV bezüglich § 4 HeizkostenV nur auf die Anbringung der Ausstattung verweist, ist als Redaktionsversehen zu werten.

Besondere Probleme wirft die Regelung bei der **Vermietung von Wohnungseigentum** **587** im Hinblick auf die Doppelstellung des Wohnungseigentümers auf. Wenn der Wohnungseigentümer keine Möglichkeit hat, gegen eine Regelung der Wohnungseigentümergemeinschaft über die Gebrauchsüberlassung erfolgreich vorzugehen, wird man ein Widerspruchsrecht des Mieters verneinen müssen (Schmid Handbuch der Mietnebenkosten, Rn. 4146). Geschützt ist der Mieter dadurch, dass der Vermieter im Falle einer groben Unbilligkeit Klage auf Ungültigerklärung des Wohnungseigentümerbeschlusses erheben kann.

12. Kostentragung

a) Kosten der Verbrauchserfassung

Die laufenden Kosten der Verbrauchserfassung sind als Heiz- bzw. Warmwasserkosten **588** umlegungsfähig (vgl. §§ 7, 8 HeizkostenV und Rdn. 111 ff.).

b) Kosten der Ausstattungen zur Verbrauchserfassung

aa) Erwerb durch den Gebäudeeigentümer

589 Erwirbt der Gebäudeeigentümer die Messgeräte, so ist diese Investition nicht im Rahmen der Heizkostenverordnung umlegungsfähig, sondern als Modernisierungsaufwand nach § 559 BGB, §§ 6, 13 NMV 1970, § 11 II. BV zu behandeln (Peruzzo NJW 1981, 802; Demmer MDR 1981, 533). Als Modernisierungskosten sind die Kosten einer Neubeschaffung oder Ummontage nach §§ 559 ff. BGB umlegungsfähig, wenn diese Maßnahmen notwendige Folge einer anderen Modernisierungsmaßnahme sind, die ihrerseits umlegungsfähig ist (Lefèvre HKA 1989, 46).

bb) Beschaffung durch Gebrauchsüberlassung

590 Die Kosten der Anmietung oder einer anderen Art der Gebrauchsüberlassung sind umlegungsfähig (vgl. Rdn. 122 ff.), sofern nicht im Hinblick auf § 4 Abs. 2 S. 2 HeizkostenV ein Ausschluss der Umlegung gegeben ist (oben Rdn. 585 ff.).

591 Teilweise wird die Auffassung vertreten, dass die Anmietkosten nicht umlegungsfähig sind, wenn die den Mieter bei einem Ankauf treffenden Kosten um mindestens 50% geringer wären (Wall WuM 1998, 66; vgl. auch AG Hamburg WuM 1994, 695). Dem ist nicht zu folgen. § 4 Abs. 2 S. 2 HeizkostenV enthält eine abschließende Regelung, in deren Rahmen der Vermieter frei entscheiden kann (Schmid GE 2007, 38 [40]). Die Interessen der Mieter werden durch das Widerspruchsrecht berücksichtigt. Der Wirtschaftlichkeitsgrundsatz spielt in diesem Zusammenhang keine Rolle (Schmid Handbuch der Mietnebenkosten, Rn. 6154; a.A. Wall WuM 2002, 134), weil zwei verschiedene kraft Verordnung zur Verfügung stehende Möglichkeiten nicht miteinander verglichen werden können.

13. Pflicht zur Kostenverteilung

592 § 6 Abs. 1 HeizkostenV legt die Verpflichtung des Gebäudeeigentümers fest, die Kosten der Versorgung mit Wärme und Warmwasser nach Maßgabe der §§ 7 bis 9 HeizkostenV auf die Nutzer zu verteilen.

14. Gesamtkosten für Wärme und Warmwasser

a) Grundsätzliches

593 Festzustellen sind zunächst die berücksichtigungsfähigen Gesamtkosten und zwar getrennt nach Wärme- und Warmwasserkosten.

b) Verbundene Anlagen

aa) Grundsatz

594 Maßgeblich für die Aufteilung einheitlich entstandener Kosten ist der jeweilige Anteil am Energieverbrauch. Dabei ergibt sich der Anteil für Wärme aus dem gesamten Verbrauch nach Abzug des Anteils der Warmwasserversorgungsanlage (Absatz 1 Satz 4). Bei der Verwendung regenerativer Energien erfolgt die Kostenaufteilung nach anerkannten Regeln der Technik (§ 9 Abs. 1 Satz 5 HeizkostenV).

595 Der Energieverbrauch der Warmwasserversorgungsanlage ist nach Absatz 2 oder 3 zu ermitteln.

bb) Ermittlung der auf die zentrale Warmwasserversorgungsanlage entfallenden Wärmemenge

Die auf die Warmwasserversorgungsanlage entfallende Wärmemenge ist »ab dem 31. Dezember 2013«, gemeint ist der 01.01.2014 (Schmid NZM 2009, 104 [105]), mit einem **Wärmezähler** zu messen (§ 9 Abs. 2 Satz 1 HeizkostenV). Der Einsatz von Wärmezählern ist auch schon vorher zulässig (Pfeiffer GE 2009, 156 [163]). Solange kein Zähler installiert ist, kann nach § 9 Abs. 2 Satz 2 HeizkostenV verfahren werden (Pfeiffer GE 2009, 156 [163]) Da der BGH (ZMR 2008, 885 = NZM 2008, 767 = GE 2008, 1120 = MDR 2008, 1147) die Differenzmethode bei einer Vorerfassung für unzulässig erklärt hat, wird empfohlen (Schiz DW 2008, 80), für die Warmwasserbereitung und für die Heizung eigene Zähler zu installieren. **596**

Wenn die Wärmemenge nur mit einem unzumutbar hohen Aufwand gemessen werden kann, kann die **Formel des § 9 Abs. 2 Satz 2 und 4 HeizkostenV** herangezogen werden. Ein unverhältnismäßig hoher Aufwand liegt vor, wenn die Anbringung von Messgeräten aus baulichen oder technischen Gründen unverhältnismäßig hohe Kosten verursachen würde (Pfeiffer GE 2009, 156 [163]). Siehe zu den Formeln Wall (WuM 2009, 3 [12] und Lammel NZM 2010, 116). **597**

Satz 2 Nr. 2 erlaubt es, aus Vereinfachungsgründen auf Messungen zu verzichten und die mittlere Temperatur des Warmwassers zu schätzen. Die Praxis macht es sich meist einfach und setzt einen Wert von 60° Celsius an. Ein solches Vorgehen ist jedoch keine Schätzung und macht die Heizkostenabrechnung fehlerhaft. Für eine Schätzung sind Tatsachen zu ermitteln, die einen Schluss darauf zulassen, dass das Schätzergebnis mit Wahrscheinlichkeit der tatsächlichen Temperatur nahe kommt. Hierbei ist in erster Linie darauf abzustellen, welche Warmwassertemperatur im Abrechnungszeitraum eingestellt war. Messergebnisse, aber keine bloßen Schätzergebnisse, aus den Vorjahren können ebenfalls herangezogen werden. Je nach den Umständen des Einzelfalles kann auch die Kapazität der Anlage eine Rolle spielen. In Extremfällen ist zu prüfen, ob nach dem berechneten Energieverbrauch für das Warmwasser noch eine ausreichende Menge für die erfolgte Beheizung übrig bleibt (vgl. zum Ganzen *BayObLG* WuM 2004, 679). **598**

Nur in Ausnahmefällen, wenn weder die Wärmemenge noch das Volumen des verbrauchten Warmwassers gemessen werden können, kann die **Gleichung nach § 9 Abs. 2 Satz 4 und 6 HeizkostenV** angewendet werden. **599**

cc) Ermittlung des auf die zentrale Warmwasserversorgungsanlage entfallenden Brennstoffverbrauchs

Für den Ansatz der Heizwerte sind in erster Linie die Angaben des Energieversorgungsunternehmens in den Abrechnungsunterlagen, nicht sonstige Angaben, anzusetzen. Nur wenn solche Angaben nicht vorhanden sind, können die in Nr. 2 genannten Werte verwendet werden. **600**

dd) Darstellung in der Abrechnung

Die Kostenaufteilung muss sich aus der Abrechnung nachvollziehbar ergeben (LG Berlin GE 2002, 1627 [1628]). Hierzu gehört es auch, dass die Aufteilung in Heiz- und Warmwasserkosten unter Angabe der angewandten Berechnungsmodalität dargestellt wird (AG Neuruppin WuM 2004, 538; Schmid, HeizkostenV – ZMR Sonderheft, 2009, § 7 Anm. 11). Nicht erforderlich ist eine Erläuterung der Formeln (BGH DWW 2005, 329 = WuM 2005, 579 = GE 2005, 118). **601**

602 Der Heizwert für die Ermittlung des Brennstoffverbrauchs ist nur anzugeben, wenn das Gasversorger den Verbrauch in Kubikmeter Gas erfasst, nicht jedoch wenn der Versorger den Verbrauch bereits in Kilowattstunden erfasst (BGH GE 2010, 333).

15. Vorerfassung

a) Vorerfassung bei verschiedenen Ausstattungen oder aus sachgerechten Gründen

603 Erfolgt eine Vorerfassung nach § 5 Abs. 2 HeizkostenV (oben Rdn. 552 ff.), muss vor der Verteilung der Kosten auf die einzelnen Nutzer nach § 6 Abs. 2 HeizkostenV zunächst eine Verteilung der Kosten auf die Nutzergruppen erfolgen. Dabei sind die Kosten zu mindestens 50% nach dem Verhältnis der erfassten Anteile am Gesamtverbrauch aufzuteilen. Eine Obergrenze besteht hier nicht. Die Verteilung kann vollumfänglich nach dem Verbrauch erfolgen. Werden nicht die gesamten Kosten nach den erfassten Anteilen aufgeteilt, sind die übrigen Kosten nach den in § 6 Abs. 2 S. 2 HeizkostenV genannten Maßstäben zu verteilen. Es handelt sich dabei um die auch in §§ 7, 8 HeizkostenV erwähnten Maßstäbe, sodass auf unten Rdn. 616 ff. verwiesen werden kann. Die Wahl der Abrechnungsmaßstäbe obliegt dem Vermieter (§ 6 Abs. 4 S. 1 HeizkostenV). Die Kostenanteile der Nutzergruppen sind dann auf die einzelnen Nutzer der jeweiligen Gruppe zu verteilen. Diese Verteilung richtet sich nach § 6 Abs. 1, §§ 7, 8 HeizkostenV.

b) Vorerfassung gemeinschaftlich genutzter Räume

604 Findet nach § 4 Abs. 3 S. 2 HeizkostenV eine Vorerfassung des Verbrauches in gemeinschaftlich genutzten Räumen statt, so sind die Kosten nach § 6 Abs. 3 S. 1 HeizkostenV nach dem Verhältnis der erfassten Anteile am Gesamtverbrauch auf die Gemeinschaftsräume und die übrigen Räume aufzuteilen. Hinsichtlich der Kosten für die übrigen Räume gelten dann die allgemeinen Verteilungsvorschriften.

605 Die Verteilung der auf die Gemeinschaftsräume entfallenden anteiligen Kosten richtet sich nach rechtsgeschäftlichen Bestimmungen, die ohne die Beschränkung der Heizkostenverordnung getroffen werden können.

606 Fehlt eine Regelung, ist auf die allgemeinen Vereinbarungen über die Nebenkostenumlegung zurückzugreifen, wozu auch die Vereinbarung eines einseitigen Bestimmungsrechts des Vermieters gehören kann (Schmid, Handbuch der Mietnebenkosten Rn. 6116; a.A. Lammel HeizkostenV § 6 Rn. 70). Bestehen keine eindeutigen Regelungen, die auf diese Kostenverteilung angewendet werden können, kommt eine ergänzende Vertragsauslegung in Betracht (Schmid ZMR 1998, 259 Erl.), wenn der Vertrag hierfür zureichende Anhaltspunkte enthält. Führt auch das zu keinem Ergebnis, greift bei Wohnraummietverhältnissen der Regelmaßstab Wohnfläche ein (§ 556a Abs. 1 S. 1 BGB, § 20 Abs. 1 NMV 1970). Bei Nichtwohnraummietverhältnissen ist auf den Grundsatz zurückzugreifen, dass bei Fehlen jedweder Regelung ein einseitiges Bestimmungsrecht des Vermieters nach billigem Ermessen gegeben ist (Schmid Handbuch der Mietnebenkosten, Rn. 6167).

607 Nicht ausdrücklich geregelt ist, wie zu verfahren ist, wenn eine gesonderte Verbrauchserfassung in Gemeinschaftsräumen nicht vorgeschrieben ist und auch nicht stattfindet. Da der Verbrauch nicht gesondert erfasst wird, kann er auch bei der Kostenverteilung nicht berücksichtigt werden und fließt ohne besonderen Ausweis in die sonstige Kostenverteilung ein. Die Möglichkeit einer Schätzung und anderweitigen Verteilung (so Müller GE 1989, 216) ist nicht vorgesehen (Schmid, Handbuch der Mietnebenkosten Rn. 6167).

16. Kostenverteilung auf die Nutzer

a) Umlegungsmaßstäbe

aa) Zulässige Umlegungsmaßstäbe

(1) Verbrauchsabhängiger Anteil

Von den nach den nach der HeizkostenV zu verteilenden Kosten sind mindestens 50% und höchstens 70% nach dem erfassten Wärme- bzw. Wasserverbrauch zu verteilen (§§ 7, 8 HeizkostenV). Ein geringerer verbrauchsabhängiger Anteil kann nicht vereinbart werden. Dagegen bleiben nach § 10 HeizkostenV rechtsgeschäftliche Bestimmungen, die einen höheren verbrauchsabhängigen Anteil vorsehen, unberührt. **608**

§ 7 Abs. 1 Satz 2 HeizkostenV schränkt die Wahlfreiheit für das Verhältnis Festkosten – Verbrauchskosten weiter ein. Die Regelung ist zwingend. Von ihr kann nach unten auch durch Vertrag nicht abgewichen werden (§ 2 HeizkostenV). Die Änderung eines abweichenden Verteilungsmaßstabes erfolgt kraft Gesetzes zum 1. Januar 2009 und erfordert keine vorherige Mitteilung an die Nutzer (Wall WuM 2009, 3 [5]; Schmid NZM 2009, 104 [106]); a.A. Schiz DW 2008, 80) und auch keinen gesonderten Beschluss der Wohnungseigentümer. Die Möglichkeit einen höheren verbrauchsabhängigen Anteil zu vereinbaren (§ 10 HeizkostenV) bleibt jedoch unberührt (Wall WuM 2009, 3 [6]; Pfeiffer GE 2009, 156 [160]). Entsprechende Vereinbarungen bleiben wirksam (Schmid MDR 2009, 129). **609**

Verbrauchserfassung nach anerkannten Regeln der Technik: **610**

Eine Sonderregelung für die Verbrauchserfassung enthält § 7 Abs. 1 Satz 3 und 4 HeizkostenV. Der **nicht erfasste Verbrauch** kann nach den anerkannten Regeln der Technik bestimmt und als erfasster Verbrauch berücksichtigt werden.

Freiliegend sind nur Leitungen, die außerhalb der Wände, Böden und Decken liegen. Andere Rohre bleiben außer Betracht, auch wenn sie ebenfalls Wärme abgeben (Wall WuM 2009, 3 [9]). **611**

Das Merkmal **überwiegend ungedämmt** ist recht unpräzise und erfordert zumindest eine fehlende Dämmung von mehr als 50% der Leitungen. Nur auf die Leitungen innerhalb der beheizten Räume abzustellen, wäre vielleicht sinnvoll (Wall WuM 2009, 3 [9]), entspricht aber nicht dem Wortlaut der Verordnung (Schmid, HeizkostenV – ZMR Sonderheft, 2009, § 7 Anm. 11). **612**

Für die **anerkannten Regeln der Technik** verweist die amtliche Begründung (BR-Drucks 570/08 Satz 14) auf das Beiblatt zur Richtlinie VDI 2077. Die dort vorgesehene Ermittlungsweise ist außerordentlich kompliziert (siehe hierzu Wall WuM 2009, 3 [7 ff.] und mit beachtlichen verfassungsrechtlichen Bedenken Lammel, HeriskostenV, § 7 Rn. 31 ff.) und wohl nur von Fachleuten anzuwenden und zu überprüfen. Andere Regeln könnten angewendet werden, bestehen aber bisher nicht. **613**

Es handelt sich um eine **Kannvorschrift**. Der Gebäudeeigentümer muss also von dieser Möglichkeit keinen Gebrauch machen, wenn sich auch die Verbrauchserfassung nach den allgemeinen Vorschriften im Rahmen des billigen Ermessens hält (Schmid, HeizkostenV – ZMR Sonderheft, 2009, § 7 Anm. 13; Pfeiffer GE 2009, 156 [162]; a.A. Wall WuM 2009, 3 [9], der einen Anspruch des Mieters auf Anwendung dieses Verfahrens annimmt). Nach der amtlichen Begründung (BR-Drucks 570/08 Satz 14) kann diese Regelung insbesondere bei einem großen Leerstand zur Anwendung zu kommen. Nach Meinung des Bundesrates (BR-Drucks 570/08, Beschluss, Anlage Seite 2) soll die Regelung angewendet werden, wenn mindestens 20% des Wärmeverbrauchs nicht durch Ablesung erfasst werden können. **614**

615 Trotz der unsystematischen Verortung in § 7 HeizkostenV statt in § 4 HeizkostenV handelt es sich bei § 7 Abs. 1 Satz 3 und 4 HeizkostenV um eine Verbrauchsermittlungsvorschrift und nicht um eine Kostenverteilungsvorschrift. Das hat für das **Wohnungseigentum** zur Folge, dass sich aus §16 Abs. 3 WEG keine Beschlusskompetenz ergibt (Schmid, HeizkostenV – ZMR Sonderheft, 2009, § 7 Anm. 14). Die Wohnungseigentümer können diese Art der Verbrauchserfassung jedoch nach § 3 HeizkostenV beschließen (Schmid ZMR 2009, 172 [173]).

(2) Verbrauchsunabhängiger Anteil

616 Die nach Abzug des verbrauchsabhängigen Anteils verbleibenden Kosten können bei Wärme und Warmwasser nach dem Verhältnis der **Wohn- bzw. Nutzfläche** verteilt werden (§§ 7, 8 HeizkostenV). Entscheidend sind dabei die tatsächlichen Gegebenheiten, nicht eine eventuell abweichende rechtsgeschäftliche Regelung (LG Berlin GE 1984, 135; AG Hamburg WuM 1996, 778; AG Spandau GE 20101, 277; Kraemer NZM 1999, 162). Die HeizkostenV bietet keine Grundlage für die Vereinbarung bestimmter Flächen (LG Berlin GE 1984, 135; AG Hamburg WuM 1996, 778; a.A. OLG Schleswig WuM 2007, 471; Leo MDR 2004, 260 und ohne besondere Problematisierung der HeizkostenV wohl auch BGH NJW 2008, 142 = WuM 2007, 700 = ZMR 2008, 38 m. abl. Anm. Schmid). Vereinbarungen über die Behandlung von Rundungen, auch Aufrundungen auf volle Quadratmeter, können getroffen werden, müssen aber dann für alle Räume gleich sein (vgl. AG Köln WuM 2001, 470).

617 Nicht geregelt ist, wie die Fläche zu berechnen ist. Es gelten deshalb auch bei Anwendung der HeizkostenV die allgemeinen Grundsätze zur Berechnung der Wohnfläche (vgl. Schmid in Schmid, FAK-Mietrecht, § 556a Rn. 158 ff.). Werden die Wohnflächen nach der WoFlV berechnet, können Balkone, Loggien, Dachgärten und Terrassen mit einem Viertel angesetzt werden (§ 4 Nr. 4 WoFlV). Eine völlige Außerachtlassung ist nicht geboten, weil es sich um den verbrauchsunabhängigen Kostenanteil handelt und außerdem die Möglichkeit besteht, nur auf die beheizbaren Räume abzustellen. Kellerräume gehören nach § 2 Abs. 3 Nr. 1 WoFlV nicht zur Wohnfläche (Schmid, HeizkostenV, ZMR-Sonderheft 2009, § 7 Anm. 17). Befindet sich im Keller ein Heizkörper, kann es aus Billigkeitsgründen erforderlich sein, den Maßstab »beheizte Räume« zu wählen, wenn tatsächlich geheizt wird. Entsprechendes gilt für Räume, die dem Bauordnungsrecht nicht entsprechen (Schmid ZMR 2006, 665)

618 Nur bei der Wärmeversorgung kann auch der **umbaute Raum** zugrunde gelegt werden, wobei sich hier die gleichen Berechnungsprobleme wie bei der Wohnfläche stellen. Der umbaute Raum kann nach der Anlage 2 zur II. BV (LG Berlin GE 2002, 1627) nach DIN 277 Teil 1 (Grundflächen und Rauminhalte von Bauwerken im Hochbau) berechnet werden.

619 Ebenfalls nur bei der Wärmeversorgung kann auch auf die Wohn- oder Nutzfläche oder den umbauten Raum der **beheizten Räume** abgestellt werden. Maßgeblich ist dabei nicht, ob der Mieter die Räume tatsächlich beheizt, sondern nur, ob er sie beheizen kann. Einzubeziehen sind deshalb alle Räume, die mit funktionsfähigen Heizkörpern ausgestattet sind (AG Köln WuM 1987, 361). Das Vorhandensein von Heizkörpern muss aber dann auch wesentliches Kriterium für die Anrechnung sein (LG Berlin GE 1992, 717; Schmid, HeizkostenV, ZMR-Sonderheft 2009, § 7 Anm. 19; Lammel HeizkostenV § 7 Rn. 24). Eine lediglich zwangsläufige Mitbeheizung durch Heizungen in anderen Räumen genügt nicht (a.A. AG Spandau GE 2010, 277).

620 § 7 HeizkostenV gestattet es nicht, durch rechtsgeschäftliche Regelung zu bestimmen, welche Räume als beheizt und welche als unbeheizt gelten (Schmid, HeizkostenV, ZMR-Sonderheft 2009, § 7 Anm. 21; a.A. AG Köln WuM 2001, 449).

(3) Verschuldete Kosten

621 Verschuldet ein Mieter zusätzliche Kosten, sind diese von ihm alleine zu tragen (AG Hamburg WuM 1996, 348).

(4) Leerstände und Kaltverdunstung

622 Für **leer stehende Räume** gibt es keine Sonderregelung. Es muss der volle verbrauchsunabhängige Anteil bezahlt werden (Börstinghaus MDR 2000, 1345 [1347]). Das gilt insbesondere bei einer Abrechnung der Grundkosten nach Wohnfläche (BGH WuM 2004, 150) oder umbautem Raum. Bei einer Umlegung nach der Fläche der beheizten Räume kann der Vermieter einer Kostenbelastung dadurch entgehen, dass er die Heizkörper demontiert (vgl. BGH WuM 2004, 150). Er setzt sich dann aber möglicherweise dem Einwand aus, dass die Heizanlage für die verbleibenden Heizungen überdimensioniert ist. Nur wenn das Abrechnungsergebnis nach den besonderen Umständen des Einzelfalls zu einer nach Treu und Glauben nicht mehr zumutbaren Belastung eines Nutzers führt, können die Grundsätze des Wegfalls der Geschäftsgrundlage (§ 313 BGB) eingreifen (BGH WuM 2004, 150). Angesichts des mit einem Leerstand für den Vermieter und die verleibenden Mieter verbundenen Nachteile wird ein solcher Anpassungsanspruch jedoch meist zu verneinen sein (Schmid Handbuch der Mietnebenkosten, Rn. 6189). Das AG Annaberg (WuM 2007, 131) gibt sogar dem Mieter einen Anspruch auf Anwendung des Abrechnungsmaßstabes 50 : 50.

623 Da eine **Kaltverdunstung** systemimmanent ist, kann eine völlige Freistellung von den verbrauchsabhängigen Kosten auch dann nicht verlangt werden, wenn die Heizkörper nachweislich dauernd abgestellt waren. Es kann allenfalls verlangt werden, dass nur die niedrigsten Verbrauchswerte einer vergleichbaren Wohnung angesetzt werden (BayObLG WuM 1988, 334 ff.).

bb) Festlegung der Umlegungsmaßstäbe

(1) Festlegung durch den Vermieter

624 Die Wahl unter den von der Heizkostenverordnung zugelassenen Umlegungsmaßstäben bleibt nach § 6 Abs. 4 S. 1 HeizkostenV dem Gebäudeeigentümer vorbehalten. Eine Vereinbarung, die sich im Rahmen der HeizkostenV hält, hat jedoch Vorrang. § 6 Abs. 4 S. 1 HeizkostenV gilt für die erstmalige Festlegung der Umlegungsmaßstäbe. Eine erstmalige Festlegung liegt auch vor, wenn die bisherigen Umlegungsmaßstäbe nicht der HeizkostenV entsprochen haben, da mit der Anpassung erstmalig die HeizkostenV angewendet wird. Da nur die zugelassenen Verteilungsmaßstäbe gewählt werden dürfen (BGH WuM 2004, 150), ist in allgemeinen Geschäftsbedingungen eine Klausel unwirksam, die das Wahlrecht des Vermieters nicht hierauf beschränkt (BGH MieWoE § 13 AGBG Nr. 5).

625 Der Vermieter muss nach billigem Ermessen (§ 315 BGB) handeln (BGH WuM 2004, 150). Was billigem Ermessen entspricht, ist anhand des Einzelfalles zu beurteilen. Sofern nicht besondere Umstände etwas anderes erfordern, kann der Vermieter frei wählen.

626 Er ist insbesondere nicht generell gehindert, auch dann den verbrauchsunabhängigen Anteil nach Wohnfläche zu berechnen, wenn unterschiedliche Raumhöhen bestehen (LG Hamburg WuM 1978, 89). Allerdings bietet sich in solchen Fällen eine Kostenverteilung nach dem umbauten Raum an (LG Berlin GE 2002, 1627). Das AG Hamburg (WuM 1987, 230) verlangt eine Verteilung nach beheizter Fläche, wenn kein vergleichbares Verhältnis zwischen gesamter Wohnfläche und beheizter Fläche besteht. Einen hohen Anteil der Verbrauchskosten hält das AG Lübeck (WuM 1988, 64) für unbillig, wenn infolge mangelnder Wärmeisolierung ein erhöhter Wärmebedarf besteht. Das AG Saarburg (WuM 2001, 85) nimmt Unbil-

ligkeit eines verbrauchsabhängigen Anteils von 70% an, wenn eine Wohnung baulich bedingt relativ hohe Abstrahlungsverluste hat. Der Vermieter ist deshalb wohl eher auf der sicheren Seite, wenn er eine Verteilung 50:50 vornimmt, was allerdings entgegen dem Zweck der Verordnung den Sparanreiz reduziert. Andererseits muss im Rahmen des §7 HeizkostenV nicht jeder Lagenachteil berücksichtigt werden (OLG Hamm ZMR 2006, 630). Man wird deshalb nicht von einer starren Grenze ausgehen können, sondern je nach Lage des Einzelfalles auch einen höheren verbrauchsabhängigen Anteil zulassen können. Ein Ermessensfehlgebrauch bei dem Maßstab 70:30 wird nur anzunehmen sein, wenn im Hause eine oder mehrere Wohnungen vorhanden sind, die baubedingt einen Wärmeverbrauch haben, der über das in jeden Gebäude bestehende unterschiedliche Maß des Wärmebedarfs deutlich hinausgeht (Schmid GE 2007, 38). Bei besserer Wärmedämmung als vorgeschrieben ist der Maßstab 70:30 auch dann nicht ermessensfehlerhaft, wenn die Heizungsrohre nicht isoliert sind (LG Berlin GE 2007, 915).

627 Für die Entscheidung, ob alle Räume oder nur die beheizten Räume in die Kostenverteilung einzubeziehen sind, kommt es darauf an, ob nicht beheizte Räume in relevanter Zahl vorhanden sind (KG WuM 2006, 35). Die gesamte Wohnfläche kann herangezogen werden, wenn das Gebäude keine außen liegenden Nutzflächen aufweist. Haben die Wohnungen unterschiedliche Balkone oder sonstige Freiflächen, die in Wohnflächenberechnung einbezogen werden, entspricht in der Regel nur das Maßstab »beheizte Räume« der Billigkeit (KG WuM 2006, 35; Schmid ZMR 2006, 665). Ein erheblicher Aufwand für die Ermittlung des umbauten Raums kann allerdings eine Verteilung nach Wohn- oder Nutzfläche rechtfertigen (OLG Düsseldorf ZMR 2007, 380).

628 Die Festlegung ist nur mit Wirkung zum **Beginn eines Abrechnungszeitraumes** zulässig (§6 Abs. 4 S. 3 HeizkostenV).

(2) Vereinbarte Abrechnungsmaßstäbe

629 Die Mietvertragsparteien können Abrechnungsmaßstäbe, die den Vorgaben der HeizkostenV entsprechen, vereinbaren.

630 Eine vertragliche Vereinbarung für einen höheren verbrauchsabhängigen Anteil als 70% ist nach §10 HeizkostenV zulässig. Die Vereinbarung kann auch in einem Formularmietvertrag enthalten sein. Die Regelungsmöglichkeiten sind anders als bei einer einseitigen Festlegung nicht durch Billigkeitserwägungen begrenzt. Eine Vereinbarung, wonach die Abrechnung »nach Heizkostenverteiler« erfolgt, ist als Vereinbarung einer Abrechnung zu 100% nach Verbrauch auszulegen (OLG Düsseldorf WuM 2003, 387). Anders OLG Hamm (ZMR 2005, 73) für eine Vereinbarung, dass die Kosten durch Messeinrichtungen einwandfrei festgestellt werden können.

cc) Änderung der Umlegungsmaßstäbe durch den Vermieter

(1) Grundsätzliches

631 Die Änderungsmöglichkeiten des §6 Abs. 4 HeizkostenV sind **abschließend**. Vorbehalte eines einseitigen Änderungsrechts in Mietverträgen kommen nicht zum Tragen. Unwirksam ist deshalb in Allgemeinen Geschäftsbedingungen eine Klausel, die den Vermieter ohne Hinweis auf die Beschränkungen der HeizkostenV ermächtigt, den Verteilungsschlüssel zu ändern (*BGH* DWW 1993, 74 = WuM 1993, 109 = GE 1993, 359).

632 Die Änderung ist nur mit Wirkung zum **Beginn eines Abrechnungszeitraumes** zulässig (§6 Abs. 4 S. 3 HeizkostenV). Der Gebäudeeigentümer kann deshalb der Abrechnung nur den Verteilungsmaßstab zugrunde legen, den er auch (zulässigerweise) für die Vorauszahlungen gewählt hat (vgl. AG Neubrandenburg WuM 1994, 379).

Der Gebäudeeigentümer muss die Änderung den Nutzern vor Beginn des Abrechnungszeitraumes **mitteilen** (BGH WuM 2004, 150, 151). Maßgeblich ist der Zeitpunkt, zu dem die Erklärung dem letzten Nutzer zugeht. Eine Mitteilung erst mit der Abrechnung ist zu spät (BGH WuM 2004, 150). Sie wirkt für den nächsten Abrechnungszeitraum. Eine Begründung ist nicht vorgeschrieben. **633**

Wegen der besonderen Vorrangsregelung des § 10 HeizkostenV ist eine über 70% hinausgehende verbrauchsabhängige Abrechnung nicht einseitig abänderbar (Schmid Handbuch der Mietnebenkosten, Rn. 6184; a.A. wohl OLG Düsseldorf WuM 2003, 387). **634**

(2) Voraussetzungen für die Änderung

Nach § 6 Abs. 4 Satz 2 Nr. 1 HeizkostenV kann eine Änderung bei der **Einführung einer Vorerfassung nach Nutzergruppen** erfolgen. Die Regelung bezieht sich nur auf die Vorerfassung nach Nutzergruppen gemäß § 5 Abs. 2 S. 2 HeizkostenV(Schmid, Verordnung über Heizkostenabrechnung, ZMR-Sonderheft, 2009, § 6 Nr. 37). Eine solche Vorerfassung ist vielfach nur sachgerecht, wenn die Verteilungsmaßstäbe entsprechend angepasst werden. **635**

§ 6 Abs. 4 Satz 2 Nr. 2 ermöglicht eine Änderung **nach baulichen Maßnahmen**, die nachhaltig Einsparung von Heizenergie bewirken. In Betracht kommen vor allem Maßnahmen zur Wärmedämmung und zur Verbesserung der Heizanlagen (*Peruzzo* NJW 1981, 802) sowie der Anschluss an die Fernwärmeversorgung, die überwiegend aus Anlagen der Kraft-Wärmekopplung oder Müllverbrennung oder Verwertung von Abwärme gespeist wird, und Maßnahmen zur Rückgewinnung von Wärme und Einsatz von Wärmepumpen und Solaranlagen. Auch eine völlige Erneuerung der Heizanlage kann eine Änderung des Umlegungsmaßstabes rechtfertigen (*Eisenschmid* GE 1999, 1208). **636**

Schließlich ermöglicht § 6 Abs. 4 Satz 2 Nr. 3 eine Änderung aus **sachgerechten Gründen.** Da jeder sachgerechte Grund für eine Änderung ausreicht, haben die Nrn. 1 und 2 praktisch nur beispielhaften Charakter (Schmid MDR 2009, 129; Pfeiffer GE 2009, 156 [158]). Als sachgerechter Grund ist es insbesondere anzusehen, wenn die Anwendung der bisherigen Abrechnungsmaßstäbe zu unbilligen Ergebnissen geführt hat. Für den vermietenden Wohnungseigentümer wird es als sachlicher Grund anzusehen sein, wenn die Gemeinschaft der Wohnungseigentümer den Abrechnungsmaßstab ändert. **637**

Zu Leerständen s.o. Rdn. 622. **638**

dd) Vertragliche Änderung

Die Parteien sind auch über § 10 HeizkostenV hinaus nicht gehindert, vertragliche Regelungen zu treffen, die der Heizkostenverordnung entsprechen. In diesem Rahmen können sie auch die Umlegungsmaßstäbe vertraglich bestimmen oder ändern (Schmid, Verordnung über Heizkostenabrechnung, ZMR-Sonderheft, 2009, § 6 Nr. 42). **639**

b) Kostenverteilung in Sonderfällen

aa) Voraussetzungen

(1) Grundsätzliches

Unter der Überschrift »Kostenverteilung in Sonderfällen« behandelt § 9a HeizkostenV die Fälle, in denen aus zwingenden Gründen für einen Abrechnungszeitraum der anteilige Wärme- oder Warmwasserverbrauch von Nutzern nicht ordnungsgemäß erfasst werden kann. Ein zwingender Grund wird angenommen, wenn seine Folgen in dem Zeitpunkt, in dem er bemerkt wird, nicht mehr behoben werden können (BGH ZMR 2006, **640**

122). Unerheblich ist, ob der Gebäudeeigentümer (Gruber NZM 2000, 844) oder der Nutzer (LG Berlin ZMR 1997, 145) die Unmöglichkeit ordnungsgemäßer Verbrauchserfassung zu vertreten haben. Es muss kein Fall höherer Gewalt vorliegen (Müller GE 1989, 216).

(2) Zwingende Gründe

641 Als Beispiel für einen zwingenden Grund nennt die Verordnung einen **Geräteausfall.** Hierunter ist das technische Versagen eines Erfassungsgerätes zu verstehen (Gruber NZM 2000, 843).

642 Einem Geräteausfall gleichgestellt wird die **fehlerhafte Anbringung eines Messgerätes** (OLG Düsseldorf WuM 2000, 324).

643 **Fehlende Messgeräte:** Nicht abgestellt werden kann darauf, dass Erfassungsgeräte in einzelnen Räumen dauernd nicht angebracht sind (OLG Hamburg ZMR 1999, 502, 503; a.A. KG ZMR 2010, 133 [135]). Für den Fall der Unmöglichkeit gilt § 11 Nr. 1 Buchst. a) HeizkostenV. In anderen Fällen ist die Nichtanbringung von Messgeräten kein zwingender Grund, da diese angebracht werden konnten. Dies gilt auch dann, wenn sich der Nutzer weigert, die Ausstattungen anbringen zu lassen, da sich der Gebäudeeigentümer gerichtlicher Hilfe bedienen kann (Schmid Handbuch der Mietnebenkosten, Rn. 6202; a.A. LG Hamburg WuM 1992, 245). § 9a HeizkostenV findet auch dann keine Anwendung, wenn die Messgeräte erst während des Abrechnungszeitraumes angebracht werden (LG Berlin GE 2010, 126).

644 Eine **unterlassene Eichung** wird nicht als zwingender Grund angesehen, wenn über mehrere Jahre gar keine Ablesung vorgenommen wurde (LG Köln ZMR 2008, 460). Abgesehen von solchen Ausnahmefällen wird man jedoch eine fehlende Eichung als zwingenden Grund anerkennen müssen, da der Gebäudeeigentümer und die Messdienstfirmen nicht verpflichtet sein können, vorsätzlich gegen das Eichgesetz zu verstoßen (Schmid DWW 2008, 242).

645 **Fehlende Ablesemöglichkeit:** Die h.M. (z.B. OLG Hamburg ZMR 2004, 769; AG Brandenburg a.d. Havel GE 2004, 1459) nimmt Unmöglichkeit an, wenn der Nutzer den Zutritt zum Zwecke der Ablesung nicht ermöglicht oder wenn Möbel vor den Messeinrichtungen nicht entfernt (LG Berlin ZMR 1997, 145). Hiergegen bestehen jedoch Bedenken, weil es Nutzer mit hohem Verbrauch dadurch in der Hand hätten, über § 9a HeizkostenV zu einer günstigeren Kostenbelastung zu kommen (Schmid Handbuch der Mietnebenkosten, Rn. 6203). Der Gebäudeeigentümer muss in solchen Fällen mit einer einstweiligen Verfügung gegen den Mieter vorgehen (Schmid, Verordnung über Heizkostenabrechnung, ZMR Sonderheft, 2009, § 9a Anm. 13; vgl. auch Ropertz/Wüstefeld NJW 1989, 2368). Anders gelagert ist jedoch der Fall, dass eine zeitnahe Ablesung deshalb nicht möglich ist, weil der Nutzer während der Ablesungszeit länger ortsabwesend oder krank ist. Hier liegt eine objektive Unmöglichkeit vor, die zur Anwendung des § 9a HeizkostenV führt (OLG Hamburg WuM 2001, 460).

646 **Weigerung der Messdienstfirma:** Es ist kein zwingender Grund, wenn die Messdienstfirma keine Ablesung mehr vornimmt, weil frühere Rechnungen nicht bezahlt sind. Die gegenteilige Auffassung für das Verhältnis der Wohnungseigentümer untereinander (KG WuM 1994, 400, 402) kann auf das Mietrecht nicht übertragen werden.

647 Ein Hinderungsgrund, der mit dem des Geräteausfalles vergleichbar ist, ist der **Verlust von Ablesebelegen** oder dass einzelne Messgeräte **versehentlich nicht abgelesen** wurden (Schmid Handbuch der Mietnebenkosten, Rn. 6205; a.A. Gruber NZM 2000, 843) oder falsch abgelesen wurden (BGH ZMR 2006, 122 = GE 2006, 48), oder dass zu

Beginn des Abrechnungsjahres die **Messampullen nicht ausgetauscht** wurden (OLG Hamburg ZMR 2004, 769).

Denkbar ist auch, dass eine teilweise Verbrauchserfassung nicht möglich ist, weil während der Abrechnungsperiode **Heizkörper abgebaut wurden oder neu hinzugekommen sind**, ohne dass die Verbrauchserfassung gesichert wurde (MieWo/Schmid Erl. zu § 9a HeizkostenV Rn. 9; a.A. Gruber NZM 2000, 843). Hierzu zählt auch die **Entfernung eines Messgerätes** (LG Berlin ZMR 1997, 145, 146). **648**

Ein Fall des § 9a HeizkostenV liegt vor, wenn **Heizkörperverkleidungen** eine zutreffende Verbrauchsermittlung verhindert haben (LG Magdeburg ZMR 2006, 289). **649**

(3) Einmalige oder wiederholte Anwendung

Man wird § 9a Abs. 1 S. 1 HeizkostenV trotz seines Wortlautes nicht so verstehen können, dass die Anwendbarkeit des § 9a HeizkostenV überhaupt auf einen einzigen Abrechnungszeitraum beschränkt ist (OLG Hamburg ZMR 2004, 769). Andererseits steht das Erfordernis eines Abrechnungszeitraumes der Annahme entgegen, dass eine dauernde Unmöglichkeit vorliegen darf. Hierfür gilt § 11 Abs. 1 Nr. 1 Buchst. a) HeizkostenV. Der Hinweis der Überschrift auf Sonderfälle und die Erwähnung eines Abrechnungszeitraumes soll vielmehr deutlich machen, dass es um die Fälle geht, in denen im Abrechnungszeitraum ein Erfassungshindernis aufgetreten ist, das für weitere Abrechnungszeiträume behoben werden kann. Tritt das Hindernis in anderen Abrechnungszeiträumen erneut auf oder entstehen andere Gründe, die eine ordnungsgemäße Erfassung verhindern, so ist § 9a HeizkostenV auch in diesen Abrechnungszeiträumen anzuwenden (Gruber NZM 2000, 844). **650**

bb) Verbrauchsermittlung

(1) Bestimmungsrecht des Gebäudeeigentümers

§ 9a Abs. 1 S. 1 HeizkostenV stellt zwei Möglichkeiten zur Verbrauchsschätzung zur Wahl: Eine Ermittlung des Verbrauches auf der Grundlage des Verbrauchs der betroffenen Räume in vergleichbaren früheren Abrechnungszeiträumen oder des Verbrauches vergleichbarer anderer Räume im jeweiligen Abrechnungszeitraum. Diese Wahl hat der Gebäudeeigentümer nach § 315 BGB nach billigem Ermessen auszuüben (OLG Hamburg ZMR 2004, 769). Ein genereller Vorrang der einen oder anderen Methode besteht nicht (Schmid GE 2007, 39; a.A. Lammel HeizkostenV § 9a Rn. 29). Als Faustregel kann dabei gelten, dass bei gleichem Nutzer und ähnlichen Witterungsverhältnissen in erster Linie auf den Verbrauch in früheren Abrechnungszeiträumen abzustellen ist, während bei einem Nutzerwechsel und bei erheblichen Witterungsunterschieden eine Heranziehung anderer Räume nahe liegt (vgl. AG Brandenburg a.d. Havel GE 2004, 1459). Im Rahmen der Ermessensausübung kann es auch berücksichtigt werden, dass der Nutzer die ordnungsmäßige Verbrauchserfassung schuldhaft vereitelt hat (AG Brandenburg a.d. Havel GE 2004, 1459). Der Nutzer kann sich in solchen Fällen nicht darauf berufen, dass die gewählte Methode für ihn ungünstig ist. **651**

Beim Wohnungseigentum erfolgt die Festlegung nach § 3 Satz 2 HeizkostenV durch Beschluss der Wohnungseigentümer (*OLG Hamburg* WuM 2001, 460). Dabei ist eine gesonderte Beschlusserfassung nicht erforderlich. Es genügt der Beschluss über die Abrechnung (Schmid ZMR 2007, 844/845). **652**

(2) Vergleichbare Abrechnungszeiträume

653 Herangezogen werden können nicht nur frühere Abrechnungszeiträume, sondern auch spätere und kürzere Zeiträume als Abrechnungszeiträume (Schmid MDR 2009, 129 [130]). Es müssen mindestens zwei Zeiträume herangezogen werden (*LG Berlin* GE 1991, 825).

654 Die Abrechnungszeiträume müssen vergleichbar sein. Dabei sind insbesondere Witterungsunterschiede (nur bei Heizung) zu beachten (Gruber NZM 2000, 845). Keine Vergleichbarkeit ist mehr gegeben, wenn zwischenzeitlich wärmesparende Maßnahmen durchgeführt wurden (MieWo/Schmid § 9a HeizkostenV Rn. 13).

655 Aus den herangezogenen Zeiträumen ist ein Durchschnittswert zu bilden (Gruber NZM 2000, 846). Als Schätzgrundlage können die jeweiligen prozentualen Anteile herangezogen werden (OLG Düsseldorf NZM 2000, 875).

(3) Vergleichbare Räume

656 Auch bei der Heranziehung des Verbrauches anderer Räume im selben Abrechnungszeitraum ist das entscheidende Kriterium die Vergleichbarkeit. Deshalb scheiden Räume aus, die nutzungsbedingt einen anderen Verbrauch haben (Müller GE 1989, 216). Geschäftsräume können nicht mit Wohnräumen verglichen werden, selbst wenn sie den gleichen Zuschnitt aufweisen; Außen-, Dach- und Kellerwohnungen nicht mit innen liegenden Wohnungen (Lefèvre HKA 1989, 6; a.A. OLG Düsseldorf NZM 2000, 875 für Dachwohnungen).

657 Auch wenn es nicht ausdrücklich geregelt ist, so erfordert es die Vergleichbarkeit wohl fast immer, dass die anderen Räume in derselben Abrechnungseinheit belegen sind (Lefèvre HKA 1989, 6). Das bedeutet aber nicht, dass für das gesamte Haus ein Durchschnittswert pro Quadratmeter gebildet werden kann (AG Charlottenburg GE 2004, 1497; a.A. OLG Hamburg ZMR 2004, 769). Das ist nur möglich, wenn alle Räume im Haus vergleichbar sind, was eher selten ist.

(4) Durchschnittsverbrauch

658 Außerdem kann auf den Durchschnittsverbrauch des Gebäudes oder der Nutzergruppe abgestellt werden. Als Nutzergruppen werden dabei solche nach § 5 Abs. 2 HeizkostenV anzusehen sein, deren Verbrauch durch eine Vorerfassung festgestellt wurde (Schmid MDR 2009, 129 [130]). Der Durchschnittsverbrauch des Gebäudes oder der Nutzergruppe ist zwar für die Berechnung relativ einfach und nicht mit dem Kriterium der Vergleichbarkeit belastet. Gerade das erweckt aber Bedenken, da jeder individuelle Bezug aufgegeben wird. Das ist aber diesem Kriterium immanent und kann deshalb als gesetzliche Regelung nicht von vorneherein als unbillig angesehen werden (Schmid MDR 2009, 129 [130]; a.A. Wall WuM 2009, 3 [14], der diese Methode als nachrangig ansieht).

(5) Berücksichtigung des Ergebnisses

659 Das auf der Grundlage des § 9a Abs. 1 S. 1 HeizkostenV ermittelte Ergebnis ist nach § 9a Abs. 2 S. 2 HeizkostenV in die Abrechnung wie ein gemessenes Ergebnis einzustellen.

cc) Ausschluss der verbrauchsabhängigen Kostenverteilung

660 Überschreiten die von der Verbrauchsermittlung nach § 9a Abs. 1 HeizkostenV betroffene Wohn- oder Nutzfläche oder der umbaute Raum 25% der für die Kostenverteilung maßgeblichen gesamten Wohn- oder Nutzfläche oder des maßgeblichen gesamten

umbauten Raumes, entfällt die verbrauchsabhängige Abrechnung für die gesamte Abrechnungseinheit für den betroffenen Abrechnungszeitraum völlig. Ob auf Wohn- und Nutzfläche oder auf umbauten Raum abzustellen ist, bestimmt sich danach, welcher dieser Maßstäbe bei einer verbrauchsabhängigen Abrechnung für den Festkostenanteil gelten würde (MieWo/Schmid § 9a HeizkostenV Rn. 31). § 9a Abs. 2 HeizkostenV gilt auch dann, wenn der Fehler alle Heizkörper in gleicher Weise betrifft (OLG Düsseldorf ZMR 2007, 380).

Die Kostenverteilung erfolgt dann insgesamt verbrauchsunabhängig und zwar nach den Maßstäben, die für die verbrauchsunabhängige Kostenverteilung nach §§ 7 Abs. 1 S. 2, 8 Abs. 1 HeizkostenV gelten. **661**

c) Kostenaufteilung bei Nutzerwechsel

aa) Grundsätzliches

Bei der Kostenaufteilung nach § 9b HeizkostenV handelt es sich um eine Kostenverteilung zwischen Vor- und Nachmieter derselben Nutzungseinheit. Die übrigen Mieter werden davon nicht berührt. Insbesondere erfolgt dort keine Zwischenablesung. Auch der bisherige Gesamtverbrauch wird nicht gesondert erfasst. Als ein Fall des Nutzerwechsels wird auch die Eröffnung des Insolvenzverfahrens über das Vermögen des Mieters angesehen (vgl. Horst ZMR 2007, 167 [174]). **662**

bb) Kostenverteilung aufgrund einer Zwischenablesung

(1) Zwischenablesung

§ 9b Abs. 1 HeizkostenV legt die grundsätzliche Verpflichtung zu einer Zwischenablesung fest. Bei einem Nutzerwechsel innerhalb eines Abrechnungszeitraumes hat der Gebäudeeigentümer eine Ablesung der Ausstattung zur Verbrauchserfassung der vom Wechsel betroffenen Räume vorzunehmen. **663**

(2) Kostenverteilung

Die Kostenverteilung zwischen Vor- und Nachnutzer bei einer Zwischenablesung regelt § 9b Abs. 2 HeizkostenV. Unausgesprochen vorausgesetzt ist dabei, dass zunächst nach den allgemeinen Verteilungskriterien der verbrauchsabhängige und verbrauchsunabhängige Anteil für die Nutzungseinheit ermittelt sind. Dabei ist von dem festgestellten Gesamtbetrag auszugehen. **664**

Der verbrauchsabhängige Anteil ist dann zwischen Vor- und Nachmieter auf der Grundlage der Zwischenablesung aufzuteilen. Dabei ist auch die Kaltverdunstungsvorgabe bei Verdunstungsgeräten aufzuteilen (AG Rheine WuM 1996, 715). **665**

Der verbrauchsunabhänige Anteil ist beim Warmwasser stets zeitanteilig zu verteilen. **666**

Bei den Festkosten für Heizung kann der Gebäudeeigentümer wählen zwischen einer zeitanteiligen Verteilung oder einer Verteilung unter Anwendung der Gradtagszahlen. Da nur die Festkosten betroffen sind und die Anlage während des ganzen Jahres vorhanden sein muss, ist eine zeitanteilige Verteilung i.d.R. gerechtfertigt und hat den Vorteil der Einfachheit. Sie ist deshalb nicht unbillig i.S.d. § 315 BGB (Schmid GE 2007, 38; a.A. Lammel HeizkostenV § 9b Rn. 34 m.w.N.). **667**

cc) Entbehrlichkeit der Zwischenablesung

668 Eine Zwischenablesung und eine Kostenverteilung aufgrund einer Zwischenablesung kann unterbleiben, wenn die Zwischenablesung nicht möglich ist oder wegen des Zeitpunktes des Nutzerwechsels aus technischen Gründen keine hinreichend genaue Ermittlung der Verbrauchswerte zulässt (§ 9b Abs. 3 HeizkostenV).

669 Ein Fall der Unmöglichkeit wird höchst selten gegeben sein. Auch die amtliche Begründung (BR-Drucks. 494/88) nennt hierfür kein Beispiel.

670 Technische Gründe verhindern eine hinreichend genaue Verbrauchserfassung vor allem bei Heizkostenverteilern nach dem Verdunstungsprinzip, wenn der Nutzerwechsel kurz nach Beginn oder kurz vor Ende der Abrechnungsperiode erfolgt (LG Bonn WuM 1988, 172, 173; Lefèvre HKA 1989, 8).

671 Die Kostenverteilung zwischen Vor- und Nachnutzer erfolgt in diesen Fällen nach den Maßstäben des § 9b Abs. 2 HeizkostenV für die Festkosten, also für Warmwasser immer zeitanteilig und für Wärme entweder nach der Gradtagszahlmethode oder zeitanteilig. Da hier keinerlei Verbrauchserfassung erfolgt, kann je nach den Umständen des Einzelfalles die Anwendung der Gradtagszahlmethode angezeigt sein. Daraus folgt jedoch noch nicht, dass eine zeitanteilige Aufteilung bereits regelmäßig unbillig ist. Die Unbilligkeit muss sich vielmehr aus dem konkreten Fall ergeben, da der Verordnungsgeber beide Möglichkeiten grundsätzlich gleichberechtigt zugelassen hat (MieWo/Schmid Erl. zu § 9b HeizkostenV Rn. 12; a.A. z.B. Lefèvre HKA 1989, 8).

dd) Rechtsgeschäftliche Bestimmungen

672 Nach § 9b Abs. 4 HeizkostenV bleiben abweichende rechtsgeschäftliche Bestimmungen unberührt. Die Heizkostenverordnung gibt jedoch dem Vermieter kein Recht, eine solche Bestimmung einseitig zu treffen. Erforderlich sind deshalb vertragliche Regelungen zwischen dem Vermieter und dem Vor- und Nachmieter. Ein Vertrag nur mit einem der beiden ist nicht zweckmäßig, weil daran der andere nicht gebunden ist und deshalb ihm gegenüber eine anderweitige rechtsgeschäftliche Bestimmung nicht besteht. Desgleichen reicht ein Vertrag nur zwischen dem alten und dem neuen Nutzer nicht aus, da hieran der Vermieter, der die Kostenverteilung vornehmen muss, nicht gebunden ist.

673 Zulässig ist jede Regelung bis hin zum völligen Ausschluss einer Verteilung. Da es sich um Verträge und nicht um ein einseitiges Bestimmungsrecht handelt, findet eine Billigkeitsprüfung nach §§ 315, 316 BGB nicht statt (MieWo/Schmid Erl. zu § 9b HeizkostenV Rn. 19; a.A. Lefèvre HKA 1989, 8).

674 Für das Wohnungseigentum ergibt sich die Handhabung nicht aus § 3 Satz 2 HeizkostenV, in dem § 9b HeizkostenV zwar ausdrücklich erwähnt ist, aber nur für die Entscheidungen des Gebäudeeigentümers, nicht aber für die rechtsgeschäftlichen Bestimmungen. Eine Beschlusskompetenz lässt sich auch nicht aus § 16 Abs. 3 WEG ableiten, da diese Vorschrift über das Merkmal der ordnungsgemäßen Verwaltung eine Zulässigkeit der Änderung nach der HeizkostenV voraussetzt. Man wird deshalb nach den allgemeinen Grundsätzen mangels einer Kompetenz der Eigentümerversammlung für einen Mehrheitsbeschluss grundsätzlich eine Vereinbarung aller Wohnungseigentümer verlangen müssen (Schmid ZMR 2007, 844 [845]). Ein Vertrag zwischen dem alten und dem neuen Wohnungseigentümer bindet die Gemeinschaft nicht. Jedoch können der alte und der neue Wohnungseigentümer im Verhältnis zueinander eine Regelung treffen, wie sie sich auch sonst über den Übergang von Kosten und Lasten einigen können

ee) Kosten der Zwischenablesung

Nach Auffassung des BGH (MDR 2008, 313) sind die Zwischenablesungskosten überhaupt nicht als Betriebskosten umlegbar, da sie nicht laufend entstehen. **675**

Unbenommen bleibt es den Beteiligten, nach § 9b Abs. 4 HeizkostenV die Kostentragung für die Zwischenablesung und -verteilung vertraglich zu regeln (AG Münster WuM 1996, 231, 232; AG Wetzlar WuM 2003, 456; a.A. Ropertz WuM 1992, 291 f.). Zwar ist die Kostentragung nicht in § 9b Abs. 1 bis 3 HeizkostenV geregelt (AG Lörrach WuM 1993, 68). Wenn aber schon die Beteiligten die Zwischenablesung und Kostenverteilung überhaupt regeln und sogar ausschließen können (oben Rdn. 672), muss es ihnen auch unbenommen bleiben, sich über die Kostentragung zu einigen. Zu beachten ist allerdings, dass durch eine solche Vereinbarung an ihr nicht Beteiligte (Vor- oder Nachmieter) nicht benachteiligt werden können. Eine Regelung, nach der der ausziehende Mieter zur Kostentragung verpflichtet ist, wenn er die Beendigung des Mietverhältnisses veranlasst hat, ist auch in allgemeinen Geschäftsbedingungen möglich (AG Wetzlar WuM 2003, 456). **676**

ff) Fehlerfolge

Unterbleibt die Zwischenablesung, ohne dass eine zulässige Ausnahme vorliegt, entsteht das Kürzungsrecht nach § 12 Abs. 1 HeizkostenV, da auch die Zwischenablesung der verbrauchsabhängigen Kostenverteilung dient (AG Köln WuM 1988, 38). Kürzen können allerdings nur die Mieter der betroffenen Nutzungseinheit (Schmid Handbuch der Mietnebenkosten Rn. 6245). **677**

17. Umfasste Kosten

Kosten der zentralen Heizungsanlage einschließlich der Abgasanlage (§ 7 Abs. 2 HeizkostenV): s. Rdn. 109 ff. Die in der BetrKV erwähnten Eichkosten sind in § 7 Abs. 2 HeizkostenV nicht genannt, jedoch ebenfalls nach der HeizkostenV umzulegen. Sie sind Bestandteil der Verwendung der Ausstattungen zur Verbrauchserfassung. **678**

Kosten der Wärmelieferung: s. Rdn. 137 ff. **679**

Kosten des Betriebs der zentralen Warmwasserversorgungsanlage: s. Rdn. 147 ff. Die Betriebskosten für Wassermengenregler sind zwar in § 8 Abs. 2 HeizkostenV nicht erwähnt, jedoch handelt es sich dabei lediglich um ein Redaktionsversehen. Zu den Eichkosten s. Rdn. 678. Die Kosten der Wassererwärmung sind stets nach der HeizkostenV abzurechnen. Die Kosten der Wasserversorgung können auch mit dem Kaltwasser abgerechnet werden (§ 8 Abs. 2 HeizkostenV). **680**

Kosten der Warmwasserlieferung: s. Rdn. 150. **681**

18. Kürzungsrecht

a) Grundsätzliches

Soweit die Kosten der Versorgung mit Wärme oder Warmwasser entgegen den Vorschriften der Heizkostenverordnung nicht verbrauchsabhängig abgerechnet werden, hat der Nutzer das Recht, bei der nicht verbrauchsabhängigen Abrechnung der Kosten den auf ihn entfallenden Anteil um 15% zu kürzen (§ 12 Abs. 1 S. 1 HeizkostenV). **682**

Das Kürzungsrecht besteht nicht im Verhältnis des einzelnen Wohnungseigentümers zur Wohnungseigentümergemeinschaft (§ 12 Abs. 1 S. 2 HeizkostenV). Der vermietende Wohnungseigentümer ist jedoch dem Kürzungsrecht seines Mieters ausgesetzt (Demmer **683**

MDR 1981, 535). Er hat allenfalls Schadensersatzansprüche gegen den Verwalter oder andere Wohnungseigentümer. Dem vermietenden Wohnungseigentümer ist deshalb dringend zu empfehlen, innerhalb der Eigentümergemeinschaft auf die Beachtung der Heizkostenverordnung hinzuwirken.

684 Voraussetzung für das Kürzungsrecht ist, dass entgegen der Heizkostenverordnung nicht verbrauchsabhängig abgerechnet wird. Es entsteht dagegen nicht bei anderen Fehlern der Abrechnung, z.B. bei Unübersichtlichkeit oder bei Zugrundelegung einer falschen Wohnfläche. Hier gelten dann die allgemeinen Grundsätze für eine fehlerhafte Abrechnung. Auf ein Verschulden des Gebäudeeigentümers kommt es für das Kürzungsrecht nicht an (a.A. Gruber NZM 2000, 848, der in § 12 Abs. 1 HeizkostenV einen abstrakt berechneten Schadensersatzanspruch sieht).

b) Einzelfälle

685 **Ausnahmetatbestände**: Kein Kürzungsrecht entsteht beim Vorliegen eines Ausnahmetatbestandes nach § 11 HeizkostenV (BGH GE 2004, 106).

686 **Inklusivmieten und Pauschalen**: Es wird ein fiktiver Heizkostenanteil errechnet und nach Fläche umgelegt und der errechnete Betrag um 15 % gekürzt (vgl. OLG Düsseldorf IMR 2008, 239).

687 **Verbrauchsunabhängige Abrechnung**: Das Kürzungsrecht besteht (AG Bremerhaven WuM 1989, 30), sofern nicht zulässigerweise nach § 9a HeizkostenV abgerechnet wird (oben § 9a Rn. 34.).

688 **Fehlerhaft Abrechnung nach Verbrauch**: Gekürzt werden kann, wenn der Vermieter keine den Vorschriften der HeizkostenV entsprechende Verteilung vornimmt (AG Berlin-Schöneberg GE 1987, 45). Bei der Anwendung falscher Verteilungsmaßstäbe wird allerdings vielfach eine Berichtigung in Betracht kommen. Tatsächliche Fehler, z. B. falsche Wohnflächen, Nichtberücksichtigung beheizbarer Räume (OLG Düsseldorf ZMR 2005, 43) oder Rechenfehler führen nicht zum Kürzungsrecht, sondern sind zu berichtigen.

689 **Messgeräte**: Das Kürzungsrecht besteht, wenn die Messgeräte erst während des Abrechnungszeitraumes angebracht werden (LG Berlin GE 2010, 126), wenn unzulässige Ausstattungen zur Verbrauchserfassung verwendet werden (LG Berlin WuM 1987, 32; LG Meinigen WuM 2003, 453), wenn die Messgeräte fehlerhaft angebracht sind (LG Frankfurt a. M. HKA 1989, 48), sofern nicht zulässigerweise nach § 9a HeizkostenV abgerechnet wird oder wenn vorgeschriebene Eichungen nicht durchführt sind (BayObLG MDR 1998, 708; LG Berlin GE 2007, 1257). Kein Kürzungsrecht entsteht, wenn die Ausstattungen zur Verbrauchserfassung nicht normgerecht sind (str. vgl. Kinne GE 2006, 1278 m.w.N). Entscheidend ist allein, ob die Anforderungen des § 5 Abs. 1 HeizkostenV erfüllt sind.

690 **Leitungsverluste:** Wenn infolge hoher Wärmeverluste durch ungedämmte Leitungen nur 17,8 % des Wärmeverbrauchs durch die Heizkostenverteiler erfasst werden, nimmt das LG Dresden (WuM 2009, 292 m. krit. Anm. Lammel WuM 2009, 726) eine Verteilung allein nach dem Flächenmaßstab vor und gewährt das Kürzungsrecht.

691 **Heizkörperverkleidungen**: Ein Kürzungsrecht besteht, wenn die Verbrauchserfassung durch vermieterseits angebrachte Heizkörperverkleidungen verfälscht wird (LG Hamburg WuM 1991, 561). Hat der Mieter die Verkleidungen angebracht, hat er kein Kürzungsrecht (Kinne GE 2006, 1278). Hier ist jedoch vorrangig auf das Ersatzverfahren nach § 9a HeizkostenV zurückzugreifen (Schmid ZMR 2005, 716)

Voraufteilungen: Fehlerhafte Verbrauchserfassungen für Voraufteilungen begründen ein Kürzungsrecht (Schmid, Handbuch der Mietnebenkosten, Rn. 6308). 692

Verbundene Anlagen: Wenn bei verbundenen Anlagen im Sinne des § 9 HeizkostenV das Volumen des verbrauchten Wassers nicht gemessen wird, obwohl eine solche Messung möglich wäre, und der 18%-Ansatz gewählt wird, kann gekürzt werden (sehr str.; a. A.: LG Freiburg WuM 1994, 397; AG Hamburg HKA 1989, 12). Für Abrechnungszeiträume, die nach dem 31.12.2008 begonnen haben, ist der 18%-Ansatz ohnehin nicht mehr zulässig und führt in jedem Fall zu einem Kürzungsrecht. 693

Sonderfälle des § 9a HeizkostenV: Die Anwendung des § 9a HeizkostenV entspricht der HeizkostenV und begründet deshalb grundsätzlich kein Kürzungsrecht. Deswegen kann nicht gekürzt werden, wenn bei (teilweiser) Unmöglichkeit der ordnungsgemäßen Verbrauchserfassung nach § 9a Abs. 2 HeizkostenV ausschließlich verbrauchsunabhängig abgerechnet (OLG Düsseldorf WuM 2003, 387; a. A. AG Köln WuM 1997, 273) oder ein zulässiges Ersatzverfahren herangezogen wird (BGH ZMR 2006, 123). Ein Kürzungsrecht entsteht, wenn entgegen § 9a HeizkostenV gemessene Werte statt Vergleichswerte in die Abrechnung eingesetzt werden und umgekehrt. Kann § 9a HeizkostenV nicht angewendet werden, weil keine Vergleichswerte vorliegen, kann nach Wohnfläche oder umbauten Raum abgerechnet werden und der Mieter kann kürzen. 694

Mieterwechsel: Gekürzt werden kann, wenn entgegen einer bei einem Mieterwechsel nach § 9b HeizkostenV bestehenden Verpflichtung keine Zwischenablesung vorgenommen wird (LG Köln WuM 1988, 38; AG Berlin-Schöneberg GE 2008, 1499). Dagegen besteht kein Kürzungsrecht, wenn nach § 9b Abs. 3 HeizkostenV wegen Unmöglichkeit einer (hinreichend genauen) Zwischenablesung verbrauchsunabhängig abgerechnet wird (Lefèvre HKA 1989, 10; a. A. LG Hamburg NJW-RR 1988, 907). 695

Formelle Fehler: z. B. mangelnde Nachvollziehbarkeit, machen die Abrechnung als solche mangelhaft, führen aber nicht zu einem Kürzungsrecht (vgl. AG Köln WuM 2001, 449). 696

Treu und Glauben: Kein Kürzungsrecht kann der Mieter geltend machen, wenn feststeht, dass sich der Fehler nicht zum Nachteil des Mieters ausgewirkt haben kann (LG Hamburg HKA 1988, 43). Der Mieter würde in diesen Fällen treuwidrig handeln, wenn er vom Kürzungsrecht Gebrauch macht. Darlegungs- und beweispflichtig ist der Vermieter. Die Geltendmachung des Kürzungsrechts wird auch versagt wegen treuwidrigen Verhaltens des Mieters, wenn sich dieser vor Beginn der Abrechnungsperiode mit einer verbrauchsunabhängigen Abrechnung einverstanden erklärt hat (LG Hamburg WuM 1995, 192). 697

Schätzungen und Hochrechnungen, die von § 9a HeizkostenV nicht gedeckt sind, führen zum Kürzungsrecht (AG Köpenick GE 2008, 1260). 698

c) Wirkung

aa) Höhe

Der Kürzungsbetrag beträgt 15% des auf den Nutzer entfallenden Anteils. Maßgeblich sind die Kosten, die dem einzelnen Nutzer unter Missachtung der Vorschriften der Heizkostenverordnung in Rechnung gestellt werden (Börstinghaus MDR 2000, 1345). Der Prozentsatz ist unabhängig davon, welcher Fehler vorliegt. Insbesondere besteht das volle Kürzungsrecht auch dann, wenn nur der Verbrauch in einem Raum nicht ordnungsgemäß erfasst ist (LG Berlin ZMR 2003, 680). 699

Der Wortlaut von § 12 Abs. 1 S. 1 HeizkostenV (»oder«) lässt jedoch eine Trennung zwischen Heiz- und Warmwasserkosten zu. Betrifft deshalb der Fehler nur die Warmwasser- 700 kosten, können nur diese gekürzt werden, nicht aber die Heizkosten, und umgekehrt (BGH WuM 2005, 657).

701 Die Kürzung erfolgt beim einzelnen Nutzer, nicht bei den Gesamtkosten. Ausgangspunkt für die Kürzung ist also der auf den Nutzer aufgeteilte Betrag (Börstinghaus MDR 2000, 1349).

bb) Geltendmachung

702 Der Nutzer hat lediglich das Recht zur Kürzung. Die Herabsetzung der Kosten tritt deshalb nicht automatisch ein (MieWo/Schmid Erl. zu § 12 HeizkostenV Rn. 3). Die Geltendmachung kann ausdrücklich erfolgen, aber auch durch schlüssiges Verhalten, z.B. durch Zahlung eines geringeren als des geforderten Nachzahlungsbetrages.

703 Eine **Frist für die Geltendmachung** besteht nicht. Da das Kürzungsrecht kein Anspruch i.S.d. § 194 BGB ist, unterliegt es auch nicht der Verjährung. Deshalb kann der Nutzer auch nach Zahlung des geforderten Nachzahlungsbetrages das Kürzungsrecht noch geltend machen. Es fällt dann der Rechtsgrund für die Zahlung des Kürzungsbetrages nachträglich weg mit der Folge, dass dem Nutzer ein Bereicherungsanspruch nach §§ 812 ff. BGB erwächst (MieWo/Schmid Erl. zu § 12 HeizkostenV Rn. 3; a.A. LG Hamburg WuM 2000, 311). Zu beachten ist allerdings, dass der Rückforderungsanspruch auch hier durch Fristablauf ausgeschlossen sein kann. Mit Ablauf der Einwendungsfrist gilt die Abrechnung als richtig. Der Mieter kann sich nicht mehr auf die Unrichtigkeit berufen und damit entfällt das Kürzungsrecht (Schmid ZMR 2002, 730).

d) Sonstige Rechte

704 Durch das Kürzungsrecht werden sonstige Rechte des Mieters nicht ausgeschlossen. Insbesondere bleibt dem Mieter die Möglichkeit des Nachweises, dass er bei korrekter Anwendung der HeizkostenV noch weniger zahlen muss (Schmid Handbuch der Mietnebenkosten, Rn. 6320). Anstelle des Kürzungsrechts kann der Mieter auch Schadensersatz geltend machen, wenn die allgemeinen Voraussetzungen hierfür vorliegen, insbesondere den Vermieter ein Verschulden trifft (vgl. Lammel HeizkostenV § 12 Rn. 30).

VI. Vereinbarung der Nebenkostenabrechnung

1. Grundsätzliches

705 Die Inklusivmiete ist der gesetzliche Ausgangsfall der Mietstruktur (Hinz ZMR 2001, 331). Nebenkosten, deren Umlage nicht wirksam vereinbart oder zulässigerweise durch einseitige Erklärung bestimmt ist, gelten als in der Miete enthalten.

706 Bei preisgebundenem Wohnraum sind die Betriebskosten zwar nicht in der Kostenmiete enthalten, dürfen aber auch dort nur bei entsprechenden rechtsgeschäftlichen Regelungen umgelegt werden. Ein Ansatz von Betriebskosten in der Wirtschaftlichkeitsberechnung ist im öffentlich geförderten sozialen Wohnungsbau und im freifinanzierten Wohnungsbau, der mit Wohnungsfürsorgemitteln gefördert worden ist, nach § 27 Abs. 3 II. BV nicht zulässig.

2. Vereinbarung

a) Vereinbarung der Abrechnung

Aus der Vereinbarung muss sich ergeben, dass die Betriebskosten im Wege einer Abrechnung umgelegt werden. Werden »Abschlagszahlungen« vereinbart, so ist dies auszulegen als Vereinbarung von Vorauszahlungen mit Abrechnungspflicht (AG Lingen/Ems WuM 1996, 714). **707**

Wird eiem Mieterhöhungsverlangen zugestimmt, in dem auch Nebenkostenvorauszahlungen genannt sind und wird in den Folgejahren entsprechend verfahren, liegt ein konkludente Änderung der Mietstruktur vor (LG Hamburg ZMR 2010, 118). **708**

b) Einzelaufzählung der Kostenpositionen

Die umzulegenden Nebenkostenpositionen können im Mietvertrag einzeln aufgeführt werden. Umlegbar sind dann nur die genannten Kostenarten. Positionen, die in der Aufstellung nicht genannt sind, gelten als in der Miete enthalten und können nicht umgelegt werden (LG Köln WuM 1985, 346). **709**

Werden in einer Nebenkostenumlegungsvereinbarung Begriffe verwendet, die in § 2 BetrKV genannt sind, und werden diese Bezeichnungen nicht abweichend definiert, sind die Vertragsklauseln unter Heranziehung der entsprechenden Regelungen des § 2 BetrKV auszulegen. Sie haben dann den gleichen Bedeutungsgehalt wie in der BetrKV. Das gilt auch bei gewerblichen Mietverhältnissen (OLG Düsseldorf DWW 2000, 194). Im Einzelfall kann die Auslegung jedoch einen anderen Willen der Vertragsparteien ergeben (OLG Jena NZM 2002, 70). Zur Auslegung wohnungseigentumsrechtlicher Vereinbarungen und Beschlüsse wurden diese Grundsätze bisher nicht herangezogen (OLG Hamm ZMR 2005, 146). Nach der Neufassung des § 16 Abs. 3 WEG sind jedoch jedenfalls für Beschlüsse nach dieser Vorschrift die mietrechtlichen Begriffe maßgebend. **710**

c) Bezugnahme auf die BetrKV und andere Vorschriften

Es kann als gesicherte obergerichtliche Rechtsprechung (BGH WuM 2004, 290; BayObLG ZMR 1984, 203; OLG Hamm WuM 1997, 542; OLG Celle ZMR 1999, 238; OLG Frankfurt/M. NZM 2000, 757) angesehen werden, dass die Bezugnahme auf § 2 BetrKV für eine wirksame Nebenkostenumlegungsvereinbarung ausreicht, und zwar auch in Formularmietverträgen und auch dann, wenn der Text des § 2 BetrKV dem Mietvertrag nicht beigefügt ist. Hieran hat sich auch durch die Aufnahme des Transparenzgebotes in § 307 Abs. 1 S. 2 BGB nichts geändert (Schmid DWW 2002, 118 [119]; a.A. Pfeilschifter WuM 2002, 73 [75]). Tragender Grund dieser Auffassung ist die Annahme, dass der Begriff der Betriebskosten i.S.d. § 2 BetrKV im Kernbereich und in der Tragweite für Durchschnittsmieter verständlich ist (OLG Frankfurt/M. NZM 2000, 757 = WuM 2000, 411). Da der BGH (WuM 2004, 290) aber ausdrücklich darauf abstellt, dass in § 2 BetrKV (Anlage 3 zu § 27 II. BV a.F.) die Nebenkosten im Einzelnen aufgeführt sind, erscheint es zweifelhaft, ob auch eine Verweisung auf § 19 Abs. 2 WoFG a.F., § 556 BGB (vgl. hierzu Lützenkirchen OLGR Beilage zu 13/2001 S. 8), § 27 II. BV oder schlicht die Verwendung des Begriffs »Betriebskosten« (vgl. hierzu AG Berlin-Charlottenburg GE 2003, 292; Schmid GE 2003, 446) ausreicht (bejahend für Gewerberaummietverhältnisse: KG ZMR 2007, 450). Eine Bezugnahme auf die Anlage 3 zu § 27 II. BV wird als nicht ausreichend angesehen, wenn der Mietvertrag nach Inkrafttreten der BetrKV abgeschlossen wurde (Blum WuM 2010, 13). **711**

Unschädlich ist es auch unter Berücksichtigung des Transparenzgebots (§ 307 Abs. 1 S. 2 BGB), wenn der Betriebskostenkatalog auch Positionen enthält, die sich gegenseitig aus- **712** schließen (vgl. § 2 Nrn. 4–6 und 15 BetrKV) oder die im Mietobjekt (derzeit) nicht anfallen (Schmid DWW 2002, 119; a.A. Pfeilschifter WuM 2002, 76). In der Literatur (Heinrichs NZM 2003, 6 [12]; Hinz ZMR 2003, 77 [79]; Ahlt GuT 2005, 47) wird die Auffassung vertreten, dass letztlich der EuGH über die Wirksamkeit der Bezugnahme entscheiden wird. Es empfiehlt sich deshalb, die einzelnen Betriebskosten in den Vertragstext selbst (Hinz ZMR 2003, 77 [79]) oder in eine Anlage aufzunehmen (vgl. Schmid GE 2003, 446).

713 Der BGH (ZMR 2010, 433; GE 2010, 333) lässt die Bezugnahme auch bei **preisgebundenem Wohnraum** genügen.

714 Wird in einem **Mietvertrag über Geschäftsräume** auf die BetrKV Bezug genommen oder deren Wortlaut dem Vertrag beigefügt, können nur solche Betriebskosten umgelegt werden, die auch bei der Vermietung von Wohnraum anfallen und dort ebenfalls umlegungsfähig sind (OLG Celle ZMR 1999, 238).

d) Bestimmtheit

715 Die umzulegenden Nebenkosten müssen konkret angegeben oder zumindest eindeutig bestimmbar bezeichnet sein (Lützenkirchen WuM 2001, 67 m.w.N.). An die Bestimmtheit der Nebenkostenvereinbarung werden teilweise sehr strenge Anforderungen gestellt. Umlegungsvereinbarungen werden zulasten des Vermieters eng ausgelegt (LG Mannheim ZMR 1994, 22). Es ist der wirkliche Parteiwille zu ermitteln. Waren sich die Parteien einig, dass Nebenkosten im üblichen Umfang umgelegt werden, spricht dies für eine Umlegung der in der BetrKV genannten Kostenpositionen, da eine solche Umlegung in den weit überwiegenden Fällen aller Wohnraumvermietungen üblich ist und die Mindestumlegung in fast allen Geschäftsraummietverträgen darstellt (vgl. Schmid NZM 2000, 1041).

716 Genügen einzelne Regelungen dem Bestimmtheitsgebot nicht, hat dies auf die übrigen Vereinbarungen i.d.R. keinen Einfluss, da anzunehmen ist, dass der Vertrag auch ohne die unwirksamen Teile geschlossen worden wäre (vgl. § 139 BGB; KG GE 2004, 234).

717 Da es keinen feststehenden Begriff der Nebenkosten gibt, wird bei Verwendung dieses Wortes oder ähnlicher nicht fest umrissener Begriffe teilweise eine völlige Unwirksamkeit der Nebenkostenvereinbarung wegen Unbestimmtheit angenommen. Auch hier ist jedoch vorab zu prüfen, ob nicht der Parteiwille zumindest auf die Umlegbarkeit bestimmter Kostenpositionen gerichtet ist. Es ist durchaus nicht fern liegend, dass sich die Parteien im Einzelfall bei Vertragsabschluss darüber einig sind, dass die Betriebskosten nach der BetrKV umgelegt werden sollen und der Begriff Mietnebenkosten oder Nebenkosten, der sich im allgemeinen Sprachgebrauch durchaus häufig findet, lediglich eine unschädliche Falschbezeichnung für den juristisch korrekten Ausdruck Betriebskosten ist (Schmid NZM 2001, 1042). Die Umlegung bestimmter Nebenkosten kann sich auch aufgrund eines festgestellten Minimalkonsenses ergeben (OLG Düsseldorf DWW 2000, 196).

718 Nach der Rechtsprechung des BGH (NZM 2004, 290 und 292) ist die Umlegung »sonstiger Betriebskosten« nach § 2 Nr. 17 BetrKV nur insoweit wirksam vereinbart, als die jeweiligen Kostenarten einzeln bezeichnet sind.

719 Die Vereinbarung muss bereits bei Vertragsschluss ausreichend bestimmt sein. Spätere Erläuterungen, z.B. bei Überbringung der Abrechnung, können den Mangel der ausreichenden Vereinbarung nicht mehr heilen (LG Aachen WuM 1997, 471). Eine umfangreiche Einzelfallaufstellung findet sich bei Schmid Handbuch der Mietnebenkosten, Rn. 3018 ff.).

e) Neue Betriebskosten

aa) Grundsätzliches

Neu sind alle Betriebskosten, die bei Abschluss des Mietvertrages noch nicht angefallen sind oder deren Umlegung bei Wohnraummietverhältnissen neu zugelassen wird. Wird ein Untermietvertrag abgeschlossen, der hinsichtlich der Betriebskosten auf den Hauptmietvertrag Bezug nimmt, kommt es im Verhältnis Hauptmieter/Untermieter auf den Zeitpunkt des Abschlusses des Untermietvertrages an (OLG Naumburg GuT 2006, 131). **720**

Die Maßnahme, die zum Entstehen der neuen Betriebskosten führt, muss nicht einer wirtschaftlichen oder praktischen Notwendigkeit entsprechen. Es besteht grundsätzlich eine freie Entscheidungsbefugnis des Vermieters. Dieser muss sich lediglich an die Grundsätze einer ordnungsgemäßen Bewirtschaftung halten (BGH WuM 2004, 290 [291]). Neue Kosten, die unter Verstoß gegen den Wirtschaftlichkeitsgrundsatz entstehen, sind nicht umlegbar (BGH ZMR 2007, 25 = GE 2006, 1473). **721**

bb) Nicht preisgebundener Wohnraum

Die Parteien können über die Umlegung neuer Betriebskosten nach deren Entstehen eine Vereinbarung treffen. Es kann auch bereits im Mietvertrag die Umlegbarkeit neuer Betriebskosten vereinbart werden (BGH ZMR 2007, 25 = GE 2006, 1473). Eine solche Vereinbarung ist jedoch nicht Voraussetzung für die Umlegung neuer Betriebskosten (Beuermann GE 2007, 405; Blank NMZ 2008, 745 [746]; a.A. AG Berlin-Neukölln GE 2007, 455; Schach GE 2006, 1436, der jedoch bereits die Erwähnung der BetrKV im Mietvertrag für ausreichend erachtet). **722**

Besteht keine Vereinbarung sind die Grundsätze der ergänzenden Vertragsauslegung maßgebend (OLG Köln ZMR 1995, 69). Von der analogen Anwendung des § 560 Abs. 1 BGB (so noch BGH WuM 2004, 290) ist der BGH stillschweigend abgerückt (BGH ZMR 2007, 851 = ZfIR 2007, 669 m. Anm. Schmid). Es kommt deshalb darauf an, was die Parteien redlicherweise vereinbart hätten, wenn sie die neuen Betriebskosten bedacht hätten. Ist eine Betriebskostenumlegung in höchstzulässigem Umfang vereinbart, spricht dies dafür, dass auch die neuen Betriebskosten als umlegungsfähig vereinbart worden wären. Nicht gefolgt werden kann deshalb der Auffassung des LG Landau i.d. Pfalz (WuM 2001, 613), das eine erweiterte Umlegung nur zulassen will, wenn der Mietvertrag einen entsprechenden Vorbehalt enthält. Die Erwähnung nur einzelner Betriebskostenarten deutet darauf hin, dass auch künftig nur diese Positionen umlegungsfähig sein sollen. **723**

cc) Preisgebundener Wohnraum

Die Umlegung neuer Betriebskosten erfolgt durch eine begründete Mieterhöhung nach §§ 20 Abs. 4 S. 1, 4 Abs. 7 NMV 1970, § 10 WoBindG (AG Wuppertal ZMR 1984, 372). Die Umlegungsmöglichkeit kann vertraglich ausgeschlossen werden. **724**

dd) Geschäftsräume

Die Grundsätze der ergänzenden Vertragsauslegung gelten auch bei der Geschäftsraummiete. Allerdings kann hier bei einer vereinbarten Umlegung von Nebenkosten über den Bereich der Betriebskosten hinaus i.d.R. nicht von einer Umlegbarkeit ausgegangen werden (Schmid Handbuch der Mietnebenkosten, Rn. 3033b). Maßgeblich sind jedoch immer die Umstände des Einzelfalls. **725**

ee) Einzelfälle

726 Die neue Kostenart ist **im Mietvertrag als umlegungsfähig enthalten,** solche Kosten sind jedoch bisher nicht angefallen, z.B. Einstellung eines Hauswarts erst während des Mietverhältnisses. Da bereits eine Vereinbarung vorliegt, sind die neuen Kosten umlegbar (BGH WuM 2004, 290). Eine solche Vereinbarung ist auch in Formularverträgen wirksam (Schmid DWW 2002, 119; a.A. Pfeilschifter WuM 2002, 76). Es wird empfohlen, eventuell später anfallende Betriebskosten i.S.d. § 2 Nr. 17 BetrKV vorsorglich bereits im Mietvertrag zu bezeichnen (Bayer GE 2007, 950 [954]).

727 In einer vorgedruckten Aufzählung ist die nunmehr anfallende **Betriebskostenposition gestrichen**. Es muss durch Auslegung ermittelt werden, ob die Streichung nur dem Hinweis gedient hat, dass diese Kosten damals nicht angefallen sind, oder ob ein Ausschluss auch für die Zukunft gewollt war (AG Leverkusen NJW-RR 1994, 400). Eine Vermutung für eine künftige Umlegbarkeit besteht nicht (a.A. AG Leverkusen NJW-RR 1994, 400), kann aber dadurch begründet werden, dass alle damals angefallenen Betriebskosten als umzulegen vereinbart wurden.

728 Sind **einzelne Nebenkostenpositionen enumerativ aufgezählt**, obgleich bei Vertragsschluss auch andere Kosten angefallen sind, spricht dies dafür, dass es bei der Umlegung der genannten Kosten auch für die Zukunft sein Bewenden haben soll.

729 Wird die Umlegung einer bestimmten Betriebskostenart **gesetzlich neu zugelassen**, entspricht es dem zu vermutenden Parteiwillen, dass diese Kosten umlegbar sein sollen, wenn bisher alle Betriebskostenpositionen als umlegungsfähig vereinbart waren. Ansonsten wird man eine gesonderte Vereinbarung verlangen müssen. Ob auch dynamische Verweisungsklauseln auf die Anlage 3 zu § 27 Abs. 1 II. BV bzw. die BetrKV zulässig sind (vgl. Gather DWW 2000, 299) erscheint nicht unzweifelhaft, ist aber im Ergebnis zu bejahen (vgl. BGH JZ 2002, 354 ff.). Eine bloße Verweisung oder Bezugnahme auf § 2 BetrKV (Anlage 3 zu § 27 II. BV) sieht der BGH (DWW 2006, 235) nur als statische Verweisung an.

730 **Modernisierungen** i.S.d. § 554 Abs. 2 S. 1 BGB haben unter Umständen das Entstehen neuer Betriebskosten zur Folge, z.B. bei Einbau eines Lifts (BGH NJW-RR 2004, 586 [587]; a.A. LG Berlin GE 2007, 597) oder bei Umstellung von Einzelöfen auf Zentralheizung (AG Hamburg WuM 2000, 82). Für die Betriebskosten gilt nicht § 559 BGB. Es ist auch nicht von einer Verpflichtung des Mieters zu einer gesonderten Vereinbarung auszugehen (Schmid Handbuch der Mietnebenkosten, Rn. 3035c; a.A. Kinne MDR 2002, 142). Maßgeblich ist auch hier die ergänzende Vertragsauslegung. Erspart sich der Mieter eigene Aufwendungen oder hat er einen sonstigen Vorteil, ist im Zweifel von einer Umlegbarkeit der neuen Kosten auszugehen (vgl. LG Berlin NZM 2002, 64). Dem Vermieter erwächst ein unmittelbarer Zahlungsanspruch (LG Berlin NZM 2002, 64).

f) Rückwirkungsklauseln

731 Für **preisgebundenen Wohnraum** ist die rückwirkende Erhöhung von Betriebskosten in §§ 20 Abs. 4, 4 Abs. 7 S. 1 NMV 1970, § 10 Abs. 3 WoBindG geregelt. Eine besondere vertragliche Rückwirkungsklausel ist deshalb entbehrlich, eine zum Nachteil des Mieters abweichende Vereinbarung unwirksam.

732 Bei Mietverhältnissen über **preisfreien Wohnraum** enthält § 560 Abs. 2 S. 2 BGB eine Rückwirkungsregelung für Betriebskostenpauschalen. Diese Regelung ist auf abzurechnende Betriebskosten nicht anzuwenden (a.A. zum früheren § 4 Abs. 3 MHG: BGH ZMR 1993, 263). Bei abzurechnenden Betriebskosten können rückwirkende Erhöhungen aufgeteilt auf die Abrechnungszeiträume in die jeweiligen Abrechnungen einbezogen

werden. Sind die Abrechnungen bereits erstellt, gelten die Grundsätze über die Änderung der Abrechnung. Da insoweit kein gesetzliches Nachforderungsverbot besteht, sind auch Klauseln wirksam, die in diesem Rahmen eine Umlegung rückwirkend erhöhter Betriebskosten zulassen (Schmid Handbuch der Mietnebenkosten, Rn. 3037; a.A. LG Limburg WuM 1999, 219 ff.).

Bei der **Geschäftsraummiete** bestehen gegen eine Vertragsklausel, die den Mieter verpflichtet, bei einer Erhöhung oder Neueinführung von Betriebskosten den Mehrbetrag vom Zeitpunkt der Entstehung der Mehrbelastung an zu bezahlen, keine Bedenken (OLG Frankfurt/M. NZM 2000, 243 = DIV 1999, 112 m Anm. Schmidt; OLG Celle ZMR 1999, 238). Dies gilt unabhängig davon, ob die Erhöhung voraussehbar war oder nicht (Schmidt MDR 1999, 1297). **733**

3. Bekanntgabepflicht bei preisgebundenem Wohnraum

Art und Höhe der umzulegenden Betriebskosten sind dem Mieter bei Überlassung der Wohnung bekannt zu geben (§ 20 Abs. 1 S. 3 NMV 1970). Dies wird von der ganz h.M. (vgl. z.B. LG Köln WuM 1991, 259) dahin interpretiert, dass die Mitteilung bereits bei Abschluss des Mietvertrages zu erfolgen hat. Die Angabe der Art der Kosten erfordert, dass die einzelnen umzulegenden Betriebskostengruppen – i.d.R. nach dem Schema des § 2 BetrKV–genannt werden (OLG Oldenburg ZMR 1997, 416). Eine Bezugnahme auf die Anlage 3 zu § 27 II. BV – jetzt BetrKV – ist ausreichend (BGH GE 2010, 333). Die Höhe der ungefähr zu erwartenden Kosten kann durch den Gesamtbetrag der geforderten Vorauszahlungen mitgeteilt werden; einer Aufschlüsselung der Vorauszahlungen auf die einzelnen Betriebskosten bedarf es nicht (BGH GE 2010, 333). **734**

Nicht geregelt sind die Folgen einer unterbliebenen Mitteilung. Die h.M. (OLG Oldenburg ZMR 1997, 416 m.w.N.; offengelassen von BGH GE 2010, 333 = ZMR 2010, 433) versagt dem Vermieter für die erste Abrechnungsperiode für nicht spezifizierte Betriebskosten die Umlegung. Eine nachträgliche Mitteilung kann den Mangel nicht rückwirkend heilen. Auch eine bloße Übersendung der Betriebskostenabrechnung genügt nicht (LG Itzehoe ZMR 2010, 41; a.A. LG Berlin GE 2010, 204). Da die Umlegung zunächst unwirksam ist, ist eine Erhöhungserklärung nach § 10 WoBindG erforderlich (LG Trier DWW 2004, 153). Auch eine solche Erhöhung wird jedoch mit dem Argument ausgeschlossen, dass dem Mieter die Höhe der Betriebskosten bereits bei Anmietung bekannt sein muss (LG Itzehoe ZMR 2010, 41). **735**

4. Einseitige Festlegung durch den Vermieter

a) Beitrittsgebiet

Im Gebiet der ehemaligen DDR konnte bis 31. 12. 1997 der Vermieter durch einseitige Erklärung Betriebskosten auf den Mieter umlegen. Aus der Erklärung musste klar erkennbar sein, welche Kosten umgelegt werden; eine Erläuterung war nicht erforderlich (BGH WuM 2006, 686). Diese Umlegungserklärungen bleiben wirksam (Art. § 229 § 3 Nr. 4 EGBGB i.V.m. § 14 MHG a.F.). Die einseitig getroffenen Regelungen stehen einer vertraglichen Vereinbarung gleich. Eine Bindung an die früher geltenden Kappungsgrenzen und Abrechnungsmaßstäbe besteht nicht mehr (LG Stendal ZMR 2004, 42). **736**

b) Preisgebundener Wohnraum

Die Betriebskostenumlegung kann vertraglich geregelt werden. Eine Vereinbarung ist aber hier im Hinblick auf § 10 WoBindG nicht notwendig (OLG Hamm WuM 1997, 542, **737**

543; LG Hamburg WuM 1994, 196). Es genügt eine einseitige Erklärung des Vermieters. Deren Zulässigkeit und Wirkung richten sich nach § 10 WoBindG. Beim Wegfall der Preisbindung gilt die einseitig festgelegte Betriebskostenumlegung weiter. Änderungen können aber nicht mehr nach § 10 WoBindG erfolgen (Schmid Handbuch der Mietnebenkosten, Rn. 3056).

5. Änderung

a) Änderungsvertrag

738 Die Mietparteien können die Vereinbarung über die Mietnebenkostenumlegung einvernehmlich ändern, und zwar auch dann, wenn damit eine Erhöhung der Gesamtmiete verbunden ist (vgl. § 557 Abs. 1 BGB). Sehr weit gehend nehmen dabei das AG München und LG München I (NZM 2004, 421) bei einer Einbeziehung weiterer Betriebskosten in die Abrechnung eine Aufklärungspflicht des Vermieters an und lassen bei einer Verletzung der Aufklärungspflicht die Anfechtung nach § 123 BGB zu.

739 Die Änderungsvereinbarung kann auch stillschweigend geschlossen werden. Der *BGH* (WuM 2007, 694 = NJW 2008, 283 = GE 2008, 534 = ZMR 2008, 107 m. Anm. Schmid) verlangt für eine stillschweigende Vertragsänderung, dass aus der Sicht des Mieters der Übersendung einer Betriebskostenabrechnung, die vom Mietvertrag abweicht, der Wille des Vermieters erkennbar sein muss, eine Änderung des Mietvertrages herbeizuführen. Der Vermieter muss nach den Gesamtumständen davon ausgehen können, dass der Mieter einer Umlegung weiterer Betriebskosten zustimmt. Das ist meistens nicht der Fall. Die Übersendung einer Abrechnung stellt sich für den Mieter ohne irgendwelche Besonderheiten nur als das Ergebnis der Anwendung der bisherigen Vereinbarungen dar und er zahlt in der Vorstellung, hierzu verpflichtet zu sein. Auf beiden Seiten kann kein rechtsgeschäftlicher Änderungswille angenommen werden. Ein sorgfältiger Erklärungsempfänger darf normalerweise nicht darauf vertrauen, dass einem unbegründetem Anspruchsbegehren auch künftig entsprochen wird (*BGH* NJW 2006, 54 [56]). Erst recht kann aus einer bloßen Untätigkeit des zur Abrechnung verpflichteten Vermieters nicht die Änderung einer Regelung betreffend die Abrechnung der Betriebskosten in eine Pauschalabgeltungsregelung abgeleitet werden (*BGH* ZMR 2008, 443 = DWW 2008, 175 = WuM 2008, 225).

740 Damit verleiben für eine stillschweigende Vertragsänderung nur wenige besonders gelagerte Ausnahmefälle (*Schach* GE 2008, 524). Hierfür ist es erforderlich, dass über die bloße Abrechnung hinaus Umstände vorliegen, aus denen der Mieter erkennen kann, dass sich gegenüber dem bisherigen Vertragszustand etwas ändern soll.

741 Ein Änderungsvertrag zu Gunsten des Mieters ist nicht schon dann anzunehmen, wenn der Vermieter versehentlich bestimmte Betriebskosten über Jahre hinweg nicht abrechnet (*AG Dachau* ZMR 1998, 441).In einer Zustimmung zu einem Mieterhöhungsverlangen nach §§ 558 ff. BGB liegt keine Zustimmung zu einer darin versteckten Umstellung von einer Betriebskostenpauschale zu abzurechnenden Betriebskosten (LG Berlin GE 2009, 783).

742 Anders gelagert sind die Fälle, in denen der Abrechnung und Zahlung nur eine klarstellende Funktion beigemessen wird. Haben die Parteien zunächst nur mündlich und unspezifiziert die Betriebskostenumlegung vereinbart, hat der Vermieter dann eine schriftliche Konkretisierung vorgenommen und der Mieter vorbehaltlos die Vorauszahlungen geleistet, so liegt darin das Einverständnis mit der Vereinbarung (*LG Koblenz* WuM 1990, 312; *LG Saarbrücken* NZM 1999, 408 für die Vereinbarung einer Miete »kalt«). Das kann auch dann angenommen werden, wenn eine ursprünglich zu unbe-

stimmte Vereinbarung durch eine Abrechnung konkretisiert wird, die der Mieter ausgleicht (*OLG Düsseldorf* NZM 2002, 700; *LG Berlin* GE 2002, 1566). Besteht eine klare Vereinbarung und ist lediglich die Abrechnung fehlerhaft, weil zusätzliche Betriebskosten abgerechnet werden, fehlt es zumindest auf Seiten des Mieters an einem Rechtsbindungswillen für die Änderung (*LG Darmstadt* WuM 1989, 582; *AG Mannheim* DWW 2002, 36), auch wenn die Abrechnungen über mehrere Jahre hinweg akzeptiert wurden (*LG Mannheim* NZM 1999, 365; a. A. *AG Köln* DWW 2008, 260). Umgekehrt kann auch der Mieter nicht von einer Vertragsänderung zu seinen Gunsten ausgehen, wenn der Mieter über mehrere Jahre bestimmte Betriebskosten nicht umlegt (a. A. auf Grund der früheren Rechtsprechung des *BGH* konsequent: *AG Gießen* NJW-RR 2005, 309).

Die jahrelange Praktizierung eines Abrechnungsverhaltens kann jedoch bei einer unklaren Regelung einen entscheidenden Anhaltspunkt dafür gegeben, was die Parteien selbst unter der Regelung verstanden und damit gewollt haben (*OLG Düsseldorf* ZMR 2003, 22 [23] und IMR 2008, 239 m. Anm. *Bolz*). **743**

Wird ein tatsächliches Verhalten als stillschweigende Zustimmung gedeutet, obwohl ein Erklärungsbewusstsein fehlt, so ist eine Willenserklärung abgegeben. Es besteht ein Anfechtungsrecht analog § 119 BGB. Da die Anfechtung nach § 121 Abs. 1 BGB nur unverzüglich erklärt werden kann, empfiehlt sich eine vorsorgliche sofortige Anfechtung, wenn die Möglichkeit der Annahme einer Vertragsänderung erkannt wird (*Schmid* NZM 2003, 58). **744**

b) Anspruch auf Änderung

Nur in ganz besonders gelagerten Ausnahmefällen kann der Vermieter zur Vermeidung von Unzuträglichkeiten einen Anspruch auf Zustimmung zu einer Vertragsänderung gemäß § 242 BGB haben (AG Frankfurt/O. WuM 1997, 432; a.A. AG Kerpen WuM 1997, 471 jeweils zu Reinigungspflichten des Mieters). Bloße Verwaltungsprobleme infolge einer unzweckmäßigen Vertragsgestaltung reichen hierfür nicht (AG Frankfurt/O. WuM 1997, 432). **745**

VII. Vorauszahlungen

1. Grundsätzliches

Eine gesetzliche Verpflichtung des Mieters zur Leistung von Vorauszahlungen besteht nicht (BayObLG WuM 1994, 694, 695). Von der Erhebung von Vorauszahlungen kann auch abgesehen werden (BGH NJW 2004, 1112 = NZM 2004, 251; LG Potsdam NZM 2005, 303). Rückständige Vorauszahlungen können auch nach Beendigung des Mietverhältnisses bis zum Eintritt der Abrechnungsreife verlangt werden (OLG Düsseldorf DWW 2004, 87). **746**

2. Vereinbarung

Notwendige Voraussetzung für eine Vorauszahlungspflicht ist, dass die Betriebskostenumlegung als solche wirksam ist. Für nicht geschuldete Kosten können auch keine Vorauszahlungen verlangt werden (AG Neuss DWW 1997, 77 = ZMR 1997, 305). Die Vorauszahlungsvereinbarung kann auch durch schlüssiges Verhalten, insbesondere durch Zahlung zustande kommen (vgl. OLG Düsseldorf GE 2005, 1486). **747**

3. Einseitige Bestimmung

748 Vorauszahlungen kann der Vermieter in folgenden Fällen durch einseitige Erklärung verlangen (Schmid Handbuch der Mietnebenkosten, Rn. 3072 ff.):

Bei preisgebundenem Wohnraum ebenso wie bei der einseitigen Festlegung der Betriebskostenumlegung. Durch eine vertragliche Regelung ohne Änderungsvorbehalt wird jedoch das einseitige Bestimmungsrecht ausgeschlossen.

Bei preisfreiem Wohnraum beim Übergang zur verbrauchsabhängigen Abrechnung. Ferner bei der Durchführung von Modernisierungsmaßnahmen, wenn hierdurch umlegbare Betriebskosten entstehen. Die Möglichkeit der einseitigen Festsetzung von Vorauszahlungen ist Annex zur einseitigen Umlegungsmöglichkeit, da die laufenden Kosten grundsätzlich durch die laufenden Einnahmen gedeckt werden sollen.

Bei allen Mietverhältnissen, wenn eine entsprechende vertragliche Vereinbarung besteht. Ferner, wenn zu einer verbrauchsabhängigen Abrechnung nach der HeizkostenV übergegangen wird.

4. Fälligkeit

749 Ebenso wie die Nebenkosten als solche sind auch die Nebenkostenvorauszahlungen Bestandteil der Miete. Soweit nichts anderes vereinbart ist, sind deshalb die Nebenkostenvorauszahlungen zusammen mit der Grundmiete zu entrichten.

5. Angemessenheit

a) Grundsatz

750 Die Vorauszahlungen müssen angemessen sein. Für Wohnraum ist dies ausdrücklich in § 556 Abs. 2 S. 2 BGB und in § 20 Abs. 3 S. 1 NMV geregelt. Auf andere Mietverhältnisse sind diese Vorschriften entsprechend anzuwenden, da sie Ausdruck des allgemeinen Rechtsgedankens sind, dass Vorauszahlungen den Abrechnungsbetrag tunlichst nicht übersteigen sollen (Schmid GE 2001, 1027).

751 Angemessen sind die Vorauszahlungen, wenn die zu erwartenden Kosten ungefähr gedeckt werden. Die Angemessenheit wird nicht dadurch ausgeschlossen, dass gewisse Überzahlungen eintreten können, weil künftige Kosten nie genau kalkuliert werden können (BayObLG WuM 1995, 694). Der Vermieter hat einen gewissen Beurteilungsspielraum. Die Grenze der Angemessenheit wird überschritten, wenn durch die Vorauszahlungen erhebliche Zinsgewinne bzw. Zinsverluste entstehen (Warbeck GE 1981, 996). Abzustellen ist bei der Angemessenheitsprüfung grundsätzlich auf die jeweilige Mieteinheit, nicht auf das gesamte Mietobjekt.

b) Zu niedrige Vorauszahlungen

aa) Grundsätzliches

752 Die bloße Vereinbarung von Vorauszahlungen schafft für den Mieter keinen Vertrauenstatbestand dahin, dass die Vorauszahlungen in etwa die anfallenden Nebenkosten abdecken (BGH NJW 2004, 1102 = NZM 2004, 251 = GE 2004, 416; AG Hamburg ZMR 2001, 628).

bb) Arglisteinwand, Treu und Glauben

Etwas anderes hat allerdings dann zu gelten, wenn der Vermieter vor oder bei Abschluss des Mietvertrages im Mieter den Eindruck erweckt, dass die Vorauszahlungen die Kosten ungefähr decken, um dem Mieter ein besonders günstiges Angebot vorzutäuschen (BGH NJW 2004, 1102 = NZM 2004, 251; LG Frankfurt/M. NZM 2002, 485). In diesem Fall kann dem Vermieter der Einwand der Arglist entgegengehalten werden. **753**

Der Arglisteinwand erfordert nur den vom Mieter zu erbringenden Nachweis einer vorsätzlichen Täuschung. Bedingter Vorsatz oder falsche Angaben »ins Blaue Hinein« genügen (Schmid DWW 2004, 288). Da es sich um keinen Schadensersatzanspruch handelt, kommt es nicht darauf an, wie sich der Mieter ohne die Täuschung verhalten hätte. In solchen Fällen wird man i.d.R. dem Vermieter einen Nachzahlungsbetrag, der 20% der Vorauszahlungen übersteigt, versagen müssen (Schmid DWW 2004, 288). **754**

cc) Anfechtung

Eine arglistige Täuschung über die Höhe der Nebenkosten gibt dem Mieter ein Anfechtungsrecht nach § 123 BGB (LG Berlin ZMR 1999, 637). Eine Anfechtung bringt aber den gesamten Mietvertrag zu Fall (§§ 142, 139 BGB). Allein der Umstand, dass der Vermieter nicht von sich aus darauf hinweist, dass die Vorauszahlungen nicht kostendeckend sind, begründet noch keine arglistige Täuschung (OLG Rostock ZMR 2009, 527 = IMR 2009, 121). **755**

dd) Kündigung

Ein Recht des Mieters zu einer fristlosen Kündigung nach § 543 BGB kommt in Betracht, wenn der Gesamtbetrag der Zahlungen unter Berücksichtigung der Nachzahlungen für den Mieter unzumutbar hoch ist (vgl. LG Düsseldorf NZM 2002, 604). Die Unzumutbarkeit kann sich auch aus dem arglistigen Verhalten des Vermieters ergeben, wenn die Vorauszahlungen bewusst zu niedrig angesetzt wurden (Lützenkirchen WuM 2004, 64). Eine Kündigung führt allerdings zum Verlust der Mieträume. **756**

ee) Schadensersatz

Ein Verschulden bei Vertragsschluss liegt nicht bereits in der Vereinbarung von zu niedrigen Vorauszahlungen, sondern ist nur zu bejahen, wenn besondere Umstände hinzutreten, z.B. eine Täuschung oder eine Zusicherung (BGH NJW 2004, 1102) oder eine ausdrückliche Bezeichnung der Vorschüsse als angemessen (AG Wismar ZMR 2004, 200 [201]). Für einen Schadensersatzanspruch fehlt es jedoch i.d.R. an einem Schaden, da die tatsächlich angefallenen Kosten geschuldet sind und geringere Vorauszahlungen den Mieter nur begünstigen (LG Düsseldorf NZM 2002, 604; LG Berlin GE 2003, 121). Bereits vom Ansatz her verfehlt ist deshalb der Schluss von einer schuldhaft fehlerhaften Angabe des Vermieters auf einen Schaden (so jedoch AG Hannover WuM 2003, 327). Der BGH (NJW 2004, 1102) hat es offen gelassen, ob der Schadensersatzanspruch auch auf Freihaltung von den die Vorauszahlungen überschreitenden Kosten gerichtet sein kann (bejahend AG Wismar ZMR 2004, 200; Lehmann-Richter WuM 2004, 254; differenzierend Blank WuM 2004, 246). **757**

Zu ersetzen ist jedoch ein Schaden, wenn ohne den Irrtum über die wirklichen Kosten der Vertrag so nicht zustande gekommen wäre (BGH ZMR 1998, 610, 611). Ein Schadensersatzanspruch erfordert deshalb die Feststellung, dass der Mietvertrag jedenfalls zu diesen Bedingungen nicht abgeschlossen worden wäre, wenn die wirklichen Kosten bekannt gewesen wären und dass der Mieter eine günstigere Anmietung hätte vornehmen können (vgl. LG Berlin ZMR 1999, 637; AG Dortmund DWW 1990, 182) oder dass der Mieter von der Anmietung Abstand genommen hätte (BGH ZMR 1988, 610, 611; LG **758**

Frankfurt/M. NZM 2002, 485). Hierzu kann entgegen der Auffassung des LG Berlin (ZMR 1999, 637) nicht unterstellt werden, dass die vereinbarten Vorauszahlungen bei einem langjährigen Mietverhältnis keine Bedeutung für den Mieter haben. Zwar ist mit Veränderungen stets zu rechnen. Ein niedriger Anfangsbetrag indiziert aber auch für die Zukunft relativ niedrige Kosten (Schmid Handbuch der Mietnebenkosten, Rn. 3083a).

759 Als Schaden angesehen werden kann auch der Vertragsschluss als solcher. Das führt dann über § 249 Abs. 1 BGB dazu, dass der Vertrag auf Verlangen des Mieters rückgängig zu machen ist (Palandt/Grüneberg § 311 Rn. 24 und 42). Voraussetzung ist, dass die Höhe der Nebenkostenvorauszahlung kausal für den Abschluss des Mietvertrages war. Außerdem führt diese Lösung zum Verlust der Mieträume.

ff) Umdeutung in eine Pauschale

760 Die Umdeutung zu niedrig angesetzter Vorauszahlungen in eine Betriebskostenpauschale widerspricht dem Willen der Parteien bei Vertragsabschluss und lässt sich auch nicht mit einem Schadensersatzanspruch begründen (Schmid Handbuch der Mietnebenkosten, Rn. 3085; a.A. AG München ZMR 2000, 620 mit abl. Anm. Geldmacher ZMR 2000, 837).

gg) Zusicherung

761 Wird zugesichert, dass die Vorauszahlungen den Abrechnungsbetrag decken, kann der Vermieter keine Nachforderungen erheben (Lehmann-Richter WuM 2004, 254). Eine Zusicherung muss ausdrücklich und unmissverständlich sein. Die bloße Mitteilung einer Berechnung reicht hierfür nicht aus (LG Berlin GE 2000, 893). Der Umfang der Zusicherung ergibt sich aus der Vertragsauslegung im Einzelfall. Danach ist auch zu beurteilen, ob sich die Zusicherung nur auf den ersten oder auch weitere Abrechnungszeiträume erstreckt und ob sie auch im Falle unvorhersehbarer Kostensteigerungen gilt. Ist die Zusicherung schuldhaft falsch, liegt auch ein Verschulden bei Vertragsschluss vor (BGH NJW 2004, 1102).

c) Zu hohe Vorauszahlungen

762 Sind die Vorauszahlungen von vorneherein unangemessen hoch, so ist die Vereinbarung unwirksam, soweit sie die angemessene Höhe überschreitet. In der angemessenen Höhe bleibt die Vereinbarung wirksam (BayObLG WuM 1995, 694, 695).

6. Erhöhung der Vorauszahlungen

a) Vertragliche Regelung

763 aa) Die Mietvertragsparteien können jederzeit im Rahmen der Angemessenheit eine Erhöhung der Betriebkostenvorauszahlungen frei vereinbaren. § 560 Abs. 6 BGB schließt eine solche Vereinbarung nicht aus, da für vertragliche Regelungen § 557 Abs. 1 BGB vorgeht (Schmid WuM 2001, 425).

b) Einseitige Erhöhung durch den Vermieter

aa) Preisfreier Wohnraum

764 § 560 Abs. 4 BGB ermöglicht eine Erhöhung der Betriebskostenvorauszahlungen durch **einseitige Erklärung** (AG Hamburg-Bergedorf NZM 2002, 435). Die Vorschrift gilt nur für *preisfreien Wohnraum* mit Ausnahme der in § 549 Abs. 2 und 3 BGB genannten besonderen Mietverhältnisse.

(1) Voraussetzungen

Es müssen **Betriebskostenvorauszahlungen vereinbart** sein. § 560 Abs. 4 BGB ermöglicht es nicht, erstmals Vorauszahlungen festzulegen (Both NZM 2009, 894 [897]). Der Vereinbarung steht es gleich, wenn die Betriebskostenvorauszahlungen ausnahmsweise durch einseitige Erklärung festgelegt worden sind, da eine solche Festlegung für die Zukunft einer Vereinbarung gleichsteht. 765

Die Erhöhungsmöglichkeit als solche muss nicht vereinbart, darf aber **nicht vertraglich ausgeschlossen** oder beschränkt sein (§ 557 Abs. 3 BGB). 766

Die Erhöhung ist nur **nach einer Abrechnung** möglich. Dabei wird man auf jeden Fall verlangen müssen, dass die Abrechnung zumindest formell wirksam ist (AG Hamburg-Bergedorf NZM 2002, 435; AG Dortmund WuM 2004, 148). Inhaltliche Fehler betreffen die Wirksamkeit der Abrechnung nicht (BGH ZMR 2005, 121). Sie berühren deshalb das Erhöhungsrecht nicht (BGH NJW 2008, 508 = NZM 2008, 121), können aber bei der Prüfung der Angemessenheit zu berücksichtigen sein. Sinnvoll wäre es, die Anpassung der Betriebskostenvorauszahlungen an der Abrechnung für den letzten abgelaufenen Abrechnungszeitraum zu orientieren. Nach dem Gesetzeswortlaut genügt aber jedwede vorangegangene Abrechnung. Es kann deshalb aus dem Gesetz nicht abgeleitet werden, dass eine Erhöhung nur möglich ist, wenn bereits für den letzten Abrechnungszeitraum abgerechnet ist. Auch eine nach § 556 Abs. 3 S. 2 BGB verspätete Abrechnung für eine frühere Abrechnungsperiode kann Grundlage einer Erhöhung sein(LG Berlin ZMR 2010, 115). Die Erhöhung wird deshalb auch nicht dadurch ausgeschlossen, dass für einen späteren Abrechnungszeitraum bereits Abrechnungsreife eingetreten ist (a.A. AG Hamburg-Bergedorf NZM 2002, 435 = ZMR 2002, 675 mit abl. Anm. Schmid). 767

Eine **gleichzeitige Mitteilung der Erhöhungserklärung mit der Abrechnung** ist als zulässig anzusehen, da eine gesonderte Versendung einen Tag später eine unnötige Förmelei wäre (AG Dortmund WuM 2004, 148; Both NZM 2009, 894 [898]). 768

Nicht als Erhöhungsvoraussetzung festgeschrieben ist, dass sich die **Angemessenheit** der künftigen Vorauszahlungen gerade **aus der Abrechnung** ergibt (a.A. Both NZM 2009, 894 [898]). Es ist deshalb nicht Voraussetzung für die Erhöhung, dass die Abrechnung mit einer Nachzahlung endet (Derckx NZM 2004, 325; a.A. LG Berlin NZM 2004, 339; AG Hamburg-Bergedorf NZM 2002, 435 = ZMR 2002, 675 mit abl. Anm. Schmid). 769

§ 560 Abs. 4 BGB beschränkt sich darauf, die Abrechnung zur Voraussetzung für eine Erhöhungserklärung zu machen. Da **eine zeitliche Begrenzung** nicht besteht, ist ein zeitlicher Zusammenhang mit dem Zugang der Abrechnung an den Mieter nicht erforderlich. Der Vermieter kann deshalb nach einer Abrechnung die weitere Kostenentwicklung abwarten. 770

Anders als § 560 Abs. 1 S. 1 BGB für die Erhöhung von Betriebskostenpauschalen macht § 560 Abs. 4 BGB die Erhöhungsmöglichkeit vom Wortlaut her nicht von einer **Erhöhung der Betriebskosten** abhängig. Gleichwohl wird man eine Erhöhung der Betriebskosten als Voraussetzung verlangen müssen (a.A. Derckx NZM 2004, 325). Das ergibt sich aus der Überschrift des § 560 BGB »Veränderung von Betriebskosten«. Die Betriebskosten müssen sich insgesamt erhöht haben. Der Anfall neuer Betriebskosten steht einer Erhöhung der bisherigen Betriebskosten gleich, wenn die neuen Betriebskosten von der Vereinbarung über die Umlegung erfasst sind (a.A. Both NZM 2009, 894 [900], der eine Berücksichtigung erst nach einer Abrechnung über die neuen Kosten zulassen will). 771

Eine Erhöhung ist nicht möglich, wenn der Umlegung der Kosten entgegensteht, dass die Kosten verursachende Maßnahme **unwirtschaftlich** ist (vgl. § 560 Abs. 5 BGB). 772

773 Das Erhöhungsrecht steht sowohl dem **Vermieter** als auch dem **Mieter** zu. Die Erhöhungsmöglichkeit des Vermieters wird nicht durch eine **Anpassungserklärung des Mieters** ausgeschlossen. Nach § 560 Abs. 4 BGB hat jede Vertragspartei die Anpassungsmöglichkeit, ohne dass eine zeitliche Priorität bestehen würde. Der Mieter kann deshalb eine Erhöhung durch den Vermieter nicht dadurch blockieren, dass er seinerseits nach der Abrechnung eine Herabsetzung oder aus taktischen Gründen eine geringfügige Erhöhung der Vorauszahlungen erklärt. Stehen die Anpassungserklärung des Mieters und des Vermieters zueinander in Widerspruch, ist maßgeblich, welche Erklärung der Angemessenheit am nächsten kommt (Schmid Handbuch der Mietnebenkosten, Rn. 3102d).

(2) Durchführung der Erhöhung

774 Die Erhöhung erfolgt durch eine **einseitige empfangsbedürftige Willenserklärung.** Sie wird wirksam, wenn sie dem Mieter zugeht (§ 130 BGB).

775 Die Erhöhungserklärung bedarf der **Textform** des § 126b BGB. Ein Verstoß gegen die Formvorschrift führt zur Nichtigkeit der Erklärung (§ 125 BGB).

776 Eine **Begründung** ist nicht vorgeschrieben (Both NZM 2009, 894 [898]). Sie lässt sich auch nicht aus allgemeinen Grundsätzen herleiten, da das Gesetz an anderer Stelle, insbesondere in § 560 Abs. 1 S. 2 BGB, Begründungen ausdrücklich vorschreibt, was aber hier gerade nicht geschehen ist (vgl. BGH GE 2003, 1152).

(3) Wirkung

777 Die Erhöhungserklärung hat die Wirkung, dass **die neuen Vorauszahlungen an die Stelle der bisherigen Vorauszahlungen treten.**

778 Keine Regelung enthält das Gesetz darüber **ab wann die erhöhten Vorauszahlungen geschuldet werden.** Da anders als in § 560 Abs. 2 S. 1 BGB keine bestimmte Frist genannt ist, tritt die erhöhte Zahlungspflicht sofort ein (Derckx NZM 2004, 325). Das heißt, bei der nächsten Fälligkeit einer Vorauszahlung ist der erhöhte Betrag geschuldet (Both NZM 2009, 894 [898]; a.A. AG Köln ZMR 2004, 920, das § 560 Abs. 2 BGB analog anwenden will).

779 Der Zugang der Erhöhungserklärung erfolgt i.d.R. während des Laufes einer Abrechnungsperiode. Damit stellt sich die Frage nach der Möglichkeit einer **Rückwirkung** der Erhöhung auf den Beginn des laufenden oder früherer Abrechnungszeiträume. Die Möglichkeit einer Erhöhung für einen zurückliegenden Zeitraum ist nicht vorgesehen, aber anders als in § 20 Abs. 4 S. 2 NMV 1970 auch nicht ausdrücklich ausgeschlossen. M.E. ist § 20 Abs. 4 S. 2 NMV 1970 als Ausdruck eines allgemeinen Rechtsgedankens auf preisfreien Wohnraum analog anzuwenden. Die Erhebung von Vorauszahlungen für zurückliegende Zeiträume widerspricht dem Wesen einer Vorauszahlung. Eine rückwirkende Erhöhung besteht auch für Betriebskostenpauschalen grundsätzlich nur eingeschränkt (§ 560 Abs. 3 S. 2 BGB). Die Möglichkeit einer rückwirkenden Erhöhung von Vorauszahlungen ist deshalb zu verneinen (Both NZM 2009, 894 [899]).

(4) Umfang der Erhöhung

780 Eine Erhöhung kann auf eine **angemessene Höhe** erfolgen. Maßgeblich ist also nicht der Erhöhungsbetrag, sondern der **Betrag der neuen Vorauszahlung**. Es können auch Kostensteigerungen berücksichtigt werden, die erst im laufenden Abrechnungszeitraum eingetreten oder für diesen mit Wahrscheinlichkeit zu erwarten sind (MüKo/Schmid § 560 Rn. 37; a.A. Derckx NZM 2004, 326; Both NZM 2009, 894 [898]).

Maßgeblich sind nicht die Verhältnisse in der Abrechnungseinheit insgesamt, sondern die zu erwartenden **Kosten für das jeweilige Mietverhältnis**. Es werden also nicht die zu erwartenden Gesamtkosten auf die Mieter aufgeteilt. Vielmehr sind die zu erwartenden Kosten für die jeweilige Mieteinheit zu schätzen, was insbesondere bei einer (teilweisen) verbrauchsabhängigen Kostenverteilung von Bedeutung ist, wenn in den Vorjahren der Verbrauch besonders hoch oder besonders niedrig war. 781

Ist der neue Betrag **unangemessen hoch**, bleibt die Erklärung als solche wirksam. Der Höhe nach wird jedoch nur der angemessene Betrag geschuldet (Derckx NZM 2004, 325). 782

Die **monatliche Vorauszahlung** errechnet sich nach der Formel »voraussichtliche Jahreskosten: 12 = monatliche Vorauszahlung« (vgl. OLG Dresden GuT 2002, 87, 88 für eine ähnliche Regelung in einem Gewerberaummietvertrag; Derckx NZM 2004, 325). Diese Regel führt bei der Erhöhung der Vorauszahlungen zu Schwierigkeiten. Da nämlich die Erhöhung erst nach einer Abrechnung erfolgen kann, sind i.d.R. bereits einige Monate des laufenden Abrechnungsjahres vergangen. Eine rückwirkende Erhöhung ist ausgeschlossen. Das Abstellen auf den rechnerischen Monatsbetrag führt deshalb dazu, dass für die bereits vergangenen Monate ein Fehlbetrag besteht, der erst bei der Abrechnung ausgeglichen werden kann. Verbliebe schließlich die Möglichkeit, den sich für das laufende Abrechnungsjahr prognostizierten Erhöhungsbetrag auf die verbleibenden Monate zu verteilen und die Vorauszahlungen so zu erhöhen, dass der Minderbetrag für die vergangenen Monate durch den Erhöhungsbetrag für die verbleibenden Monate ausgeglichen wird. Das würde aber zu der im Hinblick auf die Angemessenheit bedenklichen Konsequenz führen, dass für das nächste Abrechnungsjahr die Vorauszahlungen zu hoch wären, weil in den Vorauszahlungen ein Ausgleich für zunächst zu niedrige Vorauszahlungen enthalten ist. Einen Ausweg könnte eine gespaltene Erhöhung in der Weise bieten, dass für den Rest der laufenden Abrechnungsperiode ein höherer Vorauszahlungsbetrag festgesetzt wird als für die darauf folgenden Abrechnungszeiträume. Dem steht aber entgegen, dass das Gesetz gestaffelte Betriebskostenvorauszahlungen nicht vorsieht (Schmid Handbuch der Mietnebenkosten, Rn. 3112). 783

(5) Unterlassene Erhöhung

Der Vermieter ist zu einer Erhöhung berechtigt, aber nicht verpflichtet. Der Mieter kann deshalb gegenüber einer Nachzahlung aus einer Abrechnung nicht einwenden, dass der Vermieter von einer Erhöhungsmöglichkeit keinen Gebrauch gemacht hat. Das gilt selbst dann, wenn der Vertrag ausdrücklich eine Erhöhungsmöglichkeit enthält (LG Bonn WuM 1981, 282). 784

(6) Teilweise Unabdingbarkeit

Generelle Regelungen, die sich auf künftige Erhöhungen der Betriebskostenvorauszahlungen beziehen, sind nach § 560 Abs. 6 BGB nur eingeschränkt zulässig. Zum Nachteil des Mieters kann von § 560 Abs. 4 BGB nicht abgewichen werden. Nicht möglich sind deshalb z.B. ein Absehen von der Textform für Erklärungen des Vermieters, eine rückwirkende Erhöhung von Vorauszahlungen, eine Erhöhungsmöglichkeit ohne vorangegangene Abrechnung (Derckx NZM 2004, 325) oder eine Erhöhung über die Angemessenheitsgrenze hinaus. Abweichungen zugunsten des Mieters sind möglich bis hin zum völligen Ausschluss des Erhöhungsrechts. Vereinbart werden kann auch, dass die Erhöhung nicht bereits mit dem Zugang der Erklärung wirksam wird, sondern erst zu einem späteren Zeitpunkt (a.A. Lützenkirchen OLGR Beilage zu 13/2001 S. 8), da eine solche Regelung für den Mieter günstig ist. 785

bb) Preisgebundener Wohnraum

786 Für die Erhöhung der Vorauszahlungen verweist § 20 Abs. 4 S. 1 NMV 1970 auf § 4 Abs. 7 und 8 NMV 1970, wo wiederum auf § 10 WoBindG verwiesen wird.

cc) Geschäftsräume und besondere Mietverhältnisse

787 Für Geschäftsräume und für die in § 549 Abs. 2 und 3 BGB genannten besonderen Mietverhältnisse bestehen **keine gesetzlichen Regelungen** über eine einseitige Erhöhung der Nebenkostenvorauszahlungen.

788 Das hat zur Folge, dass bei **Fehlen einer vertraglichen Regelung** eine einseitige Anpassung der Vorauszahlungen grundsätzlich nicht möglich ist (Schmid DWW 2002, 120; Both NZM 2009, 894 [897]; a.A. v. Seldeneck Betriebskosten im Mietrecht Rn. 3934). Nur in extremen Fällen können die Grundsätze des Fortfalls der Geschäftsgrundlage eingreifen (§ 313 BGB), wenn sich die tatsächlichen Kosten von den Vorauszahlungen so weit entfernt haben, dass dem Vermieter die Vorfinanzierung nicht mehr zumutbar ist. Das führt allerdings nicht zu einem einseitigen Erhöhungsrecht, sondern nur zu einer Verpflichtung des Mieters, der Erhöhung zuzustimmen.

789 Es kann jedoch ein **einseitiges Erhöhungsrecht vertraglich vereinbart** werden. Eine entsprechende Klausel kann auch in Formularmietverträgen enthalten sein (LG Frankfurt/M. WuM 1990, 271, 274). Eine Bindung an die Regelungen des § 560 Abs. 4 BGB besteht nicht.

7. Herabsetzung der Vorauszahlungen

a) Vertragliche Regelungen

790 Die Mietparteien können einvernehmlich eine Herabsetzung der Vorauszahlungen vereinbaren.

b) Einseitige Erklärung

aa) Preisfreier Wohnraum

791 Werden die Vorauszahlungen infolge eines Absinkens der Betriebskosten unangemessen hoch, können beide Parteien nach § 560 Abs. 4 BGB eine Anpassung in Form einer Herabsetzung vornehmen. Diese Regelung gilt nicht für die in § 549 Abs. 2 und 3 BGB genannten Mietverhältnisse. Voraussetzungen und Folgen sind genauso geregelt wie bei einer einseitigen Erhöhung. Eine Verpflichtung des Vermieters zur Herabsetzung der Vorauszahlungen besteht nicht. Dem Mieter steht auch kein Zurückbehaltungsrecht zu, wenn die Vorauszahlungen durch Absinken der Kosten zu hoch geworden sind, weil sich § 566 Abs. 2 S. 2 BGB nur auf die (erstmalige) Vereinbarung bezieht und § 560 Abs. 4 BGB hierzu eine Sonderregelung ist (a.A. Sternel ZMR 2001, 937, 938).

792 Das Herabsetzungsrecht des Mieters kann weder ausgeschlossen noch beschränkt oder erschwert werden (§ 560 Abs. 6 BGB). Die Erklärung des Mieters darf z.B. nicht an eine strengere Form als die Textform gebunden werden (Schriftform oder Einschreiben). Ebenso unwirksam wäre ein Hinausschieben des Wirksamkeitszeitpunktes.

793 Die Beweislast dafür, dass eine Herabsetzung der Vorauszahlungen stattgefunden hat, trifft den Mieter (Schmid ZMR 2009, 335).

bb) Preisgebundener Wohnraum

Besondere Vorschriften für die Herabsetzung von Betriebskostenvorauszahlungen bestehen nicht. Aus der Regelung, dass die Betriebskosten angemessen sein müssen, ergibt sich jedoch mietpreisrechtlich die Unwirksamkeit unangemessen hoher Vorauszahlungen, sodass kraft Gesetzes eine Unwirksamkeit des überhöhten Anteils eintritt (§ 8 Abs. 2 S. 1 WoBindG). Das schließt ein einseitiges Herabsetzungsrecht des Mieters nach § 560 Abs. 4 BGB aus. Der Vermieter hat dem Mieter die Absenkung der Vorauszahlungen mitzuteilen. **794**

cc) Geschäftsräume und besondere Mietverhältnisse

Für Geschäftsräume und für die in § 549 Abs. 2 und 3 BGB genannten besonderen Mietverhältnisse bestehen keine gesetzlichen Regelungen über eine einseitige Senkung der Nebenkostenvorauszahlungen. Vertragliche Regelungen können ohne gesetzliche Beschränkungen getroffen werden. Fehlen solche, ist eine einseitige Herabsetzung durch den Mieter nicht möglich. **795**

Werden die Vorauszahlungen durch ein deutliches Absinken der gesamten Nebenkosten unangemessen und für den Mieter unzumutbar hoch, hat der Mieter aus Treu und Glauben einen Anspruch auf Herabsetzung der Vorauszahlungen (AG Hamburg-Wandsbek WuM 1996, 28). Der Herabsetzungsanspruch muss gegebenenfalls im Klagewege durchgesetzt werden. Bis zur Erfüllung des Herabsetzungsanspruches kann für den Mieter hinsichtlich künftiger Vorauszahlungen ein Zurückbehaltungsrecht nach § 273 BGB in Betracht kommen (BayObLG WuM 1995, 694). Ein einseitiges Herabsetzungsrecht des Mieters besteht jedoch nicht. **796**

8. Einwendungen und Einreden

Die **Verjährung** richtet sich nach den allgemeinen Vorschriften der §§ 195 ff. BGB. Es gilt die regelmäßige Verjährungsfrist (*Brückner* GE 2006, 1594). **797**

Die Vorauszahlungen gelten aber mit dem Eintritt der Verjährung nicht als bezahlt, sodass der offene Betrag auch in der Abrechnung unberücksichtigt bleibt (vgl. *BGH* MDR 1999, 221). **798**

Rückständige Vorauszahlungen können nach ganz h. M. (BGH GE 2007, 143; *OLG Düsseldorf* ZMR 2002, 46) nicht mehr geltend gemacht werden, wenn der Vermieter für den fraglichen Zeitraum **abgerechnet** hat, da dann nur noch der Abrechnungssaldo maßgeblich ist (BGH GE 2008, 855 = NZM 2008, 567). Der Vermieter kann jedoch, zumindest solange die Abrechnungsfrist noch nicht abgelaufen ist, hilfsweise die Vorauszahlungen für den Fall geltend machen, dass die Abrechnung nicht als formell ordnungsgemäß anerkannt wird (vgl. *BGH* NJW 2000, 2818). Allein der Ablauf der Vorauszahlungsperiode schließt die weitere Geltendmachung von Vorauszahlungen nicht aus (a. A. *Hamburg-Bergedorf* ZMR 2004, 826). Sowohl unter dogmatischen als auch unter Praktikabilitätsgesichtspunkten ist es jedoch vorzugswürdig, den Anspruch auf die Vorauszahlungen bestehen zu lassen und die Abrechnung lediglich als Rechtsgrund für die die Sollvorauszahlungen überschreitenden oder unterschreitenden Beträge anzusehen (*Schmid* NZM 2007, 555). **799**

Besteht auf Grund einer schlechten Vermögenslage des Vermieters die Gefahr, dass die Leistungserbringer, z. B. Versorgungsunternehmer, die weitere Versorgung des Hauses einstellen, kann der Mieter die **Unsicherheitseinrede** des § 321 BGB erheben (*Derleder* NZM 2004, 568 [572]). **800**

Zu den Auswirkungen der **Versäumung einer Abrechnungsfrist** auf Nebenkostenvorauszahlungen siehe Rdn. 849. **801**

VIII. Abrechnung

1. Abrechnungspflicht

a) Grundsätzliches

802 Werden auf die Nebenkosten Vorauszahlungen geleistet, so ist hierüber abzurechnen (§ 556 Abs. 3 S. 1 BGB; § 20 Abs. 3 S. 2 NMV 1970). Bei der Vermietung von Nichtwohnraum folgt die Abrechnungspflicht aus dem allgemeinen Grundsatz, dass Vorauszahlungen nicht auf Dauer angelegt, sondern nur Vorleistungen auf die endgültige Schuld sind. Der Mieter hat einen Anspruch auf Erteilung einer Abrechnung, den er erforderlichenfalls gerichtlich geltend machen kann. Der Abrechnungsanspruch besteht auch dann, wenn der Mieter – berechtigt oder unberechtigt – keine Vorauszahlungen geleistet hat (OLG Köln ZMR 2002, 660; a.A. Kretzer ZMR 2005, 91).

803 Die Abrechnung muss dem Mieter zugehen. Wird innerhalb eines Prozesses um die Abrechnung eine Abrechnung neu erstellt, geändert oder erläutert, ist der Prozessbevollmächtigte des Mieters für die Entgegennahme einer solchen Erklärung als bevollmächtigt anzusehen, sofern nicht dem Vermieter bzw. dessen Prozessbevollmächtigtem eine diesbezügliche Einschränkung der Vollmacht bekannt ist (vgl. BGH ZMR 1982, 108 = NJW 1982, 573 und NZM 2000, 302 für eine Kündigung während eines Räumungsprozesses).

804 Der Anspruch auf Abrechnung verjährt nach § 195 BGB in drei Jahren (LG Neubrandenburg WuM 2007, 390). Maßgeblicher Zeitpunkt für den Verjährungsbeginn ist nach § 199 Abs. 1 Nr. 1 BGB der Schluss des Jahres, in dem der Anspruch entstanden ist. Entstanden ist der Anspruch, sobald der Mieter die Abrechnung verlangen kann (Schmid GE 2009, 298).

b) Teilabrechnungen und getrennte Abrechnungen

805 Eine **Teilabrechnung** muss der Vermieter nicht erstellen, weder für einzelne Betriebskostenarten (Gather DWW 2001, 196) noch bei einem Mieterwechsel (§ 556 Abs. 3 S. 4 BGB). Es handelt sich dabei um einen allgemeinen Grundsatz, der auch bei Mietverhältnissen über Gewerberäume gilt (OLG Düsseldorf ZMR 2009, 275).

806 Der Vermieter ist jedoch zu Teilabrechnungen berechtigt (Langenberg NZM 2001, 757), wenn vertraglich nichts anderes bestimmt ist. Über Teilflächen kann, aber nicht muss, einzeln abgerechnet werden, wenn das gesamt Mietobjekt aus mehreren Teileigentumseinheiten besteht (AG Hamburg-Altona ZMR 2009, 764). Ein Ausschluss einer Teilabrechnung ist als stillschweigend vereinbart anzusehen, wenn ein einheitlicher Vorauszahlungsbetrag geleistet wird, da dem eine einheitliche Abrechnung entspricht. Die Parteien können auch die Verpflichtung zu Teilabrechnungen vereinbaren (Schmid Handbuch der Mietnebenkosten, Rn. 4143).

807 Von einer Teilabrechnung zu unterscheiden sind **getrennte Abrechnungen** (Langenberg NZM 2001, 787). Häufigstes in der Praxis vorkommendes Beispiel ist die getrennte Abrechnung von Heiz-/Warmwasserkosten und den anderen Betriebskosten (vgl. OLG Hamburg ZMR 1989, 18). Keine unzulässige Teilabrechnung ist eine Abrechnung, die zwar in zwei Zeitabschnitte aufgeteilt ist, aber das gesamte Abrechnungsjahr umfasst (BGH WuM 2010, 493 = GE 2010, 1191). Sind verschiedene Abrechnungen vereinbart, gelten für jede dieser Abrechnungen und unabhängig von der anderen die allgemeinen Abrechnungsgrundsätze.

808 Wenn *keine ausdrückliche* Regelung getroffen ist, ist eine Auslegung erforderlich. Dabei spricht es für eine getrennte Abrechnung, wenn verschiedene Abrechnungszeiträume vereinbart sind, z.B. Heizkosten nach der Heizperiode, andere Nebenkosten nach dem Kalenderjahr (Langenberg NZM 2001, 787). Gegen eine getrennte Abrechnung spricht es, wenn ein einheitlicher Vorauszahlungsbetrag für alle umzulegenden Kosten vereinbart ist. Allein die Tatsache, dass im Mietvertrag einzelnen Kostenpositionen bestimmte Beträge zugeordnet sind, spricht weder für die eine noch für die andere Variante, zumal bei preisgebundenem Wohnraum eine solche Mitteilung vorgeschrieben ist. (Schmid Handbuch der Mietnebenkosten, Rn. 3143c; a.A. Langenberg NZM 2001, 878). Im Zweifel ist entsprechend dem in § 556 Abs. 3 S. 4 BGB zum Ausdruck gekommenen Regelfall von einer einheitlichen Abrechnung auszugehen.

Besteht keine Berechtigung des Vermieters zu getrennten Abrechnungen, werden aber gleichwohl solche erstellt, sind alle Abrechnungen als Einheit zu betrachten (OLG Düsseldorf ZMR 2004, 27). Über die geleisteten Vorauszahlungen ist insgesamt abzurechnen. **809**

2. Abrechnungsfrist

a) Grundsatz

Der Vermieter kann die Abrechnungsfrist grundsätzlich voll ausschöpfen (OLG Düsseldorf ZMR 1998, 219). Nach Beendigung des Mietverhältnises sind dem Vermieter ein Kautionseinbehalt allerdings versagt, wenn er nicht schon innerhalb zumutbarer Frist abrechnet (AG Köpenik GE 2010, 1208 mit zust. Anm. Beuermann GE 2010, 1154). **810**

b) Jahresfrist

aa) Wohnraum

§ 20 Abs. 3 S. 4 NMV 1970, § 556 Abs. 3 S. 2 BGB schreiben vor, dass die Abrechnung dem Mieter spätestens bis zum Ablauf des zwölften Monats nach dem Ende des Abrechnungszeitraumes zuzuleiten bzw. mitzuteilen ist. Dieser Zeitpunkt wird auch als Eintritt der Abrechnungsreife bezeichnet (vgl. BGH GE 2003, 250). § 556 Abs. 3 S. 2 gilt nicht für Abrechnungszeiträume, die vor dem 1. 9. 2001 beendet waren (Art. 229 § 3 Abs. 9 EGBGB). **811**

Zuleiten bedeutet trotz der missverständlichen Wortwahl nicht Aufgabe zur Post, sondern Zugang beim Mieter (AG Ribnitz-Damgarten WuM 2007, 18; a.A. AG Bremen WuM 1995, 593). Der Vermieter hat nämlich seine Abrechnungspflicht erst erfüllt, wenn der Mieter die Abrechnung auch erhält. Es genügt, dass der Mieter die Abrechnung erhält; auf die Möglichkeit einer Belegeinsicht innerhalb der Frist kommt es nicht an (LG Aachen IMR 2009, 379). **812**

Die Zwölfmonatsfrist endet immer am Monatsende, auch wenn der Abrechnungszeitraum nicht an einem Monatsende endet. § 193 BGB ist nach § 186 BGB anzuwenden. Fällt der letzte Tag der Abrechnungsfrist auf einen Sonntag, Feiertag oder Sonnabend, so tritt an die Stelle eines solchen Tages der nächste Werktag. **813**

Nimmt der Vermieter für jede Betriebskostenart eine gesonderte Abrechnung vor, gilt die Abrechnungsfrist für jede Betriebskostenart; werden alle Betriebskosten zusammen abgerechnet, gilt die Frist für den festgelegten Abrechnungszeitraum (*Heix* WuM 1993, 329). Ist jedoch nur eine Abrechnung zu erstellen, kommt es auf den hierfür maßgebenden Abrechnungszeitraum an, auch wenn in Abrechnung Kosten enthalten sind, die frühere Abrechnungszeiträume betreffen (*BGH* GE 2008, 843 = WuM 2008, 404). **814**

Ein Anerkenntnis des Mieters, noch etwas zu schulden, ist auf die Abrechnungsfrist ohne Einfluss. Die für die Verjährung geltende Vorschrift des § 212 Abs. 1 Nr. 1 BGB ist nicht analog anwendbar (*BGH* NZM 2008, 477). **815**

bb) Geschäftsraum

816 Auch hier wird ein Zeitraum von einem Jahr nach Ablauf des Abrechnungszeitraumes für die Abrechnung als regelmäßig längste Frist für angemessen erachtet (OLG Hamburg ZMR 1989, 19; OLG Düsseldorf GuT 2005, 53).

cc) Abweichende Vereinbarungen

817 Eine Verlängerung der Abrechnungsfrist wirkt sich zum Nachteil des Mieters aus und ist deshalb nach § 556 Abs. 4 BGB, § 20 Abs. 3 S. 4 NMV 1970 bei Wohnraummietverhältnissen unwirksam. Bei der Geschäftsraummiete kann grundsätzlich eine längere Abrechnungsfrist vereinbart werden. Bei der Verwendung von Formularmietverträgen ist hierfür allerdings im Hinblick auf § 307 BGB ein triftiger Grund zu fordern (Schmid GE 2001, 1025, 1027) und die Frist darf nicht unangemessen lang sein (Langenberg NZM 2001, 785). Eine Abrechnungsfrist von mehr als zwei Jahren nach Ende des Abrechnungszeitraumes wird man formularmäßig nicht zugestehen können (Schmid Handbuch der Mietnebenkosten, Rn. 3151a).

818 Die Verkürzung der Frist ist zulässig (zweifelnd Langenberg NZM 2001, 785), aber nicht empfehlenswert. Die vereinbarte kürzere Frist ist im Zweifel keine Ausschlussfrist (Kinne GE 2007, 253; Schmid Handbuch der Mietnebenkosten, Rn. 3151b; a.A. AG Berlin-Spandau GE 2007, 297).

c) Nicht fristgerechte Abrechnung

aa) Geltendmachung des Erfüllungsanspruches

819 Rechnet der Vermieter nicht innerhalb der zur Verfügung stehenden Zeit ab, kann der Mieter Klage auf Erteilung einer Abrechnung erheben. Der Anspruch des Mieters auf Abrechnung wird durch den Fristablauf nicht berührt (Heix WuM 1993, 329).

bb) Ausschlussfrist für Nachforderungen

(1) Wohnraum

(a) Grundsätzliches

820 Die Frist der §§ 556 Abs. 3 S. 3, 20 Abs. 3 S. 4 NMV 1970 ist für Nachforderungen des Vermieters eine Ausschlussfrist, es sei denn, der Vermieter hat die Geltendmachung erst nach Ablauf der Jahresfrist nicht zu vertreten. § 556 Abs. 3 S. 3 BGB ist nicht anzuwenden auf Abrechnungszeiträume, die vor dem 1. 9. 2001 beendet waren (Art. 229 § 3 Abs. 9 EGBGB). Ein Anerkenntnis des Mieters, Nachforderungen zu bezahlen, hindert den Eintritt der Ausschlusswirkung nicht; § 212 Abs. 1 Nr. 1 BGB ist nicht entsprechend anwendbar (*BGH* GE 2008, 795). Prozesstaktisch kann es deshalb für den Mieter je nach Lage des Einzelfalls von Vorteil sein, Einwendungen gegen die Abrechnung erst nach Ablauf der Abrechnungsfrist geltend zu machen (vgl. Milger NJW 2009, 630). Die Ausschlussfrist entbindet den Vermieter nicht von der Verpflichtung zur Abrechnung, da sich auch ein Guthaben des Mieters ergeben kann (*Gather* DWW 2001, 196).

(b) Nachforderungen

821 Um Nachforderungen i.S.d. Gesetzes handelt es sich nur, wenn der Vermieter nach Fristablauf einen Betrag verlangt, der eine bereits erteilte Abrechnung oder, falls eine rechtzeitige Abrechnung nicht erstellt ist, die Summe der Vorauszahlungen des Mieters übersteigt (BGH NJW 2005, 219 = ZMR 2005, 121 = GE 2005, 543). Das gilt auch dann, wenn dieses Ergebnis ein Guthaben des Mieters ist (BGH NJW 2008, 1150 m. Anm. Schmid).

Ausgeschlossen sind auch Ansprüche aus ungerechtfertigter Bereicherung (§§ 812 ff. BGB), wenn der Vermieter aufgrund einer falschen Abrechnung eine Rückzahlung geleistet hat (AG Mettmann NJW-RR 2004, 1531). 822

(c) Abrechnungsfehler

Die Abrechnung, die innerhalb der Frist dem Mieter zugeht, muss formell ordnungsgemäß sein. Fehlt es hieran, tritt die Ausschlusswirkung ein, da es der Vermieter sonst in der Hand hätte, durch Vorlage eines beliebigen Abrechnungsschreibens den Folgen der Fristversäumung zu entgehen (vgl. AG Köln WuM 2001, 290; AG Leipzig WuM 2004, 24). Materielle Fehler berühren die Fristwahrung als solche nicht (BGH NJW 2005, 219 = ZMR 2005, 121) und können innerhalb der Abrechnungsfrist zugunsten und zulasten des Mieters korrigiert werden. Aus der Korrektur kann sich auch eine (höhere) Nachzahlung ergeben (BGH NJW 2005, 219 = ZMR 2005, 121 = GE 2005, 543). 823

Nach Fristablauf ist zwar eine Korrektur als solche möglich, kann aber wegen der Ausschlussfrist nicht zu (höheren) Nachforderungen führen (BGH NJW 2005, 219 = ZMR 2005, 121; Gies NZM 2002, 515). Das gilt sowohl für die Einzelpositionen als auch für den Gesamtbetrag. Nach der gesetzlichen Interessenabwägung soll sich der Mieter darauf verlassen können, dass er nach Fristablauf nicht mehr mit (weiteren) Nachforderungen rechnen muss. Dem Interesse des Vermieters wird nur dann Vorrang eingeräumt, wenn er die Verspätung nicht zu vertreten hat. Eine Korrektur zugunsten des Mieters ist immer möglich. Verbleibt gleichwohl ein Nachzahlungsbetrag, wird die Nachforderung nicht dadurch ausgeschlossen, dass die Korrektur erst nach Fristablauf erfolgt, da keine neuen Forderungen erhoben werden (LG Berlin GE 2001, 924). 824

Endet die formell mangelhaft Abrechnung mit einem Guthaben des Mieters und wird die formelle Ordnungsmäßigkeit nach Ablauf der Abrechnungsfrist hergestellt, bleibt es bei dem ausgewiesenen Guthaben; der Mieter kann aus der Fristüberschreitung keine Rechte (mehr) herleiten (AG Tempelhof-Kreuzberg GE 2008, 1630). 825

(d) Vertretenmüssen

Der Forderungsverlust tritt nicht ein, wenn der Vermieter die verspätete Geltendmachung nicht zu vertreten hat. 826

– **Beschaffung von Unterlagen**: Nicht zu vertreten hat der Vermieter grundsätzlich die späte Übersendung eines Grundsteuerbescheides (*Grundmann* NJW 2001, 2500) oder von Rechnungen erst kurz vor oder nach Fristablauf (*Sternel* ZMR 2001, 937 [940]). Der Vermieter ist aber verpflichtet, alle zumutbaren Bemühungen zu unternehmen, um sich die für die Abrechnung erforderlichen Unterlagen rechtzeitig zu beschaffen, die Abrechnung fristgerecht zu erstellen und zu versenden. Hierzu gehört es auch, dass der Vermieter auf dritte Personen einwirkt, Rechnungen und Belege so rechtzeitig zu übersenden, dass der Vermieter seinerseits die Abrechnung rechtzeitig erstellen kann (*Gies* NZM 2002, 515; *AG Gronau* DWW 1988, 213, in den allgemeinen Ausführungen allerdings zu weitgehend). Ein bloßes Zuwarten bis zum Eingang der Rechnungen kann ein Verschulden begründen (*AG Köpenick* WuM 2007, 577 = GE 2007, 990). Bei der Kausalitätsprüfung wird man allerdings berücksichtigen müssen, dass die frühzeitige Anforderung von Rechnungen, die automatisiert und massenweise versandt werden, oft fruchtlos ist. Zur besonderen Problematik bei der Vermietung von Wohnungseigentum siehe 3162 ff. 827

– Auf die Möglichkeit einer **Teilabrechnung** kann der Vermieter nicht verwiesen werden (Schmid, Handbuch der Mietnebenkosten Rn. 3161a; aA *Sternel* ZMR 2001, 937 [940]), da er hierzu nicht verpflichtet ist. 828

829 – Ferner wird man es dem Vermieter nicht anlasten können, wenn ein von seiner Seite nicht mutwilliger **Rechtsstreit mit Dritten**, dessen Ergebnis sich auf die Abrechnung auswirkt, nicht rechtzeitig entschieden wird, z. B. ein Streit mit einem Dritten über die Rechnungshöhe von Betriebskosten oder ein Rechtsstreit über die Höhe von umlegbaren Gebühren.

830 – Umstände, die in der **Verwaltungssphäre** des Vermieters liegen, wie EDV-Ausfall oder hoher Krankenstand (vgl. *Langenberg* NZM 2001, 785), können die Verspätung nur entschuldigen, wenn die Ausfälle unvorhersehbar waren und mit zumutbaren Mitteln keine Abhilfe geschaffen werden kann (vgl. *AG Siegburg* WuM 2001, 245 [246]; a. A. *Sternel* ZMR 2001, 937 [940], der generell ein Vertretenmüssen annimmt). Dem Vermieter obliegt es, eine Datensicherung in zumutbarem Umfang, gegebenenfalls durch eine externe Datenabsicherung, vorzunehmen *(AG Annaberg* NZM 2008, 686).

831 – **Fehler in der Abrechnung** hat der Vermieter in der Regel zu vertreten (LG Bonn WuM 2004 S. 266; AG Mettmann NJW-RR 2004, 1531; a. A. *AG Witten* ZMR 2005, 209, das bei Rechenfehlern generell keinen Nachforderungsausschluss annimmt). Keinen Entschuldigungsgrund stellt es deshalb in der Regel dar, dass der Vermieter eine zunächst formell unwirksame Abrechnung neu erstellen muss (*BGH* GE 2008, 795).

832 – Das Risiko eines **Rechtsstreits mit dem Mieter** über die formelle Ordnungsmäßigkeit der Abrechnung trägt der Vermieter. Dieser kann sich deshalb nicht auf eine von ihm nicht zu vertretende Dauer des Prozesses berufen (*Langenberg* WuM 2001, 527; a. A. *Gies* NZM 2002, 515). In Betracht kommt jedoch angesichts der umstrittenen Anforderungen an die Ordnungsmäßigkeit einer Abrechnung ein entschuldigender Rechtsirrtum.

833 – Zurechnen lassen muss sich der Vermieter ein **Verschulden Dritter**, die er gerade zum Zwecke der Erstellung der Abrechnung heranzieht (§ 278 BGB), z. B. eine Verzögerung der Abrechnung durch den **Wohnungsverwalter** (*AG Potsdam* GE 2003, 1084 = WE 2004, 183) oder eine **Messdienstfirma** (*Sternel* ZMR 2001, 937 [940]; a. A. *Langenberg* WuM 2001, 527). Weist der Mieter eine Abrechnung entsprechend § 174 BGB zurück und geht die nochmals übersandte Abrechnung erst nach Fristablauf zu, hat es der Vermieter nach § 278 BGB zu vertreten, dass der **Bevollmächtigte** keine Vollmachtsurkunde beigefügt hat (*Kinne* GE 2004 S. 1572 [1578]). Der **Zwangsverwalter** muss sich das Verhalten des Vollstreckungsschuldners (Vermieters) zurechnen lassen. Er kann sich insbesondere nicht darauf berufen, dass Zwangsverwaltung erst kurz vor Ablauf der Abrechnungsfrist angeordnet wurde (*AG Dortmund* WuM 2007, 697). Der BGH (ZMR 2009, 512 = WE 2010. 34 m. abl. Anm. Ormanschick) sieht die **Post** als Erfüllungsgehilfen des Vermieters; ein Verlust der Abrechnung oder eine verspätete Zustellung schließen deshalb ein Verschulden des Vermieters nicht aus.

834 Eine **Nachforschungspflicht**, ob der Mieter die Abrechnung erhalten hat, trifft den Vermieter nur in besonderen Fällen, z. B. wenn der Mieter längere Zeit nicht auf die Abrechnung reagiert und keine Nachzahlung leistet (vgl. *AG Duisburg-Ruhrort* WuM 2004, 203). In jedem Fall hat es der Vermieter als eigenes Verschulden zu vertreten, wenn er die Sendung zu spät in den Briefkasten wirft (*LG Berlin* GE 2008, 471). Empfehlenswert ist eine so rechtzeitige Absendung, dass der Vermieter bei Ausbleiben der Nachzahlung noch innerhalb der Frist eine erneute Mitteilung vornehmen kann (*Schmid* MietRB 2008, 342 [343]).

835 – Zieht der Mieter aus, ohne eine neue Anschrift zu hinterlassen, so geht die Verzögerung, die durch die **Aufenthaltsermittlung** entsteht, nicht zu Lasten des Vermieters (*Kinne GE 2007, 191;* a. A. *AG und LG Hannover* WuM 2007, 629). Dass sich der Vermieter bei Auszug nach der neuen Anschrift erkundigt, ist naheliegend aber nicht ver-

pflichtend. Es ist Sache des Mieters dafür zu sorgen, dass ihn Post erreicht (*AG Bad Neuenahr-Ahrweiler* NZM 2008, 205).

Bei der Vermietung von **Wohnungs- und Teileigentum** stellt sich die Frage, ob es der Vermieter im Verhältnis zum Mieter zu vertreten hat, wenn die Abrechnung der Wohnungseigentümergemeinschaft nicht rechtzeitig vorliegt. Das hängt davon ab, nach welchem Prinzip abgerechnet wird. **836**

Erfolgt die Abrechnung nach dem Abflussprinzip (Fälligkeitsprinzip) und bezogen auf die einzelne Wohnung ergeben sich keine Probleme, weil eventuelle Nachzahlungen ohnehin erst dann in Mieterabrechung einzustellen sind, wenn sie dem Vermieter belastet werden. Anders verhält es sich dagegen, wenn nach dem Leistungsprinzip und bezogen auf das ganze Gebäude abgerechnet wird. Auch wenn in der Praxis die Abrechnung der Wohnungseigentümergemeinschaft als Grundlage für die Abrechnung mit dem Mieter dient, ist der Vermietende mietrechtlich verpflichtet, eine fristgerechte Abrechnung durchzuführen. Hierfür muss er sich notfalls beim Wohnungseigentumsverwalter die erforderlichen Informationen rechtzeitig beschaffen (*Riecke* ZMR 2007, 289). Der Wohnungseigentumsverwalter ist wohnungseigentumsrechtlich verpflichtet, dem Wohnungseigentümer Einsicht in die Abrechnungsunterlagen zu gewähren. Er muss aber ohne vertragliche Verpflichtung nicht eine für die Mieterabrechnung dienliche Abrechnung vorlegen (*BayObLG* ZMR 2005, 564). **837**

Werden die Unterlagen nicht rechtzeitig zur Verfügung gestellt, hat der Vermieter die Verspätung der Abrechnung nicht zu vertreten. Der Verwalter nach dem Wohnungseigentumsgesetz und die übrigen Miteigentümer sind nämlich nicht Erfüllungsgehilfen bei der Erstellung der Abrechnung des Vermieters (*Drasdo* NZM 2004, 374; a. A. *Gies* NZM 2002, 514). Der vermietende Wohnungseigentümer muss aber alle rechtlichen Möglichkeiten ausschöpfen, um die Abrechnung erstellen zu können (vgl. *LG Berlin* GE 1991, 93). **838**

Der Verwalter haftet bei Verschulden dem Wohnungseigentümer auf Schadensersatz, wenn durch verspätete Abrechnung für die Wohnungseigentümer dem Vermieter ein zusätzlicher Verwaltungsaufwand entsteht. Dasselbe gilt für einen Zinsschaden des Vermieters, wenn der Verwalter nicht unverzüglich Einsicht die Abrechnungsunterlagen gewährt. Voraussetzung ist, dass sich der Verwalter, insbesondere auf Grund einer Mahnung, in Verzug befindet (vgl. *OLG Düsseldorf* ZMR 2007, 287). **839**

(e) Wegfall des Abrechnungshindernisses

Ist die Fristversäumung zunächst entschuldigt, so muss der Vermieter nach **Wegfall des Abrechnungshindernisses** die Abrechnung dem Mieter innerhalb von drei Wochen zuleiten (BGH ZMR 2006, 847). Geschieht dies nicht, tritt die Ausschlusswirkung ein. **840**

(f) Abweichende Vereinbarungen

Eine zum Nachteil des Mieters **abweichende Vereinbarung** ist unwirksam (§ 556 Abs. 4 BGB). Das gilt auch für die Vereinbarung bestimmter Hinderungsgründe, wenn es sich dabei nicht objektiv um Gründe handelt, die ein Vertretenmüssen ausschließen (Langenberg NZM 2001, 789). **841**

(2) Geschäftsraum

Der BGH (NJW 2010, 1065 = MDR 2010, 496 = NZM 2010, 240) nimmt auch bei der Gewerberaummiete eine regelmäßige Abrechnungsfrist von einem Jahr an, lehnt jedoch eine analogen Anwendung der Ausschlussfrist des § 556 Abs. 3 Satz 3 BGB ab und prüft stattdessen Verwirkung (s.u. Rdn. 844). **842**

843 Vertragliche Regelungen sind möglich. Auch in Allgemeinen Geschäftsbedingungen wird man abweichende Vereinbarungen zulassen können. Eine unangemessene Benachteiligung des Mieters i.S.d. § 307 BGB ist nicht gegeben, da dem Mieter bei Versäumung der Abrechnungsfrist zahlreiche andere rechtliche Möglichkeiten zustehen. Von einem Geschäftsraummieter kann auch erwartet werden, dass er sich Kenntnis von diesen Rechten verschafft und davon gegebenenfalls auch Gebrauch macht (Schmid Handbuch der Mietnebenkosten, Rn. 3170). Die Vereinbarung einer Abrechnungsfrist deutet für sich allein noch nicht darauf hin, dass die Parteien auch eine Ausschlussfrist vereinbaren wollten (OLG Düsseldorf GuT 2006, 132; a.A. AG Berlin-Spandau GE 2007, 297). Maßgeblich ist jedoch immer die Vertragsauslegung im Einzelfall (vgl. LG Limburg WuM 1977, 120).

cc) Verwirkung

844 Ein Recht ist nach der klassischen Definition (z.B. BGH NJW 2008, 2254) verwirkt, wenn es der Berechtigte längere Zeit nicht geltend gemacht hat (Zeitmoment) und der Verpflichtete sich darauf eingerichtet hat und auch darauf einrichten durfte, dass das Recht nicht mehr geltend macht wird (Umstandsmoment). Letzteres wird auch dahin umschrieben, dass die Geltendmachung des Rechts treuwidrig ist (BGH GE 2008, 534 [535]).

845 Der VIII. Zivilsenat des BGH hat entschieden, dass sich der Vermieter, der über die Betriebskosten in angemessener Zeit nicht abrechnet, dem Einwand der Verwirkung aussetzen kann, wenn über die folgenden Perioden abgerechnet wurde, so dass der Mieter darauf vertrauen durfte, dass die Vorschüsse die angefallenen Kosten für den nicht abgerechneten Zeitraum deckten (WuM 2010, 33 = GE 2010 197). Kritisch ist anzumerken, dass sich der VIII. Zivilsenat hier nicht damit befasst hat, ob die Treuwidrigkeit damit begründet werden kann, dass sich der Mieter auch tatsächlich darauf eingerichtet hat, dass die Forderung nicht mehr geltend gemacht werden wird (so jedoch noch in GE 2008, 534 [535]). Anders als der VIII. Zivilsenat weist der XII. Zivilsenat (GuT 2010, 26 = IMR 2010, 90 und 91) ausdrücklich darauf hin, dass die Verwirkung auch voraussetzt, dass sich der Verpflichtete darauf eingerichtet hat, dass die Forderung nicht mehr geltend gemacht wird. Dies könnte dadurch geschehen, dass es vom Gewerberaummieter unterlassen wird, die Mehrkosten in seine Preiskalkulation einzubeziehen. Genannt wird in diesem Zusammenhang auch immer die Auflösung von Rücklagen für Nachzahlungen. Allein der Umstand, dass der Mieter keine Rücklagen gebildet hat, reicht nicht aus, weil eine Bildung der Rücklagen bereits vor Ablauf der Abrechnungsfrist hätte erfolgen müssen, damit das Geld bei Zugang der Abrechnung zur Verfügung steht (a.A. Fritz, Gewerberaummietrecht, Rn. 450a). Schließlich stellt der BGH zutreffend fest, dass auch die Verwaltung durch einen professionellen Hausverwalter keinen Vertrauenstatbestand für eine richtige Abrechnung begründet, so dass auch hierauf eine Verwirkung nicht gestützt werden kann.

846 Der VIII. Zivilsenat (WuM 2010, 33 = GE 2010 197)sieht es als Voraussetzung der Verwirkung an, dass der Vermieter ohne eigenes Verschulden an der Abrechnung verhindert war. Damit kommt der BGH entsprechend seiner früheren Rechtsprechung dem Vermieter ziemlich entgegen. Verschulden wird von h.M. gerade nicht als Voraussetzung für eine Verwirkung angesehen (z.B. Looschelders/Olzen in Staudinger, BGB, § 242 Rn. 310; Grüneberg in Palandt, § 242 Rn. 94 m.w.N.). Dem Vermieter den Nachweis fehlenden Verschuldens offen zu lassen, entspricht jedoch der früheren Rechtsprechung des VIII. Zivilsenats (GE 1991, 139). Allerdings hat es der BGH noch nicht in entscheidungserheblicher Weise vertieft, ob fehlendes Verschulden des Vermieters stets Verwirkung ausschließt.

Noch offen ist die Frage, ab welchem Zeitraum Verwirkung in Betracht kommt. Die bloße Überschreitung einer Abrechnungsfrist genügt nicht (OLG Düsseldorf GE 2003, 323; a.A. Langenberg in Schmidt-Futterer, § 556 Rn. 522). Die häufige Formulierung »jahrelang« (z.B. Wolf/Eckert/Ball, Handbuch der gewerblichen Miet-, Pacht- und Leasingrechts, Rn. 542) hilft wenig weiter. Es kann für den Regelfall ein befriedigendes Ergebnis erzielt werden, wenn man für das Zeitmoment die regelmäßige Verjährungsfrist von drei Jahren (§ 195 BGB) heranzieht (Schmid GE 2010, 306 [307]; vgl. auch KG GE 2001, 693). Damit wird dem Umstand Rechnung getragen, dass es der Vermieter in der Hand hat, die Fälligkeit der Nachzahlung und damit den Beginn der Verjährung durch eine verspätete Abrechnung hinauszuschieben (Schmid, Handbuch der Mietnebenkosten, Rn. 3175). 847

Für die Beurteilung der Verwirkung ist auf jeden einzelnen Abrechnungszeitraum abzustellen, nicht auf den Zeitpunkt der letzten erfolgten Abrechnung (LG Frankfurt/M. NZM 2001, 667). Das Unterbleiben einer Abrechnung über viele Jahre hinweg kann jedoch Auswirkungen auf die Beurteilung des Vertrauenstatbestandes haben. 848

dd) Zurückbehaltungsrecht

Der Mieter hat ein Zurückbehaltungsrecht nach § 273 BGB für weitere Nebenkostenvorauszahlungen, wenn die Abrechnung für einen vorangegangenen Zeitraum nicht rechtzeitig erfolgt ist (vgl. z.B. BGH ZMR 1984, 339; LG Berlin NZM 1999, 616). Auch wenn die Abrechnung nur in einzelnen Positionen formell unwirksam ist, erstreckt sich das Zurückbehaltungsrecht auf die gesamten Vorauszahlungen (Schmid, Handbuch der Mietnebenkosten Rn. 3180; a. A.: Beuermann GE 2008, 170 [171]). Der Betrag, der zurückgehalten werden kann, ist auf den Betrag der Vorauszahlungen für den betreffenden Zeitraum begrenzt, da ein weitergehendes Interesse des Mieters an der Abrechnung nicht besteht (*KG* GE 2002, 129). 849

Kein Zurückbehaltungsrecht besteht für in der Vergangenheit nicht geleistete Vorauszahlungen (OLG Düsseldorf ZMR 2001, 25; anders bei beendetem Mietverhältnis: OLG Düsseldorf GE 2008, 926). Ein Zurückbehaltungsrecht auch für die Grundmiete wird verneint, da zwischen Abrechnungspflicht und Verpflichtung zur Zahlung der Grundmiete weder Gegenseitigkeit i.S.d. § 320 BGB noch ein Zusammenhang i.S.d. § 273 BGB besteht (OLG Düsseldorf ZMR 2001, 25 und ZMR 2002, 97; a.A. mit beachtlichen Gründen Lützenkirchen WuM 2003, 68). 850

Das Zurückbehaltungsrecht besteht nur bis zur Vorlage einer ordnungsgemäßen Abrechnung (BGH GE 2008, 855). Der Ablauf der Abrechnungsfrist ist insoweit ohne Bedeutung (LG Itzehoe ZMR 2009, 369). Materielle Einwendungen sind im Mietnebenkostenprozess geltend zu machen (AG Pinneberg ZMR 2003, 494). 851

Die Verjährung des Anspruchs auf Abrechnung schließt die (weitere) Geltendmachung des Zurückbehaltungsrecht nach § 215 BGB nicht aus (Schmid, Handbuch der Mietnebenkosten Rn. 3178). 852

ee) Keine Nachforderungen von Rückständen

Nicht nur eine Einrede, sondern ein Ausschluss des Anspruches auf rückständige Vorauszahlungen wird von der ganz h.M. angenommen, wenn der Vermieter nicht fristgerecht abgerechnet hat, obwohl ihm dies möglich gewesen wäre (BGH NZM 2001, 234 und GE 2007, 142; OLG Frankfurt/M. ZMR 1999, 628; OLG Hamburg ZMR 2004, 509; OLG Düsseldorf GuT 2005, 53; OLG Brandenburg WuM 2006, 579). Das erscheint allerdings bedenklich, da die Annahme eines Forderungsuntergangs weder dogmatisch 853 geboten noch von den praktischen Auswirkungen her notwendig ist. Sachgerechtere Ergebnisse lassen sich erzielen, wenn man den Mieter auf das Zurückbehaltungsrecht für weitere Vorauszahlungen verweist. Ein Ausschluss von Nachforderungen kann allerdings auch vom Standpunkt der h.M. in den Fällen nicht angenommen werden, in denen eine Abrechnung nach Soll-Vorauszahlungen für zulässig angesehen wird. In diesen Fällen ist die Abrechnung nämlich nur der Rechtsgrund für die Zahlung der Spitzenbeträge (Schmid ZMR 2003, 336).

ff) Verzugszinsen

854 Verzugszinsen wegen rückständiger Vorauszahlungen können nur bis zum Ablauf der Abrechnungsfrist verlangt werden (OLG Düsseldorf DWW 2000, 86). Bis zu diesem Zeitpunkt sind dem Vermieter Verzugszinsen auch dann zuzusprechen, wenn in der Hauptsache wegen Versäumung der Abrechnungsfrist Klageabweisung in der Hauptsache erfolgt (Geldmacher NZM 2001, 922).

gg) Rückforderungsanspruch des Mieters

855 Rechnet der Vermieter nicht fristgerecht über die Betriebskosten eines Abrechnungszeitraumes ab, so kann der Mieter bei beendetem Mietverhältnis sogleich die vollständige Rückzahlung der geleisteten Vorauszahlungen verlangen, ohne zuerst auf Erteilung einer Abrechnung zu klagen (BGH NJW 2005, 1499 = GE 2005, 543). Betrifft ein formeller Abrechnungsmangel nur einzelne Positionen, z.B. die Hauswartkosten, können (nur) die hierauf entfallenden Kosten zurückverlangt werden (*Beuermann* GE 2008, 170 [171]).

856 Der Vermieter kann im Rückforderungsprozess eine Abrechnung vorlegen oder Abrechnungsbetrag in einem neuen Prozess geltend machen (BGH NJW 2005, 1499 = GE 2005, 543). Hat der Mieter gegen Mietforderungen mit dem Rückzahlungsanspruch aufgerechnet und rechnet der Vermieter dann ab, verliert die Aufrechnung ihre Wirkung (OLG Düsseldorf DWW 2010, 22).

857 Ein Rückforderungsanspruch wird verneint, wenn das Mietende durch eine fristlose Kündigung wegen Zahlungsverzugs nach § 543 Abs. 2 Nr. 3 BGB hergeführt worden ist und die Aufrechnung mit dem Rückforderungsanspruch dazu dienen soll, eine Unwirksamkeit der Kündigung nach § 569 Abs. 3 Nr. 2 BGB herbeizuführen (AG Köln ZMR 2007, 281).

858 Bei noch laufendem Mietverhältnis wird der Rückforderungsanspruch versagt und der Mieter auf das Zurückbehaltungsrecht hinsichtlich laufender Vorauszahlungen verwiesen (BGH ZMR 2006, 672 = NZM 2006, 533 = WuM 2006, 383 = GE 2006, 844). Der Mieter kann eine eigene Abrechnung erstellen und ein sich hieraus ergebendes Guthaben geltend machen (*LG Berlin* GE 2008, 268).

859 Eine Besonderheit besteht bei einer Zwangsverwaltung mit Zwangsversteigerung. Soweit der frühere Eigentümer zur Abrechnung verpflichtet ist, können bis zur Abrechnung die Vorauszahlungen zurückgefordert werden, weil dem neuen Eigentümer gegenüber kein Zurückbehaltungsrecht besteht (AG Charlottenburg GE 2009, 582).

hh) Schadensersatz

860 Erleidet der Mieter durch die verspätete Abrechnung einen Schaden, insbesondere einen Zinsschaden im Falle einer Rückzahlung, kann er einen Schadensersatzanspruch aus Verzug geltend machen, wenn er wegen der Erstellung der Abrechnung gemahnt hat. Der Schaden muss dargelegt und gegebenenfalls bewiesen werden. § 288 Abs. 1 BGB kommt bis zur Abrechnung nicht zur Anwendung, weil sich Verzug so lange nicht auf die Zahlung, sondern auf die Vornahme der Abrechnung bezieht.

ii) Kaution

Ein Einbehalt der Kaution für zu erwartende Nachzahlungen entfällt (*OLG Düsseldorf* DWW 2000, 307; Schmid, Handbuch der Mietnebenkosten Rn. 3189; a. A. *Neumann/Spangenberg* NZM 2005, 577). Ist der Vermieter mit der Geltendmachung von Nachforderungen ausgeschlossen, kann er diese auch nicht gegen die Kaution aufrechnen (Geldmacher NZM 2001, 921 [923]). Bezüglich ausstehender Vorauszahlungen kann der Vermieter nach § 390 BGB nicht aufrechnen, wenn dem Mieter ein Zurückbehaltungsrecht zusteht (*OLG Düsseldorf* ZMR 2008, 709). **861**

3. Abrechnungszeitraum

a) Grundsätzliches

Der Abrechnungszeitraum (Abrechnungsperiode) legt fest, für welchen Zeitabschnitt die Kosten abgerechnet werden. Der Vermieter ist nicht berechtigt, einen Abrechnungszeitraum in zwei Teilabrechnungszeiträume aufzuspalten (OLG Düsseldorf DWW 2002, 28). **862**

b) Abrechnungszeitraum bei Wohnraum

Nach § 556 Abs. 3 S. 1 BGB, § 20 Abs. 3 S. 2 NMV 1970 muss die Abrechnung jährlich erfolgen. Der Abrechnungszeitraum muss sich nicht mit dem Kalenderjahr decken. In Betracht kommt auch der Jahreszeitraum, innerhalb dessen regelmäßig die Abrechnungen der Versorgungsträger erteilt werden, oder das Mietjahr (OLG Düsseldorf ZMR 1998, 219). Letzteres ist allerdings nur dann zweckmäßig, wenn das Mietobjekt nur aus einer Mieteinheit besteht. Der Beginn des Abrechnungsjahres kann auch vertraglich vereinbart werden (Kinne GE 2003, 505). Soweit keine vertragliche Vereinbarung besteht, ist der Vermieter in der Wahl des Abrechnungszeitraum frei (*BGH* GE 2008, 853). **863**

Längere Abrechnungszeiträume sind unzulässig und können auch vertraglich nicht vereinbart werden, da die genannten Vorschriften zwingend sind. Allein sachliche Gründe rechtfertigen angesichts des eindeutigen Gesetzeswortlautes einen längeren Abrechnungszeitraum nicht (LG Berlin GE 2005, 433; a.A. AG Wetzlar WuM 2001, 31 für einen Eigentumswechsel im laufenden Abrechnungszeitraum). Auch kürzere Abrechnungszeiträume können grundsätzlich nicht gewählt werden (LG Berlin GE 1987, 281 und GE 1991, 935; a.A. Drasdo NZM 2004, 373). Im Einzelfall kann sich jedoch ein kürzerer Abrechnungszeitraum dadurch ergeben, dass die Wohnung erst während des festgelegten Abrechnungszeitraumes bezugsfertig wird oder dass durch die Änderung des Abrechnungszeitraumes ein Rumpfjahr entsteht (LG Berlin GE 2009, 780; Schmid Handbuch der Mietnebenkosten, Rn. 3196; a.A. Kinne GE 2008, 1528). **864**

c) Abrechnungszeitraum bei Geschäftsraummietverhältnissen

Bei Mietverhältnissen, die nicht über Wohnraum abgeschlossen sind, kann der Abrechnungszeitraum frei vereinbart werden (vgl. OLG Düsseldorf ZMR 1998, 219). Durchweg üblich und zweckmäßig ist jedoch auch hier eine jährliche Abrechnung. Wird keine abweichende Vereinbarung getroffen, gilt deshalb nach der Verkehrssitte der Jahreszeitraum. **865**

d) Änderung des Abrechnungszeitraumes

Eine einseitige Änderung des einmal festgelegten Abrechnungsjahres kann der Vermieter grundsätzlich nicht vornehmen (LG Berlin GE 1987, 281). Eine Ausnahme hiervon wird unter Beachtung des billigen Ermessens nach § 315 BGB zugelassen, wenn für die Ände- **866** rung vernünftige Gründe vorliegen, z.B. bei einer Anpassung an die Abrechnungsperiode des Stromlieferanten (LG Berlin GE 2002, 1627; AG Köln WuM 1997, 232). Einen sachlichen Grund stellt es auch dar, wenn zur Verringerung des Abrechnungsaufwandes die Abrechnung der Heizkosten mit der Abrechnung der übrigen Kosten zusammengelegt wird (LG Berlin GE 2009, 780). Für sich allein nicht ausreichend ist es, dass andere Mieter mit der Änderung einverstanden sind (a.A. AG Tempelhof-Kreuzberg GE 2009, 119). Keine Bedenken bestehen gegen eine Änderung des Abrechnungsjahres im allseitigen Einvernehmen und der damit verbundenen Bildung eines Rumpfjahres, wenn sich das bisher gehandhabte Abrechnungsjahr als unzweckmäßig erwiesen hat. Ein Nachteil für den Mieter ist damit nämlich nicht verbunden. Auch bei der Änderung darf jedoch der Abrechnungszeitraum ein Jahr nicht überschreiten (AG Köln WuM 1997, 232).

e) Auf den Abrechnungszeitraum entfallende Kosten

867 Die auf den Abrechnungszeitraum entfallenden Kosten können nach verschiedenen Prinzipien ermittelt werden. Im Wesentlichen stehen sich zwei Methoden gegenüber: Das Leistungsprinzip (auch Zeitabgrenzungs- oder Verbrauchsprinzip genannt) stellt darauf ab, welche Kosten für den jeweiligen Zeitraum angefallen sind. Demgegenüber spielt es beim Abflussprinzip keine Rolle, welchen Abrechnungszeitraum die Kosten betreffen. Teilweise wird hier darauf abgestellt, wann tatsächlich Zahlungen geleistet werden *(LG Berlin* GE 2007, 1552; *Schach* GE 2008, 444/445). Teilweise wird auch darauf abgestellt, wann der Vermieter die Rechnungen erhält *(LG Wiesbaden* NZM 2002, 944). Sachgerecht ist es jedoch, in Übereinstimmung mit dem *BGH* (NZM 2008, 277 = GE 2008, 471 = IMR 2008, 110 sowie ZMR 2008, 444 = DWW 2008, 162 = WuM 2008, 223) und in Anlehnung an § 24 Abs. 2 Satz 2 II. BV (Schmid ZMR 2008, 260 [261]) auf den Zeitpunkt abzustellen, in dem die Forderung des Dritten fällig wird. Vgl. zu den Einzelheiten der verschiedenen Abrechnungsprinzipien Schmid, Handbuch der Mietnebenkosten Rn. 3198 ff.

868 Der Verbrauchserfassungszeitraum und der Abrechnungszeitraum des Vermieters müssen sich nicht decken, was der *BGH* (NJW 2008, 2328 = GE 2008, 853 = WuM 2008, 404) aus der Zulässigkeit des Abflussprinzips herleitet.

869 Nach der Rechtsprechung des *BGH* (NZM 2008, 277 = GE 2008, 471 = IMR 2008, 110) kann der Vermieter grundsätzlich sowohl nach Abfluss- als auch nach dem Leistungsprinzip abrechnen, sofern nicht vertragliche Vereinbarungen entgegenstehen. Offen gelassen hat der BGH, ob in besonders gelagerten Fällen eines Mieterwechsels die Anwendung des Abflussprinzips gegen Treu und Glauben verstoßen kann. Aus dieser Formulierung ist zu entnehmen, dass ein »normaler« Mieterwechsel nicht genügt, um die Anwendung des Abflussprinzips auszuschließen. Welche außergewöhnlichen Umstände vorliegen müssen, hat der BGH nicht angedeutet. Man wird hierzu auch nur abstrakt sagen können, dass ein solcher Fall vorliegt, wenn innerhalb kurzer Mietzeit erhebliche Kosten anfallen, die mehrere Abrechnungszeiträume betreffen (Schmid, Handbuch der Mietnebenkosten Rn. 3202c).

870 In der gleichen Abrechnung für eine Kostenart das Abflussprinzip, für die andere das Leistungsprinzip anzuwenden, ist zwar zulässig (*BGH* NJW 2008, 2328 = GE 2008, 853 = WuM 2008, 404). Empfehlenswert ist das jedoch nicht (Schmid, Handbuch der Mietnebenkosten Rn. 3200). Zum einen entsteht im Mieter leicht der Argwohn einer Manipulation. Zum anderen gerät der Vermieter in die Gefahr, dass die Abrechnung als nicht nachvollziehbar und damit formell fehlerhaft angesehen wird. Der Vermieter muss nämlich in diesem Fall bei jeder einzelnen Position mitteilen, nach welchem Prinzip er vorgegangen ist (Schach GE 2008, 444 [445]; *Derckx* NZM 2008, 394 [395]).

Dass die Betriebskosten in mehrjährigem Turnus anfallen, hindert den Vermieter nicht, sie nach dem Fälligkeitsprinzip in die Abrechnung des Jahres einzubeziehen, in dem sie anfallen; etwas anderes kann nur bei Vorliegen eines besonderen Ausnahmefalles gelten, etwa wenn die angefallenen Kosten besonders hoch sind und der Mieter durch die einmalige Umlage in besonderer Weise belastet würde (BGH NJW 2010, 226 = WuM 2010, 34 = MDR 2010, 137). 871

Entsprechend dem Grundsatz, dass nur tatsächlich entstandene Betriebskosten umgelegt werden dürfen, können die Kosten erst im Jahr der Entstehung und gegebenenfalls in den folgenden Jahren umgelegt werden (AG Neuss DWW 1988, 284). Die vorherige Umlegung zur Bildung einer Rücklage oder Rückstellung zur Finanzierung späterer Kosten ist nicht zulässig. 872

4. Anforderungen an die Abrechnung

a) Grundsätzliches

Nach den vom BGH (NJW 1982, 573 = ZMR 1982, 108) zusammengefassten Grundsätzen muss die Nebenkostenabrechnung gemäß § 259 BGB so abgefasst sein, dass sie auch ein juristisch und betriebswirtschaftlich nicht vorgebildeter Empfänger nachvollziehen kann. Eine aus sich heraus vollständige Überprüfbarkeit dieser Angaben auf ihre materielle Richtigkeit ist nicht erforderlich, sondern bleibt einer Belegeinsicht vorbehalten (BGH MDR 2010, 377 = NZM 2010, 315 = GE 2010, 477). Notwendig ist eine geordnete Zusammenstellung mit einer zweckmäßigen und übersichtlichen Aufgliederung in Abrechnungsposten. Die einzelnen Positionen müssen so angegeben werden, dass eine rechnerische Nachvollziehbarkeit möglich ist (OLG Nürnberg WuM 1995, 308, 309). Sowohl die Einzelangaben als auch die Abrechnung insgesamt müssen klar, übersichtlich und aus sich heraus verständlich sein. Maßgeblich ist allein die Verständlichkeit für den Mieter. Auf Dritte, auch das Gericht, ist dabei nicht abzustellen (Lützenkirchen ZMR 2009, 934). 873

Hierfür ist i.d.R. eine schriftliche Niederlegung, jedoch bei preisfreiem Wohnraum und Geschäftsraum nicht Schriftform i.S.d. § 126 BGB – insbesondere keine eigenhändige Unterschrift – erforderlich (LG Berlin Mietrechtliche Entscheidungen in Leitsätzen ZMR 1996 Heft 9 S. X). Auch die Anforderungen der Textform (§ 125b BGB) müssen nicht erfüllt sein (Langenberg WuM 2003, 671). Eine E-Mail ist ausreichend, wenn der Mieter grundsätzlich Erklärungen per E-Mail entgegennimmt. Eine nur mündliche Abrechnung ist für den Mieter nicht in zumutbarer Weise nachprüfbar (Schmid DWW 2002, 258; a.A. Lützenkirchen DWW 2002, 200). 874

Da § 4 Abs. 7 und 8 NMV 1970 auf § 10 WoBindG verweisen, wird für die Abrechnung im Bereich der NMV 1970 Schriftform verlangt (LG Berlin GE 1992, 717), und zwar nicht nur schriftliche Niederlegung, sondern die Schriftform des § 126 BGB, die gemäß § 126a BGB durch die elektronische Form ersetzt werden kann, gegebenenfalls unter Zuhilfenahme der Erleichterungsmöglichkeit nach § 10 Abs. 1 S. 5 WoBindG. Die maschinelle Unterschrift nach § 10 Abs. 1 S. 5 WoBindG genügt bei einer Betriebskostenabrechnung bereits dann, wenn die Abrechnung, soweit technisch möglich, mit Hilfe einer automatischen Einrichtung gefertigt wird. 875

Die Abrechnung muss erkennen lassen, dass sie vom Vermieter oder dem sonst Abrechnungsberechtigten stammt, wobei ein üblicher Briefkopf in der Abrechnung oder im Zuleitungsschreiben genügt. Wird die Abrechnung von einem Vertreter (z.B. Hausverwaltung) erstellt und dem Mieter zugeleitet, muss das Vertreterhandeln erkennbar sein. Um eine Zurückweisung nach § 174 Abs. 1 BGB zu vermeiden, empfiehlt sich die Beifügung einer 876

Originalvollmacht (Langenberg WuM 2003, 671) Unabhängig davon. Ob man die Abrechnung als Willens- oder als Wissenserklärung ansieht, muss ein Dritter, der die Abrechnung erstellt hierzu vom Vermieter ermächtigt sein (a.A. LG Klewe ZMR 2007, 620).

877 Die Abrechnung muss das Mietobjekt erkennbar machen (*Kinne* GE 2003, 504) und an den Mieter gerichtet sein, bei mehreren Mietern an alle. Wird sie nur an einen gerichtet, ist sie diesem gegenüber wirksam, nicht aber den Mitmietern gegenüber (*Langenberg* WuM 2003, 671; weitergehend *LG Berlin* GE 2006, 1235, das die Abrechnung generell für formunwirksam hält). Eine Empfangsvollmacht hilft über die fehlende Adressierung an alle Mieter nicht hinweg (LG Frankfurt a.M. MDR 2009, 137 = ZMR 2009, 365 = NZM 2009, 481; LG Berlin GE 2009, 1193). Offensichtliche Falschbezeichnungen sind unschädlich (LG Kleve ZMR 2007, 620).

b) Mindestinhalt

878 Erforderlich sind im Regelfall folgende Mindestangaben:

aa) Angabe der Gesamtkosten und ihre Zusammensetzung

879 Notwendig, aber auch ausreichend ist es, dass der Mieter aus der Abrechnung feststellen kann, welche Kosten Berücksichtigung gefunden haben (BGH NJW 1982, 573). Hierzu gehört eine Spezifizierung nach den einzelnen Kostenpositionen (AG Aachen WuM 1999, 305). Die Spezifizierung hat sich tunlichst nach den jeweils vereinbarten Kostenpositionen, bei Wohnraum i.d.R. nach dem Katalog des § 2 BetrKV (Kinne GE 2003, 504), zu richten. Als Grundsatz gilt, dass das Abrechnungsschema der strukturellen Gliederung im Mietvertrag folgen soll (OLG Düsseldorf GE 2009, 1489). Der BGH (DWW 2009, 384 = WuM 2009, 669 = ZMR 2010, 102 m. krit. Anm. Schmid) ist hier jedoch großzügig und lässt die Angabe »Versicherung« genügen, wobei nicht einmal die Angabe Sach- und Haftpflichtversicherung verlangt wird. Frischwasser und Abwasser dürfen in einer Position abgerechnet werden (BGH WuM 2009, 516 = NZM 2009, 906). Es genügt die summenmäßige Angabe der Verbrauchswerte und der dafür angefallen Kosten (BGH MDR 2010, 377 = NZM 2010, 315 = GE 2010, 477).

880 Die Gesamtkosten sind auch dann anzugeben, wenn einzelne Kostenteile nicht umlegungsfähig sind, z.B. Verwaltungstätigkeiten des Hauswarts. Es genügt nicht, dass nur die schon bereinigten Kosten mitgeteilt werden. Es muss auch ersichtlich sein, ob und in welcher Höhe nicht umlegungsfähige Kosten abgesetzt worden sind (BGH ZMR 2007, 359 = GE 2007, 438). Schließlich muss auch die Voraufteilung dargestellt werden, wenn Kosten einheitlich für mehrere Abrechnungseinheiten anfallen (AG Leipzig NZM 2009, 858). Das Fehlen dieser Angaben stellt einen formellen Mangel der Abrechnung dar (BGH ZMR 2007, 359 = GE 2007, 438).

881 Anders ist die Situation, wenn der Vermieter bereits getrennte Verträge über umlegungsfähige und nicht umlegungsfähige Tätigkeiten abschließt. Hier genügt die Angabe der Kosten für die umlegungsfähigen Tätigkeiten (BGH GE 2010, 333). Ein solches Vorgehen ist dem Vermieter zu empfehlen, um Streitigkeiten über das Aufteilungsverhältnis zu vermeiden. Der Mieter wird allerdings darauf zu achten haben, dass nicht zu Lasten der umlegungsfähigen Kosten manipuliert wird.

bb) Mitteilung und Erläuterung des Umlegungsmaßstabes

882 Wie dies im Einzelnen zu geschehen hat, ist abhängig von dem gewählten Umlegungsmaßstab und auch von der jeweiligen Kostenart; vgl. deshalb die Ausführungen bei den einzelnen Umlegungsmaßstäben bei den einzelnen Positionen. Diese Angaben sind entbehrlich, wenn sie dem Mieter bereits bekannt sind, z.B. aus dem Mietvertrag oder aus vorangegangenen Abrechnungen (BGH NJW 1982, 573) oder aus einer Änderungsmitteilung. Das gilt auch für die Aufteilungskriterien zwischen Wohnräumen und sonstigen Räumen in einer Abrechnungseinheit (AG Hamburg WuM 1995, 660). Allgemein verständliche Abrechnungsmaßstäbe bedürfen keiner Erläuterung (BGH WuM 2009, 42 = NZM 2009, 78 = GE 2009, 189).

cc) Berechnung des Anteils des Mieters

Aus den Gesamtkosten muss nach den Abrechnungsmaßstäben der Anteil des Mieters nachvollziehbar ermittelt werden (Kinne GE 2003, 507). Bei verschiedenen Abrechnungsmaßstäben muss erkennbar sein, welcher Maßstab auf welche Kostenposition angewendet wird (LG Itzehoe ZMR 2003, 38). **883**

dd) Angabe der Vorauszahlungen

Grundsätzlich sind die tatsächlich gezahlten Beträge anzugeben, damit der Mieter überprüfen kann, welche Zahlungen der Vermieter berücksichtigt hat (BGH GE 2003, 250 = ZMR 2003, 334 m. Anm. Schmid; NZM 2009, 906 = WuM 2009, 671 = GE 2009, 1489). Das Erfordernis einer Abrechnung nach Istzahlen ist trotz des Mehraufwandes für den Vermieter verfassungsrechtlich nicht zu beanstanden (BerlVerfGH NZM 2001, 1124). **884**

Der BGH (GE 2003, 250 = ZMR 2003, 334 m. Anm. Schmid) hat jedoch eine Abrechnung nach Soll-Vorauszahlungen für den Fall zugelassen, dass **885**
- der Mieter für den Abrechnungszeitraum keinerlei Zahlungen erbracht hat und
- die offenen Vorauszahlungsansprüche vom Vermieter bereits eingeklagt sind und
- zum Zeitpunkt des Zuganges der Abrechnung noch keine Abrechnungsreife (Rdn. 811 ff.) eingetreten ist.

Der BGH hat nicht dazu Stellung genommen, in welchen sonstigen Fällen die Angabe von Sollzahlen genügt. Entscheidendes Kriterium wird sein, ob aus der Sicht des Mieters ein Interesse an der Darstellung der geleisteten Zahlungen besteht. Das wird gerade in den problematischen und für den Vermieter aufwändigen (vgl. Jablonski GE 2002, 1182) Fällen gegeben sein, in denen es um die Verrechnung unzureichender und unregelmäßiger Zahlungen geht. **886**

Eine Vereinbarung über die Abrechnung nach Sollzahlen ist bei Nichtwohnraummietverhältnissen möglich (Jablonski GE 2002, 1185), bei Wohnraummietverhältnissen aber im Hinblick auf § 556 Abs. 4 BGB und die zwingenden Vorschriften des Mietpreisrechts bedenklich. Wenn nach Sollzahlen abgerechnet wird, muss dies aus der Abrechnung erkennbar sein (vgl. Schach GE 2003, 232). **887**

ee) Feststellung des Gesamtergebnisses

Das ist die Feststellung des Nachzahlungs- oder Rückzahlungsbetrages (LG Frankfurt/M. ZMR 1999, 764). **888**

ff) Steuerdienliche Angaben

Damit der Mieter den Steuerabzug für haushaltsnahe Dienstleistungen und Handwerkerleistungen nach § 35a EStG geltend machen kann, muss entweder bereits die Abrechnung die entsprechenden Kosten ausweisen oder es muss eine Bescheinigung des Vermieters erstellt werden (Rn. 42 des BFM Anwendungsschreibens zu § 35a EStG vom 15. 2. 2010 zu erreichen über die Homepage des Bundesfinanzministeriums). Man wird den Vermieter trotz Fehlens einer dem § 14 UStG entsprechenden Regelung nach Treu und Glauben **889** für verpflichtet halten können, eine entsprechende Bescheinigung auszustellen bzw. entsprechende Angaben in der Abrechnung zu machen (AG Charlottenburg WuM 2009, 587). Eine Vergütung hierfür kann er nicht verlangen (Herrlein WuM 2007, 56; a.A. Beuermann GE 2007, 336). Verneint man eine Verpflichtung des Vermieters zu steuerdienlichen Angaben, hat der Mieter das Recht gegen Kostenerstattung die für das Finanzamt notwendigen Kopien zu erhalten (Ludley ZMR 2007, 331 [334]).

c) Einzelfragen

890 Eine **Vorlage von Belegen**, Erteilung von Fotokopien oder ein ausdrückliches Anerbieten zur Einsichtnahme in die Belege ist für die Ordnungsmäßigkeit der Abrechnung als solcher nicht erforderlich (LG Mannheim WuM 1996, 630).

891 Ist eine **Aufteilung** erforderlich z.B. bei einer Vorerfassung nach der HeizkostenV oder Trennung von Wohn- und Gewerberäumen oder bei einer sonstigen Aufteilung einheitlich entstandener Kosten, muss auch die Aufteilung nachvollziehbar dargelegt werden (LG Berlin WuM 1998, 440; AG Wuppertal ZMR 1994, 336). Die Aufteilung ist bereits in der Abrechnung vorzunehmen und nicht erst anlässlich einer Belegeinsicht mitzuteilen (a.A. Lützenkirchen MDR 1998, 136). Ausführungen dazu, warum eine Aufteilung nicht erfolgt, muss die Abrechnung nicht enthalten (Schmid Handbuch der Mietnebenkosten, Rn. 3214; a.A. AG Berlin-Mitte NJW-RR 2002, 656; Lützenkirchen MDR 1998, 136; Kinne GE 2003, 507).

892 Eine Aufgliederung ist erforderlich, wenn sich der **Abrechnungszeitraum** des Ver- oder Entsorgers nicht mit dem Abrechnungszeitraum des Vermieters deckt. Hier wird eine Erläuterung eventueller Verschiebungen verlangt (OLG Braunschweig WuM 1999, 173, 174). Dargestellt werden muss auch die Verteilung unperiodisch anfallender Kosten auf mehrere Abrechnungszeiträume (Kinne GE 2003, 506).

893 Die Ordnungsmäßigkeit der Abrechnung erfordert auch nicht eine Gegenüberstellung mit den **Kostenpositionen des Vorjahres** (LG Berlin WuM 1991, 121; AG Tempelhof-Kreuzberg GE 1990, 1041; a.A. zu § 20 NMV 1970: LG Berlin GE 1990, 375). Etwas anderes gilt nur dann, wenn Daten aus Vorjahren für die Nachvollziehbarkeit des angegebenen Betrages erforderlich sind (AG Köln ZMR 1994, 336, z.B. bei fortlaufenden Zählern).

894 Auch eine **Erläuterung** der einzelnen Ansätze über die allgemeinen Anforderungen an eine Abrechnung hinaus ist bei **preisfreiem Wohnraum und Geschäftsraum** grundsätzlich nicht erforderlich, selbst wenn extreme Kostensteigerungen vorliegen (BGH GE 2010, 333).

895 Erläuternde Hinweise, die bereits zur Darstellungspflicht gehören (vgl. AG Dortmund WuM 2004, 148 = NZM 2004, 220) sind erforderlich, wenn die tabellarische Darstellung aus sich heraus nicht hinreichend verständlich ist (vgl. KG NZM 1998, 620 = ZMR 1998, 627 = GE 1998, 796). Das gilt insbesondere für aus sich heraus nicht verständliche Schlagworte wie »Mieter 1« oder »Gesamtzeitanteile« (AG Köln WuM 2002, 285). »Gesamtsumme« als Produkt aus der Gesamtwohnfläche des Hauses und den zwölf Monaten des Jahres (BGH NJW 2008, 2258 = WuM 2008, 351 = GE 2008, 795). Entsprechendes gilt für nicht allgemein bekannte Abkürzungen wie »Str.Intern, Rgl.Hzg.Übergabe, Str.Hpt.Übergabe« (LG Berlin GE 2002, 1627), Kosten/UE (AG Dortmund WuM 2004, 148; AG Witten ZMR 2005, 209; a.A. LG Dortmund ZMR 2005, 865). Dabei sollten die Abrechner generell berücksichtigen, dass das EDV-Programm, mit dem sie arbeiten dem Durchschnittsmieter in der Regel nicht vertraut ist. Deshalb sollten nur Programme verwendet werden, die allgemein verständliche Ergebnisse liefern. Erläutert werden müssen auch von der Gesamtfläche abweichende Flächenansätze, wenn Grundlage der Kostenverteilung nicht die Gesamtfläche ist (KG GE 2005, 1424 [1425]) oder wenn verschiedene Abrechnungskreise gebildet werden (LG Leipzig NJW-RR 2005, 238). Aus sich heraus nicht verständlich ist ein Abrechnungsmaßstab »Personen x Tage« (LG Berlin GE 2009, 780).

Teilweise wird – ohne klare dogmatische Einordnung – die Auffassung vertreten, dass **896**
der Mieter einen Anspruch auf zusätzliche Erläuterung hat, wenn er nachvollziehbare Bedenken gegen den Kostenansatz vorträgt (OLG Düsseldorf ZMR 2001, 882, 885; LG Hamburg WuM 1997, 180; LG Berlin GE 2006, 1407). Dem ist nicht zuzustimmen. Entweder ist die Abrechnung nachvollziehbar; dann bedarf sie keiner Erläuterung. Oder sie ist nicht nachvollziehbar; dann ist sie ohnehin nicht ordnungsgemäß (Schmid Handbuch der Mietnebenkosten, Rn. 3219).

Die Nachholung einer erforderlichen Erläuterung wird grundsätzlich für zulässig erach- **897**
tet (Kinne GE 2003, 444). Fälligkeit der Nachforderung tritt dann aber erst mit dem Zugang der Erläuterung beim Mieter ein. Dieser Zeitpunkt ist auch für die Wahrung der Abrechnungsfrist maßgebend (Schmid GE 2008, 1298).

Bei **preisgebundenem Wohnraum** erfordert § 10 Abs. 1 S. 2 WoBindG i.V.m. §§ 20 Abs. 4 **898**
S. 1, 4 Abs. 7 und 8 NMV 1970 eine Berechnung und Erläuterung.

Die **Angabe der Rechnungsdaten** der einzelnen Belege ist nicht erforderlich (KG ZMR **899**
1998, 627).

Bei einer **verbrauchsabhängigen Abrechnung** wird die bloße Angabe der Gesamtkos- **900**
ten nicht für ausreichend erachtet; verlangt wird auch die Angabe der Verbrauchsmengen und der Einzelpreis pro Verbrauchseinheit (AG Bergisch-Gladbach Mietrechtliche Entscheidungen in Leitsätzen ZMR 1995 Heft 6 S. V).

Verträge mit Dritten, z.B. Hausmeister, müssen der Abrechnung nicht beigefügt wer- **901**
den (a.A. OLG Nürnberg WuM 1995, 308 f. für einen wohl besonders gelagerten Fall; ähnlich LG Bonn WuM 1998, 353). Die Kontrolle der erbrachten Dienstleistungen gehört zur Überprüfung der Abrechnung. Zu weit gehend ist die Forderungen nach einer getrennten Angabe der Ausgaben für die einzelnen beschäftigten Personen und Mitteilung von deren Namen (a.A. OLG Karlsruhe WuM 2003, 46 zu einer Abrechnung nach dem WEG).

Bestand das Mietverhältnis nicht während des gesamten Abrechnungszeitraumes, muss **902**
die Abrechnung die Aufteilung auf die **anteilige Mietzeit** erkennen lassen (LG Berlin NZM 2001, 707).

Falschbezeichnungen sind unschädlich, wenn das Gemeinte aus der Abrechnung ohne **903**
Weiteres erkennbar ist (LG Berlin GE 2003, 121).

Enthält die Abrechnung **Schätzungen** muss auf diesen Umstand hingewiesen und es **904**
müssen die Schätzgrundlagen angegeben werden (AG Leipzig ZMR 2004, 594 = WuM 2004, 24).

d) Abweichende Vereinbarungen

Abweichende vertragliche Regelungen sind grundsätzlich möglich (BGH NJW 1982, 573 **905**
= ZMR 1982, 108; OLG Brandenburg WuM 1999, 107, 108). Bei preisgebundenem Wohnraum sind jedoch die zwingenden Regelungen von §§ 20 Abs. 1 S. 1, 4 Abs. 7 und 8 NMV 1970, § 10 WoBindG zu beachten. Bei preisfreiem Wohnraum ist es umstritten, ob von den allgemeinen Anforderungen auch zulasten des Mieters abgewichen werden kann.

Da das Gesetz keine Regelungen für die Gestaltung der Abrechnung trifft, wird man dies grundsätzlich bejahen können (Abramenko ZMR 1999, 678 m.w.N.). Ein Mindestmaß an Aussagekraft muss jedoch verbleiben, damit noch von einem Abrechnen iSv § 556 BGB gesprochen werden kann. Das erfordert zumindest eine globale Angabe der Gesamtkosten, die Mitteilung des auf die Mieteinheit entfallenden Betrages und den Abzug der Vorauszahlungen.

e) Fehler und mangelnde Ordnungsmäßigkeit

906 Die Frage, ob eine Abrechnung »nur« falsch ist oder ob der Fehler dazu führt, dass die Abrechnung insgesamt nicht ordnungsgemäß ist, ist vor allem für die Erfüllung des Abrechnungsanspruches (LG Hamburg WuM 1998, 727) und die Fälligkeit von Nach- und Rückzahlung von Bedeutung. Die Abgrenzung kann im Einzelfall schwierig sein und wird von der Rechtsprechung nicht immer einheitlich durchgeführt. Im Grundsatz gilt: Materielle Fehler bei Einzelansätzen berühren die formelle Ordnungsmäßigkeit nicht; Fehler bei den grundsätzlichen Anforderungen an eine Abrechnung schließen auch die formelle Ordnungsmäßigkeit aus. Auf Einzelfragen ist bei der Behandlung der jeweiligen Probleme eingegangen. Hier eine Zusammenstellung:

907 **Die formelle Ordnungsmäßigkeit fehlt** z.B. in folgenden Fällen:

Die Abrechnung ist nicht nachvollziehbar (Schmid GE 2009, 91 [92]). Eine Abrechnungsposition »Dienstleistungen« ist ohne nähere Spezifizierung nicht ausreichend (LG Berlin NZM 2001, 707). Dasselbe gilt für eine Position »Personalkosten« (OLG Düsseldorf GE 2009, 1489) oder »Wartungsverträge« (OLG Düsseldorf GE 2009, 1489). Auch eine Position »Rechnungen für Lieferungen und Leistungen« genügt den formellen Anforderungen nicht (OLG Düsseldorf GE 2009, 1489). Der Umlegungsmaßstab oder eine Voraufteilung sind nicht nachvollziehbar dargelegt (OLG Düsseldorf GE 2003, 1210; LG Berlin DWW 1997, 151). Es werden verschiedene Abrechnungsmaßstäbe angewendet, ohne dass ein Grund hierfür erkennbar ist (OLG Düsseldorf GE 2009, 1489). Hiervon zu unterscheiden sind die Fälle, in denen die Angaben in der Abrechnung zwar schlüssig sind, aber nicht mit den tatsächlichen oder rechtlichen Gegebenheiten übereinstimmen. Eine notwendige Voraufteilung zwischen Wohn- und Gewerberäumen ist nicht durchgeführt (LG Berlin DWW 1997, 152; AG Potsdam GE 2003, 1084). Die Aufteilung einheitlich entstandener Kosten für mehrere Abrechnungseinheiten ist nicht dargestellt (AG Pinneberg ZMR 2004, 597). Bildung unzulässiger Abrechnungseinheiten (AG Hamburg WuM 1993, 619, 620). Die Abrechnung enthält unzulässige Schätzungen oder Schätzungen, die zwar zulässig, aber nicht als solche ausgewiesen sind (AG Leipzig ZMR 2004, 594).

908 **Nicht berührt wird die formelle Ordnungsmäßigkeit** z.B.: Offensichtliche Schreib- und Rechenfehler (Milger NJW 2009, 625 [629]) und sonstige offensichtliche Fehler (KG GE 2009, 1493 = WuM 2009, 670). Die Aufnahme nicht umlegungsfähiger Positionen (LG Mannheim WuM 1996, 630; LG Berlin ZMR 1995, 353, 354). Der Ansatz falscher Zahlen. Die Anwendung falscher Abrechnungsmaßstäbe (BGH NJW 2005, 219 = ZMR 2005, 121). Die Angabe einer falschen Wohnfläche (LG Hamburg WuM 1998, 727), insbesondere wenn die richtigen Maße der Abrechnung zugrunde liegen und sich der richtige Wert aus der Berechnung und anderen Umständen ohne weiteres feststellen lässt (LG Hamburg WuM 1997, 180, 181). Ein Abrechnung über mehr als 12 Monate (AG Frankfurt a.M. ZMR 2010, 43). Eine Angabe von Soll-Vorauszahlungen (BGH NZM 2009, 906 = WuM 2009, 671 = GE 2009, 1489).

f) Fehlerfolgen

Ist die Abrechnung nicht formell ordnungsgemäß, verbleibt dem Mieter sein Anspruch auf Erteilung einer ordnungsgemäßen Abrechnung. Wird die Ordnungsmäßigkeit nicht innerhalb der Abrechnungsfrist hergestellt, treten die Folgen der Fristversäumung ein. Entspricht dagegen die Abrechnung den formellen Anforderungen und behauptet der Mieter lediglich eine inhaltliche Unrichtigkeit, so kann er nicht auf die Erteilung einer geänderten Abrechnung klagen (LG Hamburg WuM 1998, 727; AG Tempelhof-Kreuzberg GE 2002, 932). Der Streit um die inhaltliche Unrichtigkeit ist in einem Verfahren über Nach- bzw. Rückzahlungen auszutragen (LG Hamburg WuM 1998, 408). **909**

Weist die Abrechung einen inhaltlichen Fehler auf und kann der Mieter den geschuldeten Betrag nicht selbst berechnen, so kann er vom Vermieter eine Neuberechnung verlangen (*BGH* ZMR 2005, 121 = NZM 2005, 13 [14]). Gegen den Zahlungsanspruch kann er ein Zurückhaltungsrecht geltend machen. Verzug tritt nicht ein (Schmid, Handbuch der Mietnebenkosten Rn. 3230). Weitergehend verneint das LG Leipzig (ZMR 2009, 129) bereits die Fälligkeit, was aber im Widerspruch zu einer formell ordnungsmäßigen Abrechnung steht. **910**

Eine fehlerhafte Abrechnung kann bei Verschulden des Vermieters auch zu einem Schadensersatzanspruch des Mieters führen (OLG Düsseldorf ZMR 2007, 269 = GE 2007, 290). Die Einschaltung eines Rechtsanwalts ist regelmäßig als notwendig anzusehen. Zur vorgängigen Befassung des Mietervereins oder einer Verbraucherzentrale ist der Mieter nicht verpflichtet (Schmid Handbuch der Mietnebenkosten, Rn. 3252; offen gelassen von OLG Düsseldorf ZMR 2007, 269 = GE 2007, 290). **911**

Eine Kündigung kann auf eine falsche Abrechnung grundsätzlich nicht gestützt werden. Der Mieter kann jedoch nach § 543 Abs. 1 BGB kündigen, wenn der Vermieter das Vertrauensverhältnis dadurch zerstört hat, dass er vorsätzlich nicht umlegbare Positionen in die Abrechnung aufgenommen und dem Mieter Belegeinsicht verweigert hat (LG Berlin GE 2003, 1081). **912**

Überprüft ein Rechtsanwalt die Abrechnung ist Gegenstandswert für die Gebührenberechnung der geforderte Nachzahlungsbetrag, auch wenn die gesamte Abrechnung überprüft wird (AG Düsseldorf ZMR 2009, 762). **913**

IX. Belegeinsicht – Fotokopien

1. Belegeinsicht

a) Anspruchsinhalt

Ein Belegeinsichtsrecht des Mieters ist ausdrücklich normiert in § 29 Abs. 1 NMV 1970 für preisgebundenen Wohnraum. Bei sonstigen Mietverhältnissen wird diese Vorschrift analog angewendet (vgl. z.B. Wiethaupt DWW 1976, 203; Kleffmann ZMR 1984, 109). Einen Anspruch auf Übersendung der Originalunterlagen hat der Mieter nicht (AG Mönchengladbach DWW 2003, 338). **914**

Mehrere Mieter einer Wohnung können den Anspruch nur einmal und einheitlich geltend machen (MieWo/Schmid Erl. zu § 29 NMV 1970 Rn. 3). **915**

Das Einsichtsrecht erstreckt sich auf **alle Unterlagen**, auf denen die Abrechnung beruht (a.A. LG Frankfurt/M. ZMR 1999, 764 m. abl. Anm. Rau, das unter Berufung auf § 259 Abs. 1 BGB Einsicht nur bei auftretenden Zweifelsfragen gewähren will). Es handelt sich dabei um Rechnungen und Verträge mit Dritten, soweit sie für den Nachweis der Zah- **916** lungsansprüche erforderlich sind. Da es auf die Bezahlung durch den Vermieter nicht ankommt, besteht kein Anspruch auf Einsicht in die Zahlungsbelege (Blank NZM 2004, 369; a.A. LG Berlin GE 2006, 849). Eingesehen werden können auch Unterlagen, die andere Mieter betreffen, soweit es zur Nachprüfung der Richtigkeit der Kostenverteilung erforderlich ist. Vorschriften des Datenschutzes stehen dem nicht entgegen (AG Dortmund WuM 1986, 378; AG Garmisch-Partenkirchen WuM 1996, 155) Hierzu gehören auch die Datenblätter über den Verbrauch anderer Mieter (LG Berlin GE 2009, 452; a.A. für Ablesebelege von Heizung und Warmwasser: AG Neustadt a.d. Weinstraße ZMR 1984, 324).

917 Das Einsichtsrecht bezieht sich auf die beim Vermieter **vorhandenen Unterlagen**. Den Vermieter trifft grundsätzlich keine Pflicht, sich bestimmte Unterlagen zur Einsicht für den Mieter erst zu beschaffen (Schmid ZMR 2003, 15; a.A. AG Lübeck WuM 1987, 197). Auch Kosten, die ohne förmliche Rechnung bezahlt werden, sind umlegbar. Erst recht gilt dies, wenn der Vermieter die Rechnung auf elektronischem Wege erhält (Schmid ZMR 2003, 16). Etwas anderes gilt nur dann, wenn die Unterlagen überhaupt woanders bereitgehalten werden, z.B. bei einer externen Buchhaltung oder beim Verwalter nach dem Wohnungseigentumsgesetz. Hier muss sich der Vermieter entweder die Unterlagen beschaffen oder dem Mieter die Einsicht ermöglichen (LG Frankfurt/M. WuM 1997, 52).

918 Der Mieter hat das Recht, die vorhandenen **Originalunterlagen** einzusehen, muss sich also nicht auf Abschriften oder Kopien verweisen lassen (AG Hamburg WuM 1991, 282). Der Vermieter ist aber nicht daran gehindert, die Originalbelege einzuscannen, dann zu vernichten und dem Mieter Ausdrucke zur Verfügung zu stellen (AG Mainz ZMR 1999, 114 mit zust. Anm. Schmid; Schmid ZMR 2003, 15; a.A. AG Hamburg WuM 2002, 499; Goch WuM 2001, 498).

919 Zum Einsichtsrecht gehört es, dass der Mieter **in zumutbarer Weise** Kenntnis nehmen kann. So ist bei EDV-gespeicherten Unterlagen eine Wiedergabe auf dem Bildschirm und bei mikroverfilmten Unterlagen die Zurverfügungstellung eines Lesegerätes zu verlangen (MieWo/Schmid Erl. zu § 29 NMV 1970 Rn. 10). Wenn eine solche Einsichtnahme nicht zumutbar ist, sind Rückkopien oder Ausdrucke zu fertigen. Die Kosten hierfür hat der Vermieter zu tragen (Schmid ZMR 2003, 16).

920 Die Zumutbarkeit der Kenntnisnahme erfordert es auch, dass die Belege geordnet vorgelegt werden (LG Duisburg WuM 2002, 32; AG Köln WuM 1996, 426), wobei das **Ordnungssystem** i.d.R. dem System der Abrechnung entsprechen soll. Ein gewisser Prüfungsaufwand ist jedoch dem Mieter zuzumuten. Der Vermieter ist deshalb nicht verpflichtet, den einzelnen Rechnungen zu einer Abrechnungsposition eine zusammenfassende Übersicht voranzustellen (Schmid Handbuch der Mietnebenkosten, Rn. 3295; a.A. Lützenkirchen MDR 1998, 136) oder die Belege für jede Kostenposition mit einem Deckblatt zu versehen, auf dem die Einzelbeträge der Belege aufgeführt sind (a.A. LG Duisburg WuM 2002, 32).

921 Eine Verpflichtung zur mündlichen **Erläuterung** besteht nicht (a.A. OLG Düsseldorf GuT 2006, 233, das sich zu Unrecht auf BGH 2006, 200 beruft).

922 Der Mieter kann sich auf fehlende Belegeinsicht nicht mehr berufen, wenn er vier ihm angebotene Einsichtstermine nicht wahrgenommen hat (LG Berlin NZM 2002, 65).

923 Der Mieter ist berechtigt, mit von ihm selbst mitgebrachten Geräten die Belege abzufotografieren (AG München NZM 2010, 78).

b) Ort der Belegeinsicht

Der BGH (ZMR 2006, 358) geht ohne nähere Begründung davon aus, dass die Belege beim Vermieter einzusehen sind (a.A. weiterhin Scheffler WuM 2007, 229). Ebenfalls ohne Begründung das Urteil des BGH (WuM 2006, 618 = NZM 2006, 926), dass der Mieter in die Räume des Bevollmächtigten (hier: Rechtsanwalt) verwiesen werden kann. **924**

Als dogmatischer Ansatzpunkt kann eine analoge Anwendung des § 811 BGB herangezogen werden (vgl. AG Bremen WuM 2002, 32). Nach dem Wortlaut des § 29 NMV 1970 hat der Vermieter auch nur Einsicht zu gewähren, ist also nicht zu einem Transport der Belege verpflichtet (Schmid Handbuch der Mietnebenkosten, Rn. 3304). **925**

Gegen eine mietvertragliche Regelung über den Ort der Belegeinsicht ergeben sich auch aus § 307 BGB keine durchgreifenden Bedenken (Schmid DWW 2002, 121; teilweise a.A. Römer WuM 1996, 393; Goch WuM 2001, 498). Eine solche Vereinbarung ist sachgerecht. Die Interessen des Mieters sind hinreichend gewahrt, wenn ihm das Recht auf Übersendung von Fotokopien verbleibt. Eine unangemessene Benachteiligung wäre es jedoch, den Mieter auf die Räume der jeweiligen Hausverwaltung zu verweisen, da diese Verwaltungen und damit die Orte der Belegeinsicht wechseln können (vgl. AG Wiesbaden WuM 2000, 312). **926**

Bei der Vermietung von Eigentumswohnungen befinden sich die Unterlagen beim Verwalter und zahlreiche Verwalterverträge enthalten die ausdrückliche Regelung, dass die Belege nur in den Geschäftsräumen der Verwaltung eingesehen werden können. Ohne eine solche Regelung ist es streitig, wo der Wohnungseigentümer Belegeinsicht nehmen kann (vgl. Schmid BlGBW 1982, 46). Wenn der Sitz der Verwaltung und der Ort der Wohnanlage identisch sind, wird auch ohne besondere Vereinbarung ein Einsichtsrecht grundsätzlich nur in den Räumen des Wohnungseigentumsverwalters gewährt (OLG Hamm ZMR 1998, 587). Zweckmäßig ist eine mietvertragliche Regelung, wonach der Mieter einen Anspruch darauf hat, dass ihm der Vermieter die Einsicht in die Belege in den Geschäftsräumen des Verwalters ermöglicht (Riecke ZMR 2001, 79). In Betracht kommt auch eine Regelung im Verwaltervertrag, die den Verwalter verpflichtet, die Belege am Ort der Wohnung vorzulegen (Römer WuM 1996, 392). **927**

c) Bevollmächtigung

Das Einsichtsrecht kann auch durch einen bevollmächtigten Dritten ausgeübt werden (AG Hamburg WuM 1991, 282). Der Vertreter kann nur zurückgewiesen werden, wenn in dessen Person ein wichtiger Grund vorliegt, insbesondere wenn die Gefahr einer nicht objektiven Prüfung besteht oder wenn der Dritte mit der Einsichtnahme ausschließlich eigene Interessen verfolgt (LG Hamburg WuM 1985, 400). **928**

2. Fotokopien

a) Anspruch des Mieters

Ein **Recht auf die Erteilung von Fotokopien** ist nur in § 29 Abs. 2 NMV 1970 normiert. Danach kann der Mieter anstelle der Einsicht in die Berechnungsunterlagen die Überlassung von Ablichtungen verlangen. Bei Mikroverfilmung geht dieser Anspruch auf Überlassung eines Abzuges und bei EDV-gespeicherten Unterlagen auf Überlassung eines Ausdruckes (MieWo/Schmid Erl. zu § 29 NMV 1970 Rn. 15). Der formularmäßige Ausschluss des Rechts auf Übersendung von Belegkopien wird als gemäß § 307 BGB unwirksam angesehen (LG Duisburg WuM 2002, 32; AG Dinslaken WuM 2001, 497 m. Anm. Goch). **929**

930 Außerhalb des Anwendungsbereiches der NMV 1970 hat der Mieter grundsätzlich keinen Anspruch auf Übersendung von Fotokopien. Etwas anderes gilt nach § 242 BGB, wenn dem Mieter eine Einsichtnahme nicht zumutbar ist (BGH ZMR 2006, 358 [361] m. abl. Anm. Rau/Dötsch). Als Beispiel nennt der BGH weite Entfernung. Zu denken ist auch an eine Erkrankung, die dem Mieter das Aufsuchen der Räume des Vermieters unmöglich oder unzumutbar macht (Schmid ZMR 2006, 341 [343]). Benötigt der Mieter Kopien für steuerdienliche Zwecke, ist der Vermieter zur Erteilung verpflichtet (vgl. Schmid Handbuch der Mietnebenkosten Rn. 3212a). Allgemeine Erwägungen wie das Interesse des Mieters an einer Durchsicht zu Hause oder die Vorlage an einen sachkundigen Berater lässt der BGH nicht gelten. Deshalb kann sich der Mieter einen Anspruch auf eine Belegkopie auch nicht dadurch verschaffen, dass er die Umlegbarkeit der dort dokumentierten Zahlung in Zweifel zieht (Schmid Handbuch der Mietnebenkosten, Rn. 3315; a.A. Lützenkirchen BGH-Report 2006, 631).

931 Seine Schranke findet der Anspruch auf Erteilung von Ablichtungen in Treu und Glauben. Der Vermieter wird deshalb nicht für verpflichtet angesehen, dem Mieter auf dessen globale Anforderung hin alle vorhandenen Belege zu kopieren (LG Düsseldorf ZMR 1998, 167; LG Frankfurt/M. ZMR 1999, 764; AG Neubrandenburg WuM 1994, 531). Diese Einschränkung ist aber auf Fälle des Rechtsmissbrauchs zu begrenzen, da § 29 NMV 1970 keine Beschränkung vorsieht (vgl. LG Duisburg WuM 2002, 32).

932 Ein Recht auf unmittelbare Übersendung der Kopien an einen Dritten, z.B. Mieterverein, hat der Mieter nicht (a.A. AG Bremen WuM 2002, 32); der Vermieter kann jedoch einem entsprechenden Wunsch des Mieters nachkommen.

933 Der Anspruch auf Fotokopien besteht nach dem eindeutigen Verordnungswortlaut nur **anstelle der Einsicht**. Es kann also nicht Einsicht in die Originalbelege und Erteilung von Fotokopien verlangt werden (AG Wuppertal WuM 1990, 560; MieWo/Schmid § 29 NMV 1970 Rn. 15b; a.A. Römer WuM 1996, 393; AG Bonn WuM 1996, 629 und für die Einsicht in die Verwaltungsunterlagen einer Wohnungseigentümergemeinschaft: BayObLG WuM 2000, 431). Folgt man dieser Auffassung nicht, so kann jedenfalls außerhalb von preisgebundenen Mietverhältnissen im Hinblick auf die Vertragsfreiheit eine entsprechende vertragliche Regelung getroffen werden (Schmid DWW 2002, 121).

934 Die Überlassung von Kopien kann vertraglich vereinbart werden. Dabei empfiehlt es sich, auch Regelungen über den Umfang und die Kosten zu treffen (Schmid ZMR 2006, 341 [343]; Rau/Dötsch ZMR 2006, 362 [363]). Eine solche Vereinbarung kann generell oder anlässlich einer Belegeinsicht für den Einzelfall getroffen werden. Die bloße Übersendung einzelner Kopien gefälligkeitshalber begründet keine vertragliche Verpflichtung zur Übersendung weiterer Abrechnungsunterlagen (BGH WuM 2006, 618). An eine Zusage, dem Mieter Kopien zu übersenden, ist der Vermieter jedoch gebunden (AG Mainz WuM 2006, 619).

b) Kostenerstattung

935 § 29 Abs. 2 S. 1 NMV 1970 sieht für preisgebundenen Wohnraum vor, dass die Ablichtungen nur gegen **Erstattung der Auslagen des Vermieters** verlangt werden können. Diese Vorschrift ist auf andere Mietverhältnisse entsprechend anzuwenden.

936 Für die Höhe der Kostenerstattung sind im Prinzip die Selbstkosten einschließlich der Vorhalte-, Wartungs- und Arbeitskosten maßgebend. Nicht zu berücksichtigen sind jedoch Kosten, die auch bei einer Belegeinsicht entstanden wären. Den Kostenaufwand kann der Vermieter konkret darlegen (AG Hamburg-Wandsbek WuM 2001, 362). Von Dritten dem Vermieter in Rechnung gestellte Kosten müssen angemessen sein, da

ansonsten ein Verstoß gegen den Wirtschaftlichkeitsgrundsatz vorliegt (AG Pinneberg ZMR 2005, 595, das allerdings zu starr auf den fixen Betrag von 0,25 € abstellt).

Aus Vereinfachungsgründen ist eine Pauschalierung in entsprechender Anwendung von § 287 ZPO zuzulassen. Die Rechtsprechung gewährt Beträge zwischen 0,05 € (AG Oldenburg WuM 1993, 412; AG Pankow/Weißensee NZM 2002, 655) und 0,50 € (AG Neubrandenburg WuM 1994, 531; AG Oldenburg WuM 2000, 232; AG Bremen WuM 2005, 129 m. abl. Anm. Derckx WuM 2005, 226). Letzterer Auffassung ist schon im Hinblick auf den Arbeitsaufwand zuzustimmen. Die Tendenz geht allerdings zu Beträgen im unteren oder mittleren Bereich der Spanne mit dem wohl häufigsten Betrag von 0,25 € (LG Berlin GE 2002, 1563; AG Brandenburg a.d.H. GE 2003, 55). Das hierzu gebrachte Argument, auch die Gewährung von Belegeinsicht verursache einen Verwaltungsaufwand (AG Köln ZMR 1999, 343), vermag nicht zu überzeugen, da das Kopieren einen zusätzlichen Aufwand erfordert. **937**

Bei einer Versendung der Kopien sind auch die Portokosten zu erstatten (Römer WuM 1996, 393). **938**

In entsprechender Anwendung von § 811 Abs. 2 S. 2 BGB kann der Vermieter die Erteilung von Fotokopien von einem Kostenvorschuss abhängig machen (LG Duisburg WuM 2002, 32; AG Oldenburg WuM 1993, 412; a.A. OLG Düsseldorf WE 2002, 16, das eine Vorleistungspflicht des Vermieters annimmt). **939**

Die vertragliche Vereinbarung eines angemessenen Betrages für die Überlassung der Fotokopien ist zulässig (Schmid DWW 2002, 121). **940**

3. Wegfall des Anspruchs

Der Mieter kann den Anspruch auf Belegeinsicht oder Fotokopien nicht mehr geltend machen, wenn er hieran kein berechtigtes Interesse mehr hat. Das ist i.d.R. dann der Fall, wenn der Vermieter keine Nachforderungen mehr geltend macht, eventuelle Rückzahlungsansprüche verjährt oder verwirkt sind oder Einwendungen gegen die Abrechnung nicht mehr geltend gemacht werden können (vgl. LG Köln WuM 2002, 53; Dickerbach ZMR 2008, 355 [358]). Auch in diesen Fällen besteht der Anspruch noch, wenn Belege aus den Vorjahren für eine aktuelle Abrechnung von Bedeutung sind (Schmid, Handbuch der Mietnebenkosten Rn. 3321a). **941**

4. Weigerung des Vermieters

a) Erfüllungsanspruch

Der Mieter kann bei einer Verweigerung der Belegeinsicht oder der Erteilung von Fotokopien Klage auf Leistung erheben. **942**

b) Zurückbehaltungsrecht

Verweigert der Vermieter Belegeinsicht oder Kopien, hat der Mieter ein Zurückbehaltungsrecht für die laufenden Nebenkostenvorauszahlungen, aber nicht für die Grundmiete. **943**

Dagegen besteht kein Zurückbehaltungsrecht hinsichtlich eines geforderten Nachzahlungsbetrages (LG Berlin GE 1984, 133; Schmid WuM 1996, 320; Römer WuM 1996, 598; a.A. LG Hanau WuM 1981, 102; LG Hamburg WuM 1997, 500; AG Köln ZMR 1999, 343; AG Weißwasser WuM 2002, 233). Die Geltendmachung des Zurückbehal- **944** tungsrechts führt nämlich nur zu einer Verurteilung Zug und Zug (§ 274 BGB) gegen Zahlung, womit das Ziel einer vorherigen Überprüfung nicht erreicht werden kann. Um dieses Ziel zu erreichen, kann nicht entgegen dem eindeutigen Gesetzeswortlaut des § 274 BGB von einer Verurteilung Zug um Zug abgesehen werden (a.A. OLG Düsseldorf ZMR 2000, 453 m. Anm. Schmid; LG Hamburg WuM 1997, 500). Nimmt man gleichwohl ein Zurückbehaltungsrecht an, so entfällt dieses, wenn der Vermieter im Prozess Belegeinsicht gewährt (LG Düsseldorf ZMR 1998, 167).

c) Einwand des Rechtsmissbrauches

945 Verlangt der Vermieter eine Nachzahlung und weigert er sich gleichzeitig, dem berechtigten Verlangen des Mieters auf Überprüfung der Abrechnung zu entsprechen, so verstößt er gegen Treu und Glauben (OLG Düsseldorf ZMR 2000, 453, 454). Das führt dazu, dass der Geltendmachung der Forderung die von Amts wegen zu beachtende Einwendung des Rechtsmissbrauches entgegensteht, ohne dass es eines Zurückbehaltungsrechts bedarf (Schmid ZMR 2000, 455).

5. Auskunftsanspruch

946 Über die Ansprüche auf Abrechnung, Belegeinsicht und Fotokopien hinaus, besteht kein Auskunftsanspruch (a.A. AG Bremen WuM 2009, 689 ohne Nennung einer Anspruchsgrundlage).

X. Einwendungen – Änderung der Abrechnung

1. Einwendungen des Mieters

a) Grundsätzliches

947 Ist die Abrechnung nicht formell ordnungsgemäß, verbleibt dem Mieter sein Anspruch auf Erstellung einer ordnungsgemäßen Abrechnung. Einwendungen gegen die materielle Richtigkeit der Abrechnung werden im Prozess über Nachforderungen oder Rückforderungen berücksichtigt. Der Mieter ist deshalb grundsätzlich nicht genötigt, eine von ihm für fehlerhaft gehaltene Abrechnung zu beanstanden. Hiervon gibt es jedoch wichtige Ausnahmen:

b) Gesetzliche Ausschlussfrist für Einwendungen

aa) Preisfreier Wohnraum

948 Nach § 556 Abs. 3 S. 5 BGB hat der Mieter Einwendungen gegen die Abrechnung spätestens bis zum Ablauf des zwölften Monats nach Zugang der Abrechnung dem Vermieter mitzuteilen. Nach Ablauf dieser Frist kann der Mieter Einwendungen nicht mehr geltend machen, es sei denn, der Mieter hat die verspätete Geltendmachung nicht zu vertreten (§ 556 Abs. 3 S. 6 BGB). Die Regelung gilt nicht für Abrechnungszeiträume, die vor dem 1. 9. 2001 beendet waren (Art. 229 § 3 Abs. 9 EGBGB).

949 Erstellt der Vermieter wirksam eine **neue Abrechnung** beginnt eine neue Frist zu laufen. Bei einer **Änderung der Abrechnung** läuft die Frist im Umfang der Änderung neu. Von einer Änderung ist auszugehen, wenn die Abrechnung nur inhaltlich korrigiert wird (vgl. LG Berlin GE 2001, 923).

Zur Fristwahrung ist es erforderlich, dass die Mitteilung innerhalb der Frist **dem Vermieter zugeht.** Dass die rechtzeitige Absendung genügt, ist im Gesetz nicht vorgesehen. 950

Auch eine **nicht formell ordnungsgemäße Abrechnung** setzt die Frist in Lauf (*Schmid* ZMR 2002, 727 [729]; ders. ZMR 2008, 111; a. A. *Kinne* GE 2004, 1572 [1579]; Hinz NZM 2009, 97 [98]; Blank DWW 2009, 91 [96]; offen gelassen von *OLG Düsseldorf* ZMR 2000, 379 = DWW 2000, 128 für eine rechtsgeschäftliche Anerkenntnisklausel). Das entspricht dem Gesetzeszweck, nach einer bestimmten Zeit Klarheit über die wechselseitigen Ansprüche zu schaffen (Bericht des Rechtsausschusses BT-Drucks. 14/5663 S. 170). 951

Die Mitteilung des Mieters bedarf **keiner bestimmten Form.** Eine solche kann wegen § 556 Abs. 4 BGB auch nicht vereinbart werden (Schmid ZMR 2002, 730). Die Einwendung kann mündlich (Hinz NZM 2009, 97 [99]), schriftlich oder durch Geltendmachung von Einwendungen in einem Prozess über die Abrechnung erfolgen (Schmid, Handbuch der Mietnebenkosten Rn. 3260). Bloßes Nichtzahlen einer Nachforderung genügt jedoch nicht, da hier durch nicht erkennbar wird, dass die Abrechnung beanstandet wird. Das Nichtzahlen kann auch auf Zahlungsunfähigkeit, Zahlungsunwilligkeit oder dem Vorhandensein von Gegenrechten beruhen (Schmid GE 2008, 516 [517]). 952

Eine **Spezifizierung oder Begründung** der Einwendungen schreibt das Gesetz nicht vor. Der Mieter muss also nicht darlegen, warum er die Abrechnung für falsch hält (Schmid ZMR 2002, 730; a.A. Langenberg NZM 2001, 787; Lützenkirchen NZM 2002, 513). 953

Nach Fristablauf kann der Mieter Einwendungen gegen die Abrechnung grundsätzlich nicht mehr geltend machen. Das hat zur Folge, dass die **Abrechnung als ordnungsgemäß und verbindlich gilt.** 954

War die Abrechnung formell nicht ordnungsgemäß, erlischt der Anspruch auf Erteilung einer ordnungsmäßigen Abrechnung. Der Saldo der Abrechnung ist für den Mieter verbindlich. Der Vermieter kann einen Abrechnungssaldo zu seinen Gunsten einfordern Der Mieter ist mit einem (weiter gehenden) Rückzahlungsanspruch ausgeschlossen (Schmid ZMR 2002, 729; a.A. Sternel ZMR 2001, 939; Lützenkirchen NZM 2002, 512; offen gelassen von OLG Düsseldorf ZMR 2000, 379 = DWW 2000, 128 für eine rechtsgeschäftliche Anerkenntnisklausel). 955

Fehler bei der Anwendung der Abrechnungsmaßstäbe werden durch den Fristablauf ebenso geheilt wie das Unterlassen einer notwendigen Voraufteilung (Schmid ZMR 2002, 730; a.A. Lützenkirchen NZM 2002, 513). 956

Der Einwendungsausschluss gilt auch dann, wenn Kosten umgelegt sind, die nach § 556 Abs. 1 BGB nicht umgelegt werden dürften (Sternel ZMR 2001, 939; Schmid ZMR 2002, 729; a.A. Langenberg WuM 2001, 529). Es kann nämlich durchaus streitig sein, welche Kosten unter den Katalog des § 2 BetrKV fallen. 957

Bei einer vertragswidrigen Umlegung ist zu differenzieren: Liegt gar keine Vereinbarung über eine Umlegung mit Abrechnung vor, kommen § 556 Abs. 3 S. 5 und 6 BGB überhaupt nicht zur Anwendung. Der Mieter kann sich auf das Fehlen einer Abrechnungsvereinbarung unbefristet berufen (Schmid ZMR 2003, 729). Besteht aber eine Abrechnungsvereinbarung und stellt der Vermieter Kostenpositionen ein, deren Umlegung nicht vereinbart ist, handelt es sich um einen bloßen Abrechnungsfehler, der durch die Versäumung der Einwendungsfrist geheilt wird (BGH ZMR 2008, 107; a.A. Lützenkirchen NZM 2002, 513). 958

Erhebt der Mieter Einwendungen nur gegen bestimmte Punkte einer Abrechnung, so ist es eine Frage des Einzelfalles, ob nach Fristablauf weitere Einwendungen geltend gemacht werden können (Schmid ZMR 2002, 730; a.A. Lützenkirchen NZM 2002, 513). 959

Dabei ist zunächst die Erklärung des Mieters auszulegen, ob die Einwendungen auf die genannten Punkte beschränkt werden oder ob die Abrechnung generell beanstandet wird und die angeführten Punkte nur beispielhafte Rügen sind. Da eine Spezifizierung der Einwendungen nicht vorgeschrieben ist (Rdn. 953), wird man im Zweifel von einer Beanstandung insgesamt auszugehen haben (Schmid Handbuch der Mietnebenkosten, Rn. 3263).

960 Der Einwendungsausschluss tritt nicht ein, wenn der Mieter die **verspätete Geltendmachung nicht zu vertreten** hat. Wann dies der Fall ist, kann nur anhand des jeweiligen Einzelfalles, insbesondere der jeweiligen Abrechnung beurteilt werden. Im Einzelnen können folgende Leitlinien aufgestellt werden:

961 **Überprüfungsobliegenheit:** Grundsätzlich wird man vom Mieter eine sorgfältige Überprüfung der Abrechnung auch durch Einsicht in die Abrechnungsbelege bzw. Fotokopien derselben verlangen müssen (*Streyl* WuM 2005, 505 [507]); Blank DWW 2009, 91 [93]; stark einschränkend *Sternel* ZMR 2001, 940). Die Fristversäumung ist dann nicht zu vertreten, wenn der Vermieter eine Belegprüfung nicht rechtzeitig ermöglicht (*Lützenkirchen* NZM 2002, 512; *Schmid* ZMR 2002, 731).

962 **Nicht erkennbare Fehler:** Nicht zu vertreten hat der Mieter das Unterlassen von Einwendungen, wenn der Fehler für ihn nicht erkennbar ist (*Schmid* GE 2008, 516 [518]).

963 **Unrichtige Auskünfte seitens des Vermieters:** Wenn der Vermieter auf Nachfrage unrichtige Auskünfte erteilt, hat es der Mieter nicht zu vertreten, wenn er sich damit zunächst zufrieden gibt (*Schmid* ZMR 2002, 731).

964 **Hinderungsgründe, die in der Person des Mieters liegen**, sind von diesem nur dann nicht zu vertreten, wenn sie unvorhersehbar waren oder nicht durch zumutbare Vorsorge ausgeglichen werden konnten, z. B. eine überraschende Erkrankung (*Langenberg* NZM 2001, 787). Der verhinderte Mieter muss, wenn ihm das möglich ist, einen Dritten beauftragen (*Kinne* GE 2004, 1572 [1581]).

965 **Fristunkenntnis:** Der Mieter kann sich nicht auf die Unkenntnis der Frist berufen (*Lützenkirchen* NZM 2002, 512 [513]; *Schmid* ZMR 2002, 727 [730]).

966 **Verschulden Dritter:** Das Verschulden seiner Gehilfen (z. B. Mieterverein oder Anwalt) hat der Mieter entsprechend § 278 BGB zu vertreten (*Schmid* ZMR 2002, 727 [730]). Weist der Vermieter die Einwendungen entsprechend § 174 BGB zurück und geht die nochmals übersandte Einwendung erst nach Fristablauf ein, hat es der Vermieter nach § 278 BGB zu vertreten, dass der Bevollmächtigte keine Vollmachtsurkunde beigefügt hat (*Schmid* GE 2008 [516 [518]). Hat der Mieter gar keine Vollmachtsurkunde ausgestellt, trifft ihn ein eigenes Verschulden (*Schmid* MietRB 2008, 342 [343]).

967 **Post:** Es stellen sich gleichen Probleme wie bei der Versendung der Abrechnung.

968 **Verschulden des Vermieters:** Unerheblich ist das Verschulden des Vermieters am Fehler in der Abrechnung (Schmid ZMR 2002, 730; a. A. *Sternel* ZMR 2001, 937, 940). Würde man auf ein Verschulden des Vermieters abstellen, würde die Regelung weitgehend leer laufen, da Abrechnungsfehler in der Regel auf Fahrlässigkeit beruhen.

969 **Wegfall des Hinderungsgrundes:** Fällt der Grund für eine unverschuldete Verhinderung weg, muss der Mieter seine Einwendungen alsbald vorbringen. analog der Rechtsprechung des BGH (ZMR 2006, 847) zur Abrechnungsfrist wird man dem Mieter eine Frist von drei Monaten gewähren können (*Schmid* GE 2008 [516 [518]; a. A. Schmidt-Futterer/*Langenberg*, § 556 Rn. 500: 2 bis 4 Wochen).

Eine zum Nachteil des Mieters **abweichende Vereinbarung** ist unwirksam. Änderung zugunsten des Mieters, insbesondere eine gänzliche Abbedingung der Regelung oder die Vereinbarung einer längeren Frist sind möglich. **970**

bb) Preisgebundener Wohnraum

Auf preisgebundenen Wohnraum kann § 556 Abs. 3 S. 5 und 6 BGB nicht angewendet werden, da die Preisbindungsvorschrift des § 8 WoBindG Vorrang hat (Schmid ZMR 2002, 731; a.A. Langenberg NZM 2001, 784). **971**

cc) Geschäftsräume

§ 556 BGB ist in der Verweisungsnorm des § 578 BGB nicht erwähnt. Eine entsprechende Anwendung auf Gewerberaummietverhältnisse wird von der ganz h.M. (z.B. OLG Düsseldorf GuT 2006, 132) abgelehnt. **972**

c) Schuldbestätigungsvertrag

Die Parteien können nach Zugang der Abrechnung an die Mieter den Saldo als für beide Parteien verbindlich anerkennen. Eine solche Vereinbarung muss aber ausdrücklich getroffen werden oder sich aus bestimmten konkreten Umständen ergeben. Die früher vertretene Auffassung, dass allein die vorbehaltslose Zahlung bzw. Entgegennahme des Abrechnungssaldos zur Annahme eines Schuldbestätigungsvertrages führt, lässt sich seit der Geltung des § 556 Abs. 3 S. 5 BGB nicht mehr aufrechterhalten (Schmid Handbuch der Mietnebenkosten, Rn. 3272; Sternel ZMR 2010, 160 ff. a.A. LG Hamburg ZMR 2006, 288; Kinne GE 2004, 1572 [1581]). Wenn nämlich dem Mieter eine gesetzliche Frist für das Erheben von Einwendungen gesetzt ist, kann nicht ein Zahlungsvorgang als stillschweigender Verzicht auf die volle Ausnutzung der Frist angesehen werden (Schmid ZMR 2001, 940). Das muss auch dann gelten, wenn der Mieter in Kenntnis der Fehlerhaftigkeit der Abrechnung einen Ratenzahlungsvertrag schließt (a.A. AG Frankfurt a.M. ZMR 2010, 43 m. zust. Anm. Rave). **973**

d) Vertragliche Einwendungsregelungen

Bei Mietverhältnissen über **Wohnraum** sind vertragliche Vereinbarungen, nach denen der Mieter die Richtigkeit der Abrechnung anerkennt oder mit Einwendungen ausgeschlossen ist, wenn er nicht innerhalb einer bestimmten Frist widerspricht, unwirksam. Für preisfreien Wohnraum ergibt sich dies aus § 556 Abs. 4 BGB, für preisgebundenen Wohnraum aus den Preisbindungsvorschriften. **974**

Bei **Geschäftsraummietverhältnissen** können Anerkenntnisklauseln vereinbart werden. Ein Einwendungsausschluss steht einer Genehmigungsfiktion gleich (KG ZMR 2002, 955). Bei der Verwendung von Formularmietverträgen müssen dabei jedoch die Wirksamkeitsvoraussetzungen nach §§ 308 Nr. 5, 307 BGB beachtet werden (vgl. OLG Düsseldorf DWW 2000, 122 = ZMR 2000, 452 ff. m. Anm. Schmid). **975**

2. Änderungen durch den Vermieter

a) Erstellung einer neuen Abrechnung

Der Vermieter muss eine neue Abrechnung erstellen, wenn die **bisherige Abrechnung nicht formell ordnungsgemäß** ist. **976**

Eine neue Abrechnung ist zu erstellen, wenn der Vermieter die bisherige Abrechnung wirksam **angefochten** hat (vgl. AG Hamburg WuM 1990, 444). Eine Anfechtung wird **977** allerdings meist am Fehlen eines Anfechtungsgrundes scheitern, da i.d.R. nur ein unbeachtlicher Kalkulationsirrtum vorliegt.

b) Änderung

978 Es besteht grundsätzlich kein **Anspruch** des Mieters auf eine Änderung der Abrechnung wegen inhaltlicher Fehler, da der Abrechnungsanspruch erfüllt ist. Materielle Fehler sind im Streit über Nach- oder Rückzahlungen zu berücksichtigen. Einen Anspruch auf Änderung der Abrechnung hat der Mieter nur dann, wenn er auf Grund des Fehlers das Abrechnungsergebnis nicht selbst feststellen kann (BGH ZMR 2005, 121 = NZM 2005, 13).

979 Eine **Berichtigung inhaltlicher Fehler** ist grundsätzlich zulässig (KG IMR 2009, 375; *LG Berlin* GE 2005, 1353). An dem Fortbestand einer falschen Abrechnung hat der Mieter kein schützenswertes Interesse. Nachforderungen kann der Vermieter aber nach Ablauf der Abrechnungsfrist nur noch erheben, wenn er den ursprünglichen Fehler nicht zu vertreten hatte oder wenn der Gesamtbetrag die geschuldeten Vorauszahlungen nicht übersteigt (*LG Berlin* GE 2005, 1353 – § 556 Abs. 3 Satz 2 und 3 BGB und § 20 Abs. 4 Satz 1 NMV 1970 analog). Die Ausschlussfrist gilt auch für den Rückforderungsanspruch des Vermieters, wenn er auf Grund einer falschen Abrechnung an den Mieter eine nicht geschuldete Rückzahlung geleistet hat (*AG Mettmann* NZM 2004, 784). Erfolgt die Abrechnung innerhalb der Abrechnungsfrist können (weitere) Nachforderungen erhoben werden (*LG Berlin* GE 2006, 125).

980 Bei einer **rückwirkenden Veränderung** der Kosten ist der Vermieter bei einer Verringerung des Umlegungsbetrages verpflichtet, die Abrechnung zu ändern. Bei einer Erhöhung des Umlegungsbetrages ist er zu einer Änderung berechtigt, wenn die Abrechnungsfrist noch nicht abgelaufen ist oder die Voraussetzungen für die Umlegung rückwirkend erhöhter Nebenkosten analog § 560 Abs. 2 Satz 2 BGB vorliegen (LG Rostock GE 2009, 1253; Schmid, Handbuch der Mietnebenkosten, Rn. 3283; a.A. LG Berlin GE 2005, 737). Ein weiteres Bestehen des Mietverhältnisses ist nicht Voraussetzung für eine Nachforderung (LG Rostock GE 2009, 1253). Bei einer Abrechnung nach dem Abfluss-/Fälligkeitsprinzip wird allerdings eine Rückwirkung nicht in Betracht kommen, da eine rückwirkende Fälligkeit nicht eintritt.

981 Wendet man bei Mietverhältnissen über Gewerberäume § 556 Abs. 3 Satz 3 BGB nicht analog an, so ist dem Vermieter die Berufung auf die Änderung versagt, wenn die Berichtigung nicht zeitnah erfolgt (KG IMR 2009, 375).

XI. Nachzahlungen und Rückzahlungen

1. Nachzahlungen

a) Fälligkeit

aa) Grundsatz

982 Die Fälligkeit einer Nachzahlung setzt den **Zugang einer formell ordnungsgemäßen Abrechnung** voraus (BGH NJW 1991, 836 = ZMR 1991, 133 = WuM 1991, 150). Ist die Abrechnung formell ordnungsgemäß, weist aber inhaltliche Mängel auf, so wird dadurch die Fälligkeit des tatsächlich geschuldeten Betrages nicht berührt. Ohne Belang für die Fälligkeit ist die Einwendungsfrist des § 556 Abs. 3 S. 5 BGB (Horst DWW 2002, 15).

Fälligkeit tritt selbst dann ein, wenn der Nachzahlungsbetrag falsch ist und vom Mieter an Hand der Abrechnung auch nicht errechnet werden kann. Der BGH (WuM 2005, 61) gibt dem Mieter jedoch in solchen Fällen einen Anspruch auf Neuberechnung. Bis zur Erfüllung dieses Anspruchs hat der Mieter ein Zurückbehaltungsrecht, jedenfalls gerät er nach § 286 Abs. 4 BGB mangels Verschuldens nicht in Verzug (Schmid WuM 2006, 481). **983**

Eine **Teilfälligkeit** ist grundsätzlich möglich, wenn der formelle Mangel nur einzelne Positionen der Abrechnung betrifft (AG Wetzlar WuM 2001, 30). Zu einer Nachzahlung kann das aber nur dann führen, wenn feststeht, dass sich auch ohne die zunächst insgesamt nicht zu berücksichtigenden Positionen eine Nachzahlung ergibt (LG Köln WuM 2001, 47). **984**

Bei **preisgebundenem Wohnraum** richtet sich die Fälligkeit nach §§ 20 Abs. 4 S. 1, 4 Abs. 7 und 8 NMV 1970, § 10 Abs. 2 WoBindG (Horst DWW 2002, 15). Geht die Abrechnung dem Mieter bis zum 15. des Monats zu, tritt Fälligkeit am 1. des Folgemonats ein, bei einem Zugang nach dem 15. wird der Nachzahlungsbetrag am 1. des übernächsten Monats fällig. **985**

bb) Überprüfungsfrist

Entgegen einer früher überwiegend vertretenen Meinung wird die Fälligkeit nicht durch eine dem Mieter zu gewährende Überprüfungsfrist hinausgeschoben (BGH ZMR 2006, 358 [360]). **986**

cc) Vertragliche Fälligkeitsregelungen

Vertragliche Fälligkeitsregelungen sind grundsätzlich möglich. Ob ein vereinbartes Zahlungsziel als Fälligkeitsregelung oder als Zahlungsfrist, die bereits einen fälligen Anspruch voraussetzt, auszulegen ist (vgl. OLG Düsseldorf ZMR 2000, 454), ist eine Frage des Einzelfalles. **987**

b) Verzug

Der Verzugseintritt richtet sich nach den allgemeinen Grundsätzen des § 286 BGB. Die Nebenkostenabrechnung ist eine einer Rechnung gleichartige Zahlungsaufstellung i.S.d. § 286 Abs. 3 BGB (Schmid ZMR 2000, 663). Verzug tritt deshalb ein, wenn nicht innerhalb von 30 Tagen nach Fälligkeit und Zugang der Abrechnung bezahlt wird. Da der private Wohnungsmieter Verbraucher i.S.d. § 13 BGB ist, kommt dieser nach § 286 Abs. 3 S. 1 Halbs. 2 BGB nur in Verzug, wenn der Vermieter auf den Verzugseintritt nach 30 Tagen in der Abrechnung besonders hinweist (Horst DWW 2002, 14). **988**

Der Mieter kommt jedoch nicht in Verzug, solange er die Nichtzahlung nicht zu vertreten hat (§ 286 Abs. 4 BGB). Da dem Mieter ein Überprüfungsrecht zusteht, hat er das Unterlassen der Nachzahlung nicht zu vertreten, solange er von diesem Recht unverschuldet keinen Gebrauch machen kann (AG Naumburg WuM 2004, 690). **989**

c) Verjährung

Es gelten die allgemeinen Regeln der §§ 194 ff. BGB (Leo/Ghassemi-Tabar NZM 2009, 185 [186]) mit der dreijährigen Regelfrist des § 195 BGB (LG Rostock GE 2009, 1253). **990**

Die Verjährung beginnt nach § 199 BGB grundsätzlich mit der Fälligkeit, also mit dem Zugang einer ordnungsmäßigen Abrechnung (BGH BGHZ 113, 188; OLG Düsseldorf DWW 2000, 215 und GE 2003, 323; OLG Köln ZMR 2002, 660; a.A. Jennißen NZM 2002, 238). Erfolgt zulässigerweise eine Nachberechnung, kommt es auf den Erhalt der **991**

Nachforderung an (Kinne GE 2009, 1221; LG Berlin GE 2004, 817; a.A. LG Rostock GE 2009, 1253), aber nur hinsichtlich der Mehrfordrung.

992 Der Ablauf der Abrechnungsfrist ist nicht maßgebend. Das KG (GE 2003, 117) will jedoch den Vermieter, der nicht rechtzeitig abrechnet, gemäß §§ 162, 242 BGB so behandeln, als ob die Fälligkeit der Forderung schon mit der Abrechnungsreife eingetreten wäre. Hierfür gibt es jedoch keine gesetzliche Grundlage.

d) Verwirkung

993 Ist eine Abrechnung erfolgt, wird für Nachforderungsansprüche eine Verwirkung nur in ganz besonderen Ausnahmefällen in Betracht kommen. Mit der Kenntniserlangung vom Nachzahlungsbetrag muss sich nämlich der Mieter auf die Nachzahlung einstellen und kann deshalb in der Regel nicht damit gehört werden, dass er mit einer Geltendmachung des Nachzahlungsanspruches nicht rechnen musste, zumal die kurze Verjährungsfrist von drei Jahren kaum Raum für Verwirkung lässt (KG ZMR 2007, 364 = GE 2007, 591).

994 Wird jedoch nur ein Teil der Betriebskosten abgerechnet, so kann dies zur Verwirkung des Anspruches auf Nachzahlung für die übrigen Betriebskosten führen (LG Hannover WuM 1991, 599). Entsprechendes gilt, wenn der Vermieter erst nach einiger Zeit übersehene Beträge nachberechnet (AG Gronau WuM 1996, 284), sofern eine Nachberechnung überhaupt noch möglich ist. Legt der Vermieter über Jahre hinweg überhaupt nur einen Teil der Betriebskosten um, die er nach dem Mietvertrag umlegen könnte, so kann er zwar Nachforderungen für abgerechnete Zeiträume nicht mehr geltend machen; für noch nicht abgerechnete Zeiträume ist der Anspruch jedoch nicht verwirkt (AG Neuss WuM 1990, 85). Verwirkung wurde auch in einem Fall angenommen, in dem der Vermieter für einen früheren Abrechnungszeitraum erst abgerechnet hatte, nachdem die folgende Periode bereits abgerechnet war (AG Jülich ZMR 1992, 27).

995 Eine Verwirkung kann es begründen, wenn nach einem Streit über die Richtigkeit der Abrechnung der Vermieter erst nach vier Jahren eine neue Abrechnung erstellt und deren Saldo dann geltend macht (LG Berlin NZM 2002, 286).

996 Für nachträgliche Betriebskostenerhöhungen schließt eine Rückwirkungsklausel den Einwand der Verwirkung aus (Rn. 3039 f.). Verwirkung kann in solchen Fällen nur dann zum Tragen kommen, wenn die Nachbelastung unangemessen lange verzögert wird.

2. Rückzahlungen

a) Rückzahlung aus einer Abrechnung

997 Dieser Anspruch ist kein Anspruch aus ungerechtfertigter Bereicherung nach § 812 BGB (OLG Koblenz ZMR 2002, 519), weshalb sich der Vermieter nicht auf einen Wegfall der Bereicherung nach § 818 Abs. 3 berufen kann. Es handelt sich um einen vertraglichen Anspruch, der teilweise unmittelbar aus dem Vertrag (BGH NZM 2005, 342 = GuT 2005, 13; Schmid WuM 1997, 158), teilweise aus einer ergänzenden Vertragsauslegung (OLG Koblenz ZMR 2002, 519) hergeleitet wird. Der Anspruch ist bedingt durch den Ablauf des Abrechnungszeitraums (BGH NZM 2005, 342 = GuT 2005, 13).

998 Rückzahlungen sind mit dem Zugang einer ordnungsgemäßen Abrechnung **fällig** (BGH NZM 2005, 342 = GuT 2005, 13).

999 Für den **Verzug** des Vermieters ist § 286 Abs. 3 S. 1 BGB entsprechend anzuwenden. Verzug tritt deshalb 30 Tage nach Zugang der Abrechnung ein (Schmid ZMR 2000, 661, 663).

b) Rückzahlung nicht geschuldeter Zahlungen

Nebenkosten, die bezahlt wurden, ohne dass eine Verpflichtung hierzu bestand, können aus ungerechtfertigter Bereicherung nach §§ 812 ff. BGB zurückverlangt werden. Das gilt auch, wenn eine Änderung der Abrechnung ergibt, dass der bereits geleistete Nachzahlungsbetrag zu hoch war. Die Beweislast trifft in diesen Fällen den Mieter, wenn der Vermieter substantiiert Tatsachen behauptet, aus denen sich ein Rechtsgrund für die Zahlung ergibt (*OLG Hamm* ZMR 2005, 617 [618]). Ein solcher Rückforderungsanspruch kann in besonders gelagerten Fällen durch Treu und Glauben ausgeschlossen sein, z. B. wenn eine unwirksame Nebenkostenvereinbarung zur Vereinbarung einer niedrigeren Grundmiete geführt hat (*AG Wiesbaden* ZMR 1999, 409). Ist streitig, ob in der vom Mieter gezahlten Miete eine Nebenkostenvorauszahlung enthalten war, trifft die Beweislast den Mieter (*OLG Düsseldorf* GuT 2008, 341). **1000**

Zuviel gezahlte Vorauszahlungen können bis zur Abrechnung nach § 812 BGB zurückverlangt werden. Sobald die Abrechnung zugegangen ist, sind die Vorauszahlungen zum Abrechnungsposten geworden und können nur noch innerhalb der Abrechnung berücksichtigt werden (Schmid MDR 2005, 971). **1001**

Für preisgebundenen Wohnraum gilt die Sonderregelung des § 8 WoBindG. Entgelte, die die Kostenmiete übersteigen, sind zurückzuerstatten und vom Empfang an zu verzinsen. Der Anspruch verjährt nach Ablauf von vier Jahren nach der jeweiligen Leistung, jedoch spätestens nach Ablauf eines Jahres von der Beendigung des Mietverhältnisses an. **1002**

Hat der Mieter eine Nachzahlung geleistet, obwohl der Vermieter die Ausschlussfrist von § 556 Abs. 3 S. 3 BGB versäumt hat, so besteht ein Rückforderungsanspruch nach §§ 812 ff. BGB. Der Rückforderungsanspruch ist nicht in analoger Anwendung von § 214 Abs. 2 S. 1 BGB ausgeschlossen (BGH NJW 2006, 903 [904] = ZMR 2006, 268). Der Anspruch ist ausgeschlossen, wenn ein selbstständiges Schuldanerkenntnis vorliegt, und nach § 814 BGB, wenn der Mieter wusste, dass er zur Zahlung nicht verpflichtet ist (Schmid GE 2005, 1230). Entsprechendes gilt bei preisgebundenem Wohnraum für die Versäumung der Frist des § 20 Abs. 3 S. 4 NMV 1979. § 8 Abs. 2 WoBindG steht nicht entgehen, da die Zahlung trotz Versäumnis der Abrechnungsfrist kein Zahlung auf Grund einer unwirksamen Vereinbarung ist (Schmid Handbuch der Mietnebenkosten, Rn. 3351 b). **1003**

Wurde eine unberechtigte Nachzahlung vom Mieter nach Androhung einer fristlosen Kündigung geleistet, kann dem Rückforderungsanspruch des Mieters nicht entgegengehalten werden, die Leistung sei in Kenntnis einer Nichtschuld (§814 BGB) erfolgt (AG Charlottenburg GE 2009, 1503). **1004**

Die Verjährung beginnt am Ende des Jahres, in dem der Mieter die Tatsachen kennt oder grob fahrlässig nicht kennt, aus denen sich das Fehlen des Rechtsgrundes ergibt (Schmid GE 2009, 298 [300]). **1005**

c) Vorbehaltszahlung

Will der Mieter, der die Nachzahlung unter Vorbehalt geleistet hat, einen Rückforderungsanspruch geltend machen, so verlangt das LG Köln (ZMR 2001, 547) einen detaillierten Vortrag zur Höhe des Rückforderungsanspruches. Richtigerweise muss jedoch danach differenziert werden, ob der Mieter sich die Rückforderung für den Fall vorbehalten will, dass er die Unrichtigkeit der Abrechnung beweist (vgl. BGH NJW 1984, 2826) oder ob der Mieter unter der Bedingung des Bestehens der Forderung leistet und damit die Darlegungs- und Beweislast beim Vermieter verbleibt (vgl. BGH NJW 1999, 494). Letzteres ist bei Mietverhältnissen im Zweifel anzunehmen, da der Mieter die Vorbehaltszahlung i.d.R. nur leistet, um die Gefahr einer Kündigung zu vermeiden. **1006**

1007 Zahlt der Mieter den Nachforderungsbetrag unter Vorbehalt und gibt ihm das Gericht darin Recht, dass die Abrechnung nicht richtig ist, so kann der Mieter nicht unmittelbar auf Rückzahlung klagen, wenn der Vermieter für die richtige Gestaltung der Abrechnung ein Ermessen hat (LG Düsseldorf WuM 1994, 30 ff. für den Fall der Wahl eines unbilligen Umlegungsmaßstabes, wenn mehrere der Billigkeit entsprechende Umlegungsmaßstäbe in Betracht kommen). Die Überzahlung muss vom Mieter substantiiert dargelegt werden (LG Köln ZMR 2001, 547). Gegebenfalls muss der Mieter auf Erteilung einer neuen Abrechnung mit zulässigem Verteilungsmaßstab klagen.

XII. Inklusivmieten

1. Grundsätzliches

1008 Die Inklusivmiete ist der gesetzliche Ausgangsfall der Mietstruktur (Hinz ZMR 2001, 331). Nebenkosten, deren Umlage nicht wirksam vereinbart oder zulässigerweise durch einseitige Erklärung bestimmt ist, gelten als in der Miete enthalten. Bei preisgebundenem Wohnraum sind die Betriebskosten zwar nicht in der Kostenmiete enthalten, dürfen aber auch dort nur bei entsprechenden rechtsgeschäftlichen Regelungen umgelegt werden. Ein Ansatz von Betriebskosten in der Wirtschaftlichkeitsberechnung ist im öffentlich geförderten sozialen Wohnungsbau und im freifinanzierten Wohnungsbau, der mit Wohnungsfürsorgemitteln gefördert worden ist, nach § 27 Abs. 3 II. BV nicht zulässig.

2. Veränderung der Miethöhe wegen veränderter Betriebskosten

a) Wohnraum

1009 Bei preisfreiem Wohnraum ist bei Mietverträgen, die seit dem 1. 9. 2001 abgeschlossen worden sind, eine Mieterhöhung wegen Steigerung der in der Grundmiete enthaltenen Betriebskosten nicht möglich. Eine Vereinbarung, die ein einseitiges Erhöhungsrecht des Vermieters vorsehen würde, wäre nichtig (Weitemeyer WuM 2001, 171). **Übergangsregelungen:** Die für Betriebskostenpauschalen geltenden Regelungen des § 560 BGB sind nach Art. 229 § 3 Abs. 4 EGBGB auch auf Inklusivmieten und Teilinklusivmieten anzuwenden, wenn das Mietverhältnis am 1. 9. 2001 bestanden hat und im Mietvertrag vereinbart ist, dass der Mieter eine Erhöhungen der Betriebskosten zu tragen hat. Ohne eine solche Vereinbarung kann eine Mieterhöhung nicht erfolgen. Bei preisgebundenem Wohnraum ist eine Erhöhung der Kostenmiete wegen gestiegener Betriebskosten nicht möglich.

b) Geschäftsraum

1010 Bei Geschäftsräumen obliegt es der freien Parteivereinbarung, wie sich Erhöhungen der Betriebskosten auf eine (Teil-)Inklusivmiete auswirken sollen. Besteht keine Regelung führt eine Nebenkostenerhöhung nicht zu einer Mieterhöhung.

3. Übergang von der Inklusivmiete zur Nebenkostenumlegung

a) Einvernehmliche Regelung

1011 Die Mietparteien können im Wege der Vertragsänderung die gesonderte Umlegung von Nebenkosten im gleichen Umfang vereinbaren, wie dies beim Neuabschluss eines Vertrages möglich ist.

b) Möglichkeiten einseitiger Regelungen kraft Gesetzes

aa) HeizkostenV

Zum Recht der Mietparteien, die Einhaltung der Regelungen der HeizkostenV zu verlangen und damit die Heiz- und Warmwasserkosten aus der Grundmiete herauszunehmen s. Schmid, Handbuch der Mietnebenkosten, Rn. 4456 ff. **1012**

bb) Geschäftsraummiete

Abgesehen von der HeizkostenV gibt es keine gesetzliche Regelung, die eine einseitige Änderung der Mietstruktur ermöglichen würde. **1013**

cc) Preisgebundener Wohnraum

Da bei preisgebundenem Wohnraum Betriebskosten nicht in der Wirtschaftlichkeitsberechnung enthalten sein dürfen (Rdn. 1008), stellt sich das Problem einer Herausnahme dieser Kosten nicht. **1014**

dd) Preisfreier Wohnraum

(1) Grundsätzliches

§ 556a Abs. 2 BGB gestattet dem Vermieter einen einseitigen Eingriff in die Mietstruktur durch Herausnahme einzelner Betriebskosten aus der Inklusivmiete unter den nachstehend dargestellten Voraussetzungen. Dem Vermieter ist durch § 556a Abs. 2 BGB nur ein Recht eingeräumt. Der Mieter hat keinen Anspruch darauf, dass der Vermieter von der Änderungsmöglichkeit Gebrauch macht (a.A. Rips WuM 2001, 421 für den Fall, dass Erfassungsgeräte vorhanden sind). Erst recht folgt aus § 556a BGB kein Anspruch des Mieters auf Einbau von Erfassungsgeräten (Rips WuM 2001, 419; Sternel ZMR 2001, 939). Der Mieter ist auch nicht berechtigt, selbst Messgeräte einzubauen und dann vom Vermieter für seine Wohnung eine verbrauchsabhängige Abrechnung zu verlangen (Beuermann GE 2003, 364; a.A. AG Berlin-Tiergarten GE 2003, 306). **1015**

Eine verbrauchsabhängige Kostenverteilung erfordert, z.B. bei Wasser, die Anbringung von Zählern. Die Duldungspflicht zur Anbringung der Zähler beurteilt sich nach § 554 BGB. Hinsichtlich der Zählerablesung folgt die Duldungspflicht aus dem Sachzusammenhang. Das gesamte Regelungswerk wäre sinnlos, wenn der Mieter die verbrauchsbezogene Abrechnung durch Verweigerung der Ablesung verhindern könnte (Schmid Handbuch der Mietnebenkosten, Rn. 2019). **1016**

Sehr zweifelhaft ist, ob sich der Mieter auf eine wirtschaftliche Unzweckmäßigkeit berufen kann, wenn eine verursachungsbezogene Abrechnung erheblich mehr kostet, als sie an erhoffter Einsparung bringt (vgl. Schläger ZMR 1994, 192). Einerseits enthält § 556a Abs. 2 BGB keine dem § 11 Abs. 1 Nr. 1 Buchst. a) HeizkostenV entsprechende Regelung. Andererseits ist aber der Wirtschaftlichkeitsgrundsatz zu beachten. Dem Wirtschaftlichkeitsgrundsatz ist hier der Vorrang einzuräumen, da der Vermieter hier anders als bei der HeizkostenV nach seinem Ermessen vorgehen kann. Der Vermieter handelt ermessensmissbräuchlich, wenn abzusehen ist, dass die den Mietern durch eine verursachungsbezogene Abrechnung entstehenden Kosten außer jedem Verhältnis zu möglichen Einsparungen stehen (Schmid WuM 2001, 427). **1017**

Eine zum Nachteil des Mieters **abweichende Vereinbarung** ist unwirksam (§ 556a Abs. 3 BGB). Abweichungen zugunsten des Mieters sind möglich. Insbesondere kann das einseitige Änderungsrecht des Vermieters vertraglich auch ganz ausgeschlossen werden. **1018**

(2) Voraussetzungen

1019 Es muss eine **Verbrauchs- oder Verursachungserfassung** durchgeführt werden. Es genügt also nicht ein Umlegungsmaßstab, der lediglich dem unterschiedlichen Verbrauch Rechnung trägt, wie z.B. eine Verteilung nach Personenzahl. Die Änderungsmöglichkeit beschränkt sich auf Kostenarten, bei denen eine Verursachungserfassung erfolgt. Nicht möglich ist deshalb die völlige Umstellung einer Inklusivmiete auf eine Nettomiete (LG Augsburg WuM 2004, 148 = ZMR 2004, 269; a.A. AG Augsburg ZMR 2003, 847 = WuM 2003, 566).

1020 Es muss zumindest eine teilweise **verbrauchs- oder verursachungsabhängige Abrechnung** erfolgen. Nicht ausgeschlossen wird die Änderung dadurch, dass eine Kombination zwischen einem Festanteil und einem Verbrauchsanteil gewählt wird. Nicht nach § 556a BGB möglich ist der einseitige Übergang von einer Inklusivmiete zu einer Pauschale.

1021 Sind die Kosten in der Miete enthalten, was bei einer Inklusivmiete der Fall ist, ist **die Miete herabzusetzen** (§ 556a Abs. 2 S. 3 BGB). Die Herabsetzung der Miete ist zwar nicht ausdrücklich als Wirksamkeitsvoraussetzung bezeichnet. Dass es sich gleichwohl um eine Wirksamkeitsvoraussetzung handelt, ergibt sich aber aus dem notwendigen Gleichklang zwischen der gesonderten Erhebung von Betriebskosten und der Mietsenkung, da die Umstellung nicht zu einer Bereicherung des Vermieters führen soll. Die Mietsenkung muss also zusammen mit der Änderung erklärt werden. Andernfalls ist die Erklärung unwirksam (AG Münster WuM 1994, 613).

1022 Nicht geregelt ist, wie die Herabsetzung zu erfolgen hat. Richtschnur der Anpassung muss sein, dass die Änderung für den Vermieter kostenneutral ist. Dies kann dadurch geschehen, dass die Gesamtkosten des letzten Jahres für die betroffene Kostenart in der Abrechnungseinheit festgestellt und sodann nach dem gewählten Umlegungsmaßstab rechnerisch auf die einzelnen Mieter umgelegt werden. Um den sich hieraus ergebenden Betrag ist die Miete zu kürzen. Demgegenüber ist das AG Köln (ZMR 2004, 119) der Auffassung, dass für die Höhe der herauszurechnenden Betriebskosten der Zeitpunkt der letzten Mieterhöhung maßgebend sein soll. Eine Steigerung von anderen Betriebskosten, die die Umstellung nicht betrifft, bleibt unberücksichtigt (Langenberg NZM 2001, 791).

(3) Durchführung

1023 Der Vermieter gibt eine **einseitige empfangsbedürftige Erklärung** ab. Dem Mieter muss die Erklärung zugehen. Er muss aber nicht zustimmen. Wird die Erklärung durch einen Bevollmächtigten abgegeben, ist zweckmäßigerweise eine Vollmachtsurkunde im Original beizufügen, da ansonsten die Erklärung nach § 174 BGB mit der Folge der Unwirksamkeit zurückgewiesen werden kann.

1024 Die Erklärung bedarf der **Textform** des § 126b BGB. Fehlt es hieran, ist die Erklärung nach § 125 BGB unwirksam.

1025 Die Erklärung muss den Umfang der **Vertragsänderung klar erkennen lassen** (Blank WuM 1993, 508). Insbesondere muss der künftige Umlegungsmaßstab so eindeutig dargestellt werden, dass der Mieter die Betriebskostenabrechnung nachprüfen kann (LG Hamburg ZMR 1998, 36). Eine Begründung ist nicht erforderlich, da das Gesetz eine solche nicht vorschreibt (vgl. BGH NZM 2003, 757 = NJW 2003, 2902).

1026 Eine Rückwirkung ist ausgeschlossen. Die Erklärung des Vermieters muss **vor Beginn eines Abrechnungszeitraumes** abgegeben werden (§ 556a Abs. 2 S. 2 BGB).

(4) Folgen

Mit dem Wirksamwerden der einseitigen Änderung wird die getroffene Regelung Vertragsbestandteil und steht damit einer entsprechenden Vereinbarung gleich. Das hat insbesondere zur Folge, dass der Vermieter hinsichtlich der gleichen Position keine weitere einseitige Änderung aufgrund des § 556a Abs. 2 BGB vornehmen kann. **1027**

Der Vermieter ist auch berechtigt, auf den voraussichtlichen Umlegungsbetrag Vorauszahlungen zu erheben (Langenberg NZM 2001, 791). Das ist zwar nicht ausdrücklich geregelt, entspricht aber dem Grundsatz, dass die laufenden Aufwendungen, die bisher durch die Inklusivmiete gedeckt waren, auch weiterhin durch laufende Zahlungen gedeckt werden. **1028**

c) Möglichkeiten einseitiger Regelungen kraft Vertrages

aa) Wohnraum

Die Regelung des § 556a Abs. 2 BGB ist zugunsten des Mieters zwingend. Eine vertragliche Regelung, die dem Vermieter einseitige Befugnisse über § 556a BGB hinaus einräumt, kann deshalb bei Wohnraum nicht getroffen werden, da ansonsten die Rechte des Vermieters zulasten des Mieters erweitert würden. **1029**

bb) Sonstige Räume

Für sonstige Räume, insbesondere bei Geschäftsraummiete gilt § 556a BGB nicht. Dem Vermieter kann deshalb durch Vertrag ein einseitiges Änderungsrecht eingeräumt werden. **1030**

Bei der Verwendung von Allgemeinen Geschäftsbedingungen ist § 308 Nr. 4 BGB zu beachten, dessen Grundsätze über § 307 BGB auch bei der Geschäftsraummiete angewendet werden (vgl. OLG Celle ZMR 1996, 209). Zu einer angemessenen Berücksichtigung der Interessen des Mieters gehört es insbesondere, dass die Grundmiete herabgesetzt wird, da ansonsten eine zusätzliche finanzielle Belastung des Mieters einträte. Eine dem § 556a Abs. 2 BGB nachgebildete Vertragsklausel wird man aufgrund der gesetzlichen Wertung auch bei Nichtwohnräumen als zulässig ansehen, da der Gewerberaummieter nach Auffassung des Gesetzgebers nicht schutzwürdiger ist als der Wohnraummieter (Schmid GE 2001, 1026). **1031**

XIII. Pauschalen

1. Grundsätzliches

Bei der Pauschale handelt es sich um einen Festbetrag, durch den die erfassten Kosten abgegolten werden sollen. Eine Abrechnung findet nicht statt. **1032**

Deckt eine Pauschale verbrauchsabhängige Kosten ab, ist der Mieter nach § 241 Abs. 2 BGB verpflichtet, einen übermäßigen, über das gewöhnliche und der Pauschale zu Grunde liegende Maß hinausgehenden Verbrauch zu vermeiden. Ansonsten ist er dem Vermieter zum Schadensersatz nach § 280 BGB verpflichtet (*LG Oldenburg* ZMR 2002, 200). Diese Ersatzpflicht geht auf Erstattung der tatsächlichen Kosten abzüglich der Pauschalzahlungen. Die Annahme einer Pflichtverletzung ist jedoch auf extreme Fälle zu beschränken, da der Vermieter das Risiko mangelnder Kostendeckung trägt (Schmid, Handbuch der Mietnebenkosten Rn. 2043a). **1033**

2. Zulässige Vereinbarungen

a) Wohnraum

aa) Wohnraum allgemein

1034 Die Pauschale ist eine Art der Betriebskostenumlegung (§ 556 Abs. 1, Abs. 2 S. 1 BGB). Die Pauschale dient somit nur der Tragung von **Betriebskosten** durch den Mieter. Andere Kosten des Vermieters dürfen deshalb in die Pauschale nicht einbezogen werden. Solche Kosten sind, auch wenn sie gesondert ausgewiesen und als Pauschale bezeichnet sind, keine Betriebskostenpauschale i.S.d. Wohnraummietrechts. Dasselbe gilt für pauschale Entgelte des Mieters für besondere Zusatzleistungen des Vermieters (vgl. LG Krefeld NZM 2000, 1222 für betreutes Wohnen).

1035 Keine Regelung enthält das Gesetz darüber, in welcher **Höhe** eine Pauschale vereinbart werden darf. Wie hoch die Betriebskosten letztlich sein werden, steht bei Abschluss des Mietvertrages kaum jemals fest. Die Pauschale soll nicht einerseits zu einer verdeckten höheren Miete führen, andererseits soll sie aber auch die voraussichtlichen Kosten decken. Mangels anderer Anhaltspunkte wird man deshalb die Vereinbarung von Betriebskostenpauschalen nur in angemessener Höhe als zulässig ansehen können. Dabei sind in Ermangelung anderer Anhaltspunkte dieselben Grundsätze anzuwenden, wie bei der Beurteilung der Angemessenheit von Vorauszahlungen (Rdn. 750 ff.), auch wenn die Pauschalen in § 556 Abs. 2 S. 2 BGB nicht erwähnt sind (Schmid Handbuch der Mietnebenkosten, Rn. 2046; a.A. Horst MDR 2001, 724; Lützenkirchen OLGR Beilage zu 13/2001 S. 8, der einen Sicherheitszuschlag für eventuelle Erhöhungen zulässt; Langenberg WuM 2001, 530, der § 5 WiStG anwenden will).

1036 Die Pauschale muss bei Wohnraummietverhältnissen ein **Festbetrag** sein. Variable Pauschalen, insbesondere ein Prozentsatz von der Grundmiete oder eine Koppelung an einen bestimmten Index, können nicht wirksam vereinbart werden (Schmid WuM 2001, 424). Eine **Erhöhung** der Pauschale kann nur nach Maßgabe des § 560 BGB vereinbart werden. Die in § 560 BGB vorgesehene **Ermäßigung** der Pauschale darf nicht ausgeschlossen werden.

bb) Besondere Wohnraummietverhältnisse

1037 Die Regelung des § 560 BGB über die Veränderung von Betriebskosten gilt nach § 549 Abs. 2 und 3 BGB nicht für die dort genannten Mietverhältnisse.

cc) Preisgebundener Wohnraum

1038 Bei preisgebundenem Wohnraum ist die Vereinbarung einer Betriebskostenpauschale unzulässig, da das Preisbindungsrecht eine solche Pauschale nicht vorsieht.

b) Geschäftsraum

1039 Es bestehen keine speziellen gesetzlichen Beschränkungen. Insbesondere darf die Pauschale auch andere Kosten als Betriebskosten umfassen. Es können auch mehrere Pauschalen für verschiedene Mietnebenkosten vereinbart werden. Die Pauschalen können – vorbehaltlich der Beachtung des Preisklauselgesetzes – auch variabel ausgestaltet sein, z.B. in Abhängigkeit zur Grundmiete stehen. Auch die Höhe ist gesetzlich nicht beschränkt (Schmid WuM 2001, 424). Lediglich dann, wenn eine unangemessene Benachteiligung des Mieters vorliegt oder dieser über die wahre Höhe der Kosten getäuscht wird, kann die Anwendung allgemeiner Vorschriften (§§ 123, 138, 242, 307 BGB) zur teilweisen oder gänzlichen Unwirksamkeit der Pauschalvereinbarung führen. Wenn der

Mieter nicht getäuscht wird, können Pauschalen auch unabhängig von den tatsächlichen Gegebenheiten vereinbart werden (Schmid GE 2001, 1028). Es handelt sich dann praktisch teilweise um Grundmiete.

3. Notwendigkeit einer Vereinbarung

Eine Pauschale wird nur geschuldet, wenn dies vertraglich vereinbart ist. Die Beweislast **1040**
für die Vereinbarung trägt der Vermieter.

4. Inhalt der Vereinbarung

a) Vereinbarung der Pauschale

Die Vereinbarung muss klar erkennen lassen, dass es sich um eine Pauschale handelt. Ist **1041**
das nicht der Fall und ergibt die Auslegung auch nicht die Vereinbarung einer Nebenkostenumlegung mit Abrechnung, ist die Klausel in Formularmietverträgen wegen Verstoßes gegen das Transparenzgebot des § 307 Abs. 1 S. 2 BGB unwirksam. Die Verwendung des Wortes »pauschal« und das Fehlen von Regelungen über die Abrechnung sprechen für die Vereinbarung einer Pauschale (*OLG Düsseldorf* IMR 2008, 239).

b) Umfasste Kosten

Aus der Vereinbarung muss sich ergeben, welche Nebenkosten von der Pauschale **1042**
umfasst sind. Das ist erforderlich, damit der Mieter eine eventuelle Erhöhung der Betriebskostenpauschale überprüfen und ggf einen Anspruch auf Herabsetzung der Betriebskostenpauschale geltend machen kann. Eine Vereinbarung, die auch unter Heranziehung aller Auslegungskriterien nicht erkennen lässt, welche Mietnebenkosten umfasst sind, ist wegen Unbestimmtheit unwirksam; ähnlich Pfeilschifter (WuM 2002, 77), der einen Verstoß gegen das Transparenzgebot des § 307 Abs. 1 S. 2 (i.V.m. § 310 Abs. 3 Nr. 3) BGB annimmt.

Wird eine **Betriebskostenpauschale** ohne weitere Bezeichnungen vereinbart, so bezieht **1043**
sich die Vereinbarung auf alle Betriebskosten, die in § 2 BetrKV genannt sind. Das Wort Betriebskostenpauschale ist in § 560 Abs. 3 BGB zu finden. Es bedeutet inhaltlich nichts anderes als die Ausweisung der Betriebskosten als Pauschale in § 556 Abs. 2 S. 1 BGB (Schmid Handbuch der Mietnebenkosten, Rn. 2059).

Möglich ist es auch, eine Pauschale für bestimmte Betriebskostenarten und eine Abrech- **1044**
nung für andere Positionen vorzusehen (Schmid WuM 2001, 425). Ist für einzelne Kostenarten ausdrücklich eine **Abrechnung** vereinbart, wird die Auslegung in aller Regel ergeben, dass diese Kosten nicht von der Pauschale umfasst sein sollen, auch wenn ansonsten für die Pauschale ohne nähere Differenzierung auf die BetrKV Bezug genommen wird.

5. Umdeutung einer Abrechnungsvereinbarung in eine Pauschale

Haben die Parteien beabsichtigt, eine Mietnebenkostenumlegung im Wege der Abrech- **1045**
nung zu vereinbaren und ist diese Vereinbarung, insbesondere in einem Formularmietvertrag, nicht wirksam, so ist eine Umdeutung in die Vereinbarung einer Pauschale in aller Regel nicht möglich (OLG Dresden NZM 2000, 827; Schmid NZM 2000, 1041; a.A. AG München NZM 1999, 415; AG Langenberg NZM 2000, 801). Die Absicht einer Abrechnung steht der Annahme einer Pauschale entgegen. Dass der Vermieter in

solchen Fällen bei einem Formularmietvertrag keinerlei Nebenkostenzahlung erhält, ist die Konsequenz aus § 306 BGB.

1046 Enthält die Nebenkostenvereinbarung Widersprüche, die sich auch im Wege der Auslegung nicht beheben lassen, ist die Vereinbarung unwirksam. Sind bei einem Formularmietvertrag mehrere Auslegungen möglich, ist die für den Mieter günstigere Auslegung maßgeblich, wenn der Vermieter Verwender des Formulars ist (§ 305c Abs. 2 BGB). Die für den Mieter günstigste Auslegung ist, dass die Nebenkosten möglichst weitgehend in der Grundmiete enthalten sind (LG Berlin ZMR 2001, 188). Ist unklar, ob eine Pauschale oder eine Abrechnung mit Vorauszahlungen vereinbart ist, ist für den Mieter i.d.R. die Pauschale günstiger (Schmid Handbuch der Mietnebenkosten, Rn. 2070; Pfeilschifter WuM 2002, 74).

6. Änderung der Pauschalenvereinbarung

a) Einvernehmliche Regelung

1047 Die Vereinbarung über die Mietnebenkostenpauschale kann **einvernehmlich** geändert werden. Möglich ist ein Übergang zur Inklusivmiete oder zu einer Umlegung mit Abrechnung.

b) Einseitige Änderung

1048 Für einseitige Änderungen kraft gesetzlicher Regelungen oder kraft Vertrages gelten die gleichen Grundsätze wie bei der Inklusivmiete (Rdn. 1076 ff.).

1049 Bei der Herabsetzung der Miete bei einem Übergang zur (teilweisen) verursachungsbezogenen Abrechnung ist jedoch zu berücksichtigen, dass die Betriebskosten hier nicht in der Grundmiete sondern in der Pauschale enthalten sind. § 556a Abs. 2 S. 3 BGB ist deshalb nicht unmittelbar anwendbar.

1050 Werden sämtliche von der Pauschale umfassten Kosten künftig abgerechnet, gerät die Pauschale in Wegfall. Wird nur ein Teil der von der Pauschale umfassten Kosten in Zukunft abgerechnet, ist § 556a Abs. 2 S. 3 BGB entsprechend anzuwenden. Das heißt, nicht die Grundmiete, sondern die Pauschale ist entsprechend herabzusetzen, wobei die gleichen Grundsätze wie bei der Herabsetzung einer Inklusivmiete (Rdn. 1021 f.) gelten.

7. Erhöhung und Senkung der Pauschale

a) Gesetzliche Regelung

aa) Anwendungsbereich des § 560 BGB

1051 Die Veränderung von Betriebskosten ist in § 560 BGB geregelt. Diese Vorschrift gilt nur für Wohnraum (OLG Rostock GuT 2008, 200). Sie gilt nicht für besondere Wohnraummietverhältnisse (§ 549 Abs. 2 und 3 BGB) und für preisgebundenen Wohnraum.

1052 Bei Geschäftsraummietverhältnissen und den in § 549 Abs. 2 und 3 BGB bezeichneten Mietverhältnissen trägt der Mieter das Risiko eines fehlenden Ausgleiches für das Sinken der Nebenkosten (Schmid WuM 2001, 427). Da der Mieter dieses Risiko übernommen hat, kann er sich bei fehlenden vertraglichen Regelungen nicht darauf berufen, dass die Pauschale in Relation zu den Ausgaben des Vermieters unangemessen hoch geworden ist (vgl. § 313 Abs. 1 BGB).

bb) Erhöhung der Betriebskostenpauschale

(1) Erhöhung der Betriebskosten

Es muss eine Erhöhung der Betriebskosten eingetreten sein (§ 560 Abs. 1 S. 1 BGB). Die Erwartung einer Kostensteigerung genügt nicht (Kinne ZMR 2001, 873). **1053**

Die Betriebskosten müssen sich **insgesamt** erhöht haben (LG Berlin MDR 1981, 849). Das bedeutet, dass bei einer Erhöhung einzelner Kostenarten eventuelle Senkungen bei anderen Kostenpositionen in Abzug zu bringen sind (AG Berlin-Charlottenburg GE 1990, 105). **1054**

Berücksichtigt werden können dabei nur die **Betriebskosten, die in der Pauschale** enthalten sind. Abzurechnende Betriebskosten und solche, die mit der Teilinklusivmiete abgegolten sind, bleiben außer Betracht (Schmid WuM 2001, 425). **1055**

Der Anfall **neuer Betriebskosten** steht einer Erhöhung der bisherigen Betriebskosten gleich (vgl. LG Frankfurt/M. WuM 1990, 271, 274), wenn die neuen Betriebskosten von der Vereinbarung über die pauschale Umlegung erfasst sind (Kinne ZMR 2001, 873). **1056**

Entsprechend dem **Wirtschaftlichkeitsgrundsatz** führen neue Betriebskosten nicht zu einer Erhöhung der Pauschale, wenn die Kosten verursachende Maßnahme wirtschaftlich nicht vertretbar ist. **1057**

(2) Vergleichszeitpunkt

Vergleichszeitpunkt ist der Zeitpunkt des Mietvertragsabschlusses, wenn die Betriebskostenpauschale seither unverändert geblieben ist (AG Berlin-Neukölln GE 1991, 253). Wurde die Betriebskostenpauschale erhöht oder ermäßigt, gleichgültig, ob einseitig oder durch einvernehmliche Regelung, ist der Zeitpunkt der Wirksamkeit der Veränderung maßgebend (AG Köln WuM 1987, 162). Unerheblich ist, wie lange der Vergleichszeitpunkt zurückliegt (Kinne ZMR 2001, 873). **1058**

Der Vergleichszeitpunkt muss für jedes einzelne Mietverhältnis gesondert bestimmt werden. **1059**

(3) Vereinbarung der Erhöhungsmöglichkeit

§ 560 Abs. 1 S. 1 BGB macht die Möglichkeit einer einseitigen Erhöhung der Betriebskostenpauschale ausdrücklich von einer entsprechenden Vereinbarung im Mietvertrag abhängig. Ist die Erhöhungsmöglichkeit nur für bestimmte Betriebskostenarten vereinbart, kommt es auf diese Positionen an (Sternel ZMR 2001, 943). Ohne eine solche Vereinbarung verbleibt es für die Dauer des Mietverhältnisses bei der ursprünglich vereinbarten Pauschale. Selbst bei erheblichen Kostensteigerungen ist nach dem eindeutigen Gesetzeswortlaut eine Erhöhung ohne vertragliche Grundlage nicht möglich. Da der Vermieter mit der Vereinbarung einer Pauschale ohne Erhöhungsmöglichkeit das Risiko der Kostensteigerung übernommen hat, helfen ihm auch die Grundsätze über die Veränderung der Geschäftsgrundlage nicht weiter (§ 313 Abs. 1 BGB). **1060**

Das Vereinbarungserfordernis gilt auch für Mietverträge, die vor dem 1. 9. 2001 eingegangen worden sind (Art. 229 § 3 Abs. 4 BGB). **1061**

(4) Erhöhungsbetrag

Der Erhöhungsbetrag ist die Differenz zwischen den Betriebskosten zum Vergleichszeitpunkt und zum Zeitpunkt der Abgabe der Erhöhungserklärung (AG Waiblingen WuM 1988, 129). Bei einer zu niedrig angesetzten Pauschale kann also nicht auf den vollen an **1062** sich umlegungsfähigen Betrag erhöht werden. Der Vorteil eines zu geringen Ansatzes bleibt dem Mieter erhalten, führt aber auch nicht dazu, dass bei der Erhöhung ein Abschlag vom Differenzbetrag zu machen ist. War dagegen die Betriebskostenpauschale zu hoch, so bildet der Anteil des Mieters an den tatsächlich anfallenden Betriebskosten die Obergrenze für eine Erhöhung.

(5) Durchführung der Erhöhung

1063 Die Erhöhung erfolgt durch **einseitige empfangsbedürftige Erklärung.** Im Streitfall ist deshalb auf Zahlung und nicht auf Zustimmung zu klagen.

1064 Die Erhöhungserklärung bedarf der **Textform** (§ 126b BGB). Fehlt es hieran, ist die Erklärung nach § 125 Satz 1 BGB nichtig.

1065 Die Erhöhung muss **anteilig, d.h. nach bestimmten Umlegungsmaßstäben,** auf die Mieter umgelegt werden. Der Ausdruck »Abrechnungsmaßstab« in § 556a BGB ist deshalb zu eng. Die Grundsätze des § 556a BGB können auch für die Pauschalen herangezogen werden, soweit sie sich nicht auf eine verbrauchs- oder verursachungsbezogene Abrechnung beziehen.

1066 Nach § 560 Abs. 1 S. 2 BGB ist die Erklärung nur wirksam, wenn in ihr der **Grund für die Umlage bezeichnet und erläutert wird.** Hierfür ist erforderlich, dass angegeben wird, worauf die Kostensteigerung beruht und wie hoch der Unterschiedsbetrag zwischen den früheren und den neuen Kosten ist. Außerdem muss der Umlegungsmaßstab ersichtlich sein.

1067 Für die **Darstellung der Kostenerhöhung** wird eine Gegenüberstellung der vollständigen damaligen und der neuen Betriebskosten verlangt (vgl. LG Bayreuth WuM 1989, 423; LG Berlin ZMR 1996, 144). M.E. genügt eine Gegenüberstellung der veränderten Positionen und der Hinweis darauf, dass ansonsten keine Veränderungen eingetreten sind. Die jeweiligen Salden sind auszuweisen (LG Berlin ZMR 1996, 144). Erfolgt eine Erhöhung erst nach mehreren Jahren, so ist eine Darstellung der Kostenentwicklung für jedes einzelne Jahr entbehrlich (AG Berlin-Neukölln GE 1991, 523). Zumindest stichwortartig ist anzugeben, worauf die Kostensteigerung beruht (LG Berlin ZMR 1996, 144), z.B. Lohnerhöhung, gestiegene Gebühren oder erhöhter Verbrauch. Bei der Erhöhung unter Heranziehung neuer Kostenarten muss die Erhöhungserklärung hierzu einen Hinweis enthalten (LG Bayreuth WuM 1989, 423).

1068 Die **Umlegungsmaßstäbe** müssen angegeben werden, sofern sie nicht bereits aus dem Mietvertrag oder aus früheren Umlegungen bekannt sind (vgl. BGH ZMR 1982, 108 = NJW 1982, 573; überzogen sind die Anforderungen von Kinne ZMR 2001, 874).

1069 Eine unwirksame Erhöhungserklärung schließt eine **erneute Erklärung** nicht aus, jedoch ohne Rückwirkung.

1070 **Inhaltliche Mängel**, die zu einem falschen Erhöhungsbetrag führen, machen nicht die gesamte Erhöhungserklärung unwirksam. Die Erhöhung ist auf den richtigen Betrag zu reduzieren (LG Berlin ZMR 1995, 353).

(6) Folge der Erhöhungserklärung

1071 **Grundsätzlich** schuldet der Mieter die Erhöhung vom Beginn des der Erklärung folgenden übernächsten Monats an (§ 560 Abs. 2 S. 1 BGB). Maßgeblich ist also nicht der Zeitpunkt der Erhöhung der Betriebskosten, sondern der Zeitpunkt des Zuganges der Erhöhungserklärung.

Eine **Rückwirkung der Erhöhungserklärung** ist nur unter besonderen Voraussetzungen gegeben (§ 560 Abs. 2 S. 2 BGB): 1072
- Die Betriebskosten müssen sich rückwirkend erhöht haben. Diese Rückwirkung muss bereits beim Vermieter bestehen, z.B. rückwirkende Erhöhung der Grundsteuer. Nicht ausreichend ist, dass der Vermieter nicht sofort bei der Betriebskostenerhöhung eine Erhöhungserklärung abgibt.
- Der Vermieter muss die Erhöhungserklärung innerhalb von drei Monaten nach seiner Kenntnis von der Erhöhung abgeben. Maßgeblich ist die tatsächliche Kenntnis des Vermieters. Bei einem behördlichen Bescheid kommt es darauf an, wann die Erhöhung endgültig feststeht, und zwar auch dann, wenn gegen den Bescheid Rechtsmittel eingelegt sind (LG München I DWW 1978, 99). Da das Gesetz auf die Abgabe der Erklärung und nicht auf den Zugang beim Mieter abstellt, genügt die rechtzeitige Absendung (str.).
- Die Rückwirkung ist begrenzt auf den Beginn des der Erklärung vorausgehenden Kalenderjahres.

Eine rückwirkende Erhöhung ist auch dann möglich, wenn zum Zeitpunkt des Zuganges der Erhöhungserklärung das Mietverhältnis bereits beendet ist (MieWo/Schmid Erl. zu § 560 BGB Rn. 38; a.A. Kinne ZMR 2001, 875). Grundlage für die Erhöhung ist der Mietvertrag, der durch den Ablauf der Mietzeit nicht rückwirkend beseitigt wird. Wegen § 560 Abs. 5 BGB kann nicht vereinbart werden, dass bei einer Erhöhung bzw. Neueinführung von Betriebskosten der Vermieter berechtigt ist, den entsprechenden Mehrbetrag vom Zeitpunkt der Erhöhung an umzulegen (OLG Frankfurt/M. WuM 1992, 62). 1073

(7) Kontrollrechte des Mieters

Der Mieter kann die Berechtigung der Erhöhung der Pauschale durch Einsicht in die Belege bzw. Anforderung von Fotokopien überprüfen. Die zur Abrechnung dargestellten Grundsätze (Rdn. 914 ff.) gelten entsprechend. 1074

cc) Herabsetzung der Pauschale

Ermäßigen sich die Betriebskosten, so ist die Betriebskostenpauschale vom Zeitpunkt der Ermäßigung an entsprechend herabzusetzen (§ 560 Abs. 3 S. 1 BGB). 1075

Maßgeblich ist hier der Zeitpunkt der tatsächlichen Ermäßigung der Betriebskosten, nicht derjenige der Mitteilung an den Mieter. 1076

Die Betriebskosten müssen sich **in ihrer Gesamtheit** ermäßigt haben (AG Berlin-Charlottenburg GE 1990, 105). Die Ermäßigung einzelner Betriebskostenpositionen kann deshalb durch eine Steigerung anderer Betriebskostenarten ausgeglichen sein. 1077

Für den **Vergleichszeitraum** gilt dasselbe wie bei Betriebskostenerhöhungen (Rdn. 1058). Sobald die Betriebskosten unter das Level des maßgeblichen Zeitpunktes absinken, muss von diesem Zeitpunkt ab die Pauschale gesenkt werden, unabhängig davon, wann der Vermieter die entsprechende Erklärung abgibt. Die Senkung der Pauschale wird deshalb zumeist mit Rückwirkung zu versehen sein. Bereits geleistete Überzahlungen kann der Mieter aus ungerechtfertigter Bereicherung zurückverlangen. 1078

Die Herabsetzung der Pauschale tritt nicht automatisch ein, sondern ist von einer **Erklärung des Vermieters** abhängig. Der Vermieter ist verpflichtet, diese Erklärung unverzüglich abzugeben (§ 560 Abs. 3 S. 2 BGB). Sie ist formlos wirksam. Erforderlichenfalls muss der Mieter auf die Abgabe dieser Erklärung klagen. 1079

1080 Die Verpflichtung zur Herabsetzung hängt nicht davon ab, dass zuvor bereits eine **Erhöhung** der Betriebskostenpauschale erfolgt ist (Sternel ZMR 2001, 943; Schmid WuM 2001, 427). Die zum früheren § 4 MHG entwickelte gegenteilige Auffassung (vgl. z.B. LG Mannheim NZM 1999, 365) ist überholt. § 560 Abs. 3 S. 1 BGB macht die Verpflichtung zur Herabsetzung einer Pauschale nicht von einer vorherigen Erhöhung derselben abhängig.

1081 Die Verpflichtung zur unverzüglichen Herabsetzung würde vom Wortlaut her eine ständige Verpflichtung des Vermieters zur Beobachtung der Betriebskosten und zu einer sofortigen Herabsetzung begründen. Das würde jedoch zu einem unwirtschaftlichen Verwaltungsaufwand führen und wäre auch nicht praktikabel, da nicht stets alle Kosten gleichzeitig anfallen und deshalb die Ermäßigung in der Gesamtheit nur unter Heranziehung eines gewissen **Beobachtungszeitraumes** beurteilt werden kann. In Anlehnung an § 556 Abs. 3 S. 1 BGB wird man einen Beobachtungszeitraum von einem Jahr für angemessen ansehen können (Schmid Handbuch der Mietnebenkosten, Rn. 2120a; a.A. Kinne ZMR 2001, 868, 875).

1082 Bis zur Erteilung der Auskunft bzw. bis zur Herabsetzung der Pauschale hat der Mieter ein **Zurückbehaltungsrecht** (vgl. BayObLG MDR 1996, 1114).

1083 Erleidet der Mieter durch verspätete Herabsetzung der Pauschale einen Schaden, z.B. einen Zinsschaden, kommt ein **Schadensersatzanspruch** in Betracht. Voraussetzung für einen Schadensersatzanspruch ist eine Mahnung (§§ 280, 286 BGB).

dd) Abweichende Vereinbarungen

1084 Nach § 560 Abs. 5 BGB sind Vereinbarungen, die zum Nachteil des Mieters von den Regelungen des § 560 BGB abweichen, unwirksam. Dies gilt jedoch nur für generelle Regelungen, nicht für eine bestimmte Erhöhung der Pauschale, da es sich dabei um eine Erhöhung der Miete i.S.d. § 557 Abs. 1 BGB handelt (Schmid WuM 2001, 425). Abweichende Vereinbarungen, z.B. ein späteres Wirksamwerden der Erhöhung zugunsten des Mieters sind möglich.

ee) Übergangsregelung

1085 Im Falle einer vor dem 1. 9. 2001 dem Mieter zugegangenen Erklärung über eine Betriebskostenänderung ist für diese Erklärung § 4 Abs. 2 bis 4 MHG in der bis zu diesem Zeitpunkt geltenden Fassung anzuwenden.

b) Vertragliche Regelungen

aa) Einvernehmliche Veränderung der Höhe der Pauschale

1086 Die Parteien können die Höhe der Pauschale vertraglich in gleicher Weise verändern, wie sie sie erstmals vereinbaren können (§ 557 Abs. 1 BGB; Schmid WuM 2001, 425). § 560 Abs. 6 BGB gilt nur für generelle Regelungen, nicht für eine bestimmte Erhöhung der Pauschale, da es sich dabei um eine Erhöhung der Miete im Sinn des § 557 Abs. 1 BGB handelt (*Schmid* WuM 2001, 425). Eine einvernehmliche Erhöhung an Stelle einer einseitigen Erklärung steht einer Mieterhöhung nach § 558 BGB nicht im Wege, wenn die Voraussetzungen des § 560 BGB vorliegen (*BGH* NJW 2007, 3131). Abweichende Vereinbarungen, z. B. ein späteres Wirksamwerden der Erhöhung zu Gunsten des Mieters sind möglich.

bb) Vertragliche Änderungsvorbehalte für den Vermieter

(1) Wohnraum

Wegen des zwingenden Charakters der Erhöhungsregelung des § 560 BGB, kann in dessen Anwendungsbereich ein vertraglicher Änderungsvorbehalt zugunsten des Vermieters nicht wirksam vereinbart werden. Bei den in § 549 Abs. 2 und 3 genannten besonderen Mietverträgen sind Erhöhungsvereinbarungen zulässig (Schmid WuM 2001, 426). Es gelten dieselben Einschränkungen wie bei den nachstehend zu behandelnden, praktisch bedeutsameren Vereinbarungen zur Geschäftsraummiete. **1087**

(2) Geschäftsraum

Die Vorschriften über die Erhöhung und Herabsetzung der Pauschale sind nicht analog anzuwenden (Schmid GE 2001, 1028). Es besteht grundsätzlich Vertragsfreiheit. Erhöhungsvereinbarungen sind zulässig. Das in § 560 BGB vorgesehene Verfahren kann, aber muss nicht vereinbart werden. Ein dem § 560 BGB nachgebildetes Verfahren steht bei der Verwendung von Formularmietverträgen im Einklang mit § 307 BGB, da der Geschäftsraummieter nach den Vorstellungen des Gesetzgebers nicht schutzwürdiger ist als der Wohnraummieter (Schmid WuM 2001, 426). **1088**

Der Mietvertrag kann auch vorsehen, dass der Vermieter die jeweilige Höhe der Pauschale nach billigem Ermessen festsetzt. Dabei wird auch hier zu beachten sein, dass jedenfalls in Formularmietverträgen nur eine Änderung für die Zukunft möglich ist, wenn die Nebenkosten nicht rückwirkend sich erhöht haben. Andernfalls könnte der Vermieter eine verdeckte Abrechnung einführen, was dem Wesen einer Pauschale widerspricht. Das verstieße als unangemessene Benachteiligung und Verstoß gegen das Transparenzgebot gegen § 307 Abs. 1 S. 2 BGB. **1089**

XIV. Sonstiges

1. Verrechnung von Teilzahlungen auf die Mietnebenkosten

a) Grundsätzliches

Kommt der Mieter seinen Zahlungsverpflichtungen nur teilweise nach, stellt sich die Frage, ob eingehende Zahlungen auf die Grundmiete oder auf die Mietnebenkosten anzurechnen sind. Grundsätzlich bestimmt der Mieter, worauf die Teilzahlung anzurechnen ist. Dies kann ausdrücklich geschehen. Eine Tilgungsbestimmung kann sich aber auch aus den Umständen ergeben. Macht z.B. der Mieter ausdrücklich von einem Zurückbehaltungsrecht für Nebenkostenvorauszahlungen Gebrauch und zahlt nur die Grundmiete, kann der Vermieter keine Verrechnung auf Nebenkostenvorauszahlungen vornehmen. Zahlt der Mieter pünktlich eine gesamte Monatsmiete, so ist hieraus der Schluss zu ziehen, dass die fällige Miete (Grundmiete und Nebenkostenvorauszahlung) für den jeweiligen Monat getilgt werden soll (LG Berlin NZM 2002, 65). Eine solche stillschweigende Tilgungsbestimmung kann jedoch nicht mehr angenommen werden, wenn die am 3. Werktag fällige Miete erst am 11. des Monats eingeht (OLG Düsseldorf DWW 2000, 89). Sind verschiedene Abrechnungskreise gebildet, kann in Ermangelung einer anderen Vereinbarung der Mieter bestimmen, worauf er bezahlt (Pfeifer MietRB 2008, 322). **1090**

Wenn ohne nähere Bestimmung Teilbeträge bezahlt werden, wird die Teilleistung nach § 367 Abs. 1 BGB zunächst auf eventuell offene Kosten und dann offene Zinsen angerechnet. Sodann richtet sich die Anrechnung nach § 366 Abs. 2 BGB, wobei davon ausge- **1091** gangen wird, dass sowohl die Grundmiete als auch die Nebenkostenschuld fällig sind. Es wird zunächst diejenige Schuld getilgt, welche dem Gläubiger die geringere Sicherheit bietet; von mehreren gleich sicheren die dem Schuldner lästigere, unter gleich lästigen die ältere Schuld und bei gleichem Alter jede Schuld verhältnismäßig. Abweichende Vereinbarungen sind zwar grundsätzlich möglich, solche zulasten des Mieters werden aber in Formularmietverträgen als unwirksam angesehen (vgl. LG Berlin NZM 2002, 66).

1092 Abweichende Vereinbarungen über die Tilgungsreihenfolge sind zwar grundsätzlich möglich, solche zu Lasten des Mieters werden aber in Formularmietverträgen als unwirksam angesehen (vgl. *LG Berlin* NZM 2002, 66). Insbesondere ist eine Klausel unwirksam, wonach der Vermieter eine Verrechnung auf offene Forderungen seiner Wahl vornehmen darf (LG Berlin GE 2005, 433).

b) Nebenkostenvorauszahlungen

1093 Beim Zusammentreffen von Nebenkostenvorauszahlungen und Grundmiete ist der Teilbetrag zunächst auf die Nebenkostenvorauszahlung zu verrechnen (OLG Düsseldorf ZMR 2002, 46, 48; LG Berlin GE 2000, 205 und GE 2002, 1336; a.A. AG Görlitz NZM 2001, 336). Die Nebenkostenvorauszahlungen bieten nämlich dem Vermieter die geringere Sicherheit, weil sie nicht mehr verlangt werden können, wenn die Abrechnungsfrist verstrichen ist (vgl. Rdn. 853), was i.d.R. vor Verjährung der Grundmiete der Fall ist. Werden Vorauszahlungen auf verschiedene Betriebskostenarten geschuldet (z.B. Heizkosten und sonstige Betriebskosten), erfolgt in Ermangelung eines sonstigen Kriteriums die Anrechnung verhältnismäßig (Schmid, Handbuch der Mietnebenkosten Rn. 1117a).

c) Nachzahlungen

1094 Treffen Nachzahlungen mit Vorauszahlungen zusammen, ist aus den vorgenannten Gründen eine Anrechnung zunächst auf die Vorauszahlungen vorzunehmen. Im Verhältnis von Nachzahlungsansprüchen aus einer Abrechnung zur Grundmiete kommt es auf den früheren Verjährungseintritt an. Endet die Verjährung gleichzeitig, ist die Schuld auf die Grundmiete die dem Mieter lästigere, da diese eher zu einer fristlosen Kündigung führen kann als ein Verzug mit der Mietnebenkostennachforderung. Die Anrechnung der Teilzahlung richtet sich also hier nach den Umständen des Einzelfalles (Schmid NZM 2001, 705).

d) Pauschalen

1095 Nebenkostenpauschalen stehen unter dem Vorbehalt der Angemessenheit und sind zum Zeitpunkt der Ermäßigung der Betriebskosten herabzusetzen. Sicherer für den Vermieter ist deshalb die Grundmiete. Somit sind Teilzahlungen zunächst auf die Pauschalen anzurechnen.

2. Untermiete

1096 Im Verhältnis zwischen Haupt- und Untermieter gelten die nebenkostenrechtlichen Vorschriften in gleicher Weise wie zwischen Vermieter und Hauptmieter.

1097 Eine Bindung des Untermieters an die Abrechnung des Hauptvermieters besteht nicht. Eine solche Bindung kann bei Wohnraummietverhältnissen auch nicht vereinbart werden, da ansonsten das Einwendungsrecht des Mieters nach § 556 Abs. 3 S. 5 BGB entgegen § 556 Abs. 4 BGB eingeschränkt würde. Bei Nichtwohnraummietverhältnissen ist eine entsprechende Vereinbarung grundsätzlich möglich. Bei der Verwendung allgemeiner Geschäftsbedingungen wird jedoch ein Verstoß gegen § 307 BGB jedenfalls dann anzunehmen sein, wenn sich nicht der Untervermieter verpflichtet, die Abrechnung des Hauptvermieters zu überprüfen.

Eine Einsicht in die Abrechnungsbelege hat der Untervermieter dem Untermieter beim Hauptvermieter zu ermöglichen. **1098**

3. Fehlender Mietvertrag

Die Mietnebenkostenumlegung im eigentlichen Sinn setzt das Bestehen eines Mietvertrages voraus. Hat der Mieter die Räume genutzt, obwohl ein Mietverhältnis nicht zustande gekommen ist, schuldet der vermeintliche Mieter eine Nutzungsentschädigung nach §§ 988 oder 812 BGB (KG GE 2001, 693). Diese Nutzungsentschädigung umfasst auch die Nebenkosten. **1099**

Eine **Abrechnung** im technischen Sinne wie bei einem zustande gekommenen Mietverhältnis ist nicht erforderlich (offen gelassen von KG GE 2001, 693). Erstattet werden muss nämlich der Wert der Nutzungen für den vermeintlichen Mieter nach § 818 Abs. 2 BGB. Das ist der objektive Verkehrswert (BGH BGHZ 82, 299). Dieser Wert ist grundsätzlich unabhängig vom Kostenanfall beim Vermieter. Maßgeblich für die Zahlungspflicht ist die ortsübliche Vergleichsmiete (KG GE 2003, 185). Die Nebenkosten sind deshalb in üblicher und nicht in konkret angefallener Höhe zu berücksichtigen, da es an einer vertraglichen Umlegungsregelung fehlt (KG GE 2005, 482; a.A. KG GE 2003, 185). **1100**

Problematisch ist die Behandlung verbrauchsabhängiger Kosten, da aufgrund der individuellen Beeinflussung die Anwendung eines objektiven Durchschnittswertes sachlich nicht gerechtfertigt erscheint. Es ist deshalb angezeigt, die verbrauchsabhängigen Kosten so zu behandeln, wie wenn der Mietvertrag wirksam wäre. Das läuft im Falle einer Verbrauchserfassung letztlich auf eine Abrechnung hinaus (KG GE 2003, 185). **1101**

Der Anspruch **verjährt** nach allgemeinen Regeln. Maßgeblicher Zeitpunkt für den Verjährungsbeginn ist dabei der Zeitpunkt, zu dem nach dem gescheiterten Mietvertrag zu leisten gewesen wäre (*KG* GE 2001, 693). Im Falle einer Anfechtung ist es nicht sachgerecht, auf den Zeitpunkt der Anfechtung abzustellen, da im Hinblick auf die Rückwirkung nach § 142 Abs.1 BGB lediglich ein Bereicherungsanspruch an die Stelle des vertraglichen Anspruchs tritt (Schmid GE 2009, 298 [301]). Auf den Zeitpunkt der Anfechtung ist abzustellen, wenn sich aus ungerechtfertigter Bereicherung ein höherer Anspruch ergibt als nach dem Vertrag (Schmid GE 2009, 298 [301]). Da eine Abrechnung bei Pauschalen überhaupt nicht stattzufinden hat, kommt dem Zugang einer gleichwohl erfolgten Abrechnung für Nachforderungen in verjährungsrechtlicher Hinsicht keine Bedeutung zu. Insbesondere beginnt mit einer Abrechnung nicht eine neue Verjährungsfrist für den Saldo. Für Rückzahlung liegt jedoch ein Anerkenntnis des »Vermieters« vor. **1102**

Für den Fall, dass der »Mieter« Zahlungen geleistet hat, ist zu berücksichtigen, dass nach der Saldotheorie von vorneherein nur ein einheitlicher Anspruch auf den Überschuss der Aktiv- über die Passivposten besteht (*Fischer* NZM 2005, 569). **1103**

4. Mietnebenkosten bei beendetem Mietverhältnis

a) Grundsätzliches

Der Mieter hat die Nebenkosten für die Dauer seiner Mietzeit zu tragen. Maßgeblich ist der Zeitpunkt der Beendigung des Mietverhältnisses. Ein vorzeitiger Auszug befreit nicht von der Zahlung der Nebenkosten (AG Wipperfürth WuM 1987, 195), kann aber je nach Umlegungsmaßstab zu einer faktischen Entlastung führen. **1104**

1105 Die Kostenermittlung erfolgt bei verbrauchsunabhängiger Umlegung zeitanteilig. Bei Inklusivmieten ist ohnehin die Miete maßgebend. Erfolgt die Kostenverteilung nach der Zahl der Bewohner, muss zunächst die durchschnittliche Bewohnerzahl der jeweiligen Wohnung im Abrechnungszeitraum ermittelt werden. Hieraus errechnen sich dann die auf die betroffene Wohnung entfallenden Kosten. Diese sind dann unter Berücksichtigung einer unterschiedlichen Personenzahl der Bewohner dieser Wohnung auf Vor- und Nachmieter zu verteilen (Schmid ZMR 1998, 261). Bei einer Kostenverteilung nach erfasstem Verbrauch ist eine Zwischenablesung der Messgeräte erforderlich. Zu den Sonderregelungen nach § 9b HeizkostenV s. Rn. 535 ff.

1106 Bei abzurechnenden Nebenkosten wird eine Nachforderung nicht dadurch ausgeschlossen, dass das Mietverhältnis beendet ist (OLG Rostock WuM 2009, 232; a.A. LG Frankfurt/M. NZM 2002, 336). Die gegenteilige Auffassung verkennt, dass es für die Zuordnung der Nebenkosten darauf ankommt, welchen Zeitraum sie betreffen (Schmid Handbuch der Mietnebenkosten, Rn. 3198).

1107 Wenn mit Nachzahlungen zu rechnen ist, kann von der **Kaution** ein angemessener Betrag einbehalten werden, der voraussichtlich die zu erwartende Nachzahlung deckt (BGH ZMR 2006, 431 = GE 2006, 510). Als angemessen wird man in jedem Fall einen Betrag in Höhe der Nachzahlung aus der letzten Abrechnung ansehen können, wenn nicht zwischenzeitlich die Vorauszahlungen erhöht wurden. Eine Ausnahme besteht nach § 9 Abs. 5 WoBindG, da dort Betriebskostenforderungen überhaupt nicht gesichert sind. In einem Formularmietvertrag unwirksam ist eine Klausel, die den Vermieter generell berechtigt, nach Auszug des Mieters einen Betrag in Höhe des zweifachen monatlichen Betriebskostenvorschusses einzubehalten (OLG Düsseldorf ZMR 2000, 211, 214; AG Köln WuM 1990, 78). Gegen die ausdrückliche Vereinbarung eines Zurückbehaltungsrechts in angemessener Höhe bis zum Ablauf der Abrechnungsfrist sind jedoch aus § 307 BGB keine durchgreifenden Bedenken herzuleiten (Goetzmann ZMR 2002, 566 ff.). Mit Ablauf der Zeit, innerhalb derer der Vermieter abzurechnen hat, entfällt das Zurückhaltungsrecht an der Kaution (LG Kassel WuM 1989, 511). Die Rückzahlung der Kaution hindert nicht die nachträgliche Geltendmachung von Nebenkostennachzahlungen (LG Berlin GE 2000, 893, 894; str., vgl. die Nachweise bei OLG Düsseldorf NZM 2001, 893).

b) Verspätete Rückgabe

1108 Werden die Mieträume nach Beendigung des Mietverhältnisses nicht zurückgegeben, kann der Vermieter nach § 546a Abs. 1 BGB für die Dauer der Vorenthaltung entweder die vereinbarte Miete oder die Miete verlangen, die ortsüblich ist.

1109 Erfolgt die Umlegung durch Vorauszahlungen und Abrechnung bedeutet dies, dass Vorauszahlungen jedenfalls im bisherigen Umfang weiter geschuldet sind. Die Möglichkeit einer Anhebung auf das ortsübliche Niveau ermöglicht es jedoch dem Vermieter, zu niedrig vereinbarte Vorauszahlungen auf einen angemessenen Betrag durch einseitige Erklärung anzuheben, ohne dass die Beschränkungen des § 560 BGB beachtet werden müssen. Ortsüblich sind nämlich in aller Regel Vorauszahlungen, die den Abrechnungsbetrag voraussichtlich decken. Der Anspruch auf erhöhte Zahlungen tritt an sich mit der Beendigung des Mietverhältnisses automatisch ein (BGH NZM 1999, 803). Dem Mieter ist jedoch das Verlangen nach erhöhten Vorauszahlungen nach Treu und Glauben mitzuteilen. Mit der Vorauszahlungspflicht des Mieters korrespondiert die Abrechnungspflicht des Vermieters. Hierfür und für Nach- und Rückzahlungen gelten deshalb dieselben Grundsätze wie bei einem bestehendem Mietverhältnis.

Bei Inklusivmieten erfolgt die Anhebung auf die Vergleichsmiete nicht im Verfahren nach §§ 558 ff. BGB. Dem Vermieter erwächst mit Beendigung des Mietverhältnisses ein Anspruch auf die (höhere) ortsübliche Miete (BGH NZM 1999, 803 ff.). Dabei bilden bei einer Inklusivmiete Grundmiete und Nebenkosten eine Einheit. Liegt die Vergleichsmiete nicht höher als die bisherige Miete, kann eine Erhöhung der Nutzungsentschädigung wegen gestiegener Betriebskosten nicht verlangt werden. **1110**

Weiter zu bezahlen sind auch Nebenkostenpauschalen. Eine Erhöhung kann auch hier ohne das Verfahren nach § 560 BGB geltend gemacht werden (Schmid Handbuch der Mietnebenkosten, Rn. 1140). **1111**

c) Nachhaftung bei Gesellschaft als Mieterin

Für die Nachhaftung eines Gesellschafters einer oHG oder Gesellschaft bürgerlichen Rechts (§§ 160 HGB, 736 Abs. 2 BGB) kommt es für die Haftung als solche darauf an, auf welchen Zeitraum sich die Abrechnung bezieht, nicht wann sie erfolgt (KG GE 2005, 1426) Die Forderung muss aber im Nachhaftungszeitraum fällig werden und geltend gemacht werden (§ 160 Abs. 1 HGB). **1112**

6. Kapitel
Kautionen und andere Sicherungsrechte

Übersicht **Rdn.**

I. Vereinbarte Sicherheiten

1. Vereinbarung

1 Eine gesetzliche Verpflichtung zur Erbringung einer Sicherheit durch den einzelnen oder mehrere Mieter (als Gesamtschuldner) besteht nicht (vgl. Stangl Intensivkurs Mietrecht, 2005, 47; MüKo/Bieber § 551 Rn. 5), ausgenommen im Falle des Mietereintritts gemäß § 563b BGB (vgl. Sternel ZMR 2004, 713/720 und ZMR 2002, 1; Hinz ZMR 2002, 640/645). Deshalb muss die Verpflichtung des Mieters zur Leistung einer Kaution zwischen den Mietvertragsparteien – i.d.R. bei Mietbeginn, aber während des Mietverhältnisses zulässig (vgl. HdM/Emmert § 16 Rn. 52) – **vereinbart** werden (zu den Anforderungen im Formularmietvertrag vgl. auch HdM/Hannemann § 8 Rn. 83, S. 333-336 nebst Praxistipps bei Gewerbemiete bei HdM/Emmert § 42 Rn. 23 ff.; Hinz MietPrax Fach 1 Rn. 502; (Kraemer NZM 2001, 738) m.w.N.). Es soll sogar eine drucktechnische Hervorhebung notwendig sein, da anderenfalls von einer überraschenden Klausel gemäß § 305c Abs. 1 BGB auszugehen sei. Dem kann nicht gefolgt werden. So kann der Mieter nicht erwarten, dass der Vermieter sich ohne Stellung einer Mietsicherheit zur Überlassung einer Wohnung verpflichtet. Die Leistung einer solchen Sicherheit entspricht der üblichen Praxis (vgl. BGH ZMR 2003, 729 = NZM 2003, 754). Die Kaution soll den Vermieter auch bei Streit über die Berechtigung von Gegenrechten des Mieters schützen und ihm während und nach Beendigung des Mietverhältnisses eine erleichterte Durchsetzung seiner berechtigten Ansprüche ermöglichen. Ein Zurückbehaltungsrecht des Mieters an der Kaution nach § 273 BGB – außer bei vertragswidriger Anlage der 1. Kautionsrate – ist hiermit nicht zu vereinbaren (BGH ZMR 2007, 445 und BGH ZMR 2006, 686). Der Kautionsanspruch ist gemäß § 399 BGB nicht abtretbar (OLG Düsseldorf NZM 2001, 380). Zum Zurückbehaltungsrecht des Mieters gegenüber dem Zwangsverwalter wegen einer vom Vermieter nicht gemäß § 551 Abs. 3 BGB angelegten Kaution vgl. BGH, NJW 2009, 3505, zur Verjährung KG ZMR 2008, 624.

2 Die Sicherungsabrede bestimmt i.d.R. auch, welche Art von Sicherheit, zu welchem Zeitpunkt und für welche Forderungen vom Mieter zu leisten ist. Nach § 232 BGB bestimmt sich die Art der möglichen Sicherheiten, wenn keine entsprechende Vereinbarung existiert; das Wahlrecht liegt dann beim Mieter als Schuldner der Verpflichtung zur Sicherheitsleistung (LG Berlin ZMR 1997, 421, 422). Nach Auffassung des KG (ZMR 2006, 524) kann von einem Wahlrecht allerdings nicht mehr gesprochen werden, wenn von dem Mieter »wahlweise« statt einer Barkaution eine Bürgschaft gestellt werden kann, die

ihn unangemessen benachteiligen würde, indem er einschränkungslos auf die Einrede der Aufrechenbarkeit verzichtet.

Die Möglichkeit der freien Vereinbarung einer Sicherheitsleistung wird im Bereich der **Wohnraummiete** durch §§ 551 BGB, 9 Abs. 5 WoBindG, § 28 Abs. 4 Nr. 2 WoFG (Kaution als »Nebenleistung«) bzw. § 50 WoFG eingeschränkt. Wird diese Einschränkung in der Sicherungsabrede nicht beachtet, ist die Vereinbarung nichtig. Nach § 9 WoBindG besteht dann ein Rückforderungsanspruch (vgl. unten Rdn. 14; LG Aachen WuM 2006, 101; Sternel Mietrecht aktuell III Rn. 159). Über diese gesetzlichen Beschränkungen hinaus kann im Bereich des sozialen Wohnungsbaus auch die Bewilligungsstelle nach § 27 WoBindG die Zulässigkeit der Vereinbarung von Sicherheitsleistungen bei der Bewilligung öffentlicher Mittel im Rahmen des Darlehensvertrages beschränken (MieWo/Spies § 9 WoBindG Rn. 27). 3

Im Bereich der **Geschäftsraummiete** bestehen keine gesetzlichen Beschränkungen (KG ZMR 2008, 617; OLG Brandenburg NZM 2007, 402). Alle Verpflichtungen der Parteien ergeben sich grundsätzlich ausschließlich aus der Kautionsabrede. Daher kann hier insbesondere wirksam vereinbart werden, dass die Kautionssumme drei Monatsmieten übersteigt und dass sie in voller Höhe schon vor oder zu Beginn des Mietverhältnisses zu leisten ist. Hinsichtlich der Anlage und Verzinsung der Kaution hat die Rechtsprechung allerdings teilweise rechtsfortbildend besondere Verpflichtungen des Vermieters auch für das Gewerbemietrecht begründet. Näheres hierzu unter Rdn. 69, 86. 4

Unerheblich ist, wie die Sicherheit im Mietvertrag **bezeichnet** ist. Insbesondere kann durch eine andere Bezeichnung die zwingende Regelung des § 551 BGB nicht umgangen werden, sondern es muss ggf. eine Auslegung nach Sinn und Zweck der Vertragsklausel erfolgen (so auch HdM/Emmert § 16 Rn. 58). So wurde eine pauschale »Zahlung für Abnutzung« den Regelungen über die Kaution unterworfen (AG Aachen WuM 1986, 336), ebenso wie z.B. eine Klausel, die den Mieter bei Vertragsschluss zur Zahlung eines Festbetrages für die Tankfüllung der Heizung verpflichtete und zugleich eine Verrechnung dieses Betrages bei Auszug bestimmte (AG Büdingen WuM 1994, 537). 5

Maßgeblich ist jedoch stets der Einzelfall. Abzustellen ist primär darauf, was die Parteien tatsächlich gewollt haben. Nur im Anwendungsbereich der §§ 551 BGB, 9 Abs. 5 WoBindG ist eine Umgehungsabsicht zu prüfen. 6

Bei § 551 BGB unterliegenden Wohnraummietverhältnissen kann nicht wirksam vereinbart werden, dass eine Mietvorauszahlung oder ein Mieterdarlehen bei der Beendigung des Mietverhältnisses als Kaution zu behandeln ist (Sternel Mietrecht aktuell III 149). 7

In allgemeinen Geschäftsbedingungen ist eine Klausel unwirksam, wonach der Vermieter berechtigt sein soll, bei einer Mietdauer unter zwei Jahren die gesamte Mietsicherheit ohne Abrechnung einzubehalten (AG Karlsruhe WuM 1989, 73). 8

2. Gesicherte Ansprüche

Welche Ansprüche durch die Kaution gesichert werden, hängt von der **Sicherungsabrede** der Parteien im Einzelfall ab (Hinz MietPrax Fach 1 Rn. 504). 9

In der Regel wird die Sicherheit für alle Verpflichtungen des Mieters aus dem Mietverhältnis bestellt und sichert dann sämtliche gegenwärtigen und zukünftigen Forderungen des Vermieters, die mit dem Mietverhältnis zu tun haben, und zwar einschließlich aller denkbaren Schadensersatzansprüche. Dies gilt i.d.R. auch dann, wenn eine ausdrückliche Sicherungsabrede im Einzelfall fehlt (LG Regensburg NJW-RR 1995, 907). Umfasst sind insbesondere auch die Kosten der Rechtsverfolgung, soweit sie der Vermieter aufgrund 10 einer Kostengrundentscheidung vom Mieter erstattet verlangen kann (LG Heilbronn WuM 1998, 20; LG Duisburg NZM 1998, 808).

11 Andere Vereinbarungen, z.B. nur die Sicherung bestimmter Forderungen, sind rechtlich zwar möglich, aber praktisch selten. Ist die Kaution nur für bestimmte Verpflichtungen des Mieters geleistet worden, z.B. nur für die Zahlung der Miete, kann sie auch nur hierfür in Anspruch genommen werden.

12 Insbesondere bei der **Bürgschaft** (s. dazu i.E. Rdn. 19 ff.) ist darauf zu achten, dass alle Forderungen durch genaue Bezeichnung in der Sicherungsabrede abgesichert werden. Unklarheiten in der Bürgschaftsabrede gehen grundsätzlich zulasten des Vermieters (BGHZ 76, 187). Etwas anderes kann sich allerdings aus § 305c Abs. 2 BGB für den Fall ergeben, dass zur Bürgschaftsbestellung ein Formular des Bürgen verwendet wird. Dies kommt insbesondere bei Bankbürgschaften in Betracht (vgl. Schmid Mietkaution und Vermieterpfandrecht Rn. 2010).

13 Soweit nicht anders vereinbart, gilt die Bürgschaft nur für die Dauer der Mietzeit (LG Münster WuM 2008, 481) und sichert nur den zur Zeit der Bürgschaftsvereinbarung vom Mietvertrag umfassten Anspruchsumfang: Sie umfasst daher grundsätzlich nicht die Miete für die Zeit einer Vertragsverlängerung oder einer später vereinbarten Vertragsfortsetzung (LG Gießen ZMR 1995, 33). Dies gilt auch bei einer Fortsetzung des Mietverhältnisses nach § 545 BGB, es sei denn, dass bereits der Vertrag ein Optionsrecht oder eine Verlängerungsklausel beinhaltet (OLG Hamburg ZMR 1999, 630). Der Bürge haftet auch nicht für die Miete für zusätzlich angemietete Räume oder für eine im Vertrag nicht vorgesehene Erhöhung der Miete (vgl. zum Ganzen Wolf/Eckert/Ball Rn. 776). Bei Wohnraummietverhältnissen, auf die § 558 BGB Anwendung findet, und bei der Vermietung von preisgebundenem Wohnraum haftet der Bürge jedoch auch für die gesetzlich zulässigen Mieterhöhungen, da diesen Mietverhältnissen solche Mieterhöhungen immanent sind. Zudem haftet der Bürge, soweit die Bürgschaft für die Mietzahlungen gegeben wird, auch für entsprechende Nutzungsausfallentschädigung bei verspäteter Rückgabe nach § 546a BGB (Sternel Mietrecht aktuell III Rn. 216; OLG Hamburg ZMR 1999, 630; OLG Rostock WuM 2003, 55) sowie für die Vorauszahlungen bzw. Pauschalabschläge für Betriebskosten (Sternel Mietrecht aktuell III Rn. 211 ff.).

14 Bei **preisgebundenem Wohnraum** ist eine Kautionsvereinbarung nur unter den in § 9 Abs. 5 WoBindG genannten Voraussetzungen zulässig (vgl. oben Rdn. 3). Gesichert werden können hiernach nur Ansprüche des Vermieters gegen den Mieter aufgrund von in der Wohnung verursachten Schäden sowie wegen unterlassener Schönheitsreparaturen, nicht hingegen Mietrückstände. Grund hierfür ist, dass durch die Kostenmiete bereits das Mietausfallwagnis mit berücksichtigt ist (vgl. Derleder WuM 2002, 239/240). Diese gesetzliche Beschränkung des Sicherungszwecks gilt noch über das Ende des Mietverhältnisses hinaus, sodass der Vermieter auch danach nicht mit anderweitigen Ansprüchen gegen den Rückerstattungsanspruch aufrechnen kann (LG Berlin GE 1997, 431; AG Köln WuM 2000, 22). Soweit nach dem Mietvertrag andere als die nach § 9 Abs. 5 WoBindG zulässigen Forderungen gesichert werden sollen, ist die gesamte Sicherungsabrede nichtig; der Vermieter hat dann überhaupt keinen Anspruch auf Zahlung der Kaution (AG Hannover DWW 1998, 249). Im Übrigen gilt auch für die Kaution im preisgebundenen Wohnraum § 551 BGB (vgl. Schmidt-Futterer/Blank § 551 Rn. 11).

3. Art der Sicherheitsleistung

a) Grundsätzliches

Grundsätzlich sind alle denkbaren Formen der Sicherheitsleistung möglich. Praktisch im Vordergrund stehen jedoch zwei Formen der Sicherheitsleistung: die Barkaution und die Bankbürgschaft. Nur gelegentlich werden auch ein Kautionskonto des Mieters oder eine Forderungsabtretung als Sicherheitsform gewählt. Wenig Bedeutung haben die Hinterlegung, der Schuldbeitritt, die Bestellung von Grundpfandrechten, die Sicherungsübereignung, die Verpfändung einzelner Sachen oder Rechte und das vertragliche Vermieterpfandrecht. Soll Sicherheit durch Hinterlegung von Wertpapieren geleistet werden und ist nicht bestimmt, welche Wertpapiere zu hinterlegen sind, sind nach § 234 Abs. 1 BGB mündelsichere Wertpapiere i.S.d. § 1807 BGB zu hinterlegen (LG Berlin ZMR 1997, 421, 422). Verpfändungen sind wegen der notwendigen Einbüßung des Sachgebrauchs (§ 1205 BGB) bzw. Abtretungsanzeige (§ 1280 BGB) selten. Vertraglich bestellte Vermieterpfandrechte bezwecken i.d.R. die Abbedingung von dem Vermieter hinderlichen Vorschriften, was in gewissem Rahmen zulässig ist. Auf den Schutz von § 562 Abs. 1 S. 2 BGB kann der Mieter nicht verzichten, da er öffentlichen Interessen dient. Auch § 1205 BGB ist unabdingbar (näher Schreiber/Latinovic NZM 2000, 410). In der Regel wird eine einzige Sicherheit hingegeben. Mehrere Sicherungsmittel können schnell zu einer **Übersicherung** des Vermieters führen (s. Rdn. 29). Ist die Art der Sicherheitsleistung im Mietvertrag nicht bestimmt und auch nicht durch Auslegung bestimmbar, steht dem Mieter im Zweifel ein Wahlrecht (vgl. oben Rdn. 2) gemäß § 262 BGB zu (vgl. BGH WPM 1983, 926, 928). **15**

b) Barkaution

Die am häufigsten gewählte Sicherheit ist die Barkaution. Hierbei zahlt der Mieter an den Vermieter eine bestimmte Geldsumme. Auch ausländisches Geld kommt in Frage, entsprechend § 234 Abs. 3 BGB aber nur in Höhe von 3/4 des Kurswertes bei Fehlen einer festen Parität zum Euro (MüKo/Grothe § 234 Rn. 3). Die Vereinbarung einer Barkaution bedeutet dabei nicht notwendigerweise, dass der Mieter das Geld dem Vermieter bar auf die Hand gibt. Es handelt sich vielmehr auch dann um eine Barkaution, wenn der Mieter durch Scheck, Überweisung oder Lastschrift bezahlt. Maßgeblich ist insoweit die faktische Überlassung des Geldbetrages an den Vermieter. Gefährlich für den Vermieter kann die Einziehung der Kaution per Lastschrift sein, da das Rückrufsrecht des Mieters bis zur Änderung der Bank-AGB per 01.04.2002 (vgl. Manthey ZMR 2002, 338) nicht nur 6 Wochen betrug (vgl. BGH ZMR 2001, 171 = MDR 2000, 1203 m. Anm. Krüger MDR 2000, 1205; Manthey ZMR 2002, 174 und 338 sowie Laws MDR 2001, 15, 18, 19). **16**

Während bei einer Teilinklusiv- bzw. Bruttokaltmiete die dreifache Teilinklusiv- bzw. Bruttokaltmiete als Kaution vereinbart werden darf, ist jedenfalls seit 01.09.2001 auch bei einer – in der Praxis nur noch selten anzutreffenden – Nettomiete nebst Betriebskosten**pauschale** die Kaution auf die dreifache Nettomiete (**ohne** Pauschale) begrenzt. **17**

Problematisch ist die Wirksamkeit einer Kautionsabrede aus der Zeit vor dem 01.09.2001, in der die Höhe der Sicherheit die Betriebskosten**pauschale** – nach dem damaligen § 550b BGB möglich – mit einbezog. Weil der Gesetzgeber insoweit eine Übergangsregelung in Artikel 229 § 3 EGBGB nicht geschaffen bzw. vergessen hat, wird man analog Art. 170 EGBGB die **ursprünglich wirksam** getroffene Vereinbarung auch für die Zeit **nach** dem 01.09.2001 als wirksam anzusehen haben. **18**

c) Bürgschaft

19 Im letzten Moment gestoppt und aus dem Gesetzesentwurf zur Mietrechtsreform 2001 gestrichen wurde die geplante Einführung einer gesetzlichen Ersetzungsbefugnis des Mieters, anstatt der Barkaution auch ohne entsprechende mietvertragliche Abrede eine Bankbürgschaft zu stellen (§ 551 Abs. 2 S. 3 BGB RefE; vgl. auch Derleder WuM 2002, 239). Gegenüber der mit der Neuregelung beabsichtigten finanziellen Entlastung des Mieters, auf den neben der Mietkaution i.d.R. noch Maklercourtage zukomme, setzte sich letztlich die Überlegung durch, dass die Bürgschaft kein gleichwertiges Sicherungsmittel sei, da nur die Barkaution Zinsen bringe, die die Sicherheit des Vermieters im Laufe der Mietzeit angemessen erhöhten. Deshalb bleibt es dabei, dass eine Bürgschaft nur gegeben werden kann, wenn sich die Mietparteien auf dieses Sicherungsmittel einigen.

20 Zur möglichen Anwendbarkeit der Bürgschafts-Sittenwidrigkeits-Rechtsprechung des BGH (NJW 1996, 1274 und NJW 1997, 1773) auf Mietbürgschaften vgl. OLG Hamburg ZMR 2001, 887 m. Anm. Schläger ZMR 2001, 888 sowie Lützenkirchen WuM 2002, 185. Als tauglicher Bürge sind im Wege europarechtskonformer Auslegung auch für deutsche Mieter ausländische Bürgen mit Sitz in der EU zuzulassen (OLG Hamburg NJW 1995, 2859; Einzelheiten bei Herrlein/Kandelhard § 551 Rn. 13 zum gemeinschaftsrechtlichen Gleichheitsgrundsatz).

21 Bei der Bürgschaft erhält der Vermieter zunächst nur die Verpflichtungserklärung des Bürgen. Er kann dann wegen seiner Forderungen gegenüber dem Mieter außer von diesem auch vom Bürgen die Zahlung verlangen. Die Voraussetzungen für das Vorgehen gegen den Bürgen hängen ab von der vereinbarten Bürgschaftsart.

22 Dem Interesse des Vermieters an bestmöglicher Sicherheit folgend, empfiehlt es sich, die Bürgschaft schriftlich, unbedingt, unbefristet, unwiderruflich und selbstschuldnerisch zu vereinbaren.

23 **Schriftform** ist für die Bürgschaft i.d.R. ohnehin Wirksamkeitsvoraussetzung (§ 766 BGB; vgl. auch Schmidt-Futterer/Blank § 551 Rn. 23). Die Bürgschaft eines Vollkaufmanns als Handelsgeschäft ist zwar formfrei; jedoch empfiehlt sich die Schriftform auch hier zu Beweiszwecken.

24 **Bedingungen, Befristungen oder Widerrufsvorbehalte** schränken den Wert der Sicherheit ein und werden deshalb zumeist nicht vereinbart.

25 Bei unbefristeten Mietverhältnissen und unbefristeten Bürgschaften besteht für den Vermieter stets insoweit ein gewisses Risiko, als der Bürge nach Ablauf eines gewissen Zeitraumes oder bei Eintritt besonders wichtiger Umstände die Bürgschaft **kündigen** kann (BGH NJW 1986, 252). Die Bürgenhaftung beschränkt sich dann auf die bis zur Kündigung entstandene Hauptschuld. Wichtiger Grund für eine Bürgschaftskündigung kann auch eine erhebliche Verschlechterung der Vermögenslage des Mieters als Hauptschuldner sein (OLG Düsseldorf ZMR 1999, 393; OLG Hamburg ZMR 1999, 630, 633). Allerdings verlangt die Rechtsprechung für die Kündigung eine **angemessene Frist**, damit sich Hauptschuldner und Gläubiger auf die veränderte Lage einstellen können (BGH NJW 1986, 252; OLG Düsseldorf ZMR 1999, 393). Die Meinungen darüber, welche Kündigungsfrist als angemessen anzusehen ist, gehen auseinander: Nach einer Ansicht muss eine angemessene Frist mindestens den Kündigungszeitraum zuzüglich einer Abwicklungsfrist von sechs Monaten umfassen (vgl. Schmid Mietkaution und Vermieterpfandrecht Rn. 2022). Das OLG Düsseldorf legt in zwei Entscheidungen jeweils unterschiedliche Fristen zugrunde und bestimmt als angemessen zum einen die Frist bis zum Ablauf des vollen Monats, in dem die Rückgabe des Mietobjekts nach einer fristlosen Kündigung des Mieters/Pächters erfolgt (ZMR 1999, 393). Zum anderen legt es die Frist

zugrunde, zu der der Vermieter nach Ablauf einer Überlegungsfrist das Mietverhältnis ordentlich kündigen kann, und zieht insoweit eine Parallele zur Kündigungsfrist bei Ersatzmietergestellung bzw. unberechtigter Verweigerung derselben (ZMR 2000, 89). Bei Mietverhältnissen von bestimmter Dauer wird für die fest vereinbarte Mietzeit eine Kündigung des Bürgen für unzulässig erachtet (str.; vgl. Wolf/Eckert/Ball Rn. 780; offen lassend OLG Düsseldorf ZMR 1999, 393).

Dass die Bürgschaft **selbstschuldnerisch** ist, ist deshalb für den Vermieter zweckmäßig, 26
weil ansonsten – von gewissen Ausnahmefällen abgesehen – zunächst eine Zwangsvollstreckung gegen den Mieter erfolglos versucht sein muss, bevor der Bürge zur Zahlung gezwungen werden kann (§§ 771, 773 Abs. 1 Nr. 1 BGB). Allerdings muss der Ausschluss der Einrede aus § 771 BGB bei Sicherheitsleistung durch Bürgschaft ohnehin in der Bürgschaftserklärung enthalten sein (§ 239 Abs. 2 BGB). Auf die Einrede der Aufrechenbarkeit der Kaution kann der Bürge wirksam auch formularmäßig in der Bürgschaftsurkunde verzichten (LG Berlin ZMR 2002, 521).

Bei einer **Mietausfallbürgschaft** haftet der Bürge vereinbarungsgemäß nur auf das, was 27
der Gläubiger trotz Anwendung gehöriger Sorgfalt vom Schuldner nicht erlangen kann. Der Bürge ist insoweit nicht auf die Einrede der Vorausklage angewiesen. Seine Inanspruchnahme setzt aufgrund der Ausfallabrede voraus, dass der Vermieter sowohl die Zwangsvollstreckung wie auch alle anderen Sicherungsmittel vorrangig vor der Bürgschaft in Anspruch genommen hat und aufgrund deren Erfolglosigkeit einen Ausfall gehabt hat, den er darlegen und erforderlichenfalls beweisen muss (BGH WuM 1992, 57, 58). Zu den Sicherungsmitteln, die vorrangig in Anspruch genommen werden müssen, gehört auch das Vermieterpfandrecht (Wolf/Eckert/Ball Rn. 783).

Die **Bürgschaft auf erstes Anfordern** (vgl. Hahn MDR 1999, 839; Fischer GS Sonnen- 28
schein, 2003, S. 407 ff.) dient der besonders schnellen Durchsetzung der von ihr gesicherten Ansprüche. Auch nach Auffassung des Kammergerichts (KGRep 2004, 176 = GE 2004, 233 ff.) ist die Vereinbarung einer Mietsicherheit durch Bürgschaft auf erstes Anfordern wirksam. Da eine Barkaution üblich sei, könne auch formularmäßig eine Bürgschaft ausbedungen werden, in der sich der Bürge zur Zahlung auf erstes Anfordern verpflichtet, um dem Vermieter sofort liquide Mittel zuzuführen, wenn er den Bürgschaftsfall für eingetreten hält. Die zum Werkvertragsrecht ergangenen Entscheidungen seien auf das Mietrecht auch nicht analog anwendbar.

Die Bürgschaft auf erstes Anfordern enthält die Vereinbarung, dass der Bürge im Fall sei- 29
ner Inanspruchnahme zunächst sofort an den Gläubiger zahlen muss. Der Gläubiger muss seine materiell-rechtliche Berechtigung weder darlegen noch beweisen, da alle Streitfragen ggf. im anschließenden Rückforderungsprozess des Bürgen aus § 812 BGB geprüft werden (BGH WPM 1998, 1062). Ausnahmsweise sind Einwände des Bürgen gegen den Zahlungsanspruch bereits im Erstprozess zu berücksichtigen, wenn sich deren Berechtigung aus dem unstreitigen Sachverhalt oder dem Inhalt der Vertragsurkunde ohne Weiteres ergibt (BGH MDR 2002, 530 = GE 2002, 856). Allerdings muss sich immer das Recht des Gläubigers auf Zahlung des Bürgen auf erstes Anfordern aus der Bürgschaftsurkunde sowie aus den in ihr in Bezug genommenen Urkunden ergeben; der Gläubiger muss also zumindest beweisen, dass sein geltend gemachter Anspruch durch die Bürgschaft auf erstes Anfordern gesichert ist. Diese ist i.Ü. kein Sicherungsmittel eigener Art, sondern nur eine den Gläubiger besonders privilegierende Unterform der gewöhnlichen Bürgschaft. Gelingt dem Gläubiger daher nicht der Nachweis der besonderen Voraussetzungen für die Bürgschaft auf erstes Anfordern, ist die Vereinbarung im Zweifel dahin auszulegen, dass sie zugleich eine einfache Bürgschaft mit enthält. Dasselbe gilt, wenn die Bürgschaft auf erstes Anfordern von einem Nichtkaufmann als Privatperson erklärt wird (vgl. LG Hamburg WuM 2003, 36).

30 Deren Voraussetzungen darf der Gläubiger im Prozess mit allen nach der ZPO zulässigen Beweismitteln beweisen (BGH NJW 1999, 2361 = MDR 1999, 816 = DWW 1999, 211). Zu beachten ist schließlich, dass die Rechtsfolge des § 214 Abs. 2 S. 2 BGB (vgl. Durst NZM 1999, 64) auch bei der Bürgschaft auf erstes Anfordern greift (vgl. LG Neuruppin NZM 2000, 29).

d) Kautionskonto des Mieters

31 Zu unterscheiden ist die Barkaution von dem Kautionskonto des Mieters. Der Mieter eröffnet hierbei unter eigenem Namen ein Sparkonto bei einem Kreditinstitut seiner Wahl und lässt es mit einem Sperrvermerk zugunsten des Vermieters als Mietkautionskonto versehen. Er trifft so mit der Bank die Abrede, dass er künftig nur mit Zustimmung des Vermieters über das Guthaben verfügen kann. Die Kaution bleibt hierbei formell im Vermögen des Mieters, unabhängig davon, ob der Mieter das Sparbuch anschließend bei sich verwahrt oder es dem Vermieter aushändigt. Wie eine solche Sicherheit rechtlich einzuordnen ist, ist eine Frage der Ausgestaltung im Einzelfall. In Betracht kommt eine Pfandrechtsbestellung (§§ 1273 ff. BGB) an der Forderung des Mieters gegen die Bank, eine Sicherungsabtretung dieser Forderung, aber auch nur eine schuldrechtliche Verfügungsbeschränkung (vgl. BGH NJW 1984, 1749 f.).

32 Eine nur schuldrechtliche Abrede schützt den Vermieter jedoch nicht, wenn über das Vermögen des Mieters das Insolvenzverfahren eröffnet wird oder dritte Gläubiger im Rahmen der Zwangsvollstreckung auf das Konto zugreifen. Dagegen gewähren die Forderungsverpfändung und die Sicherungsabtretung im Fall der Insolvenz des Mieters ein Absonderungsrecht nach § 47 InsO (vgl. BGH NJW 1984, 1749 f. zu § 48 KO).

33 Sicherungsabtretung und Forderungsverpfändung bieten dem Vermieter daher eine größere Sicherheit. Um spätere Auslegungsschwierigkeiten zu vermeiden, sollte die Art der Sicherung in der Sicherungsabrede ausdrücklich bezeichnet werden. Fehlt eine genaue Bezeichnung, ist eine Auslegung anhand aller Umstände des Einzelfalles erforderlich (BGH NJW 1984, 1749 f.). Nach überwiegender Ansicht ist im Zweifel eine stillschweigende Sicherungsabtretung anzunehmen (vgl. Palandt/Sprau § 808 Rn. 6; Sternel Mietrecht aktuell III Rn. 161b; LG Dortmund WuM 2007, 73).

34 Die Sicherheitsleistung mittels Kautionskonto ist für den Vermieter auch deswegen problematisch, weil das Kreditinstitut nach den in aller Regel zugrunde liegenden Bankbedingungen ein vorrangiges Pfandrecht am Sparguthaben des Mieters hat. Soweit der Sperrvermerk aber von der Bank selbst eingetragen wurde, kann die Bank mit der Berufung auf ihr vorrangiges Pfandrecht gegen Treu und Glauben verstoßen (OLG Nürnberg NJW-RR 1998, 1265 = MDR 1998, 1111 = NZM 1998, 660).

35 Eine Kautionsabrede dahin gehend, dass der Mieter ein Sparbuch einrichtet und dieses mit einem Sperrvermerk zugunsten des Vermieters versieht, bedeutet nicht in jedem Fall auch eine Pfandrechtsbestellung; im Einzelfall kann auch lediglich eine schuldrechtliche Sicherung oder ein Vertrag zugunsten Dritter gewollt sein (AG Hamburg-Blankenese WuM 1992, 189).

e) Forderungsabtretung

36 Als weiteres Sicherungsmittel kommt eine Forderungsabtretung, insbesondere die Abtretung von Lohn- oder Gehaltsansprüchen in Betracht. In Formularmietverträgen wird allerdings die Vereinbarung einer Lohn- oder Gehaltsabtretung wegen Verstoßes gegen § 307 BGB für unwirksam erachtet (LG Lübeck WuM 1986, 14); ebenso die Vereinbarung der Abtretung von Forderungen aus einem etwaigen Untermietverhältnis (OLG Celle WuM

1990, 103, 105; ähnlich auch OLG Hamburg ZMR 1999, 328 = WuM 1999, 278). Auch der Anspruch auf Auszahlung des Sparguthabens auf einem Kautionskonto des Mieters kann zur Sicherung an den Vermieter abgetreten werden (s.o. Rdn. 31 ff.). Bereits mit der Abtretung wird der Vermieter kraft Gesetzes auch Eigentümer des Sparbuchs (§ 952 BGB), wenngleich mit der treuhänderischen Bindung aus der Sicherungsabrede. Bei der Gehaltsabtretung ist auch die Rechtsprechung des BAG zu § 400 BGB zu berücksichtigen (WuM 2001, 116/118; vgl. auch Hinz MietPrax Fach 1 Rn. 606–612). Eine auf einem Formular der Beitrittserklärung zu einer gemeinnützigen Wohnungsbaugenossenschaft vorformulierte und vom Mitglied gesondert unterschriebene Vereinbarung, nach der das Mitglied seinen künftigen erst nach Kündigung der Mitgliedschaft entstehenden Anspruch auf das Auseinandersetzungsguthaben zur Sicherheit an die Genossenschaft als personenidentische Vermieterin abtritt, ist nichtig, da diese Abtretungserklärung gegen § 22 GenG verstößt, der auch den Anspruch auf das Auseinandersetzungsguthaben umfasst (LG Hamburg/AG Hamburg-Blankenese NJW-RR 1991, 998).

f) Forderungsverpfändung

Zur Verpfändung einer Forderung, z.B. des gegen das Kreditinstitut gerichteten **37**
Anspruchs auf Auszahlung des Sparguthabens auf dem Kautionskonto des Mieters, ist im Gegensatz zur Sicherungsabtretung (s.o. Rdn. 36) die Anzeige der Abtretung gegenüber dem Kreditinstitut erforderlich (§ 1280 BGB). Andernfalls ist die Verpfändung unwirksam.

g) Sicherungsübereignung

Einrichtungsgegenstände können nach Erwerb vom Vormieter als Sicherheit gestellt wer- **38**
den (vgl. AG/LG Düsseldorf ZMR 2007, 536).

4. Höhe der Kaution

Bei Mietverhältnissen **über Wohnraum** darf die Höhe der Sicherheit den Betrag von **drei** **39**
Monatsmieten – ohne Betriebskostenanteil, wenn als Pauschale oder Vorauszahlung geschuldet – nicht übersteigen (§ 551 Abs. 1 S. 1 BGB). Maßgeblich ist der Zeitpunkt der Kautionsabrede. Erhöht wird die Kaution lediglich durch die **Zinsen.** Nach überwiegender Ansicht führt eine **Veränderung der Miethöhe** während der Mietzeit nicht zu einer Veränderung der zulässigen Kautionshöhe (vgl. z.B. Schmidt-Futterer/Blank § 551 Rn. 61). Dies gilt für Minderung (bei behebbaren Mängeln) und Mieterhöhung gleichermaßen (BGH ZMR 2005, 854; Sternel Mietrecht aktuell III Rn. 169).

Nach AG Saarbrücken (WuM 2007, 506 m. abl. Anm. Feßler/Kegel WuM 2007, 693) verstößt die Verpflichtung zur Zeichnung bestimmter Genossenschaftsanteile in Dauernutzungsverträgen gegen § 551 BGB, wenn sie das Dreifache der Nettomiete übersteigen und erst nach Ablauf der Abrechnungsfrist zurückgezahlt werden können (a.A. Sternel Mietrecht aktuell III Rn. 168).

Hiergegen wird argumentiert, dass das Sicherungsbedürfnis des Vermieters mit der Miet- **40**
höhe wächst, weil sich auch das Ausfallrisiko entsprechend erhöht. Andererseits kann man § 551 Abs. 1 BGB die Wertung entnehmen, dass die Kautionshöhe allgemein von periodischen Schwankungen frei bleiben soll. Allerdings kann im Rahmen einer Mieterhöhung auch die Erhöhung der Kautionssumme vereinbart werden (vgl. Derleder WuM 2002, 239/241 Fn. 30).

Mit Blick auf das Ausfallrisiko hat das OLG Düsseldorf (BB 1994, 1814) zumindest für **41**
den Bereich der **Geschäftsraummiete** entschieden, dass der Vermieter einen Anspruch

auf Kautionserhöhung im laufenden Mietverhältnis hat, wenn der Kautionsbetrag nicht summenmäßig fixiert ist, sondern sich nach dem Vertrag aus einer festgelegten Zahl monatlicher Mietzinsraten errechnet. Im Übrigen ist die Höhe der Kaution im Geschäftsraummietrecht nahezu in das Belieben der Parteien gestellt (vgl. Rdn. 4).

42 Im Bereich des **Wohnraummietrechts** bleiben **Nebenkosten unabhängig davon, ob über sie gesondert abzurechnen ist**, wegen ihrer wechselnden Höhe bei der Berechnung des Höchstbetrages nach dem eindeutigen Gesetzeswortlaut (§ 551 Abs. 1 BGB) außer Betracht (krit. hierzu Schmid Mietkaution und Vermieterpfandrecht Rn. 2031; wie hier Drasdo NZM 2000, 1109, 1113). Sind dagegen bei einer Inklusivmiete die Nebenkosten in der Miete einkalkuliert, ist der gesamte Mietbetrag zugrunde zu legen. Die Nebenkosten müssen nicht herausgerechnet werden.

43 Die **Mitvermietung von Einrichtungsgegenständen** führt nicht dazu, dass für diese Gegenstände eine weitere Sicherheit verlangt werden kann, wenn das Entgelt für die Überlassung in der Miete enthalten ist (LG Berlin WuM 1992, 473). Wird für die Einrichtungsgegenstände eine gesonderte Miete verlangt, hängt es von den Umständen des Einzelfalles ab, wie insoweit die Höhe der Sicherheit zu beurteilen ist. Handelt es sich um einen einheitlichen Mietvertrag über Wohnung und Möbel, ist das Entgelt für die Einrichtungsgegenstände bei der Berechnung der Kautionsobergrenze der Grundmiete hinzuzurechnen. Liegt hingegen ein gesonderter Mietvertrag über die Einrichtungsgegenstände vor, gilt hierfür die Beschränkung des § 551 BGB überhaupt nicht (vgl. Schmid Mietkaution und Vermieterpfandrecht Rn. 2032).

44 Bei Wohnungen, die dem **Wohnungsbindungsgesetz** unterliegen, ist bei der Berechnung des Höchstbetrages nicht das zulässige Entgelt i.S.d. § 8a Abs. 7 WoBindG maßgebend, sondern die Einzelmiete nach § 8a Abs. 5 WoBindG (MieWo/Spies Erl. zu § 9 WoBindG Rn. 26).

45 Der nach § 551 BGB zulässige **Höchstbetrag** gilt für **sämtliche Formen der Sicherheitsleistung**. Er gilt auch dann, wenn **mehrere Arten von Sicherheitsleistung** vereinbart sind (sog. **Kumulationsverbot**; vgl. BGH ZMR 2004, 666). Es kann deshalb nicht gleichzeitig eine Barkaution von drei Monatsmieten und eine Bankbürgschaft in Höhe von drei Monatsmieten vereinbart werden. Aber auch eine weniger eindeutige Übersicherung genügt, sofern sie 3 Monatsmieten überschreitet. § 551 BGB regelt nunmehr eindeutig, dass unter »Miete« hier nur die Grundmiete **ohne** Betriebskostenpauschale bzw. -vorauszahlung anzusetzen ist. Während der Vertragslaufzeit kann der Vermieter eine nachträgliche zusätzliche Sicherheit, etwa für vom Mieter beabsichtigte Umbaumaßnahmen, nur verlangen, soweit die Obergrenze des § 551 BGB noch nicht erreicht ist (Ausnahmen werden bei atypischen Maßnahmen gemacht, z.B. Einbau einer neuen Heizung; vgl. Sternel Mietrecht aktuell III Rn. 170). Maßgeblich dafür, ob das Kumulationsverbot greift, ist die Frage, ob es sich bei dem zu sichernden Risiko um ein solches handelt, das sich aus dem vertragsgemäßen Gebrauch der Wohnung ergibt (AG Hamburg WuM 1998, 723). Dies ist beispielsweise auch bei einem sog. Schlüsselpfand der Fall, das deshalb nicht gesondert neben der höchstzulässigen Kaution erhoben werden darf (LG Berlin MM 1998, 203). Allerdings kann nach Ansicht des LG Berlin (GE 1996, 983) der Vermieter eine Vorschussforderung für Renovierungskosten aufgrund nicht durchgeführter Schönheitsreparaturen neben dem Kautionsanspruch geltend machen, sodass eine Zusammenrechnung nicht stattfindet.

46 Will der Mieter eine Parabolantenne (vgl. Dörr WuM 2002, 347) anbringen, muss er ggf. **eine gesonderte** Sicherheit erbringen für die Kosten eines fachgerechten Rückbaus (OLG Karlsruhe ZMR 1993, 511; Riecke WE 2000, 239; Hinz MietPrax Fach 1 Rn. 518 m.w.N. sowie Hitpaß/Maaß Parabolantennen – eine niemals endende

Geschichte?, 2. Aufl., S. 8, 12, 14). Fehlen dem Mieter die finanziellen Mittel für eine solche Kaution, so hat er dies zu vertreten und kann nicht beanspruchen, die Antenne anderweitig kostengünstiger anbringen zu dürfen (AG Frankfurt/M. NZM 2002, 562). Generell zu Änderungen im Mieterwunsch Börstinghaus NZM 2008, 558.

Will der Mieter seine Wohnung behindertengerecht umbauen oder einen Treppenhauslift installieren, kann der Vermieter gemäß § 554a BGB eine zusätzliche Sicherheit (vgl. Drasdo WuM 2002, 123/126) beanspruchen (vgl. auch BVerfG ZMR 2000, 435 sowie LG Duisburg ZMR 2000, 464). Hieraus kann nicht im Umkehrschluss gefolgert werden, dass bei anderen baulichen Veränderungen keine zusätzlichen Sicherheiten verlangt werden dürfen (Kraemer NZM 2001, 737/738). Zu Mietsicherheit und Barrierefreiheit vgl. auch Sternel ZMR 2002, 1 sowie Mersson ZMR 2001, 956/958. **47**

Unberücksichtigt für die Ermittlung des Höchstbetrages bleibt die Sicherung des Vermieters durch das gesetzliche Vermieterpfandrecht. Rechtsgeschäftlich vereinbarte Pfandrechte sind hingegen zu berücksichtigen. **48**

Wird gegen die gesetzliche Regelung in Bezug auf Höhe oder – bei trennbaren Klauseln – auch Fälligkeit verstoßen, ist die Vereinbarung nach heutiger Ansicht nur teilunwirksam (BGH ZMR 2003, 729 = NZM 2003, 754; LG Leipzig ZMR 2003, 576; vgl. Lützenkirchen Rn. 470 sowie HdM/Emmert § 16 Rn. 83), d.h. sie ist **insoweit nichtig, als der Höchstbetrag überschritten oder eine frühere Fälligkeit** (vgl. Rdn. 54 ff.) **angeordnet wird**. In der gesetzlich zulässigen Höhe bleibt die Kautionsabrede wirksam (vgl. auch BGH ZMR 2004, 405 und 666; OLG Hamburg ZMR 2001, 887 – Leitsatz 2 –; LG Lüneburg MDR 1999, 1315; MüKo/Bieber § 551 Rn. 11; a.A. Börstinghaus MDR 1999, 965 und AG Dortmund WuM 1997, 212). **49**

Bei Teilunwirksamkeit hinsichtlich der Kautionshöhe muss der Mieter den überschießenden Betrag nicht zahlen. Hat er ihn bereits bezahlt, kann er ihn nach §§ 812 ff. BGB und bei Verschulden des Vermieters auch aus § 823 Abs. 2 i.V.m. § 551 Abs. 1 BGB zurückverlangen. Wegen der Unabdingbarkeit der mieterschützenden Wirkung des § 551 BGB gemäß dessen Abs. 4 (s. Rdn. 60) kann der Vermieter wegen § 393 BGB gegen den Bereicherungsanspruch aus überzahlter Kaution auch nicht mit Ersatzansprüchen aus dem Mietverhältnis aufrechnen (LG Bremen NJW-RR 1993, 19). Der Mieter seinerseits kann mit dem Rückzahlungsanspruch ggf. trotz vertraglichen Aufrechnungsverbots gegen Ansprüche des Vermieters aufrechnen, um auch so § 551 Abs. 3 BGB zu wahren (LG Heidelberg WuM 1997, 42). **50**

Macht der Vermieter die Überlassung der Wohnung von der vollständigen Zahlung der (Bar-)Kaution abhängig, so steht dem Mieter wegen Pflichtverletzung ein Schadensersatzanspruch zu (LG Mannheim ZMR 1990, 18). Im Extremfall kommt sogar eine fristlose Mieterkündigung gemäß § 543 Abs. 2 Nr. 1 BGB in Betracht neben der noch Schadensersatz verlangt werden kann (§ 314 Abs. 4 BGB). **51**

Eine Bürgschaft kann, unabhängig davon, ob sie über einen höheren Betrag erklärt wurde, ebenfalls nur bis zum nach § 551 BGB zulässigen Höchstbetrag in Anspruch genommen werden. Der darüber hinausgehende Bürgschaftsvertrag ist gemäß § 134 BGB nichtig. Hierauf kann sich zum einen der Mieter und zum anderen über § 768 BGB auch der Bürge berufen. Beide können insoweit verlangen, dass der Bürge nicht in Anspruch genommen wird (BGH ZMR 1989, 256 = WuM 1989, 289; OLG Düsseldorf MDR 1998, 464 = NJW-RR 1998, 81). Dies kann per Feststellungsklage oder per Kondiktion der Bürgschaft geschehen, aber auch als Einrede geltend gemacht werden (vgl. Sternel Mietrecht aktuell III. Rn. 171). Ist bereits eine Barkaution geleistet worden, kann die Bürgschaft bis zu diesem Betrag nicht mehr in Anspruch genommen werden. **52**

53 Nur **ausnahmsweise** darf die Höchstgrenze überschritten werden (vgl. Staudinger/Emmerich § 551 Rn. 6 m.w.N.), wenn der Bürge **un**aufgefordert – was der Vermieter beweisen muss (LG Mannheim ZMR 2010, 367) – die Bürgschaft unter der Bedingung leistet, dass ein Mietvertrag zustande kommt und der Mieter hierdurch nicht erkennbar belastet wird (BGHZ 111, 361 = ZMR 1990, 327 = NJW 1990, 2380; str., vgl. Hinz Miet-Prax Fach 1 Rn. 512; Derleder WuM 2002, 239/241; ders. GS Sonnenschein, 2003, S. 102 ff.), oder wenn die Bürgschaft in Höhe eines Mietrückstandes eingegangen wird, um die Rücknahme der Kündigung durch den Vermieter zu erreichen (LG Kiel NJW-RR 1991, 1291, 1292; dagegen Derleder WuM 2002, 239/241 zu Fn. 31).

5. Fälligkeit der Kaution

54 Die Fälligkeit der Kaution richtet sich zunächst grundsätzlich nach der **vertraglichen Vereinbarung**, sofern nicht die zwingende Regelung des § 551 BGB eingreift. Ein Recht zur Teilzahlung (vgl. § 266 BGB) hat der Mieter dann i.d.R. nicht (vgl. Kraemer NZM 2001, 737/739). Die – insbesondere in Formularverträgen enthaltene – Ratenzahlungsregelung muss § 551 Abs. 2 BGB entsprechen.

55 Ist bei einem Mietverhältnis über Wohnraum eine Geldsumme bereitzustellen, so ist der Mieter zu drei gleichen monatlichen Teilleistungen berechtigt (§ 551 Abs. 2 S. 1 BGB).

56 Das Gesetz spricht hier – anders als bei der Anlageverpflichtung – nicht von der Überlassung, sondern von der Bereitstellung einer Geldsumme. Erfasst wird deshalb nicht nur die **Barkaution**, sondern jede Art der Sicherheit, bei der der Mieter faktisch einen Geldbetrag zur Verfügung stellen muss. Dies ist beispielsweise auch beim **Kautionskonto des Mieters** oder bei einer **Hinterlegung** von Geld bei einer vereinbarten Stelle bzw. am Amtsgericht der Fall. Nicht erfasst werden andere Sicherheiten, z.B. die Bürgschaft, sodass hierfür anderweitige Fälligkeitsregelungen vereinbart werden können.

57 Die **erste Rate** ist – nur bei einer Barkaution kraft Gesetzes – (erst) zu Beginn des Mietverhältnisses zu zahlen. Die **weiteren Raten** sind jeweils einen Monat später fällig (vgl. Staudinger-Emmerich § 551 Rn. 12). Das Recht zur Ratenzahlung soll auch bei Verpfändung eines Sparguthabens gelten.

58 **Beginn des Mietverhältnisses** ist der Zeitpunkt, zu dem nach dem Mietvertrag die Räume dem Mieter überlassen werden müssen (LG Mannheim ZMR 1990, 18). Es kommt also weder darauf an, wann der Mietvertrag abgeschlossen ist, noch wann der Mieter tatsächlich einzieht (vgl. KG WuM 2005, 199; Sternel Mietrecht aktuell III Rn. 160).

59 Maßgeblich für die **Höhe der Teilleistungen** ist die Höhe der vereinbarten Kaution. Das gilt auch, wenn eine niedrigere Sicherheit vereinbart ist, als es zulässig wäre. Es ist dann drei Mal je 1/3 der Gesamtkaution zu zahlen.

60 Die Regelung ist **zugunsten des Mieters zwingend** (§ 551 Abs. 4 BGB). Abweichungen zum Nachteil des Mieters sind daher unzulässig. Die Vereinbarung einer früheren Zahlung oder höherer Raten oder kürzerer Zahlungszeiträume ist unwirksam. Es gilt dann nach überwiegender Ansicht die gesetzliche Regelung (vgl. z.B. Lammel § 551 Rn. 86 und 34 ff.). Der Vermieter darf z.B. nicht die Übergabe der Wohnungsschlüssel von der Zahlung der Kaution in voller Höhe abhängig machen. Tut er dies gleichwohl, drohen ihm Schadensersatzansprüche (LG Mannheim ZMR 1990, 18).

61 Dem Vermieter steht es zwar stattdessen frei, einen Mietvertrag erst dann abzuschließen, wenn ihm die gewünschte Kaution bereits in voller Höhe ausgehändigt worden ist (vgl. Blank Mietrecht »Kaution« Rn. I). Dem Mieter steht es seinerseits frei, von sich aus die

Kaution früher oder in höheren Raten als vertraglich vereinbart und gesetzlich gefordert zu zahlen. Der Vermieter hat hierauf jedoch keinen Anspruch. Andererseits kann der Mieter eine derart zu früh gezahlte Kaution wegen § 813 Abs. 2 BGB grundsätzlich auch nicht vorübergehend wieder zurückverlangen. Dies gilt jedenfalls dann, wenn sie tatsächlich entgegen einer mit § 551 BGB konformen vertraglichen Vereinbarung zu früh oder überhöht gezahlt wurde.

Verstößt die Fälligkeitsabrede bei trennbaren Klauseln und Verpflichtung zur Leistung einer Barkaution gegen § 551 Abs. 2 BGB, so ist diese Vereinbarung nach obiger (Rdn. 49) Ansicht nur teilunwirksam (BGH ZMR 2003, 729 = NZM 2003, 754: die sprachlich und inhaltlich teilbare Formularbestimmung wird ohne ihre unzulässigen Bestandteile mit ihrem zulässigen Inhalt aufrechterhalten. Das Verbot geltungserhaltender Reduktion einer beanstandeten Klausel gilt nicht, wenn sich die Formularklausel aus sich heraus verständlich und sinnvoll in einen zulässigen und in einen unzulässigen Regelungsteil trennen lässt). Dagegen sah Beuermann (Das Grundeigentum, 2002, 308 ff.) eine herrschende Meinung, die bei Fehlen der Ratenzahlung oder Übersicherung von einer **Total**nichtigkeit der Kautionsabrede ausgeht (vgl. LG Itzehoe ZMR 1999, 860 = AG Pinneberg ZMR 1999, 264; LG München I NJW-RR 2001, 1230 = WuM 2001, 280; Geldmacher DWW 1999, 255; AG Dortmund WuM 1997, 212; vgl. Peters/Nonhoff ZMR 1999, 602). Diese Auslegung lässt sich mit dem mieterschützenden Charakter des § 551 BGB allerdings nur schwerlich vereinbaren, da bei Langzeitmietverhältnissen dann Rückzahlungsansprüche nach neuem Schuldrecht (Verjährungszeit drei Jahre ab Kenntnis) möglicherweise **schon während der Mietzeit verjährt** wären, wenn sie nur auf ungerechtfertigte Bereicherung (§ 812 BGB) gestützt werden können und mangels wirksamer Kautionsvereinbarung gar kein **vertraglicher** Kautionsrückzahlungsanspruch existierte. 62

Weil der BGH (ZMR 2003, 729 = WuM 2003, 495) im Meinungsstreit zur Gesamtunwirksamkeit der Kautionsabrede bei fehlender Ratenzahlung in der Formularklausel sprachlich und **inhaltlich trennbare Formularbestimmungen** annahm, nämlich einerseits in Form der Verpflichtung des Mieters zur Kautionsleistung und andererseits zur Fälligkeit derselben, so darf dies nach Lützenkirchen (WuM 2004, 69) nicht dahin verallgemeinert werden, als sei jetzt bis auf weiteres geklärt, dass jegliche vom Gesetz abweichende Fälligkeitsregelungen in Kautionsklauseln unschädlich ist. Abzustellen ist vielmehr auf die konkrete Formulierung der entsprechenden Mietvertragsklausel, da das Verbot der geltungserhaltenden Reduktion nach wie vor für sprachlich **nicht** trennbare Klauseln gelte. Lediglich wenn nach dem sog. blue-pencil-test der unwirksame Teil der Bestimmung einfach weggestrichen werden kann, ohne dass das Formularklausel sinnlos wird, kann die rechtliche Verpflichtung zur Kautionserbringung als Teilregelung aufrechterhalten werden. Auch eine Lösung über die ergänzende Vertragsauslegung ist denkbar. 63

Nach Auffassung des BGH (ZMR 2003, 731) läuft die Regelung zur Teilzahlung i.S.d. § 551 BGB nicht leer, wenn lediglich die Fälligkeitsregelung für unwirksam angesehen wird. Der Vermieter habe dann keine rechtliche Möglichkeit, die Zahlung der Kaution vor Fälligkeit zu erzwingen, während es dem Mieter frei stehe, vorfristig zu leisten. 64

Vor dem Hintergrund der Entscheidung des Kammergerichts (ZMR 2004, 110 f.) sollte der Mieter sich bei vollständiger Zahlung der Barkaution diese Zahlung quittungsähnlich im Mietvertrag bestätigen lassen.

Wie hier entschieden zutreffend das LG Lüneburg (MDR 1999, 1315 = WE 2000, 83/84) sowie das AG Tiergarten/LG Berlin – ZK 63 – (GE 2002, 1067) und das vom BGH (ZMR 2003, 729 und ZMR 2004, 666) bestätigte LG Leipzig (ZMR 2003, 576). 65

66 Wenn im Mietvertrag weder die Fälligkeit bei Vertragsabschluss oder bei Mietbeginn geregelt ist und auch kein Hinweis auf die gesetzliche Ratenzahlungsmöglichkeit erfolgt, bleibt es bei der gesetzlichen Fälligkeitsregelung (vgl. Hinz MietPrax Fach 1 Rn. 526 ff.). Die dem Gesetz entsprechende Regelung ist auch nicht intransparent i.S.d. § 307 Abs. 1 S. 2 i.V.m. § 307 Abs. 3 S. 2 BGB.

67 Wird die **Kaution erst während des Mietverhältnisses** (vgl. § 563b BGB; Hinz MietPrax Fach 1 Rn. 636) **vereinbart**, ist die erste Rate sofort fällig, die beiden anderen Raten jeweils einen bzw. zwei Monate später (Staudinger-Emmerich § 551 Rn. 12). Entsprechendes gilt, wenn für die erste Rate ein vom Mietbeginn abweichender Fälligkeitszeitpunkt vereinbart wurde (vgl. Lammel § 551 Rn. 26).

68 **Abweichungen zugunsten des Mieters** können vereinbart werden, z.B. eine spätere Zahlung, niedrigere Raten, ein höherer Zinssatz oder eine jährliche Zinsauszahlung. Auch die Vereinbarung einer späteren Zahlung beseitigt jedoch nicht das Ratenzahlungsrecht des Mieters.

69 Im Bereich der **Geschäftsraummiete** können Regelungen über Höhe und Fälligkeit der Kaution zwischen den Parteien frei vereinbart werden (vgl. Rdn. 4). Mangels anderweitiger Vereinbarung ist die Kaution in voller Höhe bei Mietbeginn fällig.

6. Sicherheitsleistung nach Beendigung des Mietverhältnisses

70 **Umstritten** ist, ob nach Beendigung des Mietverhältnisses noch ein **Anspruch auf Leistung der vereinbarten, aber nicht geleisteten Kaution** besteht. Mit dem BGH (ZMR 1981, 113 = NJW 1981, 976 = WuM 1981, 106) bejaht dies die herrschende Meinung (vgl. z.B. OLG Celle ZMR 1998, 265; Schmid Mietkaution und Vermieterpfandrecht Rn. 2055; Lammel § 551 Rn. 31; Staudinger/Emmerich § 551 Rn. 29 a.E.), da bis zur endgültigen Abwicklung des Mietvertrages noch Ansprüche des Vermieters bestehen können und damit auch ein Sicherungsbedürfnis gegeben ist (vgl. LG Düsseldorf WuM 2001, 487). Auch wegen der nach Vertragsbeendigung erst entstehenden Ansprüche soll sich der Vermieter noch auf einfache Weise aus der Kaution befriedigen können, anstatt auf die schwerer durchsetzbare Zahlungsklage verwiesen zu werden. Ihm wird daher insoweit ein Wahlrecht eingeräumt. Solange und soweit ihm noch Forderungen aus dem Vertrag zustehen, kann er auch nach Vertragsende weiterhin die Zahlung der Kaution verlangen (LG Saarbrücken WuM 1996, 616). Allerdings müssen die zu sichernden Forderungen spätestens im Zeitpunkt der Klageerhebung bestehen (OLG Düsseldorf ZMR 2000, 211). Weist der Mieter nach, dass Ansprüche nicht mehr bestehen, kann er dem Vermieter insoweit den Einwand des Rechtsmissbrauchs entgegenhalten (OLG Celle WuM 1983, 291).

71 Hat der Vermieter einen Vollstreckungstitel auf Zahlung der Kaution erwirkt, so wird die **Zwangsvollstreckung bei Abrechnungsreife** unzulässig. Dem ist das OLG Düsseldorf (ZMR 1996, 493 = WuM 1996, 704) mit dem Argument entgegengetreten, dass eine Verpflichtung des Vermieters zur Kautionsabrechnung schon begrifflich nicht entstehen könne, solange er die Kaution noch nicht erhalten habe, hat aber seine Ansicht wieder revidiert (vgl. ZMR 2000, 211, 214). Der Vermieter hat sich auch in diesem Fall an die Abrechnungsfrist zu halten. Dies bedeutet: Muss der Vermieter die Mietkaution – wie regelmäßig – innerhalb von 6 Monaten nach Beendigung des Mietverhältnisses über die Kaution abrechnen, so besteht diese Pflicht auch dann, wenn der Mieter zwar keine Mietkaution gezahlt hat, der Vermieter aber einen Zahlungstitel wegen des *Kautionszahlungsanspruchs* besitzt und aus diesem die Zwangsvollstreckung betreibt. Die Zwangsvollstreckung aus diesem Titel ist nicht mehr zulässig, wenn der Vermieter

nach Ablauf dieser Abrechnungsfrist keine Abrechnung über die Mietkaution erteilt hat (LG Nürnberg-Fürth WuM 1994, 708). Ergibt sich allerdings aus der Abrechnung ein Zahlungsbetrag zulasten des Mieters, dürfte die Zwangsvollstreckung in dieser Höhe zulässig bleiben. Der Vermieter sollte allerdings zur Vermeidung einer Zwangsvollstreckungsgegenklage dem Schuldner/Mieter mitteilen, dass nur noch in dieser Höhe Rechte aus dem Titel geltend gemacht und vollstreckt werden. Nur solange die bereits fällige Abrechnung völlig fehlt, darf überhaupt nicht vollstreckt werden.

7. Nichterbringung der Sicherheit

Durch die Kautionsvereinbarung erhält der Vermieter einen Anspruch auf Erbringung **72** der Sicherheit. Aus dem Zweck der Sicherheitsleistung, nämlich der Wahrung der Befriedigungsmöglichkeit des Vermieters bis zur Höhe des Sicherungsbetrages ohne Rücksicht auf eine mögliche Insolvenz des Mieters und der erleichterten Durchsetzung seiner Ansprüche, ergibt sich, dass der Mieter nicht berechtigt ist, gegen den Kautionsanspruch des Vermieters wegen behaupteter Mängel der Mietsache oder wegen behaupteter Gegenforderungen **aufzurechnen** (LG Hamburg WuM 1991, 586) oder ein **Zurückbehaltungsrecht** auszuüben (OLG Düsseldorf ZMR 1998, 159 und GE 2000, 602; LG Köln WuM 1993, 605 m.w.N.; Hinz MietPrax Fach 1 Rn. 531 sowie MüKo/Bieber § 551 Rn. 15). Insoweit steht ihm allenfalls das Zurückbehaltungsrecht an der Miete zu. Das Zurückbehaltungsrecht an der Kaution darf der Mieter wegen des Sachbezuges aber als Druckmittel zur Durchsetzung seines Anspruchs auf ordnungsgemäße Kautionsanlage ausüben (vgl. Rdn. 107).

Die vorgenannten Einschränkungen des Zurückbehaltungsrechts an der Kaution gelten **73** auch im Bereich der **Geschäftsraummiete** (OLG Düsseldorf ZMR 1998, 159 = OLG-Report Düsseldorf 1998, 93; OLG Celle ZMR 1998, 272 = NJW-RR 1998, 585).

Leistet der Mieter die Kaution nicht, kann der Vermieter ihn **auf Leistung verklagen.** **74** Nach Ende des Mietverhältnisses gilt dies jedoch nur noch eingeschränkt, längstens bis zur Abrechnungsreife, vgl. Rdn. 70 f.

Bis zur Überlassung der Räume kommt auch ein **Rücktritt** gemäß § 323 BGB vom Miet- **75** vertrag in Betracht. Dieser setzt allerdings nur noch voraus, dass dem Mieter zuvor eine Nachfrist gesetzt und ggf. für den Fall des fruchtlosen Ablaufes der Nachfrist der Rücktritt angedroht wurde. Weitere Voraussetzung für die Ausübung des Rücktrittsrechts ist es, dass die Kaution ganz oder teilweise bereits **vor** oder bei Übergabe der Räume fällig war (vgl. dazu Rdn. 54 ff.). **Nach** Überlassung der Räume ist der Rücktritt bei Wohnraummietverhältnissen ausgeschlossen. Bei sonstigen Mietverhältnissen ist ein Rücktritt dann möglich, wenn er ausdrücklich vertraglich vorbehalten wurde. Der Rücktritt hat in diesem Zusammenhang nur geringe praktische Bedeutung.

Soweit die Kaution bei oder vor Übergabe der Räume fällig ist, kommt auch ein **Zurück-** **76** **behaltungsrecht** des Vermieters in Betracht (Kraemer NZM 2001, 737/739; MüKo/Bieber § 551 Rn. 16). Der Vermieter kann in diesen Fällen die Überlassung der Mieträume bis zur Zug-um-Zug-Zahlung des fälligen Betrages verweigern. Dazu entschied der BGH (NJW-RR 1998, 1464): Wenn ein Vermieter von Gewerberäumen vertraglich verpflichtet ist, diese vor Bezug auszubauen, kann er vor der Durchführung der entsprechenden Arbeiten keine Miete verlangen. Der Umstand, dass der Mieter die vereinbarte Mietkaution nicht gezahlt hat, gibt dem Vermieter nur ein Zurückbehaltungsrecht hinsichtlich der durchzuführenden Arbeiten. Der Mieter kann nach Ausübung dieses Zurückbehaltungsrechts die Fertigstellung der Ausbauarbeiten nur Zug um Zug gegen die Zahlung der Kaution verlangen.

77 Die Nichtleistung der Kaution kann auch einen **Kündigungsgrund** darstellen (vgl. KG GE 2005, 236; BGH ZMR 2007, 525). Bei Wohnraummietverhältnissen kommt allerdings meist nur eine ordentliche Kündigung nach § 573 Abs. 2 Nr. 1 BGB in Betracht. Eine außerordentliche fristlose Kündigung gestützt auf § 543 Abs. 2 S. 1 Nr. 3 BGB wird als unzulässig erachtet, nur gemäß § 543 Abs. 1 BGB käme bei Vorliegen der dortigen Voraussetzungen eine solche Kündigung in Betracht (MüKo/Bieber § 551 Rn. 16; für den Fall der Vermögenslosigkeit des Mieters und dessen hartnäckiger Weigerung vgl. LG Berlin GE 2000, 1475). Bei Geschäftsraummietverhältnissen kann die Nichtleistung der Kaution auch einen Grund zur fristlosen Kündigung nach § 569 Abs. 2 BGB darstellen, der eine Kündigung auch schon vor Beginn des Mietverhältnisses begründen kann (OLG Düsseldorf NJW-RR 1995, 1100; einschränkend – nur nach vorheriger Abmahnung – OLG Celle ZMR 1998, 272). Zum Pachtrecht vgl. OLG Celle ZMR 2002, 505.

78 Der Vermieter hat keinen Anspruch auf **Verzugszinsen**, weil die Zinsen der Kaution § 551 Abs. 3 BGB grundsätzlich sowieso dem Mieter zustehen (str., OLG Düsseldorf DWW 2000, 122 = GE 2000, 602; LG Nürnberg-Fürth ZMR 1991, 479 = NJW-RR 1992, 335; dagegen Hinz MietPrax Fach 1 Rn. 536; Kraemer NZM 2001, 737/738 f.; Derleder WuM 2002, 239/241 re.Sp.). Deshalb ist dies nur ausnahmsweise anders, wenn die Zinsen aufgrund entsprechender Vereinbarung dem Vermieter zustehen. Der Vermieter kann jedoch verlangen, dass die Zinsen der Kaution zugezahlt werden, die bei üblicher Anlage erzielt worden wären und die Kaution erhöht hätten.

8. Anlage und Verzinsung der Kaution

a) Grundsätzliches

aa) Anlage- und Verzinsungspflicht

79 Die Anlage und Verzinsung der Kaution durch den Vermieter kommen naturgemäß nur bei der **Barkaution** in Betracht (MüKo/Bieber § 551 Rn. 18; Lammel § 551 Rn. 38). Denn nur, wenn dem Vermieter selbst das Geld überlassen ist, kann er dieses anlegen und verzinsen. Bei einem Kautionskonto des Mieters erhält dieser eventuelle Zinsen ohnehin selbst. Bei einer Bürgschaft fallen keine Zinsen an.

80 Ist dem Vermieter von Wohnraum (für Gewerbemiete vgl. KG NJW-RR 1999, 738 = KG-Report 1999, 329) eine Sicherheit als bereitzustellende Geldsumme überlassen, so hat er sie – vorbehaltlich einer wirksam vereinbarten abweichenden Anlageform – von seinem eigenen Vermögen getrennt bei einem Kreditinstitut zu dem für Spareinlagen mit dreimonatiger Kündigungsfrist üblichen Zinssatz anzulegen. Hier kommt die Anlage auf einem offenen Treuhandkonto in Betracht. Vorbild der gesetzlichen Regelung sind § 27 Abs. 5 S. 1 WEG und § 6 MaBV.

81 Die Erträge in jeder Form, insbesondere Zinsen – einschließlich vom Kreditinstitut gewährter Provisionen –, stehen dem Mieter zu (vgl. Staudinger/Emmerich § 551 Rn. 18; Buß ZMR 1996, 8). Sie erhöhen die Sicherheit (§ 551 Abs. 3 vorletzter Satz BGB). Eine zum Nachteil des Mieter abweichende Vereinbarung ist unwirksam (§ 551 Abs. 4 BGB).

82 Die Vertragsparteien können aber auch eine andere Anlageform vereinbaren. § 551 Abs. 3 S. 2 BGB soll nämlich eine Gewinn bringende Anlage der Kaution ermöglichen (LG Kassel WuM 2001, 550: Anlage in Sparkassenbriefen). Die »Win-win-Struktur« liegt hier darin, dass der Vermieter eine höhere Sicherheit durch Anwachsen der Kaution ebenso erstrebt wie der Mieter. Riskante Anlageformen für das Kapital des Mieters können allerdings formularvertraglich wohl nicht wirksam vereinbart werden (Derleder WuM 2002, 239/240, zu alternativen Anlageformen vgl. auch Hinz MietPrax Fach 1 Rn. 552).

Gehen beide Vertragsparteien bei einer alternativen Anlageform (bewusst) ein Verlustrisiko ein, besteht kein Wiederauffüllungsanspruch des Vermieters gegenüber dem Mieter (vgl. Kraemer NZM 2001, 737, 739; Schmidt-Futterer/Blank § 551 Rn. 70), aber auch kein Kautionsrückzahlungsanspruch des Mieters (vgl. Staudinger/Emmerich § 551 Rn. 21). Grundsätzlich sind als alternative Anlagen – jedenfalls bei individualvertraglicher Vereinbarung – auch Aktien und Fondsanteile denkbar. **83**

Ob dem Mieter bei nicht vertragsgemäßer Anlage der Kaution ein Zurückbehaltungsrecht an der Miete zusteht ist streitig (vgl. LG Darmstadt NJW-RR 2002, 155: nur bei Verlustgefahr; LG Mannheim NJW-RR 1991, 79; Geldmacher DWW 2002, 197 und Blank NZM 2002, 58). **84**

bb) Studenten- und Jugendwohnheime

Bei Wohnraum, der Teil eines Studenten- oder Jugendwohnheimes ist, besteht für den Vermieter **keine Verpflichtung zur Verzinsung** der Kaution (§ 551 Abs. 3 letzter S. BGB; Schmidt-Futterer/Blank § 551 Rn. 90; krit. hierzu Staudinger/Emmerich § 551 Rn. 24). Zu beachten ist, dass sich die gesetzliche Ausnahmeregelung ausschließlich auf die Verzinsung und damit auch auf die Verpflichtung zur Wahl einer verzinslichen Anlageform bezieht. Die übrigen Regelungen des § 551 BGB, insbesondere die gesonderte Anlagepflicht des Vermieters, gelten auch hier, Abweichendes kann aber wirksam vereinbart werden (BGH ZMR 2008, 698). Eine Verzinsungspflicht bzw. eine Pflicht zur verzinslichen Anlage kann jedoch vertraglich zulasten des Vermieters vereinbart werden. **85**

cc) Nichtwohnraummietverhältnisse

Bei Nichtwohnraummietverhältnissen bestehen kraft Gesetzes weder eine Anlage- noch eine Verzinsungspflicht. Für den Mieter empfiehlt es sich jedoch auch hier, den Vermieter vertraglich zu einer gesonderten Anlage zu verpflichten. Auch die Verzinsung kann im Mietvertrag frei geregelt werden. Sie kann insbesondere auch formularvertraglich wirksam ausgeschlossen werden. **86**

Wie zu verfahren ist, wenn der Mietvertrag keine Regelung enthält, ist umstritten. Nach Ansicht des BGH (ZMR 1995, 11) ist aus Sinn und Zweck der Kaution – ggf. im Wege ergänzender Vertragsauslegung – eine Verzinsungspflicht des Vermieters herzuleiten. Nach noch weiter gehender Ansicht ist aus der Vereinbarung der Kautionszahlung per ergänzender Vertragsauslegung auch eine getrennte Anlagepflicht abzuleiten, da der Sicherungszweck eine treuhänderische Bindung erfordere (KG NZM 1999, 376). In Konsequenz dieser Auffassung stehen die Zinsen dann auch dem Mieter zu (vgl. Staudinger/Emmerich § 551 Rn. 36). Die Gegenansicht verneint die Verzinsungspflicht unter Hinweis darauf, dass sich die gesetzliche Regelung ausdrücklich auf Wohnraummietverhältnisse beschränkt, sodass im Bereich der Geschäftsraummiete ein ungebundenes Verfügungsrecht des Vermieters ohne Anlage- und Verzinsungspflicht und sogar zu eigenen Zwecken des Vermieters anzunehmen sei (LG Stuttgart ZMR 1997, 472). **87**

dd) Altverträge

Für **Wohnraummietverträge**, die **vor dem 01.01.1983** abgeschlossen worden sind, können sich Abweichungen von § 551 BGB ergeben, da die durch Art. 1 Nr. 3 EAMWoG vom 20.12.1982 geschaffene Vorschrift des § 550b BGB a.F. erst seit dem 01.01.1983 galt. Von besonderer Bedeutung ist dabei die Frage nach der Verzinslichkeit der Kaution, da gerade bei so lang dauernden Mietverhältnissen ggf. auch hohe Zinsbeträge angefallen sind (vgl. Hinz MietPrax Fach 1 Rn. 548; Schmidt-Futterer/Blank § 551 Rn. 6 ff.). **88**

89 Maßgeblich für die Beurteilung der Verzinsungspflicht ist hier der Mietvertrag. Ist in diesem eine Verzinsungspflicht festgelegt, ist die Kaution ab Erhalt durch den Vermieter zu verzinsen. Enthält der Mietvertrag überhaupt keine Verzinsungsregelung, ist die Kaution nach allgemeiner Ansicht dennoch ebenfalls zu verzinsen, weil die Verzinsungspflicht auf die vor In-Kraft-Treten des Gesetzes abgeschlossenen Mietverträge erstreckt wird, sofern nicht ausdrücklich ein Verzinsungsausschluss vereinbart war (vgl. BGH ZMR 1982, 366 sowie Art. 4 Nr. 2 EAMWoG; vgl. auch Staudinger/Emmerich § 551 Rn. 23). Ist die Verzinsungspflicht durch eine Formularklausel ausgeschlossen, wird eine solche Regelung nach der ganz überwiegenden Meinung (vgl. z.B. LG München I WuM 1999, 515; LG Hamburg WuM 1996, 765) für unwirksam nach § 307 BGB erachtet, weil der Mieter durch den Zinsverlust unangemessen benachteiligt wird und die Kaution dem Vermieter nicht als zinsloser Kredit, sondern nur als Sicherheit dienen soll. Dies hat zur Folge, dass auch hier eine Verzinsungspflicht besteht. Nur wenn die Verzinsung durch eine Individualvereinbarung vertraglich ausgeschlossen wurde, besteht – auch über den 31.12.1982 hinaus – nach überwiegender Ansicht keine Verzinsungspflicht (vgl. z.B. Pauly WuM 1996, 599; a.A. Staudinger/Emmerich – Vorauflage – § 550b Rn. 7, jeweils m.w.N.). Dem trägt auch die Übergangsregelung in Art. 229 § 3 Abs. 8 EGBGB Rechnung (vgl. Derleder WuM 2002, 239).

90 Auch eine gesonderte **Anlagepflicht** des Vermieters wird nach heute überwiegender Ansicht über § 242 BGB für Kautionen aus Altverträgen angenommen (Staudinger/Emmerich – Vorauflage – § 550b Rn. 25 m.w.N.). Im Gegensatz zur umstrittenen Verzinsungspflicht muss auch bei Altverträgen immer eine insolvenzfeste Anlage der Kaution erfolgen (Derleder WuM 2002, 239).

ee) Zwangsverwaltung

91 Im Fall der Anordnung der Zwangsverwaltung des Mietobjekts hat der Mieter einen Anspruch gegen den Vermieter auf Aushändigung der Kaution an den Zwangsverwalter (AG Düsseldorf ZMR 1992, 549). Der Zwangsverwalter ist zu einer Anlage der Kaution nur verpflichtet, wenn sie ihm vom Vermieter ausgehändigt worden ist (BGH ZMR 2009, 522; LG Mannheim WuM 1990, 293) oder wenn er sie selbst vom Mieter erhalten hat. Ein Zurückbehaltungsrecht zwecks Durchsetzung der Anlagepflicht wie gegenüber dem Vermieter (vgl. Rdn. 107) steht dem Mieter gegenüber dem Zwangsverwalter jedoch nicht zu. Vgl. i.Ü. zur Zwangsverwaltung Rdn. 159.

ff) Insolvenz des Vermieters

92 Der Insolvenzverwalter ist zur gesonderten Anlage der Kaution auf Kosten der Insolvenzmasse nicht verpflichtet (OLG Hamburg ZMR 1990, 103). Vgl. i.Ü. zur Vermieterinsolvenz Rdn. 154 ff. sowie zum drohenden Vermögensverfall Rdn. 117.

b) Einzelheiten zur gesetzlichen Anlage- und Verzinsungspflicht

aa) Anlage

93 Die Anlage der Kaution muss bei einem **Kreditinstitut** erfolgen. Zulässig ist die Anlage bei sämtlichen Instituten im Bereich der Europäischen Union. Es handelt sich insoweit um eine unvertretbare Handlung des Vermieters (§ 888 ZPO; Derleder WuM 2002, 239/242).

94 Die Anlage muss nicht notwendigerweise auf einem Sparbuch erfolgen. Erforderlich ist nur, dass für das **Konto** (mindestens) der für Spareinlagen mit dreimonatiger *Kündigungsfrist übliche Zinssatz* gezahlt wird. Für die Üblichkeit ist auf den Zeitpunkt der Kautionsanlage abzustellen. Eine höher verzinsliche Anlage als die gesetzlich pflichtige

ist zulässig. Das Risiko eventueller hierdurch bedingter Liquiditätseinschränkungen trägt allerdings der Vermieter. Zur Verteilung der Zinsen in solchen Fällen s. Rdn. 101.

Der Vermieter ist andererseits nicht verpflichtet, die Anlage höher verzinslich als gesetzlich vorgeschrieben vorzunehmen, selbst wenn ihm dies ohne Weiteres möglich ist. Dies ergibt sich aus dem eindeutigen Gesetzeswortlaut des § 551 BGB (str.; a.A. Pauly WuM 1996, 600 f.). **95**

Die Anlage muss getrennt vom Vermögen des Vermieters erfolgen. Nur so wird eine treuhänderische Absonderung erreicht, die die Kaution insolvenzsicher macht, weil sie sie ggf. vor dem Zugriff der Gläubiger des Vermieters schützt. Dies gilt nach überwiegender Ansicht über § 242 BGB auch für Altverträge (vgl. Rdn. 90). **96**

Es ist i.d.R. zweckmäßig, für jedes einzelne Mietverhältnis ein eigenes Konto einzurichten (Schmid Mietkaution und Vermieterpfandrecht Rn. 2076; a.A. Pauly WuM 1996, 600 f., der eine gemeinsame Anlegung zur Erzielung höherer Zinsen für erforderlich erachtet). Streitig ist, ob auch die Anlage mehrerer Kautionen auf einem gemeinsamen Konto (Sammelkonto) zur Erzielung höherer Zinsen zulässig ist (vgl. Staudinger/Emmerich § 551 Rn. 18). Hierdurch entsteht nicht nur ggf. zusätzlicher Aufwand bei der Zinsverteilung und der Behandlung der Zinsabschlagsteuer (vgl. zu dieser Rdn. 103), sondern auch im Insolvenzfall bestehen Probleme. **97**

Nach einer früher vertretenen Ansicht ist eine gesonderte Anlage dann nicht erforderlich, wenn der Vermieter zur Sicherung des Rückzahlungsanspruches einschließlich Zinsen eine Bankbürgschaft stellt. Ein solches Vorgehen widerspricht jedoch dem eindeutigen Gesetzeswortlaut (vgl. Hülsmann WuM 1996, 688; Sternel MDR 1983, 269; Staudinger/Emmerich § 551 Rn. 19 ff.); insoweit ist Vereinbarung gemäß § 551 Abs. 3 S. 2 BGB geboten. **98**

Die **Kosten der gesonderten Anlage** hat der Vermieter zu tragen (vgl. AG Hamburg WuM 1990, 426 gegen »Verwahrgebühr« des Vermieters), weil er der nach § 551 BGB zur Anlage Verpflichtete ist und die Kaution seinem Sicherungsinteresse dient. Eine formularvertragliche Klausel über eine vom Mieter zu tragende Kostenpauschale ist daher unwirksam nach § 307 BGB (str., vgl. LG München I ZMR 1998, 295; a.A. AG Büdingen WuM 1995, 483 unter analoger Anwendung von § 1210 Abs. 2 BGB). **99**

bb) Zinsen

Die **Zinsen stehen dem Mieter zu und erhöhen die Sicherheit** (§ 551 Abs. 3 S. 4 BGB). Es ist nach dem eindeutigen Gesetzeswortlaut also unerheblich, dass durch den Zinszuwachs ggf. die Höchstgrenze des § 551 Abs. 1 S. 1 BGB überschritten wird. **100**

Umstritten ist die Vorgehensweise in dem Fall, dass der Vermieter einen **höheren Zinssatz** erhält, als dies für Spareinlagen mit gesetzlicher Kündigungsfrist üblich ist. Beruht die höherverzinsliche Anlage auf einer Vereinbarung mit dem Mieter (§ 551 Abs. 3 und S. 2 BGB) und ist dort festgelegt, dass der Mieter die (höheren) Zinsen erhält, stehen sie auch diesem zu. Besteht eine solche Regelung nicht, geht die wohl überwiegende Rechtsmeinung davon aus, dass auch dann der erhöhte Zinsbetrag dem Mieter zusteht (z.B. AG Duisburg WuM 1996, 763; Pauly WuM 1996, 601; Hülsmann WuM 1996, 689; a.A. z.B. AG Köln ZMR 1994, 119), da der Vermieter nach Sinn und Zweck des § 551 BGB keinen über den Sicherungszweck hinausgehenden finanziellen Vorteil erlangen soll. Zudem kann der Vermieter nach §§ 667, 683 S. 2 BGB zur Herausgabe des Zinsüberschusses (vgl. Derleder WuM 2002, 239/242; a.A. AG Frankfurt/M. WuM 2001, 336, das aber nur einen Schadensersatzanspruch prüft; zur spekulativen Anlage vgl. Kandelhard WuM 2002, 302) verpflichtet sein, da die Anlage zu besseren als den gesetzlich vorgeschriebenen Bedin- **101** gungen für ihn ein fremdes Geschäft ist. Eine Vereinbarung, wonach dem Vermieter die überschießenden Zinsen zustehen, ist jedoch zulässig (Schmid GE 1985, 386; a.A. Pauly WuM 1996, 599, 600). § 551 Abs. 4 BGB steht dem nicht entgegen, weil nur der Anspruch auf den gesetzlichen (Mindest-)Zinssatz unabdingbar ist. Grundsätzlich ist der Vermieter aber keineswegs verpflichtet, verschiedene Angebote einzuholen und zum bestmöglichen Zinssatz anzulegen.

102 Die Zinsen und Zinseszinsen sind vom Vermieter erwirtschaftete Erträge und erhöhen die Kaution, sodass sie zu deren Bestandteil werden (LG Hamburg WuM 1996, 765, 766). Der Anspruch auf Zinsauszahlung unterliegt deshalb nach überwiegender Ansicht nicht einer Sonderverjährung, sondern verjährt mit dem gesamten Kautionserstattungsanspruch gemäß § 195 BGB nach drei Jahren (vgl. z.B. LG Hamburg WuM 1996, 765 ff.; Sternel Mietrecht III Rn. 231). Die gegenteilige Ansicht ging stattdessen davon aus, dass die Zinsen gesondert gemäß § 197 BGB a.F. verjähren, wobei als Beginn der Verjährungsfrist das Ende des Mietverhältnisses zugrunde gelegt wird, da vorher der Mieter keinen Auszahlungsanspruch hat (Hüßtege ZMR 1983, 295; Schmidt-Futterer/Blank § 551 Rn. 109).

103 Die Kautionszinsen unterliegen als Kapitalerträge der **Kapitalertragsteuer** gemäß § 43a Abs.1 EStG i.d.F. v. 14.08.2007, gültig ab 01.01.2009, mit den dortigen Pauschsätzen von 25 % bzw. 15 %: Bis 31.12.2008 galt die Zinsabschlagsteuer in Höhe von 30 % (§ 43a Abs. 1 Nr. 4 EStG a.F.). Die Grundsätze ergaben sich aus dem Schreiben des BMF vom 26.10.1992 zur Anwendung des ZinsabschlagG (BMF WuM 1993, 26; vgl. auch Schmidt-Futterer/Blank § 551 Rn. 82 unter Hinweis auf das BMF-Rundschreiben v. 09.05.1994 IV B 4 S. 2252–276/94, NJW 1994, 2600). Steuerschuldner ist zwar grundsätzlich der formelle Kontoinhaber, da er Gläubiger der Kapitalerträge ist (vgl. § 44 Abs. 1 S. 1 EStG). Steuerabzugsverpflichtet ist das auszahlende inländische Kreditinstitut für Rechnung des Steuerschuldners (vgl. § 44 Abs. 1 S. 3 und 4 EStG). Soweit es sich um ein vom Vermieter auf seinen Namen angelegtes Treuhandkonto handelt, erteilt die Bank eine Kapitalertragsteuerbescheinigung nur dann auf den Namen des Mieters, wenn ihr die Treuhandfunktion und der Name des Mieters bekannt sind. Soweit ein Zinsabschlag erfolgt, ist streitig, ob dem Vermieter nach Sinn und Zweck des § 551 BGB ein Anspruch auf Wiederauffüllung des Kautionsbetrages zusteht, auch wenn dieser aus praktischen Gründen i.d.R. wohl nicht geltend gemacht wird (vgl. Schmid Mietkaution und Vermieterpfandrecht Rn. 2080; Drasdo NZM 2000, 255; Staudinger/Emmerich § 551 Rn. 25 und 27 a.E.). Allerdings darf der Vermieter nach Ansicht des AG Hamburg-Altona (NZM 1998, 913) einen Zinsabschlag bei der Kautionsabrechnung nicht zulasten des Mieters berücksichtigen, soweit er nicht dafür gesorgt hat, dass der Abschlag steuerlich zugunsten des Mieters geltend gemacht werden konnte. Zinserträge, die dem Mieter zuwachsen, sind auch vom Mieter zu versteuern (LG Berlin NJW-RR 2000, 1537).

c) Verstoß gegen die Verzinsungspflicht

aa) Anlageverstoß bzw. rechtswidriger Eigenverbrauch des Vermieters

104 Der Mieter hat einen Anspruch auf Beachtung der Anlage- und Verzinsungspflicht. Er kann deshalb den Vermieter hierauf verklagen (AG Neumünster WuM 1996, 632, Herrlein ZMR 2007, 249 und MüKo/Bieber § 551 Rn. 24: Auskunfts- und Leistungsklage). Bei plötzlich drohendem Vermögensverfall des Vermieters kommt auch einstweiliger Rechtsschutz nach den §§ 916, 935 ff. ZPO in Betracht (AG Bremen WuM 2007, 99).

105 Ebenso hat der Mieter einen einklagbaren Anspruch auf Nachweis der gesetzeskonformen Anlage der Kaution (AG Neumünster WuM 1996, 632; LG Düsseldorf WuM 1993, 400; AG Frankfurt/M. NJW-RR 2001, 1230), insbesondere hinsichtlich Kontonummer und vereinbarter Kündigungsfrist.

Außerdem hat der Mieter ggf. **Schadensersatzansprüche** wegen Vertragsverletzung (§ 280 BGB) bzw. aus § 823 Abs. 2 BGB i.V.m. § 551 BGB, der insoweit Schutzgesetz ist (vgl. Schmidt-Futterer/Blank § 551 Rn. 79; Hinz MietPrax Fach 1 Rn. 547). Soweit der Vermieter die Kaution überhaupt nicht oder zu einem zu niedrigen Zinssatz anlegt, muss er dem Mieter die entgangenen Zinsen bezahlen. Da es sich um einen Schadensersatzanspruch handelt, gilt dies auch hinsichtlich der Zinseszinsen (vgl. AG Neu-Ulm WuM 1990, 428). Die mangelnde Trennung vom eigenen Vermögen des Vermieters begründet ebenfalls einen Schadensersatzanspruch, der in diesem Fall auf Erstattung des Kautionsbetrages abzüglich der Gegenansprüche des Vermieters gerichtet ist (OLG Frankfurt/M. ZMR 1990, 9). Schließlich steht dem Mieter auch bei vertragswidrigem Eigenverbrauch des Vermieters ein Schadensersatzanspruch zu. Mit diesem kann er gegen Ansprüche des Vermieters sofort aufrechnen (Staudinger/Emmerich § 551 Rn. 22); außerdem kann er die dann wieder geschuldete Kaution selbst treuhänderisch zugunsten des Vermieters anlegen (LG Kiel WuM 1989, 18). **106**

Nach ganz überwiegender Ansicht hat der Mieter ein **Zurückbehaltungsrecht** für weitere Kautionsraten und auch für einen angemessenen Teil der Miete in Höhe der bereits gezahlten Kaution zuzüglich des ungefähren Betrags der aufgelaufenen Zinsen, solange bis ihm die ordnungsgemäße Anlage der Kaution nachgewiesen ist (vgl. Sternel Mietrecht Aktuell III Rn. 176; Staudinger/Emmerich § 551 Rn. 19; a.A. LG Kiel WuM 1988, 266). Voraussetzung hierfür ist allerdings, dass der Mieter einen solchen Nachweis überhaupt verlangt. **107**

Führt die gesetzeswidrige Anlage zu einem Kautionsverlust des Mieters, weil der Vermieter zwischenzeitlich insolvent wird, macht sich der Vermieter ggf. wegen Untreue nach § 266 StGB **strafbar** (OLG Frankfurt/M. ZMR 1990, 9). Ebenso liegt ggf. Strafbarkeit nach § 266 StGB vor, wenn der Vermieter die Kaution rechtswidrig für sich selbst verbraucht (BGH NJW 1996, 65 = WuM 1996, 53; Pauly ZMR 1996, 417). **108**

Teilweise wird angenommen, dass die **Organe einer juristischen Person** in der Vermieterposition aufgrund einer Garantenstellung für die Anlage der Kaution persönlich haften (vgl. Sternel Mietrecht aktuell III Rn. 178). Zwar kann eine persönliche Garantenstellung nicht unmittelbar aus dem Gesetzeswortlaut hergeleitet werden. Aus der Argumentation des BGH bezüglich der Treuepflicht eines Vermieters aufgrund der Anlageverpflichtung ist jedoch auf deren Bestehen auch beim Verwalter aufgrund vertraglicher Verpflichtungsübernahme zu schließen. **109**

Der BGH (MDR 1996, 86 = WuM 1996, 53 = NJW 1996, 65) stellte fest: **110**

»Durch einen gegen § 27 Abs. 4 S. 1 WEG (a.F. = § 27 Abs. 5 n.F.) verstoßenden Umgang mit Geldern der Wohnungseigentümer kann der Verwalter den Treubruchtatbestand der Untreue erfüllen. Der Wohnungsverwalter, der es vertraglich übernommen hat, die Vermieterpflicht aus § 550b Abs. 2 S. 1 BGB (jetzt § 551 BGB) zu erfüllen, kann durch einen hiergegen verstoßenden Umgang mit einer Mieterkaution Untreue i.S.d. Treubruchtatbestandes begehen.«

Unabhängig hiervon kommt überdies auch insoweit ein Schadensersatzanspruch nach § 823 Abs. 2 BGB i.V.m. § 266 StGB (s. Rdn. 106) in Betracht, da die Straftat vom Handelnden persönlich begangen wird, sodass dieser auch persönlich haftet (AG Hildesheim WuM 1988, 157). Für den Geschäftsführer einer Vermietungs-GmbH hat das LG Hamburg (ZMR 2002, 598) bei nicht insolvenzfester Anlage der Kaution eine persönliche Haftung bejaht. **111**

bb) Anlageverstoß bzw. rechtswidriger Eigenverbrauch des Mieters

112 Auch der Mieter kann sich bei rechtswidrigem Zugriff auf die Kaution nach § 266 StGB **strafbar** machen. Dies hat das BayObLG (ZMR 1998, 297) für einen Fall entschieden, in dem der Mieter ein Sparbuch über die Kautionssumme im eigenen Namen angelegt hatte, allerdings ohne den vereinbarten Sperrvermerk. Das Sparbuch wurde dem Vermieter ausgehändigt; der Mieter erklärte jedoch gegenüber der Bank später, er habe es verloren und leitete ein Aufgebotsverfahren ein, um so das Geld zurück zu erlangen. Hier wurde zulasten des Mieters eine der Vermögensbetreuungspflicht des Verwalters vergleichbare Vermögensfürsorgepflicht angenommen. Das BayObLG (ZMR 1998, 297 = NZM 1998, 228, 229) stellte fest: »Dem Mieter kann hinsichtlich der Mietkaution eine Vermögensfürsorgeverpflichtung obliegen, wenn er nach den tatsächlichen Verhältnissen nach außen hin allein über den auf einem Postsparbuch angelegten Mietkautionsbetrag verfügen kann.«

d) Zinsen beim Kautionskonto des Mieters

113 Die aus der Kautionsanlage erwirtschafteten Zinsen werden dem Kautionskonto des Mieters gutgeschrieben. **Streitig** ist, **ob der Mieter bereits vor Mietende über sie verfügen kann**: Nach einer Ansicht hängt es allein von der Sicherungsabrede ab, ob der Mieter auf sie Zugriff hat oder ob die Zinsen auf dem Konto verbleiben und auch hier die Sicherheit erhöhen. Hiernach ist eine entsprechende ausdrückliche Abrede zu empfehlen (vgl. Schmid Mietkaution und Vermieterpfandrecht Rn. 2089). Nach vorherrschender Ansicht müssen die Zinsen in jedem Fall bis zum Mietende auf dem Konto verbleiben, was aus dem Gesetzeswortlaut abgeleitet wird (vgl. Staudinger/Emmerich § 551 Rn. 23). Kraft Gesetzes erstreckt sich jedenfalls ein vertraglich vereinbartes Forderungspfandrecht nicht auf die Zinsen; es sei denn, es ist als Nutzungspfandrecht vereinbart worden (BGH NJW 1984, 1749, 1750), denn dann ergibt sich die Erfassung des Zinses aus §§ 100, 99 Abs. 2 BGB. § 551 Abs. 3 S. 4 BGB ist nicht anwendbar, da die Geldsumme nicht dem Vermieter überlassen ist. Vgl. i.Ü. zur Versteuerung der Zinsen Rdn. 103.

114 Bei Hingabe eines Sparbrief-Zeichnungsscheins wird keine Verzinsung geschuldet (AG Königstein NJW-RR 2001, 370).

9. Verwertung und Rückzahlung der Kaution

a) Die Kaution während des Mietverhältnisses

115 Der **Mieter** kann während des Mietverhältnisses auf die **Kaution nicht einseitig zugreifen.** Insbesondere kann er sie weder zurückverlangen noch gegen Ansprüche des Vermieters aufrechnen (Staudinger/Emmerich § 551 Rn. 26 auch zu Sonderfällen; LG Heidelberg WuM 1997, 42), da er lediglich einen durch das Vertragsende aufschiebend bedingten Anspruch auf Rückzahlung der Kaution inklusive Zinsen und Zinseszinsen hat (vgl. Schmidt-Futterer/Blank § 551 Rn. 94). Der Vermieter kann die Leistung der geschuldeten Zahlung verlangen.

116 Auch **nach einer Kündigung** kann der Mieter den Vermieter bezüglich der restlichen Miete nicht auf die Kaution verweisen; er darf sie also nicht zum Ende der Mietzeit »abwohnen« (LG München I WuM 1996, 541).

117 Unterschiedliche Ansichten werden zu der Frage vertreten, wie zu verfahren ist, wenn der **Vermieter in Vermögensverfall** (vgl. Schmidt-Futterer/Blank § 551 Rn. 95) gerät: *Keine besonderen Rechte* des Mieters; eine Verpflichtung des Vermieters zur Sicherheitsleistung mit einem entsprechenden Zurückbehaltungsrecht des Mieters gemäß § 321 BGB

analog (so z.B. Staudinger/Emmerich § 551 Rn. 28 m.w.N.); ein Rückforderungsrecht des Mieters, falls keine Sicherheit von Seiten des Vermieters geleistet wird, sowie die Einräumung eines Mitverfügungsrechts des Mieters über die Kaution werden hier gleichermaßen angenommen.

Seit 01.09.2001 haftet bei einem zu diesem Zeitpunkt noch nicht durch Kündigung beendeten Mietverhältnis auch der Erwerber (§ 566a BGB; Franken Mietverhältnisse in der Insolvenz Rn. 496). Dies gilt allerdings bei verfassungskonformer Beschränkung der Neuregelung des § 566a BGB auch nur für Veräußerungsfälle ab 01.09.2001 (BGH ZMR 2009, 837; Derleder WuM 2002, 239/240).

Vor dem Zugriff der Gläubiger des Vermieters ist der Mieter ausreichend geschützt, **118** wenn die Kaution vom Vermögen des Vermieters gemäß der Verpflichtung des § 551 Abs. 3 BGB gesondert angelegt ist. Nicht geschützt ist er jedoch, selbst bei ordnungsgemäßer Anlage der Barkaution, gegen **missbräuchliches Verhalten des Vermieters** selbst, z.B. gegen die Verwendung des Kautionsbetrages zur Befriedigung anderer Gläubiger, soweit der Betrag nicht in der Weise angelegt ist, dass nur Vermieter und Mieter gemeinsam darüber verfügen können. Streitig ist auch hier, ob der Mieter Maßnahmen zu seiner Sicherung nach § 321 BGB analog verlangen kann (so Staudinger/Emmerich § 551 Rn. 28) oder ob auch hier dem Mieter keine besonderen Sicherungsmöglichkeiten zustehen (so Schmid Mietkaution und Vermieterpfandrecht Rn. 2097).

Nach ganz überwiegender Ansicht hat der Mieter dagegen bereits nach allgemeinen **119** Grundsätzen ein **Zurückbehaltungsrecht** für alle Zahlungsverpflichtungen aus dem Mietverhältnis, solange ihm die gesonderte Anlage der Kaution nicht nachgewiesen ist (vgl. Rdn. 107). Dies gilt erst recht, wenn sich der Vermieter in Zahlungsschwierigkeiten befindet, und ebenso, wenn der Vermieter die Kaution unzulässigerweise verwendet, weil der Mieter dann einen Anspruch auf Wiederherstellung der vorgeschriebenen Anlage hat.

Auch der **Vermieter** kann sich während des Mietverhältnisses **nur eingeschränkt an die** **120** **Kaution halten** (vgl. Derleder WuM 2002, 239/242). Er kann insbesondere nicht Geld für Ansprüche, die der Mieter bestreitet, aus der Kaution entnehmen und dann vom Mieter die Wiederauffüllung der Kaution verlangen (LG Mannheim WuM 1996, 269), sondern er muss in diesem Fall zunächst die bestrittene Forderung gerichtlich geltend machen und einen (zumindest vorläufig vollstreckbaren – vgl. LG Hamburg ZMR 2001, 802 – oder rechtskräftigen) Titel erlangen, bevor er sich aus der Kaution befriedigen darf (LG Berlin GE 1997, 1027). Der Vermieter darf nur auf die Kaution zurückgreifen, wenn Pfandreife eingetreten ist. Die Mietkaution dient nur dazu, berechtigte Ansprüche des Vermieters zu sichern, er soll aber nicht vor Austragung eines Rechtsstreits bereits eine Anspruchsbefriedigung erreichen können. Der Mieter kann sich vor dem Zugriff des Vermieters bei Kenntnis durch einstweilige Verfügung schützen (vgl. LG Darmstadt ZMR 2005, 194; LG Wuppertal NZM 2004, 298 = NJW-RR 2004, 1309).

Der Vermieter als Pfandgläubiger muss nicht nur sein Pfandrecht, sondern auch die **121** Pfandreife beweisen. Daran ändert sich nichts dadurch, dass nach dem Inhalt der Verpfändungsvereinbarung die Bank als Schuldnerin zur Auszahlung des Kautionsguthabens an den Vermieter auch ohne entsprechenden Nachweis befugt sein soll. Darin liegt nur eine Erleichterung für die Schuldnerin, die nicht in die eventuellen Streitigkeiten der Mietvertragsparteien untereinander hineingezogen werden soll (LG Wuppertal NZM 2004, 298 = NJW-RR 2004, 1309).

Befriedigt sich der Vermieter zu Unrecht aus der Kaution, hat der Mieter einen Anspruch **122** auf Wiederauffüllung (LG Mannheim WuM 1996, 269) bzw. entsprechenden Schadensersatz (LG Gießen ZMR 1996, 611). Grundsätzlich hat der Vermieter die vertragsgemäß angelegte Sicherheit bis zur rechtmäßigen Verwertung oder Rückgewähr in dieser Form zu halten (LG Hamburg NZM 2005, 255 = NJW-RR 2004, 1530). Diese Grundsätze gelten auch im Bereich der Geschäftsraummiete (OLG Celle ZMR 1998, 265), obwohl § 578 BGB nicht auf § 551 BGB verweist.

123 Der Vermieter darf aber die Kaution für unbestrittene oder rechtskräftig festgestellte Ansprüche verwenden, und ebenso für Forderungen, die so offensichtlich begründet sind, dass ein Bestreiten des Mieters mutwillig wäre (LG Mannheim WuM 1996, 269). Nach Ansicht des AG Wiesbaden (WuM 1999, 397) hat der Vermieter überdies dann ein Verwertungsrecht, wenn sich die Vermögensverhältnisse des Mieters erheblich verschlechtert haben. Ist der Schadensersatzanspruch des Vermieters allerdings verjährt, so kann er sich nach Auffassung des OLG Düsseldorf (ZMR 2002, 658 = WuM 2002, 495) insoweit nicht mehr aus der Kaution befriedigen, und zwar trotz der Regelung in § 215 BGB (str., vgl. Rdn. 129).

124 Abweichende vertragliche Regelungen hinsichtlich der Verwertungsmöglichkeiten für den Vermieter sind möglich (LG Mannheim WuM 1996, 269).

125 Soweit der Vermieter die Kaution zu Recht in Anspruch genommen hat, hat er nach überwiegender Auffassung auch ohne entsprechende vertragliche Regelung einen **Anspruch auf Wiederauffüllung der Kaution** gegen den Mieter, weil der Mieter durch seine Nichtzahlung das Sicherungsinteresse des Vermieters beeinträchtigt hat (vgl. BGH NJW 1972, 721 Leitsatz 3; Staudinger/Emmerich § 551 Rn. 27; Lammel § 551 Rn. 74; OLG Düsseldorf ZMR 2000, 211; Schmid Mietkaution und Vermieterpfandrecht Rn. 2105 vgl. auch Kluth/Grün NZM 2002, 1015; a.A. Palandt/Weidenkaff vor § 535 Rn. 123 sowie Bub/Treier/v. Martius III A Rn. 768, der einen solchen Anspruch nur bei einer ausdrücklichen Abrede bejaht).

b) Die Kaution nach Beendigung des Mietverhältnisses

aa) Grundsätzliches

126 Nach Beendigung des Mietverhältnisses ist die Sicherheit entweder zurückzugeben oder zu verwerten (LG Halle NZM 2008, 685: wenn Forderung unstr., rechtskräftig festgestellt oder evident begründet ist, LG Darmstadt WuM 2008, 726). Bei einer GbR als Vermieter kann der Anspruch vom Mieter gegen jeden einzelnen Gesellschafter geltend gemacht werden. Letztere können zwar nicht allein mit Forderungen der GbR aufrechnen, ihnen wird aber wegen solcher Forderungen ein Zurückbehaltungsrecht zugebilligt (LG Berlin ZMR 2002, 425).

127 Ist die Sicherheit entgegen der vertraglichen Regelung noch nicht geleistet worden oder hat der Vermieter zu Recht auf die Kaution zugegriffen, hat er auch noch **nach** Vertragsende (vgl. Sternel Mietrecht aktuell III Rn. 163; Staudinger/Emmerich § 551 Rn. 29 a.E.; OLG Düsseldorf ZMR 2000, 211 und ZMR 2006, 686) einen Anspruch auf Kautionszahlung bzw. Wiederauffüllung der Kaution, soweit nicht schon feststeht, dass keine Ansprüche gegen den Mieter mehr bestehen und so das Sicherungsbedürfnis entfallen ist (OLG Hamburg ZMR 1988, 264 = NJW-RR 1988, 651; vgl. hierzu Rdn. 70, 125).

128 Grundsätzlich ist die »Kaution« zurückzugeben, wenn alle Ansprüche des Vermieters erfüllt oder verjährt sind (Schmidt-Futterer/Blank § 551 Rn. 102 ff.). Der Vermieter ist nicht gehindert, gegen diesen Anspruch mit Schadensersatzansprüchen aufzurechnen. Dies ist auch dann möglich wenn die Schadensersatzansprüche bereits gemäß § 548 BGB verjährt sind (BGH ZMR 1987, 412; vgl. Staudinger/Emmerich § 551 Rn. 31). Eine Aufrechnung ist allerdings ausgeschlossen, wenn die Gegenforderung bei Beendigung der Mietzeit und/oder bei Entstehung der Aufrechnungslage bereits verjährt war (OLG

Düsseldorf ZMR 2002, 658; AG Bremerhaven WuM 1988, 124; Hinz MietPrax Fach 1 Rn. 567). Eine Aufrechnung ist ferner nicht möglich, wenn der Vermieter den Erfüllungsanspruch, der nicht schon auf Geld gerichtet ist (z.B. Anspruch auf Beseitigung von Mietereinbauten oder Vornahme von Schönheitsreparaturen während des laufenden Mietverhältnisses), vor Umwandlung in einen Schadensersatzanspruch in Geld verjähren lässt. Wegen der Neuregelung in § 281 Abs. 1 und 4 BGB gegenüber § 326 BGB a.F. hat diese Konstellation freilich keine große praktische Bedeutung mehr, da nach der notwendigen Fristsetzung (§ 284 Abs. 1 BGB) bereits ein Schadensersatzanspruch entsteht, ohne dass der Erfüllungsanspruch untergeht. Der Mieter muss mit einer Inanspruchnahme auf Leistung so lange rechnen, bis der Vermieter statt der Leistung Schadensersatz verlangt hat und sich nach § 281 Abs. 4 BGB festgelegt hat. Nach einer Auffassung ist der aufschiebend bedingte Kautionsrückzahlungsanspruch des Mieters während des laufenden Mietverhältnisses nicht erfüllbar (OLG Düsseldorf ZMR 2002, 658). Das hätte die merkwürdige Konsequenz, dass auch eine Aufrechnung trotz ihrer Rückwirkung nach § 389 BGB nicht möglich wäre. Eben aus diesem Grunde kann dem nicht gefolgt werden.

Der Vermieter könnte bereits während des noch laufenden Mietverhältnisses auf die **129** Sicherheit durch Rückzahlung an den Mieter als Treugeber verzichten. Aus diesem Grunde muss am Ende des Mietverhältnisses auch eine Aufrechnung mit auf Geld gerichteten Vermieterforderungen, die während des Mietverhältnisses verjährt sind, möglich sein.

Auch der Bürge kann sich auf die Verjährung berufen (BGH ZMR 1998, 270; OLG **130** Hamm ZMR 1995, 255); s. dazu näher unter Rdn. 146.

Gegenüber dem Kautionsrückzahlungsanspruch des Mieters kann der Vermieter nur mit **131** Forderungen aufrechnen, die von der Sicherungsabrede umfasst sind. Ausgeschlossen ist deshalb insbesondere eine Aufrechnung mit Ansprüchen aus früheren Mietverhältnissen (AG Berlin-Schöneberg WuM 1990, 426) oder anderen Mietverhältnissen als dem, für das die Kaution geleistet wurde. Nach LG Berlin (ZMR 1999, 257 = WE 1999 Heft 7 S. 11) soll eine Nebenkostennachforderung vom Sicherungszweck nicht umfasst sein (sehr str. auch für Gewerbemiete).

Der Mieter seinerseits darf auch nach Beendigung des Mietverhältnisses nicht mit der **132** Rückzahlungsforderung aufrechnen, soweit noch andere Ansprüche des Vermieters bestehen können und die Abrechnung des Vermieters noch nicht fällig ist (arg. ex BGH ZMR 1987, 412, vgl. auch BGH NJW 2006, 1422).

Die **Frist,** innerhalb derer die Kaution zu verwerten oder zurückzugeben ist, ist nicht **133** gesetzlich bestimmt. Von der Rechtsprechung werden hier daher nach eigenem Ermessen Fristen zwischen drei und sechs Monaten (vgl. Antoni WuM 2006, 359; OLG Düsseldorf ZMR 2008, 708) gewährt, wobei in Anlehnung an die Frist des § 548 BGB die Tendenz eher zu sechs Monaten geht (vgl. z.B. OLG Hamm NJW-RR 1992, 1036; LG Berlin ZMR 1999, 762, während nach OLG Köln ZMR 1998, 345 auch im Einzelfall nur 2,5 Monate genommen werden); insbesondere dann, wenn noch Ansprüche wegen nicht durchgeführter Schönheitsreparaturen offen sind. Maßgeblich sind stets die Umstände des Einzelfalls; die Frist muss diesem angemessen sein (Staudinger/Emmerich § 551 Rn. 29 mit umfangreichen Einzelnachweisen). Eine Abrechnungshöchstfrist hat der Gesetzgeber nicht festgeschrieben (vgl. Hinz/Ormanschick/Riecke/Scheff § 2 Rn. 47). Ein Zeitraum von zwei Jahren wird vom OLG Düsseldorf (ZMR 1992, 191) in jedem Fall für zu lange erachtet.

Erst nach Ablauf der Abrechnungsfrist wird die Kaution zur Rückzahlung fällig (BGH **134** ZMR 1987, 412); der Vermieter hat dann kein Zurückbehaltungsrecht mehr, auch wenn er immer noch Gegenforderungen behauptet (Staudinger/Emmerich § 551 Rn. 31). Allerdings darf er immer noch, auch mit verjährten Ansprüchen (vgl. Lammel § 551 Rn. 80), aufrechnen (s.o. Rdn. 128). Zum Einbehalt für noch nicht abgerechnete Nebenkosten s. Rdn. 140 ff.

135 Nach Auffassung des BGH (ZMR 1999, 537 = ZfIR 1999, 742 = DWW 1999, 219) steht der Rückzahlungsanspruch auch unter Berücksichtigung einer langen Abrechnungszeit unter der (aufschiebenden) **Bedingung** (vgl. Goetzmann ZMR 2002, 566/567), dass dem Vermieter keine zu sichernden Ansprüche mehr zustehen und wird demgemäß erst dann fällig. Dies bedeutet, dass die Kaution so lange nicht zur Rückzahlung fällig ist, wie noch ernsthaft Gegenansprüche des Vermieters in Betracht kommen; auch wenn dies im Einzelfall sehr lange dauern kann, wie z.B. wenn Rechtsverfolgungskosten aus einem noch laufenden Prozess noch abzusichern sind. Die vorgenannte Entscheidung des OLG Düsseldorf (ZMR 1992, 191: max. 2 Jahre) dürfte damit in ihrer Unbedingtheit nicht mehr aufrechtzuerhalten sein.

bb) Die Kautionsabrechnung

136 Eine Kautionsabrechnung im eigentlichen Sinn gibt es nur bei der **Barkaution**, weil der Vermieter nur über Geld abrechnen kann, das er erhalten hat. Bei Sicherheitsleistung durch ein Sparbuch hat der Mieter nur einen Anspruch auf Herausgabe des Sparbuchs bzw. Freigabeerklärung, nicht jedoch auf Auszahlung der Kautionssumme (LG Berlin ZMR 2002, 349). Wird die Kaution – abweichend von § 566a BGB – in Absprache mit dem Mieter nicht auf den Erwerber übertragen, muss der Veräußerer in angemessener Zeit abrechnen (OLG Düsseldorf ZMR 2002, 109).

137 Gegenstand der Kautionsabrechnung sind einerseits der geleistete Kautionsbetrag sowie die Zinsen samt Zinseszinsen nach Abzug der bankseitig einbehaltenen Kapitalertragsteuer und des Solidaritätszuschlags (LG Berlin NZM 2001, 619) sowie der Kontogebühren (vgl. Kraemer NZM 2001, 737/741). Deren Gesamtsumme gegenüberzustellen sind die Gegenansprüche des Vermieters.

138 Ob die Abrechnungspflicht innerhalb von sechs Monaten entfällt, wenn über den Kautionsbetrag ein vollstreckbarer Titel erlangt wurde und die Summe noch nicht beim Mieter beigetrieben werden konnte, ist streitig (vgl. oben Rdn. 71). Nach OLG Düsseldorf (ZMR 1996, 493 = WuM 1996, 704 = DWW 1997, 74) kann sich eine solche Abrechnung schon begrifflich nur auf eine bereits geleistete Kaution beziehen.

139 Im Anschluss an die erfolgte Kautionsabrechnung ist ein sich ergebendes **Guthaben unverzüglich an den Mieter auszuzahlen** (LG Berlin GE 1997, 1473). Hat das Sozialamt die Kaution nicht als Darlehen an den Mieter geleistet, steht der Rückzahlungsanspruch dem Fiskus zu (LG Aachen NJW-RR 2001, 224 l. Sp.) Nach Ablauf der im konkreten Fall angemessenen Abrechnungsfrist kann der Mieter bei Fehlen einer Abrechnung Stufenklage und bei Vorliegen einer Abrechnung direkt Zahlungsklage erheben oder gegen Ansprüche des Vermieters selbst aufrechnen.

140 Probleme wirft immer wieder die Frage auf, ob bzw. inwieweit der Vermieter Einbehalte für zu erwartende **Nachzahlungen aus der Betriebskostenabrechnung** machen darf (BGH ZMR 2006, 431 für noch zu erstellende Nebenkostenabrechnung, grundlegend Goetzmann ZMR 2002, 566–572).

141 Ist mit Nachzahlungen zu rechnen, kann weder vom Mieter verlangt werden, dass er bis zur Erstellung der nächsten Betriebskostenabrechnung auf die Rückzahlung der gesamten Kaution wartet, noch kann vom Vermieter verlangt werden, dass er jegliche Sicherheit aufgibt. Angesichts dieses Interessenkonflikts tendiert die Rechtsprechung dahin, dass aufgrund allgemeiner Erfahrungswerte der Betrag zu schätzen ist, der voraussichtlich nachzuzahlen ist. Diesen Betrag darf der Vermieter zunächst einbehalten und es ist dann über ihn nochmals gesondert abzurechnen, wenn die Betriebskostenabrechnung vorliegt (AG Langen WuM 1996, 31; Schmid Handbuch der Mietnebenkosten Rn. 1133; OLG Düsseldorf ZMR 2000, 211; a.A. z.B. LG Berlin ZMR 1999, 257 unter Hinweis darauf, dass Vorauszahlungsbeträge nicht mitbestimmend für die Kautionshöhe sind, sodass die entsprechenden Betriebskostennachzahlungen auch nicht von der Kaution gedeckt seien). Das Recht zur Zurückbehaltung entfällt aber jedenfalls, wenn der Vermieter die Abrechnungsfrist für die Betriebskostenabrechnung nicht eingehalten hat (LG Kassel WuM 1989, 511).

Nach Ansicht des LG Köln (WuM 1980, 78) ist eine formularvertragliche Klausel (zur AGB-Problematik vgl. Goetzmann ZMR 2002, 566/570) unwirksam, die den Vermieter berechtigt, nach Auszug des Mieters einen Betrag in Höhe des zweifachen monatlichen Betriebskostenvorschusses einzubehalten. Das AG Hamburg (WuM 1997, 213) hat als Obergrenze des Einbehalts einen Betrag in Höhe von drei bis vier monatlichen Vorauszahlungsbeträgen festgesetzt, soweit vertraglich keine gesonderte Regelung getroffen wurde. **142**

Der Anspruch auf Rückzahlung der Kaution einschließlich Zinsen **verjährt** nach § 195 BGB in drei Jahren. Entsprechend gilt die 3-jährige Verjährung, wenn der Vermieter unter Vorbehalt (zur vorbehaltlosen Zahlung vgl. Rdn. 151) die Kaution zurückgewährt hat und sich dann doch noch Ansprüche gegen den Mieter ergeben (vgl. Oske ZMR 1975, 193 f.). Streitig ist, ob im vorbehaltlosen Zurückzahlen der Kaution ein Erlassvertrag zu sehen ist (verneinend Geldmacher DWW 2002, 182). **143**

Auch eine **Verwirkung** des Rückzahlungsanspruchs erscheint denkbar, wenn der Mieter die Kaution über Jahre hinweg nicht zurückverlangt. Allerdings rechtfertigt nicht allein ein langer Zeitablauf die Verwirkung des Anspruchs; hinzukommen muss ein sog. Umstandsmoment dafür, dass der Vermieter darauf vertrauen durfte, dass der Mieter die Kaution nicht mehr zurückfordern würde (AG Wipperfürth WuM 1998, 283; vgl. allgemein zur Verwirkung auch OLG Düsseldorf ZMR 2000, 215 = WuM 2000, 133, 134). Seit 01.01.2002 kommt wegen der auf 3 Jahre verkürzten Verjährungsfrist dem Verwirkungseinwand geringere Bedeutung zu. **144**

cc) Bürgschaft und Kautionskonto des Mieters

Ist als Mietsicherheit eine **Bürgschaft** geleistet worden, kann der Vermieter seine Forderungen sowohl gegen den Mieter als auch gegen den Bürgen geltend machen. Zur nicht selbstschuldnerischen Bürgschaft s. jedoch Rdn. 26; zur Mietausfallbürgschaft Rdn. 27 und zur Bürgschaft auf erstes Anfordern Rdn. 28. Sind alle Forderungen des Vermieters ausgeglichen, ist die Bürgschaftsurkunde zurückzugeben (OLG Hamm NJW-RR 1992, 1036), und zwar an den Bürgen (Celle ZMR 2002, 813). **145**

Der **Bürge** kann sich ebenso wie der Mieter **auf die Verjährung der Forderungen berufen**, für die er gebürgt hat: Der Vermieter kann zwar aufgrund der Regelung des § 215 BGB gegenüber dem Mieter auch mit bereits verjährten Forderungen gegen den Kautionsrückzahlungsanspruch aufrechnen (vgl. Rdn. 128). Nach dem Rechtsentscheid des BGH vom 01.07.1987 (ZMR 1987, 412) gilt dieser Grundsatz auch für Ansprüche mit der kurzen Verjährungsfrist des § 548 BGB. Gegenüber dem Bürgen besteht jedoch i.d.R. keine Aufrechnungslage, sondern nur ein direkter Zahlungsanspruch. Soweit dieser erst nach Ablauf der Verjährungsfrist des § 548 BGB geltend gemacht wird, kann sich der Bürge über § 768 BGB auf die Verjährung der zu sichernden Forderung berufen; § 215 BGB ist nicht analog anwendbar (BGH ZMR 1998, 270 = WuM 1998, 224; OLG Hamm **146**

ZMR 1995, 255 noch zu § 390 S. 2 BGB). Noch weiter gehend nimmt der BGH an, dass auch eine vor Verjährung eingeleitete Klage des Vermieters gegen den Bürgen nicht die Verjährung des gesicherten Hauptanspruchs unterbricht (BGH NJW 1998, 2972) und der Bürge die Einrede sogar dann noch geltend machen kann, wenn er bereits vor Ablauf der Verjährungsfrist rechtskräftig zur Zahlung verurteilt worden ist, dann im Wege der Vollstreckungsgegenklage nach § 767 ZPO. Dies sei keine Durchbrechung der Rechtskraft, sondern nur eine Einschränkung der Vollstreckbarkeit (BGH ZMR 1999, 230). Zahlt der Bürge allerdings in Unkenntnis der bereits eingetretenen Verjährung auf die Forderungen des Vermieters, ist eine Rückforderung nach § 813 Abs. 1 S. 2 BGB ausgeschlossen.

147 Für den Vermieter empfiehlt es sich, zur Verhinderung der Verjährungseinrede unabhängig vom Vorgehen gegenüber dem Bürgen einen eigenen Titel gegen den Mieter zu erwirken. Außerdem kann die Bürgschaft entweder mit einem Verzicht auf die Einrede der Verjährung oder mit einer Vereinbarung dahin gehend versehen werden, dass die Bürgschaft ausnahmsweise auch verjährte Ansprüche sichern soll. Zur Wirksamkeit einer solchen Vereinbarung vgl. § 202 BGB.

148 Ist die Mietsicherheit durch ein **auf den Namen des Mieters lautendes Kautionskonto** geleistet worden, kommt es für dessen Verwertung darauf an, wie die Sicherungsabrede auszulegen ist (s. Rdn. 31 ff.). Bei einer bloß schuldrechtlichen Verfügungsbeschränkung muss der Mieter der Verwertung zustimmen oder der Vermieter muss einen Vollstreckungstitel erwirken. Soweit eine Sicherungsabtretung vorliegt, kann der Vermieter das Guthaben in Höhe seiner Forderung einziehen. Dasselbe gilt nach § 1282 Abs. 1 BGB bei der Bestellung eines vertraglichen Forderungspfandrechts (BGH ZMR 1984, 305 = NJW 1984, 1749, 1750).

dd) Sonstiges

149 Die **Inanspruchnahme der Sicherheit** richtet sich nach den für die jeweilige Sicherheit geltenden gesetzlichen Vorschriften und vertraglichen Vereinbarungen.

Die **Rückgabe der Sicherheit** nach erfolgter Abwicklung des Mietverhältnisses hat grundsätzlich in der Form zu erfolgen, in der der Vermieter die Sicherheit erlangt hat. Ist beispielsweise die Mietsicherheit in Form eines Kautionssparbuchs auf den Namen des Mieters mit Sperrvermerk zugunsten des Vermieters geleistet worden, so muss der Vermieter die Freigabe gegenüber dem Kreditinstitut erklären. Der Mieter muss ggf. auch diese Freigabe einklagen (Sperrstellung als Bereicherungsgegenstand); eine Zahlungsklage ist insoweit nicht statthaft. Zuvor muss er allerdings prüfen, ob der Vermieter die Freigabe bereits ohne entsprechende Mitteilung an ihn gegenüber der Bank erklärt hat, da er sonst ggf. die Verfahrenskosten trägt (AG Tiergarten WuM 1997, 214). Die Rückgewähr eines auf den Vermieter angelegten und diesem ausgehändigten Kautionssparbuchs erfolgt durch Rückgabe des Sparbuchs und Abtretung der im Sparbuch verbrieften Forderung an den Mieter (LG Hannover WuM 1998, 282). Bei der Bürgschaft ist die Bürgschaftsurkunde an den Bürgen zurückzugeben (LG Düsseldorf DWW 2000, 26). Bei Leistung der Kaution durch Bürgschaft besteht nur ein Anspruch auf Rückgabe der Bürgschaftsurkunde (LG Frankfurt/M. NZM 2001, 619).

150 Wird das Mietverhältnis vor seinem ursprünglich vertraglich vereinbarten Ablauf durch Eintritt eines **Ersatzmieters** beendet, so stehen dem Vermieter gegenüber dem bisherigen Mieter keine weiteren Rechte zu, als es bei einer sonstigen Beendigung des Mietverhältnisses der Fall wäre (BayObLG ZMR 1988, 253 ff.). Eine abweichende Vereinbarung wird jedoch zumindest in den Fällen für zulässig erachtet, in denen der Vermieter zur Akzeptierung eines Nachmieters nicht verpflichtet ist (vgl. Schmid Mietkaution und Vermieterpfandrecht Rn. 2124).

Die **vorbehaltlose** (bei Vorbehalt s.o. Rdn. 143) **Rückgabe** der Sicherheit wird überwiegend (vgl. zum Streitstand Lützenkirchen WuM 2002, 179/186 unter Ziffer V. 3.) rechtlich als negatives deklaratorisches Schuldanerkenntnis gemäß § 397 Abs. 2 BGB gewertet (Schmidt-Futterer/Blank § 551 Rn. 96). Damit ist die spätere Geltendmachung von solchen Ansprüchen ausgeschlossen, die der Vermieter gekannt hat oder hätte kennen können (OLG München NJW-RR 1990, 20). Dies gilt auch für den Fall, dass der Vermieter die Kaution zurückerstattet, bevor er überhaupt eine Abrechnung erstellt hat (AG Schöneberg GE 1997, 1175). 151

Bei Abschluss eines **Prozessvergleiches mit Ausgleichsklausel** bezieht sich diese ebenfalls mit auf den Kautionsrückzahlungsanspruch und schließt dessen nachträgliche Geltendmachung selbst dann aus, wenn der Mieter diesen nicht bedachte oder irrig davon ausging, dass er vom Vergleich nicht erfasst sei (OLG Düsseldorf ZMR 1997, 178 = WuM 1997, 38 = DWW 1997, 25). 152

Zur Behandlung der Sicherheit bei Grundstücksveräußerung s. BGH ZMR 1999, 537; Kues/Riecke DW 1997, 679; OLG Düsseldorf WuM 1997, 264 = ZMR 1997, 295 und Otto WE 1999 Heft 10 S. 13. Maßgeblich für die Anwendung von § 566a BGB ist, ob die Veräußerung nach dem 31.08.2001 stattgefunden hat (vgl. LG Aachen WuM 2003, 337 sowie – s. Rdn. 167 – BGH ZMR 2009, 837 für Maßgeblichkeit des Zeitpunkts der Auffassungsvormerkung kurz vor 31.08.2001). 153

10. Insolvenz, Einzelzwangsvollstreckung und Zwangsverwaltung auf Vermieterseite

Die Barkaution geht zunächst in das Vermögen des Vermieters über. Unterlässt der Vermieter die vorgeschriebene gesonderte Anlage, ist der Anspruch des Mieters auf Rückzahlung der Kaution im Fall der **Vermieterinsolvenz** (vgl. dazu auch Eckert ZMR 2010, 9 und Pape NZM 2004, 407, 408: Ansprüche aus der Zeit vor Insolvenzeröffnung sind grundsätzlich Insolvenzforderungen) eine einfache Insolvenzforderung nach § 38 InsO (BGH ZMR 2008, 280; Timme NZM 2908, 431; OLG Hamburg ZMR 1990, 103 für die entsprechende frühere Regelung des § 3 KO; vgl. Cymutta WuM 2008, 441). Auch der Schadensersatzanspruch wegen Unterlassens der gesonderten Anlage ist nur eine einfache Insolvenzforderung (MüKo/Bieber § 551 Rn. 23). 154

Der Insolvenzverwalter ist nicht verpflichtet, die gesonderte Anlage auf Kosten der Insolvenzmasse vorzunehmen (OLG Hamburg ZMR 1990, 103 zur Vorläuferregelung). Veräußert nun der Insolvenzverwalter das Mietobjekt, so haftet der Erwerber gegenüber dem Mieter auf Rückzahlung aus § 566a BGB. Der Erwerber muss sich hier durch Abreden im Kaufvertrag gegen wirtschaftliche Nachteile schützen (vgl. Derleder WuM 2002, 239/244). 155

War die Kaution wie vorgeschrieben vom Vermieter gesondert angelegt, hat der Mieter ein Aussonderungsrecht nach § 47 InsO (vgl. OLG Düsseldorf NJW-RR 1988, 782 zur Vorläuferregelung des § 43 KO; Reismann WuM 2001, 267/269 Ziffer VI. 3). Dies gilt auch, wenn der Vermieter die Kaution zunächst in sein Vermögen überführt und erst danach ein Treuhandkonto errichtet hat (BayObLG NJW 1988, 1796) oder wenn dem Vermieter der Kautionsbetrag unbar (s. Rdn. 16) zur Verfügung gestellt wurde (anders Lammel § 551 Rn. 54 unter Hinweis auf das Unmittelbarkeitsprinzip). Wird das Treuhandkonto erst nach Insolvenzantrag eröffnet, droht eine Insolvenzanfechtung. Dem Mieter ist die Kenntnis des Vermieters allerdings i.d.R. nicht zurechenbar. 156

Entsprechendes gilt für den Fall, dass der Vermieter die Kaution während des laufenden Mietverhältnisses verbraucht und vor Eröffnung des Insolvenzverfahrens das Kautionskonto wieder aufgefüllt hat (str.; a.A. AG Emmendingen WuM 1984, 64). 157

158 Soweit ein Gläubiger des Vermieters im Wege der **Einzelzwangsvollstreckung** auf das gesondert angelegte Kautionskonto zugreift, kann der Mieter Drittwiderspruchsklage nach § 771 ZPO erheben (Staudinger/Emmerich § 551 Rn. 20).

159 Im Rahmen der **Zwangsverwaltung** ist streitig, ob Schuldner des Kautionsrückzahlungsanspruchs in jedem Fall der Zwangsverwalter ist oder ob dies nur gilt, wenn er die Kaution auch erhalten hat. Die überwiegende Meinung (vgl. BGH ZMR 2003, 903, OLG Hamburg ZMR 2002, 194 = WuM 2002, 29) bejaht zutreffend – weil der Zwangsverwalter voll an die Stelle des Schuldners tritt und nicht wie ein Erwerber zu behandeln ist – eine umfassende Verpflichtung des Zwangsverwalters unter Hinweis auf § 152 Abs. 2 ZVG, während er nach anderer Ansicht nur dann für verpflichtet gehalten wird, wenn er die Kaution zuvor erhalten hat (z.B. noch Reismann WuM 1998, 387, 391; LG Mannheim WuM 1999, 459; LG Berlin GE 1998, 249). Der Zwangsverwalter muss nur dann die (nicht erhaltene) Kaution nicht zurückzahlen, wenn das Mietverhältnis bereits beendet und die Wohnung geräumt war als die Beschlagnahmeanordnung wirksam (§§ 22 Abs. 1, 146 Abs. 1, 151 Abs. 1 ZVG) wurde (BGH ZMR 2006, 603). § 152 Abs. 2 ZVG soll nur eine Schlechterstellung des Mieters durch die Zwangsverwaltung vermeiden. Anderes gilt, wenn der Zwangsverwalter noch gemäß § 546a BGB Nutzungsentschädigung vom Mieter beansprucht.

160 Einigkeit besteht darin, dass der Mieter gegenüber dem Zwangsverwalter ebenso wenig wie gegenüber dem Vermieter gegen den Mietanspruch des Zwangsverwalters mit dem Kautionsrückzahlungsanspruch aufrechnen kann (z.B. AG Usingen NJW-RR 1987, 10). Zum Verhältnis zwischen Mieter und Zwangsverwalter i.Ü. vgl. Rdn. 91.

11. Insolvenz und Einzelzwangsvollstreckung auf Mieterseite

161 Hat der Mieter als Mietsicherheit ein Kautionssparbuch mit Sperrvermerk zugunsten des Vermieters angelegt, hat dieser im Fall der **Mieterinsolvenz** ein Aussonderungsrecht nach § 47 InsO, soweit die Pfandrechtsbestellung oder Sicherungsabtretung nach außen erkennbar ist. Zur Tilgungsbestimmung bei der Barkaution vgl LG Hamburg ZMR 2008, 209 und OLG Hamburg ZMR 2008, 714. Zur Mieterinsolvenz vgl *Cymutta* WuM 2008, 443.

162 Im Rahmen der **Einzelzwangsvollstreckung** gegen den Mieter kann dessen Kautionsrückerstattungsanspruch als Vermögensrecht von seinen Gläubigern gepfändet werden. Er ist dem gemäß im Rahmen einer eidesstattlichen Versicherung im Vermögensverzeichnis anzugeben (Zöller/Stöber § 807 ZPO Rn. 32).

12. Prozessuales

163 Der **Streitwert** einer Leistungsklage auf ordnungsgemäße Anlage der Kaution bemisst sich auf bis ½ der Kautionshöhe. Der Streitwert einer Auskunftsklage über die Anlage der Kaution bemisst sich nach der Hälfte dieses Wertes, also nach höchstens einem Viertel der insgesamt anzulegenden Sicherheit (AG Neumünster WuM 1996, 632).

164 Der Streitwert einer Klage auf Kautionsrückerstattung bemisst sich nach der Kautionssumme zuzüglich der angewachsenen Zinsen und Zinseszinsen, da diese gemäß der ausdrücklichen Regelung des § 551 Abs. 3 S. 4 BGB die Sicherheit erhöhen, also dem Kapital zuwachsen (str.; ebenso LG Köln ZMR 1996, 145; LG Hamburg NJWE-MietR 1997, 199; a.A. LG Berlin GE 1997, 860; vgl. auch Rdn. 69).

Hat nach einem **Vermieterwechsel** (zum Mieterwechsel und nachträglicher Kautionsabsprache vgl. Hinz ZMR 2002, 640/645) der Mieter gegenüber dem früheren Vermieter einen Titel auf Übertragung der Kaution auf den neuen Vermieter erlangt, so kann er nach der Beendigung des Mietverhältnisses von dem neuen Vermieter die Zustimmung zur Umschreibung des Titels auf Übertragung an sich selbst verlangen, soweit ein Sicherungsinteresse des neuen Vermieters nicht mehr gegeben ist (AG Dannenberg WuM 1996, 702 f.). **165**

Nach Auffassung des AG Lichtenberg (ZMR 2002, 357 = NZM 2002, 385) ist die Neuregelung des § 566a BGB nicht auf vor dem 01.09.2001 gekündigte oder durch Veräußerung übergegangene Mietverhältnisse anwendbar. Eine Übergangsnorm fehlt in Art. 229 EGBGB. Die analoge Anwendung des § 170 EGBGB erscheint problematisch (vgl. Franke ZMR 2001, 951 f.). **166**

Die Regelung des § 566a BGB wird weitgehend (Hinz MietPrax Fach 1 Rn. 621; Franken a.a.O. Rn. 498) als abdingbar – allerdings nicht durch Formularklausel – angesehen (a. A: Lammel § 566a BGB Rn. 4). § 566a BGB findet keine Anwendung, wenn zwar der dingliche Erwerb des Mietobjekts nach dem Inkrafttreten der Neuregelung am 01.09.2001 erfolgt ist, das diesem Erwerb zugrunde liegende schuldrechtliche Rechtsgeschäft jedoch bereits vor diesem Zeitpunkt abgeschlossen worden ist. In diesem Fall bleibt es bei der Anwendbarkeit des § 572 BGB a.F. (BGH ZMR 2009, 837). **167**

Der gesetzliche Übergang der Rechte aus der Sicherheitsleistung soll auch den Anspruch des Veräußerers gegen das Bankinstitut erfassen. Eines Übertragungsanspruchs bedarf es dann nicht mehr (Derleder WuM 2002, 239/243).

Hat der Grundeigentümer nur pro forma einen Dritten als Vermieter eingesetzt, haftet der Erwerber dennoch auf Rückzahlung der Kaution im Einzelfall (LG Hamburg WuM 2001, 281). **168**

Wenn der Mieter mit dem Veräußerer eine Ratenzahlungsabsprache getroffen hat wegen bestehender Zahlungsrückstände und trotz Abtretung der Forderungen weiter an diesen leistet, so kann er sich gegenüber dem Neugläubiger erfolgreich auf § 407 BGB berufen (vgl. OLG Düsseldorf ZMR 2002, 109), sofern er bei Zahlung die Abtretung nicht kannte. **169**

Haben **mehrere Mieter gemeinsam** den Mietvertrag abgeschlossen und die Kaution gezahlt, ist der Rückzahlungsanspruch grundsätzlich von allen gesamthänderisch geltend zu machen. Dennoch kann auch ein einzelner Mieter in Ausnahme von dem Grundsatz, dass einzelne zum Gesamthandsvermögen gehörende Ansprüche grundsätzlich nicht selbständig abtretbar sind, den Rückzahlungsanspruch für die Mitmieter nach entsprechender Abtretung mit geltend machen. Entweder wird insoweit eine ausnahmsweise wirksame Abtretung angenommen (AG Hamburg WuM 1997, 435) oder die für unwirksam gehaltene Abtretungserklärung wird in eine wirksame Ermächtigung umgedeutet (LG Berlin ZMR 1999, 112). **170**

Der Kautionsrückzahlungsanspruch kann nicht im Wege des **Urkundsprozesses** nach §§ 592 ff. ZPO geltend gemacht werden, weil der Wegfall des vermieterischen Sicherungsinteresses als Fälligkeitsvoraussetzung nicht im Urkundsbeweis erbracht werden kann (LG Mönchengladbach ZMR 1994, XII Nr. 23). **171**

II. Gesetzliches Vermieterpfandrecht

172 Für das gesetzliche Vermieterpfandrecht – von Hinz als »wirtschaftlich i.d.R. nutzlos« bezeichnet (MietPrax Fach 1 Rn. 501) – gelten zum einen die speziellen Bestimmungen der §§ 562 ff. BGB. Zum anderen gelten über § 1257 BGB die Bestimmungen der §§ 1204 ff. BGB bezüglich rechtsgeschäftlich bestellter Pfandrechte entsprechend, allerdings mit einer Einschränkung. Die eingeschränkte Anwendbarkeit begründet sich daraus, dass die Regelungen nur gelten, soweit sie nicht den unmittelbaren Besitz des Pfandgläubigers am Pfandgegenstand voraussetzen (MüKo/Artz § 562 Rn. 5). Das gesetzliche Vermieterpfandrecht ist ein **besitzloses Pfandrecht**. Der Vermieter hat mittelbaren Besitz allenfalls an mitvermieteten Sachen. Praktische Bedeutung erlangt das Vermieterpfandrecht heute fast ausschließlich im Bereich der Geschäftsraummiete und des Leasings, während es im Wohnraummietrecht infolge der schrittweisen Ausweitung der Pfändungsverbote (§§ 811 ff. ZPO; § 562 Abs. 1 S. 2 BGB), der Zunahme von Vorbehalts- und Sicherungseigentum sowie des Minderwerts gebrauchter Sachen seiner eigentlichen Funktion beraubt und durch die Kaution als vertraglich vereinbarte Sicherheit verdrängt wurde. Überlegungen, das Vermieterpfandrecht im Wohnraummietrecht deshalb zu streichen, wurden wegen der wichtigen Appellwirkung gegenüber dem in Zahlungsverzug geratenen Mieter allerdings nicht umgesetzt (vgl. MüKo/Artz § 562 Rn. 3).

173 Zur Behandlung von Gegenständen, die dem Vermieterpfandrecht unterliegen, bei einer Zwangsräumung s. BGH ZMR 2010, 98; ZMR 2006, 199; Riecke DGVZ 2004, 145, 147 sowie BGH DGVZ 2003, 88 und KG DWW 2005, 199.

174 Gegen eine analoge Anwendung der Vorschriften über das Vermieterpfandrecht auf ein nicht zustande gekommenes Untermietverhältnis hat sich das LG Hamburg (ZMR 2004, 348) ausgesprochen unter Hinweis auf den Ausnahmecharakter der §§ 562 ff. BGB.

175 Zu Anwaltspflichten im Zusammenhang mit dem Ausüben des Vermieterpfandrechts (hier: eigenmächtiger Schlossaustausch durch den Vermieter) wird verwiesen auf OLG Koblenz NJW 2004, 77 = WE 2004, 69.

1. Entstehen des Vermieterpfandrechts

a) Raum- und Grundstücksmiete

176 Das Entstehen des Vermieterpfandrechts (MüKo/Artz § 562 Rn. 7) setzt zunächst das Bestehen eines Mietvertrages über Wohnraum, ein Grundstück oder über Räume, die keine Wohnräume sind, voraus (vgl. §§ 562, 578 Abs. 1 und 2 BGB). Daran fehlt es z.B. im Verhältnis zwischen Hauptvermieter und Untermieter (s. Rdn. 181). Bei der Fahrnismiete gibt es kein Vermieterpfandrecht, auch dann nicht, wenn ausnahmsweise andere bewegliche Sachen eingebracht werden können, z.B. ein Pkw. Allerdings ist die Vermietung von Scheinbestandteilen, obwohl sie im Rechtssinne bewegliche Sachen sind (vgl. § 95 Abs. 1 BGB), als Raummiete zu betrachten (Schmidt-Futterer/Lammel § 562 Rn. 10). Irrelevant ist die Eigentumslage auf der Vermieterseite; dieser muss nicht Eigentümer des Mietobjekts sein, um das Pfandrecht wirksam ausüben zu können. Sachen, die erst während einer nachvertraglichen Weiternutzung in die Mieträume gelangen, werden vom Vermieterpfandrecht nicht erfasst.

b) Sachen

177 Das Vermieterpfandrecht erstreckt sich nach dem Wortlaut des § 562 BGB auf Sachen des *Mieters, also körperliche Gegenstände* (§ 90 BGB; MüKo/Artz § 562 Rn. 11). Forderungen und Rechte des Mieters werden vom Vermieterpfandrecht also nicht erfasst. Das

gesetzliche Erfordernis der Einbringung zeigt, dass es sich um bewegliche Sachen handeln muss. Zur Frage der Verbindung einer beweglichen Sache mit dem Grundstück s. Rdn. 187.

Sachen sind auch Geld und Inhaberpapiere sowie indossable Papiere, wie Wechsel und Schecks, nicht aber Forderungen und bloße Legitimationspapiere, wie z.B. Sparbücher und Kfz-Briefe (Palandt/Weidenkaff § 562 Rn. 7), da letztere nicht wie Sachen übereignet, sondern durch Abtretung bzw. der abgetretenen Forderung kraft Gesetzes folgend (vgl. § 952 BGB) übertragen werden. **178**

Sachen ohne objektiven Vermögenswert unterfallen nicht dem Vermieterpfandrecht, wie z.B. persönliche Briefe, Familienfotos und andere Sachen von rein immateriellem Wert. Zur Frage, ob Sachen, die zwar einen materiellen, aber kaum realisierbaren Wert haben, unter das Vermieterpfandrecht fallen vgl. AG Köln WuM 1989, 296. **179**

c) Eigentum des Mieters

Das Vermieterpfandrecht erstreckt sich nur auf Sachen, die im Eigentum des Mieters stehen. Bei **Miteigentum** unterliegt entsprechend § 1258 BGB nur der Miteigentumsanteil dem Pfandrecht. Bei **Gesamthandseigentum** entsteht ein Vermieterpfandrecht nur, wenn alle Gesamthänder Mieter sind oder der Mieter über das Gesamthandseigentum verfügungsberechtigt ist. Kein Pfandrecht kann hingegen am bloßen Gesamthandsanteil eines Mieters entstehen, da dieser ein bloßes Recht ist. Als solches ist es zwar nach § 859 ZPO grundsätzlich selbständig pfändbar, unterliegt jedoch nach dem Wortlaut des § 562 BGB nicht dem Vermieterpfandrecht (Palandt/Weidenkaff § 562 Rn. 7). **180**

Sachen, die im **Eigentum Dritter** stehen, werden vom Pfandrecht nicht erfasst (MüKo/Artz § 562 Rn. 14). Das gilt auch für die Sachen des Untermieters im Verhältnis zum Hauptvermieter (OLG Düsseldorf DWW 1987, 330 auch zur Beweislast) und für Familienangehörige des Mieters, soweit sie nicht vertragliche Mitmieter sind. Ebenso gilt dies, wenn ein vermögensloser Strohmann als Mieter vorgeschoben wird und ein fremder Dritter die Wohnung faktisch nutzt (Staudinger/Emmerich § 562 Rn. 19). Wohl aber hat der Untervermieter ein Pfandrecht an den Sachen des Untermieters, da hier ein Vertragsverhältnis vorliegt. **181**

Werden Sachen eines Dritten eingebracht, an denen ein **Anwartschaftsrecht** des Mieters besteht, so beschränkt sich das Vermieterpfandrecht zunächst auf das Anwartschaftsrecht. Erlangt der Mieter später durch die Zahlung des Kaufpreises das Volleigentum an der Sache, erstarkt das Pfandrecht zu einem Pfandrecht an der Sache selbst (BGH NJW 1965, 1475; KG GE 2000, 675). Dies gilt auch dann, wenn das Anwartschaftsrecht zwischenzeitlich auf einen Dritten übertragen wurde und dieser mit Bedingungseintritt Eigentümer wird, und zwar selbst dann, wenn der Dritte den Restkaufpreis selbst bezahlt (BGH NJW 1965, 1475, 1476). Das dem Dritten übertragene Anwartschaftsrecht am Vollrecht erwirbt dieser also stets mit dem gesetzlichen Vermieterpfandrecht belastet, obwohl das Vollrecht mit Bedingungseintritt unmittelbar und ohne Zwischenerwerb des Mieters auf den Dritten übergeht (BGH a.a.O.). Wird die Sache nach Begründung des Vermieterpfandrechts am Anwartschaftsrecht gepfändet, hat bereits das Vermieterpfandrecht am Anwartschaftsrecht Vorrang vor dem Pfändungspfandrecht (Staudinger/Emmerich § 562 Rn. 15). Bei in Mietverträgen eingebrachten Sachen kommt ein gutgläubiger lastenfreier Erwerb durch die Sicherungsübereignung auch dann nicht in Betracht (BGH ZMR 2006, 23: Wird die einem Vermieterpfandrecht unterliegende Sache im Wege des Besitzkonstituts veräußert, so setzt ein gutgläubiger lastenfreier Erwerb die Übergabe der Sache an den Erwerber voraus.), wenn der Mieter dem Sicherungsnehmer versichert, es bestünden keine Pfandrechte des Vermieters (KG GE 2000, 675). **182**

183 Der praktische Vorteil des Pfandrechts an der Anwartschaft besteht darin, dass der Vermieter selbst, und zwar auch gegen den Willen des Mieters (§ 267 Abs. 2 BGB), durch Restkaufpreiszahlung den Bedingungseintritt herbeiführen kann, um so das Pfandrecht an der Sache zu erlangen und diese verwerten zu können. Der Nachteil des Pfandrechts an der Anwartschaft ist, dass das Anwartschaftsrechts anders als das Vollrecht abhängig ist vom Bestand des schuldrechtlichen Verpflichtungsgeschäfts. Fällt dieses weg, z.B. gemäß § 455 BGB, wird der Bedingungseintritt unmöglich und bringt das Anwartschaftsrecht zum Erlöschen.

184 An Sachen des Mieters, die bereits vor der Einbringung an einen Dritten **sicherungsübereignet** waren, entsteht kein Vermieterpfandrecht (Palandt/Weidenkaff § 562 Rn. 10). Auch wenn dem Vermieter die Sicherungsübereignung nicht bekannt war, scheidet ein gutgläubiger Erwerb des Pfandrechts aus (näher hierzu s. Rdn. 198). Zum Fall des nur sicherungsübereigneten Anwartschaftsrechts s. Rdn. 186.

185 Erfolgt die Sicherungsübereignung dagegen erst nach Einbringung der Sache, wird das Vermieterpfandrecht hiervon nicht berührt; das Eigentum wird belastet mit dem Vermieterpfandrecht erworben (BGH NJW 1965, 1475).

186 Ein besonderes Problem bergen Sicherungsübereignungsverträge, bei denen die jeweils in einem bestimmten Raum befindlichen Sachen (Warenlager) einem anderen Gläubiger des Mieters (i.d.R. einer Bank) sicherungsübereignet werden (sog. **Raumsicherungsverträge**). Umstritten ist hier, ob mit Einbringung der Sache ein vorrangiges Vermieterpfandrecht entsteht, ob das Sicherungseigentum Vorrang hat, oder ob beide Rechte gleichzeitig und gleichrangig nebeneinander mit Einbringung entstehen. Der Streit wird relevant, wenn – was in der Praxis die Regel ist – die Sicherungsübereignung nach der zugrunde liegenden Sicherungsabrede vom Realakt der Einbringung abhängig gemacht wird, dh Besitzerlangung i.S.d. §§ 929 S. 1, 930 BGB und Einbringung i.S.d. § 562 Abs. 1 BGB zeitlich zusammenfallen. Die Rechtsprechung räumt dem Vermieterpfandrecht den Vorrang ein, um so dessen wirtschaftliche Aushöhlung zu verhindern und der vom Gesetz eingeräumten Vorzugsstellung des Inhabers eines gesetzlichen Pfandrechts Rechnung zu tragen (BGH NJW 1992, 1156; ebenso im Anschluss hieran KG GE 2000, 675; OLG Düsseldorf NZM 1998, 237 = ZMR 1999, 474; a.A. Bub/Treier/v. Martius III. Rn. 857 m.w.N.). Das hat der BGH a.a.O. jedenfalls für den Fall entschieden, dass am eingebrachten Sicherungsgut noch Vorbehaltseigentum des Warenlieferanten bestand, der Mieter den Mietvertrag zeitlich vor dem Raumsicherungsübereignungsvertrag mit der Gläubigerbank abschloss und dabei als Berechtigter über seine – gegenwärtigen wie künftigen – Anwartschaftsrechte am wechselnden Sicherungsgut verfügte und nicht als Nichtberechtigter über fremdes Eigentum. Ausdrücklich offen ließ der BGH a.a.O. die Rechtslage, wenn die Sicherungsübereignung eines Warenlagers zeitlich vor dessen Einbringung in einen gemieteten Raum vollendet ist. Hier muss der Sicherungsnehmer das Anwartschaftsrecht des Mieters richtigerweise lastenfrei erwerben, da es vom Vermieterpfandrecht frühestens mit Einbringung erfasst werden kann (vgl. OLG Düsseldorf ZMR 1999, 474, 479).

187 Wird eine eingebrachte Sache kraft Gesetzes Grundstückseigentum (vgl. §§ 946, 94 BGB), besteht kein Vermieterpfandrecht. Eine **Verbindung der Sache mit dem Grundstück** steht dem Entstehen des Pfandrechts nicht entgegen, solange der Mieter Eigentümer der Sache bleibt (Staudinger/Emmerich § 562 Rn. 20). Mieterseitig auf dem Mietgrundstück errichtete Scheinbestandteile, wie z.B. ein Garten- oder Wochenendhaus, fallen als bewegliche Sachen (vgl. § 95 Abs. 1 BGB) unter § 562 BGB (beachte aber § 811 Abs. 1 Nr. 1 2. Hs. ZPO, § 562 Abs. 1 S. 2 BGB).

Der Vermieter muss das Eigentum des Mieters **beweisen** (OLG Düsseldorf DWW 1987, 330; OLG Düsseldorf DWW 2002, 169). Dabei kann er sich allerdings auf die gesetzlichen Vermutungen des § 1362 BGB und des § 1006 BGB berufen (Palandt/Weidenkaff § 562 Rn. 20 [a.A. noch 61. Aufl.]; Schmidt-Futterer/Lammel mit dem Hinweis, § 1006 BGB wirke bereits seinem Wortlaut nach nur zugunsten des Besitzers und nicht zu seinen Lasten). Bestätigungen des Mieters in Formularmietverträgen, wonach die eingebrachten Sachen sein Alleineigentum seien, sind nach § 309 Nr. 12b BGB unwirksam. Sie bewirken faktisch eine Beweislastumkehr, da der Mieter gezwungen wäre, die Unrichtigkeit seiner Bestätigung zu beweisen. Das gilt über § 307 BGB auch bei Gewerberaummiete (vgl. Schreiber/Latinovic NZM 2000, 410, 411 f.). Wer den Verzicht auf ein Recht (hier: Vermieterpfandrecht) geltend macht, trägt die Darlegungs- und Beweislast für diese rechtsvernichtende Einwendung (BGH ZMR 2006, 23). 188

d) Unpfändbare Sachen

Nach § 562 Abs. 1 S. 2 BGB erstreckt sich das Pfandrecht nicht auf die **Sachen, die der Pfändung nicht unterliegen** (vgl. Spieker ZMR 2002, 327/328 f.). Das gilt unstreitig für die nach §§ 811 Abs. 1, 811c Abs. 1 ZPO unpfändbaren Sachen. Nach überwiegender Ansicht wird dies im Hinblick auf den sozialpolitischen Zweck auch für Hausratsgegenstände des § 812 ZPO angenommen (vgl. Palandt/Weidenkaff § 562 Rn. 17 m.w.N.; krit. hierzu Schmid Mietkaution und Vermieterpfandrecht Rn. 3015). Eine Austauschpfändung nach § 811a ZPO ist unzulässig (Palandt/Weidenkaff § 562 Rn. 18). 189

Maßgeblicher Zeitpunkt für die Beurteilung der Unpfändbarkeit ist derjenige der Geltendmachung des Pfandrechts. Sachen, die bei Einbringung unpfändbar waren, können also pfändbar werden. 190

Die Vereinbarung eines Zurückbehaltungsrechts an unpfändbaren Sachen ist als **Umgehungsgeschäft** unwirksam; die Bestimmung des § 562 Abs. 1 S. 2 BGB ist im öffentlichen wie privaten Interesse des Mieterschutzes unabdingbar (Palandt/Weidenkaff § 562 Rn. 16). Allerdings kann ein rechtsgeschäftliches Pfandrecht gemäß § 1205 BGB unter Übergabe der Sache an den Vermieter auch an unpfändbaren Sachen wirksam begründet werden. 191

Nimmt der Vermieter unpfändbare Sachen unter Berufung auf sein angebliches Vermieterpfandrecht an sich und verwertet sie, macht er sich gegenüber dem Mieter **schadensersatzpflichtig** (Palandt/Weidenkaff § 562 Rn. 18 m.w.N.). 192

Der Vermieter ist für das Bestehen seines Pfandrechts **beweispflichtig** (vgl. Rdn. 188). Die Tatsachen, aus denen sich die Unpfändbarkeit der Sache ergibt, muss hingegen der Mieter beweisen (Palandt/Weidenkaff § 562 Rn. 20). 193

e) Einbringung

Damit ein Vermieterpfandrecht entstehen kann, müssen die betroffenen Sachen vom Mieter eingebracht (vgl. Spieker ZMR 2002, 327) sein. Es entsteht bereits mit dem Einbringen auch soweit es erst künftig entstehende Forderungen aus dem Mietverhältnis sichert (BGH ZMR 2007, 190). Einbringen bedeutet ein vom Mieter gewolltes **Hineinbringen in die Mieträume** zu Beginn oder während der Mietzeit (vgl. OLG Frankfurt/M. ZMR 2006, 609 für betrieblich genutzte Fahrzeuge). Entsprechendes gilt, wenn sich die Sache bereits vor Beginn des Mietverhältnisses in den Mieträumen befand, etwa vom Vormieter gekaufte Möbel (MüKo/Artz § 562 Rn. 12). Höchstpersönlich muss die Einbringung nicht erfolgen; es genügt ein Fremdhandeln unter Billigung des Mieters. Für die Entstehung des Vermieterpfandrechts ist es unerheblich, ob der Mieter das Entstehen des 194

Pfandrechts bedacht hat, da das Einbringen ein bloßer Realakt ist. Daher setzt es auch keine Geschäftsfähigkeit voraus, solange die Fähigkeit zu willensgetragenem Handeln gegeben ist (Sternel Mietrecht, III Rn. 263). Nach Beendigung der Mietzeit kann ein Vermieterpfandrecht an nun eingebrachten Sachen nicht mehr entstehen.

195 Auch Sachen, die auf dem gemieteten Grundstück erst **erzeugt** werden, gelten als eingebracht (Palandt/Weidenkaff § 562 Rn. 6).

196 Nicht eingebracht sind hingegen Sachen, die bloß **vorübergehend eingestellt** werden. Erforderlich ist grundsätzlich ein beabsichtigter Verbleib für die Dauer der Mietzeit oder zumindest für einen längeren Zeitraum. Die Abgrenzung zwischen einer gewollten Einbringung und einem bloß vorübergehenden Einstellen kann im Einzelfall problematisch sein.

197 Als eingebracht angesehen wird beispielsweise ein Kfz, das regelmäßig in der mitvermieteten Garage oder auf einem mitvermieteten Stellplatz abgestellt wird (Bronsch ZMR 1970, 1). Ebenso sind nach allgemeiner Ansicht solche Sachen eingebracht, die nach den Vorgaben des Mietvertrages bestimmungsgemäß zu einem nur vorübergehenden Zweck in den Mieträumen bleiben sollen, z.B. Waren in einem Warenlager (Palandt/Weidenkaff § 562 Rn. 6). An beiden kann demgemäß ein Vermieterpfandrecht entstehen. Nicht als eingebracht wird dagegen die Tageskasse angesehen (OLG Braunschweig OLGZ 1980, 239).

f) Kein gutgläubiger Erwerb

198 Da es sich beim Vermieterpfandrecht um ein besitzloses gesetzliches Pfandrecht handelt, ist der gute Glaube des Vermieters an das Eigentum des Mieters für die Entstehung des Pfandrechts ohne Bedeutung. Der gutgläubige Erwerb würde nämlich gemäß §§ 1257, 1207 BGB Besitz des Vermieters an der Pfandsache voraussetzen. Ohne Besitz fehlt es an der Publizität, an die gutgläubiger Erwerb immer anknüpft. Daher finden die §§ 1204 bis 1208 BGB keine Anwendung auf das gesetzliche Vermieterpfandrecht (Staudinger/Emmerich § 562 Rn. 16, 46 m.w.N.).

g) Ausschluss durch Vertrag

199 Das Entstehen des Vermieterpfandrechts kann durch Vereinbarung zwischen Vermieter und Mieter ausgeschlossen werden. Auch ein Ausschluss nur hinsichtlich einzelner bestimmter Gegenstände ist möglich. § 562 Abs. 1 S. 2 BGB ist jedoch unabdingbar (vgl. Rdn. 191).

2. Gesicherte Forderungen

a) Grundsatz

200 Das Vermieterpfandrecht sichert grundsätzlich keine Forderungen, deren Entstehung von künftigen Ereignissen abhängig ist, sondern nur Ansprüche, die bis zur Geltendmachung des Pfandrechts bereits nach Grund und Höhe entstanden sind (OLG Hamm NJW-RR 1994, 655). Das Vermieterpfandrecht besteht nach § 562 Abs. 1 S. 1 BGB für die **Forderungen des Vermieters aus dem Mietverhältnis**. Dies sind gemäß der einschränkenden Auslegung des BGH nur die Forderungen, die sich aus dem Wesen des Mietvertrages als entgeltlicher Gebrauchsüberlassung ergeben (BGH BGHZ 60, 22).

201 **Hierzu zählen:**
- *die Miete.*
- Entschädigungs- und Schadensersatzforderungen aus Verletzung der Rückgabepflicht (Palandt/Weidenkaff § 562 Rn. 12).

- die Nutzungsentschädigung nach § 546a BGB, soweit vor Geltendmachung des Pfandrechts entstanden.
- Schadensersatzansprüche wegen Verletzung von Vertragspflichten, insbesondere wegen Beschädigung der Mietsache (Palandt/Weidenkaff § 562 Rn. 12) und wegen Nichterfüllung der Anzeigepflicht des § 536c Abs. 2 BGB (BGH BGHZ 60, 22).
- Betriebskosten, auch Nachzahlungen aus der Betriebskostenabrechnung.
- Kosten der Kündigung und der Rechtsverfolgung (Prozesskosten, Zwangsvollstreckungskosten, Versteigerungskosten) gegen den Mieter (Palandt/Weidenkaff § 562 Rn. 12) sowie Kosten für Verwendungen des Vermieters auf die Sache gemäß § 1210 Abs. 2 BGB (Staudinger/Emmerich § 562 Rn. 26) oder § 1216 BGB.
- Vertragsstrafen (BGH BGHZ 60, 22; str.; vgl. Palandt/Weidenkaff § 562 Rn. 12). Bei Wohnraummiete ist ein Vertragsstrafeversprechen des Mieters unwirksam (§ 555 BGB).

Hierzu zählen nicht: 202
- Ansprüche außerhalb des Mietverhältnisses, z.B. für ein vom Vermieter dem Mieter zum Umbau gewährtes Darlehen (BGH BGHZ 60, 22, 25).
- die Kosten der Rechtsverfolgung gegen den Bürgen (Palandt/Weidenkaff § 562 Rn. 12).
- die Zahlung der Mietkaution (str. wegen des Kumulationsverbots aus § 551 BGB, vgl. Staudinger/Emmerich § 562 Rn. 27).
- die Erzwingung der Abholung im Mietobjekt zurückgelassenen Gerümpels, ohne dass es um die Zahlung nicht bezahlter Miete geht (OLG Frankfurt/M. DGVZ 1998, 121, 122).

Bei einem Mieterwechsel haften die eingebrachten Sachen des einen Mieters grundsätzlich nicht für die Schulden des anderen Mieters. Eine Mithaftung kann jedoch durch dreiseitigen Vertrag zwischen Vermieter, altem und neuem Mieter vereinbart werden (BGH NJW 1995, 1350). Hat der Nachmieter Verbindlichkeiten des Vormieters als eigene aus dem Mietverhältnis begründete Schuld übernommen, sichert das Vermieterpfandrecht auch diese Forderung (BGH NJW 1965, 1475). 203

Der Vermieter muss das Entstehen der zu sichernden Forderung **beweisen,** der Mieter ihr Erlöschen (BGH NJW 1986, 2426). 204

b) Künftige Entschädigungs- und Mietforderungen

aa) Künftige Entschädigungsforderungen

Die Entstehung des Vermieterpfandrechts wird durch § 562 Abs. 2 BGB in zeitlicher Hinsicht begrenzt. Künftige Entschädigungsforderungen sind insbesondere solche wegen Vorenthaltung der Mietsache nach § 546a BGB – vgl. OLG Rostock (WuM 2007, 509) zum Entfallen bei Ausüben des Vermieterpfandrechts – sowie der Mietausfall bei vorzeitiger Vertragsbeendigung (BGH NJW 1972, 721), soweit bei Geltendmachung des Pfandrechts noch nicht nach Grund und Höhe entstanden. 205

Für künftige Entschädigungsforderungen kann das **Vermieterpfandrecht gemäß § 562 Abs. 2 BGB grundsätzlich nicht** geltend gemacht werden. Der Wortlaut der Vorschrift ist dabei missverständlich: Er bedeutet, dass das Vermieterpfandrecht insoweit gar nicht entsteht (Staudinger/Emmerich § 562 Rn. 29 ff.; Palandt/Weidenkaff § 562 Rn. 15; a.A. Schmidt-Futterer/Lammel § 562 Rn. 44). Dieser Punkt hat entscheidende Bedeutung für die Frage der Rangwahrung (s.u.). § 562 Abs. 2 BGB gilt auch dann, wenn der künftige Anspruch bereits dem Grunde nach feststeht, der Höhe nach aber noch nicht beziffert werden kann. Dies ist beispielsweise der Fall, wenn eine Beschädigung der Mietsache bereits feststeht, aber noch unklar ist, ob und wie hoch tatsächlich dem Vermieter ein Schaden entsteht, weil der Mieter ihn möglicherweise aufgrund seiner entsprechenden 206 vertraglichen Verpflichtung selbst beseitigt. Das Vermieterpfandrecht kann nur **ausnahmsweise** für eine künftige Entschädigungsforderung geltend gemacht werden, und zwar dann, wenn sie zum maßgeblichen Zeitpunkt nach Grund und Höhe entstanden ist (OLG Hamm NJW-RR 1994, 655). Um eine gegenwärtige Forderung, die von vornherein nicht unter §562 Abs.2 BGB fiele, muss es sich deshalb allerdings noch nicht handeln; es kann die Fälligkeit fehlen. Maßgeblicher Zeitpunkt für die Beurteilung dieser Voraussetzungen ist die erste Geltendmachung des Pfandrechts. Hierfür genügt jeder Vorgang, durch den der Vermieter sein Pfandrecht zur Geltung bringt, also z.B. eine entsprechende Erklärung des Vermieters, die Inbesitznahme der Pfandsache, die Verhinderung ihrer Entfernung oder auch die gerichtliche Geltendmachung (BGH NJW 1972, 721). Der Vermieter ist allerdings frei, für später nach Grund und Höhe feststehende Entschädigungsforderungen ein Vermieterpfandrecht an später eingebrachten Sachen des Mieters geltend zu machen, da das Vermieterpfandrecht bis zum Vertragsende fortbesteht bzw. an neu eingebrachten Sachen neu entsteht (BGH a.a.O.; Staudinger/Emmerich §562 Rn.31). Sachen, die bei erstmaliger Geltendmachung des Vermieterpfandrechts bereits eingebracht waren, ohne dass die vorerwähnten Ausnahmevoraussetzungen vorlagen, ergreift das neu entstehende Vermieterpfandrecht ohne Vorrang vor zwischenzeitlich entstandenen Pfändungspfandrechten (s.o.; vgl. Schmidt-Futterer/Lammel §562 Rn.50).

bb) Künftige Mietforderungen

207 Für die Miete für eine spätere Zeit als das laufende und das folgende Mietjahr – also allerhöchstens 24 Monate – kann das **Pfandrecht** nach §562 Abs.2 BGB **ebenfalls nicht** geltend gemacht werden. Maßgeblich ist das Mietjahr, nicht das Kalenderjahr (Palandt/Weidenkaff §562 Rn.14). Für die Feststellung der gesicherten Forderungen ist zeitlich wiederum die erste, nicht notwendig gerichtliche Geltendmachung des Vermieterpfandrechts maßgeblich (s. Rdn.205).

cc) Abdingbarkeit

208 §562 Abs.2 BGB ist nach allgemeiner Ansicht (MüKo/Artz §562 Rn.21; Palandt/Weidenkaff §562 Rn.4) vertraglich abdingbar. Dies wird jedoch kritisiert, soweit es um eine Ausdehnung der Sicherheit geht, weil es sich insoweit um eine Mieterschutzvorschrift handelt (vgl. Schmid Mietkaution und Vermieterpfandrecht Rn.3042). Eine Beschränkung der Haftung zugunsten des Mieters kann unstreitig durch entsprechende Vereinbarung erfolgen.

c) Pfändung durch andere Gläubiger

209 Wird die mit dem Vermieterpfandrecht belastete Sache für einen anderen Gläubiger gepfändet, so hat der Vermieter nach §805 ZPO **Anspruch auf vorzugsweise Befriedigung** aus dem Erlös des Pfandobjekts, solange die Zwangsvollstreckung noch nicht beendet ist. Diesen Anspruch kann und muss er ggf. im Klageweg geltend machen. Bereits vor Klageerhebung kann er die Hinterlegung des Versteigerungserlöses gerichtlich anordnen lassen (vgl. §805 Abs.4 ZPO). Dem pfändenden Dritten steht ggf. die Einrede des §562a S.2 BGB zu (vgl. zum Ganzen Blank Mietrecht »Pfandrecht des Vermieters« Rn.II. 2).

210 Streitig ist, ob der Vermieter stattdessen gemäß §562a S.2 BGB auch der laufenden Entfernung der Sache durch den **Gerichtsvollzieher** unter Beachtung der gesetzlichen Vorschriften widersprechen darf bzw. ein Selbsthilferecht nach §562b BGB hat oder ob in jedem Fall das Pfandrecht mit Entfernung durch den Gerichtsvollzieher erlischt. Letzteres wird teilweise unter Hinweis auf die dem gesetzlichen Pfandrecht gezogenen engen

Grenzen vertreten (vgl. Staudinger/Emmerich § 562a Rn. 13 m.w.N.; Palandt/Weidenkaff § 562a Rn. 4). Hierfür spricht, dass das Vermieterpfandrecht ein bloßes Wertsicherungsrecht darstellt und der Vermieter insoweit durch § 805 ZPO ausreichend geschützt ist. Dagegen spricht, dass die Klage aus § 805 ZPO den materiellen Fortbestand des Vermieterpfandrechts gerade voraussetzt (Schmidt-Futterer/Lammel § 562a Rn. 6). Anderenteils wird davon ausgegangen, dass das Selbsthilferecht im Fall der Zwangsräumung auch gegenüber dem Gerichtsvollzieher geltend gemacht werden darf. Dieser muss danach ohne Prüfung der Voraussetzungen des § 562 Abs. 1 S. 2 BGB sämtliche nach dem erklärten Willen des Vermieters dem Pfandrecht unterfallenden Gegenstände auf dem Grundstück belassen (vgl. Blank Mietrecht »Pfandrecht des Vermieters« Rn. II a.E. m.w.N. sowie BGH ZMR 2006, 199). Zur Geltendmachung des Vermieterpfandrechts durch den die Räumungsvollstreckung betreibenden Vermieter s.u. Rdn. 225, 226.

Ist die **Zwangsvollstreckung bereits abgeschlossen**, entfällt das Rechtsschutzbedürfnis für die Klage aus § 805 ZPO und dem Vermieter bleiben Bereicherungsansprüche gegenüber dem anderen Gläubiger (Prütting/Gehrlein, ZPO, § 805, Rn. 4). Diesem steht seinerseits auch hiergegen die Einrede nach § 562a S. 2 BGB gegenüber dem Vermieter zu. **211**

Gemäß § 562d BGB kann gegenüber einem Pfändungsgläubiger das Vermieterpfandrecht nicht wegen der rückständigen Miete für eine frühere Zeit als das letzte Jahr vor dem Tag der Pfändung geltend gemacht werden. Das Vermieterpfandrecht als solches bleibt jedoch durch die Regelung des § 562d BGB auch hinsichtlich älterer Forderungen unberührt, nur ist das Vorzugsrecht des Vermieters eben zeitlich begrenzt. Ohnehin unberührt bleiben Mietforderungen, die nach dem Tag der Pfändung fällig werden, wenn auch mit der anderweitigen Einschränkung nach § 562 Abs. 2 BGB (s.o. Rdn. 207). Zudem gilt die Beschränkung nur im Verhältnis zu Pfändungsgläubigern und nur für die Miete, nicht für sonstige Forderungen (Palandt/Weidenkaff § 562d Rn. 5). Solche, insbesondere Schadensersatzansprüche aus dem Mietverhältnis, können daher gegenüber dem pfändenden Gläubiger uneingeschränkt nach § 805 ZPO bzw. § 812 BGB geltend gemacht werden. **212**

d) Insolvenz des Mieters

Bei Insolvenz des Mieters hat der Vermieter ein Recht auf **abgesonderte Befriedigung** aus dem Erlös des Pfandobjekts nach § 50 Abs. 1 InsO. Die Rechte aus § 562a S. 2 und § 562b BGB stehen dem Vermieter gegenüber dem Insolvenzverwalter nicht zu (Staudinger/Emmerich § 562d Rn. 4). Aufgrund der Einschränkung des § 50 Abs. 2 InsO kann das Vermieterpfandrecht für die Miete für eine frühere Zeit als die letzten zwölf Monate vor der Eröffnung des Insolvenzverfahrens sowie für den dem Vermieter infolge der Kündigung des Insolvenzverwalters entstehenden Entschädigungsanspruch nicht geltend gemacht werden. Die Verwertung erfolgt gemäß § 166 InsO durch den Insolvenzverwalter selbst, wenn dieser die Sache bereits im Besitz hat; das Absonderungsrecht des Vermieters bleibt hiervon unberührt (vgl. auch Kues Das Vermieterpfandrecht in der Insolvenz des gewerblichen Mieters, WE 1999 Heft 11 S. 4). Das Vermieterpfandrecht kann – soweit es Mieteforderungen in dem von § 130 InsO erfassten Zeitraum sichert – nicht als kongruente Deckung insolvenzrechtlich erfolgreich angefochten werden, wenn auch die vom Pfandrecht erfassten Gegenstände bereits vorher eingebracht wurden (BGH ZMR 2007, 190, 191). Für die Anwendbarkeit des § 91 InsO (Ausschluss sonstigen Rechtserwerbs nach Insolvenzeröffnung) ist entscheidend, ob ein Vermögensgegenstand bereits im Zeitpunkt der Verfahrenseröffnung ganz oder teilweise aus dem Vermögen des Schuldners ausgeschieden ist, ohne dass für ihn die Möglichkeit besteht, diesen aufgrund alleiniger Entscheidung wieder zurück zu erlangen (BGHZ 135, 140, 145). Nach § 140 Abs. 3 InsO bleibt bei einer bedingten oder befristeten Rechtshandlung der Eintritt der Bedingung oder des Termins außer Betracht. **213**

Maßgebender Zeitpunkt ist dann der Abschluss der rechtsbegründenden Tatumstände. Diese Norm ist nicht direkt aber vom Rechtsgedanken her auch auf das Vermieterpfandrecht anwendbar. Das der Sicherung der Mieteforderung dienende Vermieterpfandrecht kann nicht in einem weiteren Umfang der Insolvenzanfechtung unterliegen als die Erfüllung der Forderung durch den Mieter (BGH ZMR 2007, 190, 193).

3. Pfandverwertung

214 Der Vermieter kann die dem Pfandrecht unterliegenden Sachen gemäß §§ 1257, 1228 Abs. 2, 1231 BGB vom Mieter **herausverlangen**, sie **in Besitz nehmen** und **verwerten**, sobald die gesicherte Forderung ganz oder zum Teil fällig ist (sog. Pfandreife), auch wenn der Mieter noch nicht ausgezogen ist. Ein besonderer Titel des Vermieters ist für die Pfandverwertung nicht erforderlich, aber denkbar (vgl. § 1233 Abs. 2 BGB). Ggf. muss er jedoch die Herausgabe vom Mieter einklagen; das entsprechende Urteil ist dann nach §§ 883, 886 ZPO vollstreckbar. Nach Inbesitznahme muss der Vermieter die Verwertung aufgrund seiner Schadensminderungspflicht unverzüglich veranlassen (Staudinger/Emmerich § 562 Rn. 7); Schadensersatz für Lagergebühren kann der Vermieter daher allenfalls für zwei Monate verlangen (LG Mannheim WuM 1978, 141, 142). Behalten darf der Vermieter die Sache nicht. Er kann sie aber selbst ersteigern.

215 Die **Verwertung** richtet sich gemäß § 1257 BGB nach den §§ 1228 ff. BGB. Eine Verfallabrede vor Eintritt der Pfandreife (§ 1228 Abs. 2 BGB) ist unwirksam (§ 1229 BGB). Unter mehreren Pfandstücken hat der Vermieter grundsätzlich ein Wahlrecht (vgl. § 1230 BGB). I.Ü. sind die besonderen Vorschriften der §§ 1233 ff. BGB über die Ausführung des Pfandverkaufes zu beachten:

216 Der **Pfandverkauf** ist gemäß § 1235 BGB durch öffentliche Versteigerung, und zwar durch eine hierzu befugte Person, insbesondere durch einen Gerichtsvollzieher (vgl. § 383 Abs. 3 BGB), zu bewirken. Ein freihändiger Verkauf kommt nur ausnahmsweise in Betracht, falls das Pfand einen Börsen- oder Marktpreis hat (§ 1235 i.V.m. § 1221 BGB). Auch hier darf jedoch der Verkauf nur durch eine besonders berechtigte Person und nicht etwa durch den Vermieter selbst erfolgen. Da der Gerichtsvollzieher dabei außerhalb der Zwangsvollstreckung handelt, gilt bei seiner Weigerung, den Pfandverkauf durchzuführen, nicht § 766 ZPO, sondern die §§ 23 ff. EGGVG (OLG Frankfurt/M. DGVZ 1998, 121).

217 Wird gegen die besonders wichtigen Vorschriften der Pfandrechtsverwertung, nämlich die §§ 1228 Abs. 2, 1230 S. 2, 1235, 1237 S. 1 oder 1240 BGB verstoßen, gilt § 1243 Abs. 1 BGB: Die Veräußerung ist unrechtmäßig im Sinne von nichtig, d.h. der Erwerber erlangt kein Eigentum an der Sache und das Vermieterpfandrecht bleibt bestehen. Dies gilt auch beim Fehlen einer allgemeinen Verwertungsvoraussetzung, insbesondere beim Fehlen eines wirksamen Pfandrechts des Vermieters. In beiden Fällen sieht § 1244 BGB jedoch ausnahmsweise die Möglichkeit eines gutgläubigen Erwerbs vor.

218 Bei Verletzung sonstiger für den Pfandverkauf geltender Vorschriften ist die Veräußerung hingegen nach § 1243 Abs. 2 BGB wirksam, aber der Pfandgläubiger macht sich gegenüber dem Eigentümer ggf. schadensersatzpflichtig.

219 Immer kann der Eigentümer allerdings die Verwertung nachträglich genehmigen. Die Pfandrechtsverwertung gilt dann als ordnungsgemäß (BGH ZMR 1995, 243).

220 Wird eine dem Vermieterpfandrecht unterliegende Sache nach Entstehung des Vermieterpfandrechts von einem anderen Gläubiger gepfändet, kann der Vermieter nach § 805 ZPO auf vorzugsweise Befriedigung klagen, s.o. Rdn. 209.

Zahlt ein Dritter, der durch die Veräußerung der Pfandsache ein Recht an der Sache verlieren würde, Schulden des Mieters, so geht das Pfandrecht nach §§ 1257, 1249, 1250, 268, 412 BGB auf den Dritten über. Hat jedoch der Vermieter noch Forderungen aus dem Mietverhältnis, so verbleibt ihm das Vermieterpfandrecht als einheitliches Sicherungsrecht und geht dem mit der Forderung übergegangenen Pfandrecht des Dritten nach § 268 Abs. 3 S. 2 BGB im Rang vor (OLG Celle NJW 1968, 1139). 221

4. Selbsthilferecht und Herausgabeanspruch des Vermieters

a) Grundsätzliches

Das Vermieterpfandrecht ist grundsätzlich als besitzloses Pfandrecht ausgestaltet. Der Vermieter hat deshalb nur unter den Voraussetzungen des § 562b Abs. 1 S. 2 BGB i.V.m. §§ 562, 562a S. 2 BGB bzw. – was aus § 562b Abs. 2 S. 1 BGB nicht hervorgeht – zum Zwecke der Pfandverwertung (s.o. Rdn. 214 ff.) ein Recht, die Sache selbst in Besitz zu nehmen. 222

Das grundsätzlich fehlende Recht zum Besitz wirkt sich wie folgt aus: Nimmt der Vermieter vor Eintritt der vorerwähnten Voraussetzungen eine Sache des Mieters in Besitz, kann er gegenüber einer Vindikation nicht § 986 BGB einwenden. Wird die Sache unberechtigt vom Grundstück entfernt, kann der Vermieter vor Auszug des Mieters oder Verwertbarkeit Herausgabe nicht an sich, sondern nur an den Mieter verlangen. Das gilt für die Ansprüche aus § 562b Abs. 2 BGB und §§ 1257, 1227, 985 BGB gleichermaßen. Vor Auszug des Mieters kann der Vermieter Herausgabe an sich selbst nur dann verlangen, wenn er die Sache aufgrund einer fälligen Forderung (Pfandreife) der Verwertung zuführen will (Palandt/Weidenkaff § 562 Rn. 19), was sich aus §§ 1257, 1228 ff., 1231 S. 1 BGB analog herleiten lässt (Bub/Treier/v. Martius III. Rn. 888/905). 223

Der Vermieter hat jedoch einen Anspruch darauf, dass die Sachen im Mietobjekt verbleiben, da andernfalls ein Erlöschen des Vermieterpfandrechts droht (dazu unten Rdn. 260 ff.). Der Vermieter kann deshalb der unberechtigten Entfernung der seinem Pfandrecht unterliegenden Sachen gemäß § 562a BGB widersprechen und gemäß § 562b Abs. 1 BGB den Erhalt bzw. gemäß § 562b Abs. 2 BGB die Wiederherstellung seiner Sicherungssituation durchsetzen. Die unberechtigte Wegschaffung einer Pfandsache entgegen einem Widerspruch des Vermieters kann den Straftatbestand der Pfandkehr (§ 289 StGB) erfüllen (vgl. Rdn. 227), und zwar auch dann, wenn der Vermieter, wie im Regelfall, gar keinen unmittelbaren Besitz an der Sache hat (BayObLG WuM 1981, 165). 224

Lebhaft umstritten war bis BGH ZMR 2006, 199, wie sich ein Gerichtsvollzieher zu verhalten hat, wenn ein die Räumungsvollstreckung betreibender Vermieter gleichzeitig sein Vermieterpfandrecht an den eingebrachten Sachen des Mieters geltend macht. Hintergrund dieser Vorgehensweise des Vermieters ist häufig die Kürzung des von ihm geschuldeten Kostenvorschusses. Nach h.M. darf der Gerichtsvollzieher die betroffenen Sachen auch bei Streit um Pfandrecht oder Pfändbarkeit nicht vom Grundstück entfernen und hat es dem Schuldner zu überlassen, hiergegen auf dem Rechtsweg vorzugehen (so bereits AG Leverkusen DGVZ 1996, 75 m.w.N. und Anm.; LG Gießen DGVZ 1991, 156; LG Darmstadt DGVZ 1977, 89; E. Schneider MDR 1982, 984). Nach anderer Ansicht hat der Gerichtsvollzieher die unpfändbaren Sachen auszusondern und dem Gläubiger zu überlassen (AG Königswinter DGVZ 1989, 174) bzw. analog § 815 Abs. 2 ZPO zu hinterlegen (H. Schneider DGVZ 1989, 148). Andere wenden § 811 ZPO analog an und halten den Gerichtsvollzieher zur Verwahrung verpflichtet, soweit die Grenzen der Unpfändbarkeit reichen (Schilken DGVZ 1988, 58). 225

226 Vorzugswürdig ist die h.M., denn die eventuelle Unpfändbarkeit einzelner Sachen ist unerheblich, da § 811 ZPO im Rahmen der §§ 883 ff. ZPO nicht gilt und der Gerichtsvollzieher zur Klärung materieller Streifragen im streng formalisierten Zwangsvollstreckungsrecht nicht berufen ist. Zwar deckt der Räumungstitel nur die Außerbesitzsetzung aus dem Mietobjekt und nicht auch vom Mobiliar. Entscheidend ist aber, dass § 562b Abs. 1 S. 2 BGB die Selbsthilfe auch ohne Anrufung des Gerichts und folglich ohne Titel erlaubt (LG Gießen DGVZ 1991, 156 m.w.N.) und die Zwangsräumung dem Auszug i.S.d. Vorschrift gleichstehen muss.

227 Unberührt vom Selbsthilferecht bleiben Ansprüche aus §§ 823 Abs. 1, Abs. 2 BGB i.V.m. § 289 StGB sowie die eines Faustpfandgläubigers aus §§ 1227, 985, 1004 BGB. Der Mieter, der seine mit dem Vermieterpfandrecht belastete Sache einem Erwerber unbelastet übereignet, handelt als Nicht(voll)berechtigter und muss den Erlös gemäß § 816 Abs. 1 S. 1 BGB herausgeben (vgl. Palandt/Weidenkaff § 562b Rn. 2). Alle zuletzt genannten Ansprüche haben den Nachteil, dass der Vermieter sie notfalls nur mit gerichtlicher Hilfe durchsetzen kann.

228 Das **Widerspruchsrecht** des Vermieters ist nach § 562a S. 2 BGB in folgenden Fällen **ausgeschlossen**, d.h. es erlischt das Vermieterpfandrecht mit Entfernung unabhängig von einem Widerspruch und auch bei vermieterseitiger Unkenntnis (letzteres ist str., s.u. Rdn. 273; wie hier Palandt/Weidenkaff § 562a Rn. 7; Schmidt-Futterer/Lammel § 562a Rn. 21):

229 – Die Sachen werden den **gewöhnlichen Lebensverhältnissen** entsprechend aus den Mieträumen entfernt. Als Beispiele hierfür gelten die Mitnahme auf eine Reise, die Weggabe einer Sache zur Reparatur (vgl. Palandt/Weidenkaff § 562a Rn. 8) oder die Fahrt mit dem Auto. Aber auch eine endgültige Entfernung kann den gewöhnlichen Lebensverhältnissen entsprechen, z.B. die Mitgabe von Sachen an ausziehende Kinder oder die Wegschaffung von Gegenständen anlässlich einer Trennung oder Scheidung (str.; vgl. MüKo/Artz § 562a Rn. 10; a.A. Schmid Mietkaution und Vermieterpfandrecht Rn. 3057).

230 Nicht den üblichen Lebensverhältnissen entspricht die Wegschaffung aller wertvollen Gegenstände aus einer Wohnung oder die Versteigerung des gesamten Hausrats (Staudinger/Emmerich § 562a Rn. 19).

231 Im Zuge der reformbedingten Neugliederung musste in § 562a BGB, der unmittelbar nur noch für Wohnraummietverhältnisse gilt, der sich auf **Gewerbemiete** beziehende alte Satzteil »**im regelmäßigen Geschäftsbetrieb** des Mieters« gestrichen werden. Über § 578 BGB wird dieser Bezug aber wiederhergestellt, sodass die bisherigen Grundsätze bei Gewerbemietverträgen im Rahmen der gewöhnlichen Lebensverhältnisse weiterhin Berücksichtigung finden. Dem Ausschluss des Widerspruchsrechts liegt hier die Überlegung zugrunde, dass im laufenden Geschäftsbetrieb die Sachen vom Mieter alsbald durch neue Ware oder einen entsprechenden anderen Gegenwert ersetzt werden, sodass der wirtschaftliche Wert der Sicherung des Vermieters gleich bleibt. Dementsprechend gilt dies z.B. für einen Warenverkauf in einem Laden, nicht aber für einen Totalausverkauf. Auch die Wegschaffung im Insolvenzverfahren fällt nicht hierunter, da der Geschäftsbetrieb ebenfalls nicht aufrechterhalten wird (vgl. Schmidt-Futterer/Lammel § 562a Rn. 15 und OLG Düsseldorf NZM 2000, 336).

232 – Die in den Mieträumen **verbleibenden Sachen reichen zur Sicherung offenbar aus**. Für die Wertermittlung ist nicht von dem objektiven Wert der verbleibenden Sachen auszugehen, sondern von dem zu erwartenden Versteigerungserlös (Palandt/Weidenkaff § 562a Rn. 10). Sachen, bei denen das Eigentum des Mieters nicht feststeht, bleiben hierbei außer Betracht.

Dass die verbleibenden Sachen zur Sicherung ausreichen, muss offenbar, d.h. für den Vermieter ohne nähere Untersuchung ersichtlich sein (Palandt/Weidenkaff § 562a Rn. 10). 233

Für die Prüfung der ausreichenden Sicherung ist nach dem Wortlaut des § 562a S. 2 BGB nur auf die zurückbleibenden Sachen abzustellen. Eine eventuell geleistete Kaution bleibt deshalb grundsätzlich außer Betracht. In Ausnahmefällen wird man dem Widerspruchsrecht des Vermieters jedoch den Einwand der sittenwidrigen Übersicherung entgegenhalten können (vgl. Schmid Mietkaution und Vermieterpfandrecht Rn. 3061). 234

Hat ein anderer Gläubiger des Mieters die dem Vermieterpfandrecht unterliegende Sache gepfändet, so kann auch dieser Dritte einredeweise geltend machen, dass die verbleibenden Sachen zur Sicherung des Vermieters gemäß § 562a S. 2 BGB offenbar ausreichen (BGH BGHZ 27, 227; vgl. zur Pfändung durch dritte Gläubiger i.Ü. auch Rdn. 209 ff.). 235

Der **Widerspruch** des Vermieters ist überdies in folgenden Fällen **unbeachtlich:** 236
- Der **Vermieter** befindet sich im **Annahmeverzug**. Er setzt sich zu seinem eigenen Verhalten in Widerspruch (vgl. § 242 BGB), wenn er ihm ausreichend angebotene Leistungen nicht annimmt, andererseits aber einer Entfernung widerspricht. 237
- Die Entfernung der Sachen erfolgt aufgrund hoheitlicher Anordnung durch den **Gerichtsvollzieher** (str.; s.o. Rdn. 210). 238
- Die Entfernung wird durch den **Insolvenzverwalter** über das Vermögen des Mieters verfügt (§ 50 InsO). Der Vermieter ist hier auf die abgesonderte Befriedigung gemäß § 50 InsO beschränkt; die Verwertung darf nach § 166 InsO durch den Insolvenzverwalter erfolgen. 239

b) Selbsthilferecht

aa) Allgemeines

Der Vermieter darf die Entfernung der seinem Pfandrecht unterliegenden Sachen, soweit er der Entfernung widersprechen kann (§ 562a S. 2 BGB), nach § 562b Abs. 1 BGB auch ohne Anrufen des Gerichts verhindern (S. 1) und, wenn der Mieter auszieht, die Sachen darüber hinaus in seinen Besitz nehmen (S. 2), um so seine Ansprüche faktisch zu sichern. 240

Es handelt sich bei § 562b Abs. 1 BGB um ein speziell ausgestaltetes Selbsthilferecht, das weniger voraussetzt als die §§ 229, 230 BGB, die daneben anwendbar bleiben (vgl. OLG Celle ZMR 1994, 163, 164). Andererseits reicht es nicht so weit wie das Selbsthilferecht nach § 859 Abs. 1 BGB, da gegen den Vermieter mangels unmittelbaren Besitzes keine verbotene Eigenmacht (§ 858 Abs. 1 BGB) verübt werden kann. Voraussetzungen und Grenzen des Selbsthilferechts können durch Vertrag nicht erweitert werden (OLG München WuM 1989, 128, 132). Ebenso wenig kann die gesetzliche Ausschlussfrist des § 562b Abs. 2 S. 2 BGB verlängert werden. Im Rahmen der Ausübung seines Vermieterpfandrechts hat der Vermieter den Verhältnismäßigkeitsgrundsatz zu beachten. Er hat sich aus diesem Grunde zunächst darauf zu beschränken, einer Entfernung der dem Vermieterpfandrecht unterfallenden Gegenstände aus dem Mietobjekt zu widersprechen. Erst wenn gleichwohl Gegenstände entfernt werden, i.E. bei Fruchtlosigkeit des Widerspruchs, kann z.B. ein Schlösseraustausch gerechtfertigt sein, der dem Mieter den Besitz der Räume dauerhaft entzieht (OLG Karlsruhe NZM 2005, 542). 241

bb) Voraussetzungen

- An der nicht unpfändbaren Sache des Mieters muss **ein Vermieterpfandrecht entstanden** und darf **nicht erloschen** sein. 242
- Es muss eine **Entfernung** der Sache vom Mietobjekt vorliegen. 243

244 Entfernung bedeutet das rein tatsächliche Hinausschaffen des Pfandgegenstandes aus dem Mietobjekt (Palandt/Weidenkaff § 562a Rn. 4). Als Gegenstück zur Einbringung ist sie gleichfalls ein Realakt. Nach herrschender Ansicht (OLG Karlsruhe WuM 1971, 187; a.A. Schmidt-Futterer/Lammel § 562a Rn. 7 unter systematischem Hinweis auf § 1253 Abs. 1 BGB) reicht auch eine nur vorübergehende Entfernung aus, z.B. die Fahrt mit einem Kraftfahrzeug (OLG Hamm MDR 1981, 407; Palandt/Weidenkaff § 562a Rn. 4; a.A. LG Neuruppin NZM 2000, 962). Hiernach wird das Vermieterpfandrecht mit jeder Rückkehr in die mitvermietete Garage neu begründet. Problematisch für den Vermieter ist hierbei, dass ein zwischenzeitlich bestelltes Pfandrecht seinem Vermieterpfandrecht vorgeht und eine zwischenzeitliche Sicherungsübereignung sein Pfandrecht zum Erlöschen bringt (vgl. OLG Karlsruhe a.a.O.) Dem widerspricht das OLG Frankfurt (ZMR 2006, 609): » Als dem Geschäftsbetrieb des Unternehmers dienend sind betrieblich genutzte Fahrzeuge und Geräte ihrer wirtschaftlichen Natur nach in das Grundstück eingebracht, von welchem aus sie im laufenden Betriebe eingesetzt wurden. Der "Standort" betrieblich genutzter Fahrzeuge und Geräte ist aus der Sicht des Verkehrs das betriebliche Grundstück Eine bestimmungsgemäße regelmäßige wie vorübergehende Verbringung aus dem örtlichen Machtbereich des Vermieters oder Verpächters hebt diese Zuordnung nicht auf.«

245 Auch die Wegschaffung durch den Gerichtsvollzieher bzw. den Insolvenzverwalter ist eine Entfernung (Palandt/Weidenkaff § 562a Rn. 4; str., s.o. Rdn. 210). Allerdings steht dem Vermieter hiergegen kein Selbsthilferecht zu, sondern er ist hiernach nur noch durch § 805 ZPO geschützt (s.o. Rdn. 210, 213). Die bloße Pfändung der Sache ohne Wegschaffung (§ 808 Abs. 2 ZPO) stellt hingegen noch keine Entfernung dar.

246 – Die Entfernung muss **gerade im Gange sein.**

Das Selbsthilferecht besteht nur, solange die Entfernungshandlung andauert. Es kann nicht ausgeübt werden, bevor mit der Entfernung begonnen wird (OLG Düsseldorf ZMR 1983, 376). Eigenmächtige Maßnahmen zur vorsorglichen Verhinderung der Entfernung sind daher unzulässig (LG Hamburg ZMR 1978, 20) und stellen ggf. verbotene Eigenmacht dar (OLG Celle ZMR 1994, 263 zum Aussperren durch Auswechseln der Schlösser). Die bloße Absicht des Mieters, die Sache zu entfernen, genügt nicht (OLG Celle ZMR 1994, 163, 164). Deshalb kann das Selbsthilferecht noch nicht ausgeübt werden, wenn der Mieter über den Verkauf eingebrachter Sachen erst verhandelt (LG Freiburg WuM 1997, 113; OLG Celle ZMR 1994, 163: Das Selbsthilferecht des Vermieters darf nur während der Entfernung von Gegenständen und nicht als bloße Präventivmaßnahme ausgeübt werden). Ist die Entfernung beendet, kann der Vermieter gleichfalls keine eigenmächtige Zurückschaffung mehr durchführen; es besteht kein Recht zur Nacheile (Palandt/Weidenkaff § 562b Rn. 5). Dem Vermieter bleibt in diesem Fall stattdessen der Herausgabe- bzw. Rückverschaffungsanspruch (s. Rdn. 253 ff.).

247 – Der Vermieter muss berechtigt sein, der Entfernung zu widersprechen. Es darf also **kein Ausschluss des Widerspruchsrechts** nach § 562a S. 2 BGB vorliegen. Zu den Fällen, in denen das Widerspruchsrecht ausgeschlossen ist s. Rdn. 228 ff.

248 – Aus dem Grundsatz der Verhältnismäßigkeit folgt, dass der Vermieter zunächst **verbal der Wegschaffung widersprechen** oder beim Auszug des Mieters **Herausgabe an sich verlangen** muss, bevor er vom Selbsthilferecht Gebrauch macht (Palandt/Weidenkaff § 562b Rn. 6).

cc) Inhalt des Selbsthilferechts

249 **Wenn der Mieter im Mietobjekt bleibt,** darf das Selbsthilferecht gemäß § 562b Abs. 1 S. 1 BGB nur ausgeübt werden, um die Entfernung zu verhindern und so den Status quo der Sicherung zu erhalten. In eigenen Gewahrsam darf der Vermieter die Sache in diesem Fall nicht nehmen.

Wenn der Mieter auszieht, darf der Vermieter die Sachen hingegen gemäß § 562b Abs. 1 S. 2 BGB in seinen Besitz nehmen bzw. sie bei einem Dritten einlagern (Palandt/Weidenkaff § 562b Rn. 6). Hierfür genügt es, dass der Mieter mit dem Auszug beginnt (LG Hamburg WuM 1977, 256). Der Vermieter muss in diesem Fall die Sachen gemäß § 1215 BGB sorgfältig verwahren (§ 688 BGB) bzw. verwahren lassen, da anderenfalls dem Mieter Schadensersatzansprüche erwachsen können. Die Inbesitznahme ist keine verbotene Eigenmacht (Palandt/Weidenkaff § 562b Rn. 2), wenn sie von § 562b Abs. 1 S. 2 BGB gedeckt ist. Dann kann dem Vermieter ab Inbesitznahme auch ein Besitzschutz nach § 859 Abs. 1 bzw. § 869 BGB zur Seite stehen. **250**

Wie das Selbsthilferecht auszuüben ist, ist eine Frage des Einzelfalles. Stets ist der Grundsatz der Verhältnismäßigkeit zu beachten. Der Vermieter darf niemals weiter gehen, als dies zur konkreten Gefahrenabwehr erforderlich ist. In Betracht kommt z.B. ein Versperren von Türen. Eine Gewaltanwendung gegen Personen wird nur in engen Grenzen und nur gegen den Mieter selbst, nicht aber gegen unbeteiligte Dritte für zulässig erachtet. Streitig ist, ob Gewaltanwendung gegenüber Dritten, dem Mieter bei der Entfernung helfenden Personen zulässig ist (verneinend Palandt/Weidenkaff § 562b Rn. 6; bejahend Staudinger/Emmerich § 562b Rn. 13 m.w.N.). Bei Überschreitung der Grenzen des Selbsthilferechts kann sich der Vermieter schadensersatzpflichtig und ggf. strafbar machen. **251**

Anstelle der Selbsthilferechtsausübung hat der Vermieter auch die Möglichkeit, den Erlass einer einstweiligen Verfügung dahin gehend zu beantragen, dass dem Mieter die Entfernung der mit dem Pfandrecht belegten Sachen vom Grundstück durch ihn selbst oder durch Dritte untersagt wird (OLG Celle NJW-RR 1987, 447). Soweit der Vermieter die dem Pfandrecht unterliegenden Sachen mangels Kenntnis nicht konkret beschreiben kann, sind vor allem an die Bestimmtheit des Verbringungsverbots keine zu hohen Anforderungen zu stellen; einer Einzelaufzählung bedarf es nicht (OLG Hamm MDR 2000, 386). **252**

c) Herausgabeanspruch

Die Ausübung des Selbsthilferechts scheitert häufig daran, dass der Vermieter von der Wegschaffung keine Kenntnis erlangt oder trotz der rechtlichen Möglichkeit tatsächlich nicht in der Lage ist, die Entfernung zu verhindern. Für diese Fälle gewährt § 562b Abs. 2 S. 1 BGB einen Herausgabeanspruch, der insoweit an die Stelle des Selbsthilferechts tritt. Mit seiner Hilfe soll der der Entfernung vorangegangene Sicherungsumfang wieder hergestellt werden, denn erloschen ist das Vermieterpfandrecht trotz der Entfernung nicht (vgl. § 562a S. 1 BGB). **253**

Folgende **Voraussetzungen** sind erforderlich: **254**
- Das **Vermieterpfandrecht** muss entstanden und darf nicht erloschen sein. **255**
- Das **Widerspruchsrecht** darf **nicht ausgeschlossen** sein (vgl. dazu Rdn. 228 ff.). **256**
- Die Sache muss **ohne Wissen** oder **unter Widerspruch** des Vermieters **entfernt** worden sein. **257**

Der Anspruch richtet sich gemäß § 1257 i.V.m. §§ 1227, 985 und 1004 BGB **gegen jeden Besitzer der Sache**, also nicht nur gegen den Mieter, sondern auch gegen einen Dritten (Palandt/Weidenkaff § 562b Rn. 8). Zur Vorbereitung des Herausgabeanspruchs steht dem Vermieter ein Auskunftsanspruch über den Sachverbleib zu (Palandt/Weidenkaff § 562b Rn. 8). Unerheblich ist eine Einbringung der Sache in neue Mieträume. Das gesetzliche Pfandrecht des neuen Vermieters ist nachrangig (1209 BGB) und ein gutgläubiger Erwerb des Vorrangs (§ 1208 BGB; s.o. Rdn. 198) scheidet aus (Schmidt-Futterer/Lammel § 562b Rn. 23). Nicht zur Herausgabe verpflichtet ist allerdings der Insolvenz- **258** verwalter über das Vermögen des Mieters; hier besteht für den Vermieter lediglich ein Absonderungsrecht gemäß § 50 InsO (s.o. Rdn. 213). Nicht zur Herausgabe verpflichtet ist auch der gutgläubige lastenfreie Erwerber, da durch den gutgläubig lastenfreien Erwerb das Pfandrecht erlischt (s.u. Rdn. 276). Der veräußernde Mieter schuldet jedoch Herausgabe des Erlöses nach § 816 Abs. 1 S. 1 BGB (Rdn. 227, 272).

259 Ist der **Mieter nicht ausgezogen**, kann der Vermieter die Herausgabe nur zum Zweck der Zurückverschaffung in das Mietobjekt verlangen (§ 562b Abs. 1 S. 1 BGB). Die Zurückschaffung selbst ist Angelegenheit des Vermieters. Er ist dann wieder in gleicher Weise gesichert wie vor der Entfernung der Sache vom Grundstück (vgl. Staudinger/Emmerich § 562b Rn. 19 ff.).

260 Ist der **Mieter ausgezogen**, kann der Vermieter Herausgabe an sich selbst verlangen. Er erlangt damit ein Besitzrecht an der Sache und muss sie bis zur Verwertung gemäß § 1215 BGB ordnungsgemäß verwahren (§ 688 BGB). Der Vermieter ist jedoch nicht berechtigt, die Sache zu nutzen, beispielsweise sie einem neuen Mieter mitzuvermieten. Das Vermieterpfandrecht ist kein Nutzungspfandrecht. Eine unbefugte Nutzung begründet einen Anspruch des Mieters auf Herausgabe des Nutzungserlöses analog § 816 Abs. 1 S. 1 BGB oder analog § 1214 BGB (vgl. OLG Frankfurt/M. NJW-RR 1996, 585).

261 Zur **Ausschlussfrist** des § 562b Abs. 2 S. 2 BGB vgl. Rdn. 267 ff.

5. Erlöschen des Vermieterpfandrechts

a) Erlöschen durch Entfernung vom Grundstück

aa) Grundsatz

262 Das Vermieterpfandrecht erlischt nach § 562a S. 1 BGB mit der Entfernung der Sachen vom Grundstück. Zum Begriff des Entfernens s. Rdn. 243 ff. Die gesetzliche Vorschrift ist unabdingbar (Palandt/Weidenkaff § 562a Rn. 1).

263 Das Pfandrecht erlischt nach einer Ansicht auch bei einer nur vorübergehenden Entfernung und entsteht dann bei der Zurückschaffung erneut (vgl. OLG Karlsruhe WuM 1971, 187; str.; OLG Frankfurt/M. ZMR 2006, 609; s. Rdn. 244).

bb) Ausnahmen

264 Das Vermieterpfandrecht erlischt nicht, wenn die Sache **ohne Wissen des Vermieters** entfernt wurde. Wissen bedeutet die positive Kenntnis des Vermieters von der Entfernung. Grob fahrlässige Unkenntnis steht dem Wissen nicht gleich, da es im Gegensatz zum positiven Wissen nicht darauf schließen lässt, dass der Vermieter bewusst auf sein Pfandrecht verzichtet hat.

265 Das Pfandrecht erlischt ebenfalls nicht, wenn der Vermieter **der Wegschaffung widerspricht (sog. Sperrrecht)**. Der Widerspruch darf nicht nach § 562a S. 2 BGB ausgeschlossen sein. Er muss unmittelbar vor oder während der Entfernung erklärt werden.

266 Ein erst nach Beendigung der Entfernung erklärter Widerspruch ist wirkungslos; das Vermieterpfandrecht erlischt, soweit kein Fall der Unkenntnis gemäß § 562a S. 1 Hs. 2 1. Alt BGB vorliegt (Staudinger/Emmerich § 562a Rn. 14).

267 Der bloße Widerspruch bzw. die Entfernung der Sache ohne Wissen des Vermieters sichert bzw. wahrt das Bestehen des Pfandrechts aber zunächst nur vorläufig. Nach dem besonderen Erlöschensgrund in § 562b Abs. 2 S. 2 BGB erlischt das Pfandrecht nach Ablauf eines Monats, nachdem der Vermieter von der Entfernung der Sachen Kenntnis

erlangt hat bzw. der Entfernung erfolglos widersprochen hat, wenn er nicht den Anspruch auf Herausgabe aus § 562b Abs. 2 S. 1 BGB vorher **gerichtlich geltend gemacht** hat.

Die **Monatsfrist des § 562b Abs. 2 S. 2 BGB** ist eine Ausschlussfrist. Sie berechnet sich nach §§ 187 Abs. 1, 188 Abs. 2 BGB und kann weder unterbrochen oder gehemmt noch durch Vertrag verlängert werden, unter Umständen aber gemäß § 140 BGB in die Bestellung eines Pfandrechts (§ 1205 BGB) umgedeutet werden (Palandt/Weidenkaff § 562b Rn. 12). Sie beginnt und läuft insbesondere unabhängig davon, ob der Vermieter Kenntnis vom Verbleib der Sachen und ggf. vom neuen Besitzer als Anspruchsgegner hat (Staudinger/Emmerich § 562 Rn. 19). **268**

Zur Fristwahrung genügt **jede gerichtliche Maßnahme** im Zusammenhang mit dem Anspruch aus § 562b Abs. 2 S. 1 BGB, insbesondere neben der Klage auch der Antrag auf einstweilige Verfügung oder der Widerspruch gegen eine einstweilige Verfügung des Mieters auf Duldung der Wegschaffung (Staudinger/Emmerich § 562b Rn. 19 ff. m.w.N.). Nicht ausreichend ist hingegen der Klageabweisungsantrag gegenüber einer negativen Feststellungsklage (vgl. Sternel Mietrecht III Rn. 271 m.w.N.). Die gerichtliche Geltendmachung muss sich gegen den Besitzer richten, der nicht (mehr) notwendig mit dem Mieter identisch ist. **269**

Der Vermieter trägt in allen Fällen die **Beweislast** dafür, dass die Sache ohne sein Wissen bzw. gegen seinen Widerspruch vom Mietobjekt entfernt wurde (AG Köln WuM 1985, 123). **270**

Erlischt das Vermieterpfandrecht nach § 562b Abs. 2 S. 2 BGB durch den **Ablauf der Ausschlussfrist**, so kann der Vermieter nicht mehr die Herausgabe zum Zwecke der Verwertung verlangen. Bereits in Besitz genommene Sachen muss er dem Mieter zurückgeben (§§ 985, 986 BGB). Schadensersatzansprüche des Vermieters wegen rechtswidriger und schuldhafter Verletzung des Pfandrechts werden hiervon jedoch nach überwiegender Ansicht (vgl. Palandt/Weidenkaff § 562b Rn. 14 m.w.N.) nicht berührt, beispielsweise für den Fall, dass der Mieter die Sachen unberechtigt vom Grundstück entfernt oder einem dem Vermieter unbekannten Dritten überlässt, sodass eine Rückschaffung nicht mehr möglich ist. Hierbei wird dem Vermieter ggf. wegen schuldhafter Fristversäumung ein Mitverschulden nach § 254 BGB zugerechnet. Kritisch wird hiergegen eingewandt, dass die Ausschlussfrist damit faktisch leer läuft (vgl. Staudinger/Emmerich § 561 Rn. 48 m.w.N.) und die Säumigkeit des Vermieters nicht durch einen Schadensersatzanspruch kompensiert werden dürfe (Sternel Mietrecht 3. Aufl. III Rn. 272). Dem steht jedoch entgegen, dass der Vermieter sonst gerade in den Fällen besonderer Verschleierungsaktivitäten des Mieters mangels Anspruchsgegners schutzlos bliebe. Beruht der Verlust des Pfandrechts ausschließlich auf der Säumigkeit des Vermieters, wird ein Schadenersatzanspruch schon dem Grunde nach nicht in Betracht kommen bzw. kann durch § 254 BGB ein angemessener Ausgleich gefunden werden. **271**

Der Mieter haftet dem Vermieter unabhängig vom Bestehen von Schadensersatzansprüchen jedenfalls gemäß §§ 812, 816 BGB auf Herausgabe des Erlöses, soweit er eigenmächtig pfandrechtsunterworfene Gegenstände veräußert (vgl. Rdn. 227, 258). **272**

(3) Unabhängig vom Widerspruch des Vermieters erlischt das Pfandrecht mit der Entfernung der Sache, wenn der Vermieter dieser Entfernung wegen einer Duldungspflicht nach § 562a S. 2 BGB nicht widersprechen kann (s. Rdn. 228 ff.). Nach überwiegender Ansicht gilt dies auch **unabhängig vom Wissen** des Vermieters, also im Fall seiner mangelnden Kenntnis von der Entfernung, weil der Vermieter auch im Falle seiner Kenntnis nicht wirksam hätte widersprechen können (vgl. Palandt/Weidenkaff § 562a Rn. 7; Staudinger/Emmerich § 562a Rn. 11, jeweils m.w.N.; s.o. Rdn. 228). **273**

b) Sonstige Erlöschensgründe

274 Das Vermieterpfandrecht erlischt insbesondere auch in folgenden Fällen (vgl. Palandt/Weidenkaff § 562a Rn. 2):

275 – Aufhebung des Pfandrechts (§§ 1257, 1255, 305 BGB) durch Vertrag oder einseitigen Verzicht des Vermieters.

276 – Gutgläubiger lastenfreier Erwerb eines Dritten unter den Voraussetzungen des § 936 BGB. Zulasten des Erwerbers wird allerdings regelmäßig von dessen grober Fahrlässigkeit ausgegangen, wenn er sich die Sachen auf dem Mietgrundstück übergeben lässt und Kenntnis vom Bestehen eines Mietvertrages hat, ohne sich bei dem Vermieter nach dessen Pfandrecht zu erkundigen (BGH WPM 1965, 701, 704). Ein zunächst nur mit dem Vermieterpfandrecht belastet erworbenes Sicherungseigentum an einer Sache kann nicht durch ein anschließendes vorübergehendes Entfernen der Sache vom Mietgrundstück zu einem unbelasteten Sicherungseigentum erstarken (OLG Frankfurt NZM 2007, 103).

277 – Lastenfreier Erwerb nach §§ 1257, 1242 BGB durch rechtmäßige Veräußerung in Durchführung der Pfandverwertung (vgl. Rdn. 214 ff.).

278 – Wegfall der gesicherten Forderung (§§ 1257, 1252 BGB) durch Tilgung o.Ä. Im Mietverhältnis muss hierfür feststehen, dass überhaupt keine Forderungen des Vermieters mehr entstehen können, da ansonsten das Vermieterpfandrecht auch bestimmte künftige Forderungen sichert (vgl. Staudinger/Emmerich § 562 Rn. 33 m.w.N.).

279 – Zusammentreffen von Pfandrecht und Eigentum (§§ 1257, 1256 BGB), z.B. bei Abtretung der gesicherten Forderung an den Sicherungseigentümer (BGH BGHZ 27, 227, 233).

280 – Übertragung der Forderung unter Ausschluss des Pfandrechtsübergangs (§§ 1257, 1250 Abs. 2 BGB).

281 – Verwertung durch einen dritten Gläubiger (§ 817 ZPO, § 1242 Abs. 2 S. 1 BGB).

282 – Sicherheitsleistung des Mieters gemäß § 562c S. 1 BGB (s. Rdn. 283 f.). Nach vorzugswürdiger Ansicht enthält die Vorschrift jedoch keinen besonderen Erlöschensgrund, sondern verhindert lediglich die Geltendmachung des Pfandrechts (Schmidt-Futterer/Lammel § 562c Rn. 10; Palandt/Weidenkaff § 562c Rn. 2; a.A. Staudinger/Emmerich § 562 Rn. 10).

6. Sicherheitsleistung des Mieters

283 Nach § 562c S. 1 BGB kann der Mieter die Geltendmachung des **Vermieterpfandrechts generell** durch Sicherheitsleistung (§§ 232 ff. BGB) abwenden. Die Höhe der Sicherheit richtet sich hierbei nach der Forderung des Vermieters, nicht nach dem Wert der eingebrachten Sachen, da diese Vorgabe gemäß § 562c S. 2 BGB nur für die Befreiung einzelner Gegenstände vom Pfandrecht gilt (str.; Staudinger/Emmerich § 562c Rn. 6; a.A. Palandt/Weidenkaff § 562c Rn. 2, je m.w.N.). Um die Wahrnehmung des Rechts aus § 562c BGB zu ermöglichen, ist der Vermieter zur Auskunft über die Höhe seiner Forderung verpflichtet (BGH WPM 1971, 1086, 1088).

284 Der Mieter kann auch jeweils **einzelne Sachen** dadurch vom Pfandrecht befreien, dass er in der Höhe ihres Wertes Sicherheit leistet (§ 562c S. 2 BGB). Dies gilt wegen des insoweit eindeutigen Wortlauts auch dann, wenn die Sache geringwertiger ist als die vom Vermieterpfandrecht gesicherte Forderung. Wird die Sicherheitsleistung erbracht, darf der Mieter die so vom Pfandrecht befreite Sache ungehindert vom Grundstück entfernen.

285 Die beiden Rechte zur Sicherheitsleistung stehen nach heute überwiegender Meinung neben dem Mieter analog § 268 BGB auch **Dritten** zu, soweit sie durch die Pfandrechtsausübung in ihren Rechten beeinträchtigt sein können, wie z.B. der (Sicherungs-)Eigen-

tümer der eingebrachten Sachen oder nachrangige Pfändungspfandgläubiger (vgl. Palandt/Weidenkaff § 562c Rn. 1).

Die Sicherheitsleistung richtet sich nach §§ 232 ff. BGB. Neben der Hinterlegung von **286**
Geld oder Wertpapieren ist die Verpfändung beweglicher Sachen, die Hypothekenbestellung oder eine Bürgengestellung möglich. Eine Hinterlegung hat gemäß §§ 372 ff. BGB i.V.m. § 1 Abs. 2 HinterlO beim zuständigen Amtsgericht zu erfolgen.

§ 562c BGB ist vertraglich nicht abdingbar. **287**

7. Kapitel
Gebrauchsgewährungspflicht

Übersicht **Rdn.**

I. Gebrauchsrechte des Mieters

1. Grundsätzliches

a) Allgemeines

1 Der Begriff vertragsgemäßen Gebrauchs der Mietsache ist bei der Wohnraummiete eng verknüpft mit dem des Wohnens und bei der Miete von Gewerberaum mit dem entsprechenden Betrieb des Gewerbes. Der Mieter von Wohnraum muss die Möglichkeit haben, in den angemieteten Räumen seine allgemeine Lebensführung und Persönlichkeit entfalten zu können (BVerfG WuM 1994, 127). Die Wohnung ist der Lebensmittelpunkt für den Mieter. Das Besitzrecht des Mieters an der gemieteten Wohnung ist Eigentum i.S.v. GG Art. 14 Abs. 1 S. 1 (BVerfG NZM 2004, 186). Es hat eine Interessenabwägung zwischen Vermieter und Mieter hinsichtlich des beiderseitigen Eigentums-/Besitzschutzes stattzufinden (BVerfG WuM 2000, 298). Bei der Miete von Geschäftsraum beinhaltet der Gebrauch der Mietsache, dem Mieter die Ausübung des Gewerbes zu ermöglichen. Im Einzelfall ist die Ausgestaltung des vertragsgemäßen Gebrauchs eine Frage der vertraglichen Regelungen. Hierdurch kann der Begriff des Gebrauchs der Mietsache konkretisiert werden. So kann geregelt werden, was erlaubt und was untersagt ist.

2 Von Bedeutung ist, in welchem Zustand sich die Mietsache bei Vertragsbeginn befand. Dieser Zustand ist grundsätzlich verbindlich. Zur Grundausstattung, die auf jeden Fall vom Vermieter geschuldet ist, zählen bei Wohn- und Gewerberäumen das fließende Kalt- und Warmwasser, Elektroleitungen, das ordnungsgemäße Funktionieren innerhalb und außerhalb der Räume installierter Lichtquellen und die allgemeine Verkehrssicherungspflicht. Auch der Mieter einer Altbauwohnung kann einen Mindeststandard erwarten, der ein zeitgemäßes Wohnen ermöglicht und den Einsatz der für die Haushaltsführung allgemein üblichen elektrischen Geräte ermöglicht (BGH WuM 2004, 527 für die Bereitstellung der Stromversorgung zum Betrieb für Wasch- und Geschirrspüler und unter dem Vorbehalt fehlender abweichender Vereinbarung).

Neben einem größeren Haushaltsgerät wie etwa einer Waschmaschine müsse auch gleichzeitig der Gebrauch weiterer haushaltsüblicher Geräte wie z.B. eines Staubsaugers möglich sein. Auf eine unterhalb dieses Mindeststandards liegende Beschaffenheit kann der Mieter nur bei eindeutiger Vereinbarung verwiesen werden (BGH GE 2010, 480).

b) Allgemeines Gleichbehandlungsgesetz (AGG)

3 *Bei der Vermietung* ist das Allgemeine Gleichbehandlungsgesetz v. 14.08.2006 (BGBl. I, 1897 – AGG) zu beachten. Ziel ist nach Art. 1 dieses Gesetzes, Benachteiligungen »aus

Gründen der Rasse oder wegen der ethnischen Herkunft, des Geschlechts, der Religion oder Weltanschauung, einer Behinderung, des Alters oder der sexuellen Identität zu verhindern oder zu beseitigen«. Zur Bedeutung des AGG für die Vermieterpraxis der Wohnungswirtschaft s. Kathrin Metzger (WuM 2007, 47).

c) Einschränkung des Gebrauchs

Der vertragsgemäße Gebrauch der Mietsache wird in § 541 BGB insoweit gesetzlich eingeschränkt, als dort ein Unterlassungsanspruch des Vermieters gegeben wird, wenn der Mieter die Mietsache gerbrauchswidrig nutzt. Die Grenzen des vertragsgemäßen Gebrauchs dürften im Einzelfall schwer zu bestimmen sein. Zunächst kann der Zweck des jeweiligen Mietvertrags die Grenzen dessen bestimmen, was unter den Mietgebrauch zu fassen ist. So darf eine Wohnung nicht insgesamt zu betrieblichen Zwecken genutzt werden. Es versteht sich allerdings ebenso, dass elementare Bedürfnisse des Mieters nicht vertraglich ausgehöhlt werden dürfen. So ist der Mieter berechtigt, Besuch zu empfangen; Kleintiere (s. Rdn. 22) darf er immer halten, das Musizieren darf nicht gänzlich verboten werden. Maßgeblich ist, ob bei Aufrechterhaltung der Wohnung als Lebensmittelpunkt und noch üblicher Wohnraumnutzung von den Handlungen des Mieters Belästigungen für die anderen Mieter oder eine Gefährdung des Mietobjekts zu besorgen sind (LG Hamburg WuM 1993, 188). Ist das der Fall, liegt ein vertragsgemäßer Gebrauch nicht mehr vor. Allerdings darf der Mieter ohne weiteres seinen Lebenspartner und nähere Angehörige in die Wohnung aufnehmen, sofern hiermit keine Überbelegung verbunden ist (BVerfG, WuM 2000, 298). Auch in der Begründung des Regierungsentwurfs zum Mietrechtsreformgesetz v. 19.06.2001 ist als Regelfall des gesetzlichen Anspruchs nach § 553 BGB die Aufnahme eines Lebenspartners zum Zwecke der Bildung oder Fortführung eines auf Dauer angelegten gemeinsamen Haushalts benannt (BT-Drucks. 14/4553 S. 49). Soweit die Rechtsprechung davon ausgeht, dass die Aufnahme in die Wohnung von einer Erlaubnis des Vermieters abhängt, hat der Mieter i.d.R. jedenfalls einen Anspruch auf Erteilung der Erlaubnis (BGH WuM 2003, 688). Der Ehegatte und die Kinder sind nicht Dritte i.S.v. § 540 BGB, so dass deren Aufnahme in die Wohnung nicht von der Erlaubnis des Vermieters abhängt (BGH WuM 1991, 381). In jedem Fall muss allerdings der Mieter die Aufnahme dieser Personen anzeigen; die Rechtsmäßigkeit der Aufnahme setzt aber nicht die Zustimmung des Vermieters voraus. 4

Vom Vermieter muss dabei auch das Gleichbehandlungsprinzip beachtet werden. Zwar ist dieses dem Mietrecht vom Grundsatz her fremd. Einen allgemein üblichen Grundsatz der Gleichbehandlung gibt es nicht, mit Ausnahme der Genossenschaftswohnungen (AG Hamburg WuM 2003, 558). Es haben sich aber gerade bei den Gebrauchsrechten wie insbesondere im Rahmen der Aufstellung einer Hausordnung oder bei der Tierhaltung Grundsätze entwickelt, die der Gleichbehandlung Rechnung tragen wollen (s. Rdn. 23). 5

d) Prüfungspflicht des Vermieters

Der Vermieter hat nicht nur das Recht, die Mietsache allgemein oder aus bestimmten Anlässen heraus zu prüfen (s. Rdn. 7–11), sondern auch die Pflicht, die Mietsache auf ihre Geeignetheit hin zur Erfüllung seiner Gebrauchsgewährungspflicht hin zu prüfen, damit Schäden von vornherein unterbunden und vermieden werden können. Hinsichtlich der zeitlichen Abstände einer Prüfung kann auf die nachfolgenden Ausführungen zum Besichtigungsrechts des Vermieters verwiesen werden. 6

Von Bedeutung ist die Prüfungspflicht beispielsweise im Zusammenhang mit Rohrleitungen für Wasser. Sind diese aber in die Wände verlegt, ist eine Prüfung nur dann angesagt, wenn sich ein konkreter Verdacht aufgrund sich häufender Rohrbrüche stellt (AG Menden ZMR 1999, 34); die Kontrollpflicht findet nämlich nach Treu und Glauben dort ihre Grenzen, wo sie zum einen unzumutbaren Aufwand erfordert und zum anderen keine Gewähr bietet, dass Schäden tatsächlich unterbunden werden (BGH WuM 1993, 123). Deshalb ist der Vermieter auch nicht verpflichtet, ohne konkreten Anlass mittels Rohrfräse oder Videokamera Prüfungen von Abwasserleitungen vorzunehmen (LG Hamburg ZMR 2007, 120) bzw. ohne besonderen Anlass eine regelmäßige Generalinspektion der Elektrogeräte und -leitungen vorzunehmen (BGH ZMR 2009, 345).

e) Besichtigungsrecht des Vermieters

aa) Allgemeines Besichtigungsrecht

7 Der Vermieter darf die Mieträume auch ohne vertragliche Regelung in gewissen Abständen besichtigen, wobei man Zeitabstände von ein bis zwei Jahren als angemessen ansieht (LG Berlin MM 2004, 125). Handelt es sich um eine ältere Wohnanlage, so kann ein jährliches Betretungsrecht angemessen sein (AG Saarbrücken ZMR 2005, 372). Einen konkreten Grund braucht der Vermieter dazu nicht. Der Vermieter muss von dem ihm zustehenden Wohnungsbesichtigungsrecht in möglichst schonender Weise Gebrauch machen und hat sein Erscheinen zuvor anmelden, wobei von etwa einer Woche vorher ausgegangen wird (LG Berlin MM 2004, 125). Der Vermieter muss dabei die üblichen Tageszeiten nutzen, wobei der Samstag als Werktag angesehen wird (AG Köln NZM 2001, 41). Bei Gewerberaum können die Öffnungszeiten als Richtlinie dienen.

Zur Anwendung von § 809 BGB auch auf unbewegliche Sachen s. OLG Karlsruhe NJW-RR 2002, 951 und BGH NJW-RR 2004, 916.

bb) Konkrete Gründe

8 Der Vermieter kann im Einzelfall auch konkrete Anlässe haben, um die Wohnung zu betreten und zu besichtigen (AG Hamburg NZM 2007, 211). Dies kann der vorgesehene Verkauf der Mietsache sein, um sie dem Kaufinteressenten zeigen zu können (LG Frankfurt NZM 2002, 696; LG Stuttgart WuM 1991, 578), dies kann auch die beabsichtigte Weitervermietung nach Kündigung sein. Zu der Frage, ob bei einer Besichtigung die Namen der Kaufinteressenten dem Mieter bekannt gegeben werden müssen, liegen unterschiedliche Entscheidungen vor (bejahend: LG Stuttgart s.o.; verneinend: AG München, WuM 1994, 425). Der Vermieter kann Modernisierungen planen oder überprüfen wollen, ob der Mieter seiner Renovierungspflicht nachkam. Auch die Überprüfung nach unerlaubter Tierhaltung ist bei einem begründeten Verdacht anerkannt (AG Rheine WuM 2003, 315).

cc) Ausübung

9 Der Vermieter hat allerdings das Gebot schonender Rechtsausübung (§ 242 BGB) zu beachten und muss gegebenenfalls verschiedene Besichtigungszwecke bündeln und – soweit praktisch möglich – zum Gegenstand eines einzigen Besichtigungstermins machen (AG Hamburg a.a.O.). Bei Berufstätigkeit des Mieters ist ein Zeitraum für die drei Tage zuvor angekündigte Besichtigung dreimal monatlich werktags zwischen 19 und 20 Uhr für eine Dauer von 30 bis 45 Minuten vertretbar (LG Frankfurt s.o.), da es dem Mieter nicht zugemutet wird, Besichtigungen während der Arbeitszeit durch Vor- oder Nachholen von Überstunden oder Verdienstausfall zu ermöglichen (AG Hamburg WuM 1992, 541).

10 *Es versteht sich*, dass der Vermieter auf persönliche Hinderungsgründe des Mieters die gebotene Rücksicht nehmen muss. Gemeint sind etwa Krankheit, Urlaub und dergleichen.

Es wurde schon entschieden, dass der Mieter verlangen kann, dass der Vermieter und Kauf- oder Mietinteressenten vor dem Betreten der Wohnung mit Rücksicht auf die religiösen Belange des Mieters Filzpantoffeln überziehen (AG Waldbröhl WuM 1992, 599). Nach anderer und zutreffender Ansicht steht dem Mieter ein solches Recht aber nur bei Vorliegen vernünftiger Gründe wie etwa der Vermeidung von Verschmutzungen zur Seite (AG München s.o.).

dd) Weitere Personen

Bedient der Vermieter sich, was grundsätzlich zulässig ist (LG Frankfurt s.o.), einer Drittperson zur Wahrnehmung seines Besichtigungsrechts, müssen sich jedenfalls diese Personen auf Verlangen des Mieters ausweisen, der Mieter darf sich Name und Anschrift auch notieren (s. Herrlein ZMR 2007, 247). **11**

Der Mieter muss sich nicht darauf verweisen lassen, sich bei der Besichtigung vertreten zu lassen, sofern er aus bestimmten Gründen bestimmte Besichtigungstermine nicht wahrnehmen kann und verschieben will (AG Hamburg WuM 1992, 540). **12**

ee) Schadensersatzverpflichtung

Die unberechtigte Verweigerung des Zutritts kann eine Schadensersatzverpflichtung des Mieters begründen (etwa bei Mietausfall, Mehrkosten für die nochmalige An- bzw. Abfahrt eines Handwerkers). **13**

Eine Kündigung des Mietverhältnisses nach § 573 Abs. 1 S. 1 BGB rechtfertigt die Zutrittsverweigerung jedoch nicht (BVerfG WuM 2004, 80).

ff) Rechtsweg

Es versteht sich, dass der Vermieter gegen den Willen des Mieters die Wohnung oder die Geschäftsräume nicht betreten darf. In Eilfällen kann eine einstweilige Verfügung beantragt werden. Die Aufnahme einer Ankündigungsfrist ist nicht erforderlich, da der Mieter sich in Verzug befindet und sofortiger Vollzug erforderlich ist. **14**

▶ **Formulierungsbeispiel:**

»Der Vermieter ist berechtigt, die Gewerberäume des Mieters in ... (nähere Bezeichnung nach Ort, Straße, Gebäudenummer) zu betreten und zu besichtigen, außer an Sonn- und Feiertagen und beschränkt auf die Zeiten zwischen 9.00 bis 13.00 Uhr und 14.30 Uhr bis 19.00 Uhr.«

Soweit die Eilbedürftigkeit im Einzelfall fehlt, muss der Vermieter Klage auf Duldung erheben. **15**

Zum Muster einer Duldungsklage auf Besichtigung der Mietsache wird verwiesen auf Hinz unter 2.2.3.

Zum vertraglich vereinbarten Besichtigungsrecht des Vermieter s. unter Rdn. 89.

Streitwert € 600.- AG Hamburg NZM 2007, 211.

2. Einzelne Gebrauchsrechte

a) Tierhaltung

aa) Grundsätzliches

16 Tiere sind keine »Sachen« (§ 90a BGB). Haustiere unterliegen grundsätzlich einem Pfändungsverbot (§ 811c Abs. 1 ZPO).

17 Die Frage der Tierhaltung ist gesetzlich nicht geregelt. Mietverträge enthalten zumeist Regelungen zur Tierhaltung. Bei fehlender Vereinbarung über die Tierhaltung ist diese dem Mieter grundsätzlich gestattet (AG Wedding GE 2002, 997). Die Grenzen bilden Gefahren für die Mietsache und Belästigungen für die anderen Hausbewohner. Wird durch Belästigungen der vertragsgemäße Gebrauch überschritten, kann der Vermieter die Unterlassung der Tierhaltung beanspruchen (AG Bremen WuM 2007, 124).

18 Die Haltung jedenfalls von Kleintieren wird vom allgemeinen vertragsgemäßen Gebrauch der Mietsache gedeckt (BGH GE 2008, 48), die Hunde- oder Katzenhaltung in einem Mehrfamilienhaus ist allerdings umstritten. Nach dem AG München (WuM 2005, 649) kann der Mieter auch ein Minischwein im Rahmen eines vertragsgemäßen Gebrauchs der Wohnung halten. Nach Ansicht des KG (WuM 2004, 721) zählt die Katzenhaltung auch in einer Stadtwohnung zum vertragsgemäßen Gebrauch der Mietsache.

Grundsätzlich wird zu unterscheiden sein: Ist die Tierhaltung erlaubt, unterliegt sie selbstredend dem vertragsgemäßen Gebrauch, den der Vermieter zu gewährleisten hat. Ist sie in zulässiger Weise untersagt, ist dies ebenso selbstverständlich nicht der Fall. Kleintiere (s. Rdn. 22) dürfen regelmäßig gehalten werden. Das Halten von sog. Kampfhunden ist generell verboten und der Vermieter muss keine konkrete Gefährdung darlegen (AG Pankow-Weißensee GE 2000, 65) (s.a. Rdn. 87).

bb) Stillschweigende Erlaubnis

19 Die Erlaubnis zur Tierhaltung kann auch konkludent erteilt werden (LG Saarbrücken DWW 1993, 208), wobei die Kenntnis des Vermieters oder dessen Vertreters (Verwalter, Hausmeister) vorausgesetzt wird (LG Frankenthal WuM 1990, 118). Die bloße Kenntnis und das Nichtbeanstanden wird hierfür nicht als ausreichend betrachtet (LG Berlin ZMR 1999, 28). Allerdings ist der Vermieter verpflichtet, gegen eine vertragswidrige Tierhaltung vorzugehen, sobald er hiervon erfährt, anderenfalls besteht die Gefahr der Verwirkung des Rechts auf Unterlassung der Tierhaltung (LG Frankenthal WuM 1990, 118).

cc) Widerruf – Ersatzanschaffung

20 Die einmal erteilte Erlaubnis darf nur aus wichtigem Grund widerrufen werden (LG Hamburg WuM 1999, 453), was dann gegeben ist, wenn es zu Belästigungen und Störungen der Hausbewohner kommt, etwa weil das Tier das Treppenhaus verunreinigt oder in andere Wohnungen dringt (AG Hamburg-Altona WuM 1989, 624; AG Potsdam WuM 1998, 316) oder wenn von dem Tier Gefahren ausgehen (LG Nurnberg-Fürth WuM 1991, 93).

21 Da die vereinbarte Befugnis zur Tierhaltung für die Vertragsdauer gilt, bedarf es zur Ersatzanschaffung keiner weiteren Erlaubnis des Vermieters, wenn das bisherige verstorben ist (AG Neustrelitz WuM 1995, 535; a.A. AG Speyer DWW 1991, 372), soweit es sich um ein gleichartiges Tier handelt. Anderes gilt, wenn anstelle des bisherigen Hundes eine Katze angeschafft werden soll (AG Hamburg NJW-RR 1992, 203) oder wenn es sich um eine Einzelfallerlaubnis handelt.

dd) Kleintiere

Die Haltung von Kleintieren bedarf keiner Erlaubnis des Vermieters. Formularklauseln, durch die das Halten solcher Tiere untersagt wird, sind unwirksam (BGH WuM 1993, 109; s. hierzu näher Rdn. 82). 22

Das AG Hanau (WuM 2002, 91) hat sich in einer grundlegenden Entscheidung mit dem Begriff des Kleintieres befasst, wobei nicht allein die Körpergröße zählt. Zu berücksichtigen seien auch mögliche Belästigungen und Störungen von Mitbewohnern, Beeinträchtigungen der Mietsubstanz, besondere Gefährlichkeit, Ekelerregung und Anzahl der gehaltenen Tiere. Im entschiedenen Fall entsprach die Haltung von fünf Chinchillas in zwei Käfigen noch dem vertragsgemäßen Gebrauch.

ee) Grundsatz der Gleichbehandlung

Wenngleich dem Mietrecht ein Gleichbehandlungsgrundsatz fremd ist, hat die Rechtsprechung in Teilbereichen der Gewährleistung des Gebrauchs der Mietsache, unter anderem bei Fragen der Tierhaltung, einen solchen Grundsatz entwickelt. Der Vermieter ist danach nicht berechtigt, einem Mieter etwas zu versagen, was er einem anderen Mieter erlaubt. Gestattet der Vermieter also einem Teil der Mieterschaft im Haus die Haltung von Haustieren, handelt er rechtsmissbräuchlich, wenn er dem anderen Teil der Mieterschaft die Tierhaltung ohne sachliche Gründe verweigert (LG München I WuM 1999, 217; LG Freiburg WuM 1996, 247; LG Berlin WuM 1987, 213; AG Leonberg WuM 1997, 210; a.A. LG Berlin GE 1988, 1401; AG Neukölln GE 1998, 621). Der Grundsatz der Gleichbehandlung wird auch angewandt, wenn der im Hause wohnende Vermieter selbst ein Tier hat (AG Lörrach WuM 1986, 247). Nach Ansicht des LG Krefeld stellt es allerdings nicht ohne weiteres einen Rechtsmissbrauch dar, wenn der Vermieter in einem Haus lebende Mieter unterschiedlich behandelt (NZM 2007, 375; s.a. Kap. 10 Rdn. 18). 23

ff) Kündigung

Umstritten ist, ob der Vermieter vor Ausspruch einer Kündigung (sofern kein Grund für eine fristlose Kündigung vorliegt) vorrangig auf den Weg der Unterlassungsklage verwiesen werden kann, wenn wegen der nicht erlaubten Tierhaltung gekündigt werden soll (bejahend LG München I WuM 1999, 217; LG Offenburg WuM 1992, 285; a.A. LG Berlin ZMR 1998, 28: nicht bei vorheriger Abmahnung; LG Hildesheim, WuM 2006, 525; Stollenwerk DWW 2002, 22, 24). Die fristlose Kündigung ist gerechtfertigt, wenn erhebliche Lärmbelästigungen vom Tier ausgehen (AG Frankfurt WuM 1978, 127), wenn 28 Tiere in der Wohnung gehalten werden (AG Neustadt (Rübenberg) ZMR 1998, 785), wenn nach einem Kündigungsrechtsstreit das Tier nicht abgeschafft und mehrere neue Tiere in die Wohnung genommen werden (AG Neustadt (Rübenberg) a.a.O.). 24

gg) Zwangsvollstreckung

Ist der Mieter zur Entfernung des Tieres verurteilt worden, erfolgt die Vollstreckung nach § 887 ZPO (LG Hamburg WuM 1989, 445; Hülsmann NZM 2004, 841, 845). Bei Entfernung des Tieres liegt i.d.R. eine vertretbare Handlung vor. Erst dann, wenn die Wegnahme aufgrund einer Gewöhnung des Tieres an den Halter nicht gangbar ist, ist nach § 888 ZPO zu vollstrecken. Bei der Räumungsvollstreckung nach § 885 Abs. 2 ZPO durch Wegschaffung beweglicher Sachen ist zu beachten, dass Tiere keine Sachen im Sinne dieser Vorschrift sind (OLG Karlsruhe NJWE-MietR 1997, 173). Weigert sich der Mieter, das Tier an sich zu nehmen, oder ist ihm dies aufgrund der Umstände nicht möglich, scheitert die Räumung, wenn die Ordnungsbehörde nicht gewillt oder in der Lage ist, sich um das Tier zu kümmern (Hülsmann NZM 2004, 845). 25

Zu Vereinbarungen im Zusammenhang mit der Tierhaltung s. unter Rdn. 81 ff.

b) Lärm

aa) Allgemeines

26 Zunächst ist es Aufgabe des Vermieters, den Mietgebrauch von Störungen Dritter freizuhalten (LG Hamburg WuM 1987, 218); zum ordnungsgemäßen Gebrauch der Mietsache zählt u.a. das Recht des Mieters, keinen unzumutbaren Beeinträchtigungen in Form von Lärm jeglicher Art ausgesetzt zu sein. Gleichgültig ist, ob der Lärm von anderen Mietern, von Nachbarn, sonstigen Dritten oder von einer Sache ausgeht. Allein die Kenntnis des Mieters von einer Lärmquelle in der näheren Umgebung führt nicht zu einem Einverständnis mit etwaigen Beeinträchtigungen, da der Mieter grundsätzlich auf die Einhaltung von Lärmschutzvorschriften vertrauen darf (bzgl. einer Gaststätte: LG Berlin MM 2006, 147); allerdings prägen diese Umstände den vertragsgemäßen Gebrauch; das LG Berlin hat etwa entschieden, wer eine Wohnung über einer Bäckerei mietet, muss mit einer gewissen Lärmbelästigung rechnen; ein Mangel liegt darin nicht (GE 2003, 392).

Dem Mieter stehen neben den Gewährleistungs- und Kündigungsrechten auch Rechte zu, gegen den Störer direkt vorzugehen (BayObLG WuM 1987, 105), aber auch vom Vermieter zu fordern, dass dieser gegen den Störer vorgeht (LG Berlin MM 1998, 35).

27 Die Einhaltung der örtlich geregelten Ruhezeiten ist Anhaltspunkt bei der Beurteilung, während welcher Zeiten etwa musiziert werden darf oder wann Bauarbeiten durchgeführt werden können. Zu beachten ist aber, dass öffentlich-rechtliche Normen keine privatrechtlichen Regelungsabsichten haben, sodass der privatrechtliche Abwehranspruch keine Einschränkungen durch öffentlich-rechtliche Normen erfahren darf (OVG Koblenz DWW 1993, 144; 1992, 314). Von wesentlicher Bedeutung ist die Lage der Wohnung; so muss in ländlicher Gegend mit Kuhglockengeläut (Gaisbauer ZMR 1997, 561) und in der Innenstadt mit Gaststättenlärm (LG Berlin GE 2005, 1126) gerechnet werden (s.a. Rdn. 36; zu den Schutzpflichten gegenüber Störungen Dritter s. Kap. 10 Rdn. 15 ff.).

bb) Messwerte

28 Bei der Beurteilung, ob der Mieter im Einzelfall durch Lärm beeinträchtigt ist, ist das tatsächliche Ausmaß der Belästigung (LG Berlin GE 2003, 392) zu berücksichtigen. Dabei wird auf das Empfinden eines verständigen Durchschnittsmenschen abgehoben (BGH GE 2001, 1398; BGH ZMR 1993, 269). Im Vordergrund stehen dabei die eigenverantwortlichen Feststellungen des Tatrichters (AG Düsseldorf DWW 1995, 288).

29 In der Praxis werden ungeachtet dessen häufig die DIN 4109 (Schallschutz im Hochbau) und die VDI-Richtlinie 2058 sowie die TA-Lärm herangezogen (BayObLG WuM 1993, 287 für die DIN; BGH GE 2001, 1398 für VDI-Richtlinie und TA-Lärm im Hammerschmiedefall). Nach Ansicht des BayObLG (a.a.O.) kommt der DIN 4109 erhebliche Indizwirkung zu. Manche Gerichte vertreten die Auffassung, dass die Einhaltung der in der DIN 4109 Blatt 2 (1962) festgelegten Werte zum vertragsgemäßen Gebrauch bei Altbauten gehört (LG Berlin GE 2004, 1028; AG Karlsruhe ZMR 2005, 71; LG Berlin MM 1994, 281; AG Mitte MM 1999, 44). Diese Auffassung geht davon aus, dass die zur Zeit der Errichtung des Hauses maßgebenden DIN-Vorschriften eingehalten werden mussten. Nach der DIN 4109 (Ausgabe 1989) dürfen haustechnische Anlagen in Wohn- und Schlafräumen keinen höheren Schallpegel als 30 Dezibel (A) hervorrufen. Für Frisch- und Abwasserleitungen gilt ein Pegel von 35 Dezibel (A). Auf den Zeitpunkt des Vertragsbeginns kommt es danach nicht an. Grundsätzlich kann der Mieter nicht verlangen, dass Schallschutznormen eingehalten werden, die es zur Zeit der Errichtung des Gebäudes noch nicht gab (LG Berlin GE 2003, 1612). Soweit das BVerfG (ZMR 1998, 687) entschieden hat, dass bei Verschärfung technischer Vorschriften, die eine Gesundheitsgefähr-

dung der Bewohner des Hauses verhindern sollen, diese auch für laufende Mietverträge anzuwenden sind, wird im Zusammenhang mit Lärm vertreten, es gehe dabei nicht um die Gesundheit (AG Karlsruhe DWW 2005, 71), was nicht recht einleuchten will.

Die technische Anleitung zum Schutz gegen Lärm (TA-Lärm) wurde für die Lärmentwicklung in technischen Betrieben geschaffen, ist also nicht geeignet zur Feststellung von Werten bei Musik, Gelächter usw. (Pfeifer Lärmstörungen S. 2). **30**

cc) Zimmerlautstärke

Die Zimmerlautstärke ist ein populärer Begriff. Die Überschreitung der Zimmerläutstärke ist gegeben, wenn in der beeinträchtigten Wohnung tagsüber eine Lautstärke von mehr als 40 Phon oder angenähert 40 Dezibel und nachts mehr als 30 messbar sind. 40 Phon entsprechen etwa dem Leisesprechen (Pfeifer Lärmstörungen S. 9). Letztlich hängt das Überschreiten der Zimmerlautstärke davon ab, ob andere Bewohner im Hause sich gestört fühlen (Börstinghaus NZM 2004, 48, 50). **31**

dd) Rechtsweg

Es bleibt dem Vermieter überlassen, mit welchen Mitteln er seiner Verpflichtung Folge leistet, andere Mieter oder Hausbewohner gegen Lärmstörungen durch Mieter zu schützen, bestimmte Maßnahmen können nicht verlangt werden (LG Berlin MM 1998, 35). Dazu gehört, dass er gegebenenfalls auch dem Störer kündigt, wenn auf andere Weise ein Abstellen der Beeinträchtigungen nicht möglich ist (vgl. Börstinghaus NZM 2004, 53). Es ist deshalb ausreichend, wenn der Klageantrag auf »Einhaltung der Zimmerlautstärke« ausgerichtet ist. Das LG Berlin (GE 2004, 1028) hat einen verurteilenden Tenor so gefasst, dass der Vermieter »verpflichtet ist, die Schalldämmung zwischen den beiden Wohnräumen und dem zwischen ihnen liegenden Bad so herzustellen, dass die bei Betätigung der sanitären Einrichtungen entstehenden Frisch- und Abwassergeräusche in den beiden Wohnungen einen Schalldruckpegel von 35 dB (A) nicht überschreiten«. **32**

Es sollte allerdings vor Klageinreichung geprüft werden, ob es sinnvoll ist, bestimmte Dezibel-Werte zu beziffern. Ergibt ein zur Lärmstärke eingeholtes Gutachten nämlich eine Unterschreitung der genannten Werte, wird die Klage abgewiesen, obschon eine derartige Intensität an Lärm festgestellt wurde, die noch immer stört (LG Freiburg/Breisgau WuM 2002, 95).

In der Klagebegründung sind die Vertragsverstöße i.E. darzulegen. Hierzu wird ein Lärmprotokoll verlangt (LG Berlin GE 2003, 392). Es empfiehlt sich also, einige Zeit vor Klagerhebung die Lärmstörungen genau zu registrieren und hierzu auch Zeugen hinzu zu ziehen. Bei einem genauen Lärmprotokoll besteht für die Klagepartei der Vorteil, dass man substantiiertes Bestreiten vom Beklagten verlangen kann. Erstreckt sich das Protokoll über einen längeren Zeitraum, kann auf die Richtigkeit der Einträge insgesamt geschlossen werden, wenn zusätzlich Zeugenaussagen vorliegen, die Störungen bestätigen, die sich auf einen Zeitpunkt vor Aufzeichnung beziehen (AG Bergisch Gladbach WuM 2003, 29). Soll aufgrund der Lärmstörungen gekündigt werden und ist eine Räumungsklage darauf gestützt, müssen die Kündigungsgründe ohnehin im entsprechenden Kündigungsschreiben schon genannt werden. Zu beachten ist auf jeden Fall, dass vor Kündigungsausspruch oder auch vor der Unterlassungsklage der Störer abzumahnen ist. **33**

Ein auf Unterlassung gerichteter Klagantrag könnte lauten (AG Wedding MM 2002, 429): **34**

»Der Beklagte wird verurteilt, in der von ihm innegehaltenen Wohnung das Trampeln auf dem Fußboden, das Klopfen gegen die Heizkörper, das Toben der Kinder in allen Räumen, die über Zimmerlautstärke hinausgehenden Unterhaltungen und das heftige Zuschlagen der Türen zu unterlassen.«

35 Der Tatrichter muss sich grundsätzlich einen eigenen Eindruck von den Lärmstörungen verschaffen (BGH GE 1993, 531). Das Ausmaß der Störungen kann stattdessen auch durch Zeugen festgestellt werden (AG München WuM 2006, 621; LG Berlin MM 1998, 35).

ee) Häufige Lärmarten aus der Rechtsprechung

36
- Baden und Duschen zwischen 22 Uhr und 6 Uhr muss in einem Mehrfamilienhaus hingenommen werden, wenn 30 Minuten Dauer nicht überschritten sind (LG Berlin GE 2003, 392).
- Bauarbeiten im und am Gebäude beeinträchtigen schon nach der Lebenserfahrung den vertragsgemäßen Mietgebrauch (AG Köln WuM 2003, 318).
- Der Mieter hat kein Recht, einmal monatlich die Nachtruhe anderer Bewohner durch Feiern zu stören (OLG Düsseldorf WuM 1990, 116).
- Froschlärm muss nachts nicht hingenommen werden, wenn der Richtwert von 35 dB (A) nahezu verdoppelt ist (BGH WuM 1993, 127).
- Gaststättenlärm muss in den späten Nachtstunden (zwischen 22 Uhr und 3 Uhr) nicht hingenommen werden (LG Berlin MM 2003, 46), auch wenn ein Hinweis im Mietvertrag vorhanden ist (AG Köln WuM 1990, 291 für Live-Veranstaltungen) oder dem Mieter die Gaststätte bei Abschluss des Mietvertrages bekannt war (AG Bonn WuM 1990, 497).
- Glockengeläut von Kirchen ist keine Belästigung nach dem Bundesimmissionsschutzgesetz (BVerwG WuM 1985, 170). Zu unterscheiden ist, ob die Kirchturmglocke der Religionsausübung oder der Zeitansage dient (LG Aschaffenburg NZM 2000, 733).
- Heizungsklopfen darf auch im Wohn- und Schlafzimmer der Mietwohnung 30 dB (A) nicht übersteigen (AG Hamburg WuM 1997, 551).
- Kinderlärm ist grundsätzlich hinzunehmen (AG Frankfurt WuM 2005, 764), was sich nicht nur auf das Treppenhaus, den Hof, die Straße, sondern auch auf die Wohnung bezieht (AG Magdeburg WuM 1998, 259; Kleinhorst GE 2000, 849). Auch das Laufen der Kinder durch die Wohnung, das gelegentliche Zuschlagen der Türen, Stampf- und Springgeräusche beim Spielen in der Wohnung ist zulässig (OLG Düsseldorf WuM 1997, 222; LG München I NJW-RR 2005, 598; LG Stuttgart WuM 1998, 316), auch wenn hierdurch 40 dB überschritten sind (AG Starnberg WuM 1992, 471). Ohnehin muss jemand, der eine Wohnung im Mehrfamilienhaus mietet, mit Kinderlärm rechnen (AG Wedding MM 2002, 429). Allerdings wird auch verlangt, dass die Eltern darauf achten, dass die allgemeinen Ruhezeiten zwischen 22 Uhr und 7 Uhr eingehalten werden. Ansprüche eines Mieters gegen andere Mieter auf Lärm dämmende Maßnahmen wie etwa die Verlegung von Teppichböden bestehen nicht, wenn der Mieter sich wegen der Hellhörigkeit des Hauses durch Geräusche normaler Wohnungsnutzung gestört fühlt (OLG Düsseldorf WuM 1997, 221). Das Basketball- und Fußballspielen auf dem Hof kann das erträgliche Maß an hinzunehmender Beeinträchtigung übersteigen.
- Musikausübung in der Mietwohnung gehört zum Grundrecht auf freie Entfaltung der Persönlichkeit und ist grundsätzlich zulässig. Sie kann daher nicht generell untersagt werden (OLG Hamm NJW 1981, 465). Bei der Betätigung von Musikinstrumenten lässt sich die Zimmerlautstärke i.d.R. nicht als Kriterium – etwa wie bei Radio- oder Fernsehgeräten – heranziehen. In Einzelfallentscheidungen hat die Rechtsprechung deshalb bestimmte Zeiten festgelegt, während deren Musikinstrumente gespielt werden dürfen, wobei es jeweils auf die Art des Instruments ankommt. So ist etwa Schlagzeug spielen nur ein- bis zweimal wöchentlich erlaubt

(LG Mainz 6 S 57/02 – unveröffentlicht). Die allgemeinen Ruhezeiten sind i.d.R. einzuhalten. Klavierspielen ist zulässig außerhalb der Ruhezeiten täglich bis zu 120 Minuten, auch wenn das Haus hellhörig ist (AG Frankfurt WuM 1997, 430; LG Berlin GE 2002, 397). Klavierunterricht kann gegeben werden werktags zwischen 7.00 Uhr und 17.00 Uhr, zwischen 17.00 Uhr und 22.00 Uhr höchstens 3 Stunden täglich, an Sonn- und Feiertagen höchstens 5 Stunden (LG Frankfurt WuM 1990, 287). Das Akkordeonspielen ist 1,5 Stunden täglich zwischen 9.00 Uhr und 13.00 Uhr und 15.00 Uhr bis 22.00 Uhr zulässig (LG Kleve DWW 1992, 26). Ein Berufsmusiker darf mit seiner Familie auf Bratsche, Geige und Cello in folgenden Zeiten spielen: Montag bis Freitag 9.00 Uhr bis 13.00 Uhr und Montag bis Samstag 15.00 Uhr bis 19.00 Uhr; Samstag, Sonn- und Feiertag 10.00 Uhr bis 13.00 Uhr und 15.00 Uhr bis 18.00 Uhr. Dabei dürfen der Mieter bzw. seine Kinder entweder jeweils für sich, nacheinander oder als Duo oder Trio spielen, nicht aber zeitgleich jeder selbstständig (LG Flensburg DWW 1993, 103).

c) Berufsausübung

aa) Unzulässige Tätigkeiten

- Ein Schreibbüro im Kinderzimmer ist generell unzulässig (LG Lüneburg WuM 1995, **37** 706 ohne Differenzierung).
- Gleiches gilt für die werktägliche Betreuung mehrerer Kinder in der Mietwohnung gegen Entgelt im Rahmen einer sog. Großpflegestelle (LG Berlin WuM 1993, 39). Die Betreuung fremder Kinder als Tagesmutter wurde jedoch als zulässig angesehen (LG Hamburg NJW 1982, 2387).
- Keine übliche Wohnraumnutzung liegt vor bei starkem Publikumsverkehr (LG Osnabrück WuM 1986, 94).
- Die gewerbliche Nutzung der Räumlichkeiten, die gegen ein gesetzliches Verbot verstößt (AG Köln WuM 1990, 162).
- Die gesamte Abwicklung der Bürotätigkeit eines Betriebs (LG München II ZMR 2007, 279).

bb) Erlaubte Tätigkeiten

Vom Grundsatz her dienen Wohnräume dem Wohnen und nicht der Berufsausübung. **38**
Daher ist die Ausübung einer gewerblichen Tätigkeit in der Wohnung nur dann erlaubt, wenn dadurch keine Belästigungen Dritter verbunden ist, die Wohnungsbeschaffenheit nicht verändert wird und die Gefahr einer Beschädigung der Mietsache und des Grundstücks nicht erhöht wird (LG Frankfurt WuM 1996, 532).

Der Charakter einer Wohnraumnutzung darf nicht verändert werden. Daraus folgt, dass bei Nutzung nur eines Teils der Wohnung als Ort der Berufsausübung zu nicht störenden Tätigkeiten von der grundsätzlichen Zulässigkeit auszugehen ist. Gelegentliche Bürotätigkeiten und Heimarbeitsplätze am Computer sind durch den vertragsgemäßen Gebrauch gedeckt. Unbedenklich sind auch Tätigkeiten etwa eines Autors oder Wissenschaftlers, eines Kunstmalers oder Schneiders ohne nennenswerten Publikumsverkehr, selbst wenn mit diesen Tätigkeiten erhebliche Einkünfte erzielt werden (LG Berlin MM 1993, 182). Es wird jedoch die Auffassung vertreten, dass auch diese Tätigkeiten vom Vermieter zu genehmigen sind (Morath GE 2006, 628). An Einzelfällen sei erwähnt:
- Die astrologische Beratung mit ein bis zwei Kunden täglich (LG Hamburg WuM 1993, 188).
- Die psychotherapeutische Tätigkeit einer Lehrerin durch Nutzung des Arbeitszimmers bis 1,5 Stunden nachmittags (AG Berlin-Spandau MM 1997, 242).

- Erstellung von Computerprogrammen (Software) im Arbeitszimmer (AG Münster WuM 1988, 429).
- Die Erteilung von Nachhilfeunterricht an einzelne Schüler (AG Freiburg WuM 1991, 686).

d) Gemeinschaftseinrichtungen

aa) Allgemeines

39 Gemeinschaftseinrichtungen sind beispielsweise der Garten, der Hof, die Waschküche, der Trockenboden, der Kinderspielplatz, Hobbyräume. Ist die Gemeinschaftseinrichtung mitvermietet, ergibt sich das Recht des Mieters an deren Gebrauch aus § 535 Abs. 1 S. 2 BGB.

40 Zumeist ist dem Mieter nach dem Mietvertrag aber lediglich ein bloßes Recht zur Mitbenutzung eingeräumt und zwar jedem Mieter in gleicher Weise. Das Besitzrecht des Mieters umfasst solche Gebäudeteile, die der gemeinschaftlichen Benutzung und dem Zugang zur Mietsache dienen, z.B. das Recht zur Mitnutzung des Treppenhauses, das zu seiner Wohnung hinführt (BVerfG WuM 2000, 298).

Für diesen Fall werden Besitzansprüche des Mieters verneint mit der Folge, dass dem Mieter keine Ansprüche auf Aufrechterhaltung der Nutzungsmöglichkeit für die Dauer des Vertrages zustehen (LG Wuppertal WuM 1996, 267: Es liegt rechtlich Leihe vor, soweit der Vermieter einen vertraglichen Bindungswillen hat.). Demgegenüber werden dem Mieter aber zu Recht Erfüllungs- und Gewährleistungsansprüche zugestanden, wenn ihm die Nutzungsmöglichkeit entzogen wird (LG München WuM 1998, 723 für Waschküche; LG Hamburg WuM 1995, 533 für den Trockenboden). Wird ein gemeinschaftlicher Hof sowohl von anderen Mietern als auch dem Vermieter selbst genutzt, kann der Mieter ohne gesonderte Vereinbarung mit diesen auch nicht das Recht für sich in Anspruch nehmen, das Hoftor tagsüber geschlossen zu halten (AG Wetzlar WuM 2007, 67). Der Einzelmieter soll berechtigt sein, Instandsetzungsansprüche auch für alle Mieter geltend zu machen (LG Berlin MM 1997, 192).

Zweifelhaft ist, ob die Fassade des Hauses unter das Besitzrecht des Mieters fällt. Das AG Charlottenburg (GE 2007, 227) hat dies bejaht und hat Graffiti an der Außenfassade als Mangel der Mietsache angesehen (so auch Schmidt-Futterer/Eisenschmid 9. Aufl., § 536 Rn. 197).

Hat der Vermieter keinerlei vertraglichen Bindungswillen, liegt lediglich eine jederzeit widerrufliche Gestattung vor (LG Berlin GE 2007, 291).

bb) Einzelheiten

41 In der Praxis von Bedeutung ist das **Treppenhaus**. In diesem Zusammenhang stellt sich die Frage, inwieweit der Mieter einen Kinderwagen, ein Fahrrad oder einen Schuhschrank dort abstellen darf. Grundsätzlich ist davon auszugehen, dass das Abstellen der Gegenstände unzulässig ist, die dem Wohnungsgebrauch bzw. der Wohnungseinrichtung des Mieters zuzuordnen sind (AG Köln WuM 1984, 118). Bei Schuhregalen, Schuhen und Garderoben dürfte hiervon auszugehen sein. Was den Kinderwagen betrifft, kann als Grundsatz festgehalten werden, dass dessen Aufstellung dann erlaubt ist, wenn es dadurch nicht zu Störungen anderer Mieter kommt und die Nutzung und Zweckbestimmung des Hausflurs (z.B. als Fluchtweg) nicht über Gebühr eingeschränkt wird (AG Winsen WuM 1999, 452). Denn auch der Vermieter hat das Recht und gegenüber den anderen Mietern sogar die Pflicht, dass der Brandschutz gewährleistet bleibt und die körperliche Unversehrtheit der anderen Mieter geschützt wird. Dabei ist es unerheblich, ob

die Hausordnung Entsprechendes regelt oder nicht (AG Braunschweig WuM 2003, 354; AG Hamburg WuM 2000, 546). Generelle Verbotsregelungen in Formularmietverträgen sind nicht verbindlich (LG Hamburg WuM 1992, 188). Rollstühle des Obergeschossmieters dürfen im Treppenhaus abgestellt werden, auch wenn es zu einer Verengung kommt (AG Wennigsen WuM 1996, 468). Gleiches gilt für eine Gehhilfe vor der Wohnungstüre, wenn hierfür kein Platz in der Wohnung ist und von ihr keine wesentlichen Beeinträchtigungen für Dritte ausgehen (BGH WuM 2007, 29; LG Hannover NZM 2007, 245). Ähnliche Grundsätze gelten für Fahrräder, obwohl es sich bei diesen grundsätzlich um Verkehrsmittel handelt, die nicht mit dem Gebrauch der Mietwohnung zusammenhängen (AG Berlin-Wedding GE 1986, 509). Sofern im Einzelfall Behinderungen anderer Hausbewohner ausgeschlossen sind, dürfen sie im Treppenhaus abgestellt werden (AG Reichenbach WuM 1994, 322: unter einer Nische; a.A. AG Wedding s.o.). Von Bedeutung ist in diesem Zusammenhang, ob dem Mieter andere Unterstellmöglichkeiten zur Verfügung stehen. Eine Fußmatte darf vor der Wohnung deponiert werden (LG Berlin MM 1991, 264), nicht aber ein Schuhregal (AG Köln WuM 1982, 86). Das zeitweise Abstellen von Schuhen vor der Wohnungstüre, die den Durchgang nach oben nicht behindern, ist aber zulässig (LG Mannheim WuM 1999, 224; OLG Hamm NJW-RR 1988, 1171).

Die **Waschküche** oder der **Trockenboden** dürfen auch ohne Regelung in der Hausord- **42**
nung genutzt werden (LG Münster WuM 1998, 723; LG Hamburg WuM 1995, 533). Damit noch nicht entschieden, in welcher Form sich das Mitbenutzungsrecht gestaltet. Die Mitbenutzung hat sich dann (mangels anderer Anhaltspunkte) an den tatsächlichen örtlichen Gegebenheiten zu orientieren. Der Einzelmieter ist daher nicht berechtigt, einen eigenen Wäschetrockner oder seine Waschmaschine dort aufzustellen, wenn eine zentrale Waschanlage (Gemeinschaftswaschmaschine mit Münzeinwurf) vorhanden ist (LG Siegen WuM 1998, 438).

Was die **Hauszufahrt** betrifft, wird der Mieter für berechtigt gehalten, diese zum Be- **43**
und Entladen des PKW zu nutzen (LG Lübeck WuM 1990, 337). Dieses Nutzungsrecht schließt ohne besondere Vereinbarung nicht das Recht ein, auf vorhandenen Stellplätzen Fahrzeuge zu parken oder größere Gegenstände längere Zeit abzustellen (AG Hamburg WuM 1996, 534). Auch der **Hofraum** darf kurzfristig hierzu benutzt werden (LG Wuppertal WuM 1996, 267), wenn anderenfalls angesichts der gegebenen Umstände ein vertragsgemäßer Gebrauch der Mietsache nicht gewährleistet wäre (AG Augsburg WuM 1998, 438).

Garten und **Hof** dürfen gleichermaßen genutzt werden, auch wenn dies nicht vertraglich **44**
geregelt wurde. Im Zweifel stellt der Garten eine Gemeinschaftseinrichtung dar, die im Rahmen des Gemeinschaftszwecks genutzt werden darf. Hierzu gehört, dass neben den Kindern des Mieters auch deren Freunde im Garten spielen können (AG Solingen WuM 1980, 112). Der Mieter wird für berechtigt gehalten, auf diesen Gemeinschaftsflächen Spielgeräte, Sandkasten, Schaukel, Gartenmöbel und Ähnliches zu installieren (AG Berlin-Mitte GE 2005, 1133; AG Kerpen ZMR 2002, 924).

cc) Jahrelange Duldung

Damit eine behauptete »Gestattung« einer Nutzung überhaupt eine Änderung der ver- **45**
traglichen Bestimmungen herbeiführen kann, muss sie von einem rechtlichen Bindungswillen getragen sein (KG Berlin WuM 2007, 68). Ob die widerspruchslose Duldung der jahrelangen Nutzung einer Gemeinschaftsfläche zum Abstellen von Gegenständen durch den Vermieter zu einer rechtlichen Bindung führt, die ohne triftige Gründe nicht gelöst werden kann, ist umstritten (bejahend: OLG Düsseldorf WuM 1992, 82). In der Entscheidung v. 14.12.2006 führt das Kammergericht allerdings aus, dass beim Fehlen einer

vertraglichen Regelung der Nutzung einer Fläche die Gestattung – egal ob diese ausdrücklich oder stillschweigend durch bloße Duldung erteilt worden ist – frei widerruflich ist. Auch das AG Trier (WuM 2006, 143) ist der Ansicht, dass eine jahrzehntelange, bloße Nutzung der zum Mietwohnhaus gehörenden Hof- und Gartenfläche kein wohnungsmietvertragliches Gebrauchsrecht begründet, das den Grundstückserwerber bindet.

Umgekehrt kann auch im Einzelfall der lange Zeit ohne Widerspruch des Mieters hingenommene Entzug einer Gemeinschaftseinrichtung eine Vertragsänderung bewirken (AG Spandau ZMR 2003, 121 für eine Waschküche).

e) Antennen

aa) Rundfunk- und TV-Antennen

46 Zum vertragsgemäßen Gebrauch der Mietsache zählt der Empfang von Rundfunk- und Fernsehprogrammen, um seinem grundrechtlich geschützten Informationsbedarf nachkommen zu können. Deshalb ist der Mieter auch berechtigt, bei fehlender Gemeinschaftsantenne auf eigene Kosten eine Antenne auf dem Hausdach zu installieren (BVerfG WuM 1991, 573), wobei der Vermieter deren Ort bestimmen darf und verlangen kann, dass ein Fachmann beigezogen wird. Der Mieter muss daher den Vermieter von seinem Vorhaben informieren.

47 Soweit bei Abschluss des Wohnungsmietvertrages eine funktionsfähige Gemeinschaftsdachantenne vorhanden war, hat der Vermieter diese Antennenanlage auch nach der Umstellung auf das terrestrische Digitalfernsehen so in Ordnung zu halten, dass dem Mieter durch die auf dessen Kosten installierte Set-Top-Box und über die in der Wohnung vorhandene Antennenbuchse ein störungsfreier Empfang möglich ist (AG Charlottenburg GE 2004, 1530). Der Vermieter darf auch nicht die vorhandene Gemeinschaftsantenne einfach abbauen und den Mieter darauf verweisen, der digitale Empfang der Sendersignale sei nunmehr über eine Stabantenne in der Wohnung möglich (AG Neukölln GE 2005, 131).

bb) CB-Funk-Antennen

48 Eine CB-Funksprechanlage ist kein für weite Schichten der Bevölkerung zum Allgemeingut gewordenes technisches Hilfsmittel, dessen Gebrauch zur Selbstverständlichkeit geworden ist und einem unbedingten Verkehrsbedürfnis entspricht (Schmidt-Futterer/Eisenschmid 9. Aufl., § 535 Rn. 294). Sie ist auch nicht mit einem Fernsprecher gleichzusetzen. Die Errichtung einer solchen Antenne steht daher im Ermessen des Vermieters (BayObLG WuM 1981, 80), wobei das nur vorübergehende Dulden der Antenne für den Mieter noch keinen Vertrauenstatbestand begründet (AG Köpenick GE 2004, 1595). Ein Anspruch auf Duldung besteht nicht (AG Köln NZM 2000, 88). Einen Gestattungsanspruch kann der Mieter nicht unter Hinweis auf sein Grundrecht auf Informationsfreiheit durchsetzen (AG Schöneberg GE 1995, 763). Etwas anderes gilt, wenn im Mietvertrag festgehalten ist, dass die Installation von Dachantennen nur mit schriftlicher Einwilligung des Vermieters erlaubt ist und die Verweigerung des Vermieters als rechtsmissbräuchlich anzusehen ist (BayObLG a.a.O.). Eine weitergehende vertragliche Bindung des Vermieters liegt vor, wenn der Mietvertrag vorsieht, dass der Vermieter seine Zustimmung nicht verweigert, sofern Belästigungen anderer Bewohner und Nachbarn und Beeinträchtigungen der Mietsache und des Grundstücks nicht zu erwarten sind (AG Köln WuM 1998, 662).

cc) Parabolantenne

Der Wohnraummieter ist berechtigt, unter Vorliegen folgender Voraussetzungen eine eigene Parabolantenne zu installieren (OLG Frankfurt WuM 1992, 458): 49

- Die Antenne muss baurechtlich zulässig sein.
- Sie muss von einem Fachmann errichtet werden (vgl. hierzu aber BGH WuM 2005, 28, 30).
- Die technisch geeignete Antenne muss an einen vom Vermieter bestimmten, möglichst unauffälligen Ort gesetzt werden, wo sie am wenigsten stört und wo sie zum Empfang der Sender tauglich ist.
- Das Haus darf nicht über eine Gemeinschaftsparabolantenne oder über einen Breitbandkabelanschluss verfügen.
- Es muss ungewiss sein, ob ein solcher Anschluss verlegt wird und
- der Mieter muss den Vermieter von allen Kosten und Gebühren freistellen.

Der Mieter muss auch die Rückbaukosten gegenüber dem Vermieter sicherstellen (BGH ZMR 2010, 268 ff.).

Zusätzlich wird ein Verlangen des Vermieters auf Leistung einer Sicherheit für berechtigt erachtet (AG Spandau GE 2006, 1619; Beuermann GE 2000, 506). Unter Umständen kann der Vermieter den Nachweis über den Abschluss einer privaten Haftpflichtversicherung durch den Mieter verlangen (LG Köln WuM 2006, 92). Auch für die Parabolantenne gilt das oben unter Rdn. 48 Gesagte bzgl. der Zustimmung durch den Vermieter; deshalb kann sich der Vermieter, der die Beseitigung einer vom Mieter angebrachten Parabolantenne verlangt, nach Treu und Glauben (§ 242 BGB) nicht auf das bloße Fehlen seiner Zustimmung berufen, wenn er diese hätte erteilen müssen (dolo-petit-Einrede; Schmidt-Futterer/Blank 9. Aufl., § 541 Rn. 15; BGH WuM 2006, 28).

Besteht die Möglichkeit eines Breitbandkabelanschlusses, wird der Möglichkeit, über Satellit mehr Programme empfangen zu können, i.d.R. kein gesondertes Gewicht mehr beigemessen (VerfGH Berlin MM 2003, 95). Der Vermieter handelt nicht rechtsmissbräuchlich in solchen Fällen, da die Parabolantenne grundsätzlich eine optische Beeinträchtigung darstellt (OLG Naumburg WuM 1994, 17; Maaß/Hitpaß NZM 2003, 181). Das BVerfG hat diese Rechtsprechung nicht beanstandet (BVerfG WuM 1993, 229). Es muss abgewartet werden, ob wegen der geltenden europarechtlichen Regelungen eine Korrektur erforderlich sein wird. Bereits früher hatte der Europäische Gerichtshof für Menschenrechte aus Artikel 10 der Europäischen Menschenrechtskommission, der dem Artikel 5 Grundgesetz auf europarechtlicher Ebene entspricht, ein weit gehendes Recht auf Benutzung von Parabolantennen abgeleitet. Deshalb wird teilweise die Meinung vertreten (vgl. Dörr WuM 2002, 347), dass die bisherige Rechtsprechung der Fachgerichte und des Bundesverfassungsgerichts zur Verweigerung einer mietereigenen Parabolantenne keinen Bestand haben kann. Eine entsprechende Entscheidung des EuGH steht aber noch aus. Bis dahin ist an den Vorgaben des Bundesverfassungsgerichts festzuhalten. 50

Im Einzelfall kann ein gesteigertes persönliches und berufliches Interesse des deutschen Mieters an weiteren Programmen trotz vorhandenen Kabelanschlusses berechtigt sein. Bei der Interessenabwägung auf Seiten des Mieters sind auch die Interessen des Lebenspartners oder der Kinder zu berücksichtigen. Dazu ist aber darzulegen, dass dieses Interesse nicht anderweitig befriedigt werden kann (VerfGH Berlin GE 2002, 254). 51

Ist eine Gemeinschaftssatellitenanlage vorhanden gilt der Grundsatz, dass der Mieter keine zusätzliche Antenne mehr anbringen darf (LG Berlin GE 2002, 533). Einem Wohnungseigentümer ausländischer Herkunft ist es nämlich regelmäßig zumutbar, die Kabelanlage statt einer Satellitenempfangsanlage zu nutzen, wenn auf diese Weise Zugang zu 52 mehreren Programmen in der Sprache seines Herkunftslandes besteht (OLG Celle WE 2006, 272). Bei der Verfügbarkeit eines Kabelanschlusses besteht regelmäßig ein Grund zur Versagung der Genehmigung einer Parabolantenne (BGH GE 2007, 903). Auch muss der Vermieter nicht die Installation einer Parabolantenne auf dem Balkon der gemieteten Wohnung gestatten, wenn die Familie des ausländischen Mieters durch einen Zusatzdecoder und unter monatlichen Gebührenzahlungen an den Betreiber des in der Wohnung vorhandenen Breitbandkabelanschlusses ein Vollprogramm in der Sprache des Heimatlandes empfangen kann und damit dem Informationsinteresse Genüge getan ist (LG Krefeld WuM 2006, 676; BGH WuM 2005, 237). Die hierfür anfallenden Kosten dürfen nicht unzumutbar sein (LG Hannover ZMR 2005, 296); zugleich bedeutet die grundgesetzlich geschützte Informationsfreiheit aber nicht, dass der Mieter immer den preiswertesten Zugang zu den Informationen haben muss (LG Konstanz WuM 2002, 210). Die aufzubringenden Kosten sind bei der Abwägung zwischen Vermieter- und Mieterinteressen zu berücksichtigen (BVerfG NZM 2005, 252). Auch ist der Vermieter nicht verpflichtet, seine Hausverteileranlage dem neuesten technischen Stand anzupassen, damit etwa neben der Möglichkeit, eine Vielzahl von Programmen in bester digitaler Qualität zu empfangen auch aktive Dienste in Anspruch genommen werden können (Multimedia).

Etwas anderes soll gelten, wenn mit der weiteren Antenne Auslandssender empfangen werden können und berufliche Gründe beim Mieter für die Notwendigkeit dieses zusätzlichen Empfangs vorliegen (LG Baden-Baden WuM 1997, 430; a.A. LG Frankfurt ZMR 2005, 458; LG Chemnitz NZM 2000, 960; LG Nürnberg-Fürth WuM 1997, 486).

Hat der ausländische Mieter aber die deutsche Staatsangehörigkeit angenommen und damit zu erkennen gegeben hat, dass er sich damit in den deutschen Kulturkreis eingliedern will, ist sein Interesse, eine Parabolantenne anzubringen, um Programme seines ehemaligen Heimatlandes empfangen zu können, ist bei der Abwägung mit den (Eigentums-)Interessen des Vermieters geringer zu achten als das eines auf Dauer in Deutschland lebenden ausländischen Mieters, der seine ausländische Staatsangehörigkeit beibehält (LG Berlin GE 2004, 181).

53 Umstritten ist, ob Interessen des Vermieters tangiert sind, wenn die Parabolantenne im geschützten Balkonbereich installiert werden soll (verneinend AG Fulda WuM 1999, 453; AG Siegen WuM 1999, 454; a.A. AG Neukölln GE 2004, 1097; LG Chemnitz NZM 2000, 910). Grundsätzlich ist jedoch davon auszugehen, dass der Mieter dann nicht der Zustimmung des Vermieters bedarf, wenn die von ihm angebrachte Antenne weder die Optik des Gebäudes noch die Bausubstanz nachhaltig beeinträchtigt (LG Berlin GE 2005, 1126; nun auch BGH WuM 2007, 381). Auch ist im Einzelfall zu prüfen, ob Gründe des Denkmalschutzes maßgeblich sind. Der Vermieter kann jedoch auch in einem denkmalgeschützten Haus dem Mieter nicht verbieten, im Inneren der Wohnung eine Parabolantenne aufzustellen, auch wenn sie von außen sichtbar ist (AG Gladbeck NZM 1999, 221).

54 Bei einer vermieteten Eigentumswohnung gelten folgende Grundsätze:

Bei einer Eigentumswohnanlage ist die Fassade Gemeinschaftseigentum. Der Anspruch des Mieters auf Zustimmung zur Installation einer Parabolantenne setzt daher voraus, dass der Vermieter selbst einen Anspruch gegenüber den übrigen Eigentümern hat (OLG Frankfurt WuM 1992, 458). Das kann der Fall sein, wenn das Informationsbedürfnis des Mieters derzeit und in absehbarer Zukunft nur durch die Parabolantenne befriedigt werden kann (OLG Hamm NJW-RR 2002, 1020; OLG Zweibrücken NJW-RR 2002, 587). Das BVerfG (WuM 1995, 304) hat die zum Mietrecht entwickelten Grundsätze für eine verfassungsmäßige Interessenabwägung zum Informationsrecht des Mieters (auch des ausländischen Mieters) auf das Wohnungseigentumsrecht übertragen. Deshalb hat eine

Abwägung der Interessen der Eigentümerschaft gegenüber dem Interesse des einzelnen Eigentümers, der die Parabolantenne (für sich bzw. für seinen Mieter) durchsetzen will, zu erfolgen, was auch gilt, wenn ein rechtskräftiger Beschluss die Installation privater Antennen untersagt. Denn der einzelne Wohnungseigentümer, der einen ausländischen Lebenspartner aufnimmt oder an ausländische Mieter vermietet, kann einen Anspruch auf Abänderung des bestehenden Beschlusses je nach dem Einzelfall haben (BayObLG WuM 2004, 112; OLG Hamm NJW-RR 2002, 1020; OLG Zweibrücken NJW-RR 2002, 587). Die Wohnungseigentümer können aufgrund ihrer autonomen Beschlusszuständigkeit auch erneut über eine schon geregelte Angelegenheit beschließen (OLG Celle WE 2006, 272). Wichtig ist in diesem Zusammenhang auch die neuere Rechtsprechung des BGH (WuM 2004, 165), wonach ein grundsätzliches Verbot des Installierens von Parabolantennen nicht durch Mehrheitsbeschluss angeordnet werden kann. Ein solcher Beschluss ist anfechtbar und muss vom Vermieter im Interesse seines Mieters auch angefochten werden (LG Hanau NJW-RR 1999, 597). Im Unterlassen der Anfechtung des Beseitigungsbeschlusses liegt nämlich der Verzicht auf den ansonsten gegebenen Anspruch auf Duldung der Satellitenanlage (OLG Köln ZMR 2005, 228).

Der BGH (GE 2010, 69 ff.) hat nunmehr entschieden, dass die Verpflichtung der Wohnungseigentümer, die Anbringung einer Parabolantenne an dem gemeinschaftlichen Haus zu dulden, nicht von der Staatsbürgerschaft des Miteigentümers abhängig ist, der die Antenne angebracht.

Bei der Vermietung einer Wohnung an ausländische Mieter ist Folgendes zu beachten: **55**

Vom Grundsatz her hat ein ausländischer Mieter, der über Kabel kein Heimatprogramm empfangen kann, einen Anspruch gegen seinen Vermieter auf Zustimmung zur Anbringung einer Parabolantenne an einem vom Vermieter auszusuchenden Platz (BVerfG WuM 1996, 608; WuM 1994, 251). Das Bundesverfassungsgericht (GE 2005, 422) hat das Recht des ausländischen Mieters, Programme in der Heimatsprache empfangen zu können bekräftigt und hervorgehoben, dass sich das Grundrecht auf Information auf alle in Deutschland empfangbaren Sender bezieht. Festgehalten wurde aber auch, dass dem ausländischen Mieter zugemutet werden kann, eine vorhandene Kabelanlage zu nutzen, wenn auf diese Weise Zugang zu Programmen der Heimatsprache des Mieters gegeben ist (s. Rdn. 52). Dies gilt auch dann, wenn der Mieter Zusatzkosten für einen Kabel-TV-Anschluss, einen Digital-Receiver mit einer freigeschalteten Smart-Card aufwenden muss. Das BVerfG bestätigte damit die bisherige Instanzrechtsprechung. Ebenso hat der BGH (GE 2005, 428) entschieden, dass dem Eigentumsrecht des Vermieters Vorrang einzuräumen ist, wenn der dauerhaft in Deutschland lebende ausländische Mieter mehrere heimatliche Sender über Breitbandkabel nach Erwerb eines Zusatzgeräts empfangen kann, sofern das Gesamtbild der Fassade durch das Anbringen der Parabolantenne erheblich beeinträchtigt würde, was auch gilt, wenn der Eingriff in die Gebäudesubstanz nur gering sein könnte.

Hinzu kommen folgende Voraussetzungen (OLG Schleswig NJW-RR 2003, 1018; OLG **56** Stuttgart WuM 1995, 306; OLG Hamm WuM 1993, 659; OLG Karlsruhe ZMR 1993, 511), wie sie in ähnlicher Weise für den deutschen Mieter aufgestellt wurden: Baurechtliche Zulässigkeit, unauffälliger und technisch geeigneter Aufstellungsort, kein erheblicher Eingriff in die Bausubstanz, Freistellung des Vermieters von Kosten und Gebühren, Abdeckung des Haftungsrisikos und Stellen einer Sicherheit. Das BVerfG (WuM 1995, 693) hat diese Grundsätze gebilligt. Entscheidend ist, dass die Wohnungseigentümer das Recht haben zu bestimmen, welche Anforderungen an die Beschaffenheit und Art und Weise sowie den Aufstellungsort der Antenne zu stellen sind (OLG München Beschluss v. 16.10.2007, 32 Wx 128/07). Eine Abwägung zwischen dem Informationsinteresse des

Mieters und den Eigentumsinteressen des Vermieters muss im Gegensatz zum reinen Anspruch des Mieters entsprechend den oben genannten Voraussetzungen dann erfolgen, wenn der Mieter wenigstens Zugang zu einem Heimatprogramm über das Kabelnetz hat (BVerfG WuM 1995, 693).

57 Der Vermieter kann seine Erlaubnis nicht mit dem Hinweis auf die Gefahr von Berufungsfällen versagen (BVerfG WuM 1994, 254). Der Vermieter kann besonders bei ausländischen Mietern auf die Umstände der Einzelfälle verweisen (AG Lörrach WuM 2004, 658). Allerdings muss der Vermieter bei seiner Entscheidung, ob er der Montage einer Parabolantenne zustimmt, den Grundsatz der Gleichbehandlung beachten (vgl. BVerfG NZM 2007, 125).

58 Zu Recht wird festgestellt, dass die Staatsangehörigkeit des ausländischen Mieters kein geeignetes Abwägungskriterium ist (LG Landau/Pf. NZM 1998, 474; unzutreffend LG Berlin GE 2004, 181) – s.o. Rdn. 52 und 54.

Zum Anspruch des Mieters gegen den Vermieter, die Anbringung einer Parabolantenne am Balkon der Mietwohnung zu dulden (BGH WuM 2006, 28).

dd) Mobilfunk

59 In der grundlegenden Entscheidung v. 28.02.2002 (ZMR 2002, 578) hat das BVerfG feststellt, dass dem Verordnungsgeber bei komplexen Gefährdungslagen, für die noch keine wissenschaftlich gesicherten Erkenntnisse vorliegen, ein angemessener Erfahrungs- und Anpassungsspielraum zur Verfügung stehen muss. Aus Rechtsgründen ist nicht zu beanstanden, wenn die Einhaltung der in der 26. BImSchV sowie in entsprechenden DIN-Normen festgelegte Grenzwerte als ausreichend angesehen werden (BGH WuM 2006, 304). Die Gerichte selbst sind nicht verpflichtet, ungesicherten Erkenntnisse mit Hilfe des Prozessrechts zur Durchsetzung zu verhelfen (so auch LG Freiburg GE 2005, 547). Diese Grundsätze sind von Bedeutung für das Mietrecht. Auch hat sich der BGH (WuM 2004, 217) dahin gehend geäußert, dass der Einhaltung festgelegter Grenz- und Richtwerte Indizwirkung zukommt, sodass der Beeinträchtigte, das ist in diesem Zusammenhang der Mieter, diejenigen Umstände darlegen und beweisen muss, die zu einer Erschütterung führen sollen. Hierzu ist darzulegen, dass ein wissenschaftlich begründeter Zweifel an der Richtigkeit der Grenzwerte und ein fundierter Verdacht auf eine Gefährdung der Gesundheit bestehen. Unter Anwendung dieser Grundsätze lassen sich Minderungs- oder Kündigungsrechte für den Mieter kaum durchsetzen. Schon früher wurden diese abgelehnt (AG Frankfurt NZM 2001, 1031; AG Gießen ZMR 2001, 806). Den Vermieter trifft beim Abschluss des Mietvertrags keine Hinweispflicht auf die geplante Errichtung einer Mobilfunkanlage (LG Hamburg ZMR 2007, 198).

Erhält der Vermieter aus dem Vertrag mit dem Netzbetreiber ein Entgelt, spielt dies für die Höhe der Miete keine Rolle, da derartige Zusatzeinnahmen keine zu berücksichtigende Erträge sind und sich somit nicht mietmindernd auswirken (BGH WuM 2006, 26).

f) Plakate

60 Innerhalb der Wohnung darf der Mieter Plakate oder Bilder seines Geschmacks aufhängen. Eine Frage des Einzelfalls ist es, ob sich ein solches Recht auch auf Fenster oder Außenwände des Mietshauses bezieht (BayObLG WuM 1983, 129). Ansatzpunkt ist der Mietvertrag. Dieser kann zulässigerweise regeln, dass an solche Flächen Plakate gleich welcher Art nicht aufgehängt werden dürfen. Allerdings sind vorformulierte Vertragsklauseln eng auszulegen und strengen Maßstäben zu unterwerfen. Wird die Aufhängung von Plakaten nicht geregelt, ist eine Interessenabwägung erforderlich (LG Aachen WuM 1988, 53). Grundsätzlich ist dem Grundrecht aus Art. 5 GG Vorrang einzuräumen, wenn nicht ausnahmsweise besondere rechtliche Interessen des Vermieters entgegenstehen (LG Tübingen WuM 1986, 116). Jedenfalls, wenn das Plakat verächtliche oder gar beleidigende Äußerungen enthält, kann der Vermieter dessen Entfernung fordern. Die Anbringung eines solchen Plakats rechtfertigt ferner eine außerordentliche fristlose Kündigung des hierfür verantwortlichen Mieters (LG Berlin GE 2004, 236). Auch die Aufforderung zum Mietboykott ist unzulässig. Die Beweislast für den Wahrheitsgehalt herabsetzender Äußerungen trägt der Mieter.

g) Tür- und Namensschilder

Der Wohnraummieter ist berechtigt, am Hauseingang und an der Wohnungstüre sein **61** Namensschild anzubringen. Der Vermieter kann wiederum Wert auf eine einheitliche Gestaltung aller Schilder seiner Mieter legen (Schmidt-Futterer/Eisenschmid 9. Aufl., § 535 Rn. 291). Auch für den Lebensgefährten des Mieters darf ein Schild angebracht werden (AG Berlin-Mitte MM 2000, 178).

Der Mieter von Gewerberaum darf sein Firmenschild in einer üblichen Größe am Haus- **62** eingang und der Eingangstüre zu den Räumen anbringen. Freiberuflich Tätige sind berechtigt, nach Auflösung oder Verlegung der Praxisräume ein Hinweisschild wegen der neuen Niederlassung für eine angemessene Zeit anzubringen (OLG Düsseldorf NJW 1988, 2545). Das Anbringen von Reklameschildern richtet sich nach den Bestimmungen des Mietvertrages, der Lage des Mietobjekts und der Verkehrssitte. Zu beachten sind die öffentlich-rechtlichen Vorschriften.

h) Briefkasten

Das Vorhandensein eines funktionstüchtigen Briefkastens zählt zum ordnungsgemäßen **63** Mietgebrauch. Der Mieter ist berechtigt, einen Aufkleber mit dem Verbot des Einwurfs von Werbung anzubringen (AG München WuM 1989, 231). Der Anspruch des Mieters geht auf einen handelsüblichen Briefkasten. Es muss ihm ein Briefkasten mit einem DIN-gerechten Einwurfschlitz zur Verfügung stehen, der einen Einwurfschlitz von 325 mm Breite hat, so dass DIN A 4 Umschläge ohne Knick eingeworfen werden können (AG Charlottenburg GE 2002, 1271). Es wird auch vertreten, dass ein Anspruch auf den Briefkasten nicht besteht, wenn die Post durch andere Vorrichtungen zugestellt werden kann (AG Flensburg WuM 1996, 215). Einen handelsüblichen Hausbriefkasten kann der Mieter nur auf eigene Kosten nach seinen Vorstellungen verändern (AG Münster WuM 1987, 53). Nur wenn der Vermieter seiner Verpflichtung zur Anbringung eines Briefkastens nicht nachkommt, ist der Mieter berechtigt, außerhalb der Wohnungstür einen solchen selbst anzubringen; er hat sich allerdings mit dem Vermieter wegen des Anbringungsorts ins Benehmen zu setzen (Schmidt-Futterer/Eisenschmid 9. Aufl., § 535 Rn. 274).

i) Schlüssel

Der Vermieter muss dem Mieter bei Übergabe der Mietsache alle Schlüssel, die zur Woh- **64** nung gehören, aushändigen, damit ein vertragsgemäßer Gebrauch der Mietsache möglich ist (OLG Düsseldorf WuM 2005, 655). Dazu zählt der Hauseingangsschlüssel, die Zimmerschlüssel, Schlüssel für die Gemeinschaftsräume, Keller, Waschküche, Briefkasten (BayObLG ZMR 1996, 93). Weitere Schlüssel sind dem Mieter zu überlassen, wenn diese für Mitbewohner (Kinder oder den berechtigterweise aufgenommenen Lebensgefährten) oder für Dritte benötigt werden (Reinemachefrau, Tagesmutter usw.). Diese Personen müssen nicht namentlich benannt werden (AG Karlsruhe WuM 1997, 109). Die Kosten dafür fallen dem Vermieter zur Last (a.A. LG Darmstadt WuM 1997, 109). Benötigt der Mieter mehr Schlüssel, als ihm zunächst übergeben wurden, kann er sich diese auch selbst anfertigen lassen; allerdings muss er den Vermieter hiervon unterrichten.

65 Ist der Vermieter im Besitz eines oder mehrerer Schlüssel zur Wohnung, muss er diese auf Verlangen unverzüglich herausgeben. Gegen den Willen des Mieters darf der Vermieter keinen Schlüssel behalten (AG Tecklenburg WuM 1991, 579). Dies gilt auch für Notfälle. Das Zurückhalten eines Schlüssels stellt einen erheblichen Verstoß des Vermieters dar, der zur fristlosen Kündigung berechtigt (AG Heidelberg WuM 1978, 69); erst recht besteht ein Grund zur fristlosen Kündigung, wenn der Vermieter mit diesem Schlüssel die Wohnung ohne Zustimmung des Mieters betritt (OLG Celle WuM 2007, 201). Ist der Mieter aber längere Zeit abwesend, muss er den Vermieter hiervon unterrichten und mitteilen, wo der Schlüssel für den Notfall deponiert ist (BGH NJW 1972, 34).

66 Die Haus- und Wohnungsschlüssel sind sorgfältig zu verwahren. Der Verlust eines Schlüssels ist dem Vermieter unverzüglich mitzuteilen. Wird der Mieter darauf hingewiesen, dass er einen Generalschlüssel erhalten hat und geht dieser auf dem Grundstück verloren, besteht die Haftung des Mieters aus positiver Vertragsverletzung und der Vermieter kann die Kosten für den Einbau eines neuen Schlosses vom Mieter verlangen (AG Witten ZMR 2003, 507; AG Münster WuM 2003, 354). Etwas anderes gilt nur, wenn jeglicher Missbrauch ausgeschlossen ist (LG Berlin GE 2000, 1185), wobei jedoch allein das Verstreichen eines langen Zeitraums, ohne dass ein Missbrauch stattgefunden hat, nicht ausreicht (AG Münster ZMR 2003, 583).

Der Vermieter hat die Schadensminderungspflicht zu beachten und hat den Mieter auf ungewöhnlich hohe Wiederbeschaffungskosten hinzuweisen (Schmidt-Futterer/Eisenschmid 9. Aufl., § 535 Rn. 477).

67 Bei Vertragsende sind alle Schlüssel zurückzugeben, also auch diejenigen Schlüssel, die der Mieter berechtigterweise selbst angefertigt hat. Ansonsten ist die Rückgabepflicht nicht erfüllt (OLG Brandenburg NZM 2000, 463). Nur ausnahmsweise kann die Rückgabe nur eines Schlüssels genügen, wenn daraus der Wille des Mieters zur endgültigen Besitzaufgabe hervortritt und dem Vermieter ein ungestörter Gebrauch ermöglicht wird (OLG Köln ZMR 2006, 859). Keinesfalls genügt, die Schlüssel lediglich in den Briefkasten des Vermieters einzuwerfen (LG Berlin GE 2003, 1431). Ebenso wenig reicht die Aushändigung an einen Hausbewohner oder an den Hausmeister, es sei denn, dass solche Drittpersonen Vermieterseits als zuständig bezeichnet wurden (LG Osnabrück WuM 1984, 2). Vor Vertragsende ist der Vermieter nicht verpflichtet, die Schlüssel in Empfang zu nehmen (KG NZM 2000, 92; OLG Düsseldorf VersR 1989, 46). Nach Vertragsende hat er allerdings bei der Besitzübertragung und Rückgabe der Mietsache mitzuwirken (Schmidt-Futterer/Gather 9. Aufl., § 546 Rn. 33).

68 Der Streitwert einer Klage auf Herausgabe der Wohnungsschlüssel bemisst sich nach der Jahresmiete, da der Mieter Besitzverschaffung will (LG Halle WuM 1994, 532). Der Streitwert auf Herausgabe eines Zweitschlüssels für den Fall der Nutzungsabsicht für mehrere Personen bemisst sich nach einem Fünftel der Jahresmiete (AG Tempelhof-Kreuzberg WuM 1997, 471).

3. Vertragswidriger Gebrauch

69 Bei einem vertragswidrigen Gebrauch der Mietsache in einem Wohnraummietverhältnis kann ein Beseitigungsanspruch nicht auf § 1004 BGB, sondern allein auf § 541 BGB gestützt werden; daraus folgt, dass dem Beseitigungsverlangen eine Abmahnung vorauszugehen hat (BGH WuM 2007, 387).

Schriftform für die Abmahnung ist nicht vorgeschrieben, aber empfehlenswert. Wird die Abmahnung durch einen Vertreter erklärt, findet § 174 BGB Anwendung, wenn die Vollmacht im Original nicht beigefügt wird (BGHZ 47, 357; OLG Celle WuM 1982, 206). Die Abmahnung ist konkret zu erklären, sodass die einzelnen Vertragsverstöße zu benennen sind (BGH NZM 2000, 241; LG Aachen WuM 1988, 53). Nur ausnahmsweise ist eine Abmahnung entbehrlich, wenn feststeht, dass das vertragswidrige Verhalten vom Mieter auch nach Abmahnung nicht abgestellt wird, bzw. wenn das Fehlverhalten des Vertragspartners die Vertrauensgrundlage in so schwerwiegender Weise erschüttert hat, dass diese auch durch eine erfolgreiche Abmahnung nicht wieder hergestellt werden kann (BGH a.a.O.).

Eine Fristsetzung ist nicht erforderlich. Die Abmahnung soll dem Mieter Gelegenheit bieten, die Vertragsverstöße abzustellen; daher muss der Vermieter eine angemessene Zeit nach der Abmahnung verstreichen lassen, um zu prüfen, ob der Mieter die Beeinträchtigungen unterlässt. In der Praxis spielen häufig die Unterlassung rechtswidriger Tierhaltung und die Unterlassung von Lärm eine Rolle, ferner die Unterlassung vertragswidrigen Gebrauchs durch Dritte. 70

In der Regel ist ein Rechtsmittel gegen eine Abmahnung nicht gegeben; einer Klage auf Feststellung, dass eine Abmahnung durch den Vermieter unwirksam sei, ist mangels Rechtsschutzinteresse grundsätzlich unzulässig (BGH ZMR 2008, 446; AG Münster WuM 2006, 456; LG Berlin GE 1996, 1243).

Die Unterlassungsklage ist alsbald nach der Feststellung der Fortsetzung des vertragswidrigen Gebrauchs zu erheben, der zwischen der Abmahnung und Klageerhebung liegende Zeitraum muss allerdings angemessen sein (LG Düsseldorf WuM 1993, 604).

II. Vereinbarung zum vertragsgemäßen Gebrauch

Gebrauchsregelungen werden üblicherweise im Mietvertrag und in der Hausordnung festgelegt. Individualvereinbarungen dürfen hierbei nicht gegen gesetzliche Verbote verstoßen (§ 134 BGB), nicht sittenwidrig sein (§ 138 BGB) und unterliegen den allgemeinen Grenzen nach Treu und Glauben (§ 242 BGB), während formularvertragliche Regelungen außerdem den Bestimmungen der §§ 305 ff. BGB genügen müssen. Der Mietvertrag enthält zumeist Regelungen zur Tierhaltung, zur Berufsausübung in der Mietwohnung, zum Besichtigungsrecht des Vermieters, Antennenregelungen, Regelungen zu Wohnungsschlüsseln, während in der Hausordnung vornehmlich die Benutzung von Gemeinschaftsreinrichtungen, Treppenreinigungspflichten, Winterdienst, die allgemeinen Ruhezeit geregelt sind. Die Bereiche können sich auch überschneiden. Die Frage der Nutzung einer Gemeinschaftseinrichtung kann sowohl im Mietvertrag als auch in der Hausordnung geregelt sein. Die vertragliche Regelung genießt Vorrang (Schmidt-Futterer/Eisenschmid 9. Aufl. § 535 Rn. 329), sofern die Hausordnung selbst nicht Bestandteil des Vertrages ist (s. Rdn. 72). 71

1. Hausordnung

a) Grundsätzliches

Die Hausordnung regelt das reibungslose Zusammenleben der Mieter untereinander. Sie regelt den Gebrauch der Gemeinschaftseinrichtungen und dient auch dem Schutz des Gebäudes. Die Geltung der Hausordnung zwischen den Parteien und zwischen den Mietern untereinander hängt zunächst einmal davon ab, dass sie vereinbart ist. Dazu muss ein Einbezug in den Mietvertrag erfolgen, wobei deren Inbezugnahme in einzelnen Vor- 72 schriften des Mietvertrages ausreichend ist (OLG Frankfurt WuM 1988, 399), gleichermaßen die Beifügung als Anlage zum Mietvertrag und die Bezugnahme hierauf (BGH WuM 1999, 286). Allerdings ist eine Formularklausel, wonach »die anliegende Hausordnung Bestandteil dieses Vertrages« ist, wegen Verstoßes gegen §§ 307, 309 Ziff. 12 BGB nichtig (BGH WuM 1991, 381; LG München ZMR 1998, 295), da sie dem Mieter den Nachweis auferlegt, die Hausordnung habe bei Vertragsschluss nicht vorgelegen, sodass er von ihr keine Kenntnis habe nehmen können. Die nachträgliche Aushändigung der Hausordnung führt nicht zu deren Geltung (OLG Frankfurt a.a.O.).

73 Wird die Hausordnung lediglich im Hausflur ausgehängt, erfolgt keine Einbeziehung in den Mietvertrag (Bub/Treier/Kramer III Rn. 1045). In diesem Fall werden keine vertraglichen Rechtsbeziehungen zum Vermieter begründet. Allenfalls Regelungen allgemeiner Art, durch welche die Ordnung der Hausgemeinschaft näher konkretisiert wird, ist dann Gegenstand der Wirksamkeit (Schmidt-Futterer/Eisenschmied § 535 Rn. 332). Mietvertragliche Regelungen dürfen durch die Hausordnung keine Erweiterungen erfahren. So ist es beispielsweise nicht zulässig, in der Hausordnung zusätzlich zum Vertrag zu regeln, dass der Mieter die Kosten der Reinigung des Treppenhauses trägt (AG Düsseldorf WuM 1986, 306). Ebenso wenig kann in der ausgehängten Hausordnung ein über den Mietvertrag hinausgehendes Verbot der Tierhaltung geregelt werden (Blank Mietrecht von A–Z »Hausordnung«).

74 Die Hausordnung als Teil des Mietvertrages ist keine bloße Richtlinie für ein geordnetes Miteinander der Mieterschaft (so aber Sternel I Rn. 417). Die vereinbarte Hausordnung entfaltet Rechtswirkungen im Verhältnis zum Vermieter, aber auch der Mieter untereinander (OLG München ZMR 1992, 246; Schmid ZMR 1999, 302 ff.; ders. WuM 1987, 71). Dieser Aspekt ist wichtig, denn in der Praxis kommt es häufig vor, dass sich Mieter, welche das Treppenhaus regelmäßig reinigen, über andere Mieter beschweren, die diese Arbeit nicht durchführen.

75 Für eine einseitig erlassene Hausordnung ist § 315 BGB zu beachten. Die Bestimmungen müssen sich nach billigem Ermessen ausrichten und dürfen nicht willkürlich sein. Durch sie dürfen Rechte und Pflichten näher ausgestaltet werden, nicht aber begrenzt oder erweitert werden. Zu beachten ist der in diesem Bereich geltende Gleichheitsgrundsatz: Keinem Mieter darf untersagt werden, was einem anderen gestattet ist (LG Freiburg WuM 1993, 120). Der Vermieter kann die Hausordnung nachträglich aufstellen oder einseitig ändern, sofern eine ordnungsgemäße Verwaltung und Bewirtschaftung des Hauses dies erfordert (AG Hamburg WuM 1981, 183) und keine neuen Vertragspflichten begründet werden. So kann der Vermieter entscheiden, dass nachträglich ein Fahrradkeller eingerichtet wird und für die Mieter insoweit auch ein Zwang zur Nutzung gegeben ist. Die festgelegten Pflichten zur Hausreinigung können aber durch den Vermieter grundsätzlich nicht einseitig geändert werden; ein Anspruch kann sich nach § 242 BGB im Einzelfall ergeben, wenn die bestehende Regelung zu einer unzuträglichen Belastung führt (Sternel I Rn. 422). Außerhalb der Hausordnung steht es dem Vermieter frei, durch Rundschreiben oder Aushang für ein Mindestmaß an Ordnung und Sauberkeit zu sorgen (LG Bonn WuM 1990, 20).

Enthält der Mietvertrag einen Änderungsvorbehalt, muss ebenfalls § 315 BGB beachtet werden. Weiterungen oder Beschränkungen bisheriger Mieterrechte sind nicht zulässig.

b) Einzelne Gebrauchsregelungen der Hausordnung

aa) Gemeinschaftseinrichtungen

Die Benutzung von Gemeinschaftseinrichtungen kann in der Hausordnung geregelt werden (LG Frankfurt WuM 1988, 20). Unwirksam ist ein formularmäßiges Verbot in den Allgemeinen Bestimmungen zum Mietvertrag, das es dem Vermieter gestattet, die Bestimmungen in der Hausordnung über die Nutzung einer Gemeinschaftseinrichtung einseitig »neu zu regeln oder einzustellen, soweit dies nach billigem Ermessen und unter Abwägung der Belange der Gesamtheit der Mieter zweckmäßig erscheint« (LG Berlin WuM 1992, 599). **76**

Ist im Mietvertrag geregelt, dass der Mieter das Recht hat, Waschküche, Trockenboden, Hobbykeller, soweit vorhanden, gemäß der Hausordnung unentgeltlich mit zu nutzen, wird hierdurch die Art der Nutzung durch den Einzelmieter nicht konkretisiert. Diese hat sich, sofern keine anderen Anhaltspunkte hierfür bestehen, an den tatsächlichen örtlichen Gegebenheiten zu orientieren. Ist jedoch eine zentrale Waschanlage mit Münzeinwurf tatsächlich vorhanden, ist es dem Mieter nicht untersagt, selbst entsprechende Geräte in seiner Wohnung aufzustellen, wenn ein ordnungsgemäßer Betrieb gewährleistet ist, wenn also die Waschmaschine gegen Wasserauslaufen gesichert ist (AG Köln WuM 2001, 276) bzw. wenn eine ausreichende Abluftvorrichtung für den Wäschetrockner vorhanden ist (AG Mülheim WuM 1981, 12).

bb) Treppenreinigung

Unter Beachtung des Gleichheitsgrundsatzes kann und soll die Hausordnung, sofern sie Bestandteil des Mietvertrages ist, Regelungen zur turnusmäßigen Reinigung der (meist von Geschoss zu Geschoss führenden) Treppe im Treppenhaus festlegen. Es bleibt allerdings dem Mieter allein überlassen, zu welchem Zeitpunkt die Arbeiten durchgeführt werden. So soll es gleichgültig sein, ob die Reinigung sonntags um 18.00 Uhr oder werktags um 2.00 Uhr früh durchgeführt wird (AG Reichenbach WuM 1994, 322). Ferner ist es gleichgültig, ob der Mieter die Arbeiten selbst durchführt oder durchführen lässt. **77**

cc) Haustürregelung

Häufig wird in der Hausordnung geregelt, dass bzw. innerhalb welchen Zeitraums die Haustür zu verschließen ist (AG Frankfurt NZM 2005, 617). Da letztlich Sicherheitsgründe (Vermeidung von Einbrüchen und Diebstählen) diesem Bedürfnis nach einer verschlossenen Tür zu Grunde liegen, ist es nicht zulässig, ein Verschließen der Tür auch tagsüber zu fordern. Der Verpflichtung des Vermieters, seine Mieter vor ungebetenen Gästen zu schützen, steht allerdings auch die Pflicht gegenüber, den Fluchtweg nicht unnötig zu erschweren. Es ist daher im Einzelfall zu prüfen, ob ein Verschließen der Haustüre verlangt werden muss. **78**

dd) Ruhezeiten

Die Einhaltung allgemeiner Ruhezeiten kann in der Hausordnung geregelt werden, soweit sie nicht über die allgemein üblichen Ruhezeiten hinausreicht, wofür man diese zwischen 22.00 Uhr und 7.00 Uhr sowie zwischen 13.00 Uhr und 15.00 Uhr annehmen kann (Gather DWW 1993, 345). Regelungen in der Hausordnung werden, was die Ruhezeiten betrifft, auch nur als Richtlinie angesehen, um das geordnete Zusammenleben unter den Mietern zu ermöglichen (Sternel II Rn. 159). Dem kann so nicht zugestimmt werden. Es ist nicht einzusehen, weswegen die Hausordnung einerseits bestimmte Ruhezeiten festlegen können soll, um gleichzeitig nur auf den Umfang möglicher Störungen abzuheben. **79**

ee) Rechtsprechung zu weiteren Einzelheiten

80 – Die Klausel in der Hausordnung, die das Abstellen von Gegenständen, insbesondere Fahrrädern, Kinderwagen usw. auf Vorplätzen, Gängen, Treppen und Trockenböden untersagt, ist unwirksam (AG Hanau WuM 1989, 366).
– Ebenso darf die Hausordnung das nächtliche Baden nicht verbieten (LG Köln WuM 1997, 323).
– Ein Besuchsverbot in der Hausordnung für die Zeit nach 23.00 Uhr ist nichtig (LG Darmstadt WuM 1971, 135).
– Zulässigerweise kann die Hausordnung regeln, dass das Musizieren täglich höchstens vier Stunden erlaubt ist, nicht jedoch vor 9.00 Uhr, zwischen 12.00 Uhr und 15.00 Uhr und nach 22.00 Uhr (OLG München WuM 1992, 238). In jedem Fall ist die Zimmerlautstärke einzuhalten.
– Die Zeiten, während derer Teppiche geklopft werden dürfen, können in der Hausordnung festgelegt werden. Deren Einhaltung kann von den Mietern untereinander verlangt werden (AG Kassel WuM 1994, 610).
– Das vollständige Verbot in der Hausordnung, Tiere zu halten, ist unwirksam. Gleiches gilt für die Formulierung, wonach »Haustiere, insbesondere Hunde und Katzen, Hühner und Kaninchen nur bei schriftlicher Einwilligung des Vermieters gehalten werden« dürfen (AG München NZM 2003, 23).
– Die Hausordnung kann verbindlich regeln, dass das Fenster in der Waschküche während der Heizperiode nur von 8.00 Uhr bis 22.00 Uhr geöffnet sein darf und dass der Mieter nach Entfernen der getrockneten Wäsche das Fenster wieder zu schließen hat, sofern keine andere Wäsche aufgehängt ist (LG München II WuM 1988, 154).
– Grundsätzlich ist es nicht Aufgabe der Hausordnung, Regelungen hinsichtlich des Winterdienstes zu treffen. Überträgt der Vermieter die ihm obliegende Reinigungspflicht auf den Mieter, sollte dies im Mietvertrag selbst zu geschehen, da klare Absprachen über die zuverlässige Ausschaltung von Gefahren Voraussetzung sind (BGH GE 1996, 1301).

2. Einzelne mietvertragliche Gebrauchsregelungen

a) Tierhaltung

aa) Individualvertragliche Regelung

81 Es ist zulässig, im Wege der einzelvertraglichen Vereinbarung die Tierhaltung auszuschließen oder von der Erlaubnis des Vermieters abhängig zu machen. Ein Verstoß gegen die guten Sitten soll damit nicht verbunden sein (Blank, Mietrecht von A–Z »Tierhaltung« in der Mietwohnung II 1 unter Verweis auf OLG Hamburg ZMR 1963, 40). Das BVerfG hat das im Vertrag enthaltene Verbot der Hundehaltung auch bei der Vermietung eines Einfamilienhauses nicht beanstandet (WuM 1981, 77). Zutreffend wird aber darauf hingewiesen, dass auch eine Individualvereinbarung kein wirksames Verbot der Haltung von Kleintieren festlegen kann (Blank a.a.O.). In diesem Zusammenhang ist aber zu beachten, dass die echte einzelvertragliche Regelung nur wirksam ist, wenn sie ausgehandelt wird (§ 305 Abs. 1 Nr. 3 BGB). Dieser Fall dürfte selten wirklich vorliegen, da Klauseln dem Mieter gegenüber oft nicht zur Disposition gestellt werden. Dies aber ist Voraussetzung, wozu ein bloßes Verhandeln oder Besprechen nicht ausreichend ist.

Trotz geltendem Tierhaltungsverbots kann die Aufnahme eines Tiers durch den Mieter im Einzelfall nicht verboten werden, wenn das Berufen auf den Vertrag als Schikane anzusehen ist, so entschieden bzgl. eines Blindenhundes (AG Hamburg-Blankenese WuM 1985, 256).

bb) Formularvertragliche Regelungen

Sie bilden den Großteil der Überprüfung ihrer Wirksamkeit durch die Rechtsprechung. **82** Unwirksam als Verstoß gegen § 307 BGB ist zunächst, die Tierhaltung vollständig auszuschließen, etwa durch die Formulierung »Das Halten von Tieren ist nicht zulässig« (BGH WuM 1993, 109). Gleiches gilt, wenn die Erlaubnis zur Tierhaltung von der vorherigen schriftlichen Einwilligung des Vermieters abhängig gemacht wird (LG Düsseldorf WuM 1993, 604). Eine solche formularmäßige Regelung ist nach ganz herrschender Auffassung grundsätzlich wirksam, wenn Kleintiere wie Ziervögel und Zierfische von dem Verbot ausgenommen sind und für die Zustimmung kein Schriftformerfordernis aufgestellt wird (s. BGH GE 2008, 48; LG Krefeld WuM 2006, 675; BVerfG WuM 1981, 77). Der BGH (WuM 1991, 381) hat bereits daran festgehalten ist, dass eine Erlaubniserteilung des Vermieters nicht von der Schriftform abhängig gemacht werden darf. Die BGH-Entscheidung bezog sich dabei auf eine Gebrauchsüberlassung der Mietsache an Dritte. Dem Mieter wird so der Nachweis abgeschnitten, der Vermieter habe die Erlaubnis mündlich erteilt. Daher meint auch das AG Konstanz (WuM 2007, 315) dass die Klausel unzulässigerweise den Eindruck erwecke, dass eine mündliche Erlaubnis unwirksam sei.

Ein Fall des Rechtsmissbrauchs liegt nach der Entscheidung des OLG Hamm (ZMR **83** 1981, 153) bei einer Formularklausel vor, die dem Vermieter das Recht gibt, die Zustimmung zur Tierhaltung nach Belieben zu versagen: »Für jede Tierhaltung, insbesondere der Hunde- und Katzenhaltung, jedoch mit Ausnahme von Ziervögeln und Zierfischen, bedarf es der schriftlichen Zustimmung des Vermieters. Diese kann widerrufen werden, falls sich das Tier als unsauber erweisen oder sonst zu Belästigungen der Mitbewohner des Hauses Veranlassung geben sollte.« Vgl. hierzu auch LG Krefeld WuM 2006, 675.

Es sind Fälle denkbar, in denen der Mieter beispielsweise gesundheitlich bedingt auf die Tierhaltung angewiesen ist. Gleiches würde für den Blindenhund gelten. Würde man die Klausel für wirksam erachten, kann daraus auch gefolgert werden, dass durch den Zusatz der Widerrufbarkeit die Erlaubnis nur bei sachlich begründeter Notwendigkeit versagt werden darf (LG Mannheim WuM 1984, 78; Blank NZM 1998, 5).

Grundsätzlich ist es aber zulässig, formularmäßig zu vereinbaren, dass die Hundehaltung **84** unzulässig ist (AG Neukölln GE 1998, 621) oder dass die Hunde- und Katzenhaltung untersagt wird (LG Karlsruhe DWW 2002, 101). Die Klausel »Tiere, insbesondere Hunde und Katzen dürfen nicht gehalten werden« wird man deshalb schon als unwirksam ansehen müssen, weil sie ein gänzliches Verbot der Haltung von Haustieren beinhaltet.

Behält der Vermieter sich formularmäßig seine Zustimmung vor, muss das Ermessen tat- **85** sächlich und für den konkreten Einzelfall auch ausgeübt werden. Das Ermessen muss dabei von vernünftigen Gründen getragen werden (AG Bückeburg NZM 2000, 238) und die Zustimmung kann nur bei Vorliegen gewichtiger Gründe versagt werden (AG Hamburg-Barmbek ZMR 2006, 535). Das LG Krefeld ist allerdings der Ansicht, dass der Vermieter seine Entscheidung nach »freiem Ermessen« treffen kann (NZM 2007, 375). Sieht der Mietvertrag vor, dass die Zustimmung zur Tierhaltung nur dann verweigert werden darf, wenn von dem Tier Belästigungen anderer Bewohner oder der Nachbarn zu erwarten sind, handelt der Vermieter treuwidrig, wenn er dessen Abschaffung fordert, sofern die Voraussetzungen der Belästigung Dritter wieder beseitigt ist (AG Köpenick GE 2000, 1187 für die Haltung eines Schweins in der Mietwohnung).

cc) Kleintiere

86 Kleintiere sind beispielsweise Kleinvögel, Zierfische, Hamster, Mäuse, Eidechsen, Meerschweinchen. Mitunter werden auch Katzen dazu gerechnet (LG München I WuM 1999, 217; a.A. LG Berlin GE 1999, 46) oder ein kleiner Hund (LG Düsseldorf WuM 1993, 604) oder ein kastrierter Kater (AG Bonn WuM 1987, 213), nicht aber das marderähnliche Frettchen (AG Köln WuM 1988, 234). S. zum Begriff auch Rdn. 22.

dd) Fehlende und unwirksame Regelungen

87 Enthält der Mietvertrag (was eher selten vorkommt) keine Regelung oder ist die Vereinbarung unwirksam, dann ist dem Mieter die Tierhaltung grundsätzlich gestattet, da sie zum vertragsgemäßen Gebrauch der Mietsache gehört (AG Bremen WuM 2007, 124). Beim Vorliegen von Gefahren und Belästigungen hängt die Befugnis des Mieters zur Tierhaltung von einer Interessenabwägung ab (LG Karlsruhe DWW 2002, 100; LG Freiburg WuM 1997, 175). Dabei wird (LG Mannheim ZMR 1992, 545) das Interesse des Mieters als vorrangig bewertet, wenn der Mieter gesundheitliche Gründe vortragen kann und der Vermieter sich auf ein grundsätzliches Verbot der Tierhaltung im Mehrfamilienhaus zur Vermeidung von Unsauberkeiten beruft. Eine Interessenabwägung muss aber nicht angestellt werden, wenn der Mieter auf das Tier nicht angewiesen wäre (LG Hamburg WuM 1996, 533). Gleiches gilt, wenn es um das Halten von Kampfhunden geht (LG Krefeld WuM 1996, 533; LG Gießen NJW-RR 1995, 12; LG Nürnberg-Fürth ZMR 1991, 79), da das Halten von sog. Kampfhunden nicht mehr zum vertragsgemäßen Gebrauch der Mietsache gehört (LG Krefeld WuM 1996, 533; LG Gießen NJW-RR 1995, 12). Es wird allerdings auch das Gegenteil vertreten, wonach auch bei solchen Tieren nach Prüfung klar sein muss, dass konkrete Gefährdungen gegeben sind (LG Berlin GE 2005, 871; LG Offenburg WuM 1998, 285). Echte Kampfhunde sind etwa Pitbull, Bullmastiff, Bullterrier, American Staffordshire Bullterrier und Tosa Inu (KG ZMR 2004, 704).

Zum Muster einer Klage auf Abschaffung des Tieres Hinz: 2.5.4; ebenso dort zur Klagerwiderung des Mieters.

b) Berufsausübung

88 Individualvertragliche Regelungen, welche die Berufsausübung regeln, sind selten. Liegen sie in der echten und nur damit gültigen (ausgehandelten) Form vor, sind sie grundsätzlich wirksam, sofern im Einzelfall keine Sittenwidrigkeit bejaht werden kann. Entsprechendes kann man annehmen, wenn die Berufsausübung sich in engen Grenzen hält und jeglichen Belästigungen anderer Hausbewohner ausgeschlossen sind. Klauseln formularrechtlicher Art dürfen gleichermaßen geringe berufliche Tätigkeiten nicht verbieten (näher hierzu Rdn. 37 ff.). Auch wenn ein Mietvertrag über Wohnraum mit der Maßgabe abgeschlossen wird, dass dort auch eine psychologische Praxis betrieben werden darf, handelt es sich dennoch um einen Wohnraummietvertrag (OLG München ZMR 2007, 119). Entscheidend ist nicht die Bezeichnung des Vertragsverhältnisses im Mietvertrag, sondern die tatsächliche Nutzung; es ist zu klären, welche Nutzungsart überwiegt (BGH WuM 1974, 234), wobei die Vorstellung der Parteien maßgeblich ist (BGH WuM 1986, 274).

c) Besichtigungsrecht

89 Die formularmäßige Vereinbarung im Wohnraummietvertrag »Der Vermieter und sein Beauftragter können die Mieträume werktäglich von 10 bis 13 Uhr und von 15 bis 18 Uhr zur Prüfung ihres Zustandes betreten« ist nicht wirksam, da sie dem Vermieter ermöglicht, die Räume ohne Ankündigung oder Absprache zu den betreffenden Zeiten zu betreten (LG Berlin MM 2004, 125). Gleiches gilt für die Formulierung »Dem Ver-

mieter« wird ohne Rücksicht auf die Belange des Mieters ein täglich mehrstündiges Besichtigungsrecht mit Kaufinteressenten eingeräumt, was einen groben Verstoß gegen das Übermaßverbot darstellt (AG Hamburg WuM 1992, 540). Wirksam ist die Klausel im gewerblichen Vertrag: »Der Vermieter und/oder sein Beauftragter können die Mieträume während der Geschäftszeiten zur Prüfung des Zustandes oder aus anderen wichtigen Gründen betreten. Bei Gefahr ist ihm der Zutritt zu jeder Tags- oder Nachtzeit gestattet« (AG Neuss WuM 1989, 364). Der Mieter von Gewerberaum wird als weniger schützenswert angesehen. Die Entscheidung überzeugt nicht. Auch der Mieter von Geschäftsraum muss es nicht hinnehmen, dass der Vermieter ohne Vorankündigung die Räume betreten möchte. »Der Vermieter darf die Mietsache jederzeit zu angemessener Zeit betreten« (OLG Celle WPM 1994, 892; Franke DWW 1998, 298, 301), was durch die sehr weite Fassung ohne Ankündigungserfordernis zweifelhaft ist.

d) Antennenklauseln

aa) Kabel-TV

Die Klausel, die den Mieter verpflichtet, auch nach Abschluss des Mietvertrages die Installation eines Kabelanschlusses zu dulden, ist unwirksam (BGH WuM 1993, 109) Zulässig ist es aber, wenn geregelt wird, dass der Vermieter nicht verpflichtet ist, dem Mieter einen weiteren Kabelanschluss herzustellen, soweit ein solcher bereits für die Wohnung des Mieters vorhanden ist (BGH a.a.O.). **90**

bb) Parabolantenne

Vertragsklauseln, welche die Zustimmung des Vermieters in Schriftform vorsehen, sind nicht wirksam (offen lassend BGH WuM 2006, 28, 30; für Unwirksamkeit: LG Mannheim WuM 1992, 469; s. Rdn. 82). Wird durch eine Formularklausel jegliches Aufstellen einer Parabolantenne untersagt und sind somit auch Fälle erfasst, in denen ein (ausländischer) Mieter auf Grund seiner grundrechtlich geschützten Interessen einen Anspruch auf die Anbringung oder Aufstellung einer Parabolantenne hat, weil sein Interesse am Empfang von Programmen seines Herkunftslandes durch ein kostenpflichtiges zusätzlichen Kabelprogramm nicht gedeckt werden kann, ist die Regelung ebenfalls nichtig (BGH WuM 2007, 381: AG Lörrach WuM 2005, 658; AG Bad Homburg DWW 1994, 52; a.A. LG Berlin GE 2004, 1097: auch bei fehlender Substanzverletzung). Dem Vermieter ist es aber untersagt, sich auf ein Zustimmungserfordernis für die Installation der Parabolantenne zu berufen (§ 242 BGB), sofern er materiell-rechtlich zur Erteilung verpflichtet war (BGH WuM 2006, 28, 30). **91**

e) Vertragsklauseln zum Schlüssel

Die Klausel »Der Mieter muss dafür sorgen, dass die Mieträume auch während seiner Abwesenheit betreten werden können. Bei längerer Abwesenheit als ... Tage ist er verpflichtet, die Wohnungsschlüssel zwecks Besichtigung an einer schnell erreichbaren Stelle unter Benachrichtigung des Vermieters verfügbar zu halten« soll wirksam sein (AG Köln WuM 1986, 86). Bedenken bestehen dann nicht, wenn man in S. 1 nicht ein jederzeitiges Betretungsrecht ohne Ankündigung sieht und S. 2 beschränkt auf Notfälle. Die Klausel besagt schließlich nicht, dass der Vermieter in Abwesenheit des Mieters weiter gehende Rechte hat, als bei dessen Anwesenheit; vielmehr benötigt der Vermieter in jedem Fall einen triftigen Grund, die Wohnung zu betreten. Die Klausel »Bei längerer Abwesenheit hat der Mieter die Schlüssel an einer für den Vermieter schnell erreichbaren Stelle zu hinterlegen und dem Vermieter den Hinterlegungsort mitzuteilen« wurde vom AG Schöneberg als Verstoß gegen § 307 Abs. 1 BGB und somit als unwirksam angesehen (GE 2006, 1297). **92**

93 Unwirksam ist die Klausel »Wohnungsschloss- und Schließanlagen sind auf Kosten des Mieters von diesem zu reparieren bzw. instand zu setzen. Nachbestellungen von Schlüsseln erfolgen auf Kosten des Mieters« (LG Berlin WuM 1993, 261), da der Vermieter durch die Verpflichtung zur Gewährung des Gebrauchs der Mietsache auch die Instandhaltung von Schließanlagen übernimmt. Zudem fehlt eine Höchstgrenze und ferner nimmt die Klausel auf ein fehlendes Verschulden des Mieters keine Rücksicht. Gleiches gilt für die Formularklausel im Wohnraummietvertrag »Der Vermieter ist berechtigt, auf Kosten des Mieters Ersatzschlüssel anzuschaffen oder, soweit dies im Interesse des Nachmieters geboten ist, neue Schlösser mit anderen Schlüsseln einzubauen, sofern er den Mieter unter Fristsetzung vergeblich zur Herausgabe der Schlüssel gemahnt hat« (OLG Brandenburg WuM 2004, 597). Hierdurch wird eine verschuldensunabhängige Haftung des Mieters begründet. Zu weit und damit unwirksam ist auch die Formularklausel »Bei Verlust« eines Schlüssels kann der Vermieter auf Kosten des Mieters ein Austauschschloss anbringen und die erforderliche Anzahl von Schlüsseln anfertigen (LG Hamburg WuM 1999, 327).

8. Kapitel
Erhaltung, Schönheitsreparaturen, Modernisierung und Barrierefreiheit

Übersicht

I. Erhaltungspflicht des Vermieters

1. Instandhaltung – Instandsetzung

§ 535 Abs. 1 S. 2 BGB verpflichtet den Vermieter, die Mietsache dem Mieter in einem zum vertragsgemäßen Gebrauch geeigneten Zustand zu überlassen und sie während der Mietzeit in diesem Zustand zu erhalten. Die Vorschrift findet Anwendung auf Wohn- und Gewerberaum. Sie stellt damit für den Mieter die gesetzliche Rechtsgrundlage zur Durchsetzung erhaltungsnotwendiger Maßnahmen dar. Die gesetzliche Regelung findet auch Anwendung, wenn der Versuch einer abändernden Regelung misslungen ist (vgl. zu unwirksamen Klauseln Rdn. 45 ff.). Demgegenüber regelt § 554 BGB die Pflicht des Mieters, Maßnahmen, die zur Erhaltung der Mietsache erforderlich sind, zu dulden. 1

Üblicherweise wird der Begriff der Instandhaltung gegenüber dem der Instandsetzung abgegrenzt. Unter Instandhaltung werden allgemein die Aufrechterhaltung eines ordnungsmäßigen Zustandes der Mietsache zwecks Verhinderung von Schäden sowie die Beseitigung von Schäden und Beeinträchtigungen aufgrund üblicher Abnutzung verstanden. Der Instandhaltungsbegriff kann damit dem der Vorbeugung gleichgesetzt werden (BGH WuM 1993, 123; OLG Köln ZMR 1994, 158; Schmidt-Futterer/Eisenschmid § 554 Rn. 17). Der Begriff wird auch kurz unter den der Wartung gefasst (Langenberg 2 A Rn. 1; C Rn. 21).

Demgegenüber ist der Oberbegriff der Instandsetzung derjenige der Reparatur. Gemeint ist damit die Beseitigung von Schäden zwecks Wiederherstellung des ordnungsgemäßen Zustandes der Mietsache. Ausgenommen vom Begriff der Instandsetzung sind Maßnahmen zur Ersatzbeschaffung von Anlagen, Einrichtungen oder Bestandteilen, die nicht reparabel sind (OLG Hamm NJW-RR 1993, 1229; a.A. Langenberg 2 C Rn. 24 m.w.N.). 2

Die Begriffe der Instandhaltung und Instandsetzung werden vom Gesetz selbst nicht verwendet, das in § 535 Abs. 1 S. 2 BGB und in § 554 Abs. 1 BGB einheitlich von der Erhaltung spricht. Instandhaltung und -setzung können sich überschneiden, wie die nachfolgenden Beispiele aufzeigen. Ebenso kann eine Maßnahme den Erhaltungsbegriff des § 554 Abs. 1 BGB und den der Modernisierung in § 554 Abs. 2 BGB erfüllen. Der Erhaltungsbegriff ist weit zu sehen. Umfasst wird die Mietsache selbst, die zur Mitbenutzung vorhandenen Räume (Gemeinschaftseinrichtungen) wie Treppenhaus, Dachboden, Hof, Waschküche und alle Gebäudeteile an sich (Schmidt-Futterer/Eisenschmid § 554 Rn. 17). 3

Beispiele für **Instandhaltungsmaßnahmen**: 4

Einbau neuer Thermostatventile (AG Gelsenkirchen WuM 1993, 735),

Erneuerung brüchiger Wasserleitungen (LG Hamburg WuM 1995, 267),

Öltankkorrosionsschutz (AG Regensburg WuM 1995, 319),

Ersatz beschädigten Putzes im Treppenhaus (LG München I WuM 1993, 736),

Einbau einer Türschließanlage (AG Hamburg WuM 1994, 200) oder eines Schnappschlosses (AG Hamburg WuM 1994, 200) oder einer einbruchsicheren Türe (LG Köln WuM 1993, 608),

Teppichbodenerneuerung (LG Duisburg WuM 1989, 10),

Erneuerung der Fassade des Hauses (AG Hamburg WuM 1995, 652),

Balkonüberdachung (LG Braunschweig WuM 2001, 510),

Abdichtung des Daches (OLG Düsseldorf, GE 2008, 54),

malermäßige Bearbeitung des Eingangsbereichs bei Graffiti-Bemalung (AG Berlin-Tempelhof NZM 2008, 481).

5 Beispiele für **Instandsetzungsmaßnahmen**:

Beseitigung von Mängeln (AG Bremerhaven WuM 1980, 63),

Teppichbodenerneuerung (OLG Düsseldorf WuM 1989, 508) oder

Erneuerung des PVC-Bodenbelags (AG Staufen WuM 1992, 430),

Fensteraustausch: wurden alte Holzfenster gegen isolierverglaster Kunststofffenster ersetzt, wird auch vertreten, dass der Begriff der Instandsetzung deswegen nicht erfüllt ist, weil sich die Maßnahme auch optisch und klimatisch auf den Mietgebrauch auswirkt (LG Berlin MM 2002, 37; LG Berlin WuM 1987, 348; AG Hamburg WuM 1990, 68),

Austausch gesundheitsgefährdender Trinkwasserleitungen (AG Hamburg WuM 1993, 736),

Reparatur am baufälligen Balkon (AG Mitte MM 1995, 359),

Fassadenerneuerung (AG Hamburg WuM 1995, 652),

Heizöltankbeschichtung (LG Frankenthal WuM 1990, 32),

Beseitigung von Heizungsklopfen (AG Hamburg WuM 1987, 382),

Dachsanierung (OLG Düsseldorf ZMR 1999, 629),

Beseitigung der Ursachen für Schwarzfärbung (Fogging) (LG Berlin GE 2005, 995).

2. Opfergrenze

6 Es gibt eine Grenze, bei deren Überschreitung der Vermieter gem. § 275 Abs. 2 BGB nicht mehr verpflichtet ist, Instandsetzungsmaßnahmen durchzuführen (BGH WuM 1990, 546; BezirksG Dresden WuM 1991, 143). Diese Grenze ist überschritten, wenn die Instandsetzung teurer kommt als der Zeitwert der zu ersetzenden Sache (OLG Karlsruhe ZMR 1995, 201), bzw. die Leistung einen Aufwand erfordert, der unter Beachtung des Inhalts des Schuldverhältnisses und der Gebote von Treu und Glauben in einem groben Missverhältnis zu dem Leistungsinteresse des Gläubigers steht, wenn also die Mängelbeseitigung bei wirtschaftlicher Betrachtungsweise unzumutbar ist. Es ist klar, dass hier stets die konkreten Umstände herangezogen werden müssen, um die allgemeinen Kriterien anwenden zu können. Die Kostenhöhe alleine kann nicht ausschlaggebend sein. Nach neuem Recht ist die Problematik nach § 313 BGB (Wegfall der Geschäftsgrundlage) zu bewerten (Schmidt-Futterer/Eisenschmid 9. Aufl., § 535 Rn. 213), wobei gleichzeitig und sicher zutreffend hervorgehoben wird, dass sich an den früheren hohen Anforderungen der Rechtsprechung an das Vorliegen eines Missverhältnisses zwischen dem Interesse des Mieters und den finanziellen Interessen des Vermieters nichts ändern dürfte. Wegen der Überschneidungen von § 313 und § 275 Abs. 2 BGB wird angenommen, dass der Schuldner die Wahl haben müsse, ob er sich auf das Leistungsverweigerungsrecht nach § 275 Abs. 2 BGB beruft oder den Vertrag unter Anpassung der Bedingungen erfüllt. Bei-

spielsweise ist die Berufung des Vermieters auf die Opfergrenze nicht zulässig, wenn die Wiederherstellung eines mit gemieteten Balkons über 16000 € Kosten verursacht (LG Berlin GE 1995, 1013). Zum Wegfall der Instandsetzungspflicht des Vermieters wegen Überschreitung der »Opfergrenze« s. Hirsch in ZMR 2007, 81 ff.

3. Vereinbarungen zur Erhaltung (Wohnraum)

Bei der Wohnraummiete sind im Gegensatz zur Miete von Gewerberaum (s. Kap. 15 Rdn. 322 ff.) Vereinbarungen zur Erhaltung der Mietsache nur sehr eingeschränkt möglich. Das klassische Beispiel zur Instandhaltungsvereinbarung ist die Übertragung der Schönheitsreparaturen auf den Mieter, die sonst dem Vermieter obliegen. Ferner kann der Vermieter den Mieter bezüglich der Durchführung von Kleinreparaturen als Instandsetzungsmaßnahmen mit einer Kostenbeteiligung (Rdn. 122 ff.) belasten, sofern er eine entsprechende Klausel in den Mietvertrag aufgenommen hat. **7**

Abgesehen von diesen beiden Hauptanwendungsfällen von Erhaltungsvereinbarungen sind weitere Vereinbarungen zulasten des Mieters von Wohnraum nur in Ausnahmefällen zulässig, und zwar durch Individualvereinbarungen und unter der Voraussetzung, dass sie erst nach längeren Zeitabschnitten anfallen und die Gesamttauglichkeit der Mietsache nicht einschränken (Langenberg 2 C Rn. 35 unter Hinweis auf die Entscheidung des BGH WuM 1992, 355 zur Wirksamkeit einer Kleinreparaturklausel). Als Beispiel könnte die individuell vereinbarte Übernahme der Außenanstricharbeiten von Fenstern beim Einfamilienhaus erwähnt werden (Langenberg 2 C Rn. 35). **8**

Formularvertraglich jedenfalls scheidet die Übertragung von Erhaltungsmaßnahmen – außerhalb der Renovierung und der mittelbar wirkenden Kleinreparaturklauseln – auf den Wohnraummieter generell aus, da der Mieter nach § 307 BGB unangemessen benachteiligt würde. Dies gilt nicht nur für die Liegenschaft als solche (Erhaltungsmaßnahme an der Heizung, Arbeiten im Außenbereich, wie die Erhaltung der Zugänge oder die Reparatur schadhafter Mauern), sondern insbesondere auch für die Ausstattung der Wohnung beispielsweise durch Erneuerung des Teppichbodens (OLG Hamm WuM 1991, 248) oder das Abziehen bzw. die Versiegelung der Parkettböden (BGH GE 10, 335; LG Köln WuM 1994, 199). Entsprechendes gilt für das Entfernen der Dübel in den Wänden mit Verschließen der Löcher (BGH WuM 1993, 109, 110). Denn dem Mieter ist es gestattet, eine übliche Anzahl von Dübeln zu verwenden, deren Höhe sich nach den Umständen des jeweiligen Falles richtet (LG Göttingen WuM 1990, 199: 66 beschädigte Fliesen sind zu viel). Ist der Mieter zur Durchführung von Schönheitsreparaturen verpflichtet, zählt die Beseitigung der Dübellöcher zu diesen Arbeiten. Bei fehlender Verpflichtung zur Renovierung unterfällt eine übliche Anzahl von Dübellöchern dem vertragesgemäßen Mietgebrauch; lediglich eine übermäßige Anzahl Dübellöcher stellt eine Beschädigungen der Mietsache dar (LG Hamburg WuM 2007, 194). **9**

II. Schönheitsreparaturen

1. Begriff der Schönheitsreparaturen

a) Begriffsdefiniton

Zur Definition der Schönheitsreparaturen zieht der BGH (ZMR 2010, 261) nach wie vor die Begriffsbestimmung des § 28 Abs. 4 S. 3 der Zweiten Berechnungsverordnung und damit übereinstimmend § 7 des vom Bundesjustizministeriums herausgegebenen Mustermietvertrages 1976 der Fassung I heran. Danach fallen unter die Schönheitsreparaturen **10** das Tapezieren, Anstreichen oder Kalken der Wände und Decken, das Streichen der Fußböden und der Heizkörper einschließlich der Heizrohre, der Innentüren sowie der Fenster und der Außentüren von innen (BGH ZMR 2010, 261).

11 Diese Begriffsdefinition ist inzwischen teilweise nicht mehr zeitgemäß. Sie ist überholt, was das Kalken von Wänden und Decken und das Streichen der Fußböden betrifft. Anstelle des Streichens der Fußböden ist mittlerweile das Reinigen der Teppichböden getreten (s. Sternel in NZM 1998, 842). Eine brauchbare Orientierungshilfe ist der nicht in das Gesetz übernommene § 554a BGB. Der Rechtsausschuss empfahl als Definition der Schönheitsreparaturen »Arbeiten zur Beseitigung von Abnutzungen innerhalb des Wohnraums, wie sie durch den vertragsgemäßen Gebrauch entstehen«. Dabei sollten diese »das Tapezieren und Anstreichen der Wände und Decken, das Streichen der Heizkörper und Heizungsrohre, der Innentüren sowie der Fenster und Außentüren auf der Innenseite der Wohnung umfassen«. Klargestellt sei, dass sich sowohl nach der Fassung der Zweiten Berechnungsverordnung als auch nach der ursprünglich vorgesehenen gesetzlichen Begriffsbestimmung die am Ende erwähnte Innenseite sich auch auf die Fenster (also Fensterinnenseite) bezieht, was von der Formulierung her sonst missverständlich aufgefasst werden könnte.

12 Für den Mieter ist diese Definition abschließend, was Arbeiten betrifft, die nach Vereinbarung dem Mieter übertragen worden sind. Dies folgt aus dem Wortlaut der Bestimmung des § 28 Abs. 4 S. 3 der Zweiten Berechnungsverordnung, der vor der Begriffsbestimmung festhält, dass die Schönheitsreparaturen »nur« die nachfolgenden bezeichneten Arbeiten umfassen (Goch WuM 2004, 513, 515).

13 Der BGH (DWW 1995, 279) hat allerdings den geltenden Begriff der Schönheitsreparaturen auch auf die Folgen typischer Gebrauchsbeschädigungen erweitert. Solche Kleinschäden, die durch den Gebrauch der Mietsache mit verursacht werden, sind im Zuge der Renovierungsarbeiten mit zu beseitigen. Gemeint sind etwa kleine Kratzer in Türen oder die Beseitigung der Dübel und Dübellöcher (s.a. Rdn. 9) oder Schraubenlöcher.

Einen aktuellen Überblick über die Schönheitsreparaturen in der Wohn- und Geschäftsraummiete bietet Arnold Lehmann-Richter in GE 2007, 1031 ff.

14 In der Praxis erfolgt die Renovierung in erster Linie durch das Streichen von Raufasertapeten und Decken, der Heizkörper und der Türen und Fenster im Inneren der Wohnung. Ein Sonderproblem stellt sich im Zusammenhang mit dem Tapezieren, das nach der üblichen Definition der Schönheitsreparaturen zum Begriff zählt. Damit ist allerdings nicht gemeint, dass der Mieter, dem die Durchführung der Dekoration auferlegt wurde, sozusagen auch automatisch verpflichtet ist, neue Tapeten aufzubringen. Ansatzpunkt ist die Überlegung, dass der Mieter nur verpflichtet ist, einen fachgerecht einwandfreien Zustand herbei zu führen. Ist die Raufasertapete bei Fälligkeit der Renovierungsarbeiten noch überstreichbar, ist auch nicht mehr geschuldet. Deshalb besteht in solchen Fällen kein Anspruch des Vermieters auf Neutapezierung durch Entfernen der Tapeten, Spachteln und Grundieren der Wand- und Deckenflächen, das Makulaturstreichen und die Neutapezierung der Wand- und Deckenflächen (AG Münster WuM 1998, 569; a.A. LG Berlin GE 1994, 585 unter bloßem Hinweis auf die formularvertragliche Regelung des Tapezieren müssen i.V.m. einem Individualvermerk zur Durchführung der Schönheitsreparaturen). Maßgebend ist als weiterer Ansatzpunkt, dass der Mieter, wenn er Schönheitsreparaturen übernommen hat, zu nicht mehr verpflichtet werden kann, als tatsächlich während der Mietdauer »abgewohnt« wurde (BGH WuM 1987, 307). Deshalb ist nicht einzusehen, weswegen der Mieter gehalten sein sollte, eine Neutapezierung vorzunehmen, wenn die Raufasertapete auch nach Ablauf von Jahren noch überstreichbar ist. Es kommt dabei nicht auf die bisherige Dauer an, sondern darauf, ob die Tapete noch eine oder mehrere Schichten an Anstrich verträgt.

Das Entfernen vorhandener Raufasertapeten kann deshalb nur dann verlangt werden, wenn der Mieter die Räume entsprechend lang bewohnte, ein weiteres Überstreichen der Tapeten also nicht mehr genügt.

Etwas anderes mag gelten wenn das Tapezieren unabhängig vom Bedarf individuell ausgehandelt wurde (AG Münster WuM 1998, 569), wobei die Grundsätze zum Vorliegen einer echten Individualvereinbarung zu beachten sind, die ein Aushandeln erfordern. **15**

Waren bei Vertragsbeginn Tapeten überhaupt nicht vorhanden, stellt sich die Frage des Tapezierens durch den Mieter schon grundsätzlich nicht (so zu Recht KG GE 2003, 952). Wird jedoch vom Mieter verlangt, dass er bei Mietende diesen Zustand wieder herstellt, erscheint eine solche Regelung problematisch (OLG Düsseldorf NZM 2002, 779 zum Stichwort »Tapezierfähigkeit«). Eine vorformulierte Klausel, nach der der Mieter verpflichtet ist, bei seinem Auszug alle von ihm angebrachten oder vom Vormieter übernommenen Tapeten zu beseitigen, ist wegen unangemessener Benachteiligung des Mieters unwirksam (BGH WuM 2006, 308). **16**

Ist bei Mietbeginn keine Raufasertapete vorhanden gewesen, sondern beispielsweise eine Mustertapete oder eine Stofftapete, kann sich die Frage des Überstreichens nicht stellen. Das Überstreichen wäre Schlechtarbeit, die den Mieter zum Schadensersatz verpflichten kann. Für diese Sachverhalte gibt es, soweit ersichtlich, keine Rechtsprechung. Man wird hier vom Mieter ein Neutapezieren (mit Raufaser oder wiederum mit einer gleichen oder ähnlichen Tapete wie bisher) nur dann verlangen können, wenn die tatsächliche Beschaffenheit der Tapete so schlecht ist, dass der Austausch offenkundig ist. Aufgrund der Tatsache, dass in den allermeisten Fällen heute die Raufaser vorherrschend ist, ist das angesprochene Problem nicht sehr praxisrelevant. **17**

In den neuen Bundesländern ist die Begriffsdefinition der Zweiten Berechnungsverordnung bzw. des MMV 1976 identisch mit der »malermäßigen Instandhaltung« in Ostmietverträgen (KG WuM 2000, 590). Umfasst sind deshalb Anstricharbeiten an Wänden, Decken, Innentüren, Innenfenstern, Heizkörpern und Heizrohren (LG Berlin GE 1997, 807). **18**

b) Begrifflich nicht umfasste Arbeiten

Da der übliche Begriff der Schönheitsreparaturen für den Mieter abschließend ist (s. Rdn. 12), können folgende Arbeiten als begrifflich nicht umfasst angesehen werden: **19**
- Abschleifen und Versiegeln von Parkettfußböden (OLG Düsseldorf GE 2003, 1608; OLG Stuttgart v. 06.03.1995, Az. 5 U 204/94),
- Abschleifen, Grundieren und Lasieren von Wand- und Deckenvertäfelungen (LG Marburg ZMR 2000, 539),
- Erneuerung des Teppichbodens (OLG Hamm WuM 1991, 248; a.A. OLG Düsseldorf WuM 1989, 508 für Geschäftsraum). Nach Ansicht des OLG Celle (WuM 2001, 393) soll es den Vertragsparteien unbenommen bleiben, formularmäßig den Mieter im Rahmen der Renovierung zum Ersatz oder der Reinigung der Teppichböden verpflichten zu können,
- Reinigen des Teppichbodens (a.A. OLG Stuttgart WuM 1993, 528),
- Erneuern des PVC-Belages,
- Erneuerung der Wandfliesen,
- Erneuerung der Badewannenbeschichtung,
- Austausch der schwarz gewordenen Badezimmerfugen (AG Köln WuM 1995, 312),
- Gebrauchsflecken von Blumenkübeln auf der Terrasse (AG Langen WuM 1991, 31),
- Beseitigen von Anstoßstellen an Türen bei langjähriger Mietdauer (AG Langen a.a.O.); s. aber Rdn. 13,

- Anstrich von Einbaumöbeln (LG Berlin MM 2004, 169; LG Düsseldorf NZM 2002, 779),
- Ausbesserung von Türen mit Ablaugen, Abschleifen (LG Potsdam GE 2004, 821),
- Beseitigung von Untergrundschäden an Holz, Putz und Mauerwerk (BGH WuM 1988, 294; LG Kassel DWW 2004, 192; LG Berlin GE 2002, 734),
- Beseitigung von Verputzschäden an Wänden und Decken (LG Köln WuM 1989, 506),
- Streichen der Außenfenster (LG Berlin GE 1999, 983),
- Anstrich der Wasserrohre (OLG Celle GE 2000, 155; LG Berlin GE 2001, 1674; a.A. Langenberg 1 A Rn. 5),
- Anstrich von Gasrohren (Goch WuM 2004, 513, 515),
- Balkonrenovierung (AG Wedding MM 2001, 444),
- Renovierung außerhalb der Wohnung gelegener Räume wie Dachboden, Keller, Garage, Außen-WC (Goch WuM 2004, 513, 515),
- Treppenhausrenovierung, ausgenommen beim Einfamilienhaus.

2. Abgrenzung Schönheitsreparaturen zum Schadensersatz

a) Reine Schäden

20 Vom Begriff der Schönheitsreparaturen ist die Beseitigung von Schäden abzugrenzen, die vom Gebrauch der Mietsache nicht mehr erfüllt sind. Schadensersatzansprüche des Vermieters aus positiver Vertragsverletzung (§ 280 Abs. 1 BGB) kommen in Betracht, wenn der Mieter vertragliche Nebenpflichten verletzt und die Grenzen des ihm zustehenden vertragsgemäßen Gebrauchs überschreitet und durch Verletzung seiner Obhutspflichten die Mietsache beschädigt (s.a. Nebenpflichten Kap. 8). Der Mieter haftet stets für solche, von ihm verursachten Schäden auch ohne vertragliche Vereinbarung. In der Praxis sind dies oft beispielsweise der nicht mehr zu reinigende Teppichboden, Löcher im Bodenbelag und Beschädigungen von Fenstern, Türen und Sanitäreinrichtungen, soweit nicht Unerheblichkeit vorliegt.

b) Außergewöhnliche Farbanstriche

21 Weiter stellen sich Probleme bei der Rückgabe der Mietsache um die Frage von Schadensersatz, wenn die Wohnung mit ungewöhnlichen Farbanstrichen versehen wurde. Ob hier tatsächlich ein Problem des Schadensersatzes gegeben ist, wird unterschiedlich gesehen. Sind die Räume lila, schwarz, türkis, rot, altrosa (LG Berlin NZM 2007, 801) oder sonst mit vom neutralen Anstrich abweichenden Farben gestrichen, geht eine Ansicht stets und grundsätzlich von einem Schadensfall aus (LG Berlin GE 1995, 249). Demgegenüber wird auch vertreten, dass Farben, die nicht neutral sind, kein Fall des Schadensersatzes darstellen (AG Miesbach WuM 1992, 603 für orangefarbenes Zimmer; AG Königstein NZM 2000, 1181 für gelbes Zimmer; AG Pinneberg ZMR 2004, 122). Die Frage stellt sich, wenn der Mieter aufgrund fehlender Renovierungsverpflichtung oder unwirksamer Renovierungsklauseln zur Dekoration nicht verpflichtet ist. In einem solchen Fall kann es am Schaden fehlen (LG Frankfurt NZM 2001, 191; Schmidt-Futterer/Langenberg § 538 Rn. 335). Dem liegt die Überlegung zugrunde, dass aufgrund einer dem Vermieter obliegenden Instandsetzungspflicht der Schaden fehlt. Dieser Ansatz ist richtig. Es kommt dabei darauf an, ob der Vermieter im konkreten Fall vor der Weitervermietung hätte renovieren müssen. Nach kurzer Mietdauer aber kann hiervon nicht ausgegangen werden (KG GE 2005, 917). Maßgebend ist deshalb der Einzelfall. Sind mehrere Jahre verstrichen, kann kein Zweifel daran bestehen, dass die Renovierung ohnehin vermieterseits durchzuführen wäre, um die Sache in einen ordnungsgemäßen Zustand zu versetzen. Die auffälligen Farbanstriche sind in diesem Fall kein wirklicher Schaden des Vermieters. Ebenso kann es am Schaden fehlen, wenn die Wohnung mit auf-

fälligen, wasserlöslichen Farben hinterlassen wird, sofern diese ein Auswechseln der Tapeten nicht erforderlich machen (AG Esslingen ZMR 2005, 199). Werden die Wände mit »Lasurtechnik« bearbeitet, ist dies vom Vermieter hinzunehmen, wenn sie bei Vertragsbeginn unrenoviert waren und hinsichtlich der Art und Weise der Renovierung keine Absprachen bestehen (LG Mannheim NZM 2003, 511). Diese Maltechnik ist ein durchscheinender Anstrich, um etwa einen südländischen Eindruck zu vermitteln. Für das Aufbringen eines Rauputzes nach Entfernung vorhandener Tapeten durch den Mieter soll dies aber nicht gelten (AG Kerpen WuM 1990, 198). Umgekehrt verpflichtet das Tapezieren des Bades zum Ersatz aus positiver Vertragsverletzung, wenn die Räumlichkeit ursprünglich mit Rauputz versehen war (AG Münster WuM 2000, 693). Allein ein »wolkig« aufgebrachter Anstrich an Decken und Wänden der Wohnräume bewirkt keinen zusätzlichen Schaden (BGH WM 2009, 224).

Ein Anspruch des Vermieters kann letztlich nur dann in Betracht kommen, wenn aufgrund der Dekoration des Mieters für den Vermieter ein Mehraufwand entsteht.

Klebereste nach Entfernung des Teppichbodens sind ein Fall des Schadens (AG Köln WuM 2001, 510). Sie führen ebenso zur Ersatzverpflichtung für den Mieter wie der durch starkes Rauchen verschmutzte Teppichboden (AG Magdeburg WuM 2000, 303) oder dessen Verschmutzung durch Erbrechen der Haustiere (OLG Hamburg WuM 1998, 33). Letzteres ist allerdings ausgeschlossen, wenn der Teppich zehn Jahre und älter war (LG Duisburg WuM 1989, 10; LG Köln WuM 1983, 126). Konkret kommt es im Einzelfall auf den Zustand des Teppichs an (LG Hamburg WuM 1988, 107). Allerdings wird es kaum Fälle geben, in denen nach Ablauf von zehn Jahren von einer weiteren Gebrauchstauglichkeit ausgegangen werden kann. So sieht die Wertermittlungsrichtlinie des (früheren) Bundesjustizministeriums v. 11.06.1991, Anlage 5: Technische Lebensdauer von baulichen Anlagen (Bundesanzeiger Nr. 182a v. 27.09.1991) eine Lebensdauer von Textilbelägen zwischen fünf und zehn Jahren vor (Mieterlexikon des DMB »Teppichboden«). Bei PVC-Böden kann von einer 20-jährigen Nutzungsdauer ausgegangen werden (AG Kassel WuM 1996, 757). 22

c) Rauchspuren

Ob ein Fall des Schadensersatzes vorliegt, wenn in den Mieträumen geraucht wird, ist umstritten (bejahend LG Paderborn NZM 2000, 710; LG Tuttlingen NZM 1999, 1141; LG Köln NZM 1999, 456; LG Saarbrücken WuM 1998, 689; LG Stuttgart WuM 1982, 170, AG Magdeburg WuM 2000, 303; Stapel NZM 2000, 595; verneinend LG Hamburg WuM 2001, 469; LG Köln WuM 2001, 469; LG Saarbrücken WuM 1998, 690; AG Esslingen ZMR 2005, 199). Zutreffend ist die verneinende Rechtsansicht, der sich nun auch der BGH angeschlossen hat (WuM 2006, 513). Ist der Mieter nicht zur Renovierung verpflichtet, kann unter Schadensgesichtspunkten deshalb keine Renovierungspflicht hergeleitet werden, weil das Rauchen zum vertragsgemäßen Mietgebrauch führt. Für diesen hat der Vermieter einzustehen (§ 538 BGB). Im Übrigen würden sich auch erhebliche Abgrenzungsschwierigkeiten stellen. Es käme darauf an, wie viel geraucht wurde bzw. wie konkret die Wohnung im Aussehen beeinträchtigt ist. Es würde sich die Frage stellen, wann konkret ein Schaden festgestellt werden kann, denn dieser ist Voraussetzung für den Anspruch des Vermieters. Allerdings liegt exzessives Rauchen, das zu Verfärbungen von Holzpaneelen und von Silikonfugen und zu Verschlechterungen führt, die nicht mehr durch Schönheitsreparaturen beseitigt werden können, nicht mehr im Rahmen des vertragsgemäßen Gebrauchs der Mietwohnung. Dann steht dem Vermieter insoweit ein Schadensersatzanspruch zu (BGH ZMR 2008, 524; LG Koblenz ZMR 2006, 288). 23

d) Fogging

24 Beim sog. Fogging (»schwarze Wohnungen«) zeigen sich in der Praxis erhebliche Schwierigkeiten, den Verursacher festzustellen. Fogging tritt auf insbesondere in Neubauten oder nach Renovierungen. Die Schwärze ist i.d.R. Staub, der sich ablagert. Solche Ablagerungen zeigen sich zumeist in Form eines schmierig-öligen Filmes vor allem an Wand- und Deckenflächen, der sich binnen weniger Wochen, manchmal schon weniger Tage einstellt (Swewierski/Moriske ZMR 2003, 550, 555; Hitpaß/Haugg ZMR 2003, 337; Schläger ZMR 2002, 92; ders. ZMR 2003, 167; Tiefenbacher ZMR 2000, 432). Die Gerichte wenden z.T. die Beweislastgrundsätze an. Danach trifft die Beweislast den Vermieter, was insbesondere dann gilt, wenn ein (regelmäßig) einzuholendes Gutachten zu keinem verlässlichen Schluss über die Ursachen kommt (LG Berlin GE 2003, 1019; AG Hamburg GE 2002, 55; a.A. AG Cottbus ZMR 2005, 626). Der BGH (ZMR 2006, 356) hat sich der Auffassung des AG Cottbus angeschlossen; demnach muss der Mieter diejenigen Tatsachen darlegen und beweisen, die den Anspruch und insbesondere das Verschulden begründen. Der Vermieter muss sich dann nur bezüglich des Verschuldens entlasten, wenn feststeht, dass die Schadensursache in seinem Herrschafts- und Einflussbereich liegt.

Steht fest, dass die Mietsache mangelfrei vermietet wurde und die Erscheinungen erst nach baulichen Veränderungen durch den Mieter auftraten, liegt es an diesem, sich zu entlasten (AG Pinneberg ZMR 2002, 359). Der Vermieter kann sich keinesfalls darauf berufen, dass den Mieter eine Renovierungspflicht trifft, denn beim Fogging geht es nicht um die Beseitigung normaler Abnutzung (LG Duisburg ZMR 2003, 793).

»Fogging« kann aber einen Mangel der Mietsache darstellen, dessen Beseitigung der Vermieter unabhängig davon schuldet, ob die Ursache des Mangels in seinem oder dem Gefahrenbereich des Mieters zu suchen ist. Anders wäre es nur, wenn der Mieter die Entstehung des Mangels zu vertreten hätte (BGH WuM 2008, 476 f.).

3. Renovierungsvereinbarungen

25 Da die Durchführung der Schönheitsreparaturen gem. § 535 Abs. 1 S. 2 BGB grundsätzlich dem Vermieter obliegen, bedarf es einer Vereinbarung der Parteien, wenn sie durch den Mieter ausgeführt werden sollen. Diese kann grundsätzlich auch konkludent erfolgen. Die freiwillige Durchführung der Schönheitsreparaturen reicht jedoch insoweit ebenso wenig aus wie die Bestätigung von Schäden im Rückgabeprotokoll (BGH NJW 2006, 2116). Denkbar sind individualvertragliche Vereinbarungen, Prüfungsmaßstab ist § 138 BGB. In der Praxis sind jedoch Vermieter-AGB die Regel mit dem Prüfungsmaßstab der §§ 307 ff. BGB. Nach ständiger Rechtsprechung des BGH benachteiligen Renovierungsklauseln den Mieter nicht unangemessen, wenn er in die Lage versetzt wird, die Kosten der Renovierung durch eine entsprechend geringere Miete zu bestreiten (»Entgeltthese.«).

a) Anfangsrenovierung

26 Dem Wohnraummieter kann formularvertraglich nicht wirksam auferlegt werden eine Renovierung zu Beginn des Mietvertrages durchzuführen (OLG Hamburg WuM 1991, 523). Grund hierfür ist, dass in solchen Fällen der Mieter zum einen mit den vom Vormieter verursachten Abnutzungen belastet wird, die er nicht durch die ersparte Miete ausgleichen kann, und zum anderen die Gefahr für den Mieter besteht, dass bei Auflösung des Mietvertrages die anfänglich durchgeführten Arbeiten nicht »abgewohnt« sind. Der Mieter soll nicht für mehr an Abnutzung aufkommen müssen, als seine Mietzeit tat-

sächlich ausmacht (OLG Celle ZMR 1999, 469). Wirksam wären solche Klauseln aber dann, wenn der Mieter eine entsprechende Entschädigung erhält, etwa durch mietfreies Wohnen im ersten Monat (Lehmann-Richter NZM 2005, 691). Allerdings sind alleinige Klauseln einer Anfangsrenovierung äußerst selten. Vielmehr sieht sich der Mieter in aller Regel einer Kombination zweier oder mehrerer Renovierungsklauseln gegenüber, die oft zur Gesamtnichtigkeit führen. Eine der möglichen Kombinationen ist die einer Anfangsrenovierung im Verbund mit der Renovierung während der Vertragslaufzeit: »Der Mieter ist verpflichtet, zu Vertragsbeginn die Räume zu streichen.« Meist an anderer Stelle: »Der Mieter verpflichtet sich, die Schönheitsreparaturen während der Vertragslaufzeit regelmäßig durchzuführen.« Solche Kombinationen sind insgesamt nichtig (Summierungseffekt), da sie dem Mieter ein Übermaß an Schönheitsreparaturen auferlegen (BGH WuM 1993, 175). Für den Wohnraummieter gilt dies selbst dann, wenn eine der Vereinbarungen individuell ausgehandelt worden ist (BGH WuM 2006, 306; a.A. Schmidt-Futterer/Langenberg 9. Aufl., § 538 Rn. 131).

Eine umstrittene Klausel wurde jüngst vom BGH für wirksam erklärt. Dabei wird dem **27** Mieter formularmäßig auferlegt, die Renovierungsarbeiten »unverzüglich« durchzuführen, wobei gleichzeitig festgehalten ist, dass der Mieter verpflichtet ist, die Schönheitsreparaturen während der Vertragslaufzeit zu erledigen. Der BGH (WuM 2005, 243) hat Klarheit darüber geschaffen, dass das »unverzüglich« nicht beinhaltet, dass der Mieter auch eine Renovierung zu Beginn des Mietvertrages durchzuführen hätte, was früher vertreten worden war. Deshalb liegt bei einer solchen »Kombination« lediglich die wirksame Überbürdung der laufenden Renovierung auf den Wohnraummieter vor.

Den Vermieter selbst trifft keine Pflicht, dem Mieter eine frisch renovierte Wohnung zu **28** Beginn des Mietvertrages zu überlassen (BGH ZMR 1982, 180; KG DWW 1987, 156). Dies folgt alleine schon daraus, dass dem Mieter der Wohnungszustand im Allgemeinen bekannt ist (BGH WuM 1987, 306). Der Mieter hat allerdings Anspruch auf eine Wohnung in einem Zustand, der nicht schon bald eine Renovierung für sich erforderlich macht (LG Hamburg MDR 1986, 938).

Noch ungeklärt ist die Frage, ob der Mieter von Wohnraum einzelvertraglich zu einer **29** Anfangsrenovierung herangezogen werden kann. Der BGH (WuM 1993, 175) ließ dies seinerzeit offen (s.a. Rdn. 46). Im Schrifttum wird die Frage auch dann verneint, wenn vermieterseits ein Ausgleich geschaffen wird, etwa durch Erlass anfänglicher Mieten oder eine Kostenbeteiligung. Diese Ansicht ist zutreffend, da auch in solchen Fällen je nach Vertragsgestaltung und Höhe des Ausgleichs die Gefahr des Nichtabwohnenkönnen nie ausgeschlossen werden kann. Die Zukunft wird zeigen, ob die Vereinbarung einer Anfangsrenovierung, sei sie formularvertraglich oder individuell vereinbart im Zusammenhang mit einem anfänglichen Ausgleich, Bestand haben könnte. Allerdings muss der Ausgleich auch angemessen sein im Verhältnis zu den vom Mieter durchzuführenden Arbeiten, die gerade zu Mietbeginn nicht unerhebliche Kosten in Anspruch nehmen können (AG Berlin-Mitte GE 2007, 787).

b) Renovierung während der Vertragsdauer

Die noch häufig anzutreffende Ansicht bei den Vertragsparteien (s.a. AG Gießen WuM **30** 2002, 212), wonach der Mieter von einer (wirksam vereinbarten) Pflicht zur Dekoration deshalb befreit ist, weil die Wohnung zu Vertragsbeginn nicht renoviert gewesen ist, ist nicht zutreffend, wenn die Renovierungsfristen (erst) mit dem Anfang des Mietverhältnisses zu laufen beginnen (BGH WuM 1987, 306 und WuM 2005, 50 und 243). Führt der Mieter die Anfangsrenovierung oder die Renovierung der für ihn maßgebenden Fristen freiwillig durch, bleibt er verpflichtet, nach erneut eingetretener Fälligkeit zu dekorieren.

Ohnehin führen die meisten Mieter anfängliche Renovierungen deshalb durch, weil sie eine nach ihrem Geschmack hergerichtete Wohnung haben möchten. Das kann dem Vermieter nicht angelastet werden. Nur wenn die Anfangsrenovierung vermieterseits gefordert wurde, im Vertrag also vereinbart war, liegt Unwirksamkeit vor (s. Rdn. 26).

31 Unzweifelhaft wirksam ist die alleinige Renovierungsverpflichtung des Wohnraummieters in Bezug auf das laufende Vertragsverhältnis, die etwa durch die sehr häufige Formularklausel »Der Mieter trägt die Schönheitsreparaturen« oder »Der Mieter verpflichtet sich, die während des Vertrags fällig werdenden Renovierungsarbeiten durchzuführen« begründet werden kann, wenn sonst nichts Verfängliches im Vertrag enthalten ist, wie beispielsweise eine Kombination mit einer unbedingten Endrenovierung oder einem Fristenplan mit verkürzten Fristen (Rdn. 33 ff.).

Die Klauseln sind nämlich nur wirksam, wenn sei den Mieter nicht mit einer im Einzelfall nicht erforderlichen Renovierung belasten. Zur Fälligkeit der Arbeiten s. Rdn. 74.

32 Unschädlich ist es ferner, wenn neben der laufenden Renovierung noch eine Kostenquotenklausel in wirksamer Form vereinbart ist, die den Mieter vor die Wahl stellt, bei noch nicht fälligen Arbeiten bei Vertragsende entweder selbst zu renovieren oder aber einen Anteil veranschlagter Renovierungskosten zu bezahlen (Rdn. 58 ff.).

Streng genommen ist dies die derzeit einzig mögliche Kombination, die einer Rechtsprüfung auch standhält.

c) Schlussrenovierung

33 Die Durchführung von Schönheitsreparaturen spielt bei Ende des Mietvertrages die ausschlaggebende Rolle. Zu diesem Zeitpunkt stellt sich in den meisten Fällen in der Praxis das Renovierungsproblem an sich. Zunächst einmal hängt die Beantwortung der Frage, ob der Mieter die Schönheitsreparaturen durchführen muss, wenn der Vertrag endet, davon ab, ob der Mietvertrag überhaupt eine Regelung zur Durchführung von Renovierungsarbeiten enthält. Fehlt jegliche Vereinbarung oder ist sie unwirksam, kann der Vermieter nichts verlangen. Die Wohnung ist dann »besenrein« zu hinterlassen, womit das Reinigen der Räume gemeint ist, sauber ausgekehrt (BGH WuM 1985, 46, 47).

34 Viele Mietverträge enthalten allerdings Renovierungsverpflichtungen gerade für die Zeit des Vertragsendes: »Bei Vertragsende muss die Wohnung renoviert übergeben werden« oder »Der Mieter ist verpflichtet, bei Ende des Mietvertrages die Wohnung renoviert zurückzugeben, ohne dass es darauf ankommt, wie die Wohnung aussieht oder wann die letzten Renovierungsarbeiten durchgeführt wurden« oder ähnliche Formulierungen. Solche Vereinbarungen – auch handschriftliche (LG Potsdam ZMR 2009, 618) –, die sich sehr häufig in Mietverträgen finden, sind nicht wirksam. Sie lassen vom Wortlaut her keinen Zweifel daran, dass der Vermieter eine frisch dekorierte Wohnung erwartet. Solche »unbedingten« Renovierungsklauseln hat der BGH schon früher für nichtig angesehen (BGH WuM 1998, 592). Der Wohnraummieter wird dadurch unangemessen benachteiligt (§ 307 BGB), als entsprechende Vereinbarungen schon dem Wortlaut nach keine Rücksicht darauf nehmen, wie die Mietsache tatsächlich beschaffen ist. So könnte lediglich kurze Zeit seit der letzten Renovierung verstrichen sein, die Räume befinden sich in einem guten Zustand, die Renovierung müsste dennoch durchgeführt werden (BGH WuM 2003, 436, 437). Die Unwirksamkeit einer isolierten Endrenovierungsklausel hat der BGH zuletzt in seiner Entscheidung v. 12.09.2007 (WuM 2008, 682) bestätigt.

35 Unschädlich wäre es hingegen, wenn im Mietvertrag ein einschränkender Zusatz enthalten ist, der zumindest Rücksicht auf den Zeitpunkt der zuletzt durchgeführten Renovierung nimmt, etwa dergestalt, dass die Arbeiten nur dann geschuldet sind, wenn die

Renovierungsfristen bei Vertragsende auch tatsächlich abgelaufen sind (BGH WuM 2003, 437). In Anbetracht dessen, dass Renovierungsfristen allerdings nur Orientierungsfristen sind, könnte auch trotz Ablaufs dieser Fristen eine Renovierungsbedürftigkeit noch fehlen, sodass in Zukunft möglicherweise weitere Entscheidungen nicht ausgeschlossen sind, die bestimmte »Relativierungen« der unbedingten Renovierungsfrist ebenfalls keiner Überprüfung mehr standhalten. Der sichere Weg ist jedenfalls, die Renovierungsfristen entweder schon gar nicht in den Vertrag mit aufzunehmen oder zu bestimmen, dass es sich dabei nur um Regelfristen handelt (Rdn. 78).

Die unbedingte Endrenovierungsklausel formularrechtlicher Art erfasst mit ihrer 36
Rechtsunwirksamkeit auch eine etwa bestehende Verpflichtung, die Schönheitsreparaturen während des Mietvertrages durchzuführen (BGH ZMR 2003, 653), auch wenn für sich gesehen die laufende Renovierung der Wirksamkeitsprüfung standhält. Eine unbedingte Endrenovierungspflicht kann aber dann nicht bejaht werden bei einer Klausel die festhält: »Hat der Mieter die Schönheitsreparaturen übernommen, so hat er spätestens bei Ende des Vertrages alle bis dahin je nach dem Grad der Abnutzung oder Beschädigung erforderlichen Arbeiten durchzuführen« (BGH WuM 2004, 333 m. Anm. Wiek). Eine solche Endrenovierungsklausel ergänzt nur die Verpflichtung des Mieters zur Durchführung der Schönheitsreparaturen während der Laufzeit des Mietvertrages. Hat der Mieter in solchen Fällen früher nicht renoviert, ist die Dekoration bei Vertragsende vorzunehmen. Allerdings ist eine Endrenovierungsklausel, die sich nicht am Dekorationsbedarf orientiert, nach BGH unwirksam (BGH NZM 2009, 313).

d) Beispiele wirksamer und unwirksamer Renovierungsklauseln

– Wirksame Klauselbeispiele 37

»Schönheitsreparaturen werden vom Mieter getragen«. Diese Klausel ist wirksam. Mit ihr werden die Renovierungsarbeiten während der Mietdauer auf den Mieter übertragen (OLG Karlsruhe WuM 1992, 349; s.a. Rdn. 40).

»Die Schönheitsreparaturen während der Mietdauer übernimmt auf eigene Kosten der 38
Mieter.« Diese Formulierung verpflichtet den Mieter für die Dauer des Mietvertrages, die Schönheitsreparaturen durchzuführen. Sie entspricht dem Mustermietvertrag 1976 (§ 7) und wurde vom BGH für rechtswirksam erklärt (BGH WuM 2004, 529). Zu dem Wort »Schönheitsreparaturen« findet sich in einer Fußnote folgende Erläuterung: »Im Allgemeinen werden Schönheitsreparaturen in den Mieträumen in folgenden Zeitabständen erforderlich sein: in Küchen, Bädern und Duschen alle 3 Jahre, in Wohn- und Schlafräumen, Fluren, Dielen und Toiletten alle 5 Jahre, in anderen Nebenräumen alle 7 Jahre.« § 7 Abs. 3 lautet: »Hat der Mieter die Schönheitsreparaturen übernommen, so hat er spätestens bis Ende des Mietverhältnisses alle bis dahin je nach dem Grad der Abnutzung oder Beschädigung erforderlichen Arbeiten auszuführen, soweit nicht der neue Mieter sie auf seine Kosten – ohne Berücksichtigung im Mietpreis – übernimmt oder dem Vermieter die Kosten erstattet.« Der BGH (WuM 2004, 333) erblickt hierin keine unbedingte Endrenovierungsverpflichtung (hierzu: BGH WuM 2003, 56; Rdn. 132), sondern vielmehr lediglich eine Ergänzung der grundsätzlichen Pflicht zur Vornahme der Schönheitsreparaturen während der Vertragslaufzeit in Verbindung mit dem Fristenplan. Gleiches gilt, wenn zur Übertragung der Grundrenovierung auf den Mieter (»Der Mieter trägt die Schönheitsreparaturen«) ein Zusatz festgehalten ist »Dem Mieter ist der Zustand der Räume bekannt, er erkennt sie als ordnungsgemäß, zweckentsprechend und zum vertragsgemäßen Gebrauch als tauglich an. Er verpflichtet sich, die Räume pfleglich zu behandeln und in ordnungsgemäßen Zustand zu erhalten und zurückzugeben« (BGH WuM 2004, 529). Der BGH lässt aber die Geltung einer solchen Klausel im Alleinbestand ausdrücklich

offen. Eine Alleinklausel dieses Wortlauts beinhaltet keine Renovierungspflicht. Allein die Formulierung der pfleglichen Behandlung betrifft nur den Umgang mit der Mietsache und der ordnungsgemäße Zustand erlegt dem Mieter schon dem Wortlaut nach nicht die Durchführung von Renovierungsarbeiten auf. Ein solcher Zustand kann, wenn sich die Räume im bewohnbaren Zustand befinden, immer noch »ordnungsgemäß« sein.

39 »Die Schönheitsreparaturen sind fachgerecht und wie folgt auszuführen: … Hat der Mieter die Schönheitsreparaturen übernommen, so hat er alle je nach dem Grad der Abnutzung oder Beschädigung erforderlichen Arbeiten unverzüglich auszuführen. Im Allgemeinen werden Schönheitsreparaturen in den Mieträumen in folgenden Zeitabständen erforderlich: In Küchen, Bädern und Duschen alle 3 Jahre, in Wohn- und Schlafräumen, Fluren, Dielen und Toiletten alle 5 Jahre, in anderen Nebenräumen alle 7 Jahre.« Diese Klausel ist wirksam. Sie betrifft die Übertragung der Renovierungsverpflichtung auf den Mieter während der Vertragsdauer. Der BGH (WuM 2005, 243) hat hierzu die lange Zeit umstrittene Frage, ob die »unverzügliche« Ausführung der Arbeiten eine Anfangsrenovierung beinhalte und damit unwirksam sei, verneint.

Das KG (ZMR 2008, 789) hat allerdings die Klausel »Nach dem jeweiligen Grad der Abnutzung hat der Mieter die Schönheitsreparaturen regelmäßig nach Maßgabe folgenden Fristenplans durchzuführen ….«, für unwirksam erklärt. Der Mieter könne nämlich diese Klausel so verstehen, dass er in jedem Fall spätestens nach Ablauf der genannten Fristen renovieren müsse.

40 »Die Schönheitsreparaturen trägt der Mieter. Der Verpflichtete hat die Schönheitsreparaturen innerhalb der Wohnung regelmäßig und fristgerecht vornehmen zu lassen. Hat der Mieter die Schönheitsreparaturen übernommen, so hat er spätestens bei Ende des Mietvertrages alle bis dahin je nach dem Grad der Abnutzung oder Beschädigung erforderlichen Arbeiten auszuführen.« Die Klausel ist wirksam (KG GE 2004, 624). Sie beinhaltet gerade nicht eine unzulässige Endrenovierungsverpflichtung (Rdn. 33) für den Mieter, sondern knüpft an die Erforderlichkeit an. Das KG hat keine Stellung zur Formulierung genommen, wonach der Mieter die Arbeiten »vornehmen lassen muss«, was eine Selbstvornahme ausschließt. Insoweit liegt teilweise Unwirksamkeit vor. Die Klausel unterscheidet sich von derjenigen, die Gegenstand des Rechtsentscheids des OLG Stuttgart (NJW-RR 1989, 520) war und die als unwirksam angesehen wurde. Dort musste der Mieter »bei Bedarf« renovieren, wobei dieser Bedarf als mit Ablauf der Renovierungsfristen gegeben bezeichnet wurde. Eine solche Klausel enthält starre Renovierungsfristen (s. Rdn. 47).

41 »Der Mieter hat die Schönheitsreparaturen regelmäßig, spätestens aber zum Ende des Mietvertrages auszuführen, sofern das Aussehen der Räume mehr als nur unerheblich durch deren Gebrauch beeinträchtigt ist.« Diese Klausel wird als wirksam angesehen (OLG Celle ZMR 1999, 469, 470), wenn zusätzlich noch Fristen im Vertrag enthalten sind, die angemessen sind und nur im Allgemeinen gelten sollen. Der Mieter wird dadurch verpflichtet, die Renovierung während der Laufzeit des Mietvertrages durchzuführen, wobei weder starre Fristen noch eine unbedingte Endrenovierung verbunden sind.

Nach dem AG Hamburg-Blankenese stellt auch eine Klausel, wonach der Mieter verpflichtet ist, zum Ende der Mietzeit die »erforderlichen« Schönheitsreparaturen durchzuführen, keine unwirksame Endrenovierungsklausel dar, wenn die Wohnung in einem grundlegend renovierten Zustand zu überlassen war (WuM 2008, 474).

42 »Der Mieter hat die Wohnung während der Mietzeit regelmäßig zu renovieren und bei *Beendigung der Mietzeit in* bezugsfertigem Zustand zurückzugeben.« Diese Klausel ist wirksam (OLG Düsseldorf WuM 1994, 323). Sie beinhaltet insbesondere keine unbedingte Renovierungspflicht am Ende des Vertrages. Der »bezugsfertige Zustand« richtet sich nach den Umständen des Einzelfalls. Nach Ansicht des OLG beinhaltet er insbesondere die Beseitigung zahlreicher Dübellöcher.

»Der Mieter hat die Schönheitsreparaturen in der Wohnung i.d.R. in Küchen, Bädern und Toiletten spätestens nach 3 Jahren, in Wohn-, Schlafräumen, Dielen ... spätestens nach 5 Jahren und in den sonstigen Räumen ... spätestens nach 7 Jahren durchzuführen.« Diese Formulierung ist wirksam, da die Fristenstarre durch die Beziehung der Fristengültigkeit als »in der Regel« geschuldet nicht vorliegt (BGH WuM 2005, 716). Gleiches gilt, wenn vereinbart ist, dass der Mieter verpflichtet ist, die Schönheitsreparaturen »im Allgemeinen« innerhalb der nach der Nutzungsart der Räume gestaffelten Fristen auszuführen (BGH WuM 2004, 333) oder wenn der Vertrag eine Verlängerungsklausel enthält (BGH NZM 2005, 58). 43

Der BGH sieht hier in den Formulierungen »in der Regel« oder »im Allgemeinen« die Voraussetzung für eine weiche Klausel als gegeben, so dass für die Beurteilung des Einzelfalls genügend Raum gelassen wird, um eine Anpassung der tatsächlichen Renovierungsintervalle an das objektiv Erforderliche zu ermöglichen.

»Der Mieter ist verpflichtet, auf seine Kosten die Schönheitsreparaturen innerhalb der Wohnung regelmäßig vornehmen zu lassen. Sind bei Kündigung des Vertrages bis dahin notwendig gewordene Renovierungsarbeiten rückständig, ist der Mieter noch vor dem Beendigungstermin zur Zahlung der Renovierungskosten an den Vermieter verpflichtet.« Die Klausel wurde vom OLG Karlsruhe (ZMR 1982, 184) für wirksam erachtet. Diese Ansicht wird man nach der Rechtsprechung des BGH (WuM 2004, 463) zu den starren Fristen nicht mehr aufrecht erhalten können, denn das »regelmäßige Vornehmenlassen« beinhaltet dem Sinn nach nichts anderes als die unbedingte Vornahme der Renovierungsarbeiten nach Ablauf der regelmäßig wiederkehrenden Fristen. Sind solche nicht in den Vertrag aufgenommen, gelten die üblichen Fristen (Rdn. 76). Zudem unterbindet die Klausel ihrem Wortlaut nach die Selbstvornahme der Arbeiten. 44

– Unwirksame Klauselbeispiele 45

»Der Mieter verpflichtet sich, die Schönheitsreparaturen innerhalb der Wohnung durchzuführen, und zwar in den üblichen Zeitabständen, je nach dem Grad der Abnutzung oder Beschädigung. Die erstmaligen Renovierungsarbeiten sind innerhalb von drei Monaten nach Vertragsbeginn durchzuführen. Bei Auszug sind die Mieträume in einem Zustand zurückzugeben, der einer vertragsgemäßen Dekoration entspricht. Die Mieträume sind bei Beendigung des Mietverhältnisses darüber hinaus in einwandfreiem Zustand zurückzugeben.« Diese Klausel ist in mehrfacher Hinsicht nicht wirksam (OLG Hamburg WuM 1991, 523 = ZMR 1991, 469). Zum einen enthält sie eine unzulässige Anfangsrenovierung, zum anderen eine unzulässige unbedingte Schlussrenovierungsverpflichtung für den Mieter.

»Der Mieter verpflichtet sich, vor seinem Einzug oder, falls dies nicht möglich ist, bis spätestens zum ... folgende Arbeiten auf seine Kosten an den Mieträumen vornehmen zu lassen: Renovierung der Wohnung. Der Mieter ist insbesondere verpflichtet, auf seine Kosten die Schönheitsreparaturen in den Mieträumen ... auszuführen.« Diese Klauselkombination ist unwirksam (BGH WuM 1993, 175; OLG Celle ZMR 1999, 469). Im entschiedenen Fall wurde die Renovierung zu Mietbeginn individualvertraglich vereinbart, der zweite Teil war formularrechtlich geregelt. Der BGH hat hier den Gedanken der Summierung von Renovierungspflichten für den Mieter von Wohnraum (wohl) erstmals angewandt (s.a. Rdn. 26). 46

47 »Der Mieter ist verpflichtet, die Ausführung der Schönheitsreparaturen in Küchen, Baderäumen und Duschen in einem Zeitraum von drei Jahren, in Wohn- und Schlafräumen, Fluren, Dielen und Toiletten in einem solchen von fünf Jahren und in anderen Nebenräumen von sieben Jahren durchzuführen, soweit nicht nach dem Grad der Abnutzung eine frühere Ausführung erforderlich ist. Die maßgeblichen Fristen beginnen mit dem Anfang des Mietverhältnisses zu laufen.« Diese Klausel ist nicht wirksam (BGH WuM 2004, 660; s.a. BGH WuM 2004, 463; Anm. Stürzer WuM 2004, 512; Hemming WuM 2005, 165). In dieser Entscheidung wurde die Wirksamkeit starrer Fristen verneint, die den Mieter verpflichteten, ohne Rücksicht auf das Aussehen der Mieträume nach Ablauf der Fristen automatisch zu renovieren. Etwas anderes gilt, wenn die Fristenstarre wieder relativiert wird, die Fristen also beispielsweise als »Regelfristen« dargestellt werden oder festgehalten ist, dass je nach Aussehen der Mieträume eine Verlängerung der Ausführungsfristen in Betracht kommt (BGH GE 2005, 427 = BGH WuM 2005, 716; s.a. Rdn. 43).

48 Sieht eine Schönheitsreparaturklausel vor, dass der Mieter Schönheitsreparaturen regelmäßig nach Maßgabe eines Fristenplans durchzuführen hat, handelt es sich nach der Ansicht des KG Berlin um eine sog. starre Fristenregelung, die die Klausel insgesamt unwirksam macht (GE 2008, 602) (s.a. Rdn. 39).

Ebenso ist unwirksam eine Klausel, wonach die Arbeiten nach dem jeweiligen Grad der Abnutzung regelmäßig nach Maßgabe des üblichen Fristenplans durchzuführen sind, weil sie dem Mieter ein Übermaß an Pflichten auferlegt (KG WuM 2008, 474).

49 »Der Mieter renoviert die Wohnung während des Mietvertrages. Die Renovierungsfristen belaufen sich auf 2 Jahre für die Nassräume, auf 4 Jahre für die Haupträume und auf 5 Jahre für die Nebenräume.« Hier liegt nach völlig herrschender Ansicht Unwirksamkeit der Gesamtregelung vor, da die üblichen Fristen von 3, 5 und 7 Jahren unterschritten sind (LG Berlin WuM 2000, 183). Zudem liegt eine unzulässige starre Fristenregelung vor.

50 »Der Mieter ist nicht berechtigt, ohne Zustimmung des Wohnungsunternehmens von der bisherigen Ausführungsart abzuweichen.« Diese Klausel ist insgesamt – und nicht nur hinsichtlich der Ausführungsart – unwirksam, da sie möglicherweise überraschend und unangemessen und der Begriff der »Ausführungsart« unklar ist (LG Berlin MM 2006, 297; Goch WuM 2004, 513, 516), und zwar auch dann, wenn die Verpflichtung als solche und ihre inhaltliche Ausgestaltung in zwei verschiedenen Klauseln enthalten sind (BGH NZM 2007, 398). Das LG Berlin überträgt diese Grundsätze auch auf eine Farbdiktatsklausel (GE 2007, 1125). In dem dort zu entscheidenden Fall war geregelt, dass die Schönheitsreparaturen in neutralen, hellen Farben auszuführen sind.

51 Der BGH (NZM 2008, 605) hat entschieden, dass eine auf den Zeitpunkt der Rückgabe der Wohnung beschränkte Farbwahlklausel nicht zu beanstanden ist.

Im Hinblick auf lackierte Holzteile hat der BGH (NZM 2008, 926) entschieden, dass diese grundsätzlich in dem Farbton zurückzugeben sind, in dem sie übernommen wurden, dass aber farbig gestrichene Teile auch weiß oder in hellen Farbtönen gestrichen werden können. Lediglich eine für die Zeit des laufenden Mietvertrags formularvertraglich bestimmte Verpflichtung des Mieters zu Schönheitsreparaturen in vorgegebener Farbwahl ist unwirksam, wenn nicht ein anerkennenswertes Interesse des Vermieters besteht (BGH WM 2009, 224; NZM 2009, 313). Daher ist auch die formularmäßige Verpflichtung des Mieters, Decken und Oberwände auch während der Mietzeit zu »weißen« wegen unangemessener Benachteilung des Mieters nach § 307 BGB unwirksam (BGH GE 2009, 1488).

Verbietet ein Formularmietvertrag bei Schönheitsreparaturen eine Abweichung von der üblichen Ausführungsart, führt dies nach Ansicht des LG Lübeck ebenfalls zur Gesamtunwirksamkeit der Klausel (ZMR 2010, S. 193). 52

»Der Mieter hat insbesondere die Verpflichtung, auf seine Kosten alle Schönheitsreparaturen ... in den Mieträumen fachmännisch auszuführen ...«. »Die Mieträume sind bei Auszug sauber und ohne Rücksicht auf den für Schönheitsreparaturen in § x vereinbarten Zeitablauf in fachmännisch renoviertem Zustand zurückzugeben.« Die Unwirksamkeit dieser Klausel folgt aus ihrer unbedingten Endrenovierungspflicht für den Mieter (BGH WuM 2003, 436; Rn. 126 ff.), die keine Rücksicht auf den Zeitpunkt der letzten Renovierung nimmt. 53

Unwirksam ist allerdings nach Ansicht des BGH (NZM 2007, 921) eine uneingeschränkte Endrenovierungsklausel auch dann, wenn der Vermieter auf die Verpflichtung zur Vornahme laufender Schönheitsreparaturen verzichtet hat, da nicht darauf Rücksicht genommen wird, ob etwa kurz vor dem Auszug Dekorationsarbeiten durchgeführt wurden.

»Der Mieter ist verpflichtet, auf seine Kosten die Schönheitsreparaturen in den Mieträumen ... fachgerecht auszuführen. ... Bei Auszug hat der Mieter die Räume in fachgerecht renoviertem Zustand zurückzugeben«. Hier liegt eine ähnliche Formulierung wie bei Rdn. 53 vor. Auch sie ist unwirksam (BGH WuM 2003, 561). Dabei zeigt es sich, dass die Unwirksamkeit nicht voraussetzt, dass die Renovierungspflicht des Mieters »unabhängig vom Zeitpunkt der letzen Renovierung« ausdrücklich im Vertrag erwähnt werden muss. Es genügt, dass der Wortlaut keinen Zweifel an der unbedingten Pflicht zur Durchführung der Schönheitsreparaturen lässt. Gleiches gilt für die Klausel: »Die Mieträume sind bei Beendigung der Mietzeit vom Mieter in bezugsfertigem Zustand zurückzugeben«. Bei dieser Formulierung wird eine einschränkende Auslegung dahin vorgenommen, dass der Mieter nur für solche Schäden der Mietsache einzustehen hat, die die Bezugsfertigkeit beeinträchtigen (OLG München WuM 1985, 62). 54

»Die Mieträume sind vom Mieter in dem Zustand zurückzugeben, wie sie übernommen wurden«. Diese Regelung beinhaltet keine Renovierungspflicht dem Grunde nach (OLG München WuM 1985, 62). Ebenso unwirksam ist eine Klausel, wonach der Mieter »bei seinem Auszug alle von ihm angebrachten oder vom Vormieter übernommenen Tapeten zu beseitigen« hat (BGH WuM 2006, 310). Entscheidend ist, dass der Mieter mit Renovierungspflichten belastet wird, die über den tatsächlichen Renovierungsbedarf hinausgehen und die der Vermieter ohne vertragliche Abwälzung der Verpflichtung zu Schönheitsreparaturen vom Mieter nicht verlangen könnte. 55

Unwirksam ist die Klausel, die dem Mieter auferlegt, die Fenster und die Balkontür von außen zu streichen; nach Ansicht des LG Berlin hat diese Unwirksamkeit jedoch nicht die Ungültigkeit der Verpflichtung des Mieters zu Schönheitsreparaturen insgesamt zur Folge (GE 2008, 997) Diese Ansicht teilt zwischenzeitlich auch der BGH (DWW 2009, 258). Auch ist das LG Berlin der Auffassung, dass die Verpflichtung des Mieters zur Durchführung von Schönheitsreparaturen unwirksam ist, wenn Fenster und Türen nur weiß lackiert werden dürfen (GE 2009, 847). 56

e) Klauselkombinationen

Es kann eine unangemessene Benachteiligung des Mieters gegeben sein (§ 307 BGB), wenn mehrere grundsätzlich wirksame Klauseln kombiniert werden, wenn etwa dem Mieter neben der Verpflichtung zu laufenden Schönheitsreparaturen auch die Anfangs- oder Endrenovierung auferlegt wird (Summierungseffekt). Abzustellen ist immer auf die 57

Gesamtregelung (BGH WuM 2004, 660). Auch das Aufeinandertreffen einer wirksamen mit einer unwirksamen Klausel führt zur Nichtigkeit der Gesamtregelung über die Schönheitsreparaturen, wenn zwischen diesen Klauseln aus der Sicht eines verständigen Mieters ein innerer Zusammenhang besteht (BGH WuM 2003, 436). Ein zur Unwirksamkeit einer Formularklausel führender sog. Summierungseffekt auf Grund des Zusammentreffens zweier – jeweils für sich genommen – unbedenklicher Klauseln kann auch dann vorliegen, wenn nur eine der beiden Klauseln formularmäßig, die andere dagegen individuell vereinbart worden ist (BGH GE 2006, 706).

Allerdings hat der BGH entschieden, dass eine »individuelle« Verpflichtung zur Endrenovierung im Übergabeprotokoll trotz unwirksamer Formularklauseln zu Schönheitsrenovierungen im Vertrag von dieser Unwirksamkeit nicht erfasst wird (NZM 2009, 233).

f) Kostenquotenklauseln

58 Formularmietverträge enthalten häufig Regelungen für den Fall, dass der Mieter vor Ablauf eines laufenden Renovierungsintervalls auszieht und er somit zur Dekoration nicht verpflichtet wäre. Er wird zur Tragung einer Renovierungsquote verpflichtet. Der BGH hat neuerlich betont, dass derartige Regelungen grundsätzlich wirksam sind (WuM 2004, 663). Sind jedoch bei Vertragsende die Schönheitsreparaturen mangels Ablauf wirksam vereinbarter Fristen noch nicht fällig, geht der Vermieter möglicherweise leer aus. Die bisher von der Rechtsprechung als zulässig angesehene Möglichkeit, vertraglich eine Kostenbeteiligung des Mieters zu vereinbaren (Rechtsentscheid des BGH v. 06.07.1988, WuM 1988, 294; ebenso BGH WuM 2004, 333), wurde mit der Entscheidung des BGH v. 18.10.2006 (WuM 2006, 677) nunmehr als unzulässig angesehen; der BGH führt aus, dass an der bisherigen Rechtsprechung nicht mehr festgehalten wird. Demnach ist eine Formularklausel in einem Mietvertrag, die den Mieter bei Beendigung des Mietverhältnisses zur Zahlung eines allein vom Zeitablauf abhängigen Anteils an den Kosten für noch nicht fällige Schönheitsreparaturen nach feststehenden Prozentsätzen auch dann verpflichtet, wenn ein diesem Kostenanteil entsprechender Renovierungsbedarf aufgrund des tatsächlichen Erscheinungsbilds der Wohnung noch nicht gegeben ist (Abgeltungsklausel mit »starrer« Abgeltungsquote), gem. § 307 Abs. 1 S. 1, Abs. 2 Nr. 1 BGB unwirksam, weil sie den Mieter entgegen den Geboten von Treu und Glauben unangemessen benachteiligt (s.a. BGH GE 2007, 716). Dies ist die logische Fortführung der Rechtsprechung des BGH zu der »starren Fristenregelung« (s. Rdn. 47). Auch die Quoten dürfen daher »nur im Allgemeinen« bestimmt werden (vgl. Kappus ZMR 2007, 31).

Inzwischen hat der BGH entschieden, dass eine Quotenabgeltungsklausel mit weicher Quote zwar grundsätzlich wirksam vereinbart werden kann, dass aber die heute üblichen Formulierungen regelmäßig gegen das Transparenzgebot verstoßen würden (NZM 2007, 879).

Die Regelung, dass »angelaufene Renovierungsintervalle zeitanteilig zu entschädigen sind«, ist wegen des Verstoßes gegen das Transparenzgebots unwirksam (BGH GE 2008, 665).

Die Kostenbeteiligung wird in den Verträgen i.d.R., wenngleich nicht unbedingt zwingend, in Form einer prozentualen Quote festgehalten. Zulässig ist es nach Ansicht des BGH (GE 1998, 1146) offenbar auch, wenn formularvertraglich von »einem der abgewohnten Zeit entsprechenden Betrag« die Rede ist, ohne dass hierzu Näheres vertraglich konkretisiert wird. Auch die Klausel, wonach »angelaufene Renovierungsintervalle vom Mieter zeitanteilig zu entschädigen sind, und zwar nach Wahl des Mieters in Geld auf der Basis eines Kostenvoranschlags oder durch fristgerechte Renovierung« wird vom BGH (ZMR 2004, 659, 661) nicht beanstandet. Dennoch sei die Festlegung einer Prozentquote empfohlen (Harsch MDR 1999, 325, 328). Der Mieter soll nicht erst anfangen müssen »zu rechnen«, um seine Quote herauszufinden. Denn auch eine flexible Quotenabgeltungsklausel kann im Einzelfall wegen Verstoßes gegen das Transparenzgebot gem. § 307 Abs. 1 BGB unwirksam sein (s.o. Rdn. 58).

Bei der Kostenbeteiligung des Mieters handelt es sich nicht um Schadensersatz, sondern 59
um einen von den Voraussetzungen des § 281 BGB unabhängigen primären Erfüllungsanspruch. Dessen Sinn liegt alleine darin, dem Vermieter einen geldwerten Ausgleich für den Fall zu geben, dass bei Vertragsende die Renovierungsfristen noch nicht abgelaufen sind und der Mieter deswegen zur Renovierung auch nicht verpflichtet ist, die Wohnung aber schon eine bestimmte Zeit genutzt hat.

Beispiel einer Kostenquotenklausel (nach BGH WuM 1988, 294): 60

»Da in der Miete keine Kosten hierfür kalkuliert sind, verpflichtet sich der Mieter, auf seine Kosten die Schönheitsreparaturen in der Wohnung durchzuführen. Für die Nassräume gelten drei Jahre Renovierungsturnus, für die Hauptträume fünf Jahre und für die Nebenräume sieben Jahre. Endet das Mietverhältnis vor Eintritt der Verpflichtung zur Durchführung von Schönheitsreparaturen, so ist der Mieter verpflichtet, die anteiligen Kosten für die Schönheitsreparaturen aufgrund eines Kostenvoranschlags eines vom Vermieter auszuwählenden Fachgeschäftes an den Vermieter nach folgender Maßgabe zu bezahlen: Liegen die letzten Schönheitsreparaturen für die Nassräume länger als ein Jahr zurück, so zahlt der Mieter 33 %, liegen sie länger als zwei Jahre zurück 66 %. Liegen die letzten Schönheitsreparaturen für die sonstigen Räume länger als ein Jahr zurück, so zahlt der Mieter 20 % der Kosten aufgrund dieses Kostenvoranschlages an den Vermieter, liegen sie länger als zwei Jahre zurück 40 %, länger als drei Jahre 60 %, länger als vier Jahre 80 %«.

Ohne die Renovierungsgrundverpflichtung laut Abs. 1 kommt die Kostenbeteiligungspflicht nach hier vertretener Ansicht nicht zum Tragen. Gleiches gilt bei unwirksamer Übertragung der laufenden Renovierungspflicht (Harsch WuM 2004, 706). Der Sachzusammenhang spricht dafür. Die Kostenquote kann nicht losgelöst von der Grundverpflichtung gesehen werden, auch wenn sie ein primärer Erfüllungsanspruch ist. Bei der unterlassenen Übertragung der Grundverpflichtung als solcher oder bei unwirksamer Klausel ist der Mieter von der Renovierung befreit. Der Summierungseffekt führt zur Unwirksamkeit der Gesamtregelung (vgl. Goch WuM 2004, 133; a.A. LG Berlin GE 2005, 673). Es wäre nicht einzusehen, dass der Vermieter sich auf die Unwirksamkeit der grundsätzlichen Übertragung der Renovierungspflicht berufen könnte, um dann alleine vom Mieter die Kostenbeteiligung fordern zu dürfen. Bei finanziell schlecht gestellten Mietern liefe die Alleingeltung der Beteiligungsklausel auch auf die dann doch bestehende Renovierungspflicht hinaus. Im Formulierungsbeispiel wurde die laufende Renovierungsübertragung wirksam gestaltet. Im Falle der dem BGH vorliegenden Formulierung war eine jetzt nicht mehr als wirksam angesehene Fristenregelung enthalten.

Eine nach der Rechtsprechung des BGH unwirksame Quotenabgeltungsklausel lässt eine weiter vereinbarte Übernahme der laufenden Schönheitsreparaturen durch den Mieter unberührt (kein Summierungseffekt) (BGH WuM 2009, 36; LG Berlin GE 2008, 332).

Nach den vom BGH (WuM 1988, 294) aufgestellten Grundsätzen sind an die Wirksam- 61
keit einer Kostenquotenklausel folgende Voraussetzungen geknüpft:

- Die Fristen und Prozentsätze müssen sich an den üblichen Renovierungsfristen orientieren und dürfen nicht starr sein,
- der Kostenvoranschlag des Vermieters darf nicht ausdrücklich als verbindlich bezeichnet werden,

- die Fristen laut Fristenplan dürfen nicht vor Beginn des Mietvertrages zu laufen anfangen und
- dem Mieter darf nicht untersagt werden, seiner Zahlungspflicht durch Eigenarbeit zuvorzukommen.

Hierzu im Einzelnen:

Die Fristen und Prozentsätze müssen sich an den üblichen Renovierungsfristen orientieren. Die angemessenen Renovierungsfristen betragen bei der Wohnraummiete 3 Jahre für die Nassräume (Küche, Bad), 5 Jahre bei den Haupträumen (Wohnzimmer, Schlafzimmer, Kinderzimmer, Flur) und bei den Nebenräumen (Besenkammer) 7 Jahre. Weichen die Prozentsätze zulasten des Mieters von Wohnraum im Verhältnis zu den entsprechenden angemessenen Fristen ab, liegt nach hier vertretener Auffassung insgesamt Unwirksamkeit der Kostenquoten vor. Die nachstehenden Prozentsätze sind rein rechnerisch gesehen zutreffend (Harsch MietRB 2003, 80 ff.):

Nassräume 33,33 % nach einem Jahr Vertragsdauer 66,67 % nach zwei Jahren

Haupträume 20 % nach einem Jahr 40 % nach zwei Jahren 60 % nach drei Jahren 80 % nach vier Jahren

Nebenräume 14,29 % nach einem Jahr 28,57 % nach zwei Jahren 42,86 % nach drei Jahren 57,14 % nach vier Jahren.

Nimmt beispielsweise der Mietvertrag für alle Räume die Prozentsätze für die Haupträume, wird also nicht zwischen den Raumarten unterschieden (wie streng genommen auch im Beispielsfall des BGH Rdn. 61, in dem die Quote der Haupträume auch für die Nebenräume unbeanstandet blieb), stellt sich der Mieter bei den Nassräumen zwar besser. Denn die richtige Quote wäre 33,33 %, während der Mieter im Formulierungsbeispiel nur 20 % trägt (LG Berlin GE 2004, 1233). Bei den Haupträumen gilt das Angemessene. Bei den Nebenräumen stellt der Mieter sich schlechter, da er nach einem Jahr 20 % bezahlt, währenddessen die richtige Quote 14,29 % wäre. Das LG Berlin (GE 2004, 1233) lässt es dahingestellt, ob hierdurch die Quotenklausel insgesamt nichtig ist. Denn im entschiedenen Fall gab es tatsächlich keine Nebenräume, sodass sich hier nichts zuungunsten des Mieters auswirken konnte. Man wird Gesamtnichtigkeit annehmen müssen, da sonst die »Richtigstellung« durch das Gericht eine unzulässige Herabsetzung der Klausel auf das Angemessene darstellt. Hinzu kommt, dass die Renovierungsfristen, an denen sich die Quote ausrichtet, nur den Regelfall betreffen, mit Ausnahme, dass örtliche Gegebenheiten etwas anderes erfordern (BGH WuM 1985, 47).

62 Gleich verhält es sich, wenn schon die Renovierungsfristen nach unten abweichend von den Regelfristen festgelegt werden. Die hierzu einhellig vertretene Auffassung der Unwirksamkeit der Fristen insgesamt (Rdn. 79) erfasst dann selbstredend auch die wenn auch im Verhältnis zu den zu kurzen Fristen ausgerichteten Quoten.

63 Erwähnt sei eine interessante Entscheidung des LG Flensburg (NZM 2003, 433 = MietRB 2003, 31 m. Bspr. Harsch). Darin wird vertreten, dass die Beteiligungsquote für ein neues Tapezieren nicht dieselbe sein könne wie für die laufende Renovierung durch bloßes Überstreichen der Raufasertapete. Berechtigt sei nur die Hälfte der sonstigen Quote, da das Tapezieren nur alle 10 bis 15 Jahre erforderlich sei. Dies setzt voraus, dass der Mieter überhaupt verpflichtet ist, sich an Kosten der Grundrenovierung zu beteiligen, womit sich die Frage stellt, ob das Tapezieren an sich Teil der Renovierungsarbeit sein kann (s. Rdn. 14).

64 Umstritten ist, ob auch kürzere Intervalle als ein Jahr für die Kostenquote zugrunde gelegt werden können, also beispielsweise die Quote für sechs Monate oder sogar Quoten nach einzelnen Monaten (bejahend AG Lörrach 1 C 2311/96 – unveröffentlicht; offen lassend LG Hamburg NZM 2005, 537). Die Möglichkeit, ein Jahr zu unterschreiten, ist abzulehnen (Harsch MDR 2004, 788; Langenberg 1 E 15). Es stellt sich sonst ein Problem zeitlicher Grenzen. Nach hier vertretener Auffassung darf die Kostenbeteiligung frühestens nach einem Jahr beginnen. Der BGH hat im Rechtsentscheid v. 06.07.1988 (WuM 1988, 294) festgehalten, dass dem Vermieter eine Beteiligung des Mieters an zukünftigen Renovierungskosten für den Fall gesichert werden soll, dass das Vertragsende länger als ein Jahr zurückliegt. Die Fixierung unter einem Jahr ab Vertragsbeginn oder »zwischen den Jahren« würde – was die jeweils kurze Zeit betrifft – zu einer unangemessenen Benachteiligung des Mieters führen. In diesem Zusammenhang wurden schon Klauseln für unwirksam erklärt, die eine Zahlungsquote für den Fall vorsehen, dass der Mieter innerhalb des letzten Jahres renoviert hat (AG Gießen WuM 2002, 212; AG München WuM 1997, 367).

Einhellig wird vertreten, dass Klauseln, die einen Kostenanteil von 100 % vorsehen, nicht **65** wirksam sind, allein, weil es sich um eine starre Abgeltungsklausel handelt (AG Leipzig WuM 2003, 563; LG Berlin GE 2001, 205; Harsch MDR 1999, 328; Kraemer WuM 1991, 237; Langenberg 1 C 7). Dabei kommt es nicht darauf an, nach welcher Zeit die volle Kostenbeteiligung des Mieters mit 100 % greifen soll. Orientiert sich diese nämlich nicht an den üblichen Fristen von 3, 5 und 7 Jahren, liegt hierin bereits die Unwirksamkeit. Richtet sie sich an 5 Jahren bei den Haupträumen aus, wird § 281 BGB umgangen. Das AG Schönau (WuM 2001, 334) weist auch zu Recht darauf hin, dass selbst eine Kostenbeteiligung von 90 % nach Ablauf von 10 Jahren der Wirksamkeit entbehrt. Im entschiedenen Fall waren bei Vertragsende die 5-Jahres-Fristen abgelaufen. Der Mieter hatte keine Schönheitsreparaturen durchgeführt. Das Amtsgericht hielt insoweit fest, dass eine Kostenbeteiligung nicht greift, da sie nur für Fälle Geltung beansprucht, in denen das Mietverhältnis vor Eintritt der Verpflichtung zur Durchführung der Renovierung beendet ist.

Der Kostenvoranschlag des Vermieters darf nicht ausdrücklich als verbindlich erklärt **66** werden. Dem steht der Gedanke entgegen, dass dem Mieter der Nachweis offen bleiben muss, dass die Arbeiten günstiger ausfallen können. Dies würde etwa für die Formulierung gelten »Der Kostenvoranschlag des Vermieters ist verbindlich. Der Mieter ist nicht berechtigt, geringere Kosten durch einen eigenen Kostenvoranschlag darzulegen« oder ähnliche Regelungen.

Die Fristen laut Fristenplan müssen mit Beginn des Mietvertrages zu laufen anfangen. **67** Damit soll verhindert werden, dass der Mieter für eine etwaige Abwohnzeit seines Vorgängers mit herangezogen wird. Der Mieter soll nur für die Zeit bezahlen, für die der Mietvertrag galt, und er soll nur Kosten übernehmen, die er durch sein Abwohnen auch selbst verursacht hat. Ferner ist zu beachten, dass im Klauseltext klargestellt ist, dass die Klausel erst dann wirksam wird, wenn das Mietverhältnis vor Eintritt der Verpflichtung zur Durchführung der Renovierung endet (»Endet das Mietverhältnis vor Eintritt der Verpflichtung zur Durchführung der Schönheitsreparaturen ...«). Ansonsten liegt ein Verstoß gegen das Transparenzgebot des § 307 Abs. 1 S. 2 BGB vor (LG Berlin NJWE-MietR 1997, 101).

Dem Mieter darf nicht untersagt werden, seiner Zahlungspflicht durch Eigenarbeit **68** zuvorzukommen; dies ergibt sich bereits aus dem Transparenzgebot aus § 307 BGB. Ungeachtet der Kostenbeteiligung steht es dem Mieter in jedem Fall frei, die Wohnung selbst zu renovieren, um seine Zahlungspflicht zu vermeiden (BGH WuM 1988, 294; hiergegen Langenberg 1 B 90, wonach die Eigenarbeit zur Vermeidung der Zahlungspflicht generell nicht zulässig ist, da die Eigenarbeit auf die tatsächliche Durchführung von nicht geschuldeten Arbeiten hinausläuft und im Prinzip eine Wahlschuld nach § 262 BGB eröffnet). Umstritten und obergerichtlich noch nicht geklärt ist die Frage, ob der Mieter im Vertrag auf sein Selbstvornahmerecht hinzuweisen ist. Für Formularpassagen, das ist der Regelfall, wird dies bejaht (AG Lörrach WuM 1996. 61; AG Neukölln MM 1998, 443; Riecke/Schütt 37). Die Hinweispflicht wird auch verneint (LG Berlin ZMR 1998, 778). Den Vorzug verdient die bejahende Ansicht, da der Mieter über sein Selbstvornahmerecht nicht hinweggetäuscht werden darf und die gesetzliche Wertung in § 309 Nr. 5 BGB heranzuziehen ist. Dies ist in vielen Mietverträgen aber schon deshalb der Fall, weil diese von ihrem Wortlaut her dem Mieter keine andere Wahl lassen, als zu bezahlen, ohne dass beim Mieter der Gedanke aufkommen kann, selbst zu renovieren. Gleiches gilt für Klauseln, die dem Vermieter das Wahlrecht eröffnen, vom Mieter entweder die Quote zu verlangen oder gar die nicht geschuldete Renovierung. Bei der Bewertung der Klauseln ist auf die Sichtweise des Durchschnittsmieters abzuheben (BGH NZM 1998, 710). Keine Täuschung über das Recht zur Selbstvornahme wird in einem Passus gesehen, nach welchem der Mieter bei Ende des Vertrages den festgelegten Kostenanteil »zu bezahlen hat« (LG Waldshut-Tiengen WuM 2000, 240). Durch die Formulierung »hat« werde die unbedingte Zahlungspflicht zwar impliziert. Der Wortlaut hindere den Mieter aber nicht, durch Selbstvornahme seine Zahlung zu verhindern. Dem kann nicht zugestimmt werden, da gerade der Wortlaut keinen Zweifel für den Mieter an der Zahlungsverpflichtung aufkommen lässt.

69 Kostenbeteiligungsklauseln sollten dem Mieter auch die Möglichkeit offen lassen, nur einzelne Räume der Mietsache zu renovieren, um die Zahlungspflicht zu verringern. Allerdings hält der BGH (ZMR 2004, 659, 661) Klauseln für unbedenklich, die den Mieter verpflichten, entweder die Kostenanteile für die einzelnen Räume zu entrichten oder die Wohnung komplett zu renovieren.

70 Haben die Parteien vereinbart, dass die Kostenquote zu zahlen ist, wenn der Mieter einer Aufforderung mit Fristsetzung, die Räume zu streichen, keine Folge leistet, besteht im Fall unterlassener Schönheitsreparaturen mit unterbliebener Fristsetzung kein Zahlungsanspruch des Vermieters, da es sich um eine vertraglich vereinbarte Fälligkeitsvoraussetzung mit Aufforderung zur Renovierung handelt (LG Lüneburg WuM 2001, 467). Macht der Vermieter dem Mieter das Angebot, aufgrund des Kostenvoranschlages die Renovierung abschließend zu regeln, und nimmt der Mieter dieses Angebot an, ist der Vermieter mit weiteren Nachforderungen ausgeschlossen (AG Köln WuM 1987, 255).

Zu einem Anspruchsschreiben des Vermieters zur Zahlung der Kostenquote Hinz 13.2.8.

g) Rechtliche Folgen unwirksamer Schönheitsreparaturklauseln

71 Zunächst gilt die gesetzliche Regelung, wonach also der Vermieter gem. §§ 535 f. BGB für die Erhaltung der Mietsache zuständig ist, einen Vertrauensschutz genießt der Vermieter insoweit grundsätzlich nicht (BGH ZMR 2008, 527). Dem Mieter stehen indes Erfüllungs- und Gewährleistungsansprüche zu. So kann der Mieter bei Fälligkeit der Schönheitsreparaturen eine Renovierung mittlerer Art und Güte vom Vermieter fordern. Kommt der Vermieter diesen Verpflichtungen nicht nach, stehen dem Mieter Gewährleistungsansprüche nach §§ 536, 536a und 543 Abs. 2 Nr. 1 BGB zu.

Nach Ansicht des LG Wuppertal (WuM 2005, 765) soll dem Vermieter auch kein Bereicherungsanspruch auf Ausgleich der infolge der – ungültigen – Abwälzung der Dekorationspflicht und dadurch niedriger kalkulierter Miete zustehen. Ob der Vermieter einen Renovierungskostenzuschlag erheben kann oder ob er einen Anspruch auf eine Vertragsanpassung hat, wird heftig diskutiert. Der BGH hatte bereits früher (WuM 2003, 436; NZM 2005, 504) ausgeführt, dass sich der Vermieter die einschneidende Störung der vertraglichen Äquivalenz selbst zuzuschreiben und daher die Folgen hieraus selbst zu tragen hat. Das OLG Karlsruhe (WuM 2007, 454) hat nun allerdings entschieden, dass der Vermieter berechtigt ist, im Rahmen eines Mieterhöhungsverlangens einen entsprechenden Zuschlag auf die Miete zu fordern. Dies wird jedenfalls dann gelten müssen, wenn der Mieter den Vorschlag des Vermieters auf Vertragsanpassung abgelehnt hat (so LG Düsseldorf WuM 2006, 387). Zu den Rechtsfolgen unwirksamer Schönheitsreparaturklauseln s.a. Börstinghaus WuM 2005, 675.

Allerdings hat der BGH nun mehrfach entschieden (NZM 2008, 641; 2009, 313), dass der Vermieter nicht berechtigt ist, im Wege der Mieterhöhung einen Zuschlag zur ortsüblichen Miete zu verlangen, da sich dies nicht mit dem vom Gesetzgeber vorgesehenen System der Vergleichsmiete in Einklang bringen lässt. Der begehrte Zuschlag würde sich nämlich an den Kosten für die Vornahme der Schönheitsreparaturen orientieren und nicht an den jeweiligen Marktverhältnissen. Mit der Anerkennung würde daher im nicht preisgebundenen Mietwohnraum ein Kostenelement zur Begründung einer Mieterhöhung ohne Rücksicht darauf herangezogen, ob diese Kosten am Markt durchsetzbar wären. 72

Ein weiteres Problem ergibt sich, wenn sich der Vermieter auf seinen Vertrag beruft und die Schönheitsreparaturen fordert und sich der Mieter zur Abwehr dieser Ansprüche rechtlich beraten lässt. Das KG (NZM 2009, 616) hat entschieden, dass sich der Vermieter jedenfalls dann schadensersatzpflichtig macht, wenn ihm die Ungültigkeit der Bestimmungen im Mietvertrag bekannt sein mussten (Einschaltung einer professionellen Hausverwaltung durch den Vermieter). 73

Grundsätzlich hat der Mieter auch nach Kündigung und vor Auszug aus der Wohnung ein berechtigtes Interesse zu wissen, ob der Vermieter von ihm die Renovierung verlangt oder nicht und ob ein solches Verlangen rechtens ist. Insbesondere für den Fall, dass sich der Vermieter auf eine Anfrage des Mieters insoweit nicht äußert, hat der BGH das notwendige Feststellungsinteresse des Mieters für eine negative Feststellungsklage bejaht (GE 2010, 341).

4. Fälligkeit der Schönheitsreparaturen

a) Grundsatz

Hat der Mieter von Wohnraum im Mietvertrag die Verpflichtung zur Durchführung der Schönheitsreparaturen wirksam übernommen, wird der entsprechende Anspruch des Vermieters – sofern kein wirksamer Fristenplan vereinbart ist – fällig, sobald aus der Sicht eines objektiven Betrachters Renovierungsbedarf besteht. Darauf, ob bereits die Substanz der Wohnung gefährdet ist, kommt es nicht an. Gerät der Mieter während eines bestehenden Mietverhältnisses mit der Durchführung der Schönheitsreparaturen in Verzug, kann der Vermieter von ihm einen Vorschuss in Höhe der voraussichtlichen Renovierungskosten verlangen (BGH WuM 2005, 383). Dabei gilt der Grundsatz, dass Renovierungsbedarf besteht, wenn die Wohnung »abgewohnt«, also »verbraucht« ist (KG ZMR 1963, 138) und die Räume »unansehnlich« geworden sind. Geht es um das Ende des Mietvertrages, spricht man auch davon, dass die Mietsache zur Renovierung fällig ist, wenn sie sich in einem zur Weitervermietung nicht mehr geeigneten Zustand befindet (KG GE 2004, 297). Sind keine Fristen im Mietvertrag vereinbart, sind die üblichen Fristen zu Grunde zu legen (s. Rdn. 76). 74

Solange allerdings Schönheitsreparaturarbeiten wegen bauseitiger erheblicher Schäden nicht sinnvoll und fachgerecht ausgeführt werden können, tritt keine Fälligkeit ein (KG GE 2009, 448).

75 Beim nicht beendeten Mietvertrag ist eine Renovierung nicht erst dann erforderlich, wenn eine Verletzung der Substanz der Mietsache vorliegt, wie früher vielfach vertreten wurde. Der BGH (NZM 2005, 450) hat hierzu festgehalten, dass auch bei einem nicht vereinbarten Fristenplan die Schönheitsreparaturen dann fällig sind, wenn aus der Sicht des objektiven Betrachters der Renovierungsbedarf besteht.

b) Übliche Renovierungsfristen

76 Der Mieter ist nicht verpflichtet, automatisch nach Ablauf der vereinbarten oder als angemessen angesehenen Fristen die Schönheitsreparaturen durchzuführen (BGH WuM 2005, 716; BGH WuM 2005, 50 Anm. Wiek). Die üblichen Fristen belaufen sich auf 3 Jahre für die Nassräume wie Küche, Bad, Dusche und 5 Jahre für die Haupträume wie Wohnzimmer, Schlafzimmer, Flur, Diele, Arbeitszimmer, Kinderzimmer und schließlich auf 7 Jahre für die Nebenräume wie Abstellräume, Speisekammern.

Der BGH (WuM 1987, 306) hat damit die Fristen des Mustermietvertrages 1976 als angemessen gewertet, die allgemein als Richtlinie angenommen werden können. Gleiches gilt, wenn ein Fristenplan im Einzelfall nicht vertraglich festgelegt worden ist. Auch dann gelten diese Fristen, es sei denn, dass örtliche Gegebenheiten etwas anderes erfordern (BGH WuM 1985, 47).

77 Der Ablauf dieser Fristen ist für den Mieter allerdings nicht in jedem Fall mit der Renovierungspflicht verbunden. Es kommt darauf an, ob die Kriterien der Fälligkeit vom Aussehen der Räume her erfüllt sind. Fehlt es also danach am objektiven Renovierungsbedarf, sind die Schönheitsreparaturen auch nicht fällig. Umgekehrt gilt aber auch, dass selbst bei noch nicht abgelaufenen Fristen nach dem Aussehen der Wände und Decken ein Renovierungsbedarf vorhanden sein kann (LG München MietRB 2004, 134, Anm. Strassberger).

78 Das LG Berlin (NZM 2000, 862; GE 1996, 473; GE 1993, 1099) geht in ständiger Rechtsprechung davon aus, dass nach Ablauf der Renovierungsfristen die Renovierungsbedürftigkeit der Mietsache widerlegbar vermutet wird. Der Mieter ist dabei beweisbelastet dafür, dass trotz Ablaufs der Fristen etwa aufgrund einer besonderen pfleglichen Behandlung der Mietsache oder nur gelegentlicher Nutzung der Renovierungsbedarf noch nicht besteht, den Vermieter trifft die Beweislast für seinen Vortrag, dass der Erhaltungszustand der Mieträume eine frühere Renovierung erfordert (OLG Düsseldorf ZMR 2010, 356). Der BGH (WuM 2004, 463) spricht in seiner Entscheidung zur Unwirksamkeit sog. starrer Fristen von der Eigenschaft eines Fristenplans als »Richtlinie in dem Sinne, dass nach Fristablauf ein Anschein für die Renovierungsbedürftigkeit der Wohnung spricht«. Ob hieraus allerdings die grundsätzliche Haltung i.S.d. Berliner Rechtsprechung zu sehen ist, scheint eher fraglich, nachdem in derselben Entscheidung darauf verwiesen wird, dass die Fristen nach dem Mustermietvertrag 1976 ausdrücklich nur im Allgemeinen gelten, und weiter, dass nach Ablauf der Fristen nicht zwangsläufig von einem Renovierungsbedarf ausgegangen werden könne. Eine Vermutung für einen konkreten Renovierungsbedarf nach Ablauf der üblichen Fristen ist nicht grundsätzlich anzunehmen. Maßgebend sind stets die Umstände des Einzelfalls, das konkrete Aussehen der Räume. Es gibt keine Lebenserfahrung, wonach eine Wohnung nach Ablauf der üblichen Renovierungsfristen auch tatsächlich renovierungsbedürftig ist.

Im Hinblick auf die heute gebräuchlichen Renovierungsmittel kann daran gedacht werden, ob die Fristen des Mustermietvertrages 1976 auch als Regelfristen nicht zu kurz sind und den Mieter übermäßig belasten; stattdessen könnten in Zukunft Fristen von 5, 8 und 10 Jahren als angemessen betrachtet werden.

c) Fristverkürzung

Werden die üblichen Fristen vertraglich unterschritten, führt dieser Umstand zur Unwirksamkeit der gesamten Renovierungsverpflichtung (LG Berlin MM 2004, 37; LG Hamburg WuM 2004, 195; LG Frankfurt WuM 2004, 88; LG Köln WuM 1989, 70; LG Freiburg v. 09.05.1995, Az. 7 S 13/95; s.a. Rdn. 49). Der BGH (GE 2005, 427) hat in diesem Zusammenhang entschieden, dass eine formularmäßige Renovierungsfrist von 4 Jahren für Fenster, Türen und Heizkörper in den Nassräumen auch für sich gesehen nicht unwirksam ist. Dabei wird auf den Mustermietvertrag 1976 Bezug genommen, der die Renovierungsfristen für die genannten Räume bereits auf 3 Jahre festlegt. Soweit vertreten wird, dass die Unterschreitung der oder einzelner Fristen aufgrund der Trennbarkeit nicht zur Unwirksamkeit der Renovierungsvereinbarung als solcher führt (so Häublein ZMR 2000, 139), sei dagegen gehalten, dass der Beibehalt der angemessenen Fristen aufgrund der Einheitlichkeit der Renovierungsregelung als solcher zu einer unzulässigen Reduzierung der Klausel auf ihr eigentlich zulässiges Maß hinausliefe (so auch Langenberg 1 C 8). Gleiches gilt umso mehr für die Annahme, dass nicht nur der unwirksame Teil folgenlos bliebe, sondern dass dieser auch noch auf das zulässige Maß erhöht werden könnte. Das Gericht wäre im Streitfall mit der Bestimmung der angemessenen Höhe befasst, was zwar unter Zugrundelegung der üblichen Fristen nicht schwer fällt. Immerhin aber gelten diese Fristen im Allgemeinen nur, wenn nicht örtliche Gegebenheiten eine andere Auslegung erfordern (BGH WuM 1985, 47). **79**

Ob durch Individualvereinbarung kürzere Fristen vereinbart werden können, ist noch ungeklärt (bejahend AG Lörrach v. 10.01.1995, Az. 1 C 263/94). Langenberg (Schmidt-Futterer § 538 Rn. 217) scheint im Grundsatz zu bejahen, sieht aber den Vermieter bei gutem Zustand der Räume daran gehindert, sich hierauf zu berufen. Bei gutem Zustand der Räume kann es allerdings auch schon an der Fälligkeit der Renovierung fehlen. Der Gedanke von Langenberg 1 C 8 ist aber grundsätzlich richtig. Der Mieter verpflichtet sich zu Renovierungsarbeiten, die im Einzelfall noch gar nicht erforderlich sein könnten. Er verpflichtet sich, wenn auch individuell zu einer unnützen Arbeit, was in der Tat unter dem Gesichtspunkt des § 242 BGB treuwidrig wäre. **80**

5. Art und Qualität der Schönheitsreparaturen

Die Renovierung ist vom Mieter »fachgerecht in mittlerer Art und Güte« durchzuführen (BGH ZMR 2004, 661; BGH WuM 1987, 306; KG GE 2004, 297). Maßstäbe, die sich nach DIN-Normen richten, sind nicht ausschlaggebend (LG Berlin GE 2000, 1255). Eine Hobby-Qualität der Arbeiten genügt nicht (LG Berlin GE 2000, 677), was allerdings nicht für die Renovierung während der Vertragslaufzeit gilt, sondern für das Ende des Mietvertrages. Während des laufenden Vertrages ist der Mieter weitgehend frei (LG München I WuM 2004, 602; s.a. Rdn. 30 f.). Die Arbeiten sind jedenfalls mit der im Verkehr erforderlichen Sorgfalt einwandfrei durchzuführen (§ 276 BGB). Sie müssen also ohne Mängel sein (LG Wiesbaden WuM 1986, 242). **81**

Was die Art der Ausführung betrifft, wird dem Mieter nach einer Rechtsauffassung ein weiter Spielraum eingeräumt. So wird die Grenze dort gezogen, wo die malermäßige Ausführung mit dem durchschnittlichen Geschmack nicht mehr übereinstimmt. So sollen auffällige Farben alleine für den Nachmieter noch nicht ohne weiteres unzumutbar sein, sondern nur solche, die »völlig aus der Welt« sind (AG Pinneberg ZMR 2004, 121). Dem kann jedenfalls dann nicht zugestimmt werden, wenn es um die Renovierung bei Vertragsende (vgl. aber auch Rdn. 21) geht. Es kann daher erwartet werden, dass die Wände und Decken entweder weiß oder zumindest in dezenten Helltönen gestrichen werden (LG Itzehoe: farblich neutral; LG Hamburg DWW 1999, 152: die üblichen Farbtöne). **82**

83 Zu verwenden ist eine wisch- und waschfeste Farbe (AG Freiburg WuM 1986, 242). Ungeeignet ist eine einfache Mischbinderfarbe auf Raufaser, da diese kreidet (AG Köln WuM 1987, 150). Bei einem Bad ist eine Raufasertapete nicht geeignet (LG Hamburg WuM 1991, 29). Ebenso nicht zulässig ist das Lackieren von Naturholztüren (Emmerich NZM 2000, 1161). Dagegen wird ein elfenbeinfarbener Lackanstrich von Türen und Fenstern statt weiß von der Optik her als vertretbar und nicht störend angesehen (AG Weißenburg WuM 2003, 355). Holztürrahmen in Klarlack dürfen aber nicht dunkel gestrichen werden (LG Aachen WuM 1998, 596).

84 Während der Laufzeit des Mietvertrages steht dem Mieter aber ein weiter Spielraum in der Gestaltung der Räume zu. Anschaulich wird dies von Goch (WuM 2004, 513, 516) beschrieben: Der Mieter dürfe kreuz und quer tapezieren, Strichmännchen auf die Tapeten malen, Farbe an den Wänden hinunterlaufen lassen, Wände und Decken mit grellen Farben streichen. Ebenso soll es zulässig sein, wenn Mustertapeten überstrichen werden (LG Berlin GE 1991, 573) oder wenn das Kinderzimmer Filzstift- oder sonstige Zeichnungen aufweist (Langenberg 1 D 2). Zur Begründung wird herangezogen, dass der Mieter bei der Ausführung der Renovierungsarbeiten während bestehenden Mietvertrages für sich renoviert, nicht für den Vermieter. Deshalb muss er auch keine Rücksicht auf den Nachmieter nehmen. Dem Grundsatz nach ist dies richtig, aber eine Grenze muss gezogen werden. Schäden dürfen nicht hervorgerufen werden. Ohnehin könnte das Argument des Renovierens während der Vertragsdauer aufgrund der neuen Rechtsprechung des BGH (s. Rdn. 75) zukünftig weitgehend entfallen.

85 In diesem Zusammenhang sei auf die sog. Fachhandwerkerklauseln hingewiesen. Diese bestimmen, dass sich der Mieter bei der Durchführung von Schönheitsreparaturen eines Malerfachbetriebs bedient. Insoweit werden sie als nichtig angesehen (OLG Stuttgart WuM 1993, 528).

Das LG München I (GE 2010, 271) hat auch in der Regelung, wonach der Mieter die Schönheitsreparaturen »ausführen zu lassen« hat, eine unzulässige Fachhandwerkerklausel gesehen.

Durch die Trennbarkeit der Klauseln (»Der Mieter übernimmt die Schönheitsreparaturen während der Vertragszeit … Dazu muss er sich eines Malers bedienen«) bleibt die Renovierungsgrundverpflichtung unberührt.

6. Umfang der Renovierung

86 Die in § 28 Abs. 4 S. 3 der II. Berechnungsverordnung aufgezählten Flächen und Einrichtungen sind abschließend (s. Rdn. 10). Die Renovierungsarbeiten beschränken sich damit auf das Innere der Wohnung, wozu auch Loggia oder Wintergarten zählen (a.A. Langenberg 1 A 6), nicht jedoch der Keller (AG Bensheim WuM 1983, 235) oder die Waschküche, der Wirtschaftsraum (LG Darmstadt WuM 1987, 315) oder das Treppenhaus, was man beim Einfamilienhaus deshalb anders sehen muss, weil hier das Innere der gemieteten Sache betroffen ist. Ebenfalls von der Renovierungspflicht ausgenommen ist die Garage oder der Dachboden. Strittig ist, wer auf Putz liegende Versorgungsleitungen zu streichen hat. Von der Definition des § 28 der II. Berechnungsverordnung her, müsste der Vermieter diese Arbeiten auf eigene Kosten durchführen. Letztlich wird aber die Meinung vertreten, dass diese Leitungen auch nicht anders beurteilt werden dürfen, wie die explizit genannten Heizungsrohre (vgl. Schmidt-Futterer/Langenberg 9. Aufl., § 538 Rn. 72).

87 Ob Holzverkleidungen der Decken und Wände unter die Renovierungspflicht fallen, wird unterschiedlich beurteilt. Sind solche Teile als Teile der Wand oder Decke zu wer-

ten, sollen sie der Renovierungspflicht unterliegen (LG Marburg ZMR 1989, 180; Neuhaus NZM 2000, 221; wohl zustimmend auch Langenberg 1 A 6). Dem kann nicht zugestimmt werden. Die Begriffsdefiniton in der II. Berechnungsverordnung sieht so etwas nicht vor, sondern spricht nur von den Fenstern und Türen. Holzverkleidungen sind eine Modeerscheinung der 70er und 80er Jahre. Ist beispielsweise ein Wohnzimmer mit einer Holzdecke versehen, muss eine gründliche Renovierung zunächst das Abschleifen, Grundieren und sodann das Lackieren umfassen. Dass die Vorbereitungsarbeiten nicht mieterseits geschuldet sind, dürfte klar sein (Langenberg 1 A 6). Das bloße Lasieren aber wäre ohne die Vorarbeit eine Schlechtarbeit. Zumindest müsste man dann den Vermieter für verpflichtet halten, die Vorbereitungsmaßnahmen zuvor durchzuführen, wobei sich streng genommen Probleme mit § 281 BGB ergeben könnten. So wird auch das Streichen von Einbaumöbeln nicht unter die Schönheitsreparaturen gefasst (LG Berlin MM 2004, 169; LG Düsseldorf NZM 2002, 779). Umstritten ist weiter, ob die Zwischenräume von Doppelholzfenstern erfasst werden (bejahend Langenberg 1 A 6; a.A. Harsch Schönheitsreparaturen Rn. 122). Zählt man die Innenräume der Fenster nicht zum Wohnungsinneren, muss die Renovierungspflicht abgelehnt werden.

7. Erweiterung und Beschränkung der Schönheitsreparaturen

Es ist grundsätzlich möglich, den Renovierungsumfang vertraglich auszudehnen, etwa **88** auf Räume außerhalb der Wohnung wie beispielsweise das Außen-WC, die Garage, den Hobbyraum (LG Darmstadt WuM 1987, 315), was allerdings nur durch Individualvereinbarung zulässig ist, da sonst die Begriffsdefinition der II. Berechnungsverordnung umgangen wird. Gleiches gilt auch für die Art der Leistung, sodass durch einzelvertragliche Vereinbarung geregelt werden kann, dass der Mieter Raufasertapeten zu kleben hat (LG Freiburg WuM 1980, 75) oder dass die Wohnung nur durch Fachhandwerker gestrichen werden darf. Soweit der Mietvertrag aber, wie oft in älteren Vertragsformularen eine eigene Definition desjenigen, was unter die konkreten Arbeiten fallen soll, enthält, gilt diese. In älteren Verträgen sind oftmals die Fenster und Türen oder die Heizkörper nicht gesondert erwähnt. Es ist dann nicht zulässig, durch Zugriff auf die begriffsübliche Definition den vertraglich festgelegten Umfang zu erweitern, was nur durch zusätzliche Individualvereinbarung denkbar erscheint.

8. Umbau der Mietwohnung

Ist der Mieter vertraglich zur Renovierung bei Auszug verpflichtet (ohne dass eine nicht **89** wirksame Endrenovierungsklausel vorliegt), würden aber die Arbeiten durch den vom Vermieter geplanten Umbau der Räumlichkeiten wieder zunichte gemacht, ist der Mieter von seiner Ausführungspflicht befreit. Andererseits gesteht die Rechtsprechung dem Vermieter in solchen Fällen einen Ausgleichsanspruch in Geld zu (BGH NZM 2005, 58; Timme NZM 2005, 132 = BGH Report 2005, 222 m. Anm. Harsch; BGH ZMR 1985, 84; OLG Schleswig ZMR 1983, 305; OLG Oldenburg WuM 2000, 301; 1992, 229). Voraussetzung ist aber, dass der Mietvertrag für den genannten Fall keine Regelung enthält. Der BGH schließt die sonst vorliegende Lücke im Wege der ergänzenden Vertragsauslegung: Beim geplanten Umbau erschiene es widersinnig, vom Mieter die vertragsmäßige Renovierung zu fordern, die sodann wieder zerstört würde. Andererseits steht es im Widerspruch zum Vertragsinhalt, wäre der Mieter von seinen Vertragspflichten befreit, ohne hierfür einen Ausgleich leisten zu müssen. Es entspricht daher nach Treu und Glauben sowie der Verkehrssitte und dem mutmaßlichen Willen der Vertragsparteien, dem Vermieter statt der Dekoration einen angemessenen Ausgleich in Geld zuzusprechen (so bereits BGH WuM 1980, 241; BGH WuM 1985, 46). Diese Vertragsauslegung zielt darauf ab, den Vermieter bei Begründung eines nachfolgenden Mietverhältnisses der Notwendigkeit zu entheben, die Renovierung, die Mietersache gewesen wäre, selbst durchzuführen.

90 Die Ausgleichszahlung kann vom Mieter nach Geltendmachung des Zahlungsverlangens durch den Vermieter nicht mehr mittels Selbstvornahme abgewehrt werden. Der Mieter ist zur Zahlung selbst dann gehalten, wenn er tatsächlich danach noch renoviert hat (OLG Oldenburg WuM 2000, 301; WuM 1992, 229). Diese Rechtsansicht ist nur auf den ersten Blick unbillig. Immerhin will der Vermieter umbauen, sodass die tatsächlich durchgeführte Renovierung zerstört würde, ohne dass der Vermieter einen Ausgleich erhielte. Hat der Mieter jedoch seine Renovierungsverpflichtung bis zum Ende des Mietverhältnisses erfüllt, kann der Vermieter keine weitere Geldforderung geltend machen (OLG Schleswig WuM 1983, 75).

91 Seiner Höhe nach orientiert sich der Anspruch nach den theoretischen Eigenleistungen des Mieters oder seiner Bekannten oder Verwandten (BGH NZM 2005, 58). Damit ist die frühere Instanzrechtsprechung, wonach der Anspruch sich auch nach den Kosten einer Malerfirma richtet (so noch LG Berlin GE 1988, 943), gegenstandslos. Der Wert zulässiger Eigenarbeit kann richterlich nach § 287 ZPO geschätzt werden, was allerdings voraussetzt, dass dem Gericht ausreichende Grundlagen hierfür genannt werden (LG Münster WuM 2000, 628). Dies kann wiederum durch Kostenvoranschläge eines Malers versucht werden, wobei entsprechende Abschläge vorzunehmen sind, sofern den Kostenvoranschlägen die Arbeitsflächen und Arbeitszeiten entnommen werden können.

92 Hat der Mieter aber die Durchführung der Renovierung zuvor abgelehnt, muss er die Kosten tragen, die bei einer Ersatzvornahme auch angefallen wären (KG NZM 2009, 661; BGH NZM 2005, 58; Timme NZM 2005, 132 = BGH Report 2005, 222 m. Anm. Harsch). Der BGH schließt sich dabei der Ansicht des LG Dortmund (WuM 1985, 326) an: Ist der Mieter nämlich von vornherein nicht erfüllungsbereit, kann er nicht mehr nachträglich damit Gehör finden, er hätte die Renovierung möglicherweise durch Einsatz der eigenen Leistung kostengünstiger durchführen können. Es versteht sich in diesem Zusammenhang, dass der Anspruch des Vermieters auf Ersatz der Vornahmekosten (etwa aufgrund eines Kostenvoranschlags) der Höhe nach auf denjenigen Betrag begrenzt sein muss, der vom Mieter ohne die Umbaukosten hätte getragen werden müssen. Gleiches gilt, soweit infolge der baulichen Veränderungen bestimmte Arbeiten nicht angefallen wären, etwa wenn Teile der zu renovierenden Flächen aufgrund einer Raumverkleinerung wegfielen. Die Durchführung der Schönheitsreparaturen ist nämlich auch nach Umbaumaßnahmen, wenn im Einzelfall auch im geänderten Umfang, erforderlich, um die Mietsache letztlich wieder herzustellen. Die Ansicht des BGH gipfelt in der Überlegung, dass der die Durchführung der Arbeiten verweigernde Mieter ohne die Umbaumaßnahmen Schadensersatz wegen Nichterfüllung hätte leisten müssen, wobei die Schlechterstellung des Mieters durch die umbaubedingte Höhebegrenzung der Kosten vermieden wird.

93 Wird das Mietobjekt völlig zerstört durch Brand oder Abriss entfällt ein Ausgleichsanspruch (BGHZ 96, 141). Das Gleiche gilt, soweit einzelne Räume vom Mieter renoviert werden können, wenn der Vermieter keinen Umbau der gesamten Räume vorsieht (LG Hannover WuM 1994, 429). Das LG Berlin (ZMR 1998, 428) ist der Auffassung, dass Ausgleichs- und Schadensersatzansprüche ausgeschlossen sind, wenn der Vermieter das Gebäude abreißen lässt. Dies überzeugt jedoch nicht, da der Ausgleichsanspruch des Vermieters bei Mietende unabhängig von seiner Absicht, das Haus abzureißen oder umzubauen, entstanden ist (vgl. Eckert ZMR 1998, 428). Ein Ausgleichsanspruch scheidet jedenfalls nach Ablauf eines befristeten Mietvertrages aus, wenn der Vermieter die

Befristung gerade im Hinblick auf die Umbauarbeiten begründet hatte (LG Hamburg WuM 1998, 663).

Die Rechtsprechung des BGH zum geldwerten Ausgleich bei Umbauarbeiten ist nach Ansicht des LG Potsdam (GE 2004, 821) auch auf den Fall einer Kostenbeteiligungsklausel (Rdn. 58 ff.) anwendbar.

9. Vorschäden

Sind Schäden, etwa durch Schimmelbildung aufgrund bautechnischer Mängel des Hauses **94** oder ein aufgetretener Wasserschaden (ausgelaufene Waschmaschine in der oben gelegenen Wohnung) nicht auf das Verhalten des Mieters zurückzuführen, ist der Vermieter daran gehindert, vom Mieter die fällige Renovierung derjenigen Teile der Mietsache zu verlangen, die vom Schaden unmittelbar betroffen sind (hierzu AG Dortmund WuM 2004, 468). Das KG (GE 2004, 297) hält hierzu fest, dass sich die Mieträume in einem zur Durchführung von Renovierungsarbeiten geeigneten Zustand befinden müssen. Solange sich die Schönheitsreparaturen aufgrund bauseitiger Schäden nicht sinnvoll und fachgerecht ausführen lassen, fehlt es an der Fälligkeit für den Mieter. Der Mieter hat sich in diesem Fall auch keine »ersparten« Schönheitsreparaturen anrechnen zu lassen. Dies gilt auch, wenn die Wohnung jahrelang entgegen einer Verpflichtung nicht renoviert wurde (LG Berlin WuM 1987, 148; LG München WuM 1985, 288; AG Köln WuM 1980, 185).

10. Schadensersatz wegen unterbliebener Schönheitsreparaturen (§§ 280, 281 BGB)

a) Leistungsaufforderung

Sind Renovierungsarbeiten bei Vertragsende fällig und kommt der Mieter dieser Ver- **95** pflichtung nicht nach, kann der Vermieter nach §§ 280, 281 BGB Schadensersatz beanspruchen. Die Vorschriften gelten auch für die Fälle der Schlechterfüllung (Goch WuM 2003, 370: nicht bei Substanzschäden). Für die Aufforderung an den Mieter zur Bewirkung der Leistung ist es erforderlich zu unterscheiden zwischen der konkreten Aufforderung, bestimmte Arbeiten durchzuführen, und der genauen Beschreibung des Ist-Zustandes der Mieträumlichkeiten (Zustandsbeschreibung). Bei mehreren Räumen muss genau angegeben werden, in welchen Räumen an welcher Stelle bestimmte Arbeiten erforderlich sind (KG GE 2007, 781; Kraemer WuM 2003, 368, 369), was sich auch aus dem in Bezug genommenen Protokoll ergeben kann (KG GE 2004, 297; LG Berlin NZM 2000, 1159). Soweit die Aufforderung des Vermieters vom Mieter mehr verlangt, als rechtlich geschuldet sein kann, ist die Fristsetzung nur dann wirksam, wenn der Mieter die Erklärung als Aufforderung für das Geschuldete verstehen musste und der Vermieter zur Abnahme der geringeren Leistung bereit ist (KG GE 2003, 952).

Zur wirksamen Aufforderung genügt es nicht, wenn der Mieter lediglich aufgefordert **96** wird, »die Wohnung zu renovieren« (AG Solingen WuM 1986, 311). Erst recht gilt dies, wenn vom Mieter von vornherein ein bestimmter Betrag verlangt wird (LG Köln NZM 1999, 456; AG Schöneberg MM 2003, 299). Im Rahmen der Leistungsaufforderung nach § 281 BGB sind die einzelnen Beanstandungen und die konkreten Mängel deshalb so genau zu bezeichnen, dass der Mieter auch erkennen kann, inwieweit der Vermieter den Vertrag als nicht erfüllt ansieht und was von ihm verlangt wird (KG GE 2007, 781). Nach der hier vertretenen Ansicht gilt dies überhaupt bei nicht durchgeführten Arbeiten. Eine Ausnahme wird in diesem Fall aber gemacht werden können, wenn der Mietvertrag die Arbeiten im Einzelnen aufzählt oder wenn das Protokoll eine Arbeitsauflistung enthält (LG Berlin ZMR 1998, 703).

b) Fristsetzung

97 Mit der Aufforderung zur Durchführung von Renovierungsarbeiten muss eine angemessene Frist gesetzt werden (§ 281 Abs. 1 S. 1 BGB). Diese wird sich i.d.R. bei etwa 10 Tagen bewegen können (Langenberg 1 E 44: für die vollständige Renovierung 2 Wochen). Der Umfang der zu renovierenden Flächen ist aber grundsätzlich ausschlaggebend. Ist die Frist zu knapp gesetzt, gilt eine angemessene. Die unter dem Geltungsbereich des früheren § 326 a.F. BGB erforderliche Ablehnungsandrohung ist nicht mehr erforderlich. Der Vermieter kann auf Erfüllung bestehen, solange er nicht Schadensersatz in Geld verlangt hat (§ 281 Abs. 4 BGB).

c) Entbehrlichkeit der Fristsetzung

98 Die Fristsetzung ist nur ausnahmsweise entbehrlich (281 Abs. 2 BGB). Die Vorschrift sieht hierzu vor, dass der Schuldner seine Leistung ernsthaft und endgültig verweigert und dass besondere Umstände vorliegen, die unter Abwägung der beiderseitigen Interessen die sofortige Geltendmachung des Anspruchs auf Schadensersatz rechtfertigen. In der mietrechtlichen Praxis spielt vor allem die erste Variante der Erfüllungsverweigerung eine entscheidende Rolle. Hierzu muss feststehen, dass der Mieter auf gar keinen Fall renovieren wird. Gefordert wird die eindeutige und endgültige Verweigerung, Schönheitsreparaturen durchzuführen (BGH WuM 1997, 217). Die Weigerung des Mieters muss sich sozusagen als dessen »letztes Wort« darstellen.

99 Die Rechtsprechung stellt sehr strenge Anforderungen hieran. Maßgebend sind immer die Umstände des jeweiligen Falles. Nachfolgend sollen einige wichtige Beispielsfälle erwähnt werden, wie sie in der Praxis immer wieder vorkommen.

- Der alleinige Umstand des Auszuges des Mieters reicht i.d.R. nicht aus (OLG Hamburg WuM 1992, 70; LG Berlin GE 2002, 1199; einschränkend LG München WuM 1993, 346). Zieht ein Mieter aus, ohne Schönheitsreparaturen auszuführen, kann in diesem Verhalten eine endgültige Erfüllungsverweigerung liegen. Voraussetzung dafür ist aber grundsätzlich, dass der Vermieter dem Mieter zuvor konkret mitgeteilt hat, welche Schönheitsreparaturen durchzuführen sind (KG Berlin WuM 2007, 71); maßgebend ist jedoch immer der Einzelfall.
- Dies gilt auch, wenn der Mieter eine neue Anschrift nicht hinterlässt (LG Itzehoe WuM 1989, 508; a.A. LG Düsseldorf NJWE-MietR 1996, 29).
- Weigert sich der Mieter mit der Begründung, die durchgeführten Arbeiten seien ordnungsgemäß, stellt dies noch keine endgültige Erfüllungsverweigerung dar (BGH NJW 1986, 661). Anderer Ansicht ist hier jedoch das KG (GE 2007, 512), das davon ausgeht, dass eine derartige Erfüllungsverweigerung vorliegt, wenn der Mieter nach Erhalt einer Aufforderung, einen konkret beschriebenen vertragswidrigen Zustand zu beseitigen, gleichwohl erklärt, er habe seine Verpflichtungen ordnungsgemäß erfüllt, und weitere Ansprüche des Vermieters würden nicht bestehen.
- Ebenso wenig genügt die Weigerung des Mieters, das Abnahmeprotokoll zu unterschreiben, zumindest, wenn aus dem Protokoll keine hinreichende Klarheit über das Ausmaß der Renovierung zu entnehmen ist (LG Wuppertal NJWE-MietR 1997, 53). Man wird für diesen Fall aufgrund des fehlenden Rechtsanspruchs des Vermieters auf eine Unterschrift die bloße Verweigerung nicht ausreichen lassen können.
- Ebenso wenig genügt die Erklärung des Mieters, er lehne die weitere Ausführung von Arbeiten ab, wenn die Parteien sich wirksam durch eine Schiedsgutachterklausel darauf geeinigt haben, dass bei einem Streit über die Ausführung von Renovierungsarbeiten ein Sachverständiger entscheiden soll. Damit wurde die inhaltliche Bestimmung der bei Auszug geschuldeten Renovierungsarbeiten einem Dritten überlassen. Solange

dieser Dritte nicht angerufen wird, kann der Mieter nicht in Verzug kommen (OLG Düsseldorf GuT 2004, 83).
- Ebenfalls nicht ausreichend ist, dass der Mieter aufgefordert wird, bis zu einem bestimmten Termin zu erklären, ob er renoviert oder nicht (OLG München NJWE-MietR 1997, 106).
- Gleiches gilt, wenn der Mieter die Aufforderung des Vermieters dahin gehend verstehen konnte, dass ein bestimmter Geldbetrag zu zahlen sei (LG Köln NZM 1999, 456).

Eine endgültige Erfüllungsverweigerung liegt aber dann vor, wenn der Mieter die Mietsache unrenoviert zurückgibt, obschon er auf die Notwendigkeit der Arbeiten hingewiesen wurde, aber keinerlei Anstalten trifft, seiner Verpflichtung nachzukommen (BGH WuM 1991, 551; LG Berlin GE 1988, 1213).
- Eine offensichtliche Renovierungsbedürftigkeit kann die Fristsetzung entbehrlich machen (BGH NJW 1968, 491). Hier spielt der Einzelfall aber eine entscheidende Rolle (Langenberg 1 E 87, der zu Recht darauf hinweist, dass dieser Zustand als »völlig verwohnt« oder »katastrophal« gekennzeichnet werden kann; LG Düsseldorf NJWE-MietR 1996, 29: »dringende Instandsetzungsbedürftigkeit« nach sechs Jahren Mietzeit und unterlassener Renovierung).

Nach § 281 Abs. 2 2. Alt. BGB kann die Fristsetzung ausnahmsweise unterbleiben, wenn besondere Umstände vorliegen, die unter Abwägung der beiderseitigen Interessen die sofortige Geltendmachung des Schadensersatzanspruchs rechtfertigen. Die Vorschrift über den Interessenwegfall kommt in der Praxis nicht allzu häufig zum Tragen. Der BGH (WuM 1981, 260) hat hierzu entschieden, dass die Fristsetzung entbehrlich ist, wenn der Mieter erklärte, er würde die Renovierungsarbeiten bis zum Vertragsende durchführen, sich dieses Versprechen aber als leere Worte erweist und der Vermieter den Mieter nochmals auf seine Verpflichtung hinweist. **100**

Mit Ablauf der Frist oder zuvor schon bei Weigerung des Mieters, die Schönheitsreparaturen durchzuführen, hat der Vermieter Anspruch auf Schadensersatz. Daneben bleibt der Erfüllungsanspruch einstweilen bestehen. Verlangt der Vermieter Schadensersatz, ist der Leistungsanspruch ausgeschlossen (§ 281 Abs. 4 BGB). Der Vermieter ist nicht verpflichtet, diesen Betrag auch tatsächlich für die Renovierung zu verwenden (KG GE 1995, 109). **101**

Der Schadensersatzanspruch umfasst auch den Mietausfall. Darzulegen ist aber die Kausalität für die entgangene Miete aufgrund der Pflichtverletzungen des Mieters (BGH NZM 2000, 183; BGH WuM 1997, 218; OLG Düsseldorf ZMR 2005, 706; OLG Düsseldorf ZMR 2003, 104). Zu fordern ist die Darlegung und der Beweis dafür, dass bei ordnungsgemäßer Renovierung die Räume an einen bereits vorhandenen Dritten vermietet werden konnten bzw. dass bestimmte Interessenten aufgrund des vorhandenen Zustandes der Wohnung von der Anmietung Abstand nahmen (LG Hamburg ZMR 2004, 37; LG Berlin GE 2002, 734; LG Landau/Pf. ZMR 2002, 429; wohl auch OLG Frankfurt ZMR 2000, 763). **102**

11. Renovierung ohne Rechtspflicht

Gerade im Hinblick auf die Rechtsprechung des BGH zu den starren Fristen kommt es häufig vor, dass der Mieter Schönheitsreparaturen durchführt, ohne hierzu verpflichtet gewesen zu sein. In solchen Fällen stellt sich die Frage der Rechtsfolgen für beide Vertragsparteien (hierzu Blank NZM 2010, 97 ff.; Börstinghaus WuM 2005, 675 ff.). Dabei ist zu unterscheiden zwischen der Schlechtleistung und der ordnungsgemäß durchgeführten Renovierung. **103**

a) Fehlerhafte Renovierung

104 Wurden die Arbeiten vom Mieter mangelhaft durchgeführt, stellt sich in erster Linie für den Vermieter die Frage, ob Nachbesserung verlangt werden kann, obschon dem Grunde nach keine Pflicht des Mieters zur Renovierung bestand, sei es, dass die Renovierung nicht auf den Mieter übertragen worden war oder dass die Regelung im Mietvertrag zur Durchführung von Schönheitsreparaturen nicht rechtswirksam ist. Hierzu wird ganz überwiegend vertreten, dass der Vermieter nur bei einem zusätzlichen Aufwand Ansprüche aus Pflichtverletzung geltend machen kann, nämlich dann, wenn die vom Vermieter zu tragenden Renovierungskosten aufgrund der mangelhaften Ausführung durch den Mieter höher sind als bei einem Auszug des Mieters ohne Durchführung von Schönheitsreparaturen (LG Berlin WuM 2002, 517; OLG Frankfurt NJW-RR 2001, 372; AG Köln WuM 2003, 211; Heller WuM 1986, 369; a.A. LG Berlin 1995, 115: ohne Einschränkung bejahend).

105 Noch nicht entschieden ist die Frage, ob dem Mieter im Falle schlecht durchgeführter Arbeiten Ansprüche zustehen können, wenn er vertraglich nicht verpflichtet war zu renovieren. Der Vermieter kann durchaus bereichert sein. Es erscheint nicht per se ausgeschlossen, dass der Gesamtzustand der Wohnung trotz mangelhafter Arbeiten eine Wertverbesserung erfahren hat. Es wird hierbei auf den Zustand der Räume vor Arbeitsbeginn ankommen und darauf, welche Schönheitsreparaturen im Einzelnen durchgeführt worden sind.

b) Ordnungsgemäße Renovierung

106 Grundsätzlich sind Ansprüche gem. § 539 BGB i.V.m. Geschäftsführung ohne Auftrag gem. §§ 677 ff. BGB oder aus ungerechtfertigter Bereicherung denkbar (vgl. Sternel NZM 2007, 548). Wurden die Renovierungsarbeiten in einwandfreiem Zustand fertig gestellt, scheiden Ansprüche des Mieters, der die Arbeiten ohne rechtliche Verpflichtung und in der irrigen Annahme, hierzu verpflichtet zu sein, auf der Grundlage der Geschäftsführung ohne Auftrag (§§ 677 ff. BGB; s. Lange NZM 2007, 785) aus. Es handelt sich bei den Schönheitsreparaturen um nützliche Verwendungen, nicht um notwendige (LG Waldshut-Tiengen WuM 2000, 240; AG München NZM 2001, 1030). Regelmäßig wird es auch am Willen des Mieters fehlen, ein Geschäft des Vermieters zu führen, denn der Mieter handelt in Erfüllung einer vermeintlichen Renovierungspflicht (Harsch MDR 2004, 787; so nun auch BGH WuM 2009, 395).

107 Dem Mieter wurden aber schon früher Ansprüche aus ungerechtfertigter Bereicherung zugesprochen (LG Stuttgart WuM 1986, 369). Zur Begründung wird angeführt, dass eine renovierte Wohnung stets höherwertig ist als die nicht renovierte. Dem Mieter wurden dabei die Kosten der Renovierung in vollem Umfang zugesprochen (LG Stuttgart a.a.O.). Auch in neuerer Zeit hat das LG Freiburg (WuM 2005, 383) dem Mieter Bereicherungsansprüche in Höhe der Renovierungskosten zugesprochen. Wendet man die Rechtsprechung des BGH und der OLG (NJW-RR 2001, 727; BGH NZM 1999, 19; OLG Karlsruhe NJW-RR 1986, 1394; OLG München NJW-RR 1997, 650) zur objektiven Wertsteigerung für Bereicherungsansprüche an, würde der Mieter regelmäßig leer ausgehen (so zutreffend Schmidt-Futterer/Langenberg § 538 Rn. 206). Denn danach könnten nicht die Kosten des Aufwandes verlangt werden, sondern beispielsweise ein nachgewiesener höherer Mietertrag. Langenberg a.a.O. spricht sich daher für eine Lösung über § 242 BGB aus, um den Gesamtaufwand des Mieters zu rechtfertigen. Richtig ist der Ansatz, dass die Bereicherung des Vermieters in der Ersparnis der Kosten gesehen wird, die dieser für eine Dekoration hätte aufwenden müssen, so dass der Vermieter zur Herausgabe der Bereicherung verpflichtet ist, und zwar in Höhe des vom Mieter an

den Handwerker bezahlten Werklohns und Materials für die Renovierung (LG Wuppertal WuM 2007, 567; AG Nürtingen WuM 2007, 316).

Hat der Mieter in Eigenleistung renoviert, bemisst sich der nach § 818 Abs. 2 BGB vom Vermieter geschuldete Wertersatz üblicherweise nach dem, was der Mieter billigerweise neben dem Einsatz an freier Zeit als Kosten für das notwendige Material sowie als Vergütung für die Arbeitsleistung seiner Helfer aus dem Verwandten- und Bekanntenkreis aufgewendet hat oder hätte aufwenden müssen (BGH WuM 2009, 395).

Fordert der Vermieter vom Mieter die nicht geschuldeten Renovierungsarbeiten, kann **108** dem Mieter unter dem Gesichtspunkt der positiven Vertragsverletzung ein Schadensersatzanspruch auf volle Aufwandshöhe zustehen, was auf jeden Fall gilt, wenn dem Vermieter die Rechtslage bekannt ist (LG Freiburg WuM 2005, 384). Das Verschulden wird man allerdings nicht nur bei positiver Kenntnis bejahen können. Zumindest hat der Vermieter die Möglichkeit, sich vor seinem Verlangen über die Rechtslage zu erkundigen, sodass das schuldhafte Unterlassen hierzu den Anspruch des Mieters gleichermaßen rechtfertigt. Zudem kann aus culpa in contrahendo (§§ 311 Abs. 2, 249 BGB) dieser Ersatzanspruch ebenfalls hergeleitet werden, wenn der Vermieter die unwirksame Klausel in den Mietvertrag aufnimmt, was zumindest aufgrund der aktuellen Rechtslage durch die BGH-Rechtsprechung zu unwirksamen starren Fristen (Rdn. 47 f.) oder der unbedingten Schlussrenovierungsklausel (Rdn. 33) in Zukunft eine Rolle spielen dürfte.

Zur Verjährung des Rückforderungsanspruchs wegen Durchführung nicht geschuldeter Schönheitsreparaturen s. Dr. Florian Jacoby in ZMR 2010, 335 ff.

12. Besonderheiten für Nachmieter/Untermieter

Renoviert der Nachmieter auf eigene Kosten, bleibt der Schadensersatzanspruch des Ver- **109** mieters gegenüber dem Vormieter bestehen, wenn dieser die Schönheitsreparaturen nicht durchführt und der Vermieter die Voraussetzungen des § 281 BGB (Rdn. 95 ff.) beachtet (BGHZ 45, 56; LG Duisburg NJW-RR 1999, 736; a.A. LG Nürnberg-Fürth WuM 1984, 244 mit beachtlicher Argumentation; AG Tiergarten GE 1995, 501).

Ein Vertrag zugunsten Dritter nach § 328 Abs. 1 BGB soll vorliegen bei einer Renovie- **110** rungsvereinbarung zwischen dem Vor- und dem Nachmieter (AG Münster WuM 2003, 562). Der Vermieter habe einen eigenen Anspruch gegen den Nachmieter aus dessen Vereinbarung mit dem Vormieter, wenn diese sich darüber einig sind, dass der Nachmieter in den Fristenplan des Vormieters eintritt und er die geschuldeten Arbeiten des Vormieters als »Dritter« gem. § 267 BGB erbringt. Dabei wurde es auch nicht für erheblich gehalten, dass der Nachmieter nach seinen Vereinbarungen mit dem Vermieter aufgrund noch nicht abgelaufener Fristen bei Vertragsende zur Renovierung noch nicht verpflichtet war. Dem widerspricht der regelmäßige Zweck einer Vor- und Nachmietervereinbarung. Die Vertragsparteien haben nicht die Absicht, dem Vermieter eigene Rechte zu verschaffen. Vielmehr soll der Vormieter von einer fälligen Renovierungspflicht gegen Entgelt befreit werden, wobei die Motive hierfür verschieden sein können. Wirkt der Vermieter bei einer Renovierungsvereinbarung aber mit, muss anderes gelten. In diesem Fall kann eine Schuldübernahme nach § 414 BGB gewollt sein. Sofern in einem solchen Fall der Mietvertrag mit dem Nachmieter nicht zustande kommt, soll der Vormieter weiterhin auf Renovierung in Anspruch genommen werden können (LG Berlin ZMR 1997, 243). Unwirksam soll aber eine Renovierungsvereinbarung dergestalt sein, wonach er »alle je nach dem Grad der Abnutzung oder Beschädigung erforderlichen Arbeiten auszuführen hat«, wenn der Mieter gegenüber dem Vormieter zur Durchführung der Renovierung verpflichtet war und er in Erfüllung der Vereinbarung die Arbeiten nach Mietbeginn auch tatsächlich durchgeführt hat (LG Berlin GE 2002, 962).

111 Der Untermieter kann sich gegenüber seinem eigenen Vermieter, dem Hauptmieter zur Übernahme von Schönheitsreparaturen verpflichten nach denselben Wirksamkeitsgesichtspunkten, wie sie für den Hauptmieter gegenüber seinem Vermieter gelten. Es steht selbstredend dem Untermieter, dem Hauptmieter und dem Vermieter auch frei zu vereinbaren, dass der Untermieter allein gegenüber dem Hauptvermieter die entsprechenden Pflichten übernimmt. Der Untermieter ist aber zur Durchführung von Schönheitsreparaturen dann nicht verpflichtet, wenn der Untermietvertrag nur festhält, dass die Vertragsbestimmungen des Hauptmietvertrages anerkannt sind, dies aber nicht hinsichtlich des Mietpreises des Hauptmietvertrages gelten soll (KG GE 2004, 234). Diese zutreffende Rechtsansicht fußt auf der Überlegung, dass die Renovierungsübernahme durch einen Mieter Teil des Entgeltes für die Gebrauchsüberlassung der Mietsache ist.

13. Abnahmeprotokoll

112 Ganz überwiegend wird dem Abnahmeprotokoll eine deklaratorische Natur beigemessen (LG Berlin ZMR 2000, 536; LG Köln WuM 1987, 270; AG Lörrach WuM 2003, 438 m. Anm. Harsch). Hiervon ist jedenfalls dann auszugehen, wenn das Protokoll sowohl vom Vermieter als auch vom Mieter unterschrieben ist. Enthält das Protokoll deshalb keine aufgelisteten Mängel und bezeichnet der Vermieter darin die Wohnung als ordnungsgemäß, ist er mit weiteren Forderungen ausgeschlossen. In dem Wohnungsrückgabeprotokoll nicht vermerkte Mängel kann der Vermieter nicht nachträglich der Annahme einer vertragsgemäßen Wohnungsrückgabe entgegensetzen (AG Pforzheim WuM 2005, 56). Dieser Ausschluss bezieht sich auch auf Ansprüche aus einer Kostenquotenklausel (AG Lörrach a.a.O.). Der Ausschluss bezieht sich dabei sowohl auf erkannte als auch auf »verborgene« Mängel (Riecke/Schütt S. 62 ff.). Es kommt auch nicht darauf an, ob überhaupt eine Besichtigung der Räume durch den Vermieter stattfand (AG Köln WuM 2001, 153). Dieser Einwendungsausschluss gilt umso mehr, wenn der Vermieter gleichzeitig und vorbehaltlos die Rückzahlung der Mietkaution zusichert (LG Köln WuM 1981, 163). Die Bestätigung der Mangelfreiheit ist dementsprechend stets das Risiko des Vermieters. Nur soweit die Parteien die Feststellungen des Protokolls nur zum Zweck der Beweiserleichterung verstanden wissen wollten oder im Protokoll Vorbehalte weiterer Ansprüche erklärt sind, kann eine Schuld bestätigende Natur ausgeschlossen werden.

113 Sofern der Mieter sich im Protokoll verpflichtet, die Schönheitsreparaturen durchzuführen, soll dies auch dann Gültigkeit haben, wenn er nach dem Mietvertrag hierzu nicht verpflichtet war (LG Berlin GE 1992, 547). Diese Rechtsansicht erscheint fraglich. Haben die Feststellungen im Protokoll bestätigenden Charakter, wird man für die eigenständige Verpflichtung eine Schuld begründende Vereinbarung verlangen müssen. Das Protokoll begründet nämlich keine über die mietvertragliche Verpflichtung hinausgehende Pflicht des Mieters, sofern die Parteien offenbar in Verkennung der Rechtslage vom Bestehen der Renovierungspflicht ausgehen (LG Rostock WuM 2000, 414). Ein Schuldbestätigungsvertrag wird schon deshalb abgelehnt, weil in diesem Fall weder Streit über die Ungewissheit noch über das Bestehen einer Schuld besteht (LG Hannover WuM 2003, 355). Denn ein deklaratorisches Anerkenntnis liegt dann nicht vor, wenn erst ein Schuldgrund geschaffen werden soll.

114 Wird die eigenständige Renovierungsverpflichtung bejaht, trifft den Mieter die Beweislast für die ordnungsgemäße Durchführung der Arbeiten (LG Berlin GE 1998, 1027). Gleiches gilt, wenn der Mieter nachträglich behauptet, dass ein in das Protokoll nicht aufgenommener Mangel bereits zu Beginn des Mietvertrages vorhanden war (OLG Düsseldorf GE 2003, 1080).

Es ist wichtig, in das Protokoll alle vorhandenen Mängel der Mietsache aufzunehmen und den Mieter zusätzlich zur Beseitigung der Mängel zu verpflichten. Unterlässt der Makler Entsprechendes, macht er sich gegenüber dem Vermieter schadensersatzpflichtig (LG Hamburg ZMR 1999, 406 m. Anm. Schmid). **115**

Zu beachten ist, dass die Formularklausel, wonach die Wohnung sich bei ihrer Übernahme durch den Mieter bei Vertragsbeginn in einem einwandfreien Zustand befindet, unwirksam ist (§ 309 Nr. 12 lit. a BGB), da die Darlegungslast des Mieters zu dessen Ungunsten verkehrt wird (LG München WuM 1997, 613). Gleiches gilt für eine Formularklausel, wonach der Mieter die Mietsache »in dem im Übergabeprotokoll festgestellten Zustand übernimmt. Wird ein Protokoll bei der Übergabe nicht angefertigt, gilt die Wohnung als mangelfrei übernommen« (LG München WuM 1994, 372). **116**

Sofern der Mieter sich darauf beruft, dass die Wohnung bei Vertragsbeginn nicht renoviert war, trifft den Vermieter die Beweislast für das Gegenteil. Etwas anderes soll gelten, wenn der Mieter im Übergabeprotokoll und im Mietvertrag die Mangelfreiheit bestätigt hat (AG Rheine WuM 1996, 216). Dann muss der Mieter die Unrichtigkeit des Protokolls nachweisen. Dabei ist indessen wiederum die Unwirksamkeit der Anerkenntnisfiktion zu berücksichtigen. **117**

Auf Verpflichtungen des Mieters zur Übernahme der Renovierungskosten in einem formularmäßigen Wohnungsabnahmeprotokoll finden die Bestimmungen des AGBG Anwendung (LG Köln ZMR 2002, 275). **118**

14. Kündigung

Der Umstand, dass der Mieter die Renovierung für das laufende Vertragsverhältnis nicht ausführt, rechtfertigt alleine keine Kündigung (LG Münster WuM 1991, 22), was jedenfalls dann gilt, wenn die Räume sich im normal abgenutzten Zustand befinden (AG Düsseldorf WuM 1990, 14). Anders verhält es sich, wenn gleichzeitig eine Substanzverletzung mit der Nichtrenovierung verbunden war (LG Hamburg WuM 1984, 5) oder bei wesentlicher Gefährdung der Mietsache (AG Köln WuM 1988, 110). Die Kündigung wird aber für berechtigt gehalten, wenn der Mieter sich beharrlich weigert, fällige Schönheitsreparaturen durchzuführen (Harsch Rn. 618 m.w.N.). Ob dabei die fristlose oder die ordentliche Kündigung berechtigt ist, hängt von den Einzelfallumständen ab. **119**

Kündigt der Mieter fristlos und berechtigt, führt dies nach einer Ansicht zur Berechtigung des Mieters, die Renovierung verweigern zu können (LG Darmstadt WuM 1980, 52; AG Bad Hersfeld WuM 1998, 482). Zur Begründung wird angeführt, dass das Scheitern des Vertrages auch den Wegfall einer etwa bestehenden Renovierungspflicht erfasst. In diesem Fall wird man allerdings verlangen müssen, dass ohnehin fällige Arbeiten durchzuführen sind. Erklärt der Vermieter, dass er die Absicht habe, das Gebäude zu renovieren und kündigt der Mieter daraufhin fristlos, muss der Vermieter dem Mieter mitteilen, dass er auf der Fristeinhaltung besteht (LG Augsburg ZMR 1999, 173). **120**

15. Erbenhaftung

Stirbt der Mieter, tritt der Erbe an dessen Stelle (§§ 564, 1922 Abs. 1 BGB). Unter die Nachlassverbindlichkeiten fallen auch die Renovierungsansprüche des Vermieters. Dies gilt nicht, wenn das Erbe rechtzeitig ausgeschlagen wurde. Auch bei Versäumung der Erbausschlagungsfrist kann der Mieter einem Anspruch auf Schadensersatz wegen unterlassener Renovierung entgehen, sofern er bei einem Irrtum über das Bestehen der Ausschlagungsfrist rechtzeitig nach Zustellung eines Mahnbescheides die Anfechtung erklärt (AG Wedding MM 1999, 38). **121**

III. Kleinreparaturen

122 Die formularmäßige Übertragung der Bezahlung von Kosten für Kleinreparaturen ist zulässig. Sie verpflichten den Mieter, kleine Instandhaltungen und Instandsetzungen bis zu einem bestimmten Betrag kostenmäßig zu übernehmen, oft auch als Bagatellklauseln bezeichnet. Allerdings kann der Mieter nicht verpflichtet werden, die Arbeiten selbst in Auftrag zu geben (BGH WuM 1992, 355). Zulässig ist daher nur die sog. Kostenklausel, die den Mieter zur Übernahme von Kosten verpflichtet (s. Rdn. 129). Ferner hat der BGH (WuM 1989, 324) die Voraussetzungen der Wirksamkeit solcher Kostenregelungen festgelegt. Eine gültige Kleinreparaturklausel verpflichtet den Mieter allerdings nicht, die Kosten größerer Reparaturen anteilig mitzutragen (LG Potsdam ZMR 2009, 618; OLG Düsseldorf WuM 2002, 545).

1. Höchstbetrag

123 Ein bestimmter Höchstbetrag pro Einzelfall darf nicht überschritten werden. Danach ist ein Betrag in Höhe von 50 € nicht problematisch (BGH WuM 1989, 324). Das OLG Hamburg (WuM 1991, 385) hält 75 € noch für zulässig. Nach einer neueren Entscheidung (AG Braunschweig GE 2005, 677) sind in der Zwischenzeit 100 € angemessen. Abgesehen von einer solchen Obergrenze pro Einzelfall muss eine Formularklausel aber auch einen Höchstbetrag für einen bestimmten Zeitraum einhalten. Denn es können durchaus mehrere Fälle an Reparaturen innerhalb beispielsweise eines Jahres – dieser Zeitraum wird i.d.R. gewählt – anfallen. Es muss deshalb gewährleistet sein, dass der Mieter nicht über Gebühr mit einer Gesamtsumme belastet wird, die im Hinblick auf die dem Vermieter obliegende Erhaltungslast dem Mieter nicht mehr zugemutet werden kann. Es darf nicht zu weit vom gesetzlichen Leitbild abgewichen werden.

Der BGH sagt nichts über Art und Höhe dieser Grenze, verweist als Orientierungshilfe aber auf § 28 Abs. 3 S. 1 der II. Berechnungsverordnung. Eine weitere Orientierungshilfe findet sich in dem nicht in das BGB übernommenen § 554a Abs. 4 BGB. Danach hätten die aufzuwendenden Kosten für den Mieter 0,5 % der jährlichen Netto-Kaltmiete im Einzelfall und 2 % der jährlichen Netto-Kaltmiete insgesamt nicht überschreiten dürfen. Eine Monatsmiete wurde jedenfalls als zu hoch angesehen (OLG Hamburg WuM 1991, 385), ebenso eine Begrenzung auf 10 % der Jahresmiete (OLG Hamburg a.a.O.). Für zulässig erachtet wurde ein Betrag von 200 € im Jahr (OLG Stuttgart WuM 1988, 149; a.A AG Brandenburg GE 2008, 483, das einen Betrag von € 200.- als bei weitem zu hoch ansieht) und neuerdings von 300 €, bzw. 8% der Jahresnettomiete (AG Braunschweig a.a.O.).

Ein Betrag von 200 € im Einzelfall bzw. 1.000 € im Jahr ist bei einer monatlichen Mietbelastung von 260 € (Grundmiete) jedenfalls zu hoch, da somit ein weiteres Drittel des Jahresbetrags der Grundmiete für die Instandhaltung pro Jahr aufzubringen wäre (AG Bremen NZM 2008, 247).

Eine Klausel über die Kostenbeteiligung für Kleinreparaturen in einer öffentlich geförderten Wohnung, die keine Höchstgrenze enthält, ist auch dann nichtig, wenn die Miete unter Berücksichtigung der nach § 28 Abs. 3 der II. Berechnungsverordnung geregelten Abschläge berechnet ist (AG Freiburg NJW-RR 1990, 653).

2. Häufiger Zugriff des Mieters

124 Klauseln, die sich auf andere Teile der Mietsache erstrecken als auf solche, die zum unmittelbaren Mietobjekt gehören und dem häufigen Zugriff des Mieters ausgesetzt sind,

sind nicht wirksam. Dies gilt insbesondere für Rohre, elektrische Leitungen, aber auch für Glasscheiben (LG Hamburg WuM 1990, 416). Im Zusammenhang mit denjenigen Teilen der Mietsache, auf die sich zulässigerweise die Kostenklausel beziehen kann, ist §28 Abs. 3 S. 2 der II. Berechnungsverordnung zu beachten. Danach umfassen die kleinen Instandhaltungen nur die Behebung kleiner Schäden an den Installationsgegenständen für Elektrizität, Wasser und Gas, den Heiz- und Kocheinrichtungen, den Fenster- und Türverschlüssen sowie den Verschlussvorrichtungen von Fensterläden. Auch die formularmäßige Auferlegung der Instandhaltung und Instandsetzung gemeinschaftlich genutzter Flächen und Anlagen auf den Mieter, also eine Ausweitung der Klausel auch auf nicht dem Mietgebrauch unterliegender Gegenstände, erfordert eine Begrenzung des Kostenrisikos (BGH GE 2005, 1185).

Unter die Installationsgegenstände für Elektrizität fallen etwa Steckdosen, Schalter, **125** Klingel, Raumstrahler. Solche für Wasser umfassen die Wasserhähne, Mischbatterien, Brausen. Ferner werden zu den kleineren Instandsetzungsarbeiten auch Kosten für die Untersuchung der Warmwasserversorgungsgeräte auf Undichtigkeiten und Korrosionserscheinungen gezählt (OLG Düsseldorf ZMR 1996, 435, 436). Diejenigen für Gas umfassen die Warmwasserbereitung, Wasch-, Spül- und Toilettenbecken, Badewannen. Die Uhren zum Ablesen der Werte sind ausgeschlossen.

Die Heiz- und Kocheinrichtungen umfassen Öfen, Kachelöfen, Heizkessel für Kohle, **126** Heizöl, Gas, Elektrizität, Heizkörper, Kochplatten oder Kochherde für Kohle, elektrische Grillgeräte, nicht aber Dunstabzugshauben.

Die Fenster- und Türverschlüsse umfassen Fenstergriffe, Verschlussriegel, Umstellvor- **127** richtungen für Kippen oder Öffnen, Türgriffe.

3. Neuanschaffungsklauseln

Unzulässig ist es, den Mieter an jeder Neuanschaffung der von der Kleinreparaturpflicht **128** umfassten Gegenstände zu beteiligen (BGH WuM 1989, 327). Der BGH hat eine entsprechende Formularklausel für rechtsunwirksam erklärt.

4. Vornahmeklauseln

Dem Mieter darf nur eine Kostenbeteiligungspflicht auferlegt werden. Unzulässig sind **129** deshalb Vornahmeklauseln, die den Mieter verpflichten, die Kleinreparaturen selbst durchzuführen oder durchführen zu lassen. Eine solche Klausel benachteiligt den Mieter unangemessen selbst dann, wenn die Reparaturpflicht gegenständlich und betragsmäßig im gebotenen Umfang beschränkt wird (BGH WuM 1992, 355). Wird dem Mieter formularmäßig auferlegt »während der Mietdauer auf seine Kosten notwendig werdende Schönheitsreparaturen ordnungsgemäß auszuführen, Licht- und Klingelanlagen, Schlösser, Wasserhähne, Klosettspüler, Abflüsse, Öfen, Herde, Heizungs- und Kochgeräte, Boiler und dergleichen in gebrauchsfähigem Zustand zu erhalten und zerbrochene Glasscheiben zu ersetzen«, führt dies nicht zur Klauselunwirksamkeit insgesamt, sondern nur, soweit die Übernahme der Kleinreparaturen betroffen ist (BayObLG WuM 1997, 362).

5. Wartungsklauseln

Es ist zulässig formularvertraglich zu regeln, dass der Mieter bestimmte bauseitige Ein- **130** richtungen, z.B. die Thermen der Mietwohnung (Geräte zur Warmwasserbereitung, zu Heizungszwecken) innerhalb der Mietwohnung mindestens einmal jährlich von einem

Fachmann warten zu lassen hat, sofern die Klausel eine kostenmäßige Obergrenze für die jährlichen Kosten enthält (BGH WuM 1991, 381). Die Kostengrenze darf selbstredend einen angemessenen Rahmen nicht übersteigen. Unwirksam aber ist eine Formularklausel, die den Mieter verpflichtet, die Etagenheizung auf eigene Kosten einschließlich Wartung und Reinigung zu betreiben (LG Berlin ZMR 1992, 302). Sie erlegt dem Mieter alle mit der Anlage überhaupt verbundenen Kosten auf. Es gibt aber in diesem Zusammenhang durchaus auch Gegenmeinungen (vgl. Schmidt-Futterer/Langenberg § 538 Rn. 54).

131 Bei der Vermietung von Gewerberaum ist die Anwendung der Grundsätze für Wohnraum völlig unbedenklich. Darüber hinausgehend sind in diesem Bereich individuelle Kleinreparaturklauseln in weit größerem Umfang möglich, wobei eine betragsmäßige Begrenzung nicht erforderlich ist, zumal die Erhaltungspflicht dem dortigen Mieter in einem weit großzügigerem Ausmaß überbürdet werden kann (Fritz Rn. 192).

Jedenfalls einzelvertragliche Regelungen halten einer rechtlichen Überprüfung stand, zumal wenn es sich um Reparaturen handelt, deren Höhe sich in erträglichen Grenzen hält.

132 Formularregelungen sind indessen vorsichtiger zu bewerten. Das OLG Düsseldorf (ZMR 2003, 27) hat eine Vereinbarung der Kostenbeteiligung mit 5 % der Jahresnettomiete für unbedenklich erklärt. Auf größere Schadensposten bezieht sich dies aber ebenso wenig, wie auf eine Beteiligung an jeder erforderlichen Reparatur bis zur Höhe dieser Quote. Zur Kostentragung bezüglich größerer Reparaturen kann der Mieter indes nicht verpflichtet werden (OLG Düsseldorf WuM 2002, 545).

IV. Duldungspflicht des Mieters

1. Begriff der Maßnahme

133 Während § 535 Abs. 1 S. 2 BGB dem Vermieter die Erhaltungspflicht auferlegt, regelt § 554 Abs. 1 BGB, dass der Mieter verpflichtet ist, die zur Erhaltung der Mietsache erforderlichen Maßnahmen zu dulden. Der Begriff der Maßnahme im Sinne dieser Vorschrift ist umfassend. Gemeint sind nicht nur Maßnahmen, die dem unmittelbaren Erhalt der Mietsache dienen. Beinhaltet sind auch Maßnahmen vorbereitender Natur, wie etwa das Aufstellen eines Gerüsts, sowie die Auswirkungen auf die Mietsache selbst durch Geräusche, Gerüche, Verschmutzung, der Zugang zur Mietsache, die Prüfung der Arbeiten (Schmidt-Futterer/Eisenschmid § 554 Rn. 13 ff.), die Wiederherstellung des ordnungsgemäßen Zustandes (Blank Mietrecht von A–Z »Instandhaltung und Instandsetzung«).

2. Erforderlichkeit

134 Zu dulden sind die zur Erhaltung der Mietsache erforderliche Maßnahmen. Dabei ist eine objektive Sichtweise maßgebend, d.h. unabhängig von den Auswirkungen auf das bestehende Mietverhältnis (BGH GE 2005, 1056, 1057 für die objektive Bestimmbarkeit der den Wohnwert verbessernden Maßnahme nach § 554 Abs. 2 BGB). Dem Vermieter steht dabei ein weiter Beurteilungsspielraum zur Seite. Von einem objektiven Standpunkt aus ist zu prüfen, ob ohne die Arbeiten mit großer Wahrscheinlichkeit Schäden an der Mietsache oder dem Grundstück zu befürchten sind oder ob aus anderen sachlich gebotenen Gründen die bauliche Maßnahme als gerechtfertigt erscheint (Schmidt-Futterer/Eisenschmid § 554 Rn. 21) Zur Erhaltung nicht erforderlicher Maßnahmen ist der Mieter dementsprechend nicht verpflichtet. Dies gilt beispielsweise für die völlige Umgestaltung oder Vergrößerung der Mietsache oder für den Anbau (LG Göttingen ZMR 1990, 59).

Das Gesetz unterscheidet zwischen den erforderlichen Erhaltungsmaßnahmen (§ 554 Abs. 1 BGB) und den Modernisierungsmaßnahmen (§ 554 Abs. 2 BGB), die eine Verbesserung der Mietsache nach sich ziehen oder die zur Einsparung von Energie oder Wasser oder zur Schaffung neuen Wohnraumes führen. Erhaltungs- und Modernisierungsmaßnahmen können auch gleichzeitig gegeben sein. Schulbeispiel ist der Ersatz alter Holzfenster gegen neue isolierverglaste Kunststofffenster. Hier ist der Begriff der Maßnahme zum Erhalt der Mietsache ebenso erfüllt wie derjenige der Verbesserung. Der Duldungsanspruch des Vermieters richtet sich in solchen Fällen nach § 554 Abs. 2 BGB mit der Folge der Ankündigungsfrist unter Beachtung der Formalien. 135

3. Beispiele

Unter die Erhaltungsmaßnahmen i.S.d. § 554 Abs. 1 BGB fallen 136
- Ersatz alter Wasserleitungen durch neue,
- Schönheitsreparaturen (soweit nicht dem Mieter übertragen) und Kleinreparaturen,
- Ersatz schadhafter Fenster,
- Installation des Kabelanschlusses nach Entfernung der Gemeinschaftsantenne (KG WuM 1985, 248),
- Anschluss des Grundstücks an die Kanalisation (AG Miesbach WuM 1984, 196),
- Schutz gegen Korrosion am Öltank (AG Regensburg WuM 1995, 319),
- Fassadenarbeiten (Schmidt-Futterer/Eisenschmid § 554 Rn. 26).

4. Begriff des Duldens

Dulden bedeutet passive Hinnahme der Durchführung von Erhaltungsmaßnahmen einschließlich ihrer »Nebenwirkungen« wie Lärm, Verschmutzungen, Erschütterungen, Geräusche und Gerüche. Der Mieter darf die Arbeiten nicht behindern oder gar verhindern (LG Berlin GE 2002, 1567) und muss den Zutritt zu den Räumen ermöglichen (LG Berlin GE 1997, 245). Eine Mitwirkungspflicht trifft den Mieter allerdings nicht (BayObLG ZMR 1997, 73, 74; KG ZMR 1992, 468). Passiv verhält sich der Mieter, wenn er weder dem Vermieter gegenüber der ihm bekannten Absicht widerspricht, dem Vermieter gegenüber also weder mündlich noch schriftlich die Durchführung der Arbeiten untersagt, noch den Zugang zur Mietsache behindert (KG WuM 1992, 515). 137

5. Duldungsgrenzen

Im Gegensatz zur Duldungspflicht nach § 554 Abs. 2 BGB wegen Modernisierung spielen bei der Duldung von Erhaltungsmaßnahmen Härteaspekte für den Mieter keine Rolle. Das Gesetz setzt als Grenze der Duldungspflicht die Erforderlichkeit der Maßnahme und den Begriff der Maßnahme fest. Ferner finden § 242 und § 226 BGB Anwendung, sodass Erhaltungsmaßnahmen vom Mieter nur dann geduldet werden müssen, wenn sie diesem auch zumutbar sind. 138

Beispielsfälle nicht bestehender Duldung 139
- Ist der Mietvertrag aufgekündigt, besteht keine Duldungspflicht, auch wenn dem Mieter nur noch eine Räumungsfrist zusteht (LG Berlin NZM 1999, 1138).
- Liegt weder eine Erhaltungs- noch eine Modernisierungsmaßnahme vor, entfällt die Duldungspflicht des Mieters (LG Berlin MM 2000, 131 für den Austausch des Gasdurchlauferhitzers gegen einen elektrischen Durchlauferhitzer).
- Streichen oder Austausch von Fenstern in der kalten Jahreszeit (LG Kassel WuM 1981, 36).

- Änderungen der Wohnungsausstattung müssen mieterseits nicht hingenommen werden, sofern sie nicht zwingend erforderlich sind (LG Berlin NZM 1999, 1138 für den Austausch des Gasherdes gegen einen Elektroherd).
- Ebenso wird der Austausch von Badfliesen von der Duldungspflicht ausgenommen, wenn der Vermieter nicht darlegt, dass sonst konkrete Schäden drohen (AG Berlin-Mitte MM 2000, 280).
- Gleiches gilt, wenn mit den Maßnahmen eine Umgestaltung des Grundrisses von Räumen verbunden wäre (AG Berlin-Mitte a.a.O.).
- Keine Duldung besteht auch, wenn die Maßnahme nicht angekündigt wird (AG Aachen WuM 1986, 87; s. Rdn. 239).
- Gleiches gilt, wenn die Arbeiten »zur Unzeit« durchgeführt werden sollen, was bei Sonn- und Feiertagen, Samstagen oder sonst nach 19.00 Uhr der Fall ist (Schmidt-Futterer/Eisenschmid § 554 Rn. 37).

6. Ankündigung

140 § 554 Abs. 1 BGB regelt die Ankündigung der Erhaltungsmaßnahmen nicht. Nur bei Modernisierungsmaßnahmen nach Abs. 2 der Vorschrift ist gesetzlich die Ankündigung vorgesehen. Dennoch wird die Erforderlichkeit der Ankündigung als selbstverständlich bejaht (OLG München WuM 1991, 481; AG Hamburg ZMR 2004, 825). Andernfalls besteht keine Duldungspflicht des Mieters (AG Aachen WuM 1986, 87). Die Ankündigung muss rechtzeitig erfolgen, wobei sich der Begriff der Rechtzeitigkeit an der Art der Maßnahme und der damit zu erwartenden Beeinträchtigung des Mieters orientiert. Auch ist der Mieter über Art und Umfang der vorgesehenen Maßnahmen zu informieren (AG Köln WuM 1986, 86). Andernfalls ist der Mieter berechtigt, den Handwerkern den Zutritt zur Wohnung zu untersagen (AG Aachen WuM 1986, 87).

7. Rechtsweg

141 Der Vermieter muss grundsätzlich die Duldungsklage erheben (Horst NZM 1999, 193 m.w.N.). Die Einstweilige Verfügung des Vermieters ist selten erfolgreich, da es meist am Verfügungsgrund fehlt (BezirksG Potsdam WuM 1993, 599; LG Hamburg WuM 1986, 243; Schmidt-Futterer/Eisenschmid § 554 Rn. 54). Ausnahmsweise kann der vorläufige Rechtsschutz auf Gestattung des Zutritts durch die Handwerker dem Vermieter zum Erfolg verhelfen, was aber den Notfall voraussetzt (LG Hamburg WuM 1986, 243; AG Neuss WuM 1986, 244). Ein solcher Fall liegt vor, wenn die Gasheizungsanlage dringend der Erneuerung bedarf, weil sonst die Gefahr besteht, dass die Zündsicherung abstellt und die Gaszufuhr weiterläuft (AG Münster WuM 1987, 256) oder bei einem Wasserrohrbruch.

Zum Antrag des Vermieters auf Erlass einer einstweiligen Verfügung auf Duldung von Baumaßnahmen zur Erhaltung der Mietsache: Hinz 2.3.1.

142 Eilanträge des Mieters sind im Gegensatz zu denen des Vermieters oft begründet. Solange der Vermieter nicht im Besitz eines Duldungstitels ist, kann dem Mieter ein Anspruch auf Unterlassung der Erhaltungsmaßnahmen und des Zutritts zur Wohnung zustehen (OLG München WuM 1991, 481).

Zum Antrag des Mieters auf Wiederherstellung der ursprünglichen Zustandes Rdn. 143.

8. Rechte des Mieters

a) Wiederherstellung

Der Mieter kann verlangen, dass nach Abschluss der Erhaltungsmaßnahmen durch den Vermieter aufgeräumt wird, dass Verschmutzungen entfernt werden. Renovierungsarbeiten, die bei fehlender Fälligkeit für den Mieter das Aussehen der Decken und Wände oder sonstiger Teile der Mietsache beeinträchtigt haben, sind vermieterseits durchzuführen (AG Bad Bramstedt WuM 1987, 18; Horst NZM 1999, 193, 194). Ferner ist der Vermieter verpflichtet, die Möbel, die von ihm vor Beginn der Maßnahmen zu sichern oder zu beseitigen waren, wieder an ihren alten Platz zu stellen (AG Wuppertal WuM 1988, 15). **143**

b) Ersatz von Aufwendungen

Während der Vermieter grundsätzlich keinen Anspruch auf Aufwendungsersatz hat, da er schließlich ein eigenes Geschäft führt, ist der Mieter dagegen berechtigt, seine Aufwendungen in angemessenen Umfang ersetzt zu verlangen. Der Vermieter hat ebenfalls auf Verlangen des Mieters Vorschuss zu leisten (§ 554 Abs. 4 BGB). Ein Schaden des Mieters oder ein Verschulden des Vermieters ist nicht vorausgesetzt (Sternel NZM 2001, 1058, 1064). Hat der Mieter während der Arbeiten selbst Verschmutzungen beseitigt, müssen diese Arbeiten wertmäßig ersetzt werden, wobei man Beträge pro Stunde Arbeit zwischen 10 und 20 € für angemessen halten kann. Ebenso kann der Mieter die Kosten für die eventuelle Auslagerung der Möbel ersetzt verlangen (AG Lichtenberg MM 2002, 142). Soweit die Durchführung der Erhaltungsmaßnahmen eine vorübergehende Unterbringung des Mieters an einem anderen Ort (Verwandte, Bekannte, Hotel) erforderlich gemacht, sind auch diese Kosten vom Grundsatz her zu ersetzen (LG Köln WuM 1989, 255), da der Vermieter grundsätzlich Ersatzwohnraum zur Verfügung zu stellen hat (a.A. LG Berlin WuM 1997, 280). Andererseits entfällt für die Zeit der Unbewohnbarkeit der Wohnung der Mietzinsanspruch des Vermieters (LG Berlin GE 2002, 1269). **144**

Zur Minderung und zum Schadensersatz vgl. Kap. 9 Rdn. 170–222.

V. Modernisierung

1. Duldungspflicht des Mieters

a) Modernisierungsbegriff

§ 554 Abs. 2, S. 1 BGB regelt, dass der Mieter Maßnahmen zur Verbesserung der Mietsache, zur Einsparung von Energie oder Wasser oder zur Schaffung neuen Wohnraums dulden muss. Ausnahmen von dieser Duldungspflicht sind in § 554 Abs. 2, S. 2 BGB geregelt. **145**

Anders als § 559 BGB enthält § 554 BGB keine Legaldefinition im technischen Sinne, sondern erwähnt die Modernisierung nur in der Überschrift und zählt in Abs. 2 S. 1 die zu duldenden Maßnahmen auf. Es besteht auch keine völlige Übereinstimmung mit dem Modernisierungsbegriff des § 559 Abs. 1 BGB. **146**

aa) Verbesserung der Mietsache

Maßnahmen zur Verbesserung der Mietsache sind bauliche Veränderungen, die den objektiven Gebrauchswert der Räume oder Gebäudeteile im Rahmen ihres Zwecks erhöhen und eine bessere Benutzung ermöglichen (KG ZMR 1985, 262). Dabei sind auch Nachteile gegenüber dem vorhandenen Zustand zu berücksichtigen (LG Berlin GE 2007, **147**

721). Entscheidend ist, ob allgemein in den für das Mietobjekt in Betracht kommenden Mieterkreisen der Maßnahme eine Wohnwertverbesserung beigemessen wird, sodass der Vermieter damit rechnen kann, dass die Wohnung nach Durchführung der Maßnahme von künftigen Mietinteressenten – bei im Übrigen gleichen Konditionen – eher angemietet würde als eine vergleichbare Wohnung, bei der diese Maßnahme nicht durchgeführt wurde (BGH NJW 2005, 2995). Auf den subjektiven Nutzen für den betroffenen Mieter kommt es nicht an (AG Lichtenberg GE 2007, 1054). Die Verbesserungsmaßnahme kann sich auch auf das Wohnumfeld beziehen, z.B. die Schaffung einer Grünanlage (Schmidt-Futterer/Eisenschmid § 554 Rn 66). Eine nachhaltige Erhöhung des Gebrauchswertes wird anders als in § 559 BGB nicht verlangt. Geringfügige Verbesserungsmaßnahmen können deshalb zwar eine Duldungspflicht begründen, führen aber nicht zu einer Mieterhöhung (AG Frankfurt/M. ZMR 2006, 292 = NZM 2006, 537).Bei der Wertung, ob eine bestimmte Maßnahme einer Verbesserung der Mietsache dient, ist von dem Zustand auszugehen, den der Vermieter vertragsgemäß zur Verfügung gestellt hat, sodass Einbauten des Mieter nicht berücksichtigt werden (LG Berlin MietRB 2004, 95 m. Anm. Löfflad). Solche sind jedoch bei der Zumutbarkeitsprüfung (Rdn. 166 ff.) zu berücksichtigen.

148 Keine Modernisierungsmaßnahmen sind solche, durch die ein bloßer Austausch noch funktionierender Ausstattungen gegen neue Einrichtungen ohne Erhöhung des Gebrauchswertes bewirkt wird (LG Hamburg WuM 1984, 217). Keine Modernisierungsmaßnahme ist auch die Herrichtung der Wohnung mit einer behindertengerechten Ausstattung, da hierdurch die besonderen Voraussetzungen an das behindertengerechte Wohnen erst geschaffen werden sollen (Schmidt-Futterer/Eisenschmid § 554 Rn. 103 m.w.N.). Nicht unter den Modernisierungsbegriff fallen Maßnahmen, die zwar den Wert der Mietsache als solcher erhöhen, aber für den Mieter ohne Vorteil sind oder die Wohnung umgestalten(AG und LG Hamburg WuM 2008, 29).

149 Beispiele für Verbesserungsmaßnahmen

- Verbesserung des Schallschutzes (BGH WuM 2004, 154, 156);
- Verfliesen von Badezimmer und Küche (LG Berlin GE 2004, 1235);
- Verbesserung des Wohnungszuschnitts. Dies ist der Fall, wenn bisher das Bad nur über die Küche erreichbar war und eine separate Küche und ein separates Badezimmer mit Flurzugang geschaffen werden soll (LG Mannheim WuM 1987, 385);
- Einbau neuer Armaturen; Installation eine Zu- und Abflussanschlusses für eine Waschmaschine (LG Berlin GE 2007, 849);
- Einbau von Bad und WC, auch wenn dadurch die Küche kleiner wird (KG GE 2007, 907);
- Errichtung eines Balkons (LG Wiesbaden WuM 2004, 564; LG München WuM 1989, 28), je nach Gegebenheit auch ein zweiter Balkon (AG Hamburg ZMR 2010, 124 = WuM 2010, 32);
- Einbau eines elektrischen Türöffners oder einer Gegensprechanlage (AG Berlin-Mitte GE 2004, 1235);
- Einbau einer Zentralschließanlage;
- Einbau eines Liftes (LG Berlin GE 2002, 1626);
- Kabelanschluss, wenn hierdurch der Empfang weiterer Fernseh- und Rundfunkprogramme und ein Empfang in besserer Qualität ermöglicht werden (BGH WuM 1991, 381, 385); Einbau eines rückkanalfähigen Breitbandkabelanschlusses, selbst wenn über das digitale terrestrische Fernsehen (DVB-T) auch eine Reihe von auch ausländischen Programmen empfangbar sind (BGH GE 2005, 1056); angesichts der Überlegenheit des Sattelitenempfanges in Bezug auf Kosten und Programmvielfalt bedenklich;
- Einbau einer Gaszentralheizung (AG Lichtenberg MM 1997, 455);
- Zentralheizung statt Ofenheizung (AG Berlin-Mitte GE 2004, 1235);

- Hofumgestaltung (LG Berlin GE 2003, 187);
- Anbringung elektronischer Verbrauchserfassungsgeräte mit Funkablesung (AG Berlin-Lichtenberg GE 2007, 1054).

Das Vorliegen einer Verbesserungsmaßnahme wurde verneint: **150**
- Wenn der Vermieter aus dem bisherigen Abstellraum, der vom Mieter als Kochnische genutzt wird, als Bad umfunktionieren möchte und deshalb eine Wand versetzt werden muss (AG Dortmund WuM 1980, 9).
- Als über eine bloße Verbesserung hinausgehend wird die Umgestaltung einer Loggia in einen Wintergarten angesehen (AG und LG Hamburg WuM 2008, 29).
- Keine Verbesserungsmaßnahme ist die Verfließung eines Terrazofußbodens im Bad (LG Berlin GE 2007, 849 [851]).

bb) Maßnahmen zur Einsparung von Energie oder Wasser

In erster Linie zählen zu Einsparmaßnahmen an Energie solche an Heizenergie. Der **151** Wortlaut des Gesetzes stellt aber klar, dass jede Art von Energie gemeint ist, also beispielsweise auch Strom. Die Einsparung an Energie und Wasser dient ökologischen Zwecken. Eine Verbesserung des Wohnwertes für den Mieter muss damit nicht notwendigerweise verbunden sein. Es reicht aus, dass die erzielte Einsparung wesentlich und von Dauer ist und damit der Allgemeinheit zugute kommt (BGH WuM 2004, 155 für Heizenergie). Der Wirtschaftlichkeitsgrundsatz spielt hier keine Rolle (LG Berlin GE 2005, 1193). Eine bestimmte Mindesteinsparung ist nicht erforderlich (AG Rheine WuM 2008, 491; a.A. Franke DWW 2009, 138 [145]).

Keine Energieeinsparung im Sinn des § 554 BGB, sondern eine andere Art der Energieer- **152** zeugung sind Fotovoltaikanlagen (OLG Bamberg NJW-RR 2010, 87) und Windkrafträder (Krüger ZfIR 2009, 49 [55]; a.A. Ringel WuM 2009, 71 ff.). Eine Duldungspflicht für den Mieter kann sich allenfalls aus § 242 BGB ergeben (Eisenschmid WuM 2009, 624 [626]). Sonnenkollektoren und Wärmepumpen führen i.d.R. zu einer Energieeinsparung i.S.d. § 554 BGB (Eisenschmid WuM 2009, 624 [626]).

Die Einsparung von Wasser setzt nicht voraus, dass sich die Wasserkosten für den Mieter **153** verringern. Entscheidend ist vielmehr, ob sich durch die Maßnahmen der Verbrauch an Wasser verringert.

Als Beispiele werden genannt: **154**
- Umstellung der Heizung von zentraler Ölheizung auf Fernwärme (LG Berlin NJW-RR 2001, 1590); jedoch keine Duldungspflicht des Mieters, wenn sich dadurch die Heizkosten um fast zwei Drittel erhöhen (LG Hamburg WuM 2002, 375).
- Anschluss einer mit Gasetagenheizung ausgestatteten Wohnung an das aus Anlagen der Kraft-Wärme-Kopplung gespeiste Fernwärmenetz (BGH NJW 2008, 3630 = ZfIR 2009, 68 = ZMR 2009, 264 = WuM 2008, 667 m. Anm. Eisenschmid WuM 2009, 40).
- Umstellung von Nachtstromspeicherheizung auf Gaszentralheizung, wenn dadurch eine nachhaltige Energieeinsparung verbunden ist (AG Siegburg WuM 1994, 612).
- Umstellung von Ölheizung auf Gasheizung bei Einsparung von Energie (AG Rheine WuM 1987, 127).
- Einsatz von Energiesparlampen (Franke DWW 2009, 138 [143]).
- Solarthermische Warmwasserbereitung (Schläger ZMR 2007, 830 [839]).
- Einbau energiesparender Isolierglasfenster, wenn die Maßnahme im konkreten Fall zur Energieeinsparung führt (BGH WuM 2004, 155).
- Wärmedämmung der Außenfassade (LG Berlin GE 1987, 1219).
- Der Einbau von Wassermengenbegrenzern bei der Toilettenspülung oder bei Duscheinrichtungen führt zu Wasserersparnis.

- Einbau von Wasseruhren im Hinblick auf ein verbrauchsbewussten Verhaltens des Mieters (Franke DWW 2009, 138 [145]).

cc) Schaffung neuen Wohnraums

155 Umfasst ist die Schaffung von Räumen, die vorher nicht vorhanden waren, insbesondere durch Anbau, Ausbau und Aufstockung. Die Vergrößerung der vorhandenen Wohnung genügt (AG Pankow-Weißensee GE 2008, 415 = NZM 2008, 769). Geduldet werden müssen auch die dadurch erforderlich werdenden Maßnahmen, z.B. eine notwendige Verstärkung der Leitungen (LG Berlin ZMR 1999, 554 [555]). Die Schaffung neuer Geschäftsräume unterfällt der Vorschrift nicht (Franke DWW 2009, 138 [144]).

b) Duldungsbegriff

156 Dulden bedeutet, dass der Mieter sich in Kenntnis der Absichten des Vermieters passiv verhält, oder anders ausgedrückt ein passives Stillhalten (KG ZMR 1992, 486; KG WuM 1988, 572). Eine Mitwirkungspflicht des Mieters besteht nicht (LG Berlin WuM 1996, 143). Der Mieter kann, muss aber nicht seine Möbel zur Seite räumen oder Einrichtungen wegschaffen. Die Gewährung des Zutritts zur Mietsache ist dabei keine Mitwirkung (LG Berlin WuM 1996, 143), da der Mieter nicht erst verpflichtet ist, dem Vermieter die Türe zu öffnen, sondern es zu unterlassen, sie verschlossen zu lassen.

157 Eine generelle Pflicht des Mieters, auf eine Anfrage des Vermieters, ob die Modernisierung geduldet wird, zu antworten, besteht nicht und kann auch nicht aus § 242 BGB hergeleitet werden (a.A. KG ZMR 2010, 180). Mit der Zustimmung würde der Mieter nämlich eine Bindung eingehen, zu der er nicht verpflichtet ist. Der Mieter kann bis zum Beginn der Arbeiten entscheiden, ob er duldet oder nicht. Lediglich für die Kündigung sieht § 554 Abs. 3 S. 2 BGB eine Frist vor.

c) Voraussetzungen der Duldungspflicht

aa) Ankündigung der Maßnahmen

158 Den Vermieter trifft die Darlegungs- und Mitteilungspflicht für die vorgesehenen Modernisierungsarbeiten (§ 554 Abs. 3 S. 1 BGB). Die Mitteilung kann durch den Grundstückserwerber schon vor der Grundbuchumschreibung erfolgen, wenn der Vermieter den Erwerber hierzu ermächtigt hat (BGH DWW 2008, 172 = GE 2008, 469).

159 Der Vermieter die Maßnahmen spätestens drei Monate vor deren Beginn nach Art, voraussichtlichem Umfang, voraussichtlichem Beginn, voraussichtlicher Dauer sowie die zu erwartende Mieterhöhung bekannt geben. Vorgeschrieben ist die Textform (§ 126b BGB). Die Pflicht zur Mitteilung umfasst nicht nur Arbeiten innerhalb der Mietwohnung oder der Gewerberäume, sondern auch Maßnahmen, die außerhalb der Wohnung oder im Außenbereich durchgeführt werden sollen (KG WuM 1988, 389). So müssen beispielsweise Arbeiten an der Außenfassade angekündigt werden (KG a.a.O.) oder Arbeiten, die im Zusammenhang mit dem Einbau einer Heizung in der Wohnung im Gemeinschaftskeller durchzuführen sind (LG Berlin GE 2002, 1626), oder wenn ein Fahrstuhl in das Treppenhaus kommt. Der Mieter soll in die Lage versetzt werden, sich ein Bild von den Maßnahmen zu machen, die auf ihn zukommen. Er muss die Auswirkungen dieser Vorhaben auf die Mietsache und deren Einrichtungen abschätzen können (LG Hamburg WuM 1992, 121). Auch soll der Mieter in die Lage versetzt werden prüfen zu können, ob er von seinem Sonderkündigungsrecht (§ 554 Abs. 3 S. 2 BGB) Gebrauch machen soll (BayObLG WuM 2001, 17). Die Ankündigung ist auch dann erforderlich, wenn der Vermieter gar keine Mieterhöhung plant (LG Berlin GE 1990, 763).

– Art und voraussichtlicher Umfang müssen angekündigt werden. Dabei sind die Maßnahmen genau zu bezeichnen, auch wenn das Gesetz deren Umfang als »voraussichtlich« kennzeichnet, was nicht mit »ungefähr« gleichzusetzen ist. Allgemein gehaltene Formulierungen wie »Es ist geplant, in Ihrer Mietwohnung einige Modernisierungsarbeiten durchzuführen« genügen nicht. Sie lösen die Duldungspflicht des Mieters nicht aus. Bei vorgesehenem Einbau einer Zentralheizung wird sogar verlangt, dass der Vermieter Art, Lage und Anzahl der Heizkörper sowie deren Größe beschreibt und den Verlauf der Rohre mitteilt (LG Berlin GE 2004, 1459; LG Berlin ZMR 1999, 554; AG Köpenik GE 2009, 1051), wenngleich jeder Zentimeter keine Rolle spielt (LG Berlin GE 2001, 853). Keine überspannten Anforderungen werden an die Ankündigung auch dann gestellt, wenn eine Beschreibung der Arbeiten mit Skizze vorliegt und der Mieter selbst leicht ausmisst kann (LG Berlin GE 2005, 919). Die baurechtliche Zulässigkeit muss nicht dargelegt werden (LG München I ZMR 2009, 453). **160**

– Der voraussichtliche Beginn der Maßnahmen ist mitzuteilen. Da der Vermieter häufig zu genauen Angaben des Zeitpunktes des Beginns der Maßnahmen unter Einhaltung der Ankündigungsfrist nicht in der Lage ist, wurde im Gesetz die Voraussichtlichkeit des Beginns festgelegt. Die sehr strengen früheren Maßstäbe der Rechtsprechung an den exakten Beginn der Arbeiten sollten gelockert werden. Ferner sollte der Vermieter entgegen früherer Rechtsansichten bei unvorhersehbaren Verzögerungen nicht nochmals auf eine erneute Ankündigung verwiesen werden können. Dennoch sollte der Maßnahmenbeginn möglichst genau mitgeteilt werden. Jedenfalls sind pauschale Angaben wie »kurzfristig« nicht zulässig (LG Berlin ZMR 1999, 554). Verlangt wird zumindest die Kalenderwoche, in die der Arbeitsbeginn fällt (LG Berlin GE 2004, 1235). Auch Umschreibungen wie »im Sommer« sind nicht zulässig (LG Köln WuM 1997, 212). Gleiches gilt für »spätestens in drei Monaten« (AG Köln MietRB 2005, 89 m. Anm. Walburg). Bei Verzögerungen um mehrere Wochen ist die Voraussichtlichkeit nicht mehr erfüllt (LG Berlin WuM 1989, 287 zum alten Recht). **161**

Sollen die Maßnahmen in mehreren Wohnungen durchgeführt werden, wird ein Terminplan für erforderlich gehalten (AG Neukölln MM 1995, 147). Soweit die Arbeiten nur relativ kurze Zeit beanspruchen, muss der Beginn jeder einzelnen Maßnahme nicht mitgeteilt werden (LG Berlin ZMR 1999, 555). Dagegen ist bei umfangreichen Bauarbeiten, die sich über mehrere Monate erstrecken, auch eine Angabe zum Zeitpunkt der einzelnen Bauabschnitte erforderlich (LG Berlin GE 2008, 201). **162**

– Die voraussichtliche Dauer der Maßnahme muss dem Mieter mitgeteilt werden. Auch hierbei sind Verallgemeinerungen zu vermeiden. So genügt die Angabe, dass die Arbeiten »vier bis fünf Monate« in Anspruch nehmen werden, zur Erforderlichkeit der Mitteilung voraussichtlicher Dauer ebenso wenig (LG Köln WuM 1997, 212) wie die Mitteilung, die Arbeiten würden »einen Sommer« beanspruchen. Unbedenklich dürfte die Veranschlagung von »ca. 4 Wochen« sein. **163**

– Die Mitteilungspflicht für die zu erwartende Mieterhöhung bezieht sich nur auf die Mieterhöhung nach § 559 BGB und nicht auf eine mögliche Erhöhung der Vergleichsmiete nach § 558 BGB (BGH NJW 2008, 3630 = ZfIR 2009, 68 = ZMR 2009, 264 = WuM 2008, 667 m. Anm. Eisenschmid WuM 2009, 40). Die zu erwartende Mieterhöhung ist in einem bestimmten Geldbetrag anzugeben. Die Betragsangabe genügt; eine Darlegung der Berechnung ist nicht erforderlich (KG GE 2007, 907). Anzugeben ist auch eine absehbare Steigerung der Betriebskosten (Kinne GE 2007, 494 [499]; a.A. Steike DWW 2000, 47 [49]), da diese auch in die Interessenabwägung einzubeziehen sind. Die Angabe entfällt, wenn der Vermieter erklärt, dass er eine Mieterhöhung nicht durchführen werde (BayObLG WuM 2001, 16 = NJW-RR 2001, 300). Nicht angegeben werden muss eine möglich Veränderung der Kosten für Strom und Gas, wenn der Mieter mit den Versorgern eigene Verträge hat (KG GE 2007, 907). **164**

bb) Entbehrlichkeit der Ankündigung

165 § 554 Abs. 3 S. 3 BGB bestimmt, dass den Vermieter keine Mitteilungspflicht trifft, wenn die Maßnahmen nur mit einer unerheblichen Einwirkung auf die Mietsache verbunden ist und auch zu keiner wesentlichen Mieterhöhung führt. Dennoch muss der Vermieter die Arbeiten in irgendeiner Form ankündigen (AG Aachen WuM 1986, 87). Entbehrlich ist also nur die formelle Mitteilung nach § 554 Abs. 3 S. 1 BGB. Eine nur unerhebliche Mieterhöhung wird so verstanden, dass 5 % nicht überschritten werden (LG Berlin NJW-RR 1991, 144).

d) Fehlende Duldungspflicht des Mieters

166 Das Gesetz regelt in § 554 Abs. 2 S. 2 BGB die Ausnahmen von der Duldungspflicht für den Mieter. Danach entfällt die Duldung, wenn die Maßnahmen für den Mieter, seine Familie oder einen anderen Angehörigen des Mieterhaushalts eine Härte darstellt, die auch unter Würdigung der berechtigten Interessen des Vermieters und anderer Mieter in dem Gebäude nicht zu rechtfertigen ist. In Satz 3 der Vorschrift sind Kriterien hierfür genannt, wobei diese nicht abschließend sind, da sie als »insbesondere« betont werden: Anhand der vorzunehmenden Arbeiten, deren baulichen Folgen, vorausgegangenen Aufwendungen des Mieters und der zu erwartenden Mieterhöhung ist eine Abwägung der Mieter gegenüber den Interessen des Vermieters vorzunehmen.

167 Eine bereits im Mietvertrag erteilte generelle Zustimmung zur Duldung künftiger Modernisierungsmaßnahmen ist unwirksam (LG Berlin GE 2004, 1233).

aa) Vorzunehmende Arbeiten

168 Gemeint sind hier in erster Linie die Art und Intensität der geplanten Maßnahmen in Form von Lärm, Schmutz, Einschränkungen der Nutzungsmöglichkeiten für den Mieter. So wird der Austausch von Fenstern im Winter nicht mehr für zumutbar gehalten (Schmidt-Futterer/Eisenschmid § 554 Rn. 187). Ebenso ist der Einbau einer Zentralheizung in den Monaten November bis März bei den zu dieser Zeit herrschenden Außentemperaturen dem Mieter auch dann nicht zuzumuten, wenn damit keine sonstigen Beeinträchtigungen verbunden wären (AG Köln WuM 1975, 225). Ebenso können Körperbehinderungen und schwere Krankheiten des Mieters die Unzumutbarkeit rechtfertigen. Der gesundheitlichen Unversehrtheit des Mieters gebührt in jedem Fall der Vorzug (AG Hamburg WuM 1988, 359 für Einbau einer Heizung und neuer Fenster bei einer 77-jährigen Mieterin, die unter Asthmaanfällen litt). Maßgebend sind stets die Umstände des jeweiligen Falles. Der gesunde, junge Mieter kann aber auf ein paar Tage Abwesenheit während der Arbeitszeiten verwiesen werden wie etwa der Student, der den Störungen ausweichen kann, auch wenn er in der Examensvorbereitung steht (AG Köln WuM 1990, 388 beim Einbau einer Gasetagenheizung wegen des Lärms und des Schmutzes). Eine Unterbrechung der Wasserzufuhr für einige Stunden an ein bis zwei Tagen ist zumutbar (KG GE 2007, 907). Ist das Leben oder die Gesundheit des Mieters gefährdet, versteht es sich, dass der Härtegrund regelmäßig zu bejahen ist (BVerfG WuM 1992, 104, 106).

bb) Bauliche Folgen

169 Diese Variante umfasst Umgestaltungen der Wohnfläche des Mieters, insbesondere deren Wegfall oder Verkleinerung. Wird die Wohnung nach den Maßnahmen ein Zimmer weniger haben und der Mieter ansonsten eine solche erheblich höheren Standards, muss dies nicht hingenommen werden (LG Braunschweig WuM 1982, 208). Auch unter Berücksichtigung der Modernisierungsinteressen muss dieser den Einbau eines Heizkörpers in

einem 12,5 qm großen Schlafzimmer nicht dulden, wenn sodann nur noch 40 cm Platz für den Durchgang bleibt und der Mieter in hohem Alter steht (LG Hamburg WuM 1989, 174). Gleiches gilt, wenn durch den geplanten Einbau neuer Fenster praktisch eine Halbierung der bisherigen Fensterflächen eintritt, da damit der Licht- und Lufteinfall erheblich verringert würde (AG Köln WuM 1979, 242).

cc) Vorausgegangene Mieteraufwendungen

Sie bleiben ohne Berücksichtigung, wenn der Mieter die Aufwendungen ohne Zustimmung des Vermieters vorgenommen hatte (LG Berlin GE 1998, 616). Ansonsten spielen sie eine nicht unerhebliche Rolle, da sie möglicherweise durch die Modernisierung wieder zerstört würden. Vom Grundsatz her ist klar, dass die Annahme einer Härte umso mehr gerechtfertigt ist, je höher die betragsmäßige Investition des Mieters zu veranschlagen ist. Hat der Mieter zuvor Parkettböden verlegt und will der Vermieter nun andere Bodenbeläge, muss der Mieter dies nicht dulden. Auch hier spielen die Umstände des jeweiligen Falles eine Rolle. Entscheidend ist in diesem Zusammenhang, ob eine vom Mieter eingebaute Anlage bereits »abgewohnt« ist, was dann angenommen wird, wenn die Aufwendungen des Mieters in Höhe einer Jahresmiete vor vier Jahren entstanden sind (LG Berlin GE 1998, 616). **170**

dd) Zu erwartende Mieterhöhung

§ 554 Abs. 2 S. 4 BGB sieht vor, dass der Ansatz der Mieterhöhung nicht berücksichtigt werden darf, wenn die Mietsache durch die Modernisierung in den »allgemein üblichen Zustand« versetzt werden soll. Der BGH (WuM 1992, 181) hat hierzu entschieden, dass dies dann der Fall ist, wenn der betreffende Zustand bei mindestens zwei Drittel der Mieträume in Gebäuden desselben Alters innerhalb der Region vorherrscht. Dabei kommt es auf die Mehrheitsverhältnisse des jeweiligen Bundeslandes an. **171**

Ansonsten werden Erhöhungssätze zwischen 25 und 30 % der Nettomiete angenommen (LG Berlin WuM 1990, 206; LG Hamburg WuM 1986, 245). Eine Härte wurde angenommen, wenn die Mieterhöhung dazu geführt hätte, dass der Mieter 40 % seines Nettoeinkommens für die Miete aufwenden muss (AG Hamburg ZMR 2010, 124 = WuM 2010, 32). **172**

ee) Fehlende Ankündigung

Der Mieter ist zur Duldung der Modernisierungsmaßnahmen nicht verpflichtet, wenn die Ankündigung nicht oder nicht ordnungsgemäß erklärt wurde (OLG München WuM 1991, 481 für Baulärm durch Gebäudearbeiten). Die form- und fristgerechte Mitteilung mit den vorgeschriebenen Angaben ist Voraussetzung der Duldungspflicht des Mieters überhaupt. Vor Ablauf der Dreimonatsfrist ist der Mieter nicht zur Duldung verpflichtet (LG Hamburg ZMR 2009, 208). **173**

ff) Kündigung des Mieters

§ 554 Abs. 3 S. 2 BGB berechtigt den Mieter, bis zum Ablauf des Monates, der auf den Zugang der Mitteilung nach § 554 Abs. 3 S. 1 BGB folgt, außerordentlich bis zum Ablauf des nächsten Monats zu kündigen. Hatte der Vermieter die form- und fristgerechte Ankündigung der Modernisierungsmaßnahmen unterlassen, beginnt die Frist für das Sonderkündigungsrecht mit Kenntnis des Mieters von den Arbeiten (LG Berlin GE 1999, 573). **174**

175 Die Kündigung hängt nicht davon ab, ob die Maßnahme dem Mieter zumutbar ist oder nicht. Gekündigt werden kann nur das gesamte Mietverhältnis, nicht nur der von der Modernisierung betroffen Teil (AG Münster ZMR 2007, 771 für das Kabelfernsehen).

e) Mieterrechte bei Modernisierung

aa) Aufwendungsersatz

176 Der Mieter kann Aufwendungen, die er infolge von Modernisierungsmaßnahmen machen musste, vom Vermieter ersetzt verlangen (§ 554 Abs. 4, 1 BGB). So ist der Mieter berechtigt, beispielsweise Kosten für die Auslagerung der Möbel ersetzt zu verlangen (AG Braunschweig WuM 1990, 430), auch für das Beiseitestellen der Möbel und ihrer Abdeckung (AG Hamburg WuM 1999, 364) oder für die Wohnungsreinigung (LG Essen WuM 1981, 67). Ferner sind Hotelunterbringungskosten zu übernehmen, wenn die Unterbringung im Hotel zu Einschränkungen für den Mieter dergestalt führt, dass dieser etwa keine Küche mehr hat (LG Hamburg WuM 1987, 387). Die ersatzfähigen Aufwendungen des Mieters beschränken sich auf die angemessenen Sach- und Arbeitsleistungen, sodass die Beaufsichtigung der Wohnung auf täglich zwei Stunden zu reduzieren ist (LG Hamburg WuM 1987, 386). Führt der Mieter erforderliche Arbeiten selbst durch, kann er hierfür eine angemessene Entschädigung verlangen (LG Hamburg WuM 1987, 386). Das gilt insbesondere für Reinigungsarbeiten, für die ein Stundensatz von 10 € nicht überhöht ist (AG Hamburg WuM 2007, 445).

177 Durch § 554 Abs. 4 S. 2 BGB wird dem Mieter das Recht gegeben, vom Vermieter einen angemessenen Vorschuss auf die voraussichtlich entstehenden Kosten zu verlangen. Der Mieter ist dabei zu konkreten Angaben gehalten. Leistet der Vermieter den Vorschuss nicht, besteht keine Duldungspflicht. Zinsen können nicht verlangt werden (Schmidt-Futterer/Eisenschmid § 554 Rn. 329).

bb) Sonstige Rechte

178 Unberührt bleiben sonstige Rechte des Mieters, insbesondere Minderung und Schadensersatz (Sternel NZM 2001, 1058).

f) Beweislast

179 Der Vermieter muss bei Erhaltungsmaßnahmen beweisen, dass diese zur Erhaltung erforderlich sind, bei Modernisierungsmaßnahmen, dass die Maßnahmen einem der in Abs. 2 S. 1 genannten Zwecke dienen (Blank IMR 2008, 402).

180 Bei der Härteklausel muss jede Partei, die für sie günstigen Tatsachen beweisen, also der Vermieter die Tatsachen, aus denen er sein Interesse und das der anderen Mieter ableitet, und der Mieter die Umstände, die für ihn oder die auf seiner Seite stehenden Personen eine Härte begründen (BGH ZMR 2008, 519 m. abl. Anm. Scholz = GE 2008, 469). Die Beweislast dafür, dass nur ein allgemein üblicher Zustand hergestellt werden soll, trägt der Vermieter (AG Berlin-Mitte GE 2004, 1234 [1235]).

181 Der Mieter muss die seinen Aufwendungsersatzanspruch begründenden Tatsachen beweisen (BGH NJW 1990, 453 [453]).

g) Prozessuales

182 Der Duldungsanspruch des Vermieters ist klageweise geltend zu machen. Für Maßnahmen außerhalb der Wohnung ist ein Duldungstitel nicht erforderlich (LG Hamburg ZMR 2009, 208).

An die Präzisierung des Duldungsantrages werden sehr strenge Anforderungen gestellt. So muss bei der Verlegung von Rohrleitungen der genaue vertikale und horizontale Verlauf, gegebenenfalls durch Bauzeichnungen, dargestellt werden (KG GE 2004, 1231). 183

Eine einstweilige Verfügung auf Duldung kommt nur in Ausnahmefällen in Betracht, wenn Gefahr im Verzuge ist (LG Frankenthal/Pf. WuM 1993, 418). 184

Dagegen kann der Mieter gegen eine bevorstehende Maßnahme auch mit einer einstweiligen Verfügung vorgehen (LG Berlin GE 2004, 1233). Bei Maßnahmen außerhalb der gemieteten Räume muss der Mieter eine nicht unerhebliche Beeinträchtigung des Mietgebrauches und eine unzumutbar Härte glaubhaft machen(LG Hamburg ZMR 2009, 208). Der Mieter kann den Anspruch auf Vorschuss für den Aufwendungsersatz (oben Rdn. 176) im Wege der einstweiligen Verfügung geltend machen (AG Köln WuM 1991, 95). 185

Die Beurteilung, ob eine Wohnwertverbesserung vorliegt, obliegt dem Tatrichter und kann vom Revisionsgericht nur eingeschränkt darauf überprüft werden, ob das Berufungsgericht die tatsächliche Wertungsgrundlage ausgeschöpft und die Denk- und Erfahrungssätze beachtet hat (BGH ZMR 2008, 519 = GE 2008, 469). Dasselbe gilt für die Abwägung im Rahmen der Härteklausel (BGH NJW 2008, 3630 = GE 2008, 1485 = CuR 2008, 142). 186

2. Mieterhöhung

a) Allgemeines

Die Mieterhöhungsmöglichkeiten des Vermieters nach der Durchführung von Wertverbesserungsmaßnahmen ergeben sich aus den §§ 559 bis 559b BGB. Die Vorschriften beziehen sich ausschließlich auf Wohnraum, der nicht der Preisbindung unterliegt. 187

Hat der Mieter die Durchführung der Modernisierungsmaßnahmen durch Gestattung des Zutritts zur Wohnung geduldet, setzt die Wirksamkeit der Mieterhöhung nicht voraus, dass der Vermieter vor dem Maßnahmenbeginn eine form- und fristgerechte Mitteilung gem. § 554 Abs. 3 BGB gemacht hat (OLG Frankfurt/M. WuM 1991, 527; OLG Stuttgart WuM 1991, 332). In einem solchen Fall setzt sich der Mieter mit seinem eigenen Verhalten in Widerspruch. Werden aber Arbeiten im Außenbereich durchgeführt, spielt die tatsächliche Duldung des Mieters keine Rolle, wenn nicht ordnungsgemäß angekündigt wurde (KG WuM 1988, 389, 399). Die Duldungspflicht des Mieters bezieht sich nach dem Gesetzeswortlaut des § 554 BGB auch auf den Außenbereich (»sonstige Teile des Gebäudes«). Nutzt der Mieter aber die Außenmodernisierung, ist er nach Ansicht des KG (WuM 1992, 514) ungerechtfertigt bereichert: Wenngleich die Mieterhöhung aufgrund ihrer Nichtankündigung unwirksam ist, bleibt es dem Vermieter in solchen Fällen unbenommen, nachträglich einen »Modernisierungszuschlag« geltend zu machen (KG a.a.O.; a.A. LG Leipzig WuM 2002, 94: zulässig sei aber eine auf die Zukunft gerichtete weitere Mieterhöhung). 188

Die Erklärung des Vermieters wirkt einseitig-rechtsgestaltend, hängt also nicht wie die Erhöhung der Grundmiete nach den §§ 558 ff. BGB von einer Zustimmung des Mieters ab. Ferner hängt die Modernisierungserhöhung nicht von der Einhaltung der Grenze der Ortsüblichkeit ab (BGH NJW 2008, 3630). Ebenso wenig ist eine Kappungsgrenze einzuhalten (Elzer in Elzer/Riecke Mietrechtskommentar, § 559 Rn. 1). 189

Die Anwendung der Vorschriften über die Grundmietenerhöhung bis zur ortsüblichen Vergleichsmiete (§§ 558 ff. BGB) schließt die zusätzliche Mieterhöhung nach § 559 BGB nicht aus. Beide Mieterhöhungsmöglichkeiten können gleichzeitig oder nacheinander 190 erklärt werden (Riecke in Schmid Mietrecht, 2. Aufl., 2009, § 559 Rn. 4). Hat der Vermieter in einer Mietwohnung Modernisierungsmaßnahmen durchgeführt und fordert er anschließend die Zustimmung des Mieters zu einer Erhöhung der Grundmiete auf das ortsübliche Niveau, ist er nicht gehindert, gleichzeitig und zusätzlich die Modernisierungskosten nach Maßgabe des § 559 BGB auf den Mieter umzulegen.

191 Für den Fall, dass der Vermieter zunächst das Umlageverfahren nach § 559 BGB wählt und anschließend die Zustimmung des Mieters zur Anhebung der Miete nach § 558 BGB fordert, kann diese Zustimmung nur auf Grundlage der ortsüblichen Vergleichsmiete für eine entsprechend modernisierte Wohnung verlangt werden (LG Essen WuM 1994, 217). Anders ausgedrückt: Die nach erfolgter Modernisierung durchgeführte Mieterhöhung schließt eine nachfolgende Erhöhung auf das ortsübliche Mietniveau auf der Basis des modernisierten Standards nicht aus (LG Berlin GE 1999, 252): Es führt nicht zu widersprüchlichen Ergebnissen, ob der Vermieter nach der Modernisierung die Miete zunächst nach § 558 BGB erhöht und deshalb mit einer nachfolgenden Umlage der Kosten für dieselbe Modernisierung nach § 559 BGB ausgeschlossen ist oder ob der Vermieter zunächst die Mieterhöhung nach § 559 BGB durchführt und dann, weil die Miete einschließlich der Modernisierungsumlage noch unter der ortsüblichen Vergleichsmiete für den modernisierten Wohnraum liegt, die Mieterhöhung nach § 558 BGB fordert. In beiden Fällen zahlt der Mieter nach Abschluss der Erhöhungen nur die ortsübliche Miete für den modernisierten Wohnraum. Bei der zweiten Alternative ist die Modernisierung deshalb auch nicht doppelt, sondern zeitlich gestreckt in die Miete eingeflossen.

192 Im Zusammenhang mit der Kappungsgrenze hat das OLG Hamm (WuM 1993, 17) entschieden: Bezieht der Vermieter den Kostenaufwand für die Modernisierung einer preisfreien Wohnung dergestalt in ein Mieterhöhungsverfahren nach § 558 BGB ein, dass er Anhebung der Miete auf die Vergleichsmiete nach dem Standard der durch die Modernisierung verbesserten Wohnung verlangt, sind die an sich materiell-rechtlich nach § 558 BGB umlagefähigen Modernisierungskosten bei der Berechnung der Kappungsgrenze auszuklammern.

b) Voraussetzungen der Modernisierungserhöhung

193 Die Erhöhung der Grundmiete ist zulässig nach der Durchführung baulicher Maßnahmen,

- die den Gebrauchswert der Mietsache nachhaltig erhöhen oder
- die die allgemeinen Wohnverhältnisse auf Dauer verbessern oder
- die nachhaltig Einsparungen von Energie oder Wasser bewirken.

Sie ist weiter zulässig bei anderen baulichen Maßnahmen aufgrund von Umständen, die der Vermieter nicht zu vertreten hat. Der Höhe nach ist die Anhebung der Miete begrenzt. Es dürfen maximal 11 % der aufgewendeten Kosten der Modernisierung auf das Jahr umgelegt werden (§ 559 Abs. 1 BGB).

aa) Nachhaltige Gebrauchswerterhöhung

194 Der Gebrauchswert einer Mietsache ist erhöht, wenn infolge der durchgeführten Maßnahmen das Wohnen aus der Sicht eines durchschnittlichen vernünftigen Mieters angenehmer, bequemer, gesünder, sicherer oder weniger arbeitsaufwändig ist (Krüger ZfIR 2010, 12 [14] m.w.N.). Die Erhöhung des Gebrauchswertes muss nachhaltig sein. Nachhaltigkeit bedeutet einerseits, dass die Gebrauchswerterhöhung einen nicht unerheblichen Umfang erreichen muss, und andererseits, dass sie nicht nur für einen befristeten Zeitraum wirkt (Riecke in Schmid Mietrecht, § 559 Rn. 18).

195 Die Rechtsprechung zu Einzelfällen ist vielfältig und kasuistisch. S. hierzu Riecke in Schmid Mietrecht, 2. Aufl., 2009, § 559 Rn. 16 ff.; Krüger ZfIR 2010, 12 [18].

bb) Verbesserung der allgemeinen Wohnverhältnisse

196 Hierunter fallen insbesondere die Anlage und der Ausbau nicht öffentlicher Gemeinschaftsanlagen. Weitere Beispiele sind elektrische Türöffner, die Gegensprechanlage, der Anschluss an die Kanalisation, der Einbau eines Liftes (LG Hamburg ZMR 2002, 918), eine neue Hauseingangstüre mit Einbruchshemmung (LG Halle/S. ZMR 2003, 35), Schallschutzmaßnahmen (BGH WuM 2004, 156).

197 Nicht unter die Verbesserungsmaßnahmen der allgemeinen Wohnverhältnisse fallen reine Reparaturen oder Maßnahmen zur Umweltsanierung wie Asbestsanierungen, umweltfreundliche Heizenergiequellen, der Austausch von Bleirohren gegen solche aus Zink.

cc) Nachhaltige Einsparung von Energie oder Wasser

198 Unter die Energieeinsparungen fallen vor allen Dingen Maßnahmen zur Einsparung von Heizenergie oder Strom. Maßnahmen zur Stromeinsparung sind beispielsweise der Einbau von Umwälzpumpen, Ventilatoren, Aufzugsmotoren und Energiesparlampen (Gather DWW 2001, 192; Sternel NZM 2001, 1058, 1059).

199 Zur Einsparung von Heizenergie zählen beispielsweise der Einbau einer Gasetagenheizung als Ersatz für Gasaußenwandeinzelöfen (AG Lichtenberg MM 1997, 455), die Umstellung von Einzelöfen oder Gasaußenwandheizern auf Fernwärme (LG Berlin GE 1988, 616), die Wärmedämmung einer Fassade bei nachhaltiger Energieeinsparung (LG Berlin GE 1999, 383), wobei bei instandsetzungsbedürftigen Fassaden darauf abzustellen ist, ob die Dämmung gegenüber der hypothetisch instandgesetzten Fassade wesentlich verbessert wird. Die hypothetischen Kosten sind herauszurechnen (LG Berlin ZMR 1998, 166). Der Begriff der nachhaltigen Einsparung von Heizenergie ist schon dann erfüllt, wenn überhaupt eine messbare Einsparung erzielt wird und diese dauerhaft ist. Die Feststellung einer bestimmten Mindestenergieeinsparung in der Mieterhöhung ist entbehrlich (BGH WuM 2002, 366).

200 Maßnahmen zur Wassereinsparung sind etwa der Einbau von Wasserzählern in der Mietwohnung zur Erfassung des tatsächlichen Verbrauchs, der Einbau moderner Wasser- und Spülkästen zur Wasserdosierung (Schmidt-Futterer/Eisenschmid § 541 Rn. 95). Die Nutzung von Regenwasser zur Einsparung des Toilettenwassers oder das von Waschmaschinen ist eher fraglich (Schläger ZMR 1994, 189; Kinne GE 2001, 1181). Keine Wassereinsparung ist die Installierung eines anderen WC, auch nicht der Austausch der Zweihebelmischbatterien (LG Gera WuM 2000, 24).

201 Weitere Beispiele bei Riecke in Schmid Mietrecht, 2. Aufl., 2009, § 559 Rn. 21 ff.

dd) Andere, vermieterseits nicht zu vertretende Maßnahmen

202 Gemeint sind hier vornehmlich solche, die aufgrund gesetzlicher Regelungen oder behördlicher Anordnungen zufolge durchzuführen und deshalb vom Vermieter nicht zu vertreten sind. Es handelt sich dabei um Maßnahmen, die keine Erhöhung der Verbesserung oder Einsparung voraussetzen. Beispiele bei Riecke in Schmid Mietrecht, 2. Aufl., 2009, § 559 Rn. 25 und Elzer in Riecke/Elzer Mietrechtskommentar, § 559 Rn. 9).

c) Mieterhöhungsgrenze

aa) Gesetzliche Grenzen

203 Der Vermieter ist berechtigt, nach Abschluss der Modernisierungsmaßnahmen 11 % jährlich der bisherigen Miete zuzuschlagen. Die ortsübliche Vergleichsmiete bildet keine Obergrenze, ebenso wenig wie die Kappungsgrenze des § 558 Abs. 3 BGB. Eine Begrenzung findet die Mieterhöhung nach Modernisierung neben der prozentualen Grenze noch in § 5 WiStG (OLG Karlsruhe WuM 1983, 314; zum Merkmal des »Ausnutzens im Sinne dieser Vorschrift« BGH ZMR 2004, 410) sowie in § 291 StGB (Mietwucher).

204 Ihrer Art nach umfasst und umlegbar sind die reinen Baukosten und die entsprechenden Baunebenkosten wie Planungskosten, Kosten für die Vergabe der Aufträge (LG Halle/Saale ZMR 2003, 35).

205 Unnötige, unzweckmäßige oder überhöhte Aufwendungen dürfen nicht angesetzt werden (BGH ZMR 2009, 351). Keine in Ansatz zu bringenden Kosten sind Honorare für Architekten, mit Ausnahme der Notwendigkeit, den Architekten beauftragen zu müssen, wobei auf die objektive Notwendigkeit und wirtschaftliche Vernunft abgestellt wird (LG Halle/Saale ZMR 2003, 35, 38). Die Hinzuziehung des Architekten aus gestalterischen Gründen ist auch beim älteren Wohnhaus nicht per se notwendig (AG Münster WuM 1988, 366 für Fenstermodernisierung; ebenso AG Hamburg WuM 1988, 366; a.A. LG Hamburg WuM 1988, 366, wonach das Honorar bei Fenstermodernisierung grundsätzlich zum Aufwand zählt). Nicht berücksichtigt werden dürfen Beträge, die als »Kickback« an den Vermieter zurückfließen (BGH ZMR 2009, 747).

206 Finanzierungskosten werden nicht angesetzt (OLG Hamburg WuM 1981, 152).

207 Umstritten ist, ob der Aufwendungsersatzanspruch des Mieters nach § 554 Abs. 4 BGB zu den berücksichtigungsfähigen Kosten rechnet (bejahend Schmidt-Futterer/Börstinghaus § 559 Rn. 155: unmittelbarer Bauaufwand; zutreffend und verneinend AG Schöneberg MM 1990, 130). Der Aufwendungsersatz würde sonst über die Mieterhöhung wieder dem Mieter zur Last fallen.

bb) Fiktive Instandsetzungskosten (»Sowieso-Kosten«)

208 Die Kosten fälliger Instandsetzungsmaßnahmen sind bei der Miethöheermittlung abzusetzen, da sie vom Vermieter »erspart« werden (OLG Hamburg WuM 1983, 13; OLG Celle WuM 1981, 151). Als Schulbeispiel kann der Ersatz alter, verzogener Holzfenster durch neue, isolierverglaste Fenster genannt werden. Von den Kosten für die neuen Fenster sind die hypothetischen Kosten für neue, der bisherigen Holzqualität entsprechende Fenster in Abzug zu bringen, was in der Mieterhöhung darzulegen ist (LG Gera WuM 2000, 256). Belaufen sich die Kosten für die neuen Isolierglasfenster beispielsweise auf 1.000 €, diejenigen für Holzfenster auf 400 €, können vom Unterschied mit 600 € 11% jährlich umgelegt werden. Es empfiehlt sich, diese Kosten durch Kostenvoranschlag zu beziffern (so zutreffend MieWo/Riecke § 559 Rn. 29). Die Angaben von Quoten genügt nicht (LG Hamburg WuM 2000, 195; a.A. LG Stralsund WuM 1997, 271: Die Quote ist aber ausreichend darzustellen). Andererseits hat der BGH (WuM 2004, 285) entschieden, dass die ersparten Kosten auch pauschal geschätzt werden können. Der Mieter muss sodann Tatsachen vortragen, die den Schluss zulassen, dass der fiktive Kostenanteil den vom Vermieter angesetzten Betrag übersteigt (krit. hierzu Hinz WuM 2004, 380 ff.).

209 Zu beachten ist, dass der Vermieter von den Gesamtmodernisierungskosten nicht vorab diejenigen fiktiven Kosten abziehen muss, die der Vermieter ohne die Modernisierung in Zukunft für die ihm obliegende Instandhaltung- und Instandsetzung des alten Zustandes voraussichtlich hätte aufwenden müssen und im Verhältnis zum Mieter allein tragen müsste (OLG Hamm WuM 1981, 129; OLG Celle WuM 1981, 151).

Grundsätzlich gilt für die Umlagefähigkeit der Modernisierungskosten bei preisfreiem Wohnraum der Grundsatz der Wirtschaftlichkeit (OLG Karlsruhe ZMR 1984, 412). Für den Bereich des preisgebundenen Wohnraums hat der BGH (WuM 2004, 288) entschieden, dass die Zulässigkeit einer Mieterhöhung wegen Energieeinsparender Maßnahmen im Grundsatz nicht durch das Verhältnis zu der hierdurch bewirkten Ersparnis an Energie begrenzt ist. Diese Entscheidung kann auch auf preisfreien Wohnraum Anwendung finden (Riecke in Schmid Mietrecht, § 559b Rn. 15). 210

cc) Drittelmittelanrechnung

§ 559a BGB regelt die Anrechnung von Drittmitteln. Kosten, die vom Mieter oder für den Mieter von einem Dritten übernommen oder die mit Zuschüssen aus öffentlichen Haushalten gedeckt werden, zählen nach der Vorschrift nicht zu den aufgewendeten Kosten (§ 559 Abs. 1 BGB). Abs. 2 regelt, dass Kosten, die ganz oder teilweise durch zinsverbilligte oder zinslose Darlehen aus öffentlichen Mitteln gedeckt werden, den Erhöhungsbetrag nach § 559 BGB um den Jahresbetrag der Zinsermäßigung verringern. Das Mieterdarlehen, die Mietvorauszahlung oder eine von dritter Seite aus dem Mieter erbrachte Leistung für die baulichen Maßnahmen werden öffentlichen Darlehen gleichgestellt, wie sich aus Abs. 3 ergibt. 211

dd) Maßstäbe

Können Kosten einer Wohnung konkret zugeordnet werden, sind sie nur dort zu berücksichtigen (KG WuM 2006, 50). Bei baulichen Maßnahmen für mehrere Wohnungen sind die Kosten nach § 559 Abs. 2 BGB angemessen auf die einzelnen Wohnungen aufzuteilen. Maßnahmen der Wärmedämmung des Gebäudes können grundsätzlich auf alle Wohnungen nach dem Flächenmaßstab umgelegt werden (LG Münster WuM 2010, 93). 212

d) Die Mieterhöhungserklärung

aa) Form

§ 559b Abs. 1 S. 1 BGB schreibt fest, dass die Modernisierungserhöhung nach § 559 BGB dem Mieter in Textform (§ 126b BGB) zu erklären ist. Die Erklärung ist nach Abs. 1 S. 2 nur wirksam, wenn in ihr die Erhöhung aufgrund der entstandenen Kosten berechnet und entsprechend den Vorschriften der §§ 559 und 559a BGB erläutert wird. 213

bb) Inhalt

Wirksam ist die Mieterhöhung nur, wenn sie ausreichend erläutert und damit für den Mieter nachvollziehbar ist (BGH WuM 2004, 154). In einer grundsätzlichen Entscheidung hat das LG Görlitz (WuM 2001, 613) folgende Angaben für erforderlich gehalten: 214
- Gesamtbetrag der aufgewendeten Baukosten,
- Aufteilung auf die einzelnen Modernisierungsmaßnahmen,
- innerhalb der Maßnahmen: Aufstellung der Gesamtkosten nach den einzelnen Gewerken und wesentlichen Rechnungspositionen, wobei die bloße Angabe der Gewerke und Rechnungsbeträge der Handwerker alleine nicht ausreichend ist.

Zu weitgehend er scheint es, auch zu verlangen, dass eine verständliche Abgrenzung von Modernisierungs- und Instandhaltungsmaßnahmen erfolgen muss (so jedoch LG Landau/Pf. ZMR 2009, 211). 215

216 Instandsetzungskosten können unberücksichtigt bleiben, wenn sie im Verhältnis zu den Gesamtkosten nicht erkennbar ins Gewicht fallen und selbst nach deren Abzug noch Restgesamtkosten in einer die geltend gemachten Kosten weit übersteigenden Höhe verbleiben (LG Hamburg ZMR 2002, 918: Verhältnis 3.500 € zu 160.000 €).

217 Soll die Miete nach heizungsenergiesparenden Maßnahmen erhöht werden, etwa nach dem Einbau einer neuen Heizung oder nach der Durchführung wärmedämmender Maßnahmen, ist der Vermieter nicht verpflichtet, auch eine Berechnung des Wärmebedarfs beizufügen (BGH WuM 2002, 367). Neben der schlagwortartigen Bezeichnung der Maßnahmen und einer Zuordnung zu den Berechnungspositionen genügt es, wenn diejenigen Tatsachen dargestellt werden, anhand derer überschlagsmäßig beantwortet werden kann, ob die baulichen Veränderungen eine nachhaltige Einsparung an Heizenergie bewirken.

cc) Zeitpunkt

218 Die Erhöhungserklärung kann erst nach Abschluss der baulichen Maßnahmen abgegeben werden, wenn der Mieter diese voll nutzen kann (Riecke in Schmid Mietrecht, 2. Aufl., 2009, § 559b Rn. 5).

219 Ein zu langes Zuwarten kann Verwirkung begründen (AG Gießen WuM 1981, 11).

dd) Fälligkeit der Mieterhöhung

220 Nach § 559b Abs. 2 S. 1 BGB schuldet der Mieter die erhöhte Miete mit Beginn des dritten Monats nach dem Zugang der Erklärung. Ist die Mieterhöhung also im Januar zugegangen, wirkt sie zum 1.4.

221 Das dem Mieter zustehende, vom Vermieter verweigerte Einsichtsrecht in die Belege hindert den Eintritt der Fälligkeit.

222 Die Frist nach § 559b Abs. 2 S. 1 BGB verlängert sich um sechs Monate, wenn der Vermieter dem Mieter die zu erwartende Mieterhöhung nicht nach § 554 Abs. 3, 1 BGB mitgeteilt hat oder wenn die tatsächliche Mieterhöhung mehr als 10 % höher ist als die mitgeteilte (§ 559b Abs. 2 S. 2 BGB). Die letztgenannte Vorschrift regelt nur die Folgen an die unterlassene oder zu gering angesetzte Ankündigung der zu erwartenden Erhöhung der Miete (LG Berlin MM 2002, 479).

ee) Abweichende Vereinbarungen

223 Zum Nachteil des Mieters sind von § 559b Abs. 1 und 2 BGB abweichende Vereinbarungen nicht wirksam. Im Umkehrschluss folgt, dass zugunsten des Mieters abweichende Vereinbarungen wirksam getroffen werden können. So ist es unbedenklich, wenn die Fälligkeit für den Mieter hinausgeschoben wird. Keine Bedenken bestehen auch gegen die zeitliche Befristung der Mieterhöhung. Gleichermaßen wirksam ist die Vereinbarung einer Mieterhöhung im Rahmen einer Modernisierungsvereinbarung, wonach der Mieter nach Abschluss der Arbeiten einen bestimmten Betrag zu zahlen hat (AG Mitte GE 1999, 1651).

e) Beweislast

224 Die Beweislast für sämtliche Anspruchsvoraussetzungen des § 559b BGB liegt beim Vermieter. Behauptet der Vermieter, dass der Mieterhöhung nur reine Modernisierungskosten und kein Instandsetzungsaufwand zugrunde liegen, trifft ihn die Beweislast, sodass der Vermieter auch nachweisen muss, dass die früheren Fenster nicht instandsetzungsbedürftig waren (LG Braunschweig WuM 1990, 158). Dementsprechend ist der Vermieter

auch beweisbelastet für die Höhe der ersparten Instandsetzungskosten. Dabei genügt es nach der Rechtsprechung des BGH (WuM 2004, 285 = ZMR 2004, 424), die ersparten Kosten pauschal darzulegen und in Abzug zu bringen, wobei es dann Sache des Mieters ist darzulegen und zu beweisen, dass die tatsächlich ersparten Kosten höher anzusetzen sind.

VI. Barrierefreiheit

1. Allgemeines

a) Entstehung der Vorschrift

Die Regelung zur Barrierefreiheit (§ 554a BGB) gibt dem behinderten Mieter einer Woh- **225** nung bei Vorliegen eines berechtigten Interesses unter bestimmten Voraussetzungen einen Rechtsanspruch gegen den Vermieter auf Zustimmung zu baulichen Veränderungen oder sonstiger Einrichtungen, die für eine behindertengerechte Nutzung der Mietsache oder den Zugang zu ihr erforderlich sind. Die Vorschrift spiegelt die Grundsätze der Entscheidung des BVerfG v. 26.03.2000 (WuM 2000, 298 = NZM 2000, 539) wieder. Zu beachten ist das Besitzrecht des Mieters, das dem Eigentumsrecht gleichgestellt ist (BVerfG WuM 1993, 377). Ferner darf niemand wegen seiner Behinderung benachteiligt werden (Art. 3 GG). In die Interessenabwägung sind dabei auch die Belange des Vermieters nach Leistung von Sicherheiten und generelle Kostentragung durch den Mieter mit aufzunehmen.

b) Anwendungsbereich und Zweck

Die Vorschrift des § 554a BGB gilt ausnahmslos für Mieter von Wohnraum jeder Art. **226** Zweck der Regelung ist die Ermöglichung barrierefreien Wohnens (BT-Drucks. 14/5663, 78). Nicht umfasst sind Besucher (Riecke in Elzer/Riecke Mietrechtskommentar 2009, § 554a Rn. 5.

c) Begriff des Behindertseins

Der Begriff stellt nicht alleine auf die Eigenschaft i.S.d. Sozialrechts ab, sondern er geht **227** weiter. Jede erhebliche und dauerhafte Einschränkung der Bewegungsfreiheit des Mieters ist umfasst, sodass auch die Gruppe der älteren Menschen Rechte aus der gesetzlichen Regelung für sich herleiten kann. Der Zeitpunkt des Eintritts der Behinderung ist unerheblich.

2. Zustimmungserfordernis

Das Gesetz macht die geplanten Maßnahmen des Mieters von der Zustimmung des Ver- **228** mieters abhängig. Von sich aus ist der Mieter nicht berechtigt, die Änderungen durchzuführen. Der Anspruch des Mieters ist auf Zustimmung zur Duldung ausgerichtet.

a) Art der Maßnahmen des Mieters

aa) Bauliche Veränderungen und sonstige Einrichtungen

Der Begriff der baulichen Veränderungen bezieht sich auf das Wohnungsinnere, aber **229** auch erforderliche Umbauten außerhalb der Mietwohnung, soweit deren Zugang ermöglicht oder verbessert werden soll. Zu denken wäre etwa an einen Treppenlift, den Einbau einer behindertengerechten Nasszelle oder deren Einrichtungen, die Verbreiterung von

Türen oder auch nur das Anbringen eines Haltegriffes oder von behindertengerechten Türschwellen, besonderer Griffe an einer Badewanne oder einer Vorrichtung über dem Bett an der Decke und Ähnliches (Drasdo WuM 2002, 123, 124; Mersson NZM 2002, 313, 314).

230 Der Begriff der sonstigen Einrichtung ist ein Auffangmerkmal für solche Maßnahmen, die nicht unter die baulichen Veränderungen fallen, da sie nicht massiv in die bauliche Substanz eingreifen wie etwa Haltegriffe für die Badewanne.

bb) Berechtigtes Interesse des Mieters

231 Der Mieter muss ein berechtigtes Interesse an der Durchführung der erforderlichen Maßnahme haben. Für die Maßnahme muss ein konkretes Bedürfnis bestehen. Orientierungshilfen sind die Nützlichkeit und das Hilfreichsein (Mersson NZM 2002, 314). Es reicht nicht, dass die bauliche Veränderung für den Mieter nur angenehm ist. Entscheidend ist vielmehr, ob durch die Veränderung eine Behinderung abgebaut oder geschmälert werden kann, um dem Betroffenen die möglichst uneingeschränkte Teilnahme am gesellschaftlichen Leben zu ermöglichen (LG Hamburg ZMR 2004, 914).

b) Zustimmungsverweigerung durch den Vermieter

232 Der Vermieter ist berechtigt, die Zustimmung zu den geplanten Maßnahmen zu verweigern, wenn seine Interessen höher zu gewichten sind als die des Mieters. Gegenüberzustellen sind die Interessen des Vermieters am unveränderten Erhalt der Mietsache gegenüber denjenigen des Mieters an der konkreten Nutzungsmöglichkeit der Mietsache nach deren Veränderung. Die Interessen des Mieters haben Vorrang, wenn eine Gleichwertigkeit der Interessenlagen anzunehmen ist (Drasdo WuM 2002, 125). Allgemeine Abwägungskriterien sind beispielsweise die Dauer, die Schwere der Behinderung, der Umfang und die Erforderlichkeit der Maßnahmen, die Bauzeit, die Rückbaumöglichkeiten, die Genehmigungsfähigkeit, Belange der Mitmieter während der Bauzeit, Haftungsrisiken.

233 Der Vermieter kann den Mieter nicht auf die Anmietung einer behindertengerechten Wohnung verweisen (BVerfG NJW 2000, 2658). Grund für eine berechtigte Verweigerung der Zustimmung des Vermieters kann es aber sein, wenn die Maßnahmen nicht fachgerecht ausgeführt werden sollen. Soweit sich mehrere Alternativen der Maßnahmenart gegenüberstehen, soll der Vermieter die Wahlmöglichkeit haben, wenn die von ihm bevorzugte Maßnahme höhere Kosten verursacht als die vom Mieter geplante Veränderung (Drasdo WuM 2002, 125; Mersson NZM 2002, 316). In die Abwägung der Interessen sind auch die berechtigten Interessen anderer Mieter im Gebäude heranzuziehen. Von Bedeutung können solche Gesichtspunkte dann werden, wenn es nicht um Maßnahmen im Inneren der Wohnung geht. So darf etwa ein Fluchtweg durch die Veränderung nicht beseitigt oder erheblich eingeengt werden.

3. Sicherheitsleistung

234 Der Vermieter ist nach § 554a Abs. 2 S. 1 BGB berechtigt, die Zustimmung von der Stellung einer angemessenen Sicherheit im Interesse der Wiederherstellung des ursprünglichen Zustandes der Mietsache bei Vertragsende abhängig zu machen. Ist der Mieter nicht in der Lage, die Sicherheit zu leisten, muss die Maßnahme unterbleiben. Die zusätzliche Sicherheit tritt neben die des § 551 BGB.

a) Kautionsarten

Die Sicherheit kann, soweit keine anders lautende Regelung getroffen wurde, nach Wahl des Mieters in bar, durch Bürgschaft, durch Sparguthabenverpfändung oder mittels Verpflichtungserklärung des Sozialamts gestellt werden (Schmidt-Futterer/Eisenschmid § 554a Rn. 53, 55). Auch andere Sicherungsarten sind nicht ausgeschlossen, wenn auch eher selten wie etwa Wertpapiere des Mieters. **235**

b) Kautionshöhe

Die Höhe der Kaution orientiert sich an der Höhe der voraussichtlichen Kosten der Wiederherstellung des ursprünglichen Zustandes vor der baulichen Veränderung. Sie ist also nicht wie bei § 551 BGB auf drei Monatskaltmieten begrenzt und muss vom Mieter auch auf Verlangen des Vermieters in einer Summe gestellt werden, da § 554a Abs. 2 BGB nicht auf § 551 Abs. 1 und 2 BGB verweist. Die Beweislast für die Höhe der Kaution liegt beim Vermieter (LG Hamburg ZMR 2004, 914). **236**

c) Fälligkeit

Die Sicherheit ist mangels anderweitiger Vereinbarung zur Fälligkeit vor Beginn der Maßnahme zu stellen (Mersson ZMR 2001, 958). **237**

d) Anlage

Durch die Verweisung in § 554a Abs. 2, 2 BGB auf die Absätze 3 und 4 des § 551 BGB ist klargestellt, dass der Vermieter zwingend gehalten ist, die Sicherheit von seinem Vermögen getrennt anzulegen. **238**

4. Vertragsende

Der Mieter ist verpflichtet, bei Ende des Mietvertrages die Maßnahmen rückgängig zu machen und den ursprünglichen Zustand wiederherzustellen, soweit der Vermieter dies verlangt. Rechtsgrundlage hierfür ist § 546 BGB. Fällt die Behinderung vor dem Ende des Mietvertrages weg, soll der Mieter zur Wiederherstellung bereits entsprechend früher verpflichtet sein (Drasdo WuM 2002, 128). Der Vermieter kann das dem Mieter zustehende Recht zur Wegnahme durch Zahlung einer angemessenen Entschädigung abwenden (§§ 552 Abs. 1, 539 Abs. 2 BGB). **239**

5. Vermietete Eigentumswohnung

Einen vertraglichen Rechtsanspruch hat der Mieter ausschließlich gegen den Vermieter, nicht gegenüber den übrigen Eigentümern. Die Durchführung von Maßnahmen außerhalb der Mietwohnung wie etwa der Lifteinbau oder die Schaffung einer Rampe für den Rollstuhl fahrenden Mieter hängt von der Zustimmung aller Wohnungseigentümer ab, da bauliche Veränderungen gegeben sind. Zutreffend hält Rips (WuM 2003, 431) den vermietenden Eigentümer für verpflichtet, auf die Einberufung einer Versammlung der Wohnungseigentümer hinzuwirken. Kann eine positive Entscheidung für den Mieter nicht erreicht werden, müsste die Maßnahme unterbleiben, was angesichts des Rechtsanspruchs des Mieters gegenüber seinem Vermieter nicht verständlich erschiene. Der Vermieter wird gegenüber dem Mieter für verpflichtet angesehen, sich für eine Zustimmung der übrigen Eigentümer in dem Maße einzusetzen, in dem er selbst die Zustimmung in entsprechender Anwendung des § 554a BGB verlange könnte (Bieber in MüKo/BGB **240**

5. Aufl., 2007 ff., § 554a Rn. 16). Es wird empfohlen, im Rahmen des Zustimmungs- und Duldungsprozesses den übrigen Eigentümern den Streit zu verkünden (§§ 72 ff. ZPO).

241 Man wird § 554a BGB erweiternd dahin auslegen müssen, dass auch die Interessen der anderen Wohnungseigentümer zu berücksichtigen sind, zumindest soweit sie selbst im Hause wohnen (a.A. Riecke in Elzer/Riecke Mietrechtskommentar 2009, § 554a Rn. 17).

6. Sonstiges

242 Der Zustimmungsanspruch muss von allen Mietern gegenüber allen Vermietern geltend gemacht werden. Im Falle mehrerer Mieter kann der behinderte Mieter von den anderen Mitmietern die Mitwirkung zum Zustimmungsverlangen fordern (Rips a.a.O.). Die Klage muss erkennen lassen, für welche konkret zu bezeichnenden Arbeiten die Zustimmung des Vermieters gefordert wird. Die Zustimmung gilt mit der Rechtskraft des Urteils nach § 894 ZPO als erteilt (Riecke in Elzer/Riecke Mietrechtskommentar 2009, § 554a BGB Rn. 13).

9. Kapitel
Mängelhaftung

Übersicht **Rdn.**

I. Allgemeines

1 Der Vermieter ist verpflichtet, die Mietsache zu erhalten und ihren Gebrauch während der Mietzeit zu gewähren. Erfüllt er die Pflichten nicht, nicht rechtzeitig oder schlecht, d. h. nicht im vertraglich geschuldeten Umfang, kann der Mieter von ihm, soweit das nicht unmöglich ist (Rdn. 337 ff.), deren Erfüllung verlangen. Soweit die Leistungsstörung auf Mängeln beruht, stehen dem Mieter daneben regelmäßig alleine die Rechte aus den §§ 536 ff. BGB zu. Grundsätzlich gehen die Gewährleistungsvorschriften nach der Überlassung der Mietsache als abschließende Sonderregelungen den allgemeinen Vorschriften vor (Rdn. 335 ff.).

II. Mangel

2 Unter dem Oberbegriff Mangel werden Sachmängel (§ 536 Abs. 1 BGB; Rdn 3 ff.), zugesicherte Eigenschaften (§ 536 Abs. 2 BGB; Rdn. 103 ff.) und Rechtsmängel (§ 536 Abs. 3 BGB, Rdn. 119 ff.) unterschieden.

1. Sachmangel

a) Begriff

Ein Sachmangel ist die für den Mieter nachteilige Abweichung des tatsächlichen (»**Ist-**«) Zustandes der Mietsache von dem vertraglich vorausgesetzten (»**Soll-**«) **Zustand** (BGH ZMR 2010, 522, 523 m.w.N. = NZM 2010, 313). Die Abweichung kann qualitativ oder quantitativ (z.B. vereinbarte Einbauküche fehlt LG Dresden WuM 2001, 336; geringere Fläche BGH ZMR 2004, 495 und ZMR 2005, 612), auf tatsächliche Umstände oder rechtliche Verhältnisse zurückzuführen sein (BGH ZMR 2009, 269, 271; BGH NZM 2006, 54, 55; BGH ZMR 2000, 508, 510 m.w.N. = NJW 2000, 1714). Sie muss die Tauglichkeit der Mietsache zum vertragsgemäßen Gebrauch aufheben (§ 536 Abs. 1 S. 1 BGB) oder mindern (§ 536 Abs. 1 S. 2 BGB). 3

Der Sollzustand unterliegt der Disposition der Parteien; ihre Vereinbarungen bestimmen, wie die Mietsache zu sein hat (BGH ZMR 2010, 522, 523 = NZM 2010, 313; BGH ZMR 2009, 836 = NJW 2009, 2441 = NZM 2009, 580: Art und Umfang Trittschallschutzes/Trittschallfreiheit; BGH NZM 2006, 582 = NJW-RR 2006, 1158; BGH ZMR 2005, 108, 109 = NJW 2005, 218; OLG Bamberg NZM 2009, 859: Baubeschreibung; OLG Frankfurt/M. NZM 2007, 330: Ausstattung nach Mietervorgaben). Die Beschaffenheitsvereinbarung ist nach § 307 Abs. 3 S. 1 BGB der Klauselkontrolle entzogen (a.A. Leo/Ghassemi-Tabar NZM 2010, 568, 574). Fehlt eine ausdrückliche vertragliche Vereinbarung, wird der zum vertragsgemäßen Gebrauch geeignete Zustand durch den vereinbarten Nutzungszweck bestimmt (BGH ZMR 2004, 807, 809 = NJW 2004, 3174). Maßgebend ist, »**zu was**« die Sache vermietet ist. Die gewöhnliche, übliche oder zu erwartende Beschaffenheit werden – anders als im Kauf- und Werkvertragsrecht – allenfalls mittelbar im Rahmen der Vertragsauslegung relevant (Rdn. 12 f.). 4

Daher ist eine **objektiv mangelhafte Sache**, etwa ein Gebäude, dessen Zustand unter dem Mindeststandard liegt, mangelfrei, soweit die Parteien den Zustand eindeutig als vertragsgemäß vereinbaren (BGH ZMR 2010, 517, 518 = NZM 2010, 356; BGH ZMR 2006, 678, 679 = NJW-RR 2006, 1157; BGH NZM 2006, 582, 583 = NJW-RR 2006, 1158; BGH ZMR 2004, 807, 809 = NJW 2004, 3174; BGH WuM 1994, 201: Anmietung in nicht modernisiertem, renovierungsbedürftigem Zustand; von BGH BGHZ 101, 253, 269 = WuM 1987, 306, 310 noch über § 539 a.F. BGB gelöst; LG Dortmund ZMR 2008, 376: Anmietung Gwerbeobjekt unsaniert für 150 DM; LG Mannheim ZMR 1990, 220: durch vereinbarte Reparaturen nicht bewohnbar zu machendes Wohnhaus ist mangelhaft). Wird ein bestimmter Mangel oder der schlechte Zustand im Mietvertrag ausdrücklich beschrieben – und nicht erst bei der Übergabe gerügt –, ist er im Zweifel dem vertragsgemäßen Zustand zuzurechnen. Dagegen begründen im Mietvertrag benannte oder durch den Verweis auf ein Exposé einbezogene Ausstattungsmerkmale regelmäßig Erfüllungs- und Gewährleistungsansprüche (vgl. Drasdo WuM 2006, 279, 285). 5

Keinen Mangel stellen die **natürliche**, **alters-** oder **abnutzungsbedingte Verschlechterung** der Mietsache dar (OLG Hamburg WuM 1990, 71; LG Hamburg WuM 1999, 513; LG Hamburg NZM 2001, 91: Verschattung der Erdgeschosswohnung durch Baumwuchs; Dämmverluste durch Alterungsprozesse). Sie liegt in der Natur der Sache. Dass die Mietsache der Abnutzung und dem »Zahn der Zeit« unterworfen ist, gehört zu den stillschweigend bei Vertragsabschluss als vertragsgemäß vereinbarten Umständen. Gleiches gilt für Gebrauchsspuren (BGH ZMR 2010, 517, 518), soweit nicht als Erstbezug vermietet wird. Ein Mangel entsteht erst dann, wenn die Grenze der (Noch-)Tauglichkeit, die Lästigkeitsgrenze überschritten und (vollständiger) Verschleiß bzw. Gebrauchsuntauglichkeit eingetreten ist (BGH ZMR 2010, 517, 518: Fußboden, Balkon baufällig; AG Coesfeld WuM 2003, 206: Abnutzung Badewanne). Etwas anderes kommt in 6

Betracht, falls die Parteien die allgemeine Erhaltungspflicht nach § 535 Abs. 1 S. 2 BGB konkret regeln und der Vermieter sich – ähnlich Regelungen zu Schönheitsreparaturen – zu Instandhaltungsmaßnahmen verpflichtet (z.B. hinsichtlich der Gemeinflächen eines Einkaufszentrums; LG Berlin ZMR 2002, 825: Vermieter führt von ihm übernommene Schönheitsreparaturen trotz Renovierungsbedarf nicht aus).

7 Das Risiko, den mit dem Gebrauch der Mietsache verfolgten Zweck zu erreichen (sog. **Verwendungsrisiko)** trägt grundsätzlich der Mieter (BGH ZMR 2010, 598 = NZM 2010, 364 m.w.N.; BGH ZMR 2010, 596 = NZM 2010, 361, 363; BGH ZMR 2009, 25: Wegfall Nutzungsinteresse wegen Erkrankung; BGH NZM 2006, 54, 56; BGH ZMR 2000, 508, 511 = NJW 2000, 1714; BGH ZMR 2000, 814 = NJW-RR 2000, 1535; BGH NJW 1981, 2405; OLG Koblenz NZM 2010, 83 u. OLG München NZM 2010, 201: Gaststätte, Rauchverbot durch Nichtraucherschutzgesetz; OLG Düsseldorf DWW 2007, 286, 87; zu Ertragsrisiko Rdn. 77). Die Parteien können die Risikoverteilung ändern und das Geschäftsrisiko des Mieters ganz oder teilweise auf den Vermieter übertragen (BGH ZMR 2010, 598 = NZM 2010, 364; BGH NZM 2006, 54, 56; OLG München ZMR 1999, 634: Metzgereifiliale in schließendem Lebensmittelmarkt mit einheitlicher Verkaufsfläche; OLG Celle NMW-RR 1996, 1099, 1100: Einführung verkehrsberuhigter Zone, Umsatzmiete). Je konkreter der Gebrauchszweck vertraglich festgelegt wird, umso weiter geht das Risiko, die Mietsache zu dem beabsichtigten Zweck gebrauchen zu können, auf den Vermieter über (z.B. BGH NJW 1982, 696 = ZIP 1981, 1341: EDV-Anlage ist mangelhaft, die zu Abrechnungen mit Dritten vermietet wird, wenn Dritter Abrechnungen nicht annimmt; Lagerräume: BGH ZMR 1962, 82, 84 und OLG Düsseldorf ZMR 1988, 222).

8 Bei der gewerblichen Miete realisiert sich das Verwendungsrisiko insbesondere in der Erwartung des Mieters, bei Gebrauch der Mietsache Gewinne zu erzielen (BGH ZMR 2010, 598 = NZM 2010, 364). Allein die Lage des Geschäftes in einem Einkaufszentrum ändert die Risikoverteilung nicht. Der Vermieter muss das Risiko übernehmen. Dazu genügt es nicht, dass der Mietvertrag etwa eine Sortimentsbeschränkung, eine Betriebspflicht während der gesetzlichen Öffnungszeiten, eine Pflichtmitgliedschaft in der Werbegemeinschaft, eine Verpflichtung zur Zahlung von Nebenkosten für die Gesamtanlage und zur Mitteilung der Umsätze vorsieht (BGH ZMR 2010, 596 = NZM 2010, 361; BGH ZMR 2000, 508, 512 = NZM 2000, 492; BGH ZMR 2000, 814 = NZM 2000, 1005). Die Regelungen werden durch den Zweck des Mietvertrages (z.B. Konkurrenzschutz) und die Vorteile der Eingliederung in das Einkaufszentrum gerechtfertigt. Sie sichern die Verwaltung und Funktionsfähigkeit des Einkaufzentrums.

9 Erforderlich ist vielmehr, dass der Vermieter durch die Begründung eines Gesamtkonzeptes, in das die einzelnen Mieter finanziell und mit Betriebspflichten eingebunden sind, eine Gesamtverkaufsstrategie entwickelt, mit der er über die übliche Verwaltung und Koordinierung eines Einkaufszentrums hinaus ein eigenes unternehmerisches Risiko für alle Einzelgeschäfte übernimmt (BGH ZMR 2000, 508, 512 = NZM 2000, 492; BGH ZMR 2000, 814 = NZM 2000, 1005; enger BGH NZM 2006, 54, 56: ausdrücklich zu vereinbaren; allg. zur Verlagerung des Verwendungsrisikos bei Anmietung von Ladenlokalen in Einkaufszentren Waas ZMR 2001, 493). Äußerlich kann das etwa durch eine einheitliche Gestaltung der Geschäfte und unternehmerisch durch ein Gesamtmanagement der Anlage erfolgen.

10 Die Beschaffenheit kann auch stillschweigend vereinbart werden (BGH NZM 2009, 855 = NJW 2010, 1133; BGH ZMR 2008, 116: Beschreibung Mietobjekt; BGH WuM 2005, 774). *Insoweit ist jedoch erforderlich, dass der Mieter dem Vermieter seine Anforderungen* zur Kenntnis bringt und dieser darauf in irgendeiner Form zustimmend reagiert

(BGH NZM 2009, 855 = NJW 2010, 1133: bloße Kenntnis Vorstellungen nicht ausreichend). Eine **stillschweigende Einigung** über den vertragsgemäßen Gebrauch ist regelmäßig anzunehmen, wenn der Mieter ausdrücklich konkrete Gebrauchsanforderungen stellt und der Vermieter den Vertrag widerspruchslos abschließt (vgl. OLG Düsseldorf BB 1991, 799; BGH NZM 2009, 855 = NJW 2010, 1133: nicht als Dachterrasse durch Möglichkeit, Plattform zu betreten), der Umstand die Vorstellungen der Parteien über die Höhe der Miete beeinflusst (OLG Köln NZM 1999, 73: Grundfläche), der Vermieter eine Leistung gegen Kostenumlage bereitstellt (AG Osnabrück WuM 1999, 34: Gemeinschaftsantenne) oder die Mietsache besichtigt wurde (OLG Frankfurt NZM 2007, 330, 332: bei Besichtigung vorhandene Ausstattung, Installationen, Mobiliar stillschweigend mitvermietet). Umgekehrt ist sie i.d.R. zu verneinen, wenn der Mieter den Mietvertrag in Kenntnis eines bestimmten Mangels abschließt. Es ist nicht davon auszugehen, dass der Mieter nach § 536b BGB über seine Gewährleistungsrechte hinaus auf seinen Erfüllungsanspruch nach § 535 Abs. 1 S. 2 BGB verzichten will (vgl. BGH ZMR 2004, 807, 809; BGH BGHZ 101, 253, 269 = ZMR 1987, 415). Sonstige Umstände werden ohne konkrete Vereinbarung nicht Vertragsbestandteil und damit Gegenstand des Sollzustandes (BGH ZMR 2009, 269, 270: kein bestimmter Mietermix/bestimmtes »Mileunievau« aufgrund sehr hoher Miete oder Exposéangaben »einmaliges Ambiente«/«angenehme Atmosphäre«).

Die sich aus den Umständen ergebenden immanenten Nachteile der Mietsache begründen keinen Mangel, soweit sie von den Parteien jedenfalls stillschweigend bei Vertragsabschluss vorausgesetzt werden. Das gilt namentlich für solche Umstände, deren nachteilige Auswirkungen auf den Mietgebrauch bei Vertragsabschluss bekannt oder ohne weiteres abzusehen waren (BGH BGHZ 101, 253, 269 = NJW 1987, 2575 = ZMR 1987, 415: Anmietung einer unrenovierten Wohnung; KG NZM 2003, 718, OLG München NJW-RR 1994, 654 = WuM 1993, 607; LG Berlin WuM 2007, 386: Abriss einer Ruine und Baumaßnahme in Nachbarschaft; LG Frankfurt/M. ZMR 2007, 698 = WuM 2007, 316, LG Wiesbaden WuM 1994, 430 und LG Hannover WuM 1994, 463: ortsübliche oder vorübergehende Lärmbelästigungen in Innenstadtlage; KrsG Döbeln WuM 1992, 535 und KrsG Erfurt WuM 1993, 112: Bauqualität in DDR errichteter Wohngebäude; LG Hamburg WuM 1998, 19: Schulgelände um Bolzplatz erweitert). Nicht erfasst werden Folgewirkungen, die bei Vertragsabschluss nicht abzusehen waren und sich erst im Laufe der Mietzeit zeigen (z.B. OLG Celle [neg. RE] WuM 1985, 9, 11 = ZMR 1985, 10: Schimmelbildung; weiter AG Marbach WuM 2007, 385: Altbau ohne Heizungsmöglichkeit, Feuchte mit Schimmel Mangel). 11

Weisen die Vereinbarungen über den vertragsgemäßen Gebrauch Lücken oder werfen sie Zweifel auf, ist der Soll-Zustand, der vertraglich geschuldete Standard der Mietsache durch **Auslegung** (§§ 133, 157, 242 BGB) zu ermitteln (BGH ZMR 2010, 517, 518 = NZM 2010, 356; weiter: BGH ZMR 2009, 836: Einhaltung bei Gebäudeerrichtung geltender technischer Normen geschuldet; BGH NZM 2006, 582, 583 = NJW-RR 2006, 1158; BGH ZMR 2006, 678, 679 = NJW-RR 2006, 1158). Ausgehend vom Vertragstext sowie Sinn und Zweck des konkreten Mietvertrages fließen in die Auslegung neben den Begleitumständen bei Vertragsschluss über die Verkehrsanschauung auch objektive Gesichtspunkte wie der gewöhnliche oder übliche Gebrauch ein (BGH ZMR 2010, 517, 518 = NZM 2010, 356: Mindeststandard Elektrizitätsversorgung; BGH ZMR 2004, 807, 809 = NJW 2004, 3174: nach Verkehrsanschauung muss unsanierte Altbauwohnung Mindeststandard genügen, der zeitgemäßes Wohnen ermöglicht; OLG Düsseldorf ZMR 2003, 107: Auslegung vertragsgemäßer Gebrauch eines Lebensmittelmarktes; OLG Frankfurt/M. ZMR 1999, 628: Frühstücksservice für Hotel durch Restaurant; LG Berlin NZM 1999, 1039, 1040: ergänzende Vertragsauslegung Beheizung nach zeitgemäßem 12

Wohnstandard). Stellen Objekt- und Nutzungsstandards abweichende Anforderungen (z.B. Temperaturen in Arbeitsräumen, baurechtlicher und –technischer Stand der Wärmedämmung und arbeitsrechtliche ArbStättV), ist der Vertragsstandard, soweit sich kein Ausgleich erreichen lässt, im Zweifel objekt- und nicht nutzungsbezogen zu bestimmen (Lames NZM 2007, 465; OLG Frankfurt/M. NZM 2007, 330: Mietsache nach Vorstellungen des Mieters gestaltet und ausgestattet, Sonnenschutz), insbesondere wenn dem Mieter mietvertraglich nutzungsbezogene Einbauten oder Veränderungen gestattet werden (OLG Frankfurt/M. a.a.O.; allg. zu Standards bei Bewertung von Mietmängeln Horst NZM 2010, 177).

13 **Umstände**, die zum Vertragsinhalt geworden bzw. zur Ermittlung des vertragsgemäßen Gebrauchs heranzuziehen sind, können sich aus den tatsächlichen und rechtlichen Verhältnissen der Mietsache, insbesondere **Art, Lage, Alter, Ausstattung** und **Zustand**, einschlägigen rechtlichen oder technischen **Normen** oder **Standards** sowie der Gestaltung und Höhe der **Miete** ergeben (BGH NZM 2006, 582, 583 = NJW-RR 2006, 1158: Standard Elektroinstallation in DDR-Plattenbau; BGH ZMR 2006, 670, 671: Immissionen/Mobilfunkanlage, Grenzwerte 26. BImSchV; BGH ZMR 2005, 108, 109 = WuM 2004, 715; OLG Frankfurt/M. NZM 2007, 330, 331: Gebäude muss BauO u. Regeln der Technik entsprechen, Bauart und Altersklasse, keine Haftung für sommerliche Erhitzung unklimatisierter Büroräume, wenn baurechtliche Vorschriften keine Höchsttemperaturen vorschreiben; a.A. OLG Naumburg NJW-RR 2004, 299: Drogerie, 45 Tage über 26° C; OLG Rostock NJW-RR 2001, 802: Arztpraxis; LG Bielefeld AiB 2003, 752; OLG Dresden ZMR 2006, 922 = NZM 2006, 865: Treppe muss BauO u. DIN entsprechen; AG Berlin-Charlottenburg NZM 2007, 484: Ortssitte, Zweck, Miete, dekorativen Zustand bei Anmietung/Graffitis; AG Münster WuM 2007, 505: Rauchentwicklung Heizungsanlagen, ältere Wohngegend; AG Berlin-Schöneberg NJW-RR 1998, 1308: angemessene Raumtemperatur bei Warmmiete). Muss die Mietsache noch hergestellt werden (Reißbrettvermietung), ist der Zustand zugrunde zu legen, der sich aus den Plänen und sonstigen Bauunterlagen (z.B. Bauantrag) ergibt (OLG Düsseldorf ZMR 2001, 346). Als relevante Umstände der Vertragsparteien kommen etwa Vermietung als Gefälligkeit im privaten Umfeld (vgl. OLG Köln ZMR 2000, 526), an allergischen, behinderten, kranken oder pflegebedürftigen Mieter oder durch im Hause wohnenden Vermieter in Betracht. Maßgebend ist eine Gesamtwürdigung aller Umstände, die dem Vertragspartner bei Abschluss des Mietvertrages bekannt oder erkennbar waren. Vertragsgemäß sind i.d.R. die Umstände, die als Beschreibung der Mietsache in den Mietvertrag aufgenommen wurden (OLG Bamberg NZM 2009, 859: Baubeschreibung Anlage zu Mietvertrag; zu Präambeln, jeweils zu Einkaufszentrum: BGH NZM 2006, 54, 55 u. BGH ZMR 2004, 664, 665: Beschreibung/Zusicherung; OLG Rostock NZM 2003, 283: Auslegungshilfe, Motiv-, Zieldarlegung; OLG Düsseldorf ZMR 2003, 107: vertragsgemäße Gebrauch eines Lebensmittelmarktes). Darüber hinaus gehende Informationen werden zwar nicht Bestandteil der Soll-Beschaffenheit (Stangl ZMR 2008, 14, 21: lediglich beigefügter Energieausweis nach EnEV), können allerdings nach den allgemeinen Regeln rechtlich relevant sein (Rdn. 343; z.B. BGH BGHZ 178, 16 = ZMR 2009, 103, 104 = NJW 2009, 1266: Anfechtung wegen Täuschung über Genehmigung zur Nutzung als Büroraum).

14 Aufgrund der Umstände wurde ein Sachmangel verneint:
- einfache anstelle von Sicherheitsbeschlägen (LG Freiburg WuM 1988, 263);
- Knarrgeräusche am Parkett einer unsanierten Altbauwohnung (BGH ZMR 2004, 807, 810 = NJW 2004, 3174);
- hohl klingende Fliesen, Spannungsrisse an Deckenanstrich, bei bestimmter Beleuchtung sichtbare Stoßkante eines Nadelfilzbelages (AG Münster WuM 2007, 87);

- Überlastung elektrischer Anlage, Möglichkeit Gasherd nicht genutzt (AG Köln WuM 2006, 94);
- kurzfristige Temperaturunterschreitungen außerhalb der Heizperiode (LG Hamburg ZMR 2006, 695, 696);
- vorbehaltlose Anmietung zu eher günstiger Miete einer optisch unschönen, unterdurchschnittlichen Altbauwohnung (LG Hannover WuM 1994, 463);
- wegen Alter und geringer Miete nur Mindeststandard geschuldet (AG Büdingen WuM 1998, 281);
- älteres Haus, dessen Wärmedämmung und Feuchtigkeitsabdichtung nicht dem heutigen technischen Standard entspricht, Zimmer mangels Heizmöglichkeit nicht als Schlafzimmer geeignet (LG Lüneburg WuM 2001, 465);
- Schimmelpilzbefall infolge unzureichender Beheizung und Lüftung (KG WuM 2006, 390, 392);
- einmaliger Wassereintritt in Keller, Schimmelstreifen, erhöhte Luftfeuchtigkeit, Tiefgarage des Neubaus noch nicht ordnungsgemäß gereinigt (AG Münster WuM 2007, 544);
- Keller einer Altbauwohnung ist nicht zur Lagerung feuchtigkeitsempfindlicher Gegenstände geeignet (LG Mannheim WuM 1998, 663);
- überbrückte Sicherungen, wegen besonderer Vermietungssituation, privates Umfeld, spanische Ferienwohnung (OLG Köln ZMR 2000, 526);
- Katzenhaltung in Mehrfamilienhaus, Tierklausel in Mietvertrag, Grenze Unsauberkeiten (AG Bad Arolsen WuM 2007, 191);
- Bordellbetrieb bei teilgewerblicher Wohnungsvermietung (AG Aachen m. Anm. Pfeilschiffer WuM 2007, 254);
- Rauchentwicklung von genehmigten, im Rahmen gesetzlicher Vorschriften betriebenen Heizungsanlagen der Nachbarhäuser in älterer Wohngegend, gelegentlich falsche Brennstoffe verwendet (AG Münster WuM 2007, 505);
- Auftreten von Mäusen im ländlichen Siedlungsraum (AG Prüm ZMR 2001, 808);
- Schwalbenflug und Verkoten von Fensterecken in ländlicher/dörflicher Umgebung (AG Eisleben NZM 2006, 898);
- Lärm von benachbartem Schulgelände bei nachträglicher Ausstattung mit Sportplatz (LG Hamburg WuM 1998, 19); Kleinkinderlärm in Mehrfamilienhaus (AG Hamburg-Bergedorf ZMR 2009, 292); anders: störende Geräusche aufgrund alltäglicher, gewöhnlicher Nutzung der Nachbarwohnung begründen einen Mangel der in einem neu errichteten, in guter Stadtrandwohnlage gelegenen Wohnung (AG Hamburg WuM 1996, 760).

Der vertragsgemäße Gebrauch wird durch den kollidierenden **vertragsgemäßen Gebrauch Dritter** konkretisiert, der nach dem vertragsimmanenten, aus § 242 BGB abgeleiteten Gebot der gegenseitigen Rücksichtnahme den vertragsgemäßen Gebrauch einschränkt (AG Schöneberg WuM 2007, 638: zumutbare Immisionen Lärm, Geruch Wohnung/Jugendgästehaus; AG Berlin-Tiergarten NJW-RR 1990, 398: kein Mangel, wenn Klavier spielender Mieter sich durch Mitklopfen anderer Mieter gestört fühlt; AG Frankfurt/M. WuM 1997, 430: außerhalb der Ruhezeiten darf Mieter in hellhörigem Mehrfamilienhaus bis zu 90 Minuten täglich Klavier spielen; AG Mönchengladbach DWW 1994, 24: Lärm von Haushaltsgeräten; AG Köln WuM 1997, 606: Lärm von Spielplatz in Wohnanlage; AG Köln WuM 1990, 291: Lärm von Tiefgarage; AG Hamburg-Bergedorf ZMR 2009, 292: Kleinkinderlärm in Mehrfamilienhaus; AG Starnberg WuM 1992, 471: Wohngeräusche im Mehrfamilienhaus; LG München I ZMR 1987, 121: Gaststättenlärm; AG Bonn WuM 1997, 325, 326: von April bis September darf Mieter in Mehrfamilienhaus bei 48-stündiger Ankündigung einmal monatlich auf Balkon oder Terrasse grillen). Soweit der gemeinsame Mietgebrauch nicht geregelt ist (z.B. Hausord- 15 nung), sind die wechselseitig noch sozialadäquaten, letztlich grundrechtlich garantierten Handlungsfreiräume unter Würdigung aller Umstände des Einzelfalles abzugrenzen (z.B. LG München I NJW-RR 2005, 598: Schreien eines Kleinkindes sozial adäquat; AG Wennigsen WuM 2001, 487: Tabakrauch vom Nachbarbalkon; vgl. zum Rauchen in der Wohnung LG Karlsruhe WuM 2002, 50; Neuhaus DWW 2001, 45: Kampfhundehaltung).

16 Sowohl bei der Auslegung als auch bei der Feststellung des Soll-Zustandes ist grundsätzlich auf die Verhältnisse im **Zeitpunkt des Vertragsabschlusses** abzustellen (BGH NJW 1988, 2878; BGH NJW 1998, 3268; BGH ZMR 2004, 807, 809 = NJW 2004, 3174: allg. Lebensstandard; BGH NZM 2006, 582, 583 = NJW-RR 2006, 1158; BGH ZMR 2006, 678, 679 = NJW-RR 2006, 1157; BGH ZMR 2010, 517, 518 = NZM 2010, 356; BayObLG [RE] WuM 1999, 568 = DWW 1999, 350; OLG Frankfurt/M. NZM 2007, 330, 331; OLG Koblenz NJW-RR 1997, 331; AG Berlin-Charlottenburg NZM 2007, 484: dekorativer Zustand/Graffitis). In und zu diesem bilden die Parteien ihren Willen und legen das Äquivalenzverhältnis zwischen Leistung und Gegenleistung fest. Daher kommt es weder auf die Verhältnisse bei Herstellung der Mietsache an, etwa bei älteren Gebäuden auf die bei Errichtung geltenden technischen Normen. Noch sind die in einem späteren Streitfall bestehenden Verhältnisse maßgebend, etwa der gegenwärtige Stand der Technik (BGH ZMR 2005, 108 = NJW 2005, 218; OLG Celle [neg. RE] WuM 1985, 9, 11 = ZMR 1985, 10).

17 Allerdings kann zu den Verhältnissen bei Vertragsschluss auch der Zeit-Umstand gehören. Umstände können Änderungen unterliegen, zeitgebunden sein. Mit Änderungen, die im Rahmen der natürlichen oder nach allgemeiner Lebenserfahrung zu erwartenden organischen Entwicklung des Umfeldes bleiben, hat der Mieter zu rechnen (OLG München NJW-RR 1994, 654: Baulärm, auf Nachbargrundstück stand Bauruine, mit deren Abriss und Beginn eines Neubaus zu rechnen war; LG Frankfurt/M. ZMR 2007, 698: Lebenszeit Gebäude/allg. Großbaustelle; LG Hamburg WuM 1998, 19: Schulgelände um Bolzplatz erweitert; AG Pankow/Weißensee ZMR 2002, 834: Balkonanbau an Nachbarhaus; AG Kerpen ZMR 2002, 924: Aufstellen von Spielgeräten in Garten, dessen Benutzung zu Erholungszwecken gestattet; Mangel: AG Erfurt WuM 2000, 393: geänderte Verkehrsführung nach Straßenumbau).

18 Den Vermieter trifft **keine allgemeine Modernisierungspflicht** (BGH ZMR 2010, 517, 518; BGH ZMR 2005, 108, 109 = NJW 2005, 218; BGH NJW 2004, 3174 = ZMR 2004, 807, 808 m. Anm. Schläger; BGH ZMR 2001, 705; VerfGH Berlin ZMR 2001, 696, 698; Schwintowski WuM 2006, 115: Wirtschaftlichtkeitsgebot der Wärmeversorgung). Das ergibt sich aus dem Umkehrschluss zu § 554 Abs. 2 S. 4 BGB. Nach § 535 Abs. 1 S. 2 BGB hat der Vermieter die Mietsache in »diesem Zustand zu erhalten«, also den Status quo zu bewahren. Der Stand der Technik oder der Wissenschaft wird nicht geschuldet. Der Vermieter ist daher grundsätzlich nicht verpflichtet, die Mietsache zu verbessern, auf dem neuesten Stand zu halten, insbesondere geänderten technischen Normen oder dem fortentwickelten Wohnstandard anzupassen (BGH ZMR 2004, 807 = NJW 2004, 3174: elektrische Anlage muss Mindeststandard genügen, der zeitgemäßes Wohnen ermöglicht; auf Möglichkeit der Vertragsanpassung verweisend BGH NZM 2006, 582, 583 = NJW-RR 2006, 1158 u. BGH ZMR 2006, 678, 680 = NJW-RR 2006, 1157; OLG Düsseldorf ZMR 2009, 276, 277: Elektroanlage; OLG Frankfurt/M. NZM 2007, 330, 331: nachträgliche Klimatisierung verneint; LG Hannover WuM 1991, 540 und LG Berlin ZMR 1989, 305, 306: Heizungsanlage; LG Hamburg ZMR 2010, 605 u. LG Berlin ZMR 2000, 532: Schallschutz; LG Lüneburg WuM 1987, 214 und LG Konstanz WuM 1988, 353: Wärmeschutz; AG Osnabrück ZMR 1989, 339: elektrische Anlage; LG Frankfurt/M. ZMR 1990, 17: kein Anspruch auf Austausch von Bleileitungen; LG Hamburg WuM 1999, 364 = ZMR 1999, 404: bauordnungsrechtliche Vorschriften; OLG Düsseldorf ZMR 2002, 819 =

NZM 2002, 736/ZMR 2004, 632: keine Anpassung des Sicherheitsstandards nach Einbruchsserie; Überblick Horst NZM 2010, 177; a.A. AG Köln ZMR 1994, 369, 370: heute üblicher Stand der Technik geschuldet; Rathjen ZMR 1999, 458: Modernisierungsanspruch).

Es sei denn, der Vermieter ist aufgrund anderweitiger gesetzlicher Bestimmungen (z.B. Einbau von Rauchmeldern nach LandesBauO; vgl. Schickedanz ZMR 2007, 669) oder vertraglicher Vereinbarungen zu einer Modernisierung verpflichtet (AG Tostedt WuM 2003, 320: ausreichend bei Anmietung Sanierung in Aussicht gestellt), oder der Gebrauch kann ausnahmsweise nur dann weiterhin ungestört überlassen werden, wenn der Vermieter im Rahmen seiner Fürsorge- und Sicherungspflicht den bisherigen Standard verbessert (BGH ZMR 2001, 705: Anbringen von Sicherheitseinrichtungen; VerfGH Berlin ZMR 2001, 696, 698: (Wieder-)Herstellung der Schließbarkeit des Hauses; OLG Düsseldorf ZMR 2009, 276, 277 m.w.N.: Beseitigung akuter Gesundheitsgefährdung; LG Hamburg WuM 1991, 161: Anspruch auf Beseitigung der schadstoffbelasteten Bauteile; Mohr ZMR 2003, 86: Anpassung an Umweltbedingungen). **19**

Soweit in Ausnahmefällen eine Modernisierungspflicht angenommen wurde (LG Waldshut-Tiengen NJW-RR 1991, 592 = WuM 1991, 479: soweit unzulängliche Wärmedämmung eines Altbaus mit wirtschaftlich vernünftigem Aufwand nachgebessert werden kann; AG Bremerhaven WuM 1992, 601: altbaubedingte Unzuträglichkeiten sind von Zeit zu Zeit durch Anpassung an neuere Standards zu beseitigen; LG Berlin WuM 1996, 156: technisch überalterte Heizungsanlage aus frühen 30er Jahren, die außerordentlich hohen Bedienungsaufwand (Lohnkosten) erfordert), ist das jedenfalls mit Inkrafttreten des Mietrechtsreformgesetzes zum 01.09.2001 überholt. Zwar wollte der Gesetzgeber durchaus dem Gesichtspunkt des Umweltschutzes stärkeres Gewicht beimessen (vgl. Bericht des Rechtsausschusses S. 156). Jedoch fand das nur mittelbar Eingang in das Gesetz (z.B. Erweiterung der Duldungspflicht nach § 554 Abs. 2 S. 1 BGB über Heizenergie hinaus auf Energie allgemein oder Verbrauchserfassung der Betriebskosten gem. § 556a Abs. 2 BGB). Verbesserungsmaßnahmen, vorgeschlagen als § 554b BGB, wurden nicht normiert. **20**

Unberührt bleibt daneben die Pflicht des Vermieters aus allgemeinen Regeln, etwa zur Beseitigung eines nicht verkehrssicheren Zustandes (z.B. OLG Düsseldorf NZM 2009, 281: Flachdach; LG Hamburg ZMR 1999, 605: Treppengeländer), oder anderen Vorschriften, etwa öffentlich-rechtlichen, insbesondere bauordnungs-, umwelt- oder immissionsrechtlichen Bestimmungen, die Mietsache zu verbessern. Eine andere Frage ist, ob umgekehrt der Mieter seinerseits berechtigt ist, die Mietsache zu verbessern (z.B. Kabelanschluss und Parabolantennen: LG Heilbronn NJW-RR 1992, 77 = WuM 1992, 10). Zwar ist der Vermieter grundsätzlich nicht verpflichtet, Maßnahmen des Mieters zur Verbesserung zu dulden (vgl. Bericht Rechtsausschuss S. 129, 157). Das gilt jedoch nicht, soweit nur mit der Verbesserungsmaßnahme ein nach der gegebenenfalls geänderten Verkehrsanschauung als vertragsgemäß zu betrachtender Gebrauch künftig ungestört möglich ist (z.B. Anpassung der Datenübertragungstechnik, der Leistung des Stromanschlusses) und berechtigte Interessen des Vermieters oder andere Mieter nicht entgegen stehen. **21**

Auf die **Behebbarkeit, Beherrschbarkeit des Mangels** oder ein **Verschulden** des Vermieters kommt es nicht an (BGH BGHZ 93, 142, 144; z.B. LG Leipzig NZM 2003, 510: Jahrhundertflut; Schläger ZMR 2007, 275, 276: Verschulden des Vermieters wird durch zusätzlichen Schadensersatzanspruch nach § 536a BGB berücksichtigt). Die Sache ist auch dann mangelhaft, wenn der Vermieter zur Abhilfe außerstande ist oder die Störung seinerseits etwa gem. § 906 Abs. 2 BGB dulden muss (BayObLG [RE] NJW 1987, 1950: Baulärm von Nachbargrundstück; AG Schöneberg ZMR 2000, 308; LG Augsburg WuM **22**

1986, 137: Geruchsbelästigung durch Kläranlage; AG Bad Hersfeld WuM 1998, 482 Anm. Kreissl: störender Mieter; OLG Dresden ZMR 2003, 346: Heizungsausfall wegen Verschmutzung Gasnetzzuleitung; AG München ZMR 2010, 538, 540 m. Anm. Hamann: Beschuss; a.A. OLG Düsseldorf DWW 1991, 50: durch verkehrsgemäß parkende Busse verstellter Schaufensterblick; zu einem möglichen Rechtsverlust bei Verursachung oder Verschulden durch Mieter Rdn. 297).

23 Der Vermieter trägt das Risiko, dass er vom Verursacher des Mangels einen Ausgleich verlangen kann (vgl. LG Hamburg MDR 1999, 154 = NJW-RR 1999, 378: Baulärm, gegen Nachbarn über 6 % hinausgehende Minderung; OLG Düsseldorf NJW-RR 1998, 1236: StrWG NW; BGH ZMR 2006, 357: verschuldensunabhängiger nachbarrechtlicher Ausgleichsanspruch nach § 906 Abs. 2 S. 2 BGB; OLG Stuttgart WuM 2006, 108: WEG-Eigentümer). Es kommt nicht darauf an, ob der Mieter seinerseits als Eigentümer die Beeinträchtigung dulden müsste oder entschädigungslos hinzunehmen hätte (AG Hamburg-Blankenese ZMR 2003, 746: Baustellenlärm auf Nachbargrundstück). Das vertragliche Mietverhältnis ist von dem gesetzlichen Schuldverhältnis zu trennen. Der Mieter trägt das Verwendungsrisiko. Beim Vermieter verbleibt als Eigentümer das Verwertungsrisiko. Störungen des Mietverhältnisses unterliegen ausschließlich den Gewährleistungsvorschriften. Ob und inwieweit Beeinträchtigungen des Eigentums, einschließlich seiner Verwertung im Wege der Vermietung, zu dulden sind, ist dem Eigentums-, insbesondere dem Nachbar- bzw gegebenenfalls Staatshaftungsrecht vorbehalten. Umgekehrt kann der **Ausgleichsanspruch** nach § 906 Abs. 2 BGB von der Minderung abhängig sein (BayObLG [RE] NJW 1987, 1950).

24 Die **Ursache** des Mangels kann sowohl in einer vertragsgemäßen Nutzung des Mieters (BGH ZMR 2008, 869: Fogging) als auch **außerhalb der Mietsache** liegen, z.B. an den zu der Mietsache führenden Versorgungsleitungen (BGH NZM 2006, 582, 583 = NJW-RR 2006, 1158: Stromzähler; BGH ZMR 2009, 345 = NJW 2009, 143 = NZM 2008, 927 u. BGH NJW 1972, 944 = WPM 1972, 658: Montagefehler an Elektroleitung außerhalb der Mietsache; BayObLG [RE] NJW 1987, 1950: Baulärm von Nachbargrundstück; OLG Düsseldorf ZMR 2000, 377: FI-Schalter; OLG München WuM 1999, 63: baulicher Zustand Fassade; AG Fürth WuM 2007, 317, 319: Lärm von Sanierungsarbeiten allgemeines Lebensrisiko; AG Hamburg WuM 2006, 244: Graffitis und Tags an Fassade und im Eingangsbereich; AG Köln WuM 1997, 470: Wandschlitze im Treppenhaus; Hupe DWW 1998, 75: Leitungswasserschäden durch Frost; s.a. Rdn. 59 ff. Umfeld-/Umweltmängel). Dabei ist zu berücksichtigen, dass die relevanten Umstände (Umwelteinflüsse, Mieterverhalten) als auch die Erkenntnismöglichkeiten sich laufend verändern, entwickeln und hierdurch neue Fragestellungen aufwerfen, bisher vermeintlich gesicherte Erkenntisse in Frage stellen (Schläger ZMR 2008, 872 in Anm. zu BGH ZMR 2008, 869: Fogging; Selk ZMR 2008, 942: Mindestabstand von Möbeln von Außenwänden; Horst NZM 2010, 177: Standards als Bewertungsmaßstäbe).

25 Der Sachmangel muss sich nicht bereits gezeigt haben oder erkennbar gewesen sein. Es genügt jede **Gefahr**, die den Mietgebrauch unmittelbar beeinträchtigt (BGH NJW 1971, 424; OLG Hamm ZMR 1988, 138; OLG Koblenz NJW-RR 1997, 331: jeweils Hochwasser; BGH NJW 1972, 944: Brand durch Montagefehler an Elektroleitung; LG Frankfurt/M. WuM 1990, 384: Bleirohre). Das ist dann der Fall, wenn der Gebrauch der Mietsache wahrscheinlich zu einem Schaden führen wird (KG ZMR 1999, 395: Ausstellungsfläche nicht nutzbar wegen Dachundichtigkeit; OLG Celle NJW-RR 1996, 521: Brand infolge defekter Leuchten; OLG München NJWE-MietR 1996, 177: Wasserschaden durch schadhaftes Abflussrohr; LG Berlin WuM 1999, 35: asbesthaltige Nachstromspeicheröfen; OLG Hamm NZM 2003, 395: Freisetzen von Asbestfasern zu fürchten; LG Lübeck NJW-RR 1998, 441: PCP/Lindan; OLG Hamm WuM 1987, 248: Altlasten; weiter Fritz NJW 1996, 2068: Verdacht auf Altlast ausreichend; zu Erkundung u. Feststellung von Altlasten s. BBodenSchV; Bieber NZM 2006, 683, 684: für verständigen Durchschnittsmieter objektiv nachvollziehbare Drohung). Ein Schaden muss nicht eintreten (Arg. §§ 536a Abs. 1, 569 Abs. 1 BGB).

Die Wahrscheinlichkeit des Schadenseintritts kann umso geringer und die räumliche Entfernung zwischen dem Mietobjekt und der Gefahrenquelle umso größer sein, je höherwertiger das bedrohte Schutzgut ist. Namentlich eine konkret begründete Gesundheitsgefährdung beeinträchtigt die Gebrauchstauglichkeit (BGH ZMR 2006, 670, 672 = WuM 2006, 304: verneint für Mobilfunksendeanlage, die Grenzwerte nicht überschreitet; OLG Hamm NZM 2003, 395: konkrete Besorgnis, Asbestfasern in nicht unerheblichem Umfang freisetzen; LG Tübingen WuM 1997, 41 = ZMR 1997, 189: umweltschädliches Holzschutzmittel; LG München WuM 1998, 18: weitere Gefährdung nicht hinzunehmen; AG Hof WuM 1998, 281: Gefährdung nicht ausgeschlossen: asbestbelastete Nachtstromspeicherheizung; abw. Schläger ZMR 1999, 448: Risiko- statt Gefahrenbegriff; LG Tübingen ZMR 1997, 10: konkrete Gesundheitsgefährdung; zu Gesundheitsgefahren Rdn. 47 ff.). 26

Dabei ist eine objektive Betrachtung vorzunehmen. Nach dem Rechtsgedanken des § 537 BGB und nach der Verkehrsanschauung bleiben besondere persönliche Verhältnisse oder Veranlagungen des Mieters (z.B. Allergien), subjektive Überempfindlichkeiten bzw. eine geminderte subjektive Reizschwelle außer Betracht (AG Bad Arolsen NZM 2008, 83: Katzenallergie; AG Hamburg WuM 2007, 621, 622: besondere psychische Belastung durch Asthma und Neurodermitis; AG Königstein NZM 2000, 822). Es sei denn, diese wären Teil des vertragsgemäßen Zustandes geworden (z.B. behindertengerechte Wohnung). Soweit i.Ü. die persönlichen Verhältnisse des Mieters relevant sind, wird das ausdrücklich normiert (z.B. § 554a BGB: barrierefreies Wohnen). Zu dem vom Mieter zu tragenden Verwendungsrisiko gehört auch das Risiko, dass die Mietsache für ihn persönlich geeignet ist. Der Vermieter trägt das Risiko, dass sie allgemein zum vertragsgemäßen Gebrauch geeignet ist. 27

Eine Gefahr – und damit ein Sachmangel – ist je nach den Umständen des Einzelfalls zu verneinen, wenn der Gebrauch nur unter ganz außergewöhnlichen Natureinwirkungen (BGH NJW 1971, 424; OLG Koblenz NJW-RR 1997, 331: Hochwasser; z.B. zur Jahrhundertflut LG Leipzig NJW 2003, 2177 = NZM 2003, 510), einem fernliegenden oder einmaligen Fehlverhalten Dritter (BGH ZMR 2009, 269, 270: einmalige Vorfall begründet keine Mieter beeinträchtige Gefahrenlage; AG München ZMR 2010, 540: Mangel, 2 Schüsse mit Luftgewehr auf Scheibe; abw. OLG Frankfurt/M. WuM 1991, 88: Überschwemmung durch verstopftes Abflussrohr; fraglich) oder des Mieters beeinträchtigt werden kann (AG Ibbenbüren WuM 1998, 378: Einfrieren Außenölleitung zu der Mieter alleinigen Zugang hat, Verletzung Obhutspflicht; KG ZMR 1999, 395: Rohrverstopfung). Letztlich ist darauf abzustellen, ob der den Sachmangel verursachende Umstand, sei es auch in der Gestalt einer Gefahr, der Sphäre des Vermieters, dem i.d.R. das Sach- und Verwertungsrisiko zufällt, oder der Sphäre des Mieters zuzurechnen ist, der grundsätzlich das Verwendungs- und insoweit das allgemeine Lebensrisiko und das Risiko trägt, dass die Mietsache für ihn persönlich geeignet ist. 28

Ein Sachmangel liegt dagegen vor, wenn der Mietsache eine Schutzvorkehrung fehlt, deren Einbau vorgeschrieben ist oder wird (z.B. nachträglicher Einbau von Rauchmeldern oder Sprenkleranlagen, Übersicht Schickedanz ZMR 2007, 669) oder dem Stand der Technik entspricht (Rückstausicherung gegen Hochwasser: OLG Hamm ZMR 1988, 138 = NJW-RR 1988, 529; OLG Düsseldorf NJW-RR 1988, 906 = ZMR 1988, 222; LG Freiburg WuM 1987, 383: Einbau durch Satzung vorgeschrieben, abw. OLG Frankfurt/M. 29

WuM 1984, 78: mangelhaft gewartete Rückstauventile außer Funktion (Haftung aus positiver Vertragsverletzung); vgl. OLG Koblenz NJW-RR 1997, 331: mangelfrei sind Mieträume in einem hochwassergefährdeten Gebiet, die in einem Gebäude liegen, das in einer Betonwanne steht, weshalb keine Einwirkungen zu befürchten waren). Der Mieter muss nicht abwarten, bis sich die mit der Schutzvorkehrung abzuwehrende Gefahr realisiert, er quasi sehenden Auges seinem Unglück entgegentritt (abzulehnen KG ZMR 2004, 259: defekte Brandschutzeinrichtungen in Möbellagerhalle kein Mangel, nur Kündigung gem. §569 BGB). Im Rahmen seiner Erhaltungspflicht nach §535 Abs. 1 S. 2 BGB ist der Vermieter verpflichtet, die Mietsache zu prüfen und Schutzvorkehrungen, die dem Schutz von Leib und Leben dienen, auf dem Stand der Technik zu halten (OLG Düsseldorf ZMR 2002, 819: Brandschutzeinrichtungen; OLG Düsseldorf ZMR 2004, 632: Einbruchsserie, keine Pflicht, Sicherheitsstandard geänderten Sicherheitserkenntnissen anzupassen).

30 Mangelhaft ist die **Mietsache**, wenn vertragswidrig Teile **entzogen** werden, entweder tatsächlich körperlich oder indem die Benutzung vermieteter Einrichtungen oder Anlagen durch den Vermieter oder andere Mieter untersagt wird (AG Minden WuM 2007, 190: Fahrradkeller; AG Reinbeck WuM 2000, 329: Parkplatz; AG Helmstedt ZMR 1988, 67: Mitbenutzung Badewanne; AG Darmstadt WuM 1983, 151: Keller). Dem Entzug steht gleich, dass vertraglich geschuldete Teile **nicht überlassen** werden (LG Frankfurt/M. ZMR 1976, 210: Nichtanlage eines Kinderspielplatzes). Entziehung bedeutet Störung des Mieters in dem ihm zustehenden, d.h. vertragsgemäßen Gebrauch (BGH ZMR 2008, 883, 884 = NJW 2008, 2771 = NZM 2008, 644; BGH NJW-RR 1999, 1239, 1240). Ob der Mieter tatsächlich in seinem Gebrauch beeinträchtigt wird, ist unerheblich (BGH ZMR 2005, 612, 614; BGH NJW 1987, 432 = ZMR 1987, 51, 53).

31 Der Sachmangel kann namentlich zurückzuführen sein auf

- die körperliche Beschaffenheit der Sache (Zustandsmängel, Rdn. 34 ff.),
- die tatsächlichen und rechtlichen Verhältnisse (Umfeld-/Umweltmängel, Rdn. 59 ff.) oder
- unzureichende Nebenleistungen (Leistungsmängel, Rdn. 82 ff.).

32 **Checkliste Sachmangel:**

1. Soll-Zustand
   a) Mietvertragsurkunde
   b) stillschweigende Einigung
   c) Auslegung insb. Umstände und Verkehrsanschauung
   (Art, Alter, Ausstattung, Standard, Zustand, Lage, Umfeld, Gebrauchszweck der Mietsache, Mietparteien, anwendbare rechtliche und technische Normen)
   d) gegebenenfalls Anpassung
   geänderte Anschauungen über vertragsgemäßen Standard
   neuere Erkenntnisse (technische, physikalische, chemische, biologische, medizinische)
   e) Anknüpfungszeitpunkt (Vertragsschluss, Errichtung/Veränderung der Mietsache)
2. Ist-Zustand (Abweichung)
3. Nachweisbarkeit/Beweislast

Protokolle (Übergabe/Abnahme), Gutachten (Sachverständigen-/Privat-), Analysen/Atteste (z.B. Schimmel), behördliche Bescheide, Fotos, Messprotokolle (z.B. Immissionen), Bautagebuch, Zeugen, Augenschein etc.

Praxishinweis: 33

> Die Vereinbarung über den Mietzweck sollte zur Definition und Abgrenzung des Mietgebrauchs und der Gebrauchsgewährungspflicht, sowie vertraglicher Toleranzen bzw. der (Un)Erheblichkeit etwaiger Abweichungen (Rdn. 87) genutzt werden. Geschuldeter Zustand und Ausstattung der Mietsache und gegebenenfalls von der jeweiligen Vertragspartei zu tragende besondere Risiken sollten vereinbart werden. Soweit erforderlich sollte auf Regelwerke Bezug genommen werden (z.B. hinsichtlich technischer Ausstattung auf die einschlägige DIN in der für den Mietvertrag als maßgebend vereinbarten Fassung).

b) Zustandsmängel

Unter der Fallgruppe der Zustandsmängel werden die Abweichungen des Zustandes oder 34
der Ausstattung der Mietsache erfasst, die den vertragsgemäßen Gebrauch nachteilig beeinträchtigen. Sie stellen keine Mängel dar, soweit sie nach Art, Alter, Ausstattung, Zustand und Lage zu den vertraglich vorausgesetzten Nachteilen gehören (Rdn. 11 ff.; LG Berlin WuM 1990, 16: keine Heizungsmöglichkeit in der Küche; AG Hamburg WuM 1990, 70: lagebedingt schlechter Fernsehempfang; AG Neuss WuM 1987, 229: höhere Heizkosten durch ungünstige Lage der Wohnung im Haus, Außenwohnung) oder der nach einer Veränderung der Mietsache eintretende Zustand noch den vertraglichen Vereinbarungen entspricht (BGH NZM 2009, 855 = NJW 2010, 1133: Geräuschimmission durch eingebaute Abluftanlage in Grenzwerten TA-Lärm).

aa) Technische Normen

Ob die Mietsache mangelhaft ist, hängt davon ab, was die Parteien zur Beschaffenheit 35
vereinbart haben (Rdn. 4 ff.). Soweit Vereinbarungen fehlen, kann die Beschaffenheitsabrede über die Verkehrsanschauung durch die maßgeblichen technischen Normen zu ergänzen sein (BGH NJW 2004, 3174 = ZMR 2004, 807 m. Anm. Schläger: übliche Ausstattung; weiter BGH NJW 2005, 218 = ZMR 2005, 108: Einhaltung geschuldet; Beispiel für offene technische Fragen: Schläger ZMR 2008, 872 in Anm. zu BGH ZMR 2008, 869: Fogging; Selk ZMR 2008, 942: Mindestabstand; zu Standards als Bewertungsmaßstäben Horst NZM 2010, 177).

Die Frage der Einhaltung technischer Normen, insbesondere **DIN**-, VDI-, VDE-Richtli- 36
nien oder Unfallverhütungsvorschriften, beantwortet nicht unmittelbar die Frage des Sachmangels. So steht bei Nichteinhaltung der bei Errichtung eines Gebäudes geltenden Bauvorschriften ebenso wenig fest, dass ein Sachmangel vorliegt (a.A. KG WuM 1980, 255 (L): Schallschutz), wie umgekehrt bei ihrer Einhaltung, dass das Gebäude mangelfrei ist (a.A.: LG Frankenthal ZMR 1985, 301; LG Lüneburg WuM 1987, 214; LG Konstanz WuM 1988, 353). Es sei denn, die Einhaltung bestimmter DIN-Normen wurde vertraglich vereinbart (BGH NJW 2005, 218 = ZMR 2005, 108; OLG Hamm NJW-RR 1995, 143). Der mietrechtliche Sachmangelbegriff knüpft, anders als der kauf- und der werkvertragsrechtliche, nicht an die Beschaffenheit als solche, sondern an die Gebrauchstauglichkeit und deren Beeinträchtigung an (OLG Celle [neg. RE] WuM 1985, 9, 11 = ZMR 1985, 10). Die Mietsache ist mangelhaft, wenn unabhängig von oder trotz Einhaltung aller technischen Normen die Gebrauchstauglichkeit beeinträchtigt ist (BGH NJW-RR 2003, 727: Überhitzung von Arbeiträumen; LG Hamburg WuM 2001, 193: Mangel, wenn baulicher Zustand Bildung von Kondenswasser erwarten, mithin Feuchteschäden und Schimmelpilzbefall befürchten lässt; unerheblich, ob Gebäude DIN-gemäß errichtet; AG Trier WuM 2002, 308: Schall). Ob eine Beeinträchtigung wesentlich ist, hängt von dem Empfinden eines verständigen Durchschnittsmenschen ab und davon, was diesem

auch unter Würdigung anderer öffentlicher und privater Belange billigerweise nicht mehr zuzumuten ist (BGH ZMR 2004, 415, 416 m.w.N.; BGH BGHZ 120, 239, 255 = ZMR 1993, 152, 159; abw. OLG Düsseldorf ZMR 1997, 181 = WuM 1997, 221: Empfinden Tatrichter).

37 Technische, insbesondere DIN-Normen sind keine Rechtsnormen. Es handelt sich um private technische Regelungen mit Empfehlungscharakter (BGH ZMR 2009, 345, 346; BGH NJW 2007, 2923, 2925 = NZM 2007, 651; BGH ZMR 2004, 415, 417; BGH BGHZ 139, 16 = NJW 1998, 2814). Sie dienen primär der Schaffung und Verbesserung des technischen Standards und konkretisieren u.U. die übliche oder zu erwartende Beschaffenheit i.S.d. §§ 434 Abs. 1 S. 2 Nr. 2, 633 Abs. 2 S. 2 Nr. 2 BGB. Etwas anderes gilt dann, wenn Normen, technische Vorschriften oder sonstige Bestimmungen kraft Gesetzes oder durch vertragliche Vereinbarung verbindlich werden (z.B. EnEV, zu den mietrechtlichen Konsequenzen Stangl ZMR 2008, 14, 21 u. Kinne ZMR 2004, 397; OLG Frankfurt/M. NZM 2007, 330, 331: § 3 Abs. 4 EnEV/DIN 4108; Horst NZM 2010, 177, 182: nach § 5a S. 3 EnEG keine Auswirkung auf Sollbeschaffenheit; OLG Hamm NJW-RR 1995, 143: Einhaltung bestimmter DIN-Normen). Daher liegt ein Sachmangel der Mietsache vor, wenn sie trotz Einhaltung aller technischen Normen nicht oder nur eingeschränkt gebrauchstauglich ist (z.B. LG Hamburg ZMR 2010, 605, 606 u. LG Hamburg WuM 2006, 109: Trittschall, Schritte auf Laminat zu hören, auf Einhaltung DIN-Normen kommt es nicht an; LG Landshut WuM 2002, 307: höhere Geräuschsbelästigung nach DIN-gemäßem Heizungseinbau; LG Berlin NZM 2000, 490: Mangel bei Heizungsgeräuschen unterhalb Grenzwert DIN 4109). Umgekehrt liegt kein Mangel vor, wenn die Mietsache trotz Nichteinhaltung technischer Normen uneingeschränkt gebrauchstauglich ist.

38 Die Einhaltung der einschlägigen technischen Normen **indiziert**, dass eine Gebrauchsbeeinträchtigung nur unwesentlich ist (BGH ZMR 2006, 670, 671: kein Mangel, Grenzwert 26. BImSchV eingehalten; BGH ZMR 2004, 415, 417 m. Anm. Schläger: zu § 906 BGB, 26. BImSchV, Einhaltung indiziert Beeinträchtigung unwesentlich; OLG Köln MDR 1993, 973 = NJW-RR 1993, 466; Gewerberaum muss **ArbStättVO** genügen (Arbeitsstättenrichtlinie antizipiertes Sachverständigengutachten): OLG Naumburg NJW-RR 2004, 299; OLG Rostock NJW-RR 2001, 802; OLG Hamm NJW-RR 1995, 143 und LG Bielefeld IBR 2003, 474 = AiB 2003, 474 m. abl. Anm. Busse NJW 2004, 1983; einschränkend AG Neuss ZMR 1997, 303: muss erheblich und nicht nur kurzfristig überschritten werden; a.A. zu Mietsache mit Sonnenschutz gem Mieteranforderung: OLG Frankfurt/M. NZM 2007, 330, 332: Vermieter nicht Adressat der ArbStättVO m. zust. Anm. Harms ZMR 2007, 432; ders. NZM 2005, 441; Überblick zu Raumtemperaturen Elshorst NZM 2002, 902; **Schallschutzvorschriften:** BGH NZM 2009, 855 = NJW 2010, 1133: TA-Lärm; BGH NZM 2009, 580 = ZMR 2009, 836 = NJW 2009, 2441: Trittschallschutz, Instandhaltung; BGH NJW 2005, 218 = ZMR 2005, 108: Trittschallschutz, aufgestocktes Wohnhaus; KG WuM 1980, 255 (Trittschall); LG Karlsruhe DWW 1987, 234: Trittschall, Ausmaß durch Zeugen feststellbar, Sachverständigengutachten entbehrlich; OLG Düsseldorf ZMR 1997, 181 = WuM 1997, 221: maßg Empfinden des Tatrichters; AG Flensburg WuM 2000, 628: Tritt- und Luftschallschutz in Neubau DIN 4109 (Ausgabe Nov. 1989) nicht eingehalten; AG Hamburg WuM 1996, 469, 470 (Heizungsanlage); BayObLG WuM 1993, 287 (zu § 14 WEG, Toilette); **Wärmedämmung**: OLG Frankfurt/M. NZM 2001, 39; LG Kassel WuM 1988, 355; LG Berlin MDR 1982, 671: undichte Fenster; **Bauordnungsrecht/Verkehrssicherungspflicht:** OLG Brandenburg ZMR 2009, 190, 191: Geländer an Empore fehlt, zugleich Gesundheitsgefährdung i.S.v. § 569 Abs. 1 S. 1 BGB; OLG Dresden NZM 2006, 865: Treppe baurechtswidrig zu schmal; LG Hamburg WuM 1999, 364 = ZMR 1999, 464). Die Einhaltung technischer Normen indiziert nicht darüber hinaus die Mangelfreiheit (AG Trier WuM 2002, 308: Schall).

39 Da den Vermieter keine allgemeine Modernisierungspflicht trifft (Rdn. 18), ist grundsätzlich auf den **Stand** der Technik **bei Errichtung** der Mietsache abzustellen, von dessen Beachtung stillschweigend bei Vertragsabschluss ausgegangen wird und der nach der Verkehrsanschauung zu unterstellen ist (BGH ZMR 2009, 836 = NJW 2009, 2441: Trittschallschutz Anm. Schmid MDR 2009, 1024, Drasdo NJW-Spezial 2009, 530, (krit.) Geldermacher MietR-Kompakt 2009, 176 u. Elzer NZM 2009, 641; BGH NJW 2005, 218 = ZMR 2005, 108; BGH ZMR 2004, 807, 810 = NJW 2004, 3174; OLG Celle [neg. RE] WuM 1985, 9; einschr.: BGH ZMR 2006, 678, 680 = NJW-RR 2006, 1157 u. BGH NZM 2006, 582, 583 = NJW-RR 2006, 1158: i.d.R. Standard bei Vertragsschluss, erwartbar üblicher Standard für vergleichbare Objekte; weiter LG Hamburg ZMR 2010, 605: bei Errichtung noch keine DIN vorhanden, nächst folgende heran zu ziehen; a.A. AG Marbach a.N. WuM 2007, 385, Rodegra WuM 2009, 151 u. Schmidt-Futterer/Eisenschmid § 536 Rn. 29: aktueller Standard bei Übergabe). Ist die Mietsache fertig- oder herzustellen (z.B. Neubau, Reißbrettvermietung), ist der Stand der Technik bei Fertigstellung oder Überlassung zugrunde zu legen. Es sei denn, aus den Umständen, etwa aus den zum Gegenstand der Vertragsverhandlungen gemachten Prospekten oder Baubeschreibungen oder einem entsprechenden Hinweis bei Vertragsabschluss ergibt sich etwas anderes (vgl. BGH NJW 2005, 218 = ZMR 2005, 108; OLG Hamm NJW-RR 1996, 213: Altbausanierung [Werkvertrag]). Auf die Aufrechterhaltung eines überobligatorischen, höherwertigen Standards hat der Mieter nur bei entsprechender Vereinbarung einen Anspruch (BGH NZM 2009, 855 = NJW 2010, 1133; a.A. OLG München NZM 2008, 133: höheres Niveau zu halten).

40 Bei baulichen Veränderungen der Mietsache während des Mietverhältnisses ist zwischen Erhaltung einerseits und Modernisierung oder Umbau andererseits zu differenzieren. Soweit das Gebäude lediglich erhalten wird, kann der Mieter nicht davon ausgehen, dass es auf den neuesten Stand der Technik gebracht wird und den erhöhten Anforderungen der jeweils geltenden technischen Normen entspricht (BGH ZMR 2009, 836, 837 = NJW 2009, 2441: Austausch abgenutzten Fußbodens zwecks Instandhaltung m. Anm. Drasdo NJW-Spezial 2009, 530, Schmid MDR 2009, 1024, (krit.) Geldermacher MietR-Kompakt 2009, 176 u. Elzer NZM 2009, 561; LG Hamburg ZMR 2010, 605: Schallschutz). Falls technisch überhaupt möglich, ist das mitunter mit einem unverhältnismäßigen Aufwand verbunden, den der Mieter jedenfalls nicht stillschweigend erwarten kann (z.B. Trittschallschutz in Holzbalkendecke). Erwarten kann der Mieter, dass die Instandsetzungsmaßnahme fachgerecht erfolgt (BGH ZMR 2006, 678, 680 = NJW-RR 2006, 1157: Sicherheitsstandard, unfachgerechte Vermauerung). Wird das Gebäude modernisiert oder wesentlich verändert, darf der Mieter davon ausgehen, dass die Maßnahmen nach dem gegenwärtigen Stand der Technik durchgeführt und die einschlägigen technischen Normen eingehalten werden (BGH NJW 2005, 218 = ZMR 2005, 108: Trittschallschutz in aufgestocktem Gebäude m. Anm. Drasdo NJW 2005, 798; OLG Dresden NZM 2009, 703: Sanierung Altbau nicht neuester Stand zu erwarten; LG Münster WuM 2000, 354: Wärmeschutz; AG Wiesbaden WuM 2006, 219: Fahrstuhleinbau in Altbau; AG Köpenick WuM 2008, 25: Schallschutz nach Einbau Isolierglasfenster und Mieterhöhung).

(1) Feuchtigkeitserscheinungen

41 Bilden sich während der Mietzeit Feuchtigkeitserscheinungen, Schimmel und Spak, handelt es sich **grundsätzlich** um einen **Sachmangel** (OLG Celle [neg. RE] WuM 1985, 9 = ZMR 1985, 10; LG Kassel WuM 1988, 355). Ursächlich können der Zustand der baulichen Substanz (Pfrommer WuM 2001, 532: Einfluss von Baukonstruktion und Innenklima auf Feuchteschäden), etwa eine unzureichende Isolierung des Gebäudes (OLG Celle, a.a.O.; LG Flensburg WuM 1988, 354; LG Hannover WuM 1988, 354; LG Kassel

WuM 1988, 355), die mangelhafte Instandhaltung des Außenputzes (LG Braunschweig ZMR 1988, 142), des Daches, der Fenster oder nachträgliche bauliche Veränderungen, etwa Maßnahmen zur Wärmedämmung oder der Einbau neuer Fenster sein (LG Hannover WuM 1985, 22; LG Kiel DWW 1986, 118; AG Dortmund WuM 1986, 295; LG Hamburg WuM 1988, 353; LG Mannheim ZMR 2007, 971; OLG Hamm MDR 1996, 256; allg. Pilz DWW 2007, 402; umfassend zu Schimmelpilz: Isenmann/Adam/Mersson Feuchtigkeitserscheinungen in bewohnten Gebäuden, 4. Aufl. 2008, u. Mücke/Lemmen Schimmelpilze, 1999; zur Verursachung einer Erkrankung durch Schimmelpilze: Clemens/Clemens WuM 1999, 667 und WuM 2000, 227). Ob der Schimmelpilzbefall darüber hinaus gesundheitsgefährdend ist, bedarf jeweils einer konkreten, gesonderten sachverständigen Feststellung (BGH ZMR 2007, 600, 604 = WuM 2007, 319 = DWW 2007, 239, 245 m. einschr. Anm. Streyl WuM 2007, 365; krit./abl. Adam/Isenmann WuM 2007, 492 u. Selk/Hankammer NZM 2008, 65: erhebliche Gesundheitsgefährdung).

42 Andererseits hat der Mieter sich im Rahmen seiner **Obhutspflicht** so zu verhalten, insbesondere zu heizen und zu lüften, dass Feuchtigkeitserscheinungen möglichst vermieden werden (OLG Celle [neg. RE] WuM 1985, 9; LG Braunschweig ZMR 1988, 142; zu Wohnverhalten: Pilz DWW 2007, 402, 404; zu Lüftung: Isenmann WuM 2002, 663 u. WuM 2003, 143; Casties WuM 2001, 589). Die Obhutspflicht ist auf die vom Mieter zu beheizenden und zu lüftenden Räumlichkeiten (AG Hannover ZMR 2010, 200, 201: nicht Treppenhaus) und auf das billigerweise Zumutbare beschränkt. Ist ein unzumutbares Verhalten erforderlich, um Feuchtigkeitserscheinungen zu verhindern, z.B. Verringerung der verfügbaren Fläche durch Abrücken der Möbel von der Außenwand (LG Mannheim ZMR 2007, 971 = NJW 2007, 2499 = NZM 2007, 682; LG Hamburg ZMR 2004, 41: 9 cm von Außenwand; zumutbar Abstand Scheuerleiste LG Hamburg WuM 2000, 329 m.w.N. u. NJW-RR 1998, 1309; abl. Selk ZMR 2008, 942), ist die Mietsache mangelhaft (Lüften/Heizen: zumutbar: BGH ZMR 2007, 600, 604 = WuM 2007, 319 = DWW 2007, 239, 245: 2 Personenhaushalt tägl. 4 x Kippen 3-8 Min.; OLG Frankfurt/M. NZM 2001, 39: zweimal morgens, einmal abends quer lüften; AG Frankfurt/M. WuM 2007, 569: 1-2x tägl. 10-20 Min, 5x unzumutbar; unzumutbar: LG München I WuM 1985, 21: Fenster ständig weit geöffnet zu halten; LG Hamburg WuM 1988, 353: 5- bis 6-maliges Lüften für berufstätige Mieter; LG Hamburg NJW-RR 1998, 1309: übersteigertes Heizen und Lüften; LG Lüneburg WuM 2001, 465: Stoßlüften mehrmals am Tag im Abstand von wenigen Stunden, ständig alle Räume wärmer als 20° C halten; LG Braunschweig WuM 1985, 26: keine Pflicht, mit 22° C zu heizen; AG Siegen ZMR 2005, 544: Stoßlüften mehrmals täglich, ständig 20° C, Abrücken Möbel).

43 Der Mieter hat jedoch bei seinem Verhalten eine Sorgfalt wie in eigenen Angelegenheiten walten zu lassen. Ihm ist es zumutbar, sich den geänderten bauphysikalischen Verhältnissen anzupassen und wie ein Eigentümer sein Wohnverhalten zu optimieren (AG Marburg WuM 1999, 601: bei »sensiblem Raumklima« Wasserdampf effektiv zu beseitigen bzw. zu vermeiden). Das setzt jedoch voraus, dass der Vermieter ihn konkret und sachgerecht auf das erforderliche bzw. zu ändernde Heiz- und Lüftungsverhalten hinweist und das veränderte Verhalten zumutbar bleibt (z.B. bei nachträglichem Fenstereinbau: LG Gießen ZMR 2000, 537; LG Berlin ZMR 2002, 48; LG München I NZM 2007, 642).

44 Neben dem baulichen Zustand und dem Verhalten der Mieter ist auch die Anzahl der Bewohner für die Entstehung von Feuchtigkeitserscheinungen erheblich (Isenmann WuM 1996, 602). Der Vermieter haftet dafür, dass die Mietsache für eine Belegung mit den bei Vertragsabschluss feststehenden oder – z.B. aufgrund der Wohnungsgröße – regelmäßig zu erwartenden Personen geeignet ist. Der Mieter trägt das Risiko, soweit er darüber hinaus weitere Personen aufnimmt.

Auch sog. Neubaufeuchte ist ein Mangel (LG Hamburg WuM 1976, 205; AG Bad Schwartau WuM 1988, 55; LG Nürnberg-Fürth WuM 1988, 155). Grundsätzlich darf der Mieter darauf vertrauen, dass das Gebäude vor der Überlassung ausgetrocknet ist oder getrocknet wurde. 45

Praxishinweis: 46

Sowohl die Feststellung der Ursachen als auch die Maßnahmen zur Beseitigung von Feuchte- und Schimmelerscheinungen sind komplex. Hilfe bieten amtliche Empfehlungen (z.B. Leitfaden zur Vorbeugung, Untersuchung, Bewertung und Sanierung von Schimmelwachstum in Innenräumen, Leitfaden zur Ursachensuche und Sanierung bei Schimmelpilzwachstum in Innenräumen beide herausgegeben vom Umweltbundesamt (UBA); Handlungsempfehlungen für die Sanierung von mit Schimmelpilzen befallenen Innenräumen LGA BW). Komplexität, möglicherweise wechselseitige Verantwortlichkeit, das Interesse an einer zeitnahen Beseitigung und das Risiko erheblichen Begutachtungsaufwandes im Falle einer streitigen Auseinandersetzung können im Einzelfall für die Durchführung eines Mediations- bzw. Schlichtungsverfahrens sprechen (Erfahrungsbericht Kopf/Hornberg WuM 2007, 556; zum Verfahren Kap. 38).

(2) Schadstoffe

Die Mietsache ist mangelhaft, wenn sie sich in einem gesundheitsgefährdenden Zustand befindet (Arg. § 569 Abs. 1 BGB). Eine Gesundheitsgefährdung ist grundsätzlich gegeben, wenn die durch Gesetz oder aufgrund eines Gesetzes in Verwaltungsvorschriften festgesetzten **Richt- oder Grenzwerte** überschritten werden (BGH ZMR 2006, 670, 671 = NZM 2006, 504 = WuM 2006, 304 = GE 2006, 777: 26. BImSchV; LG München I WuM 1991, 584; abw. Schläger ZMR 2004, 811: signifikantes Gesundheitsrisiko). Dem steht nicht entgegen, dass es sich teilweise auch um sog. Vorsorgerichtwerte handelt (BGH ZMR 2006, 670, 671 = NZM 2006, 504 = WuM 2006, 304 = GE 2006, 777: 26. BImSchV, Restrisiko für Mieter mit Herzschrittmacher nicht ausr). Bei der Erfüllung der staatlichen Schutzpflicht nach Art. 2 Abs. 2 S. 1 GG kommt dem Verordnungsgeber ein weiter Einschätzungs-, Wertungs- und Gestaltungsbereich zu, insbesondere wenn bei komplexen Gefährdungslagen noch keine verlässlichen wissenschaftlichen Erkenntnisse vorliegen (BVerfG ZMR 2002 578 = NZM 2002, 496; BGH ZMR 2004, 415, 418 = NJW 2004, 1317 = NZM 2004, 310). Die im Vergleich zu den technischen Normen (Rdn. 36 ff.) weiter reichende Bedeutung, die auch Eingang in § 906 Abs. 1 S. 2 BGB gefunden hat, ergibt sich aus der Rechtsnormeigenschaft und aus dem Sinn und Zweck der Vorschriften (abw. BGH ZMR 2004, 415: zu § 906 BGB, 26. BImSchV, auch nach Novelle Regelwerke nur Entscheidungshilfe für Wesentlichkeit der Beeinträchtigung, Tatrichter Beurteilungsspielraum). Während die technischen Normen in erster Linie Herstellungsstandards vereinheitlichen und verbessern, sollen die Grenz- und Richtwerte grundsätzlich Gesundheitsgefahren abwehren oder ihnen vorbeugen. Umgekehrt ist daher kein Mangel gegeben, wenn der Mietgebrauch zur Vermeidung von Gesundheitsgefahren beschränkt wird (OLG Koblenz NZM 2002, 918: behördliche Auflage, 90 dB(A) als zulässiger Schallpegel bei Live-Musikveranstaltungen in Gaststätte). Die Grenzziehung zwischen dem noch tolerierbaren allgemeinen Lebensrisiko und den nicht mehr hinnehmbaren Gesundheitsgefahren ist grundsätzlich dem Gesetzgeber vorzubehalten (vgl. BVerfG NJW 1997, 2509: elektromagnetische Felder, Trafo-Station; BGH ZMR 2006, 670, 671 = NZM 2006, 504 = WuM 2006, 304: Mobilfunkanlage; AG Königstein NZM 2000, 822: Formaldehyd, BgVV- statt WHO-Grenzwert). 47

Auszugehen ist grundsätzlich von den **aktuell geltenden** Werten. Bei bewusster Nicht-Normierung gilt die Gesundheit als nicht beeinträchtigt. Über die Verkehrsanschauung 48 kann auf wissenschaftlich-technische Standards zurückgegriffen werden. Nicht verifizierte oder widersprüchliche Befunde genügen nicht (BVerfG NJW 1997, 2509; AG Traunstein ZMR 2000, 389 m. Anm. Schläger). Erst wenn sich ein neuer, naturwissenschaftlich gesicherter Erkenntnisstand gebildet hat, werden Grenzwerte überholt (BGH ZMR 2006, 670, 671 = NZM 2006, 504 = NJW-RR 2006, 879 = WuM 2006, 304: Mobilfunkanlage m. Anm. Hinz WuM 2006, 346, 347; differenzierend AG Hamburg WuM 2007, 621, 622).

49 Bedingt durch die fortschreitenden Erkenntnisse über Umwelt- und Gesundheitsrisiken werden ständig neue Richt- oder Grenzwerte fest- bzw. bestehende herabgesetzt. Die Verschärfung der zum Schutz vor Gesundheitsgefahren festgesetzten Richt- oder Grenzwerte führt dazu, dass, wenn bei der Beurteilung der Frage, ob eine bestimmte Schadstoffbelastung als solche einen Mangel der Mietsache darstellt, auf wissenschaftlich-technische Standards zum Schutz vor Gesundheitsschäden abgestellt wird, grundsätzlich diejenigen Standards maßgeblich sind, die in dem Zeitpunkt gegolten haben oder gelten, der für die jeweilige Rechtsfolge maßgeblich ist (BayObLG [RE] WuM 1999, 568 = ZMR 1999, 751 m. Anm. Schläger; auf BVerfG NZM 1999, 302 = WuM 1998, 657; LG Lübeck NJW-RR 1998, 441: Stand der gegenwärtigen Gesundheitslehre; Mutter ZMR 1995, 189).

50 Da die Vertragsparteien regelmäßig von der gesundheitlichen Unbedenklichkeit der Mietsache ausgehen, wird mit einer Verschärfung der wissenschaftlich-technischen Standards der vertragliche Soll-Zustand geändert. Der Vermieter hat dann jeweils den Zustand herbeizuführen, der nach dem aktuellen Standard als Vorsorge gegen Gesundheitsgefahren erforderlich ist. Die Mietsache wird mangelhaft, wenn der Vermieter nach Bekanntwerden der entsprechenden verschärften Standards die Ursachen der Gefährdung nicht beseitigt (BayObLG [RE] WuM 1999, 568, 569 = ZMR 1999, 751; abzulehnen Schläger ZMR 2000, 408, 412, der nach Alt- und Neubauobjekten unterscheiden will, was für die Gesundheitsgefahr unerheblich ist).

51 Ob und inwieweit ein Richtwert vorhanden und zur Beurteilung geeignet ist, bleibt im Einzelfall zu prüfen (BayObLG [RE] WuM 1999, 568, 570 = ZMR 1999, 751; BGH ZMR 2004, 415: zu § 906 BGB, 26. BImSchV, Entscheidungshilfe für Wesentlichkeit der Beeinträchtigung, Tatrichter Beurteilungsspielraum; Übersicht bei Schläger ZMR 2002, 85; krit. zu Grenzwert für PCP Schläger ZMR 1998, 441). Namentlich bei Gerüchen und Lärmstörungen, für die mit Lästigkeit und Unvorhersehbarkeit nicht definierbare und messbare Faktoren bestimmend sind, können Richtwerte allenfalls als Orientierungshilfe herangezogen werden (BGH NJW 2001, 3054 = BauR 2001, 1566; zu Gerüchen/GIRL OVG Niedersachsen DWW 2006, 340 (Nachbarrecht); OVG NW NVwZ 2004, 1259, Schmid ZMR 1999, 301).

52 Ein Sachmangel liegt namentlich vor, wenn die Grenzwerte der **Trinkwasserverordnung** überschritten werden (allg. Fritsch ZMR 2005, 175; für **Blei**: OLG Köln ZMR 1992, 155 = NJW 1992, 51; unerheblich: LG Frankfurt/M. ZMR 1990, 17 = WuM 1990, 384: nur gelegentliche Überschreitung, und LG Hamburg NJW 1991, 1898 = WuM 1991, 161: Mieter die Schadstoffe durch zumutbare Maßnahmen (1–2 Sek. Ablaufenlassen) ableiten kann; für **Nitrat**: AG Osnabrück WuM 1989, 12; AG Brühl WuM 1990, 382; LG Köln MDR 1991, 445 = ZMR 1991, 223: Minderung in Höhe der Kosten für anderweitige Trinkwasserbeschaffung; LG Braunschweig ZMR 2000, 462: chemisch aufbereitetes Trinkwasser entspricht lebensmittelrechtlichen Vorgaben, kein Mangel).

53 Ein Sachmangel liegt vor, wenn die Belastungen der **Raumluft** über den Richtwerten des Bundesinstitutes für Risikobewertung (BfR, vormals BgVV) liegen (für **Asbest**: LG Dortmund ZMR 1994, 410 und 1996, 141; LG Mannheim WuM 1996, 338 und WuM 1998, 563 m. Anm. Schläger; LG Berlin WuM 1996, 761; AG Hamburg WuM 1999, 433;

einschr LG Lübeck NJW-RR 1998, 441 = ZMR 1998, 433: Schadstoffbelastung muss für den Vermieter vorhersehbar sein m. krit. Anm. Schläger; AG Hamburg WuM 1999, 433: ausr. Gefahr Freisetzung von Asbest; Isenmann NZM 1998, 143; für **Formaldehyd:** LG München I WuM 1991, 584 = NJW-RR 1991, 975; AG Bad Säckingen WuM 1996, 140; OLG Köln NJW-RR 1991, 1077 (0,1 ppm); AG Königstein NZM 2000, 822: 0,1 ppm gem. BgVV statt 0,05 ppm gem. WHO; OLG Nürnberg DWW 1992, 143 (0,025 ppm); zu Werkvertrag: OLG Düsseldorf DWW 1992, 140 und OLG Brandenburg NJW-RR 2000, 97: 0,1 ppm mangelfrei; für **Perchlorethylen**: LG Hannover NJW-RR 1990, 972 = WuM 1990, 337; LG Hamburg WuM 1990, 66: kein Anspruch des Mieters durch sehr aufwändige Maßnahmen Rückgang der Belastungen zu beschleunigen; LG Lübeck NJW-RR 1998, 441= ZMR 1998, 434 m. Anm. Schläger; AG Mainz DWW 1996, 216, 217: auch wenn die vom Bundesinstitut für Risikobewertung (BfR, früher vom Bundesgesundheitsamt) vorgegebenen Richtwerte für einzelne Holzschutz-Wirkstoffe unterschritten werden (Belastung mit Xyladecor); **Pentachlorphenol** (PCP), Lindan, Euparen: a.A. LG Tübingen ZMR 1997, 189: konkrete Gesundheitsgefährdung; OLG Düsseldorf NJW-RR 2000, 610: zu § 823 BGB).

Die Behandlung elektromagnetischer Felder, sog. **Elektrosmog**, die von Sendeanlagen, z.B. Rundfunk-, Fernsehsendern, Mobilfunkstationen, Radaranlagen sowie schnurlosen Telefonen oder Wechselstromanlagen, z.B. Stromleitungen, Umspannwerken, Transformationsstationen oder Haushaltsgeräten erzeugt werden, richtet sich nach den Regelungen der 26. BImSchV, der Verordnung über das Nachweisverfahren zur Begrenzung elektromagnetischer Felder (BEMFV) und der DIN VDE 0848-3-1 (zu Mobilfunkantenne: BVerfG ZMR 2002, 578 = NZM 2002, 496 und NJW 1997, 2509 = DWW 1997, 146; BGH ZMR 2006, 670, 671 = NZM 2006, 504 = WuM 2006, 304; BGH ZMR 2004, 415; AG Traunstein ZMR 2000, 389 m. Anm. Schläger; AG Gießen ZMR 2001, 806 = WuM 2001, 546; AG Berlin-Tiergarten NZM 2002, 949; LG Berlin NZM 2003, 60 = NJW-RR 2003, 300; a.A. AG München WuM 1999, 111 m. abl. Anm. Roth NZM 200, 521, 524; abw. AG Hamburg WuM 2007, 621: mehrere Antennen, Dachgeschosswohnung, objektive Einwirkungen feststellbar; LG Frankfurt/M. NZM 1998, 371: Bahnoberleitung; zur 26. BImSchV u.a. Kutscheidt NJW 1997, 2481; zu Mobilfunkantennen: Eckert DWW 1998, 8; ders. DWW 2000, 51 – techn. Erläuterung; Mertens/Appelbaum NZM 2002, 642; Wahlfels NVwZ 2003, 653; Hitpaß ZMR 2002, 572: Rechtsprechungsüberblick; zu UMTS Hitpaß ZMR 2007, 340). 54

Weitere Normierungen liegen beispielsweise vor zu **Altlasten** (Prüf- und Sanierungswerte einschließlich der Messmethoden der Anhänge 1 und 2 der BBodenSchV). 55

Kein Sachmangel liegt vor, soweit die Gesundheitsgefahr sich erst aus der Verbindung mit einer besonderen individuellen körperlichen Konstitution des Mieters ergibt (für Allergie: LG Oldenburg ZMR 2000, 100 und LG Berlin NZM 1999, 614: Schimmelpilz (zu § 544 BGB); AG München WuM 1986, 247: gem. § 242 BGB Anspruch auf vorzeitige Vertragsaufhebung; a.A. Schläger ZMR 1998, 669). Das sich aus seiner persönlichen Veranlagung ergebende Risiko trägt der Mieter (BGH ZMR 2006, 670, 671 = NZM 2006, 504 = WuM 2006, 304 = GE 2006, 777: 26. BImSchV, Restrisiko für Mieter mit Herzschrittmacher nicht ausr; s. Rdn. 27). 56

(3) Dekorativer Zustand

Ein beeinträchtigter dekorativer Zustand der Mietsache begründet einen Sachmangel, wenn das Erscheinungsbild nach dem Verwendungszweck für die Gebrauchstauglichkeit erheblich ist (»schwarze Wohnung«/Fogging oder Biofilm: BGH ZMR 2008, 869 m. Anm. Schläger = NJW 2008, 2432 = NZM 2008, 607; LG Berlin ZMR 2003, 489; AG 57

Schwäbisch Gmünd/LG Ellwangen WuM 2001, 544; Isenmann WuM 2001, 428; Szewierski/Moriske ZMR 2003, 551; Hitpaß/Oventrop ZMR 2005, 598; KG NZM 2009, 199 = NJW-RR 2009, 445: sratching, großflächig verteilte Kratzer auf mehreren Scheiben eines Supermarktes). Danach können sich für Gewerbe-, etwa Empfangs- und Lagerräume, Wohn- und Nebenräume jeweils andere Maßstäbe ergeben (BGH NJW-RR 2004, 1450, 1452: schlechtere Vermietbarkeit durch optische Beeinträchtigungen (Einbauküche) in gewerblichem Zwischenmietverhältnis; OLG Celle WuM 1995, 584 = ZMR 1995, 204: Teppichboden in Altenpflegeheim; OLG Düsseldorf BB 1989, 1934 = MDR 1989, 640: Risse und Feuchtigkeitserscheinungen in Zahnarztpraxis; KG WuM 1984, 42 und AG Hamburg WuM 1976, 95: Treppenhaus, Außenfassade; LG Hamburg WuM 1976, 205: Risse und Flecken; OLG München WuM 1999, 63: baulicher Zustand Fassade; AG Köln WuM 1997, 470: Wandschlitze im Treppenhaus; AG Berlin-Charlottenburg NZM 2007, 484 u. AG Hamburg WuM 2006, 244: Graffitis u. Tags an Fassade u. in Eingangsbereich über ortsübliche Maß; abw. AG Leipzig WuM 2001, 237: Gewerbe).

58 Weitere Voraussetzung ist, dass der Mieter nicht aufgrund einer von ihm übernommenen Verpflichtung zur Durchführung von Schönheitsreparaturen für den Zustand verantwortlich ist oder den Zustand bei Vertragsabschluss als vertragsgemäß angenommen hat. Ein Sachmangel entfällt nicht, wenn die Herstellung eines einheitlichen optischen Bildes mit unverhältnismäßigen Kosten verbunden ist (z.B. Neuverfliesung Bad nach Reparatur: AG Kleve WuM 1991, 261; a.A. AG Köln WuM 1997, 41). Die Feststellung des Sachmangels, für die allein die Beeinträchtigung der vertraglich vereinbarten Beschaffenheit maßgebend ist, ist von der Höhe des zu seiner Beseitigung erforderlichen Aufwandes zu trennen (zu den Grenzen Rdn. 138).

c) Umfeld-/Umweltmängel

59 Ein Sachmangel kann sich aus dem Umfeld, den tatsächlichen Umständen oder rechtlichen Verhältnissen ergeben. Die Ursache kann außerhalb der Mietsache liegen (Rdn. 24). Die Gebrauchstauglichkeit muss jedoch objektiv **unmittelbar beeinträchtigt** werden (BGH ZMR 2009, 269, 271 m.w.N.). Der Umstand muss sich konkret tatsächlich auf den Mietgebrauch auswirken, was bei verhaltensbedingten Störungen wiederholt konkrete Anlässe oder Gefarhensitutationen erfordert (BGH ZMR 2009, 269, 270: Publikumsverkehr). Umstände, die die Eignung der Mietsache zum vertragsgemäßen Gebrauch nur mittelbar oder nur subjektiv berühren, sind nicht als Sachmangel zu qualifizieren (BGH NZM 2006, 54, 57: Center, kein Mangel z.B. fehlendes Centermanagement u. Wegeleitsystem, konzeptwidrige Vermietung, Ausfall Rolltreppe, Pöbeleien von Besuchern; BGH NJW 2000, 1714; BGH NJW 1971, 424: Hochwasserschaden, Aufschüttungen auf dem Grundstück; BGH NJW 1981, 2405; OLG Düsseldorf ZMR 1988, 222, 223: Wasserschaden infolge ungewöhnlicher Niederschlagsmenge, Tür zum Kellerraum, in dem Kanalrevisionsschacht liegt, ist nicht wasserdicht konstruiert; BGH ZMR 2009, 269, 2009, 269 gegen Vorinstanz OLG Stuttgart ZMR 2007, 159 m. Anm. Schläger = WuM 2007, 272: Publikumsverkehr einer Agentur für Arbeit in Bürogebäude; KG NZM 2003, 27: Fremdmüllablagerung; OLG Düsseldorf NJW-RR 1998, 1236: Zugang; LG Berlin NJW-RR 1996, 264 = NJWE-MietR 1996, 76 (L): Bordell; OLG Hamm NJWE-MietR 1996, 80: Drogenberatungsstelle im Nachbargebäude; LG Chemnitz ZMR 2002, 350: Möglichkeit der Hofbelieferung für Geschäft in Fußgängerzone entfällt; verneint z.B. OLG Rostock ZMR 2009, 613: Postieren von Ordnern in gemeinsam von Diskothek und Spielothek genutztem Kellerflur; OLG Hamburg WuM 2003, 146: gelegentliche Straßenbaumaßnahme begrenzten Ausmaßes, 5m von einem innerstädtischen, langfristig angemieteten *Ladenlokal; AG Stuttgart ZMR 2009*, 458: Bestattungsinstitut, Beeinträchtigung subjektiven Wohlbefindens nicht ausreichend; Einzelfälle unerheblicher Umfelderscheinungen

Rdn. 91). Unerheblich ist, ob ein Dritter für die Beeinträchtigung ausgleichspflichtig ist (Rdn. 23 f.; a.A. OLG Düsseldorf NJW-RR 1998, 1236 = ZMR 1998, 471: Schadensersatzanspruch nach StrWG abl. Anm. Haase ZMR 1999, 448, 451). Der Erfüllung begehrende Mieter braucht sich nicht auf andere Rechtsverhältnisse verweisen zu lassen.

Unmittelbar sind all die Verhältnisse, die nach der vertraglichen Beschaffenheitsvereinbarung für den vertragsgemäßen Gebrauch bestimmend sind (BGH NJW 2000, 1714 u. NJW 1981, 2405; OLG Düsseldorf NJW-RR 1998, 1236 = NZM 1998, 481; OLG Dresden ZMR 1999, 241 = NJW-RR 1999, 448; AG Köpenick WuM 2006, 54: geänderter Verkehrsfluss, Sackgasse geöffnet). Die Unmittelbarkeit fehlt namentlich bei solchen Umständen, die außerhalb der Sphäre der Vertragsparteien liegen. Hierunter fallen insbesondere zwar mögliche, aber bei Vertragsabschluss nicht vorhersehbare oder mangels Anhaltspunkten nicht zu befürchtende Natureinwirkungen oder das Verhalten oder Einwirkungen Dritter (unmittelbar: BGH NJW 1971, 424 u. OLG Koblenz NJW-RR 1997, 331: Hochwasser; LG Düsseldorf NJW-RR 1995, 330: Drogenszene breitet sich im Wohnumfeld aus; Unmittelbarkeit verneint: BGH NZM 2006, 54; BGH NJW 2000, 1714; BGH NJW 1981, 2405 = ZMR 1981, 368, OLG Düsseldorf GuT 2006, 25 u. OLG München ZMR 1996, 256: Ladenlokal wird nicht wie erwartet angenommen; OLG Dresden NZM 2002, 261, 264: fehlende Parkplätze, Leerstand; OLG Celle NJW-RR 1996, 1099: Umsatzrückgang in einer Gastsstätte infolge Einrichtung einer verkehrsberuhigten Zone; LG Düsseldorf NJW-RR 2004, 1594: Großbaustelle vor langfristig angemietetem innerstädtischem Ladenlokal; OLG Düsseldorf WuM 2003, 138, 140: Mitgliederzahlen eines Fitnessstudios; OLG Hamburg NJW-RR 2003, 799: benachbarte Drogenberatungsstelle wird in Mietsache verlegt; zu Einbruchsserie: OLG Naumburg NJW-RR 1998, 945; KG NJW-RR 1998, 945 u. OLG Düsseldorf ZMR 2002, 819/2004, 632; OLG Koblenz NJW-RR 1989, 1247: tätliche Angriffe Dritter auf Angestellte). 60

aa) Emissionen

Einen Sachmangel begründen den Mietgebrauch beeinträchtigende Emissionen i.S.v. § 906 Abs. 1 BGB, insbesondere 61

- **Lärmstörungen** (zu Baulärm: BayObLG [RE] NJW 1987, 1950 = MDR 1987, 498 = WuM 1987, 112: Arbeiten auf Nachbargrundstück; AG Regensburg WuM 1992, 476: unerheblich, Mieter während Arbeitszeit ortsabwesend; zu Trittschall: BGH ZMR 2005, 108 = NJW 2005, 218 u. LG Karlsruhe DWW 1987, 234; zu Musik: Schmid ZMR 1999, 301; zu Lärm von Kinderspielplatz: LG Berlin ZMR 1999, 763; zu Vieh: AG Bersenbrück WuM 2000, 211 = AgrarR 2000, 259),
- **Dämpfe** (LG Hannover NJW-RR 1990, 972 = WuM 1990, 337 = ZMR 1990, 302: chemische Reinigung; LG Köln WuM 1990, 385: Wäschetrockner; LG Mannheim WuM 1969, 40: Räuchergase),
- **Gerüche** (AG Köln WuM 1990, 338: aus Pizza-Bäckerei; AG Berlin-Schöneberg GE 1991, 527 und AG Groß-Gerau WuM 1980, 128: Abwasser/Fäkalien; LG Augsburg WuM 1986, 137: Kläranlage),
- **Erschütterungen** (BGH ZMR 1966, 209) oder
- **Licht** (BGH WuM 1978, 86: Leuchtreklame; anders in Großstadt LG Berlin ZMR 2004, 583; Horst DWW 1997, 361, 371: Bewegungsmelder).

Davon auszunehmen sind die Störungen, die ausdrücklich oder stillschweigend, insbesondere aufgrund der bei Vertragsabschluss bekannten örtlichen Verhältnisse, als ortsüblich und damit vertragsgemäß vereinbart wurden (z.B. AG Meldorf NZM 1999, 328 (WEG): Dunstabzugshaube ortsüblich; LG Berlin ZMR 2004, 583: Leuchtreklame in Großstadt). Nicht ortsüblich sind Störungen, die qualitativ oder quantitativ das nach den Umständen zu erwartende Maß, namentlich die einschlägigen Grenzwerte, oder auf- 62 grund nicht mehr bestimmungsgemäßer Nutzung sozialadäquate Nachteile überschreiten (z.B. Lärm: LG Berlin ZMR 1999, 763: Kinderspielplatz; LG Karlsruhe DWW 1987, 234: Büro; AG Osnabrück WuM 1987, 384: Nachbarn). Die Mietsache wird mangelhaft, wenn die Emissionsbelastung während der Mietzeit erheblich steigt (BayObLG [RE] NJW 1987, 1950, 1951 = WuM 1987, 112: Aufnahme von Bauarbeiten; AG Erfurt WuM 2000, 393: Verkehrsführung geändert; AG Schöneberg ZMR 2000, 309 und AG/LG Köln WuM 2001, 78, 79: Ausbau Bahnstrecke). Es sei denn, mit der Änderung der Emissionsverhältnisse war aufgrund der bei Vertragsschluss bekannten Umstände zu rechnen (gestiegener Verkehrslärm: LG Lüneburg WuM 1991, 683; LG Kleve NJW 1970, 1975; zu Baulärm: OLG München NJW-RR 1994, 654; Gewerbelärm: AG/LG Frankfurt/M. ZMR 1999, 718 m. Anm. Stapel: veränderte Ladenöffnungszeiten Lebensmittelmarkt).

bb) Konkurrenz

63 Erfolgt die Vermietung zu gewerblichen, einschließlich freiberuflichen Zwecken, so umfasst der vertragsgemäße Gebrauch auch ohne ausdrückliche Vereinbarung, dass der Vermieter im Haus oder auf dem angrenzenden Grundstück keinen Konkurrenzbetrieb eines anderen Mieters zulässt oder eröffnet (BGH ZMR 1995, 445; OLG Brandenburg ZMR 2009, 909 = NZM 2010, 43: zu verneinen, wenn Alleinstellung Mieter nicht im alleinigen Herrschaftsbereich des Vermieters, der nur Teileigentümer; OLG Köln ZMR 2005, 861; OLG Düsseldorf NJW-RR 1998, 514; Kulik NZM 1999, 546; Jendrek NZM 2000, 1116). Voraussetzung ist, dass der Vermieter die Alleinstellung des Mieters beherrschen kann. Hieran fehlt es gegenüber anderen Teil- bzw. Sondereigentümer. Teil- und Sondereigentümer sind grundsätzlich gegenüber Miteigentümern oder ihren Mietern zum Konkurrenzschutz verpflichtet (kein Vertrag zulasten Dritter; OLG Brandenburg ZMR 2009, 909, 910 = NZM 2010, 43, 44). Der sog. vertragsimmanente Konkurrenzschutz umfasst sachlich grundsätzlich nur die das Geschäft prägenden Hauptartikel oder Dienstleistungen (OLG Hamm NJW-RR 1998, 1019: Supermarkt; OLG Düsseldorf ZMR 2002, 38: zweite Arbeitnehmerüberlassung im Objekt; LG Chemnitz ZMR 2002, 350: Textilgeschäft im Nachbarhaus). Der Schutz kann vertraglich ausgeschlossen, beschränkt oder erweitert werden (KG NZM 2008, 248 = MDR 2008, 19: Einkaufszentrum (Markthalle), Regelungen zu Konkurrenzschutzpflichten Vermieter schränken vertragsimmanenten Schutz ein; KG ZMR 2008, 616: vertraglich Friseur und Nagelstudio vom Konkurrenschutz ausgenommen, reines Nagelstudio nicht erlaubt; OLG Köln NJW-RR 1998, 1017: auch Nebenartikel; KG GE 2002, 667: Einkaufszentrum, Imbiss/Fleischerei mit heißer Theke). Der immanente Konkurrenzschutz lebt bei Aufhebung eines vertraglich vereinbarten Konkurrenzschutzes wieder auf (KG GuT 2005, 54).

64 Soweit vertraglich nicht definiert, ist der räumliche, sachliche und persönliche Schutzumfang unter Würdigung aller Umstände zu bestimmen (OLG Köln ZMR 2005, 861: Rechtsanwälte, Auslegung vertraglicher Konkurrenzschutzklausel). Dabei ist aufgrund des gewerblichen Vertragszwecks eine wirtschaftliche Betrachtung angezeigt. Daher ist einerseits nicht ausschließlich der Baukörper oder das Buchgrundstück maßgebend (z.B. Handtuchgrundstück; OLG Rostock NZM 2006, 295: Schutz umfasst auch Nachbargrundstücke desselben Vermieters, soweit räumlicher Zusammenhang vermittelt, verneint gegenüberliegendes Grundstück). Andererseits kann ein unbestimmtes, breites Sortiment zum Verlust des sachlichen Schutzes führen (z.B. Kaufhaus, nur persönlicher Schutz vor Kaufhausmitwettbwerber). Der vom Vermieter zu wahrende Konkurrenzschutz reicht umso weiter, je spezieller und räumlich weitreichender der vertragliche Gewerbezweck ist (z.B. Vermietung als den Quartiers-, örtlichen, regionalen oder über*regionalen Bedarf deckendes Ein*kaufszentrum; als Praxis, Gemeinschaftspraxis, Ärztehaus, Notfallzentrum, Klinikum). Entscheidend ist, welchen Besitzstand der Mieter

unter dem Gesichtspunkt der Priorität bei Vertragsschluss erwarten konnte bzw. erhalten sollte (OLG Köln ZMR 2005, 851 = NZM 2005, 866).

Durch vertragswidrige Konkurrenz wird die Sache mangelhaft (BGH GuT 2006, 374; BGH ZMR 1995, 445; BGH NJW-RR 1988, 717: Gaststätte/Imbiss; RG RGZ 119, 353, 356; OLG Karlsruhe ZMR 1990, 214, 215 = NJW 1990, 1234: Gaststätte, jugoslaw./griech. Küche; OLG Düsseldorf ZMR 1997, 583 = NJW-RR 1998, 514: Spielsalon; LG Chemnitz ZMR 2002, 350: Textilgeschäft; OLG Hamm NJW-RR 1997, 459 = ZMR 1997, 581: Arztpraxis; OLG Düsseldorf ZMR 2002, 38: Arbeitnehmerüberlassung; Einkaufszentrum, Flächen in unmittelbarer Nachbarschaft: KG OLG-Report 2006, 5 = GuT 2005, 252; a.A. OLG Dresden MDR 1998, 211; offengelassen BGH NZM 2006, 776; allg. zu Einkaufszentren Joachim NZM 2000, 794; Konkurrenzschutz verneint: BGH ZMR 2009, 19, 20: Backshop mit Café/gastronomische Einrichtungen, auf Barbetrieb ausgerichtetes Café; OLG Hamm NJW-RR 1991, 975: Bistro/Gaststätte; OLG Hamm NJW-RR 1988, 911: Metzgerei mit Speisenverkauf/Imbiss; OLG Frankfurt NJW 1982, 707: Apotheke/Drogerie; Rechtsprechungs-Überblick Gather DWW 2007, 94; Emmerich NZM 1999, 635;). Der Vermieter hat bei Vertragsschluss darauf zu achten, dass die Mietverhältnisse kompatibel sind und keine vertragswidrige Konkurrenzsituation entsteht (OLG Düsseldorf ZMR 2000, 451: auch zu Hinweispflicht des Mieters). Bei Auslegung einer Konkurrenzschutzklausel ist eine bestehende Wettbewerbssituation als Umstand zu berücksichtigen. Im Zweifel ist der zuerst vorhandene Mieter im Verhältnis zum Hinzukommenden geschützt (OLG Köln ZMR 2005, 861 = NZM 2005, 866: Priorität, Rechtsanwaltskanzleien). Der Mieter kann die vertragswidrige Konkurrenz im Wege der einstweiligen Verfügung abwehren (KG ZMR 2008, 616; KG GuT 2005, 54; KG NZM 2003, 439: Prioritätsgrundsatz bei gegenläufigen einstweiligen Verfügungen). 65

cc) Öffentlich-rechtliche Gebrauchshindernisse

Zu den rechtlichen Verhältnissen, die den Mietgebrauch beeinträchtigen, gehören öffentlich-rechtliche Gebrauchshindernisse und –beschränkungen (Ausnahme Rdn. 75). Sie sind als Sachmangel anzusehen, soweit sie auf der **Art**, **Lage** oder **Beschaffenheit** der Mietsache und nicht auf den persönlichen oder betrieblichen Verhältnissen des Mieters beruhen (BGH NJW 1971, 555 = ZMR 1971, 220; BGHZ 68, 294, 296 = MDR 1977, 743; BGH WuM 1992, 313; BGH ZMR 1994, 253). Beruhen sie auf den persönlichen Verhältnissen des Vermieters, liegt ein Rechtsmangel vor (Rdn. 119 ff.). Die Abgrenzung richtet sich nach dem Tatbestand der einschlägigen Norm. 66

Die Mietsache ist daher beispielsweise mangelhaft, wenn 67

- eine **Gaststättenkonzession** wegen des Zustandes oder der Lage der Räume versagt wird (BGH NJW 1988, 2664 = ZMR 1988, 376, 377: Lärmbelästigung der Anwohner; OLG Düsseldorf DWW 1993, 100 = ZMR 1993, 275: fehlender Brandschutz; OLG Düsseldorf NJW-RR 1988, 1424 und OLG Köln WuM 1998, 152: Nutzungsänderungsgenehmigung; OLG München ZMR 1995, 401: fehlender Stellplatznachweis; OLG Düsseldorf DWW 2006, 286: ausr. Behörde erteilt »Belassung«),
- sie Gegenstand einer **Abbruch-** (BGH ZMR 1971, 220 = WPM 1971, 531) oder **Sanierungsverfügung** ist (z.B. Asbest, Altlasten; Knoche NJW 1997, 2080, 2083), soweit die Sanierungsmaßnahmen die Gebrauchstauglichkeit beeinträchtigen,
- das zur Bebauung vermietete Grundstück einem **Bebauungsverbot** unterliegt (BGH BGHZ 117, 159 = NJW 1992, 1384 (Kaufrecht); BGH WPM 1968, 1306) oder
- die **Nutzung untersagt oder eingeschränkt** wird (BGH NJW 1980, 777 = WuM 1980, 312: WarenhausVO Betrieb eines Kaufhauses; BGH NJW 1979, 2351: Apothekenbetriebsordnung Betrieb einer Apotheke; Zweckentfremdungsverbot: BayObLG NJW-RR 1986, 690; OLG Hamburg NJW-RR 1996, 1356 = NJWE-MietR 1996, 270; OLG

Hamm NJWE-MietR 1997, 201; Nutzungsänderungsgenehmigung: KG DWW 2007, 249: wegen fehlender Erschließung; OLG Düsseldorf ZMR 2003, 21: Betrieb Gaststätte wegen fehlendem Fluchtweg; OLG Düsseldorf ZMR 2010, 28: bloßes Fehlen von Nutzungsänderungsgenehmigung nicht ausr.; a.A. AG Celle ZMR 1999, 498: Nichtigkeit gem. § 134 BGB abl. Anm. Schwemer ZMR 1999, 463; OLG Düsseldorf ZMR 1992, 446 (Schankbetrieb/Imbiss); LG Berlin NJW-RR 1990, 852 (Kino); BGH BGHZ 68, 294, 296 = NJW 1977, 1285 (Disco); OLG Rostock NZM 2002, 701: Verkauf von Hackfleischerzeugnissen wird Fleischwarenverkaufsstelle behördlich verboten).

68 Wie beim Rechtsmangel (Rdn. 119 ff.) genügt der Bestand der öffentlich-rechtlichen Gebrauchsbeschränkung allein nicht. Vielmehr begründen sie grundsätzlich erst dann einen Mangel, wenn die zuständige Behörde die Nutzung der Mietsache untersagt (BGH ZMR 2010, 101) oder ein behördliches Einschreiten konkret zu erwarten ist (BGH ZMR 2008, 274, 275; OLG Düsseldorf ZMR 2010, 29, 30; KG ZMR 2010, 31, 32).

69 Soweit sich das Nutzungshindernis aus dem formellen Recht ergibt, die Mietsache mithin Gegenstand eines Genehmigungsverfahrens ist, wird die Mietsache mangelhaft, wenn die vertragsgemäße Nutzung untersagt wird (KG DWW 2007, 249, 250; OLG Hamburg MDR 1996, 358; weiter: KG ZMR 2010, 31, 32: aufgrund Vorgeschichte Erlaubnisablehnung zu erwarten). Die Mietsache bleibt mangelfrei, solange die Behörde den (formell) vorschriftswidrigen Gebrauch duldet (OLG Düsseldorf DWW 2006, 286, 287: Gewerbe/Schallschutz, Nutzungsänderungsgenehmigung fehlt; OLG Köln WuM 1998, 152 = ZMR 1998, 228; OLG München ZMR 1998, 496; OLG Nürnberg NZM 1999, 419 = ZMR 1999, 256; weiter KG DWW 2007, 249: beantragte Genehmigung nicht versagt hat; AG Hamburg-Blankenese ZMR 2007, 789: bauordnungsrechtlich vorgeschriebene lichte Höhe unterschritten, weder Kündigung noch Minderung, solange Behörde nicht einschreitet/Ermessen). Andererseits muss kein bestandskräftiges Verbot vorliegen (vgl. BGH MDR 1971, 294 = ZMR 1971, 220; BGH ZMR 1993, 7 = WuM 1992, 687). Solange eine Erlaubnis nicht entzogen oder eingeschränkt wird, führen Beanstandungen des Zustandes der Räume nicht zu einem Mangel (OLG Nürnberg WuM 2000, 242: Gaststättenerlaubnis; OLG Düsseldorf DWW 2006, 286, 287: anders, wenn Mieter über langen Zeitraum von Unsicherheit über Genehmigung belastet wird).

70 Widerspricht der vertragliche Gebrauch materiellen öffentlich-rechtlichen Vorschriften die gerade dem Schutz von Leben oder Gesundheit dienen, sind die Räume per se ungeeignet, ohne dass es auf ein behördliches Einschreiten ankommt (LG Mannheim NJW-RR 1999, 1023: nach Landesbauordnung unzureichende Belichtung und Belüftung einer Kellerwohnung; OLG Düsseldorf NZM 2003, 556: Behörde beanstandet Brandschutzmängel eines Warenhauses; a.A. KG ZMR 2004, 259: Brandschutz, kein Mangel, solange keine Nutzungsbeschränkung verfügt).

71 Nach anderer Ansicht soll auf das Verhalten der Behörden abzustellen sein und allgemein bereits eine Androhung behördlicher Maßnahmen genügen, um einen Sachmangel zu begründen (LG Mönchengladbach ZMR 1992, 304: Bauordnungsamt auf Zwangsräumung; OLG Hamburg NJW-RR 1996, 1356: Einschreiten wegen fehlender Zweckentfremdungsgenehmigung; OLG Köln WuM 1998, 152 = ZMR 1998, 227: mit Zwangsmittelandrohung verbundene Ordnungsverfügung; OLG Düsseldorf NZM 2003, 556: Behörde beanstandet Brandschutzmängel eines Warenhauses; OLG Düsseldorf DWW 2006, 286, 287: kein Sachmangel, solange ordnungswidriger Zustand unbeanstandet; KG ZMR 2004, 259: Brandschutz, kein Mangel, solange keine Nutzungsbeschränkung verfügt; BGH WPM 1968, 1306: Planungen reichen nicht). Ist eine behördliche Anordnung angefochten, *soll* für die Mangelhaftigkeit der Mietsache die begründete Besorgnis ihrer Rechtswirksamkeit genügen, soweit die Ungewissheit die gegenwärtigen Interessen des

Mieters beeinträchtigt (BGH ZMR 1971, 220 = MDR 1971, 294: maßgebender Zeitfaktor; BGH WuM 1992, 687 = MDR 1992, 1147: zeitweilige Verzögerung [weniger als 1 Jahr] der Überlassung der Mietsache wg Nachbarwiderspruchs reicht nicht, anders auf Jahre hinaus bestehende Unsicherheit; OLG Düsseldorf NJW-RR 1988, 1424).

Im Sinne der Einheitlichkeit der Rechtsordnung ist eine öffentlich-rechtliche Betrachtung geboten. Nicht jede beliebige Anordnung, angedroht oder ergangen, beeinträchtigt zugleich den Gebrauch. Die Anordnung muss objektiv geeignet sein. Die Schwelle zur Beeinträchtigung wird daher grundsätzlich erst mit der Bestandskraft überschritten. Sie wird vorzeitig erreicht, soweit die sofortige Vollziehung angeordnet wird oder ein Rechtsbehelf keine aufschiebende Wirkung hat. Dem ist der Fall gleichzustellen, dass eine Anfechtung, orientiert an den Maßstäben des § 80 Abs. 5 VwGO, keine Aussicht auf Erfolg hat. Dabei gehen Zweifel an den Erfolgsaussichten zulasten des für die Mangelfreiheit haftenden Vermieters. **72**

Die zunächst mangelfreie Mietsache kann nachträglich fehlerhaft werden, wenn durch eine Änderung der öffentlich-rechtlichen Anforderungen an die Mietsache der vertragsgemäße Gebrauch, insbesondere die weitere Nutzung beeinträchtigt wird (BGH WuM 1992, 313: verschärfte Umweltgesetzgebung/straßenrechtliche Neuplanungen; BGH NJW 1979, 2351: ApothekenbetriebsO; BGH NJW 1976, 796 = WPM 1975, 1227: Gemietetes Wohnhaus genügt nicht mehr den entsprechend gewandelter Verkehrsauffassung in behördlichen Richtlinien festgelegten Mindestanforderungen) oder die Behörde nach mehreren Jahren im Rahmen ihres Ermessens eine Nutzung untersagt (BGH BGHZ 68, 294, 299 = NJW 1977, 1285 = ZMR 1978, 25). Das Risiko nachträglicher behördlicher Ermessensentscheidungen und Änderungen der die Mietsache regelnden Vorschriften trägt grundsätzlich der Vermieter (KG NZM 1999, 708). **73**

Kein Sachmangel liegt vor, wenn dem Mieter der Gebrauch oder die Nutzung aus in seiner **Person** oder der von ihm beabsichtigten Verwendung der Mietsache liegenden Gründen untersagt oder eingeschränkt wird (z.B.: fehlende Gewerbe- oder Gaststättenerlaubnis). Zu den vom Mieter zu vertretenden betrieblichen Verhältnissen gehören grundsätzlich Ladenöffnungszeiten, soweit nicht etwa im Rahmen eines Betriebskonzeptes etwas anderes vereinbart wird, oder die Einhaltung verhaltensgebundener, z.B. polizei-, immissionsschutz- oder umweltrechtlicher Vorschriften (z.B. OLG Koblenz NZM 2010, 83, 84: Nichtraucherschutzgesetz, Rauchverbot lässt Konzessionsfähigkeit der als Gaststätte vermieteten Räume unberührt). **74**

Die Haftung entfällt, soweit der vereinbarte Verwendungszweck nicht die beabsichtigte Nutzung umfasst (OLG Düsseldorf BB 1991, 799). Sie entfällt weiter, soweit der Gewerberaummieter vertraglich das Einholen der Genehmigung oder das Genehmigungsrisiko übernommen hat (BGH ZMR 1994, 253; OLG Düsseldorf ZMR 1993, 334 = MDR 1993, 443; LG Berlin NZM 1999, 711: Mischnutzung; weiter OLG Düsseldorf DWW 2006, 286, 287: Nutzungsgenehmigung grundsätzlich Mieter zuständig). **75**

dd) Sonstige tatsächliche Umstände oder rechtliche Verhältnisse

Als tatsächliche Verhältnisse kommen z.B. in Betracht: **76**

- der ungehinderte **Zugang** und die gefahrlose Nutzung der Mietsache und der mitvermieteten Nebenanlagen (zu Ladenlokal: BGH NJW 1981, 2405 = MDR 1982, 135, KG NZM 2008, 526 = NJW-RR 2008, 1042, OLG Dresden NZM 1999, 317 = ZMR 1998, 241; anders BGH NJW 2000, 1714: überdachter Zugang und Anzahl Parkplätze bei Ladenlokal in Einkaufszentrum; OLG Düsseldorf ZMR 2003, 107: Lebensmittelmarkt, Zufahrt in zumutbarer Weise, ganztägige Nutzungsmöglichkeit Aufzugsanlage; OLG Köln NJW 1972, 1814: U-Bahnbaustelle; AG Gießen WuM 2000, 354: Straßenbauarbeiten Brücke gesperrt; LG Köln MDR 1976, 44: ständiges verkehrswidriges Parken vor Kfz-Einstellplatz; OLG Düsseldorf DWW 1991, 50: parkende Lkw versperren Sicht auf Schaufenster; BGH WPM 1966, 1269 = NJW 1967, 154: unsachgemäß gebohnerte Treppe; AG Bremen WuM 1987, 383: Ausfall des Fahrstuhls; LG Gießen ZMR 2000, 385: Verweigerung des Zugangs für Lebensgefährten; allg. Buch NZM 2000, 693; abw. OLG Koblenz ZMR 1993, 68: Zugangssperre als Fall der Unmöglichkeit),

- eine Beeinträchtigung der **Lichtverhältnisse** (durch eine Nachbarbebauung: OLG Hamm MDR 1983, 579 = ZMR 1983, 373: rechtswidrige Bebauung; LG Hamburg WuM 1991, 90: EG-Mieter kann mindern bei Errichtung einer 5,5 m hohen Mauer in 7,5 m Entfernung; anders AG Hamburg ZMR 1982, 279: Wohnblock; durch Bewegungsmelder: Horst DWW 1997, 361, 371),
- **Tauben** (BayObLG [neg. RE] NJW-RR 1998, 1705: Taubenplage durch Fassadengestaltung; AG Hamburg WuM 1990, 424 und WuM 1988, 121; AG Ratingen DWW 1989, 366; AG Dortmund WuM 1980, 6) oder
- **Außenanlagen** (AG Darmstadt NJW-RR 1989, 1498: ungestaltet; KG NZM 2003, 27: Fremdmüllablagerungen).

77 Die **Ertragsfähigkeit** der Mietsache fällt dagegen grundsätzlich in den Risikobereich des Mieters. Das Verwendungsrisiko realisiert sich in Gewerbemietverhältnissen insbesondere in der Erwartung des Mieters, mit der Nutzung der Mietsache Gewinne zu erzielen (Rdn. 7).

78 Allein die Lage der Mietsache ändert die Risikoverteilung nicht. Der Vermieter muss das Risiko übernehmen. Dazu genügt es nicht, dass etwa der Mietvertrag über ein Ladenlokal in einem Einkaufszentrum eine Sortimentsbeschränkung, eine Betriebspflicht während der gesetzlichen Öffnungszeiten, eine Pflichtmitgliedschaft in einer Werbegemeinschaft, eine Verpflichtung zur Zahlung von Nebenkosten für die Gesamtanlage und zur Mitteilung der Umsätze und Konkurrenzregelungen vorsieht (zu Einkaufszentrum: BGH ZMR 2010, 596 = NZM 2010, 361; BGH NJW 2000, 1714 = ZMR 2000, 508; BGH NJW-RR 2000, 1535 = ZMR 2000, 814) oder die Präambel gemeinsame Vertragsziele beschreibt (BGH NZM 2006, 54 m. Anm. Drasdo NJW-Spezial 2006, 98). Die Regelungen werden durch den Zweck des Mietvertrages und die Vorteile der Eingliederung in die Gesamtanlage gerechtfertigt.

79 Der Vermieter tritt in das Ertragsrisiko ein, wenn der Mieter tatsächlich (z.B. äußere Gestaltung, Öffnungszeiten) und rechtlich (z.B. Betriebspflicht, Sortimentsbindung) derart in ein Gemeinschaftsobjekt eingebunden ist, dass der Vermieter ein eigenes unternehmerisches Risiko übernimmt bzw. die Mietsache in dem Gemeinschaftsobjekt aufgeht. Erforderlich ist, dass der Vermieter durch die Begründung eines Gesamtkonzeptes, in das die einzelnen Mieter finanziell und mit Betriebspflichten eingebunden sind, eine Gesamtverkaufsstrategie entwickelt, mit der er über die übliche und gebotene Verwaltung und Koordinierung hinaus ein eigenes unternehmerisches Risiko für alle Einzelgeschäfte übernimmt (zu Einkaufszentrum: BGH NJW 2000, 1714 = ZMR 2000, 508, 512 = NZM 2000, 492; BGH NJW-RR 2000, 1535 = ZMR 2000, 814 = NZM 2000, 1005; BGH NJW 1981, 2405 = WuM 1981, 1113; OLG München ZMR 1999, 707: Ladenlokal in Schalterhalle Post; abw. OLG München ZMR 1999, 634: Metzgereifiliale in eingestelltem Lebensmittelmarkt als Wegfall der Geschäftsgrundlage). Die Mietsache geht in dem Gemeinschaftsobjekt auf, wenn sie äußerlich nicht mehr als selbständig in Erscheinung tritt, namentlich nicht räumlich getrennt oder eingefriedet ist (z.B. Teilfläche in Kaufhaus).

Keinen Sachmangel stellt die fehlende **Versicherbarkeit** der Mietsache dar (zu Geschäftsraummiete/Einbruchsserie: KG NJW-RR 1998, 944; a.A. OLG Naumburg NJW-RR 1998, 944). Die Versagung des Versicherungsschutzes ist lediglich eine mittelbare, erst mit der Entscheidung des Versicherers eintretende Folge, in die nicht allein objektbezogene Risikofaktoren (z.B. Zustand, Austattung und Lage der Mietsache), sondern auch die Einschätzung der Gefährdung des vom Mieter und Versicherungsnehmers verfolgten Nutzungszwecks einfließen (z.B. Juwelier). Der Gebrauch selbst wird nicht unmittelbar beeinträchtigt. 80

Eine fehlende **Untermieterlaubnis** ist kein Sach-, unter Umständen aber ein Rechtsmangel (Rdn. 123, 126). 81

ee) Leistungsmängel

Zu einem Sachmangel der Mietsache können auch **nicht vertragsgerechte Nebenleistungen** führen, soweit sie die Gebrauchstauglichkeit beeinträchtigen (BGH ZMR 2005, 524, 525). Unter Nebenleistungen sind solche Pflichten zu verstehen, die der Vermieter nach dem Mietvertrag ausdrücklich oder stillschweigend neben der Überlassung und Erhaltung übernommen hat, insbesondere zur Bewirtschaftung der Mietsache. Ein Sachmangel scheidet aus, wenn der Vermieter nicht oder nicht mehr zur Leistung verpflichtet ist, wie grundsätzlich nach Beendigung des Mietverhältnisses (BGH ZMR 2010, 263: Gewerbe, Einstellung Beheizung, anders Wohnraum oder besondere Mieterbelange (Gesundheit) aufgrund nachvertraglicher Pflichten). 82

Leistungsmängel sind namentlich eine unzureichende **Wärme-, Warmwasserversorgung** oder **Klimatisierung** (BGH NJW-RR 1991, 779: Ausfall der Lüftungsanlage eines Restaurants; KG ZMR 2008, 790, 791: Mindesttemperatur in Büroräumen 20° C nach § 3 ArbStättV; Ausfall Warmwasserversorgung: LG Heidelberg WuM 1997, 42 und LG Kassel WuM 1979, 51; LG Berlin ZMR 1998, 834 Temperatur 40° C u. zeitlicher Vorlauf Warmwasserversorgung; Ausfall Heizung: LG Kassel WuM 1987, 271; einschränkend LG Wiesbaden WuM 1990, 71: nicht für Sommermonate) oder der Ausfall sonstiger Ver- oder Entsorgungsleistungen bzw. -anlagen, z.B. **Hausreinigung, Medienempfang, Wasser, Abwasser, Müllentsorgung, Stromversorgung.** 83

Ein Sachmangel liegt allerdings nicht nur bei einem Ausfall vor. Es genügt, dass die Versorgungsanlage ihrerseits einen Mangel, z.B. bau- oder einstellungsbedingt aufweist (OLG Düsseldorf WuM 1994, 324: Heizungsanlage einer Disco schaltet sich ab 22.00 Uhr ab; OLG Düsseldorf NJW-RR 1999, 735: Wasserschäden durch Mängel an Klimaanlage). Zu den baulich bedingten Mängeln sind auch die Fälle der über- oder unterdimensionierten Anlagen zu zählen (OLG Hamm ZMR 1987, 300 = NJW-RR 1987, 969: überdimensionierte Lüftungsanlage). 84

Keinen Sachmangel begründen ein überhöhter Verbrauch der Versorgungsanlage oder steigende Betriebs- und Energiekosten. Diese Umstände berühren nicht die Gebrauchstauglichkeit, sondern die Wirtschaftlichkeit der Anlage. Unbeachtlich sind daher Mehrkosten, die ausschließlich darauf beruhen, dass die Mietsache zwar vertragsgemäß, aber im Vergleich zum neuesten Stand der Technik unwirtschaftlicher ist (LG Münster WuM 2000, 354: Beheizung mit Propangas; LG Hamburg NJW-RR 1988, 907 = WuM 1988, 350: hoher Heizenergieverbrauch durch unzureichende Wärmedämmung; Sternel NZM 2006, 495, 497; a.A. LG Waldshut-Tiengen NJW-RR 1991, 592 = WuM 1991, 479). Der Vermieter muss nicht die modernste und wirtschaftlichste Versorgungsanlage vorhalten (Rdn. 18 ff.; Horst NZM 2010, 177, 182: wegen § 5a S. 3 EnEG ohne Auswirkung auf Sollbeschaffenheit § 9 EnEV). Auf den gestörten Betrieb der Anlage zurückzuführende Mehrkosten (z.B. undichte Wasserleitungen, Hauslicht schaltet sich nicht ab) sind im 85

Rahmen der Nebenkostenabrechnung zu berücksichtigen (LG Frankfurt/M. WuM 1987, 119; a.A. LG Berlin WuM 1996, 156).

86 Soweit der Gebrauch nicht beeinträchtigt wird, kommen neben den Erfüllungsansprüchen Ersatzansprüche wegen Pflichtverletzung aus § 280 BGB in Betracht. Bezieht der Mieter die Versorgungsleistungen aufgrund eigener Vertragsverhältnisse mit den Versorgungsträgern, ist die Pflicht des Vermieters auf das Vorhalten fehlerfreier Leitungen und Einrichtungen beschränkt (BGH NZM 2006, 582, 583 = NJW-RR 2006, 1158: nicht für verplombte Zähler des Elektrizitätsversorgers; OLG Düsseldorf ZMR 1997, 522, 524).

d) Unerheblichkeit der Tauglichkeitsminderung (§ 536 Abs. 1 S. 3 BGB)

87 Soweit ein Mangel die Tauglichkeit der Mietsache nur unerheblich mindert, bleibt er nach § 536 Abs. 1 S. 3 BGB außer Betracht. Davon unberührt bleiben jedoch die Haftung des Vermieters für zugesicherte Eigenschaften und der Erfüllungsanspruch des Mieters.

aa) Begriff

88 Unerheblich ist ein Sachmangel, wenn er die Tauglichkeit der Mietsache nach den Umständen des Einzelfalles bei objektiver Betrachtung **derart geringfügig mindert**, dass es **gegen Treu und Glauben** verstößt, hieran Gewährleistungsrechte zu knüpfen (BGH ZMR 2005, 524, 525; BGH NJW-RR 2004, 1450 = ZMR 2005, 101, 103). Das Maß der Erheblichkeit richtet sich nach der individuell von den Parteien vereinbarten Beschaffenheit der Mietsache (BGH ZMR 2005, 612, 613; BGH NJW 2004, 1947, 1948 = ZMR 2004, 495, 496). Unerheblich ist ein unbestimmter Rechtsbegriff, der dem Tatrichter einen Beurteilungsspielraum eröffnet (BGH NJW-RR 2004, 1450, 1451 = ZMR 2005, 101, 103).

89 Als unerheblich soll ein Sachmangel insbesondere dann anzusehen sein, wenn er leicht erkennbar ist und schnell und mit geringen Kosten beseitigt werden kann (BGH ZMR 2005, 524, 525; BGH NJW-RR 2004, 1450, 1451 = ZMR 2005, 101, 103). Jedoch können auch mit geringstem Aufwand zu beseitigende Mängel die Tauglichkeit erheblich beeinträchtigen (z.B. Sicherung setzt elektrische Anlage außer Betrieb, aufgrund Fehlalarm schalten sich Versorgungsanlagen ab, einfacher Programmfehler einer Heizungs- oder Lüftungsanlage, defekte Glühbirne). Die Abgrenzung mittels fester Mindestquoten der Minderung (z.B. Franke ZMR 1996, 297, 300: 5 %; AG Dortmund DWW 1997, 107: unter 3 %; Pfeiffer GE 1995, 994, 995 und Beuermann GE 1996, 948, 950 jeweils 0,5 %) versagt bei höheren Mieten, wo sich absolut erhebliche Beträge ergeben können.

90 Nach Sinn und Zweck soll § 536 Abs. 1 S. 3 BGB im Interesse des Hausfriedens Gewährleistungsrechte des Mieters für Bagatellen ausschließen. Daher ist im Rahmen einer **Gesamtbetrachtung** neben der Art, dem Grad und der Dauer der Gebrauchsbeeinträchtigung, dem Umstand, ob der Mangel kurzfristig von selbst verschwinden wird, auch mit abzuwägen, ob der Mieter den Mangel selbst mit nur ganz unerheblichem, zumutbarem Aufwand ohne weiteres beseitigen kann (z.B. Zugluft durch offen stehendes Treppenhausfenster; Festdrehen Glühbirne; Einschalten der Heizung durch einfaches Neustarten des Brenners).

bb) Einzelfälle

91 Die Rechtsprechung hat die Unerheblichkeit z.B. bejaht bei (zu Einzelfällen, in denen bereits ein Sachmangel verneint wurde Rdn. 14):

- Verschmutzung des ***Balkon*** durch Pflanzenreste und Gießwasser von darüberliegendem Balkon (AG Wetzlar ZMR 2009, 542);

- äußerer **Fenster**anstrich löst sich beim Reiben, Küchenfenster einige Schlieren, Riss zweier Scheiben in Terrassenüberdachung (LG Braunschweig ZMR 2000, 222); geringfügiger Luftdurchgang zwischen Blendrahmen und Fensterflügel bei Altbau (AG Steinfurt WuM 1996, 268); Auswechseln Fenster mit gegen Fenster ohne Oberlicht, 5-7 cm Spalt zwischen Fensterfront und Balkon, nach außen gegen nach innen aufgehende Balkontür (AG Hannover ZMR 2010, 370, 371);
- Abweichungen der **Raumtemperatur**, insbesondere zeitweiser **Heizungs**ausfall oder vorübergehende, geringfügige Unterschreitung der erforderlichen Heizleistung (BGH NJW-RR 2004, 1450, 1451 = ZMR 2005, 101, 103 u. KG ZMR 2008, 790, 791: nur bei sehr kurzem Ausfall oder nur vorübergehend geringfügiger Unterschreitung (1° C); LG Wiesbaden WuM 1990, 71: Heizungsausfall im Sommer; AG Erkelenz ZMR 1999, 259 m. abl. Anm. Rau: Heizungsausfall an 4 besonders kalten Tagen; LG Köln NZM 1999, 968: 20° C in Büroraum; AG Neuss DWW 1997, 47: kurzzeitiges Übersteigen der Richtwerte der ArbeitsstättenV/DIN 1946 Teil 2 infolge extremer Außentemperaturen; erheblich OLG Düsseldorf ZMR 2006, 518, 520: mehr als 10 % der Gesamtmietfläche betroffen);
- **Hausmusik** (AG Münster WuM 1991, 545); **Geräuschbelästigung** in Mehrfamilienhaus (AG Trier WuM 2001, 237), in über Tiefgarage liegender Wohnung (AG Bonn WuM 1990, 71), nachträgliche Eröffnung einer Diskothek an ohnehin sehr lauter Straße (AG Köln WuM 1997, 647), Innenausbau in gegenüberliegendem Neubau (AG Münster WuM 2006, 220); **Kinderlärm** in älterem Mehrfamilienhaus (AG Braunschweig WuM 2002, 50);
- **Ungeziefer** wie Spinnen in Erdgeschosswohnung (AG Köln WuM 1993, 670); vereinzeltes Auftreten von (Späher-)Ameisen an einzelnen Tagen (AG Köln WuM 1999, 363); geringe Staubläusepopulation (AG Hamburg-Wandsbek ZMR 2002, 831);
- infolge **Wasserschadens** etwas hochgewölbtem Fußbodenbelag in der Kegelbahn einer Gaststätte (OLG Düsseldorf ZMR 1994, 402); zwei abgetrockneten Wasserflecken unter $^1/_2$ m^2 (AG Dortmund DWW 1997, 107);
- dem **Zustand** der Mietsache etwa Verschmutzung Treppenhaus und Zugänge in Geschäftshaus über nach gereinigt (BGH ZMR 2009, 269, 271), Haustür klemmt (LG Braunschweig ZMR 1999, 827); abgetretenen Türschwellen in der Wohnung (LG Berlin ZMR 1985, 50); weitere Abnutzungserscheinungen einer bei Anmietung 20 Jahre alten Badewanne (AG Coesfeld WuM 2003, 206); einer geringfügig verkleinerten Badewanne (AG Dortmund WuM 1989, 172); der gelegentlichen Überschreitung des Grenzwertes für Blei im Trinkwasser (LG Frankfurt/M. WuM 1990, 384 = ZMR 1990, 17); auf Putz gelegte Leitung in Altbau (AG Büdingen WuM 1998, 281); der Unbenutzbarkeit des Balkons im Herbst und Winter (LG Köln WuM 1975, 167); von Dachrinne herab spritzendes Wasser am Balkonrand (AG Münster WuM 2006, 192); geringfügige Baumängel und Restarbeiten sowie noch nicht fertig gestellte Außenanlage bei Bezug eines Neubaus (AG Saarburg WuM 2002, 29);
- Erscheinungen in **Nebenräumen** oder im **Umfeld** wie Aufstellen einer Madonnenstatue im Treppenhaus (AG Münster NJW 2004, 1334); Ölgeruch im Keller (AG Büdingen WuM 1998, 281); Feuchte im Keller eines älteren Gebäudes (AG Münster WuM 2001, 261); Stilllegung des Müllschluckers (AG Hamburg WuM 1985, 260); dem Entzug der Erlaubnis, Wäsche im Garten zu trocknen, bei vorhandenem Trockenraum (LG Köln WuM 1987, 271); einem nicht schließenden Garagentor (AG Kassel WuM 1989, 171); Fällen eines älteren Baumbestandes in unmittelbarer Nähe einer in einer Wohnanlage gelegenen Wohnung (AG Gronau WuM 1991, 262); Schatten durch Bäume (LG Berlin MDR 2001, 266); Anlage eines mit einem Erdwall eingefriedeten Parkplatzes (8 Stellplätze) auf einem im innerstädtischen, durch Straße und Eisenbahn vorbelasteten Gebiet belegenen Grundstück im Bereich des Wohnblocks (AG Söm-

merda WuM 2000, 591); Graffitis (AG Leipzig WuM 2001, 237); Lichteinfall durch Leuchtreklame in Großstadt (LG Berlin ZMR 2004, 583); Fensterbordell separat zugänglicher Souterrainwohnung, Gebäude im Milieuumfeld (AG Hamburg WuM 2002, 264); gelegentliche Straßenbaumaßnahme begrenzten Ausmaßes in der Nähe eines innerstädtischen, langfristig angemieteten Ladenlokals (OLG Hamburg WuM 2003, 146); wegen Bauarbeiten vorübergehend geänderte Verkehrsführung (AG Frankfurt/O. ZMR 2003, 268); Fliegen und Jauchegeruch bei Mietobjekt in ländlicher Gegend neben Bauernhof (AG Geldern JWO MietR 2004, 181);

- **Gebrauchsbelästigungen** wie fünfmal im Monat Einschaltung Notbeleuchtung, Feueralarm, einmal Sprinkleranlage angesprungen, unzulässig hohe Luftgeschwindigkeit an einem Spieltisch in Spielbank (BGH NZM 2006, 54, 57);
- **Duldung** behördlich nicht genehmigter **Nutzung** (OLG Köln WuM 1998, 152).

cc) Flächenabweichungen

92 Weicht die tatsächliche Fläche der Mietsache von der vereinbarten ab, so ist zu unterscheiden: Bei **preisgebundenem** Wohnraum ist **jede Abweichung** erheblich (§§ 28, 10 WoFG i.V.m. WoFlV bzw. §§ 8 Abs. 2, 8a WoBindG i.V.m. §§ 42 ff. II. BV). Gleiches gilt für noch zu errichtende Mietsachen (sog. **Reißbrettvermietung** OLG Hamm ZMR 1998, 90), es sei denn, der Mietvertrag sieht für die Flächenabweichung eine Regelung vor (zu Möglichkeiten der Anpassung des Mietvertrages bei Flächenabweichungen Beyer NZM 2010, 417).

93 Bei **preisfreien Wohn-** und bei **Geschäftsraummietverhältnissen** kann die Flächenangabe im Mietvertrag als unverbindliche Beschaffenheitsangabe zu werten sein, die die Mietsache beschreibt (OLG Rostock WuM 2002, 576; OLG Köln NZM 1999, 73 = WuM 1999, 282; OLG Hamm WuM 1998, 77: grundsätzlich Beschreibung, außer Miete nach Fläche berechnet; keine Beschaffenheitsvereinbarung: AG/LG Dortmung WuM 2007, 503 = NZM 2007, 836: Angabe in Bescheinigung für Wohngeldstelle; AG Hamburg-Bergedorf ZMR 2008, 547: bei Vermietung von ganzem Haus). Im Falle arglistig falscher Flächenangabe kommen dann nur Ansprüche aus § 311 Abs. 2 BGB in Betracht (vgl. BGH NJW 1997, 2813). I.d.R. ist die Miete von Räumen und Grundstücken jedoch gerade auf die Überlassung bestimmter Flächen zur Nutzung gerichtet, die Größe der Fläche ist ein wesentlicher Faktor für die Bemessung der Miete (vgl. §§ 556a Abs. 1, 558 Abs. 2, 559 Abs. 2 BGB) und die Flächenangabe als Zustandsvereinbarung hinsichtlich der Größe der Mietsache daher verbindlich (auch bei »ca.«-Angabe: BGH ZMR 2010, 522 = NJW 2010, 1745 = NZM 2010, 313; BGH ZMR 2004, 500 = NZM 2004, 456; LG Landshut WuM 2006, 377: »Ca.«-Angabe als Wohnflächen-, nicht als Geschossflächenvereinbarung auszulegen, Dachwohnung; aA: LG Mannheim DWW 2007, 21: »Ca.«-Angabe in Zeitungsanzeige u. Betriebskostenabrechnung unverbindlich).

94 Überwiegend wird allein auf das Maß der Flächenabweichung abgestellt. Im Interesse der Praktikabilität und Rechtssicherheit ist eine Flächenabweichung ab **10 %** generell erheblich (zu Wohnraum: BGH ZMR 2010, 101, 102 = NJW 2009, 3421 = NZM 2009, 814; BGH ZMR 2010, 522, 523 m.w.N. u. BGH ZMR 2004, 500 = NZM 2004, 456: auch bei »ca.«-Angabe keine Toleranz; BGH ZMR 2005, 854 = WuM 2005, 712: auch wenn auf Wunsch des Mieters umgebaut; BGH ZMR 2007, 681: zu umgekehrten Fall der Flächenüberschreitung; BGH WuM 2007, 450: für Mieterhöhung; BGH NZM 2010, 36 = NJW 2010, 292 = WuM 2009, 733: auch bei Einfamilienhaus mit Garten; zu Geschäftsraum: BGH ZMR 2005, 612, 614; OLG Düsseldorf ZMR 2005, 450; überholt damit: OLG Dresden [RE] ZMR 1998, 417 = NJW-RR 1998, 512 = OLG-NL 1998, 75 und OLG Rostock WuM 2002, 576 und MDR 1999, 219: geringere Fläche muss zudem Gebrauch beeinträchtigen; abl. bereits OLG Frankfurt/M. [RE] ZMR 2003, 353 = NZM 2003, 431:

erheblich bei mehr als 25 % und OLG Karlsruhe ZMR 2003, 183 Anm. Windisch; enger Kraemer NZM 1999, 156, 162 = WuM 1999, 13 und Scheffler NZM 2003, 17, 18: Mangel ab 5 % Abweichung; LG Gießen ZMR 2004, 114: kein Mangel Vertrag ohne Flächenangabe). Weicht die Fläche weniger als 10 % ab, liegt nur dann ein Mangel vor, wenn hierdurch der Gebrauch erheblich beeinträchtigt wird (KG ZMR 2005, 950 m. abl. Anm. Pauly ZMR 2006, 665; anders: KG KGReport Berlin 2001, 238: Quadratmetermiete jede Abweichung erheblich).

Der Erheblichkeit steht weder eine vorhergehende Besichtigung noch der Umstand entgegen, dass die Flächenabweichung dem Mieter beim Gebrauch zunächst nicht auffiel (BGH NJW 2004, 1947 = ZMR 2004, 495 m. Anm. Schul/Wichert; OLG Düsseldorf ZMR 2005, 450; LG Düsseldorf NZM 2000, 728: Flächendifferenz fällt dem Mieter erst nach Beendigung des Mietverhältnisses aufgrund von Hinweisen Dritter auf) oder die Miete auch auf Basis der tatsächlichen Fläche ortsüblich ist (AG Gummersbach ZMR 2009, 761). Es sei denn, die Erheblichkeit ergäbe sich allein aus einer späteren abweichenden normativen Bewertung von (Teil-)Flächen (BGH NZM 2006, 375 m. Anm. Wiek WuM 2006, 246 u. Schach GE 2006, 606: Vermietung auf Basis Exposé und maßstabsgetreuem Grundriss; LG Itzehoe ZMR 2007, 40: nach Besichtigung Anzahl der Räume vereinbart, keine tatsächliche Flächendifferenz, Kellerraum nach II. BV nicht als Wohnfläche anzurechnen). **95**

Die Parteien können vertraglich das **Berechnungsverfahren** vereinbaren (BGH ZMR 2006, 439, 440 = NZM 2006, 375 = WuM 2006, 245 m. Anm. Wiek: Penthaus/Dachterrasse; OLG Düsseldorf ZMR 2005, 943: Bruttofläche, Einbeziehung Terrassenfläche, auch wenn Nutzungszweck Rechtsanwaltskanzlei; LG Trier WuM 2006, 90 gegen AG Trier WuM 2006, 247 m. abl. Anm. Eisenschmid WuM 2006, 241: Falschbezeichnung der Berechnungsmethode (DIN 277/283) unschädlich). Die Vereinbarung ist auch stillschweigend möglich (BGH ZMR 2007, 764, 766 = WuM 2007, 441 = DWW 2007, 296: Hobbyraum/Terrasse, DIN 283/WoFlV). **96**

Soweit vertraglich nicht bestimmt, ist der Begriff der »**Wohnfläche**« auch bei frei finanziertem Wohnraum grundsätzlich nach den für den preisgebundenen Wohnraum geltenden Bestimmungen auszulegen (BGH ZMR 2010, 522, 523 u. BGH NJW 2010, 293 = NZM 2010, 80 m. Anm. Beyer NJW 2010, 1025: WoFlV, vor 01.01.2004 abgeschlossene Mietverträge §§ 42–44 II BV; BGH ZMR 2010, 101, 102; BGH ZMR 2007, 764, 765 = DWW 2007, 296; BGH NJW 2004, 2230 = ZMR 2004, 501 = NZM 2004, 454 = WuM 2004, 337; abw. BayObLG WuM 1983, 254 = ZMR 1983, 387: weder DIN 283 noch II. BV, Balkonfläche nach Wohnwert; a.A. Börstinghaus WuM 2007, 561, 562: Arg. § 19 WoFG außer Kraft entgegen Art. 2 Abs. 3 BGBl. I, 2748), die nach §§ 556, 556a BGB auch für die Flächenermittlung im Rahmen der Betriebskosten maßgebend ist. Von Formularklauseln ist nach § 305c Abs. 2 BGB im Zweifel die für den Verwendungsgegner günstigste Auslegung vorzuziehen (BGH NJW 2010, 293 = NZM 2010, 80: Sigel-Einheitsmuster, zugunsten Mieter Wohn- statt Grundfläche; a.A. Vorinstanz LG Krefeld ZMR 2009, 41). **97**

Es sei denn, im Einzelfall **98**

- haben die Parteien dem Begriff der Wohnfläche eine abweichende Bedeutung beigemessen, namentlich in dem Räume zu Wohnzwecken vermietet wurden (BGH ZMR 2010, 101, 102 = NJW 2009, 3421 = NZM 2009, 814: Dachgeschoss; BGH ZMR 2010, 430, 431 = NJW 2010, 1064 = NHM 2010, 196: Galeriegeschoss),
- ist ein anderes Berechnungsverfahren ortsüblich (BGH WM 1997, 2176: Stuttgart; für DIN 283 LG München I WuM 2006, 91: Münchner Raum u. LG Münster ZMR 2008, 630: Abstellraum innerhalb Wohnung; LG Trier WuM 2006, 90: Trier DIN 277 gegen AG Trier WuM 2006, 90 m. abl. Anm. Eisenschmid WuM 2006, 24) oder

- nach der Art der Wohnung nahe liegender (BGH NJW 2004, 2230 = ZMR 2004, 501, 503: Maisonette DIN 277; LG Rostock WuM 2006, 247 m. Anm. Isenmann: von drei Seiten geschützte Gartenterrasse ist kein Wohnfläche; AG Hamburg-Blankenese ZMR 2006, 782: Vermietung von Räumlichkeiten in Altenheim, bei Bestimmung Wohnfläche anteilig Gemeinflächen mit zu berücksichtigen).

99 In Gewerberaummietverhältnissen richtet sich die Flächenberechnung, soweit eine gegebenenfalls durch Auslegung zu ermittelnde vertragliche Vereinbarung fehlt (BGH ZMR 2004, 495, 496 = NZM 2004, 453; KG ZMR 2009, 523: ohne weiteres zugänglicher, mitten in vermieteter Fläche liegender Fluchtweg gehört als Wegefläche zur vermieteten Fläche), nach der ortsüblichen Methode (z.B. BGH NZM 2001, 234: Bruttomietfläche gem. DIN 277, noch zu erstellender Gewerberaum; KG GuT 2006, 133: Nutzfläche maßgebend, Ermittlung nach Wohnflächenkriterien nicht zu erwarten; enger KG 2009, 523, 524: nicht ohne weiteres Funktionsflächen von Nutzflächen abzuziehen; KG ZMR 2004, 752: »Bürofläche«/Bruttofläche; Durst/Zitzewitz NZM 1999, 605 m.w.N. insbesondere zu Berechnungsmethoden für Gewerberaum).

100 Keinen Sachmangel begründen nachträgliche, unrichtige Angaben des Vermieters über die Mietfläche, etwa in Mieterhöhungsverlangen oder Bescheinigungen für die Wohngeldstelle (OLG Hamburg [negative RE] NJW-RR 2000, 1321 = ZMR 2000, 609 m abl. Anm. Schläger u. Kraemer NZM 2000, 1121; LG Hamburg (31. ZK) ZMR 2001, 191: bei Abweichung über 10 % Rückzahlungsanspruch aus § 812 BGB: BGH ZMR 2004, 501 u. BGH ZMR 2004, 740; Eisenschmid WuM 2004, 3; a.A. LG Hamburg (33. ZK) ZMR 2001, 193 m krit. Anm. Schläger: Anpassung über Wegfall der Geschäftsgrundlage; zu Bescheinigung Wohngeldstelle: AG/LG Dortmund WuM 2007, 503). Selbst dann nicht, wenn der Vermieter die fehlerhaften Angaben über Jahre seinen Abrechnungen zugrunde gelegt hat (a.A. OLG Köln WuM 1999, 282, 283: § 242) Maßgebend ist allein, ob tatsächlich eine Differenz zwischen vertraglich geschuldeter Soll-Fläche und der tatsächlich überlassenen Fläche besteht, nicht Angaben oder Vorstellungen hierüber.

101 **Praxishinweis:**

> Um Streitigkeiten vorzubeugen, sollte im Mietvertrag die Berechnungsmethode und ein Vorbehalt für den Fall der Flächenabweichung (Bagatell-/Toleranzklausel) aufgenommen werden, wie er auch im Immobilienrecht üblich ist. Innerhalb des zu vereinbarenden Abweichungsrahmens führen Flächenabweichungen weder zu einer Änderung der Miete noch zu Gewährleistungsrechten. Angemessen dürfte ein Rahmen von 3–5 % sein.

102 Neben der Flächenabweichung kann der Gebrauch auch durch den Zuschnitt beeinträchtigt sein (z.B. nicht rechwinklig, Säulen, Schrägen, Versorgungsschächte).

2. Zugesicherte Eigenschaft

103 Fehlen oder späterer Wegfall einer zugesicherten Eigenschaft werden nach § 536 Abs. 2 BGB dem Sachmangel gleichgestellt, ohne dass es darauf ankommt, ob die Tauglichkeit erheblich gemindert ist (OLG Düsseldorf MDR 1990, 342; weiter Schmidt/Futterer-Eisenschmid § 536 Rn. 277: Tauglichkeit braucht nicht gemindert sein; krit. zur Erforderlichkeit der Norm Unberath ZMR 2004, 309, 310 m.w.N.). § 536 Abs. 2 BGB verweist nicht auf § 536 Abs. 1 S. 3 BGB.

a) Eigenschaft

Eigenschaften sind neben der physischen Beschaffenheit die tatsächlichen und rechtlichen Beziehungen der Mietsache zu ihrem Umfeld, die für die Brauchbarkeit von Bedeutung sind (BGH NJW 2000, 1714 = ZMR 2000, 508 = NZM 2000, 492; BGH NZM 2006, 54, 56). Die Beziehungen, vergangen oder gegenwärtig, müssen von gewisser Dauer sein und ihren Grund in der Beschaffenheit der Mietsache selbst haben, von ihr ausgehen und nicht lediglich durch Heranziehung von Umständen in Erscheinung treten, die außerhalb der Mietsache liegen (BGH NJW 2000, 1714, 1716 = ZMR 2000, 508, 511 = NZM 2000, 492; BGH NZM 2006, 54, 55: Vollvermietung keine Eigenschaft, wenn nur Mieterstruktur in Mietvertrag beschrieben). Auf die Bedeutung für den Wert kommt es nicht an (anders BGH NJW 2000, 1714, 1716 = ZMR 2000, 508, 511: zu § 537 BGB a.F.; OLG Hamburg NJW-RR 1998, 1091 = ZMR 1998, 221). § 536 BGB stellt allein auf die Tauglichkeit ab (anders § 459 BGB a.F.: Wert oder Tauglichkeit). **104**

Eigenschaften sind beispielsweise die Lage (BGH NJW 2000, 1714) oder die Größe der Mietsache (LG Mönchengladbach ZMR 1988, 178; LG Mannheim WuM 1989, 11), die Tragfähigkeit einer Zwischendecke (BGH ZMR 1965, 188), die Anzahl der Kundenparkplätze, Zugangs- und Verbindungswege (Kluth/Freigang NZM 2006, 41, 42; anders zu Einkaufszentrum: BGH NJW 2000, 1714 = ZMR 2000, 508 = NZM 2000, 492, 494) oder die energetische Qualität der Mietsache gem. §§ 3 ff. EnEV (Stangl ZMR 2008, 14, 20; Sternel NZM 2006, 495, 497; a.A. Horst NZM 2010, 177, 182: § 5a S. 3 EnEG nur Information). Keine Eigenschaften eines Ladenlokals in einem Einkaufszentrum sind dagegen z.B. der Umsatz, die Kundenakzeptanz, eine (augenblickliche) Vollvermietung, die Mieterstruktur oder der Branchenmix, ein überdachter Zugang oder das Vorhandensein einer höheren Zahl an Stellplätzen im Umfeld (BGH NZM 2006, 54, 56; BGH NJW 2000, 1714 = ZMR 2000, 508; OLG Düsseldorf GuT 2006, 25). **105**

b) Zusicherung

Eine Zusicherung liegt vor, wenn der Vermieter gegenüber dem Mieter die Gewähr für das Vorhandensein bestimmter Eigenschaften übernimmt und für alle Folgen ihres Fehlens unbedingt einstehen will (BGH NJW 1980, 777; BGH NJW 2000, 1714 = ZMR 2000, 508 = NZM 2000, 492, 494; BGH ZMR 2005, 612, 613; BGH NZM 2006, 54, 56). Für eine Zusicherung genügen daher weder die Angabe des Verwendungszweckes im Mietvertrag, selbst wenn sie Verhandlungsgegenstand war (BGH NJW 1980, 777), noch gemeinsame Vorstellungen der Parteien im Sinne einer Geschäftsgrundlage (BGH ZMR 2010, 598: Änderung Mieterstruktur, Abweichung von Bezeichnung in Vertragsanlage), noch reichen Angaben des Vermieters, die über allgemeine Anpreisungen oder eine Beschreibung der Mietsache nicht hinausgehen (zu Umsatzperspektiven/Gaststättenpacht: BGH NJWE-MietR 1997, 150; OLG Hamburg NJW-RR 1998, 1091 = ZMR 1998, 221; zu Präambeln: BGH NZM 2006, 54, 56; BGH ZMR 2004, 664 = NJW-RR 2004, 1236 = NZM 2004, 618; OLG Rostock NZM 2003, 282; Horst NZM 2010, 177, 182; Sternel NZM 2006, 495, 497 u. Stangl ZMR 2008, 14, 20: Informationen nach § 5a EnEG z.B. nach § 6.2 Muster Wohnungsmietvertrag DMB). **106**

Für eine Zusicherung spricht namentlich, wenn **107**

- der Mieter erkennbar konkrete Anforderungen an die Mietsache stellt (LG Köln ZMR 2010, 534: Besucherkapazität),
- Tauglichkeit-, Qualitäts- oder Ausstattungsmerkmale im Mietvertrag beschrieben sind,
- der Mieter sich mangels Besichtigungsgelegenheit auf die Erklärung des Vermieters verlassen muss oder

- der Vermieter seine Angaben gesondert belegt (z.B. Vermessungsprotokoll; anders Horst NZM 2010, 177, 182 u. Stangl ZMR 2008, 14, 21: Energie- oder Wärmebedarfsausweis nach § 13 EnEV dient nach § 5a EnEG nur Erfüllung öffentlich-rechtlicher Informationspflicht).

Eher gegen eine Zusicherung spricht, falls

- der Mieter von der Möglichkeit einer Besichtigung absieht,
- sich die Angaben des Vermieters, obwohl geboten, nahe liegend oder geschäftsüblich, nicht belegen lässt
- oder der Mieter den Mietvertrag abschließt, ohne die zuvor von ihm angeforderten Unterlagen einzusehen (OLG Hamburg NJW-RR 1998, 1091 = ZMR 1998, 221).

108 Die Zusicherung kann grundsätzlich auch stillschweigend und noch nach Vertragsschluss erfolgen. Die fragliche Eigenschaft muss zwar nicht vom Vermieter benannt worden sein. Allerdings ist erforderlich, dass der Mieter nach dem Gesamtzusammenhang davon ausgehen durfte, dass der Vermieter die Eigenschaft garantieren will (vgl. BGH NJW 1980, 777; BGH NJW 1996, 836).

109 Um zum Vertragsinhalt zu werden, muss die Zusicherung die gegebenenfalls für den Mietvertrag einzelvertraglich vereinbarte Form wahren. Einer Schriftformklausel geht nach § 305b BGB die mündliche Zusicherung vor (LG Köln ZMR 2010, 534).

110 Die Zusicherung bedarf bei einer Mehrheit von Vermietern zu ihrer Verbindlichkeit der Erklärung aller Vermieter. Um Haftungslücken zu vermeiden, wird aus der Vollmacht des verhandlungsführenden Vermieters teilweise eine Haftung der vertretenen Vermieter aus Verschulden bei Vertragsschluss i.V.m. § 278 BGB (Bub/Treier-Kraemer III. B Rn. 1355), teilweise eine Anscheinsvollmacht abgeleitet (Sternel II Rn. 526). Allerdings dürften regelmäßig die Tatbestandsvoraussetzungen nicht gegeben sein, sodass auf die allgemeinen Regeln über die Vollmachtsüberschreitung (vgl. Palandt/Heinrichs § 167 Rn. 10) zurückzugreifen ist.

111 Der Mieter darf auf die Richtigkeit der Zusicherung vertrauen. Selbst wenn der Vermieter sie erkennbar ohne hinreichende Unterlagen abgegeben hat, ist der Mieter nicht zur Prüfung verpflichtet (BGH MDR 1964, 915 = ZMR 1965, 188). Er darf sich allerdings nicht den Tatsachen verweigern, quasi wegsehen. Ist ihm bei Vertragsschluss oder Übergabe bekannt, dass eine zugesicherte Eigenschaft fehlt oder ist ihm dies infolge grober Fahrlässigkeit unbekannt geblieben, können seine Gewährleistungsrechte beschränkt sein (§ 536b BGB, Rdn. 238 ff.).

112 Eine Zusicherung ist nur innerhalb der allgemeinen Grenzen der §§ 138, 242 BGB wirksam vereinbar. Der Mieter kann sich daher nicht auf Zusicherung berufen, wonach Wohnanlage von Kindern freizuhalten sei (AG München WuM 2000, 546: § 138 BGB).

c) Einzelfälle

aa) Fläche

113 Eine Flächenangabe ist nicht ohne weiteres zugleich eine Zusicherung (zu Flächenangaben allgemein Rdn. 92 ff.). In der Praxis werden die Angaben zur Mietfläche i.d.R. als bloße Objektbeschreibung qualifiziert (BGH ZMR 2005, 612, 613; BGH ZMR 2004, 495; OLG Dresden [RE] NJW-RR 1998, 512 = NZM 1998, 184 = OLG-NL 1998, 75 zust. Anm. Horst; abl. Anm. Blank WuM 1998, 467; krit. Kraemer NZM 1999, 156; ders. NZM 2000, 1121; LG Münster WuM 1990, 146; LG Hamburg WuM 1990, 497; LG Düsseldorf WuM 1990, 69; anders: OLG Hamm NJW-RR 1998, 152 = ZMR 1998, 90: bei Anmietung vor Errichtung, Fall der Unmöglichkeit).

Der Begriff »Wohnfläche« ist auslegungsbedürftig (Rdn. 97 f.; BGH ZMR 2010, 101, 102 = NZM 2009, 814 = NJW 2009, 3421; BGH ZMR 2006, 439, 440 = NZM 2006, 375 = WuM 2006, 245 = DWW 2006, 330; BGH ZMR 2004, 495; BGH NJW 2004, 2230; BGH NZM 1999, 509; BGH NJW 1997, 2874 (Werkvertragsrecht); BayObLG NJW 1996, 2106 ([zu § 16 Abs. 2 WEG]). Mit dem Begriff wird im allgemeinen Sprachgebrauch insbesondere keine bestimmte Art der Flächenberechnung verbunden (Rdn. 97 f.; BGH NZM 2001, 234, 236; anders noch BGH NJW 2004, 2230: i.d.R. §§ 42–44 II. BV). Regelmäßig will der Vermieter mit der bloßen Größenangabe keine Gewähr übernehmen (anders u.U. bei Anmietung vor Errichtung, vgl. OLG Hamm ZMR 1998, 90 = NZM 1998, 78). **114**

Es müssen daher Umstände hinzutreten, aus denen sich ergibt, dass der Vermieter über die Beschreibung hinaus garantiemäßig haften will. Als solche kommen in Betracht, dass ein Quadratmeterpreis vereinbart (LG München I WuM 1987, 217; AG Potsdam WuM 1997, 209) oder die Fläche als Berechnungsfaktor für die Miete herangezogen wird (LG München I WuM 1987, 217; LG Berlin NJWE-MietR 1996, 102; Schul/Wichert ZMR 2004, 496/497; a.A. LG Gießen NJWE-MietR 1996, 50 = MDR 1996, 358), der Vermieter die Größe ausdrücklich garantiert (LG Mönchengladbach ZMR 1988, 178: Mindestgröße) oder der Mieter die Eignung der Mietsache von einer bestimmten Größe abhängig macht (OLG Hamm NJW-RR 1998, 152 = ZMR 1998, 90: Lagerhalle). **115**

Durch **»ca.«** oder vergleichbare Zusätze wird eine Zusicherung nicht ohne weiteres ausgeschlossen (OLG Hamm NJW-RR 1998, 152; BGH BGHZ 96, 283, 286: Grundstückskauf; LG Gießen NJWE-MietR 1996, 50 = MDR 1996, 358), namentlich dann nicht, wenn die Fläche auf die Dezimalstelle genau angegeben und damit eine besondere Gewähr der Richtigkeit zum Ausdruck gebracht wird (a.A. LG Berlin NZM 1999, 412). **116**

Soweit im Einzelfall eine Zusicherung zu verneinen sein sollte, bleibt zu prüfen, ob die Abrede über die Mietfläche als fehlendes Beschaffenheitsmerkmal Gewährleistungsrechte auslöst (Rdn. 93 ff.; OLG Köln NZM 1999, 73: wenn Höhe der Miete beeinflusst). **117**

bb) Umsätze/Erträge

Angaben über Umsätze oder Erträge stellen regelmäßig keine Zusicherung dar. Es sei denn, der Vermieter übernimmt ausdrücklich eine entsprechende Garantie, anstatt die Sache lediglich mit Hilfe seiner Umsatzerwartungen anzupreisen (BGH ZMR 2000, 508 = NZM 2000, 492, 494: Ladenlokal in Einkaufszentrum; BGH NJWE-MietR 1997, 150; OLG Hamburg ZMR 1998, 221 = NJW-RR 1998, 1091). Eine Zusicherung kommt allenfalls in Betracht, wenn der Vermieter seine Angaben belegt und auf den in der Vergangenheit erzielten Umsatz beschränkt (OLG Hamburg NJW-RR 1998, 1091 = ZMR 1998, 221 m.w.N.). Soweit keine Zusicherung vorliegt kommt eine Haftung des Vermieters für falsche Umsatzangaben aus § 311 Abs. 2 BGB in Betracht (BGH NJWE-MietR 1997, 150). **118**

3. Rechtsmängel

Der vertragsgemäße Gebrauch der Mietsache kann neben Sachmängeln auch durch Rechte Dritter beeinträchtigt werden. Ein Rechtsmangel i.S.v. § 536 Abs. 3 BGB liegt vor, wenn dem Mieter wegen des entgegenstehenden Rechts eines Dritten der Gebrauch der Mietsache ganz oder zum Teil entzogen wird. **119**

a) Dritter

120 Dritter kann jeder sein, dem ein den vertragsgemäßen Gebrauch der Mietsache einschränkendes Recht zustehen kann. Ausgenommen sind jene, die unberechtigt besitzen, insbesondere nach Beendigung des Mietverhältnisses die Mietsache nicht oder verspätet zurückgeben (BGH BGHZ 85, 267, 270; OLG München ZMR 1996, 605; OLG Düsseldorf WuM 1999, 394; OLG Frankfurt/M. ZMR 1999, 814 = NZM 1999, 966). Damit wird die Mietsache lediglich tatsächlich vorenthalten, nicht jedoch ein Recht begründet (OLG Frankfurt/M. NZM 1999, 966). Da kein Recht besteht, ist auch der Anwendungsbereich des § 536 Abs. 3 BGB nicht eröffnet. Der Vermieter haftet für das bei Vertragsschluss bestehende Leistungshindernis nach 311a Abs. 2 BGB auf Schadens- oder Aufwendungsersatz (Haftung wegen anfänglicher Unmöglichkeit § 325 BGB a.F. BGH BGHZ 85, 267, 271; OLG Düsseldorf WuM 1999, 394; a.A. OLG Frankfurt/M. ZMR 1999, 814 m. abl. Anm. Stapel). Will der Vermieter die Mietsache vor dem Ende des Mietverhältnisses weiter vermieten, steht es ihm frei, seine Haftung für die nicht rechtzeitige Rückgabe vertraglich auszuschließen.

b) Recht

121 Inhaltlich muss das Recht an der oder auf die Mietsache bestehen (BGH NJW 1991, 3280). Das Recht muss sich jedenfalls auch gegen den Mieter richten. Ausschließlich gegen den Vermieter bestehende Ansprüche genügen nicht (z.B. Konkurrenzverbot: BGH LM § 537 BGB a.F. Nr. 3; OLG Düsseldorf NJW-RR 1998, 514).

122 Durch das Recht muss der Gebrauch entzogen werden. Mittelbare, sich lediglich reflexartig auswirkende Rechte reichen nicht (a.A. Derleder NZM 2000, 1098 für Liefersperren durch Versorgungsträger). Sie können als rechtliche Verhältnisse unter dem Gesichtspunkt des sog. Umfeldmangels zu einem Sachmangel führen (Rdn. 59 ff.).

123 Wann das Recht des Dritten entsteht, ist unerheblich. Es kann auch erst nach Abschluss des Vertrages begründet werden (BGH NZM 2006, 538: Doppelvermietung; Untermietverhältnis nach Beendigung des Hauptmietverhältnisses: BGH ZMR 2006, 763, 766 = NZM 2006, 699, 700, BGH BGHZ 63, 132, 137 = NJW 1975, 44 und OLG Düsseldorf ZMR 2004, 669)

124 Das Recht kann – wie im Kaufrecht zu § 435 BGB allgemein anerkannt (Bamberger/Roth/Faust § 435 Rn. 18 ff.; Palandt/Weidenkaff § 435 Rn. 11) – sowohl öffentlich– (a.A. BGH NJW 1991, 3280; Schmidt-Futterer/Eisenschmid § 536 Rn. 245) als auch privatrechtlicher Natur sein. Öffentliche Rechte werden nicht ausgenommen. § 536 Abs. 3 BGB schützt den vertragsgemäßen Gebrauch umfassend. Nach Sinn und Zweck der Vorschrift ist es unerheblich, aufgrund welcher Norm der Gebrauch beschränkt wird. Davon zu unterscheiden ist die Frage, ob und inwieweit öffentliche Rechte als solche Mietgegenstand werden können (verneint von BGH NJW 1991, 3280: Milchkontingent).

125 Zwar werden Gebrauchshindernisse durch behördliche Anordnungen als Sachmangel behandelt, soweit die Gebrauchsbeschränkung auf der Art, der Beschaffenheit oder der Lage der Mietsache beruht (Rdn. 66 ff.). Daneben ergehende Anordnungen sind jedoch als Rechtsmangel zu qualifizieren. Das gilt etwa für Beschränkungen, die sich aus den persönlichen Verhältnissen des Vermieters ergeben (z.B. Verfügungsbeschränkungen nach dem WoBindG, ein Räumungsverlangen gem. § 4 Abs. 8 S. 2 1. Halbs. WoBindG; zu § 6 WoBindG a.F. BGH BGHZ 67, 134 = NJW 1976, 1888; zu § 16 WoBindG: OLG Hamm NJW-RR 1997, 37).

126 Private Rechte können aus Schuldverhältnissen entstehen, z.B. bei Beendigung des Hauptmietverhältnisses (BGH ZMR 2006, 763, 766 = NZM 2006, 699, 700; OLG Düs-

seldorf ZMR 2004, 669; LG Ulm WuM 1989, 285: gewerbliche Zwischenmiete), bei Ausübung eines Optionsrechts (BGH NJW 1998, 534) oder etwa bei Eintritt einer Bedingung. Dingliche Ansprüche können sich aus dem Eigentum (BGH BGHZ 63, 132 = NJW 1975, 44), dem Wohnungseigentum (BGH ZMR 1995, 480 = DWW 1995, 279: Gaststätte; BGH NJW 1996, 714: Untersagung gem. § 15 Abs. 3 WEG, Gaststätte; OLG Düsseldorf WuM 1999, 37 = ZMR 1999, 24: Betrieb einer Kinderarztpraxis verstößt gegen Teilungserklärung), einem Nießbrauch, einer beschränkten persönlichen Dienstbarkeit (BGH NJW-RR 1989, 77 = WuM 1989, 140) oder einem Erbaurecht ergeben.

Im Fall der Doppelvermietung sind beide Mietverhältnisse gleichrangig. Der zeitgleiche **127** Bestand zweier Mietverhältnisse über eine Mietsache, der bereits mit einem Vorvertrag entstehen kann (LG Köln NJW-RR 1992, 77), führt weder zur Unwirksamkeit eines der Mietverträge (§ 311a Abs. 1 BGB) noch zur Unmöglichkeit (BGH NZM 2006, 538; BGH NJW 1996, 714; OLG Köln ZMR 1998, 696; Schmidt-Futterer/Eisenschmid § 536 Rn. 250). Solange der Vermieter noch keinen der beiden Erfüllungsansprüche befriedigt hat, kann ihm nicht im Wege der einstweiligen Verfügung aufgegeben werden, an einen der beiden Mieter zu leisten (OLG Koblenz ZMR 2008, 50, 51 m.w.N.; KG ZMR 2007, 614 = DWW 2007, 201 = WuM 2007, 207; OLG Hamm NJW-RR 2004, 521; OLG Schleswig MDR 2000, 1428; OLG Frankfurt/M. NJW-RR 1997, 77 = MDR 1997, 137 = ZMR 1997, 22 m. abl. Anm. Wichert ZMR 1997, 16; OLG Brandenburg OLGR 1997, 329; OLG Celle ZMR 2009, 113: erst recht nicht aus Mietvorvertrag; aber: OLG Celle ZMR 2008, 289, 290: possesorischer Besitzschutzanspruch, wenn Mietsache widerrechtlich entzogen; abw. KG NZM 2003, 439 u. GuT 2005, 54: Prioritätsgrundsatz bei konkurrenzschutzwidriger Vermietung; allg. zu Mieterrechten bei Doppelvermietung: Kluth/Grün NZM 2002, 473; a.A. OLG Düsseldorf NJW-RR 1991, 336; Bub/Treier/Fischer VIII Rn. 118; Zöller/Vollkommer §§ 938 Rn. 12, 935 Rn. 9). Im Wettlauf der Mieter würde die Hauptsache vorweggenommen.

Bis zur Überlassung an einen der Mieter bestehen die konkurrierenden Ansprüche auf **128** Überlassung und Gebrauchsgewährung nebeneinander. Der Vermieter kann wählen (OLG Koblenz ZMR 2008, 50, 51; KG ZMR 2007, 614 = WuM 2007, 207 = DWW 2007, 201). Mit der Überlassung der Mietsache an den Dritten wird dessen Erfüllungsanspruch befriedigt. Solange der Vermieter den Besitz wieder erlangen und dem Mieter überlassen kann, bleibt der Erfüllungsanspruch aus § 535 Abs. 1 S. 1 BGB unberührt und stehen Ansprüche auf Ersatz des Verzögerungsschadens im Raum; sobald feststeht, dass der Vermieter die Mietsache nicht überlassen kann, stehen dem Mieter die Ansprüche aus § 275 BGB zu (KG ZMR 2009, 119, 120; OLG Schleswig MDR 2000, 1428; OLG Köln ZMR 1998, 696 = OLGR 1998, 211; LG Berlin ZMR 1988, 178; LG Köln NJW-RR 1992, 77; AG Ribnitz-Damgarten ZMR 2002, 836). Die Abgrenzung ist unter Berücksichtigung aller Umstände des Einzelfalles vorzunehmen (z.B. Möglichkeit der Kündigung, Abschluss Aufhebungsvertrag; Zweck und Dauer der konkurrierenden Mietverhältnisse). Mit Eintritt der Unmöglichkeit entfällt der Anspruch auf Miete (§ 326 Abs. 1 BGB), der Mieter kann den Mietvertrag nach § 543 Abs. 2 S. 1 Nr. 1 BGB kündigen oder nach §§ 323, 326 BGB zurücktreten (abw. OLG Celle ZMR 2003, 343: bei Doppelvermietung aufgrund Vertragsbruch, auf Miete des ursprünglichen Mieters nur tatsächlich vereinnahmte Miete anzurechnen, § 537 BGB).

Es kommt grundsätzlich nicht darauf an, ob der Vermieter die Verfügungsmacht nicht **129** wiedererlangen kann (a.A. AG Lichtenberg ZMR 2003, 118). Mietverhältnisse sind zeitlich begrenzt (§ 536 Abs. 1 S. 1 BGB). Der Vermieter kann per definitionem die Verfügungsmacht zurückerlangen. Das Kriterium läuft leer. Mit der Überlassung an den Dritten steht fest, dass die Mietsache derzeit nicht an den Mieter überlassen werden kann. Die zeitbezogene Überlassung ist nicht nachholbar. Dem Mieter stehen die Ansprüche aus §§ 311a Abs. 2, 280, 281, 283, 284 BGB zu. Im Rahmen der Naturalrestitution kann der Erfüllungsschaden ausnahmsweise durch die Überlassung der Mietsache auszugleichen sein, wenn dem Vermieter die Überlassung aufgrund eines Vorbehaltes (m. abw. Begr. BGH MDR 1962, 398; OLG Köln ZMR 1998, 697: besonderes schutzwürdiges Interesse des Mieters) oder durch Beendigung, Kündigung oder Aufhebung, des zunächst in Vollzug gesetzten Mietverhältnisses möglich wird (zu weit: Abgrenzung Unmöglichkeit/Verzögerung im Rahmen Zwangsvollstreckung: Schmidt-Futterer/Eisenschmid § 536 Rn. 251; Kluth/Grün NZM 2002, 478). In diesem Fall unberührt bleibt die Pflicht, den durch die vertragswidrigen Verzögerung der Überlassung entstandenen Schaden zu ersetzen (§§ 275, 286 BGB).

c) Entziehung

130 Entzogen i.S.v. § 536 Abs. 3 BGB wird die Mietsache, wenn der Dritte sein Recht in einer Weise geltend macht, die den vertragsgemäßen Gebrauch beeinträchtigt (BGH ZMR 2008, 883, 884 = NJW 2008, 2771 = NZM 2008, 644; BGH ZMR 1989, 59 = NJW-RR 1989, 77; BGH ZMR 1996, 15 = NJW 1996, 46; BGH NJW-RR 1999, 1239; KG 2006, 283: Hinweis auf eigenes Recht in Rundbrief an Untermieter nicht ausreichend). Der schlichte Bestand des Rechts genügt nicht.

131 Der Mieter muss jedoch nicht den Besitz der Mietsache aufgegeben oder den Gebrauch der Mietsache eingestellt haben. § 536 Abs. 3 BGB setzt voraus, dass der Gebrauch entzogen wird, nicht bereits entzogen ist oder wurde. Entziehung bedeutet Störung (BGH ZMR 2008, 883, 884 = NZM 2008, 644 m.w.N.). Eine zu einem Rechtsmangel führende Beeinträchtigung liegt daher vor, wenn der Dritte von dem Mieter die Herausgabe und Räumung (BGH ZMR 1989, 59 = NJW-RR 1989, 77; BGH ZMR 1996, 15 = NJW 1996, 46; BGH NJW-RR 1999, 1239) oder Unterlassung einer bestimmten Nutzung verlangt (BGH NJW 1996, 714). Dazu reicht, dass der Rechtsinhaber angedroht hat, sein Recht durchzusetzen, ohne dass bereits Klage erhoben sein muss (BGH ZMR 2008, 883, 884 = NZM 2008, 644; BGH NJW-RR 1995, 715 = ZMR 1995, 480; BGH NZM 1999, 461 (Pacht); OLG Düsseldorf WuM 1999, 37 = ZMR 1999, 24 = MDR 2009, 1386). Die mündliche Androhung des Dritten genügt, wenn sie den Mieter veranlasst, den Mietgebrauch zu unterlassen oder aufzugeben (BGH ZMR 2008, 883, 884 = NZM 2008, 644 m.w.N.). Einerseits darf das Begehren nicht offensichtlich unbegründet sein. Andererseits genügen objektiv unsichere Rechtsverhältnisse. Die mit der Geltendmachung des Anspruches aufgeworfenen Zweifel, die damit quasi entstehende Gefährdungslage stören den Gebrauch.

132 Es ist deshalb nicht erforderlich, dass dem Dritten das behauptete Recht tatsächlich zusteht (abw. Schmidt-Futterer/Eisenschmid § 536 Rn. 254). Im Streitfalle stünde das erst mit Rechtskraft fest. Erst dann wäre rückwirkend ein Rechtsmangel zu bejahen oder zu verneinen. Der Schutz des § 536 Abs. 3 BGB liefe damit weitgehend leer. Zwischen der Haftung für Rechts- und Sachmangel träten Wertungswidersprüche auf (vgl. Rdn. 25, 68 ff.).

III. Rechtsfolgen des Mangels

133 Ist die Mietsache mangelhaft, kommen als Rechte des Mieters in Betracht:
- Anspruch auf Beseitigung/Erfüllung (§ 535 Abs. 1 S. 2 BGB),
- Einrede des nicht erfüllten Vertrages (§ 320 BGB),
- Mangelbeseitigung durch den Mieter und Aufwendungsersatz (§ 536a Abs. 2 BGB),
- Mietminderung (§ 536 BGB),

- Schadensersatz (§ 536a Abs. 1 BGB) und
- außerordentliche fristlose Kündigung aus wichtigem Grund (§ 543 Abs. 2 Nr. 1 BGB),

soweit die Gewährleistung nicht ausgeschlossen ist. Die Rechte stehen grundsätzlich nebeneinander (BGH ZMR 2008, 869, 870: zu Beseitigungsanspruch, Minderung, Schadensersatz).

1. Beseitigungsanspruch (§ 535 Abs. 1 S. 2 BGB)

Der Vermieter hat nach § 535 Abs. 1 S. 2 BGB die vermietete Sache dem Mieter in einem **134**
zu dem vertragsmäßigen Gebrauch geeigneten Zustand zu überlassen und sie während der Mietzeit in diesem Zustand zu erhalten (Kap. 8 Rdn. 1 ff.). Er ist daher verpflichtet, alle Störungen des Mietgebrauchs zu beseitigen, ohne dass es auf die Erheblichkeit oder den Zeitpunkt ankommt, in dem sie sich zeigen (z.B. OLG Naumburg NZM 2001, 100, 102: Abhilfe Beanstandungen der Gewerbeaufsicht; LG Hamburg NJW 1991, 1898: Austausch bleihaltiger Trinkwasserleitungen). Zu beseitigen sind auch Mängel, die zwar der Sphäre des Mieters zuzurechnen, jedoch von ihm nicht zu vertreten sind, namentlich da er die Grenzen des vertragsgemäßen Gebrauchs nicht überschritten hat (BGH ZMR 2008, 869, 870 m. Anm. Schläger: Fogging).

Räumlich umfasst der Beseitigungsanspruch die gesamte Mietsache einschließlich des **135**
Zubehörs (vgl. BGH NJW 1986, 3206, 3208: Einbauküche) und der zum gemeinschaftlichen Gebrauch überlassenen Räume und Einrichtungen (z.B. Treppen, Zugänge, Versorgungs- und Außenanlagen).

Der Beseitigungsanspruch ist erfolgsbezogen auf die Herstellung des vertragsgemäßen **136**
Zustandes gerichtet. Die Art und Weise unterliegt grundsätzlich der Dispositionsbefugnis des Vermieters. Es sei denn, dass ausnahmsweise nur die eine Maßnahme geeignet ist (OLG Düsseldorf NZM 2009, 281: Flachdach, umfassend zu sanieren, wenn über Jahre immer wieder undicht, weitere Flickschusterei nicht ausreichend; LG Hamburg ZMR 2010, 610, 611) oder die gewählte Maßnahme führte zu einer Änderung des vertragsgemäßen Gebrauchs (LG Mannheim ZMR 2007, 971 = NJW 2007, 2499 = NZM 2007, 682: Beseitigung Schimmel, Aufstellen der Möbel in Abstand Fußleiste zumutbar, 15 cm Innendämmung unzumutbar, auch aus § 242 BGB keine Duldungspflicht bei 80 % höherem Beseitigungsaufwand; AG Hamburg NZM 2007, 802: Fahrräder statt im Erdgeschoss auf dem Dachboden im 5. Obergeschoss unter zu stellen). Insoweit kommen alle Maßnahmen in Betracht, durch die die Mietsache fachgerecht wieder in einen zum vertragsgemäßen Gebrauch tauglichen Zustand versetzt wird, einschließlich geeigneter und zumutbarer Vorbereitungs- oder provisorischer Maßnahmen (OLG Köln ZMR 1998, 227, 229 = WuM 1998, 152: Stellen des zur Legalisierung öffentlich-rechtlich erforderlichen Antrages; OLG Düsseldorf NZM 2003, 553: ausr. Anzeige Rattenbefall an Kommune; LG Berlin NZM 1999, 407: finanzielle Zuwendungen an nicht auszugsbereiten Mieter; KG MDR 2000, 1240: Vermieter entscheidet über Eignung beauftragter Firmen; LG Braunschweig ZMR 2000, 462: chemische Wasseraufbereitung statt neuer Wasserleitungen; KG MDR 2000, 1006: vorübergehender Einsatz von Radiatoren bei Heizungsausfall, Übernahme der zusätzlichen Stromkosten durch Vermieter; AG Hamburg WuM 1999, 453: fachgerechte Beseitigung asbesthaltiger Bauteile; AG Hamburg WuM 1999, 456: Besichtigung durch Handwerker nur so oft, wie nach dem heutigen Stand der Technik unbedingt notwendig). Soweit anderweitige Abhilfe aussichtslos ist, kann der Vermieter verpflichtet sein, das Mietverhältnis mit einem störenden Mitmieter zu kündigen (LG Berlin WuM 1999, 329). Der Anspruch ist erfüllt, wenn die Beeinträchtigung vollständig beseitigt ist, sowohl technisch als auch – im Rahmen des technisch üblicherweise Möglichen – optisch (z.B. LG Braunschweig WuM 2001, 510: Fliesenspiegel komplett zu

erneuern, wenn Ausbesserung Gesamteindruck erheblich beeinträchtigt; AG Hamburg WuM 1999, 456: Mangel im Bad, Beseitigung umfasst fachgerechte, d.h. einheitliche Verkachelung; AG Hamburg-Altona NZM 2007, 515: unzureichend PVC-Fliesenboden zwei Platten mit Farb- und Musterabweichung). Beruht der Mangel auf einem Verhalten, ist er beseitigt, wenn die Wiederholungsgefahr weg fällt (AG München ZMR 2010, 538, 539: Beschuss Mietsache). Zu einer Verbesserung der Mietsache ist der Vermieter nicht verpflichtet (s. Rdn. 18).

137 Der Vermieter wird von seiner Leistungspflicht nach § 275 Abs. 1 BGB frei, soweit die Beseitigung des Mangels unmöglich ist. Das Gleiche gilt, soweit der Vermieter den Mangel aus rechtlichen oder tatsächlichen Gründen endgültig weder beheben noch verhindern kann, da er etwa nach § 906 BGB zur Duldung verpflichtet ist. Das kommt insbesondere bei außerhalb der Mietsache begründeten Mängeln wie Altlasten, Baumaßnahmen, der Bebauung oder Nutzung von Nachbargrundstücken, Verkehrs-, Fluglärm oder sonstigen Umfeldmängeln (Rdn. 76 ff.) in Betracht.

138 Der Vermieter kann nach § 275 Abs. 2 S. 1 BGB die Beseitigung verweigern, falls sie einen Aufwand erfordert, der unter Beachtung des Inhalts des Schuldverhältnisses und der Gebote von Treu und Glauben in einem groben Missverhältnis zum Beseitigungsinteresse des Mieters steht (vormals über § 242 BGB sog. Opfergrenze gelöst; BGH NZM 2010, 507, 508 = WuM 2010, 348 m. Anm. Emmerich NZM 2010, 497: grobes Missverhältnis, wenn Reperaturaufwand Verkehrswert der Mietsache um das Dreifache übersteigt; BGH ZMR 2005, 935, 937 = NJW 2005, 3284 = NZM 2005, 820). Zur Feststellung eines groben Missverhältnisses sind alle Umstände des Einzelfalles zu berücksichtigen, insbesondere Art, Dauer und Erheblichkeit der Störung, Dauer des Mietverhältnisses, Miethöhe, Zustand der Mietsache, vertragliche Risikoregelungen, Kosten der Beseitigung, bisherige Beseitigungsversuche, ein etwaiger Reparaturstau, und, nach § 275 Abs. 2 S. 2 BGB, ein Verschulden des Vermieters (BGH NZM 2010, 507, 508 = WuM 2010, 348; BGH ZMR 2005, 935, 937 = NZM 2005, 820). Allein unverhältnismäßige Kosten schließen den Anspruch nicht aus (BGH NZM 2010, 507, 508 = WuM 2010, 348: dreifache Überschreitung Indiz; LG Mannheim ZMR 2007, 971 = NJW 2007, 2499 = NZM 2007, 682: nicht ausreichend 80 % höherer Beseitigungsaufwand; Palandt/Heinrichs § 275 Rn. 28). Der Aufwand ist mit dem Interesse des Mieters an der Mietsache in vertragsgerechtem Zustand abzuwägen (LG Aachen ZMR 2010, 113, 115).

139 Ein grobes Missverhältnis kommt namentlich in Betracht, wenn die Mietsache ganz oder teilweise zerstört oder erheblich beschädigt ist (BGH NJW 1976, 1506; BGH NJW-RR 1991, 204 = ZMR 1991, 19: Muldenkipper, Miete 10.380 DM, Reparaturkosten 147.000 DM; OLG Karlsruhe NJW-RR 1995, 849: durch Brand teilweise zerstörtes Gebäude wird abgerissen, Reparatur stünde Neuerstellung gleich; OLG Hamburg WuM 2001, 542 = NZM 2002, 343: keine Asbestsanierung der Hamburger Trabrennbahn; AG Hannover WuM 1999, 331: altersbedingt verschlissener Aufzug; ähnlich LG Mainz WuM 1999, 215: Müllschlucker; weiter OLG Hamm GE 2001, 367: 12facher Jahresminderungsbetrag).

140 Vorübergehende oder mit zumutbarem Aufwand zu beseitigende Hindernisse lassen den Beseitigungsanspruch dagegen nicht entfallen. Der Vermieter kann sich daher grundsätzlich nicht darauf berufen, dass die zur Mängelbeseitigung erforderlichen Maßnahmen Eingriffe in das Gemeinschaftseigentum erfordern und ein gegebenenfalls nach §§ 21, 23 WEG erforderlicher zustimmender Beschluss der Wohnungseigentümergemeinschaft noch nicht vorliegt (BGH ZMR 2005, 935, 937 = NZM 2005, 820: anders WEG stimmt *berechtigt* wg *Unwirtschaftlichkeit* endgültig nicht zu; OLG Zweibrücken NJW-RR 1995, 270 = ZMR 1995, 119; KG [RE] NJW 1990, 3218 = ZMR 1990, 336).

Als in die Zukunft gerichtete Dauerverpflichtung ist der Anspruch auf Mangelbeseitigung unverjährbar (BGH ZMR 2010, 570 = NZM 2010, 235: Schallschutz m. Anm. Rave: Schönheitsreparaturen; LG Aachen ZMR 2010, 113, 115; differenzierend Schmid ZMR 2009, 585; a.A. Lehmann-Richter NJW 2008, 1996, 1197 Verjährung gem. §§ 195, 199 Abs. 1 Nr. 1 BGB). Ein gesetzlicher oder vertraglicher Haftungsausschluss lässt den Beseitigungsanspruch als Erfüllungsanspruch unberührt (BGH BGHZ 84, 42, 45 = NJW 1982, 2242; BGH NJW 1997, 2674 = WuM 1997, 488; BGH NJW-RR 2003, 727 = ZMR 2003, 341; BayObLG [neg. RE] WuM 1999, 392). Anders als die sekundären Gewährleistungsrechte kann der primäre Erfüllungsanspruch aus § 535 Abs. 1 S. 2 BGB nicht abbedungen und grundsätzlich nicht verwirkt werden (OLG Köln WuM 1995, 35 = MDR 1995, 933; LG Berlin WuM 1999, 35; abw. AG Münster ZMR 2008, 385 = WuM 2007, 569: Verwirkung, wenn Mieter Zutritt zu Mängelbeseitigung verweigert). Selbst die Kenntnis des Mieters schließt den Anspruch aus § 535 Abs. 1 S. 2 BGB nicht aus. Die Vorschrift wird in § 536b S. 1 BGB nicht erwähnt. In Ausnahmefällen, insbesondere bei langjährig vorbehaltlos hingenommenen Mängeln kann der Beseitigungsanspruch nach Treu und Glauben gem. § 242 BGB zu verneinen sein (OLG Naumburg WuM 2000, 242; LG München I WuM 1999, 688: Lärm nach Dachgeschossausbau wird 11 Jahre geduldet). 141

2. Einrede des nicht erfüllten Vertrages (§ 320 BGB)

Bis zur Beseitigung des Mangels kann der Mieter nach § 320 Abs. 1 BGB die Zahlung der Miete verweigern (BGH ZMR 2008, 693, 694; BGH ZMR 2006, 761 = NZM 2006, 696 = WuM 2006, 435; BGH NJW-RR 2003, 727, 728 = NZM 2003, 355; BGHZ 84, 42, 45 = NJW 1982, 2242: Pacht; Gellwitzki WuM 1999, 10). Grundsätzlich umfasst die Einrede die gesamte Mietzahlung (BGH ZMR 2007, 605, 607 m.w.N. = NZM 2007, 484; BGH NJW-RR 2003, 873, 874 = ZMR 2003, 416, 418 = NZM 2003, 437; abw.: nicht umfasst Mieterhöhung gem. § 2 MHG a.F.: OLG Frankfurt/M. [RE] ZMR 1999, 703 = NJW 2000, 2115; ausf Gellwitzki WuM 1999, 10). Wegen Mängeln nicht zurückbehalten werden kann jedoch die Kaution (BGH NJW-RR 2007, 884 zu KG ZMR 2005, 946 = WuM 2005, 199; OLG Düsseldorf DWW 2000, 122; OLG Celle NJW-RR 1998, 585). Dem steht der Sinn und Zweck der Kaution als Sicherheit entgegen. 142

Die Einrede des nicht erfüllten Vertrages besteht unabhängig neben – bestehenden oder ausgeschlossenen – Gewährleistungsansprüchen (BGH BGHZ 84, 42, 45 = NJW 1982, 2242; BGH NJW 1997, 2674 = WuM 1997, 488; BGH NJW-RR 2003, 727, 728 = NZM 2003, 355; BayObLG [neg. RE] ZMR 1999, 616: zu § 539 BGB a.F.; Gellwitzki WuM 1999, 10). Zwar muss sie nicht ausdrücklich erhoben werden, der Wille, die Mietzahlung wegen der Mängel der Mietsache zurückbehalten zu wollen, muss jedoch eindeutig erkennbar sein (BGH ZMR 2008, 693, 694: fehlt, wenn ausschließlich Minderung und Aufrechnung geltend gemacht werden). 143

Als ungeschriebenes Tatbestandsmerkmal setzt § 320 Abs. 1 BGB die eigene Vertragstreue des Mieters voraus (OLG Düsseldorf DWW 2006, 286, 287: zur Erfüllung des Mietvertrages nicht mehr bereite Mieter, der unwirksam gekündigt und geräumt hat, kann Einrede nicht erheben; LG München NZM 2000, 87: fehlt bei überhöhtem Einbehalt; LG Braunschweig ZMR 1999, 827: Vertragstreue bei Anhalt für Zahlungsunfähigkeit bzw. -unwilligkeit durch Sicherstellung des Einbehalts auf Konto nachzuweisen). 144

Eine unterlassene Anzeige des Mangels schließt die Einrede nicht aus (a.A. LG Berlin WuM 1998, 28; Gellwitzki WuM 1999, 11, 16 m.w.N.; zur Mangelanzeige Rdn. 282 ff.). § 536c Abs. 2 S. 2 BGB ist nicht analog anwendbar. Für den die Einrede tragenden Erfüllungsanspruch ist allein der tatsächlich mangelhafte Zustand maßgebend und nicht seine 145

Anzeige. Allgemein genügt bereits das Bestehen des Leistungsverweigerungsrechts. Die Einrede kann nachträglich erhoben werden (vgl. Palandt/Heinrichs § 320 Rn. 12). Aufgrund der Einrede kommt der Mieter mit der Mietzahlung nicht in Verzug.

146 Anders als die (endgültige) Minderung nach § 536 BGB befreit § 320 Abs. 1 BGB nicht von der Zahlungspflicht, sondern begründet nur ein (vorläufiges) aufschiebendes Leistungsverweigerungsrecht zur Durchsetzung des Erfüllungsanspruchs nach § 535 Abs. 1 BGB.

147 Allerdings unterliegt die Einrede gem. § 242 BGB den allgemeinen Einschränkungen durch Treu und Glauben (BGH ZMR 2007, 605, 607). Das kann zu ihrem Ausschluss führen, falls der Mieter einen Mangel jahrelang vorbehaltlos hingenommen hat (LG München ZMR 1999, 688: Lärm von ausgebautem Dachgeschoss über 11 Jahre).

148 Hat der Vermieter geleistet, indem er die Mietsache überlassen hat, kann der Mieter die Mietzahlung nach § 320 Abs. 2 BGB insoweit nicht verweigern, als die Verweigerung nach den Umständen gegen Treu und Glauben verstoßen würde. Das kann insbesondere dann der Fall sein, wenn die Beeinträchtigung bzw. der Nachteil derart **geringfügig** ist, dass der Mietgebrauch nicht bzw. nicht nennenswert belästigt wird (vgl. BGH ZMR 2007, 605, 607; Blank WuM 1995, 567, 572; Gellwitzki WuM 1999, 11, 14: z.B. kleiner Wasserfleck im Keller, Haarriss im Abstellraum). Andererseits kann über §§ 535 Abs. 1, 320 Abs. 1 BGB auf die Beseitigung von Störungen des Mietgebrauchs gedrängt werden, die zwar lästig, aber noch nicht die Schwelle des Mangels erreicht haben (OLG Naumburg NZM 2001, 100, 102: Gewerbeaufsicht beanstandet Zustand der Mietsache, ohne Gaststättenerlaubnis zu entziehen oder Einschränkungen anzuordnen).

149 Bei der Anwendung von § 320 Abs. 2 BGB ist der Rechtsgedanke des § 536b BGB heranzuziehen (BGH ZMR 2007, 605, 607; BGH NJW-RR 2003, 873, 874 = ZMR 2003, 416, 418 = NZM 2003, 437). Kannte der Mieter den Mangel bei Vertragsschluss, blieb er ihm grob fahrlässig unbekannt oder nahm er die Mietsache in Kenntnis des Mangels vorbehaltlos an, ist er mit der Einrede ausgeschlossen.

150 Ein unangemessen hoher Einbehalt verstößt gegen Treu und Glauben, wobei die Angemessenheit sich nach den Umständen des Einzelfalles richtet und im tatrichterlichen Ermessen steht (BGH ZMR 2007, 605, 607; ähnl. LG München NZM 2000, 87: objektive Kriterien des Einzelfalles anstelle des Mehrfachen des zulässigen Minderungsbetrages). Grundsätzlich ist das Zurückbehaltungsrecht der **Höhe** nach auf das Doppelte des voraussichtlichen Beseitigungsaufwandes zu **beschränken** (vgl. § 641 Abs. 3 BGB n.F., anders Vorauflage; Drei- bis Fünffache: BGH NJW-RR 2003, 873, 874 = ZMR 2003, 416: wenn Mieter zuzumuten, Reparatur selbst auszuführen; OLG Naumburg NZM 2001, 100, 102; LG Saarbrücken NZM 1999, 757; LG Bonn WuM 1991, 262 = ZMR 1991, 300; Schenkel NZM 1998, 502, 503; Joachim DB 1986, 2653; a.A. der monatlichen Minderungsquote: LG Hamburg WuM 1989, 566; LG Berlin NJW-RR 1992, 518, WuM 1998, 28, NZM 1998, 475 und NZM 1999, 1138; Gellwitzki WuM 1999, 11, 14; Bieber NZM 2006, 683, 686; abw. OLG Frankfurt/M. ZMR 1999, 628 = NZM 2000, 186: Miete für jeweiligen Monat). Maßgebend ist – wie im Werkvertragsrecht – der zur Wiederherstellung des vertragsgemäßen Gebrauches erforderliche Aufwand. Das Leistungsverweigerungsrecht bezweckt die Sicherung und Durchsetzung des Erfüllungs-, Beseitigungsanspruchs (BGH NJW 1981, 2801, BGH NJW 1982, 2494; Palandt-Grüneberg § 320 Rn. 1). Nach § 641 Abs. 3 BGB kann im Werkvertragsrecht der Besteller i.d.R. das Doppelte der für die Beseitigung erforderlichen Kosten einbehalten. Etwaige Schwierigkeiten bei Ermittlung des Aufwandes sind unerheblich (BGH NZM 2003, 437: Schätzung gem. § 287 ZPO; a.A. Gellwitzki WuM 1999, 11, 13).

Die Einrede entfällt, falls der Beseitigungsanspruch nicht oder nicht mehr besteht. Mit einem Eigentümerwechsels erlischt die Einrede gegenüber dem aus dem Mietverhältnis ausscheidenden bisherigen Vermieter (BGH NZM 2006, 696 = WuM 2006, 435). Die Einrede ist ebenfalls ausgeschlossen, wenn der Mieter an der Erfüllung des Mietvertrages und der Beseitigung des Mangels kein Interesse mehr hat, da das Mietverhältnis beendet (BGH NJW 1982, 874; BGH NJW 1997, 2674; LG Berlin WuM 1998, 28; AG Lüdenscheid WuM 2007, 16), der Mieter ausgezogen (OLG Köln ZMR 2001, 532 = DWW 2001, 274) oder die Beeinträchtigung nach § 554 Abs. 1 BGB zu dulden ist (Gellwitzki WuM 1999, 11, 16). 151

Das Recht ist **abdingbar**. Im nicht unternehmerischen Verkehr sind Beschränkungen nach § 309 Nr. 2a BGB unwirksam (LG Osnabrück WuM 1989, 370: zu § 11 Nr. 2a AGBG a.F.). Unter Unternehmern ist der formularmäßige Ausschluss nur wirksam, wenn unstreitige, entscheidungsreife und rechtskräftig festgestellte Gegenforderungen ausgenommen sind (BGH NJW 1992, 575, 577; BGH ZMR 1993, 320 = DWW 1993, 170; OLG Düsseldorf WuM 1995, 392 = ZMR 1995, 303). Die Ausübung kann von einer einmonatigen Ankündigung abhängig gemacht werden (OLG Hamburg NJW-RR 1998, 586, 587 = ZMR 1998, 220). Wird formularmäßig das »Zurückbehaltungsrecht« eingeschränkt, erfasst die Klausel nicht nur das Zurückbehaltungsrecht nach § 273 BGB, sondern auch die Einrede des nicht erfüllten Vertrages nach § 320 BGB (BGH NZM 2003, 437 = NJW-RR 2003, 873 m.w.N.; a.A. OLG Düsseldorf NJW-RR 1998, 587). 152

3. Mangelbeseitigung durch den Mieter und Aufwendungsersatz (§ 536a Abs. 2 BGB)

Der Mieter kann den Mangel selbst beseitigen und Ersatz der erforderlichen Aufwendungen verlangen, wenn der Vermieter mit der Beseitigung des Mangels in Verzug ist (§ 536a Abs. 2 Nr. 1 BGB) oder die umgehende Beseitigung des Mangels zur Erhaltung oder Wiederherstellung des Bestands der Mietsache notwendig ist (§ 536a Abs. 2 Nr. 2 BGB). Sekundär zum Beseitigungsanspruch (Rdn. 134 ff.), kann der Aufwendungsersatzanspruch nach seinem Sinn und Zweck neben der Mietminderung (§ 536 BGB) und dem Anspruch auf Schadensersatz (§ 536a Abs. 1 BGB) geltend gemacht werden (zum Aufwendungsersatzanspruch Gsell NZM 2010, 71, 73). 153

a) Verzug (§ 536a Abs. 2 Nr. 1 BGB)

Der Vermieter kommt unter den allgemeinen Voraussetzungen des § 286 BGB in Verzug. Das erfordert grundsätzlich eine auf die Beseitigung des Mangels gerichtete Mahnung. Mit der Anzeige des Mangels kommt der Vermieter (noch) nicht in Verzug. Mit der Mängelanzeige erfüllt der Mieter lediglich die ihm gem. § 536c Abs. 1 BGB obliegende Pflicht. 154

Die Mahnung ist formfrei, soweit nichts anderes vereinbart. Sie kann ausdrücklich oder stillschweigend erfolgen (z.B. wiederholte Mängelanzeigen, Überlassen eines Schlüssels oder Mitteilung von Terminen, zu denen Zutritt möglich). Es genügt, wenn der Mieter den Vermieter an die Beseitigung erinnert. Weder muss der Mieter irgendwelche Folgen für den Fall der Nichtbeseitigung des Mangels androhen, noch – anders als im Fall der Kündigung gem. § 543 Abs. 3 BGB – eine Abhilfefrist setzen. Um ihrer Warnfunktion gerecht zu werden, muss die Mahnung sich jedoch eindeutig von der bloßen Mängelanzeige unterscheiden und klar erkennen lassen, dass und welcher Mangel beseitigt werden soll (OLG Düsseldorf NJW-RR 1992, 716; LG Heidelberg WuM 1997, 42; AG Neuss WuM 1989, 565; weiter: AG Hamburg WuM 1994, 609). Eine Aufforderung, sich zum Mangel oder seiner Beseitigung lediglich zu erklären, genügt nicht (vgl. OLG Düsseldorf NJW-RR 1998, 1749). Zweifel gehen zulasten des die Beweislast tragenden Mieters (LG Duisburg WuM 1999, 112). 155

156 Die Mahnung einer geringeren Leistung begründet keinen Verzug hinsichtlich der weiter gehenden Leistung. Erweist sich die angemahnte Reparatur nachträglich als nicht ausreichend, muss der Mieter den Vermieter erneut mahnen, bevor er eine defekte Einrichtung in Selbsthilfe erneuern und Kostenerstattung beanspruchen kann (LG Karlsruhe WuM 1998, 22: Entwässerung; LG Gießen WuM 1996, 557: Wasserboiler; LG Hamburg WuM 1988, 87; vgl. § 440 S. 2 BGB).

157 Setzt der Mieter dem Vermieter in der Mängelanzeige eine angemessene Frist zur Beseitigung, kommt der Vermieter mit deren Ablauf in Verzug (sog. befristete Mahnung; LG Berlin ZMR 2003, 189; Palandt-Heinrichs § 286 Rn. 17; zur Fristsetzung und Angemessenheit näher Rdn. 229 ff.). Die Frist beginnt, soweit sie nicht kalendermäßig bestimmt wird, im Zweifel mit dem Datum der Mängelanzeige (vgl. Palandt-Heinrichs § 286 Rn. 17).

158 Gleiches gilt, wenn ein vereinbarter Termin zur Mängelbeseitigung überschritten wird. Handelt es sich um Modernisierungsmaßnahmen, bei deren Durchführung zwangsläufig vorübergehend Mängel auftreten, kommt der Vermieter bei Überschreiten des vereinbarten Termins erst durch eine Mahnung in Verzug (LG Berlin NJW-RR 2000, 674 = NZM 2000, 458).

159 Die Mahnung ist entbehrlich, wenn die Beseitigung des Mangels unmöglich ist, der Vermieter die alsbaldige Beseitigung ankündigt (sog. Selbstmahnung, BGH ZMR 2008, 281, 282 m.w.N. = NJW 2008, 1216 = WuM 2008, 147), der Mangel bewusst falsch oder mangelhaft beseitigt wird, der Vermieter die Beseitigung ernsthaft und endgültig verweigert (§ 286 Abs. 2 Nr. 3 BGB; Bestreiten des Mangels Frage des Einzelfalles, verneint: OLG Brandenburg BeckRS 2009, 07165, bejaht LG Mannheim BB 1977, 365), aus besonderen Gründen unter Abwägung der beiderseitigen Interessen der sofortige Eintritt des Verzuges gerechtfertigt ist (§ 286 Abs. 2 Nr. 4 BGB) oder der Vermieter – ausdrücklich oder stillschweigend – auf Mangelanzeige und Mahnung verzichtet (AG Hamburg ZMR 2009, 928, 929: Heizkörperausfall am Wochenende, Auftrag ohne Mängelanzeige an von Hausverwaltung für Heizungsausfall in Aushang benannte Fachfirma erteilt, über Interessenabwägung gelöst). Durch die Eilbedürftigkeit der Mängelbeseitigung wird die Mahnung nicht entbehrlich. § 536a Abs. 2 Nr. 2 BGB enthält für sog. Notmaßnahmen eine Sonderregelung (Rdn. 162).

160 Der Verzug tritt nicht ein bzw. entfällt, soweit der Vermieter von seiner Pflicht, den Mangel zu beseitigen nach § 275 BGB frei wird oder er das Unterbleiben der Mangelbeseitigung nicht zu vertreten hat (§ 286 Abs. 4 BGB). Das ist insbesondere der Fall, wenn der Mieter die Beseitigung verzögert oder verhindert, indem er etwa den Zutritt nicht gestattet. Der Mieter muss dem Vermieter grundsätzlich die Gelegenheit geben, durch Besichtigung den aktuellen Zustand der Mietsache festzustellen, bevor er Fachunternehmen mit der Mängelbeseitigung beauftragt (AG Frankfurt/M. ZMR 2009, 45, 46).

161 Die eingetretene Verzugslage wirkt bei einem Vermieterwechsel fort (BGH NJW 2005, 1187 = WuM 2005, 201: zu § 566 Abs. 1 BGB). Der Verzug endet, wenn der Vermieter den Mangel beseitigt (LG Berlin ZMR 2003, 189: Vorarbeiten nicht ausreichend), die Beseitigung derart anbietet, dass der Mieter in Annahmeverzug gerät, dieser die Beseitigung vereitelt oder verzögert (LG Berlin NZM 1999, 118: Mieter sagt Termin mit Handwerkern ab; LG Berlin ZMR 2003, 189: kein Annahmeverzug, wenn Mieter nach Verzugseintritt bereits Reparaturauftrag erteilt hat; KG MDR 2000, 1240: angekündigten Reparaturmaßnahmen kann der Mieter nicht durch die Beauftragung ihm geeignet erscheinender Firmen zuvorkommen) oder die Beseitigung unmöglich ist oder wird und der Vermieter nach § 275 BGB von seiner Beseitigungspflicht frei wird.

b) Notmaßnahmen (§ 536a Abs. 2 Nr. 2 BGB)

Der Mieter kann den Mangel selbst beseitigen und Ersatz der erforderlichen Aufwendungen verlangen, wenn die umgehende Beseitigung des Mangels zur Erhaltung oder Wiederherstellung des Bestands der Mietsache notwendig ist. Notmaßnahmen begründen einen Aufwendungsersatzanspruch, ohne dass der Vermieter sich in Verzug befunden haben muss. **162**

Die umgehende Beseitigung ist notwendig, wenn bei einem Zuwarten mit der Mängelbeseitigung der Untergang oder eine weitere erhebliche Verschlechterung der Mietsache drohen. Die Notwendigkeit muss sich zum einen aus dem Zeitmoment ergeben. Das ergibt sich aus dem Wortlaut (»umgehend«) und dem Zusammenhang und dem Sinn und Zweck der Vorschrift; § 536a Abs. 2 Nr. 2 BGB normiert eine Ausnahme für den Zeitraum, bevor Verzug eingetreten ist. Nach dem Willen des Gesetzgebers soll § 536a Abs. 2 Nr. 2 BGB den Mieter nur zu Notmaßnahmen berechtigen, die keinen Aufschub dulden (BT-Drucks 14/4553 S. 41). Auf die Erreichbarkeit des Vermieters kommt es zwar grundsätzlich nicht an. Die Notwendigkeit dürfte allerdings entfallen, falls der Mieter anstelle des vom Vermieter benannten Notdienstes sogleich einen anderen Handwerker mit der Notmaßnahme beauftragt. **163**

Die Notwendigkeit muss sich zum anderen aus dem Zweck der Maßnahme ergeben. Die sofortige Abhilfe muss geboten sein, um erhebliche, den Bestand gefährdende Schäden zu vermeiden (z.B.: Reparatur eines Rohrbruchs; Beseitigung einer akuten Brandgefahr; akute Gefahr eines Rohrbruchs bei Frost und Heizungsausfall; u.U. weiter: BGH ZMR 2008, 281, 282: Heizungsausfall im Winter; AG Bonn WuM 1987, 219: Elektronotdienst; Gefahr eines Wasserschadens z.B. durch undichtes Dach). Angekündigten Reparaturmaßnahmen kann der Mieter nicht durch die Beauftragung ihm geeignet erscheinender Firmen zuvorkommen (KG MDR 2000, 1240). **164**

c) Rechtsfolgen

Befindet sich der Vermieter in Verzug oder liegt eine Notmaßnahme vor, ist der Mieter berechtigt, den Mangel auf Kosten des Vermieters selbst zu beseitigen (BGH ZMR 2008, 281, 281 = NJW 2008, 1216; OLG Düsseldorf WuM 2003, 386: Selbsthilferecht, keine Pflicht). Es handelt sich um einen Fall der Selbsthilfe. Sind die Voraussetzungen nicht gegeben, scheidet ein Rückgriff auf § 539 BGB und die Vorschriften über die Geschäftsführung ohne Auftrag aus (Vorrang der Nacherfüllung, BGH ZMR 2008, 281, 282 m. Anm. Dötsch = NJW 2008, 1216 = NZM 2008, 279; BGH BGHZ 162, 213 = NJW 2005, 1348 (Kaufvertrag); seit BGH BGHZ 46, 238, 246 ständige Rechtsprechung zu Werkvertrag; abw. AG Hamburg ZMR 2009, 928, 929: Interessenabwägung; a.A. Gsell NZM 2010, 71, 74 u. Kuhn ZMR 2009, 175: § 539 BGB neben §§ 687 ff. BGB anwendbar). **165**

Räumlich und inhaltlich reicht der Aufwendungsersatzanspruch so weit wie der Beseitigungsanspruch (Rdn. 134 ff.). Er umfasst auch Zubehör und zum gemeinschaftlichen Gebrauch überlassene Einrichtungen. **166**

Der Aufwendungsersatzanspruch ist auf den Ersatz der erforderlichen Aufwendungen zur Mängelbeseitigung beschränkt. Erforderlich ist, im Fall des § 536a Abs. 2 Nr. 1 BGB was der Mieter bei Anwendung der im Verkehr erforderlichen Sorgfalt für angemessen halten darf. Das sind die nach vernünftiger wirtschaftlicher Betrachtungsweise nötigen und zweckmäßigen Kosten (BGH NZM 2010, 507, 508 m.w.N.: 536 Abs. 2 Nr. 1 voraussichtlich zur Mangelbeseitigung geeignete Maßnahmen; OLG Brandenburg ZMR 2003, 909, 914: § 536a Abs. 2 Nr. 2 BGB um den Bestand der Mietsache zu erhalten; Dötsch NZM 2007, 275, 276). **167**

168 Dazu gehört sowohl der Aufwand für provisorische Übergangslösungen als auch für solche Maßnahmen, die zwar fachgerecht durchgeführt wurden, aber im Ergebnis ohne dauerhaften Erfolg blieben (AG Kassel WuM 1996, 30: provisorischer Stromanschluss; LG Heidelberg NJWE-MietR 1997, 42: Warmwasserversorgung; anders: BGH NZM 2010, 507, 508: Maßnahme voraussichtlich ungeeignet). Streitigkeiten kann der Mieter vorbeugen durch Einholen von Kostenvoranschlägen und der Zustimmung des Vermieters, sie erforderlichenfalls ausschließen durch ein selbstständiges Beweisverfahren. Ist die Beseitigung mangelhaft oder tritt der Mangel erneut auf, kann der Mieter wahlweise gegenüber dem Werkunternehmer seine werkvertraglichen Gewährleistungsansprüche oder gegenüber dem Vermieter – Zug um Zug gegen Abtretung seiner Ansprüche aus dem Werkvertrag – Aufwendungsersatz verlangen (OLG Brandenburg ZMR 2003, 909, 914; Feuerlein WuM 1998, 74).

169 Aufwendungen für weiter gehende Maßnahmen kann der Mieter nur nach den Vorschriften über die Geschäftsführung ohne Auftrag ersetzt verlangen (§ 539 Abs. 1 BGB). Das gilt insbesondere für über das Erreichen des vertragsgemäßen Zustandes hinausreichende Verbesserungen der Mietsache (LG Dortmund ZMR 2008, 376, 377: Investitionen nach Anmietung in schlechtem Zustand; zu durchgeführten, nicht geschuldeten Schönheitsreparaturen LG Karlsruhe NZM 2006, 508: §§ 539, 677, 683, 670; weiter Derleder WuM 2006, 175, 179: § 536a BGB neben § 539 Abs. 1 BGB; differenzierend Dötsch NZM 2007, 276). Bei Maßnahmen zur Mängelbeseitigung werden die Voraussetzungen der Geschäftsführung ohne Auftrag i.d.R. nicht vorliegen. Der Mieter muss davon ausgehen, dass der Vermieter an Aufwendungen, die über die Mängelbeseitigung hinausgehen, nicht interessiert und er zu solchen nicht berechtigt ist (OLG Düsseldorf ZMR 2008, 127: objektive Vermieterinteresse maßg). Hinsichtlich der die Grenze der Mängelbeseitigung überschreitenden Aufwendungen ist grundsätzlich davon auszugehen, dass der Mieter insoweit nicht mit Fremdgeschäftsführungswillen gehandelt hat. Wäre ein Kostenvorschuss gewährt worden, stünden dem Mieter auch nur die Mittel zur Mängelbeseitigung zur Verfügung.

170 Der Anspruch ist gerichtet auf Wertersatz, nicht auf Naturalrestitution. Nach §§ 256, 257 BGB steht dem Mieter nur ein Anspruch auf Verzinsung seiner Aufwendungen und Befreiung von eingegangenen Verbindlichkeiten, z.B. aus Werkverträgen mit Handwerkern, zu. Der Mieter ist nicht bevollmächtigt, Aufträge im Namen des Vermieters zu vergeben.

171 Darüber hinaus kann der Mieter die Zahlung eines Vorschusses in Höhe der voraussichtlichen Kosten der Mängelbeseitigung verlangen, über den er nach Abschluss der Arbeiten abzurechnen hat (KG NJW-RR 1988, 1039 = ZMR 1988, 219; OLG Düsseldorf NZM 2000, 464). Der Vermieter darf gegen den Vorschussanspruch mit Mietforderungen aufrechnen (vgl. BGH BGHZ 54, 244, 247). Der Zweck des Vorschussanspruches, die Beseitigung des Mangels zu ermöglichen, schließt die Aufrechnung nicht aus (LG Kleve WuM 1989, 14; Beuermann GE 1994, 252). Er rechtfertigt keine Verlagerung des Insolvenzrisikos auf den Vermieter. Der Anspruch auf Vorschuss unterliegt allerdings den allgemeinen Beschränkungen, insbesondere aus § 242 BGB (LG Berlin NZM 1999, 119: treuwidrig Vorschussklage nach Zugang Eigenbedarfskündigung).

4. Mietminderung

172 Ist die Mietsache mangelhaft, mindert sich nach § 536 Abs. 1 BGB die Miete. Ist die Tauglichkeit zum vertragsgemäßen Gebrauch aufgehoben, ist der Mieter von der Mietzahlung vollständig befreit (§ 536 Abs. 1 S. 1 BGB). Solange und soweit die Tauglichkeit gemindert ist, hat der Mieter nur eine geminderte Miete zu zahlen (§ 536 Abs. 1 S. 2 BGB). Die Min-

derung gleicht bei gestörter Gebrauchstauglichkeit der überlassenen Mietsache die Miete an. Das Äquivalenzverhältnis zwischen Gebrauchsüberlassung und Miete wird gesetzlich angepasst und gesichert.

Die Mietminderung steht neben den weiteren Rechten des Mieters (Rdn. 133). Beruht die Minderung auf Störungen durch Mitmieter (z.B. AG Bad Hersfeld WuM 1998, 482), kommt ein Anspruch des Vermieters gegen den störenden Mieter aus positiver Vertragsverletzung in Betracht (Pfeifer DWW 1989, 38, 40 m.w.N.). Beruht sie auf Störungen durch **Nachbarn** oder **Dritte**, kommen gesetzliche Ausgleichsansprüche in Betracht (LG Hamburg MDR 1999, 154 = NJW-RR 1999, 378: Baulärm; Rdn. 23 f.). **173**

a) Eintritt kraft Gesetzes

Die Minderung tritt automatisch kraft Gesetzes ein (BGH NJW 1987, 432; BGH NJW-RR 1991, 779; BGH ZMR 1997, 567; BGH WuM 2004, 531 = NJW-RR 2004, 1450 = ZMR 2005, 524, 525). Anders als im Kauf- und Werkvertragsrecht (§§ 441 Abs. 1 S. 1, 638 Abs. 1 S. 1BGB) ist die Mietminderung kein Gestaltungsrecht. Daher kommt es nicht darauf an, ob der Mieter tatsächlich in seinem Gebrauch beeinträchtigt ist, er bei Mangelfreiheit die Mietsache nutzen konnte oder wollte (BGH NJW 1958, 785; BGH WuM 1997, 488; BGH ZMR 2005, 612, 614; OLG Düsseldorf NZM 2003, 556: Teil der Verkaufsfläche wird von Mieter nicht genutzt; a.A. LG Frankfurt/M. WuM 2000, 79 m abl. Anm. Eisenhardt WuM 2000, 45). Ein Verschulden ist nicht erforderlich. Ebenso ist irrelevant, ob der Mieter die der Beeinträchtigung zugrunde liegende Maßnahme nach § 554 BGB zu dulden hat (LG Mannheim WuM 1978, 95; AG Osnabrück WuM 1996, 754; OLG München WuM 1999, 63; OLG Düsseldorf NJW-RR 2000, 531). **174**

Als rechtsvernichtende Einwendung steht die Mietminderung mit dem Auftreten der mangelbedingten Gebrauchsbeeinträchtigung dem Anspruch auf Miete entgegen (BGH NJW-RR 1991, 779 = WuM 1991, 544; OLG Düsseldorf NJW-RR 1994, 399), soweit die Haftung nicht, insbesondere nach §§ 536b, 536c Abs. 2 BGB (Rdn. 237 ff.) ausgeschlossen ist. § 536 BGB setzt grundsätzlich keine Mängelanzeige oder sonstige Erklärung voraus, wie sich neben dem Tatbestand (anders §§ 441 Abs. 1 S. 1, 638 Abs. 1 S. 1 BGB) auch aus dem Umkehrschluss zu § 536c Abs. 2 BGB ergibt. Der Vermieter muss weder sein Einverständnis erklären. Noch muss – anders als im Kauf- oder Werkvertragsrecht – ein Mangelbeseitigungsversuch fehlgeschlagen sein. Das Unterlassen der Anzeige kann die Beschränkung der Gewährleistungsrechte zur Folge haben und den Mieter zum Schadensersatz verpflichten (Rdn. 281). **175**

Eine Anzeigepflicht besteht ausnahmsweise dann, wenn der Mangel erst nach Beendigung des Mietverhältnisses, aber vor Räumung der Mietsache auftritt (LG Berlin ZMR 1992, 541). Dies ergibt sich aus der Rechtsnatur des Anspruches auf Nutzungsentschädigung nach § 546a Abs. 1 BGB als vertraglichem Anspruch sui generis. **176**

Vereinzelt wird eine Minderung für die Vergangenheit zugesprochen. Etwa soweit die Miete im Vertrauen auf die baldige Beseitigung des Mangels weiter gezahlt wurde, der Vermieter die Beseitigung des Mangels zugesagt hatte (KrsG Görlitz WuM 1993, 113) oder der Mieter davon ausgehen durfte, dass kein dauerhafter Mangel vorliegt (AG Bad Segeberg WuM 1992, 477). Dogmatisch handelt es sich nicht um eine besondere Fallgestaltung, sondern, da die Minderung automatisch kraft Gesetzes eintritt, um eine Frage des Gewährleistungsausschlusses nach § 536b BGB (Rdn. 237 ff.). **177**

Der Mieter kann die aufgrund der Minderung nach § 536 Abs. 1 BGB ohne rechtlichen Grund zu viel gezahlte Miete nach § 812 BGB zurückfordern (Lögering NZM 2010, 113) oder bei fortbestehendem Mietverhältnis gegen die laufende Miete aufrechnen (zu mögli- **178** chen Beschränkungen Rdn. 303, 312, 314, 325). Ist die Mietforderung teilweise abgetreten, erfasst die Minderung quotal die durch die Abtretung entstandenen Teilforderungen (BGH NJW 1983, 1902 = ZMR 1983, 347). Der Anspruch auf Rückforderung überzahlter Miete verjährt nach § 195 BGB in drei Jahren (OLG Köln WuM 1999, 282: Flächenabweichung, zu § 197 BGB a.F.; enger z.T. ältere Lit. Pauly WuM 1998, 470: 6 Monate; Schläger ZMR 1998, 674: bei Rückgabe 1-monatige Ausschlussfrist § 651g BGB analog).

179 Da es sich nicht um einen Anspruch handelt, ist zwar eine Verjährung der Minderung ausgeschlossen (OLG Düsseldorf NJW-RR 1994, 399). Der Einwand kann allerdings verwirkt werden (Rdn. 261 ff.) oder nach § 242 BGB ausgeschlossen sein (Rdn. 297 ff.). Verwirkung kommt in Betracht, wenn der Mieter die Annahme der Mangelbeseitigung endgültig verweigert (vgl. AG Köln WuM 1997, 553: keine Verwirkung, solange Art der Beseitigung streitig/Farbe und Qualität eines Teppichbodens) oder das Mietverhältnis in Kenntnis des Mangels über länger Zeit rügelos fortsetzt (Rdn. 267 ff.).

b) Höhe

180 Ist die Gebrauchstauglichkeit aufgehoben, ist der Mieter von der Entrichtung der Miete befreit (§ 536 Abs. 1 S. 1 BGB). Ist die Tauglichkeit gemindert, ist die Miete angemessen herabzusetzen (§ 536 Abs. 1 S. 2 BGB). Da allein das Verhältnis von vertragsgemäßem zu in Tauglichkeit gemindertem Gebrauch maßgebend ist, kann der Vermieter nicht einwenden, die Mietsache sei auch mit dem Mangel die Miete wert (OLG Düsseldorf NJW-RR 1994, 399).

aa) Angemessene Herabsetzung

181 Die Parteien können die Höhe der Minderung vereinbaren (KG ZMR 2005, 948: kaufmännisches Bestätigungsschreiben). Dem steht § 536 Abs. 4 BGB nicht entgegen. Die Herabsetzung der Miete unterliegt der Parteidisposition; anders als die Mieterhöhung uneingeschränkt. Die Einigung kann ausdrücklich oder stillschweigend erfolgen. Etwa indem der Vermieter nur die geminderte Miete anmahnt. Ob und inwieweit bei einem Vorbehalt eine Einigung zustande gekommen ist, hängt von den Umständen des Einzelfalles ab. Nimmt der Vermieter über einen längeren Zeitraum eine Minderung rügelos hin, kann er seinen Anspruch auf Zahlung der vereinbarten Miete verwirken (BGH ZMR 2003, 341 = NJW-RR 2003, 727; OLG Düsseldorf NJW-RR 2003, 1016; OLG Hamburg ZMR 1999, 328: § 539 BGB a.F. analog).

182 Liegt keine Einigung vor, ist die Höhe der Minderung entsprechend **§ 287 ZPO** im Wege der **Schätzung** zu ermitteln (BGH NJW-MietR 1997, 202; Bamberger/Roth/Ehlert § 536 Rn. 41; Palandt-Weidenkaff § 536 Rn. 33; i. Erg. Schmidt-Futterer/Eisenschmid § 536 Rn. 431; a.A. KG ZMR 2002, 823 = NJW-RR 2002, 948 = GE 2002, 666; AG Fürth WuM 2007, 317; AG Hamburg WuM 2007, 621). Regelmäßig wird die Miete prozentual, seltener auch um einen Bruchteil der Miete gekürzt (Minderungstabelle Rdn. 387 ff.). Auf die von Sachverständigen entwickelten aufwendigeren Methoden (insbesondere Zielbaummethode Aurnhammer BauR 1978, 356; ders. BauR 1983, 98; Mantscheff BauR 1990, 151; Kamphausen WuM 1992, 3; ders. ZMR 1994, 445; Tabelle Isenmann/Mersson NZM 2005, 881; Schmidt-Futterer/Eisenschmid § 536 Rn. 360) hat die Rechtsprechung nur vereinzelt zurückgegriffen (OLG Oldenburg WuM 2000, 151; LG Hamburg MDR 1983, 42 = WuM 1983, 290; AG Dortmund DWW 1997, 107). Mit dem Ersatz des Verweises auf die ohnehin nicht praktizierte Berechnungsformel des § 472 BGB a.F. zugunsten einer »angemessen herabgesetzten Miete« nach § 536 Abs. 1 S. 2 BGB ist der Gesetzgeber der *schätzenden Praxis* gefolgt.

Die angemessene Herabsetzung der zu entrichtenden Miete nach § 536 Abs. 1 S. 2 BGB ist unter Aufklärung und Würdigung aller für die Tauglichkeitsminderung maßgebenden Umstände vorzunehmen. Angemessen ist i.d.R. die proportionale Anpassung der Miete im Verhältnis zur Tauglichkeitsminderung (BGH ZMR 2010, 522, 524 u. BGH ZMR 2004, 495; Kraemer WuM 2000, 515; Bamberger/Roth/Ehlert § 536 Rn. 40; Palandt-Weidenkaff § 536 Rn. 33). 183

Maßgebende Umstände sind insbesondere: 184

- der allgemeine oder besondere Vertrags- oder Verwendungszweck der Mietsache (z.B. OLG Düsseldorf BB 1989, 1934; LG Düsseldorf WuM 1998, 20: Gewerberaum oder repräsentativer Geschäftsraum),
- die Vertragsparteien (z.B. verwandtschaftliches Nähe-, Gefälligkeitsverhältnis),
- die tatsächlichen Verhältnissen der Mietsache wie Art, Alter, Ausstattung, Zustand, Lage und Umfeld,
- die rechtlichen Verhältnissen der Mietsache,
- die Höhe und Gestaltung der Miete (AG Potsdam NZM 2002, 68),
- der räumliche Umfang des Mangels (BGH ZMR 2010, 522, 524 und BGH ZMR 2004, 495 m. Anm. Schul/Wichert: Wohnflächenabweichung, Minderung entsprechend prozentualer Flächenabweichung; KG WuM 1999, 329 = ZMR 1999, 395: Minderung nach der auf fehlerhafte, untervermietete Teilfläche entfallenden Miete zu berechnen; LG Berlin NZM 2000, 490; LG Mannheim ZMR 1978, 84: einzelne Räume; AG Lüdenscheid WuM 2007, 16: Feuchte/Schimmel; bei Nebenräumen im Verhältnis zur Gesamtwohnfläche: AG Hamburg NZM 2007, 802 u. AG München ZMR 2010, 538, 539),
- Dauer, Häufigkeit, Grad, Art und Wahrnehmbarkeit (funktionelle oder nur optische, objektiv/subjektiv wahrnehmbar, messbare Beeinträchtigung) der Tauglichkeitsminderung (KG ZMR 2004, 259, 261; Grad der gegenwärtigen tatsächlichen Beeinträchtigung; LG Siegen WuM 1990, 17: optische und Staubbeeinträchtigungen durch Baumaßnahme, Lage der Wohnung),
- Vorbelastungen oder ähnliche vertragsgemäße Nachteile (OLG Düsseldorf NJW-RR 1994, 399; AG Berlin Schöneberg ZMR 2000, 308: Bahnausbau vorhandener Gleise; Schläger ZMR 1999, 678: Minderung wegen Gesundheitsgefahren unter Absetzung üblichen Pegels vom Erkrankungsrisiko auszugehen),
- Mitwirken oder -verschulden des Mieters (z.B. AG Hamburg NZM 2000, 906).

Irrelevant sind alle Umstände, die über das durch die Minderung auszugleichende Äquivalenzverhältnis hinausgehen wie ein Verschulden des Vermieters oder Dritter, die Vermeidbarkeit des Mangels, die Kosten der Beseitigung oder Fragen der Versicherbarkeit (Keppeler ZMR 2003, 885, 889; a.A. Derleder NZM 2003, 676, 677). 185

Der Umfang der Gebrauchsbeeinträchtigung und die Höhe der Mietminderung ist durch den Tatrichter gegebenenfalls mit Hilfe eines Sachverständigen zu ermitteln (BGH NJW-RR 1991, 779; BGH ZMR 1997, 567; BGH NJW-RR 2004, 1450, 1452; BVerfG NZM 2007, 678, 679 = ZMR 2007, 761 m. abl. Anm. Meinken WuM 2007, 565; OLG Düsseldorf NJW-RR 1998, 514 = ZMR 1997, 583; abw. OLG Oldenburg WuM 200, 151: Zielbaummethode; zu den anwaltlichen Sorgfaltspflichten bei Überprüfung eines Sachverständigengutachtens: OLG Brandenburg NZM 2006, 743, 744). Die Ermittlung wird i.d.R. nur aufgrund einer Einnahme des Augenscheins möglich sein. 186

Beruht ein Mangel auf mehreren Gründen, erhöht das nicht die Minderung (keine Summierung; AG München ZMR 2010, 538, 539: Loggia unbenutzbar wegen Beschuss und Taubenkot). Andererseits wird häufig die Minderung zu hoch bemessen, faktisch um einen unausgesprochenen Druckaufschlag zur Beseitigung. Verschlechtert man die Miet- 187 sache hypothetisch um weitere Mängel, wird schnell die 100 %-Grenze überschritten, obwohl die Mietsache noch (eingeschränkt) tauglich ist (z.B. trotz Ausfall der Heizung wird Wohnung noch genutzt; zutreffend BGH NJW-RR 2003, 873, 874: 100 %, da völlig unbrauchbar, aufgrund Mangel geräumt). Die geschätzte Minderung ist daher auf ihre **Plausibilität** zu **kontrollieren** (BVerfG NZM 2002, 938: Minderung um 100 % weil Wohnung ohne Warmwasser verletzt Willkürverbot Art. 3 Abs. 1 GG). Andererseits ist der Mieter nicht zu einem über obligatorischem Verhalten, nicht zur Selbstaufopferung verpflichtet.

188 **Checkliste Minderung:**

(1) Liegt Vereinbarung vor; falls nein
(2) Feststellung aller maßgebenden Umstände,
(3) Wichtung der Umstände,
(4) Plausibilitätskontrolle.

bb) Bezugsgröße (»Miete«)

189 Bei der Berechnung der Minderung ist die **Bruttomiete** zugrunde zu legen (BGH BGHZ 165, 1 = ZMR 2005, 524, 525 = NJW 2005, 1713 = NZM 2005, 455; ebenso Vorinstanz KG ZMR 2004, 112: : Feuchteschäden Gewerberaum, Miete einschl Betriebkostenvorauszahlung m. Anm. Schmid MDR 2005, 971 u. ZMR 2005, 836: zu Folgen für Betriebskostenabrechnung; BGH NJW 2005, 2773 = NZM 2005, 699 = ZMR 2005, 854: Flächenabweichung Wohnraum Anm. Schmid ZMR 2005, 836; OLG Frankfurt/M. WuM 1986, 19; OLG Hamm NJWE-MietR 1996, 80; LG Saarbrücken NZM 1999, 757; LG Köln WuM 1997, 45; LG Kiel WuM 1994, 609; KrsG Görlitz WuM 1993, 113; krit. unter Hinweis auf Folgen für Betriebskostenabrechnungen Kretzer ZMR 2005, 516; abl. OLG Dresden ZMR 2008, 531, 532: zu differenzieren Qualität Mängel und Auswirkung auf Nebenkosten, Heizkostenabrechnung herabzusetzen, wenn Heizung mangelhaft und ungekürzte Vorausszahlung; a.A. Netto-Miete BGH ZMR 2000, 665; LG Heidelberg WuM 1997, 42, 44; LG Düsseldorf NJWE-MietR 1997, 197; LG Essen WuM 1997, 552; LG Berlin WuM 1998, 28; Bamberger/Roth/Ehlert § 536 Rn. 40; Palandt-Weidenkaff § 536 Rn. 33; a.A. Brutto-Kaltmiete: LG Hamburg WuM 1990, 148, WuM 1991, 90, NJW-RR 1999, 378 und ZMR 2004, 41; LG Berlin NJW-RR 1992, 518 und ZMR 1999, 556; a.A. Netto-Miete, Betriebskostenvorauszahlungen einzubeziehen, falls Mangel Leistung betrifft, für die Betriebskosten entrichtet werden: OLG Düsseldorf NJW-RR 1994, 399 = MDR 1994, 371 = WuM 1994, 324: Heizung; AG Kerpen WuM 1987, 272: Lärm; allg. Gellwitzki WuM 1999, 11, 15).

190 Die Minderung soll das durch den Mangel gestörte Äquivalenzverhältnis zwischen Mietgebrauch und geschuldeter Miete wahren (BGH BGHZ 163, 1 = ZMR 2005, 524, 526; BGH ZMR 2000, 665; BayObLG [RE] NJW 1987, 1950). So wie die Überlassung der Mietsache eine Gesamtleistung darstellt, die untrennbar auch vereinbarte Nebenleistungen umfasst, wird vom Mieter ein Gesamtentgelt geschuldet, auch wenn über einen Teil des Entgeltes u.U. nachträglich abgerechnet wird. Der Ansatz der Netto-Miete führt zu mit § 536 Abs. 1 S. 1 und 2 BGB nicht zu vereinbarenden Wertungswidersprüchen. Bei einer Minderung auf Null entfiele die Pflicht zu Betriebskostenvorauszahlungen, die bei einer teilweisen Minderung unberührt bliebe (BGH ZMR 2005, 524, 526; Kokemüller WuM 1999, 201). Eine Differenzierung führt zu zufälligen Ergebnissen. Je nachdem, wie die Parteien in dem konkreten Mietvertrag die Miete vereinbart und gestaltet und inwieweit sie Betriebskostenvorauszahlungen in einzelne Positionen aufgeschlüsselt haben.

Umstände, die nicht den Gebrauch, sondern ausschließlich den Verbrauch berühren und sich damit auf die Wirtschaftlichkeit der Mietsache auswirken, berechtigen grundsätzlich nicht zur Minderung. Der etwa auf eine unwirtschaftlich arbeitende Heizung oder eine defekte Wasserleitung zurückzuführende Mehrverbrauch ist vielmehr im Rahmen der Betriebskostenabrechnung zu berücksichtigen (LG Konstanz WuM 1988, 353; LG Frankfurt/M. WuM 1987, 119). **191**

cc) Irrtum Minderungshöhe

Da jedenfalls streitig war, von welcher Miete auszugehen und die Minderung i.d.R. zu schätzen ist, ist es nur bedingt möglich, die letztendlich vom Tatrichter, gegebenenfalls unter Hinzuziehung eines Sachverständigen als angemessen ausgeurteilte Minderung vorherzusehen. Daher kommt der Mieter mangels Verschulden nach § 286 Abs. 4 BGB bei einem Irrtum über die Höhe der Minderung nicht in Verzug, soweit er bei verkehrsüblicher Sorgfalt von einem zur Minderung in der entsprechenden Höhe berechtigenden Mangel ausgehen durfte (AG Rheinberg WuM 1992, 435: Feuchtigkeitserscheinungen bauseitig bedingt; ähnl. Keppeler ZMR 2003, 885, 889). **192**

Das gilt nicht, wenn der Mieter den Mangel selbst verursacht hat (vgl. Rdn. 297), ihm bekannt ist, dass der Gebrauchsbeeinträchtigung ihre Ursache nicht in der Mietsache hat (LG Köln ZMR 2009, 921, 922: Gutachten, Geruchsbelästigung Schimmel Mietersachen), er quasi »ins Blaue hinein« mindert (nicht beanstandet von BGH ZMR 2006, 439, 440 = NZM 2006, 375 = DWW 2006, 330 = WuM 2006, 245, 246 m. Anm. Wiek: Abweichung Ist- zu Soll-Fläche ergibt sich allein aus normativer Bewertung/Anwendung II. BV auf Dachterrasse; AG Münster WuM 1980, 162), sich hinsichtlich der Minderungshöhe schuldhaft verschätzt (AG Rheinberg WuM 1992, 435; OLG Frankfurt/M. ZMR 1999, 628: Minderung auf 0 trotz Nutzung) oder eine gegenteilige erstinstanzliche Entscheidung vorliegt (AG Hamburg-Altona ZMR 2008, 297, 298). **193**

Schuldlos handelt der Mieter, wenn er auf einen entsprechenden fachmännischen, insbesondere anwaltlichen Rat vertrauen durfte (LG Karlsruhe WuM 1990, 294; LG Kiel WuM 1996, 340: Mieterverein; Schmidt-Futterer/Eisenschmid § 536 Rn. 337; Fischer ZMR 1994, 309; a.A. OLG Köln NJW-RR 1998, 1018 = ZMR 1998, 763 und LG Berlin NZM 1999, 1137: Rechtsanwalt ist Erfüllungsgehilfe des Mieters; Kokemüller WuM 1999, 201; BGH ZMR 2007, 103, 106 = WuM 2007, 655, 660 = DWW 2007, 22, 24: zu § 573 BGB, Mieterverein u. Rechtsanwalt als Erfüllungsgehilfen; m. Anm. Blank NZM 2007, 788, 793: gegebenenfalls Fehler bei Quotenbemessung durch Zurückbehaltungsrecht (Rdn. 142 ff.) kompensiert). Es sei denn, dass er über die tatsächlichen Voraussetzungen der Minderung nicht oder nicht vollständig informiert (LG Aachen WuM 1989, 371). Zwar ist das Verschulden des Erfüllungsgehilfen nach § 278 BGB zuzurechnen (zu Recht Kokemüller WuM 1999, 201, 202). Da der Mieter jedoch nicht zur Ermittlung der Minderungshöhe verpflichtet, diese vielmehr vom Gericht zu ermitteln ist, fehlt insoweit eine zu erfüllende Verbindlichkeit (a.A. Kokemüller WuM 1999, 201, 202: vertragliche Nebenpflicht). Auch auf das formale Kriterium einer vorherigen Besichtigung des Beraters kann nicht abgestellt werden (a.A. LG Braunschweig ZMR 2000, 222: Neigung zur Übertreibung). Vorübergehend in Erscheinung tretende, namentlich verhaltens- oder leistungsbedingte Sachmängel, sind nur bedingt besichtigungsfähig. **194**

Soll das Recht zur Minderung – und zur Zurückbehaltung – nicht mittelbar ausgehöhlt werden, muss es im Zweifelsfalle auch gegenüber § 543 Abs. 2 Nr. 3 BGB vorgehen und den Eintritt des Verzuges nach § 286 Abs. 4 BGB hindern. Anderenfalls würde der vertragstreue, vorsichtige Mieter faktisch gezwungen, die Mietminderung rechtskräftig feststellen zu lassen oder vorsorglich nur weniger als angemessen erachtet zu mindern, also **195** vorläufig ganz oder teilweiese von der Minderung abzusehen und die Miete unter Vorbehalt zu zahlen (Hinz WuM 2006, 347, 349; Schmidt-Futterer/Eisenschmid § 536 Rn. 339). Das widerspräche dem wesentlichen Ziel der Mietrechtsreform, das Mietrecht zu vereinfachen und transparenter zu gestalten, um Mieter und Vermieter in die Lage zu versetzen, ihre Rechte und Pflichten soweit möglich auch ohne fachliche Hilfe selbst erkennen zu können.

196 **Praxishinweis:**

Eine Schätzung dürfte i.d.R. nur auf der Basis gutachterlicher Feststellungen oder nach einer Augenscheinnahme möglich sein. Bei einer zweifelhaften Rechtslage handelt bereits fahrlässig, wer sich erkennbar in einen Grenzbereich des rechltich Zulässigen bewegt (BGH ZMR 2007, 103, 106 = WuM 2007, 655, 660 = DWW 2007, 22, 24). Bei nur vorübergehend in Erscheinung tretenden, bei verhaltens- (z.B. Lärm) oder leistungsbedingten Mängeln (z.B. Temperaturschwankungen) sind die Aussichten einer gerichtlichen Durchsetzbarkeit der Mietminderung um so höher, je sorgfältiger und detaillierter der Mangel dokumentiert ist (z.B. Protokolle). Lässt sich die Höhe der Minderung nicht hinreichend sicher schätzen, ist dem Mieter als sicherer, das Risiko einer fristlosen Kündigung ausschließender Weg, die Zahlung der Miete unter Vorbehalt und die gerichtliche Feststellung der Minderung anzuraten.

5. Schadensersatz (§ 536a Abs. 1 BGB)

197 Der Mieter kann neben einer Mietminderung nach § 536a Abs. 1 BGB und neben einer Kündigung nach § 543 Abs. 2 S. 1 Nr. 1 BGB in drei Fällen Schadensersatz verlangen (allg. Gsell NZM 2010, 71):

- der Mangel ist bei Vertragsschluss vorhanden (§ 536a Abs. 1 1. Fall BGB Garantiehaftung),
- der Mangel entsteht später wegen eines Umstandes, den der Vermieter zu vertreten hat (§ 536a Abs. 1 2. Fall BGB Verschuldenshaftung),
- der Vermieter kommt mit der Beseitigung eines Mangels in Verzug (§ 536a Abs. 1 3. Fall BGB Verzugshaftung).

198 Soweit Schadensersatz aufgrund eines Mangels verlangt werden kann, werden die allgemeinen Bestimmungen des Leistungsstörungsrechts der §§ 280 ff., 311a BGB verdrängt (OLG Rostock NJW-RR 2007, 1092 = NZM 2007, 704 Ls.; Unberath ZMR 2004, 309, 312; Rdn. 333 ff.). Auf bei Vertragsschluss noch nicht erstellte Mietsachen ist § 536a BGB entsprechend anwendbar (OLG Dresden ZMR 2006, 692, 693 = NZM 2006, 865). Soweit der Vermieter infolge einer unterlassenen Mängelanzeige keine Abhilfe schaffen konnte, ist der Anspruch auf Schadensersatz ausgeschlossen (§ 536c Abs. 2 S. 2 Nr. 2 BGB; BGH ZMR 2008, 281 = NJW 2008, 1216 = NZM 2008, 279).

199 Anspruchsberechtigt ist grundsätzlich allein der Mieter (§ 536a Abs. 1 BGB a.E.). Dritte sind ausnahmsweise dann ersatzberechtigt, wenn sie in den Schutzbereich des Mietvertrages einbezogen sind. Dazu gehören die Personen, die nach dem Inhalt und Zweck des Mietvertrages bestimmungsgemäß wie der Mieter mit der Mietsache in Berührung kommen und denen umgekehrt nach den allgemeinen Grundsätzen ein etwaiges Mitverschulden des Mieters anspruchsmindernd zuzurechnen ist (KG WuM 2006, 390, 391: Kindern das Verschulden des Erziehungsberechtigten/Mieters zuzurechnen). In den Schutzbereich einbezogen sind z.B. in der Wohnung lebende Familienangehörige, in Betriebsräumen beschäftigte Betriebsangehörige (BGHZ 49, 350, 353 = NJW 1968, 885; BGHZ 61, 227 = NJW 1973, 2059; OLG Rostock NJW-RR 2007, 1092 = NZM 2007, 704 Ls; OLG Köln ZMR 2000, 526; OLG Frankfurt/M. ZMR 2008, 787, 788; nicht einbezogen:

BGHZ 70, 327 = NJW 1978, 883: Untermieter; OLG Köln ZMR 2001, 273: gelgentliche Besucher). Allerdings stehen ihnen keine weitergehenden Ansprüche zu als dem Mieter selbst (OLG Frankfurt/M. ZMR 2008, 787, 788: Arbeitnehmer muss in Gewerbemietverhältnis wirksamen, formularmäßigen Haftungsausschluss gegen sich gelten lassen).

Anspruchsverpflichtet ist im Fall der Veräußerung der Mietsache derjenige, der im Zeitpunkt des Schadenseintritts Vermieter war bzw. ist (BGH ZMR 2005, 354 = WuM 2005, 201). **200**

a) Bei Vertragsschluss vorhandener Mangel (§ 536a Abs. 1 1. Fall BGB Garantiehaftung)

Für Mängel, die bei Abschluss des Vertrages vorliegen, haftet der Vermieter garantiemäßig (BGH BGHZ 9, 320, 321; BGHZ 63, 333, 335). Die Ursache des Mangels muss grundsätzlich bei Vertragsabschluss vorliegen und bei Überlassung der Mietsache noch vorhanden sein, wie sich aus dem Verweis auf § 536 BGB ergibt. Sie kann außerhalb der Mietsache liegen (BGH NJW 1971, 424: Hochwassergefahr; BGH NJW 1972, 944 = ZMR 1972, 214: schadhafte Elektroleitung; BGH NZM 2006, 582, 583 = NJW-RR 2006, 1158: Stromzähler; OLG Düsseldorf ZMR 2000, 377: FI-Schalter; Rdn. 24 ff.). **201**

Der Mangel braucht noch nicht in Erscheinung getreten zu sein. Solche latenten anfänglichen Mängel sind z.B. bei Vertragsabschluss verborgene Baumängel (BGHZ 49, 350 = NJW 1968, 804: unverschlossene Rauchöffnung; LG Köln WuM 1990, 386: frostgefährdete Leitung) oder Verschlechterungen (AG Gießen WuM 2000, 354: konkret zu erwartende Straßenbauarbeiten). Sie kommen weiter in Betracht, wenn öffentlich-rechtliche Gebrauchshindernisse oder -beschränkungen von den zuständigen Behörden bislang geduldet wurden (OLG Köln WuM 1998, 152; OLG München ZMR 1996, 496). **202**

Der Haftung steht daher weder entgegen, dass beide Parteien die Gefahr nicht erkannt haben (BGHZ 49, 350; BGH NJW 1972, 944 = ZMR 1972, 214), noch der Umstand, dass zunächst die Gebrauchstauglichkeit nicht beeinträchtigt wird (BGH NJW 1963, 804). Allerdings ist eine Haftung des Vermieters abzulehnen, wenn nach jahrelanger Nutzung das Gebrauchshindernis etwa erst durch eine nachträgliche, bei Vertragsschluss nicht zu erwartende Änderung der bisherigen Rechtsansicht oder Ermessensentscheidung der Behörde begründet wird (BGHZ 68, 294 = NJW 1977, 1285). **203**

Kein, auch kein latenter anfänglicher Mangel liegt vor, wenn der Mangel auf eine vertragswidrige Nutzungsänderung zurückzuführen ist. Es sei denn, der Vermieter hat die vertragswidrige Nutzung zumindest gebilligt und es gleichwohl unterlassen, die Mietsache den geänderten Anforderungen anzupassen (LG Marburg NZM 2000, 616: Brand infolge fehlender Stromkreise in als Schlafzimmer vermietetem, als Küche mit Kochnische genutztem Raum). Die Garantiehaftung umfasst nur den vertragsmäßigen Gebrauch. **204**

Teilweise wird, im Hinblick auf eine befürchtete Ausuferung, die Garantiehaftung auf die Gefahrenquellen beschränkt, die der Vermieter, da innerhalb seiner Einflusssphäre liegend, beherrschen oder, soweit außerhalb derselben, vor denen er sich durch Vorkehrungen, insbesondere Schutzeinrichtungen schützen kann (BGH NZM 2006, 582, 583 = NJW-RR 2006, 1158: keine Haftung bei Defekt verplombter Stromzähler des Energieversorgers; OLG München WuM 1991, 681: Rückstau in städtischer Kanalisation; zur verzögerten Räumung durch Vormieter Rdn. 120). Dadurch würde jedoch die Garantiehaftung unterlaufen. Die Abgrenzung der Risikosphären ist eine Frage des Mangelbegriffs (Rdn. 7 ff.). **205**

Die Garantiehaftung greift nicht ein, wenn aufgrund des Mangels die Mietsache nicht überlassen wird. Dem steht der eindeutige Wortlaut des § 536 BGB entgegen, auf den **206**

§ 536a Abs. 1 BGB verweist (BGH NJW 1997, 2813: zu § 538 BGB a.F.; OLG Naumburg ZMR 2000, 381).

207 Die Haftung entfällt nach § 254 Abs. 1 BGB, wenn der Mieter den Schaden überwiegend selbst verschuldet hat (LG Hamburg WuM 1999, 513: Lagerung von Antiquitäten in feuchten Räumen; OLG Düsseldorf WuM 2001, 446: Sturz auf bauordnungswidriger Treppe, die ca. 2 Jahre täglich rügelos benutzt)

208 Bei Vertragsänderungen oder -verlängerungen ist danach zu unterscheiden, ob das Mietverhältnis fortbesteht oder ein neues begründet wird (Rdn. 275 ff.). Löst ein schriftlicher Mietvertrag ein formlos begründetes Mietverhältnis ab, fallen die zu diesem Zeitpunkt vorhandenen Mängel in die Garantiehaftung des Vermieters, soweit der Vermieter die Haftung nicht erkennbar ausschließen wollte (BGHZ 49, 350 = NJW 1968, 885). Gleiches gilt, falls das beendete Mietverhältnis sich vertraglich verlängert, etwa durch Ausübung einer Option. Dagegen ist der Zeitpunkt des Ursprungsvertrages maßgebend, wenn das Mietverhältnis sich vertraglich verlängert, z.B. Unterlassen einer Kündigung, oder nach § 545 BGB als verlängert gilt, nach § 566 BGB übergeht (vgl. BGH NJW 2005, 1187 zu Verzugslage) oder in dem fortbestehenden Mietverhältnis die Regelung über die Vertragsdauer geändert wird.

209 Bei einem Mieterwechsel ist auf den Erstvertrag abzustellen, wenn der Mieter, vertraglich oder gem. §§ 563, 564 BGB, in das bestehende Mietverhältnis eintritt (vgl. BGH NJW 2005, 1187 zu Verzugslage). Schließt der Vermieter mit dem Nachmieter einen neuen Vertrag ab, haftet er garantiemäßig für die zu diesem Zeitpunkt vorhandenen Mängel.

b) Nach Vertragsschluss entstandener Mangel (§ 536a Abs. 1 2. Fall BGB Verschuldenshaftung)

210 Nach § 536a Abs. 1 2. Fall BGB kann der Mieter Ersatz des Schadens verlangen, der durch einen nach Vertragsabschluss entstandenen Mangel verursacht wird, den der Vermieter zu vertreten hat. Das Verschulden wird nach § 280 Abs. 1 S. 2 BGB vermutet, der Vermieter muss den Entlastungsbeweis führen (Horst NZM 2003, 537).

211 Schuldhaft handelt der Vermieter, wenn er erkannte oder erkennbare Mängel nicht beseitigt (LG Saarbrücken NZM 1999, 411; LG Hamburg WuM 1999, 513). Zu vertreten hat er namentlich schuldhafte Verletzungen seiner Instandhaltungspflicht (OLG Düsseldorf ZMR 2002, 41 = NZM 2002, 21: Düsseldorfer Flughafenbrand, Schaden durch unsachgemäße Bauarbeiten.

212 Im Rahmen seiner Verkehrssicherungspflicht und aufgrund seiner Erhaltungspflicht nach § 535 Abs. 1 S. 2 BGB hat der Vermieter während der Mietzeit regelmäßig die ihm zugänglichen Bereiche der Mietsache auf ihre vertragsgemäße und verkehrssichere Beschaffenheit zu kontrollieren (BGH ZMR 1993, 151; BGH ZMR 1957, 305: keine Pflicht, Wasserleitung zur Kontrolle freizulegen; BGH NZM 2006, 538, 539 = NJW-RR 2006, 1158: keine Pflicht, verplombten Stromzähler des Energieversorgers zu überwachen) und die Versorgungsanlagen zu warten. Er ist grundsätzlich nicht verpflichtet, die Mietbereiche und ihre Anlagen zu kontrollieren. Es sei denn, die Überprüfung ist gesetzlich vorgeschrieben, vertraglich vereinbart oder aufgrund eines konkreten Anlasses, namentlich einer Mängelanzeige geboten (vierjähriger Prüfturnus nach VDE 0105 nicht ausreichend; Schaden in Mieträumen: BGH ZMR 2009, 345, 346 m. Anm. Schläger = NZM 2008, 927; OLG Düsseldorf ZMR 2008, 952 = NJOZ 2009, 95 m. abl. Anm. Gsell NZM 2010, 71, 72; weiter, außerhalb Mieträume OLG Celle ZMR 2009, 683 = *BeckRS 2009, 12782: nicht* ausreichend Mängel bekannt; a.A. OLG Saarbrücken NJW 1993, 3077: Prüfungspflicht elektrische Anlagen alle 4 Jahre, Fehlerstromschutzeinrich-

tungen alle 6 Monate; OLG Düsseldorf ZMR 2000, 377: geringerer Prüfungsumfang für Unterverpächter). Aus einer Umlagefähigkeit von Kosten als Betriebskosten ergibt sich grundsätzlich keine vertragliche Verpflichtung des Vermieters zu regelmäßigen Überprüfungen.

Die Verkehrssicherungspflicht, als vertragliche Nebenpflicht, umfasst räumlich nur die dem gemeinsamen Gebrauch bzw. der gemeinsamen Nutzung überlassenen Einrichtungen. Inhaltlich umfasst sie nach den konkreten Umständen des Einzelfalls die Maßnahmen, die ein umsichtiger und verständiger und in vernünftigen Grenzen vorsichtiger Mensch für notwendig und ausreichend erachtet, um andere vor Schaden zu bewahren (BGH ZMR 2009, 345, 346: ungewöhnliche oder wiederholte Störungen, insbesondere bei älterer Anlage bieten Anlass zu umfassender Inspektion, Beseitigung Defekt reicht nicht). Der Vermieter darf darauf vertrauen, dass von ordnungsgemäß errichteten und installierten Anlagen keine Gefahr ausgeht (enger BGH ZMR 2009, 345, 346: im privaten Wohnbereich Gefahr nicht ohne weiteres zu bejahen). Seine Obhutspflicht verpflichtet den Mieter zur Anzeige. Solange er den Mangel nicht angezeigt hat, bleibt im Mietbereich der Mieter verpflichtet, andere vor Schaden zu bewahren (OLG Düsseldorf ZMR 2008, 952, 953). **213**

Kein Verschulden trifft den Vermieter, soweit der Mangel auf anderweitig notwendige Maßnahmen zurückzuführen ist (z.B. OLG Düsseldorf NJW-RR 2000, 531: Verdunklung unvermeidbar, während Sanierung Gerüst mit Planen und Netzen verhangen), die Stör- oder Gefahrenquelle außerhalb seiner Einflusssphäre liegt (BGH NZM 2006, 538, 539 = NJW-RR 2006, 1158: verplombten Stromzähler des Energieversorgers), soweit der Vermieter als Teileigentümer keine Einflussmöglichkeit auf am Gemeinschaftseigentum durchzuführende unvermeidbare Sanierungsmaßnahmen hat (OLG Düsseldorf NJW-RR 2000, 531 = NZM 2000, 282) oder der Mangel auf dem Verhalten Dritter beruht (LG Hamburg ZMR 2003, 490: Garagenmiete, Brandstiftung, kein Ersatz des PKW-Schadens; OLG Frankfurt/M. NZM 1999, 966: nicht vertragsgerechtes Räumen durch Vormieter; bedenklich, durch Vertragsgestaltung vermeidbar; Rdn. 120). **214**

Der Vermieter muss sich nach § 278 BGB das Verschulden seiner Erfüllungsgehilfen zurechnen lassen, selbst wenn sie Arbeiten außerhalb der Mietsache ausführen (OLG Hamm MDR 1996, 256; OLG Hamm NZM 1999, 804: Platzregenschaden bei Umbau bedingter Dachöffnung/Beweislast; OLG Karlsruhe ZMR 1988, 52: Wassereinbruch durch Abbrucharbeiten auf Nachbargrundstück; OLG Düsseldorf ZMR 1999, 391: Wartung Klimaanlage/grobe Fahrlässigkeit). Erfüllungsgehilfen sind die vom Vermieter zu einer Verrichtung an oder in der Mietsache bestellten Personen, wie z.B. Handwerker und deren Hilfspersonen, Hausmeister, Hausverwaltung, Winterdienst. Mangels entsprechender Bestellung haftet der Vermieter nicht nach § 278 BGB für Störungen durch andere Mieter oder ein Verschulden des Untervermieters in gestaffelten Untermietverhältnissen (OLG Düsseldorf ZMR 2004, 669). **215**

Hinsichtlich des ausschließlich dem Mieter überlassenen Bereiches darf der Vermieter darauf vertrauen, dass ihm Mängel nach § 536c BGB angezeigt werden (BGHZ 68, 281; NJW 1977, 1236 = ZMR 1978, 50; LG Hamburg ZMR 1991, 440: Gasexplosion aufgrund defekter Zündsicherung des Gasherdes). **216**

c) Verzug mit Mangelbeseitigung (§ 536a Abs. 1 3. Fall BGB Verzugshaftung)

Kommt der Vermieter mit der Beseitigung des Mangels in Verzug, ist er dem Mieter zum Ersatz des dadurch entstehenden Schadens verpflichtet (zum Beseitigungsanspruch Rdn. 134 ff., zu Verzug Rdn. 154 ff.). Auf den Zeitpunkt, in dem der Mangel entstanden und ob er vom Vermieter zu vertreten ist, kommt es nicht an. Daher haftet der Vermieter **217** im 3. Fall auch für Mängel, die andere Mieter oder Dritte verursacht haben. Ausgeschlossen bleibt die Haftung für vom Mieter selbst verursachte Mängel.

d) Schadensersatz

218 Der Mieter kann nach § 280 Abs. 1 u. Abs. 3, § 283 BGB Schadensersatz statt der Leistung oder nach § 284 BGB Aufwendungsersatz verlangen. Der Vermieter hat den Schaden gem. §§ 536a Abs. 1, 249 BGB durch Naturalrestitution auszugleichen. Er hat den Mieter so zu stellen, wie er bei vertragsgemäßer Erfüllung, also ohne den Mangel stünde (z.B. LG Essen WuM 1997, 552: zur Beseitigung öffentlich-rechtlichen Gebrauchshindernisses erforderlichen Bescheid beizubringen). Nach dem Zeit- und nicht nach dem Wiederbeschaffungswert (LG Mannheim ZMR 2007, 971, 972) sind sowohl der Mangel- als auch der Mangelfolgeschaden zu ersetzen (BGH NJW 1971, 424; BGH NJW-RR 1991, 970; LG Köln ZMR 2009, 921, 922: Mangelfolgeschaden nur, wenn Vermieter Schadensursache zu vertreten).

219 Namentlich kommen folgende Aufwendungsersatz und **Schadenspositionen** in Betracht:
- Ersatz vergeblicher Aufwendungen Einbau neuer Fenster und Heizung (AG Eisenach Urt. v. 18.01.2007 – 54 C 502/03 – Rdn. 43, 53 zit. n. juris),
- unter Anrechnung einer Mietminderung der geminderte Gebrauchswert der Mietsache (BGHZ 101, 325; LG Köln WuM 1992, 14),
- die Kosten der Mangelbeseitigung und Renovierung (AG Bremen ZMR 1998, 234 m. Anm. Rau; a.A. LG Saarbrücken WuM 1991, 91),
- die Umzugskosten einschließlich der Aufwendungen notwendiger Deckungsgeschäfte (z.B. Hotelunterbringung; OLG Karlsruhe ZMR 2009, 33, 34; BGH ZMR 2000, 590: Installation PC, neue Karten),
- die Mehr- und Vertragskosten bei einer Ersatzanmietung (BGH ZMR 2000, 590: Mietbürgschaft, Maklerkosten; OLG Karlsruhe ZMR 2009, 33, 34: Anspruch erlischt, wenn Mieträume wieder mangelfrei und Mieter Räume nicht wieder bezieht; OLG Düsseldorf WuM 2003, 387: Anmietung Ladenlokal mit größerer Fläche; LG Duisburg WuM 1989, 19),
- Ersatz der Renovierungskosten für vom Vermieter übernommene, nicht durchgeführte Schönheitsreparaturen (LG Berlin ZMR 2002, 825),
- der durch einen gescheiterten Eintritt eines Dritten in das Mietverhältnis entstandene Schaden (LG Hannover ZMR 1971, 135: Ersatzmieter lehnt wegen Mangel Eintritt ab),
- Schäden an den vom Mieter eingebrachten Sachen (BGH ZMR 1968, 170; OLG Hamm DB 1981, 1873; LG Mannheim ZMR 2007, 971: Schlafzimmereinrichtung durch Schimmel zerstört; LG Köln ZMR 2009, 921, 922: aufgrund Wasserschaden im Nachbarhaus Schimmelbildung auf Büchern, mangels Verschuldens keine Vermieterhaftung),
- Körperschäden, insbesondere Heilungskosten und der Verdienstausfall des Mieters (BGH NJW-RR 1991, 970; BGH ZMR 2000, 590),
- Schmerzensgeld (§ 253 Abs. 2 BGB; vgl. KG WuM 2006, 390, 393),
- die Kosten für die Beauftragung eines Sachverständigen, soweit der Mangel tatsächlich vorhanden ist und der Mieter die Aufwendungen für erforderlich halten durfte, etwa weil der Vermieter den Mangel bestritten hat (AG Koblenz WuM 1987, 19; vgl. BGH ZMR 2004, 659; abw. AG Hannover WuM 1999, 363: pVV),
- der entgangene Gewinn (§ 252 BGB; BGH NJW-RR 1991, 970 = WPM 1991, 736; BGH ZMR 2000, 590: Verdienstausfall; BGH NZM 2006, 777: Konkurrenzschutzverletzung, Reingewinn; BGH BGHZ 131, 220, 226 (zu §§ 994, 996 BGB) u. AG Hamburg-St. Georg WuM 2006, 302: Arbeitskraft nur Vermögenswert u. ersatzfähig, wenn

eigener Marktwert beizumessen; OLG Düsseldorf ZMR 2002, 41 = NZM 2002, 21; KG ZMR 2005, 948: Umsatzeinbuße, Darlegungslast; str entgangene Untermiete: LG Mannheim ZMR 1998, 562, 564: Garantiehaftung mit Zustimmungsvorbehalt abbedungen m. Anm. Schläger).

Aufwendungen, die der Mieter auch bei Mangelfreiheit gehabt hätte, die sich jedoch wegen des Mangels als nutzlos erweisen, kann der Mieter ersetzt verlangen, soweit der Vermieter die Vermutung nicht erschüttert, dass die Aufwendungen bei vertragsgemäßer Beschaffenheit wieder erwirtschaftet worden wären (sog. Rentabilitätsvermutung; BGHZ 99, 182, 198 ff. = NJW 1987, 831; BGH ZMR 1988, 376 = NJW 1988, 2664; BGH NJW 1997, 2813; OLG Düsseldorf ZMR 1992, 446). **220**

Es sei denn, der Mieter hatte, etwa aufgrund eines vertraglich vereinbarten Rücktrittsrechts des Vermieters, keine gesicherte Aussicht, dass seine Aufwendungen kompensiert werden (BGHZ 123, 96, 99 f. = NJW 1993, 2527). Der Schaden liegt in diesen Fällen in dem Verlust der Kompensationsmöglichkeit. Zu ersetzen ist daher nur das, was zur Wiedererlangung dieser Möglichkeit aufgewendet wird (BGH ZMR 2000, 590: Anmietung einer geringfügig größeren und Einrichtung neuer Praxis an vergleichbarem Standort, nicht dagegen Mehrkosten). **221**

Handelt der Mieter, wie z.B. der Wohnraummieter, nicht mit der Absicht, Gewinn zu erzielen, kann er nur die Aufwendungen ersetzt verlangen, die er für die Ersatzsache tätigen muss (Kosten für Änderung oder gegebenenfalls Neuanfertigung einer Einbauküche, Schrankwand oder Gardinen; LG Duisburg WuM 1989, 14; vgl. BGH NJW 1991, 2277 [zu § 463 BGB a.F.]). **222**

Bei der Bewertung eines Abzuges **»neu für alt«** bei einer wenige Jahre alten Wohnungseinrichtung ist zu berücksichtigen, dass die Gegenstände noch lange genutzt werden sollten und nicht zum Verkauf stehen (OLG Celle NJW-RR 1996, 521; LG Mannheim ZMR 2007, 971, 972: Bewertung nach Zeit-, nicht Wiederbeschaffungswert). Der Vermieter kann einwenden, dass fällige, dem Mieter wirksam übertragene Instandhaltungsmaßnahmen, im Rahmen eines Abzuges neu für alt berücksichtigt werden (LG Berlin NJWE-MietR 1997, 101 = NJW-RR 1997, 265: Schönheitsreparaturen). **223**

Ein **Mitverschulden** des Mieters ist nach § 254 BGB anspruchsmindernd zu berücksichtigen (BGH NJW-RR 1991, 970; OLG Düsseldorf ZMR 2005, 707: Swinger-Club in Einfamilienhaus, Zweifel an Genehmigungsfähigkeit bei Vertragsschluss, kein Anspruch auf Investitionsersatz; AG Darmstadt WuM 1980, 8: Entstehung Wasserschaden; LG Hamburg WuM 1999, 513 und LG Braunschweig ZMR 1988, 142: Feuchtigkeitsschäden). Ein Mitverschulden kann sich daraus ergeben, dass der Mieter die Beseitigung des Mangels verzögert (vgl. LG Berlin NZM 1999, 118: Mieter Termin mit Handwerkern absagt), erschwert oder von einer ihm zumutbaren und aufgrund der besonderen Umstände gebotenen Möglichkeit, den Mangel selbst zu beseitigen bzw. den Schaden zu mindern, insbesondere nahe liegende Notmaßnahmen zu ergreifen, keinen Gebrauch macht (z.B. Abdrehen Haupthahn nach Wasserrohrbruch; BGH WuM 2006, 255: Hochwasserschaden, Schimmelbefall, Mieter unterlässt Anmietung anderer, finanziell zumutbarer Wohnung; LG Mannheim ZMR 2007, 971, 972: unzumutbar Abrücken der Möbel von Außenwand über übliche Maß hinaus zur Vermeidung von Schimmel). Ein Mitverschulden bleibt außer Betracht, wenn die Abhilfe riskant, ihr Erfolg ungewiss und ihr Aufwand nicht nur unbedeutend ist (OLG Düsseldorf WuM 2003, 386). **224**

Droht der Mieter nach § 543 Abs. 1 BGB die Kündigung an, spricht sie aber erst nach einer unangemessen langen Frist aus, ist der Schadensersatz nach § 254 BGB auf den Schaden begrenzt, der auch bei rechtzeitiger Kündigung entstanden wäre. Bei der Frage **225** der Angemessenheit ist dem Mieter zwar eine angemessene Überlegungsfrist, i.d.R. zwei bis drei Monate, und hinsichtlich des Beendigungszeitpunktes die Berücksichtigung seiner eigenen Interessen zuzubilligen. Im Rahmen seiner Schadensminderungspflicht muss er sich jedoch um eine kurzfristige Anmietung einer Ersatzsache bemühen. Der Kündigungsfolgeschaden kann daher nicht ersetzt verlangt werden, falls es dem Mieter möglich und zumutbar war, früher oder billiger adäquate Ersatzräume anzumieten (vgl. BGH WuM 2006, 255). Die Mietdifferenz ist nur für den Zeitraum zu ersetzen, in dem der Mieter das Mietverhältnis nicht hätte vorzeitig beenden können (BGH WPM 1975, 897; WuM 1972, 57; LG Zwickau WuM 2002, 543: zeitlich unbefristet, falls Vermieter Mietverhältnis nicht durch Kündigung hätte beenden können).

6. Außerordentliche Kündigung aus wichtigem Grund nach § 543 Abs. 2 Nr. 1 BGB

226 Der Mieter kann nach § 543 Abs. 1 S. 1, Abs. 2 Nr. 1 BGB das Mietverhältnis fristlos kündigen, wenn der Vermieter dem Mieter den vertragsmäßigen Gebrauch ganz oder zum Teil nicht rechtzeitig gewährt oder dieser wieder entzogen wird (z.B. KG ZMR 2008, 790, 791: mangelhafte Beheizung; OLG Naumburg NJW-RR 1998, 944 und KG NJW-RR 1998, 944: Einbruchsserie; LG Mannheim NJW-RR 1999, 1023: unzureichende Beleuchtung Kellerwohnung; BGH ZMR 2008 274, 275: u.U. bei Weigerung an Nutzungsänderungsgenehmigung mitzuwirken; LG Frankfurt/M. NZM 2000, 1053: formelle Baurechtswidrigkeit nicht ausreichend; AG Braunschweig ZMR 2003, 499: Vermieter nimmt vom Mieter nicht mehr benutzte Wohnung eigenmächtig für Renovierungsarbeiten in Besitz).

227 Der vorenthaltene oder entzogene Teil muss **erheblich** sein (LG Hamburg ZMR 2005, 855 m.w.N.). Ganz geringfügige Einschränkungen genügen nicht. Das folgt aus dem Sinn und Zweck der Regelung. Die außerordentliche fristlose Kündigung ist ultima ratio. Wertungswidersprüche sind zu vermeiden. Nach § 536 Abs. 1 S. 3 BGB bleibt eine unerhebliche Minderung der Tauglichkeit außer Betracht (Rdn. 87 ff.). Die Erheblichkeit des Teils ist aufgrund der Umstände des Einzelfalles im Wege der Abwägung entsprechend § 543 Abs. 1 S. 2 BGB unter Berücksichtigung etwaiger besonderer Gründe (vgl. § 543 Abs. 3 Nr. 2 BGB) zu bestimmen.

228 Bei einer unerheblichen Hinderung des Gebrauchs ist die Kündigung daher nur bei einem **besonderen Interesse** des Mieters gerechtfertigt (unerheblich: BGH NJW 1970, 1791: 9 qm großes Zimmer wird bei Wohnfläche von ca. 350 qm vorenthalten; BGH NJW 1987, 377: gestohlenes Fahrzeug wird nach kurzer Zeit wieder aufgefunden; LG Hamburg ZMR 2005, 855, 856: Büro, Spülmaschine funktioniert nicht, ein Türelement schwergängig, Türen Einbauküche hängen). Das besondere Interesse kann sich bei objektiv unerheblichen Behinderungen aus dem vereinbarten Verwendungszweck oder zugesicherten Eigenschaften ergeben (OLG München NJW-RR 1991, 975: Formaldehydkonzentration in Wohnraum; OLG Köln NJW 1972, 1814: Zugang zu Straßenkiosk infolge mehrjähriger Bauarbeiten erheblich erschwert).

229 Die Kündigung ist erst zulässig, wenn eine dem Vermieter gesetzte angemessene **Frist** zur Abhilfe erfolglos abgelaufen ist (§ 543 Abs. 3 S. 1 BGB). Eine Mangelanzeige nach § 536c BGB setzt die Frist nicht in Lauf. Der Mieter muss Abhilfe verlangen. Dabei genügt es, das er deutlich zu erkennen gibt, dass er den eingetretenen Zustand nicht hinnehmen will (LG Berlin ZMR 2000, 176). Die zu beseitigende Gebrauchsstörung ist genau zu bezeichnen (OLG Naumburg ZMR 2000, 381). Der Mieter kann auf eine behördliche Verfügung verweisen, soweit diese eine Frist zur Beseitigung des Mangels enthält (BGH WPM 1983, 660).

Die Länge der Frist richtet sich nach den Umständen des Einzelfalles.Maßgebend sind namentlich Art und Umfang der Gebrauchsbeeinträchtigung und der erforderlichen Beseitigungsmaßnahmen. Hinsichtlich der Beseitigungsmaßnahmen ist sowohl der tatsächliche als auch ein etwaiger rechtlicher Aufwand zu berücksichtigen (z.B. Einholung Sondernutzungserlaubnis für Gerüstgestellung oder Zustimmung der Wohnungseigentümergemeinschaft). Der Vermieter muss sich an von ihm bestätigten Abhilfefristen festhalten lassen (BGH NJW 2008, 1216 Rz. 16 zu § 286 Abs. 2 Nr. 4 BGB; OLG Hamburg ZMR 2001, 25 = NZM 2001, 131; anders: OLG Naumburg ZMR 2000, 381: Vermieter verschiebt Fertigstellungstermine, keine Fristsetzung Mieter). Im Einzelfall kann ein gestuftes Vorgehen nach provisorischen Schutzmaßnahmen und endgültiger Beseitigung geboten sein (OLG Düsseldorf ZMR 1999, 26: 14 Tage ausreichend bei Dachundichtigkeit). **230**

Die Fristsetzung ist entbehrlich, wenn eine Frist offensichtlich keinen Erfolg verspricht (§ 543 Abs. 3 S. 2 Nr. 1 BGB). Das ist namentlich der Fall, wenn der Vermieter die Beseitigung des Mangels ernsthaft und endgültig verweigert (BGH NJW 1976, 796), die Abhilfe innerhalb einer angemessenen Frist unmöglich erscheint (BGH ZMR 2009, 681: Flächenabweichung; OLG Brandenburg NJWE-MietR 1997, 224: Baulärm; OLG Karlsruhe ZMR 1988, 223: Wohnmobil; AG Köln WuM 2003, 145: Prostitution im Wohnhaus; OLG Köln WuM 1998, 152: mit fristgebundener Zwangsmittelandrohung versehene Ordnungsverfügung, Vermieter kann als Wohnungseigentümer zu keiner Versammlung einladen oder nur mit für Mieter unzumutbar langer Ladungsfrist; Scheffler NZM 2003, 17: Flächenabweichung), trotz wiederholter Abhilfe der Mangel immer wieder auftritt, ständig neue Mängel auftreten oder die Beseitigung nur unter dem Mieter nicht zumutbaren Bedingungen möglich ist (OLG Brandenburg NJWE-MietR 1997, 224; OLG Düsseldorf ZMR 1991, 299: Kopiergerät, unzumutbarer Zeitaufwand). Muss der Mieter mit einer ihm langfristig und wiederholt ernsthaft angekündigten Gebrauchsentziehung rechnen, kann sich der Vermieter nicht darauf berufen, dass der Mieter freiwillig oder vertragswidrig ausgezogen sei, wenn der Mieter unmittelbar vor dem Zeitpunkt der Gebrauchsentziehung in eine zwischenzeitlich angemietete Mietsache ausweicht (OLG Brandenburg NJWE-MietR 1997, 224). **231**

Der Mieter hat in der **Kündigungserklärung** nicht darzulegen, dass ihm die Fortsetzung des Mietverhältnisses unzumutbar ist (BGH ZMR 2009, 681, 682: Wohnraum; BGH ZMR 2007, 147, 149 = NJW 2007, 147 Rz. 10: Gewerbe). Die Kündigungserklärung kann bereits mit der Fristsetzung zur Abhilfe verbunden werden, wenn der Vermieter den Eintritt der bedingt, für den Fall des erfolglosem Ablaufs erklärten Kündigung allein in der Hand hat (OLG Hamburg ZMR 2001, 25 = NZM 2001, 131). Abhilfe und Kündigung sind quasi akzessorisch. Nur die Mängel, deren Abhilfe unter Fristsetzung, soweit nicht entbehrlich, verlangt wurde, können die spätere Kündigung rechtfertigen (OLG Naumburg ZMR 2000, 381). **232**

Das **Kündigungsrecht** kann gem. § 242 BGB **ausgeschlossen** sein, falls der Mieter die Mietsache nicht mehr gebrauchen will (OLG Celle ZMR 2002, 187; LG Münster ZMR 2009, 761: Nutzung aus Gründen in Person des Mieters endgültig aufgegeben bevor Mangel bemerkt), der Mieter die Störung des vertragsgemäßen Gebrauchs zu vertreten hat (BGH ZMR 1998, 211 = MDR 1998, 207: Brand), die Fertigstellung der Mietsache verzögert, ihm obliegende Mitwirkungshandlungen verweigert (OLG Düsseldorf ZMR 1993, 522: Abschluss Gaslieferungsvertrag) oder die Mietsache erst nach seinen Vorstellungen umgebaut worden war (BGH NJW 1970, 1791; OLG Naumburg ZMR 2000, 381). **233**

234 Die Kündigung ist in entsprechender Anwendung des § 543 Abs. 2 S. 2 BGB ausgeschlossen, wenn der Gebrauch nach Fristablauf, aber vor Zugang der Kündigung wieder gewährt, namentlich der Mangel beseitigt wird. Die Kündigungsvoraussetzungen, zu denen auch die Nichtgewährung des Gebrauchs gehört, müssen im Zeitpunkt des Zugangs der Kündigung (noch) vorliegen (KG ZMR 2008, 790, 792). Hat der Vermieter mit der Beseitigung lediglich begonnen, wird dadurch das Kündigungsrecht bei Fristablauf nicht ausgeschlossen (OLG Düsseldorf ZMR 1995, 351). Hilft der Vermieter dem Mangel erst nach Zugang der Kündigung ab, wird die Kündigung nicht hinfällig (OLG Hamburg ZMR 2001, 25 = NZM 2001, 131: Abhilfe ein Tag nach Fristablauf).

235 Das Kündigungsrecht erlischt nach § 314 Abs. 3 BGB, wenn der Mieter nicht in angemessener Zeit seit Kenntnis des Grundes kündigt (BGH NZM 2007, 400: vier Monate angemessen; BGH WPM 1967, 515; BGH ZMR 2000, 666; OLG Celle ZMR 1995, 298; OLG Düsseldorf NZM 2008, 281, 283: Einzelfall, knapp über 2 Monate angemessen; LG Berlin NZM 2002, 214: zu lang 2 Monate nach Ablauf der Mangelbeseitigungsfrist). Die Angemessenheit, die Länge der Ausschlussfrist, hängt von den Umständen des Einzelfalles ab (LG Itzehoe ZMR 2010, 363, 364: i.d.R. 4-5 Monate; LG Lübeck ZMR 2001, 282: zurückgehende Schadstoffbelastung, 3 Monate Besserung abwarten, 1 Monat Überlegung; OLG Karlsruhe ZMR 2001, 799: längerer Zeitraum, wenn Mangel zwischen Parteien jahrelang streitig; sehr weit KG ZMR 2008, 790, 792: fast 2 Jahre, Mängelbeseitigungsbemühungen). Bezieht der Mieter die Räume in Kenntnis des Mangels und lässt er sich eine Minderung gewähren, so hat er, bevor er kündigt, zunächst den Erfolg der Mangelbeseitigungsmaßnahmen abzuwarten (LG Köln NZM 1999, 968: Entfeuchtung).

IV. Gewährleistungsausschluss

236 Die Gewährleistung des Vermieters kann gesetzlich oder vertraglich ausgeschlossen oder beschränkt sein.

1. Gesetzliche Gewährleistungsausschlüsse

237 Ein Ausschluss der Gewährleistung kann sich nach § 536b BGB aus der Kenntnis des Mieters, seiner grob fahrlässige Unkenntnis oder vorbehaltlosen Annahme der Mietsache, nach § 536c Abs. 2 BGB aus der Verletzung der Anzeigepflicht sowie nach § 242 BGB aus Treu und Glauben ergeben.

a) § 536b BGB

238 § 536b BGB schließt die Gewährleistungsrechte aus, wenn der Mieter

- den Mangel der Mietsache bei Vertragsschluss **kennt** (§ 536b S. 1 BGB),
- ihm der Mangel infolge **grober Fahrlässigkeit unbekannt** geblieben ist, es sei denn, der Vermieter hat den Mangel arglistig verschwiegen (§ 536b S. 2) oder
- die mangelhafte Sache **vorbehaltlos annimmt**, obwohl er den Mangel kennt (§ 536b S. 3 BGB).

239 Der Gewährleistungsausschluss nach § 536b BGB umfasst die Mietminderung (§ 536 BGB), den Schadens-, den Aufwendungsersatzanspruch und das Beseitigungsrecht des Mieters (§ 536a BGB; BGH ZMR 1976, 138: zu § 538 Abs. 2 BGB) sowie die Kündigung (§ 543 Abs. 2 Nr. 1, Abs. 4 S. 1 BGB).

240 Unberührt bleiben der Erfüllungs- bzw. Beseitigungsanspruch nach § 535 BGB (BGH WuM 1982, 335 = NJW 1982, 874; BGHZ 101, 253, 269 = NJW 1987, 2575; BGH ZMR 2003, 341 = NJW-RR 2003, 727; BGH ZMR 2007, 605 = NZM 2007, 484: Ausschluss,

wenn bei Überlassung vorhandener schlechter Zustand (hier Absanden unverputzten Kellergewölbes) als vertragsgemäß vereinbart; Rdn. 4 ff.) und grundsätzlich das Zurückbehaltungsrecht (BGH ZMR 2003, 416, 418 = NZM 2003, 437: Einschränkungen nach Treu und Glauben; BGH ZMR 2003, 341 = NJW-RR 2003, 727; OLG Naumburg WuM 2000, 242; Rdn. 143 ff.). Der Ausschluss umfasst ebenfalls nicht Ansprüche aus unerlaubter Handlung (RGZ 65, 155, 159; BGH VersR 1961, 886: Verkehrssicherungspflicht) und das Recht zur außerordentlichen fristlosen Kündigung wegen Gefährdung der Gesundheit (§ 569 Abs. 1 S. 2 BGB).

Bei einem Mieterwechsel kommt es allein auf die Umstände in der Person des neuen Mieters bei Eintritt in das Vertragsverhältnis an (Rdn. 277 ff.; a.A. KG NZM 2002, 56: kein Wiederaufleben bei Parteiwechsel). Bei einer Mehrheit von Mietern schließt die Kenntnis oder grob fahrlässige Unkenntnis eines Mieters die Rechte aller aus (vgl. BGH NJW 1972, 249 = WPM 1972, 136). 241

aa) Kenntnis bei Vertragsschluss (§ 536b S. 1 BGB)

Kennen bedeutet **positives Wissen** der Tatsachen, die den Mangel begründen. Die positive Kenntnis des Mieters bei Vertragsschluss muss auf das konkrete äußere Erscheinungsbild des Mangels, die Art und Weise, den Umfang und die Dauer der konkreten Beeinträchtigung der Gebrauchstauglichkeit der Mietsache beziehen (BGH ZMR 2010, 101: fehlender Wohnbelag, auf Putz verlegte Leitungen; BGH ZMR 2007, 605, 606 = NZM 2007, 484: Absanden Kellergewölbe, bei Besichtigung müsste Sand auf dem Fußboden vorhanden gewesen sein; OLG Celle ZMR 2009, 683, 684: fehlende Brandschutzeinrichtungen, insbesondere -türen; KG ZMR 2008, 790, 792: Beheizung, keine sichere Kenntnnis von Dauer solange Vermieter/Hausverwaltung um Mängelbeseitigung bemüht; OLG Hamburg WuM 1995, 653: anhängiges Verfahren, fehlende Genehmigungsfähigkeit; OLG Koblenz NJWE-MietR 1996, 153; OLG München WuM 1993, 607: Baumaßnahme auf Nachbargrundstück; LG Mannheim WuM 2000, 185: Großbaustelle; LG Berlin NZM 1999, 412: aufgrund Besichtigung Zuschnitt/Dachschrägen). 242

Es reicht nicht, wenn dem Mieter Umstände bekannt sind, die einen Mangel begründen könnten (BGH ZMR 2007, 605, 606 = NZM 2007, 484: unverputztes Kellergewölbe für Absanden; BGH NJW-RR 2004, 2230: optischer Eindruck; OLG Düsseldorf ZMR 2006, 923, 924: allg. Hochwassergefahr, Kenntnis der relevanten Pegelstände erforderlich; LG Hamburg ZMR 2009, 918: Lärm, Wohnung über Tiefgarageneinfahrt; LG Wiesbaden WuM 2000, 184: ICE-Neubaustrecke, Kenntnis von Dauer und Ausmaß des Baulärms erforderlich; LG Mannheim NJW-RR 1996, 776 = WuM 1996, 338: Asbestbelastung, sichere Kenntnis der konkreten Restbelastung erforderlich, nicht ausreichend, dass Restbelastung in Erwägung gezogen; LG Saarbrücken NZM 1999, 706: keine Kenntnis von mangelhafter Schallisolierung durch für unbegründet gehaltene Mängelrüge; LG Frankfurt/M. ZMR 1990, 17: Kenntnis Bleirohre nicht ausreichend für Gesundheitsgefahr Trinkwassergenuss; anders: OLG Düsseldorf ZMR 2006, 518, 520: Erwärmung von Schulungsräumen im Sommer bekannt, wenn Verschattung und Belüftung fehlen) oder aus denen sich auf einen Mangel schließen ließe (OLG Köln WuM 1999, 282, 283: Flächenangaben in Betriebskostenabrechnung begründen keine Kenntnis einer geringeren Wohnfläche). 243

Zwar ist der Mieter i.d.R. nicht zur Untersuchung oder Erkundigung verpflichtet (BGH ZMR 2007, 605 = NZM 2007, 484). Die Kenntnis der Umstände kann jedoch den Tatbestand der grob fahrlässigen Unkenntnis erfüllen (vgl. OLG Düsseldorf DWW 1991, 236; BGH NJW 1980, 777; Rdn. 247 ff.) oder zu einer Beschränkung von Ersatzpflichten führen (BGH NJW-RR 2006, 1157, 1158 = NZM 2006, 626, 627: § 254 BGB). Andererseits 244 darf der Mieter nicht die Augen vor den Folgen der ihm bekannten Umstände verschließen. Daher genügt es, wenn ihm die tatsächlichen Umstände bekannt sind, aus denen sich – wie er weiß – zukünftig die Beeinträchtigung augenscheinlich ergibt (OLG München WuM 1993, 607 = NJW-RR 1994, 654: Baulärm, baufälliger Zustand des Nachbargebäudes bei Vertragsabschluss offensichtlich; AG Prüm WuM 2003, 264: Anmietung eines heruntergekommenen Wohnhauses, mit dem desolaten Gebäudezustand entsprechenden Mängel ist zu rechnen). Ein Irrtum des Mieters über die Tragweite der Gebrauchsbeeinträchtigung oder die Möglichkeit, dem Mangel abzuhelfen, lassen die Kenntnis unberührt (BGH NJW 1979, 713: zu § 439 BGB a.F.; OLG Düsseldorf ZMR 2006, 518, 521: Aufheizung führt zu Verstoß gegen ArbStättVO; LG Düsseldorf WuM 1992, 368).

245 Auch im Fall der Kenntnis bleiben die Gewährleistungsrechte bestehen, falls der Vermieter die Mangelbeseitigung zusagt (BGH WuM 1973, 20 = ZMR 1973, 80; BGH BB 1976, 483 = ZMR 1976, 138) oder beide Parteien irrtümlich von der Mangelfreiheit oder vorübergehenden Natur des Mangels ausgegangen sind (OLG Hamburg NJWE-MietR 1996, 17 = WuM 1995, 653: beantragte Nutzungsänderung nicht genehmigt; LG Köln NZM 1999, 968: Neubaufeuchte).

246 Seine Kenntnis schadet dem Mieter auch dann, wenn der Vermieter versucht hat, den Mangel arglistig zu verschweigen (BGH NJW 1972, 249 = MDR 1972, 318; BGH WPM 1978, 227; OLG Düsseldorf BB 1991, 799). Das ergibt sich aus dem Umkehrschluss zu § 536b S. 2 BGB. Wegen bekannter Mängel kann der Mieter sich ohne weiteres Rechte vorbehalten oder vom Vertragsabschluss Abstand nehmen.

bb) Grob fahrlässige Unkenntnis bei Vertragsschluss (§ 536b S. 2 BGB)

247 Die grob fahrlässige Unkenntnis schadet dem Mieter, soweit sie sich auf Mängel, gleich ob Sach-, Rechtsmängel oder zugesicherte Eigenschaften bezieht. Wie sich aus dem geänderten Wortlaut und der Gesetzesbegründung (BT-Drucks 14/4553 S. 41) ergibt, werden Sach- und Rechtsmängel gleich behandelt.

248 Der Mieter handelt **grob fahrlässig**, wenn er die bei Abschluss von Mietverträgen erforderliche Sorgfalt in ungewöhnlich hohem Maße verletzt und dasjenige unbeachtet lässt, was im gegebenen Fall jedem hätte einleuchten müssen (BGH ZMR 2007, 605, 606 = NZM 2007, 484; BGH NJW 1980, 777 = ZMR 1980, 105, 109; OLG Koblenz NJW-RR 1997, 331; OLG Düsseldorf ZMR 1997, 228 und WuM 1999, 280 = ZMR 1999, 391; LG Saarbrücken NZM 1999, 706). Ist dem Mieter das äußere Erscheinungsbild bekannt, genügt das nur dann, soweit er aufgrund dieser Kenntnis die konkreten Auswirkungen auf die Gebrauchstauglichkeit erkennen musste (z.B. LG Frankfurt/M. ZMR 2010, 362: neben Uniklinikum mit Errichtung und Verlegung eines Hubschrauberlandesplatzes zu rechnen; LG Köln WuM 1990, 387 und WuM 1996, 334: Lage im Hochwassergebiet; LG Mannheim NJW-RR 1996, 776 = WuM 1996, 338, 339: Restasbestbelastung erwogen). Sind ihm Umstände bekannt, die nicht lediglich bloße Zweifel an der Gebrauchstauglichkeit wecken, sondern den Verdacht eines dadurch begründeten Mangels besonders nahe legen, handelt der Mieter grob fahrlässig, wenn er ohne weiteres zumutbare Nachforschungen unterlässt (BGH ZMR 2007, 605, 606 = NZM 2007, 484; OLG München ZMR 1995, 401: baurechtliche Hindernisse, Stellplätze; LG Hamburg WuM 1999, 513: Gefahr durch Schimmelpilzbefall in Gebäude, das altersbedingt in schlechtem, verfallenem Zustand). Die grobe Fahrlässigkeit ist umso eher zu bejahen, je erheblicher die Umstände für die Gebrauchstauglichkeit der Mietsache und je einfacher diese durch Nachforschungen feststellbar sind.

Grundsätzlich trifft den Mieter keine Prüfungspflicht. Er braucht die Mietsache nicht auf ihre Eignung hin zu untersuchen oder sich nach Fehlern zu erkundigen (BGH ZMR 2007, 605, 606 = NZM 2007, 484; BGH NJW 1980, 777; BGH NJW 1977, 1236 = ZMR 1978, 50, 54; BGH ZMR 1962, 82, 86 = DB 1962, 64; OLG Düsseldorf DWW 1991, 236; AG/LG Köln WuM 2001, 78: Mieter muss sich nicht bei Behörden informieren, ob mit Änderung der Bebauung zu rechnen). Als für den vertragsgemäßen Zustand verantwortlich (§ 535 BGB) ist vielmehr der Vermieter zur Aufklärung verpflichtet. Auch durch Formularklauseln wie »nach Besichtigung« entsteht keine Untersuchungspflicht. Allerdings kann individualvertraglich die Prüfungspflicht auf den Mieter übertragen werden (vgl. BGH ZMR 1994, 253). **249**

Grobe Fahrlässigkeit ist etwa anzunehmen, wenn der Mieter bei der Besichtigung einen Mangel nicht erkennt, der bei erforderlicher Sorgfalt jedem ins Auge fällt (OLG Düsseldorf ZMR 1994, 402, 405: Beschädigungen der Fassade und im Eingangsbereich) oder der sich ihm nach der allgemeinen Lebenserfahrung hätte geradezu aufdrängen müssen (OLG Frankfurt/M. NZM 2007, 330: Aufheizung großflächig verglaster Büroräume im Sommer). **250**

Schließt der Mieter den Vertrag, ohne die Sache zuvor zu besichtigen, handelt er grob fahrlässig, soweit er aufgrund der ihm bei Vertragsschluss bekannten Umstände mit Fehlern rechnen musste und diese bei einer Besichtigung ohne weiteres aufgefallen wären (BGH WPM 1982, 335: Gewerbemieter hinsichtlich einschlägiger Vorschriften; LG Saarbrücken NZM 1999, 706: angezeigte, mangelhafte Schallisolierung; LG Köln ZMR 1964, 84: Anmietung eines instandsetzungsbedürftigen Fachwerkhauses). Das gilt nicht, soweit dem Mieter eine vorherige Besichtigung unmöglich oder unzumutbar ist. Etwa weil das Objekt noch nicht fertig gestellt oder dem Mieter, z.B. aufgrund der großen Entfernung, eine Besichtigung billigerweise nicht zuzumuten ist und er daher auf die – auch stillschweigenden – Angaben des Vermieters vertrauen muss. **251**

Der Vermieter haftet trotz grob fahrlässiger Unkenntnis des Mieters, wenn er den Mangel **arglistig verschwiegen** hat. Der Vermieter verschweigt den Mangel, wenn er ihn dem Mieter nicht mitteilt, obwohl er nach § 242 BGB zur Aufklärung verpflichtet war. Maßgebend ist, ob der Mieter nach Treu und Glauben unter Berücksichtigung der Verkehrsanschauung redlicherweise eine Aufklärung erwarten durfte (vgl. BGH NJW 1989, 763; BGH NJW-RR 1991, 439). **252**

Der Umfang der Aufklärungspflicht richtet sich nach den Umständen des Einzelfalles (BGH ZMR 2000, 508, 513 = NJW 2000, 1714, 1718: Geschäftserfahrenheit des Mieters). Grundsätzlich hat der Vermieter den Mieter über die Umstände und Rechtsverhältnisse der Mietsache aufzuklären, die – für den Vermieter erkennbar – von besonderer Bedeutung für den Entschluss des Mieters zum Vertragsschluss sind (BGH ZMR 2000, 508, 513 = NJW 2000, 1714, 1718). Das sind namentlich solche Umstände, die dem vertragsmäßigen Gebrauch entgegenstehen. Eine Aufklärungspflicht besteht nicht, soweit der Vermieter aufgrund der Umstände davon ausgehen durfte, dass dem Mieter die Mängel bekannt sind oder es sich um Nachteile handelt, die nach den Vereinbarungen als vertragsmäßig gelten. **253**

Der Vermieter handelt arglistig, falls ihm die Unvollständigkeit seiner Angaben bewusst ist und er damit rechnet, dass der Mieter bei wahrheitsgemäßen Angaben den Vertrag nicht oder nur zu anderen Bedingungen abgeschlossen hätte. Es genügt, dass der Vermieter über eigene Zweifel an der Mangelfreiheit nicht aufklärt oder ohne tatsächliche Grundlage ins Blaue hinein unrichtige Angaben macht (vgl. BGH NJW 1981, 864 und NJW 1981, 1441: Kaufrecht). Arglist liegt nicht vor, soweit der Vermieter, selbst grob fahrlässig, darauf vertraut, dass ein bestimmter Mangel nicht oder nur vorübergehend **254** vorliegen werde; etwa eine seit langem unbeanstandete vorschriftswidrige Nutzung weiterhin von der Behörde geduldet wird oder Baulärm oder Feuchteerscheinungen als Neubaufeuchte sich nach kurzer Zeit geben werden.

cc) Vorbehaltlose Annahme trotz Mangelkenntnis (§ 536b S. 3 BGB)

255 Wird dem Mieter der Mangel – Rechts- oder Sachmangel, Fehlen oder Wegfall einer zugesicherten Eigenschaft – nach dem Vertragsschluss, aber bis zur Überlassung bekannt, sind die Gewährleistungsrechte nach § 536b S. 3 BGB ausgeschlossen, wenn er die Sache annimmt, ohne sich dabei seine Rechte vorzubehalten. Das gilt selbst dann, wenn der Vermieter den Mangel arglistig verschweigt oder die Fehlerfreiheit zugesichert hat (anders §§ 539, 460 S. 2 BGB a.F.).

256 Positive Kenntnis (Rdn. 242 ff.) und Vorbehalt müssen im Zeitpunkt der Überlassung, also der Besitzverschaffung, vorliegen (Annahme zu verneinen AG Bad Oeynhausen ZMR 2005, 541, 542: notgedrungene, einmalige Übernachtung nach langer Anreise in Ferienwohnung). Grob fahrlässige Unkenntnis genügt nicht.

257 Der Mieter muss sich in seinem Vorbehalt einen Mangel konkret benennen und dem Vermieter zu erkennen geben, dass er für diesen auf Gewährleistungsrechte nicht verzichten will (OLG Hamburg ZMR 2005, 855; LG Heidelberg WuM 1997, 42, 44: »Wir nehmen an, dass Sie mit einer Mietminderung ... einverstanden sind.« und Mängel aufgeführt). Ein allgemeiner Vorbehalt ohne Angabe einzelner Mängel (z.B. »unter Vorbehalt der Gewährleistungsansprüche«) ist unwirksam.

258 Der Vorbehalt bedarf als einseitige, nicht auf den Abschluss oder den Inhalt, sondern auf die Erhaltung aus dem Mietverhältnis folgender Rechte gerichtete Erklärung nicht der Form des Mietvertrages. Weitere, mit dem Vorbehalt verbundene Erklärungen, namentlich die Forderung einer Mietminderung in bestimmter Höhe, sind grundsätzlich unerheblich. Der Vorbehalt hindert den Ausschluss der Gewährleistungsrechte hinsichtlich des konkreten Mangels insgesamt.

259 Ein Vorbehalt ist entbehrlich, wenn der Mieter die Sache erst auf die Zusage der Mangelbeseitigung hin annimmt (BGH ZMR 1976, 138, 141) oder er den Vorbehalt in der dem Vermieter nach den Umständen erkennbaren Erwartung der alsbaldigen Mängelbeseitigung unterlässt (z.B. Beräumung der Baustelle oder Fertigstellung stehen aus). Ein vorab erklärter Vorbehalt wirkt fort, soweit er bei der Überlassung erkennbar aufrecht erhalten wird (vgl. BGH NJW 1975, 1701: Werkvertrag; OLG Düsseldorf NJW-RR 1996, 693: Kauf).

260 Bei einem Parteiwechsel auf Mieterseite gem. § 563 BGB wirkt der Vorbehalt fort. Die in das Mietverhältnis eintretenden Mieter haften auch für die bis zum Tod des Mieters entstandenen Verbindlichkeiten (§ 563b BGB). Wechselt der Vermieter, ist der Vorbehalt gegenüber dem neuen Vermieter nicht zu wiederholen (vgl. BGH NJW 2005, 1181: Fortwirken Verzugslage; a.A. LG Köln NJW-RR 1997, 265).

dd) Mangelkenntnis während der Mietzeit

261 Nach überkommener Ansicht wurden die Gewährleistungsansprüche in entsprechender Anwendung des § 539 BGB a.F. ausgeschlossen, wenn der Mieter nachträglich den Mangel erkennt und das Mietverhältnis dessen ungeachtet – ohne sich seine Gewährleistungsrechte vorzubehalten – über geraume Zeit fortsetzt, insbesondere die Miete vorbehaltlos in voller Höhe weiter bezahlt (h.M., seit RG JW 1936, 2706, ständige Rechtsprechung BGH NJW-RR 1992, 267; BGH ZMR 1997, 239; BGH NZM 2000, 825; BGH ZMR 2003, 341 = NJW-RR 2003, 727 = NZM 2003, 355 m. Anm. Timme NZM 2003, 508;

BGH NJW 2003, 2601 = ZMR 2004, 667; zu § 539 BGB a.F.). Teilweise wurde entsprechend eine analoge Anwendung des § 536b BGB bejaht (OLG Dresden ZMR 2003, 346 = NZM 2002, 662; OLG Naumburg NZM 2002, 251 = ZMR 2003, 355 = NJW 2002, 1132; OLG Celle ZMR 2002, 657 = NJW 2002, 657 und OLG Stuttgart NJW-RR 2003, 1097: Gewerbemietverhältnis; LG Frankfurt/M. WuM 2002, 537 = NZM 2002, 1025; Hinz NZM 2001, 264).

Die analoge Anwendung war von der Literatur zunehmend kritisiert, insbesondere die Voraussetzungen einer Regelungslücke verneint worden (u.a. Riesenhuber ZMR 1994, 393: § 545 BGB a.F. abschließende Sonderregelung; Körper WuM 1997, 473; Wichert ZMR 2000, 65; ders. NZM 2001, 262; die Analogie bestätigend: BGH ZMR 2003, 341 = NJW-RR 2003, 727 = NZM 2003, 355; Kandelhard NZM 2005, 43). Dem ist der Gesetzgeber gefolgt. Nach der Begründung des Mietrechtsreformgesetzes wurde unter Hinweis auf § 536c BGB ausdrücklich von einer Regelung abgesehen (BT-Drucks. 14/4553 S. 41). Damit ist mangels Lücke eine weitere analoge Anwendung des § 536b BGB in Fortführung der bisherigen Rechtsprechung zu § 539 BGB a.F. unzulässig (BGH BGHZ 155, 380 = ZMR 2003, 667, 670 = NJW 2003, 2601: Wohnraum, § 536 BGB; BGH ZMR 2005, 770 = NZM 2005, 303: Gewerbe, § 536 BGB; BGH ZMR 2007, 98, 100 = NJW 2007, 147 = NZM 2006, 929 = WuM 2007, 72: Gewerbe, § 543 Abs. 2 S. 1 Nr. 1 BGB; Börstinghaus NZM 2000, 583; Langenberg NZM 2001, 213; Wichert ZMR 2001, 263 und 2003, 330; Kunz ZMR 2001, 589; AG Pinneberg ZMR 2002, 603 m.w.N.). **262**

§ 536b BGB und § 536c BGB enthalten abschließende Regelungen, die eine entsprechende Anwendung des § 536b BGB auf nachträglich bekannt gewordene Mängel ausschließt. § 536b BGB erfasst die ursprünglich bei Vertragsschluss bzw. bis zur Annahme der Mietsache vorhandenen Mängel; § 536c BGB die während der Mietzeit auftretenden Mängel. **263**

Bei bestehenden Mietverhältnissen ist allerdings zu differenzieren: hat ein Wohnungsmieter, dessen Mietvertrag vor dem In-Kraft-Treten des Mietrechtsreformgesetzes am 01.09.2001 geschlossen worden ist, in entsprechender Anwendung § 539 BGB a.F. sein Recht zur Minderung der Miete verloren, da er den Mangel längere Zeit (i.d.R. 6 Monate BGH BGHZ 155, 380, 385 = NJW 2003, 2601 = NZM 2003, 679 m.w.N.; BGH NJW 1997, 2674 = ZMR 1997, 505) nicht gerügt und die Miete ungekürzt und vorbehaltlos weiter gezahlt hat, so verbleibt es hinsichtlich der bis zum 01.09.2001 fällig gewordenen Mieten bei diesem Rechtsverlust. Die Übergangsvorschriften des Mietrechtsreformgesetzes sehen kein Wiederaufleben der ausgeschlossenen Rechten vor. **264**

Für nach dem In-Kraft-Treten des Mietrechtsreformgesetzes fällig gewordene Mieten scheidet eine analoge Anwendung des § 536b BGB aus. **Ab** dem **01.09.2001** kommt ein Rechtsverlust wegen nachträglich bekannt gewordener Mängel nur nach den allgemeinen Regeln der Verwirkung (§ 242 BGB) oder des stillschweigenden Verzichts in Betracht (BGH BGHZ 155, 380 = NJW 2003, 2601 = ZMR 2003, 667 = NZM 2003, 355 = WuM 2003, 440: Wohnraum; zust. Anm. Wichert ZMR 2003, 330; abl. Anm. Timme NZM 2003, 508; ders. NJW 2003, 3099; abl. Gerber NZM 2003, 825; BGH ZMR 2005, 770: Gewerberaum; krit. zur Verwirkung Kandelhard NZM 2005, 43). **265**

Ein ausdrücklicher oder stillschweigender **Verzicht** kommt in Betracht, wenn der Mieter trotz erhobener Beanstandungen die Miete weiter ungekürzt zahlt (BGH NJW 1974, 2233). Ob und inwieweit der Vermieter das Mieterverhalten als Verzicht verstehen musste, hängt von den Umständen des Einzelfalles ab. Maßgebend sind insbesondere Art und Weise der Gebrauchsbeeinträchtigung, die Ernsthaftigkeit der Beanstandungen, die Zeitdauer, über die die Miete ungekürzt und vorbehaltlos gezahlt wird und Art und Umfang etwaiger Beseitigungszusagen des Vermieters (BGH NJW 1974, 2233; BGH **266**

NJW 1997, 2674; LG Berlin ZMR 1997, 354; OLG Stuttgart WuM 1997, 619: über längere Zeit vertröstet, ausdrücklicher Vorbehalt erforderlich; OLG Dresden ZMR 2003, 346: bei saisonal bedingtem Mangel (Heizungsausfall) gehäuftes Auftreten erforderlich). Je mehr der Gebrauch beeinträchtigt ist, je nachhaltiger die Mangelanzeigen sind, je kürzer die Miete ungekürzt oder vorbehaltlos gezahlt wird und je weiter gehende Zusagen der Vermieter gemacht hat, umso weniger kann der Vermieter von einem vollständigen oder auf den Zahlungszeitraum beschränkten Verzichtswillen des Mieters ausgehen.

267 Die Gewährleistungsrechte werden **verwirkt** (§ 242 BGB), wenn der Vermieter sich nach Ablauf eines längeren Zeitraums (Zeitmoment) aufgrund des Verhaltens des Mieter berechtigt darauf eingerichtet hat, dass Gewährleistungsrechte nicht mehr geltend gemacht werden (sog. Umstandsmoment; BGH NZM 2006, 58, 59 m.w.N.; BGH ZMR 2005, 770). Zeit- und Umstandsmoment stehen in einer Wechselwirkung. Je schwerwiegender die Umstände, je eher ist die erforderliche Zeit abgelaufen; je mehr Zeit vergangen ist, je unerheblicher können die Umstände sein (BGH NZM 2006, 58, 59 m.w.N.).

268 Das **Zeitmoment** wird bei einem auf bestimmte Zeit eingegangenem Mietverhältnis eher zu bejahen sein als in Mietverhältnissen auf unbestimmte Zeit. Bei der Bemessung des Zeitmoments ist zum einen die dem Mieter einzuräumende Überlegungsfrist zu berücksichtigen, innerhalb der der Mieter entscheiden kann, ob er Gewährleistungsrechte geltend machen will (BGH NJW 1974, 2233 = MDR 1975, 134; BGH NJW 1997, 2674 = ZMR 1997, 505: 3 Monate; OLG Köln ZMR 2001, 533: mind 2 Monate). Zum anderen führte nach § 539 BGB a.F. i.d.R. erst die vorbehaltlose Zahlung über einen Zeitraum von 6 Monaten zu einem Gewährleistungsausschluss (BGH BGHZ 155, 380, 385 = NJW 1997, 2674 = ZMR 1997, 505; OLG Hamm NJWE-MietR 1996, 80). Daher dürfte, auch abhängig von der Dauer des Mietverhältnisses und der Art des Mangels und unter Berücksichtigung der dreijährigen Regelverjährungsfrist nach § 195 BGB, eine Verwirkung i.d.R. frühestens nach Ablauf von 18 Monaten in Betracht kommen. Sagt der Vermieter die Beseitigung des Mangels zu, verlängert sich die Frist um den Zeitraum, den der Mieter benötigt, um festzustellen, ob der Vermieter seine Zusage einhält, und über sein weiteres Verhalten zu entscheiden (BGH NJW 1997, 2674 = ZMR 1997, 505: 2 Monate zuzubilligen zu § 539 BGB a.F.).

269 Das **Umstandsmoment** wird eher erfüllt sein, wenn der Mieter einen Mangel erstmals nach Beendigung des Mietverhältnisses oder Abschluss von Erhaltungs- oder Modernisierungsarbeiten geltend macht; anders dagegen, wenn der Mieter sich gegenüber einem Mieterhöhungsverlangen oder zur Rechtfertigung seiner Mietrückstände – auch erst im Räumungsprozess – auf Mängel beruft. Die Untätigkeit des Mieters allein genügt allerdings nicht. Sein Schweigen bedeutet keinen Verzicht. Andererseits muss der Mieter sein Untätigbleiben oder Schweigen gegen sich gelten lassen, falls der Vermieter einen Widerspruch redlicherweise erwarten durfte, etwa bei einer Besichtigung, einer Vertragsänderung, insbesondere einer Mieterhöhung, einer Nachzahlung abgerechneter Betriebskosten oder erhöhter Vorauszahlungen. Andererseits können von ihm zu vertretende Umstände das Entstehen eines berechtigten Vermietervertrauens ausschließen (BGH ZMR 2008, 693, 695: Verwendung unwirksamer Vertragsklausel über Minderungsausschluss). Zu berücksichtigen sind alle Umstände des Einzelfalles sowie die Person des Mieters (BGH NJW 2003, 2601 = ZMR 2003, 667 = WuM 2003, 440 = NZM 2003, 355: Mieter von Wohnraum oder geschäftserfahrener Mieter von Gewerberaum; LG Aachen ZMR 2010, 113, 115: Nachbesserung Schallschutz, mehrere Jahre nicht ausreichend wegen Möglichkeit Mieterwechsel).

270 *Vorbehaltlose Nachzahlungen des Mieters* führen nicht zur Verwirkung von Gewährleistungsrechten, wenn sie nicht eindeutig die Tilgung des geminderten Teils der Miete bezwecken (OLG Düsseldorf ZMR 2003, 102 = NZM 2003, 63 = NJW-RR 2003, 153:

Tilgungsfiktion § 366 Abs. 2 BGB nicht ausreichend). Ebenso tritt keine Verwirkung hinsichtlich des Teilbetrages ein, für den das Gericht eine höhere als die vom Mieter vorgenommene Minderung für angemessen hält.

Daneben bleibt § 536c BGB zu berücksichtigen: Erkennt der Mieter nach Vertragsschluss einen Mangel und zahlt er trotz Kenntnis des Mangels die Miete über einen längeren Zeitraum hinweg in voller Höhe weiter, ist zunächst zu prüfen, inwieweit der Mieter gem. § 536c Abs. 2 S. 2 BGB für die Dauer der infolge seiner unterlassenen Mängelanzeige nicht möglichen Beseitigung des Mangels Gewährleistungsrechte nicht geltend machen kann (Rdn. 292 ff.). **271**

Nimmt umgekehrt der Vermieter längere Zeit eine Mietminderung des Mieters widerspruchslos hin und durfte der Mieter sich nach Treu und Glauben darauf einrichten, dass der Vermieter die Miete nicht mehr geltend machen wird, wird der Anspruch auf Miete verwirkt (BGH NJW-RR 2003, 727 = ZMR 2003, 341). Dabei sind an das Zeitmoment, je nach Fälligkeit der Miete, keine strengeren Anforderungen zu stellen (OLG Düsseldorf NJW-RR 2003, 1016 = ZMR 2003, 423; LG München I NZM 2002, 779: 8 Monate Anm. Wiek NZM 2002, 1021; AG Gießen ZMR 2001, 801: 6 Monate). Besondere Umstände können sich aus einer Zusage des Vermieters, den Mangel zu beseitigen sowie einem grundsätzliche Einverständnis mit einer Minderung ergeben (BGH NJW-RR 2003, 727 = ZMR 2003, 341). **272**

ee) Änderungen der Umstände

Der Gewährleistungsausschluss kann entfallen, wenn sich die ihm zugrunde liegenden tatsächlichen oder rechtlichen Umstände ändern. **273**

So leben ausgeschlossene Gewährleistungsrechte wieder auf, wenn sich der **Mangel** in unzumutbarer Weise **verschlechtert** (KG NZM 2002, 562 = NJW-RR 2002, 224: Heizleistung). Dagegen lässt eine nachträgliche Mängelbeseitigungszusage des Vermieters den Gewährleistungsausschluss unberührt (OLG Naumburg ZMR 2001, 617). **274**

Änderungen des **Mietvertrages** stehen hinsichtlich § 536b BGB grundsätzlich einem Neuabschluss gleich. Allerdings genügt nicht jede beliebige Vereinbarung (z.B. Tausch eines Kellerraumes). Die Hauptpflichten müssen sich ändern und damit das Mietverhältnis auf eine neue Grundlage gestellt werden (OLG Hamburg WuM 1999, 281). Das ist namentlich dann der Fall, wenn die Neuregelung die Parteien, die Miete, Überlassung, Erhaltung oder Gebrauch der Mietsache oder die Vertragszeit erfasst (OLG Hamburg WuM 1999, 281: Verlängerungsoption und Mieterhöhung; OLG Köln ZMR 2001, 532 = DWW 2001, 274: Verlängerung und/oder Mieterhöhung; a.A. KG NZM 2002, 562: kein Wiederaufleben bei Parteiwechsel; LG München I NZM 2002, 986: Wiederaufleben nur bei wesentlicher Änderung des Äquivalenzverhältnisses, Mieterhöhung gem. § 2 MHG a.F. nicht ausreichend). **275**

Daher verliert der Mieter seine Gewährleistungsrechte, soweit er in Kenntnis oder grob fahrlässiger Unkenntnis eines Mangels vorbehaltlos einen Verlängerungsvertrag abschließt oder ein Optionsrecht ausübt (BGH NJW 1970, 1740 = ZMR 1970, 327; KG GE 1989, 941). Die Verlängerung des Mietverhältnisses kraft Gesetzes nach § 545 BGB oder vertraglich aufgrund einer Verlängerungsklausel steht einem Neuabschluss nicht gleich (OLG Hamm MDR 1988, 410). **276**

Bei einem Mieterwechsel kommt es allein auf die Kenntnis bzw. grob fahrlässige Unkenntnis des neuen Mieters bei Eintritt in das für ihn neue Vertragsverhältnis an (a.A. KG NZM 2002, 56: kein Wiederaufleben bei Parteiwechsel). Blieben Rechte ausgeschlossen, wirkte das alte Mietverhältnis als Vertrag zulasten des neuen Mieters fort. **277**

278 Ausgeschlossene Gewährleistungsrechte leben bei einem entsprechenden Vorbehalt oder einer Beseitigungszusage anlässlich der Vertragsänderung wieder mit Wirkung für die Zukunft auf (BGH MDR 1965, 654; OLG Düsseldorf NJW-RR 1994, 399; OLG Hamburg WuM 1999, 281; OLG Köln ZMR 2001, 532; weiter LG Berlin ZMR 1997, 354: ausreichend, wenn Vorbehalt unverzüglich nach Erhöhungsvereinbarung erklärt wird). Wird der Mieter nach § 558b Abs. 2 BGB zur Zustimmung zu einer Mieterhöhung verurteilt, muss er den Vorbehalt unverzüglich nach dem Eintritt der Rechtskraft erklären (zu § 2 MHG a.F.: LG Hamburg WuM 1990, 148; a.A. LG München I NZM 2000, 616 und NZM 2002, 986: kein Wiederaufleben).

279 Bei gesetzlich zugelassenen oder vertraglich vereinbarten Mieterhöhungen leben die Gewährleistungsrechte beschränkt auf den Erhöhungsbetrag wieder auf, egal ob die Erhöhung für den Mieter überraschend oder – etwa bei einer Staffel- oder Indexmiete – vorhersehbar war (OLG Düsseldorf NJW-RR 1994, 399 = WuM 1994, 324; LG Dresden NJWE-MietR 1997, 197: GrundMV; LG Düsseldorf WuM 1998, 20: Indexklausel; LG Berlin ZMR 1997, 354; LG Köln WuM 1990, 17 und 1994, 429; LG Frankfurt/M. WuM 1990, 425; KrsG Döbeln WuM 1992, 335; a.A. unbeschränkt: LG Potsdam WuM 1997, 677; AG Köln WuM 1997, 70; a.A. LG München I NZM 2002, 986: kein Wiederaufleben bei Mieterhöhung gem. § 2 MHG a.F.). Der Umfang der Erhöhung ist unerheblich (wie vor; einschränkend BGH ZMR 1961, 257: preisgebundener Wohnraum). Der Mieter muss die Möglichkeit haben, bei einer Änderung des Äquivalenzverhältnisses seine Gewährleistungsrechte geltend zu machen. Mit der Erhöhung der Miete können – stillschweigend – erhöhte Qualitätsanforderungen verbunden sein; was zuvor noch als hinnehmbarer Nachteil erschien, kann die Schwelle des Mangels überschreiten.

280 Soweit die Gewährleistungsrechte gem. § 536b BGB ausgeschlossen waren, bleibt die Mietminderung auf den nicht ausgeschlossenen Mietbetrag und der Schadensersatz auf den noch nicht liquidierbaren Teil des Schadens beschränkt (OLG Düsseldorf WuM 1994, 325; LG Köln WuM 1990, 17). Der Mieter darf durch die Änderung nicht besser gestellt werden als vorher. Das Kündigungsrecht aus § 543 Abs. 2 Nr. 1 BGB lebt, da unteilbar, dagegen wieder in vollem Umfang auf.

b) Verletzung der Anzeigepflicht (§ 536c Abs. 2 BGB)

281 Die Anzeigepflicht ist Ausfluss der Obhutspflicht des Mieters, der zu einer Beseitigung von Mängeln nicht verpflichtet ist (§ 536a Abs. 2 BGB »kann«). Sie beginnt daher mit der Überlassung und endet mit der Rückgabe der Mietsache (BGH NJW 1967, 1803). Unterlässt der Mieter die Anzeige, kann er einerseits zum Schadensersatz verpflichtet sein (§ 536 Abs. 2 S. 1 BGB). Zum anderen verliert er, soweit und solange der Vermieter infolge einer unterlassenen Anzeige einem Mangel nicht abhelfen kann, nach § 536c Abs. 2 S. 2 BGB sein Minderungsrecht (§ 536 BGB), seinen Anspruch auf Schadensersatz (§ 536a Abs. 1 BGB) und das Recht zur fristlosen Kündigung ohne Fristbestimmung (§ 543 Abs. 3 S. 1 BGB). Unberührt bleiben nach § 536c Abs. 2 S. 2 der Anspruch auf Aufwendungsersatz (Rdn. 153 ff.; abw. KG NZM 2003, 27: § 545 BGB a.F.) und das Recht zur fristlosen Kündigung nach Fristbestimmung (§ 543 Abs. 1 S. 1 BGB).

aa) Anzeigepflicht

282 **Räumlich** und sachlich umfasst die Anzeigepflicht die gesamte Mietsache (RGZ 106, 133: Dach und Außenwände) einschließlich Zubehör (vgl. BGH NJW 1986, 3206, 3208: Einbauküche), der zum gemeinschaftlichen Gebrauch oder Mitnutzung überlassenen *Räume und Einrichtungen* (z.B. Treppen, Flure, Zugänge, Nebenräume, Versorgungs- und Außenanlagen), das Umfeld der Mietsache, die im Rahmen der Gebrauchsgewäh-

rung geschuldeten sonstigen Leistungen (z.B. Wärme-, Warmwasserversorgung), Eigenschaften, die Gegenstand einer Zusicherung sind, sowie den vertragsgemäßen Gebrauch beschränkende Rechte Dritter.

Inhaltlich bezieht sich die Anzeigepflicht nach § 536c Abs. 1 BGB auf Mängel (Satz 1 1. Alt. – Sachmängel [§ 536 Abs. 1 S. 1 BGB, Rdn. 3 ff.], zugesicherte Eigenschaften [§ 536 Abs. 2 Rdn. 103 ff.] und Rechtsmängel [§ 536 Abs. 3, Rdn. 119 ff.]), auf der Mietsache drohende unvorhergesehene Gefahren (Satz 1 2. Alt.) und auf von Dritten geltend gemachte Rechte (Satz 2). **283**

Ein **Mangel** zeigt sich, wenn er derart in Erscheinung tritt, dass er für einen verständigen Mieter bei verkehrsüblicher Sorgfalt **wahrnehmbar** ist. Der Mieter ist zur Obhut, nicht darüber hinaus gehend zur aktiven Untersuchung der Mietsache verpflichtet. Anzuzeigen hat er die ihm positiv bekannten oder grob fahrlässig nicht zur Kenntnis genommene Mängel und Schäden der Mietsache (BGH NJW-RR 2006, 1157, 1158 = NZM 2006, 626, 627: verneint für Einbruchsgefahr durch nicht fachgerechte Vermauerung der Außenwand; BGHZ 68, 281 = NJW 1977, 1236; OLG Düsseldorf ZMR 2009, 114: Wasseransammlungen auf Flachdach Supermarkt, keine Untersuchungspflicht hinsichtlich verborgener Mängel; LG Köln ZMR 2008, 629: grob fahrlässige Unkenntis genügt). **284**

Handelt es sich um einen Sachmangel, kommt es auf die Erheblichkeit nicht an; Unerheblichkeit schließt nach § 536 Abs. 1 S. 3 BGB allein die Minderung aus (Rdn. 87 ff., 227). Anzuzeigen sind daher alle **Gebrauchsbeeinträchtigungen** (z.B. Verschleiß, Abnutzung; zum möglichen Rechtsverlust bei drohenden Mängeln vgl. OLG Düsseldorf ZMR 2000, 451: Hinweispflicht auf Konkurrenz) und **Gefahren**, die für den Mieter erkennbar Maßnahmen zum Schutz der Mietsache erfordern. Die Gefahr, also den drohenden Schaden, hat der Mieter selbst dann anzuzeigen, wenn sein Mietgebrauch nicht beeinträchtigt wird. Ob die Mietsache einer abstrakten (z.B. Hochwasser, Frost, Sturm) oder konkreten Gefahr (z.B. Wasserrohrbruch, lösende Dachhaut) ausgesetzt ist, ob die Gefahr auf Naturereignisse oder ein Fehlverhalten Dritter zurückzuführen ist, ist unerheblich. Unvorhergesehen ist die Gefahr, wenn sie vom Vermieter nicht erwartet wurde und nicht erwartet werden musste. **285**

Als **Rechte Dritter** kommen sachlich und inhaltlich Rechte aller Art in Betracht, private oder öffentlich-rechtliche. Es genügt, dass das Recht in Bezug zur Mietsache geltend gemacht wird (»an«). Es muss weder mit einer Beeinträchtigung des Gebrauchs, anders als im Fall von Sach- oder Rechtsmangel (Rdn. 25 u Rdn. 131), verbunden sein, noch überhaupt den Mieter berühren (Palandt/Weidenkaff § 536c Rn. 8; a.A. Blank/Börstinghaus Miete § 536c Rn. 3). Auf den Bestand des Rechtes kommt es nicht an; es genügt, dass sich der Dritte des Rechtes berühmt (»anmaßt«). **286**

Die Anzeige ist **formfrei**, mündlich oder schriftlich möglich, soweit vertraglich nicht anders vereinbart. Sie ist unverzüglich, wenn sie ohne schuldhaftes Zögern.(§ 121 Abs. S. 1 BGB) erfolgt. Die Dringlichkeit richtet sich nach den Umständen des Einzelfalles und dem Gegenstand der Anzeige. Bei einer Gefahr ist die Frist kürzer als bei einem Mangel. Eine verspätete Anzeige steht für die Dauer der Verzögerung der Unterlassung (§ 536c Abs. 1 S. 1 BGB) gleich. **287**

Gegenstand, Inhalt und Umfang der Anzeige sind gegebenenfalls durch **Auslegung** zu ermitteln. Bei zeitlich begrenzten, nicht dauerhaften Mängeln, ist der Zeitfaktor zu beachten. Eine auf bestimmte Zeiträume beschränkte Anzeige oder die Anzeige zeitlich begrenzter Beeinträchtigungen macht erneute Anzeigen für neue Zeiträume nicht entbehrlich (AG Berlin-Pankow-Weißensee ZMR 2008, 795, 796). **288**

289 Die Anzeige muss dem Vermieter oder seinem Bevollmächtigten **zugehen** (§ 130 BGB analog; nicht ausreichend AG Köln MDR 1974, 47: Handwerker; LG Berlin GE 1991, 521: Polizei) und Art und Umfang des Mangels (BGH NJW 1996, 2228: zu § 377 HGB; LG Köln WuM 1990, 17), der Gefahr oder des Rechtes wenigsten so beschreiben, dass für einen verständigen Vermieter ein Abhilfe-, zumindest ein Prüfungsbedarf erkennbar wird. Der Mieter hat allerdings die Gebrauchsbeeinträchtigung weder formal als Mangel zu bezeichnen, noch muss er Ursachen benennen, noch die unmittelbare Beeinträchtigung seiens Mietgebrauchs darlegen (OLG Stuttgart ZMR 2007, 272, 275 = WuM 2007, 159: Mahnung eines separaten Einganges ausreichend als Rüge, dass Zugangskontollanlage außer Betrieb genommen; LG Münster WuM 2006, 219: Klopfgeräusche, Störungen sind nicht zu protokollieren, damit Ursache eingegrenzt werden kann).

290 Der Mieter ist grundsätzlich **erneut** zur Anzeige verpflichtet, wenn der Beseitigungsversuch des Vermieter fruchtlos bleibt (OLG Düsseldorf ZMR 1991, 24; LG Itzehoe ZMR 2010, 363, 364: Trittschall nach Neuverlegung Laminat; LG Karlsruhe WuM 1998, 22; AG Pinneberg ZMR 2007, 459: nach umfangreichen Arbeiten) oder der Mangel gravierend ist (vgl. BGH NJW-RR 2002, 515). Nach einem Vermieterwechsel ist die Anzeige gegenüber dem neuen Vermieter nicht zu wiederholen (vgl. BGH NJW 2005, 1187: Verzugslage wirkt fort, zu § 536a BGB; OLG Stuttgart ZMR 2007, 272, 275 = WuM 2007, 159: Kenntnis der Rechtsnachfolgerin gem. § 404 BGB zuzurechnen).

291 Die Anzeigepflicht entfällt, wenn Mangel, Gefahr bzw. Recht des Dritten vom Vermieter selbst herbei geführt wurden (LG Berlin NZM 2010, 579, 580: Vermieter tauscht Türschloss zu Wohnung aus), dem Vermieter bereits bekannt sind (OLG Düsseldorf ZMR 2009, 114, 115: Wasseransammlung auf Flachdach, Hinweis in Rechnung auf Reinigungsbedarf Dachentwässerungseinrichtung, Mangel entwickelt sich aus Vermieter bekannten Gefahrenlage; OLG Düsseldorf ZMR 1991, 24; OLG Karlsruhe ZMR 1988, 52: durch Dritte) oder die Beseitigung des Mangels sowie die Abwehr der Gefahr offensichtlich unmöglich ist (BGH BGHZ 68, 271; BGH NJW-RR 1999, 845 = NZM 1999, 461; AG Köln WuM 2006, 109: zu geringe Wohnfläche). An diesen Einschränkungen ist auch nach der Neufassung der §§ 536c Abs. 2 S. 2 Nr. 3, 543 Abs. 3 S. 2 Nr. 1 BGB festzuhalten. In diesen Fällen wird die unterlassene Anzeige für die unterbleibende Abhilfe nicht kausal.

bb) Rechtsfolgen bei unterlassener Anzeige

292 Die Verletzung der Anzeigepflicht wird nach § 536c Abs. 2 S. 1 BGB sanktioniert durch einen Schadensersatzanspruch des Vermieters. Soweit der Mieter seine Pflicht zur Anzeige von Mängeln verletzt (§ 536 Abs. 1 S. 1 1. Alt. BGB) werden seine Gewährleistungsrechte beschränkt (§ 536 Abs. 2 S. 2 Nr. 1-3 BGB). Unberührt bleibt der Anspruch auf Aufwendungsersatz, aufgrund der Tatbestandsvoraussetzungen praktisch nur der Fall der Notmaßnahmen (§ 536a Abs. 2 Nr. 2 BGB).

293 Unterlässt der Mieter die Anzeige, so ist er dem Vermieter zum Ersatz des daraus entstehenden Schadens verpflichtet (§ 536 Abs. 2 S. 1 BGB). Bis zu ihrer Nachholung steht die verspätete Anzeige der unterlassenen gleich.

294 Der Mieter muss schuldhaft die Anzeigepflicht verletzen und den Schaden dadurch verursachen (BGH NJW 1993, 1061). Die Kausalität fehlt, wenn der Schaden auch bei einer Anzeige entstanden wäre (z.B. durch vom Vermieter nicht abwendbare Naturereignisse, Jahrhunderflut).

295 Die Pflicht zum Schadensersatz ist auf die Herstellung des Zustandes gerichtet, der bei *rechtzeitiger Anzeige hätte hergestellt* werden können (»daraus«; BGH NJW 1987, 1072). Der Mieter hat daher den Mehraufwand zu ersetzen, der durch die unterlassene Anzeige ent-

steht, nicht den gesamten Aufwand der Mangelbeseitigung (LG Frankfurt/M. WuM 1990, 425: defekte Wasserspülung, zu ersetzen Kosten des Mehr-Wasserverbrauchs).

Soweit und solange der Vermieter infolge einer unterlassenen Anzeige dem Mangel nicht abhelfen kann, kann der Mieter die in § 536c Abs. 2 S. 2 Nr. 1-3 BGB genannten Rechte nicht geltend machen. Der Vermieter muss gerade aufgrund der unterlassenen Anzeige zur Abhilfe außer Stande sein (BGH NJW 1987, 1072, 1074 = ZMR 1987, 169; OLG Düsseldorf ZMR 2003, 21). Der Mieter handelt unredlich, wenn er abhelfbare Beeinträchtigungen hinnimmt und zugleich aus ihnen Gewährleistungsansprüche geltend macht (BGH NJW-RR 2002, 515). Die Rechte werden beschränkt (»soweit«), nicht ausgeschlossen. Daher werden etwa bei einer Mehrheit von Mängeln, die Rechte nur hinsichtlich der nicht angezeigten beschränkt. Ab Nachholung der verspäteten Anzeige können die Gewährleistungsrechte grundsätzlich wieder uneingeschränkt geltend gemacht werden. 296

c) Ausschluss nach Treu und Glauben (§ 242 BGB)

Die Gewährleistungsrechte des Mieters sind nach § 242 BGB ausgeschlossen, wenn ihre Geltendmachung Treu und Glauben widerspricht. Das kommt namentlich dann in Betracht, wenn der Mieter den Mangel selbst verschuldet oder verursacht hat (BGHZ 38, 295, 298: Zugang gesperrt, den Mieter freizuhalten hatte; BGH WuM 1992, 133: Brand; BGH ZMR 2005, 101, 105: unfachgerechte Renovierung Untermieter; OLG Brandenburg WuM 2007, 544 (Ls) = GuT 2007, 203: kein Anschluss an Stromnetz, da Mieter Nutzungsvertrag nicht abschließt, Vermieter schuldet nur Netzzugangsmöglichkeit; KG ZMR 2004, 908: mangelhaft verlegter Fußboden durch von Mieter beauftragten Handwerker; LG Bonn WuM 1991, 262 = ZMR 1991, 300: Feuchtigkeitsschäden durch falsches Heiz- und Lüftungsverhalten). Wobei er sich das Verschulden eines von ihm beauftragten Dritten nach § 278 BGB zurechnen lassen muss (KG ZMR 2004, 908: beauftragter Handwerker). 297

Gleiches gilt, wenn die Mietsache auf Wunsch des Mieters geändert oder umgebaut wurde und dabei ohne Verschulden des Vermieters ein Mangel entsteht (BGH ZMR 2008, 869, 870 m. Anm. Schläger: Tapezieren mit handelsüblicher Tapete, Verlegen handelsüblichen Teppichbodens Erhaltungsmaßnahmen, keine Veränderung Mietsache; BGH WPM 1962, 271 = ZMR 1962, 137; OLG Düsseldorf ZMR 1992, 149 = DWW 1992, 81). Maßgebend ist, dass der Mangel der Risikosphäre des Mieters zuzuordnen und nicht bauseitig bedingt und damit vom Vermieter zu vertreten ist (OLG Düsseldorf ZMR 1992, 149 = DWW 1992, 81). Führt der Mieter von ihm wirksam übernommene Instandhaltungsmaßnahmen, namentlich Schönheitsreparaturen nicht durch, dürfte i.d.R. bereits ein Mangel zu verneinen sein. 298

Nach Treu und Glauben sind Gewährleistungsrechte weiter ausgeschlossen, solange der Mieter die Beseitigung des Mangels vereitelt, mutwillig erschwert oder schuldhaft verzögert (LG Hamburg ZMR 2008, 456, 457: keine Vereitelung Schweigen auf Aufforderung, Untersuchung durch Fachfirma zu dulden; AG Hamburg-Altona ZMR 2008, 298, 299). Das ist der Fall, wenn er sich mit der angebotenen Mangelbeseitigung in Annahmeverzug befindet (LG Berlin GE 1991, 351; LG Berlin NZM 1999, 1137; LG Hamburg ZMR 2002, 599: Minderung bleibt, wenn Mieter aus gesundheitlichen Gründen Mangelbeseitigung verweigert). Etwa indem der Mieter die zur Beseitigung des Mangels notwendigen Erhaltungs- oder Modernisierungsmaßnahmen nicht durchführen lässt (LG Berlin NZM 1999, 1137: Fenster, Mieter lässt zur Beseitigung des Mangels notwendige Modernisierungsmaßnahmen nicht durchführen). Oder indem er dem Vermieter oder den Handwerkern den Zutritt zur Mangelbegutachtung und -beseitigung verweigert (vgl. LG Berlin 299

WuM 1994, 464; AG Münster WuM 2007, 569 = ZMR 2008, 385: verweigert Terminvereinbarung mit Handwerkern und Zutritt zu vereinbarten Terminen, bestätigt Terminvorschläge nicht, Anspruch auf Mangelbeseitigung verwirkt; AG Ibbenbüren WuM 2002, 216; AG Pinneberg ZMR 2007, 459: ausgeschlossen, solange Besichtigung verweigert; AG Frankfurt/M. ZMR 2009, 45: bei längerer Krankheit muss Mieter Besichtigung durch Vertrauensperson ermöglichen). Das setzt allerdings voraus, dass der Termin dem Mieter rechtzeitig und zu einer ihm zumutbaren Zeit angekündigt worden ist. Zur Unzeit oder unangekündigt braucht der Mieter nur dann den Zutritt zu gewähren, falls die umgehende Beseitigung des Mangels zur Wiederherstellung des Bestandes der Mietsache notwendig ist, also die Voraussetzungen vorliegen, die den Mieter seinerseits zu einer Notmaßnahme nach § 536a Abs. 2 Nr. 2 BGB (Rdn. 162 ff.) berechtigten. Im zumutbaren Rahmen ist der Mieter zur Mitwirkung bei der Beseitigung verpflichtet (AG Hamburg-Wandsbek ZMR 2002, 831: Duldung der längeren Aufstellung eines Entfeuchtungsgerätes zur Beseitigung von Staubläusen).

2. Vertragliche Gewährleistungsausschlüsse und -beschränkungen

300 Die Gewährleistung des Vermieters kann einzel- oder formularvertraglich, ausdrücklich oder stillschweigend erlassen oder beschränkt werden, soweit sich aus den §§ 138, 536 Abs. 4, 536d BGB und den §§ 305 ff. BGB nichts anderes ergibt. Ebenso abdingbar sind Gewährleistungsausschlüsse des Mieters (BGH ZMR 2004, 249: abdingbar entsprechende Anwendung § 539 BGB a.F., Pacht). Die Klauseln über die Abwälzung der Haftung auf die andere Vertragspartei sind eng auszulegen (z.B. OLG Brandenburg ZMR 2009, 682, 683: individuell vereinbarte Übernahme der Instandhaltung und Instandsetzung einschließlich Schäden an Dach und Fach umfasst Dachsubstanz und tragende Gebäudeteile einschließlich tragender Wände und Außenfassade, nicht jedoch anfängliche Mängel).

301 Aufgrund der Umstände kann sich eine stillschweigende Beschränkung der Haftung auf Vorsatz und grobe Fahrlässigkeit ergeben (OLG Köln ZMR 2000, 526: persönliches Verhältnis, geringe Miete, üblicherweise keine Überlassung an Dritte bei Vermietung im privaten Umfeld).

302 Nicht abdingbar ist die Haftung des Vermieters für zugesicherte Eigenschaften (§ 242 BGB). Andererseits unterliegen sowohl die Berufung auf einen wirksamen vertraglichen Gewährleistungsausschluss als auch die Ausübung der Gewährleistungsrechte den allgemeinen Einschränkungen aus § 242 BGB (OLG München ZMR 1995, 401, 403: Rechtsmissbrauch; OLG Düsseldorf ZMR 2000, 451: § 242 i.V.m. § 254 BGB Minderung ausgeschlossen, Mieter unterlässt Hinweis auf entstehende Konkurrenzsituation).

303 Nach § 556b Abs. 2 BGB kann in Wohnraummietverhältnissen die Erklärung der Aufrechnung mit Forderungen aus Schadens- oder Aufwendungsersatz, aus ungerechtfertigter Bereicherung wegen zu viel gezahlter Miete oder die Ausübung eines Zurückbehaltungsrechtes wegen einer solchen Forderung durch vertragliche Vereinbarungen von einer schriftlichen Anzeige mindestens einen Monat vor Fälligkeit abhängig gemacht werden. Weiter gehende Einschränkungen, etwa den Mieter benachteiligende längere Anzeigefristen oder strengere Formalien, sind unwirksam (§ 556b Abs. 2 S. 2 BGB).

a) § 536 Abs. 4 BGB (Mietminderung)

304 Soweit kein Wohnraummietverhältnis, sind die Regelungen über die Mietminderung *grundsätzlich abdingbar* (zu Grenzen Rdn. 307 ff.). Bei Wohnraummietverhältnissen ist eine zum Nachteil des Mieters abweichende Vereinbarung nach § 536 Abs. 4 BGB unwirksam. Verboten ist nicht nur der völlige Ausschluss, sondern jede Einschränkung oder Beschränkung der Minderung (BGH ZMR 2005, 773, 775). Der Schutz wird auch nicht durch ein wohnungsgenossenschaftliches Treueverhältnis beschränkt (LG Dresden WuM 1998, 216). § 536 Abs. 4 BGB beschränkt auch die Übertragung von Instandsetzungspflichten auf den Mieter, insbesondere Kleinreparatur- und Vornahmeabreden (BGHZ 118, 194 = NJW 1992, 1759), mit denen dem Mieter zugleich Gewährleistungsrechte entzogen werden.

Unabdingbar sind die Voraussetzungen und die Rechtsfolgen der Mietminderung. Die Mietminderung kann nach § 536 Abs. 4 BGB daher nicht auf erhebliche Beeinträchtigungen beschränkt werden. Nichtig sind auch Vertragsregelungen, nach denen eine Mietminderung ausgeschlossen sein soll, soweit der Wohnungsmieter bauliche Maßnahmen des Vermieters zu dulden hat oder Mietrückstände bestehen (OLG Düsseldorf OLG-Report 1992, 78). Den Parteien verbleibt allerdings insoweit ein Gestaltungsfreiraum, als sie den Soll-Zustand der Mietsache, die Beschaffenheit einschließlich der Methoden zu ihrer Verifizierung vereinbaren (Rdn. 96) und damit die Voraussetzungen des Mangels vertraglich gestalten können (OLG Düsseldorf ZMR 2005, 942: Minderung ausgeschlossen, wenn im Mietvertrag angegebene Quadratmeterzahl als vertragsgemäß vereinbart). **305**

In Mischmietverhältnissen ist § 536 Abs. 4 BGB auf den Wohnraumanteil beschränkt anzuwenden. Die Abgrenzung ist unter Würdigung aller Umstände des Einzelfalls, namentlich dem Parteiwillen, dem Vertragszweck und der Miet- und Flächenanteile vorzunehmen (OLG Düsseldorf ZMR 2006, 685, 686; OLG Schleswig WuM 1982, 266 u. LG Berlin NZM 1999, 711: Anteil an Miete und Fläche). Kann das Mietverhältnis räumlich oder gegenständlich nicht, auch nicht im Wege der Auslegung auf einen Wohnraumanteil reduziert werden, ist die die Mietminderung ausschließende oder beschränkende Abrede insgesamt unwirksam. Das Mietverhältnis kann nicht nach der sog. Übergewichtstheorie gegebenenfalls insgesamt als Gewerberaummietverhältnis eingeordnet werden (a.A. OLG Düsseldorf ZMR 2006, 685, 686: Gaststätte mit Wirtewohnung). Damit würde der Schutzzweck der Norm unterlaufen werden. **306**

b) § 536d BGB (arglistig verschwiegen)

Der Vermieter kann sich auf einen Ausschluss oder eine Beschränkung der Gewährleistungsrechte, auch einen individualvertraglichen, nach § 536d BGB nicht berufen, wenn er den Mangel arglistig verschwiegen hat (zur Arglist Rdn. 252). Dem arglistigen Verschweigen steht das arglistige Vorspiegeln einer nicht vorhandenen Eigenschaft gleich (RGZ 103, 154, 160). Ob der Vermieter den Irrtum erregt oder den von ihm erkannten Irrtum ausnutzt, ist unerheblich. Die als Schutznorm unabdingbare Vorschrift ist auf Sach- und Rechtsmängel anwendbar. Sie beruht auf dem Rechtsgedanken des § 276 Abs. 3 BGB. **307**

Die Ausschlussvereinbarung ist anders als nach § 540 BGB a.F. nicht nichtig. Als Rechtsfolge kann sich der Vermieter nicht auf die Vereinbarung berufen. Im Interesse des Mieters lässt die Unwirksamkeit der Ausschlussvereinbarung das Mietverhältnis unberührt. § 139 BGB ist nicht anzuwenden. **308**

Bereits die Arglist eines führt bei einer Mehrheit von Vermietern dazu, dass alle sich *nicht* auf den Gewährleistungsausschluss berufen können (vgl. BGH WPM 1976, 323). **309**

c) Ausschluss oder Beschränkung durch §§ 305 ff. BGB

Vorformulierte Gewährleistungsausschlüsse oder -beschränkungen unterliegen, soweit der persönliche oder sachliche Anwendungsbereich der §§ 305 ff. BGB eröffnet ist, namentlich den Klauselverboten nach § 309 BGB und den Beschränkungen aus der **310**

Generalklausel nach § 307 BGB. In die Prüfung, insbesondere nach § 305c BGB (überraschende und mehrdeutige Klauseln), § 307 BGB (Inhaltskontrolle) oder § 309 BGB (Klauselverbote ohne Wertungsmöglichkeit) braucht nicht eingetreten zu werden, falls die Klauseln bereits nach §§ 138, 242, 536 Abs. 4 oder 536d BGB unwirksam sind (zur Gestaltung von Mietverträgen durch Allgemeine Geschäftsbedingungen 3. Kap.; zu Haftung- und Minderungsausschluss in Gewerberaummietverhältnissen Leo/Ghassemit-Tabar NZM 2010, 568).

311 Durch Auslegung ist vorab zu prüfen, welche Gewährleistungsrechte inwieweit abbedungen werden sollen (vgl. OLG Hamm ZMR 1998, 342 = NJW-RR 1998, 1020). So umfasst der Ausschluss des Zurückbehaltungsrechtes nicht die Mietminderung, da es sich um verschiedene Rechtsbegriffe mit abweichenden Rechtsfolgen handelt (OLG Düsseldorf NJW-RR 1999, 953 = ZMR 1999, 387). Andererseits umfasst der Haftungsausschluss für vorsätzlich oder grob fahrlässig verursachte Schäden die Garantiehaftung (OLG Düsseldorf NZM 2000, 188: Gewerbe).

312 Mit der Beendigung des Mietverhältnisses und der Rückgabe der Mietsache werden formelle Einschränkungen gegenstandslos (BGH WuM 2000, 240 u. OLG Düsseldorf ZMR 2005, 450, 452 = DWW 2005, 67: vorherige schriftliche Ankündigung Mietminderung). I.Ü. können Aufrechnung, Mietminderung oder Zurückbehaltung einschränkende Klauseln dem Mieter auch nach Vertragsende und Rückgabe entgegengehalten werden (OLG Hamm ZMR 1998, 342 = NJW-RR 1998, 1020; a.A. OLG Köln ZMR 1998, 763). Der Zweck der einredefreien und prozessual erleichterten Durchsetzung des Mietanspruches besteht unverändert fort. Anderenfalls würde der vertragsuntreue Mieter privilegiert.

aa) Klauselverbote nach § 309 BGB

313 Nach § 309 Nr. 2 BGB sind Bestimmungen unwirksam, die die Einrede des nicht erfüllten Vertrages (§ 320 BGB, s. Rdn. 142 ff.) oder das Zurückbehaltungsrecht (§ 273 BGB) des Mieters ausschließen oder einschränken, etwa von einer Anzeige abhängig machen (OLG Hamm [RE] ZMR 1993, 217 = NJW-RR 1993, 710; LG Berlin NJW-RR 2002, 155) oder auf die voraussichtlichen Nachbesserungskosten beschränken (Palandt/Heinrichs § 309 Rn. 12).

314 Nach § 309 Nr. 3 BGB sind Klauseln unwirksam, die die Aufrechnung mit unbestrittenen oder rechtskräftig festgestellten Forderungen ausschließen. Auch unter Unternehmern ist der formularmäßige Ausschluss nur wirksam, soweit unstreitige, entscheidungsreife und rechtskräftig festgestellte Gegenforderungen ausgenommen sind (BGH ZMR 2007, 854, 855; BGHZ 91, 375, 383 = NJW 1984, 2404; BGHZ 92, 312, 315 = NJW 1985, 319; OLG Hamm NJW-RR 1989, 275; OLG Düsseldorf ZMR 2010, 356, 357). Die Aufrechnung kann von einer vorherigen Anzeige abhängig gemacht werden; insoweit ist § 309 Nr. 3 BGB nicht anwendbar (BGH BGHZ 127, 245 = NJW 1995, 254, 255 zu § 11 Nr. 3 AGBG).

315 Der Vermieter kann seine Haftung für die Verletzung von Leben, Körper, Gesundheit und grobe Fahrlässigkeit gem. § 536a Abs. 1 2. Alt. BGB nach § 309 Nr. 7 BGB weder ausschließen noch begrenzen (BayObLG [RE] ZMR 1985, 92; auch für gewerbliche Mietverhältnisse: OLG Hamm ZMR 1996, 199 = NJW-RR 1996, 969; einschr OLG Koblenz NZM 2000, 622). Bedingt eine Klausel die Haftung vollständig ab, ist der Haftungsausschluss unwirksam. Die Klausel kann nicht geltungserhaltend auf den zulässigen Inhalt (Fahrlässigkeit) reduziert werden (BayObLG [RE] ZMR 1985, 92; OLG Hamm NJW-RR 1996, 969 = ZMR 1996, 199; anders Individualvereinbarung OLG Köln NJW-RR 2001, 1302 u. NZM 2005, 179: wegen Vorsatz unwirksamer Ausschluss bleibt hinsichtlich Fahrlässigkeit wirksam).

Nach § 309 Nr. 7 BGB ist ein formularvertraglicher Ausschluss der Verzugshaftung des Vermieters nach § 536a Abs. 1 3. Alt. BGB jedenfalls dann unwirksam, soweit er auch die grobe Fahrlässigkeit umfasst. 316

Die Garantiehaftung nach § 536a Abs. 1 1. Alt. BGB, die einzelvertraglich bis zur Grenze des § 536d BGB abdingbar ist, kann auch bei Wohnraummietverhältnissen grundsätzlich formularvertraglich bis zur Grenze der groben Fahrlässigkeit (§ 309 Nr. 7 BGB) abbedungen werden (BGH NJW-RR 1991, 74 = ZMR 1992, 241; BGH ZMR 1993, 320 = DWW 1993, 170; BGH NJW-RR 1997, 331; BGH NZM 2002, 784: bei für möglich gehaltener gesundheitsgefährdender Schadstoffbelastung; BayObLG [RE] NJW 1985, 1716 = ZMR 1985, 92; OLG Stuttgart [RE] NJW 1984, 2226 = WuM 1984, 187; für kaufmännischen Verkehr: OLG Hamm NJW-RR 1996, 969 und NZM 1999, 804, 806; OLG Koblenz NJW-RR 1997, 331; OLG Düsseldorf NJW-RR 1999, 735 = ZMR 1999, 391; zu Haftungsfreizeichnungsklauseln Joachim NZM 2003, 388 = WuM 2003, 183 und Fritz NZM 2002, 713, 717). Durch einen Ausschluss der Haftung für vorsätzlich oder grob fahrlässig verursachte Schäden kann die Garantiehaftung mit abbedungen werden (OLG Düsseldorf NZM 2000, 188: Gewerbemietvertrag). Da i.d.R. nicht versicherbar, sollte der Vermieter von der Möglichkeit der Abbedingung Gebrauch machen (Leo/Ghassemit-Tabar NZM 2010, 568, 569). 317

Typisch für das Haftungssystem des BGB ist nicht die Garantie, sondern die Verschuldenshaftung, die für Fahrlässigkeit erlassen werden kann (Umkehrschluss § 276 Abs. 3 BGB). Es sei denn, der Mieter wird durch den Ausschluss aufgrund der den vertragsgemäßen Gebrauch gefährdenden besonderen Beschaffenheit der Mietsache, etwa ihre gefährdete Lage, unangemessen benachteiligt (LG Bückeburg NJWE-MietR 1997, 146: Feuchtigkeitsschäden einer Wohnung in hochwassergefährdetem Gebiet). 318

Ist die Garantiehaftung ausgeschlossen, bleibt die Verschuldenshaftung nach § 536a Abs. 1 2. Alt. BGB davon unberührt (OLG Düsseldorf ZMR 1988, 222). In Wohnraummietverhältnissen kann die Haftung für leichte Fahrlässigkeit nicht vertraglich ausgeschlossen werden (BGH [RE] NJW 2002, 673 = ZMR 2002, 184 = NZM 2002, 116 m. Anm. Lammel LM H 6/2002 § 9 (Bb) AGBG Nr. 47). Der Vermieter kann das Schadensrisiko durch den Abschluss von Haus- und Grundbesitzerhaftpflichtversicherung abdecken und die Kosten als Betriebskosten umlegen. Das gilt allerdings auch für Gewerberaummietverhältnisse (Schmitz/Reischauer NZM 2002, 1019 mit Klauselvorschlägen). 319

Nicht auf Mietverträge anwendbar sind die Klauselverbote nach § 309 Nr. 8b BGB. Der Begriff »Lieferung« erfasst nicht Gebrauchsüberlassungsverträge (BGHZ 94, 180, 186 ff. = NJW 1985, 1547 (Leasing); Palandt/Heinrichs § 309 Rn. 53). 320

Nach § 309 Nr. 12 BGB sind Bestimmungen unwirksam, durch die der Verwender die Beweislast zu seinen Gunsten ändert. Daher kommt nach § 309 Nr. 12 BGB einer Bestätigung des Mieters über die fristgerechte Überlassung oder den ordnungsgemäßen Zustand der Mietsache nur dann Beweiskraft zu, wenn sie nicht in dem Übergabeprotokoll, sondern in einem gesondert unterschriebenen Empfangsbekenntnis erklärt wird. 321

bb) Generalklausel (§ 307 BGB)

Darüber hinaus, namentlich gegenüber Unternehmern, juristischen Personen des öffentlichen Rechts oder öffentlich-rechtlichen Sondervermögen, richtet sich die Wirksamkeit vorformulierter Vertragsbedingungen nach der Generalklausel des § 307 BGB. Dabei ergibt sich aus den §§ 536 Abs. 4, 578 ff. BGB, dass Mietverhältnisse über andere Sachen, Grundstücke und Räume, die keine Wohnräume sind, also namentlich Gewerbemietverhältnisse, einem geringeren Schutz als Wohnraummietverhältnisse unterliegen. 322

323 Auch bei Mietverhältnissen über andere Sachen ist der **vollständige Ausschluss** der Gewährleistung **unwirksam** (BGH ZMR 2008, 776; BGH ZMR 2008, 693; BGH NJW-RR 2006, 84; BGH NJW 2002, 3232; BGH NJW-RR 1999519: Gewerbe/Pacht; OLG Düsseldorf ZMR 1999, 23; OLG Naumburg ZMR 2000, 383 = NJW-RR 2000, 823; Beispiel für wirksame Klausel OLG Düsseldorf NZM 2010, 582). Dem stehen Klauseln gleich, die die Gewährleistung für vom Vermieter nicht zu vertretene Mängel ausschließen (BGH ZMR 2008, 776: Minderung) oder vom Ausschluss Mängel ausnehmen, die vom Vermieter vorsätzlich oder grob fahrlässig zu vertreten sind (BGH ZMR 2008, 693, 694: Minderung). Damit ginge die Sachgefahr und mit ihr ein nicht zu kalkulierendes Kostenrisiko auf den Mieter über. Das ist mit § 307 BGB in Verbindung mit dem der Miete als gegenseitigem Vertrag zugrunde liegenden Äquivalenzprinzip unvereinbar. Zulässig ist jedoch ein teilweiser Haftungsausschluss, etwa für vom Vermieter nicht zu vertretene Umweltfehler (BGH WuM 1976, 152 = ZMR 1976, 279; HansOLG Hamburg ZMR 2004, 432: nicht zu vertretene Bauarbeiten auf Nachbargrundstück, Störungen der Ver- oder Entsorgungsleistungen Anm. Langenberg ZMR 2005, 50; Woitkewitsch ZMR 2004, 401: Fall der Drittschadensliquidation). Haftungsausschluss- oder -beschränkungsklauseln umfassen nicht die verschuldensunabhängige Haftung für anfängliche Mängel (OLG Karlsruhe ZMR 2009, 33 = BeckRS 2008, 20623: § 305c Abs. 2 BGB).

324 Grundsätzlich können formularmäßig Instandhaltung und Instandsetzung auf den Gewerberaummieter übertragen werden. Die Übertragung der Instandhaltung von »Dach und Fach« ist im Regelfalle einschränkend dahin auszulegen, dass der einwandfreie Zustand der Mietsache bei der Übergabe vorausgesetzt wird (OLG Naumburg ZMR 2000, 383 = NJW-RR 2000, 823). Umfasst die Instandhaltung Gemeinschaftsflächen, ist eine unbeschränkte Übertragung unwirksam (BGH ZMR 2005, 844, 846 = NZM 2005, 863 = NJW-RR 2006, 84 m. Anm. Schmid ZfIR 2005, 692 u. Joachim NZM 2006, 368).

325 Die Gewährleistungsrechte können allerdings beschränkt werden. Die Rechte des Unternehmers als Mieter auf Minderung, Aufrechnung und Zurückbehaltung können einschränkend von einer einmonatigen Ankündigung (OLG Düsseldorf NZM 2002, 953; KG GuT 2002, 77: Anzeige und kein Mietrückstand; OLG Hamburg ZMR 1998, 220; einschr. BGH WuM 2000, 240: hinfällig mit Beendigung des Mietverhältnisses und Rückgabe der Mietsache), einer vorherigen gutachterlichen Bestätigung (BGH NZM 2006, 54, 57) oder davon abhängig gemacht werden, dass sie unstreitig, entscheidungsreif oder rechtskräftig festgestellt sind (OLG Düsseldorf ZMR 2010, 356, 367; OLG Düsseldorf NZM 2005, 667). Unwirksam sind Klauseln, die die Gewährleistungsrechte in das freie Ermessen des Vermieters stellen (BGH ZMR 2007, 854, 856 = NJW 2007, 3421: Zustimmung; a.A. OLG Düsseldorf ZMR 1999, 23: Pacht) oder auf vom Vermieter zu vertretene Mängel beschränken (BGH ZMR 2008, 693, 695 = NJW 2008, 2254); Der Unternehmer kann zur Verwirklichung seines Minderungsrechtes anstelle des Abzuges auf die Bereicherungsklage verwiesen werden (BGH ZMR 2008, 776, 777 m.w.N.; BGH ZMR 1993, 320 = NJW-RR 1993, 519; BGH NJW 1984, 2404 = ZMR 1984, 370, 373; OLG Düsseldorf ZMR 2006, 685; OLG Hamburg ZMR 2004, 492 = NZM 2004, 948; KG NJW-RR 2002, 948 = NZM 2002, 526; OLG Hamm ZMR 1998, 342 = NJW-RR 1998, 1020). Der Bereicherungsanspruch seinerseits kann formularmäßig nicht ausgeschlossen werden (LG Hamburg ZMR 2005, 50).

326 Ein Vermögensverfall des Vermieters schließt nach Treu und Glauben die Berufung auf ein Aufrechnungsverbot aus (BGH NJW-RR 1991, 971). Er lässt jedoch die Wirksamkeit eines Minderungsausschlusses unberührt. Der Mieter ist durch die Möglichkeit der Unsicherheiteneinrede nach § 321 BGB geschützt (OLG Stuttgart ZMR 2009, 204, 206).

Durch Klauseln »wie besichtigt«, »derzeit vorhandenem Zustand« oder »spätere Einwendungen wegen offener oder versteckter Mängel ausgeschlossen« werden Gewährleistungsansprüche ebenso wenig ausgeschlossen, wie durch einen Hinweis »Benutzung auf eigene Gefahr« (BGH NJW-RR 1991, 970; vgl. BGH ZMR 2007, 605, 606). Wird zugleich die Mietminderung ausgeschlossen, sind die Klauseln vielmehr dahin auszulegen, dass der Vermieter für verdeckte anfängliche Sachmängel i.S.d. § 536a Abs. 1 1. Alt. BGB nicht haftet und diese sofort zu rügen sind, die weiter gehenden Ansprüche aus §§ 536a, 543 Abs. 2 Nr. 1 BGB aber nicht abbedungen werden (BGH ZMR 1993, 320 = NJW-RR 1993, 519). 327

Formularklauseln, nach denen der Mieter auf sein Risiko und seine Kosten die erforderlichen öffentlich-rechtlichen Genehmigungen einzuholen hat, sind unwirksam, soweit die Erteilung der Genehmigung zumindest auch eine bestimmte Beschaffenheit der Mietsache voraussetzt. In diesem Fall verstößt die Klausel gegen § 307 Abs. 2 BGB. Sie berührt Umstände aus dem Risiko- und Verantwortungsbereich des Vermieters (BGH NJW 1988, 2664 = BGH ZMR 1988, 376; BGH ZMR 1992, 239; OLG Düsseldorf ZMR 1992, 446 = DWW 1992, 366; OLG Düsseldorf ZMR 2003, 21: Untersagung Gaststättenbetrieb wegen fehlender Rettungswege). In Betracht kommen insbesondere eine bestimmte Lage, Beschaffenheit oder auch eine bisherige Nutzung, wenn die weitere Nutzung beispielsweise aufgrund zwischenzeitlicher Rechtsänderungen nur bei Bestandsschutz möglich wäre. 328

Der Haftungsausschluss ist unbedenklich, soweit er auf in der Person oder dem Betrieb des Mieters liegende Versagungsgründe beschränkt wird (BGH WuM 1988, 302). Hier wird die Sphäre des Vermieters nicht berührt. Auch eine einzelvertragliche Vereinbarung, nach der »für die Genehmigung der Konzession der Mieter zuständig ist«, ist grundsätzlich wirksam (BGH ZMR 1994, 253). 329

Ein formularmäßiger Ausschluss der Verzugshaftung nach § 536a Abs. 1 3. Alt. BGB wird auch im Falle leicht fahrlässiger Verzögerung einer Mängelbeseitigung als mit § 307 BGB unvereinbar angesehen, soweit nach dem Vertragszweck die Vermeidung des Mangels (OLG Naumburg ZMR 2000, 383) oder die unverzügliche Mangelbeseitigung geboten ist (z.B. Stromausfall bei mit Tiefkühlkost handelndem Geschäftsraummieter). 330

Klauseln, die die Geltendmachung von Schadensersatzansprüchen von einer angemessenen Nachfristsetzung abhängig machen, sind im Hinblick auf die allgemeinen Haftungsvorschriften (§ 323 Abs. 1 BGB) nicht unangemessen. Unwirksam sind dagegen Klauseln, durch die Ersatzansprüche der Höhe nach begrenzt werden (OLG Hamburg NJW-RR 1989, 881: Kfz-Miete). Werden die AGB vom Mieter verwendet, ist die Pauschalierung von Schadensersatzansprüchen in den Grenzen des § 309 Nr. 5 BGB wirksam, der im Verkehr zwischen Unternehmern entsprechend anzuwenden ist (BGH BGHZ 67, 312 u. BGHZ 113, 61). 331

Das Recht des Mieters zur Mangelbeseitigung durch Selbsthilfe nach § 536a Abs. 2 BGB kann formularvertraglich nicht abbedungen werden (BGH ZMR 2010, 517, 519: Wohnraum, unwirksam vorherige schriftliche Zustimmung; AG Dortmund WuM 1993, 606). Ein berechtigtes Interesse des Vermieters, die durch seinen Verzug oder die Ausnahmesituation einer Notmaßnahme zur Erhaltung oder Wiederherstellung der Mietsache ausgelöste Rechtsfolge zu vermeiden, ist nicht ersichtlich. Das auf die Herstellung des vertragsgemäßen Zustandes gerichtete Selbsthilferecht wird durch eine Klausel, die bauliche Veränderungen ausschließt, nicht berührt. 332

V. Verhältnis zu anderen Vorschriften

333 §§ 536 ff. BGB lassen den Erfüllungsanspruch des Mieters unberührt, die Ansprüche können grundsätzlich nebeneinander geltend gemacht werden (BGHZ 84, 42, 45 = NJW 1982, 2242; BGH NJW-RR 2003, 727, 728 = ZMR 2003, 341, 343; BGH ZMR 2007, 605, 607). Der Vermieter hat nach § 535 Abs. 1 S. 2 BGB die vermietete Sache dem Mieter in einem zu dem vertragsmäßigen Gebrauch (Rdn. 3 ff.) geeigneten Zustand zu überlassen und sie während der Mietzeit in diesem Zustand zu erhalten (Rdn. 18 ff.). Er ist daher grundsätzlich verpflichtet, alle Störungen des Mietgebrauchs zu beseitigen, ohne dass es auf deren Erheblichkeit oder den Zeitpunkt ankommt, in dem sie sich zeigen (z.B. OLG Naumburg NZM 2001, 100, 102: Abhilfe Beanstandungen der Gewerbeaufsicht; LG Hamburg NJW 1991, 1898: Austausch bleihaltiger Trinkwasserleitungen). Es sei denn, die Beseitigung der Störung erfordert einen Aufwand, der unter Berücksichtigung aller Umstände des Einzelfalles dem Mieter nach Treu und Glauben nicht zuzumuten ist bzw. das Beseitigungsbegehren als rechtsmissbräuchlich erscheinen lässt (Rdn. 137 f.; BGH NZM 2010, 507; BGH NZM 2005, 820: krasses Missverhältnis; OLG Hamm GE 2001, 367: »Opfergrenze« 12-fache Jahresminderungsbetrag).

334 Die mietrechtlichen Gewährleistungsvorschriften sind erst anwendbar, wenn die **Mietsache überlassen** ist. Die Überlassung ist nicht nur Voraussetzung für Gewährleistungsrechte aufgrund von Sachmängeln (BGH NJW 1978, 103; BGH BGHZ 136, 102, 107 = NJW 1997, 2813 = ZMR 1997, 565; BGH NJW 1999, 635 = NZM 1999, 124; BGH ZMR 2005, 612, 615; AG Winsen/Luhe ZMR 2004, 123: keine Gewährleistungsansprüche aus Vorvertrag; a.A. Joussen ZMR 2004, 553: § 536a BGB verdrängt auch vor Überlassung § 311a BGB), sondern auch für Rechtsmängel (BGH BGHZ 63, 132, 147; BGH NJW 1996, 714; a.A. Palandt-Weidenkaff § 536 Rn. 11 m.w.N.; Keppeler ZMR 2003, 885; Unberath ZMR 2004, 309). Rechts- und Sachmängelhaftung sind nach der amtlichen Überschrift und der Rechtsfolge gleichgestellt. § 536 Abs. 3 BGB setzt den Entzug voraus, der anders als die Nichtgewährung die vorherige Überlassung bedingt.

335 Ist die Mietsache überlassen, schließen die spezielleren Regelungen der §§ 536 ff. BGB einen Rückgriff auf die allgemeinen Vorschriften der §§ 275 ff., 323 ff. BGB aus (BGH a.a.O.; offengelassen BGH NZM 2006, 538 zu § 281 BGB a.F.; OLG Rostock NJW-RR 2007, 1092 = NZM 2007, 704 Ls: zu §§ 536a/280 BGB; a.A. OLG Naumburg ZMR 2000, 290 = WuM 200, 328: Vermieter wechselt Schlösser aus, abl. Anm. Lützenkirchen WuM 2001, 55, 57; Gsell NZM 2010, 71, 73: nicht erfasst sind Nebenpflichtverletzungen nach § 241 Abs. 2 BGB). Das gilt auch, wenn die Überlassung teilweise unmöglich ist oder wird. Die §§ 536 ff. BGB regeln die Rechte des Mieters wegen fehlender oder eingeschränkter Nutzbarkeit der Mietsache abschließend.

336 Die Haftung aus den allgemeinen Vorschriften, z.B. §§ 823 ff. BGB bleibt grundsätzlich unberührt, soweit es sich nicht um subsidiäre Auffangtatbestände handelt (z.B. OLG Düsseldorf NJW-RR 2000, 531: Eingriff in das Recht/M. Unternehmen; Gsell NZM 2010, 71, 73: Verkehrssicherungspflicht).

1. Unmöglichkeit

337 Anfängliche Leistungshindernisse, Unmöglichkeit oder Unvermögen stehen der Wirksamkeit des Mietvertrages nicht entgegen (§ 311a Abs. 1 BGB; BGH ZIP 1990, 1483 = WPM 1991, 26: Zerstörung der Mietsache). Anfängliche Unmöglichkeit liegt namentlich vor, wenn es nicht zur Überlassung kommt, da die Mietsache in einem Zustand zur Verfügung *zu stellen ist, der vom Vermieter* nicht herstellbar ist (BGH BGHZ 136, 102, 108 = NJW 1997, 2813: Gaststättenkonzession wegen fehlender Stellplätze versagt, zu § 306

BGB a.F.; BGH NJW 1999, 635 = NZM 1999, 124: Umbau wegen öffentlich-rechtlicher Vorschriften nicht möglich; Schadensersatz nach § 281 BGB offen lassend BGH NZM 2006, 538; OLG Hamm ZMR 1998, 90 = NJW-RR 1998, 152: vermietetes Objekt noch zu erstellen, tatsächlich vorhandene Nutzfläche weicht wesentlich von vermieteter ab; LG Köln ZMR 2010, 534, 535: Besucherkapazität). Anfängliches Unvermögen, teilweise dauernde (subjektive) Unmöglichkeit, kommt in Betracht, wenn der Vermieter die Mietsache nicht überlassen kann, da der Vormieter nicht räumt (OLG Düsseldorf WuM 1999, 394 = ZMR 1999, 19; Unberath ZMR 2004, 309; abzulehnen, da zu Haftungslücken führend: OLG Frankfurt/M. NZM 1999, 966).

Der Mieter kann vom Vertrag zurücktreten oder Schadens- oder Aufwendungsersatz **338**
verlangen (§§ 275 Abs. 1, 4, 311a Abs. 2, 326 BGB). Die Ersatzansprüche entfallen, wenn der Vermieter das Leistungshindernis bei Vertragsschluss nicht kannte und seine Unkenntnis auch nicht zu vertreten hat (§ 311a Abs. 2 S. 2 BGB). Der Vermieter hat es zu vertreten, wenn er sich uneingeschränkt zur Überlassung verpflichtet hat, obwohl er bei Anwendung der erforderlichen Sorgfalt bei Vertragsschluss das Leistungshindernis hätte erkennen oder voraussehen können (Risiko, das Vormieter nicht rechtzeitig räumt; BGH NJW 1999, 635 = NZM 1999, 124: Umbau durch Denkmalschutzbehörde untersagt). Verzögert sich die Überlassung der Mietsache, kann der Mieter – grundsätzlich nach erfolglosem Ablauf einer angemessenen Frist – den Mietvertrag fristlos kündigen (§ 543 Abs. 1 S. 1 Nr. 1 BGB) oder zurücktreten (§ 323 Abs. 1 BGB) und Schadensersatz verlangen (§§ 325, 311a Abs. 2, 280, 281, 283, 284 BGB; OLG Hamm NJW-RR 1996, 1098: Überlassung verzögert sich wegen denkmalschutzrechtlicher Hindernisse, § 326 BGB a.F. analog).

Die §§ 326, 275 ff. BGB greifen auch ein, wenn die Mietsache nach dem Vertragsabschluss **339**
ganz oder so weitgehend zerstört wird, dass ihre Wiederherstellung einer Neuerstellung entspräche, oder die Überlassung aus einem sonstigen Grunde vollständig unmöglich wird (vgl. BGH ZIP 1990, 1483 = WPM 1991, 26; OLG Hamm ZMR 1998, 90 = NJW-RR 1998, 152: vermietetes Objekt ist noch zu erstellen, tatsächlich vorhandene Nutzfläche weicht wesentlich von vermieteter ab).

Die Fristsetzung ist nach §§ 543 Abs. 3 S. 2 Nr. 1, 323 Abs. 2 Nr. 1 BGB entbehrlich, wenn **340**
der Vermieter sich ernsthaft und endgültig weigert (Vertragsaufsage), die Mietsache in vertragsgemäßen Zustand zu überlassen (OLG Hamm NJW-RR 1996, 1098, 1099; BGH WuM 1978, 86: Vermieter weigert sich, Anbringen störender Leuchtreklame zu unterbinden). Einen durch Verzug entstanden Verzögerungsschaden hat der Vermieter nach §§ 286, 280 Abs. 1, 2 BGB zu ersetzen (z.B. Mietdifferenz, Einlagerungskosten, Stornokosten Spedition).

Die Einrede des nicht erfüllten Vertrages nach § 320 BGB wird durch §§ 536 ff. BGB **341**
grundsätzlich nicht ausgeschlossen (BGHZ 84, 42, 45; BGH NJW-RR 2003, 727, 728; Gellwitzki WuM 1999, 10; Rdn. 142 ff.). Ist oder wird die Überlassung der Mietsache teilweise unmöglich, verdrängen mit der Überlassung die spezielleren Gewährleistungsregelungen die §§ 323 ff. BGB.

2. Anfechtung

Kann der Mieter aus dem gleichen Grund Gewährleistungsansprüche geltend machen, ist **342**
nach der Überlassung die Anfechtung wegen eines Irrtums über eine verkehrswesentliche Eigenschaft nach § 119 Abs. 2 BGB ausgeschlossen (BGHZ 34, 32: zu § 459 BGB a.F.; LG Essen NZM 2006, 294: kinderunfreundliche Wohnung). §§ 536 ff. BGB gehen als Sonderregelungen vor. Daraus folgt weiter, dass die Anfechtung ausgeschlossen bleibt, soweit

zwar ein Sach- oder Rechtsmangel vorliegt, die Gewährleistung jedoch vertraglich oder gesetzlich ausgeschlossen ist. Umgekehrt kann der Vermieter den Mietvertrag nicht anfechten, soweit er sich damit seiner Gewährleistungspflicht entzöge (BGH NJW 1988, 2597: zu §§ 459 ff. BGB a.F.).

343 Die Anfechtung nach § 119 Abs. 1 BGB (z.B. Schreibfehler, Inhaltsirrtum über die Erklärung einer Zusicherung statt einer bloßen Beschaffenheitsangabe) oder § 123 BGB ist grundsätzlich auch nach Überlassung ohne Einschränkungen zulässig und wirkt nach § 142 Abs. 1 BGB auf den Zeitpunkt des Vertragsabschlusses zurück (BGH BGHZ 178, 16 = ZMR 2009, 103, 104 = NJW 2009, 1266: Täuschung über wertbildenden Faktor Fehlen Genehmigung zur Nutzung als Büroraum). Einschränkungen hinsichtlich der Rechtsfolgen sind nicht begründet (a.A. Sternel II Rn. 315: nach Überlassung geht Recht zur fristlosen Kündigung vor). Hinsichtlich § 119 Abs. 1 BGB ist die Anfechtungsfrist gem. § 121 BGB zu beachten. Der arglistig getäuschte Mieter kann die gezahlte Miete kondizieren; die nach § 818 Abs. 2 BGB zu ersetzenden Gebrauchsvorteile richten sich nach der ortsüblichen Miete (BGH BGHZ 178, 16 = ZMR 2009, 103 = NJW 2009, 1266: gegebenenfalls incl. USt). Der arglistig täuschende Vermieter kann sich nicht auf den Wegfall der Bereicherung berufen (vgl. zu den Einschränkungen der Saldotheorie BGHZ 53, 144; BGHZ 78, 216).

3. § 138 BGB

344 Sollte der Wert der Mietsache mangelbedingt hinter dem geschuldeten zurückbleiben, richten sich die Rechtsfolgen allein nach den Gewährleistungsvorschriften. Die Umstände sind nicht als Wucherelemente i.S.v. § 138 BGB zu prüfen (OLG Koblenz WuM 1999, 330).

4. Verschulden bei Vertragsverhandlungen

345 Soweit ein Mangel vorliegt bzw, da zur vertragsgemäßen Beschaffenheit gehörend, zu verneinen ist, kommt eine Haftung wegen Verschuldens bei Vertragsverhandlungen nicht in Betracht. Macht der Vermieter bei den Vertragsverhandlungen fahrlässig unrichtige oder verschweigt er zu offenbarende Angaben zur Beschaffenheit oder zu zusicherungsfähigen Eigenschaften der Mietsache, schließen §§ 536 ff. BGB nach der Überlassung Schadensersatzansprüche aus § 311 Abs. 2, 3 BGB aus (BGH ZMR 2008, 883, 885; BGH NJW 2000, 1714, 1718; BGH NJW 1997, 2813 = ZMR 1997, 565; BGH NJW 1980, 777 = ZMR 1980, 109). Hinsichtlich des gleichen Umstands verdrängen §§ 536 ff. BGB als abschließende Sonderregelung nach Überlassung § 311 Abs. 2 BGB. Anders als im Kaufrecht gilt das auch für die Rechtsmängelhaftung (s.o. Rdn. 119 ff.; BGH ZMR 2008, 883, 885).

346 § 311 Abs. 2 BGB bleibt daher uneingeschränkt anwendbar, wenn die Mietsache nicht überlassen wird. Auch nach Überlassung ist § 311 Abs. 2 BGB nicht ausgeschlossen, soweit der Vermieter vorsätzlich falsche Angaben über die Mietsache macht oder zu offenbarende Umstände arglistig verschweigt (BGHZ 136, 102, 107 = NJW 1997, 2813; BGH NJW 2000, 1714, 1718; BGH NZM 2006, 54, 57: Center-Vermietungsstand; LG Nürnberg-Fürth NZM 2000, 384: öffentlich-rechtliche Erlaubnis nicht erteilt) oder unter Verletzung einer vorvertraglichen Aufklärungspflicht fahrlässig unrichtige Angaben macht, die nicht die Beschaffenheit oder zusicherungsfähige Eigenschaften betreffen (BGH BGHZ 136, 102, 107 = NJW 1997, 2813; BGH NJW 2000, 1714, 1718). In diesem Fall liegt kein Mangel vor, so dass der Anwendungsbereich der Gewährleistungsvorschriften nicht eröffnet ist (BGH NJWE-MietR 1997, 150: falsche Umsatzangaben; BGH

NJW 2000, 1714, 1718: Vollvermietung; AG Hohenschönhausen NJWE-MietR 1997, 57: Ladenlokalmieter, der bei Vertragsabschluss nicht auf bevorstehende langfristige Straßenbauarbeiten hingewiesen wird, ist so zu stellen, als sei der Vertrag nicht geschlossen worden). Ansprüche des Mieters kommen auch bei schuldhafter Verwendung unwirksamer, vorformulierter Vertragsklauseln in Betracht (Gesell NZM 2010, 71, 73).

Der Umfang der vorvertraglichen Aufklärungspflicht richtet sich nach den Umständen des Einzelfalls (BGH NJW 2000, 1714, 1718 = NZM 2000, 492: Person des Mieters). Er ist beschränkt auf die Umstände und Rechtsverhältnisse, die für den Vermieter erkennbar für den Mieter von besonderer Bedeutung für den Abschluss des Mietvertrages waren (BGH NJW 2000, 1714, 1718 = ZMR 2000, 508; BGH NZM 2001, 336). Allgemeine Anpreisungen genügen nicht. Es muss sich um konkrete (unrichtige) Angaben über bestimmte tatsächliche Umstände handeln (BGH NJW 2000, 1714, 1718: Vollvermietung; BGH NZM 2006, 54, 57: Vermietungsstand). Bei geänderten Umständen müssen dem Vermieter die nachteiligen Folgen für den Mieter bekannt gewesen sein (BGH NZM 2001, 336: Änderung der Kundenströme nach Umbaumaßnahme). **347**

Der nicht auf das Erfüllungsinteresse beschränkte Schadensersatz kann nutzlose Aufwendungen (LG Mannheim NJW-RR 1999, 1023: Maklergebühr) oder ausnahmsweise auch das Interesse des Mieters an der Erfüllung eines nicht zustande gekommenen Vertrages umfassen (BGH NJW 1998, 2900). Daneben kann der Mieter eine Vertragsanpassung verlangen (Palandt/Heinrichs § 311 Rn. 59 BGB) oder das Mietverhältnis kündigen (LG Nürnberg-Fürth NZM 2000, 384: fristlos). **348**

5. Schadensersatz wegen Pflichtverletzung

Der Vermieter haftet aus § 280 Abs. 1 BGB auf Schadensersatz wegen Pflichtverletzung, soweit er schuldhaft eine vertragliche Nebenpflicht verletzt und der dadurch verursachte Schaden des Mieters nicht auch auf einem Mangel oder einem zur vertragsgemäßen Beschaffenheit zählenden Nachteil beruht (BGH NZM 2001, 336: geänderte Kundenströme nach Umbau; abw: OLG Frankfurt/M. WuM 1984, 78: Überschwemmung, mangelhaft gewartete Rückstauventile außer Funktion). **349**

Eine Haftung kommt daher namentlich bei Verletzungen der Hinweis- (z.B. Erteilung einer unrichtigen oder unvollständigen Bedienungsanleitung), Fürsorge- (BGH NJW 1964, 33, 35: gemeinsam genutzter Wasseranschluss) oder der Verkehrssicherungspflicht in Betracht. **350**

6. Störung der Geschäftsgrundlage

Der Tatbestand der Störung der Geschäftsgrundlage (§ 313 Abs. 1 BGB) ist nicht eröffnet, soweit die Umstände zugleich einen Mangel begründen oder in den Risikobereich des Mieters fallen (jeweils zu Einkaufszentrum: BGH NJW 1981, 2405, 2406; BGH WuM 1992, 313, 315; BGH NJW 2000, 1714, 1716 = ZMR 2000, 508; BGH NJW-RR 2000, 1535 = ZMR 2000, 814; OLG Frankfurt/M. ZMR 1999, 702; Derleder NZM 2005, 521; Hirsch ZMR 2006, 1, 5). In den Risikobereich des Mieters fällt insbesondere die Erwartung, die Mietsache Gewinn bringend verwenden zu können (BGH ZMR 2010, 598 = NZM 2010, 364: Änderung Mieterstruktur; BGH NJW 2000, 1714, 1716 = ZMR 2000, 508, 511: Einkaufszentrum; OLG Düsseldorf NZM 2010, 477: verneint zu Einkaufszentraum, Ankermieter Lebensmitteldiscounter neben Bäcker und Metzger; OLG München ZMR 1996, 256; OLG Düsseldorf WuM 2003, 138: Mitgliederzahl eines Fitnessstudios; Waas ZMR 2001, 493). Der Vermieter trägt das Sach- und Vermietungsrisiko (BGH NZM 2006, 54, 56). **351**

352 Das gilt regelmäßig auch dann, wenn die Mieträume in ein nach einem einheitlichen Gesamtkonzept errichteten Einkaufszentrum integriert sind und damit ihr wirtschaftlicher Erfolg faktisch wesentlich von der Funktionsfähigkeit der Gesamtanlage abhängt (BGH NJW 2000, 1714 = ZMR 2000, 508; BGH NJW-RR 2000, 1535 = ZMR 2000, 814; BGH NZM 2001, 336; OLG München ZMR 1996, 256; allg. Joachim NZM 2000, 794; Eusani ZMR 2003, 473). Das Risiko, die Erfolgsaussichten einer Geschäftslage in einem bzw. innerhalb eines Einkaufszentrums einzuschätzen, trägt der Mieter (BGH NJW 2000, 1714; BGH NZM 2001, 336; BGH NZM 2004, 618; OLG Saarbrücken GuT 2005, 169: fehlende Kundenfrequenz).

353 Eine Abweichung von dieser Risikoverteilung wird – nach § 276 Abs. 1 BGB – auch nicht durch den bei einem Festhalten an dem Vertrag drohenden Vermögensverfall des Mieters gerechtfertigt (BGH NJW 2000, 1714, 1716; OLG München ZMR 1996, 256, 257). Es sei denn, dass sich ausnahmsweise aus Treu und Glauben etwas anderes ergibt, etwa weil die andauernde, die wirtschaftliche Existenz gefährdende Verlustsituation auf billigerweise nicht vorhersehbare Umstände zurückzuführen ist (BGH NJW 2000, 1714, 1716: offen gelassen für extreme Ausnahmefälle; OLG Celle NJW-RR 1996, 1099: verneint für Gaststätte bei Einführung einer verkehrsberuhigten Zone; OLG München ZMR 1996, 256, 257: verneint für neu errichtetes Geschäftszentrum).

354 Die Risikoverteilung kann vertraglich geändert und das Geschäftsrisiko des Mieters ganz oder teilweise auf den Vermieter übertragen werden (Rdn. 7; BGH NZM 2006, 54, 56; OLG München ZMR 1999, 634: Metzgereifiliale in schließendem Lebensmittelmarkt mit einheitlicher Verkaufsfläche; anders OLG Düsseldorf NZM 2010, 477; OLG Celle NJW-RR 1996, 1099, 1100: Einführung verkehrsberuhigter Zone, Umsatzmiete). Dabei unterliegt die formularmäßige Risikoverteilung der Inhaltskontrolle nach den §§ 307 ff. BGB (BGH NZM 2005, 863: unbeschränkte Instandhaltungs- und Instandsetzungspflicht für Gemeinschaftsflächen unwirksam; m. Anm. Joachim NZM 2006, 368). Liegt die Mietsache in einem Einkaufszentrum, ändert sich die Risikoverteilung nicht, wenn der Mieter nur die Funktionsfähigkeit sichernde Pflichten übernimmt (BGH NJW 2000, 1714, 1717 = ZMR 2000, 508; BGH NZM 2001, 336: Sortimentsbeschränkung, Betriebspflicht, Werbegemeinschaft, Zahlung von Nebenkosten für Gesamtanlage, Mitteilung Umsätze). Vielmehr muss der Mietvertrag konkrete Anhaltspunkte für eine Risikoübernahme durch den Vermieter enthalten. Es kommt darauf an, ob der Vermieter durch die Begründung eines Gesamtkonzepts, in das die Mieter finanziell und mit Betriebspflichten vertraglich eingebunden werden, eine Gesamtverkaufsstrategie entwickelt, mit der er über die für die Funktionsfähigkeit erforderliche, übliche Verwaltung hinaus ein eigenes unternehmerisches Risiko für alle Einzelgeschäfte übernimmt (BGH NJW 2000, 1714, 1717 = ZMR 2000, 508; BGH NJW-RR 2000, 1535 = ZMR 2000, 814; BGH NZM 2006, 54, 56: ausdrücklich zu vereinbaren).

355 Unter den Voraussetzungen des § 313 Abs. 1 BGB kann eine Anpassung des Mietverhältnisses an die geänderten Verhältnisse verlangt werden. Wenn etwa die Instandsetzung der Mietsache aufgrund weder bei Vertragsabschluss vorhersehbarer noch in die Sphäre einer der Parteien fallender Umstände unzumutbar ist (LG Mannheim WuM 1999, 215, 216 Anm. Kischka: instandsetzungsbedürftiger Müllschlucker in 24-geschossigem Hochhaus darf außer Betrieb genommen werden, da zwischenzeitlich erlassene Ortssatzung zu Mülltrennung verpflichtet; abgrenzend aufgrund abw. Sachverhalt AG Potsdam WuM 2000, 182). Ist eine Anpassung des Vertrags nicht möglich oder zumutbar, kann der benachteiligte Teil das Mietverhältnis nach § 313 Abs. 3 BGB kündigen.

VI. Prozessuales

1. Erkenntnisverfahren

Grundsätzlich können Sachmangel, Eigenschaft (z.B. Fläche), Ursache und Beseitigungsaufwand nach §485 Abs. 2 ZPO zum Gegenstand eines selbständigen Beweisverfahrens gemacht werden. Der allgemeinen Zulässigkeit steht der eine Sonderregelung enthaltende §548 Abs. 3 BGB (Verjährungsunterbrechung für beide Vertragsparteien) nicht entgegen (BT-Drucks. 14/4553 S. 45). Das rechtliche Interesse an einem Beweisverfahren entfällt, wenn der Vermieter zur Beseitigung des Mangels bereit ist (LG Hamburg ZMR 2008, 210: Streit über Art und Weise Beseitigung nicht ausreichend). Die Einleitung eines Beweisverfahrens berechtigt nicht zur Zurückbehaltung der Mietsache (OLG Düsseldorf ZMR 2008, 363: Risiko Beweismittelverlust hat Mieter durch rechtzeitige Antragstellung abzuwenden). 356

Der Antrag kann auch die Höhe der Mietminderung umfassen (KG NJW-RR 2000, 513 = NZM 2000, 780; Scholl NZM 1999, 108). Zwar unterliegt die Höhe gem. §287 ZPO der richterlichen Schätzung und ist damit auch Rechtsfrage. Ermittelt der Sachverständige vor Ort zugleich das Maß der Beeinträchtigung, kann damit zugleich der anderenfalls wohl unvermeidliche Rechtsstreit über die Höhe vermieden und damit eines der Ziele der Gesetzesnovelle erreicht werden. Zumal derartige Sachverständigengutachten im folgenden Hauptsacheverfahren zur richterlichen Überzeugungsbildung herangezogen werden können (Rdn. 186; OLG Oldenburg WuM 2000, 151). Ließe man die Begutachtung zur Höhe nicht zu, wäre im Falle der Erheblichkeit im Hauptverfahren der Sachverständige erneut zu beauftragen allein um Feststellungen zur Höhe zu treffen. 357

Die Minderung kann im Wege der Festsstellungsklage (BGH ZMR 1985, 403 = WuM 1985, 1213; OLG Brandenburg ZMR 2009, 909 = NZM 2010, 43) oder durch einen (konkretisierten) unbezifferten Leistungsantrag geltend gemacht werden (Gies NZM 2003, 545, 549; a.A. KG ZMR 2002, 823 = NJW-RR 2002, 948; AG Fürth WuM 2007, 317). Nach §536 Abs. 1 S. 2 BGB hat der Mieter nur eine angemessen herabgesetzte Miete zu entrichten. Die Angemessenheit unterliegt grundsätzlich der richterlichen Schätzung. 358

Der Einwand einer Mietminderung lässt die Klage auf Mietzahlung im Urkundsprozess nach §592 S. 1 ZPO nicht unstatthaft werden (BGH NJW 1999, 1408 = ZMR 1999, 380: Gewerbe; BGH NJW 2005, 2701 = ZMR 2005, 774 = WuM 2005, 526 m. Anm. Fischer WuM 2005, 554 u. Drasdo NJW-Spezial 2005, 435: Wohnraum; Sommer/Wichert ZMR 2009, 503, 505f.; Sturhahn NZM 2004, 441). Beruft der Mieter sich auf einen (anfänglichen) Mangel, der bereits bei Übergabe der Mietsache vorhanden war, hat der Vermieter mit den im Urkundenprozess zulässigen Darlegungs- und Beweismitteln die mangelfreie Überlassung zu beweisen, anderenfalls ist die Klage im Urkundenprozeß unstatthaft (BGH NZM 2009, 334: Übergabeprotokoll, Kontoauszüge vorbehaltloser Mietzahlungen; OLG Düsseldorf ZMR 2008, 948; AG Ludwigsburg WuM 2007, 327). Ist der Mangel nachträglich aufgetreten trägt der Mieter die Darlegungs- und Beweislast (BGH NZM 2007, 161). 359

Begehrt der Mieter die Mängelbeseitigung, muss und kann im Klageantrag lediglich der angestrebte vertragsgemäße Zustand durch konkrete, vollstreckungsfähige Beschreibung des zu beseitigenden »Missstandes« aufgenommen werden, da dem Vermieter die Entscheidung obliegt, wie er den Mangel beseitigt (Rdn. 136; AG Köpenick WuM 2008, 25, 26; AG Charlottenburg NZM 1999, 71, 73; OLG Hamm NJW-RR 1997, 459 = ZMR 1997, 581; LG Berlin WuM 1999, 328; Gies NZM 2003, 545, 546). Bei einer Mehrheit von Mietern kann, soweit nicht als Gesellschaft bürgerlichen Rechts oder durch den Ermäch- 360 tigten handelnd, der Anspruch auf Kostenvorschuss zur Mängelbeseitigung grundsätzlich nur von allen gemeinsam geltend gemacht werden (LG Berlin ZMR 1999, 712).

361 Anstatt auf Beseitigung kann der Mieter auch Klage auf Feststellung des Mangels (LG Berlin ZMR 2003, 487) oder seiner Berechtigung zur Minderung erheben (BGH ZMR 1985, 403; AG Landsberg a.L. WuM 2007, 12; AG Fürth WuM 2007, 317). Die Klage auf Feststellung einer Minderung kann mit der Klage auf Mangelbeseitigung verbunden werden (BGH ZMR 1985, 403; LG Hamburg WuM 1993, 477). Unzulässig ist eine Feststellungsklage hinsichtlich einzelner Tatsachen der Mietsache (KG ZMR 2004, 752: Größe der Mietfläche).

362 Eine Streitverkündung ist nach den allgemeinen Regeln zulässig (vgl. BGH NZM 2009, 358 = NJW 2009, 1488). Ein Teilurteil über eine Räumungs- und Zahlungsklage ist unzulässig, soweit noch über – (hilfsweise) widerklagend – geltend gemachte Mängel Beweis erhoben werden soll (OLG Düsseldorf ZMR 2009, 362). Im Mietprozess war der Mieter bislang nach § 322 BGB uneingeschränkt zur Zahlung der – geminderten – Miete Zug-um-Zug gegen Beseitigung der Mängel zu verurteilen. Nach § 556b BGB ist die Miete nunmehr zu Beginn der einzelnen Zeitabschnitte zu entrichten, sodass für den bei Schluss der mündlichen Verhandlung laufenden Zeitabschnitt § 322 Abs. 2 BGB zu beachten ist (für ein weitergehendes Zurückbehaltungsrecht des Vermieters Lehmann-Richter NJW 2008, 1196, 1199).

2. Beweislast

a) Grundsatz

363 Jede Partei hat grundsätzlich die für sie günstigen Tatsachen darzulegen und zu beweisen. Vertragliche Ausschlußklauseln sind von Amts wegen zu beachten (OLG Düsseldorf ZMR 2009, 363, 364; vgl. zu Aufrechnungsverbot in AGB-Sparkassen: BGH Urt. v. 11.05.2004 – XI ZR 22/03 – Rdn. 9 zit. nach juris u. BGH Urt. v. 18.06.2002 – ZR XI 160/01 Rdn. 8 zit. nach juris).

aa) Mieter

364 Den Mangel der Mietsache hat nach der Überlassung grundsätzlich der Mieter zu beweisen (BGH WuM 1986, 58; BGH NJW 1989, 3222, 3224; BGH NJW 2000, 2344; OLG Düsseldorf NJW-RR 1998, 514 = ZMR 1997, 583: ausr. Konkurrent, nicht darzulegen Umsatzeinbußen; OLG München WuM 1991, 681; OLG Celle ZMR 1985, 10). Die Klage auf Feststellung der Minderung ist schlüssig bzw. im Mietprozess der Mangeleinwand erheblich, wenn der Mieter tatsächliche Umstände darlegt, in denen die Mietsache von der vertraglich vereinbarten Beschaffenheit abweicht und die zu einer Beeinträchtigung oder Aufhebung der Gebrauchstauglichkeit der Mietsache führen. Dabei sind die Umstände zu Art, Ort, Lage und Zeitpunkt bzw. Zeitraum zu beschreiben, so dass das Gericht – gegebenenfalls mit sachverständiger Hilfe – die Höhe der Minderung feststellen bzw. schätzen kann (BGH NJW-RR 2004, 1450, 1452 = NZM 2004, 776; BGH WuM 1997, 488; BGH NJW-RR 1991, 779 = WuM 1991, 544; BVerfG ZMR 2007, 761 = NZM 2007, 678, 679 m. Anm. Fischer WuM 2007, 55, abl. Meinken WuM 2007, 565: Wechselbeziehung Beeinträchtigung zu Minderungshöhe; LG Berlin ZMR 2003, 487; LG Berlin NZM 1999, 1137). Die Ursache des Mangels, Möglichkeiten seiner Beseitigung und das Maß der Gebrauchsbeeinträchtigung hat der Mieter nicht darzulegen (BGH NJW-RR 2004, 1450, 1451 = NZM 2004, 776; BGH NJW-RR 1991, 779, 780; BVerfG ZMR 2007, *761 = NZM 2007, 678, 679* m abl. Anm. Streyl WuM 2008, 7). In welchem Umfang der Gebrauch beeinträchtigt wird, ist sodann vom Tatrichter durch Augenschein oder mit

Hilfe eines Sachverständigengutachtens festzustellen (BGH NJW-RR 1991, 779, 780 = WuM 1991, 544; BGH NJW-RR 2004, 1450, 1452: Hinweis auf Funktionsuntüchtigkeit einer Anlage ausr; a.A. OLG Düsseldorf DWW 2000, 122: auch Ursache, Raumtemperatur, Heizkörper; a.A. LG Berlin NZM 1999, 1137: Maß darzulegen, das Gericht Minderung schätzen kann). Dabei kann der Mieter auf behördliche Beseitigungsanordnungen verweisen (LG Berlin NZM 1999, 1039, 1041).

Bei **baulichen Mängeln** sind gegebenenfalls die bei Errichtung des Gebäudes geltenden Normen und ihre Nichteinhaltung darzulegen, die die vertraglich vereinbarten Beschaffenheit konkretisieren und daher nicht vom Gericht von Amts wegen zu ermitteln sind (BVerfG ZMR 2007, 761 = NZM 2007, 678, 679; LG Hamburg ZMR 1999, 404 = WuM 1999, 364; Wolf/Eckert/Ball Rn. 204). Da nicht jede Schadstoffemission zu einem Gesundheitsschaden führt, die Einhaltung der einschlägigen wissenschaftlich-technischen Standards einen Schaden auch nicht ausschließt, sind bei Gesundheitsschäden infolge schadstoffbelasteter Bauteile vom Mieter konkret die Schäden und die einschlägigen Standards, Grenzwerte und Konzentrationen darzulegen und nachzuweisen (vgl. BayObLG [RE] WuM 1999, 568; LG Berlin NZM 1999, 614, 615: Aspergillus). **365**

Ist der Mangel **vorübergehender** Natur und nicht objekt-, sondern **verhaltens-** oder **leistungsbedingt** ist, trifft den Mieter grundsätzlich eine erhöhte Substantiierungslast. Die schlichte Behauptung der Mangelerscheinung genügt in diesem Fall nicht zur Schlüssigkeit. Vielmehr hat der Mieter den Zeitraum, in dem die Beeinträchtigung aufgetreten ist, darzulegen und zu beweisen (LG Berlin WuM 1999, 329: Lärm durch Mitmieter, tagebuchartige Protokolle; AG Rheine WuM 1998, 378: Hundegebell; AG Emmerich NJW-RR 2000, 1250: Lärmprotokoll; LG Frankfurt/M. ZMR 2007, 698 = WuM 2007, 316: Baulärm durch Bautagebuch; AG/LG Köln WuM 2001, 78: erleichtert bei Großbauvorhaben, erhebliche Lärmbelastung bei Ausbau von Bahnstrecke üblich, Vermieter hat Dezibelzahlen zu entkräften; AG Münster WuM 2007, 505: Rauchemissionen Heizungsanlage). Bei Leistungsmängeln hat der Mieter durch Vorlage von Messergebnissen über einen längeren Zeitraum, die Angabe, wann und – grundsätzlich – wie, welche Temperaturen ermittelt wurden, seinen Vortrag zu substantiieren (VerfGH Berlin WuM 2007, 255, 258: Aufheizen des Gebäudes, Art, jedoch nicht Umstände der Messung darzulegen; KG ZMR 2008, 790: Messungen Vermieter (Gegen-)Beweis; OLG Düsseldorf DWW 2000, 122: Raumtemperatur; LG Berlin NZM 1999, 1039: Warmwasserversorgung; AG Neuss NZM 1998, 35: Temperaturaufzeichnung). **366**

Der Mieter hat zu beweisen, dass eine **Zusicherung** vorliegt (LG Mönchengladbach ZMR 1988, 178), wofür der erste Anschein spricht, wenn der Vermieter mit einem Quadratmeterpreis geworben hat. Eher als Zusicherung anzusehen sind je nach dem Vertragszweck vom Vermieter vorgegebene Flächenangaben bei der Geschäftsraummiete (LG Freiburg WuM 1998, 279; offen gelassen OLG Köln WuM 1999, 282). **367**

Der Mieter hat zu beweisen, dass er seiner Pflicht zur **Mängelanzeige** nachgekommen ist (BGH NZM 2002, 217; OLG Düsseldorf ZMR 2008, 952, 953 = NJOZ 2009, 95; a.A. Gsell NZM 2010, 71, 73: Mieter nur sekundäre Darlegungslast), dass ein entstandener Schaden nicht auf die Nichtanzeige des Mangesl zurück zu führen ist, es bei rechtzeitiger Anzeige zu demselben Schaden gekommen wäre (LG Köln ZMR 2008, 629, 630 = BeckRS 2008, 19973; abw. OLG Brandenburg ZMR 2008, 706 = BeckRS 2008, 05063). Zur Darlegung der Anzeige genügt grundsätzlich die Angabe von Zeitpunkt (Monat und Jahr), Person und Zugang (wer gegenüber wem) und des (sinngemäßen) Inhaltes (BGH WuM 1997, 488 = NJW 1997, 2674; BGH NJW 2000, 2344 = ZMR 2000, 590: Makler als Bote). **368**

369 Soweit er Aufwendungsersatz oder Kostenvorschuss verlangt, hat der Mieter den ihm entstandenen oder entstehenden **Beseitigungsaufwand** darzulegen und zu beweisen (LG Saarbrücken NZM 1999, 757).

370 Begehrt der Mieter **Schadensersatz** gem. § 536a Abs. 1 S. 1. Alt BGB, hat er zu beweisen, dass bei Vertragsschluss ein Mangel vorlag, der den eingetretenen Schaden verursacht hat (OLG Düsseldorf ZMR 2000, 377; OLG Hamm ZMR 1997, 520; OLG Hamburg ZMR 1990, 11; LG Mannheim ZMR 2007, 971: Schimmel-/Feuchteschäden an vor Außenwand aufgestellten Möbeln). Für einen Anspruch aus § 536a Abs. 1 S. 1 2. Alt BGB hat der Mieter zu beweisen, dass ihm aufgrund eines nach Abschluss des Vertrages entstandenen, vom Vermieter zu vertretenen Mangels ein Schaden entstanden ist (KG ZMR 2005, 948: »keine« Verantwortlichkeit für Mieteigentümer; Darlegungslast bei Umsatzeinbuße). Macht er Ansprüche aus Verzug geltend, hat der Mieter den Eintritt des Verzuges nachzuweisen, namentlich die Mahnung oder ihre Entbehrlichkeit. Zweifel gehen zu seinen Lasten (LG Duisburg WuM 1999, 112).

371 Für die Höhe des Schadens ist der Mieter entsprechend der allgemeinen Regeln beweispflichtig. Selbst dann, wenn der Schaden nach erfolgter Mangelbeseitigung und Schadensregulierung durch ein zweites Schadensereignis entstanden sein soll (BGH ZMR 2006, 659 = NJW-RR 2006, 1238 = NZM 2006, 659 = DWW 2006, 329).

372 Nach den allgemeinen Beweislastgrundsätze hat der Mieter eine Abbedingung eines Gewährleistungsausschlusses darzulegen und zu beweisen (OLG Düsseldorf ZMR 2009, 752, 753: zu § 536b BGB).

373 Bestehen Zweifel an der Zahlungsfähig- bzw. -willigkeit, soll der einbehaltende Mieter darzulegen und gegebenenfalls zu beweisen haben, dass er die nicht gezahlte Miete tatsächlich zurückgelegt hat (LG Braunschweig ZMR 1999, 827).

bb) Vermieter

374 Es ist tatsächlich zu vermuten, dass Flächenangaben im Mietvertrag nicht gemeinsam geschätzt, sondern vom Vermieter vorgegeben wurden (AG Gummersbach ZMR 2009, 763).

Dem Vermieter obliegt der Nachweis der **Ausschlusstatbestände**. Er hat insbesondere nachzuweisen, dass

- gem. § 536 Abs. 1 S. 3 BGB die Tauglichkeit unerheblich gemindert ist (BGH ZMR 2009, 269, 270),
- er den Mangel beseitigt hat (BGH NJW 2000, 2344 = NZM 2000, 549: Feuchteschaden; LG Berlin NZM 2000, 709: Braunverfärbung Wasser nach Erneuerung Warmwasseranlage),
- dass und bis wann er im Falle einer Anzeige Abhilfe geschaffen hätte (LG Kiel WuM 1998, 282),
- eine ursprüngliche Beseitigungsmöglichkeit und deren Verlust durch eine verspätete Mängelanzeige (OLG Brandenburg ZMR 2008, 706; OLG Düsseldorf ZMR 2003, 21),
- der Mieter die Beseitigung des Mangels verhindert oder mutwillige erschwert hat (AG Hamburg-Altona ZMR 2008, 298, 299),
- der Mangel vom Mieter verursacht oder verschuldet wurde,
- nach § 536b BGB dem Mieter der Mangel bei Vertragsschluss oder Überlassung bekannt (BGH ZMR 2007, 605, 606: »derzeit vorhandenem Zustand« Beschreibung, kein Hinweis auf verborgene Mängel; LG Hamburg ZMR 2009, 918)
- *oder infolge grober Fahrlässigkeit* unbekannt war (BGH WPM 1962, 1379; OLG Celle [neg. RE] ZMR 1985, 10; LG Göttingen WuM 1986, 308),

- die Gewährleistungsrechte für den Zeitraum vor dem 01.09.2001 entsprechend § 539 BGB a.F. ausgeschlossen sind, der Mieter auf sie verzichtet oder sie verwirkt hat (Rdn. 261 ff.).

Weist der Vermieter nach, dass der Mangel bei der Übergabe nicht vorhanden war und nur vom Mieter verursacht worden sein kann, spricht der erste Anschein dafür, dass der Mieter den Mangel zu vertreten hat (BGH NJW 1994, 1880: Ölkontamination, Mieter hatte Tankanlage unterhalten). Unerheblich sind seine Einwendungen, dass er den Mangel nicht beheben kann, die Ursache des Mangels außerhalb der Mietsache und seiner Einflusssphäre liegt (Rdn. 22 ff.), oder der Mieter konkret subjektiv nicht beeinträchtigt ist, da er die Mietsache nicht oder nicht wie vorgesehen nutzt (BGH NJW 1958, 785; BGH NJW 1987, 432; AG Regensburg WuM 1992, 476: Baulärm, Mieter tagsüber abwesend). **375**

b) Verteilung nach Verantwortungsbereichen

Handelt es sich um einen Mangel, der sowohl durch den **Mietgebrauch als auch** auf den **Zustand** der Mietsache zurückzuführen sein kann, ist die Beweislast nach den beiderseitigen Verantwortungsbereichen verteilt (BGHZ 66, 349, 353; BGHZ 126, 124, 128 = ZMR 1994, 465, 467; NJW-RR 2005, 235 = ZMR 2005, 120, 121; VerfGH Berlin ZMR 2005, 767, 768). Die ursprünglich für **Feuchtigkeitsschäden** entwickelte Beweislastverteilung ist auf alle Mängel anzuwenden, bei denen die Ursachen aus dem Bereich beider Parteien kommen können (KG ZMR 2008, 790, 792: Wärmeversorgung; KG ZMR 1999, 395: verstopftes Abflussrohr; LG Hamburg ZMR 2000, 764: Ungezieferbefall mit Vorratsschädling; zu Fogging: LG Duisburg ZMR 2003, 739; LG Berlin ZMR 2003, 489; AG Schwäbisch Gmünd/LG Ellwangen WuM 2001, 544: Risiko der Unaufklärbarkeit trägt Vermieter; abw. bei Schadensersatz AG Cottbus ZMR 2005, 626: Mieter). Die Beweislast, dass der Mangel überhaupt dem Verantwortungsbereich einer der Mietvertragsparteien zuzurechnen ist und damit die Grundsätze der Beweislastverteilung nach Verantwortungsbereichen anwendbar sind, trägt der Mieter (BGH NJW 1978, 2197; OLG Celle ZMR 2009, 683, 685 = BeckRS 2009, 12782 m. zust. Anm. Gsell NZM 2010, 72: Brand, Einwirkung Dritter nicht ausgeschlossen und daher offen, ob Schadensursache aus Verantwortungsbereich Mieter oder Vermieter stammt; OLG Celle NJW-RR 1996, 521, 522). **376**

Der Mieter hat schlüssig vorzutragen, dass die Ursache des Mangels sowohl seinem, als auch dem Verantwortungsbereich des Vermieters zuzuordnen sein kann (KG ZMR 1999, 395). Die Grundsätze über den Beweis des ersten Anscheins sind anwendbar (LG Hamburg ZMR 2000, 764: Ungezieferbefall bei Haustierhaltung). Steht fest, dass der Mangel oder der Schaden nicht aus dem Gefahrenbereich oder der Sphäre des Mieters herrühren, hat der Vermieter sich zu entlasten (BGH NJW 2000, 2344 = ZMR 2000, 590; OLG Hamm ZMR 1997, 520; OLG Hamburg ZMR 1991, 262). **377**

Der Vermieter muss darlegen und beweisen, dass die Ursache des Mangels nicht aus seinem Pflichten- und Verantwortungsbereich stammt, sondern aus dem Herrschafts- und Obhutsbereich des Mieters (BGH NJW 2000, 2344 = ZMR 2000, 590; LG Düsseldorf DWW 2000, 26, 28: Abtragen der bei Mietbeginn angegriffenen Emailleschicht der Badewanne auf falsches Nutzungsverhalten der Mieter zurückzuführen ist; LG Dessau-Roßlau ZMR 2009, 28, 29: Schimmel verschwindet ohne Zutun Parteien spricht für Änderung Heiz- und Lüfungsverhalten). Insoweit hat er nachzuweisen, dass die Schadensursache in dem unmittelbaren Bereich gesetzt wurde, der in der unmittelbaren Einflussnahme, Herrschaft und Obhut des Mieters liegt (z.B. bei Feuchtemängel Vorlage des Protokolls eines Hygrothermographen). Dabei genügt, dass andere Schadensursachen ausgeschlossen sind (Negativbeweis); also dass das Mietobjekt frei von Bau- **378** mängeln ist und der Zustand der Fenster, Türen, Heizung und Versorgungsleitungen die Mangelerscheinung, z.B. Feuchtigkeit, nicht verursacht (Schmidt-Futterer/Eisenschmidt §536 Rn. 454; z.B. AG Hamburg-Blankenese ZMR 2004, 274: Feuchtigkeitsschaden aufgrund von außen eindringender oder im Mauerwerk aufsteigender Feuchte, Wärmedämmung mangelfrei, zumutbares Heizen und Lüften). Das Einhalten technischer Regelwerke schließt die Gewährleistung nicht aus (BGH NJW 1985, 620; OLG Hamm NZM 1999, 804: DIN-Norm). Hat der Vermieter den Beweis geführt, muss der Mieter beweisen, dass er den Mangel nicht verursacht und nicht zu vertreten hat (BGH NJW 2000, 2344); etwa sein Heizungs- und Lüftungsverhalten darlegen und beweisen (ausführlich zu Feuchtigkeit: Pauly WuM 1997, 474).

379 Vom Vermieter nachzuweisen sind Umstände, die eine Anwendung der Grundsätze über die Verteilung der Beweislast nach Verantwortungsbereichen ausschließen (z.B. AG Spandau ZMR 2003, 121, 122: geändertes Wohnverhalten, Wäschetrocknen im Bad). Hatte der Mieter die Mietsache umgebaut, geht die Beweislast insoweit auf ihn über (OLG Hamm WuM 1997, 522: Wasserrohrbruch).

380 Verbleibende Zweifel gehen zu Lasten des Vermieters (AG Königs Wusterhausen WuM 2007, 568: falsches Wohnverhalten als Ursache für Schimmel muss eindeutig zu bestätigen sein, niedrige Wohntemperatur bei vorhandenem Baumangel reicht nicht). Führt die Beweisaufnahme zu dem Ergebnis, dass der Mangel sowohl auf einem falschen Wohnverhalten, als auch auf bauliche Mängel zurückzuführen ist, gehen die ist die Minderung in entsprechender Anwendung des §254 BGB zu reduzieren (Pauly WuM 1997, 474, 476; zu Schimmelpilzbildung: LG Bonn ZMR 1991, 300; zum Problem Erkrankungsrisiko/Kausalität: Schläger WuM 1999, 667; zu sog. schwarze Wohnung/Fogging AG Hamburg 2000, 906: über §287 ZPO gelöst). Dabei ist im Normalfall eine hälftige Quotelung angezeigt, von der im Einzelfall aufgrund der festgestellten Umstände, z.B. Bauzustand, bauliche Veränderungen, Einhaltung der DIN-Norm, Hinweise des Vermieters zu Heiz- und Lüftungsverhalten, Abweichungen geboten sein können (Pauly WuM 1997, 474, 476).

c) Streitwert

381 Hinsichtlich Klagen, die rückständige Mieten, Aufwendungs-, Schadensersatz, eine bezifferte Mietminderung oder eine außerordentliche fristlose Kündigung aus wichtigem Grund zum Streitgegenstand hat, ergeben sich keine Besonderheiten (LG Bonn ZMR 2009, 38: selbständiges Beweisverfahren, Vorschuss/Kostenerstattung Ersatzvornahme Aufwand begehrter Maßnahme). Sind künftig fällig werdende Mieten Streitgegenstand, beläuft sich der Streitwert nach §§3, 9 ZPO auf den dreieinhalbfachen Jahresbetrag der Minderung abzüglich des üblichen 20%igen Abschlages für positive Feststellungsklagen (BGH NJW-RR 2003, 229; BGH ZMR 2000, 665; BGH NJW 1965, 2298; OLG Bamberg JurBüro 1979, 1866; LG Berlin ZMR 2003, 264; LG München WuM 2001, 346; Schneider/Herget Streitwertkommentar Rn. 3740; a.A.: §41 GKG analog: OLG Schleswig OLGR 2003, 260; Hartmann GKG §41 Rn. 37; Woitkewitsch ZMR 2005, 840). Die negative Feststellungsklage auf Berechtigung einer Minderung ist als Spiegelbild der Leistungsklage auf künftige Mietzahlungen nach §§48 Abs. 1 GKG, 9 ZPO mit der 42-fachen monatlichen Minderung zu bemessen (LG Hamburg ZMR 2009, 536 = NZM 2010, 515).

382 Klagen auf Beseitigung von Mängeln an Wohnräumen sind nach §41 Abs. 5 S. 1 GKG mit dem Jahresbetrag einer angemessenen Mietminderung zu bemessen. Auf Gewerberaummietverhältnisse wird die Regelung des §41 Abs. 5 S. 1 GKG teilweise entsprechend angewendet (BGH NZM 2006, 138, 139 = NJW-RR 2006, 378 = GuT 2006, 81; entsprechend *§16 GKG a.F.* einfacher Jahresbetrag der Minderungsquote: LG Berlin (63. ZK) WuM 2000, 313 und (64. ZK) NZM 2002, 212; LG Frankfurt/O. NJW-RR 1999, 1459 =

NZM 2000, 757; LG Flensburg WuM 2003, 96; LG Köln WuM 2001, 345: selbstständiges Beweisverfahren), teilweise wird gem. §§3, 9 ZPO, 12 Abs. 1, 14 Abs. 2 GKG a.F. auf den 3,5-fachen Jahresbetrag der Mietminderung abgestellt (BGH WuM 2007, 207: Berichtigungsbeschluss zu Hauptsache BGH WuM 2005, 713 = NJW 2005, 3284 = NZM 2005, 820: noch voraussichtliche Kosten Mangelbeseitigung; §41 GK BGH ZMR 2000, 665 = NZM 2000, 713 und BGH NZM 2003, 152: für Rechtsmittelbeschwer; OLG Düsseldorf ZMR 2001, 270 = DWW 2001, 341: für Gebührenstreitwert in selbstständigem Beweisverfahren; LG Berlin (64. ZK) ZMR 1999, 546 und (61. ZK) NZM 2003, 20; LG Detmold WuM 1996, 50; LG Stendal WuM 1994, 70; LG Kassel WuM 1992, 448; LG Hamburg WuM 1992, 447), teilweise nach dem zu beseitigenden Mangel differenziert (BGH NZM 2006, 777: bei Verletzung des Konkurrenzschutzes entgangener Reingewinn bis zur nächsten ordentlichen Kündigungsmöglichkeit, höchstens für 42 Monate; Börstinghaus NZM 2007, 897, 908: Rechmittelstreitwert 42-fache Monatsminderung, Gebührenstreitwert nach §41 Abs. 5 GKG Jahresbetrag Mietminderung).

Streitgegenstand ist die Beseitigung, nicht die Minderung. Vollstreckungsfähig tituliert **383** wird die Beseitigungsverpflichtung, die gegebenenfalls auch beziffert als Vorschussklage geltend gemacht werden könnte. Wie auch in den sonstigen Fällen einer Beseitigung von Mängeln, insbesondere im Werkvertrags- oder Kaufrecht, oder Störungen (Musielak ZPO §3 Rn. 23 Beseitigung) ist daher auf die voraussichtlichen Kosten der Beseitigung abzustellen (LG Kiel WuM 1995, 320; LG Siegen WuM 1999, 48; Woitkewitsch ZMR 2005, 840: begrenzt nach §41 Abs. 5 GKG auf den Jahresbetrag der Mietminderung).

Macht der Mieter wegen eines Mangels mehrere Ansprüche nebeneinander geltend (z.B. **384** Minderung und Beseitigung), ist allein auf den höheren Streitwert abzustellen. Eine Wertaddition findet nicht statt. Der Streitgegenstand ist identisch i.S.d. §45 Abs. 1 S. 3 GKG (BGH NZM 2006, 138, 139: Erfüllung/fristlose Kündigung; BGH NZM 2006, 777, 778: Minderung/Schadensersatz; BGH NZM 2004, 423: Minderung Schandesersatz; a.A. OLG Düsseldorf NZM 2006, 158).

3. Zwangsvollstreckung

Die Zwangsvollstreckung des Mangelbeseitigungsanspruches kann der verbleibende Mie- **385** ter alleine betreiben (LG Hamburg WuM 1999, 413). Die titulierte Verpflichtung des Vermieters, durch geeignete Maßnahmen den Mangel zu beseitigen, ist nach §887 ZPO zu vollstrecken (OLG Dresden WuM 2002, 34: Durchfeuchtungen). Es sei denn, die Mängelbeseitigung hängt von der Mitwirkung Dritter ab (OLG Düsseldorf WuM 2002, 272: Beseitigung Feuchtigkeitsschäden und Schimmelbefall erfordert Abdichtung der Fassade, Beschluss der Eigentümergemeinschaft steht aus).

Hat der Vermieter sich mit der gebotenen Intensität vergeblich um die Mitwirkung **386** bemüht, scheidet auch eine Vollstreckung nach §888 ZPO aus (OLG Düsseldorf a.a.O.).

VII. Einzelfälle (»%-Liste«)

387

Abfluss Rdn. 390	**Garage** Rdn. 410	**Schimmel** Rdn. 403
Aufzug Rdn. 397	**Garten** Rdn. 425	**Swingerclub** Rdn. 393
Aussicht Rdn. 388	**Gegensprechanlage** Rdn. 411	**Stellplatz** Rdn. 410
Außenanlagen Rdn. 389, 425ff.	**Gerüche** Rdn. 395	**Tapete** Rdn. 435

Badewanne Rdn. 390	**Heizung** Rdn. 412 f.	**Tauben** Rdn. 439
Badezimmer Rdn. 390	**Hunde** Rdn. 437	**Teppichboden** Rdn. 436
Balkon Rdn. 391	**Katzen** Rdn. 437	**Terrasse** Rdn. 428
Bauarbeiten Rdn. 392	**Keller** Rdn. 415	**Tiere** Rdn. 437
Bordell Rdn. 393	**Kinderspielplatz** Rdn. 426	**Toilette** Rdn. 442
Briefkasten Rdn. 394	**Klingel** Rdn. 411	**Treppenhaus** Rdn. 429
Dach Rdn. 400	**Klimaanlage** Rdn. 416	**Trockenraum** Rdn. 430
Dämpfe Rdn. 395	**Konkurrenzschutz** Rdn. 417	**Tür/Abgeschlossenheit** Rdn. 443
Dusche Rdn. 390	**Küche** Rdn. 418	**Umfeld** Rdn. 444
Elektrische Anlage Rdn. 396	**Lärm** Rdn. 419	**Ungeziefer** Rdn. 440
Fahrstuhl Rdn. 397	**Mülltonnen** Rdn. 427	**Verkehrssicherungspflicht** Rdn. 445
Fenster Rdn. 398	**Nebenräume** Rdn. 425	**Warmwasser** Rdn. 446
Fernsehempfang Rdn. 399	**Öffentl.-rechtl. Gebrauchshindernisse** Rdn. 431	**Waschküche** Rdn. 430
Feuchtigkeit Rdn. 400	**Prostitution** Rdn. 393	**Waschmaschine** Rdn. 447
Fläche Rdn. 406	**Ratten** Rdn. 438	**Wasser** Rdn. 434, 446
Fliesen Rdn. 390	**Risse** Rdn. 432	**Wasserschaden** Rdn. 448
Fogging Rdn. 407	**Schadstoffe** Rdn. 433	**Zugang** Rdn. 449
Fußboden Rdn. 404, 408	**Schlüssel** Rdn. 443	**Zwangsräumung** Rdn. 431
Fußkälte/-wärme Rdn. 409	**Schwarze Wohnung** Rdn. 407	**Zweckentfremdung** Rdn. 431

In die Liste wurden die im Einzelfall als angemessen judizierte Minderung eingestellt; eine Differenzierung oder Korrektur der zugrunde gelegten Bemessungsgrundlage (s. Rdn. 189) erfolgte nicht.

Aussicht

388 Lichteinfall eingeschränkt durch Nichtbeschneiden der Fassadenbegrünung 3 % (AG Köln ZMR 2004, 594); freie Sicht aus Aufenthaltsräumen auf das Nachbargrundstück wird in einer Entfernung von 7,5 m durch eine 5,5 m hohe Mauer verbaut 10 % (LG Hamburg WuM 1991, 90); Ausblick wird durch nachträglich an darüber liegender Wohnung angebauten Balkon beschränkt (tunnelartiger Blick), Küche und Bad verschattet 10 % (AG Hamburg-Wandsbeck WuM 2002, 487); durch Neubau aus nur 5 m Entfernung vollständiger Einblick in Balkon und Wohnzimmer einer 2-Raum-Wohnung, Ausblick zu 40 % verdeckt, Sonne nur noch am späten Nachmittag 16 % (AG Köpenick NZM 2001, 334).

Außenanlagen

s.u. Rdn. 425. 389

Badezimmer

Toilette s.u. Rdn. 442 390

Abfluss ist defekt 3 % (AG Berlin-Schöneberg GE 1991, 527); Stau im Abfluss führt zu Austritt übelriechenden Wassers 38 % (AG Groß-Gerau WuM 1980, 128);

Badewanne ist geringfügig verkleinert 0 % (AG Dortmund WuM 1989, 172); ist ungewöhnlich rauh 3 % (LG Stuttgart WuM 1988, 108); Badewanne verstopft 7,5 % (LG Potsdam WuM 1997, 677); Badewanne nicht nutzbar 18 % (AG Goslar WuM 1974, 53);

Badezimmerfliesen werden bei Reparatur durch andersfarbige ersetzt 5 % (AG Kleve WuM 1991, 261); durchgehender Riss im Außenmauerbereich 15 % (AG Bergheim WuM 2000, 435);

Ausfall des Warmwasserboilers 15 % (AG München NJW-RR 1991, 845); des Badeofens 20 % (AG Goslar WuM 1974, 53); der Dusche 1/6 der Miete (AG Köln WuM 1987, 271); einzige Bad-/Duschanlage unbenutzbar 33 % (AG Köln WuM 1998, 690).

Balkon

Balkon ist nicht nutzbar 3 % (LG Berlin MM 1986, 327 u. AG Wetzlar ZMR 2009, 542); 391
aufgrund zurückgelassenen Bauschutts 3 % (LG Berlin NZM 1999, 1138), in Herbst und Winter 0 % (LG Köln WuM 1975, 167).

Bauarbeiten

Baulärm s. u. unter Lärm Rdn. 419 ff. 392

Baumaterialien und Bauschutt lagern auf dem Grundstück 10 % (AG Bad Segeberg WuM 1992, 477); Bauschutt auf Balkon zurückgelassen 3 % und Gebäude eingerüstet 10 % (LG Berlin NZM 1999, 1138); Baugerüst vor Wohnung mit Balkon 10–15 % (AG Ibbenbühren WuM 2007, 405); Gebäude ist eingerüstet, und mit Planen verhangen, Balkone sind nicht benutzbar 15 % (AG Hamburg WuM 1996, 30); Bohr- und Hämmergeräusche, Errichtung Mobilfunkantenne 15 % (AG Hamburg WuM 2007, 621); Lärm und Staub durch Abriss und Neubau auf Nachbargrundstück 6 % (AG Hamburg-Blankenese ZMR 2003, 746); Staub und Lärm durch Abriss zweier Häuser 20 % (AG Berlin-Schöneberg NJWE 1997, 75); Stemmarbeiten im Gebäude, Büromieter 20 % (KG NZM 2000, 40); Dachgeschossausbau, Minderung wegen Lärm, Schmutz, Baugerüst, Störung des Fernsehempfangs 22 % (LG Berlin MM 1994, 396); wie vor, Mieter der Dachwohnung, Abriss und Ausbau neuen Dachstuhls 60 % (AG Hamburg WuM 1987, 272); Verlegen von Leitungen in und durch Mietbereich, Heizungseinbau, Erneuern der Fenster 20 % (AG Berlin-Neukölln MM 1994, 23); umfangreiche Bau- und Sanierungsarbeiten 30 % (AG Osnabrück WuM 1996, 754, 755), 50 % (AG Weißwasser WuM 1994, 601); infolge Baumaßnahmen ist die Wohnung unbenutzbar 100 % (AG Köln ZMR 1980, 87).

Bordellbetrieb/Prostitution/Swingerclub

393 Siehe auch unter Gewerbelärm Rdn. 421

In der Erdgeschosswohnung in einer Großstadt 10 % (LG Berlin NJW-RR 1996, 264, 265); in der Nachbarwohnung 20 % (AG Wiesbaden WuM 1998, 315), 21,74 % (AG Regensburg WuM 1990, 386); »bordelltypische« Störungen durch im Erdgeschoss gelegenen Swingerclub 20 % (LG Berlin NJW-RR 2000, 601 = NZM 2000, 377: 5 % wegen weiterer Lärmstörungen).

Briefkasten

394 Briefkasten fehlt 2 % (AG Potsdam WuM 1996, 760); ist nicht für DIN A4-Format geeignet 0,5 % (LG Berlin MM 1990, 261); ist defekt, Haustür schließt nicht automatisch, Trockenboden nicht nutzbar 30 % (AG Osnabrück WuM 2000, 329).

Dämpfe/Gerüche

395 Dämpfe von täglich benutztem Wäschetrockner 10 % (LG Köln WuM 1990, 385); perchloräthylenhaltige Dämpfe aus chemischer Reinigung (Konzentration über dem Richtwert des Bundesgesundheitsamtes) 50 % für Zeit der Belastung, danach auf 25 % und 10 % reduziert (LG Hannover NJW-RR 1990, 972 = WuM 1990, 337 = ZMR 1990, 302); keine Minderung, soweit keine ernsthafte Gefährdung (LG Hamburg WuM 1989, 368);

Abwasser- und Fäkaliengeruch in Toilette 5 % (AG Berlin-Schöneberg GE 1991, 527), in Badezimmer 38 % (AG Groß-Gerau WuM 1980, 128);

Müllgeruch von Supermarkt 5 % (AG Gifhorn WuM 2002, 215); Essensgeruch aus darunter liegender Wohnung 7 % (AG Tiergarten MM 1994, 68); in das Bad dringen Gerüche einer Pizza-Bäckerei im Nachbarhaus 15 % (AG Köln WuM 1990, 338); Nikotingerüche aus Entlüftungsanlage 5 % Winter/10 % Sommer (AG Berlin-Charlottenburg NZM 1999, 71); Essens- und Zigarettengerüche aus Nachbarwohnung 20 % (LG Stuttgart WuM 1998, 724); Geruchsbelästigung durch Hundeexkremente im Treppenhaus 20 % (AG Münster WuM 1995, 534);

Ölgeruch im Keller 0 % (AG Büdingen WuM 1998, 281); Heizölduft in Büroräumen im Untergeschoss 15 % (AG Augsburg WuM 2002, 605).

Elektrische Anlage

396 Auf Putz gelegte Leitung in Altbau 0 % (AG Büdingen WuM 1998, 281); Lichtschalter defekt und Verteilersteckdosen durchgebrannt 20 % (LG Potsdam WuM 1997, 677); 3 von 15 Steckdosen funktionieren 50 % (AG Hamburg WuM 1975, 53); vollständiger Ausfall für Licht, Küche, Warmwasser 100 % (AG Berlin-Neukölln MM 1988, 151); elektromagnetische Kraftfelder einer Mobilfunkanlage 20 % (AG München MDR 1998, 645).

Fahrstuhl

397 Ausfall des Aufzuges 5–10 % (AG Bremen WuM 1987, 383 nach Geschosslage 7,5 % für 5. OG), 10 % (AG Charlottenburg GE 1990, 423 für 4. OG).

Fenster

Geringfügiger Luftdurchgang zwischen Blendrahmen und Fensterflügel bei Altbau 0 % (AG Steinfurt WuM 1996, 268); Trübung der Isolierfensterscheibe in der Küche 0,5 %, im Wohnzimmer 1 % (AG Miesbach WuM 1985, 260); Schließmechanismus eines Oberlichts im Terrassenraum beeinträchtigt und Putzrisse 3 % (OLG Brandenburg WuM 2007, 14, 16); Isolierglasscheiben beschlagen 5 % je Fenster (AG Kassel WuM 1993, 607); Doppelfenster blind 10 % (LG Darmstadt WuM 1985, 22); Schließmechanismus am Schlafzimmerfenster defekt 4 % (LG Köln WuM 1990, 17); Schlagregeneintritt durch DIN-gerechte Fenster 5 % (LG Berlin MDR 1982, 671 = WuM 1982, 184); Fenster undicht, nachzukitten 7,5 % (LG Potsdam WuM 1997, 677); Oberlichter nicht zu öffnen 10 % (AG Hagen WuM 1982, 282); Schlafzimmerfenster verfault 10 % (AG Wuppertal DWW 1988, 89); durch neu eingebaute Aluminiumfenster erhöhter Heizungs- und Lüftungsaufwand 15 % (AG Emden NJW-RR 1989, 523); nach Einbau neuer Fenster Schimmelbildung, 2 von 3,5 Zimmern massiv betroffen 20 % (LG Gießen ZMR 2000, 537); verrottete Fenster 20 % (LG Hamburg WuM 1997, 488); Zugluft 20 % (LG Kassel WuM 1988, 108). **398**

Fernsehempfang

Gemeinschaftsantenne wird entfernt, Empfang möglich mittels einfacher Einzelantenne 1 % (LG Berlin GE 1996, 471); Zimmer- (4 Programme) ersetzt Hausantenne 2 % (AG Schwäbisch Gmünd NJW-RR 2005, 163); Fernsehantenne wird bei Ausbau des Dachgeschosses entfernt 5 % (LG Berlin MM 1994, 396); Empfang ortsüblicher ausländischer Programme unterbrochen ca. 12,50 €/mtl. (LG München WuM 1989, 563). **399**

Feuchtigkeit

– Dach

Zwei abgetrocknete Wasserflecken unter einem halben Quadratmeter 0 % (AG Dortmund DWW 1997, 107); Folgen in der Wohnung sichtbar 2 % (LG Hannover WuM 1994, 463); Eindringen von Wasser ca. 10,00 €/mtl. (AG Reutlingen WuM 1990, 146); Wasser dringt gelegentlich durch die Decken in die Wohnung 5 % (AG Nidda WuM 1982, 170), in Kinder- und Esszimmer 20 % (LG Essen ZMR 1997, 23 = WuM 1997, 552); Teppichboden durchfeuchtet, Tropfwasser durch Zimmerdecke 50 % (AG Leverkusen WuM 1980, 163), 30 % (AG Kiel WuM 1980, 235); **400**

Dachrinne defekt, auf der Dachfläche gesammeltes Wasser wird vor Eingangsbereich Büroräume abgeleitet 10 % (BGH ZMR 2005, 524); Wasser dringt in Schaufenster und Schuhabteilung 10 % (KG ZMR 1999, 395); Wasserschaden im Bereich des Sturzes eines Raumes 10 %, nach Wasserschaden in weiterem Raum 20 % (OLG Düsseldorf DWW 2000, 122, 125); durchfeuchtete Decke in Gastraum Gaststätte 20 % (OLG Naumburg ZMR 2000, 383 = WuM 2000, 241); bei Regenwetter dringt Feuchtigkeit durch die Dachhaut des Flachdachanbaus in die Raumdecke des Gastraumes 20 % (OLG Düsseldorf ZMR 2001, 270); Wohncontainer 20 % (OLG Düsseldorf WuM 1995, 435, 436 = ZMR 1995, 400); Dach durch Bauarbeiten eingebrochen und Wassereinbruch in Ladenlokal 100 % (AG Pinneberg ZMR 2004, 199).

– Außenwände

Feuchtigkeit durch teilweise zu geringe Außenisolierung, kein Verstoß gegen DIN-Vorschriften 20 % (LG Köln WuM 1990, 547); Einfamilienhaus/Feuchtigkeitsschäden 20 % **401**

(LG Köln WuM 1994, 429); durch Anordnung der Möbel, Mieter wird nach Modernisierung nicht auf zu änderndes Wohn- und Lüftungsverhalten hingewiesen 30 % Winter/ 10 % Sommer (AG Erkelenz DWW 1996, 22); Wand eines Verkaufsraumes 20 % (LG Berlin NJW-RR 1992, 518); ständig durchfeuchtete Außenwände, Schimmelbildung, Rattenbefall und weitere Mängel 100 % (AG Potsdam WuM 1995, 534); nach Hochwasser (Jahrhundertflut) Räume nicht nutzbar 100 % (AG Grimma NJW 2003, 904; LG Leipzig NJW 2003, 2177 = NZM 2003, 510).

– Innenwände

402 Tauwasserschäden in Bad und Küche 8 % (LG Hamburg WuM 2001, 193); 1 m breiter und 40 cm hoher Fleck a.N. der Wohnzimmerwand, gelöste Tapete, ausblühender Salpeter 10 % (AG Lahnstein WuM 1977, 227); Risse und Feuchtigkeitsschäden an den Wänden, die nur Erscheinungsbild beeinträchtigen 10 % (OLG Düsseldorf MDR 1989, 640 = BB 1989, 1934: Zahnarztpraxis); Feuchtigkeitsschäden in Kinderzimmern und Bädern 15 %, nach Rückgang 5 % (LG Kleve WuM 2003, 142 m. Anm. Isenmann); 8 durchfeuchtete Wände in Einfamilienhaus 20 % (AG Hamburg WuM 1979, 103); aufgrund schadhafter Abflussrohre wird der Parkettfußboden in der ganzen Wohnung beschädigt und in einigen Räumen die Wände durchfeuchtet 25 % (LG Düsseldorf DWW 1996, 282); Einzimmerappartement 2 qm Wände und 1 qm Teppichboden feucht bis zu 50 %, nach Trocknung wegen optischer Beeinträchtigung 10 % (LG Dresden ZMR 2003, 840); erhebliche Putzschäden, Wand zwischen Bad und Schlafzimmer feucht 50 % (LG Berlin DRiZ 1992, 65).

– mit Algen oder Schimmelbefall

403 Algenbefall 10 % (LG Flensburg WuM 1988, 354); Schimmel an der Außenwand der Abstellkammer 10 % (AG Steinfurth WuM 1977, 256); Schimmel durch Wasserschaden in Büro (15 qm Tapete, 3 qm Putz zu erneuern), Schäden am Fußboden 10 % (BGH ZMR 2005, 524); Schimmelpilz aufgrund Baumangel 13 % (LG Bonn ZMR 1991, 300); Schimmel an Wohnungswänden nach Fenstereinbau 15 % (AG Köln NZM 1999, 262); sämtliche Zimmer Schimmelpilzbefall, erhebliche Gesundheitsgefährdung 17 % (LG Neubrandenburg WuM 2002, 309); Feuchtigkeitsflächen und Schimmelbildung 15 % (LG Hannover WuM 1988, 354), 20 % (LG Kiel DWW 1986, 118); Schimmel in Wohn- und Schlafzimmer, z.T. durch Möbel an der Wand 20 % (AG Osnabrück NZM 2006, 224); nach Einbau neuer Fenster Schimmelbildung, 2 von 3,5 Zimmern massiv betroffen 20 % (LG Gießen ZMR 2000, 537); erhebliche Feuchtigkeitsschäden durch Schimmelpilz, bräunliche Verfärbungen, übel riechender Dunst in Schlafzimmern und Arbeitszimmer 20 % (AG Ibbenbüren WuM 2002, 216); drei Fleckenbildungen im Wand- und Deckenbereich von Wohn- (15 %) und eine geringfügige in einem Kinderzimmer (10 %) 25 % (AG Lüdenscheid WuM 2007, 16, 17); Schimmel in Küche und gesamtem WC deutlich sichtbar, in übrigen Zimmern weniger, mögliche Gesundheitsgefährdung 25 % (AG Marbach a.N. WuM 2007, 385); Schimmelpilzbefall, Risse infolge Feuchte 30 % (LG Hamburg ZMR 2004, 41); erheblicher Schimmelpilz in Bad und Schlafzimmer, Schlafzimmerfenster undicht, elektrisches Garagentor derfekt 30 % (AG Siegburg ZMR 2005, 543 Kaltmiete); Schimmelpilzbefall im Wohnzimmer 50 % (LG Hamburg ZMR 2008, 456); Schimmelbefall in allen Räumen einer Neubauwohnung 75 % (LG Berlin WuM 2001, 604); Küche, Wohn- und Schlafzimmer sind ständig durchfeuchtet, modrig und von Schimmelpilz befallen 80 % (LG Berlin GE 1991, 625); nach Überschwemmung ist Wohnung durchfeuchtet, modriger Geruch 80 % (AG Friedberg WuM 1984, 198).

– Fußboden/Keller/Nebenanlagen

zu Keller s.u. Rdn. 415. **404**

Infolge Wasserschaden etwas hochgewölbter Fußbodenbelag in Kegelbahn 0 % (OLG Düsseldorf ZMR 1994, 402, 405); Parkettfußboden in der ganzen Wohnung durch Feuchtigkeit beschädigt, in einigen Räumen Wände durchfeuchtet 25 % (LG Düsseldorf DWW 1996, 282); wegen Feuchtigkeitseinbrüchen im Keller Paletten ausgelegt, Feuchte in Küche und Schlafzimmer 25 % (AG Hamburg-Blankenese ZMR 2004, 274); aus dem Boden aufsteigende Feuchte in Erdgeschosswohnung 30 % (AG Erkelenz DWW 1996, 22), 70 % (AG Bad Vilbel WuM 1996, 701); Feuchtigkeitsschäden im Bereich der zu Werbezwecken genutzten, mit vermieteten Schaukästen eines Maklerbüros 20 % (LG Lübeck 4 O 519/88, zit. nach BGH NJW 2000, 2344).

– Neubaufeuchte

Neubaufeuchte 20 % (AG Bad Schwartau WuM 1988, 55); Neubauwohnung Erstbezug Schimmelbefall in allen Räumen, der Anstellen von Schränken an die Wände verhindert 75 % (LG Berlin WuM 2001, 604). **405**

Fläche (Wohn-/Nutzfläche)

Ungekürzter Umfang der prozentualen Flächendifferenz 19 % (LG Köln ZMR 2003, 429 Wohnung; BGH ZMR 2010, 522, 524: auch bei »ca.«-Angabe); 16,93 % (OLG Düsseldorf ZMR 2005, 450 Gewerbe); 21,7 %/23,9 % (OLG Karlsruhe NZM 2002, 218 und ZMR 2003, 183 Gewerbe). **406**

Fogging (»schwarze Wohnungen«)

Erhebliche schwarze Verfärbungen an Wänden, Decken und Einrichtungsgegenständen ca. 14 % (AG Schwäbisch Gmünd/LG Ellwangen WuM 2001, 544); Verschwärzungen in Wohn-, Schlafzimmer Flur und Küche 16,7 % (AG Hamburg GE 2002, 55); optische Beeinträchtigung durch Schwarzfärbung, betrifft nicht alle Räume 20 % (LG Berlin GE 2003, 1019); schwarze, rußartige Staubablagerungen 40 % (AG Hamburg-Wandsbeck NZM 2000, 906 und AG Schöneberg Urt. v. 26.11.2003–102 C 17/01 zit. nach Hitpaß/Oventrop ZMR 2005, 600). **407**

Fußboden

zu Teppichboden s.u. Rdn. 436 **408**

Gewellter PVC-Belag in der Küche (ca. 1 m2) 2 % (LG Köln WuM 1999, 553); Parkettfußboden in der ganzen Wohnung durch Feuchtigkeit beschädigt, in einigen Räumen Wände durchfeuchtet 25 % (LG Düsseldorf DWW 1996, 282).

Fußkälte/-wärme

Parterrewohnung aufgrund unzureichend isolierter Kellerdecke fußkalt 30 % (LG Münster WuM 1963, 186), verbunden mit Feuchte 30 % (AG Erkelenz DWW 1996, 22). **409**

Häufige Fußbodenerwärmung auf 18-19° C durch unter Erdgeschoßwohnung belegene Heizzentrale 10 % (LG Hamburg ZMR 2009, 532, 533).

Garage/Stellplatz

410 Garage ist nicht fertiggestellt und mangelhaft 2/3 der Garagenmiete (AG Hanau WuM 1980, 85); Pkw-Stellplatz am Haus wird vorenthalten 10 % (AG Köln WuM 1990, 146); Parkplatznutzung entzogen ca. 15,00 € (AG Reinbek WuM 2000, 329); Stellplatz zugeparkt 100 % der Stellplatzmiete (LG Köln MDR 1976, 44).

Gegensprechanlage

411 Defekt 1 % (AG Schöneberg GE 1991, 527); nebst Ausfall Klingelanlage 2 % (LG Berlin GE 1992, 1043); 3 % (AG Berlin-Neukölln MM 1988, 151); 5 % (AG Aachen WuM 1989, 509 für 4. OG); 5 % und bei gleichzeitigem Ausfall Klingelanlage 10 % (AG Rostock WuM 1999, 64: 5 Geschosse/105 Wohnungen); fehlende 7,5 % (OLG Hamburg WuM 1999, 281).

Heizung

– Geräusche

412 Heizung verursacht Geräusche 7,5 % (LG Berlin NZM 2000, 490), Schallemissionen in Erdgeschosswohnung aus Heizungsraum 10 % (LG Hamburg ZMR 2009, 532, 533); laute Geräusche 10 % (LG Hannover WuM 1994, 463; AG Hamburg WuM 1987, 271); Störung durch Klopfgeräusche 12 % (LG Münster WuM 2000, 691); unzumutbare Klopfgeräusche 75 % der anteilig auf das Zimmer entfallenden Miete (LG Mannheim ZMR 1978, 84); Heizkörper Geräusche bei voll aufgedrehten Ventilen, außer in Küche wird Wohntemperatur von 20 bis 22° C nicht erreicht 20 % (LG Braunschweig ZMR 1999, 628).

– Leistung

413 Heizung arbeitet mit 60 %igem Energieverlust 10–15 % (OLG Düsseldorf MDR 1983, 229 = ZMR 1983, 377 = WuM 1984, 54); mangelhafte Heizmöglichkeit, Räume zT unbeheizbar, Gartentreppe unbenutzbar, Löcher in Zimmerdecke, Haus in dem Zustand auf freiem Markt nicht vermietbar 100 % (LG Wiesbaden WuM 1980, 17).

Thermostatventile mangelhaft 8 % (LG Berlin ZMR 2003, 487); Heizkörper sind unterdimensioniert 5–10 % (AG Münster WuM 1987, 382 und WuM 1988, 109, differenziert nach Zeitraum); sind falsch platziert 10 % (AG Bremerhaven WuM 1992, 601);

Räume können nur auf 15° C erwärmt werden 30 % (LG Düsseldorf WuM 1973, 187); im Winter nur auf 14° – 15° C erwärmt werden und kein Warmwasser 70 % (AG Görlitz WuM 1998, 315); beheizbar auf 16° – 18° C 20 % (AG Köln WuM 1978, 189), 30 % (AG Görlitz WuM 1998, 315); ebenso zwischen 20.00 Uhr und 9.00 Uhr 20 % (AG Bad Segeberg WuM 1977, 227); auf unter 18° C im Sommer 15 % (AG Berlin-Schöneberg NJW-RR 1998, 1308); auf unter 20°C in den Wintermonaten 20 % (LG Köln WuM 1980, 17); Kaffee- und Bierbar (Tür an Einkaufsstraße ständig geöffnet) unter 20° C 35 % (KG NZM 2002, 917); Büroräume, spürbare Innentemperaturabsenkung, Temperaturem zum Teil sehr viel weniger als 20° C 50 % (KG ZMR 2008, 790, 793: 100 % bei Totalausfall möglich);

– Ausfall

414 Zeitweiser Heizungsausfall im Sommer 0 % (LG Wiesbaden WuM 1990, 71); an 4 besonders kalten Tagen im Winter 0 % (AG Erkelenz ZMR 1999, 259 m. abl. Anm.

Rau); Ausfall der Heizung im Schlafzimmer im Winter 20 % (LG Hannover WuM 1980, 130); Ausfall des Ölofens in der Küche 20 % (AG Landsberg a. L. WuM 2007, 12); Ausfall in Heizperiode 40 % (LG Berlin GE 1993, 861), 50 % (OLG Frankfurt/M. ZMR 1974, 42, LG Kassel WuM 1987, 271), 75 % (LG Berlin ZMR 1992, 302), 100 % (LG Hamburg WuM 1976, 10); Ausfall außerhalb Heizperiode 50 % (LG Berlin WuM 1993, 185); Heizung in einer Diskothek wird ab 22.00 Uhr abgestellt 23 % (OLG Düsseldorf NJW-RR 1994, 399 = WuM 1994, 324 auch in den Sommermonaten); unbeheizbar, Öfen qualmen bei Inbetriebnahme »durch alle Ritzen« ganzjährig 100 % (OLG Naumburg ZMR 2000, 383).

Keller

Keller wird zeitweilig vorenthalten 2 % (LG Berlin GE 1996, 471); Mitbenutzung **415**
Fahrradkeller entzogen 2,5 % (AG Menden WuM 2007, 190); als Wohnraum vermieteter Keller ist zu Wohnzwecken nicht geeignet 20 % (LG Lüneburg WuM 1989, 368); Keller wird vorenthalten und Ausfall Warmwasserversorgung 30 % (AG Darmstadt WuM 1983, 151);

Keller ist feucht knapp 5 % (AG Düren WuM 1983, 30); 10 % (AG Bad Bramstedt WuM 1990, 71); steht unter Wasser 5 % (AG Osnabrück ZMR 1987, 342); Kellerraum ist nach Abriss der Kellertreppe nur noch über das Nachbarhaus erreichbar 3 % (AG Hamburg NZM 2001, 234).

Klimaanlage

(Zugleich Heizung) mangelhafte in Einkaufszentrum 25 % (LG Augsburg ZMR 1975, 269). **416**

Konkurrenzschutz

Textilgeschäft in Nachbargebäude, Produktüberschneidung offen 5 % (LG Chemnitz **417**
ZMR 2002, 350); Gaststätte, gestaffelt nach Geschäftsjahren ab Eröffnung 7,5–12,5 % (OLG Karlsruhe ZMR 1990, 214, 216); zweite Arbeitnehmerüberlassung im Gebäude 20 % (OLG Düsseldorf ZMR 2002, 38, 41).

Küche

Herdklappe des mitgemieteten Küchenherdes ist nicht ordnungsgemäß bedienbar 2 % **418**
(AG Warendorf WuM 2000, 378); durch Küche laufende Abwasserhauptleitung eines Mehrfamilienhauses bleibt nach Bauarbeiten unverkleidet, Fliesen fehlen 10 % (LG Hannover WuM 2003, 317); vertraglich vorausgesetzte Einbauküche fehlt 20 % (LG Dresden WuM 2001, 336), 100 % (LG Itzehoe WuM 1999, 41).

Lärm

– Baulärm

Siehe auch unter Bauarbeiten Rdn. 392; **419**

Gebäudemodernisierung zum Teil in der Wohnung und über 8 Stunden täglich 10–15 % (LG Dresden WuM 1998, 216); von Baustelle auf dem Nachbargrundstück 20 % (LG Göttingen NJW 1986, 1112 = WuM 1986, 114);

– Großbaustelle

420 Baulärm von Großbaustelle in Innenstadtlage über Monate, z. T. nachts 12 % (LG Frankfurt/M. ZMR 2007, 698, 699 = WuM 2007, 316); 15 % (LG Siegen WuM 1990, 17; AG Köln WuM 1996, 92 u. AG Saarburg WuM 1999, 64), 20 % (AG Regensburg WuM 1992, 476); Großbaustelle Neubau Bezirkssparkasse 20 % (LG Mannheim WuM 2000, 185); Lärm und Staubbelästigung während des Abrisses zweier Häuser 20 % (AG Saarburg WuM 1999, 548); Baulärm von Bauarbeiten an gegenüber gelegenem Einkaufszentrum 20 % (LG Hamburg NJW-RR 1999, 378 = MDR 1999, 154); von Fassadenarbeiten an am gleichen Platz gelegenem Kaufhaus 20 % (LG Dortmund NZM 1999, 765: Rechtsanwaltskanzlei); im Neubaugebiet Arbeiten nach 17.00 Uhr und an Wochenenden 25 % (AG Darmstadt WuM 1984, 245);

Bahnstreckenbau (ICE) in lärmmäßig vorbelastetem Gebiet 10 % (LG Kassel NJW-RR 1989, 1292: Kassel-Wilhelmshöhe und LG Wiesbaden WuM 2000 184: ICE Neubaustrecke Köln-Frankfurt); Straßenbau in vorbelastetem Gebiet 15 % (LG Siegen WuM 1990, 17), Baulärm durch Ausbau einer Bahnstrecke in unmittelbarer Nähe der Wohnung 18,18 % (AG/LG Köln WuM 2001, 78); Großbaustelle (4. Elbtunnelröhre) Erdgeschosswohnung 10 m vom Bauzaun 35 %, Wohnung in zweiter Reihe (30 m vom Bauzaun) 1. OG 15 % (LG Hamburg WuM 2001, 444).

– Gewerbelärm

421 Lärm im Hof durch Ladetätigkeiten eines Lebensmittelgeschäfts 5 % (LG Berlin GE 1992, 1095); Schallplattengeschäft 10 % (AG Köln WuM 1994, 200); Lärm aus der Nachbarschaft durch Kinderarztpraxis 10 % (AG Bad Schwartau ZMR 1978, 266 = WuM 1976, 259); aus Büroraum 15 % (LG Karlsruhe DWW 1987, 234); aus über der Wohnung liegendem Büro 15 % (LG Karlsruhe DWW 1987, 234); Öffnen/Schließen eines Metalltores, Grenzwert überschritten 15 % (AG Köln WuM 2002, 695); benachbarter Supermarkt (Anlieferverkehr, Pappresse) 15 % (AG Gifhorn WuM 2002, 215); Schuhmacherwerkstatt im Haus 20 % (AG Gelsenkirchen ZMR 1978, 238); nachträgliche Eröffnung einer Diskothek an ohnehin sehr lauter Straße 20 % (AG Köln WuM 1997, 647); Billardcafé im Nachbarhaus 20 % (AG Köln WuM 1991, 545); aus Tanzschule nach 22.00 Uhr 20 % (AG Köln WuM 1988, 56); aus Gewerberäumen und durch Besucher des im Erdgeschoss gelegenen Swingerclubs 15 % im Sommer/10 % im Winter (AG Berlin-Charlottenburg NZM 1999, 71); sonstiger Lärm aus Swingerclub, darüber liegende Wohnung, wegen 24 Stunden Betrieb weitere 5 % (LG Berlin NJW-RR 2000, 601 = NZM 2000, 377 insgesamt 25 %).

– Verkehrslärm

422 Ausweitung des Lärms durch Bau eines zweiten Gleises 7 % (AG Schöneberg ZMR 2000, 309); Sackgasse für Durchgangsverkehr geöffnet, durch Pflaster Lärm- und Erschütterungsbelästigung 8 % (AG Köpenick WuM 2006, 109); geänderte Verkehrsführung nach Straßenumbau, Sackgasse/Anwohnerverkehr zu Ortsumfahrung mit Lichtzeichenanlage 13,5 % (AG Erfurt WuM 2000, 592).

– Wohn-/Freizeitlärm

423 Siehe auch unter Heizung/Geräusche Rdn. 412

Hausmusik 0 % (AG Münster WuM 1991, 545); Geräuschbelästigung in über Tiefgarage *liegender Wohnung* 0 % (AG Bonn WuM 1990, 71), DIN 4109 überschritten 15 % (LG Hamburg ZMR 2009, 918); Trittschall nach Umnutzung des Trockenbodens zu Wohnung 5 % (LG Hannover WuM 1994, 463); nächtliche Streitgespräche 5 % (AG Bergisch-Gladbach WuM 2003, 29); ständige nächtliche Bürotätigkeiten in über Wohnung liegender Wohnung, deren Miete im oberen Preissegment 9,5 % (LG Potsdam NZM 2002, 68); Lärm aus darüber liegender Wohnung von spielenden und tobenden Kindern. innerhalb allgemeiner Ruhezeiten 10 % (AG Neuss WuM 1988, 264), 11 % (LG Köln WuM 1971, 96), 10–15 % (AG Braunschweig WuM 1983, 122); »Stehpinkler« in Nachbarwohnung 10 % (LG Berlin GE 2009, 779 = Beck RS 2009, 22485); störende Geräusche aufgrund alltäglicher gewöhnlicher Nutzung der Nachbarwohnung 13 % (AG Hamburg WuM 1996, 760); Lärm in darunter liegender Wohnung aus ausgebauter Dachwohnung wegen unterlassenem Einbau einer Trittschalldämmung 20 % (AG Cloppenburg WuM 1996, 760); zu hoher Lärmpegel in Wohnung durch Haustür und Garagentore 20 % (AG Mainz WuM 2003, 87); unzureichender Schallschutz (Doppelhaushälfte/Erstbezug) 20 % (AG Trier WuM 2002, 308); sehr häufige Feiern anderer Mieter bis spät in die Nacht an den Wochenenden 20 % (AG Lünen DWW 1988, 283); Lärm und Mieter muss fürchten, Opfer krimineller Handlungen der Hausnachbarn zu werden 25 % (AG Köln WuM 1980, 17); überlaute Musik auf dem Hof und in der Wohnung zur Nachtzeit 50 % (AG Braunschweig WuM 1990, 147);

– aus Umfeld

Rollgeräusche und laute Musik auch außerhalb der Schulzeiten von neuerrichteter Skaterbahn im Mischgebiet, das insbesondere für schulische und sportliche Zwecke ausgewiesen ist, zulässige Lärmwerte werden z.T. überschritten 5 % (AG Emmerich NJW-RR 2000, 1250 = NZM 2000, 544); Betrieb eines Biergartens 10 % und Benutzung der Altstoffsammelstelle (Container) unter Missachtung der Glas- und Papiereinwurfzeiten 10 % (AG Rudolstadt WuM 2000, 19); Lärm durch Müllschlucker 17 % (LG Dresden NJWE-MietR 1997, 197); nächtliche Lärmstörungen durch im Dach aktiven Marder 30 % (AG Hamburg-Barmbeck ZMR 2003, 582). **424**

Nebenräume/Außenanlagen

– Garten

Fällen eines älteren Baumbestandes in unmittelbarer Nähe einer in einer Wohnanlage gelegenen Wohnung 0 % (AG Gronau WuM 1991, 262); Garten wird über Jahre nicht gestaltet 10 % (LG Darmstadt NJW-RR 1989, 1498 Erdgeschosswohnung); wie vor, Garten teilweise entzogen 17 % (AG Köln WuM 2000, 691); Mitnutzung teilweise Garten, Trockenraum und Waschküche ganz entzogen 17,6 % (LG Köln WuM 1993, 670); **425**

– Kinderspielplatz

Vorgeschriebener Kinderspielplatz in größerer Wohnanlage fehlt 5 % (LG Freiburg ZMR 1976, 210: Mieter hat kleine Kinder); **426**

– Mülltonnen

Stilllegung des Müllschluckers 0 % (AG Hamburg WuM 1985, 260); ständig überfüllte Mülltonnen 5 % (AG Potsdam WuM 1996, 760); zu Lärm Rdn. 424 a.E.); **427**

– Terrasse

Terrasse ist wegen Bauarbeiten nicht nutzbar 5 % (AG Potsdam WuM 1996, 760), 15 % (AG Eschweiler WuM 1994, 427); Dachterrasse Grenzwerte 26. BImSchV deutlich unterschritten, fünf Dachantennen, objektive Beeinträchtigung konkret nachweisbar 10 % **428**

(AG Hamburg WuM 2007, 621, 625); statt Veranda wird Freisitz errichtet ca. 7 % (AG Heilbronn WuM 1998, 20); durch Türeinbau wird Terrasse für andere Mieter begehbar 7 % (AG Augsburg ZMR 1998, 354); die unmittelbar an eine Terrasse angrenzende Grünfläche wird als Weidefläche genutzt, Gerüche, Lärm und Ungeziefer von Weidevieh 20 %/ca. 50,00 € (AG Bersenbrück WuM 2000, 211 = AgrarR 2000, 259).

– Treppenhaus

429 Nach Brand verrußt 3,5 % (AG Hamburg WuM 2002, 265); Flure, Treppenaufgänge, Fahrstuhl eines Hochhauses sind ständig stark verschmutzt 5 % (AG Kiel, WuM 1991, 343); ablösender Putz, abblätternde Farbe 5 % (LG Köln WuM 1990, 17); abblätternde Farbe und Verschmierungen 10 % (AG Berlin-Schöneberg GE 1991, 527); Treppenhaus infolge nicht abgeschlossener Elektroarbeiten in optisch schlechtem Zustand 10 % (AG Köln WuM 1997, 470); Treppenhaus völlig verwahrlost, Müll anderer Mieter, vom größten Teil anderer Mieter nie gereinigt, Hundeexkremente 10 % (AG Dortmund WuM 1998, 570);

– Trockenraum/Waschküche

430 Entzug, Wäsche im Garten zu trocknen bei vorhandenem Trockenraum 0 % (LG Köln WuM 1987, 271); mit vermietete Waschküche kann nicht genutzt werden 5 % (AG Köln WuM 1983, 122); Trockenraum wird entzogen, Trockenplatz ist vorhanden 2 % (LG Saarbrücken NJWE-MietR 1997, 5 = WuM 1996, 468, 469); Waschküche und Trockenraum werden entzogen 10 % (AG Osnabrück WuM 1990, 147; AG Brühl WuM 1975, 145); Trockenraum ist vollgestellt ca. 5,00 € (AG Reutlingen WuM 1990, 146); Mitnutzung von Waschküche, Trockenspeicher ganz, Garten teilweise entzogen 17,6 % (AG Köln WuM 2001, 467).

Öffentl.-rechtl. Gebrauchshindernisse

431 Wegen fehlender Baugenehmigung Räumung angedroht 50 % (LG Mönchengladbach MDR 1992, 871 = ZMR 1992, 304); Zweckentfremdungsgenehmigung fehlt 100 % (OLG Hamm NJWE-MietR 1997, 201), und Gemeinde stellt Ahndung in Aussicht 10 % (OLG Hamburg NJW-RR 1996, 1356 = NJWE-MietR 1996, 270); beabsichtigte Nutzung als Swinger-Club nicht genehmigungsfähig, Einschreiten zu erwarten 100 % (OLG Düsseldorf ZMR 2005, 707).

Risse

432 Putzrisse und Schließmechanismus eines Oberlichts beeinträchtigt 3 % (OLG Brandenburg WuM 2007, 14, 16); Haarrisse in Fliesen 5 % (OLG Köln ZMR 1998, 763, 765: Friseurgeschäft); durchgehender Riss im Außenmauerbereich 15 % (AG Bergheim WuM 2000, 435); Durchlaufschäden an der Decke und Setzrisse 25 % (AG Aachen WuM 1974, 44, 46); Risse und Abplatzungen in Wand- und Deckenbereich eines Ladenlokals in denkmalgeschützter gehobener Einkaufslage 20 % (LG Düsseldorf WuM 1998, 20).

Schadstoffe

– Raumluft

433 Sporen von Schimmelpilz/Algen s. unter Feuchtigkeit Rdn. 403.

Geringe Belastung der Raumluft mit Lösungsmittel 3,5 % (AG Torgau WuM 2003, 316); Kinderzimmer wegen (zurückgehender) erhöhten Kohlenwasserstoffbelastung durch Isolieranstrich der Außenwand nicht nutzbar 27,77 % (AG Lübeck ZMR 2001, 281);

Asbestbelastung in mit vermieteter Scheune 15 % (LG Mannheim WuM 1996, 338), durch Elektronachtspeicheröfen 50 % (LG Dortmund WuM 1996, 141, 142 = ZMR 1994, 410; AG Heidelberg NJWE 1996, 267; AG Springe/LG Hannover WuM 1997, 434); ob Fasern freigesetzt offen 20 % (AG Hof WuM 1998, 281); Beheizung mit asbesthaltigen Nachtspeicheröfen, die keine Fasern freisetzen, Mieter erst nachträglich erfahren 18 % (LG Hannover WuM 1997, 434).

Formaldehyd Grenzwert 0,1 ppm in Wohnraumluft wird überschritten 56 % (AG Köln WuM 1987, 120), 50 % (AG Mettmann VR 1990, 208), 25 % (AG Bad Säckingen WuM 1996, 140, 141); PER-haltiges Reinigungsmittel (s.o. Dämpfe/Gerüche Rdn. 395).

Holzschutzmittel wurden verwendet, die PCP und Lindan enthalten, aufgrund PCP-Belastung der Raumluft akute Gesundheitsgefahr für Mieter 30 % (AG Rheinbach VuR 1990, 212); PCP- und Lindanbelastung in Kinder- und Schlafzimmer 50 % (LG Kiel WuM 1997, 674); vom Bundesgesundheitsamt (heute BfR) vorgegebener Richtwert wird unterschritten, Blutuntersuchung des Mieters ergibt Belastung mit Xyladecor 100 % (AG Mainz DWW 1996, 216, 217); Holzschutzmittel in der Holzdecke 100 % (AG Stade WuM 2000, 417);

Gesundheitsgefährdende Belastung durch entgegen Herstellerhinweis in Wohnung angewendetes Insektizid 100 % (AG Trier WuM 2001, 486).

– Trinkwasser

Grenzwert für Blei wird gelegentlich überschritten 0 % (LG Frankfurt/M. ZMR 1990, 17); Bleigehalt 5 % (OLG Köln NJW 1992, 51 = ZMR 1992, 155 für Büro-/Lagerraum), 9 % nach Einzug Neugeborenem (AG Hamburg MDR 1991, 1060 = ZMR 1992, 26 = WuM 1992, 11); 10 % (AG Hamburg WuM 1990, 383: Grenzwert wird um das 3–4 fache überschritten); **434**

Nitratgehalt liegt über dem Grenzwert 10 % (AG Osnabrück NJW 1987, 971 = ZMR 1987, 342 und WuM 1989, 12), 30 % (AG Brühl WuM 1990, 382);

Eisengehalt liegt über dem Grenzwert 10 % (LG Braunschweig WuM 1990, 145; AG Köln WuM 1982, 226); Trinkwasser ist bräunlich verfärbt 10 % (AG Dortmund WuM 1990, 425); Braunfärbung und erheblicher Eisengehalt 15 % zzgl. ca. 50,00 € monatlich als Kostenersatz für Trink- und Kochwasser (AG Bad Segeberg WuM 1998, 280); Rostverfärbung 20 % (AG Görlitz WuM 1998, 180).

Schwarze Wohnungen (s. Fogging Rdn. 407)

Schlüssel (s. Türen Rdn. 443)

Tapete

Optische Mängel an Nahtstellen 1 % (LG Köln WuM 1999, 553); öffnet sich an Nähten und löst sich an einzelnen Stellen ab 5 % (AG Münster WuM 2007, 90). **435**

Teppichboden

436 Teppichboden defekt und Isolierglasscheiben getrübt in drei Zimmern und Küche 5 % (AG Köln WuM 2001, 467); Stolpergefahr durch Kanten und erhebliche optische Beeinträchtigung 15 % (OLG Celle WuM 1995, 584: Altenheim).

Tiere

– Hunde/Katzen

437 Hundekot im Treppenhaus 20 % (AG Münster WuM 1995, 534); streunende Katzen werden von Mitmieter gefüttert und dringen über Balkon in Wohnung ein 15 % (AG Bonn WuM 1986, 212 = NJW-RR 1986, 444 = NJW 1986, 1114).

– Mäuse/Ratten

438 Balkon wegen Ratten nur eingeschränkt nutzbar 5 % (AG Köln ZMR 2004, 594); Ratten im Hof des Hauses 10 % (AG Aachen WuM 2000, 379); Mäuse und Kakerlaken dringen in Wohnung 10 % (AG Bonn WuM 1986, 113); Mäuseplage 10 % (AG Rendsburg WuM 1989, 284); erheblicher Mäusebefall in einer Stadtwohnung 100 % (AG Brandenburg WuM 2001, 605).

– Tauben

439 Störende Wildtauben 0 % (LG Kleve WuM 1986, 333); Tauben nisten im Haus 10 % (LG Berlin NJW-RR 1996, 264, 265) und Kot auf dem Balkon 5 % (AG Hamburg WuM 1988, 121; AG München ZMR 2010, 538: Wohnungs-, ohne Tiefgaragenmiete), 20 € (AG Ratingen DWW 1989, 366); wegen Nisten und Kot Dachspeicher nicht nutzbar 10 % (AG Köln ZMR 1995, Sonderdruck II); über 100 werden in einem Verschlag auf dem Nachbargrundstück gehalten 25 % (AG Dortmund WuM 1980, 6); Taubenplage 30 % (AG/LG Freiburg WuM 1998, 212); nisten vor Wohn- und Schlafzimmer 30 % (AG Pforzheim WuM 2000, 302).

– Ungeziefer

440 Spinnen gelangen in Parterrewohnung 0 % (AG Köln WuM 1993, 670); vereinzeltes Auftreten von Späherameisen, solange keine konkrete Besiedelung 0 % (AG Köln ZMR 1999, 262);

Kakerlaken und Mäuse dringen in Wohnung ein 10 % (AG Bonn WuM 1986, 113); Kakerlaken 100 % (LG Freiburg WuM 1986, 245);

Silberfische in der Wohnung 15 % (AG Berlin-Tiergarten MM 1990, 233), 20 % (AG Lahnstein WuM 1988, 55);

Katzenflohbefall, trotz verschiedener Bekämpfungsmaßnahmen in 2 1/2 Monaten 80 Flohbisse 100 % (AG Bremen ZMR 1998, 234);

massiv verbreiteter Khaprakäfer und fruchtloser Bekämpfungsversuch mit in Wohnung nicht zugelassenem Mittel, das zu Kopfschmerz, Unwohlsein und Hustenreiz führt 100 % (AG Aachen WuM 1999, 457).

– Vieh

441 Viehweide an Wohnterrasse 20 %/ca. 50,00 € (AG Bersenbrück WuM 2000, 211 = AgrarR 2000, 259).

Toilette

Wasserdruck zu niedrig, 5–6maliges Spülen erforderlich 5 % (AG Warendorf WuM 2000, 378); Fäkalienrückfluss 5 % (AG Berlin-Schöneberg GE 1991, 527); Entlüftung fällt aus 5 % (AG Köln WuM 1980, 163); Wasserleitung muss bei jeder Benutzung von Toilette und Waschmaschine aufgedreht werden 5 % (LG Saarbrücken NZM 1999, 757); eine von zwei Toiletten im Treppenhaus wird gesperrt 7 % (AG Nidda WuM 1983, 236); lässt sich nur über Küche entlüften 10 % (AG Schöneberg MM 1990, 231); Toilettenschüssel gesprungen 10 % (AG Büdingen WuM 1998, 281); Wasserdruck ist unzureichend 15 % (AG Münster WuM 1993, 124); einzige Toilette der Wohnung ist nicht benutzbar 80 % (LG Berlin MM 1988, 213); Fäkaliengrube ist unbenutzbar 100 %, 75 % ab Aufstellen Miettoilette (LG Potsdam WuM 1997, 677). **442**

Tür/Abgeschlossenheit

Abgetretene Türschwellen 0 % (LG Berlin ZMR 1985, 50); fünf Außentüren undicht, Zugluft dringt ein 5 % (OLG Düsseldorf DWW 2000, 122, 124); Haustür ist nicht abschließbar 5 % (AG Köln WuM 1978, 126); fehlende Wohnungseingangstür 15 % (LG Düsseldorf WuM 1973, 187); Wohnung nicht abschließbar, Trennwand zum Hausflur fehlt 25 % (AG Potsdam WuM 1996, 760); Fehlen sämtlicher Zimmertüren 25 % (AG Hamburg-Altona ZMR 2008, 298, 299); Haustür schließt nicht automatisch, Briefkasten defekt, Trockenboden nicht nutzbar 30 % (AG Osnabrück WuM 2000, 329); Ferienwohnung nicht abgeschlossen, Etagentür fehlt 40 % (AG Bad Oeynhausen ZMR 2005, 541); Schlüssel zu Wohnungseingangstür nicht ausgehändigt 100 % (OLG Düsseldorf ZMR 2005, 710); **443**

als Diebstahlsicherung fehlende Mauer einer Halle mind. 50 % (BGH ZMR 2003, 437 = NZM 2003, 437).

Umfeld

Fällen eines älteren Baumbestandes in unmittelbarer Nähe einer in einer Wohnanlage gelegenen Wohnung 0 % (AG Gronau WuM 1991, 262); **444**

zweimalige mit Luftgewehrmunition Fensterscheibe Loggia getroffen 5 % (AG München ZMR 2010, 538: Wohnungs-, ohne Tiefgaragenmiete);

Einstellung des garantierten Frühstücksservices in dem im Erdgeschoss eines Hotels eingerichteten Restaurant 50 % (OLG Frankfurt/M. ZMR 1999, 628);

Vermieter verlässt Gemeinschaftsprojekt, wodurch wesentlicher Publikumsverkehr beendet wird (für Betrieb Buchladen in einer Schalterhalle der Post) 10 % während laufenden Umzuges Niederlassung Briefpost, weitere 10 % ab Abschluss Umzug Niederlassung Briefpost, weitere 10 % während laufenden Umzuges Niederlassung Postfiliale und Postfiliale mit Schalterhalle, weitere 20 % ab deren Abschluss (OLG München ZMR 1999, 707 = NZM 2000, 189);

Drogenberatungsstelle in der Nachbarschaft 30 %, ab Einzug in dasselbe Haus 40 % (OLG Hamburg WuM 2003, 90); Sprengstoffanschläge in unmittelbarer Nähe des Mietobjekts, in Bekennerbrief Drohung gegen Mitmieter des Objekts, polizeilicher Objektschutz 66 % (OLG Dresden NZM 2002, 165);

s. auch unter Bordellbetrieb/Prostitution/Swingerclub Rdn. 393 und Lärm/Umfeld Rdn. 424.

Verkehrssicherungspflicht

445 Geländer an Empore fehlt 20 % (OLG Brandenburg ZMR 2009, 190, 191).

Warmwasser

446 s. auch unter Trinkwasser Rdn. 434.

Erst nach Vorlauf von ca. 70 l 37° C warmes Wasser 5 % (LG Berlin NZM 2002, 143); gestörte Warmwasser- und Heizungsversorgung im Mai/Juni 10 % (LG Heidelberg WuM 1997, 42, 44); Ausfall Warmwasser Steuerbüro 10 % (KG ZMR 2008, 790, 793); zu geringe Dauerleistung des Warmwasseraufbereiters, aufeinander folgende Entnahme von Warmwasser erheblich eingeschränkt, daneben schwergängige Fenster- und Hauseingangstür, fehlende Dichtungen in den Fenstern, Schäden in Abdichtung zwischen Duschwanne und Fliesen 15 % (LG Braunschweig ZMR 2000, 222); zwischen 22 Uhr und 7 Uhr nicht verfügbar 7,5 % (AG Köln WuM 1996, 701); Ausfall des Warmwasserboilers im Bad 15 % (AG München NJW-RR 1991, 845); Ausfall der Warmwasserversorgung, Wohnung im Winter nur auf 14° – 15° C erwärmbar 70 % (AG Görlitz WuM 1998, 315).

Waschmaschine

447 Wasserzufuhr muss bei jeder Benutzung von Waschmaschine und der Toilette aufgedreht werden 5 % (LG Saarbrücken NZM 1999, 757).

Wasserschaden

448 s. auch Feuchtigkeit (Rdn. 400 ff.) und Fußboden (Rdn. 408)

Überschwemmung durch Jahrhundertflut, bei normalem Hochwasser Mietobjekt ungefährdet 100 % (AG Grimma NJW 2003, 904, LG Leipzig NJW 2003, 2177 = NZM 2003, 510).

Zugang

449 Fahrradkeller entzogen 2,5 % (AG Menden NZM 2007, 883); externer, verfallender Fahrradschuppen entzogen 2,5 % (LG Berlin MM 1994, 10); Fahrradabstellmöglichkeit im Treppenhaus im Erdgeschoss entzogen 5 % (AG Hamburg NZM 2007, 802);

vermieteter Kellerraum ist nach Abriss der Kellertreppe nur noch über das Nachbarhaus erreichbar 3 % (AG Hamburg NZM 2001, 234);

Zugang wird behindert und undichte Fenster 12,5 % (OLG Hamburg WuM 1999, 281); Ladenlokal in Fußgängerzone, Hofbelieferung entfällt 20 % (LG Chemnitz ZMR 2002, 350, 351); durch Besitz sämtlicher Wohnungsschlüssel ausgeübte Kontrolle des Besuchs, um Zugang des Lebensgefährten der Mieterin zu unterbinden 100 % (LG Gießen NZM 2001, 232); durch Baumaßnahme Zugang zu Ladenlokal entzogen 100 % (KG NZM 2008, 526 = NJW-RR 2008, 1042);
- zu Garten (Rdn. 425), Stellplatz (Rdn. 410); Waschküche/Trockenraum (Rdn. 430).

10. Kapitel
Nebenpflichten

Übersicht

I. Schutzpflichten/Handlungs- und Unterlassungspflichten

1 Durch § 535 Abs. 1 BGB wird der Vermieter gegenüber dem Mieter verpflichtet, den Gebrauch der Mietsache während der Vertragslaufzeit zu gewähren und die Mietsache dem Mieter in einem zum vertragsgemäßen Gebrauch geeigneten Zustand zu erhalten. Damit sind für den Vermieter die Hauptleistungspflichten aus dem Mietvertrag normiert. Aus dieser Überlassungs- und Erhaltungspflicht heraus resultiert eine allgemeine Fürsorgepflicht des Vermieters; diese stellt einen Unterfall der Verkehrssicherungspflicht dar (Emmerich in Staudinger § 535 BGB Rn. 82). So müssen Vorkehrungen dafür getroffen werden, dass der vertragsgemäße Gebrauch der Mietsache für den Mieter sichergestellt und der Mieter vor Schäden und Störungen durch Dritte bewahrt wird. In diesem Zusammenhang muss der Vermieter die Mietsache auf mögliche Gefahren überprüfen und diese gegebenenfalls beseitigen, da der Vermieter seinen Verpflichtungen nur nachkommt, wenn von der vermieteten Sache solche nicht ausgehen (BayObLG WuM 1999, 568). Zum Gebot der Rücksichtnahme im Mietrecht s.a. Blank WuM 2004, 243 ff.

2 Der Vermieter muss eine gefahrlose Benutzung der Zugänge zur Mietsache gewährleisten. Hierzu zählt auch eine ausreichende Beleuchtung des Außenbereichs (AG Flensburg WuM 1996, 215 für Außenschalter), des Treppenhauses (OLG Koblenz WuM 1997, 50 für 20 Sekunden Betriebsbereitschaft ohne Unterbrechung). Es ist darauf zu achten, dass keine Schäden an den Treppenstufen vorhanden sind (Blank Mietrecht von A bis Z »Instandhaltung und Instandsetzung« II.). Die Zugangswege zur vermieteten Wohnung müssen im Winter ausreichend vom Vermieter gestreut sein, soweit diese Pflicht nicht zulässigerweise auf den Mieter übertragen wurde.

Allerdings hat das OLG Düsseldorf (ZMR 2008, 952) entschieden, dass eine Haftung des Vermieters nur in Betracht kommt, wenn der Mieter, der über Risse einer schadhaften Bodenplatte gestolpert ist, dem Vermieter diesen Mangel angezeigt hat.

3 Der Vermieter muss Schutzvorrichtungen gegen Hochwasserschäden schaffen (OLG Düsseldorf ZMR 1988, 222; OLG Hamm ZMR 1988, 138), es sei denn, dass die Lage des Grundstücks nicht hochwassergefährdet ist (BGH NJW 1971, 424; OLG München WuM 1991, 682). Dagegen ist der Vermieter nicht gehalten, Rückstausicherungen gegen Wassereintritte in den Keller bei Unwettern einzubauen, sofern die Gemeindesatzung solche Sicherungen nicht vorsieht (LG Freiburg v. 03.03.2005, Az. 3 S 245/04; LG Freiburg WuM 1987, 383).

4 Die allgemeine Schutzpflicht gebietet es dem Vermieter, sich nach dem Abschluss von Arbeiten auf dem Grundstück zu vergewissern, dass die Arbeiten beendet sind und dass die Mietsache wieder ohne Gefahren für den Mieter zur Verfügung steht (LG Berlin WuM 1990, 378 für PKW-Schaden nach Durchführung von Tiefgaragenarbeiten). Die Mitteilung der Baufirma über die Beendigung der Maßnahmen genügt hierfür nicht. Der Vermieter muss sich selbst ein Bild an Ort und Stelle machen. Der Vermieter hat auch dafür zu sorgen, dass bei Bauarbeiten auf dem Nachbargrundstück die Mietsache nicht beschädigt wird (OLG Karlsruhe ZMR 1988, 52).

5 Den Vermieter trifft die Verantwortung, wenn er solche grundlegenden Fürsorgepflichten nicht wahrnimmt und Maßnahmen unterlässt, die für den Mieter Gefahren in sich bergen und sich realisieren. Auf einen vertraglichen Ausschluss der verschuldensunabhängigen Garantiehaftung für Anfangsmängel der Mietsache kann der Vermieter sich nicht mit Erfolg berufen (OLG Düsseldorf ZMR 1988, 222; Bub/Treier/Kraemer III B Rn. 1316). Ganz allgemein muss der Vermieter auch alles unterlassen, was den Mieter in irgendeiner Weise beeinträchtigt und ihm Schaden zufügen kann (BGH ZMR 1964, 235).

II. Aufklärungspflichten

1. Wohnraum

a) Vermieter

6 Eine Pflicht des Vermieters, den Mieter bereits vor Abschluss des Mietvertrages auf bestimmte Umstände hinzuweisen, kann sich aus § 311 i.V.m. §§ 241 Abs. 2, 242 BGB ergeben. Bereits bei den Vertragsabschlussverhandlungen ist der Vermieter, was aber auch für den Mieter gilt, verpflichtet, den anderen Teil über Umstände in Kenntnis zu setzen, die zur Vereitelung des Vertragszwecks geeignet sind (BGH NJW 1985, 1769). Ganz allgemeine Risiken sind hiervon aber ausgenommen (OLG Karlsruhe NJW 1994, 2100). Die Aufklärungspflicht des Vermieters bezieht sich auf Umstände, die erkennbar für den Mieter von besonderer Bedeutung sind (BGH WPM 1980, 1365). Solche Umstände lösen die Aufklärungspflicht dann aus, wenn sie dem Mieter nicht bekannt sind und der Vermieter weiß, dass diese für den Mieter bedeutsam sind (Bub/Treier/Reinstorf II Rn. 191). Hierzu zählt jedenfalls die Höhe der zu zahlenden Miete; der Vermieter verletzt daher seine vorvertraglichen Pflichten, wenn er bei Abschluss des Mietvertrages die Nebenkostenvorauszahlungen völlig unzureichend ansetzt (LG München ZMR 2002, 760; a.A. BGH WuM 2004, 201 – für den Fall, dass keine besondere Umstände gegeben sind). Die Aufklärungspflicht besteht insbesondere, wenn der andere Vertragsteil sich über bestimmte Umstände erkundigt.

7 Bei schuldhafter Verletzung der Aufklärungspflicht ist der Mieter so zu stellen, als ob der Mietvertrag nicht abgeschlossen worden ist (AG Hohenschönhausen NJWE-MietR 1997, 57).

8 Der Vermieter ist gehalten, auf jederzeit mögliche nächtliche Störungen hinzuweisen (BGH NJW 1991, 1674 für den Grundstücksverkäufer). Indessen wird der Vermieter nicht für verpflichtet gehalten, auf sämtliche ihm bekannten Mängel hinzuweisen (AG Hohenschönhausen NJWE-MietR 1997, 57). Dagegen wird von Sternel (I Rn. 258) zu Recht vertreten, dass den Vermieter die allgemeine Aufklärungspflicht trifft, auf bestehende Mängel aufmerksam zu machen, mit Ausnahme, dass der Vermieter aus berechti-

gen Gründen davon ausgehen durfte, dass der Mieter die Mängel unschwer selbst feststellen kann, oder mit Ausnahme, dass der Mangel sich nicht wesentlich auf den Mietgebrauch auswirkt. Der Hinweis des Vermieters auf eine nicht modernisierte Altbauwohnung mit entsprechend alter Elektroinstallation kann nicht dazu führen, dass der Mieter nicht den Mindeststandard erwarten darf, der ein zeitgemäßes Wohnen ermöglicht und den Einsatz der für die Haushaltsführung allgemein üblichen elektrischen Geräte erlaubt (BGH WuM 2004, 527). Den Vermieter trifft beim Abschluss des Mietvertrags keine Hinweispflicht auf die geplante Errichtung einer Mobilfunkanlage (LG Hamburg ZMR 2007, 198).

Ferner muss der Vermieter über die baurechtliche Genehmigungsfähigkeit der Wohnung aufklären, sofern diese sich auf das Gebrauchsrecht des Mieters auswirkt (OLG Hamburg MDR 1967, 595).

Zur Aufklärungspflicht gehört es ferner, dass der Vermieter dem Mieter seine Postadresse **9**
mitteilt. Gleichermaßen wird der Wohnungsverwalter für verpflichtet gehalten, dem Mieter die Anschrift des im Mietvertrag bezeichneten Vermieters zu nennen, sofern der Mieter die Angabe aus bestimmten Gründen benötigt (AG Recklinghausen WuM 1997, 485 für eine beabsichtige Klagerhebung). Die Nennung des Namens des Vermieters wird man allgemein für erforderlich halten müssen, wenn der Vermieter im Vertrag genannt ist, da er in diesem Fall der Vertragspartner des Mieters ist. Verletzt der Verwalter diese Verpflichtung und teilt er dem Mieter später als zwei Wochen erst die Anschrift mit, haftet er selbst für eintretende Schäden (LG Köln WuM 1990, 13).

b) Mieter

Eine Aufklärungspflicht kann auch den Mieter treffen. Für ihn gelten dieselben Grund- **10**
sätze wie für den Vermieter. So muss auch der Mieter den Vermieter über Umstände aufklären, die für den Vermieter besondere Bedeutung haben (OLG Celle BB 1978, 576), wenn der Mieter dies erkennen kann, insbesondere, wenn er danach gefragt wird. Bei der Wohnraummiete spielen in diesem Zusammenhang die Selbstauskünfte eine entscheidende Rolle, wobei der Mieter nur verpflichtet ist, Fragen zu beantworten, die auch zulässigerweise gestellt sind. Dies ist auf Grund einer Interessenabwägung zu beurteilen. Zulässig sind daher Fragen nach dem derzeitigen Arbeitsverhältnis (LG Köln WuM 1983, 297), nach dem Einkommen (AG Bonn WuM 1992, 597) und nach der Zahlungsfähigkeit (LG Braunschweig WuM 1984, 297). Auch ohne konkrete Nachfrage des Vermieters ist der Mieter verpflichtet, seine schlechten Vermögensverhältnisse (hohe Mietschulden aus früherem Vertrag; drohende Verbraucherinsolvenz, Pfändung des Arbeitseinkommens oder sonstige Zwangsvollstreckungsmaßnahmen) zu offenbaren (AG Wedding GE 2004, 239; OLG Koblenz WuM 2008, 471). Der Mieter kann bei berechtigtem Anlass auf Aufforderung des Vermieters verpflichtet sein, sich darüber zu erklären, wie er seinen künftigen Zahlungsverpflichtungen nachkommen will (LG Hamburg WuM 2001, 281).

Unzulässig dagegen sind Fragen nach einem laufenden Ermittlungsverfahren oder nach Vorstrafen (AG Hamburg WuM 1992, 598), nach Kinderwünschen oder bestehender Schwangerschaft (Schmidt-Futterer/Blank 9. Aufl. § 543 Rn. 199). Dagegen vertritt das LG Frankfurt (WuM 1989, 620) die Auffassung, dass eine diesbezügliche Aufklärungspflicht des Mieters dann gegeben ist, wenn die Miete drei Viertel des Einkommens ausmacht. Dem wird man nicht folgen können. Die Zulässigkeit ist fraglich bei Fragen nach der Nationalität (s. Weichert WuM 1993, 723), nach dem Grund des Wohnungswechsels oder danach, auf welche Weise das frühere Mietverhältnis beendet worden ist (für die Zulässigkeit: LG Wuppertal WuM 1999, 39; a.A. AG Rendsburg WuM 1990, 508). Macht der Mieter bewusst falsche oder irreführende Angaben zu zulässigen Fragen über laufende Zwangsvollstreckungsmaßnahmen oder Insolvenzen bzw. zu seinem Arbeitsplatz (der Zeitungsausträger gibt an, sein Geld im Bereich Vertrieb und Logistik zu verdienen (AG Leer ZMR 2009, 768), berechtigt dies den Vermieter zur Täuschungsanfechtung (AG Hamburg MietRB 2004, 133 m. Anm. Harsch) bzw. zur Kündigung des Vertrags gem. § 543 Abs. 1 BGB.

2. Gewerberaum

a) Vermieter

11 Angeblich erzielbare Umsätze, etwa beim Verpächter einer Gaststätte, dürfen von diesem nicht bewusst unrichtig dargestellt werden. Sie lösen Ansprüche aus culpa in contrahendo aus, gegebenenfalls auch die Kündigung (Fritz Rn. 35a), auch wenn in solchen Fällen weder zugesicherte Eigenschaften noch ein Sachmangel bejaht werden.

12 Nach Ansicht des LG Düsseldorf (WuM 1990, 419) ist der Zwischenvermieter verpflichtet, den Untermietinteressenten von Gewerberaum über dessen Rechtsstellung aufzuklären, insbesondere wenn es um eine Unter-Untervermietung geht. Widrigenfalls liegt eine grobe Verletzung der Aufklärungspflicht vor. In einem solchen Fall ist die Rechtsstellung des Mieters gefährdet, da der Hauptvermieter bei vorzeitiger Beendigung seines Vertrags Eigentumsansprüche gegen den Untermieter geltend machen könnte (LG Kiel WuM 1987, 319).

13 Der Vermieter von Gewerberaum muss auch auf eine bevorstehende Straßensperrung hinweisen. Sonst ist der Mieter so zu stellen, als ob der Vertrag nicht besteht (AG Hohenschönhausen NJWE-MietR 1997, 57).

b) Mieter

14 Der Mieter von Gewerberaum ist auch ungefragt verpflichtet, den Vermieter über einen Antrag auf Eröffnung des Insolvenzverfahrens zu unterrichten oder über dessen Ablehnung mangels Masse (BGH WPM 1976, 111; Fritz Rn. 36 unter Hinweis auf LG Gießen ZMR 2001, 894 für Wohnraum). Grundsätzlich gilt für Gewerberaummieter dasjenige, was auch für Mieter von Wohnraum Anwendung findet. Über seine Einkommensverhältnisse muss der Mieter auf Verlangen Auskunft geben, nicht aber etwa über seine Parteizugehörigkeit oder Ähnliches (Fritz Rn. 41, 42). Ebenso muss der Mieter aufklären über die Branche, mögliche Gefährdungen des Mietobjekts durch den Betrieb (Sternel I Rn. 261).

Der potenzielle Mieter ist nach Treu und Glauben verpflichtet, den Vermieter vor Vertragsschluss über seine Absicht aufzuklären, nahezu ausschließlich Bekleidung einer Marke anzubieten, die in der Öffentlichkeit mit rechtsradikalen Gesinnungen in Verbindung gebracht wird und dementsprechendes Konfliktpotential besitzt (KG ZMR 2009, 852).

III. Schutzpflichten gegenüber Störungen Dritter

15 Aus dem Gedanken der allgemeinen Schutzpflicht heraus folgt für den Vermieter, dass dieser dem Mieter gegenüber dafür zu sorgen hat, dass Störungen durch Dritte nicht vorkommen oder abgestellt werden (BGH ZMR 1996, 209 für Gebäudeerschütterungen durch den Gewerbebetrieb eines Mitmieters, zit. bei Bub/Treier/Kraemer III Rn. 1238).

Eine Rolle spielen in der Praxis in diesem Zusammenhang Lärm- und Geruchsbelästigungen durch andere Mieter oder Mitbewohner im Haus. Dem Mieter steht es zwar frei, aus eigenem Recht (§ 862 BGB) gegen diese Störungen vorzugehen. Der Mieter kann aber daneben oder stattdessen auch den Vermieter in Anspruch nehmen und fordern, dass dieser einschreitet. Der Mieter muss es nicht dulden, ständigen Lärm- oder Geruchsbelästigungen durch eine Gaststätte im Hause ausgesetzt zu sein (LG Hamburg WuM 1987, 218). Gleiches gilt, wenn im Haus in einer anderen Wohnung ein Bordell unterhalten wird (LG Kassel WuM 1987, 122: fristlose Kündigung des Mieters). Gegenüber seinem ein Bordell betreibenden Mieter ist der Vermieter indessen im Verhältnis zum Grundstücksnachbarn nicht zum Einschreiten gehalten, wenn durch den Betrieb nach außen kaum wahrnehmbare Störungen festgestellt werden können (BGH WuM 1986, 69). **16**

Generell ist der Vermieter verpflichtet, potentielle Diebe von der Mietsache fernzuhalten (BGH LM Nr. 2 zu §§ 278, 535 BGB), sowie auf eine erhöhte Einbruchsgefahr hinzuweisen (OLG Hamburg, WuM 1989, 68; krit. Schmid/Lengler Kap. 10 Rn. 7). Dies gilt sowohl dann, wenn Diebstähle in der unmittelbaren Nachbarschaft ein erhöhtes Risiko für weitere Diebstähle erkennen lassen als auch dann, wenn durch das Aufstellen eines Baugerüsts eine Erhöhung der Einbruchsgefahr mit sich bringt. Ebenfalls fordert die Vorkehrungspflicht des Vermieters auch Maßnahmen zur Verhinderung, dass Dritte die Mietsache unbefugt betreten können. So muss der Vermieter die Hauseingangstüre mit einer Sicherung versehen um zu verhindern, dass Drogensüchtige, Wohnungslose oder Einbrecher in das Treppenhaus gelangen können (AG Hamburg WuM 1994, 667; AG Hamburg WuM 1994, 200). Dies gilt auch dann, wenn der Vermieter gegen diese ihm bekannten Gefahren keine wirksamen Gegenmaßnahmen zu ergreifen vermag (BGH NJW 1957, 826). In diesen Bereich fallen auch Zugangsbehinderungen durch Dritte aufgrund im Zugangsbereich abgestellter Dinge oder Fahrzeuge (BGHZ 38, 295). **17**

IV. Gleichbehandlungsgrundsatz

Dieser gilt bei Genossenschaftswohnungen grundsätzlich (LG Offenburg WuM 1998, 289). Im sonstigen Mietrecht gibt es ihn nicht allgemein. Der Vermieter muss das Willkürverbot aber beachten (Schmidt-Futterer/Eisenschmid § 535 Rn. 93). Er darf jedenfalls Mieter nicht ohne sachliche Gründe unterschiedlich behandeln. Praktisch kommt dieser Grundsatz im Bereich der Wohnraummiete bei den Gebrauchsrechten zur Anwendung (hierzu näher Kap. 7). Der Vermieter ist gehalten, die Mieter ein und derselben Wohnanlage gleich zu behandeln, wenn er über die Gestattung mieterseitiger Veränderungen am Mietobjekt entscheidet. (LG Dortmund WuM 2001, 278 bzgl. der Anlage von Gartenteichen). Duldet der Vermieter etwa die Hundehaltung im Haus bei anderen Mietern, kann er das Mietverhältnis mit Mietern, die ebenfalls ein Tier halten, nicht aufkündigen (LG Berlin WuM 1987, 247; Koch WuM 1978, 148 ff.). Er ist auch nicht berechtigt, ohne sachlichen Grund die Abschaffung zu verlangen. Dabei sollte man auf die Gleichartigkeit der Tierhaltung nicht abstellen. Maßgebend sind die Umstände des Einzelfalls. Hält ein Mieter einen Hund, muss es anderen Mietern erlaubt sein, auch eine Katze zu halten. Das Gebot der Gleichbehandlung kommt auch bei mehreren Gebäuden desselben Vermieters zum Tragen (AG Leonberg WuM 1997, 210). **18**

V. Beweislast

19 Die Verletzung einer Schutzpflicht berechtigt zum Schadensersatz (§§ 280, 281 BGB). Beweispflichtig ist der Anspruchssteller, also der Mieter für seine Behauptungen, der Vermieter habe die ihm obliegende Unterlassungspflicht verletzt bzw. der Vermieter, wenn eine Verletzung der Pflichten durch den Mieter vorgetragen wird (BGH NJW-RR 1999, 1422 für Hinweispflichtverletzung). Ob bei einer Verletzung von Verkehrssicherungspflichten der Beweis des ersten Anscheins gilt, ist in der Rechtsprechung umstritten; während das OLG Düsseldorf (OLGR Düsseldorf 2000, 288) bei einem Sturz auf der Treppe den Beweis des ersten Anscheins entfallen ließ, hat das OLG Koblenz (WuM 1997, 50) ausgeführt, das Unfallereignis beruhe jedenfalls dem ersten Anschein nach auf dem Umstand, dass die Beleuchtungsphase deutlich vor Ablauf der gebotenen Zeit zu Ende ging und sich die Klägerin plötzlich im Dunklen befand. In diesem Fall stand allerdings fest, dass die Klägerin zu Fall kam, als das Licht erloschen war.

11. Kapitel
Untermiete

Übersicht

I. Definition der Untermiete

Nach Reinstorf/Jatzek (Bub/Treier I Rn. 129) liegt eine Untermiete vor, wenn **1**
- aufgrund eines schuldrechtlichen Vertrages,
- Grundstücke, Gebäude oder Räume,
- *gegen Entgelt,*
- unbefristet oder auf Zeit,
- einem Dritten zum Gebrauch überlassen werden.

Zu den Hauptproblemen bei der Untermiete vgl. Pauly WuM 2008, 320

Bereits diese Definition macht deutlich, dass das Untermietverhältnis ein vollwertiges **2** Mietverhältnis darstellt. Die einzige Besonderheit besteht darin, dass Vertragspartner des

Untermieters der sog. »Hauptmieter« ist, der seinerseits einen eigenen Mietvertrag mit dem i.d.R. dinglich Verfügungsberechtigten (Eigentümer oder Nießbraucher) hat.

II. Rechtsnatur/Anwendungsbereich

3 Das in § 540 Abs. 1 S. 1 BGB erwähnte »Weitervermieten« geschieht durch Abschluss eines Untermietvertrages, der ein normaler Mietvertrag i.S.d. §§ 535 f. BGB ist (Staudinger/Emmerich § 540 Rn. 25). Die Gültigkeit des Untermietvertrages ist nicht per se von der Erlaubnis des Hauptvermieters abhängig. Im Hinblick auf die in § 540 Abs. 1 BGB vorgesehene Erlaubnispflicht ist es jedoch sinnvoll, die Erteilung der Vermietererlaubnis zur aufschiebenden Bedingung für das Wirksamwerden des Untermietvertrages kraft Parteiabsprache zu machen. Da die Erlaubnis des Vermieters nicht generell für Untervermietung gefordert werden kann, wird sie auf eine konkrete vom Mieter vorher zu benennende Person des Dritten bezogen. Zum Auskunftsrecht des gewerblichen Vermieters vgl. BGH ZMR 2007, 184. Im Ergebnis erweitert die vom Vermieter erteilte Erlaubnis die Rechte des Mieters zum Gebrauch der Mietsache. Die Erlaubnis kann inhaltlich auch unter Auflagen oder mit einer Befristung erteilt werden.

Für die vom Vermieter erteilte generelle Erlaubnis zur Untervermietung/Drittüberlassung kann der Vermieter sich den Widerruf vorbehalten. Dasselbe gilt für eine Einzelerlaubnis (a.A. Lammel § 540 Rn. 22), da es letztlich Sache des Vermieters ist, inwieweit er die Vertragsrechte des Mieters erweitern möchte. Im Ernstfall kann eine frei widerrufliche Erlaubnis allerdings faktisch die Wirkung einer Verweigerung der Untervermietererlaubnis bedeuten.

Eine Formularklausel, die einen uneingeschränkten Widerrufsvorbehalt enthält, verstößt gegen § 307 Abs. 2 Nr. 1 BGB (BGH NJW 1987, 1692).

Wie sich aus § 540 Abs. 1 BGB ergibt, ist lediglich die faktische Überlassung des Mietgebrauchs an einen Dritten (Untermieter) erlaubnispflichtig. Dies bedeutet, dass ein unbedingt abgeschlossener Untermietvertrag bei nicht realisierbarer Vermietererlaubnis zwar wirksam ist, aber nicht erfüllt werden kann. In einem solchen Falle stehen dem Untermieter Schadensersatzansprüche aufgrund eines Rechtsmangels aus § 536 Abs. 3 i.V.m. § 536a BGB gegenüber seinem Vermieter (Hauptmieter) zu.

4 Denkbar sind auch mehrfach gestaffelte Untermietverhältnisse. Hierzu hat das OLG Düsseldorf (ZMR 2004, 669) entschieden, dass der zweite Untervermieter dem dritten Untervermieter nur dann gemäß § 536a BGB auf Schadensersatz haftet, wenn er den nachträglichen Rechtsmangel auch zu vertreten hat. Der erste Untervermieter ist in Bezug auf die Gebrauchsgewährungspflicht nicht Erfüllungsgehilfe des zweiten Untervermieters.

5 Untermiete liegt auch in den Fällen vor, in denen der Vertragspartner des Untermieters nicht selbst Mieter, sondern Pächter ist.

6 Bei der gestaffelten Untervermietung ist auf jedes einzelne Untermietverhältnis § 540 BGB anwendbar. Die vertraglich vereinbarte Miete kann in den einzelnen Untermietverhältnissen unterschiedlich hoch sein, sie steht jedoch lediglich dem direkten Vertragspartner und nicht dem vorgehenden Haupt- oder Untermieter zu. Aus der Rechtsnatur des Untermietvertrages als selbständigem, eigenständigem Mietvertrag ergibt sich auch, dass dessen Qualifizierung als Wohn- oder Gewerberaummietverhältnis danach zu treffen ist, welcher Vertragszweck *im jeweiligen* Vertragsverhältnis vereinbart wurde. Die Qualifizierung des Hauptmietvertrages ist im Hinblick auf den Anspruch zur Untervermietung (vgl. § 553 BGB) von Bedeutung, da ein solcher nur im Wohnraummietrecht besteht.

III. Vertragsgegenstand

Der Hauptmieter kann sich verpflichten, dem Untermieter das von ihm angemietete oder angepachtete Objekt ganz oder nur teilweise zu überlassen (vgl. Staudinger/Emmerich § 540 Rn. 25). Die h.M. (vgl. Schmidt-Futterer/Blank § 540 Rn. 3) fordert bei der Raummiete, dass dem Untermieter zumindest ein Teil der Räume zur ausschließlichen Benutzung zur Verfügung gestellt werden müsse (vgl. auch OLG Hamm NJW 1982, 2876). 7

IV. Vertragsschluss

Auch hier gelten die allgemeinen Vorschriften über den Abschluss von Mietverträgen, insbesondere gilt auch § 550 BGB für den Untermietvertrag. Langfristige Untermietverträge sind deshalb in schriftlicher Form abzuschließen; sie laufen anderenfalls nur auf unbestimmte Zeit. Zur Vertragsgestaltung wird verwiesen auf Lüth NZM 2004, 241 ff. mit Formulierungsvorschlägen und Tipps zur Verhandlungstaktik. 8

V. Kündigung des Mietvertrages

1. Durch den Hauptmieter

a) bzgl. Hauptmietvertrag:

Bei Verweigerung der Erlaubnis kann der Haupt-Mieter nach § 540 Abs. 1 S. 2 BGB das Haupt-Mietverhältnis außerordentlich mit gesetzlicher Frist kündigen, sofern nicht ein wichtiger Grund in der Person des Untermieters/Dritter gegeben ist. 9

Es gelten die Fristen der §§ 573d Abs. 2 S. 2, 575a Abs. 3 und 580a Abs. 4 BGB. Der Wohnraummieter ist nicht verpflichtet seinen Anspruch aus § 553 BGB auf Erteilung der Untervermieterlaubnis primär geltend zu machen und lediglich subsidiär sein Kündigungsrecht auszuüben.

Eine Verweigerung der Untervermieterlaubnis kann vom Vermieter ausdrücklich erklärt werden – auch auf eine zu weit gehende Frage des Mieters, z.B. nach einer generellen Untervermietungserlaubnis – oder sich aus dem »beredten Schweigen« (vgl. KG ZMR 2008, 128 = NZM 2008, 287) des Vermieters auf eine zulässige auf eine bestimmte Person bezogene Anfrage des Mieters ergeben.

Zu den Voraussetzungen des § 540 Abs.1 S. 2 BGB gehört nicht ein erhebliches berechtigtes Interesse des Mieters an der Untervermietung (AG Hamburg-Blankenese Hbg GE 1987, 419).

Bei einer generellen Verweigerung der Untervermieterlaubnis ist der Mieter auch nicht mehr verpflichtet zur Erhaltung seines Kündigungsrechts einen konkreten Untermieter zu benennen, den der Vermieter nicht aus wichtigem Grund ablehnen könnte. Die Benennung derartiger Personen wäre bei einer derartig eindeutigen Vermietererklärung reiner Formalismus. Fragt der Vermieter nach Bonität und Miethöhe (beides str. bei Wohnraummiete) sowie Zuverlässigkeit des Untermieters, kann der Mieter vor Erteilung entsprechender Informationen auch bei (derzeitiger) Verweigerung der Zustimmung nicht außerordentlich kündigen (BGH ZMR 2007, 185). Eine Vorabgestattung zugunsten bestimmter Untermieter ist i.d.R. kein Ausschluss des Sonderkündigungsrechts, (OLG Düsseldorf ZMR 2008, 783). Dies gilt nicht, wenn der Vermieter einen wichtigen Grund zur Verweigerung der Erlaubnis hatte; dies ist zu bejahen u.a. bei drohender Überbelegung oder sonstiger Unzumutbarkeit der Drittüberlassung. Bei der hier notwendigen einzelfallbezogenen Interessenabwägung (OLG

Hamm NJW 1982, 2876) ist ein wichtiger Grund nur dann anzunehmen, wenn die gesetzlich im Mietvertrag geschützten Interessen des Vermieters durch die Untervermietung so stark beeinträchtigt werden, dass auch unter Berücksichtigung aller Interessen des Mieters sich die Untervermietung als dem Vermieter schlechthin unzumutbar darstellt.
Der typische Fall ist, dass schon die Person des Dritten dem Vermieter als Nutzer nicht zugemutet werden kann. Der Vermieter in einer gehobenen Wohngegend ist nicht verpflichtet, einen mehrfach wegen Vermögensdelikten vorbestraften Untermieter in seinen Räumlichkeiten zu dulden.

Geplante vertrags- oder zweckbestimmungswidrige Nutzungen sind unzumutbar, nämlich geplanter Betrieb eines anstößigen, unehrenhaften oder gar schändlichen Gewerbes durch den Untermieter, Untervermietung gewerblich genutzter Räume als Wohnung oder zur Unterbringung von Asylanten, Untervermietung eines Supermarktes an Spielhallenbetreiber sowie die völlige Veränderung der Branche des in den Räumen betriebenen Geschäfts. Außerdem könne ein wichtiger Grund dann vorliegen, wenn der neue Untermieter eine Konkurrenz für den Vermieter selbst oder andere seiner Mieter darstellt (Nassall ZMR 1983, 336) oder gar die Abwerbung von Mietern im Bestand des Vermieters droht (OLG Düsseldorf NZM 2005, 421).

Umstritten ist, ob die bloße Zahlungsunfähigkeit des Untermieters bereits einen wichtigen Grund darstellt (bejahend OLG Düsseldorf GuT 2004, 86 f.). Hiergegen wird angeführt, dass schließlich der Hauptmieter allein dem Vermieter gegenüber auf die Mietzahlung hafte (Staud/Emmerich § 540 Rn. 23). Diese Argumentation ist dann nicht überzeugend, wenn vom Untermieter Schädigungen der Mietsache drohen, die auch die Vermögensverhältnisse des Hauptmieters übersteigen.

b) bzgl. Untermietvertrag:

9a Hier gelten die §§ 542, 568 und 573 f. BGB für die ordentliche Kündigung und für die Kündigung aus wichtigem Grunde die §§ 543, 569 BGB. Der Untermietvertrag ist nicht anders oder leichter als ein Hauptmietvertrag vom hier als Vermieter fungierenden Hauptmieter zu kündigen. Insbesondere ist kein berechtigtes Interesse des Hauptmieters an der Kündigung des Untermietvertrages anzunehmen, wenn dem Hauptmieter vom Vermieter wirksam gekündigt worden ist (BGH NJW 1996, 1886). Die Gebrauchsüberlassung ohne Erlaubnis des Vermieters an einen Dritten stellt grundsätzlich ein vertragswidriges zur fristlosen Kündigung berechtigendes Verhalten dar (AG Hamburg ZMR 2003, 42).

Im Wohnraummietrecht ist diese außerordentliche fristlose Kündigung aus wichtigem Grund (inhaltlich) in Bezug auf die Kerntatsachen zu begründen, sie muss nicht nur schriftlich (formgerecht) erklärt werden (§ 568 Abs. 1 BGB).

10 Bei der Untervermietung von Wohnraum kann der Hauptmieter den Bestand des Untermietvertrages **nicht** vom Bestand des eigenen Mietverhältnisses zum Vermieter abhängig machen (vgl. § 572 Abs. 2 BGB).

2. Durch den Untermieter

11 Ein formularvertraglicher Ausschluss des Kündigungsrechts des Untermieters (§ 540 Abs. 1 S. 2 BGB) verstößt selbst im Gewerbemietrecht gegen § 307 BGB (BGH NJW 1995, 2034; vgl. aber Köhn NZM 2007, 349). Dies gilt zumindest, soweit man den Ausschluss des Rechts zur Untervermietung nicht für zulässig ansieht. Die Situation ist im *Mietrecht* wesentlich offener für die Untervermietung i.S.e. persönlichen Diskontinuität des Nutzers als etwa im Landpachtrecht (vgl. Baukelmann FS Wenzel S. 287).

VI. Vertragsabwicklung

Bei wirksamer Beendigung des Untermietvertrages ergibt sich der Herausgabeanspruch des Hauptmieters aus § 546 BGB. 12

Lediglich dann, wenn der Hauptvermieter/Eigentümer mit dem Untermieter ausdrücklich oder konkludent nach wirksamer Beendigung des Hauptmietvertrages einen neuen Mietvertrag abschließt, verstößt das Geltendmachen dieses Herausgabeanspruchs durch den Hauptmieter gegen § 242 BGB. 13

Werden Haupt- und Untermietvertrag zeitgleich beendet, kann der Rückgabeanspruch des Untermieters auch durch direkte Herausgabe der Mietsache an den Hauptvermieter/Eigentümer erfüllt werden. 14

VII. Ansprüche des Hauptvermieters/Eigentümers

1. Gegen den Mieter

Dem Vermieter stehen grundsätzlich Schadensersatzansprüche wegen erlaubnisloser Untervermietung aus § 280 Abs. 1 S. 1 BGB bzw. Unterlassungsansprüche aus § 541 BGB neben dem Recht zur fristlosen Kündigung zur Seite. Die unbefugte Gebrauchsüberlassung führt zu einer Haftung des Mieters für eigenes Verschulden (Schmidt-Futterer/Blank § 540 Rn. 78). Danach entfällt eine Haftung des Mieters, wenn die Überlassung an den Dritten nicht kausal für die Entstehung des geltend gemachten Schadens geworden ist. 15

Der Schadensersatzanspruch des Vermieters richtet sich nach einer Auffassung auch im Fall unberechtigter Untervermietung nicht auf Herausgabe des durch die Untervermietung erzielten – die Hauptmiete übersteigenden – Mehrerlöses (BGH NJW 1996, 838; vgl. auch BGH ZMR 2006, 605 zur ähnlichen Lage bei Doppelvermietung); nach a.A. (Staudinger/Emmerich § 540 Rn. 31) ist in analoger Anwendung des § 816 Abs. 1 S. 1 BGB der Mieter wie ein Nichtberechtigter, der über einen Vermögensgegenstand des Vermieters verfügt hat, zu behandeln (vgl. BGH ZMR 2010, 21).

Zum Wohnraummietrecht befand das AG Hamburg (ZMR 2003, 42), dass der Anspruch auf Erteilung einer solchen Untervermietgenehmigung gerade nicht die Genehmigung selbst ersetze. Dies bedeutet, dass auch der Anspruch des Mieters auf Erteilung der Untervermieterlaubnis das Recht zur außerordentlichen Kündigung des Vermieters nicht ausschließe. Dagegen hat das Amtsgericht Hamburg-Bergedorf (Hbg GE 1984, 144) dem Vermieter das Recht zur fristlosen Kündigung abgesprochen, wenn dieser verpflichtet war, seine Zustimmung zur Untervermietung zu erteilen (arg. § 242 BGB, Arglisteinrede).

2. Gegen den Untermieter

Der Vermieter hat bei Beendigung des Hauptmietvertrages einen quasi-vertraglichen Anspruch aus § 546 Abs. 2 BGB gegenüber dem Untermieter, und zwar unabhängig davon, ob dessen Untermietvertrag bereits wirksam beendet ist. Ein Bestandsschutz des Untermietverhältnisses kann sich lediglich unter den Voraussetzungen des § 565 BGB bei gewerblichen Zwischenvermietung ergeben (unten Rdn. 28). 16

Kommt der Untermieter seiner Räumungsverpflichtung aus den §§ 985 bzw. 546 Abs. 2 BGB nicht nach, gerät er gemäß § 286 BGB spätestens nach Mahnung durch den Vermieter in Verzug und schuldet dem Vermieter Schadensersatz, regelmäßig in Form entgangener Mieteinnahmen (§ 252 BGB). Bei Einzelvermietern wird verlangt, dass diese einen 17 konkreten Mietinteressenten benennen, der bei rechtzeitiger Rückgabe das Objekt zu einem bestimmten Mietpreis gemietet hätte.

18 Dem Vermieter steht als Schadensersatz nicht die Differenzmiete zu, da er keinen Zugriff auf die zwischen Hauptmieter und Untermieter vereinbarte Untermiete hat, sondern diese allenfalls im Wege der Zwangsvollstreckung pfänden und sich überweisen lassen kann. Sogar eine Vereinbarung, wonach der Mieter im Falle der Untervermietung die Untermiete an den Hauptvermieter zur Sicherheit abtritt, wird als unwirksam angesehen (OLG Hamburg WuM 1999, 278).

VIII. Haftung des Mieters gegenüber dem Untermieter

19 Gemäß den §§ 536 Abs. 3, 536a BGB haftet der Hauptmieter dem Untermieter auf Schadensersatz, wenn der Vermieter/Eigentümer zu Recht die Erlaubnis zur Untervermietung verweigert hat und selbst bei Fortbestehen des Hauptmietverhältnisses einen Anspruch aus § 986 Abs. 1 S. 2 BGB auf Rückgabe der Sache an den Hauptmieter gegenüber dem Untermieter geltend macht.

Ein Schadensersatzanspruch des Untermieters ist auch nicht ausgeschlossen, wenn dieser bei Vertragsabschluss wusste, dass die notwendige Erlaubnis des Hauptvermieters noch nicht vorlag (BGH NJW 1996, 46). Neben dem Schadensersatzanspruch kann der Untermieter auch durch fristlose Kündigung gemäß § 543 Abs. 2 Nr. 1 BGB das Untermietverhältnis beenden.

IX. Haftung des Mieters für den Untermieter

20 Selbst bei berechtigter Gebrauchsüberlassung an den Untermieter wird dieser gemäß § 540 Abs. 2 BGB wie ein Erfüllungsgehilfe des Hauptmieters behandelt (§ 278 BGB). Der Hauptmieter hat grundsätzlich für alle vom Untermieter verursachten Schäden im Zusammenhang mit dem Gebrauch der Mietsache (dazu Prölss FS Canaris, S. 1038) einzustehen, die im Zusammenhang mit dem Untermietverhältnis stehen. Diese Haftung ist auch nicht auf fahrlässige Handlungen beschränkt. Ausgenommen sind lediglich unerlaubte Handlungen ohne jeden Bezug zum vertraglich vermittelten Mit- und Mietgebrauch. So entschied der BGH (ZMR 1991, 60 zur Pacht): Der Unterpächter einer Gaststätte, der beim Aufenthalt darin vorsätzlich eine Explosion herbeiführt, handele noch bei dem »Gebrauche« i.S.d. § 540 Abs. 2 BGB. Zurechenbares Verschulden des Untermieters als Erfüllungsgehilfen des Hauptmieters umfasst nicht nur Fahrlässigkeit, sondern auch Vorsatz. Der BGH stellt ausdrücklich fest, dass alles, was der Untermieter in den zum Gebrauch überlassenen Räumlichkeiten tut, noch zu ihrem Gebrauche zählt. Dies soll selbst dann gelten, wenn Ziel der Aktion die völlige Zerstörung des Mietobjekts ist.

21 Eine volle Haftung des Hauptmieters gegenüber dem Vermieter ergibt sich erst recht aus unberechtigter Untervermietung. Hier scheidet eine Haftung nur dann aus, wenn dem Hauptmieter der Nachweis gelingt, dass der Schaden auch ohne die Untervermietung entstanden wäre. Als zum Schadensersatz verpflichtende Handlung ist hier die Gebrauchsüberlassung an den Untermieter zu sehen, die lediglich adäquat kausal zum Schaden geführt haben muss.

X. Bestandsschutz bei gewerblicher Weitervermietung

22 Emmerich (Staudinger § 540 Rn. 34) weist darauf hin, dass durch die Neuregelung in § 311 Abs. 3 BGB sich für die Untervermietung nichts geändert habe. Die Vorschrift

bezwecke insbesondere nicht, die Wirkung von Untermietverträgen generell auf durch den Vertrag möglicherweise betroffene Dritte auszudehnen. § 565 BGB setzt hinsichtlich derselben Räumlichkeiten ein gewerbliches Mietverhältnis zwischen Vermieter und Zwischenmieter voraus, über das zwischen Zwischenvermieter und Untermieter ein Wohnraummietverhältnis abgeschlossen werden muss. Dies bedeutet, dass die Sonderregelung schon dann nicht eingreift, wenn die Untervermietung seitens des Verfügungsberechtigten dem Zwischenvermieter nur erlaubt wird, sie jedoch nicht zum Vertragszweck ausdrücklich oder konkludent erhoben wurde. Ebenso wenig greift die Regelung ein, wenn der Zwischenvermieter nicht zu gewerblichen Zwecken selbst angemietet hat, d.h. insbesondere, wenn ihm die Gewinnerzielungsabsicht fehlt. Dies gilt insbesondere in Fallkonstellationen, bei denen der Zwischenvermieter zwar geschäftsmäßig handelt, jedoch eher karitative oder gemeinnützige Zwecke mit der Weitervermietung verfolgt. Insoweit kann auf die Rechtsprechung zur »Hafenstraßenproblematik« verwiesen werden (vgl. OLG Hamburg WuM 1993, 249; BVerfG NJW 1994, 848). Dies bedeutet, dass bei Zwischenschaltung eines gemeinnützigen Vereins der End- oder Untermieter nicht in den Genuss des Bestandsschutzes nach § 565 BGB kommt.

Eine analoge Anwendung des § 565 BGB wird von der herrschenden Meinung (BGH NJW 1996, 2862; BayObLG ZMR 1995, 526) abgelehnt (a.A. Pauly ZMR 1997, 277 f.). Spätestens seit Inkrafttreten des Mietrechtsreformgesetzes fehlt es an der planwidrigen Regelungslücke, da der Gesetzgeber trotz der bekannten Rechtsprechung des BGH und des BayObLG an dem engen Wortlaut in § 565 BGB gegenüber der ursprünglichen Fassung in § 549 BGB a.F. festgehalten hat. Auch über Art 3 GG ist keine erweiterte Anwendung des § 565 BGB zu begründen (BGH ZMR 1996, 537); dennoch kann der Mieter sich im Einzelfall gegenüber einem Räumungsverlangen erfolgreich auf Art. 3 GG berufen (BGH ZMR 2003, 816 m. Anm. Baldus ZMR 2003, 818).

Wenn ein gemeinnütziger Verein den Wohnraum abredewidrig an eigene Mitarbeiter untervermietet (BayObLG ZMR 1995, 582), greift § 565 BGB nicht ein. Bestandsschutz zugunsten des Untermieters ist möglich, wenn ein Arbeitgeber Wohnraum zur Versorgung seiner Arbeitnehmer anmietet und der Vermieter erheblichen Einfluss auf die Gestaltung der Untermietverträge und die Auswahl der Endmieter behält (BayObLG ZMR 1995, 585).

Die h.M. begründet ihre ablehnende Auffassung damit, dass zwischen dem gemeinnützigen Verein und dem tatsächlich nutzenden Untermieter eine enge Beziehung bestehe. Blank (Schmidt-Futterer § 565 Rn. 14) vertritt jetzt allerdings die Ansicht, dass eine analoge Anwendung, gestützt auf den allgemeinen Gleichheitssatz (Art. 3 GG) unter folgenden Voraussetzungen bejaht werden müsse: 23

- Auf der Seite des Vermieters muss dieselbe Interessenlage bestehen, wie sie typischerweise bei Vermietern gegeben ist, die ihre Wohnungen anbieten, um durch die Vermietung Einnahmen zu erzielen. 24
- Der Dritte (Untermieter) muss gegenüber dem Zwischenmieter Kündigungsschutz genießen und in ähnlicher Weise schutzbedürftig sein wie der durchschnittliche Mieter, der seine Wohnung unmittelbar vom Eigentümer gemietet hat. 25

Begründet wird die Analogie für diese Fallgruppen damit, dass § 565 Abs. 1 BGB zugunsten des Untermieters (Wohnungsnutzers) und zulasten des Vermieters den Bestandsschutz auf den Vermieter erstrecke (Gärtner JZ 1994, 400). 26

Da der Streitstand dem Reformgesetzgeber bekannt war, kann heute schwerlich noch von einer planwidrigen Regelungslücke ausgegangen werden, da § 565 BGB der Vorgängerregelung des § 549a BGB a.F. entspricht. 27

XI. Rechtsfolgen

28 Sind die Voraussetzungen des § 565 BGB gegeben, tritt der Vermieter/Verfügungsberechtigte bei Beendigung des Untermietverhältnisses in dieses auf Seiten des Zwischenvermieters ein. Streitig ist, ob es zu einer vollständigen Vertragsübernahme (Derleder/Barthels JZ 1997, 981; Lammel § 565 Rn. 24) kommt oder in Anlehnung an das Regelungsmodell der §§ 566 f. BGB zur Entstehung eines neuen Mietvertrages zwischen Eigentümer und Untermieter. Für die letztgenannte Regelung spricht bereits § 565 Abs. 2 BGB, der ausdrücklich auf die §§ 566a bis 566e BGB verweist sowie die Entstehungsgeschichte (vgl. Staudinger/Emmerich § 565 Rn. 9). Zusatzvereinbarungen, die mit der Nutzung der Wohnung nicht in Zusammenhang stehen, gehen nicht auf den Vermieter über. Ansprüche des Mieters gegen den Dritten, die im Zeitpunkt der Beendigung des Hauptmietverhältnisses fällig sind, verbleiben beim Mieter.

29 Der Vermieterwechsel tritt in dem Augenblick ein, in dem es zur rechtlichen Beendigung des Hauptmietverhältnisses zwischen Verfügungsberechtigtem und Zwischenvermieter kommt.

Erfährt der Untermieter von diesem Vermieterwechsel nichts und leistet weiterhin an den vermeintlichen Vertragspartner/Zwischenvermieter, so geschieht dies mit schuldbefreiender Wirkung (§ 407 BGB), wenn nicht der Verfügungsberechtigte den Untermieter von dem Vertragseintritt in Kenntnis gesetzt hat.

30 Ist für den Untermieter nicht sicher genug erkennbar, dass das Hauptmietverhältnis wirksam beendet wurde, kann er gegebenenfalls mit befreiender Wirkung die von ihm geschuldete Miete hinterlegen (§§ 372 f. BGB).

31 Gemäß § 565 Abs. 1 S. 2 BGB tritt ein neuer gewerblicher Zwischenmieter an die Stelle des ehemaligen Zwischenmieters, sofern der Verfügungsberechtigte/Vermieter erneut »zur gewerblichen Weitervermietung« einen Hauptmietvertrag abschließt. Auch diese Person (neuer Hauptmieter) wird kraft Gesetzes Vertragspartner des Untermieters.

Erfolgt die neue Zwischenvermietung nicht nahtlos, kommt es für die Interimszeit zu einem eigenen Untermietvertrag mit dem Verfügungsberechtigten/Vermieter. In keinem Fall steht der Untermieter somit ohne Mietvertrag da.

XII. Besonderheiten bei der Wohnraummiete

1. Anspruch auf Erlaubniserteilung

32 § 553 BGB enthält bei Wohnraummiete eine Ausnahme von § 540 Abs. 1 S. 1 BGB (Unzulässigkeit einer Gebrauchsüberlassung der Mietsache an Dritte), um den Bestandsschutz dem Mieter zu erhalten, der die Wohnung teilweise (eine vollständige Überlassung ist unzulässig, AG/LG Hamburg ZMR 2005, 297 sowie Streyl NZM 2005, 364) einem anderen überlassen möchte, BGH NJW 1985, 130, 131. Gem. MietRRG soll neben Ehe und Familie zukünftig auch der »auf Dauer angelegte gemeinsame Haushalt mietrechtlich besonders zu schützen« sein. Die Aufnahme eines Lebensgefährten (BGH NJW 2004, 56 = ZMR 2004, 100) bleibt eine erlaubnispflichtige Sondernutzung (Hinz JR 2004, 379).

a) Berechtigtes Interesse eines/des Mieters

33 Nach BGH (NJW 1985, 130, 131) genügen auf Seiten des Mieters vernünftige nachvollziehbare Gründe für seinen Überlassungswunsch. Geschützt ist jedes rechtliche, persönliche, wirtschaftliche oder familiäre Interesse des Mieters von einigem Gewicht, das sich

im Rahmen der Rechts- und Sozialordnung hält. Das Interesse kann sowohl auf eine Mitbenutzung der Wohnung durch den Dritten im Rahmen einer Lebensgemeinschaft als auch auf eine Untervermietung gerichtet sein (Sternel PiG Bd. 65, 121, 131 f.). Bei Mietermehrheit genügt berechtigtes Interesse eines von ihnen. Humanitäre Absichten (z.B. Bürgerkriegsflüchtlinge aufzunehmen) sind noch nicht als berechtigtes Interesse anerkannt (AG Neukölln/LG Berlin WuM 1994, 326; a.A. Derleder WuM 1994, 305). Anerkannt ist der Wunsch auf Aufnahme nahestehender Personen (z.B. Lebensgefährte, Angehörige, soweit diese nur »Dritte« i.S.d. §§ 540 Abs. 1, 553 BGB sind, Geschwister des Mieters, entferntere Verwandte, Eltern) sowie die Absicht, nach Beendigung einer Partner- oder Wohngemeinschaft (z.B. aus finanziellen Gründen) einen neuen Mitbewohner aufzunehmen (AG Köln WuM 1995, 654). Ausreichend ist auch die Absicht einer Vereinsamung im Alter zu begegnen (AG Hamburg WuM 1990, 500); ebenso die Bildung einer Wohngemeinschaft. Teilweise wird bereits die beabsichtigte Bildung einer Wohngemeinschaft (LG Berlin NJW-RR 1992, 13) als ausreichend erachtet. Weitere Gründe: Verschlechterung der wirtschaftlichen Verhältnisse des Mieters, Verringerung des Raumbedarfs infolge des Todes/Auszugs von Familienmitgliedern oder nach der Trennung der Eheleute (LG Berlin ZMR 2002, 49, 50), Aufnahme eines Untermieters, der das Kind des (berufstätigen) Mieters versorgen soll (LG Berlin ZMR 2002, 49; AG Büdingen WuM 1991, 585); Interesse des Mieters, während der Dauer seiner Abwesenheit eine Person zum »Einhüten« aufzunehmen (LG Lüneburg WuM 1995, 704, 705; AG Köln WuM 1995, 654). Es ist nicht zwingend geboten, dass der Mieter seinen Lebensmittelpunkt in der Wohnung hat (BGH ZMR 2006, 261; a.A. noch LG Berlin ZMR 2002, 49).

b) Teil des Wohnraums

34 Die Erlaubnis zur Überlassung der gesamten Wohnung scheidet i.d.R. aus. Bei nur vorübergehender einmaliger Ortsabwesenheit kommt ausnahmsweise Anspruch auf Erlaubnis für zeitlich begrenzte Überlassung der gesamten Wohnung in Betracht, wenn dem Mieter nicht zugemutet werden kann, die Wohnung zu kündigen (LG Berlin MM 1994, 323). Der Mieter muss erkennbar Rückkehrwillen dokumentieren (LG Berlin NJW-RR 1994, 1289).

c) Nach Abschluss des Mietvertrags entstanden

35 Bereits bei Vertragsschluss gegebene Interessen scheiden aus; sonst könnte Mieter vertraglich festgelegte Grenzen des Mietgebrauchs sprengen (BGH NJW 1985, 130). Zur Untermietvertragsgestaltung vgl. Lüth NZM 2004, 241.

d) Dritter

36 Dies ist jede Person, die nicht Mietvertragspartei oder naher Angehöriger (Ehepartner, Lebenspartner i.S.v. § 1 Abs. 1S. 1 LPartG, Kinder inklusive Adoptivkinder, Stiefkinder, Pflegekinder) ist. Für die letzt genannten Personen bedarf der Mieter keiner Erlaubnis. Es muss lediglich die Gebrauchsüberlassung angezeigt werden. Ohne Erlaubnis des Vermieters dürfen Hilfs- und Pflegepersonen (Besitzdiener, § 855 BGB) in die Wohnung aufgenommen werden (OLG Hamm NJW 1982, 2876). Hier fehlt es u.U. schon an einer »Überlassung«, da die Ausübung des Gebrauches allein den Interessen des Mieters dient (*str., Sternel PiG* Bd. 65, 121, 132; Hinz WuM 2004, 380, 385). Der Mieter muss einen konkreten Dritten benennen, da er keine generelle Erlaubnis beanspruchen kann (BayObLG ZMR 1995, 301, 302; KG ZMR 1992, 382). Dem Vermieter sind i.d.R. folgende Angaben zur Person des Dritten zu machen: Name, Geburtsdatum sowie die letzte Anschrift, evtl. auch die berufliche Tätigkeit (LG Berlin GE 2002, 668; LG Berlin NJW-RR 1992, 13), nicht aber Einkommensnachweis (LG Hamburg WuM 1991, 585; vgl. Stapenhorst NZM 2007, 795).

e) Rechtsfolge

37 Der Mieter hat bei Vorliegen aller o.g. Voraussetzungen gegen den Vermieter einen Anspruch auf Erteilung der Erlaubnis zur Gebrauchsüberlassung des Wohnraums an den Dritten, und zwar unabhängig vom Ergebnis einer Interessenabwägung zwischen den Belangen des Mieters und denjenigen des Vermieters. Vermieterbelange werden nur unter dem Gesichtspunkt der Zumutbarkeit (§ 553 Abs. 1 S. 2 BGB) berücksichtigt. Bei einer Mietermehrheit steht der Erlaubnisanspruch allen Mietern gemeinschaftlich zu (LG Berlin NJW-RR 1992, 13).

2. Ausschlussgründe gemäß § 553 Abs. 1 S. 2 BGB

38 Anspruch auf Erlaubniserteilung besteht nicht, wenn in der Person des Dritten ein wichtiger Grund vorliegt, der Wohnraum übermäßig belegt würde oder sonst dem Vermieter die Überlassung nicht zugemutet werden kann.

a) Wichtiger Grund in der Person des Dritten

39 Der Grund in der Person des Dritten muss so schwer wiegen, dass dem Vermieter eine Gebrauchsüberlassung an diesen nicht zugemutet werden kann (wie bei § 540 Abs. 1 S. 2 BGB).

Beispiel: berechtigte negative Prognose und konkreter Verdacht, dass Dritter die Mietsache beschädigen oder den Hausfrieden stören wird. Ungenügend sind persönliche Vorbehalte oder Antipathien des Vermieters gegen einen bestimmten Personenkreis. Insolvenz des Dritten ist nicht völlig ohne Bedeutung, obwohl zwischen diesem Nutzer und dem Vermieter keine vertraglichen Beziehungen bestehen; allerdings ist zu berücksichtigen, dass der Mieter nicht über § 278 BGB für alle schadensstiftenden Handlungen des Untermieters haftet.

b) Übermäßige Belegung des Wohnraums

40 Hier ist eine Einzelfallbetrachtung geboten. Überbelegung ist nicht zu bejahen, wenn für jede erwachsene Person oder für je zwei Kinder bis zum 13. Lebensjahr ca. 12 qm zur Verfügung stehen (AG Nürnberg WuM 1991, 690). Nach den Länder-Wohnungsaufsichtsgesetzen müssen mindestens pro Person ein Raum und eine Nutzfläche von 6 bis 9 qm vorhanden sein.

c) Unzumutbarkeit aus sonstigen Gründen

41 Hier kann der Vermieter geltend machen, durch die Gebrauchsüberlassung an den Dritten übermäßig belastet zu werden, insbesondere wenn das Hauptmietverhältnis kurze Zeit später ausläuft. Bei Mieträumen innerhalb der vom Vermieter selbst bewohnten Wohnung kann eine unzumutbare Belastung auftreten, wenn der Vermieter infolge der räumlichen Nähe ständig mit der vom ihm moralisch missbilligten Lebensweise konfrontiert wird (OLG Hamm NJW 1982, 2876).

3. Erhöhung der Miete, § 553 Abs. 2 BGB

42 Der Vermieter kann Untermietzuschlag (Anhebung der Grundmiete und/oder der Betriebskosten) verlangen für die Erteilung der Erlaubnis, wenn ihm die Drittüberlassung anderenfalls nicht zuzumuten ist. Erhöhung der Miete setzt Änderungsvereinbarung (§ 311 Abs.1 BGB) voraus. Kein gesetzlicher Anspruch des Vermieters auf Zustim*mung zur Mieterhöhung. Bei zu Unrecht* (trotz erhöhter Abnutzung der Wohnung oder auch höherer Betriebskosten) verweigerter Zustimmung des Mieters zur Erhöhung kann

Erlaubnis zur Gebrauchsüberlassung wegen Unzumutbarkeit »aus sonstigen Gründen« (§ 553 Abs. 1 S. 2 BGB) verweigert werden. Die Erhöhungsvereinbarung in den Grenzen der §§ 138, 134 BGB i.V.m. § 291 StGB, § 5 WiStG ist unabhängig von der ortsüblichen Vergleichsmiete (BayObLG WuM 1986, 205). Für die Berechnung der Kappungsgrenze (§ 558 Abs. 3 BGB) wird die nach Abs. 2 erfolgte Mieterhöhung nicht berücksichtigt.

Die verlangte Mieterhöhung muss angemessen sein. Will der Mieter z.B. einen Lebensgefährten in die Wohnung aufnehmen, so kann der Vermieter im Hinblick auf den zu erwartenden Mehrverbrauch lediglich eine Anhebung der Betriebskosten verlangen. Eine Erhöhung der Grundmiete soll regelmäßig nicht in Betracht kommen (vgl. Proppe ZMR 2008, 802 zu AG Hamburg ZMR 2008, 213). Bei echter Untervermietung ist Erhöhung im Umfang von 20 % der erzielten Untermiete angemessen (Schmidt-Futterer/Blank § 553 Rn. 17). Für preisgebundenen Wohnraum gilt § 26 Abs. 3 NMV (2,50 € bei Benutzung durch eine Person, 5,00 € bei Benutzung durch zwei oder mehrere Personen). **43**

Die Erteilung der Erlaubnis darf nicht von sonstigen Bedingungen abhängig gemacht werden (LG Hamburg WuM 1993, 737). Befristung der Erlaubnis ist möglich (LG Stuttgart WuM 1992, 122).

4. Abweichende Vereinbarungen, § 553 Abs. 3 BGB

Abreden, die den Anspruch des Mieters auf Erteilung der Erlaubnis zur Drittüberlassung über die Voraussetzungen des Abs. 1 hinaus einschränken, sind unwirksam; dies gilt auch für die Vereinbarung eines Untermietzuschlags bereits im Mietvertrag, da sie zum Nachteil des Mieters die nach § 553 Abs. 2 BGB erforderliche Zumutbarkeitsprüfung vorwegnimmt (AG Hamburg-Altona WuM 1999, 600). **44**

5. Beweislast

Der Mieter muss beweisen, dass nach Vertragsschluss ein berechtigtes Interesse an der Gebrauchsüberlassung bzw. an der Untervermietung entstanden ist. Der Vermieter muss Unzumutbarkeitsgründe nach § 553 Abs. 1 S. 2 BGB beweisen. Der Mieter muss auch beweisen, dass er die Räume weiterhin bewohnt. Die Drittüberlassung hat der Vermieter zu beweisen. **45**

6. Verjährung

Der Anspruch des Mieters auf Erlaubniserteilung verjährt in drei Jahren (§§ 195, 199 Abs.1 BGB). **46**

12. Kapitel
Vorkaufsrecht

Übersicht **Rdn.**

I. Allgemeines

1. Gesetzgebung

Durch das Wohnungsbauänderungsgesetz 1980 v. 20.02.1980 (BGBl. I, 159) wurde mit Wirkung ab 01.03.1980 für den öffentlich geförderten Wohnraum ein gesetzliches schuldrechtliches Vorkaufsrecht begründet (§ 2b WoBindG). 1

Mit Wirkung zum 01.09.1993 wurde durch das 4. MietRÄndG v. 21.07.1993 (BGBl. I, *1257)* das *Vorkaufsrecht* auch für den freifinanzierten Wohnungsbau eingeführt (§ 570b BGB). 2

Seit 01.09.2001 ist aufgrund des Mietrechtsreformgesetzes v. 19.06.2001 (BGBl. I, 1149 ff.) dieses Vorkaufsrecht in § 577 BGB geregelt.

§ 2b WoBindG wurde mit Wirkung ab 01.01.2002 aufgehoben durch Art. 6 des Gesetzes zur Reform des Wohnungsbaurechts v. 13.09.2001 (BGBl. I, 2376 ff.). Die Aufhebung war 3 im Zuge der beabsichtigten Rechtsvereinfachung möglich, weil im neugefassten § 2 WoBindG auf die in § 32 Abs. 2 bis 4 WoFG enthaltenen Instrumente zur Sicherung der Zweckbestimmung der öffentlich geförderten Wohnungen verwiesen wird und auch die entsprechenden Regelungen des Bürgerlichen Gesetzbuchs (§ 577 BGB) gelten.

2. Normzweck

4 § 577 BGB bezweckt, den Mieter bei einer – oft spekulativen – Umwandlung in Wohnungseigentum vor einer Verdrängung aus der Wohnung zu bewahren (vgl. Nies NZM 1998, 179 f.) und ihm seinen Lebensmittelpunkt zu erhalten.

5 Die Neufassung des vormaligen § 570b BGB (jetzt § 577 BGB) wurde bereits im Gesetzgebungsverfahren (BT-Drucks. 12/3254 S. 40) im Wesentlichen damit begründet, dass eine Ausweitung des Vorkaufsrechts zum Schutz der Mieter auch im freifinanzierten Wohnungsbau erforderlich sei (vgl. Flomm Hbg Grundeigentum 1993, 321). Die Regelung sollte die Tendenz verstärken, dass der verkaufsbereite Vermieter die Eigentumswohnung in erster Linie seinem Mieter anbietet. Zur zweifelhaften Wirkung des erstrebten Mieterschutzes vgl. Voelskow ZMR 1997, 111.

3. Rechtsnatur

6 § 577 BGB regelt ein gesetzliches schuldrechtliches Vorkaufsrecht, das sich ausschließlich gegen den Veräußerer/Vermieter richtet.

7 Gemäß § 577 Abs. 1 S. 3 BGB gelten i.Ü. die §§ 463 ff. BGB analog, nicht aber die §§ 1094 bis 1104 BGB über das dingliche Vorkaufsrecht. § 577 Abs. 2 und 3 BGB enthalten Sonderregelungen. § 577 Abs. 4 BGB ist für Erben lex specialis zu § 473 S. 1 BGB.

Bei dem Erfüllungsanspruch aus dem gesetzlichen Vorkaufsrecht handelt es sich nach OLG Köln (VersR 2010, 339) um keine mietrechtliche, sondern eine kaufrechtliche Streitigkeit i.S.d. ARB (a.A. noch LG Köln AGS 2009, 515).

II. Voraussetzungen des Vorkaufsrechts

8 Werden vermietete Wohnräume, an denen nach der Überlassung an den Mieter Wohnungseigentum begründet worden ist oder begründet werden soll, an einen Dritten verkauft, so ist der Mieter zum Vorkauf berechtigt (§ 577 Abs. 1 S. 1 BGB).

1. Wohnraum

9 § 577 BGB erfasst Mietverhältnisse über Wohnraum im freifinanzierten und im öffentlich geförderten Wohnungsbau.

10 Kein Vorkaufsrecht besteht hingegen bei Mietverhältnissen über Wohnraum i.S.v. § 549 Abs. 2 und 3 BGB.

11 Die Zuordnung als Wohnraummietverhältnis richtet sich nach dem vereinbarten vom Mieter verfolgten Vertragszweck, der auf Wohnen durch den Mieter gerichtet sein muss. Bei Mischmietverhältnissen muss die Nutzung zu Wohnzwecken überwiegen (Wirth NZM 1998, 390).

12 Mit umfasst sind auch alle mit gemieteten Nebenräume. Zur problematischen Erstreckung des Vorkaufsrechts auf Garagen und Stellplätze s. Wirth NZM 1998, 390.

I.Ü. wird auch bezüglich der Abgrenzung zu anderen Mietverhältnissen hingewiesen auf Kap. 1 Rdn. 8 ff.

2. Mietverhältnis

§ 577 BGB räumt dem Mieter ein Vorkaufsrecht ein, wenn nach Überlassung der Wohnung an den Mieter Wohnungseigentum begründet worden ist oder begründet werden soll und der Verkaufsfall eintritt. Die beiden Alternativen der bereits umgewandelten Eigentumswohnung und der noch umzuwandelnden Mietwohnung stehen gleichrangig nebeneinander. Von daher steht dem Mieter auch dann ein Vorkaufsrecht zu, wenn die Überlassung des Wohnraums nach Abgabe der Teilungserklärung aber vor Anlegung des Wohnungsgrundbuches erfolgt ist und der Erwerber der Wohnung in der Zwangsversteigerung diese an einen Dritten verkauft (so AG Frankfurt ZMR 1995, 317). 13

Das Vorkaufsrecht steht nur dem Hauptmieter zu, dem Untermieter auch dann nicht, wenn der Hauptmieter es nicht ausüben will. Eine Ausnahme wird erwogen für die gewerbliche Zwischenvermietung. Bei Ausübung des Vorkaufsrechts durch den Untermieter kann es dann bei Zulässigkeit einer ordentlichen Kündigung oder über § 313 BGB zu einer Konsolidation der gestuften Mietverhältnisse kommen.

3. Parteien

a) Vorkaufsverpflichteter

Vorkaufsverpflichteter ist der Veräußerer/Verkäufer des Wohnungseigentums, der aber nicht mit dem Vermieter personenidentisch sein muss. 14

Ist der Veräußerer ein Nichtberechtigter, tritt der Vorkaufsfall erst mit der Genehmigung durch den Eigentümer ein. Bei angeordneter Zwangsverwaltung ist nicht der Zwangsverwalter, sondern der Veräußerer (Vermieter) zur Eigentumsverschaffung verpflichtet; der Zwangsverwalter schuldet nur die Miete (BGH ZMR 2009, 349). 15

b) Vorkaufsberechtigter

Vorkaufsberechtigter ist nur der Wohnraummeter, dem der Wohnraum zur tatsächlichen Nutzung überlassen ist. Der Wohnraum muss zum Zeitpunkt der Umwandlung oder der Umwandlungsabsicht an den betreffenden Mieter wirksam vermietet sowie tatsächlich schon und noch überlassen sein. Nach dem Tod des Mieters geht das Vorkaufsrecht nicht auf die Erben über (§ 473 BGB). Anderes gilt, wenn nach Eintritt der Erben in das Mietverhältnis erst das Vorkaufsrecht entsteht (vgl. unten Rdn. 59). Sonst sind die Eintrittsberechtigten nach den §§ 577 Abs. 4, 563 BGB Vorkaufsberechtigte, nicht der Universalnachfolger. 16

Streitig ist, ob die Kündigung des Mietverhältnisses – sei es durch den Vermieter oder Mieter – die Entstehung des Vorkaufsrechts verhindert (Commichau NJW 1995, 1010; Wirth NZM 1998, 390; Palandt/Weidenkaff § 577 BGB Rn. 3). 17

Mehrere Mieter/Berechtigte müssen das Vorkaufsrecht gemeinsam ausüben und werden dann Miteigentümer (§ 472 BGB). Das Vorkaufsrecht ist nicht übertragbar; aber nach Ausübung können die sich daraus ergebenden Rechte gemäß einer vorher getroffenen Vereinbarung an einen Dritten abgetreten werden (vgl. BGH ZMR 2000, 812). 18

Nach Flomm (Hbg Grundeigentum 1993, 322) soll bei Nichtausübung durch einen Mitmieter aber der andere Mieter – nicht auf einen Bruchteil beschränkt, sondern insgesamt – das Vorkaufsrecht ausüben dürfen. 19

Der gewerbliche Zwischenmieter (vgl. BGH ZMR 1991, 255 = NJW 1991, 1815) scheidet als Vorkaufsberechtigter aus, weil das Mietverhältnis zwischen ihm und dem Grund- 20 stückseigentümer/Bauherren als gewerbliches Mietverhältnis über die Wohnung zu qualifizieren ist. Das Vorkaufsrecht steht dem Endmieter zu (Sternel Mietrecht aktuell XI Rn. 268).

4. Umwandlung/Umwandlungsabsicht

a) Umwandlung

21 Die Begründung von Wohnungseigentum beginnt mit der Unterzeichnung der Teilungserklärung durch den (Allein-)Eigentümer oder des Teilungsvertrages durch die Miteigentümer und wird mit der Anlegung des Wohnungsgrundbuchs abgeschlossen. S. dazu auch BayOblG ZMR 1992, 337 zu § 2b WoBindG. Die Begründung des Wohnungseigentums i.S.v. § 577 Abs. 1 BGB wird mit dem Tag angenommen, an dem die Eintragung der Aufteilung im Grundbuch erfolgt.

22 Erfasst werden nur Verkaufsfälle, in denen der notarielle Kaufvertrag nach dem 31.08.1993 beurkundet wurde, wobei allerdings die Umwandlung vor dem Stichtag vom 01.09.1993 erfolgt sein kann (Partielle unechte Rückwirkung). Vgl. Becker Mitteilung Rheinische Notarkammer 1980, 221 zu § 2b WoBindG.

23 Die Umwandlung muss nach der Überlassung des Mietobjekts – die nicht zwingend mit dem Tag des Mietvertragsabschlusses zusammenfallen muss – erfolgen, ansonsten ist der Zeitpunkt der Umwandlung selbst ohne Bedeutung (Blank WuM 1993, 557 und Langhein DNotZ 1993, 650, 653).

24 Wegen Sonderfälle des nicht vollständig am 01.09.1993 bereits wirksam gewordenen Erwerbsvertrags durch Fehlen der Verwaltergenehmigung oder Fehlen der Genehmigung eines durch vollmachtlosen Vertreter abgeschlossenen Kaufvertrages wird verwiesen auf MieWo/Riecke § 577 BGB Rn. 14 und 15.

b) Umwandlungsabsicht

25 Umwandlungsabsicht wird angenommen, soweit konkrete Maßnahmen vorliegen, die über das Beschaffen der reinen Abgeschlossenheitsbescheinigung hinausgehen (Langhein DNotZ 1993, 650).

26 Es ist zumindest die Beurkundung bzw. Beglaubigung der Teilungserklärung oder Veräußerung einzelner Wohnungs- bzw. Wohnungserbbaurechte nach § 30 WEG (vgl. Sternel Mietrecht aktuell XI Rn. 262) mit der Aufteilungsverpflichtung Voraussetzung.

27 Problematisch ist der Fall einer vor Überlassung der Wohnung an den Mieter bereits bestehenden Aufteilungsabsicht. Nach LG Oldenburg WuM 1997, 436 soll es darauf ankommen, ob der Mieter bei Anmietung Kenntnis von der Umwandlungsabsicht hatte. Langhein (a.a.O.) stellt insoweit auf den Wortlaut des Gesetzes ab und argumentiert, dass die Bearbeitungszeiten des Grundbuchamtes nicht für das Bestehen oder Entstehen des Vorkaufsrechts entscheidend sein können (vgl. auch Commichau NJW 1995, 1010). Dagegen wendet sich die wohl h.M. (vgl. Palandt/Weidenkaff § 577 Rn 3; Schilling/Meyer ZMR 1994, 503 Ziff. 4; Blank WuM 1993, 573).

28 Der Begriff <soll> kann subjektiv, objektiv oder gemischt ausgelegt werden. Die Kenntnis des Mieters zum Zeitpunkt der Überlassung schließt i.d.R. das Vorkaufsrecht aus (vgl. Wirth NZM 1998, 390; str.).

c) Realteilung

Hier gelten die Regelungen in den §§ 577, 577a BGB analog (vgl. auch Sternel Mietrecht aktuell XI Rn. 248a). Der BGH (NJW 2008, 2257 = MDR 2008, 908 sowie BGH MDR 2010, 976) entschied nämlich: Die für die Begründung von Wohnungseigentum an vermieteten Wohnräumen geltenden Bestimmungen der §§ 577, 577a BGB (Vorkaufsrecht des Mieters, Kündigungsbeschränkungen zu Lasten des Erwerbers) finden auf die Realteilung eines mit zu Wohnzwecken vermieteten Einfamilienhäusern bebauten Grundstücks entsprechende Anwendung. **28a**

Die Interessenlage ist in beiden Fällen der Rechtsänderung (Umwandlung in Wohnungseigentum einerseits, Realteilung eines Grundstücks andererseits) im Wesentlichen gleich. Aus der Sicht des Mieters macht es keinen Unterschied, ob das von ihm gemietete Reihenhaus in Wohnungseigentum umgewandelt oder durch reale Teilung Bestandteil eines selbständigen Grundstücks wird. In beiden Fällen steht dem Mieter nach einem Verkauf ein neuer Vermieter gegenüber, der sich – soweit die sonstigen Voraussetzungen gegeben sind – auf Eigenbedarf berufen könnte. Auch das Interesse des Mieters, durch Ausübung eines Vorkaufsrechts selbst Eigentümer zu werden, ist im Falle einer Realteilung nicht geringer als im Falle einer Umwandlung in Wohnungseigentum. Interessen des Eigentümers eines Gesamtgrundstücks rechtfertigen kein anderes Ergebnis.

Zwar sind Ausnahmevorschriften grundsätzlich eng auszulegen (vgl. dazu Häublein Voraussetzungen und Grenzen der Analogie zu mietrechtlichen Vorschriften, WuM 2010, 391; es gibt kein allgemeines Analogieverbot für Ausnahmevorschriften); auch wird durch eine entsprechende Anwendung der Vorschriften der §§ 577, 577a BGB das Eigentumsrecht des Vermieters berührt. Der Gesetzgeber hat indessen für den Fall der Umwandlung vermieteten Wohnraums in Wohnungseigentum mit der Schaffung der Schutzbestimmungen der §§ 577, 577a BGB den Interessen des Mieters Vorrang eingeräumt. Sachliche Gründe, die dafür sprechen könnten, dass Mieter diesen Schutz nicht genießen sollten, sofern nicht eine Umwandlung in Wohnungseigentum erfolgt, sondern durch Teilung selbstständige Grundstücke gebildet werden, sind nicht zu erkennen.

5. Verkauf

Das Vorkaufsrecht entsteht mit dem Abschluss eines Kaufvertrages zwischen dem Eigentümer/Vermieter und einem Dritten über die Mietwohnung (§ 463 BGB). **29**

Verkauf ist jede rechtsgeschäftliche Eigentumsübertragung. **30**

§ 577 BGB ist daher nicht anwendbar bei Gesamtrechtsnachfolge oder Aufteilung unter Erben im Wege der Erbauseinandersetzung. Dies gilt im Zweifel auch für einen Verkauf an einen gesetzlichen Erben, der mit Rücksicht auf ein künftiges Erbrecht erfolgt (§ 470 BGB). **31**

Das Vorkaufsrecht ist auch ausgeschlossen, wenn der Verkauf im Wege der Zwangsvollstreckung oder aus einer Insolvenzmasse erfolgt (§ 471 BGB). Ein solcher Verkauf gilt allerdings als erster Vorkaufsfall und verbraucht das Vorkaufsrecht mit der Folge, dass bei einem nachfolgenden Verkauf kein Vorkaufsrecht des Mieters mehr besteht (BGH ZMR 2007, 770 – Leitsatz 2, dazu Fabisch ZfIR 2007, 760; BGH ZMR 1999, 607 – Leitsatz 2 – zu § 2b WoBindG). **32**

Wenn einer von mehreren Miteigentümern die Wohnung bzw. die restlichen Anteile käuflich erwirbt, stellt dies keinen Verkauf an einen Dritten dar, sodass in diesem Fall kein Vorkaufsrecht des Mieters besteht (Sonnenschein NJW 1980, 2057 zu § 2b WoBindG; Wirth NZM 1998, 390). **33**

34 Kein Vorkaufsfall ist gegeben, wenn an eine Person aus dem nach § 577 Abs. 1 S. 2 BGB privilegierten Personenkreis, sog. Bedarfspersonen veräußert wird. Personen, für die der Vermieter nach § 573 Abs. 2 Nr. 2 BGB kündigen könnte, sind nicht Dritte i.S.v. § 577 Abs. 1 S. 1 BGB. Es kommt aber nicht darauf an, dass diese Personen darüber hinaus Eigenbedarf haben (vgl. Palandt/Weidenkaff § 577 BGB Rn. 5).

III. Ausübung des Vorkaufsrechts

1. Vorkaufsfall

35 Der Vorkaufsfall tritt gem. § 463 BGB ein, sobald der Eigentümer/Vermieter mit einem Dritten einen Kaufvertrag über die Wohnung geschlossen hat.

36 Der Kaufvertrag muss tatbestandlich abgeschlossen und rechtsgültig sein (BayObLG ZMR 1992, 337 zu § 2b WoBindG). Ein nichtiger (formungültiger oder sittenwidriger), wirksam angefochtener oder noch genehmigungsbedürftiger Kaufvertrag berechtigt nicht zum Vorkauf.

Zur (Teil-)Nichtigkeit mit sittenwidriger Preisgestaltung s. BGH NJW-RR 2005, 1534.

Die im Verhältnis zum Dritten wirksame und im Hinblick auf mögliche Schadensersatzansprüche sogar zweckmäßige Vereinbarung einer auflösenden Bedingung oder eines Rücktrittsrechts für den Fall der Ausübung des Vorkaufsrechts ist im Verhältnis zum Vorkaufsberechtigten unwirksam (§ 465 BGB). Zulässig ist hingegen eine differenzierte Kaufpreisabrede bzw. Kaufpreisminderung für den Fall, dass das Mietervorkaufsrecht nicht ausgeübt wird und daher der Erstkäufer das bestehende Mietverhältnis übernehmen muss (OLG München MittBayNot 2005, 306).

37 Der Mieter ist nur beim ersten Verkaufsfall nach der Umwandlung zum Vorkauf berechtigt, nicht jedoch bei einem späteren Verkauf der Wohnung durch den (Erst-)Erwerber (BGH ZMR 2007, 770 = ZfIR 2007, 758 m. Anm. Fabisch BGH ZMR 2006, 511 im Anschluss an BGH ZMR 1999, 607 zu § 2b WoBindG).

38 Zum Verkauf an privilegierte Personen und zum Verkauf im Wege der Zwangsvollstreckung oder aus einer Insolvenzmasse s.o. Rdn. 32.

2. Mitteilung

39 § 577 Abs. 2 BGB erweitert die in § 469 Abs. 1 BGB geregelte Mitteilungspflicht.

40 Die Unterrichtungspflicht erfordert die Mitteilung des gesamten Inhalts des Kaufvertrages (§ 469 BGB). Außerdem muss der Mieter über sein Recht auf Ausübung des Vorkaufsrechts hingewiesen werden (§ 577 Abs. 2 BGB). Da es sich insoweit nicht um eine höchstpersönliche Pflicht handelt, kann sie auch durch einen Dritten wirksam erfüllt werden.

41 Die Mitteilung muss bei mehreren Mietern an alle erfolgen (Schmidt DWW 1994, 65).

Wegen etwaiger Schadensersatzansprüche bei Verletzung der Mitteilungspflicht s.u. Rdn. 63.

3. Erklärung des Vorkaufs

a) Form

Nunmehr sieht § 577 Abs. 3 BGB (in der Fassung durch das Mietrechtsreformgesetz v. 19.06.2001, in Kraft seit 01.09.2001) ausdrücklich – in Abweichung von der allgemeinen Verweisung in § 577 Abs. 1 S. 3 BGB auf die §§ 463 ff. BGB – die Schriftform für die Ausübung des Vorkaufsrechts durch den Mieter vor, womit klargestellt ist, dass eine notarielle Beurkundung nicht erforderlich ist. Den weitergehenden Forderungen vor allem aus der Notarpraxis (u.a. Langhein ZRP 2000, 473) folgte der Gesetzgeber nicht. **42**

Die Entscheidungen OLG Düsseldorf ZMR 1998, 761; OLG Frankfurt/M. MDR 1998, 1093 und BGH ZMR 2000, 812, wonach das Vorkaufsrecht formfrei ausgeübt werden kann, sind durch die gesetzliche Neuregelung überholt.

Die Erklärung muss somit dem Formerfordernis des § 126 BGB oder des § 126a BGB (elektronische) Form entsprechen. **43**

Es muss aber von allen Berechtigten/Mietern fristgerecht das Vorkaufsrecht ausgeübt werden und zwar als empfangsbedürftige einseitige Willenserklärung gegenüber dem Verkäufer, selbst wenn die Mitteilung durch den Dritterwerber oder dessen Notar erfolgte. Lediglich die Auflassung muss noch notariell erfolgen (Langhein DNotZ 1993, 650, 664). **44**

Zu den Besonderheiten im Zusammenhang mit dem früheren HausTWiG (jetzt §§ 312 ff., 355 ff. BGB) vgl. J.-H. Schmidt WE 2001, 66. **45**

b) Frist

Der Beginn der Zweimonatsfrist gem. §§ 469 Abs. 2, 577 Abs. 1 S. 3 BGB setzt eine vollständige und wahrheitsgemäße Unterrichtung des/aller Mieter(s) voraus (§ 577 Abs. 2 BGB), d.h. es muss eine Mitteilung über den Drittkauf und über dessen genauen Inhalt erfolgen sowie eine Unterrichtung des Mieters über sein gesetzliches schuldrechtliches Vorkaufsrecht inkl. eventuell vorliegender Verwaltergenehmigung nach § 12 WEG. Nach BGH (ZMR 2003, 408) gilt: »Den Vermieter trifft bei Eintritt des Vorkaufsfalls zugunsten des Mieters die mietvertragliche Nebenpflicht, den Mieter über sein Vorkaufsrecht zu unterrichten und ihm den Inhalt des mit dem Dritten geschlossenen Kaufvertrages mitzuteilen. Diese Pflicht ist verletzt, wenn dem Mieter der Vertragsinhalt unrichtig oder unvollständig zur Kenntnis gebracht wird. Im Fall einer solchen Pflichtverletzung spricht eine Vermutung für »aufklärungsrichtiges« Verhalten des Mieters.« **46**

Auf eine verfrühte Mitteilung muss der vorkaufsberechtigte Mieter keine Erklärung abgeben. Auch ein bloßer Hinweis auf § 577 Abs. 2 BGB wird nicht als ausreichend angesehen. Erfolgen die beiden Mitteilungen in gesonderten Erklärungen, beginnt die Frist erst mit dem Zugang der letzten Erklärung.

Darüber hinaus braucht der vorkaufende Mieter eine eigene Verwalterzustimmung für sich (Schmidt WE 1993, 330). Die Mitteilung eines noch nicht genehmigten Vertrages setzt die Frist noch nicht in Lauf. **47**

Die Mitteilung kann durch den Veräußerer oder Drittkäufer/Erwerber erfolgen (§ 469 Abs. 1 S. 2 BGB). Die Zweimonatsfrist beginnt auch neu zu laufen, wenn der ursprüngliche Kaufvertrag mit dem Dritten geändert wird (Blank WuM 1996, 329; OLG Karlsruhe WuM 1996, 325 = ZMR 1996, 325 (LS)). Auch Änderungen des Erstkaufvertrages müssen dem Mieter mitgeteilt werden. **48**

49 Die Frist beginnt mit Zugang der Mitteilung über das Vorkaufsrecht unabhängig von der Eigentumsumschreibung zu laufen, da § 577 BGB auf den Verkauf und die bevorstehende Aufteilung abstellt und nicht auf die dingliche Veräußerung wie bei § 566 BGB. Bei einer Mietermehrheit beginnt die Frist mit dem Zugang der vollständigen Mitteilung an den letzten Mitmieter.

4. Verzicht

50 Ein Verzicht auf das Vorkaufsrecht ist wegen § 577 Abs. 5 BGB im Vorwege zwischen Vermieter und Mieter nicht möglich. Erst zeitlich nach Eintritt des Vorkaufsfalls kommt überhaupt ein wirksamer Verzicht in Betracht, da dann die Unabdingbarkeit des § 577 BGB nicht mehr entgegensteht. Siehe dazu auch Wirth NZM 1998, 390. Ein Verzicht einzelner Vorkaufsberechtigter führt nicht zum Untergang des Vorkaufsrechts (§ 472 S. 2 BGB).

51 Nach (Blank WuM 1993, 580) soll dieses Verbot auch für den Erwerber/Kaufinteressenten gelten (vgl. Sternel Mietrecht aktuell XI Rn. 269).

52 Streitig ist, ob nach Beurkundung des Erwerbsvertrages und Eintritt des Vorkaufsfalles der Mieter formlos durch Erlassvertrag auf sein Vorkaufsrecht vor Ablauf der Überlegungsfrist verzichten kann (Lilie WE 2000, 84, 85; Lammel § 577 Rn. 54).

IV. Rechtsfolgen

1. Kaufvertrag

53 Mit der Ausübung des Vorkaufsrechts kommt der Kauf zwischen dem Berechtigten und dem Verpflichteten unter den Bedingungen zustande, welche der Verpflichtete mit dem Dritten vereinbart hat (§ 464 Abs. 2 BGB).

54 Rechtsmissbräuchlich ist die Ausübung des Vorkaufsrechts, wenn der Mieter ersichtlich nicht in der Lage ist, den Kaufvertrag zu erfüllen (vgl. Sternel Mietrecht aktuell XI Rn. 281).

Zur Vereinbarung einer auflösenden Bedingung oder eines Rücktrittsvorbehalts für den Fall der Ausübung des Vorkaufsrechts s.o. Rdn. 36.

55 Nach Ausübung des Vorkaufsrechts richtet sich der Anspruch des Mieters auf Übertragung des Eigentums (Auflassung) gegen den Vermieter/Veräußerer, wegen des lediglich schuldrechtlichen Charakters des Vorkaufsrechts jedoch nicht gegen den Dritten.

56 Eine Sicherung des Anspruchs ist nur durch die Eintragung einer Auflassungsvormerkung im Grundbuch im Wege einer einstweiligen Verfügung erreichbar (§ 885 BGB), mit Erfolg aber nur bei Eintragung der Vormerkung vor Rechten Dritter (§ 883 Abs. 2 S. 2 BGB). Siehe auch LG Köln NJW-RR 1995, 1354 (Leitsatz 3).

57 Bei einer Verletzung des Vorkaufsrechts, d.h. Übertragung des Eigentums an den Dritten (Erwerber), ist das Recht anders als beim dinglichen Vorkaufsrecht nach §§ 1094 ff. BGB nicht mehr durchsetzbar. Der Vorkaufsberechtigte ist vielmehr auf die Geltendmachung von Schadensersatzansprüchen gegen den Vermieter/Verkäufer beschränkt. S. dazu unten Rdn. 61.

58 *Das schuldrechtliche Vorkaufsrecht ist* jedoch eine über § 826 BGB geschützte Rechtsposition, sodass dem Mieter bei einer drohenden Umgehung des Vorkaufsrechts durch ein

kollusives Zusammenwirken zwischen Vermieter und Käufer auch Beseitigungs- und Unterlassungsansprüche zustehen, die u.U. im Wege der einstweiligen Verfügung durchgesetzt werden können (OLG München ZMR 1999, 549).

2. Übertragung

Das Vorkaufsrecht ist grundsätzlich nicht übertragbar und nicht vererbbar (§ 473 BGB). **59**

Allerdings sind die durch Ausübung des Vorkaufsrechts erwachsenen Rechte frei übertragbar und auch vererblich.

§ 577 Abs. 4 BGB erweitert beim Tode des Mieters den Kreis der Vorkaufsberechtigten **60** auf die Personen, die nach § 563 Abs. 1 und 2 BGB das Mietverhältnis fortsetzen. Hier kommen in Betracht Ehegatten, Familienangehörige und auch überlebende Partner einer verschiedengeschlechtlichen nichtehelichen Lebensgemeinschaft (BGH ZMR 1993, 261 = NJW 1993, 999).

3. Schadensersatz

Ignoriert der Veräußerer – trotz notarieller Belehrung – das nur schuldrechtliche Vor- **61** kaufsrecht des Mieters und übereignet an den Dritten, so ist der Mieter immer auf reine Schadensersatzansprüche aus den §§ 437 Nr. 3, 280 Abs. 1 und 3, 283 BGB beschränkt (vgl. AG Charlottenburg NZM 1999, 22; Bub NZM 2000, 1092).

Hierfür gilt der ausschließliche Gerichtsstand des § 29a ZPO (BayOblG ZMR 1992, 337 **62** zu § 2b WoBindG). Der Streit muss im Mietverhältnis wurzeln (Prütting/Gehrlein § 29a ZPO Rn. 3).

Den Eigentumserwerb kann er nicht rückgängig machen, sondern allenfalls im Vorwege **63** durch rechtzeitig im Wege einstweiliger Verfügung erwirkter Vormerkung – nach Abschluss des Drittkaufs – vereiteln (OLG München ZMR 1999, 549; AG Frankfurt/M. ZMR 1995, 317 = NJW 1995, 1034).

Schadensersatzansprüche können sich bei einem schuldhaften Verstoß gegen die Unter- **64** richtungspflicht, die gegenüber jedem Mieter besteht, aus Pflichtverletzung gem. §§ 280 ff. BGB ergeben (Sternel Mietrecht aktuell XI Rn. 283 ff.), insbesondere, wenn ihm der Vermieter den Vertragsinhalt oder das Bestehen des Vorkaufsrechts gar nicht, unrichtig oder unvollständig mitteilt (OLG Celle ZMR 2008, 119 = OLGR 2007, 933). Voraussetzung ist eine Kausalität der fehlenden Unterrichtung und dass der Mieter nachweist, über die Finanzierungsmöglichkeiten für den Erwerb tatsächlich verfügt zu haben. Dagegen steht dem Mieter der Eigentumswohnung kein Anspruch auf Ersatz des reinen Verzögerungsschadens zu, wenn der Vermieter die Mitteilung lediglich nicht unverzüglich nach dem Vorkaufsfall vornimmt, der Mieter aber schließlich sein Vorkaufsrecht doch noch ausübt (OLG Celle a.a.O.). Die Pflicht zur Mitteilung dient nicht dem Ziel, dem Vorkaufsberechtigten die möglichst baldige Ausübung des Vorkaufsrechts zu ermöglichen. Häublein (jurisPR-MietR 8/2008 Anm. 5) konstatiert, dass die Ansicht des OLG Celle den vermietenden Wohnungsveräußerer nicht gerade dazu anhält, seine Pflichten aus dem Mietvertrag pünktlich zu erfüllen. Hierbei darf nicht übersehen werden, dass bei verzögerter Mitteilung dem Veräußerer von Seiten des Erwerbers Ersatzansprüche drohen. Die Pflicht zur unverzüglichen Information trifft den Veräußerer. Der Erwerber könnte vermeidbare Finanzierungskosten geltend machen oder sonstige Schäden, die dadurch entstehen, dass der Erwerber auf den Erwerb der Wohnung vertraut hat. Selbst wenn nach Ausübung des Vorkaufsrechts keine mietvertragliche Informationspflicht mehr bestehen sollte (was Häublein a.a.O. bezweifelt), können derartige Pflichten doch aus dem dann bestehenden Kaufvertrag resultieren. Dass der Mieter, der sein Vorkaufsrecht ohne Detailkenntnisse ausgeübt hat, keinen Anspruch auf Informationen über den Kaufvertrag haben soll, erscheint nicht überzeugend.

65 Der Mieter kann jedoch über § 251 BGB nur so gestellt werden, dass dessen jetzige Vermögenslage mit derjenigen verglichen wird, die bei Erwerb und Selbstnutzung der Eigentumswohnung gegeben wäre. Der Mieter kann nicht einen fiktiven Veräußerungsgewinn beanspruchen, der bei mieterfreier Veräußerung seitens des Mieters nach vorherigem Erwerb vom veräußernden Vermieter zu realisieren gewesen wäre (vgl. Langhein DNotZ 1993, 650, 665). Ein solcher Schaden ist jedenfalls vom Schutzzweck des § 577 BGB nicht mehr gedeckt (AG Hamburg WuM 1996, 477). Zur Schadensberechnung bei sittenwidriger Preisgestaltung s. BGH NJW-RR 2005, 1534.

66 § 577 BGB sieht keine eigenen sonstigen Sanktionen vor. Deshalb bezeichnet Hinz MietPrax Fach I Rn. 658 ff. zu Recht den Schutz des Mieters als gering.

67 Der Vorkaufsberechtigte, der sein Vorkaufsrecht an der von ihm gemieteten Eigentumswohnung ausübt, kann von dem Vorkaufsverpflichteten regelmäßig keinen Ersatz seines Verzögerungsschadens beanspruchen, der darauf beruhen soll, dass der Vorkaufsverpflichtete seine nur bis zur Ausübung des Vorkaufsrechts bestehenden Informationspflichten aus §§ 469 Abs. 1, 577 Abs. 2 BGB nicht unverzüglich erfüllt hat (OLG Celle OLGR Celle 2007, 933). In jedem Fall bedarf es einer Mahnung, um die Voraussetzungen der §§ 280, 286 BGB herbeizuführen.

V. Sonderfälle

1. Einheitlicher Verkauf mehrerer Wohnungseigentumseinheiten

68 Zur Berechnung des für den einzelnen Mieter maßgeblichen Kaufpreises, wenn ein einheitlicher Kaufvertrag über mehrere Wohnungseigentumseinheiten zu einem Gesamtpreis abgeschlossen wurde, kommt eine Heranziehung der Regelung des § 467 BGB in Betracht.

69 Hier muss der vorkaufsberechtigte Mieter nicht etwa den im Kaufvertrag ausgewiesenen Preis für seine Wohnung akzeptieren und bezahlen, sondern kann sich bei Ausübung des Vorkaufsrechts auf § 467 BGB berufen und eine Erklärung auf diesen richtigen Preis beziehen, ohne dass hierin eine unzulässige Bedingung bei der Ausübung des Vorkaufsrechts gesehen werden könnte (OLG Karlsruhe WuM 1996, 325 ff.; OLG Düsseldorf ZMR 1998, 761).

70 Der Vorkaufsverpflichtete ist im Falle des Verkaufs mehrerer Gegenstände zu einem Gesamtpreis nicht einmal verpflichtet, den Vorkaufsberechtigten über den Teil des Kaufpreises zu informieren, der nach § 467 BGB auf denjenigen mitverkauften Gegenstand entfällt, auf den sich das Vorkaufsrecht bezieht (OLG Celle ZMR 2008, 119 = OLGR Celle 2007, 933). Wegen weiterer Einzelheiten mit Berechnungsbeispielen wird Bezug genommen auf MieWo/Riecke § 577 BGB Rn. 45 ff.

71 Für den Erwerb eines Grundstücks durch mehrere Personen in Bruchteilseigentum gilt § 577 BGB, wenn dem Miteigentümer bei Erwerb des Bruchteilseigentums an dem Hausgrundstück eine bestimmte Wohnung zur ausschließlichen Nutzung zugewiesen worden ist und diese Nutzungsregelung ebenso wie der dauernde Ausschluss des Aufhebungsverlangens nach § 1010 BGB im Grundbuch eingetragen sind, aufgrund des Kaufvertrages innerhalb von drei Jahren nach § 3 WEG Wohnungseigentum gebildet werden soll und bei Abschluss des Kaufvertrages die Abgeschlossenheitsbescheinigung bereits vorgelegen hat (vgl. OLG Karlsruhe ZMR 1992, 490).

Anderes gilt, wenn lediglich ein Erwerb in Bruchteilsgemeinschaft erfolgt nebst anschließender Teilung nach § 3 WEG durch Vertrag, ohne dass einem Berechtigten bestimmte Einheiten zugeordnet werden.

Anwendbar ist § 577 BGB aber beim sog. Kellermodell. Hierbei wird lediglich an den Kellerräumen eines Wohnhauses Teileigentum begründet und es kann trotzdem die Eintragung im Grundbuch nicht mit der Begründung abgelehnt werden, wegen der Möglichkeit, später jedem Teileigentum das Sondernutzungsrecht an einer Wohnung zuzuordnen, werde in Wahrheit Wohnungseigentum begründet (BayObLG Rpfl 1992, 154).

2. Maklercourtage

Der vorkaufsberechtigte Mieter hat grundsätzlich nicht nur den reinen Kaufpreis zu zahlen, sondern alle Leistungen zu erbringen, die dem Erstkäufer nach dem notariellen Kaufvertrag oblegen hätten (BGH MDR 1996, 250; a.A. OLG Celle NJW-RR 1996, 629 = OLGR 1995, 183). **72**

Ist im Wege des Vertrages zugunsten Dritter im Kaufvertrag vereinbart, dass der Käufer sich gegenüber dem Veräußerer verpflichtet, die anfallende Maklerprovision zu zahlen, ist dies ein normaler, wesensmäßig zum Kaufvertrag gehörender Bestandteil. Dies hat zur Folge, dass auch der Vorkaufsberechtigte bei Ausübung seines Rechts in diese Verpflichtung eintritt (OLG Düsseldorf MDR 1999, 800). **73**

3. Abschreckungsvereinbarung

Hierunter fallen z.B. persönliche Beratungsleistungen (OLG München ZMR 1999, 549) und sonstige Fremdkörper (vgl. OLG Stuttgart ZMR 1998, 771) im Kaufvertrag, die den Vorkaufsberechtigten von der Ausübung seines Rechts abhalten sollten (LG Berlin MM 1996, 30). Zu denken ist vor allem auch an die Beurkundung eines höheren Kaufpreises, um dem Mieter die Ausübung seines Vorkaufsrechts zu verleiden. In diesem Fall ist es ausnahmsweise unerheblich, dass der Erstkaufvertrag (der beurkundete als Scheingeschäft und der wirklich gewollte wegen Formmangels gem. § 311b BGB) unwirksam ist. Zwar setzt das Vorkaufsrecht grundsätzlich einen wirksamen Erstkaufvertrag voraus. Hier ist dieser Einwand aber nach § 242 BGB abgeschnitten. **74**

4. Kaufähnliche Verträge und Umgehungsversuche

Den Vorkaufsfall kann auch eine erbrechtliche Gestaltung auslösen, der zufolge durch Vermächtnis eine Eigentumswohnung mit bedingtem Übereignungsanspruch nebst weiterer Abreden übertragen wird ohne dass es zeitnah zum dinglichen Eigentumsübergang kommen soll/muss (vgl. BGH ZMR 1998, 488). **75**

Der Vorkaufsberechtigte kann im Einzelfall durch einstweilige Verfügung nach wirksamem Ausüben des Rechts die Eintragung des Erwerbers verhindern, während sog. Fremdkörper im Kaufvertrag den Vorkaufsberechtigten gem. § 464 Abs. 2 BGB nicht binden (vgl. zu Einzelheiten Riecke Hbg Grundeigentum 2000, 36 sowie WE 1999, H. 8. S. 10). Die Vereinbarung eines Rücktrittsrechts insbesondere für den Fall der Ausübung des Vorkaufsrechts durch den Mieter kann den Eintritt des Vorkaufsfalles nicht verhindern (vgl. § 465 BGB; BGHZ 67, 395 = ZMR 1979, 270). **76**

5. Verkauf en bloc

77 In diesem Fall besteht kein Vorkaufsrecht, wenn lediglich eine subjektive innere Aufteilungsabsicht von Käufer und/oder Verkäufer besteht.

Beim Gesamtverkauf eines mit Mietwohnungen bebauten Grundstücks entsteht das Recht zur Ausübung des Vorkaufsrechts nicht, es sei denn die vom vorkaufsberechtigten Mieter bewohnte Wohnung ist als Teilobjekt des Veräußerungsvertrags so hinreichend bestimmt, dass sie in Verbindung mit einem Miteigentumsanteil an dem Grundstück der rechtlich selbstständige Gegenstand eines rechtsgültigen Kaufvertrags sein kann (so BayObLG ZMR 1992, 337).

Der typische Fall ist hier die Veräußerung von Seiten eines Wohnungsunternehmens an einen Zwischenerwerber.

Beim Weiterverkauf vom Zwischenerwerber an einen Kapitalanleger entsteht das Vorkaufsrecht jedenfalls dann, wenn einzelne Wohnungen verkauft werden.

78 Umstritten ist die Bewertung einer weiteren Variante des Blockverkaufs (vgl. dazu Lammel § 577 Rn. 24).

Es wird die Schließung der Grundbücher (§ 9 WEG) vereinbart, wobei nach Eigentumsumschreibung neue Wohnungsgrundbücher angelegt werden (vgl. Schilling/Meyer ZMR 1994, 503 Ziff. 3), was sogar steuerlich von Vorteil sein kann.

13. Kapitel
Wechsel der Vertragsparteien

Übersicht **Rdn.**

1 Das Mietverhältnis ist ein auf Dauer angelegtes Schuldverhältnis, sodass es nicht selten ist, dass die ursprünglichen Vertragsparteien, gleich ob im Wohn-, Geschäftsraummietrecht oder sonstigen Mietverhältnis wechseln. Die Ursache eines Parteiwechsels kann auf *Gesetz oder Vertrag beruhen,* z.B. eine Vertragsübernahme (§ 311 Abs. 1 BGB), Veräußerung der Mietsache (§§ 566 ff. BGB), gewerbliche Weitervermietung (§ 565 BGB) oder den Tod einer der Vertragsparteien (§§ 563 ff., 1922 Abs. 1 BGB). Daneben sind noch die Fälle nach dem Umwandlungsgesetz zu beachten (Rdn. 283 ff.).

PARTEIWECHSEL						2
mit Rechtsgeschäft			ohne Rechtsgeschäft			
Vertragsübernahme (§ 311 Abs. 1 BGB)	Veräußerung der Mietsache (§§ 566 ff. BGB)	Gewerbliche Zwischenvermietung (§ 565 BGB)	Tod des Mieters (§§ 563 ff., 1922 Abs. 1 BGB)	Tod des Vermieters (§ 1922 Abs. 1 BGB)	Änderung persönlicher Lebensbereich des Mieters (HausratsVO, LPartG)	

Ein Wechsel ist sowohl auf der Vermieterseite als auch auf der Mieterseite möglich. 3

I. Vermieterwechsel

Ein Vermieterwechsel kann durch Gesetz oder Vertrag erfolgen. Der rechtsgeschäftliche Wechsel des Vermieters kann beruhen auf einer Vertragsübernahme, Veräußerung der Mietsache oder gewerblichen Zwischenvermietung und der gesetzliche Wechsel, neben einigen Sonderfällen, auf dem Tod des Vermieters, Zwangsversteigerung etc. Nachfolgend wird auf die praktisch bedeutenden Fallgruppen eines Vermieterwechsels eingegangen. 4

1. Vermieterwechsel aufgrund Vertragsübernahme

Die **Vertragsübernahme** bedeutet hier die Auswechselung der Person des Vermieters durch Rechtsgeschäft unter Wahrung der Identität des Vertrages (Emmerich JuS 1998, 495, 496 m.w.N.). Dies ist in der Praxis selten, weil ein Vermieterwechsel in der Regel mit einem Wechsel des Grundstückeigentums verbunden ist und dann kraft Gesetz nach § 566 BGB erfolgt. Das rechtsgeschäftliche **Übertragen der Rechtsstellung einer Partei als Ganzes** ist dem BGB grundsätzlich fremd. Dieses enthält lediglich Vorschriften über die Abtretung einzelner Forderungen (§§ 398 ff. BGB) und über die Übernahme einzelner Schulden (§§ 414 ff. BGB). 5

a) Alternativen bei der Vereinbarung eines Vermieterwechsels

Nach der Rechtsprechung des BGH ist jedoch kraft der Vertragsfreiheit der Beteiligten die Übernahme der Gesamtheit aller Rechte und Pflichten einer Partei durch einen Dritten unter Wahrung der Identität des Vertrages möglich, wenn sich Vermieter, Mieter und der Dritte einig sind (§ 311 Abs. 1 BGB). Konstruktiv handelt es sich um ein **einheitliches Rechtsgeschäft**, welches als Verfügung über das Schuldverhältnis als Ganzes der Zustimmung sämtlicher Beteiligten bedarf. Theoretisch bieten sich für einen rechtsgeschäftlichen Vermieterwechsel **drei Alternativen** zur Lösung an: 6

- **Aufhebung** des alten Mietvertrages zwischen Vermieter und Mieter und **Begründung** eines neuen Mietvertrages zwischen Mieter und Dritten (neuer Vermieter). 7
- **Zweiseitiger Vertrag** zwischen zwei Beteiligten (meist Vermieter und Dritter als neuer Vermieter) unter **Zustimmung** des dritten Teils (meist Mieter).
- **Dreiseitiger Vertrag** zwischen Vermieter, Mieter und Dritten (neuer Vermieter).

Die Gestaltungsalternativen sind in Bezug auf das Ziel des Rechtsgeschäfts, den Vermieterwechsel, gleichwertig. Die Initiative für den Vermieterwechsel wird sich meist auf Seiten des Vermieters ergeben, etwa wenn der vermietende Eigentümer das Mietverhältnis nicht mehr fortführen will und damit ein professionelles Vermietungsunternehmen beauftragt. Aber auch Fälle in denen mangels Personenidentität zwischen Vermieter und 8

Eigentümer die §§ 566 ff. BGB nicht greifen, eine Personenidentität aber gewünscht ist, sind Beispiele für eine Vertragsübernahme. Die erste Alternative hat zur Folge, worüber sich der Mieter bewusst sein sollte, dass die »Identität des Mietvertrages« selbst bei an sich identischem Vertragstext nicht gewahrt bleibt. Es handelt sich um eine Neubegründung des Mietvertrages mit Folgen besonders bei laufenden Mietverhältnissen z.B. für Mietbeginn, Kündigungsfristen, Optionsfristen, Möglichkeiten der Mieterhöhung. Die zweite und dritte Alternative stellen für die Beteiligten dagegen gleichberechtigte Möglichkeiten der Gestaltung des Vermieterwechsels im Wege der Vertragsübernahme dar. Welchen Weg die Beteiligten gewählt haben, ist nach der Ausgestaltung des Einzelfalles zu entscheiden.

b) Mitwirkungspflicht des Mieters zum Vermieterwechsel

9 Grundsätzlich besteht keine Verpflichtung des Mieters am Vermieterwechsel mitzuwirken, sodass eine Vertragsübernahme gegen den Willen des Mieters nicht durchsetzbar ist (Stangl Intensivkurs Mietrecht für Vermieter, 199). Lediglich im **Ausnahmefall**, etwa bei ausdrücklicher Vereinbarung im Mietvertrag, kann es Mitwirkungspflichten des Mieters geben. Zumindest bei der Geschäftsraummiete begegnen derartige Bestimmungen häufiger.

c) Form der Vereinbarung eines Vermieterwechsels

10 Die Vertragsübernahme ist **grundsätzlich formfrei** möglich, es sei denn, dass die Schriftform für Vertragsänderungen im Mietvertrag vereinbart ist. Allerdings ist bei Mietverträgen auf eine längere Zeit als ein Jahr die Schriftform aufgrund § 550 BGB zu beachten.

11 Dies gilt sowohl für die Gestaltung der Vertragsübernahme im Wege des dreiseitigen Vertrages als auch durch zweiseitigen Vertrag. Fraglich ist allenfalls, ob im letzteren Falle die Zustimmungserklärung des dritten Teils der Form des § 550 BGB unterliegt (so noch Eisenschmid PiG Bd. 52, 77, 82 f.; Sternel Mietrecht I Rn. 93). Diese Streitfrage ist für den Fall des Vermieterwechsels, bei dem die Zustimmung des Mieters nicht der Schriftform des § 550 BGB unterliegt, geklärt (BGH NJW 2003, 2158). Gem. § 182 Abs. 2 BGB bedarf die Zustimmung nicht der für das Rechtsgeschäft bestimmten Form. Die Genehmigung kann der Mieter auch konkludent z.B. durch Mietzahlungen an den neuen Vermieter erteilen (BGH NJW 2003, 2158). Keine konkludente Genehmigung liegt seitens des Mieters vor, wenn er den Dritten nur deshalb als Vermieter behandelt, weil dieser sich fälschlich als neuer Eigentümer ausgibt (OLG Brandenburg ZMR 2003, 830). Die Zustimmungserklärung des Mieters ist nach der Rechtsprechung zu § 415 BGB grundsätzlich nicht fristgebunden und kann auch noch längere Zeit nach der Mitteilung über die Vertragsübernahme erteilt werden, sofern keine Frist zur Abgabe der Genehmigungserklärung gesetzt wurde (KG ZMR 2003, 835).

12 **Hinweis:**

> Um eine Vertragsübernahme beweisen zu können, empfiehlt sich für alle Erklärungen stets die Schriftform (§ 126 BGB). Sinnvoll ist ferner, sämtliche bei Beendigung eines Mietverhältnisses relevanten Punkte ausdrücklich zu regeln (z.B. Schönheitsreparaturen, Mietereinbauten, Schadensersatzansprüche, rückständige Miete und Mietsicherheit).

d) Anfechtbarkeit der Vereinbarung eines Vermieterwechsels

13 Eine Anfechtung der Vertragsübernahme ist möglich, sofern ein Anfechtungsgrund vorliegt. Dies gilt auch für den Fall, dass die Beteiligten den Weg des zweiseitigen Vertrages für die Vertragsübernahme gewählt haben.

e) Rechtsfolgen

Die Rechtsfolgen des Vermieterwechsels sind abhängig von der näheren **vertraglichen Ausgestaltung**. Soweit nichts geregelt wurde gilt für die einzelnen Alternativen des Vermieterwechsels: 14

Vereinbaren die Beteiligten die **Aufhebung** des alten Mietvertrages verbunden mit der gleichzeitigen **Begründung** eines neuen Mietverhältnisses, so ergeben sich keine Probleme. Rechte und Pflichten bezüglich des alten Mietvertrages verbleiben bei den bisherigen Vertragspartnern. Rechte und Pflichten aus dem neuen Mietvertrag bestimmen sich nach dem neu begründeten Vertrag. Die Verträge sind hinsichtlich der Rechtswirkung unabhängig voneinander. 15

Vereinbaren die Beteiligten einen **dreiseitigen** oder **zweiseitigen Vertrag** mit Zustimmungserklärung wird die Identität des Mietvertrages gewahrt. Vorrangig sind auch hier die Vereinbarungen der Beteiligten im Rahmen der Vertragsübernahme zu beachten. Mit dem Vermieterwechsel tritt eine Zäsur im Mietverhältnis ein. Maßgeblich ist für den Eintritt der Rechtswirkungen dabei, wann die Erklärungen aller Beteiligten rechtswirksam vorliegen, es sei denn, es wird übereinstimmend ein anderer Zeitpunkt vereinbart. 16

2. Vermieterwechsel aufgrund Veräußerung der Mietsache

Im Falle der Veräußerung der Mietsache bzw. des sie tragendes Grundstückes oder der Belastung mit dem Recht eines Dritten, durch welches dem Mieter der vertragsgemäße Gebrauch der Mietsache entzogen wird oder dieser vertragsgemäße Gebrauch zumindest beeinträchtigt wird, gelten die §§ 566 bis 567b BGB. Der Mietvertrag ist eine schuldrechtliche Rechtsbeziehung zwischen Mieter und Vermieter. § 566 BGB durchbricht als Ausnahmeregelung den allgemeinen Grundsatz, dass Rechte und Pflichten nur zwischen den am Schuldverhältnis beteiligten Personen entstehen. Zeitgleich mit Beendigung des Erwerbstatbestandes (Eintragung in das Grundbuch), tritt der Erwerber an die Stelle des vormaligen Eigentümers und Vermieters. Konstruktiv ist nach wohl überwiegender Auffassung nicht von dem Entstehen eines neuen Mietverhältnisses gegenüber dem Erwerber auszugehen, sondern von einem gesetzlich angeordneten Übergang des Mietverhältnisses vom Veräußerer auf den Erwerber (Staudinger/Emmerich § 566 BGB Rn. 5). Es erfolgt ein Vermieterwechsel kraft Gesetz, indem der Erwerber nach Maßgabe der §§ 566 bis 567b BGB an die Stelle des bisherigen Vermieters in dessen Rechte und Pflichten eintritt. Sinn und Zweck der Regelungen ist der Schutz des Mieters vor Benachteiligungen, die ihm anlässlich der Veräußerung oder Belastung des Grundstücks entstehen können, da er ohne diese Regelung kein Recht zum Besitz gegenüber dem Erwerber hätte. 17

Checkliste: 18

- Wirksamer Mietvertrag
- Identität zwischen Veräußerer und Vermieter
- Veräußerung an einen Dritten
- Überlassung vor Veräußerung; Ausnahme: § 567a BGB.

a) Wirksamer Mietvertrag

Die Anwendung des § 566 Abs. 1 BGB setzt einen wirksamen Mietvertrag voraus. Die Vorschrift gilt sowohl für bestehende Miet- oder Pachtverhältnisse als auch für genossenschaftliche Dauernutzungsverträge (Schmidt-Futterer/Gather § 566 BGB Rn. 15). Die Regelung gilt wegen der Verweisungsnorm des § 578 BGB sowohl für Wohnraummiet- 19 verhältnisse als auch für Mietverhältnisse über Grundstücke oder ähnliche Räume. Die Vorschrift findet daher insbesondere auch auf Geschäftsräume Anwendung, ebenso damit für bebaute und unbebaute Grundstücke und Grundstücksteile, z.B. Wandflächen für Reklamezwecke. Keine Anwendbarkeit bei Untermietverträgen bei Wechsel des Hauptmieters (BGH NJW 1989, 2053), Leihverträgen oder Mietvorverträgen.

20 Weiterhin ist vorausgesetzt, dass ein **wirksamer** Mietvertrag vorliegt. Das Mietverhältnis muss noch zum Zeitpunkt des Eigentumsübergangs bestehen (BGH IMR 2007, 174).

21 Ist der Mietvertrag **von Anfang an nichtig**, so wird durch den Eigentumsübergang kein wirksames Mietverhältnis begründet.

22 Ist der Mietvertrag **anfechtbar**, so erfolgt der Eintritt des Erwerbers in das Mietverhältnis, sofern die Parteien keine Anfechtungserklärung abgegeben haben. Voraussetzung für diese Ansicht ist, dass man die Auffassung vertritt, dass das Mietverhältnis durch die Anfechtung entgegen dem Wortlaut des § 142 BGB nur mit Wirkung ex nunc beseitigt wird.

23 Ist das Mietverhältnis **gekündigt**, so ist maßgeblich, ob das Mietverhältnis zum Zeitpunkt des Eigentumsübergangs bereits beendet war. Hierbei ist zu unterscheiden, ob es sich um eine befristete Kündigung oder eine fristlose Kündigung handelt. Abzustellen ist in zeitlicher Hinsicht auf den Zugang der Kündigungserklärung. Im Falle der fristlosen Kündigung wird das Mietverhältnis bereits mit dem Zugang beendet. Im Falle der befristeten Kündigung endet das Mietverhältnis erst mit Ablauf der Kündigungsfrist.

24 Erfolgt ein **Eigentumsübergang vor Vertragsbeendigung**, tritt der Erwerber in das noch bestehende Mietverhältnis ein.

25 Erfolgt der **Eigentumsübergang nach Vertragsbeendigung**, tritt der Erwerber nur noch in das Abwicklungsverhältnis bis zum Zeitpunkt der Rückgabe gem. § 546 Abs. 1 BGB ein (OLG Hamm NJW-RR 1992, 1164 m.w.N.; OLG Düsseldorf NZM 2002, 739). Das Abwicklungsverhältnis entsteht mit Zugang einer wirksamen fristlosen Kündigung bzw. Ablauf der Kündigungsfrist bei einer befristeten Kündigung und endet erst mit der Räumung.

26 Ist ein **Mietaufhebungsvertrag** geschlossen worden, richtet sich die Möglichkeit eines Eintritts des Erwerbers danach, wann gem. den getroffenen Vereinbarungen im Mietaufhebungsvertrag der Beendigungszeitpunkt des Mietverhältnisses ist (vgl. Kap. 14 Rdn. 441). Die Situation ist vergleichbar mit dem gekündigten Mietverhältnis. Entscheidend ist, ob der Eigentumsübergang vor der Vertragsbeendigung oder nach der Vertragsbeendigung erfolgt. Im letzteren Fall ist lediglich der Eintritt des Erwerbers in das Abwicklungsverhältnis möglich.

27 Bei typengemischten Verträgen muss der Schwerpunkt des Vertragsverhältnisses in der miet- oder pachtrechtlichen Beziehung liegen, damit es zur Anwendung des § 566 BGB kommen kann (BGH NJW 2002, 3322).

28 § 566 Abs. 1 BGB ist auf den Wechsel des Hauptmieters nicht entsprechend anwendbar; der neue Hauptmieter tritt deshalb nicht in den bestehenden Untermietvertrag ein (BGHZ 107, 315). Würde die im Eigentum eines Ehegatten stehende Ehewohnung nach Trennung der Ehegatten dem anderen zugewiesen, ohne dass dabei gem. § 5 Abs. 2 S. 1; § 18a HausratsVO ein Mietverhältnis begründet wurde, so ist im Falle eines späteren Verkaufs der Wohnung § 566 Abs. 1 BGB nicht analog anwendbar, sodass der Erwerber die Herausgabe gem. § 985 BGB verlangen kann (OLG München WuM 2001, 283). Ebenso genügt nicht die Vereinbarung eines schuldrechtlichen Besitzrechts (BGH NJW 2001, 2885), auch nicht im Falle eines Verhältnisses zwischen dem Voreigentümer und dem nicht Berechtigten (BGH WuM 1965, 649).

b) Identität von Veräußerer und Vermieter

Veräußerer und Vermieter müssen **identisch** sein (BGH NJW-RR 2004, 657; BGH NJW 1974, 1551; OLG Brandenburg ZMR 2003, 830). Fehlt die Personenidentität, ist Folge, dass das Mietverhältnis zwischen den ursprünglichen Vertragsparteien erhalten bleibt. Der Erwerber kann vom Mieter gem. § 985 BGB Herausgabe verlangen. Dies hat erhebliche haftungsrechtliche Konsequenzen für den Vermieter, nämlich Schadensersatz wegen Nichterfüllung. Der Erwerber kann nur in Rechte eintreten, welche dem Veräußerer als Vermieter zustanden. 29

Eine entsprechende Anwendung des § 566 BGB ist nur im Ausnahmefall anzunehmen. 30
Bei Vermietung durch einen von mehreren Miteigentümern wird teilweise angenommen, dass § 566 BGB eingreift, wenn die übrigen Miteigentümer der Vermietung zugestimmt haben (vgl. ablehnend: BGH NJW-RR 2004, 657 f.; zustimmend: OLG Karlsruhe NJW 1981, 1278; LG Hamburg WuM 2001, 281). Dies wird nur vertretbar sein, wenn in der Zustimmung zugleich eine Bevollmächtigung zum Abschluss des Mietvertrages liegt (Staudinger/Emmerich § 566 BGB Rn. 22). Bei Annahme von Ausnahmekonstellationen ist Zurückhaltung geboten. § 566 BGB soll anwendbar sein, wenn der Dritte als Sondereigentums- oder Hausverwalter zwar im eigenen Namen handelt, aber mit Ermächtigung des Grundstückseigentümers den Mietvertrag abgeschlossen hat (vgl. OLG Celle ZMR 2000, 284 f.; offen gelassen in BGH NJW-RR 2004, 657 f.). Das bloße Einverständnis des Eigentümers mit der Vermietung an den Mieter ersetzt nicht die Identität zwischen Eigentümer und Vermieter. Daran ändert sich auch nichts, wenn der Eigentümer Alleingesellschafter des Vermieters ist. Die gesellschaftsrechtliche und wirtschaftliche Verflechtung ist nicht maßgeblich. Eine bloße Gesellschafterstellung bei der vermieteten GmbH ist für die Anwendbarkeit des § 566 BGB ohne Bedeutung (BGH NJW-RR 2004, 657 f.).

Eine entsprechende Anwendung des § 566 BGB scheidet daher auch den Untermietvertrag aus, wenn der Hauptmieter wechselt (BGH NJW 1989, 2053). 31

c) Veräußerung an einen Dritten

Die **Veräußerung** bedeutet, dass Eigentum an einen Dritten übertragen wird. Voraussetzung ist die Übertragung durch Rechtsgeschäft, sodass § 566 BGB auf den Eigentumsübergang im Wege der Erbfolge unanwendbar ist. Auf das der Veräußerung zugrunde liegende Rechtsgeschäft, etwa Kauf, Tausch, Schenkung kommt es nicht an. Dabei ist der bloße Abschluss des schuldrechtlichen Vertrages zeitlich nicht maßgeblich. Es kommt entscheidend auf die Vollendung des Erwerbstatbestandes an. 32

Der Eintritt eines neuen Gesellschafters in eine BGB-Gesellschaft stellt seit der inzwischen bestehenden Anerkenntnis der Rechtsfähigkeit der BGB-Außengesellschaft keinen Veräußerungsfall dar (vgl. Jacoby ZMR 2001, 409). Weiterführend zum Problem bei der Gesellschaft bürgerlichen Rechts Weitemeyer ZMR 2004, 153 ff. 33

Keine Veräußerung i.S.d. § 566 BGB ist die Aufteilung eines Grundstücks gem. § 8 WEG in Wohnungseigentum, da dadurch allein noch keine Änderung der dinglichen Rechtszuständigkeit eintritt (BGH NJW 1994, 2542). Anders dagegen dann, wenn die vermietete Eigentumswohnung später veräußert wird und der jeweilige Erwerber damit Vermieter der einzelnen Wohnung wird. 34

Besondere Probleme entstehen in den sog. **Umwandlungsfällen**, d.h. wenn ein Miethaus in Wohnungseigentum umgewandelt und das Wohnungseigentum an Dritte veräußert wird aufgrund des Grundsatzes der Einheitlichkeit des Mietverhältnisses (dazu eingehend Riecke MieWo § 566 BGB Rn. 35 ff.). Problematisch sind diese Fälle deshalb, weil zwar die Mietverhältnisse aufgrund der Anwendbarkeit des § 566 BGB auch bei der 35

Umwandlung unverändert fortbestehen, aber Auswirkungen auf die Zusammensetzung der Vermietergemeinschaft unvermeidlich sind. Voraussetzung ist aber stets, dass Vermieter und »Umwandelnder« identisch sind. Die Schwierigkeiten resultieren daraus, dass der jeweilige Mietgegenstand lt. Mietvertrag und die Aufteilung in Sondereigentum gem. der jeweils gültigen Teilungserklärung nicht deckungsgleich sind. Dabei sind folgende Fallgruppen (nach Elzer/Riecke/Riecke § 566 BGB Rn. 22 ff.) zu unterscheiden:

36 Mietgegenstand ist das neu geschaffene Sondereigentum an einer Wohnung sowie einen Kellerraum und/oder eine Garage, die im Sondereigentum steht. Werden Wohnung/Kellerraum und Garage, die an sich einheitlich einem Mietvertrag unterliegen, an unterschiedliche Erwerber veräußert, so wird das ursprüngliche einheitliche Mietverhältnis nicht aufgespalten, sodass der Erwerber der Garage/Kellerraum als Mitvermieter in den einheitlichen Mietvertrag über Wohnung und Garage eintritt (BayObLG WuM 1991, 78).

37 Mietgegenstand ist neben dem Sondereigentum auch das Recht zur Mitbenutzung von Gemeinschaftseigentum, beispielsweise Treppenhäuser, Zuwege etc. Fraglich ist hier, ob allein der/die Sondereigentümer Rechtsnachfolger auf Vermieterseite werden oder die gesamte Eigentümergemeinschaft. Neben der Tatsache, dass dies zu erheblichen praktischen Schwierigkeiten führen würde, kann man die Problematik rechtlich konstruktiv gem. der Entscheidung des LG Hamburg (LG Hamburg WuM 1997, 47) dadurch lösen, indem man den Begriff »überlassen« im Wege der teleologischen Reduktion auf die Einräumung von Alleinbesitz reduziert. Folge ist, dass damit der Eintritt der gesamten Eigentümergemeinschaft vermieden wird.

38 Ist Mietgegenstand neben dem Sondereigentum auch Gemeinschaftseigentum, an dem zugunsten des Sondereigentums wirksam Sondernutzungsrechte begründet wurden, ist die Beurteilung höchst strittig (vgl. eingehend: Riecke MieWo § 566 BGB Rn. 46 m.w.N.). Es wird teilweise vertreten, diese Fallgruppe durch eine Anwendung des § 567 BGB analog, der wiederum auf § 566 BGB verweist, zu lösen (LG Hamburg WuM 1997, 47; Sternel MDR 1997, 316). Dies erscheint fragwürdig, da bereits der Wortlaut der Vorschrift mit seiner Aufzählung von dinglichen Rechten entgegen spricht, aber auch die Tatsache, dass es sich bei § 567 BGB selbst um eine Ausnahmevorschrift handelt. Es überwiegt daher die Auffassung, dass jedenfalls nicht allein der Sondernutzungsberechtigte als weiterer Vermieter in das Mietverhältnis eintritt. Demzufolge treten alle Wohnungseigentümer in das Mietverhältnis ein, wenn dem Mieter ein ausschließliches Nutzungsrecht an den Nebenräumen zustand, nach anderer Auffassung bleibt alleiniger Vermieter der Wohnungseigentümer des Sondereigentums »Wohnung« (s. Riecke MieWo § 566 BGB Rn. 46).

39 Ist Mietgegenstand neben dem Sondereigentum an der Wohnung auch ein Kellerraum, der im Gemeinschaftseigentum steht, ohne dass Sondernutzungsrechte bestehen, wird nach dem Rechtsentscheid des BGH v. 28.04.1999 allein der Sondereigentümer der »Eigentumswohnung« neuer Vermieter (BGH NJW 1999, 2177).

40 Ist der Mietgegenstand neben dem Sondereigentum »Wohnung« auch ein dazugehöriger Balkon, ist die wohnungseigentumsrechtliche Zuordnung des Balkons für die Bestimmung der Vermieterstellung maßgebend. Im Ergebnis wird man durch Eingrenzung des Mietgegenstandes auf den »Balkon (Innenraum)« zu einer Zuordnung zum Sondereigentum gelangen mit der Konsequenz, dass in die Vermieterstellung der Erwerber des Sondereigentums, nicht aber die Wohnungseigentümergemeinschaft einrückt (s. Riecke MieWo § 566 BGB Rn. 48 m.w.N.).

d) Überlassung vor Veräußerung

Voraussetzung des § 566 BGB ist es, dass die Vollendung des Erwerbstatbestandes **nach** der Überlassung an den Mieter erfolgt. Im Zeitpunkt des Eigentumswechsels muss sich der Mieter bereits im Besitz der Mietsache befinden. Bei Veräußerung vor Überlassung des vermieteten Raums oder Grundstücks gilt § 566 BGB nicht. Dem Veräußerer droht in diesem Falle eine Haftung auf Schadensersatz wegen Nichterfüllung (§§ 536 Abs. 3, 536a Abs. 1 BGB) und ein außerordentliches Kündigungsrecht des Mieters (§ 543 Abs. 2 Nr. 1 BGB). Der Mieter ist auf Ansprüche gegenüber dem Vermieter verwiesen und der Vermieter hätte umgekehrt keine Möglichkeit, durch eine vertragliche Vereinbarung, einen Vermieterwechsel auf den Erwerber durchzuführen, sofern der Mieter nicht mitwirkt (§ 415 BGB). Ausnahmefall bildet insoweit nach dem Gesetz lediglich § 567a BGB, der den Vermieterwechsel zeitlich nach vorne verlagert. **41**

Die **Überlassung** bedeutet, dass dem Mieter der vertragsgemäße Gebrauch an der Mietsache eingeräumt worden ist. Setzt dieser den Besitz an der Mietsache voraus, so gehört zur Gebrauchsgewährung die Verschaffung des Besitzes (BGHZ 65, 137). Dies ist unzweifelhaft der Fall, wenn der unmittelbare Besitz mit Wissen und Wollen des Vermieters auf den Mieter übergegangen ist, sodass der Mieter die Sachherrschaft innehat. Hierfür genügt bereits die Schlüsselübergabe. Nicht maßgeblich ist es, ob der Miete die Besitzerlangung durch zusätzliche Handlungen kenntlich macht, z.B. Einzäunung, Beschilderung etc. (BGH ZMR 1989, 212; OLG Köln ZMR 2003, 186, 187). **42**

Je nach Mietverhältnis bzw. vereinbartem Nutzungszweck kann es auch ausreichend für die Gebrauchsgewährung sein, wenn nicht der Besitz, sondern lediglich die Benutzung der Sache eingeräumt wird (Anbringung von Reklametafeln). Eine Überlassung liegt i.S.d. § 566 Abs. 1 BGB bereits dann vor, wenn dem Mieter die Benutzung tatsächlich gewährt wird (BGH NJW-RR 1989, 589). **43**

Für die Überlassung kann es auch genügen, wenn an den Untermieter übergeben wird, solange sich vereinbarungsgemäß an den Untermietbesitz ein Hauptmietbesitz anschließt (BGH NJW-RR 1989, 77). **44**

Es genügt, wenn zumindest der wesentliche Teil der Mietsache überlassen wurde. Es ist für den Übergang nicht entscheidend, wenn dem Mieter lediglich untergeordnete Räumlichkeiten wie z.B. Keller oder Abstellräume noch nicht übergeben worden sind. **45**

Sinn und Zweck der Übergabe bei § 566 BGB ist es, dass der Erwerber nur anhand des Besitzes den tatsächlichen Zustand feststellen kann, nicht aber die Existenz bloßer schuldrechtlicher Verträge. **46**

Eine zeitliche Lücke wird durch § 567a BGB geschlossen. Besteht zur Zeit der Veräußerung oder Belastung des Grundstücks zwar schon ein Mietverhältnis, ist die Mietsache aber noch nicht überlassen worden, so können trotzdem die Wirkungen des § 566 Abs. 1 und § 567 BGB im Falle des Vorliegens der Voraussetzungen des § 567a BGB eintreten. Sinn und Zweck der Vorschrift ist es, die zeitliche Lücke zu schließen, falls es lediglich an der bloßen Überlassung fehlt. Die Rechtswirkung ist eine zeitliche Verschiebung der Rechtsfolgen nach vorne, da zwar ein Mietvertrag vorhanden sein muss, der Rechtsübergang bzw. die Bestellung eines dinglichen Rechts aber noch vor der Überlassung der Mietsache an den Mieter erfolgt. Voraussetzung der Anwendung ist aber zusätzlich, dass der Erwerber dem Vermieter gegenüber die Verpflichtungen aus dem Mietverhältnis übernimmt. Dabei ist es nicht entscheidend, ob der Mieter Kenntnis von der Veräußerung oder Belastung und der Übernahme der Verpflichtungen aus dem Mietvertrag erhalten hat. Es ist nicht zwingend, dass diese Vereinbarung zwischen dem Veräußerer und dem Erwerber zeitgleich mit der Vereinbarung in den Verträgen **47** über die Veräußerung der Mietsache getroffen wird. Die Verpflichtungserklärung ist formlos möglich und kann vor, zugleich oder zeitlich nach dem Erwerbsvertrag getroffen werden (Blank/Börstinghaus/Blank § 567a BGB Rn. 6). Selbst eine Rückwirkung ist möglich, sofern sich die Parteien darüber einig sind, dass die Verpflichtungserklärung auf den Zeitpunkt des Eigentumsübergangs zurückwirken soll (Blank/Börstinghaus/Blank § 567b BGB Rn. 6). Rechtsfolge ist auch hier, dass der Erwerber oder die sonstigen Berechtigten automatisch im Zeitpunkt der Entstehung des Rechts kraft Gesetzes, d.h. auch ohne Zustimmung des Mieters in das Mietverhältnis eintreten. Fehlt eine Verpflichtungserklärung, dann drohen dem Vermieter wie oben beschrieben Schadensersatzansprüche (§§ 536 Abs. 3, 536a Abs. 1 BGB). Zudem steht dem Mieter ein Kündigungsrecht nach § 563 Abs. 2 Nr. 1 BGB zu.

e) Abdingbarkeit

48 § 566 BGB ist kein zwingendes Recht. Die dort enthaltenen Mieter schützenden Vorschriften können durch eine formularvertragliche Klausel ohne Verstoß gegen § 307 BGB allerdings nicht umgangen werden (Schmidt-Futter/Gather 566 BGB Rn. 64 m.w.N.). Im Hinblick auf abweichende Vereinbarung ist zu differenzieren, zwischen welchen Personen diese getroffen werden. Es kann sich hier einmal um Vereinbarungen zwischen dem Veräußerer und dem Mieter, zwischen dem Erwerber und dem Mieter oder zwischen dem Veräußerer und dem Erwerber handeln (vgl. eingehend: Blank/Börstinghaus/Blank § 566 BGB Rn. 70 ff.). Im Regelfall ist aber ein Zusammenwirken aller drei Beteiligten erforderlich.

f) Rechtsfolgen

49 Gemäß dem Wortlaut des § 566 Abs. 1 BGB »tritt der Erwerber anstelle des Vermieters in die sich während der Dauer seines Eigentums aus dem Mietverhältnis ergebenden Rechte und Pflichten ein«. Die Rechtswirkungen treten **kraft Gesetz** ein. Es ist gleichgültig, ob der Erwerber von der Existenz des Mietverhältnisses Kenntnis hat oder ob er den Eintritt in ein Mietverhältnis will. Die Rechtsfolgen sind aber auch zeitlich und gegenständlich beschränkt. Die Veräußerung einer Mietsache an unterschiedliche Erwerber führt nicht zur Aufspaltung des Mietverhältnisses. Vielmehr treten die Erwerber in den einheitlichen Mietvertrag ein. Ihr Verhältnis bestimmt sich nach den Regeln über die Bruchteilsgemeinschaft, § 566 Abs. 1, §§ 741 ff. BGB (BGH ZMR 2006, 30).

50 Der Übergang des Eigentums auf den Erwerber führt zu einer Zäsur. Grundsätzlich verbleiben Ansprüche, die **zeitlich** davor entstanden und fällig waren, beim Veräußerer bzw. richten sich gegen diesen. Bei Fälligkeit danach, treffen die Rechte und Pflichten aus dem Mietvertrag den Erwerber.

51 Der Eintritt in das Mietverhältnis betrifft nur solche Rechte und Pflichten, die in dem Mietverhältnis ihre Grundlage haben. Der Eintritt des Erwerbers ist **gegenständlich** auf Rechte und Pflichten aus dem Mietverhältnis beschränkt. Nicht mit dem Mietverhältnis zusammenhängende Vereinbarungen unterliegen nicht dem Übergang, selbst wenn sie mit der Vermietung in einem wirtschaftlichen Zusammenhang stehen oder im Kontext des Mietvertrages in einer einzigen Vertragsurkunde geregelt worden sind. Derartige Beispiele sind zwischen Vermieter und Mieter geschlossene Verträge über Hausmeisterdienste, Putzdienste und Ähnliches. Folge des § 566 BGB ist eine Zäsur hinsichtlich mietvertraglicher Ansprüche.

aa) Zeitpunkt des Vermieterwechsels

Der Zeitpunkt, an dem die Rechtsfolge des § 566 BGB eintritt, ist bei Veräußerung durch Rechtsgeschäft (§§ 925, 873 BGB) die Vollendung des Erwerbsvorgangs, d.h. erst mit endgültiger Eintragung des neuen Eigentümers im Grundbuch erfolgt der Vermieterwechsel kraft Gesetz. Nicht maßgeblich ist der Abschluss des notariellen Vertrages oder die Eintragung einer Auflassungsvormerkung (BGH NZM 2003, 476; NJW 1989, 451; Palandt/Weidenkaff § 566 BGB Rn. 8). Ebenso wenig kommt es auf Formulierungen im Vertrag an, wonach ein früher Übergang von Nutzen und Lasten vereinbart wird. 52

bb) Befristung des Mietvertrages

Der Mietvertrag wird übernommen, wie er steht und liegt. Folglich geht auch eine etwaige Befristung (Zeitmietvertrag) auf den Erwerber über. 53

Bei Vorliegen eines Zeitmietvertrages gem. § 575 BGB sind die Konsequenzen des Vermieterwechsels umstritten. Es wird vertreten, dass in einem solchen Fall analog zu § 575 Abs. 1 S. 2 BGB automatisch ein unbefristetes Mietverhältnis entstehe (Herrlein/Kandelhard § 575 BGB Rn. 29). Man wird hier aber differenzieren müssen zwischen personengebundenem und objektgebundenem Befristungsinteresse (ebenso Blank/Börstinghaus/Blank § 575 BGB Rn. 59; Lammel § 575 BGB Rn. 24, 25; MüKo/Häublein § 575 BGB Rn. 33). Bei objektbezogenen Befristungsgründen wie Modernisierung oder Bedarf für zukünftige Betriebsangehörige nach § 575 Abs. 1 S. 1 Nr. 2 und Nr. 3 BGB, wird sich der Erwerber auf dieses Befristungsinteresse berufen können. Bei personengebundenen Gründen nach § 575 Abs. 1 S. 1 Nr. 1 BGB, wie zukünftigem Eigenbedarf für sich oder einen der Angehörigen des veräußerten Vermieters, wird man diese ablehnen müssen, da der Befristungsgrund in der Person des veräußernden Vermieters lag. Eine Ausnahme wird man dann treffen können, sofern der Erwerber zu dem vom veräußernden Vermieter gehörenden Personenkreis gehört, beispielsweise die Eltern den Eigenbedarf für die Tochter vorgesehen haben und diese die Mietsache nun erwirbt. 54

cc) Zahlung der Miete

Nach der Zäsur des § 566 Abs. 1 BGB würde im Grundsatz gelten, dass ab Veräußerung befreiende Zahlungen seitens des Mieters nur an den Erwerber möglich sind. Zur Vermeidung einer Doppelzahlung des Mieters greifen §§ 566c, 566e BGB zugunsten des Mieters ein. § 566c BGB gilt bei Zahlungen an den veräußernden Vermieter im Monat des Übergangs und ggf. auch noch einen Monat danach. Entscheidend ist dabei der Zeitpunkt, zu dem der Mieter vom Eigentumsübergang Kenntnis erhält. Erhält der Mieter bis zum 15. eines Monats Kenntnis, so sind die Zahlungen für den laufenden Monat an den Veräußerer dem Erwerber gegenüber wirksam. Sollte die Kenntniserlangung später sein, gilt diese Wirkung sogar noch bis zum Ende des nächsten Monats. Voraussetzung ist die positive Kenntnis des Mieters, grob fahrlässige Unkenntnis ist nicht ausreichend. Woher der Mieter die Kenntnis erhält, ist unerheblich. Mitteilungen vor der Eigentumsumschreibung, insbesondere die Mitteilung über den wirtschaftlichen Eigentumsübergang, sind nicht ausreichend für die Kenntniserlangung (AG Schöneberg GE 1992, 727; Emmerich/Sonnenschein/Emmerich § 566c BGB Rn. 5). Nach § 566e BGB kann der Mieter mit befreiender Wirkung an einen Erwerber zahlen, sobald der Vermieter ihm den Eigentumsübergang angezeigt hat. Dabei ist zum Schutz des Mieters gleichgültig, ob dieser tatsächlich erfolgt ist bzw. unwirksam ist. Die Mitteilung kann nur mit Zustimmung des als neuen Eigentümers bezeichneten Erwerbers zurückgenommen werden (§ 566e Abs. 2 BGB). Der Mieter sollte daher vor Zahlung der Miete an den Erwerber darauf bestehen, dass ihm der veräußernde Vermieter den Eigentümerwechsel gem. § 566e Abs. 1 55

BGB anzeigt. Bei Abtretung von Mietforderungen an den Erwerber sollte der Mieter eine Abtretungsanzeige des bisherigen Vermieters gem. § 409 BGB verlangen. Alternativ kann der Mieter auch die Vorlage des Grundbuchauszugs durch den Erwerber akzeptieren, da hier § 893 BGB analog gilt (Palandt/Weidenkaff § 566 BGB Rn. 2).

56 **Hinweis:**

> Eine Abtretungsvereinbarung ist regelmäßig schon in der Vereinbarung über den Übergang der Nutzen auf den Käufer zu erblicken, denn zu den Nutzen gehören die Mieteinnahmen (BGH NJW-RR 2004, 987 f.). Dem Erwerber ist zu empfehlen, gemeinsam mit dem Vermieter den Mieter anzuschreiben, um die Abtretung anzuzeigen.

dd) Abrechnung der Betriebskosten

57 Der Vermieterwechsel wird infolge des § 566 Abs. 1 BGB in den seltensten Fällen zeitlich mit dem Ende eines Abrechnungszeitraums übereinstimmen, sodass sich die Frage stellt, ob der Veräußerer oder der Erwerber die Betriebskostenabrechnung zu erstellen hat bzw. wem evtl. Nachzahlungsbeträge zustehen bzw. wer Guthaben an den Mieter auszuzahlen hat. Auszugehen ist zunächst davon, dass Vereinbarungen im Vertragsverhältnis zwischen Veräußerer und Erwerber betreffend den wirtschaftlichen Besitzübergang, nur das Innenverhältnis ohne Außenwirkung gegenüber dem Mieter betreffen. Höchstrichterlich geklärt ist zwischenzeitlich, dass es für die Abrechnungspflicht nicht auf die Fälligkeit des Zahlungsanspruches für etwaige Nachzahlungen ankommt (BGH NJW 2004, 851). Folgende Fallgruppen kommen in Betracht:

58 – Abrechnungsjahr ist **vor Vermieterwechsel** beendet:
Abrechnungspflicht bleibt beim Veräußerer. Er ist verpflichtet abzurechnen, muss etwaige Guthaben auskehren oder ihm stehen Nachzahlungsbeträge zu. Nicht maßgeblich ist es, dass der Zahlungsanspruch erst mit Rechnungslegung fällig wird (BGH NZM 2001, 158 und BGH NZM 2004, 188).

59 – Abrechnungsjahr ist **beim Vermieterwechsel nicht** beendet:
Der Erwerber ist verpflichtet zum Abrechnen. Er kann Nachzahlungsbeträge geltend machen und ist verpflichtet, etwaige Guthaben auszukehren an den Mieter, unabhängig davon, ob er die Betriebskostenvorauszahlungen erhalten hat (BGH NZM 2001, 158).
– Bis zum Eigentumsübergang ist der veräußernde Vermieter Gläubiger, danach mit dem Vermieterwechsel der Erwerber. Der Anspruch aus nicht gezahlten Betriebskostenvorschüssen geht nicht auf den Erwerber über, da der Anspruch bereits vor diesem Termin begründet und fällig war.
Ansprüche auf **Betriebskostenvorauszahlungen**:

ee) Übergang von Sicherheitsleistungen

60 Nach § 566a BGB tritt der Erwerber in die dadurch begründeten Rechte und Pflichten einer vom Mieter gestellten Sicherheit ein. Fraglich könnte bereits der zeitliche Geltungsbereich des § 566a BGB sein, da weder die genannte Vorschrift noch Art. 229 § 3 EGBGB eine Überleitungsvorschrift enthalten. Aufgrund des verfassungsrechtlichen Rückwirkungsverbotes gilt § 566a BGB nur unter zwei Voraussetzungen:
– Das Mietverhältnis muss nach dem 01.09.2001 beendet worden sein (AG Lichtenberg NZM 2002, 385).
– Die Veräußerung muss nach dem 01.09.2001 erfolgt sein, wobei auf das dingliche Rechtsgeschäft abzustellen ist (LG Aachen NZM 2003, 234; LG Darmstadt WuM *2003, 130, 132; LG Berlin* GE 2002, 596; a.A. Herrlein/Kandelhard/Herrlein § 566a BGB Rn. 2).

Sofern § 566a BGB infolgedessen nicht zur Anwendung kommt, gilt noch § 572 BGB a.F. 61

Sicherheiten i.S.d. § 566a BGB können Sicherheitsleistungen aller Art sein. Bei den Sicherheiten ist zu differenzieren: 62

Bei der **Mietbürgschaft** gilt, dass nur der Erwerber noch Ansprüche aus der Bürgschaft erheben kann. 63

Bei der **Barkaution** gilt, dass der Erwerber nur einen Anspruch auf Auszahlung des vom Mieter zur Verfügung gestellten Betrages einschließlich der Zinsen hat. Auch der Mieter kann vom Veräußerer verlangen, dass dieser die Kaution an den Erwerber aushändigt. 64

Ist eine **Bankforderung verpfändet,** gilt, dass der Erwerber kraft Gesetzes Pfandgläubiger und gem. § 952 BGB Eigentümer am Sparbuch wird. Der Erwerber kann vom Veräußerer ein im Besitz befindliches Sparkassenbuch herausverlangen. Gleiches gilt im Falle der **Verpfändung von Wertpapieren**. 65

Bei der **Sicherungsübereignung** gilt, dass der Erwerber kraft Gesetzes Sicherungseigentümer wird. 66

– Bei einem **offenen Treuhandkonto**, d.h. für den Fall der separat vom Vermögen des Vermieters angelegten Barkaution, verbleibt die Kaution im Vermögen des Mieters; die Rechte aus der Sicherungsabrede gehen auch ohne Aushändigung der Kaution kraft Gesetzes auf den Erwerber über (OLG Düsseldorf ZMR 1997, 295). 67

Im Verhältnis zwischen Veräußerer, Erwerber und Mieter gilt in zeitlicher Hinsicht bei der **Inanspruchnahme** der Sicherheiten Folgendes: 68

Vor der Eigentumsumschreibung: 69

Der Veräußerer kann sich aus der gezahlten Kaution im Wege der Aufrechnung befriedigen.

Nach Eigentumsumschreibung: 70

Der Veräußerer kann nicht mehr aufrechnen, sodass er für die ihm noch zustehenden Ansprüche allenfalls den Mieter auf Zahlung in Anspruch nehmen kann.

Ab Eigentumsumschreibung ist der Erwerber berechtigt, bei an den Veräußerer geleisteter Kaution von diesem die Sicherheit und bei noch nicht geleisteter Kaution seitens des Mieters von diesem die Kaution selbst zu verlangen. Falls der Veräußerer die Mietsicherheit zurecht in Anspruch genommen hat (OLG Hamburg ZMR 1997, 415), reduziert sich der Anspruch/Rechtsübergang des Erwerbers auf die noch vorhandene Mietsicherheit, verbunden mit einem Anspruch gegenüber dem Mieter auf Wiederauffüllung der Kaution (§ 240 BGB). Sofern der Veräußerer unberechtigt auf die Kaution zugegriffen haben sollte, steht dem Erwerber gegenüber dem Veräußerer ein Anspruch auf Wiederauffüllung nach §§ 280 f. BGB zu, da der Erwerber im Außenverhältnis dem Mieter die Rückzahlung der nicht erhaltenen Kaution schuldet (Kraemer PiG Bd. 62, 213, 230). 71

Für die **Kautionsrückzahlung** ist wie folgt zu differenzieren: 72

– Anspruch gegen den Erwerber: 73
  Der Erwerber haftet bei Beendigung des Mietverhältnisses als neuer Vermieter, und zwar unabhängig davon, ob er die Kaution vom Veräußerer bekommen hat oder nicht (§ 566a BGB). Ein Erwerber haftet dagegen nicht, wenn der Grundstückserwerb nach der Beendigung des Mietverhältnisses und dem Auszug des Mieters erfolgt, da dann die Tatbestandsvoraussetzungen der §§ 566, 566a BGB nicht gegeben sind (BGH IMR 2007, 174).

74 – Anspruch gegen den Veräußerer
Sofern der Mieter die Kaution vom Erwerber nicht erlangen kann, ist der Veräußerer zur Rückzahlung verpflichtet (§ 566a S. 2 BGB). Es handelt sich insoweit um eine subsidiäre Verpflichtung, der Mieter muss sich also vorrangig an den Erwerber halten. Dies gilt unabhängig davon, ob der Erwerber die Kaution vom Veräußerer erhalten hat oder nicht (BGH ZMR 1999, 531). Diese Subsidiarität bedeutet aber nicht, dass stets eine Vorausklage erforderlich ist, weil der Mieter lediglich zu zumutbaren Maßnahmen gegen den Erwerber verpflichtet ist (Blank/Börstinghaus/Blank § 566a BGB Rn. 11; Derleder WuM 2002, 239, 243). Wurde ein Grundstück vor dem 01.09.2007 veräußert, gilt für die Kautionsrückzahlung § 573 BGB a.F. (BGH IBR 2006, 1112).

ff) Verlangen auf Mieterhöhung

75 Bei Mieterhöhungen ist vorrangig das Wohnraummietrecht von besonderem Interesse, da dort gesetzlich eine einseitige Möglichkeit zur Mieterhöhung besteht.

76 Die Mieterhöhung nach § 558 Abs. 1 BGB auf die **ortsübliche Vergleichsmiete** setzt vor der Vollendung des Erwerbstatbestandes ein Zustimmungsverlangen des veräußernden Vermieters voraus. Der Erwerber kann zu diesem Zeitpunkt noch kein Mieterhöhungsverlangen stellen. Hierbei ist der Zeitpunkt der Abgabe der Willenserklärung (Zustimmungsverlangen) entscheidend (OLG Celle WuM 1984, 193; LG Karlsruhe WuM 1991, 48; LG München WuM 1989, 282). Eine vorherige Abtretung des Anspruchs auf Mieterhöhung ist nicht möglich (KG WuM 1997, 101; KG GE 1990, 1257; LG Kiel WuM 1999, 293). Das Gleiche gilt für eine Ermächtigung i.S.d. § 185 BGB (Schmidt-Futterer/Börstinghaus vor § 558 BGB Rn. 47, a.A.: LG Berlin GE 1999, 777; Kinne ZMR 2001, 775, 780). Sofern ein wirksames Mieterhöhungsverlangen seitens des veräußerten Vermieters vorliegt, tritt der Erwerber gem. § 566 Abs. 1 BGB in die »Mieterhöhungslage« ein. Sofern die Zustimmung seitens des Mieters nicht erklärt wird, hat der Erwerber die Zustimmungsklage gem. § 558b BGB zu erheben, falls der Erwerbstatbestand zwischenzeitlich vollendet wurde. Das Gesetz verlangt keine Identität des Absenders des Mieterhöhungsverlangens und des Klägers. Die Mietpreisbegrenzung nach §§ 558 Abs. 5, 559a Abs. 2 BGB gilt aber nur für denjenigen Vermieter, der die Fördermittel tatsächlich erhalten hat. Die bestehenden gesetzlichen Bindungen wirken quasi von außen auf das Mietverhältnis ein und gehen deshalb nicht gem. § 566 Abs. 1 BGB kraft Gesetzes auf den Erwerber über (BGH NJW 1998, 445; Börstinghaus PiG Bd. 70, 65, 84 mit ausf. Begründung).

77 Eine Mieterhöhung gem. § 559 BGB aufgrund von **Modernisierungsarbeiten** kann der Erwerber nach Vollendung des Erwerbstatbestandes vornehmen. Dabei ist es gleichgültig, ob der Erwerber bei den Modernisierungsmaßnahmen »Bauherr« war (KG ZMR 2000, 457) und die Maßnahme vor Eintritt in den Mietvertrag abgeschlossen war (KG ZMR 2000, 757; Kinne ZMR 2001, 868; Palandt/Weidenkaff § 559 BGB Rn. 6; a.A. Lammel § 559 BGB Rn. 15; Sternel NZM 2001, 1058, 1065). Anders aber wenn der Erwerber noch vor Vollendung des Erwerbstatbestandes Modernisierungsmaßnahmen selbst vornimmt anstatt der Vermieter. Nach Vermieterwechsel kann er nicht gem. § 559 BGB die Mieterhöhung vornehmen. Der Bauherr, der die Modernisierungsmaßnahme durchführt, muss zu diesem Zeitpunkt Vermieter sein. Diese Voraussetzungen müssen gleichzeitig vorliegen und dürfen nicht zeitlich gestaffelt nacheinander eintreten, unabhängig von § 566 BGB (Börstinghaus PiG Bd. 70, 65, 86).

78 Vereinbarte Wertsicherungsklauseln oder eine Staffelmiete sind auch nach Vollendung *des Erwerbstatbestandes bindend* wie ein vereinbarter Ausschluss der Mieterhöhung, beispielsweise nach § 557 Abs. 3 BGB.

gg) Kündigung des Mietverhältnisses

Im Rahmen des Vermieterwechsels treten in der Praxis häufig Fehler bei Abgabe der Kündigungserklärung auf. Die Kündigung als einseitige empfangsbedürftige Willenserklärung muss vom richtigen Absender, hier dem Vermieter, abgegeben werden. Maßgeblicher Zeitpunkt ist hier die Vollendung des Erwerbstatbestandes. Das Kündigungsrecht kann nicht abgetreten werden (LG Berlin ZMR 1996, 325, 326; LG Hamburg WuM 1993, 48, LG Augsburg NJW-RR 1992, 520; Schmidt-Futterer/Blank § 542 BGB Rn. 35, 90). Lediglich eine Ermächtigung des Erwerbers zur Kündigung ist möglich (BGH NJW 1998, 896; OLG Celle NZM 2000, 93; Schmidt-Futterer/Blank § 542 BGB Rn. 36; Stangl Intensivkurs Mietrecht für Vermieter, 200). Umgekehrt treten auf Seiten des Mieters Probleme in Bezug auf den Adressaten, den Kündigungsempfänger auf. 79

Hinweis: 80

Im Falle der Ermächtigung des Erwerbers sollte unbedingt das Original der Ermächtigungserklärung beigefügt werden, da ähnlich dem Bevollmächtigungsnachweis bei Stellvertretung nach §§ 182 Abs. 3, 111 S. 2, 3 BGB eine Zurückweisung der Kündigung droht.

Kündigungsausschlussvereinbarungen im Mietvertrag binden auch den Erwerber (LG Berlin MM 1992, 242; LG Arnsberg WuM 1994, 540). Die in Wohnraummietverhältnissen gestaffelten Kündigungsfristen des § 573c Abs. 1 S. 2 BGB werden ab der Überlassung an den Mieter gerechnet, wobei der Vermieterwechsel keinen Einfluss nimmt (LG Freiburg WuM 1993, 126). 81

Hat der veräußernde Vermieter vor dem Eigentumsübergang gekündigt, tritt der Erwerber auch in das Abwicklungsverhältnis bzw. in die Restlaufzeit des Mietvertrages ein. 82

In Fällen sog. Kündigungslagen, d.h. Situationen, in denen der Veräußernde Vermieter vor Eigentumsübergang eine Kündigung hätte aussprechen können, dieses aber unterlassen hat, geht i.d.R. mit dem Vermieterwechsel das Kündigungsrecht unter (Schmidt-Futterer/Blank § 542 BGB Rn. 91). Im Ergebnis wird man zwischen den Kündigungsgründen differenzieren müssen. Maßgeblich ist dabei, inwieweit diese unabhängig von der Person des Vermieters noch im Mietverhältnis fortwirken. Dem Erwerber wird kein Kündigungsrecht zustehen können, wenn der Kündigungsgrund einen persönlichen Bezug gegenüber dem veräußernden Vermieter hatte (beispielsweise Beleidigung des Veräußerers). Strittig ist, inwieweit eine Fortsetzung des Mietvertrages zumutbar ist bei Zahlungsrückständen des Mieters, die eine Kündigung rechtfertigen. Danach wird sich ein Erwerber nicht auf ein Kündigungsrecht des veräußernden Vermieters stützen können, für bereits vor dem Eigentumsübergang fällig gewordene Ansprüche, es sei denn, der Erwerber erwirbt zusätzlich (durch Abtretung) auch die Forderung gegen den sich weiterhin im Zahlungsverzug befindlichen Mieter (OLG Hamm NJW-RR 1993, 273, 274; Blank/Börstinghaus/Blank § 566 BGB Rn. 47). Strittig ist, wenn der Kündigungsgrund Zahlungsverzug erst durch eine Addition von Rückständen gegenüber dem Veräußerer und dem Erwerber vorliegt (bejahend: Blank/Börstinghaus/Blank § 566 Rn. 47; Kündigung nur nach Abtretung: Sonnenschein PiG Bd. 37, 95, 126; Lammel § 566 BGB Rn. 79). Bei verhaltensbedingten Kündigungsgründen, die aus einer Vertragsverletzung herrühren, die sich auf die Mietsache auswirkt, beispielsweise Sachbeschädigungen oder Störung des Hausfriedens, bleibt das Kündigungsrecht bestehen (Blank/Börstinghaus/Blank § 566 Rn. 47; Börstinghaus PiG Bd. 70, 65, 780). Im Falle der Verwertungskündigung kann sich der Erwerber allenfalls dann auf eine Kündigung berufen, wenn der Grund, d.h. beispielsweise Sanierung oder Abriss, fortbestehen. Liegt der wirtschaftliche Grund beim veräußernden Vermieter (wie beispielsweise Vermögensverfall), wird sich der Erwerber 83 nicht auf diesen Umstand berufen können (Börstinghaus PiG Bd. 70, 65, 88). Falls der Kündigungsgrund Eigenbedarf als berechtigtes Interesse beim veräußernden Vermieter bestand, entfällt dieser mit Vermieterwechsel. Als Gegenausnahme wird man nur den Fall ansehen können, dass der Eigenbedarf trotz der Veräußerung fortbesteht (OLG Hamm WuM 1992, 460; Schmidt-Futterer/Blank § 542 Rn. 92; § 573 BGB Rn. 64; Riecke MieWo § 566 BGB Rn. 22). In diesen Fällen, in denen der Erwerber selbst zu den privilegierten Familien- oder Haushaltsangehörigen gehört, ist dies unschädlich. Vor Eintritt des Erwerbers kann der Erwerber ohnehin nicht kündigen, auch nicht wegen Eigenbedarf. Dies ist eine häufig in der Praxis vorkommende Fehlerquelle. Es bleibt dem Erwerber natürlich unbenommen, nach Vollendung des Erwerbstatbestandes, wegen Eigenbedarfs unter Beachtung der gesetzlichen Bestimmungen, auch der Kündigungssperrfristen nach § 577a BGB, zu kündigen.

84 Bei **Kündigung des Mieters** kann der Mieter vor dem Vermieterwechsel allein gegenüber dem veräußernden Vermieter kündigen. Dennoch treten auch hier in der Praxis Probleme beim Kündigungsempfänger auf. Sofern der ursprüngliche Vermieter bereits mit Abschluss des schuldrechtlichen Geschäftes den künftigen Rechtsübergang gegenüber dem Mieter angezeigt hat und der Mieter daraufhin gegenüber dem Erwerber kündigt, obwohl der Vermieterwechsel noch nicht nach § 566 Abs. 1 BGB mangels Vollzug im Grundbuch eingetreten ist, wird man § 566e Abs. 1 BGB analog anwenden. Dies bedeutet, dass die Kündigung nicht wegen des falschen Kündigungsadressaten unwirksam ist (Riecke MieWo § 566 BGB Rn. 19). Ist der Mieter vom Vermieterwechsel unwissend und kündigt deshalb gegenüber dem ursprünglichen Vermieter, wird der Erwerber die ausgesprochene Kündigung gem. § 242 BGB gegen sich gelten lassen müssen (Riecke MieWo § 566 BGB Rn. 20).

85 Hat der Veräußerer oder der Mieter rechtswirksam gekündigt, tritt der Erwerber in die Restlaufzeit des Mietvertrages ein bzw. in ein nachfolgendes Abwicklungsverhältnis.

g) Bürgenhaftung des Vermieters gem. § 566 Abs. 2 BGB

86 Zum Schutz des Mieters vor einem zahlungsunfähigen Erwerber begründet § 566 Abs. 2 BGB eine Bürgenhaftung des veräußernden Vermieters. Dies gilt dann nicht, wenn der Veräußerer den Mieter von dem Vermieterwechsel informiert und der Mieter von seinem Kündigungsrecht zum ersten Termin keinen Gebrauch macht. In diesem Fall geht das Gesetz davon aus, dass sich der Mieter mit dem aufgezwungenen neuen Vertragspartner abgefunden hat. Ein Sonderkündigungsrecht wird durch diese Vorschrift nicht geschaffen. Ausgenommen von der Haftung sind seitens des Erwerbers nach Eigentumsübergang begangene unerlaubte Handlungen. Für diese haftet der Veräußerer nicht (Blank/Börstinghaus/Blank § 566 Rn. 63).

87 **Hinweis:**

> Dem Veräußerer ist zur Vermeidung der Bürgenhaftung zu empfehlen, den Mieter nachweisbar vom Eigentumsübergang in Kenntnis zu setzen. Es genügt nicht, wenn der Mieter lediglich auf andere Weise vom Eigentumsübergang Kenntnis erlangt. Auch eine Mitteilung des Erwerbers ist ungenügend, sofern sie nicht ausdrücklich im Namen des Veräußerers erfolgt. Die Mitteilung kann erst nach dem Eigentumsübergang abgegeben werden, sodass zuvor abgegebene Erklärungen eines zukünftigen Eigentumsübergangs unwirksam sind. Nicht erforderlich ist eine Belehrung über die Rechtsfolgen und über das Kündigungsrecht nach § 566 Abs. 2 S. 2 BGB.

88 *Der Mieter hat die Möglichkeit, sich den veräußernden Vermieter als Bürgen zu erhalten,* sofern er das Mietverhältnis nach Zugang der Mitteilung kündigt. Diese Kündigung muss gegenüber dem Erwerber erklärt werden und zu dem ersten Termin erfolgen, für den diese zulässig ist. Fristbeginn ist der Zugang der Mitteilung. Die Kündigungstermine ergeben sich für Wohnraum aus § 573c Abs. 1 S. 1 BGB und für Grundstücke und Geschäftsräume aus § 580a BGB. In diesen Fällen bleibt die Haftung des früheren Vermieters bis zum Ende des Mietverhältnisses erhalten.

h) Sonderfälle Vorauszahlung und -verfügungen (§§ 566b bis 566d BGB)

Vorausverfügungen über die Miete (§ 566b BGB). **89**

Sinn und Zweck der Vorschrift ist der Schutz des Erwerbers beim Eigentümerwechsel, **90** indem Verfügungen des Veräußerers bezüglich der Miete nur in beschränktem Umfang wirksam sind.

Der Erwerber soll bei den periodischen Mietzahlungen (nicht bei der sog. »Einmal- **91** miete«) auch nach dem Eigentumswechsel über fällig werdende Mieten verfügen können. Verfügungen des Veräußerers vor dem Eigentumsübergang sind nur begrenzt wirksam. Sie gelten gegenüber dem Erwerber bezüglich des laufenden Kalendermonats, wenn der Eigentümerwechsel spätestens zum Ablauf des 15. Tages des Monats stattfindet **(Alt. 1)**, bezüglich der Miete für den laufenden und den folgenden Kalendermonat, wenn der Eigentümerwechsel nach dem 15. Tag des Monats erfolgt (Alt. 2), für eine unbeschränkte Zeit, wenn der Erwerber die Verfügung zum Zeitpunkt des Eigentumsübergangs kennt (Alt. 3).

Vorausverfügungen sind Rechtsgeschäfte, die der Vermieter einseitig oder durch Ver- **92** einbarungen mit einem Dritten trifft. Verfügungen sind Rechtsgeschäfte, durch die auf einen **bereits bestehenden Mietanspruch** unmittelbar eingewirkt wird (Blank/Börstinghaus/Blank § 566b BGB Rn. 3; Schmidt-Futterer/Gather § 566b BGB Rn. 7). Unmittelbare Einwirkung auf die Mietforderung bedeutet eine Übertragung, Belastung, Änderung oder Aufhebung des Mietanspruchs. Hierzu zählen Abtretung, Verpfändung, Aufrechnung des Vermieters gegen Ansprüche des Mieters, Annahme an Erfüllungsstatt, Stundung (Schmidt-Futterer/Gather § 566b BGB Rn. 8). Keine Verfügung über eine Mietforderung ist die zwischen einer GbR als Mieterin und dem Veräußerer vereinbarte Haftungsbeschränkung auf das Gesellschaftsvermögen (BGH ZMR 2003, 827, 829, allerdings zu § 1124 Abs. 2 BGB).

Verfügungen sind auch Rechtsgeschäfte zwischen dem Veräußerer und dem Mieter, wie **93** etwa eine vereinbarte Mietsenkung sowie die vertragliche Verrechnung von Ansprüchen des Mieters mit künftigen Mietansprüchen des Veräußerers. Hierbei ist darauf zu achten, dass es nur um nachträgliche Rechtsgeschäfte bei § 566b BGB geht, nicht aber um Vereinbarungen, die die Miete erst dem Grunde oder der Höhe nach einräumen (Schmidt-Futterer/Gather § 566b BGB Rn. 7). Unschädlich ist, wenn das Rechtsgeschäft aufgrund gesetzlicher Vorschriften oder vertraglicher Vereinbarungen geboten war, etwa im Falle einer berechtigten Mietminderung (Blank/Börstinghaus/Blank § 566b BGB Rn. 4).

§ 566b BGB ist auf den **Baukostenzuschuss** nicht anwendbar. Hat sich aber durch den **94** Baukostenzuschuss der Sachwert der Mietsache erhöht, wie etwa in Fällen des Aufbaus oder Wiederaufbaus (BGHZ 15, 296, 300; BGHZ 16, 31, 35; OLG Düsseldorf ZMR 1994, 505), so kommt die Leistung des Mieters auch dem Erwerber zugute. Deshalb sind derartige Vereinbarungen auch dem Erwerber gegenüber wirksam. In der Praxis ist den Erwerbern dringend zu raten, beim Vermieter als auch Mieter nach eventuellen Baukostenzuschüssen nachzufragen.

§ 566b BGB ist im Falle des **Nießbrauchs** über § 567 BGB einschlägig, der in den dort **95** genannten Fällen auf § 566b BGB verweist. Eine direkte Anwendung scheidet aus, da der

Nießbrauch keine Verfügung über die Miete, sondern über das Grundstück darstellt (RGZ 68, 12 f.; Emmerich/Sonnenschein/Emmerich § 566b BGB Rn. 1; Schmidt-Futterer/Gather § 566b BGB Rn. 11).

96 Die Vorschrift greift nur bei Verfügungen des Vermieters, wenn der Mieter die Miete in **periodischen Zeitabschnitten**, also meist monatlich zu zahlen hat (BGHZ 37, 346, 352). Liegen Quartale oder Jahre als Zeitabschnitt vor, so muss die Quartals- bzw. Jahresmiete auf Monate umgerechnet werden, damit § 566b BGB auf die errechneten Teilbeträge eingeräumt werden kann (OLG Hamm NJW-RR 1989, 1421). Nicht anwendbar ist § 566b BGB auf die »Einmalmiete«, wenn der Gesamtbetrag für die gesamte Laufzeit des Mietverhältnisses vereinbart und bezahlt wurde (BGH NZM 1998, 105; BGHZ 37, 346).

97 § 566b BGB greift nur bei **Voraus**verfügungen. Bei der zeitlichen Einordnung des Rechtsgeschäftes ist maßgebend der **Eigentumswechsel**, nicht der Zeitpunkt, in dem der Kaufvertrag abgeschlossen wird (Schmidt-Futterer/Gather § 566b BGB Rn. 6).

98 Die Vorschriften des § 566b Abs. 1 und 2 BGB enthalten verschiedene Alternativen, die die **Vorausverfügung wirksam** sein lassen:

99 Eine Vorausverfügung ist auch für die Zeit nach dem Eigentumsübergang gegen den Erwerber wirksam bezüglich des laufenden Kalendermonats, wenn der Eigentümerwechsel spätestens zum Ablauf des 15. Tages des Monats stattfindet **(Alt. 1)**.

100 Die Vorausverfügung ist gegenüber dem Erwerber wirksam bezüglich der Miete für den laufenden und den folgenden Monat, wenn der Eigentümerwechsel nach dem 15. Tag des Monats erfolgt **(Alt. 2)**.

101 Die Vorausverfügung ist gegenüber dem Erwerber wirksam für eine unbeschränkte Zeit, wenn der Erwerber die Verfügung zum Zeitpunkt des Eigentumsübergangs **kennt**. Erforderlich ist positive Kenntnis, nicht bloßes kennen müssen.

102 In der **Zwangsversteigerung** gilt § 566b S. 1 BGB beim Eigentümerwechsel kraft Zuschlags entsprechend (§ 57 ZVG). Sofern der Vermieter **vor** der Beschlagnahme (§ 57b Abs. 1 S. 1 ZVG) über den Mietanspruch verfügt, ist die Verfügung auch für die Zeit nach der Beschlagnahme gegenüber dem Ersteher nur wirksam bezüglich des laufenden Kalendermonats, wenn die Beschlagnahme spätestens zum Ablauf des 15. Tages des Monats stattfindet **(Alt. 1)**, bezüglich des Mietanspruchs für den laufenden und den folgenden Monat, wenn die Beschlagnahme nach dem 15. Tag des Monats erfolgt **(Alt. 2)**. Die Ausnahmen bei der Leistung eines Baukostenzuschusses gelten auch hier.

103 In der **Zwangsverwaltung** gilt § 566b BGB weder unmittelbar noch entsprechende Regelungen finden sich lediglich in den §§ 1124 und 1125 BGB. Bei Verfügungen des Vermieters vor Anordnung der Zwangsverwaltung ist zu differenzieren, ob die Zwangsverwaltung von einem Grundpfandgläubiger **(Alt. 1)**, was meistens der Fall ist, oder von einem sonstigen Gläubiger **(Alt. 2)** betrieben wird. Bei der Alt. 1 gelten die §§ 1124 und 1125 BGB. Eine Verfügung über die Miete gegenüber den Grundpfandgläubigern ist unwirksam, wenn sie sich auf die Miete für einen späteren Zeitraum als den zur Zeit der Beschlagnahme laufenden Monat bezieht. Eine Verfügung über die Miete ist gegenüber dem Grundpfandgläubiger wirksam, wenn die Beschlagnahme nach dem 15. des Monats erfolgt und sich die Verfügung auf die Miete für den folgenden Kalendermonat bezieht. Die Ausnahmen bei Leistung eines Baukostenzuschusses gelten auch hier.

104 In der Alt. 2, in dem das Verfahren von einem sonstigen Gläubiger betrieben wird, der nicht Grundpfandgläubiger ist, gelten keine Einschränkungen. Der Zwangsverwalter hat die Verfügungen des Vermieters, die vor der Anordnung der Zwangsverwaltung erfolgt sind, gegen sich gelten zu lassen.

In der **Insolvenz des Vermieters** gilt § 566b BGB nicht. Es gilt statt dessen § 110 InsO. Verfügungen des Vermieters sind nur insoweit wirksam, soweit sie sich auf die Miete für den zur Zeit des Eröffnungsverfahrens laufenden Kalendermonats beziehen **(Alt. 1)**. Ist die Eröffnung nach dem 15. Tag des Monats erfolgt, so ist die Verfügung auch für den folgenden Kalendermonat wirksam **(Alt. 2)**. Verfügungen des **Insolvenzverwalters** im Falle einer Grundstücksveräußerung richten sich allein nach § 566b Abs. 1 BGB, während § 566b Abs. 2 BGB keine Anwendung findet (§ 110 InsO; § 750 ZVG). **105**

§ 566b BGB ist zwar nicht zwingend, Vorausverfügungen, die in Rechte Dritter eingreifen, können aber nur mit dessen Zustimmung erfolgen. Dies gilt, wenn über § 566b Abs. 1 S. 1 BGB hinaus eine Verfügung gegenüber dem Erwerber gelten soll (BGH ZMR 1997, 282). Soll im umgekehrten Fall die Wirkung des § 566b Abs. 1 BGB eingeschränkt werden, so bedarf es dazu der Zustimmung des Drittberechtigten, beispielsweise eines Zessionars, sowie des Mieters. **106**

Vereinbarungen zwischen Mieter und Vermieter gem. § 566c BGB

Vereinbarungen i.S.d. § 566c BGB sind **Rechtsgeschäfte** zwischen Vermieter und Mieter **über die Mietforderung**. Dazu gehören insbesondere die Zahlung der Miete, die Stundung der Miete, Erlass der Miete und Aufrechnungsvertrag. § 566c BGB gilt nicht für Fälle der **Vertragsänderung** (BGH NZM 2002, 291), die über den Einzelfall hinausgehen, hier muss der Erwerber den Mietvertrag in der geänderten Form übernehmen. Ein derartiger, der Vorschrift entzogener Fall, ist beispielsweise die dauerhafte Senkung der Miete. **107**

Die Wirksamkeit des Rechtsgeschäfts zwischen Vermieter und Mieter hängt davon ab, ab welchem Zeitpunkt der Mieter positive Kenntnis über den Eigentumswechsel erhält. Es kann zeitlich zwischen den Rechtsgeschäften vor dem Eigentumsübergang und nach dem Eigentumsübergang unterschieden werden. **108**

Liegt das Rechtsgeschäft **vor dem Eigentumsübergang**, so ist es gegenüber dem Erwerber wirksam, bezüglich der Miete für den laufenden Kalendermonat, in welchem der Mieter von dem Eigentumsübergang positive Kenntnis erlangt hat **(Alt. 1)**, bezüglich der Miete für den laufenden Kalendermonat und den Folgemonat, wenn der Mieter die Kenntnis vom Eigentumsübergang erst nach dem 15. des Monats erlangt hat **(Alt. 2)**, bezüglich der Miete für einen unbegrenzten Zeitraum, wenn der Mieter vom Eigentumsübergang keinerlei Kenntnis erlangt **(Alt. 3)**. **109**

Liegt das Rechtsgeschäft **nach dem Eigentumsübergang**, so ist es gegenüber dem Erwerber unwirksam, wenn der Mieter bei der Vornahme des Rechtsgeschäfts vom Eigentumsübergang positive Kenntnis hatte. Positive Kenntnis ist dabei nicht mit kennen müssen gleichzusetzen. **110**

Weder die bloße Veräußerungsmitteilung durch den Vermieter (LG Berlin WuM 1992, 439) noch die Anzeige des Eigentumsübergangs durch den Erwerber (LG Berlin GE 1996, 927) sind genügend (a.A. Emmerich/Sonnenschein/Emmerich § 566c BGB Rn. 5), wonach die bloße Mitteilung des Erwerbers genügt unter Berufung auf AG Schöneberg GE 1992, 727). Mitteilungen im Vorfeld des Eigentumsübergangs sind nicht ausreichend, insbesondere die bloße Kenntnis des Kausalgeschäfts ist ungenügend, weil sich bis zum Eigentumsübergang die Lage noch ändern kann (LG Berlin WuM 1992, 439). Die Quelle, aus der der Mieter Kenntnis erlangt, ist gleichgültig. **111**

Hat der Mieter keine positive Kenntnis, so richtet sich die Wirksamkeit des Rechtsgeschäftes gegenüber dem Erwerber nach den o.g. Alt. 1 bis 3. **112**

113 Die Ausführungen zu § 566b BGB gelten auch für den Fall der **Zwangsversteigerung** entsprechend.

114 In der **Zwangsverwaltung** gilt § 566c BGB weder unmittelbar noch entsprechend. Wie bei § 566b BGB ist hinsichtlich der Zahlung des Mieters an den Vermieter vor Anordnung der Zwangsverwaltung zu unterscheiden, ob die Zwangsverwaltung von einem Grundpfandgläubiger oder von einem sonstigen Gläubiger betrieben wird. Bei Betreiben durch einen Grundpfandgläubiger gelten folglich die §§ 1124 und 1125 BGB, beim Betreiben durch sonstige Gläubiger gelten bezüglich der Zahlungen, die vor Anordnung der Zwangsverordnung geleistet worden sind, keine Einschränkungen, was zur Folge hat, dass der Zwangsverwalter die Zahlungen des Mieters an den Vermieter gegen sich gelten lassen muss. Eine gemäß dem Mietvertrag geleistete Mietvorauszahlung in einem Einmalbetrag, die nicht auf der Grundlage periodischer Zeitabschnitte bemessen ist, ist dem Grundpfandgläubiger gegenüber gem. § 1124 BGB wirksam, wenn sie vor der Beschlagnahme erfolgt. Unerheblich ist, ob die Einmalzahlung vor oder nach der Bestellung des Grundpfandrechts vereinbart und gezahlt wird (BGH IMR 2007, 299).

115 In der **Insolvenz des Vermieters** gilt § 110 InsO ebenso wie bei § 566b BGB.

116 Sofern der Erwerber wegen Kenntnis des Mieters von dem Eigentumsübergang die Unwirksamkeit eines Rechtsgeschäfts zwischen Mieter und Vermieter behauptet, so trifft ihn die **Beweislast** für die Kenntnis des Mieters von dem Eigentumsübergang (LG Berlin GE 1996, 927).

Aufrechnung durch den Mieter gem. § 566d BGB

117 Sinn und Zweck der Vorschrift ist es, dass die Erfüllung im Wege der Aufrechnung durch den Eigentümerwechsel auf den Erwerber nicht beschränkt werden soll. § 566d BGB regelt die Voraussetzungen, unter denen der Mieter eine Forderung, die ihm gegen den veräußerten Mieter zusteht, gegen die Mietforderung des Erwerbers aufrechnen kann. § 566d BGB ist mit § 406 BGB vergleichbar. Entscheidend ist der Zeitpunkt der Aufrechnungslage und nicht der Aufrechnungserklärung.

118 Die **Gegenforderung**, also die Forderungen, **mit** denen der Mieter aufrechnet, müssen nicht auf dem Mietverhältnis beruhen, sie gilt für alle Forderungen des Mieters (LG Berlin WuM 1992, 439; Blank/Börstinghaus/Blank § 566d BGB Rn. 7). Dagegen muss es sich bei der Forderung, **gegen** die der Mieter aufrechnen möchte, um eine **Mietforderung** des Erwerbers aus dem Mietverhältnis handeln.

119 Eine nach dem Eigentumsübergang vorgenommene Aufrechnung mit einer Forderung, die dem Mieter gegenüber dem Veräußerer (Vermieter) zusteht, ist gem. § 566d S. 1 i.V.m. § 566c BGB wirksam, bezüglich der Miete für den laufenden Kalendermonat, in welchem der Mieter von dem Eigentumsübergang positive Kenntnis erlangt hat **(Alt. 1)**, bezüglich der Miete für den laufenden Kalendermonat und den Folgemonat, wenn der Mieter von Eigentumsübergang erst nach dem 15. des Monats Kenntnis erlangt hat **(Alt. 2)**, bezüglich der Miete für eine unbegrenzte Zeit, wenn der Mieter vom Eigentumsübergang keine Kenntnis erlangt **(Alt. 3)**.

120 Die Aufrechnung ist gem. § 566d S. 2 BGB in zwei Fällen ausgeschlossen.

121 Eine Aufrechnung ist gegenüber dem Erwerber unwirksam, wenn der Mieter die Gegenforderung erworben hat, nachdem er vom Eigentumsübergang Kenntnis erlangt hat. Erwirbt beispielsweise der Mieter durch Abtretung eine Forderung gegenüber dem Vermieter, so kann er mit der Forderung immer noch gegenüber dem Erwerber aufrechnen, sofern er nur bei dem Erwerb der Forderung gegen den Vermieter keine positive Kenntnis vom Eigentumsübergang hatte und außerdem die erworbene Forderung spätestens im selben Augenblick wie die Mietforderung fällig wird.

Eine Aufrechnung ist gegenüber dem Erwerber unwirksam, wenn die Gegenforderung erst nach der Erlangung der Kenntnis und später als die Miete fällig geworden ist. Es ist genügend, wenn die beiden sich gegenüberstehenden Forderungen des Mieters und des Erwerbers gleichzeitig fällig werden. Hintergrund der Regelung ist, dass der Mieter, wenn seine Forderung nach der Mietforderung fällig wird, keines Schutzes bedarf, weil er ohnehin verpflichtet war, die Miete zu bezahlen, bevor er überhaupt aufrechnen konnte (Sonnenschein/Emmerich/Emmerich § 566d BGB Rn. 4). **122**

Der Begriff der Kenntnis bedeutet auch hier positive Kenntnis und nicht bloßes Kennenmüssen. **123**

Hinsichtlich der Fälle der **Zwangsversteigerung, Zwangsverwaltung und Insolvenz des Vermieters** gelten entsprechend die Ausführungen zu den § 566b BGB. **124**

§ 567 Belastung des Wohnraums durch den Vermieter

§ 567 S. 1 BGB regelt die Auswirkungen einer Belastung des vermieteten Grundstücks auf zuvor vom Eigentümer abgeschlossene Mietverträge mit der Folge, dass eine entsprechende Anwendung der §§ 566 bis 566e BGB auf die Bestellung des dinglichen Rechts stattfindet, falls durch dessen Ausübung dem Mieter der vertragsgemäße Gebrauch entzogen wurde. Diese Anwendung ist folgerichtig, da gegenüber dem Fall der Veräußerung der Immobilie lediglich eine Belastung mit einem dinglichen Recht eines Dritten erfolgt. Es wäre nicht nachvollziehbar, wenn in diesem Falle die Rechte des Mieters nicht geschützt werden sollten. Hauptanwendungsfall ist der Nießbrauch (§§ 1030 ff. BGB), das Erbbaurecht (§§ 1 ff. ErbbauVO), das Dauerwohnrecht/Dauernutzungsrecht (§§ 31 ff. WEG) und das dingliche Wohnrecht (§ 1093 BGB). **125**

§ 567 S. 2 BGB regelt den Fall der Belastung einer Immobilie zugunsten eines Dritten mit einem dinglichen Recht, dessen Ausübung zu einer Beschränkung des Gebrauchsrechts des Mieters führen würde. Dazu zählen die beschränkt persönliche Dienstbarkeit (§ 1090 BGB), die Grunddienstbarkeit (§§ 1018 ff. BGB). § 567 S. 2 BGB fordert, dass der Dritte gegenüber dem Mieter verpflichtet ist, die Ausübung des Rechts zu unterlassen, falls dadurch der vertragsgemäße Gebrauch des Mieters beeinträchtigt würde. **126**

Die Vorschrift des § 567 BGB gilt nicht für die Bestellung von Grundpfandrechten (Grundschuld, Hypothek, Rentenschuld). Keine Anwendung findet die Regelung auch auf obligatorische Rechte. **127**

Die Konstruktion des § 567 BGB ist ähnlich zu § 566 BGB. Die Vorschrift gilt nur dann, wenn sich der Mieter zum Zeitpunkt der Belastung der Immobilie bereits im Besitz der Mietsache befunden hat. **128**

§ 567 S. 1 BGB

Im Hauptanwendungsfall, der Bestellung eines Nießbrauchs, tritt der Nießbraucher an die Stelle des Eigentümers in dem Mietvertrag mit Entstehung seines Rechts durch Eintragung im Grundbuch ein. Der Eintritt des Nießbrauches erfolgt kraft Gesetzes, sodass § 1822 BGB keine Anwendung findet (BGH ZMR 1983, 202). Es ist genügend, wenn der Nießbrauch nur zur Sicherheit bestellt worden ist, da das zugrunde liegende Kausalverhältnis unerheblich ist (Blank/Börstinghaus/Blank § 567 BGB Rn. 5). **129**

Der Nießbraucher tritt als Vermieter in alle Rechte und Pflichten aus dem Mietverhältnis ein. Der Eigentümer wird vollständig aus dem Mietverhältnis verdrängt (Schmidt-Futterer/Gather § 567 BGB Rn. 16). Der Eigentümer haftet als früherer Vermieter lediglich nach § 566 Abs. 2 S. 1 BGB. Eine Haftungsbefreiung nach § 566 Abs. 2 S. 2 BGB ist nicht möglich, weil der Eigentümer nach Beendigung des Nießbrauchs wieder in die Vermie- **130** terstellung einrückt (Blank/Börstinghaus/Blank § 567 BGB Rn. 6; Staudinger/Emmerich § 567 BGB Rn. 15).

131 In den Fällen, in denen der Eigentümer eine von ihm vermietete Immobilie an einen Dritten, meist die Kinder, überträgt und sich zugleich den Nießbrauch an diesem Grundstück einräumt, bleibt die Person des Vermieters identisch. Es findet zwar ein Eigentumswechsel statt, aufgrund des eingeräumten Nießbrauchs bleibt der ursprüngliche Eigentümer Vermieter (BGH NJW 1983, 1780; OLG Düsseldorf GE 2003, 878; LG Baden-Baden WuM 1993, 357; AG Dortmund NZM 1998, 511).

132 Der Nießbraucher rückt voll umfänglich in die Position des vermieteten Eigentümers ein. Bei Beendigung des Nießbrauchs wird das Mietverhältnis mit dem Eigentümer fortgesetzt, selbst wenn es während der Dauer des Nießbrauchs über dessen Bestehen hinaus verlängert wurde. Dem Eigentümer steht dann allerdings ein Sonderkündigungsrecht nach § 1056 Abs. 2 BGB zu.

133 Sonstige Rechte sind das **Erbbaurecht, Dauerwohnrecht, Dauernutzungsrecht, dingliches Wohnrecht.** Die Begünstigten treten bei Bestellung der vorstehend genannten dinglichen Rechte anstelle des Eigentümers in das Mietverhältnis mit allen Rechten und Pflichten ein. Sofern sich das Wohnungsrecht nur auf einen Teil der vermieteten Räume erstreckt, so ist die sachgerechte Lösung allerdings allein die Anwendung des § 567 S. 2 BGB (LG Bremen WuM 1990, 514; Schmidt-Futterer/Gather § 567 BGB Rn. 4; Blank/Börstinghaus/Blank § 567 BGB Rn. 12; Sonnenschein/Emmerich/Emmerich § 567 BGB Rn. 4; a.A. Lammel § 567 BGB Rn. 11, wonach der Eigentümer und der dinglich Berechtigte gemeinsam Vermieter werden). Die sich aus dem Eintritt ergebenden Rechtsfolgen sind dieselben wie bei § 566 BGB. Auf die Erläuterungen hierzu wird verwiesen.

134 Maßgeblicher **Zeitpunkt** für den Übergang der Rechte und Pflichten aus dem Mietverhältnis ist die Eintragung des dinglichen Rechts im Grundbuch.

§ 567 S. 2 BGB

135 § 567 S. 2 BGB regelt den Fall, dass nach Vermietung und Überlassung an den Mieter eine Dienstbarkeit eingeräumt wird. Es handelt sich hierbei um beschränkt persönliche Dienstbarkeiten (§ 1090 BGB) oder Grunddienstbarkeiten (§ 1018 BGB). Beispielsweise handelt es sich hierbei um Überfahrtsrechte, wie Wegerechte, Verlegungsrechte, Rechte auf die Entnahme von Wasser- oder Bodenbestandteilen usw. Mit Bestellung der Dienstbarkeiten tritt ein Vermieterwechsel ein (LG Nürnberg-Fürth Rechtspfleger 1991, 148). Dem Mieter stehen aber gegenüber dem dinglich Berechtigten Unterlassungsansprüche nach §§ 567 S. 2, 861, 862 BGB zu, falls der Mietgebrauch durch die dinglichen Rechte beeinträchtigt wird. Zudem kann der Mieter gegen den Vermieter aus § 535 BGB auf Beseitigung der Störung vorgehen. Letztlich regelt § 567 S. 2 BGB in dem Falle einer Kollision des Gebrauchs den Vorrang des Mietgebrauchs gegenüber dem dinglichen Recht ein.

Dingliche Rechte an Teilen der Mietsache

136 § 567 S. 2 BGB anstatt § 567 S. 1 BGB ist anzuwenden, wenn sich ein dingliches Wohnrecht nur auf einen Teil der Mietsache bezieht (LG Bremen WuM 1990, 514; Schmidt-Futterer/Gather § 567 BGB Rn. 4; a.A. Lammel Wohnraummietrecht § 567 BGB Rn. 11: beide Eigentümer und dinglich Berechtigter werden gemeinsam Vermieter).

137 § 567 BGB ist **abdingbar.** Mit Zustimmung des Mieters kann die Vorschrift bei Bestellung eines dinglichen Rechts (nur) durch Individualvereinbarungen abgedungen werden.

3. Vermieterwechsel aufgrund gewerblicher Zwischenvermietung

Eine besondere Form des Vermieterwechsels ist in § 565 BGB bei Beendigung eines gewerblichen Zwischenmietverhältnisses geregelt. Das Gesetz knüpft als Rechtsfolge an die rechtsgeschäftliche Beendigung oder Neubegründung eines derartigen Mietverhältnisses einen Vermieterwechsel an. § 565 BGB regelt die sog. »gewerbliche Zwischenvermietung« von Wohnungen. Die Regelung gilt daher nur für die Wohnraummiete. Die Vorschrift regelt den Fall, dass die Wohnung nicht direkt vom Eigentümer, sondern von einem Zwischenvermieter vermietet wird. Es existieren somit zwei Mietverträge. Es gibt zunächst ein **gewerbliches Hauptmietverhältnis** zwischen dem Hauptvermieter und dem Zwischenvermieter als Mieter. Daneben liegt ein **Untermietverhältnis** zwischen dem Zwischenvermieter als Vermieter und dem Wohnungsnutzer als Mieter vor, das kein gewerbliches Mietverhältnis, sondern ein Wohnraummietverhältnis ist. Nach der Terminologie des Gesetzes wird der Hauptvermieter stets als **Vermieter**, der Zwischenvermieter als **Mieter** und der Wohnungsnutzer als **Dritter** bezeichnet. Nachfolgend werden diese Begriffe weitgehend beibehalten. **138**

Sinn und Zweck des § 565 BGB ist der Schutz des Dritten, der trotz Einschaltung eines gewerblichen Zwischenvermieters als Mieter keine Nachteile erleiden soll. Als Vorbild wurde das Regelungsmodell des § 566 BGB gewählt, was auch in den Verweisungen in § 565 Abs. 2 BGB zum Ausdruck kommt. Die Bedeutung des § 565 BGB wird deutlich, wenn man die allgemeinen Vorschriften anwenden würde. Beim Ende des Hauptmietverhältnisses müsste der Wohnungsnutzer gem. § 546 Abs. 2 BGB als Untermieter die Räume an den Hauptvermieter herausgeben. Die Vorschriften des sozialen Mietrechts könnten somit durch Zwischenschaltung eines Zwischenvermieters umgangen werden. Der Schutz wird in § 565 BGB dadurch erreicht, dass der zwischen dem Wohnungsnutzer und dem Zwischenvermieter bestehende Mietvertrag in Falle der Beendigung des Hauptmietverhältnisses entweder mit dem Hauptvermieter oder mit einem anderen Zwischenvermieter fortgesetzt wird. **139**

Checkliste: **140**

- Gewerberaummietvertrag als Hauptmietvertrag zwischen Vermieter und Mieter
- Wohnraummietvertrag als Untermietvertrag zwischen Mieter und Dritten
- Anmietung durch Mieter zur Weitervermietung als Wohnung an Dritte
- Gewerbliches Handeln des Mieters
- Beendigung oder Neubegründung des Hauptmietverhältnisses.

a) Mietverträge; Gewerbemietvertrag und Wohnraummietvertrag

Zwischen den Beteiligten müssen Mietverhältnisse bestehen. Ein Gewerberaummietvertrag als Hauptmietvertrag zwischen Vermieter und Mieter, sowie als Untermietvertrag ein Wohnraummietvertrag zwischen Mieter und Dritten. Der Vermieter muss nicht Eigentümer der Wohnung sein. Auf Pachtverhältnisse ist § 565 BGB entsprechend anwendbar (§ 581 Abs. 2 BGB). **141**

b) Anmietung zur Weitervermietung als Wohnung an Dritte

Dem Wortlaut des § 565 BGB ist zu entnehmen, dass der **Zweck des Hauptmietvertrages** gerade darin bestehen muss, die angemieteten Räume **als Wohnraum** weiterzuvermieten. Es ist nicht erforderlich, dass dieser Zweck von Anfang an im Hauptmietvertrag vereinbart worden ist. Es genügt, wenn die Parteien während der Vertragszeit den Vertragszweck ändern. Eine ausdrückliche Regelung des Vertragszweckes im Mietvertrag ist **142** nicht erforderlich, es genügt, wenn Vermieter und Mieter übereinstimmend davon ausgehen, dass die Wohnung vom Mieter an Dritte weitervermietet werden soll. Eine konkludente Vereinbarung, die Wohnungen entsprechend zur Verfügung zu stellen, ist ausreichend. Vorrangig sind allein die vertraglichen Vereinbarungen, nicht die tatsächlichen Verhältnisse. Es kommt nach dem Gesetzeszweck nicht darauf an, ob der vom Mieter angemietete Raum ausschließlich als Wohnraum genutzt werden kann. Umgekehrt ist § 565 BGB unanwendbar, wenn nach dem Hauptmietvertrag die Weitervermietung zu gewerblichen Zwecken erfolgen soll, die fraglichen Räume jedoch vom Mieter vertragswidrig zu Wohnzwecken weitervermietet werden.

c) Gewerbliches Handeln des Mieters

143 Nach § 565 Abs. 1 BGB ist Voraussetzung, dass der Mieter bei der Weitervermietung **»gewerblich«** handelt. Gewerbliches Handeln setzt eine geschäftsmäßige, auf Dauer gerichtete Tätigkeit in Gewinnerzielungsabsicht oder doch jedenfalls in eigenem wirtschaftlichen Interesse voraus (BGH NJW 1996, 2862; BayObLG NJW-RR 1996, 73). Nicht erforderlich ist es, dass der Mieter zur Vermietung tatsächlich einen Gewinn erwirtschaftet. Lediglich das Handeln des Mieters muss auf Gewinnerzielung, mindestens auf Kostendeckung gerichtet sein. Problematisch ist, wenn zwar geschäftsmäßig, jedoch nicht mit Gewinnerzielungsabsicht vermietet wird. Dies sind Fälle, in denen der Mieter zwar geschäftsmäßig, jedoch nicht mit Gewinnerzielungsabsicht, sondern primär aus gemeinnützigen, mildtätigen, karitativen und fürsorglichen Zwecken handelt. Es bereitet Schwierigkeiten, diese Fallgestaltungen unter § 565 BGB zu fassen, obwohl die Schutzbedürftigkeit der Dritten, also der Untermieter, durchaus gegeben ist. Die überwiegende Rechtsprechung und Literatur lehnt eine analoge Anwendung des § 565 BGB ab (BGH ZMR 1996, 537; BayObLG ZMR 1995, 527; BayObLG ZMR 1995, 582; KG GE 1996, 49, 51 f.; Lammel § 565 BGB Rn. 19; Staudinger/Emmerich § 565 BGB Rn. 5; Palandt/Weidenkaff § 565 BGB Rn. 2; a.A. LG Berlin GE 2002, 1126; AG Frankfurt/M. WuM 1994, 276; Blank/Börstinghaus/Blank § 565 BGB Rn. 9 ff.; Schmidt-Futterer/Blank § 565 BGB Rn. 14). Gegen eine analoge Anwendung des § 565 BGB spricht bereits der eindeutige Wortlaut, der eine gewerbliche Zwischenvermietung voraussetzt. Darüber hinaus ist auch die Interessenslage bei einer Weitervermietung aus gemeinnützigen, karitativen, mildtätigen oder fürsorglichen Zwecken eine andere als bei einer gewerblichen Zwischenvermietung. Meist bestehen enge Beziehungen zwischen dem Mieter und dem Dritten, was bei der gewerblichen Zwischenvermietung nicht der Fall ist. Andererseits dient die Untervermietung nicht nur den Interessen des Vermieters, sondern mindestens gleichgewichtig den originären Interessen des Mieters und der jeweiligen Dritten. Spätestens durch das Mietrechtsreformgesetz fehlt es auch an der planwidrigen Regelungslücke, da der Gesetzgeber trotz der bekannten Rechtsprechung des BGH und des BayObLG an dem engen Wortlaut in § 565 BGB gegenüber der ursprünglichen Fassung in § 549 BGB a.F. festgehalten hat. Versuche, über eine unmittelbare Anwendung des Art. 3 GG, eine erweiterte Anwendung des § 565 BGB zu erreichen, hat die Rechtsprechung des BGH bereits abgelehnt (BGH ZMR 1996, 537, zur vorangegangenen Entscheidung des KG GE 1996, 51, das noch den Schutz des Dritten unmittelbar über Art. 3 GG zu begründen versuchte, was der BGH abgelehnt hat).

144 Eine entsprechende Anwendung des § 565 BGB scheidet auch dann aus, wenn ein betreffender Verein den Wohnraum abredewidrig an eigene Mitarbeiter untervermietet (BayObLG ZMR 1995, 582), Wogegen ein Bestandsschutz zugunsten des Untermieters in Betracht kommen soll, wenn ein Arbeitgeber Wohnraum zur Versorgung seiner Arbeitnehmer mit Wohnungen anmietet und der Vermieter erheblichen Einfluss auf die Gestaltung der Untermietverträge und die Auswahl des Dritten behält (BayObLG ZMR 1995, 585).

Sofern eine entsprechende Anwendung des § 565 BGB ausscheidet, wird diskutiert, ob ein **Bestandsschutz** zumindest nach den allgemeinen Regeln über § 540 BGB möglich ist. Dies ist aber mit der gleichen Argumentation wie eine direkte analoge Anwendung des § 565 BGB zu verneinen aufgrund der verschiedenen Interessenslage und der fehlenden planwidrigen Regelungslücke (Staudinger/Emmerich § 565 BGB Rn. 6 m.w.N.). **145**

d) Beendigung oder Neubegründung des Hauptmietverhältnisses

Voraussetzung für den Vermieterwechsel ist die **Beendigung des Hauptmietverhältnisses.** Dabei ist es gleichgültig, aus welchem Grund es zur Beendigung des Hauptmietvertrages kommt. Bei einem befristeten Mietverhältnis endet das Mietverhältnis mit Zeitablauf. Bei einem Mietverhältnis auf unbestimmte Zeit ist beim Ausspruch einer befristeten Kündigung der Ablauf der Kündigungsfrist maßgeblich. Im Falle einer fristlosen Kündigung kommt es auf den Zugang der Kündigungserklärung an. Endet das Hauptmietverhältnis infolge einer Anfechtung, ist auf den Zugang der Anfechtungserklärung abzustellen, da ein in Vollzug gesetztes Mietverhältnis lediglich ex nunc beendet wird. Beim Mietaufhebungsvertrag ist der in der Vereinbarung getroffene Beendigungszeitpunkt maßgeblich. Im Falle einer fehlenden Regelung endet das Mietverhältnis mit Vertragsabschluss (§ 271 Abs. 1 BGB). **146**

Umgekehrt führt eine **Neubegründung eines Hauptmietverhältnisses** zum Zwecke der gewerblichen Weitervermietung zwischen Vermieter und einem Mieter erneut zu einem Vermieterwechsel, da der neue Mieter als Vermieter in den Wohnraummietvertrag mit dem Dritten kraft Gesetzes eintritt. **147**

e) Rechtsfolgen nach § 565 Abs. 1 BGB

Bei den Rechtsfolgen ist zwischen dem Eintritt des Vermieters und dem Eintritt eines neuen Mieters zu differenzieren. **148**

aa) Eintritt des Vermieters

Nach § 565 Abs. 1 S. 1 BGB tritt der Vermieter bei der Beendigung des Mietverhältnisses in die Rechte und Pflichten nach dem Mietverhältnis zwischen dem Mieter und dem Dritten ein. **149**

Die Regelung des § 565 Abs. 1 BGB orientiert sich am Vorbild des § 566 BGB, was auch im Verweis innerhalb der Vorschrift auf die entsprechende Anwendbarkeit der §§ 566a bis 566e BGB zum Ausdruck kommt. Str. ist dabei, ob es zu einer **vollständigen Vertragsübernahme** oder aber zu einer **Entstehung eines neuen Mietvertrages** kraft Gesetzes kommt (für Vertragsübernahme: Derleder/Barthels JZ 1997, 981; Lammel § 565 BGB Rn. 24; Sternel Mietrecht aktuell, Rn. 15; a.A. für Entstehung neuer Mietvertrag: Blank/Börstinghaus/Blank § 565 BGB Rn. 16; Staudinger/Emmerich § 565 BGB Rn. 9; Franke/Geldmacher ZMR 1993, 548, 545). Die unterschiedlichen Auffassungen ergeben sich aufgrund eines abweichenden Wortlautes zwischen § 565 Abs. 1 BGB und § 566 Abs. 1 BGB. Nach § 566 Abs. 1 erfolgt ein Eintritt des Grundstückerwerbers anstelle des Vermieters in die sich während der Dauer seines Eigentums aus dem Mietverhältnis ergebenden Rechte und Pflichten, währenddessen § 565 Abs. 1 BGB bestimmt, dass ein Eintritt der neuen Partei in die Rechte und Pflichten aus dem Mietverhältnis mit dem Untermieter erfolgt. Nach der Auffassung, die eine vollständige Vertragsübernahme annimmt, kommt es nicht zu einer Zäsur im Mietverhältnis, sodass der bestehende Mietvertrag fortbesteht, lediglich unter Austausch eines der Vertragspartner. Nach der a.A., der zu folgen ist, entsteht ein neuer Mietvertrag kraft Gesetzes zwischen dem Hauptvermieter und dem Untermieter, der aber inhaltlich identisch ist **150** mit dem früheren Untermietvertrag (Blank/Börstinghaus/Blank § 565 BGB Rn. 16; Staudinger/Emmerich § 565 BGB Rn. 9 f.).

151 Der Vermieterwechsel erfolgt **kraft Gesetzes**, wobei eine besondere Mitteilung an den Dritten nicht erforderlich ist. Dem Vermieter kann eine derartige Mitteilung unter Nachweis der Beendigungsgründe nur empfohlen werden, um weitere Leistungen des Dritten gegenüber dem bisherigen Mieter mit Schuld befreiender Wirkung gegenüber dem Vermieter gem. § 407 BGB auszuschließen. Zwischen Vermieter und Mieter besteht ein Auskunftsanspruch über das Untermietverhältnis und die Person des Dritten (Blank/Börstinghaus/Blank § 565 BGB Rn. 18). Aus Sicht des Dritten ergeben sich Probleme, wenn nicht bekannt ist, ob das Hauptmietverhältnis beendet wurde. In diesem Falle, insbesondere wenn der Dritte vom Vermieter und Mieter in Anspruch genommen wird, kann der Dritte die Miete beim Amtsgericht (§ 1 Hinterlegungsordnung) mit befreiender Wirkung hinterlegen (§§ 372 S. 2, 376 S. 2 Nr. 1, 378 BGB).

152 Der Vermieter tritt in die Rechte und Pflichten ein, die in dem Mietvertrag zwischen dem Mieter und dem Dritten ihre Grundlage haben. Zusatzvereinbarungen, die mit der Nutzung der Wohnung nicht in Zusammenhang stehen, wie beispielsweise über Hausmeisterdienste o.Ä., gehen nicht auf den Vermieter über. Entscheidender Zeitpunkt für den Übergang ist die Beendigung des Hauptmietverhältnisses. Ansprüche des Mieters gegen den Dritten, die im Zeitpunkt der Beendigung des Hauptmietverhältnisses fällig sind, verbleiben beim Mieter. Ansprüche des Dritten gegen den Mieter, soweit diese Ansprüche fällig sind, sind gegen den Mieter zu richten.

bb) Eintritt eines anderen Mieters

153 Falls der Vermieter erneut einen Mietvertrag zum Zwecke der gewerblichen Weitervermietung abschließt, tritt der Mieter anstelle des bisherigen Vertragspartners in die Rechte und Pflichten aus dem Mietverhältnis mit dem Dritten ein (§ 565 Abs. 1 S. 2 BGB). Der Zeitpunkt der Begründung des neuen Hauptmietverhältnisses ist dabei gleichgültig, ebenso die Person des gewerblichen Zwischenvermieters. Dies kann ein neuer Zwischenvermieter oder der bisherige Zwischenvermieter sein (Emmerich/Sonnenschein/Emmerich § 565 Rn. 8; Palandt/Weidenkaff § 565 BGB Rn. 7). Das Hauptmietverhältnis kann nahtlos fortgesetzt werden, indem der bisherige Mieter ausscheidet und ein neues Mietverhältnis begründet wird. Einer Mitwirkung des Dritten bedarf es hierzu nicht. Der neue Mieter tritt anstelle des bisherigen Mieters kraft Gesetzes in die Rechte und Pflichten aus dem Untermietverhältnis ein. Liegt zwischen der Beendigung des Hauptmietverhältnisses und der Neubegründung des Hauptmietverhältnisses eine Zeitspanne, so kommt es nicht zu einer nahtlosen Fortsetzung zwischen dem alten und dem neuen Mieter. In diesem Fall tritt der neue Mieter an die Stelle des bisherigen Vertragspartners des Dritten, also anstatt des Vermieters in das Mietverhältnis ein. Es entsteht so nachträglich ein gestuftes Mietverhältnis, also ein Hauptmietverhältnis und ein Untermietverhältnis.

cc) Ausscheiden des Mieters

154 Mit der Beendigung des Hauptmietverhältnisses scheidet der Mieter zeitgleich aus dem Untermietverhältnis aus. Die Beendigung erfolgt kraft Gesetzes.

Muster:

Einführung eines neuen Zwischenmieters bzw. -vermieters s. Hinz u.a. Formularbuch des Fachanwalts Miet- und Wohnungseigentumsrecht, 2009, 10.7.

dd) Entsprechende Anwendung der §§ 566a bis 566e BGB nach § 565 Abs. 2 BGB

Nach § 565 Abs. 2 BGB gelten die §§ 566a bis 566e BGB entsprechend. Dies bedeutet: **155**

§ 566a BGB regelt den Fall, dass der Untermieter an den Zwischenvermieter eine Sicherheit geleistet hatte. Nach § 566a S. 1 BGB tritt in diesem Fall entweder der Vermieter bzw. der neue Zwischenvermieter (§ 565 Abs. 1 S. 1 oder S. 2 BGB) in die durch die **Mietsicherheit** begründeten Rechte und Pflichten ein. Sofern der Mieter die Mietsicherheit bereits ganz oder teilweise in Anspruch genommen hat, hat der eintretende Vermieter oder neue Mieter das Recht, die Wiederauffüllung der Kaution zu verlangen. Der Dritte kann aufgrund des § 566a S. 2 BGB die Sicherheit von dem eintretenden Vermieter oder Mieter hilfsweise vom ersten Mieter zurückverlangen. **156**

Diese Verweisung auf § 566b BGB regelt die Wirksamkeit von **Vorausverfügungen** des ersten Mieters über die Miete für den Zeitraum nach Eintritt des Vermieters oder des neuen Mieters in das Untermietverhältnis. Beim Vermieterwechsel dient diese Regelung primär dem Schutz des Vermieters. **157**

Die Verweisung auf § 566c BGB regelt die Frage der Wirksamkeit von **Rechtsgeschäften** zwischen dem ersten Mieter und dem Dritten einschließlich der Erfüllung, Stundung, Mieterlass und dem Aufrechnungsvertrag. § 566c BGB schützt in den Fällen des § 565 BGB den Dritten. Für Abänderungen des Mietvertrages gilt § 566c BGB allerdings nicht. **158**

Die Verweisung auf § 566d BGB regelt die Frage, unter welchen Voraussetzungen der Dritte mit Forderungen gegen den ersten Mieter gegenüber dem Vermieter oder dem neuen gewerblichen Mieter **aufrechnen** kann. Dadurch soll gesichert werden, dass die Erfüllung im Wege der Aufrechnung durch den Wechsel nicht tangiert wird. Sofern die Aufrechnung mietvertraglich ausgeschlossen ist, greift die Verweisung auf § 566d BGB nicht. **159**

Die Verweisung auf § 566e BGB soll sicherstellen, dass der Mieter die Zahlungen des Dritten an den Vermieter auf jeden Fall gegen sich gelten lassen muss, wenn der Mieter gegenüber dem Dritten die Beendigung des Hauptmietverhältnisses angezeigt hat. Der Ausgleich hat in dieser Konstellation im Verhältnis zwischen Vermieter und Mieter zu erfolgen, obwohl der Dritte durch seine Zahlungen in diesem Fall an den Vermieter als nicht Berechtigten geleistet hat. **160**

f) Abweichende Vereinbarungen nach § 565 Abs. 3 BGB

Nach § 565 Abs. 3 BGB kann vertraglich nicht zum Nachteil des Dritten abgedungen werden. Vermieter und Mieter können daher beispielsweise nicht den Eintritt des Vermieters oder eines neuen Mieters in das Untermietverhältnis zum Nachteil des Dritten unterbinden. Vertragsgestaltungsmöglichkeiten in dem Sinn, dass der Untermietvertrag auflösend bedingt durch den Bestand des Hauptmietvertrages ist, oder dass der Untermietvertrag zeitlich an den Bestand des Hauptmietvertrages gekoppelt wird, helfen nicht. Die Bedingung scheitert an § 572 Abs. 2 BGB, der zwar die Wirksamkeit der Vereinbarung unberührt lässt, auf die sich aber der Vermieter nicht berufen kann. Der Dritte hat es insoweit in der Hand, ob die Rechtsfolgen des § 565 BGB eintreten oder nicht. Eine Befristung scheitert an § 575 Abs. 1 S. 2 BGB, sodass der Untermietvertrag zwischen Mieter und dem Dritten als Mietverhältnis auf unbestimmte Zeit gilt. Zusätzliche Kündigungsmöglichkeiten für Vermieter oder Mieter sind nachteilig gegenüber dem Dritten, damit gem. § 565 Abs. 3 BGB unwirksam. Unbenommen von der Vorschrift sind Vereinbarungen, durch die die Rechtsstellung des Dritten verbessert wird. **161**

4. Vermieterwechsel aufgrund des Todes des Vermieters

162 Stirbt der Vermieter, tritt dessen **Erbe** unabhängig von der Art des Mietverhältnisses nach §§ 1922 Abs. 1, 1967 Abs. 1 BGB im Wege der **Gesamtrechtsnachfolge** in das Mietverhältnis ein. Hiermit übernimmt der Erbe sämtliche Rechte und Pflichten des Vermieters. Er haftet nicht nur für die beim Erbfall bestehenden Verbindlichkeiten, sondern auch für die weitere Erfüllung des Mietvertrags. Praktische Probleme ergeben sich bei einem Eintritt einer Erbengemeinschaft als Vermieter, man denke nur an die Schwierigkeiten bei Abgabe von Willenserklärungen.

163 Anders als beim Tod des Mieters sind beim Tod des Vermieters **keine außerordentlichen Kündigungsrechte** für die Parteien vorgesehen.

164 Es gibt aber auch Fälle, in denen nicht der Erbe des Vermieters, sondern Dritte in das Mietverhältnis eintreten.

165 War der verstorbene Vermieter nicht Eigentümer, sondern **Nießbraucher**, hat der Tod das Erlöschen des Nießbrauchs zur Folge (§ 1061 S. 1 BGB). Gem. § 1056 Abs. 1 BGB gelten die §§ 566, 566a, 566b Abs. 1, 566c bis 566e, 567b BGB entsprechend. Das bedeutet, dass nicht der Erbe des Vermieters, sondern der Grundstückseigentümer in das Mietverhältnis eintritt.

166 Tritt mit dem Tod des Vermieters, der Vorerbe ist, der **Nacherbenfall** ein, geht das Mietverhältnis auf den Nacherben über. Gem. § 2135 BGB gilt dann gleichfalls § 1056 BGB.

167 Ein ähnlicher Fall ist das **Vermächtnis**; §§ 2147 ff. BGB, falls ein Grundstück zugewandt wurde. In diesem Fall folgt, was das Mietverhältnis angeht, der Vermächtnisnehmer an die Stelle des Erben.

168 **Hinweis:**

> Dem Mieter ist zu empfehlen, sich nach dem Tod des Vermieters darüber zu vergewissern, wer in das Mietverhältnis eingetreten ist. Näheres zu Auskunftsquellen über den unbekannten Erben mit Hinweisen bei den Ausführungen Rdn. 267 am Ende, da beim Tod des Mieters das Problem des unbekannten Erben öfters begegnet.

5. Vermieterwechsel in sonstigen Fällen

169 Weitere Fälle des Vermieterwechsels ohne Rechtsgeschäft sind die Zwangsversteigerung und Zwangsverwaltung.

170 Bei der **Zwangsversteigerung** wird der Ersteher gem. § 57 ZVG mit dem Zuschlag gem. § 90 ZVG Eigentümer, damit auch gem. § 566 Abs. 1 BGB Vermieter. Die Eintragung ins Grundbuch ist für den Vermieterwechsel nicht maßgebend. Die Rechtsfolgen bestimmen sich nach den §§ 566 ff. BGB. Es besteht für den Ersteher ein Sonderkündigungsrecht nach § 57a ZVG, wobei bei der Wohnraummiete ein berechtigtes Interesse notwendig ist (§§ 573d, 573, 573a BGB).

171 Bei der **Zwangsverwaltung** tritt der Zwangsverwalter gem. § 152 Abs. 2 ZVG in den Mietvertrag ein. Es handelt sich dabei aber eigentlich nicht um einen Vermieterwechsel, sondern lediglich um eine Änderung der Verwaltungsbefugnis. Der Zwangsverwalter handelt im eigenen Namen, aber auf fremde Rechnung (Vermieter) und hat die Rechten und Pflichten aus dem Mietvertrag zu erfüllen (BGH NJW 2003, 2320). Der Vermieter ist aber an vom Zwangsverwalter geschlossene Mietverträge nach Beendigung der Zwangsverwaltung gebunden (LG Berlin GE 1992, 1321). Der Zwangsverwalter hat über

die Betriebskosten abzurechnen. Dies gilt nicht nur für den bei seiner Bestellung laufenden, sondern auch für zurückliegende Abrechnungszeiträume, soweit die entsprechende Abrechnung fällig und noch nicht erledigt sind (BGH NJW 2003, 2320). Der Zwangsverwalter hat dem Mieter auch die Kaution zurückzugewähren, wenn der Vermieter die Kaution nicht an den Zwangsverwalter abgeführt hat, was lange strittig war (BGH WuM 2003, 630).

II. Mieterwechsel

Ein Mieterwechsel kann auf Gesetz oder Vertrag beruhen. Die Gründe hierfür sind überschaubar. Der rechtsgeschäftliche Wechsel des Mieters erfolgt durch Vertragsübernahme, der gesetzliche Wechsel, neben einigen Sonderfällen, spielt primär im Falle des Todes des Mieters eine bedeutende Rolle. Daneben gibt es z.B. bei gesellschaftsrechtlichen Vorgängen (Umwandlung, Verschmelzung, Abspaltung etc.) auf Seiten des Mieters häufig eine Gesamtrechtsnachfolge, die dann auch bestehende Mietverhältnisse erfasst oder aufgrund der Gestaltungsmöglichkeiten des Familiengerichts nach § 5 HausratsVO bei Wohnungszuweisungen mit Änderung des Mietvertrages. Bei einer offenen Handelsgesellschaft (OHK) oder Kommanditgesellschaft (KG) bleibt die Gesellschaft Mieterin, auch wenn die Gesellschafter wechseln. In diesem Zusammenhang ist es erwähnenswert, dass es sowohl eine Nachhaftung ausgeschiedener Gesellschafter als auch eine Haftung neu eingetretener Gesellschafter gibt. 172

Ein aus der OHG ausgeschiedener oder in der Stellung eines Kommanditisten zurückgestufter Gesellschafter haftet noch für 5 Jahre für die bis zu seinem Ausscheiden oder bis zu seiner gesellschaftsrechtlichen Zurückstufung begründeten Verbindlichkeit der Gesellschaft. Fristbeginn ist die Eintragung des Ausscheidens bzw. der Umwandlung der Gesellschafterstellung (§ 160 Abs. 1 und 3 HGB). Gleiches gilt für die BGB-Gesellschaft (§ 736 Abs. 2 BGB). Diese Nachhaftung gilt für Mietrückstände aus Mietverträgen, die vor dem Ausscheiden des Gesellschafters oder seiner gesellschaftsrechtlichen Zurückstufung abgeschlossen worden sind. Dabei ist es nicht maßgeblich, wann diese Mietrückstände fällig werden, denn die Verpflichtung ist mit dem Mietvertragsschluss entstanden, auch wenn einzelne Pflichten erst später fällig werden. Folglich erstreckt sich die Nachhaftung eines Gesellschafters auch auf die rückständigen Mieten, die nach seinem Ausscheiden aus der Gesellschaft fällig geworden sind (BGH ZMR 2002, 582). Ergänzend ist darauf hinzuweisen, dass ein neu in eine Gesellschaft eintretender Gesellschafter auch für bestehende Altverbindlichkeiten der Gesellschaft persönlich, also mit seinem Privatvermögen haftet (BGH NJW 2003, 1803). Diese Rechtsprechung stellt eine Änderung dar, da zuvor noch eine persönliche Haftung des Neugesellschafters für Altverbindlichkeiten abgelehnt wurden. Für Altfälle vor dem 07.04.2003 soll es noch bei der alten Rechtslage bleiben. Für Gesellschaftereintritte ab dem 07.04.2003 soll dagegen eine Haftung für Altverbindlichkeiten der Gesellschaft analog § 130 HGB greifen. Nachfolgend wird auf die praktisch bedeutenden Fallgruppen eines Mieterwechsels eingegangen. 173

1. Mieterwechsel aufgrund Vertragsübernahme

Die **Vertragsübernahme** bedeutet hier die Auswechselung der Person des Mieters durch Rechtsgeschäft unter Wahrung der Identität des Vertrages (Emmerich JuS 1998, 495, 496 m.w.N.). Das rechtsgeschäftliche **Übertragen der Rechtsstellung einer Partei als Ganzes** ist im BGB nicht geregelt. Dieses enthält lediglich Vorschriften über die Abtretung einzelner Forderungen (§§ 398 ff. BGB) sowie die Schuldübernahme (§§ 414 ff. BGB). 174

a) Alternativen bei der Vereinbarung eines Mieterwechsels

175 Nach der Rechtsprechung des BGH ist jedoch kraft der Vertragsfreiheit der Beteiligten die Übernahme der Gesamtheit aller Rechte und Pflichten einer Partei (i.d.R. die des Mieters) durch einen Dritten unter Wahrung der Identität des Vertrages möglich, wenn sich Vermieter, Mieter und der Dritte einig sind (§ 311 Abs. 1 BGB). Konstruktiv handelt es sich um ein **einheitliches Rechtsgeschäft**, welches als Verfügung über das Schuldverhältnis als Ganzes der Zustimmung sämtlicher Beteiligten bedarf. Theoretisch bieten sich für einen rechtsgeschäftlichen Mieterwechsel **drei Alternativen** zur Lösung an:

176 – **Aufhebung** des alten Mietvertrages zwischen Vermieter und Mieter und **Begründung** eines neuen Mietvertrages zwischen Vermieter und Dritten (neuer Mieter).
– **Zweiseitiger Vertrag** zwischen zwei Beteiligten (meist Mieter und Dritter als neuer Mieter) unter **Zustimmung** des dritten Teils (meist Vermieter).
– **Dreiseitiger Vertrag** zwischen Vermieter, Mieter und Dritten (neuer Mieter).

177 Die Gestaltungsalternativen sind in Bezug auf das Ziel des Rechtsgeschäfts, den Mieterwechsel, gleichwertig. Die erste Alternative hat aber zur Konsequenz, dass die »Identität des Mietvertrages« selbst bei an sich identischem Vertragstext nicht gewahrt bleibt. Es handelt sich um eine Neubegründung des Mietvertrages mit Folgen besonders bei laufenden Mietverhältnissen z.B. für Mietbeginn, Kündigungsfristen, Optionsfristen, Möglichkeiten der Mieterhöhung. Die zweite und dritte Alternative stellen für die Beteiligten dagegen gleichberechtigte Möglichkeiten der Gestaltung des Mieterwechsels im Wege der Vertragsübernahme dar, ohne dass dies näher zu differenziert werden braucht (BGHZ 137, 255; KG NZM 2001, 622). Welchen Weg die Beteiligten gewählt haben, ist nach der Ausgestaltung des Einzelfalles zu entscheiden.

b) Mitwirkungspflicht des Vermieters zum Mieterwechsel

178 Grundsätzlich besteht keine Verpflichtung des Vermieters am Mieterwechsel mitzuwirken, sodass eine Vertragsübernahme gegen den Willen des Vermieters nicht durchsetzbar ist. Lediglich im **Ausnahmefall** bei Vereinbarung sog. Nachmieter-/Ersatzmieterklauseln oder unter dem Gesichtspunkt des Nachmieter-/Ersatzmieterstellens als Ausfluss von Treu und Glauben nach § 242 BGB gibt es Mitwirkungspflichten des Vermieters.

aa) Nachmieter-/Ersatzmieterklausel

179 Nachmieter-/Ersatzmieterklauseln sind Vereinbarungen im Mietvertrag, wonach der Mieter einen **Anspruch** auf vorzeitige Entlassung aus dem Mietverhältnis unter Stellung eines Nachmieters hat. Diese Vereinbarung kann auch noch nachträglich getroffen werden. Bedenken gegen eine Nachmieter-/Ersatzmieterklausel bestehen sowohl im Wohnals auch im Geschäftsraummietvertrag nicht, da diese grundsätzlich zugunsten des Mieters sind. In der Praxis sind bei Geschäftsraummietverträgen derartige Klauselgestaltungen häufiger als bei Wohnraummietverträgen, was sich zum einen aus der Geschäftserfahrenheit der Vertragspartner im Geschäftsraummietvertrag ergibt und andererseits aus der Tatsache, dass häufig bei Wohnraummietverträgen die Vermieterseite den Mietvertrag ausarbeitet und der Vermieter selten Interesse an derartigen Mietnachfolgeklauseln hat.

Man unterscheidet zwei Typen von Mietnachfolgeklauseln im Mietvertrag, zum einen die sog. **unechten Nachmieterklauseln und** die sog. **echten Nachmieterklauseln,** je nach Reichweite des Anspruchs des Mieters.

180 Die **unechte Nachmieterklausel** gibt dem Mieter nur das Recht zum vorzeitigen Ausscheiden aus dem Mietverhältnis unter Stellung eines geeigneten Nachmieters. Es besteht keine Verpflichtung des Vermieters, mit dem Nachmieter einen Mietvertrag abzuschlie-

ßen. Er ist lediglich verpflichtet, den Mieter bei Stellung eines geeigneten Nachmieters aus dem Vertrag unter Einhaltung einer festgelegten Kündigungsfrist zu entlassen. Kennzeichnend ist die fehlende Verpflichtung des Vermieters zum Abschluss eines Mietvertrages mit dem Nachmieter.

Die **echte Nachmieterklausel** verpflichtet den Vermieter dazu, mit dem Nachmieter darüber hinaus einen neuen Mietvertrag abzuschließen, sofern der Ersatzmieter zumutbar ist. Kennzeichnend ist die Verpflichtung des Vermieters, mit einem geeigneten Nachmieter einen neuen Mietvertrag abzuschließen bzw. auf diesen zu übertragen. **181**

Ob eine echte oder unechte Nachmieterklausel im konkreten Fall vorliegt, muss ggf. durch Auslegung ermittelt werden. Die Einzelheiten der Vertragsgestaltung sind zu beachten, insbesondere auch, ob eine bestimmte, vorher festgelegte, Anzahl von Nachmietern zu stellen ist oder ob, insbesondere im Geschäftsraummietrecht, bestimmte Kriterien an den geeigneten Nachmieter in der Mietnachfolgeklausel gestellt werden. Dem Vermieter steht, auch wenn diesbezüglich eine vertragliche Vereinbarung fehlt, eine Überlegungsfrist zur Überprüfung der Geeignetheit des Nachmieters von zwei bis drei Monaten zu (LG Gießen WuM 1997, 264; LG Saarbrücken WuM 1995, 313; AG Steinfurt WuM 1997, 45). Keine Überlegungsfrist gilt, wenn der oder die Nachmieterinteressenten ohne Prüfung durch den Vermieter abgelehnt werden. Hier endet die Pflicht zur Entrichtung des Mietzinses im Zeitpunkt der Ablehnung (LG Oldenburg WuM 1997, 491). **182**

bb) Nachmieter-/Ersatzmieterstellung

Trotz fehlender Mietnachfolgeklausel kann ein Mieter die vorzeitige **Entlassung** aus dem Mietvertrag ausnahmsweise **verlangen**, sofern der Mieter ein **berechtigtes Interesse** an der vorzeitigen Vertragsentlassung darlegen kann und zumindest einen **geeigneten Nachmieter** benennt. Die Verweigerung der Entlassung des Mieters aus dem Mietverhältnis würde gegen Treu und Glauben nach § 242 BGB verstoßen (OLG Oldenburg WuM 1981, 125). Damit verbunden ist eine Mitwirkungspflicht des Vermieters. Eine Nachmieterstellung ist dem Mieter nach der Rspr. **nicht** möglich bei lediglich kurzer Restlaufzeit des Mietvertrages, einem fehlenden berechtigten Interesse des Mieters an der Vertragsaufhebung oder bei Nichterfüllung der Anforderungen an den Nachmieter. Im Einzelnen: **183**

Kurze Restlaufzeit des Mietvertrages

Der Vermieter muss einen Nachmieter nicht akzeptieren, wenn die verbleibende restliche Mietzeit nur noch verhältnismäßig kurz ist (OLG Oldenburg WuM 1982, 124). Verhältnismäßig kurz war im konkreten Fall die restliche Vertragszeit von drei Monaten. Dies gilt regelmäßig unabhängig von konkretem Aufhebungsinteresse des Mieters. Generell wird man sagen können, dass der Mieter jedenfalls keinen Anspruch auf Abkürzung der **gesetzlichen Kündigungsfrist** von drei Monaten hat (LG Flensburg WuM 1976, 161; LG Berlin WuM 1979, 77; LG Berlin GE 1995, 249; AG Miesbach WuM 1989, 22; Blank/Börstinghaus/Blank § 542 BGB Rn. 159). Diese Frist darf aber nicht schematisch angewandt werden, da es sich bei dieser Fallgruppe, einer kurzen Restlaufzeit des Mietvertrages, letztlich nur um einen Gesichtspunkt bei der Interessenabwägung zwischen Vermieter und Mieter handelt. Nur bei ganz außergewöhnlichen Umständen, beispielsweise einem alten oder kranken Mieter, der einen Alters- oder Pflegeheimplatz nur kurzfristig in Anspruch nehmen kann und ihm eine Doppelbelastung von Miete und Heimkosten nicht zumutbar ist (Blank/Börstinghaus/Blank § 542 BGB Rn. 159), wird die kurze Restlaufzeit nicht entgegenstehen. **184**

Fehlendes berechtigtes Interesse des Mieters

185 Ein **berechtigtes Interesse** liegt nach der Rechtsprechung nicht vor, »wenn der Mieter nur deshalb ausziehen will, weil er eine qualitativ bessere, billigere, verkehrsgünstigere oder aus ähnlichen Gründen für ihn wirtschaftlich besser geeignete Wohnung beziehen möchte« (OLG Karlsruhe NJW 1981, 1741). Zudem, selbst wenn ein berechtigtes Interesse vorliegt, muss dieses Interesse des Mieters an der Aufhebung dasjenige des Vermieters am Bestand des Vertrages ganz erheblich überragen (OLG Karlsruhe NJW 1981, 1741; ähnlich OLG Hamm WuM 1995, 577; OLG Oldenburg WuM 1981, 125). Die Interessensabwägung ist im Einzelfall vorzunehmen. Nachfolgende Beispiele aus der Rechtsprechung geben Anhaltspunkte für das Vorliegen oder Nichtvorliegen eines berechtigten Interesses.

186 **Beispiele** für Vorliegen eines berechtigten Interesses:
- Wohnungswechsel wegen schwerer Erkrankung eines Kindes des Mieters (LG Mannheim DWW 1997, 152);
- beruflicher, nicht vorhersehbarer Arbeitsplatzwechsel, der lange Fahrtzeiten zur neuen Arbeitsstelle nach sich ziehen würde (RE BayObLG WuM 1985, 140; LG Gießen WuM 1997, 327);
- Berufswechsel aus gesundheitlichem Grund (LG Berlin GE 1989, 415);
- Vergrößerung der Familie durch Heirat und Geburt eines Kindes, wodurch Wohnung zu klein ist (LG Landshut WuM 1996, 542; LG Köln WuM 1989, 283);
- schwere Erkrankung des Mieters und dadurch notwendiger Umzug in ein Alten- oder Pflegeheim;
- Zusammenleben einer Mieterin mit Lebensgefährten in größerer Wohnung, um einen gemeinsamen Hausstand zu bilden (AG Wiesbaden WuM 1989, 76).

187 **Beispiele** für Nichtvorliegen eines berechtigten Interesses:
- günstigere Wohnung bzw. Bezug eines eigenen Hauses (RE OLG Karlsruhe ZMR 1981, 269);
- freiwilliger Wechsel des Arbeitsplatzes (LG Berlin ZMR 1999, 399).

188 Die Interessenabwägung hängt jeweils vom Einzelfall ab. Aus den genannten Beispielen wird deutlich, dass nicht jedes Interesse aus dem Risikobereich des Mieters genügt. Ein Kriterium ist dabei die Beeinflussbarkeit des Interesses durch den Mieter, was insbesondere die beruflichen und gesundheitliche Gesichtspunkte betrifft. Sofern diese Interessen des Mieters beeinflussbar sind, scheidet eine Berufung auf Treu und Glauben regelmäßig aus, es sei denn, es handelt sich um persönliche, familiäre Gesichtspunkte, beispielsweise hinsichtlich der Familienplanung (Heirat, Kinder etc.).

Nicht geeigneter Nachmieter

189 Grundsätzlich ist die Suche des Nachmieters die Angelegenheit des Mieters, solange sich der Vermieter die Suche nicht ausdrücklich vorbehält. Sofern der Vermieter sich die Suche nach Nachmietinteressenten vorbehält, ist der Mieter bei Vorliegen des berechtigten Interesses vorzeitig aus dem Mietvertrag zu entlassen, da insoweit der Vermieter selbst die Verantwortung für die Suche übernommen hat. Eine Pflicht zur Suche gibt es für den Vermieter, solange vertragliche Vereinbarungen dies nicht vorsehen, nicht. Insofern kommt ein Mitverschulden des Vermieters i.S.d. § 254 BGB nicht in Betracht, zumal die Vorschrift ohnehin nicht einschlägig ist, da es sich um einen Erfüllungsanspruch handelt, auf den die genannte Vorschrift nicht anwendbar ist.

190 Der Mieter muss zumindest **einen** Nachmieter benennen (LG Saarbrücken WuM 1995, 313; *Blank/Börstinghaus/Blank* § 542 BGB Rn. 163; a.A. AG Halle WuM 1986, 314; Röchling NJW 1981, 2783: mindestens drei). In der Praxis ist dem Mieter zu empfehlen, möglichst viele Nachmieter zu benennen und sich nicht auf einen zu beschränken, wenn mehrere vorhanden sind. Er trägt sonst das Risiko, dass in der Person des Nachmieters ein rechtserheblicher Ablehnungsgrund vorliegt, was für den Mieter zumindest eine Verzögerung der Angelegenheit bedeutet, wenn nicht die anderen, nicht benannten Nachmieter, zwischenzeitlich sogar gänzlich ihr Interesse verloren haben. Der Mieter muss über die Person des Nachfolgers die notwendigen **Informationen** liefern, die der Vermieter als Entscheidungsgrundlage benötigt. Regelmäßig unzureichend ist es, wenn der Mieter lediglich Namen und Anschrift von Interessenten mitteilt und die Kontaktaufnahme auf den Vermieter verlagert. Es ist die Angelegenheit des Mieters, zu veranlassen, dass die von ihm benannten Nachmieter sich mit dem Vermieter zwecks Vertragsverhandlungen in Verbindung setzen. Es trifft den Mieter sogar die Pflicht, sich nach dem weiteren Fortgang der Angelegenheit zu erkundigen (LG Wuppertal WuM 1997, 328). Für den Vermieter muss der Nachmieter **zumutbar** sein. Dies Frage der Zumutbarkeit muss aufgrund einer »Würdigung aller Umstände des Falles« beantwortet werden (BGH NZM 2003, 277). Dies ist dann der Fall, wenn der Nachmieter in persönlicher und wirtschaftlicher Hinsicht die ordnungsgemäße Vertragserfüllung erwarten lässt. Es muss die Bereitschaft bestehen, für die restliche Laufzeit des Mietvertrages, ohne Vorbehalte, in diesen Vertrag zu den bisherigen Konditionen einzutreten (OLG Frankfurt/M. ZMR 1970, 49).

Beispiele für die Zumutbarkeit eines Nachmieters: **191**
- Ausländereigenschaft allein kein Ablehnungsgrund (OLG Frankfurt ZMR 2000, 607; LG Saarbrücken WuM 1995, 313);
- Nutzung der Wohnung als Wohngemeinschaft durch Nachmieter, wenn der bisherige Mieter diese bislang ebenfalls so, mit Einverständnis des Vermieters, genutzt hat (LG Hamburg WuM 1986, 326).

Beispiele für Unzumutbarkeit eines Nachmieters: **192**
- berechtigte Zweifel an der Liquidität des Nachmieters (LG Köln WuM 1989, 18);
- Nachmieter beabsichtigt eine Nutzungsänderung der Mietwohnung hin zu überwiegend gewerblichen Zwecken (LG Gießen WuM 1996, 43);
- Nachmieter will Gewerberaum nun zu Wohnzwecken nutzen (OLG Frankfurt/M. MDR 2000, 825);
- übermäßige Abnutzung durch Nachmieter, wenn ein Ehepaar Ersatzmieter für ein 1-Zimmer-Appartement sein möchte (LG Hamburg MDR 1966, 846).

Die jeweilige Zumutbarkeit ist eine Frage der Würdigung des Einzelfalls. Bei besonderer **193** räumlicher Nähe zwischen Vermieter und Mieter werden auch zunehmend die persönlichen Vorstellungen des Vermieters mehr Gewicht erhalten. Dem Vermieter soll es sogar nicht verwehrt sein, aus Gründen der religiösen Überzeugung, ein nicht verheiratetes Paar als Nachmieter abzulehnen, was sogar dann gelten soll, wenn der Vermieter nicht in demselben Haus und nicht in demselben Ort wohnt (RE OLG Hamm NJW 1983, 1564). Diese Entscheidung dürfte im Hinblick auf den Wertewandel überholt sein und allenfalls in besonderen Konstellationen (enge räumliche Verbundenheit, überzeugende religiöse Motive und gesellschaftliche Stellung des Vermieters, ländlicher Bereich) noch Gültigkeit haben.

Der Nachmieter muss bereit sein, die bisherigen Vertragsbedingungen des Mietvertrages **194** uneingeschränkt zu akzeptieren und in den Vertrag einzutreten. Solange der Vermieter nicht unannehmbare Vertragsbedingungen stellt, um den Abschluss eines neuen Mietvertrages zu unterlaufen, kann der Vermieter auch berechtigt sein, den Abschluss des Mietvertrages mit dem Nachmieter von einer höheren Miete abhängig zu machen (OLG Hamburg NJW-RR 1987, 657; OLG München ZMR 1995, 156).

195 Sofern die Voraussetzungen, die vorstehend genannt sind, vorliegen, kann der Mieter von dem Vermieter verlangen, dass er ab dem Zeitpunkt der Eintrittsbereitschaft des Nachmieters aus dem Mietverhältnis entlassen wird (LG Hamburg WuM 1980, 235). Wird der Mietvertrag mit dem Nachmieter abgeschlossen, ist gleichzeitig der bisherige Vertrag mit dem Mieter zumindest konkludent beendet, ohne dass es weiterer Erklärungen bedarf (LG Berlin WuM 1988, 271). Weigert sich der Vermieter, generell einen Nachmieter aufzunehmen, so ist der Mieter nicht verpflichtet, Nachmieter zu benennen (BGH WuM 1978, 29). In diesem Falle ist der Mieter so zu stellen, als hätte er einen geeigneten Nachmieter benannt.

c) Form der Vereinbarung eines Mieterwechsels

196 Die Vertragsübernahme ist **grundsätzlich formfrei** möglich, es sei denn, dass die Schriftform für Vertragsänderungen im Mietvertrag vereinbart ist. Allerdings ist bei Mietverträgen auf eine längere Zeit als ein Jahr die Schriftform aufgrund § 550 BGB zu beachten.

197 Dies gilt sowohl für die Gestaltung der Vertragsübernahme im Wege des dreiseitigen Vertrages als auch durch zweiseitigen Vertrag. Fraglich ist allenfalls, ob im letzteren Falle die Zustimmungserklärung des dritten Teils der Form des § 550 BGB unterliegt (so noch Eisenschmid PiG Bd. 52, 77, 82 f.; Sternel Mietrecht I Rn. 93). Diese Streitfrage ist im Hinblick auf den spiegelbildlichen Fall des Vermieterwechsels, bei dem die Zustimmung des Mieters nicht der Schriftform unterliegt, geklärt (BGH NJW 2003, 2158). Die Zustimmung des Vermieters zu der Vertragsübernahme ist formlos möglich (BGH NJW 2004, 2962; BGH NJW-RR 2005, 958, 959). Gem. § 182 Abs. 2 BGB bedarf die Zustimmung nicht der für das Rechtsgeschäft bestimmten Form.

198 **Hinweis:**

> Um eine Vertragsübernahme beweisen zu können, empfiehlt sich für alle Erklärungen stets die Schriftform (§ 126 BGB). Sinnvoll ist ferner, sämtliche bei Beendigung eines Mietverhältnisses relevanten Punkte ausdrücklich zu regeln (z.B. Schönheitsreparaturen, Mietereinbauten, Schadensersatzansprüche, rückständige Miete und Mietsicherheit).

d) Anfechtbarkeit der Vereinbarung eines Mieterwechsels

199 Eine Anfechtung der Vertragsübernahme ist möglich, sofern ein Anfechtungsgrund vorliegt. Dies gilt auch für den Fall, dass die Beteiligten den Weg des zweiseitigen Vertrages für die Vertragsübernahme gewählt haben. Die Zustimmungserklärung des Vermieters ist, wie der BGH zwischenzeitlich entschieden hat, anfechtbar, sofern die Anfechtungserklärung gegenüber dem alten wie dem neuen Mieter erklärt wird und gegenüber beiden ein Anfechtungsgrund vorliegt oder dass zumindest der eine Mieter den von dem anderen Mieter geschaffenen Anfechtungsgrund kannte oder kennen musste (BGH NJW 1998, 531; Emmerich PiG Bd. 70, 95, 105).

e) Rechtsfolgen

200 Die Rechtsfolgen des Mieterwechsels sind abhängig von der näheren **vertraglichen Ausgestaltung**. Soweit nichts geregelt wurde gilt für die einzelnen Alternativen des Mieterwechsels (s. ausführlich Eisenschmid PiG Bd. 52, 77, 87 ff.; Emmerich PiG Bd. 70, 95, 105 ff.):

201 Vereinbaren die Beteiligten die **Aufhebung** des alten Mietvertrages verbunden mit der gleichzeitigen **Begründung** eines neuen Mietverhältnisses, so ergeben sich keine Probleme. Rechte und Pflichten bezüglich des alten Mietvertrages verbleiben bei den bisheri-

gen Vertragspartnern. Rechte und Pflichten aus dem neuen Mietvertrag bestimmen sich nach dem neu begründeten Vertrag. Die Verträge sind hinsichtlich der Rechtswirkung unabhängig voneinander. Die Kaution ist an den alten Mieter zurückzuzahlen, wobei der Vermieter vom neuen Mieter nur bei entsprechender Vereinbarung im Mietvertrag eine Kaution fordern kann.

Vereinbaren die Beteiligten einen **dreiseitigen** oder **zweiseitigen Vertrag** mit Zustimmungserklärung, wird die Identität des Mietvertrages gewahrt. Vorrangig sind auch hier die Vereinbarungen der Beteiligten im Rahmen der Vertragsübernahme zu beachten. Mit dem Mieterwechsel tritt eine Zäsur im Mietverhältnis ein. Maßgeblich ist für den Eintritt der Rechtswirkungen dabei, wann die Erklärungen aller Beteiligten rechtswirksam vorliegen, es sei denn, es wird übereinstimmend ein anderer Zeitpunkt vereinbart. Bei den Rechtsfolgen ist weiter zu unterscheiden: **202**

Bei **Mietschulden** haftet der alte Mieter nur für den Zeitraum bis zum Mieterwechsel, für die Zeit danach nur der eingetretene neue Mieter. Bei der Geschäftsraummiete ist § 25 HGB zu beachten, wonach der Erwerber eines Handelsgeschäfts für alle im Geschäftsbetrieb begründeten Verbindlichkeiten des früheren Inhabers haftet, wenn er das Geschäft unter der bisherigen Firma fortführt. **203**

Bei **Mietsicherheiten** ist zu differenzieren. Eine Kaution verbleibt beim Vermieter, da das Mietverhältnis unter Wahrung der Identität fortgesetzt wird. Der Rückzahlungsanspruch wird erst bei Beendigung des Mietverhältnisses mit dem neuen Mieter fällig. Der Innenausgleich zwischen den Mietern erfolgt durch Herausgabe der Kaution vom neuen an den alten Mieter, sofern nichts anderes vereinbart ist. Eine Bürgschaft, die ein Dritter, Unbeteiligter übernommen hat, erstreckt sich nicht ohne weiteres auch auf Forderungen des Vermieters gegen den eingetretenen Mieter, weil dies eine Haftungsausweitung zulasten des unbeteiligten Bürgen bedeutet (Emmerich PiG Bd. 70, 95, 106). **204**

Bei **Vertragsverletzungen** aus dem Zeitraum vor der Vertragsübernahme, die Schadensersatzansprüche auslösen, haftet dem Vermieter noch der alte Mieter. Berechtigen diese zur Kündigung aus wichtigem Grund und wurde diese nicht vor Mieterwechsel erklärt, erlischt das Kündigungsrecht. **205**

I.Ü. ist, soweit nichts anderes vereinbart wurde, aufgrund der Wahrung der Identität des Mietvertrages vom unveränderten Fortbestand des Mietverhältnis auszugehen. Die Garantiehaftung nach § 536a Abs. 1 S. 1 BGB lebt nicht wieder auf, Kündigungsfristen und Fristen bei der Mieterhöhung gem. § 558 BGB laufen fort ebenso wie eine Mietminderung nach § 536 BGB, solange der Mangel nicht behoben wird. Zur Problematik des Verjährungsbeginns nach § 548 BGB s. Kap. 14 Rdn. 620 ff. **206**

2. Mieterwechsel aufgrund Tod des Mieters

Einer der in der Praxis wichtigsten Fälle des Mieterwechsels kraft Gesetzes ist der Tod des Mieters. Im Gegensatz zur Geschäftsraummiete gibt es im Wohnraummietrecht unter §§ 563 ff. BGB Sondervorschriften. **207**

a) Wohnraum

Stirbt der Mieter, geht das Mietverhältnis nach den allgemeinen erbrechtlichen Vorschriften im Wege der **Gesamtrechtsnachfolge** auf den oder die Erben über (§§ 1922 Abs. 1, 1967 BGB). Dies gilt aber nicht, soweit sich aus den speziellen mietrechtlichen Vorschriften eine **Sonderrechtsnachfolge** ergibt (§§ 563, 563a BGB). **208**

209 Praktisch können folgende Fallgruppen unterschieden werden:

TOD DES MIETERS			
Eintritt von in einem gemeinsamen Haushalt lebenden Personen (§ 563 BGB)	**Fortsetzung des Mietverhältnisses mit überlebenden Mietern (§ 563a BGB)**	**Fortsetzung des Mietverhältnisses mit dem Erben (§ 564 S. 1 i.V.m. §§ 1922 Abs. 1, 1967 BGB)**	**Fortsetzung des Mietverhältnisses mit dem Fiskus (§ 564 S. 1 i.V.m. §§ 1922 Abs. 1, 1936 Abs. 1 BGB)**
Sonderrechtsnachfolge		**Gesamtrechtsnachfolge**	

210 Die §§ 563 bis 564 BGB regeln die Rechtsnachfolge beim Tod des Mieters. Sinn und Zweck der Vorschriften ist ein mietrechtlicher Bestandsschutz über den Tod des Mieters hinaus gegenüber bestimmten Personengruppen, die dem Mieter persönlich eng verbunden waren. Diese »Nähepersonen« sah der Gesetzgeber als schutzbedürftig an, weil soziale Härten auftreten können, wenn der Bewohner räumen muss, bloß weil die Stellung als Erbe des Mieters und die Eigenschaft als Bewohner im Haushalt des Mieters auseinander fallen.

211 Im **§ 563 BGB** ist der Fall geregelt, dass **eine** Person Mieter ist. Dort ist eine Rangfolge der Rechtsnachfolger des verstorbenen Mieters enthalten. Anwendungsvoraussetzung dieser Vorschrift ist es, dass der Verstorbene **alleiniger** Mieter war. Die Rangfolge ist abgestuft, sodass derjenige, der auf einer höheren Stufe steht, die unter ihm auf tieferer Stufe stehenden Berechtigten verdrängt. Danach gilt Folgendes:

212 In **erster** Linie eintrittsberechtigt ist der Ehegatte, der mit dem Mieter in der Wohnung einen gemeinsamen Haushalt geführt hat (§ 563 Abs. 1 S. 1 BGB). Gleichgestellt dem Ehegatten ist der (gleichgeschlechtliche) Lebenspartner i.S.d. Partnerschaftsgesetzes (§ 563 Abs. 1 S. 2 BGB).

213 In **zweiter** Linie eintrittsberechtigt sind die Kinder des Mieters, die mit dem Verstorbenen in der Wohnung zusammengelebt haben (§ 563 Abs. 2 S. 1 BGB).

214 In **dritter** Linie eintrittsberechtigt sind die sonstigen Familienangehörigen und alle Personen, die mit dem Mieter einen gemeinsamen Haushalt geführt haben (§ 563 Abs. 2 S. 2 BGB).

215 In **§ 563a BGB** ist der Fall geregelt, dass **mehrere** Personen Mieter sind. Das Mietverhältnis wird mit dem überlebenden Mieter fortgesetzt (§ 563a Abs. 1 BGB).

216 Nach **§ 564 S. 1 BGB**, falls es keine Eintrittsberechtigten i.S.d. vorstehenden Vorschriften gibt, wird das Mietverhältnis mit dem oder den Erben fortgesetzt.

Nach dieser Rangfolge ergibt sich folgende Übersicht: 217

TOD DES MIETERS		
Toter war **Alleinmieter nebst** Mitnutzern,	Toter war **Mitmieter,**	Toter ist **Alleinmieter ohne** Mitnutzer,
Mitnutzer sind eintrittsberechtigt bei gemeinsamer Haushaltsführung in folgender **Reihenfolge:** – **Ehegatte,** – **Lebenspartner,** gleichrangig mit dem Ehegatten – **Kinder** des Mieters, nachrangig gegenüber Ehegatten, gleichrangig gegenüber Lebenspartner – **andere Familienangehörige** nachrangig gegenüber Ehegatten bzw. dem Lebenspartner, gleichrangig mit Kindern – **Personen,** die mit dem toten Mieter einen **auf Dauer angelegten gemeinsamen Haushalt führen** nachrangig gegenüber Ehegatten bzw. dem Lebenspartner, gleichrangig mit Kindern sowie anderen Familienangehörigen sonst: **– Erbe**	Fortsetzung mit **überlebenden Mieter**	**Erbe**, ggf. Fiskus als Erbe
§ 563 BGB	**§ 563a BGB**	**§ 564 BGB**

Im Einzelnen gilt Folgendes:

aa) Eintrittsrecht des Ehegatten bzw. Lebenspartners (§ 563 Abs. 1 BGB)

Sofern der Verstorbene Wohnraummieter alleinige Partei des Mietvertrages war und der Mieter mit dem Ehegatten in der Wohnung einen gemeinsamen Haushalt geführt hat, tritt der Ehegatte automatisch mit dem Tod des Mieters in das Mietverhältnis ein. Wer **Ehegatte** i.S.d. Vorschrift ist, richtet sich nach den Vorschriften des Eherechts. Die Eigenschaft als Ehegatte beginnt mit der standesamtlichen Eheschließung nach den §§ 1310 ff. BGB und endet mit der Scheidung (§§ 1564 ff. BGB, §§ 606 ff., §§ 622 ff. ZPO) oder der Aufhebung der Ehe (§§ 1313 ff. BGB, §§ 606 ff., §§ 631 ZPO). Entscheidender Zeitpunkt für die Anwendung des § 563 BGB ist die Rechtskraft des Urteils. Ein schwebendes Verfahren hindert ein Eintrittsrecht nicht, ebenso wenig wie ein Getrenntleben der Eheleute in der Mietwohnung. In derartigen Fällen kann es aber an der weiteren Voraussetzung des § 563 Abs. 1 BGB fehlen, nämlich dem gemeinsamen Haushalt. Der Lebenspartner ist dem Ehegatten gleichgestellt. Sofern der verstorbene Mieter mit seinem Lebenspartner in der Wohnung einen gemeinsamen Haushalt geführt hat, so tritt dieser in das Mietverhältnis ein (§ 563 Abs. 1 S. 2 BGB). **Lebenspartner** ist eine Person, mit der der Mieter eine Verbindung i.S.d. LPartG eingegangen ist. Eine Konkurrenzsituation zwischen Ehegatten und Lebenspartner in Bezug auf das Eintrittsrecht tritt nicht auf, da eine Lebenspartnerschaft nicht wirksam mit einer Person begründet werden kann, die bereits verheiratet ist. Die Eintrittsberechtigung besteht für den Lebenspartner bis zur Rechtskraft des Aufhebungsbeschlusses nach §§ 15 ff. LPartG. 218

219 Der Begriff des **gemeinsamen Haushalts** setzt voraus, dass der Wohnraum für den Verstorbenen und den Ehegatten den Mittelpunkt der gemeinsamen Lebens- und Wirtschaftsführung gebildet hat (Blank/Börstinghaus/Blank § 563 BGB Rn. 5; Emmerich/Sonnenschein/Rolfs § 563 Rn. 6; Palandt/Weidenkaff § 563 BGB Rn. 11; Schmidt-Futterer/Gather § 563 BGB Rn. 9. Darüber hinausgehend fordert Lammel Wohnraummietrecht 563 BGB Rn. 13, eine »geistige, persönliche und tatsächliche Verbindung«. Es kommt für das Tatbestandsmerkmal hauptsächlich auf die häusliche, nicht die geistige Gemeinschaft an (Sternel ZMR 2004, 713, 715; Hinz ZMR 2002, 640, 641). Selbst eine **längere Abwesenheit** aus beruflichen, gesundheitlichen oder sonstigen Gründen spielt für die Frage des gemeinsamen Haushalts keine Rolle, solange die Eheleute die Mieträume noch als gemeinsame Wohnung ansehen. Ein gemeinsamer Haushalt liegt somit auch dann vor, wenn ein Ehegatte berufsbedingt über längere Zeit (z.B. Bohrinsel, Montage im Ausland etc.) außerhalb der Wohnung lebt, wenn er sich in einer Klinik befindet oder wenn er in Haft ist (Blank/Börstinghaus/Blank § 563 BGB Rn. 6; Schmidt-Futterer/Gather § 563 BGB Rn. 16; Sternel ZMR 2004, 713, 715). Strittig sind allenfalls diejenigen Fälle, in denen mit der realen Möglichkeit der Rückkehr in den gemeinsamen Haushalt nicht mehr gerechnet werden kann. In diesem Zusammenhang ist an Fällen der Unterbringung eines auf Dauer Pflegebedürftigen in ein Heim bzw. Einweisung eines Todkranken in ein Krankenhaus oder lebenslange Freiheitsstrafe zu denken (gemeinsamer Haushalt ja: Blank/Börstinghaus/Blank § 563 BGB Rn. 6; Herrlein/Kandelhard/Kandelhard § 563 BGB Rn. 9; a.A. Schmidt-Futterer/Gather § 563 BGB Rn. 10; Lammel Wohnraummietrecht § 563 BGB Rn. 17; Hinz ZMR 2002, 640, 641). Im Hinblick auf den Sinn und Zweck der Vorschrift soziale Härten zu vermeiden und weil auch meist die Betroffenen selbst die Mietwohnung weiterhin als gemeinsame Wohnung ansehen, wird man dennoch einen gemeinsamen Haushalt bejahen müssen. Beim **Getrenntleben** der Ehegatten als Voraussetzung für die Scheidung (§ 1566 BGB) ist zu differenzieren, ob die Eheleute auf Probe oder auf Dauer getrennt leben und in letzterem Fall, an welchem Ort das Getrenntleben stattfindet. Solange sich die Ehegatten nur **probeweise** trennen, führt dies noch nicht zu einer Beendigung des gemeinsam geführten Haushalts. Der vorübergehende Auszug und das Wohnen bei Eltern, sonstigen Dritten oder sogar ein Bezug einer anderen Wohnung, schaden nicht, solange die Möglichkeit der Rückkehr in der bisherigen Wohnung nicht ausgeschlossen werden kann. Leben die Ehegatten **auf Dauer** getrennt, liegt kein gemeinsamer Hausstand mehr vor. Die Abgrenzung zwischen einer Trennung auf Probe und auf Dauer ist im Einzelfall schwierig. Spätestens mit der Einleitung von gerichtlichen Maßnahmen ist von einer endgültigen Trennung auszugehen, insbesondere aufgrund gerichtlicher Anordnungen nach § 18a HausratsVO, § 1361b BGB, § 2 GewaltschutzG, § 64b FGG (Blank/Börstinghaus/Blank § 563 BGB Rn. 10; Sternel ZMR 2004, 713, 715). Str. ist, ob auch das Getrenntleben als Voraussetzung für die Scheidung innerhalb der Wohnung für die Aufhebung der häuslichen Gemeinschaft genügt. Nach überwiegender Ansicht in der Literatur wird die familienrechtliche Abgrenzungsformel für eine Trennung von Eheleuten innerhalb der Wohnung auch für § 563 BGB herangezogen (Emmerich/Sonnenschein/Rolfs § 563 BGB Rn. 6; Palandt/Weidenkaff § 563 BGB Rn. 11; Lammel § 563 BGB Rn. 17). Es wird danach nicht nur eine Trennung von Tisch und Bett gefordert, sondern darüber hinaus gem. der Rechtsprechung des BGH eine Aufteilung der Räumlichkeiten innerhalb der Wohnung, auch in Bezug auf Küche und Bad. Nach a.A. bleibt es bei einem gemeinsamen Haushalt, auch wenn die Eheleute in der Wohnung leben, sei es auch in getrennten Räumen mit jeweils eigener Lebensführung (Blank/Börstinghaus/Blank § 563 BGB Rn. 7). Nach der hier vertretenen Ansicht macht es keinen Unterschied, ob sich ein Ehepartner dadurch vorläufig trennt, dass er bei seinen Eltern wohnt oder innerhalb der bisherigen Ehewohnung in getrennten Räumen. Der Ort der Trennung ist häufig situationsbedingt. Bei einer konsequenten

Trennung der Räumlichkeiten, die auch die familienrechtliche Rspr. fordert, kann nicht mehr gem. der Begriffsdefinition von einer gemeinsamen Lebens- oder Wirtschaftsführung gesprochen werden. Gemeinsam ist in derartigen Fällen nur noch die Adresse. Bei Trennung innerhalb der Ehewohnung aufgrund gerichtlicher Maßnahmen muss aber spätestens von einer Auflösung des gemeinsamen Haushalts gesprochen werden.

Voraussetzung für das Eintrittsrecht ist es, dass zum Zeitpunkt des Todes des Mieters ein noch wirksames Mietverhältnis über **Wohnraum**, einschließlich der Mietverhältnisse nach § 549 Abs. 1, 2 BGB, bestand. War der Mietvertrag von **Anfang an nichtig**, liegt kein Mietvertrag vor, sodass § 563 BGB keine Anwendung findet. War der Mietvertrag **anfechtbar**, somit ex nunc unwirksam, so tritt der Ehegatte in das Mietverhältnis ein, solange bis zum Tod des Mieters keine Anfechtungserklärung abgegeben wurde (so auch Blank/Börstinghaus/Blank § 563 BGB Rn. 13). War das Mietverhältnis **gekündigt**, so ist entscheidend, ob das Mietverhältnis zum Zeitpunkt des Todes des Mieters noch fortbestanden hat. Beim Eintritt des Todes **vor** der Vertragsbeendigung tritt der Ehegatte in das noch bestehende Mietverhältnis ein. Dies ist solange der Fall, als eine ordentliche oder außerordentlich befristete Kündigung ausgesprochen wurde und die Kündigungsfrist zum Todeszeitpunkt noch nicht abgelaufen war. Bei der fristlosen Kündigung wird das Mietverhältnis bereits mit dem Zugang der Kündigungserklärung beendet. Ein Eintritt in den Mietvertrag ist nur möglich, wenn der Tod des Mieters vor dem Zugang der Kündigungserklärung lag. Beim Eintritt des Todes **nach** der Vertragsbeendigung gilt die Vorschrift nicht. Das nach Vertragsbeendigung bestehende **Abwicklungsschuldverhältnis** genügt nicht, sodass statt dem Ehegatten der Erbe eintritt. 220

Bei **befristeten Mietverhältnissen** ist der Mietvertrag mit Ablauf der Vertragszeit beendet. Nur wenn der Todeszeitpunkt des Mieters vor der Vertragsbeendigung liegt, tritt der Ehegatte in den Mietvertrag ein. Liegt ein **Mietaufhebungsvertrag** vor, so entscheidet der Inhalt der Vereinbarung über den Beendigungszeitpunkt. Falls keine Regelung getroffen wurde, endet das Mietverhältnis im Zweifel mit dem Vertragsabschluss selbst (§ 271 Abs. 1 BGB). Liegt der Todeszeitpunkt des Mieters vor dem vereinbarten Beendigungszeitpunkt, so tritt der Ehegatte in das noch bestehende Mietverhältnis ein. Bei einem späteren Tod gilt das zum Abwicklungsschuldverhältnis gesagte, d.h., es erfolgt kein Eintritt des Ehegatten. 221

Rechtsfolge des § 563 Abs. 1 BGB ist der **Eintritt des Ehegatten** in das Mietverhältnis. Der Mieterwechsel erfolgt **kraft Gesetzes.** Der Ehegatte tritt in das Mietverhältnis mit allen Rechten und Pflichten ein. Für diese gesetzliche Rechtsnachfolge ist weder eine gesonderte Mitteilung des Ehegatten oder des Vermieters, noch eine Kenntnis des Vermieters oder des Ehegatten vom Tod des Mieters notwendig. Der Eintritt des Ehegatten erfolgt automatisch kraft Gesetzes und unabhängig von Wissen und Wollen. Es bedarf keines neuen Mietvertragabschlusses zwischen dem Vermieter und dem eintretenden Ehegatten. 222

Bei den Verbindlichkeiten des Mieters und den Ansprüchen des Mieters ist hinsichtlich des Todeszeitpunkts zu unterscheiden. 223

Die bis zum Tode entstandenen **Verbindlichkeiten des Mieters** sind als sog. Altverbindlichkeiten grundsätzlich Nachlassverbindlichkeiten. Der eintretende Ehegatte haftet nach § 563b BGB neben dem Erben als Gesamtschuldner. Hierunter können beispielsweise rückständige Mieten, Betriebskostennachzahlungen etc. fallen. Nicht davon erfasst werden Verbindlichkeiten aus Verträgen mit Dritten, z.B. Versorgungsverträge über Wasser, Wärme und Energie. Die nach dem Tod entstandenen Verbindlichkeiten sind dagegen eigene Verbindlichkeiten des Ehegatten aus dem Mietverhältnis, für die der Ehegatte allein haftet. 224

225 Die bis zum Tode entstandenen **Ansprüche des Mieters** gehören grundsätzlich zum Nachlassvermögen. Diese Ansprüche stehen dem Erben zu. Hierzu gehören beispielsweise fällige Aufwendungsersatzansprüche, die bis zum Tod entstandenen Bereicherungsansprüche wegen überzahlter Miete.

bb) Eintrittsrecht sonstiger Personen (§ 563 Abs. 2 BGB)

226 Sofern weder der Ehegatte noch ein Lebensgefährte in das Mietverhältnis eintreten, gilt § 563 Abs. 2 BGB. Dabei ist zu unterscheiden:

227 Hat der verstorbene Mieter mit seinem Ehegatten und mit seinen Kindern in der Wohnung einen gemeinsamen Haushalt geführt und tritt der Ehegatte nicht ein, so treten die Kinder des Mieters in das Mietverhältnis ein. Kinder des Mieters sind dessen leibliche, auch nicht eheliche Kinder, sowie die nach dem §§ 1741 ff., 1767 ff. BGB angenommenen Kinder (Emmerich/Sonnenschein/Rolfs § 563 BGB Rn. 8). Str ist, ob Pflegekinder und Stiefkinder mit umfasst sind (bejahend Blank/Börstinghaus/Blank § 563 BGB Rn. 41 unter Bezugnahme auf den Gesetzeszweck dem Schutz der Familie; a.A. Emmerich/Sonnenschein/Rolfs § 563 BGB Rn. 8; Sternel ZMR 2004, 713, 716). Die Ausdehnung auf Stiefkinder und Pflegekinder ist vom Wortlaut des § 563 Abs. 2 S. 1 BGB nicht mehr umfasst (Kinder des Mieters). Sie können aber als Familienangehörige eintrittsberechtigt sein. Die Kinder treten ohne Rücksicht auf Alter und Volljährigkeit in das Mietverhältnis ein. Die Kinder müssen im Haushalt des Mieters leben, d.h., es gilt das Gleiche wie für die Ehegatten.

228 Die Formulierung des Gesetzes ist missverständlich, da diese nahe legt, dass neben dem Mieter und seinen Kindern eine dritte Person im Haushalt lebt. Dies ist aber nicht Voraussetzung für das Eintrittsrecht der Kinder, sodass § 563 Abs. 2 S. 1 BGB wie folgt zu lesen ist: »Leben in dem Haushalt des Mieters auch Kinder des Mieters, treten diese mit dem Tod des Mieters in das Mietverhältnis ein, wenn nicht der Ehegatte eintritt« (Blank/Börstinghaus/Blank § 563 BGB Rn. 41; Staudinger/Rolfs § 563 BGB Rn. 18).

229 Hat der Mieter mit seinen Kindern und seinem Lebenspartner i.S.d. LPartG einen gemeinsamen Haushalt geführt, so treten die Kinder des Mieters und der Lebenspartner gemeinsam in das Mietverhältnis ein (§ 563 Abs. 2 S. 2 BGB). Falls zu dem Haushalt des Mieters auch Kinder des Lebenspartners, die beispielsweise aus einer früheren Ehe stammen, gehören, so erfolgt ein Eintritt dieser Personen in das Mietverhältnis nur, wenn der Lebenspartner den Eintritt ablehnt (§ 563 Abs. 2 S. 4 BGB).

230 Tritt weder der Ehegatte noch ein Lebenspartner in das Mietverhältnis ein, so treten die **anderen Familienangehörigen** ein. Unter diesen Begriff zählen alle mit dem Mieter verwandten und verschwägerten Personen außer den bereits in der Vorschrift ausdrücklich genannten Kindern. Auch hier ist die Führung eines gemeinsamen Haushalts Voraussetzung für das Eintrittsrecht des Familienangehörigen. Familienangehörige werden durch den Ehegatten und den Lebenspartner verdrängt. Sie sind aber zum Eintritt neben Kindern des Mieters und Haushaltsangehörigen berechtigt.

231 Der Kreis der anderen Familienangehörigen ist in § 563 Abs. 2 S. 4 BGB um **Personen, die mit dem Mieter einen auf Dauer angelegten gemeinsamen Haushalt führen**, erweitert. Dies war als Reaktion des Gesetzgebers auf eine Entscheidung des BGH v. 13.01.1993 zur nicht ehelichen Lebensgemeinschaft (BGH ZMR 1993, 261) zu verstehen, die diesen Partner wie einen Familienangehörigen behandelt hat. Der Gesetzgeber hat den Personenkreis aber noch erweitert und mit dieser Regelung sämtliche Beziehungen *zwischen Personen erfasst*, wobei ein sexueller Hintergrund nicht erforderlich ist (Emmerich/Sonnenschein/Rolfs § 563 BGB Rn. 11). Damit sind einerseits sowohl homo-

sexuelle Lebensgemeinschaften erfasst, als auch das dauerhafte Zusammenleben alter Menschen als Alternative zum Alters- oder Pflegeheim.

Beim Begriff des gemeinsamen Haushalts kann auf die Ausführungen zum Ehegatten (Rdn. 218) verwiesen werden. Nach dem Wortlaut muss er **»auf Dauer«** angelegt sein. Dabei ist es nicht erforderlich, dass bereits seit längerer Zeit ein gemeinsamer Haushalt geführt wurde. Nach der gesetzlichen Regelung ist allein maßgeblich, wie lange der gemeinsame Haushalt nach den Vorstellungen des Mieters und der anderen Person bestehen sollte. Bereits bei der Gründung kann er »auf Dauer angelegt« sein. In der Praxis wird man sich hier auf Indizien stützen müssen. Bloße Wohngemeinschaften sind i.d.R. nicht auf Dauer angelegt, da diese auf eine häufige Fluktuation der Person ausgerichtet sind. Anders kann dies bereits bei Lebensgemeinschaften älterer Menschen sein, die eine gemeinsame Wohnung unterhalten, um später im Alter nicht allein zu sein und sich gegenseitig helfen zu können (BT-Drucks. 14/4553 S. 61). **232**

cc) Ablehnungsrecht der Eintrittsberechtigten nach § 563 Abs. 3 BGB

Der Eintritt in das Mietverhältnis erfolgt kraft Gesetzes. Der eingetretene Personenkreis, also der Berechtigte der »an der Reihe ist«, hat aber gem. § 563 Abs. 3 S. 1 BGB ein **Ablehnungsrecht**. Die Ablehnung ist eine einseitige, empfangsbedürftige Willenserklärung, die dem Vermieter nach §§ 130 ff. BGB zugehen muss. Die Erklärung ist formlos wirksam. Jeder Eingetretene kann die Erklärung für sich abgeben (§ 563 Abs. 3 S. 3 BGB). Diejenigen Personen, die die Erklärung nicht abgegeben haben, bleiben Mieter. Bei Geschäftsunfähigkeit oder beschränkter Geschäftsfähigkeit hat die Ablehnungserklärung der jeweilige gesetzliche Vertreter abzugeben. Durch den Verweis auf § 210 BGB wird bei dieser Personengruppe der Fristablauf gehemmt. Besteht die Vermieterseite aus einer Personenmehrheit, muss die Erklärung allen Vermietern zugehen. Die Ablehnungserklärung ist bedingungsfeindlich. **233**

Die **Frist** für die Abgabe der Erklärung beträgt **einen Monat**. Der Fristbeginn ist für den Eingetretenen an die Kenntnis vom Tod des Mieters geknüpft. Erforderlich ist **positive Kenntnis**, eine Erkundigungspflicht besteht nicht. Vermutungen oder Gerüchte reichen nicht aus. Eine Erkundigungspflicht besteht nicht (Sternel ZMR 2004, 713, 717). Wird ein verschollener Mieter für tot erklärt, kommt es auf die Bestandskraft der Todeserklärung an. Für die Fristberechnung gelten die §§ 187 bis 193 BGB. Bei **Fristversäumung** kommt keine Wiedereinsetzung in Betracht, da es sich nicht um eine prozessuale Frist handelt. Eine Anfechtung scheidet aus, da die Rechtsfolge des Eintritts keine Willenserklärung ist, sondern kraft Gesetzes erfolgt (Blank/Börstinghaus/Blank § 563 BGB Rn. 50; Emmerich/Sonnenschein/Rolfs § 563 BGB Rn. 19; Schmidt-Futterer/Gather § 563 BGB Rn. 33). Ein Kündigungsrecht aus wichtigem Grund besteht nicht. Allerdings wird teilweise die Auffassung vertreten, dass der Eingetretene analog § 1956 BGB die Fristversäumung anfechten könne (so Lammel Wohnraummietrecht § 563 BGB Rn. 45; Schmidt-Futterer/Gather § 563 BGB Rn. 33; Sternel ZMR 2004, 713, 717). Begründet wird dies damit, dass es sich bei dem Eintrittsrecht um eine Art Sonderrecht nach dem Todesfall handelt, die eine vergleichbare Interessenskonstellation darstellt. Eine derartige Analogie ist aber fragwürdig mangels einer planwidrigen Regelungslücke. **234**

Die **Rechtsfolge** einer wirksamen Ablehnungserklärung ist, dass diese auf den Todeszeitpunkt zurückwirkt. Ein Eintritt in das Mietverhältnis gilt als nicht erfolgt. Es tritt der Erbe in das Mietverhältnis ein, sofern keine weiteren »Nähepersonen« i.S.d. § 563 Abs. 2 BGB vorrangig zu berücksichtigen sind. Das Mietverhältnis wird nach § 564 S. 1 BGB erst dann mit dem Erben fortgesetzt, wenn sämtliche Personen, die vorrangig nach § 563 BGB zu berücksichtigen sind, den Eintritt fristgerecht abgelehnt haben. Dem Erben **235** steht kein Ablehnungsrecht zu, er kann allenfalls die Erbschaft nach §§ 1942 f. BGB ausschlagen. Die in der Person des Eintretenden begründeten Rechte und Pflichten aus dem Mietverhältnis erlöschen rückwirkend auf den Zeitpunkt, in dem der Tod des Mieters eingetreten ist. Zwischen dem Vermieter und der ablehnend eingetretenen Person ist das Rechtsverhältnis nach den §§ 812 ff. BGB abzuwickeln (Emmerich/Sonnenschein/Rolfs § 563 BGB Rn. 19; Sternel ZMR 2004, 713, 717).

dd) Kündigungsrecht des Vermieters nach § 563 Abs. 4 BGB

236 Folge des Eintrittsrechtes ist es, dass der Vermieter nun einen Mietvertrag mit nahe stehenden Personen hat, die er nicht als Vertragspartner ursprünglich ausgewählt hatte. Dieser vom Gesetz eingeräumte Mieterwechsel kraft Gesetzes, findet seine Grenze an der Zumutbarkeit für den Vermieter, einen ihm aufgedrängten Vertragspartner akzeptieren zu müssen. Dieser Interessenskonflikt wird durch ein dem Vermieter eingeräumtes außerordentliches Kündigungsrecht gelöst.

237 Gemäß § 563 Abs. 4 BGB steht dem Vermieter ein Recht zur außerordentlichen Kündigung mit der gesetzlichen Frist nach § 573d BGB zu, wenn in der Person des Eingetretenen ein wichtiger Grund vorliegt. Dieses Kündigungsrecht besteht auch bei Mietverhältnissen, bei denen die ordentliche Kündigung ausgeschlossen ist, somit bei den befristeten Mietverhältnissen nach § 575 Abs. 1 S. BGB, sowie bei vereinbartem Kündigungsausschluss. Bei Personenmehrheit der Eingetretenen muss der Vermieter die Kündigung gegenüber allen eingetretenen Personen aussprechen. Im Hinblick auf die Unteilbarkeit des Kündigungsrechts kann das Mietverhältnis nicht gegenüber einem Eingetretenen gekündigt und mit einem anderen fortgesetzt werden. Möglich ist es aber, dass der Vermieter nach der Kündigung gem. § 563 Abs. 4 BGB mit einem der Gekündigten einen neuen Mietvertrag abschließt.

238 Das Kündigungsrecht setzt voraus, dass in der Person des Eingetretenen ein wichtiger Grund vorliegt. Der Begriff **des wichtigen Grundes** kann nicht mit dem berechtigten Interesse an der Vertragsbeendigung i.S.d. § 573 BGB noch mit den fristlosen Kündigungsgründen i.S.d. §§ 543 Abs. 1, 569 BGB gleichgesetzt werden. Parallelen bestehen aber zu § 553 Abs. 1 S. 2 BGB, bei dem der Vermieter einen Untermieter ablehnen kann, wenn in dessen Person ein wichtiger Grund vorliegt. Eine Vergleichbarkeit deshalb, weil es auch bei § 563 Abs. 4 BGB um eine neue Person, dort den Untermieter, geht, den sich der Vermieter nicht ausgesucht hat. Der Unterschied besteht darin, dass im Gegensatz zum Eintritt der Untermieter nicht Vertragspartner des Vermieters wird. Die Unzumutbarkeit ist sowohl bei § 563 Abs. 4 als auch bei § 553 Abs. 1 S. 2 BGB das entscheidende Kriterium, das anhand objektiver Umstände aufgrund einer Interessensabwägung zu beurteilen ist. Ein Verschulden des Eingetretenen ist nicht erforderlich. Die Umstände müssen in der Person des Eingetretenen begründet sein. Ein wichtiger Grund ist beispielhaft anzunehmen, wenn der Eingetretene bereits in der Vergangenheit negativ in Erscheinung getreten ist, beispielsweise durch Störungen des Hausfriedens oder Beschädigungen der Mietsache. Ein wichtiger Grund liegt auch vor, wenn der Eingetretene mit dem Vermieter oder anderen Mietern persönlich verfeindet ist (Blank/Börstinghaus/Blank § 563 BGB Rn. 59; Emmerich/Sonnenschein/Rolfs § 563 BGB Rn. 22). Ein wichtiger Grund kann auch gegeben sein, wenn der Eintretende in eine Genossenschaftswohnung nicht Mitglied der Genossenschaft ist und dies auch nicht werden will (Blank/Börstinghaus/Blank § 563 BGB Rn. 59). Die fehlende Wohnberechtigung für eine öffentlich geförderte Wohnung nach dem dritten Förderweg kann einen wichtigen Grund rechtfertigen (Sternel ZMR 2004, 713, 719). Ein wichtiger Grund ist nach herrschender Meinung gegeben, wenn der Eingetretene nicht in der Lage ist, die Miete zu bezahlen (Blank/Börstinghaus/Blank § 563 BGB Rn. 59; Emmerich/Sonnenschein/Rolfs § 563 BGB Rn. 22; Schmidt-

Futterer/Gather § 563 BGB Rn. 40). Nach der anderen Ansicht sind Fälle der mangelnden Liquidität über das außerordentliche Kündigungsrecht nach § 563 Abs. 1 Abs. 2 Nr. 3 BGB zu lösen. Der Vermieter sei dadurch hinreichend geschützt (Sternel ZMR 2004, 713, 719). Nach diesseitiger Ansicht ist die Interessenskonstellation nicht identisch. Bei § 563 Abs. 4 BGB geht es um die Zumutbarkeit eines nicht solventen Mieters. Der Vermieter soll einen ihm aufgedrängten Vertragspartner nicht akzeptieren müssen. Es ist dem Vermieter nicht zumutbar, sehenden Auges Mietrückstände hinnehmen zu müssen. Allerdings ist einzuräumen, dass in der Praxis die fehlende Zahlungsfähigkeit für den Vermieter nur schwer nachweisbar sein wird. Indizien hierfür können beispielsweise die Abgabe einer eidesstattlichen Versicherung sein, wobei bei der Zahlungsfähigkeit auch öffentliche Hilfen (Wohngeld, Sozialhilfe) zu berücksichtigen sind (Blank/Börstinghaus/Blank § 563 BGB Rn. 59).

Falls **mehrere Personen eingetreten** sind, so genügt es nach herrschender Meinung, **239**
wenn nur bei einem der Eingetretenen ein wichtiger Grund vorliegt (Blank/Börstinghaus/Blank § 563 BGB Rn. 60; Emmerich/Sonnenschein/Rolfs § 563 BGB Rn. 22; Palandt/Weidenkaff § 563 BGB Rn. 23; Schmidt-Futterer/Gather § 563 BGB Rn. 39). Demgegenüber wird die Ansicht vertreten, dass der Vermieter auch eine isolierte Kündigung gegenüber dem Mieter aussprechen könne, in dessen Person der wichtige Grund vorliegt. Nur wenn die Gründe in der Person derartig schwerwiegend sind, dass es dem Vermieter unzumutbar ist, das Mietverhältnis auch mit den übrigen Eintrittsberechtigten fortzusetzen, kann gegenüber allen Eintretenden gekündigt werden (Sternel ZMR 2004, 713, 718). Diese Auffassung widerspricht aber der Ausgestaltung des § 563 Abs. 4 BGB als Kündigung. Nach dem Grundsatz der Unteilbarkeit des Kündigungsrechts kann dem Vermieter das Kündigungsrecht nur gegenüber allen Eintrittsberechtigten zugebilligt werden.

Die Kündigung bedarf der **Schriftform** (§ 568 Abs. 1 BGB). Die Kündigungserklärung **240**
hat die Voraussetzungen des § 573d Abs. 1 i.V.m. §§ 573, 573a BGB zu erfüllen. Die Gründe sind in der Kündigung offen zu legen (§§ 573d Abs. 1, 573 Abs. 3 S. 1 BGB). Sie sollte auch die Belehrung über das Widerspruchsrecht nach der Sozialklausel enthalten. Die Kündigungsfrist beträgt im Allgemeinen drei Monate mit einer Karenzzeit von drei Werktagen (§ 573d Abs. 2 BGB). Bei Wohnverhältnissen nach § 549 Abs. 2 S. 2 BGB ist die Kündigung abw. davon am 15. zum Ablauf dieses Monats zulässig. Die gestaffelten Fristen des § 573c Abs. 1 BGB gelten nicht. I.Ü. gelten die allgemeinen rechtsgeschäftlichen Voraussetzungen einer Kündigungserklärung.

Das Kündigungsrecht des Vermieters ist befristet. Die Kündigung muss innerhalb **eines** **241**
Monats, nachdem der Vermieter Kenntnis erlangt hat, ausgesprochen werden. Für den **Fristbeginn** ist entscheidend, dass der Vermieter **Kenntnis** vom »endgültigen Eintritt« in das Mietverhältnis erlangt. Dies ist dann der Fall, wenn die berechtigten Personen ihr Ablehnungsrecht verloren haben (Blank/Börstinghaus/Blank § 563 BGB Rn. 61; Sternel ZMR 2004, 713, 717).

Auf die außerordentliche Kündigung mit der gesetzlichen Frist ist die Sozialklausel der **242**
§§ 574 ff., 549 Abs. 2 BGB entsprechend anzuwenden. Dies entspricht allgemeiner Meinung, die sich auf die systematische Stellung der Vorschrift stützt, wonach die Sozialklausel nicht nur für die ordentliche, sondern auch für die außerordentlich befristete Kündigung gilt.

ee) Ausschluss abweichender Vereinbarungen nach § 563 Abs. 5 BGB

Nach § 563 Abs. 5 BGB sind abweichende Vereinbarungen zum Nachteil des Mieters und **243**
der Eintrittsberechtigten unwirksam. Das Eintrittsrecht kann somit nicht auf etwa

bestimmte Personen beschränkt werden. Auch anderweitige Vertragsgestaltungen, wonach das Mietverhältnis m. dem Tod des Mieters enden soll, sind unwirksam, wenn damit das Eintrittsrecht ausgeschlossen würde. Vereinbarungen zugunsten des Mieters oder der Eintrittsberechtigten können dagegen getroffen werden, da von § 563 Abs. 5 BGB nicht erfasst. Auch in Bezug auf die Sozialklausel ergeben sich keine Gestaltungsmöglichkeiten, da insoweit die zwingenden Vorschriften der §§ 574 ff. BGB einzuhalten sind.

ff) Beweislast

244 Die Voraussetzungen für das **Eintrittsrecht in das Mietverhältnis** muss derjenige beweisen, der sich auf dieses Recht beruft. Dies bedeutet konkret, dass der Ehegatte oder Lebenspartner ihre Stellung zum verstorbenen Mieter beweisen muss. Gleiches gilt für Angehörige des toten Mieters, die beweisen müssen, dass sie mit dem Mieter verwandt oder verschwägert waren. Auch das Bestehen eines gemeinsamen Haushalts haben sämtliche eintrittsberechtigte Personengruppen zu beweisen, wobei pauschale Behauptungen unzureichend sind. Im Prozess sind die entsprechenden konkreten Tatsachen zu benennen.

245 Sofern ein Eintrittsberechtiger behauptet, rechtzeitig eine **Ablehnungserklärung** abgegeben zu haben, so ist er hierfür beweispflichtig. Macht umgekehrt der Vermieter geltend, dass ihm eine Ablehnungserklärung zugegangen sei, so trifft er für diese ihn günstige Tatsache die Beweislast.

246 Die Voraussetzungen des **Kündigungsrechts** einschließlich der formellen Anforderungen hat der Vermieter zu beweisen.

gg) Übergangsregelung

247 Geregelt wurde in Art. 229 § 3 Abs. 1 Nr. 5 EGBGB, dass sich die Rechtsnachfolge nach dem bisherigen Recht richtet, wenn der Mieter vor dem 01.09.2001 verstirbt. Ist der Erbe in das Mietverhältnis eingetreten und hat der Vermieter gekündigt, so richtet sich die Kündigungsbefugnis nur dann nach bisherigem Recht, wenn die Kündigungserklärung dem Erben vor dem 01.09.2001 zugegangen ist.

hh) Fortsetzung des Mietverhältnisses mit überlebenden Mietern nach § 563a BGB

248 Die Vorschrift regelt die Rechtsnachfolge beim Tod des Wohnungsmieters bei **mehreren Mietern**. Die Regelung gilt für **alle Arten von Wohnraum**. Der Anwendungsbereich des § 563a BGB bezieht sich auf den gesamten Personenkreis des § 563 BGB.

249 **Fortsetzungsberechtigt** sind Personen i.S.d. § 563 BGB, die den Wohnraum mit dem verstorbenen Mieter gemeinschaftlich gemietet haben. Die Regelung knüpft an § 563 BGB an und geht davon aus, dass **ausschließlich Personen i.S.d. § 563 BGB Mitmieter** sind. Diese Mitmieter, die eintrittsberechtigt nach § 563 Abs. 1 S. 2 BGB sind und die zum Personenkreis des § 563 Abs. 1 S. 2 BGB zählen, sind privilegiert. Sie verdrängen diejenigen, die, ohne Mitmieter zu sein, »nur« eintrittsberechtigt sind. Auf deren Rangstufe der Eintrittsberechtigung innerhalb des § 563 BGB kommt es nicht an.

250 Voraussetzung ist, dass ein gemeinschaftliches Mietverhältnis bestand. Dabei ist es nebensächlich, ob die Personenmehrheit auf Mieterseite schon durch den Mietvertrag begründet oder durch späteren rechtsgeschäftlichen oder gesetzlichen Vertragsbeitritt begründet worden ist. Entscheidend ist allein, dass im Todeszeitpunkt des Mieters ein gemeinschaftliches Mietverhältnis besteht. Meist wird die Wohnung bereits gemeinsam angemietet worden sein. Ein gemeinschaftliches Mietverhältnis kann auch durch Beitritt

zum bestehenden Mietvertrag entstanden sein. Dazu ist ein dreiseitiger Vertrag zwischen dem ursprünglichen Mieter, dem Vermieter und dem Eintretenden notwendig. Ein derartiger Beitritt kann auch konkludent erfolgen. Das bloße Wissen des Vermieters, dass der bisherige Mieter einen Ehegatten, Lebenspartner oder sonstigen Familienangehörigen aufgenommen hat, reicht noch nicht aus, um einen entsprechenden Beitritt zum Mietvertrag anzunehmen. In derartigen Fällen ist zu prüfen, ob der Vermieter während der Dauer des Mietverhältnisses die aufgenommene Person als Mieter akzeptiert hat. Ein gesetzlicher Vertragsbeitritt kommt insbesondere im Beitrittsgebiet in Frage, sofern vor dem 03.10.1990 ein Wohnraummietvertrag abgeschlossen worden ist und der Ehegatte des Mieters nach Vertragsabschluss zugezogen ist (§ 100 Abs. 4 ZGB). Es ist gleichgültig, ob nach dem Vertragsschluss zunächst eine Person allein Mieter war und der Ehegatte nach der Heirat zuzog oder ob ein Ehegatte den Vertrag abschloss und beide gleichzeitig einzogen. Die Einführung des BGB in die neuen Bundesländer nach Art. 232 § 2 Abs. 1 EGBGB hat an dieser Parteistellung, die kraft Gesetzes erfolgt ist, nichts geändert.

Die **Rechtsfolge** nach § 563a Abs. 1 BGB ist, dass das Mietverhältnis **»mit dem überlebenden Mietern fortgesetzt«** wird. Gehören alle Mitmieter zugleich zum Kreis der an sich eintrittsberechtigten Personen i.S.d. § 563 Abs. 1, 2 BGB, so setzen diese das Mietverhältnis allein fort und verdrängen etwa andere, ebenfalls eintrittsberechtigte Personen, die nicht Mitmieter sind. **251**

Sind bei mehreren Mietern sowohl Personen, die eintrittsberechtigt sind, als auch Personen, die nicht eintrittsberechtigt sind, so steht den Eintrittsberechtigten das Eintrittsrecht lediglich hinsichtlich des Anteils des verstorbenen Mieters nach Maßgabe des § 563 BGB zu (Staudinger/Rolfs § 563a BGB Rn. 4; Sternel ZMR 713, 719). **252**

Sind mehrere Mitmieter eintrittsberechtigt i.S.v. § 563 Abs. 1, 2 BGB, so ist die Stufenfolge dieser Vorschrift zu beachten. I.Ü. wird das Mietverhältnis von den Personen i.S.d. § 563 Abs. 1, 2 BGB und den anderen Mitmietern fortgesetzt. Sofern sonstige weitere eintrittsberechtigte Personen vorhanden sind, die nicht Mitmieter waren, bleiben diese unberücksichtigt. **253**

Der Erbe rückt in die Mieterstellung nur dann ein, wenn der oder die Mitmieter nicht zum Kreis der eintrittsberechtigten Personen gehören und auch sonst keine eintrittsberechtigten Personen vorhanden sind bzw. diese einen Eintritt abgelehnt haben. **254**

Das Mietverhältnis wird mit unverändertem Inhalt fortgesetzt. Dies gilt nicht, sofern zwischen dem Verstorbenen und dem Vermieter **Zusatzvereinbarungen**, unabhängig vom Mietverhältnis, bestehen. Als Beispiel können hier genannt werden, geschlossene Verträge über Hausmeisterdienste o.Ä. (vgl. Blank/Börstinghaus/Blank § 563a BGB Rn. 8). Derartige Rechtspositionen, sofern sie vererblich sind, greifen weder bei § 563 BGB noch bei § 563a BGB ein, sodass der Erbe hieraus berechtigt bzw. verpflichtet wird. Sofern die Zusatzvereinbarungen höchst persönliche Verpflichtungen betreffen, erlöschen diese mit dem Tode. **255**

Den **überlebenden Mietern** steht nach § 563a Abs. 2 BGB ein **Sonderkündigungsrecht** zur außerordentlichen Kündigung mit gesetzlicher Frist zu. Sinn und Zweck dieses Kündigungsrechtes ist es, die Veränderungen in der Zusammensetzung der Parteien des Mietverhältnisses und etwaige Interessenkollisionen durch die Einsäumung eines außerordentlichen Kündigungsrechtes zugunsten des Mieters zu lösen. Gem. § 563a Abs. 2 BGB steht dem Mieter ein Recht zur außerordentlichen Kündigung mit der gesetzlichen Frist nach § 573d BGB zu. Dieses Kündigungsrecht besteht auch bei Mietverhältnissen, bei denen die ordentliche Kündigung ausgeschlossen ist, somit bei den befristeten Mietverhältnissen nach § 575 Abs. 1 S. BGB, sowie bei vereinbartem Kündigungsausschluss. Die **256**

Kündigungsfrist beträgt gem. § 573d BGB drei Monate abzüglich der Karenzzeit von drei Werktagen. Die Schriftform ist gem. § 568 Abs. 1 BGB einzuhalten. Die Kündigung bedarf keiner Begründung.

257 Das Kündigungsrecht muss innerhalb **eines Monats**, nachdem der überlebende Mieter vom Tod des verstorbenen Mieters **Kenntnis** erlangt hat, ausgeübt werden. Insofern kann auf die Ausführungen zu § 563 Abs. 4 BGB hinsichtlich der Kenntnis und Fristberechnung verwiesen werden. Die dortigen Ausführungen gelten entsprechend.

258 Die überlebenden Mieter müssen das Kündigungsrecht gemeinsam ausüben. Dies ergibt sich aus dem Grundsatz der Unteilbarkeit des Kündigungsrechts (Blank/Börstinghaus/Blank § 563a BGB Rn. 9; Staudinger/Rolfs § 563a BGB Rn. 13; Sternel ZMR 2004, 713, 719). Folglich beginnt die Frist zur Ausübung des Kündigungsrechts erst mit der positiven Kenntnis des letzten Mieters vom Tod des Mitmieters, da jedem Mitmieter die Überlegungsfrist zugestanden werden muss (Blank/Börstinghaus/Blank § 563a BGB Rn. 9; Staudinger/Rolfs § 563a BGB Rn. 13; Sternel ZMR 2004, 713, 719). Die überlebenden Mieter müssen sich innerhalb der Frist einigen, ob eine Kündigung ausgesprochen werden soll oder nicht. Dies ist eine Frage des Innenverhältnisses, wobei der Mitmieter die anderen Mieter auf Zustimmung zur Kündigung in Anspruch nehmen kann (Blank/Börstinghaus/Blank § 563a BGB Rn. 9; Sternel ZMR 2004, 713, 719).

259 Dem **Vermieter** steht im Rahmen des § 563a Abs. 2 BGB kein außerordentliches Kündigungsrecht zu. Dies ist sachgerecht, da der Vermieter im Gegensatz zu § 563 BGB den Überlebenden als Vertragspartner bereits kennt und akzeptiert hat.

260 Nach § 563a Abs. 3 BGB sind **abweichende Vereinbarungen** zum Nachteil des Mieters unwirksam. Uneingeschränkt zulässig sind dagegen Vereinbarungen zugunsten der Mieter, wie etwa die vertragliche Verlängerung der Fristen nach § 563a Abs. 2 BGB.

ii) Fortsetzung des Mietverhältnisses mit den Erben nach § 564 BGB

261 Treten beim Tod des Mieters keine Personen i.S.d. § 563 BGB in das Mietverhältnis ein oder wird es nicht mit ihnen gem. § 563a BGB fortgesetzt (z.B. Wohngemeinschaft), wird es gem. §§ 1922 Abs. 1, 1967 Abs. 1, 564 S. 1 BGB mit dem oder den Erben des verstorbenen Mieters fortgesetzt (**Gesamtrechtsnachfolge**).

262 In diesem Fall ist sowohl der Erbe als auch der Vermieter berechtigt, das Mietverhältnis innerhalb eines Monats **außerordentlich mit gesetzlicher Frist zu kündigen**, nachdem sie vom Tod des Mieters und davon Kenntnis erlangt haben, dass ein Eintritt in das Mietverhältnis oder dessen Fortsetzung nicht erfolgt sind (§ 564 S. 2 BGB). Ein **berechtigtes Interesse** des Vermieters an der Kündigung i.S.d. § 573 Abs. 2 BGB ist seit In-Kraft-Treten des Mietrechtsreformgesetzes zum 01.09.2001 **nicht** mehr erforderlich, weil der Gesetzgeber Erben, die ihren Lebensmittelpunkt nicht in der Mietwohnung haben, nicht für schutzwürdig hält (§ 573d Abs. 1 BGB); zu beachten ist lediglich das Widerspruchsrecht gem. §§ 574 ff. BGB (§ 573d Abs. 2 BGB).

jj) Erbrecht des Fiskus, Nachlasspflegschaft

263 Ist bei Versterben des Mieters weder ein durch Verfügung von Todes wegen bestimmter Erbe (z.B. Testament, Erbvertrag) noch ein gesetzlicher Erbe i.S.d. §§ 1924 ff. BGB (Ehegatte, Lebenspartner, Verwandte) vorhanden oder schlagen sämtliche Erben die Erbschaft gem. §§ 1942 ff. BGB aus, wird gem. § 1922 Abs. 1, 1936 Abs. 1 i.V.m. § 564 S. 1 BGB der Fiskus des Bundeslandes **gesetzlicher Zwangserbe**, dem der Mieter zum Zeitpunkt seines Todes angehört.

Um den Fiskus zur Wahrnehmung seiner Funktion als Gesamtrechtsnachfolger zu befähigen, ist aufgrund von § 1966 BGB die **Feststellung des Nachlassgerichts** gem. § 1964 Abs. 1 BGB erforderlich, dass ein anderer Erbe als der Fiskus nicht vorhanden ist. Anschließend kann das Mietverhältnis durch Aufhebungsvertrag mit dem Fiskus oder durch außerordentliche Kündigung mit gesetzlicher Frist gem. § 564 S. 2 BGB beendet werden. **264**

Zum Ausschlagen des Erbes ist der Fiskus gem. § 1942 Abs. 2 BGB nicht berechtigt. Hinsichtlich der Nachlassverbindlichkeiten des Mieters aus dem Mietverhältnis ist bei Ausschlagung anderer Erben mit der **Dürftigkeitseinrede** gem. § 1990 Abs. 1 S. 1 BGB zu rechnen. **265**

Vor Feststellung des Erben kann der Vermieter beim Amtsgericht – Nachlassgericht – gem. §§ 1961, 1960 Abs. 1 S. 2 BGB die **Anordnung einer Nachlasspflegschaft** beantragen. Der Antrag hat Aussicht auf Erfolg, wenn der Erbe unbekannt ist oder ungewiss ist, ob er die Erbschaft angenommen hat, und der Vermieter ein Rechtsschutzinteresse an der Fürsorgemaßnahme besitzt. Dies ist der Fall, wenn der Vermieter Ansprüche gegen den Nachlass – ggf. gerichtlich – geltend machen möchte oder jemanden benötigt, mit dem er über die Abwicklung des Mietverhältnisses verhandeln kann. **266**

HINWEIS: **267**

In der Praxis steht der Vermieter beim Tod des Mieters, insbesondere des alleine lebenden Mieters, vor einem praktischen Problem. Meist wurde bereits bei der Vertragsgestaltung gerade gegenüber älteren, aber auch im laufenden Mietverhältnis versäumt, vorzubeugen, indem angefragt wird, wer im Krankheits-/Pflege- oder Todesfall benachrichtigt oder hinzugezogen werden soll. Dem Todesfall folgt Ratlosigkeit beim Vermieter. Der Tod des Mieters beendet nämlich nicht das Mietverhältnis, sodass meist ein berechtigter Ansprechpartner gesucht wird. Dies ist notwendig, um das Mietverhältnis z.B. durch Kündigung oder Mietaufhebungsvertrag rechtswirksam beenden zu können. Eine Reihe von abwicklungstechnische Fragen schließen sich meist an (Räumung, Miete, Betriebskosten, Einbauten, Schönheitsreparaturen, Kaution etc.), sodass der unbekannte Erbe zu ermitteln ist. Der Vermieter ist auf etwaige zivilrechtliche (verbotene Eigenmacht; § 858 BGB) und strafrechtliche (§§ 123, 303 StGB) Konsequenzen aufmerksam zu machen, die mit dem Betreten der Mietsache verbunden sind. Sinnvoll für den Vermieter ist deshalb eine unverzügliche Ermittlungen nach dem Erben bei:

- Nachlassgericht
- Standesamt
- Nachbarn/Freundeskreis.

Das Nachlassgericht ist das Amtsgericht, bei dem der Mieter seinen Wohnsitz im Zeitpunkt des Todes hatte (§§ 72, 73 FGG). Dieses führt eine Nachlasskartei, aus dem die erbrechtlich relevanten Vorgänge hervorgehen. Die Auskunft mit den notwendigen Daten (am besten mit Geburtsdatum und Geburtsnamen) erfordert nach § 34 FGG ein berechtigtes Interesse, dass rein vorsorglich zur Vermeidung von Zeitverlust glaubhaft gemacht werden sollte (z.B. Mietvertrag beifügen). **268**

Das Standesamt kann hilfreich sein, um eine Abschrift einer Sterbeurkunde und Auskunft über etwaig vorhandene Abkömmlinge zu erhalten, die als potentielle Erben in Betracht kommen. Die Auskunft erfordert ebenfalls ein berechtigtes Interesse, sodass wie vorstehend beim Nachlassgericht vorgegangen werden sollte. **269**

Nachbarn und Freunde sollten als Auskunftsquelle nicht unterschätzt werden, da auch sie unbürokratisch zu eventuellen noch unbekannten Erben führen können. **270**

271 Bleiben die Ermittlungen ergebnislos, werden folgende Möglichkeiten diskutiert:
- Öffentliche Zustellung der Kündigung
- Kündigung durch »Nähepersonen« des verstorbenen Mieters mit Freistellungsvereinbarung zugunsten dieser Person
- Einrichtung einer Nachlasspflegschaft.

272 Die Zulässigkeit der öffentlichen Zustellung beim Tod des Mieters gegenüber dem unbekannten Erben wird teilweise angezweifelt (Lützenkirchen K Rn. 288; a.A. Sternel PiG Bd. 70, 133, 163). Fakt ist, dass diese unpraktisch und langwierig ist (Sternel PiG Bd. 70, 133, 163) und nur einen Ausschnitt der Probleme löst (Beendigung des Mietverhältnisses).

273 Die Kündigung durch Personen, die sich um den Nachlass kümmern (»Nähepersonen«), ohne aber selbst Erbe zu sein, mag praktisch sein, ist rechtlich aber zweifelhaft (so auch Sternel PiG Bd. 70, 133, 163). Die Idee hinter diesem Lösungsvorschlag (ausführlich Lützenkirchen K Rn. 286) ist es, dass ein späterer Erbe die Kündigung über § 185 BGB nachträglich genehmigt. Dem stehen rechtliche Bedenken entgegen, da die Kündigung einen Schwebezustand nicht verträgt und deshalb eine Genehmigung nicht möglich ist (richtig dazu Sternel PiG Bd. 70, 133, 163 m.w.N., auch wenn er eine gewisse Praktikabilität nicht absprechen möchte). Praktische Schwierigkeiten, nämlich die Personen zu dieser Kündigung zu veranlassen, sollen durch Vorformulierung des Kündigungstextes und Freistellungsvereinbarung überwunden werden.

274 Die Einrichtung einer Nachlasspflegschaft nach § 1960 BGB ist deshalb der rechtlich sichere Weg, einen Ansprechpartner zu gewinnen, wobei aber auch hier eine Reihe von Hindernissen auftreten kann. Der Antrag ist an das Nachlassgericht zu richten unter Darstellung des Todes des Erblassers, dem Regelungsbedürfnis und der Unkenntnis von der Person des Erben (ausf. Lützenkirchen K Rn. 288 ff.). Die Sterbeurkunde, Mietvertrag und Darstellung der Problematik einschließlich bisheriger Bemühungen zur Erbenermittlung sollten dem Antrag beigefügt werden. Ein Hinweis darauf, dass der Nachlass nicht dürftig ist (Kosten der Nachlasspflegschaft gehen zulasten des Nachlasses), ist empfehlenswert, um einer Antragszurückweisung vorzubeugen. Nötigenfalls ist eine Kostenübernahmeerklärung abzugeben, was aber eine wirtschaftliche Frage ist.

275 Vermieter, die im Hinblick auf die Schwierigkeiten auf diese Maßnahmen verzichten, sollten über die zivil- und strafrechtlichen Folgen beweisbar seitens des Anwalts aufgeklärt werden. Der Vermieter sollte dann zumindest, falls er den Hinweisen nicht folgen will, in seinem Eigeninteresse den Nachlass im Beisein von Zeugen inventarisieren und einlagern, um nicht später überzogenen Ansprüchen auftauchender Erben ausgesetzt zu sein.

b) Geschäftsraum und sonstige Mietverhältnisse

276 Stirbt der Mieter, tritt dessen Erbe gem. §§ 1922 Abs. 1, 1967 Abs. 1 BGB im Wege der **Gesamtrechtsnachfolge** in das Mietverhältnis ein. Die Todeserklärung nach dem Verschollenheitsgesetz begründet eine Todesvermutung (§ 9 VerschG) und führt zur Anwendung des § 580 BGB. Diese Vorschrift gilt nur beim Tod einer natürlichen Person. Die Auflösung einer juristischen Person ist dem Tod nicht gleichzusetzen. Eine Sondererbfolge wie bei §§ 563, 563a BGB ist bei diesen Mietverhältnissen nicht vorgesehen. Ist die Mietsache an mehrere Mieter vermietet, so tritt der Erbe des Mieters (ggf. die Erbengemeinschaft i.S.d. §§ 2032 ff. BGB) neben den überlebenden Mietern in das Mietverhältnis ein.

Grundsätzlich haftet der Erbe für die Verbindlichkeiten aus dem Mietverhältnis persönlich mit seinem gesamten Vermögen. Der Erbe hat allerdings die Möglichkeit, die Haftung auf den Nachlass zu beschränken. 277

Wird ein Handelsgewerbe vom Erben fortgeführt, so haftet er nach § 27 Abs. 1 i.V.m. § 25 Abs. 1 HGB für die Geschäftsverbindlichkeiten mit der Möglichkeit nach § 25 Abs. 2 HGB der Haftungsbeschränkung. Diese Haftungsbeschränkung greift, sofern diese ins Handelsregister eingetragen oder dem Vermieter angezeigt worden ist. Die Haftung scheidet auch dann aus, wenn der Erbe das Geschäft vor Ablauf von 3 Monaten nach Kenntnis vom Erbfall einstellt; § 27 Abs. 2 HGB. Es besteht dann die Möglichkeit, die Haftung wiederum nach erbrechtlichen Grundsätzen einzuschränken. Letztlich, falls sich kein Erbe finden sollte, wird auch hier der Fiskus gesetzlicher Erbe (§ 1936 BGB). Dieser hat wiederum die Möglichkeit, auch wenn er die Erbschaft nicht ausschlagen kann, dass er die Haftung auf den Nachlass begrenzt. 278

Nach § 580 BGB sind sowohl der **Erbe** als auch der **Vermieter** berechtigt, das Mietverhältnis innerhalb eines Monats, nachdem sie vom Tod des Mieters Kenntnis erlangt haben (Überlegungsfrist), **außerordentlich mit gesetzlicher Frist** des § 580a Abs. 4 BGB zu **kündigen**. Der Grund des Sonderkündigungsrechts liegt darin, dass die meisten Mietverhältnisse einen starken persönlichen Bezug haben und mit dem Tod des Mieters der Vermieter im Wege der Erbfolge einen neuen Mieter aufgezwungen bekommt. Strittig ist, ob dieses Recht zumindest bei Personenhandelsgesellschaften beim Tod eines haftenden Gesellschafter eingreift (Blank/Börstinghaus/Blank § 580 Rn. 5 m.w.N.). Bei mehreren Mietern ist umstritten, ob dem überlebenden Mieter, dem Erben für ihre Person allein oder dem Vermieter gegenüber dem Erben allein das Kündigungsrecht aus § 580 BGB zusteht (Blank/Börstinghaus/Blank § 580 Rn. 7 f. m.w.N.). Wegen des Grundsatzes der Unteilbarkeit des Mietverhältnisses wird man dies ablehnen müssen. 279

Die Vorschrift des § 580 BGB ist nicht zwingend (Blank/Börstinghaus/Blank § 580 Rn. 33 m.w.N.) 280

3. Mieterwechsel in sonstigen Fällen

Das Gesetz kennt noch weitere Mieterwechsel kraft Gesetzes. Erwähnenswert ist hierbei insbesondere § 1568a Abs. 3 BGB bei Scheidung, der die Möglichkeit eröffnet, den Mietvertrag abzuändern oder ein neues Mietverhältnis zu begründen, und zwar sogar gegen den Willen des Vermieters. Die Mietvertragsänderung, die früher durch rechtsgestaltende Entscheidung des Familiengerichts nach § 5 Abs. 1 S. 1 HausratsVO herbeigeführt wurde, ist nach § 1568a Abs. 3 BGB an den Zugang einer Erklärung der Ehegatten gegenüber dem Vermieter oder die Rechtskraft der Überlassungsentscheidung nach § 1568a Abs. 1 BGB gekoppelt und vollzieht sich automatisch. Die gleichen Möglichkeiten bestehen nach § 17 LPartG bei eingetragener Lebenspartnerschaft. Ein Mieterwechsel kommt aber nur dann in Betracht, wenn beide Mieter sind oder der Weichende Alleinmieter ist. Ist der Verbleibende Alleinmieter, bedarf es keiner Anpassung des Mietverhältnisses. 281

Näheres zu Ehewohnung, Lebenspartnerschaften und Gewaltschutz Kap. 2 Rdn. 289 ff. 282

III. Umwandlungsgesetz

1. Rechtsnachfolge von Gesellschaftern einer Personengesellschaft, von Erwerbern eines Handelsgeschäfts und von Rechtsträgern einer Umwandlung in das Mietverhältnis

a) Regelungslücken

283 Gesetzlich normiert ist lediglich der Fall des Parteiwechsels auf Vermieterseite gem. § 566 BGB, falls der vermietete Grundbesitz an einen Dritten veräußert wird. Es fehlen jedoch Vorschriften bei einem Inhaberwechsels an Geschäftsanteilen an einer Gesellschaft oder beim Erwerb eines Handelsgeschäfts und betrieblichen Umstrukturierungen: insbesondere in folgenden Fällen:

284
- welche Auswirkungen hat ein Wechsel im Mitgliederbestand auf Vermieter- oder Mieterseite, namentlich wenn Gesellschafter ausscheiden oder in die Gesellschaft neu eintreten wollen. Oftmals werden im Wege der Unternehmensnachfolge Geschäftsanteile von ausscheidenden Gesellschaftern auf neu Eintretende übertragen werden (**Gesellschafterwechsel**);
- der Inhaber eines Handelsgewerbes möchte seinen Geschäftsbetrieb erweitern und einen kapitalkräftigen Partner aufnehmen, der in das Mietverhältnis mit eintreten soll (**Eintritt als Gesellschafter in der Handelsgesellschaft eines Einzelkaufmanns**);
- der Inhaber eines Handelsgeschäftes möchte aus Alters- oder sonstigen Gründen sein Handelsgeschäft veräußern und den betriebsnotwendigen Mietvertrag im Wege der Einzelrechtsnachfolge auf einen Erwerber übertragen (**Vermieter-/Mieterwechsel bei Veräußerung des Handelsgewerbes**);
- Folgt das Mietverhältnis bei betrieblichen Umstrukturierungen dem Betrieb, also im Falle der Verschmelzung zweier Unternehmen oder der Abspaltung des Betriebes auf einen anderen Rechtsträger oder durch Ausgliederung des Geschäftsbetriebes eines bisher einzelkaufmännisch geführten Unternehmens auf eine neu gegründete GmbH (**Umstrukturierungen gem. UmWG und nach allgemeinem Recht**)?

285 In den gesetzlich normierten Fällen des Umwandlungsgesetzes (Verschmelzung, Spaltung, Ausgliederung, Formwechsel, Vermögensübertragung) ist die Rechtsnachfolge des sog. Zielrechtsträgers in die bestehenden Dauerschuldverhältnisse des Ausgangsrechtsträgers zwar nicht expressis verbis normiert; gleichwohl ist anerkannt, dass in diesen Fallgestaltungen auch das Mietverhältnis im Wege der Rechtsnachfolge zusammen mit dem übertragenen bzw. ausgegliederten Vermögen auf den aufnehmenden Rechtsträger übergeht (Kallmeyer/Marsch-Barner UmWG § 20 Rn. 4; Lutter/Grunewald UmWG § 20 Rn. 7). Der Schutz der Mietvertragspartei, insbesondere des Vermieters, wird dadurch sichergestellt, dass der bisherige Rechtsträger gemeinsam mit dem übernehmenden Rechtsträger für die Dauer von 5 Jahren nach Handelsregistereintragung nachhaftet (§§ 133, 125, 2 Abs. 3, 133 Abs. 6 UmWG).

b) Stand der Rechtsprechung

286 Für die übrigen vorgenannten Fälle des Inhaberwechsels (Rdn. 284) am Geschäftsanteil oder am Handelsgeschäft, also des Gesellschafterwechsels, des Eintritts des Gesellschafters in das Handelsgeschäft eines Einzelkaufmannes und im Fall der Veräußerung des Handelsgewerbes bestehen in Literatur und Rechtsprechung unterschiedliche dogmatische Ansätze, die auch zu unterschiedlichen Ergebnissen führen.

287 Ein einheitlicher dogmatischer Ansatz ist bisher nicht entwickelt worden.

Die Rechtsprechung des für Mietrechtsfragen zuständigen XII. BGH Senats hat die verstehenden Fallgestaltungen vornehmlich unter dem Topos des § 540 BGB erfasst. 288

Die Überlassung der Mieträume an den Erwerber eines Handelsgeschäftes bedürfe gem. § 540 Abs. 1 BGB der Zustimmung des Vermieters, damit der Vermieter vor aufgedrängten anderen Nutzern geschützt wird (BGH Urt. v. 21.12.1966, VIII ZR 195/64, NJW 1966, 821; Urt. v. 25.04.2001, XII ZR 43/99). 289

Ausnahmsweise bestehe jedoch ein Anspruch des Mieters auf Erteilung der Zustimmung für unternehmensbezogene Mietverträge, wenn das betreibende Unternehmen und nicht die Person des Mieters und das ihm entgegengebrachte Vertrauen im Vordergrund stehe (Fritz Geweberaummietrecht, 4. Aufl. 2005, Rn. 344). Das Mietverhältnis ist jedoch regelmäßig nur eines von mehreren Dauerschuldverhältnissen eines Handelsgeschäftes, das zur Veräußerung oder Erweiterung durch Aufnahme eines Partners ansteht. 290

Ferner sei es als vertragswidrige Gebrauchsüberlassung anzusehen, wenn eine BGB Gesellschaft oder OHG Personenhandelsgesellschaft weitere Gesellschafter aufnimmt und diesen den Mitgebrauch einräumt (Sternel Mietrecht 2007 Rn. 22, 23; BGHZ MR 1959, 8 (wohl inzwischen M.M.)). 291

Das gleiche gelte, wenn der einzelkaufmännische Mieter gewerblicher Räume einen Gesellschafter aufnähme und hiernach den Gewerbebetrieb z.B. als Gesellschaft bürgerlichen Rechts weitergeführt werde (Sternel ebenda, BGH NJW 1970, 556; BGHZ MR 2001705 = NZM 2001, 621). 292

Gibt es wirklich sachlich gerechtfertigte Gründe, dass nur in den im Umwandlungsgesetz geregelten Fällen das Mietverhältnis, also bei einer Übertragung von Betrieben und Teilbetrieben und sonstigen Vermögensgegenständen dem Betrieb folgt? Soll nur nach dem UmWG der übernehmende Rechtsträger aus dem Mietverhältnis berechtigt und verpflichtet werden, und der übertragende Rechtsträger bzw. ausscheidende Gesellschafter nach einer 5-jährigen Nachhaftungszeit aus der gesamtschuldnerischen Mithaft entlassen werden? 293

c) Tendenzen

Vieles spricht für eine weitgehende Gleichbehandlung aller oben genannten Fallgestaltungen und es bestehen Tendenzen, dass sich dieser Trend auch zunehmend in der Rechtsprechung fortsetzen wird. Hierfür gibt es gute Gründe (weitere Gründe für die einzelnen Fallgruppen s. Rdn. 340–344, 360–363, 379–385). 294

- Die wirtschaftliche Bedeutung des Mietverhältnis spielt bei Umstrukturierungen von Gesellschaften, bei der Abspaltung von Betriebsteilen oder der Verschmelzung mehrerer Unternehmen i.d.R. nur eine untergeordnete Rolle. Die Zugehörigkeit eines Mietverhältnisses zu einem Handelsgeschäft mag wirtschaftlich betrachtet ein wichtiger Bestandteil des Handelsgeschäftes sein im Verhältnis zum transferierten Gesamtvermögen, sei es durch Veräußerung des Handelsgeschäftes, durch Aufnahme und Ausscheiden von Gesellschaftern oder durch Umstrukturierung von Betrieben, ist der Mietvertrag als vermögenswerte Rechtsposition jedoch regelmäßig von untergeordneter Bedeutung. 295
- Wenn dem jedoch so ist, so darf sich der Verkauf von Handelsgeschäften sowie das Ausscheiden und Eintreten von neuen Gesellschaftern sowie die Umstrukturierung der Betriebe nicht nur danach ausrichten, was die Interessen einer Vertragspartei sind. Die Interessen der Mietparteien sind im Allgemeininteresse an der Transferfähigkeit der Hauptsache, also des Transfers von Unternehmen, Betrieben oder Betriebsteilen und Geschäftsanteilen auszurichten – und nicht an der Nebensache, nämlich dass die

Transferfähigkeit der Hauptsache von der Zustimmung der jeweils anderen Partei dieses Dauerschuldverhältnis abhängt.

- Auch ist nicht die Übertragungsform entscheidend. Es macht z.B. hierbei von der Wertung keinen Unterschied, ob ein einzelkaufmännisches Handelsgewerbe zusammen mit dem Mietvertrag veräußert wird oder das einzelkaufmännische Handelsgewerbe zunächst in eine aufnehmende, neu gegründete GmbH als Rechtsträgerin ausgegliedert wird und sodann die Geschäftsanteile an dieser Gesellschaft nach den sondergesetzlichen Bestimmungen der §§ 152 ff. UmWG übertragen werden (vgl. hierzu Rdn. 395, 435). In beiden Fällen sollte das Mietverhältnis dem übertragenen Vermögen folgen. Für Übertragungsvorgänge außerhalb des Umwandlungsgesetzes wird dann jedoch zu verlangen haben, dass nicht nur ein einzelner Gegenstand übertragen wird sondern dass es sich entweder um das ganze Handelsgeschäft handelt oder zumindest um einen Betrieb oder Betriebsteil und es sich bei wirtschaftlicher Betrachtung um die Hauptsache handelt (Lutter/Teichmann § 132 UmWG Rn. 3).

296 Während nach der Auffassung des BGH bei Veräußerung des Handelsgeschäfts die Zustimmung des Vermieters zum Übergang des zum Betriebsvermögen gehörenden Mietverhältnisses erforderlich ist (s.o. Rdn. 292), ist es allgemein anerkannt, dass das umwandlungsrechtlich abgespaltene Mietverhältnis im Wege der partiellen Gesamtrechtsnachfolge auf die aufnehmende Rechtsträgerin übergeht, ohne dass es der Zustimmung des Vermieters oder Mieters bedarf.

297 Der **überfällige Paradigmenwechsel** ist eingeleitet durch die Änderung der Rechtsprechung des für das Gesellschaftsrecht zuständigen II. Senats des Bundesgerichtshofs zur Rechtsfähigkeit der GbR und der Überleitung der Dauerschuldverhältnisse, insbesondere des Mietvertrages beim Gesellschafterwechsel.

298 In der wegweisenden Entscheidung des II. Senats v. 29.01.2001 (BGH NJW 2001, 1056) anerkannte der BGH, dass die GbR durch Teilnahme am Rechtsverkehr eigene Rechte und Pflichten begründe. Ein wesentlicher Vorteil der Annahme dieser Rechtsfähigkeit der GbR sah der BGH darin, dass ein Wechsel im Mitgliederbestand der Gesellschaft keinen Einfluss auf den Fortbestand der mit der Gesellschaft bestehenden Rechtsverhältnisse habe. Dies betrifft vor allem Dauerschuldverhältnisse und hier insbesondere den Mietvertrag.

299 Ein für die Praxis bedeutender Vorzug der nach außen bestehenden Rechtssubjektivität der GbR besteht darin, dass ein Wechsel im Mitgliederbestand keinen Einfluss auf den Fortbestand der mit der Gesellschaft bestehenden Rechtsverhältnisse habe. Bei strikter Anwendung der traditionellen Auffassung, wonach das Mietverhältnis mit den einzelnen Mitgliedern der Gesellschaft und nicht mit der rechtsfähigen Gesellschaft selbst bestehe, müssten Dauerschuldverhältnisse bei jedem Wechsel im Mitgliederbestand von den Vertragsparteien neu geschlossen bzw. im Wege der Vertragsübernahme bestätigt werden. Das Erfordernis von Neuabschlüssen von Dauerschuldverhältnissen bei einem Gesellschafterwechsel sei aber ohne Rechtfertigung und würde die Handlungsfähigkeit der Gesellschaft erheblich beeinträchtigen (Grundlegend Karsten Schmidt NJW 2003, 1897 m.w.N.; ders. Gesellschaftsrecht § 58 IV, V, 60 I b, NJW 2001, 993 ff.; Weitemeyer ZMR 2004, 153–166; BGH ebenda; w.N. vgl. Rdn. 384).

300 Um wie viel mehr gilt die Ratio und die Weisheit dieser Entscheidung des II. Sentas des BGH, wenn nicht nur ein Anteil eines Gesellschafters am Unternehmen betroffen ist, sondern das ganze Handelsgeschäft selbst.

301 *Es ist mithin nur noch eine* Frage der Zeit, bis der u.a. von Karsten Schmidt propagierte Paradigmenwechsel auch auf andere Fallgruppen (s. Rdn. 284) erstreckt wird und der bisherige mietrechtliche Ansatz durch die zutreffendere Betrachtungsweise abgelöst wird, dass das gewerbliche Mietverhältnis betriebsbezogener Natur ist und dem Recht am Betrieb zu folgen hat. Dem Schutz der anderen Vertragspartei wird i.d.R. durch eine fünfjährige Nachhaftung des aus dem Mietverhältnis ausscheidenden Vertragspartners genüge getan (vgl. Rdn. 333, 402).

Solange dieser Paradigmenwechsel jedoch nicht grundlegend vollzogen ist, hat sich die Beratungspraxis und die Kautelarjurisprudenz an der bestehenden mietvertraglichen Rechtsprechungspraxis auszurichten. **302**

Im Rechtsverkehr mit Gesellschaften als Mietvertragspartei gilt es daher aus beratender fachanwaltlicher Sicht einige Regeln zu beachten. Hierbei können sowohl vermieterfreundliche als auch mieterfreundliche Strategien verfolgt werden. **303**

Es ist einerseits die Betriebsbezogenheit des Mietverhältnisses auf der Grundlage der bestehenden Rechtsprechung vertraglich zu gestalten und andererseits die Vertragsrisiken aufzuzeigen und vertragliche Hilfestellungen in den Fällen zu gewähren, in denen zwar dem Grundsatz der Betriebsbezogenheit des Mietverhältnisses Genüge getan wird, jedoch Schutzinteressen einer Vertragspartei vom Gesetz nur unzureichend wahrgenommen werden, insbesondere bei Gesellschafterwechsel und Umstrukturierungen gem. UmWG (vgl. Rdn. 387–429) und Gesellschafterwechsel (Rdn. 334). So wenn z.B. infolge von Verschmelzungs- und Spaltungsvorgängen die Haftungsmasse des Vermieters verringert wird oder vermögende, gesamtschuldnerisch haftende Gesellschafter ausscheiden, die nur zeitlich begrenzt nachhaften. **304**

Aus Vermietersicht gilt es, sowohl die Gesellschafter als auch die Gesellschaft gesamtschuldnerisch für die vermieterseitigen Ansprüche aus dem Mietverhältnis haften zu lassen, also nicht nur das Mietverhältnis mit der Gesellschaft abzuschließen. **305**

Aus mieterseitiger Sicht gilt es, die Haftung auf das Gesellschaftsvermögen zu beschränken und die Nachhaftung des ausscheidenden Gesellschafters gem. § 736 Abs. 2 BGB, § 160 HGB, temporär zu befristen. **306**

2. Die Gesellschaft als Mietvertragspartei

Beim Abschluss von Mietverträgen mit Gesellschaften stellen sich nicht nur Rechtsnachfolgeprobleme, sondern es bestehen insbesondere für die Gesellschaft bürgerlichen Rechts weitere Stolpersteine, nämlich Formfragen und Vertretungsprobleme, die in der Beratungspraxis streng beachtet werden sollten. **307**

a) Die Gesellschaft bürgerlichen Rechts als Vertragspartei

aa) Rechtsfähige Außengesellschaften und nicht rechtsfähige Gemeinschaften

Seit dem wegweisenden Urteil des BGH v. 29.01.2001 (NZM 2001, 299 = NJW 2001, 1056) ist klargestellt, dass die GbR Teilrechtsfähigkeit besitzt und Mietvertragspartei sein kann. Dies gilt jedenfalls insoweit, als die GbR nach außen auftritt und sich als Außengesellschaft geriert. Fraglich ist insoweit lediglich, woran sich Außengesellschaften bürgerlichen Rechts erkennen lassen (Krämer BuM 2002, 459, 460; K. Schmidt NJW 2001, 993, 1001). **308**

In der Praxis wird die Frage regelmäßig dadurch beantwortet, dass die Gesellschaft durch einen Vertreter berechtigt und verpflichtet wird und dessen Auftreten als Vertreter gem. § 164 Abs. 2 BGB offenkundig ist – was regelmäßig der Fall sein wird (Kandelhard in Kroiß Klauselbuch Schuldrecht, § 13 Rn. 88). **309**

310 Wegen der fehlenden Registerpublizität der GbR kann es in Fällen unklarer Bezeichnung – vor allem im Vollstreckungsverfahren – schwierig werden, die Rechte gegen die Gesellschaft durchzusetzen.

311 **Beratungshinweis:**

> Bei der Beratung und Vertretung einer GbR als Vertragspartei ist die möglichst exakte Angabe der Bezeichnung, unter der die Gesellschaft im Verkehr auftritt, der gesetzlichen Vertreter und der Gesellschafter erforderlich bzw. sinnvoll. Soweit die GbR nicht am Rechtsverkehr teilnimmt, sie also keine Rechtsfähigkeit besitzt, kann nicht die GbR selbst Vertragspartner sein sondern – wie die Erbengemeinschaft – nur die einzelnen Gesellschafter der GbR. Wenn aber Vertragspartner die einzelnen Gesellschafter sind, so sind sie auch sämtlichst im Vertrag zu bezeichnen.

312 Eheleute können sowohl Vermieter als auch Mieter sein, entweder als rechtsrechtsfähige (Außen-)GbR oder aber auch als nicht rechtsfähige (Innen-)GbR bzw. als Bruchteilseigentümer auftreten. Soweit Eheleute im Wohnungsmietrecht als Mieter auftreten, ist i.d.R. keine GbR anzunehmen.

313 Im Falle einer Wohngemeinschaft ist es allgemeine Auffassung, dass keine rechtsfähige Außen-GbR gegeben ist, ansonsten hat der Vermieter keinerlei Einfluss auf den Bestand der Wohngemeinschaft (Schmidt/Futterer/Börstinghaus Vor § 558 BGB Rn. 54; dagegen mit beachtlichen Gründen: Bub ZWE 2002, 103 ff.).

bb) Formfragen

314 Die für Langzeitmietverträge erforderliche Schriftform gem. §§ 578, 550 BGB ist nur dann gewahrt, wenn die Vertragspartei aus dem Mietvertrag heraus bestimmbar ist. An die Bestimmbarkeit sind bei einer GbR noch höhere Anforderungen zu stellen als im Falle einer Erbengemeinschaft, da ein Wechsel der Mitglieder sogar formlos durch mündliche Vereinbarung erfolgen kann: Wenn nicht alle Erben Mitglieder einer Erbengemeinschaft im Mietvertrag angegeben sind, so soll es an der gesetzlichen Schriftform mangeln (BGH ZMR 2002, 2009).

315 Der Schutzzweck des § 550 BGB gebietet es nach Ansicht des BGH, dass ein etwaiger Erwerber das Vertretungsverhältnis aus dem Mietvertrag selbst entnehmen können soll (BGH NZM 2002, 850).

316 Für die Einhaltung der gesetzlichen Schriftform gem. § 550 BGB ist es erforderlich, dass alle Vertragsparteien die Vertragsurkunde unterzeichnen (BGH NZM 2002, 950, 952; NZM 2003, 235 (Urt. v. 15.01.2003, XII ZR 300/990); Heile in Bub/Treier II Rn. 758). Stellvertretung ist jedoch zulässig.

317 Unklarheiten bestehen jedoch dann, wenn nur ein GBR-Gesellschafter unterzeichnet ohne einen Vertretungszusatz seiner Unterschrift hinzuzufügen (BGH ZMR 2002, 2009). Nach gefestigter Rechtsprechung ist die Form nicht gewahrt (BGH NJW 2002, 3389; 2003, 3053; 2004, 1103; 2005, 225, ZIP 2003, 667; krit. Weitmeyer NZG 2006, 10).

318 Nach a.A. ist die Angabe des Vertretungszusatzes nicht erforderlich. Gem. §§ 167 Abs. 2, 177, 182 Abs. 2 BGB sei die vorherige Erteilung einer Vollmacht zum Vertragsschluss ebenso formlos möglich wie die nachträgliche Genehmigung vollmachtlosen Vertreterhandelns. Wenn der Gesetzgeber es für wesentlich strengere Formvorschriften im Grundstücksverkehr (§ 311b BGB) für ausreichend ansieht, dass ein vollmachtloser Vertreter auftritt, ohne dass für dessen Handeln die für das Rechtsgeschäft bestimmte Form eingehalten werden muss, dann muss es auch genügen, dass ein Vertreter den Vertrag ohne Vertretungszusatz unterzeichnet. Der BGH und ihm

folgend das OLG Rostock sind jedoch gegenteiliger Ansicht. Hieran hat sich die Kautelarjurisprudenz zu orientieren.

▶ **Formulierungsbeispiel:** 319

Rubrumsbezeichnung: Müller/Schulz/Lehmann/Schulz GbR (alt.: oHG/KG), vertreten durch den Geschäftsführer Axel Müller
Unterschriften Axel Müller als Geschäftsführer der Müller/Schmitz/Schulz GbR (alt.: oHG/KG/GmbH)

cc) Empfangsvertretung

Der von der Geschäftsführung ausgeschlossene Gesellschafter einer GbR ist nicht empfangsbevollmächtigt. Ein Ausschluss von der Gesellschaft liegt beispielsweise vor, wenn der Gesellschaftsvertrag nur einem Gesellschafter die Geschäftsführungs- und damit die Vertretungsbefugnis zuweist, §§ 709, 714 BGB. Besteht diese Einschränkung nicht, sondern sind alle Geschäftsführer gesamtgeschäftsführungsbefugt, und jeder Gesellschafter ist empfangsberechtigt. Dies ergibt sich aus allgemeinen Vertretungsregeln, die überwiegend auf rechtsfähige Personen zugeschnitten sind, die jedoch auf die GbR-Gesellschaft sinngemäß Anwendung finden (§ 28 Abs. 2 BGB; § 78 Abs. 2 S. 2 AG; § 125 Abs. 2 S. 3 HGB; § 35 Abs. 2 S. 3 GmbHG; § 25 Abs. 1 S. 3 GenG). Da es bezüglich der GbR an der Registerpublizität im Gegensatz zu der handelsregisterlich eingetragenen Personenhandelsgesellschaften und Kapitalgesellschaften fehlt, empfiehlt sich aus Beratersicht die Empfangszuständigkeit rechtsgestaltend im Mietvertrag zu normieren. 320

Beratungshinweis: 321

Vorsorglich sollte die Beratungspraxis die Empfangszuständigkeit für rechtsgestaltende Erklärungen, insbesondere Kündigungen mietvertraglich regeln, um auch im Falle des Gesellschafterwechsels und der Abberufung von Geschäftsführern einen sicheren Adressaten für eine wirksame Kündigung u.a. rechtsgestaltende Erklärungen zu haben.

Die forensische Praxis steht mangels Registerpublizität ansonsten nicht selten vor unlösbaren Problemen.

▶ **Formulierungsbeispiel:** 322

Die unterzeichneten Gesellschafter des Mieters bevollmächtigen sich gegenseitig, mietvertragliche Willenserklärungen, insbesondere Kündigungen mit Wirkung für die Gesellschaft und die Gesellschafter entgegenzunehmen und die Gesellschaft und die übrigen Gesellschafter entsprechend zu informieren.

Das Formulierungsbeispiel beinhaltet eine wechselseitige Empfangsvollmachtserteilung unter Mitgesellschaftern, die einer Nachprüfung der § 307 BGB Stand hält. Was unter Mitmietern möglich ist, ist auch unter Mitgesellschaftern zulässig. 323

b) OHG/KG

Die OHG und die KG schließen Mietverträge gem. §§ 124, 161 HGB ab. Das Mietverhältnis kommt ausschließlich mit der OHG bzw. der KG zustande. Neben dem Gesellschaftsvermögen haften die Gesellschafter gem. §§ 161, 128 HGB persönlich. 324

Die unmittelbare Außenhaftung des Kommanditisten ist jedoch gem. § 171 HGB auf dem Betrag der Einlage beschränkt; die Haftung ist ausgeschlossen, soweit die Einlage geleistet ist (§ 171 Abs. 1 HGB). In nicht wenigen Fällen kommt es allerdings zur Ausschüttung der Kommanditgesellschaften an Kommanditisten, die keine Gewinnausschüt- 325 tungen aufgrund einer errichteten Bilanz sind (z.B. Zurückzahlung Eigenkapital ersetzender Darlehen). Insoweit lebt die unmittelbare (Außen-)Haftung des Kommanditisten gegenüber den Gläubigern wieder auf, § 171, § 172a Abs. 4 HGB.

326 Zur Wahrung der Schriftform wird vorsorglich empfohlen, dass neben der Bezeichnung der Gesellschaft auch die Gesellschaftsform im Mietvertrag angegeben wird. Die Identität der Vertragspartei kann nur so durch Einblick in das Handelsregister sicher festgestellt werden. Insbesondere Fonds treten oft als KG auf, so dass eine genaue Überprüfung der Vertragspartei ohne Angabe der Gesellschaftsform nicht möglich ist. Das OLG Hamm verneinte einen Verstoß gegen die Schriftform trotz des fehlenden Zusatzes KG. Die Bezeichnung »Immobilien-Fonds ……Str.« sei immerhin noch so klar, dass die Gesellschaft zweifelsfrei identifiziert werden könne (OLG Hamm NZM 1998, 720).

c) GmbH und andere juristische Personen, Einzelkaufleute

327 Bei juristischen Personen des Privatrechts stellen sich diese Formfragen nicht. Die Registerpublizität sorgt i.d.R. sowohl für Klarheit bei Bestimmbarkeit der Vertragspartei als auch bei den Vertretungsverhältnissen. Wenn die vertretungsberechtigten Personen unterschreiben, ist sowohl ihre Unterschrift als auch das Vertretungsverhältnis anhand des Handelsregisters überprüfbar.

328 Eine Willenserklärung des organschaftlichen Vertreters kann darüber hinaus gem. § 174 BGB nicht zurückgewiesen werden (BGH NZM 2002, 163, Die genaue Angabe der Vertretungsverhältnisse bei einer Gesellschaft mit Registerpublizität ist lediglich wünschenswert aber nicht im Rechtssinne notwendig). Dies ergibt sich aus dem Wertungszusammenhang der §§ 167 Abs. 2, 177, 182 Abs. 2 BGB.

Bei juristischen Personen des öffentlichen Rechts muss zur Vermeidung von immer wieder auftretenden Problemfällen und Formfragen auf die korrekte Bezeichnung der zuständigen juristischen Personen geachtet werden, da oftmals Einrichtungen ohne eigene Rechtspersönlichkeit den Vertrag unterzeichnen (BGH NZM 2004, 97, Unterzeichnung als »Kurverwaltung« statt der Angabe der öffentlich rechtlichen Körperschaft).

329 Einzelkaufleute können dagegen formwirksam gem. §§ 578, 550 BGB, § 17 Abs. 2 HGB, Mietverträge unter ihrer Firma abschließen. Nach überwiegender Ansicht kann der Einzelkaufmann als Vollkaufmann Mietverträge sowohl unter dem Namen seiner Firma als auch im eigenen Namen abschließen (Straßberger in Bub/Treier II, Rn. 286; dagegen: Fritz Gewerberaummietrecht, Rn. 54). Nur soweit die Firma im Handelsregister eingetragen ist, ist die Bestimmbarkeit des Vertragspartners und damit die Einhaltung der Schriftform gem. § 550 BGB gewährleistet. Die Firmenbezeichnung ist wegen der Registerpublizität eine ausreichende Grundlage für die Bestimmbarkeit (Straßberger a.a.O.).

3. Der Gesellschafterwechsel der Mietvertragspartei, Nachhaftung des Ausscheidenden

330 Von einer Rechtsnachfolge des Mietverhältnisses kann nicht gesprochen werden, wenn sich in einer Personenhandelsgesellschaft (oHG, KG) der Gesellschafterbestand verändert. Der Mietvertrag wird nicht mit den einzelnen Gesellschaftern abgeschlossen, sondern ausschließlich mit der rechtsfähigen OHG bzw. KG. Die Gesellschafter haften allerdings für die Verbindlichkeiten der Gesellschaften gem. § 128 HGB.

331 *Was für die Personenhandelsgesellschaft* schon jeher galt, gilt nunmehr auch für die Außengesellschaft bürgerlichen Rechts. Dies ist die rechtliche Konsequenz der Anerkennung der Rechtsfähigkeit, auch der GbR und hat zur Folge, dass der Wechsel der Gesellschafter keinen Einfluss mehr auf den Mietvertrag hat. Es bedarf weder der Zustimmung des Vermieters zur Aufnahme neu eintretender Gesellschafter, noch der Zustimmung des Vermieters zum Ausscheiden eines Gesellschafters (MüKo/Ulmer § 705 Anm. 310; Bamberger/Roth/Ellert § 535 Anm. 21; MüKo/Schiding § 35 Anm. 59; Staudinger/Emmerich § 566 Anm. 20).

Dasselbe gilt vice versa beim Personenwechsel innerhalb der Vermieter-Personengesellschaft. **332**

Der Schutz des Vertragspartners beim Gesellschafterwechsel findet für die Gläubiger einer Vermieter GbR wie einer Mieter GbR in gleicher Weise statt wie in der Personenhandelsgesellschaft. Es gibt keine sachlichen Gründe für eine Ungleichbehandlung der rechtsfähigen GbR im Verhältnis zur Personenhandelsgesellschaft und den für sie geltenden Regelungen. **333**

a) Nachhaftung des Ausscheidenden und Vollhaftung des Eintretenden als Grundmodell

Scheidet ein Personengesellschafter als Komplementär, als Kommanditist, als OHG-Gesellschafter oder als GbR Gesellschafter aus, so haftet der Ausgeschiedene gem. §§ 160 Abs. 1 S. 1 Abs. 3, 161 Abs. 2 HGB i.V.m. § 736 Abs. 1, 2 BGB für alle bis zu seinem Ausscheiden gegründeten und für die Dauer von 5 Jahren fällig werdenden Verbindlichkeiten. **334**

Die Nachhaftung des ausscheidenden Gesellschafter betrifft sämtliche Forderungen aus dem Mietverhältnis, die binnen 5 Jahren nach dem Gesellschafterwechsel fällig werden (Mietforderungen, Gewährleistungsrechte, Rückgabeansprüche nach Vertragsbeendigung und wohl auch (str.) Ansprüche auf Nutzungsentschädigung) (Wolf/Eckert/Ball a.a.O. Rn. 1381, vgl. BGH Urt. v. 25.04.2001 – XII ZA 43/99 = NJW 2001, 2251 wohl keine Nachhaftung für Nutzungsentgeltansprüche). **335**

Verjährt die Forderung binnen des Nachhaftungszeitraumes erlischt auch die Haftung des ausgeschiedenen Gesellschafters bereits früher. **336**

Auf die Kündbarkeit des Mietverhältnisses binnen des Nachhaftungszeitraumes kommt es nicht an. Der ausgeschiedene Gesellschafter kann sich nicht darauf berufen, dass die Mietergesellschaft von einer ihm möglichen Kündigung des Mietverhältnisses während des Nachhaftungszeitraumes abgesehen habe bzw. dass der Vermietergesellschaft die ordentliche Kündigung möglich gewesen wäre. Mit der Neufassung des § 160 BGB bzw. des § 736 Abs. 2 BGB hat der Gesetzgeber die zeitliche Begrenzung der Nachhaftung umfassend geregelt, trotz der bei Dauerschuldverhältnissen bestehenden Kündigungsmöglichkeit (BGH NJW 2000, 208 und NJW 2002, 1251). **337**

Sowohl bei der Personenhandelsgesellschaft als auch bei der rechtsfähigen GbR ist der Gläubigerschutz des Vertragspartners nach dem Ausscheiden eines Gesellschafters des jeweils anderen Vertragspartners abschließend durch das Nachhaftungsbegrenzungsgesetz geregelt (Wolf/Eckert/Ball a.a.O. Rn. 1384; BGH Urt. v. 29.04.2002 II ZR 330/00 NZM 2002, 604; BGH NJW 2000, 208). **338**

Der Eintritt eines Gesellschafters in eine GbR, OHG, KG löst gem. § 130 Abs. 1 i.V.m. § 28 S. 1 HGB sogleich die Haftung für alle Altverbindlichkeiten und alle Neuverbindlichkeiten aus, gleich viel, um welche Personengesellschaftsform es sich handelt (BGH Urt. v. 07.04.2003 II ZR 56/02 = NJW 200318031804; Wolf/Eckert/Ball Rn. 1378). Der neu eintretende Gesellschafter wird aus bestehenden Mietverhältnissen berechtigt und verpflichtet. **339**

b) Dogmatische und sachliche Begründung

340 Der neu in die Gesellschaft eintretende Gesellschafter haftet nicht nur mit dem Gesellschaftsvermögen für die Altschulden, sondern in entsprechender Anwendung des § 130 HGB auch mit seinem gesamten Privatvermögen.

341 Bei Anwendung der bisherigen traditionellen Auffassung müsste sonst das Dauerschuldverhältnis mit der »Gesellschaft« bei jedem Wechsel im Mitgliederbestand von den Parteien neu geschlossen bzw. bestätigt werden. Das Schuldverhältnis bleibt identisch und besteht mit der Gesellschaft fort, die verschiedene Mitglieder haben kann (Wolf/Eckert/Ball a.a.O. Rn. 1380).

342 Die Regeln zum Gesellschafterwechsel innerhalb der Personengesellschaft, d.h. Ausscheiden des Gesellschafters mit einer 5-jährigen Nachhaftungsdauer und Vollhaftung des eintretenden Gesellschafters mit dem gesamten Privatvermögen haben Modellcharakter auch für die Fallgruppen der Veräußerung eines Handelsgeschäftes und des Eintritts eines Gesellschafters in ein einzelkaufmännisches Gewerbe sowie für die Fortsetzung des bisher mit einer Personengesellschaft bestehenden Mietverhältnisses mit dem letztverbleibenden Gesellschafter (vgl. nachfolgend Rdn. 355, 374 ff.).

343 Soweit der Gesellschafterwechsel auf der Vermieterseite stattfindet, kommt es nicht mehr auf die analoge Anwendung des § 566 BGB (vormals § 571 BGB) an. Die gesellschaftsrechtliche Lösung löst die dogmatischen Probleme. Die gesellschaftsrechtliche Lösung erfasst nicht nur den Grundstückübergang (§ 566 Abs. 1 BGB), sondern auch den Eintritt in das Mietverhältnis über beweglichen Sachen. Er betrifft nicht nur die Rechten der Parteien aus dem Mietverhältnis, sondern auch die sonstigen Abreden der Parteien (Emmerich in Staudinger BGB § 566 Rn. 39 ff. m.w.N.). Ist die Gesellschaft nicht Eigentümer der vermieteten Sache, z.B. bei der gewerblichen Weitervermietung, fände § 566 Abs. 1 BGB keine Anwendung. Schließlich machte es keinen Sinn, dass die Altgesellschafter in ihrer Zusammensetzung nur für die vor dem Wechsel fälligen Verpflichtungen haften und die Neugesellschafter nur für die nach dem Wechsel fällig werdenden Verpflichtungen. Gem. § 736 ZPO wäre eine Vollstreckung in das Gesellschaftsvermögen ausgeschlossen, soweit es sich um Altverbindlichkeiten handelt.

344 Eine befriedigende Lösung ergibt sich nur, wenn man – wie im UmWG – das Prinzip der An- und Abwachsung von Personengesellschaftsanteilen nicht nur auf die Beteiligung am Vermögen der Gesellschaft bezieht, sondern sie auf den Übergang ganzer Rechtsverhältnisse anwendet – und dies gilt nicht nur für Mietverhältnisse, sondern auch für Dauerschuldverhältnisse aller Art (grundlegend Weitemeyer ZMR 2004, 153, 161, 162). Das Mietverhältnis hat insoweit keine Sonderstellung. Der BGH hat ebenfalls anerkannt, dass bei Ausscheiden des vorletzten Gesellschafters die Gesellschaft »voll beendet« ist, also der Mietvertrag mit dem letztverbleibenden Gesellschafter fortgesetzt wird (BGH NJW RR 2002, 538). Damit ist das Prinzip des gesetzlichen Vertragsüberganges von der Gesellschaft auf den Einzelmieter in den Fällen der An- und Abwachsung von Geschäftsanteilen an der Personengesellschaft anerkannt.

c) Vertragsrisiken infolge Gesellschafterwechsels, Haftungserweiterungsklauseln

345 Es liegt auf der Hand, dass die Möglichkeit des Ausscheidens aus der Personengesellschaft Schutzlücken zur Folge haben kann.

346 In der Regel handelt es sich um die vom Vermieter gewünschte Fortdauer Haftung des ausscheidenden Gesellschafters der Mieter GbR. Gerade bei langfristigen Mietverhältnissen von 5–30 Jahren kann es dem Vermieter entscheidend auf die Bonität des gerade des ausscheidenden Gesellschafters ankommen. Andererseits kann es auch dem Mieter ent-

scheidend auf die Mithaftung eines Mitgesellschafters der Vermieter GbR ankommen, namentlich wenn ein besonders leistungsfähiger oder vertrauenswürdiger Gesellschafter ausscheidet und/oder die Vermieter GbR außer der Verpflichtung zur Überlassung der Mietsache besondere Nebenleistungspflichten eingegangen ist, und Störungen des Mietverhältnisses infolge des Ausscheidens des Gesellschafters befürchtet werden.

Die gesetzlichen Leitbilder der Vollhaftung des eintretenden Gesellschafters gem. § 130 BGB und die auf 5 Jahre zeitlich begrenzte Nachhaftung des ausscheidenden Gesellschafters, des ausscheidenden Komplementärs bzw. OHG-Gesellschafters, bzw. BGB-Gesellschafters gem. den §§ 161 Abs. 2, 160 Abs. 1 S. 1 HGB i.V.m. § 736 Abs. 2 BGB stellen im Regelfall einen angemessenen Interessenausgleich zwischen den gesellschaftsvertraglich verbundenen Schuldnern und der anderen Vertragspartei im Mietverhältnis dar. **347**

Begehrt der Vermieter oder Mieter gegenüber dem ausscheidenden Gesellschafter weitergehenden Schutz, muss er ihn vertraglich vereinbaren. **348**

Kontrahiert z.B. der Vermieter mit einer Mieter-GbR oder Mieter-Personenhandelsgesellschaft, so ist aufgrund der Rechtsfähigkeit dieser Gesellschaften anzunehmen, dass der Vermieter mit der Gesellschaft und nicht mit den Gesellschaftern zusätzlich kontrahieren will. Ist nur die rechtsfähige Personengesellschaft Vertragspartei, so vollzieht sich der Gesellschafterwechsel und die Nachhaftung des ausgeschiedenen Gesellschafters entsprechend dem gesetzlichen Leitbild für die Haftung des eintretenden und des ausscheidenden Gesellschafters. **349**

Der Vermieter bzw. Mieter, der mit einer Gesellschaft als Mietvertragspartei kontrahiert, hat es selbst in der Hand, ob er nur mit der Gesellschaft den Vertrag abschließt und/oder daneben auch mit den einzelnen Gesellschaftern. Ein Ausscheiden aus der Gesellschaft ließe die Stellung als gesamtschuldnerisch mithaftender Vertragspartner unberührt, wenn neben der Gesellschaft auch der Gesellschafter Vertragspartei wäre. **350**

Beratungshinweis: **351**

> Insbesondere bei langfristigen Mietverträgen und vermieterseitigen Investitionen in das Mietverhältnis oder wenn es sonst auf die Bonität eines oder mehrerer Gesellschafter ankommt, sollte der Mietvertrag nicht nur mit der Personengesellschaft, sondern ergänzend auch mit den Gesellschaftern abgeschlossen werden.

Da die Gesellschafter neben der Gesellschaft lediglich gesamtschuldnerisch für die Pflichten aus dem Mietverhältnis für die Dauer des Bestehens des Mietverhältnisses haften sollen, genügt es, wenn im Mietvertrag ein klarstellender Passus enthalten ist, dass die mit unterzeichnenden Gesellschafter für alle Verpflichtungen aus dem Mietverhältnis gesamtschuldnerisch haften und der Vertreter der Gesellschaft vorsorglich zum Empfang alle das Mietverhältnis betreffenden Erklärung bevollmächtigt ist (vgl. oben Rdn. 320). Es empfiehlt sich zudem zu regeln, dass die Mithaftung der Gesellschafter auch die Ansprüche gegen die Gesellschaft auf Nutzungsentschädigung nach Beendigung des Mietverhältnisses gem. § 546a BGB umfasst (vgl. oben Rdn. 335). **352**

▶ **Formulierungsbeispiel für eine Haftungserweiterung beim Gesellschafterwechsel auf Mieterseite** **353**

Müller Schulz Lehmann GbR, vertreten durch den Geschäftsführer Herrn Wilhelm Schulz und den Herren Walter Müller, Wilhelm Schulz und Max Lehmann, …
Vertragspartei ist die Müller Schulz Lehmann GbR. Die mit unterzeichnenden Gesellschafter dieser Gesellschaft haften für alle Ansprüche aus dem Mietverhältnis als Gesamtschuldner. Sie bevollmächtigen die Gesellschaft vorsorglich zum Empfang aller

das Mietverhältnis betreffenden Erklärungen und zur Abgabe aller das Mietverhältnis betreffenden Erklärungen. Die Mithaftung der Gesellschafter umfasst auch alle Ansprüche gegen die Gesellschaft auf Nutzungsentschädigung nach Beendigung des Mietverhältnisses gem. § 546a BGB.
Unterschriften:
Wilhelm Schulz als Geschäftsführer der Müller Schulz Lehmann GbR,
Walter Müller, Wilhelm Schulz, Max Lehmann

354 Alternativ ist auch die in der Praxis zu erhöhtem Diskussionsaufwand führende Lösung eines kumulativen Schuldbeitritts zu erwägen. Die Nachhaftung ist bei Einbeziehung der Gesellschafter bzw. Vereinbarung eines Schuldbeitritts nicht auf 5 Jahre befristet. Sowohl als individual vertragliche Vereinbarung wie als AGB-Klausel ist sie jedenfalls bei langfristigen Mietverträgen mit einer Restlaufzeit von mehr als 5 Jahren angemessen.

4. Eintritt eines Gesellschafters in das Handelsgewerbe eines Einzelkaufmannes und den Mietvertrag

355 Wer als Einzelkaufmann zum Betrieb seines Gewerbes einen Mietvertrag abschließt, bleibt nach noch gültiger Rechtsprechung des BGH auch dann alleiniger Mieter, wenn er zu einem späteren Zeitpunkt einen Partner aufnimmt und mit diesem im Mietobjekt das Gewerbe gemeinsam ausübt. Zum Eintritt des Mieters in den Mietvertrag bedürfe es stets der Zustimmung des Vermieters. Eine solche Zustimmung sei nicht schon darin zu sehen, dass der Vermieter mit einem Kaufmann einen sog. unternehmensbezogenen Mietvertrag – also einen Vertrag der erst die Ausübung des Gewerbes ermöglicht – abschließe (BGH Urt. v. 25.04.2001 XII ZR 43/99; ZMR 2001, 702, 703). Die Gebrauchsüberlassung an die Gesellschaft stelle sogar eine vertragswidrige Handlung dar, da allen Gesellschaftern neben dem ursprünglichen Mieter die Besitzausübung überlassen würde. Begründet hat der BGH seine Auffassung im wesentlichen mit Zumutbarkeitsgesichtspunkten, dass einem Vermieter, der im Vertrauen auf die Seriosität seines Vertragspartners an eine Einzelperson vermietet hat, nicht zuzumuten sei, dass ihm nunmehr durch die Gründung einer Gesellschaft neue unbekannte Personen gegenüberstehen, auf deren Auswahl er keinen Einfluss hat (BGH a.a.O.).

a) Rechtsprechung

356 Nach h.M. wird die neu gegründete Gesellschaft nur mit Zustimmung der anderen Vertragspartei neuer Vermieter bzw. Mieter. Ein Vertragsübergang insbesondere auf Mieterseite bedürfe der Zustimmung und der Mietwirkung des Vermieters auch dann, wenn dieser hierzu im Einzelfall verpflichtet ist, der Gebrauchsüberlassung an die neu gegründete Gesellschaft zuzustimmen. Der BGH sieht die Gebrauchsüberlassung an den eintretenden Mitgesellschafter als Gebrauchsüberlassung an einen Dritten an und die Aufnahme des Gesellschafters als Untervermietung. Ein gesetzlicher Vertragsübergang könne sogar zur Folge haben, dass hiernach der ursprüngliche Mieter gegen den Willen des Vermieters vor Vertragsende aus dem Mietverhältnis ausscheide, hiervor müsse der Vermieter geschützt werden (BGH NJW 1967, 821 und BGH ZEP 2001, 1007 = NJW 2001, 2251). Wenn die Gesellschaft hiernach nicht in das Mietverhältnis eintritt, soll sie nach einer Mindermeinung gleichwohl für die aus dem Mietverhältnis fällig werdenden Ansprüche nach dem Beitritt haften (Beuthien NJW 1993, 1737, 1739; a.A. Bub/Treier/Heile II RZ 838, 840).

357 Eine Pflicht zur Zustimmung wird jedoch dann bejaht, wenn es sich um einen unternehmensbezogenen und nicht inhaberbezogenen Mietvertrag handele (BGHZ 42, 381; Beuthien NJW 1993, 1737). Ein unternehmensbezogener Mietvertrag liegt dann vor, wenn der

Vermieter weniger der Geschäftsinhaber, als vielmehr dessen Unternehmen beim Vertragsschluss von Bedeutung sind (Wolf/Eckert/Ball Rn. 1373, 1368).

Die Zustimmungspflicht wird daher häufig nicht gegeben sein. Anstelle der schwierigen **358**
und eher willkürlich anmutenden Differenzierung zwischen unternehmens- und inhaberbezogenen Mietverträgen sollte man entsprechenden Wertungen des Umwandlungsgesetzes beim Eintritt eines Gesellschafters in das Handelsgewerbe eines Einzelkaufmannes den Grundsatz der Übertragbarkeit des Mietverhältnisses auf die zwischen dem Einzelkaufmann und dem beitretenden Gesellschafter gegründete OHG bejahen.

Wenn der Einzelkaufmann statt der Aufnahme eines Partners in eine Personengesellschaft den Weg beschreiten würde, dass er im Wege der Ausgliederung nach dem Umwandlungsgesetz eine Vermögensübertragung im Wege der Gesamtrechtsnachfolge auf eine neu gegründete GmbH vornimmt, bedarf dies nach neuester Rechtsprechung ebenfalls nicht der Zustimmung des Vermieters.

Das OLG Karlsruhe Urt. v. 19.08.2008–1 U 108/10 (DB 2008, 2241), betont zu Recht, dass das Umwandlungsgesetz weitreichende Möglichkeiten der Vermögensübertragung im Wege der Gesamtrechtsnachfolge ohne Zustimmung der betroffenen Gläubiger eröffnet. Diese Möglichkeit ist auch für das Unternehmen eines Einzelkaufmannes vorgesehen, der durch Ausgliederung (ein Unterfall der Spaltung, vgl. §§ 1 Abs. 1 Nr. 2, 123 UmwG) seines Unternehmens in eine Kapitalgesellschaft seine Haftung beschränken kann. Die Ausgliederung hat das Erlöschen der von dem Einzelkaufmann geführten Firma zur Folge und den Übergang des gesamten Vermögens des Unternehmens, einschließlich der Verbindlichkeiten und aller Vertragsverhältnisse als Gesamtheit auf den übernehmenden Rechtsträger (§ 155 i.V.m. § 131 Abs. 1 Nr. 1 UmwG).

Damit sind auch kraft Besitzes und somit unabhängig von der Zustimmung des Vertragspartners die Rechte und Pflichten aus dem Mietvertrag übergegangen und es ist ein Wechsel in der Person des Mieters eingetreten, dass Mieter nicht mehr der Einzelkaufmann sondern die GmbH geworden ist (OLG Karlsruhe a.a.O.).

Wenn der Weg nach dem Umwandlungsgesetz beschritten werden kann und dem Vermieter statt des bisherigen alleinigen Inhabers eine GmbH als Vertragspartner – selbstverständlich unter Beachtung der Gläubigerschutzbestimmungen des Umwandlungsgesetzes – gewissermaßen aufgedrängt werden kann, dann ist es nicht einzusehen, warum nicht der bisherige Einzelinhaber zusammen mit einem neuen Gesellschafter das Mietverhältnis nicht übernehmen und fortsetzen können soll.

Dieser Auffassung folgen auch andere Obergerichte. Das OLG Düsseldorf entschied: Wenn auf Mieterseite eine Personenhandelsgesellschaft Vertragspartnerin sei und diese in einem GmbH umgewandelt werde, so trete ein Mieterwechsel ein, ohne dass hierzu die Zustimmung des Vermieters erforderlich sei.

Dieser oberlandesgerichtlichen Rechtsprechung folgt auch die Literatur. Weder die Änderung der Rechtsform einer Personengesellschaft noch die Umwandlung einer OHG in eine GmbH bedarf der Zustimmung des Vermieters (Staudinger/Emmerich BGB 2006, § 540 Rn. 50). Auch im Münchner Kommentar wird der Mieterwechsel infolge des Umwandlungsgesetzes grundsätzlich als zulässig angesehen, soweit nicht ausnahmsweise Gesichtspunkte von Treu und Glauben gem. § 242 BGB entgegenstehen (MüKo § 540 Rn. 11).

Die fehlende Übertragbarkeit des Mietverhältnisses bei Veräußerung des Handelsge- **359**
schäftes schafft erhebliche Verunsicherung der Vertragsparteien des veräußernden Einzelunternehmers und des Erwerbers. Der Abschluss des Veräußerungsgeschäfts und der

Übergang von Arbeitsverhältnissen hängen nicht selten davon ab, dass der Vermieter seine Zustimmung für den Rechtsübergang erteilt. Nicht selten werden die Konditionen zugunsten des Vermieters im Zusammenhang mit Vertragsübernahmeverhandlungen und zu Lasten des veräußernden Gesellschafters verbessert.

b) gesetzliches Leitbild im Wandel, Wertungskongruenzen mit dem Grundmodell

360 Es bestehen nach wohl richtiger Auffassung keine durchgreifenden Bedenken dagegen, dass der bisherige Einzelinhaber den bestehenden Mietvertrag in die Gesellschaft gemeinsam mit dem gesamten Geschäftsbetrieb einbringen kann. Der Mieter bleibt mit dem gesamten Geschäftsbetrieb in der Haftung. Das Haftungssubstrat ändert sich nicht, ebenso wie beim Grundmodell des Gesellschafterwechsels. Im Gegenteil: Der Vermieter erhält noch einen weiteren voll haftenden Schuldner, der gem. § 130 HGB mit seinem gesamten Vermögen sowohl für die Altschulden, als auch für alle sonstigen nach seinem Beitritt fällig werdenden Ansprüche haftet (bejahend: Beuthien NJW 1993, 1737, 1739).

361 Das Bedenken des BGH (NJW 2001, 2251), dass der bisherige Mieter aus dem Mietverhältnis ausscheidet und dann nur noch der neu eintretende Mieter übrig bleibt, ist gleichfalls kein Argument, gegen die Annahme des gesetzlichen bzw. zustimmungspflichtigen Vertragsübergangs des Mietverhältnisses auf die neu gegründete Gesellschaft. Selbst wenn der bisherige Mieter ausscheidet, so besteht die 5-jährige Nachhaftung gem. § 160 HGB Abs. 3 i.V.m. § 28 Abs. 3 HGB, was im Regelfall einen angemessenen Interessenausgleich darstellt.

362 Als Konsequenz der wegweisenden Rechtssprechung des 2. Senats im Urteil v. 29.01.2001 ist es weitgehend anerkannt, dass der Gesellschafterwechsel das Mietverhältnis unberührt lässt und bei Eintritt eines neuen Gesellschafters das Mietverhältnis mit der rechtsfähigen Gesellschaft fortbesteht. Ob nun ein Gesellschafter in eine zweigliedrige OHG eintritt oder diese OHG erst durch Eintritt in das einzelkaufmännische Gewerbe begründet wird, macht keinen Unterschied. Es ist auch in diesem Fall sachgerecht, dass das für den Gesellschafterwechsel anerkannte gesetzliche Leitbild der Vollhaftung des Eintretenden und der 5-jährigen Nachhaftung des Ausscheidenden auf den Fall anzuwenden, dass die OHG erst durch den Beitritt des neuen Gesellschafter begründet wird.

363 Da jedoch bei einem Eintritt in das Geschäft eines Einzelkaufmannes gem. § 28 Abs. 2 HGB – anders als im Falle des Eintritts in schon bestehende OHG gem. § 130 Abs. 1, 2 HGB – die Haftung des Eintretenden für Altschulden durch entsprechenden Eintrag in Handelsregister ausgeschlossen werden kann, wäre es nicht sachgerecht, den Vermieter zur Zustimmung zu verpflichten, bzw. einen gesetzlichen Vertragsübergang anzunehmen, wenn der Eintretende von der Haftungsbeschränkung gem. § 28 Abs. 2 HGB Gebrauch macht. Der Wortlaut des § 28 Abs. 1 HGB, S. 2 ordnet bei Eintritt eines Gesellschafters in das Geschäft eines Einzelkaufmannes den Übergang, der in dem Handelsgeschäft des früheren Alleininhabers »begründeten Forderungen« auf die Gesellschaft und die Mithaft des Eintretenden für alle bestehenden Verbindlichkeiten an. Auch das Umwandlungsgesetz ordnet nur den Übergang des »Vermögens« an (vgl. § 20 Abs. 1 Nr. 1 (Verschmelzung); § 131 Abs. 1 Nr. 1 (Abspaltung, Ausgliederung)). Von einem Rechtsübergang von Vertragsverhältnissen ist auch im Umwandlungsgesetz nicht die Rede. Gleichwohl wird der Übergang der Vertragsverhältnisse einhellig befürwortet (Lutter/Teichmann UmWG § 131 Rn. 1, 3). Warum also nicht auch im wertungskongruenten Fall des Gesellschaftsbeitritts in ein einzelkaufmännisches Unternehmen. Ein Paradigmenwechsel der Rechtsprechung ist auch für die Fallgestaltung des Eintritts eines Gesellschafters in das Handelsgewerbe eines Einzelkaufmannes überfällig.

c) Eintrittsklausel in den Mietvertrag

Da das Mietverhältnis beim Eintritt in das Geschäft eines Einzelkaufmannes nach noch überwiegender Auffassung nicht auf die Gesellschaft übergeht, besteht insoweit zugunsten des einzelkaufmännisch geführten Unternehmens Gestaltungsbedarf. Die Vertragsklausel kann dahingehend gestaltet werden, dass eine antizipierte Zustimmung des Vermieters im Falle der Aufnahme eines vollhaftenden Gesellschafters vereinbart wird. Anstelle diese Automatismus kann die Klausel auch dahingehend gestaltet werden, dass der Vermieter verpflichtet ist, der Aufnahme des eintretenden Gesellschafters in das Mietverhältnis zuzustimmen, wenn nicht in der Person des Dritten ein wichtiger Grund vorliegt. **364**

▶ **Formulierungsbeispiele:** **365**

Bei Eintritt eines Gesellschafters in das einzelkaufmännische Unternehmen des Mieters wird das Mietverhältnis mit der Gesellschaft fortgesetzt (*mieterfreundlich*).
Alternativ:
Bei Eintritt eines Gesellschafters in das Handelsgeschäft des Mieters erteilt der Vermieter seine Zustimmung zur der Fortsetzung des Mietverhältnisses mit der Gesellschaft zu, es sei denn, dass in der Person des eintretenden Gesellschafters ein wichtiger Grund besteht oder der eintretende Gesellschafter die Haftung für im Betriebe des Mieters begründeten entstandenen Verbindlichkeiten gem. § 28 Abs. 2 HGB beschränkt hat (*vermieterfreundlich*).

Aufgrund der antizipierten Zustimmung im Mietvertrag kann der Eintritt in das Mietverhältnis vom Einzelkaufmann mit dem Erwerber des Handelsgeschäfts im Unternehmenskaufvertrag vereinbart werden. **366**

Bei einem Eintritt eines Gesellschafters in das Geschäft eines vermietenden Einzelkaufmannes, sollen die zum Mieterwechsel aufgezeigten Bedenken nicht bestehen. Dies käme der Annahme des gesetzlichen Mietvertragsüberganges gem. den §§ 25, 28 HGB bei Eintritt eines Gesellschafters in das Mietverhältnis des vermietenden Einzelkaufmannes gleich (Wolf/Eckert/Ball a.a.O. Rn. 1374). **367**

Der BGH lässt die Frage offen, ob es sich um den Fall eines gesetzlichen Vertragsübergangs handelt. Dogmatisch ist es nicht nachvollziehbar, einen gesetzlichen Vertragsübergang beim Eintritt in das Geschäft des vermietenden Einzelkaufmanns zu bejahen, dagegen den gesetzlichen Vertragsübergang bei Eintritt in das Geschäft des mietenden Einzelkaufmannes abzulehnen. Wie oben aufgezeigt (vgl. Rdn. 360–363), besteht weder Bedürfnis noch eine sachliche Rechtfertigung, diese Fallgestaltungen unterschiedlich zu behandeln. **368**

5. Von der Gesellschaft zum Einzelvermieter und zum Einzelmieter

Wenn eine Gesellschaft das Eigentum am vermieteten Grundbesitz durch Auflassung und Eintragung gem. den §§ 873, 925 BGB auf einen Einzelkaufmann überträgt, so liegt eine Veräußerung i.S.d. § 566 Abs. 1 BGB vor (gesetzlicher Fall des Vertragsüberganges) (Weitemeyer ZMR 153, 163). **369**

Eine Anwendung des § 566 Abs. 1 BGB scheidet dagegen aus, wenn kein Grundbesitz übertragen wird, sondern z.B. eine vermietereigene Containeranlage oder eine Biodieselanlage als bewegliche Sache veräußert wird. In diesen Fällen kann man vom Standpunkt der traditionellen Auffassung eine analoge Anwendung des § 566 Abs. 1 BGB in Betracht ziehen. Der »mietrechtliche Ansatz« der analogen Anwendung des § 566 Abs. 1 BGB mit seinen dogmatischen und praktischen Schwächen erübrigt sich, wenn man das Mietverhältnis schlicht dem Vermögen folgen lässt. **370**

Tritt aus der zweigliedrigen Gesellschaft bürgerlichen Rechts ein Gesellschafter aus, so wächst ihm das Vermögen ab und dem Einzelvermieter das Vermögen gem. §§ 736, 738 BGB **371** an. Es ist nur konsequent, wie in den Fällen des Umwandlungsgesetzes und des Gesellschafterwechsels das Mietrechtsverhältnis als eines von vielen möglichen Dauerschuldverhältnissen dem Vermögen folgen zu lassen (Weitemeier ZMR 2004, 153, 162 m.w.N.).

372 Derselbe Grundsatz gilt für die OHG und die KG gem. den Verweisungsnormen §§ 161 Abs. 2, 105 Abs. 5 HGB i.V.m. § 738 BGB. Der ausscheidende Gesellschafter haftet gem. § 736 Abs. 2 BGB entsprechend den für Personenhandelsgesellschaften geltenden Regelungen, also der Norm des § 160 HGB sinngemäß nach. § 736 Abs. 2 BGB wurde durch Artikel 4 des Nachhaftungsbegrenzungsgesetzes vom 18.03.1994 (BGBl. I, 560) eingefügt.

373 Wenn bisher die Gesellschaft Mieterin war, so vollzieht sich der Übergang des Mietverhältnisses zum verbleibenden Gesellschafter in dogmatisch gleicher Weise. Der ausscheidende Mietergesellschafter haftet wiederum entsprechend §§ 736 Abs. 2 BGB, 160 HGB für die Dauer von 5 Jahren nach und der verbleibende Vermögensübernehmer übernimmt nicht nur das Vermögen sondern setzt auch das Mietverhältnis alleinig fort (vgl. hierzu Rdn. 360–364).

6. Veräußerung eines Handelsgewerbes, Eintritt des Erwerbers in das Mietverhältnis

a) Rechtsprechung

374 Nach herrschender Meinung geht im Falle der Veräußerung des Handelsgeschäftes eines Einzelkaufmannes das Mietverhältnis nicht zusammen mit dem übertragenen Vermögen auf den Erwerber über (Wolf/Eckert/Ball Rn. 1367; BGH NJW 1965, 439; Beuthin NJW 1993, 1737).

375 Das Mietverhältnis ist vielmehr gesondert im Wege der Vertragsübernahme zu übertragen. Ob ein Anspruch des mietenden Einzelkaufmannes gegen den Vermieter auf Zustimmung besteht, richtet sich wiederum danach, ob es sich um einen unternehmensbezogenen oder einen inhaberbezogenen Mietvertrag handelt (Wolf/Eckert/Ball Rn. 1368; BGH NJW 1967, 821 (Zustimmungspflicht erwogen)).

376 War Grundlage des Vertragsschlusses jedoch das persönliche Vertrauen, so soll keine Zustimmungspflicht besteht. Es bleibt mithin dem veräußerungswilligen mietenden Einzelkaufmann nur der Weg über die Untervermietung. Doch auch dieser ist oftmals versperrt (Wolf/Eckert/Ball Rn. 1369).

b) Vertraglicher Gestaltungsbedarf, Gestaltung der Vertragsübernahme

377 Wie beim Eintritt des Gesellschafters in das Handelsgewerbe eines Einzelkaufmannes besteht auch für den Erwerber eines einzelkaufmännischen Unternehmens die Möglichkeit gem. § 25 Abs. 2 HGB die Haftung für die Altverbindlichkeiten zu begrenzen. Macht ein Erwerber von dieser Möglichkeit Gebrauch, wird man weder einen gesetzlichen Vertragsübergang annehmen können, noch eine Zustimmungspflicht des Vermieters bejahen. Anstelle mit Zustimmungspflichten zum Übergang des Mietverhältnis zu operieren, sollte auch hier das gesetzliche Leitbild zum Tragen kommen, dass der Veräußerer des Handelsgeschäftes auch bezüglich des Mietverhältnisses, wie für alle anderen Dauerschuldverhältnisse auch, gem. § 26 HGB für die Dauer von 5 Jahren für die im Mietverhältnis fällig werdenden Verbindlichkeiten nachhaftet, einschließlich der Ansprüche auf Nutzungsentschädigung gem. § 546a BGB nach Beendigung des Mietverhältnisses, und das Mietverhältnis vom Erwerber übernommen wird.

378 Die Übernahme des Mietverhältnisses bei Veräußerung des Handelsgewerbes ist trotz bestehender Zustimmungspflicht grundsätzlich ein 3-seitiger Vertrag. Die Erklärung des Erwerbers, das Mietverhältnis zu übernehmen wird man i.d.R. auch aber als Erklärung

des Erwerbers zugunsten des Vermieters gem. §328 BGB auslegen können. Versteht man die Vermietung an den Betreiber eines Handelsgeschäftes zugleich als konkludente Zustimmung des Vermieters zum Übergang des Mietverhältnisses im Falle der Veräußerung des Handelsgeschäftes, wäre wie beim Gesellschafterwechsel eine Mitwirkungshandlung des Vermieters nicht notwendig.

Gehört der Mietvertrag zum Handelsgeschäft des Veräußerers, so fände §26 HGB mit **379** der Maßgabe Anwendung, dass der mietende Einzelkaufmann zwar Vertragspartei bleibt, jedoch nach Ablauf von 5 Jahren nicht mehr für die Mietschulden haftet. Diese Haftung gilt allerdings nur bei Firmenfortführung (§25 Abs. 3 HGB).

Der vermietende Einzelkaufmann wäre im Fall der Veräußerung seines Handelsgeschäf- **380** tes aufgrund der Enthaftungsregelung des §26 HGB nach 5 Jahren nicht mehr Schuldner der Gebrauchsüberlassung und auch nicht mehr Inhaber der Mietforderung.

Da jedoch die Parteistellung im Mietverhältnis auch nach Ablauf des Nachhaftungszeit- **381** raumes stets beim früheren Inhaber des Handelsgeschäfts verbliebe, wäre dieser noch aktiv und passiv für die Ausübung von Gestaltungsrechten sowie die Abgabe von Willens- oder sonstigen das Mietverhältnis betreffenden Rechtshandlungen zuständig (Wolf/Eckert/Ball Rn. 1371).

Das Verbleiben des Veräußerers des Handelsgeschäfts in der Vermieterstellung (oder **382** Mieterposition) ist im Falle der Veräußerung des Handelsgeschäftes wenig sinnvoll. Die Nachhaftungsregel für den Veräußerer des Handelsgeschäfts (§26 HGB) und die Vermögensübernahmeregel des Erwerbers des Handelsgeschäftes, dass er für alle im Betrieb entstandenen Verbindlichkeiten haftet und die Forderungen auf ihn übergehen (vgl. Wortlaut §25 HGB), machen doch nur dann Sinn, wenn nicht nur diese Vermögensgegenstände sondern auch die rechtliche Stellung als Mietvertragspartei auf den Erwerber des Handelsgeschäftes übergeht.

Es ist auch aus Gründen Praktikabilität geboten, dass der Erwerber des Handelsgeschäf- **383** tes das Mietverhältnis fortführt.

Nach der im Vordringen befindlichen Mindermeinung ist unter dem Eindruck des Nach- **384** haftungsbegrenzungsgesetzes und der ohnehin gegebenen Enthaftung des veräußernden Geschäftsinhabers gem. §26 HGB zumindest bei Mietverhältnissen mit einer Restlaufzeit von weniger als 5 Jahren das Argument nicht mehr zu halten, dass sich niemand einen anderen Vertragsgegner aufdrängen lassen müsse (K. Schmidt Handelsrecht §8 Abs. 1 4c; Nitsche ZIP 1994, 1919, 1923; Wolf/Eckert/Ball Rn. 1372; Weitemeyer ZMR 2004, 153 ff.).

Nach der noch herrschenden Meinung und bestehenden Rechtsprechung besteht hinge- **385** gen Gestaltungsbedarf, falls der Veräußerer des Handelsgewerbes das Mietverhältnis auf den Erwerber mit übertragen möchte. Besteht die konkrete Möglichkeit der Veräußerung des Handelsgeschäftes, sollte insbesondere bei betriebsnotwendigen, langfristigen Mietverträgen von Seiten des Inhabers des Handelsgewerbes eine mietvertragliche Veräußerungsklausel vereinbart werden.

▶ **Formulierungsbeispiele:** **386**

Im Falle der Veräußerung des Handelsgewerbes wird das Mietverhältnis auf den Erwerber des Handelsgeschäftes übertragen (*mieterfreundlich*).
Alternative:
Der Mieter (alt. der Vermieter) ist berechtigt, das Mietverhältnis im Falle der Veräußerung des Handelsgeschäftes auf den Erwerber mit allen Rechten und Pflichten zu übertragen. Dies gilt nicht, soweit der Erwerber seine Haftung gem. §25 Abs. 2 HGB beschränkt oder in der Person des Erwerbers ein wichtiger Grund besteht. Der Veräu-

ßerer haftet gem. § 26 HGB für die Dauer von 5 Jahren seit Kundgabe der Veräußerung für alle Verbindlichkeiten aus dem Mietverhältnis einschl. etwaiger Nutzungsentgeltansprüche gem. § 546a BGB, auch wenn der Erwerber die Firma nicht fortführt *(vermieterfreundlich)*.

7. Umwandlungstatbestände, Rechtsnachfolge des Betriebsübernehmers

387 Das Umwandlungsgesetz ist ein normiertes Programm der Zuordnung von betrieblichem Vermögen und Schuldverhältnissen und dient auch der Rechtsnachfolge in das Mietverhältnis. Der Vermieter kann sich hiergegen kaum zur Wehr setzen (Lindner/Figura/Oprée/Stellmann Geschäftsraummiete Kap. 2 Rn. 117). Während die Umwandlungstatbestände nach dem Umwandlungsgesetz die Gesamtrechtsnachfolge in das Schuldverhältnis vorsehen, sind die Umwandlungstatbestände außerhalb des Umwandlungsgesetzes dadurch gekennzeichnet, dass der bisherige Rechtsträger den Mietvertrag im Wege der rechtsgeschäftlichen Einzelrechtsnachfolge übertragen muss (Lindner/Figura/Oprée/Stellmann Geschäftsraummiete Kap. 2 Rn. 176); (Ausnahmen, vgl. Rdn. 429).

a) Übersicht

388 Nach unbestrittener Ansicht enthält das Umwandlungsgesetz nur Umwandlungstatbestände, die den Übergang des Mietverhältnisses kraft Gesetzes vom Ausgangsrechtsträger auf den Zielrechtsträger vorsehen.

389 Um die Vertragsrisiken der Umwandlungstatbestände und die vertraglichen Gestaltungsmöglichkeiten/-notwendigkeiten zu analysieren, bedarf es einer kurzen summarischen Darstellung der Umwandlungstatbestände. Alle Fallgestaltung gesetzlich normierter Umwandlungstatbestände und Rechtsnachfolgen in das Mietverhältnis sind in nachstehendem Schaubild vereinheitlicht:

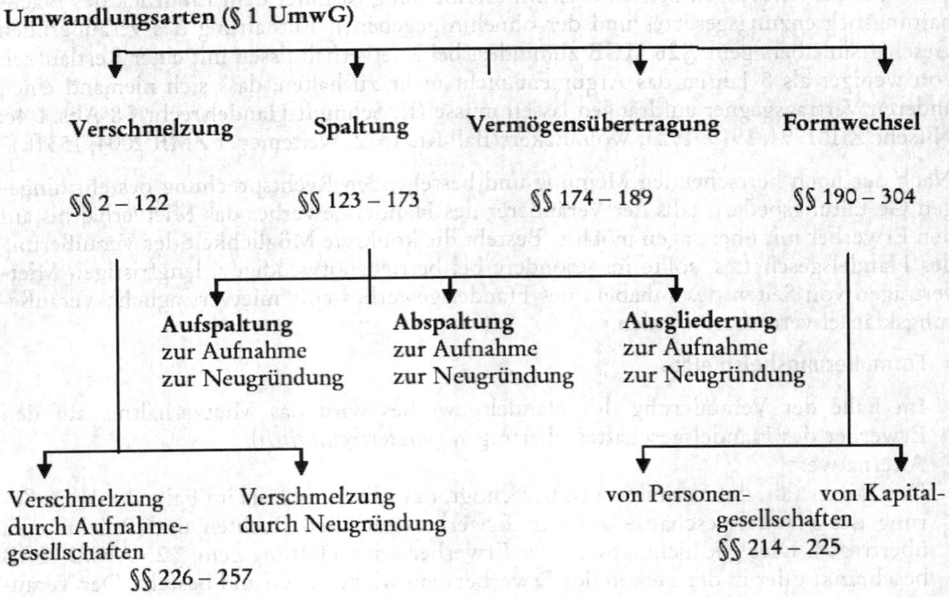

Die zulässigen Umwandlungsarten sind entsprechend dem gesellschaftsrechtlichen Typenzwang abschließend (Numerus Clausus). In Frage kommt nur die Verschmelzung (Gesamtrechtsnachfolge) sowie die Spaltung in den Varianten der Aufspaltung, der Abspaltung und der Ausgliederung (partielle Gesamtrechtsnachfolge), die Vermögensübertragung sowie der Formwechsel (»Wechsel des Rechtskleides«). **390**

Die **Verschmelzung** und alle Spaltungsarten sind in der Variante zur Aufnahme auf einen bereits bestehenden Rechtsträger oder zur Neugründung möglich. Auf einen neu gegründeten oder schon bestehenden Rechtsträger wird das Vermögen – zusammen mit dem Mietvertrag – übertragen. **391**

Bei der Verschmelzung durch Aufnahme wird das übertragende Unternehmen ohne Liquidation aufgelöst. Bei der Verschmelzung durch Neugründung werden die Verschmelzungspartner mit ihrem Vermögen von einem neu gegründeten Unternehmen aufgenommen. Es können auch mehrere Unternehmen gleichzeitig auf ein übernehmendes Unternehmen verschmolzen werden. **392**

Bei der **Spaltung** werden Vermögensgegenstände – zusammen mit dem Mietvertrag i.d.R. Betriebsteile und Betriebe und in Einzelfällen sogar ganze Konzerne, vom bestehenbleibenden Ausgangsrechtsträger auf ein aufnehmendes Unternehmen (Zielrechtsträger) übertragen. Bei der Aufspaltung hingegen wird das Vermögen des Ausgangsrechtsträgers durchaus ohne Liquidation auf zwei oder mehrere andere aufnehmende Rechtsträger übertragen, während bei der Abspaltung das übertragende Unternehmen bestehen bleibt. **393**

Den Gesellschaftern des übertragenden Rechtsträgers werden regelmäßig Anteilsrechte an dem übernehmenden Rechtsträger gewährt. **394**

Bei der **Ausgliederung** wird eine Vermögensmasse ausgegliedert – zusammen mit dem Mietvertrag – auf einen anderen Rechtsträger. Anteilseigner des Zielrechtsträgers werden jedoch nicht – wie bei der Spaltung – die Gesellschafter des übertragenden Unternehmens sondern das übertragende Unternehmen selbst. Bei der Ausgliederung wird aus dem Unternehmen des übertragenden Rechtsträger lediglich eine Vermögensmasse rechtlich verselbstständigt. **395**

Im Falle des **Formwechsels** handelt es sich nicht um Veräußerungen – sprich Vermögensübertragungen – sondern die Identität des Rechtsträgers bleibt erhalten und das Vermögen wird nicht übertragen sondern steht demselben Rechtsträger weiterhin zur Verfügung. Der Formwechsel kann sowohl von einer Personengesellschaft in die Kapitalgesellschaft erfolgen – was für den Vermieter oftmals eine Haftungsverschlechterung bedeutet – oder von der Kapitalgesellschaft in die Personengesellschaft, was sich i.d.R. haftungsverbessernd auswirkt. Der Mietvertrag verbleibt beim – Formwechselnden – selbigen Rechtsträger (BGH WM 2003, 487 f.; BGHZ 82, 323 (327)). **396**

Die in der Praxis sehr selten vorkommende **Vermögensübertragung** gem. §§ 174 ff. UmWG ist die Teil- oder Vollübertragung des Vermögens – zusammen mit dem Mietvertrag – einer Gesellschaft auf den übernehmenden Rechtsträger gegen Zahlung einer Abfindung an die Gesellschafter des übertragenden Rechtsträgers. Beteiligte Rechtsträger sind jedoch nur Kapitalgesellschaften und öffentliche Körperschaften einerseits und Sicherungsunternehmen andererseits. **397**

Von den Vorschriften des Umwandlungsgesetzes darf aufgrund des **Analogieverbotes** des § 1 Abs. 2 nur abgewichen werden, wenn durch anderweitige ausdrückliche Regelung dies zugelassen ist (Vgl. OLG Karlsruhe NZG 2002, 1118). Diese Gesetzesstrenge besteht auch für das Satzungswerk von Aktiengesellschaften § 23 Abs. 5 Aktiengesetz. **398**

399 Bisher bestanden noch gem. § 132 UmWG erhebliche Einschränkungen, wonach nur übertragbare Rechtspositionen übergehen konnten. Die spaltungshemmende Wirkung des § 132 UmWG war sehr umstritten (Meier Münchener Handbuch des Gesellschaftsrechts Band III/GmbH § 73 Rn. 587; Heidenhain ZIP 1995, 801). Umstritten war in welchen Fällen höchst persönliche Rechtspositionen (öffentlich rechtliche Erlaubnisse Unternehmensverträge, Abtretungsausschlüsse gem. § 399 BGB, Unterlassungsverpflichtungen, Mitgliedschaftsrechte) zustimmungsfrei übertragen werden konnten.

400 Die praktischen Schwierigkeiten führten dazu, dass die Spaltungsbremse des § 132 UmWG durch Gesetzentwurf vom 09.08.2006, in Kraft getreten am 01.04.2007, beseitigt worden ist (BT-Drucks. 16/2919 v. 12.10.2006). Im Zuge des 2. Gesetzes zur Änderung des Umwandlungsgesetzes vom 31.01.2007, BT-Drucks. 16/4143, wurden zugleich mit der Aufhebung des § 132 UmWG die Nachhaftungsfristen in § 133 Abs. 3 UmWG auf 10 Jahre verlängert. Dies gilt allerdings nur für Versorgungsverpflichtungen nach dem Betriebsrentengesetz.

401 Der Gesetzgeber hat damit nochmals bestätigt, dass er einen Nachhaftungszeitraum von 5 Jahren auch bei Mietverhältnissen für ausreichend ansieht und bezüglich der Übertragbarkeit von Mietverhältnissen keinerlei Beschränkungen bestehen.

402 Das gesetzliche Leitbild ist damit normiert: Mietverhältnisse sind zusammen mit dem betrieblichen Vermögen auf der Grundlage des Umwandlungsgesetzes uneingeschränkt übertragbar. Der übertragende Rechtsträger wird nach Ablauf von 5 Jahren nach Handelsregistereintragung aus der Mithaft für Ansprüche aus dem Mietverhältnis entlassen, § 133 UmWG.

b) Motive für Umwandlungen

403 Um die rechtstatsächlichen Grundlagen des Umwandlungsrechts zu verdeutlichen und die Bedeutung des Mietverhältnisses bei betrieblichen Umstrukturierungen besser zu verstehen, ist es nützlich, typische Motive für betriebliche Umstrukturierungen aufzuzeigen.

404 Das Umwandlungsgesetz dient einer Fülle von Motiven, bei denen das zur Mitübertragung bestimmte Mietverhältnis beim Ausgangsrechtsträger i.d.R. nur eine untergeordnete Rolle spielt. In allen Fällen der Umstrukturierung (außer dem Formwechsel) entsprechend dem Umwandlungsgesetz erhält der Vermieter/Mieter des Ausgangsrechtsträgers einen neuen Vertragspartner, nämlich den Zielrechtsträger. Das Umwandlungsrecht will vermeiden, dass mit jedem einzelnen Vertragspartner des Ausgangsrechtsträgers jeweils neue Verträge abgeschlossen werden müssen.

405 • Steuerliche Gründe
  Vermeidung einer Liquidation mit Einzelrechtsnachfolge und Aufdeckung stiller Reserven;
  Schaffung einer Betriebsaufspaltung/Ausgliederung des operativen Geschäftsbetriebes;
  Regelung der vorweggenommenen Erbfolge zur Verteilung von Betriebsvermögen auf zu übertragende Teilbetriebe unter mehrfacher Ausnutzung der erbschaftssteuerlichen Freibeträge.

406 • Umstrukturierungen
  Holdingkonstruktion durch Ausgliederung/Schwesterkonstruktion durch Abspaltung;
  rechtliche Verselbstständigung von Profitcentern durch Abspaltung;
  Fusionen zur Schaffung optimaler Betriebsgrößen oder zur Erzielung von Synergieeffekten oder der Einsparung laufender Kosten.

- Publizität 407
  Vermeidung der Veröffentlichungspflichten nach dem EHUG durch Formwechsel von der Kapitalgesellschaft in die nicht publizitätspflichtige Personenhandelsgesellschaft.
- Mitbestimmung 408
  Vermeidung von Mitbestimmung, Umstrukturierung zur Vermeidung des Aufsichtsrates mit Arbeitnehmerbeteiligung entsprechend dem Drittelbeteiligungsgesetz (Schwellenwert 500 Arbeitnehmer).
- Haftung 409
  Herabsetzung von Haftungsrisiken durch Ausgliederung eines einzelkaufmännischen Geschäfts in eine GmbH,
  Formwechsel/Verschmelzung einer OHG in/auf eine GmbH,
  Altlastenabspaltung von Pensionsverpflichtungen (Rentner GmbH's).
- Kapitalbeschaffung 410
  Formwechsel von der Personengesellschaft oder der GmbH in die AG (oing Public) und wieder zurück (Going Private).
- Unternehmensverkauf 411
  Vorbereitung von Unternehmensverkäufen, durch rechtliche Verselbstständigung von Betriebsteilen zum Zwecke der Veräußerung.

c) Gläubigerschutz

Korrelat der Umwandlungsfreiheit ist der Gläubigerschutz. Das Haftungsregime des Umwandlungsgesetzes und das allgemeine Gesellschaftsrecht sehen i.E. folgende Mechanismen vor, die zum Schutz der Gläubiger; auch des Vermieters dienen: 412

aa) Anspruch auf Sicherheitsleistung, § 22 UmWG

Gläubiger des Ausgangsrechtsträgers, insbesondere Vermieter können gem. § 22 UmWG binnen 6 Monaten nach der Eintragung der Verschmelzung/der Spaltung gem. §§ 125, 22 UmWG Sicherheitsleistung verlangen, wenn sie glaubhaft machen, dass infolge des Umwandlungsvorganges die Erfüllung ihrer Forderung gefährdet ist. Die Waffe des § 22 UmWG ist jedoch stumpf. Veröffentlichte Rechtsprechung ist nahezu nicht existent. Der Vermieter müsste konkret die Gefährdung seiner Forderungen aus dem Mietverhältnis als Folge des Verschmelzungsvorganges glaubhaft machen, § 294 ZPO. 413

Allein der Umstand, dass sich der Gläubiger, sprich der Vermieter, den neuen Schuldner, sprich Mieter, nicht ausgesucht hat, bedeutet keine Gefährdung des Anspruchs.

Es muss eine **konkrete Gefährdung** des Anspruchs gegeben sein. Dies ist noch nicht der Fall, wenn nach der Verschmelzung oder Abspaltung das Eigenkapital oder die Stammkapitalziffer des übernehmenden Rechtsträgers niedriger ist als zuvor (Lutter § 22 UmwG, Rn. 12).

Erst dann, wenn nach der Verschmelzung/Spaltung der übernehmende Rechtsträger eine sog. Unterbilanz ausweist, wird eine Gefährdung angenommen. Eine konkrete Gefährdung soll vorliegen, wenn ein Gläubiger zwar vor aber nicht nach der Verschmelzung eine vergleichbare Forderung, sprich das Mietverhältnis begründet hätte (Maier–Reimer in Semler/Stengel § 22 UmwG Rz. 34).

Angesichts der Nachhaftung von 5 Jahren wird man allenfalls dann eine Gefährdung annehmen können, wenn die Forderung erst in fernerer Zukunft fällig wird und zusätzliche Gefährdungsmomente hinzutreten.

Es bleibt dem vermietenden Vertragspartner ja unbenommen, für den Fall der Umwandlung ergänzende mietvertragliche Klauseln zu vereinbaren. Wird nichts vereinbart, dann spricht grundsätzlich nichts dagegen, dass man dem gesetzlichen Leitbild des Umwandlungsgesetzes folgt und das Mietverhältnis dem übertragenen Vermögen folgen lässt und den Vermieter den übrigen Gläubigern gleichstellt. Kautelarjurisiprudenz ist in der Praxis ohnehin regelmäßig Vermietersache.

414 Die Glaubhaftmachung ist auch deswegen schwierig, weil vielfach Kapitalgesellschaften an Verschmelzungsvorgängen beteiligt sind und das in das übernehmende Rechtsträger eingebrachte Kapital die Stammkapitalziffer erreichen muss. Es wird ein Verschmelzungs-/Spaltungsbericht (§§ 8, 127 UmWG) erstellt. Es findet eine Verschmelzungsspaltungsprüfung (§§ 9–12, 36, 125 UmWG) statt und die Verschmelzung wird sowohl von den Gesellschaftern des übertragenden Rechtsträgers und des übernehmenden Rechtsträgers beschlossen. Der Betriebsrat ist zu beteiligen (§§ 5 Abs. 3, 36, 125 UmWG). Diese Verfahrensbeteiligungen bei nicht selten widerstreitenden Interessen sowie die notarielle Beurkundung sorgen ergänzend für einen institutionellen Gläubigerschutz, so dass sehr selten eine Glaubhaftmachung der Gefährdung der Forderung aus dem Mietverhältnis in der Praxis stattfindet. Auch die gesamtschuldnerische Nachhaftung (s. Rdn. 415) des Ausgangsrechtsträgers schließt eine Gefährdung für die Dauer von 5 Jahren aus.

Die gesetzlichen Wertungen des Umwandlungsgesetzes zum Anspruch auf Sicherheitsleistung können auch auf die Fallgestaltungen des Mieterwechsels

- bei Veräußerung eines Handelsgewerbes
- bei Eintritt eines Gesellschafters in das Handelsgewerbe eines Einzelkaufmannes

übertragen werden.

Nur wenn ausnahmsweise die konkrete Gefährdung Erfüllung der mieterseitigen Pflichten infolge des Übergangs des betrieblichen Vermögens glaubhaft gemacht ist, wird man eine Zustimmungspflicht des Vermieters zum Wechsel der Mietpartei verneinen können. Dabei wird nicht übersehen, dass die institutionellen Gläubigerschutzbestimmungen des Umwandlungsrechts z.B. eine Verschmelzungsprüfung in vorgenannten Fallgruppen nicht stattfindet. Beim Eintritt eines Gesellschafters in das einzelkaufmännisch geführte Gewerbe bleibt aber der bisherige Einzelinhaber Vertragspartei und beim Erwerb des Handelsgeschäftes besteht ohnehin die gesamtschuldnerische Haftung der beteiligten Rechtsträger für die Dauer von 5 Jahren seit Handelsregistereintrag.

Die Erleichterung der Unternehmensnachfolge und das Leitbild der Akzessorietät des Mietvertrages als Bestandteil des betrieblichen Vermögens sollten im Allgemeininteresse Vorrang haben.

bb) Gesamtschuldnerische Haftung der beteiligten Rechtsträger

415 Gem. § 133 Abs. 1–6 UmWG besteht grundsätzlich eine gesamtschuldnerische Haftung der an der Spaltung beteiligten Rechtsträger für die Dauer von 5 Jahren seit Handelsregistereintrag. Bei der Verschmelzung und beim Formwechsel bedarf es einer Anordnung der gesamtschuldnerischen Haftung, da außer dem Zielrechtsträger kein anderer Rechtsträger übrig bleibt.

416 Des Weiteren ist eine gesamtschuldnerische Mithaft aufgrund der Firmenfortführung des übernehmenden Rechtsträgers nach allgemeinem Recht möglich, § 25 HGB i.V.m. § 133 Abs. 1 S. 2 UmWG (str. Lieb MüKo HGB § 25 Rn. 25; abl. K. Schmidt ZGR 1993, 366, 391).

cc) Verwaltungsträgerhaftung

Die Verwaltungsträger der Rechtsträger (Geschäftsführer, Vorstand, Aufsichtsrat, usw.) können sich gem. § 125 UmWG schadensersatzpflichtig machen, wenn sie bei der Verschmelzung/Spaltung ihre Sorgfaltspflichten verletzen, wenn sie die Vermögenslage der Rechtsträger beim Abschluss nicht prüfen. Diese Nachhaftung besteht ebenfalls für die Dauer von 5 Jahren seit dem Tag der Eintragung der Verschmelzung/Spaltung. Dieser Pflicht wird i.d.R. genügt durch sorgfältige Auswahl der Verschmelzungsprüfer (Lutter UmWG § 25 Rn. 10) (§§ 9–12, 125 UmWG). I.d.R. besteht kein Anspruch von Gläubigern, insbesondere der Vermieter gegen die Organmitglieder. Der Anspruch besteht auch nur insoweit, als es aufgrund der ungenügenden Überprüfung der Vermögenslage des übernehmenden Rechtsträger zur Gefährdung der Ansprüche kommt. 417

dd) Differenzhaftung

Unterschreitet der Wert des eingebrachten Vermögens die Stammkapitalziffer des Zielrechtsträgers, so greift z.B. im Falle der Verschmelzung die Differenzhaftung der beteiligten Gesellschafter gem. § 9 GmbHG i.V.m. § 56 Abs. 2 GmbHG. Die Differenzhaftung gilt gem. § 125 UmWG sowohl für die Spaltung, als auch für den Formwechsel gem. § 245 Abs. 1–3, § 219 UmWG. Die Haftungsgefahren des Haftungssystems des Umwandlungsgesetzes schützen den Vertragspartner, insbesondere den Vermieter, entsprechend dem gesetzlichen Leitbild des Umwandlungsgesetzes. Bei langfristigen vermieterseitigen Investitionen kann dieser Schutz unzureichend sein. 418

d) Umwandlungen nach allgemeinem Gesellschaftsrecht

Das Analogieverbot und der Numerus Clausus im Umwandlungsgesetz schließen jedoch Umstrukturierungsmaßnahmen nach allgemeinen zivilrechtlichen Regeln nicht aus, die auch schon vor Inkrafttreten des Umwandlungsgesetzes im Jahre 1994 für betriebliche Umstrukturierungen genutzt wurden. 419

aa) Verschmelzung durch Anwachsung

Verschmelzungsvorgänge können auch durch Sacheinlage gegen Anteilsgewährung begründet werden (z.B. §§ 5 Abs. 4, 19 GmbHG). Des aufwändigen Vorganges einer Verschmelzung nach dem Umwandlungsgesetz bedarf es nicht (also des Verschmelzungsplanes, Verschmelzungsberichts, der Verschmelzungsprüfung §§ 9–12, notarielle Beurkundung, Beteiligung des Betriebsrats, Verschmelzungsbilanz). 420

Das Anwachsungsmodell statt der Verschmelzung gem. UmWG wird in der Praxis bevorzugt, wenn man bei einer GmbH & Co. KG das Vermögen der KG nicht im Wege der Übertragung aller einzelnen Rechte und Dauerschuldverhältnisse auf den Kommanditisten oder die Komplementärin übertragen will, sondern durch Austritt der GmbH aus der GmbH & Co. KG mit der Folge der Anwachsung des Vermögens beim verbleibenden Kommanditisten. Da es jedoch keine Einpersonengesellschaft gibt, kann das Mietverhältnis folglich nur mit dem Kommanditisten fortgesetzt werden. Da die ausscheidende GmbH gem. § 160 Abs. 1 BGB für die Dauer von 5 Jahren nachhaftet, bestehen keine Bedenken gegen die Annahme des gesetzlichen Vertragsübergangs des Mietverhältnisses in Anwachsungsfällen. Genügt im Einzelfall der Nachhaftungszeitraum von 5 Jahren nicht den vermieterseitigen Interessen, so ist der ergänzende Schutz durch vertragliche Vereinbarungen sicherzustellen (vgl. unter VI Change of Control Klauseln Rdn. 447–449) oder durch den Gesellschafterbeitritt zum Mietverhältnis (vgl. Formulierungsbeispiel Rdn. 319). 421

422 In der zweigliedrigen Personengesellschaft führt das Anwachsungsmodell nach dem Prinzip der Einheitlichkeit der Mitgliedschaft gem. § 738 BGB zur »Verschmelzung« des Vermögens auf den verbleibenden Gesellschafter.

bb) Ausgliederungen als Sacheinbringung von Vermögen

423 Umstrukturierungen als Sacheinlage nach allgemeinem Recht kommen gerade bei kleineren und wirtschaftlich weniger bedeutenden Umstrukturierungswünschen anstelle der Ausgliederung gem. § 152 UmWG in Betracht. Das ausgegliederte Vermögen wird im Wege der Einzelübertragung per Kapitalerhöhung als Sacheinlage in den aufnehmenden Rechtsträger, z.B. eine GmbH gem. §§ 5 Abs. 4, 19 Abs. 5 GmbHG, eingebracht. Geschieht dies jedoch außerhalb des Umwandlungsgesetzes, so wird man einen Übergang des Mietverhältnisses bzw. eine Zustimmungspflicht des Vermieters zum Mieterwechsel (vgl. oben Formulierungsbeispiele unter Rdn. 360 und 365) nur dann annehmen können, wenn das Handelsgeschäft, ein Betrieb oder ein Betriebsteil insgesamt übertragen wird und einer Geschäftsveräußerung i.S.d. § 25 HGB gleichgestellt werden kann (vgl. Rdn. 353). Schon aus steuerlichen Gründen finden in der Praxis nur Betriebsübernahmen im Ganzen statt.

424 In der Praxis wird es sehr selten vorkommen, dass nur Einzelwirtschaftsgüter zusammen mit dem Mietvertrag gem. den Bestimmungen des Umwandlungsgesetzes übertragen werden, was jedoch den zustimmungsfreien Übergang des Mietverhältnisses bewirken würde. In diesen Fällen wird man um so eher den Anspruch auf Sicherungsleistung gem. § 22 UmWG als begründet ansehen.

425 Aus steuerlichen Gründen werden i.d.R. nur Betriebe und Teilbetriebe (also Sachgesamtheiten mit betrieblicher Organisation) abgespalten oder im Wege der Umwandlung nach allgemeinem Recht übertragen, denn eine steuerneutrale Einbringung des Vermögens in die operative Betriebspersonengesellschaft gegen Gewährung von Gesellschaftsrechten an der Schwestergesellschaft, ist nach § 24 UmwStG nur dann möglich, wenn Betriebe oder Teilbetriebe eingebracht werden und keine Wirtschaftsgüter zurückbehalten werden, die wesentliche Betriebsgrundlagen des Betriebes bilden (Levedag Handbuch des Fachanwalts für Handels- und Gesellschaftsrecht 2007, Teil 2, 7. Kapitel, Rn. 155). Bei kapitalistischen Betriebsabspaltungen auf eine BetriebsGmbH ist die Buchwertfortführung, d.h. die Vermeidung der Aufdeckung stiller Reserven, ebenfalls nur bei Betriebs- und Teilbetriebsübertragungen gem. § 15 UmwStG möglich.

cc) identitätswahrender Formwechsel

426 Anstelle des Formwechsels nach dem Umwandlungsgesetz besteht auch die Möglichkeit der identitätswahrenden »Umwandlung« einer BGB-Gesellschaft oder Personenhandelsgesellschaft in eine GmbH & Co. KG. Zunächst wird die BGB-Gesellschaft in eine OHG Gesellschaft durch Handelsregistereintragung gem. § 2 HGB umgewandelt. Hiernach werden aus den persönlich haftenden oHG-Gesellschaftern durch Rückstufung Kommanditisten gem. § 160 Abs. 3 HGB. Die Komplementärstellung nimmt eine GmbH als NewCo ein, die als neue Gesellschafterin eintritt. Es gelten lediglich für die Umwandlung der GbR in eine KG, Rückstufung der Gesellschafter zum Kommanditisten, die Grundsätze der Enthaftung gem. § 160 Abs. 3 HGB (5-jährige Nachhaftung gem. § 160 Abs. 1 HGB).

427 Auf diese Weise geht auch außerhalb der Vorschriften des Umwandlungsgesetzes (Formwechsel gem. §§ 190 f. UmWG) das Mietverhältnis nach allgemeinen Recht von einer BGB Gesellschaft auf eine GmbH & Co. KG über (Simon Umwandlung der GmbH &

Co.GbR mbH in eine KG DStR 2000, 578 ff.; Limmer Identitätswahrende Umwandlung einer BGB-Gesellschaft in eine GmbH & Co. KG DStR 2000, 1230).

dd) Motive für Umstrukturierungen nach allgemeinem Recht

Der Vorteil der Umstrukturierung nach allgemeinen Recht liegt gerade darin, dass aufwendige Verfahrensschritte vermieden werden und fehlerträchtige Berichtspflichten vermieden werden und ein Kosten sparender Weg beschritten werden kann. Klagemöglichkeiten von Minderheitsgesellschaftern (vgl. insbesondere § 14 Abs. 2 UmWG) sowie Einfachheit und Schnelligkeit sind weitere akzeptable Gründe, den Weg der Umwandlung nach allgemeinem Recht zu bestreiten, anstelle die Lösung über das Umwandlungsgesetz zu suchen. **428**

Die betrieblichen Umstrukturierungen nach dem Umwandlungsgesetz und die Übertragung von Betriebsvermögen durch Verschmelzungsverfahren, Ausgliederungen und identitätswahrenden Umwandlungen nach allgemeinem Recht sollten rechtsfolgengleich sein, nämlich dass das Mietverhältnis der übertragenen betrieblichen Sachgesamtheit, also dem Betrieb folgt. Es ist allgemein anerkannt, dass sich die Umwandlung der GbR in eine GmbH & Co. KG nach allgemeinem Recht verwirklichen lässt. Eine Zustimmung des Vermieters/Mieters ist nicht erforderlich. **429**

e) Schutzlücken bei Umwandlungen, insbesondere Langzeitverträgen

Schutzlücken bestehen i.d.R. nur nach Ablauf des 5-jährigen Nachhaftungszeitraumes. Es gibt jedoch Fallgestaltungen, in denen ein weitergehendes Sicherungsbedürfnis des Vermieters gegeben sein kann, insbesondere bei langfristigen, investiven Mietverhältnissen, in denen der 5-jährige Nachhaftungszeitraum nicht ausreicht und ein nur schwach kapitalisierter neuer Mieter in das Mietverhältnis eintritt. **430**

In diesen Fällen, die vom gesetzlichen Leitbild der Umwandlungsfreiheit mit der beschränkten Nachhaftung des übertragenen Rechtsträgers von 5 Jahren abweichen, ist der Vermieter gehalten, individualvertragliche Klauseln aufzunehmen, die seinem Schutzbedürfnis entsprechen. Er muss in diesen Fällen jedoch aktiv werden.

Bei Bestehen eines berechtigten Interesses (s. die nachfolgenden Fallbeispiele, Rdn. 432–436) wird man auch eine AGB-Klausel für wirksam halten, die dem Vermieter ergänzende Rechte einräumt (vgl. Rdn. 450–466).

aa) Sicherungsbedürfnis des Vermieters

Insbesondere in nachgenannten Beispielen ergeben sich für den Vertragspartner, i.d.R. für den Vermieter als Ausgangsrechtsträger Schutzlücken infolge eines Umwandlungsvorganges: **431**

▶ **Beispiel 1:** **432**

> Infolge des Verschmelzungsvorganges nach dem UmWG zwischen einem bonitätsstarken Ausgangsrechtsträger und einem unterkapitalisierten Verschmelzungspartner mit einem risikoreichen Geschäftsbetrieb ist aus dem sicheren Mieter ein unsicherer Mieter geworden. Dies gilt erst Recht, wenn infolge der Verschmelzung ein Verschmelzungspartner saniert und dessen bilanzielle Überschuldung beseitigt werden soll. Die Voraussetzungen des § 22 UmWG sind kaum darzulegen und glaubhaft zu machen.

Ohne vertragliche Regelung ist der Vermieter bereits mit Vollzug der Fusion schutzlos.

433 ▶ **Beispiel 2:**

Das Vermögen des bonitätsstarken Mieters steht infolge einer Betriebsaufspaltung nicht mehr zur Verfügung. Der Mietvertrag bleibt nicht beim vermögenden Besitzunternehmen, sondern wird auf die eigenkapitalschwache operative Gesellschaft im Wege der Spaltung gem. §§ 126 ff. UmWG abgespalten. Der Nachhaftungszeitraum von 5 Jahren ist insbesondere bei langfristigen, investiven Mietverhältnissen nur ein schwacher Trost. Auch in diesem Fall besteht kein Schutz des Vermieters ohne mietvertragliche Grundlage.

434 ▶ **Beispiel 3:**

Die Personenhandelsgesellschaft wandelt sich im Wege des Formwechsel nach vorheriger Entnahme von wesentlichen Teilen des Gesellschaftsvermögens in eine GmbH um, entweder nach den §§ 125, 135, 138–140 des Umwandlungsgesetzes oder nach allgemeinem Recht (Austritt der Kommanditisten nach Eintritt der GmbH durch Anwachsung des Vermögens bei der verbleibenden GmbH gem. § 738 BGB; §§ 105 Abs. 2, 161 Abs. 2 HGB). Auch hier ist nur auf vertraglicher Grundlage der Schutz der anderen Vertragspartei herzustellen.

435 ▶ **Beispiel 4:**

Aus dem einzelkaufmännisch geführten Unternehmen wird das operative Geschäft mit samt dem Mietvertrag im Wege der Ausgliederung abgespalten, z.B. auf eine GmbH §§ 125, 135, 138–140, 152–160 UmWG). Hauptgrund für die Ausgliederung ist das Ziel der Haftungsbeschränkung. Die Nachhaftung des übertragenden Einzelkaufmanns ist gem. § 157 UmWG für alle Ansprüche aus dem Mietverhältnis auf die Dauer von 5 Jahren seit Registereintrag begrenzt.

436 ▶ **Beispiel 5:**

Die Gesellschaft und Geschäftsführer einer GmbH möchten den ihnen ungünstigen langfristigen Mietvertrag mit einer Monatsmietbelastung von 5000 € am liebsten loswerden zusammen mit einer risikoreichen Geschäftssparte. Sie verständigen sich darauf, aus ihrer GmbH das Mietverhältnis zusammen mit Gegenständen des Anlage- und Umlaufvermögens im Werte von nur 25000 € auf einen neu gegründeten Rechtsträger abzuspalten. Zumindest wollen sie die Kostenbelastung aus dem langfristigen Mietvertrag durch Nachverhandlungen mit dem Vermieter unter Hinweis auf die verringerte Haftungsmasse senken.

bb) Haftungserweiternde Klauseln in Umwandlungsfällen

437 Ausgangspunkt jeder vertraglichen Gestaltung muss sein, dass sich die vermieterseitige Abwehrklauseln in den Beispielfällen 1–5 (Rdn. 432–436) an den Beschränkungen, der Bestimmungen über allgemeine Geschäftsbedingungen gem. § 305 BGB orientieren. Nach dem gesetzlichen Leitbild des Umwandlungsgesetzes, und der hier vertretenen Auffassung der Gleichstellung der Umstrukturierungen nach allgemeinem Recht (vgl. Rdn. 419–426) bedarf es keiner Einzelübertragung und damit keiner Zustimmung der anderen Vertragspartei, insbesondere des Vermieters. Es besteht für Verträge, Dauerschuldverhältnisse und insbesondere auch Mietverhältnisse **Umwandlungsfreiheit**. Das gesetzliche Korrektiv der Umwandlungsfreiheit ist die Nachhaftung des übertragenden Rechtsträgers für die Dauer von 5 Jahren seit Registereintrag nach allgemeinem Recht §§ 26, 28 Abs. 3, 160 Abs. 1, 3 UmWG sowie die gesamtschuldnerische Haftung der beteiligten Rechtsträger entsprechend § 133 Abs. 1–6 HGB.

Weder betriebliche Umstrukturierungen i.S.d. Umwandlungsgesetz noch nach allgemeinem Recht, noch der Gesellschafterwechsel in Handelsgesellschaften oder Gesellschaften bürgerlichen Rechts bedarf der vermieterseitigen Zustimmung. **438**

Dieses Leitbild wird bestätigt durch die Aufhebung des § 132 UmWG für bisher nicht übertragbare Rechtsverhältnisse und durch den Umstand, dass nur in Ausnahmefällen gem. § 22 UmWG bei atypischen Fallgestaltungen Sicherheitsleistung bei einem Mieterwechsel nach dem UmWG verlangt werden kann. Nach der hier vertretenen Auffassung kann in Ausnahmefällen bei Umstrukturierungen nach allgemeinem Recht analog § 22 UmWG Sicherheit verlangt werden, i.d.R. aber nur, wenn ein langfristiges Mietverhältnis mit einer längeren Restlaufzeit als 5 Jahre vereinbart ist. **439**

Beratungshinweis: **440**

Insbesondere bei langfristigen Mietverhältnissen (5–30 Jahre) mit Gesellschaften genügt in Umwandlungsfällen den Vermieterinteressen oftmals der 5-jährige Nachhaftungszeitraum für den ausscheidenden Gesellschafter nicht. Es sollte die gesamtschuldnerische Haftung der an dem Umwandlungsvorgang beteiligten Rechtsträger für die gesamte Restlaufzeit des Mietverhältnisses vereinbart werden. Eine andere Formulierung, die jedoch aufwändiger ist und den Fokus auf die begrenzte Nachhaftung des übertragenden Rechtsträgers lenkt, ist die Vereinbarung des kumulativen Schuldbeitritts einer oder mehrerer Gesellschafter der Mietvertragspartei für den Fall der Umwandlung. Der Schuldbeitritt sollte in gesonderter Urkunde oder mit gesonderter Unterschrift im Mietvertragstext vereinbart werden, um die Unwirksamkeit als Überraschungsklausel gem. § 305c Abs. 1 BGB zu vermeiden (Lindner/Figura/Oprée/Stellmann Kap. 2 Rn. 208).

▶ **Formulierungsbeispiel:** **441**

Die Gesellschafter der Mieterin und die Mieterin als übertragende Rechtsträgerin treten allen Verbindlichkeiten der das Mietverhältnis übernehmenden Rechtsträgerin für die gesamte Dauer des Mietverhältnisses bei. Der Schuldbeitritt gilt auch für alle vermieterseitigen Ansprüche gem. § 546a BGB nach Beendigung des Mietverhältnisses. Unterschriften: 1. Walter Müller 2. Wilhelm Schulz 3. Max Lehmann 4. Müller-Schulz-Lehmann GbR *(vermieterfreundlich).*

Der **Schuldbeitritt**, auch Schuldmitübernahme oder kumulative Schuldübernahme genannt, ist im Bürgerlichen Gesetzbuch nicht geregelt. Der Schuldbeitritt verschafft dem Vermieter – wie die Bürgschaft – eine zusätzliche Sicherung seiner Forderung aus dem Mietverhältnis. **442**

Das vorstehende Formulierungsbeispiel verschafft dem zu schützenden Vermieter eine komfortable Position. **443**

In persönlicher Hinsicht haften sowohl die Gesellschafter der Mieterin als auch die Mieterin selbst neben dem das Mietverhältnis übernehmenden Zielrechtsträger für alle Verbindlichkeiten aus dem Mietverhältnis. **444**

In sachlicher Hinsicht gilt die Haftung für die gesamte Dauer des Mietverhältnisses. Die Klausel erfasst auch vermieterseitige Nutzungsentgeltansprüche gem. § 546a BGB nach Beendigung des Mietverhältnisses, z.B. im Falle einer außerordentlichen Kündigung. **445**

Die Klausel kann sowohl für Umwandlungsfälle nach dem Umwandlungsgesetz als auch für Umwandlungen nach allgemeinem Recht angewandt werden. **446**

f) Change of Control Klauseln

447 Die vorbezeichneten Haftungserweiterungsklauseln (vgl. Rdn. 441) sind bereits zielführend. Es stellt sich die Frage, ob und welche weitergehenden sog. Change of Control Klauseln vereinbart werden können. Change of Control Klauseln finden Anwendung in Fällen des Kontroll- oder Mehrheitswechsels beim anderen Vertragspartner, insbesondere wenn ein Gesellschafter- oder Geschäftsführerwechsel stattfindet. Vornehmlich wird ein Recht zur Kündigung des Vertrages als Rechtsfolge eingeräumt.

448 Welche Rechte können durch allgemeine Geschäftsbedingungen insbesondere dem Vermieter zulässigerweise zugestanden werden, wenn ein Beherrschungswechsel auf Seiten des Mieters stattfindet, namentlich ein Gesellschafterwechsel oder eine betriebliche Umstrukturierung nach allgemeinem Recht bzw. nach den Bestimmungen des Umwandlungsgesetzes erfolgt?

449 Sowohl die Anordnung der grundsätzlichen Unübertragbarkeit des Mietverhältnisses als auch die zwingend erforderliche Zustimmung der anderen Mietvertragspartei widersprächen dem gesetzlichen Leitbild der freien Übertragbarkeit des Mietverhältnisses (vgl. Rdn. 402) des § 307 Abs. 2 Nr. 1 BGB und wären daher unwirksam.

aa) Informationspflichten

450 Zulässigerweise kann im Mietvertrag jedoch vereinbart werden, dass die jeweils andere Vertragspartei über einen Beherrschungswechsel und eine Umstrukturierung nach allgemeinem oder nach dem Umwandlungsgesetz zu informieren ist.

451 Der Beginn der Nachhaftung ist regelmäßig von der Handelsregistereintragung abhängig (vgl. § 133 Abs. 1–6, §§ 224 Abs. 2, 3, 4, 237, 249, 257 UmWG; § 736 Abs. 2 BGB, § 160 Abs. 1, 3 HGB). Ist der Gesellschafterwechsel eintragungspflichtig, so soll die Frist mit Ablauf des Tages zu laufen beginnen, an dem der Gläubiger von dem Ausscheiden des Gesellschafters (Kontrollwechsel) Kenntnis erlangt hat (Lindner/Figura/Oprée/Stellmann a.a.O. Rn. 193). Die Vereinbarung einer wechselseitigen Informationspflicht im Vertrag ist sinnvoll und wohl auch rechtlich zulässig (Lindner/Figura/Oprée/Stellmann a.a.O. Rn. 203).

bb) Gestaltungsrechte beim Kontrollwechsel

452 Eine Kündigungsmöglichkeit für den Fall der Umwandlung oder des Gesellschafterwechsels würde im Ergebnis die betriebliche Umstrukturierungsmaßnahme und den Übergang des Mietverhältnisses auf den Zielrechtsträger wieder zustimmungspflichtig machen. Eine AGB-Klausel, die eine Kündigungsmöglichkeit vorsähe, oder gar die Umwandlung gem. § 1 Abs. 3 UmWG von der Zustimmung des Vermieters abhängig macht, würde gegen das gesetzliche Leitbild gem. § 307 Abs. 1, Abs. 2 Nr. 1 BGB verstoßen.

453 AGB-rechtlich zulässig wäre jedoch eine Kündigungsmöglichkeit, falls **berechtigte Interessen** der Mietvertragsparteien, insbesondere des Vermieters insoweit bestehen.

454 Zu denken ist als Rechtsfolge bei Vorliegen eines berechtigten Interesses auch an die Möglichkeit, einen Anspruch auf Sicherheitsleistung gem. § 22 UmWG vertraglich zu gewähren. Dies hätte den Vorteil, dass der Vermieter den Mieter auch am Mietverhältnis festhalten kann.

455 Als weitere Gestaltung käme in Betracht, dass das Mietverhältnis dann kündbar ist, wenn der bisherige Rechtsträger bei einer deutlichen Verschlechterung der Haftungssituation einen kumulativen Schuldbeitritt ablehnt. Speicher will in einer Analogie zu § 314 BGB,

§ 34 UrRG und den Rechtsgedanken des § 34 Abs. 2 UrhG hinsichtlich Voraussetzungen und Rechtsfolgen für Change of Control Klauseln fruchtbar machen (Speicher, Change of Control Klauseln in Mietverträgen, (noch unveröffentlicht); Mielke Nguyen-Viet Änderung der Kontrollverhältnisse beider Vertragspartner: Zulässigkeit von Change Control Klauseln im deutschen Recht, DB 2004, 7515).

Gem. § 34 Abs. 2 UrhG kann das Nutzungsrecht (sprich Mietrecht) übertragen werden, wenn die Übertragung im Rahmen der Gesamtveräußerung eines Unternehmens oder der Veräußerung von Teilen eines Unternehmens geschieht. Der Urheber (sprich Vermieter) soll jedoch das Nutzungsrecht zurückrufen können, (sprich das Mietverhältnis kündigen können), wenn ihm die Ausübung des Nutzungsrechts (sprich Überlassung der Mietsache) nach Treu und Glauben nicht zuzumuten ist. Dasselbe gilt gem. § 34 Abs. 3 S. 2 UrhG wenn sich die Beteiligungsverhältnisse am Unternehmen des Inhabers des Nutzungsrechts, (sprich an der Mietergesellschaft) wesentlich ändern. **456**

Die Wertung des § 34 UrhG belegt, dass es grundsätzlich bei der Übertragbarkeit auch des Mietverhältnisses im Rahmen der Geschäftsveräußerung oder beim Gesellschafterwechsel bleiben muss. Im Ausnahmefall kann jedoch ein berechtigtes Interesse des Vermieters bestehen, das Mietverhältnis zu kündigen, wenn weder eine ergänzende Mietsicherheit gem. § 22 UmwG gestellt wird oder ein Schuldbeitritt des sich enthaftenden bisherigen Rechtsträgers nicht erfolgt. **457**

Angesichts der vorstehenden Überlegungen wird eine Informations- und Interessenausgleichsklausel folgenden Inhalts vorgeschlagen: **458**

▶ Formulierungsbeispiel: Informationspflicht und Change of Control Klausel **459**

1. Die Vertragsparteien sind verpflichtet, bei einem Gesellschafterwechsel und im Falle einer Umwandlung i.S.d. Umwandlungsgesetzes (Verschmelzung, Spaltung, Vermögensübertragung, Formwechsel) sowie bei sonstigen betrieblichen Umstrukturierungen nach allgemeinem Recht (insbesondere Aufnahme eines Gesellschafters gem. § 130 HGB, Einbringungsvorgänge, Wechsel der Rechtsform) diesen Sachverhalt dem anderen Vertragspartner unverzüglich anzuzeigen.
2. Der Vermieter kann in den Fällen zu 1) das Mietverhältnis ausnahmsweise auch außerordentlich kündigen oder die Maßnahme untersagen, falls eine berechtigtes Interesse besteht. Ein berechtigtes Interesse ist nicht gegeben, wenn in vorgenannten Fällen der bisherige Mieter eine angemessene Sicherheitsleistung anbietet oder für alle Ansprüche aus dem Mietverhältnis im Wege des Schuldbeitritts für die Laufzeit des Mietverhältnisses den Schuldbeitritt erklärt.

Die vorgenannte Klausel macht deutlich, dass an der Beendigung des Mietverhältnisses nur im Ausnahmefall ein Interesse bestehen kann. **460**

Beratungshinweis: **461**

Vertragliche Klauseln, wonach die Vornahme der Änderung in der Person des Gesellschafters sowie die betriebliche Umstrukturierung vom Vermieter untersagt werden kann, sind grundsätzlich unwirksam. Soweit die Klausel dahingehend eingeschränkt wird, dass die Untersagungsmaßnahme nur im Falle des Vorliegens eines berechtigten Interesses erfolgen kann, ist die Klausel sicherlich bedenkenlos. Ein berechtigtes Interesse wird i.d.R. kaum vorliegen, weil entsprechend dem gesetzlichen Leitbild Spaltungsfreiheit herrscht und die Interessen des Vermieters i.d.R. durch eine Haftungserweiterungsklausel (Schuldbeitritt) bzw. durch das Angebot auf ergänzende Sicherheitsleistung gesichert werden können.

462 Aufgrund der vielfältigen Fallgestaltungen des Gesellschafterwechsels, des Gesellschafterbeitritts und insbesondere der betrieblichen Umstrukturierungen nach dem Umwandlungsgesetz und nach allgemeinem Recht ist es sachgerecht und mit den Bestimmungen des AGB-Gesetzes vereinbar, wenn die vermieterseitigen Rechte vom Vorliegen eines **berechtigten Interesses** abhängig gemacht werden.

463 Ein berechtigtes Interesse wird i.d.R. abzunehmen sein, wenn sich die Haftungssituation für den Vermieter nachhaltig verändert hat. Hierbei wird zum Einen auf die Laufzeit des Mietvertrages abzustellen sein.

464 Bei Restlaufzeiten von über 5 Jahren und erheblichen vermieterseitigen Investitionen wird um so eher ein berechtigtes Interesse anzunehmen sein. Die »marktgängigen« Klauseln schießen zumeist über das Ziel hinaus. Der Gesellschafterwechsel, das Ausscheiden eines persönlich haftenden Gesellschafters oder der Eintritt eines Mieters in ein bestehendes Handelsgeschäft wird grundsätzlich der Zustimmungspflicht des Vermieters unterworfen und von dem – wie zu führenden? – Nachweis abhängig gemacht, dass der Wechsel oder das Ausscheiden des Gesellschafters zu keiner Verschlechterung der Bonität des Mieters führt und keine wichtigen Gründe gegen die Person des eintretenden Mieters bestehen. Die betriebliche Umwandlungsfreiheit und das Allgemeininteresse an der Veräußerbarkeit und Umstrukturierung eines Unternehmens werden hierbei ungenügend beachtet.

Derartige Klauseln sind für den Vermieter kontraproduktiv, wenn es sich – was im Regelfall so ist – um allgemeine Geschäftsbedingungen gem. §§ 305 ff. BGB handelt. Gem. § 307 Abs. 2 Nr. 1 BGB ist eine unangemessene Benachteiligung des Mieters anzunehmen, wenn eine solche Bestimmung mit dem wesentlichen Grundgedanken der gesetzlichen Regelung, von der abgewichen wird, nicht zu vereinbaren ist.

Wenn in einem Umwandlungsfall kein Anspruch auf Sicherheitsleistung besteht und auch sonst die Seriosität des Zielrechtsträgers nicht in Zweifel gezogen werden kann, stehen dem Mieterwechsel keine Rechte und Einreden entgegen, auch wenn die Bonität des Ausgangsmieters eine bessere war. Über das gesetzliche Leitbild hinausschießende Klauseln werden gem. § 306 Abs. 2 BGB nicht Vertragsbestandteil, sondern es gelten stattdessen die gesetzlichen Bestimmungen und Wertungen, die wiederum den Bestimmungen des Umwandlungsgesetzes entsprechen, d.h. das Mietverhältnis ist trotz entgegenstehenden AGB mit dem Betrieb übertragbar.

465 Bei kürzeren Laufzeiten von 5 Jahren oder weniger müssen besondere Umstände gegeben sein, dass der Gesellschafterwechsel oder die betriebliche Umstrukturierungsmaßnahme untersagt werden kann. Der Schuldbeitritt wird i.d.R. als Sicherungsmittel ausreichen. Der angemessene Interessenausgleich zwischen Umwandlungsinteresse und Gläubigerschutz ist mithin nur über eine Einzelfallbetrachtung unter Zugrundelegung des gesetzlichen Leitbildes zu erreichen (Lindner/Figura/Oprée/Stellmann Rn. 198).

466 Im Wege der Individualvereinbarung können sicherlich auch weitergehende Klauseln vereinbart werden und der Gesellschafterwechsel und/oder die betriebliche Umstrukturierungsmaßnahme von der Zustimmung des Vermieters abhängig gemacht werden. Die Grenze wird individualvertraglich gem. §§ 138, 142 BGB bestimmt.

467 Durch Individualvereinbarung kann auch die Nachhaftungsbegrenzungsdauer bis zur Grenze von 30 Jahren (§ 202 Abs. 2 BGB) ausgedehnt werden. Bei Vereinbarung einer individualvertraglichen Verlängerung der Nachhaftungsbegrenzung bestünden ebenfalls keine Schutzlücken aus Vermietersicht. Die Regelungen der §§ 160, 128 HGB sind abdingbar (Lindner/Figura/Oprée/Stellmann; Palandt/Sprau § 736 Rn. 14; Baumbach-Hopt § 160 Rn. 7 ff.; a.A. Staub/Hafersack § 160 Rn. 6). Dispositiv sind auch die formular-

vertragliche Verlängerung der sechsmonatigen Ausschussfrist für die Geltendmachung von Sicherheitsleistungen (Kandelhard WuM 1999, 253, 259 m.w.N.).

Beratungshinweis:

> Wer als anwaltlicher Berater des Vermieters, die Rechtsnachfolge auf beitretenden Gesellschafter und den Mietrechtsübergang auf den Erwerber eines Handelsgeschäftes und die Zielrechtsträger einer Umwandlung nach dem Umwandlungsrecht oder nach allgemeinem Recht im Interesse des Vermieters gestalten möchte, kann dies entweder nur durch eine echte Individualvereinbarung erreichen oder durch allgemeine Geschäftsbedingungen, die sich am gesetzlichen Leitbild der Umwandlungsfreiheit orientieren und auf einen angemessenen Interessenausgleich zwischen Umwandlungsinteresse und Gläubigerschutz abzielen. Da es sich im Regelfall um allgemeine Geschäftsbedingungen handelt, ist weniger oft mehr. Eine vermieterseitige Beschränkung auf die im Einzelfall bestehenden berechtigten Interessen ist sinnvoll und ausreichend.

8. Mietsicherheiten bei Umwandlungen

a) Kaution des Ausgangsrechtsträgers

Hat der bisherige Mieter des zu übertragenden Mietverhältnisses, also der Ausgangsrechtsträger, dem Vermieter eine Mietsicherheit gestellt, z.B. eine Kaution, haftet die Kaution auch selbstverständlich für alle Forderungen aus dem Mietverhältnis weiter. Die gesicherte Hauptverbindlichkeit, nämlich die Ansprüche des Vermieters gegen den Mieter aus dem Mietverhältnis, bleiben unverändert bestehen (Lindner/Figura/Oprée/Stellmann, a.a.O. Rn. 201). **468**

Die Umwandlungsfreiheit kann nicht soweit gehen, dass die Kaution nach Ablauf des Nachhaftungszeitraumes als Vermögen des Ausgangsrechtsträgers verbleibt, jedoch das Mietverhältnis ohne die Kaution auf den übernehmenden Rechtsträger übergeht. In diesem Fall könnte dem Vermieter ein Mietverhältnis ohne Kaution durch umwandlungsrechtliche Gestaltung aufgezwungen werden. Die Spaltungsfreiheit geht nicht soweit, dass sie zu einer Inhaltsänderung des abgeschlossenen Mietverhältnisses führt. Aus diesem Grunde ist eine Abspaltung des Mietverhältnisses ohne die gestellte Sicherheit problematisch. **469**

Der Vermieter kann nicht auf § 22 UmWG (Sicherheitsleistung, vgl. Rdn. 65) verwiesen werden, dass nur bei Glaubhaftmachung der Gefährdung der Ansprüche aus dem Mietverhältnis ein ergänzender Sicherungsanspruch besteht. **470**

Eine Abspaltung des Mietverhältnisses unter Zurückbehaltung des Kautionsrückforderungsanspruches wäre wider Treu und Glauben. **471**

b) Bürgschaft eines Dritten

Hat der Mieter dem Vermieter eine Bürgschaft z.B. eine Bankbürgschaft, gestellt, endet die Bürgenhaftung nicht mit der Umwandlung des Mieters nach dem Umwandlungsgesetz. Die Bürgschaft sichert weiterhin die Forderung aus dem Mietverhältnis, jedoch haftet der Bürge nunmehr für den übernehmenden Rechtsträger mit. Diesen Schuldner hat sich der Bürge nicht ausgesucht. Der Inhalt der Bürgschaft wird in persönlicher Hinsicht verändert. Auch entstehen für den Bürgen neue Risiken dadurch, dass der Besitz nicht mehr von dem bisherigen Hauptschuldner (Ausgangsrechtsträger) sondern vom übernehmenden Rechtsträger ausgeübt wird. **472**

473 Nach allgemeiner Ansicht bleiben aber Personal- oder Realsicherheiten, die für die Forderung aus dem Mietverhältnis gegen den übertragenden Rechtsträger bestellt worden sind, bestehen. Aufgrund der Gesamtrechtsfolge sichern sie nunmehr auch den Anspruch gegen den übernehmenden Rechtsträger (Lutter/Grunewald UmWG § 20 Rn. 33; BGH NJW 1993, 1917, 1918 (bejahend: Bürgenhaftung für Verbindlichkeiten des einzigen Gesellschafter einer vormaligen Gesellschaft aus dem Mietverhältnis)). Ferner haftet nach Wahl des Vermieters sowohl der Ausgangsrechtsträger wie der übernehmende Rechtsträger für die Dauer von fünf Jahren fort. Die Erstreckung der Bürgschaft sollte m.E. auch für mietrechtliche Ansprüche gegen den Erwerber eines Handelsgeschäftes gem. den §§ 25, 26 UmWG sowie für Ansprüche und den beitretenden Gesellschafter aus dem Mietverhältnis gem. §§ 130, 160 HGB; 736 BGB gelten.

474 Ebenso ist für Spaltungsfälle anerkannt, dass die für die mietrechtlichen Ansprüche bestellten Sicherungsrechte ungeachtet der Ausgliederung des Vermögens bestehen bleiben und die Bürgschaft nunmehr die Schuld des übernehmenden Rechtsträgers und nach Enthaftung des Einzelkaufmannes sogar nur noch die Forderung gegen den ausgegliederten Rechtsträger (z.B. eine GmbH) sichert (Lutter/Karollus UmwG § 156 Rn. 21, § 157 Rn. 20).

475 Vom Einzelkaufmann (Ausgangsrechtsträger) selbst bestellte Sicherheiten (Sicherungsgrundschuld, Hypotheken, Pfandrechte) bleiben von der Enthaftung ohnehin unberührt und sichern nunmehr die Schuld des übernehmenden Rechtsträgers.

476 Der Interessenausgleich zwischen Vermieter/bisherigem Mieter/Bürge wird nach gängiger Kommentarliteratur zu Lasten des Bürgen gelöst. Dies ist hinnehmbar, so lange die gesamtschuldnerische Mithaft des übertragenden Rechtsträgers gem. § 133 UmWG fortbesteht. Aus diesem Grund wird auch befürwortet, dass der Bürge nach Ablauf des Nachhaftungszeitraumes wegen des Wegfalls der Regressmöglichkeit gegen den übertragenden Rechtsträger (bisheriger Mieter) gem. § 774 BGB aus der Bürgschaft zu entlassen ist (Lindner/Figura/Oprée/Stellmann a.a.O. Rn. 201). Dies würde jedoch für den Vermieter, der das Mietverhältnis nur noch mit dem übernehmenden Rechtsträger fortsetzt, bedeuten, dass das bisher bürgschaftsgesicherte Mietverhältnis ohne Sicherheit fortgesetzt werden müsste. Der Ausgangsrechtsträger als Auslöser des Umwandlungsszenario hingegen kann das Risiko alleine beherrschen. Von daher wäre es richtig, den Ausgangsrechtsträger mit einer erweiterten Nachhaftung zu belasten, wenn es ihm nicht gelingt, dem Vermieter eine Bürgschaft für das Mietverhältnis auch für die Zeit nach Ablauf des fünf jährigen Nachhaftungszeitraumes zu stellen. Andererseits besteht ein Allgemeininteresse an der Transferfähigkeit von Geschäftsanteilen, Handelsgeschäften, Betrieben und Teilbetrieben und an möglichst klaren und einfachen Regelungen. Der Bürge könnte auch darauf verwiesen werden, dass er im Falle einer wesentlichen Verschlechterung der Vermögensverhältnisse des Hauptschuldners, insbesondere bei dessen Wegfall, zuvor einen Befreiungsanspruch gem. § 775 BGB aus der Bürgschaft geltend machen kann, für den der übernehmende Rechtsträger mithaftet. Ob § 775 BGB diesen Fall erfasst ist jedoch unklar. I.E. sind die Rechtsfragen der Bürgenstellung in Umwandlungsfällen noch weitgehend ungeklärt. Von daher wäre es wieder sachgerecht, die Personal- und Realsicherheit für die Dauer des gesamten Mietverhältnisses, ungeachtet der Enthaftung des übertragenden Rechtsträgers, bestehen zu lassen.

So ist es höchstrichterliche Rechtsprechung, dass eine Bürgschaft, die für Verbindlichkeiten einer Kommanditgesellschaft abgegeben wurde, nicht erlischt, wenn alle Gesellschafter bis auf einen ausscheiden und diesem die Gesellschaftsverbindlichkeiten zuwachsen (BGH Urt. v. 06.05.1993 XI ZR 73/92, NJW 1993, 1917).

Die Bürgschaft soll sich allerdings nicht erstrecken auf neue Verbindlichkeiten, die der Einzelkaufmann danach begründet.

Künftige Verbindlichkeiten, die ein neuer, selbstständiger Rechtsträger als Unternehmensinhaber begründet, sollen nicht der Bürgenhaftung unterfallen. Wenn der Bürge sich weitergehend schützen will, ist die Bürgschaft so abzufassen, dass sie nur die Verbindlichkeiten eines bestimmten Hauptschuldners und nur bestimmter möglicher Rechtsnachfolger sichert (BGB a.a.O. S. 1918 r.Sp.).

Einstweilen liegt der schwarze Peter beim Bürgen, dessen Regress gem. § 774 BGB gegen **477**
den bisherigen Mieter (Ausgangsrechtsträger) nach 5 Jahren entfällt (§ 133 UmWG; § 160 HGB; § 736 BGB) und dessen Sicherheit für die Ansprüche des Vermieters gegen den übernehmenden Rechtsträger weiter haftet. Im Ergebnis handelte es sich somit um den seltenen Fall eines gesetzlichen Schuldnerwechsel.

Beratungshinweis: **478**

> Der für die Verbindlichkeiten des übertragenen Mietverhältnisses haftende Bürge sollte seine Bürgschaft vertraglich auf den Nachhaftungszeitraum des übertragenden Rechtsträgers beschränken.

14. Kapitel
Ende des Mietverhältnisses

Übersicht

I. Zeitablauf – Zeitmietvertrag

Die Parteien können das Mietverhältnis auf bestimmte Zeit eingehen; das Mietverhältnis endet dann mit Ablauf dieser Zeit ohne weiteres Zutun der Parteien. Das befristete Mietverhältnis kann aber in den gesetzlich zugelassenen Fällen außerordentlich gekündigt oder auch nach Ablauf der Frist verlängert werden (§ 542 Abs. 2 BGB). 1

2 Für **Wohnraummietverhältnisse** werden die Befristungsmöglichkeiten erheblich eingeschränkt. Es gelten zusätzlich die §§ 575 und 575a BGB. Hier werden die Befristungsgründe abschließend aufgezählt; bei einer außerordentlichen Kündigung des befristeten Mietverhältnisses mit gesetzlicher Frist durch den Vermieter kann sich der Mieter auf die Sozialklausel (§§ 574 ff. BGB) berufen.

1. Übergangsregelung

3 Die §§ 542, 575 und 575a BGB entsprechen § 564 und § 564c Abs. 2 BGB a.F. Für vor dem 01.09.2001 abgeschlossene befristete einfache (§ 564a Abs. 1 BGB a.F.) oder qualifizierte (§ 564c Abs. 2 BGB a.F.) Mietverhältnisse gilt weiterhin das alte Recht (§§ 564c i.V.m. 564b, 556a–556c, 565a Abs. 1 und 570 BGB a.F.; Art. 229 § 3 Abs. 3 EGBGB).

2. Befristung des Mietverhältnisses allgemein

4 Um ein Mietverhältnis generell wirksam zu befristen, müssen die Parteien die Dauer des Mietverhältnisses auf eine **kalendermäßig bestimmte Zeit** festlegen; der Beginn des Mietverhältnisses muss klar bestimmt sein und das Ende jedenfalls aus der Dauer der Laufzeit bestimmbar. Für die vereinbarte Dauer des Mietverhältnisses gibt es keine Mindest- oder Höchstgrenzen (vgl. Hinz WuM 2003, 659). Auch ein Mietvertrag auf Lebenszeit ist zulässig.

5 Eine für eine **bestimmte Dauer festgelegte Miete** kann nicht als Befristung ausgelegt werden (BGH NJW 1976, 1351). Auch der Ausschluss der Kündigung für eine bestimmte Zeit bedeutet nicht ohne Weiteres eine Befristung, sondern i.d.R. die Vereinbarung einer Mindestmietzeit (AG Frankfurt NJW-RR 2005, 597; BGH WuM 2004, 672).

6 Für die **Verlängerung des befristeten Mietvertrages** über andere Räume als Wohnräume ist grundsätzlich der Abschluss eines neuen Mietvertrages erforderlich (§ 311 Abs. 1 BGB). In Ausnahmefällen kann die Verlängerung auch konkludent erfolgen. Für die Verlängerung eines Wohnraummietvertrags s.u. Rdn. 22.

7 Haben die Mietvertragsparteien eine **Verlängerungsklausel** vereinbart, verlängert sich das Mietverhältnis ohne weiteres Zutun der Parteien auf bestimmte oder unbestimmte Zeit, wenn nicht eine Partei erklärt, dass sie das Mietverhältnis nicht verlängern will. Gibt keine der Parteien eine solche Erklärung ab, besteht das Mietverhältnis zum nunmehr verlängerten Endzeitpunkt zu denselben Bedingungen fort; ein neuer Mietvertrag wird dadurch auch konkludent nicht geschlossen.

8 Sind die Parteien berechtigt, vor Ablauf des Mietverhältnisses durch die Abgabe einer einseitigen Erklärung gegenüber dem Vertragspartner das Mietverhältnis auf bestimmte oder unbestimmte Zeit zu verlängern, liegt eine **Verlängerungsoption** vor.

9 Eine **vorzeitige Beendigung** des befristeten Mietverhältnisses ist durch Abschluss eines Aufhebungsvertrages (§ 311 BGB) möglich oder durch außerordentliche befristete oder fristlose Kündigung. Die ordentliche Kündigung des befristeten Mietverhältnisses ist jedoch ausgeschlossen.

3. Befristete Wohnraummietverhältnisse

a) Allgemeines

Für die Befristung von Wohnraummietverhältnissen gelten die Sonderregelungen der §§ 575 und 575a BGB, die die Möglichkeiten der Befristung erheblich einschränken. So soll eine Umgehung der Kündigungsschutzvorschriften durch den Abschluss von Zeitmietverträgen verhindert werden. Zugleich soll aber dem Vermieter bei schutzwürdigem Interesse die Befristung des Mietverhältnisses möglich sein um so zu vermeiden, dass anderenfalls die Vermietung unterbleiben würde. 10

§ 575 BGB gilt für alle Wohnraummietverhältnisse, ausgenommen, die in § 549 Abs. 2 und 3 BGB aufgezählten – für diese Räume können Zeitmietverträge ohne jede Beschränkung abgeschlossen werden. Er findet ebenfalls Anwendung, wenn das Mietverhältnis zunächst auf unbestimmte Zeit geschlossen wurde und dann vertraglich auf bestimmte Zeit festgelegt wurde; ist die Fortsetzung des Mietverhältnisses gemäß §§ 574a ff. BGB erfolgt, gilt § 575 BGB jedoch nicht. 11

Ein beidseitiger Ausschluss des ordentlichen Kündigungsrechts ist zulässig, verstößt insbesondere nicht gegen § 575 Abs. 4 BGB (BGH NJW 2006, 2696). 12

b) Befristungsgründe

Die in § 575 Abs. 1 BGB aufgezählten Befristungsgründe sind **abschließend** aufgezählt. Der Vermieter kann sich alternativ oder kumulativ auf mehrere Befristungsgründe berufen. Er muss die ernsthafte Absicht haben, die für die Befristung maßgebliche Verwendung der Wohnung auch vorzunehmen; die Durchführung muss jedoch noch nicht feststehen. Eine Bedarfsprüfung findet – anders als bei der Anwendung von § 573 BGB – nicht statt. 13

- Eigennutzung, § 575 Abs. 1 Nr. 1 BGB:

Der mit § 575 Abs. 1 Nr. 1 BGB geschützte Personenkreis entspricht demjenigen aus § 573 Abs. 2 Nr. 2 BGB. Die Absicht des Vermieters, die Wohnung als Zweitwohnung zu nutzen genügt (Riecke in Schmid Mietrecht § 575 Rn. 19). **Familienangehörige** müssen nicht dem Haushalt des Vermieters angehören. Familienangehörige sind jedenfalls Verwandte in gerader Linie, wobei ein bestimmter Grad nicht gefordert werden kann. Ausnahmsweise kann die Wohnung auch für Verschwägerte oder Neffen, Cousins etc. zur Verfügung stehen; hier muss aber eine enge familiäre Bindung bestehen (OLG Braunschweig NJW-RR 1994, 597). **Haushaltsangehörige** sind diejenigen Personen, die schon bisher und dauernd im Haushalt des Vermieters leben. 14

- Baumaßnahmen, § 575 Abs. 1 Nr. 2 BGB:

Die vom Vermieter geplanten Baumaßnahmen müssen öffentlich-rechtlich genehmigungsfähig sein. Die Genehmigung für die geplanten Maßnahmen braucht bei Abschluss des Mietvertrages jedoch noch nicht vorzuliegen. Die **Beseitigung** ist der teilweise oder vollständige Abbruch der Wohnräume, so dass diese in ihrer räumlichen Gesamtheit nicht mehr vorhanden sind (Riecke in Schmid Mietrecht § 575 Rn. 19). Eine **wesentliche Veränderung** liegt vor, wenn die Mietsache unter Erhaltung ihrer wesentlichen Gestalt verbessert oder umgestaltet wird. Durch eine **Instandsetzung** werden bauliche Mängel und solche Mängel behoben, die durch Alterung, Abnutzung, Witterungseinflüsse oder Einwirkung Dritter entstanden sind; die Wohnung wird wieder in einen zum bestimmungsgemäßen Gebrauch geeigneten Zustand gebracht. Reine Instandhaltungsmaßnahmen fallen jedoch nicht unter § 575 Abs. 1 Nr. 2 BGB. 15

- Betriebsbedarf, § 575 Abs. 1 Nr. 3 BGB:

Eine Werkwohnung (vgl. § 576 BGB) kann befristet sowohl an Mitarbeiter als auch an Dritte vermietet werden. 16

17 Der Vermieter muss dem Mieter die **Verwendungsabsicht bei Abschluss des Mietverhältnisses schriftlich** (§ 126 BGB) mitteilen; der Grund für die Befristung muss aber nicht im Mietvertrag selbst aufgeführt sein. In seiner Mitteilung oder aber im Mietvertrag muss der Vermieter anhand der Darstellung des konkreten Lebenssachverhalts die geplante Verwendungsabsicht so genau darstellen, dass eine Unterscheidung von anderen Interessen und eine spätere Überprüfung möglich sind (BGH NJW 2007, 2177). So muss die Zugehörigkeit des künftigen Bewohners zum privilegierten Personenkreis für den Mieter erkennbar sein (AG Potsdam WuM 2004, 491). Die reine Wiederholung des Gesetzeswortlauts reicht nicht aus (AG Berlin-Mitte MM 2005, 147).

18 **Fehlt ein zulässiger Befristungsgrund** oder wurde er durch den Vermieter nicht wirksam mitgeteilt, entfällt die Befristung und der Mietvertrag gilt als auf unbestimmte Zeit geschlossen mit der Folge, dass für dessen Beendigung §§ 573 und 574 ff. BGB gelten. Die Umdeutung in einen Mietvertrag mit befristetem Kündigungsausschluss ist nicht möglich (AG Augsburg WuM 2004, 541).

19 Der Vermieter ist nicht berechtigt, den bei Abschluss des Mietvertrags genannten **Befristungsgrund auszutauschen.** Bei gleich bleibendem Befristungsgrund ist aber die Veränderung des Sachverhalts möglich, z.B., wenn bei Eigenbedarf die Wohnung für einen anderen Familienangehörigen des Vermieters genutzt werden soll (str.: zustimmend Lützenkirchen MDR 2001, 1385; a.A. Sternel ZMR 2002, 1). Kommt es während der Laufzeit des befristeten Mietverhältnisses zu einem **Vermieterwechsel** (z.B. gemäß § 1922 oder § 566 BGB), kann sich der neue Vermieter nur auf die grundstücksbezogenen Befristungsgründe (§ 575 Abs. 1 Nr. 2 BGB) berufen. Auf die personenbezogenen Befristungsgründe kann er sich nur dann berufen, wenn sie für ihn gleichermaßen gelten.

c) Auskunftsanspruch des Mieters

20 Der Mieter kann frühestens vier Monate vor Beendigung des Mietverhältnisses vom Vermieter darüber Auskunft verlangen, ob der Befristungsgrund noch vorliegt (§ 575 Abs. 2 BGB). Der Vermieter ist sodann verpflichtet, dem Mieter innerhalb eines Monats die entsprechende Mitteilung zu machen. Hatte der Vermieter mehrere Befristungsgründe angegeben, muss er nunmehr konkretisieren, welcher der genannten Befristungsgründe eintreten wird. Gibt der Vermieter die Antwort verspätet ab, kann der Mieter verlangen, dass das Mietverhältnis um die Dauer der Verspätung verlängert wird. Verlangt der Mieter die Auskunft erst später als einen Monat vor Beendigung des Mietverhältnisses, ist der Vermieter nicht mehr zur Auskunftserteilung verpflichtet, denn die Auskunftspflicht erlischt mit Beendigung des Mietverhältnisses. Der Vermieter ist auch nicht verpflichtet, analog § 568 Abs. 2 BGB den Mieter auf den Beginn der Vier-Monats-Frist und seinen Auskunftsanspruch hinzuweisen. Weder das Auskunftsersuchen des Mieters noch die Mitteilung des Vermieters unterliegen dem Schriftformerfordernis.

4. Verlängerung des befristeten Mietverhältnisses

21 **Verzögert** sich der Eintritt des Befristungsgrundes, kann der Mieter vom Vermieter die Verlängerung des Mietverhältnisses um den Zeitraum der Verzögerung verlangen, § 575 Abs. 3 S. 1 BGB; **fällt der Befristungsgrund weg**, hat der Mieter Anspruch auf unbefristete Verlängerung des Mietverhältnisses (§ 575 Abs. 3 BGB). Das (alte) Mietverhältnis bleibt, wenn der Vermieter der Verlängerung zustimmt, bis auf den Beendigungszeitpunkt bestehen.

22 Der Mieter muss die **Verlängerung** des Mietverhältnisses **ausdrücklich** vom Vermieter **verlangen**; die Erklärung des Mieters, das Mietverhältnis verlängern zu wollen, ist form-

und fristlos zulässig, muss dem Vermieter aber vor Ablauf des Mietverhältnisses zugehen. Sowohl die Annahme des Angebots auf Verlängerung des Mietverhältnisses als auch die Ablehnung durch den Vermieter sind formlos zulässig, müssen dem Mieter aber binnen einem Monat nach Zugang der Verlängerungsanzeige bekannt gegeben werden. Geht die Erklärung dem Vermieter erst nach Ablauf des Mietverhältnisses zu, hat der Mieter nur dann Anspruch auf Abschluss eines neuen Mietverhältnisses, wenn der Vermieter auf die Anfrage des Mieters pflichtwidrig falsch oder verspätet geantwortet hat. Antwortet der Vermieter auf die Verlängerungsanzeige des Mieters nicht, kann sich das Mietverhältnis auch stillschweigend gemäß § 545 BGB auf unbestimmte Zeit verlängern.

Der Mieter kann die Verlängerung des Mietverhältnisses nicht unter Berufung auf die Sozialklausel der §§ 574a ff. BGB verlangen. Der Vermieter muss neben dem wirksamen Grund für die Befristung des Mietverhältnisses beim Ablauf der Befristung kein berechtigtes Interesse an der Beendigung des Mietverhältnisses (§ 573 BGB) haben. **23**

Auch die **mehrmalige befristete Verlängerung** des Mietverhältnisses ist gemäß § 575 BGB zulässig, sowohl wenn sich der Befristungsgrund verschiebt, als auch wenn sich der Vermieter auf andere zulässige Befristungsgründe beruft. **24**

5. Vorzeitige Beendigung des befristeten Mietverhältnisses

Eine vorzeitige Beendigung des befristeten Mietvertrages durch **ordentliche Kündigung** ist nicht möglich. **25**

Die gesetzlich normierten Fälle der **außerordentlichen Kündigung mit gesetzlicher Frist** bestehen jedoch nach Maßgabe des § 575a BGB weiter, ebenso das Recht der Parteien zur **außerordentlichen fristlosen Kündigung** des Mietverhältnisses. Will der Vermieter das befristete Mietverhältnis außerordentlich mit gesetzlicher Frist kündigen, muss er zudem sein berechtigtes Interesse an der Kündigung nachweisen (§ 573 BGB). Der Mieter kann sich dann dem Vermieter gegenüber auf die Sozialklauseln in §§ 574 ff. BGB berufen; die Verlängerung des Mietverhältnisses kann er kann aber längstens bis zum Ablauf des befristeten Mietverhältnisses verlangen. Die Kündigung ist mit gesetzlicher Frist zulässig (§ 575a Abs. 3 BGB). **26**

6. Abdingbarkeit

Die §§ 575 und 575a BGB sind zulasten des Mieters nicht abdingbar (§ 575 Abs. 5, § 575a Abs. 4 BGB). **27**

7. Prozessuales

Lehnt der Vermieter die Verlängerung des Mitvertrages ab, muss der Mieter ihn auf Annahme des Verlängerungsangebots verklagen (Leistungsklage auf Abgabe einer Willenserklärung). Hat der Vermieter bereits auf Räumung geklagt, kann der Mieter seinen Verlängerungsanspruch nicht als Einwendung geltend machen, sondern muss Widerklage erheben und den Vermieter auf Abgabe einer Willenerklärung zur Verlängerung des Mietverhältnisses in Anspruch nehmen (Weidenkaff in Palandt § 575 Rn. 22). Die Beweislast für die wirksame Befristung des Mietverhältnisses trägt der Vermieter (§ 575 Abs. 3 S. 3 BGB). Die Gewährung einer Räumungsfrist ist nicht möglich (§§ 721 Abs. 7 S. 1, 794 Abs. 5 S. 1 ZPO). **28**

II. Rücktritt und Bedingung, Anfechtung

29 Die Situationen, in denen man als Rechtsanwalt mit der Beendigung des Mietvertrages in Berührung kommt, beschränken sich nicht nur auf die in der Praxis hauptsächlich vorkommende Kündigung. Daneben gilt es, auch andere Beendigungstatbestände wie Rücktritt, Bedingung und Anfechtung nicht gänzlich außer Acht zu lassen.

1. Rücktritt

30 Das Rücktrittsrecht ist ein Gestaltungsrecht. Der Rücktritt vom Mietvertrag hat in der Praxis nur geringe Relevanz. Der Anwendungsbereich des Rücktritts erschöpft sich meist auf den Zeitraum bis zur Überlassung des Mietgebrauchs. Beim Rücktritt sind gesetzliche Rücktrittsrechte von vertraglichen Rücktrittsrechtsrechten zu unterscheiden.

a) Gesetzliches Rücktrittsrecht

31 Die gesetzlichen Rücktrittsrechte insbesondere aus §§ 323 Abs. 1, 324 und 326 Abs. 5 BGB haben kaum Bedeutung. In den §§ 535 ff. BGB ist der Rücktritt nicht erwähnt bis auf § 572 Abs. 1 BGB, der nur für das vertragliche Rücktrittsrecht bei Wohnraum gilt. Ernsthaft in Betracht kommt ein gesetzliches Kündigungsrecht nur in seltenen Ausnahmefällen.

32 Das gesetzliche Rücktrittsrecht ist deshalb weitestgehend auf den Zeitraum vor Überlassung des Mietgebrauchs beschränkt. Aber selbst vor der Überlassung des Mietgebrauchs kann z.B. eine außerordentliche fristlose Kündigung der Mietsache ausgesprochen werden (OLG Celle ZMR 2002, 505; OLG München NJWE-MietR 1996, 127; OLG Düsseldorf ZMR 1995, 465). Selbst eine ordentliche Kündigung ist schon vor Überlassung möglich (BGHZ 73, 350).

Das Rücktrittsrecht kann somit je nach Sachlage insbesondere mit einem Kündigungsrecht nach §§ 543, 569 BGB konkurrieren, in einem solchen Fall haben die Parteien das Wahlrecht.

33 Im Zeitraum nach Überlassung des Mietgebrauchs wird das allgemeine Recht der Leistungsstörungen durch die speziellen mietrechtliche Vorschriften in den §§ 535 ff. BGB verdrängt. Das Kündigungsrecht als Beendigungstatbestand ist insoweit vorrangig. Ein gesetzliches Rücktrittsrecht scheidet im Falle eines außerordentlich fristlosen Kündigungsgrundes aus (BGHZ 50, 312).

b) Vertragliches Rücktrittsrecht

aa) Grundsätzliches

34 Ein vertragliches Rücktrittsrecht ist sowohl bei der Wohnraummiete als auch bei der Geschäftsraummiete möglich. Voraussetzung ist es, dass ein Rücktrittsrecht vertraglich vereinbart ist oder dass sich eine Partei den Rücktritt vertraglich vorbehalten hat (§ 349 BGB). Die Praxisrelevanz eines vertraglichen Rücktrittrechts erschöpft sich auf den Zeitraum vor Überlassung des Mietgebrauchs. Das vertraglich vereinbarte Rücktrittsrecht ist sowohl bei der Wohnraummiete als auch Geschäftsraummiete wirksam. Dies gilt selbst bei formularmäßiger Vereinbarung, da § 308 Nr. 3 Hs. 2 BGB Dauerschuldverhältnisse von der Unwirksamkeit ausnimmt. Bei der Wohnraummiete verbietet aber § 572 Abs. 1 BGB dem Vermieter sich auf ein vertragliches Rücktrittsrecht nach Überlassung des Wohnraums zu berufen, sodass allein deshalb vermieterseitig keinerlei Interesse an einer derartigen Vereinbarung besteht. Bei der Geschäftsraummiete besteht dieses Hindernis zwar nicht, in der Praxis begegnen aber beiden Parteien nach in Vollzug gesetztem Miet-

verhältnis erhebliche Rückabwicklungsschwierigkeiten bei Ausübung eines Rücktrittrechts. Aufgrund des engen Anwendungsbereiches und der praktischen Schwierigkeiten der Rückabwicklung sollte zunächst im Wege der Vertragsauslegung geprüft werden, ob tatsächlich der Rücktritt oder die Kündigung gewollt sind.

bb) Einschränkung des § 572 Abs. 1 BGB

Der näheren Betrachtung bedarf im Falle eines tatsächlich vereinbarten Rücktrittsrechts die Vorschrift des § 572 Abs. 1 BGB. Gemäß § 572 Abs. 1 kann sich der Vermieter nach Überlassung des Wohnraums an den Mieter nicht mehr auf ein vereinbartes Rücktrittsrecht berufen. 35

Die Vorschrift gilt nur für die Wohnraummiete. Der Anwendungsbereich erstreckt sich auch auf die Mietverhältnisse nach § 549 Abs. 2 und 3 BGB. Bei Mietverhältnissen über Räume, die keine Wohnräume sind, insbesondere Geschäftsraum, Grundstücksmiete und bei der Miete beweglicher Sachen und bei der Pacht gilt § 572 BGB nicht. 36

Sinn und Zweck der Vorschrift ist es, zu verhindern, dass der Kündigungsschutz für Wohnraummieter durch die Vereinbarung vertraglicher Rücktrittsrechte oder auflösende Bedingungen zum Nachteil des Mieters umgangen wird. 37

Bei der Anwendung des § 572 Abs. 1 BGB ist in zeitlicher Hinsicht zu differenzieren, ob der Rücktritt vor oder nach der Überlassung an den Mieter erklärt wird. Maßgeblich ist der Zeitpunkt des Zugangs der Rücktrittserklärung. 38

Vor der Überlassung des Mietgebrauchs: 39

§ 572 Abs. 1 BGB gilt nicht. Es gelten die allgemeinen Vorschriften. Gemäß § 349 BGB erfolgt der Rücktritt durch Erklärung gegenüber dem anderen Vertragsteil, wobei keine besondere Form bzw. Begründung vorgeschrieben ist. Die Parteien sind aber insoweit frei, die Voraussetzungen des Rücktritts im Mietvertrag zu regeln. Rechtsfolge eines erklärten Rücktritts ist es, dass der Mietvertrag rückwirkend aufgelöst wird.

Nach der Überlassung des Mietgebrauchs: 40

§ 572 Abs. 1 BGB gilt ab dem Moment, in dem die Wohnung dem Mieter überlassen worden ist, d.h. mit der »in Vollzugsetzung« des Vertrages durch Besitzüberlassung.

Der Vermieter kann ab diesem Zeitpunkt nicht mehr vom Vertrag zurücktreten, selbst wenn die vertraglich vereinbarten Rücktrittsvoraussetzungen gegeben sind. Statt des Rücktrittsrechts steht dem Vermieter das Recht zur Kündigung nach dem §§ 573 ff. BGB zu. Der Vermieter ist auf die dort geregelten Kündigungstatbestände einschließlich deren Voraussetzungen verwiesen. 41

Der Mieter kann dagegen vom Vertrag zurücktreten, wenn die vereinbarten Rücktrittsvoraussetzungen gegeben sind. Die Rechtslage ist nahezu identisch m. dem Zeitraum vor Übergabe, allerdings wirkt entgegen den allgemeinen Vorschriften ein erklärter Rücktritt nur für die Zukunft, da im Rahmen eines Dauerschuldverhältnisses die beiderseits erbrachten Leistungen gerade bei der Miete nicht mehr mit Rückwirkung beseitigt werden können. 42

cc) Umdeutung des Rücktritts

Ein seitens des Vermieters erklärter Rücktritt, kann im Einzelfall in eine Kündigungserklärung umgedeutet werden, sofern die formellen und materiellen Voraussetzungen eines Kündigungstatbestandes vorliegen (Blank/Börstinghaus/Blank § 572 BGB Rn. 7). Dies dürfte kaum praxisrelevant sein, da die Rücktrittserklärung sämtliche Begründungserfor- 43 dernisse beinhalten müsste, einschließlich Kündigungsfristen, und dem Mieter darüber hinaus auch die Rechte aus § 574 BGB zustehen.

44 **Hinweis:**

> In Zweifelsfällen sollte nach Überlassung des Mietgebrauchs statt des Rücktritts die Kündigung erklärt werden. Zumindest hilfsweise ist die Kündigungserklärung empfehlenswert.

2. Bedingung

45 Die Bedingung, in der Form der auflösenden Bedingung, führt wie die Befristung zu einem automatischen Beendigung des Mietverhältnisses mit Bedingungseintritt; § 158 Abs. 2 BGB. Die Befristung ist als Beendigungstatbestand in Zusammenhang mit dem Zeitmietvertrag eingehend behandelt worden, sodass hierauf nicht weiter eingegangen werden muss. Nachfolgend ist die Befristung nur in Bezug auf die Abgrenzung zur auflösenden Bedingung von Interesse. Die aufschiebende Bedingung i.S.v. § 158 Abs. 1 BGB kann gleichfalls außen vor bleiben, da es in diesem Zusammenhang nur um die Beendigung des Mietverhältnisses geht.

46 Eine auflösende Bedingung liegt vor, wenn das Ende des Mietverhältnisses vereinbarungsgemäß von einem künftigen Ereignis abhängen soll, dessen Eintritt ungewiss ist (§ 158 Abs. 2 BGB). Die Ungewissheit ist das entscheidende Abgrenzungskriterium gegenüber dem befristeten Mietverhältnis. Ist der Eintritt des Ereignisses ungewiss, dann liegt eine auflösende Bedingung vor, oder ist der Eintritt des Ereignisses gewiss, dann liegt eine Befristung vor, die nicht unterfällt. Der befristete Vertrag ist seit dem Mietrechtsreformgesetz bei Wohnraum nur noch begrenzt möglich (§ 575 Abs. 1 S. 1 BGB).

47 Beispiele für ungewisse Ereignisse sind:

Vermietung einer Werkwohnung in Abhängigkeit vom Fortbestand des Arbeitsvertrages (LG Aachen WuM 1985, 149; LG Düsseldorf WuM 1985, 151), Nutzungsvertrag m. Genossenschaftswohnung, wobei der Bestand an der Mitgliedschaft an die Genossenschaft geknüpft ist (LG Berlin MM 1992, 354; LG Lübeck WuM 1970, 201), Untermietverhältnis endet, wenn das Hauptmietverhältnis beendet wird (LG Osnabrück WuM 1994, 24), Mietverhältnis endet bei Auszug eines Mitmieters (LG Göttingen WuM 1989, 184).

48 Beispiele für gewisse Ereignisse sind:

Mietzeit wird kalendermäßig bestimmt (Zeitmietvertrag). Ein Mietverhältnis auf Lebenszeit ist als befristetes Mietverhältnis zu bewerten, weil das Ereignis (Tod der Partei) mit Gewissheit eintreten wird (BayObLG RE ZMR 1993, 462; a.A. LG Berlin MM 1991, 333). Das Ereignis »bis zum Abbruch eines Hauses« ist ein befristetes Mietverhältnis, wenn der Abbruch feststeht, lediglich der Zeitpunkt des Abbruches noch ungewiss ist. Steht der Abbruch nicht fest, besteht die Möglichkeit eines auflösend bedingten Mietverhältnisses (Blank/Börstinghaus/Blank § 572 BGB Rn. 11). Ebenso wenn als Ereignis die »Heirat der Tochter des Vermieters« dienen soll. Maßgeblich ist, ob die Parteien sich den Eintritt dieses Ereignisses als sicher (Befristung) oder nur als möglich (Bedingung) vorstellen. Es kommt dann für eine Befristung auf konkrete Heiratsabsichten, bevorstehende Eheschließung und Bezug der vermieteten Räume als Ehewohnung an (Schmidt-Futterer/Blank § 542 BGB Rn. 136).

49 Eine wirksame auflösende Bedingung führt beim Bedingungseintritt automatisch zur Beendigung des Mietverhältnisses. Derartige Vereinbarungen kommen, wenn auch selten,

sowohl bei Wohnräumen als auch Geschäftsräumen vor. Eine Berufung auf die Bedingung ist je nach Miettyp Einschränkungen unterworfen. Davon unabhängig gilt, dass sich auf den Eintritt der Bedingung nicht berufen kann, wer sie treuwidrig herbeigeführt hat (§ 162 Abs. 2 BGB).

a) Geschäftsraum, sonstige Räume

Die Vereinbarung einer auflösenden Bedingung ist wirksam, sodass das Mietverhältnis automatisch gemäß § 158 Abs. 2 BGB endet. Typisches Beispiel derartiger Vereinbarungen ist das Ende des Untermietvertrages mit Beendigung des Hauptmietvertrages. In der Praxis begegnen derartige Bedingungen indes nur selten. Bei der Vertragsgestaltung werden meist die Vereinbarung von Sonderkündigungsrechten bevorzugt. **50**

b) Wohnraum

Die Vereinbarung einer auflösenden Bedingung ist an sich möglich, gemäß § 572 Abs. 2 BGB kann sich der Vermieter von Wohnraum aber auch nicht auf eine Vereinbarung berufen, die zum Inhalt hat, dass das Mietverhältnis zum Nachteil des Mieters auflösend bedingt ist. **51**

Sofern tatsächlich eine auflösende Bedingung i.S.v. § 158 Abs. 2 BGB vereinbart wurde, ist weitere Voraussetzung, dass es sich nicht um eine auflösende Bedingung zum Nachteil des Mieters handelt. Eine auflösende Bedingung zum Vorteil des Mieters ist uneingeschränkt möglich. Nachteilig zulasten des Mieters sind solche Bedingungen, die im Interesse des Vermieters zur Rückerlangung der Wohnung und bei Eintritt eines bestimmten Ereignisses vereinbart worden sind. Falls eine Bedingung sowohl zum Vorteil als auch zum Nachteil des Mieters sich auswirken kann, so ist § 572 Abs. 2 BGB dennoch anwendbar (Blank/Börstinghaus/Blank § 572 BGB Rn. 12). § 572 Abs. 2 BGB hat den Sinn, eine Umgehung der Kündigungsschutzvorschriften vorzubeugen. Dieses Ziel ist auch bei derartigen »Zwittersituationen« nur erreichbar, wenn die Vereinbarung unwirksam ist. Da sich derartige Vereinbarungen nicht nur zum Vorteil des Mieters auswirken können, wird insoweit § 158 Abs. 2 BGB durch § 572 Abs. 2 BGB verdrängt (Blank/Börstinghaus/Blank § 572 BGB Rn. 12; Sternel IV Rn. 336). **52**

Die Rechtsfolge der Vereinbarung einer auflösenden Bedingung zum Nachteil des Mieters ist umstritten. Nach einer Auffassung ist die Vereinbarung einer derartigen Bedingung wirksam. Sofern die Bedingung eintritt, kann sich nur der Mieter, nicht aber der Vermieter auf den Eintritt der Bedingung berufen. Folge ist, dass das Mietverhältnis aufgrund des Bedingungseintrittes endet, wenn der Mieter dies will (Staudinger/Rolfs § 572 BGB Rn. 8; Lammel § 572 BGB Rn. 15). Nach a.A. ist die Vereinbarung einer auflösenden Bedingung zum Nachteil des Mieters unwirksam (Blank/Börstinghaus/Blank § 572 BGB Rn. 9; Herrlein/Kandelhard/Kandelhard § 572 BGB Rn. 2 und 4). Folge dieser Ansicht ist es, dass sich keine der Parteien auf die vertragsbeendigende Wirkung der Bedingungen berufen kann. Letzterer Auffassung ist zu folgen, die bereits den Wortlaut für sich hat. »Nicht ... berufen« liegt nahe, dass nur die auflösende Bedingung zum Nachteil des Mieters unwirksam sein soll, nicht aber der Vertrag i.Ü. Sinn und Zweck der Vorschrift ist die Erhaltung der Kündigungsschutzvorschriften zugunsten des Mieters von Wohnraum, wobei eine Beendigung des Mietverhältnisses bei Eintritt der Bedingung nicht passen würde. **53**

Beendigung vor Bedingungseintritt. Strittig ist, ob das Mietverhältnis vor Bedingungseintritt ordentlich kündbar ist. Es geht um die Frage, ob man bei einem auflösend bedingten Mietvertrag von einer »unbestimmten« Mietzeit sprechen kann; vgl. § 542 Abs. 1 BGB. Hierzu werden drei Auffassungen vertreten. Nach einer Ansicht wird vertreten, dass vor **54** dem Eintritt der Bedingung eine Kündigung ausscheidet; Ermann/Jendrek § 565 BGB Rn. 5; Lammel § 572 BGB Rn. 13). Nach a.A. ist der Mietvertrag kündbar und wie ein unbefristetes Mietverhältnis zu behandeln (Elzer/Riecke-Elzer § 572 BGB Rn. 6; Palandt/Weidenkaff § 572 BGB Rn. 5;). Eine schematische Lösung verbietet sich. Entscheidend sind die Vertragsvereinbarungen und die Umstände des Einzelfalls (Blank/Börstinghaus/Blank § 572 BGB Rn. 19; Schmid/Stangl § 572 BGB Rn. 16; Schmidt-Futterer/Blank § 572 BGB Rn. 13). Das Mietverhältnis ist vor Bedingungseintritt unkündbar, wenn die Bedingung nach den Parteivorstellungen der alleinige Grund zur Vertragsbeendigung sein soll. Das Vertragsverhältnis ist kündbar, wenn die Parteien ein Mietverhältnis auf unbestimmte Zeit abschließen wollten, wobei der Mietvertrag spätestens m. Eintritt der Bedingung enden sollte. Der BGH hat sich der letzten Ansicht angeschlossen (BGH InfoM 2009, 225). Es kann bei einer auflösenden Bedingung grundsätzlich ordentlich gekündigt werden. Etwas anderes gilt, wenn die Parteien eine solche Kündigung ausgeschlossen haben. Ein solcher Ausschluss kann auch in der Bedingung selbst gesehen werden, wenn damit die Vertragsbeendigung abschließend geregelt werden sollte.

55 Beendigung nach Bedingungseintritt. § 572 Abs. 2 BGB geht der allgemeinen Regelung des § 158 Abs. 2 BGB vor, falls das Mietverhältnis zum Nachteil des Mieters auflösend bedingt ist. Eine derartige Vereinbarung zum Nachteil des Mieters ist unwirksam. Das Mietverhältnis endet auch dann nicht mit Bedingungseintritt, wenn der Mieter sich auf die auflösende Bedingung berufen will (a.A. Lammel § 572 BGB Rn. 15, 16). Das Mietverhältnis endet nicht automatisch und kann beidseitig nur durch Kündigung beendet werden.

56 Die Vorschrift ist nicht abdingbar. Die bis zum Mietrechtsreformgesetz noch möglichen Ausnahmen gemäß § 565a Abs. 3 BGB a.F. bei Mietverhältnissen zum nur vorübergehenden Gebrauch und bei möbliertem Wohnraum, der nicht zum dauernden Gebrauch für eine Familie überlassen ist, sind entfallen.

3. Anfechtung

57 Das Anfechtungsrecht ist ein Gestaltungsrecht. Die Anfechtung des Mietvertrags hat in der Praxis meist nur geringe Relevanz. Der praktische Anwendungsbereich der Anfechtung erschöpft sich auf den Zeitraum bis zur Überlassung des Mietgebrauchs. Ein Mietvertrag ist gemäß § 142 Abs. 1 BGB als von Anfang an als nichtig anzusehen, wenn eine Partei ihre für den Vertragsschluss abgegebene Willenserklärung gemäß §§ 119 ff. BGB anficht. Die Voraussetzungen der Anfechtung sind,

- die Zulässigkeit der Anfechtung,
- ein Anfechtungsgrund,
- die Einhaltung der Anfechtungsfrist sowie eine
- Anfechtungserklärung.

a) Zulässigkeit der Anfechtung

58 Anfechtbar sind alle auf Vertragsschluss gerichteten Willenserklärungen (z.B. Angebot, Annahme) unabhängig von der Art des Mietverhältnisses, selbst wenn der Vertrag bereits aus anderen Gründen nichtig ist.

59 Vor Übergabe der Mietsache ist die Anfechtung uneingeschränkt zulässig (BGH ZMR 1973, 283). Im Gegensatz zur Kündigung mit Wirkung ex nunc, also mit Wirkung für die Zukunft, wirkt die Anfechtung ex tunc.

60 Nach der Übergabe der Mietsache ist strittig, ob die Anfechtung zulässig ist. Gesichert erscheint allein, dass nach der Überlassung die Anfechtung wegen eines Irrtums über eine verkehrswesentliche Eigenschaft nach § 119 Abs. 2 BGB ausgeschlossen ist (BGHZ 34, 32 zu § 459 BGB a.F.). Die §§ 536 ff. BGB gehen als Sonderregelungen vor. Daraus ist zu folgern, dass die Anfechtung ausgeschlossen bleibt, soweit zugleich ein Sach- oder Rechtsmangel vorliegt. Dies gilt auch falls die Gewährleistung vertraglich oder gesetzlich ausgeschlossen ist. Der Mieter kann deshalb das Mietverhältnis nur unter den Voraussetzungen der §§ 543, 569 BGB kündigen, i.Ü. ist er auf Gewährleistungsansprüche zu verweisen. Umgekehrt kann der Vermieter den Mietvertrag nicht anfechten, wenn er sich damit seiner Gewährleistungspflicht entzöge (BGH NJW 1988, 2597 zu § 459 ff. BGB a.F.). Eine spezielle Regelung in den §§ 535 ff. BGB gibt es zu den Anfechtungstatbeständen nach § 119 Abs. 1 BGB oder § 123 BGB dagegen nicht, so dass hier unterschiedliche Auffassungen vertreten werden. Nach einer Auffassung wird vertreten, das Recht zur Anfechtung wegen arglistiger Täuschung werde, sobald der Mietvertrag durch Überlassung der Mietsache vollzogen sei, durch das Recht zur fristlosen Kündigung aus wichtigem Grund gem. § 543 BGB verdrängt, soweit sich der Willensmangel auf verkehrswesentliche Eigenschaften des Mietobjekts selbst beziehe (Roquette Vor §§ 537–542 BGB Rn. 16, 20; Bub/Treier-Bub II Rn. 673; noch offen gelassen in BGHZ 137, 255, 266). Der Anfechtungsberechtigte wird nicht benachteiligt, da er einerseits wie bei der Anfechtung die Möglichkeit hat, das Vertragsverhältnis aufzulösen, andererseits die Rückabwicklung erleichtert wird. Nach anderer Auffassung kann zwar eine auf Abschluss eines Mietvertrages gerichtete Willenserklärung auch nach Überlassung der Mietsache wegen arglistiger Täuschung stets angefochten werden (RGZ 157, 173, 174; KG NZM 2002, 91; LG Mannheim ZMR 1990, 303; Emmerich/Sonnenschein-Rolfs § 542 BGB Rn. 82). Umstritten ist aber, ob die nach Überlassung der Mietsache erfolgte Anfechtung den Mietvertrag gem. § 142 Abs. 1 BGB rückwirkend (ex tunc) oder nur mit Wirkung ab Zugang der Anfechtungserklärung (ex nunc) vernichtet. Der BGH schließt sich der letztgenannten Auffassung an. Das Recht zur Anfechtung der auf Abschluss des Mietvertrags gerichteten Willenserklärung wird auch nach Vollzug des Mietvertrages nicht durch die mietrechtlichen Gewährleistungsvorschriften und das Recht zur fristlosen Kündigung verdrängt, weil die Anfechtung wegen arglistiger Täuschung einerseits und die Gewährleistungs- sowie die Kündigungsvorschriften andererseits unterschiedliche Sachverhalte regeln und unterschiedliche Schutzzwecke haben. Während der Anfechtung nach § 123 Abs. 1 BGB die rechtsgeschäftliche Entschließungsfreiheit schützt und deren Beeinträchtigung durch rückwirkende Vernichtung der Erklärung beseitigt, ist Gegenstand der Gewährleistungsrechte und der außerordentlichen Kündigung eine aktuelle Leistungsstörung, der durch Minderung und Schadensersatz bzw. durch Beendigung des Vertrages Rechnung getragen wird (BGH ZMR 2009, 103, 104).

Hinweis: 61

Da diese Frage noch nicht höchstrichterlich geklärt ist, sollte im vollzogenen Mietverhältnis der außerordentlichen Kündigung der Vorzug gegeben werden. Besteht ein besonderes Interesse an der Anfechtung, sollte für den Fall, dass die Anfechtung nicht wirksam ist, hilfsweise fristlos gekündigt werden.

Hat der Anfechtungsberechtigte das anfechtbare Rechtsgeschäft bestätigt, ist die Anfechtung ausgeschlossen gemäß § 144 Abs. 1 BGB. Diese Bestätigung bedarf nicht der Schriftform des § 550 i.V.m. § 578 Abs. 1 und 2 BGB und kann daher auch durch schlüssiges Verhalten erfolgen. Es muss jedoch zweifelsfrei erkennbar sein, dass der Anfechtungsberechtigte trotz Kenntnis vom Anfechtungsgrund am Mietvertrag festhalten möchte. Daran fehlt es, wenn der arglistig getäuschte Mieter den Mietgebrauch vier Monate lang fortsetzt und lediglich die Betriebskosten bezahlt (BGH NJW-RR 1992, 780). 62

b) Anfechtungsgrund

63 Als Anfechtungsgründe kommen auch im Mietrecht in Betracht:
- Inhaltsirrtum (§ 119 Abs. 1 Alt. 1 BGB),
- Erklärungsirrtum (§ 119 Abs. 1 Alt. 2 BGB),
- Eigenschaftsirrtum (§ 119 Abs. 2 BGB),
- falsche Übermittlung (§ 120 BGB) sowie
- arglistige Täuschung (§ 123 Abs. 1 Alt. 1 und Abs. 2 BGB) und
- widerrechtliche Drohung (§ 123 Abs. 1 Alt. 2 BGB).

64 Dabei berechtigen Willensmängel eines bei Vertragsschluss tätigen Stellvertreters die vertretene Partei gemäß § 166 Abs. 1 BGB zur Anfechtung; handelte der Vertreter nach bestimmten Weisungen des Vertretenen, können entsprechend § 166 Abs. 2 S. 1 BGB auch Willensmängel des Vertretenen beachtlich sein.

65 Da die mietrechtlichen Gewährleistungsvorschriften den allgemeinen Regeln vorgehen, ist eine Anfechtung wegen Sach- oder Rechtsmängeln gemäß § 119 Abs. 2 BGB regelmäßig ausgeschlossen. Andernfalls könnte sich z.B. der Vermieter seiner Haftung für Mängel entziehen, indem er die Anfechtung des Mietvertrags erklärt (BGH NJW 1988, 2597 zu §§ 459 ff. BGB a.F.).

66 Die Anfechtung ist daher in der Praxis vor allem für Willensmängel in Bezug auf die Person des Mieters bedeutsam. Hat der Mieter dem Vermieter unzutreffende persönliche Verhältnisse vorspiegelt, um den Vermieter zum Vertragsschluss zu bewegen, liegt eine arglistige Täuschung gemäß § 123 Abs. 1 Alt. 1 BGB vor; bei Selbstauskünften jedoch nur, soweit die gestellte Frage zulässig ist. Ein Verschweigen von für die Willensbildung des Vermieters wichtigen Tatsachen ist nur beachtlich, wenn den Mieter entsprechende Aufklärungspflichten treffen. Außerdem kommt ein Irrtum über verkehrswesentliche Eigenschaften des Mieters gemäß § 119 Abs. 2 BGB in Betracht, wobei sich häufig Abgrenzungsschwierigkeiten zu unbeachtlichen Motivirrtümern ergeben (z.B. AG Neuss NZM 2003, 975, Anmietung von Kirchenräumen zur Feier einer »Hochzeit«; Anm. Liermann NJW 2003, 3741). Weitere Fälle einer arglistigen Täuschung sind die fehlende Offenbarung beim Untermietvertragsschluss des Hauptmieters gegenüber dem Untermieter, dass ein Zahlungsverzug im Hauptmietverhältnis vorliegt, der zur fristlosen Kündigung berechtigt (OLG Köln NZM 1999, 417). Ebenso das Verschweigen des Vermieters bei Vertragsabschluss, dass über die Mieträume Zwangsverwaltung und Zwangsversteigerung angeordnet sind (OLG Hamm NJW-RR 1988, 784). Die unterlassene Aufklärung durch den Vermieter im Rahmen von Mietvertragsverhandlungen über den Umstand, dass die Mieträume für die vertraglich vorgesehene Nutzung nicht öffentlich-rechtlich genehmigt und auch nicht genehmigungsfähig sind, stellt eine arglistige Täuschung des Mieters dar und berechtigt diesen zur Anfechtung (OLG Brandenburg IMR 2010, 139). Der Vermieter seinerseits kann einen Mietvertrag wegen arglistiger Täuschung anfechten, wenn der Mieter bewusst verschweigt, dass sein Warensortiment fast ausschließlich aus Produkten einer Marke besteht, die in der Öffentlichkeit ein hohes Konfliktpotential birgt und als szenetypisches Erkennungsmerkmal der Rechtsextremisten wahrgenommen wird (KG InfoM 2009, 275; OLG Naumburg InfoM 2008, 425; a. A.: LG Nürnberg/Fürth Urteil v. 12.06.2009, Az. 14 O 139/09).

67 Weicht die Vorstellung einer Partei vom tatsächlichen Inhalt des unterzeichneten Mietvertrags ab (z.B. Einfügen einer verhandelten Klausel wird vergessen), kann sie wegen eines Inhaltsirrtums gemäß § 119 Abs. 1 Alt. 1 BGB zur Anfechtung berechtigt sein. Der Beweis für eine solche Fehlvorstellung dürfte jedoch kaum zu führen sein. Daher ist stets eine eingehende Prüfung des Vertragsinhalts vor dem Unterschreiben des Mietvertrages anzuraten. Ungelesenes Unterschreiben des Vertrags führt nicht zu einer Fehlvorstellung über dessen Inhalt, sodass eine Anfechtung ausscheidet (BGH NJW 1968, 2102).

Ein Erklärungsirrtum, beispielsweise durch Versprechen oder Verschreiben, kann gemäß § 119 Abs. 1 Alt. 2 BGB zur Anfechtung berechtigen. Gleiches gilt, wenn ein mit Blankounterschrift versehener Formularmietvertrag abredewidrig ausgefüllt wird (LG Köln WuM 1980, 235). 68

Als Irrtum über eine verkehrswesentliche Eigenschaft gemäß § 119 Abs. 2 BGB kommen Fehlvorstellungen über Lage, die Bebaubarkeit, gewerbliche Verwendbarkeit, Fläche der Mietsache in Betracht, nicht jedoch deren Wert als solcher. Wegen eines Kalkulationsirrtums bei der Mietbemessung kann der Vermieter den Mietvertrag i.d.R. nicht gemäß § 119 Abs. 2 BGB anfechten, weil es sich um einen unbeachtlichen Motivirrtum handelt. Beim beiderseitigen Kalkulationsirrtum kann die Anfechtung sinnvoll sein, um zumindest eine bessere Vergleichsposition aufzubauen. 69

c) Anfechtungsfrist

Bei den in §§ 119 und 120 BGB geregelten Anfechtungstatbeständen muss der Anfechtungsberechtigte gemäß § 121 Abs. 1 S. 1 BGB unverzüglich – d.h. ohne schuldhaftes Zögern – anfechten, nachdem er positive Kenntnis vom Anfechtungsgrund erlangt hat. Dem Anfechtungsberechtigten ist eine Beratungs- und Überlegungsfrist zur sorgfältigen Prüfung der Rechtslage zuzubilligen, deren Länge sich nach den Umständen des jeweiligen Einzelfalls richtet. Um rechtliche Risiken zu minimieren, sollte die Anfechtungserklärung spätestens innerhalb von zwei Tagen nach Kenntnis des Anfechtungsgrunds erklärt werden. Als absolute Obergrenze dürfte eine Frist von zwei Wochen anzunehmen sein. Das rechtzeitige Absenden der Anfechtungserklärung genügt, da Verzögerungen bei der Übermittlung gemäß § 121 Abs. 1 S. 2 BGB unberücksichtigt bleiben. Geht die erste Anfechtungserklärung auf dem Postweg verloren, genügt eine unverzügliches Wiederholen zur Fristwahrung. Unabhängig von der Kenntnis des Anfechtungsberechtigten, ist die Anfechtung gemäß § 121 Abs. 2 BGB ausgeschlossen, wenn seit der Abgabe der Willenserklärung zehn Jahre verstrichen sind. 70

Bei den in § 123 BGB geregelten Anfechtungstatbeständen beträgt die Anfechtungsfrist ein Jahr (§ 124 Abs. 1 BGB). Diese Frist beginnt bei arglistiger Täuschung ab Entdecken der Täuschung durch den Anfechtungsberechtigten und bei widerrechtlicher Drohung mit dem Ende der Zwangslage und kann unter bestimmten Voraussetzungen gehemmt sein (§ 124 Abs. 2 BGB). Unabhängig von vorstehenden Voraussetzungen ist die Anfechtung ausgeschlossen, wenn seit Abgabe der Willenserklärung zehn Jahre verstrichen sind (§ 124 Abs. 3 BGB). 71

Für vor dem 01.01.2002 geschlossene Mietverträge ist für die Geltung der Zehn-Jahres-Frist der §§ 121 Abs. 2 und 124 Abs. 3 BGB die Überleitungsvorschrift des Art. 229 § 6 Abs. 5 EGBGB zu berücksichtigen. 72

d) Anfechtungserklärung

Anfechtungsberechtigt ist die Partei, die die anzufechtende Willenserklärung abgegeben hat oder für die diese durch einen Vertreter abgegeben wurde. 73

Die Anfechtung muss gegenüber dem zutreffenden Anfechtungsgegner gemäß § 143 Abs. 2 BGB erklärt werden. Dies ist die andere Vertragspartei und zwar auch bei Täuschung durch einen Dritten (§ 123 Abs. 2 S. 1 BGB). 74

Anfechtungsberechtigt ist derjenige, dem die Willenserklärung zugerechnet wird (bei Stellvertretung der Vertretene und nicht der Vertreter), also der Vermieter oder der Mieter. Sind Personenmehrheiten am Mietverhältnis beteiligt, muss die Anfechtung grundsätzlich von allen Beteiligten auf Seiten der anfechtenden Partei gegenüber sämtlichen 75

Beteiligten auf Seiten der anderen Partei erklärt werden (BGHZ 96, 310; BayObLG WuM 1983, 107).

76 Inhaltlich ist nicht erforderlich – aber zu empfehlen –, dass das Wort »anfechten« verwendet wird; im Einzelfall kann genügen, dass der Anfechtungsberechtigte eindeutig zu verstehen gibt, dass er sich an seine Erklärung nicht mehr gebunden fühlt. Auch die Angabe des Anfechtungsgrunds ist zu empfehlen, obwohl es regelmäßig genügt, wenn der Anfechtungsgegner aus der Erklärung erkennen kann, auf welchen Sachverhalt die Anfechtung gestützt ist. Als Gestaltungsrecht darf die Anfechtung grundsätzlich nicht unter einer Bedingung erklärt werden, es sei denn es handelt sich um eine Rechtsbedingung.

77 Die Anfechtungserklärung ist formlos möglich; aus Beweisgründen empfiehlt sich unbedingt, stets schriftlich und mit Zugangsnachweis anzufechten. Bei unverzüglich vorzunehmenden Anfechtungen ist wegen § 121 Abs. 1 S. 2 BGB auch auf eine Dokumentation des Absendezeitpunkts zu achten. Die Beigabe einer lückenlosen Kette von Originalvollmachten bzw. die Unterschrift durch den gesetzlichen Vertreter empfiehlt sich, wenn die Anfechtung unverzüglich i.S.d. § 121 BGB erklärt werden muss, weil hier ein Nachholen der Anfechtung zeitnah regelmäßig nicht mehr möglich ist.

e) Rechtsfolgen der Anfechtung

78 Mit Zugang der Anfechtungserklärung beim Anfechtungsgegner ist der Mietvertrag grundsätzlich als von Anfang an als nichtig gemäß § 142 Abs. 1 BGB anzusehen (ex tunc). Erfolgt die Anfechtung nach Übergabe der Mietsache, kommt auch eine Wirkung nur für die Zukunft in Betracht (ex nunc). Die Auffassung, die eine Wirkung ab Zugang der Anfechtungserklärung (ex nunc) vertritt, beruft sich zur Begründung darauf, dass ein bereits vollzogenes Mietverhältnis nur unter Inkaufnahme großer Schwierigkeiten abgewickelt werden kann, und deshalb eine Beendigung ex nunc sachgerecht sei (Schmidt-Futterer/Blank Vor § 535 BGB Rn. 7; Staudinger/Rolfs § Vor 542 BGB Rn. 179). Zudem kann eine einmal begonnene Dauerleistung nur beendet, nicht aber rückgängig gemacht werden (LG Nürnberg/Fürth MDR 1966, 1003, 1004). Zudem werden bei Wohnraummietverhältnissen soziale Erwägungen wegen Bestands- und Vertrauensschutz angeführt (Hille WuM 1984, 292, 293). Nach a.A. wirkt die Anfechtung ex tunc (RGZ 86, 334; 102, 225, 226; 157, 173, 174; KG NZM 2002, 21; Emmerich NZM 1998, 692, 694 f.). Es besteht kein Anlass, vom gesetzlichen Wortlaut des § 142 Abs. 1 BGB abzuweichen. Die Rückabwicklung hat nach bereicherungsrechtliche Vorschriften zu erfolgen. Jedenfalls im Bereich Geschäftsraummiete besteht auch kein Grund, unter sozialen Gesichtspunkten den Zeitpunkt der Wirkung zu korrigieren. Der BGH hat sich bei der Geschäftsraummiete der Auffassung angeschlossen, dass eine Anfechtung ex tunc wirkt (BGH ZMR 2009, 103, 104). Die Schwierigkeiten, die sich bei der Rückabwicklung vollzogener Dauerschuldverhältnisse ergeben, rechtfertigen keine Ausnahme von der gesetzlichen Regelung. Gleichgelagerte Probleme entstehen auch bei § 105 BGB oder §§ 134, 138 BGB. Die Rückabwicklung sei auch über bereicherungsrechtliche Vorschriften möglich. Das Bereicherungsrecht sieht für den Fall, dass die Herausgabe wegen der Beschaffenheit des Erlangten nicht möglich ist, gem. § 818 Abs. 2 BGB vor, dass der Wert zu ersetzen ist. Schließlich lassen sich bei der Geschäftsraummiete in der Regel auch keine sozialen Belange feststellen, die einen erhöhten Bestandsschutz in Vollzug gesetzter Mietverträge und deshalb eine Einschränkung der Wirkung der Anfechtung auf den Zeitpunkt des Zugangs der Anfechtungserklärung erforderlich machen könnten. Im Hinblick auf die Vertragsabwicklung verweist der BGH auf § 818 Abs. 2 BGB und bestimmt den zu ersetzenden Wert der erlangten Gebrauchsvorteile nach dem ortsüblichen Mietzins. Dieser beinhaltet in dem Umfang, in dem verbrauchsunabhängige Nebenkosten ortsüblicher

Teil der Miete mit vereinbart werden, auch diese Nebenkosten. Der Anspruch unterliegt auch der Umsatzsteuer (BGH ZMR 2009, 103). Ungeklärt ist, welcher Zeitpunkt bei Wohnraummietverhältnissen gelten soll. Es erscheint aber auch hier kein Grund ersichtlich, den Wortlaut des Gesetzes in § 142 Abs. 1 BGB zu korrigieren.

Handelt es sich um eine Anfechtung wegen Irrtums oder falscher Übermittlung gemäß §§ 119, 120 BGB, kann der Anfechtungsgegner vom Anfechtenden gemäß § 122 Abs. 1 BGB den Vertrauensschaden verlangen, den er im Vertrauen auf die Wirksamkeit des Vertrags erlitten hat (sog. negatives Interesse, z.B. Vertragskosten, Nachteile aus Nichtabschluss eines anderen günstigen Mietvertrags, Umzugskosten, Maklerkosten, Fahrtkosten für erneute Wohnungssuche). Eine Besserstellung als bei Wirksamkeit des Vertrags kommt hierbei nicht in Betracht (Obergrenze: sog. positives Interesse). Diese Schadensersatzpflicht entfällt gemäß § 122 Abs. 2 BGB, wenn der Anfechtungsgegner die Anfechtbarkeit kannte oder kennen musste. Bei Anfechtung wegen arglistiger Täuschung oder widerrechtlicher Drohung gemäß § 123 BGB besteht ebenfalls keine Schadensersatzpflicht des Anfechtenden. **79**

III. Kündigungsrechte – Übersicht

Das Gesetz enthält zahlreiche Kündigungsrechte, auf die in den einzelnen Kapiteln im jeweiligen Zusammenhang eingegangen wird. Hier eine Übersicht: **80**

- Berechtigtes Interesse: § 573 Abs. 1 BGB. **81**
- Eigenbedarf: § 573 Abs. 2 Nr. 2 BGB.
- Dauerwohnrecht: § 37 WEG.
- Erbbaurecht: § 30 Abs. 2 ErbbauRG.
- Erhaltungs- und Modernisierungsmaßnahmen: § 554 Abs. 3 S. 2 BGB.
- Gesundheitsgefährdung: § 569 Abs. 1 BGB.
- Hausfriedensstörung: § 569 Abs. 2 BGB.
- Insolvenz: §§ 109, 111 InsO.
- Mieterhöhung: § 561 BGB, § 11 WoBindG.
- Mietrückstand: § 543 Abs. 2 Nr. 3.
- Nebenräume: § 573b BGB.
- Nichtgewährung vertragsgemäßen Gebrauchs: § 543 Abs. 2 Nr. 1 BGB.
- Pflichtverletzung: § 573 Abs. 2 Nr. 1 BGB.
- Staffelmiete: § 557a Abs. 3 BGB.
- Tod des Mieters: § 563 Abs. 4, 563a Abs. 2, § 564 S. 2, 580 BGB.
- Unbefugte Gebrauchsüberlassung: § 543 Abs. 2 Nr. 2 BGB.
- Vernachlässigung der Mietsache: § 543 Abs. 2 Nr. 1 BGB.
- Vertrag über mehr als 30 Jahre: § 544 BGB.
- Verweigerung der Untervermietungserlaubnis: § 540 Abs. 1 S. 2 BGB.
- Werkdienstwohnungen: § 576b BGB.
- Werkmietwohnungen: § 576 BGB.
- Wichtiger Grund: § 543 BGB.
- Wirtschaftliche Verwertung: § 573 Abs. 2 Nr. 3 BGB.
- Zwangsversteigerung: § 57a ZVG.
- Zweifamilienhaus: § 573a BGB.

IV. Kündigung des Mietverhältnisses

1. Allgemeines

82 Durch die Reform des Mietrechts zum 01.09.2001 ist das Recht der Kündigung teilweise neu geregelt worden. Während die ordentliche Kündigung – auch bei Mietverhältnissen über Wohnraum – weitgehend so geblieben ist wie sie war, hat die außerordentliche fristlose Kündigung eine völlige Neustrukturierung erfahren. Hinsichtlich der **Beendigung** des Mietverhältnisses unterscheidet § 542 BGB zwischen
- dem Mietverhältnis auf unbestimmte Zeit und
- dem Mietverhältnis auf bestimmte Zeit.

83 Das **Mietverhältnis auf unbestimmte Zeit** (unbefristetes Mietverhältnis) endet insbesondere durch Kündigung einer der beiden Vertragsparteien (§ 542 Abs. 1 BGB). Darüber hinaus kann es auch durch Anfechtung (dazu Rdn. 57 ff.) oder durch den Abschluss eines Mietaufhebungsvertrags (dazu Rdn. 466) beendet werden. Das **Mietverhältnis auf bestimmte Zeit** (befristetes Mietverhältnis/Zeitmietvertrag – dazu Rdn. 1 ff.) endet regelmäßig mit Ablauf der vertraglich vereinbarten Mietzeit ohne weitere Erklärung, sofern es nicht verlängert oder von einer der Vertragsparteien außerordentlich gekündigt wird (§ 542 Abs. 2 BGB).

84 In der Praxis steht die Beendigung des unbefristeten Mietverhältnisses durch **Kündigung** im Vordergrund. Die Kündigung ist eine einseitige empfangsbedürftige Willenserklärung, die auf die Beendigung des Mietverhältnisses gerichtet ist; es handelt sich um ein **Gestaltungsrecht**. Zu unterscheiden ist zwischen
- ordentlicher Kündigung
- außerordentlicher befristeter Kündigung
- außerordentlicher fristloser Kündigung aus wichtigem Grund.

85 Diese in Rechtsprechung und Schrifttum seit jeher gängige Terminologie hat übrigens erst durch das MietRRG Eingang in das Gesetz gefunden. Das alte Mietrecht verwendete weder den Begriff der ordentlichen noch den der außerordentlichen Kündigung.

86 Die **ordentliche Kündigung** führt zur Beendigung des unbefristeten Mietverhältnisses nachdem die Kündigungsfrist abgelaufen ist.

87 Die **außerordentliche befristete Kündigung** ist in den gesetzlich vorgesehenen Fällen zulässig. Sie beruht auf Störungen der Geschäftsgrundlage, etwa infolge einer Veränderung in der Rechtszuständigkeit des Vertragspartners, am Mietobjekt oder beim Leistungsinhalt (Lammel § 542 Rn. 7), die eine vorzeitige Vertragsbeendigung geboten erscheinen lassen (z.B. Kündigung bei Tod des Mieters nach § 563 Abs. 4 BGB, Kündigung des Erstehers in der Zwangsversteigerung nach § 57a ZVG). Zu unterscheiden ist zwischen
- der außerordentlichen Kündigung mit gesetzlicher Frist (Dreimonatsfrist außer bei möbliertem Wohnraum, s. §§ 573d, 575a BGB) und
- den Sonderkündigungsrechten mit einer kürzeren Kündigungsfrist (z.B. § 554 Abs. 3 S. 2 BGB, § 561 BGB).

88 Die **außerordentlich fristlose Kündigung aus wichtigem Grund** ist in den gesetzlich zugelassenen Fällen möglich. Sie ist dadurch gerechtfertigt, dass dem Kündigenden die Fortsetzung des Mietverhältnisses wegen erheblicher Leistungsstörungen des Kündigungsempfängers oder unter Berücksichtigung aller Umstände des Einzelfalls nicht mehr zugemutet werden kann (z.B. Nichtgewährung des vertragsgemäßen Gebrauchs gem. § 543 Abs. 2 Nr. 1 BGB, Zahlungsverzug gem. § 543 Abs. 2 Nr. 3 BGB, nachhaltige Störung des Hausfriedens gem. § 569 Abs. 2 BGB).

Die Arten der Kündigung ergeben sich aus der nachfolgenden Übersicht: 89

Ordentliche Kündigung	Außerordentliche befristete Kündigung	Außerordentliche fristlose Kündigung aus wichtigem Grund
Für Wohnraummietverhältnisse Kündigung des Mieters § 573c BGB Kündigung des Vermieters §§ 573 ff., 573c BGB Für Mietverhältnisse über andere Sachen § 580a BGB Beachte insbesondere für Geschäftsräume § 580a Abs. 2 BGB	Außerordentliche Kündigung mit gesetzlicher Frist *Tatbestände:* z.B. §§ 540 Abs. 1 S. 2, 544, 563 Abs. 4, 563a Abs. 2, 564 S. 2, 580, 1056 Abs. 1 BGB, 57a ZVG *Rechtsfolge:* §§ 573d, 575a, 580a Abs. 4 BGB Sonderkündigungsrecht z.B. §§ 554 Abs. 3 S. 2, 561 BGB	Für alle Mietverhältnisse § 543 BGB Sonderbestimmungen für Wohnraum § 569 BGB Für andere Räume: § 578 Abs. 2 i.V.m. § 569 Abs. 1, 2 BGB

2. Allgemeine Kündigungsformalien

a) Kündigungserklärung

Die Kündigung ist eine **einseitige empfangsbedürftige Willenserklärung**, die mit Zugang beim Empfänger wirksam wird. Inhaltlich muss sie hinreichend bestimmt sein; insbesondere muss sie den Willen des Erklärenden, das Mietverhältnis einseitig zu beenden, klar und deutlich zum Ausdruck bringen. Die Angabe eines Beendigungs- oder Kündigungstermin erscheint sachgerecht, ist aber nicht Wirksamkeitsvoraussetzung der Kündigung (PWW/Riecke § 542 Rn. 5). Aus der Kündigungserklärung muss sich weiterhin erschließen, wer sie abgegeben hat, an wen sie sich richtet und welcher Mietgegenstand betroffen ist (vgl. Schmidt-Futterer/Blank § 542 Rn. 14). 90

Die Kündigung muss auf die Beendigung des **gesamten Mietverhältnisses** gerichtet sein. Eine Teilkündigung bezüglich einzelner Punkte des Vertrags oder Teile des Mietobjekts ist grundsätzlich unzulässig (vgl. LG München II WuM 1989, 514; AG Köpenick GE 2007, 1491; AG Münster ZMR 2007, 707); sie kommt nur unter den engen Voraussetzungen des § 573b BGB in Betracht (s. dazu Rdn. 233). 91

Die Kündigung darf auch nicht mit einer **Bedingung** verknüpft werden (vgl. BGH WuM 2004, 271, 272). Eine Ausnahme besteht für solche Bedingungen, deren Eintritt vom Willen des Kündigungsempfängers abhängt (sog. Potestativbedingung, dazu Schmidt-Futterer/Blank § 542 Rn. 16; Sternel Rn. X 17; Flatow NZM 2004, 281, 284 f. = WuM 2004, 316, 319). Ein Beispiel ist die sog. Änderungskündigung; diese ist aber bei Mietverhältnissen über Wohnraum unzulässig (§ 573 Abs. 1 S. 2 BGB). Regelmäßig unwirksam ist auch eine unbestimmt befristete Kündigung (sog. **unechte Befristung**, s. BGH NZM 2004, 284 = ZMR 2004, 172). Der BGH (a.a.O.) hat dies im Falle einer Kündigungserklärung angenommen, die folgenden Zusatz enthielt: »Die Kündigung wird nicht mit sofortiger Wirkung ausgesprochen, sondern zu dem Zeitpunkt, an dem wir andere Geschäftsräume beziehen können.« Eine solche Ungewissheit, ob und wann das Mietverhältnis durch die Kündigung beendet ist, kann dem Kündigungsempfänger nicht zugemutet werden. Anders hat das OLG Düsseldorf (GE 2008, 54) in einen Fall entschieden, in dem das anwaltliche Kündigungsschreiben mit folgenden Zusatz versehen war: »... meine Mandantin wird schnellstmöglich neue Räume suchen und Ihnen in Kürze den Auszugs- 92 termin mitteilen«. Nach Auffassung des Senats begründet eine solche Erklärung keinen vernünftigen Zweifel daran, dass die sofortige Beendigung des Mietverhältnisses gewollt ist; es handele sich mithin um eine unbefristete Kündigung.

93 Zulässig ist i.Ü. eine außerordentliche Kündigung mit »gewisser Frist«, z.B. eine Kündigung des Mieters wegen Nichtgewährung des vertragsgemäßen Gebrauchs (§ 543 Abs. 2 Nr. 1 BGB) zum Ablauf des Monats (sog. **echte Befristung**, s. BGH BeckRS 2001, 30176543 = BGHReport 2001, 539; LG Berlin NZM 2000, 543, 544; Schmidt-Futterer/Blank § 542 Rn. 17; Rolfs in Emmerich/Sonnenschein § 542 Rn. 31).

b) Personenmehrheit

94 Bei einer Personenmehrheit auf Vermieter- oder Mieterseite muss die Kündigung von allen gegenüber allen Mitgliedern einer Vertragsseite erklärt werden. Von jeder Partei erklärt bedeutet insbesondere, dass die Kündigung von allen (kündigenden) Vermietern bzw. Mietern unterschrieben sein muss (zur Schriftform s. Rdn. 100 ff.). Stellvertretung ist zulässig.

95 Bei mehreren **Kündigungsempfängern** muss sich die Kündigung ihrem Inhalt nach ausdrücklich an jeden von ihnen richten (Flatow NZM 2004, 281, 282 = WuM 2004, 316, 317). Sofern die Erklärungen nicht in einer Äußerung zusammenfasst werden, müssen sie den Empfängern in einem »unmittelbaren engen zeitlichen Zusammenhang« zugehen; ein Zwischenraum von einem Monat ist schon zuviel (vgl. OLG Düsseldorf NJW-RR 1987, 1369, 1370 = ZMR 1987, 422, 423; LG München I WuM 1999, 218). Eine **gegenseitige Bevollmächtigung** der Mieter zur Empfangnahme von Kündigungserklärungen durch Formularklausel ist zulässig (BGH NZM 1998, 22 = WuM 1997, 599 = ZMR 1998, 17).

Hinweis:

> Eine Empfangsvollmachtklausel befreit den Vermieter aber nicht davon, die Kündigung inhaltlich an sämtliche Mieter zu richten; lediglich der Zugang der Erklärung reicht bei einem von ihnen aus (Flatow NZM 2004, 281, 282 = WuM 2004, 316, 317; s.a. OLG Dresden ZMR 2008, 290 für den Leasingvertrag).

96 Im Übrigen kann es gegen Treu und Glauben verstoßen, wenn sich der Kündigungsempfänger auf den mangelnden Zugang der Erklärungen bei seinem Mitmieter beruft, obwohl dieser die **Räumlichkeiten seit Jahren verlassen** hat, ohne dies dem Vermieter mitzuteilen (OLG Frankfurt/M. ZMR 1991, 105; LG Limburg WuM 1993, 47; LG Stuttgart WuM 1996, 94; LG Essen ZMR 2008, 294, 295). Auch kann sich der Mieter nicht darauf zurückziehen, die Kündigung nicht erhalten zu haben, wenn er es unterlassen hat, den Vermieter über seine neue Anschrift zu unterrichten (LG Mannheim DWW 1997, 190). Allerdings muss der Vermieter, sofern ihm die **neue Anschrift** des ausgezogenen Mieters bekannt ist, die Kündigung auch dorthin zustellen; eine Zustellung in die Mietwohnung ist unwirksam (AG Charlottenburg GE 2008, 1433).

c) Veräußerung des Grundstücks

97 Ist das Grundstück veräußert worden, so erlangt der Erwerber die Vermieterstellung und damit die grundsätzliche Berechtigung zur Kündigung erst mit Eintragung als Eigentümer im Grundbuch (§ 566 BGB). Eine Abtretung des Kündigungsrechts kommt nicht in Betracht. Allerdings kann der Veräußerer des Grundstücks nach der Rechtsprechung des BGH (NJW 1998, 896 = WuM 1998, 99 = ZMR 1998, 214; NZM 2002, 950, 952 = ZMR 2002, 907, 909; s. BGH WuM 2008, 219 = GE 2008, 469 für die Modernisierungsankündigung) den Erwerber **ermächtigen**, die Kündigung bereits vor Vollendung des Eigen-

tumserwerbs auszusprechen. Die gilt nach einer Entscheidung des KG v. 04.02.2008 (WuM 2008, 153, 154) auch für die Kündigung von Wohnraummietverhältnissen. Hier dürfte allerdings folgendes zu beachten sein: Die **Kündigungsgründe** müssen in der Person des aktuellen Vermieters, also des Veräußerers bestehen. Somit kommt insbesondere eine Eigenbedarfskündigung (§ 573 Abs. 2 Nr. 2 BGB) regelmäßig nicht in Betracht. Eigenbedarf des Veräußerers besteht nicht; anderenfalls hätte er das Grundstück nicht veräußert. Indessen kann der Erwerber noch keinen Eigenbedarf geltend machen, da er noch nicht Vermieter ist (Flatow NZM 2004, 281, 283 = WuM 2004, 316, 317). Bei einer Kündigung wegen nicht unerheblicher schuldhafter Vertragspflichtverletzung (§ 573 Abs. 2 Nr. 1 BGB) könnte es u.U. darauf ankommen, ob sich die Pflichtverletzung gerade gegen die Person des Veräußerers gerichtet hat oder ob eine allgemeine Vertragspflichtverletzung (z.B. ständige unpünktliche Mietzahlung; Lärmbelästigung) vorliegt. Im ersten Fall dürfte der Kündigungsgrund jedenfalls mit dem Eigentumswechsel entfallen; geschieht dies vor Ablauf der Kündigungsfrist, wird die Kündigung wegen Rechtsmissbrauchs unwirksam (vgl. BGH NZM 2006, 50, 51 = WuM 2005, 782, = ZMR 2006, 119, 121). Weniger problematisch dürfte die Ermächtigung hingegen bei allgemeinen Vertragspflichtverletzungen im Rahmen des § 573 Abs. 2 Nr. 1 BGB sein, ferner bei der Verwertungskündigung nach § 573 Abs. 2 Nr. 3 BGB.

Achtung:

> Der Erwerber kann aufgrund der Ermächtigung nur das Kündigungsrecht des Veräußerers geltend machen; er darf dieses nicht mit eigenen, nach dem Eigentumswechsel entstandenen Kündigungsgründen verquicken (Derleder NJW 2008, 1189, 1191).

Zu beachten ist, dass der Mieter nach §§ 182 Abs. 3, 111 S. 2 BGB das Recht hat, die Kün- **98**
digung des Erwerbers unverzüglich zurückzuweisen, wenn ihr keine Ermächtigungserklärung in schriftlicher Form (§ 126 BGB) beigefügt ist (Flatow NZM 2004, 281 = WuM 2004, 316, 317). Deshalb sollte der Erwerber dem Kündigungsschreiben unbedingt die Ermächtigungsurkunde im Original beifügen. Zum Zurückweisungsrecht s.a. Rdn. 105.

In der **notariellen Praxis** empfiehlt es sich, die Ermächtigung des Grundstückskäufers **99**
zur Kündigung (sowie zur Ankündigung und Durchführung von Modernisierungsmaßnahmen) bereits in der Kaufvertragsurkunde aufzunehmen. In diesem Fall wird es genügen, wenn der Käufer seiner Kündigung eine Teilausfertigung der notariellen Urkunde, aus der sich die Ermächtigung ergibt, beifügt (vgl. § 47 BeurkG; s.a. Heilmann Info M 2008, 14).

d) Schriftform

Die Kündigung bei Mietverhältnissen über **Wohnraum** bedarf der gesetzlichen Schrift- **100**
form, die Erklärung muss also eigenhändig unterschrieben sein (§§ 126, 568 Abs. 1 BGB). Der Schriftform gleichgestellt ist die elektronische Form i.S.d. § 126a BGB (mit qualifizierter elektronischer Signatur). Die Textform (§ 126b BGB) genügt nicht. Durch eine Erklärung zu gerichtlichem Protokoll wird die gesetzliche Schriftform nicht eingehalten (Haug in Emmerich/Sonnenschein § 568 Rn. 8; Schmidt-Futterer/Blank § 568 Rn. 17; jew. m.w.N.).

Bei **Gewerberaum**mietverhältnissen braucht die Kündigung nicht schriftlich zu erfolgen. **101**
Sie kann auch durch schlüssiges Verhalten erklärt werden, wenn sich aus diesem zweifelsfrei ergibt, dass eine Partei das Mietverhältnis beenden möchte (BGH NZM 2001, 1077, 1078; OLG Frankfurt/M. NZM 2005, 619 = ZMR 2005, 617). Jedoch empfiehlt sich die Wahrung der Schriftform aus Gründen der **Beweisbarkeit**. In vielen Verträgen ist sie als

Formerfordernis vereinbart; allerdings sind solche Vereinbarungen eng auszulegen (OLG Frankfurt/M. NZM 2005, 619 = ZMR 2005, 617). Für die Wahrung der vereinbarten Schriftform (§ 127 BGB) genügt die Übermittlung per Telefax (BGH WuM 2004, 269, 270 = ZMR 2004, 344, 345 f.).

102 Bei einer **Mehrheit von Kündigenden** müssen entweder alle unterschreiben oder einer für die Übrigen im Kündigungsschreiben erkennbar (Offenheitsgrundsatz, § 164 Abs. 1 S. 2 BGB) als **Stellvertreter** auftreten. In diesem Fall muss – wie der BGH in der grundlegenden Entscheidung v. 07.05.2008 (NZM 2008, 482 = ZMR 2008, 704) klargestellt hat – die vorhandenen Unterschrift deutlich zum Ausdruck bringen, dass sie auch in Vertretung der nicht unterzeichnenden Vertragsparteien abgegeben wurde. Anderenfalls ergibt sich aus der Kündigungserklärung nicht, ob der Unterzeichnende diese auch für die übrigen Personen oder nur für sich abgegeben hat, mit der Folge, dass die Unterschriftenzeile dann unvollständig wäre. Grundsätzlich muss das Vertretungsverhältnis durch einen Zusatz in der Erklärung gekennzeichnet werden. Dabei empfiehlt es sich, die Kündigung »namens aller Vermieter oder Mieter« zu erklären und mit dem Zusatz »i.V.« zu unterschreiben. Nur wenn sich aus den Gesamtumständen der Kündigungserklärung ergibt, dass diese offensichtlich für sämtliche Personen einer Vertragsseite abgegeben worden ist, wird die Schriftform als gewahrt angesehen (vgl. BGH NZM 2009, 779 = WuM 2009, 587, 589 = ZMR 2010, 94, 95 m. Anm. Niebling; s.a. Hinz ZMR 2010, 254).

103 Auch bei der Vertretung einer **Gesellschaft bürgerlichen Rechts** (GbR) ist zur Wahrung der Schriftform ein die Stellvertretung verdeutlichender Zusatz in der Urkunde erforderlich (BGH NZM 2003, 801, 802 = ZMR 2004, 19, 20; NZM 2007, 837, 838 = ZMR 2007, 953, 954; s. ferner OLG Naumburg NZM 2004, 825; AG Pinneberg ZMR 2008, 468; Sternel Rn. X 22). Dabei hat es der BGH ausdrücklich offen gelassen, ob ein bloßer Hinweis auf die Stellvertretung ausreichend ist (z.B. durch das Kürzel »i.V.«) oder ob weitere Kennzeichnungen des Vertreterverhältnisses erforderlich sind, wie z.B. die Funktion, in welcher der Vertreter gehandelt hat (vgl. BGH NZM 2003, 801, 802 = ZMR 2004, 19, 20). Deshalb sollte die Unterschrift mit dem Zusatz: »als alleinvertretungsberechtigter Gesellschafter« versehen werden (BGH NZM 2003, 801, 802 = ZMR 2004, 19, 20).

104 Sofern allerdings nur eine Person als Mieter oder Vermieter auftritt und eine andere Person die Urkunde unterschreibt, kann deren Unterschrift nur bedeuten, dass sie damit die Vertragspartei vertreten will. In solchen Fällen ist das Vertretungsverhältnis auch ohne Vertretungszusatz hinreichend deutlich; die Schriftform ist dann ohne ausdrücklichen Vertretervermerk gewahrt. So ist bei der Vertretung einer **GmbH** ein kennzeichnender Zusatz (»i.V.«) zur Wahrung der Schriftform selbst dann nicht erforderlich, wenn die Kündigung durch einen nicht organschaftlichen Vertreter unterzeichnet wird (BGH NZM 2007, 837, 838 = ZMR 2007, 953, 954; NZM 2005, 502, 503 = ZMR 2005, 691, 693). Nach Auffassung von Emmerich ist es bei **Gesellschaften mit Registerpublizität** (GmbH, AG, OHG) ausreichend, wenn sich der Vertreterwille aus der Urkunde ergibt, weil dem Handelsregister entnommen werden kann, ob die betreffende Person Vertretungsmacht hat (Emmerich/Sonnenschein § 550 Rn. 9; s.a. Lehmann-Richter NZM 2007, 834; AG Pinneberg ZMR 2008, 468).

e) Beifügung der Originalvollmacht/Vollmachtsmangel

105 Ergibt sich das Vertretungsverhältnis nicht aus einem öffentlichen Register, sollte der Kündigungserklärung eine schriftliche Originalvollmacht beigefügt werden. Anderenfalls kann sie vom Kündigungsempfänger nach § 174 S. 1 BGB **unverzüglich zurückgewiesen** werden, was zur Unwirksamkeit der Erklärung führt (BGH NZM 2002, 163 = ZMR 2002, 893; zum Umfang des Zurückweisungsrechts s. KG WuM 2008, 153, 155 = GE

2008, 540, 541; GE 2010, 267). Fehlt dem Vertreter die erforderliche Vertretungsmacht, so ist die Kündigung nach § 180 S. 1 BGB grundsätzlich unwirksam; die Ausnahmeregelungen in § 180 S. 2 und 3 BGB sind jedoch zu beachten (dazu OLG Düsseldorf ZMR 2006, 927 = GE 2007, 514).

f) Prozessuale Kündigung

Möglich ist auch die Kündigung in einem prozessualen Schriftsatz. Problematisch ist hier, dass das unterschriebene Original bei der Gerichtsakte bleibt, der Adressat also nur die beglaubigte Abschrift erhält. Nach der Rechtsprechung erfüllt die Unterschrift unter dem **Beglaubigungsvermerk** jedenfalls dann zugleich die Schriftform, wenn die Kündigung in einem bereits anhängigen Räumungsrechtsstreit ausgesprochen wird und die Person, welche die Kündigung (ggf. als Vertreter) erklärt, auch den Beglaubigungsvermerk unterschreibt (BGH NJW-RR 1987, 395 = WuM 1987, 209; ebenso OLG Hamm NJW 1982, 452, 453). Erfolgt während des Rechtsstreits allerdings die **erstmalige Kündigung,** so sollte immer auch die beglaubigte Abschrift nochmals gesondert unterschrieben werden (Flatow NZM 2004, 281, 283 = WuM 2004, 316, 318). **106**

Achtung:

Ein (unterschriebener) Beglaubigungsmerk auf der ersten Seite des Schriftsatzes reicht zur Wahrung der Schriftform selbstverständlich nicht aus. Hierbei handelt es sich nicht um eine Unterschrift, sondern um eine »Überschrift«.

Nicht abschließend geklärt ist die Frage, ob der Empfänger der prozessualen Kündigung diese nach § 174 S. 1 BGB unverzüglich zurückwiesen darf, wenn der beglaubigten Abschrift des Schriftsatzes keine **Vollmachtsurkunde** beigefügt ist. Nach dem Urteil des BGH v. 18.12.2002 (NZM 2003, 229 = ZMR 2003, 406) findet die Vorschrift auf eine von einem Rechtsanwalt im Rahmen des gesetzlichen Umfangs seiner Prozessvollmacht (§ 81 ZPO) abgegebene Erklärung keine Anwendung. Die Entscheidung betraf jedoch ein im anhängigen Rechtsstreit nachgeholtes Mieterhöhungsverlangen, welches nach Ansicht des BGH innerhalb des vom klagenden Vermieter verfolgten **Prozessziels** liegt (BGH NZM 2003, 229, 230 = ZMR 2003, 406, 407). Ob dies auch für die erneute Kündigung während des Räumungsrechtsstreits gilt, wird unterschiedlich beurteilt. Nach einer Entscheidung des LG Berlin (GE 2003, 1081) gehört die Erklärung einer erneuten Kündigung bei einem Räumungsprozess zum Umfang der Prozessvollmacht. Dagegen wird im Schrifttum die Anwendbarkeit der vom BGH aufgestellten Grundsätze auf die Kündigung im Prozess bezweifelt (Börstinghaus NZM 2003, 829, 835; Flatow NZM 2004, 281, 284 = WuM 2004, 316, 318). Hier werde das Prozessziel nicht mit einer materiell-rechtlichen Erklärung weiter verfolgt, sondern damit erst neu begründet. Zudem gebe es für die Kündigung keine dem § 558b Abs. 3 BGB vergleichbare Vorschrift über die Nachholung im Prozess. Im Hinblick auf die ungeklärte Rechtslage sollte der Rechtsanwalt dem Schriftsatz, der die prozessuale Kündigung enthält, unbedingt eine Originalvollmacht beifügen, und zwar fest verbunden mit der beglaubigten Abschrift. Zudem empfiehlt sich es, diesen Schriftsatz mit einem vollen Rubrum zu versehen, schon um zu gewährleisten, dass sich die erneute Kündigung auch inhaltlich an sämtliche Kündigungsempfänger richtet. **107**

Klargestellt hat der BGH in seiner Entscheidung v. 18.12.2002, dass die Prozessvollmacht in dem Umfang, in dem sie zur Abgabe von Erklärungen berechtigt, auch den Prozessbevollmächtigten der Gegenseite zu deren **Empfang** legitimiert. Der Senat nennt hier ausdrücklich den Empfang einer während des Räumungsrechtsstreits abgegebenen **Folgekündigung** (BGH NZM 2003, 229, 230 = ZMR 2003, 406, 407). **108**

109 Die Einführung einer weiteren Kündigung durch prozessualen Schriftsatz ist im Zweifel dahin zu interpretieren, dass sie **hilfsweise** neben der bereits außergerichtlich erklärten Kündigung zur Beendigung des Mietverhältnisses führen soll (BGH ZMR 2008, 274, 275).

Hinweis:

> Hat die kündigungswillige Vertragspartei ihre Kündigungserklärung verfrüht abgegeben, so kann die Erhebung der Räumungsklage als neuerlicher Kündigungsausspruch bewertet werden (OLG Düsseldorf ZMR 2009, 845, 846). Allerdings muss diese sämtliche formellen Voraussetzungen der Kündigung erfüllen, bei Wohnraum insbesondere die Schriftform (s.o. Rdn. 106) sowie das Begründungserfordernis der §§ 569 Abs. 4, 573 Abs. 3 BGB (s. dazu Rdn. 116, 248).

g) Umdeutung in ein Angebot zur Vertragsaufhebung

110 Eine unwirksame Kündigung kann grundsätzlich nicht in ein Angebot zur Vertragsaufhebung umgedeutet werden (BGH NJW 1984, 1028, 1030 = ZMR 1984, 163, 164). Eine Kündigung bringt gerade nicht den Willen zu einer Aufhebung des Mietvertrags durch einen Vertrag zum Ausdruck. Zudem setzt eine **Umdeutung** gemäß § 140 BGB voraus, dass sich der Erklärende bei Abgabe der Kündigung bewusst gewesen ist, dass sie als einseitige Erklärung nicht die von ihm gewünschte Rechtsfolge auslösen kann und in diesem Fall die vorzeitige Vertragsbeendigung von der Zustimmung des Erklärungsempfängers abhängt (BGH WuM 1981, 57 = ZMR 1981, 84; OLG Düsseldorf WuM 2003, 621, 622 = ZMR 2003, 921, 922).

3. Ordentliche Kündigung

a) Allgemeines

aa) Kündigungsschutz des Wohnraummieters

111 Der Kündigungsschutz dient im Hinblick auf die überragende Bedeutung der Wohnung als Lebensmittelpunkt dem **Schutz des vertragstreuen Mieters** vor vorwillkürlichen Kündigungen. Dieser soll die Unzuträglichkeiten eines Wohnungswechsels (z.B. Kosten des Umzugs, Renovierung der neuen Wohnung, Verlust der gewohnten Umgebung, Umschulung der Kinder) nur dann auf sich nehmen müssen, wenn dem Vermieter ein berechtigtes Interesse an der Beendigung des Mietverhältnisses zur Seite steht (Schönleber NZM 1998, 601). Eine Ergänzung erfährt der Kündigungsschutz durch die Sozialklausel (§§ 574 ff. BGB), die es ermöglicht, bei berechtigten Kündigungen Härten für den Mieter sowie seine Familien- und Haushaltsangehörigen zu berücksichtigen (s. dazu Rdn. 371 ff.).

112 **Berechtigte Interessen** des Vermieters (ausf. dazu Rdn. 144 ff.) an der Beendigung des Mietverhältnisses sind insbesondere:
- schuldhafte nicht unerhebliche Vertragspflichtverletzungen des Mieters (§ 573 Abs. 2 Nr. 1 BGB),
- Eigenbedarf (§ 573 Abs. 2 Nr. 2 BGB),
- Hinderung an einer angemessenen wirtschaftlichen Verwertung, wenn dadurch erhebliche Nachteile entstünden (§ 573 Abs. 2 Nr. 3 BGB).

113 **Erleichterte Kündigungsmöglichkeiten** bestehen
- bei Mietverhältnissen über Einliegerwohnraum gem. § 573a BGB sowie
- bezüglich bestimmter Nebenräume im Rahmen des § 573b BGB (sog. Teilkündigung).

Kein Kündigungsschutz besteht für die in § 549 Abs. 2 und 3 BGB aufgeführten Mietverhältnisse, das sind: 114

- Mietverhältnisse über Wohnraum, der zum vorübergehenden Gebrauch, z.B. zu Urlaubszwecken überlassen ist (§ 549 Abs. 2 Nr. 1 BGB – dazu Kap. 1 Rdn. 39 ff.),
- Mietverhältnisse über Wohnraum, der Teil der Vermieterwohnung ist und die der Vermieter überwiegend mit Einrichtungsgegenständen ausgestattet hat (sog. möblierter Wohnraum), es sei denn, der Wohnraum wurde dem Mieter zum dauernden Gebrauch mit seiner Familie oder mit Personen überlassen, mit denen er einen auf Dauer angelegten gemeinsamen Haushalt führt (§ 549 Abs. 2 Nr. 2 BGB – dazu Kap. 1 Rdn. 43 ff.),
- Mietverhältnisse über Wohnraum, den ein öffentlich-rechtlicher oder privater Träger der Wohlfahrtspflege angemietet hat und an Personen mit dringendem Wohnbedarf weitervermietet, soweit er diese bei Vertragsschluss auf die Zweckbestimmung sowie auf die Ausnahme von den betreffenden Vorschriften hingewiesen hat (§ 549 Abs. 2 Nr. 3 BGB – dazu Kap. 1 Rdn. 51 ff.),
- Mietverhältnisse über Wohnraum in Studenten- und Jugendwohnheimen (§ 549 Abs. 3 BGB – dazu Kap. 1 Rdn. 64 ff.).

Ausnahme: Die Bestimmungen über den Kündigungswiderspruch nach der Sozialklausel (§§ 574 bis 574c BGB) gelten auch bei Mietverhältnissen nach § 549 Abs. 3 BGB (Studenten- und Jugendwohnraum). 115

bb) Begründungserfordernis

Der Kündigung brauchen grundsätzlich keine Gründe beigegeben zu werden (BGH ZMR 1987, 51, 53). Eine weitreichende Ausnahme gilt für Mietverhältnisse über Wohnraum. Die Angabe des Kündigungsgrundes ist hier für alle Kündigungen des Vermieters (zur Teilkündigung gem. § 573b BGB s. Rn. 217 ff.) zwingend, ferner für die außerordentliche fristlose Kündigung aus wichtigem Grund für Vermieter und Mieter (vgl. § 569 Abs. 4 BGB sowie Rn. 232 ff.). 116

Gemäß § 573 Abs. 3 S. 1 BGB muss der Vermieter die Gründe für sein berechtigtes Interesse in dem Kündigungsschreiben angeben. Andere Gründe werden nach S. 2 der Bestimmung nur berücksichtigt, soweit sie nachträglich entstanden sind. Voraussetzung dafür ist aber in jedem Fall eine nach Maßgabe des S. 1 wirksame begründete Kündigung (ausf. dazu Sternel Rn. X 68 ff.; Schmidt-Futterer/Blank § 573 Rn. 252 ff.; FaKo-MietR/Gahn § 573 Rn. 51 ff.; NK-BGB/Hinz § 573 Rn. 92 ff.). Ein Verstoß gegen das Begründungserfordernis führt zur formellen Unwirksamkeit der Kündigung (BGH NZM 2010, 400 = WuM 2010, 301, 302). 117

Zweck des Begründungserfordernisses ist es, dass der Mieter zum frühestmöglichen Zeitpunkt Klarheit über seine Rechtsposition erlangt und so in die Lage versetzt wird, rechtzeitig alles Erforderliche zur Wahrung seiner Interessen zu veranlassen (BGH NZM 2010, 400 = WuM 2010, 301, 302; s.a. BGH NZM 2007, 679, 681 = WuM 2007, 515, 517 = ZMR 2007, 772, 774; NZM 2008, 281, 283 = WuM 2008, 233, 235). Insbesondere soll er prüfen und beurteilen können, ob er dem Kündigungsbegehren Folge leiten oder sich dagegen zu Wehr setzen wird (LG Berlin GE 2007, 447; 659; AG/LG Aachen WuM 2010, 37, 38). Darüber hinaus will das Begründungserfordernis den Vermieter zwingen, sich die Rechtslage und die Aussichten der Kündigung klar vor Augen zu führen (LG Berlin GE 2009, 1437). Dazu genügt die bloße Wiederholung des Gesetzestextes nicht. Andererseits ist es nach der Rechtsprechung des BVerfG (WuM 2003, 435; 1998, 463) mit Art. 14 Abs. 1 S. 1 GG unvereinbar, wenn die Gerichte die Anforderungen an das Begründungserfordernis in einer Weise überspannen, die dem Vermieter die Verfolgung seiner Interessen unzumutbar erschwert. Das ist dann der Fall, wenn vom Vermieter Angaben 118 verlangt werden, die über das anerkennenswerte Informationsbedürfnis des Mieters hinausgehen. Nicht erforderlich ist, dass bereits das Kündigungsschreiben die gerichtliche Feststellung erlaubt, dass die Kündigungsvoraussetzungen vorliegen (BVerfG WuM 1998, 463).

119 Der Vermieter muss den Kündigungsgrund so bezeichnen, dass er identifiziert und von anderen Kündigungsgründen unterschieden werden kann (BGH NZM 2010, 400 = WuM 2010, 301, 302; s.a. BGH NZM 2007, 679, 681 = WuM 2007, 515, 517 = ZMR 2007, 772, 774; NZM 2008, 281, 283 = WuM 2008, 233, 235; BayObLG WuM 1981, 200 = ZMR 1981, 333). Dabei genügt es, wenn der Vermieter die **Kerntatsachen** für den Kündigungsgrund in dem Schreiben mitteilt. Tatsachen, die nur der näheren Erläuterung, Ergänzung, Ausfüllung sowie dem Beweis des geltend gemachten Kündigungsgrundes dienen (sog. **Ergänzungstatsachen**), können ggf. erst in prozessualen Schriftsätzen nachgeschoben werden. Das gilt nach Ansicht des BGH (NZM 2007, 679, 681 = WuM 2007, 515, 517 = ZMR 2007, 772, 774; WuM 2010, 484, 488 Tz 36) zumindest dann, wenn sie dem Mieter bereits bekannt sind. Dies ist jedoch im Rechtsstreit oftmals zwischen den Parteien streitig. Zudem hängt es letztlich von den **Umständen des Einzelfalls** ab, was zu den Kerntatsachen und was zu den Ergänzungstatsachen gehört (BayObLG WuM 1985, 50, 51 = ZMR 1985, 96). Die Instanzgerichte stellen hier teilweise recht strenge Anforderungen (vgl. etwa LG Hamburg WuM 2007, 74; ZMR 2004, 39; LG Gießen ZMR 1995, 72; AG/LG Aachen WuM 2010, 37, 38).

Hinweis:

> Um ganz sicher zu gehen, sollte der Vermieter den Kündigungssachverhalt bereits im Kündigungsschreiben so detailliert darlegen, wie dies üblicherweise erst in einem prozessualen Schriftsatz geschieht.

120 Bei der Kündigung wegen **Eigenbedarfs** (§ 573 Abs. 2 Nr. 2 BGB) ist grundsätzlich die Angabe der Person, für welche die Wohnung benötigt wird (Bedarfsperson), und die Darlegung des Interesses, das diese Person an der Erlangung der Wohnung hat (Bedarfsumstände, Bedarfsgrund), ausreichend aber auch erforderlich (BGH NZM 2010, 400 = WuM 2010, 301, 302; NZM 2007, 679, 681 = WuM 2007, 515, 517 = ZMR 2007, 772, 774; Schumacher WuM 2007, 664, 668 mit Beispielen aus der Rspr.). Eine Alternativkündigung, bei der zwei gesonderte Eigenbedarfslagen nebeneinander mitgeteilt werden, ist unwirksam (LG Berlin GE 2009, 1437). Regelmäßig muss der Vermieter auch die **gegenwärtigen Wohnverhältnisse** der Bedarfsperson in dem Kündigungsschreiben mitteilen (LG Hamburg WuM 2007, 457; ZMR 2004, 39; tendenziell zurückhaltend LG Bochum ZMR 2007, 452, 453; a.A. LG Essen ZMR 2010, 601 bei Wohnbedarf des volljährig werdenden Kindes). Das gilt zumindest dann, wenn er die Kündigung darauf stützt, dass die bisherige Wohnung zu klein oder zu groß sei (Schmidt-Futterer/Blank § 573 Rn. 222).

121 Bei der veräußerungsbedingten **Verwertungskündigung** (s. dazu Rdn. 199 ff.) wird dem Vermieter teilweise abverlangt darzulegen, ob und mit welchem Erfolg er versucht hat, dass Objekt im vermieteten Zustand zu **verkaufen** und welche Angebote ihm über einen Kauf im unvermieteten Zustand vorliegen (AG/LG Aachen WuM 2010, 37, 38; LG Stuttgart ZMR 1995, 259, 260; großzügiger LG Krefeld WuM 2010, 301, 304). Hat er das Objekt bereits im vermieteten Zustand erworben, muss er auch den Einkaufspreis mitteilen. Darüber hinaus werden Angaben zu seinen wirtschaftlichen Verhältnissen erwartet, damit der Mieter die Erheblichkeit der mit dem »unfreien« Verkauf einhergehenden Einbußen prüfen kann. Bei der **sanierungsbedingten** Kündigung (s. dazu Rdn. 201 f.) wird vielfach verlangt, dass dem Kündigungsschreiben eine Wirtschaftlichkeitsberechnung beigefügt wird (LG Hamburg ZMR 2009, 366 m. Anm. Gies WuM 2009, 448; LG Berlin

ZMR 2003, 837, 838; Flatow NZM 2004, 281, 288 = WuM 2004, 316, 322; tendenziell auch LG Berlin GE 2007, 569; a.A. LG Berlin WuM 1996, 770; MüKo/Häublein § 573 Rn. 101).

Eine **Bezugnahme** auf anderweitige schriftliche Erklärungen in dem Kündigungsschreiben ist zulässig (BVerfG NJW 1992, 1877 = ZMR 1992, 288). Deshalb kann der Vermieter auf vorangegangene Kündigungen oder Abmahnungen Bezug nehmen. Allerdings müssen die betreffenden Urkunden dem Mieter zugegangen und die Bezugnahme **klar und eindeutig** sein. Es wird empfohlen, nach Möglichkeit von Bezugnahmen abzusehen, zumindest aber die in Bezug genommenen Urkunden an das Kündigungsschreiben anzuheften (s. LG Mannheim WuM 2004, 204, 205). 122

cc) Abweichende Vereinbarungen

Vereinbarungen, die zum Nachteil des Mieters von den Bestimmungen über den Kündigungsschutz abweichen, sind unwirksam (vgl. §§ 573 Abs. 4, 573a Abs. 4, 573b Abs. 5 BGB). Das gilt insbesondere für Abreden, die dem Vermieter eine ordentliche Kündigung unabhängig von einem **berechtigten Interesse** erlauben. Auch eine Ausweitung des erleichterten Kündigungsrechts gem. § 573a BGB oder der Teilkündigung des § 573b BGB kommt nicht in Betracht. Unwirksam sind weiterhin Vereinbarungen, die dem Vermieter vom **Begründungszwang** befreien oder die Begründungsanforderungen herabsetzen. 123

dd) Kündigungsfristen

Die ordentliche Kündigung führt erst nach Ablauf der Kündigungsfrist zur Beendigung des Mietverhältnisses. Die Kündigungsfrist ist der Zeitraum zwischen dem Tag, an dem die Kündigung zugehen muss – dem Kündigungstag – und dem Zeitpunkt, zu dem das Mietverhältnis endet – dem Kündigungstermin (Schmidt-Futterer/Blank § 573c Rn. 6). 124

(1) Wohnraummietverhältnisse

(a) Neuverträge

Bei der Wohnraummiete beträgt die Kündigungsfrist gemäß § 573c Abs. 1 BGB 125

- für den **Mieter** grundsätzlich drei Monate – abzüglich der Karenzzeit von drei Werktagen,
- für den **Vermieter** beträgt sie zunächst ebenfalls drei Monate (mit drei Karenz-Werktagen); nach fünf und acht Jahren seit der Überlassung des Wohnraums bei Mietverhältnissen verlängert sie sich um jeweils drei Monate, so dass sie sich auf maximal neun Monate beläuft.

Bei der Berechnung der **Karenzzeit** von drei Werktagen ist der Sonnabend mitzuzählen, weil er ein Werktag i.S.d. § 573c Abs. 1 S. 1 BGB ist (BGH NZM 2005, 532 = WuM 2005, 465 = ZMR 2005, 695). Ob sich die Karenzzeit gem. § 193 BGB verlängert, wenn der letzte Tag der Karenzfrist auf einen Sonnabend fällt (so LG Aachen WuM 2004, 32; LG Wuppertal NJW-RR 1993, 1232; AG Düsseldorf ZMR 2008, 538, 539), hat der BGH noch nicht entschieden. Das Urteil des III. Zivilsenats v. 17.02.2005 (NZM 2005, 391 = WuM 2005, 247), in dem es um einen Sponsoringvertrag geht, dürfte ausschließlich die Kündigungsfrist betreffen, nicht hingegen die Karenzzeit (PWW/Riecke § 573c Rn. 2; FaKo-MietR/Gahn § 573c Rn. 4; a.A. Schmidt-Futterer/Blank § 573c Rn. 8; Sternel Rn. X 91). Die Entscheidungen v. 13.07.2010 (WuM 2010, 495, 500) klären allein die Frage, ob der Sonnabend bei der Frist zur Zahlung der Miete (vgl. § 556b Abs. 1 BGB) als Werktag anzusehen ist. 126

127 Eine kürzere Kündigungsfrist gilt für sog. **möblierten Wohnraum** i.S.d. § 549 Abs. 2 Nr. 2 BGB. Hier ist die Kündigung spätestens am 15. eines Monats zum Ablauf dieses Monats zulässig (§ 573c Abs. 3 BGB). Das gilt auch, wenn 15. des Monats ein Sonnabend, Sonntag oder Feiertag ist; § 193 BGB findet keine Anwendung (vgl. BGH NZM 2005, 391 = WuM 2005, 247).

128 Besondere Kündigungsfristen gelten i.Ü. bei **Werkmietwohnungen** (s. § 576 BGB); s. dazu Rdn. 488 ff.

129 Die Kündigungsfristen gem. § 573c Abs. 1 und 3 BGB sind insoweit **zwingend**, als zum Nachteil des Mieters abweichende Vereinbarungen unwirksam sind (§ 573c Abs. 4 BGB). Damit ist die dreimonatige Kündigungsfrist des Mieters (§ 573 Abs. 1 BGB) festgeschrieben. Vereinbarungsfähig sind lediglich:
- für den Mieter ein späterer Kündigungstag oder eine kürzere Kündigungsfrist,
- für den Vermieter ein früherer Kündigungstag oder eine längere Kündigungsfrist (vgl. Palandt/Weidenkaff § 573c Rn. 3; PWW/Riecke § 573 Rn. 9).

130 Für Wohnraum zum **vorübergehenden Gebrauch** (§ 549 Abs. 2 Nr. 2 BGB) kann eine kürzere Kündigungsfrist auch für den Vermieter vereinbart werden (§ 573c Abs. 2 BGB).

(b) Altverträge

131 § 573c Abs. 4 BGB findet jedoch keine Anwendung, wenn Kündigungsfristen **vor dem 01.09.2001 »durch Vertrag vereinbart«** wurden. Die vor In-Kraft-Treten des MietRRG vereinbarten Kündigungsfristen beanspruchen nach Art. 229 § 3 Abs. 10 S. 1 EGBGB weiterhin Geltung, und zwar grundsätzlich auch dann, wenn sie formularmäßig vereinbart wurden (BGH NZM 2003, 711 = WuM 2003, 505 = ZMR 2003, 655 m. Anm. Börstinghaus). Diese Übergangsbestimmung geht als speziell auf die mietvertragliche Interessenlage zugeschnittene Regelung der allgemeinen Übergangsvorschrift zum Schuldrechtsmodernisierungsgesetz in Art. 229 § 5 EGBGB vor (ständige BGH-Rechtsprechung, vgl. nur BGH NZM 2005, 417 = WuM 2005, 342 = ZMR 2005, 446; NZM 2009, 315, 316 = WuM 2009, 228, 229).

132 Allerdings sieht Art. 229 § 3 Abs. 10 S. 2 EGBGB eine weit reichende **Ausnahme** vor. Danach findet § 573c Abs. 4 BGB auch auf Altmietverträge Anwendung,
- wenn die Kündigungsfristen des § 565 Abs. 2 S. 1 und 2 BGB in der bis zum 01.09.2001 geltenden Fassung **durch Allgemeine Geschäftsbedingungen vereinbart** worden sind und
- die Kündigung dem Empfänger nach dem 31.05.2005 zugeht.

133 Das bedeutet, dass die zulasten des Mieters von § 573c Abs. 1 oder 3 BGB abweichenden Kündigungsfristen auch in einem Altmietvertrag unter dem vorgenannten Voraussetzungen unwirksam sind. Für den Mieter gilt damit grundsätzlich die dreimonatige Kündigungsfrist des § 573c Abs. 1 S. 1 BGB.

134 Ob es sich bei einer Vertragsbestimmung um eine **Allgemeine Geschäftsbedingung** (AGB) handelt, kann vielfach schon nach ihrem äußeren Erscheinungsbild beurteilt werden. Die Regelung der Kündigungsfristen ist zumeist integrierter Bestandteil des Formularmietvertrags. Gleichwohl können Abreden, die im Gewand einer Formularklausel erscheinen, im Einzelfall **ausgehandelt** sein (§ 305 Abs. 1 S. 3 BGB). Voraussetzung ist aber, dass der Vermieter den in der Klausel enthaltenen gesetzesfremden Kerngehalt ernsthaft zur Disposition gestellt und dem Mieter die Möglichkeit eingeräumt hat, die inhaltliche Ausgestaltung der Vertragsbedingungen zu beeinflussen (BGH NJW 2000, *1110. 1111 f.; Rolfs/Barg* NZM 2006, 83, 85). Das kann auch dann der Fall sein, wenn sich der Mieter mit dem unveränderten Formulartext nach gründlicher Erörterung aus-

drücklich einverstanden erklärt hat (Börstinghaus NJW 2005, 1900, 1901; vgl. ferner BGH WuM 1992, 316) oder der Formularvertrag den Parteien nur als Formulierungshilfe gedient hat, die sie in ihren beiderseitigen Gestaltungswillen aufgenommen haben (LG Hamburg ZMR 2002, 670, 671 m.w.N.). Auch wenn der Mieter die Kündigungsfristenregelung gerade deshalb akzeptiert hat, weil der Vermieter ihm in einem anderen Punkt entgegengekommen ist, soll es sich um eine Individualvereinbarung handeln (Börstinghaus NJW 2005, 1900, 1901). Hingegen reicht eine bloße Belehrung über die Bedeutung und Tragweite der Klausel durch den Vermieter oder ein ausdrückliches Einverständnis des Mieters nach einem Hinweis auf die Klausel nicht aus (BGH NJW 2000, 1110, 1111 f.; Rolfs/Barg NZM 2006, 83, 85). Ein Aushandeln einzelner Kündigungsfristen ändert nichts an dem AGB-Charakter der übrigen Fristenregelung (AG Borken WuM 2008, 90).

Für ein Aushandeln formularmäßiger Kündigungsfristen ist der Vermieter als Verwender der Vertragsklausel **beweispflichtig** (AG Borken WuM 2008, 90, 91; Rolfs/Barg NZM 2006, 83, 85). Diesem wird es allerdings kaum gelingen, die tatsächlichen Umstände des regelmäßig lange zurückliegenden Vertragsschlusses zu beweisen. **135**

Zu beachten ist i.Ü., dass Art. 229 § 3 Abs. 10 S. 2 EGBGB nur zur Anwendung gelangt, wenn die Parteien gerade die **Kündigungsfristen des § 565 Abs. 2 S. 1 und 2 BGB a.F.** vereinbart haben. Die vertragliche Regelung muss also die dortige Abstufung vollständig aufgenommen haben. Entspricht nur eine der vereinbarten Fristen nicht der des § 565 Abs. 2 BGB a.F., so gilt die gesamte Fristenvereinbarung fort; Art. 229 § 3 Abs. 10 S. 2 EGBGB ist dann nicht einschlägig (Börstinghaus NJW 2005, 1900, 1901; Wichert ZMR 2006, 419; Wiek WuM 2007, 51, 53). **136**

Nach nunmehr h.M. wird die Vorschrift nur bei **Kündigungen des Mieters** relevant. Für Kündigungen des Vermieters gelten vereinbarte Verlängerungen der Kündigungsfrist in jedem Fall fort, gleichgütig ob diese vor dem 1. 9. 2001 oder danach, individuell oder formularmäßig erfolgt sind (BGH NZM 2008, 362 = WuM 2008, 290 = ZMR 2008, 608; Börstinghaus NJW 2005, 1900, 1901; Gellwitzki WuM 2005, 436, 438; Wiek WuM 2007, 51, 53). Anderenfalls würde die halbzwingende Vorschrift des § 573c Abs. 4 BGB unterlaufen, nach der für beide Parteien vereinbarte Kündigungsfristen allein gegenüber dem Mieter unwirksam sind, wenn sie diesen benachteiligen (Gellwitzki WuM 2005, 436, 438). Zudem muss sich der Vermieter im Bereich der Formularvereinbarung ohnehin an der von ihm verwendeten unwirksamen Vertragsbestimmung festhalten lassen (vgl. BGH NZM 2003, 594, 595 = WuM 2003, 436, 437 f. = ZMR 2003, 653, 654). **137**

(c) Berechnung der Überlassungszeit

Hier gelten folgende Grundsätze: **138**

- Ein Vermieterwechsel, z.B. nach § 565 BGB oder § 566 BGB, ist für die Bemessung der Überlassungszeit ohne Belang. Gleiches gilt bei einem Wechsel des Vertragspartners auf der Mieterseite, sofern die Identität des Vertragsverhältnisses gewahrt bleibt. Das ist auch bei Eintritt der nach § 563 BGB privilegierten Personen der Fall (Börstinghaus NZM 2003, 829, 836; Hinz WuM 2004, 380, 395).
- Dagegen werden Zeiten, in denen der Mieter als **Untermieter** in der Wohnung gelebt hat, nach wohl überwiegender Ansicht nicht mit einbezogen (LG Düsseldorf MDR 1969, 763; LG Bielefeld ZMR 1965, 274; Schmidt-Futterer/Blank § 573c Rn. 11; FaKo-MietR/Gahn § 573c Rn. 9; a.A. MüKo/Häublein § 573c Rn. 8; Sternel Rn. X 84).
- Streitig ist, wie die Kündigungsfrist bei **Umzug** des Mieters im Haus des Vermieters zu berechnen ist. Während eine Ansicht allein auf die Nutzungszeit der aktuellen Wohnung abstellt (LG Düsseldorf ZMR 1968, 846, 1969, 243, 310; Erman/Jendrek § 573c

Rn. 4), wollen andere die gesamte Wohndauer in dem Haus berücksichtigt wissen (LG Bonn WuM 1987, 322; LG Mannheim WuM 1976, 207; AG Bochum WuM 1987, 56; PWW/Riecke § 573c Rn. 5). Eine vermittelte Auffassung erachtet die gesamte Wohnzeit jedenfalls dann als maßgebend, wenn der Vermieter den Umzug mit veranlasst hat (AG Kerpen WuM 1994, 77). Haben die Parteien vor dem 01.09.2001 anlässlich des Umzugs die **»Mitnahme« der bisherigen Mietdauer** in den aktuellen Mietvertrag vereinbart, so bleibt die hierdurch »erworbene« verlängerte Kündigungsfrist des Altmietverhältnisses auch nach der Mietrechtsreform bestehen (BGH WuM 2005, 584).

139 Maßgebend für die Berechnung des Überlassungszeitraums ist der **Zugang der Kündigung**, nicht hingegen der Ablauf der Kündigungsfrist (LG Berlin GE 1986, 41; Börstinghaus ZMR 2003, 658, 662; PWW/Riecke § 573c Rn. 5; a.A. AG Lüdinghausen WuM 1985, 287).

(2) Andere Mietverhältnisse

140 Bei Mietverhältnissen über Geschäftsräume muss die Kündigung spätestens am dritten Werktag eines Kalendervierteljahres zum Ablauf des nächsten Kalendervierteljahres erfolgen (§ 580a Abs. 2 BGB). Die Kündigungsfrist beträgt damit sechs Monate abzüglich einer Karenzzeit von drei Werktagen. Geschäftsräume sind Räume, die den Erwerbszwecken des Mieters dienen (Herrlein in Herrlein/Kandelhard § 580a Rn. 6).

141 Mietverhältnisse über Grundstücke und Räume, die keine Geschäftsräume sind, können, wenn die Miete nach Monaten oder längeren Abschnitten bemessen ist, spätestens am dritten Werktag eines Kalendermonats zum Ablauf des übernächsten Monats gekündigt werden, ein Mietverhältnis über ein gewerblich genutztes unbebautes Grundstück jedoch nur zum Ablauf eines Quartals (§ 580a Abs. 1 Nr. 3 BGB). Die Kündigungsfrist beträgt damit drei Monate abzgl. einer Karenzzeit von drei Werktagen.

ee) Kündigungssperrfristen

142 Beabsichtigt der **Erwerber einer Eigentumswohnung**, bei der die Umwandlung erst nach Überlassung an den Mieter stattgefunden hat, das Mietverhältnis wegen Eigenbedarfs (§ 573 Abs. 2 Nr. 2 BGB) oder wegen Hinderung einer angemessenen wirtschaftlichen Verwertung (§ 573 Abs. 2 Nr. 3 BGB) zu kündigen, so hat er die Kündigungssperrfristen des § 577a BGB zu beachten (s. dazu Kap. 2 Rdn. 128 ff.). Eine **analoge Anwendung des § 577a BGB** auf andere Kündigungstatbestände hat der BGH abgelehnt (s. BGH NZM 2009, 430 = WuM 2009, 294 für § 573 Abs. 1 S. 1 BGB; WuM 2010, 513 für § 573a BGB). Eine Analogie soll auch dann nicht in Betracht kommen, wenn eine **Gesellschaft bürgerlichen Rechts** (GbR) wegen Eigenbedarfs eines Gesellschafters gekündigt hat und anschließend Wohnungseigentum der Gesellschafter begründet. Das gilt selbst dann, wenn sie das Objekt gerade zu diesem Zweck erworben hat (BGH NZM 2009, 613 = WuM 2009, 519 = ZMR 2010, 99).

ff) Belehrung über den Kündigungswiderspruch

143 Gem. § 568 Abs. 2 BGB soll der Vermieter den Mieter über sein Recht zum Kündigungswiderspruch nach der Sozialklausel sowie über Form und Frist des Widerspruchs (§§ 574 bis 574b BGB) belehren. Ein Verstoß gegen diese Obliegenheit berührt indes nicht die Wirksamkeit der Kündigung. Die unterbliebene oder unrichtige Belehrung führt aber dazu, dass der Mieter den Kündigungswiderspruch noch im ersten Termin des Räumungsrechtsstreits erklären kann (s. § 574b Abs. 2 S. 2 BGB).

b) Kündigungsgründe

aa) Allgemeines

144 Der Vermieter von Wohnraum kann eine ordentliche Kündigung grundsätzlich nur aussprechen, wenn er ein **berechtigtes Interesse** an der Beendigung des Mietverhältnisses hat (§ 573 Abs. 1 S. 1 BGB). Eine Ausnahme gilt für die Kündigung der Einliegerwohnung gem. § 573a BGB, ferner für die in § 549 Abs. 2 und 3 BGB bezeichneten sog. ungeschützten Mietverhältnisse. In § 573 Abs. 2 BGB hat der Gesetzgeber drei bedeutsame Anwendungsfälle des berechtigten Interesses geregelt (sog. vertypte berechtigte Interessen). Darüber hinaus kann der Vermieter sein berechtigtes Interesse auch auf die Generalklausel des § 573 Abs. 1 S. 1 BGB stützen. Allerdings muss der Kündigungsgrund in diesem Fall **genau so gewichtig** sein wie die in Abs. 2 der Bestimmung geregelten Konstellationen (BGH WuM 2007, 457, 459; WuM 2007, 459, 460 = ZMR 2007, 767, 768). I.Ü. stellt § 573 Abs. 1 S. 2 BGB klar, dass ein berechtigtes Interesse des Vermieters nicht darin liegen kann, die Miete zu erhöhen. Eine **Änderungskündigung** ist bei der Wohnraummiete ausgeschlossen.

bb) Nicht unerhebliche schuldhafte Vertragspflichtverletzung

(1) Voraussetzungen

145 Ein berechtigtes Interesse an der Beendigung des Mietverhältnisses hat der Vermieter nach § 573 Abs. 2 Nr. 1 BGB, wenn der Mieter schuldhaft seine vertraglichen Pflichten nicht unerheblich verletzt hat. Der Mieter muss durch sein Verhalten gegen vertragliche Pflichten verstoßen. Der Begriff der **vertraglichen Pflichten** ist in einem umfassenden Sinne zu verstehen; erfasst werden sowohl der vertragswidrige Gebrauch sowie alle Formen der Schlecht- und Nichterfüllung.

146 Die Pflichtverletzung darf **nicht unerheblich** sein; das bedeutet, dass sie »fühlbar über bloße Belästigungen hinausgehen«, mithin von »einigem Gewicht« sein muss (vgl. Herrlein in Herrlein/Kandelhard § 573 Rn. 16; Kinne ZMR 2001, 511, 513). Das BVerfG hat darauf hingewiesen, dass im Hinblick auf Art. 14 Abs. 1 GG vor Annahme einer Pflichtverletzung einerseits das Eigentumsrecht des Mieters am Besitz der Mietwohnung (grundlegend BVerfG NJW 1993, 2035 = WuM 1993, 377 = ZMR 1993, 405) sowie die Dauer des Mietverhältnisses und andererseits das Eigentum des Vermieters an der Mietsache und seine Beeinträchtigung durch das Verhalten des Mieters umfassend zu würdigen sind (BVerfG NZM 2004, 186 = WuM 2004, 80 = ZMR 2004, 566).

147 Allerdings braucht die Pflichtverletzung nicht so intensiv zu sein, dass dem Vermieter eine Fortsetzung des Mietverhältnisses nicht zugemutet werden kann (BGH NZM 2006, 338, 339 = WuM 2006, 193, 195 = ZMR 2006, 425, 427). Hierin liegt der maßgebliche Unterschied zur außerordentlichen fristlosen Kündigung aus wichtigem Grund (§§ 543 Abs. 1, Abs. 2 Nr. 2, 569 Abs. 2 BGB). Anders als diese verlangt die Kündigung nach § 573 Abs. 2 Nr. 1 BGB dem Wortlaut nach keine erfolglose Fristsetzung oder Abmahnung. Nach der Entscheidung des BGH v. 28.11.2007 (NZM 2008, 121 = WuM 2008, 31 = ZMR 2008, 196 m. Anm. Rave; krit. dazu Blank WuM 2008, 91) setzt die ordentliche Kündigung nach § 573 Abs. 2 Nr. 1 BGB **grundsätzlich keine vorherige Abmahnung** durch den Vermieter voraus. Einer Anmahnung kann nur insofern Bedeutung zukommen, als ihre Missachtung der Vertragsverletzung des Mieters erst das für die Kündigung erforderliche Gewicht verleiht. Das ist z.B. der Fall, wenn vorher nur ein schlichtes Versehen des Mieters vorgelegen hat oder wenn eine Duldung des Vermieters zu vermuten war (s.a. AG Pinneberg NZM 2009, 432).

148 In jedem Fall ist – anders als bei der fristlosen Kündigung – ein **schuldhaftes Verhalten** auf Seiten des Mieters erforderlich. Das setzt seine Verschuldensfähigkeit i.S.d. § 276 Abs. 1 S. 2 i.V.m. §§ 827, 828 BGB voraus. Lärmbelästigungen durch einen gemäß § 827 S. 1 BGB geisteskranken Mieter stellen somit keine schuldhafte Vertragspflichtverletzung dar; eine ordentliche Kündigung kann bei gravierenden Pflichtverletzungen aber auf die Generalklausel des § 573 Abs. 1 BGB gestützt werden (Schmidt-Futterer/Blank § 573 Rn. 205).

149 Nach der grundlegenden Entscheidung des BGH v. 25.10.2006 (NZM 2007, 35 = WuM 2007, 24 = ZMR 2007, 103: »Mieterverein-Urteil«; ferner BGH NZM 2008, 121, 122 = WuM 2008, 31, 32 = ZMR 2008, 196 m. Anm. Rave) muss sich der Mieter auch das schuldhafte Verhalten von **Erfüllungsgehilfen** nach § 278 BGB zurechnen lassen; denn die ordentliche Kündigung nach § 573 Abs. 2 Nr. 1 BGB setzt nicht sein eigenes schuldhaftes Verhalten voraus. Zu beachten ist allerdings, dass das **Jobcenter** (Sozialamt), welches für den hilfebedürftigen Mieter die Miete direkt überweist, nicht als dessen Erfüllungsgehilfe fungiert (BGH NZM 2010, 37 = WuM 2009, 736 = ZMR 2010, 277: »Jobcenter-Urteil«).

(2) Einzelfälle

(a) Vertragswidriger Gebrauch

150 Eine ordentliche Kündigung wegen schuldhafter Vertragspflichtverletzung kann in Betracht kommen, wenn der Mieter das Mietobjekt beschädigt, gefährdet oder ohne Erlaubnis des Vermieters bauliche Veränderungen vornimmt (s. etwa LG Berlin GE 2004, 1394). Auch die **Nichteinholung der** an sich erforderlichen **Untermieterlaubnis** soll nach dem Rechtsentscheid des BayObLG aus dem Jahre 1995 (WuM 1995, 378 = ZMR 1995, 301) ein berechtigtes Interesse zur ordentlichen Kündigung eines Wohnraummietverhältnisses wegen schuldhafter Pflichtverletzung abgeben. Indes erscheint fraglich, ob die Pflichtverletzung erheblich ist, wenn der Mieter einen Anspruch auf Erteilung der Erlaubnis nach § 553 Abs. 1 BGB hat (Schmidt-Futterer/Blank § 573 Rn. 24). Auch die vertragswidrige Nutzung von Wohnraum zu **gewerblichen Tätigkeiten** kann eine ordentliche Kündigung wegen Vertragspflichtverletzung begründen. Das gilt nach dem Urteil des BGH v. 14.07.2009 (NZM 2009, 658 = WuM 2009, 517 = GE 2009, 1117) allerdings nur dann, wenn die geschäftlichen Aktivitäten des Mieters in der Wohnung **nach außen in Erscheinung treten**. I.Ü. kann der Vermieter nach Treu und Glauben verpflichtet sein, die Erlaubnis zur teilgewerblichen Nutzung zu erteilen, wenn es sich um eine Tätigkeit ohne Mitarbeiter und ohne ins Gewicht fallenden Kundenverkehr handelt. Hierfür trägt der Mieter die Darlegungs- und Beweislast.

151 Ein Kündigungsgrund nach § 573 Abs. 2 Nr. 1 BGB kann auch daraus resultieren, dass der Mieter eine **unerlaubte Tierhaltung** (z.B. Hundehaltung) trotz Abmahnung fortsetzt (LG Hildesheim WuM 2006, 525; LG Berlin ZMR 1999, 28). Auch hier stellt sich wiederum die Frage nach der Erheblichkeit der Vertragspflichtverletzung, wenn dem Mieter ein Anspruch auf Erteilung einer Tierhaltungserlaubnis zusteht (s.o. Kap. 7 Rdn. 81 ff. Hinsichtlich des Erlaubnisanspruchs sind die vom BGH in dem Urteil v. 14.11.2007 (NZM 2008, 78 = WuM 2008, 23 = ZMR 2008, 111 m. Anm. Schläger) aufgestellten Kriterien zu beachten.

(b) Zahlungsverzug

152 Ein Zahlungsrückstand ist nach dem Urteil des BGH v. 25.10.2006 (»Mieterverein-Urteil«) als *nicht* unerhebliche Pflichtverletzung i.S.d. § 573 Abs. 2 Nr. 1 BGB anzusehen, wenn er eine **spürbare Gefährdung** der Interessen des Vermieters begründet, weil dieser

das Insolvenzrisiko des Mieters zu tragen hat (BGH NZM 2007, 35, 37 = WuM 2007, 24, 26f. = ZMR 2007, 103, 107). Dies ist unproblematisch, wenn der rückständige Betrag die Bruttomiete von zwei Monaten überschreitet (vgl. BGH NZM 2008, 121 = WuM 2008, 31, 32 = ZMR 2008, 196, 197 m. Anm. Rave; ferner BGH WuM 2010, 495, 497; 571, 573). Indes hat sich der BGH noch nicht mit der Frage befasst, ob ein kündigungsrelevanter Rückstand auch unterhalb der Schwelle des § 543 Abs. 2 Nr. 3 BGB liegen kann. Im Schrifttum wird dies überwiegend bejaht (Palandt/Weidenkaff § 573 Rn. 16; Herrlein in Herrlein/Kandelhard § 573 Rn. 19; a.A. Schmidt-Futterer/Blank § 573 Rn. 28); jedoch darf der Fehlbetrag eine Monatsmiete und die Verzögerung einen halben Monat nicht unterschreiten (Palandt/Weidenkaff § 573 Rn. 16; s.a. Hinz NZM 2010, 57, 67).

Anders als für die Kündigung nach § 543 Abs. 2 Nr. 3 BGB kommt es bei der ordentlichen Kündigung aber darauf an, ob der Mieter Ursache und Umstände seiner verspäteten Zahlung **verschuldet** hat. So kann er sich insbesondere auf eine unverschuldete Zahlungsunfähigkeit infolge unvorhergesehener wirtschaftlicher Engpässe, z.B. durch Arbeitslosigkeit oder Krankheit berufen (NZM 2005, 334, 335 = WuM 2005, 251 = ZMR 2005, 356, 358). **152a**

Wird wegen Zahlungsverzugs neben der außerordentlichen fristlosen Kündigung (§ 543 Abs. 2 Nr. 3 BGB) hilfsweise die ordentliche Kündigung nach § 573 Abs. 2 Nr. 1 BGB ausgesprochen, so kann der Mieter diese nach der Entscheidung des BGH v. 16.02.2005 (NZM 2005, 334 = WuM 2005, 250 m. krit. Anm. Blank = ZMR 2005, 356 m. Anm. Schläger) nicht durch Zahlung innerhalb der **Schonfrist** unwirksam machen. Ein nachträglicher Ausgleich der Zahlungsrückstände innerhalb zweier Monate nach Rechtshängigkeit des Räumungsanspruchs lässt zwar die fristlose Kündigung nach § 569 Abs. 3 Nr. 2 BGB unwirksam werden, nicht dagegen ohne weiteres auch die hilfsweise ausgesprochene ordentliche Kündigung. Hier fehlt es an einer dem § 569 Abs. 3 Nr. 2 BGB nachgebildeten Vorschrift. Allerdings kann sich der Mieter gegenüber der ordentlichen Kündigung – anders als bei der fristlosen Kündigung – auf eine **unverschuldete Zahlungsunfähigkeit** infolge unvorhergesehener wirtschaftlicher Engpässe, z.B. durch Arbeitslosigkeit oder Krankheit berufen. Auch die nachträgliche Zahlung der Mietrückstände ist im Rahmen der Verschuldensabwägung zu berücksichtigen, weil sie das etwaige Fehlverhalten des Mieters in einem milderen Licht erscheinen lässt (BGH NZM 2005, 334, 335 = WuM 2005, 250, 251 = ZMR 2005, 356, 358). Die Rechtsprechung hat die auf § 573 Abs. 2 Nr. 1 BGB gestützte Kündigung teilweise als unbegründet erachtet, wenn der Mieter den Rückstand von mehreren Monatsmieten vor dem Verhandlungstermin beim Amtsgericht ausgeglichen hatte und überdies weitere Umstände (z.B. schwere Depression) vorlagen, die sein Verschulden minderten (LG Hamburg WuM 2007, 74, 709; deutlich restriktiver aber LG Hamburg ZMR 2010, 117, 118). **153**

Nach einem Urteil des KG (WuM 2008, 411 = GE 2008, 925) fehlt es an einer die ordentliche Kündigung rechtfertigenden erheblichen Pflichtverletzung, wenn der Mieter den gesamten Rückstand alsbald nach Erhalt des Kündigungsschreibens begleicht und diesen i.Ü. nicht vorsätzlich verursacht hat, weil er davon ausgegangen war, die bisherige Vermieterin werde, wie in den Jahren zuvor, von der ihr erteilten Einzugsermächtigung Gebrauch machen. In der weiteren Entscheidung hat das KG klargestellt, dass der Mieter im Räumungsrechtsstreit **detailliert darzulegen** hat, aus welchen Gründen es gerade im kündigungsrelevanten Zeitraum zu den wirtschaftlichen Engpässen gekommen ist und welche unvorhergesehenen Ausgaben er gehabt hat. Außerdem muss der Mieter die Ursächlichkeit seiner persönlichen und wirtschaftlichen Situation gerade für den kündigungsrelevanten Mietrückstand dartun. Allein der Hinweis auf eine depressive Störung genügt nicht (KG DWW 2008, 379 = Info M 2008, 445). **154**

155 **Hinweis:**

> Für ein fehlendes Verschulden ist der Mieter im Rahmen des Kündigungstatbestands des § 573 Abs. 2 Nr. 1 BGB darlegungs- und beweispflichtig (KG DWW 2008, 379 = Info M 2008, 445; LG Hamburg ZMR 2010, 117, 118).

156 Allerdings kommt ein nachträglicher Ausschluss des Verschuldens nicht in Betracht, wenn der Mieter die **Nachzahlung unter Vorbehalt** leistet und sich damit eine Rückforderung offen hält, ohne dass dafür ein rechtfertigender Grund ersichtlich ist (BGH NZM 2008, 121 = WuM 2008, 31 = ZMR 2008, 196 m. Anm. Rave; LG Hamburg ZMR 2010, 117, 118). Zur Rechtslage bei der Schonfristregelung des § 569 Abs. 3 Nr. 2 BGB s. Rn. 270.

157 Die Nichtbegleichung der **Prozesskosten** eines nach Schonfristzahlung für erledigt erklärten Räumungsrechtsstreits rechtfertigt nach dem Urteil des BGH v. 14.07.2010 (WuM 2010, 571) keine neuerliche, auf § 573 Abs. 2 Nr. 1 BGB gestützte Kündigung. Anderenfalls würde die in § 569 Abs. 3 Nr. 2 BGB zum Ausdruck kommende Wertung umgangen werden.

(c) Unpünktliche Mietzahlungen

158 Eine wiederholte Zahlungssäumigkeit kann ebenfalls einen Grund für eine ordentliche Kündigung abgeben (vgl. BGH NZM 2006, 338, 339 = WuM 2006, 193, 195 = ZMR 2006, 425, 427; NZM 2008, 121 = WuM 2008, 31, 32 = ZMR 2008, 196, 197 m. Anm. Rave); allerdings genügt eine Unpünktlichkeit mit lediglich zwei Monatsmieten zumindest bei einem langjährigen Mietverhältnis noch nicht (LG Hamburg WuM 2007, 710). Eine **Abmahnung** ist auch hier nicht zwingend erforderlich (vgl. OLG Oldenburg NJW-RR 1992, 79 = WuM 1991, 467 = ZMR 1991, 427; s.a. LG Berlin GE 2010, 65, 66). Anders verhält es sich, wenn der Vermieter die säumige Zahlungsweise jahrelang geduldet hat (AG Pinnberg NZM 2009, 432). Vgl. auch die Ausführungen zur außerordentlichen fristlosen Kündigung wegen unpünktlicher Mietzahlungen bei Rdn. 340 ff.

(d) Nichtzahlung der Mietkaution

159 Auch hierin kann eine kündigungsrelevante Vertragspflichtverletzung liegen (AG Neukölln/LG Berlin GE 2008, 1431); Voraussetzung ist aber ein **»nicht unerheblicher« Rückstand** mit der Kautionsleistung. Das ist nach einer Literaturmeinung nur dann der Fall, wenn dieser eine Monatsmiete übersteigt (Schmidt-Futterer/Blank § 573 Rn. 29); insoweit wird der Rechtsgedanke des § 569 Abs. 3 Nr. 1 BGB herangezogen. Demgemäß kann ein Kündigungsrecht erst bei Fälligkeit der zweiten Kautionsrate (vgl. § 551 Abs. 2) bestehen. Jedenfalls wird die Nichtzahlung der Mietsicherheit in voller Höhe zur ordentlichen Kündigung berechtigen (AG Neukölln/LG Berlin GE 2008, 1431; restriktiver aber LG Köln WuM 1993, 605; AG Iserlohn, WuM 2004, 544: umfassende Interessenabwägung).

cc) Eigenbedarf

(1) Bedarfsgrund

160 Der Kündigungstatbestand des Eigenbedarfs nach § 573 Abs. 2 Nr. 1 BGB erfordert, dass der Vermieter die Mieträume selbst oder für die im Gesetz aufgeführten Personen zu Wohnzwecken **benötigt**. Für seinen Willen müssen **vernünftige und nachvollziehbare Gründe** vorliegen (BVerfG NZM 2001, 706; BGH NJW 1988, 904 = WuM 1988, 47 = ZMR 1988, 130). In Betracht kommen neben beruflichen, wirtschaftlichen und gesundheitlichen Gründen auch wohnbezogene sowie persönliche Gründe, wie z.B. der Wunsch

in einer größeren Wohnung zu wohnen oder einfach »Herr seiner eigenen vier Wände« zu sein (ausführlich dazu Haug in Emmerich/Sonnenschein § 573 Rn. 45 ff.; Sternel Rn. XI 33 ff.; Schumacher WuM 2007, 664, 668).

Nach der Rechtsprechung des BVerfG ist der Willensentschluss des Vermieters bezüglich einer bestimmten, seiner Lebensplanung entsprechenden Nutzung von den Gerichten grundsätzlich zu respektieren (BVerfG NJW 1989, 970 = WuM 1989, 114; s.a. BVerfG NJW 1994, 994 = WuM 1994, 183 = ZMR 1994, 147: »Puppensammlungs-Entscheidung«; krit. dazu Schumacher WuM 2007, 664). Maßgebend ist also zunächst, welchen Wohnbedarf der Eigentümer nach seinen persönlichen Vorstellungen und Bedürfnissen als angemessen ansieht (LG Bochum ZMR 2007, 452, 453; AG Andernach DWW 2008, 63, 64; Schmidt-Futterer/Blank § 573 Rn. 141; a.A. AG Hamburg-Barmbek ZMR 2005, 202: objektiv-genereller Maßstab). Es genügt, dass die begehrte Wohnung geeignet ist, den Selbstnutzungswunsch des Vermieters zu befriedigen, z.B. weil sie einen besseren Schnitt oder eine bessere Ausstattung als die bisherige Wohnung hat (LG Landau ZMR 1992, 396 = WuM 1993, 678; LG Bochum ZMR 2007, 452, 453; AG Hamburg ZMR 2010, 453: Arbeitszimmer). Auch der Wunsch, eine Wohnung geringerer Größe und Kosten zu beziehen, ist als Eigenbedarf anerkannt (LG Frankfurt/M. WuM 1990, 347; LG Hamburg WuM 1989, 387; ZMR 2006, 286: »klein aber mein«). Nur wenn der geltend gemachte Bedarf **weit überhöht** ist oder die Wohnung die Nutzungswünsche des Vermieters überhaupt nicht erfüllen kann, wird die Kündigung als unbegründet erachtet (BVerfG NJW 1989, 970, 971 = WuM 1989, 114, 117; Beispiele für »überhöhten Wohnbedarf« bei Schmidt-Futterer/Blank § 573 Rn. 142 ff.; NK-BGB/Hinz § 573 Rn. 36). **161**

Eine »**Vorratskündigung**«, der ein gegenwärtig noch nicht absehbarer Bedarf zugrunde liegt, ist unzulässig (BGH NZM 2005, 580 f. = WuM 2005, 521 = ZMR 2005, 702, 703). Eine solche liegt allerdings nicht vor, wenn die Bedarfsperson die Möglichkeit erhalten soll, in der Wohnung eine Familie zu gründen, eine Schwangerschaft im Zeitpunkt der Kündigung aber noch nicht besteht (BVerfG NJW 1995, 1480 = WuM 1995, 260 = ZMR 1995, 198). Nicht erforderlich ist, dass der Vermieter die beanspruchten Räume auf Dauer nutzen will; eine längerfristige Nutzung über mehrere Jahre soll genügen (BayObLG WuM 1993, 252 = ZMR 1993, 328). Auch der **Erwerb** einer Wohnung **im vermieteten Zustand** mit der Intention der Selbstnutzung wird als angemessen angesehen (BVerfG NJW 1994, 308, 309 = ZMR 1994, 208, 210; AG Gelsenkirchen/LG Essen ZMR 2008, 294 f.). **162**

(2) Bedarfsperson

Der Vermieter kann den Eigenbedarf zunächst für sich geltend machen. Bei einer Mehrheit von Vermietern genügt es, wenn einer von ihnen die Wohnung für sich beansprucht (BGH NZM 2007, 679, 681 = WuM 2007, 515, 516 = ZMR 2007, 772, 773). Handelt es sich bei der Vermieterin um eine **Gesellschaft bürgerlichen Rechts** (GbR), so kann diese das Mietverhältnis grundsätzlich auch wegen des Eigenbedarfs eines Gesellschafters ordentlich kündigen – allerdings nur dann, wenn dieser schon **bei Abschluss des Mietvertrags Gesellschafter** war (BGH NZM 2007, 679 = WuM 2007, 515 = ZMR 2007, 772). Entsprechendes gilt für Familienangehörige und Haushaltsangehörige eines Gesellschafters, sofern sie dies bereits bei Abschluss des Mietvertrags gewesen sind. Andererseits darf sich die GbR auch dann auf den Eigenbedarf eines Gesellschafters berufen, wenn sie erst nach § 566 BGB **in ein bestehendes Mietverhältnis eingetreten** ist (BGH NZM 2009, 613, 614 = WuM 2009, 519). Das soll selbst dann gelten, wenn sie das Grundstück erworben hat, damit die Gesellschafter selbst nutzen und Wohnungseigentum erwerben können und dies für den Mieter bei Abschluss des Mietvertrags nicht absehbar war (krit. Wiek WuM 2009, 491 ff.). **163**

164 Indes können **juristische Personen** (GmbH, AG) und Vereine nicht wegen Eigenbedarfs kündigen, weil sie das Mietobjekt nicht bewohnen können (vgl. BGH NZM 2004, 25 = WuM 2003, 691 = ZMR 2003, 904; LG Duisburg WuM 2010, 94). Ein Eigenbedarf der Gesellschafter, gesetzlichen Vertreter oder Angestellten kommt ebenfalls nicht in Betracht, weil diese im Verhältnis zur juristischen Person nicht als privilegierte Personen anzusehen sind (LG Duisburg a.a.O.). Auch eine **KG** kann – wie der BGH klargestellt hat – Wohnräume weder als »Wohnung für sich« noch für Familien- oder Haushaltsangehörige benötigen (BGH NZM 2007, 639, = WuM 2007, 457; BGH WuM 2007, 459 = ZMR 2007, 767). Ob sie einen Eigenbedarf für einen Gesellschafter geltend machen kann, hat der BGH ausdrücklich offen gelassen (abl. LG Hamburg NJW 2009, 3793 = ZMR 2010, 286; AG Hamburg ZMR 2010, 612; Wiek WuM 2009, 491, 494; Lammel WuM 2007, 562).

165 Der Begriff der **Familienangehörigen** ist im Hinblick auf den Schutzzweck des Kündigungstatbestands enger als der allgemeine Familienbegriff des BGB, nach welchem zur Familie alle Personen gehören, die mit dem Vermieter verwandt oder verschwägert sind. Die h.M. unterscheidet zwischen engen und entfernten Familienangehörigen (OLG Braunschweig NJW-RR 1994, 597 = WuM 1993, 731; Schmidt-Futterer/Blank § 573 Rn. 52; Herrlein in Herrlein/Kandelhard § 573 Rn. 23). **Enge Familienangehörige** sind stets privilegierte Bedarfspersonen, ohne dass weitere Voraussetzungen erforderlich sind. Dazu gehören neben den Kindern, dem Ehegatten (auch dem getrennt lebenden bis zur Ehescheidung), dem Lebenspartner i.S.d. § 1 Abs. 1 S. 1 LPartG und den Eltern des Vermieters auch Geschwister (BGH NJW 2003, 2604 = WuM 2003, 464 = ZMR 2003, 664), Verwandte in gerader Linie, Enkelkinder, Stiefkinder sowie Schwiegereltern (LG Köln WuM 1994, 541). Auch **Nichten und Neffen** des Vermieters gehören nach der Entscheidung des BGH v. 27.01.2010 (NZM 2010, 271, 272 = WuM 2010, 163, 164 f.) noch zu den engeren Verwandten. Einen Anhaltspunkt dafür, wie weit der Kreis der engeren Familienmitglieder zu ziehen ist, sollen die Vorschriften des Zeugnisverweigerungsrechts aus persönlichen Gründen (§ 383 ZPO, § 52 StPO) bieten.

166 Bei **entfernteren Angehörigen** wird eine über das bloße familienrechtliche Verhältnis hinausgehende konkrete persönliche oder soziale Bindung zum Vermieter dergestalt gefordert, dass sich dieser rechtlich oder moralisch zur Unterhaltsgewährung, namentlich zur Deckung des Wohnbedarfs verpflichtet fühlt (Schmidt-Futterer/Blank § 573 Rn. 51; Haug in Emmerich/Sonnenschein § 573 Rn. 41). Die Bindung muss umso enger sein, je weitläufiger der Grad der Verwandtschaft oder Schwägerschaft ist (BGH WuM 2010, 163, 164). Der **Schwager** gehört nach Auffassung des BGH (NZM 2009, 353 = WuM 2009, 294 = ZMR 2009, 518) zumindest dann zum Kreis der Bedarfspersonen, wenn ein besonders enger Kontakt zum Vermieter besteht. Cousins und Cousinen sind nach wie vor als entfernte Verwandte anzusehen (LG Frankfurt/M. WuM 2004, 209). Ob die Bedarfsperson mit dem Vermieter zumindest schwägerschaftlich verbunden sein muss, dass wäre etwa bei der **Tochter der Schwiegertochter** nicht der Fall, ist streitig (dafür LG Weiden WuM 2003, 210; dagegen LG Stuttgart WuM 1993, 253; Schmidt-Futterer/Blank § 573 Rn. 56).

167 Ein **besonderes persönlichen Verhältnis** wurde angenommen, wenn der Vermieter zu der Bedarfsperson seit längerem in persönlichem Kontakt steht und sie mit Geld und Sachleistungen unterstützt hat (AG Dortmund WuM 1993, 615). Hingegen sind gemeinsame Freizeitaktivitäten oder gemeinsame Urlaube allein nicht ausreichend (LG Wiesbaden WuM 1991, 491).

168 **Angehörige des Haushalts** sind alle Personen, die schon seit längerer Zeit und auf Dauer in den Haushalt des Vermieters aufgenommen sind und mit diesem in enger Haushaltsge-

meinschaft leben (Schmidt-Futterer/Blank § 573 Rn. 48; Haug in Emmerich/Sonnenschein § 573 Rn. 42; abweichend MüKo/Häublein § 573 Rn. 81), so namentlich Pflegepersonen (OLG Hamm WuM 1986, 269 = ZMR 1986, 398; BayObLG NJW 1982, 1159), Hausangestellte, Lebensgefährten (Herrlein in Herrlein/Kandelhard § 573 Rn. 24), ferner Pflegekinder des Mieters sowie Kinder des Lebensgefährten (s.a. BT-Drucks. 14/4553, 38). Nicht erforderlich ist eine innere Bindung des Vermieters zu der Person, die ein wechselseitiges Einstehen füreinander begründet; insofern ist der Begriff des Haushaltsangehörigen umfassender zu verstehen als der des auf Dauer angelegten gemeinsamen Haushalts i.S.d. §§ 563 Abs. 2 S. 4, 549 Abs. 2 Nr. 2. Der Tatbestand kommt nur zum Tragen, wenn die Bedarfsperson nicht zu den privilegierten Verwandten des Vermieters gehört.

(3) Rechtsmissbrauch

Die Kündigung kann rechtsmissbräuchlich (§ 242 BGB) sein, wenn im Zeitpunkt des **169**
Kündigungsausspruchs zwar rein formell ein Eigenbedarf i.S.d. § 573 Abs. 2 Nr. 2 BGB vorliegt, der Vermieter gegenüber dem Mieter jedoch bestimmte **Treuepflichten verletzt** hat. Hier kommen im Wesentlichen zwei Fallgruppen in Betracht:

- der Vermieter hat die Bedarfssituation in vorwerfbarer Weise selbst geschaffen oder
- er hat nach Kündigungsausspruch während des noch bestehenden Mietverhältnisses bestimmte Treuepflichten gegenüber dem Mieter verletzt.

Ist die Kündigung rechtmissbräuchlich, so hat dies deren **Unwirksamkeit** zur Folge (BGH NZM 2003, 682 = WuM 2003, 463 = ZMR 2003, 665; NZM 2006, 50, 51 = WuM 2005, 782 = ZMR 2006, 119, 121).

(a) Vorhersehbarer Bedarf

Weiß der Vermieter schon bei Vertragsschluss, dass er die Wohnung in absehbarer Zeit **170**
selbst benötigt, oder muss er dies in Erwägung ziehen, hat er den Mieter darauf hinweisen, dass das Mietverhältnis möglicherweise nur von kurzer Dauer sein wird (grundlegend BVerfG NJW 1989, 970, 972 = WuM 1989, 114, 118; ferner BVerfG ZMR 1993, 363, 364; 505, 506; LG Gießen WuM 2004, 723; LG Ravensburg WuM 2003, 311; AG Winsen/Luhe WuM 2006, 622). Anderenfalls handelt er widersprüchlich; die Eigenbedarfskündigung ist dann als treuwidrig zu bewerten. Nach einer Ansicht besteht diese **Hinweispflicht** nur bei sicher vorhersehbarem Eigenbedarf (LG Ravensburg WuM 2003, 332; MüKo/Häublein § 573 Rn. 73; FaKo-MietR/Gahn § 573 Rn. 38; NK-BGB/Hinz § 573 Rn. 51). Die Gegenauffassung bejaht eine Hinweispflicht bereits dann, wenn der künftige Eigenbedarf lediglich eine Möglichkeit darstellte, die der Vermieter angesichts seiner familiären Umstände hätte erwägen können (AG Erding/OLG München WuM 2009, 358; LG Hamburg NJW-RR 1994, 465; LG Paderborn WuM 1994, 331; AG Winsen/Luhe WuM 2006, 622; Schmidt-Futterer/Blank § 573 Rn. 133). Der BGH hat die Streitfrage in dem Urteil v. 21.01.2009 (NZM 2009, 236 = WuM 2009, 180 = ZMR 2009, 438) offen gelassen, u.U. aber eine gewisse Tendenz zugunsten der erstgenannten Position erkennen lassen. Eine Eigenbedarfskündigung ist demgemäß nicht treuwidrig, wenn der Vermieter ein bereits seit neun Jahren bestehendes Mietverhältnis noviert hat, der Mieter im Zeitpunkt der Novation den absehbaren Wohnbedarf des Familienmitglieds (hier der heranwachsenden Tochter) hätte erkennen können und die Kündigung drei Jahre später erfolgt (s. aber auch BGH WuM 2010, 512). Jedenfalls müssen bei Vertragsschluss bereits **greifbare Anhaltspunkte** für den späteren Eigenbedarf bestehen. Zu weitgehend erscheint es daher, wenn die Rechtsprechung dem Vermieter teilweise sogar abverlangt, bei Vermietung der Wohnung das Risiko des Rückfalls einer Krebserkrankung in Erwägung zu ziehen (so etwa AG Gießen WuM 2004, 490; LG Gießen WuM 2004, 723).

Anders mag es sich verhalten, wenn die Bedarfsperson bereits bei Vertragsschluss an einer Erkrankung mit progredientem Verlauf leidet und eine Verschlechterung des Gesundheitszustands schon derzeit absehbar ist (AG Bremen WuM 2008, 730).

171 Unklar ist zudem, innerhalb welches **Zeitraums** nach Vertragsschluss eine solche Hinweispflicht des Vermieters bestehen kann. Die Rechtsprechung hat die Grenze mit Blick auf § 564c Abs. 2 S. 1 Nr. 1 BGB a.F. bei **fünf Jahren** zwischen Vertragsbeginn und Kündigungserklärung angenommen (BVerfG a.a.O.). Benötige der Vermieter die Wohnung später, könne er seinen Bedarf nicht mehr durch Abschluss eines qualifizierten Zeitmietvertrags sichern. Diese Argumentation ist seit dem Wegfall der Höchstdauer beim qualifizierten Zeitmietvertrag (vgl. § 575 BGB) nicht mehr einschlägig; gleichwohl werden fünf Jahre vielfach noch als Richtwert angesehen (vgl. AG Erding/OLG München WuM 2009, 358, 359; LG Ulm DWW 2008, 387; LG Gießen WuM 2004, 723; Schmidt-Futterer/Blank § 573 Rn. 133 f.). Eine längerfristige Planung seiner Lebensverhältnisse kann dem Vermieter keinesfalls angesonnen werden. Möglicherweise tendiert der BGH in dem Urteil v. 21.01.2009, das allerdings eine besondere Fallgestaltung betrifft, sogar zu einem kürzeren Zeitraum (BGH NZM 2009, 236, 237 = WuM 2009, 180, 181 = ZMR 2009, 438, 439). Jedenfalls dürften die Anforderungen an die Bedarfsvorschau mit zunehmendem Zeitablauf immer geringer werden (Bamberger/Roth/Hannappel § 573 Rn. 67).

172 Nach einer Entscheidung des LG Frankfurt/M. (WuM 2007, 635 = ZMR 2008, 626) ist eine Kündigung wegen Eigenbedarfs auch dann treuwidrig, wenn der Vermieter in Kenntnis der täglichen Fahrtstrecke zum Arbeitsplatz und seines angeschlagenen Gesundheitszustands vom Anwesen fort in einen 100 km entfernten Ort gezogen ist, sodann aber das Mietobjekt beansprucht, um die räumliche Nähe zum Arbeitsplatz wieder herzustellen und fahrbedingte Belastungen zu vermeiden. Andererseits darf nicht jede Fehlplanung oder **Fehleinschätzung des Vermieters** im Hinblick auf seine wirtschaftliche oder gesundheitliche Situation zur Treuwidrigkeit der Kündigung führen; anderes gilt aber dann, wenn er die hierdurch verursachte Eigenbedarfssituation zuvor erwartet hat oder hätte erwarten müssen.

173 Eine Eigenbedarfskündigung verstößt nicht allein deshalb gegen Treu und Glauben, weil es seinerzeit der Intention des Rechtsvorgängers des Vermieters und des Mieters entsprochen hat, das Mietverhältnis auf lange Dauer anzulegen. Der Vermieter muss sich dieser Umstand selbst dann nicht zurechnen lassen, wenn er als Neffe des Rechtsvorgängers das Objekt einige Zeit selbst bewohnt hat (AG Steinfurt WuM 2006, 43).

(b) Nachträglicher Wegfall des Eigenbedarfs

174 Entfällt der Eigenbedarf nach Abgabe der Kündigungserklärung, so ist dies nach dem grundlegenden BGH-Urteil v. 09.11.2005 (NZM 2006, 50 = WuM 2005, 782 = ZMR 2006, 119; gebilligt durch BVerfG NZM 2006, 459 = WuM 2006, 300; ferner BGH NZM 2007, 679, 681 = WuM 2007, 515, 517 = ZMR 2007, 772, 774) nur dann zu berücksichtigen, wenn dies **vor dem Ablauf der Kündigungsfrist** geschehen ist. In diesem Fall ist der Vermieter zu einer entsprechenden Mitteilung an den Mieter verpflichtet; anderenfalls ist die Kündigung wegen Rechtsmissbrauchs (§ 242 BGB) unwirksam.

175 Anderes verhält es sich, wenn der Kündigungsgrund nach Ablauf der Kündigungsfrist weggefallen ist; denn nunmehr ist das Mietverhältnis – jedenfalls grundsätzlich – bereits (rechtlich) beendet. Damit erlischt das durch Art. 14 Abs. 1 GG geschützt Besitzrecht des Mieters, weil dieser keine originäre, sondern nur eine abgeleitete Beziehung zu dem von einem anderen geschaffenen Wohnraum hat (BVerfG NJW 1993, 2035, 2036 = WuM 1993, 377, 379 = ZMR 1993, 405, 407). Der Vermieter erlangt wieder die volle Verfügungsbefugnis über die Mietsache. Verweigert der Mieter nunmehr die Herausgabe, obwohl die Kündigung wirksam ist und ein Anspruch auf Fortsetzung des Mietverhältnisses nach der Sozialklausel der §§ 574 ff. BGB nicht besteht, so verletzt er seine **Pflicht zur Rückgabe** der Mietsache (§ 546 Abs. 1 BGB). Verhält er sich damit seinerseits rechtswidrig, kann er vom Vermieter eine Mitteilung über den Wegfall des Kündigungsgrundes nicht verlangen.

Etwas anderes könnte wiederum gelten, wenn der Mieter der Kündigung im Hinblick **176** auf die **Sozialklausel** nach § 574 Abs. 1 S. 1 BGB widersprochen und die Fortsetzung des Mietverhältnisses verlangt hat. Dann bleibt das Ende des Mietverhältnisses in der Zeit zwischen dem Ablauf der Kündigungsfrist und der Einigung bzw. der gerichtlichen Entscheidung über die Vertragsfortsetzung (vgl. § 574a BGB) in der Schwebe. Entfällt während dieser Zeit der Eigenbedarf, so könnte der Vermieter weiterhin gehalten sein, den Mieter auf diesen Umstand hinzuweisen (in diesem Sinne Blank NJW 2006, 739; ähnlich Häublein NZM 2003, 970, 971). Das hätte allerdings zur Folge, dass der Mieter allein durch Erklärung des Kündigungswiderspruchs das faktische Ende des Mietverhältnisses hinauszögern und den Vermieter an seiner Mitteilungsobliegenheit festhalten könnte; auf das Vorliegen eines Härtegrundes i.S.d. § 574 Abs. 1 S. 1, Abs. 2 BGB käme es nicht an. Indes scheint der BGH hinsichtlich der »**rechtlichen Beendigung**« des Mietverhältnisses darauf abzustellen, ob der Fortsetzungsanspruch des Mieters nach der Sozialklausel tatsächlich besteht. Somit spricht vieles dafür, wie folgt zu differenzieren:

- Liegt ein Härtegrund vor, kann der Mieter regelmäßig die Fortsetzung des Mietverhältnisses verlangen, zumal dem Vermieter ein berechtigtes Interesse an der Vertragsbeendigung nicht mehr zusteht. Allerdings kann eine Fortsetzung auf unbestimmte Zeit nur unter den Voraussetzungen des § 574a Abs. 2 S. 2 BGB erfolgen. Hier wäre eine Korrektur über § 242 BGB geboten, weil eine nur befristete Fortsetzung des Mietverhältnisses im Hinblick auf das fehlende Beendigungsinteresse des Vermieters schlechterdings unbillig erscheint.
- Anders ist die Situation, wenn dem Vermieter bei Wegfall des Eigenbedarfs ein neuer Kündigungsgrund zusteht und er diesen nach Maßgabe des § 573 Abs. 3 S. 2 BGB nachschiebt (vgl. AG Hamburg WuM 2006, 160; NK-BGB/Hinz § 573 Rn. 93). In diesem Fall hängt der Anspruch des Mieters auf Vertragsfortsetzung von der Abwägung der beiderseitigen Interessen im Rahmen des § 574 Abs. 1 S. 1, Abs. 3 BGB ab.
- Beruft sich der Mieter indes auf die Sozialklausel, ohne dass ihm (oder einer privilegierten Person) tatsächlich ein Härtegrund zusteht, endet das Mietverhältnis ungeachtet des Schwebezustands mit dem Ablauf der Kündigungsfrist.

Eine höchstrichterliche Entscheidung zu dieser Problematik steht noch aus. **177**

(c) Freiwerden einer Alternativwohnung

Der Vermieter ist verpflichtet, auf eine in Betracht kommende freie oder alsbald frei wer- **178** dende Alternativwohnung hinzuweisen und darzulegen, dass diese zur Deckung seines Bedarfs nicht geeignet ist. Außerdem muss er sie dem Mieter zu angemessenen, für diesen **zumutbaren Bedingungen** anbieten. Anderenfalls ist die ausgesprochene Kündigung rechtsmissbräuchlich (§ 242 BGB) und damit unwirksam (BGH NZM 2003, 681, 682 = WuM 2003, 464 f. = ZMR 2003, 664, 665; NZM 2003, 682 = WuM 2003, 463, 464 = ZMR 2003, 665, 666; BGH Urt. v. 13.10.2010 – VIII ZR 78/10). Nach der Rechtsprechung des BGH erstreckt sich die Anbietpflicht des Vermieters aber nicht auf jede andere, ihm zur Verfügung stehende Wohnung; vielmehr beschränkt sie sich auf die **im selben Haus** oder in derselben Wohnanlage befindlichen Objekte (BGH NZM 2003, 681, 682 = WuM 2003, 464 f. = ZMR 2003, 664, 665). Die Anbietpflicht bezweckt es, dem Mieter zu ermöglichen, eine Wohnung in vertrauter Umgebung zu beziehen, nicht jedoch, ihm nach berechtigter Kündigung die belastende Wohnungssuche abzunehmen. Allerdings umfasst die Anbietpflicht auch Wohnungen, die mit der gekündigten nicht vergleichbar erscheinen. Es obliegt allein dem Mieter darüber zu entscheiden, ob die angebotene Wohnung seinen **Wohnvorstellungen** entspricht (BVerfG NJW 1992, 1220; LG Berlin ZMR 2010, 38; AG Mainz WuM 2007, 74; s. aber auch OLG Düsseldorf NZM 2010, 276, 277 = ZMR 2010, 176, 177 für ein qualitativ völlig anders beschaffenes Objekt; ferner LG Bonn ZMR 2010, 601, 603).

179 Die Anbietpflicht des Vermieters besteht auch für eine erst nach Ausspruch der Kündigung frei werdende Alternativwohnung. Nach Auffassung des BGH währt sie allerdings – ebenso wie die Hinweispflicht beim nachträglichen Wegfall des Eigenbedarfs – grundsätzlich **nur bis zum Ablauf der Kündigungsfrist** (BGH NZM 2003, 682 = WuM 2003, 463, 464 = ZMR 2003, 665). I.Ü. braucht der Vermieter dem Mieter die Alternativwohnung erst anzubieten, wenn sie ihm tatsächlich zur Verfügung steht, nicht hingegen schon, wenn der andere Mieter sie gekündigt hat (BGH NZM 2008, 642 = WuM 2008, 497).

180 Andererseits soll die Anbietpflicht bereits dann beginnen, wenn der Vermieter seinen **künftigen Wohnbedarf** vorhersehen kann (LG Berlin ZMR 2010, 38). Doch dürfen an die Bedarfsvorschau keine allzu hohen Anforderungen gestellt werden (s.o. Rdn. 170).

180a Hinweis:

> Zur ordnungsgemäßen Erfüllung der Anbietpflicht muss der Vermieter den Mieter über die wesentlichen Bedingungen einer Anmietung der Ersatzwohnung informieren, namentlich über deren Größe, Ausstattung sowie über die Mietkonditionen (s. BGH Urt. v. 13.10.2010 – VIII ZR 78/10).

(4) Unberechtigte Kündigung/Schadensersatz

(a) Voraussetzungen

181 Sofern der vom Vermieter geltend gemachte Kündigungsgrund nicht besteht, kann dies Schadensersatzansprüche nach § 280 Abs. 1 BGB auslösen. Gleiches gilt, wenn der Kündigungsgrund nach Zugang der Kündigungserklärung aber vor Ablauf der Kündigungsfrist weggefallen ist und der Vermieter es unterlassen hat, den Mieter auf diesen Umstand hinzuweisen. Hat der Vermieter den **Eigenbedarf vorgetäuscht**, kommen auch deliktische Schadensersatzansprüche (§ 823 Abs. 2 BGB i.V.m. § 263 StGB, § 826 BGB) in Betracht. Dabei ist es ohne Bedeutung, ob die Kündigung formell ordnungsmäßig war; es genügt, wenn der Vermieter die Bedarfsgründe mündlich schlüssig dargetan hat und der Mieter diesen Angaben nicht zu misstrauen brauchte (BGH NZM 2009, 429 = WuM 2009, 359 = ZMR 2009, 748; dazu Blank WuM 2009, 447; Hinz WuM 2009, 331). Der Auszug des Mieters wird auch in solchen Fällen durch die Kündigung des Vermieters herausgefordert und stellt keine ungewöhnliche, sondern eine angemessene Reaktion darauf dar (ausführlich dazu Hinz WuM 2009, 331, 332 f.). Ein Schadensersatzanspruch wird auch nicht dadurch ausgeschlossen, dass der Mieter mit dem Vermieter eine **Mietaufhebungsvereinbarung** geschlossen hat (BGH NZM 2009, 429 = WuM 2009, 359 = ZMR 2009, 748).

182 Offen gelassen hat der BGH, ob Entsprechendes bei einem **Räumungsvergleich** gilt. Hier wird im Anschluss an den Rechtsentscheid des OLG Frankfurt/M. v. 06.04.1994 (WuM 1994, 600 = ZMR 1995, 67) Folgendes angenommen: Wollten die Parteien nur den Streit hinsichtlich der Schlüssigkeit und Beweisbarkeit des Eigenbedarfs beenden, kommt ein Schadensersatzanspruch des Mieters in Betracht. Anders verhält es sich aber, wenn sich die Parteien darüber gestritten haben, ob die Bedarfslage des Vermieters überhaupt besteht oder nur vorgetäuscht ist (s.a. OLG Celle MDR 1995, 252; LG Gießen WuM 1995, 589; NK-BGB/Hinz § 573 Rn. 105 ff.; Hinz WuM 2009, 331, 333). Maßgebend ist also,

- ob die Parteien sozusagen einen Schlussstrich unter die bisherige Vertragsbeziehung setzen wollten – dann sind Schadensersatzansprüche des Mieters wegen vorgetäuschten Eigenbedarfs ausgeschlossen – oder
- ob das Bestehen der Bedarfssituation des Vermieters als Grundlage des Vergleichs anzusehen ist – dann kann der Mieter vom Vermieter Schadensersatz verlangen, wenn der Eigenbedarf tatsächlich nicht besteht.

Die Rechtsprechung tendiert teilweise dazu, bei Abschluss eines Räumungsvergleichs auch das **Bestehen des Kündigungsgrundes** als von der Vereinbarung umfasst anzusehen, so dass ein Schadensersatzanspruch des Mieters wegen vorgetäuschten Eigenbedarfs ausscheidet (LG Berlin GE 1995, 1551; AG Garmisch-Partenkirchen WuM 2008, 674). Der Mieter sollte ggf. darauf dringen, dass die vom Vermieter behauptete Eigenbedarfssituation in dem Räumungsvergleich als Geschäftgrundlage festgehalten wird.

Formulierungsvorschlag:

> Grundlage des Vergleichs ist eine bestehende Eigenbedarfsituation des Vermieters, wie im Kündigungsschreiben vom … angegeben.

Nach wohl überwiegender Ansicht kann der Mieter einen Schadensersatzanspruch sogar darauf stützen, dass die ihm zutreffend mitgeteilten Beendigungsgründe eine Kündigung **aus rechtlicher Sicht** nicht begründen können (BGH NJW 1984, 1028 = ZMR 1984, 163; BGH NJW 1988, 1268 = ZMR 1988, 170; BGH NZM 1998, 718; LG Duisburg WuM 2010, 95; LG Potsdam WuM 2001, 243; Schmidt-Futterer/Blank § 573 Rn. 78; Sternel Rn. XI 181; a.A. OLG Hamm WuM 1984, 94 = ZMR 1984, 129; LG Berlin ZMR 1994, 330; LG Kiel WuM 1995, 169). Ist nämlich der Vermieter verpflichtet, dem Mieter den vertragsgemäßen Gebrauch zu gewähren, hat er alles zu unterlassen, was diesen beeinträchtigt. Dass der Mieter sich nicht über die Rechtslage informiert hat, kann ihm allenfalls als Mitverschulden nach § 254 Abs. 1 BGB angerechnet werden (dazu Hinz WuM 2009, 331, 334). **183**

Nach der Entscheidung des BGH v. 18.05.2005 (NZM 2005, 580 = WuM 2005, 521 = ZMR 2005, 702) trifft den Mieter die **Darlegungs- und Beweislast** dafür, dass der Kündigung ein Selbstnutzungswille des Vermieters von vornherein nicht zugrunde gelegen hat. Entsprechendes gilt bei nachträglichem Wegfall des Kündigungsgrundes für den Umstand, dass dies vor Ablauf der Kündigungsfrist geschehen ist. Eine Umkehr der Beweislast lehnt der BGH insoweit ab (BGH NZM 2005, 580, 581 f. = WuM 2005, 521, 522 f. = ZMR 2005, 702, 703 f.). Allerdings darf sich der Vermieter nicht darauf beschränken, die Behauptungen des Mieters schlicht zu bestreiten. Sofern der Vermieter den mit der Kündigung behaupteten Selbstnutzungswillen nach dem Auszug des Mieters nicht in die Tat umsetzt, liegt der Verdacht nahe, dass der Eigenbedarf als Kündigungsgrund nur vorgeschoben war. Dann aber ist es dem Vermieter zuzumuten, substanziiert und plausibel darzulegen, aus welchem Grund der mit der Kündigung geltend gemachte Eigenbedarf nachträglich entfallen sein soll. Ihn trifft insoweit die **sekundäre Darlegungslast**. Erst wenn der Vortrag des Vermieters dem genügt, obliegt dem Mieter der Beweis, dass ein Selbstnutzungswille des Vermieters schon vorher nicht bestanden habe (BGH NZM 2005, 580, 581 f. = WuM 2005, 521, 523 = ZMR 2005, 702, 704). In der neueren Instanzrechtsprechung werden an die sekundäre Darlegungslast des Vermieters mitunter strenge Anforderungen gestellt (s. etwa LG Hamburg WuM 2008, 92 = ZMR 2007, 787, 788; AG Bremen WuM 2008, 413, 414; zurückhaltender AG Garmisch-Partenkirchen WuM 2008, 674). **184**

185 Der BGH hat es bislang offen gelassen, ob unter bestimmten Umständen der **Beweis des ersten Anscheins** zugunsten des Mieters dafür sprechen kann, dass ein Eigenbedarf schon ursprünglich nicht bestanden hat, wenn der mit der Kündigung behauptete Wohnbedarf nicht verwirklicht wird. Jedenfalls stellt er hohe Anforderungen hieran. Liegt zwischen der Räumung der Wohnung durch den Mieter und der Neuvermietung ein großer zeitlicher Abstand, sind die Voraussetzungen des Anscheinsbeweises nicht erfüllt (BGH NZM 2005, 580, 582 = WuM 2005, 521, 523 = ZMR 2005, 702, 704 f.).

(b) Rechtsfolge

186 Der Schadensersatzanspruch des Mieters ist auf das sog. Erfüllungsinteresse gerichtet. Der Mieter ist mithin so zu stellen wie er stehen würde, wenn der Vermieter ordnungsgemäß erfüllt hätte (vgl. § 249 Abs. 1 BGB). Dann wären die Kosten der **Suche von Ersatzwohnraum** (z.B. Inseratskosten, Maklerprovision) sowie die **Umzugskosten** (Möbelspedition, Telefonummeldung, eigene Arbeitsleistung) nicht angefallen (LG Düsseldorf DWW 1996, 280; LG Hamburg ZMR 1993, 281). Der Schadensersatzanspruch kann sich auch auf die notwendigen Anschaffungskosten für Gardinen, Lampen, Badeinbauten, Flurgarderobe u.ä. beziehen, wenn die vorhandenen Gegenstände nicht mehr in die neue Wohnung passen (LG Hamburg ZMR 1993, 281; LG Düsseldorf DWW 1996, 280). Im Wege der Naturalrestitution (§ 249 Abs. 1 BGB) kann der Mieter aber auch **Wiedereinräumung der Besitz- und Mietrechte** an der geräumten Wohnung verlangen, sofern dem Vermieter dies nicht infolge einer Veräußerung oder Neuvermietung **unmöglich** (vgl. § 251 Abs. 1 Alt. 1 BGB) geworden ist (BGH NZM 2010, 273 = WuM 2010, 165; dazu Hinz WuM 2010, 207, 209 f.). Dies ist aber nur anzunehmen, wenn feststeht, dass er die Sache nicht zurückerlangen kann (KG NZM 2008, 889). Mit Blick auf § 275 Abs. 2 BGB muss der dazu erforderliche Aufwand die »Opfergrenze« übersteigen (vgl. BGH NZM 2005, 820, 821 = WuM 2005, 713, 714 = ZMR 2005, 935, 936 f.; Hinz NZM 2005, 841, 843 = WuM 2005, 615, 716; ders. WuM 2010, 207, 210).

187 Der Schaden des Mieters umfasst darüber hinaus die **zusätzlichen Mietkosten**, die er für eine vergleichbare Wohnung aufwenden muss. Hierbei hat er die Pflicht zur Schadensminderung nach § 254 Abs. 2 BGB. Aus ihr ergibt sich auch die Begrenzung des Ersatzanspruchs für einen Zeitraum, innerhalb dessen es dem Mieter möglich sein muss, eine Ersatzwohnung zu finden, die der früheren Wohnung auch hinsichtlich der Miethöhe entspricht. In Anlehnung an § 9 ZPO wird neuerdings ein Zeitraum von dreieinhalb Jahren angenommen (s. BGH NZM 2010, 273 = WuM 2010, 165 Tz. 10, 18; Sternel Rn. XI 193; Hinz WuM 2010, 207, 211).

188 Dagegen kann der Mieter keinen Ersatz von Aufwendungen verlangen, die er im Vertrauen auf den Fortbestand des Mietverhältnisses gemacht hat (z.B. Renovierungskosten für die bisherige Wohnung).

(c) Verjährung

189 Es gilt die regelmäßige dreijährige Verjährungsfrist des § 195 BGB (AG Bremen WuM 2008, 413, 415).

dd) Wirtschaftliche Verwertung

(1) Allgemeines/Leitlinien des BVerfG

190 Die praktische Bedeutung der Kündigung wegen Hinderung einer angemessenen wirtschaftlichen Verwertung des Grundstücks gem. § 573 Abs. 2 Nr. 3 BGB ist geringer als die der Eigenbedarfskündigung. In der anwaltlichen Beratungspraxis wird von einer Verwer-

tungskündigung zumeist abgeraten. Ihre formellen und materiellen Voraussetzungen werden zuweilen als kaum erfüllbar angesehen; vor allem das Erfordernis der Angemessenheit der Verwertung sei »zu einem weiten Einfallstor für persönliche Überzeugungen von Richtern und Kommentatoren geworden« (Reuter GS Sonnenschein, S. 329). Daran ist zutreffend, dass Verwertungskündigungen in der Praxis mit großen Unwägbarkeiten behaftet sind, worauf der Anwalt den Mandanten in jedem Fall hinweisen muss.

Nach der **Grundsatzentscheidung des BVerfG** v. 14.02.1989 (NJW 1989, 972 = WuM 1989, 118) sind die erheblichen gesetzlichen Einschränkungen der Verwertungskündigung jedoch mit der Eigentumsgarantie des Art. 14 Abs. 1 S. 1 vereinbar. Dem Interesse des Eigentümers an der wirtschaftlichen Verwertung wird verfassungsrechtlich ein geringerer Stellenwert beigemessen als dem Eigenbedarf (s.a. BVerfG NJW 1990, 309 = WuM 1989, 607, 608 = ZMR 1990, 48). Allerdings darf das Kündigungsrecht nach § 573 Abs. 2 Nr. 3 BGB nicht auf Fälle drohender Existenzvernichtung beschränkt werden; auch Vermögenseinbußen, welche die wirtschaftliche Existenz des Eigentümers noch nicht ernsthaft in Frage stellen, sind bei der Anwendung des Kündigungstatbestands zu beachten. **191**

Die vom BVerfG zur Verwertungskündigung entwickelten **Leitlinien** können im Anschluss an Schönleber (NZM 1998, 601, 603 sowie in Hannemann/Wiegner § 28 Rn. 488) wie folgt zusammengefasst werden: **192**

- die Verwertungskündigung dient nicht dazu, dem Vermieter einen möglichst hohen Gewinn zu verschaffen,
- der Eigentümer muss auch Verluste in Kauf nehmen,
- diese müssen sich aber in Grenzen halten,
- als Grenze darf nicht die Existenzvernichtung angesehen werden,
- die Interessensituation des Vermieters ist einzelfallbezogen zu bewerten.

(2) Voraussetzungen

(a) Verwertungsabsicht

Der Vermieter muss die Absicht der wirtschaftlichen Verwertung des Grundstücks (mit dem Mietobjekt) haben. Dies geschieht, indem der diesem innewohnende **materielle Wert realisiert** wird (BGH NZM 2004, 377 = WuM 2004, 277 = ZMR 2004, 428), etwa durch Verkauf, bauliche Umgestaltung oder durch Vermietung zu gewerblichen Zwecken. Die Absicht muss mit hinreichender Sicherheit feststehen und eindeutig sein; bei Kündigungsausspruch dürfen keine Verwertungshindernisse bestehen. Will der Vermieter das Objekt baulich umgestalten, so genügt es, wenn das Bauvorhaben genehmigungsfähig ist; die Baugenehmigung selbst muss noch nicht erteilt sein (BayObLG ZMR 1993, 560). Anders verhält es sich bei einer etwa erforderlichen Zweckentfremdungsgenehmigung. Diese muss im Zeitpunkt der Kündigungserklärung vorliegen und im Kündigungsschreiben nach § 573 Abs. 3 BGB mitgeteilt werden (OLG Hamburg NJW 1981, 2308 = WuM 1981, 155 = ZMR 1982, 90; AG Hamburg WuM 2007, 710, 711; a.A. LG Mannheim NZM 2004, 256 = WuM 2004, 99); beigefügt werden braucht sie nicht. **193**

(b) Angemessenheit

Die beabsichtigte Verwertung muss angemessen sein. Erforderlich sind – wie der BGH in dem Urteil v. 28.01.2009 (NZM 2009, 234 = WuM 2009, 182) klargestellt hat – **vernünftige und nachvollziehbare Gründe** für die Intention des Vermieters. Die Gegenansicht, die es als ausreichend erachtet, wenn die Verwertungspläne mit der geltenden Rechts- und Sozialordnung in Einklang stehen (OLG Stuttgart WuM 2005, 658 = ZMR 2006, 42, 43; LG Berlin GE 2003, 49; Herrlein in Herrlein/Kandelhard § 573 Rn. 52), ist damit überholt. **194**

195 Der BGH hält den Abriss eines kurz zuvor erworbenen sanierungsbedürftigen Gebäudes und die anschließende Neuerrichtung einer Wohnanlage für eine angemessene Verwertung, wenn Investitionen in den Altbau einen hohen Kostenaufwand verursachen würden, ohne die relativ geringe Restnutzungsdauer von 15 bis 20 Jahren verlängern zu können (BGH NZM 2009, 234 = WuM 2009, 182). Im Schrifttum wird die Angemessenheit der Verwertung allerdings vielfach dann verneint, wenn der Eigentümer das Objekt in **Kenntnis der Unwirtschaftlichkeit** allein zum Zwecke der gewinnbringenden Veräußerung erworben hat (s. dazu Schmidt-Futterer/Blank, § 573 Rn. 156; NK-BGB/Hinz § 573 Rn. 59).

(c) Hinderung

196 Erforderlich ist weiterhin, dass der Vermieter bei Fortführung des Mietverhältnisses an einer angemessenen Verwertung des Grundstücks gehindert wäre. Das Mietverhältnis muss der beabsichtigten Verwertung adäquat kausal entgegenstehen. Das soll z.B. dann nicht der Fall sein, wenn eine **Erbengemeinschaft** in das Mietverhältnis eingetreten und dessen Aufrechterhaltung allein deswegen unrentabel geworden ist, weil auf jeden Erben nur ein geringer Anteil an Miete entfällt (OLG Stuttgart WuM 2005, 658 = ZMR 2006, 42, 43). Derartige Nachteile beruhen nicht adäquat kausal auf dem vermieteten Zustand der Wohnung, sondern auf der rechtlichen Verbundenheit der Erben.

(d) Erheblicher Nachteil

197 Zentrale Frage bei der Verwertungskündigung ist, ob der Vermieter durch die Hinderung der Verwertung einen erheblichen Nachteil erleiden würde. Nach der Entscheidung des BGH v. 28.01.2009 (NZM 2009, 234 = WuM 2009, 182) ist dieses Kriterium vor dem Hintergrund der **Sozialpflichtigkeit des Eigentums** (Art. 14 Abs. 2 GG) und damit des Bestandsinteresses des Mieters zu betrachten. Das Eigentum gewährt dem Vermieter keinen Anspruch auf Gewinnoptimierung, zumal auch das Besitzrecht des Mieters verfassungsrechtlich geschütztes Eigentum i.S.d. Art. 14 Abs. 1 S. 1 GG ist. Allerdings dürfen die dem Vermieter entstehenden Nachteile diejenigen des Mieters im Falle eines Wohnungsverlusts nicht weit übersteigen.

198 In Betracht kommen wirtschaftliche wie persönliche Nachteile. Will der Vermieter das Grundstück **verkaufen**, so liegt ein erheblicher Nachteil nur dann vor, wenn das bestehendes Mietverhältnis ein faktisches Verkaufshindernis darstellt, der Verkauf mit Blick auf den zu erwartenden Erlös wirtschaftlich sinnlos erscheint. Hier hat sich eine umfangreiche Kasuistik gebildet.

(aa) Verkauf

199 Hat der Vermieter das Objekt im vermieteten Zustand erworben, ist Bezugspunkt für eine Vergleichsrechnung grundsätzlich seine Vermögenslage im **Zeitpunkt des Erwerbs** (OLG Stuttgart WuM 2005, 658 = ZMR 2006, 42; AG/LG Potsdam WuM 2009, 521, 523; Sternel Rn. XI 211). Diese ist dadurch gekennzeichnet ist, dass die Wohnung mit einem Mietverhältnis behaftet ist. Allein durch die Fortsetzung des Mietverhältnisses erleidet der Vermieter keine zusätzlichen erheblichen Nachteile. Auf den absoluten Vorteil, der ihm bei Veräußerung des Objekts im unvermieteten Zustand erwachsen würde, kommt es nicht an. Anderenfalls würde er durch die Kündigung einen wirtschaftlichen Wert realisieren, der ihm nie zur Verfügung gestanden hat (vgl. BGH NZM 2008, 281, 283 = WuM 2008, 233, 235; AG/LG Potsdam WuM 2009, 521, 522 f.; AG Kerpen WuM 2007, 135, 136; MüKo/Häublein § 573 Rn. 90; NK-BGB/Hinz § 573 Rn. 62). Das ist nicht Sinn und Zweck dieses Kündigungstatbestands.

200 Allerdings ist bei der Frage des »erheblichen Nachteils« die **gesamte Vermögenssituation** des Vermieters einzubeziehen (OLG Stuttgart WuM 2005, 658, 660 = ZMR 2006,

42, 43; LG Krefeld WuM 2010, 302). So kann ein geringer Unterschiedsbetrag, der sich nach kurzer Zeitspanne zwischen Erwerb und Verkauf ergibt, unerheblich sein, während die gleiche Differenz, die erst nach längerer Zeit eingetreten ist, als erheblicher Nachteil einzustufen sein kann, wenn durch den geringeren Verkaufserlös die Wertsteigerung eines längeren Zeitraums fast vollständig aufgezehrt wird (s.a. AG Hamburg ZMR 2005, 796, 798). Andererseits müssen marktbedingte Schwankungen des erzielbaren Verkaufserlöses außer Betracht bleiben (OLG Stuttgart WuM 2005, 658, 660 = ZMR 2006, 42, 44; AG Kerpen WuM 2007, 135, 136). Nach einem Kammerbeschluss des BVerfG (NZM 2004, 134, 135 = ZMR 2004, 95, 97) ist bei der Frage des Nachteils – selbst wenn der erzielbare Verkaufserlös deutlich unter dem Einkaufspreis liegt – auch zu berücksichtigen, dass der Vermieter etwa mit Blick auf das eingesetzte Kapital eine jährliche **Rendite** von über 7 % erzielt und dass der Mieter in den letzten Jahren Eigenleistungen durch Renovierungsarbeiten erbracht hat.

Andererseits können erhebliche **Zinsbelastungen** infolge von Darlehensverbindlichkeiten, die der Vermieter mit den monatlichen Mieteinnahmen nicht zu kompensieren vermag, dazu führen, dass ein unter dem Verkehrswert liegender Kaufpreis für das Mietobjekt als Nachteil zu bewerten ist (LG Wiesbaden WuM 2007, 201, 202 = ZMR 2007, 701; LG Krefeld WuM 2010, 302, 303 f.; AG Neustadt a.d. Aisch ZMR 2008, 215, 216; s.a. AG Hamburg ZMR 2005, 796, 798; 2006, 408 [Verfahrensausgang]). 201

Im Übrigen kann sich der nach § 566 BGB in das Mietverhältnis eingetretene Erwerber darauf berufen, dass schon der **Voreigentümer** des Grundstücks zur Verwertungskündigung berechtigt gewesen ist (so LG Kiel GE 2008, 1427, 1428; tendenziell wohl auch BGH NZM 2009, 234, 235 = WuM 2009, 182, 184). Der Eigentumswechsel allein kann nicht zum Wegfall des einmal entstandenen Kündigungsgrundes führen. Allerdings muss der Vermieter darlegen und beweisen, dass die Voraussetzungen für eine Verwertungskündigung bereits beim Voreigentümer vorgelegen haben. 202

(bb) Umgestaltung

Beabsichtigt der Vermieter eine Umgestaltung, Sanierung oder Modernisierung des Mietobjekts, so ist ein erheblicher Nachteil i.S.v. § 573 Abs. 2 Nr. 3 BGB regelmäßig gegeben, wenn das Objekt im vorhandenen Zustand **keine Rendite** mehr erwirtschaftet (instruktiv AG Neustadt a.d. Aisch ZMR 2008, 215, 216). Dies ist mit Hilfe einer Wirtschaftlichkeitsberechnung entsprechend den §§ 2 ff. der II. BV zu ermitteln (vgl. LG Berlin ZMR 2003, 837, 838; Schönleber NZM 1998, 601, 604). 203

Nach dem Urteil des BGH v. 28.01.2009 (NZM 2009, 234 = WuM 2009, 182) kann ein erheblicher Nachteil auch darin bestehen, dass das Mietverhältnis einer im Hinblick auf den schlechten Zustand des Gebäudes erforderlichen umfassenden **Vollsanierung** oder aber einem Abriss mit anschließendem Neubau entgegensteht. Der Vermieter braucht sich nicht auf eine »Minimalsanierung" verweisen zu lassen, die lediglich die dringendsten Maßnahmen wie die Beseitigung von Feuchtigkeitsschäden beinhaltet, und nicht geeignet ist, die (dort mit 15 bis 20 Jahren geschätzte) Restlebensdauer des Gebäudes zu verlängern. Anderenfalls würde man ihm ansinnen, »in ein Fass ohne Boden« zu investieren. 204

(3) Ausschlusstatbestände

Eine Verwertungskündigung kommt nach § 573 Abs. 2 Nr. 3, 2. und 3. Hs. BGB nicht in Betracht, 205

- um durch anderweitige Vermietung des Objekts als Wohnraum eine höhere Miete zu erzielen oder
- um die Mieträume im Zusammenhang mit einer beabsichtigten oder nach Überlassung an den Mieter erfolgten Begründung von Wohnungseigentum zu veräußern.

206 Der erste Ausschlusstatbestand soll eine Umgehung der Bestimmungen über die Mieterhöhung (§§ 557 ff. BGB), der zweite eine Umgehung der Kündigungssperrfristen (§ 577a) verhindern (vgl. MüKo/Häublein § 573 Rn. 84). Der Ausnahmetatbestand des § 573 Abs. 2 Nr. 3, 3. Hs. BGB ist nach dem Urteil des BGH v. 28.01.2009 (NZM 2009, 234 = WuM 2009, 182) **nicht analog** auf den Fall anwendbar, dass der Vermieter das Gebäude abreißen und einen Neubau mit Eigentumswohnungen errichten will.

ee) Andere berechtigte Interessen

207 Die Rechtsprechung hat in den letzten Jahren insbesondere die nachfolgend dargestellten Kündigungsgründe als sonstige berechtigte Interessen i.S.d. § 573 Abs. 1 S. 1 BGB bewertet (weitere Beispiele bei Schmidt-Futterer/Blank § 573 Rn. 239).

(1) Betriebsbedarf

(a) Einfacher Bedarf

208 Ein Betriebsbedarf liegt vor, wenn der Vermieter oder ein belegungsberechtigtes Unternehmen eine Werkwohnung nach Beendigung des Arbeitsverhältnisses für einen anderen Arbeitnehmer benötigt (sog. einfacher Bedarf; dazu OLG Stuttgart NJW-RR 1991, 1294 = ZMR 1991, 260, 261). Dabei genügt es, wenn das Arbeitsverhältnis kurz vor der Beendigung steht. Der Betriebsbedarf stellt eine besondere Form des Eigenbedarfs dar; die dazu entwickelten Grundsätze (s. dazu Rdn. 160 ff.) gelten hier sinngemäß. Allerdings können auch juristische Personen oder Personengesellschaften Betriebsbedarf für sich reklamieren (Müller WuM 2007, 579). Erforderlich sind **vernünftige und nachvollziehbare Gründe** des Vermieters für die Erlangung des Wohnraums. Diese liegen bereits vor, wenn das Mietobjekt wieder einem Betriebsangehörigen zur Verfügung gestellt werden soll (sog. Identität von entfallender und wiederherzustellender zweckentsprechender Nutzung – s. Lammel § 573 Rn. 25). Zu beachten ist auch hier das **Begründungserfordernis** des § 573 Abs. 3 BGB (dazu AG Schöneberg NZM 2010, 123; s.a. Rdn. 116 ff.).

209 Außerdem bedarf es der **Zustimmung des Betriebsrats** nach § 87 Abs. 1 Nr. 9 BetrVG (bzw. Personalrats nach § 75 Abs. 2 Nr. 2 BPersVG), wenn die Kündigung vor rechtswirksamer Auflösung des Dienst- oder Arbeitsverhältnisses ausgesprochen wird. Nach Beendigung des Dienstverhältnisses entfällt nach überwiegender Ansicht das Mitbestimmungsrecht (OLG Frankfurt/M. WuM 1992, 525 = ZMR 1992, 443; Schmidt-Futterer/Blank § 573 Rn. 249; vor § 576 Rn. 14; s. ausführlich dazu unten Rdn. 477 ff.).

(b) Qualifizierter Bedarf

210 Engere Voraussetzungen gelten, wenn der Vermieter die Wohnung an eine betriebsfremde Person vermietet hat und sie durch die Kündigung erst in eine Werkwohnung umwandeln will (sog. qualifizierter Bedarf). Der BGH verlangt in den beiden Entscheidungen v. 23.05.2007 (BGH NZM 2007, 639 = WuM 2007, 457, 458; WuM 2007, 459, 460 = ZMR 2007, 767, 768), dass das Wohnen des Mitarbeiters gerade in dieser Wohnung im Hinblick auf seine betriebliche Funktion und Aufgabe **für den Betriebsablauf von nennenswertem Vorteil** ist. Maßgebend ist, ob und gegebenenfalls welche Bedeutung es für das Unternehmen hat, dass die betreffende Person ihren Wohnsitz in dem Mietobjekt nimmt. Das OLG Stuttgart hat in zwei Rechtsentscheiden aus den Jahren 1991 und 1993 (NJW-RR 1991, 1294 = ZMR 1991, 260; NJW-RR 1993, 1102 = ZMR 1993, 260) die Auffassung vertreten, das betriebliche Interesse des Vermieters müsse ein solches Gewicht haben, dass es das generelle Interesse des Mieters an der Beibehaltung der Wohnung überwiege. Allein die Absicht des Vermieters, die Wohnung neu anzuwerbenden Fachkräften zur Verfügung zu stellen und mit dem Wohnungsangebot seine Chancen auf dem

Arbeitsmarkt zu verbessern oder sie einem Arbeitnehmer mit konkretem Wohnbedarf zur Verfügung zu stellen, genügt danach nicht. Der BGH ist in seinen Urteilen v. 23.05.2007 auf diese Rechtsentscheide nicht eingegangen, so dass letztlich unklar geblieben ist, ob er den dortigen sehr restriktiven Anforderungen zuneigt oder sich davon eher distanzieren will. Jedenfalls dürften reine Praktikabilitätserwägungen nach wie vor nicht die Beendigung eines betriebsunabhängigen Mietverhältnisses rechtfertigen (Lammel WuM 2007, 562 f.). Es muss sich bei der Bedarfsperson um eine **Schlüsselkraft** des Betriebs handeln (Sternel Rn. XI 290 f.). Entgegen einer im Schrifttum vertretenen Ansicht (Blank in: Blank/Börstinghaus § 573 Rn. 153; Bamberger/Roth/Hannappel § 573 Rn. 107; im Ergebnis auch Wiek WuM 2009, 491, 496) kann somit nicht davon ausgegangen werden, dass die Differenzierung zwischen einfachem und qualifiziertem Bedarf nunmehr obsolet ist.

(2) Gewerblicher Eigenbedarf

Über diese Konstellation hat der BGH mit Beschluss v. 05.10.2005 (NZM 2005, 943 = WuM 2005, 779, 781) entschieden. Will der Vermieter seine Wohnung nur teilweise für eigene Wohnzwecke, überwiegend jedoch für eigene berufliche Zwecke (Architekturbüro) nutzen, so soll dieser im Hinblick auf die durch Art. 12 Abs. 1 GG geschützte Berufsfreiheit nicht geringer zu bewerten sein als der in § 573 Abs. 2 Nr. 2 BGB geregelte Eigenbedarf zu Wohnzwecken (dazu Rdn. 160 ff.). Es genügen demnach **vernünftige Gründe**, die den Nutzungswunsch des Vermieters nachvollziehbar erscheinen lassen. 211

Der Ansatz des BGH ist keineswegs unproblematisch. Beabsichtigt der Vermieter eine **gemischte Nutzung** des Bedarfsobjekts, so stellt sich zunächst die Frage, ob der Wohnzweck oder der gewerbliche Zweck überwiegt (s. dazu Kap. 1 Rdn. 28 ff.). In erstgenannten Fall ist der Kündigungstatbestand des Eigenbedarfs (§ 573 Abs. 2 Nr. 2 BGB) unzweifelhaft einschlägig. Im anderen Fall – also bei Überwiegen der gewerblichen Nutzung – dürfte indes vorrangig eine Verwertungskündigung (§ 573 Abs. 2 Nr. 3 BGB) in Betracht kommen (Wiek WuM 2005, 781); denn eine wirtschaftliche Verwertung des Mietobjekts kann auch in einer Nutzungsänderung liegen. Die durch den BGH erfolgte Gleichsetzung der beabsichtigen Gewerberaumnutzung mit einer Nutzung als Wohnraum, wie sie der Kündigungstatbestand des § 573 Abs. 2 Nr. 2 BGB voraussetzt, führt im Ergebnis dazu, dass die strengen Vorgaben der Verwertungskündigung umgangen werden (Wiek WuM 2005, 781 f.; dagegen aber Sternel Rn. XI 289). Für die Ansicht des BGH spricht jedoch, dass der auf eine gemischte Nutzung des Objekts gerichtete Wunsch des Vermieters jedenfalls eine gewisse Nähe zum Eigenbedarf aufweist. Ob darüber hinaus ein berechtigtes Interesse sogar dann in Betracht kommt, wenn der Vermieter (bzw. ein naher Angehöriger) die Wohnung **in vollem Umfang zu beruflichen Zwecken** nutzen will (so LG Braunschweig Info M 2009, 466), ist noch nicht geklärt. 212

Eine Kündigung von Wohnraum zur **Erweiterung des Gewerbebetriebs** kommt nur ausnahmsweise in Betracht. Der Vermieter muss auf die Räumlichkeiten im Rahmen seines Expansionsvorhabens dringend angewiesen sein (Schmidt-Futterer/Blank § 573 Rn. 200). Zudem muss eine etwa erforderliche Zweckentfremdungsgenehmigung vorliegen und im Kündigungsschreiben nach § 573 Abs. 3 BGB mitgeteilt werden (AG Hamburg WuM 2007, 710, 711). 213

(3) Genossenschaftsbedarf

Mit Urteil v. 10.09.2003 hat der BGH den Genossenschaftsbedarf als berechtigtes Interesse gem. § 573 Abs. 1 S. 1 BGB anerkannt (BGH NZM 2004, 25 = WuM 2003, 691 = ZMR 2003, 904). Die Mitgliedschaft in einer Genossenschaft ist in erster Linie auf die 214

Versorgung mit preisgünstigem Wohnraum gerichtet; sie verleiht dem Mitglied eine im Verhältnis zu Dritten bevorrechtigte Aussicht auf den Abschluss eines Mietvertrags zu günstigen Bedingungen. Der vertragstreue genossenschaftliche Mieter ist vor einer Kündigung wegen anderweitigen Bedarfs des Vermieters weitestgehend geschützt. Indes kann das **Erlöschen der Mitgliedschaft** durch freiwilligen Austritt oder durch Ausschluss nach § 68 GenG grundsätzlich ein berechtigtes Interesse an der Beendigung des Dauernutzungsverhältnisses darstellen.

(4) Pflegebedarf

215 Die Rechtsprechung billigt dem Vermieter ein auf die Generalklausel des § 573 Abs. 1 S. 1 BGB gestütztes berechtigtes Interesse auch dann zu, wenn er bisher **nicht in seinem Haushalt lebende Hausgehilfen**, Pfleger oder Hausmeister mit eigenem Wohnraum versorgen will, soweit für die Beschäftigung solcher Personen ein Bedürfnis vorliegt und ihre Unterbringung im Haus oder in der Nähe der Vermieterwohnung aus persönlichen, wirtschaftlichen oder sonstigen Gründen geboten ist (LG Bielefeld WuM 1972, 178; LG Hamburg MDR 1980, 315). Das soll auch dann gelten, wenn der Vermieter die Pflegeperson nicht für sich, sondern für privilegierte Angehörige i.S.d. § 573 Abs. 2 Nr. 2 BGB benötigt; diese müssten mit den gleichen Rechten ausgestattet sein wie der Vermieter selbst (LG Potsdam WuM 2006, 44; LG Koblenz WuM 2007, 637; a.A. Winning WuM 2007, 608, 609 f.).

(5) Öffentliches Interesse

216 Auch ein von einer Gemeinde verfolgtes öffentliches Interesse kann ein berechtigtes Interesse i.S.d. § 573 Abs. 1 S. 1 BGB darstellen. Allerdings muss das öffentliche Interesse ein so erhebliches Gewicht haben, dass es das berechtigte Interesse des Mieters am Fortbestand des Mietverhältnisses überwiegt (LG Gießen ZMR 2003, 34, 35; Lammel § 573 Rn. 34). Das ist der Fall, wenn der Wohnraum **zur Erfüllung öffentlicher Aufgaben** benötigt wird, so etwa zur Unterbringung von Obdachlosen, Asylanten und Spätaussiedlern (AG Göppingen WuM 1979, 122; LG Kiel WuM 1992, 129). Allein das Interesse der Gemeinde, sozial schwachen Familien preisgünstigen Wohnraum zur Verfügung zu stellen, genügt nicht (LG Gießen ZMR 2003, 34, 35).

(6) Ersatzloser Gebäudeabriss

217 Nach der Entscheidung des BGH v. 24.03.2004 (NZM 2004, 377 = ZMR 2004, 42 = WuM 2004, 277 m. Anm. Hinz) stellt der ersatzlose Abriss eines Gebäudes keine wirtschaftliche Verwertung i.S.d. § 573 Abs. 2 Nr. 3 BGB dar; er kann aber ein sonstiges berechtigtes Interesse nach § 573 Abs. 1 S. 1 BGB begründen. Eine Verwertung liegt nach Auffassung des BGH nur vor, wenn der dem Grundstück innewohnende wirtschaftliche Wert realisiert wird, z.B. durch Vermietung oder Veräußerung (s.o. Rdn. 193). Daneben kann auch der Abriss des Gebäudes mit anschließendem Neubau eine wirtschaftliche Verwertung darstellen; auch in diesem Fall wird der Wert des Grundstücks durch die Nutzung des Neubaus realisiert. Anders ist es dagegen bei ersatzlosem Abriss des Gebäudes. Hierdurch können zwar **Unkosten vermieden** werden, das stellt jedoch keine Realisierung eines dem Grundstück innewohnenden Wertes dar.

218 Der BGH folgt damit der überwiegenden Instanzrechtsprechung. Diese war zunächst allerdings sehr restriktiv (vgl. etwa AG Halle-Saalkreis WuM 2002, 428). Das mag auch daran gelegen haben, dass für die neuen Bundesländer die Verwertungskündigung *zunächst ausgeschlossen war*, soweit Mietverträge betroffen waren, die vor dem 03.10.1990 abgeschlossen wurden. Die diesbezügliche Übergangsvorschrift (Art. 232 § 2

Abs. 2 EGBGB) ist aufgrund des Gesetzes v. 31.03.2004 (BGBl. I, 478) zum 01.05.2004 außer Kraft getreten. Infolge dieses Signals des Gesetzgebers und der klarstellenden BGH-Entscheidung dürften Kündigungen zum Zwecke des ersatzlosen Gebäudeabrisses nunmehr auch schon dann begründet sein, wenn **ökonomisch und planerisch nachvollziehbare Gründe** die Beseitigung des Gebäudes rechtfertigen (so etwa LG Berlin GE 2007, 447; zur Problematik auch Drasdo NZM 2007, 305, 306). Ob das bereits bei einer Leerstandsquote von mehr als 50 % oder vielleicht sogar unterhalb dessen der Fall sein kann, ist noch offen. Hat der Vermieter andere Mietverhältnisse in dem Objekt einvernehmlich, insbesondere gegen Zahlung einer Abfindung beendet, so stellt sich zudem die Frage, wann er sich den Leerstand zurechnen lassen muss. Ein schuldhaftes Verhalten des Vermieters wird in der systematischen Auflösung bestehender Mitverhältnisse jedenfalls dann nicht liegen, wenn der Abriss des Gebäudes im Zusammenhang mit einem **Stadtentwicklungskonzept** vorgesehen ist und vernünftige und nachvollziehbare Gründe (z.B. hoher Leerstand, ungünstiger Zuschnitt der einzelnen Wohnungen, Unwirtschaftlichkeit von Sanierungsmaßnahmen) gerade für den Abriss des betreffenden Objekts sprechen (vgl. MietPrax-AK/Börstinghaus 2005, § 573 Nr. 4; Drasdo NZM 2007, 305. 30 ff.; Hinz NZM 2005, 321, 323 f.).

Der Vermieter muss in dem Kündigungsschreiben das wirtschaftliche Interesse an der Beendigung des Mietverhältnisses detailliert **begründen** (vgl. § 573 Abs. 3 BGB); insbesondere sind die bisherigen Verluste aus dem Mietbetrieb darzulegen. Auch ein Hinweis auf das konkrete Stadtentwicklungskonzept ist erforderlich. Zum Begründungserfordernis s.a. Rdn. 116 ff. 219

ff) Erleichterte Kündigung bei Einliegerwohnraum

(1) Grundsätzliches

Bei vermietetem Einliegerwohnraum kann der Vermieter eine ordentliche Kündigung auch dann aussprechen, wenn er **kein berechtigtes Interesse** i.S.v. § 573 Abs. 1 und 2 BGB hat. Macht er von dieser Möglichkeit Gebrauch, so verlängert sich die **Kündigungsfrist** nach § 573a Abs. 1 S. 2 BGB um weitere drei Monate. 220

Das Sonderkündigungsrecht besteht in zwei Fallgestaltungen: 221
- bei Gebäuden mit zwei Wohnungen (§ 573a Abs. 1 S. 1 BGB) und
- bei Wohnraum innerhalb der vom Vermieter selbst bewohnten Wohnung, sofern er nicht nach § 549 Abs. 2 Nr. 2 BGB vom Bestandsschutz ausgenommen ist (§ 573a Abs. 2 BGB).

(2) Gebäude mit zwei Wohnungen

Bei der ersten Fallgestaltung (§ 573a Abs. 1 S. 1 BGB) darf das Gebäude tatsächlich **nicht mehr als zwei Wohnungen** aufweisen. Durch den Umstand, dass sich abgesehen von zwei Wohnungen noch Gewerbe- und andere Räume in dem Gebäude befinden, wird das Sonderkündigungsrecht nicht ausgeschlossen (BGH NZM 2008, 682, 683 = WuM 2008, 564, 565 = ZMR 2008, 877, 878). Maßgebend ist, ob die betreffenden Räume schon vor Vertragsschluss nicht als Wohnung, sondern zu gewerblichen Zwecken genutzt wurden (BGH a.a.O.). 222

Nicht erforderlich ist, dass es aufgrund der Beschaffenheit des Gebäudes Berührungspunkte für die Lebensräume der Parteien gibt und dadurch ein erhöhtes Konfliktpotenzial zwischen ihnen besteht, wie z.B. durch einen gemeinsamen Hauseingang oder ein gemeinsames Treppenhaus (BGH NZM 2008, 682, 683 = WuM 2008, 564, 565 = ZMR 2008, 877, 878). Allerdings besteht bei **Reihen- und Doppelhäusern** kein Sonderkün- 223 dungsrecht, weil diese aufgrund ihrer Bautechnik, namentlich der Trennung durch eine Brandschutzmauer, als selbständig angesehen werden (BGH a.a.O.; ferner BGH WuM 2010, 513, 514).

224 Allerdings ist die Wohnungseigenschaft dann problematisch, wenn die Wohneinheiten teilweise verbunden sind. Zur Erläuterung des Begriffs **Wohnung** wird vielfach die in der DIN 283 Bl. 1 (abgedr. bei Schmidt-Futterer/Langenberg nach § 556a BGB Anlage 1) verwendete Definition herangezogen: »Eine Wohnung ist die Summe der Räume, welche die Führung eines Haushaltes ermöglichen, darunter stets eine Küche oder ein Raum mit Kochgelegenheit. Zu einer Wohnung gehören außerdem Wasserversorgung, Ausguss und Abort« (Sonnenschein NZM 2000, 1, 2; Schmidt-Futterer/Blank, § 573a Rn. 21 m.w.N.). Ein wichtiges Indiz dafür ist, dass die zur Führung eines selbständigen Haushalts nötigen Einrichtungen (Wasser- und Energieanschluss, Kochgelegenheit, Ausguss usw.) hinter dem Wohnungsabschluss liegen. Eine eigene Küche braucht jedoch nicht vorhanden zu sein; auch die gemeinsame Nutzung des Treppenhauses ist unschädlich. Demgegenüber nimmt das LG Saarbrücken (ZMR 2007, 540, 541) eine rein funktionale Sichtweise ein; sofern die Räumlichkeiten von einer Vertragspartei einheitlich genutzt würden, bildeten sie selbst dann eine Wohnung, wenn sie aus baulicher Sicht als zwei Wohnungen i.S.d. DIN 283 zu betrachten seien. Das hätte jedoch zur Folge, dass der Vermieter es letztlich in der Hand hätte, in einem Mehrfamilienhaus durch Nutzung mehrerer Wohneinheiten die Voraussetzungen für das erleichterte Kündigungsrecht zu schaffen.

225 Ob die Wohnung **abgeschlossen** i.S.d. DIN 283 Bl. 1 ist, d.h. »baulich vollkommen von fremden Wohnungen und Räumen abgeschlossen …, z.B. durch Wände und Decken, die den Anforderungen der Bauaufsichtsbehörden (Baupolizei) an Wohnungstrennwände und Wohnungstrenndecken entsprechen und einen eigenen abschließbaren Zugang unmittelbar vom Freien, von einem Treppenhaus oder einem Vorraum haben«, ist nach wohl überwiegender Ansicht ohne Belang. Maßgebend sei allein, ob das Objekt nach der Verkehrsauffassung den üblichen Erwartungen an eine Wohnung entspreche (LG Hamburg WuM 1994, 215; Schmidt-Futterer/Blank § 573a Rn. 21; MüKo/Häublein § 573a Rn. 11; Haug in Emmerich/Sonnenschein § 573a Rn. 5; ähnlich Sternel Rn. XI 397). Hingegen soll nach Ansicht von Skrobek (ZMR 2007, 511) eine Wohnung i.S.d. § 573a BGB nur dann vorliegen, wenn sie als »abgeschlossen« zu qualifizieren ist; nur so werde die erforderliche Rechtssicherheit erreicht.

226 Der Vermieter muss in dem Gebäude zu dem Zeitpunkt wohnen, zu dem die Kündigungserklärung durch **Zugang** beim Empfänger wirksam wird; auf die Verhältnisse zur Zeit des Vertragsschlusses kommt es nicht an (BayObLG NJW-RR 1991, 1036 = WuM 1991, 249; OLG Karlsruhe NJW-RR 1992, 336 = WuM 1992, 49 = ZMR 1992, 105; OLG Koblenz WuM 1981, 204 = ZMR 1981, 371; Kinne ZMR 2001, 599, 600).

227 Probleme ergeben sich, wenn das Gebäude **nach Vertragsschluss baulich verändert** wird. Schafft der Vermieter in einem Haus mit ursprünglich zwei Wohnungen durch Ausbau, Anbau oder Teilung eine weitere Wohnung, so entfällt das Sonderkündigungsrecht des § 573a Abs. 1 S. 1 BGB. Aber auch im umgekehrten Fall, wenn nämlich **bei Vertragsschluss drei Wohnungen** vorhanden waren und der Vermieter diese im Zuge des Umbaus auf zwei reduziert, ist eine erleichterte Kündigung nach dem Rechtsentscheid des OLG Hamburg (NJW 1983, 182 = WuM 1982, 151) ausgeschlossen. Maßgebend für das Vorliegen von »nicht mehr als zwei Wohnungen« soll hier nicht der Zeitpunkt des Kündigungsausspruchs, sondern der des Vertragsschlusses sein. Das kann aus dogmatischer Sicht schwerlich überzeugen. Deshalb will ein Teil des Schrifttums auch in solchen Fällen auf den Zugang der Kündigung abstellen. Sofern der Umbau aber allein zu dem Zweck erfolge, die Voraussetzungen des erleichterten Kündigungsrechts zu schaffen, um sodann den ursprünglichen Zustand wieder herzustellen, könne der Mieter der Kündigung den Einwand des Rechtsmissbrauchs (§ 242 BGB) entgegenhalten (so Sonnenschein NZM 2000, 1, 4 f.; NK-BGB/Hinz § 573a Rn. 13; a.A. Sternel Rn. XI 402).

(3) Wohnraum innerhalb der Vermieterwohnung

Nach § 573a Abs. 2 BGB besteht das erleichterte Kündigungsrecht auch bei Wohnraum innerhalb der vom Vermieter selbst bewohnten Wohnung, der nicht unter § 549 Abs. 2 Nr. 2 BGB (s. dazu Kap. 1 Rdn. 43 ff.) fällt. Im Betracht kommen insbesondere **unmöblierte Zimmer**, daneben aber auch möblierte Räume, sofern sie einer Familie oder Haushaltsgemeinschaft (s. dazu Kap. 1 Rdn. 48 ff.) zum dauernder Gebrauch überlassen sind (Haug in: Emmerich/Sonnenschein § 573a Rn. 7; FaKo-MietR/Gahn § 573a Rn. 14). Stets erforderlich ist, dass sich der Wohnbereich des Mieters als Teil der Vermieterwohnung darstellt, ihm also die Kriterien einer selbständigen Wohneinheit fehlen. Ob sich die Wohnung in einem Ein-, Zwei- oder Mehrfamilienhaus befindet, ist ohne Belang (PWW/Riecke § 573a Rn. 10). 228

(4) Ausschluss des Sonderkündigungsrechts

Eine Kündigung zum Zwecke der **Mieterhöhung** ist gem. § 573 Abs. 1 S. 2 BGB auch dann ausgeschlossen, wenn sie auf die Tatbestände des § 573a gestützt wird (Schmidt-Futterer/Blank § 573a Rn. 7; Sternel Rn. XI 404c). Nach überwiegender Auffassung ist die Kündigung von Einliegerwohnraum auch dann unwirksam, wenn der Vermieter in der Absicht kündigt, nach dem Auszug des Mieters auch die eigene Wohnung aufzugeben und das Haus sodann **freistehend verkaufen** zu können (LG Duisburg NZM 2005, 216; LG Stuttgart WuM 2007, 75; Sonnenschein NZM 2000, 1, 4; Schmidt-Futterer/Blank § 573a Rn. 19; a.A. AG Aschaffenburg WuM 2007, 460 m. abl. Anm. Blank). Ein solches Kündigungsinteresse soll nur im Rahmen des § 573 Abs. 2 Nr. 3 BGB anerkennenswert sein. Entsprechendes gilt nach einer Entscheidung des LG Mannheim (NZM 2004, 256 = WuM 2004, 99) wenn der Vermieter das Zweifamilienhaus nicht länger bewohnen, sondern abreißen und an dessen Stelle einen Neubau mit sechs Wohnungen errichten will; insoweit sei die Vorschrift des § 573a BGB im Hinblick auf ihren Sinn und Zweck einschränkend auszulegen. 229

(5) Kündigungserklärung

Der Vermieter muss im Kündigungsschreiben ausdrücklich darauf hinweisen, dass er von der besonderen Kündigungsmöglichkeit Gebrauch macht (s. § 573a Abs. 3 BGB). Die Angabe von berechtigten Interessen ist nach überwiegender Ansicht nicht mehr erforderlich, auch nicht im Hinblick auf einen Kündigungswiderspruch nach der Sozialklausel. § 574 Abs. 3 BGB findet bei der Kündigung von Einliegenwohnraum keine Anwendung, da diese Bestimmung lediglich auf § 573 Abs. 3 BGB Bezug nimmt (BT-Drucks. 14/4553, 69; Schmidt-Futterer/Blank § 573a Rn. 37 § 574 Rn. 63; MüKo/Häublein § 573a Rn. 16 § 574 Rn. 24; Palandt/Weidenkaff § 574 Rn. 14; Skrobek ZMR 2007, 511, 513). Der Rechtsentscheid des OLG Hamm zu § 556a BGB a.F. (WuM 1992, 230 = ZMR 1992, 243) dürfe damit obsolet sein. Allerdings wird im Schrifttum auch die gegenteilige Ansicht vertreten (Lammel § 574 Rn. 41). Danach muss der Vermieter im Hinblick auf die Interessenabwägung nach § 574 Abs. 3 BGB weiterhin seine berechtigten Interessen im Kündigungsschreiben angeben; anderenfalls sollen sie keine Berücksichtigung finden. 230

(6) Wahlrecht

231 Steht dem Vermieter von Einliegerwohnraum eine berechtigtes Interesse nach § 573 BGB zu, so kann er wählen, ob er die Kündigung auf § 573 BGB mit normaler Kündigungsfrist oder auf § 573a BGB mit erleichterten Voraussetzungen, aber verlängerter Kündigungsfrist stützt. Dabei ist er an die einmal ausgeübte Wahl nicht gebunden (Sonnenschein NZM 2000, 1, 7; Kinne ZMR 2000, 599, 60; MüKo/Häublein § 573a Rn. 15).

232 Darüber hinaus darf er die Kündigungen nach §§ 573 und 573a BGB auch miteinander kombinieren, indem er eine von beiden primär und die andere **hilfsweise** geltend macht. Hier hat er folgende Möglichkeiten:

- vorrangig die Kündigung wegen eines berechtigten Interesses (§ 573 BGB) und hilfsweise eine erleichterte Kündigung nach § 573a BGB mit verlängerter Frist,
- vorrangig das Sonderkündigungsrecht (§ 573a BGB) und hilfsweise eine Kündigung wegen berechtigten Interesses (§ 573 BGB), wobei die verlängerte Kündigungsfrist des § 573a Abs. 1 S. 2 BGB dann auch für letzterer gilt (Flatow NZM 2004, 281, 285 = WuM 2004, 316, 319 mit Hinweis auf OLG Hamburg NJW 1983, 182, 183 = WuM 1982, 151).

Achtung:

Hingegen ist eine gleichrangige Geltendmachung beider Kündigungsrechte unzulässig (Schmidt-Futterer/Blank § 573 Rn. 38; Flatow a.a.O.); der Vermieter kann die Auswahl nicht dem Gericht ansinnen.

gg) Teilkündigung

(1) Voraussetzungen

233 Nach § 573b BGB kann der Vermieter ausnahmsweise eine Teilkündigung aussprechen. Diese muss sich aber auf nicht zum Wohnen bestimmte Nebenräume (z.B. Boden oder Keller) oder andere Teile des Grundstücks (z.B. Mietergarten, Außenstellplatz) beziehen und dazu dienen,

- Wohnraum zum Zwecke der Vermietung zu schaffen,
- den neu zu schaffenden und den bereits vorhandenen Wohnraum mit Nebenräumen oder Grundstücksteilen auszustatten.

234 Die **bauliche Maßnahme** muss zulässig sein, sie muss also durchgeführt und baurechtlich genehmigt werden können. Durchführbarkeit und Genehmigungsfähigkeit müssen bei Ausspruch der Kündigung vorliegen. Nicht erforderlich ist es, dass die Baugenehmigung bei Ausspruch der Kündigung oder mit Ablauf der Kündigungsfrist bereits erteilt ist (ebenso zur Eigenbedarfskündigung OLG Frankfurt/M. NJW 1992, 2300; zur Verwertungskündigung: BayObLG NJW-RR 1994, 78; s.a. LG Berlin ZMR 2002, 118, 119). Der Vermieter muss aber bei Ausspruch der Kündigung den Bauantrag bereits auf den Weg gebracht haben und mit einer Genehmigung rechnen können (Schmidt-Futterer/Blank § 573b Rn. 12; MüKo/Häublein § 573b Rn. 8).

235 Die **Kündigungsfrist** beträgt unabhängig von der Dauer des Mietverhältnisses drei Monate (§ 573b Abs. 2 BGB). Verzögert sich der Beginn der Bauarbeiten, so kann der Mieter eine entsprechende Verlängerung verlangen (§ 573b Abs. 3 BGB). Außerdem kann er der Kündigung nach der Sozialklausel gemäß §§ 574 ff. BGB widersprechen (s. dazu Rdn. 371 ff.) und eine angemessene Senkung der Miete nach § 573b Abs. 4 BGB verlangen (*Einzelheiten dazu bei* Schmidt-Futterer/Blank § 573b Rn. 19; NK-BGB/Hinz § 573b Rn. 16 f.).

(2) Begründungsanforderungen

Die Kündigung muss auf die von ihr erfassten Nebenräume oder Grundstücksteile beschränkt und **begründet** werden. Unklar ist, inwiefern der Vermieter den Grund für die Kündigung in dem Kündigungsschreiben angeben muss. Überwiegend wird eine analoge Anwendung des § 573 Abs. 3 BGB befürwortet (AG Frankfurt/M. ZMR 2005, 794; Sonnentag ZMR 2006, 19; Haug in Emmerich/Sonnenschein § 573b Rn. 6; Schmidt-Futterer/Blank § 573b Rn. 17; Sternel Rn. X 98; a.A. Palandt/Weidenkaff § 573b Rn. 7; NK-BGB/Hinz § 573a Rn. 12). Deshalb sollte die Teilkündigung im Zweifel begründet werden. Der Vermieter sollte in dem Kündigungsschreiben die konkrete Bauabsicht, die baurechtliche Zulässigkeit sowie seine Absicht darlegen, dass die Wohnungen zum Zwecke der Vermietung errichtet werden. **236**

4. Außerordentliche fristlose Kündigung aus wichtigem Grund

a) Allgemeines/Kündigungsformalien

Auch hier gelten zunächst die allgemeinen Grundsätze, auf deren Darstellung Bezug genommen wird (s. Rdn. 90 ff.). Bei der fristlosen Kündigung von Wohnraummietverhältnisses ist insbesondere die **Schriftform** zu beachten (§ 568 Abs. 1 BGB). **237**

aa) Abmahnung/Fristsetzung

Die außerordentliche fristlose Kündigung erfordert nach § 543 Abs. 3 S. 1 BGB in den Fällen der Vertragsverletzung regelmäßig den erfolglosen Ablauf einer zur Abhilfe gesetzten angemessenen Frist oder eine vorherige erfolglose Abmahnung. Die Fristsetzung bzw. Abmahnung ist jedoch nach § 543 Abs. 3 S. 2 BGB **entbehrlich**, wenn **238**
- sie offensichtlich sinnlos ist (Nr. 1),
- die sofortige Kündigung aus besonderen Gründen unter Abwägung der beiderseitigen Interessen gerechtfertigt ist (Nr. 2) oder
- der Mieter sich im Zahlungsverzug nach § 543 Abs. 2 Nr. 3 BGB befindet (Nr. 3).

Bei einer Kündigung wegen **Zahlungsverzugs** bedarf es selbst dann keiner vorherigen Fristsetzung oder Abmahnung, wenn der Vermieter einen sich aufbauenden Mietrückstand nicht sofort zum Anlass einer fristlosen Kündigung genommen hat (BGH NZM 2009, 314, 315 = WuM 2009, 231, 232).

In der Praxis besteht zuweilen Unsicherheit, wann eine Frist gesetzt werden sollte und wann eine Abmahnung sachgerecht ist. Als Faustregel kann Folgendes gelten: **239**
- Wenn von der anderen Vertragspartei die **Vornahme einer Handlung** erwartet wird, ist ihr eine Frist zu setzen, innerhalb derer sie die Handlung vorzunehmen hat (Beispiel: Fristsetzung zur Beseitigung von Mängeln vor Ausspruch einer Gewährleistungskündigung nach § 543 Abs. 2 Nr. 1 BGB).
- Wenn vom Vertragspartner verlangt wird, dass er bestimmte **Verhaltensweisen sofort unterlässt** (z.B. Lärmbelästigungen), ist eine Abmahnung geboten.
- Benötigt der Vertragspartner aber für die Erfüllung der Unterlassungspflicht eine gewisse Zeit oder sind dazu auch Handlungen erforderlich, so sollte im Zweifel eine Frist zur Herstellung des vertragsgemäßen Zustands gesetzt werden (Beispiel: Beendigung einer unerlaubten Tierhaltung).

Der BGH scheint in dem Urteil v. 13.06.2007 (NZM 2007, 561 = WuM 2007, 570 = ZMR 2007, 686) davon auszugehen, dass bei der **Gewährleistungskündigung** (§ 543 Abs. 2 Nr. 1 BGB) in jedem Fall die Setzung einer Abhilfefrist erforderlich ist. Für diese Ansicht lässt sich u.U. die Vorschrift des § 536c Abs. 2 S. 2 Nr. 3 BGB ins Feld führen. **240**

241 **Inhaltlich** muss die Abmahnung klar erkennen lassen, welche konkreten Verhaltensweisen als vertragswidrig beanstandet werden, so dass der Empfänger in der Lage ist, die Beanstandung zu erkennen und sich danach zu richten (s. BGH NZM 2008, 277 = WuM 2008, 217 = ZMR 2008, 446, 447; NZM 2000, 241, 242 f.; Nies NZM 1998, 221). Das bedeutet, dass das vertragswidrige Verhalten konkret bezeichnet werden muss. Mit der Fristsetzung muss dem Empfänger Klarheit darüber verschafft werden, welches Verhalten ihm abverlangt wird.

Hinweis:

> Eine verfrühte, weil ohne vorherige Abmahnung ausgesprochene fristlose **Kündigung** kann nach § 140 BGB in eine Abmahnung **umgedeutet** werden, wenn sie deren Anforderungen vollständig genügt (BGH WM 1971, 1439, 1440 f.; AG Tempelhof-Kreuzberg GE 2010, 697 f.; Lammel § 543 Rn. 153).

242 Die Abmahnung sowie die Fristsetzung brauchen keine ausdrückliche Kündigungsandrohung (Ausnahme u.U.: Kündigung wegen unpünktlicher Mietzahlung, s. Rdn. 345) zu enthalten (BGH NZM 2007, 561 = WuM 2007, 570 = ZMR 2007, 686). Sie müssen aber erkennen lassen, dass der Vermieter das beanstandete Verhalten nicht hinnehmen will und dies Folgen für den Bestand des Mietverhältnisses haben kann. Eine **Kündigungsandrohung** ist gleichwohl zu empfehlen, um die Ernsthaftigkeit der Abmahnung zu unterstreichen. Wird allerdings mit der Fristsetzung eine **andere Maßnahme** als die Kündigung angedroht, z.B. eine Ersatzvornahme oder eine Mangelbeseitigungsklage, so kann die Kündigung nach verbreiteter Auffassung wegen des darin liegenden widersprüchlichen Verhaltens (§ 242 BGB) nicht bereits nach erfolglosem Ablauf der gesetzten Abhilfefrist wirksam erklärt werden, sondern erst nach erfolglosem Ablauf einer neuen Frist (OLG Hamm NJW-RR 1991, 1035; offen gelassen bei BGH NZM 2007, 561 f. = WuM 2007, 570, 571 = ZMR 2007, 686, 687).

243 Nach dem Urteil des BGH v. 11 01.2006 (NZM 2006, 338 = WuM 2006, 193 = ZMR 2006, 425 m. Anm. Schläger [ständige unpünktliche Mietzahlung]) soll die Abmahnung dem Mieter Gelegenheit zur Änderung seines Verhaltens sowie eine **letzte Chance zu vertragsgemäßem Verhalten** geben. Sind der Abmahnung bereits erhebliche Vertragspflichtverletzung über einen längeren Zeitraum vorausgegangen, so muss das Verhalten des Mieters nach Abmahnung geeignet sein, das Vertrauen des Vermieters in eine ordnungsgemäße Vertragserfüllung wiederherzustellen.

244 Bei **Personenmehrheiten** auf der Vermieter- oder der Mieterseite ist die Abmahnung wie die Fristsetzung von sämtlichen Personen gegenüber sämtlichen Abzumahnenden auszusprechen.

245 Gegen eine unberechtigte Abmahnung steht dem Empfänger grundsätzlich kein Rechtsschutz zu (BGH NZM 2008, 277 = WuM 2008, 217 = ZMR 2008, 446); er kann sie lediglich inzident nach erfolgter Kündigung im Rahmen des Rechtsstreits überprüfen lassen.

bb) Kündigungsausspruch binnen angemessener Frist

246 Gem. **§ 314 Abs. 3 BGB** kann der zur außerordentlichen fristlosen Kündigung Berechtigte nur innerhalb einer angemessenen Frist kündigen, nachdem er vom Kündigungsgrund Kenntnis erlangt hat. Die Vorschrift findet nach überwiegender Ansicht auch im Mietrecht Anwendung (BGH [12. ZS] NZM 2007, 400, 401; OLG Nürnberg Urt. v. 10.02.2010, 12 U 1306/09 Tz. 141 [gekürzt abgedr. in ZMR 2010, 524], LG Itzehoe ZMR 2010, 363, 364; LG Hamburg ZMR 2006, 695, 696; Beuermann GE 2002, 786; PWW/Medicus § 314 Rn. 4; a.A. Palandt/Heinrichs § 314 Rn. 6; offen gelassen bei BGH [8. ZS] WuM 2010, 352 = GE 2010,

842, 843; NZM 2009, 314, 315 = WuM 2009, 231, 232). Die §§ 543, 569 BGB regeln nur die Kündigungsgründe abschließend, nicht aber die Formalien der Kündigung. Wird also von der Befugnis zur außerordentlichen fristlosen Kündigung nicht rechtzeitig Gebrauch gemacht, so tritt bezogen auf den konkreten Kündigungssachverhalt mit Zeitablauf eine **Verwirkung** ein. Allerdings kann der Kündigungsberechtigte nach einer vom BGH (WuM 2010, 352 = GE 2010, 842, 843) als rechtsfehlerfrei deklarierten Auffassung wegen der fortdauernden Vertragsverletzung erneut abmahnen bzw. eine Frist setzen und bei Erfolglosigkeit die Kündigung wiederholen. Diese Ansicht erscheint aber noch nicht gänzlich gesichert. Die Frist beginnt mit der Kenntniserlangung des Kündigungsgrundes durch den Berechtigten (BGH NZM 2007, 400, 401 = ZMR 2007, 525, 528; OLG Düsseldorf GE 2008, 54, 55). Dafür ist nach überwiegender Auffassung auf die Entstehung des Kündigungsgrundes, also den Zeitpunkt der **Vollendung** des Kündigungstatbestands abzustellen (LG Itzehoe ZMR 2010, 363, 364; Beuermann GE 2002, 786, 787; in diesem Sinne auch BGH NZM 2007, 400, 401 = ZMR 2007, 525, 528). Ist der Kündigung (wie im Regelfall) eine Abmahnung oder Fristsetzung zur Abhilfe vorausgegangen, so ist der Kündigungstatbestand erst nach fruchtlosem Ablauf der gesetzten Abhilfefrist bzw. nach erfolgloser Abmahnung vollendet. Hat sich eine bislang nur latente Gefahr realisiert (der unerlaubt gehaltene Kampfhund verletzt einen Mitbewohner; ein ungesicherter Blumentopf fällt vom Balkon), beginnt die Frist erst von da an, ggf. erst ab Erfolglosigkeit der Abmahnung zu laufen (LG Berlin GE 2010, 203, 204).

Die **Dauer** der dann beginnenden »angemessenen« Frist bestimmt sich nach den **247** Umständen des Einzelfalls (OLG Düsseldorf GE 2008, 54, 55 f.). Nach der Entscheidung des BGH v. 21.03.2007 erscheint eine Frist von ca. vier Monaten zwischen Kenntnis des Kündigungsgrundes und Kündigungsausspruch noch angemessen (BGH NZM 2007, 400, 401 = ZMR 2007, 525, 528; s.a. OLG Nürnberg Urt. v. 10.02.2010, 12 U 1306/09 Tz. 141 [gekürzt abgedr. in ZMR 2010, 524]: zwei bis sechs Monate; LG Itzehoe ZMR 2010, 363, 364: vier bis fünf Monate).

Bei Zahlungsverzug ist nach dem Urteil des BGH v. 11.03.2009 (NZM 2009, 314, 315 = WuM 2009, 231, 232) sogar ein Zeitraum von mehr als fünf Monaten unschädlich; wenn ein Vertrauen des Mieters, der Vermieter werde den Rückstand hinnehmen und auch bei einen weiteren Anstieg nicht kündigen, nicht begründet ist (s.a. OLG Bremen ZMR 2007, 688; OLG Düsseldorf GE 2008, 54, 57). Allerdings haben die Instanzgerichte teilweise auch kürzere Fristen postuliert (vgl. etwa LG Berlin GE 2005, 57: weniger als drei Monate; ähnlich LG Hamburg ZMR 2006, 695, 696; AG Bernau WuM 2009, 126: »eine Kündigung nach ca. drei Monaten ist zu spät«). Klar ist jedoch, dass die kurze Frist von zwei Wochen in § 626 Abs. 2 BGB im Rahmen des § 314 Abs. 3 BGH nicht als Richtschnur gelten kann (vgl. OLG Köln ZMR 1995, 469; Beuermann GE 2002, 786, 787 f.). Andererseits ist ein Zuwarten von mehr als sechs Monaten in jedem Fall zu lang (OLG Düsseldorf GuT 2007, 438, 441: elf Monate; LG Hamburg ZMR 2007, 199: sieben Monate).

cc) Begründungserfordernis

Nach § 569 Abs. 4 BGB ist die Angabe des zur Kündigung führenden wichtigen Grundes **248** in dem Kündigungsschreiben auch bei der fristlosen Kündigung eines **Wohnraummietverhältnisses** erforderlich. Das Begründungserfordernis gilt hier für alle Kündigungsgründe und zwar **für Kündigungen des Vermieters wie des Mieters** (BGH NZM 2004, 187, 188 = WuM 2004, 97, 98 = ZMR 2004, 254, 255). Die Begründung soll es dem Kündigungsempfänger ermöglichen zu erkennen, auf welche Vorgänge oder welches Verhalten der Erklärende die Kündigung stützt und ob bzw. wie er – der Empfänger – sich hiergegen verteidigen kann (BGH a.a.O.). Nach der amtlichen Begründung des MietRRG sind an das Begründungserfordernis bei der außerordentlichen fristlosen Kündigung keine zu hohen und übertrieben formalistischen Anforderungen zu stellen (BT-Drucks. 14/5663, 82). Dem ist der BGH in ständiger Rechtsprechung für die Kündigung wegen Zahlungsverzugs (§ 543 Abs. 2 Nr. 3 BGB) gefolgt. Ging es in den ersten Entscheidungen noch um »einfache und klare Fallgestaltungen« (BGH NZM 2004, 187, 188 = WuM 2004, 97, 98 = ZMR 2004, 254, 255; WuM 2004, 489; NZM 2009, 315, 316 = WuM 2009, 228, 230; ferner NZM 2006, 338 = WuM 2006, 193 = ZMR 2006, 425 m. Anm. Schläger: Zahlungssäumigkeit); so betraf das Urteil v. 12.05.2010 (WuM 2010, 484) einen Vorgang, in dem der Vermieter die Kündigung auf einen über längere Zeit angewachsenen Mietrückstand gestützt hatte.

249 Andererseits wird § 569 Abs. 4 BGB bislang vielfach dahingehend ausgelegt, dass an das Begründungserfordernis bei der außerordentlichen fristlosen Kündigung keine geringeren Anforderungen zu stellen sind als bei der ordentlichen Kündigung nach § 573 Abs. 3 BGB (in diesem Sinne etwa LG Itzehoe ZMR 2010, 363, 364; LG Duisburg WuM 2006, 257; LG Stuttgart WuM 2006, 523; AG Bernau WuM 2009, 126; Flatow NZM 2004, 281, 286 = WuM 2004, 316, 320; Lammel § 569 Rn. 54; Sternel Rn. X 62; Schmidt-Futterer/Blank § 569 Rn. 74: jedenfalls bei sonstigen Vertragsverletzungen). In diese Richtung scheint auch der BGH in dem Urteil v. 12.05.2010 zu tendieren, indem er von einer vergleichbaren Interessenlage spricht (BGH VIII ZR 96/09 Tz. 36). Das bedeutet, dass die **Kerntatsachen** für den Kündigungsgrund in dem Schreiben mitgeteilt werden müssen, hingegen Tatsachen, die nur der näheren Erläuterung, Ergänzung, Ausfüllung sowie dem Beweis des geltend gemachten Kündigungsgrundes dienen (sog. **Ergänzungstatsachen**), ggf. erst in prozessualen Schriftsätzen nachgeschoben werden können (s. dazu Rdn. 119).

250 Sofern der Kündigung eine **Abmahnung** vorausgegangen ist, muss sich aus dem Kündigungsschreiben ergeben, dass der Kündigungsempfänger das monierte Verhalten gleichwohl fortgesetzt hat. Unzureichend ist es hingegen, wenn lediglich die in der Abmahnung aufgeführten Vorfälle genannt werden (Schmidt-Futterer/Blank § 569 Rn. 74).

251 Infolge des Begründungszwangs nach § 569 Abs. 4 BGB scheidet bei **Wohnraummietverhältnissen** die nach altem Recht gegebene Möglichkeit aus, Gründe die vor Ausspruch der Kündigung entstanden sind, später **nachzuschieben**, um eine zunächst unwirksame Kündigung im Nachhinein wirksam zu machen (Sternel ZMR 2002, 1, 4; Krapf WuM 2006, 373; s.a. AG Bernau WuM 2009, 126). Zulässig ist natürlich, einer ausreichend begründeten und damit wirksamen Kündigung im Prozess weitere Gründe hinzuzufügen, sowohl Gründe, die vor Ausspruch der Kündigung entstanden sind als auch im Nachhinein entstandene Gründe. Allerdings hat dies auf die Wirksamkeit der Kündigung keinen Einfluss. I.Ü. könnte ein solcher Prozessvortrag die Nachhaltigkeit der in dem Kündigungsschreiben angegebenen Gründe in Frage stellen, so dass es sich empfiehlt, von derartigen Ergänzungen abzusehen. Sind nach Abgabe der Kündigungserklärung neue Gründe entstanden, sollte erneut die fristlose Kündigung ausgesprochen werden, hilfsweise für den Fall, dass die erste Kündigung nicht wirksam ist (Sternel ZMR 2002, 1, 4).

252 Indes ist bei der außerordentlichen fristlosen Kündigung von **Gewerberaummietverhältnissen** das Nachschieben von Gründen möglich, sofern diese bereits vor Kündigungsausspruch entstanden sind. Das Begründungserfordernis des § 569 Abs. 4 BGB gilt hier nicht (vgl. § 578 Abs. 2 BGB).

253 Fraglich ist, ob das Begründungserfordernis abdingbar ist. Dafür könnte § 569 Abs. 5 BGB sprechen, wonach Vereinbarungen, die zum Nachteil des Wohnraummieters von § 569 Abs. 1 bis 3 BGB oder von § 543 BGB abweichen, unwirksam sind; § 569 Abs. 4 BGB findet indes keine Erwähnung (in diesem Sinne Lammel § 569 Rn. 56; MüKo/Häublein § 569 Rn. 39). Für die **Unabdingbarkeit** des § 569 Abs. 4 BGB streitet jedoch der dargelegte Sinn und Zweck der Vorschrift (s. Rdn. 248; i.d.S. Schmidt-Futterer/Blank § 569 Rn. 78; NK-BGB/Hinz § 569 Rn. 69).

dd) Umdeutung

Eine unwirksame außerordentliche fristlose Kündigung kann in eine ordentliche Kün- **254**
digung umgedeutet werden, wenn für den Empfänger der Wille des Erklärenden zweifelsfrei erkennbar ist, das Mietverhältnis auf jeden Fall zu beenden (vgl. § 140 BGB). Im Interesse des Rechtsverkehrs wird gefordert, dass sich dieser Inhalt **aus der Kündigungserklärung selbst** ergibt (BGH WuM 2005, 584, 585; NJW 1981, 976, 977; offen gelassen bei BGH NZM 2009, 779 = WuM 2009, 587, 589 = ZMR 2010, 94, 95 m. Anm. Niebling; zur Problematik Häublein ZJS 2009, 273, 274; Hinz ZMR 2010, 245, 250). Nur wenn sich dem Kündigungsempfänger aus Umständen, die aus der Kündigungserklärung nicht ersichtlich sind, eindeutig ergibt, dass der Kündigende das Vertragsverhältnis auf alle Fälle zur Beendigung bringen will, kann auch hier eine fristlose Kündigung in eine ordentliche umgedeutet werden. Hat der Mieter dagegen ausdrücklich wegen einer nicht beseitigten Gebrauchsbeeinträchtigung außerordentlich fristlos gekündigt, so soll eine Umdeutung in eine ordentliche Kündigung nicht in Betracht kommen (KG GE 2003, 48, 49; AG Münster WuM 2008, 218, 219; großzügiger aber OLG Rostock OLGR 2003, 30 Tz. 31; Hinz ZMR 2010, 245, 250; wohl auch Flatow NZM 2004, 281, 285 = WuM 2004, 316, 319).

ee) Kombination mit ordentlicher Kündigung/Hinweis auf die Sozialklausel

Wegen der Abgrenzungsprobleme empfiehlt es sich unbedingt, mit der außerfristlosen **255**
fristlosen Kündigung zugleich **hilfsweise** eine ordentliche Kündigung auszusprechen, sofern das Mietverhältnis auf unbestimmte Zeit läuft und (für den Vermieter von Wohnraum) ein Kündigungsgrund nach §§ 573 ff. BGB besteht. Hat der Mieter gegenüber der fristlosen Kündigung kein Widerspruchsrecht nach der Sozialklausel (§ 574 Abs. 1 S. 2 BGB), so ist eine Belehrung nach § 568 Abs. 2 BGB nicht geboten. Spricht der Vermieter aber hilfsweise die ordentliche Kündigung aus, sollte die Belehrung unbedingt erfolgen.

ff) Kündigungsgründe

Folgende Tatbestände berechtigen zur außerordentlichen fristlosen Kündigung aus wich- **256**
tigem Grund:

Für alle **Mietsachen**: **257**
- Generalklausel (§ 543 Abs. 1 S. 2 BGB),
- Gewährleistungskündigung des Mieters (§ 543 Abs. 2 Nr. 1),
- Kündigung des Vermieters wegen erheblicher Verletzung seiner Rechte (§ 543 Abs. 2 Nr. 2),
- Kündigung wegen Zahlungsverzugs (§ 543 Abs. 2 Nr. 3).

Für Mietverhältnisse über Wohnraum und nach Maßgabe des § 578 Abs. 2 BGB auch für **258**
andere **Räume**
- Kündigung des Mieters bei gesundheitsgefährdender Beschaffenheit der Räume (§ 569 Abs. 1 BGB),
- Kündigung wegen nachhaltiger Störung des Hausfriedens durch die andere Vertragspartei (§ 569 Abs. 2 BGB).

gg) Abweichende Vereinbarungen

259 Bei der Wohnraummiete sind Vereinbarungen, die den Vermieter berechtigen, aus **anderen als den im Gesetz zugelassenen Gründen** außerordentlich fristlos zu kündigen, unwirksam (§ 569 Abs. 5 S. 2 BGB). Darüber hinaus haben Abreden, die zum Nachteil des Wohnraummieters von den Bestimmungen des § 569 Abs. 1 BGB (Kündigung wegen gesundheitsgefährdender Beschaffenheit der Räume), § 569 Abs. 2 BGB (Kündigung wegen Hausfriedenstörung), § 569 Abs. 3 BGB (Sonderbestimmungen bei Zahlungsverzug) und § 543 BGB (allgemeine Vorschrift zur außerordentlichen fristlosen Kündigung) abweichen (§ 569 Abs. 5 S. 1 BGB) keine Gültigkeit. Zum Begründungserfordernis (§ 569 Abs. 4 BGB) s. Rdn. 253.

b) Einzelne Kündigungsgründe

aa) Gewährleistungskündigung

(1) Allgemeines

260 Das Kündigungsrecht nach § 543 Abs. 2 Nr. 1 BGB steht dem Mieter zur Verfügung, wenn ihm das Mietobjekt nicht, nicht rechtzeitig, nicht vollständig oder nicht in mangelfreiem Zustand übergeben wird, darüber hinaus, wenn **Mängel** bei Abschluss des Mietvertrags vorhanden sind, nach Abschluss des Mietvertrags entstehen, wenn nachträglich der Gebrauch ganz oder teilweise wieder entzogen wird (vgl. auch BGH NZM 2007, 561 = WuM 2007, 570 = ZMR 2007, 686). Nicht erforderlich ist, dass der vertragswidrige Zustand der Mietsache so gravierend ist, dass dem Mieter die Fortsetzung des Mietverhältnisses unzumutbar ist; die in § 543 Abs. 1 S. 2 BGB aufgeführten Tatbestandsmerkmale müssen nicht vorliegen (BGH NZM 2009, 431 = WuM 2009, 349; NZM 2006, 929 = ZMR 2007, 98, 99 Tz. 10).

(2) Intensität der Gebrauchsbeeinträchtigung

261 Das alte Recht (§ 542 Abs. 2 BGB a.F.) ließ eine Gewährleistungskündigung wegen einer **unerheblichen Hinderung** oder Vorenthaltung des Gebrauchs nur zu, wenn sie »durch ein besonderes Interesse des Mieters gerechtfertigt wird«. Eine entsprechende Regelung fehlt in § 543 Abs. 2 Nr. 1 BGB. Jedoch hat der Gesetzgeber mit der Neuregelung keine sachlichen Änderungen gegenüber § 542 BGB a.F. bezweckt (BT-Drucks. 14/4553, 44). I.Ü. folgt bereits aus dem Wesen der außerordentlichen fristlosen Kündigung als äußerstes Mittel im Rahmen des Mietverhältnisses, dass sie in Bagatellfällen nicht in Betracht kommen kann. Selbst für die Minderung reicht gem. § 536 Abs. 1 S. 3 BGB eine unerhebliche Minderung der Gebrauchstauglichkeit nicht aus. Somit ist auch bei dem Kündigungstatbestand des § 543 Abs. 2 Nr. 1 BGB eine Erheblichkeitskontrolle vorzunehmen, da nur bei erheblichen Mängeln eine teilweise Nichtgewährung des vertraglich geschuldeten Gebrauchs vorliegen kann (OLG Hamburg ZMR 2005, 856, 857 m.w.N.).

(3) Ausschluss des Kündigungsrechts

262 Der Mieter ist zur außerordentlichen fristlosen Kündigung nach § 543 Abs. 2 Nr. 1 BGB nicht berechtigt, wenn er die Störung des vertragsgemäßen Gebrauchs **selbst zu vertreten** hat (BGH NZM 2005, 17 = WuM 2005, 54 = ZMR 2005, 120). Ist die Schadensursache zwischen den Vertragsparteien streitig, so trägt der Vermieter die Beweislast dafür, dass sie dem Obhutsbereich des Mieters entstammt; eine in seinen eigenen Verantwortungsbereich fallende Schadensursache muss der Vermieter ausräumen. Sind sämtliche Ursachen, die in den Obhuts- und Verantwortungsbereich des Vermieters fallen, ausgeräumt, so trägt der Mieter die Beweislast dafür, dass er den Schadenseintritt nicht zu vertreten hat (BGH a.a.O).

767). Hingegen reicht allein das Ansammeln von alten Hausratsgegenständen, Kleidern und Zeitungen sowie das Vorhandensein eines muffigen Geruchs in der Wohnung nicht aus. Anders verhält es sich aber, wenn der Mieter dort **biologischen Abfall** wie verdorbene Lebensmittel lagert, weil dadurch Ungeziefer und Ratten angezogen werden können (LG Siegen WuM 2006, 158, 159). Auch die totale »Vermüllung« der Wohnung durch den Mieter infolge eines sog. Messie-Syndroms kann nach erfolgloser Abmahnung einen Kündigungsgrund abgeben (AG Schöneberg GE 2009, 1501; AG Rheine WuM 2008, 218). Nach einer Entscheidung des OLG Stuttgart (ZMR 2005, 953) soll die Einlagerung von 25 kg Munition und 2 l Petroleum in den Mieträumen für sich allein nicht zur Kündigung nach § 543 Abs. 2 Nr. 2 BGB berechtigen; es liege zwar eine gewisse Gefährdung vor, diese sei jedoch nur abstrakt.

(3) Unbefugte Drittüberlassung

Eine unbefugte Gebrauchsüberlassung an Dritte liegt vor, wenn der Mieter die Räume ohne Erlaubnis des Vermieters ganz oder teilweise untervermietet oder eine andere Person mit in die Wohnung aufnimmt. Hat jedoch der Mieter einen **Anspruch auf Erteilung der Erlaubnis** (z.B. nach § 553 Abs. 1 BGB), so ist eine fristlose Kündigung nach § 543 Abs. 2 Nr. 2 BGB regelmäßig unzulässig; die Gebrauchsüberlassung an den Dritten stellt dann schon keine erhebliche Verletzung der Rechte des Vermieters dar (LG Berlin GE 2003, 880, 881; Kraemer NZM 2001, 553, 560 = WuM 2001, 163, 169; Schmidt-Futterer/Blank § 543 Rn. 73). Jedenfalls kann der Mieter in solchen Fällen dem Herausgabeanspruch des Vermieters (§ 546 Abs. 1 BGB) den Einwand der unzulässigen Rechtsausübung entgegen halten (OLG Düsseldorf ZMR 2003, 177). Allerdings kann die Nichteinholung der an sich erforderlichen Untermieterlaubnis den Vermieter u.U. zur ordentlichen Kündigung eines Wohnraummietverhältnisses nach § 573 Abs. 2 Nr. 1 BGB wegen schuldhafter Pflichtverletzung berechtigen (BayObLG WuM 1995, 378 = ZMR 1995, 301; s. dazu Rdn. 150). **272**

Zu beachten ist, dass beide Kündigungsalternativen des § 543 Abs. 2 Nr. 2 BGB grundsätzlich eine vorherige **erfolglose Abmahnung** oder Fristsetzung nach § 543 Abs. 3 BGB erfordern (OLG Düsseldorf NZM 2004, 866 f. = ZMR 2005, 187, 188; AG Hamburg ZMR 2004, 913). **273**

cc) Zahlungsverzug

(1) Tatbestände

Der Vermieter ist zur außerordentlichen fristlosen Kündigung berechtigt, wenn der Mieter mit der Miete in einem durch § 543 Abs. 2 Nr. 3 BGB qualifizierten Umfang in Verzug geraten ist, nämlich **274**
- für zwei aufeinander folgende Termine mit der Entrichtung der Miete oder eines nicht unerheblichen Teils davon (lit. a) oder
- über einen längeren Zeitraum mit einem Mietbetrag, der die Miete für zwei Monate erreicht (lit. b).

Das Kündigungsrecht besteht unabhängig davon, ob die Miete monatlich oder in längeren **Zeitabschnitten** (z.B. jährlich) zu entrichten ist (BGH NZM 2009, 30 = ZMR 2009, 106 = GuT 2008, 357 = GE 2008, 1488). **275**

Bei der **Wohnraummiete** (Ausnahme: Wohnraum zum vorübergehenden Gebrauch, § 549 Abs. 2 Nr. 1 BGB) ist der Mietrückstand nur dann als nicht unerheblich (§ 543 Abs. 2 Nr. 3 lit. a BGB) anzusehen, wenn er die Miete für einen Monat übersteigt (§ 569 Abs. 3 Nr. 1 BGB). Maßgebend ist, ob der Gesamtrückstand aus zwei Folgemonaten eine **276**

Monatsmiete plus mindestens 0,01 Euro beträgt (Schmidt-Futterer/Blank § 543 Rn. 109; § 569 Rn. 31; Emmerich in Emmerich/Sonnenschein, § 543 Rn. 33; NK-BGB/Hinz § 569 Rn. 44; a.A. Sternel WuM 2009, 699, 701: jeder der beiden Teilbeträge muss Erheblichkeitsgrenze überschreiten). Auch bei der **Gewerberaummiete** erachtet die Rechtsprechung den Rückstand jedenfalls dann nicht mehr als unerheblich, wenn er über eine Monatsmiete hinausgeht (BGH NZM 2008, 770 = ZMR 2009, 19 = GuT 2008, 353; NJW-RR 1987, 903 = ZMR 1987, 289). Inwieweit hier ein geringerer Rückstand genügt, wird unterschiedlich beantwortet (vgl. Schmidt-Futterer/Blank § 543 Rn. 115: bei besonders hohen Mieten; Lammel § 543 Rn. 116: über 50 %). Maßgebend ist in jedem Fall der Gesamtrückstand, nicht hingegen der Rückstand zu den einzelnen Terminen.

277 I.Ü. setzt eine außerordentliche fristlose Kündigung nach § 543 Abs. 2 Nr. 3 lit. a BGB voraus, dass sich der kündigungsrelevante Rückstand aus Einzelbeträgen zusammensetzt, die zu **»zwei aufeinander folgenden Terminen«** fällig waren. Der BGH hat dies in der grundlegenden Entscheidung v. 23.07.2008 (NZM 2008, 770 = NJW 2008, 3210) gegen eine verbreitete Auffassung in Rechtsprechung und Schrifttum (z.B. OLG Düsseldorf DWW 2006, 240; Schmidt-Futterer/Blank § 543 BGB Rn. 109) klargestellt (krit. dazu Blank NZM 2009, 113).

278 Für die Berechtigung der Kündigung nach § 543 Abs. 3 Nr. 3 BGB kommt es nicht darauf an, ob der zur Kündigung ausreichende Verzug bei Ausspruch der Kündigung noch besteht. Es reicht vielmehr, dass er einmal gegeben war und bis zur Erklärung der Kündigung **nicht vollständig beseitigt** worden ist (s. § 543 Abs. 3 S. 2 BGB sowie BGH WuM 1988, 125 = NJW-RR 1988, 77 = ZMR 1988, 16; KG Info M 11/2008; a.A. AG Hamburg-Bergedorf ZMR 2008, 465 m. abl. Anm. Rau/Riecke). Die Kündigung setzt nicht voraus, dass der Vermieter den Mieter zuvor abgemahnt hat (§ 543 Abs. 3 S. 2 Nr. 3 BGB).

(2) Kündigungsrelevanter Mietrückstand

279 Bei den rückständigen Beträgen muss es sich um Miete handeln, d.h. um die **Grundmiete** in der vertraglich vereinbarten und gesetzlich zulässigen (§ 5 WiStG, § 134 BGB) Höhe sowie die Nebenkostenvorauszahlung oder -pauschale (OLG Naumburg WuM 1999, 160; LG Leipzig ZMR 2006, 618; krit. Lammel § 543 Rn. 96). Hat der Vermieter das Entgelt für die Gebrauchsüberlassung gestundet, soll bereits ein Rückstand mit zwei Nebenkostenvorauszahlungen genügen (LG Leipzig ZMR 2006, 618; a.A. Soergel/Heintzmann § 543 Rn. 23). Nicht zur Miete gehören Rückstände aus **Nebenkostennachzahlungen** (OLG Koblenz WuM 1984, 269 = ZMR 1984, 351; AG Gelsenkirchen NZM 2002, 215; Hinz NZM 2010, 57, 58). I.Ü. kommt eine Kündigung nach § 543 Abs. 2 Nr. 3 BGB nicht in Betracht, wenn die Mietforderung aus einem Prozessvergleich resultiert, der angesichts einer ungewissen Rechtslage diese Forderung möglicherweise überhaupt erstmals begründet hat. Das gilt auch dann, wenn der Vergleichsbetrag rechnerisch die Summe mehrerer Monatsmieten umfasst (OLG München NZM 2003, 554; s. aber Sternel WuM 2009, 699, 702).

(3) Verzug

280 Der Verzug des Mieters richtet sich nach den §§ 286 ff. BGB. Eine Mahnung ist nicht erforderlich, weil sich der Leistungszeitpunkt entweder aus dem Gesetz (§ 556b Abs. 1 BGB) oder aus den vertraglichen Vereinbarungen ergibt (§ 286 Abs. 2 Nr. 1 BGB). Für den Beginn des Verzugs kommt es nach bisheriger Auslegung der §§ 270 Abs. 4, 269 Abs. 1 BGB auf den Zeitpunkt der Leistungshandlung, nicht auf den Eintritt des Leistungserfolgs an. Ob die **Verzugsrichtlinie** 2000/35/EG (dort Art. 3 Abs. 1 lit. c Ziff. ii) sowie die Entscheidung des EuGH v. 03.04.2008 (NJW 2008, 1935 = ZMR 2009, 262), die lediglich Geldschulden zwischen Unternehmen und die Zahlung von Verzugszinsen betrifft, eine einheitliche richtlinienkonformen Auslegung dieser Vorschriften dahingehend fordert, dass bei einer Zahlung durch Banküberweisung der geschuldete Betrag dem Konto des Gläubigers rechtzeitig gutgeschrieben sein muss, ist offen (dafür Palandt/Heinrichs § 270 Rn. 6; tendenziell auch PWW/Jud § 270 Rn. 1; AG Kassel WuM 2010, 92; offen gelassen bei BGH WuM 2010, 495, 498). Jedenfalls muss sich der Mieter, der auf die bislang gängige Auslegung vertraut hat, auf einen entschuldbaren Rechtsirrtum berufen können (Palandt/Heinrichs § 270 Rn. 6; s.a. Rdn. 284).

I.Ü. wurden schon bislang **Rechtzeitigkeitsklauseln** ganz überwiegend für zulässig gehalten, soweit sie sich nicht an unpassender oder versteckter Stelle im Vertrag befindet (LG Berlin NJW-RR 1993, 144; LG Kleve WuM 1988, 261; Schmidt-Futterer/Langenberg § 556b Rn. 7; krit. Sternel WuM 2009, 699). Jedenfalls seit der Entscheidung des EuGH dürfte die Zulässigkeit unproblematisch sein (PWW/Feldhahn § 543 Rn. 18). **281**

Bei Mietverträgen, die vor dem 01.09.2001 auf der Grundlage des **alten Mietrechts** abgeschlossen wurden, ist stets zu prüfen, ob die Vorauszahlungsklausel wirksam ist. Sollte diese unwirksam sein, ist die Miete erst zum Monatsende fällig (vgl. § 551 Abs. 1 S. 2 BGB a.F.; Art. 229 § 3 Abs. 1 Nr. 7 EGBGB; s. dazu BGH NZM 2009, 315 = WuM 2009, 228; WuM 2008, 152 = GE 2008, 113). Nach dem Rechtsentscheid des BGH v. 26.10.1994 (WuM 1995, 28 = ZMR 1995) ist eine Vorauszahlungsklausel in Wohnraummietverträgen unwirksam, wenn der Vertrag eine weitere Klausel enthält, nach der die Aufrechnung mit streitigen Forderungen ausgeschlossen wird. Das gilt z.B. für Klauseln, nach denen der Mieter nur aufrechnen kann, wenn seine Forderungen unstreitig, zur Entscheidung reif oder rechtskräftig festgestellt sind. Anders verhält es sich nach dem Urteil des BGH v. 14.11.2007 (WuM 2008, 152 = GE 2008, 113), wenn die Klausel dem Mieter das Aufrechnungsrecht für Rückforderungsansprüche wegen überzahlter Miete in den Folgemonaten belässt. **282**

Der Mieter gerät nicht in Verzug, wenn er zur **Minderung** der Miete oder zur **Zurückbehaltung** nach § 320 BGB berechtigt ist, so dass der qualifizierte Umfang von Mietrückständen nicht gegeben ist (BGH ZMR 1997, 567; WuM 1988, 272). Es genügt das Bestehen dieser Rechte, ohne dass der Mieter sich vor oder nach Erhalt der Kündigung hierauf berufen müsste (BGH NJW 1992, 556, 557; 1999, 53; s. jetzt aber BGH Urt. v. 03.11.2010, VIII ZR 330/09). Lediglich in den Prozess muss der Mieter die Einrede des § 320 BGB einführen. Indes schließt das Zurückbehaltungsrecht nach § 273 Abs. 1 BGB den Verzug nur aus, wenn der Mieter es vor oder bei Verzugseintritt geltend; denn der Vermieter muss in die Lage versetzt werden, die Ausübung des Zurückbehaltungsrechts durch Sicherheitsleistung (§ 273 Abs. 3 BGB) abzuwenden (BGH NJW-RR 1987, 903, 904; Schmidt-Futterer/Blank § 543 Rn. 97). **283**

Der Verzug setzt nach § 286 Abs. 4 BGB ein **Vertretenmüssen** des Mieters voraus. Allerdings hat dieser gem. § 276 Abs. 1 S. 1, 2. Hs. BGB seine finanzielle Leistungsfähigkeit immer zu vertreten. Auch wenn die Leistungsunfähigkeit auf Krankheit, Arbeitslosigkeit oder Nichtleistung durch das Sozialamt beruht, entlastet dies den Mieter nicht. Ein Verzug ist jedoch ausgeschlossen, wenn der Mieter irrtümlich, aber entschuldbar eine Mietminderung, ein Zurückbehaltungsrecht oder eine Aufrechnungsbefugnis zu Unrecht angenommen hat (s. BVerfG ZMR 1989, 255; LG Hamburg ZMR 2003, 40). Der Irrtum kann auf einer Fehleinschätzung der Rechtslage oder der tatsächlichen Situation beruhen. An das Vorliegen eines unverschuldeten **Rechtsirrtums** sind jedoch – wie der BGH in der grundlegenden Entscheidung v. 25.10.2006 (NZM 2007, 35 = WuM 2007, 24 = ZMR 2007, 103: »Mieterverein-Urteil«) betont – strenge Anforderungen zu stellen. Der Mieter muss die Rechtslage unter Einbeziehung der höchstrichterlichen Rechtsprechung sorgfäl- **284** tig prüfen; sein Rechtsirrtum ist nur dann entschuldigt, wenn er bei Anwendung der im Verkehr erforderlichen Sorgfalt mit einer anderen Beurteilung durch die Gerichte nicht zu rechnen brauchte. Bei einer zweifelhaften Rechtsfrage handelt er bereits fahrlässig, wenn er sich erkennbar in einem Grenzbereich des rechtlich Zulässigen bewegt (BGH NZM 2007, 35, 37 = WuM 2007, 24, 26 = ZMR 2007, 103, 106; einschränkend u.U. BGH NJW 2005, 976, 977). Demgemäß gelten die bei der Schadenshaftung (§§ 280 Abs. 2, 286 BGB) seit jeher anerkannten Grundsätze (vgl. nur BGH NJW 1951, 398) auch bei der Kündigung nach §§ 543 Abs. 2 Nr. 3, 573 Abs. 2 Nr. 1 BGB (zur Problematik Hinz NZM 2010, 57, 64).

285 Die vom BGH zum entschuldbaren Rechtsirrtum aufgestellten Kriterien dürften auch beim **Tatsachenirrtum** gelten, wenn also der Mieter von unzutreffenden Tatschen ausgeht oder die Miete trotz unklarer Sachlage einbehält (Blank NZM 2007, 788, 789, 793 = WuM 2007, 655, 656, 660; einschränkend aber AG Hamburg-Altona ZMR 2008, 297; Sternel WuM 2009, 699, 700).

286 Vergreift sich der Mieter bei der Höhe der **Minderungsquote**, was in der Praxis nicht selten vorkommt, so schadet dies nichts, weil ihm regelmäßig ein Zurückhaltungsrecht nach § 320 BGB zusteht, dessen Höhe bislang auf das drei- bis fünffache des Minderungsbetrags bemessen wird (ausf. dazu Kap. 9 Rdn. 150). Kann der Mieter allerdings keinen zur Minderung berechtigenden Mietmangel nachweisen, so gerät er regelmäßig in Verzug.

287 Hat sich der Mieter auf die unrichtige Auskunft seines **Rechtsberaters** (Rechtsanwalt, Mieterverein) oder auf die fehlerhafte Expertise eines Sachverständigen verlassen, muss er sich deren Verschulden regelmäßig nach § 278 BGB zurechnen lassen (ausführlich zur Problematik Blank NZM 2007, 788, 789, 793 = WuM 2007, 655, 656 f., 660).

288 Der Mieter ist im Falle eines Vermieterwechsels (z.B. infolge Erbfalls) nicht gehalten, den **Rechtsnachfolger** (hier die Erben) zu ermitteln, um an diesen Mietzahlungen erbringen zu können (BGH WuM 2005, 769, 770 = NZM 2006, 11, 12 = ZMR 2006, 26, 27). Vielmehr darf er abwarten, bis dieser unter Bezeichnung seiner Rechtsstellung an ihn herantritt. Solange das nicht geschieht und der Mieter auch nicht auf andere Weise Sicherheit darüber gewinnt, wer Rechtsnachfolger des Vermieters geworden ist, unterbleibt die Leistung infolge eines Umstands, den er nicht zu vertreten hat (BGH a.a.O.).

(4) Erfüllung und Aufrechnung

289 Nach § 543 Abs. 2 S. 2 BGB ist die Kündigung **ausgeschlossen**, wenn der Vermieter vor Zugang der Kündigungserklärung befriedigt wird. Erforderlich ist die vollständige Tilgung des Mietrückstands, wobei die rechtzeitige Vornahme der Leistungshandlung (§§ 270 Abs. 4, 269 BGB), z.B. die Erteilung des Überweisungsauftrags, genügt (vgl. BGH NZM 2006, 338 = WuM 2006, 193, 194 = ZMR 2006, 425, 426 m. Anm. Schläger). I.Ü. wird die Kündigung nach § 543 Abs. 2 S. 3 BGB unwirksam, wenn sich der Mieter von seiner Schuld durch **Aufrechnung** befreien konnte und unverzüglich (vgl. § 121 Abs. 1 S. 1 BGB) nach der Kündigung die Aufrechnung erklärt. Maßgebend ist, dass dem Mieter vor Zugang der Kündigungserklärung eine fällige und durchsetzbare Gegenforderung gegen den Vermieter zugestanden hat (vgl. Sternel WuM 2009, 699, 703; Lammel § 543 Rn. 133).

(5) Schonfristzahlung

290 Der Mieter von **Wohnraum** kann die Kündigung darüber hinaus durch Zahlung der fälligen Miete und der fälligen Nutzungsentschädigung (§ 546a Abs. 1 BGB) innerhalb von zwei Monaten nach Rechtshängigkeit des Räumungsanspruchs abwenden (§ 569 Abs. 3

Nr. 2 BGB). Dies führt nach überwiegender Ansicht zur **rückwirkenden Unwirksamkeit** der Kündigung (BGH WuM 2007, 387, 388 f. = ZMR 2007, 348, 349 f.)

(a) Voraussetzungen

Die Tilgung der Mietrückstände kann durch **Erfüllung** i.S.d. § 362 BGB, aber auch durch Erfüllungssurrogat, z.B. Aufrechnung oder Hinterlegung erfolgen (PWW/Elzer § 569 Rn. 15). Hat die Aufrechnungslage aber bereits vor Zugang der Kündigung bestanden und erklärt der Mieter danach unverzüglich die **Aufrechnung**, wird die Kündigung bereits nach § 543 Abs. 2 S. 3 BGB unwirksam; die Schonfristregelung des § 569 Abs. 3 Nr. 2 BGB findet in diesem Fall keine Anwendung (Schmidt-Futterer/Blank § 569 Rn. 39 m.n.N.; abw. Lammel § 569 Rn. 34: § 569 Abs. 3 Nr. 2 BGB nur, wenn Aufrechungslage nach Zugang der Kündigung entstanden ist). **291**

Eine Zahlung der Rückstände **unter Vorbehalt** ist jedenfalls dann als Erfüllung anzusehen, wenn der Mieter der Bewertung seiner Leistung als Anerkenntnis (§ 212 Abs. 1 Nr. 1 BGB) begegnen und die Wirkungen des § 814 BGB ausschließen will (BGH NJW 1999, 494, 496; LG Berlin GE 2009, 1429; MM 2010, 145 = InfoM 2010, 217). Hier will er sich die Option erhalten, dass Geleistete nach § 812 BGB zurückzufordern. Anderes gilt, wenn der Mieter mit der Maßgabe leistet, dass der Vermieter für einen späteren Rückforderungsstreit die Beweislast für das Bestehen des Anspruchs tragen soll; dann fehlt der Zahlung die Erfüllungswirkung (BGH a.a.O.; PWW/Elzer § 569 Rn. 16; Blank in Blank/Börstinghaus § 556b Rn. 46; Sternel WuM 2009, 699, 704). **292**

Die Mietrückstände müssen **vollständig ausgeglichen** werden, und zwar auch diejenigen, auf die der Vermieter die Kündigung nicht gestützt hat (LG München I WuM 1987, 133; AG Tempelhof-Kreuzberg GE 2007, 1321; Wetekamp FS Blank, 459, 463; Both FS Blank, 93, 98). Auszugleichen sind aber nur Rückstände an Mieten und Nutzungsentschädigung; andere Ansprüche, z.B. auf Betriebskostennachzahlung, Schadensersatz, Kostenerstattung, Zinsen, bleiben außer Betracht. Sind neben der Mietforderung noch Ansprüche des Vermieters auf Kosten und Zinsen offen, so ist selbst bei Fehlen einer ausdrücklichen **Tilgungsbestimmung** im Zweifel von einer Zahlung auf die Hauptforderung auszugehen; allein dies entspricht dem objektiv erkennbaren Willen des Mieters im Falle der Schonfristzahlung. Dem Vermieter steht nach § 367 Abs. 2 BGB zwar das Recht zu, die Annahme der Leistung abzulehnen; auf die Wirkungen der Schonfristzahlung nach § 569 Abs. 3 Nr. 2 BGB hat dies nach h.M. aber keinen Einfluss (Sternel WuM 2009, 699, 704; Wetekamp FS Blank S. 459, 462; Both FS Blank S. 93, 99; Schmidt-Futterer/Blank § 569 Rn. 38; Emmerich in Emmerich/Sonnenschein § 569 Rn. 27; MüKo/Häublein § 569 Rn. 32; a.A. Rave GE 2007, 628, 630). **293**

Die Frist beginnt mit Zustellung der Räumungsklage (§§ 253 Abs. 1, 263 Abs. 1 ZPO) und endet zwei Monate danach; es gelten die §§ 187 Abs. 1, 188 Abs. 2, 193 BGB. Es handelt sich um eine Maximalfrist; auch die Begleichung der Mietrückstände vor Klageerhebung lässt die Kündigungswirkungen entfallen. Für die **Rechtzeitigkeit der Zahlung** kommt es nach überwiegender Ansicht wiederum auf die Leistungshandlung an (§§ 270 Abs. 4, 269 Abs. 1 BGB) ab (LG Heidelberg WuM 1995, 485; LG Berlin NJW-RR 1993, 144; LG Aachen WuM 1993, 348; LG Hamburg WuM 1992, 124; Sternel WuM 2009, 699, 704; Wetekamp FS Blank, 459, 461 f.; Schmidt-Futterer/Blank § 569 Rn. 37; Emmerich in Emmerich/Sonnenschein § 569 Rn. 27; a.A. PWW/Elzer § 569 Rn. 15; Lammel § 569 Rn. 33). Die EG-Richtlinie 2000/35 sowie die Entscheidung des EuGH vom 03.04.2008 (NJW 2008, 1935 = ZMR 2009, 262 – s. dazu o. Rdn. 280) dürften hieran nicht ändern; § 569 Abs. 3 Nr. 2 BGB ist eine spezielle Mieterschutzbestimmung, die nicht im Einwirkungsbereich der Richtlinie liegt. **294**

295 Der Zahlung innerhalb der Schonfrist steht **die Verpflichtungserklärung** einer öffentlichen Stelle gleich (ausführlich dazu Wetekamp FS Blank S. 459, 463 ff.). Diese muss klar und eindeutig, unbedingt und unwiderruflich sein und den gesamten Rückstand erfassen (LG Essen ZMR 1996, 663, 664; LG Berlin GE 1996, 1111; Herrlein in Herrlein/Kandelhard § 569 Rn. 36). Für die Rechtzeitigkeit ist der Zugang der Erklärung beim Vermieter maßgebend (BayObLG WuM 1994, 598 = ZMR 1994, 557; Sternel WuM 2009, 699, 704).

296 Nach einer Entscheidung des LG Hamburg (ZMR 2005, 52) steht der Anwendung des § 569 Abs. 3 Nr. 2 BGB nicht entgegen, dass der zur Kündigung berechtigende Mietrückstand bereits tituliert ist. Eine einschränkende Auslegung oder teleologische Reduktion der **Schonfristregelung** kommt nicht in Betracht. Anders hat das AG Hamburg-Blankenese (ZMR 2007, 199) entschieden.

(b) Ausnahmetatbestand

297 Die Kündigung wird gem. § 569 Abs. 3 Nr. 2 S. 2 BGB nicht unwirksam, wenn ihr vor nicht länger als zwei Jahren bereits eine nach Satz 1 unwirksam gewordene **Kündigung vorausgegangen** ist. Maßgebend ist, dass die vorausgegangene Kündigung durch Zahlung vor Ablauf der Schonfrist unwirksam geworden ist. Das ist auch dann der Fall, wenn der Mieter die nachträgliche Zahlung vor Beginn der Schonfrist, nämlich der Zustellung der Räumungsklage bewirkt hat, oder wenn der Vermieter wegen der erfolgten Zahlung eine Räumungsklage gar nicht mehr eingereicht hat (LG Hamburg ZMR 2004, 272; LG Detmold WuM 2006, 527; Emmerich in Emmerich/Sonnenschein § 569 Rn. 31).

298 Der Schonfristverbrauch gilt aber nur bei »**zwangsweiser Vertragsfortsetzung**« (Schmidt-Futterer/Blank § 569 Rn. 48; Sternel WuM 2009, 699, 705), also wenn dem Vermieter im Hinblick auf die zwingende Vorschrift des § 569 Abs. 3 Nr. 2 S. 1 BGB (vgl. § 569 Abs. 5 S. 1 BGB) letztlich nichts anders übrig bleibt, als das Mietverhältnis fortzuführen. Ob dies dann einvernehmlich oder gegen den Willen des Vermieters geschieht, ist ohne Belang. Demgemäß greift § 569 Abs. 3 Nr. 2 S. 1 BGB auch dann ein, wenn die Parteien das Mietverhältnis nach der ersten Kündigung und anschließender Zahlung stillschweigend fortgesetzt oder dessen Fortführung sogar ausdrücklich vereinbart haben.

299 Teilweise wird die Auffassung vertreten, ein Schonfristverbrauch trete bereits dann nicht ein, wenn die Parteien eine Ratenzahlungsvereinbarung geschlossen und das Mietverhältnis dann fortgesetzt werde (so LG Stuttgart WuM 1995, 470). Soweit der Vermieter lediglich aus Nachsicht von einer Räumungsklage abgesehen und das Mietverhältnis fortgesetzt habe, so bleibe dem Mieter das Abwendungsrecht erhalten (LG Bremen WuM 1997, 265; PWW/Elzer § 569 Rn. 20; Sternel WuM 2009, 699, 705). Dies allein dürfte jedoch nicht genügen. Der Mieter behält sein Abwendungsrecht trotz innerhalb der Zweijahresfrist vorausgegangener Kündigung nur dann, wenn ihm der Vermieter seinerzeit **mehr eingeräumt hat** als er von Gesetzes wegen musste. Das ist z.B. der Fall, wenn er das Mietverhältnis fortgesetzt hat, obgleich der Rückstand nicht innerhalb der Schonfrist ausgeglichen wurde. Gleiches gilt, wenn der Vermieter einen Räumungstitel erwirkt, diesen aber nicht durchgesetzt hat (LG Berlin WuM 1992, 607; Wetekamp FS Blank S. 459, 465; Schmidt-Futterer/Blank § 569 Rn. 48; Lammel § 569 Rn. 42).

300 Maßgebend für die **Berechnung** der Zwei-Jahresfrist ist der Zugang der Kündigungen.

(6) Kündigungssperrfrist bei Mieterhöhungen

301 Beruht der Zahlungsverzug darauf, dass der Mieter rechtskräftig zur Zahlung einer erhöhten Miete nach den §§ 558 bis 560 BGB verurteilt worden ist (im Falle des § 558

BGB zur Zustimmung zur Mieterhöhung, vgl. BGH NZM 2005, 585 = WuM 2005, 458 = ZMR 2005, 697) und die Erhöhungsbeträge nicht gezahlt hat, so kann der Vermieter die Kündigung vor Ablauf von zwei Monaten nach rechtskräftiger Verurteilung nicht darauf stützen. Dies gilt nicht, wenn sich die Vertragsparteien im Wege eines **Vergleichs** auf eine höhere Miete geeinigt haben (OLG Hamm NJW-RR 1992, 340 = WuM 1992, 54 = ZMR 1992). Allerdings muss der Vermieter dem Mieter hier eine angemessene Frist (zwei bis drei Wochen) zur Zahlung der rückständigen Erhöhungsbeträge einräumen (dazu NK-BGB/Hinz § 569 Rn. 54). Ob der Vorschrift darüber hinaus ein genereller **Ausschluss des Kündigungsrechts** wegen erhöhungsbedingter Mietrückstände – insbesondere auch nach §§ 559 und 560 – vor einer gerichtlichen Klärung des Erhöhungsrechts zu entnehmen ist, wird unterschiedlich beantwortet (dafür Hinz NZM 2010, 54, 65 ff.; dagegen Sternel WuM 2009, 699, 703 f.; Emmerich in Emmerich/Sonnenschein § 569 Rn. 33).

(7) Besonderheiten bei den Kündigungsformalien

(a) Vorherige Fristsetzung

Eine der Kündigung vorausgehende erfolglose Fristsetzung oder Abmahnung ist nach 302
§ 543 Abs. 3 S. 2 Nr. 3 BGB **grundsätzlich nicht erforderlich**. Etwas anderes gilt nach Treu und Glauben (§ 242 BGB) ausnahmsweise dann, wenn sich dem Vermieter der Schluss aufdrängen muss, dass die Nichtzahlung der Miete nicht auf Zahlungsunfähigkeit oder -unwilligkeit, sondern auf einem bloßen Versehen des Mieters oder auf sonst von ihm nicht zu vertretenden Umständen beruht (OLG Hamm WuM 1998, 485 = ZMR 1998, 493; OLG Düsseldorf ZMR 2004, 570; Sternel WuM 2009, 699, 703). Die Rechtsprechung hat eine vorherige Fristsetzung darüber hinaus für erforderlich gehalten, wenn der Vermieter – bei nicht einfacher Sach- und Rechtslage – seine Ansprüche auf Mietzahlung erst in einem jahrelangen Rechtsstreit durchgesetzt hat und er nach einem ihm günstigen Urteil erstmals die fristlose Kündigung ausspricht (OLG München ZMR 1998, 632).

(b) Begründungserfordernis

Der Begründungszwang nach § 269 Abs. 4 BGB besteht auch bei der Kündigung wegen 303
Zahlungsverzugs. Nach der Rechtsprechung des BGH genügt es, wenn der Mieter die Kündigung mit Hilfe der Angaben im Kündigungsschreiben eigenständig **auf ihre Stichhaltigkeit überprüfen** und entscheiden kann, wie er darauf reagieren will. Dazu muss der Vermieter angeben, von welchem Mietrückstand er ausgeht und dass er diesen Kündigungsgrund heranzieht (BGH Urt. v. 12.05.2010 VIII ZR 96/09 Tz. 37). Bei **einfacher und klarer Sachlage** braucht er lediglich den Zahlungsverzug als Kündigungsgrund und den Gesamtbetrag der rückständigen Miete zu benennen (BGH NZM 2004, 187 = WuM 2004, 97 = ZMR 2004, 254; WuM 2004, 489; NZM 2009, 315, 316 = WuM 2009, 228, 230). Stützt er die Kündigung indes nicht nur auf aktuelle Mietforderungen, sondern auch auf **frühere Rückstände**, so muss er mitteilen, welche konkreten Zahlungsrückstände er seiner Kündigung zugrunde legt oder für welchen Zeitraum der Mieter welche Zahlungen nachweisen muss, um dem Verzugsvorwurf zu begegnen (BGH WuM 2010, 484, 487 Tz. 30, 32).

Offen gelassen hat der BGH nach wie vor, wie weit die Begründungspflicht reicht, wenn 304
eine **unklare Verrechnungslage** besteht oder der Mieter nicht über die nötigen Informationen zu bestimmten Zahlungsvorgängen verfügt, während der Vermieter diese mit zumutbarem Aufwand geben kann (vgl. BGH WuM 2010, 484, 487 Tz. 30, 32). Insoweit bietet es sich an, auf die vom AG Dortmund (ZMR 2003, 579; WuM 2003, 389; DWW

2003, 189) aufgestellten Grundsätze zurückzugreifen. Danach ist der Vermieter gehalten (1) den Rückstand sowohl der Höhe nach und nur hinsichtlich der kündigungsrelevanten Beträge anzugeben, (2) ferner der Zeitpunkt, wann dieser Rückstand jeweils entstanden ist und schließlich (3) wie Teilzahlungen verrechnet wurden.

305 Jedenfalls macht eine **falsche Verrechnung** die Kündigung dann nicht unwirksam, wenn die Tatsachen richtig mitgeteilt wurden und bei richtiger Rechtsanwendung ebenfalls ein Kündigungsrecht bestand.

306 Wird der Kündigungserklärung ein **Kontoauszug** beigefügt, so ist nach einer Entscheidung des LG Mannheim (WuM 2004, 204 = NZM 2004, 255) die Schriftform (§ 568 Abs. 1 BGB) grundsätzlich nur gewahrt, wenn die Kündigungserklärung fest mit der Anlage verbunden ist (zur Schriftform der Kündigung s.a. Rdn. 100 ff.). Fehlt es daran und hat der Vermieter nur die Kündigungserklärung unterschrieben, so muss er in dieser auf die Anlage Bezug nehmen. Wird die Anlage lediglich beigefügt und enthält die Kündigung weder eine hinreichende Begründung noch eine konkrete Bezugnahme darauf, ist die Kündigung unwirksam.

(c) Verwirkung des Kündigungsrechts

307 § 314 Abs. 3 BGB (s. dazu Rdn. 246 f.) ist bei der Kündigung wegen Zahlungsverzugs zurückhaltend anzuwenden (Schmidt-Futterer/Blank § 543 Rn. 123; s.a. BGH NZM 2009, 314, 315 = WuM 2009, 231, 232; OLG Bremen ZMR 2007, 688), jedenfalls aber dahingehend **teleologisch zu reduzieren**, dass eine Verwirkung des Kündigungsrechts wegen Zahlungsverzugs nicht in Betracht kommt, wenn der Mieter zwischendurch lediglich sporadische Zahlungen erbringt. Anderenfalls hat es ein »pfiffiger Mieter« in der Hand, durch gelegentliche Zahlungen an passender Stelle die Kündigung des Vermieters zu erschweren (so zutr. Beuermann GE 2002, 786, 788).

(8) Rückstandsberechnung

308 Bei der außerordentlichen fristlosen Kündigung nach § 543 Abs. 2 Nr. 3 BGB bereitet die Berechnung des Zahlungsrückstands immer wieder Probleme. Sie richtet sich nach den §§ 366, 367 BGB. Gem. § 366 Abs. 1 BGB hat der Mieter, nicht hingegen der Vermieter das **Recht zur Tilgungsbestimmung**. Auch wenn der Mieter dieses Recht nicht ausübt, geht es nicht auf den Vermieter über; in diesem Fall gilt die gesetzliche Tilgungsreihenfolge des § 366 Abs. 2 BGB (OLG Brandenburg NZM 2007, 685 = WuM 2007, 142 = GE 2007, 444). Eine Tilgungsbestimmung kann aber auch **stillschweigend** erfolgen, wenn der Mieter den nach seiner Ansicht geschuldeten Betrag zum vereinbarten Termin zahlt. Gleiches gilt, wenn der der Überweisung beigegebenen Buchungstext die Zuordnung der Zahlung zu einem bestimmten Monat nahe legt (vgl. BGH NZM 2009, 215 f. = WuM 2009, 228, 229; s.a. BGH WuM 2010, 353, 354 f.). Leistet der Mieter regelmäßig die volle Miete, so ist im Zweifel davon auszugehen, dass der gerade fällige Mietzahlungsanspruch des Vermieters erfüllt werden soll (LG Berlin NZM 2002, 65; LG Köln WuM 1991, 98, 99; Junker MietRB 2004, 150 f.; a.A. LG Münster ZMR 2009, 212). Allerdings wird bei Zahlung der am dritten Werktag fälligen Miete erst am elften des Monats keine konkludente Tilgungsbestimmung auf die Miete für den laufenden Monat anzunehmen sein (OLG Düsseldorf WuM 2000, 209 = ZMR 2000, 605).

309 Fehlt es an einer Tilgungsbestimmung des Mieters, gilt die **gesetzliche Tilgungsreihenfolge**. Die Verrechnung erfolgt gem. § 366 Abs. 2 BGB:

- zunächst auf die fällige Verbindlichkeit,
- bei mehreren fälligen auf die Verbindlichkeit, die dem **Gläubiger** geringere Sicherheit bietet,

- bei mehreren gleich sicheren auf die dem **Schuldner** lästigere Verbindlichkeit,
- bei mehreren gleich lästigen auf die ältere Verbindlichkeit,
- bei gleichem Alter auf jede Verbindlichkeit verhältnismäßig.

Hat der Schuldner außer der Hauptleistung **Zinsen und Kosten** zu zahlen und reicht das Gezahlte nicht zur Tilgung der ganzen Schuld, so hat die Verrechnung grundsätzlich gem. § 367 Abs. 1 BGB erst auf die Kosten, dann auf die Zinsen und zuletzt auf die Hauptforderung zu erfolgen. Allerdings können Rückstände an Kosten und Zinsen keine Kündigungslage nach § 543 Abs. 2 Nr. 3 BGB begründen. Das gilt schon im Hinblick auf die zwingenden Vorschriften über die außerordentliche fristlose Kündigung von Wohnraum (§ 569 Abs. 5 BGB). I.Ü. kann auch im Rahmen des § 367 Abs. 2 BGB eine Tilgungsbestimmung konkludent erfolgen. Bei einer Zahlung auf Mietbeträge wird regelmäßig davon auszugehen sein, dass der Mieter auf die Mietschuld und nicht auf Kosten oder Zinsen zahlen will (dazu Hinz NZM 2004, 681, 691; vgl. auch Schmidt-Futterer/Blank § 569 Rn. 38). Der Vermieter kann dann zwar die Annahme der Leistung ablehnen (vgl. § 367 Abs. 2 BGB), ohne dadurch in Annahmeverzug zu geraten (PWW/Pfeifer § 367 Rn. 7). Doch erscheint es fraglich, ob er damit einen kündigungsrelevanten Verzug mit Mietforderungen begründen kann (so wohl OLG Düsseldorf ZMR 2009, 275 = GE 2009, 906). Dann läge die Entstehung des Kündigungstatbestands weitgehend in seinen Händen, zumal der Mieter kaum durchschauen kann, in welcher Höhe sich der gegenwärtige Rückstand an Kosten und Zinsen gerade beläuft. Allerdings ist die Rechtslage noch ungeklärt. **310**

Nach verbreiteter Ansicht darf der Vermieter Akontozahlungen zunächst auf die **Betriebskostenvorauszahlungen** verrechnen, weil es sich hierbei um die Forderungen handelt, die ihm die geringere Sicherheit bieten (KG GE 2006, 1231; Kinne in Kinne/Schach/Bieber § 543 Rn. 90; Junker MietRB 2004, 150, 152 f.; krit. Hinz NZM 2004, 681, 692). Während die Grundmiete bis zum Ablauf der dreijährigen Verjährungsfrist durchsetzbar ist, können Vorauszahlungen schon nach Ablauf der zwölfmonatigen Abrechnungsfrist nicht mehr verlangt werden, weil der Vermieter dann gem. § 556 Abs. 3 S. 2 BGB die Abrechnung vorlegen muss (vgl. Schmidt-Futterer/Langenberg § 556 Rn. 216). Andererseits sind die Vorauszahlungen Bestandteil der Miete, so dass eine Aufspaltung in zwei Forderungen nicht zwingend erscheint. **311**

Unter mehreren gleich sicheren Verbindlichkeiten erfolgt die Verrechnung nach § 366 Abs. 2 BGB zunächst auf die dem Mieter **lästigere Schuld**. Das ist die Mietforderung, die letztlich zur fristlosen Kündigung des Mietverhältnisses führen kann. Das bedeutet, dass die Akontozahlung des Mieters so verrechnet wird, dass dieser möglichst nicht der Gefahr einer fristlosen Kündigung ausgesetzt wird (OLG Celle WuM 1990, 103, 110; LG Hamburg DWW 1993, 237; Junker MietRB 2004, 150, 153). **312**

Grundsätzlich können die Parteien auch **nachträgliche Tilgungsvereinbarungen** treffen, insbesondere dadurch, dass der Schuldner eine vom Gläubiger vorgenommene Verrechnung genehmigt. Das kann auch stillschweigend erfolgen, indem der Schuldner eine Anrechnungserklärung widerspruchslos hinnimmt (OLG Düsseldorf ZMR 2000, 605 = GE 2000, 600). Ob dies auch bei der Wohnraummiete zulasten des Mieters gilt, erscheint zweifelhaft; es könnte sich um eine unzulässige Erweiterung der außerordentlichen fristlosen Kündigungsgründe zum Nachteil des Mieters (§ 569 Abs. 5 BGB) handeln. **313**

dd) Gesundheitsgefährdung

(1) Allgemeines/Anwendungsbereich

314 Das Recht zur Kündigung wegen Gesundheitsgefährdung (§ 569 Abs. 1 BGB) besteht für Wohnraummietverhältnisse und gem. § 578 Abs. 2 S. 2 BGB auch für Mietverhältnisse über andere Räume, soweit diese zum Aufenthalt von Menschen bestimmt sind. Nach der grundlegenden Entscheidung des BGH v. 17.12.2003 (NZM 2004, 222 = WuM 2004, 206 = ZMR 2004, 338) steht es auch dem **gewerblichen Zwischenmieter** im Verhältnis zum Hauptvermieter zu. Das Kündigungsrecht ist **unverzichtbar**; der Mieter verliert es auch nicht nach § 536b BGB, wenn er bei Vertragsabschluss die gesundheitsgefährdende Beschaffenheit kannte (§ 569 Abs. 1 S. 2 BGB).

315 Umstritten ist, ob das Kündigungsrecht nach § 569 Abs. 1 BGB dadurch **verwirkt**, dass der Mieter es in Kenntnis der gesundheitsgefährdenden Beschaffenheit der Räume über längere Zeit nicht ausübt (so LG Berlin GE 2005, 57; ähnlich FaKo-MietR/Gahn § 569 Rn. 11; dagegen KG ZMR 2004, 259, 261; LG Paderborn WuM 1998, 21; Schumacher WuM 2004, 311, 314). Ein solcher Rechtsverlust könnte sich auch hier aus § 314 Abs. 3 BGB ergeben (s. dazu Rdn. 246). Der BGH hat es in dem Beschluss v. 13.04.2010 (WuM 2010, 352 = GE 2010, 842; dazu Beuermann GE 2010, 801) offen gelassen, ob diese Bestimmung im Mietrecht Anwendung findet. Jedenfalls hängt der zeitliche Rahmen, innerhalb dessen der Mieter die Kündigung auszusprechen hat, von den besonderen Umständen des Einzelfalls ab. So kann der Mieter seine Kündigung nicht auf eine nahezu neun Monate zurückliegende Fristsetzung zur Mängelbeseitigung (s. dazu Rdn. 325) stützen, sondern muss dem Vermieter vor Kündigungsausspruch erneut eine Frist setzen (BGH WuM 2010, 352 = GE 2010, 842, 843). Das könnte im Umkehrschluss bedeuten, dass eine endgültige Verwirkung des Kündigungsrechts nach § 569 Abs. 1 BGB nicht stattfindet. Allerdings ist zweifelhaft, ob die vorzitierte Entscheidung – es handelt sich um einen Hinweisbeschluss nach §§ 552a, 522 Abs. 2 S. 2 ZPO – verallgemeinerungsfähig ist.

316 Nach einem Urteil des LG Frankfurt/M. aus dem Jahre 2000 (NZM 2001, 523) soll es dem Mieter anscheinend obliegen, alsbald nach Kenntniserlangung von der gesundheitsgefährdenden Beschaffenheit der Wohnung die außerordentliche fristlose Kündigung nach § 569 Abs. 1 BGB auszusprechen, anderenfalls verliere er infolge **widersprüchlichen Verhaltens** sein Minderungsrecht nach § 536 BGB (zur Problematik Kern NZM 2007, 634, 637). Diese Auffassung dürfte zumindest auf der Grundlage des reformierten Mietrechts nicht mehr haltbar sein, da eine Verwirkung des Minderungsrechts nur noch unter engen Voraussetzungen in Betracht kommt (s. dazu Kap. 9 Rdn. 261 ff., insbesondere Kap. 9 Rdn. 291 ff.).

317 Hat der Mieter den gesundheitsgefährdenden Zustand des Mietobjekts **selbst herbeigeführt**, bleibt ihm nach h.M. eine Kündigung nach § 569 Abs. 1 BGB versagt (BGH NZM 2004, 222, 223 = WuM 2004, 206, 208 = ZMR 2004, 338, 340; Schmidt-Futterer/Blank § 569 Rn. 12). Die Gegenansicht belässt dem Mieter auch in diesem Fall das außerordentliche Kündigungsrecht und verweist den Vermieter auf Schadensersatzansprüche nach § 280 Abs. 1 BGB (Emmerich in Emmerich/Sonnenschein § 569 Rn. 10; Schumacher WuM 2004, 311, 313). Jedoch erscheint es fragwürdig, dem Mieter eine vorzeitige Lösungsmöglichkeit aus dem Vertrag zu gewähren, wenn er die mangelnde Nutzbarkeit des Mietobjekts selbst zu verantworten hat.

(2) Voraussetzungen

318 Die Räume müssen so beschaffen sein, dass ihre Benutzung mit einer **erheblichen Gefährdung** der Gesundheit des Mieters oder anderer geschützte Personen verbunden

ist. Eine Gesundheitsschädigung braucht noch nicht eingetreten zu sein; es genügt wenn eine erhebliche Gefährdung konkret droht. Maßgebend ist, ob der Mieter vernünftigerweise von dem Bestehen einer erheblichen Gefahr ausgehen kann (LG Lübeck NZM 1998, 190 = ZMR 1998, 433, 434 m. Anm. Schläger). Das bestimmt sich nach objektiven Maßstäben, nicht nach der besonderen Konstitution des Mieters (LG Berlin ZMR 1999, 27; AG Chemnitz NZM 1999, 801; krit. Selk/Hankammer NZM 2008, 65, 68). Eine allein individuell bedingte allergische Reaktion bleibt außer Betracht. Anders verhält es sich aber bei einer Allergie, die sich ohne entsprechende genetische Disposition aufgrund von bestimmten allergen wirkenden Stoffen entwickelt (LG Berlin GE 2009, 845, 846). I.Ü. genügt eine erhebliche Gefährdung besonderer Personenkreise, wie z.B. von Säuglingen, Kleinkindern oder alten Menschen (LG Lübeck a.a.O.).

Hinweis

> Dabei ist auf den Stand der **medizinischen Erkenntnisse** im Zeitpunkt des Kündigungsausspruchs Abzustellen, nicht hingegen auf denjenigen bei Vertragsschluss (KG ZMR 2004, 513, 514).

Die Frage, mit welcher **Wahrscheinlichkeit** eine Gesundheitsbeeinträchtigung zu befürchten sein muss, hängt von der Schwere des möglichen Schadens ab. Bei Lebensgefahr, z.B. wegen drohenden Deckeneinsturzes, genügt es, dass diese nicht ausgeschlossen ist. Hingegen muss bei leichteren Beeinträchtigungen (Erkältung) die Wahrscheinlichkeit, dass sich dieses Risiko verwirklicht, deutlich höher sein (KG ZMR 2004, 513, 514). **319**

Die Gesundheitsgefährdung muss auf der **Beschaffenheit der Räume** beruhen. Das ist nach der Rechtsprechung nur dann der Fall, wenn die Mieträume – unabhängig von der Person des Nutzers – auch im unbewohnten Zustand mit den Gefahr tragenden Eigenschaften behaftet sind (OLG Koblenz NJW-RR 1989, 1247 = WuM 1989, 509; LG Berlin GE 1999, 1426; AG Köln WuM 1997, 261). Das kann auch durch Beeinträchtigungen von außen oder durch Dritte verursacht werden, wie etwa durch Lärm und Gerüche, nicht aber durch Übergriffe und Ausschreitungen von Kunden oder Nachbarn (OLG Koblenz NJW-RR 1989, 1247 = WuM 1989, 509). **320**

(3) Einzelfälle

Ob **Schimmelpilzerscheinungen** in Mieträumen eine Gesundheitsgefährdung i.S.d. § 569 Abs. 1 BGB darstellen, lässt sich – wie der BGH in dem Urteil v. 18.04.2007 (NZM 2007, 439, 441 = WuM 2007, 319, 322 = ZMR 2007, 601, 604 f.) klargestellt hat – nicht allgemeingültig beantworten, sondern kann in vielen Fällen nur durch ein medizinisches Sachverständigengutachten geklärt werden. Erforderlich ist nach einer Entscheidung des KG (ZMR 2004, 513) eine konkret drohende erhebliche Gesundheitsgefährdung für alle Bewohner oder Benutzer bzw. einzelne Gruppen durch **toxinbildende Pilzstämme.** Der Mieter kann den ihm obliegenden Beweis, dass festgestellte Schimmelpilze toxinbildend sind, nicht schon durch Vorlage von ärztlichen Bescheinigungen führen, die ohne Laboruntersuchungen erstellt wurden. Teilweise stellen die Gerichte aber weniger hohe Anforderungen an den Kündigungstatbestand (s. etwa LG Bremen WuM 2006, 621). **321**

Die Auffassung des BGH erfährt im Schrifttum heftige Kritik (Selk/Hankammer NZM 2008, 65 ff.; Streyl WuM 2007, 365 ff.). Es wird moniert, dass sie den mietrechtlichen Gefahrenbegriff bei Weitem überspanne; Schimmelpilze seien generell aus Wohnungen zu verbannen, weil sie bei Menschen mit erworbener oder medikamentös bedingter Immunschwäche sowie bei Allergikern die Gefahr von Gesundheitsschäden begründeten (Selk/Hankammer NZM 2008, 65, 67). Auch bei Nichtallergikern könne eine längere **322**

Schimmelpilzexposition eine Allergie überhaupt erst verursachen (Streyl WuM 2007, 365, 366). Zudem führte die Auffassung des BGH zu einer »Kostenexplosion« durch **Sachverständigengutachten**. Bevor die Kausalität der Schimmelpilzbildung für die Gesundheitsbeeinträchtigung durch einen medizinischen Sachverständigen geklärt werden könne, müsse zunächst ein Gutachten eines Mikrobiologen zur Art des Stoffes sowie das eines Toxikologen zur Bestimmung der Gefährlichkeit des Stoffes eingeholt werden; dies habe der BGH völlig außer Acht gelassen (Selk/Hankammer NZM 2008, 65, 66 f.). Die Problematik wird weiterhin zur Diskussion stehen.

323 **Ölgeruch** und Öldämpfe aus dem Heizkeller des Gebäudes, die in der Wohnung wahrzunehmen sind, rechtfertigen nach einer Entscheidung des AG Flensburg (WuM 2003, 328) ohne Weiteres eine Kündigung wegen gesundheitsgefährdender Beschaffenheit der Mieträume. Eine Konzentrationsmessung in der Luft durch das Gesundheitsamt soll nicht erforderlich sein. Ein Kündigungsrecht nach § 569 Abs. 1 BGB (hier i.V.m. § 578 Abs. 2 BGB) besteht nach einem Urteil des OLG Naumburg (NZM 2004, 343 = WuM 2004, 49) auch dann, wenn die **Innentemperatur** in den Räumen in einem Standardsommer **lang andauernd 26 Grad übersteigt**. Das soll etwa beim Betrieb einer Drogerie der Fall sein, wenn bei einem langjährigen Mittelwert von rund 45 Tagen die Temperaturgrenze von 26 Grad überschritten wird (zur Problematik auch Fritz FS Blank S. 153, 165).

324 Hingegen kann **Elektrosmog** nur dann einen Kündigungsgrund nach § 569 Abs. 1 BGB abgeben, wenn die einschlägigen Grenzwerte der 26. BImSchVO überschritten sind; anderenfalls fehlt es an einer konkreten Gesundheitsgefährdung (vgl. BGH WuM 2006, 304 = ZMR 2006, 670; LG Hamburg WuM 2007, 692). Insoweit bilden die vorgenannten Grenzwerte eine geeignete Richtschnur zur Beurteilung, welches Maß an elektromagnetischer Strahlung für den Menschen schädlich sein kann (Roth NZM 2000, 522 m.w.N.; krit. Kniep ZMR 2009, 510; Kniep/Gratzel WuM 2009, 383; Herkner WuM 2007, 662; Fritz FS Blank S. 153, 159 f.; Hinz WuM 2006, 347, 348).

(4) Formalien

(a) Abmahnerfordernis

325 Nach der Rechtsprechung des BGH (NZM 2007, 439 = WuM 2007, 319 = ZMR 2007, 601; WuM 2010, 352 = GE 2010, 842) erfordert auch die außerordentliche fristlose Kündigung wegen Gesundheitsgefährdung grundsätzlich die vorherige Setzung einer angemessenen Abhilfefrist bzw. die Erteilung einer Abmahnung gem. § 543 Abs. 3 S. 1 BGB. Dies ergebe sich bereits aus dem Wortlaut des § 569 Abs. 1 BGB. Danach stelle der Kündigungstatbestand einen besonders geregelten Fall der außerordentlichen fristlosen Kündigung nach § 543 Abs. 1 BGB dar, für welche nach § 543 Abs. 3 BGB das Abmahnerfordernis gelte (vgl. BGH NZM 2007, 439 = WuM 2007, 319, 320 = ZMR 2007, 601, 602). Die Frage war auf der Grundlage des seit dem 1. 9. 2001 geltenden § 569 Abs. 1 BGB zunächst streitig.

(b) Begründungserfordernis

326 Zu beachten ist auch bei diesem Kündigungstatbestand das Begründungserfordernis des § 569 Abs. 4 BGB. Der Entscheidung des BGH v. 22.06.2005 (WuM 2005, 584, 585), die sich nur beiläufig mit der Problematik befasst, ist zu entnehmen, dass in dem Kündigungsschreiben neben den gesundheitlichen Gründen auch anzugeben ist, dass diese **auf die Beschaffenheit der gemieteten Wohnung zurückzuführen** sind. Damit ist die Frage der Anforderungen an den Begründungszwang aber noch nicht abschließend geklärt. Vieles spricht dafür, dass der Mieter die Gefahrenquelle (z.B. Risse in der Decke des

Wohnzimmers; Schimmelpilzerscheinungen im Schlaf- und Kinderzimmer) und die befürchteten Auswirkungen (Deckeneinsturz, Atembeschwerden) mitteilen muss; sachverständige Ausführungen können von ihm aber nicht erwartet werden.

ee) Störung des Hausfriedens

(1) Allgemeines

Der Tatbestand der außerordentlichen fristlosen Kündigung wegen nachhaltiger Störung **327**
des Hausfriedens (§ 569 Abs. 2 BGB) ist vom Wortlaut her an die Generalklausel des § 543 Abs. 1 S. 2 BGB angelehnt. Er erhält aber durch die besondere Hervorhebung innerhalb des Wohnraummietrechts eine **eigenständige Bedeutung** (BT-Drucks. 14/5663 S. 81 f.). Der Kündigungstatbestand gilt für die Wohnraummiete sowie nach § 578 Abs. 2 S. 1 BGB auch für die Geschäftsraummiete.

(2) Voraussetzungen

(a) Hausfrieden

Der Begriff des Hausfriedens ist im BGB nicht definiert; ganz überwiegend wird darunter **328**
das Erfordernis gegenseitiger Rücksichtnahme verstanden, die das Zusammenleben mehrerer Personen in einem Haus überhaupt erst ermöglicht (KG ZMR 2004, 261, 262; AG Merzig WuM 2005, 727, 728; Schmidt-Futterer/Blank § 569 Rn. 18). Das gilt bei Mietverhältnissen über Wohnraum ebenso wie bei Mietverhältnissen über Räume, die nicht zum Wohnen bestimmt sind (vgl. § 578 Abs. 2 S. 1 BGB). **Pflichten zur Rücksichtnahme** ergeben sich für beide Vertragsparteien zunächst aus dem Rechtsverhältnis zueinander, also aus dem Mietvertrag i.V.m. § 241 Abs. 2 BGB. Darüber hinaus ist insbesondere der Mieter auch zur Rücksichtnahme gegenüber anderen Mitbewohnern verpflichtet. Hier sind mangels vertraglicher Vereinbarungen die Grenzen des Besitzschutzrechts (§§ 862, 906 BGB) sowie des Deliktsrechts (§§ 823 ff. BGB) maßgebend (KG ZMR 2004, 261, 262). Eine Konkretisierung einzelner Pflichten zur Rücksichtnahme kann durch die Hausordnung erfolgen. Allerdings ist zu beachten, dass nicht jeder Verstoß gegen die Hausordnung zur fristlosen Kündigung nach § 569 Abs. 2 BGB berechtigt (vgl. Börstinghaus NZM 2004, 48, 55); hinzukommen muss eine dadurch verursachte Störung des Zusammenlebens, die eine Fortführung des Mietverhältnisses **unzumutbar** werden lässt.

(3) Nachhaltige Störung

Eine **Störung** des Hausfriedens liegt vor, wenn die Vertragspartei gegen die dargestell- **329**
ten Pflichten der Rücksichtnahme verstößt. Die Störung kann vom Mieter oder vom Vermieter ausgehen. Nicht erforderlich ist, dass die störende Vertragspartei in demselben Haus wohnt; eine Störung kann auch durch den anderenorts wohnenden Vermieter erfolgen, wenn dieser unerlaubt die Mietwohnung betritt (s.a. Rdn. 352) oder zur Unzeit ruhestörenden Lärm (z.B. durch Reparaturarbeiten) verursacht (LG München ZMR 1996, 557). Allerdings muss sich das störende Verhalten **gegen die Bewohner des Mietshauses** richten (vgl. Häublein ZMR 2005, 1, 4). Ein Verhalten, dass lediglich bei Nachbarn oder in der Dorfgemeinschaft für Gesprächsstoff sorgt (nacktes »Rekeln« und Sonnen im Garten), berechtigt nicht zum Kündigung nach § 569 Abs. 2 BGB (AG Merzig WuM 2005, 727).

Die Störung kann auch durch das Verhalten von **Besuchern** oder Gästen des Mieters **330**
erfolgen (vgl. AG München WuM 2004, 204); dem Mieter wird abverlangt, dass er diese zur Rücksichtnahme auf die Belange des Vermieters sowie der Mitbewohner anhält. Gleiches soll gelten, wenn der Mieter durch das Verhalten anderer Mieter gestört wird,

sofern es der Vermieter nach einer entsprechenden Anzeige unterlassen hat, auf die Störer einzuwirken (Häublein ZMR 2005, 1, 5). Denkbar wäre in solchen Fällen auch eine fristlose Kündigung nach der Generalklausel des § 543 Abs. 1 S. 2 BGB (dazu Rdn. 335 ff.).

331 Erforderlich ist weiterhin eine **nachhaltige**, d.h. eine das Mietverhältnis schwer belastende Beeinträchtigung. Ebenso wie beim Grundtatbestand des § 543 Abs. 1 S. 2 BGB sind hier strenge Anforderungen zu stellen. Eine nachhaltige Störung ist anzunehmen, wenn die Beeinträchtigung entweder **dauerhaft** ist oder jedenfalls häufiger vorkommt (Herrlein in Herrlein/Kandelhard § 569 Rn. 19; vgl. auch AG Charlottenburg GE 2004, 353; AG Soltau WuM 2005, 586, 587); eine nur einmalige Störung ohne Wiederholungsgefahr reicht grundsätzlich nicht aus. Allerdings dürfte bei allerschwersten Störungen, insbesondere bei tätlichen Angriffen eine Wiederholungsgefahr zu vermuten sein. Das gilt selbst dann, wenn das Tatopfer nicht erheblich verletzt wurde (AG/LG Münster WuM 2007, 19, 21). Wird ein pflichtwidriges Verhalten nach einer Abmahnung wiederholt, so ist die Nachhaltigkeit grundsätzlich gegeben (Börstinghaus NZM 2004, 48, 55).

(4) Unzumutbarkeit der Vertragsfortsetzung

332 Die Vertragsverletzung muss so schwerwiegend sein, dass sie der betroffenen Partei die Fortsetzung des Mietverhältnisses bis zum Ablauf der ordentlichen Kündigungsfrist oder bis zum sonstigen Vertragsende objektiv unzumutbar macht. Hier liegt der deutliche Unterschied zu dem verschuldensabhängigen ordentlichen Kündigungsgrund der »nicht unerheblichen Vertragsverletzung« i.S.d. § 573 Abs. 2 Nr. 1 BGB (Häublein ZMR 2005, 1, 6; NK-BGB/Hinz § 569 Rn. 27, 573 Rn. 12; s.a. Rdn. 147). Ähnlich wie bei der Kündigung nach § 543 Abs. 1 S. 2 BGB ist eine **umfassende Abwägung** zwischen den Interessen des Kündigenden und denen des Kündigungsgegners vorzunehmen (s. Rdn. 335). Dabei ist ein Verschulden nicht zwingend vorgeschrieben, aber es ist ein wichtiges Abwägungskriterium. Es kommt hier auf alle Umstände des Einzelfalls an (LG Berlin NZM 2002, 733; AG Braunschweig ZMR 2005, 369; Börstinghaus NZM 2004, 48, 55). Hat der Mieter Jahrzehnte lang in dem Haus gewohnt, so kann eine einmalige Störung des Hausfriedens grundsätzlich keine außerordentliche fristlose Kündigung rechtfertigen (AG Köln WuM 2006, 522; s.a. AG Augsburg ZMR 2008, 213 für die Kleingartenpacht; zu weitgehend indes LG Hamburg ZMR 2009, 451: Faustschlag gegen den Hauswart). Auch wenn der Mieter nunmehr infolge von Alter, Krankheit oder seelischer Beeinträchtigung verhaltensauffällig geworden ist, verlangt die Rechtsprechung von den übrigen Hausbewohnern ein erhöhtes Maß an Toleranz (LG Siegen WuM 2006, 158, 160; AG Fürstenfeldbruck WuM 1995, 41; AG Charlottenburg WuM 1995, 394; andererseits LG Berlin GE 2010, 488). Strenge Anforderungen stellt sie insbesondere an die fristlose Kündigung gegenüber einem **psychisch kranken Mieter**, vor allem dann, wenn eine ernsthafte Suizidgefahr besteht (vgl. BGH NZM 2005, 300 = WuM 2005125 = ZMR 2005, 183; s. aber auch LG Hamburg ZMR 2006, 448; AG Bernau WuM 2009, 735).

(5) Kündigungsformalien

(a) Abmahnerfordernis

333 Der Kündigungstatbestand des § 569 Abs. 2 BGB erfordert grundsätzlich eine vorausgegangene **Abmahnung** (vgl. § 543 Abs. 3 S. 1 BGB); eine Fristsetzung zur Abhilfe ist theoretisch ebenfalls möglich, bei schweren Hausfriedensstörungen, die umgehend zu beenden sind, aber zumeist nicht sinnvoll. Die Abmahnung ist nur **entbehrlich**, wenn sie offensichtlich sinnlos oder die sofortige Kündigung aus besonderen Gründen unter Abwägung der beiderseitigen Interessen gerechtfertigt ist (vgl. § 543 Abs. 3 S. 2 Nr. 1 und 2 BGB). Letzteres kann der Fall sein, wenn sich die Störung des Hausfriedens in

erheblichen Straftaten gegenüber Mitbewohnern (Körperverletzungen, Bedrohungen, massive Beleidigungen) oder anderen besonders schwerwiegenden Störungen äußert (OLG Düsseldorf DWW 2006, 116 = NZM 2006, 295; AG/LG Münster WuM 2007, 19, 21 f.; AG/LG München I WuM 2006, 524; AG Bernau WuM 2009, 735, 736, AG Coburg ZMR 2009, 373; AG Brühl WuM 2008, 596; AG Braunschweig ZMR 2005, 369; zurückhaltend AG Köln WuM 2005, 249; 2006, 522). Nach einem Urteil des LG Hamburg (WuM 2005, 768) kann auch ein zweimaliger MEK-Einsatz in derselben Nacht gegen den schon früher gegenüber seiner Lebensgefährtin gewalttätig gewordenen Mieter eine sofortige fristlose Kündigung rechtfertigen. Allerdings wird eine Abmahnung als erforderlich erachtet, wenn der aus dem Delikt resultierende Schaden so gut wie nicht messbar ist (KG GE 2004, 1588 = NZM 2005, 254 = WuM 2004, 721: unbefugte Stromentnahme in geringfügigen Umfang).

Hinweis:

> Wird die fristlose Kündigung allerdings auf die Verfehlungen eines Dritten, z.B. eines Familienangehörigen oder Gastes des Mieters gestützt, so bedarf es grundsätzlich einer vorherigen Abmahnung (AG München WuM 2004, 204; s.a. LG Itzehoe ZMR 2010, 363, 364).

(b) Kombination mit ordentlicher Kündigung

Der Kündigende sollte in dem Kündigungsschreiben neben der außerordentlichen frist- **334**
losen Kündigung **hilfsweise** die ordentliche Kündigung des Mietverhältnisses nach § 573 Abs. 2 Nr. 1 BGB aussprechen, für den Fall, dass die Verfehlung für eine fristlose Kündigung nicht ausreicht. Voraussetzung ist hier aber, dass die Vertragspflichtverletzung schuldhaft erfolgt ist (s. Rdn. 148).

ff) Generalklausel

(1) Allgemeines

Die Kündigung nach der Generalklausel des § 543 Abs. 1 S. 2 BGB ist als Grundtatbe- **335**
stand für die nicht in §§ 543 Abs. 2, 569 Abs. 1 und 2 BGB geregelten Fälle anzusehen. Nach § 543 Abs. 1 S. 2 BGB liegt ein wichtiger Grund vor, wenn dem Kündigenden unter Berücksichtigung **aller Umstände des Einzelfalls**, insbesondere eines Verschuldens der Vertragsparteien, und unter Abwägung der beiderseitigen Interessen die Fortsetzung des Mietverhältnisses bis zum Ablauf der Kündigungsfrist oder bis zur sonstigen Beendigung des Mietverhältnisses nicht zugemutet werden kann. Dabei kommt es für die Frage der **Unzumutbarkeit** auch auf die noch ausstehende Dauer des Mietverhältnisses an. Erforderlich ist stets eine umfassende Abwägung sämtlicher Umstände des Einzelfalls, des Verschuldens beider Vertragsparteien sowie ihrer beiderseitigen Interessen (BGH NZM 2010, 37, 38 = WuM 2009, 736, 738 = ZMR 2010, 277, 278: »Jobcenter-Urteil«; NZM 2007, 400 = ZMR 2007, 525, 527). Ein Verschulden des Kündigungsempfängers ist nicht unbedingt erforderlich (Hirsch WuM 2006, 418 f.; Kraemer NZM 2001, 553, 558 f. = WuM 2001, 163, 167; Hinz NZM 2010, 57, 58 f.).

Die Vertragsparteien können aber nicht schon dann auf die Generalklausel zurückgrei- **336**
fen, wenn bei den anderen Kündigungstatbeständen eine oder mehrere Voraussetzungen nicht erfüllt sind. Vielmehr kommt eine Kündigung nach § 543 Abs. 1 S. 2 BGB nur in Betracht, wenn der Kündigungsgrund **genau so gewichtig** ist, wie die speziellen Kündigungsgründe (Schmidt-Futterer/Blank § 543 Rn. 155; Hinz NZM 2010, 57, 59). Maßgebend ist, ob die Durchführung des Mietvertrags wegen einer Zerstörung der das Schuld-

verhältnis tragenden Vertrauensgrundlage derart gefährdet ist, dass sie dem Kündigenden auch bei strenger Prüfung nicht mehr zumutbar ist (Schmidt-Futterer/Blank ebd.).

337 Ein wichtiger Grund für eine fristlose Kündigung nach § 543 Abs. 1 S. 2 BGB kann ausnahmsweise auch auf einer **Zerrüttung der Vertragsgrundlage** beruhen, wenn diese so schwerwiegend ist, dass dem Kündigenden ein Zuwarten bis zur ordentlichen Beendigung des Mietverhältnisses nicht zuzumuten ist (Kraemer NZM 2001, 553, 559 = WuM 2001, 163, 165; zurückhaltend Sternel Rn. XII 32. Auf eine Zerrüttung kann sich allerdings derjenige nicht berufen, aus dessen Risikobereich die Zerrüttungsgründe stammen oder der die Zerrüttung verschuldet hat (LG Gießen WuM 1986, 94). Vielmehr muss der Grund für die Zerrüttung aus der Sphäre des Kündigungsempfängers herrühren, z.B. auf dem Verhalten eines nahen Angehörigen beruhen, so dass sich der Kündigungsempfänger dieses zurechnen lassen muss (Kraemer NZM 2001, 553, 559 = WuM 2001, 163, 165; Schmidt-Futterer/Blank § 543 Rn. 155;). Zudem wird auf Seiten des Vermieters von Wohnraum immer zu prüfen sein, ob er bei einer Zerrüttung des Mietverhältnisses nicht nach § 573 Abs. 1 S. 1 BGB (allgemeines berechtigtes Interesse!) **ordentlich kündigen** kann (LG Landau ZMR 1986, 361, 363; LG Dresden WuM 1994, 337).

338 Von der fristlosen Kündigung aus wichtigem Grund ist die in § 313 BGB geregelte **Störung der Geschäftsgrundlage** zu unterscheiden. Rechtsfolge ist hier grundsätzlich die Anpassung des Vertrags; nur wenn diese nicht möglich oder einem Vertragspartner nicht zumutbar ist, besteht für den benachteiligten Vertragspartner bei einem Dauerschuldverhältnis ein Kündigungsrecht (vgl. §§ 313 Abs. 3 S. 2, 314 BGB). Ganz grob lässt sich sagen, dass bei der Störung der Geschäftsgrundlage die Vertragsbeeinträchtigung auf Umständen »von außen« beruht, während sie in den Fällen der fristlosen Kündigung aus wichtigem Grund aus der Sphäre des Kündigungsempfängers resultiert (ausführlich dazu Hirsch NZM 2007, 110 ff.; s.a. ders. WuM 2006, 418, 422; ZMR 2007, 1, 5 f.; Kluth/Freigang NZM 2006, 41, 42; Kraemer NZM 2001, 553, 556 f. = WuM 2001, 163, 166).

(2) Einzelfälle

(a) Vorsätzlich falsche Betriebskostenabrechnung

339 Der Mieter ist zur außerordentlichen fristlosen Kündigung nach § 543 Abs. 1 S. 2 BGB berechtigt, wenn der Vermieter mehrfach vorsätzlich falsch über Betriebskosten abgerechnet hat (LG Berlin GE 2003, 1081; LG Gießen WuM 1996, 767; Hinz NZM 2010, 57, 69 ff.). Allein die Umlage von Kosten, die nicht zum Katalog des § 2 BetrKV gehören, stellt jedoch keine zur fristlosen Kündigung berechtigende Vertragsverletzung dar (LG Berlin GE 2003, 1081). Erforderlich ist das **Bewusstsein des Vermieters**, dass die Umlage unzulässig ist. Dieses kann sich allerdings aus den besonderen Umständen des Einzelfalls ergeben. **Indizien** sind etwa die verweigerte Belegeinsicht, die Verschleierung der erfolgten Umlage nicht erstattungsfähiger Kosten, wechselnde Erklärungen zum Verschwinden der Belege sowie die Abrechnung von Kosten, die nicht angefallen sind (LG Berlin GE 2003, 1081; s.a. Hinz NZM 2010, 57, 69 f.).

(b) Unpünktliche Mietzahlungen

340 Ein weiterer Anwendungsfall der Generalklausel ist die außerordentliche fristlose Kündigung wegen ständig verspäteter Mietzahlungen. Diese wurde in der Vergangenheit vielfach nur unter engen Voraussetzungen als zulässig erachtet (vgl. etwa LG München I 1990, 550; Langenberg WuM 1990, 3, 4). Der BGH hat mit der Entscheidung v. 11.01.2006 (NZM 2006, 338 = WuM 2006, 193 = ZMR 2006, 425 m. Anm. Schläger) insoweit einen Paradigmenwechsel eingeleitet (vgl. Bieber jurisPR-MietR 10/2006 Anm. 1; Hinz WuM 2006, 347, 355). Allerdings hängt die Wirksamkeit der Kündigung auch hier davon ab, ob die Fortsetzung des Mietverhältnisses dem Vermieter bei **umfassender Interessenabwägung** nicht mehr zumutbar ist. Dabei darf nicht isoliert auf die unpünktlichen Mietzahlungen abgestellt werden; im Rahmen der Interessenabwägung sind (jedenfalls bedingt) auch Änderungen der persönlichen und finanziellen Verhältnisse des Mieters zu berücksichtigen (vgl. BGH NZM 2010, 37, 38 = WuM 2009, 736, 738 = ZMR 2010, 277, 278: »Jobcenter-Urteil«). Das gilt etwa für den Umstand, dass er mittlerweile auf Sozialleistungen angewiesen ist und das Jobcenter die Miete nicht rechtzeitig anweist, so dass kurzfristige Zahlungsverzögerungen auftreten (s. BGH a.a.O.; s. aber auch AG Bernau WuM 2010, 31 betr. den eigenen Mietanteil).

(aa) Voraussetzungen

Nach Ansicht des BGH kann bereits **eine einzige verspätete Zahlung nach Abmahnung** genügen, wenn dieser wiederholt Zahlungsverzögerungen vorausgegangen sind. Jedenfalls setzt die Kündigung wegen unpünktlicher Mietzahlung nicht voraus, dass nach Abmahnung zu mindestens drei Terminen verspätet gezahlt wurde (BGH NZM 2006, 338 f. = WuM 2006, 193, 194 = ZMR 2006, 425, 426; LG Berlin GE 2010, 65; 205, 206). Erforderlich sind also: 341

- wiederholte Zahlungssäumigkeit,
- Abmahnung aus diesem Anlass,
- erneute Zahlungssäumigkeit.

Zahlt der Mieter nach Abmahnung überhaupt nicht, so soll dies ebenfalls eine Kündigung nach der Generalklausel des § 543 Abs. 1 S. 2 BGB rechtfertigen, unabhängig davon, ob nunmehr auf der Kündigungstatbestand des Zahlungsverzugs (§ 543 Abs. 2 Nr. 3 BGB) erfüllt ist (LG Berlin GE 2010, 205).

Auch **geringfügige Verspätungen** können die fristlose Kündigung rechtfertigen, wenn sie über lange Zeit andauern (OLG Düsseldorf ZMR 1992, 192; einschränkend LG München I WuM 1990, 550). Das gilt insbesondere dann, wenn der Vermieter auf die Zahlungen zum Fälligkeitstermin angewiesen ist und wegen eigener laufender Verpflichtungen fortwährend einen Zinsschaden erleidet (Kraemer NZM 2001, 553, 562 = WuM 2001, 163, 170). Als ausreichend für die Kündigung ist angesehen worden, wenn der Mieter sechsmal mehr als eine Woche verspätet gezahlt hat (LG München I WuM 1988, 56; vgl. auch BGH WuM 1988, 125 = ZMR 1988, 16: siebenmalige Verspätung). Unerheblich ist es, ob im Zeitpunkt des Zugangs der Kündigung die Rückstände bereits ausgeglichen sind (OLG Düsseldorf GE 2009, 51, 52 = MDR 2008, 1386; Schmidt-Futterer/Blank § 543 Rn. 176). 342

Der fristlosen Kündigung wegen wiederholter unpünktlicher Mietzahlung muss regelmäßig eine **Abmahnung** vorausgehen (§ 543 Abs. 3 BGB); die in § 543 Abs. 3 S. 2 Nr. 1 und 2 BGB formulierten Ausnahmen werden hier kaum zum Tragen kommen. Ohne die Abmahnung kann der Mieter nicht erkennen, wie bedeutsam die pünktliche Mietzahlung für den Vermieter ist. Die (erste) Abmahnung sollte alsbald im Anschluss an die säumigen Mietzahlungen erfolgen; nach einer Entscheidung des LG Bochum (WuM 1989, 179) darf der Vermieter diese nicht über einen längeren Zeitraum widerspruchslos hinnehmen (vgl. LG Bochum WuM 1989, 179). Andererseits verliert er sein Recht zur fristlosen Kündigung nicht allein durch Duldung der Zahlungssäumigkeit über einen längeren **Zeitraum** (OLG Düsseldorf GE 2009, 51, 52 = MDR 2008, 1386). Vielmehr darf er das Zahlungsverhalten des Mieters eine gewisse Zeit beobachten (AG Bernau WuM 2010, 31, 32). 343

I.Ü. muss der Vermieter die **Abmahnung wiederholen**, wenn bis zum kündigungsauslösenden erneuten Zahlungsverzug eine geraume Zeit vergangen ist. Denn die Kündigung muss in »engerem zeitlichen Zusammenhang« mit der vorausgehenden 344

Abmahnung erfolgen. Ein Zeitraum von acht Monaten ist jedenfalls zu lang (LG Berlin ZMR 2009, 285, 286).

345 Wird der Zahlungstermin nur um wenige Tage überschritten, muss der Vermieter in der Abmahnung mitteilen, welche Mieten mit welcher Verspätung eingegangen sind; nur so wird der Mieter in die Lage versetzt, ggf. Abhilfe zu schaffen (Schmidt-Futterer/Blank § 543 Rn. 174). Nach h.M. ist bei der fristlosen Kündigung wegen unpünktlicher Mietzahlungen eine sog. **qualifizierte Abmahnung**, d.h. eine Abmahnung, in welcher die fristlose Kündigung angedroht wird, erforderlich (LG Itzehoe WuM 1991, 99; LG Berlin WuM 1989, 19; a.A. LG Kleve WuM 1995, 537). Ob diese Auffassung durch die BGH-Entscheidung v. 13.06.2007 (NZM 2007, 561 = WuM 2007, 570 = ZMR 2007, 686), die allerdings eine Gewährleistungskündigung nach § 543 Abs. 2 Nr. 1 BGB betrifft, überholt ist, erscheint unklar (offen gelassen bei BGH NZM 2009, 315, 317 = WuM 2009, 228, 230).

346 Für die Kündigungsrelevanz des Mieterverhaltens sind auch **Zahlungsverzögerungen vor der Abmahnung** zu berücksichtigen. Denn die Abmahnung soll dem Mieter Gelegenheit zur Änderung seines Verhaltens geben; sie soll ihm vor Beendigung des Mietverhältnisses noch eine letzte Chance zu vertragsgerechtem Verhalten gewähren (BGH NZM 2006, 338 f. = WuM 2006, 193, 195 = ZMR 2006, 425, 426 m. Anm. Schläger; BGH NZM 2009, 315, 317 = WuM 2009, 228, 230; LG Berlin NZM 2007, 564 = ZMR 2006, 864 m. Anm. Schläger; LG Berlin GE 2010, 65, 1341).

347 Bei **Altmietverträgen**, die vor dem 01.09.2001 abgeschlossen wurden, bedarf es i.Ü. immer der Prüfung, ob die Mietzahlung abweichend von der vertraglichen Regelung erst zum Monatsende fällig ist (vgl. § 551 Abs. 1 S. 2 BGB a.F.; Art. 229 § 3 Abs. 1 Nr. 7 EGBGB), weil die **Vorfälligkeitsklausel** wegen der Kollision mit einer Vertragsbedingung, welche die Aufrechnung des Mieters beschränkt, unwirksam ist (BGH NZM 2006, 338, 339 = WuM 2006, 193, 195 = ZMR 2006, 425, 427 m. Anm. Schläger; BGH NZM 2009, 315, 316 = WuM 2009, 228, 239; WuM 2008, 152 = GE 2008, 113; LG Hamburg WuM 2007, 710; jew. unter Hinweis auf BGH WuM 1995, 28 = ZMR 1995, 60). Siehe dazu auch Rdn. 282 sowie Kap. 4 Rdn. 397 ff.

(bb) Begründungserfordernis

348 Zu beachten ist, dass das Kündigungsschreiben das Begründungserfordernis des § 569 Abs. 4 BGB wahrt. Dazu bedarf es regelmäßig einer **konkreten Darlegung der Zahlungseingänge** der für die Kündigung maßgeblichen vergangenen Monate (BGH NZM 2006, 338, 339 = WuM 2006, 193, 195 = ZMR 2006, 425, 427; vgl. auch LG Hamburg WuM 2007, 710). Lediglich bei »einfacher Sachlage«, insbesondere wenn die Daten der Zahlungseingänge unstreitig sind, der Mieter die Überweisungen selbst vorgenommen hat und der Zeitraum überschaubar ist, können geringere Anforderungen gestellt werden (BGH a.a.O).

(c) Nichtzahlung der Mietkaution

349 Im Bereich der **Gewerberaummiete** kann auch die Nichtzahlung der Mietkaution einen wichtigen Grund für die außerordentlich fristlose Kündigung nach § 543 Abs. 1 S. 2 BGB abgeben. Der für Gewerberaummietsachen zuständige XII. Zivilsenat des BGH hat dies in zwei Entscheidungen v. 21.03.2007 (BGH NZM 2007, 400 = ZMR 2007, 525; NZM 2007, 401 = ZMR 2007, 444) bestätigt. Maßgebend sind auch insoweit die Umstände des Einzelfalls, so z.B. ob sich der Vermieter selbst vertragstreu verhält (BGH NZM 2007, 401, 402 = ZMR 2007, 444, 446).

Offen ist weiterhin die Frage, ob die Nichtleistung der vereinbarten Mietsicherheit auch bei der **Wohnraummiete** einen außerordentlichen Kündigungsgrund abgibt (dazu Sternel Rn. XII 81). Nach einem Urteil des LG Berlin (GE 2000, 1475) kann das bei einer hartnäckigen Verweigerung, eine geschuldete Mietsicherheit zu erbringen, der Fall sein. Erforderlich sei aber, dass weitere, über die bloße Nichtleistung der Sicherheit **hinausgehende Umstände** hinzuträten. Das LG Berlin hat einen außerordentlichen Kündigungsgrund darin gesehen, dass der Mieter über eine schriftliche Verweigerung hinaus die eidesstattliche Versicherung abgegeben hatte und deshalb ein **besonderes Sicherungsbedürfnis** des Vermieters gegeben war. **350**

Vieles spricht dafür, dass mit Blick auf die in § 569 Abs. 3 Nr. 1 BGB getroffene Wertung eine **erhebliche Vertragsverletzung** nur dann vorliegen kann, wenn der Rückstand eine Monatsmiete übersteigt (Schmidt-Futterer/Blank § 543 Rn. 179). Das bedeutet, dass ein Kündigungsrecht ohnehin erst bei Fälligkeit der zweiten Kautionsrate (vgl. § 551 Abs. 2 BGB) bestehen kann (s. a. Rdn. 159). Auch wird es regelmäßig der vorherigen Setzung einer angemessenen Nachfrist (§ 543 Abs. 3 S. 1 BGB) bedürfen. Darüber hinaus sind jedoch weitere Umstände erforderlich, die dem Vermieter die Fortführung des Vertragsverhältnisses unzumutbar erscheinen lassen, so z.B. die Zahlungsunfähigkeit oder -unwilligkeit des Mieters. Dem Vermieter kann nicht angesonnen werden, den fälligen Kautionsraten »hinterher zu betteln«. **351**

(d) Weitere Fallgestaltungen

Auch **Gefährdungen von Mitbewohnern** und Dritten durch das Nutzerverhalten des Mieters (z.B. durch ungesicherte Blumentöpfe auf dem Balkon), können (nach erfolgloser Abmahnung) eine außerordentliche fristlose Kündigung nach § 543 Abs. 1 S. 2 BGB rechtfertigen (LG Berlin GE 2010, 203). Gleiches gilt für **erhebliche Geruchsbeeinträchtigungen**, die von der Wohnung des Mieters ausgehen, und auch nach Schließen der Wohnungstür noch einige Zeit im Hausflur wahrnehmbar sind (LG Braunschweig ZMR 2007, 537). Ein Grund zur außerordentliche fristlosen Kündigung des Mieters nach der Generalklausel besteht regelmäßig, wenn der Vermieter ohne dessen Zustimmung die **Mieträume betreten** hat, nachdem er einen Schlüssel unberechtigt behalten hat (OLG Celle WuM 2007, 201). **352**

Die **Erstattung einer Strafanzeige** mit einer im Kern zutreffenden oder durch Wiedergabe einer Zeugenaussage fundierten Sachverhaltsschilderung rechtfertigt keine fristlose Kündigung nach § 543 Abs. 1 S. 2 BGB; das gilt nach einer Entscheidung des AG Hamburg-Blankenese (ZMR 2006, 619) auch dann, wenn sich der »Anfangsverdacht« letztlich nicht erhärtet hat. Insbesondere wenn der Mieter aus objektiver Sicht ein **eigenes Interesse an der Aufklärung des ihm verdächtigen Sachverhalts hat**, besteht kein Grund für eine fristlose Kündigung (LG Mannheim NZM 2000, 543). War die Strafanzeige allerdings leichtfertig und unangemessen, kann die fristlose Kündigung gerechtfertigt sein; maßgebend sind stets die Umstände des Einzelfalls, insbesondere auch das Verhalten des Angezeigten (vgl. BVerfG NZM 2002, 61). **353**

Der Umstand, dass der Mieter in Vermögensverfall gerät und daraufhin die **eidesstattliche Versicherung** abgibt, bildet für sich allein noch keinen wichtigen Grund für eine fristlose Kündigung (OLG München ZMR 1997, 458, 460; LG Berlin ZMR 2005, 708, 709). Die darauf gegründeten **Zweifel an der Zahlungsfähigkeit** des Mieters lassen dem Vermieter die Fortsetzung des Mietverhältnisses noch nicht unzumutbar werden. **354**

5. Außerordentliche befristete Kündigung

a) Allgemeines

355 Das außerordentliche befristete Kündigungsrecht besteht nur in den gesetzlich geregelten Fällen. Es kommt auch bei befristeten Mietverhältnissen, die nicht durch ordentliche Kündigung beendet werden können, zur Anwendung. Die Gründe für die außerordentliche befristete Kündigung liegen außerhalb der vertraglichen Rechte und Pflichten des Mietverhältnisses und haben deshalb nicht das Gewicht, um eine sofortige Vertragsbeendigung herbeizuführen (s.a. Rdn. 87). Zu unterscheiden ist zwischen
- der außerordentlichen Kündigung mit gesetzlicher Frist und
- den Sonderkündigungsrechten mit einer kürzeren Kündigungsfrist.

b) Außerordentlichen Kündigung mit gesetzlicher Frist

356 Diese ist geregelt:
- für das Wohnraummietverhältnis auf unbestimmte Zeit in § 573d BGB,
- für das Wohnraummietverhältnis auf bestimmte Zeit in § 575a BGB,
- für andere Mietverhältnisse, insbesondere über Grundstücke und Gewerberäume in § 580a Abs. 4 BGB.

aa) Kündigungsfrist

357 Bei der außerordentlichen Kündigung mit gesetzlicher Frist von **Wohnraum**mietverhältnissen beträgt die Kündigungsfrist grundsätzlich drei Monate mit einer Karenzzeit von drei Werktagen. Eine Verlängerung der Kündigungsfrist für den Vermieter entsprechend der Wohndauer ist nicht vorgesehen (vgl. §§ 573d Abs. 2 S. 1, 575a Abs. 3 S. 1 BGB).

358 Bei Mietverhältnissen über **Geschäftsräume** beträgt die Kündigungsfrist grundsätzlich sechs Monate, bei Mietverhältnissen über **andere Gewerberäume und Grundstücke** drei Monate, jeweils mit drei Karenzwerktagen (§ 580a Abs. 4 i.V.m. Abs. 1 Nr. 3 und Abs. 2 BGB). Die Kündigung kann bei Mietverhältnissen über Geschäftsräume und über gewerblich genutzte unbebaute Grundstücke nur für den Ablauf eines **Kalendervierteljahres** ausgesprochen werden.

bb) Kündigungsschutz

359 Der Vermieter von Wohnraum, der unter Kündigungsschutz steht, kann von seinem Recht zur außerordentlichen Kündigung mit gesetzlicher Frist nur Gebrauch machen, wenn er ein **berechtigtes Interesse** an der Beendigung des Mietverhältnisses nach Maßgabe der § 573 BGB oder einen Kündigungsgrund nach § 573a BGB hat (BGH NZM 2008, 281 = WuM 2008, 233, 234). Die ergibt sich aus §§ 573d Abs. 1, 575a Abs. 1 BGB. Eine Ausnahme gilt insoweit für die Kündigung gegenüber dem Erben des verstorbenen Mieters nach § 564 BGB. Anders als nach h.M. zur vormaligen Bestimmung in § 569 BGB a.F. (vgl. nur Schmidt-Futterer/Gather 7. Aufl., § 569 Rn. 12) ist ein berechtigtes Interesse nicht mehr erforderlich.

360 Dem Mieter von Wohnraum steht beim Mietverhältnis auf unbestimmte Zeit außerdem die Befugnis nach §§ 574 ff. BGB zu, der Kündigung zu **widersprechen** und Fortsetzung des Mietverhältnisses zu verlangen. Beim Zeitmietvertrag besteht dieses Recht mit der Einschränkung, dass eine Fortsetzung höchstens bis zum vertraglich bestimmten Beendigungszeitpunkt verlangt werden kann (s. § 575a Abs. 2 BGB).

cc) Kündigungserklärung/Belehrung über Kündigungswiderspruch

Für Erklärung und Zugang der außerordentlichen Kündigung gelten die allgemeinen Grundsätze (s.o. Rdn. 90 ff.). Bei Wohnraummietverhältnissen ist die Schriftform einzuhalten (§§ 568 Abs. 1, 126 BGB); der **Vermieter** hat i.Ü. das Begründungserfordernis des § 573 Abs. 3 BGB zu beachten (vgl. §§ 573d Abs. 1, 575a Abs. 1 BGB). **361**

Außerdem obliegt es dem Vermieter, den Mieter über sein Recht zu belehren, der **Kündigung zu widersprechen** und Fortsetzung des Mietverhältnisses nach Maßgabe der §§ 574 bis 574b BGB zu verlangen, sowie über die Form und die Frist des Widerspruchs (§ 568 Abs. 2 BGB). **362**

c) Fallgestaltungen

Das Recht zur **außerordentlichen Kündigung mit gesetzlicher Frist** besteht insbesondere in folgenden Fällen: **363**

Für den **Vermieter**:
- nach dem Tod des Mieters (§ 563 Abs. 4 BGB),
- nach Erwerb des Grundstücks in der Zwangsversteigerung (§ 57a ZVG),
- nach Erlöschen eines Nießbrauchs (§ 1056 Abs. 1 BGB),
- nach Erlöschen eines Erbbaurechts (§ 30 Abs. 2 ErbbauVO).

Für den **Mieter**: **364**
- bei Verweigerung der Erlaubnis zur Gebrauchsüberlassung an Dritte (§ 540 Abs. 1 S. 2 BGB),
- im Falle des Todes eines Mietmieters (§ 563a Abs. 2 BGB).

Für **beide Vertragsparteien**: **365**
- bei Mietverhältnissen mit einer Dauer von über 30 Jahren (§ 544 BGB),
- bei Fortsetzung des Mietverhältnisses mit dem Erben (§ 564 S. 2 BGB für Wohnraum, § 580 BGB für sonstige Sachen).

Ferner für den **Insolvenzverwalter**: **366**
- bei Mietverhältnissen über unbewegliche Gegenstände oder Gewerberäume (§ 109 Abs. 1 S. 1 InsO).

Ferner bestehen für den Mieter in folgenden Fällen **Sonderkündigungsrechte** mit kürzeren Fristen: **367**
- nach Modernisierungsmitteilung (§ 554 Abs. 3 S. 2 BGB),
- nach Mieterhöhung (§ 561 BGB, § 11 WoBindG).

Zu den Tatbeständen der außerordentlich befristeten Kündigung s.a. Formularb. FAMietRWEG/Hinz 8.4 und 8.5. **368**

d) Abweichende Vereinbarungen

Vereinbarungen, die das Recht des Vermieters zur außerordentlichen Kündigung mit gesetzlicher Frist zum Nachteil des Wohnraummieters ausweiten, sind unwirksam (vgl. §§ 573d Abs. 3, 575a Abs. 4 BGB). Bei den einzelnen Kündigungstatbeständen ist die Unabdingbarkeit zulasten des Mieter teilweise **speziell geregelt**, so z.B. in §§ 554 Abs. 5, 561 Abs. 2, 563 Abs. 5 (unabdingbar auch zulasten der eintrittsberechtigten Personen), § 563a Abs. 3 BGB. **369**

Das außerordentliche Kündigungsrecht nach § 540 Abs. 1 S. 2 BGB kann **individualvertraglich** abgedungen werden, nicht hingegen durch Formularklausel, weil ihm eine Leitbildfunktion i.S.d. § 307 Abs. 2 Nr. 1 BGB zukommt (vgl. Schmidt-Futterer/Blank § 540 **370**

Rn. 66). Nicht disponibel dürfte die außerordentlich Kündigung des Erben nach § 564 S. 2 BGB sein; eine Ausschlussvereinbarung zwischen Vermieter und Mieter wäre als unzulässiger Vertrag zulasten Dritter zu bewerten (Schmidt-Futterer/Blank § 564 Rn. 13). Zumindest eine Formularvereinbarung wäre wegen einer treuwidriger Übersteigerung eigener Interessen seitens des Vermieters und Mieters zulasten des Erben nach § 307 Abs. 1 S. 1 BGB unwirksam (so Kandelhard in Herrlein/Kandelhard § 564 Rn. 5; im Ergebnis auch Sternel ZMR 2004, 713, 722).

V. Widerspruch des Mieters gegen die Kündigung des Vermieters und Fortsetzung des Mietverhältnisses

1. Widerspruch des Mieters gegen die Kündigung

371 Der Mieter kann nach § 574 BGB jeder wirksamen ordentlichen Kündigung des Vermieters widersprechen und hat, wenn die Beendigung für ihn, ein Familienmitglied oder einen sonstigen Angehörigen seines Hausstandes eine unzumutbare Härte darstellen würde, **Anspruch auf Fortsetzung des Mietverhältnisses**. Das Mietverhältnis wird auf bestimmte Zeit verlängert, die Verlängerung kann wiederholt und in Ausnahmefällen auf auch unbestimmte Zeit verlängert werden.

372 Wird das Mietverhältnis trotz des Widerspruchs des Mieters nicht verlängert, hat der Mieter für die **Dauer der Nutzung** nach Ablauf der Mietzeit bis zur Rückgabe der Wohnung die ursprünglich vereinbarte oder ortsübliche **Miete zu entrichten**. Dem Vermieter steht gegebenenfalls auch ein weiterer Schadensersatzanspruch zu (§ 546a BGB).

a) Anwendungsbereich

373 Nur dem Mieter von **Wohnraum** steht das Widerspruchsrecht zu; bei **Mischmietverhältnissen**, soweit das Schwergewicht des Vertragszwecks nicht auf der gewerblichen Nutzung, sondern auf dem Wohngebrauch beruht, gilt ebenfalls die Sozialklausel. Bei Mietverhältnissen über Werkwohnungen sind die Einschränkungen des § 576a BGB und § 576b BGB zu beachten. Auf **Untermietverhältnisse** ist sie ebenfalls anwendbar, jedoch nur im Verhältnis der Vertragsparteien – Mieter/Untermieter – untereinander und nicht im Verhältnis von Untermieter zu (Haupt-)Vermieter. Gegen den Anspruch des Vermieters auf Rückgabe der Mietsache gemäß § 546 Abs. 2 BGB kann sich der Untermieter auch dann nicht auf die Sozialklausel berufen, wenn der Vermieter gewusst hat, dass der Untermieter die Wohnung vom Hauptmieter gemietet hat (BGH BGHZ 84, 90; OLG Karlsruhe NJW 1984, 313). Der Untermieter kann gegenüber dem Hauptvermieter nur dann eine eigene Härte geltend machen, wenn er zugleich Hausangehöriger des Hauptmieters ist. Bei gewerblicher Zwischenmiete kann sich der Endmieter jedoch auch gegenüber dem (Haupt-)Vermieter auf die §§ 574 ff. BGB berufen (BVerfG NJW 1991, 2272).

374 Das Mietverhältnis muss **unbefristet** sein. Haben die Parteien die Laufzeit des Mietverhältnisses befristet, kann sich der Mieter bei Ablauf der Mietzeit nicht auf die Sozialklausel berufen. Gemäß § 575a Abs. 2 BGB gilt die Sozialklausel jedoch entsprechend bei außerordentlicher Kündigung des befristeten Mietverhältnisses durch den Vermieter, jedoch längstens bis zum Ablauf des ursprünglich vereinbarten Beendigungszeitpunkts.

375 **Nicht anwendbar** ist die Sozialklausel bei zum **vorübergehenden Gebrauch** angemietetem Wohnraum (§ 549 Abs. 2 Nr. 1 BGB), möbliertem Wohnraum in der vom Vermieter selbst bewohnten Wohnung (§ 549 Abs. 2 Nr. 2 BGB), sowie bei Wohnraum, der von einer juristischen Person des öffentlichen Rechts zu bestimmten Zwecken angemietet und weiter überlassen ist (§ 549 Abs. 2 Nr. 3 BGB).

Sind **mehrere Mieter** Vertragspartei, reicht es, wenn die Härte nur einen Mieter betrifft. 376
Dieser Mieter kann auch allein Widerspruch gegen die Kündigung erheben; er muss aber die Fortsetzung des Mietverhältnisses mit allen Mietern verlangen.

b) Ordentliche Kündigung des Vermieters

Der Mieter kann sich nur bei **ordentlicher Kündigung** des Mietverhältnisses **durch den** 377
Vermieter gemäß §§ 573 ff. BGB auf die Sozialklausel berufen, nicht jedoch, wenn der Vermieter das Mietverhältnis gemäß §§ 543, 569 BGB aus wichtigem Grund gekündigt hat. Der Mieter kann sich auch dann nicht auf die Sozialklausel berufen, wenn der Vermieter trotz Vorliegens dieser außerordentlichen Kündigungsgründe das Mietverhältnis ordentlich und nicht fristlos gekündigt hatte, § 574 Abs. 1 S. 2 BGB. Ist der Vermieter zur **außerordentlichen Kündigung** des Mietverhältnisses **mit der gesetzlichen Frist** berechtigt (z.B. gemäß §§ 544, 563 Abs. 4, 564 BGB; § 57a ZVG), kann der Mieter dieser Kündigung jedoch gemäß §§ 574–574c BGB widersprechen.

Der Vermieter muss das Mietverhältnis **schriftlich** gekündigt haben (§ 568 Abs. 1 i.V.m. 378
§ 126 BGB), andernfalls ist die Kündigung gemäß § 125 S. 1 BGB nichtig. Gemäß § 573 Abs. 3 BGB **muss** der Vermieter in seinem Kündigungsschreiben die Kündigungsgründe angeben. Zugunsten des Vermieters werden bei der Interessenabwägung daher auch nur diejenigen Gründe berücksichtigt, die er in seinem Kündigungsschreiben genannt hatte, § 574 Abs. 3 BGB. Schließlich hat der Vermieter **den Mieter** rechtzeitig auf sein **Widerspruchsrecht** gemäß §§ 574–574b BGB **hinzuweisen,** § 568 Abs. 2 BGB.

Der Fortsetzungsanspruch des Mieters besteht nur im Falle der Vermieterkündigung. 379
Fällt die **Kündigung des Mieters** mit der des Vermieters zusammen, ist der Fortsetzungsanspruch des Mieters ebenfalls ausgeschlossen. Wenn objektiv ein Grund vorliegt, der eine außerordentliche Kündigung des Mietverhältnisses durch den Vermieter rechtfertigt (§ 574 Abs. 1 S. 2 i.V.m. §§ 543, 569 Abs. 2 und Abs. 3 BGB), der Vermieter das Mietverhältnis aber trotzdem ordentlich und nicht fristlos gekündigt hat ist § 574 BGB nicht anwendbar.

c) Härte für den Mieter

Der Widerspruch des Mieters ist nur dann **wirksam**, wenn die vertragsmäßige Beendi- 380
gung des Mietverhältnisses für den Mieter, seine Familie oder einen anderen Angehörigen seines Haushalts eine nicht zu rechtfertigende Härte bedeutet (§ 574 Abs. 1 S. 1 BGB).

aa) Geschützter Personenkreis

In den Schutzbereich des § 574 Abs. 1 S. 1 BGB sind neben dem Mieter und seiner **Fami-** 381
lie auch die anderen **Angehörigen seines Haushaltes** einbezogen; hierzu gehören unabhängig vom Grad der Verwandtschaft oder Schwägerschaft alle Personen, die dauerhaft im Haushalt des Mieters wohnen, wie z.B. Geschwister, Partner einer nichtehelichen Lebensgemeinschaft, Pflegekinder oder Kinder des Lebenspartners, Mitglieder einer Wohngemeinschaft etc. Dies gilt auch, wenn diese Personen als Untermieter in der Wohnung des Mieters leben (a.A. Franke ZMR 1993, 93). Der Aufenthalt darf aber nicht nur vorübergehend sein. Es reicht aus, wenn die Härte bei einem Familienmitglied des Mieters oder bei einer Mehrheit von Mietern bei einem dieser Mieter vorliegt. Die Fortsetzung des Mietverhältnisses muss jedoch für alle Mieter verlangt werden.

bb) Härte

382 Der unbestimmte Rechtsbegriff »Härte« wird in § 574 Abs. 2 BGB dahingehend konkretisiert, dass die Beendigung des Mietverhältnisses dann eine Härte für den Mieter darstellt, wenn ihm aus persönlichen und wirtschaftlichen Gründen die Beschaffung angemessenen Ersatzwohnraums zu zumutbaren Bedingungen nicht möglich ist; gleich gelagert ist der Fall, wenn dem Mieter, einem Familienmitglied oder einem anderen Angehörigen seines Haushaltes der Umzug in eine andere Wohnung nicht zuzumuten ist.

Die lediglich theoretische Möglichkeit des Eintritts von Nachteilen reicht nicht aus. Andererseits muss auch keine absolute Sicherheit gegeben sein. Erforderlich und ausreichend ist, dass die Nachteile mit einiger Wahrscheinlichkeit zu erwarten sind (LG Bochum ZMR 2007, 452 [454]). Nach § 574 Abs. 2 BGB liegt eine Härte auch dann vor, wenn angemessener Ersatzwohnraum zu zumutbaren Bedingungen nicht beschafft werden kann.

(1) Beschaffung angemessenen Ersatzraums

383 • **Härte** (im engeren Sinn): Die Beschaffung des Ersatzraumes darf für den Mieter nicht lediglich unbequem oder unangenehm sein. Auch die mit einem Wohnungswechsel zwangsläufig verbundenen Belastungen sind für den Mieter keine Härte i.S.d. § 574 Abs. 1 S. 1 BGB. Die mündliche Zusage des Vermieters ein langfristiges Mietverhältnis eingehen zu wollen begründet keine Härte.

384 • **angemessener Ersatzraum**: Angemessen bedeutet nicht gleichwertig; der Mieter ist jedoch nicht verpflichtet, gravierende Einschränkungen seines bisherigen Lebenszuschnitts hinzunehmen.

385 • **zumutbare Bedingungen:** Dem Mieter kann die Zahlung einer höheren Miete für die neue Wohnung bis zur Grenze der ortsüblichen Miete zugemutet werden, wenn diese für den Mieter unter Berücksichtigung des gesamten Familieneinkommens (ggf. auch unter Einbeziehung von Wohngeldzahlungen) tragbar ist (Franke ZMR 1993, 93). Bei der Zumutbarkeit der Lage der Wohnung für den Mieter, seine Familie und die anderen Angehörigen seines Haushalts ist die jeweilige Entfernung zu Arbeitsplatz, Schule, Kindergarten etc. zu berücksichtigen sowie zu der Wohnung anderer Personen, die zum Mieter seiner Familie und den anderen Angehörigen seines Haushalts durch die Beaufsichtigung von Kindern bei berufstätigen Eltern, Pflege von Familienangehörigen u.Ä. in enger Beziehung stehen.

386 • **Ersatzraumbeschaffungspflicht:** Sobald der Mieter von der Kündigung der Wohnung durch den Vermieter Kenntnis hat, ist er zur Suche einer Ersatzwohnung verpflichtet (OLG Köln ZMR 2004 33 (35), Gather DWW 1995, 5); geht der Mieter jedoch aus begründetem Anlass davon aus, dass der Vermieter kein berechtigtes Interesse an der Beendigung des Mietverhältnisses hat, oder kann er aufgrund besonderer Umstände (Härte) mit einer Fortsetzung des Mietverhältnisses rechnen, kann er die Fortsetzung des Mietverhältnisses auch dann verlangen, wenn er sich nicht nachhaltig um eine Ersatzwohnung bemüht hat.

387 • **erschwerte Umstände:** Die Beschaffung von Ersatzraum kann für den Mieter erschwert sein, wenn er die Wohnung mit seiner Großfamilie bewohnt oder viele Kinder hat, durch eine Schwerbehinderung oder aufgrund eigenem hohen Alter oder dem eines Familienmitglieds (LG Bonn NJW-RR 1990, 973).

(2) Sonstige Härtegründe

388 *Unabhängig davon, ob dem Mieter* Ersatzwohnraum zur Verfügung steht oder von ihm beschafft werden kann, kann für ihn der Umzug ggf. auch nur zeitweilig unzumutbar sein. Er kann in diesen Fällen auch dann die Fortsetzung des Mietverhältnisses verlangen, wenn durch die Einräumung einer gerichtlichen Räumungsfrist gemäß § 721 ZPO diese Härte beseitigt oder zumindest wesentlich gemildert würde; denn der Vermieter hat während der Räumungsfrist nur in eingeschränktem Maße seiner Erhaltungspflicht zu genügen, sodass der Mieter während der Räumungsfrist schlechter gestellt ist als bei Fortsetzung des Mietverhältnisses.

- **Verwurzelung:** Insbesondere bei älteren Mietern ist deren Verwurzelung in einem **389** bestimmten Haus oder einer Wohngegend zu berücksichtigen (LG Hamburg DWW 1991, 189 m.w.N.); auf eine Unterbringung in einem Altenheim muss sich der Mieter nicht verweisen lassen (OLG Karlsruhe NJW 1970, 1746). Dem betagten Mieter ist auch dann ein Umzug nicht zuzumuten, wenn er aufgrund seines Alters oder weil er allein lebt, nicht mehr in der Lage ist, sich auf eine neue Wohnsituation einzustellen (AG Mühldorf ZMR 1999, 562). Hohes Alter oder eine enge Beziehung zur Umgebung allein reichen für einen Härtefall nicht aus. Begründen einzelne Umstände für sich allein genommen keine soziale Härte, können sie aber in ihrer Gesamtheit eine solche begründen (LG Essen ZMR 1999, 713); so auch wenn zur Verwurzelung mit der Umgebung aufgrund langer Mietdauer und hohen Alters eine schwere Erkrankung hinzukommt und die mit dem Umzug verbundenen physischen und psychischen Belastungen einen erheblichen negativen Einfluss haben würden (BGH NZM 2005, 143).
- **Schwangerschaft, Entbindung:** Das Mietverhältnis kann für angemessene Zeit nach **390** der Entbindung fortgesetzt werden.
- **Krankheit** kann einen Umzug unzumutbar machen. Bei Blindheit ist auch die **391** Gewöhnung an die bisherige häusliche Umgebung zu berücksichtigen (AG Witten ZMR 2007, 44 und LG Bochum ZMR 2007, 452).
- **Prüfung:** Während der Vorbereitung auf eine Prüfung, während des Ablegens einer **392** Prüfung (Franke ZMR 1993, 93) und in dem Fall, dass durch den Umzug ein Schulwechsel kurz vor Schulabschluss erforderlich ist, ist ein Umzug ebenfalls unzumutbar.
- **Zwischenumzug:** Wird der Mieter ohnehin in absehbarer Zeit aus der Wohnung aus- **393** ziehen, z.B. um in eine im Bau befindliche oder demnächst frei werdende Eigentumswohnung zu ziehen oder wegen eines bevorstehenden Wohnortwechsels, bedeutet ein doppelter Umzug in kurzer Zeit (sog. Zwangs- oder Zweitumzug) eine ungerechtfertigte Härte für ihn (Gather DWW 1995, 5).
- **Verwendungen auf die Mietsache:** Kündigt der Vermieter das Mietverhältnis nach **394** kurzer Mietzeit, ist dem Mieter ein Umzug nicht zumutbar, wenn er im Vertrauen auf eine längere Vertragsdauer und im Einvernehmen mit dem Vermieter erhebliche Aufwendungen für eine unrenoviert übernommene Wohnung erbracht hatte (LG Kiel WuM 1992, 690) und er einen erheblichen Teil seiner Aufwendungen nicht ersetzt verlangen kann, oder wenn er dem Vermieter ein Mieterdarlehen gewährt hatte (Graba WuM 1970, 129).

(3) Keine unzumutbare Härte

Nicht zu berücksichtigen sind Instandsetzungsaufwendungen und ähnliche Leistungen **395** des Mieters, wenn sie mittlerweile abgewohnt sind (LG Düsseldorf WuM 1971, 98), die mit einem Umzug zwangsläufig verbundenen Nachteile (LG Berlin ZMR 1989, 425), Mitgliedschaft in örtlichen Vereinen, in Wohnungsnähe ansässiger Freundes- und Bekanntenkreis (LG Mannheim DWW 1993, 610), Einnahmequelle durch Untervermietung (BayObLG NJW 1970, 1749), Examensbelastung bei Studentenwohnheim (AG Gießen NJW-RR 1990, 653), sportliche Ambitionen (LG Bonn WuM 1992, 610), Schulwechsel des Kindes (LG Hamburg NJW-RR 1991, 1355).

396 Lange oder kurze Mietdauer, die erschwerte Möglichkeit, eine Ersatzwohnung zu finden, in der bestimmten Hobbys nachgegangen werden kann, ein unbestimmtes Versprechen einer längeren Mietdauer, durch das ein Vertrauenstatbestand nicht geschaffen wurde (OLG Karlsruhe NJW 1971, 1182), stellen allein ebenfalls keine ungerechtfertigte Härte für den Mieter dar; vielmehr müssen in diesen Fällen weitere Umstände hinzutreten, die die Beschaffung von Ersatzraum unzumutbar erschweren.

397 Stellt die Beendigung des Mietverhältnisses für den Untermieter eine gemäß § 574 BGB zu berücksichtigende Härte dar, kann sich der (Haupt-)Mieter dem (Haupt-)Vermieter gegenüber darauf nicht berufen, weil zwischen dem Untermieter und dem (Haupt-)Vermieter keinerlei Rechtsbeziehungen bestehen; ein anderes gilt nur, wenn der Untermieter zur Familie des Mieters gehört.

d) Entgegenstehendes berechtigtes Interesse des Vermieters

398 Ist das Fortsetzungsverlangen des Mieters begründet und kommt es zu keiner außergerichtlichen Einigung der Parteien, kann das Gericht auf die Räumungsklage des Vermieters oder die Klage des Mieters auf Fortsetzung des Mietverhältnisses, die Fortsetzung des Mietverhältnisses nur aussprechen, wenn kein berechtigtes Interesse des Vermieters entgegensteht, § 574 Abs. 1 S. 1 i.V.m. § 573 Abs. 1 und Abs. 2 BGB oder das Interesse des Mieters überwiegt.

399 Der Vermieter hat ein **berechtigtes Interesse** an der Beendigung des Mietverhältnisses, wenn der Mieter seine vertraglichen Pflichten schuldhaft nicht unerheblich verletzt (§ 573 Abs. 2 Nr. 1 BGB), er Eigenbedarf an der Wohnung hat, weil die Wohnung durch nahe Verwandte, Angehörige seines Haushalts oder Arbeitnehmer des Vermieters genutzt werden soll (§ 573 Abs. 2 Nr. 2 BGB), wenn der Vermieter durch die Fortsetzung des Mietverhältnisses an einer angemessenen wirtschaftlichen Verwertung des Grundstücks gehindert wird, z.B. zur Verbesserung seiner Verhandlungsposition bei Verkaufsverhandlungen, die durch einen bestehenden Mietvertrag beeinträchtigt wird (§ 573 Abs. 2 Nr. 3 BGB; OLG Karlsruhe ZMR 1971, 221). Ein berechtigtes Interesse an der Kündigung ist ebenfalls gegeben bei Erfüllung öffentlicher Interessen durch eine Gemeinde, die den Wohnraum anderweitig benötigt (BayObLG NJW 1972, 685; Kohler-Gehrig ZMR 1999, 672), bei unverschuldeten persönlichen Spannungen zwischen dem Vermieter und dem Mieter, insbesondere bei Streit mit dem Mieter oder einem seiner Familienangehörigen, Zerrüttung des Mietverhältnisses im vom Vermieter selbst bewohnten Zweifamilienhaus (AG Alsfeld NJW-RR 1992, 339).

e) Interessenabwägung

400 aa) Im Rahmen der Interessenabwägung sind die Interessen von Mieter und Vermieter als **gleichwertig** anzusehen; allerdings müssen hier die Sonderregelungen des §§ 576a Abs. 1, 576b Abs. 1 BGB beachtet werden. Besteht auf beiden Seiten eine ähnliche Interessenlage, kann gemäß Art. 14 Abs. 1 S. 1 GG dem Eigenbedarfsanspruch des Vermieters als Eigentümer größeres Gewicht beigemessen werden; das Besitzschutzrecht des Mieters gemäß Art. 14 Abs. 1 S. 1 GG ist bereits durch §§ 573 Abs. 1, 574 Abs. 1 BGB gewährleistet (vgl. BVerfG ZMR 1999, 531). Das Gericht darf bei der Interessenabwägung nicht in unzulässiger Weise in die Lebensplanung der Parteien eingreifen (vgl. BVerfG NJW-RR 1993, 1358). Die Interessen Dritter bleiben im Rahmen der Interessenabwägung außer Betracht (BayObLG NJW 1972, 685), soweit diese Dritten nicht Familienangehörige des Mieters sind (LG Koblenz NJW-RR 1991, 1165), dessen Haushalt angehören oder gemäß § 576a Abs. 1 BGB bei der Kündigung von Werkwohnungen die Interessen des Dienstberechtigten/Arbeitgebers zu berücksichtigen sind.

bb) **Nicht zu berücksichtigen** ist, dass dem Mieter eine Räumungsfrist (§ 721 ZPO) eingeräumt worden ist oder werden kann (OLG Stuttgart NJW 1969, 240; OLG Oldenburg ZMR 1970, 329), weil § 574 Abs. 1 BGB allein auf die vertragsgemäße Beendigung abstellt, dass der Vermieter die Wohnung einem anderen Mieter (ohne rechtliche Bindung) zugesagt hat und der widersprechende Mieter selbst einen Wohnungswechsel erstrebt (OLG Karlsruhe NJW 1970, 1746). **401**

cc) Gemäß § 574 Abs. 3 BGB werden **zugunsten des Vermieters** nur diejenigen Gründe berücksichtigt, die der Vermieter **im Kündigungsschreiben genannt** hatte (vgl. auch § 568 Abs. 2 BGB), es sei denn, die Umstände, die ein berechtigtes Interesse des Vermieters an der Beendigung des Mietverhältnisses begründen, sind erst nach der Kündigung entstanden, d.h. tatsächlich eingetreten. Auf die tatsächliche Kenntnis oder auch schuldlose Unkenntnis des Vermieters von den zur Kündigung berechtigenden Umständen kommt es nicht an; erfährt der Vermieter von diesen Gründen erst nach der Kündigung, kann er sich nur bei einer erneuten Kündigung auf diese Gründe berufen. Dies gilt gemäß § 573 Abs. 3 BGB auch, wenn der Vermieter ein Mietverhältnis über eine Wohnung in einem von ihm selbst bewohnten Gebäude kündigt (§ 573a Abs. 1 und 2 BGB; OLG Hamm WuM 1992, 230 m.w.N.). Bei mehraktigen oder zusammenhängenden Umständen kommt es i.d.R. auf den abschließenden Vorgang an. Der Vermieter trägt die Beweislast dafür, dass die Kündigungsgründe, auf die er sich nachträglich beruft, auch erst nach Kündigung des Mietverhältnisses entstanden sind. **402**

f) Form und Frist des Widerspruchs

Widerspricht der Mieter der Kündigung des Mietverhältnisses nicht oder versäumt er die Widerspruchsfrist und beruft sich der Vermieter auf den Fristablauf, wird das Mietverhältnis durch die Kündigung des Vermieters auch bei Vorliegen der sonstigen Voraussetzungen der §§ 574–574b BGB beendet. **403**

aa) Schriftform

Der Widerspruch des Mieters und das damit verbundene Verlangen nach Fortsetzung des Mietverhältnisses ist eine einheitliche und einseitig empfangsbedürftige Willenserklärung (§ 130 BGB). Der Mieter muss der Kündigung **schriftlich** widersprechen (§ 574b Abs. 1 i.V.m. § 126 Abs. 1 und 3 BGB), andernfalls ist der Widerspruch nichtig (§ 125 S. 1 BGB). Der Mieter muss daher den Kündigungswiderspruch zumindest selbst unterzeichnen (§ 126 Abs. 1 BGB). Bei einer Mehrheit von Mietern müssen sämtliche Mitmieter den Kündigungswiderspruch unterschreiben, denn der Mietvertrag kann nur einheitlich für alle Mieter verlängert oder umgestaltet werden. **404**

Das Widerspruchsschreiben muss die Worte »**Widerspruch**« oder »**Fortsetzung des Mietverhältnisses**« nicht ausdrücklich enthalten; der Mieter muss auch die Dauer der von ihm begehrten Verlängerung des Mietverhältnisses nicht nennen. Für die Wirksamkeit des Widerspruchs genügt der dem Schreiben zu entnehmende Wille des Mieters, das Mietverhältnis fortzusetzen und nicht lediglich einen Räumungsaufschub zu erwirken (§ 133 BGB). **405**

Die **Auskunft über die Gründe** für Widerspruch und Fortsetzungsverlangen auf Verlangen des Vermieters gemäß § 574b Abs. 1 S. 2 BGB ist eine Obliegenheit und keine Pflicht des Mieters (»soll«). Das Schriftformerfordernis des § 574b Abs. 1 BGB gilt nur für den Widerspruch selbst, nicht jedoch für die Mitteilung der Gründe des Widerspruchs. Die Angabe der Gründe für die Fortsetzung des Mietverhältnisses ist stets zu empfehlen, denn eine Verletzung dieser Obliegenheit des Mieters kann auch bei Fortsetzung des Mietverhältnisses eine Kostenentscheidung zulasten des Mieters begründen (§ 93b Abs. 2 ZPO). **406**

bb) Widerspruchsfrist

407 Der Mieter muss unabhängig von der Länge der Kündigungsfrist des bis spätestens **zwei Monate vor Beendigung des Mietverhältnisses** widersprechen, § 574b Abs. 2 S. 1 BGB. Kündigt der Vermieter das Mietverhältnis also zum 31.12. ist Fristende der 31.10., 24 Uhr. Spätestens an diesem Tag muss das Widerspruchsschreiben dem Vermieter zugehen (§ 130 BGB).

408 Hat der Vermieter den Mieter jedoch nicht, falsch oder nicht rechtzeitig vor Ablauf der Widerspruchsfrist auf sein Widerspruchsrecht gemäß §§ 574–574b BGB hingewiesen (§ 568 Abs. 2 BGB), gilt die bis zum Schluss des ersten Termins des Räumungsrechtsstreits (§ 220 ZPO) **verlängerte Frist des § 574b Abs. 2 S. 2 BGB,** d.h. der Mieter kann den Widerspruch gegen die Kündigung noch im ersten Termin des Räumungsrechtsstreits erklären. Der Vermieter hat den Hinweis **rechtzeitig** vor Ablauf der Widerspruchsfrist gemäß § 574b Abs. 2 BGB erteilt, wenn der Mieter eine **angemessene Überlegungsfrist** hat, um in dieser Zeit den Widerspruch abzufassen und dem Vermieter gemäß § 130 BGB fristgerecht zuzuleiten.

409 Die Frist des § 574b Abs. 2 BGB ist keine Ausschlussfrist – dies ergibt sich aus dem Wortlaut von § 574b Abs. 2 S. 1 BGB »… kann die Fortsetzung … ablehnen …« –, sodass eine Fristversäumnis des Mieters nur **auf Einrede des Vermieters** zu beachten ist. Der Mieter kann bei Versäumnis der Frist eine Wiedereinsetzung in den vorigen Stand nicht verlangen (Riecke in Elzer/Riecke Mietrechtskommentar, 1. Aufl. 2009, § 574b Rn. 5).

410 Ein wirksamer Widerspruch des Mieters verhindert die Beendigung des Mietverhältnisses nur dann, wenn das Mietverhältnis aufgrund des Widerspruchs durch Vereinbarung zwischen den Vertragsparteien oder mittels Urteils fortgesetzt wird. Bis zur Fortsetzung des Mietverhältnisses ist die **Kündigung schwebend unwirksam;** wird das Mietverhältnis jedoch nicht fortgesetzt, ist es durch die (wirksame) Kündigung zu dem vertragsgemäßen Kündigungszeitpunkt beendet worden.

2. Fortsetzung des Mietverhältnisses

411 Aufgrund des Widerspruchs des Mieters wird das Mietverhältnis trotz der Kündigung nicht beendet; der Widerspruch hat keine rechtsgestaltende Wirkung und führt nicht zur Unwirksamkeit der Kündigung. In der Zeit bis zur Entscheidung über das Fortsetzungsbegehren des Mieters sind beide Vertragsparteien weiterhin zur Erfüllung ihrer vertraglichen Obliegenheiten verpflichtet. Wird das Mietverhältnis weder durch eine Einigung der Parteien noch durch ein Urteil fortgesetzt, gilt es als zum Kündigungstermin beendet. Durch eine Fortsetzung des Mietverhältnisses – sei es auf bestimmte oder auf unbestimmte Zeit – wird kein neues Mietverhältnis begründet, sondern das **ursprüngliche Mietverhältnis,** ggf. zu veränderten Bedingungen, ohne Unterbrechung **fortgesetzt.**

a) Verlängerung des Mietverhältnisses auf bestimmte Zeit

412 Grundsätzlich ist das Mietverhältnis auf bestimmte Zeit zu verlängern (§ 574a Abs. 1 BGB), entweder durch Vertrag oder durch Urteil. Das Mietverhältnis darf nur für den **Zeitraum** verlängert werden, **für den** (zunächst voraussichtlich) **die Härte begründenden Umstände bestehen.** Bei der Prognose reicht die überwiegende Wahrscheinlichkeit, dass der Härtegrund in der Verlängerungszeit wegfällt.

413 Da es sich nur um eine Übergangsregelung handelt, ist das Mietverhältnis im Allgemeinen nicht für die Dauer von mehr als drei Jahren zu verlängern; ein Mindestzeitraum ist nicht vorgeschrieben, weniger als sechs Monate sind jedoch wohl selten sinnvoll. Bei der

Bemessung der Verlängerung bleibt eine mögliche Räumungsfrist (§ 721 ZPO) unberücksichtigt. Während dieser Verlängerung ist eine ordentliche oder außerordentliche befristete Kündigung des Mietverhältnisses für beide Seiten ausgeschlossen.

Gemäß § 550 BGB bedarf die rechtsgeschäftliche Verlängerung des Mietverhältnisses **414**
über ein Jahr der Schriftform (PWW/Riecke § 574a Rn. 5).

b) Weitere Fortsetzung des auf bestimmte Zeit verlängerten Mietverhältnisses

Eine erneute Verlängerung dieses bereits verlängerten Mietverhältnisses nach § 574c BGB **415**
kommt nur in Betracht, wenn eine **wesentliche Änderung derjenigen Umstände** eingetreten ist, die für dessen Verlängerung und die Dauer der Verlängerung bestimmend waren; es genügt, wenn diese Umstände bei der Vereinbarung bzw. Bewilligung der Verlängerung vorlagen, aber nicht ausdrücklich berücksichtigt wurden. Eine unwesentliche Änderung dieser Umstände reicht nicht aus. Bei der neuen Interessenabwägung sind die **gesamten neuen Verhältnisse**, auch diejenigen, die im Interesse des Vermieters liegen, zu berücksichtigen.

Entsprechendes gilt, wenn **bestimmte Umstände**, deren Eintritt erwartet wurde und für **416**
die Dauer der Verlängerung bestimmend war, schließlich **nicht eingetreten sind**. Dabei ist unerheblich, ob die Änderung der Umstände auf Seiten des Mieters oder des Vermieters eingetreten sind. Andere Umstände dürfen hierbei nicht berücksichtigt werden.

Der Mieter kann sich auf die geänderten oder nicht eingetretenen Umstände nicht beru- **417**
fen, wenn er deren **Eintritt bzw. Ausbleiben treuwidrig herbeigeführt** hat (§ 242 BGB), z.B. wenn er keine hinreichenden Anstrengungen zur Beseitigung des Härtegrundes unternommen hat, wie die Suche nach Ersatzwohnraum.

§ 574c Abs. 1 BGB gilt aber nur, wenn das Mietverhältnis durch Einigung der Parteien **418**
(§ 574a Abs. 1 BGB) oder durch Urteil auf bestimmte Zeit (§ 574a Abs. 2 BGB) verlängert worden war. War das Mietverhältnis aufgrund anderer Umstände fortgesetzt worden (z.B. durch stillschweigende Verlängerung gemäß § 545 BGB), gilt § 574 BGB unmittelbar.

c) Fortsetzung des Mietverhältnisses auf unbestimmte Zeit

Ist von vornherein ungewiss, wann die Härte wegfallen wird, kann das Mietverhältnis **419**
ausnahmsweise auf unbestimmte Zeit verlängert werden (§ 574a Abs. 2 S. 2 BGB). In dieser Zeit kann der Vermieter das Mietverhältnis jederzeit erneut kündigen, § 574c Abs. 2 S. 1 BGB; der Mieter kann jedoch auch dieser erneuten Kündigung gemäß § 574c Abs. 2 i.V.m. §§ 574 ff. BGB widersprechen. Haben sich die für die Fortsetzung des Mietverhältnisses maßgeblichen Umstände geändert, kann das Mietverhältnis nur fortgesetzt werden, wenn die erneute Kündigung ebenfalls eine Härte für den Mieter oder seine Familie bedeuten würde (§ 574c Abs. 2 S. 2 BGB).

Eine Verlängerung des Mietverhältnisses auf unbestimmte Zeit kommt insbesondere **420**
dann in Betracht, wenn Ersatzwohnraum fehlt (OLG Stuttgart NJW 1969, 1070); der Mieter kann dann, sobald er passenden Ersatzraum gefunden hat, das Mietverhältnis seinerseits kündigen. Hat der Mieter jedoch selbst den Wohnraumwechsel angestrebt, ohne dass ihm eine Ersatzwohnung zur Verfügung steht, ist eine Verlängerung des Mietverhältnisses auf unbestimmte Zeit nicht möglich (OLG Karlsruhe NJW 1970, 1746). Eine Verlängerung des Mietverhältnisses auf Lebenszeit des Mieters ist nicht möglich (LG Lübeck WuM 1994, 22 m.w.N.).

421 aa) War das Mietverhältnis durch **Urteil** auf unbestimmte Zeit verlängert worden, kann der Mieter nur unter den Voraussetzungen des § 574c Abs. 2 BGB die weitere Fortsetzung des Mietverhältnisses verlangen.

422 Sind die **Umstände**, die für die Fortsetzung des Mietverhältnisses entscheidend waren, **unverändert**, nur unerheblich verändert oder kann der Vermieter eine wesentliche Veränderung dieser Umstände nicht beweisen, **bleibt** das Mietverhältnis weiter auf **unbestimmte Zeit fortgesetzt.** Eine neue Interessenabwägung findet nicht statt. Entscheidungserheblich sind dabei nur die Umstände, die für die Fortsetzung des Mietverhältnisses maßgeblich waren; der Mieter muss lediglich behaupten, die Umstände seien unverändert, die Beweislast für die Veränderung trägt der Vermieter. Das Mietverhältnis besteht unverändert weiter; eine Anpassung ist grundsätzlich nicht möglich.

423 Kann der Vermieter jedoch die erheblich veränderten Umstände (§ 574c Abs. 2 S. 2 BGB) beweisen – er trägt auch die Beweislast für die Veränderung von Umständen aus dem Bereich des Mieters (Pergande NJW 1968, 130) –, findet eine völlig neue Interessenabwägung gemäß § 574 BGB statt. Das Mietverhältnis kann dann aber erneut auf bestimmte oder unbestimmte Zeit fortgesetzt werden, auch unter Abänderung des Mietvertrags.

424 bb) Ist das Mietverhältnis aufgrund einer **Einigung** fortgesetzt worden, so muss sich der Mieter bei einer neuen Kündigung durch den Vermieter direkt auf § 574 BGB berufen. Ein erneuter ausdrücklicher Widerspruch des Mieters gegen die Kündigung ist für eine weitere Fortsetzung stets notwendig; Form und Frist des Widerspruchs bestimmt § 574b BGB, insbesondere muss der Vermieter den Mieter erneut auf sein Widerspruchsrecht hinweisen. Die erleichterte Fortsetzung des Mietverhältnisses bei unveränderten Verhältnissen wie gemäß § 574c Abs. 2 S. 1 BGB ist hier nicht möglich.

425 Wurde das Mietverhältnis auf unbestimmte Zeit fortgesetzt, kann es vom Vermieter jederzeit erneut fristgemäß gemäß § 573 i.V.m. § 573c BGB gekündigt werden.

d) Vertragsänderung

426 Eine Änderung der bisherigen Vertragsbedingungen kann nur der Vermieter verlangen. Ob für ihn die Fortsetzung des Mietverhältnisses zu den bisherigen Bedingungen unzumutbar ist, wird durch eine Abwägung der gegenseitigen Interessen ermittelt. Dabei wird nicht nur die vertragliche Miete mit der ortsüblichen Miete verglichen sondern auch geprüft, ob unter Berücksichtigung der vertraglichen Pflichten und des Verhaltens der Parteien das vertragliche Gleichgewicht gestört ist. So kann der Vermieter auch eine teilweise Räumung der Mietsache verlangen.

427 Jede einzelne Regelung des Mietvertrags kann durch **Einigung** zwischen den Parteien oder durch **Urteil** geändert werden (vgl. Gather DWW 1995, 5), wenn dies durch die Interessenabwägung geboten ist. Eine Einigung der Vertragsparteien über die Fortsetzung des Mietverhältnisses auf bestimmte oder unbestimmte Zeit und über eine Vertragsänderung geht zu jedem Zeitpunkt einer gerichtlichen Entscheidung vor. Die Vertragsänderung ist angemessen, wenn eine Anpassung der Miete an die ortsübliche Vergleichsmiete vorgenommen wird.

3. Prozessuales

a) Klageantrag

428 Hat der Vermieter den Mieter auf künftige Räumung verklagt, genügt es um seinen Anspruch auf Fortsetzung des Mietverhältnisses geltend zu machen, wenn der Mieter diejenigen Tatsachen vorträgt, in denen der Grund für die Härte, die die Beendigung des

Mietverhältnisses für ihn bedeutet, liegt. Eine Widerklage, mit der die Fortsetzung des Mietverhältnisses beantragt wird oder ein Gegenantrag auf Klageabweisung sind gemäß § 308a ZPO nicht erforderlich. Das Gericht muss mit der Abweisung der Räumungsklage zugleich die Verlängerung des ggf. veränderten Mietverhältnisses aussprechen. Dies gilt auch, wenn das Mietverhältnis auf unbestimmte Zeit verlängert werden soll, denn § 308a ZPO deckt seinem Regelungszweck nach auch die Verlängerung des Mietverhältnisses auf unbestimmte Dauer. Eine Verlängerung des Mietverhältnisses auf bestimmte Dauer würde ohne bestimmten Antrag u.U. eine teilweise Ablehnung des Fortsetzungsbegehrens des Mieters darstellen. Der Mieter kann seinerseits auf Fortsetzung des Mietverhältnisses klagen (Gestaltungsklage), gegen die der Vermieter wiederum Widerklage auf Räumung erheben kann.

b) Beweislast

Der Mieter trägt die Beweislast für diejenigen Umstände, die sein Interesse an der Fortsetzung des Mietverhältnisses begründen, der Vermieter für die Kündigungsgründe, die ggf. auch eine außerordentliche fristlose Kündigung rechtfertigen würden, § 574 Abs. 1 S. 2 BGB, sowie für die sein Interesse an der Beendigung des Mietverhältnisses begründenden Tatsachen. **429**

c) Urteil

Entscheidungserheblich sind diejenigen **Tatsachen,** die zum **Zeitpunkt der letzten mündlichen Verhandlung** vorliegen (§ 296a ZPO; LG Wiesbaden WuM 1988, 269) und von den Parteien durch Angabe konkreter Tatsachen (OLG Hamm WuM 1992, 230 m.w.N.) vorgetragen werden. Wird auf Räumung erkannt und hat der Mieter nicht Widerklage auf Fortsetzung des Mietverhältnisses erhoben, wird in dem der Klage stattgebenden Urteil der Fortsetzungsanspruch des Mieters nur in den Entscheidungsgründen verneint. Wird die Räumungsklage des Vermieters abgewiesen, so muss (auch ohne Widerklage des Mieters, § 308a ZPO) in demselben (Gestaltungs-)Urteil in der Urteilsformel die Fortsetzung des Mietverhältnisses und ggf. Umfang und Zeitpunkt der Vertragsänderung ausgesprochen werden. Im Räumungsurteil kann das Gericht dem Mieter auch eine Räumungsfrist von bis zu einem Jahr einräumen (vgl. § 721 Abs. 5 ZPO). **430**

Gemäß § 721 Abs. 7 ZPO darf das Gericht bei der Beendigung von Mietverhältnissen über Wohnraum, der für öffentlichen Bedarf angemietet ist (§ 549 Abs. 2 Nr. 3 BGB) sowie bei gemäß § 575 BGB befristeten Mietverhältnissen keine Räumungsfrist gewähren.

Bei **Säumnis** des Mieters – als Beklagtem – gilt § 331 ZPO, d.h. bei Zulässigkeit und Schlüssigkeit der Klage ist Versäumnisurteil zu erlassen. Trägt der Vermieter jedoch Tatsachen vor, aus denen sich ergibt, dass der Mieter die Fortsetzung des Mietvertrages verlangen könnte, muss das Gericht dies berücksichtigen und ggf. die Verlängerung des Mietverhältnisses aussprechen. Das Gericht darf allerdings nicht von Amts wegen solche Tatsachen ermitteln, denn § 308a ZPO beseitigt nicht den Verhandlungsgrundsatz zugunsten des Untersuchungsgrundsatzes (Hoffmann MDR 1965, 170). **431**

d) Kosten

Die Kostentragung bei Räumungsprozessen wird in **§ 93b ZPO** geregelt; zu beachten ist hier, dass die rechtzeitige Angabe der Gründe für den Widerspruch durch den Mieter gemäß § 574b Abs. 1 BGB oder das sofortige Anerkenntnis des Räumungsanspruchs zu einer für den Mieter günstigen Kostenentscheidung führen kann (§ 93b Abs. 3 ZPO), die unterlassene oder verspätete Angabe dieser Gründe zu einer für den Mieter nachteiligen (vgl. § 93b Abs. 2 ZPO). **432**

e) Rechtsmittel

433 Gegen das erstinstanzliche Urteil ist in der Hauptsache Berufung einzulegen (§§ 511, 308a ZPO); die Bestimmung einer Räumungsfrist ist selbstständig mit der sofortigen Beschwerde anfechtbar (§ 721 Abs. 6 ZPO), ebenso die Kostenentscheidung zulasten des Vermieters gemäß § 93b Abs. 3 ZPO nach einem sofortigen Anerkenntnis durch den Mieter (§ 99 Abs. 2 ZPO). Berufungsurteil und Beschwerdeentscheidung des LG sind unanfechtbar (§§ 545 Abs. 1, 721 Abs. 6 ZPO). Da die Interessenabwägung im Rahmen der Prüfung der §§ 574–574b BGB i.d.R. zu einer Einzelfallentscheidung führt, ist ein Rechtsentscheid nicht zulässig (BayObLG WuM 1984, 9).

f) Rechtskraft

434 Die Gestaltungswirkung des Urteils auf Fortsetzung des Mietverhältnisses und Vertragsänderung tritt erst mit formeller Rechtskraft ein (§ 705 ZPO), dann aber **rückwirkend auf den Zeitpunkt der Vertragsfortsetzung bzw. -änderung**. Die Obdachlosenbehörde ist an das zivilrechtliche Räumungsurteil nicht gebunden; sie kann den Mieter auch ohne Fortsetzung des Mietverhältnisses wieder in die Wohnung einweisen (Ewer/v. Detten NJW 1995, 353).

g) Vollstreckung

435 Das Räumungsurteil kann nicht vor Ablauf der Räumungsfrist gemäß §§ 721, 751 Abs. 1 ZPO vollstreckt werden.

VI. Mietaufhebungsvertrag

1. Grundsätzliches

436 Einvernehmlich können die Parteien ein bestehendes Mietverhältnis zu jedem beliebigen Zeitpunkt durch Aufhebungsvertrag beenden. Dieser Vertrag ist gesetzlich nicht geregelt, aber entsprechend § 311 Abs. 1 BGB möglich bei allen Mietverhältnissen, gleich ob sie befristet oder unbefristet sind. Der Mietaufhebungsvertrag als Alternativlösung gegenüber einem längeren und teueren Räumungsrechtstreit sollte durch den Anwalt mit dem Mandanten besprochen werden. Je nach Interessenlage kann durch eine derartige Vereinbarung unter Einbeziehung der Abwicklungsmodalitäten eine allumfassende, wirtschaftliche Lösung erzielt werden. Sofern beide Parteien durch Rechtsanwälte vertreten sind kann zur Meidung einer gerichtlichen Auseinandersetzung und im Sinne einer Gesamtlösung ein Anwaltsvergleich abgeschlossen werden (§ 796a ZPO). Bei Wohnraummietverhältnissen gilt es aber zu beachten, dass eine Vollstreckbarkeitserklärung des Anwaltvergleiches nicht in Betracht kommt, wenn der Vergleich den Bestand des Mietverhältnisses betrifft (§ 796a ZPO).

437 Die Interessenlage des Vermieters ist häufig:

- frühzeitige Planungssicherheit über den Zeitpunkt der Vertragsbeendigung,
- Wahrscheinlichkeit der fristgerechten Räumung und Herausgabe steigt,
- Minimierung bzw. Vermeidung eines Mietausfalls.

438 Die Interessenlage des Mieters ist häufig:

- günstigere Abwicklungsmodalitäten,
- Vermeidung einer doppelten Mietzahlung,
- flexiblere Beendigungsregelung

2. Einigung

Die Parteien müssen sich nach den allgemeinen Vorschriften (§§ 145 ff. und 305 ff. BGB) darüber einigen, das Mietverhältnis vorzeitig aufzuheben (Vertragsschluss). Bei Personenmehrheiten müssen sich alle Vermieter und alle Mieter über die Aufhebung des Mietverhältnisses einig sein. Treffen nur zwei von drei Mietern eine Mietaufhebungsvereinbarung mit dem Vermieter, so liegt keine wirksame Vereinbarung vor (LG München I WuM 1990, 335). Haben Ehegatten den Mietvertrag gemeinsam abgeschlossen, kann einer von Ihnen nur mit Zustimmung des anderen und des Vermieters aus dem Mietvertrag ausscheiden. Dies gilt selbst dann, wenn die Eheleute getrennt leben (BayObLG WuM 1983, 107). Im Einzelfall kann sich aus der Vereinbarung, die der Vermieter nur mit einem Mitmieter getroffen hat nach Treu und Glauben (§ 242 BGB) ergeben, dass das Mietverhältnis fortan nur noch mit dem in der Wohnung Verbliebenen fortgesetzt wird (BGH ZMR 2004, 492). Die Einigung mit einer Personenmehrheit kann durch Stellvertreter (§§ 164 ff. BGB) erleichtert werden, wobei aber die Vertretungsmacht zu prüfen ist. 439

Der Vertragsschluss erfolgt regelmäßig durch schriftliches Angebot (§ 145 BGB) und Annahme binnen der Annahmefrist (§ 147 Abs. 2 BGB), die zur Vermeidung von Unklarheiten kalendermäßig bestimmt werden sollte. Eine Annahmeerklärung nach zwei Monaten ist regelmäßig verspätet i.S.v. § 147 BGB (LG Berlin ZMR 1998, 776). 440

Die Parteien können sich auch durch schlüssiges Verhalten einigen. Hierfür sind ebenfalls übereinstimmende Willenserklärungen der Parteien erforderlich, aus denen sich jeweils der Wille zur einvernehmlichen Beendigung des Mietverhältnisses eindeutig ergeben muss. Daran stellt die Rechtsprechung hohe Anforderungen. Eine unwirksame Kündigung kann in den meisten Fällen nicht in ein Angebot auf Abschluss eines Aufhebungsvertrags umgedeutet werden. Eine Umdeutung erfordert, dass sich der Kündigende bewusst ist, dass seine Kündigung als einseitige Erklärung nicht wirksam werden könnte und er für die Vertragsbeendigung gewissermaßen hilfsweise der Zustimmung der anderen Partei bedürfe (BGH NJW 1981, 44). Die Annahme kann unter Verzicht auf den Zugang der Annahmeerklärung bei der anderen Partei gemäß § 151 Abs. 2 BGB erfolgen. Bloßes Schweigen reicht meist nicht für eine Annahme aus, sondern bedarf einer Willensbetätigung nach außen. Dies gilt selbst bei Kaufleuten (vgl. BGH a.a.O.). 441

Bei im Zorn abgegebenen Erklärungen kann es am Rechtsbindungswillen zur Auflösung des Mietverhältnisses fehlen (LG Köln WuM 2001, 604). Auch die Androhung der Kündigung durch den Vermieter ist kein Angebot zum Abschluss eines Mietaufhebungsvertrags (OLG Naumburg WuM 1998, 283). Fordert aber der Vermieter den Mieter mehrfach zur Räumung der angemieteten Geschäftsräume bis zu einem bestimmten Termin auf, kann der Mieter dieses Angebot durch fristgemäßen Auszug annehmen (LG Braunschweig WuM 1983, 138). Kommt es nach wechselseitiger unwirksamer Kündigung zur einvernehmlichen Rückgabe der Mieträume, so kann darin eine schlüssige Mietaufhebungsvereinbarung gesehen werden (KG Berlin GE 1999, 44). Räumt der Mieter die Mietsache infolge einer irrtümlich für wirksam gehaltenen Kündigung, fehlt es an dessen Willen zur Mietaufhebung. Das gilt erst recht, wenn der Mieter beim Auszug die Wirksamkeit der Kündigung rügt (vgl. BGH ZMR 1963, 274). 442

Die Neuvermietung einer vom zwischenzeitlich ausgezogenen Mieter unwirksam gekündigten Wohnung durch den Vermieter, muss keine Annahme eines Angebots zur Vertragsaufhebung sein; vielmehr kommt es darauf an, ob der Vermieter ebenfalls die Beendigung des Mietverhältnisses oder lediglich Schadensminderung bezweckt (LG München I NJWE-MietR 1997, 25). Übergibt der Mieter das gesamte Mietobjekt mit Zustimmung des Vermieters an einen Nachfolgemieter, liegt ein Aufhebungsvertrag vor (LG Berlin WuM 1988, 271). Allein dadurch, dass nach vorzeitigem Auszug des Hauptmieters die 443

Miete durch den im Mietobjekt verbliebenen Untermieter direkt an den Hauptvermieter bezahlt wird, kommt es nicht zu einer konkludenten Mietaufhebungsvereinbarung unter gleichzeitiger Begründung eines Hauptmietverhältnisses mit dem Untermieter (OLG Düsseldorf ZMR 1988, 22).

444 Gibt der Mieter nach »ultimativer Aufforderung« zur Räumung dem Vermieter sämtliche Wohnungsschlüssel zurück, kann das Mietverhältnis hierdurch beendet sein (AG Limburg WuM 2001, 241). Die kommentarlose Entgegennehmen der Schlüssel ist kein konkludentes Einverständnis des Vermieters mit einer Mietaufhebung, weil der Vermieter keine Handlungsalternativen hat und seinem Verhalten daher kein Erklärungswert zukommt (OLG Köln ZMR 1998, 91).

3. Wirksamkeit

445 Bei der Wirksamkeit einer Mietaufhebungsvereinbarung stellt sich die Frage nach der Form der Vereinbarung und der Anwendbarkeit der Vorschriften über den Widerruf von Haustürgeschäften.

a) Form

446 Für die Mietaufhebungsvereinbarung gilt kein Formzwang (BGHZ 65, 49). Auch wenn der Mietvertrag dem Anwendungsbereich des § 550 BGB unterliegt, können die Parteien den Aufhebungsvertrag grundsätzlich ohne Beachtung der gesetzlichen Schriftform schließen. Ein gemäß § 566 Abs. 1 BGB in bestehende Mietverhältnisse eintretender Grundstückserwerber muss nicht mehr über die vertraglichen Pflichten informiert werden, weil die Parteien diese vollständig aufheben. Erst bei Teilaufhebung des Mietverhältnisses greift § 550 BGB wieder Platz, weil der Grundstückserwerber über die vertraglichen Verpflichtungen hinsichtlich des fortbestehenden Teils des Mietverhältnisses informiert werden muss.

447 Die Mietaufhebungsvereinbarung unterliegt auch nicht der Form, die für die Kündigung oder die Änderung des Vertrages (gewillkürte Schriftform gemäß § 127 BGB) maßgeblich ist (OLG Düsseldorf ZMR 2003, 921; LG Aachen WuM 1993, 734). Selbst bei anderer Rechtsauffassung können die Parteien – zumindest im Falle einer einfachen Schriftformklausel – einvernehmlich von dieser Form abweichen, sofern sie sich auch der Aufhebung der Schriftform bewusst sind.

448 Bedurfte der Mietvertrag der notariellen Beurkundung gemäß § 311b Abs. 1 BGB, weil sich eine Partei verpflichtete, das Eigentum an einem Grundstück zu erwerben, kann auch der Aufhebungsvertrag diesem Formzwang unterliegen.

b) Widerrufsrecht bei Haustürgeschäften

449 Bei Mietaufhebungsverträgen, die ein Unternehmer (§ 14 BGB) mit einem Verbraucher (§ 13) durch mündliche Verhandlung an dessen Arbeitsplatz oder in einer beliebigen Privatwohnung schließt, steht dem Verbraucher ein Widerrufsrecht gemäß §§ 312 Abs. 1 S. 1 Nr. 1, 355 BGB zu. Das Widerrufsrecht besteht nicht, wenn der Verbraucher den Unternehmer auf eigenen Wunsch zum Abschluss des Aufhebungsvertrags an einen der vorbezeichneten Orte eingeladen hat, sodass er sich auf die Verhandlung des Vertrags vorbereiten konnte (§ 355 Abs. 3 Nr. 1 BGB). Das Widerrufsrecht muss der Verbraucher innerhalb von zwei Wochen ab Belehrung über sein Widerrufsrecht ausüben (vgl. § 355 Abs. 1 S. 2, Abs. 3 S. 1 und 3 BGB). Der Mietaufhebungsvertrag wird somit erst nach Ablauf dieser Frist wirksam.

Sollte der Abschluss des Aufhebungsvertrags mit Verbrauchern in den gemäß § 312 Abs. 1 geschützten Räumen unvermeidbar sein, sollte beweisbar dokumentiert werden, wenn der Vermieter auf »Bestellung« des Mieters in dessen Wohnung kommt. Ist dies nicht der Fall, muss der Vermieteranwalt bei Vertragsschluss unbedingt auf eine klare und eindeutige Belehrung des Mieters über dessen Widerrufsrecht gemäß §§ 312 Abs. 2, 355 Abs. 2 BGB achten, damit die Widerrufsfrist anläuft. **450**

4. Inhalt

Der Inhalt des Mietaufhebungsvertrages ist abhängig von der Interessenlage der Parteien. Nachfolgend soll der notwendige und der nützliche Regelungsinhalt einer derartigen Vereinbarung aufgezeigt werden. **451**

a) Notwendiger Regelungsinhalt

Die Parteien müssen sich über die wesentlichen Vertragsinhalte des Aufhebungsvertrags einigen. Das sind zumindest die Parteien, das betroffene Mietverhältnis und dessen Beendigung bzw. Räumungsverpflichtung. **452**

Die Parteien des Mietaufhebungsvertrags müssen mit den Parteien des Mietverhältnisses identisch sein. Dies meist die Parteien, die den Mietvertrag abgeschlossen haben; jedoch ist auch ein zwischenzeitlicher Wechsel der Vertragsparteien zu bedenken. Bei Personenmehrheiten müssen sich alle Vermieter und alle Mieter mit der Aufhebung des Mietverhältnisses einverstanden sein. **453**

Das aufzuhebende Mietverhältnis muss zumindest bestimmbar bezeichnet sein, weil sie eine Verfügung über das gesamte Schuldverhältnis darstellt. Um Streitigkeiten zu vermeiden ist das Mietverhältnis unter Bezugnahme auf den Mietvertrag und die Mietsache möglichst genau zu beschreiben. Auch eine Teilaufhebung des Mietverhältnisses durch Ausscheiden einer von mehreren Parteien ist möglich, wenn alle am Mietverhältnis Beteiligten zustimmen. In derartigen Gemengelagen ist die Bezugnahme auf Pläne, sowie farbliche Markierung der betroffene Bereiche der Mietsache, äußerst hilfreich. Derartige Pläne sollten als Anlagen der Mietaufhebungsvereinbarung unbedingt beigefügt werden. **454**

Der Mietaufhebungsvertrag muss auf Beendigung des Mietverhältnisses gerichtet sein. Dafür muss der Beendigungswille der Parteien erkennbar sein und möglichst klar geäußert werden. Zur Rechtsklarheit sollte neben dem Zeitpunkt der Räumungsverpflichtung zusätzlich unbedingt die Angabe eines genauen Beendigungszeitpunkts des Mietvertrages erfolgen, da diese Zeitpunkte nicht unbedingt identisch sind. Dies gilt vor allem dann, wenn eine Kündigung vorausgegangen ist, die strittig ist. Enthält der Aufhebungsvertrag keinen ausdrücklichen Beendigungszeitpunkt, ist dieser durch Auslegung zu ermitteln. Im Zweifel dürfte § 271 Abs. 1 BGB entsprechend gelten, wonach eine sofortige Aufhebung gewollt ist. Der Termin des Mietvertragendes ist häufig Anknüpfungspunkt zahlreicher vertraglicher und gesetzlicher Fristen, weshalb Ungewissheiten vermieden werden sollten. Sofern der Zeitpunkt der Beendigung eindeutig geregelt ist, schadet das Fehlen einer Räumungsfrist wegen § 546 BGB nicht. Da die Vereinbarung der Räumungspflicht aus Vermietersicht das Kernstück der Vereinbarung ist, sollte diese aber auch ausdrücklich geregelt werden. Es macht zudem einen Unterschied, ob das Mietverhältnis bis zum Räumungstermin befristet wird oder sofort enden soll und dem Mieter lediglich eine Räumungsfrist eingeräumt wird. Die Rechtstellung des Mieters ist, auch im Hinblick auf § 794a ZPO, in ersterem Fall stärker. **455**

b) Nützliche Regelungspunkte

456 Da bei Fehlen einer ausdrücklichen Regelung über die vertraglichen Ansprüche des Vermieters zu befürchten ist, dass ein Gericht dies als Verzicht des Vermieters auslegt, empfiehlt sich insbesondere für den Vermieteranwalt ausdrücklich klarzustellen, dass – soweit der Aufhebungsvertrag keine Regelung enthält – ergänzend die Regelungen des Mietvertrags gelten (z.B. über Schönheitsreparaturen, Mietereinbauten, Mietsicherheit). Verpflichtet sich der Vermieter dagegen zu einer Abstandszahlung an den Mieter, ohne sich weitere Ansprüche vorzubehalten, liegt regelmäßig ein Verzicht des Vermieters nahe (LG Stuttgart WuM 1995, 392 in Bezug auf Schönheitsreparaturen).

457 Sieht der Mietvertrag unterschiedliche Regelungen für die Abwicklung des Mietverhältnisses vor (z.B. für ordentliche Kündigung und außerordentliche fristlose Kündigung), ist auch anzugeben, welche Regelung gelten soll.

458 Der Mietaufhebungsvertrag bietet die Möglichkeit, Streitigkeiten über die Abwicklung des Mietverhältnisses einer ausdrücklichen Regelung zuzuführen. Kommt der Vermieter dem Mieter durch vorzeitige Entlassung aus dem Mietverhältnis entgegen, könnte er den Mieter im Gegenzug erneut zur Vornahme der Schönheitsreparaturen verpflichten, die der Mieter bisher wegen rechtlichen Zweifeln an der Wirksamkeit der mitvertraglichen Regelung abgelehnt hat.

459 Empfehlenswert sind Bestimmungen, ob und in welcher Weise über die Betriebskosten abgerechnet werden soll. Denkbar ist auch im Bezug auf Heizkosten, dass auf eine Zwischenablesung verzichtet und die Kosten entweder zeitanteilig oder nach Gradtagszahlen aufgeteilt werden sollen; § 9b Abs. 4 HeizkV.

460 Zu denken ist ferner an Regelungen über das Schicksal der Mietsicherheit sowie an Abgeltungsvereinbarungen, beispielsweise für Beseitigung von Mietereinbauten oder Schönheitsreparaturen. Lässt sich der Vermieter seine durch die vorzeitige Beendigung erhöhten Kosten pauschal abgelten, muss er dem Mieter gemäß § 309 Nr. 5b BGB den Nachweis eines geringen Aufwands ermöglichen (OLG Hamburg WuM 1990, 244; OLG Karlsruhe WuM 2000, 236). Verpflichtet sich der Vermieter zu Ausgleichszahlungen an den Mieter (z.B. für dessen Umzugskosten), ist ausdrücklich klarzustellen, ob diese bei Abschluss des Aufhebungsvertrags oder bei pünktlichem Auszug fällig werden. Denkbar sind auch gestaffelte progressive oder degressive Abstandzahlungen, um so Anreize zu einem bestimmten Verhalten, meist Räumungszeitpunkt, zu erhalten. Für Ablöse- und Abstandsvereinbarungen des Vermieters oder des Mieters mit dem Nachmieter ist § 4a Abs. 1 und 2 WoVermittlG zu beachten.

461 Die Parteien können die Wirkung des Aufhebungsvertrags vom Eintritt einer Bedingung gemäß § 158 Abs. 1 oder 2 BGB abhängig machen. Beispielsweise. dass der Aufhebungsvertrag erst mit Wiedervermietung wirksam wird, wobei der Mieter sich unbedingt zum Vorschlag von Nachmietern verpflichtet (BGH NJW 2003, 1246). Will der Vermieter bei Wiedervermietung die Mietbedingungen ändern, sollte zusätzlich die Bereitschaft der Nachmieter zum Vertragsschluss unter diesen Bedingungen in die Vorschlagspflicht aufgenommen werden, um den Vorwurf der treuwidrigen Verhinderung des Bedingungseintritts gemäß § 162 Abs. 1 BGB zu vermeiden.

462 Es empfiehlt sich ein Widerspruch gegen die Verlängerung des Mietverhältnisses durch Fortsetzung des Mietgebrauchs nach Beendigung des Mietverhältnisses gemäß § 545 BGB aufzunehmen, um die Gefahr der stillschweigenden Verlängerung des Mietverhältnisses vorzubeugen.

Bei Mietverhältnissen über Wohnraum sollte der Mieter klarstellend darauf hingewiesen werden, dass ihm kein Widerspruchsrecht aus § 574 BGB zusteht. Die sog. Sozialklausel greift selbst dann nicht ein, wenn der Aufhebungsvertrag eine Kündigung zum vereinbarten Beendigungszeitpunkt vorausgegangen ist (Schmidt-Futterer/Blank § 574 BGB Rn. 15). Ein Verzicht des Mieters auf Vollstreckungsschutz (§ 765a ZPO) allein im Interesse des Vermieters ist unwirksam (LG Heidelberg WuM 1993, 397); ein Verzicht auf Räumungsschutz (§§ 721, 794a ZPO) soll dagegen zulässig sein (strittig: offen gelassen BGH Beschluss v. 28.10.2008, Az. VIII ZB 28/09; dafür: LG Aachen WuM 1996, 568; Schmidt-Futterer/Blank Anhang 1 zu §§ 574 bis 574c BGB, § 721 ZPO Rn. 77; dagegen: LG Berlin GE 1991, 403; Zöller/Stöber § 794a ZPO Rn. 7). **463**

Nachfolgende Gesichtspunkte sollten insbesondere bei einer Mietaufhebungsvereinbarung in die Überlegungen miteinbezogen werden: **464**

Checkliste: **465**

- Bezeichnung der Mietvertragsparteien
- Beteiligung aller Vertragspartner
- Bezugnahme auf den aufzuhebenden Mietvertrag + Beschreibung Mietsache
- (spätester Zeitpunkt) Vertragsbeendigung
- (spätester Zeitpunkt) Räumungsverpflichtung
- Ankündigung einer vorzeitigen Räumung (Frist)
- Schönheitsreparaturen (Verzicht, Vornahme oder Abgeltung)
- Bauliche Veränderungen (Rückbau, Belassung)
- Einbauten (Belassung, Wegnahme oder Abgeltung)
- Entschädigungszahlungen (Höhe, Fälligkeit, Zahlungsweise)
- Betriebskosten (Abrechnung oder Abgeltung)
- Kaution (Frist für Abrechung)
- Sonderregelung für Zwischenzeit bis Räumung (Nutzungsentschädigung, Besichtigung)
- Ausschluss stillschweigender Verlängerung (§ 545 BGB)
- Verzicht auf Räumungsschutz (§§ 721, 794 ZPO)
- Ausgleichsklausel
- Widerrufsbelehrung (§§ 312, 355 BGB)
- Unterschriften aller Vertragspartner

VII. Werkwohnungen

1. Begriff der Werkwohnung

Unter dem Oberbegriff »Werkwohnungen«, deren Besonderheiten im Wesentlichen in den §§ 576–576b BGB geregelt sind (HdM/Wiek § 33 Rn. 16 ff.; Krenek in Müller/Walther § 576 Rn. 2), versteht man Räumlichkeiten, die im Zusammenhang mit dem Arbeits- oder Dienstverhältnis überlassen wurden (vgl. Emmerich/Sonnenschein HK § 576b Rn. 2 und 5). Es handelt sich insoweit um eine vertragsbezogene Qualifikation und nicht um *eine sachbezogene* Eigenschaft der Wohnung (Staudinger/Rolfs § 576 Rn. 15). Es genügt als Mindesttatbestand, dass der Arbeitsvertrag Geschäftsgrundlage (§ 313 BGB) für den Abschluss des Mietvertrages geworden ist (Staudinger/Rolfs § 576 Rn. 13). **466**

Man unterscheidet zwei Gruppen, nämlich **467**
- die (gewöhnlichen oder funktionsgebundenen) Werk**miet**wohnungen
- die (in der Regel funktionsgebunden) Werk**dienst**wohnungen.

2. Vertragskonstruktion

a) Bei der Werkmietwohnung

468 werden der Dienstvertrag (egal, ob über Haupt- oder Nebenberuf des Arbeitnehmers – vgl. Staudinger/Rolfs § 576 Rn. 9) und der Wohnraummietvertrag in **zwei getrennten Verträgen** (vgl. LAG Köln ZMR 2008, 963, Nomos-Komm/Hinz § 576 Rn. 4) abgeschlossen. Bei dem Mieter muss es sich um eine weisungsgebundene abhängige Person handeln, die personenidentisch mit dem Dienstverpflichteten aus dem Arbeitsvertrag ist. Vertragsverhältnisse mit Selbstständigen werden nicht erfasst (Krenek in Müller/Walther § 576 Rn. 5).

469 Vermieter und Dienstberechtigter können verschiedene Personen sein, da zwei getrennte Verträge vorliegen. Man unterscheidet deshalb:

Wohnraum ist als **werkseigene** Werkmietwohnung zu bezeichnen, wenn das Dienstverhältnis (Arbeitsverhältnis) einen maßgebenden Einfluss auf den Abschluss des Mietvertrages ausgeübt hat (LG Aachen WuM 1985, 149; Hinz/Ormanschick/Riecke/Scheff Das neue Mietrecht, § 11 Rn. 2 f.) und der Arbeitgeber Eigentümer des Mietobjekts ist (vgl. Staudinger/Rolfs § 576 Rn. 11). Anderenfalls liegt eine »werkfremde« oder »werkgeförderte« (Krenek in Müller/Walther § 576 Rn. 8) bzw. »betriebsfremde« Werkmietwohnung vor (Nomos-Komm/Hinz § 576 Rn. 4).

470 Das Vorliegen einer Werkmietwohnung ist allerdings dann zu verneinen, wenn der Mieter lediglich gegen eine Pauschalvergütung – von im Jahr 1999 z.B. umgerechnet € 40,00 monatlich – Arbeiten (z.B. Hauswartdienste) übernimmt, deren Erledigung etwa vier bis sechs Stunden monatlich erfordern (LG Aachen MDR 1991, 542); eine gelegentliche Mithilfe etwa in Form von Hauswarttätigkeit reicht nicht aus (Staudinger/Rolfs § 576 Rn. 9). Der Dienstverpflichtete muss seine Arbeitskraft zumindest in erheblichem Umfang nach h.M. (Krenek in Müller/Walther § 576 Rn. 5; AG Regensburg WuM 1989, 381) zur Verfügung stellen.

471 Ob auch öffentlich-rechtliche Dienstverhältnisse Grundlage für die Überlassung einer Werkwohnung sein können, ist umstritten (vgl. Staudinger/Rolfs § 576 Rn. 7), aber zu verneinen (arg. § 576b BGB). Es muss sich um einen privatrechtlichen Dienstvertrag handeln; unter Werkwohnung fällt deshalb nicht die dem Beamten überlassene Dienstwohnung (BGH LM § 71 GVG Nr. 9; AG Grevenbroich NJW 1990, 1305; vgl. auch Sperling WuM 1990, 265 zur Dienstwohnung im kirchlichen Sektor).

472 Allein der Umstand, dass es bei vier gewerblichen Mietparteien und vier weiteren Wohneinheiten Sinn macht, dass der Hauswart im Objekt wohnt, rechtfertigt nicht die Annahme, dass das Mietverhältnis mit Rücksicht auf das Bestehen eines Dienstverhältnisses i.S.v. § 576 BGB vermietet wurde. Voraussetzung eines solchen Dienstverhältnisses ist nämlich, dass der Mieter/Arbeitnehmer zu **un**selbstständiger abhängiger weisungsgebundener Arbeit verpflichtet ist und nach der vertraglichen Vereinbarung hierzu einen nicht unerheblichen Teil seiner Arbeitskraft einzusetzen hat. Eine bloß gelegentliche Aushilfstätigkeit oder nebenberufliche Arbeit kann **nicht** als Dienstverhältnis i.S.d. §§ 576–576b BGB angesehen werden.

473 Es ist auch nicht möglich, eine Beendigung des Mietverhältnisses im Mietvertrag für spätestens drei Monate nach Beendigung des Beschäftigungsverhältnisses zu vereinbaren. Bereits § 572 Abs. 2 BGB untersagt zwingend eine derartige auflösende Bedingung des Mietverhältnisses (vgl. schon LG Düsseldorf WuM 1985, 151 zu § 565a Abs. 3 BGB a.F.). *Zwischen Vermieter und Dienstberechtigtem/Arbeitgeber muss* **keine** Personenidentität bestehen (Schmidt-Futterer/Blank vor § 576 Rn. 8). § 576 BGB gilt auch nur für unbefristete Mietverhältnisse (Staudinger/Rolfs § 576 Rn. 27).

Ein zeitlicher Zusammenhang zwischen Abschluss des Dienstvertrages und Abschluss des gesonderten Mietvertrages muss bestehen. Der Dienstvertrag muss Geschäftsgrundlage für den Abschluss des Mietvertrags gewesen sein (§ 313 BGB; Krenek in: Müller/Walter § 576 Rn. 7), nicht aber schon bei Abschluss des Mietvertrags bestehen (Schmidt-Futterer/Blank vor § 576 Rn. 4 str. vgl. Staudinger/Rolfs § 576 Rn. 14). **474**

Eine Besonderheit bei Werkmietwohnungen wird vereinzelt noch darin gesehen, dass diese im Rahmen des Mieterhöhungsverfahrens (§§ 558 f. BGB) als eigener Teilmarkt verstanden werden. Diese Auffassung dürfte vor dem Hintergrund des am 01.09.2001 eingeführten qualifizierten Mietenspiegels und der neuen Rechtsprechung des BGH zu § 5 WiStG (BGH ZMR 2005, 530 m. Anm. Riecke; vgl. auch Jungemeyer ZMR 2007, 936) allerdings nicht mehr haltbar sein; anderer Ansicht zur alten Rechtslage war das LG Göttingen (WuM 1985, 154/155). **475**

b) Bei Werkdienstwohnungen

handelt es sich um Wohnungen, die nicht aufgrund eines gesonderten Mietvertrages sondern ausschließlich im Rahmen eines Dienstvertrages (doppeltypischer gemischter Vertrag) dem Arbeitnehmer zur Nutzung mit überlassen wurden. Hierbei handelt es sich i.d.R. um funktionsgebundene Wohnungen (vgl. AG Schöneberg MM 2009, 227), wobei der formelle Unterschied zu § 576 Abs. 1 Nr. 2 BGB lediglich darin besteht, dass nicht getrennte Verträge (Arbeits- und Mietvertrag) existieren (vgl. LAG Köln ZMR 2008, 963, Nomos-Komm/Hinz § 576b Rn. 2; HdM/Wiek § 33 Rn. 20). Die Überlassung der Wohnung ist Teil der vom Dienstberechtigten geschuldeten Gegenleistung und nicht Gegenstand eines eigenständigen Mietvertrags (BFH NZM 1999, 137; BAG WuM 1990, 284 f.; BAG WuM 2000, 362 f.; Buch WuM 2000, 167; Häring GE 1986, 418; Riecke WuM 2003, 663, 668; Krenek in Müller/Walther § 576b Rn. 2). Bei Werkdienstwohnungen schuldet ein und dieselbe Person Wohnungsüberlassung und Lohnzahlung, wobei die Eigentümerstellung am Wohnraum abweichen darf/kann. **476**

3. Mitbestimmungsfragen

Das Mitbestimmungsrecht gemäß § 75 Abs. 2 Nr. 2 BPersVG bzw. § 87 Abs. 1 Nr. 9 BetrVerfG betrifft (nur) die echten Werkmietwohnungen (vgl. VG Frankfurt v. 14.06.2010, 23 K 535/10; OVG NRW/Münster WuM 2000, 136; LG Aachen ZMR 1984, 280; Nomos-Komm/Hinz § 576 Rn. 9; MüKo/Artz § 576 Rn. 7). Dagegen besteht bei Werkdienstwohnungen kein Mitbestimmungsrecht. Auch die Umwandlung einer Werkmietwohnung in eine Werkdienstwohnung unterliegt nicht der Mitbestimmung (OVG NRW/Münster WuM 1995, 600; Schmidt-Futterer/Blank vor § 576 Rn. 16). Das LG Aachen (ZMR 1984, 280) stellt ausdrücklich fest, als Vermieter einer Werkmietwohnung könne auch ein Wohnungseigentümer auftreten, demgegenüber ein Belegungsrecht aufgrund eines Werkförderungsvertrages bestehe. In der Entscheidung heißt es: **477**

»Dass nicht der Arbeitgeber des beklagten Ehemannes, sondern die mit eigener Rechtspersönlichkeit ausgestattete Klägerin Vermieter ist, steht der Einordnung des zwischen den Parteien begründeten Rechtsverhältnisses als Werkwohnungsvertrag nicht entgegen. Als Vermieter einer Werkswohnung kann sowohl der Arbeitgeber des Mieters als auch ein zu ihm in Beziehung stehender Dritter auftreten, insbesondere eine von ihm gegründete oder ihm ganz oder teilweise gehörende Wohnungsgesellschaft oder ein Wohnungseigentümer, demgegenüber ihm ein Belegungsrecht aufgrund des Werkförderungsvertrages zusteht ... Dass die Wohnung auch an die beklagte Ehefrau als Mitmieterin überlassen wurde, schließt ihre rechtliche Einordnung als Werkwohnung nicht aus ... Dem Mitbestimmungsrecht nach § 87 Abs. 1 Nr. 9 Betriebsverfassungsgesetz unterliegen alle Werkmietwohnungen, die im Eigentum des Arbeitgebers stehen oder an denen der Arbeitgeber aufgrund vertraglicher Vereinbarung mit dem Eigentümer ein Belegungsrecht hat … Das Zustimmungserfordernis gilt nicht nur für die ordentliche, sondern auch für die außerordentliche fristlose Kündigung.«

478 Die Kündigung einer Werkmietwohnung **nach** Beendigung des Arbeitsverhältnisses bedarf nach Auffassung des LG Ulm (WuM 1979, 244/245) **nicht** der Zustimmung des Betriebsrates (str., vgl. Staudinger/Rolfs § 576 Rn. 23). Das LG Ulm behauptet insoweit eine »überwiegende Auffassung im arbeitsrechtlichen Schrifttum«, und geht von einer Mitbestimmungsfreiheit nach Beendigung des Arbeitsverhältnisses des Mieters aus. So entschied auch das OLG Frankfurt (ZMR 1992, 443) für die vergleichbare Vorschrift des § 75 Abs. 2 Nr. 2 BPersVertrG. Danach ist es Voraussetzung für ein Mitbestimmungsrecht, dass der Arbeitgeber über die Wohnung in einem Zusammenhang mit den Pflichten gegenüber dem Beschäftigten steht. Dies setzt den Fortbestand des Dienstverhältnisses voraus, d.h. die Mitbestimmung kann nicht für bereits ausgeschiedene Beschäftigte zum Tragen kommen. Die Mitbestimmung sei nicht objektbezogen zu verstehen. Der Personal- oder Betriebsrat sei vielmehr ggf. berechtigt, Initiativen gegenüber dem Dienstherrn zu ergreifen, damit dieser die Werkwohnung des ausgeschiedenen Beschäftigten kündigt und eine Neuvermietung an einen aktiv Beschäftigten erfolgen kann.

479 Nach Krenek (in Müller/Walter § 576 Rn. 11) entfällt mit Beendigung des Dienstverhältnisses der tragende Grund für die Verknüpfung der beiden Vertragsverhältnisse und damit die Basis der Mitwirkung des Betriebsrats, die wegen des Arbeitsvertrages besteht (vgl. OLG Frankfurt/M. WuM 1992, 525).

480 Das BAG (NZA 1993, 272, AP Nr. 7 zu § 87 BetrVerfG 1972) hat allerdings eine Mitbestimmungspflicht angenommen, wenn Wohnungen aus einem einheitlichen Bestand ohne feste Zuordnung sowohl an Arbeitnehmer als auch an Personen vergeben werden, die nicht vom Betriebsrat repräsentiert werden (Staudinger/Rolfs § 576 Rn. 20; Schmidt-Justen WuM 1999, 582, 585; Nomos-Komm/Hinz § 576 Rn. 9).

481 An der Eigenschaft einer Wohnung als Werkmietwohnung ändert sich auch durch den Verkauf/die Veräußerung der Wohnung nichts, wenn der Mieter auch für den neuen Eigentümer als Arbeitnehmer weiter tätig bleibt (LG Köln ZMR 1996, 666 auch zur Aufnahme eines sog. »akzessorischen Mitmieters« in den Mietvertrag).

482 Allerdings vertritt Kossmann (Handbuch der Wohnraummiete 5. Aufl., § 134 Rn. 1; a.A. Schmidt-Futterer/Blank vor § 576 Rn. 14) die Auffassung, dass die fristlose Kündigung dem Einfluss der Betriebs- und Behördenvertretung nach Betriebsverfassungsgesetz bzw. Personalvertretungsgesetz entzogen sei und diese allein dem Arbeitgeber und Dienstherrn vorbehalten werde.

483 Durch Veräußerung des Mietgrundstücks kann das Mitbestimmungserfordernis allerdings unterlaufen werden (Kossmann a.a.O., § 134 Rn. 4). Entsprechend ist die Rechtslage, wenn aufgrund eines Werkförderungsvertrages nicht der Arbeitgeber, sondern ein Dritter Vermieter ist. Ein derartiges Belegungsrecht des Arbeitgebers, dass auch im Grundbuch eingetragen werden kann (OLG Stuttgart MDR 1956, 679), wirkt auch gegen Erwerber und sonstigen Dritten.

4. Sonderfall: Werkförderungsvertrag und Wohnungsbelegungsrechte (werksfremder) Wohnungen

484 Soweit der Werkförderungsvertrag als Vertrag zugunsten Dritter auszulegen ist, stehen dem Mieter/Arbeitnehmer gemäß §§ 328 ff. BGB unmittelbar eigene Rechte zu (BGHZ 48, 244, 246; Häring GE 1986, 418, 421; Krenek in Müller/Walther § 576 Rn. 8).

Während der Dauer eines Werkförderungsvertrages, der als Darlehen mit werkvertraglichen Elementen (Staudinger/Emmerich Vorbem. zu § 535 Rn. 54) qualifiziert wird, kann der vom Arbeitgeber personenverschiedene **Vermieter** nur mit Genehmigung des Arbeitgebers die Werkwohnung kündigen. Andererseits **muss** er **die Wohnung kündigen**, wenn der Arbeitgeber dies – ohne gegen das Willkürverbot zu verstoßen – von ihm verlangt. Der typische Fall ist hier die Auflösung des Arbeitsverhältnisses und das Benötigen der Wohnung für einen anderen Beschäftigten. Da Werkförderungsverträge keine Mietverträge sind (BGH NJW 1981, 1377), kann der Arbeitgeber/Dienstherr den Vertrag über die Werkwohnung auch nicht selbst gegenüber dem Endmieter/Arbeitnehmer kündigen. **485**

§ 26 WoFG unterscheidet zwischen Belegungsrechten MieWo/Spies § 26 WoFG Rn. 11 ff. an den geförderten Wohnungen (unmittelbare Belegung), an diesen und anderen Wohnungen (verbundene Belegung) und nur an anderen Wohnungen (mittelbare Belegung; vgl. dazu Otte in Fischer-Dieskau/Pergande/Schwender § 26 WoFG 160. Erg.-Lfg., Stand Juli 2003). **486**

5. Rechtsnachfolge bei Versterben des Arbeitnehmers

Verstirbt der Dienstverpflichtete, und treten insbesondere Familienangehörige nicht gemäß §§ 563 f. BGB in das Mietverhältnis ein, sondern wird konkludent ein neues Mietverhältnis begründet, so kann der Vermieter nicht mehr mit den Berechtigungen des ursprünglichen Werkmietvertrages kündigen (AG Köln, WuM 1985, 154). Schließt z.B. ein Vermieter in Kenntnis der Tatsache, dass der neue Mieter keine Arbeitnehmerfunktion mehr innehat, mit diesem ein Mietvertrag ab, so kann aus der fehlenden Arbeitnehmerstellung kein berechtigtes Interesse des Vermieters zur Kündigung gemäß § 573 Abs. 2 BGB hergeleitet werden. **487**

6. Kündigung einer Werkwohnung; Formalien

Die Kündigungserleichterung für Werkmietwohnungen kann der Vermieter jedoch nur dann in Anspruch nehmen, wenn er das Mietverhältnis in engem zeitlichen Zusammenhang (LG Bochum WuM 1992, 438, LG Aachen WuM 1985, 149; a.A. LG Stuttgart DWW 1991, 112 unter Verkennung des Normzwecks von § 576 BGB) mit der Beendigung des Arbeitsverhältnisses auch kündigt. Wird dieser Zeitraum überschritten, wobei nicht zwingend der erste mögliche Kündigungstermin wahrgenommen werden musste, kommt lediglich eine ordentliche Kündigung der Werkmietwohnung in Betracht, wenn Wohnbedarf für andere Betriebsangehörige als berechtigtes Interesse i.S.d. § 573 Abs. 2 BGB geltend gemacht werden kann (Betriebsbedarf, vgl. PWW/Riecke § 573 Rn. 18). Ein besonders dringendes Interesse an der Unterbringung eines anderen Arbeitnehmers der gekündigten Wohnung wird **nicht (mehr) gefordert** (LG Aachen WuM 1985, 149/150 rechte Spalte; Krenek in Müller/Walther § 576 Rn. 2; Staudinger/Rolfs § 576 Rn. 19). Die erforderliche rechtliche (nicht nur tatsächliche) Beendigung des Dienstvertrages kann durch Kündigung, Aufhebungsvertrag oder Anfechtung eingetreten sein. **488**

Bei einer durch § 576 BGB erleichterten ordentlichen Kündigung einer durch unbefristeten Mietvertrag vermieteten Werkmietwohnung genügt ein bloßer Hinweis auf § 576 BGB nicht (LAG Köln ZMR 2008, 963; HdM/Wiek § 33 Rn. 21). Dies wird **nicht** schon aus der Tatsache gefolgert, dass § 576 Abs. 1 **Nr. 2** BGB lediglich die funktionsgebundene Werkmietwohnung betrifft, wenn für den Kündigungsempfänger klar erkennbar ist, dass die Kündigung deshalb mit verkürzter Frist erklärt wurde, um einen anderen zur Dienstleistung Verpflichteten dort einziehen zu lassen (OLG Celle WuM 1985, 142/143 rechte Spalte). **489**

490 In jedem Fall ist es notwendig, dass gemäß § 573 Abs. 3 BGB die **Gründe für ein berechtigtes Interesse im Kündigungsschreiben** durch einen konkreten Sachverhalt (Lebensvorgang) so **dargelegt werden**, dass er als Kündigungsgrund bezeichnet und als solcher identifiziert werden kann. Auf die Rechte aus der Sozialklausel sollte hingewiesen werden (vgl. unten Rdn. 494; Staudinger/Rolfs § 576 Rn. 19).

491 Überwiegend wird die Angabe von **Kerntatsachen im Kündigungsschreiben** sowie im Prozess die substantiierte **Darlegung eines qualifizierten Betriebsbedarfs** an der gekündigten Werkmietwohnung verlangt (LG Hamburg WuM 1994, 208; Krenek in Müller/Walther § 576 Rn. 16).

492 Bei einem Dienstverhältnis auf unbestimmte Zeit müssen sowohl das Dienstverhältnis als auch der Mietvertrag durch gesonderte Kündigungserklärung beendet werden. Hierbei gelten die §§ 573 ff. BGB.

Durch § 576 BGB können die allg. Kündigungsfristen des § 573c Abs. 1 BGB verkürzt werden.

493 Sollte ein wirksamer Zeitmietvertrag gemäß § 575 BGB abgeschlossen worden sein, ist die erleichterte Kündigungsmöglichkeit nach § 576 BGB nicht gegeben (Krenek in Müller/Walther § 576 Rn. 12). Auch die Kündigung nach § 575a BGB wird nicht erleichtert.

Ein **Widerspruchsrecht bei Werkmietwohnungen** regelt § 576a BGB, danach wird der Mieterschutz reduziert, den die Sozialklausel der §§ 574 ff. BGB regelt.

494 Die überwiegenden Interessen des nicht notwendig mit dem Dienstberechtigten identischen Vermieters an der Neubelegung der Werkdienstwohnung sollen ungeschmälert durch die Sozialklausel zur Geltung kommen.

495 Die Regelung des § 576a BGB hat einen weiteren Anwendungsbereich als § 576 BGB und gilt auch für

- ordentliche Kündigungen einer Werkmietwohnung während des laufenden Dienst- bzw. Arbeitsverhältnisses
- wenn das Mietverhältnis bereits länger als 10 Jahre dauert
- der Vermieter nach Tod des Mieters von seinem außerordentlichen Kündigungsrecht gemäß § 563 Abs. 4 BGB Gebrauch macht
- bei Ablauf eines befristeten Altmietverhältnisses mit Fortdauer des Arbeitsverhältnisses.

496 Keine Anwendung findet § 576a BGB bei qualifizierten Zeitmietverträgen (§ 575 BGB) und bei Wohnungen nach § 549 Abs. 2 BGB.

Es kommt zu einer Einschränkung der Sozialklausel durch § 576a Abs. 1 BGB. Bei der anzustellenden Interessenabwägung sind hier auch die Belange des Dienstberechtigten zu berücksichtigen. Dies bedeutet, dass bei werks**eigenen** Mietwohnungen die Interessen des Kündigenden sowohl in seiner Eigenschaft als Vermieter als auch als Arbeitgeber zu berücksichtigen sind. Bei werks**fremden** Werkmietwohnungen sind dementsprechend die Interessen des Vermieters und des Dienstberechtigten zu berücksichtigen. In diesem Fall sind nicht nur Interessen der Parteien des Mietvertrages, sondern auch die eines Dritten (des belegungsberechtigten Arbeitgebers) mit zu bewerten (vgl. Kinne/Schach/Bieber Miet- und Mietprozessrecht, 4. Aufl. § 576a Rn. 3 sowie Lammel § 576a Rn. 12, 13).

497 Zum Ausschluss der Sozialklausel kommt es gemäß 576a Abs. 2 Nr. 1 BGB bei funktionsgebundenen Werkmietwohnungen (Staudinger/Rolfs § 576 Rn. 22).

Relevant wird dies, wenn gestützt auf § 576 Abs. 1 Nr. 2 BGB mit verkürzter Frist das Mietverhältnis gekündigt und die Kündigung zugleich auf Betriebsbedarf des Dienstberechtigten gestützt wurde. Kündigt dagegen der Vermieter die funktionsgebundene Werkmietwohnung mit der ordentlichen Frist des § 573c BGB wird das Widerspruchsrecht des Mieters nicht beeinträchtigt, wobei ohne Bedeutung ist, ob der Vermieter auch über das Sonderkündigungsrecht in verkürzter Frist hätte kündigen können.

Bei vom Mieter zu vertretender Beendigung des Dienstverhältnisses entfällt die Sozial- **498**
klausel gemäß § 576a Abs. 2 BGB.

Hier unterscheidet man zwei Alternativen: **499**

Der Mieter kann sich nicht auf die Sozialklausel berufen, wenn er das Dienstverhältnis selbst grundlos aufgelöst oder zur Auflösung des Dienstverhältnisses begründeten Anlass gegeben hat.

Der Gesetzgeber hat hier bewusst den weiten Begriff der »Auflösung« gewählt, sodass es **500**
nicht formell darauf ankommt, wer das Mietverhältnis gekündigt hat oder ob es einvernehmlich aufgelöst bzw. aufgehoben wurde.

Hat der Mieter das Dienstverhältnis aus wichtigem Grund gemäß § 626 BGB fristlos **501**
gekündigt, kann er sich auch weiterhin auf Sozialklausel berufen, wenn der Vermieter rechtswidrig und schuldhaft gehandelt hat.

Nach der zweiten Alternative (§ 576a Abs. 2 Nr. 2 BGB) kann der Mieter sich auf die **502**
Härteklausel nicht stützen, wenn der Dienstberechtigte seinerseits das Mietverhältnis aus einem Grund aufgelöst hat, den wiederum der Mieter weitgehend allein zu vertreten hat. Auch hier kommt es nicht darauf an, wie es zur Beendigung des Mietvertrages in formeller Hinsicht gekommen ist. Ausreichend ist, dass minderschweres schuldhaftes Verhalten des Mieters gegeben ist, das die Kündigung als sozial gerechtfertigt erscheinen lässt (vgl. Staudinger/Rolfs § 576a Rn. 12).

Abweichende Vereinbarungen zum Nachteil des Mieters unterbindet § 576a Abs. 3 BGB, **503**
d.h. eine vertragliche Einschränkung der sozialen Schutzvorschriften des Mietrechts kann nicht wirksam erfolgen.

Die Sonderregelung des § 576 Abs. 1 Nr. 1 BGB für die Kündigung gilt allerdings nur bei **504**
Mietverhältnissen bis zu 10 Jahren (Staudinger/Rolfs § 576 Rn. 28).

§ 576b BGB enthält eine Sonderregelung für Werkdienstwohnungen, d.h. für Wohnungen **505**
die nicht aufgrund eines gesonderten Mietvertrages sondern ausschließlich im Rahmen eines Dienstvertrages dem Arbeitnehmer zur Nutzung mit überlassen wurden. Hierbei handelt es sich i.d.R. um funktionsgebundene Wohnungen wobei der formelle Unterschied zu § 576 Abs. 1 Nr. 2 BGB lediglich darin besteht, dass nicht getrennte Verträge (Arbeits- und Mietvertrag) existieren.

Zweck der Norm ist es zu verhindern, dass mit Beendigung des Dienstverhältnisses **506**
bereits das Recht zum Besitz an der Wohnung in Wegfall kommt.

a) Alternative »überwiegend … ausgestattet«

Vom Arbeitnehmer ist der Wohnraum überwiegend mit Einrichtungsgegenständen aus- **507**
gestattet worden. Ob insoweit eine Verpflichtung bestand ist ohne Bedeutung. Überwiegend ausgestattet ist dagegen der Wohnraum vom Dienstberechtigten wenn er nach Zahl und wirtschaftlicher Bedeutung mehr als die Hälfte der bei voller Möblierung benötigten Einrichtungsgegenstände gestellt hat (vgl. Staudinger/Rolfs § 576b Rn. 9).

Maßgeblich ist für die tatsächliche Situation zum Zeitpunkt der Beendigung des Dienstverhältnisses.

b) Alternative »gemeinsamer Haushalt«

508 Hat der Arbeitnehmer mit seiner Familie oder anderen Personen einen Haushalt in der Wohnung geführt, kommt es nicht darauf an, wer die Ausstattung vorgenommen oder finanziert hat. Der auch von § 563 BGB betroffene Personenkreis soll hier den sozialen Schutzbestimmungen des Mietrechts unterstellt werden.

Eine ergänzende Auslegung der Vorschrift dahingehend, dass sie auch auf an Alleinstehende vermieteten möblierten Wohnraum anwendbar sei, ist nicht möglich nachdem der Reformgesetzgeber von einer entsprechenden Regelung bewusst abgesehen hat (vgl. Staudinger/Rolfs § 576b Rn. 11).

509 Es kommt zu einer Verselbstständigung des mietrechtlichen Elements des Dienstvertrages. Hinsichtlich dessen Beendigung findet Mietrecht Anwendung (vgl. Lammel § 576b Rn. 5).

Nach Beendigung des dienstvertraglichen Teils des Gesamtvertrages wird ein Fortbestand eines fiktiven Mietverhältnisses angenommen.

510 Nicht geregelt ist, wie im Einzelnen dieses gesetzliche Schuldverhältnis ausgestaltet sein soll. Das Nutzungsentgelt – und dies ist streitig – wird entweder nach den vom Arbeitnehmer zu erbringenden Leistungen, die aufgrund seines Ausscheidens aus dem Arbeitsverhältnis nicht mehr erbracht werden können, berechnet (Staudinger/Rolfs § 576b Rn. 16; LG Hamburg WuM 1991, 550) oder es wird die ortsübliche Miete geschuldet ab Wegfall des Dienstverhältnisses als Geschäftsgrundlage (so Lammel § 576b Rn. 10).

511 Eine Teilkündigung nur des mietvertraglichen Elements des Gesamtvertrages u.a. über die Werkdienstwohnung wird weitgehend als unzulässig angesehen (BAG WuM 1990, 284).

512 Bei der Kündigung einer Arbeitnehmer**dienst**wohnung muss der Nachfolger und Bewerber um die Arbeitsstelle nicht bereits im Kündigungsschreiben oder in der Räumungsklage namentlich benannt werden (LG Berlin ZMR 1992, 346). Steht insbesondere aufgrund der Kündigungsschutzklage vor dem Arbeitsgericht fest, dass das Arbeitsverhältnis zwischen dem Vermieter und dem Arbeitnehmer als Mieter beendet ist, kann der Vermieter die vom ehemaligen Arbeitnehmer innegehaltene Wohnung beanspruchen, um sie an einen anderen noch zu verpflichtenden Arbeitnehmer zu vermieten. Das Freimachen der Arbeitnehmerwohnung ist vielmehr Voraussetzung für den Abschluss eines Dienstvertrages mit einem anzuwerbenden neuen Arbeitnehmer (LG Berlin GE 1991, 685).

7. Keine Wartefrist bei nachträglicher Umwandlung

513 Selbst bei einer Kündigung wegen Betriebsbedarfs wird eine Analogiefähigkeit der Ausnahmevorschrift des § 577a BGB verneint, obwohl dieser Kündigungsgrund dem des Eigenbedarfs weitgehend entspricht vgl. PWW/Riecke § 573 Rn. 18.

8. Vermietung der Werkwohnung an Dritte

514 Der Vermieter muss bei der Vermietung an Dritte bedenken, dass bei einem später entstehenden Bedarf für die Benutzung der Wohnung durch einen (eigenen) Arbeitnehmer die Kündigung des Mietverhältnisses nicht darauf gestützt werden kann

- dass die Wohnung einem neu anzustellenden Arbeitnehmer zur Verfügung gestellt werden solle und mit dem Wohnungsangebot die Chancen auf einen günstigen Abschluss eines derartigen Dienstvertrages verbessert werden sollen oder
- dass einem bereits angestellten Arbeitnehmer mit konkretem Wohnbedarf die Wohnung zur Verfügung gestellt werden solle (OLG Stuttgart WuM 1991, 330).

Gegen diesen Rechtsentscheid des OLG Stuttgart hat allerdings bereits das LG Berlin (WuM 1996, 145) entschieden, indem es ein berechtigtes Interesse i.S.d. § 573 Abs. 1 BGB auch dann bejahte, wenn ein Vermieter in einer nicht als Werkmiet- oder Werkdienstwohnung an betriebsfremde Dritte vermieteten Wohnung einen neuen Mitarbeiter unterbringen möchte. Dies käme insbesondere dann in Betracht, wenn es sich bei dem neuen Mitarbeiter um eine sog. Schlüsselkraft handle. 515

9. Kündigung bei funktionsbezogener Vermietung

Anders ist die Rechtslage, wenn dem derzeitigen Nutzer die Wohnung als Werkmietwohnung vermietet ist. Dann genügt bereits der Hinweis, dass die Wohnung (nicht mehr unbedingt »dringend«, anders noch die Vorgängerregelung des § 556c Nr. 1b BGB a.F.) für die Unterbringung eines aktiven Bediensteten benötigt wird (§ 576 Abs. 1 Nr. 1 BGB). Bei formell wirksamer Angabe der materiell berechtigten Kündigungsgründe kann in einer derartigen Konstellation mit verkürzten Fristen das Mietverhältnis beendet werden (OLG Stuttgart WuM 1986, 132 f.). 516

Das OLG Stuttgart (WuM 1993, 338) hat in einer weiteren Entscheidung klargestellt, dass der Grundsatz, dass das Mietverhältnis mit einem Betriebsfremden zum Zwecke der Vermietung an einen Arbeitnehmer des Vermieters nur unter besonderen Voraussetzungen gekündigt werden kann, **allgemein** gelte, egal ob der Mietvertrag einen Hinweis auf die Zweckbestimmung als Werkwohnung enthält. 517

Dem Vermieter kann es auch nicht als widersprüchliches Verhalten angelastet werden, wenn er bis zur tatsächlichen Räumung ein externes Unternehmen mit der Durchführung der Arbeiten des künftigen Wohnungsnutzers beauftragt. Auch das LG Köln (ZMR 1996, 666 f.) hat für funktionsgebundene Werkmietwohnungen anerkannt, dass der potenzielle neue Mieter nicht in der Kündigung genannt werden müsse. 518

Das Landgericht Karlsruhe (WuM 1974, 243 f.) fordert bei einer Kündigung einer Werkmietwohnung gegenüber dem Arbeitnehmer, dass sich zumindest andere Arbeitnehmer um die freiwerdende Wohnung des Betriebes beworben haben müssen und aus dem Kreis der Bewerber zumindest einer bereit ist, in die gekündigten Räume auch einzuziehen. Dies alles sei im Kündigungsschreiben konkret darzulegen. Es reiche jedenfalls nicht aus, wenn die Kündigung allein darauf gestützt werde, dass das Arbeitsverhältnis beendet ist und damit auch dem Mietvertrag die Grundlage fehle. 519

10. Besonderheiten bei der funktionsbezogenen Werkwohnung

Bereits 1989 hat das BAG (WuM 1990, 284) entschieden, dass die arbeitsvertragliche **Verpflichtung zum Bewohnen einer funktionsbezogenen Werkwohnung** nicht selbstständig aufgekündigt werden kann, lediglich im Einzelfall könne ein Anspruch auf Befreiung von der Verpflichtung bestehen. Im konkreten Fall hatte ein Schlosser die Werkwohnung gekündigt unter Fortbestehen des Arbeitsverhältnisses, weil diese für seine fünfköpfige Familie zu klein geworden sei. 520

Auszugehen ist davon, dass die funktionsbezogene Werkdienstwohnung grundsätzlich Bestandteil des Arbeitsvertrages ist (kein selbstständiger Mietvertrag). § 576 Abs. 1 Nr. 2 BGB setzt voraus, dass der Wohnraum in unmittelbarer Beziehung oder Nähe zur Arbeitsstätte steht, sodass eine Überlassung nach der Art der Arbeitsleistung erforderlich ist. Der typische Fall ist hier die betriebsbedingt notwendige Rufbereitschaft des Arbeitnehmers (z.B. Wachpersonal, Sicherheitsdienst oder Hauswart). 521

522 Selbst die Vereinbarung der Nutzungsbedingungen in einer besonderen Vertragsurkunde ändern nichts an der funktionellen Verknüpfung zwischen Arbeitsverhältnis und Wohnraumüberlassung. Dies ist der Unterschied zu einer reinen funktions**un**gebundenen Werk**miet**wohnung, die nur »mit Rücksicht auf das Bestehen eines Dienstverhältnisses vermietet« wird. Die Kündigung lediglich der Werkdienstwohnung als Vertragsbestandteil des (noch wirksamen) Arbeitsvertrages ist selbstständig nicht möglich (unzulässige **Teil**kündigung des Gesamtvertrages).

523 Im konkreten Fall entschied das BAG (WuM 1990, 284), dass der Dienstberechtigte dem Hauswart/Schlosser es nicht verwehren durfte, mit seiner Familie in eine größere nur einen Kilometer entfernt vom Beschäftigungsort liegende Wohnung zu ziehen. Jedenfalls war von Seiten des Arbeitgebers nicht plausibel dargelegt worden, dass die Rufbereitschaft durch den geringen Entfernungsunterschied zum Dienstort nachteilig betroffen/beeinträchtigt worden wäre.

524 Nach Auffassung des LG Kiel (WuM 1986, 218) ist bei der Prüfung, ob eine funktionsgebundene Mietwohnung vorliegt, ein strenger Maßstab anzulegen. Im Zweifel hätte die Verletzung einer Dienstverpflichtung, die selbstständig neben dem Mietvertrag stehe, nicht zugleich auch die Qualität einer Mietvertragsverletzung.

11. Übergangsregelung für die Kündigung

525 Für ein vor dem 01.09.2001 bereits bestehendes Vertragsverhältnis ist entscheidend auf den Zeitpunkt des Kündigungszugangs als Zäsur abzustellen. Bis 31.08.2001 gilt weiterhin das alte Recht mit seinen strengeren Voraussetzungen (vgl. LG Osnabrück WuM 1977, 9 f. sowie Erman BGB 10. Aufl. §§ 565b–565e Rn. 16). Anschließend gilt neues Recht (vgl. Art. 229 § 3 Abs. 1 Nr. 1 EGBGB).

526 § 576b BGB verweist selbst für die Werkdienstwohnung hinsichtlich des Wohnraums auf die Vorschriften über Mietverhältnisse.

12. Rechtswegfragen

527 Streitigkeiten aus einem Mietverhältnis über Wohnraum fallen zwar in die Zuständigkeit der **Amts**gerichte, Streitigkeit aus der Überlassung von Werkdienstwohnungen sind jedoch solche aus dem Arbeitsverhältnis und fallen deshalb in die Zuständigkeit der **Arbeits**gerichte (HdM/Wiek § 33 Rn. 39).

528 Bereits das OVG NRW/Münster (WuM 1975, 154) hatte festgestellt, dass die Zuweisung einer Werkdienstwohnung zum Arbeitsrecht zähle und eine öffentlich rechtliche Gebietskörperschaft nicht berechtigt sei, durch Verwaltungsakt die Werkdienstwohnungsvergütung festzusetzen. Bei dieser Fallkonstellation sei das Überlassen der Werkdienstwohnung als eine teilweise Abgeltung der dem Arbeitnehmer zustehenden Vergütung durch Gewährung eines Sachbezuges anzusehen, dessen wirtschaftlicher Wert durch die Höhe der zu ermittelnden Werkdienstwohnungsvergütung bestimmt wird.

529 Das Arbeitsgericht Hannover (WuM 1985, 156) sah in der Überlassung der Werkdienstwohnung einen geldwerten Vorteil für den Lohnsteuer zu entrichten sei. Das Zivilgericht (LG Hannover Entscheidung v. 02.02.1983, Az. 11 S 405/82) hatte im Ausgangsverfahren ausgeführt:

»Der Rechtsweg zu den ordentlichen Gerichten ist nicht gegeben. Der geltend gemachte Ausgleichsanspruch nach § 426 BGB ändere nichts daran, dass dieser Anspruch seinen alleinigen Grund in dem zwischen den Parteien damals bestehenden Arbeitsverhältnis hat. Soweit streiten die Parteien zumindest über einen Anspruch, der in rechtlichem und in unmittelbar wirtschaftlichem Zusammenhang mit dem Arbeitsverhältnis steht.«

Inzwischen hat auch das BAG (ZMR 2000, 361 m. Anm. Baron S. 363, 364 = WuM 2000, 362 f.) für Streitigkeiten aus der Überlassung einer Werk**dienst**wohnung die Zuständigkeit der Arbeitsgerichte nach § 2 Abs. 1 Nr. 3a ArbGG bejaht. Diese Entscheidung beschäftigte sich mit einem Hauswart, dem die Wohnung als Werkdienstwohnung zugewiesen worden war. Das BAG hält den Rechtsweg zu den Amtsgerichten sowohl bei einfachen Werk**miet**wohnungen als auch bei funktionsgebundenen Werk**miet**wohnungen für gegeben, weil dort neben dem Arbeitsverhältnis ein eigenes **eigenständiges** Mietverhältnis besteht, selbst wenn ein enger Zusammenhang beider Rechtsverhältnisse gegeben ist. **530**

Im Unterschied dazu werde bei Werkdienstwohnungen dem Arbeitnehmer im Rahmen des Arbeitsverhältnisses eine Wohnung überlassen (vgl. § 576b BGB). Der Arbeitsvertrag ist dann die alleinige Rechtsgrundlage auch für die Nutzung des Wohnraums. Der Arbeitnehmer sei regelmäßig verpflichtet, die Werkdienstwohnung auch tatsächlich zu beziehen. Häufig werde die Nutzungsvergütung auf das Arbeitsentgelt angerechnet. Gerade im Fehlen eines Mietvertrages liege der Unterschied zu den funktionsgebundenen Werkmietwohnungen. **531**

Offen gelassen hat das BAG die Frage, ob die Arbeitsgerichte auch dann noch zuständig sein können, wenn das Arbeitsverhältnis wirksam beendet worden ist, der Wohnraum aber noch weiter genutzt wird. **532**

Das Argument einer einheitlichen Mietrechtsprechung rechtfertigt hier keine teleologische Reduktion der eindeutigen Zuständigkeitsnormen in § 23 Nr. 2a GVG und § 2 Abs. 1 Nr. 3a ArbGG. Auch wenn das LG Augsburg (ZMR 1994, 333) in jedem Fall den Rechtsweg zu den Zivilgerichten eröffnen möchte, wird dies dem unterschiedlichen Charakter der Verträge über Werkmiet- und Werkdienstwohnungen nicht gerecht. **533**

Zutreffend verweist Julius (WuM 2000, 340 f.) darauf, dass die Amtsgerichte bei Werkmietwohnungen über arbeitsgerichtliche Vorfragen entscheiden müssen, insbesondere inwieweit Maßnahmen des Arbeitgebers (z.B. wegen eines Verstoßes gegen die Mitbestimmung gemäß Betriebsverfassungsgesetz, vgl. BAG WuM 1990, 391) auch zivilrechtlich als unwirksam anzusehen sind. Ergänzen kann man hier, dass die Zivilgerichte auch dann zuständig sind, wenn mit Forderungen aus einem Arbeitsvertrag die Aufrechnung (vgl. HessLAG ZTR 1998, 474; BAG NJW 2008, 1020; NZA 1998, 1190) erklärt wird und die Aufrechnungsforderung schwierige arbeitsrechtliche Fragen aufwirft. Schon im Hinblick auf die unterschiedlichen Rechtswege kommt der formellen und materiellen Abgrenzung von Werkdienstwohnungen und insbesondere funktionsgebundenen Werkmietwohnungen zentrale Bedeutung zu. Man wird den Vertragsparteien aber nicht gestatten dürfen, allein aufgrund der formellen Wahl über Miet- oder Arbeitsvertrag mittelbar über das nur bei Werkmietwohnungen bestehende Mitbestimmungsrecht des Betriebsrates und anderes mehr entscheiden zu können. Eine Werkdienstwohnung wird typischerweise dadurch gekennzeichnet, dass der Arbeitnehmer sie im Interesse des Dienstherren und als Bestandteil seiner Arbeitsvertragpflichten auch tatsächlich beziehen muss. Bei einem z.B. für die Wohnanlage zuständigen Hauswart ist damit der Abschluss eines Arbeitsvertrages über eine Werkdienstwohnung ohne weiteres möglich. Diese Raumüberlassung unterliegt nicht der Mitbestimmung. **534**

VIII. Stillschweigende Verlängerung des Mietverhältnisses (§ 545 BGB)

1. Allgemeines

535 Die Vorschrift regelt die Verlängerung des bisherigen Mietverhältnisses, wenn der Mieter trotz Beendigung des Mietverhältnisses den Gebrauch der Mietsache fortsetzt. Dies ist von erheblicher praktischer Bedeutung und dient der Rechtssicherheit, da ohne die angeordnete Verlängerung des Mietverhältnisses ein vertragsloser Zustand entstehen könnte, »dessen (rechtlich i.E. umstrittene) Abwicklung nach Bereicherungsrecht oder den Grundsätzen über das Eigentümer-Besitzer-Verhältnis nicht sachgerecht wäre und in den meisten Fällen auch dem mutmaßlichen Willen der Vertragsparteien nicht entspricht« (BT-Drucks. 14/4553, S. 44).

536 Diese Intention des Gesetzgebers bei der Neufassung entspricht der herrschenden Meinung, die sich zu § 568 BGB a.F. herausgebildet hatte. Die sprachliche Überarbeitung sollte keine Auswirkung auf die Rechtsfolge haben (BT-Drucks. 14/4553, S. 44), str. s. Palandt/Weidenkaff § 545 BGB Rn. 10.

537 Für die stillschweigende Verlängerung des Mietverhältnisses wird gemäß § 545 BGB eine gesetzliche Folge des Verhaltens der Parteien festgelegt, die von deren eigentlichem Willen unabhängig ist. Die Vorschrift findet daher selbst dann Anwendung, wenn die Parteien übereinstimmend etwas anderes wollten. Auch dann, wenn zunächst aus Probegründen das Vertragsverhältnis befristet wird, sollen sich die Parteien nach Ablauf der Frist dazu entscheiden können, das Vertragsverhältnis stillschweigend fortzusetzen (OLG Rostock ZMR 2006, 692).

2. Anwendungsbereich

538 Die Vorschrift gilt für alle Miet- und Pachtverhältnisse, für Landpacht enthält § 594 BGB eine Sondervorschrift.

539 Anwendung findet die Regelung bei Beendigung des Mietverhältnisses aufgrund von Kündigungen (s. Übersicht Kündigungsrechte Rdn. 80 f.).

Sie gilt auch bei Anfechtung des Mietvertrages und gleichwohl erfolgender Fortsetzung des Mietgebrauchs nach Zugang der Anfechtungserklärung.

Sie gilt auch für Untermietverhältnisse (OLG Düsseldorf DWW 1992, 263).

Streitig ist, ob die Vorschrift auch auf Mietaufhebungsverträge und Räumungsvergleiche Anwendung findet (s. Palandt/Weidenkaff § 545 BGB Rn. 3).

Auch nach Fortsetzung des Gebrauchs gemäß § 574a ff. BGB findet die Vorschrift Anwendung. Unanwendbar ist sie, wenn der Räumungsanspruch tituliert ist oder nach Ablauf einer gewährten Räumungsfrist s. Blank in Blank/Börstinghaus Miete, 3. Aufl., § 545 BGB Rn. 9).

3. Abdingbarkeit

540 Sowohl individual-, als auch formularvertraglich (OLG Hamm ZMR 1983, 97, ergangen zu Wohnraum) ist die Vorschrift abdingbar.

541 Nicht ausreichend ist, die Verlängerungsfiktion in einem Formularvertrag so auszuschließen, *dass nur die Wiedergabe der Gesetzesvorschrift ohne weitere Erläuterung erfolgt* (OLG Schleswig WM 1986, 95; a.A. OLG Rostock NZM 2006, 584).

Die Auffassung des OLG Rostock, wonach die bloße Nennung der Gesetzesvorschrift ausreicht, entspricht nicht der h.M. und der Rechtsprechung des BGH (NJW 1991, 1750 (1751)) zur Vorgängervorschrift des § 568 BGB a.F., wonach gefordert wurde, dass der Regelungsgehalt der Vorschrift genannt werden müsse, um eine wirksame Abbedingung der stillschweigenden Verlängerung des Mietverhältnisses zu erreichen. Sie lässt sich auch nicht mit dem Hinweis auf die sprachliche Überarbeitung der Vorschrift begründen, da nach dem Willen des Gesetzgebers (s.o.) gerade keine inhaltliche Änderung beabsichtigt war, zudem wäre ein Verstoß gegen das Transparenzgebot gegeben. **542**

Wichtige zur Abdingbarkeit ergangene Entscheidungen sind nachstehend zusammengefasst: **543**

Die Klausel: »Setzt der Mieter den Gebrauch der Mietsache nach Ablauf der Mietzeit fort, so gilt das Mietverhältnis nicht als verlängert. § 568 (a.F.) BGB findet keine Anwendung«, ist wirksam (BGH – VIII ZR 38/90 – NJW 1991, 1750 (1751); OLG Celle – 2 U 200/88 – WM 1990, 103 ff.). **544**

Die Klausel: »findet § 568 (a.F.) BGB keine Anwendung« ist nicht ausreichend, um die Fortsetzungsfiktion vertraglich auszuschließen (OLG Düsseldorf BeckRS 2010, 02136). **545**

Die Verlängerungsfiktion des § 545 BGB wird in einem Formular-Wohnungsmietvertrag nicht wirksam durch folgende Klausel abbedungen: »Wird nach Ablauf der Mietzeit der Gebrauch der Sache vom Mieter fortgesetzt, so findet § 568 BGB (a.F.) keine Anwendung« (OLG Schleswig – 4 REMiet 1/93 – NJW 1995, 2858 = WM 1996, 85 f.; a.A. OLG Rostock zu Gewerbemietvertrag). **546**

Der Fortsetzung des Mietgebrauchs kann in einem Klauselwerk Allgemeiner Vertragsbedingungen nicht wirksam widersprochen werden, wenn sich die Abbedingung des § 545 BGB nicht im Sachzusammenhang mit den Kündigungsvorschriften oder den Vereinbarungen bezüglich der Mietdauer, sondern unter der Überschrift »Entschädigungspflicht nach Beendigung des Mietverhältnisses« findet (LG Kassel – 1 S 391/89 – WM 1990, 29). **547**

4. Form und Frist – Mitteilung des entgegenstehenden Willens

Die Erklärung kann ausdrücklich oder konkludent abgegeben werden. **548**

Zu beachten sind die Besonderheiten bei der Mehrheit von Vertragspartnern (s. hierzu Kap. 3 IV.). **549**

a) Für den ausdrücklichen Widerspruch gelten die allgemeinen Regeln zur Abgabe einer einseitigen empfangsbedürftigen Willenserklärung. **550**

Der ausdrückliche Widerspruch kann bei einer fristlosen Kündigung zugleich mit der Kündigung des Mietverhältnisses ausgesprochen werden (OLG Hamburg WuM 1981, 205). Ein Widerspruch vor Beendigung des Mietverhältnisses muss immer einen konkreten Beendigungszeitpunkt betreffen. **551**

Auch bei einer ordentlichen Kündigung kann der Widerspruch zugleich mit der ordentlichen Kündigung erklärt werden, auf den zeitlichen Zusammenhang mit der Vertragsbeendigung kommt es dann nicht an (BGH ZMR 2010, 671 ff.). **552**

Vor der o.a. Entscheidung des BGH wurde der hierfür geforderte zeitliche Zusammenhang in der Rechtsprechung unterschiedlich beurteilt. Nach BayObLG (WuM 1981, 253 ff.) durfte nicht nur ein loser zeitlicher Zusammenhang zwischen der Widerspruchserklärung und dem Ende der Mietzeit bestehen. **553**

554 Welche Frist hierfür angemessen ist, wurde unterschiedlich beurteilt. Ausreichend sein sollte, wenn der Widerspruch im engem zeitlichen und sachlichen Zusammenhang mit dem Ablauftermin steht (BGH ZIP 2004, 858). Mehrere Monate sollten nicht ausreichen (OLG Köln v. 23.09.2005, 1 U 43/04). Jedenfalls ist ein wenige Tage vor Beendigung des Mietverhältnisses erklärter Widerspruch ausreichend. Durch die neueste BGH Rechtsprechung ist klargestellt, dass der Widerspruch in dem Schreiben der ordentlichen Kündigung wirksam erklärt werden kann.

555 Bei einer ordentlichen Kündigung empfiehlt es sich, den Widerspruch zeitnah zum Beendigungstermin nochmals zu erklären, wenn er nicht bereits im Kündigungsschreiben enthalten war.

556 b) An das Vorliegen eines konkludenten Widerspruchs werden erhebliche Anforderungen gestellt.

557 In der Erklärung, die in zeitlicher Nähe zum Vertragsende abgegeben werden muss, muss eindeutig zum Ausdruck kommen, dass der Erklärende mit der Verlängerung des Mietverhältnisses auf unbestimmte Zeit nicht einverstanden ist (OLG Rostock NZM 2004, 423, 424). Diese Rechtsklarheit kann der Vermieter beispielsweise dadurch schaffen, dass er die sofortige Rückgabe oder Räumung der Mietsache verlangt (BGH NJW-RR 2006, 1385; OLG Schleswig WM 1982, 65, 66) oder auch dem Mieter gegenüber erklärt, er sei zur Fortsetzung des Mietverhältnisses nur mit einer höheren Miete bereit (AG Neukölln Urteil v. 05.05.2003, Az. 10 C 51/03).

558 Dagegen kann nicht ohne weiteres in jeder außerordentlichen Kündigung zugleich auch eine Widerspruchserklärung gesehen werden, dies hängt vielmehr von den Umständen des Einzelfalles, wie z.B. den Kündigungsgründen, ab (BGH ZMR 1988, 18, 20). Als Widerspruch ist dies jedenfalls dann zu sehen, wenn der Vermieter gleichzeitig mit der fristlosen Kündigung eine Räumungsfrist gewährt (OLG Schleswig ZMR 1982, 144). Hingegen reicht allein die Anfrage des Vermieters, ob der Mieter bereit ist, die Räume herauszugeben, nicht aus (LG Berlin ZMR 2000, 535).

559 Die Zustellung der Räumungsklage wird nur dann als Widerspruch gewertet werden können, wenn sie binnen der Zwei-Wochen-Frist zugestellt wurde (OLG Stuttgart WM 1987, 114).

560 Auf Seiten des Mieters genügt es, wenn dieser um einen Aufschub bezüglich der Räumung bittet.

561 c) Die Widerspruchsfrist beträgt zwei Wochen.

562 Die Widerspruchserklärung kann bereits vor der in § 545 S. 2 BGB genannten Frist erfolgen (s.o.). Grundsätzlich beginnt sie gemäß § 545 S. 2 Nr. 1 BGB für den Mieter mit Fortsetzung des Gebrauchs, für den Vermieter gemäß § 545 S. 2 Nr. 2 BGB sobald er Kenntnis von der Fortsetzung des Gebrauchs erlangt. Bei mehreren Vermietern kommt es auf die Kenntnis aller Vermieter an. Der Widerspruch kann von einem Vermieter erklärt werden (s. Kap. 2 IV.).

5. Fortsetzung des Gebrauchs

563 Eine Fortsetzung des Mietgebrauchs i.S.d. Vorschrift liegt immer dann vor, wenn Art und Umfang des Mietgebrauchs, der bis zur Beendigung der Mietzeit ausgeführt wurde, auch über den Zeitpunkt der Beendigung hinaus aufrechterhalten bleibt. Es kommt daher *nur auf das tatsächliche Verhalten des Mieters an*. Unerheblich ist, ob die Art des Mietgebrauchs sowohl bei Beendigung des Vertrages als auch danach vertraglichen Regelungen entspricht (BGH WuM 1988, 59).

Bei einer Mehrheit von Mietern ist die Fortsetzung durch einen Mieter ausreichend (str. s. Blank in Blank/Börstinghaus § 545 BGB Rn. 12 m.w.N.).

Auch Drittüberlassung ist Gebrauchsfortsetzung (BGH ZMR 2007, 611 ff.; OLG Düsseldorf BeckRS 2010, 02136).

Wenn schon vor Beendigung des Mietverhältnisses die Nutzung einem Untermieter überlassen war und dieser den Gebrauch fortsetzt, wird diese Gebrauchsfortsetzung dem Mieter zugerechnet (OLG Düsseldorf ZMR 2003, 252 ff.; zu Pachtvertrag BGH ZMR 1986, 274). 564

6. Rechtsfolge der Gebrauchsfortsetzung bei fehlendem Widerspruch

Ein neues Mietverhältnis wird nicht begründet, das alte Mietverhältnis wird fortgesetzt. Die Vertragsbedingungen bleiben unverändert, ausgenommen hiervon sind alle Regelungen, die der Fortsetzung auf unbestimmte Zeit entgegenstehen, wie eine Befristung (OLG Hamm LSK 1998, 070010) oder Option (OLG Köln ZMR 1996, 433). Dies ist immer dann anzunehmen, wenn Gebrauchsfortsetzung und widerspruchslose Entgegennahme der Miete über einen längeren Zeitraum erfolgt sind (s. Haase ZMR 2002, 557, 562 f.). 565

IX. Rückgabe der Mietsache

Einführend soll ein Überblick gegeben werden, welche Beendigungstatbestände allgemein vorliegen und zu welchem Zeitpunkt das Mietverhältnis grundsätzlich endet. 566

Beendigungsgründe				
Befristung und Beendigung	Kündigung	Anfechtung	Aufhebungsvertrag	Ehewohnung
§ 542 Abs. 2 BGB § 575 Abs. 1 BGB § 158 Abs. 2 BGB § 575 Abs. 2 BGB	§ 542 BGB BGB § 568 BGB BGB besondere Kündigungsrechte	§§ 119 BGB i.V.m. § 142 BGB	§ 311 Abs. 1 BGB	§ 5 HausratsVO
Automatismus	Einseitiges Gestaltungsrecht	Einseitiges Gestaltungsrecht	Vertrag	Automatismus
Zeitpunkt der Beendigung				
Befristung und Bedingungseintritt (meist vertraglich vereinbartes Datum)	Bei fristgerechter Kündigung: Ablauf der gesetzlichen oder vereinbarten Kündigungsfrist Bei fristloser Kündigung: Zugang der Kündigungserklärung	Vor Übergabe: von Anfang an (ex tunc) Nach Übergabe: mit Zugang Erklärung (ex nunc)	Gemäß Vereinbarung	Zugang der Erklärung der Ehegatten Rechtskraft der Überlassungsentscheidung

Neben der Kenntnis des Zeitpunkts der Beendigung sind eine Reihe von gegenseitigen Ansprüchen bei der Abwicklung des beendeten Mietverhältnisses zu berücksichtigen. Die nachfolgende Übersicht gibt einen Überblick über die Ansprüche des Vermieters und Ansprüche des Mieters, die häufig Gegenstand anwaltlicher Beratung sind. 567

Abwicklung des beendeten Mietverhältnisses	
Ansprüche des Vermieters	Ansprüche des Mieters
• Räumung und Herausgabe – Mieter – Dritte	• Wegnahmerecht bei Einrichtungen
• Verspätete Rückgabe – Nutzungsentschädigung – Weiterer Schadensersatz	• Rückerstattung sonstiger Mieterleistungen – Mietvorauszahlung – Baukostenzuschüsse – Mieterdarlehen
• Schönheitsreparaturen – Vornahme Schönheitsreparaturen – Abgeltung von Schönheitsreparaturen – Nichterfüllung von Schönheitsreparaturen – Schlechterfüllung von Schönheitsreparaturen	• Aufwendungsersatz für Einbauten und Investitionen
• Schlechterfüllung der Rückgabepflicht • Rückbauverpflichtungen	• Schadensersatz – Entzug vertragsgemäßen Gebrauchs – Nichterfüllung des Vertrages – Rechtswidrige Kündigung (vorgetäuschter Eigenbedarf)
	• Kautionsabrechnung
• Vermieterpfandrecht	• Betriebskostenabrechnung

568 In den nachfolgenden Ausführungen werden die Ansprüche im Rahmen der Abwicklung des beendeten Mietverhältnisses näher dargestellt, soweit sie nicht bereits in anderen Kapiteln dieses Buches abgehandelt werden. Ansprüche wegen Schönheitsreparaturen (s. Kap. 8 Rdn. 10 ff.). Fragen zur Kaution nach Beendigung des Mietverhältnisses werden in Kap. 6 Rdn. 1 ff., das Vermieterpfandrecht in Kap. 6 Rdn. 172 ff. und Mietnebenkosten bei beendetem Mietverhältnis in Kap. 5 erörtert.

1. Räumung und Herausgabe

569 Beim Anspruch auf Räumung und Herausgabe der Mietsache ist zu unterscheiden, gegen wen sich der Anspruch richtet, d.h. ob die betreffende Person Mieter oder Dritte ist.

a) Räumung und Herausgabe durch den Mieter

570 Nach Beendigung des Mietverhältnisses ist der Mieter verpflichtet, die Mietsache an den Vermieter zurückzugeben. Dabei wird dem Vermieter unabhängig von den Eigentumsrechten an der Mietsache ein vertraglicher Anspruch auf Rückgabe gewährt. Dieser schulrechtliche Anspruch des Vermieters gegen den Mieter auf Rückgabe der Wohnung gemäß § 546 Abs. 1 BGB steht neben einem etwaigen dinglichen Herausgabeanspruch gemäß § 985 BGB gegen den Besitzer, sofern der Vermieter gleichzeitig Eigentümer ist. Ist der Vermieter kein Eigentümer, so bleibt ihm allenfalls ein Bereicherungsanspruch nach § 812 BGB.

Die Ansprüche sind zwar auf dasselbe Ziel, die Rückgabe der Mietsache gerichtet, haben aber unterschiedliche Tatbestandsvoraussetzungen. Meistens bedarf es keiner Differenzierung, da häufig Personenidentität zwischen Eigentümer und Vermieter vorliegt. Dies ist aber nicht immer der Fall. Personenidentität fehlt beispielsweise in Fällen der Untervermietung oder Zwischenvermietung. In derartigen Fällen ist der Vermieter auf den vertraglichen Anspruch nach § 546 Abs. 1 BGB angewiesen. Ist der Vermieter kein Eigentümer und ist der Mietvertrag nichtig, beispielsweise aufgrund Anfechtung § 142 BGB bzw. Sittenwidrigkeit § 138 BGB, kann der Rückgabeanspruch auf einen Bereicherungsanspruch nach § 812 BGB gestützt werden. In derartigen Fällen scheidet § 985 BGB, aber auch § 546 BGB aus (Schmidt-Futterer/Gather § 546 BGB Rn. 9; Emmerich/Sonnenschein-Rolfs § 546 BGB Rn. 1).

Tatbestandsvoraussetzungen des § 546 Abs. 1 BGB sind:
- Mietverhältnis zwischen den Parteien
- Beendigung des Mietverhältnisses.

Die Tatbestandsvoraussetzungen des § 985 BGB sind:
- Eigentum des Vermieters
- Besitz des Mieters
- Fehlendes Besitzrecht des Mieters i.S.v. § 986 BGB.

Die Tatbestandsvoraussetzungen des § 812 BGB sind:
- Besitz des »Mieters« erlangt
- Ohne Rechtsgrund.

Neben den Tatbestandsvoraussetzungen unterscheiden sich die Ansprüche auch hinsicht- **571**
lich der Rechtsfolgen.

Der vertragliche Rückgabeanspruch reicht weiter als der Herausgabeanspruch des Eigentümers oder aufgrund Bereicherungsrechts. Der mietvertragliche Rückgabeanspruch beinhaltet bei Beendigung des Mietverhältnisses eine Rückgabe der Mietsache in vertragsgemäßem Zustand. Beim Vindikationsanspruch genügt die bloße Besitzverschaffung an der Mietsache, insbesondere den Zugang zum Objekt zu ermöglichen und die Wegnahme zu dulden.

Auch hinsichtlich des Ausschlusses des Zurückbehaltungsrechts nach § 570 BGB zeigen **572**
sich Unterschiede, wenn dem Vermieter nur Ansprüche nach § 985 BGB bzw. 812 BGB zustehen. In diesen Fällen, dh ohne vertraglichen Rückgabeanspruch nach § 546 Abs. 1 BGB ist § 570 BGB nicht anwendbar (BGH NJW 1964, 1791; Schmid/Stangl § 570 BGB Rn. 3; Schmidt-Futterer/Gather § 570 BGB Rn. 4).

Bei Ansprüchen nach § 546 Abs. 1 BGB, § 985 BGB oder § 812 BGB sind daher etwaige Einwendungen, Einreden und Gegenansprüche getrennt zu prüfen.

aa) Rückgabe des Besitzes

Der Mieter muss dem Vermieter den unmittelbaren Besitz einräumen, § 854 BGB. § 546 **573**
Abs. 1 BGB ist erfüllt, wenn der Mieter dem Vermieter den unmittelbaren Besitz verschafft und dieser vom Vermieter ungehindert ausgeübt werden kann (OLG Düsseldorf ZMR 2005, 705; OLG Hamm ZMR 1996, 372). Nicht notwendig ist, dass der Mieter unmittelbarer oder mittelbarer Besitzer ist (Schmidt-Futterer/Gather § 546 BGB Rn. 33).

Die Übergabe des Besitzes bedeutet, dass der Vermieter in der Lage sein muss, sich durch **574**
Ausübung der unmittelbaren Sachherrschaft ein ungestörtes Bild von der Mietsache machen zu können sowie eine unzweideutige Besitzaufgabe des Mieters (BGH NZM 2004, 98; OLG Brandenburg NZM 2000, 463).

Mehrere gemeinschaftliche Mieter haften dem Vermieter für die Rückgabe der Mietsache als Gesamtschuldner nach den §§ 427, 431 BGB. Die Gesamtschuldner haben wechselseitig auf die Erfüllung hinzuwirken (KG ZMR 2006, 526). Ein Mitmieter kann selbst dann noch auf Rückgabe der Mietsache in Anspruch genommen werden, wenn er die Mietsache verlassen hat und es ihm nicht gelungen ist, die anderen Mitmieter zum Auszug zu bewegen (BGH NJW 1991, 2416; OLG Düsseldorf ZMR 1987, 423; KG ZMR 2006, 526). Dritte, die nicht Mieter sind, können allenfalls über §§ 546 Abs. 2, 985 oder § 812 BGB auf Rückgabe in Anspruch genommen werden.

575 Die Erfüllung des Anspruchs erfordert die Übergabe sämtlicher Haus- und Wohnungsschlüssel (OLG Düsseldorf NZM 2003, 397; OLG Köln ZMR 2006, 859; OLG Hamm NZM 2003, 26; einschränkend: OLG Brandenburg NZM 2000, 463; LG Braunschweig WuM 1996, 272). Mit der gemieteten Sache ist das Zubehör zurückzugeben, was auch die Schlüssel einschließt. Nachgefertigte Schlüssel muss der Mieter gleichfalls übergeben (gegen Kostenerstattung) oder unbrauchbar machen, weil sonst keine vollständige Besitzaufgabe vorliegt (OLG Hamm NZM 2003, 26; OLG München DWW 1987, 124). Die Rückgabe und damit die Schlüsselübergabe erfolgt am Ort der belegenen Sache, d.h. der Vermieter oder dessen Beauftragter muss sich in der Mietsache einfinden. Den Parteien ist es aber unbenommen, anderweitige Vereinbarungen zu treffen, wonach der Mieter die Schlüssel dem Vermieter zu überbringen hat oder an einen von ihm beauftragten Vertreter, beispielsweise Hausmeister oder Nachmieter (OLG Hamm NZM 2003, 26) zu übergeben sind. Fehlt die Bevollmächtigung, so ist die Rückgabepflicht nicht erfüllt (KG GE 2001, 1059). Die Aushändigung gegenüber einem vom Vermieter beauftragten Rechtsanwalt genügt (LG Mannheim WuM 1982, 298). Die Rückgabepflicht ist nicht erfüllt, wenn die Schlüssel dem Prozessbevollmächtigten des Vermieters mit der ausdrücklichen Treuhandauflage übersandt werden, sie nur für den Fall der Öffnung der Räume bei einem Besichtigungstermin zu verwenden (OLG München ZMR 1996, 597).

576 Der Mieter kann die Besitzübertragung grundsätzlich nicht einseitig herbeiführen, in dem er den Verzicht auf die Nutzung erklärt (OLG Bremen OLGZ 1972, 417), die Schlüssel einem Mitmieter im Mietobjekt übergibt (LG Berlin GE 1983, 437), die Schlüssel in der Mietsache zurücklässt (OLG München ZMR 1985, 298) oder in den Briefkasten des Vermieters ohne dessen Kenntnis wirft (LG Köln DWW 1987, 236). Der Mieter bedarf zur Besitzübertragung der Mitwirkung des Vermieters (vgl. § 854 Abs. 2 BGB).

Verhindert der Vermieter durch sein Verhalten die vom Mieter angebotene Rückgabe der Schlüssel, gilt die Mietsache analog § 162 Abs. 1 BGB trotz verspäteter Schlüsselübergabe als rechtzeitig zurückgegeben (LG Mannheim WuM 1974, 202; a.M. OLG Düsseldorf WuM 1997, 218). Der Vermieter muss sich im Annahmeverzug befinden, damit der Mieter von seiner Rückgabepflicht befreit ist, was eine vorherige Ankündigung durch den Mieter gegenüber dem Vermieter erfordert (OLG Düsseldorf ZMR 1999, 326).

577 Fehlen Schlüssel, ist der Mieter bei Verletzung einer Sorgfaltspflicht ersatzpflichtig (AG Hamburg WuM 1999, 687). Dies kann im Einzelfall bei bestehender Gefahr einer missbräuchlichen Verwendung sogar die Kosten für eine neue Schließanlage umfassen (LG Köln WuM 1982, 2; LG Berlin ZMR 2000, 535; einschränkend: LG Wiesbaden NZM 1999, 308).

Hat der Mieter selbst neue Schlösser eingebaut, ist die Übergabe der hierzu gehörenden Schlüssel ausreichend (AG Köln WuM 1975, 191).

Sofern der Mieter nicht unmittelbar Besitzer der Mietsache ist, wie beispielsweise als Haupt- oder Zwischenvermieter, genügt er seiner Rückgabepflicht nicht, wenn lediglich der Herausgabeanspruch gegen den Dritten abgetreten wird, da dem Vermieter diese Ansprüche bereits gemäß § 546 Abs. 2 BGB bzw. § 985 BGB zustehen.

bb) Umfang der Räumung

Die Räumung muss vollständig erfolgen, da eine Teilräumung gemäß § 266 BGB nicht ausreichend ist. Alle Räume, auch Nebenräume, müssen bei der Rückgabe geräumt, also leer übergeben werden (OLG Hamm ZMR 1996, 372). Es ist dabei eine Frage des Einzelfalls, ob eine vollständige Räumung anzunehmen ist. Der Zustand der Mietsache spielt dabei grundsätzlich keine Rolle. **578**

Hinsichtlich der Erfüllung des Räumungsanspruchs reicht es nicht aus, wenn ein Großteil der Möbel zurückgelassen wird (LG Mannheim MDR 1965, 140; AG Ludwigshafen ZMR 1980, 888). Werden dagegen nur wenige Gegenstände oder Gerümpel zurückgelassen, so ist dennoch von einer Räumung auszugehen (BGH NJW 1988, 2665; BGH NJW 1983, 1049). Einzelne zurückgebliebene Sachen stehen der Erfüllung der Rückgabepflicht nicht entgegen (LG Erfurt ZMR 1999, 641). Die Grenze dürfte bei der Wohnraummiete erreicht sein, wenn zur Beseitigung der zurückgelassenen Gegenstände ein Container benötigt wird (OLG Hamm ZMR 1996, 3729).

Grundsätzlich wäre demnach auch Heizöl in einem Tank der Mietsache zu entfernen. Aufgrund des Schikaneverbots des § 226 BGB kann der Vermieter dies jedoch nicht verlangen. Verbleibt das Heizöl nach Rückgabe im Tank, steht dem Mieter gegenüber dem Vermieter ein Ausgleichsanspruch gemäß § 812 BGB zu (AG Oberndorf WuM 1990, 195; AG Weilheim WuM 1986, 221). Strittig ist allenfalls die Berechnung dieser Entschädigung, d.h. Tagespreis oder Einkaufspreis.

Der Vermieter seinerseits gerät in Annahmeverzug, wenn er in Verkennung der Sachlage eine Rückgabe der Mietsache ablehnt, obwohl lediglich einzelne Gegenstände zurückgeblieben sind. Es ist zu differenzieren zwischen einer Nichterfüllung der Rückgabe und einer Schlechterfüllung der Rückgabe, die gegebenenfalls Schadensersatzansprüche des Vermieters gemäß §§ 280, 281, 286 BGB begründet (BGHZ 104, 285). **579**

Den Vermieter trifft eine Obhutspflicht an zurückgelassenen Gegenständen (BGH ZMR 1967, 268; BGH WuM 1971, 943). Zurückgelassene Gegenstände können deshalb nicht anderweitig eingelagert oder gar entsorgt werden. Dem Vermieter bleibt allenfalls die Möglichkeit, die zurückgelassenen Gegenstände beweisbar zu inventarisieren und den ehemaligen Mieter unter Fristsetzung einschließlich Androhung der kostenpflichtigen Entsorgung zur Abholung aufzufordern. Verstreicht die gesetzte, angemessene Frist ungenutzt, kann dies als Besitzaufgabe des Mieters gedeutet werden, so dass eine Entsorgung möglich ist. Hierbei ist aber bei werthaltigen Gegenständen Vorsicht geboten, zumal die Eigentumsverhältnisse oftmals strittig sind. Es drohen dem Vermieter sonst Schadensersatzansprüche des Mieters gegebenenfalls gekürzt wegen Mitverschulden des Mieters.

cc) Zustand bei Räumung

Grundsätzlich ist der Mieter nur verpflichtet, die Mietsache in dem Zustand zurückzugeben, in dem es sich zur Zeit der Beendigung des Mietverhältnisses befindet (BGH NJW 1983, 1049; BGH NZM 2002, 913). Der Vermieter kann deshalb die Rücknahme nicht mit dem Argument verweigern, dass die Mietsache ihm in einem nicht ordnungsgemäßen Zustand angeboten wird (BGH WuM 1974, 260; BGH NJW 1983, 1049). Die Rückgabe wird auch dann erfüllt, wenn der Mieter die Mietsache in verändertem oder schlechtem Zustand zurückgibt, Einrichtungen oder bauliche Änderungen nicht entfernt bzw. beseitigt (BGH NJW 1988, 2665). Es ist auch hier zu unterscheiden zwischen der Nichterfüllung der Rückgabepflicht und der Schlechterfüllung der Rückgabepflicht, die ggf. Schadensersatzansprüche des Vermieters auslöst. **580**

581 Der Mieter muss die Mietsache, sofern er auf den Zustand der Mietsache abstellt, entsprechend den vertraglich vereinbarten Verpflichtungen übergeben. Ohne ausdrückliche Vereinbarung schuldet der Mieter lediglich einen ordnungsgemäßen Zustand. Die Mieträume muss der Mieter in sauberem Zustand zurückgeben. Aufgrund der dem Mieter während der Mietzeit in der Mietsache obliegenden Obhutspflicht aus § 241 Abs. 2 BGB, ist der Mieter während der Mietzeit verpflichtet, die Mietsache so zu pflegen, wie es für einen ordnungsgemäßen Gebrauch notwendig ist. Insbesondere muss der Mieter dafür sorgen, dass die Räume frei von Ungeziefer sind und sanitäre Einrichtungen, Fenster und Fußböden nicht durch Staub und Schmutz beschädigt werden. Es genügt für die Erfüllung der Reinigungspflicht, die auch während des laufenden Mietverhältnisses gilt, dass der allmählich anfallende Schmutz beseitigt wird (Schmidt-Futterer/Gather § 546 BGB Rn. 84). Der Begriff »besenreine Rückgabe« bedeutet im Wortsinn lediglich die Beseitigung grober Verschmutzungen (BGH ZMR 2006, 843).

Bei der Beurteilung des Zustandes der Mietsache ist § 538 BGB maßgeblich (Schmidt-Futterer/Gather § 546 BGB Rn. 67). Demzufolge sind Veränderungen oder Verschlechterungen der Mietsache, die durch den **vertragsgemäßen Gebrauch** herbeigeführt werden, nicht zu vertreten. Diese müssen daher vor der Rückgabe nicht beseitigt werden (OLG Düsseldorf ZMR 2004, 573). Auch Nikotinablagerungen gelten noch als vertragsgemäßer Gebrauch, sofern dem Mieter das Rauchen in der Wohnung nicht vertraglich untersagt war (BGH ZMR 2006, 843). In Fällen des Raucherexzesses kann der vertragsgemäße Gebrauch überschritten sein (LG Baden-Baden WuM 2001, 603; AG Cham ZMR 2002, 761; AG Magdeburg NZM 2000, 657). Die Grenze ist überschritten, wenn die Spuren des Nikotin nicht mehr durch Maßnahmen i.S.d. § 28 Abs. 4 S. 3 II. BV (Schönheitsreparaturen) beseitigt werden können (BGH IMR 2008, 145). Grundsätzlich gilt, dass im Falle eines beschädigten Zustandes der Mieter beweisen muss, dass er den Schaden nicht zu vertreten hat, sofern die schadenauslösende Handlung in dem durch den Mieter gebrauchten Bereich stattgefunden hat (BGH NJW 1994, 2019). Soweit § 538 BGB nicht zugunsten des Mieters eingreift, ist der ordnungsgemäße Zustand wieder herzustellen.

582 Grundsätzlich schuldet der Mieter keine **Schönheitsreparaturen**, da nach der Bestimmung des § 535 S. 2 BGB der Vermieter verpflichtet ist, die Mietsache in einem zum vertragsgemäßen Gebrauch geeigneten Zustand zu erhalten. Damit der Vermieter bei Beendigung des Mietverhältnisses Ansprüche wegen Schönheitsreparaturen stellen kann, setzt dies stets voraus, dass er diese wirksam auf den Mieter übertragen hat. Aufgrund einer gewandelten Rechtsprechung des BGH sind in der Vergangenheit zahlreiche, weit verbreitete und übliche Klauseln unwirksam geworden. In diesem Zusammenhang darf nur auf die Rechtsprechung zu »starren Fristen« (BGH ZMR 2004, 736 seither ständige Rechtsprechung) und »starren Kostenquotenklauseln« (BGH ZMR 2006, 28) verwiesen werden. Selbst wenn entsprechende Klauseln »weich« formuliert sind, so müssen diese transparent bleiben (BGH Urteil v. 26.09.2007, Az. VIII ZR 143/06).

Hinsichtlich der Einzelheiten zu Schönheitsreparaturen darf auf das Kap. 8 Rdn. 10 ff. verwiesen werden.

583 **Eingebrachte Sachen** hat der Mieter zu entfernen. Dies gilt auch für Namens- und Hinweisschilder; jedoch dürfen gewerbliche Mieter und Angehörige der freien Berufe aufgrund allgemeiner Verkehrssitte für angemessene Zeit ein Hinweisschild mit ihrer neuen Adresse anbringen (OLG Düsseldorf NJW 1988, 2545).

584 **Einrichtungen,** mit denen der Mieter die Mietsache versehen hat, muss der Mieter grundsätzlich auf eigene Kosten beseitigen und den früheren Zustand wieder herstellen (BGH NJW 1981, 2564; BGH NJW 1988, 2665). Dies gilt auch dann, wenn der Mieter die Einrichtung vom Vormieter übernommen hat (LG Berlin MDR 1987, 234; OLG

Hamburg ZMR 1990, 341). Nähere Ausführungen hierzu finden sich im nachfolgenden Abschnitt des 14. Kap., was die Frage des Wegnahmerechts des Mieters und die Abwendungsbefugnis des Vermieters betrifft.

Bauliche Veränderungen seitens des Mieters sind grundsätzlich zu beseitigen, wobei es auf die hierbei entstehenden Kosten regelmäßig nicht ankommt (KG GE 2003, 46; LG Berlin MDR 1987, 234). Dies bezieht auch die Errichtung von Gebäuden durch den Mieter ein (BGH NJW 1966, 1409). Gleiches gilt für bauliche Veränderungen im Zuge eines behindertengerechten Wohnens, was sich aus § 554a Abs. 2 S. 1 BGB ergibt (Blank/Börstinghaus/Blank § 554a BGB Rn. 19). Die Verpflichtung zur Beseitigung baulicher Veränderungen gilt selbst dann, wenn der Vermieter seine Zustimmung erteilt hat (BGH NZM 1999, 478; OLG Köln ZMR 1998, 699). Grundsätzlich, wenn keine weiteren Anhaltspunkte vorliegen, bezieht sich eine Zustimmung des Vermieters nur auf die Dauer der Mietzeit. Eine Zustimmung des Vermieters für auf Dauer angelegte Baumaßnahmen soll regelmäßig einen Verzicht auf das Recht zur Beseitigung beinhalten (OLG Frankfurt/M. WuM 1992, 54; LG Potsdam WuM 1997, 621). Dies soll wiederum nicht gelten, wenn es sich um eine ungewöhnliche Baumaßnahme (LG Berlin GE 2001, 1604) oder eine bauordnungswidrige Maßnahme handelt (AG Warendorf WuM 2001, 488). Bauliche Veränderungen in den neuen Bundesländern, die der Mieter nach dem ZGB der DDR und zeitlich vor dem 03.10.1990 vorgenommen hat, sind von der Rückbaupflicht ausgenommen (BGH NZM 1999, 478; BGH NZM 1999, 679). **585**

Die Beseitigungspflicht des Mieters entfällt, wenn die Änderungen erforderlich waren, um die Mietsache in einem vertragsgemäßen Zustand zu versetzen oder die Räume so umgebaut werden, dass die Wiederherstellung des ursprünglichen Zustandes nutzlos wäre (BGHZ 96, 141; OLG Düsseldorf ZMR 1990, 218; LG Köln WuM 1995, 654).

dd) Dokumentation der Räumung (Rückgabeprotokoll)

Ein Rückgabeprotokoll bezweckt vor allem, den Zustand der Mietsache im Zeitpunkt der Rückgabe einvernehmlich festzuhalten. Allerdings besteht keine Mitwirkungspflicht des Mieters. Der Mieter kann folglich nicht gezwungen werden, ein erstelltes Rückgabeprotokoll gegenzuzeichnen. Sofern im Rückgabeprotokoll Tatsachenfeststellungen getroffen werden, handelt es sich um ein Beweismittel, das bei einer gerichtlichen Auseinandersetzung als Urkunde in den Prozess eingeführt werden kann. **586**

Bestätigt der Mieter das Vorhandensein bestimmter Mängel der Mietsache im Rückgabeprotokoll, so wird darin ein deklaratorisches Schuldanerkenntnis (Schuldbestätigung) gemäß § 781 S. 1 BGB gesehen. Der Mieter kann die bestätigten Tatsachen später nicht mehr bestreiten. Er kann lediglich behaupten, dass die Mängel bereits bei Mietbeginn vorhanden waren oder von ihm nicht zu vertreten sind.

Sofern der Vermieter die Protokollierung von Schäden unterlässt, ist er von der Geltendmachung dieser Schäden ausgeschlossen. Weist das Rückgabeprotokoll keine Schäden der Mietsache aus, wird von einem negativen Schuldanerkenntnis i.S.d. § 397 Abs. 2 BGB ausgegangen (BGH NJW 1983, 446, 448; LG Berlin GE 1984, 175). **587**

Der Vermieter bestätigt mit seiner Unterschrift, dass die Mietsache insoweit vertragsgemäß ist und erklärt, dass bestehende Ansprüche nicht mehr geltend gemacht werden. Dabei kommt es nicht einmal auf die Schwere der Erkennbarkeit von Beschädigungen an (z.B. Bodenkontermination), weil die Rechtsprechung dem Vermieter eine Untersuchungspflicht auferlegt, die ihn gegebenenfalls zur Einschaltung eines Sachverständigen verpflichtet (BGH NJW 1983, 446).

588 Die vorstehend genannten Rechtswirkungen sind von zusätzlichen im Rückgabeprotokoll übernommenen Verpflichtungen zu differenzieren. Im Ausnahmefall kann das Rückgabeprotokoll selbständig rechtliche Pflichten begründen (z.B. ausdrückliche Übernahme einer Renovierungspflicht des Mieters oder einer bestimmten Zahlung). Ein solches konstitutives Schuldanerkenntnis i.S.d. § 781 S. 1 BGB (Schuldbegründung) erfordert eine Formulierung, aus der eindeutig der Wille der Parteien hervorgeht, eine neue, vom Mietvertrag unabhängige Anspruchsgrundlage zu schaffen. In derartigen Fällen ist der Mieter nachträglich mit Einwendungen ausgeschlossen, soweit er die Einwendungen bei der Abgabe des Schuldanerkenntnisses kannte oder mit denen er rechnen musste. Hiervon zu differenzieren ist die bloße Konkretisierung einer vertraglichen Verpflichtung des Mietvertrages in einem Rückgabeprotokoll (z.B. Ausführung der Verpflichtung zur Schönheitsreparatur wegen Klausel im Mietvertrag). Dies stellt keine selbständige rechtliche Verpflichtung dar. Gegebenenfalls teilt die Konkretisierung das rechtliche Schicksal der vertraglichen Vereinbarung, wenn diese unwirksam ist (BGH ZMR 2006, 913, 915).

Die Parteien sollten sich auf einen derartigen Rückgabetermin vorbereiten (Schach/Stangl Rn. 861 ff.).

Hinweis:
- Die Parteien sollten sich vor dem Rückgabetermin mit dem Mietvertrag vertraut machen, um sich zu informieren, welche Rechte und Pflichten vereinbart wurden.
- Die Parteien sollten ein vorhandenes Übergabeprotokoll vom Zeitpunkt des Mietbeginns studieren. Ein Übergabeprotokoll ist ein wichtiges Hilfsmittel, da sich aus diesem der Zustand der Mietsache zu Beginn des Mietverhältnisses dokumentieren lässt.
- Der Zeitpunkt der Rückgabe am Tag selbst soll überlegt werden. Gute Lichtverhältnisse sind besonders für den Vermieter vorzugswürdig.
- Die Parteien sollten gegebenenfalls Zeugen hinzuziehen, die Kenntnis vom ursprünglichen Zustand der Mietsache bei Mietbeginn hatten und später Einlassungen der Beteiligten im Rahmen der Rückgabe belegen können.
- Die Greifbarkeit eines Fotoapparates oder einer Videokamera kann zur Dokumentation des Zustandes äußerst hilfreich sein. Gegebenenfalls ist auch die Hinzuziehung von Fachleuten (Sachverständigen) ratsam, was bei größeren Gewerbeobjekten empfehlenswert ist.
- Die Mitnahme von Kostenvoranschlägen hinsichtlich etwaig anfallender Renovierungsarbeiten bzw. ggf. Rechnungen einer früheren Renovierung können ebenfalls sinnvoll sein, um die Größenordnung bestimmter Verpflichtungen eingrenzen zu können.
- Die Vorbereitung eines Rückgabeprotokolls ist notwendig, wobei etwaige handelsübliche Formulare auf den Sachverhalt anzupassen sind einschließlich deren Besonderheiten.

Das Rückgabeprotokoll hat folglich besondere Bedeutung für die Parteien, weshalb insbesondere vermieterseitig dieses mit Sorgfalt geführt werden sollte, da dort leicht ein Anspruchsverlust droht.

ee) Fälligkeit des Rückgabeanspruchs

589 Entgegen dem Wortlaut des § 546 Abs. 1 BGB entsteht die Rückgabepflicht nicht »nach«, sondern »bei« Beendigung des Mietverhältnisses, also mit dem Zeitpunkt oder Tag seiner Beendigung (BGH NJW 1989, 451). Der Rückgabeanspruch ist somit am letzten Tag der Mietzeit fällig (BGH NJW 1989, 451, 451; OLG Düsseldorf NZM 2001, 131, 132; Emmerich/Sonnenschein-Rolfs § 546 BGB Rn. 14; Schmidt-Futterer/Gather § 546 BGB

Rn. 8). § 193 BGB ist anwendbar, so dass sich der Zeitpunkt auf den nächsten Werktag verschiebt, falls ansonsten der Rückgabezeitpunkt auf einen Sonnabend, Sonntag oder einen staatlich anerkannten Feiertag fallen würde. Dies gilt nicht für Hotelzimmer oder Ferienwohnungen. Streitigkeiten über den Rückgabezeitpunkt lassen sich vermeiden durch sinngemäße Formulierungen, dass die Rückgabe spätestens bei Beendigung des Mietverhältnisses »geschuldet« ist (OLG Düsseldorf NZM 2001, 131, 132). Derartige Vereinbarungen können auch formularvertraglich erfolgen, was aber nicht für die Fälle des § 193 BGB gilt. An derartigen Tagen steht dem Mieter meist keine Umzugsmöglichkeit zur Verfügung. Der Zeitpunkt der Rückgabe kann durch eine Vereinbarung der Parteien nach § 311 Abs. 1 BGB durch gerichtliche Festsetzung einer Räumungsfrist nach den §§ 721, 794a ZPO oder durch einen Verwaltungsakt der Ordnungsbehörde abweichend bestimmt werden. Für die Dauer der Räumungsfrist ist die Räumungspflicht gestundet. Die Gewährung einer Räumungsfrist lässt die Beendigung des Mietverhältnisses unberührt (BGH NJW-RR 1987, 907).

Wird von der Vollstreckungsmöglichkeit eines Räumungsurteils längere Zeit kein Gebrauch gemacht, kann im Einzelfall das Recht auf Rückgabe der Mietsache gemäß § 242 BGB verwirkt sein (OLG Hamm MDR 1982, 147).

Strittig ist, ob der Mieter die Mietsache vorzeitig zurückgeben darf, wenn keine ander- **590**
weitige Vereinbarung getroffen wurde.

Die überwiegende Auffassung beruft sich auf § 271 BGB und dem Fehlen einer Nutzungspflicht des Mieters mit der Folge, dass der Mieter das Recht habe, die Mietsache vor Ablauf des Mietverhältnisses zurückzugeben (LG Mannheim WuM 1982, 289; Schmidt-Futterer/Gather § 546 BGB Rn. 24 m.w.N.). Nach anderer Auffassung wird ein derartiges vorzeitiges Rückgaberecht unter Hinweis auf die für die Restlaufzeit bestehende Obhutspflicht des Mieters abgelehnt (KG NZM 2000, 92). Teilweise wird vertreten, dass ein vorzeitiges Rückgaberecht von den Umständen des Einzelfalls abhängt. So wird eine vorzeitige Rückgabe gebilligt, wenn das Ende des Mietverhältnisses bevorsteht, nicht aber, wenn die Mietsache etwa 5 Monate vor dem Ablauf des Vertrags zurückgegeben werden soll (OLG Dresden NZM 2000, 827).

Der Mieter ist trotz vorzeitiger Rückgabe gegenüber dem Vermieter verpflichtet, die Miete bis zum Ende der Mietzeit zu entrichten (OLG Hamm ZMR 1995, 525; KG NZM 2000, 92).

Ort der Rückgabepflicht ist bei unbeweglichen Sachen als Mietsache der Ort, an dem sie sich befinden. Der Erfüllungsort ist nach § 29 Abs. 1 ZPO für den Gerichtsstand maßgebend.

ff) Kein Zurückbehaltungsrecht des Mieters

Ein Zurückbehaltungsrecht gegen den Rückgabeanspruch des Vermieters aus § 546 BGB **591**
steht dem Mieter grundsätzlich nicht zu. Dies ergibt sich für Wohnraum aus § 570 BGB und für andere Mietverhältnisse aus den Verweisungen in § 578 Abs. 1 und 2 S. 1 BGB. Sinn und Zweck der Regelung ist es, dass dem Vermieter die wertvolle Nutzung der Mietsache wegen geringfügiger oder behaupteter Gegenforderungen des Mieters nicht verwehrt wird. Der Schaden kann für den Vermieter möglicherweise außer Relation zum behaupteten Gegenanspruch des Mieters sein.

Eine Geltendmachung des Zurückbehaltungsrechts durch den Mieter ist allerdings nur **592**
ausgeschlossen, soweit der Vermieter vom Mieter die Rückgabe gemäß § 546 BGB verlangt. Stützt der Vermieter seinen Anspruch auf Herausgabe der Mietesache auf § 985 BGB oder § 812 BGB, ist § 570 BGB unanwendbar, so dass der Mieter sich auf sein Zurückbehaltungsrecht gemäß §§ 273, 274 BGB berufen kann.

Liegt Anspruchskonkurrenz vor, d.h. dass der Vermieter die Rückgabe der Mietsache sowohl auf § 546 Abs. 1 BGB als auch auf § 985 BGB stützen kann, gilt gleichfalls § 570 BGB, so dass kein Leistungsverweigerungsrecht besteht. Der Vermieter als Eigentümer darf nicht schlechter gestellt werden als der vermietende Nichteigentümer.

Im Ausnahmefall kann die Berufung auf § 570 BGB treuwidrig i.S.d. § 242 BGB sein, wenn die Ansprüche des Mieters auf einer vorsätzlichen unerlaubten Handlung des Vermieters beruhen (OLG Köln NJW-RR 1992, 1162).

gg) Verjährung

593 Der Rückgabeanspruch des Vermieters verjährt gemäß § 195 BGB in 3 Jahren; die kurze Verjährung des § 548 Abs. 1 BGB gilt hier nicht. Ein Herausgabeanspruch des Vermieters nach § 985 BGB verjährt dagegen gemäß § 197 Abs. 1 Nr. 1 BGB in 30 Jahren.

b) Räumung und Herausgabe durch den Dritten

594 Sofern das Mietverhältnis beendet ist und der Mieter den Gebrauch der Mietsache einem Dritten überlassen hat (z.B. Untermieter), kann der Vermieter die Mietsache gemäß § 546 Abs. 2 BGB unmittelbar von dem Dritten zurückfordern.

Sinn und Zweck des § 546 Abs. 2 BGB ist es, dem Vermieter, der nicht Eigentümer ist, einen vertraglichen Herausgabeanspruch gegen denjenigen einzuräumen, der die Mietsache – befugt oder unbefugt – nutzt. Der Dritte muss dabei nicht unmittelbarer Besitzer sein, es genügt, wenn er mittelbarer Besitzer ist (OLG Hamm NJW-RR 1992, 783). Sofern der Vermieter zugleich Eigentümer ist, kann er seinen vertraglichen Rückgabeanspruch aus § 546 Abs. 2 BGB auch auf § 985 BGB stützen.

Die Tatbestandsvoraussetzungen des § 546 Abs. 2 BGB sind:
- ein wirksamer Hauptmietvertrag
- die Gebrauchsüberlassung der Mietsache durch den Hauptmieter an einen Dritten, der auch Besitzer der Mietsache ist
- die rechtliche Beendigung des Hauptmietvertrages
- die Aufforderung des Vermieters an den Dritten, die Mietsache zurückzugeben

595 Der Anspruch des (Haupt-)Vermieters gegen den Untermieter (Dritten) auf Rückgabe der Mietsache aus § 546 Abs. 2 BGB besteht neben dem Anspruch des Hauptmieters gegen diesen aus § 546 Abs. 1 BGB. Gegenüber dem (Haupt-)Vermieter sind Hauptmieter und Dritter hinsichtlich der Rückgabepflicht nach § 431 BGB Gesamtschuldner, wie sich aus dem Wort »auch« in § 546 Abs. 2 BGB ergibt (OLG Celle NJW 1953, 1474; AG Potsdam NZM 2000, 743). Der Dritte (Untermieter) wird gemäß § 428 BGB durch Leistungen an einen der Beiden (Gesamtgläubiger) hinsichtlich der Rückgabepflicht befreit (OLG Düsseldorf ZMR 1996, 494).

Die Räumungsvollstreckung darf nicht betrieben werden, wenn ein Dritter, der weder im Vollstreckungstitel noch in der dieser beigefügten Vollstreckungsklausel namentlich bezeichnet ist, im Besitz der Mietsache ist. Dies gilt selbst dann, wenn der Verdacht besteht, dem Dritten sei der Besitz nur eingeräumt worden, um die Zwangsräumung zu vereiteln (BGH ZMR 2009, 21).

aa) Hauptmietverhältnis

596 Es muss ein Hauptmietverhältnis bestanden haben. Die Pflicht des Dritten zur Herausgabe hat ihre Grundlage in dem Hauptmietvertrag, weshalb dieser wirksam gewesen sein muss. Der Herausgabeanspruch nach § 546 Abs. 2 BGB besteht deshalb nicht, wenn der

Hauptmietvertrag von Anfang an nichtig war, etwa wenn er gemäß § 142 Abs. 1 BGB wirksam angefochten oder wenn er rückwirkend aus sonstigen Gründen, wie etwa bei einem Rücktritt (RGZ 136, 33) aufgehoben worden ist (Schmidt-Futterer/Gather § 546 BGB Rn. 103). In derartigen Fällen ist der Vermieter auf § 985 BGB bzw. § 812 BGB angewiesen.

bb) Überlassung des Gebrauchs der Mietsache an einen Dritten

Der Hauptmieter muss den Gebrauch der Mietsache einem Dritten überlassen haben. **597** Dritte sind nur solche Personen, die nicht schon als Angehörige des Mieters dessen Gebrauchsrecht mit ausüben. Dieser Personenkreis wird nämlich bereits durch den Anspruch nach § 546 Abs. 1 BGB erfasst. Der Dritte muss die Sache mit Wissen oder zumindest mit Duldung des Hauptmieters in Gebrauch genommen haben. Hierfür ist es ausreichend, dass einer von mehreren Mietern dem Dritten den Gebrauch der Sache überlassen hat (AG Stuttgart ZMR 1975, 305). Der Besitz durch verbotene Eigenmacht reicht nicht aus (Schmidt-Futterer/Gather § 546 BGB Rn. 103). Gleichgültig ist es, ob der Hauptmieter inzwischen seinen Besitz aufgegeben und den Dritten in der Mietsache zurückgelassen hat.

Die Mietsache muss dem Dritten zum Gebrauch überlassen sein. Dabei ist es entschei- **598** dend, dass der Dritte aufgrund der Überlassung durch den Mieter Besitzer oder Mitbesitzer der Mietsache geworden ist, weil er nur dann die Herausgabe schulden kann. Es kommt nicht darauf an, ob der Mieter zur Überlassung an den Dritten berechtigt war. Maßgeblich ist allein, ob die Gebrauchsüberlassung auf eine gewisse Dauer angelegt ist (OLG Hamm RE DWW 1982, 308, 309; OLG Schleswig RE WuM 1992, 674, 677).

cc) Beendigung des Hauptmietverhältnisses

Das Hauptmietverhältnis muss beendet sein. Entscheidend ist dabei nicht die tatsächliche, **599** sondern die rechtliche Beendigung des Mietverhältnisses mit dem Hauptmieter (RGZ 156, 150, 153). Neben der rechtlichen Beendigung muss die Verpflichtung des Hauptmieters zur Räumung und Herausgabe hinzukommen. Sofern dem Hauptmieter eine Räumungsfrist gewährt wurde, kann der Vermieter die Mietsache nicht zurückfordern (OLG Hamm WuM 1981, 40; AG Aachen WuM 1990, 150). Der Räumungsanspruch gegenüber den Untermieter erlischt bei Abschluss eines neuen Hauptmietverhältnisses über die Mietsache mit einem Dritten, der mit dem Verbleib des Untermieters einverstanden ist (LG Berlin ZMR 1992, 395; LG München WuM 1964, 118).

dd) Geltendmachung

Eine weitere Voraussetzung für die Entstehung des Herausgabeanspruchs nach § 546 **600** Abs. 2 BGB ist es, dass er gegenüber dem Dritten geltend gemacht wird. Die Geltendmachung des Anspruchs ist deshalb geboten, weil der Dritte nicht in vertraglicher Beziehung zum Vermieter steht und daher keine Kenntnis von der Beendigung des Hauptmietvertrages hat, die ihn veranlassen könnte, sich um Rechtsbeziehungen zwischen den Vertragsteilen des Hauptmietverhältnisses zu kümmern (Schmidt-Futterer/Gather § 546 BGB Rn. 106). Die Geltendmachung ist eine einseitige empfangsbedürftige Willenserklärung, die keiner besonderen Form bedarf. Die Erklärung darf bereits vor Beendigung des Hauptmietverhältnisses abgegeben werden, wird aber erst mit Vertragsende wirksam.

Nicht geregelt ist, innerhalb welcher Frist der Rückforderungsanspruch gegenüber dem Dritten geltend gemacht werden muss. Im Einzelfall kann ein entsprechendes Verhalten des Vermieters, beispielsweise wenn er den Dritten im Anschluss an die Beendigung des Mietverhältnisses wie einen Vertragspartner behandelt, zu einem konkludenten Mietvertrag führen (Schmidt-Futterer/Gather § 546 BGB Rn. 108). § 545 BGB mit der Fortsetzungsfiktion ist nicht anwendbar, da dies eine mietvertragliche Beziehung zwischen Vermieter und Dritten voraussetzen würde.

Zumindest besteht für den Vermieter die Gefahr, dass bei einem längeren Zuwarten mit der Rückforderungserklärung eine Verwirkung eintritt, wenn neben dem Zeitmoment noch weitere Gesichtspunkte als Umstandsmoment hinzutreten (Schmidt-Futterer/Gather § 546 BGB Rn. 110).

Der Anspruch nach § 546 Abs. 2 BGB wird direkt mit Abgabe der Erklärung fällig (Schmidt-Futterer/Gather § 546 BGB Rn. 111).

ee) Gewerbliche und nichtgewerbliche Zwischenvermietung

601 Eine Besonderheit gilt in den Fällen der sog. gewerblichen Zwischenvermietung. Durch die Regelung des § 565 BGB wird ein Rückforderungsanspruch des Vermieters nach § 546 Abs. 2 BGB ausgeschlossen, wenn der Mietvertrag mit dem gewerblichen Zwischenmieter gekündigt wird. Entsprechendes gilt für den Rückgabeanspruch nach § 546 Abs. 1 BGB.

In diesen Fällen tritt der Hauptvermieter nach § 565 Abs. 1 BGB in die Rechte und Pflichten aus dem bis dahin bestehenden Mietverhältnis zwischen dem Hauptmieter (Zwischenvermieter) und dem Untermieter (Dritten) ein. Der Anwendungsbereich des § 565 BGB betrifft Fälle, in denen der Hauptmieter oder Zwischenvermieter (Mieter i.S.d. Wortlauts des § 565 BGB) nach dem Mietvertrag mit dem Hauptvermieter (dem »Vermieter) den gemieteten Wohnraum (gewerblich) einem »Dritten« (dem Untermieter) zu Wohnzwecken weiter vermietet. Die Anwendung des § 565 BGB setzt somit voraus, dass der Zweck des Hauptmietvertrages gerade darin besteht, die angemieteten Räume als Wohnraum weiter zu vermieten. Es genügt dabei, wenn sich der fragliche Zweck konkludent aus dem Mietvertrag ergibt. Bei der Verfolgung anderer Zwecke im Mietvertrag, insbesondere bei einer Weitervermietung zu gewerblichen Zwecken, ist § 565 BGB unanwendbar (KK-MietR/Stangl § 565 BGB Rn. 4).

602 In Fällen einer nichtgewerblichen Zwischenvermietung wird gleichfalls, auch wenn § 565 BGB nicht entsprechend angewandt wird, die Anwendung der Kündigungsschutzvorschriften diskutiert. Bei derartigen Sachverhalten handelt es sich um die Anmietung von Wohnraum durch einen gemeinnützigen, karitativen Verein zur Weitervermietung an bestimmte betreuungsbedürftige Personen oder an einen seiner Mitarbeiter sowie zum Anderen um die Anmietung durch Unternehmen zur Weitervermietung an Betriebsangehörige. In Fällen der Vermietung der Wohnung durch einen gemeinnützigen Verein als Zwischenmieter hat die Rechtsprechung die Ansicht vertreten, dass die Rückgabeansprüche aufgrund des Gleichheitsgrundsatzes des Art. 3 Abs. 1 GG wegen einer mit der gewerblichen Zwischenvermietung vergleichbaren Interessenslage durch die Kündigungsvorschriften eingeschränkt sein kann (BGH NJW 2003, 3054). Bei der Anmietung durch einen Unternehmer zur Weitervermietung an Betriebsangehörige wurde der Dritte hinsichtlich des mietrechtlichen Schutzes gegenüber dem Hauptvermieter so gestellt, als habe er direkt von diesem gemietet (BayOblG ZMR 1995, 585). Nach dem dortigen Sachverhalt hatte sich der Eigentümer ein Mitspracherecht bei der Auswahl des Wohnraummieters vorbehalten.

Konsequenz ist, dass ein Rückforderungsanspruch nach § 546 Abs. 2 BGB bei der Beendigung des Zwischenmietverhältnisses nur unter Beachtung der Kündigungsschutzvorschriften des §§ 573, 574 BGB durchsetzbar ist. Zudem hat die Rückforderungserklärung in diesen Fällen schriftlich unter Angabe des berechtigten Interesses nach § 573 Abs. 3 BGB zu erfolgen.

2. Nutzungsentschädigung

Der Mieter schuldet bei verspäteter Herausgabe der Mietsache keine Miete gemäß § 535 Abs. 2 BGB mehr, da kein Mietverhältnis besteht. **603**

In § 546a BGB sind Ansprüche des Vermieters geregelt, wenn der Mieter die Mietsache nach der Beendigung des Mietverhältnisses nicht oder nicht rechtzeitig zurückgibt. Sinn und Zweck der Vorschrift ist es, dem Vermieter eine Nutzungsentschädigung als Mindestbetrag einzuräumen, soweit der Mieter die Mietsache trotz der Beendigung des Mietverhältnisses vorenthält und die Voraussetzungen für eine stillschweigende Verlängerung nach § 545 BGB nicht erfüllt sind.

Die Tatbestandsvoraussetzungen des § 546a Abs. 1 BGB sind:
- Mietverhältnis
- Beendigung des Mietverhältnisses
- Vorenthaltung der Mietsache durch den Mieter.

a) Mietverhältnis

Zwischen den Parteien muss ein Mietverhältnis bestanden haben. Liegt kein Mietverhältnis vor oder ist ein Mietvertrag nichtig, ist die Vorschrift nicht anwendbar. War der Mietvertrag unwirksam, kann gegebenenfalls nach §§ 812, 987 ff. BGB abgewickelt werden (Schmidt-Futterer/Gather § 546a BGB Rn. 14). § 546a BGB ist nicht anwendbar mangels eines Mietvertrages im Verhältnis von Vermieter und Ehegatten, Kindern oder sonstiger Angehöriger des Mieters (OLG Düsseldorf NZM 1999, 237). Gleiches gilt, wenn ein Miteigentümer den übrigen Miteigentümern die Alleinnutzung des gemeinschaftlichen Grundstückes entgeltlich überlässt und die Benutzungsvereinbarung gekündigt und dennoch die Nutzung fortgesetzt wird. In derartigen Fällen ist § 745 Abs. 2 BGB vorrangig. § 546a BGB ist auch nicht bei der Einweisung durch die Obdachlosenbehörde anwendbar, da in derartigen Fällen allenfalls ein öffentlich-rechtlicher Entschädigungsanspruch besteht (OLG Hamm ZMR 1995, 25). **604**

In den Fällen der Beendigung eines Untermietverhältnisses scheidet ein Anspruch nach § 546a BGB zwischen Mieter und Dritten gleichfalls aus, auch wenn das Hauptmietverhältnis beendet ist. Die Mieter können allenfalls Ansprüche auf Ersatz des Verzugsschadens nach §§ 280, 286 BGB zustehen, sofern die Rückgabe an ihn oder den Hauptvermieter nicht rechtzeitig erfolgt. Der Schaden kann darin bestehen, dass der Mieter selbst wegen der verspäteten Rückgabe eine Nutzungsentschädigung gegenüber dem Vermieter zahlen muss (BGH ZMR 1996, 15, 16).

b) Beendigung des Mietverhältnisses

Das Mietverhältnis muss beendet sein. Der Zeitpunkt der Beendigung des Mietverhältnisses bestimmt sich nach § 542 BGB. § 546a BGB ist nicht anwendbar, wenn das Mietverhältnis von den Parteien durch entsprechende Vereinbarung, stillschweigend oder durch Fortsetzung des Gebrauchs nach § 545 BGB verlängert wird. Auch ein fortgesetztes Mietverhältnis nach den §§ 574–574c BGB schließt die Anwendbarkeit des § 546a BGB aus. **605**

c) Vorenthaltung der Mietsache

Ein Vorenthalten der Mietsache liegt vor, wenn sie gegen den Willen des Vermieters nicht zurückgegeben wird (BGH WuM 2005, 786, 787; BGH NZM 2004, 354, 356). **606**

Nichtrückgabe der Mietsache bedeutet, dass der Mieter dem Vermieter nicht den unmittelbaren Besitz an der Mietsache verschafft. Eine Vorenthaltung setzt deshalb voraus, dass der Mieter dem Vermieter die tatsächliche Gewalt über die Sache nach § 854 Abs. 1 BGB nicht einräumt, der Rückgabeanspruch somit nicht erfüllt wird. Maßgeblich ist, dass der Vermieter die Mietsache nicht selbst oder durch Weitervermietung nutzen kann (OLG Düsseldorf NJW-RR 1996, 209). Es genügt dabei, wenn der Mieter seiner Rückgabepflicht nicht nachkommt, weshalb ein Vorenthalten auch dann gegeben sein kann, wenn der Mieter selbst nicht mehr im Besitz der Sache ist.

607 Eine Vorenthaltung ist nicht gegeben, wenn der Mieter die Mietsache zwar zurückgibt, aber seine weiteren Pflichten nicht erfüllt, die im Rahmen der Abwicklung des beendeten Mietverhältnisses bestehen, beispielsweise wenn der Mieter geschuldete Schönheitsreparaturen nicht ausführt, die Wegnahme von Einrichtungen oder die Beseitigung von Schäden ablehnt. Hier ist zu unterscheiden zwischen einer Nichterfüllung der Rückgabepflicht und einer Schlechterfüllung der Rückgabepflicht. Bietet der Mieter die Sache in verändertem oder verschlechtertem Zustand zur Rückgabe an und lehnt der Vermieter wegen des Zustandes der Mietsache diese Rücknahme ab, so stellt dies kein Vorenthalten dar. Gleiches gilt, wenn der Vermieter zum Übergabetermin pflichtwidrig nicht erscheint (OLG Köln ZMR 1993, 77). Setzt der Vermieter sich durch verbotene Eigenmacht in den Besitz der Mietsache, indem er die Schlösser austauscht, fehlt es am Vorenthalten des Mieters (KG IMR 2010, 8).

608 Eine Vorenthaltung ist nicht gegeben, wenn der Vermieter sein Vermieterpfandrecht ausübt (OLG Hamburg DWW 1990, 22; KG NZM 2005, 422). Die Geltendmachung des Vermieterpfandrechts schließt einen Rücknahmewillen des Vermieters aus. Sofern das Vermieterpfandrecht beispielsweise im Rahmen der Berliner Räumung ausgeübt wird, fehlt es ab dem Zeitpunkt der Geltendmachung des Vermieterpfandrechts an dem Rücknahmewillen des Vermieters. Solange der Vermieter von seinem Vermieterpfandrecht durch Nutzung der Mietsache zur Aufbewahrung der Pfandgegenstände Gebrauch macht, entfällt auch ein Wertersatz nach den §§ 812 Abs. 1, 818 Abs. 2 BGB.

Eine Vorenthaltung scheidet auch aus, wenn der Mieter mit Zustimmung des Vermieters nach Beendigung des Mietverhältnisses Schönheitsreparaturen in der Mietsache vornimmt (OLG Düsseldorf IR 2010, 15; OLG Hamburg DWW 1990, 50; OLG Düsseldorf DWW 2004, 67).

609 Ein Rücknahmewille des Vermieters ist aber zu bejahen, wenn dem Mieter gerichtlich eine Räumungsfrist nach §§ 721, 794a ZPO oder Vollstreckungsschutz nach § 765a ZPO eingeräumt worden ist (OLG Celle ZMR 1967, 270; BGH NZM 2006, 820). Das Gleiche gilt, wenn vertraglich eine Räumungsfrist vereinbart wird, solange der Vermieter nicht zu einer Verlängerung des Mietverhältnisses bereit ist. Sofern aber der Vermieter trotz Vorliegen eines Räumungstitels gegen den Mieter längere Zeit keinerlei Vollstreckungsmaßnahmen einleitet, kann dies auf einen fehlenden Rücknahmewillen schließen lassen (OLG Düsseldorf GE 2006, 189).

Ein Anspruch nach § 546a Abs. 1 BGB setzt nicht voraus, dass der Mieter schuldhaft oder schuldlos handelt. Voraussetzung ist aber, dass für den Mieter die Möglichkeit besteht, die Mietsache zurückzugeben. Sofern eine Rückgabe objektiv oder subjektiv nicht möglich ist, scheidet nach § 275 Abs. 1 BGB ein Vorenthalten aus (Schmidt-Futterer/Gather § 546a BGB Rn. 24).

Ist die Mietsache im Zeitpunkt der Beendigung des Mietverhältnisses untergegangen oder geschieht dies später, so entsteht der Anspruch auf Nutzungsentschädigung nicht oder endet in dem späteren Zeitpunkt. Die Möglichkeit der Rückgabe besteht auch für den

Mitmieter, wenn der andere Mieter noch in der Mietsache verbleibt. Der ausgezogene Mieter hat die Möglichkeit, den in den Räumen verbliebenen Mieter mit rechtlichen oder tatsächlichen Mitteln dazu zu bewegen, den Rückgabeanspruch zu erfüllen.

d) Dauer der Vorenthaltung

Die Vorenthaltung der Mietsache beginnt mit dem Zeitpunkt, in dem der Mietvertrag beendet ist und endet, sobald der Mieter seine Rückgabepflicht erfüllt, auch wenn dies vor Ablauf einer Räumungsfrist geschieht. Der Begriff Nutzungsentschädigung führt dazu, dass der Anspruch nach § 546a BGB dann endet, wenn die Nutzung tatsächlich beendet ist, also die Rückgabe erfolgt ist (BGH WuM 2005, 771). Nach Ablauf dieses Zeitpunkts kann allenfalls ein Mietausfallschaden gemäß § 546a Abs. 2 BGB geltend gemacht werden. Für den weiteren Verlauf der bereits angebrochenen Abrechnungsperiode steht dem Vermieter deshalb keine Nutzungsentschädigung zu, er ist insoweit auf Schadensersatzansprüche verwiesen. **610**

e) Rechtsfolgen

Für die Dauer der Vorenthaltung der Mietsache entsteht zwischen den früheren Vertragsparteien ein gesetzliches Schuldverhältnis. Der Vermieter kann als Mindestschaden immer die vereinbarte Miete oder die ortsübliche Vergleichsmiete verlangen. Der Vermieter hat ein **Wahlrecht**. **611**

Die Fälligkeit der Nutzungsentschädigung richtet sich nach der Fälligkeit der Miete für die jeweilige Mietsache (§§ 556b Abs. 1, 579 Abs. 2 i.V.m. §§ 556d Abs. 1, 579 Abs. 1 BGB).

Haben die Parteien ein Aufrechnungsverbot gegen die Miete vereinbart, gilt dies auch für Ansprüche gegen den Mieter aus § 546a BGB (OLG Düsseldorf NJW-RR 1995, 850).

Bei Insolvenz des Mieters ist der Anspruch des Vermieters auf Nutzungsentschädigung als Masseverbindlichkeit i.S.d. § 55 Abs. 1 Nr. 2 InsO einzuordnen, sofern der Insolvenzverwalter die Mietsache nach Eröffnung des Insolvenzverfahrens nutzt und den Vermieter dabei gezielt ausschließt. Er tritt als vertragsähnlicher Anspruch an die Stelle des ursprünglichen Anspruchs auf Miete (BGH NJW 1984, 1527).

Der Vermieter kann nach § 546a Abs. 1 BGB als Mindestentschädigung die **vereinbarte Miete** verlangen, die vertragliche zur Zeit der Beendigung des Mietvertrages geschuldet war. Dazu gehören Nettomiete, Betriebskostenvorauszahlungen oder Betriebskostenpauschalen (OLG Düsseldorf DWW 2005, 156). Nicht dazu gehört ein Untermietzuschlag (OLG Düsseldorf ZMR 1994, 215). **612**

Die vereinbarte Miete kann durch Mängel gemindert sein, die während der Mietzeit aufgetreten sind und bei Beendigung des Mietverhältnisses noch vorliegen. Die geminderte Miete bleibt aber dann nicht maßgebend, wenn der Mangel während der Vorenthaltung der Mietsache beseitigt wird. Entsteht ein Mangel erst nach Beendigung des Mietverhältnisses, also im Vorenthaltungszeitraum, so mindert sich die Nutzungsentschädigung nicht. Begründet wird dies damit, dass nach Beendigung des Mietverhältnisses der Mieter grundsätzlich keinen Anspruch auf Gewährung des vertragsgemäßen Gebrauchs und somit Erhaltung der Mietsache hat (Schmidt-Futterer/Gather § 546a BGB Rn. 31).

Anstatt der vereinbarten Miete, kann der Vermieter nach § 546a Abs. 1 BGB als Nutzungsentschädigung grundsätzlich die **ortsübliche Vergleichsmiete** verlangen. Die Höhe der Vergleichsmiete bestimmt sich nach den Kriterien, wie sie auch für § 558 BGB maßgeblich sind. Als Maßstab dienen die Kriterien des § 558 Abs. 2 BGB, d.h. der konkrete **613**

Vergleich mit der Miete, die in der Gemeinde für Räume vergleichbarer Art, Größe, Ausstattung, Beschaffenheit und Lage üblicherweise gezahlt wird. Für Wohnungen, die objektgebunden dem WoBindG unterliegen, ist zu berücksichtigen, dass die preisrechtlich zulässige Kostenmiete die Obergrenze bildet (OLG Celle ZMR 1963, 312).

Bei Geschäftsraum scheidet ein Rückgriff auf die Kriterien nach § 558 Abs. 2 BGB aus (Schmidt-Futterer/Gather § 546a BGB Rn. 32). Hier bemisst sich die Vergleichsmiete nach der Miete, die für vergleichbare Geschäfts- oder Gewerberäume gezahlt wird, dh die Marktmiete ist die Bezugsgröße.

Eine Erhöhung der Nutzungsentschädigung aufgrund gesetzlicher Vorschriften kann der Vermieter verlangen, wenn die Möglichkeit einer Mieterhöhung im Mietvertrag möglich ist. Der Mieter, der die Mietsache dem Vermieter vorenthält, darf nicht besser gestellt werden als ein rechtmäßig besitzender Mieter.

614 Entgegen früherer Meinung handelt es sich bei der vereinbarten Miete bzw. der ortsüblichen Miete um zwei Berechnungsmethoden der Nutzungsentschädigung (BGH NJW 1999, 2808). Der Vermieter hat nach Beendigung des Mietverhältnisses von vornherein einen Anspruch auf Zahlung einer Nutzungsentschädigung mindestens in Höhe der vereinbarten Miete oder, wenn die ortsübliche Miete höher ist, einen Anspruch auf diese. Das Gesetz bestimmt nicht, in welcher Form der Vermieter das Wahlrecht auszuüben hat. Den Anspruch auf die ortsübliche Vergleichsmiete kann der Vermieter jederzeit zu einem beliebigen Zeitpunkt nachträglich geltend machen. Grenzen ergeben sich allenfalls unter dem Gesichtspunkt der Verjährung oder der Verwirkung (Schmidt-Futterer/Gather § 546a BGB Rn. 33).

Die Verjährung des Anspruchs auf Nutzungsentschädigung richtet sich nach § 195 BGB und beträgt somit 3 Jahre.

f) Abdingbarkeit

615 Der Anspruch des Vermieters auf Nutzungsentschädigung ist – auch zu Lasten des Mieters – dispositiv. Die Abdingbarkeit gilt grundsätzlich sowohl für individualvertragliche als auch formularvertragliche Vereinbarungen. Lediglich bei Wohnraummiete ist eine Vereinbarung über eine Nutzungsentschädigung unwirksam, die über die vereinbarte oder ortsübliche Miete hinausgeht. Bei Geschäftsraummiete ist bei Formularklauseln darauf zu achten, dass keine unangemessen hohe Vergütung verlangt wird (Schmidt-Futterer/Gather § 546a BGB Rn. 45 ff.).

g) Verpflichtung während der Vorenthaltung

616 Nach Beendigung des Mietverhältnisses ist der Vermieter nicht mehr verpflichtet, dem Mieter den vertragsgemäßen Gebrauch zu gewähren. Mängel der Mietsache sind daher nicht zu beheben. Er kann auch die Instandsetzung oder die Instandhaltung ablehnen, ohne dass er sich Schadensersatzansprüchen aussetzt (Schmidt-Futterer/Gather § 546a BGB Rn. 47). Lediglich wenn Leib und Leben des Mieters beeinträchtigt werden könnten, sind Maßnahmen notwendig (LG Berlin MDR 1992, 478, 479).

Die Aufrechterhaltung der Versorgungsleistungen, die Gewährung des ordnungsgemäßen Zugangs zu den Räumlichkeiten, die Erfüllung der Verkehrssicherungspflicht und die Benutzung von Gemeinschaftseinrichtungen sind zu ermöglichen (Schmidt-Futterer/Gather § 546a BGB Rn. 47). Zumindest bei der Geschäftsraummiete gibt es dagegen keine nachvertragliche Verpflichtung des Vermieters zur Fortsetzung von Versorgungsleistungen (hier: Versorgungssperre mit Heizenergie). Dies gilt jedenfalls dann, wenn der Mieter sich mit Miete und Nutzungsentschädigung im Zahlungsverzug befindet und dem Vermieter mangels eines Entgelts stetig wachsender Schaden droht (BGH ZMR 2010, 263).

Der Mieter braucht eine Untervermietung oder einen Gebrauchsüberlassung an Angehörige oder Ehegatten nicht mehr nach Beendigung des Mietverhältnisses zu dulden. Das Recht zur Aufnahme weiterer Personen entfällt. Nur in Ausnahmefällen unter dem Gesichtspunkt von Treu und Glauben soll es Ausnahmen geben, etwa bei zwingenden familiären Gründen, Unterhaltsverpflichtungen oder zwingenden sittlichen Pflichten (Schmidt-Futterer/Gather § 546a BGB Rn. 48). Nach Beendigung des Mietverhältnisses treffen den Mieter weiterhin die Obhuts- und Sorgfaltspflichten. Er muss Mängel gemäß § 536c BGB anzeigen und dafür Sorge tragen, dass die Mietsache nicht beschädigt wird (Schmidt-Futterer/Gather § 546a BGB Rn. 50).

h) Verfahrensrechtliche Fragen

Der Vermieter hat die Beweislast dafür, dass das Mietverhältnis beendet ist und die geforderte Entschädigung der ortsüblichen Miete entspricht. Umgekehrt muss der Mieter bei Streit über die Rückgabe beweisen, dass er die Mietsache zurückgegeben hat. **617**

Der Vermieter hat die Möglichkeit, die künftig fällig werdende Nutzungsentschädigung zusammen mit der Räumungsklage geltend zu machen. Besteht die Besorgnis gemäß § 259 ZPO, dass sich der Mieter ebenfalls nach Vertragsende der zu entrichtenden Nutzungsentschädigung entzieht, kann auch künftige Nutzungsentschädigung mit eingeklagt werden.

i) Weitergehender Schadensersatz

Neben dem Anspruch auf Nutzungsentschädigung kann der Vermieter gem. § 546a Abs. 2 BGB auch den weiteren, ihm durch die Vorenthaltung der Mietsache entstandenen Schaden vom Mieter ersetzt verlangen. **618**

Dies kann beispielsweise ein Verzugsschaden, § 286 BGB, eine unerlaubte Handlung, § 823 BGB oder sonstige Pflichtverletzung i.S.d. § 280 BGB sein.

Die jeweiligen Tatbestandsvoraussetzungen der Ansprüche müssen vorliegen.

Im Gegensatz zu § 546a Abs. 1 BGB ist bei diesen Schadensersatzansprüchen ein Mitverschulden des Vermieters gem. § 254 BGB zu berücksichtigen (OLG Düsseldorf ZMR 2007, 780).

Bei der Wohnraummiete sind zudem Einschränkungen des § 571 BGB zu beachten. Danach muss der Mieter den über den Mietausfall hinausgehenden Schaden des Vermieters nur dann ersetzen, wenn er diesen Schaden auch zu vertreten hat (vgl. §§ 276, 285 BGB i.V.m. § 276 und gegebenenfalls § 278 BGB).

Die Bewilligung einer Räumungsfrist durch das Gericht nach §§ 721, 794a ZPO beseitigt nicht den Verzug des Mieters. Gegen den Mieter von Wohnraum steht dem Vermieter während der gerichtlich bewilligten Räumungsfrist jedoch ein weiterer Schadensersatz nicht gem. § 571 Abs. 2 BGB zu, wenn nicht der Mieter das Mietverhältnis gekündigt hatte, § 571 Abs. 1 S. 3 BGB).

Der Schaden liegt beispielsweise darin, dass der Vermieter bei anderweitiger Vermietung eine höhere Miete als die vom Mieter erstattete Nutzungsentschädigung erlangen könnte. Denkbar sind auch beispielsweise Mehrkosten des Vermieters im Falle einer Eigenbedarfskündigung, die dadurch anfallen, dass der Vermieter seine eigene Wohnung noch nicht selbst nutzen kann.

Der Umfang des Schadensersatzanspruchs bemisst sich nach den allgemeinen Regeln des §§ 249–252 BGB. Bei Wohnraum ist § 571 BGB zu beachten.

Zu Lasten des Mieters abweichende Vereinbarungen sind bei Wohnraummietverhältnissen gem. § 571 Abs. 3 BGB unwirksam.

j) Konkurrenzen

619 Neben § 546a Abs. 1 BGB kann der Vermieter gegen den Mieter auch Ansprüche aus ungerechtfertigter Bereicherung gem. §§ 812 ff. BGB geltend machen. Die Ansprüche aus §§ 812 ff. BGB können im Einzelfall sogar umfangreicher sein als die Ansprüche aus § 546a BGB und § 571 BGB, z. B. bei gewinnbringender Untervermietung der vorenthaltenen Wohnung durch den Mieter (Schmid/Schmid, § 546a BGB Rn. 23). Die Vorschrift des § 816 Abs. 2 BGB greift, wenn der bisherige Mieter von seinem Untermieter die dem Vermieter geschuldete Nutzungsentschädigung erhält (BGH NJW 1983, 446). Umstritten ist die Anwendbarkeit der §§ 987 ff. BGB neben §§ 546a, 571 BGB (vgl. Palandt/Bassenge Vor § 987 BGB Rn. 12). Der BGH bejaht die Anwendbarkeit zumindest ab Rechtshängigkeit wegen § 292 Abs. 2 BGB. Nach Rechtshängigkeit des Rückgabeanspruchs schuldet der Mieter im Rahmen der Herausgabe von Nutzungen auch die Auskehr eines durch Untervermietung erzielten Mehrerlöses. Dazu gehört auch eine »Entschädigung«, die der Mieter von dem Untermieter als Abfindung für eine vorzeitige Beendigung des Untermietverhältnisses erhalten hat (BGH ZMR 2010, 21).

X. Verjährung

1. Grundsätzliches

a) Verjährungsbeginn

620 Abgesehen von § 548 BGB finden sich nahezu sämtliche Verjährungsfristen nunmehr im allgemeinen Teil des BGB. Die Fristen wurden damit wesentlich vereinheitlicht.

621 Der Verjährungsbeginn ist abweichend von § 199 BGB (ultimo-Prinzip) in § 548 Abs. 1 S. 2 BGB für den Vermieter und in § 548 Abs. 2 BGB für den Mieter geregelt.

622 Anders als früher sind nunmehr seit 01.01.2002 Vereinbarungen über die Verlängerung der Verjährungsfrist auch im Mietrecht, also außerhalb des Kauf- und Werkvertragsrechts, zulässig (vgl. § 202 BGB).

b) Hemmung und Neubeginn der Verjährung

623 Die bisherigen Unterbrechungstatbestände werden entsprechend ihrer Wirkung als »Neubeginn der Verjährung« bezeichnet. Diese Neubeginn-Tatbestände wurden erheblich zugunsten von Hemmungstatbeständen reduziert.

624 Im neuen Verjährungsrecht (vgl. zur Konzeption PWW/Kesseler § 194 Rn. 1) wird auch geregelt, ob und welche Ereignisse den Lauf der Verjährungsfristen anhalten (Hemmung) oder die Verjährungsfrist erneut in Gang setzen. Der Neubeginn der Verjährung (Ausnahme) und tritt zukünftig bei Anerkenntnis- und Vollstreckungshandlungen ein. Die übrigen Tatbestände führen nur zu einer Hemmung. Hierbei wird der Fristenlauf für die Dauer des hemmenden Ereignisses oder Umstandes angehalten.

625 Seit 01.01.2002 gibt es die *Hemmung* bei Verhandlungen (§ 203 BGB). Außerdem hemmen nun auch der Antrag auf Erlass eines Arrestes, einer einstweiligen Verfügung oder Anordnung gemäß § 204 Abs. 1 Nr. 9 BGB, ein PKH-Antrag gemäß § 204 Abs. 1 Nr. 14

BGB und/oder der Antrag auf Durchführung eines selbstständigen Beweisverfahrens gemäß § 204 Abs. 1 Nr. 7 BGB, wodurch die erst durch das MietRRefG eingeführte Vorschrift des § 548 Abs. 3 BGB nach vier Monaten wieder entfallen ist.

Vollständig neu geregelt wurden die Vorschriften über Hemmung und Neubeginn (= Unterbrechung a.F.) der Verjährung. Zahlreiche bisherige Unterbrechungstatbestände werden nunmehr reine Hemmungstatbestände. Die meisten und wesentlichen Hemmungsgründe finden sich in § 204 BGB. **626**

Im Einzelnen: **627**

Schweben zwischen dem Gläubiger und dem Schuldner Verhandlungen über den Anspruch oder die den Anspruch begründenden Umstände, so ist bis zur Weigerung der einen Seite, die Verhandlungen fortzusetzen, der Anspruch gehemmt (§ 203 BGB). Dies bedeutet, dass dieser Zeitraum in die Verjährungsfrist nicht eingerechnet wird (vgl. PWW/Kesseler § 209 Rn. 1). Der neue Hemmungstatbestand des § 203 BGB stützt sich im Wesentlichen auf die bislang nur für das Deliktsrecht geltende Vorschrift des § 852 Abs. 2 BGB a.F. Sie enthielt nach Auffassung des Gesetzgebers einen allgemeinen Rechtsgedanken.

Aus Gründen der Rechtssicherheit sind die schwebenden Verhandlungen möglichst durch Urkunden zu belegen. Es ist daher ratsam, hin- und herwechselnden Schriftverkehr zu »produzieren« und Antwortfristen zu setzen. **628**

Nunmehr führen die gerichtliche Geltendmachung (Erhebung einer Leistungs- oder Feststellungsklage, Klage auf Erteilung der Vollstreckungsklausel oder auf Erlass des Vollstreckungsbescheides, Zustellung eines Mahnbescheids, Geltendmachung eines Anspruchs durch Anbringung eines Güteantrages, Zustellung eines Antrages im vereinfachten Verfahren zur Festsetzung von Unterhalt, Anmeldung eines Anspruches im Insolvenzverfahren, Geltendmachung der Aufrechnung des Anspruches im Prozess, Streitverkündung im Prozess, von dessen Ausgang der Anspruch abhängt, Antrag auf Vorentscheidung einer Behörde, aber auch Antrag auf Bestimmung eines zusätzlichen Gerichtsstands) **nicht mehr** zu einem Neubeginn der Verjährungsfrist, sondern lediglich zur Hemmung der Verjährung. Hierbei legt § 204 Abs. 2 BGB das Ende der Hemmung gesondert fest. Die Hemmung endet sechs Monate nach der rechtskräftigen Entscheidung oder der anderweitigen Erledigung des Verfahrens. Das Gesetz gewährt damit dem Gläubiger eine gewisse Nachfrist. An die Stelle der Erledigung des Verfahrens tritt nach § 204 Abs. 2 S. 2 BGB bei bestimmten Fallgestaltungen die letzte Verfahrenshandlung der Parteien, des Gerichts oder der sonst mit dem Verfahren befassten Stellen, wenn das Verfahren hierdurch in Stillstand gerät. Wollen die Parteien etwa einen Musterprozess (vgl. Jacoby Der Musterprozessvertrag, 2000) abwarten, müssen sie entweder das Gericht dazu veranlassen, das Ruhen des Verfahrens anzuordnen, oder sich über die Hemmung gemäß § 202 BGB durch Vereinbarung verständigen. Wird nach Stillstand das Verfahren im Übrigen weiter betrieben, beginnt die Hemmung nach § 204 Abs. 2 S. 3 BGB von Neuem. **629**

Für **nachträgliche** Vereinbarungen, die dem Schuldner einen gewissen Aufschub gewähren und nicht als Anerkenntnis der Schuld gewertet werden können, sieht § 205 BGB nunmehr einen Hemmungstatbestand bei einem vertraglich vereinbarten Leistungsverweigerungsrecht vor. In der nachträglichen Stundungs**vereinbarung** (PWW/Kesseler § 205 Rn. 2: Auffangtatbestand) über eine Mieteforderung wird man allerdings regelmäßig ein Anerkenntnis i.S.d. § 212 Nr. 1 BGB sehen dürfen. **630**

Die übrigen neuen Hemmungstatbestände (§ 206 BGB – Hemmung der Verjährung bei höherer Gewalt, § 207 BGB – Hemmung der Verjährung aus familiären und ähnlichen Grün- **631** den, § 208 BGB – Hemmung der Verjährung bei Ansprüchen wegen Verletzung der sexuellen Selbstbestimmung) sind nicht von erhöhter Praxisrelevanz im Mietrecht und betreffen Sonderfälle, bei denen z.T. eine sog. Ablaufhemmung eintritt (z.B. §§ 210, 211 BGB).

632 Den Begriff der Unterbrechung der Verjährung kennt das Gesetz nicht mehr. Es verwendet nunmehr den Rechtsbegriff des »Neubeginns der Verjährung«. In der Sache hat sich jedoch nichts geändert. Den Neubeginn der Verjährung sieht § 212 Abs. 1 BGB nur noch für zwei Fallgestaltungen vor. Die Verjährung beginnt erneut zu laufen, wenn der Schuldner gegenüber dem Gläubiger den Anspruch auf die in § 212 Abs. 1 Nr. 1 BGB beschriebene Art anerkennt oder wenn der Gläubiger eine gerichtliche oder behördliche Vollstreckungshandlung beantragt bzw. dieselbe vorgenommen wird.

633 Wichtig ist, dass Hemmung und Neubeginn der Verjährung auch für konkurrierende Ansprüche greifen. Dies ist in § 213 BGB geregelt. Die Schuldrechtsreform verallgemeinert damit den Rechtsgedanken von § 477 Abs. 3 BGB a.F. aus dem Kaufvertragsrecht. Der Gläubiger kann gegen den Schuldner nach erfolglosem Ablauf einer gesetzten Frist erst auf Erfüllung des Vertrages klagen und während des Prozesses den Antrag umstellen auf Schadensersatz »statt der Leistung«. Da der Anspruch auf Schadensersatz an die Stelle des Erfüllungsanspruchs tritt, hemmt die Erfüllungsklage auch die Verjährung des Anspruchs auf Schadensersatz statt der Leistung. Entscheidend ist die im Kern gegebene Identität des wirtschaftlichen Interesses (str., vgl. PWW/Kesseler § 213 Rn. 4).

c) Verjährungsvereinbarungen

634 Anders als im bisherigen Recht können die Parteien gemäß § 202 Abs. 2 BGB durch Vereinbarung längere als die gesetzlichen Verjährungsfristen vereinbaren (vgl. Scheffler ZMR 2008, 512; Kandelhard NJW 2002, 3291/3295). Dies war bisher nur im Kauf- und Werkvertragsrecht möglich und ist sachgerecht. Gerade bei langlebigen Vertragsbeziehungen, insbesondere Dauerschuldverhältnissen wie Miete und Pacht, sollen es die Vertragsparteien nunmehr in der Hand haben, sachlich angemessene Regelungen zu treffen. Dabei sind allerdings die Schranken der Vorschriften über Allgemeine Geschäftsbedingungen zu beachten. Bei einem Grundstückskauf ist die Form des § 311b BGB zu wahren (PWW/Kesseler § 202 Rn. 3).

635 Im Umkehrschluss sind – wenn nicht zwingendes Recht entgegen steht (z.B. beim Verbrauchsgüterkauf) – auch Verjährungserleichterungen möglich. Solche Verjährungserleichterungen unterliegen aber den Grenzen der §§ 307, 309 Nr. 8b ff.) BGB. Die gesetzliche Regelung hat Leitbildfunktion (PWW/Kesseler § 202 Rn. 6).

636 Auch in individuellen Vereinbarungen sind verjährungserleichternde Vereinbarungen bei Haftung wegen Vorsatzes im Voraus nicht möglich. Diese Regelung des § 202 Abs. 1 BGB korrespondiert mit § 276 Abs. 3 BGB, wonach die Haftung wegen Vorsatzes dem Schuldner nicht im Voraus erlassen werden kann.

d) Wirkung der Verjährung

637 Die Verjährung gibt dem Schuldner ein dauerndes Leistungsverweigerungsrecht (§ 214 BGB). Gegenüber dem bisherigen Rechtszustand hat sich fast nichts geändert (vgl. schon MüKo/Grothe Bd. 1a, § 214 Rn. 1–8). Gleiches gilt für die Aufrechnung mit einer verjährten Forderung, sofern die Aufrechnungsmöglichkeit bereits in unverjährter Zeit bestanden hat (§ 215 BGB).

638 Gesetzlich ist nunmehr geregelt, dass ein Zurückbehaltungsrecht auch auf eine verjährte Forderung gestützt werden kann (vgl. PWW/Kesseler § 215 Rn. 2). Dies entsprach schon der h.M. in der Rechtsprechung und Literatur für das alte Recht.

Bei gesicherten Ansprüchen wird die Verjährung in § 216 Abs. 1 BGB entsprechend dem bislang geltenden Recht geregelt. Neu ist in § 216 Abs. 2 BGB hingegen, dass die Rückübertragung eines zur Sicherung eines Anspruchs verschafften Rechts nicht allein aufgrund der Verjährung des zugrunde liegenden Anspruchs gefordert werden kann. 639

Durch die Gesetzesformulierungen in § 216 Abs. 2 S. 1 BGB wird auch die in der Praxis relevante Sicherungsabtretung und Sicherungsgrundschuld erfasst. In § 216 Abs. 2 S. 2 BGB hat der Gesetzgeber die bisherige höchstrichterliche Rechtsprechung kodifiziert, dass der Rücktritt vom Vertrag beim Eigentumsvorbehalt auch dann erfolgen kann, wenn der gesicherte Anspruch bereits verjährt ist (Ausnahme zu § 218 BGB). 640

e) Überleitungsvorschrift des Art. 229 § 6 EGBGB

Das Schuldrechtsmodernisierungsgesetz sieht in Art. 229 § 6 EGBGB eine sehr kompliziert formulierte Überleitungsvorschrift zum Verjährungsrecht vor. Die Grundregel enthält Art. 229 § 6 Abs. 1 EGBGB. Dieser Absatz liest sich leichter, wenn man die Satzteile »in der seit dem 01.01.2002 geltenden Fassung« durch »neues Recht« und »für den Zeitraum vor dem 01.01.2002 nach dem bürgerlichen Gesetzbuch in der bis zu diesem Tage geltenden Fassung« durch »altes Recht« ersetzt. 641

aa) Grundregel

Das neue Verjährungsrecht (vgl. PWW/Kesseler Vor § 194 zu Art. 229 § 6 EGBGB, den Überleitungsvorschriften) findet grundsätzlich auf die am 01.01.2002 bestehenden und noch nicht nach altem Recht verjährten Ansprüche Anwendung. Zu diesen Ansprüchen gehören nicht nur die sich aus dem BGB unmittelbar ergebenden Ansprüche, sondern vielmehr auch solche Ansprüche, die in anderen Gesetzen geregelt sind und sich lediglich hinsichtlich der Verjährung ganz oder in dem durch das jeweilige Gesetz bestimmten Umfang nach den Vorschriften des BGB richten. 642

In § 6 Abs. 1 S. 2 des Art. 229 EGBGB ist eine Vertrauensschutzregelung dergestalt geschaffen worden, dass für den Zeitraum vor dem 01.01.2002 die Altfassung des BGB über Beginn, Hemmung und Unterbrechung der Verjährung Anwendung findet. Ist die Verjährung eines Anspruches wirksam gehemmt oder unterbrochen worden, bleibt es bei diesen Rechtswirkungen. 643

In § 6 Abs. 1 S. 3 des Art. 229 EGBGB wird dieser Vertrauensschutz sachgerecht auch auf die Fälle ausgedehnt, dass nach altem Recht die Hemmungs- und Unterbrechungstatbestände, z.B. durch Klagerücknahme, mit Rückwirkung entfallen würden. Da nach neuem Recht diese Rechtsfolgen teilweise nicht mehr einträten, bestimmt nunmehr die Überleitungsvorschrift, dass es auch für einen Zeitpunkt nach dem 01.01.2002 hinsichtlich Beginn, Hemmung und Unterbrechung der Verjährung insoweit beim alten Recht verbleibt, sodass der Gläubiger durch die Kumulierung von altem und neuem Recht keine Vorteile erhält. 644

bb) Unterbrechungstatbestände

Da die bisherigen Unterbrechungstatbestände nahezu vollständig wegfallen, sah sich der Gesetzgeber gezwungen, für die nach altem Recht bereits eingetretenen Unterbrechungen eine besondere Übergangsvorschrift in Art. 229 § 6 Abs. 2 EGBGB (PWW/Kesseler Vor § 194 Rn. 7, 8) zu schaffen. In einem ersten Schritt wird die Unterbrechungswirkung mit Ablauf des 31.12.2001 kraft Gesetzes beendet, auch wenn sie nach altem Recht noch nicht beendet gewesen wäre. In einem zweiten Schritt tritt kraft Gesetzes aufgrund des alten Unterbrechungstatbestandes eine Hemmung nach dem entsprechenden Hem- 645 mungstatbestand des neuen Rechtes ein. Die Wirkung dieser Hemmung richtet sich aber dann ausschließlich nach neuem Recht.

cc) Angleichung der Verjährungsfristen

646 Aus Gründen des Vertrauensschutzes sah sich der Gesetzgeber in Art. 229 § 6 Abs. 3 EGBGB (MüKo/Grothe Bd. 1a, Vor § 194 Rn. 41) ebenfalls genötigt, die bereits laufenden Verjährungsfristen des alten Rechts an das neue Recht anzugleichen. Ist die Verjährungsfrist nach der neuen Rechtslage länger als nach der bisherigen Rechtslage, so bleibt es bei der kürzeren Frist des bislang geltenden Rechts. Hierdurch soll der Schuldner geschützt werden, welcher bei Abschluss eines Vertrages die für ihn geltende Verjährungsfrist wirtschaftlich bereits einkalkuliert hat.

647 Art. 229 § 6 Abs. 4 EGBGB (MüKo/Grothe Bd. 1a, Vor § 194 Rn. 42) regelt gegenüber Art. 229 § 6 Abs. 3 EGBGB den umgekehrten Fall, nämlich, dass die Verjährungsfrist nach dem neuen Recht kürzer ist als nach dem bisherigen Recht. Die Frist wird dann erst ab 01.01.2002 berechnet.

648 Art. 229 § 6 Abs. 4 S. 2 EGBG enthält jedoch eine wichtige Einschränkung. Läuft die nach bisheriger Rechtslage bestimmte längere Frist im konkreten Fall früher ab, als die kürzere Frist des neuen Verjährungsrechts, so gilt ausnahmsweise wiederum die Verjährungsfrist nach alter Rechtslage (Günstigkeitsprinzip).

2. Anwendungsbereich des § 548 BGB

649 Der Anwendungsbereich des § 548 BGB (vgl. Scheffler ZMR 2008, 512; LG Freiburg WuM 2010, 480; Kandelhard NJW 2002, 3291) wird grundsätzlich weit ausgelegt, da es Zweck der Regelung ist, die Parteien zu einer raschen Auseinandersetzung des Mietverhältnisses nach dessen Beendigung zu veranlassen (Staudinger/Emmerich § 548 Rn. 2 m.w.N.). § 548 BGB ist eine Sonderregelung zu § 200 BGB (BGHZ 162, 30).

650 Nach § 548 Abs. 1 BGB gilt die kurze Verjährungsfrist für Ersatzansprüche des Vermieters wegen Veränderungen oder Verschlechterungen der vermieteten Sache. Die Verjährung der Ansprüche des Mieters auf Ersatz von Aufwendungen oder auf Gestattung der Wegnahme einer Einrichtung regelt § 548 Abs. 2 BGB.

651 § 548 BGB gilt aber hinsichtlich beider Vertragsparteien nicht nur für **vertragliche Ansprüche**, sondern auch für damit **konkurrierende Ansprüche** z.B. aus unerlaubter Handlung und Eigentum (BGH ZMR 1997, 400, 401 m.w.N.), aus ungerechtfertigter Bereicherung, Auftrag und Geschäftsführung ohne Auftrag (MüKo/Bieber § 548 Rn. 3 m.w.N.) und nunmehr wohl auch für **vorsätzliche** Schädigungen mit Ausnahme des § 826 BGB (BGH NJW 2001, 2253 = MDR 2001, 928, offen gelassen noch von BGH ZMR 1993, 458).

652 Soweit § 548 BGB auf mit den vertraglichen Ansprüchen konkurrierende **deliktische Ansprüche** Anwendung findet, verdrängt er die dreijährige Verjährungsfrist der §§ 195, 199 BGB grundsätzlich selbst bei Vorsatz des Anspruchsgegners (Mieter oder Vermieter, Schmidt-Futterer/Gather § 548 Rn. 58).

653 Von § 548 BGB umfasst sind auch **Ansprüche, die mit den dort genannten Ansprüchen in Zusammenhang stehen,** z.B. Ansprüche wegen Schäden, die nicht an der Mietsache selbst entstanden sind, aber in dem Schaden an der Mietsache ihre Ursache haben (Palandt/Weidenkaff § 548 Rn. 7 m.w.N.) oder Ansprüche auf Auskunft und Rechnungslegung hinsichtlich erhaltener Versicherungsleistungen (OLG Düsseldorf ZMR 1990, 273).

Über die Vertragsparteien hinaus greift § 548 BGB z.B. ein: Für Ansprüche des Hauptvermieters gegen einen Untermieter (BGH ZMR 1997, 400 = NJW 1997, 1983), jedenfalls soweit der Eigentümer die Untervermietung gestattet hat; für Ansprüche gegen Dritte, die in den Schutzbereich des Mietvertrages einbezogen sind; für Schadenersatzansprüche, die der Vermieter aus abgetretenem Recht des Eigentümers geltend macht; bei enger wirtschaftlicher Verflechtung von nicht vermietendem Eigentümer und Vermieter (BGH BGHZ 116, 293 = ZMR 1992, 138); für einen Beseitigungsanspruch gegen den Mieter, wenn ein Dritter mit Gestattung des Vermieters das Grundstück genutzt hat (vgl. hierzu ausführlich BGH ZMR 1997, 400 = NJW 1997, 1983, 1984 m.w.N.); für einen Anspruch des Untermieters gegen den Hauptvermieter auf Verwendungsersatz (BGH ZMR 1986, 10 = NJW 1986, 254 sowie Schmidt-Futterer/Gather § 548 Rn. 26). 654

Über den eigentlichen Vertragsgegenstand hinaus greift § 548 BGB auch bei Verschlechterungen oder Veränderungen, nicht aber bei Zerstörung oder Totalverlust, mitvermieteter Sachen oder von Zubehör (§ 97 BGB) ein, und dies selbst dann, wenn sie nicht im Eigentum des Vermieters, sondern im Eigentum Dritter stehen (vgl. Staudinger/Emmerich § 548 Rn. 18 f. m.w.N.). Unanwendbar ist die Vorschrift bei Nichtrückgabe mitvermieteten Zubehörs (Palandt-Weidenkaff § 548 Rn. 10; BGH NJW 1975, 2103) oder bei Ungewissheit über dessen Verbleib (Bub/Treier-Gramlich VI. Rn. 19). Zur »Haftungsfalle § 548 BGB« (§ 558 a.F.) vgl. Beck AnwBl. 2001, 434. 655

Vermieteransprüche 656

Erforderlich ist nach § 548 Abs. 1 BGB lediglich, dass es sich auch bei diesen **Ersatzansprüchen des Vermieters** stets um solche wegen einer Veränderung oder Verschlechterung der Mietsache handelt, dass sie aus dem selben Lebenssachverhalt hergeleitet werden (OLG München ZMR 1997, 178) und dass sie auf einem Zustand beruhen, der bereits vor Rückgabe der Sache entstanden ist oder vorhersehbar ist (OLG Schleswig WuM 1996, 220). Für Räumungsvergleich vgl. BGH NZM 2010, 621.

Andere Ansprüche des Vermieters wie z.B. Erfüllungsansprüche, der Ersatz von Personenschäden oder der Ersatzanspruch wegen vollständiger Zerstörung der Mietsache werden nicht erfasst. 657

§ 548 Abs. 1 BGB umfasst insbesondere auch den Anspruch des Vermieters auf Durchführung der **Schönheitsreparaturen** bzw. die Ersatzansprüche wegen unterlassener oder mangelhaft durchgeführter Schönheitsreparaturen (vgl. Riecke/Mack Rn. 409 ff.; Kandelhard NJW 2002, 3292 und KG WuM 1997, 32, 34; generell zu Erfüllungsansprüchen Feuerlein WuM 2008, 385). 658

Da die Verjährungsvorschriften des Schuldrechtsmodernisierungsgesetzes gemäß § 6 des Art. 229 EGBGB nicht wie die Regelungen der §§ 280 ff. BGB erst ab 01.01.2003, sondern bereits ab 01.01.2002 auch für Dauerschuldverhältnisse anzuwenden sind, ist bereits ab 01.01.2002 nach h.M. von einer **einheitlichen** Verjährungsfrist bei Schönheitsreparaturen auszugehen (vgl. auch BGH ZMR 2005, 291). 659

§ 548 Abs. 1 BGB gilt auch bei Ansprüchen aus berechtigter wie auch unberechtigter Geschäftsführung ohne Auftrag (Lützenkirchen MDR 2001, 9, 13) und für den Geldausgleich, der beim vermieterseitigen Umbau der Mieträume an die Stelle des Schadenersatzanspruchs wegen unterlassener Schönheitsreparaturen tritt (LG Duisburg ZMR 1997, 82). Im Zusammenhang damit fallen weiter in seinen Anwendungsbereich: Die Ansprüche des Vermieters auf Ersatz von Mietausfall aufgrund vom Mieter verursachter Schäden an der Mietsache bzw. aufgrund der Durchführung von Schönheitsreparaturen (BGH ZMR 1998, 209); die Ansprüche auf Erstattung von Renovierungskosten sowie auf Ersatz der Kosten eines Schadensgutachtens. Außerdem sollen auch Ansprüche einer 660

Wohnungseigentümergemeinschaft gegen Mieter eines Sondereigentümers von § 548 BGB erfasst werden (OLG Stuttgart WE 2010, 247).

661 **Mieteransprüche**

Bezüglich der **Ersatzansprüche des Mieters** schließt § 548 Abs. 2 BGB nur solche Aufwendungen ein, die das konkrete Mietobjekt betreffen (OLG Düsseldorf ZMR 2006, 923 LS 4; Ernst WuM 2008, 695). Sein Aufwendungsersatzanspruch nach § 536a Abs. 2 BGB ist der Sache nach ebenfalls ein unter § 548 BGB fallender Aufwendungsersatzanspruch (OLG Hamm ZMR 1996, 653: Staudinger/Emmerich § 548 Rn. 19–21).

Umstritten ist, ob Rückforderungsansprüche des Mieters (vgl. BGHZ 181, 188 = ZMR 2009, 829) gegen den Vermieter nach § 548 BGB verjähren, wenn der Mieter in Unkenntnis der Unwirksamkeit der Schönheitsreparaturenklausel dennoch Schönheitsreparaturen ausgeführt hat. Da solche Ansprüche nicht nur in Betracht kommen wegen der Durchführung einer nicht geschuldeten Endrenovierung, sondern auch wegen der Durchführung nicht geschuldeter Renovierungsarbeiten während des laufenden Mietverhältnisses, hat die Frage der Verjährung (Beginn und Dauer) erhebliche Bedeutung.

In den Fällen solcher Leistungen auf nichtige Verträge ist das Bereicherungsrecht und nicht das Recht der Geschäftsführung ohne Auftrag anzuwenden (Flatow WuM 2009, 208, 213; Gsell NZM 2010, 71, 75 f.), ggf. kann auch ein Schadensersatzanspruch zu bejahen sein (Jacoby Die Verjährung des Rückforderungsanspruchs wegen Durchführung nicht geschuldeter Schönheitsreparaturen, ZMR 2010 335; a.A. LG Freiburg WuM 2010, 480 und LG Kassel v. 07.10.2010, 1 S 67/10).

Die Anwendbarkeit des § 548 Abs. 2 BGB bejahen zahlreiche Autoren (Gsell NZM 2010, 71, 76; Kinne GE 2009, 358, 360 f.; Klimke/Lehmann-Richter WuM 2006, 653, 655; Lehmann-Richter WuM 2009, 1023, 1028; Paschke WuM 2010, 30, 34), weil der Rückforderungsanspruch vom Zustand der Mietsache abhänge. Über solche Ansprüche wolle § 548 Abs. 2 BGB nach seinem Sinn und Zweck eine möglichst rasche Klärung nach Beendigung des Mietverhältnisses herbeiführen. Die Gegenmeinung stützt sich auf den Wortlaut des § 548 Abs.2 BGB und konstatiert, das Bereicherungsansprüche in Gestalt der Leistungskondiktion und Schadensersatzansprüche keinen »Anspruch auf Ersatz von Aufwendungen« darstellten. Außerdem müsse beachtet werden, dass Schönheitsreparaturen teilweise an die Stelle des zu entrichtenden Entgelts (Miete) träten und für eine Rückforderung in beiden Fällen dieselbe Verjährungsregelung gelten sollte.

Jacoby (ZMR 2010, 335) argumentiert wie folgt: »Bei lange zurückliegenden, während der Mietzeit vorgenommenen Schönheitsreparaturen ist das Hinausschieben der Verjährung unangemessen. Denn diese Dekorationen sind bei Ende des Mietverhältnisses vielfach wieder abgewohnt. Auch die von § 548 Abs. 2 BGB bezweckte Befriedung während des Mietverhältnisses legitimiert es nicht, die Verjährung so hinauszuschieben. Denn die Befriedungsfunktion des § 548 BGB ist im Unterschied insbesondere zu § 207 BGB gegenständlich beschränkt (vgl. auch Lehmann-Richter NZM 2009, 761, 762). Sie beschränkt sich regelmäßig auf solche Ansprüche, über die man sich später bei Beendigung des Mietverhältnisses auch noch sinnvoll auseinander setzen kann, weil ihr Grund der Mietsache (normalerweise) dauerhaft anhaftet.

Bei einer Endrenovierung ist die Verjährungsfrist indessen viel zu kurz. Der Rückforderungsanspruch setzt tatbestandlich voraus, dass der renovierende Mieter keine Kenntnis davon hatte, dass die Dekorationspflicht nicht wirksam war. Das folgt für den Bereicherungsanspruch aus § 814 BGB, für den Schadensersatzanspruch aus § 254 Abs. 1 BGB. So wird der Mieter dann auch nicht erkennen, dass ihm ein Rückforderungsanspruch zusteht. Das gilt umso mehr, weil die Beendigung des Mietverhältnisses keinen Anlass bedeutet, sich über entsprechende Ansprüche zu vergewissern. Damit erscheint die bloß halbjährige Verjährungsfrist als unangemessen.

Einschlägig ist danach die dreijährige Regelverjährung nach § 195 BGB, nicht § 548 Abs. 2 BGB. Schwierig ist hier die Bestimmung des Verjährungsbeginns nach § 199 BGB, d.h. ab wann die Rechtslage für den Mieter nicht mehr »unsicher und zweifelhaft« war. Zwar hat eine Klärung des Rückforderungsanspruchs erst die BGH-Entscheidung v. 27.05.2009, ZMR 2009, 829, gebracht. Dass ein Rückforderungsanspruch besteht, lag aber auf der Hand, nachdem der BGH mit Entscheidung v. 23.06.2004 (NJW 2004, 2586 = ZMR 2004, 736) zur Unwirksamkeit von entsprechenden Klauseln über Schönheitsreparaturen grundsätzlich Stellung genommen hatte. Jedenfalls war den Mietern als Anspruchsinhabern seitdem eine Klage zur Wahrnehmung ihrer Rechte zuzumuten.

Aber: Auch Ansprüche des Mieters wegen sonstiger Pflichtverletzungen des Vermieters **662** oder Ansprüche aus § 536a Abs. 1 BGB werden nicht erfasst (Staudinger/Emmerich § 548 Rn. 22; OLG Düsseldorf ZMR 1989, 417; Schmidt-Futterer/Gather § 548 Rn. 63–65).

Der Anspruch des Mieters auf Mangelbeseitigung ist während der Mietzeit sogar unverjährbar (BGH ZMR 2010, 520 = NJW 2010, 1292). Eine solche vertragliche Dauerverpflichtung kann während des Bestehens des Vertragsverhältnisses schon begrifflich nicht verjähren, denn sie entsteht während dieses Zeitraums gleichsam ständig neu, auch soweit sie darauf gerichtet ist, bereits aufgetretene Mängel zu beseitigen. Auch Sinn und Zweck der Verjährungsvorschriften sprechen nicht für eine Verjährung des Mangelbeseitigungsanspruchs im laufenden Mietverhältnis.

Dagegen verjähren die Ersatzansprüche des Mieters wegen Veränderungen oder Ver- **663** schlechterungen an einer vom Vermieter aufgrund **Vermieterpfandrechts** in Besitz genommenen Sache sowie die Ansprüche des Vermieters auf Ersatz der am Pfandobjekt vorgenommenen Verwendungen gemäß §§ 1226 S. 2, 548 BGB in sechs Monaten.

Bei Veräußerung des vermietereigenen Grundstücks (vgl. BGH NZM 2008, 519 = ZGS 2008, 310) beginnt die Verjährungsfrist für Ansprüche gegen den bisherigen Vermieter mit dem Eigentumsübergang, jedoch frühestens mit der Kenntnis des Mieters hiervon.

3. Beginn der Verjährung nach § 548 BGB

a) Die Verjährung der Ersatzansprüche des Vermieters

Beginnt nach § 548 Abs. 1 S. 2 BGB (vgl. Kandelhard NJW 2002, 3291) – auch wenn die **664** vom Mieter zu vertretende Veränderung erst später erkennbar wurde (OLG Frankfurt WuM 2001, 397) – mit dem Zeitpunkt, in dem der Vermieter die Sache **zurückerhält.** Dieser Zeitpunkt ist nicht notwendig identisch mit dem der Rückgabe nach § 546 BGB (OLG Hamm ZMR 1996, 372), wie schon der Wortlautunterschied zeigt. Deshalb kann Zurückerhalten auch eine Teilräumung unter Rückgabe nur eines einzigen Schlüssels sein, wenn dadurch der Nichtfortsetzungswille des Mieters zum Ausdruck kommt (vgl. OLG Hamm a.a.O.).

Ein Zurückerhalten setzt voraus, dass der Vermieter – ohne Rücksicht auf das rechtliche **665** Vertragsende – den Besitz der Sache oder zumindest den freien Zutritt zu ihr sowie die Möglichkeit erhält, eine Überprüfung auf Veränderungen und Verschlechterungen ungestört vorzunehmen (BGH BGHZ 98, 59 = ZMR 1986, 308). Die Verjährung kann schon **vor** Entstehen und Fälligkeit des Anspruchs zu laufen beginnen (BGH ZMR 2005, 291 = WuM 2005, 126; a.A. noch zu § 326 a.F.: KG ZMR 1997, 132). Nunmehr findet sich in § 200 BGB für den Beginn »anderer« Verjährungsfristen die Regelung, dass nur dann die

Anspruchsverjährung mit der Entstehung des Anspruchs beginnt »soweit nicht ein anderer Verjährungsbeginn bestimmt ist«. Letzteres ist bei § 548 BGB der Fall, da hier der Beginn der Verjährung an die Rückgabe der Mietsache geknüpft wird (vgl. Riecke/Mack Rn. 442; Lützenkirchen ZMR 2002, 889/890). Langenberg (WuM 2002, 72) weist ergänzend darauf hin, dass die Ablaufhemmung in § 203 S. 2 BGB bereits ein ausreichendes Korrektiv darstelle und es der doppelten Verjährung nicht mehr bedürfe.

666 Dem hat sich der BGH (ZMR 2005, 291) jetzt angeschlossen: »§ 200 S. 1 BGB enthält im Gegensatz zu § 198 BGB a.F. einen Vorbehalt zugunsten abweichender gesetzlicher Bestimmungen. § 200 BGB habe lediglich die Wirkung eines Auffangtatbestandes, dem anderweitige gesetzliche Regelungen vorgehen.«

667 Da § 548 Abs. 1 S. 2 BGB – anders als Abs. 2 beim Mieter – auf das Zurückerhalten der Mietsache abstellt, kann der Ersatzanspruch auch nach Beendigung des Mietverhältnisses entstehen. Die Verjährung beginnt auch dann ohne Rücksicht auf Fälligkeit und auf das rechtliche Vertragsende in dem Moment zu laufen, in dem der Vermieter das Mietobjekt tatsächlich zurückerhält (BGH ZMR 2005, 291 sowie BGHZ 98, 59 insoweit in analoger Anwendung des § 558 BGB a.F.; a.A. noch OLG Düsseldorf ZMR 1996, 325).

668 Bei einem einvernehmlichen **Mieterwechsel** beginnt die Verjährungsfrist mit dem Zeitpunkt des Mieterwechsels, auch wenn der Besitzübergang unmittelbar vom Vormieter auf den Nachmieter erfolgt (LG Hamburg WuM 1997, 372; vgl. zu Fragen des Mieterwechsels auch BGH NJW 1992, 687 = MDR 1992, 671).

669 Gibt der Mieter einseitig den Besitz auf, beginnt die Verjährungsfrist, sobald der Vermieter hiervon Kenntnis erlangt und das Mietobjekt wieder in Besitz nehmen und untersuchen kann (die bloße Möglichkeit hierzu genügt; Staudinger/Emmerich § 548 Rn. 26 m.w.N.).

670 Kommt es ohne Rückgabe der Mietsache zum Neuabschluss eines Vertrages mit dem bisherigen Mieter, so beginnt die Verjährungsfrist nicht zu laufen (KG NZM 2000, 383).

671 Schadenersatzansprüche des Vermieters wegen **Unterlassung der Schönheitsreparaturen** waren nach Mietende nur bis 31.12.2002 noch aus § 326 BGB a.F. (vgl. Art. 229 § 5 Abs. 1 S. 2 EGBGB) herzuleiten und erforderten grundsätzlich, dass der Vermieter zuvor den Mieter unter Ablehnungsandrohung mit der Durchführung der Schönheitsreparaturen in Verzug gesetzt hat. Wenn die Voraussetzungen des § 326 BGB a.F. erst nach dem Zeitpunkt des Rückerhalts der Mietsache eingetreten sind, nahm die Rechtsprechung – vor BGH ZMR 2005, 291 – als Fristbeginn erst die Entstehung dieses Ersatzanspruchs (a.A. Jäkel WuM 2002, 528 f.) an, weil es denklogisch zwingend schien, dass der jeweilige Anspruch überhaupt entstanden und fällig sein muss, um anschließend verjähren zu können (grundlegend KG ZMR 1997, 132; OLG München ZMR 1997, 178; LG Berlin ZMR 1998, 703). Die Verjährungsfrist für den (Schadens-)Ersatzanspruch (in Geld) lief nach dieser überholten Ansicht weiterhin entgegen den Absichten des Gesetzgebers (Der Formulierungsvorschlag des DAV – ZMR-Sonderdruck S. 58 – zum RefEntw. wurde nicht übernommen; vgl. auch Lammel 2. Aufl. § 548 BGB Rn. 19) erst ab dem fruchtlosen Ablauf der gesetzten Nachfrist (vgl. Langenberg NZM 2001, 73, der es nicht für möglich hält, aus der Neuregelung des § 548 BGB einen früheren Verjährungsbeginn für den Anspruch aus § 326 BGB a.F. herauszulesen); die bezüglich des ursprünglichen Erfüllungsanspruchs bereits zuvor verstrichene Verjährungsfrist seit Rückerhalt des Mietobjekts wurde auf die 6-Monats-Frist nicht angerechnet (BGH NJW 1989, 1854; BGH NZM 2000, 547).

672 Verweigert der Mieter bei der Rückgabe des Mietobjekts endgültig die Durchführung der Schönheitsreparaturen, ist die Fristsetzung nach §§ 280, 281 BGB (früher Nachfristsetzung: 326 BGB a.F.) nicht erforderlich und die Verjährungsfrist wird bereits zu diesem Zeitpunkt auch nach der früher h.M. in Lauf gesetzt (LG Duisburg WuM 1998, 219).

Endet die gesetzte Frist/Nachfrist erst nach Eintritt der Verjährung des Vermieteranspruchs auf Durchführung der Schönheitsreparaturen, kommt ein Schadensersatzanspruch in Geld nach § 326 BGB a.F. bzw. § 281 Abs. 4 BGB gar nicht erst zur Entstehung (OLG Hamburg WuM 1998, 17; vgl. zum Ganzen auch Ricker NZM 2000, 216 und Kandelhard NJW 2002, 3292). **673**

Bereits mit der Neuregelung des § 548 BGB gemäß Mietrechtsreformgesetz wollte der Gesetzgeber alle (!) Vermieteransprüche wegen Veränderung oder Verschlechterung der Mietsache erfassen, insbesondere auch die Ansprüche auf Vornahme fälliger Schönheitsreparaturen sowie daraus resultierende Schadensersatzansprüche in Geld. In der Begründung des Regierungsentwurfs (BT-Drucks. 14/4553 S. 45) findet man dann auch Folgendes: **674**

»Auch die Verjährung der Schadensersatzansprüche beginnt bereits mit der Rückgabe der Mietsache und nicht erst, wenn sich der Erfüllungsanspruch in einen Schadensersatzanspruch, i.d.R. nach Ablauf der nach § 326 BGB (a.F.) zu setzenden Nachfrist, umgewandelt hat. Dies entspricht dem Zweck der Verjährungsregelung, zeitnah zur Rückgabe der Mietsache eine möglichst schnelle Klarstellung über bestehende Ansprüche im Zusammenhang mit dem Zustand der Mietsache zu erreichen.« **675**

Die Umsetzung dieser Absicht wäre eine klare Abkehr von der bisherigen/damaligen Rechtsprechung gewesen, die eine Anrechnung der für den Erfüllungsanspruch verstrichenen Verjährungszeit auf die Verjährungsfrist für den Schadensersatzanspruch in Geld abgelehnt hatte. Die gesetzgeberischen Absichten sind allerdings durch das Mietrechtsreformgesetz nicht hinreichend präzise umgesetzt worden mit der Folge, dass der verobjektivierte Wille des Gesetzgebers eine Auslegung abweichend von der bisherigen Rechtsprechung nicht einmal nahe legte (vgl. Riecke/Ormanschick WE 2001, 259 Ziff. 5). **676**

So vertrat etwa Lammel auch für die Zeit nach dem 01.09.2001 die Auffassung, dass die Verjährung entsprechend § 198 BGB a.F. erst mit Fälligkeit beginne und verweist darauf, dass die kurze mietrechtliche Verjährungsregelung voraussetze, dass der Vermieter seine Ansprüche bei Rückgabe bereits geltend machen kann (vgl. BGH NJW 1999, 2884, 2886; Lammel § 548 Rn. 19). Auch Langenberg (WuM 2002, 71) konzediert, dass sich mit der sprachlichen Neufassung nach der überwiegend vertretenden Auffassung in der Sache nichts geändert habe (vgl. Sternel ZMR 2002, 6). **677**

Demnach ging die h.M. (vgl. Palandt/Weidenkaff – 63. Aufl. – § 548 Rn. 11) davon aus, dass die Verjährung des Schadensersatzanspruches in Geld erst mit Ablauf der Nachfrist nach § 326 BGB a.F. begann. Die Gegenauffassung stützte sich auf den Charakter des § 548 BGB als Spezialvorschrift, die § 198 BGB a.F. verdrängen sollte. **678**

Diese unklare Rechtslage hat sich nach vom BGH (ZMR 2005, 291) geteilter Auffassung ab 01.01.2002 durch das Schuldrechtsmodernisierungsgesetz geändert. Nunmehr findet sich in § 200 BGB für den Beginn »anderer« Verjährungsfristen die Regelung, dass nur dann die Anspruchsverjährung mit der Entstehung des Anspruchs beginnt »soweit nicht ein anderer Verjährungsbeginn bestimmt ist«. Letzteres ist bei § 548 BGB der Fall, da hier der Beginn der Verjährung an die Rückgabe der Mietsache geknüpft wird (vgl. OLG Düsseldorf ZMR 2006, 925; Lützenkirchen ZMR 2002, 889/890). **679**

Langenberg (WuM 2002, 72) weist ergänzend darauf hin, dass die Ablaufhemmung in § 203 S. 2 BGB bereits ein ausreichendes Korrektiv darstelle und es der doppelten Verjährung nicht mehr bedürfe. **680**

681 Für eine einheitliche Verjährungsfrist spricht tatsächlich das neue Konzept des Schuldrechtsmodernisierungsgesetzes. Hiernach bleibt der Erfüllungsanspruch – anders als nach § 326 Abs. 1 S. 2 BGB a.F. – auch nach Ablauf der Fristsetzung/Nachfrist unberührt. Der Vermieter kann also nach wie vor (auch) auf Erfüllung der Malerarbeiten in Natur bestehen und ein entsprechendes Leistungsurteil erwirken (vgl. Lorenz/Riehm Lehrbuch zum neuen Schuldrecht, Rn. 234). Der Anspruch des Vermieters auf Leistung in Natur bzw. auf Nacherfüllung erlischt erst dann, wenn er tatsächlich Schadensersatz verlangt hat (§ 281 Abs. 4 BGB). Erst ab diesem Zeitpunkt darf sich der Schuldner darauf einstellen, dass er nicht mehr auf Leistung, sondern lediglich auf Schadensersatz in Geld in Anspruch genommen wird. (vgl. dazu krit. Gruber WuM 2002, 252/255 linke Spalte).

682 Umstritten ist, ob für die Verpflichtung zur Durchführung laufender Schönheitsreparaturen (vgl. Kinne ZMR 2003, 8 ff.) eine Verjährung der Erfüllungsansprüche des Vermieters eintreten kann, wenn dieser um die Renovierungsbedürftigkeit der Wohnung wusste oder grob fahrlässig nicht wusste. Insoweit weist Lützenkirchen (ZMR 2002, 889, 891) zutreffend darauf hin, dass § 548 Abs. 1 BGB insoweit als Spezialregelung verstanden werden solle, wonach die Verjährung für Ansprüche wegen **jeder** Veränderung oder Verschlechterung der Mietsache **erst mit der Rückgabe** beginnt, d.h. die Regelverjährung greift hier nicht während des noch praktizierten/laufenden Mietverhältnisses ein.

683 Im Ergebnis wird dem Vermieter die doppelte Verjährungsfrist genommen, aber andererseits muss er trotz Verkürzung der Verjährungsfrist bis zur Rückgabe der Mietsache keine verjährungshemmenden Maßnahmen gemäß § 204 BGB einleiten. Außerdem kann eine Verlängerung (vgl. § 202 Abs. 2 BGB; Scheffler ZMR 2008, 512) der Verjährungsfrist auf ein Jahr auch formularvertraglich vereinbart werden (so Kandelhard NJW 2002, 3295).

684 Die Verjährung der (Erfüllungs-)Ansprüche aus einer wirksamen Quotenhaftungsklausel (vgl. LG Hamburg ZMR 2005, 791 m. Anm. und Klauselvorschlag Riecke; Einzelheiten bei Riecke/Mack Rn. 205 f.) fallen auch unter § 548 BGB, obwohl es sich nicht um Schadensersatzansprüche wegen unterlassener Schönheitsreparaturen handelt (vgl. Lützenkirchen WuM 2002, 179/189; LG Berlin NZM 2002, 118).

685 Für Schadenersatzansprüche, die auf **Ersatz von Mietausfall** gerichtet sind, ergibt sich aus dem sog. **Grundsatz der Schadenseinheit,** dass die Verjährungsfrist einheitlich für alle voraussehbaren künftigen Mietausfälle beginnt, die aus der Verletzung der vertraglichen Instandsetzungspflicht folgen, ohne dass es auf den jeweiligen monatlichen Entstehungszeitpunkt der Mietausfälle ankommt (BGH ZMR 1998, 208, 209). Hiervon unabhängig hemmt (§ 204 Nr. 1 BGB) allerdings eine Zahlungsklage die Verjährung nur für die jeweils konkret geltend gemachten Mietausfallschäden, sodass der Vermieter bezüglich künftiger, zeitlich noch nicht überschaubarer weiterer Mietausfälle auf die Feststellungsklage als Mittel zur Verjährungshemmung (§ 204 BGB) angewiesen ist (BGH ZMR 1998, 209, 210).

b) Die Verjährung der Ansprüche des Mieters

686 beginnt mit der (rechtlichen) **Beendigung des Mietverhältnisses.** Zwar drückt der durch die Mietrechtsreform neu gefasste § 548 Abs. 2 BGB dies im Vergleich zu § 558 Abs. 2 BGB a.F. und § 548 Abs. 1 S. 2 BGB weniger klar aus, eine inhaltliche Änderung der bisherigen Regelung war damit nach den Gesetzesmaterialien aber nicht bezweckt. Auch die Ersetzung des Begriffes »Verwendungen« durch »Aufwendungen« erfolgte lediglich zur Anpassung an die §§ 536a Abs. 2, 539 BGB; inhaltlich sind Verwendungen nichts anderes als Aufwendungen auf eine Sache. Maßgeblich ist nach wie vor allein die rechtliche, nicht die faktische Beendigung des Mietverhältnisses. Die Verjährungsfrist beginnt also auch im Fall der fristlosen

Kündigung ab deren Wirksamkeit, d.h. ab sofort zu laufen (OLG Hamm WuM 1996, 474) und zwar auch dann, wenn eine Räumungsfrist gewährt wird (vgl. Staudinger/Emmerich § 548 Rn. 33). Andererseits beginnt sie nicht zu laufen, wenn das Mietverhältnis, gleich aus welchem Grunde (z.B. §§ 574a, b, 545 BGB; nicht hingegen bei bloßer Räumungsfristgewährung), rechtlich fortgesetzt wird. Eine analoge Anwendung von § 548 BGB mit seiner kurzen Verjährungsfrist wird angenommen, wenn bei fortbestehendem Mietverhältnis der Vermieter auch nur einen abgegrenzten Teil der Mietsache zum Zwecke einer gründlichen Untersuchung und Reparatur übernimmt (OLG Düsseldorf MDR 1994, 57). Bei Scheitern des Vertragsschlusses ist noch offen, ob für den Verjährungsbeginn an die Schlüsselrückgabe durch den potentiellen Mieter oder den Zeitpunkt des Abbruchs der Verhandlungen anzuknüpfen ist (OLG Celle ZMR 2007, 689).

Der Anspruch des Mieters auf **Aufwendungsersatz** entsteht bereits mit der Vornahme der Handlung während des laufenden Mietverhältnisses. Auch dann beginnt für ihn die Verjährungsfrist erst mit Beendigung des Mietverhältnisses (str.; a.A. Bub/Treier-Gramlich VI. Rn. 52; vgl. auch OLG Celle NJW 1962, 1918). Wenn der Mieter jedoch mit der Geltendmachung des Ersatzanspruchs bis zum Mietende wartet, kann der Anspruch je nach Fallgestaltung bereits verwirkt sein (vgl. Staudinger/Emmerich § 548 Rn. 34 m.w.N. sowie Hinkelmann PiG Bd 65, S. 247 ff.). **687**

c) Sonderfall: Veräußerung des Grundstücks

Auch beim Vermieterwechsel nach § 566 BGB ist auf den Zeitpunkt des Eigentumsübergangs abzustellen; es beginnt die Verjährungsfrist für Ansprüche gegen den bisherigen Vermieter mit dem Eigentumsübergang, jedoch frühestens mit der Kenntnis des Mieters hiervon (Staudinger/Emmerich § 548 Rn. 37). **688**

Die Ansprüche des Untermieters gegen den Hauptmieter wegen vereinbarungsgemäß erbrachter Aufwendungen verjähren ab dem Zeitpunkt der Beendigung des Untermietvertrages (BGH WuM 1986, 17). **689**

d) Verhältnis zu den allgemeinen Vorschriften

aa) Vorrang des § 548 BGB

§ 548 BGB ist weit auszulegen (BGH ZMR 2006, 441 = NJW 2006, 1963 zur cic-Haftung) und hat Vorrang vor § 195 BGB. Ein wirksamer Mietvertrag ist nicht Voraussetzung für seine Anwendung. Erfasst werden auch Ansprüche aus unerlaubter Handlung, aus Eigentum, Geschäftsführung ohne Auftrag etc. **690**

bb) Aufrechnung trotz Verjährung

Auch wenn die Ersatzansprüche des Vermieters bereits nach § 548 BGB verjährt sind, kann er mit ihnen gegen Gegenansprüche des Mieters, z.B. auf Zurückerstattung der Kaution, **aufrechnen** (BGH BGHZ 101, 244). Es genügt, dass sich die beiden Ansprüche in unverjährter Zeit aufrechenbar gegenüber gestanden haben (§ 215 BGB; vgl. aber auch OLG Düsseldorf ZMR 2002, 658). Dies ist auch dann der Fall, wenn der Vermieter seinen Ersatzanspruch erst nach Ablauf der Verjährungsfrist erstmals beziffert (LG Berlin ZMR 1998, 778). **691**

Der **Mietbürge** kann die Verjährung des Vermieteranspruchs nach § 548 BGB dem Vermieter entgegenhalten, selbst wenn er selbst bereits zuvor vom Vermieter aus der Bürgschaft in Anspruch genommen worden ist (BGH ZMR 1999, 230; BGH WuM 1998, 224; Riecke/Mack Rn. 431 ff. sowie WE 1999 Heft 7 S. 19). Denn die klageweise Inanspruchnahme des Bürgen unterbricht nicht die Verjährung der gesicherten Hauptforderung. **692**

cc) Verjährung des Rückgabeanspruchs

693 Mit der Verjährung des Anspruches des Vermieters auf Rückgabe der Mietsache verjähren auch seine Ersatzansprüche (§ 548 Abs. 1 S. 3 BGB, Staudinger/Emmerich § 548 Rn. 38). Diese Regelung entspricht dem allgemeinen Grundsatz, dass Nebenansprüche in ihrer Durchsetzbarkeit nicht weiter gehen können als der dazugehörige Hauptanspruch (vgl. § 217 BGB). Da der Rückgabeanspruch des Vermieters (§ 546 Abs. 1 BGB) in drei Jahren verjährt, ist die Vorschrift für die Praxis eigentlich überflüssig.

dd) Neubeginn der Verjährung

694 Der Neubeginn der Verjährung bestimmt sich nach § 212 BGB. Soweit der Mieter den Anspruch mittels deklaratorischen Anerkenntnisses anerkennt, läuft anschließend wiederum die Frist des § 548 BGB. Vor Einführung des nur vom 01.09.2001 bis 31.12.2001 geltenden § 548 Abs. 3 BGB hat nach h.M. die Einleitung eines selbstständigen Beweisverfahrens (§§ 485 ff. ZPO) die Verjährung nicht unterbrochen (Schmidt-Futterer/Gather – 7. Aufl. – § 558 a.F. Rn. 109; Staudinger/Emmerich § 558 a.F. Rn. 56). Durch die Neuregelung in § 204 Nr. 7 BGB ist nunmehr ein Rechtszustand wie im Kauf- und Werkvertragsrecht geschaffen worden, wobei statt des Neubeginns allerdings nur noch eine Hemmung der Verjährung eintritt (vgl. Wendtland in Haas pp, Das neue Schuldrecht Kap. 2, Rn. 86). Neu ist, dass beiden Vertragsparteien dieses Mittel an die Hand gegeben wurde, während es früher ausschließlich dem Käufer bzw. Besteller zugute kam.

ee) Hemmung der Verjährung

695 Für die Hemmung der Verjährung gelten die §§ 204 ff. BGB. Darüber hinaus kommt § 203 BGB zum Tragen für die Fälle, in denen zwischen den Parteien Verhandlungen über die Ansprüche geführt werden (vgl z.B. OLG Koblenz ZMR 1999, 250), und zwar selbst dann, wenn die streitigen Ansprüche ausschließlich vertraglicher Natur sind (BGH BGHZ 93, 64; str., a.A. insoweit z.B. AG Königs- Wusterhausen ZMR 1998, 442 und bezüglich Verwendungsersatzes LG Nürnberg-Fürth ZMR 2000, 228). Der Begriff der »Verhandlungen« ist weit auszulegen und umfasst jeglichen Meinungsaustausch (OLG Koblenz ZMR 1999, 250 m.w.N.). Allerdings kann von Verhandlungen erst gesprochen werden, wenn auch die Gegenseite hat erkennen lassen, dass sie sich auf Erörterungen zur Sache einlassen will (LG Hannover ZMR 1998, 637). Das Laufen von Verhandlungen wird angenommen, solange nicht eine Partei eindeutig zu erkennen gibt, dass sie diese für beendet hält (Staudinger/Emmerich § 548 Rn. 43 m.w.N.). Geschieht dies durch ein »Einschlafen lassen« (vgl. Wendtland a.a.O. Kap. 2 Rn. 78), sind die Verhandlungen in dem Zeitpunkt als beendet anzusehen, an dem der nächste Schritt zu erwarten gewesen wäre (LG Hannover ZMR 1998, 637 m.w.N.).

696 Da der Gesetzgeber Langenbergs Formulierungsvorschlag (NZM 2001, 214) nämlich § 852 Abs. 2 BGB a.F. ausdrücklich in § 548 BGB zu integrieren, nicht aufgegriffen hat, ist nicht von einer planwidrigen Regelungslücke auszugehen, die die ursprünglich die Analogie gerechtfertigt hätte. Es bedurfte der allgemeinen Neuregelung in den §§ 203, 204 BGB.

697 Zur Problematik der Unterbrechung (jetzt Hemmung) der Verjährung bei mehreren Mietern vgl. OLG Düsseldorf ZMR 2000, 210.

ff) Verlängerung der Verjährungsfrist

698 Am Ende des Mietverhältnisses ist seit 01.01.2002 (vgl. § 202 Abs. 2 BGB) eine Verlängerung der kurzen Verjährung des § 548 BGB insbesondere für den Vermieter wünschens-

wert und auch durchsetzbar, es sei denn man bejahte eine Leitbildfunktion der 6-Monats-Frist des § 548 BGB. Kandelhard (NZM 2002, 929/932) hält im Formularmietvertrag eine Verlängerung auf ein Jahr für nicht unangemessen i.S.d. § 307 BGB (vgl. auch Fritz NZM 2002, 713/719 sowie MüKo/Bieber § 548 Rn. 26).

Ein Klauselvorschlag Schefflers (ZMR 2008, 514) – unter Berücksichtigung der Rechtsprechung des BGH zu § 309 Nr. 7 BGB (BGH NJW 2007, 674) – lautet: »Sämtliche wechselseitigen Ansprüche aus diesem Vertrag verjähren 18 Monate nach Rückgabe des Mietobjekts, außer bei Vorsatz und grober Fahrlässigkeit. Für Ansprüche aus der Abrechnung von Betriebskosten beginnt die Verjährung mit dem Zugang der jeweiligen Abrechnung.«

15. Kapitel
Gewerberaummiete-Einzelfragen

Übersicht **Rdn.**

I. Grundsätzliches

1. Abgrenzung Wohnraum- und Gewerbemietvertrag

Gewerbemietverhältnisse (s. Kap. 1 Rdn. 19 f.) liegen vor, wenn Räume angemietet werden, um dort einer geschäftlichen, insbesondere gewerblichen oder anderen beruflichen Tätigkeit nachzugehen, die Räume dem Mieter also anderen als Wohnzwecken (s. Kap. 1 Rdn. 15) dienen. 1

Der wirkliche Parteiwille ist festzustellen (OLG Frankfurt/M. ZMR 2009, 198 f.). Maßgebend ist der vom Mieter verfolgte Vertragszweck, nicht die hiervon möglicherweise abweichende Nutzung (BGH ZMR 1997, 401 (405); OLG Düsseldorf WuM 1995, 434).

Nach Auffassung des OLG München (ZMR 2007, 119 m.w.N.) müssen die Parteien sich an einer bewussten Falschbezeichnung festhalten lassen, wenn Gewerberäume durch »Wohnraummietvertrag« vermietet werden. Die Regeln über das Scheingeschäft sind nicht anwendbar (KG ZMR 2009, 201).

Bei **Mischmietverhältnissen** (s. Kap. 1 Rdn. 24 f.) kann nur eine einheitliche Bewertung als Wohnraum- oder gewerbliches Mietverhältnis erfolgen, hier soll die überwiegende Nutzungsart (sog. Übergewichtstheorie OLG Düsseldorf ZMR 2006, 685 ff. m.w.N.; OLG München ZMR 1995, 295) entscheidend sein. Bei Vermietung einheitlicher Räume im Rahmen eines Mischmietverhältnisses wie etwa an einen Freiberufler, sowohl zur Berufsausübung als auch zu Wohnzwecken, erfolgt im Allgemeinen die Vermietung in erster Linie zu gewerblichen Zwecken (OLG Köln ZMR 2001, 963 ff.; BGH ZMR 1986, 278). Werden Räume zur teilgewerblichen Nutzung überlassen, wobei die gewerbliche Nutzung übereinstimmend überwiegen soll, wird aber trotzdem ein Wohnraummietvertragsformular verwandt, findet Wohnraummietrecht keine Anwendung (KG NZM 2000, 338). Ein Gewerbemietverhältnis (hier: Pachtverhältnis) kann auch dann anzunehmen sein, obwohl der auf das Wohnungsnutzungsentgelt entfallende Betrag überwiegt (OLG Köln ZMR 2007, 114). Zu Einzelheiten s. Kap. 1.

2. Einzelfragen

Bei den einzelnen Sachgebieten werden auch die für Gewerbemietverhältnisse wesentlichen Grundlagen dargestellt. Die Vertragsfreiheit ist stärker ausgeprägt, zahlreiche Mieterschutzvorschriften sind nicht anwendbar oder abdingbar (s. Kap. 3 Rdn. 58 ff. und 63 ff.). Zuständigkeiten der Parteien werden im Gewerbemietrecht im Wesentlichen nach Verantwortung-, Beherrschungs- und Einflussmöglichkeiten zugeordnet. Die in Entscheidungen zu Formularklauseln zu treffenden Billigkeitserwägungen lassen sich in Form eines topoi-Katalogs erfassen, s. Joachim GuT 2004, 207 (222). Ausgewählte Besonderheiten und Hinweise zur Vertragsgestaltung enthält die nachfolgende stichwortartige Darstellung. 2

A

Abbuchung: Während es formularmäßig möglich ist, den Mieter zu verpflichten, am Lastschriftverfahren durch Erteilung einer Einzugsermächtigung teilzunehmen (BGH NJW 1996, 988 m.w.N.), ist umstritten, ob eine Abbuchungsermächtigung formularmäßig wirksam erteilt werden kann. Zum Streit s. OLG Koblenz NJW-RR 1994, 689; OLG Düsseldorf DB 1996, 2610. 3

Abfall: Die Regelungen über die Abfallbeseitigung müssen im Einklang mit den jeweils gültigen kommunalen Abfallsatzungen stehen. Zu beachten ist auch die Ver- 4 ordnung über die Entsorgung von gewerblichen Siedlungsabfällen und von bestimmten Bau- und Abbruchabfällen (GewAfV), die am 01.01.2003 in Kraft getreten ist. Zu Einzelheiten GE 2003, 305 ff. Zur Haftung des Grundstückseigentümers für Mieterabfall (KG GE 2003, 1551 ff.). Die Kosten für die Anschaffung von Abfallbehältern sind keine Betriebskosten, es handelt sich um nicht umlagefähige Investitionskosten (OLG Naumburg ZMR 2007, 619).

5 **Ablösungsrecht des Mieters:** Zu den Möglichkeiten der Ablösung gemäß § 268 BGB bei Zwangsversteigerung des Mietobjekts s. Kap. 31.

6 **Abtretung:** Sofern der Vermieter Instandsetzungspflichten auf den Mieter übertragen hat, können Gewährleistungsansprüche abgetreten werden. S.a. »Instandhaltung« Rdn. 322.

Das Wegnahmerecht an Einrichtungen kann abgetreten werden (BGH NJW 1991, 3031 ff.).

7 Der **isolierten Abtretung** von Mietzinsansprüchen ohne gleichzeitige Übernahme der Pflichten aus einem Mietvertrag steht weder der Schutzzweck des § 571 BGB a.F. noch die enge Verknüpfung von Rechten und Pflichten aus dem Mietvertrag entgegen (BGH ZMR 2003, 732). Zur vorzeitigen Vertragsbeendigung nach Abtretung der Mietforderung s. OLG Rostock NZM 2008, 449.

8 Bei **Untermietverhältnissen** kann der Mieter seine künftigen Ansprüche gegenüber dem Untermieter im vorhinein abtreten (BGH NJW-RR 2005, 1408 zur Abtretung allgemein). Für Mietforderungen ist dies streitig, teilweise wird die Wirksamkeit abgelehnt (HansOLG Hamburg ZMR 1999, 328), teilweise bejaht (OLG Düsseldorf NZM 2009, 360 ff.). Zu Einzelheiten s. Kap. 11.

9 **Allgemeine Geschäftsbedingungen:** Zur Vertragsgestaltung bei Gewerberaummietverträgen und zur Wirksamkeit einzelner Klauseln s. Kap. 3 Rdn. 58 ff. sowie die jeweiligen Sachgebiete.

10 **Änderung der Rechtsform:** Regelungen, die die Änderung der Rechtsform auf der Vermieter- und Mieterseite betreffen, sollten in den Vertrag aufgenommen werden. Zur Identität einer Gesellschaft (hier: KG) s. BGH ZMR 2001, 338; KG ZMR 2006, 610. Zum Ganzen s. Kap. 13.

11 **Anfechtung:** Die Anfechtung eines Geschäftsraummietvertrages wegen arglistiger Täuschung ist auch nach Überlassung der Mieträume und Beendigung des Mietvertrages neben der Kündigung zulässig. Sie wirkt auf den Zeitpunkt des Vertragsabschlusses (§ 142 Abs. 1 BGB) zurück (BGH ZMR 2009, 103).

12 **Apotheke:** Bei Vermietung einer Apotheke sind die Vorschriften des Apothekengesetzes und der Apothekenbetriebsordnung zu berücksichtigen, s. hierzu Kap. 17. Zu Haftungsrisiken für den Anwalt vgl. BGH GuT 2004, 58, s.a. Saalfrank Mieten und Vermieten von Apothekenräumen.

Zu Umsatzmiete Kap. 4.

13 **Aufgabe der Mietsache:** Eine Regelung für den Fall der Aufgabe der Mietsache (§ 303 BGB) durch den Mieter ist sinnvoll (BGH ZMR 1993, 317), sowohl für den Fall der vorzeitigen Rückgabe und Annahmeverzug des Vermieters als auch für unbekannt werdenden Aufenthalt des ausgezogenen und nicht zahlenden Mieters bei fortbestehendem Mietverhältnis s.a. Stichworte »Rückgabe« und »Auszug ohne Vertragsbeendigung«.

Auflösende Bedingung: Die unter einer auflösenden Bedingung geschlossenen Verträge, sind als unbefristete Verträge grundsätzlich ordentlich kündbar. Ein Ausschluss des ordentlichen Kündigungsrechts, kann in dieser Vereinbarung zu sehen sein. Ob die Parteien dies so verstanden wissen wollten, muss die Partei darlegen und beweisen, die sich hierauf beruft (BGH NJW-RR 2009, 927). 14

Aufmaß: Ein gemeinsames Aufmaß bei Übergabe durchzuführen ist sinnvoll, die vereinbarte Grundlage für die Flächenbestimmung (s. Stichwort »Fläche«) ist zu definieren. 15

Aufrechnung und Zurückbehaltung: Im Bereich der Geschäftsraummiete können Aufrechnung und Zurückbehaltung formularvertraglich eingeschränkt werden; zu Einzelheiten s. Kap. 4 Rdn. 428 ff. 16

Die formularvertraglichen Bestimmungen müssen den Regelungen des § 309 Nr. 3 BGB entsprechen (OLG Düsseldorf ZMR 1999, 22, 24; OLG Köln WuM 1998, 23). Bereicherungsansprüche wegen vorhandener Mängel dürfen nicht ausgeschlossen sein (OLG Düsseldorf MDR 2005, 1045). Möglich ist die Aufrechnung und Zurückbehaltung von einer einmonatigen Ankündigungsfrist (OLG Frankfurt/M. NZM 2005, 359; OLG Rostock ZMR 2000, 294) und davon abhängig zu machen, dass dem Vermieter ausreichend Gelegenheit zur Mängelbeseitigung eingeräumt wurde (OLG Celle ZMR 1998, 272 ff.; s.a. BGHZ 91, 375 ff.). Die gleichzeitige Vereinbarung einer Vorfälligkeitsklausel ist zulässig.

Ein individualvertraglich vereinbartes Aufrechnungsverbot gilt auch nach Beendigung des Mietverhältnisses und Räumung des Mietobjektes fort (BGH ZMR 2000, 364). Zur Aufrechnung nach Abtretung an den Grundstückskaufwilligen bei individualvertraglich vereinbartem Aufrechnungsverbot (BGH Gut 2004, 117).

Aufwendungsersatz: Die Frage des Aufwendungsersatzes bei Mangelbeseitigung durch den Mieter wird in Kap. 7 ausführlich dargestellt, s.a. Gsell NZM 2010, 71. 17

Aufzug: Zur Umlage der Kosten s. Kap. 5. Unabhängig von einer anderweitigen vertraglichen Vereinbarung ist der Vermieter in einem Hochhaus, besonders wenn es sich um Anmietung eines Büros im 10. Stockwerk handelt, verpflichtet, die Fahrstühle rund um die Uhr sowohl an Werk- als auch an Sonn- und Feiertagen in Betrieb zu halten (OLG Frankfurt/M. NZM 2004, 909); zur Mietminderung s. Kap. 9. 18

Ohne gesonderte Vereinbarung hat der Betreiber eines Lebensmittelmarktes keinen Anspruch auf Herausgabe eines **Aufzugschlüssels** (OLG Düsseldorf GuT 2002, 173).

Ausbauzustand des Mietobjekts: Vom Rohbau bis zum vermieterseits hochtechnisiert ausgestatteten Gewerberaum, reicht die Bandbreite der zu übergebenden Mietobjekte. Den Überlassungszustand des Mietobjekts bei Mietbeginn exakt zu beschreiben ist erforderlich, um das Konfliktpotential an der Schnittstelle von mieter- und vermieterseitigen Pflichten zu minimieren. Dies dient nicht nur der Festlegung des Umfanges der Gebrauchsgewährungs- und Erhaltungspflicht des Vermieters (zu Einzelheiten s. Kap. 7 und Kap. 14), sondern auch der Konkretisierung der jeweiligen Herstellungs-, Instandhaltungs- und Instandsetzungspflichten (s.u. Rdn. 322 ff.) sowie der sonstigen Abgrenzung der mieter- und vermieterseitigen Pflichten. Namen der mit den Arbeiten beauftragten Architekten und Handwerker sollte der Mieter dem Vermieter mitteilen, Pläne zur Genehmigung vorlegen, Wartungsfirmen und beauftragte Notdienste benennen sowie die erforderlichen Prüfbescheinigungen vorlegen. Aufwendige mieterseits übernommene Ausbauarbeiten oder Rückbauforderungen des Vermieters sollten jeweils durch Bankbürgschaften gesichert werden (s.a. Stichwort Rückbau und Kap. 14). Zum Geldausgleich statt durchführender Rückbauarbeiten s. BGH ZMR 2002, 735. 19

20 **Ausschlussfrist für Betriebskostennachforderungen:** Die Frist des § 556 Abs. 3 S. 3 BGB ist keine Ausschlussfrist für Nachforderungen (BGH NJW 2010, 1065).

21 **Ausschreibungspflicht:** Das Vergaberechtsregime gilt nicht für Aufträge über Mietverhältnisse, dies unterfällt dem Ausnahmebereich des § 100 Abs. 2 lit. h GWB. Eine andere Beurteilung ergibt sich nur dann, wenn das angemietete Objekt erst noch zu errichten ist und der öffentliche Auftraggeber mit dem (künftigen) Vermieter die Errichtung des Objekts nach seinen Spezifikationen vereinbart (EuGH NZBau 2009, 792; OLG Schleswig BeckRS 2010, 08707).

Vergabeverfahren sind bei Mietverträgen über Bestandsimmobilien nicht durchzuführen, dies kann bei neu zu errichteten Gebäuden erforderlich sein (OLG Schleswig BeckRS 2010, 08707).

22 **Ausverkäufe:** Häufig wird geregelt, dass für die Durchführung von »Anderverkäufen« die vorherige schriftliche Erlaubnis des Vermieters erforderlich ist, dies kann sich bei der Vermietung im Einkaufszentrum als sinnvoll erweisen.

23 **Außenwand:** Die Außenwand gehört nicht generell zum Mietgegenstand. Die Benutzung der höher gelegenen Wandteile, auch durch den Mieter des betreffenden Stockwerks, ist nicht vom Mietgebrauch umfasst (Saarl. OLG MDR 2005, 1283; OLG Düsseldorf NJW 1958, 1094). Die Nutzung der Außenfassade für Werbemaßnahmen ist zu regeln (s. Garther DWW 1993, 175).

24 Dem Mieter steht das Recht zu, an der Außenwand des Hauses ein Schild anzubringen, um auf das von ihm betriebene Geschäft oder Gewerbe hinzuweisen.

25 Bei einem im Erdgeschoss belegenen Ladenlokal hat der Vermieter, sofern keine entgegenstehende Vereinbarung getroffen wurde, zu dulden, dass der Mieter vor seinen Räumen an der Außenwand Werbeeinrichtungen anbringt. Dies soll auch für die Anbringung von Warenautomaten gelten (OLG Hamm NJW 1958, 1239).

26 **Auszug ohne Vertragsbeendigung:** Zieht der Mieter ohne Rücksicht auf den weiter bestehenden Mietvertrag endgültig aus, zahlt keine Miete mehr und hat er hierdurch den Vermieter veranlasst, die Mietsache zu einem niedrigeren Mietzins weiterzuvermieten, handelt er regelmäßig rechtsmissbräuchlich, wenn er bei Geltendmachung der Differenzmiete durch den Vermieter die Zahlung mit der Begründung verweigern will, der Vermieter sei wegen der Weitervermietung zur Gebrauchsüberlassung an ihn nicht mehr in der Lage gewesen (Gerhard ZMR 1993, 317, 319). An die Annahme des groben Vertragsbruches werden erhebliche Anforderungen gestellt. Vermieterseits wichtig ist die Mitteilung an den Mieter, dass er die Mietsache im beiderseitigen Interesse weitervermieten will. S.a. OLG Hamm ZMR 1986, 281 ff. und Stichwort »vorzeitige Vertragsbeendigungen«.

B

27 **Barkaution:** s. Stichwort »Kaution«. Zu Einzelheiten s. Kap. 6.

28 **Baubeschreibung:** Eine Baubeschreibung, die Bestandteil der vertraglichen Vereinbarungen ist, kann die Festlegung bestimmter Eigenschaften der Mietsache enthalten (hier: einheitliche Betriebsgebäude eines Filialisten – Photovoltaik Anlage auf dem Dach OLG Bamberg NZM 2009, 859).

29 **Baukostenzuschuss:** zu Definition und Aufrechnung s. Kap. 4. Die Vereinbarung eines verlorenen Baukostenzuschusses kann dem Schriftformerfordernis unterliegen (OLG Düsseldorf ZMR 2007, 446).

30 **Beendigung der Mietzeit:** Die Einzelfragen sind in Kap. 14 dargestellt.

Behördliche Genehmigung und Konzessionen: Für die Wirksamkeit des vertraglichen Haftungsausschlusses des Vermieters ist zu differenzieren, in wessen Risikosphäre mögliche Gründe für eine Versagung erforderlicher Genehmigungen oder Konzessionen liegen. Beruhen diese ausschließlich auf der Lage oder Beschaffenheit des Mietobjekts, kann die Haftung hierfür dem Mieter nicht formularmäßig aufgebürdet werden (BGH NJW 1988, 2664). Dies ist nur für personenbedingte oder betriebsbedingte Gründe zulässig (BGH ZMR 1992, 239). Weitere Einzelheiten s. Rdn. 104, 114 und 148. 31

Belastung der Stockwerksdecken: Der Mieter sollte auf die bauaufsichtsrechtlich zulässige Belastung der Stockwerksdecken hingewiesen werden. Formularvertraglich kann der Vermieter sich von der Haftung für die Tragfähigkeit der Decken nicht freizeichnen (OLG Frankfurt NZM 1998, 150 (151); BGH ZMR 1964, 79). 32

Benutzung der Mietsache: Unbedingt sollte die Konkretisierung des Gebrauchszwecks der Mietsache erfolgen. Ggf. sind Vereinbarungen über Konzessionserteilungen zu treffen, s. Kap. 7 und Rdn. 104. 33

Berufsunfähigkeit: Bei Vermietung an Freiberufler oder für stark an die Inhaberperson gebundene geschäftliche Tätigkeiten empfiehlt es sich dringend, eine vertragliche Regelung darüber zu treffen, welche Rechte aus einer eventuell eintretenden Berufungsunfähigkeit des Mieters hergeleitet werden können (BGH WuM 1984, 54; Neuhaus GuT 2004, 115) und die Voraussetzungen eines eventuellen Mieterwechsels festzulegen. Eine Krebserkrankung berechtigt den Mieter nicht zur Kündigung (OLG Düsseldorf NZM 2008, 807). Zu Einzelheiten s. Kap. 13. 34

Beschaffenheitsvereinbarung: Die Parteien können ausdrückliche oder konkludente (BGH NJW 2010, 1133 ff. zu Wohnraum) Vereinbarungen zur Beschaffenheit der Mietsache treffen, die dann für die Beurteilung der Frage, ob Mängel vorliegen, maßgebend sind (BGH NJW 2005, 218). Wenn solche Parteiabreden fehlen, wird der zum vertragsgemäßen Gebrauch geeignete Zustand durch den Nutzungszweck bestimmt. Eine Parteiabrede kann auch durch eine Beschreibung des Mietobjekts getroffen werden, die eine Aussage über dessen Charakter und die mit diesem Charakter einhergehende Beschaffenheit enthält (BGH ZMR 2008, 116). Bei fehlender Vereinbarung ist die Einhaltung der maßgeblichen technischen Normen geschuldet (BGH ZMR 2005, 108 (109) zu Wohnraum), sofern es solche zu bestimmten Anforderungen gibt. Dabei ist nach der Verkehrsanschauung grundsätzlich der bei der Errichtung des Gebäudes geltende Maßstab anzulegen (BGH NJW 2009, 2441). Ohne zusätzliche Abrede kann der Mieter nicht verlangen, dass ein gegebenenfalls bei Mietvertragsabschluss vorhandener besserer Standard (hier Immissionen), als er nach den maßgeblichen technischen Normen vermieterseits geschuldet ist, während der gesamten Dauer des Mietverhältnisses aufrechterhalten wird.

Beschreibung des Mietobjekts: Die Beschreibung des Mietobjekts soll so detailliert wie möglich erfolgen. Nach welcher Vorschrift die **Flächenberechnung** erfolgt, ist festzulegen. Die DIN 277 kommt ebenso zur Anwendung wie bei Büro- und Handelsräumen die Flächenberechnungsrichtlinie der Gesellschaft für Immobilienwirtschaft Fläche und Forschung e.V. (gif.). Zu Einzelheiten s. Stichwort »Fläche« und Schultz Gewerberaummiete 2. Aufl. 2007, S. 94 ff. 35

Regelungen zur Nutzung der **Außenwand** müssen getroffen werden, s. hierzu oben Stichwort »Außenwand«. Festzulegen ist, welche **Nebenflächen** (zu Keller s. BGH NZM 2008, 362) mitvermietet sind bzw. welche Flächen oder Räume allen Mietern gemeinschaftlich zur Nutzung zur Verfügung stehen, ob und wie diese Verkehrsflächen für Miete und Betriebskosten berechnet werden. 36

Zur alleinigen Nutzung zugewiesene **Hofflächen** oder **Parkplätze** müssen exakt bezeichnet werden.

Vorhandene **Einbauten** oder **Einrichtungen** sind nach Art und Zustand zu bezeichnen. Sinnvoll ist, eine Regelung über vom Mieter einzubringende Einbauten und deren ggf erfolgenden Verbleib in den Mieträumen zu treffen bzw. den **Rückbau** zu vereinbaren (s. Ausbauzustand und bauliche Veränderungen).

37 Neben den vorgenannten einzelnen Punkten wird häufig eine konkrete Vereinbarung über **mitbenutzbare Anlagen und Einrichtungen** getroffen.

Zu Fragen der **Schriftform** bei Erläuterung und Spezifizierung des Mietobjekts in Anlagen s. Kap. 3 und »Vermietung vom Reißbrett« Rdn. 225.

Besenrein: Die »besenreine« Rückgabe verpflichtet zur Beseitigung grober Verschmutzungen (BGH ZMR 2006, 845 ff.).

38 **Betreten:** Formularvertraglich kann dem Vermieter nicht das Recht zugesprochen werden, das Mietobjekt jederzeit zu betreten und den Mieter zu verpflichten, außerhalb der üblichen Öffnungszeiten eine Besichtigung zu ermöglichen. Zu Einzelheiten s. Kap. 7.

39 **Betriebskosten:** Bei der Geschäftsraummiete gibt es keine speziellen Beschränkungen für die Umlegung von Mietnebenkosten, sofern die Grenzen des § 138 BGB und bei Formularverträgen des § 307 Abs. 1 und 2 BGB gewahrt sind. Bei der Umlage von Betriebskosten kann der Vermieter auch andere als solche i.S.d. § 19 Abs. 2 WoFG oder die im Katalog des § 2 BetrKV genannten Kosten verlangen (OLG München ZMR 1997, 233) wie **Verwaltungskosten** (s. dort), Kosten des **Center-Managements** (s. dort), Kosten für **Werbemaßnahmen** des Vermieters oder von **Werbegemeinschaften** (s. dort), besondere **Versicherungsbeiträge** (s. dort), **Bewachungskosten** (s. dort) oder sonstige Kosten, sofern sie konkret vereinbart wurden. Zur Umlage »sonstiger Betriebskosten«, insbesondere zur Überprüfung der Elektroanlagen s. BGH WuM 2007, 198. Welche sonstigen Kosten als umlegbar in Betracht kommen, richtet sich nach den tatsächlichen Verhältnissen, dem Gegenstand des jeweiligen Geschäftsbetriebs und den wirtschaftlichen Gegebenheiten (Pfeiffer DWW 2000, 13 ff.; Gather DWW 2002, 56).

Die Bestimmungen der Heizkostenverordnung sind zu beachten (zu Einzelheiten s. Harz/Schmid ZMR 1999, 594 ff. sowie Kap. 4).

Nicht nur für die Umlage der Betriebskosten als solches müssen exakte Regelungen getroffen werden, sondern auch für die Einführung neuer Kostenarten oder Erhöhungen bei bestehenden Kostenarten. Zu Einzelheiten s. Kap. 5.

Die Ausschlussfrist des § 556 Abs. 3 S. 3 BGB findet auf gewerbliche Mietverhältnisse keine Anwendung, (BGH NJW 2010, 1065; OLG Düsseldorf IMR 2008, 119).

Eine Klausel, wonach die Abrechnung der Betriebskosten bis spätestens zum 30.09. des Folgejahres zu erstellen ist, enthält nur eine bloße terminliche Festlegung. Ohne weitere Anhaltspunkte kann aus ihr keine Ausschlussfrist zur Nachforderung von Betriebskosten hergeleitet werden (OLG Köln IMR 2007, 45). Einer Voraufteilung der Kosten, die durch Wohnnutzung oder Gewerbebetriebe verursacht worden sind, bedarf es nur noch in zwei Fällen: Wenn eine entsprechende Vereinbarung besteht oder wenn ein Geschäftsbetrieb wesentlich höhere Kosten verursacht als eine Wohnnutzung (BGH ZMR 2006, 358 und BGH ZMR 2007, 101; s.a. KG ZMR 2006, 928).

40 **Betriebspflicht:** Die Vereinbarung einer Betriebspflicht findet sich häufig und kann formularvertraglich vereinbart werden (s. BGH ZMR 1993, 57 (59); s.a. OLG Düsseldorf ZMR 1999, 171; OLG Hamm ZMR 2001, 581). Dies gilt auch bei gleichzeitig vereinbartem Ausschluss von Konkurrenzschutz (OLG Hamburg GuT 2003, 57 ff.). Wenn die Betriebspflicht nach fristloser Kündigung des Mietverhältnisses bis zur Räumung durch den Mieter fortbestehen soll, bedarf dies ausdrücklicher Vereinbarung im Mietvertrag (OLG Düsseldorf NZM 2001, 131 f. = ZMR 2001, 181 f.). Zu einzelnen Fragen s.u. Rdn. 411 ff.

Betriebsunterbrechungen: s. Betriebspflicht; zur Ersatzpflicht des Vermieters im Hinblick auf den Betriebsunterbrechungsschaden OLG Düsseldorf ZMR 2002, 41 ff. 41

Betriebsunterbrechungsversicherung/Ertragsausfallversicherung: Sie ist eine Form der Schadenversicherung, bei der vor allem fortlaufende Kosten und entgangene Gewinne gedeckt werden, die nach Eintritt eines Sachschadens, der zur Betriebsunterbrechung führt, entstehen. Wichtige Arten der Betriebsunterbrechungsversicherung sind die Feuer-, Betriebsunterbrechungs- und die Maschinen-Betriebsunterbrechungsversicherung. 42

Betriebszweck: Bei Mietvertragsabschluss sollte der konkrete Betriebszweck sowie ggf. vereinbarte Voraussetzungen für Änderungen des Betriebszwecks vereinbart werden s. Stichwort »Mietzweck« und Kap. 7. 43

Bewachungskosten: Bewachungskosten sind unabhängig von der Streitfrage, ob es sich um Betriebskosten handelt (Schmid Handbuch der Mietnebenkosten, 11. Aufl., Rn. 5439) bei der Geschäftsraummiete jedenfalls dann umlegbar, wenn dies ausdrücklich vereinbart ist und die Situation des Mietobjekts eine Bewachung erfordert (KG GE 2004, 234; LG Berlin GE 2005, 237). 44

Beweislast: Wenn infolge eines Mangels der Mietsache an eingebrachten Sachen des Mieters Schäden entstehen, verbleibt es bei der Beweislast des Mieters für die Voraussetzungen des Schadensersatzanspruches, auch wenn der Vermieter behauptet, der Schaden sei bei einem früheren Schadensereignis eingetreten (BGH ZMR 2006, 680 ff.). 45

Bewirtschaftungs- und sonstige Verbrauchsabgaben: Unter dieser Formulierung versteht der durchschnittliche Gewerbemieter dasselbe wie Betriebskosten i.S.d. Anlage 3 zu § 27 II. BV (KG ZMR 2007, 449). 46

Bezugsfertigkeit: Der Mietgegenstand muss in allen Teilen im Wesentlichen fertig gestellt und funktionsfähig sein, die Außenanlage (Park- und Ladezonen) oder das Gesamtobjekt muss so weit hergestellt sein, dass die vertragsmäßige Nutzung möglich ist, geringfügige Beeinträchtigungen bleiben außer Betracht (OLG Düsseldorf ZMR 1995, 465, 466). 47

Bei Schönheitsreparaturen bedeutet dieser Begriff nicht, dass der Mieter bei Auszug das Mietobjekt vollständig instand zu setzen hat, es ist ausreichend, wenn der Vermieter die Räumlichkeiten dem neuen Mieter in einem bezugsgeeigneten und vertragsgemäßen Zustand überlassen kann, hierfür müssen sie nicht neu hergerichtet sein (BGH NJW 1991, 2416/2417) s. Rdn. 335 ff.

Für die Wahrung der Schriftform ausreichend ist, den Beginn des Mietverhältnisses an die Mietzahlungspflicht »ab Bezugsfertigstellung« zu koppeln, da hierin die Bestimmbarkeit des Mietbeginns zu sehen ist (BGH NJW 2010, 8; ZMR 2006, 116, 119; KG ZMR 2007, 535) s. Rdn. 225 und Kap. 3. Für die Bestimmbarkeit des Vertragsbeginns ist die Bezugnahme auf »Bezugsfertigkeit« ausreichend, insbesondere bei zugleich beginnender Mietzahlungspflicht (BGH NJW 2010, 8; KG IMR 2007, 115).

Bodenbelag: Inwieweit der Vermieter die Erneuerung von Bodenbelägen verlangen kann, ist streitig (s. OLG Düsseldorf NJW-RR 1989, 663; OLG Celle NZM 1998, 158 und Kap. 8). 48

Entscheidet sich der Mieter, das Angebot des Vermieters zur Einbringung eines Bodenbelags abzulehnen und bringt er auf eigene Kosten einen anders gearteten Bodenbelag ein, stehen ihm Rechte wegen Schäden am Fußbodenbelag nicht zu (KG GuT 2004, 230).

49 **Bodenkontamination:** Wenn der Mieter eine schädliche Bodenverunreinigung oder Altlast verursacht, kann der Vermieter im Wege eines Ausgleichsanspruchs verlangen, dass die Sanierungskosten erstattet werden (§ 24 Abs. 2 BBodSchG; s.a. BGH BeckRS 2009, 89335; NZM 2005, 315; OLG Bremen NZM 2008, 85 n.rkr.); zu Einzelheiten Kap. 30.

50 **Botschaft:** Bei Vermietung von Räumen an eine Botschaft, die von Botschaftsangehörigen als Wohnräume genutzt werden, stellt sich der Vertrag als Geschäftsraummietvertrag dar (Kammergericht GE 2005, 990).

51 **Brandschäden:** Für die Rechtsfolgen ist nach Verantwortungsbereichen von Mieter und Vermieter für die Brandursache zu trennen, s. hierzu BGHZ 66, 349 ff. und OLG Stuttgart MDR 2010, 261; OLG Celle ZMR 2009, 683 ff. S. zum Rückgriffsanspruch des Feuerversicherers OLG Düsseldorf ZMR 1997, 228; zum Ausschluss des Kündigungsrechts des Mieters bei von ihm verursachtem Brand BGH ZMR 1998, 212; BGH ZMR 1992, 140, 141; zum Verjährungsbeginn bei Rückgabe der Mietsache mit nicht völlig zerstörtem Gebäude BGH ZMR 2006, 754 ff.

52 **Brandschutz:** s. öffentlich-rechtliche Gebrauchsvoraussetzungen. Zwar haftet der Vermieter dafür, dass grundstücksbezogene öffentlich-rechtliche Beschränkungen auch während der Vertragslaufzeit den Vertragszweck nicht gefährden (BGH NJW-RR 1992, 267). Bei Änderung des Mietzwecks nach Vertragsbeginn kann die Gewährleistung des Vermieters insoweit abgedungen sein (Aussiedlerheim wird Hotel OLG Düsseldorf GuT 2004, 81).

53 **Bürgschaft:** s. Stichwort Kautionsbürgschaft und Kap. 6.

C

54 **Center-Management:** Das Center-Management umfasst Aufgabenbereiche, die weit über den Begriff Hausverwaltung hinausgehen. Die Umlegung von Center-Managementkosten kann vereinbart werden (Fritz NJW 1998, 3328).

Vermieter von Flächen in einem Einkaufs- und/oder Dienstleistungszentrum sind nicht gehindert, die Kosten des Center-Managements durch Formularklauseln auf den Mieter abzuwälzen. Formularklauseln müssen der Inhaltskontrolle nach § 307 BGB standhalten, obwohl die Parteien bei gewerblichen Mietverhältnissen weitgehend frei sind, wie sie Vereinbarungen über die Umlage der Betriebskosten gestalten.

Da keine tragfähigen Erkenntnisse dazu vorliegen, welche Tätigkeiten üblicherweise mit dem »Center-Management« verbunden sind, kann der Mieter den Umfang der Kostenlast nur abschätzen, wenn die maßgebliche Position »Center-Management« annähernd in einem Leistungskatalog umschrieben ist (KG NZM 2002, 954; Wolf/Eckert/Ball Handbuch des gewerblichen Miet-, Pacht- und Leasingrechts, Rn. 483). Die bloße Bezeichnung »Centermanagement« ist zu unbestimmt, auch wenn der Zusatz »kaufmännisch und technisch« hinzugefügt wird (KG GE 2003, 234). Daher müssen im Mietvertrag die Aufgaben des Center-Managements detailliert beschrieben werden, um dem Mieter einen Überblick zu ermöglichen, welche Kosten ihm durch diese Vermieterleistungen auferlegt werden (OLG Rostock NZM 2005, 507). Angesichts der Vielschichtigkeit der bei einem Center-Management anfallenden Aufgaben und der damit verbundenen Kosten empfiehlt sich *eine Aufgliederung oder Erläuterung* nach einzelnen Tätigkeiten und Kostenpositionen. Das gilt insbesondere für Personalaufwendungen, z.B. Kosten des Center-

Managers und seines Sekretariatspersonals, des Haustechnikers usw. Ansonsten kann im Hinblick auf die von der h.M. vorgenommenen restriktiven Auslegung eine Reduzierung auf die Verwaltungskosten im dargestellten Sinn erfolgen; s. Stichwort »Verwaltungskosten« und Kap. 5.

Change of Control Klauseln: Zunehmend finden sich diese Klauseln auch in gewerblichen Mietverträgen unter der Überschrift »Kontrollwechsel«, »Führungswechsel« oder »Sonstigem«, sie gewähren i.d.R. Kündigungsrechte oder regeln Zustimmungserfordernisse. Zu Einzelfragen s. Kap. 13 und Disput NZM 2008, 305. 55

D

Dach und Fach: Diese Klausel bezeichnet als Mängelbeseitigungsklausel alle Arbeiten, die der Erhaltung des Gebäudes in seinem Substanzwert dienen (HansOLG Hamburg MDR 1967, 845). Sie betrifft nach Auffassung des OLG Brandenburg (ZMR 2009, 841 f.) Arbeiten an Dachsubstanz und tragenden Gebäudeteilen, einschließlich tragender Wände mit Außenfassade. Der Begriff kann nach anderer Meinung gleichgesetzt werden mit »Wohnung und Gebäude« und erfasst auch das Wasserleitungssystem (OLG Hamm ZMR 1988, 260, 261). Formularvertraglich (s. dazu OLG Dresden NJW-RR 1997, 395) kann die Vereinbarung nur getroffen werden, wenn der Mieter die Aufnahme der Klausel vorschlägt (OLG Oldenburg NZM 2003, 439). 56

Doppelvermietung: Bei einer Doppelvermietung von Gewerberaum kommt ein Anspruch des nichtbesitzenden (Erst-)Mieters gegen den Vermieter auf Herausgabe der durch die weitere Vermietung erzielten Miete nach § 281 BGB a.F. jedenfalls dann nicht in Betracht, wenn der (nichtbesitzende) Mieter die Mietsache nicht in der Weise hätte nutzen dürfen wie der Zweitmieter. Insoweit fehlt es an der gemäß § 281 BGB a.F. erforderlichen Identität zwischen geschuldetem Gegenstand und dem, für den Ersatz erlangt worden ist (BGH ZMR 2006, 604). Eingehend Kap. 6, s.a. Kap. 1 Rdn. 114 ff. 57

Duldungspflicht des Mieters: Duldungspflichten des Mieters für schon bei Vertragsabschluss absehbar notwendig werdende oder mögliche Ausbesserungsarbeiten und bauliche Veränderungen durch den Vermieter, die zu konkret vereinbarten Zwecken erforderlich sind, sollten vereinbart werden und zugleich auch, inwieweit der Mieter aus der Durchführung dieser Arbeiten überhaupt Rechte herleiten kann, s. Kap. 7. 58

E

Einbruchsgefahr: Der Vermieter muss für Sicherungsmaßnahmen im vertraglich vereinbarten Umfang Sorge tragen, s. Stichwort Mangel und Kap. 9. 59

Einkaufszentrum: Zur Mietvertragsgestaltung, wie vereinbartem Ausbauzustand des Mietobjekts, Mietzweck, Öffnungszeiten, Flächenfestlegung, Mietsicherheiten, steuerlichen Regelungen, Haftungsfragen, Instandhaltung und Instandsetzung, Rückbau u.a. s. BGH NJW 2000, 1714; BGH NJW 2000, 1714; OLG Rostock NZM 2004, 460; Moeser Rn. 218 ff.). 60

Zur Wahrung des **Schriftformerfordernisses** s. Kap. 3 Rdn. 324, zur **Risikoverteilung** und den **enttäuschten Gewinnerwartungen** s. Stichwort »Risikoverteilung« und »Wegfall der Geschäftsgrundlage« sowie »Erstvermietungsgarantie«, »Leerstand« und »Mangel«, zu **öffentlich-rechtlichen Nutzungsbeschränkungen und -untersagungen** s. Kap. 30, zu Öffnungszeiten s.a. Stichwort Kundenakzeptanz, zur **Mietpreisgestaltung** s. Rdn. 271, zu **Werbegemeinschaften** s. Rdn. 446 ff., zum **Konkurrenzschutz** s. Rdn. 406 ff. und zur **Betriebspflicht** s. Rdn. 411 ff. und Joachim NZM 2000, 785 ff. m.w.N. Den Vermieter soll keine Verpflichtung treffen, auf **geplante Umbaumaßnahmen** hinzuweisen (OLG Dresden NZM 2001, 336). Die Kosten des **Center-Managements** sind zu erläutern (s. Stichwort »Center-Management« Rdn. 54).

61 **Einrichtung:** Die Nichtbeseitigung vom Mieter eingebrachter umfangreicher Einrichtungen kann Vorenthaltung i.S.d. § 546a BGB sein (OLG Düsseldorf ZMR 2009, 843).

62 **Einzugsermächtigung:** Eine Einzugsermächtigung kann auch formularmäßig vereinbart werden (BGH NJW 1996, 988).

63 **Erbenhaftung:** Zur Abgrenzung von Nachlasserbenschulden und Nachlassverbindlichkeiten bei einem nicht gekündigten Mietverhältnis s. KG ZMR 2006, 526 ff.

64 **Ersatzmieter:** Die Vereinbarung, einen Ersatzmieter zu stellen, kann formularvertraglich erfolgen (BGH WuM 1984, 54).

65 **Erstvermietungsgarantie:** Die Sorgfaltsanforderungen an den Vermieter insbesondere bei der Auswahl von Erstmietern für ein Einkaufszentrum, richten sich nach dem Maßstab der »Sorgfalt eines ordentlichen Kaufmanns«, wobei neben der Solvenz des Mietinteressenten auch dessen fachliche Qualifikation eine erhebliche Rolle spielt (OLG Naumburg GuT 2002, 170 ff.).

F

66 **Fälligkeit der Miete:** Die Fälligkeit der Miete für Grundstücksmietverhältnisse und solche über bewegliche Sachen wurde durch § 579 BGB nicht verändert, sie ist im Nachhinein zu entrichten. Bei Mietverhältnissen über Räume ist durch die Verweisung des § 579 Abs. 2 BGB auf § 556b Abs. 1 BGB wie für Wohnraum Vorfälligkeit gegeben. Die Vorschrift ist dispositiv. Die Vereinbarung einer Rechtzeitigkeitsklausel ist sinnvoll und auch formularmäßig wirksam (BGH NJW 1998, 2664), Einzelheiten Kap. 4 VII.

Nebenkostenvorauszahlungen sind auch ohne besondere Vereinbarung mit der Grundmiete fällig, zum Ganzen s. Kap. 4 VII.

67 **Festmietzeit:** Eine Festmietzeit sollte exakt festgelegt sein, um die Schwierigkeiten wie bei der Klausel: *»Das Mietverhältnis endet am 31.12. des 15. Mietjahres nach der Übergabe«*, bei einer Vermietung »vom Reißbrett« zu vermeiden. Die Klausel ist so auszulegen, dass das Mietverhältnis erst mit dem Ende des Jahres nach Vollendung des 15. Mietjahres endet, also am 31.12. (OLG Düsseldorf IMR 2007, 221).

Der Anknüpfungspunkt für die Mindestmietzeit war nicht eindeutig festgelegt, da er sowohl auf das bereits begonnene, als auch erst auf das vollendete 15. Mietjahr abzielen konnte. s.a. Stichwort »Mietzeit«.

68 **Fläche:** Eine allgemein verbindliche Berechnungsvorschrift für Gewerbeflächen existiert nicht. Die in Bezug genommene **Berechnungsgrundlage** sollte dem Vertrag beigefügt und erläutert werden (s. Schmidt NZM 2003, 505, 507). Sie ist Bezugsgröße für die Flächenermittlung. Gegebenenfalls ist der Berechnungsmodus durch Auslegung zu ermitteln (hier Einrechnung einer Wegfläche KG ZMR 2009, 523 ff.).

Zur Flächenermittlung s.o. »Beschreibung des Mietobjekts« und Langenberg NZM 2009, 76. **69**

Die Klausel in einem Mietvertrag über noch zu erstellende Gewerberäume, nach der sich die Miete anhand einer noch aufzumessenden **Bruttomietfläche** bemisst, ist wirksam, insbesondere, wenn der Mieter die Innenaufteilung der angemieteten Räume und somit die Zahl und die Anordnung der Trennwände selbst bestimmen kann und im Mietvertrag der Mietgegenstand als »Bruttomietfläche« ausgewiesen ist (BGH NZM 2001, 234 ff.). Zur Auslegung der Vereinbarung »Gesamtnutzfläche« (Netto-Grundfläche NGF) s. BGH ZMR 2005, 112 ff. **70**

Eine falsch angegebene Fläche kann ein **Fehler** der Mietsache sein, der für den Vermieter erhebliche Haftungsrisiken birgt s. Kandelhard NZM 2008, 468 (473 ff.); zu Einzelheiten s. Kap. 9. Ein Fehler der Mietsache liegt vor, wenn deren tatsächlicher Zustand (Ist-Beschaffenheit) von dem vertraglich vereinbarten Zustand (Sollbeschaffenheit) abweicht (BGH ZMR 2000, 508, 513). Wenn die Parteien durch Beschreibung der Mieträume mit Angaben einer Mietfläche in Grundrissplänen die Mietsache näher erläutern, ist eine verbindliche Beschaffenheitsvereinbarung bezüglich der Größe, Raumgestaltung und des Zuschnitts getroffen worden und damit die geschuldete Leistung festgelegt, sodass bei Abweichungen von **mehr als 10 %** ein nicht unerheblicher Mangel vorliegt (BGH ZMR 2005, 612 m.w.N.; so auch OLG Düsseldorf ZMR 2005, 450; zur Abweichung um 25,1 % OLG Köln GuT 2004, 55). Bei einer derartigen Abweichung kommt es nicht darauf an, ob der Mieter hierdurch tatsächlich in seinem Gebrauch beeinträchtigt ist (BGH NJW 1987, 432). Zur Abweichung unter 10 % s. KG ZMR 2009, 523 ff.; ZMR 2005, 950; Pauly ZMR 2006, 665 ff. **71**

Bei Abweichung infolge einer »Flächenüberschreitung« von mehr als 10 % wird der Vermieter an der »zu geringen« Miete festhalten (BGH NJW 2007, 2626 zu Wohnraum).

Eine **»ca.«** Angabe zur Mietfläche enthält keine Zusicherung einer Eigenschaft des Mietobjekts, da die Zusicherung einer Eigenschaft voraussetzt, dass eine Partei die Gewähr für das Vorhandensein der Eigenschaft derart übernommen hat, dass sie für diese unbedingt einstehen will (BGH NJW 1991, 912), zwingend ausgeschlossen ist die Annahme einer Zusicherung hierdurch jedoch auch nicht (BGH NJW 1997, 2874 zu Werkvertrag; OLG Hamm NJW-RR 1998, 152) s. auch BGH IMR 2010, 361 (Entscheidung erging zu Wohnraum). **72**

Nach Auffassung des Kammergerichts (KG BeckRS 2003, 30320118) steht dem Mieter ein Minderungsrecht nicht zu, wenn im Mietvertrag ausdrücklich klargestellt ist, dass Abweichungen von der Fläche nicht zur Minderung berechtigen, auch wenn zur Berechnung der Mietfläche die DIN 277 BGF herangezogen wurde und der Mietvertrag eine »ca.-Mietfläche« aufweist. Zum Bereicherungsanspruch s. BGH WuM 2004, 485; zum Kündigungsrecht BGH 2005, 500 ff.; zu Einzelheiten s. Kap. 9. **73**

Fortsetzungswiderspruch: Die Aufnahme eines formularvertraglichen Fortsetzungswiderspruchs in den Mietvertrag ist zulässig (BGH NJW 1991, 1750), s.a. Kap. 14. **74**

G

Garantiehaftung: Der Vermieter haftet für Mängel, die bei Abschluss des Vertrages vorliegen garantiemäßig (Einzelheiten Kap. 9). Der Ausschluss dieser Haftung ist möglich, auch durch AGB (BGH NZM 2002, 784), für Vermieter unbedingt zu empfehlen s. Mehrings NZM 2009, 386 ff. **75**

76 **Gebrauchsgewährung:** Die mietvertraglichen Regelungen definieren die Gebrauchsgewährung zeitlich, räumlich und inhaltlich. Das Mietobjekt muss bezugsfertig sein s. Stichwort »Bezugsfertigkeit«. Zu den Gebrauchsrechten i.E. s. Kap. 7.

77 **Gemeinschaftsflächen:** Aus dem Recht zur Mitbenutzung von Gemeinschaftsflächen folgt, dass der Vermieter einem Dritten die Ablage von Sendungen (hier: Bücher) für die Mieter auf Gemeinschaftsflächen nicht verbieten darf, wenn hiervon weder eine Belästigung noch eine Gefährdung ausgeht (BGH ZMR 2007, 180).

78 **Gerichtsstandsvereinbarungen:** Wirksam können sie nicht getroffen werden, da gemäß § 29a Abs. 1 ZPO ein ausschließlicher Gerichtsstand besteht.

79 **Geschäfte zur Deckung des Lebensbedarfs:** Die Regelung des § 1357 BGB ist auf gewerbliche Mietverhältnisse nicht anwendbar (OLG Düsseldorf ZMR 2007, 269).

80 **Geschäftsraum:** Der Begriff wird in Kap. 1 Rdn. 19 ff. geklärt.

81 **Gesellschaften:** Zu Gesellschaften als Vertragspartei s. Kap. 3 I. und Kap. 13; zur Wahrung der Schriftform bei Vertragsabschluss Kap. 3; zur Haftung für Mietschulden durch Eintritt in BGB-Gesellschaft (OLG Naumburg ZMR 2007, 116); zum Umwandlungsgesetz Kap. 13 III.; zur Haftung bei Fortführung des Mietvertrages durch GbR, nachdem anmietende GmbH insolvent geworden war, s. OLG Köln ZMR 2006, 862.

82 **Gewährleistung:** Regelungen über die Haftung bei Rechts- und Sachmängeln sowie für Gewährleistungseinschränkungen sind vertraglich zu treffen. Zum Ganzen s. Kap. 7 und Kap. 9, zur formularvertraglichen Einschränkung Kap. 3 Rdn. 183 und 197 ff.

83 **Gewerbezuschlag:** Die vertraglich vorgesehene Erhöhung des Gewerbezuschlags in einem überwiegend Wohnzwecken dienenden Mietverhältnis ist nur dann wirksam, wenn der konkrete Erhöhungsbetrag nachvollziehbar berechnet wird (KG ZMR 2006, 284).

84 **Gründungsgesellschafter:** Der Gründungsgesellschafter einer **GmbH i.G.** der einen Gewerberaummietvertrag als »Mithaftender Gesellschafter« unterschrieben hat, haftet gesamtschuldnerisch über das Gründungsstadium hinaus (OLG Brandenburg NZM 2003, 154).

Entscheidend ist, ob die Gründer den Mietvertrag im Namen der künftigen Rechtspersönlichkeit oder im eigenen Namen abschließen (OLG München ZMR 1997, 458; s.a. OLG Düsseldorf ZMR 2006, 279 ff.). s.a. Kap. 13 III.

H

85 **Haftung:** Zu Fragen der Mängelhaftung s. Kap. 9 Haftungsfreizeichnungsklauseln sind grundsätzlich eng auszulegen. Auch im Verkehr zwischen Unternehmern gilt, dass der Verwender sich nicht von solchen Pflichten freizeichnen kann, deren Erfüllung die ordnungsgemäße Durchführung des Vertrages überhaupt erst ermöglicht und auf deren Erfüllung der andere Teil vertraut (BGH NJW 1993, 335). Der formularmäßige Ausschluss jeglicher Haftung des Vermieters für Dritte würde gegen § 307 Abs. 1 und 2 BGB verstoßen (BayObLG ZMR 1985, 93). Zur Begrenzung der Haftung in Formularverträgen s. Kap. 3 Rdn. 197 ff. Nicht möglich ist die formularmäßige **Haftungsbeschränkung** des Vermieters auf Vorsatz und grobe Fahrlässigkeit bei nicht rechtzeitiger Fertigstellung von Gewerberäumen, da die pünktliche Übergabe der Mietsache zu den Kernpflichten des Vermieters zählt (OLG Düsseldorf DWW 1993, 197 ff.).

Grundsätzlich haften die Gesellschafter einer **GbR** für die im Namen der Gesellschaft begründeten Verpflichtungen kraft Gesetzes persönlich; zu Einzelheiten Kap. 3 IV. und Kap. 13 III. Diese Haftung kann nicht nur durch einen Namenszusatz oder einen anderen, den Willen nur beschränkt für diese Verpflichtung einzustehen verdeutlichenden Hinweis, eingeschränkt werden. Erforderlich hierfür ist eine individualvertragliche Vereinbarung. Für die Annahme einer solchen Vereinbarung ist erforderlich, dass die Haftungsbeschränkung durch eine individuelle Absprache der Parteien in den jeweils einschlägigen Vertrag einbezogen wird (BGH ZMR 2000, 14, 16). Zur Frage, inwieweit außerhalb der Urkunde liegende Umstände zu berücksichtigen sind, s. BGH ZMR 2005, 282.

Bei bestehender Verzugshaftung des Vermieters kann der Mieter grundsätzlich seinen **entgangenen Gewinn** auch auf der Basis des Nettoumsatzes geltend machen. Allerdings muss der Geschädigte die Ausgangs- und Anknüpfungstatsachen für die Wahrscheinlichkeit des Gewinneintritts vortragen (KG v. 17.2.2003, Az. 8 U 80/01). Zu Einzelheiten s. Kap. 7 III.

Hauptartikel: Der Begriff hat erhebliche Bedeutung für den Umfang des Konkurrenz- **86**
schutzes s. Rdn. 371 ff.

Hausordnung: Die Hausordnung enthält die Regeln für ein geordnetes Zusammenleben **87**
der Mietparteien. Zu Einzelheiten s. Kap. 7 Zum Schriftformerfordernis s. Kap. 3 Rdn. 329.

Heizpflicht: Auch ohne vertragliche Abrede gehört die Einhaltung der raumklimatischen **88**
Voraussetzungen für ein sicheres und geordnetes Arbeiten zur Gebrauchstauglichkeit von gemieteten Räumen (str. s. Stichwort »Klimatisierung«). Die Verpflichtung des Vermieters zur Versorgung mit Heizwärme entfällt mit Vertragsbeendigung (BGH NZM 2009, 482 (483)) s. Stichwort »Klimatisierung«.

Heiz- und Warmwasserkosten: In der HeizkostenV nicht genannte Kosten können **89**
gesondert als umlegbar vereinbart werden. Die HeizkostenV beschränkt nicht die Umlegbarkeit von Kosten, sondern regelt nur die Verteilung der in §§ 7, 8 HeizkostenV genannten Kosten. Eine Beschränkung der Kostenumlegung ergibt sich nur aus Nrn. 4 bis 6 der BetrKV (i.V.m. § 556 Abs. 1 BGB). Diese Vorschriften gelten aber für die Geschäftsraummiete nicht. Es kann deshalb eine weiter gehende Kostenumlegung vereinbart werden. Das ermöglicht es, auch Wärmelieferungskosten insoweit umzulegen, als darin Investitionskosten für die Hausanlagen oder sonst nicht umlegungsfähige Kosten enthalten sind. Hierfür ist jedoch eine ausdrückliche Vereinbarung erforderlich. Eine bloße Bezugnahme auf die BetrKV oder die HeizkostenV reicht nicht aus, da bei einer solchen Bezugnahme nur die dort genannten Kosten als umzulegend vereinbart angesehen werden. Besteht eine wirksame Vereinbarung, ist eine einheitliche Umlegung nach der HeizkostenV möglich.

Als umzulegend können deshalb z.B. auch Reparaturkosten und Verwaltungskosten vereinbart werden oder bei Übertragung des Brennstoffeinkaufs, der Heizungsbetreuung und des gesamten Abrechnungswesens auf einen Dritten dessen hierfür berechnete Kosten. Erforderlich ist eine hinreichend klare Vereinbarung, aus der sich insbesondere entnehmen lassen muss, dass über die in der HeizkostenV genannten Kosten hinaus weitere Kosten umgelegt werden sollen. Die Umlegung kann (zusammen mit den Heizkosten) nach den für die HeizkostenV geltenden Kriterien erfolgen oder durch gesonderte Umlegung mit eigenen Umlegungsmaßstäben. Die in §§ 7, 8 HeizkostenV genannten Kosten *müssen* jedoch entsprechend der HeizkostenV umgelegt werden.

Hinweispflichten: Eine Verpflichtung des Vermieters zur ungefragten Aufklärung über **90**
negative Umstände besteht nach der Rechtsprechung des BGH (WuM 1981, 1224) nicht grundsätzlich, sondern nur bei außergewöhnlichen Fallgestaltungen. Ungefragt muss der Vermieter nicht über Mietverhältnisse mit früheren Mietern aufklären (OLG Düsseldorf GE 2006, 327). Zu weiteren Hinweis- und Aufklärungspflichten von Mieter und Vermieter s. Kap. 7 II.

91 **Hinweisschilder:** Der Mieter ist berechtigt, Hinweisschilder auf seine Tätigkeit anzubringen. Auch nach Beendigung des Mietverhältnisses hat der Mieter die Möglichkeit, noch für einen angemessenen Zeitraum dieses Hinweisschild am Mietobjekt zu belassen mit einem Hinweis auf die Verlegung der Praxis oder des Betriebes (OLG Düsseldorf NJW 1988, 2545). S.a. Stichwort »Außenwand«.

92 **Hochwasser:** Zur Haftung des Vermieters bei Wasserschäden infolge ungewöhnlicher Niederschlagsmengen und Hochwassers (s. BGH NJW 1971, 424 ff.; BGH DB 1976, 815 f.; OLG Düsseldorf ZMR 2006, 923; OLG Düsseldorf ZMR 1988, 222 f.; LG Dresden NZM 2008, 165; s.a. Eisenschmid NZM 2002, 889 ff.; zur fehlenden Rückstausicherung OLG Hamm ZMR 1988, 138 f.).

I

93 **Individualvereinbarung:** Soweit wie möglich sollten individualvertragliche Vereinbarungen getroffen werden (s. Kap. 3 III.). Zu weiteren Einzelheiten der Vertragsgestaltung s. Moeser Gewerblicher Mietvertrag; Gerber/Eckert Gewerbliches Miet- und Pachtrecht; Wolf/Eckert/Ball Handbuch des gewerblichen Miet-, Pacht- und Leasingrechts.

94 **Insolvenz:** Zu den Besonderheiten bei Insolvenz des Gewerbemieters und -vermieters s. Kap. 34 III.

95 **Instandhaltung:** Klauseln über »vorbeugende« Instandhaltungs- und »nachträgliche« Instandsetzungskosten können bei der Geschäftsraummiete in größerem Umfang als bei der Wohnraummiete auf den Mieter abgewälzt werden (BGH ZMR 1987, 257 (259); ZMR 2002, 735 (738) m.w.N.); zu Einzelheiten s.u. Rdn. 327 ff. Die Instandhaltungspflicht umfasst auch die zum vertragsgemäßen Gebrauch erforderlichen Schönheitsreparaturen (BGH NJW 1985, 480). Unwirksam sind jedoch Vereinbarungen, durch die die Instandhaltungspflicht generell auf den Mieter abgewälzt wird und dadurch der Mieter mit einem unübersehbaren Risiko belastet wird (OLG Dresden NJW-RR 1997, 395; OLG Naumburg ZMR 2000, 383 f.; AG Köln WuM 1981, 101; s.a. »Dach und Fach« Rdn. 56). Die formularmäßige Auferlegung der Instandhaltung und Instandsetzung gemeinschaftlich genutzter Flächen und Anlagen auf den Mieter ohne Beschränkung auf die Höhe ist formularvertraglich unzulässig (BGH ZMR 2005, 844 ff.; s. dazu auch Hoff ZMR 2006, 415 ff.). Instandhaltungsvereinbarungen werden eng ausgelegt. Regelmäßig soll erforderlich sein, dass sie sich auf die Schäden erstrecken, die dem Mietgebrauch oder der Risikosphäre des Mieters zuzuordnen sind (BGH NJW-RR 1987, 906). Von der Instandhaltungspflicht als nicht umfasst angesehen wurden z.B. Schäden am Bauwerk, die von Dritten verursacht worden sind (OLG Koblenz ZMR 1990, 464); Gartenarbeiten, die über einfache Pflegemaßnahmen hinausgehen (LG Siegen WuM 1991, 185); Beseitigung von Schäden, die bereits bei Mietbeginn vorhanden waren (OLG Köln NJW-RR 1994, 524). In der Literatur wird eine Kostenbegrenzung auf 10 % der Jahresmiete diskutiert (Wolf/Eckert Handbuch des gewerblichen Miet-, Pacht- und Leasingrechts, 7. Aufl., Rn. 407 (in der 9. Aufl. wird diese Grenze nicht mehr genannt); Bub/Treier, III. A., Rn. 1080 (für Schäden außerhalb des Gebrauchsrisikos).

Anders als bei der Wohnraummiete kann sowohl eine Vornahmepflicht als auch eine Kostentragungspflicht vereinbart werden (s. Harz/Schmid ZMR 1999, 593).

Nach OLG Brandenburg (ZMR 2003, 909 ff.) ist der Mieter bei einer Ersatzvornahme nach § 536a Abs. 2 BGB lediglich verpflichtet, einen Fachbetrieb sorgfältig auszuwählen. Ist dessen Leistung mängelbehaftet, kann der Mieter gleichwohl Ersatz seiner Aufwendungen verlangen, jedoch nur Zug um Zug gegen Abtretung eventueller Gewährleistungsrechte.

Investitionen: Der Umfang der durch mieterseits getätigte Investitionen eingetretenen Bereicherung bemisst sich danach, in welchem Maß sich durch diese der objektive Ertragswert der Mietsache erhöht hat. Bei wertsteigernden Investitionen des Mieters sind nicht die Kosten der getätigten Verwendungen oder die geschaffene objektive Wertsteigerung des Bauwerks maßgebend, sondern die Vorteile, die der Vermieter aus dem erhöhten objektiven Ertragswert der Mietsache tatsächlich erzielen kann oder hätte erzielen können (BGH BeckRS 10238; WuM 2006, 169; NZM 1999, 19, 20 m.w.N.; BGH NJW 1985, 313, 315). 96

K

Kaufmännisches Bestätigungsschreiben: Die Grundsätze des kaufmännischen Bestätigungsschreibens finden sowohl für den Vertragsabschluss als auch dessen Aufhebung Anwendung (s.a. Wolf/Eckert/Ball Rn. 950 f.). Dies gilt auch für Schreiben im Anschluss an einen Übergabetermin (OLG Düsseldorf ZMR 2004, 257). 97

Die Schriftformklausel steht den Wirkungen eines unwidersprochen gebliebenen kaufmännischen Bestätigungsschreiben nicht entgegen. Etwas anderes gilt nur dann, wenn der Geschäftspartner den Abschluss des Vertrages von seiner schriftlichen Annahmeerklärung abhängig gemacht hat (OLG Düsseldorf DWW 1990, 363).

Kaution: Die Vereinbarungen über die Kaution unterliegen nicht den strengen Bestimmungen des § 551 BGB. Zum Ganzen ausführlich Kap. 6. 98

Eine Kautionsabrede in einem Gewerbemietvertrag mit einem mietenden Unternehmer hält der Generalklausel des § 307 BGB stand, auch wenn der Kautionsbetrag 3 Monatsmieten übersteigt. Bei einer Kautionsabrede in einem Gewerbemietvertrag scheidet eine Nichtigkeit wegen Wucher (§ 138 Abs. 2 BGB) oder wegen wucherähnlichen Geschäftes von vorneherein aus. Die Höhe der Sicherheit ist grundsätzlich nicht begrenzt. Sie kann schikanös sein. Eine Kautionsvereinbarung in Höhe der 7-fachen Monatsmiete ist bei einem längeren Gewerbemietverhältnis regelmäßig nicht schikanös außerhalb eines nachvollziehbaren Sicherungsinteresses des Vermieters festgesetzt. OLG Brandenburg ZMR 2006, 853.

Eine konkrete Absprache über die Anlageform und die Verzinsung sollte ebenso erfolgen wie über eine weiter zu stellende Sicherheit, z.B. eine zusätzliche Bürgschaft (zum Ganzen s. Kap. 6).

Es ist sinnvoll, eine Anpassungsregelung für die Kautionshöhe bei Veränderung der Miete während der Laufzeit des Mietvertrages aufzunehmen. Ein Kündigungsrecht des Vermieters bei Nichtstellung der Kaution vor Übergabe der Mietsache wird häufig vereinbart. Ob allein die Nichtzahlung der Kaution den Vermieter bereits vor Übergabe des Mietobjekts zur fristlosen Kündigung gemäß § 543 Abs. 1 BGB berechtigt, hängt von den Umständen des Einzelfalls ab (BGH IMR 2007, 180 – Mietobjekt war in vertragswidrigem Zustand angeboten worden s.a. KG GuT 2006, 245).

Die Nichtzahlung der Kaution kann bei der Gewerberaummiete grundsätzlich als wichtiger Grund zur fristlosen Kündigung i.S.d. § 543 Abs. 1 BGB zu bewerten sein. Die Kündigung kann nur innerhalb der Frist des § 314 Abs. 3 BGB ausgesprochen werden. Die Frist beginnt mit der Kenntniserlangung des Kündigungsgrunds durch den Vermieter. Dies ist der Fall, wenn für den Vermieter ein aktuelles Sicherungsbedürfnis entsteht (BGH IMR 2007, 181 – Vermieter hatte erst drei Jahre nach Fälligkeit der Kaution gekündigt und nach Eintritt des Sicherungsbedürfnisses vier Monate gewartet). Es kommt jedoch immer auf den Einzelfall an.

Nach Beendigung des Vertrages kann der Vermieter wählen, ob er die nicht geleistete Kaution einklagt oder die Zahlungsansprüche selbst klagweise geltend macht (OLG Düsseldorf ZMR 2006, 686 f.). Die Kaution hat auch nach Beendigung des Mietvertrages nicht nur Sicherungs- sondern auch eine Verwertungsfunktion (OLG Karlsruhe NZM 2009, 817).

Zu den zulässigen Abrechnungsfristen über die Kaution nach Ende des Mietverhältnisses s. Kap. 6.

99 **Kautionsbürgschaft:** Die Kaution kann in Form einer Bürgschaft gestellt werden, auch eine solche auf erstes Anfordern darf gefordert werden. Dem steht nicht entgegen, dass der Vermieter zugleich berechtigt sein soll, sich während der Mietzeit aus der Kaution zu befriedigen und Wiederauffüllung zu verlangen (OLG Karlsruhe NZM 2004, 742). Sinnvoll ist die Vertragsklausel, dass die Bürgschaft hinsichtlich der Aufrechnungsmöglichkeit der Barkaution gleichgestellt ist. Nach der Rechtsprechung ist die formularmäßige Abbedingung der Rechte des Bürgen gemäß § 770 Abs. 2 BGB unwirksam, wenn die Gegenforderung des Hauptschuldners unbestritten ist oder rechtskräftig festgestellt wird (BGH NJW 2003, 1521; KG ZMR 2006, 524 ff.). Bei zeitlicher Begrenzung der Bürgschaft ist die Regelung mit der Verjährungsregelung und den Regelungen für Vertragsverlängerungen oder Optionsausübungen abzustimmen. Zur Verjährungseinrede des Bürgen OLG Düsseldorf NJW-RR 2005, 1495. Zum Rechtsformwechsel des Mieters und Auswirkungen auf die Bürgschaft, s. Kap. 6.

100 **Kautionsrückzahlung:** § 566a BGB ist auf Veräußerungsvorgänge, die vor dem 01.09.2001 erfolgten, nicht anzuwenden, unabhängig davon, ob das Mietverhältnis zu diesem Zeitpunkt noch bestand oder beendet war. Hier ist gemäß § 572 BGB a.F. zu entscheiden, s.a. BGH ZMR 2009, 837 f., der für die Abgrenzung darauf abstellt, wann das schuldrechtliche Rechtsgeschäft abgeschlossen wurde.

101 **Klimatisierung:** Streitig ist, ob ohne ausdrückliche vertragliche Regelung hohe Temperaturen in Mieträumen einen Mangel der Mietsache begründen. Hierzu hat sich eine umfangreiche Kasuistik entwickelt. Zum Ganzen s.a. OLG Karlsruhe BeckRS 2010, 02131; OLG Naumburg NZM 2004, 343; OLG Naumburg WuM 2003, 144; OLG Düsseldorf WuM 2004, 18.

Nach Auffassung des OLG Hamm ist das Vorliegen eines Mangels zu bejahen.

Die Raumtemperatur in einem als Spielsalon genutzten gewerblichen Mietobjekt darf 26 Grad nicht überschreiten, es sei denn, draußen herrschen Temperaturen von mehr als 32 Grad. Aber auch in einem solchen Fall muss die Innentemperatur mindestens 6 Grad niedriger liegen. Der Vermieter hat hierfür die erforderlichen baulichen Voraussetzungen zu schaffen, ohne dass hierdurch das äußere Erscheinungsbild des Gebäudes wesentlich geändert wird, insbesondere die Fensterflächen durch feste Elemente geschlossen werden. (OLG Hamm IMR 2007, 183).

Das OLG Frankfurt lehnt die vorgenannte Auffassung ab. Die Beurteilung, ob wegen Aufheizung eines Gebäudes aufgrund Sonneneinstrahlung ein Mangel der Mietsache vorliegt, richte sich nach den vertraglichen Vereinbarungen und dem baulichen Zustand des Gebäudes, nicht nach der Arbeitsstättenverordnung (OLG Frankfurt IMR 2007, 219).

Die Entscheidung des BGH steht noch aus.

Über die Klimatisierung sollte eine vertragliche Regelung getroffen werden. Wenn im Vertrag keine Regelung über die Raumtemperatur getroffen ist, soll die Norminnentemperatur von 20 Grad als untere Grenze herzustellen sein. Dies ist die Mindesttemperatur für Büroräume (OLG München NZM 2001, 382; so auch KG ZMR 2008, 790).

Das OLG Dresden verlangt als Mindesttemperatur 21 Grad (NJOZ 2008, 1622).

Überhitzung und Kälte sind Mietmängel, s. Kap. 9.

Konkurrenz- und Sortimentsschutz: Konkurrenz- und Sortimentsschutz kann auch formularvertraglich ausgeschlossen werden (OLG Düsseldorf ZMR 1992, 445 ff.; s.a. OLG Celle ZMR 2000, 447 zum nachvertraglichen Konkurrenzverbot; OLG Düsseldorf ZMR 2000, 451). S. eingehend Rdn. 362, zur Mietminderung Kap. 9. **102**

Kontamination: Grundsätzlich ist der Mieter verpflichtet, das Mietobjekt nach Beendigung des Mietverhältnisses, abgesehen von unvermeidbaren Änderungen infolge des vertragsgemäßen Gebrauchs, in dem Zustand zurückzugeben, in dem es sich bei der Überlassung befunden hat. Zu Inhalt und Umfang des Schadenersatzanspruchs wegen Kontaminierung eines Grundstücks BGH BeckRS 2009, 89335. Zur Kontamination eines Tankstellengrundstücks BGH NZM 2008, 933; NJW 2002, 3234 (3235); s.a. Saarl. OLG IBRRS, 47958. Zu Öl-Altlasten BGH BGHZ 98, 235; zum Teelager s. OLG Düsseldorf NZM 2004, 584. **103**

Zum Ausschluss eines bodenrechtlichen Ausgleichsanspruchs gemäß § 24 Abs. 2 BBodSchG durch mietvertragliche Vereinbarungen BGH GuT 2004, 233 und Kap. 30.

Konzession: Der Mieter einer Gaststätte soll zur Mietminderung nicht berechtigt sein, wenn nur möglicherweise die Erlaubnis zum Betrieb einer Gaststätte wegen fehlender behindertengerechter Toilette verweigert worden wäre, eine Gaststättenerlaubnis als solche aber überhaupt nicht beantragt wurde (KG GE 2003, 185). **104**

Beanstandungen einer Behörde ohne Beschränkung der Erlaubnis oder Versagung reichen nicht aus (OLG Naumburg NZM 2001, 100). S. Kap. 7 und Stichwort »öffentlich-rechtliche Gebrauchsvoraussetzungen« Rdn. 148.

Kreditähnliches Geschäft: Auch langfristige Mietverträge sind keine kreditähnlichen Geschäfte (BGH NZM 2004, 340). **105**

Kundenakzeptanz: Zur fehlenden Kundenakzeptanz eines Einkaufszentrums s. BGH NZM 2000, 1008, s.a. Risikoverteilung. **106**

Kündigung: Die ordentliche Kündigung unbefristeter Gewerberaumverträge muss der Vermieter nicht begründen. Die Kündigungsfristen für ordentliche Kündigungen finden sich in § 580a BGB. **107**

Bei der Berechnung der sog. Karenzzeit von drei Werktagen ist der Sonnabend als Werktag mitzuzählen, wenn nicht der letzte Tag der Karenzfrist auf diesen Tag fällt (BGH Urteil v. 27.04.2005 – VIII ZR 206/04).

Für außerordentliche Kündigungen ist bei den Kündigungsregelungen zu beachten, dass die Kündigungsrechte auch durch Formularklauseln erweitert werden können, soweit dem § 307 BGB nicht entgegensteht. So kann durch Formularklauseln zuungunsten des Mieters nicht von der Regelung des § 543 Abs. 2 S. 1 Nr. 3 BGB abgewichen werden (BGH NJW 2001, 3480, 3482). Dies ist für die Beurteilung der Wirksamkeit unerheblich, wenn Vertragsfassung und Gesetzestext weitgehend übereinstimmen (BGH ZMR 2009, 19 ff.). Ein Rückstand mit mehr als einer Monatsmiete ist auch gemäß § 543 Abs. 2 S. 1 Nr. 3a Alt. 2 BGB als nicht unerheblich anzusehen. Das ergibt sich aus § 569 Abs. 3 Nr. 1 BGB, der dies für die Wohnraummiete ausdrücklich regelt. Da dies eine Schutzvorschrift zugunsten des Wohnraummieters ist, ist nach einhelliger Auffassung ein Mietrückstand von einer Monatsmiete bei gewerblichen Mietverhältnissen erst recht erheblich. Der Rückstand muss aus Einzelbeträgen resultieren, die in zwei aufeinander folgenden Zahlungsterminen (hier Monate) aufgelaufen sind (BGH

ZMR 2009, 19 ff.). Resultiert der Rückstand aus einem längeren Zeitraum als zwei Terminen, muss gemäß § 543 Abs. 2 S. 1 Nr. 3b BGB ein Rückstand von zwei Monatsmieten erreicht sein. Da der BGH (NZM 2009, 30) entschieden hat, dass es für die Fälligkeitstermine auf die vertraglichen Regelungen ankommt, muss der Vermieter bei Vereinbarung einer Miete für längere Zeitabschnitte, wie Vierteljahre oder Jahre, entsprechend länger mit der Kündigung warten. Unzulässig ist die Kündigung unabhängig von einem verschuldeten Verzug oder bei Verschlechterung der Vermögensverhältnisse des Mieters i.S.d. § 321 BGB ohne weitere Voraussetzungen. Eventuell zwischen den Parteien vereinbarte Sonderkündigungsrechte sind individualvertraglich zu vereinbaren. Sinnvoll ist, keine abschließende Regelung zu treffen, sondern darauf zu verweisen, dass die gesetzlichen Kündigungsgründe i.Ü. gelten.

Haben die Mietvertragsparteien ein Sonderkündigungsrecht bei Auftreten einer Existenzgefährdung vereinbart, muss der kündigende Mieter darlegen, dass gerade die Fortsetzung des Mietverhältnisses zu der existenzbedrohenden Situation geführt hätte (KG ZMR 2007, 110; s.a. Pützenbach und Kupjetz NZM 2003, 140 ff.).

Die vermieterseitige Installation einer Videokamera-Attrappe im Treppenhaus, nach Auszug des Gewerbemieters und dessen fehlender weiterer Nutzungsabsicht, ist für den Mieter kein außerordentlicher Kündigungsgrund (OLG Düsseldorf ZMR 2006, 855 f.).

Zur außerordentlichen Kündigung und abweichenden Vereinbarungen s. ausführlich Kap. 14 Rdn. 237 ff. und Harz/Schmid ZAP 2010 Fach 4, S. 1335 ff. Ist vereinbart, dass die Kündigung »schriftlich erfolgen muss durch eingeschriebenen Brief«, hat die Schriftform konstitutive Bedeutung i.S.v. § 125 S. 2 BGB; der Zugang kann aber auch anders als durch Einschreibebrief wirksam erfolgen (BGH NZM 2004, 258 ff. m.w.N., hier entschieden zu Telefax; s.a. Stichwort »Auflösende Bedingung«).

108 Die Verwirkung des Rechts zur fristlosen Kündigung wegen eines Sachmangels durch vorbehaltlose Mietzahlung, ist seit der Mietrechtsreform nicht mehr anzunehmen, da die Grundlage für eine analoge Anwendung des § 539 BGB a.F. entfallen ist. § 536c BGB enthält eine abschließende Regelung, sodass für die Anwendung von § 536b BGB analog kein Raum ist (BGH NJW 2007, 147).

L

109 **Langfristige Mietverträge:** Zum Schriftformerfordernis s. Kap. 3 V.

110 Zulässig ist die formularmäßige Vereinbarung asymetrischer Sonderkündigungsrechte, sodass nur eine Partei (hier der Vermieter) an die volle Festlaufzeit gebunden ist, der Mieter nach Ablauf einer kurzen Laufzeit aber außerordentlich kündigen kann (BGH NZM 2001, 854 ff.).

111 **Lastschriftverfahren:** Nach herrschender Meinung ist es auch formularmäßig zulässig, den Mieter zur Teilnahme am Lastschriftverfahren zu verpflichten. Unstreitig ist dies für die Einzugsermächtigung, streitig für die Abbuchung s. Stichwort »Abbuchung«.

112 **Leerstand:** Allgemeine Anpreisungen der Attraktivität des Standorts sind für die Geltendmachung eines Anspruchs aus culpa in contrahendo oder für die Geltendmachung eines Kündigungsrechts des Mieters nicht ausreichend, wenn sich das Einkaufszentrum hinsichtlich der Annahme der Kundschaft nicht so entwickelt, wie vermutet wurde (OLG Naumburg NZM 2008, 772 speziell zu Ostimmobilien). Etwas anderes ist auch dann nicht anzunehmen, wenn der gegenwärtige Vermietungsstand in die Präambel (s. Stichwort »Präambel«) des *Mietvertrages* aufgenommen wurde, aber keine Zusicherung der Vollvermietung und einer bestimmten Mieterstruktur erfolgte (BGH NJW 2006, 899;

NZM 2004, 618; s.a. OLG Rostock NZM 2003, 282). Ein Fehler der Mietsache kann nur angenommen werden, wenn der Vermieter bindend erklärt, die Gewähr für das Vorhandensein bestimmter Eigenschaften der Mietsache – wie Mieterstruktur oder Leerstand – zu übernehmen und für die Folgen deren Fehlens einstehen will (BGH NJW 2006, 54). S.a. Kap. 1 Rdn. 97 ff.

Der anfängliche oder sich später ergebende Leerstand zahlreicher Ladenlokale in einem Einkaufszentrum mit negativen Auswirkungen auf Umsatz und Gewinn, beeinflusst die Eignung des Mietobjekts zum vertragsgemäßen Gebrauch nur mittelbar und ist daher nicht als Sachmangel zu qualifizieren (BGH NZM 2004, 618; OLG Rostock OLG-NL 2002, 149).

Der Mieter trägt das Verwendungs- und Gewinnerzielungsrisiko bei Anmietung eines Geschäftslokals in einem Einkaufszentrum auch dann, wenn sich die geschäftsbelebende Funktion des Einkaufszentrums nicht wie erwartet verwirklicht s.a. Stichwort »Einkaufszentrum«. Rdn. 60.

»letter of intent«: Ob hierin ein Verhandlungsprotokoll, Angebot zum Abschluss **113** eines Mietvertrages oder ein Vorvertrag (s. hierzu 2 V.) zu sehen ist, bzw. wie die Erklärung rechtlich zu qualifizieren ist, kommt auf deren Inhalt an s. Lindner-Figura NZM 2000, 113.

M

Mängel: Die eingehende Darstellung der Sach- und Rechtsmängelhaftung findet sich in **114** Kap. 9. Nachfolgend werden einige für den gewerblichen Bereich besonders relevante Entscheidungen aufgeführt:

Quantität und Qualität des Besucherverkehrs (hier: Hartz-IV-Empfänger im Anwesen mit gehobenem Ambiente) und die Aufhebung der Zugangskontrolle, kann zur Mietminderung berechtigen. Der BGH (ZMR 2009, 269 ff.) geht davon aus, dass allein eine Beeinträchtigung der Zugangskontrolle und die Tatsache der Vermietung an die ARGE noch keinen Mangel darstellt, erforderlich hierfür sind Unzuträglichkeiten und Beeinträchtigungen, die sich konkret auf den vermeintlich gestörten Mieter und seinen Betrieb auswirken.

Ein nicht intaktes Neubauumfeld kann Büro- oder Gewerberäume in der Gebrauchs- **115** tauglichkeit beeinträchtigen (BGH GuT 2004, 56).

Zur Gesundheitsgefahr durch elektromagnetische Wellen s. Elektrosmog VO, BGBl. I **116** S. 1966 und Kap. 9, s.a. OLG Karlsruhe NJW 1994, 2100.

Ein Haftungsausschluss insbesondere für vom Vermieter nicht zu vertretende Umweltfehler ist auch im Formularmietvertrag für Gewerbeobjekte zulässig. Gegebenenfalls ist ein wirksamer Ausschluss des Minderungsrechts, bei von Dritten verursachten Umweltmängeln, durch Abtretung der Vermieteransprüche aus § 906 BGB an den Mieter zu kompensieren (HansOLG Hamburg ZMR 2004, 432 ff.).

Die Klausel »Der Vermieter leistet keine Gewähr dafür, dass die gemieteten Räume den **117** in Frage kommenden technischen Anforderungen sowie den behördlichen und anderen Vorschriften entsprechen. Der Mieter hat behördliche Auflagen auf eigene Kosten zu erfüllen«, ist als Allgemeine Geschäftsbedingungen unwirksam, da sie die Haftung des Vermieters auch für den Fall ausschließt, dass die erforderliche behördliche Genehmigung aus Gründen versagt wird, die ausschließlich auf Beschaffenheit und Lage des Mietobjekts beruhen (BGH ZMR 2008, 274 f.).

118 Zum **voraussehbaren Baulärm** s. KG NZM 2003, 718.

119 **Die Androhung einer ordnungsbehördlichen Maßnahme** kann einen Mangel des Mietobjekts begründen (OLG Düsseldorf GuT 2002, 74 zu Brandschutz im Kaufhaus).

Öffentlich-rechtliche Gebrauchshindernisse (s. auch Stichwort »öffentlich-rechtliche Gebrauchsvoraussetzungen«) stellen einen Fehler der Mietsache dar, wenn sie auf deren konkreter Beschaffenheit beruhen (BGH IMR 2008, 81). Dazu zählen auch die **Stellplatznachweise** für ein Restaurant. Das Risiko solcher Nutzungsbeschränkungen trägt grundsätzlich der Vermieter. Hieran ändert eine Klausel in einem Mietvertrag nichts, wonach der Mieter auf seine Kosten sämtliche Genehmigungen für seinen Betrieb einzuholen hat. Die Berufung auf eine **vertragliche Risikoübertragung** wegen solcher Beschränkungen kann gegen Treu und Glauben verstoßen. Ist ein Objekt wegen fehlender Stellplatznachweise von Anfang an nicht genehmigungsfähig, so liegt darin ein anfänglicher Mangel i.S.v. § 538 Abs. 1 1. Fall BGB a.F., der zur Garantiehaftung des Vermieters ohne Rücksicht auf Verschulden führt (OLG München ZMR 1995, 401).

120 Das **Fehlen der erforderlichen behördlichen Genehmigung** zur vertragsgemäßen Nutzung von Mieträumen oder die mangelnde baurechtliche Genehmigungsfähigkeit stellen einen Fehler dar, der den Mieter aber nicht zur Minderung des Mietzinses oder zur fristlosen Kündigung des Mietverhältnisses berechtigt, solange die zuständige Behörde die **unzulässige Nutzung** duldet (OLG Düsseldorf MDR 2009, 1386; OLG Nürnberg NZM 1999, 419). Zur Kündigung ist der Mieter aber berechtigt, wenn ihm durch eine mit einer Zwangsmittelandrohung verbundene Ordnungsverfügung die vertragsgemäße Nutzung untersagt wird und für ihn zumindest Ungewissheit über deren Zulässigkeit besteht. Grundsätzlich ist der Vermieter (Eigentümer) und nicht der Mieter von Räumen verpflichtet eine unzulässige Nutzung durch Einreichung eines Antrags auf Genehmigung einer Nutzungsänderung legalisieren zu lassen (OLG Köln ZMR 1998, 227).

121 Ein anfänglicher Mangel der Pachtsache liegt nicht vor, wenn die zuständige Behörde erst nach mehrjähriger, rechtlich an sich möglicher Zulassung einer **Diskothek** geltend macht, das zum Betrieb der Diskothek gepachtete Grundstück liege in einem Mischgebiet i.S.v. § 6 BauNVO (BGHZ 68, 294).

Die Anwesenheit von Sicherheitsmitarbeitern im Zugangsbereich einer Diskothek und zu anderen Einheiten, ist kein Mangel (OLG Rostock NZM 2009, 545).

122 Der Vermieter ist grundsätzlich nicht gemäß § 536 BGB a.F. bzw. § 535 Abs. 1 S. 2 BGB verpflichtet, den **Sicherheitsstandard** eines vermieteten Bürogebäudes veränderten Sicherungserkenntnissen anzupassen. Zur Frage, ob eine Einbruchserie einen Mangel der Mietsache darstellt, s. OLG Düsseldorf ZMR 2002, 819.

Eine unzureichend vermauerte Wandöffnung, die den Einbruch in ein vermietetes Ladenlokal erleichtert, kann einen Mangel der vermieteten Räume darstellen (BGH ZMR 2006, 678 ff.).

Der Mieter hat regelmäßig dann kein Gewährleistungsrecht, wenn durch eine von ihm **gewünschte Veränderung** der Mietsache ohne Verschulden des Vermieters die Mietsache mangelhaft wird oder ein Schaden des Mieters entsteht (OLG Düsseldorf ZMR 1992, 149).

Ein Fehler eines Mietobjekts kann auch in der Überdimensionierung einer **Lüftungsanlage** liegen (OLG Hamm ZMR 1987, 300).

Im Altbau kann der Mieter *keinen neuzeitlichen* Schallschutz erwarten, wenn dies nicht ausdrücklich vereinbart wurde (OLG Dresden NZM 2009, 703).

Zur einschränkenden Auslegung der Klausel in einem gewerblichen Pachtvertrag über ein bebautes Anwesen zum Zweck des Betriebs einer Kfz-Vertretung und eines Kfz-Reparaturbetriebes, wonach die Verpächterin dafür einsteht, »dass sich das Pachtobjekt mit allen Einrichtungen in einem Zustand befindet, welcher den von der Pächterin verfolgten **Nutzungszweck** gewährleistet« bei widersprüchlichen anderen Bestimmungen s. OLG München ZMR 1996, 320. **123**

Grundsätzlich liegt ein zur Minderung berechtigender Rechtsmangel nicht schon dann vor, wenn nur ein Recht eines Dritten auf die vermietete Sache besteht, das zu einer Beeinträchtigung des vertragsgemäßen Gebrauchs führen könnte. Ein Rechtsmangel entsteht vielmehr erst dann, wenn der Dritte sein Recht in einer Weise geltend macht, die zu einer Beeinträchtigung des Gebrauchs durch den Mieter führt (KG ZMR 2006, 283 ff.)

Entsteht nach Abschluss des Mietvertrages über Gewerberäume eine vertragswidrige Konkurrenzsituation, indem der Vermieter selbst in 5 m Abstand vom Mietobjekt einen Gewerbebetrieb betreibt, liegt ein zur Minderung des Mietzinses berechtigender Sachmangel vor (KG IMR 2007, 217).

Die vertragliche Vereinbarung, »der Mieter hat das Mietobjekt besichtigt und übernimmt es im derzeit vorhandenen Zustand« und »er anerkennt ausdrücklich, dass es für die von ihm vorgesehenen Vertragszwecke in der vorliegenden Form geeignet ist.«, dient nur der Beschreibung des Mietobjekts und kann nicht als Hinweis auf verborgene Mängel oder gar Kenntnis des Mieters hiervon gewertet werden (BGH XII ZR 139/05 v. 18.04.2007). Der Mieter kann trotz der Klausel seinen Erfüllungsanspruch geltend machen.

Die in einem Formularmietvertrag über Gewerberäume enthaltene Klausel »Für Veränderungen an der Mietsache oder Störungen in ihrer Benutzbarkeit infolge höherer Gewalt oder sonstiger Umstände, die die Vermieterin nicht zu vertreten hat, kann die Mieterin weder die Miete mindern noch ein Zurückbehaltungsrecht ausüben noch Schadensersatz verlangen« ist wegen der Unklarheitenregel des § 305 c Abs. 2 BGB dahin auszulegen, dass sie die Haftung der Vermieterin für anfängliche Mängel der Mietsache nicht ausschließt (OLG Karlsruhe ZMR 2009, 33).

S.a. Stichwort »Fläche«, »Risikoverteilung«, »Leerstand«, »Konkurrenzschutz«, »Klimatisierung«, »Kündigung«.

Marktbeherrschender Vermieter: Zum Konkurrenzschutz s. Kap. 15 IV.; s.a. Stichwort Schilderpräger Rdn. 168; s. a. Verlängerungsoption. **124**

Marktmiete: Bei einem Sinken der Marktmiete um 60 % soll noch kein Wegfall der Geschäftsgrundlage anzunehmen sein (Eckert ZflR 2005, 287, 288). Der BGH (NZM 2005, 63) hat entschieden, dass auch bei einer Staffelmietvereinbarung die Bindung an die Staffel trotz sinkender Marktmiete erhalten bleibt, es sei denn eine abweichende Regelung wurde vertraglich getroffen (BGH NJW 2002, 2384 (2385)).

Mehrheit von Mietern: Zu den Rechtsproblemen bei der Mehrheit von Mieter s. Kap. 3 IV. **125**

Miete: Die Anwendung des Begriffs »Miete« ist nach »allg. Sprachgebrauch als vom Mieter zu zahlender Betrag ohne zusätzlich vereinbarte Betriebskostenvorauszahlung zu verstehen« (E. zu § 558 BGB: BGH ZMR 2004, 327, 328). Auch die Umsatzsteuer soll abgegolten sein, allerdings nur dann, wenn diese überhaupt anfällt (BGH ZMR 2004, 812, 813), sonst liegt einseitiger Kalkulationsirrtum des Vermieters vor. **126**

Aus dem Vertrag muss sich die Miethöhe ergeben (OLG Rostock ZMR 2001, 27). Die Mietpreisvereinbarung bei Gewerberaum gestaltet sich vielfältig und unterliegt nicht den Regelungen für die Wohnraummiete, wie sich aus der fehlenden Verweisung auf §§ 557 ff.

BGB i.V.m. § 578 BGB ergibt. Zu Einzelheiten s. Rdn. 271 ff. und Kap. 4. Die Umsatzsteuer muss ausgewiesen werden, sowohl für die Miete als auch die Betriebskosten, s.a. Stichwort »Umsatzsteuer« und »steuerliche Gestaltung«.

Die Miete kann als umsatzabhängige Miete vereinbart sein. Dies geschieht häufig durch Verbindung einer Mindestmiete oder Basismiete mit Indexierung und **Umsatzmiete** (s. Kap. 4 und Rdn. 271 ff.). Bei vereinbarter Umsatzmiete besteht vermieterseits Anspruch auf Übergabe von betriebswirtschaftlichen Auswertungen (OLG Brandenburg ZMR 2007, 778).

Eine Änderung der Miethöhe bedarf bei Gewerberaummietverhältnissen entweder einer Vereinbarung oder einer Grundlage im Mietvertrag. Ist »Neufestsetzung der Miete« vereinbart, soll die Miete für Neuvermietungen maßgebend sein (KG ZMR 2009, 605).

Bereits im Mietvertrag kann eine zu bestimmten Zeitpunkten eintretende Mieterhöhung um einen bestimmten Betrag oder einen bestimmten Prozentsatz vereinbart werden. Wenn eine »automatische« Mietanpassungsklausel vereinbart ist, setzt diese ein Mieterhöhungsverlangen des Vermieters nicht voraus, relevant ist dies nur für den Verzug des Mieters (OLG Düsseldorf ZMR 2009, 23 f.). S. Stichwort »Staffelmiete« und Rdn. 271 ff.

Wertsicherungsklauseln sind Mietgleitklauseln, Spannungsklauseln und Leistungsvorbehalte, zu Einzelheiten Rdn. 287 ff., s.a. OLG Brandenburg NZM 2009, 860 zur Kombination von Staffelmiete und Gleitklausel.

Der Anspruch auf Zahlung der erhöhten Miete oder Pacht für zurückliegende Monate wird nicht verwirkt, wenn der Vermieter oder Verpächter längere Zeit untätig bleibt. Etwas anderes kommt nur in Betracht, wenn der Vermieter oder Verpächter zu erkennen gibt, dass er von seinem Erhöhungsrecht keinen Gebrauch machen will (OLG Rostock NJW-RR 2007, 771; ZMR 2006, 773; zu Wertsicherungsklausel IMR 2006, 187).

Eine Wertsicherungsklausel ist vom Gericht als wirksam zu behandeln, wenn das Bundesamt für Wirtschaft und Ausfuhrkontrolle ein Negativattest erteilt hat. Dies gilt auch dann, wenn der Vertrag wegen Nichtbeachtung der Schriftform vor Ablauf von 10 Jahren kündbar ist (OLG Rostock NJW-RR 2007, 771; IMR 2006, 188 – str.).

Zur Frage der Anpassung einer Staffelmiete bei unvorhergesehenem Absinken des Mietpreisniveaus nach den Regeln des Wegfalls der Geschäftsgrundlage s. BGH WuM 2002, 576 = NJW 2002, 2384; s.a. Rdn. 285 ff.; zu Mietwucher s. Kap. 4.

Sofern der Vermieter eine Mieterhöhung nach Modernisierung durchführen will, muss dies individualvertraglich vereinbart werden (KrsG Sömmerda WuM 1993, 270).

Die **Fälligkeit der Miete** für Grundstücksmietverhältnisse und solche über bewegliche Sachen wurde durch § 579 BGB nicht verändert, sie ist im Nachhinein zu entrichten. Bei Mietverhältnissen über Räume ist durch die Verweisung des § 579 Abs. 2 BGB auf § 556b Abs. 1 BGB wie für Wohnraum Vorfälligkeit gegeben. Die Vorschrift ist dispositiv. Die Vereinbarung einer Rechtzeitigkeitsklausel ist sinnvoll und auch formularmäßig wirksam (BGH NJW 1998, 2664). Zum Ganzen ausführlich s. Kap. 4 VII.

127 **Mieterdarlehen:** Gewährt der Mieter dem Vermieter ein Darlehen, steht dies in der Regel in wirtschaftlichem Zusammenhang mit dem Mietverhältnis und soll i.d.R. die Durchführung baulicher Maßnahmen ermöglichen. Durch Auslegung ist zu ermitteln, ob es sich um einen abwohnbaren Baukostenzuschuss oder ein Darlehen handelt (Grunewald WPM 2006, 2333 ff.). Zu Einzelheiten Kap. 4 Rdn. 27 ff.

128 **Mieterdienstbarkeit:** Als Sicherungsmittel für den Mieter kommt die beschränkt persönliche Dienstbarkeit i.S.v. §§ 1090 ff. BGB in Betracht, die den Mieter z.B. gegen die vorzeitige Beendigung des Mietverhältnisses, insbesondere im Fall der Zwangsversteigerung des Grundstücks auf dem sich die Mietsache befindet oder bei Insolvenz des Vermieters, besser absichert; s. Stichwort »Sicherung des Mieters«. Zum Ganzen s. Stapenhorst/Voß NZM 2003, 873 ff.

Mieterinvestitionen: Dem Mieter können Bereicherungsansprüche zustehen, wenn er wegen Schriftformmangels eines langfristigen Mietvertrages und dessen vorzeitiger Beendigung Wertverlust für von ihm getätigte Investitionen in das Mietobjekt hat (BGH NZM 2009, 514 zu Versteigerung; s.a. A. zu Vermieterinvestitionen OLG Rostock NZM 2007, 733). Zum Verwendungsersatzanspruch s. BGH ZMR 1999, 93 ff.; zum Sonderfall der vorzeitigen Vertragsbeendigung Riecke FAK § 539 Rn. 32 ff. **129**

Mieterstrukturänderung: Eine vom Vermieter als Reaktion auf die Marktverhältnisse vorgenommene Änderung der Mieterstruktur, im Umfeld des Mietobjekts unterfällt dem Verwendungsrisiko des Mieters. Sofern eine solche Änderung ausgeschlossen sein soll, muss dies vertraglich mit hinreichender Deutlichkeit vereinbart sein (BGH 17.03.2010 XII ZR 108/08), s.a. Stichwort »Risikoverteilung«. Nach Auffassung des BGH (NJW 2009, 664 ff.) stellen zahlreiche Hartz-IV-Empfänger als Besucher eines Mieters in einem als exklusiv angebotenen Bürohochhaus keinen Mangel dar. Zu Umwelt- und Umfeldmängeln s. Fritz NZM 2008, 825. **130**

Mieterwechsel: zu Vertragsprinzipien, vertraglichen Gestaltungen und Change of Control Klauseln s. Kap. 13 II. **131**

Mietfreie Zeit: Bei Gebrauchsüberlassung vor Beginn der Mietzahlungspflicht, z.B. zur Durchführung von mieterseitigen Ausbauarbeiten oder um den Mieter in der ersten Zeit nach Geschäftseröffnung finanziell zu entlasten, handelt es sich um ein Überlassungsverhältnis eigener Art (Eisenschmid in Schmidt/Futterer § 535 BGB Rn. 4 m.w.N.). **132**

Mietpreisüberhöhung: s. Stichwort »Wucher« **133**

Mietvorauszahlung: Eine solche Abrede ist in der Regel dahin auszulegen, dass der Vermieter dem Mieter für die Möglichkeit einstehen will, die Vorauszahlung auf die jeweils fällige Miete verrechnen zu können (BGH NJW 1966, 1703). Problematisch wird dies bei Veräußerung oder Versteigerung des Mietobjekts (s. hierzu BGH ZMR 2010, 104; NZM 2009, 514; NJW 2009, 2312), Kap. 33 III. und Kap. 4. **134**

Mietzeit: Die Festlegung der Vertragszeit gehört zum notwendigen Vertragsinhalt. Das Gesetz lässt Mietverträge mit einer Mindestdauer von 10 Jahren grundsätzlich zu. Dies ist relevant für die Vereinbarung einer Indexmiete, s. Rdn. 271 ff. Auch eine Laufzeit von Jahrzehnten ist zulässig, wie sich bereits aus § 544 BGB ergibt. Die langfristige Bindung verstößt auch nicht gegen § 307 BGB (s. BGH NJW 1993, 1130; OLG Karlsruhe IBRS, 41696). Ohne Festlegung durch die Parteien ist von unbestimmter Dauer des Vertrages auszugehen. Regelmäßig werden Gewerbemietverträge für längere Zeit als ein Jahr geschlossen, sodass Schriftformprobleme hier besondere Relevanz haben. Der Beginn des Mietverhältnisses und die Mietdauer müssen sich aus der Urkunde ergeben; ausreichend ist, die künftige Übergabe als Mietbeginn zu vereinbaren (BGH ZMR 2007, 611); zu Einzelheiten s. Kap. 3 V. **135**

Mietzweck: Der Mietzweck sollte so genau wie möglich bezeichnet werden, der Vermieter kann hierdurch nicht gewünschte Nutzungen des Mietobjekts verhindern (OLG München ZMR 2001, 347 zur Unterbringung von Asylbewerbern in einem als Lager, Ausstellungsraum und Café mit Betriebswohnung angemieteten Gebäude; OLG Düsseldorf WuM 2003, 136 zum »Call-Center« im »Technologiezentrum«, zum Swinger-Club im Einfamilienhaus OLG Düsseldorf ZM 2005, 707; zu Hotelgebäude als Aussiedler- **136**

heim OLG Düsseldorf GuT 2004, 81). Für den Mieter kann die Weigerung des Vermieters, an der Genehmigung der Nutzungsänderung mitzuwirken, Grund für eine fristlose Kündigung sein (BGH ZMR 2008, 274). Für den Mieter wird durch die vertragliche Festlegung die Eignung des Objekts zum vertraglich vorgesehenen Verwendungszweck gesichert (BGH NJW 1982, 696). Sofern der Vertrag keinen bestimmten Vertragszweck vorsieht, trägt der Mieter das Risiko, dass er das Mietobjekt für die Zwecke verwenden kann, für die er es bestimmt (BGH NJW-RR 1991, 1102). Zugleich hat er hierdurch auch die Freiheit den Verwendungszweck zu ändern (OLG Düsseldorf GuT 2004, 81 f.). Zu Einzelheiten s. Kap. 7 und Kap. 30.

137 **Mietzweckangabe bei Vertragsverhandlungen:** Ein Mietinteressent, der in bevorzugter Innenstadtlage ein Ladengeschäft anmieten will und dort das Warensortiment einer Marke anbieten möchte, die in der Presseberichterstattung in Zusammenhang mit der rechtsextremen Szene gebracht wird, muss dem Vermieter bei den Vertragsverhandlungen die betreffende Marke des Warensortiments ungefragt offenbaren, andernfalls kann der Vermieter Anfechtung erklären, gemäß § 123 BGB (OLG Naumburg, ZMR 2009, 914 f.).

138 **Minderung:** Möglich ist, das Minderungsrecht des Mieters formularmäßig einzuschränken (BGH NJW-RR 1993, 519, 520; OLG Nürnberg MDR 1977, 580; a.A. OLG München ZMR 1987, 16 zu Einzelheiten oben Kap. 4 VIII. und Törnig NZM 2009, 847 ff.). Zulässig ist eine Klausel, die die Ausübung des Minderungsrechts davon abhängig macht, dass dies einen Monat vorher schriftlich angekündigt wird und sich der Mieter nicht im Zahlungsrückstand befindet (OLG Koblenz IBRRS, 535538). Das Minderungsrecht darf jedoch nicht vollständig bzw. endgültig ausgeschlossen werden. Bereicherungsansprüche des Mieters wegen vorhandener Mängel dürfen nicht grundsätzlich ausgeschlossen werden (OLG Düsseldorf MDR 2005, 1045; OLG Karlsruhe MDR 2006, 745; BGH NJW 1984, 2404). Dies muss auch für während der Mietzeit entstehende Mängel gelten. Eine Klausel, wonach die Minderung der Miete ausgeschlossen ist, wenn durch Umstände, die der Vermieter nicht zu vertreten hat (z.B. Verkehrsumleitung, Straßensperrung, Bauarbeiten in der Nachbarschaft usw.) die gewerbliche Nutzung der Räume beeinträchtigt wird (z.B. Umsatz- und Geschäftsrückgang), nimmt dem Mieter gleichwohl nicht das Recht, die infolge eines derartigen Mangels überzahlte Miete aus ungerechtfertigter Bereicherung zurückzuverlangen (LG Hamburg ZMR 2005, 50; s.a. HansOLG Hamburg ZMR 2004, 432).

Ein Minderungsrecht hat der Gewerbemieter allerdings nicht, wenn schon bei Vertragsschluss erkennbar auf dem Nachbargrundstück Bauarbeiten durchgeführt wurden (OLG München NJW-RR 1994, 654; LG Berlin GE 2003, 1330). Gehwegsarbeiten vor Ladenlokal sollen zur Mietminderung berechtigen (LG Berlin GE 2003, 669; a.A. OLG Düsseldorf NZM 1998, 481).

Eine analoge Anwendung des ab 1. 9. 2001 geltenden § 536b BGB in Fortführung der bisherigen Rechtsprechung zu § 539 BGB a.F. ist ausgeschlossen (BGH ZMR 2005, 770; ZMR 2003, 667, 670), sodass dem Mieter das Mietminderungsrecht ab 01.09.2001 nicht durch analoge Anwendung des § 536b BGB abgesprochen werden kann, wenn er nachträglich einen Mangel erkennt und die Miete vorbehaltslos weiter zahlt. Zu prüfen bleibt jedoch der Gesichtspunkt der Verwirkung (BGHZ 84, 280, 281; 105, 298), nach Ansicht des OLG Koblenz (BeckRS 2005, 13164) bleibt es auch nach der Mietrechtsreform bei der Verwirkung des Minderungsrechts bei vorbehaltsloser Mietzahlung trotz Kenntnis eines Mangels. Zum Ganzen s.a. Kap. 9.

139 *Der Mieter* trägt das Verwendungs- und Gewinnerzielungsrisiko bei Anmietung eines Geschäftslokals in einem Einkaufszentrum auch dann, wenn sich die geschäftsbelebende

Funktion des Einkaufszentrums nicht wie erwartet verwirklicht (Saarl. OLG BeckRS 2005, 01481). Der Mieter ist nicht berechtigt, die Miete zu mindern, wenn sich seine Geschäftserwartung nicht verwirklicht. Einen solchen Anspruch kann er auch nicht auf den rechtlichen Gesichtspunkt der Störung der Geschäftsgrundlage (§ 313 BGB) stützen. S.a. Stichwort »Leerstand« und »Einkaufszentrum«. Zum Ganzen s. Kap. 9.

Bemessungsgrundlage der Minderung ist die Bruttomiete d.h. Miete einschließlich aller Nebenkosten, unabhängig davon, ob diese als Vorauszahlung oder Pauschale geschuldet sind (BGH ZMR 2005, 524).

Mithaftung: Insbesondere bei Vermietung an eine GmbH können Regelungen über die Mithaftung natürlicher Personen (s. hierzu OLG Düsseldorf ZMR 1997, 75 f.) im Vertrag enthalten sein. S. »auch Patronatserklärung« und Kap. 3 V. **140**

N

Nachmieter: Bei langfristigen Mietverträgen wird immer wieder vereinbart, dass der Mieter berechtigt ist, die Rechte und Pflichten aus dem Vertrag auf einen Nachmieter zu übertragen. Häufig wird dies damit verknüpft, dass in der Person oder dem Geschäftszweck des Nachmieters kein wichtiger Grund zur Ablehnung vorliegen darf. Diese Klausel hat zur Folge, dass der Mieter aus dem Mietverhältnis ausscheidet und der Nachmieter eintritt. Diese Mieteintrittsvereinbarung bedarf jedoch insbesondere bei langfristigen Mietverträgen der Schriftform (§ 550 BGB). **141**

Für eine die Schriftform wahrende Mieteintrittsvereinbarung ist zumindest erforderlich, dass der ausscheidende Mieter oder der neue Mieter den Eintritt in die Mieterstellung durch eine Urkunde belegen kann, die ausdrücklich auf den Ursprungsmietvertrag Bezug nimmt (BGH NZM 1998, 29). Diese Auswechslung des Mieters muss zur Wahrung der Schriftform so beurkundet sein, dass sich die vertragliche Stellung des neuen Mieters im Zusammenhang mit dem zwischen dem vorherigen Mieter und dem Vermieter geschlossenen Mietvertrag ergibt (BGH NZM 2002, 291; BGH ZMR 2005, 433; OLG Düsseldorf NZM 2009, 818; s.a. »vorzeitige Vertragsbeendigung«). **142**

Nachtrag: Zur Schriftform bei Nachtragsvereinbarungen s. Kap. 3 Rdn. 331 ff. und BGH ZMR 2009, 750 ff. (Heilung durch formwirksame Nachtragsvereinbarung). **143**

Nebenkosten: S. Stichwort »Betriebskosten«. **144**

Notarielle Urkunde: Zur Räumungs- und Herausgabevollstreckung s. Stichwort »Räumung« Rdn. 156. **145**

Nutzungsänderung: Durch den Mietzweck wird die vertragsgemäße Nutzung definiert, s. Stichwort »Mietzweck« und Joachim NZM 2009, 801. **146**

Nutzungsentschädigung: Nutzungsentschädigung ist eine Entgeltforderung i.S.v. § 288 Abs. 2 BGB (OLG Köln ZMR 2006, 772, 773). Die Mietsache wird »vorenthalten«, wenn der Mieter die Mietsache nicht zurückgibt und das Unterlassen der Herausgabe dem Willen des Vermieters widerspricht. Geht der Vermieter irrigerweise vom Fortbestand des Mietverhältnisses aus, hat er diesen Anspruch nicht (OLG Düsseldorf ZMR 2009, 753). Nutzungsentschädigung nach § 546a Abs. 1 BGB steht dem Vermieter nur bis zum Übergabetag zu (BGH NJW-Spezial 2006, 6). Ihm steht die vereinbarte Miete als Mindestentschädigung zu, es ist unerheblich, ob die ortsübliche Miete unter der vereinbarten Miete liegt (OLG Brandenburg IMR 2007, 282). Bei höherer ortsüblicher Miete kann er diese anstelle der vereinbarten Miete verlangen (BGH ZMR 1999, 749 f.). Dem Vermieter steht Nutzungsentschädigung nicht zu, wenn er sein Vermieterpfandrecht an den vom Mieter zurückgelassenen Sachen ausübt oder die Schlösser auswechselt (OLG Rostock WuM 2007, 509).

147 **Nutzungsuntersagung:** Steht der Zustand oder der Gebrauch der Mietsache im Widerspruch zu öffentlich-rechtlichen Vorschriften kann eine Nutzungsuntersagung erfolgen. S. Stichwort »öffentlich-rechtliche Gebrauchsvoraussetzungen« und »Mietzweck«. Problematisch ist auch die zweckbestimmungswidrige Nutzung von Teileigentum, s. OLG München ZMR 2010, 222.

O

148 **Öffentlich-rechtliche Gebrauchsvoraussetzungen:** Die Haftung für die Erfüllung öffentlich-rechtlicher Gebrauchsvoraussetzungen ist zu regeln (s. BGH NJW 1988, 2664; DWW 1993, 170; ZMR 1994, 253; OLG Düsseldorf DWW 1993, 100; LG Berlin ZMR 2000, 282 f.). Öffentlich-rechtliche Gebrauchshindernisse stellen einen Fehler der Mietsache dar, wenn sie auf deren konkreter Beschaffenheit oder Lage beruhen. Das Risiko solcher Nutzungsbeschränkungen trägt grundsätzlich der Vermieter, sodass der Vermieter aus Garantiehaftung auch bei fehlendem Verschulden haftet (BGH IMR 2008, 81; NJW 1977, 1285). Er haftet auch dafür, dass grundstücksbezogene öffentlich-rechtliche Beschränkungen während der Vertragslaufzeit den vereinbarten Vertragszweck nicht gefährden (BGH NJW-RR 1992, OLG Düsseldorf BeckRS 2003, 30335862). Die formularmäßige Überwälzung des Risikos des Fehlens einer **behördlichen Genehmigung** auf den Mieter ist unwirksam, wenn sie ihm auch das Risiko für objektbezogene Genehmigungen auferlegt (BGH ZMR 2008, 274) und z.B. vereinbart ist: »Sind für dessen (des Mietobjekts) Einrichtung oder Betrieb behördliche Genehmigungen oder Erlaubnisse erforderlich, so hat der Mieter diese auf seine Kosten und sein Risiko beizubringen. Im Falle der Nichterteilung der erforderlichen Genehmigungen und Erlaubnisse wird die Wirksamkeit des Vertrages nicht berührt.« (BGH NJW 1988, 2664). Die Befugnis des Mieters zur fristlosen Kündigung kann für diesen Fall formularvertraglich nicht wirksam ausgeschlossen werden (BGH ZMR 2008, 274).

Die Klausel, dass ein Mietvertrag »vorbehaltlich einer eventuell erforderlichen behördlichen Hotelgenehmigung« geschlossen wird, bedeutet nicht, dass der Mietvertrag bei Nichterteilung der öffentlich-rechtliche Genehmigung zur Umwidmung von Wohnraum zu Gewerberaum unwirksam ist, wenn es einer solchen Genehmigung gar nicht bedarf. Eine Gebrauchsbeeinträchtigung i.S.d. § 536 Abs. 1 BGB liegt jedenfalls dann nicht vor, wenn die Parteien in Kenntnis einer fehlenden behördlichen Genehmigung einen Mietvertrag abschließen und diesen »in Gang setzen«. Erst mit der Versagung der Genehmigung kommt eine Mangelhaftigkeit der Mietsache in Betracht (KG IMR 2007, 185)

Zur Genehmigungspflicht für Mietverträge gemäß § 144 BauGB und dem Wegfall dieser Pflicht (KG ZMR 2007, 364); s.a. Kap. 30 IV.

S.a. Stichwort »Zweckentfremdung«, zu Einzelheiten s. Kap. 30, zur Mietminderung Kap. 9. Öffentlich-rechtliche Gebrauchshindernisse und -beschränkungen sind Mängel und können zur Kündigung berechtigen, wenn die Behörde Maßnahmen konkret androht (OLG Düsseldorf GuT 2002, 74 Brandschutz im Kaufhaus, BGH ZMR 2008, 274) oder verfügt (KG GE 2005, 1426). s. Stichwort »Mängel«. Rdn. 119 ff. und Einzelheiten in Kap. 9.

149 **Öffnungszeiten:** Öffnungszeiten müssen bei formularvertraglicher Vereinbarung dem Transparenzgebot entsprechen (BGH ZMR 2007, 846); s.a. Betriebspflicht.

150 **Option:** Begründungsoption s. Kap. 1 V. und Stichwort »Verlängerungsoption«. Rdn. 207.

P

Parkettfußboden: Die Nutzung eines Bürostuhls auf Rollen stellt auch auf einem Parkettboden vertragsgemäßen Gebrauch dar, selbst wenn dies zu Vertiefungen im Parkett führt (AG Leipzig NZM 2004, 830). 151

Patronatserklärung: Eine zusätzliche Sicherheit für die Vertragserfüllung kann der Vermieter durch eine Patronatserklärung (»Comfort Letter«) erhalten. 152

Unterschieden wird zwischen »harten« und »weichen« Patronatserklärungen (Palandt/Sprau Einführung vor § 765 BGB Rn. 21). Zu Einzelheiten s.a. Fleischer WPM 1999, 666 ff.

Pfandrecht: S. Sicherungsrechte Kap. 6; zum einstweiligen Rechtsschutz bei drohender Vereitelung des Vermieterpfandrechts s. OLG Brandenburg IMR 2007, 303. 153

Präambel: Den Vereinbarungen in der Präambel eines Mietvertrages messen die Gerichte unterschiedliche Bedeutung zu (BGH NZM 2006, 54; OLG Rostock NZM 2003, 282). 154

Die in der Präambel des Mietvertrages gemachten Angaben zum Umfeld der Mietsache und geplanten Vermietungen stellen keine zusicherungsfähigen Eigenschaften der Mietsache dar, sie legen lediglich die Zielrichtung des Vertrages fest und erläutern diese (OLG Rostock NZM 2003, 282 ff.; BGH NZM 2004, 618).

Priorität: Der Grundsatz der Priorität hat erhebliche Bedeutung für den zu gewährenden Konkurrenzschutz. S. Konkurrenzschutz s. Rdn. 362 ff. 155

R

Räumung: Die Räumungs- und Herausgabevollsteckung bei Gewerberäumen ist aufgrund **notarieller Urkunde** möglich (§ 794 Nr. 5 ZPO) und bietet einen schnellen und kostensparenden Weg, s. Groh NZM 1999, 698 ff. 156

Gegen einen **Untermieter** kann die Räumungsvollstreckung nicht aufgrund des gegen den Hauptmieter ergangenen Titels betrieben werden (BGH ZMR 2003, 826).

Der Gebührenstreitwert bemisst sich nach der Nettomiete zzgl. Umsatzsteuer, streitig ist, ob bzw. wie Nebenkosten einzuberechnen sind (BGH ZMR 2005, 524; OLG Düsseldorf ZMR 2006, 516). Zur Einberechnung der Nutzungsentschädigung OLG Düsseldorf ZMR 2006, 517 f.

Eine Regelungsverfügung auf Herausgabe eines Grundstücks nach Ende des Pachtverhältnisses kann zulässig sein (OLG Düsseldorf ZMR 2006, 446), zur Leistungsverfügung s. OLG Celle ZMR 2000, 752. Zur Räumung allgemein s. Kap. 30.

Räumungsfrist: Die Gewährung einer Räumungsfrist ist unzumutbar, wenn für deren Dauer keine Zahlungen des Mieters zu erwarten sind (OLG Stuttgart ZMR 2006, 863).

Räumungsverzug des Vormieters: Die Einschränkung der Vermieterhaftung für rechtzeitige Freistellung der vermieteten Räume kann nicht formularmäßig vollständig ausgeschlossen werden, dem Mieter muss das Rücktrittsrecht erhalten bleiben (OLG München WuM 1989, 128 ff.).

Rechtsmängel: Ein Rechtsmangel liegt vor, sofern der Mieter durch ein schuldrechtliches oder dingliches Recht eines Dritten am vertragsgemäßen Gebrauch der Mietsache gehindert oder eingeschränkt wird (BGH NZM 1999, 461 zu Bandenwerbung). S. Kap. 9 und Stichwort »Mängel«. 157

158 **Rechtzeitigkeitsklausel:** Für Geschäftsraummietverhältnisse und Mietverhältnisse über sonstige Räume gilt die Regelung, dass die Miete spätestens am 3. Werktag der einzelnen Zeitabschnitte zu entrichten ist (§ 556b Abs. 1 BGB i.V.m. § 578 Abs. 2 BGB). Wenn die Zahlung am 3. Werktag eines Monats eingegangen sein soll, muss eine Rechtzeitigkeitsklausel vereinbart werden, s. Kap. 4 VII.

159 **Risikoverteilung:** Nach ständiger obergerichtlicher Rechtsprechung fällt es ausschließlich in den Verantwortungsbereich des Mieters als Unternehmer, die Erfolgsaussichten eines Geschäfts in der gewählten Lage abzuschätzen (BGH NZM 2004, 618 m.w.N.). Er trägt das Verwendungs- und Gewinnerzielungsrisiko (BGH NJW 2006, 899, 901; NZM 2000, 36, 40). Zur Risikoverteilung allgemein s. Heinz GuT 2004, 79; für Einkaufszentren Ostermann GuT 2003, 39; Kluth, Freigang NZM 2006, 41 ff.

160 Der Mieter trägt das **Verwendungs- und Gewinnerzielungsrisiko** bei Anmietung eines Geschäftslokals in einem Einkaufszentrum grundsätzlich und auch dann, wenn sich die geschäftsbelebende Funktion des Einkaufszentrums nicht wie erwartet verwirklicht (Saarl. OLG 22. 12. 2004, Az. 8 W 286/04; s.a. Beck Klick 137125). An der im Gewerbemietrecht angelegten Risikoverteilung, dass die Gewinnerwartung in den Risikobereich des Mieters fällt, ändert sich i.d.R. nichts, wenn die mangelhafte Akzeptanz des Mietobjekts durch das Käuferpublikum zu einem Gewinnausfall führt und nicht nur der Mieter, sondern auch der Vermieter erwartet hat, dass die notwendige geschäftsbelebende Funktion des Einkaufszentrums verwirklicht werden kann (BGH NJW 1981, 2405, 2406; BGH NJW 2000, 1714; OLG Rostock NZM 2003, 282, 283).

Für eine **Risikoverlagerung** auf den Vermieter sind die Umstände des Einzelfalls zu prüfen, unter Berücksichtigung der center-spezifischen Bestimmungen (s. BGH NJW 2000, 1714, 1717; OLG Rostock NZM 2003, 282, 283). Nicht ausreichend i.S.d. vorzitierten Rechtsprechung ist hierfür, dass der Mieter im Einkaufszentrum einzelne zusätzliche Vertragspflichten »im Gesamtinteresse« aller Mieter übernommen hat (a.A. teilw. OLG Koblenz NJW-RR 1989, 400, 401) und der Vertrag die gängigen Regelungen (Sortimentsbeschränkung, Betriebspflicht zu üblichen Zeiten, Pflichtmitgliedschaft in der Werbegemeinschaft, Zahlung von Betriebskosten für die Gesamtanlage inklusive der des Centermanagements und Umsatzmitteilungspflicht) enthält. Vorliegen müssen Vereinbarungen, die den Mieter über das übliche Maß hinaus in seinen unternehmerischen Entscheidungen einschränken, sein Geschäft nur noch als eingefügten Teil einer Anlage erscheinen lassen oder dem Vermieter das Betriebsunterbrechungsrisiko auch dann auferlegen, wenn nicht nur das hier in Frage stehende Geschäftslokal, sondern nur ein anderer Teil der Anlage nicht mehr allgemein zugänglich ist (BGH NJW 200, 1714, 1717; OLG Koblenz NJW-RR 1989, 400, 402) s.a. Rdn. 411 ff.

161 **Rückbau:** Die Rückgabepflicht des Mieters (§ 546 BGB) impliziert, dass die Mietsache in ihren ursprünglichen Zustand zurückversetzt werden muss (BGH NJW 1986, 309). Dem Vermieter steht kein Rückbauanspruch zu, wenn er nach Vertragsende die Räume in einer Weise umbaut, dass die Wiederherstellungsmaßnahme des Mieters hierdurch erneut beseitigt werden müsste (BGH NJW 1986, 309). Zur Rückbauverpflichtung des Mieters und Ausnahmetatbeständen s. OLG Düsseldorf ZMR 2009, 754 f.; NZM 2009, 242; OLG Düsseldorf ZMR 1990, 218; OLG Köln NZM 1998, 767; OLG Frankfurt/M. WuM 1992, 56 ff.; OLG Hamburg NJW-RR 1991, 11; für die neuen Bundesländer s.a. BGH NZM 1999, 478, zu Einzelheiten Kap. 14.

162 **Rückgabe der Mietsache:** Der Vermieter erhält die Mietsache zurück, wenn der Mieter den Besitz hieran aufgibt und der Vermieter auf Grundlage eigener Sachherrschaft in der Lage ist, sich über den Zustand der Mietsache unbeeinträchtigt zu informieren (statt vieler BGH NJW 2004, 774 (775)). Die Rückgabe aller Schlüssel ist hierfür nicht erforder-

lich (BGH ZMR 2000, 596 (599)), ebenso wenig wie die rechtliche Beendigung des Mietverhältnisses (BGH NJW 2006, 1588). Wenn bereits bei Vertragsschluss absehbar ist, dass der Zustand der Mietsache durch vertragsgemäßen Gebrauch verändert wird, muss der Vermieter dem durch vertragliche Regelungen Rechnung tragen. Der Mieter kommt ohne abweichende Vereinbarung seiner Rückgabeverpflichtung auch dann nach, wenn das Mietobjekt infolge vertragsgemäßen Gebrauchs nachteilig verändert wurde OLG Düsseldorf ZMR 2004, 584 (zu Teelagerhalle). Zum Rückgabezeitpunkt s. BGH NJW 1989, 451. Sinnvoll ist zu vereinbaren, dass die Rückgabe bei Tageslicht zu den üblichen Geschäftszeiten erfolgt. Zu Annahmeverzug des Vermieters und Besitzaufgabe durch den Mieter s. OLG Düsseldorf ZMR 1999, 326.

Es empfiehlt sich, über den geforderten Zustand der Mietsache bei Rückgabe exakte Vertragsvereinbarungen zu treffen, ebenso wie über Art der Rückgewährung, Verbleib oder Entfernung von Ein- und Umbauten, sowie eventuelle Zahlungspflichten bei Übernahme von Gegenständen durch den Vermieter (Wertersatzklauseln).

Die Verjährung der Ersatzansprüche des Vermieters beginnt mit dem Zeitpunkt, in dem er die Mietsache zurückerhält, auch wenn der Mietvertrag erst später endet (BGH ZMR 2006, 507; ZMR 2005, 291). Voraussetzung für den Beginn der kurzen Verjährung ist die Rückgabe sämtlicher Schlüssel nicht (OLG Düsseldorf ZMR 2009, 753 f.).

Rückgabeprotokoll: Bei Anfertigung eines Rückgabeprotokolls ist zu beachten, dass nur **163**
die Schäden und Mängel als bestehend angesehen werden, die im Protokoll vermerkt sind, auch wenn der Mangel nur für Fachleute erkennbar war (BGH NJW 1982, 446, 448). Zu Einzelheiten s. Kap. 14.

S

Salvatorische Klausel: Salvatorische Klauseln bestehen häufig aus sog. **Erhaltungsklau- 164**
seln, wie etwa »Sollten einzelne Bestimmungen dieses Vertrages ganz oder teilweise gegen zwingendes Recht verstoßen oder aus anderen Gründen nichtig oder unwirksam sein, so bleibt die Gültigkeit der übrigen Bestimmungen unberührt.« und/oder **Ersetzungsklauseln** wie »Die nichtige oder unwirksame Bestimmung ist durch eine solche zu ersetzen, die dem wirtschaftlich Gewollten in zulässiger Weise am nächsten kommt.«

Die auch formularmäßig unbedenkliche Erhaltungsklausel kann von einer gegebenenfalls zugleich vereinbarten AGB-rechtlich bedenklichen Ersetzungsklausel inhaltlich getrennt werden (BGH ZMR 2005, 691; BGHZ 145, 203, 212 zu Kfz-Handel). Sie ist aus sich heraus verständlich und wirksam.

Eine allgemeine salvatorische Klausel verpflichtet die Parteien nicht zur Nachholung der nicht gewahrten Schriftform (BGH ZMR 2007, 859).

Samstag: Zur Fälligkeit der Miete s. Kap. 4 Rdn. 385 ff. **165**

Sanierungsgebiet: Die Beendigung des Mietverhältnisses gemäß § 182 BauGB ist durch **166**
Verwaltungsakt möglich, s.a. Taubenek NZM 2003, 337.

Schadensersatz bei vorzeitiger oder verspäteter Rückgabe/Mietzahlung bei vor- 167
zeitiger Räumung: Zu Einzelheiten s. Kap. 14 und Stichwort »Nutzungsentschädigung«.

Schilderpräger: Gewerbeflächen innerhalb eines Kfz-Zulassungsgebäudes dürfen an **168**
Schilderpräger vermietet werden (BGH NJW 1998, 3778). Räumt der marktbeherrschende Vermieter im Mietvertrag dem Mieter (Schilderpräger) über die Grundmietzeit von fünf Jahren hinaus eine einseitige Verlängerungsoption ein, so verstößt dies gegen das Verbot unbilliger Behinderung (GWB § 20 Abs. 1) und hat die Nichtigkeit der Klau-

sel zur Folge (s. auch BGH NZM 2003, 597; NZM 2007, 486; OLG Düsseldorf NJW 2009, 1087; OLG Saarbrücken NZM 2008, 43).

Eine Kommune, die eine Kfz-Zulassungsstelle betreibt und damit eine in der Nähe der Zulassungsstelle zu befriedigende Nachfrage nach Kfz-Schildern eröffnet, muss – wenn sie einem Schilderpräger Gewerbeflächen in unmittelbarer Nähe zur Zulassungsstelle überlässt und diesem damit gegenüber Wettbewerbern einen deutlichen Standortvorteil verschafft – anderen Schilderprägern Gelegenheit geben, an geeigneter Stelle auf ihr Angebot hinzuweisen (BGH NJW 2007, 2006; zur Vermietung an Werkstätten ausschließlich zur Eingliederung Behinderter BGH NZM 2008, 208).

169 **Schlüssel:** Dem Mieter müssen Schlüssel für die Mietsache bei Beginn des Mietverhältnisses zur Verfügung gestellt werden (BGH NJW 1983, 1049). Die Kosten hierfür trägt der Vermieter (OLG Düsseldorf NZM 2004, 946). Zur Erfüllung der Rückgabeverpflichtung ist grundsätzlich die Herausgabe aller Schlüssel erforderlich, es sei denn, endgültige Besitzaufgabe erfolgte, ein Schlüssel wurde übergeben und dem Vermieter ist ungestörter Gebrauch der Mietsache möglich (OLG Köln NJOZ 2008, 3410; ZMR 2006, 859; OLG Hamburg WuM 2004, 471; der Vermieter muss sich auch um Rückgabe der Schlüssel bemühen (OLG Düsseldorf GuT 2004, 175) s.a. Kap. 14.

170 **Schlüsselverlustversicherung:** Sie ist Zusatzdeckung in der (Privat-)Haftpflichtversicherung für die gesetzliche Haftpflicht aus dem Abhandenkommen überlassener Schlüssel.

Gewerbemieter können ihnen überlassene Schlüssel von Zentral-Schließanlagen in den Versicherungsschutz ihrer Betriebshaftpflichtversicherung einbeziehen.

Die Versicherung übernimmt die Kosten für das Auswechseln von Schlössern, Sicherungsmaßnahmen und gegebenenfalls Objektschutz.

171 **Schmerzensgeld:** Lärm durch nicht schikanöse Umbauarbeiten lösen keinen Schmerzensgeldanspruch aus (AG München IMR 2007, 280).

172 **Schönheitsreparaturen:** Einzelheiten s. unten Kap. 3 Die Regelungen des § 535 BGB können sowohl individual- als auch formularvertraglich abgedungen werden (KG Gut 20047, 122; OLG Naumburg WuM 2000, 241).

Die Gestaltungsfreiheit des Vermieters ist zwar wesentlich größer als bei Wohnraum (BGH WuM 2002, 482). In der neueren Rechtsprechung geht der BGH bei Formularklauseln von ähnlicher Schutzbedürftigkeit des Gewerberaummieters aus (BGH ZMR 2009, 110 ff.; NJW 2005, 2006 f.).

Für individualvertragliche Regelungen hat der Gewerberaummieter eine wesentlich größere Gestaltungsfreiheit. Schranken sind hier die § 134 BGB, § 138 BGB und § 242 BGB. Auch beim sog. Summierungseffekt ist der BGH (ZMR 2009, 672) großzügiger. Eine eventuelle Unwirksamkeit hat nur die Unwirksamkeit der Formularklausel, nicht aber auch die der Individualvereinbarung zur Folge, da diese nicht der Inhaltskontrolle des § 307 BGB unterliegt (BGH ZMR 2009, 358; 2009, 672 (674)).

Als wirksam zur Überbürdung der Pflicht zur Renovierung angesehen, wurde die Klausel in einem Gewerberaummietvertrag »Der Mieter wird Schönheitsreparaturen nach den Erfordernissen der Praxis vornehmen.« Sie belastet den Mieter mit der Renovierungspflicht und stellt nicht lediglich den Vermieter von dieser Pflicht frei (OLG Düsseldorf IMR 2007, 112).

Nach OLG Celle (ZMR 1999, 470) kann eine individualvertragliche Anfangsrenovierungspflicht und die Verpflichtung zu laufenden Schönheitsreparaturen wirksam vereinbart werden, während die in Formularmietverträgen enthaltene Verpflichtung des Mieters, neben der Durchführung der laufenden Schönheitsreparaturen, die Mietsache bei Beendigung des Mietverhältnisses renoviert zurückzugeben, zu weit vom gesetzlichen Leitbild der Erhaltungspflicht des Vermieters entfernt ist und zu einer zusätzlichen Verschärfung zu Lasten des Mieters führt (BGH ZMR 2005, 527; OLG Düsseldorf ZMR 2007, 251; a.A. BGH ZMR 2009, 672 zur Erneuerung des Teppichbodens bei Mietende in Individualabrede bei i.Ü. formularmäßiger Renovierungspflicht).

Die Formularklausel in einem Mietvertrag über gewerbliche Räume (hier: zum Betrieb einer Schilder- und Graveurwerkstatt), "Die Schönheitsreparaturen sind ab Mietbeginn in den gewerblich oder freiberuflich genutzten Räumen spätestens nach vier Jahren und in sonstigen Räumlichkeiten/Nebenräumlichkeiten/Balkonen/Loggien nach sieben Jahren auszuführen bzw. ausführen zu lassen", enthält einen starren Fristenplan und ist unwirksam (OLG Düsseldorf IMR 2007, 251).

Die Unwirksamkeit der Schönheitsreparaturklausel entzieht der vertraglichen Pflicht des Mieters zur Rückgabe der Mieträume in bezugsfertigem Zustand die Grundlage (OLG Düsseldorf IMR 2007, 112).

Die Verpflichtung zur mieterseitigen Schlussrenovierung soll vereinbar sein (OLG Celle NZM 2003, 599), so auch BGH (ZMR 2009, 672 ff.), wenn eine Individualvereinbarung vorliegt.

Die Rechtsprechung zum starren Fristenplan bei formularmäßiger Vereinbarung soll auch für das Gewerbemietrecht gelten (OLG Düsseldorf Urteil v. 04.05.2006–10 U 174/05; OLG München IMR 2007, 182).

Renovierungsfristen können kürzer sein als bei Wohnräumen (Gaststätte: ein Jahr, BGH NJW 1983, 446); bei fehlender Vereinbarung eines Fristenplans sollen Wohnraumfristen gelten (KG ZMR 2004, 578).

Der Summierungseffekt (Kombination von Endrenovierungsklausel mit einer Klausel über turnusmäßig vorzunehmende Schönheitsreparaturen) führt auch im Gewerberaummietrecht zur Unwirksamkeit beider Formularklauseln (BGH NJW 2005, 2006 ff.; NJW 2003, 2234 (2235)).

Eine zur Renovierungspflicht vereinbarte Individualvereinbarung bleibt wirksam (BGH ZMR 2009, 672 ff.).

Ist der Mietvertrag im Hinblick auf den räumlichen Umfang der Renovierungspflicht nicht eindeutig (hier: Einbeziehung vom Treppenhäusern und Keller), ist der Umfang durch Auslegung zu ermitteln, hierfür können auch Regelungen zum Wohnraummietrecht herangezogen werden (KG ZMR 2009, 608 ff.).

Schriftform: Die Schriftformregelung des § 550 BGB hat für Mietverhältnisse über **173** Geschäftsräume (§ 578 Abs. 1, Abs. 2 S. 1 BGB) besondere Relevanz wegen der regelmäßig für längere Zeit als ein Jahr vereinbarten Vertragslaufzeit und häufig während der Laufzeit getroffener vertraglicher Änderungen. Zum Ganzen ausführlich s. Kap. 3 V. und »Annahmefrist« und »Konkludenter Vertragsschluss«.

Schriftlichkeit: Zur Wahrung der Schriftform reicht »Schriftlichkeit« nicht (KG ZMR **174** 2007, 535).

Sicherungsrechte des Vermieters: S. Stichwort »Kaution«; »Kautionsbürgschaft«; **175** »Patronatserklärung«; »Mehrheit von Mietern«; »Vermieterpfandrecht«; »Versicherungen«; zu Einzelheiten s. Kap. 6.

176 **Sicherung des Mieters:** Bei langfristigen Verträgen und erheblichen Mieterinvestitionen besteht häufig ein besonderes Sicherungsbedürfnis auf Seiten des Mieters, insbesondere um bei Ausübung von Sonderkündigungsrechten in der Zwangsversteigerung (§ 57a ZVG) und/oder wegen Insolvenz des Vermieters und freihändiger Veräußerung oder Zwangsversteigerung der Mietsache durch den Insolvenzverwalter (§§ 57a ZVG, 111 InsO) besser geschützt zu sein (s. hierzu Franken Mietverhältnisse in der Insolvenz, Rn. 482 ff.). Hierfür kommen Dauernutzungsrechte i.S.d. §§ 31 ff. WEG s. Kap. 23 oder beschränkt persönliche Dienstbarkeiten (§§ 1090 ff. BGB; s. Kap. 26) in Betracht. S. Stichwort »Mieterdienstbarkeit« Rdn. 128.

177 **Sonneneinstrahlung:** S. Stichwort »Klimatisierung«.

178 **Sortimentsänderung:** Sie hat Bedeutung für Konkurrenzschutz und Betriebspflicht s. BGH IBRRS, 74603; KG NJOZ 2010, 707. Zu Rechtsfolgen der Sortimentsänderung s. Rdn. 377.

179 **Steuerrechtliche Gestaltung:** Die Vermietung von Gewerberäumen ist grundsätzlich umsatzsteuerfrei (§ 4 Nr. 12 lit. a UStG). Ein vermietender Unternehmer kann jedoch diese grundsätzlich steuerfreien Umsätze als steuerpflichtig behandeln (zur Umsatz- bzw. Mehrwertsteuer »optieren«), wenn der Umsatz an einen anderen Unternehmer für dessen Unternehmen ausgeführt wird (§ 9 Abs. 1 S. 1 UStG). Das Umsatzsteuergesetz erfasst auch die Tätigkeit von Vermietern, denn der Unternehmerbegriff muss umsatzsteuerrechtlich weit gefasst werden. Optierende Vermieter müssen beachten, dass der Vertrag den Anforderungen in formeller Hinsicht entsprechen muss. Zu Einzelheiten s. Kap. 31 und Rdn. 194.

Zum Wegfall der Geschäftsgrundlage bei Nichtrealisierbarkeit der steuerrechtlichen Vorstellungen der Vertragsparteien s. OLG Celle IBRRS, 55706. Zur Auslegung der Vereinbarung einer Grundmiete von »monatlich x DM zzgl. der jeweils gültigen Mehrwertsteuer, zur Zeit 15 %, = y DM« anhand der Vorstellungen der Vertragsparteien bei der Festlegung des Mietzinses, wenn der Vermieter nicht wirksam zur Steuerpflicht optieren konnte (BGH ZMR 2009, 436; ZMR 2004, 812).

180 **Streitwert:** Im Rahmen der Streitwertfestsetzung gehört die Mehrwertsteuer zur Miete (KG ZMR 2007, 534 m.w.N.). Einzelheiten s. Kap. 36.

181 **Strom:** Auch wenn der Vermieter von Gewerberaum als vertragliche Nebenpflicht die Belieferung des Mieters mit Elektrizität übernommen hat, ist er nicht einem Versorgungsunternehmen gleichzustellen (OLG Köln ZMR 2005, 124). Die Übernahme dieser Nebenpflicht berechtigt ihn gleichwohl nicht, bei Zahlungsverzug ein Recht zur Leistungseinstellung geltend zu machen. S.a. Stichwort »Versorgungsleistungen« und Scheidacker NZM 2010, 103 ff.

T

182 **Tankstelle:** s. Stichwort »Kontamination«, zu Tankstellenverwaltungsvertrag und Tankstellendienstbarkeit OLG Brandenburg BeckRS 2009, 07165.

183 **Temperatur in der Mietsache:** s. »Klimatisierung« und »Heizpflicht«.

184 **Teppichboden:** Streitig ist, ob dem Mieter formularvertraglich auferlegt werden kann, den Teppichboden zu erneuern (OLG Stuttgart NJW-RR 1995, 1101; sowie Harz/Schmid AGBG Rn. 443 ff.). Die Grundreinigung des Teppichbodens ist Teil der Schönheitsreparaturverpflichtung (BGH NZM 2009, 126).

Terrorversicherung: Die Kosten einer Terrorversicherung, die der Vermieter während des bestehenden Mietverhältnisses für ein gewerbliches Mietobjekt abschließt, weil die Versicherung gegen Terrorgefahren nicht mehr von der Feuerversicherung mit umfasst wird, können, auch wenn es sich um kein besonders gefährdetes Objekt handelt, auf den Mieter umgelegt werden, sofern im Mietvertrag die Kosten von Sachversicherungen als umlagefähige Betriebskosten bezeichnet sind (OLG Frankfurt/M. NZM 2009, 744; OLG Stuttgart NZM 2007, 247).

Tilgungsbestimmung: Zur Tilgungsbestimmung allgemein s. Kap. 4. Eine von den §§ 366, 367 BGB abweichende Vereinbarung von der Tilgungsreihenfolge dahingehend, dass die Zahlungen zunächst auf Nebenkosten und dann auf Mietforderungen angerechnet werden, soll wirksam sein, wohingegen eine jederzeitige freie Bestimmung des Vermieters über die Tilgungswirkung nicht möglich sein soll (BGH NJW 1984, 2404, 2405). Möglich ist jedoch, dass der Vermieter eine Teilleistung mit einer von § 367 Abs. 3 BGB abweichenden Tilgungsbestimmung zurückweist (OLG Düsseldorf ZMR 2009, 275). **185**

Tod einer Vertragspartei: Zum Tod des Mieters oder des Vermieters Kap. 13, Vermieter- und Mieterwechsel. **186**

Ü

Übergabe: In welcher Weise und mit welchem Inhalt der Vermieter seine Überlassungspflicht erfüllen muss, ergibt sich aus den vertraglichen Vereinbarungen. Häufig enthalten Gewerbemietverträge Übergabeklauseln, in denen der Mieter bestätigt, die Mietsache in einem bestimmten Zustand erhalten zu haben. Diese Klauseln sind bei formularvertraglicher Vereinbarung an § 309 Nr. 12 BGB zu messen (OLG Düsseldorf NJOZ 2003, 3587; OLG Koblenz NJW 1995, 3392). Die Vereinbarung, dass das Mietverhältnis mit der künftigen Übergabe der Mietsache beginnt, ist wirksam und steht der Schriftformwahrung nicht entgegen (BGH ZMR 2007, 611). s.a. Stichwort »Vermietung vom Reißbrett« und Kap. 7. **187**

Übergabeprotokoll: Übergabeprotokolle dokumentieren die tatsächlichen Gegebenheiten der Mietsache, wie deren Zustand, Zählerstände u.a. Dabei sollten es die Parteien belassen. Sie dienen Beweiszwecken. Bei Anfertigung eines Übergabeprotokolls ist zu beachten, dass nur die Schäden und Mängel als bestehend angesehen werden, die im Protokoll vermerkt sind, auch wenn der Mangel nur für Fachleute erkennbar war (BGH NJW 1982, 446, 448). Keine Bedeutung kommt dem Übergabeprotokoll dann für die Schriftform des Mietvertrages zu, da es nicht wesentlicher Bestandteil des Mietvertrages ist (KG ZMR 2008, 615). Etwas anderes gilt, wenn im Übergabeprotokoll vertragliche Regelungen (hier: Endrenovierungsabrede) getroffen werden (BGH NJW 2009, 1075 für Wohnraum). Zu Einzelheiten bei der Rückgabe s. Kap. 14 IX. **188**

Übertragungsmedien: Die Anbringung von Übertragungsmedien wie Antennen, Kabelanschlüsse, Satellitenschüssel, Lautsprecher o.a. ist vertraglich zu regeln und sollte nur nach vorheriger schriftlicher Erklärung des Vermieters zulässig sein. **189**

Überschwemmung: s. Stichwort »Hochwasser«. **190**

U

Umfeld: Zur Mietminderung bei nachteiliger Veränderung des Umfeldes Kap. 9 und Stichwort »Mängel« Rdn. 114, Fritz, NZM 2008, 825. **191**

Umsätze: Angaben des Vermieters vor Vertragsschluss über voraussichtliche Umsätze des gewerblichen Mietobjekts können nicht ohne weiteres als Eigenschaftszusicherung **192**

i.S.v. § 536 Abs. 2 BGB gewertet werden (s. BGH NZM 2006, 54; OLG Hamburg ZMR 1998, 221 ff.; OLG Düsseldorf NJW MietR 1996, 154), s. Stichwort »Präambel«, »Mängel« und »Einkaufszentrum«.

193 **Umsatzmiete:** S. oben Stichwort »Miete« und Rdn. 271 ff.

194 **Umsatzsteuer:** Die Vermietung von Gewerberäumen ist grundsätzlich umsatzsteuerfrei (§ 4 Nr. 12 lit. a UStG). Ein vermietender Unternehmer kann jedoch diese grundsätzlich steuerfreien Umsätze als steuerpflichtig behandeln (zur Umsatz- bzw. Mehrwertsteuer »optieren«), wenn der Umsatz an einen anderen Unternehmer für dessen Unternehmen ausgeführt wird (§ 9 Abs. 1 S. 1 UStG). Bei fehlender Umsatzsteueroptionsmöglichkeit (hier: Vermietung an Körperschaft des öffentlichen Rechts) ist eine von den Parteien irrtümlich getroffene Preisabsprache »zuzüglich Mehrwertsteuer« so auszulegen, dass eine in Wirklichkeit nicht anfallende Mehrwertsteuer auch nicht zu zahlen ist (BGH ZMR 2009, 436 ff.; ZIP 1990, 1048 (1150)). Es liegt nicht in der Dispositionsmöglichkeit der Parteien, nach dem Gesetz steuerfreie Umsätze durch Vereinbarung steuerpflichtig zu machen (BGH ZMR 2004, 812 (813)). Es empfiehlt sich im Mietvertrag ausdrücklich zu vereinbaren, dass der Mieter Umsatzsteuer zahlt sowohl für die Miete, als auch auf die Nebenkosten und diese getrennt auszuweisen. Teilweise wird die Verpflichtung zur Zahlung von Umsatzsteuer auf die Nebenkosten auch einer ergänzenden Vertragsauslegung entnommen, wenn auch auf die Miete als solche Umsatzsteuer zu zahlen ist (OLG Düsseldorf NJW-RR 1996, 1035) oder wenn die Vorauszahlungen zuzüglich Umsatzsteuer vereinbart sind (LG Hamburg ZMR 1998, 294). Nach Ansicht des OLG Naumburg (ZMR 2000, 291) ist bei Vereinbarung einer bestimmten Miete, die möglicherweise anfallende Mehrwertsteuer, sofern entgegenstehende Absprachen nicht getroffen wurden, in der Miete enthalten (so auch OLG Brandenburg IMR 2007, 76). Klargestellt sein muss auch, dass der Mieter in den Mieträumen ganz oder zu mindestens 95 % einer umsatzsteuerpflichtigen Tätigkeit nachgeht. Einzelheiten s. Kap. 31.

195 **Umwandlung:** Bei Umwandlung (Veränderung der Rechtsform) nach dem Umwandlungsgesetz gehen die Mietverhältnisse im Wege der Gesamtrechtsnachfolge über (OLG Düsseldorf BB 1992, 2173). Zu den Möglichkeiten dies vertraglich auszuschließen OLG Oldenburg OLG Report 2000, 65, Einzelheiten Kap. 13 III.

196 **Untergang der Mietsache:** Bei völliger Zerstörung der Mietsache liegt ein Fall der nachträglichen Unmöglichkeit vor. Zu prüfen ist, in wessen Risikobereich die Ursache für die Zerstörung lag. Bei Teilzerstörung ist zu prüfen, ob für den Vermieter die Opfergrenze erreicht ist (s. Kap. 8 und OLG Hamburg NZM 2002, 343 zu Asbest; OLG Karlsruhe ZMR 1995, 201, zu Brand und Thaler NZM 2000, 748).

197 **Unternehmensbezogener Mietvertrag:** Ein unternehmensbezogener Mietvertrag liegt vor, wenn die anmietende Person erkennbar für ein bestimmtes Unternehmen und zweifelsfrei nicht im eigenen Namen auftritt. Für ein Handeln im Namen der Gesellschaft genügt, dass der Vertretungswille aus den Umständen hervorgeht (OLG Düsseldorf IMR 2007, 215; OLG Düsseldorf GuT 2003, 7; OLG Brandenburg NZM 1999, 1097; OLG Köln NZM 1999, 1097 zu GmbH).

198 **Untervermietung:** Untervermietung kann durch Individualvereinbarung ganz ausgeschlossen werden. Ob das auch in Allgemeinen Geschäftsbedingungen möglich ist, ist höchstrichterlich noch nicht abschließend geklärt. Eine Beschränkung der Untervermietung ist in Allgemeinen Geschäftsbedingungen möglich. »Ohne Zustimmung der Vermieterin darf die Mieterin die Mietsache weder ganz oder teilweise untervermieten oder ihren Gebrauch Dritten *in anderer* Weise überlassen. Insbesondere darf die Mietsache nicht zu einem Zweck benutzt werden, der den Interessen der Vermieterin entgegen-

steht.« (OLG Düsseldorf NZM 2005, 421). Der Vermieter soll im Einzelfall verpflichtet sein, Untervermietung zu genehmigen, wenn sie im Mietvertrag grundsätzlich vorgesehen ist und keine besonderen Umstände vorliegen, die entgegenstehen (OLG Hamburg WuM 1993, 737). Ein ohne Erlaubnis des Vermieters abgeschlossener Untermietvertrag ist wirksam, er dient häufig der Minimierung wirtschaftlicher Verluste (BGH NZM 2008, 167). Der Vermieter darf Auskunft verlangen zu Person und Bonität des Untermieters sowie zu den Untermietbedingungen, vor Erteilung der Erlaubnis (BGH ZMR 2007, 184 hier bestand Betriebspflicht). Zur Frage der Untervermietung bei Gesellschafterwechsel s. Kap. 11. Der Ausschluss des Sonderkündigungsrechts bei Verweigerung der Erlaubnis zur Untervermietung ist unwirksam, wenn die Untervermietung im Vertrag nicht generell untersagt ist (BGH NJW 1995, 2034, 2035), aber der Vermieter die erforderliche Erlaubnis nach Belieben verweigern kann. Bei Untervermietung oder Überlassung der Mietsache an einen Dritten, darf die Räumungsvollstreckung nicht betrieben werden, wenn dieser weder im Titel noch in der Klausel namentlich bezeichnet ist. Dies gilt auch, wenn der Verdacht besteht, dass die Überlassung nur erfolgte, um die Zwangsvollstreckung zu vereiteln (BGH ZMR 2009, 21 ff.), s. Klimesch Der Trick mit dem Untermieter ZMR 2009, 431. Zur Rechtskrafterstreckung bei Haupt- und Untermietvertrag und Fragen der Herausgabe an den Hauptvermieter durch den Unter-Untermieter s. BGH ZMR 2006, 763. Wirksam ist, die Vertragsbestimmung, dass das Untermietverhältnis nach Auflösung des Hauptmietvertrages endet (BGH ZMR 1985, 87 (89)). Der Hauptmieter kann den Vermieter nicht auf Herausgabeansprüche gegen den Untermieter verweisen, er ist selbst zur Rückgabe verpflichtet (BGH NZM 2009, 701). Zahlt der Untermieter nach Rechtshängigkeit des Räumungsanspruchs an den Mieter, stehen diese Beträge dem Vermieter zu (BGH NZM 2009, 701).

Die globale Vorausabtretung der Untermietforderung an den Vermieter soll unwirksam sein s. OLG Hamburg WuM 1999, 278 str. a.A. OLG Düsseldorf NZM 2009, 360 und Kap. 11.

Die Wahrung der Schriftform eines Untermietvertrages setzt die Beifügung des Hauptmietvertrages nicht voraus, eine Verweisung auf diesen Vertrag reicht aus (BGH ZMR 2005, 958; HansOLG Bremen ZMR 2007, 363 f.), s.a. Kap. 3 V.

Die durch den Insolvenzverwalter erfolgende Untervermietung an einen unzuverlässigen Untermieter, die ohne Erholung der erforderlichen Untervermietungserlaubnis durch den Vermieter vorgenommen wurde, kann eine persönliche Haftung des Insolvenzverwalters begründen (BGH ZMR 2007, 354), s.a. Kap. 34.

Unbekannter Aufenthalt eines Mieters: Zur Frage des Zugangs einer Kündigungserklä- **199**
rung bei mehreren Mietern, sofern nicht von allen Mietern der Aufenthaltsort bekannt ist, s. OLG Frankfurt/M. NJW-RR 1991, 459, in Zweifelsfällen muss gemäß § 132 Abs. 2 BGB zugestellt werden. Zum Ganzen Stapenhorst NZM 2007, 795.

Urkundenprozess: Mietforderungen können im Urkundenprozess eingeklagt werden (BGH ZMR 1999, 380 f.). Dies gilt auch, wenn Mängel behauptet werden oder die Einrede des nicht erfüllten Vertrages erhoben ist (BGH NJW 2009, 3099 zu Wohnraum; NJW 2007, 1061), s. Both Ansprüche aus dem Mietverhältnis im Urkundenprozess NZM 2007, 1083 ff.

V

Veräußerung der Mietsache: Bei Veräußerung tritt der Erwerber in das Mietverhältnis **200**
ein. Bei Beendigung des Mietverhältnisses durch Veräußerung läuft die Frist des § 548 Abs. 2 BGB für Ansprüche des Mieters ab Kenntnis des Mieters von der Eintragung des

Erwerbers im Grundbuch (BGH NZM 2008, 519 ff.). S. zu Einzelfragen Kap. 13, s.a. »Insolvenz«, »Zwangsversteigerung« und »Verjährung«.

201 **Verbotene Eigenmacht:** Der Annahme verbotener Eigenmacht des Vermieters steht nicht entgegen, dass der Mieter bei Abschluss eines Formularmietvertrages wahrheitswidrig angegeben hat, die eingebrachten Gegenstände stünden in seinem alleinigen und freien Eigentum (OLG Koblenz IMR 2007, 285).

202 **Verein:** Wenn der Vermieter in Kenntnis der schwierigen wirtschaftlichen Situation seines Vertragspartners (Verein) gleichwohl weitere vertragliche Leistungen erbringt und damit bewusst das Risiko eingeht, seine eigenen wirtschaftlichen Interessen zu gefährden, fällt dies nicht in den Schutzbereich des § 42 Abs. 2 BGB (OLG Köln ZMR 2006, 860 ff. m.w.N.).

203 **Verfallklauseln:** S. Kap. 2 Rdn. 68.

204 **Verjährung:** Einzelfragen sind in Kap. 14 X. dargestellt, s.a. »culpa in contrahendo«, »Rückgabe« und »Brandschäden«.

205 **Verkehrssicherungspflicht:** Die Verkehrssicherungspflicht trifft grundsätzlich den Vermieter. Diese Verkehrssicherungspflicht obliegt dem Gebäudeeigentümer, der durch die Vermietung von seiner Sicherungspflicht nicht befreit wird (BGH NJW 1985, 2588; s.a. OLG Düsseldorf NZM 2000, 282). Häufig wird die Pflicht vertraglich dem Mieter auferlegt.

Ein privathaftpflichtversicherter Gewerberaummieter, der wegen Verletzung der ihm übertragenen Verkehrssicherungspflicht einem Dritten schadenersatzpflichtig ist, hat auch dann keinen Regressanspruch gegen den Vermieter, wenn er vereinbarungsgemäß die anteilige Prämie für die Gebäudehaftpflichtversicherung zahlt; daher bestehen auch keine Ansprüche des Versicherers des Mieters gegen den Vermieter aus § 67 Abs. 1 S. 1 VVG (Legalzession). Wenn der Mieter die von ihm übernommene Verkehrssicherungspflicht verletzt, kann er sich gegenüber dem Vermieter nicht darauf berufen, dass dieser ihn nicht hinreichend überwacht und kontrolliert habe (OLG Hamm NZM 2006, 195). Zur Haftung des Diskothekenbetreibers bei Verunreinigung des Fußbodens durch Flüssigkeit s. OLG Karlsruhe ZMR 2009, 848 f.

S. hierzu Kap. 28.

206 **Verlängerungsklausel:** Wird in einem Mietvertrag eine Verlängerungsklausel vereinbart, wonach sich das Mietverhältnis jeweils um eine bestimmte Zeit verlängert, wenn nicht eine Partei der Verlängerung widerspricht, so verlängert sich das Mietverhältnis um die bestimmten Zeiträume und der ursprüngliche Mietvertrag wird fortgesetzt. Ein neuer Mietvertrag wird hierdurch nicht abgeschlossen (BGH GuT 2002, 110). Durch die Verlängerungsklausel bleibt die Identität des ursprünglichen Vertrages erhalten (BGHZ 139, 123, 127). Dies gilt unabhängig davon, ob die Verlängerung eintritt, weil keine Kündigung ausgesprochen wird oder der Verlängerung nicht widersprochen wird (BGH GuT 2002, 110).

Wenn die Parteien im Mietvertrag vereinbart haben, dass sich ein Mietverhältnis verlängert, sofern nicht eine der Parteien der Verlängerung widerspricht, ist es unschädlich, wenn eine der Parteien diesen Verlängerungswiderspruch als Kündigung bezeichnet. Dieser im Vertrag als Widerspruch bezeichnete Beendigungswille kann durch jede beliebige Wortwahl zum Ausdruck gebracht werden (falsa demonstratio non nocet). Er muss nur eindeutig auf Vertragsbeendigung gerichtet sein (BGH ZMR 1987, 143; OLG Düsseldorf *NZM 2003, 852, für die Begriffswahl* »Rücktritt« wobei rechtlich zutreffend Kündigung gemeint war).

Die Rechtswirkungen von Verlängerungsklauseln können auch durch bloßes Schweigen herbeigeführt werden.

Zur Haftung des Bürgen bei ohne seine Mitwirkung verlängerter Mietzeit s. BGH ZMR 2005, 784 ff. und Kap. 5.

Verlängerungsoption: In Gewerberaummietverträgen wird oft eine Verlängerungsoption vereinbart, durch die einer oder beiden Vertragsparteien die Befugnis zusteht, durch einseitige, rechtsgestaltende Erklärung das bestehende Mietverhältnis um eine weitere bestimmte Zeit, mehrmals um weitere bestimmte Zeiträume oder auf unbestimmte Zeit zu verlängern (BGH NJW 1968, 551). Hierdurch unterscheidet sie sich von den Verlängerungsklauseln, die Rechtswirkungen auch durch bloßes Schweigen herbeiführen. Die Option ist ein Gestaltungsrecht, das grundsätzlich vor Ablauf der Mietzeit ausgeübt werden muss. Für den Vermieter besteht keine Verpflichtung, eine Optionserklärung des Mieters inhaltlich zu prüfen (OLG Köln IBR 2006, 1008). Zur Abgrenzung zum Vorvertrag s. Kap. 1 IV. Wenn für den Vertrag Schriftform i.S.d. § 550 BGB gilt, muss die Vereinbarung zum Optionsrecht dieser Form entsprechen. Dies gilt sowohl für die inhaltlichen als auch für die formellen Anforderungen der Option. Wenn dem Mieter eines Grundstücks das Recht eingeräumt wird, im Wege der Option die Vertragsdauer zu verlängern, muss auch die Absprache über die Optionszeit die Schriftform erfüllen (BGH WuM 1987, 396). Regelmäßig wird vereinbart, dass die Optionsausübungserklärung schriftlich erfolgt. Wenn für andere vertragliche Erklärungen Schriftlichkeit verlangt wird, soll dies auch für die Optionsausübung gelten, auch wenn für diesen speziellen Fall keine Form vorgeschrieben ist (LG Berlin GE 1990, 763). Ob für die Optionsausübung Schriftform i.S.d. § 126 BGB zu wahren ist, ist streitig (OLG Düsseldorf ZMR 1992, 52, 53; OLG Frankfurt NZM 1998, 1006; OLG Hamm MietRB 2006, 123). Die h.M. geht davon aus, dass der Erklärung dem Schriftformerfordernis genügen muss, wenn der Vertrag der Schriftform (§ 550 BGB) bedurfte. Nach OLG Köln (NZM 2006, 464) kann daher die Ausübungserklärung nicht wirksam durch Telefax erfolgen. Das OLG Rostock (BeckRS 2010, 5351) hat entschieden, dass bei der vereinbarten Klausel (3 mal 5-jährige Verlängerung) »Diese Optionen treten jeweils stillschweigend in Kraft« eine automatische Verlängerung erfolgte und kein Formverstoß vorliege. **207**

Eine gesetzliche Frist zur Optionsausübung existiert nicht. Grundsätzlich hat das Optionsrecht Bestand nur bis zum Ablauf der um die Optionszeit verlängerten ursprünglichen Vertragszeit (RGZ 99, 154, 155). Üblicherweise wird vertraglich vereinbart, dass für die Ausübung des Optionsrechts eine bestimmte Frist einzuhalten ist; hier muss dann die Option innerhalb der Frist ausgeübt werden (OLG Düsseldorf ZMR 1991, 378). **208**

Bei fehlender Optionsausübungsfrist wird angenommen, dass die Optionsausübung bis zum Ablauf der festen Vertragsdauer als spätestem Zeitpunkt erfolgen muss (BGH NJW 1982, 2770; OLG Düsseldorf MDR 1981, 847). Ohne vertragliche Vereinbarung einer Frist ist sie durch ergänzende Vertragsauslegung (BGHZ 77, 301, 304) zu ermitteln. Nach obergerichtlicher Rechtsprechung wird der Vertrag ergänzend dahin gehend ausgelegt, dass Kündigungs- und Widerspruchsfristen, die die Parteien im Übrigen vereinbart haben, entsprechende Gültigkeit haben sollen (BGH NJW 1985, 2581; OLG Düsseldorf ZMR 1992, 52; OLG Düsseldorf NJW 1972, 1674). Wenn sich auch durch ergänzende Vertragsauslegung keine anwendbare Frist feststellen lässt und jeglicher Anknüpfungspunkt fehlt, soll der Optionsberechtigte noch am letzten Tag des Mietverhältnisses optieren können (Gerber/Eckert Gewerbliches Miet- und Pachtrecht, Rn. 377). Bei Vereinbarung »nach Ablauf des Mietvertrages« muss die Option gleichwohl bis Vertragsablauf ausgeübt worden sein. **209**

Übt der Mieter die vereinbarte Option fristgemäß aus, so verlängert sich der Mietvertrag auch dann um die Optionszeit, wenn der Mieter sich über deren Dauer geirrt hat; das gilt auch, wenn der Vermieter der insoweit fehlerhaften Angabe in der Optionserklärung nicht widerspricht (OLG Köln IBR 2006, 1008).

Vereinbart sein kann, dass die Option per Einschreiben erklärt werden soll. Allerdings ist in diesem Fall auch die durch gewöhnlichen Brief erklärte Optionsausübung wirksam, wenn dem Empfänger der Brief tatsächlich zugeht (OLG Hamm ZMR 1995, 248). Die auf Wunsch des Mieters vom Vermieter abgegebene Erklärung, er bestätige den Eingang der Optionserklärung, stellt lediglich ein Empfangsbekenntnis dar. Sie begründet nicht die Annahme, die Vertragsparteien hätten die Optionszeit abgeändert, da das Empfangsbekenntnis des Vermieters nicht die Erklärung beinhaltet, mit einer solchen Vertragsänderung einverstanden zu sein (OLG Köln IBR 2006, 1008). Zu unwirksamen Formularklauseln bezüglich der Ausübung der Option s. OLG Hamburg ZMR 1991, 476 ff.; ZMR 1990, 273 und Stichwort »Schilderpräger«.

Die Optionsausübung gegenüber dem früheren Vermieter in Unkenntnis des Eigentumsübergangs (§ 566 BGB) wirkt gemäß §§ 407, 412 BGB gegen den neuen Vermieter (BGH NZM 2002, 291).

Wird das Optionsrecht fristgerecht und formgerecht ausgeübt, besteht der ursprüngliche Vertrag fort.

210 Zur Ausübung bei Widersprüchlichkeit im Hinblick auf die reguläre Vertragslaufzeit, automatischer Vertragsverlängerung und Verlängerungsoption s. BGH NZM 2006, 137. Das Optionsrecht erlischt grundsätzlich mit Ablauf der um die Optionszeit verlängerten ursprünglichen Vertragsdauer (BGH NJW 1982, 2270) oder sobald es ausgeübt und damit verbraucht ist. Wenn ein Vertrag über die Verlängerungszeit hinaus besteht, ist eine unmissverständliche Vereinbarung der Parteien erforderlich, sofern das ursprüngliche Optionsrecht wieder aufleben soll (BGH NJW-RR 1995, 714).

211 Bei Vereinbarung eines mehrmaligen Optionsrechts muss der Berechtigte von der ersten Optionsmöglichkeit Gebrauch gemacht haben, um sich die weitere Optionsmöglichkeit zu erhalten (Schmidt-Futterer/Blank § 542 BGB Rn. 156).

212 Regelungen darüber, welche **Konditionen** bei Ausübung des Optionsrechts durch den Mieter gelten sollen, sind sinnvoll, dies gilt insbesondere für den Mietpreis. Enthält der Mietvertrag die Regelung, dass der Mietzins bei Ausübung der Option neu zu verhandeln ist und erzielen die Parteien keine Einigung über dessen Höhe, ist die Miete nach den Grundsätzen der §§ 315, 316 BGB zu bestimmen. Maßgebend ist der Betrag der zum Zeitpunkt der Optionsausübung bei Neuabschluss eines Vertrages für vergleichbare Objekte orts- und marktüblich ist (KG ZMR 2009, 605 ff.). Die Miete soll auch im Wege der Auslegung der Optionsklausel angepasst werden können (OLG Düsseldorf WuM 2000, 77). Ohne ausdrückliche anderweitige Vereinbarung kann der Vermieter keine höhere Miete verlangen, wenn der Mieter das ihm eingeräumte Optionsrecht wahrnimmt (s. OLG Düsseldorf WuM 1995, 433; OLG Saarbrücken NJW-E-MietR 1997, 104). Dies kann jedoch nur dann gelten, wenn eine ergänzende Vertragsauslegung keine anderweitige Beurteilung zulässt (OLG Düsseldorf WuM 2000, 77; so auch KG ZMR 1986, 194).

213 Zu Fragen der Erhöhung der Miete in der Optionszeit s. BGH NJW 1992, 2281; BGH NJW-RR 1992, 517.

Zur Fortgeltung der Bürgschaft nach Ablauf des Optionszeitraumes s. BGH ZMR 2005, 784 ff.

Vereinbarte Verlängerungsmöglichkeiten können kumulativ nebeneinander stehen. Die Kumulierung von Verlängerungsmöglichkeiten wie Verlängerungsklausel, Kündigungsrecht des Vermieters und Option ist üblich und hat Bestand (BGH NJW 1985, 2581; BGH NJW 1982, 2770). Sie darf allerdings nicht zu Widersprüchlichkeiten führen (BGH v. 14.12.2005, Az. XII ZR 241/03). Bei grundsätzlich eingeräumtem Optionsrecht des Mieters und beiderseitigem Kündigungsrecht, muss der Mieter nach erfolgter Kündigung durch den Vermieter sein Optionsrecht unverzüglich (2 Monate zu lang) ausüben (BGH NJW 1985, 2581, 2582). 214

Bei dem Nebeneinander von Verlängerungsklausel und Optionsregelung entfaltet die Optionsregelung erst dann ihren eigentlichen Sinn, wenn der Vermieter das Vertragsverhältnis beenden will, der Mieter hingegen nicht. Wenn unklar ist, ob eine automatische Verlängerungsklausel erst nach Ausübung aller Verlängerungsoptionen des Mieters oder schon zuvor Anwendung findet, hat der BGH (ZMR 2006, 266 ff.) angenommen, dass die automatische Verlängerung auch vor Ablauf aller Optionszeiträume möglich ist (a.A. Jenisch ZMR 2007, 77 ff.). Hier kann dann der Mieter durch rechtzeitige Ausübung der Option gegen den erklärten Willen des Vermieters das Vertragsverhältnis verlängern (OLG Düsseldorf IBR 2006, 1008). 215

Wenn nebeneinander bestehende Verlängerungsmöglichkeiten, z.B. Option und Verlängerungsverlangen, bestehen und einheitlich eine Neufestsetzung der Miete vereinbart ist, soll dies für beide Verlängerungsmöglichkeiten gelten (BGH NJW 1992, 2281). 216

Die von einem Mieter im Gewerbemietvertrag gestellte Klausel, die dem Mieter während der Dauer einer durch eigene Option verlängerten Mietzeit erlaubt, das Mietverhältnis mit sechsmonatiger Frist zu kündigen, ist wirksam (OLG Schleswig-Holstein ZMR 2000, 614). 217

Zulässig ist, auch durch eine vorformulierte Klausel zu vereinbaren, dass die Vertragsparteien unterschiedlich lang an den Vertrag gebunden sind (OLG Hamm ZMR 1988, 386). Die Klausel »Option für weitere 5 Jahre« lässt nicht erkennen, wer von den Parteien optionsberechtigt sein soll. Üblicherweise wird zwar nur der Mieter begünstigt, dies schließt nicht aus, dem Vermieter ein Optionsrecht einzuräumen. Wenn die vorgenannte Klausel sich unmittelbar an die Regelung anschließt, dass sich das Mietverhältnis jeweils um ein Jahr verlängert, wenn nicht eine der Parteien widerspricht, so soll beiden Parteien sowohl das Widerspruchsrecht als auch das Optionsrecht zustehen (OLG Düsseldorf ZMR 1992, 52). 218

Durch Einräumung einer Verlängerungsoption kann eine unbillige Behinderung des Marktgeschehens durch den marktbeherrschenden Vermieter vorliegen (OLG Saarbrücken NZM 2008, 43 ff.). 219

Wenn ein Mieter den Formularvertrag erstellt, soll es unzulässig sein, dass der Mieter den Vertrag bis zu 30 Jahre lang durch Ausübung von Optionen verlängern kann, ihm zugleich aber das Recht zustehen soll, sich nach Ablauf der Festmietzeit vom Vertrag zu lösen (OLG Hamburg NJW-RR 1992, 74). 220

Wenn ein bestehendes Optionsrecht nicht oder verspätet ausgeübt wird, endet der befristete Mietvertrag zu dem vertraglich vereinbarten Zeitpunkt. Bei gleichwohl erfolgender Vertragsfortsetzung wird das Mietverhältnis auf unbestimmte Zeit verlängert. 221

Verlorener Baukostenzuschuss: Dieser Finanzierungsbeitrag des Mieters soll weder vom Vermieter verrechnet werden, noch bei Beendigung zu erstatten sein. Leistet der Mieter von Geschäftsräumen einen »verlorenen Baukostenzuschuss« und kündigt der Vermieter den befristeten Mietvertrag vorzeitig, so hat der Mieter gegen ihn jedenfalls 222 dann keinen Bereicherungsanspruch wegen der vorzeitigen Beendigung, wenn der Vermieter das Mietobjekt durch Zwangsversteigerung erworben hat und der »verlorene Baukostenzuschuss« nicht im Mietvertrag erwähnt ist (OLG Düsseldorf IMR 2007, 253; zum rechtsgeschäftlichen Erwerberwechsel s. BGH IMR 2006, 1162).

223 **Vermieterpfandrecht:** Zu Einzelheiten s. Kap. 6 II.; zum Vermieterpfandrecht an gewerblich genutzten Fahrzeugen s. OLG Frankfurt/M. ZMR 2006, 609 f.; zum Verzicht auf das Vermieterpfandrecht BGH ZMR 2006, 23 ff.

224 **Vermieterwechsel:** Hierfür ist ein dreiseitiger Vertrag erforderlich (OLG München NZM 2003, 23). Die Zustimmung der Mieter zum rechtsgeschäftlichen Vermieterwechsel ist erforderlich (BGH NJW 1974, 1551). Sie kann konkludent erfolgen (KG GE 2003, 1276) und bedarf nicht der Schriftform (BGH NJW 2003, 2158), wenn Alt- und Neuvermieter sich in einem der Schriftform entsprechenden Nachtrag geeinigt haben. Zur Zwangsversteigerung BGH BeckRS 2010, 11629; s.a. Kap. 13.

225 **Vermietung vom Reißbrett:** Bei der Vermietung vom Reißbrett kann auf die noch aufzumessende **Bruttomietfläche** gemäß DIN 277 Bezug genommen werden (BGH NZM 2001, 234 ff.; s.a. Stichwort »Fläche«). Allerdings geht das OLG Hamm (WuM 1998, 151) davon aus, dass bei Anmietung einer Mietsache vor ihrer Errichtung, die Angaben im Mietvertrag zu Lage, Größe etc. nicht nur der Beschreibung dienen, sondern der Festlegung dessen, was vom Vermieter vertraglich geschuldet ist. Im Hinblick auf die Einhaltung der Schriftform, wird der BGH zunehmend großzügiger, er geht davon aus, dass auch formbedürftige Vertragsklauseln der Auslegung unterliegen, sodass es ausreicht, wenn der Inhalt der Vertragsbedingungen im Zeitpunkt des Vertragsschlusses bestimmbar ist (BGH NJW 2006, 139 (140)). Für vertragswesentliche Anlagen, wie eine Grundrisszeichnung (BGH NZM 2009, 515 ff.), ist die gedankliche Verbindung durch zweifelsfreie Inbezugnahme ausreichend (BGH NZM 2008, 484) und genügt der Bestimmbarkeit (BGH NZM 2009, 515 ff.) auch ohne Angabe von Flurstück- oder Hausnummer. Nach letztgenannter Entscheidung des BGH, ist insoweit nicht einmal eine Vergrößerung der Mietfläche schädlich. Regelungen über den **Ausbau des Mietobjekts** und Abgrenzung der hierfür jeweils vereinbarten Pflichten von Mieter und Vermieter sind zu treffen.

Die Zeitspanne von Übergabe und Mietbeginn muss bestimmbar sein (BGH NZM 2007, 443; ZMR 2006, 115).

Die **Schriftform** ist eingehalten, wenn Beginn und Ende der Mietzeit bestimmbar sind anhand der Vertragsurkunde (BGH NJW 2009, 2195, 2197). Die Vereinbarung, dass die Mietzeit mit Übernahme des schlüsselfertigen Objekts beginnt, ist ausreichend (BGH NJW 2010, 8); zu Einzelfragen der Schriftform s. Kap. 3 Rdn. 326; BGH NZM 2007, 443; ZMR 2000, 76 ff.; NJW 1999, 1104; OLG Dresden NZM 2004, 826. Für die **Rückgabe** des Mietobjekts sind detaillierte Regelungen zu treffen, über den Rückgabezustand, die Entfernung technischer und sonstiger Einbauten des Mieters bzw. über die eventuelle Übernahme der Einbauten durch den Vermieter. Hier sollte auch bereits eine Entschädigungsregelung getroffen werden. s.a. Stichwort »Rückgabe« und Kap. 14 IX.

226 **Vermietungsstand der Gesamtanlage:** s. Stichwort »Leerstand«, »Risikoverteilung« und »Mängel«.

227 **Vermögensverfall des Vermieters:** Zu Einzelheiten s. Kap. 34.

Der vertraglich vereinbarte Minderungsausschluss wirkt auch bei Vermögensverfall des Vermieters und der hierdurch für den Mieter bestehenden Gefahr, seinen bereicherungsrechtlichen Rückforderungsanspruch nicht realisieren zu können. Er kann sein Recht aber Zug um Zug gegen Sicherheitsleistung wahren (OLG Düsseldorf NZM 2009, 32).

Versicherungen: Dem Mieter können Versicherungspflichten auferlegt werden, z.B. Betriebsunterbrechungs-, Betriebshaftpflicht- und Schlüsselverlustversicherung. Die Verpflichtung des Mieters zum Abschluss von Versicherungsverträgen zur Sicherung des Mietobjekts ist i.d.R. wirksam (Haase WiB 1997, 1074; OLG Düsseldorf NZM 1998, 728). Sinnvoll ist, dem Mieter die Verpflichtung aufzuerlegen für die von ihm eingebrachten Sachen eine Feuer-, Leitungswasser- und Einbruchdiebstahlversicherung sowie eine (Betriebs-)Haftpflichtversicherung abzuschließen. Je nach Art des Objekts ist der Abschluss einer Glasversicherung und Schlüsselverlustversicherung zu fordern. S. Kap. 27; s.a. »Terrorversicherung«. **228**

Versicherungsbeiträge können über den Katalog des § 2 Nr. 13 BetrKV hinaus umgelegt werden. Das gilt nicht für die Kosten einer Rechtsschutzversicherung und einer Mietausfallversicherung (a.A. OLG Düsseldorf DWW 2000, 196). Häufig wird bei ungewöhnlichen Versicherungen eine überraschende Klausel i.S.v. § 305c Abs. 1 BGB anzunehmen sein. **229**

Die Vereinbarung der Umlegung »notwendiger oder üblicher Versicherungen« ist für sich allein auch bei der Geschäftsraummiete zu unbestimmt (KG GE 2004, 234). Werden in einem Gewerberaummietvertrag ohne weitere Spezifizierung die »Kosten der Sach- und Haftpflichtversicherung« als umlegungsfähig vereinbart, ist der Vertrag dahin auszulegen, dass nur die in § 2 Nr. 13 BetrKV genannten Kosten umlegbar sind (OLG Brandenburg NZM 2000, 572). Einzelheiten s. Kap. 5.

Versicherungsleistungen: Die Wiederherstellungspflicht des Vermieters bei Mängeln der Mietsache trotz des Vorliegens der Opfergrenze kann sich auch daraus ergeben, dass der Vermieter Versicherungsleistungen erhält, sofern die Vertragsauslegung nichts Entgegenstehendes ergibt (BGH WuM 1977, 400; s.a. »Untergang der Mietsache«). **230**

In der Gebäudeversicherung ergibt eine ergänzende Vertragsauslegung einen konkludenten Regressverzicht des Versicherers für die Fälle, in denen der Mieter einen Schaden durch einfache Fahrlässigkeit verursacht hat (BGH NZM 2000, 688; NZM 2001, 108). Der Regressverzicht erstreckt sich nur auf den Mieter selbst und ihm nahe stehende Personen, insbesondere Angehörige, aber nicht auf Besucher (vgl. OLG Hamm ZMR 2001, 183). Bei der Geschäftsraummiete wird man den Regressverzicht auch auf Angestellte des Mieters ausdehnen können (Schmid Handbuch der Mietnebenkosten, 11. Aufl., 2009, Rn. 5281). Ferner hat der Vermieter für ein Verhalten Dritter nur nach den Grundsätzen der Repräsentantenhaftung, nicht aber nach § 278 BGB einzustehen (OLG Celle ZMR 1998, 691). Der Vermieter ist dem Mieter gegenüber verpflichtet, den Versicherer und nicht den Mieter auf Ersatz des Schadens in Anspruch zu nehmen, wenn ein Versicherungsfall vorliegt, ein Regress des Versicherers gegen den Mieter ausgeschlossen ist und der Vermieter nicht ausnahmsweise ein besonderes Interesse an einem Schadensausgleich durch den Mieter hat (BGH ZMR 2005, 116). **231**

Für vom Mieter eingebrachte Einrichtungen kann sich der Wegnahmeanspruch nach eingetretenem Schadensfall und Verlust der Einrichtung (vorausgesetzt die Einrichtung wurde in den vermieterseits abgeschlossenen Versicherungsvertrag einbezogen) ändern, in den Anspruch auf Auskehrung der erlangten Versicherungsleistungen (BGH NJW 1991, 3031 ff.). **232**

Ist der Mieter zum Abschluss einer Versicherung verpflichtet, so kann der Vermieter Schadensersatz wegen Verletzung dieser Verpflichtung nur geltend machen, wenn er wegen des Ausbleibens entsprechender Nachweise selbst eine solche Versicherung abgeschlossen hat (OLG Düsseldorf DWW 2000, 196, 198). **233**

234 **Versorgungsleistungen:** Innerhalb des laufenden Mietverhältnisses ist der Vermieter grundsätzlich nicht berechtigt, die von ihm zu erbringenden Versorgungsleistungen einzustellen, wenn sich der Mieter mit der Zahlung von Mietzins im Verzug befindet (KG Beschluss v. 29.08.2005–8 U 70/05). Bei einen außerordentlich gekündigten Mietverhältnis besteht keine Pflicht des Vermieters mehr, den Mieter mit Heizenergie zu beliefern, er muss dies nur ankündigen (BGH NZM 2009, 482 (483)).

235 Mangels einer abweichenden Regelung im Mietvertrag besteht für einen Vermieter keine Pflicht, den Mieter mit Strom zu versorgen. Er hat lediglich die technischen Voraussetzungen dafür zu schaffen, dass dem Mieter die Möglichkeit eröffnet wird, mit einem Stromversorgungsunternehmen einen Anschlussnutzungsvertrag zu schließen. (OLG Brandenburg GE 2007, 1631).

236 **Vertragsparteien:** Auf die Auslegungsregel, nach der bei unternehmensbezogenen Geschäften davon auszugehen ist, dass nicht der Handelnde, sondern der tatsächliche Unternehmensträger aus dem Rechtsgeschäft verpflichtet wird, kann sich die anmietende Person nur berufen, wenn sie erkennbar für einen bestimmten Unternehmer und zweifelsfrei nicht im eigenen Namen auftritt (OLG Düsseldorf ZMR 2003, 253). Zum Mieter- und Vermieterwechsel Kap. 13; s.a. BGH NJW 1998, 531 f.; OLG Düsseldorf ZMR 2002, 511 und Stichwort »Unternehmensbezogener Mietvertrag«.

237 **Vertragsstrafe:** Die Vertragsstrafe hat eine doppelte Zweckrichtung, sie soll einerseits Druckmittel sein, um den Schuldner zur ordnungsgemäßen, rechtzeitigen Erbringung seiner Leistung anzuhalten und anderseits dem Gläubiger im Verletzungsfall die Möglichkeit einer erleichterten Schadloshaltung ohne Einzelnachweis zu eröffnen (BGH NJW 1983, 385 ff.). Auch formularvertraglich zulässig ist die Vereinbarung einer Vertragsstrafe. Der Geschäftsverkehr zwischen Unternehmern bedarf des Schutzes des § 309 Nr. 6 BGB nicht. Hier verbleibt es bei der Prüfung gemäß § 307 BGB. Eine von § 339 BGB abweichende verschuldensunabhängige Vertragsstrafe kann nur vereinbart werden, »wenn gewichtige Umstände vorliegen, welche die Vertragsstrafenregelung trotz der Abweichung vom dispositiven Gesetzesrecht mit Recht und Billigkeit noch vereinbar erscheinen lassen, die verschuldensunabhängige Haftung des Vertragsstrafenschuldners … gerechtfertigt ist« (BGH NJW 1985, 57). Das Verschuldenserfordernis kann individualvertraglich abbedungen werden. Höchstrichterlich entschieden ist, dass dies auch für den Fall der nicht rechtzeitigen Überlassung des Mietgebrauchs gilt. Festgesetzt werden muss eine für jeden Tag der Nichterfüllung genannte Summe. Eine zeitliche Begrenzung ist nicht erforderlich, da die Gebrauchsgewährungspflicht quasi jeden Tag neu entsteht. Die Vertragsstrafe muss in einem angemessenen Verhältnis zur Schwere des mit ihr geahndeten Verstoßes stehen. Für die Höhe wird darauf abgestellt, in welcher Relation der täglich anfallende Betrag (hier: 255 €) zu dem steht, was eine Überschreitung um einen Tag für einen Mieter bedeutet, der seinem Vertragspartner durch die Vertragsstrafenklausel von Anfang an deutlich gemacht hat, dass er allergrößten Wert auf rechtzeitige Fertigstellung legt. Berücksichtigt wird auch die Höhe der monatlichen Miete. Wenn sie etwa um $^1/_3$ über der maximal monatlich zu zahlenden Vertragsstrafe liegt, soll die Höhe der Vertragsstrafe nicht zu beanstanden sein (BGH ZMR 2003, 647, 651). Unangemessen ist eine Vertragsstrafe, wenn die Sanktion außer Verhältnis zum Gewicht des Vertragsverstoßes und zu dessen Folge für den Vertragspartner steht (BGH NJW 1997, 3233).

238 Allerdings ist die Formularklausel eines Gaststättenpachtvertrages »Endet der Vertrag auf Wunsch des Pächters und mit Einverständnis des Verpächters oder durch fristlose Kündigung des Verpächters vorzeitig, so hat der Pächter an den Verpächter eine Vertragsstrafe in Höhe von zwei Monatsmieten zu zahlen. Außerdem ist der Pächter verpflichtet, dem Verpächter allen hierdurch entstandenen Schaden zu ersetzen« unwirksam.

Hier ist die Vertragsstrafe auch für den Fall der einvernehmlichen Vertragsbeendigung verwirkt, unabhängig davon, ob den Pächter ein Verschulden an der Vertragsauflösung trifft. Die Klausel weicht vom Gerechtigkeitsgebot des § 339 BGB ab. Der Schuldner soll grundsätzlich nur haften, wenn er die Umstände die zur Auslösung der vereinbarten Vertragsstrafe führen, zu vertreten hat (BGH NJW 1985, 57, 58).

Unwirksam ist die Klausel in einem Pachtvertrag »Bei Nichteinhaltung des Vertrages wird eine Konventionalstrafe von DM 10 000 vereinbart«, da durch diese Klausel auch der Fall umfasst ist, dass der Pächter durch Zahlungsverzug die fristlose Kündigung des Verpächters provoziert hat (OLG Hamburg ZMR 1988, 264). Unwirksam ist die Klausel im Gaststättenpachtvertrag, dass bei jeder Zuwiderhandlung gegen eine Getränkebezugsverpflichtung eine Vertragsstrafe von 2.500 € verwirkt ist (OLG Düsseldorf NZM 2008, 611). **239**

Zur Sicherung der Betriebspflicht ist die Vereinbarung einer spürbaren Vertragsstrafe geboten, insbesondere im Hinblick auf die Schwierigkeiten bei der Vollstreckung der Betriebspflicht. Das OLG Rostock (NZM 2004, 460 n.r.) hat entschieden, dass eine Vertragsstrafe, die der Mieter für jeden Tag des Verstoßes gegen die Betriebspflicht verwirkt, nicht nach oben in der Weise beschränkt ist, dass er sie nur für einen begrenzten Zeitraum schuldet. Auch ist eine Vertragsstrafe in Höhe von etwa 125 % der auf den Tag entfallenden Miete nicht unangemessen hoch (s. zur Betriebspflicht Rdn. 411). Hier gilt ebenso wie für den Fall der nicht rechtzeitigen Fertigstellung, dass eine zeitliche Begrenzung nicht erforderlich ist (Wolf/Eckert/Ball Rn. 617 und Rdn. 342). **240**

Neben der Sanktionierung des Vertragsverstoßes durch eine Vertragsstrafe, soll für weitergehende Schadensersatzansprüche kein Raum sein (OLG Düsseldorf v. 05.05.1994, Az. 10 U 238/93 MieWoEG zu Vertragsstrafe). Das **Vermieterpfandrecht** erstreckt sich gemäß § 1210 Abs. 1 BGB auch auf die Vertragsstrafe (Wolf/Eckert/Ball Rn. 677), zu weiteren Einzelheiten Kap. 2 II. **241**

Vertretung: Zur Wahrung der Schriftform ist erforderlich, dass Fragen der Vertretung ausdrücklich klargestellt sind, s. Kap. 3 IV. **242**

Verwaltungskosten: Bei der Geschäftsraummiete kann die Umlegung von Verwaltungskosten (zum Begriff Schmid Handbuch der Mietnebenkosten, Rn. 5500 ff. und BGH NZM 2010, 279; 2010, 123) auch in Allgemeinen Geschäftsbedingungen frei vereinbart werden (OLG Hamburg ZMR 2003, 180 = NZM 2002, 388; Schmid DWW 1998, 143) sofern dies nicht an unauffälliger Stelle geschieht (OLG Köln ZMR 2007, 39 f.). Die Umlegung von Verwaltungskosten kann je nach Vertrag z.B. erfolgen im Wege **243**

- einer Abrechnung (OLG Nürnberg WuM 1995, 308); dabei ist eine Kostenverteilung nach der anteiligen Mietfläche grundsätzlich nicht zu beanstanden (KG GE 2003, 234),
- einer Pauschale (Schmid DWW 1998, 143),
- der Festlegung eines Prozentsatzes von der Nettomiete, wobei 3 % der Nettomiete nicht als überhöht angesehen werden (OLG Hamburg ZMR 2003, 180 = NZM 2002, 388),
- des Ansatzes eines bestimmten Betrages pro Quadratmeter Mietfläche (Simon GuT 1999, 137).

Durch eine Pauschale, einen Prozentsatz von der Miete oder einen bestimmten Betrag pro Quadratmeter, sind alle Verwaltungskosten abgegolten, soweit nicht im Mietvertrag etwas anderes bestimmt ist.

Verwendungsrisiko: Der Mieter trägt ohne abweichende vertragliche Regelung das Verwendungsrisiko bzgl. der Mietsache, insbesondere auch das Risiko, mit der Mietsache Gewinn erzielen zu können (BGH WuM 2000, 593 ff.; NJW 1981, 2405, 2406; OLG Saarbrücken becklink 137125). **244**

Auch wenn der Vermieter die Ansicht teilt, Gewinne würden erzielt werden, führt dies nicht zu einer Risikoverlagerung (BGH NJW 1981, 2406; BGH WuM 2000, 593 ff.; a.A. teilweise OLG Celle NJW 1978, 2510). S.a. »Wegfall der Geschäftsgrundlage«.

245 Allein die üblichen Regelungen zur Verwaltung und Koordinierung eines Einkaufscenters wie »Beschränkung des Sortiments, Betriebspflicht während der gesetzlichen Ladenöffnungszeiten, Pflichtmitgliedschaft in der Werbegemeinschaft, Verpflichtung zur Zahlung von Nebenkosten für die Gesamtanlage, Mitteilung der Umsätze, Festlegung des Mietzwecks und Einrichtung eines Centermanagements« reichen nicht aus, um von einer Risikoverlagerung zu Lasten des Vermieters auszugehen (BGH WuM 2000, 593, 596; BeckRS 2010, 09304 zu Betriebs- und Offenhaltungspflicht). Möglich ist durch vertragliche Vereinbarung eine völlige oder teilweise Risikoverlagerung zu vereinbaren. An eine solche Vereinbarung sind erhebliche Anforderungen zu stellen. Allein die Übernahme zusätzlicher Pflichten durch den Mieter »im Gesamtinteresse« reicht nicht (BGH WuM 2005, 593, 596; a.A. OLG Koblenz NJW-RR 1989, 400, 401). Gefordert werden Vereinbarungen, die den Mieter in seinen unternehmerischen Entscheidungen über das übliche Maß hinaus einschränken, sein Geschäft nach dem äußeren Erscheinungsbild zu einem eingefügten Teil einer Anlage werden lassen oder etwa dem Vermieter das Risiko einer Betriebsunterbrechung auch dann auferlegen, wenn nicht das vermietete Geschäft, sondern nur ein anderer Teil der Anlage dem Publikumsverkehr nicht mehr zugänglich ist (OLG Koblenz NJW-RR 1989, 400, 402).

246 **Verzug:** Die Kosten der ersten verzugsbegründenden Mahnung können formularvertraglich nicht auf den Gewerberaummieter abgewälzt werden (BGH NJW 1985, 320, 324). Etwas anderes gilt für Verzugszinsen. Hier soll formularvertraglich eine abweichende Regelung möglich sein (s. Trettmann in von Westfalen Vertragsrecht- und AGB-Klauselwerke, Rn. 152 ff.).

247 **Vollmachtsklauseln:** Vollmachtsempfangsklauseln sind wirksam (BGH WuM 1997, 599). Zur Frage der Erklärungsvollmacht s. Kap. 12.

Vorenthaltung: Nur für die Dauer der Vorenthaltung der Mietsache (BGH ZMR 2004, 256/257) kann der Vermieter als Entschädigung den vereinbarten Mietzins verlangen, danach muss er Verspätungsschaden geltend machen (BGH ZMR 2006, 32 f.). Eine Teilrückgabe (hier Rückgabe ohne Durchführung geschuldeter Rückbaumaßnahmen) kann Vorenthaltung der Mietsache i.S.v. § 546a Abs. 1 BGB sein (KG ZMR 2007, 194 f.). Die Beseitigungspflicht von Einbauten und Einrichtungen erstreckt sich auch ohne besondere vertragliche Regelung der Parteien, auf vom Vormieter übernommene Gegenstände (OLG Düsseldorf ZMR 2009, 843 f.). S.a. »Nutzungsentschädigung« und »Erbenhaftung«.

248 **Vorzeitige Vertragsbeendigung:** Nach OLG Düsseldorf (ZMR 1996, 434) ist die in Allgemeinen Geschäftsbedingungen enthaltene Klausel, wonach im Fall der vorzeitigen Vertragsbeendigung nach Ablauf der Mindestmietzeit die Hälfte der vollen Mietzinsraten als Schadenersatz geschuldet wird, wegen unangemessener Benachteiligung des Mieters unwirksam.

Bei vorzeitiger Vertragsbeendigung und mieterseits vorgenommener Investitionen, die den Ertragswert der Mietsache erhöht haben, steht dem Mieter ein Bereicherungsanspruch gegen den Vermieter zu (BGH ZMR 2006, 185 ff.), s.a. »Mieterinvestitionen« Rdn. 129. Wird ein Mietverhältnis wegen Zahlungsverzugs vorzeitig beendet, ist der Hinweis auf § 537 Abs. 1 S. 1 BGB irrelevant. Wenn der Vermieter seine konkreten Bemühungen um Nachmieter hinreichend darlegt, darf der Mieter dies nicht nur pauschal bestreiten, um den Mitverschuldenseinwand *nach* § 254 Abs. 2 BGB erfolgreich zu erheben (OLG Koblenz ZMR 2009, 282 f.).

W

Wahrung des Gesamtinteresses: Bei Einkaufszentren oder größeren Geschäftshäusern ist die Attraktivität auch davon abhängig, dass die Mieter einen in etwa gleichen Standard für die Ausstattung ihrer Geschäfte wählen. Hierüber sollten Regelungen getroffen werden, z.B. im Hinblick auf die einzubringenden Ladeneinrichtungen und die Warenpräsentation. 249

Wasserversorgung: Der Vermieter darf die Wasserversorgung zu einer vermieteten Gaststätte auch bei bestehendem Mietrückstand nicht unterbinden (Saarl. OLG NJOZ 2006, 2059), s.a. »Versorgungsleistungen«. 250

Wechsel der Vertragsparteien: Für einen möglichen Wechsel auf der Mieterseite sollte bereits bei Vertragsabschluss eine Vereinbarung getroffen werden. Zur Formfreiheit der Zustimmung des Mieters zum Vermieterwechsel s. BGH ZMR 2003, 647 ff., s.a. Stichwort »Vermieterwechsel«. 251

Der Eintritt eines Gesellschafters in den Betrieb eines Einzelkaufmanns und die Fortführung des Geschäfts durch die neu gegründete Gesellschaft führen nicht kraft Gesetzes dazu, dass die Gesellschaft Vertragspartei eines zuvor von dem Einzelkaufmann abgeschlossenen Mietvertrages über die weiter genutzten Geschäftsräume wird. Zu einem solchen Vertragsübergang ist die Mitwirkung des Vermieters erforderlich (BGH GuT 2001, 11). Wenn der Mieter geltend machen will, dass der Mietvertrag auf eine den Gewerbebetrieb fortführende neu gegründete GmbH übertragen wurde und er aus dem Vertrag entlassen wurde, muss er dies beweisen (KG ZMR 2009, 198).

Wegfall der Geschäftsgrundlage: Die Annahme, die Geschäftsgrundlage sei entfallen, setzt die nachhaltige Störung der Äquivalenzbeziehung der Parteien voraus. Hierbei bleiben solche Umstände von vornherein außer Betracht, die dem Risikobereich einer der Vertragsparteien zuzuordnen sind (BGH NJW 1978, 2300, 2309; BGH NJW 2000, 1714). Bei anfänglichem oder sich später ergebendem Leerstand zahlreicher Ladenlokale in einem Einkaufszentrum kann man nicht von einem Wegfall der Geschäftsgrundlage ausgehen (BGH NZM 2004, 618; OLG Rostock OLG-NL 2002, 149). Die Gewinnerzielungsabsicht fällt in den Risikobereich des Mieters (BGH WuM 1981, 1113). Hieran ändert sich auch nichts, wenn der Vermieter die Erwartungen des Mieters teilt (BGH WuM 1978, 1008; OLG Rostock MDR 1999, 477). Zu Einzelheiten s. Stichwort »Einkaufszentrum« Rdn. 60 m.w.N., »Mängel« Rdn. 114 bis 124 und Kap. 9 und Kluth Freigang NZM 2006, 41 und »Risikoverteilung« Rdn. 159 u. 160. 252

Zum Wegfall der Geschäftsgrundlage wegen Nichtrealisierung der steuerrechtlichen Vorstellungen der Vertragsparteien s. OLG Celle IBRRS, 55706. Zur Frage der Nichtigkeit des gesamten Mietvertrages, wenn der schriftliche Mietvertrag eine wesentlich geringere Miete dokumentiert, als sie in einer mündlichen Nebenabrede tatsächlich vereinbart wurde und dies auf den Willen zur Steuerhinterziehung schließen lässt s. BGH GE 2003, 1271,; s.a. Kap. 31.

Wegnahmerecht des Mieters: Das Wegnahmerecht des Mieters an von ihm eingebrachte Einrichtungen sollte ebenso vertraglich geregelt sein, wie ein eventueller finanzieller Ausgleich. S. zu Einzelfragen Kap. 14. 253

Werbeeinrichtungen: Der Mieter darf Werbeeinrichtung anbringen. S. Stichwort »Außenwand« Rdn. 23. 254

Werbegemeinschaft: Soll der Mieter einer Werbegemeinschaft beitreten, muss dies vereinbart werden. Zu Einzelheiten s. Rdn. 446. 255

256 **Werbemaßnahmen:** Ob und in welcher Weise vom Vermieter durchgeführte Werbemaßnahmen auf die Mieter als **Betriebskosten** umgelegt werden können, ist eine Frage des Einzelfalles. Eine vertragliche Grundlage ist immer erforderlich (vgl. OLG Hamburg ZMR 2004, 509). Selbst dann, wenn dem Vermieter bei der Auswahl der Umlegungsmaßstäbe ein Ermessen eingeräumt ist oder wenn er im Laufe des Mietverhältnisses von sich aus neue Werbemaßnahmen durchführt, kann er damit nicht Mieter belasten, die von der Maßnahme keinen Nutzen haben (OLG Celle ZMR 1999, 238 ff. zur Umlegung der Kosten einer Weihnachtsdekoration auf eine Steuerberatungskanzlei), zu Einzelfragen s. Rdn. 446 und Kap. 5.

257 **Wertsicherungsklausel:** Haben die Parteien in einer Wertsicherungsklausel auf einen Index Bezug genommen, der vom Statistischen Bundesamt nicht ermittelt wird, so ist die Klausel dahingehend auszulegen, dass derjenige veröffentlichte Index maßgebend sein soll, der dem vereinbarten Index am nächsten kommt. Anstelle des »Index für die Lebenshaltung eines 4-Personen-Arbeitnehmer-Haushalts« kann im Wege der ergänzenden Vertragsauslegung der Verbraucherpreisindex treten (BGH NZM 2009, 389 ff.). Der Anspruch auf Zahlung der erhöhten Miete oder Pacht für zurückliegende Monate wird nicht verwirkt, wenn der Vermieter oder Verpächter längere Zeit untätig bleibt. Etwas anderes kommt in Betracht, wenn der Vermieter oder Verpächter zu erkennen gibt, dass er von seinem Erhöhungsrecht keinen Gebrauch machen will (OLG Rostock NZM 2006, 742; EWiR 2006, 697 (Ls.); NZM 2006, 742; ZMR 2006, 773).

Eine Wertsicherungsklausel ist vom Gericht als wirksam zu behandeln, wenn das Bundesamt ein Negativattest erteilt hat. Dies gilt auch dann, wenn der Vertrag wegen Nichtbeachtung der Schriftform vor Ablauf von 10 Jahren kündbar ist (OLG Rostock NZM 2006, 742; ZMR 2006, 773).

258 **Wertsteigernde Investitionen:** Grundsätzlich ist der Mietvertrag Basis für die wertsteigernden Investitionen des Mieters. Mit dessen Beendigung vor dem geplanten Ende dieses Vertrages fällt der Rechtsgrund für die Investitionen weg (BGH WPM 1960, 497, 498). Erfolgt Zwangsversteigerung des Objekts, ist nicht der ursprüngliche Vermieter, sondern der Ersteher bereichert (BGH NJW 2009, 2374; NZM 2009, 783). Dies gilt entsprechend bei rechtsgeschäftlicher Veräußerung (BGH NJW-RR 2006, 294). Wenn dem Vermieter vertraglich das Recht zur Mietanpassung bei von ihm vorgenommener wertsteigernden Investitionen zugesprochen wird, ist fraglich, ob eine solche Klausel formularvertraglich wirksam ist, s. Moeser a.a.O. Rn. 464.

259 **Wettbewerbsverbot:** Um sicherzustellen, dass der Mieter für die Dauer der Mietzeit und eine begrenzte Zeit danach keinen Konkurrenzbetrieb in näherer Umgebung eröffnet, werden Wettbewerbsbeschränkungen für den Mieter in einem festgelegten Umkreis vereinbart. S.u. Rdn. 362 ff.

260 **Wiederaufbau:** Sinnvoll sind Vereinbarungen im Mietvertrag über **Wiederaufbaupflichten.** Ohne Vereinbarung endet die Verpflichtung des Vermieters zum Wiederaufbau dort, wo der dazu erforderliche Aufwand die »Opfergrenze« übersteigt (BGH WuM 1990, 546 (547); OLG Karlsruhe NJW-RR 1995, 849 ff.), s.a. »Untergang der Mietsache«.

261 **Wucher und wucherähnliches Geschäft:** Bei Vorliegen von Wucher gemäß § 138 Abs. 2 BGB kann Nichtigkeit des Mietvertrages gegeben sein. Beim wucherischen Gaststättenpachtvertrag muss das Missverhältnis erkennbar gewesen sein s. BGH NJW 2004, 3553.

Ein Vertrag ist als wucherähnliches Geschäft nach § 138 Abs. 1 BGB nur nichtig, wenn Leistung und Gegenleistung in einem auffälligen Missverhältnis zueinander stehen und weitere *sittenwidrige Umstände* hinzutreten, z.B. eine verwerfliche Gesinnung des durch den Vertrag objektiv Begünstigten. Die Aufrechterhaltung des Vertrages mit einer zulässigen Miete erfolgt i.d.R. nicht (OLG München OLG Report 2002, 429 (430); KG GE 2002, 328). Im Gegensatz zu einigen anderen Vertragstypen kommt es jedoch beim Abschluss von gewerblichen Miet- und Pachtverträgen nicht nur in Ausnahmefällen zu Schwierigkeiten bei der Bewertung. Deshalb ist bei gewerblichen Mietverträgen regelmäßig eine tatrichterliche Würdigung erforderlich, ob das auffällige Missverhältnis für den Begünstigten erkennbar war. s.a. BGH NJW-RR 2006, 16; NJW 2004, 3553; NJW 2002, 55.

Wenn für Mietobjekte der zu erzielende Mietzins starken Preisschwankungen unterliegt, ist es äußerst schwierig zu erkennen, welcher Preis für das Objekt marktüblich ist. Sofern der Vermieter in dieser Situation zu einem objektiv betrachtet überhöhten Mietzins abschließt, kann allein hieraus nicht hergeleitet werden, dass er sich von einer verwerflichen Gesinnung habe leiten lassen, s. BGH ZIP 2001, 1633, 1635; BGH NJW-RR 2002, 8 ff. Es ist zusätzlich zu fordern, dass der Vermieter das Missverhältnis subjektiv erkennen konnte (BGH ZMR 2005, 28 f.).

Z

Zahlung der Miete: S. zu Einzelfragen Kap. 4. 262

Zahlungsverzug: Für Kündigungen wegen **Zahlungsverzugs** ist zu beachten, dass die Rechtsprechung Bemühungen, den zu vertretenden Zahlungsverzug durch einen verschuldensunabhängigen Zahlungsrückstand zu ersetzen, immer wieder zurückgewiesen hat (BGH NJW 1987, 2506; LG Berlin WuM 1991, 675). Durch Formularklauseln kann nicht zum Nachteil des Mieters von den Bestimmungen des § 543 Abs. 2 S. 1 Nr. 3 BGB abgewichen werden. Allerdings hat das Brandenburgische OLG (ZMR 2000, 373) entschieden, dass individualvertraglich abweichend von der gesetzlichen Regelung vereinbart werden kann, dass bei Rückstand mit der jährlich in einer Summe zu zahlenden Miete und zweimaliger Mahnung, die erfolglos blieb, gekündigt werden kann. Bei Notlage des Vermieters kann die Mietzahlung per einstweiliger Verfügung durchgesetzt werden (OLG Saarbrücken IMR 2007, 304). 263

Zerstörung der Mietsache: S. Stichwort »Brand«, »Hochwasser«, »Wiederaufbau« und »Untergang der Mietsache«. 264

Zugangsbehinderung: Zugangsbehinderung zur Mietsache stellt grundsätzlich einen Mangel dar (KG NZM 2008, 526). 265

Zurückbehaltungs- und Aufrechnungsrecht: Zurückbehaltungs- und Aufrechnungsrechte des Mieters können auf unbestrittene und rechtskräftig festgestellte Forderungen beschränkt werden (h.M. zu Einzelheiten s. Kap. 4 VIII. 266

Zurückgelassene Gegenstände: Auch formularmäßig möglich ist eine Klausel zu vereinbaren, die den Vermieter berechtigt, die zurückgelassenen Sachen auf Kosten des Mieters einzulagern (Trettmann in Westfalen, a.a.O. Rn. 233). 267

Zweckänderung: Insbesondere bei der Vermietung einzelner Einheiten in größeren Anlagen oder bei Objekten, in denen der Vermieter anderen Mietern bereits Konkurrenz- und Sortimentsschutz gewährt hat, ist erforderlich, dass vereinbart wird, die Änderung des Nutzungszwecks von der Zustimmung des Vermieters abhängig zu machen, s. Stichwort »Mietzweck«. 268

Zweckentfremdung: Zu Auswirkungen öffentlich-rechtlicher Hindernisse wie Zweckentfremdung von Wohnraum und Vermietung von Räumen in einem Sanierungsgebiet s. Wolf/Eckert/Ball a.a.O. Rn. 171 ff. Zu Einzelheiten des Zweckentfremdungsverbots s. Kap. 30. 269

270 **Zwangsversteigerung der Mietsache:** Zu Auswirkungen auf das Mietverhältnis s. Kap. 33.

Zur Rückforderung überzahlter Pacht s. OLG Celle IMR 2007, 286.

Höchstrichterlich wurde entschieden (BGH ZMR 2009, 749 f.), dass bei einem Vermieterwechsel im Wege der Zwangsversteigerung nicht derjenige Bereicherungsschuldner ist, der im Zeitpunkt der Vornahme der Investitionen Vermieter war, sondern der Ersteigerer, der die Mietsache vorzeitig zurückerhält (Fortführung von Senatsurteil v. 05.10.2005 – XII ZR 43/02 -, ZMR 2006, 185 (188) = NJW-RR 2006, 294), da dieser früher als vorgesehen in den Genuss des durch Investitionen des Mieters erhöhten Ertragswertes gelangt.

II. Mietpreisvereinbarungen bei der Gewerberaummiete

1. Allgemeines

a) Grundsatz: Freiheit von gesetzlichen Fesseln

271 Anders als im Wohnraummietrecht bestehen im Bereich der Gewerberaummiete (Geschäftsraummiete) für eine Mietanpassung (Mieterhöhung oder Mietabsenkung) **keine gesetzlichen Fesseln**: § 578 BGB verweist nicht auf die Schutzvorschrift des § 557 BGB. Ist nichts Abweichendes vereinbart, können daher die Vertragsparteien eines Gewerberaummietvertrages bis zur Grenze des Wegfalls der Geschäftsgrundlage **jederzeit** eine Mietänderung vereinbaren.

272 Sieht ein Gewerberaummietvertrag als Mietentgelt nur einen bestimmten Betrag vor, ist diese Miete im Regelfall als **Inklusivmiete** zu verstehen, mit der auch an sich **umlagefähige Betriebskosten** (BGH ZMR 2004, 328, 329; OLG Hamm ZMR 1993, 112, 113) und die **Umsatzsteuer** abgegolten sein sollen; unabhängig davon, ob die Miete in wirtschaftlicher oder steuerrechtlicher Hinsicht in einzelne – rechtlich unselbstständige – Preisbestandteile zerlegbar ist oder nicht (OLG Naumburg ZMR 2000, 291, 292).

273 Die Inklusivmiete enthält unter Umständen auch einen als **Umsatzsteuer** abzuführenden Anteil. Allerdings nur dann, wenn diese überhaupt anfällt (BGH ZMR 2004, 812, 813; OLG Naumburg ZMR 2000, 291, 292). Der Vermieter sollte daher darauf achten, dass sich der Mieter verpflichtet, die Umsatzsteuer zu tragen und in den Mieträumen eine **umsatzsteuerpflichtige Tätigkeit** durchzuführen. Ggf. ist zu regeln, dass der Mieter jedenfalls auf Verlangen des Vermieters neben der Miete die Umsatzsteuer zu zahlen hat (s. dazu OLG Düsseldorf MietRB 2005, 316).

274 **Fehlt eine Vereinbarung** über die Folgen der Steuerwahl, so stellt dies keine planwidrige Unvollständigkeit, **keine Regelungslücke** dar, die zu einer ergänzenden Vertragsauslegung berechtigte (BGH NJW 1994, 1011).

275 Die Einkünfte aus Vermietung und Verpachtung **unterliegen nicht der Umsatzsteuerpflicht**, § 4 Nr. 12a UStG (Junker MietRB 2005, 316). Nach § 9 Abs. 1 UStG hat der Vermieter aber die Möglichkeit, auf die Steuerbefreiung zu verzichten (**Umsatzsteueroption**), um in den Genuss des Vorsteuerabzugs zu kommen. Eine Option setzt freilich voraus, dass der Mieter ausschließlich Umsätze tätigt, die den Vorsteuerabzug nicht ausschließen (§ 9 Abs. 2 UStG) und dass der Umsatz an einen anderen Unternehmer für dessen Unternehmen ausgeführt wird. Parteien haben nicht die Möglichkeit, einen nach dem *Gesetz steuerbaren, aber steuerfreien* Umsatz durch Vereinbarung steuerpflichtig zu machen. Eine gleichwohl getroffene Vereinbarung geht deswegen ins Leere (BGH ZMR

2004, 812, 813 = MDR 2004, 1406 = MietRB 2004, 345). Ob der Vermieter zulässigerweise optiert – sah also der Mietvertrag eine Option vor –, kann er **frei entscheiden**; auch dann, wenn der Mieter hieran ein starkes Interesse hat (BGH ZMR 1991, 170). Die Option ist an keine Frist oder Form gebunden. Hat der Vermieter die Miete als »inklusive Umsatzsteuer« ausgewiesen, ist er zur Umsatzsteueroption **verpflichtet** (OLG Hamm ZMR 2003, 925). Der Mieter ist zur Zahlung der Umsatzsteuer verpflichtet, wenn dies ausdrücklich vereinbart wurde oder wenn der Vermieter sich die Berechnung der Mehrwertsteuer für den Fall der Option vorbehalten hat.

Ist vereinbart, dass der Mieter die Umsatzsteuer zu tragen hat, fällt sie auch auf die **276**
Nebenkosten an, da sie als Nebenleistung das Schicksal der Hauptleistung teilen (OLG Düsseldorf ZMR 2000, 603; Schmid Mietnebenkosten Rn. 1080; Westphal ZMR 1998, 264). Sind die Parteien bei Vertragsabschluss zu Unrecht davon ausgegangen, die Umsätze des Mieters seien nicht umsatzsteueroptionsschädlich, kann eine Zahlung des Mieters über die Nettomiete hinaus geschuldet sein. Liegt hingegen ein einseitiger Kalkulationsirrtum des Vermieters vor, verbleibt es bei der Zahlung der Nettomiete (BGH ZMR 2004, 812, 813). Hat der Vermieter entgegen seinen Angaben nicht zur Umsatzsteuer optiert, ist er dem Mieter zum Schadensersatz verpflichtet (OLG Hamm ZMR 2003, 925, 926). Der Vermieter kann die Option widerrufen, wenn der Mieter vertragswidrig die Umsatzsteuer zur Miete nicht zahlt (OLG Hamm ZMR 1997, 456). Grundsätzlich ist der Vermieter verpflichtet, dem Mieter eine Rechnung i.S.d. Umsatzsteuergesetzes mit offen ausgewiesener Umsatzsteuer zu erteilen. Solange dies nicht der Fall ist, besitzt der Mieter ein **Zurückbehaltungsrecht** (OLG München ZMR 1996, 487, 492). Ob sich dieses auf die gesamte Miete oder nur auf den Umsatzsteueranteil bezieht, ist umstritten (OLG Düsseldorf ZMR 2006, 686; OLG München ZMR 1996, 487).

b) Mietänderungsklauseln

Die Mietvertragsparteien haben ein **erhebliches Interesse** daran, langfristige Planungs-, **277**
Kalkulations- und Budgetsicherheit zu erlangen (BGH ZMR 2005, 112, 115). Bei langfristigen Mietverträgen ist vor allem der Vermieter daran interessiert, dass die **Miete** dem Geldwert **angepasst** wird. Für eine angemessene Anpassung der Miethöhe während der Laufzeit des Gewerberaummietvertrages gibt es zwar keine gesetzlichen Vorschriften. Die vereinbarte Miete kann aber durch **Mietänderungsklauseln** vielfältigen Änderungen unterliegen. Überblick:

- Die Miethöhe kann jederzeit durch einen **Vertrag** zwischen den Parteien geändert **278**
  werden, gegebenenfalls bereits im Voraus (z.B. durch Vereinbarung einer Staffelmiete).
- Ferner ist eine einseitige Bestimmung durch den Vermieter (selten durch den Mieter) möglich. Dies ist dann der Fall, wenn die Parteien einen **Erhöhungs- oder Änderungsvorbehalt** für die Miethöhe vereinbart haben.
- Eine weitere Möglichkeit besteht in einer Vereinbarung, dass sich die Miete während der Vertragslaufzeit unter bestimmten Bedingungen **automatisch erhöht** (z.B. durch Vereinbarung einer Indexmiete).
- Eine letzte Anpassungsmöglichkeit besteht in einer **Änderungskündigung** des Vermieters oder Mieters. Eine solche Kündigung vor allem zum Zwecke der Mieterhöhung ist in der Gewerberaummiete zulässig und keine unzulässige Rechtsausübung (BGH MDR 1980, 834). Das gilt auch dann, wenn sich die Höhe der Forderung im Wesentlichen aus dem Nutzungsinteresse des Mieters oder Pächters ergibt und das Grundstück nach seiner Lage und Beschaffenheit in anderer Weise als durch Fortsetzung des Vertragsverhältnisses für den Eigentümer kaum nutzbar wäre. Eine Änderungskündigung setzt allerdings voraus, dass eine ordentliche Kündigung möglich ist.

c) Fälligkeit der Miete

279 Für die Frage, wann die Miete fällig ist, ist zunächst auf den Mietvertrag abzustellen. Fehlen gewillkürte Bestimmungen gilt das Mietrecht des BGB. Die Miete ist danach gemäß §§ 579 Abs. 2, 556b Abs. 1 BGB zu Beginn, spätestens zum dritten Werktag der einzelnen Zeitabschnitte zu erfüllen, nach denen sie bemessen ist. Der BGH sieht bei § 556b Abs. 1 BGB und entsprechenden Vertragsklauseln den Sonnabend nicht als Werktag an (BGH NJW 2010, 2879 = MDR 2010, 1040 = GE 2010, 111). Wenn in einem Gewerberaummietraum als Beginn der Mietzahlungspflicht die »Fertigstellung« der vom Vermieter übernommenen Sanierungsarbeiten vereinbart worden ist, besteht für den Mieter keine Übernahmeverpflichtung der Mietsache, wenn noch zahlreiche – auch kleinere – Mängel vorhanden sind; auf »Abnahmefähigkeit« nach § 640 Abs. 1 BGB kommt es nicht an (KG GE 2005, 181 = WuM 2005, 199).

2. Anpassungen

280 Um gerade bei langfristigen Mietverträgen die vereinbarte Miete an veränderte Bedingungen anzupassen, haben sich in der Praxis **unterschiedliche Formen** der »Wertsicherung« etabliert. Besonders prominent und praktisch bedeutsam sind vor allem Staffelmietvereinbarungen (s. Rdn. 281) und Wertsicherungsklauseln (s. Rdn. 287). Daneben gibt es vereinzelt noch – nicht genehmigungsbedürftige (§ 1 Abs. 2 Nr. 3 Preisklauselgesetz) – Preis- und Kostenelementeklauseln (Vereinbarungen, aufgrund deren sich die Miete im gleichen Maße ändern soll wie der Preis bestimmter Kostenelemente der Mietsache) und **Umsatz**- und **Gewinnbeteiligungsklauseln** (die Höhe der Miete [Pacht] wird an den Umsatz oder den Gewinn des Geschäftsbetriebs des Mieters gekoppelt; zur **Umsatzmiete** vgl. Kap. 3 Rdn. 17). Eine Kombination von Staffelmiete und Indexklausel ist jedenfalls dann wirksam, wenn der Mietzins während der Laufzeit des Vertrages auch zu Gunsten des Mieters sinken kann und die Mietzinsstaffeln erst nach fünf und zehn Jahren zur Geltung kommen sollen (OLG Brandenburg NJW 2010, 876 = NZM 2009, 860).

a) Staffelmietvereinbarungen

aa) Allgemeines

281 Die geschuldete Miete kann für bestimmte Zeiträume in unterschiedlicher Höhe vereinbart werden (BGH GE 2006, 121, 125). Eine solche **gestaffelte Miete** (Staffelmiete) legt fest, welche Miete in welchen Mietzeiträumen geschuldet ist und wie sie sich ändert (z.B. durch Steigerung um einen Prozentsatz oder um einen festen Betrag). Eine Staffelmiete hat im Gewerberaummietrecht besondere Bedeutung, weil die im Wohnraummietrecht für Staffelmietvereinbarungen geltenden Einschränkungen für den gewerblichen Bereich nicht gelten. Denn § 557a BGB ist eine Schutzvorschrift zugunsten des Wohnraummieters (BGH ZMR 2005, 112, 114). Der Gesetzgeber hat die Regelung bewusst auf die Wohnraummiete beschränkt. Eine Ausdehnung auf die gewerbliche Miete ist weder geboten noch wird sie gefordert (BGH ZMR 2005, 112, 114; Heims InfoM 2005, 91). Durch eine Staffelmietvereinbarung können also bereits beim Vertragsschluss relativ schrankenlos spätere Mietsteigerungen im Voraus festgelegt werden.

282 Beispiel für eine Staffelmietvereinbarung:Die vereinbarte Miete erhöht sich zwischen 2006–2010 jährlich um 3 % zum 1. Januar eines jeden Jahres. Bezugspunkt ist die jeweils zuvor geltende Miete. Nach Ende der Laufzeit der Staffelmiete richtet sich die Miete nach der zuletzt gezahlten Miete.

Die Mietzeiträume können jeweils ein Jahr umfassen, aber auch bestimmte Monate (anders in § 557 Abs. 2 S. 1 BGB). Im Gegensatz zur Wohnraummiete (§ 557 Abs. 1 Halbs. 2 BGB) muss die jeweilige Erhöhung auch **nicht betragsmäßig** ausgewiesen sein. Es reicht vielmehr, wenn lediglich die Erhöhungsquote, also der Prozentsatz der Steigerung, angegeben wird (Schultz NZM 2000, 1135, 1137). Im vereinbarten Zeitpunkt tritt die erhöhte Miete an die Stelle der bisherigen Miete, **ohne** dass es einer **besonderen Aufforderung** durch den Vermieter bedarf. 283

Es bietet sich an, die einzelnen Stufen der Mietstaffel ziffernmäßig zu benennen, z.B. die Frage, ob die jeweilige prozentuale Erhöhung von der ursprünglichen Grundmiete zu berechnen ist oder jeweils von der bereits erhöhten Miete. Etwas anderes gilt nur dann, wenn ein Vertrag über die Zeit der Mietstaffelung hinaus laufen soll oder kann. Dann würde die Vereinbarung einer jährlichen Erhöhung »um x % der Ausgangsmiete« auch während der Verlängerungszeit weiter laufen. Ferner empfiehlt es sich, den Zeitraum der Staffelmietvereinbarung nicht zu weit spannen, um zu vermeiden, dass die Staffelmiete zu weit nach oben oder unten von der Marktmiete abweicht (s. Fritz Rn. 126). 284

bb) Wegfall der Geschäftsgrundlage und Verwirkung

Bei einer Staffelmiete besteht die Möglichkeit, dass die vereinbarte Miete im Laufe der Zeit erheblich von der Entwicklung der marktüblichen Miete abweicht. In diesem Falle trägt der Mieter das Risiko, dass sich das Mietniveau nach Vertragsschluss nach unten entwickelt, der Vermieter hingegen das Risiko, dass die Mieten stärker steigen, als mit der Staffelmiete berücksichtigt (BGH ZMR 2005, 112, 115 = NJW-RR 2005, 236, 237 = NZM 2005, 63; Kunze MietRB 2005, 65, 66). Der Mieter bleibt dennoch auch bei einem gravierenden Absinken des allgemeinen Mietniveaus in aller Regel an die vertraglich vereinbarten Staffelerhöhungen gebunden, es sei denn, die Parteien hätten eine abweichende Regelung getroffen (BGH ZMR 2005, 112, 115 = NJW-RR 2005, 236, 237 = NZM 2005, 63; ZMR 2002, 654, 655). Eine negative Mitentwicklung fällt ausschließlich in den Risikobereich des Mieters. Eine Ausnahme kommt nur bei einer Existenzgefährdung des Mieters in Betracht (s. dazu auch BGH ZMR 2005, 184, 186). 285

Auch wenn nach Vereinbarung einer Staffelmiete die Mietanpassung viele Jahre nicht praktiziert wird, kann allein der Zeitablauf nicht zur **Verwirkung** der Ansprüche des Vermieters führen; vielmehr müssen weitere besondere Umstände hinzutreten (KG ZMR 2004, 577, 578). Wenn der Vermieter den Erhöhungsbetrag über einen längeren Zeitraum nicht geltend macht, kann hierin gegebenenfalls ein **Verzicht** liegen (LG München I ZMR 2003, 431). 286

b) Wertsicherungsklauseln

Neben Staffelmietvereinbarungen sind vor allem **Wertsicherungsklauseln** weit verbreitet (Kirchhoff DNotZ 2007, 11, 19/20). Das Ziel solcher Klauseln besteht in der Gewerberaummiete darin, an der Wertentwicklung der gewählten Vergleichsgröße teilzuhaben. So kann z.B. die Miete an den Grundstückswert gekoppelt werden, wenn der Vermieter von dessen Wertsteigerung weiter profitieren soll (Kirchhoff DNotZ 2007, 11, 12). Für alle Wertsicherungsklauseln gilt, dass sie so genau wie möglich formuliert sein müssen (Kirchhoff DNotZ 2007, 11, 13). Nicht nur in Allgemeinen Geschäftsbedingungen müssen sie klar, verständlich und bestimmt gefasst sein (§ 307 Abs. 1 BGB). Wertsicherungsklauseln sind i.S.v. § 305c Abs. 1 BGB grundsätzlich nicht überraschend. Sie sind auch nicht mehrdeutig i.S.v. § 305c Abs. 2 BGB, wenn Vermieter und Mieter die Klausel übereinstimmend verstanden haben (LG Karlsruhe IMR 2009, 347). Im Gewerberaummietrecht werden unterschiedliche Arten von Wertsicherungsklauseln verwendet. Zu speziellen Problemen des **Preisklauselgesetzes** siehe ausführlich: Aufderhaar/Jaeger NZM 2009, 564). 287

aa) Mietgleitklauseln

(1) Grundsatz

288 Die in der Praxis am häufigsten verwendeten Wertsicherungsklauseln sind sog. **Mietgleitklauseln** (Klingmüller/Wichert ZMR 2003, 797, 798). Unter einer solchen Übereinkunft werden Wertsicherungsklauseln verstanden, die eine **automatische** Anpassung der Miete ohne Ermessensspielraum für die Parteien vorsehen und deren Wertmesser keine im Verhältnis zur Mietüberlassung gleichartige oder vergleichbare, sondern eine anders geartete Leistung ist.

289 Für solche Klauseln sind als Folge des Zweiten Gesetzes zum Abbau bürokratischer Hemmnisse insbesondere in der mittelständischen Wirtschaft (BT-Drucks. 16/4391) seit dem 14.09.2007 keine Genehmigungen mehr erforderlich.

290 Das Genehmigungserfordernis gilt nur noch insoweit, soweit die Genehmigung bis zur Verkündung des Zweiten Gesetzes zum Abbau bürokratischer Hemmnisse am 14.09.2007 beantragt wurde (§ 9 Abs. 1 Preisklauselgesetz). Ist für eine Wertsicherungsklausel bis dahin kein Genehmigungsantrag gestellt, gilt das neue Preisklauselgesetz, auch wenn die Klausel noch während der Geltung der alten Vorschriften vereinbart wurde. Dagegen sind die bisherigen Vorschriften des § 2 des Preisangaben- und Preisklauselgesetzes sowie der Preisklauselverordnung in den Fällen weiterhin anzuwenden, in denen bis zum 14.09.2007 eine Preisklausel vereinbart und ein Genehmigungsantrag gestellt wurden (§ 9 Abs. 2 Preisklauselgesetz). Damit wird klargestellt, dass für diese Fälle das BAFA auf der Grundlage der bisherigen preisrechtlichen Bestimmungen weiterhin zu entscheiden hat.

291 Mietgleitklauseln knüpfen die Mieterhöhung normalerweise an die **Veränderung der Lebenshaltungskosten**. Die Bindung an den Verbraucherpreisindex für Deutschland (oder bei Altverträgen an den Vier-Personen-Arbeitnehmerhaushalt) stellt dabei den **Standard** dar. Es sind dabei zwei Arten von Mietgleitklauseln zu unterscheiden: solche, die auf eine Veränderung der Punkte und solche die auf eine Veränderung der Prozentzahl des entsprechenden Preisindexes abstellen.

292 Im Einzelfall kann des Recht der Vermieters, eine Mieterhöhung auf eine Mietgleitklausel zu stützen, **verwirkt** sein (OLG Rostock ZMR 2006, 773, 775 = NZM 2006, 742). Eine Verwirkung ergibt sich indes nicht schon daraus, dass der Vermieter die ihm zustehende höhere Miete über einen längeren Zeitraum nicht geltend macht und/oder die Genehmigung der Vertragsklausel über längere Zeit nicht beantragt hatte (BGH ZMR 1984, 274, 275 = NJW 1984, 1684; OLG Rostock ZMR 2006, 773, 775 = NZM 2006, 742; OLG Celle NJW-RR 1988, 723). Es müssen weitere Umstände hinzutreten, die bei dem Mieter ein Vertrauen darauf rechtfertigen, der Vermieter wolle die ihm nach der Wertsicherungsklausel zustehende erhöhte Miete nicht geltend machen, und der Mieter muss sich darauf eingerichtet haben (OLG Rostock ZMR 2006, 773, 775 = NZM 2006, 742; OLG Düsseldorf ZMR 1995, 154). Dies können ausdrückliche Erklärungen des Vermieters ebenso sein, wie eine langjährige entgegenstehende Vertragspraxis, etwa wenn der Vermieter anderweitige Mieterhöhungen über Jahre und mehrfach praktiziert hat (OLG Rostock ZMR 2006, 773, 775 = NZM 2006, 742; OLG Karlsruhe OLGReport Karlsruhe 2003, 303).

(2) Rechtsfolge

293 Ändert sich die in der Mietgleitklausel genannte Bezugsgröße, ändert sich **automatisch** die Miethöhe (LG Karlsruhe IMR 2009, 347). Die Parteien können aber auch analog § 557b Abs. 3 BGB vereinbaren, dass zu der Änderung des Wertmaßstabes noch ein Aufforderungsschreiben mit der Berechnung der neuen Miete durch den Vermieter hinzu-

kommen muss. In diesem Falle ist die erhöhte Miete erst ab Zugang des Aufforderungsschreibens zu zahlen. Daneben kann vereinbart werden, dass die Mieterhöhung sofort automatisch eintritt, der Mieter aber erst nach einem Aufforderungsschreiben des Vermieters in Verzug gerät. Die Parteien können auch vereinbaren, dass im Falle einer bestimmten Indexveränderung ein Sachverständiger gemäß § 317 Abs. 3 BGB die Höhe der neuen Pacht bestimmt (OLG Düsseldorf ZMR 2008, 292).

Ist eine Wertsicherungsklausel **ungültig**, sind die Parteien nach Treu und Glauben verpflichtet, in eine Vertragsänderung einzuwilligen (BGH NJW 1986, 933 = MDR 1986, 304; OLG Köln ZMR 1999, 633). Sieht die unwirksame Klausel eine Bindung an einen Index vor, so ist bei der Anpassung der Miete nicht alleine auf eine Indexveränderung abzustellen; vielmehr ist bei Indexveränderungen eine Anpassung der Miete nur »im Rahmen der Billigkeit« vorzunehmen (OLG Köln ZMR 1999, 633, 644). Haben die Parteien über Jahre hinweg anstelle der vereinbarten Erhöhung Zuschläge zur Miete verlangt und geleistet, z.B. auf der Basis einer Vergleichsmiete, ist der Vermieter nach Treu und Glauben daran gehindert, eine Nachforderung für die Vergangenheit aufgrund der Wertsicherungsklausel zu verlangen (OLG Düsseldorf ZMR 1995, 154; OLG Celle ZMR 1990, 412). **294**

(3) Altverträge

Für Verträge, die bis zum 31.12.1998 abgeschlossen wurden, war eine Gleitklausel nur mit **Genehmigung** der zuständigen Landeszentralbank wirksam (§ 3 WährungsG). Eine solche Genehmigung kann nachträglich erteilt werden, auch nach Beendigung des Mietverhältnisses (BGH WuM 1979, 784). Bis dahin ist der Vertrag schwebend unwirksam (BGH WuM 1959, 1160). Der Mieter kommt daher vor der Erteilung der Genehmigung mit dem Erhöhungsbetrag nicht in Verzug (OLG Koblenz NJW 1988, 3099). Derart erteilte Genehmigungen gelten gemäß § 9 Abs. 1 Preisklauselgesetz weiter. Bisher nicht genehmigte aber genehmigungsfähige Klauseln, die unter § 4 PreisklauselVO fallen, gelten automatisch von Anfang an **als genehmigt** (§ 9 Abs. 1 Preisklauselgesetz; s.a. Hülsdunk/Schnabl ZfIR 2007, 337, 342). **295**

Enthält ein Vertrag einen **nicht mehr weiter geführten Index** (s. dazu Kap. 4 Rdn. 188) – seit dem 01.01.2003 ermittelt das Statistische Bundesamt nur noch den Verbraucherpreisindex für Deutschland, also den Preisindex für die Lebenshaltung aller privaten Haushalte in Gesamtdeutschland (Basisjahr 2000 = 100) – ist von einer Regelungslücke auszugehen, die primär durch eine ergänzende **Vertragsauslegung** zu schließen ist. Meist wird das Ergebnis dieser Auslegung darin bestehen, dass der allgemeine Verbraucherpreisindex für Deutschland ab Wegfall des Altindexes anwendbar ist (BGH ZMR 2009, 591). Ist eine Auslegung nicht möglich, steht beiden Parteien ein Anspruch auf Mitwirkung bei der notwendigen Vertragsänderung zu (Lützenkirchen NZM 2001, 835, 836). Ein ersatzloser Wegfall der Wertsicherungsklausel ist abzulehnen: er entspräche nicht dem Willen der Vertragsparteien (Schultz GE 2003, 721, 722; Klingmüller/Wichert ZMR 2003, 797, 799). **296**

Reagiert der Adressat nicht auf das Vertragsangebot oder weigert er sich, die Änderung zu vereinbaren, ist der Änderungsanspruch einzuklagen. Dabei muss eine Klage auf Abgabe einer Willenserklärung erhoben werden. Der Klageantrag muss berücksichtigen, dass darin die Vertragsklausel, die geändert werden soll, enthalten ist. Gemäß § 894 ZPO gilt die Vereinbarung mit Rechtskraft des Urteils als abgeschlossen. **297**

bb) Spannungsklauseln

(1) Allgemeines

298 Bei einer **Spannungsklausel** wird die Wertsicherung des Mieters dadurch bewirkt, dass sich die Miete entsprechend einer **Vergleichsgröße** ändert, die gleichartig oder zumindest vergleichbar sein muss (BGH NJW-RR 1986, 877). Etwa die Miete eines anderen Gewerberaummietvertrages kann als vergleichbare Leistung gesehen werden (BGH NJW-RR 1986, 877; Rademacher ZMR 1999, 218, 219). Vorstellbar ist auch die Bezugnahme auf eine auf demselben Grundstück gelegenen Garage (BGH NJW 1976, 422).

299 Beispiel für eine Spannungsklausel (nach Schultz NZM 2000, 1134, 1137). Die vereinbarte Nettokaltmiete steigt, ohne dass es einer gesonderten Mieterhöhungserklärung bedarf, zum 1. Januar eines jeden Jahres um den Prozentsatz, um den sich die Nettokaltmiete der unter den vermieteten Räumen liegenden Büroräume im 3. Obergeschoss erhöht.

300 Eine Spannungsklausel ist nach § 1 Abs. 2 Nr. 2 Preisklauselgesetz nicht genehmigungsbedürftig (BGH NJW 1983, 1909). Etwas anderes gilt aber, wenn auf einen anderen Vertrag Bezug genommen wird, in dem eine genehmigungsbedürftige, wenn auch bereits genehmigte Wertsicherungsklausel enthalten ist (BGH NJW 1983, 1909). Eine Spannungsklausel ist nicht deshalb genehmigungsbedürftig, weil sie ausschließlich auf eine Erhöhung der Miete zugeschnitten ist (BGH ZMR 1986, 278; NJW 1976, 422).

(2) Rechtsfolge

301 Die Veränderung der jeweils gewählten Bezugsgröße führt **nicht** zu einer **automatischen** Veränderung der Miete; sie ist nur Voraussetzung für eine Mietänderung, wobei die Höhe der Miete gesondert festgesetzt werden muss (Lützenkirchen NZM 2001, 835). Bei Eintritt der vereinbarten Voraussetzung muss die Anpassung oder Neufestsetzung der Miete durch einen selbstständigen Akt erfolgen.

cc) Leistungsvorbehalte

302 Die Parteien können zur Wertsicherung auch eine gemäß § 1 Abs. 2 Nr. 1 Preisklauselgesetz nicht genehmigungsbedürftige Leistungsvorbehaltsklausel vereinbaren (auch Leistungsbestimmungsvorbehalte genannt, Kirchhoff DNotZ 2007, 11, 15). Der Begriff des Leistungsvorbehaltes ist in § 1 Abs. 2 Nr. 1 Preisklauselgesetz definiert. Danach sind hierunter Klauseln zu verstehen, die hinsichtlich des Ausmaßes der Änderungen des geschuldeten Betrages einen Ermessensspielraum lassen, der die Möglichkeit eröffnet, die neue Höhe der Geldschuld nach Billigkeitsgrundsätzen zu bestimmen. Bei einem Leistungsvorbehalt ändert sich die Höhe der Miete nicht unmittelbar und selbsttätig, wenn die Bezugsgröße steigt oder fällt; vielmehr ist dies nur die Voraussetzung für eine schuldrechtliche Anpassung des Geldschuldbetrages. Es besteht also entweder ein Anspruch auf Neuverhandlung über die Miete (s. Rdn. 304 ff.). Oder eine Partei oder ein Dritter dürfen die Miethöhe bestimmen (s. Rdn. 307 ff.). Im Zweifel hat der Vermieter ein Bestimmungsrecht im Rahmen billigen Ermessens (BGH ZMR 1977, 149; s.a. OLG Düsseldorf ZMR 2002, 593). Das charakteristische Merkmal eines Leistungsvorbehalts ist darin zu sehen, dass die Entwicklung der Miethöhe nicht starr an die Veränderung der Bezugsgröße gekoppelt ist, sondern dass die Parteien hinsichtlich des Ausmaßes der Änderung des geschuldeten Betrages einen Ermessensspielraum (s. dazu Elzer ZMR 2006, 85 ff.) haben, der es ermöglicht, die neue Höhe der Geldschuld nach *Billigkeitsgrundsätzen zu bestimmen.*

Ein Leistungsvorbehalt ähnelt den »automatischen« Wertsicherungsklauseln (s. Rdn. 288 ff.), unterscheidet sich von diesen letztlich jedoch grundlegend: Zum einen fehlt die starre Bindung an die Bezugsgröße. Zum anderen fehlt die Automatik der Mietänderung. Bei einem Leistungsvorbehalt ist die Veränderung des Bezugswertes nur Voraussetzung, nicht aber zugleich Erhöhungsmaßstab. 303

(1) Verhandlungen

Der Gegenstand eines Leistungsvorbehaltes kann darin bestehen, dass die Parteien über eine Mietanpassung oder eine Neufestsetzung der Miete **verhandeln** werden, sobald eine festgelegte Zeit vergangen ist oder sich bestimmte Voraussetzungen ändern, z.B. wenn der Lebenshaltungskostenindex einer bestimmten Kategorie um mehr als 10 Punkte steigt oder fällt. 304

Empfehlenswert ist die Verpflichtung der Parteien, bei der vertraglich vorgesehenen Abänderungsmöglichkeit (z.B. Änderung des Verbraucherpreisindexes um ein gewisses Maß) Verhandlungen über eine Mietänderung aufzunehmen. Sofern die Verhandlungen scheitern, ist außerdem eine Regelung zu treffen, die zu einer Festsetzung der Miete führt. 305

Die **ursprünglichen Äquivalenzvorstellungen** der Parteien, z.B. bei einer Vorzugsmiete, spielen bei der Neufestsetzung keine Rolle (BGH NJW 1975, 1557). Wenn die Anpassung der Miete bei Änderung einer bestimmten Bezugsgröße vereinbart ist, erfolgt die Änderung der Miete aber grundsätzlich nur in der gleichen Bewegungsrichtung wie die Bezugsgröße. Es entspricht einhelliger Auffassung in Schrifttum und Rechtsprechung (OLG Frankfurt/M. NZM 2001, 526; OLG Celle ZMR 2001, 527; OLG Schleswig ZMR 1992, 543; OLG Frankfurt/M. ZMR 1979, 143; LG Frankfurt/M. ZMR 1999, 244, 245), dass bei einer Änderung der Bezugsgröße eine Änderung der Miete nur in der gleichen Bewegungsrichtung der Bezugsgröße, nicht aber in die entgegengesetzte Richtung verlangt werden kann. 306

(2) Festsetzungsrecht

Ein Leistungsvorbehalt kann auch darin bestehen, dass der Vermieter gemäß §§ 315 ff. BGB oder ein Dritter – etwa ein Schiedsgutachter – nach § 317 BGB die Miethöhe bestimmt (OLG Köln ZMR 1999, 633). Die Neufestsetzung der Miete durch den Vermieter hat unter Berücksichtigung der ortsüblichen Gewerbemiete zu erfolgen, nicht etwa unter Heranziehung eines bundesweiten Indexes für Gewerbemieten (BGH NJW-RR 2003, 227). Hat ein Dritter die Miete festgesetzt, wirkt die Erhöhung auf den Zeitpunkt zurück (ex tunc), zu dem das Änderungsverlangen der Gegenseite zugegangen ist (BGH NJW 1978, 154); abweichende Vereinbarungen sind aber möglich. Die Parteien sind an die Festsetzungen eines Schiedsgutachtens nicht gebunden, wenn dieses zu offenbar unrichtigen oder offenbar unbilligen Ergebnissen kommt, also in relativ krassen Ausnahmefällen. Eine offenbare Unrichtigkeit i.S.d. § 319 BGB liegt vor, wenn die Ausführungen des Sachverständigen so lückenhaft sind, dass sie selbst ein Fachmann anhand des Gutachtens nicht überprüfen kann (BGH NJW-RR 1991, 228; OLG Koblenz r+s 1997, 73) oder wenn der Sachverständige nur den RDM-Mietspiegel für Läden heranzieht und keinen Abschlag für Gaststätten macht (OLG Schleswig NZM 2000, 338). Die Bindung entfällt allerdings erst, wenn die Festsetzung des Gutachters durch ein richterliches Bestimmungsurteil ersetzt ist (§ 319 Abs. 1 S. 2 BGB). Ein Schiedsgutachter muss den Berechnungsmaßstab für die von ihm bestimmte Erhöhung der Miete angeben (BGH NJW 1975, 1556; NJW 1974, 1235). Das Gericht ist grundsätzlich nicht »Dritter« i.S.v. § 317 BGB. Die Parteien können jedoch entsprechend §§ 315 Abs. 3, 319 Abs. 1 S. 2 BGB 307 festlegen, dass das Gericht durch Urteil entscheidet, wenn sie sich über die Miethöhe nicht einigen können (BGH NJW 1995, 1360).

308 Wird eine Bezugsgröße genannt (z.B. die Veränderung des Preisindexes), ist Ausgangspunkt der **Anpassung** die Äquivalenzvorstellung der Parteien bei Vertragsschluss (BGH BGHZ 62, 314). Bei Unbilligkeit der durch den Vermieter festgesetzten Erhöhung ist gemäß § 315 Abs. 3 BGB letztlich das Gericht zur Entscheidung aufgerufen. Die Ermessensausübung wird gerichtlich aber nur in sehr beschränktem Umfange kontrolliert (s. dazu Elzer ZMR 2006, 85, 93).

309 Bei der **Neufestsetzung** der Miete nach Änderung des Lebenshaltungskostenindexes entsprechend der dann geltenden Marktmiete, ist diese allein für die Mietpreisbildung maßgeblich, auch wenn die Marktmiete gefallen und der Index gestiegen sind (OLG Frankfurt/M. NZM 1999, 118 = NJW-RR 1999, 379). Es kann allerdings – anders als bei der Wertsicherungsklausel – eine Mindestmiete vereinbart werden.

(3) Rechtsfolge

310 Die Änderung der jeweilig bestimmten Bezugsgröße führt nicht zu einer automatischen Veränderung der Miete. Sie ist nur Voraussetzung für eine Neufestsetzung (BGH ZMR 1977, 149; NJW 1969, 91, 92). Die Miete ändert sich erst, wenn eine neue Miethöhe bestimmt worden ist.

c) Veränderung der Geschäftsgrundlage

311 Ist eine Wertsicherung nicht vereinbart, kommt in der Regel auch eine Anpassung der Miethöhe nicht in Betracht. Nur in ganz besonders gelagerten Ausnahmefällen kann sich ein Änderungsanspruch wegen Veränderung der Geschäftsgrundlage ergeben (MüKoBGB-Häublein § 535 Rn. 160 m.w.N.).

d) Mietnebenkosten

312 Siehe zur Erhöhung von Nebenkostenvorauszahlungen Kap. 5 Rdn. 787 ff. und zu Pauschalen Kap. 5 Rdn. 1039 und 1088.

3. Mieterhöhung nach Modernisierung

313 Während bei der Wohnraummiete eine Mieterhöhung nach § 559 BGB kraft Gesetzes durch einseitige Erklärung des Vermieters möglich ist (sofern das vertraglich nicht ausgeschlossen ist), muss bei Gewerberaum die Mieterhöhung nach Modernisierung vertraglich vereinbart werden, da § 559 BGB nur auf Wohnraummietrecht anwendbar ist. Eine Bezugnahme auf Bestimmungen des § 559 BGB in Gewerberaummietverträgen wird nur als Individualvereinbarung als zulässig und eng ausgelegt (KrsG Sömmerda WuM 1993, 270). Dem ist nicht zu folgen, da nach den Vorstellungen des Gesetzgebers der Gewerberaummieter nicht schutzbedürftiger ist als der Wohnraummieter.

4. Mietpreisüberhöhung

314 Bei Gewerberäumen steht es den Vertragspartnern anders als bei der Wohnraummiete und grundsätzlich frei, welche Miethöhe sie für angemessen vereinbaren. Die zulässige Miethöhe ist nur rudimentär begrenzt, vor allem durch § 134 (Verstoß gegen das Gesetz) und 138 BGB (Sittenwidrigkeit und Wucher). Gegenseitige Verträge können als wucherähnliche Rechtsgeschäfte nach § 138 Abs. 1 BGB sittenwidrig und daher nichtig sein, wenn zwischen Leistung und Gegenleistung objektiv ein auffälliges Missverhältnis besteht und eine verwerfliche Gesinnung des begünstigten Teils hervorgetreten ist, insbesondere wenn dieser die wirtschaftlich schwächere Lage des anderen Teils, dessen Unterlegenheit, bei der Festlegung der Vertragsbedingungen bewusst zu seinem Vorteil ausgenutzt oder sich zumindest leichtfertig der Erkenntnis verschlossen hat, dass sich der andere Teil nur aufgrund seiner schwächeren Lage auf die ihn beschwerenden Bedingungen eingelassen hat (BGH MDR 1995, 998). Es sind insgesamt drei Stufen zu prüfen.

a) Prüfung: Erste Stufe

Auf der ersten Stufe ist festzustellen, welche Miete **angemessen** wäre. Bei Mietverhältnissen ist dazu zu fragen, wie hoch die ortsübliche Marktmiete wäre. Diese ist durch Vergleich mit den erzielten Mieten für andere vergleichbare Mietobjekte nach Lage, Nutzung und Größe festzustellen (BGH ZMR 2001, 788, 789 = MDR 2001, 1105; BGHZ 141, 257, 263 = ZMR 1999, 806, 807 = MDR 1999, 1432; BGHZ 128, 255, 260 = MDR 1995, 998 = NJW 1995, 1019; Vergleichsmethode). Wenn ausnahmsweise vergleichbare Objekte nicht zur Verfügung stehen, sind andere Erfahrungswerte heranzuziehen (BGH ZMR 2001, 788, 789 = MDR 2001, 1105). Das bedeutet jedoch nicht, dass in einem solchen Fall auf die Ermittlung des objektiven (Verkehrs-)Wertes, ggf. unter Berücksichtigung bestimmter sich sonst anbietender Vergleichselemente, zu verzichten wäre und der Maßstab der Orts- bzw. Marktüblichkeit verlassen werden dürfte. Die Höhe der ortsüblichen Vergleichsmiete/Marktmiete haben die Gerichte mit Hilfe von Sachverständigen festzustellen. **315**

Da insbesondere bei der Gaststättenpacht die Beschaffung von Vergleichsobjekten schwierig ist, wurde zum Teil zur Ermittlung der Marktmiete die EOP-Methode (Erfolgs- oder Ertragsorientierte Pachtwertfindung) angewandt. Eine angemessene Pacht für einen Gaststättenbetrieb wurde anhand des von einem durchschnittlichen Pächter voraussichtlich erzielbaren Ertrages ermittelt (OLG München ZMR 1999, 109; OLG Stuttgart NJW-RR 1993, 654). Solche ertragswertorientierte Feststellungen sind aber nicht zulässig (BGH MDR 2005, 26; NJW 2002, 55 = ZMR 2001, 788). Den Hinweis auf die Schwierigkeit, für Gaststätten die passenden Vergleichsobjekte zu finden, ist irrelevant. Notfalls muss ein Makler als Sachverständiger hinzugezogen werden (BGH NJW-RR 2002, 1521). **316**

b) Prüfung: Zweite Stufe

Auf der zweiten Stufe ist zu ermitteln, ob zwischen der angemessenen Miete und der vereinbarten Miete ein **auffälliges Missverhältnis** besteht. In der Gewerberaummiete liegt ein grobes Missverhältnis zwischen Leistung und Gegenleistung vor, wenn der Wert der Leistung knapp doppelt so hoch ist (100 %) wie der Wert der Gegenleistung (BGH MDR 2005, 26; MDR 2001, 683; KG ZMR 2001, 614, 615). **317**

Maßgebender Zeitpunkt für die Beurteilung, ob ein auffälliges Missverhältnis i.S.d. § 138 vorliegt, ist der Zeitpunkt des Vertragsschlusses (KG ZMR 2001, 614). Sinkt die ortsübliche Marktmiete nach Vertragsabschluss ab, ist dies auf die Wirksamkeit der Miethöhevereinbarung grundsätzlich ohne Einfluss (BGH ZMR 2002, 654). **318**

c) Prüfung: Dritte Stufe

Auf der dritten Stufe ist zu klären, ob – soweit nicht der Tatbestand des bei der Gewerberaummiete selten erfüllten § 138 Abs. 2 BGB einschlägig ist (Zwangslage, Unerfahrenheit, Mangel an Urteilsvermögen, Ausbeuten) – **weitere sittenwidrige Umstände** hinzutreten, z.B. eine verwerfliche Gesinnung des durch den Vertrag objektiv Begünstigten (BGH MDR 2005, 26; BGHZ 141, 257, 263 = NJW 1999, 3187). **319**

320 Ein besonders auffälliges Missverhältnis zwischen Leistung und Gegenleistung legt dabei im Allgemeinen den Schluss auf eine verwerfliche Gesinnung des Begünstigten nahe (BGH NJW 2000, 2669, 2670). Besteht bei einem gewerblichen Miet- oder Pachtverhältnis ein auffälliges Missverhältnis zwischen der vereinbarten und der marktüblichen Miete oder Pacht, kann hieraus allein indes noch nicht auf eine verwerfliche Gesinnung des Begünstigten geschlossen werden. Vielmehr bedarf es angesichts der häufig auftretenden Bewertungsschwierigkeiten der tatrichterlichen Prüfung, ob dieses Missverhältnis für den Begünstigten subjektiv erkennbar war (BGH MDR 2005, 26; NJW 2002, 55). Etwas anderes kann gelten, wenn die Miete die Marktmiete um 200 % übersteigt (OLG München ZMR 1996, 550).

d) Rechtsfolge

321 Ist ein Wohnraummietvertrag gemäß § 138 BGB nichtig, ist nur eine Teilnichtigkeit, bezogen auf die Mietvereinbarung, anzunehmen: Es gilt die höchstzulässige Miete (LG Berlin GE 1996, 979; Döderlein ZMR 2003, 808, 810). Ein Gewerberaummietvertrag ist hingegen insgesamt ex tunc unwirksam (KG GE 2002, 328; OLG München ZMR 1999, 109). Gezahlte Mieten sind ggf. nach §§ 812 ff. BGB abzuwickeln. Der Vermieter kann hingegen eine Nutzungsentschädigung in Höhe der ortsüblichen Marktmiete verlangen. Für die Voraussetzungen der Nichtigkeit trägt der Mieter die Beweislast (KG ZMR 2001, 614, 615).

III. Instandhaltung, Schönheitsreparaturen, Rückbau

1. Instandhaltung und Instandsetzung

a) Überblick

322 Auch für den Vermieter von Gewerberaum gelten die §§ 535 Abs. 1 S. 2, 554 Abs. 1 BGB zur Erhaltung der Mietsache und zum vertragsgemäßen Mietgebrauch sowie die Duldungspflicht des Mieters. Dementsprechend stehen dem Mieter von Gewerberaum dieselben Ansprüche zu wie dem Wohnraummieter, soweit vertraglich nicht Anderes vereinbart ist. Gerade aber im Bereich der Vermietung von Gewerberaum spielt die Übertragung von Instandhaltung und Instandsetzung eine erhebliche Rolle. Im Gegensatz zur Wohnraummiete genießt der Vermieter eine weit größere Gestaltungsfreiheit (BGH WuM 2002, 482; umfassend Schmid GuT 2002, 165 ff.). Durch einzelvertragliche Abreden (Individualvereinbarungen) ist der Wirksamkeitsspielraum des Vermieters hinsichtlich der Übertragung von Pflichten auf den Mieter grundsätzlich durch die Sittenwidrigkeit begrenzt, da § 307 Abs. 2 Nr. 1 BGB keine Anwendung findet (Schmid a.a.O., 166; Pfeilschifter GE 2002, 163, 165).

323 Die Wirksamkeit von Überwälzungen von Erhaltungspflichten auf den Mieter wird dabei konkretisiert durch Berücksichtigung möglicher Überschreitungen der Miethöhe, der kalkulierten Instandsetzungskosten, des versicherten Risikos, wofür die nachstehenden Einzelfallentscheidungen herhalten. Unabhängig hiervon werden allumfassende Erhaltungsübertragungen auf den Mieter nicht für zulässig erachtet. Individuelle Vereinbarungen werden trotz ihrer grundsätzlich weitgehenden Zulässigkeit einschränkend ausgelegt (BGH NZM 2002, 655). Formularmäßige Klauseln, durch die umfassend Pflichten auf den Mieter übertragen werden, sind nicht wirksam (OLG Köln WuM 1994, 274; KG GE 2000, 1620). Gleiches gilt für die Reparaturverpflichtung von Schäden, die zufällig oder durch Eingriffe Dritter verursacht wurde (BGH ZMR 1987, 257 für Brandschaden).

b) Rechtsprechung zu Individualvereinbarungen und Formularklauseln

Zulasten des Mieters von Gewerberaum kann §535 BGB sowohl individuell als auch formularvertraglich abbedungen werden (OLG Naumburg WuM 2000, 241; OLG Dresden GE 1996, 1237). Dieser Grundsatz erfordert aber Einschränkungen. Wird dem Mieter die gesamte Last der Erhaltung des Mietobjekts formularmäßig auferlegt, ist die Klausel nichtig. Dies gilt für die Formulierung »Die Instandhaltung des gesamten Objekts einschließlich der Schönheitsreparaturen obliegt dem Mieter« (OLG Köln ZMR 1994, 158). Diese Formulierung weicht erheblich vom gesetzlichen Leitbild ab, das dem Vermieter die Erhaltung der Mietsache auferlegt. Das OLG hält fest, dass Klauseln zur Instandhaltung so auszulegen sind, dass der einwandfreie Zustand zu Mietbeginn vorauszusetzen ist. Fraglich ist, ob sich die Klausel inhaltlich trennen lässt, sodass der Teil über die Schönheitsreparaturen als wirksam anzusehen wäre. Das OLG lässt die Frage offen, weil es nicht darauf ankam. Da die Formulierung dem Mieter generell die Last der Instandhaltung auferlegt, wird man Gesamtnichtigkeit annehmen können (Sternel I Rn. 399, 400). **324**

Der BGH (NZM 2002, 655) hält eine Individualvereinbarung dergestalt »Alle Instandsetzungen und anfallenden Reparaturen in den Mieträumen und am Dach des Mietobjekts gehen ausschließlich zu Lasten des Mieters« dem Grunde nach dann für wirksam, wenn die Verpflichtung zum Erhalt der Mietsache in die Miethöhenkalkulation einfließt. In diesem Fall stellt sich die Erhaltungspflicht als Teil des Entgelts für die Überlassung der Mietsache dar. Es kommt dabei nicht auf die konkrete und zuverlässige Kalkulierbarkeit an, was alleine das Risiko der die Verpflichtung der Erhaltung übernehmenden Vertragspartei ist. Der BGH (a.a.O.) weist in dieser Entscheidung weiter auf die Notwendigkeit der Prüfung hin, ob sich bestimmte Risiken durch Versicherungsabschlüsse kalkulierbarer gestalten lassen, was im konkreten Fall zutraf. **325**

Das OLG Hamm (NJW-RR 1993, 1229) hält eine Individualvereinbarung oder eine Formularklausel des Wortlauts »Der Mieter ist verpflichtet, den Mietgegenstand während der Mietdauer zu erhalten, instand zu halten und auszubessern« zwar nicht für unwirksam, legt sie aber eng aus. Die beiden ersten Varianten betreffen nach ihrem Wortlaut klar die Instandhaltung, der Begriff der Ausbesserung wird weitergehend aufgefasst. Ohne ausdrückliche Klarstellung kann hieraus nicht gefolgert werden, dass durch diese Instandsetzungsvariante auch eine Ersatzbeschaffungspflicht für nicht mehr reparable Anlagen, Einrichtungen oder Teil verbunden sei. **326**

Unbedenklich ist die Klausel »Der Mieter verpflichtet sich, alle während der Dauer des Mietvertrages anfallenden Reparaturen in den angemieteten Räumlichkeiten auf seine Kosten durchzuführen« nach Ansicht des BGH (WuM 1987, 155) unter der Prämisse, dass die Klausel nur durch den Mietgebrauch veranlasste Instandsetzungen betrifft. Der Entscheidung kann nicht entnommen werden, ob es sich um eine einzelvertragliche Vereinbarung oder um eine Formularklausel handelte. **327**

Erhebliche Bedenken hat das OLG Naumburg (WuM 2000, 241) zur Wirksamkeit einer Formularklausel »Der Mieter führt auf seine Kosten alle Instandhaltungs- und Instandsetzungsmaßnahmen, einschließlich deren an Dach und Fach durch«, da sie dem Wortlaut nach eine vollständige Überbürdung der Erhaltungslast auf den Mieter beinhaltet. Zumindest wird sie aber einschränkend dahin ausgelegt, dass lediglich alle durch den Mietgebrauch verursachten Abnutzungen für Schönheitsreparaturen und Instandhaltungsarbeiten nach Bedarf und Erforderlichkeit zu beheben sind (s.a. Rdn. 331). **328**

Keinen Verstoß gegen das AGB-Recht sieht das LG Hildesheim in der Klausel *»Die Schönheitsreparaturen sind fachgerecht, dem Zweck und der Art der Mieträume entsprechend auszuführen, wenn das Aussehen der Räume mehr als nur unerheblich durch den Gebrauch beeinträchtigt ist«* (ZMR 2009, 920).

329 Auf das Rauminnere stellt auch die nach Ansicht des BGH (WuM 1987, 154; ZMR 1987, 257) unbedenkliche einzelvertragliche Regelung ab »Der Mieter ist verpflichtet, alle während der Mietzeit anfallenden Reparaturen in den Räumen auf seine Kosten durchzuführen«. Die formularmäßige Auferlegung der Instandhaltung und Instandsetzung gemeinschaftlich genutzter Flächen und Anlagen auf den Mieter ohne Beschränkung der Höhe nach verstößt allerdings gegen § 307 Abs. 1, 2 BGB (BGH GE 2005, 1185).

330 Nicht beanstandet hat das OLG Düsseldorf (ZMR 2003, 105) eine Individualabrede, die den Mieter verpflichtet »das Mietobjekt in einem jederzeit funktionsfähigen, zum vertragsgemäßen Gebrauch geeigneten und einwandfreien Zustand zu erhalten«. Umfasst sei hierdurch die laufende und außerordentliche Instandhaltung und Instandsetzung in allen Teilen des Mietobjekts von innen und außen einschließlich der Ersatzbeschaffung fehlender Teile unabhängig davon, ob es sich im Einzelfall um die Folge eines vertragswidrigen Gebrauchs oder um eine normale Abnutzung handelt. Gibt man der Klausel diesen umfassenden Sinn, kann sie keinen Bestand haben, misst man sie an den Grundsätzen der Entscheidung OLG Hamm (Rdn. 326), da sie auch Ersatzbeschaffungen zum Inhalt hat. Allerdings spricht der Wortlaut der Klausel eher für die Überbürdung der Erhaltungslast an der Mietsache, wobei ausdrücklich auf den vertragsgemäßen Gebrauch für den Mieter abgestellt wird, sodass unter diesem einschränkenden Gesichtspunkt die Klausel keinen Bedenken begegnet, zumal sie noch einzelvertraglich ausgehandelt wurde. In ähnlicher Weise hat das KG (GE 1999, 647) die Klausel gesehen, wonach der Mieter »für die laufende Unterhaltung und für einen stets einwandfreien technischen Zustand der Mietsache zu sorgen und alle anfallenden Betriebs- und Instandhaltungskosten zu tragen hat«. Betroffen ist hier nur die laufende Unterhaltung, nicht aber eine Verpflichtung zur Instandsetzung, wenn die Mietsache nicht mehr instandhaltungsfähig wäre.

331 Besondere Probleme ergeben sich bei den Dach-und-Fach-Klauseln (Verpflichtung des Mieters zur laufenden Instandsetzung des gesamten Mietobjekts): »Die Unterhaltung des Gebäudes unter Dach und Fach übernimmt der Mieter«. Formularmäßig gefasst sind sie nicht wirksam (OLG Dresden NJW-RR 1997, 395) oder sie werden einschränkend dahin ausgelegt, dass nur alle durch den Mietgebrauch verursachten Abnutzungen zu beheben sind (OLG Naumburg WuM 2000, 241; s.a. Rdn. 328). Etwas anderes gilt, wenn der Mieter die Klausel selbst in den Mietvertrag eingebracht hat (OLG Oldenburg NZM 2003, 439).

332 Einzelvertraglich ist es zulässig, eine Dach-und-Fach-Klausel wirksam zu vereinbaren (OLG Rostock, NZM 2010, 42; BGH NJW 1977, 195; OLG Dresden NJW-RR 1997, 395 unter Hinweis auf eine erforderliche Ermäßigung der Miete; Bub/Treier/Kraemer III A 1080; Fritz Rn. 261c). Es wird darauf verwiesen, dass der Dach-und-Fach-Begriff noch keine besondere Abgrenzung erfahren hat (Schleminger/Tachezy ZMR 2001, 416). Nach Ansicht des OLG Hamburg (MDR 1967, 845) sind Arbeiten am Mauerwerk erfasst, die der Erhaltung des Gebäudes in seiner Substanz dienen. Fritz (Rn. 261b) beschreibt den Begriff als Dach, Außenmauerwerk, Rohrleitungen im Außenmauerwerk, Außenfassade, tragende Wände, Fundament, Rohrleitungen im oder unter dem Fundament und Keller- und Geschossdecken umfassend.

c) Zusammenfassung

333 Die Wirksamkeit von Formularklauseln, die dem Mieter die Instandhaltung und Instandsetzung der Mietsache auferlegen wollen, setzt nach den dargestellten Grundsatzentscheidungen voraus, dass

- nicht die vollständige Erhaltungs- und Instandsetzungspflicht umgelegt wird,
- lediglich durch den Mietgebrauch verursachte Erhaltungs- und Instandsetzungen im Rauminneren erfasst werden und keine Schäden durch Dritte,

- der einwandfreie Zustand des Mietobjekts vorausgesetzt wird, dem Mieter also nicht die Beseitigung anfänglicher Mängel auferlegt wird.

Es versteht sich, dass Individualvereinbarungen umfassender zulässig sein müssen als Formularklauseln, da Erstere ausgehandelt werden. Unbedenklich sind jedenfalls Klauseln, die die oben erwähnten Grundsätze nicht verletzen. Demgegenüber wird auch die einzelvertraglich ausgehandelte vollständige Überbürdung der Instandhaltung und Instandsetzung an der Mietsache nicht zum Tragen kommen können mit der Ausnahme, dass die Pflicht des Mieters in die Höhe der Miete mit einfloss oder der Abschluss von Versicherungen das Risiko für den Mieter überschaubarer macht (BGH NZM 2002, 655). **334**

Die Tendenz der Rechtsprechung des BGH geht jedenfalls dahin, an die Wirksamkeit von Renovierungsklauseln in Wohn- und Gewerbemietverträgen identische Anforderungen zu stellen.

2. Schönheitsreparaturen

a) Begriff

Die Begriffsbestimmungen des § 28 Abs. 4 S. 3 der Zweiten Berechnungsverordnung werden auch im Bereich der Gewerberaummiete angewendet, womit wie beim Wohnraum der Grundsatz gilt, dass die Arbeiten sich auf das Innere der Räumlichkeiten beziehen (Langenberg 1 A 10). Dieser Begriff gilt jedenfalls, soweit nicht zulässigerweise etwas anderes vereinbart worden ist (KG NZM 2005, 181). Für Gewerberäume soll unter den Renovierungsbegriff auch der Austausch der Teppichböden und sonstiger Bodenbeläge zählen (OLG Düsseldorf WuM 1989, 508). Dem wird zu Recht entgegengehalten, dass für Gewerberaum nichts anderes als für Wohnraum gelten kann. Die Erneuerung eines Teppichbodens aber erfüllt dort nicht den Begriff der Schönheitsreparatur (OLG Hamm NJW-RR 1991, 844), sodass nicht einzusehen ist, weshalb für Gewerberaum das Gegenteil gelten soll (OLG Celle NZM 1998, 158, 159; OLG Stuttgart NJW-RR 1995, 1101). **335**

Die Grundreinigung des Teppichbodens ist jedoch mit umfasst (BGH WM 2009, 225).

Der Renovierungsbegriff erschöpft sich in den üblichen Maler- und Tapezierarbeiten zur Herstellung der äußerlichen Ansehnlichkeit der Dekoration und umfasst nicht die Schadensbeseitigung (BGH NJW 1988, 2790).

Gegen eine individuelle Erweiterung des Umfangs der Schönheitsreparaturen im Einzelfall ist nichts einzuwenden. So können Räume, die sonst nicht unter die Renovierungspflicht fallen, wie etwa Keller oder Garage in den Renovierungsumfang mit einbezogen werden. So wird es auch für unbedenklich gehalten, den Mieter von Gewerberaum zu Fassadenarbeiten einzelvertraglich zu verpflichten (Langenberg 1 B Rn. 12). Dem ist deshalb zuzustimmen, weil dies ein ausdrückliches Aushandeln erforderlich macht. Der Mieter hat die Möglichkeit, seine eigenen Vorstellungen mit einzubringen. Wenn er die Wünsche des Vermieters dabei für gut heißt, kann seine Verpflichtungserklärung nicht zweifelhaft sein. **336**

Inwieweit Art und Umfang der Schönheitsreparaturen auch formularmäßig erweitert werden können, ist im Bereich der Gewerberaummiete noch nicht umfassend geklärt. Klar ist, dass Formularklauseln einfacher Art (»Der Mieter übernimmt die Schönheitsreparaturen«) nichts anderes als bei Wohnraum beinhalten, sodass mangels genauer Definition der vorzunehmenden Arbeiten nur die Anstriche von Decken und Wänden, des Holzwerks und der Heizkörper und -rohre im durch § 28 Abs. 4 S. 3 der Zweiten Berechnungsverordnung umschriebenen Umfang geschuldet ist (Langenberg 1 B Rn. 13 ff.). Angesichts der Tendenz in der Rechtsprechung, den Gewerberaummieter bezüglich der **337**

Pflichten aus der Renovierungsübernahme dem Wohnraummieter gleichzusetzen scheint es für die Zukunft eher fraglich, ob und ggf. inwieweit formularmäßig ein »Mehr« auf den Gewerberaummieter zulässigerweise übertragen werden kann.

Einen aktuellen Überblick über die Schönheitsreparaturen in der Wohn- und Geschäftsraummiete bietet Arnold Lehmann-Richter in GE 2007, 1031 ff.

b) Renovierungsvereinbarungen

338 Dass im Bereich der Gewerberaummiete die Renovierungspflicht als solche auf den Mieter auch formularmäßig übertragen werden kann, ist schon lange nicht mehr zweifelhaft (BGH WuM 1987, 306). Eine unangemessene Benachteiligung des Mieters kann hierin nicht erblickt werden, was auch dann nicht gilt, wenn die Räume bei Vertragsbeginn nicht renoviert waren. Im Gewerberaummietverhältnis gelten auch formularmäßige Bestimmungen, die im Wohnraummietverhältnis unwirksam sind, wie etwa die »Fachhandwerkerklausel« (BGH NJW 1983, 446).

339 Die Übertragung der Renovierung zu Beginn des Mietvertrages wurde auch in Kombination mit der formularmäßigen Verpflichtung für die Dauer der Vertragslaufzeit für unbedenklich erachtet (OLG Celle ZMR 1999, 469), da im Gewerberaummietrecht der Summierungseffekt keine Rolle spiele (OLG Celle ZMR 1999, 914). Dieser Gedanke wurde allerdings vom BGH (NZM 2005, 504) insoweit entkräftet, als gerade der Summierungseffekt auch auf die Gewerberaummiete angewandt wurde.

Formularmäßige Anfangsrenovierungsklauseln sind jedenfalls unwirksam, wenn sie dem Mieter nicht wenigstens Anspruch auf einen Ausgleich zusprechen (KG NZM 2004, 424), wobei es sich versteht, dass dieser Ausgleich auch anmessen sein muss. Das KG (a.a.O.) hat eine Monatsmiete für ausreichend erachtet.

340 Klauseln über eine Anfangsrenovierung in Verbindung mit einer Endrenovierung bei Rückgabe der Mietsache werden für wirksam gehalten, da der Vermieter vom Gewerberaummieter verlangen könne, dass bei Vertragsende die Räume so hergerichtet werden, wie dies üblicherweise erwartet werden kann (KG GE 1995, 1011 wohl für einzelvertragliche Regelung; ähnlich auch OLG Hamburg ZMR 1984, 342). Das kann man nach der Entscheidung des BGH (NZM 2005, 504) in dieser Form für Formularverträge nicht mehr aufrechterhalten. Da die Anfangsrenovierung und dazu noch die Endrenovierung geschuldet sein sollen, wird dies ohne Ausgleich auch für Individualvereinbarungen keine Geltung mehr beanspruchen können. Kommt gleich die Kombination von Renovierung bei Vertragsbeginn, während der Laufzeit des Mietvertrages und an dessen Ende zusammen, gilt dies umso mehr (OLG Hamburg a.a.O.; KG GE 1986, 1167).

341 Für die Gewerberaummiete hatte das OLG Hamm (NZM 2002, 988) entschieden, dass die formularvertragliche Übertragung der Schönheitsreparaturen für die laufende Vertragszeit in Verbindung mit einer uneingeschränkten Endrenovierungspflicht unwirksam ist. Der BGH (NZM 2005, 504 = GE 2005, 667) hat diese Auffassung bestätigt. Dabei kommt es auch nicht darauf an, ob die Geschäftsräume bei Vertragsbeginn renoviert waren oder nicht. Maßgebend ist nach Auffassung des BGH allein, dass nach der Klausel die Endrenovierung unabhängig davon durchzuführen ist, wie lange die letzte Dekoration zurück liegt. Es ist auch kein Grund erkennbar, weswegen der Geschäftsraummieter dem von Wohnraum gegenüber schlechter gestellt werden könne. Grundsätzlich wird hervorgehoben, dass der Geschäftsraummieter nicht generell weniger vor belastenden Allgemeinen Geschäftsbedingungen geschützt werde, wie dies bei einzelnen Besserstellungen des Wohnraummieters der Fall ist. Die Überwälzung von Schönheitsreparaturen auf den Mieter ist gesetzlich nicht geregelt. Maßgeblich ist die Übertragung deshalb an § 307 BGB zu messen.

Noch nicht geklärt ist die Wirksamkeit einer alleinigen Schlussrenovierung auf den Mieter, die unbedingt ist (»Der Mieter muss die Mietsache bei Vertragsende renoviert zurück geben«). Das OLG Frankfurt (ZMR 1997, 522) hält sie für wirksam in einem Fall, in dem auf ein konkretes Protokoll Bezug genommen wurde (»Der Mieter ist verpflichtet, bei Auszug die Schönheitsreparaturen durchzuführen, wobei der im Begehungsprotokoll festgelegte Zustand der Mieträume zugrunde gelegt wird«). Auch das OLG Düsseldorf (NZM 1999, 970) beanstandet sie nicht, selbst wenn der Mieter ein unrenoviertes Objekt übernommen hat. Die Gegenmeinung (OLG Stuttgart ZMR 1984, 350; LG Hamburg WuM 1994, 675) geht von einem Verstoß gegen § 307 BGB aus. **342**

c) Fälligkeit

aa) Fehlender Fristenplan

Das KG (ZMR 2004, 578) hat für den Fall fehlender Vereinbarung von Fristen die Regelung der Renovierungsfristen im Mustermietvertrag 1976 für Wohnraum auch auf den Bereich der Geschäftsräume für anwendbar erklärt. Dabei wird darauf abgestellt, dass es sich um die üblichen Renovierungsfristen handelt. Der Vermieter sei in der Lage, im Einzelfall eine andere Verkehrssitte darzulegen, wie sie vom BGH (ZMR 1985, 84) für die Wohnraummiete angesprochen wurde. In jener Entscheidung hat der BGH die Fristen zur Durchführung von Schönheitsreparaturen für Wohnungen auf 3 Jahre für die Nassräume, 5 Jahre für die Haupträume und 7 Jahre für die Nebenräume als angemessen angesehen. Demgegenüber hatte das OLG Koblenz (WuM 1999, 720) noch eine grundsätzliche Anlehnung an die Fristen des Mustermietvertrages abgelehnt im Falle einer Massagepraxis, wobei die kürzesten Fristen für Nassräume für anwendbar für alle Räume erklärt wurden. Nach einer Entscheidung des OLG Köln (DWW 1994, 119) muss hingegen der Vermieter von Geschäftsraum ohne Vereinbarung von Fristen darlegen, in welchen Zeiträumen üblicherweise bei entsprechenden Räumen die Renovierung fällig ist, inwieweit sie übermäßig abgenutzt sind. Das OLG Düsseldorf (ZMR 2005, 705) wiederum führt aus, dass im Falle eines fehlenden Fristenplans der Grad der während der Mietzeit aufgetretenen Gebrauchsspuren Richtschnur sei, was vom Vermieter im Einzelnen darzulegen ist. **343**

Gegen die Klausel »Der Mieter wird Schönheitsreparaturen nach den Erfordernissen der Praxis vornehmen« erhebt das OLG Düsseldorf (GE 2007, 515) keine Bedenken; die Arbeiten würden immer dann fällig, wenn die Mietsache in einem so abgenutzten Zustand sei, dass es aus der Sicht des objektiven Betrachters unzumutbar sei, sie in diesem Zustand zu belassen.

Hinsichtlich des Anspruchs des Vermieters auf Durchführung von Schönheitsreparaturen während des laufenden Mietverhältnisses gelten die gleichen Grundsätze wie für den Wohnungsmieter. Diesbezüglich ist jedoch darauf abzustellen, ob sich der Zustand der Gewerberäume gegebenenfalls auf das Erscheinungsbild des Hauses auswirkt und diese somit eine gewisse Außenwirkung haben. Die Grenzen für laufende Schönheitsreparaturen sind daher bereits dann überschritten, wenn das gesamte Erscheinungsbild und somit der Mietwert der Immobilie gefährdet wird (vgl. Neuhaus NZM 2000, 222). **344**

bb) Vereinbarter Fristenplan

In diesem Bereich ist die Vereinbarung kürzerer Fristen sowohl individuell als auch formularmäßig bisher als zulässig angesehen worden. Allerdings müssen die Fristen in einem Formularmietvertrag an objektive Gesichtspunkte anknüpfen. So ist es nach Ansicht des BGH (ZMR 1983, 93) unbedenklich, wenn die Parteien bei Vermietung einer Gastwirtschaft den jährlichen Renovierungsturnus vereinbaren (a.A. OLG Düsseldorf **345**

NZM 2006, 462). Für die Individualvereinbarung wird man dies hinnehmen können. Der BGH (WuM 2004, 463) hat entschieden, dass vorformulierte Fristenpläne für die Ausführung von Schönheitsreparaturen so abgefasst sein müssen, dass der durchschnittliche, verständige Mieter ohne weiteres erkennen kann, dass von dem Fristenplan wegen des guten Erhaltungszustandes der Mieträume auch nach oben abgewichen werden kann. Klauseln, wonach Schönheitsreparaturen spätestens nach bestimmten Fristen auszuführen sind, sind daher durch den BGH als unwirksam angesehen worden. Diese Rechtsprechung galt bisher ausschließlich für Wohnraummietverhältnisse. Das OLG München (GuT 2006, 234) und auch das OLG Düsseldorf (GE 2006, 712; OLGR Düsseldorf 2007, 199) halten bei einem gewerblichen Mietverhältnis eine Schönheitsreparaturklausel mit einer starren Fristenregelung für unwirksam und haben nunmehr diese Rechtsprechung auch auf gewerbliche Mietverträge angewendet. Die Revision zum BGH wurde jeweils zugelassen.

Berücksichtigt man nun aber die Rechtsprechung des BGH (WuM 2004, 463) zur Unwirksamkeit starrer formularmäßiger Fristen (s. auch Kap. 8 Rdn. 47) und die grundsätzliche und zutreffende Haltung des BGH bei der Frage der Bewertung der unangemessenen Benachteiligung des Mieters durch Allgemeine Geschäftsbedingungen auch bei der Gewerberaummiete (Rdn. 9), war auch hier die Unwirksamkeit formularvertraglicher Fristenstarre zu erwarten, sofern die Fristen für verbindlich erklärt sind (so z.B. OLG Düsseldorf in einem Hinweisbeschluss vom 14.12.2006 GE 2007, 1119). Mit der Entscheidung vom 08.10.2008 hat der BGH seine »strengen« Kriterien im Wohnraummietrecht auch auf das Gewerberaummietrecht übertragen. Daher sollte auch hier darauf geachtet werden, dass turnusmäßig vorzunehmende Schönheitsreparaturen mit dem Zusatz »im Allgemeinen, soweit erforderlich« o.ä. versehen werden.

Hinzu wird kommen, dass verkürzte Renovierungsfristen ebenfalls nicht wirksam sind (Kap. 8 Rdn. 49). Allenfalls könnte noch die Überlegung stärkerer Beanspruchung der Räume je nach dem betreffenden Gewerbe eine Rolle spielen (hierzu auch Ahlt GuT 2005, 47, 50).

cc) Besonderheiten

346 In den Bereich der Fälligkeit der Renovierung fällt die Entscheidung des OLG Düsseldorf (GuT 2004, 83), wonach der Mieter von Geschäftsraum mit der Renovierung solange nicht in Verzug gerät, als nicht die zur Entscheidung über Meinungsverschiedenheiten bei Renovierungsmaßnahmen aufgrund einer Schiedsgutachterklausel vorgesehene Stelle angerufen ist und entschieden hat.

d) Qualität der Renovierung

347 Die Vermietung von Gewerberaum soll dem Vermieter ermöglichen auch formularmäßig zu vereinbaren, dass die Durchführung der Arbeiten nur durch einen Fachbetrieb zulässig ist (Langenberg 1 A IV Rn. 22). Diese Ansicht fußt auf der Überlegung, dass der Vermieter bei einer angenommenen höheren Belastung der Räume je nach dem jeweiligen Betriebszweck ein Interesse daran habe, dass die Vornahme der Schönheitsreparaturen von Fachkräften mit speziellen Kenntnissen erfolgt und zudem nicht vorab weiß, welche Beanspruchung der jeweilige Gewerbebetrieb mit sich bringt. Richtig einsehbar erscheint dies nicht. Denn gerade auch der Gewerberaummieter hat vielleicht bessere Möglichkeiten, die Renovierung selbst und ebenfalls – was ohnehin geschuldet ist – fachgerecht durchzuführen. Jedenfalls ist die theoretische Trennung fachbezogen erforderlicher Schönheitsreparaturen zwischen Wohnungs- und Gewerberaummieter nicht per se einsehbar. Wird unzureichend renoviert, gibt es den Nachbesserungs- und gegebenenfalls

den Schadensersatzanspruch. I.Ü. können auch Wohnungen einer starken Beanspruchung schon nach kurzer Mietzeit je nach Zahl der Mieter ausgesetzt sein, ohne dass man dort auf diesen Gesichtspunkt bei der Frage der Fachhandwerkerklauseln abstellt. Der Streit ist daher müßig, da letztlich immer auf die Güte der tatsächlichen Renovierung abgestellt werden muss.

Zutreffend wird aber vertreten, dass die gestaltende Freiheit des Gewerberaummieters auch während des Vertrages eingeschränkt sein muss (Langenberg 1 D Rn. 10; Neuhaus NZM 2000, 222). Während der Mieter von Wohnraum während des laufenden Vertrages bei der Durchführung der Dekoration weitgehend freigestellt ist, spielen beim Gewerberaum auch Gesichtspunkte des vorrangigen Interesses des Vermieters zumindest dann eine Rolle, wenn das Mietobjekt in einer Ladenzeile oder im Einkaufszentrum liegt und somit eine gewisse Außenwirkung hat. Das äußere Erscheinungsbild und der Wert der Mietsache darf in diesen beispielhaften Bereichen nicht durch Ungewöhnlichkeit der Farbgebung oder gar durch Unansehnlichkeit geändert werden (s. Neuhaus a.a.O.). **348**

3. Rückbau

a) Wiederherstellung des ursprünglichen Zustandes

§ 546 Abs. 1 BGB verpflichtet den Mieter, die Mietsache bei Beendigung des Mietvertrages zurückzugeben. Diese Verpflichtung hat zum Inhalt, dass die vom Mieter vorgenommenen Einrichtungen, Einbauten, Ausbauten, der Umbau zu beseitigen sind (Langenberg 3 A Rn. 1). Deshalb muss die Mietsache in ihren ursprünglichen Zustand versetzt werden (BGH NJW 1986, 309; OLG Köln NZM 1998, 767). Unabhängig von einer vertraglichen Rückbauverpflichtung ergibt sich diese Pflicht für den Mieter aus dem Gesetz (Eisenschmid WuM 1987, 243, 246). Das Gegenstück zur Rückbaupflicht stellt die Vorschrift des § 539 Abs. 2 BGB dar, die den Mieter berechtigt, eine Einrichtung wegzunehmen. **349**

Die Rückbaupflicht entfällt nicht deswegen, weil die Einrichtungen oder vom Mieter durchgeführte Bauten in das Eigentum des Vermieter übergingen (BGH NJW-RR 1994, 847, 848; BGH NJW 1966, 1409). Hat der Vermieter den Rückbau verlangt und kommt der Mieter diesem Verlangen nicht nach, ist der Mieter mit Entschädigungsansprüchen ausgeschlossen (BGH NJW-RR 1994, 848), da der Mieter sonst durch Nichterfüllung den Vermieter in die Zwangslage versetzen könnte, entweder in Eigenarbeit tätig zu werden oder sich bei der Weitervermietung Vergütungsansprüchen ausgesetzt zu sehen. **350**

Auch wenn der Mieter die Einrichtungen nicht selbst durchgeführt hat, sondern sie vom Vormieter käuflich erwarb, bleibt er entsprechend verpflichtet (OLG Köln NZM 1998, 767; OLG Hamburg ZMR 1990, 341, 342). Keine bloße Schlechterfüllung der Rückgabeverpflichtung, sondern eine nur teilweise Rückgabe ist gegeben, soweit der Mieter seiner Rückbaupflicht in erheblichem Umfang nicht nachgekommen ist, so dass nach den Umständen des Einzelfalles nur eine teilweise Räumung anzunehmen ist (LG Berlin GE 2007, 217). **351**

b) Entbehrlichkeit des Rückbaus

Der Mieter ist von seiner Rückbaupflicht befreit, wenn er die Mietsache bei Vertragsbeginn oder während der Mietdauer in einen vertragsgegenständlichen Zustand versetzt hatte (OLG Düsseldorf ZMR 1990, 218). Umso mehr entfällt die Verpflichtung, wenn die Parteien eine diesbezügliche Vereinbarung getroffen haben (LG Berlin GE 1999, 316). So muss z.B. ein nach dem Mietvertrag zulässiger, dem Vermieter aber vertragswidrig nicht angezeigter Einbau von dem Mieter nicht weggenommen werden, wenn ihm die **352**

Wegnahme vertraglich freigestellt ist (hier: Parkettboden in einer gemieteten Arztpraxis) (OLG Düsseldorf GE 2007, 515).

353 Besondere Bedeutung erlangt die Frage, ob der Mieter zur Wiederherstellung des ursprünglichen Zustandes dann gehalten ist, wenn der Vermieter den Maßnahmen seine Zustimmung erteilt hatte. Die Einwilligung des Vermieters alleine, bestimmte bauliche Maßnahmen in den Gewerberäumen durchzuführen, beinhaltet für den Mieter noch nicht die Berechtigung der Annahme eines Verzichts des Vermieters, bei Vertragsende den Rückbau zu verlangen (AG Hamburg Urteil v. 11.09.2006, Az. 644 C 248/04; KG GuT 2003, 146; OLG Köln NZM 1998, 767; OLG Frankfurt WuM 1992, 56, 64; OLG Düsseldorf ZMR 1990, 218). Das Einverständnis des Vermieters stellt lediglich klar, auf welche Art und Weise der Mieter die Räume nutzen kann (LG Düsseldorf NJW-RR 1987, 1043 für Einbauten in eine Zahnarztpraxis).

354 In einer grundsätzlichen Entscheidung hat das OLG Frankfurt (WuM 1992, 56, 64) auf besondere Umstände Rücksicht genommen und eine Rückbaupflicht des Mieters abgelehnt. Nach diesen Grundsätzen entfällt der Rückbau, wenn es sich um dauerhafte, über das Mietverhältnis hinausreichende Wertverbesserungsmaßnahmen handelt, die nur mit erheblichem Aufwand an Kosten wieder zu entfernen wären und deren Beseitigung die Mietsache in einen schlechteren Zustand versetzt. In solchen Fällen kann erwartet werden, dass der Vermieter bei Erteilung der Erlaubnis einen Entfernungsvorbehalt erklärt. Diese Entscheidung nennt beispielhaft den Einbau eines Kachelvollbades, den Austausch von Kohleöfen gegen Nachtspeicherheizungen und die Verlegung hochwertiger Teppichböden.

355 In diese Richtung geht auch das LG Berlin (GE 1999, 316 für Fliesenarbeiten in Bad und Küche). Danach ist der Mieter zur Wiederherstellung nicht verpflichtet, wenn ein nachvollziehbares Interesse des Vermieters am Rückbau nicht erkennbar ist und in der Genehmigung zur baulichen Veränderung kein ausdrücklicher Vorbehalt erklärt wurde (ebenso LG Hamburg WuM 1988, 305 für den Einbau eines Bades).

356 In diesem Zusammenhang ist auf Formularklauseln hinzuweisen. Eine häufig verwendete Formulierung lautet: »Veränderungen an und in der Mietsache, insbesondere Um- und Einbauten, Installationen und dergleichen, dürfen nur mit schriftlicher Einwilligung des Vermieters vorgenommen werden. Auf Verlangen des Vermieters ist der Mieter verpflichtet, die Um- oder Einbauten ganz oder teilweise im Falle seines Auszugs zu entfernen und den früheren Zustand wieder herzustellen, ohne dass es eines Vorbehalts des Vermieters bei der Einwilligung bedarf.« Diese Klausel ist rechtsunwirksam, was nicht nur aus dem Erfordernis der Schriftlichkeit der Einwilligung des Vermieters begründet wird, sondern auch den möglichen Ausnahmen von der Rückbaupflicht nicht Rechnung trägt (OLG Frankfurt WuM 1992, 56, 64).

357 Daneben handelt der Vermieter aber auch rechtsmissbräuchlich, wenn er die Entfernung fordert, obschon der Nachmieter bestätigt, die Maßnahmen oder deren Ergebnis als eigene Pflicht zu übernehmen (OLG Frankfurt a.a.O.).

358 Erbat der Mieter sich die Einwilligung des Vermieters zu den Einbauten und wird sie ihm verweigert, scheitert die Annahme einer stillschweigenden Genehmigung auch dann, wenn der Mieter dennoch tätig wird und dies dem Vermieter nicht verborgen bleiben konnte (Langenberg 3 B Rn. 13).

359 Plant der Vermieter nach Vertragsende Umbaumaßnahmen, durch welche die zuvor vom Mieter durchgeführten Schönheitsreparaturen wieder zunichte gemacht würden und enthält der Mietvertrag für diesen Fall keine Regelung, führt dieser Umstand nach der Rechtsprechung des BGH (GuT 2002, 138; WuM 1985, 46; WuM 1980, 241) durch ergänzende Vertragsauslegung dazu, dem Vermieter einen angemessenen Ausgleich in Geld zuzusprechen (vgl. Kap. 8 Rdn. 90 f.). In diesem Zusammenhang hat der BGH (a.a.O.) entschieden, dass entsprechende Grundsätze nicht nur für den Fall mieterseits durchgeführter Renovierungen Anwendung finden, sondern auch nach vom Mieter durchgeführten Instandsetzungen. Im entschiedenen Fall wurde dem Gewerberaummieter auferlegt: »Alle Instandsetzungen und anfallenden Reparaturen in den Mieträumen und am Dach des Mietobjekts sowie am Anschlussgleis, soweit es von der Mieterin genutzt wird, gehen ausschließlich zu Lasten der Mieterin. Die Reparaturen sind sach- und fachgerecht auszuführen.« Dieser Grundsatz gilt jedenfalls dann, wenn bei Vertragsbeginn die Miete im Hinblick auf die Übernahme der Instandsetzung gegenüber der Vergleichsmiete herabgesetzt wurde. In diesen Fall stellt sich die Leistung des Mieters als ein Teil des Entgelts dar, das als Gegenleistung für die Leistung des Vermieters zu entrichten gewesen ist.

Das Brandenburgisches Oberlandesgericht (Urteil v. 13.12.2006, Az. 3 U 200/05) ist der Auffassung, dass dem Vermieter von Räumen gegen den Mieter kein Anspruch auf Wiederherstellung des ursprünglichen Zustandes zusteht, wenn er den wiederhergestellten Zustand alsbald beseitigen müsste, um die von ihm geplanten Umbauarbeiten durchführen zu können.

Für den Fall eines nicht mehr durchsetzbaren Rückbaues wird eine ergänzende Vertrags- **360**
auslegung abgelehnt, da die Rückbaupflicht keine Gegenleistung für den aus der Vertragsbeendigung folgenden Rückgabeanspruchs des Vermieters darstellt (BGH GuT 2002, 138; BGH WuM 1986, 57).

c) Schadensersatz

Die Verletzung der Rückbaupflicht verpflichtet den Mieter aus § 280 BGB. Wurden die **361**
Maßnahmen des Mieters mit Erlaubnis des Vermieters durchgeführt, bilden §§ 280 Abs. 3, 281 BGB die Rechtsgrundlagen hierfür (Langenberg 3 E Rn. 35). Eigenmächtige Maßnahmen lösen den Ersatzanspruch des Vermieters aus §§ 280 Abs. 1, 249 BGB aus. Eine Fristsetzung des Vermieters an den Mieter zur Ausführung bei Beendigung des Vertrages geschuldeter Rückbauarbeiten ist – als Voraussetzung der Entstehung eines Schadensersatzanspruchs – jedenfalls dann entbehrlich, wenn der Mieter die Durchführung der Rückbauarbeiten ernsthaft und endgültig verweigert (KG Berlin GE 2007, 512).

IV. Konkurrenzschutz

1. Einleitung

Der Vermieter gewerblich zu nutzender Räume ist auch ohne Bestehen einer vertragli- **362**
chen Regelung über den Konkurrenzschutz verpflichtet, den Mieter gegen Konkurrenz im selben Anwesen oder ihm gehörender Nachbargrundstücke zu schützen. Die Gewährung von Konkurrenzschutz ist vertragsimmanent. Sie kann durch ausdrückliche vertragliche Regelungen konkretisiert, d.h. sowohl ausgedehnt als auch ausgeschlossen oder eingeschränkt werden (OLG Hamm ZMR 1997, 581).

Dies gilt sowohl für eigene gewerbliche Tätigkeit des Vermieters als auch dafür, Wettbe- **363**
werb vom Mieter fernzuhalten, indem er nicht an dessen Mitwettbewerber vermietet. Dieser Grundsatz war bereits vom Reichsgericht anerkannt worden und wurde durch die Rechtsprechung des BGH und der Obergerichte fortgesetzt (zur Kritik s. Joachim BB 1986, Beilage 6, S. 13). Beruhend auf der Erwägung, dass es bei der Vermietung von Räumen zum Betrieb eines bestimmten Geschäfts zur Gewährung des vertragsgemäßen

Gebrauchs gehört, in anderen Räumen des Anwesens oder auf unmittelbar angrenzenden Grundstücken des Vermieters kein Konkurrenzunternehmen zuzulassen, hat sich die Rechtsprechung zum Konkurrenzschutz entwickelt. Der Grundsatz selbst ist unumstritten und wird dahingehend eingegrenzt, dass der Vermieter nicht gehalten ist, vom Mieter jeden fühlbaren oder unliebsamen Wettbewerb fernzuhalten. Nach den Umständen des Einzelfalles ist abzuwägen, inwieweit nach Treu und Glauben unter Berücksichtigung der Belange der Parteien die Fernhaltung von Konkurrenz geboten ist (BGH NJW 1979, 1404; BGHZ 70, 79, 80 f.).

364 Auch ohne vertragliche Vereinbarung gehört es zur Gewährung des vertragsgemäßen Gebrauchs, dass der Vermieter den Gebrauch nicht durch Zulassen von Konkurrenzsituationen behindert (KG 17.01.2005, Az. 8 U 212/04 m.w.N.).

365 Der Konkurrenzschutz ist Teil der Gebrauchsgewährungspflicht gemäß §§ 535 und 536 BGB, eine besondere Vereinbarung ist hierfür nicht erforderlich. Bei Verstößen gegen die Leistungstreuepflicht des Vermieters (§§ 241 Abs. 2, 242 BGB) hat der Mieter des von einem Konkurrenzbetrieb bedrohten Unternehmens in erster Linie ein Interesse daran, die drohende Konkurrenz von vorneherein bekämpfen zu können und sich nicht mit Sekundäransprüchen begnügen zu müssen bzw. sich durch die eigene fristlose Kündigung aus der Konkurrenzsituation zurückziehen zu dürfen (OLG Hamm ZMR 1991, 295, 296).

366 Anerkannt ist, dass der Konkurrenzschutz sich nicht nur auf gewerbliche Vermietung sowie Gewerbe im engeren Sinn, sondern auch auf die Vermietung von Räumen an Angehörige freier Berufe (BGH ZMR 1989, 148; BGHZ 70, 79, 82) und Dienstleistungsunternehmen (OLG Düsseldorf NZM 2001, 1033) erstreckt.

2. Vertragsimmanenter Konkurrenzschutz

367 Der vertragsimmanente Konkurrenzschutz ist ein Anwendungsfall der sog. Leistungstreuepflicht.

Bei Prüfung des vertragsimmanenten Konkurrenzschutzes kommt der Festlegung des Gebrauchszwecks und der Wettbewerbssituation bei Vertragsabschluss erhebliche Bedeutung zu.

a) Vertragszweck und Besitzstand

368 Zunächst ist festzustellen, zu welchem Vertragszweck die Räumlichkeiten zur Verfügung gestellt werden. Ob und in welchem Umfang der gewerbliche Mieter Konkurrenzschutz beanspruchen kann, hängt im Einzelfall von einer umfassenden Auslegung des Mietvertrages ab (BGH ZMR 1960, 139; OLG Brandenburg ZMR 2009, 909 ff.; OLG Hamm ZMR 1997, 581, 582). Der BGH (WPM 1985, 115, 116 f.) hat ausgeführt, dass beim vertragsimmanenten Konkurrenzschutz darauf abgestellt werden muss, ob sich das Warenangebot in Haupt- oder Nebenartikeln überschneidet. Vorauszusetzen ist jedoch, dass überhaupt Wettbewerb um Kunden und Umsatz stattfindet (OLG Koblenz NJW-RR 1998, 1352, 353). Gerade beim vertragsimmanenten Konkurrenzschutz ist der Vermieter nicht gehalten, vom Mieter jeden fühlbaren oder unliebsamen Wettbewerb fernzuhalten. Der Sinn des Wettbewerbsschutzes besteht auch nicht darin, dem Mieter seine Verdienstspannen zu erhalten (BGH LM Nr. 5 zu § 536, Blatt 2).

369 Bei Vermietung im Einkaufszentrum gelten Besonderheiten s.u. Rdn. 385.

Abgestellt wird für die Beurteilung der Frage, wie weit der vertragsimmanente Konkurrenzschutz geht, auch darauf, welchen Besitzstand der anmietende Mieter bei Vertragsabschluss erwarten durfte. Eine bei Vertragsabschluss bekannte Konkurrenzsituation hat der Mieter hinzunehmen (KG NZM 2007, 566 f.; OLG Köln NZM 2005, 866; OLG Hamm ZMR 1997, 581, 582). Darüber hinaus gilt der Grundsatz der Priorität, sodass der zuerst einziehende Mieter Konkurrenzschutz gegenüber dem nachziehenden Mieter beanspruchen kann. Zu Einzelfällen Wolf/Eckert/Ball »Handbuch des gewerblichen Miet-, Pacht- und Leasingrechts«, Rn. 643 ff.

b) Sachlicher Umfang des Konkurrenzschutzes

Konkurrenzschutz soll nicht dazu führen, dass vom Mieter jeder fühlbare oder unlieb- **370** same Wettbewerb ferngehalten wird (BGH BGHZ 70, 79, 81). Zur Frage, was als fühlbarer bzw. unliebsamer Wettbewerb anzusehen ist, hat sich eine umfangreiche Rechtsprechung entwickelt, die sich auch wesentlich daran orientiert, ob die vertragsgegenständliche Ware oder Leistung als Haupt- oder Nebenartikel angeboten wird. Geschützt wird in erster Linie der Hauptartikel. Die zur Vermietung von Einzelhandelsflächen entwickelten Grundsätze lassen sich auch auf Freiberufler und Dienstleistungsunternehmen übertragen (OLG Köln, NZM 2005, 866).

aa) Haupt- oder Nebenartikel

Nach gefestigter Rechtssprechung (BGH WPM 1985, 1175, 1177; OLG Hamm NZM **371** 1998, 511 ff.) ist als Hauptartikel diejenige Ware anzusehen, die den Stil des Geschäfts bestimmt und diesem das ihm eigentümliche Gepräge gibt. Anzunehmen ist dies, wenn diese Waren in einer Vielfalt, Auswahlmöglichkeit, Geschlossenheit und Übersichtlichkeit dargeboten werden, die dem Angebot eines Fachgeschäfts entspricht, weil Zweck und Gepräge des Geschäfts von Waren dieser Art zumindest mitbestimmt werden. Abgestellt wird auch auf den Umsatz, der mit dem Hauptartikel gemacht wird, der allerdings nur Indizcharakter hat. Bei 5 % vom Umsatz und begrenzter Sortenzahl hat der BGH eine Ware als Nebenartikel eingestuft (BGH LM Nr. 3 zu § 536). Allerdings ist bei Betrieb eines Supermarktes in einem Einkaufszentrum der Umfang des Umsatzes der Konkurrenzartikel kein entscheidendes Kriterium. Nach Auffassung des OLG Hamburg (MDR 1966, 678) soll bei Supermärkten die Differenzierung zwischen Haupt- und Nebenartikeln entfallen. Das OLG Hamm (NZM 1998, 511) gewährt nur für Hauptartikel, die dem Supermarkt das Gepräge geben Konkurrenzschutz. Nebenartikel umfasst der vertragsimmanente Konkurrenzschutz nicht (OLG Hamm NZM 1998, 512).

Wichtige Bedeutung für die Abgrenzung hat auch die Verkehrsauffassung (OLG Frank- **372** furt/M. NJW 1982, 707 zu Apotheke und Selbstbedienungsdrogerie). Da sie einem ständigen Wandel unterworfen ist, können ältere Entscheidungen für die Beurteilung häufig nicht mehr herangezogen werden.

Konkurrenzschutz wird bei einer Überschneidung von Haupt- und Nebenartikeln dann **373** nicht gewährt, wenn der Verkauf als sog. Nebenher-Verkauf abgewickelt wird. Als Nebenher-Verkauf wird der Warenvertrieb in ganz geringem Umfang, weitestgehend ohne Auswahlmöglichkeit und Werbung, ohne Schaufensterplazierung oder sonstige Werbeaktivitäten, angesehen (BGH BB 1968, 645, 646).

Bei einer tatsächlichen Überschneidung von Haupt- und Nebenartikeln ist zu prüfen, ob **374** die Vermietung an den anderen Mieter rechtlich zulässig war, insbesondere, ob die beiden konkurrierenden Mieter im Geschäftsverkehr als gleich – oder verschiedenartig zu bewerten sind (OLG Frankfurt/M. NJW 1982, 707 ff.).

Ohne vertragliche Regelung müssen Überschneidungen und Wettbewerb in Nebenarti- **375** keln hingenommen werden. Etwas anderes kann nur im Ausnahmefall gelten, z.B. wenn der Nebenartikel besonders umsatzstark ist (OLG Köln ZMR 1998, 347).

376 Die Unterscheidung von Haupt- und Nebenartikeln gilt entsprechend für die in Gaststätten angebotenen Speisen, die Fachrichtung bei Freiberuflern oder den Tätigkeitsbereich von Dienstleistern.

bb) Sortimentsumstellung bzw. -erweiterung, Erweiterung der Tätigkeitsschwerpunkte bei Freiberuflern

377 Grundsätzlich erfasst der Anspruch auf Wettbewerbsschutz nicht die Sortimentsumstellung oder -erweiterung des Mieters. Hierfür ist eine vertragliche Vereinbarung erforderlich (OLG Hamburg GuT 2003, 91). Dem Vermieter ist nicht zumutbar, gegen jede Hinzunahme von Waren zum Verkauf in einem von ihm vermieteten Geschäft einzuschreiten (BGH LM Nr. 5 zu § 536).

378 Die Änderung von Tätigkeitsschwerpunkten bei Freiberuflern wird ähnlich beurteilt wie die Änderung des Sortiments (OLG Köln 27.05.2005, Az. 1 U 72/04).

cc) Marktbeherrschender Vermieter

379 Eingeschränkt wird der vertragsimmanente Schutz, wenn die mietvertraglichen Regelungen kartellrechtlichen Bedenken begegnen und gegen das Verbot unbilliger Behinderung nach § 20 Abs. 1 GWB verstoßen (BGH ZMR 2003, 651 zur Vermietung durch marktbeherrschenden Vermieter an Schilderpräger; s.a. OLG Frankfurt/M. NZM 2004, 706 ff. und Rdn. 168 Stichwort »Schilderpräger«).

dd) Abwägungskriterien

380 Zur Frage der Beurteilung des Konkurrenzschutzes ist eine Interessenabwägung vorzunehmen, bei der u.a. die Lage der gegebenenfalls in Konkurrenz stehenden Geschäfte, der jeweilige Geschäftscharakter, die Miethöhe, die Vertragsdauer, der bereits geschaffene oder sogar geschützte Besitzstand eines Wettbewerbers zu berücksichtigen sind (Joachim BB 1986, Beilage 6, 4). Geprüft wird auch, welche Verbrauchergruppe angesprochen wird (BGH WPM 1988, 876). Der vertragsimmanente Konkurrenzschutz wird enger ausgelegt als der vertraglich gewährte (OLG Hamm ZMR 1991, 295, 296).

c) Örtlicher Bereich

381 Örtlich bezieht sich die vertragsimmanente Konkurrenzschutzpflicht nicht nur auf das Grundstück, in dem sich das Mietobjekt befindet, sondern auch auf Nachbargrundstücke, wenn sie demselben Vermieter gehören (OLG Frankfurt/M. NJW-RR 1988, 396; OLG Celle OLGReport 2000, 150). Bei der örtlichen Eingrenzung unmittelbarer Nachbarschaft ist die Rechtsprechung restriktiv. Eine Entfernung von 100 m ist zu groß (BGH WPM 1968, 699), erst recht 350 oder 500 Meter (BGH WPM 1979, 500), um Konkurrenzschutzpflicht des Vermieters zu bejahen. Keinesfalls kann der Vermieter, dem in einem innerstädtischen Geschäftszentrum mehrere Grundstücke gehören, gehalten sein, nur derart zu vermieten, dass seine Mieter nicht gegenseitig im Wettbewerb stehen (BGH NJW 1979, 1404; OLG Rostock NZM 2006, 295).

Ein besonderes Problem stellt sich bei der Veräußerung von benachbartem Teileigentum. Nach Auffassung des OLG Koblenz (NZM 2008, 405) geht bei Aufteilung eines Gewerbemietobjekts eine mietvertragliche Konkurrenzschutzverpflichtung auf den jeweiligen Erwerber über, s.a. Rdn. 399.

d) Zeitliche Begrenzung und nachvertragliches Konkurrenzverbot

Mit Beendigung des Mietverhältnisses endet die Verpflichtung zur Gewährung von vertragsimmanentem Konkurrenzschutz. Ein zeitlich darüber hinausgehender Schutz muss vertraglich vereinbart sein. Das nachvertragliche Konkurrenzverbot darf den ausscheidenden Mieter nicht über Gebühr belasten. Es muss örtlich, zeitlich und gegenständlich so gefasst sein, dass das notwendige Maß der Beschränkung der Berufsfreiheit des Mieters unter Berücksichtigung der schützenswerten Interessen des Vermieters nicht überschritten wird (BGH NJW 1997, 3089; OLG Celle ZMR 2000, 447). Hier kommt es stets auf den Einzelfall an (OLG Celle ZMR 2000, 447 f., zu Blumenladen im ländlichen Bereich fünf Jahre und 5 km für alle Waren: unzulässig). **382**

3. Verpflichtung zur Offenlegung der Vermietungssituation bei Vertragsabschluss

a) Erklärung des Vermieters bei Vertragsabschluss

Der Vermieter soll gehalten sein, den Mieter bei Vertragsabschluss darüber zu informieren, an welche Branchen er vermieten will bzw. vermietet hat. Aus dem gegenseitigen Rücksichtnahmegebot soll sich die Verpflichtung ergeben, insbesondere auch auf solche Mieter hinzuweisen, die wegen ihrer Struktur oder ihres potentiellen Kundenstammes wesentliche Beeinträchtigungen für die in Aussicht genommene Vermietung haben könnten. **383**

Zur Offenlegung im Hinblick auf einen bestehenden Vertrag mit einem anderen Mieter, der einen ebenso weit reichenden Konkurrenzschutz hat, soll der Vermieter nicht verpflichtet sein (BGH NJW 1982, 376). Dies gilt nach der vorgenannten Entscheidung insbesondere dann, wenn der Interessent wegen des ihm gewährten Konkurrenzschutzes davon ausgehen muss, dass der Vermieter auch anderen Mietern gleichen vertraglichen Wettbewerbsschutz gewährt hat. **384**

b) Vermietung im Einkaufszentrum

Bei Einkaufszentren gelten besondere Regeln zur umfassenden Information bereits bei Vertragsabschluss (BGH NJW 1982, 376). Diese sog. Frequenz- und Event-Immobilien profitieren von dem breit gefächerten Angebot, sodass häufig kein Konkurrenzschutz gewährt wird (OLG Rostock NZM 2004, 460; OLG Dresden NZM 2004, 461) bzw. ein vertragsimmanenter Konkurrenzschutz überhaupt nicht in Betracht kommt (OLG Dresden MDR 1998, 211, 212). Zu den weiteren Einzelheiten Joachim GuT 2004, 220 f. **385**

4. Vertragliche Vereinbarung von Konkurrenzschutz

Die vertragliche Regelung des Konkurrenzschutzes empfiehlt sich, um Abgrenzungsschwierigkeiten bei nur vertragsimmanentem Konkurrenzschutz zu vermeiden. Ob die Parteien Konkurrenzschutz vereinbart haben, möglicherweise auch nur vertragsimmanent oder stillschweigend, ergibt sich aus der Auslegung des Mietvertrages (§§ 133, 157 BGB), s. hierzu OLG Brandenburg NZM 2010, 43. **386**

a) Vertragliche Regelungen

Durch exakte Vereinbarungen zum Konkurrenzschutz werden spätere Streitigkeiten über Art und Umfang des vertragsimmanenten Konkurrenzschutzes reduziert. Wirksam ist, bei Vermietung gewerblich genutzter Räume »Konkurrenz- und Sortimentsschutz irgendwelcher Art auszuschließen« (OLG Düsseldorf ZMR 1992, 445). Möglich ist auch, den Kon- **387** kurrenzschutz formularvertraglich auszuschließen, etwa in der Form: »Die Vertragsschließenden sind sich darüber einig, dass der Vermieter nicht verpflichtet ist, dem Mieter Konkurrenz oder Sortimentsschutz irgendwelcher Art zu gewähren« (OLG Düsseldorf a.a.O.; OLG Hamburg ZMR 1987, 94). Nur dann, wenn der Wettbewerber ein völlig gleiches Warensortiment oder gleiche Dienstleistungen anbietet, soll ein Verstoß gegen § 307 BGB (§ 9 AGBG a.F.) anzunehmen sein (OLG Düsseldorf ZMR 1992, 445, 446).

388 Im Hinblick auf die Vertragsfreiheit können die Parteien den Konkurrenzschutz grundsätzlich frei vereinbaren, soweit sie sich im Rahmen der geltenden Gesetze halten (BGH BB 1968, 645; BGH ZMR 1985, 374). Auch das Transparenzgebot ist zu beachten (OLG Dresden GuT 2006, 86). Die Wettbewerbsabrede kann gemäß § 138 BGB mit Blick auf die nach Art. 12 GG (Berufsfreiheit) zu beachtende Wertentscheidung der Verfassung sittenwidrig sein, wenn sie örtlich, zeitlich und gegenständlich das notwendige Maß überschreitet (BGH NJW 1997, 3089 f.). Dies gilt auch für einen Mieter, der mit der Übernahme des Geschäfts an den bisherigen Betreiber und Eigentümer eine Ablöse für den Goodwill bezahlt. In diesem Fall scheidet auch eine teilweise Aufrechterhaltung nach § 139 BGB aus (OLG Karlsruhe 07.02.2005, Az. 1 U 211/04, entschieden zu Konkurrenzklausel in Ladenmietvertrag). Der Vermieter kann sich auch verpflichten, Konkurrenzschutz nicht nur für die Vermietung im selben Haus, sondern auch für in unmittelbarer Nachbarschaft gelegene ihm gehörende Grundstücke zu gewähren oder auszuschließen (BGH NJW 1979, 1404). Zur gleichzeitig vereinbarten Betriebspflicht s. Rdn. 411 ff.

389 Um dem Vermieter für weitere Vermietungen mehr Freiheit bei der Mieterauswahl einzuräumen, können Wettbewerbsbeschränkungen für den Mieter vereinbart werden. Zum einen können sich diese Beschränkungen aus dem Vertragstext als solchem ergeben, darüber hinaus ist es jedoch sinnvoll zur Vermeidung späterer Schwierigkeiten zusätzliche exakte Sortiments-, Produkt- oder Tätigkeitsabgrenzungen vorzunehmen. Zulässig ist die – auch formularmäßig – getroffene Vereinbarung im Mietvertrag für Räume im Einkaufszentrum, dass der Mieter verpflichtet ist, keine Waren zu führen, die bereits in einem anderen Geschäftslokal des Hauses geführt werden (OLG Celle ZMR 1992, 448). Der Festlegung des Mietzwecks kommt somit bei Vertragsabschluss erhöhte Bedeutung zu. Diese Vereinbarung und die Bindung des Mieters an den Mietzweck, sollte eine entsprechend gestaltete Untermietklausel auch für den Untermieter wiedergeben. Geregelt sein sollte auch, welche Rechte den Parteien zustehen, wenn eine Änderung der Wettbewerbssituation durch unternehmensbezogene Veränderungen, etwa Fusionen oder Unternehmensverkäufe entsteht. Zu den besonderen Problemen im Hinblick auf § 20 Abs. 1 GWB bei Vermietung durch marktbeherrschende Vermieter s. BGH (ZMR 2003, 651 ff., Schilderpräger). S.a. Rdn. 168 Stichwort »Schilderpräger«.

b) Besonderheiten bei der Vermietung in Einkaufszentren

390 Bei der Vermietung im Einkaufszentrum wäre die Vereinbarung von Konkurrenzschutz kontraproduktiv, derartige Center profitieren gerade von der angebotenen Vielfalt der Waren, dem Wettbewerb und Branchenmix. Konkurrenz- oder Sortimentsschutz wird i.d.R. ausdrücklich ausgeschlossen oder eingeschränkt (KG NZM 2008, 248; OLG Celle ZMR 1992, 448). Auch bei Vermietung von Geschäftsräumen in einem Einkaufszentrum ist der formularmäßige Ausschluss zulässig (OLG Celle a.a.O.). Gelegentlich wird dies modifiziert, z.B. durch Verpflichtung des Vermieters, nicht an einen im direkten Wettbewerb stehenden Konkurrenzbetrieb zu vermieten. Der Ausschluss des Konkurrenz- und Sortimentsschutzes ist oft mit einer sog. Branchenmix- und Belegungsklausel verknüpft, d.h. der Mieter soll aus einer Änderung des Branchenmix keine Rechte herleiten können. Auch besondere Vereinbarungen zur Betriebspflicht werden in diesem Zusammenhang getroffen. Zu Musterklauseln s. Moeser Gewerblicher Mietvertrag 2. Aufl., Rn. 246–249.

Häufig wird neben der Sortimentsbeschreibung für die vom Mieter zu führenden Artikel vereinbart, dass Abweichungen vom vertraglich festgelegten Sortiment (Waren, Marken, Depots) nur mit Zustimmung des Vermieters erfolgen dürfen. Der Vermieter eines Ladenlokals ist i.d.R. nicht verpflichtet, einer Sortimentsänderung zuzustimmen, auch wenn die Zusammensetzung der Kundschaft eines Einkaufszentrums sich verändert hat (OLG Hamburg GuT 2003, 91).

c) Konkurrenzschutz, Sortimentsbindung und Betriebspflicht

Die Vereinbarung einer Sortimentsbindung, der Ausschluss von Konkurrenz- und Sortimentsschutz erfolgt häufig formularvertraglich. Die Wirksamkeit der möglichen Regelung wird unterschiedlich beurteilt, s. dazu Rdn. 423 ff. **391**

d) Dingliche Sicherung

Nicht nur schuldrechtliche Vereinbarungen zum Konkurrenzschutz können relevant sein. **392**

Eine dingliche Sicherstellung des Konkurrenzschutzes kann sowohl im Zuge der Vertragsverhandlungen zwischen den Parteien neu vereinbart werden, als auch einen bei der Mieterauswahl zu berücksichtigenden Faktor darstellen.

Immer wieder finden sich bei benachbarten Grundstücken Gewerbebetriebsbeschränkungen, die dann bei den Vertragsverhandlungen, respektive bereits bei der Auswahl des Mieters zu berücksichtigen sind.

Bei Zweifeln, ob derartige Benutzungsbeschränkungen bestehen, empfiehlt sich Grundbucheinsicht, da es ständiger Rechtsprechung entspricht, dass als Inhalt einer Grunddienstbarkeit eine Beschränkung zulässig ist, wonach auf dem Grundstück überhaupt kein Gewerbebetrieb eingerichtet oder ein bestimmtes Gewerbe nicht ausgeübt werden darf (BGHZ 29, 244, 249; BGH WuM 1975, 307, 309; NJW 1981, 343, 344; NJW 1983, 115, 116). Die Frage der Gewerbebetriebsbeschränkung, auch für Nachbargrundstücke, ist daher zu prüfen. Schuldrechtliche Vereinbarungen i.S.v. Gewerbebetriebsbeschränkungen können getroffen werden (s. Palandt/Bassenge §§ 1090 Rn. 5; 1018 Rn. 27). Allerdings wirken diese schuldrechtlichen Vereinbarungen nicht gegenüber Einzelrechtsnachfolgern und § 566 BGB ist nicht anwendbar. **393**

5. Relevanz von Konkurrenzbeziehungen

Zur Relevanz von Konkurrenzbeziehungen hat sich eine umfangreiche Rechtsprechung entwickelt. **394**

Eine relevante Konkurrenzbeziehung wurde im gewerblichen Bereich bejaht bei: **395**
- Imbissstube und Pizzeria generell: (OLG Hamm NJW RR 1997, 459)
- Gaststätte und Pizzaservice (LG Traunstein NZM 2008, 76)
- einem Café mit Konditorei und einem italienischem Eissalon (OLG Frankfurt/M. DB 1970, 46)
- einer Kantine bzw. Gastwirtschaft mit monopolartigem Charakter und einem Café mit Eisdiele (BGH LM Nr. 6 zu § 536)
- einer Drogerie und einem Supermarkt mit ausgebauter Drogerieabteilung, die dem Angebot einer Fachdrogerie entspricht (BGH BB 1968, 645)
- Speisewirtschaft und Spezialitätenrestaurant (OLG Karlsruhe ZMR 1990, 214)
- verschiedenen Lokalen im Einkaufszentrum (LG Karlsruhe WuM 1991, 83)
- einem Zigarettengeschäft und einem Zigarettenverkaufshäuschen auf dem Nachbargrundstück (RGZ 119, 353, 354)

- Juwelierläden in Nachbarhäusern (RGZ 131, 274, 275)
- Tankstellen in derselben Straße (RGZ 136, 266, 267)
- Schuhgeschäften auf Nachbargrundstücken (BGH LM Nr. 3 zu § 537)
- Textilfachgeschäft und Herrenbekleidungs- sowie Damenbekleidungsladen (BGH NJW 1974, 2317)
- einem Fliesen-Groß- und Einzelhandel sowie einem Baumarkt, der Fliesen in einem weit gefächerten Warensortiment anbietet (BGH WuM 1985, 1175, 1176 f.).
- Service Station für PKW (Wartung und Reparatur) und Autoglaserei (OLG Brandenburg BeckRS 2010, 15180)

396 Bei Freiberuflern oder Dienstleistungsunternehmen gilt dies z.B. für

- Fachärzte mit sich überschneidenden Bereichen – Chirurgie und Orthopädie einerseits, Mund-, Kiefer- und Gesichtschirurgie andererseits in einem Ärztehaus (OLG Hamm NJW-RR 1991, 1483; ZMR 1991, 295);
- Zweite Zahnarztpraxis in einem großstädtischen Geschäftshaus (OLG Karlsruhe NJW 1972, 2224);
- Orthopäde mit Zusatzqualifikation Sportmedizin und Facharzt für Sportmedizin (OLG Düsseldorf ZMR 2000, 451);
- Praktischer Arzt, speziell hausärztlicher Internist und praktischer Arzt oder hausärztlicher Internist (Konkurrenzschutz war vertraglich vereinbart (KG Berlin 06.06.2005, Az. 8 U 25/05));
- Chinesische Heilpraxis und praktische Ärztin (KG NZM 2007, 566);
- Zeitarbeitsunternehmen (OLG Düsseldorf NZM 2001, 1033).
- Orthopädie mit Traumaologie und Unfall-Chirugie (OLG Dresden 20.07.2010 5 U 1286/10).

397 Eine relevante Konkurrenzbeziehung wurde verneint bei:

- Verkauf von belegten Brötchen und Baguettes mit Bäckerei (OLG Düsseldorf BeckRS 2010, 04610)
- Supermarkt und Bäckerei (OLG Köln ZMR 1998, 347)
- Bäckercafe und gastronomische Einrichtungen generell (BGH NZM 2008, 770)
- einer Bäckerei und einem Milch-/Lebensmittelgeschäft, welches Brot als Nebenartikel vertreibt (BGH LM Nr. 3 zu § 536)
- einem Milchgeschäft und einem Feinkostgeschäft, insbesondere bei unterschiedlich ausgerichteter, die Charakteristika eines jeden Geschäfts betonender Werbung (BGH LM Nr. 5 zu § 536)
- einer Gastwirtschaft gegenüber einer im selben Haus gelegenen Konditorei und Café, wo alkoholische Getränke zum alsbaldigen Konsum – aber nicht zum Verkauf außer Haus – verabreicht werden (BGH LM Nr. 2 zu § 536)
- einem Baumarkt, der u.a. mit Bodenbelägen handelt und einem Orientteppichgeschäft (OLG Nürnberg IMR 2007, 73)
- einem Reformhaus und einem Lebensmittelgeschäft (KG DR 1941, 1900)
- einem Glas- und Porzellangeschäft mit verwandten Geschäftszweigen gegenüber einem Uhrmacher- und Juweliergeschäft (RG DR 1941, 783, 784)
- Apotheke und Selbstbedienungsdrogerie (OLG Frankfurt/M. NJW 1982, 707)
- Metzgerei und Imbissstand (OLG Hamm ZMR 1988, 136)
- einem Lebensmittelgeschäft, das Blumensträuße anbietet und einem Blumenfachgeschäft (BGH WPM 1981, 1224, 1225)
- einer Bäckerei und einem Kaffeefachgeschäft, solange die Bäckerei nicht die Niederlassung einer Großrösterei darstellt (Wolf/Eckert 8. Aufl. Rn. 689 a.a.O.)
- *einem* Schuhladen, welcher auch Strümpfe anbietet und einem Bekleidungsfachgeschäft (Wolf/Eckert 8. Aufl. Rn. 689 a.a.O.)

- einem Textilwarengeschäft und einem Hutgeschäft (Soergel/Kummer §§ 535, 536 Rn. 192)
- krankengymnastischer und physiotherapeutischer Behandlung durch nichtärztliches Personal eines Orthopäden und krankengymnasischer Praxis (OLG Hamm ZMR 1997, 581 ff.)
- Lebensmitteldiscounter und »russisches« Kaufhaus (KG IBRRS 76678).

6. Konkurrenzschutz bei Untervermietung

Der Untervermieter kann ohne ausdrückliche Vereinbarung seinem Untermieter keinen **398** Wettbewerbsschutz dahin gehend gewähren, dass in anderen Geschäftsräumen des Anwesens kein Konkurrent des Untermieters tätig wird. Der Hauptvermieter ist auch nicht verpflichtet, dem Hauptmieter die Untervermietung zu genehmigen, wenn hierdurch eine Konkurrenzsituation entsteht (BGH NJW 1982, 376). Wenn der Vermieter unberechtigt die Erlaubnis zur Untervermietung an einen vermeintlichen Konkurrenten (Baumarkt der mit Bodenbelägen handelt/Orientteppichhändler) versagt, kann der Mieter außerordentlich kündigen (OLG Nürnberg IMR 2007, 73). Die Untervermietung an einen Konkurrenten, die der Hauptmieter vornimmt, kann eine Verletzung gegen seine vertraglichen Verpflichtungen darstellen (LG Traunstein ZMR 1998, 566; LG Oldenburg NJW-RR 1989, 81).

Nur der dem Hauptmieter gewährte vertragsimmanente oder vertraglich vereinbarte **399** Konkurrenzschutz bleibt ihm bei Untervermietung erhalten (s. Schmidt/Futterer/Blank § 535 BGB Rn. 558 ff. m.w.N.). Grundsätzlich kann der Untervermieter seinem Untermieter nicht mehr an Gebrauchsrechten verschaffen, als sie ihm selbst nach dem Vertrag zusteht. Danach ist ein Gebrauch des Untermieters, der dem Hauptmieter gestattet ist, vertragsgemäß (BGH NJW 1984, 1031, 1032). Wesentlich ist nach der vorzitierten Entscheidung des BGH darauf abzustellen, ob die Untervermietung ein Gebrauch ist, den der Mieter von der Mietsache machen darf (entschieden zu unberechtigter Untervermietung zum Betrieb eines Sexshops).

a) Konkurrenzschutz bei Vermietung von Teileigentum

Eine Verpflichtung der Teil/Sondereigentümer, den Mietern der Miteigentümer oder die- **400** sen selbst Konkurrenzschutz zu gewähren, besteht grundsätzlich nicht. Sie müssen entsprechende Wettbewerbstätigkeiten hinnehmen, da diese außerhalb des Regelungsbereichs von § 14 Nr. 1 WEG liegen (OLG Brandenburg ZMR 2009, 909 (910) m.w.N.; s.a. Rdn. 381).

7. Umgehung des Konkurrenzschutzes

a) Mieterseitige Umgehung

Die Frage der Umgehung des Konkurrenzschutzes ist häufig im Streit, wenn Gesell- **401** schaften Mieträume anmieten und dann einer oder mehrere Gesellschafter Konkurrenzbetriebe eröffnen oder bei immer weiter fortschreitender Unteruntervermietung Konkurrenzschutzpflichten verletzt werden. Das Reichsgericht (RGZ 136, 266, 267) hat entschieden, dass die Anmietung durch eine OHG und sodann vorgenommene Anmietung von Konkurrenzbetrieben in der Nachbarschaft durch die persönlich haftenden Gesellschafter, als Vereitelung der die Gesellschaft verpflichtenden Wettbewerbsklausel durch das außergesellschaftliche Vorgehen der Gesellschafter anzusehen ist und einen Verstoß gegen Treu und Glauben bejaht. Auch bei Untervermietung von Geschäftsräumen soll der Vermieter verpflichtet sein hiergegen einzuschreiten, wenn anderweitig Verletzung des vertragsimmanenten Konkurrenzschutzes durch den neu hinzukommenden Mieter zu befürchten ist (Wolf/Eckert/Ball Rn. 653). Die Veräußerung eines Teils des vermieteten Grundstücks oder des dem Vermieter gehörenden Nachbargrundstücks an einen Wettbewerber des Mieters soll eine rechtswidrige Umgehung des Wettbewerbsschutzes darstellen (OLG Koblenz NJW 1960, 1253).

402 Keine Umgehung des Konkurrenzschutzes soll vorliegen, wenn der Ehegatte des Mieters in Konkurrenz mit dem Mieter tritt. Im vorliegenden Fall hatte der BGH zu entscheiden, ob ein Geschäftsverkäufer den Verhandlungspartner darüber aufklären muss, dass sein Ehegatte beabsichtigt, alsbald ein Konkurrenzgeschäft zu eröffnen. Unter Hinweis auf den Grundsatz der Eigenständigkeit der Ehegatten im Erwerbsleben, hat der BGH eine solche gesteigerte Aufklärungspflicht abgelehnt (BGH NJW 1987, 909).

Die Regelung in einem Mietvertrag: *»Der Mieter wird die ärztliche Praxis im Fachgebiet Radiologie ausüben. Der Vermieter verpflichtet sich, Mieträume im Ärztehaus ohne Zustimmung des Mieters nicht an einen Arzt mit gleicher Fachgebietsbezeichnung zu vermieten. Es ist vereinbart, dass Ärzte mit fachbezogener Röntgenberechtigung in Praxisgemeinschaft mit der Radiologin den konventionellen Bereich der Röntgenabteilung sowie das Ultraschallgerät nutzen, ihren Kostenanteil entsprechend tragen und ihre Leistungen selbst abrechnen.«*, verpflichtet den Vermieter nicht, anderen Mietern die Installation eigener Röntgengeräte zu untersagen (OLG Düsseldorf IMR 2007, 218).

b) Vermieterseitige Umgehung

403 Auch Vermieterseits darf keine Umgehung des Konkurrenzschutzes erfolgen, etwa dadurch, dass Gesellschafter durch Handeln außerhalb der Gesellschaft den Zweck eines Vertrages, den die Gesellschaft geschlossen hat, durchkreuzen (BGHZ 59, 64, 67). Der Vermieter kann sich nicht darauf berufen, dass nicht er, sondern seine Konzernmutter die Vertragsverletzung begangen hat (OLG Karlsruhe ZMR 1990, 214).

8. Hinzukommende Mieter

a) Ansprüche des hinzukommenden Mieters gegenüber Vermieter

404 Im Hinblick auf die Kenntnis der Vermietungssituation des hinzukommenden Mieters bei Anmietung, sollen diesem Mieter keine Ansprüche gegen den Vermieter zustehen (Wolf/Eckert/Ball Rn. 662). Etwas anderes soll nur dann gelten, wenn Mietvertrag in Unkenntnis der Wettbewerbssituation abgeschlossen wurde, etwa bei neu zu errichtenden Gebäudekomplexen (BGH NJW 1979, 1404). Zu Ansprüchen aus culpa in contrahendo s.o. Kap 1 V.

b) Rechte des ersten Mieters

405 Der erste Mieter genießt Konkurrenzschutz im Verhältnis zu den Hinzukommenden und kann vom Vermieter verlangen, dem konkurrierenden Mieter die Aufnahme des Geschäftsbetriebs zu untersagen (OLG Hamm ZMR 1991, 295, 297 m.w.N.). Maßgebend sind Prioritätsgesichtspunkte.

9. Verletzung des Konkurrenzschutzgebotes

406 Die Verletzung vorvertraglicher Aufklärungspflichten durch den Vermieter kann Ansprüche des Mieters aus culpa in contrahendo bzw. §§ 280, 311 Abs. 2 BGB auslösen, s. hierzu Kap. 1 V. Rdn. 106.

Die dem Konkurrenzschutzgebot zuwiderlaufende Vermietung beeinträchtigt den Mietgebrauch und stellt nach überwiegender Meinung einen Mangel dar (OLG Düsseldorf ZMR 2002, 38 ff. m.w.N.; ZMR 2000, 451, 452; LG Karlsruhe ZMR 1990, 214; a.A. BGH ZMR 1954, 78; Wolff/Eckert/Ball Rn. 660 f. m.w.N.). Der Mieter hat das Recht zur Mietminderung (zur Berechnung s. OLG Karlsruhe ZMR 1990, 214) und auf Schadensersatz, insbesondere Gewinnausfall (BGH ZMR 1985, 374). Die Schwierigkeiten bei Geltendmachung eines aufgrund der Konkurrenzschutzpflichtverletzung möglichen Schadenersatzanspruchs sind umfassend dargestellt bei Joachim BB 1986, Beilage 6, 12, s. Kap 8. **407**

Der Mieter kann gegenüber dem Vermieter seinen Anspruch auf Gewährung des Konkurrenzschutzes geltend machen. Dieser Erfüllungsanspruch ist gerichtet auf Herbeiführung des Erfolges, d.h. Verhinderung oder Beseitigung der störenden Konkurrenz. Der Vermieter muss gegebenenfalls das Mietverhältnis mit Konkurrenten beenden (OLG Düsseldorf ZMR 2002, 38 ff.). Nach Abmahnung kann der Mieter fristlos kündigen.

Dem Mieter steht gegenüber seinem Vermieter auch ein Zurückbehaltungsrecht zu (Wolf/Eckert Rn. 657). **408**

Durch jahrelange vorbehaltslose Mietzahlung in Kenntnis der entstandenen Wettbewerbssituation, kann der Mieter seine Minderungs- oder Schadenersatzansprüche verwirken (OLG Frankfurt/M. NZM 2004, 706 ff.). **409**

Prozessuales **410**

Ein drohender Verstoß gegen die Konkurrenzschutzpflicht berechtigt den Mieter, vorbeugende Unterlassungsklage zu erheben (BGH ZMR 1989, 148; zum Gebührenstreitwert BGH ZMR 2007, 18 f.). Zulässig ist eine einstweilige Verfügung zur Verhinderung der Überlassung von Gewerberäumen an einen Konkurrenten (OLG Hamm ZMR 1991, 295; OLG Hamm NJW-RR 1990, 1236; zu Mustern für die gerichtliche Durchsetzung des Konkurrenzschutzes bei Gewerberäumen s. Hinz/Junker/von Rechenberg/Sternel S. 184 ff.; zum Streitwert OLG Düsseldorf ZMR 2006, 275 f.).

V. Betriebspflicht

Gerade bei Einkaufszentren, aber auch bei sonstigen Geschäfts- oder Dienstleistungszentren, resultiert die Attraktivität des Standorts nicht zuletzt aus der vorhandenen Vielfalt des Warenangebots oder der angebotenen Dienstleistungen. Sie ist nur gewährleistet, wenn sämtliche vorhandenen Einheiten auch tatsächlich für die Inanspruchnahme zur Verfügung stehen, d.h. betrieben werden. Die Betriebspflicht liegt mithin nicht nur im Interesse des Vermieters zur Wahrung der Attraktivität, generellen Vermietbarkeit und Wettbewerbsfähigkeit des Standorts sowie zur Werterhaltung des Objekts, sondern auch im Interesse aller Mieter. Ein entscheidender Standortfaktor ist, dass durch die Konzentration des Angebots ein verstärkter Kundenstrom erwartet wird. Besondere Bedeutung kommt in Zentren dem sog. Ankermieter zu, der für das Image und die Vermietbarkeit relevant ist (s. Rdn. 415). **411**

1. Gegenstand und Vereinbarung der Betriebspflicht

Den Mieter von Gewerberäumen trifft grundsätzlich keine Gebrauchspflicht. Daran ändert auch die Verpflichtung des Mieters zur Mietzahlung nichts, die auch dann besteht (§ 537 Abs. 1 S. 1 BGB), wenn der Mieter aus Gründen die in seinem Risikobereich liegen, von der Mietsache keinen Gebrauch macht (BGH WuM 1991, 25 ff.). Ohne besondere Abreden oder Umstände trifft den Mieter weder eine Pflicht zur Ingebrauchnahme **412** noch eine solche zur Fortsetzung einmal begründeten Gebrauchs (BGH NJW 1979, 2351; LG Arnsberg ZMR 1980, 182). Zwar ist der Vermieter gemäß § 535 Abs. 1 S. 1 BGB verpflichtet, dem Mieter den Gebrauch zu gewähren, eine korrespondierende Verpflichtung des Mieters fehlt. S. Kap. 7 I.

413 Die Betriebspflicht gebietet dem Mieter, die angemieteten Räume zu festgelegten Öffnungs- oder Kernzeiten entsprechend dem vertraglich festgelegten Gebrauchszweck zu nutzen. Sie ist eine selbständige Leistungsverpflichtung.

a) Ausdrückliche oder konkludente Vereinbarung

414 Die Betriebspflicht ist nicht vertragsimmanent. Streitig ist, ob die Vereinbarung einer Betriebspflicht ausdrücklich erfolgen muss oder sich auch aus den Umständen oder Parteiabsprachen ergeben kann.

aa) Voraussetzungen der Annahme einer konkludenten Betriebspflicht

415 Die Betriebspflicht kann konkludent vereinbart sein (LG Lübeck NJW-RR 1993, 78 m.w.N.).

An das Vorliegen einer schlüssig vereinbarten Betriebspflicht, sind hohe Anforderungen zu stellen. Bejaht wurde sie, wenn aus dem Zusammenspiel verschiedener Regelungen im Vertrag (hier Gaststättenpacht) ersichtlich war, dass die Parteien bei Vertragsabschluss konkrete Regelungen aufgenommen haben, um den ständigen Betrieb zu sichern (OLG Düsseldorf ZMR 1994, 402, 408). Die Annahme einer konkludent vereinbarten Gebrauchspflicht kann sich aus der Art des Mietobjekts ergeben, insbesondere bei Anmietung einer Verkaufsfläche in einem Verbrauchermarkt, wenn sich zusätzlich nach den Bestimmungen des Mietvertrages feststellen lässt, dass der betreffende Mieter mit dem ihm zugedachten Warensortiment in wirtschaftlicher Hinsicht als »Zugpferd« für das Einkaufszentrum anzusehen ist und der Mieter eine Monopolstellung inne hat (LG Hannover ZMR 1993, 280 für Lebensmittelmarkt).

Für die Annahme einer Betriebspflicht ohne ausdrückliche Vereinbarung ist nicht ausreichend, dass der Vermieter ein erhebliches Interesse an der ständigen Nutzung der Räumlichkeiten hat (LG Lübeck NJW-RR 1983, 78). Wirtschaftliche Interessen des Vermieters allein begründen keine Pflicht des Mieters zum tatsächlichen Betreiben (RGZ 136, 433, 435 f.). Etwas anderes kann dann gelten, wenn der Vermieter unmittelbar am Ertrag des Objekts beteiligt ist (RGZ 138, 192, 197 f.; zu Einzelheiten Michalski ZMR 1996, 527 ff.). Die Angabe des Betriebszwecks im Mietvertrag und eine Wettbewerbsklausel sind gleichfalls nicht ausreichend (LG Arnsberg ZMR 1980, 182).

416 Weder ein besonderes Interesse des Vermieters am Erhalt der Attraktivität des Einkaufszentrums durch ständiges Betreiben aller Geschäfte reicht aus, noch die Vereinbarung einer Umsatzmiete (BGH NJW 1979, 2351). Zu Einzelheiten s. Michalski ZMR 1996, 527 ff.

417 Im Hinblick darauf, dass an die Annahme einer konkludent vereinbarten Betriebspflicht hohe Anforderungen zu stellen sind, empfiehlt es sich für den Vermieter, der Wert legt auf den ständigen Betrieb aller Einheiten, die Betriebspflicht ausdrücklich vertraglich zu vereinbaren.

bb) Ausdrücklich vereinbarte Betriebspflicht

418 Anerkannt ist, dass die Vereinbarung einer Betriebspflicht in einem Mietvertrag über Gewerberäume auch formularvertraglich möglich ist (BGH BeckRS 2010, 09304; ZMR

1993, 57 ff.; OLG Celle IMR 2007, 283; OLG Düsseldorf ZMR 1999, 171; OLG Hamm ZMR 2001, 581; KG v. 17.07.2003, Az. 22 O 149/03). Zur Frage, wann von einer individualvertraglich vereinbarten Betriebspflicht auszugehen ist, obwohl eine Betriebspflichtklausel bereits im Formularvertrag enthalten war s. BGH WuM 1992, 316, 318: Mieter hatte Betriebspflicht nachweislich als ausdrücklich individuell ausgehandelt akzeptiert.

Ohne konkrete Ausgestaltung des Inhalts der Betriebspflicht, ist für die Betriebzeiten **419**
und die Vorhaltung des Waren- bzw. Dienstleistungsangebote von den branchenüblichen Gepflogenheiten auszugehen.

Die Vereinbarung der Betriebspflicht unter voller Ausschöpfung der gesetzlich zulässi- **420**
gen Öffnungszeiten zur Erhaltung der Anziehungskraft und der Wettbewerbsfähigkeit der Gesamtanlage ist möglich, auch bei Branchenmix oder Ladenlokalen und Gaststätten. Bei Bezugnahme auf gesetzliche Öffnungszeiten sollte jedoch beachtet werden, dass die Ladenöffnungszeiten mittlerweile landesrechtlich geregelt sind, nicht mehr bundeseinheitlich. Der Verweis auf die »gesetzlichen Bestimmungen« ist ‚statisch' zu verstehen, maßgebend ist die Rechtslage bei Vertragsabschluss. Etwas anderes kann nur dann angenommen werden, wenn auf die »jeweils geltenden gesetzlichen Bestimmungen« Bezug genommen wurde (BGH ZMR 2007, 187 f.). Dem Gastättenmieter kann die Betreibungspflicht während der »gesetzlichen Öffnungszeiten« auferlegt werden, wobei ohne besondere vertragliche Absprache für Gaststätten im Einkaufszentrum, die selben Zeiten wie für Läden gelten sollen (OLG Hamburg ZMR 2003, 254). Formularvertraglich kann nicht vereinbart werden, dass der Mieter verpflichtet ist, »das Geschäftslokal im Rahmen der gesetzlichen Bestimmungen über die Ladenschlusszeiten an allen Verkaufstagen mindestens so lange offenzuhalten, wie die überwiegende Anzahl aller Mieter ihre Geschäfte offen hält. Der Mieter hat das Recht, die gesetzlichen Ladenöffnungszeiten voll auszuschöpfen«, da hier das Transparenzgebot verletzt ist (BGH IMR 2007, 250). Die Öffnungszeitenregelung muss eindeutig sein und transparent, um den Anforderungen des § 307 BGB zu entsprechen. Ihre wirtschaftlichen Auswirkungen müssen erkennbar sein (BGH NJW 2006, 996).

Problematisch ist die Vereinbarung, dass Betriebszeiten entweder durch den Vermieter **421**
oder Werbegemeinschaften festgelegt werden sollen. Ein solches Leistungsbestimmungsrecht i.S.v. §§ 315 bzw. 317 BGB unterliegt der Inhaltskontrolle, sodass für dessen Wirksamkeit ein berechtigtes Interesse des Vermieters bestehen muss und die Interessen der Mieter ausreichend berücksichtigt sein müssen.

Im Hinblick auf zeitweilige Betriebsunterbrechungen wie Betriebsferien, Ruhetage, Repa- **422**
raturen u.a. ist davon auszugehen, dass derartige Betriebsunterbrechungen formularvertraglich weitgehend ausgeschlossen werden können. Die Klausel, »das Geschäftslokal ist im Rahmen der gesetzlichen Bestimmungen über die Ladenschlusszeiten an allen Verkaufstagen zu den vom Vermieter festgelegten Öffnungszeiten offen zu halten. Aus der bloßen Duldung abweichender Öffnungszeiten durch den Vermieter kann der Mieter keine Rechte herleiten. Zeitweise Schließungen (wie Mittagspause, Ruhetage, Betriebsferien) sind nicht zulässig, ausgenommen sind Inventuren oder Betriebsversammlungen.« benachteiligt den Mieter nicht unangemessen. Die genannten Ausnahmen von der Offenhaltungspflicht sind nur Beispiele für nach dem Betriebsablauf notwendige und somit zulässige Ausnahmen, sodass weitere Schließungen – etwa für Reparaturen – nicht ausgeschlossen sind (BGH Beck RS 2010, 09304 zu Lebensmitteldiscounter in Einkaufszentren) und eine durchgehende Öffnung auch im Interesse der beteiligten Verkehrskreise und deren Erwartungen liegt. Ohne eine Einschränkung in einer formularmäßigen Klausel, führt schon die Auslegung einer generell gefassten Klausel »wie offen halten während der gesetzlichen Öffnungszeiten« dazu, dass Betriebsunterbrechungen, wie vorstehend erwähnt, zulässig sind (OLG Düsseldorf ZMR 1999, 171; OLG Hamburg GuT 2003, 57).

b) Betriebspflicht und gleichzeitiger Ausschluss von Konkurrenz- oder Sortimentsschutz bzw. Sortimentsbindung

423 Nach allgemeiner Auffassung ist eine formularmäßige Abrede, die den Mieter von Gewerberäumen an ein bestimmtes Sortiment bindet (NJW 2000, 1714) oder den Vermieter von einer Verpflichtung zum Konkurrenzschutz freistellt (OLG Hamburg NJW-RR 1987, 403) – jedenfalls jeweils für sich genommen – nicht unangemessen. Das eine formularvertraglich vereinbarte Betriebspflicht durch einen gleichzeitig erfolgten formularvertraglichen Ausschluss von Konkurrenz- und Sortimentsschutz nicht unwirksam wird, ist für Einkaufszentren anerkannt worden (OLG Rostock MietRB 2004, 227 vgl. auch OLG Hamburg, ZMR 2003, 254 m.w.N.; KG ZMR 2005, 47). Ob zusätzlich eine Sortimentsbindung vereinbart werden kann, ist streitig (s. BGH BeckRS 2010, 09304 m.w.N.). Das OLG Schleswig (NZM 2000, 1008) stellt darauf ab, dass bei für die gesamte Mietzeit bestehender Betreibungspflicht, vertraglicher Sortimentsbindung des Mieters und gleichzeitigem Ausschluss jeglichen Konkurrenzschutzes, dem Mieter von Geschäftsraum grundsätzlich die Möglichkeit des Ausweichens in eine andere Geschäftsausrichtung genommen und eine gegebenenfalls Kosten sparende Geschäftsaufgabe schlechthin versagt werde. Daher sei diese weitgehende Beschneidung der grundsätzlichen Dispositionsfreiheit des Mieters einerseits und die Versagung von jeglichem an sich aus der Leistungstreuepflicht geschuldeten Wettbewerbsschutzes andererseits unwirksam (§ 307 BGB).

424 Die vorgenannte Auffassung des OLG Schleswig wird überwiegend abgelehnt. Bei Gesamtwürdigung der Allgemeinen Geschäftsbedingungen zu Betriebspflicht und Konkurrenzschutz, fehlt es bereits an einer engen sachlichen Zusammengehörigkeit, da Probleme bzgl. beider Bestimmungen in der konkreten Anwendung nur selten zusammenfallen dürften.

Auch ein regelmäßiger Verstärkereffekt des Konkurrenzschutzausschlusses auf die Betriebspflicht ist nicht feststellbar.

425 Zutreffend führt das OLG Hamburg (ZMR 2003, 254 f.) aus, dass selbst bei einem Verstoß gegen § 307 BGB oder bei Annahme einer zur Unwirksamkeit führenden Kumulation beider Klauseln, sowohl die Klausel zur Betriebspflicht als auch die zum Ausschluss des Konkurrenzschutzes entfallen würden, aber im Rahmen der gemäß § 306 Abs. 2 BGB gebotenen Vertragsauslegung bei einem Einkaufszentrum eine Betriebspflicht anzunehmen sei, da bei dem Realtypus »Miete im Einkaufszentrum« die Betriebspflicht für den Mieter typisch ist und bei sachgerechter Abwägung der beiderseitigen Interessen, die übliche Betriebspflicht als vereinbart zu gelten habe.

c) Betriebspflicht bei Gebrauchsbeeinträchtigungen

426 Im Hinblick auf den Wegfall der Betriebspflicht bei Gebrauchsbeeinträchtigungen, die der Vermieter zu vertreten hat, gelten die allgemeinen Regeln. Siehe hierzu Kap 8. Eine unmittelbare Beeinträchtigung der Gebrauchstauglichkeit ist nicht ohne weiteres aus Umständen herzuleiten, die für die Attraktivität eines Einkaufszentrums von Bedeutung sein können (BGH ZMR 2005, 8; Hamann ZMR 2001, 581, 584). S. Rdn. 60 Stichwort »Einkaufszentrum«.

427 Ausnahmsweise kann die Betriebspflicht nach den Grundsätzen von Treu und Glauben entfallen, hier sind strenge Maßstäbe anzulegen (Hamann ZMR 2001, 581, 584).

d) Betriebspflicht bei schlechter Ertragslage oder Zahlungsunfähigkeit des Mieters

Allein eine schlechte Ertragslage entbindet den Mieter grundsätzlich nicht von seiner Betriebspflicht (BGH ZMR 2000, 814 ff.; OLG Frankfurt ZMR 2009, 446; LG Wuppertal ZMR 1996, 439, 440). 428

Nur im Einzelfall wird eine Berufung des Vermieters auf die Betriebspflicht im Falle der Ertragsminderung durch einen Konkurrenzbetrieb für rechtsmissbräuchlich gehalten, insbesondere wenn sich der Vermieter schon bei Vertragsabschluss erkennbar am unternehmerischen Risiko des Mieters beteiligt hat und sich dieses Risiko verwirklicht (Hamann ZMR 2001, 581, 584 m.w.N.; OLG Celle NJW 1978, 2510; OLG Koblenz WPM 1989, 30; beide Entscheidungen ergingen zu Vermietung von Läden in Einkaufszentren; s. Rdn. 60 Stichwort »Einkaufszentrum«). 429

Gegen das Fortbestehen einer Betriebspflicht spricht nicht das Leerstehen benachbarter Ladenflächen (KG MDR 2004, 84; OLG München ZMR 1995, 295). 430

Die Betriebspflicht besteht auch fort, wenn andere Geschäfte unvermietet oder ungenutzt sind. Etwas anderes kann nur dann gelten, wenn den Vermieter eine besondere Haftung aus culpa in contrahendo bzw. §§ 280, 311 Abs. 2 BGB oder der Verletzung sonstiger vertraglicher Pflichten trifft. 431

Wird der Mieter zahlungsunfähig, d.h. ist er nicht mehr in der Lage, seine fälligen Zahlungsverpflichtungen zu erfüllen (§ 17 Abs. 2 S. 1 InsO), wird es ihm unmöglich, den Geschäftsbetrieb aufrechtzuerhalten. Die Betriebspflicht entfällt. Die weiteren Rechte des Vermieters bestehen fort (OLG Karlsruhe IMR 2007, 284).

e) Betriebspflicht trotz persönlicher Verhinderung des Betreibers

Bei gesundheitlichen Beeinträchtigungen des Betreibers, hier Pächter einer Gaststätte, besteht die Betriebspflicht fort. Der Betreiber muss sich im Falle seiner eigenen Verhinderung eines Dritten bedienen. Dies gilt auch dann, wenn die Ertragssituation eine derartige Vertretung unwirtschaftlich erscheinen lässt (OLG Düsseldorf GuT 2004, 53, 54), so auch OLG Celle IMR 2007, 283 zum Betrieb eines Ladens in einer Ladenzeile. 432

2. Ende der Betriebspflicht

Ohne ausdrückliche vertragliche Vereinbarung trifft den Mieter keine Betriebspflicht bis zur unmittelbaren Räumung, ihm wird vielmehr eine angemessene Zeit für die mit der Räumung verbundenen Abwicklungsmaßnahmen eingeräumt, in der den Mieter keine Betriebspflicht trifft (OLG Düsseldorf ZMR 1999, 171, 172 hier: 10 Tage). Dies wird zutreffend damit begründet, dass die vertraglich vereinbarte Betriebspflicht des Mieters Kehrseite der dem Vermieter gemäß § 535 Abs. 1 S. 1 BGB obliegenden Überlassungspflicht ist und mit dem Erlöschen der Überlassungspflicht des Vermieters, d.h. dem Mietende (OLG Düsseldorf ZMR 2001, 181) auch die Betriebspflicht des Mieters endet. Allein das wirtschaftliche Interesse des Vermieters daran, dass während eines Räumungsrechtsstreits zur Wahrung eines lebendigen Bilds eines Einkaufszentrums auch das zurückzugebende Lokal betrieben wird, vermag eine solche Verpflichtung des Mieters rechtlich nicht zu begründen. 433

Da § 271 Abs. 2 BGB nicht einschlägig ist, wenn den Mieter eine Betriebspflicht trifft, muss er diese bis zum Ende der Vertragszeit erfüllen. Er ist nicht berechtigt, die Mietsache lange Zeit vor der rechtlichen Beendigung zurückzugeben (OLG Dresden NZM 2000, 827).

a) Vereinbarung der Betriebspflicht bis zur unmittelbaren Räumung

434 Wenn ein Vermieter, insbesondere als Betreiber eines Einkaufszentrums, ein schutzwürdiges Interesse daran hat, dass durch Leerstände einzelner vermieteter Ladenlokale beim Publikum nicht der Eindruck entsteht, es handele sich um ein im wirtschaftlichen Niedergang befindliches Einkaufszentrum, muss der Vermieter dem bereits bei Vertragsabschluss entgegenwirken und eine entsprechende Betriebspflicht bis zur vollständigen Räumung vereinbaren. Hierbei ist davon auszugehen, dass eine solche Vereinbarung formularvertraglich wirksam nicht getroffen werden kann, sondern nur individualvertraglich.

b) Insolvenz des Mieters

435 Dem zur Masseschonung verpflichteten Verwalter soll eine unrentable Betriebsfortführung nicht zumutbar sein (Wolf/Eckert/Ball Rn. 1503), zum zahlungsfähigen Mieter s. OLG Karlsruhe IMR 2007, 284.

3. Verstöße gegen die Betriebspflicht

436 Gegen die Betriebspflicht verstößt der Mieter, wenn er entgegen der für den Vertrag getroffenen Regelungen seinen Betrieb ganz oder teilweise einstellt, bzw. die vereinbarten Öffnungszeiten nicht einhält. Kein Verstoß gegen die Betriebspflicht, ist die Schließung eines von zwei Ladeneingängen (OLG Dresden NZM 2008, 131 ff.).

a) Einstellung des Betriebs und Neueröffnung

437 Die Einstellung des Geschäftsbetriebs bei gleichzeitigem Betrieb eines Konkurrenzunternehmens in unmittelbarer Nachbarschaft, ist schon dann vertragswidrig, wenn eine Betriebspflicht nicht explizit vereinbart wurde. Sie ist es erst recht, wenn eine solche Pflicht vereinbart worden ist (LG Hannover ZMR 1993, 280, 281).

b) Verkleinerung der Betriebsfläche

438 Eine nach außen hin nicht erkennbare Verkleinerung der Betriebsfläche soll zulässig sein (Hamann ZMR 2001, 581, 583).

4. Rechtsfolgen bei Verstößen gegen die Betriebspflicht

a) Erfüllung, Kündigung oder Schadensersatz

439 Der Verstoß gegen die als selbstständige Leistungspflicht ausgestaltete Betriebspflicht, gewährt dem Vermieter einen Anspruch auf Erfüllung i.S.d. § 541 BGB (OLG Düsseldorf NZM 2001, 131, 132) und stellt zugleich eine zum Schadensersatz verpflichtende Vertragsverletzung dar (OLG Düsseldorf NJW-E-MietR 1997, 177). Dem Mieter wird die Berufung auf § 537 Abs. 2 BGB versagt, wenn er sich grundlos weigert, den Mietvertrag zu erfüllen (BGH NZM 2008, 206 ff.). Er berechtigt den Vermieter zur fristlosen Kündigung (BGH NJW-RR 1992, 1032; OLG Köln DWW 2000, 336). Eine Abmahnung muss regelmäßig vorausgehen.

440 Unbeachtlich für das Vorliegen eines Verstoßes sind Rentabilitätsgesichtspunkte. Sie bleiben grundsätzlich außen vor (BGH ZMR 1993, 57), da sie in die unternehmerische Risikosphäre des Mieters fallen (s. auch OLG Düsseldorf ZMR 2004, 508). Eine andere Beurteilung kann sich allerdings dann ergeben, wenn der Vermieter für die Funktionsfähigkeit eines Einkaufszentrums mit einstehen wollte (s. Rdn. 112, 159, 252 Stichwörter »Leerstand«, »Risikoverlagerung«, »Wegfall der Geschäftsgrundlage«).

b) Vertragsstrafe

Möglich ist, zu versuchen den Mieter durch Vereinbarung einer Vertragsstrafe zur Einhaltung der Betriebspflicht zu veranlassen. Wenn die vertragliche Regelung die Grundsätze für die wirksame Vereinbarung einer Vertragsstrafe wahrt (s. hierzu Kap. 2 Rdn. 37 ff.), kann der Mieter verpflichtet sein, bei Verstoß gegen die Betriebspflicht, eine Vertragsstrafe zu zahlen. Für jeden Tag des Verstoßes gegen die Betriebspflicht, ist dann die vereinbarte Vertragsstrafe zu zahlen. Eine Vertragsstrafe in Höhe von etwa 125 % der auf den Tag entfallenden Miete ist nicht unangemessen (OLG Rostock NZM 2004, 460, 461). **441**

5. Vollstreckung der Betriebspflicht

Gerade im Hinblick auf die Durchsetzung der Betriebspflicht, ist dem Vermieter regelmäßig an einer schnellen Entscheidung gelegen. Umstritten ist, ob die Einhaltung der Betriebspflicht durch eine einstweilige Verfügung erreicht werden kann und wie die Zwangsvollstreckung aus einem Urteil zu erfolgen hat, das den Gewerberaummieter zum Betrieb seines Geschäfts verpflichtet (s. Stobbe/Tachezy NZM 2002, 557, 559). **442**

a) Einstweilige Verfügung

Sehr umstritten in Literatur und Rechtsprechung ist, ob die Durchsetzung der Betriebspflicht im einstweiligen Verfahren erfolgen darf (s. Hinz ZMR 2005, 615, 627). Teilweise wird der Antrag auf Einhaltung der Betriebspflicht im einstweiligen Verfügungsverfahren als unzulässig angesehen (OLG Naumburg OLGReport 1999, 312; OLG Naumburg NZM 1998, 575; OLG Hamm NJW 1973, 1135). Andere Gerichte meinen, dass die Durchsetzung im einstweiligen Verfügungsverfahren zulässig sei (OLG Frankfurt/M. ZMR 2009, 446; OLG Celle IMR 2007, 283; OLG Düsseldorf GuT 2004, 17; NJW-RR 1997, 648; KG ZMR 2005, 47 f.). **443**

b) Vollstreckbarkeit

Streitig ist, wie die Betriebspflicht sich durchsetzen lässt, d.h. wie die Zwangsvollstreckung aus einem Urteil zu erfolgen hat, das den Gewerberaummieter zum Betrieb seines Geschäfts verpflichtet. Teilweise wird vertreten, dass die Durchsetzung der Betriebspflicht weder gemäß §§ 887, 888 ZPO noch gemäß § 890 ZPO zulässig sei (OLG Hamm NJW 1973, 1135; OLG Naumburg NZM 1998, 575). Nach anderer Auffassung ist die Vollstreckung der Betriebspflicht nach § 888 ZPO zulässig (OLG Celle NJW-RR 1996, 585). Nach Meinung des OLG Düsseldorf (NJW-RR 1997, 648) erfolgt die Durchsetzung der Betriebspflicht nach § 890 ZPO. Zu Einzelfragen: Peters/Welkerling ZMR 1999, 369, 370 f. **444**

c) Streitwert

Das Interesse an der Einhaltung der Betriebspflicht kann durch pauschalierte Betrachtungsweise mit einer Jahresmiete angesetzt werden, da es sich maßgeblich an der Höhe des vereinbarten Mietzinses orientiert (KG ZMR 2006, 611). **445**

VI. Werbegemeinschaften

Ob Abreden über gemeinsame Werbung im Mietvertrag getroffen werden, hängt vom Mietobjekt ab. Bei Einkaufszentren sind sie üblich, dies gehört zum gängigen Vermarktungskonzept (HansOLG Hamburg ZMR 2004, 509 ff.; OLG Hamm GE 1999, 314). Hieraus lässt **446** sich jedoch nicht herleiten, dass der Vermieter eine umfassende unternehmerische Verantwortung für die Einzelgeschäfte übernehmen will, auch nicht bei Pflichtmitgliedschaft (BGH BeckRS 2010, 09304). Für den Beitritt des Mieters zu einer Werbegemeinschaft ist eine vertragliche Vereinbarung erforderlich. Häufig wird für Werbegemeinschaften eine BGB-Gesellschaft oder ein Verein gegründet (s. Joachim GuT 2007, 3 (4)).

447 Wie die Beteiligung des Mieters an einer Werbegemeinschaft mietvertraglich sichergestellt werden kann, ist umstritten. Diskutiert wird, ob der Mieter eine Beitrittspflicht hat oder nur eine Beitragspflicht.

1. Beitrittspflicht

448 Eine formularvertraglich vereinbarte Beitrittsverpflichtung zur Werbegemeinschaft kann unzulässig sein. Als überraschend ist eine solche Verpflichtung im Hinblick auf die Häufigkeit derartiger Vereinbarungen nicht mehr zu werten (BGH NJW 2000, 1714, 1717; HansOLG Hamburg ZMR 2004, 510 m.w.N.). Der bisherige Streit über die Zwangsmitgliedschaft und die zulässige Art der Rechtsform hat sich durch die höchstrichterliche Rechtsprechung weitgehend erledigt.

449 Geklärt ist, dass die formularmäßige Verpflichtung des Mieters, einer Werbegemeinschaft in Form einer GbR beizutreten, gegen § 307 verstößt (BGH NJW 2006, 3057 zu Einkaufszentrum, s. Drasdo NJW Spezial 2007, 5 ff.).

Als Gesellschafterin einer GbR wäre die Mieterin weitgehenden Haftungsrisiken ausgesetzt (vgl. nur Palandt/Sprau BGB 65. Aufl. § 714 Rn. 11 f.), was bei anderen Organisationsformen gegebenenfalls vermeidbar wäre. Insbesondere würde der Mieter auch persönlich für Wettbewerbsverstöße der GbR haften (BGH a.a.O.; vgl. OLG Celle OLGR Celle 2005, 746). Die entsprechende Regelung des Mietvertrages verstößt aus diesem Grund gegen § 307 BGB und ist damit unwirksam.

450 Der BGH hat keine bestimmte Rechtsform für die Werbegemeinschaft vorgeschlagen, sondern spricht von »anderen Organisationsformen«. Dabei kommen nach den Entscheidungsgründen nur solche Rechtsformen in Betracht, bei denen eine persönliche Haftung des Mieters für Verbindlichkeiten der Werbegemeinschaft ausgeschlossen ist, vor allem also eine GmbH oder ein rechtfähiger Verein, eventuell auch eine KG mit niedriger Kommanditisteneinlage. Das erfordert allerdings einen registergerichtlichen Aufwand. Schmid (Handbuch der Mietnebenkosten, 11. Aufl.) hält eine mietvertragliche Verpflichtung zur Zahlung von Beiträgen ohne Mitgliedschaftszwang für möglich, da der BGH (a.a.O.) nur entschieden hat, dass ein bloßer Finanzierungsbeitrag keinen Vorrang vor einer Pflichtmitgliedschaft hat.

2. Beitragspflicht

451 Die von § 535 BGB abweichende Vereinbarung der Übernahme weiterer Kosten, neben der Miete für die Gewährung des Gebrauchs durch den Mieter, bedarf stets einer ausdrücklichen und inhaltlich bestimmten Vereinbarung. Nur dann ist es dem Mieter möglich, sich zunächst ein grobes Bild davon zu machen, welche zusätzliche Kosten auf ihn zukommen können (BGH NJW-RR 2006, 84, 85).

452 Gegen die formularvertragliche Vereinbarung einer Beitragspflicht aller Mieter zu den Kosten der Werbegemeinschaft, unabhängig vom Beitritt, bestehen keine Bedenken, wenn der Verpflichtete zumindest potentiell von der Werbung profitiert (OLG Hamburg ZMR 2004, 510 m.w.N.; a.A. OLG Düsseldorf ZMR 1993, 469 unter Hinweis auf den in der zu beurteilenden Klausel enthaltenen Änderungsvorbehalt).

Höchstrichterlich (BGH NJW 2006, 3057) wurde entschieden, dass die Höhe der Beiträge, die der Gewerberaummieter an eine Werbegemeinschaft zu leisten hat, bestimmbar sein muss. Dies ist gegeben, wenn sich die Beiträge prozentual nach der jeweiligen Nettomiete bemessen (für 10 % LG Berlin NZM 2001, 338) oder, wie immer wieder gefordert, eine Obergrenze für die Beitragspflicht vereinbart ist (KG GE 1999, 313). Zum Ganzen s.a. Kap. 5. **453**

3. Festlegung von Öffnungszeiten für Mitglieder der Werbegemeinschaft

Bei der formularmäßigen Regelung, dass die Öffnungszeiten von Ladengeschäften in einem Einkaufszentrum, abhängig sind von den Öffnungszeiten der Mehrzahl der übrigen Mieter, ist Vorsicht geboten. Auch wenn die Mieter durch eine Werbegemeinschaft verbunden sind, kann keine Regelung getroffen werden, die den Mieter über die Grundlagen der Festlegung der Öffnungszeiten im Unklaren lässt. **454**

Kann der Vermieter von Gewerbeflächen in einem Einkaufszentrum auf der Grundlage eines mietvertraglichen Vorbehalts gegenüber der überwiegenden Mehrzahl der Ladenmieter einseitig eine Ausweitung der Betriebspflicht bestimmen (hier: Öffnung an Samstagen), ist eine in nur wenigen Mietverträgen ohne solchen Vorbehalt befindliche Klausel, wonach es für den Umfang der Betriebspflicht darauf ankommt, wie lange »die überwiegende Mehrzahl aller Mieter ihre Geschäfte offenhält«, intransparent i.S.v. § 307 Abs. 1 S. 2 BGB, weil die Klausel den – unzutreffenden – Eindruck erweckt, die konkreten Öffnungszeiten bestimmten sich nach dem Mehrheitsverhalten der Mieter statt tatsächlich nach der einseitigen Festlegung des Vermieters (BGH NZM 2007, 516; s. dazu auch Rdn. 420).

16. Kapitel
Pacht

Übersicht **Rdn.**

I. Pacht

1. Einführung

1 Der Pachtvertrag stellt einen eigenständigen Vertragstyp dar, auf den in weiten Teilen die mietrechtlichen Bestimmungen Anwendung finden. Im Unterschied zum Mietvertrag räumt der Pachtvertrag dem Pächter neben dem Gebrauch der Sache auch die Fruchtziehung ein. Gegenstand des Pachtvertrags können neben beweglichen Sachen und Immobilien auch Rechte sein.

2 Gemäß § 581 Abs. 2 BGB sind auf den Pachtvertrag die Vorschriften des Mietrechts entsprechend anzuwenden, soweit sich nicht aus den (wenigen) Normen des allgemeinen Pachtrechts (§§ 581 bis 584b BGB) etwas anderes ergibt. Das Wohnraummietrecht kommt nur zur Anwendung, soweit §§ 578, 579 BGB ihrerseits darauf verweisen. Die auf den Pachtvertrag anwendbaren Vorschriften des Mietrechts werden in diesem Kapitel nur kommentiert, soweit pachtrechtliche Besonderheiten bestehen.

3 Durch das Mietrechtsreformgesetz wurde auch im Pachtrecht eine Verlagerung der Begrifflichkeiten eingeführt. Der Begriff Pachtzins wurde durch Pacht ersetzt, und wo das Gesetz zuvor mit dem Begriff Pacht das entsprechende Vertragsverhältnis bezeichnete, spricht es nun (mit einer Ausnahme in § 595 Abs. 3 Nr. 3 BGB) von Pachtverhältnis.

4 Gegenstand des ersten Abschnitts dieses Kapitels ist zunächst die Darstellung des allgemeinen Pachtrechts. Besondere Typen von Pachtverträgen, insbesondere die Kleingartenpacht, werden nachfolgend erörtert (s.u. Rdn. 61 ff.). Der als eigener Vertragstyp im BGB geregelte Landpachtvertrag ist Gegenstand des zweiten Abschnitts dieses Kapitels (s.u. Rdn. 71 ff.).

2. Vertragsgegenstand

Gegenstand des Pachtvertrags können Sachen oder Rechte oder Gesamtheiten von Sachen und Rechten sein, also insbesondere auch Unternehmen oder abgesonderte Teile von Unternehmen (vgl. BGH NJW-RR 1986, 1243). Voraussetzung ist nur, dass die Sachen oder Rechte bestehen und dazu geeignet sind, Gebrauchsvorteile oder Früchte herzugeben. 5

Rechtspacht liegt auch dann vor, wenn nicht ein abgrenzbarer Raum, sondern nur das Recht zur Nutzung einer Einrichtung innerhalb einer größeren Einheit übertragen wird, so z.B. bei der Einräumung einer Schankerlaubnis in einer Markthalle, dem Betrieb einer Garderobe oder einer Toilette (OLG Frankfurt NZM 2009, 334). Auch ein Vertrag über Tafel- oder Bandenwerbung fällt hierunter (BGH NJW-RR 1994, 558 – Werbetafeln auf einem Golfplatz; NJW-RR 1999, 845 – Bandenwerbung im Fußballstadion). Auch können durch einen Pachtvertrag Nießbrauch und persönliche Dienstbarkeiten überlassen werden. Bei Grunddienstbarkeiten hingegen ist eine Überlassung nicht durch separaten Vertrag, sondern nur gemeinsam mit dem herrschenden Grundstück möglich (vgl. MüKo/Harke BGB § 581 Rn. 5). Ebenso kann eine Internet-Domain Gegenstand eines Pachtvertrags sein (vgl. OLG Köln MMR 2003, 191; BGH NJW-RR 2009, 1413). Als Pachtgegenstand kommen auch öffentliche Rechte in Betracht (vgl. BGH NJW-RR 1986, 1243 – Verpachtung einer Linienverkehrsgenehmigung nach dem Personenbeförderungsgesetz) sowie die Gestattung schlichter Erwerbsmöglichkeiten (vgl. MüKo/Harke BGB § 581 Rn. 5). 6

Bei der **Unternehmens- oder Betriebspacht** wird ein ganzes Unternehmen, einschließlich der Immaterialgüterrechte und Erwerbschancen, insbesondere des good will (so die Definition des Begriffs Unternehmen in BGH NJW 1988, 1668), zum Pachtgegenstand. Hier besteht der Fruchtgenuss in der Abschöpfung des Betriebsgewinns, der eine Frucht i.S.v. § 99 BGB darstellt (vgl. BGHZ 7, 208 = NJW 1952, 1410). Auch ein Teil eines Unternehmens (z.B. Inseratenteil eines Zeitungsunternehmens, Kantine) kann verpachtet werden. Ob das Unternehmen als Ganzes (mit Firma, Know-how, Kundestamm und good will) oder nur Räume und Einrichtung verpachtet werden sollten, ist nach Vertragsinhalt und Parteiwillen zu ermitteln. Der überwiegende Teil gibt hier den Ausschlag (BGH NJW 1953, 1391). 7

3. Abgrenzung zu anderen Rechtsverhältnissen

a) Miete

Ein Mietvertrag kann nur über Sachen (§ 90 BGB) geschlossen werden, ein Pachtvertrag aber auch über Rechte oder eine Gesamtheit von Rechten und Sachen. Zudem umfasst der Mietvertrag nur die Gebrauchsgewährung, nicht die Fruchtziehung. Die Abgrenzung zwischen Miet- und Pachtvertrag hat daher objektbezogen zu verfolgen. Sie richtet sich nach der Parteivereinbarung über die Eignung des Vertragsgegenstands. Wenn der Nutzer aus dem Vertrag nicht nur Gebrauchsvorteile, sondern darüber hinaus auch Früchte (§ 99 BGB) ziehen können soll, ist von einem Pachtverhältnis auszugehen. 8

Wegen der vielseitigen Nutzungsmöglichkeiten von Räumen bestehen praktische Schwierigkeiten bei der Abgrenzung nur bei der **Überlassung von Geschäftsräumen**. Nach einer Entscheidung des Reichsgerichts soll es darauf ankommen, ob die Räume selbst Quelle des Ertrags oder nur der örtliche Mittelpunkt einer unternehmerischen Tätigkeit sein sollen (RGZ 81, 23, 24). Entscheidend ist hier die Parteivereinbarung. Ergeben sich daraus keine Anhaltspunkte, soll es nach ständiger Rechtsprechung des Bundesgerichtshofs darauf ankommen, wie die zu überlassenden Räume im Zeitpunkt des Vertrags- 9 schlusses eingerichtet sind. Eignen sie sich aufgrund der Ausstattung für den beabsichtigten Betrieb, liegt ein Pachtvertrag vor, ansonsten ein Mietvertrag (BGH NJW 1979, 2351, 2352 = ZMR 1979, 238). Abweichende Vereinbarungen sind aber auch hier zu berücksichtigen. Verpflichtet sich etwa der Verpächter, die bei Vertragsschluss leeren Räume noch so auszustatten, dass sie einen bestimmten Betrieb ermöglichen, kann dies für einen Pachtvertrag sprechen (vgl. BGH WuM 1981, 226 = ZMR 1981, 306). Trifft den Pächter eine solche Pflicht, die erforderliche Einrichtung zu beschaffen, ist jedenfalls dann ein Pachtvertrag anzunehmen, wenn der Pächter zugleich verpflichtet ist, die Räume bei Vertragsende in einem zur Fruchtziehung geeigneten Zustand zurückzugeben. Denn auch in diesem Fall wird die Einrichtung der Räume letztlich dem Verpächter zugeordnet. Auch wenn der Verpächter zur Beschaffung des Inventars wesentlich beigetragen hat, indem er etwa eine günstige Bezugsquelle nachgewiesen oder einen günstigen Anschaffungskredit vermittelt hat, spricht dies für die Annahme eines Pachtvertrags (vgl. BGH NJW-RR 1991, 906, 907 = ZMR 1991, 257).

10 Das Abgrenzungskriterium der Ausstattung ist **nicht besonders trennscharf**. Die gut begründete Kritik hieran liefert jedoch kein anderes Abgrenzungsmerkmal, sondern ordnet im Ergebnis jede Überlassung von Geschäftsräumen dem Pachtrecht unter (vgl. insbesondere Voelskow NJW 1983, 910), was allerdings dem Wortlaut von § 581 Abs. 1 S. 1 BGB widersprechen dürfte, der ausdrücklich die Gewährung eines Fruchtgenusses fordert. Ebenso trennscharf und noch eher mit dem Gesetzeswortlaut zu vereinbaren wäre da die gegenteilige Auffassung, wonach auf die Überlassung von Geschäftsräumen stets Mietrecht anzuwenden sei (MüKo/Harke BGB § 581 Rn. 11).

11 Die Überlassung von Wohnraum zur **gewerblichen Untervermietung** ist hingegen immer ein Mietvertrag (und wird auch vom Gesetz so bezeichnet: vgl. § 565 BGB), da das zu erzielende Entgelt nur für die Gebrauchsüberlassung gewährt wird, die gerade keine gesonderte Fruchtziehung darstellt.

b) Landpachtvertrag

12 Die Abgrenzung zwischen Pacht- und Landpachtvertrag erfolgt nach der gegenstandsbezogenen Definition in § 585 BGB (s.u. Rdn. 74 f.).

c) Kauf

13 Die Unterscheidung zwischen Kauf- und Pachtvertrag gelingt zumeist schon danach, ob der Gegenstand endgültig (dann Kauf) oder nur auf Zeit (dann Pacht) überlassen werden soll. Ein weiteres Unterscheidungskriterium kann sein, ob die nach dem Vertrag den Parteien zugewiesenen Tätigkeiten eher denen beim Kaufvertrag (Verkäufer verschafft dem Käufer Eigentum – Käufer nimmt entgegen) oder denen beim Pachtvertrag (Verpächter gewährt Rechte – Pächter zieht Nutzen und Früchte) ähneln (vgl. MüKo/Harke BGB § 581 Rn. 10). Lautet der Vertragsgegenstand beispielsweise Sand, liegt ein Kaufvertrag vor, wenn der Sand auf dem Grundstück des Eigentümers bereit steht und der Abnehmer ihn dort abholen muss. Befindet sich der Sand aber noch im Boden und muss von der Abnehmerseite unter Nutzung des fremden Grundstücks erst selbst gefördert werden, liegt regelmäßig ein Pachtvertrag vor (vgl. BGH NJW 1982, 2062 – Kiesabbau). Liegt das Schwergewicht des Vertrages auf einer Fruchtgewinnung durch den Abbauberechtigten, ist auch dann ein Pachtvertrag anzunehmen, wenn die Dauer der Ausbeutebefugnis vertraglich nicht festgelegt ist (vgl. BGH NJW 1995, 2548 – Bimsabbau). Die Lieferung verbrauchbarer Sachen (wie Wasser, Gas oder Strom) ist wiederum regelmäßig Kauf, während die Vereinbarung eines Rechts zur Nutzung solcher Sachen (z.B. eines Wassernutzungsrechts) einen Pachtvertrag darstellt (vgl. Palandt/Weidenkaff BGB vor § 581 Rn. 3).

d) Werkvertrag

14 Abgrenzungsprobleme zum Werkvertrag sind selten, können jedoch dann auftauchen, wenn Gegenstand des Vertrags die Überlassung von Produktionseinrichtungen ist. Hier kann ein Werkvertrag vorliegen, wenn der Nutzer zur Ablieferung des Produktionsergebnisses verpflichtet ist und gerade dies als vertraglichen Erfolg schuldet. Hingegen ist ein Pachtvertrag anzunehmen, wenn der Nutzer die überlassene Anlage für eigene Zwecke betreibt, die gezogenen Früchte behält und dem Überlasser für die Nutzung ein Entgelt zu zahlen hat.

e) Dienstvertrag

15 Zum Dienstvertrag – also insbesondere zum Arbeitsvertrag – kann die Abgrenzung fraglich sein, wenn für die Tätigkeit eine Anlage (z.B. Toilette, Eismaschine) zur Nutzung überlassen wird. Ein Pachtvertrag kann nur dann vorliegen, wenn die die Anlage betreibende Person in der Gestaltung des Betriebs unabhängig ist und nicht der Aufsicht und Weisung anderer untersteht. Nach dem gleichen Kriterium ist auch zwischen einem Betriebspachtvertrag und einem Dienstvertrag zu unterscheiden. Die Überlassung des Betriebs eines Unternehmens ist jedenfalls dann kein Pachtvertrag, wenn der Verpflichtete weisungsabhängig bleibt, keinen eigenen Besitz erhält oder nicht auf eigene Rechnung arbeitet. Der Grad der eigenen Verantwortlichkeit und Entscheidungsfreiheit des Nutzers bestimmt danach den Charakter des Vertrags. Unschädlich für die Annahme von Pacht ist die Beteiligung des Verpächters am Umsatz des Pächters oder die Garantie eines Mindesteinkommens (vgl. die Rechtsprechungsübersicht bei Staudinger/Emmerich/Veit BGB vor §581 Rn. 42f.).

f) Gesellschaft

16 Kein Pachtvertrag, sondern ein Gesellschaftsvertrag liegt vor, wenn beide Parteien zu einem gemeinsamen Zweck i.S.v. §705 BGB handeln. Ob ein gemeinsamer Zweck vorliegt, lässt sich zumeist an den vertraglichen Regelungen über die Beteiligung der Parteien am wirtschaftlichen Ergebnis ablesen. Eine bloße Beteiligung am Gewinn ist beim Pachtvertrag möglich und häufig. Je nach Vertragsgestaltung kann der Gewinn auch bis auf Null sinken (vgl. BGH NJW-RR 1988, 417 = ZMR 1988, 49 – Ergebnisbeteiligung vs. Umsatzbeteiligung). Eine Verlustbeteiligung spricht jedoch für das Vorliegen einer Gesellschaft (vgl. MüKo/Harke BGB §581 Rn. 16). Bei der Gewinnbeteiligung ist danach zu differenzieren, ob dem Überlasser Mitwirkungsrechte eingeräumt werden (vgl. BGH a.a.O.; s.a. BGHZ 127, 176, 179f. = NJW 1995, 192 – Zustimmungsvorbehalt bei Änderung des Geschäftszwecks).

g) Lizenzvertrag

17 Gegenstand des Lizenzvertrags ist die Überlassung eines gewerblichen Schutzrechts (Patent, Gebrauchsmuster) zur Benutzung. Hierbei handelt es sich regelmäßig um einen gemischten Vertrag, der starke pachtrechtliche Elemente enthält. Ähnlich ist der Know-how-Vertrag (BGH NJW 1981, 2684; NJW 1987, 2004) zu beurteilen, durch den nicht schutzrechtsfähige Ansammlungen von Wissen, z.B. über Verfahren oder sonstige Techniken, zur Nutzung überlassen werden. Die im Regelfall höchst ausführlichen Vertragsdokumente machen eine Abgrenzung zwischen den Vertragstypen des BGB indes selten erforderlich.

4. Vertragsschluss

18 Der Pachtvertrag kann grundsätzlich formfrei abgeschlossen werden. Bei Verträgen über Raum- und Grundstückspacht ist jedoch zu beachten, dass gem. §§ 581 Abs. 2, 578, 550 BGB Verträge, die für länger als ein Jahr geschlossen werden und die **Schriftform** nicht beachten, als auf unbestimmte Zeit geschlossen gelten. Das Schriftformerfordernis gilt für den ganzen Vertragsinhalt. Bei verbundenen Urkunden sind die Anforderungen indes mit der Auflockerungsrechtsprechung des Bundesgerichtshofs erheblich gesenkt worden (vgl. MüKo/Bieber BGB § 550 Rn. 12). I.Ü. gilt § 311c BGB, wonach Verfügungen über eine Sache sich im Zweifel auch auf das Sachzubehör erstrecken, entsprechend auch für Pachtverträge, sodass eine schriftliche Auflistung des Zubehörs unterbleiben kann (vgl. BGH NJW 2000, 354, 357 = ZMR 2000, 76). Im nicht so seltenen Fall des Pachtvertrags, der dem Pächter ein späteres Recht zum Vorkauf des verpachteten Grundstücks einräumt, ist die Formvorschrift des § 311b Abs. 1 BGB zu beachten.

19 Liegt die Höhe der vereinbarten Pacht in einem auffälligen Missverhältnis zur marktüblichen Pacht, kommt **§ 138 BGB** in Betracht. Zu beachten ist jedoch, dass der Bundesgerichtshof ertragswertorientierten Methoden zur Bestimmung der Vergleichspacht eine deutliche Absage erteilt hat (BGHZ 141, 257 = NJW 1999, 3187 = ZMR 1999, 806; BGH NJW 2002, 55, 56 = ZMR 2001, 788).

5. Vertragstypische Pflichten

a) Pflichten des Verpächters

aa) Gebrauchsgewährung und Fruchtgenuss

20 Gemäß § 581 Abs. 1 BGB hat der Verpächter dem Pächter den Gebrauch der Pachtsache und den Fruchtgenuss zu gewähren. Konstitutiv für den Pachtvertrag ist jedoch nur die Fruchtziehung. Das zeigt sich schon daran, dass es bei der Verpachtung von Rechten ohnehin keinen Gebrauch geben kann, sondern nur Fruchtziehung. Die Pflicht zur Gebrauchsgewährung kann also auch bei Sachen ganz abbedungen werden (vgl. Palandt/Weidenkaff BGB § 581 Rn. 5).

21 Die Fruchtziehung wird rechtstechnisch durch ein separates Rechtsgeschäft ermöglicht, die Aneignungsgestattung. Der Eigentumserwerb des Pächters in Bezug auf die Früchte geschieht folglich über § 956 BGB. Die Berechtigung zur Fruchtziehung steht beim Pachtvertrag gem. § 581 Abs. 1 S. 1 BGB unter dem Vorbehalt der »Regeln einer ordnungsgemäßen Wirtschaft«. An Übermaßfrüchten erwirbt der Pächter also, anders als der Nießbraucher gem. § 1039 BGB, kein Eigentum.

bb) Erhaltungs- und Instandsetzungspflicht, Gewährleistung

22 Wie den Vermieter trifft den Verpächter die vertragliche Hauptleistungspflicht, den Pachtgegenstand zu erhalten und gegebenenfalls instand zu setzen (§§ 581 Abs. 2, 353 Abs. 1 S. 2 BGB). Diese Regelung ist jedoch dispositiv (vgl. OLG Rostock NZM 2010, 42). Ist das Inventar mit verpachtet, sehen §§ 582 f. BGB eine differenzierte Regelung vor (s.u. Rdn. 41 ff.). Auch die Sekundärrechte des Mieters der §§ 536 bis 536d BGB gelten für den Pächter. Der Verpächter haftet für die Tauglichkeit des Pachtgegenstands zum vertragsgemäßen Gebrauch, also auch für die grundsätzliche Tauglichkeit zur Fruchtziehung. Er haftet jedoch nicht dafür, dass der Pachtgegenstand im konkreten Fall so viele Früchte abwirft, dass sich der Betrieb für den Pächter rentiert (vgl. BGH NJW 1982, *2062, 2063). Eine Beteiligung* des Verpächters am Fruchtziehungsrisiko können die Par-

teien in Form einer variablen Pacht vereinbaren; sie ergibt sich jedoch nicht aus dem Gewährleistungsrecht (vgl. MüKo/Harke BGB § 581 Rn. 36).

Ob ein **Mangel der Pachtsache** vorliegt, hängt auch davon ab, was konkreter Gegenstand des Pachtvertrags ist. Wenn nur Betriebsräume oder ein einzelnes Recht verpachtet wurden, erstreckt sich die Mängelgewährleistung nicht so weit, wie wenn Vertragsgegenstand die Verpachtung eines ganzen Betriebs ist. Eine Betriebsstörung durch eine behördliche Maßnahme, die sich nicht auf das verpachtete Objekt, sondern den dortigen Betrieb bezieht, ist nur dann dem Verpächter anzulasten, wenn er den Betrieb als Ganzes verpachtet hat und entsprechend zu erhalten verpflichtet ist (vgl. BGH NJW-RR 1992, 267 = ZMR 1992, 239). Änderungen der öffentlich-rechtlichen Rahmenbedingungen, etwa durch die zahlreichen Nichtraucherschutzgesetze der Länder, stellen jedoch regelmäßig keinen Mangel dar (vgl. OLG Koblenz NZM 2010, 83, nicht rechtskräftig). **23**

Die auch für den Verpächter geltende **Garantiehaftung für anfängliche Mängel** gem. § 536a Abs. 1 BGB ist nach Auffassung des Bundesgerichtshofs eine für das gesetzliche Haftungssystem untypische Regelung und somit auch durch AGB abdingbar (vgl. BGH NJW-RR 1991, 74 = ZMR 1992, 241; NJW-RR 1993, 519, 520 = ZMR 1993, 320). **24**

cc) Konkurrenzschutz

Wie bei der Geschäftsraummiete schuldet auch der Verpächter dem Pächter grundsätzlich einen gewissen Konkurrenzschutz, ohne dass dies ausdrücklich zu vereinbaren wäre (vgl. Kap. 15 Rdn. 92; Palandt/Weidenkaff BGB § 535 Rn. 27 m.w.N.). Der Pächter schuldet Entsprechendes nur bei gesonderter Vereinbarung (vgl. Kap. 15 Rdn. 362 ff.; Palandt/Weidenkaff BGB § 581 Rn. 86). **25**

dd) Lastentragung

Die grundsätzliche Pflicht des Verpächters zur Lastentragung (§§ 581 Abs. 2, 535 Abs. 1 S. 3) kann auf den Pächter übertragen werden. Im Zweifel sind von einer solchen Übernahme der Lastentragung durch den Pächter aber nur solche Lasten erfasst, die er aus dem Ertrag des Pachtgegenstands bestreiten kann (BGHZ 6, 240, 246 f.). **26**

ee) Pachtkaution

Von den Bestimmungen über die Mietkaution ist allein § 551 Abs. 3 BGB, wonach der Vermieter eine geleistete Mietkaution zugunsten des Mieters anzulegen hat, wenn auch nicht unmittelbar, aber zumindest bei der ergänzenden Vertragsauslegung eines Pachtvertrags heranzuziehen. Nach dem Bundesgerichtshof dienen diese Regeln einem sachgerechten Interessenausgleich und beruhen nicht auf dem Gedanken sozialer Fürsorge für den Wohnraummieter (BGHZ 127, 138, 144 f. = NJW 1994, 3287 = ZMR 1995, 11). **27**

ff) Verpächterwechsel

Die §§ 566 ff. BGB, wonach ein Mietvertrag vom Verkauf des vermieteten Grundstücks nicht berührt wird, sondern unter Eintritt des Erwerbers fortgesetzt wird, gelten auch für den Pachtvertrag. Mit dem Vertragseintritt des Grundstückserwerbers trifft diesen auch die ggf. gem. § 582a Abs. 3 BGB (s.u. Rdn. 55) geschuldete Pflicht zur Inventarübernahme und zum Wertausgleich (vgl. BGH NJW 1965, 2198). **28**

b) Pflichten des Pächters

aa) Pacht

29 Als Gegenleistung des Pächters können außer einer periodischen Geldzahlung auch Übernahme von Steuern oder sonstigen Lasten, Vornahme von baulichen Maßnahmen und Austausch von Pachtgegenständen (vgl. BGH NJW-RR 1994, 971 = ZMR 1994, 457) vereinbart werden. Die Höhe der Pacht kann an den Umsatz oder an den Ertrag der Pachtsache gebunden werden. Im letzteren Fall spricht man wegen der hieraus resultierenden Aufteilung der Risiken zwischen den Parteien auch von einem partiarischen Pachtverhältnis. Je nach Betriebsergebnis kann die Pacht hier bis auf Null sinken. Zugleich können hierdurch aber (auch konkludent) erweiterte Pflichten des Pächters entstehen, bis hin zur Betriebspflicht (s.u. Rdn. 32 f.).

30 Wenn nichts anderes vereinbart wurde, ist die Pacht bei Raumpachtverträgen gem. §§ 581 Abs. 2, 579 Abs. 2, 556b Abs. 1 BGB jeweils zu Beginn eines Zeitabschnitts fällig. Bei der Verpachtung aller anderen Sachen ist die Pacht dagegen gem. §§ 581 Abs. 2, 579 BGB am Ende des Zeitabschnitts zu zahlen. Hier besteht also eine Vorleistungspflicht des Verpächters. Soll die Pacht gewinnabhängig sein, liegt hierin die konkludente Vereinbarung, dass der Anspruch auf die Pacht erst in dem Zeitpunkt fällig wird, in dem das Betriebsergebnis des Pächters bei ordnungsgemäßer Geschäftsführung festzustellen ist.

31 Das **Fruchtziehungsrisiko** trägt der Pächter. Dies bedeutet, dass der Pächter auch bei einem wirtschaftlichen Misserfolg zur Zahlung der Pacht verpflichtet bleibt, außer bei fehlender Tauglichkeit des Pachtgegenstandes. Das Ertragsrisiko können die Parteien indes vertraglich zwischen sich aufteilen, etwa durch eine Bemessung der Pacht am erwirtschafteten Ertrag. Ein solche Parteivereinbarung kann auch konkludent dadurch geschlossen werden, dass der Verpächter dem Pächter besondere Beschränkungen auferlegt, etwa eine Preisbindung (vgl. BGH WuM 1977, 591, 592).

bb) Betriebspflicht

32 Im allgemeinen Pachtrecht (anders als im Landpachtrecht, s.u. Rdn. 81) trifft den Pächter grundsätzlich keine Betriebspflicht (vgl. Michalski ZMR 1996, 527 m.w.N.). Nach h.M. kann eine solche jedoch vereinbart werden. Aus der Vereinbarung einer umsatz- oder ertragsabhängigen Pacht allein ergibt sich eine solche Pflicht aber noch nicht (vgl. BGH NJW 1979, 2351 = ZMR 1979, 238). Grundsätzlich steht es in diesen Fällen im billigen Ermessen des Pächters gem. § 315 BGB, in welchem Umfang er den Pachtgegenstand nutzt; somit darf er weder den Betrieb arglistig aussetzen, noch es treuwidrig unterlassen, mögliche Früchte zu ziehen (vgl. Staudinger/Sonnenschein/Veit BGB § 581 Rn. 230). Nach einer Entscheidung des OLG Hamm ist der Verpächter für den Pachtausfall während vertraglich nicht zulässiger Betriebsferien bei einem Pachtvertrag, der sowohl eine Betriebspflicht als auch eine umsatzabhängige Pacht vorsieht, vom Pächter zu entschädigen (OLG Hamm BB 1974, 1609).

33 Zu beachten ist jedoch, dass die Betriebspflicht selten zu einer sachgerechten Lösung entsprechender Konflikte führt. Zwar kann der Verpächter ein erhebliches Interesse daran haben, dass der Pachtgegenstand nicht brachliegt. So gehen die geschäftlichen Beziehungen eines Unternehmens verloren, wenn der Betrieb ruht. Dieses Interesse des Verpächters konkretisiert sich jedoch in seinem Interesse an der Rückgabe und zukünftigen Nutzung des Pachtgegenstands. Die Gefährdung der ordnungsgemäßen Rückgabe des Pachtgegenstands rechtfertigt aber stets eine Kündigung des Pachtvertrags aus wichtigem Grund; eine Beschädigung des Pachtgegenstands führt zu Schadensersatzansprüchen. Dagegen würde es dem Verpächter wenig nützen, wenn er den Pächter zum Betrieb zwingen könnte, ihm aber zugleich das Recht auf Weiternutzung der Pachtsache lassen müsste.

cc) Pflicht zur vertragsgemäßen Nutzung

Wie der Mieter schuldet auch der Pächter den vertragsgemäßen Gebrauch der überlassenen Sache. Insbesondere muss er sich bei der Fruchtziehung innerhalb der vertraglichen Grenzen halten. Bei einem Verstoß stehen dem Verpächter nach Abmahnung der Anspruch auf Unterlassung gem. §§ 581 Abs. 2, 541 BGB und das Kündigungsrecht aus wichtigem Grund gem. §§ 581 Abs. 2, 543 Abs. 3 BGB zu. Wenn nichts anderes vereinbart wurde, darf der Pächter gem. § 581 Abs. 1 S. 1 BGB die Früchte nur ziehen, soweit sie nach den Regeln einer ordnungsmäßigen Wirtschaft als Ertrag anzusehen sind. Hieraus folgt auch der Grundsatz, dass der Pächter ohne Zustimmung des Verpächters den Charakter der Pachtsache nicht verändern darf. Eine Ausnahme gilt nach der Rechtsprechung des Bundesgerichtshofs dann, wenn die Veränderung wertsteigernd ist und keine berechtigten Gründe des Verpächters entgegenstehen (vgl. BGH LM § 550 BGB Nr. 1). Die Anpflanzung staatlich zugelassener genveränderter Pflanzen ist eine ordnungsgemäße Bewirtschaftung der Pachtfläche und stellt daher grundsätzlich keine vertragswidrige Nutzung dar (OLG Brandenburg NZM 2008, 486). 34

Ein Unterfall des vertragswidrigen Gebrauchs ist die **eigenmächtige Überlassung des Pachtgegenstands an Dritte**, für den §§ 581 Abs. 2, 540 Abs. 1 BGB gelten. Der Bundesgerichtshof hat in einer Entscheidung die Anwendung von § 540 Abs. 1 BGB auf Fälle der Rechtspacht verneint (vgl. BGH NJW-RR 1994, 558 f. – Verpachtung eines Rechts auf Tafelwerbung). In dieser Pauschalität erscheint diese Ausnahme aber nicht nachvollziehbar, weil in vielen Pachtverträgen die Person des Pächters für die Entscheidung des Verpächters maßgebend ist. Ergibt die Auslegung des Pachtvertrags, dass es dem Verpächter auf Umstände ankam, die in der Person des Pächters liegen, sollte § 540 Abs. 1 BGB daher grundsätzlich Anwendung finden (vgl. MüKo/Harke BGB § 581 Rn. 44 m.w.N.). Die identitätswahrende gesellschaftsrechtliche Umwandlung auf Pächterseite bedeutet aber keine Überlassung an einen Dritten (BGH NZG 2010, 314 = MDR 2010, 377). 35

Gemäß § 540 Abs. 1 S. 2 BGB hat der Mieter für den Fall einer vom Vermieter **verweigerten Untervermieterlaubnis** ein besonderes Kündigungsrecht. Dieses steht dem Pächter gem. § 584a Abs. 1 BGB ausdrücklich nicht zu. Insbesondere bei langfristigen Pachtverträgen können besondere Umstände indes eine Weigerung des Verpächters als unbillig i.S.v. § 242 BGB erscheinen lassen. In jedem Fall der Überlassung der Pachtsache an Dritte haftet der Pächter gem. §§ 581 Abs. 2, 540 Abs. 2 BGB für ein Verschulden seines Unterpächters wie für sein eigenes. 36

Manche Pachtverträge sehen vor, dass der Pächter auch solche Inventarstücke, die er selbst angeschafft hat, nicht oder nicht ohne Zustimmung des Verpächters veräußern kann. In Betriebspachtverträgen ist eine solche **Verfügungsbeschränkung** des Pächters gem. **§ 583a BGB** nur wirksam, wenn die Parteien im Gegenzug vereinbart haben, dass der Verpächter verpflichtet ist, das Inventar bei Vertragsende zum Schätzwert zurück zu erwerben (hierzu näher sogleich unter Rdn. 41 ff.). Diese Vorschrift dient dem objektiven Interessenausgleich zwischen den Parteien: wenn der Verpächter durch solche Verfügungsbeschränkungen des Pächters sicherstellen will, dass er bei Pachtende einen umfassend ausgestatteten Pachtgegenstand zurück erhält, muss sich der Pächter seinerseits darauf verlassen können, dass der Verpächter bei Vertragsende die vom Pächter getätigten Investitionen auch honoriert. 37

dd) Erhaltungspflicht des Pächters für das Inventar

Bei Grundstücks- und Raumpachtverträgen, in denen dem Pächter auch das Inventar überlassen wird, kehrt sich der Grundsatz des Mietrechts aus § 535 Abs. 1 S. 2 BGB, 38 wonach der Vermieter die Erhaltungspflicht für die überlassenen Sachen trägt, gem. §582 BGB um. Nur ausgeschiedene Inventarstücke hat der Verpächter fortan zu ersetzen.

39 Gemäß der Definition in §98 BGB ist Inventar das, was dem wirtschaftlichen Zweck der Hauptsache sind zu dienen bestimmt ist. Einer Entscheidung des Reichsgerichts folgend lässt sich das Inventar konkreter beschreiben als die Gesamtheit der beweglichen Sachen, die zur Betriebsführung auf dem Grundstück bestimmt sind und in einem räumlichen Verhältnis dazu stehen (RGZ 142, 201, 202). Das Inventar kann auch Grundstücksbestandteile erfassen und geht somit über den Begriff des Zubehörs gem. §97 BGB hinaus. Auf die Eigentumsverhältnisse an den einzelnen Stücken kommt es nicht an (BGH NJW 1965, 2198, 2199).

40 Die Erhaltungspflicht des Pächters beginnt mit der Übernahme des Inventars und endet in Bezug auf einzelne Inventarstücke mit deren vom Pächter unverschuldetem Untergang. Aufgrund der Einstandspflicht des Verpächters für solche zufällig untergegangenen Inventarstücke obliegt diesem auch regelmäßig, das Inventar zu versichern (Staudinger/Emmerich/Veit BGB §582 Rn. 7). Ob ein Inventarstück erst als abgegangen anzusehen ist, wenn es nicht mehr reparabel ist, oder ob die Ersatzpflicht des Verpächters schon eintritt, wenn die Neuanschaffung wirtschaftlicher ist als die Weiternutzung oder eine Reparatur, ist umstritten (vgl. MüKo/Harke BGB §582 Rn. 4 m.w.N.). Den gewöhnlichen Abgang der zum Inventar gehörenden Tiere hat der Pächter – in Umkehrung des soeben erörterten Grundsatzes – im Rahmen der ordnungsgemäßen Wirtschaft gem. §582 Abs. 2 S. 2 BGB selbst zu ersetzen.

ee) Gesteigerte Erhaltungspflicht bei Inventarübernahme zum Schätzwert

41 **§582a BGB** hält eine Möglichkeit bereit, das Risiko der Erhaltung des Inventars gänzlich auf den Pächter zu übertragen, indem für Pachtbeginn und Pachtende die Übernahme des Inventars zum Schätzwert vereinbart wird. Der Pächter wird dann wie ein Käufer des Inventars behandelt. Gleichzeitig ist er dem Verpächter gegenüber verpflichtet, das Inventar nach den Grundsätzen einer ordnungsgemäßen Wirtschaft zu erhalten. Tut der Pächter dies nicht, kann der Verpächter ihn entweder auf Erfüllung der Erhaltungspflicht in Anspruch nehmen oder sich damit zufrieden geben, dass er für den verringerten Wert des Inventars bei Pachtende weniger zu bezahlen haben wird.

42 Abzugrenzen ist die Inventarübernahme zum Schätzwert vom ebenfalls im Wege der Parteivereinbarung möglichen **Verkauf des Inventars** an den Pächter bei gleichzeitiger Verpflichtung zum Rückkauf am Ende der Pacht. Im Fall des Kaufs wird der Pächter Eigentümer des Inventars und kann frei über das Inventar verfügen. Bei §582a BGB erwirbt der Pächter nur die Verfügungsbefugnis im Rahmen einer ordnungsgemäßen Wirtschaft.

43 Diese Verfügungsbefugnis des Pächters gem. §582a Abs. 1 S. 2 BGB umfasst auch das Recht, im Rahmen der ordnungsgemäßen Wirtschaft einzelne Inventarstücke zu verkaufen. Im Gegenzug werden Inventarstücke, die der Pächter erwirbt, gem. §582a Abs. 2 S. 2 BGB im Wege der **dinglichen Surrogation** zum Eigentum des Verpächters. Dieser Eigentumsübergang geschieht durch die Einverleibung in das Inventar, also in der bewussten Herstellung eines räumlichen Verhältnisses zum Pachtgegenstand. Da im Zeitraum zwischen Anschaffung und Einverleibung stets ein Zwischenerwerb des Pächters stattfindet, kommt es für den gutgläubigen Erwerb auf das Wissen des Pächters an. Die Einverleibung führt dann zu einem gesetzlichen Eigentumserwerb, sodass es in diesem Schritt auf eine eventuelle Bösgläubigkeit des Verpächters nicht ankommt.

ff) Duldungspflichten des Pächters

Maßnahmen zur Erhaltung und Verbesserung der Pachtsache nach Maßgabe von § 554 Abs. 1 bis 4 BGB hat der Pächter von Räumen gem. §§ 581 Abs. 2, 578 Abs. 2 BGB zu dulden. Bei der hinsichtlich der Angemessenheit solcher Maßnahmen gem. § 554 Abs. 2 S. 2 BGB vorzunehmenden Abwägung ist zu berücksichtigen, dass eine Verbesserung der Pachtsache den Verpächter, anders als den Vermieter gem. § 559 BGB, gerade nicht zu einer Erhöhung der Pacht berechtigt. Wenn ein besonderer Grund vorliegt, hat der Pächter auch die Besichtigung des Pachtgegenstands durch den Verpächter zu dulden. Besondere Gründe, die hierfür in Frage kommen, sind etwa die Gefahr eines Schadens für den Pachtgegenstand, dessen Reparaturbedürftigkeit sowie bei bevorstehendem Pachtende der Besuch eines Nachfolgepächters oder Kaufinteressenten (vgl. MüKo/Harke BGB § 581 Rn. 46). **44**

c) Verpächter- und Pächterpfandrecht

Die Vorschriften über das Vermieterpfandrecht in §§ 562 bis 562d BGB gelten auch für die Verpachtung von Grundstücken und Räumen. Die privaten Dinge des (gewerblichen) Pächters unterliegen dem Pfandrecht jedoch nicht (vgl. Staudinger/Sonnenschein/Veit BGB § 581 Rn. 369). Gem. § 562a S. 2 BGB kann der Pfandrechtsinhaber einer Entfernung von Sachen von dem überlassenen Grundstück nicht widersprechen, wenn die Entfernung den gewöhnlichen Lebensverhältnissen entspricht. Die gewöhnlichen Lebensverhältnisse entsprechen im Falle des Pachtvertrags dem regelmäßigen, üblichen Geschäftsbetrieb (vgl. BGHZ 120, 368, 371 = NJW 1993, 1791, 1792 = ZMR 1993, 213). **45**

Als Gegenstück zum Pfandrecht des Verpächters hat im Falle der Verpachtung mit Inventar auch der Pächter gem. § 583 BGB ein Pfandrecht an den in seinen Besitz gelangten Inventarstücken. Dieses Pfandrecht sichert solche Forderungen des Pächters gegen den Verpächter ab, die sich gerade auf das mitgepachtete Inventar beziehen, also z.B. Ansprüche wegen ursprünglicher Mängel des Inventars oder auf Ergänzung des Inventars gem. § 582 Abs. 2 BGB. **46**

6. Kündigung

a) Ordentliche Kündigung

Die ordentliche Kündigung eines Vertrags über Grundstücks- und Rechtspacht hat sich bei fehlender Parteivereinbarung nach den Fristen von § 584 Abs. 1 BGB zu richten. Für die Verpachtung beweglicher Sachen gilt § 584 Abs. 1 BGB nicht, sodass hier über §§ 581 Abs. 2, 580a Abs. 3 BGB die Fristen des Mietrechts zur Anwendung kommen. **47**

Nach § 584 Abs. 1 BGB ist eine Kündigung nur zum Ende des Pachtjahres mit einer Frist von sechs Monaten möglich. Dies entspricht der für das Pachtrecht typischen langfristigen Bindung der Vertragsparteien. Das Ausmaß der Möglichkeit zur Fruchtziehung ist bei den meisten Pachtgegenständen unregelmäßig über das Jahr verteilt, sodass eine unterjährige Kündigung oft unangemessen wäre. **48**

Die Angabe eines falsch berechneten Kündigungstermins im Kündigungsschreiben ist wie im Mietrecht regelmäßig unschädlich, so dass eine solche Kündigung grundsätzlich zum nächstmöglichen Termin wirken kann. Voraussetzung hierfür ist aber, dass der Wille zum Ausdruck kommt, das Pachtverhältnis in jedem Falle enden lassen zu wollen. Diese Auslegung liegt aufgrund der langen Kündigungsfristen im Pachtrecht oft nicht so deutlich auf der Hand wie bei Mietverträgen (vgl. BGH NJW-RR 1996, 144). **49**

b) Außerordentliche Kündigung mit gesetzlicher Frist

50 Die Frist aus § 584 Abs. 1 BGB gilt gem. Abs. 2 auch für eine außerordentliche Kündigung mit gesetzlicher Frist, also bei §§ 544, 580, 1056 Abs. 2, 2135 BGB, § 30 Abs. 2 ErbbauVO, §§ 109, 111 InsO, §§ 57a, 57c ZVG. Das Kündigungsrecht nach dem Tod des Mieters aus § 580 BGB steht wegen § 584a Abs. 2 BGB nicht dem Verpächter, sondern nur dem Erben des Pächters zu.

51 Ein Kündigungsrecht für den Fall einer vom Verpächter verweigerten Unterverpachtungserlaubnis, so wie es der Mieter gem. § 540 Abs. 1 S. 2 BGB hat, steht dem Pächter gem. § 584a Abs. 1 BGB ausdrücklich nicht zu (vgl. oben Rdn. 36). Die Fruchtziehung wirkt regelmäßig stärker auf den Vertragsgegenstand ein als die bloße Gebrauchsüberlassung, sodass dem Verpächter ein stärkeres Interesse an der Auswahl der Person des Berechtigten zuzugestehen ist. Haben die Parteien indes ein Recht des Pächters auf Zustimmung zur Unterverpachtung vereinbart, darf der Pächter bei Verweigerung dieser Zustimmung in entsprechender Anwendung von § 540 Abs. 1 BGB außerordentlich mit der Frist des § 584 Abs. 1 BGB kündigen.

c) Fristlose Kündigung

52 Das Recht zur fristlosen Kündigung ergibt sich beim Pachtvertrag zunächst aus den verschiedenen Varianten von § 543 BGB. Bei der Pacht von Räumen gilt gem. § 578 Abs. 2 S. 1 BGB auch § 569 Abs. 2 BGB. Sind die Räume zur Benutzung durch Menschen bestimmt, kommt gem. § 578 Abs. 2 S. 2 BGB auch § 569 Abs. 1 BGB in Betracht. Im Fall der nicht genehmigten Unterverpachtung ist weiterhin umstritten, ob die hierauf gestützte fristlose Kündigung voraussetzt, dass die Rechte des Verpächters durch die Überlassung an den Dritten in erheblichem Maße gefährdet worden sind oder die unrechtmäßige Gebrauchsüberlassung an sich als Grund ausreicht (vgl. BGH GuT 2009, 110 = NZM 2008, 728).

7. Vertragsende

a) Stillschweigende Verlängerung

53 Eine stillschweigende Verlängerung des Pachtverhältnisses ist gem. §§ 581 Abs. 2, 545 BGB durch fortgesetzten Gebrauch der Pachtsache möglich. Die Fortsetzung der Fruchtziehung ist nicht unbedingt erforderlich; es reicht, wenn der Pächter den Pachtgegenstand mit der Möglichkeit weiterer Benutzung behält und ihn nicht lediglich i.S.v. § 584b BGB dem Verpächter vorenthält (vgl. Staudinger/Sonnenschein/Veit BGB § 581 Rn. 437).

b) Rückgabe der Pachtsache

54 Auf die Abwicklung der Pacht nach Vertragsende sind grundsätzlich die entsprechenden Regelungen des Mietrechts anwendbar, also die §§ 546 bis 548 BGB. Der Ersatz von Aufwendungen und das Wegnahmerecht des Mieters gem. § 539 BGB sind ebenfalls auf den Pachtvertrag anwendbar, bei der Verpachtung mit Inventar wiederum ergänzt durch §§ 582 f. BGB.

55 Wurde eine **Übernahme des Inventars zum Schätzwert** gem. § 582a BGB vereinbart, hat der Pächter zum Ende des Pachtvertrags gem. § 582a Abs. 3 S. 1 BGB die Pflicht, das vorhandene Inventar zurückzugewähren. Ein Zurückbehaltungsrecht des Pächters gegen den Rückgabeanspruch des Verpächters scheidet bei Grundstücks- und Raumpacht gem. §§ 581 Abs. 2, 578, 570 BGB aus. Im Gegenzug trifft den Verpächter die Pflicht, das

Inventar auch anzunehmen. Er hat jedoch nach § 582a Abs. 3 S. 2 BGB das Recht, die Übernahme überflüssiger oder zu wertvoller Inventarstücke abzulehnen. Mit der (berechtigten) Ablehnung tritt wiederum ein gesetzlicher Eigentumsübergang auf den Pächter ein. Der daraus resultierende Ausgleichsanspruch des Verpächters bemisst sich nach § 582a Abs. 3 S. 3, S. 4 BGB und umfasst neben der Differenz der Schätzwerte zu Beginn und Ende der Pacht auch einen in S. 4 normierten Inflationsausgleich.

Der Pächter verliert mit dem Ende des Vertrags entschädigungslos alle Vorteile der **56** Pachtsache, auch solche, die er selbst während der Pachtzeit geschaffen hat. Besonders im Fall der Betriebspacht führt dieser Grundsatz zu zahlreichen Nebenpflichten: der Betriebspächter hat den good will, die Kundenkartei und die Telefonnummer des Betriebs zurückzugewähren; es trifft ihn zudem ein beschränktes Konkurrenzverbot (hierzu eingehend MüKo/Harke BGB § 581 Rn. 59). Für die Rückgewährung des good wills hat der Verpächter keinen Ausgleich zu zahlen (BGH NJW 1986, 2306 = ZMR 1986, 309).

c) Entschädigung bei verspäteter Rückgabe

Die Norm über die Folgen der verspäteten Rückgabe in § 546a BGB wird für Pachtver- **57** träge durch **§ 584b BGB** komplett ersetzt. Der Verpächter hat danach einen **Entschädigungsanspruch** in Höhe der vereinbarten Pacht. Ein Anspruch auf die Zahlung einer (eventuell höheren) Nutzungsentschädigung in Höhe einer ortsüblichen Pacht, so wie sie dem Vermieter zusteht, ist nach dem Gesetzeswortlaut gerade nicht umfasst. Der Entschädigungsanspruch des Verpächters ist kein Schadensersatzanspruch, sondern ein vertraglicher Anspruch eigener Art (vgl. BGHZ 68, 307, 310 = NJW 1977, 1335, 1336 = ZMR 1978, 16; BGHZ 90, 145, 151 = NJW 1984, 1527, 1528 = ZMR 1984, 380; BGHZ 104, 285, 290 = NJW 1988, 2665, 2666 = ZMR 1988, 378). Ein Anspruch des Verpächters auf Geltendmachung höherer Zahlungen, etwa als Schadensersatz wegen entgangenen Gewinns oder aus Bereicherungsrecht (vgl. BGH LM Nr. 4 zu § 557 = NJW 1966, 248, 249; BGHZ 68, 307, 309 f. = NJW 1977, 1335, 1336 = ZMR 1978, 16), bleibt gem. § 584b S. 2 BGB aber ausdrücklich vorbehalten.

Der Entschädigungsanspruch ist **verschuldensunabhängig** und entsteht bereits dann, **58** wenn die fristgemäße Rückgabe der Pachtsache an den Verpächter ausbleibt. Unerheblich ist, ob die Pachtsache im Besitz des Pächters verbleibt (vgl. BGHZ 104, 285, 288 = NJW 1988, 2665 = ZMR 1988, 378) oder von ihm genutzt wird (BGH NJW-RR 2000, 302, 303). Etwas anderes gilt nur, wenn der Verpächter im Annahmeverzug ist oder wenn der Pächter sich zu Recht auf ein Pfand- oder Zurückbehaltungsrecht beruft (s. o. Rdn. 46). Hier ist der Pächter jedoch entschädigungspflichtig, wenn er den Pachtgegenstand weiterhin nutzt (BGHZ 65, 56, 58 f. = NJW 1975, 1773).

Die **Höhe der Entschädigung** richtet sich nach der vereinbarten Pacht. Dabei stellt der **59** Wortlaut des § 584b BGB klar, dass auch bei einem nach Zeitabschnitten berechneten Pachtzins nicht die Zeit der Vorenthaltung in Verhältnis zum Pachtjahr zu setzen ist, sondern der Grad der in dieser Zeit möglichen Nutzungen in Verhältnis zu den im gesamten Pachtjahr möglichen Nutzungen. War der Vertrag allein auf die Ausbeutung eines Grundstücks gerichtet, die bis zur Rückgabe noch nicht stattgefunden hat, kann der Entschädigungsanspruch auch auf Null reduziert sein (vgl. BGH NJW-RR 2000, 302, 303).

Umstände, die Auswirkung auf die Höhe der vereinbarten Pacht haben, wirken auch auf **60** den Entschädigungsanspruch ein. So umfasst er sowohl die Umsatzsteuer (vgl. BGH NJW-RR 1996, 460, 461 = ZMR 1996, 131) als auch eine vertraglich vereinbarte Anpassung der Pacht (BGH WuM 1973, 383, 386). Aufgrund des eigenmächtigen Charakters der vom Pächter erzwungenen Vertragsfortsetzung sollten jedoch die Pflichten des Verpächters wie die Erhaltungs- und Instandsetzungspflicht ebenso entfallen wie ein Recht des Pächters auf Minderung aufgrund von Mängeln der Pachtsache (teilweise str., vgl. MüKo/Harke BGB § 584b Rn. 3 m.w.N.).

8. Besondere Typen von Pachtverträgen

a) Kleingartenpachtverträge

61 Das Recht der Kleingartenpachtverträge ist durch ein Sondergesetz, das Bundeskleingartengesetz (BKleingG), geprägt, welches das Pachtrecht des BGB modifiziert (§ 4 Abs. 1 BKleingG) und daneben auch öffentlich-rechtliche Bestimmungen enthält. Der Kleingartenpachtvertrag ist der in der Praxis häufigste Fall des nichtgewerblichen Pachtvertrags. Ein **Kleingarten** dient dem Nutzer zur Erholung und zur nicht erwerbsmäßigen gärtnerischen Nutzung (§ 1 Abs. 1 Nr. 1 BKleingG) und liegt in einer Anlage, in der mehrere Einzelgärten mit gemeinschaftlichen Einrichtungen zusammengefasst sind (§ 1 Abs. 1 Nr. 2 BKleingG). Kleingärten sollen nicht größer als 400 qm sein; die darauf stehenden Lauben dürfen höchstens 24 qm Grundfläche haben, müssen von einfacher Ausfertigung sein und dürfen nicht zum dauerhaften Wohnen geeignet sein (§ 3 BKleingG). Abweichungen von den Regeln des BKleingG zum Nachteil des Pächters sind gem. § 12 BKleingG nichtig.

62 Die Kleingartenpacht ist typischerweise zweistufig organisiert. Ein **Zwischenpächter**, bei dem es sich gem. § 4 Abs. 2 S. 2 BKleingG entweder um eine Gemeinde oder um einen i.S.v. § 2 BKleingG gemeinnützige Kleingärtnerorganisation handeln muss, pachtet die gesamte Anlage, um sie dann seinerseits an einzelne Kleingärtner (**Unterpächter**) zu verpachten. Erfüllt der Zwischenpächter die Voraussetzungen von § 4 Abs. 2 S. 2 BKleingG nicht, ist der Zwischenpachtvertrag nichtig. Eine Heilung tritt erst mit Anerkennung der Organisation als gemeinnützig und nicht schon mit dem Vorliegen der dafür erforderlichen Voraussetzungen ein (BGHZ 101, 18, 20 = NJW 1987, 2865). Die strenge Nichtigkeitsregel ist Ausdruck des Verbots gewerbsmäßiger Zwischenverträge im Kleingartenbereich und muss daher weit ausgelegt werden. Die Nichtigkeitsfolge erfasst mithin außer eigentlichen Pachtverträgen auch die mitgliedschaftsrechtliche Überlassung von Kleingärten (BGH a.a.O.).

63 Gemäß § 5 Abs. 1 BKleingG ist die Pacht **der Höhe nach begrenzt** auf den vierfachen Betrag der ortsüblichen Pacht im erwerbsmäßigen Obst- und Gemüseanbau, bezogen auf die Gesamtfläche der Kleingartenanlage. Diese Neuregelung aus dem Jahr 1994 war die Reaktion auf die **Verfassungswidrigkeit der Vorregelung** (vgl. BVerfGE 87, 114 = NJW-RR 1993, 971). Die jetzige Regelung ist verfassungsgemäß (vgl. BVerfG NJW-RR 1998, 1166 f.; BGH NJW-RR 1996, 143, 144). Sie ist rückwirkend auf alle Pachtforderungen anzuwenden, die seit Geltung des alten BKleingG am 01.04.1983 entstanden sowie bei In-Kraft-Treten der Neuregelung 1994 bereits Streitgegenstand und noch unverjährt waren (BGH NJW-RR 2001, 196, 197 = ZMR 2001, 19). Noch ältere Pachtverträge können nur gem. § 313 BGB angepasst werden, und zwar nur bis zur Obergrenze von § 5 Abs. 1 BKleingG (vgl. BGH NJW-RR 1999, 237 = ZMR 1999, 95). Eine Überschreitung der Höchstpacht führt nicht zur völligen Unwirksamkeit des Pachtvertrags (insofern missverständlich BGHZ 108, 147, 150 = NJW 1989, 2470, 2471 = ZMR 1989, 410, wo im Leitsatz von nichtigen Verträgen die Rede ist), sondern zur Nichtigkeit der Preisklausel und zu einem Bereicherungsanspruch für die übermäßig gezahlte Pacht.

64 *Zum Ausgleich der Preisbeschränkungen* hat der Verpächter einerseits einen gesetzlichen Anspruch auf Erstattung der auf einem Grundstück ruhenden Lasten gem. § 5 Abs. 5

BKleingG. Andererseits darf er gem. § 5 Abs. 4 BKleingG den Ersatz von üblichen Aufwendungen für die Kleingartenanlage, sofern sie nicht durch Leistungen der Kleingärtner oder ihrer Organisationen oder durch Zuschüsse aus öffentlichen Haushalten gedeckt sind, vom Pächter verlangen. Letzterer Anspruch steht auch öffentlich-rechtlichen Körperschaften zu (BGH NJW 1997, 1071, 1072).

Gemäß § 6 BKleingG können Kleingartenpachtverträge über Dauerkleingärten, d.h. im Bebauungsplan als solche ausgewiesene Kleingärten, nur auf unbestimmte Zeit geschlossen werden; befristete Verträge gelten als auf unbestimmte Zeit geschlossen. Verträge mit einer Klausel, welche mangels Ablehnung stets für automatische Verlängerung sorgt, sind als Verträge auf unbestimmte Zeit anzusehen und daher nur durch Kündigung zu beenden (BGHZ 113, 290 = NJW 1991, 1348 = ZMR 1991, 213). Für die stillschweigende Verlängerung des Kleingartenpachtvertrags gilt § 545 BGB (vgl. BGH a.a.O.). Beim Tod des Pächters endet der Pachtvertrag gem. § 12 Abs. 1 BKleingG vorzeitig und ohne Kündigung. Eine Fortsetzung mit dem Ehegatten oder Lebenspartner ist gem. § 12 Abs. 2 BKleinG ähnlich wie bei § 563 BGB möglich; § 563b Abs. 1 und 2 BGB sind entsprechend anzuwenden. Eine entsprechende Anwendung zugunsten von Kindern des verstorbenen Pächters findet nicht statt (BGH NJW-RR 2007, 850 = ZMR 2007, 351). **65**

Für jede **Kündigung** gilt die Schriftform (§ 7 BKleingG). Eine fristlose Kündigung ist gem. § 8 BKleingG bei Zahlungsverzug und schwerwiegenden Pflichtverletzungen möglich. Für die ordentliche Kündigung sieht § 9 BKleingG einen abschließenden Katalog von Gründen vor. Der einzige Kündigungsgrund, der sich dabei in der Praxis als tragfähig erwiesen hat, ist die Hinderung an einer angemessen wirtschaftlichen Verwertung gem. § 9 Abs. 1 Nr. 4 BKleingG (so MüKo/Harke BGB § 581 Rn. 72). Bei einer Kündigung des Zwischenpachtvertrags soll gem. § 10 Abs. 3 BKleingG der Verpächter in die Rechte und Pflichten des Zwischenpächters eintreten. Das gilt jedoch nicht bei einer Kündigung nach § 9 BKleingG, die somit bis auf den Kleingärtner durchschlägt (vgl. BGHZ 119, 300, 302 f. = NJW 1993, 55, 56; NJW-RR 1994, 779). **66**

Im Fall der ordentlichen Kündigung hat der Kleingärtner gem. § 11 BKleingG einen **Entschädigungsanspruch** für übliche Anpflanzungen und Anlagen. Bei mehrstufigen Pachtverhältnissen steht er auch dem Unterpächter gegen den Hauptverpächter zu; zudem unterliegt der Anspruch nicht der kurzen Verjährung aus § 548 BGB (BGHZ 151, 71 = NJW-RR 2002, 1203, 1204). **67**

b) Jagd- und Fischereipacht

Auch die Jagd- und Fischereipachtverträge basieren auf dem Pachtrecht des BGB, werden aber im Wesentlichen durch Sondergesetze bestimmt. Bei der Jagdpacht sind das die §§ 11 bis 13 BJagdG sowie die Ausführungsgesetze der Länder. Besonderheiten der Jagdpacht sind das Schriftformerfordernis und die Anzeigepflicht gegenüber der zuständigen Jagdbehörde. Die Fischereipacht unterliegt allein landesrechtlichen Vorschriften, i.d.R. den Fischereigesetzen der Länder. Sowohl Jagd- als auch Fischereipacht sind Fälle der Rechtspacht. Überlassen wird jeweils nicht der Wald oder das Gewässer, sondern lediglich das auch räumlich begrenzte Recht zu einer bestimmten Nutzung (aufschlussreich hierzu BGH NZM 2008, 462 – Gewährleistung bei fehlendem Rotwild). **68**

c) Apothekenpacht

Die Apothekenpacht, d.h. die Pacht einer Apotheke als Unternehmen, ist deshalb als besonderer Vertragstyp bekannt, weil sie gem. § 9 Apothekengesetz (ApG) grundsätzlich verboten und nur unter strengen Voraussetzungen ausnahmsweise zulässig ist. Diese Regelung verfolgt gesundheitspolitische Zwecke und wurde verfassungsgerichtlich bestä- **69** tigt (BVerfGE 17, 232 = NJW 1964, 1067). Da sich das Verpachtungsverbot nur auf Apotheken als Unternehmen bezieht, ist die Vermietung oder Verpachtung von Räumen, die für den Betrieb von Apotheken bloß geeignet sind, grundsätzlich erlaubt; entsprechend eingekleidete Verträge laufen jedoch Gefahr, als Umgehungsgeschäfte dennoch nichtig zu sein (vgl. BGH NJW-RR 1998, 803, 804 = ZMR 1998, 137; Näheres bei Staudinger/Emmerich/Veit BGB vor § 581 Rn. 120 ff.).

d) Franchisevertrag

70 Der typische Franchisevertrag, bei dem der Franchisegeber dem Franchisenehmer gegen Entgelt die Nutzung von Schutzrechten und Know-how sowie das Recht überlässt, bestimmte Waren oder Dienstleistungen zu vertreiben, ist ein stark von Elementen des Rechtspachtvertrags geprägter Mischvertrag, der daneben auch Elemente des Kaufs, der Miete und der Geschäftsbesorgung enthält. Je nach Ausgestaltung sind auch noch weitere Vertragstypen einschlägig. Ist der Franchisenehmer vom Franchisegeber so abhängig, dass er nicht mehr gem. § 84 Abs. 1 S. 2 HGB als selbständig anzusehen ist, kommt auch ein Arbeitsverhältnis in Betracht. Wie beim Lizenzvertrag liegen auch beim Franchisevertrag regelmäßig umfassende Vertragswerke vor, sodass die Klassifizierung unter einen Vertragstyp des BGB nur in seltenen Fällen von Bedeutung ist (Näheres zum Franchisevertrag bei Palandt/Weidenkaff BGB vor § 581 Rn. 21 ff.; MüKo/Harke BGB § 581 Rn. 19 f.).

II. Landpacht

1. Einführung

71 Der Landpachtvertrag ist ein eigenständiger Vertragstyp auf der Grundlage des Pachtrechts. Von den Regelungen des allgemeinen Pachtrechts sind nur die Bestimmung über die Hauptleistungspflichten in § 581 Abs. 1 BGB und die Vorschriften über das Inventar in §§ 582 bis 583a BGB auf ihn anwendbar. Die mietrechtlichen Bestimmungen sind, mit Ausnahme einiger ausdrücklicher Verweise (§§ 586 Abs. 2, 587 Abs. 2 S. 2, 592 S. 3, 593b, 594e Abs. 1 BGB) weder direkt noch ergänzend heranzuziehen. Lediglich als Interpretationshilfe im Einzelfall finden sie Verwendung. I.Ü. gelten nur die abschließenden Sonderregelungen der §§ 585 bis 597 BGB.

72 Die Besonderheit des Landpachtvertrags liegt in der im Vergleich zu anderen Vertragstypen erheblich stärkeren Verschränkung der Interessen der Vertragsparteien. Das gesetzliche Leitbild ist eher von einem Miteinander als von einem Gegeneinander der Vertragsparteien geprägt. Zum einen hat der Landpächter nicht nur das Recht, sondern explizit die Pflicht, den landwirtschaftlichen Betrieb ordnungsgemäß zu bewirtschaften (s.u. Rdn. 81). Eine Überlassung des Betriebs an Dritte ist dem Pächter nach § 589 BGB grundsätzlich verwehrt (s.u. Rdn. 82). Zum anderen muss der Verpächter sinnvolle Investitionen gem. § 591 BGB ggf. auch finanziell mittragen (s.u. Rdn. 87). Das Fruchtziehungsrisiko ist zwischen beiden Parteien gem. § 593 BGB aufgeteilt, sodass bei einer Änderung der Umstände beide Parteien einen Anspruch auf Vertragsanpassung haben (s.u. Rdn. 95 ff.). Bei Vertragsende kann der Pächter gem. § 595 BGB nach Billigkeitsgesichtspunkten sogar einen Anspruch auf Fortsetzung des Vertrags haben (s.u. Rdn. 109 ff.).

73 Ziel dieses Sonderrechts ist es, ertragsfähige landwirtschaftliche Betriebe in bäuerlicher Hand zu erhalten (vgl. BGHZ 106, 245 = NJW 1989, 1222). Trotz der starken gesetzlichen Typisierung sind die einzelnen Regeln des Landpachtrechts grundsätzlich abding-

bar. Auch die für diesen Vertragstyp kennzeichnenden, aber nicht konstitutiven Merkmale wie die Betriebspflicht des Pächters sind kein zwingendes Recht (vgl. MüKo/Harke BGB § 586 Rn. 5). Abweichungen von dem gesetzlich normierten Typus können sich jedoch im Rahmen der Kontrolle allgemeiner Geschäftsbedingungen nach § 307 Abs. 2 BGB als unangemessen erweisen.

2. Vertragsgegenstand

Die erste Voraussetzung für das Vorliegen eines Landpachtvertrags gem. § 585 Abs. 1 BGB ist, dass es sich beim Pachtgegenstand um ein **Grundstück oder** einen **Betrieb** handelt. Wie beim allgemeinen Pachtrecht kann unter Grundstück auch ein Teil eines im Grundbuch eingetragenen Grundstücks verstanden werden. Der Begriff des landwirtschaftlichen Betriebs weicht allerdings von dem allgemeinen Begriff des Betriebs ab. Nach der Legaldefinition in § 585 Abs. 1 S. 1 BGB ist hierunter ein Grundstück mit den seiner Bewirtschaftung dienenden Wohn- oder Wirtschaftsgebäuden zu verstehen. Der konkrete Pachtgegenstand kann neben einem Grundstück oder Betrieb auch bewegliche Sachen und Rechte umfassen. Deren isolierte Verpachtung (wie etwa die einer Viehherde oder einer Milchquote) fallen indes nicht unter das Landpachtrecht (allerdings dann eventuell analoge Anwendung einzelner Normen, vgl. LG Itzehoe ZMR 2008, 380 – analoge Anwendung von § 594c BGB auf Pacht einer Milchreferenzmenge). 74

Die zweite Voraussetzung ist, dass die Verpachtung »**überwiegend zur Landwirtschaft**« erfolgt. Neben Bodenbewirtschaftung und Gartenbau ist gem. § 585 Abs. 1 S. 2 BGB hiervon auch die mit der Bodennutzung verbundene Tierhaltung umfasst. Die Tierhaltung ist danach nur dann als landwirtschaftlich anzusehen, wenn die Tiere zur Bodennutzung eingesetzt werden oder wenn das Tierfutter überwiegend im eigenen Betrieb erzeugt wird, so dass die Massentierhaltung im Regelfall ausscheidet. Weiter muss die landwirtschaftliche Nutzung zum Zwecke der Gewinnung pflanzlicher oder tierischer Erzeugnisse betrieben werden. Danach fallen sowohl die hobbymäßige Landwirtschaft als auch solche gewerblichen Betriebe aus der Landpacht heraus, die Pflanzen oder Tiere nur gegen Entgelt aufbewahren, statt sie selbst großzuziehen. 75

3. Vertragsschluss

a) Form

Grundsätzlich kann auch der Landpachtvertrag **formfrei** geschlossen werden. gem. § 585a BGB gilt jedoch ein für länger als zwei Jahre geschlossener Pachtvertrag dann als auf unbestimmte Zeit geschlossen, wenn die Schriftform nicht eingehalten wurde. Die Vorschrift entspricht auch nach dem Schutzzweck dem § 550 BGB, nimmt nur auf die längeren Fristen des Pachtrechts Rücksicht. Die Norm kann also wie § 550 BGB ausgelegt werden (vgl. BGHZ 125, 175 = NJW 1994, 1649, 1650). 76

b) Beschreibung der Pachtsache

In § 585b BGB wird den Parteien die gemeinsame Erstellung einer Beschreibung der Pachtsache nahe gelegt, in der sowohl ihr Umfang als auch ihr Zustand schriftlich festzuhalten sind. Wenn sich ein Vertragsteil weigert, kann der andere die Erstellung der Beschreibung durch einen vom Landwirtschaftsgericht zu ernennenden Gutachter vornehmen lassen. In beiden Fällen unterliegt die Richtigkeit des Inhalts der Beschreibung gem. § 585b Abs. 3 BGB einer Vermutungswirkung zwischen den Parteien. 77

c) Verlängerung des Pachtverhältnisses

78 Gemäß § 594 BGB reicht für die unbefristete Verlängerung von zunächst befristet geschlossenen Pachtverträgen das Schweigen des Vertragspartners auf eine entsprechende schriftliche Anfrage des anderen Teils. Die Anfrage muss spätestens im drittletzten Jahr des laufenden Vertrags gestellt werden, damit beide Parteien frühzeitig Klarheit über die Fortsetzung des Vertragsverhältnisses erlangen. gem. § 594 S. 4 BGB muss die Anfrage einen Hinweis auf die Folgen des Schweigens des anderen Teils beinhalten. Durch die Regelung wird die Möglichkeit einer stillschweigenden Vertragsverlängerung nach allgemeinen Regeln nicht ausgeschlossen (vgl. OLG Köln AgrarR 1990, 263, 264).

4. Vertragstypische Pflichten

a) Pflichten des Landpächters

aa) Entrichtung der Pacht

79 Zunächst ist der Landpächter gem. §§ 585 Abs. 2, 581 Abs. 1 S. 2 BGB verpflichtet, die vereinbarte Pacht zu entrichten. Die Fälligkeit der Pacht ist in § 587 Abs. 1 BGB ähnlich wie in § 579 Abs. 1 BGB geregelt. Das Risiko der persönlichen Verhinderung des Pächters, das sog. **Nutzungsrisiko**, trägt dieser – so wie der Mieter in § 537 BGB – selbst. Für den Extremfall der Berufsunfähigkeit sieht § 594c BGB indes eine Kündigungsmöglichkeit des Pächters vor (s.u. Rdn. 105).

bb) Ausbesserungspflicht

80 Der Landpächter trägt einen Teil der **Erhaltungspflichten**. Die gewöhnlichen Ausbesserungen der Pachtsache hat nämlich gem. § 586 Abs. 1 S. 2 BGB der Landpächter selbst vorzunehmen. Hierzu gehören neben den in § 586 Abs. 1 S. 2 BGB ausdrücklich genannten Tätigkeiten auch Wartungs- und Pflegearbeiten, Schönheitsreparaturen und die Beseitigung der Folgen üblicher Witterungseinflüsse (BGH NJW-RR 1993, 521 = ZMR 1993, 151). Ist auch das **Inventar** verpachtet, ergeben sich aus den gem. § 585 Abs. 2 BGB auf die Landpacht anwendbaren Regelungen des allgemeinen Pachtrechts in den §§ 582 f. BGB weitere Verlagerungen von Erhaltungspflichten auf den Pächter (s.o. Rdn. 38 ff.).

cc) Betriebspflicht

81 Eine Besonderheit des Landpachtvertrags ist die in § 586 Abs. 1 S. 3 BGB angeordnete Betriebspflicht des Pächters. Sie ist eine **Hauptleistungspflicht** des Landpachtvertrags, die sich nicht in der Erhaltung des Zustands der Pachtsache bei Übergabe erschöpft, sondern den Pächter auch zu einer fortgesetzten, den einschlägigen technischen und wirtschaftlichen Regeln entsprechenden, ordnungsgemäßen Bewirtschaftung verpflichtet (vgl. BGH NZM 2000, 1058, 1059 = NJW-RR 2001, 272). Darüber hinaus dürfte dies auch die Pflicht zur Anpassung an veränderte technische und rechtliche Rahmenbedingungen und zum Neuerwerb erreichbarer Produktionsquoten umfassen (so MüKo/Harke BGB § 586 Rn. 4; Staudinger/v. Jeinsen BGB § 586 Rn. 38).

82 Der Landpächter muss den Betrieb selbst bewirtschaften. gem. § 589 BGB darf er die **Pachtsache nicht einem Dritten überlassen**. Durch die Norm wird dasselbe Ergebnis hergestellt wie im allgemeinen Pachtrecht durch §§ 581 Abs. 2, 540 BGB und § 584a Abs. 1 BGB. Die Erstreckung auf einen landwirtschaftlichen Zusammenschluss in § 589 Abs. 1 Nr. 2 BGB ist seit der Anerkennung der Rechtsfähigkeit der GbR überflüssig, weil *ein solcher Zusammenschluss nun ohnehin als Dritter* i.S.v. § 589 Abs. 1 Nr. 1 BGB anzusehen ist. Eine Nutzungsüberlassung an Dritte stellt indes weder die Einstellung eines

Verwalters (vgl. OLG Koblenz AgrarR 1985, 261) noch die Änderung der Rechtsform des Pächters (vgl. BGHZ 150, 365 = NJW 2002, 2168; BGH NJW 1955, 1066) dar.

dd) Duldungspflichten

Maßnahmen zur Erhaltung oder Verbesserung der Pachtsache hat der Landpächter unter den Voraussetzungen von § 588 BGB zu dulden. Die Vorschrift folgt dem Wortlaut der mietrechtlichen Vorschriften in §§ 554, 559 bis 559b BGB. Die gewöhnlichen **Erhaltungsmaßnahmen** obliegen wegen § 586 Abs. 1 S. 2 BGB ohnehin dem Pächter, sodass eine Duldungspflicht nur bei außergewöhnlichen Ausbesserungen relevant wird. Ebenso ist der Pächter zur Duldung von **Verbesserungsmaßnahmen** nur dann verpflichtet, wenn die Verbesserung ihm nicht selbst im Rahmen der Betriebspflicht obliegt. Außerdem muss der Pächter die Maßnahmen nur dulden, wenn sie ihm zuzumuten sind. Bei dieser Abwägung kann unberücksichtigt bleiben, dass der Verpächter gem. § 588 Abs. 3 BGB einen Anspruch auf Erhöhung der Pacht erwirbt, wenn die Verbesserungen das wirtschaftliche Potential des Betriebs erhöhen. Denn dieser Erhöhungsanspruch steht seinerseits unter dem Vorbehalt der Zumutbarkeit für den Pächter. **83**

b) Pflichten des Landverpächters

aa) Gewährung von Gebrauch und Fruchtziehung, Erhaltungspflicht

Wie der Verpächter hat auch der Landverpächter gem. §§ 585 Abs. 2, 581 Abs. 1 S. 1 BGB dem Pächter den Gebrauch der Pachtsache und die Fruchtziehung zu gewähren. Nach § 586 Abs. 1 S. 1 BGB hat der Landverpächter dabei so wie der Vermieter gem. § 535 Abs. 1 S. 2 BGB die Pflicht, den Pachtgegenstand in einem vertragsmäßigen Zustand zu überlassen und zu erhalten. Die grundsätzliche Erhaltungspflicht des Verpächters wird begrenzt durch die Erhaltungspflichten des Pächters (s.o. Rdn. 80 f.). Je nach Inhalt des Vertrags kann der geschuldete Zustand auch mehr sein als für die gewöhnliche Landwirtschaft erforderlich ist, z.B. bei der Verpachtung als Biobauernhof. Die für den Betrieb erforderlichen Rechte (wie z.B. ein Zuckerrübenlieferrecht) hat der Verpächter ebenfalls zu gewähren. Die Gewährleistung richtet sich aufgrund des ausdrücklichen Verweises in § 586 Abs. 2 BGB nach den mietrechtlichen Vorschriften. **84**

bb) Verwendungsersatz

Gemäß § 590b BGB hat der Verpächter dem Pächter die **notwendigen Verwendungen** auf die Pachtsache zu ersetzen. Der Anwendungsbereich dieser Norm ist jedoch begrenzt. Denn Aufwendungen, die der Pächter aufgrund eigener Verpflichtungen, d.h. im Rahmen seiner Ausbesserungs- und Betriebspflicht gem. § 586 Abs. 1 S. 2, 3 BGB sowie seiner Inventarerhaltungspflicht nach §§ 582 f. BGB, macht, gelten nicht als notwendige Verwendungen i.S.v. § 590b BGB. Weiter kann der Pächter Aufwendungen, die er im Rahmen der Selbstvornahme bei Mängelbeseitigung gem. §§ 586 Abs. 2, 536a Abs. 2 BGB macht, nur nach diesen Vorschriften und nicht nach § 590b BGB vom Verpächter ersetzt verlangen (vgl. BGH NJW-RR 1991, 75, 76). **85**

Wenn der Landpächter **Verwendungen** auf die Pachtsache macht, die nicht i.S.v. § 590b BGB notwendig sind, aber den Wert der Pachtsache über die Pachtzeit hinaus verbessern, kann er unter den Bedingungen von § 591 BGB vom Verpächter Ersatz verlangen. Voraussetzung hierfür ist zunächst, dass dem Pächter die Vornahme der Verbesserungen nicht ohnehin im Rahmen seiner Betriebspflicht oblegen hätte. Diese Betriebspflicht darf jedoch nicht so weit gefasst werden, dass wertverbessernde Investitionen des Pächters ohne entsprechenden Ausgleich nach Rückgabe dem Verpächter zufallen (vgl. BGH NZM 2000, 1058, 1059 = NJW-RR 2001, 272, 273). Bei einer i.S.v. § 590 Abs. 2 BGB **86** zulässigen Nutzungsänderung kommt mithin ein Ersatzanspruch in Betracht (vgl. BGH a.a.O.). Einen Mehrwert, der allein durch die Erteilung einer öffentlich-rechtlichen Genehmigung – wie etwa einer Erhöhung der Milchquote – entsteht, muss der Verpächter ebenfalls nicht ersetzen (vgl. BGHZ 115, 162 = NJW 1991, 3279 = ZMR 1991, 467). Zudem ist der zu ersetzende Mehrwert der Höhe nach durch die vom Pächter tatsächlich getätigten Aufwendungen begrenzt (vgl. BGHZ 166, 364 = NJW 2006, 1729 = BauR 2006, 1458). Zuletzt muss der Verpächter der Verwendung auch zugestimmt haben, um ersatzpflichtig zu werden. Die Zustimmung kann allerdings durch das Landwirtschaftsgericht ersetzt werden.

cc) Lastentragung

87 Wie der Vermieter in § 535 Abs. 1 S. 3 BGB hat der Landverpächter gem. § 586a BGB die Lasten der Pachtsache zu tragen. Eine Ausnahme stellen Lasten dar, die wie die Mitgliedschaft zu den Berufsgenossenschaften den Pächter persönlich treffen.

c) Verpächterpfandrecht

88 Das Pfandrecht des Landverpächters aus § 592 BGB geht über die Pfandrechte der Vermieter und gewöhnlichen Verpächter in mehrerlei Hinsicht hinaus. Zum einen sichert das Pfandrecht alle bestehenden Forderungen des Verpächters aus dem Pachtverhältnis. Einschränkungen wie in § 562 Abs. 2 BGB oder § 562d BGB sind nicht vorgesehen. Zum anderen erstreckt sich das Pfandrecht ausdrücklich auf die eigentlich gem. § 811 Nr. 4 ZPO **unpfändbaren Mittel** des landwirtschaftlichen Betriebs, d.h. das Gerät, das Vieh und die Wirtschaftsfrüchte, also die für die nächste Aussaat verwahrten Früchte. Der Verpächter kann durch die Geltendmachung seines Pfandrechts demnach über die Fortführung des Betriebs entscheiden. Dies entspricht dem Grundbild des Landpachtvertrags, wonach die Interessen von Verpächter und Pächter stärker miteinander verschränkt sind als bei anderen Vertragstypen.

d) Vertragswidriger Gebrauch

89 Bei vertragswidrigem Gebrauch steht dem Verpächter gem. § 590a BGB nach Abmahnung ein Unterlassungsanspruch gegen den Pächter zu, der inhaltlich der Regelung in § 541 BGB entspricht. Bei der Prüfung der Vertragswidrigkeit können die Kriterien aus § 590 BGB herangezogen werden. Ist ein bestimmter Gebrauch mit der landwirtschaftlichen Zweckbestimmung vereinbar und ohne nachhaltige Beeinflussung der Pachtsache, dann würde er nach § 590 Abs. 2 BGB keine Erlaubnis des Verpächters erfordern und berechtigte diesen mithin auch nicht, die Unterlassung zu verlangen. Die Überlassung der Pachtsache an Dritte steht indes wegen § 589 BGB stets unter Erlaubnisvorbehalt und begründet deshalb bei Zuwiderhandlung auch einen Unterlassungsanspruch aus § 590a BGB.

5. Änderungen während der Pachtzeit

a) Änderung der landwirtschaftlichen Bestimmung oder der bisherigen Nutzung

90 Eine Änderung der landwirtschaftlichen Bestimmung der Pachtsache steht gem. § 590 Abs. 1 BGB unter dem Vorbehalt der Zustimmung durch den Verpächter. Gibt der Landpächter den landwirtschaftlichen Zweck ohne Zustimmung des Verpächters auf oder wandelt ihn in einen gewerblichen oder forstwirtschaftlichen um, kann der Verpächter gem. § 590a BGB auf *Unterlassung* klagen oder den Vertrag gem. §§ 594e, 543 BGB außerordentlich kündigen und Schadensersatz wegen Pflichtverletzung geltend machen.

Anders als im allgemeinen Pachtrecht hat der Landpächter aber gem. § 590 Abs. 2 BGB ein beschränktes **Recht zur eigenständigen Änderung** der konkreten Nutzung der Pachtsache innerhalb der landwirtschaftlichen Bestimmung. Wenn diese Änderung die Nutzung der Pachtsache über die Pachtzeit hinaus nicht beeinflusst und nicht mit dem Bau eines Gebäudes verbunden ist, braucht der Landpächter danach keine Zustimmung des Verpächters. Bei der Frage, ob eine Beeinflussung über die Pachtzeit hinaus vorliegt, sind nicht nur tatsächliche, sondern auch rechtliche Veränderungen zu beachten. So ist z.B. eine Erlaubnis des Landverpächters für jede Bewirtschaftung oder Nichtbewirtschaftung erforderlich, welche die öffentlichrechtliche Befugnis zur abgabenfreien Milchverwertung für die Zukunft beseitigt (BGHZ 118, 351, 353 = NJW 1992, 2628 = ZMR 1992, 485; BGHZ 135, 284, 287 f. = NJW 1997, 2316, 2317 = ZMR 1997, 454). **91**

Verweigert der Landverpächter seine Zustimmung zu einer Änderung, kann der Pächter sie gem. § 590 Abs. 2 S. 3 BGB durch das **Landwirtschaftsgericht** ersetzen lassen. Daraus folgt auch, dass der Verpächter zur Erteilung der Zustimmung nicht verpflichtet und für deren Verweigerung nicht haftbar ist. Ein überwiegendes Interesse des Verpächters an der Verweigerung der Zustimmung wird durch § 590 Abs. 2 S. 4 BGB dann widerleglich vermutet, wenn der Pachtvertrag gekündigt ist oder in weniger als drei Jahren endet. **92**

Bei Verträgen mit Verpflichtung der Übernahme des Inventars zum Schätzwert gem. § 582a BGB sieht § 590 Abs. 3 BGB für erlaubnispflichtige Änderungen einen **Ausgleichsanspruch** des Verpächters vor, wenn die Änderung eine Verminderung des Inventars mit sich gebracht und der Pächter den Erlös nicht in eine Verbesserung der Pachtsache i.S.v. § 591 BGB gesteckt hat. **93**

b) Anspruch auf Vertragsänderung bei Störung der Geschäftsgrundlage

Gemäß § 593 BGB haben beide Parteien im Falle einer **nachträglichen Veränderung** der für den Pachtvertrag relevanten Umstände einen Anspruch auf Änderung des Vertrags, wenn ansonsten ein **grobes Missverhältnis** der gegenseitigen Verpflichtungen bestünde. Somit stellt § 593 BGB die Normierung der Rechtsfolgen einer nachträglichen Störung der Geschäftsgrundlage des Landpachtvertrags dar. Anders als in § 313 BGB wird allerdings nicht auf die vertraglich vorausgesetzte Geschäftsgrundlage Bezug genommen. Vielmehr gibt § 593 BGB auf der Grundlage des gesetzlich normierten Vertragstyps die Risikoverteilung selbst vor. Für die so geregelten Fälle der nachträglichen Veränderung der sachlichen Umstände ist § 593 BGB gegenüber § 313 BGB abschließend. Hatten die Parteien indes schon bei Vertragsschluss eine unrichtige Vorstellung von diesen Umständen, kommt nur § 313 BGB in Betracht. **94**

Nur das Risiko einer **Veränderung der sachlichen Umstände** des Pachtvertrags wird in § 593 BGB auf beide Parteien verteilt. gem. § 593 Abs. 1 S. 2 BGB sind zudem solche Veränderungen des Ertrags nicht zu berücksichtigen, die ein Resultat der Bewirtschaftung durch den Pächter sind. Außerdem umfasst § 593 BGB auch nicht das reine Nutzungsrisiko, also das Risiko einer **Änderung der persönlichen Verhältnisse des Pächters** mit negativen Auswirkungen auf den Ertrag des Betriebs; dieses Risiko liegt gem. § 587 Abs. 2 BGB allein beim Pächter (vgl. BGHZ 134, 158, 162 f. = NJW 1997, 1066, 1067). Änderungen der persönlichen Verhältnisse des Pächters werden nur über §§ 594c, 594d BGB berücksichtigt. Nachträglich eintretende Mängel der Pachtsache fallen nicht unter § 593 BGB, weil dieses Risiko bereits gesetzlich (§ 586 BGB) oder vertraglich (durch einen vereinbarten Gewährleistungsausschluss) zwischen den Parteien abschließend verteilt ist. **95**

Zu den für § 593 BGB relevanten sachlichen Umständen gehören die allgemeine Wirtschaftslage, Steuern, Abgaben, staatliche und überstaatliche Lenkungsmaßnahmen sowie **96** die Entwicklung der regionalen Pachtpreise (vgl. BGHZ 134, 158, 162 = NJW 1997, 1066, 1067; BGH NJW-RR 1999, 890 = ZMR 1999, 465; Palandt/Weidenkaff BGB § 593 Rn. 5; nunmehr auch Staudinger/v. Jeinsen BGB § 593 Rn. 11). Personenbezogene und betriebsakzessorische Marktordnungsmaßnamen wie die Einführung der MilchgarantiemengenVO sollen indes nicht unter § 593 BGB fallen, weil sie für eine automatische Verteilung der Vorteile auf Pächter und Verpächter sorgen und nicht auf die Vertragsleistung einwirken (OLG Oldenburg NJW-RR 1994, 974). Ebenso ist ein pauschaler Verweis auf die grundsätzliche Neuregelung der europäischen Agrarsubventionen nicht geeignet, eine Vertragsanpassung gem. § 593 BGB zu begründen (BGH ZMR 2007, 607).

97 Der Änderungsanspruch unterliegt gem. § 593 Abs. 2 BGB einer **Sperrfrist** von zwei Jahren ab Beginn des Pachtverhältnisses oder seit seiner letzten Änderung, wenn er nicht auf verwüstende und üblicherweise nicht versicherte Naturereignisse gestützt wird. Ein **Änderungsverlangen** wirkt gem. § 593 Abs. 3 BGB frühestens für das Pachtjahr, in dem es begehrt wird. Das Änderungsverlangen muss einen bestimmten, also regelmäßig einen bezifferten Änderungsvorschlag enthalten (vgl. OLG Koblenz AgrarR 1991, 52). Weigert sich ein Vertragspartner, der begehrten Änderung zuzustimmen, kann die Zustimmung auch hier gem. § 593 Abs. 4 BGB durch eine Entscheidung des Landwirtschaftsgerichts ersetzt werden. Wegen der grundsätzlichen Bedeutung von § 593 BGB für das gesetzlich beabsichtigte Gleichgewicht des Landpachtvertrags ist die Norm gem. § 593 Abs. 5 BGB ausdrücklich nicht abdingbar.

c) Betriebsübergabe

98 In § 593a BGB ist eine Ausnahme von dem pachtrechtlichen Grundsatz normiert, der die Überlassung der Pachtsache an einen Dritten nur mit Zustimmung des Verpächters erlaubt. Geht ein landwirtschaftlicher Betrieb im Wege der **vorweggenommenen Erbfolge** auf einen Übernehmer über, tritt dieser auch in den Landpachtvertrag über ein ggf. zugepachtetes Grundstück ein. Der Schutz des Verpächters vor einem ihm auf diese Weise aufgedrängten Pächter ist über ein Kündigungsrecht gem. § 593a S. 3 BGB für den Fall eines unzuverlässigen Übernehmers gewährleistet. Anders als in §§ 566 ff. BGB wird der Verpächter hier aber nicht durch eine fortgesetzte Haftung des alten Pächters geschützt. Dieser haftet ab der Übergabe nur noch für seine alten Verbindlichkeiten.

99 Die in § 593a S. 2 BGB normierte Pflicht, den Verpächter von der Übergabe zu unterrichten, trifft den alten Pächter und den Übernehmer. Sie ist aber keine Wirksamkeitsvoraussetzung für den Vertragseintritt (vgl. OLG Hamm AgrarR 1997, 440, 441; OLG Celle AgrarR 1991, 350). Die Unterlassung der Benachrichtigung kann allerdings ein Kündigungsrecht des Verpächters und auch Schadensersatzansprüche begründen (vgl. MüKo/Harke BGB § 593a Rn. 4).

d) Veräußerung oder Belastung des verpachteten Grundstücks

100 Für den Fall der Veräußerung oder Belastung des verpachteten Grundstücks gelten gem. § 593b BGB die mietrechtlichen §§ 566 bis 567b BGB entsprechend. Die gleiche Verweisung enthalten auch die für Pachtverträge geltenden §§ 1056, 2135 BGB, § 30 ErbbauVO, §§ 109 ff. InsO, §§ 57 ff. ZVG.

6. Kündigung

101 Jede Kündigung des Landpachtvertrags bedarf gem. § 594 BGB der Schriftform.

a) Ordentliche Kündigung

Gemäß § 594a Abs. 1 BGB ist bei unbefristeten Pachtverträgen eine Kündigungsfrist von knapp zwei Jahren einzuhalten. Die Vereinbarung einer kürzeren Frist erfordert die Schriftform. Als Vertragsjahr gilt im Zweifel das Kalenderjahr, wobei auch lokale Besonderheiten zu berücksichtigen sind. **102**

b) Außerordentliche Kündigung mit gesetzlicher Frist

Bei einer außerordentlichen fristgerechten Kündigung nach den §§ 593a S. 3, 594c, 1056 Abs. 2, 2135 BGB, § 30 Abs. 2 ErbbauVO, §§ 109, 111 InsO, §§ 57a, 57c ZVG ist gem. § 594a Abs. 2 BGB eine knapp **sechsmonatige Kündigungsfrist** einzuhalten. Die Frist ist damit dieselbe wie im allgemeinen Pachtrecht (§ 584 BGB), gilt aber sowohl für auf bestimmte wie für auf unbestimmte Zeit geschlossene Landpachtverträge. **103**

Durch § 594c BGB wird das Verbot der Überlassung der Pachtsache an einen Dritten für den Fall der Berufsunfähigkeit des Pächters eingeschränkt. Zwar kann sich der Verpächter auch in diesem Fall unter Berufung auf § 589 BGB der Überlassung der Pachtsache an einen Dritten verweigern. Im Gegenzug erhält der Pächter allerdings dann das Recht, den Vertrag außerordentlich mit gesetzlicher Frist zu kündigen. Der Verweis auf die Vorschriften der gesetzlichen Rentenversicherung bezieht sich aktuell auf § 240 Abs. 2 SGB VI. Zwar ist nach dem SGB VI nur derjenige als berufsunfähig anzusehen, der auch eine zumutbare andere Tätigkeit nicht mehr ausüben kann. Für den Fall der Landpacht ist dies aber wohl dahin gehend einschränkend auszulegen, dass bereits dann ein Kündigungsrecht besteht, wenn der Pächter unfähig ist, die landwirtschaftliche Tätigkeit auszuüben (vgl. hierzu MüKo/Harke BGB § 594c Rn. 1 m.w.N.). **104**

Gemäß § 594d BGB, der inhaltlich dem § 580 BGB entspricht, dürfen sowohl der Verpächter als auch die Erben des Pächters den Landpachtvertrag innerhalb eines Monats nach ihrer Kenntnis vom **Tod des Pächters** mit einer Frist von sechs Monaten zum Ende eines Kalendervierteljahrs außerordentlich kündigen. Dass dem Landverpächter anders als dem gewöhnlichen Verpächter (vgl. § 584a Abs. 2 BGB) dieses Kündigungsrecht eingeräumt wird, liegt in den bei landwirtschaftlichen Betrieben typischen Schwierigkeit begründet, einen geeigneten Nachfolger zu finden. Wollen die Erben den Betrieb dennoch fortsetzen, müssen sie gem. § 594d Abs. 2 BGB der Kündigung des Verpächters widersprechen und für eine ordnungsgemäße Bewirtschaftung selbst sorgen. Eine Unterverpachtung durch die Erben ohne Zustimmung des Verpächters scheidet auch hier wegen § 589 BGB aus. Lässt sich der Verpächter auf die Fortsetzung des Pachtverhältnisses mit den Erben nicht ausdrücklich ein, muss gem. § 594d Abs. 2 S. 4 BGB das Landwirtschaftsgericht hierüber entscheiden. Die materielle Beweislast für die Erwartung einer ordnungsgemäßen Bewirtschaftung haben in diesem Fall die Erben (BGHZ 150, 365 = NJW 2002, 2168, 2170). **105**

Nach § 594b BGB kann ein über **mehr als 30 Jahre** geschlossener Landpachtvertrag unter Einhaltung der ordentlichen Frist von knapp zwei Jahren außerordentlich gekündigt werden. Wie § 544 BGB soll die Vorschrift eine Art erbliches Vertragsverhältnis verhindern. Wegen der im Vergleich zu § 594a Abs. 2 BGB längeren Kündigungsfrist handelt es sich um einen Sonderfall der außerordentlichen Kündigung. **106**

c) Fristlose Kündigung

Die fristlose Kündigung aus wichtigem Grund richtet sich gem. § 594e Abs. 1 BGB nach den mietrechtlichen Bestimmungen der §§ 543, 569 Abs. 1 und 2 BGB. Für den Kündigungsgrund des Verzugs mit Pachtzahlungen werden durch § 594e Abs. 2 BGB die mietrechtlichen Bestimmungen in Hinblick auf die Belange des Landpachtvertrags modifiziert. **107**

7. Anspruch des Pächters auf Fortsetzung des Pachtverhältnisses

108 Zugunsten eines Landpächters, für den die vertragsmäßige Beendigung des Pachtvertrags eine **unzumutbare Härte** bedeuten würde, sieht § 595 BGB unter detailliert ausgeführten Voraussetzungen einen Anspruch auf Fortsetzung vor. Die Regelung ist mit dem Schutz des Wohnraummieters aus §§ 574 ff. BGB vergleichbar. Für den Landpachtvertrag ist aber § 595 BGB auch dann abschließend, wenn die Pachtsache Wohnräume umfasst. In diesen Fällen kann aber relevant werden, dass bei der Abwägung neben den Folgen für den Pächter ausdrücklich auch die Folgen für seine Familie zu berücksichtigen sind.

109 Die für den Anspruch erforderliche besondere Härte ist nur dann gegeben, wenn die Folgen der Vertragsbeendigung für den Landpächter im konkreten Fall die üblicherweise mit der Beendigung einer Landpacht verbundenen Nachteile übersteigen. Haben sich Investitionen des Pächters noch nicht amortisiert, fällt dies bei der Abwägung regelmäßig nicht ins Gewicht, weil diese Interessen des Pächters über den Ausgleichsanspruch aus § 591 BGB kompensiert werden können. Eine Härte kann aber bedeuten, wenn sich kein Ersatzbetrieb für den Pächter finden lässt. Umgekehrt ist es als berechtigtes Interesse des Verpächters zu werten, wenn er darauf angewiesen ist, den Betrieb selbst zu nutzen oder durch nahe Angehörige nutzen zu lassen, die keine andere Erwerbsmöglichkeit haben.

110 Unter den diversen Voraussetzungen von § 595 Abs. 3 BGB ist der Fortsetzungsanspruch zudem ausgeschlossen. Das Verfahren der Geltendmachung des Fortsetzungsanspruchs ist gem. § 595 Abs. 4 bis Abs. 7 BGB an formelle Voraussetzungen auf beiden Seiten geknüpft. Kommt eine Einigung nicht zustande, entscheidet auf Antrag des Pächters das Landwirtschaftsgericht.

8. Abwicklung nach Vertragsende

a) Rückgabe der Pachtsache

111 Nach Beendigung des Pachtverhältnisses hat der Pächter gem. § 596 Abs. 1 BGB die Pachtsache dem Verpächter in einem Zustand zurückzugewähren, der einer bis zur Rückgabe fortgesetzten ordnungsmäßigen Bewirtschaftung entspricht. Hiermit wird klargestellt, dass die Betriebspflicht des Pächters aus § 586 Abs. 1 S. 3 BGB **auch über das Vertragsende hinaus** bis zur tatsächlichen Rückgabe fortwirkt. Deshalb darf der Pächter die Sache auch nicht vor dem vereinbarten Zeitpunkt gem. § 271 Abs. 2 BGB zurückgeben. Anders als der Mieter in § 546 Abs. 1 BGB wird damit der Landpächter verpflichtet, die Sache nicht nur irgendwie, sondern in einem bestimmten Zustand zurückzugeben. Die Rückgabe erschöpft sich also nicht im bloßen Einstellen der Bewirtschaftung, sondern setzt einen aktiven Rückgabeakt des Pächters voraus (OLGR Naumburg 2009, 99).

112 Der Pächter ist verpflichtet, neben den Grundstücken und dem Inventar auch die **zum Betrieb gehörenden Rechte** zurück zu gewähren. Eine Milchquote geht automatisch auf den Landverpächter über, sodass es eines gesonderten Übertragungsaktes nicht bedarf (vgl. BGHZ 115, 162, 167 f. = NJW 1991, 3279, 3280 = ZMR 1991, 467). Hat der Pächter allerdings auf die Milchquote verzichtet und stattdessen eine Milchaufgabevergütung entgegengenommen, muss er diese als Surrogat herausgeben (BGHZ 135, 284, 287 ff. = NJW 1997, 2316, 2317 = ZMR 1997, 454). Die seit der grundlegenden Umstellung des Systems der europäischen Agrarsubventionen (EG-Verordnung 1782/2003) dem Betriebsinhaber nunmehr entkoppelt von der konkreten landwirtschaftlichen Nutzung zugewiesenen Zahlungsansprüche sind hingegen personen- und nicht nutzungsbezogen und unterscheiden sich mithin von solchen Referenzmengen, so dass sie § 596 Abs. 1 BGB nicht unterfallen (BGH NJW-RR 2007, 1279; ausführlich zu den Auswirkungen des Systemwechsels

v. Jeinsen AUR 2007, 366). Das Gemeinschaftsrecht selbst sieht keine Verpflichtung zur Übertragung solcher Zahlungsansprüche an den Pächter vor (EuGH NZM 2010, 240). Konkrete Vereinbarungen über die Weiterreichung von Beihilfen an einen Betriebsnachfolger in einem Pachtvertrag aus der Zeit vor der Umstellung des Subventionssystems können aber so auszulegen sein, dass sich außerhalb von §596 Abs. 1 BGB ein Zahlungsanspruch ergibt (BGH NJW-RR 2009, 1714).

Gemäß §596 Abs. 2 BGB steht dem Pächter wegen seiner Ansprüche gegen den Verpächter ein **Zurückbehaltungsrecht** am Grundstück nicht zu. Dieser Ausschluss erstreckt sich aber nicht auf die Rückgabeverpflichtung hinsichtlich des Inventars. Hier kann dem Landpächter gem. §583 Abs. 1 BGB sogar ein Pfandrecht zustehen. **113**

b) Verspätete Rückgabe

Ähnlich wie der gewöhnliche Pächter in §584b BGB ist auch der Landpächter gem. §597 BGB bei verspäteter Rückgabe zur Fortzahlung der Pacht in Form einer Entschädigung verpflichtet. Wegen § 596 Abs. 1 BGB, wonach der Pächter die Pachtsache in einem bestimmten Zustand zurück zu geben hat, kommt der Landverpächter nicht in **Annahmeverzug**, wenn er die Pachtsache unter Hinweis auf den nicht ordnungsgemäßen Zustand verweigert (vgl. MüKo/Harke BGB §597 Rn. 1; a.A. Staudinger/v. Jeinsen BGB §597 Rn. 8). **114**

c) Ersatzpflicht bei vorzeitigem Pachtende

Für den Fall einer unterjährigen Beendigung des Pachtverhältnisses hält §596a Abs. 1 BGB eine Ausgleichsregelung für vom Pächter noch nicht gezogene Früchte bereit. In §596a Abs. 2 und 3 BGB ist für denselben Fall ein verschuldensunabhängiger Ausgleichsanspruch des Verpächters für übermäßigen Holzeinschlag normiert. **115**

d) Rücklassungspflicht

Nach §596b BGB hat der Landpächter bei Beendigung des Pachtverhältnisses die Wirtschaftsfrüchte (§ 98 Nr. 2 BGB), also das für die nächste Ernte erforderliche Saatgut, zurückzulassen. Hat er den entsprechenden Vorrat verbessert, ist ihm dies gem. §596b Abs. 2 BGB zu vergüten. **116**

e) Wegnahme von Einrichtungen

Wie der Mieter gem. §§ 539 Abs. 2, 552 BGB ist der Landpächter gem. §591a BGB berechtigt, eine Einrichtung, mit der er die Pachtsache versehen hat, wegzunehmen. Eine Einrichtung ist eine Sache, die der Landpächter mit der Pachtsache verbunden und dazu bestimmt hat, ihrem Zweck zu dienen (vgl. BGHZ 101, 37, 41 = NJW 1987, 2861 = ZMR 1987, 371). Nicht unter den Begriff der Einrichtung fallen Gegenstände, die der Pächter im Rahmen seiner Ausbesserungs- und Betriebspflicht eingebracht hat. Einrichtungen, die das Ergebnis notwendiger Verwendungen sind, dürfen ebenfalls nicht weggenommen werden; insofern kann der Landpächter nur gem. § 590b BGB Ersatz verlangen. Ein bestehendes Pfandrecht des Landverpächters aus §592 BGB schließt die Wegnahme i.Ü. grundsätzlich aus. **117**

f) Kurze Verjährung von Ersatzansprüchen

Die Vorschrift des §591b BGB, wonach Ersatzansprüche des Verpächters wegen Veränderung oder Verschlechterung der verpachteten Sache sowie Ansprüche des Pächters auf Ersatz von Verwendungen oder auf Gestattung der Wegnahme einer Einrichtung in sechs **118**

Monaten ab Rückgewähr bzw. Vertragsende verjähren, entspricht inhaltlich § 548 BGB und ist wie dieser weit auszulegen. Sie umfasst somit auch deliktische Ansprüche des Verpächters, die aus einer Verschlechterung der Sache herrühren.

g) Anordnungen durch das Landwirtschaftsgericht

119 Gemäß § 595a Abs. 2 S. 1 BGB kann bei Streitigkeiten über die Abwicklung von vorzeitig oder teilweise beendeten Landpachtverträgen auf Antrag jeder Seite das Landwirtschaftsgericht klärende Anordnungen treffen.

9. Rechtsweg

120 Gemäß § 2 Abs. 1 S. 1 Landwirtschaftsverfahrensgesetz (LwVG) sind für Streitigkeiten über Landpachtverträge die Amtsgerichte als Landwirtschaftsgerichte zuständig. Das Verfahrensrecht bestimmt sich gem. § 9 LwVG für die in § 1 Nr. 1 LwVG genannten Gegenstände (»die Anzeige und Beanstandung von Landpachtverträgen im Landpachtverkehrsgesetz und über den Landpachtvertrag in den Fällen des § 585b Abs. 2, der §§ 588, 590 Abs. 2, des § 591 Abs. 2 und 3, der §§ 593, 594d Abs. 2, und der §§ 595 und 595a Abs. 2 und 3 des Bürgerlichen Gesetzbuchs«) nach den Regeln der freiwilligen Gerichtsbarkeit, in den übrigen Fällen gem. § 48 LwVG nach der ZPO.

B.
Wohnungseigentumsrecht

17. Kapitel
Bildung von Wohnungs- und Teileigentum

Übersicht

I. Einführung

1. Allgemeines

Nach dem Wohnungseigentumsgesetz bestehen **zwei Wege zur Begründung von Wohnungseigentum.** Gem. § 2 WEG wird Wohnungseigentum entweder durch die vertragliche Einräumung von Sondereigentum (§ 3) oder durch eine Teilung (§ 8) begründet. In der Praxis steht die Begründung von Wohnungseigentum durch Teilungserklärung im Vordergrund. Die Begründung von Wohnungs- oder Teileigentum durch Teilungsvertrag oder Teilungserklärung ist jeweils ein **sachenrechtlicher Akt.** Die inhaltliche Zulässigkeit des jeweiligen Begründungsaktes hängt davon ab, ob er den Bestimmungen des Wohnungseigentumsgesetzes und denen der §§ 873 ff., 925 ff. BGB entspricht. 1

Überblick

Die wesentlichen Unterschiede der Begründungsarten stellen sich im Überblick wie folgt dar:

2

§ 3 WEG	§ 8 WEG
Grundstück: Miteigentum an einem Grundstück und auf dem Grundstück errichteten oder zu errichtenden Gebäude	**Grundstück:** Alleineigentum an Grundstück und einem auf dem Grundstück errichteten oder zu errichtenden Gebäude

Begründungsakt: Vertrag der Miteigentümer und Erklärung gegenüber dem Grundbuchamt **Inhalt:** ☐ Bestimmung Sondereigentum ☐ Umfang ☐ Qualität (Wohnungs- oder Teileigentum) ☐ Bestimmung Gemeinschaftseigentum ☐ Miteigentumsanteile **dem Vertrag sind beizufügen:** ☐ Aufteilungsplan ☐ Abgeschlossenheitsbescheinigung	**Begründungsakt:** Erklärung gegenüber dem Grundbuchamt **Inhalt:** ☐ Bestimmung Sondereigentum ☐ Umfang ☐ Qualität (Wohnungs- oder Teileigentum) ☐ Bestimmung Gemeinschaftseigentum ☐ Miteigentumsanteile **der Erklärung sind beizufügen:** ☐ Aufteilungsplan ☐ Abgeschlossenheitsbescheinigung
Wirksamkeit: zur Einräumung ist die Einigung der Beteiligten über den Eintritt der Rechtsänderung und die Eintragung in das Grundbuch erforderlich	**Wirksamkeit:** die Teilung wird mit der Anlegung der Wohnungsgrundbücher wirksam

3 Eine **Begründung** von Sonder- oder Gemeinschaftseigentum **durch Beschluss** ist **nicht** möglich (BayObLG MDR 1987, 326 = WuM 1987, 235). Auch eine **Öffnungsklausel** kann dem Beschluss diesen Bereich nicht erschließen.

a) Teilungsvertrag

4 Nach § 3 WEG kann Miteigentum an einem Grundstück (§ 1008 BGB) durch Vertrag, den **Teilungsvertrag,** der Miteigentümer »beschränkt« werden. Jedem Miteigentümer ist gem. § 6 WEG untrennbar entweder ein **Wohnungs-** (Sondereigentum an einer bestimmten Wohnung) oder ein **Teileigentum** (nicht zu Wohnzwecken dienende Räume) in einem auf dem Grundstück bereits errichteten oder an einem noch zu errichtenden Gebäude einzuräumen. Das bisherige Miteigentum an den zum Sondereigentum gehörenden Räumen wird durch den dinglichen Vollzug der Teilung (der Anlegung der Wohnungs- bzw. Teileigentumsbücher) **vollständig aufgehoben.**

5 **Hinweis**

> Durch die mit §§ 3, 8 WEG geschaffene Möglichkeit, ein Grundstück ideell zu teilen, weicht das Gesetz von dem in §§ 93, 1114 BGB, § 1 Abs. 3 ErbbauRG, § 864 Abs. 2 ZPO verkörperten **Grundsatz** ab, dass eine ideelle Teilung eines Grundstücks nicht möglich ist (dazu BGH BGHZ 49, 250, 253 = NJW 1968, 499; RG RGZ 68, 79, 80). Grundstück und Gebäude bilden dort eine Einheit. Nach dem BGB gibt es kein Eigentum an realen Gebäudeteilen, sondern nur Miteigentum am – bebauten oder unbebauten – Grundstück nach ideellen Bruchteilen (§ 1008 BGB). Das WEG ermöglicht hiervon bewusst abweichend (Weitnauer FS Seuß [1987], S. 305, 307) die Verbindung von Miteigentum an einem Grundstück und Alleineigentum an Teilen eines auf dem Grundstück errichteten oder noch zu errichtenden Gebäudes.

6 Die Vertragschließenden müssen zum Zeitpunkt des Teilungsvertrages noch nicht Miteigentümer sein (LG Bielefeld Rpfleger 1985, 189). Vor der Einräumung müssen auch nicht die Miteigentumsbruchteile bestehen, die für die beabsichtigte Zuordnung des Sondereigentums notwendig sind (BGH BGHZ 86, 393, 399 = NJW 1983, 1672, 1673). Notwendig, aber auch ausreichend ist, dass die Vertragschließenden mit Beurkundung des Sondereigentums als Miteigentümer im Grundbuch eingetragen werden. Auch eine »Zwischeneintragung« und Umschreibung der Miteigentumsanteile ist unnötig. Mit entsprechender Eintragung im Wohnungsgrundbuch ist der einheitliche, auf Bildung von Wohnungseigentum

unter Zusammenlegung der Miteigentumsanteile gerichtete, dingliche Vertrag vollzogen. Weitere Eintragungen sind nicht veranlasst (BGH BGHZ 86, 393, 399 = NJW 1983, 1672, 1673; LG München Rpfleger 1969, 431). Die Miteigentümer können z.B. ihre Miteigentumsanteile am Grundstück im Teilungsvertrag verändern (z.B. ¼ auf ½ zusammenlegen) und zugleich diesen (neuen) Anteilen jeweils das Sondereigentum an einer Wohnung zuordnen. Eine dingliche Übertragung vor Abschluss des Teilungsvertrages ist nicht erforderlich. Wohnungseigentum kann nicht auf zwei Grundstücken im Rechtssinne begründet werden (BayObLG BayObLGZ 1970, 163).

b) Teilungserklärung

Die Begründung von Wohnungseigentum **durch Teilungserklärung** ist Gegenstand von **7**
§ 8 WEG. Diese Bestimmung ermöglicht es einem **Alleineigentümer** oder an dessen Stelle einem Verfügungsberechtigten über das Grundstück, etwa einem Testamentsvollstrecker, Nachlassverwalter oder einem Insolvenzverwalter (BayObLG BayObLGZ 1957, 108 zum Konkursverwalter), Miteigentum an einem Grundstück und Alleineigentum an Teilen eines auf dem Grundstück errichteten oder noch zu errichtenden Gebäudes zu verbinden. Weil das Gesetz eine Teilung auch in Bezug auf noch zu errichtende Gebäude erlaubt, **können vor allem Bauträger** noch vor Baubeginn, jedenfalls aber während des Baus die noch in ihrer Hand vereinigten Miteigentumsanteile einzeln veräußern. Betrifft die Teilung mehrere Grundstücke, müssen diese nach § 1 Abs. 4 WEG vorher oder gemeinsam mit der Teilung (OLG Saarbrücken NJW 1972, 691) gem. § 890 BGB zu einem Grundstück vereinigt werden.

Jeder Miteigentumsanteil ist mit einer oder mehreren Wohnungs- (Sondereigentum an **8**
einer bestimmten Wohnung) oder mit einer oder mehreren Teileigentumseinheiten (nicht zu Wohnzwecken dienende Räume) in einem auf dem Grundstück bereits errichteten oder an einem noch zu errichtenden Gebäude zu verbinden. Das betroffene Grundstück kann auch ein **Hofgrundstück** sein. Durch die Bildung von Wohnung- oder Teileigentum geht allerdings die Hofeigenschaft verloren (OLG Hamm NJW-RR 1989, 141 = DNotZ 1989, 448). § 8 WEG ist nicht, auch nicht entsprechend, auf den Fall anwendbar, dass nicht Grundstückseigentum in Miteigentumsanteile aufgespalten wird, sondern selbstständiges Gebäudeeigentum, das gem. Art. 233 §§ 2b, 4, 8 EGBGB fortbesteht (OLG Jena Rpfleger 1996, 194 = ZMR 1996, 94). Eine Teilung (bzw. eine Unterteilung, BGH ZMR 2005, 59 = NJW 2005, 10) nach § 8 WEG kann aber dazu genutzt werden, z.B. eine spätere **Auseinandersetzung von Erben vorzubereiten**, weil eine Pflicht, die Miteigentumsanteile nach der Teilung zu veräußern, nicht besteht.

Grundstückseigentümer i.S.v. § 8 WEG kann eine **natürliche oder juristische Person** **9**
sein. Vorstellbar ist auch, dass eine Gemeinschaft zur gesamten Hand (Erbengemeinschaft [so in BGH ZMR 2004, 206 = NJW 2004, 1798], eine eheliche Gütergemeinschaft), eine GbR, eine KG oder OHG oder eine Bruchteilsgemeinschaft (BayObLG BayObLGZ 1969, 82) Grundstückseigentümer ist. Eine Gemeinschaft zur gesamten Hand setzt sich bei einer Aufteilung am Wohnungseigentum fort (OLG Zweibrücken MittBayNot 1983, 242, 243; BayObLG BayObLGZ 1969, 82). Erklärungen sind von allen Gemeinschaftern als Grundstückseigentümern abzugeben (z.B. §§ 1424 Abs. 1, 2040 Abs. 1 BGB). Wie bei einer Begründung nach § 3 WEG, muss auch der Aufteilende **noch nicht** Eigentümer des Grundstücks sein. Es reicht, wenn er es zur Zeit der Anlegung der Wohnungsgrundbücher – ggf. zeitgleich – wird (OLG Düsseldorf DNotZ 1976, 168) Dies ist bei Bauträgern häufig der Fall.

2. Aufgaben von Teilungserklärung und Teilungsvertrag

10 In der Praxis werden Teilungsvertrag und Teilungserklärung vielfach Funktionen zugeordnet, die denen des Wohnungseigentumsgesetzes **nicht entsprechen**. Nach dem Wohnungseigentumsgesetz dienen Teilungsvertrag und Teilungserklärung **drei Zwecken**:

11
- Der Bestimmung der Grenzen von Gemeinschafts- und Sondereigentum. Den Inhalt bestimmen hingegen im Wesentlichen Vereinbarungen, soweit sie verdinglicht wurden.
- Der Bestimmung der Höhe der jeweiligen Miteigentumsanteile.
- Der Qualifikation des Sondereigentums als Wohnungs- oder Teileigentum (Zweckbestimmungen im weiteren Sinne). Streitig ist, welcher Natur diese Bestimmung ist (s. Rdn. 21).

a) Abgrenzung von Gemeinschafts- und Sondereigentum

12 Durch den Teilungsvertrag oder die Teilungserklärung – i.V.m. dem gem. § 7 Abs. 4 Nr. 1 WEG vorzulegenden **Aufteilungsplan** und der **Abgeschlossenheitsbescheinigung** – muss bestimmt werden, welche Flächen **Gemeinschafts- und Sondereigentum** sind (der Gegenstand des Sondereigentums) und wo ihre Grenzen verlaufen. Das Wohnungseigentumsgesetz gewährt die Freiheit, im Rahmen gewisser Grenzen (s. dazu vor allem § 5 Abs. 2 WEG) eigenständig festzulegen, welche Räume im Gemeinschafts- bzw. Sondereigentum stehen sollen. Stehen auf einem Grundstück mehrere Gebäude, kann ein Miteigentümer an **sämtlichen Räumen** eines Gebäudes Sondereigentum erhalten (BGH NJW-RR 2001, 800). An **Teilen eines Raums** oder bloß an seinen tragenden Teilen kann kein Sondereigentum begründet werden. Gem. § 5 Abs. 1 WEG sind diese i.d.R. aber **von Gesetzes wegen** Sondereigentum, sofern nicht nach § 5 Abs. 3 WEG etwas anderes bestimmt ist oder nach § 5 Abs 2 WEG etwas anderes gilt.

b) Bestimmung der Miteigentumsanteile

13 Teilungsvertrag und Teilungserklärung müssen die **Größe der Miteigentumsanteile** bestimmen. Anzahl und Höhe der Miteigentumsanteile haben **von Gesetzes wegen** nach §§ 10 Abs. 8 S. 1 Halbs. 1, 16 Abs. 1, Abs. 2, 25 Abs. 3 WEG Bedeutung für:
- die Außenhaftung (§ 10 Abs. 8 S. 1);
- die Innenhaftung (§§ 10 Abs. 8 S. 4, 16 Abs. 2 WEG);
- die Fruchtziehung (16 Abs. 2 WEG);
- die Beschlussfähigkeit (§ 25 Abs. 3 WEG);
- nach §§ 16 Abs. 4, 22 Abs. 2 WEG für bestimmte Beschlusskompetenzen;
- ggf. für ein vereinbartes Beschlussquorum;
- ggf. für das vereinbarte Wertstimmrecht.

Das Gesetz enthält **keine Bestimmung** darüber, welche Größe die Miteigentumsanteile haben müssen und ob und wie sie im Verhältnis zum Sondereigentum und etwaigen Sondernutzungsrechten stehen. Das Gesetz verlangt bewusst nicht, dass die Werte oder Nutzflächen der einzelnen Sondereigentumseinheiten den Miteigentumsanteilen entsprechen (BGH NJW 1976, 1976; OLG Hamburg ZMR 2003, 448; OLG Düsseldorf ZMR 2002, 293, 294; BayObLG WE 1995, 343, 344). Grund für die Zurückhaltung ist, dass die Übereinstimmung der Miteigentumsanteile mit einem bestimmten Wertverhältnis die Gerichte bei einer Überprüfung überlasten könnte. Außerdem erhoffte man sich, dass die Eigentümer für die Verteilung der Nutzen und der Kosten selbst eine möglichst zutreffende Bestimmung anstreben werden. Allgemein anerkannte Maßstäbe für die notwendige Bewertung der Anteile gibt es nicht (OLG Düsseldorf ZMR 2001, 378 = ZWE 2001, *388). Es ist weder erforderlich*, dass die Anteile gleich groß sind, noch dass sie sich an dem Wert, die Grundfläche oder die Nutzungsmöglichkeit des jeweiligen Wohnungs-

oder Teileigentums orientieren. Sie müssen auch nicht in einem bestimmten Verhältnis zueinander noch zum Wert oder der Größe des Sondereigentums stehen (BGH NJW 1986, 2759, 2760; BGH NJW 1976, 1976 = MDR 1977, 41; BayObLG NZM 2000, 301). Bei ganz großen Anlagen empfiehlt sich eine Aufteilung in 10000stel oder mehr Miteigentumsanteile. In den meist größeren Eigentumswohnanlagen hat sich in der Praxis vor allem eine Aufteilung in 1000stel Miteigentumsanteile durchgesetzt (Weitnauer/Briesemeister § 3 WEG Rn. 5). Bei einer zweigliedrigen Eigentümergemeinschaft (Doppel- oder Zweifamilienhäusern) ist bei gleichem Nutzwert hingegen eine Aufteilung zu je ½ (oder 50/100stel) üblich.

aa) Prüfsteine für die Bestimmung der Höhe

Bei der Bestimmung der Miteigentumsanteile sollte der unterschiedliche Nutzwert der jeweiligen Flächen berücksichtigt (BayObLG ZMR 1999, 52 bei für gewerbliche Zwecke bestimmten Anlagen) und **angemessene** und **objektive** Maßstäbe zugrunde gelegt werden. Als Prüfsteine für die Bestimmung der Höhe der Miteigentumsanteile kommen u.a. folgende Punkte in Betracht: 14

- vor allem die Wohn- und Nutzflächen; 15
- die Ausstattung der Räume und ihre innere Aufteilung;
- die Wohnungs- und Stockwerkslage im Gesamtgebäude (Himmelsrichtung, Höhe etc.);
- die Aussicht;
- die Nähe zu einem Fahrstuhl oder anderen Gemeinschaftseinrichtungen (z.B. der Waschküche oder der Sauna);
- Umweltlärm;
- Helligkeit;
- Nutzungsberechtigungen (Sondernutzungsrechte);
- Baurechte (BayObLG NJW-RR 1992, 342, 343);
- Bausubstanzwerte.

bb) Änderung

Eine **spätere Änderung** der Größe der Miteigentumsanteile ist – jederzeit – durch Vereinbarung der Wohnungseigentümer möglich. Die notwendige Einigung der Wohnungseigentümer muss bei gleichzeitiger Anwesenheit der Beteiligten vor einer zuständigen Stelle erklärt werden (BayObLG DNotZ 1986, 237). Die Änderung ist im Grundbuch einzutragen. Außerdem ist ggf. die Zustimmung dinglich berechtigter Dritter an dem Wohnungseigentum erforderlich, dessen Miteigentumsanteil verringert werden soll (§§ 877, 876 BGB analog). Eine Zustimmung ist nicht erforderlich, wenn nach der Art des dinglichen Rechts eine Beeinträchtigung ausgeschlossen ist (ggf. bei einem Vorkaufsrecht). Nicht zustimmen müssen Drittberechtigte an einem Wohnungseigentum, dessen Miteigentumsanteil vergrößert werden soll, da die Berechtigten durch eine Veränderung keinen Rechtsverlust erleiden. 16

Kommt eine Einigung nicht zustande, hat ein Wohnungseigentümer unter bestimmten Voraussetzungen im Ausnahmefall einen **Anspruch auf Abänderung der Größe der Miteigentumsanteile** (zu den Voraussetzungen des Anspruchs Rdn. 78). Eine Änderung ist vor allem dann vorstellbar, wenn der Bauträger die Miteigentumsanteile in der Teilungserklärung bestimmt hat (Riecke/Schmid/Elzer § 8 WEG Rn. 11 m.w.N.). Ein **sittenwidriges Verhalten** bei der Bestimmung der Größe Miteigentumsanteile kommt etwa in Betracht, wenn die Wertverhältnisse so festlegt sind, dass den Inhabern einzelner Sondereigentumsrechte eine geringere, durch keine Umstände begründete Beteiligung an den gemeinsamen Kosten und Lasten verschafft wird (BayObLG ZMR 1999, 52; Röll 17

DNotZ 1978, 723). Die Annahme sittenwidrigen Verhaltens liegt besonders nahe, wenn das (wirtschaftlich) bevorzugte Sondereigentum dem **Alleineigentümer** zusteht. Bei der Abwägung, ob der Anspruch besteht, ist zu berücksichtigen, dass die Änderung der Umstände ggf. bereits seit Beginn der Gemeinschaft angelegt war (OLG Düsseldorf ZMR 2004, 613, 614; OLG Düsseldorf ZMR 2002, 293, 294). Bei Klärung des Anspruchs ist außerdem der Vertrauensgrundsatz zu berücksichtigen (BayObLG ZMR 2003, 949, 950; BayObLG ZMR 2001, 997).

cc) Beschrieb im Grundbuch

18 Für den Beschrieb der Miteigentumsanteile (und der Sondereigentumsanteile) haben sich bestimmte Formulierungen etabliert. Üblich ist die folgende Formulierung, die § 47 GBO beachtet: »Miteigentumsanteil von .../1000stel verbunden mit dem Sondereigentum an der im Aufteilungsplan mit der Nr. 1 bezeichneten Wohnung, Obergeschoss, links, Mitte. Zu der Wohnung gehören folgende Nebenräume: ...« (vgl. Riecke/Schmid/Elzer § 3 WEG Rn. 18).

dd) Kosten und Gebühren

19 Bei den Kosten und Gebühren ist zwischen Teilungsvertrag und Teilungserklärung zu unterscheiden:

- **Teilungsvertrag**: Die Bildung von Wohnungseigentum durch Vertrag gem. § 3 WEG ist ein **grunderwerbsteuerbarer Vorgang**. Auf diesen ist § 7 Abs. 1 GrEstG entsprechend anwendbar, wenn die wertmäßige Beteiligung der Miteigentumsanteile gleich bleibt. Der **Geschäftswert** bestimmt sich nach § 21 Abs. 2 KostO. Für die **Beurkundung des Teilungsvertrages** ist die volle Gebühr nach § 36 Abs. 1 KostO zu erheben. Für die Grundbucheintragung fällt nach § 76 Abs. 2 KostO hingegen eine halbe Gebühr an.
- **Teilungserklärung**: Für die Beurkundung der Teilungserklärung ist die volle Gebühr nach § 36 Abs. 1 KostO zu erheben. Für die **Eintragung** der Teilungserklärung im Grundbuch fällt nach § 76 Abs. 1 KostO eine halbe Gebühr an. Eine nachträgliche Änderung unterfällt §§ 76, 64 KostO. Der **Geschäftswert** bestimmt sich nach § 21 Abs. 2 KostO. Bei der Begründung von Wohnungseigentum gem. § 8 WEG ist vom Grundstückswert im bebauten Zustand nach der völligen Fertigstellung auszugehen (OLG Zweibrücken FGPrax 2004, 51 = ZWE 2004, 182; OLG Karlsruhe JurBüro 1998, 364; BayObLG Rpfleger 1997, 42 = MDR 1996, 1075 = NJW-RR 1997, 1224). Die Gebühr für die Anlegung von Teileigentumsgrundbüchern bemisst sich auch dann nach dem (geschätzten) Wert des Grundstückes im bebauten Zustand, wenn im Zeitpunkt des Kostenansatzes feststeht, dass die beabsichtigte Bebauung unterbleibt (OLG Zweibrücken FGPrax 2004, 51 = ZWE 2004, 182). Die Bildung von Wohnungseigentum durch Teilung ist **kein grunderwerbsteuerbarer Vorgang**. Eine steuerliche Unbedenklichkeitsbescheinigung muss dem Grundbuchamt damit nicht eingereicht werden.

ee) Überdimensionale Miteigentumsanteile

20 Bei der abschnittsweisen Errichtung einer WEG-Anlage kann der Alleineigentümer ein Interesse daran haben, die Aufteilung der weiter zu errichtenden Einheiten hinauszuzögern. Neben der großen (= sofortige endgültige Aufteilung) und der kleinen Aufteilung wird zu diesem Zweck auch die Aufteilung mit Hilfe eines überdimensionalen Miteigentumsanteils genutzt (BayObLG ZMR 94, 576). Dem Alleineigentümer wird dann das Recht eingeräumt, an Räumen auf dem Grundstück zukünftig zu errichtender Wohnhäuser Sondereigentum zu begründen. Ferner wird einer im Eigentum des ehe-

maligen Alleineigentümers bereits stehenden Einheit ein überdimensionaler Miteigentumsanteil zugewiesen.

c) Qualifikation eines Sondereigentums

Für jedes Sondereigentum ist nach §§ 3 und 8 WEG zu bestimmen, ob es an einer bestimmten Wohnung (Wohnungseigentum), oder an Räumen, die nicht Wohnzwecken dienen sollen (Teileigentum), begründet werden soll (BayObLG WE 1994, 153; Armbrüster/Müller FS Seuß [2007], S. 3, 12; Rapp MittBayNot 1998, 77; »Zweckbestimmungen im weiteren Sinne«). Streitig ist, ob diese Anordnung eine **sachenrechtliche Zuordnung** ist oder ob sich in der Anordnung eine Vereinbarung i.S.v. § 10 Abs. 2 und Abs. 3 WEG verbirgt. Nach ganz **h.M.** ist die Einordnung eine **schuldrechtliche Bestimmung** i.S.v. § 10 Abs. 2 WEG (OLG Hamburg ZMR 2000, 627; BayObLG Rpfleger 1998, 19; Rpfleger 1989, 325; Rpfleger 1986, 177; Hügel FS Bub [2007], S. 137, 142; ders. RNotZ 2005, 149, 154; Armbrüster/Müller FS Seuß [2007], S. 3, 14/15; Armbrüster ZMR 2005, 244, 246, 247; Müller/Schneider Beck'sches Formularhandbuch Wohnungseigentumsrecht G. II. 1 Anm. 2; F. Schmidt ZWE 2005, 315, 316). Zur Begründung wird im Wesentlichen darauf verwiesen, dass die Definition des Begriffspaares Wohnungs- und Teileigentum vor den 1. Abschnitt des WEG steht und nicht Teil des 1. Abschnittes des WEG sei. Außerdem ergäbe eine historische Auslegung, dass der Gesetzgeber mit den Begrifflichkeiten »Wohnungs-« und »Teileigentum« keine unterschiedlichen (sachenrechtlich relevanten) Gegenspieler schaffen wollte, sondern bloß dem neu geschaffenen Institut Wohnungseigentum eine möglichst zutreffende und in der Laiensphäre verständliche Bezeichnung geben wollte (Hügel FS Bub [2007], S. 137 ff.). Eine Gegenansicht macht geltend, dass die h.M. pragmatisch ist, aber wenigstens dogmatisch nicht überzeugt (Riecke/Schmid/Elzer § 3 WEG Rn. 22). Sachgerechter sei die Annahme einer **sachenrechtlichen Bestimmung**. Nach beiden Meinungen bedarf des für eine Umwidmung eines Vertrages (Müller/Schneider Beck'sches Formularhandbuch Wohnungseigentumsrecht G. II. 1 Anm. 3), der – um Sondernachfolger zu binden – im Grundbuch eingetragen werden muss (Müller/Schneider Beck'sches Formularhandbuch Wohnungseigentumsrecht G. II. 1 Anm. 3). Die Minderansicht nimmt aber zwei Besonderheiten an: Nur wenn man der Mindermeinung folgt, muss bei einer Einigung über die Umwidmung die Form des § 4 WEG eingehalten werden. Ferner nimmt nur die Mindermeinung an, dass ein Sondernachfolger auch an eine verdinglichte Ermächtigung zur Umwidmung nicht gebunden ist (für die h.M. s. Rdn. 77) und dass eine Umwidmung auch bei Vereinbarung einer allgemeinen Öffnungsklausel nicht beschlossen werden kann. 21

3. Grundstück

Wohnungseigentum kann nach § 1 Abs. 4 WEG nur an einem **Grundstück** begründet werden (dazu F. Schmidt ZWE 2007, 280). Betrifft der Teilungsvertrag oder die Teilungserklärung **mehrere Grundstücke**, müssen diese nach § 1 Abs. 4 WEG gem. § 890 BGB zu einem Grundstück **vereinigt** werden. Grundstück i.d.S. ist jeder gegen andere Teile räumlich abgegrenzte Teil der Erdoberfläche, der auf einem besonderen Grundbuchblatt unter einer besonderen Nummer im Verzeichnis der Grundstücke eingetragen ist (BGH BGHZ 49, 145, 147 = NJW 1968, 791: bürgerlich-rechtlicher oder grundbuchrechtlicher Grundstücksbegriff). Ein Buchgrundstück kann **aus einem oder aus mehreren Flurstücken** bestehen. Das Flurstück ist ein katastermäßig vermessener und bezeichneter Teil der Erdoberfläche. Es genügt, wenn das aufzuteilende Grundstück bei Anlegung der Wohnungsgrundbücher ein selbstständiges (Grundbuch-)Grundstück wird. Das Grundstück, an dem Wohnungseigentum begründet werden soll, kann Hofgrundstück sein 22

(OLG Hamm NJW-RR 1989, 141 = DNotZ 1989, 448), sofern der Alleineigentümer eine Einheit auf einen Dritten überträgt (OLG ZMR 2007, 390).

23 An einem **Grenzüberbau** kann kein Wohnungseigentum begründet werden, sofern nicht das gesamte Gebäude **wesentlicher Bestandteil des Stammgrundstückes** ist und ihm eigentumsrechtlich zugeordnet werden kann, z.B. als entschuldigter oder rechtmäßiger Überbau nach § 912 Abs. 1 BGB (dazu Bärmann/Schneider Teil A. Rn. 35 ff.). Die Eintragung einer Grunddienstbarkeit ist nicht zwingend (Staudinger/Rapp WEG § 1 Rn. 30; **a.A.** OLG Stuttgart DNotZ 1983, 444), aber ratsam – und zwar vor Baubeginn, da die Wirkung einer nachträglichen Dienstbarkeit umstritten ist (Tersteegen RNotZ 2006, 452).

Hinweis

An einem »überhängenden Überbau« ist die Begründung von Sondereigentum möglich, weil das überhängende Bauteil demjenigen gehört, von dessen Grundstück aus der **Überhang ausgeht**.

4. Form von Teilungserklärung und Teilungsvertrag

a) Teilungsvertrag

24 Der Teilungsvertrag muss nach § 4 Abs. 2 S. 1 WEG i.V.m. § 925 BGB bei gleichzeitiger Anwesenheit beider Teile vor einer zuständigen Stelle, i.d.R. vor einem Notar, erklärt werden. Sondereigentum kann gem. § 4 Abs. 2 S. 2 WEG nicht unter einer Bedingung oder Zeitbestimmung eingeräumt oder aufgehoben werden. Für die schuldrechtlichen Verpflichtungsgeschäfte zur gegenseitigen Einräumung von Sondereigentum ist die notarielle Form des § 311b Abs. 1 BGB zu beachten. Wird die erforderliche Form nicht beachtet, wäre der Teilungsvertrag grundsätzlich nichtig (§ 125 S. 1 BGB). Weil eine Nichtigkeit aber nicht angemessen ist (**a.A.** BGH BGHZ 109, 179 = ZMR 1990, 112 = NJW 1990, 447 [Heizwerkfall]), ist bei **Gründungsmängeln** eine Lösung über die Grundsätze der fehlerhaften Gesellschaft zu suchen (s. Rdn. 80 ff.).

b) Teilungserklärung

25 Die Teilungserklärung ist formfrei. Für ihren grundbuchrechtlichen Vollzug nach § 29 GBO muss sie aber in Form einer öffentlichen oder öffentlich beglaubigten Urkunde (§ 129 BGB) abgegeben werden. In der Praxis ist die **notarielle Beurkundung der Teilungserklärung nach §§ 129 Abs. 2, 128 BGB im Hinblick auf § 13a Abs. 1 S. 1 BeurkG üblich** (Bub WE 1993, 185, 186; Röll MittBayNot 1980, 1; s.a. BGH NJW 1979, 1495, 1498). Bei Verfügungsverträgen vor Vollzug der Teilungserklärung und Anlegung der Wohnungsgrundbücher kann dann auf die noch einzutragende sachenrechtliche Teilungserklärung und die ggf. mit ihr verbundene schuldrechtliche Gemeinschaftsordnung (als Teil der Teilungserklärung) Bezug genommen werden. Durch eine solche Bezugnahme werden der Inhalt der Teilungserklärung und der Inhalt der Gemeinschaftsordnung **zum Teil des Verfügungsvertrages**. Auf die Teilungserklärung sind die allgemeinen Regelungen des BGB, z.B. §§ 104 ff., 1821 BGB, anwendbar. Die Teilungserklärung eines Nichtberechtigten gem. § 180 S. 1 BGB (einseitiges Rechtsgeschäft) muss allerdings nicht nichtig sein. Die Teilungserklärung kann nicht bedingt oder befristet abgegeben werden. Wurde die Verfügungsbefugnis des Grundstückseigentümers nach Beantragung des Vollzugs der Teilungserklärung und der Eintragung von Auflassungsvormerkungen *durch die Eröffnung des Gesamtvoll*streckungsverfahren beschränkt, hindert dies in analoger Anwendung des § 878 BGB nicht die Vornahme der beantragten Grundbucheintra-

gungen (LG Leipzig ZfIR 2000, 232 = MittBayNot 2000, 324; s. LG Köln MittRhNotK 1985, 16). Auch das Wirksamwerden einer Veräußerungsbeschränkung kann zur Anwendung des § 878 BGB auf die zu diesem Zeitpunkt dem Grundbuchamt bereits vorliegenden Eigentumsumschreibungsanträge anderer Wohnungseigentumserwerber führen (OLG Hamm NJW-RR 1994, 975).

c) Zustimmung Dritter

aa) Teilungsvertrag

Ist das **Grundstück als Ganzes** oder sind alle Miteigentumsanteile mit einem **Gesamtrecht** belastet (z.B. einem Grundpfandrecht [Hypothek, Grundschuld], Grund- und Rentenschulden sowie Reallasten), ist eine **Zustimmung dinglich Berechtigter** grundsätzlich nicht erforderlich (BGH BGHZ 49, 250 = NJW 1968, 499; BayObLG BayObLGZ 1958, 273, 279). Eine am ganzen Grundstück bestehende Grundschuld wandelt sich bei einer vertraglichen Begründung von Wohnungs- und Teileigentum gem. §§ 1192 Abs. 1, 1132, 1114 BGB in eine **Gesamtgrundschuld** an allen Anteilen um (BGH BGHZ 49, 250 = NJW 1968, 499; OLG Oldenburg NJW-RR 1989, 273 = MDR 1989, 263; OLG München MDR 1972, 239; OLG Frankfurt/M. NJW 1959, 1977; BayObLG NJW 1957, 1840). Ein dingliches Wohnrecht an dem Grundstück besteht nur an dem Anteil fort, dem der betroffene Gebäudeteil unterliegt (BGH BGHZ 49, 250 = NJW 1968, 499; OLG Oldenburg NJW-RR 1989, 273; OLG München MDR 1972, 239; OLG Frankfurt/M. NJW 1959, 1977; BayObLG NJW 1957, 1840). Dienstbarkeiten und Vorkaufsrechte am **gesamten Grundstück** setzen sich nach dem Teilungsvertrag am gesamten Grundstück fort (Riecke/Schmid/Elzer § 3 WEG Rn. 29). Dienstbarkeiten an **einem Miteigentumsanteil**, z.B. ein Wohnungsrecht, und Vorkaufsrechte setzen sich nach der Aufteilung an dem **entsprechenden Wohnungseigentum** fort (OLG Hamm ZMR 2000, 630, 632; OLG Oldenburg NJW-RR 1989, 273; BayObLG BayObLGZ 1957, 102 = NJW 1957, 1840 und OLG Frankfurt/M. NJW 1959, 1977 für das Dauerwohnrecht nach § 31 WEG). Die Teilung des mit einem Wohnungsrecht belasteten Grundstücks führt dazu, dass nach §§ 1090 Abs. 2, 1026 BGB diejenigen Teile des belasteten Grundstücks, die außerhalb des Bereichs der Ausübung liegen, von der **Dienstbarkeit frei werden**. Ist eine Zustimmungserklärung notwendig – z.B. wenn durch den Bau des Wohngebäudes ein Wegerecht unterzugehen droht – ist diese in der Form des § 29 GBO abzugeben. Besteht vor der Aufteilung ein Grundpfandrecht ausnahmsweise an nur **einem Miteigentumsanteil**, bedarf es der Zustimmung des Gläubigers dieses Miteigentumsanteils (LG Wuppertal Rpfleger 1987, 366). Durch die Aufteilung ändert sich der Gegenstand der Belastung, weil der Gläubiger gem. § 11 Abs. 2 WEG nicht (mehr) Aufhebung der Gemeinschaft verlangen kann (OLG Frankfurt/M. OLGZ 1987, 266, 268). 26

bb) Teilungserklärung

Die Zustimmung eines Dritten zu einer Teilungserklärung ist grundsätzlich **nicht** erforderlich (OLG Stuttgart NJW 1954, 682 = DNotZ 1954, 252; Diester Rpfleger 1954, 569; **a.A.** Werhan DNotZ 1954, 255). Eine unterschiedliche Belastung der Bruchteile des Alleineigentümers ist nach § 1114 BGB jedenfalls grundsätzlich nicht vorstellbar (ggf. gilt etwas anderes etwa bei Bruchteilseigentümern, wenn gegen einen Bruchteilseigentümer bereits eine **Zwangsvollstreckungsmaßnahme** veranlasst ist – etwa bei Eheleuten). Der Haftungsgegenstand als Ganzes bleibt unverändert (BGH BGHZ 49, 250 = NJW 1968, 499; OLG Frankfurt/M. OLGZ 1987, 266), denn die Summe aller Wohnungseigentumsrechte ist mit dem ungeteilten Grundstück identisch. Grundpfandrechte werden durch die Aufteilung zu Gesamtbelastungen (BGH BGHZ 49, 250 = NJW 1968, 499; BayObLG BayObLGZ 58, 273; OLG München MDR 1972, 239; OLG Stuttgart NJW 1954, 27

682; LG Köln Rpfleger 1987, 368). Eine Zustimmung kann aber **ausnahmsweise erforderlich sein**, etwa wenn durch den Bau des Wohngebäudes ein Wegerecht verletzt werden würde. Eine Unbedenklichkeitsbescheinigung des Finanzamts ist nicht notwendig. In Sonderfällen kann aber eine behördliche Genehmigung nach § 22 Abs. 1 S. 1 BauGB oder nach § 144 BauGB erforderlich werden (s. dazu und die Möglichkeit der Umgehung durch die Bruchteilsgemeinschaft Frind ZMR 2001, 429).

5. Grundbuchrechtliches Verfahren

28 Wohnungseigentumsrechte müssen für ihre Begründung im **Grundbuch eingetragen** werden, §§ 4, 8 WEG. Der Eintragungsantrag ist vom Eigentümer zu stellen (§ 13 GBO). Die Eintragungsbewilligung ist vom Betroffenen abzugeben, § 19 GBO. Sind im Grundbuch des noch ungeteilten Grundstückes dingliche Rechte eingetragen, kann die Begründung nach Maßgabe der §§ 876, 877 BGB eine Zustimmung Dritter erforderlich machen. Ist Belastungsgegenstand eines dinglichen Rechtes das gesamte, in Wohnungs- und Teileigentumsrechte aufzuteilende Grundstück, scheidet ein Zustimmungserfordernis grundsätzlich aus, weil das Haftungsobjekt als Ganzes nicht verändert wird. Soweit ein dingliches Recht seiner Natur nach (z.B. ein Wohnungsrecht gem. §§ 1090, 1093 BGB) an einem einzelnen Wohnungseigentum bestehen kann, werden die übrigen neu gebildeten Einheiten von der Belastung frei. Wird ein Wegerecht beeinträchtigt ist eine Zustimmung notwenig. Das Gleiche gilt bei Dienstbarkeiten. Ggf. bedarf es außerdem weiterer Genehmigungen und Bescheinigungen. In Betracht kommen u.a. eine:

- familiengerichtliche/vormundschaftsgerichtliche Genehmigung;
- eine Genehmigung gem. § 22 BauGB;
- eine Genehmigung gem. § 51 BauGB;
- eine Genehmigung gem. §§ 108, 109 BauGB;
- eine Genehmigung nach den jeweiligen Landesbauordnungen;
- eine Genehmigung nach der Grundstücksverkehrsordnung in den neuen Ländern.

6. Abgrenzungen

29 Inhalt von Teilungsvertrag und Teilungserklärung ist in der Praxis zumeist eine »Gemeinschaftsordnung« (s. Rdn. 30). Zum Teil finden sich in Teilungsvertrag und Teilungserklärung ferner Vereinbarungen mit Beschlussinhalt (s. Rdn. 37).

a) Gemeinschaftsordnung

aa) Allgemeines

30 Teilungsvertrag und Teilungserklärung sind nicht mit der **Gemeinschaftsordnung** zu verwechseln (zum Teil auch als Teilungsvertrag/Teilungserklärung im weiteren Sinne bezeichnet). Während Teilungsvertrag und Teilungserklärung **sachenrechtliche Fragen** klären, bestimmt die Gemeinschaftsordnung das Innenverhältnis der Wohnungseigentümer (den Inhalt des jeweiligen Eigentums). Die Schaffung und Formung einer vom Gesetz abweichenden Gemeinschaftsordnung ist üblich, aber für die wirksame Aufteilung des Miteigentums und Begründung von Sondereigentum keine Tatbestandsvoraussetzung (BGH ZMR 2002, 762, 763). Sind über die gesetzlichen Bestimmungen hinaus Regelungen zum Gemeinschaftsverhältnis erforderlich, können sich die Wohnungseigentümer darüber aber nicht einigen, kann darüber im Rahmen der materiell- und verfahrensrechtlichen Vorschriften des Wohnungseigentumsgesetzes nach § 21 Abs. 8 *WEG* auf Antrag ein *Gericht* nach billigem Ermessen oder nach § 21 Abs. 4 WEG entscheiden (vgl. auch BGH BGHZ 130, 304, 312 = ZMR 1995, 483; BGH NJW 1992,

978 = ZMR 1992, 167) soweit eine Beschlusskompetenz besteht. Ansonsten bedarf es einer Klage nach § 10 Abs. 2 S. 3 WEG.

Hinweis 31

> Diese Unterscheidung zwischen Teilungsvertrag und Teilungserklärung einerseits und Gemeinschaftsordnung andererseits ist z.B. wichtig für die Änderung der jeweiligen Bestimmungen. Während etwa die Umwandlung von Gemeinschafts- in Sondereigentum der Form des § 4 WEG bedarf und im Grundbuch eingetragen werden muss, kann auch eine verdinglichte Vereinbarung als Teil der Gemeinschaftsordnung formfrei und außerhalb des Grundbuchs geändert werden.

bb) Begriff und Bedeutung

Die Gemeinschaftsordnung ist einerseits die Gesamtheit aller verdinglichten und schuldrechtlichen Vereinbarungen, durch die die Wohnungseigentümer ihr Verhältnis untereinander in Ergänzung oder Abweichung von den Vorschriften des Wohnungseigentumsgesetzes oder der übrigen dispositiven Bestimmungen des materiellen Rechts regeln und damit eine Gemeinschaft gegenüber anderen Eigentümergemeinschaften individualisieren. Zur Gemeinschaftsordnung gehören andererseits sämtliche Vereinbarungen in Beschlussangelegenheiten sowie sämtliche Beschlüsse, die sich nicht auf einen bloßen Ausführungsakt beschränken (Elzer ZMR 2004, 633, 634; Grebe DNotZ 1987, 5 Fn. 1; **a.A.** Schuschke NZM 2001, 497, 498, der nur die verdinglichten Vereinbarungen hierzu zählt; Merle ZWE 2001, 49 und Becker/Kümmel ZWE 2001, 128, 135, die auch die gesetzlichen Regelungen zur Gemeinschaftsordnung zählen). Eine Gemeinschaftsordnung ist die **Verfassung** einer Gemeinschaft von Wohnungseigentümern (ihr Organisationsvertrag). Nach der Rechtsprechung steht sie der **Satzung einer juristischen Person** (BGH BGHZ 163, 154, 171 [Teilrechtsfähigkeit] = ZMR 2005, 547 = MDR 2005, 1156 = NJW 2005, 2061; NJW 2003, 2165 = ZMR 2003, 748; NJW 1984, 2576 = ZMR 1984, 420; NJW 1984, 308; ZMR 1979, 312 = NJW 1979, 870; BGHZ 49, 250, 252 = NJW 1968, 499; Wenzel DNotZ 1993, 297, 298) oder einem Gesellschaftsvertrag gleich. 32

Hinweis 33

> Damit eine neu vereinbarte Bestimmung der Gemeinschaftsordnung nicht mit einem Eigentümerwechsel hinfällig wird, sollte sie stets eingetragen werden. Dies betrifft vor allem Prozessvergleiche (s. dazu Müller/Schneider Beck'sches Formularhandbuch Wohnungseigentumsrecht G. III. 5 A), soweit über deren Gegenstand nicht beschlossen werden kann (s. dazu Riecke/Schmid/Elzer § 10 WEG Rn. 336 ff.). In die Gemeinschaftsordnung sollten nur solche Regelungen aufgenommen werden, die durch die Besonderheiten einer Anlage bedingt sind oder den ausdrücklichen Wünschen der Wohnungseigentümer entsprechen. Die gesetzlichen Bestimmungen sollten in ihr nicht wiederholt werden. Auch von Vereinbarungen in Beschlussangelegenheiten (s. dazu Riecke/Schmid/Elzer § 10 WEG Rn. 75 ff.) als Gegenstand der Gemeinschaftsordnung sollte nur vorsichtig Gebrauch gemacht werden.

cc) Form

Die die Gemeinschaftsordnung bildenden Vereinbarungen und Beschlüsse unterliegen keinen besonderen Formvorschriften. 34

dd) Inhaltskontrolle

35 Für Vereinbarungen, die die Wohnungseigentümer nach §§ 3, 8 und 5 WEG oder nach Entstehung der Wohnungseigentümergemeinschaft geschlossen haben, kann zwar regelmäßig vermutet werden kann, dass die Wohnungseigentümer eine interessensgerechte, jedenfalls aber eine den widerstreitenden Interessen angemessene und vertretbare Regelung gefunden haben. Den Eigentümern steht es nach den allgemeinen Grundsätzen aber nicht frei, willkürliche oder grob unbillige, Treu und Glauben (§ 242 BGB) widerstreitende Satzungsgestaltungen zu treffen. Die die Gemeinschaftsordnung bildenden Vereinbarungen und Beschlüsse unterliegen daher einer angemessenen Inhaltskontrolle. Schranken für ihren Inhalt ergeben sich vor allem aus den Grenzen der Vertragsfreiheit nach §§ 134, 138 BGB und einer – freilich bislang nicht konturierten und damit uferlosen – Überprüfung nach § 242 BGB.

ee) Auslegung

36 Die Auslegung der Bestimmungen der Gemeinschaftsordnung hat grundsätzlich den für **Grundbucheintragungen maßgeblichen Regeln** zu folgen (s. dazu Rdn. 67). Etwas anderes gilt für schuldrechtliche, nicht eingetragene Vereinbarungen. Da diese gem. § 10 Abs. 3 WEG einen Sondernachfolger nicht binden, gelten für ihre Auslegung die allgemeinen Vorschriften (§§ 133, 157 BGB).

b) Vereinbarungen mit Beschlussinhalt

37 Nicht zum Teilungsvertrag oder zur Teilungserklärung im engeren Sinne gehören konkrete Entscheidungen zu **Verwaltungsfragen** – wie die Ernennung des ersten Verwalters, i.d.R. die Bestimmung einer Hausordnung oder Festsetzungen der Höhe des Wohngeldes. Solche Entscheidungen sind **Vereinbarung mit Beschlussinhalt** (nach a.A. sind sie als **schriftlicher Beschluss** anzusehen).

II. Sondereigentum

1. Einführung

38 Nach §§ 3, 8 WEG ist jedem der Miteigentümer **Sondereigentum** an einer bestimmten Wohnung (Wohnungseigentum) oder an nicht zu Wohnzwecken dienenden bestimmten Räumen (Teileigentum) einzuräumen. **Gegenstand** des jeweils eingeräumten Sondereigentums sind zum einen die gem. §§ 3 und 8 dazu WEG bestimmten Räume. Zum anderen sind es die – ist nach § 5 Abs. 3 WEG nichts anderes bestimmt – gem. § 5 Abs. 1 WEG die zu diesen Räumen gehörenden Bestandteile des Gebäudes, die verändert, beseitigt oder eingefügt werden können, ohne dass dadurch das gemeinschaftliche Eigentum oder ein auf Sondereigentum beruhendes Recht eines anderen Wohnungseigentümers über das nach § 14 WEG zulässige Maß hinaus beeinträchtigt oder die äußere Gestaltung des Gebäudes verändert. **Inhalt des jeweiligen Sondereigentums** ist nach § 13 Abs. 1 WEG das Recht, mit den im Sondereigentum stehenden Gebäudeteilen (inklusive der von ihnen gebildeten Räume) nach Belieben zu verfahren und andere von Einwirkungen auszuschließen (GmS-OGB NJW 1992, 3290, 3291). Dadurch unterscheidet sich das Sondereigentum sachenrechtlich von der nach § 1010 Abs. 1 BGB möglichen **raumgebundenen Benutzungsregelung** zugunsten eines einfachen Miteigentümers oder einem Sondernutzungsrecht.

2. Sondereigentum für jeden Miteigentümer

Der Teilungsvertrag gem. § 3 WEG muss ebenso wie die Teilungserklärung nach § 8 WEG vorsehen, dass **jedem (künftigen) Miteigentümer** irgendein Sondereigentum eingeräumt wird (OLG Frankfurt/M. OLGZ 1969, 387). Stehen auf einem Grundstück mehrere Gebäude (z.B. Reihenhäuser), kann Wohnungseigentum derart bestellt werden, dass jeder Miteigentümer an **sämtlichen Räumen eines Gebäudes** Sondereigentum erhält (BGH NJW-RR 2001, 800; BGHZ 50, 56; KG NZM 1999, 257). An Teilen eines Raumes (OLG Koblenz WE 1992, 19) oder an seinen tragenden Teilen – wie dem Dach (OLG Düsseldorf ZMR 2004, 280, 281) – kann kein Sondereigentum begründet werden (BGH NZM 2002, 435; OLG Düsseldorf MietRB 2004, 111). 39

Hinweis

Etwas anderes gilt ausnahmsweise dann, wenn eine zwischen Wohnräumen zweier Wohnungen vorgesehene Trennwand nicht errichtet worden ist (Luftschranke), die Abgrenzung der Räume gegeneinander aufgrund der in dem Aufteilungsplan angegebenen Maße aber eindeutig ist (BGH BGHZ 177, 338 = ZMR 2008, 897).

Ein Gebäude braucht **nicht vollständig** in Sonder- und Gemeinschaftseigentum aufgeteilt zu werden. Nach § 1 Abs. 5 WEG werden Teile des Gebäudes, an denen kein Sondereigentum begründet werden soll (oder kann), gemeinschaftliches Eigentum (BGH BGHZ 109, 179 = ZMR 1990, 112 = NJW 1990, 447; BayObLG BayObLGZ 1987, 390, 395; BayObLGZ 1973, 267, 268; OLG Frankfurt/M. OLGZ 1978, 290, 291). Einzelne Räume, aber auch ganze Wohnungen (z.B. die Hausmeisterwohnung) können so **im Gemeinschaftseigentum** verbleiben (BayObLG BayObLGZ 1971, 102 = DNotZ 1971, 473).

Maßgeblich für die Frage, ob ein Raum im Gemeinschafts- oder Sondereigentum steht, ist allein das **Grundbuch**. Sondereigentum entsteht nur in den rechtlichen Grenzen von Teilungsvertrag/Teilungserklärung und Aufteilungsplan, also nicht entsprechend der tatsächlichen Bauausführung (OLG Zweibrücken OLGReport Zweibrücken 2006, 521= MDR 2006, 172 = NZM 2006, 586). Rein **tatsächliche Verhältnisse** sind für die Frage, ob Sondereigentum vorliegt, tatsächlich unerheblich. Eine abweichende Bauausführung oder eine bauliche Veränderung führen innerhalb einer Wohnungseigentumsanlage zu keiner Eigentumsänderung entsprechend §§ 912, 93 und 94 BGB. Ist beispielsweise ein im Gemeinschaftseigentum stehender Spitzboden nur von einer einzigen Wohnung aus durch eine Klappe in der Decke erreichbar (sog. faktisches Sondernutzungsrecht, s. dazu umfassend Häublein Sondernutzungsrechte S. 27; Ott Sondernutzungsrecht S. 109 ff.; Riecke/Schmid/Elzer § 3 WEG Rn. 80 ff.), steht dem Eigentümer dieser Wohnung dennoch kein Sondereigentum am Spitzboden zu. Eine **Verpflichtung zur Duldung** der rechtswidrigen Nutzung des Gemeinschaftseigentums kann sich im Einzelfall aus einer Gestattungsvereinbarung oder nach Treu und Glauben (§ 242 BGB) ergeben (OLG Düsseldorf MittRB 2008, 40). 40

3. Abweichungen

Nach § 3 Abs. 1 WEG und § 8 Abs. 1 WEG kann Sondereigentum an einem noch »zu errichtenden Gebäude« eingeräumt werden. Probleme können in diesem Falle auftreten, wenn die spätere tatsächliche Bauausführung nicht mit der ursprünglichen, Teilungsvertrag (Teilungserklärung) und Aufteilungsplan zugrunde liegenden, Planung übereinstimmt (BGH ZMR 2004, 206 = NJW 2004, 1798; Abramenko ZMR 1998, 741). Überblick: 41

- Unerhebliche Abweichungen; 42
- Errichtung des Gebäudes an anderer Stelle;
- erheblich andere Bauausführung.

a) Unerhebliche Abweichungen

43 Wenn nur die **innere Aufteilung** einer Wohnung verändert wird, entsteht Sondereigentum. Änderungen der Raumaufteilung innerhalb eines Sondereigentums sind **stets unschädlich** (OLG Hamm Rpfleger 1986, 374, 375 = OLGZ 1986, 420). Soll nach dem Teilungsvertrag oder dem Aufteilungsplan Sondereigentum entstehen, werden die dafür vorgesehenen Räume aber **anders aufgeteilt**, entsteht Sondereigentum jedenfalls dann, wenn die tatsächliche Bauausführung nur **unwesentlich** vom Aufteilungsplan abweicht (BayObLG ZMR 1998, 794, 795 = NZM 1998, 973; BayObLGZ 1991, 332; OLG Celle OLGZ 1981, 106 ff.). Der Aufteilungsplan erlaubt es trotz der Änderungen dann, die Wohnung insgesamt zweifelsfrei von dem angrenzenden Sonder- und Gemeinschaftseigentum **abzugrenzen** (OLG Hamm Rpfleger 1986, 374, 375 = OLGZ 1986, 420; BayObLG Rpfleger 1982, 21). Es genügt sogar, wenn trotz der Abweichung die dem Sondereigentum zu Grunde liegende Raumeinheit jedenfalls bestimmbar ist (OLG Düsseldorf Rpfleger 1970, 26, 27), also die **Abgrenzungen** der im Gemeinschaftseigentum und im Sondereigentum stehenden Gebäudeteile nach wie vor **übereinstimmen** (OLG Köln MDR 1982, 1021 = Rpfleger 1962, 374). Beispiele sind der Einbau eines im Plan nicht vorgesehenen Kellerfensters oder wenn etwa Fenster, Türen und Trennwände an anderer Stelle eingebaut werden.

44 Sondereigentum entsteht aus praktischen Erwägungen heraus auch dann, wenn beispielsweise zwei Wohnungen zu einer **zusammengefasst** werden (BayObLG GE 1981, 332) oder wenn etwa Fertiggaragen auf einem Grundstück gegenüber dem Aufteilungsplan **um einen Meter** versetzt errichtet wurden (BayObLG NJW-RR 1990, 332). Maßgeblich ist auch hier die Erwägung, dass Gegenstand des Sondereigentums nicht die einzelnen Räume sind, sondern die aus einzelnen Räumen zusammengesetzte Wohnung. Solange die **Identität der einzelnen Wohnung** sichergestellt ist, sind die Gegenstände von Sondereigentum und Gemeinschaftseigentum hinreichend bestimmt (BayObLG Rpfleger 1982, 21). Wenn trotz der Abweichung eine Abgrenzung zwischen diesen beiden **zweifelsfrei möglich** ist, hat der Aufteilungsplan seine Funktion erfüllt und es entsteht Sondereigentum an dem Gebäude, so wie es errichtet wird (OLG Karlsruhe NJW-RR 1993, 1294 = ZMR 1993, 474; BayObLG NJW-RR 1990, 332; Rpfleger 1982, 21).

b) Errichtung des Gebäudes an anderer Stelle

45 Wird ein Gebäude abweichend vom Aufteilungsplan **an anderer Stelle** auf dem Grundstück oder in **anderer Form** errichtet, entsteht Wohnungseigentum mit Sondereigentum in diesem Gebäude, sofern Gemeinschaftseigentum und Sondereigentum zweifelsfrei **voneinander abgrenzbar** und zuzuordnen sind. Solange trotz der Abweichung eine Abgrenzung zwischen Gemeinschaftseigentum und Sondereigentum zweifelsfrei möglich ist, hat der Aufteilungsplan seine Funktion erfüllt und es entsteht Sondereigentum an dem Gebäude, so wie es errichtet wird (BGH ZMR 2004, 206, 207 = NJW 2004, 1798; BayObLG NJW-RR 1990, 332; OLG Karlsruhe NJW-RR 1993, 1294 = ZMR 1993, 474).

c) Erheblich andere Bauausführung

46 Wenn die bauliche Ausführung vom Aufteilungsplan in der Abgrenzung von Sondereigentum zum gemeinschaftlichen Eigentum oder vom Sondereigentum mehrerer Eigentümer so abweicht, dass die planerische Darstellung an Ort und Stelle nicht mehr mit der nötigen Sicherheit festzustellen ist und es im Ergebnis **unmöglich** macht, die errichteten Räume einer in dem Aufteilungsplan ausgewiesenen Raumeinheit zuzuordnen, entsteht *wegen fehlender Bestimmbarkeit der Abgrenzung* kein isoliertes Sondereigentum (für den Fall des vergessenen Sondereigentums s. BayObLG WE 1988, 102 = DNotZ 1988,

316; Röll MittBayNot 1991, 240, 244), sondern gem. § 1 Abs. 5 WEG **gemeinschaftliches Eigentum** (BGH ZMR 2004, 206, 207 = NJW 2004, 1798; BGH NJW 1995, 2851, 2853; BGHZ 109, 179, 184 = ZMR 1990, 112 = NJW 1990, 447; OLG Hamm ZWE 2000, 44, 46; BayObLG ZMR 1998, 794, 795; ZMR 1992, 65, 66; OLG Karlsruhe NJW-RR 1993, 1294, 1295). Ein **gutgläubiger Erwerb** ist ausgeschlossen. Sondereigentum kann im Einzelfall allerdings teilweise entstehen, wenn nämlich der Fehler abgrenzbar ist. Für die übrigen Einheiten ist dann von einem isolierten Miteigentumsanteil auszugehen.

d) Überbauungen innerhalb des Gemeinschaftseigentums

Für die Frage, ob eine abweichende Bauausführung oder eine bauliche Veränderung als »Überbau«, die Frage der Duldungspflicht also gem. § 912 BGB behandelt werden kann, und ob und ggf. in welchem Umfang § 912 ff. BGB direkt oder entsprechend auch zwischen Wohnungseigentümern Anwendung, ist zu unterscheiden (zur **Überbauproblematik** s. ausführlich Riecke/Schmid/Schneider § 1 WEG Rn. 193 ff.). **47**

Um ein Auseinanderklaffen zwischen tatsächlichen Verhältnissen und beurkundeter Rechtslage auf Dauer zu vermeiden, ist eine abweichende Bauausführung oder eine unrechtmäßige bauliche Veränderung vorrangig dadurch zu lösen, dass die tatsächlichen Verhältnisse an die Rechtslage – oder aber umgekehrt, die Rechtslage an die tatsächlichen Verhältnisse – angepasst wird (KG ZMR 2001, 849; **a.A.** Röll MittBayNot 1991, 240, 244). Nimmt beispielsweise ein Wohnungseigentümer eine bauliche Änderung unter Verstoß gegen § 22 Abs. 1 WEG vor, so kann von ihm die Wiederherstellung des früheren Zustands verlangt werden. Hat ein Wohnungseigentümer unberechtigt im Gemeinschaftseigentum stehende Dachgeschossflächen ausgebaut, muss er diese zurückbauen und herausgeben (Bub WE 1991, 150, 151). **48**

Die Lösung nach den Bestimmungen der §§ 912 ff. BGB, die auf einen bloß finanziellen Ausgleich hinausläuft, ist stets **nachrangig** im Vergleich zur ordnungsmäßigen Erstherstellung der Sondereigentumseinheiten in Natur oder einer Folgenbeseitigung. Die Unterlassung und Beseitigung der Störung kann jeder Wohnungseigentümer nach §§ 15 Abs. 3 WEG, 1004 BGB verlangen (OLG Köln OLGReport Köln 1998, 137, 138). Der jedem Wohnungseigentümer zustehende Anspruch auf Änderung der Bauausführung oder Beseitigung einer ohne die erforderliche Zustimmung nach § 22 Abs. 1 WEG vorgenommenen baulichen Veränderung kann im Einzelfall allerdings ausgeschlossen sein, wenn die Erfüllung dieses Anspruchs dem Anspruchsgegner unter Berücksichtigung aller Umstände nach Treu und Glauben (§ 242) nicht zuzumuten ist (OLG Düsseldorf ZMR 2003, 954, 955; OLG Celle OLGZ 1981, 106; OLG Hamm OLGZ 1976, 61). Hierbei ist ein strenger Maßstab anzuwenden. Ein Beseitigungsverlangen stellt sich vor allem dann als rechtsmissbräuchlich dar, wenn sich z.B. die Herstellung des an sich gebotenen Zustands im Verhältnis zum Ausmaß der Beeinträchtigung als unverhältnismäßig erweist. **49**

e) Überbauungen und Nachbargrundstück

Ist das Gebäude der Anlage über die Grenze gebaut worden und hat der Nachbar nach § 912 Abs. 1 BGB den Überbau **zu dulden oder gestattet**, entsteht an dem **überbauten Gebäudeteil Wohnungseigentum** (Rdn. 23). Der übergebaute Gebäudeteil ist gem. §§ 93, 94 Abs. 1 BGB wesentlicher Bestandteil des Wohnungseigentumsgrundstücks und sondereigentumsfähig. Liegen die Voraussetzungen des § 912 Abs. 1 BGB nicht vor und hat der Nachbar dem Überbau nicht zugestimmt, wird der **Nachbareigentümer Eigentümer des überbauten Gebäudeteiles** (BGH NJW-RR 1989, 1039 = MDR 1989, 1089; OLG Karlsruhe DNotZ 1986, 753). Befindet sich eine Sondereigentumseinheit vollständig auf dem Nachbargrundstück, ist der entsprechende Miteigentumsanteil substanzlos **50** und isoliert und die Begründung von Wohnungseigentum **gescheitert** (vgl. BGH BGHZ 109, 179, 184 = ZMR 1990, 112 = NJW 1990, 447). Nach § 1 Abs. 4 WEG kann Wohnungs- oder Teileigentum an den überbauten Flächen nicht entstehen. Die übrigen Miteigentümer sind in diesem Falle verpflichtet, den substanzlosen Miteigentumsanteil gegen Entschädigung zu erwerben.

4. Substanzlose Miteigentumsteile

51 Ist die Begründung von Sondereigentum zum Vollrecht (zunächst oder endgültig) gescheitert, hat der entsprechende Wohnungseigentümer (ggf. noch) kein Sondereigentum erworben. Solche Miteigentumsanteile, die mit einem nicht zum Vollrecht erstarkten Sondereigentum verbunden sind, werden als isolierte, **substanzlose** oder sondereigentumslose **Miteigentumsanteile** bezeichnet (s. nur Hügel ZMR 2004, 549, 552; Riecke/Schmid/Elzer § 3 WEG Rn. 97). Die »Isolierung« dieser Miteigentumsanteile besteht darin, dass sich das ihnen zugehörige Sondereigentum zunächst als eine bloße **Anwartschaft** darstellt. Es entsteht zwar ein Wohnungs- oder Teileigentum, der Eigentümer wird auch »Wohnungseigentümer« und besitzt die vollen Mitgliedschaftsrechte (Rdn. 56). Der entsprechende Miteigentümer hält aber **wenigstens zeitweise** nur Miteigentum, das mit keinem Vollrecht, sondern mit einer Anwartschaft auf Sondereigentum verbunden ist. Die Isolierung führt weder dazu, dass kein Miteigentumsanteil entstanden ist, noch dass die anderen Wohnungseigentumsrechte nicht entstanden sind (BGH BGHZ 109, 179, 184 = ZMR 1990, 112 = NJW 1990, 447).

a) Entstehung

52 Die **rechtsgeschäftliche Begründung** eines in dieser Weise begriffenen isolierten Miteigentumsanteils ist ebenso wenig wie die eines isolierten Sondereigentums ohne damit verbundenen Miteigentumsanteil (BayObLG BayObLGZ 1995, 399, 403 = ZMR 1996, 285) möglich und also **unzulässig** (BGH ZfIR 2004, 1006 = ZMR 2005, 59 = NJW 2005, 10; OLG Hamburg ZMR 2002, 372, 373). Ein isolierter Miteigentumsanteil kann aber **faktisch** entstehen. Überblick:

53
- Substanzlose Miteigentumsanteile entstehen, wenn ein **Miteigentumsanteil mit einen nicht ausreichend bestimmten** Sondereigentum verbunden ist und dennoch eingetragen wird (BGH BGHZ 130, 159, 168 = ZMR 1995, 521, 525).
- Substanzlose Miteigentumsanteile entstehen, wenn die Bauausführung so vom **Aufteilungsplan abweicht,** dass es gleichsam **unmöglich** ist, die errichteten Räume einer Raumeinheit zuzuordnen (BGH ZMR 2004, 206, 208 = NJW 2004, 1798; OLG Frankfurt/M. NZM 2007, 806, 809; OLG Hamm NZM 2006, 142 = ZMR 2006, 60; s. Rdn. 41 ff.).
- Substanzlose Miteigentumsanteile entstehen, wenn ein Miteigentum mit einem **nicht sondereigentumsfähigen** Raum verbunden wird (OLG Hamm NZM 2007, 428; z.B. indem eine Vereinbarung einen Gebäudeteil dem Sondereigentum zuordnet, der nach § 5 Abs. 1 und Abs. 2 WEG zwingend dem gemeinschaftlichen Eigentum zuzuordnen ist, vgl. BGH BGHZ 109, 179, 184 = ZMR 1990, 112 = NJW 1990, 447; OLG Hamburg MietRB 2004, 290; die entsprechende Vereinbarung ist **nichtig**).
- Substanzlose Miteigentumsanteile entstehen, wenn ein Miteigentumsanteil versehentlich **mit keinem Sondereigentum** verbunden wird.

b) Auswirkungen

54 *Die* **ordnungsmäßige Aufteilung** der Miteigentumsanteile i.Ü. wird von diesen Mängeln **nicht** berührt (BGH ZMR 2005, 59 = NJW 2005, 10; BGH NJW 1995, 2851, 2853; BGH

BGHZ 109, 179, 184 = ZMR 1990, 112 = NJW 1990, 447; OLG Köln ZMR 2004, 623, 624; OLG Frankfurt/M. OLGZ 1978, 290, 291; **a.A.** Weitnauer WE 1991, 120 und WE 1999, 53: Es sei kein Sondereigentum entstanden, §§ 1 ff. WEG seien auf die Gemeinschaft als fehlerhafte Gesellschaft aber anwendbar). Die vorgesehenen Miteigentumsanteile entstehen (zunächst) selbst dann, wenn das mit einem Anteil zu verbindende Sondereigentum **nicht entstehen** kann. Ist ein Raum, der nach dem Aufteilungsplan oder der Teilungserklärung Sondereigentum sein soll, in Wirklichkeit ganz oder teilweise **nicht** vorhanden und soll und kann dieser auch nicht mehr errichtet werden, so führt dies auch **nicht** zur Nichtigkeit des Teilungsvertrages oder der Teilungserklärung.

c) Heilung

Kann sich der isolierte Miteigentumsanteil z.B. wegen eines öffentlich-rechtlichen Bauverbots (so in BGH BGHZ 110, 36, 39 = WE 1990, 55) oder jedenfalls praktisch niemals realisieren (etwa, wenn ein Wohnhaus abgerissen und wie vorgesehen aufgebaut werden müsste), kann das Vollrecht bei einer wirklichkeitsnahen Sichtweise nicht erstarken und eine entsprechende Anwartschaft erlischt. Die Miteigentümer müssen in diesem Falle gem. §§ 242, 313 BGB i.V.m. dem Gemeinschaftsverhältnis zu erreichen suchen, den fehlerhaften Gründungsakt zu ändern (BGH ZMR 2004, 206, 208 = NJW 2004, 1798; BGH NJW 1995, 2851, 2853; BGHZ 109, 179 = ZMR 1990, 112 = NJW 1990, 447; OLG Hamm NZM 2007, 428; OLG Köln ZMR 2004, 623, 624; Röll Teilungserklärung, S. 52). **Eine Heilung ist allerdings nicht immer möglich**. Im Einzelfall muss die Isolierung daher dadurch aufgehoben werden, dass die Miteigentumsanteile durch Vereinigung oder Zuschreibung (§ 890 BGB) auf die verbleibenden Wohnungseigentümer **übertragen** werden (BGH ZfIR 2004, 1006, 1008 = ZMR 2005, 59 = NJW 2005, 10; Demharter NZM 2000, 1196, 1199). **55**

d) Anwendung des WEG auf isoliertes Miteigentum

Das Wohnungseigentumsgesetz ist auf den Eigentümer, der isoliertes Miteigentum erworben hat, **unmittelbar** anwendbar (OLG Frankfurt/M. NZM 2007, 806, 808/809; Hügel ZMR 2004, 549, 553; Weitnauer WE 1991, 123; Hauger DNotZ 1992, 502), wenigstens aber **entsprechend** (so BGH ZMR 2004, 206 = NJW 2004, 1798; OLG Köln ZMR 2004, 623, 624). Der entsprechende Miteigentümer ist »echter« Wohnungseigentümer (Ertl WE 1992, 219, 221; **a.A.** BGH ZMR 2005, 59 = NJW 2005, 10; OLG Hamm NZM 2007, 428: werdender Eigentümer) und damit etwa nach § 16 Abs. 2 WEG an **den Kosten zu beteiligen** (OLG Hamm NZM 2007, 428; Wenzel DNotZ 1993, 297, 300; Ertl WE 1992, 219, 221; a.A. Demharter NZM 2000, 1196, 1198), in der Versammlung der Eigentümer **stimmberechtigt** (OLG Frankfurt/M. NZM 2007, 806, 808/809) oder **klagebefugt**. Ferner besteht nach § 10 Abs. 8 S. 1 WEG gegenüber Dritten eine **Außenhaftung**. **56**

5. Abgrenzungen

Für die Abgrenzung von gemeinschaftlichem Eigentum und Sondereigentum kommt es auf den Teilungsvertrag (die Teilungserklärung) und den durch Bezugnahme zum Grundbuchinhalt gewordenen Aufteilungsplan an (BayObLG ZMR 1992, 65, 66). Wird ein Raum im Aufteilungsplan, nicht aber im Teilungsvertrag (die Teilungserklärung) als Sondereigentum ausgewiesen, so hat der Aufteilungsplan gegenüber dem Teilungsvertrag (die Teilungserklärung) **keinen Vorrang**. In einem solchen Fall spricht die Vermutung für die Zugehörigkeit des Raumes zum **gemeinschaftlichen Eigentum** (BayObLG WuM 1991, 609; Abramenko ZMR 1998, 74). Wenn anfangs oder später zusätzlich zu den **57** geplanten Baulichkeiten **weitere Räume** oder Anlagen errichtet werden, stehen diese im Gemeinschaftseigentum (OLG Celle ZWE 2009, 128; OLG München NJW-RR 2007, 1384; OLGReport München 2005, 607 = MietRB 2005, 320; BayObLG DNotZ 1982, 244; Elzer MietRB 2007, 78, 80; Rapp in Beck'sches Notarhandbuch, A III Rn. 43c).

6. Gebäude, Wohnung, Raum

58 Sondereigentum kann nur an einer bestimmten Wohnung oder an nicht zu Wohnzwecken dienenden bestimmten Räumen in einem Gebäude begründet werden. Sondereigentum an bloßen Grundstücksflächen (z.B. Terrassen oder Pkw-Stellplätzen im Freien) ist nicht vorgesehen.

a) Gebäude

59 Gebäude ist **Unterbegriff** des Begriffs »Bauwerk«. Unter einem **Bauwerk** ist eine unter Verwendung von Arbeit und Material i.V.m. dem Erdboden hergestellte Sache zu verstehen (BGH NJW-RR 2003, 1320; BGH MDR 1992, 581). Gebäude i.S.d. Wohnungseigentumsgesetzes ist hingegen eine **Baulichkeit**, die einer Nutzung zugängliche Räume enthält, die nach allen Seiten abgeschlossen sind (LG Frankfurt/M. NJW 1971, 759).

60 Ein Gebäude kann über der Erde liegen – z.B. Doppel- oder Mehrfamilienhäuser, Reihenhäuser (BayObLG DNotZ 1966, 488), Garagen oder ggf. auch eine Fabrikhalle – oder unter der Erde, z.B. ein Gebäude der U- oder S-Bahn (LG Frankfurt/M. NJW 1971, 759). Eine bloß überdachte Tankstelle (LG Münster DNotZ 1953, 148) ist ebenso wie ein Carport (BayObLG NJW-RR 1986, 761) kein Gebäude.

b) Bestehende und zu errichtende Gebäude

61 Wohnungseigentum kann an einem bestehenden Gebäude (z.B. einem Altbau), gem. §§ 3 Abs. 1, 8 Abs. 1 WEG aber auch an einem zu errichtenden Gebäude begründet werden. Wird Sondereigentum an einem noch zu errichtendem Gebäude begründet, entsteht in Ermangelung einer Bausubstanz zunächst ein isolierter Miteigentumsanteil verbunden mit einem Anwartschaftsrecht auf einem diesen verbundenen Sondereigentumsanteil (OLG Hamburg ZMR 2002, 372, 373 und 374; OLG Hamm OLGZ 1987, 389 = Rpfleger 1987, 304).

62 Wird ein **Gebäude** (ggf. eines von mehreren in einer Mehrhausanlage), gleichgültig aus welchen Gründen, letztlich **nicht erstellt** (s. dazu Riecke/Schmid/Elzer § 11 WEG Rn. 19 und Rn. 24) oder geht das Gebäude nachträglich unter, bleibt das Wohnungseigentum **zunächst** in dem Zustand wirksam, in dem es sich bei der Grundbucheintragung befand, also der Substanz nach nur in dem eines Miteigentumsanteils am Grundstück (BGH BGHZ 110, 36, 39 = NJW 1990, 1111 = MDR 1990, 325; Demharter NZM 2000, 1196 m.w.N.).

c) Wohnung

63 Unter Wohnung ist eine Räumlichkeit für Menschen zu verstehen, die so ausgestattet ist, dass sie den Menschen auf Dauer die Führung eines **selbstständigen Haushalts** ermöglicht. Nach der Allgemeinen Verwaltungsvorschrift für die Ausstellung von Bescheinigungen gem. § 7 Abs. 4 Nr. 2 und § 32 Abs. 2 Nr. 2 des Wohnungseigentumsgesetzes v. 19.03.1974 (BAnz. Nr. 58 v. 23.03.1974) ist eine Wohnung die **Summe der Räume**, welche die Führung eines Haushaltes ermöglichen. Dazu gehören stets eine Küche oder ein Raum mit Kochgelegenheit sowie Wasserversorgung, Ausguss und WC. Eine Wohnung dient Menschen dazu, ihren **Lebensmittelpunkt** zu gestalten (BayObLG FGPrax 2005,

11, 13). Maßgebend für die Abgrenzung des Begriffs im Einzelfall sind der allgemeine Sprachgebrauch, die Verkehrsanschauung sowie die Zweckbestimmung der Räume. Diese können mit dem Wandel der technischen Gegebenheiten einer Veränderung unterliegen.

d) Raum

»Raum« i.S.d. WEG ist der lichte (umbaute) Raum in einem Gebäude vom Boden bis zur Decke mit drei (BGH BGHZ 177, 338 [Luftschranken] = NJW 2008, 2982 = ZMR 2008, 897), vier oder mehr Wänden (OLG München NZM 2006, 635; OLG Celle WE 1992, 48). Unbebaute Grundstücksflächen – etwa Terrassen – können daher nicht im Sondereigentum stehen (OLG Köln DNotZ 1982, 753). Etwas anderes gilt ausnahmsweise für Dachterrassen, Dachgärten und Balkone (BGH NJW 1985, 155). Nach § 5 Abs. 1 WEG gehören auch dort allerdings nur der Luftraum, ein ggf. vorhandener Innenanstrich und der Bodenbelag zum Sondereigentum, während die übrigen konstruktiven und solche Teile, die ohne Veränderung der äußeren Gestalt des Gebäudes nicht verändert werden können, wie Brüstungen und Geländer, Bodenplatte einschließlich der Isolierschicht, Decken, Abdichtungsanschlüsse zwischen Gebäude und Balkon, Außenwände, Stützen und Türen, Gemeinschaftseigentum sind (BGH NZM 2010, 205, 207). 64

7. Belastungen

Sondereigentum kann wie jedes andere Immobilieneigentum belastet werden. Bespiele hierfür sind Grundpfandrechte (vgl. § 5 Abs. 4 S. 2 WEG), Dienstbarkeiten, Dauerwohnrechte, Nießbrauchsrechte oder Reallasten. 65

8. Verzicht

Ein Eigentümer kann auf sein Wohnungs- oder Teileigentum nicht analog § 928 BGB verzichten (BGH BGHZ 172, 338 = ZMR 2007, 793). Eine derartige **Dereliktion** käme einer nach § 11 Abs. 1 S. 1 WEG unzulässigen einseitigen (Teil-)Aufhebung der Gemeinschaft der Wohnungseigentümer gleich (BGH BGHZ 172, 338 = ZMR 2007, 793, 795). In der Praxis wird deshalb eine »Schrottimmobilie« z.B. auf eine neu gegründete GmbH & Co. KG ohne weiteres Vermögen übertragen. 66

III. Auslegung von Teilungserklärung und Teilungsvertrag

Bei der Auslegung von Teilungserklärung und Teilungsvertrag ist vorrangig auf Wortlaut und Sinn des Teilungsvertrages bzw. der Teilungserklärung abzustellen, wie er sich für einen unbefangenen Betrachter als nächstliegende Bedeutung des Eingetragenen ergibt (BGH NZM 2009, 866, 867 = NJW-RR 2010, 227; BGH NZM 2008, 732; BGH BGHZ 156, 192, 197 [Kaltwasser] = ZMR 2003, 937; BGHZ 139, 288, 292 = NZM 1998, 955, 956 = ZMR 1999, 41; BGHZ 121, 236, 239 = ZMR 1993, 287, 288). Es kommt nicht auf den Willen des Erklärenden, sondern darauf an, was jeder gegenwärtige und zukünftige Betrachter als objektiven Sinn der Erklärung ansehen muss (BGH BGHZ 113, 374, 379 = ZMR 1991, 230, 231). 67

Da es sich bei Grundbucheintragungen nicht um Individualerklärungen handelt, ist die **Entstehungsgeschichte** der Eintragung unerheblich, wenn sie nicht aus den Eintragungsunterlagen erkennbar wird. Umstände außerhalb der Eintragung und der in ihr in Bezug genommenen Eintragungsbewilligung dürfen nur herangezogen werden, wenn sie 68 nach den besonderen Umständen des Einzelfalles für **jedermann** ohne Weiteres erkennbar sind (BGH NJW 2006, 2187 = NZM 2006, 465; BGHZ 113, 374, 378 = ZMR 1991, 230, 231; BGHZ 92, 351, 355 = NJW 1985, 385; BGHZ 47, 190, 195; OLG München NJW-RR 2007, 375, 376). Solche außerhalb der Eintragung liegenden Umstände können beispielsweise die – ohne Weiteres erkennbaren – örtlichen Verhältnisse innerhalb der Wohnungseigentumsanlage sein (BGH ZMR 2006, 457, 458; OLG Karlsruhe ZMR 2001, 385, 386 = NZM 2002, 701 = WuM 2001, 140; KG NJW-RR 1989, 140). Für die Auslegung der Eintragung über den Gegenstand des Sondereigentums ist der Teilungsvertrag (die Teilungserklärung) und der Aufteilungsplan heranzuziehen (BGH BGHZ 130, 159, 166 = ZMR 1995, 521 = NJW 1995, 2851, 2853; KG KGReport 2006, 418, 419; BayObLG NJW-RR 1993, 1040). Der Wille der oder des Erklärenden (BayObLG NZM 1999, 866), die Meinung des Notars (OLG Frankfurt/M. ZMR 2006, 873, 874; OLG Hamburg MDR 1997, 816), Prospekte, der Kaufvertrag, behördliche Unterlagen außerhalb der Abgeschlossenheitsbescheinigung oder die Entstehungsgeschichte sind nicht maßgeblich, da ein Sondernachfolger sich über den Rechtsinhalt anhand des Grundbuchs orientieren können muss (OLG München NJW-RR 2007, 375, 376).

IV. Änderungen von Teilungsvertrag und Teilungserklärung

1. Teilungsvertrag

a) Änderung durch Neubestimmung

69 Jeder Teilungsvertrag kann geändert werden. Zur Änderung bedarf es der **Einigung** sämtlicher Wohnungs- und Teileigentümer, der **Eintragung** der Änderung in das Grundbuch (KG ZMR 1999, 204, 205; BayObLG BayObLGZ 1987, 390; Weitnauer/Briesemeister § 4 WEG Rn. 4) und gem. §§ 876, 877 BGB einer **Mitwirkung** möglicherweise nachteilig betroffener **dinglich Berechtigter**. Eine Änderung des Teilungsvertrages kann weder i.S.v. § 10 Abs. 2 S. 2 WEG vereinbart noch beschlossen werden, auch dann nicht, wenn eine Öffnungsklausel besteht. Denn eine Änderung des Teilungsvertrages ist keine Vereinbarung i.S.v. §§ 5 Abs. 4, 10 Abs. 2 S. 2 WEG (KG ZMR 2002, 72, 73; BayObLG ZMR 1998, 241, 242). Eine Änderung des Teilungsvertrages betrifft das Grundverhältnis der Mitglieder der Gemeinschaft, die sachenrechtliche Zuordnung der Flächen, Gebäudeteile und Räume (KG ZMR 1999, 204, 205; BayObLG BayObLGZ 1986, 444) und nicht das Verhältnis der Wohnungseigentümer untereinander i.S.v. §§ 5 Abs. 4 S. 1, 10 Abs. 2 S. 2 und Abs. 3 WEG.

70 Jedenfalls für die Umwandlung von Teil- in Wohnungseigentum soll die notwendige Mitwirkung aller Eigentümer, also auch von Sondernachfolgern, im Teilungsvertrag allerdings **abbedungen** werden können (BayObLG NJW-RR 1997, 586; BayObLGZ 1989, 28, 31). Ist etwa einem Teileigentümer gestattet, sein Teileigentum **in bestimmter Weise baulich zu verändern**, um Wohnräume zu schaffen, soll darin die vorweggenommene Mitwirkung der übrigen Wohnungseigentümer in die Umwandlung des Teileigentums in Wohnungseigentum liegen oder wenigstens deren Verpflichtung, die hierzu erforderlichen materiell- und grundbuchrechtlichen Erklärungen abzugeben (BayObLG NJW-RR 1997, 586). Wenn man – wie es hier vertreten wird – allerdings anerkennt, dass die Umwandlung von Teil- in Wohnungseigentum ein gleichsam sachenrechtlicher Vorgang ist, können Sondernachfolger an diese Änderung nicht nach § 10 Abs. 3 WEG gebunden werden (Rdn. 21).

b) Änderung der tatsächlichen Verhältnisse oder durch bauliche Maßnahmen

Durch eine Änderung der tatsächlichen Verhältnisse oder durch bauliche Maßnahmen 71
gegenüber den im Teilungsvertrag beschriebenen Grenzen kann neues Sonder- oder Gemeinschaftseigentum nicht begründet oder geändert werden (KG FGPrax 2004, 216; ZMR 2001, 849; BayObLG ZMR 2004, 925). Auch ein gutgläubiger Erwerb allein aufgrund der tatsächlichen Verhältnisse ist nicht möglich (KG FGPrax 2004, 216).

c) Änderungen durch Beschluss

Eine Änderung des Teilungsvertrages durch Beschluss ist **nicht möglich**. Ein solcher 72
Beschluss wäre in Ermangelung einer gesetzlich eingeräumten Kompetenz nichtig (OLG Köln ZMR 1997, 376; BayObLG NJW-RR 1987, 329 = MDR 1987, 326). Eine Änderung im Wege des Beschlusses wäre als Verstoß gegen den Kernbereich des Wohnungs- bzw. Teileigentums unwirksam (BayObLG NJW-RR 1987, 329 = MDR 1987, 326; s.a. BayObLG NZM 1998, 973; OLG Düsseldorf NJWE 1997, 81; OLG Stuttgart NJW-RR 1986, 815). Wenn die Eigentümer eine Öffnungsklausel vereinbart haben, gilt nichts anderes. Eine Änderung der sachenrechtlichen Grundlagen ist auch dann nicht beschließbar. Ein aufgrund einer Öffnungsklausel möglicher Beschluss kann nur solche Angelegenheiten betreffen, die einer Vereinbarung nach § 10 Abs. 2 S. 2 WEG zugänglich wären.

2. Teilungserklärung

a) Einführung

Der Alleineigentümer kann die Teilungserklärung vor Entstehung einer (ggf. werdenden) 73
Gemeinschaft von Wohnungseigentümern durch eine einfache einseitige Erklärung gegenüber dem Grundbuchamt in der Form des § 29 GBO beliebig ändern und seinen Bedürfnissen oder denen künftiger Erwerber anpassen, sofern die Voraussetzungen der §§ 3 Abs. 2, 7 Abs. 4 WEG vorliegen (OLG Düsseldorf ZMR 2001, 650, 651; BayObLG ZMR 1984, 483; NJW 1974, 2134). Ein Alleineigentümer ist an »seine« Teilungserklärung nicht i.S.v. § 873 BGB gebunden. Wenn der Eigentümer nach § 9 Abs. 1 Nr. 3 WEG die Teilungserklärung durch einseitige Erklärung aufheben kann, kann er als Minus hierzu auch Änderungen erklären (OLG Düsseldorf ZMR 2001, 650, 651).

Die Befugnis des Alleineigentümers zur einseitigen Änderung der Teilungserklärung 74
erlischt mit **Entstehung der Gemeinschaft der Wohnungseigentümer** (BGH ZfIR 2004, 1006, 1007 = ZMR 2005, 59 = NJW 2005, 10) oder mit Eintragung einer Auflassungsvormerkung für den ersten Erwerber eines Wohnungs- bzw. Teileigentums (werdender Eigentümer) und **Entstehung der werdenden Eigentümergemeinschaft.** Spätestens mit der entsprechenden Eintragung verliert der Alleineigentümer die Befugnis, die Teilungserklärung einseitig zu verändern (KG ZMR 2004, 54; BayObLG ZMR 2003, 857 = ZfIR 2003, 641; OLG Düsseldorf ZMR 2001, 650, 651). Eine Änderung ist dann nur zulässig, wenn auch der weitere Eigentümer bzw. ein werdender Eigentümer der Änderung zustimmen (BayObLG ZMR 2003, 857; BayObLG DNotZ 1999, 667).

Eine Änderung der Teilungserklärung kann nur durch eine Bestimmung erfolgen, die auch 75
im Grundbuch eingetragen wird. Eine Änderung der Teilungserklärung **außerhalb des Grundbuches** ist unbeachtlich. Eine solche Bestimmung geht anders als die vom Alleineigentümer verdinglichten Bestimmungen **ins Leere** und bindet Sondernachfolger nicht (Weitnauer/Briesemeister § 8 WEG Rn. 9) – auch nicht, wenn ein Sondernachfolger die Bestimmung kennt (BayObLG WE 1990, 214, 215). Eine Änderung z.B. nur in einem **Testament** oder durch Beschluss fehlt die notwendige Außenwirkung – § 10 Abs. 4 WEG ist nicht anwendbar – und ist ohne Wirkung (**a.A.** BayObLG ZMR 2005, 464).

b) Änderungsvollmacht zur Änderung der Teilungserklärung

76 Will der Alleineigentümer auch nach Entstehung der (ggf. werdenden) Eigentümergemeinschaft das Recht behalten, die Teilungserklärung einseitig zu verändern, kann er sich in den jeweiligen **Erwerbsverträgen** eine entsprechende **Vollmacht** einräumen lassen (OLG Hamburg ZMR 2003, 697, 698; BayObLG ZMR 2002, 953, 954; OLG Hamm ZWE 2000, 83; OLG Frankfurt/M. ZMR 1998, 365 = Rpfleger 1998, 336; BayObLG DNotZ 1994, 233; BayObLGZ 1993, 259; Bärmann/Armbrüster § 2 Rn. 122; Riecke/Schmid/Elzer § 8 WEG Rn. 33). Eine solche Vollmacht zur Änderung der Teilungserklärung wird häufig vereinbart und ist sinnvoll, um dem Alleineigentümer die Möglichkeit zu geben, auch nach Entstehung einer Gemeinschaft von Wohnungseigentümern den **Bedürfnissen weiterer Erwerber** angemessen entsprechen zu können. Im Vordergrund steht hier zwar die Zuweisung eines Sondernutzungsrechtes. In Betracht kommt aber auch eine Umwidmung zwischen Sonder- und Gemeinschaftseigentum. Nach dem **Bestimmtheitsgrundsatz** und dem Gebot der Klarheit der Grundbucheintragungen muss die dem Alleineigentümer hierfür eingeräumte Befugnis allerdings eindeutig **bestimmt** sein (OLG Frankfurt/M. ZMR 1998, 365, 367; BayObLG DNotZ 1997, 473; 1996, 297; OLG Düsseldorf FGPrax 1997, 129 = ZfIR 1997, 302; KG FGPrax 1996, 178 = WE 1996, 388; s. dazu ausführlich Armbrüster ZMR 2005, 244, 248, 249).

77 Die vorweggenommene Zustimmung oder eine Änderungsvollmacht können nicht mit einer Sondernachfolge nach § 10 Abs. 3 WEG bindenden Wirkung als »Inhalt« des Sondereigentums vereinbart und daher auch nicht in das Grundbuch eingetragen werden (BGH ZMR 2003, 748 = NZM 2003, 480 = NJW 2003, 2165, 2166; BayObLG ZMR 2002, 283, 284; Hügel ZfIR 2004, 1009, 1011). Ein Vertrag über die Eigentumsverhältnisse, also die sachenrechtliche Zuordnung von Gemeinschafts- und Sondereigentum oder die Frage, ob Gemeinschaftseigentum in Sondereigentum umgewandelt werden sollen, ist von der mit § 10 WEG angesprochenen inhaltlichen Ausgestaltung des Gemeinschaftsverhältnisses zu unterscheiden und keine Vereinbarung im dortigen Sinne ist (BGH ZfIR 2004, 1006, 1007 = ZMR 2005, 59 = NJW 2005, 10; ZMR 2003, 748 = NZM 2003, 480 = NJW 2003, 2165, 2166; BayObLG BayObLGZ 2001, 279, 283 = NZM 2002, 70; KG ZMR 1999, 204, 205; Häublein DNotZ 2000, 442, 451).

3. Änderungsanspruch

78 Aus der Treueverpflichtung der Wohnungseigentümer untereinander kann sich gem. §§ 242, 313 BGB i.V.m. mit dem Gemeinschaftsverhältnis eine **Verpflichtung** ergeben, nach Entstehung der Gemeinschaft einer **Änderung** des Teilungsvertrags oder der Teilungserklärung zuzustimmen (BayObLG ZWE 2000, 171, 172 = ZMR 1999, 842; BayObLGZ 1985, 47, 50 ff. = ZMR 1985, 132; OLG Hamm ZMR 2000, 244, 245 = ZWE 2000, 44, 45), z.B. der Überführung eines in Sondereigentum stehenden Raumes in Gemeinschaftseigentum. Ein Anspruch ist anzunehmen, wenn (vorerst) die Begründung von Sondereigentum fehlgeschlagen und isoliertes Miteigentum entstanden ist oder wenn die Größe der Miteigentumsanteil unzutreffend bestimmt wurde (Rdn. 17). Entsprechend den Grundsätzen der §§ 242, 313 BGB i.V.m. dem Gemeinschaftsverhältnis ist ein solcher Anspruch anzuerkennen, wenn wegen außergewöhnlicher Umstände ein Festhalten an der geltenden Regelung grob unbillig wäre. Die Voraussetzungen für einen Anspruch auf Änderung des Teilungsvertrages oder der Teilungserklärung sind mit denen auf Änderung einer Vereinbarung nach § 10 Abs. 2 S. 3 WEG **weitgehend identisch**. Die Voraussetzungen für die Änderung des Teilungsvertrages oder der Teilungserklärung sind freilich ***noch strenger*** *als bei* Änderung einer Vereinbarung zu prüfen (KG ZMR 2001, 659, 661: noch zweifelhafter).

4. Zustimmung Dritter

Für eine Änderung des Teilungsvertrages oder der Teilungserklärung kann die Zustimmung der Inhaber dinglicher Rechte erforderlich sein (BGH BGHZ 91, 343 = NJW 1984, 2409; BayObLG ZMR 2002, 283, 284; OLG Hamm DNotZ 1984, 108; Häublein DNotZ 2000, 442, 455; Rapp MittBayNot 1998, 77). Eine bloß wirtschaftliche Betroffenheit genügt dazu allerdings nicht. Eine Zustimmung ist z.B. notwendig bei **Änderung der Miteigentumsquoten** (Weitnauer/Briesemeister § 8 WEG Rn. 101), der Umwidmung von **Gemeinschafts- in Sondereigentum** und umgekehrt (Kreuzer PiG 63, S. 249, 260). Eine Zustimmung kann entbehrlich sein, wenn die Veränderung des Haftungsobjektes bereits bei Begründung des Wohnungseigentums angelegt war (LG Augsburg NZM 1999, 872). In Sonderfällen kann eine behördliche Genehmigung nach dem BauGB erforderlich werden. Die Vorschriften des § 5 Abs. 4 S. 2 und S. 3 WEG gelten für die Veränderung der **sachenrechtlichen Grundlagen** nicht. 79

V. Gründungsmängel

1. Gründungsmängel bei sämtlichen Einheiten

a) Grundsatz

Sind ein Teilungsvertrag oder eine Teilungserklärung mit Mängeln behaftet, z.B. weil ein Miteigentümer gem. §§ 105 ff. BGB geschäftsunfähig war, eine Willenserklärung nach §§ 119 ff. BGB erfolgreich angefochten wurde, die Form des § 4 WEG nicht eingehalten war oder wenn das Grundbuchamt eine Sondereigentumseinheit fälschlicher Weise mit Wohnungs- oder Teileigentum bezeichnet hat (s. dazu Riecke/Schmid/Elzer § 3 Rn. 23), müssten diese Fehler und Mängel die **Unwirksamkeit** der Begründung zur Folge haben. Diese Rechtsfolge würde den spezifischen Bedürfnissen des Wohnungseigentumsrechts, der komplexen Organisation der Gemeinschaft der Wohnungseigentümer, dem Verband Wohnungseigentümergemeinschaft und den Erwartungen des Rechtsverkehrs indessen nicht gerecht werden. Regelmäßig werden weder eine Auflösung des Verbandes Wohnungseigentümergemeinschaft noch eine der Gemeinschaft der Wohnungseigentümer sachgerecht sein. Die zu fehlerhaften Personengesellschaften entwickelten Grundsätze, wonach Gründungsmängel zur Auflösung der Gesellschaft im Wege der Klage führen, können weder auf rechtswirksam entstandene Körperschaften mit vielen Mitgliedern (KG KGReport 1997, 174, 176) noch auf das Wohnungseigentumsrecht übertragen werden. Weder wäre eine Unwirksamkeit des Vertrages »ex tunc« zum Abschluss des Vertrages noch im Hinblick auf § 11 WEG »ex nunc« angemessen (Gaberdiel NJW 1972, 847; **a.A.** BGH BGHZ 109, 179, 183 = ZMR 1990, 112 = NJW 1990, 447; Bamberger/Roth/Hügel § 3 WEG Rn. 15 m.w.N.). Nichtigkeit wäre ferner auch dann nicht angemessen, wenn zwar nicht der Teilungsvertrag, wohl aber seine grundbuchrechtliche Eintragung wegen eines Formfehlers nicht ordnungsmäßig ist, z.B. wenn eine notwendige Unterschrift zum Vollzug fehlt. 80

Sachgerecht ist, sowohl auf die Bruchteilsgemeinschaft nach §§ 10 Abs. 2 WEG, 741 ff. BGB als auch auf den Verband Wohnungseigentümergemeinschaft (§ 10 Abs. 6 S. 1 WEG) die entwickelten **Grundsätze über die fehlerhafte Gesellschaft entsprechend anzuwenden** (Dreyer DNotZ 2007, 594, 611; Weitnauer/Briesemeister § 3 WEG Rn. 36; Bamberger/Roth/Hügel § 3 WEG Rn. 16; offen gelassen von OLG Hamm NZM 2004, 787, 789 m.w.N.). Nach diesen Grundsätzen führt, falls der Gründungsvertrag fehlerhaft ist und eine Gesellschaft in Vollzug gesetzt, ein Mangel des Gesellschaftsvertrages nicht zur Nichtigkeit ab dem Mangel, sondern der Mangel ist wenigstens zunächst nebensächlich 81 und führt allenfalls für die Zukunft zur Auflösung. Diese Rechtsfolgen gelten dann, wenn eine Gesellschaft nach außen aufgetreten ist, etwa durch Verträge mit Dritten (BGH MDR 2005, 404; MDR 1992, 656 = NJW 1992, 1501, 1502). Diese Rechtsfolgen gelten aber auch dann, wenn ohne Handeln nach außen bereits ein Verwaltungsvermögen i.S.v. § 10 Abs. 7 S. 1 WEG gebildet wurde. Allein die Annahme einer fehlerhaften Wohnungseigentümergemeinschaft anstelle der Unwirksamkeit des Teilungsvertrages entspricht sowohl im Innen- als auch im Außenverhältnis den Erwartungen der Gemeinschafter und denen des Rechtsverkehrs, z.B. eines Energieversorgers oder des Verwalters, dass nämlich auch bei einem Gründungsmangel bereits eine Gemeinschaft der Wohnungseigentümer und ein Verband Wohnungseigentümergemeinschaft entstanden sind. Durch Anwendung der Grundsätze über die fehlerhafte Gesellschaft kann erreicht werden, dass die Bestimmungen des Wohnungseigentumsgesetzes, und nicht die unzureichenden der BGB-Gemeinschaft, für die Verwaltung und den Gebrauch, aber auch i.Ü. wenigstens entsprechend angewendet werden können.

82 Bis zur Geltendmachung der Nichtigkeit oder Unwirksamkeit ist auch ein **bemakelter Teilungsvertrag als rechtswirksam** zu behandeln. Wird die Nichtigkeit geltend gemacht, können nach §§ 16 Abs. 2, 28 Abs. 5 WEG erbrachte Leistungen nicht zurückverlangt werden. Für bereits eingegangene Verpflichtungen haften die Mitglieder einer fehlerhaften Eigentümergemeinschaft weiterhin nach § 10 Abs. 8 S. 1 WEG. Auch die vom Verband Wohnungseigentümergemeinschaft geschlossenen Verträge, z.B. der Verwaltervertrag, sind wirksam. Nach §§ 242, 313 BGB i.V.m. dem Gemeinschaftsverhältnis haben die Mitglieder einer auf einem nichtigen Teilungsvertrag beruhenden Gemeinschaft ferner grundsätzlich die **Verpflichtung**, den Mangel durch **einvernehmlich zu beheben** (vgl. auch BGH BGHZ 130, 159, 168 = ZMR 1995, 521 = NJW 1995, 2851). Der Wunsch nach einer Auflösung der Gemeinschaft der Wohnungseigentümer und des Verbandes Wohnungseigentümergemeinschaft ist im Hinblick auf § 11 Abs. 1 S. 1 WEG grundsätzlich rechtsmissbräuchlich. Etwas anderes gilt nur dann, wenn ein Mitglied ausnahmsweise ein **berechtigtes Interesse** hat, den Gründungsmangel geltend zu machen. Dieses Mitglied hat dann das Recht, als Mitglied des Verbandes Wohnungseigentümergemeinschaft und aus der Bruchteilsgemeinschaft nach § 10 Abs. 2 WEG, §§ 741 ff. BGB für die Zukunft und mit Wirkung des dinglichen Vollzugs auszuscheiden (»Teilaufhebung« der Gemeinschaft der Wohnungseigentümer). An die Stelle des diesem Wohnungseigentümer nach allgemeinen Grundsätzen (§ 17 WEG) zustehenden Anteiles am Gemeinschaftseigentum tritt ein Anspruch auf ein nach den Grundsätzen gesellschaftsrechtlicher Abwicklung zu ermittelndes »Abfindungsguthaben«.

b) Ausnahmen

83 Die Rechtsprechung zur fehlerhaften Gesellschaft lässt **Ausnahmen** zu, vor allem wenn gewichtige Interessen der Allgemeinheit oder die Interessen einzelner schutzwürdiger Personen, insbesondere Minderjähriger, der rechtlichen Anerkennung einer fehlerhaften Gesellschaft entgegenstehen und also wegen höherrangiger schutzwürdiger Interessen ausnahmsweise der Rückgriff auf die allgemeinen Rechtsfolgen unwirksamer Vertragsbeziehungen veranlasst ist (BGH MDR 2005, 404; BGHZ 55, 5, 9 = MDR 1971, 280; BGHZ 26, 330, 335). Dies ist zum einen der Fall, wenn der Zweck der Gesellschaft mit dem Gesetz (§ 134 BGB) oder den guten Sitten (§ 138 BGB) unvereinbar ist. Diese Ausnahme ist im Wohnungseigentumsrecht vor allem für schutzwürdige Personen vorstellbar, z.B. wenn der Teilungsvertrag von einer nicht voll geschäftsfähigen Person geschlossen wurde. Gegen eine solche Person können auch bei Anerkennung der Rechtsprechung zur fehlerhaften Gesellschaft keine Pflichten aus §§ 10 ff. WEG oder daran anknüpfende Ansprüche geltend gemacht werden. Zum anderen wird

von der Rechtsprechung eine Ausnahme bei arglistigen Täuschungen in Fällen mit besonders schwerwiegenden Folgen für möglich gehalten. Diese Ausnahme ist im Wohnungseigentumsrecht nicht praxisrelevant.

c) Gutgläubiger Erwerb

War einer der vertragsschließenden Miteigentümer ein Nichtberechtigter, sind die Vorschriften über den gutgläubigen Erwerb anwendbar. Das dem Nichtberechtigten zugedachte Sondereigentum wird zunächst Gemeinschaftseigentum (Däubler DNotZ 1964, 216, 224; **a.A.** Gaberdiel NJW 1972, 847), kann aber als Sondereigentum gutgläubig erworben werden. **84**

2. Gründungsmängel und Sondereigentum

Gründungsmängel, die sich auf die Einräumung einer einzelnen oder mehrerer Sondereigentumseinheiten beschränken (**substanzloses Miteigentum**), lassen die anderen Sondereigentumseinheiten und die Aufteilung des Grundstückes in Miteigentumsanteile **insgesamt unberührt** (BGH ZMR 2005, 59 = NJW 2005, 10; NJW 2004, 1798, 1800; BGHZ 130, 159, 168 = ZMR 1995, 521 = NJW 1995, 2851; BGHZ 109, 179, 184 = ZMR 1990, 112 = NJW 1990, 447). Die Beschränkung des Mangels auf die davon betroffene Einheit beruht auf der Überlegung, dass auf diese Weise die Auswirkungen und die Beseitigung eines Gründungsmangels sachgerecht eingrenzbar sind (BGH BGHZ 130, 159, 170 = ZMR 1995, 521 = NJW 1995, 2851). Eine solche Interessenlage ist auch bei einer **fehlerhaften Unterteilung** gegeben. Bei einer fehlerhaften Unterteilung besteht ebenfalls ein schützenswertes Interesse der Beteiligten daran, dass ein gegenständlich beschränkter Gründungsmangel ohne Folgen für das Entstehen von Sondereigentum an den nicht unmittelbar betroffenen (neuen) Einheiten bleibt. Leidet ein Sondereigentum unter einem Gründungsmangel, wird dieser Fehler ex nunc geheilt und die Eintragung insgesamt wirksam, sobald ein Käufer gutgläubig Wohnungs- oder Teileigentum als Sondernachfolger eines »Gründungsmitglieds« erwirbt (BGH BGHZ 109, 179, 184 [Heizwerkfall] = ZMR 1990, 112 = NJW 1990, 447; OLG Karlsruhe NJW-RR 1993, 1294, 1295 = ZMR 1993, 474, 475). **85**

3. Widersprüche zum Aufteilungsplan

Stimmen die wörtliche Beschreibung des Gegenstandes von Sondereigentum und Gemeinschaftseigentum im Teilungsvertrag oder der Teilungserklärung und die Angaben im Aufteilungsplan nicht überein, ist **grundsätzlich** keiner der sich widersprechenden Erklärungsinhalte vorrangig und Sondereigentum nicht entstanden (BGH ZMR 1995, 521, 524 = NJW 1995, 2851; OLG Stuttgart ZMR 1990, 190; Bub WE 1991, 150, 151; Bamberger/Roth/Hügel § 3 WEG Rn. 19; **a.A.** OLG Hamburg ZMR 2003, 445). Im Gegensatz zu der in § 2 Abs. 2 GBO vorgeschriebenen Benennung der Grundstücke nach dem Liegenschaftskataster, wird der Gegenstand des Sondereigentums im Grundbuch nach § 7 Abs. 1 und Abs. 3 WEG nicht vorrangig durch eine Bezugnahme auf den Aufteilungsplan benannt, sondern durch den Inhalt des Eintragungsvermerks und der darin in Bezug genommenen Eintragungsbewilligung (§§ 7 Abs. 3, 8 Abs. 2 WEG). Hierin kommt zum Ausdruck, dass der Aufteilungsplan nicht den Inhalt des Teilungsvertrages/der Teilungserklärung verdrängt. Ein Widerspruch bewirkt, dass an den hiervon betroffenen Räumen **kein Sondereigentum** entstanden ist, auch nicht in der Form von ideellem **Mitsondereigentum** (zum Mitsondereigentum s. Riecke/Schmid/Elzer § 3 WEG Rn. 78). Ist Sondereigentum nicht begründet worden, ist gem. § 1 Abs. 5 WEG **Gemeinschaftseigen-** **86**

tum anzunehmen (BGH BGHZ 109, 179, 184 = ZMR 1990, 112 = NJW 1990, 447; OLG Karlsruhe NJW-RR 1993, 1294, 1295 = ZMR 1993, 474; BayObLG ZMR 1992, 65, 66; OLG Stuttgart OLGZ 1981, 160, 163; OLG Frankfurt/M. OLGZ 1978, 290, 291).

4. Abweichende Errichtung der Wohnanlage

87 Ein Gründungsmangel im weiteren Sinne liegt auch dann vor, wenn die tatsächliche Bauausführung nicht mit der ursprünglichen, Teilungsvertrag (Teilungserklärung) und Aufteilungsplan zugrunde liegenden, Planung übereinstimmt (Bamberger/Roth/Hügel § 3 WEG Rn. 20). Die Begründung von Sondereigentum schlägt dann ggf. fehl (s. zu diesem Fragenkreis Rdn. 41 ff.). Wenn anfangs (oder später) zusätzlich zu den geplanten Baulichkeiten **weitere Räume** oder **Anlagen** errichtet werden, z.B. Garagen, Räume oder Balkone oder neue Dachräume, stehen diese im Gemeinschaftseigentum (OLG Celle ZWE 2009, 128; OLG München NJW-RR 2007, 1384; BayObLG DNotZ 1982, 244; Elzer MietRB 2007, 78, 80; Rapp in Beck'sches Notarhandbuch, A III Rn. 43c). Weil diese Räume nicht im Aufteilungsplan ausgewiesen sind, kann kein Wohnungseigentümer an diesen Räumen Sondereigentum erworben haben (BayObLG NJW-RR 1990, 657). Sie werden vielmehr gem. § 1 Abs. 5 WEG Gemeinschaftseigentum (BayObLG NJW-RR 1990, 657).

VI. Aufteilungsplan und Abgeschlossenheitsbescheinigung

1. Allgemeines

88 Teilungsvertrag und Teilungserklärung sind für den Eintragungsantrag die in §§ 8 Abs. 2 S. 1, 7 Abs. 4 S. 1 WEG genannten Anlagen beizufügen. Dieses sind die inhaltlich zusammengehörigen (BayVGH ZMR 1998, 469; OLG Köln ZMR 1992, 511) **Aufteilungsplan** und **Abgeschlossenheitsbescheinigung** (BayObLG ZMR 2003, 370, 371; BayObLG Rpfleger 1993, 335).

2. Aufteilungsplan

89 Nach der Legaldefinition des § 7 Abs. 4 Nr. 1 WEG ist der Aufteilungsplan eine von der Baubehörde mit Unterschrift und Siegel oder Stempel versehene **Bauzeichnung**, aus der die Aufteilung des Gebäudes sowie die Lage und Größe der im Sondereigentum und der im gemeinschaftlichen Eigentum stehenden Gebäudeteile ersichtlich ist. Er besteht i.d.R. aus Grundriss-, Schnitt- und Ansichtszeichnungen im Maßstab 1:100, die typischerweise auch für das Baugenehmigungsverfahren erforderlich sind (Trautmann ZWE 2004, 318). Der Aufteilungsplan bezweckt die **Sicherung** der **sachenrechtlichen Bestimmtheit** (BayObLG ZMR 2003, 370, 371; OLG Hamburg ZMR 2002, 372, 373). Er soll gewährleisten, dass das Sondereigentum auf die dafür vorgesehenen und geeigneten Räume beschränkt bleibt und also die Grenzen des Sondereigentums und des Gemeinschaftseigentums klar absteckt sind (BGH ZMR 2004, 206 = NJW 2004, 1798; BGH NJW 1995, 2851, 2853 = ZMR 1995, 521; OLG Hamburg ZMR 2002, 372, 373; OLG Karlsruhe NJW-RR 1993, 1294 = ZMR 1993, 474; BayObLG Rpfleger 1982, 21). Alle zu demselben Wohnungs- bzw. Teileigentum gehörenden Einzelräume sind nach § 7 Abs. 4 Nr. 1 WEG mit der jeweils gleichen Nummer zu kennzeichnen. Der Aufteilungsplan muss außerdem die Aufteilung des Gebäudes (Grundrisse, Raumaufteilung usw), die Lage, die Größe *und den Standort der Gebäudeteile* auf dem Grundstück enthalten (BayObLG ZMR 1986, 21; BayObLG Rpfleger 1982, 21; Bub WE 1991, 124, 125). Gem. §§ 8 Abs. 2, 7

Abs. 3 WEG kann zur näheren Bestimmung des Gegenstandes und des Inhalts des Sondereigentums auf die Eintragungsbewilligung Bezug genommen werden, der wiederum gem. § 7 Abs. 4 WEG der Aufteilungsplan hinzuzufügen ist. Der Aufteilungsplan wird durch diese doppelte Bezugnahme – ebenso wie die Abgeschlossenheitsbescheinigung (KG FGPrax 2004, 216) – Inhalt des Eintragungsantrags und später des Wohnungsgrundbuches (BGH ZMR 2005, 59 = NJW 2005, 10; OLG Schleswig ZMR 2004, 68; BayObLG ZMR 2003, 370, 371; OLG Stuttgart Justiz 1981, 82 = OLGZ 1981, 160 = Rpfleger 1981, 109) und nimmt so am öffentlichen Glauben teil (BayObLG Rpfleger 1991, 414). § 7 Abs. 4 S. 1 Nr. 1 WEG verlangt nicht, dass der Aufteilungsplan schon bei Niederschrift der Teilungserklärung als Anlage beigeheftet wird (BayObLG ZMR 2003, 370, 371; Böttcher Rpfleger 2004, 21, 26; Hügel NotBZ 2003, 147). Der Aufteilungsplan muss erst für die Grundbucheintragung vorliegen (BayObLG ZMR 2003, 370, 371; Bub WE 1991, 124, 126).

3. Abgeschlossenheitsbescheinigung

Für die Eintragung von Wohnungseigentum ist der Eintragungsbewilligung gem. § 7 Abs. 4 Nr. 2 WEG eine **Abgeschlossenheitsbescheinigung** beizufügen. Abgeschlossenheit bedeutet die **dauerhafte räumliche Abgrenzung** und **Abschließbarkeit** eines Sondereigentums. Zweck der Abgeschlossenheitsbescheinigung ist es, dem Grundbuchamt die Prüfung bautechnischer und baurechtlicher Fragen zu ersparen (BVerwG NJW 1997, 71, 74; Trautmann ZWE 2004, 318, 319) sowie eine **eindeutige räumliche Abgrenzung** der Sondereigentumsbereiche untereinander sowie zum gemeinschaftlichen Eigentum zu gewährleisten und dadurch Streitigkeiten zu vermeiden, wie sie unter der Geltung des früheren Stockwerkeigentums als Folge unklarer Verhältnisse entstanden sind (GmS-OGB BGHZ 119, 42, 46 = ZMR 1993, 25; BGH ZMR 2001, 289, 290; NJW 1990, 1111, 1112; s. dazu Pfeilschifter/Wüstenberg WuM 2004, 635). Der Herrschaftsbereich eines Sondereigentums soll klar und dauerhaft abgegrenzt und gegen widerrechtliches Eindringen tatsächlich abgeschirmt werden. Dem »Eigenheim auf der Etage« soll nach dem Plan des Gesetzes durch die Macht der Tatsachen der »Burgfriede« gewährt werden, den das Heim auf eigenem Grund und Boden von Natur aus hat (GmS-OGB BGHZ 119, 42, 46 = ZMR 1993, 25). 90

a) Wohnungen

Abgeschlossenheit erfordert für Wohnungen nach Sinn und Zweck dreierlei: **Isolation** gegenüber anderem Sonder- und Gemeinschaftseigentum, eine **Zugangsmöglichkeit** und eine **Ausstattung**, die einen selbstständigen Haushalt erlaubt. Abgeschlossenheit wird vor diesem Hintergrund u.a. mit den in Nr. 5 der Allgemeinen Verwaltungsvorschrift für die Ausstellung von Bescheinigungen gem. § 7 Abs. 4 Nr. 2 und § 32 Abs. 2 Nr. 2 des Wohnungseigentumsgesetzes v. 19.03.1974 (BAnz. Nr. 58 v. 23.03.1974) niedergelegten Grundsätzen umschrieben (BayObLG ZMR 1984, 359). Abgeschlossene **Wohnungen** sind danach solche, die baulich vollkommen von fremden Wohnungen und Räumen abgeschlossen sind, z.B. durch Wände und Decken, die den Anforderungen der Bauaufsichtsbehörden (Baupolizei) an Wohnungstrennwände und Wohnungstrenndecken entsprechen und einen eigenen abschließbaren Zugang unmittelbar vom Freien, von einem Treppenhaus oder einem Vorraum haben (OLG Düsseldorf OLGZ 1987, 51; BayObLG BayObLGZ 1983, 266). Wasserversorgung, Ausguss, WC, Stromanschluss müssen **innerhalb** der Wohnung liegen (OLG Zweibrücken ZMR 2001, 663, 664; OLG Düsseldorf ZMR 1997, 662, 664; BayObLG ZMR 1984, 359). Innerhalb der Wohnung muss die Möglichkeit zur Installation einer Küche oder Kochgelegenheit bestehen. Notwendig, aber auch ausreichend ist also, dass die Gesamtheit der Räume einer Wohnung es erlau- 91 ben, einen **selbstständigen Haushalt** zu führen (BayVGH DWW 1976, 306). Unschädlich ist, wenn zwischen zwei Wohnungen eine jederzeit zu öffnende Verbindungstür besteht (KG OLGZ 1985, 129). Auch Bad, Dusche und Heizung können fehlen. Für die Abgeschlossenheit der Räume, die zu einem Sondereigentum gehören, ist es unschädlich, wenn sich diese auf **mehreren Etagen** befinden, sofern sie dort einen eigenen abschließbaren Zugang zum gemeinschaftlichen Treppenhaus haben (LG Bielefeld Rpfleger 2000, 387). Der Abgeschlossenheit einer Wohnung oder Garage schadet es grundsätzlich auch nicht, wenn den übrigen Eigentümern durch Gebrauchsregelung das Recht zum Betreten eingeräumt wird (BayObLG WE 1989, 214). Bei Teileigentum gelten die **Erfordernisse sinngemäß**. Es bedarf auch hier Abgegrenztheit und freie Zugangsmöglichkeit. Die Ausstattung kann aber hinter Wohnungseigentum **zurückbleiben**. Zu einem Wohnungs- oder Teileigentum können **zusätzliche Räume** außerhalb des Abschlusses gehören (Nebenräume), etwa: Keller- oder Bodenräume, Garagen, Nebengebäude, Lagerhallen, Werkstätten, Abstellkammer. Für diese gelten die Anforderungen in Bezug auf Raumeigenschaft, **nicht aber die auf Abgeschlossenheit**. Es reicht aus, wenn ein Nebenraum klar abgeteilt und verschließbar ist (s.a. BR-Drucks. 75/51 zu § 3 WEG). Ferner muss der Raum frei zugänglich sein. Nebenräume bedürfen weder Wasserversorgung, Ausguss, Toilette, Stromanschluss noch muss dort eine Küche oder Kochgelegenheit bestehen. Auch eine räumliche Verbindung mit den Haupträumen ist nicht erforderlich (OLG München ZWE 2009, 25). Für die Abgeschlossenheit von Nebenräumen ist es daher unschädlich, wenn sich diese auf mehreren Etagen befinden, sofern sie dort einen eigenen abschließbaren Zugang zum Gemeinschaftseigentum haben.

b) Garagenstellplätze

92 Für **Garagenstellplätze** (Einzelgaragen, ober- oder unterirdische Sammelgaragen, Doppelstockgaragen) macht das Gesetz eine **Ausnahme**. Die Ausnahme erklärt sich durch die Zweckbestimmung von Garagenstellplätzen, bei denen **vertikale Abgrenzungen hinderlich** wären (LG Frankfurt/M. ZMR 1993, 184, 186). Für Garagenstellplätze fingiert § 3 Abs. 2 S. 2 WEG Raumeigenschaft und Abgeschlossenheit, wenn deren innerhalb eines Gebäudes liegende Fläche – etwa in einer Einzelgarage (BayObLG NJW-RR 1990, 332) – durch **dauerhafte Markierungen** (Rdn. 93) ersichtlich ist (BayObLG ZMR 2001, 821) oder war (BayObLG BayObLGZ 1989, 447, 450; BayObLG NJW-RR 1991, 722). Sondereigentum entsteht auch dann, wenn eine ehemalige Markierung mit der erforderlichen Bestimmtheit wenigstens rekonstruiert werden kann und der angebliche Eigentümer im Grundbuch eingetragen ist. Soll an baulich selbstständigen Garagen Sondereigentum begründet werden, sind dem Grundbuchamt mit dem Eintragungsantrag wegen des Bestimmtheitsgrundsatzes auch für diese Gebäudeteile die in § 7 Abs. 4 WEG genannten Unterlagen vorzulegen (OLG Düsseldorf ZMR 2000, 398).

aa) Dauerhafte Markierungen

93 Als dauerhafte Markierungen kommen Stein- oder Metallwände, fest verankerte Geländer oder Begrenzungseinrichtungen aus Stein oder Metall, fest verankerte Begrenzungsschwellen aus Stein oder Metall, in den Fußboden eingelassene Markierungssteine oder andere Maßnahmen, die den vorgenannten Maßnahmen zumindest gleichzusetzen sind, in Betracht. Entscheidend ist, dass die Markierung die Gewähr für eine dauerhafte Klarheit der Eigentumsverhältnisse bietet (Bornemann Erwerb S. 38). Eine andere Maßnahme mit ausreichender Gewähr sind etwa Markierungsnägel (BayObLG ZMR 2001, 820 = ZWE 2001, 372). Ein einfacher Farbanstrich ist keine dauerhafte Markierung (Bornemann Erwerb S. 38 *m.w.N. auch zur Gegenansicht*). Ebenso wenig ist ein Schild oder ein Schriftzug auf dem Bodenbelag eine dauerhafte Markierung.

bb) Pkw-Abstellplätze

Außerhalb eines Gebäudes oder auf dem Dach einer Tiefgarage obererdig liegende **Pkw-Abstellplätze** können grundsätzlich nicht der Gegenstand eines Sondereigentums sein. Als Grundstücksflächen können sie aus Rechtsgründen nicht Sondereigentum sein, sodass sie zwingend in das gemeinschaftliche Eigentum fallen (OLG Hamm ZMR 1998, 456, 457; OLGZ 1975, 103 = NJW 1975, 60; BayObLG MDR 1992, 673; Rpfleger 1986, 217; OLG Celle DNotZ 1992, 213; OLG Frankfurt/M. OLGZ 1984, 32, 33). Etwas anderes gilt für Pkw-Abstellplätze auf dem **nicht überdachten Oberdeck** eines Parkhauses oder einer Sammelgarage (OLG Hamm ZMR 1998, 456, 457; OLG Celle NJW-RR 1991, 1489; OLG Köln DNotZ 1984, 700; OLG Frankfurt/M. OLGZ 1984, 32, 33; **a.A.** KG NJW-RR 1996, 587 = ZMR 1996, 216; offen gelassen von BayObLG NJW-RR 1986, 761 = ZMR 1986, 207). Der allgemeine Sprachgebrauch, nach dem der Begriff der Garage eine zumindest überdachte Stellfläche voraussetzt, bedeutet nicht, dass »Garagenstellplätze« nur diejenigen wären, die im überdachten Flächenbereich der betreffenden Gesamtanlage belegen sind. Die Bezeichnung »Garage« umfasst das Bauwerk insgesamt und damit grundsätzlich auch die Stellplätze auf der obersten Ebene, ohne dass es auf die Überdachung des einzelnen Platzes ankäme (OLG Köln DNotZ 1984, 700, 702). 94

cc) Doppelstockgaragen (Duplex-Stellplätze; Doppelparker)

Eine **Doppelstockgarage mit Kippvorrichtung** (Duplex-Stellplatz) ist ein »Raum« i.S.v. § 3 Abs. 1 und 2 WEG. An der Doppelstockgarage im Ganzen kann daher Sondereigentum begründet werden (OLG Düsseldorf ZMR 1999, 500, 501; BayObLG NJW-RR 1994, 1427; Gleichmann Rpfleger 1988, 10). Etwas anderes soll für die **einzelnen Stellplätze** gelten. Es fehle eine klare Trennung des Raumes zwischen Boden und Decke, so dass der einzelne Stellplatz nicht als sondereigentumsfähiger Raum eines Gebäudes, sondern nur als Teil einer dem gemeinschaftlichen Gebrauch der Doppelstockgarage dienenden beweglichen Einrichtung anzusehen sei (BayObLG BayObLGZ 1974, 466, 470 = NJW 1975, 740). Diese Argumentation überzeugt freilich **nicht** und ist abzulehnen (Bornemann Erwerb S. 43, 44 m.w.N.; Häublein MittBayNot 2000, 112; Hügel NotBZ 2000, 349; Gleichmann Rpfleger 1988, 10; Rpfleger 1988, 10; Sauren MittRhNotK 1982, 213). Eine **räumliche Umgrenztheit** liegt bei der Doppelstockgarage ebenso wie bei dem nicht überdachten Oberdeck eines Parkhauses, einer Sammelgarage, einem Balkon oder einer Dachterrasse vor. Die Nutzung des »Luftraums« steht der Sondereigentumsfähigkeit nicht entgegen. Die Miteigentümer einer Doppelstockgarage können für diese nach § 1010 BGB eine **Benutzungsregelung** verselbständigen. Eine Gebrauchsregelung nach § 15 WEG kann aber nicht getroffen werden (LG Düsseldorf MittRhNotK 1987, 163; Riecke/Schmid/Elzer § 3 WEG Rn. 74; Basty Rpfleger 2001, 169; Hügel NotBZ 2000, 349; Schneider Rpfleger 1998, 53; Schöner Rpfleger 1997, 416; Huff WE 1996, 134; s.a. KG MietRB 2004, 235; **a.A.** OLG Frankfurt/M. Rpfleger 2000, 212 = MittBayNot 2000, 440; OLG Jena MittBayNot 2000, 443 = FGPrax 2000, 7; BayObLG BayObLGZ 1994, 195 = NJW-RR 1994, 1427; Riecke/Schmid/Abramenko § 15 WEG Rn. 7). 95

c) Sollvorschrift

Die Prüfung, ob ein Sondereigentum oder eine Garage abgeschlossen ist, ist gem. § 3 Abs. 2 WEG eine **Sollvorschrift** (BGH BGHZ 146, 241, 246 = ZMR 2001, 289; BGHZ 110, 36, 40 = NJW 1990, 1111 = MDR 1990, 325; OLG München ZWE 2009, 25 = RNotZ 2009, 46 = NZM 2009, 402). Benutzungsrecht und Lastentragungspflicht sowie die Rechte dinglich gesicherter Gläubiger können nicht davon abhängen, ob im **Einzelfall** die Voraussetzungen der Abgeschlossenheit tatsächlich erfüllt oder nicht erfüllt sind (BGH BGHZ 177, 338 [Luftschranken] = NJW 2008, 2982 = ZMR 2008, 897). Ist verse- 96 hentlich nicht abgeschlossenes Wohnungseigentum eingetragen worden, ist es dennoch wirksam entstanden. Die Wirksamkeit der Eintragung kann nicht unter Berufung auf § 3 Abs. 2 WEG und somit auch nicht wegen eines Mangels der baubehördlichen Prüfung in Zweifel gezogen werden (BGH BGHZ 110, 36, 40 = NJW 1990, 1111 = MDR 1990, 325; OLG Köln ZMR 1994, 230).

VII. Unterteilung

1. Einführung

97 Ein Wohnungseigentümer kann mit seinem Eigentum nach Belieben verfahren und andere von jeder Einwirkung ausschließen (BGH ZMR 2005, 59 = NJW 2005, 10; Merle System, S. 184). Er kann aus diesem Grunde entsprechend § 8 Abs. 1 WEG (BGH ZMR 2005, 59 = NJW 2005, 10; Röll DNotZ 1993, 158, 162) oder analog § 7 GBO (so Weitnauer/Briesemeister § 8 WEG Rn. 3), jedenfalls aber in der Form der §§ 8 Abs. 2, 3 Abs. 2, 7 Abs. 4 WEG (BayObLG DNotZ 1999, 194; NZM 1998, 440 = NJW-RR 1999, 8; Staudinger/Rapp § 6 WEG Rn. 4; Röll DNotZ 1993, 158, 162), sein **Wohnungs-** oder **Teileigentum** unter Aufteilung der bisherigen Raumeinheit in mehrere (zwei oder mehrere) in sich wiederum abgeschlossene Raumeinheiten **unterteilen** (BGH ZMR 2005, 59 = NJW 2005, 10; BGHZ 73, 150 = ZMR 1979, 312; BGHZ 49, 250 = NJW 1968, 499; BayObLG NJW-RR 1991, 910 = WE 1992, 55) und ggf. veräußern. Eine Unterteilung des Wohnungseigentums ist durch Teilung sowohl der ideellen Miteigentumsanteile als auch der real bestehenden Sondereigentumseinheit möglich (BGH NJW 1983, 455, 457; BGHZ 49, 250, 252 = NJW 1968, 499; KG ZMR 2000, 191, 192; BayObLG NJW-RR 1995, 783). Werden aus einem Anteil **mehrere Anteile gebildet**, liegt eine gemischt reale-ideelle Aufteilung vor (BGH ZMR 2005, 59; BGHZ 49, 250, 252). Bleibt die ursprüngliche Einheit hingegen real ungeteilt, liegt eine bloß ideelle Unterteilung vor. Durch eine bauliche und/ oder rechtliche Unterteilung eines Wohnungs- oder Teileigentumsrechts können **nicht mehr Befugnisse** entstehen, als sie dem unterteilenden Wohnungseigentümer vor Unterteilung und Veräußerung zugestanden haben. Der durch den Teilungsvertrag oder die Teilungserklärung bestimmte Status der anderen Wohnungseigentümer kann durch die Unterteilung nicht beeinträchtigt werden (BGH ZMR 2004, 834, 838; BGHZ 73, 150, 152 = NJW 1979, 870; OLG Hamm ZMR 2002, 859; KG ZMR 2000, 191, 192; ZMR 1999, 426). Der bloß unterteilende Eigentümer hat keine Möglichkeit, einseitig (neue) Bestimmungen für das Gemeinschaftsverhältnis zu treffen. Und er hat auch keine Möglichkeit, auf die Stimmenverhältnisse der Versammlung einzuwirken und diese zu Lasten der anderen Wohnungseigentümer zu verändern (BGH ZMR 2004, 834, 838; BGHZ 73, 150, 155).

2. Voraussetzungen

98 Mit jedem Miteigentumsanteil muss ein sondereigentumsfähiger Raum i.S.d. § 5 Abs. 1 WEG i.V.m. § 8 Abs. 2 WEG verbunden werden (BayObLG NJW-RR 1995, 783; Demharter BGHReport 2004, 1612, 1613). Bei einer Unterteilung müssen sämtliche bisher im Sondereigentum stehenden Räume mit dem Miteigentumsanteil eines der neu entstandenen Wohnungs- bzw. Teileigentumsrechte verbunden werden. Andererseits dürfen auch nur solche Räume als Sondereigentum mit einem Miteigentumsanteilsanteil verbunden werden (BayObLG BayObLGZ 1998, 70 = ZMR 1999, 46 ff.).

3. Zustimmung

Der Unterteilende bedarf für die Unterteilung grundsätzlich weder die Zustimmung der übrigen Wohnungseigentümer noch der Zustimmung Dritter (BGH ZfIR 2004, 1006, 1008 = ZMR 2005, 59 = NJW 2005, 10; NJW 1998, 3711; BGHZ 73, 150 = NJW 1979, 870; BGHZ 49, 250, 256 = NJW 1968, 499 = JZ 1968, 562 = MDR 1968, 396; KG ZMR 2000, 191, 192). Eine Zustimmung ist nur in **Einzelfällen erforderlich.** Eine Zustimmung ist zum einen erforderlich, wenn aus der bisherigen Raumeinheit nicht mehrere in sich wieder abgeschlossene Einheiten entstehen, sondern ein Teil der bisher sondereigentumsfähigen Räume und Gebäudeteile **in gemeinschaftliches Eigentum überführt** werden muss. Dies ist z.B. der Fall, wenn der Eingangsflur der früheren größeren Wohnung außerhalb der Ummauerung beider kleinerer Wohnungen bleibt. In diesem Falle kann der Aufteilende nicht allein handeln, sondern die anderen Wohnungseigentümer (BGH NJW 1998, 3711 = ZMR 1999, 182) und ggf. dinglich Berechtigte (BayObLG DNotZ 1999, 665) müssen zustimmen. Die Änderung bedarf dann auch der für die Auflassung vorgeschriebenen Form (Hauger Immobilienrecht 1998, 31, 33). Eine Zustimmung ist zum anderen notwendig, wenn die Eigentümer in entsprechender Anwendung von § 12 WEG vereinbart haben, eine Unterteilung von der Zustimmung anderer Wohnungseigentümer oder eines Dritten abhängig zu machen (BGH BGHZ 49, 250, 257 = NJW 1968, 499; str.); diese Zustimmung darf aber entsprechend § 12 Abs. 2 WEG nur aus einem **wichtigen Grunde** versagt werden (BGH BGHZ 49, 250, 257 = NJW 1968, 499). 99

4. Veränderung des Stimmrechts

Eine Unterteilung kann sich auf das Stimmrecht des unterteilenden Eigentümers und der von ihm erwerbenden künftigen Eigentümer in der Versammlung der Eigentümer auswirken. Zu unterscheiden ist nach Kopf-, Wert- und Objektstimmrecht. 100

a) Wertstimmrecht

Keine Schwierigkeiten entstehen, wenn die Wohnungseigentümer eine von § 25 Abs. 2 S. 1 WEG abweichende Vereinbarung getroffen haben, wonach sich das Stimmrecht nicht nach der Anzahl der Wohnungseigentümer, sondern nach der Höhe der Miteigentumsanteile (Wertstimmrecht) richten soll. Die übrigen Wohnungseigentümer werden in diesem Falle durch eine Unterteilung nicht beeinträchtigt (Wedemeyer NZM 2000, 638, 639). Ihre Stimme hat in der Versammlung der Wohnungseigentümer auch nach der Unterteilung denselben Erfolgswert. Gesamtstimmenzahl und Gewicht bleiben unverändert. 101

b) Kopf- und Objektstimmrecht

Etwas anderes gilt, wenn ein Objektstimmrecht vereinbart ist oder die Eigentümer bei dem gesetzlichen Kopfstimmrecht nach § 25 Abs. 1 S. 1 WEG geblieben sind (LG München I ZMR 2010, 229 = WuM 2010, 51). In beiden Fällen könnte durch eine Unterteilung die Mehrheit in der Versammlung bzw. der Erfolgswert einer Stimme und damit in unzulässiger Weise der Status der anderen Eigentümer verändert werden. Auch nach einer Unterteilung muss aber die **ursprüngliche Stimmenzahl grundsätzlich gleich** bleiben (dies gilt freilich nicht, wenn einem Eigentümer mehrere Wohnungen gehören: veräußert er davon eine, haben die Sondernachfolger ein eigenes Stimmrecht, vgl. BayObLG ZMR 2002, 527, 528). Der unterteilende Eigentümer hat es anders als der Eigentümer, der mehrere der ursprünglich aufgeteilten Einheiten erworben hat und diese einzeln abverkauft, nicht in der Hand, die Mehrheiten der Eigentümerversammlung einseitig zu ändern (LG München I ZMR 2010, 229 = WuM 2010, 51). Eine 102

»Stimmenvermehrung« muss weder bei gesetzlichem Kopfstimmrecht (BGH ZMR 2004, 834, 838; BGHZ 73, 150, 155 = NJW 1979, 870; OLG Stuttgart ZMR 2005, 478; Wedemeyer NZM 2000, 638, 640; **a.A.** OLG Düsseldorf ZMR 2004, 696, 697; KG ZMR 2000, 191, 192 = NZM 2000, 671) noch beim Objektstimmrecht hingenommen werden (BGH ZMR 2004, 834, 838; OLG Hamm ZMR 2002, 859; KG NZM 1999, 850, 852; OLG Köln WE 1992, 259, 260; BayObLG NJW-RR 1991, 910; OLG Düsseldorf MDR 1990, 633 = NJW-RR 1990, 521; Wedemeyer NZM 2000, 638, 640). Eine Stimmrechtsvermehrung der im Zeitpunkt des Teilungsvertrages oder der Teilungserklärung vorhandenen Stimmrechte durch Unterteilung von Wohnungseigentumseinheiten ist nicht möglich, weil dadurch in unzulässiger Weise der **Status der übrigen Wohnungseigentümer verändert** werden würde (BGH ZMR 2004, 834, 838; OLG Hamm ZMR 2002, 659; LG München I ZMR 2010, 229 = WuM 2010, 51).

103 Entsprechend § 25 Abs. 2 S. 2 WEG ist davon auszugehen, dass der teilende Wohnungseigentümer zusammen mit den Erwerbern einer neu geschaffenen Einheit nur eine Stimme hat (BGH ZMR 2004, 834, 838). Eine Spaltung nach Bruchteilen oder eine Quotelung kommen insoweit nicht in Betracht (Staudinger/Rapp § 6 WEG Rn. 7; **a.A.** ist die h.M. BGH ZMR 2004, 834, 838; KG ZMR 1999, 427, 428; OLG Düsseldorf OLGZ 1990, 152 = NJW-RR 1990, 521 = WE 1990, 170; Gottschalg NZM 2005, 88, 89). Eine Spaltung würde dem geltenden Kopfprinzip widersprechen und würde zu einer Belastung der Eigentümerversammlung und des Versammlungsleiters führen. Das Problem, wie das Stimmrecht einheitlich auszuüben ist, ist vielmehr Sache der Unterteiler und Inhaber der neu geschaffenen Wohnungseigentumsrechte. Haben diese hierüber keine »Vereinbarung« getroffen, ist § 10 Abs. 2 S. 2 WEG nicht – auch nicht analog – anwendbar; § 745 Abs. 1 S. 2 BGB (Anteilsprinzip) kann hingegen entsprechend angewandt werden.

c) Anspruch auf Änderung des Stimmrechts

104 Eigentümer, die ein durch Unterteilung entstandenes Wohnungseigentum erworben haben, können ggf. aus §§ 242, 313 BGB i.V.m. mit dem Gemeinschaftsverhältnis einen **Änderungsanspruch** auf Veränderung und Anpassung der Stimmrechte haben. Außerdem ist vorstellbar, einen Änderungsanspruch im Wege der ergänzenden Auslegung der Vereinbarung, die das Stimmrecht abgeändert hat, zu ermitteln (BGH ZMR 2004, 834, 838). I.d.R. wird diese Auslegung aber ergebnislos sein.

5. Gründungsmängel

105 Gründungsmängel, die sich auf die Einräumung von Sondereigentum beschränken, lassen die Aufteilung in Miteigentumsanteile **unberührt** (s. dazu Rdn. 80 ff.). Eine solche Interessenlage ist auch bei einer **fehlerhaften Unterteilung** gegeben (BGH ZfIR 2004, 1006, 1008 = ZMR 2005, 59 = NJW 2005, 10). Bei einer Unterteilung besteht ebenfalls ein schützenswertes Interesse der Beteiligten daran, dass ein gegenständlich beschränkter Gründungsmangel ohne Folgen für das Entstehen von Wohnungseigentum an den nicht unmittelbar betroffenen (neuen) Einheiten bleibt.

6. Teileigentum

106 Für Teileigentum i.S.v. § 1 Abs. 3 WEG gelten nach der Bestimmung des § 1 Abs. 6 WEG die Vorschriften über das Wohnungseigentum **entsprechend**. Die Aufteilung von Teileigentum in mehrere Teileigentumsrechte ist daher gem. § 1 Abs. 6 und Abs. 3 WEG in *gleicher Weise wie die* von Wohnungseigentum zu beurteilen (BGH BGHZ 73, 150 = ZMR 1979, 312). Wenn ein Wohnungseigentum aufgeteilt wird in ein Wohnungseigentum und ein Teileigentum, kann unter dem Gesichtspunkt einer Änderung einer **festgelegten Zweckbestimmung** eine andere Sichtweise in Betracht kommen (BGH BGHZ 73, 150 = ZMR 1979, 312; OLG Braunschweig MDR 1976, 1023). Keine Bedenken bestehen jedenfalls dann, wenn die Zweckbestimmung der neuen Raumeinheiten i.S.d. § 1 Abs. 2 und Abs. 3 WEG mit dem Zweck übereinstimmt, der schon ursprünglich für die einzelnen Räume festgelegt war (BGH BGHZ 73, 150 = ZMR 1979, 312). Denn in einem solchen Fall wird die festgelegte Zweckbestimmung nur formell geändert, materiell aber wird ihr durch die Aufteilung in ein Wohnungseigentumsrecht und ein Teileigentumsrecht Rechnung getragen (zw.).

7. Fehler bei der Unterteilung

a) Übergriff auf das Gemeinschaftseigentum

Eine Unterteilung kann nur solche Räume erfassen, die zum Sondereigentum des aufgeteilten Wohnungseigentums gehören (BGH ZfIR 2004, 1006 = ZMR 2005, 59 = NJW 2005, 10; BayObLG NZM 1998, 440 = NJW-RR 1999, 8; BayObLGZ 1987, 390, 398 = DNotZ 1988, 316). Weist das Grundbuch Räume als Sondereigentum einer der neu gebildeten Einheiten aus, die nach dem ursprünglichen Aufteilungsplan gemeinschaftliches Eigentum sind, so liegt insoweit eine ihrem Inhalt nach **unzulässige Eintragung** vor (BayObLG ZMR 1999, 46, 47; **a.A.** Röll DNotZ 1993, 158, 162). Sondereigentum kann dann nicht entstehen und auch **nicht gutgläubig** erworben werden. 107

Es ist auch nicht möglich, den weiteren Wohnungseigentümern durch eine Unterteilung ehemaliges Sondereigentum als neues Gemeinschaftseigentum gleichsam »aufzudrängen« (BayObLG BayObLGZ 1987, 390, 396 = DNotZ 1988, 316). Gegen eine Aufdrängung von Gemeinschaftseigentum spricht der mit ihr verbundene Effekt einer **Teilaufhebung der Gemeinschaft**. Eine ohne Mitwirkung der anderen Wohnungseigentümer und ohne Mitwirkung Dritter durchgeführte Unterteilung ist **nichtig** (BayObLG ZMR 1996, 285 = NJW-RR 1996, 721) und kann **nicht Grundlage** weiterer Eintragungen sein. Die Eintragung kann ferner nicht Grundlage für einen **gutgläubigen Erwerb** nach § 892 BGB sein (BGH NJW 1995, 2851, 2854 = MDR 1996, 139; BayObLG ZMR 1996, 285 = NJW-RR 1996, 721; BayObLGZ 1987, 390, 393). Vielmehr muss das ehemalige Sondereigentum unter Mitwirkung aller Wohnungseigentümer in Gemeinschaftseigentum »überführt« werden (BGH NJW 1998, 3711 = ZMR 1999, 182; s. dazu Riecke/Schmid/Elzer § 11 WEG Rn. 13 ff.), sofern diese dazu bereit sind. 108

b) Vergessene Teile des Sondereigentums: Isoliertes Sondereigentum

Eine Unterteilung muss sich stets **innerhalb der Grenzen** des untergeteilten ursprünglichen Sondereigentums halten (OLG München NZM 2007, 603). Wird bei der Unterteilung ein Raum, der bislang zum Sondereigentum gehörte, »vergessen« (**isoliertes Sondereigentum**), wird dieser nicht Gemeinschaftseigentum. Die Unterteilung ist vielmehr **nichtig** (BayObLG Rpfleger 1988, 256 = WE 1988, 102 = DNotZ 1988, 316; Röll MittBayNot 1991, 241, 244). 109

VIII. Vereinigung

1. Einführung

Ein Wohnungseigentümer kann in seinem Eigentum befindliche Wohnungseigentumsrechte in entsprechender Anwendung von § 8 WEG, § 890 Abs. 1 BGB, § 5 GBO (dann 110 entsteht ein neues Wohnungseigentum) oder entsprechend § 890 Abs. 2 BGB i.V.m. § 6 GBO (dann verliert eine Einheit seine Selbstständigkeit) **miteinander vereinigen** (KG NJW 1989, 1360; OLG Hamburg NJW 1965, 1765). Zu einer Vereinigung bedarf ein Wohnungseigentümer grundsätzlich **nicht** der Mitwirkung der übrigen Eigentümer (BGH ZMR 2001, 289, 291; BGH NJW 1976, 1976; OLG Hamburg MietRB 2004, 289, 290; BayObLG ZMR 2004, 925; BayObLGZ 2000, 252; ZMR 1999, 266; KG NJW-RR 1989, 1360; Hügel ZfIR 2004, 1009, 1010). Ein Wohnungseigentümer kann außerdem von einem Sondereigentum einen Teil des Miteigentumsanteils und einen Teil des Sondereigentums abspalten und mit einem anderen, in seinem Eigentum stehenden Sondereigentum verbinden; auch hierzu bedarf er grundsätzlich nicht der Mitwirkung anderer Wohnungseigentümer. Eine grundbuchrechtlich abgesicherte rechtliche Vereinigung ist nicht notwendig: Es steht dem Wohnungseigentümer frei, die Vereinigung nur tatsächlich durchzuführen, ohne daran rechtliche Konsequenzen zu knüpfen. Die Rechte und Pflichten – etwa das Stimmrecht oder die Kostentragungspflicht – sind in diesem Falle vor und nach der Vereinigung gleich.

2. Mitwirkung der anderen Wohnungseigentümer

a) Grundsatz

111 Eine Mitwirkung der anderen Wohnungseigentümer ist grundsätzlich unnötig, vor allem, wenn das Wohnungseigentum aus steuerlichen Gründen **lediglich rechtlich vereinigt** wird und sich ohne Baumaßnahmen vollzieht (Böttcher Rpfleger 2004, 21, 35). Eine Mitwirkung ist auch dann nicht erforderlich, wenn das durch die Vereinigung entstehende neue Wohnungseigentumsrecht nicht i.S.v. § 3 Abs. 2 WEG abgeschlossen ist (BGH ZMR 2001, 289, 290; OLG Hamburg MietRB 2004, 289, 290 = FGPrax 2004, 217 = Rpfleger 2004, 620; BayObLG ZMR 2002, 468, 469). Es stellt für die anderen Wohnungseigentümer keinen Nachteil i.S.v. § 14 Nr. 1 WEG dar, wenn z.B. durch einen Wanddurchbruch und den Einbau einer Verbindungstür zwischen den beiden angrenzenden Sondereigentumseinheiten die Abgeschlossenheit der Wohnungen (§ 3 Abs. 2 WEG) entfällt (BGH ZMR 2001, 289, 291; NJW 1991, 1611, 1612 = ZMR 1991, 185; **a.A.** Röll MittBayNot 1985, 63). Das Erfordernis einer Abgeschlossenheit ist nur auf den Schutz derjenigen Wohnungseigentümer gerichtet, deren Wohneinheiten durch die fehlende oder weggefallene Trennung der verschiedenen Bereiche berührt werden, nicht aber auf den Schutz der Belange anderer Wohnungseigentümer (BayObLG Rpfleger 1984, 409, 410). Deren subjektive Rechte werden durch eine die Abgeschlossenheit beseitigende, räumliche Verbindung zweier Wohnungen nicht beeinträchtigt.

b) Baumaßnahmen

112 Eine Mitwirkung der anderen Wohnungseigentümer ist vorstellbar, wenn die Vereinigung mit **Baumaßnahmen** verbunden ist. Einer Mitwirkung bedarf es allerdings nicht, wenn bei der Baumaßnahme zwar eine Mauer durchbrochen wird, diese Mauer aber nicht tragend ist. Die Mauer steht dann im Sondereigentum. Ein Eingriff in das Sondereigentum ist von den übrigen Wohnungseigentümern im Rahmen des § 14 Nr. 1 WEG hinzunehmen (s.a. BGH ZMR 2001, 289, 291).

113 Wird hingegen eine tragende und daher im Gemeinschaftseigentum stehende Wand durchbrochen, bedarf es gem. § 14 Nr. 1 WEG der Zustimmung der anderen Eigentümer. Ein nicht hinnehmbarer Nachteil ist erst dann ausgeschlossen, wenn kein vernünftiger Zweifel daran besteht, dass ein wesentlicher Eingriff in die Substanz des Gemeinschaftseigentums unterblieben ist, insbesondere zum Nachteil der übrigen Eigentümer keine Gefahr für die **konstruktive Stabilität** des Gebäudes und dessen **Brandsicherheit**

geschaffen wurde (BGH BGHZ 116, 392, 396 = ZMR 1992, 167; BayObLG FGPrax 1999, 53 = ZMR 1999, 273; KG 1997, 587, 589 = ZMR 1997, 197).

3. Vereinigung durch mehrere Wohnungseigentümer

Zwei Wohnungseigentümer können ihre Miteigentumsanteile untereinander verändern, also den Miteigentumsanteil eines Sondereigentums zugunsten des Miteigentumsanteils eines anderen Sondereigentums verringern (BGH NJW 1976, 1976; KG FGPrax 1998, 9). Außerdem können zwei Wohnungseigentümer Teile des Sondereigentums von einem Wohnungseigentum abtrennen und mit einem anderen verbinden (BayObLG BayObLGZ 1984, 10). **114**

Die Mitwirkung anderer Wohnungseigentümer ist zu diesen Vorgängen nicht erforderlich (BGH NJW 1976, 1976; KG FGPrax 1998, 9). **115**

IX. Übertragung einzelner Räume

Ebenso wie eine Unterteilung oder eine Vereinigung können Wohnungseigentümer einzelne Räume ihres Sondereigentums – insbesondere Kellerräume, Abstellräume oder sonstige Nebenräume, Garagen usw., aber auch sonstige Räume – von einem auf den anderen **übertragen** oder untereinander **austauschen**, ohne dass es einer gleichzeitigen Änderung der jeweiligen Miteigentumsanteile bedarf (OLG Zweibrücken ZMR 2001, 663; BayObLG DNotZ 1984, 381, 381). Beide Wohnungseigentümer sind vorher wie nachher Miteigentümer und Sondereigentümer; lediglich der Umfang ihres jeweiligen Sondereigentums hat sich verändert. Solche Rechtsgeschäfte unter Wohnungseigentümern werden von § 6 Abs. 1 WEG nicht berührt (Tasche DNotZ 1972, 710, 712 ff.; s.a. BGH BGHZ 73, 145, 148 ff., 149 für die Übertragung von Sondernutzungsrechten innerhalb der Wohnungseigentümer). Erforderlich ist allein eine Übertragung in der Form der §§ 4 Abs. 1, 2 WEG, § 925 BGB. Einer **Mitwirkung der übrigen Wohnungseigentümer** bedarf es nicht. Allerdings ist (wegen § 6 Abs. 2 WEG, §§ 877, 876 BGB) eine Zustimmung der an dem Wohnungs- oder Teileigentum **dinglich Berechtigten** erforderlich, es sei denn, das Sondereigentum wird nicht verkleinert oder sonst nachteilig beeinträchtigt (BayObLG DNotZ 1984, 381, 381; OLG Schleswig SchlHAnz 1977, 203; OLG Celle Rpfleger 1974, 267). **Verändern sich die Grenzen des Sondereigentums**, bedarf es der Vorlage eines neuen bestätigten Aufteilungsplans sowie einer Bescheinigung der Baubehörde über die Abgeschlossenheit der neu gebildeten Einheiten (OLG Zweibrücken ZMR 2001, 663; BayObLG DNotZ 1984, 381, 382; Rapp MittBayNot 1996, 344, 348). Eine Abgeschlossenheitsbescheinigung ist nur im Falle der Übertragung eines von vornherein in sich abgeschlossenen Raums (Garage oder Keller) entbehrlich. Fehlt die Abgeschlossenheitsbescheinigung, darf Wohnungseigentum durch das Grundbuchamt nicht begründet werden (OLG Zweibrücken ZMR 2001, 663). **116**

X. Entstehung von Wohnungseigentum und Wohnungseigentümern

1. Entstehung des Wohnungseigentums

Durch Teilungsvertrag oder Teilungserklärung entsteht noch kein Wohnungseigentum. **117**
Nach § 4 Abs. 1 WEG ist zur Entstehung des Wohnungs- bzw. Teileigentums neben der Einigung der Beteiligten über den Eintritt der Rechtsänderung eine **Eintragung in das Grundbuch** erforderlich. Wohnungseigentum entsteht erst mit dem dinglichen Vollzug

(der Anlegung der Wohnungs- bzw. Teileigentumsbücher) der Teilung i.S.v. §§ 8 Abs. 2 S. 2, 7 Abs. 1 WEG (BGH NJW 1989, 1111 [Bauverbotsfall] = MDR 1990, 325). Das gilt auch in bewertungsrechtlicher Hinsicht (BFH NJW 1993, 1672).

2. Eigentümer und Eigentümergemeinschaft

a) Begriff des Wohnungseigentümers

118 Wohnungseigentümer (Teileigentümer) und Mitglied der Gemeinschaft der Wohnungseigentümer ist grundsätzlich, wer zu Recht im Wohnungsgrundbuch eingetragen ist (BGH NJW 1989, 1087, 1088; OLG Hamm ZMR 2000, 128, 129; OLG Saarbrücken ZMR 1998, 595, 596). Wohnungseigentümer (Teileigentümer) ist aber auch, wer durch Erbfall oder durch Zuschlag in der Zwangsversteigerung gem. § 90 Abs. 1 ZVG außerhalb des Grundbuchs Wohnungseigentum erwirbt (BayObLG ZMR 2004, 524). Steht ein Wohnungseigentum mehreren gemeinschaftlich zu (z.B. nach §§ 741 ff. BGB oder bei einer Erbengemeinschaft), ist jeder von ihnen Wohnungseigentümer i.S.v. §§ 10 ff. WEG (Häublein DNotZ 2004, 634, 635; **a.A.** KG DNotZ 2004, 634). Der bloße **Bucheigentümer** ist kein Wohnungseigentümer (OLG Düsseldorf ZMR 2005, 719).

b) Entstehung der Gemeinschaft der Wohnungseigentümer

119 Die Gemeinschaft der Wohnungseigentümer wird aus allen im Grundbuch eingetragenen Wohnungs- und Teileigentümern gebildet.

120 Wird Wohnungseigentum durch **Teilungsvertrag** gem. § 3 Abs. 1 WEG begründet, entsteht die Gemeinschaft der Wohnungseigentümer nach h.M. mit Anlegung der Wohnungsgrundbücher und der Eintragung der Vertragsparteien als Wohnungseigentümer (BayObLG NJW-RR 2000, 1540 = NZM 2000, 655). Bei der Begründung nach § 3 WEG werden nach Vorlage des Teilungsvertrages an das Grundbuchamt i.V.m. einem Eintragungsantrag sämtliche Miteigentümer sogleich als Wohnungseigentümer ins Grundbuch eingetragen.

121 Auch wenn Wohnungseigentum durch **Teilungserklärung** nach § 8 WEG begründet wird, ist die Gemeinschaft der Wohnungseigentümer erst mit der Eintragung eines weiteren Beteiligten im Grundbuch als zweitem Wohnungseigentümer neben dem Alleineigentümer rechtlich in Vollzug gesetzt und als Eigentümergemeinschaft entstanden (BayObLG ZMR 2004, 767, 768; ZMR 1995, 38 = NJW-RR 1995, 209; OLG Hamm ZMR 2003, 776, 777; KG ZMR 2003, 52, 53).

c) Werdende Wohnungseigentümergemeinschaft

122 Im Falle der Begründung von Wohnungseigentum nach § 8 WEG gibt es vor Entstehung der Gemeinschaft der Wohnungseigentümer im Regelfall eine **werdende Wohnungseigentümergemeinschaft** (BGH BGHZ 177, 53, 57 = ZMR 2008, 805, 807 = NJW 2008, 2639). Eine solche ist anzunehmen, wenn folgende Voraussetzungen erfüllt sind:

123
- zwischen Alleineigentümer und Erwerber muss ein **gültiger Erwerbsvertrag** vorliegen (BGH BGHZ 177, 53, 58 = ZMR 2008, 805, 807 = NJW 2008, 2639);
- der Käufer muss die **Wohnung** in **Besitz** genommen haben (BGH BGHZ 177, 53, 58 = ZMR 2008, 805, 807 = NJW 2008, 2639; OLG Düsseldorf ZMR 2006, 57, 59). Erst mit der tatsächlichen Nutzung der Wohnung durch den Erwerber entsteht das Bedürfnis nach Anwendung der Vorschriften des Wohnungseigentumsgesetzes. Erst ab diesem Zeitpunkt ergibt sich z.B. die Notwendigkeit, laufende Kosten des gemeinschaftlichen Eigentums, wie Heizung, Warm- und Kaltwasser, Abwasserbeseitigung

und Müllabfuhr, zwischen dem bisherigen Alleineigentümer und dem Erwerber, der seine Wohnung bezogen hat, aufzuteilen (BayObLG ZMR 2003, 516, 517);

- für den Besteller/Käufer muss eine **Auflassungsvormerkung** im Wohnungsgrundbuch eingetragen sein (BGH BGHZ 177, 53, 58 = ZMR 2008, 805, 807 = NJW 2008, 2639; OLG München ZMR 2006, 308, 309);
- **unerheblich** ist dagegen, ob die **Wohnungsgrundbücher** bereits angelegt sind (BGH BGHZ 177, 53, 58 = ZMR 2008, 805, 807 = NJW 2008, 2639). Zwar entsteht das Wohnungseigentum im Fall einer Teilung nach § 8 WEG erst mit dem Anlegen der Wohnungsgrundbücher (§ 8 Abs. 2 S. 2 WEG). Der Anspruch auf Übereignung einer Wohnung kann aber schon vorher durch Eintragung einer Vormerkung im Grundbuch des ungeteilten Grundstücks gesichert werden (BGH BGHZ 177, 53, 59 = ZMR 2008, 805, 807 = NJW 2008, 2639). Hierdurch wird der Erwerber gegen einseitige Änderungen der Teilungserklärung in gleicher Weise geschützt wie der Berechtigte einer im Wohnungsgrundbuch eingetragenen Vormerkung. Der gesicherte Anspruch darf sich allerdings nicht auf die Übertragung eines schlichten Miteigentumsanteils beschränken, sondern muss auf Erlangung von Wohnungseigentum gerichtet sein.

Der Alleineigentümer und der oder die Ersterwerber bilden die **werdende Eigentümergemeinschaft**. Auf diese Eigentümergemeinschaft sind die Vorschriften des 2. und 3. Abschnitts des WEG anwendbar (BayObLG ZMR 2003, 516 = ZfIR 2003, 342; BayObLGZ 1990, 101, 102; KG ZMR 2003, 53, 54 = NJW-RR 2003, 589; ZMR 1986, 295; a.A. OLG Saarbrücken NZM 2002, 610 = NJW-RR 2002, 1236; FGPrax 1998, 97 = NJW-RR 1998, 1094 = ZMR 1998, 595). Die Mitglieder dieser Gemeinschaft haben die gleichen Rechte und Pflichten wie Wohnungseigentümer. Sie können damit Vereinbarungen schließen, Versammlungen abhalten, Beschlüsse fassen (KG FGPrax 2004, 112; OLG Hamm WuM 2000, 319; BayObLG FGPrax 1998, 17) und einen Verwalter bestellen. Die werdenden Wohnungseigentümer haben Gebrauchsrechte i.S.v. § 15 WEG, sind in entsprechender Anwendung von § 16 WEG zur Zahlung der Wohngelder verpflichtet (BGH BGHZ 177, 53, 58 = ZMR 2008, 805, 807 = NJW 2008, 2639; OLG Köln ZMR 2004, 859, 860; OLG Frankfurt/M. ZMR 1997, 609) und können ihre Rechte in Verfahren nach §§ 43 ff. WEG wahrnehmen (KG FGPrax 2004, 112; BayObLG NJW-RR 1997, 1443). Ein werdender Eigentümer kann auch bereits einen Beseitigungs- bzw. Unterlassungsanspruchs aus § 1004 BGB i.V.m. § 15 Abs. 3 WEG geltend machen (OLG Hamm ZMR 2005, 219; OLGZ 1994, 515, 519 = NJW-RR 1994, 975, 977). § 12 WEG ist allerdings nicht anwendbar (OLG Hamm WE 1994, 239). 124

Eine **werdende Eigentümergemeinschaft endet** mit Eintragung des Ersterwerbers im Grundbuch (OLG Karlsruhe ZMR 2003, 374; KG ZMR 2001, 656; BayObLG NJW-RR 2000, 1540 = NZM 2000, 655; OLG Köln WuM 1999, 642 = NZM 1999, 765). Die Eigentümergemeinschaft ist damit »in Vollzug« gesetzt (KG ZMR 2003, 54). Gab es neben dem zuerst im Grundbuch eingetragenen Erwerber weitere werdende Wohnungseigentümer, verlieren diese durch den Vollzug der Eigentümergemeinschaft ihre Eigentümerrechte freilich nicht rückwirkend (OLG Hamm ZMR 2000, 128, 130; BayObLG ZMR 1998, 101 = WuM 1998, 178, 179; NJW-RR 1997, 1443, 1444; BayObLGZ 1990, 101, 105 = NJW 1990, 3216, 3218; Deckert ZMR 2005, 335 ff.). Vor allem das Erfordernis einer ordnungsgemäßen Verwaltung steht der Annahme entgegen, dass der entsprechende Eigentümer die Rechtsstellung als werdender Wohnungseigentümer wieder verliert (BGH BGHZ 177, 53, 58 = ZMR 2008, 805, 807 = NJW 2008, 2639; BayObLG ZMR 1998, 101 = WuM 1998, 178, 179; NJW-RR 1997, 1443, 1444; grundlegend BayObLGZ 1990, 101, 105 = NJW 1990, 3216, 3218). Es besteht dann vorübergehend **eine Eigentümergemeinschaft** aus echten und werdenden Wohnungseigentümern (Heismann ZMR 2004, 10, 12; offen gelassen von OLG Köln ZMR 2004, 859, 860). 125

126 Verkauft ein Wohnungseigentümer – auch der ehemalige Alleineigentümer – einer bereits vollständig und **rechtlich in Vollzug gesetzten Eigentümergemeinschaft** sein Wohnungseigentum, liegt hingegen ein **Zweiterwerb** vor (OLG Saarbrücken NZM 2002, 610 = NJW-RR 2002, 1236). Auf den Zweiterwerber sind die Vorschriften des 2. und 3. Abschnitts des WEG **nicht anwendbar** (BGH NJW 1989, 1087; ZMR 1989, 434 = NJW 1989, 2697; BayObLG ZMR 2004, 767, 768; **zweifelnd** BGH BGHZ 177, 53, 60 = ZMR 2008, 805, 807 = NJW 2008, 2639). Die Zweiterwerber bilden mit den bereits eingetragenen Wohnungseigentümern vor ihrer Eintragung **keine Gemeinschaft** (Gottschalg NZM 2005, 88, 90). Vor seiner Eintragung im Grundbuch hat ein Zweiterwerber weder ein eigenes Stimmrecht noch ein Klagerecht (BGH ZMR 1989, 434 = NJW 1989, 1087). Der Zweiterwerber schuldet auch kein Wohngeld (BGH NJW 1989, 2697). Seine Haftung kann sich nur aus seinem Erwerbsvertrag ergeben. Der Zweiterwerber darf originäre Eigentümerbefugnisse allerdings aufgrund einer ausdrücklichen **Ermächtigung** des Veräußerers ausüben (KG ZMR 2004, 460 = NJW-RR 2004, 878 = FGPrax 2004, 112 = MietRB 2005, 10 = ZWE 2005, 110). Der Zweiterwerber kann etwa in Prozessstandschaft für den vorhandenen Wohnungseigentümer (Verkäufer) zur Geltendmachung von dessen Rechten, z.B. Beseitigungs- und Unterlassungsansprüchen, berechtigt sein (BayObLG WE 1998, 149). Die Beschlussanfechtungsfrist des § 46 Abs. 1 S. 2 WEG wird aber nur gewahrt, wenn der Prozessstandschafter innerhalb der Frist hinreichend deutlich macht, dass er **nicht aus eigenem Recht**, sondern für den Veräußerer das gerichtliche Verfahren durchführt (KG ZMR 2004, 460 = NJW-RR 2004, 878 = FGPrax 2004, 112 = MietRB 2005, 10 = ZWE 2005, 110; NJW-RR 1995, 147 = ZMR 1994, 524; OLG Celle ZWE 2001, 34).

3. Entstehung des Sondereigentums

127 Sondereigentum entsteht mit der schrittweise Herstellung (Umschließung) der jeweiligen Wohnung bzw. Teileigentumseinheit (BGH BGHZ 177, 338 = NJW 2008, 2982 = ZMR 2008, 897; BGH BGHZ 110, 36, 38 = NJW 1990, 1111 = MDR 1990, 325; OLG Hamm NZM 2006, 142 = ZMR 2006, 60), spätestens mit der Herstellung des Gebäudes (BGH BGHZ 177, 338 = NJW 2008, 2982 = ZMR 2008, 897; Hügel ZMR 2004, 549). Auf die Umschließung der anderen Sondereigentumseinheiten kommt es für die Entstehung des bereits umschlossenen Sondereigentums nicht an. Auch bei einer abschnittsweisen Errichtung der Wohnanlage entsteht Sondereigentum als Vollrecht jeweils mit Herstellung der Wohnung, spätestens mit Fertigstellung des Gebäudes. Abweichungen der Bauausführung von dem Aufteilungsplan berühren das Entstehen des Sondereigentums solange nicht, wie die Abgrenzung des Sondereigentums gegen das Gemeinschaftseigentum und das weitere Sondereigentum in dem Gebäude nicht unmöglich ist. Das gilt grundsätzlich auch dann, wenn die tatsächliche Bauausführung in einem wesentlichen Umfang vom Aufteilungsplan abweicht (BGH BGHZ 177, 338 = NJW 2008, 2982 = ZMR 2008, 897; KG ZMR 2001, 849). Der Entstehung des Sondereigentums steht nicht entgegen, wenn es an einer tatsächlichen Abgrenzung des Raums gegen fremdes Sondereigentum fehlt (BGH BGHZ 177, 338 = NJW 2008, 2982 = ZMR 2008, 897).

128 Haben die Miteigentümer an einem erst zu errichtendem Gebäude Wohneigentum begründet, existiert vor Fertigstellung des Sondereigentums (Errichtung des Rohbaus) ein **isolierter Miteigentumsanteil** (BGH BGHZ 110, 36, 38 = NJW 1990, 1111 = MDR 1990, 325). Die Eintragung der jeweiligen Rechte im Grundbuch verschafft den Grundstückseigentümern aber als »Anwartschaftsrecht« eine gesicherte Rechtsposition, welche dem Anteil am Grundstück im Falle der Bebauung als Sondereigentum zuwächst (OLG Hamm NZM 2006, 142 = ZMR 2006, 60; BayObLG ZMR 2002, 291, 292). Das Anwartschaftsrecht *erlischt*, wenn der Raum hergestellt und Sondereigentum entstanden ist. Das Anwartschaftsrecht erlischt ferner, wenn die Herstellung des als Sondereigentum vorgesehenen

Raumes – etwa wegen einer vom Aufteilungsplan abweichenden Bebauung – dauerhaft unmöglich geworden ist (OLG Hamm NZM 2006, 142, 143 = ZMR 2006, 60; OLG Hamm WE 1991, 31 = NJW-RR 1991, 335). Das Gleiche gilt nicht schon bei bloßer Aufgabe der Bauabsicht oder bei Insolvenz des Bauträgers (OLG Hamm NZM 2006, 142, 143 = ZMR 2006, 60). Sondereigentum soll nach § 3 Abs. 2 WEG nur eingeräumt werden, wenn die Wohnungen oder sonstigen Räume in sich **abgeschlossen** sind. Fehlt es hieran im Ausnahmefall, ist zur Entstehung von Sondereigentum notwendig, aber auch ausreichend, dass das Sondereigentum gegen sonstiges Sondereigentum und gegen das Gemeinschaftseigentum **eindeutig abgrenzbar** ist (BGH BGHZ 177, 338 = NJW 2008, 2982 = ZMR 2008, 897 m.w.N.). Verliert ein Sondereigentum **nachträglich** seine Abgeschlossenheit, lässt dieses den Bestand des Sondereigentums unberührt (BGH BGHZ 177, 338 = NJW 2008, 2982 = ZMR 2008, 897). Sondereigentum kann nicht an bloßen Grundstücksflächen (z.B. Terrassen oder Pkw-Stellplätzen im Freien) entstehen. Notwendig für die Entstehung von Sondereigentum ist ein »Raum«. An bloßen Flächen kann kein Sondereigentum entstehen. Unsicher ist daher, ob Sondereigentum entstehen kann, obwohl einer Wohnung oder einem Raum eine oder mehrere Wände fehlen. Der Bundesgerichtshof hat diese Frage unter dem Problemkreis Abgeschlossenheit geprüft und bejaht (vgl. BGH BGHZ 177, 338 = NJW 2008, 2982 = ZMR 2008, 897). Eine fehlende Wand ist indes nicht oder nicht nur ein Problem der Abgeschlossenheit. Das Problem liegt vielmehr darin, dass Sondereigentum an einem »Nichtraum« nicht entstehen kann. Zur Lösung ist im Einzelfall zu unterscheiden. Solange die Raumeigenschaft letztlich nicht gefährdet wird, kann Sondereigentum zur Entstehung kommen. Das ist der Fall, wenn nur eine Wand (Armbrüster ZWE 2005, 182, 190; Merle WE 1992, 11, 12; Bärmann/Armbrüster WEG § 5 Rn. 13; so auch im Ergebnis BGH BGHZ 177, 338 = NJW 2008, 2982 = ZMR 2008, 897; **a.A.** Ruge Begründung: »allseitiger Abschluss«) oder die Decke fehlt, sofern eine Abgrenzung erkennbar ist. Etwa eine Küche, die sich in den Wohnraum öffnet, wird gemeinhin als Küche wahrgenommen und als eigener Raum angesprochen. Vorstellbar ist dann, dass an verschiedenen Teilen eines großen Raumes verschiedene Sondereigentumsrechte bestehen, weil letztlich zwei Räume vorliegen (BGH BGHZ 177, 338 = NJW 2008, 2982 = ZMR 2008, 897). Etwas anderes muss hingegen angenommen werden, wenn es an einer Raumqualität völlig fehlt, was sicher der Fall ist, wenn drei Wände fehlen (**a.A.** Bärmann/Armbrüster WEG § 5 Rn. 15), wohl aber auch i.d.R., wenn nur zwei Wände nicht vorhanden sind.

Wird das Gebäude – gleich aus welchem Grunde – letztlich nicht erstellt, bleibt das Woh- **129**
nungseigentum in dem Zustand wirksam, in dem es sich bei Grundbucheintragung befand, also der Substanz nach in dem eines bloßen isolierten (substanzlosen) Miteigentumsanteils am Grundstück (BGH BGHZ 110, 36; Wenzel DNotZ 1993, 297, 299). Handelt es sich hierbei nicht um die bloße Aufgabe der Bauabsicht, kann jeder Wohnungseigentümer die Auflösung der Eigentümergemeinschaft verlangen.

XI. Verband Wohnungseigentümergemeinschaft

1. Allgemeines

Neben Wohnungseigentümern und neben der Gemeinschaft der Wohnungseigentümer **130**
nach § 10 Abs. 2 S. 1 WEG, §§ 741 ff., 1008 ff. BGB steht der **Verband Wohnungseigentümergemeinschaft** (str.). Dieser Verband ist – gegenständlich beschränkt – **rechtsfähig**. Denn § 10 Abs. 6 S. 1 WEG erklärt die »**Gemeinschaft der Wohnungseigentümer**« als Verband dem Grunde nach für rechtsfähig. Der Verband Wohnungseigentümergemeinschaft ist damit Träger subjektiver Rechte und Pflichten und damit zwar keine juristische Person, wohl aber rechtsfähige Personengesellschaft i.S.v. § 14 Abs. 2 BGB.

131 **Hinweis**

Das Gesetz nutzt den Begriff »Gemeinschaft« bereits in §§ 11 Abs. 1 S. 1, 17 S. 1, 18 Abs. 1 S. 1, 43 Nr. 1 WEG. Gemeint ist dort nach hier vertretender, freilich umstrittener Ansicht die von der Gemeinschaft der Wohnungseigentümer i.S.v. § 10 Abs. 6 S. 1 WEG zu unterscheidende Bruchteilsgemeinschaft nach §§ 741 ff. BGB. Der Verband Wohnungseigentümergemeinschaft als Rechtssubjekt ist nach der herrschenden Trennungstheorie systematisch von der nicht rechtsfähigen Gesamtheit der Wohnungseigentümer als Teilhaber der Bruchteilsgemeinschaft nach § 10 Abs. 2 S. 1 WEG, §§ 741 ff., 1008 ff. BGB zu unterscheiden und von dieser abzugrenzen (BGH GuT 2007, 161, 162 = GE 2007, 1481 = BTR 2007, 140; ZMR 2007, 875 = NZM 2007, 411 = MietRB 2007, 174; Rühlicke ZWE 2007, 261, 266/267; Hügel/Elzer § 3 Rn. 9 ff.; Abramenko ZMR 2006, 409; Jennißen NZM 2006, 203; Elzer ZMR 2006, 626; Hügel DNotZ 2005, 753, 760; Fauser Haftungsverfassung, S. 34 ff.). Da das Sonder- und das Gemeinschaftseigentum nach § 10 Abs. 1 WEG nicht Teil des Vermögens des rechtsfähigen Verbandes sind, existieren mit dem rechtsfähigen Verband und der nicht rechtsfähigen Miteigentümergemeinschaft vielmehr zwei unterschiedliche Zuordnungsobjekte von Rechten und Verbindlichkeiten (BGH ZMR 2007, 875 = NZM 2007, 411 = MietRB 2007, 174; NJW 2006, 2187, 2188; BGHZ 163, 154, 177 = ZMR 2005, 547; **a.A.** die Vertreter der Einheitstheorie, etwa Armbrüster ZWE 2006, 470, 471; Wenzel ZWE 2006, 462, 463; ders. ZWE 2006, 2, 6; Bub ZWE 2007, 15, 19; ders. ZWE 2006, 253, 257; Häublein FS Wenzel [2005], S. 175, 198/199; unklar der I. Zivilsenat, BGH GuT 2007, 162, 163 = NJW 2007, 518 = ZMR 2007, 286: der von der Miteigentümergemeinschaft gebildete Verband). Der Verband ist weder Miteigentümer noch Mitglied der von ihm zu unterscheidenden Gemeinschaft der Wohnungseigentümer (BGH GuT 2007, 161, 162 = GE 2007, 1481 = BTR 2007, 140).

132 Ist unklar, ob der Verband als Rechtsträger angesprochen ist, kann i.d.R. nur im Einzelfall geklärt werden, welche Rechte und Pflichten jeweils den Eigentümern, den Eigentümern als Bruchteilsgemeinschaft und dem Verband zugeordnet werden können. Die einen wollen solche **Zuordnungsprobleme** danach lösen, ob »das Verwaltungsvermögen oder das Miteigentum« betroffen sind (z.B. Abramenko ZMR 2006, 409; Armbrüster ZWE 2005, 369, 374; Hügel DNotZ 2005, 753, 758). Die anderen wollen hingegen nach »Rechtskreisen« unterscheiden (Wenzel ZWE 2006, 2, 6; ders. NZM 2006, 321, 322). Eine Zuordnung nach Rechtskreisen ist dabei ebenso wie die Frage danach, ob eine Aufgabe eine »Art Geschäftsführung in Bezug auf die Verwaltung des Gemeinschaftseigentums« ist (Wenzel ZWE 2006, 462, 464), jedenfalls im Ergebnis zielführender (Riecke/Schmid/Elzer § 10 WEG Rn. 376).

133 Der Verband besitzt aus den von ihm eingegangenen Rechtsgeschäften Rechte und kann Verpflichteter sein. Er kann im eigenen Namen Verträge mit Dritten schließen und Partei vertraglicher Schuldverhältnisse werden. Eine – gesetzlich nicht geregelte – **Pflicht zum Vertragsschluss** des Verbandes ist anzunehmen, wenn die Wohnungseigentümer diese Pflicht **bestimmen** oder die Umstände einen Vertragsschluss durch den Verband **erfordern.** Diese Ansicht führt z.B. dazu, dass der Verband auch für solche Verträge, die nach einer überkommenen Sichtweise von den Wohnungseigentümern als Grundstückseigentümern geschlossen wurden, etwa einem **Versorgungsvertrag**, heute als Vertragspartei anzusehen ist (BGH NJW 2010, 932). Noch offen ist, ob bei einer Vertragsverletzung im Verhältnis des Vertragspartners zum Verband auch Ansprüche der einzelnen Wohnungseigentümer – und wenn ja, welche – möglich sind, soweit dies nicht ausdrücklich bestimmt ist. Einerseits ist insoweit vorstellbar, einen Vertrag des Verbandes mit einem Dritten als **echten Vertrag zu Gunsten Dritter** (nämlich der einzelnen Wohnungseigentümer) einzuordnen (so zum den Verband mit den Verwalter verbindenden Verwaltervertrag u.a. OLG München NJW 2007, 227 = NZM 2007, 92

= ZMR 2007, 220 = MDR 2007, 581; OLG München ZMR 2006, 954 = NZM 2006, 934; s.a. KG ZWE 2010, 183, 185). Vorstellbar ist indes auch, einen Vertrag des Verbandes mit einem Dritten als Vertrag **mit Schutzwirkung zu Gunsten Dritter** zu verstehen (so OLG Düsseldorf NJW 2007, 161 = ZMR 2007, 56 = NZM 2007, 137 = ZWE 2007, 92; Wenzel ZWE 2006, 462, 464).

Überzeugend scheint es im Regelfall anzunehmen, dass – soweit nichts anderes vereinbart ist – Verträge des Verbandes mit Dritten (außer den Verwaltervertrag) als solche mit **Schutzwirkung zu Gunsten der Wohnungseigentümer** geschlossen wurden. **134**

2. Beginn und Untergang

Im Falle der Begründung nach § 3 WEG entsteht der Verband Wohnungseigentümergemeinschaft mit der **Eintragung** der Wohnungseigentümer im Grundbuch (Kreuzer ZMR 2006, 15, 17; Wenzel ZWE 2006, 2, 76; Hügel DNotZ 2005, 753, 755). Im Falle einer Begründung durch Teilungserklärung gem. § 8 WEG entsteht der Verband hingegen nach seinem Sinn und Zweck, wenn die Voraussetzungen einer Wohnungseigentümergemeinschaft vorliegen (Elzer InfoM 2006, 28; Wenzel ZWE 2006, 2, 6; Hügel DNotZ 2005, 753, 75), also mit **Eintragung des zweiten Wohnungseigentümers**. **135**

Hinweis **136**

> Nach einer anderen Konzeption gibt es eine rechtsfähige Einpersonen-Gemeinschaft, die wohl mit dem Verband Wohnungseigentümergemeinschaft identisch ist (s.a. Becker FS Seuß [2007], S. 19 ff.). Diese Einpersonen-Gemeinschaft soll bereits mit der Beurkundung der Teilungserklärung als dem »Startschuss des Wohnungseigentums für eine Anlage« beginnen (F. Schmidt ZMR 2009, 725, 741).

Neben den entstandenen Verband Wohnungseigentümergemeinschaft gibt es einen werdenden Verband Wohnungseigentümergemeinschaft (Hügel/Elzer NZM 2009, 457, 458; Wenzel NZM 2008, 625, 628; Armbrüster GE 2007, 420, 435). Dieser entsteht in dem Zeitpunkt, ab dem auch eine werdende Eigentümergemeinschaft anzuerkennen ist. **137**

Der Verband Wohnungseigentümergemeinschaft endet, wenn es nur noch einen Eigentümer gibt, sich also sich sämtliche Wohnungseigentumsrechte in einer Person vereinigen (Bonifacio NZM 2009, 561, 562). Für das dem Verband zugeordnete Verwaltungsvermögen ordnet § 10 Abs. 7 S. 4 WEG in diesem Falle einen Übergang von Rechten und Pflichten des Verbandes auf den verbleibenden Eigentümer im Wege einer Universalsukzession an. Dies gilt auch dann, wenn der verbleibende Wohnungseigentümer keinen Antrag auf Schließung der Wohnungsgrundbücher stellt. **138**

3. Verbandszweck, Mitglieder und Förderung des Verbandszweckes

Der gesetzlich vorgegebene, nicht abdingbare Zweck des Verbandes Wohnungseigentümergemeinschaft liegt nach §§ 10 Abs. 6 S. 3, 27 Abs. 3 S. 1 Nr. 3 und 4 WEG darin, wie ein Treuhänder die **Handlungsfähigkeit** der jeweiligen Wohnungseigentümer im Rechtsverkehr bei der vermögensrechtlichen Verwaltung ihres gemeinschaftlichen Eigentums zwar nicht zu ermöglichen, aber zu **erleichtern** sowie Pflichten der Wohnungseigentümer auszuüben, soweit diese auf allen Wohnungseigentümern als Eigentümern des Gemeinschaftseigentums ruhen. Die Erleichterung in dieser Konstruktion liegt zum einen darin, dass die Zuordnung von Pflichten zum Verband es für Dritte deutlich erkennen lässt, wer ihr Vertragspartner ist. Ferner erlaubt es die Rechtsfigur des Verbandes, **139** systematisch bruchlos eine Zuordnung des Verwaltungsvermögens zu beschreiben. § 10 Abs. 6 S. 3 WEG drückt die Verbandszwecke dadurch aus, dass er dem Verband die Ausübung der gemeinschaftsbezogenen Rechte und Pflichten der Wohnungseigentümer überbürdet oder eine Übertragung anderer gemeinsamer Rechte und Pflichten erlaubt (Vergemeinschaftung).

140 Mitglieder des Verbandes Wohnungseigentümergemeinschaft sind **sämtliche aktuellen Wohnungseigentümer**. Die Besonderheit besteht darin, dass die Mitgliedschaft jedem Wohnungseigentümer kraft Gesetzes »anwächst«, es also weder eines Beitritts, einer Rechtsnachfolge oder einer Beteiligung an der »Gründung« des Verbandes bedarf. Ein Wohnungseigentümer kann eine Mitgliedschaft auch nicht durch eine rechtsgeschäftliche Erklärung verhindern. Die Mitgliedschaft im Verband endet mit der Eintragung eines neuen Wohnungseigentümers im Wohnungsgrundbuch.

141 Die Mitgliedschaft eines Wohnungseigentümers im Verband begründet zwischen Wohnungseigentümer und Verband von Gesetzes wegen eine schuldrechtliche **Sonderrechtsbeziehung**. Aus dieser Beziehung erwachsen den Wohnungseigentümern wie allen Mitgliedern einer Körperschaft von Gesetzes wegen dem Verband gegenüber vor allem **Treue- und Rücksichtnahmepflichten** (BGH BGHZ 163, 154, 175 = ZMR 2005, 547; Abramenko ZMR 2005, 585, 586) sowie **Leistungspflichten** (Sozialpflichten), dem Verband demgegenüber Leistungspflichten.

142 **Überblick**

- Die Wohnungseigentümer müssen die Grundlagen schaffen, damit der Verband Wohnungseigentümergemeinschaft seine in Bezug auf den Verbandszweck eingegangenen Pflichten erfüllen kann. Sie sind verpflichtet, dem Verband eine ausreichende Handlungsorganisation zu geben (Mitwirkungspflicht). Diese Pflicht wird durch Bestellung eines Verwalters oder durch Mitwirkung im Rahmen des § 27 Abs. 3 S. 2 WEG erfüllt. Ferner treffen die Wohnungseigentümer Handlungspflichten, z.B. müssen sie einen Beschluss über einen Wirtschaftsplan anfechten, wenn dieser unterkapitalisiert ist oder – was besser ist – eine Sonderumlage beschließen. Als wichtigste Pflicht trifft die Wohnungseigentümer die Beitragspflicht. Zur Beitragspflicht gehört die Pflicht, dem Verband die finanzielle Grundlage zur Begleichung der laufenden Verpflichtungen durch Beschlussfassung über einen Wirtschaftsplan, seine Ergänzung (Sonderumlage) oder die Jahresabrechnung zu verschaffen. Der Verband hat hierauf ebenso einen Anspruch wie auch dem einzelnen Wohnungseigentümer nach § 21 Abs. 4 WEG ein solcher Anspruch gegen die übrigen Wohnungseigentümer zusteht. Den Wohnungseigentümern ist es ferner als Ausfluss ihrer dem Verband geschuldeten Treuepflicht nicht erlaubt, dem Verband notwendige Mittel zu entziehen. Verletzen die Wohnungseigentümer diese Pflicht, machen sie sich nach § 280 Abs. 1 S. 1 BGB schadenersatzpflichtig (BGH BGHZ 163, 154, 175 = ZMR 2005, 547). Als Mitgliedschaftsrechte sind die Rechte der Wohnungseigentümer zu begreifen, an der Willensbildung des Verbandes teilzunehmen sowie einen Anteil am Verwaltungsvermögen zu haben, soweit dieses ausgekehrt wird.
- Der Verband schuldet den Wohnungseigentümern aus der sie verbindenden Sonderrechtsbeziehung gem. § 10 Abs. 6 S. 3 WEG vor allem die Durchführung der geborenen und der gekorenen Ausübungsbefugnisse. Ferner ist der Verband nach Sinn und Zweck seiner durch § 10 Abs. 6 S. 1 WEG garantierten Rechtsfähigkeit verpflichtet, sämtliche Verträge mit Bezug auf das Gemeinschaftseigentum zu schließen. Ist das Gemeinschaftseigentum instand zu setzen, hat der Verband etwa die Pflicht, nach Beschlussfassung der Wohnungseigentümer entsprechende Verträge mit Dritten zu *schließen (vgl. auch Becker* MietRB 2007, 180, 184). Der Verband trägt schließlich das Verwaltungsvermögen für die Wohnungseigentümer.

4. Name des Verbandes (Bezeichnung im Rechtsverkehr)

Der Verband Wohnungseigentümergemeinschaft muss, soweit er im Rechtsverkehr auftritt, nach § 10 Abs. 6 S. 4 WEG die Bezeichnung »Wohnungseigentümergemeinschaft« gefolgt von der bestimmten Angabe des gemeinschaftlichen Grundstücks führen (s. dazu Demharter ZWE 2005, 357, 359). Die Kennzeichnung des Grundstücks kann durch die **postalische Anschrift** oder die **Grundbuchbezeichnung** erfolgen (BT-Drucks. 16/887 S. 62; Hügel/Elzer § 3 Rn. 56; s.a. LG Bremen Rpfleger 2007, 315). Beide Varianten sind geeignet, eine eindeutige Identifizierung entsprechend § 15 GBV zu bieten. Möglich ist somit eine Bezeichnung »Wohnungseigentümergemeinschaft Sonnenallee 23, 12345 Berlin« (Demharter NZM 2005, 601, 602). Eine Bezeichnung mit »Wohnungseigentümergemeinschaft Gemarkung Berlin-Mitte, Flur 2, Flurstücke 165« entspricht aber auch diesen Anforderungen (Hügel/Elzer § 3 Rn. 56). **143**

5. Der Bereich der Rechtsfähigkeit des Verbandes

Der **Verband Wohnungseigentümergemeinschaft** ist nach § 10 Abs. 6 S. 1 WEG im Rahmen der »gesamten Verwaltung« **rechtsfähig** und kann in Anlehnung an §§ 14 Abs. 2 BGB, 124 Abs. 1 HGB im Rahmen der gesamten Verwaltung des gemeinschaftlichen Eigentums gegenüber Dritten und Wohnungseigentümern selbst Rechte erwerben und Pflichten eingehen. Mit der Formulierung »gesamte Verwaltung« ist angeordnet, dass der Verband Wohnungseigentümergemeinschaft immer dann, wenn er zu Gunsten der Wohnungseigentümer, aber auch zu ihren Lasten, jedenfalls aber in Bezug auf das gemeinschaftliche Eigentum handelt, rechtsfähig ist. **144**

Tritt der Verband Wohnungseigentümergemeinschaft gegenüber Dritten im Rechtsverkehr auf, obwohl sein Handeln nicht vom Verbandszweck gedeckt ist, ist er freilich **als rechtsfähig zu behandeln**. Die aus dem angloamerikanischen Rechtskreis stammende »ultra-vires-Lehre« (ultra-vires-doktrin), die außerhalb des Verbandszweckes eines Rechtsfähigkeit verneint (dazu Lehmann AcP 2007, 225, 236; Jacoby Das private Amt, § 10 B I), ist wie auch sonst im Verbandsrecht (Flume Juristische Person, § 10 II 2 d; K. Schmidt § 8 V 2 c) im Privatrecht (Lehmann AcP 2007, 225, 236) und im Wohnungseigentumsrecht nicht anzuwenden (Rühlicke ZWE 2007, 261, 269; Elzer WuM 2007, 295, 296; Wenzel ZWE 2006, 462, 469; **a.A.** BGH BGHZ 20, 119 für Rechtsgeschäfte, die eine juristische Person des öffentlichen Rechts durch ihre Organe außerhalb des durch Gesetz oder Satzung bestimmten Wirkungskreises der juristischen Person vornimmt). **145**

Hinweis **146**

Im Überblick ist der Verband Wohnungseigentümergemeinschaft in folgenden Bereichen als rechtsfähig anzusehen. Die Punkte betreffen dabei teilweise Fähigkeiten, die mit der Verwaltung des gemeinschaftlichen Eigentums nicht zusammenhängen, aber notwendiger Weise mit den dem Verband zuerkannten Pflichten und seiner Rechte zusammenhängen.

- Beteiligtenfähigkeit: Der Verband kann »Beteiligter« i.S.v. § 154 S. 1 ZVG sein (BGH NZM 2009, 243).
- Erbfähigkeit: Der Verband Wohnungseigentümergemeinschaft ist erbfähig (Wenzel ZWE 2006, 2, 7; Abramenko ZMR 2005, 585, 589; Demharter NZM 2005, 601; Elzer MietRB 2005, 248, 250).
- Grundbuchfähigkeit, Erwerb von Immobilien und grundstücksgleichen Rechten: Der Verband Wohnungseigentümergemeinschaft ist grundbuchfähig (BGH BGHZ 163, 154, 169 = ZMR 2005, 547; OLG Celle ZMR 2008, 310, 311; Hügel/Elzer § 3 Rn. 55; Häublein FS Seuß [2007], S. 125, 133; Böhringer Rpfleger 2006, 53, 55; Hügel DNotZ 2005, 753, 767/768; Demharter

NZM 2005, 601; Bub/Petersen NJW 2005, 2590, 2592; Rapp MittBayNot 2005, 449, 458). Der Verband kann neben beweglichen Sachen auch unbewegliche Sachen zu Eigentum erwerben (Hügel/Elzer § 3 Rn. 82; Abramenko ZMR 2006, 338, 340; Jennißen NZM 2006, 203, 205); auch Wohnungs- oder Teileigentum in der von ihm nach außen vertretenen Anlage (OLG Hamm v. 12.08.2010 – 15 Wx 63/10; ZWE 2010, 270; ZWE 2009, 452; OLG Celle ZMR 2008, 310; Hügel/Elzer § 3 Rn. 72 und § 9 Rn. 7). Erwirbt der Verband Wohnungseigentümergemeinschaft ein Sondereigentum in der Anlage, ruhen seine Rechte als Wohnungseigentümer analog § 71b AktG (OLG Hamm ZWE 2009, 452, 454; umfassend dazu vgl. Abramenko MietRB 2010, 125 ff.).

- Scheck- und Wechselfähigkeit: Der Verband Wohnungseigentümergemeinschaft ist scheck- und wechselfähig (Wenzel ZWE 2006, 2, 7; Abramenko ZMR 2005, 585, 589; Hügel DNotZ 2005, 753, 755; Elzer MietRB 2005, 248, 250; Pauly WuM 2002, 531, 533; zweifelnd Raiser ZWE 2001, 173, 178).
- Testier- und Insolvenzfähigkeit: Der Verband Wohnungseigentümergemeinschaft ist weder testierfähig noch gem. § 11 Abs. 3 WEG insolvenzfähig.
- Öffentliches Recht: Der Verband Wohnungseigentümergemeinschaft ist grundrechtsfähig und kann etwa Verfassungsbeschwerden erheben. Er kann Beteiligter von Verwaltungsverfahren (§ 11 Nr. 2 VwVfG) und Prozessen vor Verwaltungs- und Finanzgerichten sein (§ 61 Nr. 2 VwGO). Er kann außerdem ordnungsrechtlich auch als »Störer« in Anspruch genommen werden.
- Steuerrecht: Der Verband Wohnungseigentümergemeinschaft ist weder einkommensteuer- noch körperschaftssteuerpflichtig, da diese Steuerpflichten nur natürliche oder juristische Personen treffen (§ 1 EStG, § 1 KStG). Steuerpflichtig und damit Steuerschuldner etwaig erzielter Einkünfte, z.B. aus Vermietung des Gemeinschaftseigentums, sind nach § 15 Abs. 1 Nr. 2 EStG die Wohnungseigentümer. Der Verband Wohnungseigentümergemeinschaft ist nicht als umsatzsteuerpflichtiger Leistungsempfänger i.S.v. § 13b Abs. 1, Abs. 2 UStG anzusehen (Armbrüster ZWE 2007, 290, 291; Niedenführ/Kümmel § 10 WEG Rn. 55). Zwar ist der Verband Empfänger der (Werk-)Leistung. Der Verband bietet gegenüber den Wohnungseigentümern aber keine Leistung gegen Entgelt an. Auch der wiederkehrende Abschluss von Werkverträgen genügt nicht, um die Unternehmereigenschaft zu bejahen (Armbrüster GE 2007, 420, 424). Für die steuerrechtliche Vermietereigenschaft ist die **wirtschaftliche Dispositionsbefugnis** maßgebend (BFH ZMR 2008, 982). Maßgebend ist, wer als Inhaber über das mit der Erwerbsgrundlage verbundene Nutzungsverhältnis wirtschaftlich verfügen kann d.h., wer die maßgebende wirtschaftliche Dispositionsbefugnis über das Mietobjekt und damit eine Vermietertätigkeit selbst oder durch einen gesetzlichen Vertreter oder Verwalter ausübt. Im Verfahren über die einheitliche und gesonderte Feststellung der Bemessungsgrundlagen für Sonderabschreibungen nach dem Fördergebietsgesetz und für Absetzungen für Abnutzung ist der Verband Wohnungseigentümergemeinschaft nicht klagebefugt (BFH ZMR 2010, 294, 295).

6. Handlungsorganisation des Verbandes

147 Gesetzliche Organe des Verbandes Wohnungseigentümergemeinschaft sind nach § 27 Abs. 3 S. 1 WEG der Verwalter und gem. § 27 Abs. 3 S. 2 WEG die Wohnungseigentümer. Der Verband wird von Gesetzes wegen vom Verwalter vertreten, soweit das Gesetz diesem in § 27 Abs. 3 S. 1 Nr. 1 bis Nr. 6 WEG für den Verband auch eine Vertretungsmacht einräumt. Nach § 27 Abs. 3 S. 1 Nr. 7 WEG ist der Verwalter ferner dann berechtigt, im Namen des Verbandes Wohnungseigentümergemeinschaft und mit Wirkung für und *gegen ihn sonstige Rechtsgeschäfte* und Rechtshandlungen vorzunehmen, soweit er hierzu durch eine Vereinbarung oder einen Beschluss der Wohnungseigentümer gewillkürt ermächtigt worden ist. Als Gegenstand einer solchen Rechteeinräumung kommt zwar vor allem die Ermächtigung für die Führung eines Aktivprozesses des Verbandes in Betracht (Rdn. 148). Nach seinem Wortlaut und auch nach seiner Entstehungsgeschichte erlaubt es § 27 Abs. 3 S. 1 Nr. 7 WEG aber auch, die Vertretungsmacht des Verwalters für den Verband Wohnungseigentümergemeinschaft **umfassend zu gestalten** und der eines Organs einer juristischen Person oder der einer rechtsfähigen Personengesellschaft gleichzustellen (Hügel/Elzer § 11 Rn. 93).

Hinweis 148

> Für die Frage, ob der Verwalter mit einem Rechtsanwalt im Namen des Verbandes einen Vertrag schließen darf, ist u.a. danach zu entscheiden, ob es sich um ein Passiv- oder Aktivverfahren des Verbandes handelt. Während der Verwalter den Verband als Beklagten einer Klage nach § 43 Nr. 2 oder Nr. 5 WEG gegenüber einem Anwalt gem. § 27 Abs. 3 S. 1 Nr. 2 WEG von Gesetzes wegen vertreten darf, muss er für eine Aktivklage für eine Vertretung nach § 27 Abs. 3 S. 1 Nr. 7 WEG von den Wohnungseigentümer extra ermächtigt werden. Für den Rechtsanwaltsvertrag sind daneben vor allem § 27 Abs. 3 S. 1 Nr. 6 WEG (Gebührenvereinbarungen) und § 49a GKG in den Blick zu nehmen.

Wenn ein Verwalter fehlt oder wenn ein Verwalter nicht zur Vertretung berechtigt ist, 149
wird der Verband gem. § 27 Abs. 3 S. 2 WEG von **sämtlichen Wohnungseigentümern** vertreten (s. dazu Merle FS Bub [2007], S. 173 ff.). Ein Verwalter kann aus rechtlichen und aus tatsächlichen Gründen fehlen. Beide Gründe sind regelmäßig eng auszulegen. Eine bloße Unsicherheit oder eine treuwidrige oder unzweckmäßige Ausübung des Verwalteramtes genügen nicht. Die Wohnungseigentümer können die für den Verband verbindlichen Erklärungen als Gesamtvertreter nur gemeinsam bewirken (Merle FS Bub [2007], S. 173, 176). Willensmängel, Kenntnis oder »Kennen müssen« eines der mehreren Handelnden, wirken für und gegen den Verband (Gesamtvertretung). Soll und muss dem Verband etwas zugestellt werden, etwa ein Beschluss oder ein Urteil oder eine Rechnung, genügt hierfür gem. § 170 Abs. 3 ZPO die Zustellung an **einen** Wohnungseigentümer (Hügel/Elzer § 11 Rn. 108; MüKo/ZPO/Häublein § 170 Rn. 5). Die Wohnungseigentümer können nach § 27 Abs. 3 S. 3 WEG mehrheitlich beschließen, einen oder mehrere Wohnungseigentümer – nach § 21 Abs. 4 WEG aber auch einen Dritten (Merle ZWE 2007, 439, 443) – zur Vertretung des Verbandes zu ermächtigen (Merle FS Bub [2007], S. 172, 177). Die Ermächtigung ist ihrer Rechtsnatur nach ggf. nicht einfache Vollmacht, sondern macht den Ermächtigten womöglich partiell zum organschaftlichen Alleinvertreter des Verbandes. Die Erteilung der Ermächtigung erfolgt durch formlose, auch stillschweigende Erklärung an den oder die zu Ermächtigenden. Die Ermächtigung kann jederzeit widerrufen werden, auch ohne einen wichtigen Grund.

7. Ausübungsbefugnis des Verbandes

a) Einführung

Der Verband Wohnungseigentümergemeinschaft übt nach § 10 Abs. 6 S. 3 WEG kraft 150
Gesetzes die gemeinschaftsbezogenen Rechte der Wohnungseigentümer aus und nimmt die gemeinschaftsbezogenen Pflichten der Wohnungseigentümer wahr (**Ausübungsbefugnis**). Daneben ist vorstellbar, dass der Verband sonstige Rechte und Pflichten der Wohnungseigentümer ausübt. Für sonstige Rechte und Pflichten besteht aber nur eine Ausübungsbefugnis, soweit diese nach einem entsprechenden Beschluss vom Verband auszuüben oder zu erfüllen sind (**Vergemeinschaftung**). Gegenstand des § 10 Abs. 6 S. 3 WEG ist es, einen Gesichtspunkt der positiven Eigentümerbefugnisse, nämlich das

eigene Eigentum in allen Belangen zu verwalten, abzuspalten und auf ein von den Wohnungseigentümern zu unterscheidendes Rechtssubjekt zur Ausübung zu übertragen (dazu Schmid NZM 2010, 683 ff.). Die vom Verband auszuübenden Rechte bleiben aber Bestandteil des jeweiligen Eigentümervermögens. Der Verband als Ausübungsbefugter erlangt auf Grund der Ausübungsbefugnis aber die Befugnis, ihm fremde Forderungen im eigenen Namen einzufordern. Er kann ferner im Zweifel die Erklärungen abgeben, die im Zusammenhang mit der Erfüllung notwendig werden.

151 Da für ihn eine gesetzliche Pflicht zur Geltendmachung fremder Forderungen besteht, kann der Verband Wohnungseigentümergemeinschaft eine Wohnungseigentümerforderung **im eigenen Namen** einklagen. Im Prozess ist der Verband, soweit er auch dort die Rechte der Eigentümer ausübt, gesetzlicher **Prozessstandschafter** (BGH ZMR 2007, 627, 628 = NZM 2007, 403 = NJW 2007, 1952 = NotBZ 2007, 204; Becker MietRB 2007, 180, 812; Wenzel ZWE 2006, 109, 118; Elzer MietRB 2006, 195). Ein von ihm für die Wohnungseigentümer erstrittenes Urteil entfaltet gegen diese Rechtskraft (BGH NJW 1979, 924, 925). Im Prozess können die Wohnungseigentümer als Zeugen gehört werden (s. Staudinger/Busche Einl. zu §§ 398 ff. BGB Rn. 132).

b) Ausübungsbefugnis für »gemeinschaftsbezogene« Rechte

152 In die ausschließliche Verwaltungszuständigkeit der Gesamtheit der Wohnungseigentümer und damit unter die Ausübungsbefugnis des Verbandes Wohnungseigentümergemeinschaft fällt nach heutiger Sichtweise eine Reihe von Rechten. Durch die **gesetzliche Übertragung ihrer Verwaltungsbefugnisse** auf den Verband Wohnungseigentümergemeinschaft sind die Eigentümer für diese Rechte nicht mehr in der Lage, neben oder anstelle des Verbandes zu handeln (BT-Drucks. 16/887 S. 61; Rühlicke ZWE 2007, 261, 268; Becker MietRB 2007, 180, 182).

153 Hinweis

Als gemeinschaftsbezogene Rechte i.S.v. § 10 Abs. 6 S. 3 Variante 1 WEG sind u.a. die folgenden Rechte anzusehen:

- Ausübung und Durchsetzung des Entziehungsrechts: Die Ausübung und Durchsetzung des Entziehungsrechts gem. §§ 18 Abs. 1 S. 2, 19 Abs. 1 S. 2 WEG steht dem Verband zu, soweit es sich nicht um eine Gemeinschaft handelt, die nur aus zwei Wohnungseigentümern besteht (vgl. auch Wenzel NZM 2006, 321, 323; zum früheren Recht Abramenko ZMR 2005, 585; Elzer MietRB 2005, 248, 249; Jennißen NZM 2006, 203, 205).
- Durchsetzung der Duldung des Zugangs zu einem Sondereigentum: Die Durchsetzung der Duldung des Zugangs zu einem Sondereigentum gem. § 14 Nr. 4 WEG, z.B. für den Fall, dass ein Wohnungseigentümer in gemeinschaftliche Versorgungsleitungen eingegriffen hat und es dabei zu einem Schaden gekommen ist, ist i.S.d. Gesetzes gemeinschaftsbezogen (Staudinger/Bub § 21 WEG Rn. 227).
- Notwegerecht: Die Durchsetzung eines Notwegerechts ist i.S.d. Gesetzes gemeinschaftsbezogen (Niedenführ/Kümmel § 10 WEG Rn. 60; so auch im Ergebnis BGH ZMR 2007, 46 m. Anm. Elzer InfoM 2007, 29).
- Schadenersatzanspruch wegen Beeinträchtigung des Gemeinschaftseigentums: Ein den Wohnungseigentümern gemeinsam zustehender Schadensersatzanspruch wegen der Beeinträchtigung des gemeinschaftlichen Eigentums gegen Dritte (BGH BGHZ 121, 22, 24 = MDR 1993, 445 = NJW 1993, 727 = ZMR 1993, 173), aber auch gegen einen einzelnen Wohnungseigentümer ist gemeinschaftsbezogen i.S.d. Gesetzes. Eigentumsrechtlich steht der Anspruch den Wohnungseigentümern zu.
- *Schadenersatzanspruch* gegen einen den Wohnungseigentümern Verpflichteten: Der Schadenersatzanspruch gegen einen den Wohnungseigentümern Verpflichteten, z.B. im Einzelfall

ein Anspruch der Wohnungseigentümer gegen den Verwalter oder einen Werkunternehmer, ist i.S.d. Gesetzes gemeinschaftsbezogen (BGH BGHZ 106, 222, 224 ff.; Becker MietRB 2007, 180, 182).

- Vermietung von Gemeinschaftseigentum: Die Vermietung von Gemeinschaftseigentum ist gemeinschaftsbezogen i.S.d. Gesetzes (Jennißen/Jennißen § 10 WEG Rn. 62). Sie hat daher im Namen des Verbandes Wohnungseigentümergemeinschaft, nicht im Namen der Wohnungseigentümer zu erfolgen.
- Mängelansprüche wegen Mängeln des Gemeinschaftseigentums: Die Minderung und der kleine Schadensersatz wegen Mängeln des Gemeinschaftseigentums sind i.S.d. Gesetzes gemeinschaftsbezogen (BGH ZMR 2007, 627, 629 = NZM 2007, 403 = NJW 2007, 1952 = NotBZ 2007, 204) und vom Verband auszuführen. Auch die Voraussetzungen für diese Rechte kann allein der Verband Wohnungseigentümergemeinschaft schaffen (BGH ZMR 2007, 627, 629 = NJW 2007, 1952; BauR 2006, 979, 981 = ZMR 2006, 53).

c) Ausübungsbefugnis für »gemeinschaftsbezogene« Pflichten

Eine sämtlichen Wohnungseigentümern obliegende **Pflicht** ist i.S.d. Gesetzes »gemeinschaftsbezogen«, wenn die Pflicht im Interesse der Wohnungseigentümer oder zum Schutz oder im Interesse eines Dritten zwingend von allen Wohnungseigentümern **gemeinsam zu erfüllen** ist. Es muss sich also um eine solche Pflicht handeln, für die eine ausschließliche Verwaltungszuständigkeit der Gesamtheit der Wohnungseigentümer besteht. 154

Hinweis 155

Zu im diesen Sinne verstandenen gemeinschaftsbezogenen Pflichten gehören nach heutiger Sichtweise u.a.:

- **Ansprüche eines Nachbarn**: Macht ein Nachbar der Wohnungseigentümer Ansprüche geltend, die an eine **Instandsetzungspflicht** anknüpfen, ist (auch) der Verband Verpflichteter (LG Würzburg WuM 2006, 531, 532); geht vom Gemeinschaftseigentum eine Störung aus, ist auch der Verband Wohnungseigentümergemeinschaft in Anspruch zu nehmen (Wenzel ZWE 2006, 462, 468).
- **Aufwendungsersatzansprüche**: Macht der Verwalter oder ein Wohnungseigentümer Aufwendungsersatzansprüche wegen des Gemeinschaftseigentums geltend, sind diese i.S.d. Gesetzes gemeinschaftsbezogen und vermögensrechtlich **auch vom** Verband auszugleichen (OLG Hamm ZMR 2008, 228, 230 = MietRB 2008, 112; OLG München ZMR 2008, 321, 322; Elzer ZMR 2006, 628, 629; Wenzel ZWE 2006, 462, 468).
- **Schadenersatzansprüche der Eigentümer untereinander**: Schadensersatzansprüche der Eigentümer untereinander z.B. aus § 14 Nr. 4 Halbs. 2 WEG sind i.S.d. Gesetzes gemeinschaftsbezogen und vermögensrechtlich vom Verband auszugleichen (Becker MietRB 2007, 180, 184; Elzer ZMR 2006, 628, 629; Wenzel ZWE 2006, 462, 468; Lehmann-Richter ZWE 2006, 413, 417).
- **Verkehrspflichten**: Die Verkehrspflichten für das Gemeinschaftseigentum hat nach h.M. gem. § 10 Abs. 6 S. 3 Variante 2 WEG (auch, nach anderen nur) der Verband Wohnungseigentümergemeinschaft wahrzunehmen (Becker MietRB 2007, 180, 184; Wenzel NZM 2006, 321, 323; Elzer ZMR 2006, 228; Bärmann/Wenzel § 10 Rn. 259; a.A. Niedenführ/Kümmel § 10 WEG Rn. 76).

d) Ausübungsbefugnis für sonstige Rechte (Vergemeinschaftung)

156 Sonstige Rechte i.S.d. § 10 Abs. 6 S. 3 Variante 2 WEG sind solche, die gemeinschaftlich geltend gemacht werden können. Es handelt sich also zwar um Rechte, die sämtlichen Wohnungseigentümern zustehen, oder Pflichten, die von sämtlichen Wohnungseigentümer wahrzunehmen sind. Die allgemeinen Regelungen erfordern es aber **nicht**, dass das Recht **zwingend** von sämtlichen Wohnungseigentümern – und also für sie durch den Verband – wahrzunehmen sind. Ein gemeinschaftliches Recht in diesem Sinne ist nur dann vom Verband durchzusetzen oder eine Pflicht ist von diesem zu erfüllen, wenn die Wohnungseigentümer eine Ausübung des Verbandes für richtig erachten und **entsprechend beschließen** (Vergemeinschaftung; BGH NJW 2010, 933 m. Anm. Schmid; BGH NZM 2010, 285; BGH GuT 2007, 161, 162 = GE 2007, 1481 = BTR 2007, 140; Riecke/Schmid/Elzer § 10 WEG Rn. 425).

157 Für eine Vergemeinschaftung kommen vor allem Ansprüche auf **Beseitigung und Unterlassung** einer Störung (so in BGH NZM 2010, 285) oder der Beseitigung einer unzulässigen baulichen Veränderung nach §§ 15 Abs. 3 WEG, 1004 Abs. 1 BGB in Betracht. Die Abwehr von Störungen betrifft zwar nicht den Rechtsverkehr des Verbandes. Es ist eine Angelegenheit der Wohnungseigentümer als Einzelpersonen. Nur die Eigentümer selbst sind Anspruchsinhaber oder -gegner und damit im Prozess aktiv- oder passivlegitimiert (BGH GuT 2007, 161, 162 = GE 2007, 1481 = BTR 2007, 140; ZMR 2006, 457 = NZM 2006, 465 = NJW 2006, 2187; Elzer MietRB 2006, 75, 84; Abramenko ZMR 2005, 585). Dass jedem Wohnungseigentümer insoweit auch ein Individualanspruch zusteht oder dass dieser von einem einzelnen Wohnungseigentümer in einem Rechtstreit bereits geltend gemacht wird, hindert die Wohnungseigentümer aber nicht, die Verfolgung des Abwehranspruchs zu einer **Aufgabe des Verbandes** zu machen (BGH NZM 2010, 285; BGH ZMR 2006, 457 = NZM 2006, 465 = NJW 2006, 2187; Armbrüster ZWE 2006, 470, 473). Außerprozessual übt dann der Verband die Rechte der Eigentümer als **Verwaltungstreuhänder** aus. Im Prozess ist der Verband Wohnungseigentümergemeinschaft nach einer Vergemeinschaftung durch § 10 Abs. 6 S. 3 WEG als **gesetzlicher Prozessstandschafter** anzusehen, der als eigenes Rechtssubjekt ihm fremde Abwehrrechte geltend macht (BGH NJW 2010, 933, 935 m. Anm. Schmid; BGHZ 172, 42, 47 = NJW 2007, 1952). Die notwendige Rechtskrafterstreckung sichert die notwendige Beiladung nach § 48 Abs. 1 S. 1, Abs. 3 WEG.

158 Die Wohnungseigentümer besitzen nach § 21 Abs. 1 und Abs. 5 Nr. 2 WEG auch eine Kompetenz, die gemeinschaftlichen aber nicht gemeinschaftsbezogenen Mängelrechte wegen Mängeln des Gemeinschaftseigentums im Wege des Beschlusses zu **vergemeinschaften**, soweit die ordnungsgemäße Verwaltung ein gemeinschaftliches Vorgehen erfordert (BGH v. 19.08.2010 – VII ZR 113/09; NJW 2010, 933 m. Anm. Schmid; ZMR 2007, 627, 629 = NZM 2007, 403 = NJW 2007, 1952 = NotBZ 2007, 204). Die ordnungsgemäße Verwaltung erfordert es sogar **in aller Regel**, einen gemeinschaftlichen Willen darüber zu bilden, wie die ordnungsgemäße Herstellung des Gemeinschaftseigentums zu bewirken ist (BGH NJW 2010, 933, 934 m. Anm. Schmid). Das gilt nicht nur im Hinblick auf den Erfüllungs- oder Nacherfüllungsanspruch, sondern auch im Hinblick auf die Ansprüche auf Vorschuss oder Aufwendungsersatz, die davon **abhängen**, wie die Selbstvornahme bewirkt wird. Die Möglichkeit einer Vergemeinschaftung ist jedem Erwerbsvertrag über Wohnungseigentum **immanent**. Durch die Vergemeinschaftung werden diese Rechte i.S.d. § 10 Abs. 6 S. 3 Variante 2 WEG dem Verband Wohnungseigentümergemeinschaft zur Ausführung übertragen. Die Übertragung begründet dann eine alleinige Zuständigkeit des Verbandes. In einem Verfahren muss der Antrag nach Vergemeinschaftung berücksichtigen, dass ein etwaiger **Schadenersatzanspruch** nicht gem. § 10 Abs. 7 WEG dem Verband, sondern den

Wohnungseigentümern **zusteht**. Die Eigentümer müssen also nicht erst beschließen, dass die Leistung an sie erfolgen soll (**a.A.** Wenzel ZWE 2006, 109, 113).

Die Vergemeinschaftung **gemeinschaftlicher Mängelrechte** begründet eine alleinige Zuständigkeit des Verbandes Wohnungseigentümergemeinschaft. Die Vergemeinschaftung schließt grundsätzlich ein selbstständiges Vorgehen der Erwerber aus (BGH v. 19.08.2010 – VII ZR 113/09; NJW 2007, 1952, 1954; Elzer AnwZert MietR 2/2010, Anm. 1). Für **Unterlassungs- und Beseitigungsansprüche** wird diese Frage anders gesehen (OLG Hamburg ZMR 2009, 306; OLG München NZM 2008, 87; **a.A.** OLG Hamm ZWE 2010, 44). Eine Rechtsprechung, die nach einer Vergemeinschaftung eine individuelle Rechtsverfolgung zulässt, vermag nach hier vertretener Ansicht aber weder in Begründung noch in ihren Ergebnissen zu überzeugen. Wie bei der Durchsetzung der Mängelrechte, muss nach einer Vergemeinschaftung eine individuelle Rechtsverfolgung ausgeschlossen sein. Dies gilt aber auch dann, wenn ein Wohnungseigentümer bereits seine Rechte im Wege der Klage geltend machte (**a.A.** OLG Hamm ZWE 2010, 44). Da i.d.R. ein Interesse des einzelnen Wohnungseigentümers nicht erkennbar ist, ein allen Wohnungseigentümern zustehendes Recht individuell durchzusetzen, sollte der Anwalt zurzeit versuchen, die Klage nach einer Vergemeinschaftung durch gewillkürten Klägerwechsel auf die Gemeinschaft der Wohnungseigentümer zu übertragen, will er den Rechtsstreit in der Hauptsache nicht gem. § 91a ZPO für erledigt erklären. Bei Unterlassungs- und Beseitigungsansprüchen kann der Kläger i.Ü. in aller Regel darauf verweisen, dass er (auch) die Störung des Sondereigentums beklagt. Dessen Störung kann er grundsätzlich allein bekämpfen. Eine beschlossene Vergemeinschaftung erfasst sie nicht; wenn doch, wäre der Beschluss teilnichtig. **159**

e) Ausübungsbefugnis für sonstige Pflichten (Vergemeinschaftung)

§ 10 Abs. 6 S. 3 Variante 2 WEG erlaubt es den Wohnungseigentümern, auch gemeinschaftliche, aber **nicht gemeinschaftsbezogene Pflichten** zur Erfüllung auf den Verband zu übertragen. **160**

8. Verband als Verbraucher und Unternehmer

Wie eine Gesellschaft nach bürgerlichem Recht (dazu BGH BGHZ 149, 80, 82 ff. = NJW 2002, 368; K. Schmidt JuS 2006, 1, 4) kann der Verband Wohnungseigentümergemeinschaft nach der Rechtsprechung Verbraucher i.S.v. § 13 WEG sein (OLG München NJW 2008, 3574 = ZMR 2009, 137 = MietRB 2009, 12; LG Nürnberg-Fürth ZMR 2008, 831 = NotBZ 2008, 476; **a.A.** LG Rostock NZM 2007, 370 = ZMR 2007, 731 = NotBZ 2007, 304). **161**

Das Schrifttum ist noch geteilter Ansicht. Während die h.M. den Verband als Verbraucher ansieht (Abramenko IMR 2008, 379; Armbrüster GE 2007, 420, 424; Armbrüster ZWE 2007, 290, 291), treten andere dem entgegen (vgl. Elzer/Hügel NZM 2009, 457, 458). **162**

9. Verwaltungsvermögen

a) Allgemeines

§ 10 Abs. 7 S. 1 WEG ordnet das vom **Gemeinschaftseigentum zu unterscheidende** Verwaltungsvermögen vermögensrechtlich als Rechtsträger allein dem Verband Wohnungseigentümergemeinschaft zu. Träger des Vermögens einschließlich der gemeinschaftlichen Forderungen und Verbindlichkeiten und also unabhängig vom Wechsel der Wohnungsei- **163** gentümer ist der Verband Wohnungseigentümergemeinschaft. An den einzelnen Gegenständen des Verwaltungsvermögens bestehen **keine Bruchteilsgemeinschaften** i.S.v. §§ 741 ff. BGB. Das Verwaltungsvermögen ist auch **nicht** i.S.v. §§ 705 ff. BGB **gesamthänderisch** gebunden (**a.A.** Bub ZWE 2007, 15, 19; Fauser Haftungsverfassung, S. 338) und steht auch nicht einer besonderen Rechtsgemeinschaft nach §§ 741 ff. BGB und also sämtlichen Wohnungseigentümern zu (**a.A.** Bub ZWE 2007, 15, 17: »keine von den Wohnungseigentümern unabhängige Rechtspersönlichkeit«). Rechte in Bezug auf das Verwaltungsvermögen hat **nur** der – von der die Wohnungseigentümer verbindenden Bruchteilsgemeinschaft zu unterscheidenden – Verband Wohnungseigentümergemeinschaft. Kein Wohnungseigentümer kann daher über einen »Anteil« des ihm juristisch fremden Verwaltungsvermögens verfügen oder verlangen, dass das Verwaltungsvermögen aufgelöst wird.

164 **Hinweis**

> Diese Sichtweise wird von den Finanzbehörden stückweise nicht geteilt. Ein Wohnungseigentümer kann z.B. erst bei einer Entnahme aus der Rückstellung Werbungskosten geltend machen (BFH BFH/NV 2006, 291).

165 Der Gläubiger eines Wohnungseigentümers kann auf das Verwaltungsvermögen nicht zugreifen, z.B. im Wege der Zwangsvollstreckung. Im Falle der Aufhebung der Gemeinschaft der Wohnungseigentümer und damit mit Untergang des Verbandes muss das Verwaltungsvermögen analog § 17 WEG oder analog § 16 Abs. 2 WEG bzw. eines vereinbarten Kostenverteilungsschlüssels auseinandergesetzt werden (s. Riecke/Schmid/Elzer § 17 Rn. 4 ff.). Vereinigen sich sämtliche Wohnungseigentumsrechte in einer Person, geht das Verwaltungsvermögen nach § 10 Abs. 7 S. 4 WEG auf den Eigentümer des Grundstücks über – und damit der Verband unter. Mit »Übergang« ist der Wechsel der **Aktiva und der Passiva** i.S.v. § 10 Abs. 7 S. 3 WEG gemeint. Nach Sinn und Zweck findet durch § 10 Abs. 7 S. 4 WEG eine § 1922 BGB vergleichbare **Universalsukzession** statt. Auch **Verträge des Verbandes** – die Teile des Verwaltungsvermögens sind (Elzer ZMR 2004, 873) – gehen auf den verbleibenden Alleineigentümer über.

b) Gegenstände des Verwaltungsvermögens

166 Das Verwaltungsvermögen besteht gem. § 10 Abs. 7 S. 2 WEG aus den im Rahmen der gesamten Verwaltung des gemeinschaftlichen Eigentums »gesetzlich begründeten« und »rechtsgeschäftlich erworbenen« Sachen und Rechten sowie den entstandenen Verbindlichkeiten. Unter »entstandenen Verbindlichkeiten« sind solche zu verstehen, die die Wohnungseigentümer von Gesetzes wegen untereinander geltend machen können und solche, die Dritte eigentlich gegen die Wohnungseigentümer richten müssten.

167 **Überblick**

- Zum Verwaltungsvermögen zu zählen sind die Ansprüche und Befugnisse aus Rechtsverhältnissen mit Dritten und mit Wohnungseigentümern sowie die eingenommenen Gelder, § 10 Abs. 7 S. 3 WEG.
- Zum Verwaltungsvermögen zu zählen sind die gesetzlichen und vertraglichen Rechte aus den Verträgen, die der Verband geschlossen hat, z.B. aus einem Kauf- oder Werkvertrag oder aus dem Verwaltervertrag (Abramenko ZMR 2006, 6, 8; Wenzel ZWE 2006, 2, 7).
- Zum Verwaltungsvermögen gehören die gegenüber den Wohnungseigentümern erworbenen Ansprüche, vor allem die nach dem Wirtschaftsplan, einer Sonderumlage oder einer Jahresabrechnung nach §§ 16 Abs. 2, 28 Abs. 5 WEG begründeten Ansprüche auf Zahlung sowie gesetzliche auf Schadensersatz nach § 280 BGB.

- Zum Verwaltungsvermögen gehören die »eingenommenen Gelder«. Zum Verwaltungsvermögen zählen also neben der Instandhaltungsrückstellung i.S.v. § 21 Abs. 5 Nr. 4 WEG die Beträge auf Bankkonten (Giro- oder Sparkonten, Depots), auf denen die von den Wohnungseigentümern (oder für sie von Dritten) für die Verwaltung gezahlten Beiträge liegen (BGH BGHZ 163, 154, 174 = ZMR 2005, 547).
- Zu den dem Verband zugeordneten Beiträgen gehören die Ansprüche gegen einen Sondernachfolger, wenn die Wohnungseigentümer vereinbart haben, dass der rechtsgeschäftliche Erwerber für in der Person seines Rechtsvorgängers bereits entstandene und fällige Zahlungsrückstände gemeinsam mit diesem gesamtschuldnerisch haftet (BGH NJW 1999, 2950, 2952; BGHZ 99, 358, 361 = MDR 1987, 485 = NJW 1987, 1638 = ZMR 1989, 291 = JR 1988, 205 m. Anm. Pick; OLG Düsseldorf MDR 1997, 820). Die Haftung wird dann unmittelbar mit der Eintragung des Sondernachfolgers im Grundbuch ausgelöst, ohne dass es einer schuldrechtlichen Übernahme bedürfte.
- Bestandteil des Verwaltungsvermögens sind die Verwaltungsunterlagen (OLG München OLGReport München 2006, 286, 287). Die Geltendmachung eines Anspruchs gegen den Verwalter auf Herausgabe der Verwaltungsunterlagen nach § 667 BGB gehört zur Verwaltung des gemeinschaftlichen Eigentums der Wohnungseigentümer (OLG München OLGReport München 2006, 286, 287; Reichert MietRB 2006, 46). Einen etwaigen Herausgabeanspruch an den Verwaltungsunterlagen bei einem Verwalterwechsel muss der Verband geltend machen (Reichert MietRB 2006, 46).
- Die Vermietung des Gemeinschaftseigentums ist eine Ausübungsbefugnis des Verbandes Wohnungseigentümergemeinschaft (Rdn. 153). Mieten stehen allein ihm zu. Die Zuordnung zum Verband folgt außerdem aus §§ 10 Abs. 7, 16 Abs. 2 WEG. Der Verband muss Mieteinnahmen nach **bereicherungsrechtlichen Grundsätzen** grundsätzlich über die Jahresabrechnung wieder an die Wohnungseigentümer auskehren, es sei denn, die Wohnungseigentümer beschlössen durch **Umwidmung** zulässiger Weise etwas anderes, z.B. eine Erhöhung der Instandhaltungsrückstellung.
- Teile des Verwaltungsvermögens sind ferner Gerätschaften oder Werkzeug, nicht aber **Zubehör** des Gemeinschaftseigentums (**a.A.** Timme/Dötsch § 10 Rn. 515; Niedenführ/Kümmel § 10 WEG Rn. 68; Bork ZinsO 2005, 1067, 1068). Zubehör ist vermögensrechtlich den Wohnungseigentümern als **Grundeigentümern** zugewiesen, vgl. §§ 311c, 314, 498 Abs. 1, 926 Abs. 1, 1031, 1062, 1096, 1120 ff., 1135, 1932 Abs. 1 und 2164 Abs. 1 BGB.

c) Kreditaufnahme durch den Verband

Benötigt der Verband **kurzfristig Mittel**, müssen die Wohnungseigentümer nach billigem **168**
Ermessen entscheiden, ob zur Tilgung bereits entstandener oder »späterer« Verwaltungsschulden **Sonderumlagen** erhoben oder auf vorhandene, wenngleich für andere Zwecke **gebildete Rücklagen** zurückgegriffen werden soll (BGH BGHZ 104, 197, 202 = MDR 1988, 765 = NJW 1988, 1910). Ferner kommt ein **Darlehn** in Betracht (BGH BGHZ 104, 197, 202 = MDR 1988, 765 = NJW 1988, 1910). Dem primären Vertreter des Verbandes, dem Verwalter, steht nach dem Gesetz – etwas anderes gilt ggf. gewillkürt nach § 27 Abs. 3 S. 1 Nr. 7 WEG – allerdings nicht die gesetzliche Befugnis zu, über eine Kreditaufnahme zu entscheiden und einen Kredit zu Lasten des Verbandes oder der Wohnungseigentümer aufzunehmen (BGH NJW-RR 1993, 1227, 1228; OLG Celle ZM 2006, 540, 541; OLG Schleswig ZMR 2002, 468, 469; OLG Hamm ZMR 1997, 377, 379; KG KGReport 1994, 87, 88; GE 1985, 995; LG Köln ZMR 2003, 788; Sittmann/Dietrich WuM 1998, 1615, 1620), und zwar auch nicht, soweit es um die Bezahlung **notwendiger Aufwendungen** geht (OLG Celle ZMR 2006, 540, 541). Die Wohnungseigentümer können eine Kreditaufnahme des Verbandes aber **beschließen** (Elzer NZM 2009, 57 ff.; J.-H. Schmidt ZMR 2007, 90, 92). Nach bislang h.M. entspricht ein Beschluss über die Finan-

zierung von Verwaltungsmaßnahmen durch die Aufnahme von Fremddarlehen freilich **nicht ordnungsmäßiger** Verwaltung i.S.d. §21 Abs. 3 WEG. Allenfalls eine **kurzfristige Kreditaufnahme** wird zugelassen, und auch nur dann, wenn diese die Summe der Hausgeldzahlungen aller Wohnungseigentümer für 3 Monate nicht übersteigt und nur zur Überbrückung eines **kurzfristigen Liquiditätsengpasses** dient (BayObLG NJW-RR 2006, 20, 23 = NZM 2006, 62; NJW-RR 2004, 1602, 1603 = MietRB 2004, 358 = DWE 2005, 24; WE 1991, 111, 112; KG KGReport 1994, 87, 88; OLG Hamm WE 1992, 136, 137; J.-H. Schmidt ZMR 2007, 90, 92). Wird hiergegen verstoßen, soll ein Beschluss anfechtbar, aber **nicht nichtig** sein (J.-H. Schmidt ZMR 2007, 90, 92). Dem ist **nicht** zu folgen (Elzer NZM 2009, 57ff.). Der Verband Wohnungseigentümergemeinschaft kann – soweit ein Dritter ihn für kreditwürdig hält und die Wohnungseigentümer eine Kreditaufnahme beschließen – letztlich in **jeder Höhe Kredite** aufnehmen, z.B. für eine Maßnahme der Modernisierung i.S.v. §22 Abs. 2 WEG. Ob der Beschluss hierüber ordnungsmäßig ist, bemisst sich an der Art der zu finanzierenden Maßnahme und den Wirkungen des Beschlusses für die Wohnungseigentümer nach §10 Abs. 8 S. 1 WEG. Die absolute Höhe als solche steht einem Beschluss nicht entgegen. Insbesondere §§22 Abs. 2, 16 Abs. 4 WEG zeigen, dass die Wohnungseigentümer berechtigt sind, gegen den Willen einer Minderheit von ihnen Kosten auszulösen und diese dann auch zu finanzieren. Eine Grenze kann nur dort erreicht sein, wo eine Mitfinanzierung einen Wohnungseigentümer in seinen wesentlichen Rechten verletzt und **unbillig beeinträchtigt.**

10. Verfahrensrecht des Verbandes

a) Einführung

169 Der Verband Wohnungseigentümergemeinschaft ist in Anlehnung an §124 Abs. 1 HGB gem. §10 Abs. 6 S. 5 WEG sowohl gegenüber Dritten als auch, z.B. in einem Verfahren nach §43 Nr. 2 WEG, gegenüber den Wohnungseigentümern **parteifähig.** Der Verband kann mithin als solcher klagen und verklagt werden, ohne dass es grundsätzlich auf den aktuellen »Mitgliederbestand« ankommt. Der Verband ist ferner **prozessfähig.**

170 **Hinweis**

> Der Verband Wohnungseigentümergemeinschaft muss, wenn er klagt oder verklagt wird, nach § 10 Abs. 6 S. 4 WEG die Bezeichnung »Wohnungseigentümergemeinschaft« gefolgt von der bestimmten Angabe des gemeinschaftlichen Grundstücks führen, z.B. nach der postalischen Anschrift oder nach der Grundbucheintragung.

171 Der Verband wird in Passivverfahren vor Gericht gesetzlich nach §27 Abs. 3 S. 1 Nr. 2 WEG durch den Verwalter vertreten. Fehlt ein Verwalter, ist er in einem Aktivverfahren nach §27 Abs. 3 S. 1 Nr. 7 WEG nicht ermächtigt worden oder ist der Verwalter wegen einer Interessenskollision ausnahmsweise nicht zur Vertretung des Verbandes Wohnungseigentümergemeinschaft berechtigt, vertreten nach §27 Abs. 2 S. 2 WEG alle Wohnungseigentümer den Verband. Die Wohnungseigentümer können gem. §27 Abs. 3 S. 3 WEG beschließen, einen oder mehrere Wohnungseigentümer zur Vertretung des Verbandes zu ermächtigen. Will der Verband aktiv klagen, bedarf es eines **besonderen Beschlusses,** dass geklagt werden soll. Anstelle der anderen Wohnungseigentümer oder des Verwalters kann ein Wohnungseigentümer im Wege der Prozessstandschaft zur Durchsetzung von Ansprüchen des Verbandes ermächtigt werden.

172 Zustellungen an den Verband *haben an den Verwalter* und – wenn dieser i.S.v. §27 Abs. 3 S. 2 WEG von einer Vertretung ausgeschlossen ist – an die Wohnungseigentümer zu erfolgen. Dabei reicht die Zustellung an einen Wohnungseigentümer aus.

Für Streitigkeiten über Rechte und Pflichten zwischen dem Verband Wohnungseigentümergemeinschaft und den Wohnungseigentümern ist gem. § 43 WEG i.V.m. § 23 Nr. 2 Buchst. c GVG das **Amtsgericht** ausschließlich sachlich und örtlich zuständig, in dessen Bezirk das Grundstück liegt. Für gegen den Verband gerichtete Klagen Dritter gem. § 43 Nr. 5 WEG ist danach zu unterscheiden, ob die Wertgrenze des § 23 Nr. 1 GVG erreicht wird, oder ob § 71 Abs. 1 GVG einschlägig ist (Hügel/Elzer § 13 Rn. 285). 173

Hinweis 174

Der Gerichtsstand ist für den Verband Wohnungseigentümergemeinschaft und für die Wohnungseigentümer **selbstständig**. Eine Gerichtsstandsvereinbarung zwischen einem Gläubiger und dem Verband Wohnungseigentümergemeinschaft gilt i.d.R. aber auch im Verhältnis zum anteilig haftenden Wohnungseigentümer, wenn dieser auf die Erfüllung einer Verbandsschuld in Anspruch genommen wird, weil sich dessen Haftung aus § 10 Abs. 8 S. 1 Halbs. 1 WEG nach dem Inhalt der Schuld des Verbandes richtet (BGH NJW 1981, 2644, 2646). Ebenso bindet der vom Verband Wohnungseigentümergemeinschaft geschlossene **Schiedsvertrag** nicht nur diesen selbst, sondern auch den anteilig haftenden Wohnungseigentümer. Ein gegen den Verband Wohnungseigentümergemeinschaft ergangenes Urteil wirkt gegen jeden Wohnungseigentümer (Niedenführ/Kümmel § 10 WEG Rn. 96; s.a. BGH MDR 1998, 1240, 1241 für § 128 HGB), nicht aber gegen eine bereits ausgeschiedenen (BGH BGHZ 44, 229 = NJW 1966, 499). Das Urteil nimmt dem Wohnungseigentümer die Einwendungen, die dem Verband Wohnungseigentümergemeinschaft durch das Urteil abgesprochen worden sind. Umgekehrt kann sich ein Wohnungseigentümer gegenüber dem Gläubiger wegen der Akzessorietät seiner Haftung auf ein zu Gunsten des Verbandes Wohnungseigentümergemeinschaft ergangenes Urteil berufen. Ein im Verfahren des Verbandsgläubigers gegen den Wohnungseigentümer ergangenes Urteil wirkt hingegen weder für noch gegen den Verband Wohnungseigentümergemeinschaft.

b) Besonderheiten

Will ein Gläubiger in das Verbandsvermögen vollstrecken, benötigt er einen **gegen den Verband Wohnungseigentümergemeinschaft** gerichteten Titel. Für die Zwangsvollstreckung gegen den in Anspruch genommenen jetzigen oder früheren Wohnungseigentümer ist hingegen ein gegen ihn gerichteter Titel erforderlich. Ein Titel gegen den Verband genügt nicht (BT-Drucks. 16/887 S. 67; s.a. § 129 Abs. 4 HGB). 175

Eine Klage gegen den Verband Wohnungseigentümergemeinschaft und gegen die Wohnungseigentümer wegen einer Verbindlichkeit kann getrennt erhoben oder miteinander verbunden werden. Werden der Verband Wohnungseigentümergemeinschaft und ein Wohnungseigentümer gemeinsam verklagt, sind sie **einfache Streitgenossen** i.S.d. § 59 ZPO (so für § 128 HGB BGH NJW 1988, 2113; BGHZ 54, 251, 254 = NJW 1970, 1740); auch dann, wenn sich der Wohnungseigentümer sich nicht mit persönlichen Einwendungen verteidigt. Die für die Stellung der Streitgenossen im Verfahren wesentliche Entscheidung, ob notwendige oder einfache Streitgenossenschaft vorliegt, darf nicht von den Zufälligkeiten der Prozessführung, nämlich davon abhängen, ob ein Gesellschafter sich im Einzelfall mit persönlichen Einwendungen verteidigt oder nicht. Gründe der Rechtssicherheit und Klarheit gebieten es vielmehr, nur einfache Streitgenossenschaft anzunehmen (BGH NJW 1988, 2113; BGHZ 54, 251, 255 = NJW 1970, 1740). Ergeht ein der Leistungsklage stattgebendes Urteil gegen Verband und Wohnungseigentümer, so werden sie – obwohl kein Fall der Gesamtschuld vorliegt – anteilig als wären sie Gesamtschuldner verurteilt. Die Kostenfolge richtet sich nach § 100 Abs. 4 ZPO. 176

Aus der notwendigen Trennung von Verbandsprozess und Klage gegen den Wohnungseigentümer folgt, dass ein persönlich verklagter Wohnungseigentümer nicht die Einrede 177 der anderweitigen Rechtshängigkeit (§ 261 Abs. 3 Nr. 1 ZPO) erheben kann, weil bereits ein Prozess gegen den Verband Wohnungseigentümergemeinschaft anhängig ist (s.a. BGH BGHZ 62, 133 = NJW 1974, 338). Jeder Wohnungseigentümer kann dem Verband Wohnungseigentümergemeinschaft oder dessen Prozessgegner als Streithelfer beitreten. Das Bestehen einer Verbandsverbindlichkeit führt i.d.R. dazu, dass einer gleichlautenden Feststellungsklage gegen einen Wohnungseigentümer das Rechtsschutzbedürfnis fehlt, weil zum einen das Urteil gegen die Gesellschaft auch den Gesellschafter hinsichtlich der Einwendungen der Gesellschaft analog § 129 Abs. 1 HGB bindet und zum anderen ein Feststellungsurteil kein zur Zwangsvollstreckung geeigneter Titel ist.

18. Kapitel
Sonder- und Gemeinschaftseigentum

Übersicht **Rdn.**

I. Allgemeines

Die Verbindung von Sondereigentum und Gemeinschaftseigentum ist für das Wohnungseigentum charakteristisch. Jedes Sondereigentum muss mit einem Miteigentumsanteil am gemeinschaftlichen Eigentum verbunden sein (§ 3 Abs. 1 WEG, § 8 Abs. 1 WEG). Das Sondereigentum kann ohne den ihm zugeordneten Miteigentumsanteil am gemeinschaftlichen Eigentum nicht veräußert oder belastet werden (§ 6 Abs. 1 WEG). Es kann deshalb niemand Sondereigentum an einer Wohnung erlangen und behalten, ohne zugleich Miteigentümer des Grundstücks zu sein und zu bleiben. 1

Mit seinem Sondereigentum kann der Wohnungseigentümer weitgehend wie ein Alleineigentümer verfahren (§ 13 WEG), hat aber auch auf seine Kosten für die Instandhaltung und Instandsetzung zu sorgen. Das gemeinschaftliche Eigentum unterliegt hingegen dem Mitgebrauch und der Verwaltung aller Wohnungseigentümer, die auch gemeinschaftlich für die Instandhaltung und Instandsetzung zu sorgen und für die Kosten aufzukommen haben (§ 21 Abs. 1, Abs. 5, § 16 Abs. 2 WEG). Meinungsverschiedenheiten über die Zuordnung eines Gegenstandes zum Sonder- oder Gemeinschaftseigentum treten deshalb i.d.R. im Zusammenhang mit der Instandhaltung auf. Maßgebend für die Zuordnung sind zum einen die gesetzlichen Bestimmungen (§ 1 Abs. 5, § 5 WEG), zum anderen die Festlegungen in der Teilungserklärung bzw. der Teilungsvereinbarung (§ 8 Abs. 1, § 3 Abs. 1 WEG) und dem Aufteilungsplan (§ 7 Abs. 4 WEG). 2

Für die Abgrenzung zwischen Sonder- und Gemeinschaftseigentum ist die Grundbucheintragung maßgeblich mit den Unterlagen, auf die sie in zulässiger Weise Bezug nimmt, also Teilungsvereinbarung bzw. Teilungserklärung und Aufteilungsplan (BayObLGZ 1991, 186; KG NZM 2001, 1127). Besteht hinsichtlich der Zuordnung einzelner Räume ein Widerspruch zwischen der wörtlichen Beschreibung in der Teilungserklärung und der zeichnerischen Darstellung im Aufteilungsplan, entsteht kein Sondereigentum, sondern Gemeinschaftseigentum (BGH NJW 1995, 2851). Dasselbe gilt, wenn das Sondereigentum nicht hinreichend bestimmt bezeichnet ist oder der zum Sondereigentum erklärte Gegenstand nicht sondereigentumsfähig ist. 3

Andere Formen als Sondereigentum und Gemeinschaftseigentum gibt es nicht. Sondereigentum der beiden benachbarten Wohnungseigentümer ist als **Nachbareigentum** möglich an nicht tragenden Zwischenwänden zwischen zwei Wohnungen (BGHZ 146, 241 = NJW 2001, 206 = ZMR 2001, 289; OLG Schleswig DNotZ 2007, 620 m. insoweit abl. Anm. Commichau). Es können jedoch nicht einzelne Gebäudeteile oder Anlagen im gemeinsamen Sondereigentum einiger Wohnungseigentümer stehen; ein »Mitsondereigentum«, »gemeinschaftliches Sondereigentum« oder eine »dinglich verselbstständigte 4

Untergemeinschaft« sieht das Gesetz nicht vor (BGH NJW 1995, 2851, 2853 m.w.N.; **a.A.** Bärmann/Pick § 5 Rn. 3). Dem Umstand, dass manche Einrichtungen wie etwa Aufzug oder Schwimmbad nicht von allen Wohnungseigentümern genutzt werden können, kann nur durch eine Vereinbarung zur Regelung der Nutzung und der Kostentragung Rechnung getragen werden (Weitnauer/Briesemeister § 3 Rn. 32).

5 Streitigkeiten über die Zugehörigkeit zum Sonder- oder Gemeinschaftseigentum sind im Zivilprozess auszutragen (BGH NJW 1995, 2851); soweit es sich um eine Vorfrage in einem Streit über die Kostentragung oder die Nutzung handelt, hat darüber das Gericht im Verfahren nach § 43 WEG zu entscheiden (BayObLGZ 1970, 264, 267).

6 Der Zuordnung des im Gesetz nicht erwähnten sog. **Verwaltungsvermögens** zum gemeinschaftlichen Eigentum hat der BGH mit der Entscheidung vom 2. 6. 2005 (BGHZ 163, 154 = NJW 2005, 2061 = ZMR 2005, 547) eine Absage erteilt. Träger des Verwaltungsvermögen, zu dem insbesondere die gemeinschaftlichen Gelder (z.B. Instandhaltungsrücklage, gemeinschaftliche Forderungen gegen Dritte, Guthaben auf gemeinschaftlichen Konten) gehören, ist danach die Wohnungseigentümergemeinschaft als insoweit rechtsfähiger Verband. Diese Sichtweise hat der Gesetzgeber anläßlich der Novellierung des WEG durch das Gesetz zur Änderung des Wohnungseigentumsgesetzes und anderer Gesetze v. 26. 03. 2007 (BGBl. I S. 370) in § 10 Abs. 6 WEG übernommen Im Übrigen hat die Anerkennung der Teilrechtsfähigkeit der Wohnungseigentümergemeinschaft keine Auswirkungen auf die Eigentumszuordnung: Sowohl Sonder- als auch Gemeinschaftseigentum bleiben als echtes Eigentum in den Händen der Miteigentümer; sie sind nicht Teil des Vermögens des rechtsfähigen Verbandes und haften auch nicht für dessen Verbindlichkeiten (vgl. BGH NJW-RR 2007, 955 = Rpfleger 2007, 479 m. Anm. Demharter = ZMR 2007, 875).

II. Sondereigentum

7 Sondereigentum sind die als solches bestimmten Räume und die zu diesen Räumen gehörenden Bestandteile des Gebäudes, die verändert, beseitigt oder eingefügt werden können, ohne dass dadurch das gemeinschaftliche Eigentum oder ein auf Sondereigentum beruhendes Recht eines anderen Wohnungseigentümers über das nach § 14 zulässige Maß hinaus beeinträchtigt oder die äußere Gestalt des Gebäudes verändert wird (§ 5 Abs. 1 WEG). An Teilen des Gebäudes, die für dessen Bestand oder Sicherheit erforderlich sind, sowie an Anlagen und Einrichtungen, die dem gemeinschaftlichen Gebrauch der Wohnungseigentümer dienen, kann kein Sondereigentum begründet werden; diese Gegenstände sind zwingend Gemeinschaftseigentum, auch wenn sie sich im Bereich der im Sondereigentum stehenden Räume befinden (§ 5 Abs. 2 WEG).

8 Zum Sondereigentum gehören die Räume, die nach § 3 Abs. 1 WEG hierzu bestimmt sind (§ 5 Abs. 1 WEG). Unter »Raum« ist der umbaute, von Fußboden, Decke und Wänden umschlossene »lichte« Raum zu verstehen. Durch die Bezugnahme auf § 3 Abs. 1 WEG wird sichergestellt, dass auch Wohnungen unter § 5 WEG fallen und damit auch die zu Haupträumen gehörenden Nebenräume wie Keller, Abstellräume u.Ä., ohne dass an ihnen ein einzelnes Sondereigentum gebildet wird; eine räumliche Verbindung mit den Haupträumen ist nicht erforderlich (vgl. Niedenführ/Kümmel/Vandenhouten § 5 Rn. 20).

9 Keine Räume bilden die einzelnen Stellplätze einer Duplex-Garage; bei ihnen fehlt eine klare Trennung durch eine Begrenzung in der Höhe (BayObLG NJW-RR 1995, 783; Niedenführ/Kümmel/Vandenhouten § 3 Rn 34). Sondereigentum kann deshalb nur an der Duplex-Garage insgesamt bestehen.

Sondereigentum kann nur eingeräumt werden an Räumen, die sondereigentumsfähig sind; also nicht dem gemeinschaftlichen Gebrauch aller Wohnungseigentümer dienen (§ 5 Abs. 2 WEG – sog. zwingendes Gemeinschaftseigentum). 10

Nicht sondereigentumsfähig sind daher Räumlichkeiten, die den einzigen Zugang zu gemeinschaftlichen Einrichtungen bilden, etwa ein Verbindungsflur, der den einzigen Zugang zur Heizanlage darstellt (BGH NJW 1991, 2909), oder ein Kellerraum, der den einzigen Zugang zum gemeinschaftlichen Geräteraum bildet (BayObLG NJW-RR 1996, 12). Sondereigentum ist dagegen möglich an einem zusätzlichen Treppenabgang zu einem von der Gemeinschaft genutzten Keller (OLG Hamm WE 1992, 317). Auch Räume, die den einzigen Zugang zum im Gemeinschaftseigentum stehenden Speicher bilden, können im Sondereigentum stehen, wenn der vom Zugang erschlossene Raum seiner Beschaffenheit nach nicht dem ständigen Mitgebrauch aller Wohnungseigentümer dient (BayObLG NJW-RR 2001, 801). Dasselbe gilt für eine Garage, die den einzigen Zugang zu der hinter dem Gebäude liegenden unbebauten Grundstücksfläche bietet (OLG Hamm NZM 2002, 253); die Zugangsmöglichkeit muss nur zu den Räumlichkeiten eröffnet werden.

Sondereigentumsfähige Gebäudebestandteile sind insbesondere nicht tragende Innenwände, Innentüren, Wand- und Deckenputz sowie Innenanstrich und Tapeten und der Fußbodenbelag (Parkett, Teppichboden, Linoleum), ferner Badewannen, Duschen, Waschbecken. 11

III. Gemeinschaftliches Eigentum

Gemeinschaftliches Eigentum sind das Grundstück sowie die Teile, Anlagen und Einrichtungen des Gebäudes, die nicht im Sondereigentum oder im Eigentum eines Dritten stehen (§ 1 Abs. 5 WEG). Der Umfang des gemeinschaftlichen Eigentums wird damit teilweise negativ durch den des Sondereigentums definiert. Allerdings sind der Einbeziehung von Gegenständen in das Sondereigentum durch die zwingende Vorschrift des § 5 Abs. 2 WEG Grenzen gesetzt. Gemeinschaftseigentum sind deshalb in jedem Fall das Grundstück, die konstruktiven Teile des Gebäudes sowie diejenigen, die die äußere Gestaltung bestimmen, und die dem gemeinschaftlichen Gebrauch dienenden Anlagen und Einrichtungen. 12

Das gilt auch dann, wenn es sich bei dem Gebäude um Doppelhaushälften, Reihenhäuser oder auch mehrere freistehende Einfamilienhäuser handelt, die in der Rechtsform des Wohnungseigentums errichtet wurden, weil für das Grundstück keine Realteilung erfolgen konnte. Das Sondereigentum kann auch hier nur die Räume des jeweiligen Hauses umfassen. Die konstruktiven Bauteile wie Außenmauern und Dach sowie das Grundstück selbst sind zwingend Gemeinschaftseigentum, an ihnen können nur Sondernutzungsrechte begründet werden, nicht aber Sondereigentum (BGH NJW-RR 2001, 800; OLG Düsseldorf FGPrax 2004, 267 für Doppelhaus; **a.A.** Bärmann/Pick § 5 Rn. 15). 13

Da das Grundstück zwingend Gemeinschaftseigentum ist, kann an Kfz-Abstellplätzen im Freien (BayObLGZ 1986, 29) oder an Gartenflächen, die einer Erdgeschosswohnung vorgelagert sind, kein Sondereigentum begründet werden; möglich sind insoweit lediglich *Sondernutzungsrechte*. 14

Für Bestand oder Sicherheit erforderlich sind die gesamten tragenden Teile des Gebäudes, insbesondere Fundamente und tragende Mauern, Fassaden, Schornsteine, die für die statischen Verhältnisse wichtigen Balken- und Trägerkonstruktionen, Geschossdecken und Dach, ferner schwimmender Estrich, Trittschalldämmung und Isolierschichten, ebenso die Brüstung und die konstruktiven Teile eines Balkons. 15

16 Anlagen und Einrichtungen, die dem Gebrauch aller Wohnungseigentümer in ihrer Gesamtheit dienen, sind zum Beispiel gemeinschaftlicher Speicher und Treppenhaus, Aufzug und Zentralheizung, Einrichtungen für die Versorgung mit Wasser, Elektrizität und Gas, Gemeinschaftsantenne.

17 Auch Räume können dem gemeinschaftlichen Gebrauch dienen. Sie stehen zwingend im gemeinschaftlichen Eigentum, wenn ihr Zweck darauf gerichtet ist, der Gesamtheit der Wohnungseigentümer einen ungestörten Gebrauch ihrer Wohnungen und der Gemeinschaftsräume zu ermöglichen und zu erhalten. Dazu zählen insbesondere die Räume, in denen sich die gemeinschaftlichen Wasser-, Wärme- und Energieversorgungseinrichtungen sowie Zähl-, Sicherungs- und Schaltvorrichtungen befinden, sowie die Zugänge dazu (BGH NJW 1991, 2909).

IV. Einzelfälle alphabetisch

18	**Abdichtungsanschlüsse**	S. Balkon
19	**Abflussrohr**	S. Leitungen
20	**Abstellplatz**	S. Pkw-Abstellplätze
21	**Abwasserhebeanlage**	Eine Hebeanlage in einer Wohnungseigentumsanlage, die für die Entwässerung des Überlaufs der gemeinschaftlichen Heizungsanlage sowie für die Beseitigung der Rückstaugefahr, d.h. die Verhinderung einer Überschwemmung des Gemeinschaftseigentums durch Rückstau aus dem öffentlichen Kanal erforderlich ist, dient einem originär gemeinschaftlichen Zweck und ist somit sachenrechtlich dem Gemeinschaftseigentum zuzuordnen (BayObLG NJW-RR 2003, 587 = ZMR 2003, 433). Dies gilt auch dann, wenn die Entwässerungsstelle in das Sondereigentum eines Wohnungseigentümers fällt (OLG Hamm ZMR 2005, 806). Eine Hebeanlage ist auch in dem Fall Gemeinschaftseigentum, wenn sie lediglich der Abwasserentsorgung der im Souterrain gelegenen Wohnungen dient; ein »Mitsondereigentum« nur der begünstigten Einheiten ist unzulässig (OLG Schleswig DNotZ 2007, 620 m. insoweit zust. Anm. Commichau). Dagegen gehört eine Abwasserhebeanlage, die sich im gemeinschaftseigenen Heizungskeller befindet, aber lediglich der Abwasserentsorgung einer einzelnen Eigentumswohnung dient, als Gebäudebestandteil gem. § 5 Abs. 1 WEG zu den Sondereigentumsräumen, deren Abwässer sie entsorgt. Sie kann deshalb Gegenstand des Sondereigentums sein (OLG Düsseldorf NZM 2001, 752 = ZMR 2001, 216).
22	**Abwasserkanal**	Ein Abwasserkanal ist bis zur Abzweigung in die Räume des Sondereigentums Gemeinschaftseigentum (Bärmann/Armbrüster § 5 Rn. 48; Müller Rn. 81).

Alarmanlage	Es handelt sich um sonderrechtsfähiges Zubehör (OLG München MDR 1979, 934 = ZMR 1980, 308 Ls.; Staudinger/Rapp § 5 Rn. 21; a.A. OLG Hamm NJW-RR 1988, 923: Gebäudebestandteil für eine Alarmanlage mit sog. Außenhautsicherung)	23
Antennen	Antennen für den Rundfunk- und Fernsehempfang der gesamten Wohnanlage (»Gemeinschaftsantennen«) sind Gemeinschaftseigentum (Weitnauer/Briesemeister § 5 Rn. 20; Müller Rn. 81).	24
Antennenanlagen	Antennenanlagen können dann im Sondereigentum stehen, wenn sie nicht dem gemeinschaftlichen Gebrauch der Wohnungseigentümer dienen. Dies ist dann der Fall, wenn die Anlage bestimmungsgemäß nicht durch die Gesamtheit der Wohnungseigentümer, sondern von vornherein durch einen Miteigentümer, der die Anlage eingerichtet hat, betrieben werden soll und die Anlage überdies dafür bestimmt und ausgelegt ist, außer den Wohnungen der betreffenden Wohnungseigentümergemeinschaft eine Anzahl von weiteren Gebäuden zu versorgen (BGH NJW 1975, 688 = ZMR 1975, 247 Ls.; a.A. Bärmann/Armbrüster § 5 Rn. 50). Werden nachträglich von einzelnen Wohnungseigentümern Antennen(schüsseln) installiert, dürfte es sich um Scheinbestandteile gem. § 95 BGB handeln, die im Eigentum des jeweils Anbringenden verbleiben.	25
Aufzug	Ein Aufzug ist stets Gemeinschaftseigentum. Dies gilt auch dann, wenn er nicht von allen Eigentümern genutzt werden kann; ein Mitsondereigentum ist nicht möglich (vgl. § 1 Rn. 245). Möglich ist allerdings in der Teilungserklärung die Zuordnung des Aufzugsschachtes nebst Aufzugsanlage zum Sondereigentum, wenn der Aufzug lediglich der Erschließung nur einer Sondereigentumseinheit dient (Bärmann/Seuß/Kümmel Teil C Rn 66).	26
Bad	Sanitäreinrichtung (Badewanne, Dusche, Waschbecken, WC) ist Sondereigentum (Staudinger/Rapp Rn 25; Weitnauer/Briesemeister Rn. 17), soweit es sich nicht um Zubehör oder unwesentliche Bestandteile handelt.	27

28	**Balkon**	Ein Balkon ist nach h.M. grundsätzlich sondereigentumsfähig (OLG München DNotZ 2007, 690; BayObLG ZMR 1999, 59; Bärmann/Armbrüster § 5 Rn. 55; Weitnauer/Briesemeister § 5 Rn. 11) und kann deshalb durch die Teilungserklärung/Gemeinschaftsordnung dem Sondereigentum zugeordnet werden (**a.A.** Staudinger/Rapp § 5 Rn. 7 m.w.N.: nur Gemeinschaftseigentum). Nach der hier vertretenen Auffassung ist er sogar zwingendes Sondereigentum als Bestandteil der ihm vorgelagerten Wohnung (F. Schmidt MittBayNot 2001, 442; ähnlich jetzt auch Hügel RNotz 2009, 49). Ein Balkon besteht jedoch weitgehend aus Bauteilen, die zwingend gemeinschaftliches Eigentum sind, weil sie für den Bestand und die Sicherheit des Gebäudes erforderlich sind. Aus diesem Grunde beschränkt sich das **Sondereigentum** in der Regel auf den **Luftraum**, den **Innenanstrich** und den **Bodenbelag** (vgl. BayObLG DWE 2004, 61; ähnlich Weitnauer/Briesemeister § 5 Rn. 11). Die konstruktiven Teile sind **Gemeinschaftseigentum**, also **Brüstung und Geländer** (OLG München DNotZ 2007, 690 m. Anm. Rapp = NZM 2007, 369; BayObLG NJW-RR 1990, 784; BayObLG NZM 1999, 27), **Bodenplatte** (BGH NJW-RR 2001, 800; OLG München DNotZ 2007, 690 m. Anm. Rapp = NZM 2007, 369) einschließlich **Isolierschicht** (OLG Frankfurt OLGZ 1984, 148; BayObLG NJW-RR 1994, 598; OLG Düsseldorf NJW-RR 1998, 515 = ZMR 1998, 304; OLG Hamm ZMR 2007, 296; OLG München DNotZ 2007, 690 m. Anm. Rapp = NZM 2007, 369), **Trennwand** zum Nachbarbalkon (BayObLG WuM 1985, 31), **Decke** (OLG München DNotZ 2007, 690 m. Anm. Rapp = NZM 2007, 369; OLG Zweibrücken NZM 2000, 294) und **Abdichtungsanschlüsse** (OLG München DNotZ 2007, 690 m. Anm. Rapp = NZM 2007, 369; BayObLG NZM 2000, 867 = ZWE 2001, 31). Auch wenn die Gemeinschaftsordnung die Balkone dem Sondereigentum zuordnet, stellt die **Verglasung** eines Balkons zwingend eine bauliche Veränderung des gemeinschaftlichen Eigentums dar; eine pauschale Zuordnung zum Sondereigentum erfasst nicht die Teile der Balkone, die von außen sichtbar und nicht sondereigentumsfähig sind (BayObLG NJW 1995, 202; BayObLG NZM 2004, 106).

29	**Bodenbelag**	Der **Bodenbelag in der Wohnung** (z.B. Fliesen, Teppich, Linoleum; Laminat und Parkett) ist Sondereigentum (OLG Düsseldorf OLG-Report 2005, 148; BayObLG ZMR 1994, 152). Der Wohnungseigentümer darf ihn entfernen und durch einen anderen ersetzen. Wenn diese Veränderung zu einer Trittschallbelästigung in der darunter liegenden Wohnung führt, die über das bei einem geordneten Zusammenleben unvermeidliche Maß hinausgeht, kann sich aus § 14 Nr. 3 WEG eine Pflicht zur Beseitigung ergeben (OLG Düsseldorf NZM 2001, 958). Der **Fliesenbelag eines Balkons** kann grundsätzlich im Sondereigentum stehen (BayObLG ZWE 2004, 93 Ls.). In Altbauten gehören **Bodendielen** als Bestandteil der Geschoßdecke zum Gemeinschaftseigentum, wenn sich darunter kein begehbarer Belag befindet (Bärmann/Seuß/Kümmel Teil C Rn. 66).

Briefkasten	Eine **Briefkastenanlage** im Bereich des gemeinschaftlichen Eigentums (Hauseingangsbereich, vor dem Haus) ist Gemeinschaftseigentum. Ein neben einer Wohnungseingangstür angebrachter **Einzelbriefkasten** eines Wohnungseigentümers beeinträchtigt die optische Gestaltung des Treppenhauses und kann daher nicht im Sondereigentum stehen (wie hier Bärmann/Seuß/Kümmel Teil C Rn 66; **a.A.** Staudinger/Rapp § 5 Rn. 22).	30
Carport	S. Pkw-Stellplätze	31
Dach	Ein Dach ist stets Gemeinschaftseigentum, und zwar sowohl hinsichtlich der tragenden Konstruktion als auch der Dachplatten. Das gilt auch für Einfamilien-, Doppel- und Reihenhäuser sowie Anbauten (BGH NJW-RR 2001, 800 = NZM 2001, 435; BayObLG NZM 2000, 674 = ZMR 2000, 471; OLG Hamm FGPrax 1996, 176 = ZMR 1996, 503). Auch ein einen Hof überdeckendes **Glasdach** ist zwingend Gemeinschaftseigentum (OLG Düsseldorf ZWE 2008, 302 m. insoweit abl. Anm. Sauren).	32
Dachterrasse	Eine Dachterrasse kann nach h.M. Sondereigentum sein, allerdings nur bzgl. der Teile, die nicht konstruktiv für das Gebäude sind (OLG München OLG-Report 2007, 419 = MDR 2007, 827; OLG Frankfurt/M. MittBayNot 1975, 225 = Rpfleger 1975, 178; LG Schwerin ZMR 2009, 401; a.A. Staudinger/Rapp § 5 Rn. 7; Weitnauer/Briesemeister § 5 Rn. 10). Sondereigentum ist deshalb nur der begehbare Oberbelag, nicht jedoch die darunter liegenden Abdichtungs- und Isolierschichten (KG ZMR 2009, 135, 136; BayObLG WuM 1994, 152). Der Abdichtungsanschluss zwischen Dachterrasse und Gebäude gehört zum gemeinschaftlichen Eigentum, auch wenn der Ausbau des Dachgeschosses nachträglich durch den einzelnen Wohnungseigentümer erfolgt (BayObLG NJW-RR 2001, 305). Die auf einer Dachterrasse liegende Humusschicht kann Sondereigentum sein (BayObLG WuM 1991, 610).	33
Decken	Die **Geschossdecken** einschließlich der Isolierung gegen Feuchtigkeit und Trittschall sind zwingend Gemeinschaftseigentum. Eine der Feuchtigkeitsisolierung dienende Folie in einer **Zwischendecke** ist auch dann Bestandteil des gemeinschaftlichen Eigentums, wenn in der Teilungserklärung bestimmt ist, dass der Bodenbelag zum Sondereigentum gehört, und wenn sich die Notwendigkeit der Isolierung nur aus der Nutzung der Raumeinheit als gastronomische Küche ergibt (OLG Köln NZM 2002, 125 = ZMR 2002, 377). Wird in der Teilungserklärung die Isolierschicht als Sondereigentum bezeichnet, kann die Auslegung ergeben, dass die Instandhaltungskosten für die Isolierschicht nicht von der Gemeinschaft, sondern von dem einzelnen Wohnungseigentümer zu tragen sind (OLG Hamm ZMR 1997, 193). Geschossdecken einer **Tiefgarage** sind ebenfalls zwingend Gemeinschaftseigentum. Dies gilt insbesondere für die aus Brandschutzgründen erforderliche Betonüberdeckung über der Bewehrung (OLG München NZM 2008, 493 = ZMR 2008, 232).	34

35	**Doppelparker/** Duplexgarage	Eine **Duplexgarage (Doppelparker)** ist nur in ihrer Gesamtheit sondereigentumsfähig, nicht dagegen der einzelne Stellplatz (OLG Jena NotBZ 2005, 219; OLG Celle NZM 2005, 871; OLG Düsseldorf NZM 1999, 571; BayObLG NJW-RR 1995, 783; Böttcher Rpfleger 2004, 21, 25; Weitnauer/Briesemeister § 5 Rn. 29; **a.A.** Bärmann/Armbrüster Rn. 64; Staudinger/Rapp § 5 Rn. 20; Hügel NotBZ 2000, 349). Die **Hebebühne** ist als konstruktives Bauteil ebenso zwingend Gemeinschaftseigentum (OLG Düsseldorf NZM 1999, 571; OLG Celle NZM 2005, 871; AG Rosenheim ZMR 2008, 923; a.A. Häublein MittBayNot 2000, 112) wie die **Hydraulik** (KG ZMR 2005, 569; AG Rosenheim ZMR 2008, 923). Eine Regelung der stellplatzberechtigten Wohnungseigentümer, zur Benutzung der einzelnen Stellplätze, kann insoweit nicht nur über eine Eintragung gem. § 1010 BGB verdinglicht werden, möglich ist nach h.M. auch eine Regelung als Inhalt des Sondereigentums gem. §§ 13 Abs. 2, 15 WEG (OLG Jena FGPrax 2000, 7; OLG Frankfurt/M. NZM 2001, 527 = Rpfleger 2000, 212 m. zust. Anm. v. Oefele MittBayNot 2000, 440; BayObLG NJW-RR 1994, 1427 = Rpfleger 1995, 67; LG München II MittBayNot 1988, 78; LG München I MittBayNot 1971, 242; Bauer/v. Oefele AT V Rn. 91; Böttcher ZfIR 1997, 321, 327; ders. Rpfleger 2004, 21, 26; Ertl Rpfleger 1979, 81; ders. DNotZ 1988, 4, 11; Frank MittBayNot 1994, 512; Häublein Sondernutzungsrechte, S. 11; v. Heinitz DNotZ 1971, 645; KEHE/Herrmann Einl. E Rn. 33; Schmenger BWNotZ 2003, 73, 74; F. Schmidt MittBayNot 1995, 115; Schneider Rpfleger 1998, 9, 12 f.; Staudenmaier BWNotZ 1975, 170, 172; Staudinger/Kreuzer § 15 Rn. 4; vgl. auch OLG Zweibrücken ZMR 2001, 734; **a.A.** LG Düsseldorf MittRhNotK 1987, 163; Bärmann/Wenzel § 13 Rn. 113; Basty Rpfleger 2001, 169; Huff WE 1996, 134; Hügel ZWE 2001, 42; Niedenführ/Kümmel/Vandenhouten § 15 Rn. 1; Palandt/Bassenge § 15 Rn. 1; Riecke/Schmid/Elzer § 3 Rn. 73; Schöner Rpfleger 1997, 416; Schöner/Stöber Rn. 2836; Stumpp MittBayNot 1971, 10; Weitnauer/Briesemeister § 3 Rn. 121). S.a. Pkw-Stellplätze.

36	**Einbauküche**	Eine Einbauküche ist sondereigentumsfähig, wenn sie ein **wesentlicher Bestandteil** des Gebäudes ist. Der Erwerb durch Zuschlag im Zwangsversteigerungsverfahren erstreckt sich dann auch auf das Eigentum an der Einbauküche (OLG Celle NJW-RR 1989, 913). Ob es sich um einen solchen wesentlichen Bestandteil handelt, wird nach der Verkehrsanschauung regional unterschiedlich beurteilt • für den norddeutschen Raum bejaht für eine komfortable, individuell angepasste Einbauküche (BGH NJW-RR 1990, 586; OLG Celle NJW-RR 1989, 913); • bejaht auch für eine mit Umbauarbeiten im Haus verbundene Sonderanfertigung (OLG Zweibrücken NJW-RR 1989, 84); • für den west- u. süddeutschen Raum verneint (BGH NJW-RR 1990, 586; OLG Düsseldorf NJW-RR 1994, 1039 = Rpfleger 1994, 374; OLG Hamm MittRhNotK 1989, 114; OLG Karlsruhe Rpfleger 1988, 542 = ZMR 1988, 91). Zur **Zubehöreigenschaft** einer Einbauküche, die ein Mieter in die Wohnung einbringt vgl. BGH Rpfleger 2009, 253 = ZMR 2009, 271.

Estrich	Der Estrich ist im Hinblick auf die mit ihm verbundene Trittschall- und Isolierfunktion zwingend Gemeinschaftseigentum (BayObLG NJW-RR 1994, 598; OLG Hamm ZMR 1997, 193; OLG Düsseldorf NJW-RR 2001, 1594; OLG Hamm ZMR 2007, 296 = ZWE 2007, 135). Ist Wohnungs- oder Teileigentum an separaten Baukörpern begründet (Einfamilienhaus, Garage), kann der Estrich im Alleineigentum eines Sondereigentümers stehen (OLG Düsseldorf FGPrax 2004, 16 = ZMR 2004, 280), weil in diesem Fall mit dem Estrich kein Trittschallschutz verbunden sein kann.	**37**

Fenster	Fenster sind grundsätzlich Gemeinschaftseigentum, da sie das äußere Bild des Gebäudes bestimmen (BayObLG WuM 2000, 560; BayObLG ZMR 2001, 241; OLG Düsseldorf NZM 1998, 269 = ZMR 1998, 304), und zwar sowohl der **Rahmen** (str. wie hier OLG Düsseldorf NZM 1998, 269 = ZMR 1998, 304) als auch die **Verglasung**, unabhängig von der Art der Verglasung (Einfach-, für Doppelverglasung mit einfachem Rahmen: BayObLG (NJW-RR 1996, 140); für Kunststofffenster mit Isolierglas BayObLG (ZMR 2003, 951). Eine Zuordnung zum Sondereigentum kann allenfalls bezüglich der Innenfenster von echten **Doppelfenstern** erfolgen, die über einen eigenen, gesondert zu öffnenden Rahmen verfügen; aufgrund der technischen Entwicklung sind diese inzwischen aber selten geworden (vgl. BayObLG ZMR 2000, 241 = ZWE 2000, 177; ebenso Bärmann/Armbrüster § 5 Rn. 71; einschränkend Bärmann/Seuß/Kümmel Teil C Rn 66, der Sondereigentum nur anerkennen will, wenn durch eine Entfernung der Innenfenster die Energiebilanz des Hauses nicht über das in § 14 Nr. 1 WEG bestimmte Maß hinaus beeinträchtigt wird. Die eigentumsmäßige Zuordnung kann jedoch nicht von der unbestimmten und Wechseln unterworfenen Feststellung des »unvermeidbaren Maßes« abhängen). In allen anderen Fällen ist eine derartige Bestimmung der Teilungserklärung unwirksam; sie kann im Einzelfall aber dahin umgedeutet werden, dass der jeweilige Wohnungseigentümer die Instandhaltungskosten für die Fenster im Bereich seines Sondereigentums zu tragen hat (OLG Hamm NJW-RR 1992, 148; OLG Düsseldorf NZM 1998, 269 = ZMR 1998, 304; OLG Karlsruhe NZM 2002, 220). Obliegt nach der Gemeinschaftsordnung die Behebung von Glasschäden dem jeweiligen Wohnungseigentümer, gilt dies auch für den Austausch trüb oder blind gewordener Scheiben (BayObLG NZM 2001, 1081). Auch **Fenstersimse, Fensterbänke** und **Fensterläden** sind zwingend gemeinschaftliches Eigentum (vgl. OLG Frankfurt NJW 1975, 2297), da sie die äußere Gestaltung des Gebäudes betreffen. **Innenfensterbänke** können aus diesem Grunde im Sondereigentum stehen. **Fenstergriffe** können dem Sondereigentum zugeordnet werden, wenn sie unabhängig von der Schließmechanik ausgetauscht werden können. Außen angebrachte **Fenstergitter** können nicht im Sondereigentum einzelner Wohnungseigentümer stehen (KG NJW-RR 1994, 401 = ZMR 1994, 169).	**38**

39	**Flure**	Flure, die den Zugang zu mehr als einer Einheit gewährleisten, stehen zwingend im Gemeinschaftseigentum. Ein sog. **Vorflur**, der den Zugang lediglich zu zwei Wohnungen bildet, steht ebenfalls zwingend im gemeinschaftlichen Eigentum (vgl. zum Eingangsflurproblem FaKo-Miete § 7 Rn. 243). Ein Verbindungsflur, der die einzige Verbindung zu zentralen Versorgungseinrichtungen bildet, ist ebenfalls zwingendes Gemeinschaftseigentum (BGH NJW 1991, 2909 = Rpfleger 1991, 454).
40	**Gartenwasserhahn**	Wasserhähne im Bereich des gemeinschaftlichen Gartens sind Gemeinschaftseigentum. Eine Zuweisung zur alleinigen Nutzung an einige Wohnungseigentümer kann deshalb auch nicht durch Mehrheitsbeschluss erfolgen (OLG München NZM 2007, 447 = ZMR 2007, 561).
41	**Gastherme**	Eine zentrale Heizungsanlage, die sich in einem im Sondereigentum eines Wohnungseigentümers stehenden Raum befindet und von der die Räume dieses Wohnungseigentümers und die Räume eines anderen Wohnungs- oder Teileigentümers mit Wärmeenergie versorgt werden, dient nicht dem gemeinschaftlichen Gebrauch der Wohnungseigentümer. Sie kann daher Sondereigentum sein (BayObLG NJW-RR 2000, 1032 = Rpfleger 2000, 326 = ZMR 2000, 622). S.a. Heizungsanlage.
42	**Grundstücksflächen**	Im Hinblick auf § 3 Abs. 2 WEG kann an Grundstücksflächen, die nicht Bestandteil eines Gebäudes sind, kein Sondereigentum gebildet werden (allg. Meinung OLG Hamm Rpfleger 2007, 137 = ZMR 2007, 213; OLG Hamm DNotZ 2003, 945 = Rpfleger 2003, 574 = ZMR 2004, 369; OLG Hamm Rpfleger 1998, 241 = ZMR 1998, 456; BayObLG MDR 1992, 673; OLG Celle DNotZ 1992, 213).
43	**Haus**	Ein Einfamilienhaus kann nicht insgesamt im Sondereigentum stehen; die tragenden Teile müssen im Gemeinschaftseigentum verbleiben; dasselbe gilt für Doppel- und Reihenhäuser (BGH NJW-RR 2001, 800 = NZM 2001, 435; OLG Düsseldorf Rpfleger 2004, 691 = ZfIR 2004, 778; BayObLG NJW-RR 2000, 1179 = ZMR 2000, 471) sowie Anbauten (OLG Hamm FGPrax 1996, 176 = ZMR 1996, 503). Die Zuordnung zu einem Eigentümer kann ggf. über Sondernutzungsrechte gelöst werden.

Heizungsanlage	Eine **Heizungsanlage**, die ausschließlich der Eigenversorgung der Wohnanlage dient, ist zwingend Gemeinschaftseigentum, unabhängig davon, wie viele Gebäude die Anlage umfasst (BGHZ 73, 302 = NJW 1979, 2391 = Rpfleger 1979, 255 = ZMR 1981, 123; BayObLG ZMR 1999, 50; a.A. jetzt Grziwotz MietRB 2010, 152: Einräumung eines Sondernutzungsrechts für die übrigen Wohnungseigentümer sei ausreichend). Streitig ist, ob Sondereigentum an einer Heizungsanlage bestehen kann, die nicht nur der Versorgung der Wohnungseigentümergemeinschaft, sondern auch der Fremdversorgung dient (so BGH NJW 1975, 688 = ZMR 1975, 247 Ls.; BGHZ 73, 302 = Rpfleger 1979, 255 = ZMR 1981, 123; a.A. Bärmann/Armbrüster § 5 Rn. 40: Fremdversorgung führt nicht zur Sondereigentumsfähigkeit). Sondereigentumsfähig sind Heizungsanlagen, die ausschließlich von einem Wohnungseigentümer betrieben werden; dies gilt auch dann, wenn die Heizung nur der eigenen Wohnungseigentumsanlage dient (Schmid ZMR 2008, 862 m.w.N.). Versorgt die Zentralheizung zwar nicht alle, aber mehrere Einheiten in der Anlage, besteht Gemeinschaftseigentum, wenn sie von der Gemeinschaft oder von den betroffenen Wohnungseigentümern gemeinschaftlich betrieben wird (Abramenko ZWE 2007, 61, 68). Beim **Wärme-Contracting** kann die gemeinschaftliche Heizungsanlage vom Contractor gepachtet sein oder dieser kann sie als Scheinbestandteil gem. § 95 BGB eingebaut haben. Ist die Anlage nur gepachtet, ist sie notwendiges Gemeinschaftseigentum; ist sie nur Scheinbestandteil, gehört sie dem Wärmecontractor (Schmid ZMR 2008, 862 m.w.N.). Gemeinschaftseigentum sind die **Leitungen** bis zur Abzweigung in die einzelnen Wohnungen, auch danach besteht wegen des einheitlichen Leitungssystems Gemeinschaftseigentum (Schmid ZMR 2008, 862, 863). Auch die einzelnen **Heizkörper** in den Wohnungen sind nicht nur dann Gemeinschaftseigentum, wenn das Vorhandensein des einzelnen Heizkörpers zwingende Voraussetzung für das Funktionieren der Gesamtanlage ist (Hügel/Scheel Teil 1 Rn. 35). Die Erhaltung der Gebrauchsfähigkeit des Heizungssystems insgesamt macht eine Zuordnung zum Gemeinschaftseigentum erforderlich; auf die Möglichkeit einer Demontage einzelner Heizkörper kann es deshalb nicht ankommen (Greiner Rn. 31; Jennißen/Dickersbach 1. Aufl. § 5 Rn. 30; Müller Rn. 76 u. 81; Scheffler AnwZert MietR 25/2008 Anm. 2; Schmid ZMR 2008, 862, 863; **a.A.** BayObLG ZMR 2003, 366; Bärmann/Armbrüster § 5 Rn. 82). **Fußbodenheizungen** sind Gemeinschaftseigentum, weil die Heizschlangen im Estrich verlegt sind und dieser im Gemeinschaftseigentum steht (LG Bonn WE 2001, 47 m. abl. Anm. Happ; Schmid ZMR 2008, 862, 863; **a.A.** AG Mettmann ZMR 2006, 240; Bärmann/Armbrüster § 5 Rn. 77). Sofern kein Dritteigentum besteht, sind die Geräte zur Verbrauchserfassung (**Heizkostenverteiler**) Gemeinschaftseigentum, da sie zwingend erforderlich sind, um die durch die HeizkostenV vorgeschriebene verbrauchsabhängige Abrechnung für alle Wohnungen vornehmen zu können (HansOLG Hamburg ZMR 1999, 502; Bielefeld NZM 1998, 249). **Thermostatventile** sind aus dem gleichen Grunde ebenfalls zwingend Gemeinschaftseigentum (OLG München MDR 2008, 620 = ZMR 2009, 64; OLG Stuttgart ZMR 2008, 243; OLG Hamm NJW-RR 2002, 156 = ZMR 2001, 839; **a.A.** Bärmann/Armbrüster § 5 Rn. 107). S.a. Gastherme.	44

Heizungsraum	Das zu Heizungsanlagen Ausgeführte gilt entsprechend auch für einen Heizungsraum (BGHZ 73, 302 = Rpfleger 1979, 255 = ZMR 1981, 123; OLG Schleswig ZMR 2006, 886). Sondereigentum kann hieran nur begründet werden, wenn der Heizungsraum nicht ausschließlich Heizzwecken dient. Andere Nutzungszwecke müssen allerdings annähernd gleichwertig sein, wenn Sondereigentum begründet werden soll (OLG Schleswig ZMR 2006, 886, 887). Zur Sondereigentumsfähigkeit von Zugangsräumen s. dort.	45

46	**Innenhof**	An einem teilweise überdachten Hof, der auf drei Seiten von Räumen des angrenzenden und eines anderen Wohnungseigentums und auf der vierten Seite von einer das Grundstück begrenzenden Mauer umgeben ist, kann kein Sondereigentum begründet werden, weil es an der Gebäudeeigenschaft fehlt (DNotI-Gutachten DNotI-Report 1998, 1).
47	**Isolierschichten**	Isolierschichten sind Gemeinschaftseigentum (OLG Düsseldorf NZM 1998, 269 = ZMR 1998, 304; BayObLGZ 1982, 203). S.a. Balkon.
48	**Jalousien**	Außenjalousien einer Wohnungseigentumsanlage stehen im Gemeinschaftseigentum (KG ZMR 1985, 344). S.a. Rolläden. Innenjalousien stellen keine Bestandteile des Gebäudes dar.
49	**Kamin**	Kamine (Schornsteine) sind insgesamt Gemeinschaftseigentum, auch wenn sie nur für Räume im Erdgeschoss genutzt und durch die oberen Stockwerke geführt werden (BayObLG ZMR 1999, 50).
50	**Kanalisation**	Die Kanalisation ist Gemeinschaftseigentum. S.a. Abwasserhebeanlage
51	**Leitungen**	Leitungen zur Ver- und Entsorgung sind Gemeinschaftseigentum, soweit es sich um Hauptleitungen handelt; die Anschlussleitungen im Bereich des Sondereigentums sind Sondereigentum (Müller Rn. 81). **Energiezuleitungsrohre**, die im Treppenhaus von der Steigleitung abzweigen und durch die Mauer des Treppenhauses zu einer Eigentumswohnung geführt werden, stehen jedoch im Gemeinschaftseigentum (BayObLG WuM 1993, 79). Ebenso sind **Wasser- und Entwässerungsleitungen**, die zwar von der Hauptleitung abzweigen, aber durch fremdes Sondereigentum laufen, ehe sie die im Sondereigentum eines anderen Wohnungseigentümers stehende Zapfstelle erreichen, notwendigerweise Gemeinschaftseigentum (KG WuM 1989, 89). **Heizleitungen** einer zentralen Heizanlage stehen jedoch insgesamt im Gemeinschaftseigentum; dies muss wegen des einheitlichen Heizsystems auch für Abzweigleitungen innerhalb eines Sondereigentums gelten (Müller Rn. 76; vgl. auch Heizungsanlagen). In einer Teilungserklärung kann auch bestimmt werden, dass Ver- und Entsorgungsleitungen, die nur dem Gebrauch eines Sondereigentümers dienen, selbst dann zum Gemeinschaftseigentum gehören, wenn sie sich im Bereich eines (anderen) Sondereigentums befinden (OLG Düsseldorf NZM 1998, 864 = ZMR 1998, 652). Bei der Beurteilung der Frage, ob durch die eigenmächtige Verlegung eines im gemeinschaftlichen Eigentum stehenden Abflussrohrs die Gefahr von Schäden droht, ist darauf abzustellen, dass ein erheblicher nicht hinnehmbarer Nachteil schon darin liegt, dass eventuelle Schäden am Gemeinschaftseigentum nur unter Schwierigkeiten festgestellt werden können bzw. später nicht mehr feststellbar ist, ob Schäden auf dieser konkreten baulichen Veränderung oder auf dem Verschleiß oder der Reparaturbedürftigkeit des bauseitig vorhandenen Abwassersystems beruhen (OLG Bremen OLG-Report 1998, 352).

Loggia	Eine Loggia kann Sondereigentum sein; die tragenden Teile sind jedoch wie beim Balkon zwingend Gemeinschaftseigentum (für Bodenisolierung vgl. BayObLG ZMR 1987, 98).	52
Markise	Die Einordnung als Gemeinschafts- oder Sondereigentum wird nicht einheitlich beurteilt: So soll eine Markise, die der einzelne Eigentümer im Bereich seines Sondereigentums anbringt, regelmäßig dem **Sondereigentum** zuzuordnen sein (so noch Bärmann/Pick/Merle 9. Aufl. Rn. 52). Demgegenüber wird überwiegend aufgrund der Eigenschaft als Zubehör oder wegen des fassadengestaltenden Elementes gemeinschaftliches Eigentum angenommen (für eine die gesamte Außenfront des Gebäudes kennzeichnende einheitliche Markisenanlage mit Stellmotoren in den Decken des Hauseingangsbereichs OLG Frankfurt NZM 2007, 523; vgl. auch Bärmann/Armbrüster Rn. 92; Sauren § 1 Rn. 9; Staudinger/Rapp Rn. 24). Wegen der Beseitigungsverpflichtung im Falle einer Beeinträchtigung des optischen Gesamteindrucks vgl. OLG Zweibrücken ZMR 2004, 465; BayObLG NJW-RR 1996, 266 m.w.N. Darauf, wer die Markisen angebracht hat (so Staudinger/Rapp Rn. 25; vgl. auch Weitnauer/Briesemeister § 5 Rn. 18) kann im Hinblick auf den Wortlaut des Abs. 1 ebenso wenig abgestellt werden wie darauf, wessen Sondereigentum sie zu dienen bestimmt sind (so aber Müller Rn. 81).	53
Mauern	Mauern sind Gemeinschaftseigentum, soweit sie tragend sind.	54
Müllentsorgung	**Müllschlucker** sind Gemeinschaftseigentum (Bärmann/Armbrüster § 5 Rn. 94). **Mülltonnen** sind i.d.R. kommunales Eigentum. Erfolgte die Anschaffung durch die Eigentümergemeinschaft, gehören sie gem. § 10 Abs. 7 zum Verbandsvermögen (a.A. Jennißen/Grziwotz Rn 93: Gemeinschaftseigentum).	55

56	**Pkw-Stellplätze**	Hier ist in mehrfacher Hinsicht zu unterscheiden: Pkw-Stellplätze **im Freien** sind nicht sondereigentumsfähig (OLG Hamm Rpfleger 2007, 137 = ZMR 2007, 213; OLG Hamm DNotZ 1999, 216 = Rpfleger 1998, 241 = ZMR 1998, 456; Böhringer Mitt-BayNot 1990, 12). Dies gilt auch dann, wenn sie mit vier Eckpfosten und einer Überdachung (**Carport**) versehen sind (BayObLG Rpfleger 1986, 217 = ZMR 1986, 207). Denkbar und in der Praxis zweckmäßig ist deshalb die Verschaffung ausschließlicher Nutzungsrechte durch Einräumung entsprechender Sondernutzungsrechte. Pkw-Stellplätze **in einer Tiefgarage** sind nach der Einfügung des § 3 Abs. 2 S. 2 WEG sondereigentumsfähig, wenn sie durch dauerhafte Markierungen abgegrenzt sind. Pkw-Stellplätze **auf dem nicht überdachten Oberdeck eines Garagengebäudes** sollen nach überwiegender Ansicht sondereigentumsfähig sein. (OLG Hamm DNotZ 1999, 216 = Rpfleger 1998, 241 = ZMR 1998, 456; OLG Köln DNotZ 1984, 700 m. zust. Anm. F. Schmidt = Rpfleger 1984, 464 m. zust. Anm. Sauren; OLG Frankfurt/M. DNotZ 1977, 635 = Rpfleger 1977, 312; LG Braunschweig Rpfleger 1981, 298; Bärmann/Armbrüster § 5 Rn. 89; Bamberger/Roth/Hügel § 3 Rn. 7; Bauer/v. Oefele AT V Rn. 85; Erman/Grziwotz § 3 Rn. 7; Höckelmann/Sauren Rpfleger 1999, 14; Merle Rpfleger 1977, 196; MüKo/Commichau § 3 Rn. 75; Sauren § 3 Rn. 13; Schöner/Stöber Rn. 2835; § 3 Rn. 71; **a.A.** KG NJW-RR 1996, 587 = ZMR 1996, 216; OLG Celle DNotZ 1992, 231 = Rpfleger 1991, 364; Demharter Anh. zu § 3 Rn. 5; Palandt/Bassenge § 3 Rn. 8; Müller Rn. 61; Niedenführ/Kümmel/Vandenhouten § 3 Rn. 32; Soergel/Stürner § 3 Rn. 34; Staudinger/Rapp § 3 Rn. 20; Weitnauer/Briesemeister § 3 Rn. 62 u. § 5 Rn. 10; § 7 Rn. 157). Der Streit geht im Kern um die Frage, ob § 3 Abs. 2 S. 2 WEG nur das Erfordernis der Abgeschlossenheit fingiert oder ob durch diese Vorschrift auch die erforderliche Raumeigenschaft fingiert werden soll. Der Gesetzeswortlaut weicht insoweit von der amtlichen Begründung zu § 3 Abs. 2 S. 2 WEG ab (vgl. Merle Rpfleger 1977, 196). Hält man abweichend von der hier vertretenen Auffassung Pkw-Stellplätze auf dem nicht überdachten Oberdeck eines Garagengebäudes für sondereigentumsfähig, müsste dies dann auch für den Fall gelten, dass die **Stellplatzfläche** des Garagengebäudes **nicht über das Niveau des Erdbodens** hinausragt (so konsequent LG Braunschweig Rpfleger 1981, 298; Höckelmann/Sauren Rpfleger 1999, 14; F. Schmidt ZWE 2007, 280, 284; **a.A.** OLG Frankfurt/M. Rpfleger 1983, 482). Bedenken klingen jedoch bei LG Braunschweig (Rpfleger 1981, 298) an, wenn sich zwischen Garagenkörper und ebener Erde noch eine Erdschicht befinden sollte. Im Ergebnis würde nach dieser Ansicht also das Vorhandensein und das Ausmaß einer Zwischenschicht über die Zulässigkeit von Sondereigentum entscheiden. S.a. **Doppelparker**.

57	(Innen-)**Putz**	**Wand- und Deckenputz** stehen als Bestandteil einer Wohnung im Sondereigentum (OLG Düsseldorf OLG-Report 2005, 148; BayObLG ZMR 2003, 366 = ZWE 2003, 187).

Rauchwarnmelder	Rauchwarnmelder dienen nicht nur der Sicherheit der im Gebäude befindlichen Personen, sondern auch der Sicherheit des Gebäudes selbst (a.A. Bärmann/Armbrüster § 5 Rn. 59; Schultz ZWE 2009, 383). Die aufgrund eines Beschlusses der Wohnungseigentümergemeinschaft installierten Rauchwarnmelder sollen daher nicht sondereigentumsfähig und somit zwingendes Gemeinschaftseigentum sein (OLG Frankfurt DWE 2009, 63; AG Ahrensburg ZMR 2009, 78 m. zust. Anm. Riecke; Schmidt/Breiholdt/Riecke ZMR 2008, 352; a.A. Schultz ZWE 2009, 383). Bereits im Vorgriff von Mietern oder einzelnen Wohnungseigentümern angebrachte Rauchwarnmelder sollen Scheinbestandteile gem. § 95 BGB darstellen (Riecke ZMR 2009, 80). Richtigerweise wird man Rauchwarnmelder weder als Sondereigentum noch als Gemeinschaftseigentum ansehen können, weil sie nicht wesentliche Bestandteile des Gründstücks oder des Gebäudes sind. Sie stellen vielmehr **Zubehörteile** gem. § 97 BGB dar, die deshalb auch im Eigentum eines Dritten stehen können. Bei bereits erfolgter Installation deutlich teurerer Melder seitens eines Wohnungseigentümers soll dieser ausnahmsweise nicht verpflichtet werden können, die von der Gemeinschaft ausgewählten Geräte zu dulden (AG Rendsburg ZMR 2009, 239). Bei der Beschlussfassung über den Einbau von Rauchwarnmeldern ist jeweils das gültige Landesbaurecht zu beachten. Beschlussmuster finden sich bei Schmidt/Breiholdt/Riecke ZMR 2008, 352.	58
Rollläden	Rollläden können nicht dem Sondereigentum zugewiesen werden (OLG Saarbrücken FGPrax 1997, 56; KG ZMR 1994, 169; a.A. LG Memmingen Rpfleger 1978, 101). Dies gilt auch für in der Außenwand angebrachte Rollladenkästen (OLG Saarbrücken ZMR 1997, 31).	59
Rückstauventil	Haben die im zum Gemeinschaftseigentum zählenden Waschmaschinenkeller stehenden, zum Privateigentum einzelner Wohnungseigentümer gehörenden Waschmaschinen jeweils einen eigenen Wasserablauf, so sind die an den Wasserabläufen montierten Rückstausicherungen Gemeinschaftseigentum (OLG Köln WuM 1998, 308; a.A. AG Hannover ZMR 2004, 786).	60
Sanitäreinrichtung	S. Bad.	61
Sauna	S. Schwimmbad	62

63	**Schwimmbad**	Ein Schwimmbad mit Sauna kann in der Teilungserklärung zum Gegenstand des Sondereigentums gemacht werden, auch wenn die Anlage nach ihrem Fassungsvermögen nur auf die Zahl derjenigen Wohnungseigentümer zugeschnitten ist, in deren gemeinschaftlichem Eigentum das die Anlage enthaltende Gebäude steht. Eine Vorenthaltung der gemeinschaftlichen Verfügungsbefugnis durch Bildung von Sondereigentum läuft nicht den schutzwürdigen Belangen der Wohnungseigentümer zuwider; ein Schwimmbad schafft lediglich persönliche Annehmlichkeiten für die Wohnungseigentümer (BGHZ 78, 225 = Rpfleger 1981, 96 = ZMR 1982, 60).
64	**Sprechanlage**	Sprechanlagen sind gemeinschaftliches Eigentum. Mangels anderweitiger Regelung in der Teilungserklärung sind die in den jeweiligen Sondereigentumseinheiten gelegenen Sprechstellen einer gemeinschaftlichen Sprechanlage eines Hauses Sondereigentum der jeweiligen Wohnungseigentümer, wenn nicht ihr Funktionieren Voraussetzung für das Funktionieren der zentralen Haussprechanlage insgesamt ist. Dann wäre die einzelne Sprechstelle ein wesentlicher Bestandteil der Gesamtanlage (OLG Köln NZM 2002, 865 = ZMR 2003, 373).
65	**Steckdosen**	(Antennen-, Strom- und Telefon-) Steckdosen im räumlichen Bereich eines Sondereigentums gehören zum Sondereigentum (vgl. Staudinger/Rapp Rn. 25).
66	**Tapeten**	Tapeten und Innenanstriche sind Gegenstand des Sondereigentums (BayObLG WuM 2003, 163 = ZMR 2003, 366).
67	**Terrasse**	Eine ebenerdige Terrasse, die lediglich aus einer plattierten Fläche ohne seitliche und obere Begrenzung besteht, kann als Grundstücksbestandteil nicht Sondereigentum sein (OLG Köln OLGZ 1982, 413 = Rpfleger 1982, 278; LG Frankfurt/M. DWE 1993, 32; Weitnauer/Briesemeister § 5 Rn. 21 a.E.; Müller Rn. 81). Besteht gegenüber dem umgebenden Gemeinschaftseigentum eine vertikale Begrenzung, sind Terrassen nach überwiegender Ansicht sondereigentumsfähig (OLG Köln OLGZ 1982, 413 = Rpfleger 1982, 278; BayVGH ZMR 1998, 469; Bauer/v. Oefele AT V Rn. 36; Jennißen/Dickersbach, § 5 Rn. 10; Schöner/Stöber Rn. 2831 a.E.; vgl. auch DNotI-Gutachten DNotI-Report 1998, 1).
68	**Thermostatventil**	S. Heizungsanlage.

Tiefgarage	Eine Tiefgarage, für die kein eigener Miteigentumsanteil gebildet worden ist, kann nicht bestimmten Wohnungseigentumsrechten als gemeinschaftliches Sondereigentum zugeordnet werden, sie ist daher Gemeinschaftseigentum (BayObLG NZM 1999, 26 = ZMR 1999, 48). Unabhängig davon, ob die Tiefgarage insgesamt oder nur einzelne Stellplätze zum Sondereigentum bestimmt worden sind, stellen das Garagendach bzw. die –decke, Stützpfeiler, Seitenbegrenzungen, Fußgängertreppen, Bodenplatte, Zu- und Abfahrten zwingendes gemeinschaftliches Eigentum dar (OLG München ZMR 2008, 232 = NZM 2008, 493; BayObLG ZMR 2004, 928; OLG Düsseldorf DNotZ 2004, 630 = ZMR 2004, 280; Niedenführ/Kümmel/Vandenhouten Rn. 30).	**69**
Treppe	Treppen sind Gemeinschaftseigentum, ebenso das Treppenhaus (BayObLG DNotZ 1982, 246). Dient ein Treppenhaus jedoch lediglich dem ausschließlichen Gebrauch eines Raumeigentümers, dessen Räumlichkeiten zu einem Stockwerk eines mehrere obere Stockwerke umfassenden Raumeigentums gehören, können diese zu Sondereigentum bestimmt werden können (OLG Hamm NJW-RR 1992, 1296).	**70**
Trittschalldämmung	Die Trittschalldämmung ist Gemeinschaftseigentum (OLG Hamm ZMR 1997, 193). Eine zum Fußbodenaufbau gehörende Trittschallmatte hat die Funktion, den bei der Nutzung entstehenden Trittschall von konstruktiven Teilen des Bauwerks abzukoppeln, um so eine Übertragung des Trittschalls auf die übrigen Gebäudeteile zu verhindern (OLG Düsseldorf ZMR 1999, 726).	**71**
Türen	Es ist wie folgt zu unterscheiden: Sondereigentum sind die **Innentüren** eines Raumeigentums (OLG Düsseldorf OLG-Report 2005, 148; BayObLG ZMR 2000, 241 = ZWE 2000, 177). Die **Wohnungsabschlusstüren** können dagegen durch die Teilungserklärung nicht dem Sondereigentum zugeordnet werden; sie sind nach h.M. zwingendes Gemeinschaftseigentum (OLG München ZMR 2007, 725; OLG Stuttgart BauR 2005, 1490; BayObLG ZfIR 2004, 23; a.A. OLG Düsseldorf NZM 2002, 571 = ZMR 2002, 445). Nach a.A. kann lediglich der Innenanstrich der Wohnungseingangstüren Sondereigentum sein (Müller Rn. 81). **Balkon- und Terrassentüren** sind Gemeinschaftseigentum (OLG Düsseldorf NZM 2007, 528; OLG München NZM 2007, 369; OLG Karlsruhe NZM 2002, 220). **Hauseingangstüren** sind Gemeinschaftseigentum (ebenso Bärmann/Armbrüster § 5 Rn. 113).	**72**

73	(Geräte zur) **Verbrauchserfassung**	Geräte zur Verbrauchserfassung sind Gemeinschaftseigentum (für **Wasserzähler** OLG Hamburg ZMR 2004, 291; für **Heizkostenverteiler** OLG Hamburg ZMR 1999, 502). Zum Ganzen s.a. Bielefeld NZM 1998, 249. **Stromzähler** dürften dagegen i.d.R. im Eigentum des Versorgungsunternehmens stehen; wird durch sie lediglich der Verbrauch in einer Sondereigentumseinheit erfasst, sind sie sondereigentumsfähig (Bärmann/Seuß/Kümmel Teil C Rn 66).
74	(Raum mit Geräten zur) **Verbrauchserfassung**	Räume mit Zählereinrichtungen können nur im Gemeinschaftseigentum stehen, wenn ihr Zweck darauf gerichtet ist, der Gesamtheit der Wohnungseigentümer einen ungestörten Gebrauch ihrer Wohnungen und der Gemeinschaftsräume zu ermöglichen und zu erhalten (BGH NJW 1991, 2009 = Rpfleger 1991, 454; OLG Hamm NZM 2006, 142 = ZMR 2006, 60).
75	**Wand**	**Tragende Wände** stehen gem. § 5 Abs. 2 zwingend im Gemeinschaftseigentum (vgl. BGHZ 146, 242 = NZM 2001, 196 = ZMR 2001, 289). Bzgl. **Zwischenwänden** ist darüber hinaus zu differenzieren: • Handelt es sich um eine nicht tragende Zwischenwand, die als Innenwand zwei Räume desselben Sondereigentums trennt, steht diese gem. § 5 Abs. 1 im Sondereigentum (Bärmann/Armbrüster Rn. 120). • Handelt es sich um eine nicht tragende Zwischenwand, die Räumlichkeiten des Sondereigentums von solchen des Gemeinschaftseigentums trennt, steht diese zwingend gem. § 5 Abs. 2 im Gemeinschaftseigentum (Bärmann/Armbrüster Rn. 121). • Handelt es sich dagegen um eine Zwischenwand zweier im Sondereigentum stehender benachbarter Wohnungen, ist nach überwiegender Auffassung von Nachbareigentum auszugehen. Dazu s. ausf. Rdn 83 ff.
76	**Wandanstrich**	S. Tapeten.
77	**Wasserrohre**	Wasserrohre sind wie die übrigen Leitungen (mit Ausnahme der Leitungen einer Zentralheizungsanlage) Gemeinschaftseigentum bis zu dem Punkt, an dem sie in das Sondereigentum eintreten. Zur insoweit bestehenden Möglichkeit von Nachbareigentum an einem von der Hauptleitung abzweigenden Rohrstück, dass zwei Sondereigentumseinheiten versorgt s. Rdn 83.
78	**Wintergarten**	Ein Wintergarten wird als Teil des Gesamtgebäudes angesehen; dessen Dach stellt damit als konstruktives Element einen Teil des Hause dar und kann aus diesem Grund insoweit nur Gemeinschaftseigentum sein (OLG Düsseldorf OLG-Report 2005, 148).
79	**Zähler(raum)**	S. Verbrauchserfassung

Zugangsräume (zu zwingendem Sondereigentum)	Zugangsräume zu Räumen mit zwingendem Gemeinschaftseigentum können nicht im Sondereigentum stehen (BGH NJW 1991, 2909 = Rpfleger 1991, 454; OLG Hamm NZM 2006, 142 = ZMR 2006, 60). Möglich wäre allenfalls ein Sondernutzungsrecht am gemeinschaftlichen Eigentum (BGH NJW 1991, 2909 = Rpfleger 1991, 454). Ein im Gemeinschaftseigentum stehender Heizungsraum kann aber auch nur unmittelbar aus jedem Sondereigentum erreichbar sein (LG Köln MittRhNotK 1993, 224).	80

V. Umdeutung fehlerhafter Zuordnung zum Sondereigentum

§ 5 Abs. 3 WEG eröffnet die Möglichkeit, durch Vereinbarung sondereigentumsfähige Bestandteile des Gebäudes dem Gemeinschaftseigentum zuzuordnen. Die Zuordnung von Gegenständen zum Sondereigentum, die zwingend gemeinschaftliches Eigentums sind, ist dagegen nicht möglich. Enthält die Teilungserklärung dennoch eine derartige fehlerhafte Zuordnung zum Sondereigentum, kann es im Einzelfall in Betracht kommen, sie **umzudeuten in eine Übertragung der Instandhaltungspflicht oder** eine Überbürdung **der Instandhaltungskosten** auf den einzelnen Wohnungseigentümer. Eine schematische Gleichsetzung einer unwirksamen Zuordnung mit einer Übertragung der Instandhaltungspflicht verbietet sich jedoch; es ist in jedem Einzelfall unter Berücksichtigung der übrigen Bestimmungen der Teilungserklärung zu prüfen, ob eine solche Umdeutung vorzunehmen ist. 81

Die Umdeutung ist darauf gerichtet, dem rechtsgeschäftlich erklärten Willen in einer anderen Gestalt zur Geltung zu verhelfen. Die Bestimmungen des § 21 Abs. 5 Nr. 2 WEG und des § 16 Abs. 2 WEG sind abdingbar, sodass insoweit eine von der gesetzlichen abweichende Regelung getroffen werden kann. Für die Umdeutung gelten wie für die Auslegung der Teilungserklärung die im Grundbuchrecht maßgeblichen Grundsätze. Abzustellen ist deshalb auf den objektiven Sinn, wie er sich für den unbefangenen Betrachter als nächstliegende Bedeutung ergibt. Umstände außerhalb der Urkunde, insbesondere subjektive Vorstellungen des teilenden Eigentümers, die nicht aus der Urkunde selbst erkennbar sind, müssen unberücksichtigt bleiben (OLG Hamm ZMR 1997, 193, 195; OLG Hamm NJW-RR 1992, 148, 149; zur Auslegung von Teilungserklärungen vgl. auch BGH NJW 1998, 3713, 3714). 82

Für eine Umdeutung kann etwa sprechen, dass aus anderen Bestimmungen der Teilungserklärung eine Tendenz deutlich wird, die Verteilung der Instandhaltungskosten enger an den jeweiligen Nutzungsverhältnissen zu orientieren als es das Gesetz in § 16 Abs. 2 vorsieht, etwa indem Unterhalts- und Instandhaltungskosten von Einrichtungen wie Treppenhäusern und Aufzügen nur den Wohnungseigentümern auferlegt werden, die auch durch sie erreichbar sind (vgl. OLG Hamm ZMR 1997, 193, 195 für die Geschossdecken »ab Oberkante Rohdecke«). Eine Umdeutung wird auch nahe liegen, wenn wegen einer nicht möglichen Grundstücksteilung an Reihen- oder Doppelhäusern Wohnungseigentum begründet wurde und die Teilungserklärung bestimmt, dass die Wohnungseigentümer wirtschaftlich so weit wie möglich wie Alleineigentümer gestellt sein sollen. 83

Gegen eine Umdeutung kann etwa sprechen, dass die Teilungserklärung eine anderweitige abschließende Regelung über die Kostentragung enthält (vgl. OLG Hamm NJW-RR 2002, 156, 157, das aus diesem Grund eine Überbürdung der Kosten für die Nachrüstung der Heizungsanlage mit Thermostatventilen abgelehnt hat). Auch eine bereits bestehende Mehrbelastung eines Wohnungseigentümers mit Instandhaltungskosten kann gegen eine Überbürdung weiterer Kosten sprechen, wenn etwa sein Miteigentumsanteil im Verhältnis zur Größe des Wohnungseigentums deutlich erhöht ist (vgl. OLG Hamm WE 1996, 84

430, 432: Dort war ein Anbau insgesamt als Sondereigentum ausgewiesen, jedoch mit einem im Verhältnis zu seiner Größe doppelt so hohen Miteigentumsanteil verbunden wie die anderen Wohnungen).

85 Für **Fenster und Rollläden** ist eine Umdeutung der fehlerhaften Zuordnung zum Sondereigentum durch obergerichtliche Entscheidungen mehrfach bejaht worden (OLG Hamm NJW-RR 1992, 148, 149; OLG Düsseldorf NJW-RR 1998, 515, 516; OLG Karlsruhe NZM 2002, 220 auch für Balkongeländer). Das OLG Hamm hat dabei entscheidend darauf abgestellt, dass es sich um eine gemischt genutzte Wohnungs- und Teileigentumsanlage handelte und die – teilweise fehlerhafte – Zuordnung bestimmter Gebäudeteile und Einrichtungen zum Sondereigentum eine ausgewogene Abgrenzung der Verantwortungsbereiche bewirken und dem bei Ladengeschäften erhöhten Glasbruchrisiko Rechnung tragen wollte. Das OLG Karlsruhe hebt hervor, dass es sich um Gegenstände handelt, deren Lebensdauer und Reparaturbedürftigkeit zumindest auch von der Pflege und Behandlung durch den jeweiligen Eigentümer abhängt.

86 Hingegen hat das BayObLG die Aufzählung eines **Balkons** bei den zum Sondereigentum gehörenden Räumen dahin ausgelegt, dass Sondereigentum lediglich an dessen sondereigentumsfähigen Teilen begründet werden sollte und sich auch die Instandhaltungspflicht des jeweiligen Wohnungseigentümers nur auf diese beschränkt (BayObLG NJW-RR 2004, 375 = NZM 2004, 106, 107; vgl. auch OLG Düsseldorf NJW-RR 1998, 515, 516).

87 Die fehlgeschlagene Begründung von Sondereigentum kann ggf auch **in ein Sondernutzungsrecht** für den Berechtigten gem. § 140 BGB **umgedeutet** werden, wenn sämtliche Tatbestandsmerkmale für die Entstehung eines Sondernutzungsrechts vorliegen (KG ZMR 1999, 206; OLG Köln MittRhNotK 1996, 61; OLG Hamm Rpfleger 1983, 19; BayObLG MDR 1981, 145; Böhringer MittBayNot 1990, 12; Weitnauer/Briesemeister § 5 Rn. 10; **a.A.** Abramenko Rpfleger 1998, 313: nur schuldrechtliche Anpassungsansprüche). Eine Umdeutung scheidet mithin in den Fällen aus, in denen das gesamte einem Miteigentumsanteil zugedachte Sondereigentum umgedeutet werden müsste. Nach der Systematik des WEG kann ein Sondernutzungsrecht nämlich nicht mit einem isolierten (substanzlosen) Miteigentumsanteil verbunden werden. Rechtlich gehört das Sondernutzungsrecht (vgl. § 13) zum Inhalt des Sondereigentums, so dass immer ein (Rest-)Sondereigentum vorhanden sein muss, dessen Inhalt das umgedeutete Sondernutzungsrecht bilden kann (KG ZMR 1999, 206; F. Schmidt ZWE 2007, 280, 284 f.). Seine Grenzen findet eine Umdeutung daher immer dann, wenn es für den Berechtigten innerhalb der Gemeinschaft keine entsprechende Rechtsposition gibt oder das Sondernutzungsrecht einem außenstehenden Dritten zugeordnet werden müsste (vgl. F. Schmidt ZWE 2007, 290, 284 f. mit Beispielen). Auch nicht in Betracht kommt eine Umdeutung, wenn die Verhältnisse so unklar sind, dass ein entsprechend den Anforderungen des Grundbuchverkehrs eindeutiges Ergebnis nicht gefunden werden kann (Böhringer MittBayNot 1990, 12, 16; Meikel/Streck § 53 Rn. 33).

88 **Vorsicht** ist geboten, wenn sich durch eine Umdeutung in ein Sondernutzungsrecht der Berechtigte anschließend in einer für ihn günstigeren Rechtsposition wiederfindet, weil mit der Einräumung eines Sondernutzungsrechts im Hinblick auf § 16 Abs. 2 WEG keine entsprechende Kostentragungsverpflichtung wie bei einem Sondereigentum verbunden sein muss (Köhler/Bassenge/Häublein Teil 12 Rn. 91).

89 Die **Wirkungen** einer solchen Umdeutung sind umstritten. Während einerseits zu Recht die Möglichkeit einer rückwirkenden Heilung angenommen wird (Meikel/Streck § 53 Rn. 33; MüKo/Wacke § 873 Rn. 55), will ein Teil der Literatur die Wirkung erst ex nunc eintreten lassen (Demharter § 53 Rn. 4; Staudinger/Gursky § 879 Rn. 265 f.). Richtigerweise hat jedoch ein Sondernachfolger oder ein Gläubiger eines anderen Wohnungseigentümers sein Recht bereits von vornherein belastet mit der Umdeutungsmöglichkeit erworben; nur die rückwirkende Heilung kann Rechtsverluste vermeiden.

19. Kapitel
Verwalter und Verwaltungsbeirat

Übersicht **Rdn.**

Rdn.

Neuere Literatur:
Abramenko, Die Streitwertvereinbarung nach § 27 Abs. 2 Nr. 4, Abs. 3 S. 1 Nr. 6 WEG: Möglichkeiten, Grenzen und Alternativen, ZWE 2009, 154-160; ders., Die gerichtliche Verwalterbestellung ohne Anrufung der Eigentümerversammlung, ZMR 2009, 429-431; Bergerhoff, Die wohnungseigentumsrechtliche Anfechtungsklage im ZPO-Verfahren, NZM 2007, 425-432; Briesemeister, Korrigenda zur WEG-Reform 2007, NZM 2007, 345-347; Bub, Die Instandhaltung und Instandsetzung des gemeinschaftlichen Eigentums-dringende Maßnahmen, ZWE 2009, 245-253; Derleder, Die Einführung des Lastschriftverfahrens für die Wohnungseigentümer nach dem neuen WEG, ZMR 2008, 10-14; Drabek, Die Ermächtigung eines Wohnungseigentümers zum Vertreter der Gemeinschaft – § 27 Abs. 3 S. 3 WEG, ZWE 2008, 75-80; Elzer ZMR 2008, 772-775; Gottschalg, Pflicht und Befugnis des Verwalters zur Mandatierung eines Rechtsanwalts, ZWE 2009, 114-118; Greiner, Zum Abschluss des Verwaltervertrags, ZWE 2008, 454-458; Häublein »Drittwirkung« der Verwalterpflichten; ZWE 2008, 1-8 u. 80-85; ders., Laufende Maßnahmen der Instandhaltung und Instandsetzung des gemeinschaftlichen Eigentums. Aufgaben und Befugnisse des Verwalters gem. § 27 Abs. 3 S. 1 Nr. 3 WEG, ZWE 2009, 189-195; Hügel Der Verwalter als Organ des Verbands Wohnungseigentümergemeinschaft und als Vertreter der Wohnungseigentümer ZMR 2008, 1-9; Jacoby, Zum Abschluss des Verwaltervertrages, ZWE 2008, 327 f.; Kuhla, Prozesskostenvorschüsse aus der Gemeinschaftskasse, ZWE 2009, 196-200; Lehmann-Richter, Der Verwalter als Prozessbevollmächtigter, ZWE 2009, 298-301; Merle, Zur Vertretung der beklagten Wohnungseigentümer im Beschlussanfechtungsverfahren, ZWE 2008, 109–112; ders., Zur Feststellung des Beschlussergebnisses bei Vereinbarungen zur Stimmkraft, ZWE 2009, 15; Müller, Die Prozessvertretung der Beklagten durch den Verwalter im Anfechtungsrechtsstreit-Eine Replik auf Merle, ZWE 2008, 109, ZWE 2008, 226-229; Reichert, Rechtsfragen der Beschluss-Sammlung, ZWE 2007, 388-393; Schmid, Zur Entlastung der Mitglieder des Verwaltungsbeirates, ZMR 2010, 667-668; Schultz, Zur Rechtsstellung des Verwalters. Anmerkungen zu einzelnen Beiträgen des 34. Fachgesprächs des ESWiD in Fischen/Allgäu, ZWE 2009, 161-164; Skauradszun, Die Verwalterhaftung-Pflichten und Haftungsbeschränkungen, ZWE 2008, 419-423; Suilmann, Die Ermächtigung des Verwalters nach § 27 Abs. 3 S. 1 Nr. 7 WEG, ZWE 2008, 113-120; Vandenhouten, Die Informationspflichten des Verwalters bei Rechtsstreitigkeiten gem. § 27 Abs. 1 Nr. 7 WEG; Wenzel, Die Wahrnehmung der Verkehrssicherungspflicht durch den Wohnungseigentumsverwalter, ZWE 2009, 57-63.

I. Der Verwalter

1. Die Bedeutung des Verwalters in der Anwaltspraxis

Der Verwalter ist im Wohnungseigentumsrecht nach der Eigentümerversammlung das **zweitwichtigste Organ der Eigentümergemeinschaft**. Er verwaltet das Gemeinschaftseigentum. Für den Anwalt, der die Eigentümer vertritt, ist er i.d.R. der wichtigste Ansprechpartner, da er durch die Ermächtigung gem. § 27 Abs. 2 Nr. 2, Abs. 3 S. 1 Nr. 2 WEG zur Rechtsverteidigung für Wohnungseigentümer und Verband berechtigt ist und darüber hinaus nach § 27 Abs. 3 S. 1 Nr. 7 WEG zur Prozessführung in sonstigen Verfahren ermächtigt werden kann (vgl. Rdn. 122 ff.). Der Verwalter kann aber auch selbst Gegner von Wohnungseigentümern bzw. des teilrechtsfähigen Verbandes sein, wenn es etwa um die Ungültigerklärung seiner Abberufung oder um Ansprüche aus dem Verwaltervertrag geht. Diese Fallgestaltung ist vorrangiger Gegenstand dieses Abschnittes, der die organschaftliche Stellung und die schuldrechtlichen Beziehungen zwischen Verwalter und Wohnungseigentümern (wo möglich und sinnvoll anhand von Beispielen) erläutern will, wobei sich die Gliederung an der Verwalertätigkeit von der Bestellung bis zur Abberufung orientiert. 1

2. Die Bestellung des Verwalters

a) Unabdingbarkeit der Verwalterbestellung

2 **Fall:**

In einer Eigentümergemeinschaft, die aus vier Reihenhäusern besteht, beantragt ein neuer Eigentümer nach 20 Jahren erstmals die Bestellung eines Verwalters, da er die Finanzplanung für undurchsichtig hält. Die Wohnungseigentümer halten dies bei der Größe der Liegenschaft für entbehrlich und lehnen den Antrag ab. Allenfalls wären sie bereit, aus Gründen der Kostenersparnis einen Verwalter für die gesamte Reihenhaussiedlung, die aus mehreren Eigentümergemeinschaften besteht, zu bestellen.

3 Die Bestellung eines Verwalters ist gesetzlich nicht zwingend vorgeschrieben, sodass sich die Gemeinschaft in obigem Beispiel ohne weiteres selbst verwalten konnte. Ein Ausschluss der Verwalterbestellung ist aber nach **§ 20 Abs. 2 WEG** nicht möglich. Wollen also nicht alle Wohnungseigentümer auf einen Verwalter verzichten, kann seine Bestellung nicht verhindert werden. Ein **abweichender Beschluss** ist wegen Verstoßes gegen § 20 Abs. 2 WEG **nichtig**. Im Weigerungsfalle kann jeder einzelne Eigentümer die Bestellung eines Verwalters – nach der Rechtsprechung sogar einer bestimmten Person – als Maßnahme ordnungsmäßiger Verwaltung nach § 21 Abs. 4 WEG gerichtlich durchsetzen (vgl. Rdn. 40 ff.). Die im Beispielsfall erwogene Verwaltung mehrerer Eigentümergemeinschaften durch einen Verwalter kann selbst durch Vereinbarung nicht herbeigeführt werden, da dann entgegen § 10 Abs. 3 WEG bei der Verwaltung zwingend eine Gemeinschaft in die Verwaltung der anderen eingriffe (OLG Hamm ZMR 2005, 721 ff.). Umgekehrt können die einzelnen Häuser einer Mehrhausanlage nicht separate Verwalter bestellen (LG Nürnberg-Fürth ZMR 2010, 315; AG Heilbronn ZMR 2010, 484).

4 **Praxistipp:**

Die Mehrheit, die etwa aus Kostengründen der Bestellung eines Verwalters skeptisch gegenübersteht, ist also bei einem entsprechenden Verlangen besser beraten, einen **Verwalter aus ihren Reihen** oder den turnusmäßigen Wechsel des Amtes unter den Miteigentümern zu beschließen. Bei der Person des Verwalters kommt ihr nämlich ein erheblicher Ermessensspielraum zu (s. Rdn. 28).

b) Die Bedeutung der Bestellung und die sog. »Trennungstheorie«

5 Die Bestellung zum Verwalter betrifft streng genommen nur die sog. »organschaftliche« Rechtsstellung. Diese Konstruktion wurde mangels näherer Regelung von Begründung und Beendigung der Verwalterstellung im WEG aus allgemeinen Grundsätzen körperschaftlicher Personenvereinigungen abgeleitet. Danach verleiht nur der Bestellungsakt – nicht der Abschluss des Verwaltervertrages – die im Gesetz (und gegebenenfalls in der Gemeinschaftsordnung) vorgesehenen Rechte. In der Folge kann der Verwalter schon vor Einigung über die schuldrechtlichen Konditionen seiner Tätigkeit bestellt sein und umgekehrt – jedenfalls nach h.M. – auch nach Abberufung Ansprüche aus dem Verwaltervertrag haben. Daher erlangt der Bewerber die Verwalterstellung entgegen verbreiteter Ansicht (BayObLGZ 1974, 309; OLG Köln Rpfleger 1986, 299) auch schon mit Annahme der Bestellung, nicht erst mit Abschluss des schuldrechtlichen Vertrages (OLG Köln ZMR 2008, 70; Schmidt WE 1998, 210; Wenzel ZWE 2001, 512; Bogen ZWE 2002, 290; Bärmann/Pick/Merle § 26 Rn. 26; Niedenführ/Kümmel/Vandenhouten § 26 Rn. 6). Nur dies entspricht der Systematik des Gesetzes, das zum Nachweis der Verwalterstellung in § 26 Abs. 3 WEG nur den Bestellungsbeschluss, nicht den Verwaltervertrag genügen lässt. Ohne

Übernahme dieser Trennungstheorie, die in den Parallelkonstellationen des Gesellschaftsrechts die ganz h.M. darstellt, wäre auch kaum erklärbar, weshalb es bei der Beendigung der Verwalterstellung unstreitig nur auf den Abberufungsbeschluss ankommen soll. Der Verwalter ist somit bereits mit der Bestellung, aber vor Abschluss eines Verwaltervertrages etwa Zustellungsbevollmächtigter nach § 27 Abs. 2 Nr. 1 bzw. Abs. 3 S. 1 Nr. 1 WEG und geldempfangsberechtigt nach § 27 Abs. 1 Nr. 4, 5 WEG. Willenserklärungen und Überweisungen an ihn wirken also auch dann für und gegen die Wohnungseigentümer, wenn der Verwaltervertrag nicht zustande kommt oder nichtig ist, da die organschaftliche Verleihung bzw. Aberkennung der Verwaltereigenschaft (Bestellung und Abberufung) vom Abschluss bzw. der Beendigung des schuldrechtlichen Verwaltervertrags unabhängig ist (sog. Trennungstheorie s. BGH NJW 1997, 2107; OLG Zweibrücken ZMR 2004, 66).

c) Der Trennungstheorie nicht genügende Beschlussfassungen in der Praxis

In der Praxis wird diese Trennung von organschaftlicher Stellung und Verwaltervertrag 6
freilich nicht selten außer Acht gelassen. Häufig beschließen die Wohnungseigentümer etwa nur die »Verlängerung des Verwaltervertrages« oder nur die »Wiederbestellung zu den bisherigen Konditionen«. Eine solche unrichtige Ausdrucksweise, ist nach allgemeinen Grundsätzen unschädlich, sofern sich zumindest im Wege der Auslegung ermitteln lässt, dass auch die andere Komponente einbezogen sein soll (BayObLG WE 1991, 223). Erst recht kann beides miteinander verbunden werden (OLG Brandenburg ZMR 2008, 387).

d) Rückwirkende Bestellungen

Fall: 7

> Verwalter und Wohnungseigentümer haben es versäumt, den Verwalter rechtzeitig neu zu bestellen. Sie beschließen daher auf der nächsten Eigentümerversammlung die Wiederbestellung mit Rückwirkung ab dem Ablauf der letzten Amtsdauer.

Dieser – in der Praxis häufige – Fall schafft in mehrfacher Hinsicht erhebliche Probleme. 8
Aus den Grundsätzen der Trennungstheorie folgt nämlich, dass der Verwalter **nicht rückwirkend bestellt werden kann** (OLG Hamm DWE 1995, 126; OLG Köln ZMR 2007, 717). Denn die organschaftliche Stellung kann nur für die Zukunft begründet werden. Insoweit wäre der Bestellungsbeschluss unwirksam. Da die Wohnungseigentümer mit der rückwirkenden Bestellung in jedem Fall auch diejenige (nur) für die Zukunft wünschen, ist der Beschluss analog § 139 BGB nur teilweise, hinsichtlich der Rückwirkung des organschaftlichen Aktes nichtig. Hingegen bleibt es hinsichtlich der schuldrechtlichen Komponente bei den allgemeinen Regeln. Die Wohnungseigentümer können demnach bis zur wirksamen Wiederbestellung des Verwalters vorgenommene Rechtsgeschäfte rückwirkend genehmigen und dem Verwalter einen schuldrechtlichen Anspruch für seine Tätigkeit zubilligen (OLG Hamm DWE 1995, 126).

e) Die Bestellung in der Teilungserklärung (Gemeinschaftsordnung)

Fall: 9

> In der Teilungserklärung wird der Bauträger zum ersten Verwalter für drei Jahre bestellt. Laut Teilungserklärung soll er über die Rechte nach § 27 WEG hinaus eine Hausordnung aufstellen können. Die Wohnungseigentümer halten diese Bestellung in der Teilungserklärung für unwirksam, möchten aber jedenfalls eine andere Hausordnung als die vom Verwalter aufgestellte beschließen. Dieser meint unter Hinweis auf die Rechtsprechung zu Zitterbeschlüssen (BGH ZMR 2000, 771), ein von der Teilungserklärung abweichender Beschluss sei nichtig.

10 Der erste Verwalter kann bereits in der Teilungserklärung bzw. Gemeinschaftsordnung der teilenden Eigentümer berufen werden (BayObLGZ 1974, 279; KG OLGZ 1976, 268; zweifelnd AG Hamburg-Blankenese ZMR 2008, 838). Hierin liegt den Erwerbern gegenüber grundsätzlich kein Verstoß gegen Treu und Glauben (BGH ZMR 2002, 770). Auch die Berufung in der Teilungserklärung muss aber die gesetzlichen Beschränkungen, insbesondere die Höchstbestellungsdauer nach § 26 Abs. 1 S. 2 WEG einhalten, was in obigem Beispiel der Fall ist. Die Bestellung des Bauträgers oder eines Mehrheitseigentümers wird zwar – auch in der Rechtsprechung – im Hinblick auf absehbare Interessenkonflikte insbesondere bei der Geltendmachung von Gewährleistungsansprüchen wegen Mängeln am Gemeinschaftseigentum als problematisch empfunden, aber grundsätzlich als zulässig angesehen (BGH ZMR 2002, 936; OLG Saarbrücken ZMR 1998, 54 f.; OLG Düsseldorf ZMR 1999, 581; zu Höchstdauer der Erstbestellung nach neuem Recht s.u. Rdn. 23 f. u. 222).

11 Die Bestellung des Verwalters stellt aber keine Willensbildung der Eigentümergemeinschaft im Sinne einer Vereinbarung dar, sondern bleibt ein einseitiger Entschluss des teilenden Eigentümers. Deshalb kommt ihr **nicht der Vereinbarungscharakter** der Teilungserklärung zu; vielmehr kann sie wie die Organbestellung durch die Satzung im Gesellschaftsrecht als bloß **formeller Bestandteil** der Gemeinschaftsordnung durch Mehrheitsentscheidung abgeändert werden (BGHZ 18, 207; BayObLGZ 1974, 279; vgl. Bärmann/Merle § 26 Rn. 67; Niedenführ/Kümmel/Vandenhouten § 26 Rn. 23; Deckert Die ETW, Gr. 4 Rn. 1034 f.). Dies setzt allerdings das Entstehen einer Wohnungseigentümergemeinschaft voraus; ein »Beschluss« des teilenden Eigentümers oder einer Nachfolgegesellschaft ist nichtig (OLG Düsseldorf ZMR 2005, 896 f.). Die Aufstellung einer Hausordnung durch Mehrheitsbeschluss der Eigentümerversammlung in Abweichung von der Regelung in der Teilungserklärung ist somit ebenso möglich wie die ausdrückliche Bestellung des nächsten Verwalters ohne die Befugnis zur Aufstellung einer Hausordnung.

f) Die Befugnis zur Bestellung eines Verwalters

12 Als Minus zur Bestellung eines Verwalters kann sich der teilende Eigentümer in der Teilungserklärung bzw. Gemeinschaftsordnung auch die zukünftige Bestellung vorbehalten. Eine solche Befugnis zur Verwalterbestellung **endet allerdings mit Entstehen der »werdenden Wohnungseigentümergemeinschaft«**, also mit Eintragung der Auflassungsvormerkung des ersten Erwerbers und dessen Inbesitznahme des Wohnungseigentums (BayObLG NJW-RR 1994, 784). Ist bis dahin kein Verwalter bestellt, muss durch das Wohnungseigentumsgericht ein Verwalter nach § 21 Abs. 4 WEG bestellt oder – kostengünstiger und daher vorzuziehen – ein Wohnungseigentümer zur Einberufung der ersten Eigentümerversammlung bestellt werden.

g) Die Verleihung der organschaftlichen Rechtsstellung durch Mehrheitsbeschluss

13 ▶ **Beispiel**

Bei der Verwalterwahl stellen sich vier Kandidaten zur Wahl. Von den vorhandenen 32 Stimmen erhält der erste Bewerber 14 Stimmen, der nächste 10, der dritte 6 und der vierte 2. Der Versammlungsleiter verkündet daraufhin die Wahl des ersten Bewerbers. Ein Wohnungseigentümer, der den Gewählten nicht ausstehen kann, will die Wahl anfechten.

14 In der Regel erfolgt die Bestellung und Abberufung, sieht man vom Sonderfall gerichtlichen Tätigwerdens ab, nach § 26 Abs. 1 S. 1 WEG durch die Eigentümerversammlung. Allerdings kann deren Vorbereitung von einem engeren Gremium übernommen werden.

So darf der Verwaltungsbeirat eine Vorauswahl treffen und der Eigentümerversammlung nur die seiner Auffassung zufolge besonders qualifizierten Bewerber präsentieren (OLG Düsseldorf ZMR 2002, 214; ähnlich OLG Hamm ZMR 2009, 59). Die Tätigkeit einer solchen »Findungskommission« bedarf keiner Genehmigung durch einen Mehrheitsbeschluss (OLG Hamm ZMR 2009, 59). Die Möglichkeit der Miteigentümer, sich zu den Kandidaten zu äußern oder eigene Bewerber vorzuschlagen darf aber nicht beschränkt werden (OLG München ZMR 2007, 1000). Selbstverständlich müssen sie auch über die eingeholten Angebote unterrichtet werden (OLG Hamm ZMR 2009, 59). Die Bestellung erfordert einen Mehrheitsbeschluss. Dabei genügt die relative Mehrheit auch unter einer Vielzahl von Bewerbern nicht. Vielmehr benötigt der zu Bestellende auch bei einer Mehrzahl von Bewerbern **nicht nur die relative, sondern die einfache Mehrheit** der abgegebenen Stimmen (BayObLG ZMR 2004, 126; a.A. jetzt Bärmann/Merle § 26 Rn. 35) bzw. bei entsprechender Regelung in der Gemeinschaftsordnung der Miteigentumsanteile (vgl. hierzu BGH ZMR 2002, 933; BayObLG ZMR 2004, 126). In obigem Beispiel hat somit kein Kandidat die erforderliche Mehrheit erreicht.

Praxistipp: 15

Maßgeblich ist allerdings auch insoweit die Beschlussfeststellung durch den Versammlungsleiter, auch wenn sie von falschen Mehrheitserfordernissen ausgeht (BayObLG ZMR 2004, 126). Eine falsche Ergebnisverkündung muss folglich angefochten werden, verbunden mit dem Antrag auf Feststellung des richtigen Ergebnisses. Ansonsten erwächst die fehlerhafte Feststellung in Bestandskraft.

Einer neueren Auffassung zufolge (Merle ZWE 2009, 17 ff.) soll die Unzulässigkeit von Beschränkungen bei der Verwalterwahl nach § 26 Abs. 1 S. 5 WEG auch die Stimmenmehrheit nach Köpfen gem. §§ 26 Abs. 1 S. 1, 25 Abs. 2 WEG erfassen. Hieraus schlussfolgert diese Position, dass es für die Bestellung des Verwalters ausreichend ist, wenn ein Kandidat entweder die Mehrheit nach Köpfen oder die in der Gemeinschaftsordnung vorgesehene etwa nach Einheiten oder Miteigentumsanteilen erhält (Merle ZWE 2009, 22 f.). Dies erscheint schon deswegen kaum nachvollziehbar, weil es nach dieser Auffassung zur Bestellung zweier Verwalter kommen könnte, nämlich eines, der durch Mehrheit nach Köpfen, und eines weiteren, der nach dem in der Gemeinschaftsordnung vorgesehenen Modus bestellt wird. Zudem leuchtet nicht ein, wieso neben einem gem. § 26 Abs. 1 S. 5 WEG unabdingbaren Schlüssel noch andere wahlweise anwendbar sein können. Im Unterschied zu den von dieser Auffassung (Merle ZWE 2009, 17 f.) herangezogenen neuen Beschlusskompetenzen ist die Stimmkraft bei der Abstimmung über die Bestellung des Verwalters gerade nicht ausdrücklich von der Unabdingbarkeit erfasst. Sowohl § 16 Abs. 5 WEG als auch § 22 Abs. 2 S. 2 WEG sehen ausdrücklich eine Unabdingbarkeit der Regelung zur Stimmkraft vor. Vergleichbares fehlt nach der Novelle in § 26 Abs. 1 S. 5 WEG. Es ist nicht erkennbar, dass der Gesetzgeber hier eine Änderung beabsichtigt haben könnte, so dass die zur unveränderten früheren Gesetzeslage ergangene Rechtsprechung weiterhin Anwendung finden kann (ebenso AG Charlottenburg ZMR 2010, 644; AG Dresden ZMR 2010, 804; Jennißen/Jennißen § 26 Rn. 38). 16

Stimmberechtigt sind alle Wohnungseigentümer, auch Amtsbewerber (BGH ZMR 2002, 934 f.; vgl. OLG Hamburg ZMR 2001, 998). Inhaltlich muss die Bestellung den Willen zur Verleihung der organschaftlichen Stellung erkennen lassen; eine bloße Vertrauenskundgabe o.Ä. ist nicht als Bestellung anzusehen (OLG Hamburg ZMR 2004, 368). Die Bestellung kann nach h.M. nicht unter einer Bedingung erfolgen (KG OLGZ 1976, 268; Staudinger/Bub § 26 Rn. 121; vgl. BayObLG NJW-RR 1992, 802). Dies erscheint zu streng, da gerade beim Streit um die Wirksamkeit einer Abberufung die auflösend 17 bedingte Bestellung des neuen Verwalters die dogmatisch sauberste Lösung darstellen dürfte (Bärmann/Merle § 26 Rn. 62; vgl. OLG Zweibrücken ZMR 2004, 64). Der Beschluss ist wie jeder andere objektiv-normativ auszulegen. Damit können i.d.R. nur der Wortlaut des Beschlusses und der weitere Inhalt der Niederschrift sowie Umstände, die für jedermann ohne Weiters erkennbar sind herangezogen werden (OLG Frankfurt ZMR 2009, 57). Hingegen bleibt bei einer Falschbezeichnung des Gewählten unerheblich, wen die Eigentümerversammlung in Wahrheit bestellen wollte, wenn dies nicht aus allgemein ersichtlichen oder im Protokoll festgehaltenen Umständen hervorgeht (OLG Frankfurt ZMR 2009, 57 f.). Die Stimmzettel können hierbei nicht berücksichtigt werden, da sie nicht allgemein zugänglich sind (OLG Frankfurt ZMR 2009, 57 f.). Bei der Bestellung eines Verwaltungsunternehmens wird dessen wahrer Inhaber Verwalter, nicht ein fälschlich dafür gehaltener Vertreter, da es sich um ein unternehmensbezogenes Geschäft handelt (BayObLG ZMR 2001, 132). Der Bestellungsbeschluss bindet, wie stets, auch die überstimmten und abwesenden Miteigentümer sowie Sondernachfolger. Er ist zunächst ein **interner körperschaftlicher Akt**, der seine Wirkung erst mit der zumindest konkludenten **Erklärung gegenüber dem Betroffenen** entfaltet (BGH ZMR 2002, 768; OLG Hamburg ZMR 2001, 998). Dies ist bei dessen Anwesenheit auf der Eigentümerversammlung ohne Weiteres der Fall. Ansonsten erfolgt die Erklärung zweckmäßigerweise durch einen Bevollmächtigten. Die Bestellung bedarf überdies der Annahme durch den Bestellten, da niemand ohne seinen Willen zum Verwalter berufen werden kann (BayObLGZ 1975, 331; OLG Hamburg ZMR 2001, 998). Diese kann allerdings konkludent, etwa durch Fortführung der Verwaltertätigkeit erklärt werden (BayObLG WE 1992, 227; OLG Brandenburg ZMR 2008, 387).

h) Weitere Regelungen zur organschaftlichen Stellung durch die Eigentümerversammlung

18 Die aus § 26 Abs. 1 WEG folgende Kompetenz, den Verwalter mit Mehrheitsbeschluss zu bestellen, berechtigt die Eigentümerversammlung auch zur weiteren Ausgestaltung seiner organschaftlichen Stellung. So kann die Mehrheit etwa die Dauer seiner Tätigkeit festlegen (OLG Brandenburg ZMR 2008, 387), was allerdings i.d.R. eine vorzeitige Abberufung ohne wichtigen Grund ausschließt (s. Rdn. 195 u. 229 ff.). Häufige weitere Regelungen im Bestellungsbeschluss umfassen die Einräumung zusätzlicher Befugnisse oder nähere Bestimmungen zu den Modalitäten seiner Abberufung. Nichtig ist lediglich ein von Gesetz oder Teilungserklärung abweichender Beschluss, der Entsprechendes abstrakt-generell für die zukünftigen Verwalter regeln will (vgl. OLG München ZMR 2008, 74).

i) Die wiederholte Bestellung (§ 26 Abs. 2 WEG)

19 **Fall:**

> Der Verwalter lässt sich auf der Eigentümerversammlung vom 30.07.2007 für 5 Jahre neu bestellen. Seine Bestellung liefe ansonsten zum 01.09.2008 aus. Er verkündet sodann den Beschluss, er sei ab sofort für 5 Jahre wiedergewählt.

20 Die Wohnungseigentümer müssen sich, wie § 26 Abs. 2 1. Halbs. WEG klarstellt, nicht nach fünfjähriger Amtszeit von einem Verwalter trennen, mit dem sie zufrieden waren (OLG Zweibrücken ZMR 2005, 908). Andererseits sucht diese Vorschrift die Wohnungseigentümer durch den 1973 in das Gesetz eingefügten zweiten Halbs. vor einer Umgehung der Höchstbestellungsdauer zu schützen. Mit diesem Abrücken von der zuvor *unbeschränkten Bestellungsmöglichkeit* sollten Auswüchse insbesondere von Bauträgern beschnitten werden, die sich in der Teilungserklärung häufig für Jahrzehnte zum Verwalter der Wohnanlage bestellen ließen. Demnach darf der Beschluss über die Wiederbestellung erst im letzten Jahr der Bestellungszeit gefasst werden, da ansonsten frühzeitig eine Bestellungskette mehrerer aufeinander folgender Bestellungen möglich wäre, die weit über die gesetzliche Frist von 5 Jahren hinausreichen könnte. Im obigen Beispielsfall ist somit die eigentlich beschlossene Neuwahl noch nicht zulässig. Ein entsprechender Beschluss ist nichtig (OLG Zweibrücken ZMR 2005, 908 f.).

Allerdings ist nach dem Sinn der Norm eine Ausnahme dann zulässig, wenn die **Neubestellung mit sofortiger Wirkung** oder jedenfalls noch vor Ablauf der alten Amtszeit erfolgen soll, sodass die missbilligte Bindung über einen Zeitraum von mehr als 5 Jahren ebenfalls nicht eintritt (BGH NJW-RR 1995, 780 f.; OLG Hamm OLGZ 1990, 192 f.; OLG Zweibrücken ZMR 2005, 909; AG Siegburg ZMR 2009, 84). Der verkündete Beschluss ist somit rechtlich zulässig. Da die Verkündung des Versammlungsleiters maßgeblich ist, wird sie mangels Anfechtung wirksam (BGH ZMR 2001, 809 ff.). 21

Auch **Verlängerungsklauseln** müssen sich an diesen Vorgaben messen lassen. Sie sind nur wirksam, wenn sich mit der Verlängerung keine 5 Jahre überschreitende Amtszeit ergibt (BayObLG WE 1996, 315). Ansonsten endet die Bestellung wie bei der unbefristeten Bestellung ohne weiteres nach 5 Jahren (OLG Köln WE 1990, 171). Aus § 26 Abs. 2 2. Halbs. WEG geht umgekehrt auch hervor, dass grundsätzlich nicht nach § 21 Abs. 4 WEG verlangt werden kann, Beschlussanträge über die Neubestellung früher als im letzten Amtsjahr eines Verwalters auf die Tagesordnung von Eigentümerversammlungen zu setzen (BayObLG WuM 1992, 87). Allerdings kann ein solcher Antrag der Sache nach auf die Abberufung des Verwalters zielen, was selbstverständlich zulässig ist. 22

Auch die Maximaldauer der Bestellung auf 5 Jahre erschien für die erste Bestellung nach der Begründung von Wohnungseigentum zu lange, da der i.d.R. noch vom Bauträger eingesetzte erste Verwalter aufgrund seiner Beziehungen zu diesem bei der Geltendmachung von Gewährleistungsansprüchen oftmals sehr zurückhaltend war. In der Folge bestand nach altem Recht für die Gemeinschaft die Gefahr des Rechtsverlusts (BT-Drucks. 16/3843 S. 51). Denn die Verjährungsfrist hierfür läuft nach § 634a Abs. 1 Nr. 2 BGB ebenso wie die maximale Bestellungsdauer nach § 26 Abs. 1 S. 2 WEG a.F. nach 5 Jahren ab. Nach neuem Recht (§ 26 Abs. 1 S. 2 2. Halbs. WEG) darf die Dauer der ersten Verwalterbestellung nach Begründung von Wohnungseigentum deshalb 3 Jahre nicht übersteigen. Denn dann verbleiben auch nach Ablauf der Amtsdauer des ersten Verwalters noch zwei Jahre zur Geltendmachung von Gewährleistungsansprüchen. Die Beschränkung gilt nach dem eindeutigen Wortlaut der Norm auch dann, wenn es im konkreten Fall des mit der Gesetzesänderung verfolgten Schutzes etwa deswegen nicht bedarf, weil die Begründung von Wohnungseigentum bei der ersten Bestellung bereits mehr als 5 Jahre zurückliegt. Denn § 26 Abs. 1 S. 2 WEG sieht keine Ausnahme vor (so auch Hügel/Elzer § 12 Rn. 7) 23

Wird der erste Verwalter entgegen § 26 Abs. 1 S. 2 WEG für eine längere Zeit als 3 Jahre bestellt, kann hinsichtlich des Beschlussmängelrechts auf die Rechtsprechung zu § 26 Abs. 1 S. 2 WEG a.F. zurückgegriffen werden. Auch ohne ausdrückliche Anordnung im Gesetz handelt es sich nach Sinn und Zweck der Norm um zwingendes Recht, da ihre Abdingbarkeit zum Leerlaufen der Vorschrift führen würde. Daher ist auch eine Bestimmung in der Teilungserklärung, die eine über 3 Jahre hinausgehende Dauer der Erstbestellung vorsieht, stets nichtig. Allerdings wird i.d.R. von einer Teilnichtigkeit auszugehen sein, da diejenigen, die den ersten Verwalter für mehr als 3 Jahre bestellen wollen, jedenfalls die zulässige kürzere Dauer wünschen (Staudinger/Bub § 26 Rn. 29; s. Rdn. 223 f.). Die Teilnichtigkeit erfasst auch einen über 3 Jahre hinaus geschlossenen Verwaltervertrag (Staudinger/Bub § 26 Rn. 29; s.u. Rdn. 223 u. 225). Auf Bestellungen nach altem Recht wirkt § 26 Abs. 1 S. 2 WEG dem ausdrücklichen Bekunden der Gesetzesbe- 24 gründung zufolge aber nicht zurück. Danach sollen »vor dem Inkrafttreten vorgenommene Bestellungen« über 5 Jahre weder nichtig noch anfechtbar sein (BT-Drucks. 16/3843 S. 51; zur Frage, ob es für diesen Zeitpunkt auf die Bestellung oder die Aufnahme der Verwaltertätigkeit ankommt, s. Abramenko § 5 Rn. 40).

3. Die Anfechtbarkeit der Bestellung

25 **Fall:**

> Auf der Eigentümerversammlung werden die Eheleute A./die aus den Eheleuten A. bestehende GbR/ein nach Auffassung des Miteigentümers fachlich unqualifizierter Verwalter gewählt. Dieser ficht die Bestellung an.

a) Die Mindestanforderungen an den Verwalter

26 Die Verwalterbestellung kann wie jeder andere Beschluss beim Verstoß gegen zwingende gesetzliche Regelungen nichtig sein bzw. angefochten werden, wenn sie nicht ordnungsgemäßer Verwaltung entspricht. Dies kann zunächst dann der Fall sein, wenn der bestellte Verwalter nicht die Mindestqualifikationen erfüllt, die zur Ausübung der Verwaltertätigkeit erforderlich sind. Diese sind im Gesetz nicht geregelt. Sie ergeben sich aus dem Sinn und Zweck seiner Tätigkeit, insbesondere daraus, dass er die Handlungsfähigkeit der Wohnungseigentümergemeinschaft im Rechtsverkehr sicherstellen soll. In Betracht kommen daher zunächst alle **natürlichen, geschäftsfähigen Personen**. Auch Miteigentümer können bestellt werden. Eine Ausnahme gilt nur für **Mitglieder des Verwaltungsbeirats**. Denn dessen Pflicht zur Prüfung des Verwalters ist mit der gleichzeitigen Ausübung der Verwaltertätigkeit unvereinbar. Eine gleichwohl erfolgende Bestellung ist daher nichtig (OLG Zweibrücken OLGZ 1983, 438 ff.). **Kaufleute** können unter ihrer Firma die Verwaltertätigkeit ausüben, die aber beim Verkauf der Firma nicht auf den Erwerber übergeht (BayObLG ZMR 2001, 367; vgl. Rdn. 135). Die bestellte Person muss aber aus dem Beschluss klar erkennbar sein. Wird etwa eine GmbH bestellt, die überhaupt noch nicht existiert, so ist der Beschluss nichtig, da eine nicht existene Person nicht zum Verwalter bestellt werden kann und folglich eine unmögliche Rechtsfolge beschlossen wurde (OLG Frankfurt ZMR 2009, 58). Auch rechtlich **unverbundene Personenmehrheiten**, wie etwa in der ersten Variante des Beispielfalles, Eheleute können nicht zu Verwaltern bestellt werden. Denn diese gewährleisten eine rasche, einheitliche Betätigung im Rechtsverkehr nicht. Zudem sieht das Gesetz nur die Bestellung eines Verwalters vor. Die Bestellung einer rechtlich nicht verbundenen Personenmehrheit ist daher nichtig (BGHZ 107, 271 f.; BayObLGZ 1989, 6 f.; eingehend Staudinger/Bub § 26 Rn. 66). Aus diesem Grunde ist auch die in der zweiten Variante des Beispielsfalls vorgenommene Bestellung einer **GbR** zum Verwalter problematisch. Während eine Auffassung mit ihrer partiellen Rechtsfähigkeit auch die Möglichkeit zur Verwalterbestellung bejaht (OLG Frankfurt NJW-RR 2004, 17 f.; ZMR 2006, 145 ff.; Deckert Die ETW, Gr. 4 Rn. 1079), bietet die lose, in keinem Register erfasste Organisation der GbR angesichts mangelnder Publizität ihres Gesellschafterbestandes nach der Gegenposition weder den Wohnungseigentümern noch dem Rechtsverkehr hinreichende Klarheit, wer als Verwalter handeln könnte (BGH ZMR 2006, 376 f.; ZMR 2009, 780; LG Darmstadt Rpfleger 2003, 178; AG Hamburg ZMR 2001, 487 f.; Hügel ZWE 2003, 323; Bärmann/Merle § 26 Rn. 13). Dieser Auffassung ist zuzustimmen, da ansonsten mangels Publizität von Geschäftsführer und Gesellschafterbestand für den Rechtsverkehr nicht ersichtlich wäre, wer für die GbR und somit mit Wirkung für und gegen die Eigentümergemeinschaft etwa Willenserklärungen, Zahlungen und Zustellungen entgegennehmen könnte und wer letztlich bei Fehlern des

Verwalters analog §§ 128, 130 HGB persönlich haftet. Allerdings kann eine Übertragung von Rechten an eine GbR unabhängig von ihrer Verwalterstellung auch nach außen Rechtswirkungen zeitigen, wenn sie etwa zur Führung eines Rechtsstreits ermächtigt wird (BGH ZMR 2009, 779). Hingegen ist eine gleichzeitige Bestellung verschiedener Personen für aufeinander folgende Amtsperioden, also ein **Turnusmodell**, zulässig. Allerdings ist bei einer solchen Bestellung der jeweiligen Eigentümer im Turnus dafür Sorge zu tragen, dass nicht wiederum unverbundene Personenmehrheiten wie Eigentümer- oder Erbengemeinschaften zu Verwaltern bestellt werden.

Daneben können **juristische Personen**, insbesondere eine AG (BGHZ 107, 272), eine GmbH (BayObLG WuM 1993, 488, 489 f.) und ein eingetragener Verein sowie **rechtsfähige Personengesellschaften**, etwa OHG (BayObLGZ 1989, 6; OLG Düsseldorf NJW-RR 1990, 1300), KG und Partnerschaft zum Verwalter bestellt werden. Hingegen scheiden nicht rechtsfähige Gebilde wie unselbstständige Niederlassungen einer Gesellschaft als Verwalter aus. 27

Des Nachweises besonderer fachlicher **Qualifikationen** bedarf es derzeit noch nicht. Der gewerbliche Verwalter hat lediglich gem. § 14 Abs. 1 GewO den Beginn seiner Tätigkeit dem örtlichen Gewerbeamt anzuzeigen. Deshalb kann es zu erheblichen Unterschieden in Qualität und Vergütung kommen. Es empfiehlt sich daher die genaue Prüfung von Bewerbern (etwa durch Einholung von Auskünften über ihre Verwaltungstätigkeit in anderen Liegenschaften). Auch die Zugehörigkeit zu Berufsverbänden mit Mindestqualifikationen oder der freiwillige Erwerb von Verwalterzertifikaten etwa der IHK kann Entscheidungshilfen geben. Ansonsten gibt es praktisch keine Handhabe gegen unterqualifizierte Amtsbewerber. Eine **Untersagung der Verwaltertätigkeit** kann allenfalls nach den Normen des Gewerberechtes, etwa wegen Unzuverlässigkeit gem. § 35 Abs. 2 GewO erfolgen. Mit der Rüge mangelnder fachlicher Qualifikation wird der anfechtende Eigentümer also im letzten Beispielsfall nur durchdringen, wenn sie etwa mit gravierenden Fehlern in der früheren Verwaltertätigkeit einherging (OLG Düsseldorf ZMR 1995, 605), die als wichtiger Grund gegen die Bestellung sprechen (s. Rdn. 31). Umgekehrt widerspricht es nicht ordnungsmäßiger Verwaltung, einem Kandidaten aufgrund seiner Qualifikationen oder seiner bewährten Arbeit den Vorzug vor einem (deutlich) billigeren Verwalter zu geben (OLG Hamburg 2005, 72; vgl. OLG Hamburg ZMR 2001, 999). Denn die Eigentümerversammlung hat ein nicht unerhebliches Ermessen, welche Qualitäten eines Verwalters sie als besonders wichtig ansieht. 28

b) Wichtige Gründe gegen die Bestellung eines Verwalters

Ein wichtiger, gegen die Bestellung eines Verwalters sprechender Grund liegt ähnlich wie bei der Abberufung vor, wenn die **Zusammenarbeit mit dem bestellten Verwalter nach Treu und Glauben zumindest einem Eigentümer oder einer Eigentümergruppe unzumutbar** ist und das (Fort)bestehen des erforderlichen Vertrauensverhältnisses von vorneherein nicht zu erwarten ist (BayObLG ZMR 2001, 722 u. 817; OLG Hamburg ZMR 2001, 999; OLG Köln ZMR 2008, 734). Für die Anfechtung der (Wieder-)bestellung sollen allerdings **strengere Maßstäbe** gelten **als bei der Abberufung**, da sich die Mehrheit eben für den Verwalter ausgesprochen habe und diese Entscheidung nur bei zwingenden Gründen durch die Gerichte korrigiert werden könne (OLG Hamburg ZMR 2001, 999; 2003, 128; 2005, 71 f.; OLG Köln NZM 1999, 128; ZMR 2008, 734; OLG Düsseldorf ZMR 2006, 144). Dies erscheint zweifelhaft, da beim Vorliegen eines wichtigen Grundes das Festhalten an einem solchermaßen belasteten Verwalter regelmäßig nicht ordnungsmäßiger Verwaltung entsprechen dürfte (so richtig OLG Hamm ZMR 2004, 854; jetzt auch Ott ZMR 2007, 586 f.; OLG München ZMR 2007, 809; AG Hamburg ZMR 2008, 576; AG Hamburg-Blankenese ZMR 2008, 919). In keinem anderen 29

Zusammenhang wird aber der Mehrheit die Befugnis zuerkannt, ordnungsmäßiger Verwaltung zuwiderlaufende Entscheidungen zu treffen. Dies ist gerade auch bei der Abberufung des Verwalters nicht geboten, da ein wichtiger Grund hierfür anerkanntermaßen eben schon dann vorliegen kann, wenn nur einer oder einzelne Eigentümer betroffen sind (vgl. Rdn. 31). Der geltend gemachte Grund gegen die Bestellung muss zur Zeit der Beschlussfassung bereits vorgelegen haben (BayObLG NJW-RR 2001, 446 = ZMR 2001, 129; ZMR 2001, 719 u. 817; KG ZMR 2007, 802; OLG Düsseldorf ZMR 2008, 473; LG Konstanz ZMR 2008, 329). Die frühere Praxis, wonach bereits bei der Bestellung vorliegende Gründe im Prozess »nachgeschoben« werden konnten, auch wenn die Anfechtung bislang noch nicht darauf gestützt wurde, dürfte nunmehr durch die Begründungsfrist des § 46 Abs. 1 S. 2 WEG überholt sein (s. Kap. 35 Rdn. 92 f.). Die voraussichtliche weitere Verwaltungsführung kann berücksichtigt werden (BayObLG ZMR 2005, 561; OLG München ZMR 2007, 809; OLG Köln ZMR 2008, 734; LG Konstanz ZMR 2008, 328; abw. beim Vorwurf der Majorisierung KG NJW-RR 1989, 843). Uneinsichtigkeit und die Bagatellisierung bzw. Verheimlichung von Fehlern sprechen aber jedenfalls bei strafrechtlichen Verurteilungen gegen eine positive Zukunftsprognose (OLG Köln ZMR 2008, 734 f.)

30 **Praxistipp:**

Nicht selten versuchen Verwalter bei knappen Mehrheiten die **Diskussion über ihnen ungünstige Umstände** zu unterbinden, etwa unter Berufung auf ihre Befugnisse als Versammlungsleiter oder gar unter Drohung mit dem strafrechtlichen Ehrschutz. Zu derartigen gegen die Bestellung sprechenden Umständen darf sich aber grundsätzlich jeder Wohnungseigentümer vor und in der Beratung über die Verwalterwahl äußern (BayObLG ZMR 2001, 721). I.Ü. sollen selbst Vorwürfe der »Manipulation, Lüge, Täuschung, Vertuschung und Vetternwirtschaft« als Meinungsäußerung zulässig sein (LG München I ZMR 2010, 556).

31 **Einzelfälle**

Ein wichtiger, gegen die Bestellung eines Verwalters sprechender Grund ist anzunehmen, wenn der bestellte Verwalter
- in der Vergangenheit **Abrechnungen** mit einem unvertretbaren Schlüssel erstellt hat (OLG Köln NZM 1999, 128 f.; BayObLG ZMR 2001, 818; ähnlich OLG Düsseldorf ZMR 2006, 144 f.)
- **beleidigendes Verhalten** an den Tag legt, wobei Verfehlungen gegen einzelne Wohnungseigentümer genügen (vgl. OLG Düseldorf ZMR 1998, 450)
- einzelne Miteigentümer sachwidrig **bevorzugt** (BGH ZMR 2002, 936; OLG Saarbrücken ZMR 1998, 54 f.); ähnliches gilt, wenn der Kandidat etwa als früherer Verwalter seiner Neutralitätspflicht nicht nachgekommen ist und einzelne Wohnungseigentümer unter Versprechen der Kostenübernahme zur Beschlussanfechtung auffordert (AG Hamburg-Blankenese ZMR 2008, 842)
- sich bewusster **Fehlinformationen** über die Kosten eines gegen ihn gerichteten Verfahrens schuldig macht (AG Dortmund ZMR 2009, 231)
- **Individualinteressen** einzelner Miteigentümer zu Lasten der anderen wahrnimmt (BayObLG ZMR 2001, 722; OLG Düsseldorf ZMR 2006, 145; AG Hamburg ZMR 2008, 575 f.), oder einzelne Wohnungseigentümer unter Versprechen der Kostenübernahme zur Beschlussanfechtung auffordert (AG Hamburg-Blankenese ZMR 2008, 842)
- in wesentlichen Punkten falsche **Niederschriften** erstellt hat (BayObLG NJW-RR 2004, 445; LG Konstanz ZMR 2008, 330)
- seine **Pflichten grob verletzt** hat, etwa trotz Interessenkonfliktes Maklerprovisionen für den Erwerb von Wohnungseigentum angenommen hat (BayObLG NJW-RR 1998, 303)

- einschlägig **vorbestraft** ist einschlägig vorbestraft ist, auch wenn sich die Tat gegen Dritte richtete (BayObLG NJW-RR 1998, 1022; OLG Köln ZMR 2008, 734)
- in **Vermögensverfall** geraten ist, unabhängig davon, ob er noch im Zentralen Schuldnerregister verzeichnet ist (AG Wedding ZMR 2009, 881)
- die Rechte einzelner Miteigentümer auf Teilhabe an der Verwaltung etwa durch willkürliche Handhabung von **Vertretungsregelungen** bewusst missachtet (OLG Köln ZMR 2005, 811).

Ein wichtiger, gegen die Bestellung eines Verwalters sprechender Grund ist dagegen **nicht** anzunehmen, wenn der bestellte Verwalter 32
- vor einer Wiederbestellung keine **Angebote von Konkurrenten** einholt und der Eigentümerversammlung vorlegt (OLG Hamburg ZMR 2001, 998; bereits eingeholte muss er den Wohnungseigentümern aber zugänglich machen, s. OLG Köln ZMR 2005, 811; AG Hamburg ZMR 2008, 576)
- einem **Bauträger oder Mehrheitseigentümer** nahe steht (BayObLG ZMR 2000, 848 und 2001, 719; OLG Karlsruhe ZMR 2008, 408; anders OLG Saarbrücken ZMR 1998, 54; OLG Düsseldorf ZMR 1999, 581); anderes gilt, wenn weitere Umstände gegen die Bestellung des Verwalters sprechen (KG NJW-RR 1989, 843; OLG Karlsruhe ZMR 2008, 408)
- Ein Konkurrent seine Leistungen (deutlich) billiger anbietet (OLG Hamburg, ZMR 2005, 72; vgl. u. Rdn. 152)
- **einfache Fehler** (insbesondere in der Anfangszeit) begeht (OLG Köln NZM 1999, 129).

c) Sonstige, insbesondere formelle Mängel der Beschlussfassung

Wie jeder andere Beschluss kann die Bestellung unabhängig von der Person des Verwalters auch aus formalen Gründen anfechtbar sein. In Betracht kommen etwa Ladungsmängel, die Anwesenheit Dritter oder Fehler bei der Durchführung der Versammlung. Allerdings genügt die Bezeichnung »Neuwahl eines Verwalters« auch zur Ankündigung einer Beschlussfassung über den Verwaltervertrag (OLG Schleswig NJW-RR 2006, 1526 = ZMR 2006, 804) und zur Wiederbestellung des alten Verwalters (OLG München ZMR 2009, 65). Die persönliche Vorstellung aller anwesenden Amtsbewerber ist keine zwingende Voraussetzung einer ordnungsgemäßen Abstimmung; verzichtet die Mehrheit vor der Beschlussfassung auf deren Anhörung führt das nicht zur Anfechtbarkeit der Bestellung ihres Kandidaten (OLG München ZMR 2007, 1000). Auch der Vorabübersendung des Verwaltervertrags bedarf es nicht (OLG München ZMR 2009, 65). Daneben soll die Bestellung mangels hinreichender Bestimmtheit des noch abzuschließenden Verwaltervertrages anfechtbar sein, wenn selbst die Eckdaten (Dauer und Vergütung der Verwaltertätigkeit) offenbleiben (OLG Hamm ZMR 2003, 53; AG Neuss ZMR 2010, 570; angesichts der Trennung von Bestellung und Verwaltervertrag zweifelhaft). 33

d) Die Wiederbestellung im Laufe des Verfahrens

Gerade bei rein formalen Fehlern wird dem Verwalter bzw. seinen Anhängern aus anwaltlicher Sicht häufig die erneute Bestellung durch einen fehlerfreien Beschluss zu raten sein. Denn damit wird die Bestellung mit minimalem Aufwand unanfechtbar und die Eigentümergemeinschaft erlangt insoweit Rechtssicherheit. Weist der Zweitbeschluss wiederum Fehler auf, muss umgekehrt den Gegnern des Verwalters in jedem Falle auch dessen Anfechtung geraten werden. Denn ansonsten könnte auch eine erfolgreiche Anfechtung des Erstbeschlusses die Wirkung der dann bestandskräftigen neuerlichen Bestellung nicht beseitigen. Dem Anfechtungsantrag würde dann das Rechtsschutzbedürfnis fehlen. Vor der Bestandskraft hat die Bestätigung einer angefochtenen Neubestel- 34 lung dagegen trotz der Wirksamkeit dieses Beschlusses nach § 23 Abs. 4 S. 2 WEG keinen Einfluss auf die Anfechtung des ersten Bestellungsbeschlusses, da die Entscheidung über die Gültigkeit des Zweitbeschlusses dann noch in der Schwebe ist (BayObLG ZMR 2001, 367). Hingegen ist dem anfechtenden Wohnungseigentümer zur Erledigterklärung zu raten, sofern der Zweitbeschluss keine Mängel mehr aufweist. Sein Anfechtungsantrag liefe ansonsten wiederum Gefahr, mangels Rechtsschutzbedürfnisses verworfen zu werden. Denn selbst ein Erfolg in diesem Verfahren könnte die neuerliche, nicht mehr mit Aussicht auf Erfolg anfechtbare Bestellung nicht rückgängig machen.

35 **Praxistipp:**

Die oben genannten Überlegungen zur Erledigung gelten auch bei einem Ablauf der Bestellungsdauer vor Beendigung des Verfahrens (OLG Hamm ZMR 1995, 498; BayObLG NJW-RR 1997, 717; einschränkend bei Anfechtung des Abberufungsbeschlusses durch den Verwalter BayObLG NJW-RR 1988, 270 und OLG Hamm ZMR 2003, 52). Denn auch dann kann der anfechtende Wohnungseigentümer sein ursprüngliches Verfahrensziel, die Beendigung der organschaftlichen Stellung des Verwalters, nicht mehr erreichen. Eine erneute Bestellung hat er indessen wiederum anzufechten, da sie ansonsten unanfechtbar wird.

e) Die Folgen der Anhängigkeit eines Anfechtungsverfahrens

36 Die bloße Anfechtung des Bestellungsbeschlusses im Verfahren nach § 43 Nr. 4 WEG hat nach der Regel des § 23 Abs. 4 S. 2 WEG noch keine Auswirkungen auf die Wirksamkeit der Verwalterbestellung. Trotz Anfechtung bleibt die Bestellung bis zur rechtskräftigen Ungültigerklärung wirksam (s. zuletzt KG ZMR 2005, 906). Sind seitens des Verwalters – etwa bei einer engen Verbindung zum Mehrheitseigentümer – Unzuträglichkeiten für die Gemeinschaft zu befürchten, sind die überstimmten Wohnungseigentümer gleichwohl nicht schutzlos. Sie können beantragen, die Wirksamkeit der Bestellung partiell oder insgesamt im Wege der einstweiligen Verfügung gem. §§ 935 ff. ZPO auszusetzen (KG WuM 1990, 468; NJW-RR 1991, 274).

f) Die Folgen einer erfolgreichen Anfechtung des Bestellungsbeschlusses

37 **Fall**

Der Erwerber einer Eigentumswohnung befürchtet, eine sog. Schrottimmobilie erworben zu haben. Er hofft, nach Ungültigerklärung der Verwalterbestellung könne er deswegen die Rückabwicklung des Kaufvertrages verlangen, weil die in der Gemeinschaftsordnung vorgesehene Zustimmung zu Veräußerung und Erwerb von Wohnungseigentum unwirksam sei. Mit der rechtskräftigen Ungültigerklärung der Bestellung stehe nämlich fest, dass sie entgegen der Teilungserklärung nicht vom Verwalter abgegeben wurde.

38 Wird die Bestellung rechtskräftig für ungültig erklärt (zum Rechtsmittel des Verwalters s. Kap. 35 Rdn. 186), führt dies grundsätzlich wie bei jeder erfolgreichen Anfechtung zur rückwirkenden Unwirksamkeit der Bestellung (BayObLG NJW-RR 1991, 532; WuM 1992, 156). Allerdings würde es zu unzuträglicher Rechtsunsicherheit führen, wenn jede Einberufung oder sonstige Rechtshandlung des unwirksam bestellten Verwalters mit der Ungültigerklärung des Bestellungsbeschlusses zumindest anfechtbar wäre. Deshalb wird das ansonsten geltende **Rückwirkungsprinzip** bei der erfolgreichen Anfechtung der Verwalterbestellung **durchbrochen**: Die **Rechtshandlungen des Verwalters sind bis zur Rechtskraft der Ungültigerklärung wirksam** (was bislang auf den Rechtsgedanken von § 32 FGG a.F. (nunmehr § 47 FamFG) gestützt wurde (BGH NJW 1997, 2107; ZMR

2007, 799; BayObLG NJW-RR 1991, 532; KG NJW-RR 1990, 153 f.; 1991, 274; NJW-RR 1991, 274; ZMR 2005, 906; ZMR 2009, 785; a.A. BayObLG NJW-RR 1988, 270 u. OLG Brandenburg ZMR 2008, 387 für Duldungs- oder Anscheinsvollmacht; offen gelassen von OLG München ZMR 2006, 720; OLG Hamburg ZMR 2006, 793). Diese Argumentation kann weiterhin Gültigkeit beanspruchen (so jetzt für das neue Recht ausdrücklich OLG München ZMR 2008, 237), da auch ansonsten wesentliche Grundsätze des FGG-Verfahrens in das neue Recht übertragen wurden, etwa zu Hinweispflichten in Anfechtungsverfahren (BT-Drucks. 16/887 S. 38), zur Beiladung als Fortführung der Beteiligung nach § 43 Abs. 4 WEG a.F. (BT-Drucks. 16/887 S. 39), zur Kostenverteilung (BT-Drucks. 16/887 S. 41) und zur Begrenzung der Kostenbelastung nach § 48 Abs. 3 S. 2 WEG a.F. (BT-Drucks. 16/887 S. 41 f.; im Ergebnis ebenso Niedenführ/Kümmel/Vandenhouten § 27 Rn. 78). Seine Vertretungsmacht für die Wohnungseigentümer bei Geschäften mit Dritten ergibt sich schon aus den Grundsätzen der Anscheins- und Duldungsvollmacht (BayObLG NJW-RR 1988, 270; NJW-RR 1991, 532; anders wohl WE 1990, 184). Ebenso behält der Verwalter seine **Vergütungsansprüche** (BGH NJW 1997, 2107; KG NJW-RR 1991, 274), sofern ihm nicht die Amtsführung durch einstweilige Verfügung gem. §§ 935 ff. ZPO untersagt wurde (KG NJW-RR 1991, 274). Nach Rechtskraft der Ungültigerklärung sollen die vertraglichen Ansprüche dagegen erlöschen, da der Verwaltervertrag stillschweigend unter der auflösenden Bedingung abgeschlossen wird, dass der Bestellungsbeschluss erfolgreich angefochten wird (BGH NJW 1997, 2107; KG NJW-RR 1990, 153 f.).

Praxistipp: 39

Eine **Ausnahme** von der Wirksamkeit der Rechtsgeschäfte eines Verwalters bis zur rechtskräftigen Ungültigerklärung seiner Bestellung soll allerdings bei **Zustimmungen gemäß § 12 WEG** zur Veräußerung von Wohnungseigentum gelten. Diese sollen mit rechtskräftiger Ungültigerklärung ihre Wirkung verlieren (BayObLG ZMR 1981, 251; KG ZMR 2009, 785). Der geprellte Wohnungseigentümer im Beispielsfall könnte sich somit nach dieser Rechtsprechung tatsächlich auf das Fehlen der Zustimmung berufen, was u.U. einen Anspruch auf Rückabwicklung begründet, wenn es sich hierbei um eine Wirksamkeitsvoraussetzung für den Erwerb handelt.

4. Die Bestellung des Verwalters durch das Gericht gem. §§ 21 Abs. 4, 43 Nr. 1 WEG

a) Die Bestellung eines bestimmten Verwalters durch das Gericht

Die Bestellung eines Notverwalters durch das Gericht ist nach dem ausdrücklichen Willen des Gesetzgebers mit der Streichung von § 26 Abs. 3 WEG a.F. entfallen. Die Bestellung eines Verwalters kann aber als Maßnahme ordnungsmäßiger Verwaltung nach §§ 21 Abs. 4, 43 Nr. 1 WEG auch gerichtlich angeordnet werden (BayObLG WuM 1989, 206; KG WE 1990, 211; OLG Frankfurt/M. OLGZ 93, 319). Dies wird i.d.R. dann der Fall sein, wenn die Mehrheit die Bestellung eines Verwalters ablehnt (vgl. Rdn. 2 f.). Anders als beim früheren Notverwalter nach § 26 Abs. 3 WEG a.F. bedarf es hierbei keiner Dringlichkeit; die Bestellung muss nur ordnungsmäßiger Verwaltung entsprechen. Allerdings bedarf es der vorhergehenden Anrufung der Eigentümerversammlung In dringlichen Fällen kann der Verwalter aber durch einstweilige Verfügung nach §§ 935 ff. ZPO bestellt werden. Sofern die Voraussetzungen des § 26 Abs. 3 WEG a.F. vorliegen, wird die Bestellung eines Verwalters auch nach neuem Recht regelmäßig geboten sein (OLG Düsseldorf ZMR 2007, 880; LG Hamburg ZMR 2009, 70). Diese setzt das Fehlen eines Verwalters voraus; die bloße Anfechtung genügt nicht, auch wenn sie in erster Instanz erfolgreich war, aber noch nicht rechtskräftig ist (LG Hamburg ZMR 2009, 70; BGH 40

ZMR 2003, 941; OLG Hamburg ZMR 1993, 537; OLG Düsseldorf ZMR 1994, 523; LG Stuttgart ZMR 2009, 148; Abramenko, ZMR 2009, 430). Erst danach besteht ein Rechtsschutzbedürfnis für die Anrufung der Gerichte (AG Wangen ZMR 2008, 580 f.). Anderes kann bei Dringlichkeit gelten, insbesondere in Verfahren des einstweiligen Rechtsschutzes (AG Landsberg am Lech ZMR 2009, 486 f.; zur dogmatischen Konstruktion vgl. Abramenko ZMR 2009, 430 f.; ähnlich (Jennißen/Jennißen § 26 Rn. 27). Hat in vorliegendem Zusammenhang die Eigentümerversammlung die Bestellung eines Verwalters abgelehnt, ist demnach die Verpflichtung hierzu auszusprechen. Die sofortige Bestellung eines bestimmten Verwalters (so KG NJW-RR 1989, 461) greift in das Auswahlermessen der Gemeinschaft ein (Jennißen/Jennißen § 26 Rn. 39c). Zudem dürfte die Bestellung eines bestimmten Verwalters kaum jemals die einzig denkbare Maßnahme ordnungsgemäßer Verwaltung darstellen (vgl. hierzu BayObLG NZM 1999, 506; OLG Düsseldorf FGPrax 1999, 94 f.), wie i.Ü. im Zusammenhang mit der gerichtlichen Bestellung von Verwaltungsbeiräten auch anerkannt scheint (vgl. Rdn. 279 f.). In dringenden Fällen kann die Verwalterbestellung auch im Wege der einstweiligen Verfügung nach §§ 935 ff. ZPO geschehen (Abramenko § 5 Rn. 41; Hügel/Elzer § 10 Rn. 6). Da der Anspruch nicht ausgeschlossen werden kann, liegt im Fehlen eines Verwalters aber nur ein Verfügungsanspruch, der Verfügungsgrund hängt indessen davon ab, wie dringlich die Bestellung ist (LG Stuttgart ZMR 2009, 148). Bei Dringlichkeit kann nicht nur die Bestellung eines Verwalters, sondern auch seine Auswahl durch das Gericht gem. § 21 Abs. 8 WEG beantragt werden (weiter gehend wohl Hügel/Elzer § 10 Rn. 11; Niedenführ/Kümmel/Vandenhouten § 26 Rn. 133 auch für Bestellungen ohne Dringlichkeit). Die Voraussetzungen hierfür liegen stets dann vor, wenn schon nach altem Recht eine entsprechende Anordnung nach § 44 Abs. 3 WEG a.F. geboten gewesen wäre.

b) Grundsätze der gerichtlichen Entscheidung

41 Das Gericht hat nach oben dargelegter h.M. nicht nur die Wohnungseigentümer zur Bestellung zu verpflichten, sondern selbst einen Verwalter zu bestellen. Dabei ist es an Vorschläge des Antragstellers bzw. Klägers nicht gebunden. Es hat die Interessen der Wohnungseigentümer, insbesondere auch die anfallenden Kosten zu berücksichtigen, was i.d.R. die Einholung mehrerer Angebote voraussetzt (OLG Düsseldorf ZMR 2000, 555). Die Bestellung ersetzt den entsprechenden Beschluss der Wohnungseigentümerversammlung (KG NJW-RR 1989, 461). Daraus folgt, dass auch der gerichtlich Bestellte das Amt nicht annehmen muss, da er hierzu ebenso wenig wie nach einem Mehrheitsbeschluss der Eigentümer verpflichtet ist (OLG Hamm NJW-RR 1993, 846). Sofern das Gericht nicht, was möglich ist, eine Bestellungsdauer bestimmt (KG NJW-RR 1989, 461), endet sie spätestens nach 5 Jahren gem. § 26 Abs. 1 S. 2 1. Halbs. WEG (KG NJW-RR 1989, 461) bzw. nunmehr gem. § 26 Abs. 1 S. 2 2. Halbs. WEG nach 3 Jahren, wenn erstmals ein Verwalter bestellt wird. Das Gericht wird i.d.R. vorab eine Einigung über die Vergütung erzielen, die eine entsprechende Verabredung mit der Wohnungseigentümergemeinschaft ersetzt (BGH NJW 1980, 2468). Denn der Bestellungsbeschluss ersetzt auch das Angebot zum Abschluss des Verwaltervertrages (OLG Hamm NJW-RR 1993, 846). Die Annahme durch den Verwalter kann auch konkludent, insbesondere durch Aufnahme seiner Tätigkeit erfolgen. Ansonsten hat der Notverwalter einen Anspruch auf die übliche Vergütung nach §§ 675, 612 BGB (BGH NJW 1980, 2468; OLG Hamm NJW-RR 1993, 846). Das Gericht kann ergänzende Anordnungen treffen, etwa den Notverwalter zur Durchführung bestimmter Maßnahmen anhalten. Über die gesetzlichen Befugnisse hinausgehende Kompetenzen etwa zur Verfügung über Gemeinschaftsmittel bis zu einem bestimmten Betrag darf das Gericht aber nicht verleihen (OLG München ZMR 2008, 74).

c) Die Beendigung der gerichtlich angeordneten Verwaltung

Das Gericht kann den Verwalter von vorneherein nur für eine **bestimmte Zeit** bestellen, sofern vorhersehbar ist, dass die zugrunde liegende Notsituation bis zum Ablauf der Frist behoben ist (BayObLG NJW-RR 1989, 461). Das Gericht kann aber auch eine Mindestdauer anordnen, während der der Verwalter nicht abberufen werden kann (KG ZMR 2003, 781). Des Weiteren endet das Amt des gerichtlich bestellten Verwalters mit rechtskräftiger **Aufhebung des Bestellungsbeschlusses durch die Rechtsmittelinstanz**. Seine Rechtshandlungen sind nach den Grundsätzen der Anscheinsvollmacht bzw. dem Rechtsgedanken von § 32 FGG (jetzt § 47 FamFG) aber ebenso wirksam wie diejenigen des Verwalters, dessen Bestellung durch die Wohnungseigentümer gerichtlich für ungültig erklärt wurde (BayObLG NJW-RR 1992, 787; OLG Hamm OLGZ 1992, 313). Wird der Bestellungsbeschluss erfolgreich angefochten, soll dem Verwalter nur ein Anspruch auf Aufwendungsersatz nach §§ 677 ff. BGB zustehen (BayObLG NJW-RR 1992, 787, vgl. BGH WuM 1993, 218 f.). Dies erscheint problematisch, da der Bestellte üblicherweise von einer wirksamen Verpflichtung kraft gerichtlicher Bestellung ausgehen und daher ohne Fremdgeschäftsführungswillen handeln wird. Dogmatisch sachgerechter wäre wohl auch hier eine Anwendung der Grundsätze zu fehlerhaften Anstellungsverträgen (vgl. Staudinger/Bub § 26 Rn. 510; Bärmann/Merle § 26 Rn. 152; s. Rdn. 178). Schließlich endet das Amt des gerichtlich bestellten Verwalters mit der **Bestellung eines Verwalters durch die Wohnungseigentümerversammlung** (BayObLG NJW-RR 1992, 788; OLG Frankfurt/M. OLGZ 1993, 319). Dies gilt auch dann, wenn die Wohnungseigentümer den gerichtlich bestellten Verwalter nunmehr selbst durch Mehrheitsbeschluss berufen. Dessen Bestellung leitet sich dann nämlich nicht mehr aus dem gerichtlichen Hoheitsakt, sondern aus dem Beschluss der Wohnungseigentümer ab. Gleichzeitig entfällt das Rechtsschutzbedürfnis für ein Rechtsmittel gegen die gerichtliche Verwalterbestellung (BayObLG NJW-RR 1992, 787). Wird die Verwalterstellung nicht durch Ablauf der Befristung, Aufhebung des Bestellungsbeschlusses oder Neubestellung eines Verwalters beendet, so endet sie gem. § 26 Abs. 1 S. 2 WEG **nach 5 bzw. 3 Jahren**. Denn diese zwingende Begrenzung gilt auch für den gerichtlich bestellten Verwalter (KG ZMR 2003, 781). 42

5. Die Mindestpflichten und -befugnisse des Verwalters

a) Die Bedeutung der Mindestpflichten und -befugnisse nach § 27 Abs. 1 bis 3 WEG

Pflichten und Befugnisse des Verwalters können sich aus Auftragsrecht, WEG und ergänzenden oder abweichenden Regelungen in Gemeinschaftsordnung und Vertrag ergeben. I.d.R. sind die gesetzlichen Regelungen nicht zwingend, können also wie etwa die Pflicht zur Aufstellung eines Wirtschaftsplanes durch die Gemeinschaftsordnung abbedungen werden, auch wenn dies sicher nicht empfehlenswert sein dürfte. Teilweise sind Befugnisse des Verwalters, wie etwa zum Vorsitz in der Wohnungseigentümerversammlung (§ 24 Abs. 5 WEG) auch durch Mehrheitsbeschluss abdingbar. Ebenso kann die Gemeinschaftsordnung nicht zwingend vorgesehene Rechte des Verwalters zur Disposition der Mehrheit stellen. Umgekehrt kann die Einräumung weiterer Befugnisse in Gemeinschaftsordnung oder Verwaltervertrag durch Vereinbarung bzw. Abänderungsvertrag wieder rückgängig gemacht werden. Innerhalb dieser Regelungen nimmt § 27 Abs. 4 WEG eine herausragende Rolle ein. Denn die dort geregelten Aufgaben und Befugnisse des Verwalters sind **unabdingbar**. Selbst durch Gemeinschaftsordnung oder Vereinbarung können diese Mindestbefugnisse nicht eingeschränkt werden, da sie nicht nur die innere Ordnung der Wohnungseigentümergemeinschaft sicherstellen, sondern auch den Rechtsverkehr mit Dritten schützen sollen. So soll sich ein Vertragspartner darauf verlassen können, dass seine Erklärung dem Verwalter gegenüber gem. § 27 Abs. 2 43

Nr. 1, Abs. 3 S. 1 Nr. 1 WEG oder eine Zahlung an ihn stets gem. § 27 Abs. 1 Nr. 5 WEG auch gegen die Wohnungseigentümer bzw. nunmehr den teilrechtsfähigen Verband wirkt. Dies gilt auch für **mittelbare Beschränkungen**, etwa des Inhalts, dass Maßnahmen nach § 27 Abs. 1 bis 3 WEG weiterer Zustimmungen durch den Verwaltungsbeirat bedürfen. So kann auch nicht einzelnen Miteigentümer die Kontoführung übertragen werden (AG Wedding ZMR 2009, 884).

44 Hingegen ist die **Erweiterung seines Aufgabenbereiches** jederzeit möglich und häufig auch sinnvoll, insbesondere bei der gerichtlichen Geltendmachung von Ansprüchen, da die jedesmalige Beschlussfassung über die Eintreibung von Wohngeldern gerade bei großen Wohnanlagen mit einem kaum mehr vertretbaren Aufwand verbunden ist. Mehrheitsbeschlüsse dürfen dabei allerdings Bestimmungen der Gemeinschaftsordnung oder gesetzliche Vorschriften nicht dauerhaft ändern. Zulässig ist es auch, dem Verwalter **Vorgaben zur konkreten Art und Weise seiner Aufgabenerledigung** zu machen. So ist etwa die Beschlussfassung darüber, das Gemeinschaftskonto bei einem bestimmten Kreditinstitut einzurichten oder Zahlungen eines Schuldners zu stunden, ohne Weiteres möglich. Ob eine Regelung im Einzelfall zulässig ist, bemisst sich danach, ob sie bereits die Möglichkeit, eine Mindestaufgabe wahrzunehmen (das »Ob«), oder nur die Modalitäten hierbei (das »Wie«) beschränkt.

45 Aus der Unabdingbarkeit und der Bedeutung der in § 27 Abs. 1 bis 3 WEG normierten Aufgaben und Befugnisse folgt, dass es sich hierbei zugleich um **Pflichten des Verwalters** handelt, auch wenn § 27 Abs. 2 WEG nur von seiner Berechtigung hierzu redet. Nach dem Sinn der Vorschrift ist der Verwalter nicht nur berechtigt, sondern auch verpflichtet, die dort genannten Aufgaben wahrzunehmen. Denn die in § 27 Abs. 2 WEG verliehenen Befugnisse sind ihm zur Wahrung der Gemeinschaftsinteressen und im Interesse des Rechtsverkehrs eingeräumt, sodass eine Ausübung nach Belieben dem Gesetzessinn zuwiderliefe, wie der Gesetzgeber in den Materialien ausdrücklich klargestellt hat (BT-Drucks. 16/3843 S. 52 f.).

b) Die Systematik des § 27 WEG nach der gesetzlichen Neuregelung

46 Mit der Entscheidung zur Teilrechtsfähigkeit der Wohnungseigentümergemeinschaft stellten sich auch zur Stellung des Verwalters neue Fragen. Zum einen war zu klären, inwieweit der Verwalter im Innenverhältnis nicht nur für die Wohnungseigentümer, sondern auch für den Verband tätig werden darf und muss (BT-Drucks. 16/887 S. 69). Der Gesetzgeber entschied sich insoweit eindeutig dagegen, Verband und Wohnungseigentümer als einheitliche Gemeinschaft anzusehen und folgte insoweit der schon bis dahin weit überwiegenden Trennungstheorie (s. bes. BT-Drucks. 16/887 S. 60 f.; Bub NZM 2006, 847; Abramenko § 6 Rn. 10 ff.; Hügel/Elzer § 3 Rn. 11; Niedenführ/Kümmel/Vandenhouten § 10 Rn. 59 ff.; soweit Niedenführ/Kümmel/Vandenhouten § 27 Rn. 3 unter Berufung auf die Vertreter der so genannten Einheitstheorie anderes in § 27 WEG hineinlesen will, ist dies veraltet). Zum anderen bedurfte es weiterer Regelungen zur Vertretungsmacht des Verwalters nach außen: Erkennt man einen teilrechtsfähigen Verband an, der im Gegensatz zu einer natürlichen Person nicht selbst handeln kann, so bedarf er eines Organs, das ihn vertritt. Der Gesetzgeber reagierte auf das erste Problem mit einem überarbeiteten, teilweise völlig neu gefassten Katalog von Aufgaben und Befugnissen, die dem Verwalter gegenüber Wohnungseigentümern und Verband im Innenverhältnis zukommen. Noch weiter ging er in der zweiten Frage der Vertretungsmacht des Verwalters nach außen: Hier gestaltete er die Vollmacht, für und gegen den Verband zu handeln, weit großzügiger aus als die Vertretungsmacht für die Wohnungseigentümer nach früherem Recht (Abramenko § 5 Rn. 4; a.A. Hügel/Elzer § 11 Rn. 79).

c) Die Regelung des Innenverhältnisses

47 Die Befugnisse des Verwalters im Innenverhältnis gegenüber Verband und Wohnungseigentümern werden in § 27 Abs. 1 WEG zusammengefasst, was allerdings gesetzestechnisch nicht recht zu überzeugen vermag. Denn hierdurch wird der Eindruck erweckt, die Befugnisse des Verwalters gegenüber Verband und Wohnungseigentümern seien im Innenverhältnis identisch. Dass dies indessen nicht der Fall ist, zeigt schon § 27 Abs. 1 Nr. 7 WEG, wonach der Verwalter zur Information über laufende Gerichtsverfahren verpflichtet ist. Diese Verpflichtung besteht zweifelsfrei nur gegenüber den Wohnungseigentümern, die er zu unterrichten hat. Umgekehrt besteht die in § 27 Abs. 1 Nr. 8 WEG geregelte Berechtigung zur Abgabe von Erklärungen wegen der in § 21 Abs. 5 Nr. 6 WEG genannten Maßnahmen, wie allgemein anerkannt ist, nur gegenüber dem Verband (Abramenko § 5 Rn. 14 m.w.N.). Trotz dieser Unschärfen ist es aber zu begrüßen, dass die Befugnisse des Verwalters im Innenverhältnis nunmehr auch gegenüber dem Verband ausdrücklich geregelt sind. Im Gegensatz zur früheren Rechtslage ist die bislang i.E. nicht immer eindeutige und teilweise auch umstrittene Abgrenzung der Zuständigkeiten nunmehr unmittelbar dem Gesetz zu entnehmen (ähnlich Hügel/Elzer § 11 Rn. 17).

d) Die Regelung des Außenverhältnisses

48 Ebenso wie bei den Befugnissen im Innenverhältnis bestand bei der Vertretungsmacht nach außen gesetzlicher Regelungsbedarf, da auch hier der Verband neben bzw. an die Stelle der Wohnungseigentümer getreten ist. So herrschte etwa Einigkeit darüber, dass Vorschüsse und Nachzahlungen in das Verwaltungsvermögen nicht mehr wie nach früherer Auffassung an die Wohnungseigentümer, sondern an den Verband erfolgen. Dies war dem alten Gesetzeswortlaut indessen nicht zu entnehmen. Daher bedurfte es neuer, klarer Abgrenzungen. Im Gegensatz zum Innenverhältnis wählte der Gesetzgeber hierfür aber eine gänzlich andere Gesetzestechnik, indem er die Vertretungsmacht des Verwalters für Wohnungseigentümer und Verband in zwei separaten Absätzen (§ 27 Abs. 2 und 3 WEG) regelte. Dies führt zu Doppelregelungen etwa bei der Entgegennahme von Willenserklärungen und Zustellungen (§ 27 Abs. 2 Nr. 1 und Abs. 3 S. 1 Nr. 1 WEG), bei der Notgeschäftsführung (§ 27 Abs. 2 Nr. 2 und Abs. 3 S. 1 Nr. 2 WEG) und bei der Vereinbarung über den Gebührenstreitwert (§ 27 Abs. 2 Nr. 4 und Abs. 3 S. 1 Nr. 6 WEG), die der Lesbarkeit und Übersichtlichkeit der Norm nicht gerade zuträglich sind. Dies hätte durch eine Regelung, die gleichgerichtete Aufgaben gegenüber Verband und Wohnungseigentümern zusammengefasst hätte, unschwer vermieden werden können. Noch störender ist das Festhalten an der alten Gesetzessystematik, die Aufgaben und Befugnisse in erster Linie als Frage des Innen- und des Außenverhältnisses ansah (BT-Drucks. 16/887 S. 69 f.). Diese Sichtweise mag für den historischen Gesetzgeber von Bedeutung gewesen sein, der vermeiden wollte, dass die Wohnungseigentümer in allzu weiten Umfang durch den Verwalter verpflichtet werden. Nach der Anerkennung eines teilrechtsfähigen Verbandes kam diesem Gesichtspunkt nicht mehr dieselbe Bedeutung zu, da eine persönliche Verpflichtung der Wohnungseigentümer praktisch nicht mehr möglich war (BGH ZMR 2005, 554). Weit drängender stellte sich die Frage, wie die Handlungsfähigkeit des Verbandes gesichert werden konnte. Dem trug der Gesetzgeber dadurch Rechnung, dass er die Trennung in Innen- und Außenverhältnis beim Verband durch § 27 Abs. 3 S. 1 Nr. 3 bis 5 WEG weitgehend wieder aufhob. Im Ergebnis wurde dadurch dem Verwalter für die angeblich nur das Innenverhältnis betreffenden Befugnisse nach § 27 Abs. 1 Nr. 2 bis 6 und 8 WEG auch Vertretungsmacht für den Verband erteilt. Damit kommt dem Verwalter also für fast alle Befugnisse dem Verband gegenüber, die ihm § 27 WEG im Innenverhältnis einräumt, auch Vertretungsmacht nach außen zu. Nicht erfasst sind lediglich die Unterrichtung über Rechtsstreitigkeiten nach

§ 27 Abs. 1 Nr. 7 WEG, die ohnehin nicht den Verband, sondern die Wohnungseigentümer betrifft, und die Durchführung von Beschlüssen. Hier besteht aber zu einem guten Teil – im Rahmen der Instandhaltung und Instandsetzung – ebenfalls Vertretungsmacht nach § 27 Abs. 3 S. 1 Nr. 3 WEG. Überdies sieht § 27 Abs. 3 S. 1 Nr. 7 WEG eine neue, weitreichende Möglichkeit vor, den Verwalter durch Mehrheitsbeschluss über die sonstigen in § 27 WEG geregelten Gegenstände hinaus zum Handeln für den Verband zu ermächtigen. Entgegen den Beteuerungen der Materialien, wonach »der Verwalter auch künftig nur in bestimmten Angelegenheiten zur Vertretung ermächtigt ist« (BT-Drucks. 16/887 S. 71) kann er ohne Weiteres als Organ des Verbandes angesehen werden (zurückhaltender Hügel/Elzer § 11 Rn. 79).

e) Interessenkollisionen bei der Ausübung der Verwaltertätigkeit

49 Die Tätigkeit des Verwalters ist auf das Wohl der Gemeinschaft gerichtet, weshalb es zur Kollision mit seinen eigenen Interessen kommen kann, wenn auch er von einem Rechtsgeschäft in irgendeiner Weise betroffen ist. Die rechtliche Behandlung einer solchen Interessenkollision ist unproblematisch, sofern sie nur auf den Umfang seiner weiteren gewerblichen Aktivitäten zurückzuführen ist. Klassisches Beispiel hierfür ist die Maklertätigkeit des Verwalters: Makelt der Verwalter Wohnungen, deren Veräußerung seiner Zustimmung nach § 12 WEG bedarf, kollidiert sein Interesse an der Provision mit der Überwachungsfunktion. Deshalb hat er derartige Tätigkeiten in den von ihm verwalteten Liegenschaften grundsätzlich zu unterlassen. Ansonsten begeht er eine gravierende Pflichtverletzung (BGH NJW 1991, 168; BayObLG WuM 1997, 398), die u.U. sogar die Abberufung aus wichtigem Grund rechtfertigt (s. Rdn. 31 und Rdn. 201). Weniger einfach fällt die Behandlung eines Interessenkonfliktes, der nicht durch die Unterlassung einer bestimmten Tätigkeit vermieden werden kann, wenn der Verwalter etwa selbst die Gemeinschaft auf Zahlung seiner Vergütung in Anspruch nehmen will. Ähnlich verhält es sich, wenn er die Anlage als Bauträger selbst errichtet hat und nunmehr als Verwalter Gewährleistungsrechte gegen sich selbst durchsetzen müsste. In diesen Fällen eindeutiger Interessenkollision darf der Verwalter wohl selbst dann nicht mehr für die Wohnungseigentümer tätig werden, wenn er von den Beschränkungen des § 181 BGB befreit ist (OLG Düsseldorf ZMR 1994, 521). Für das gerichtliche Verfahren sieht nunmehr § 45 Abs. 2 WEG die Bestellung eines Ersatzzustellungsvertreters vor, sofern ein Verfahren gegen die Wohnungseigentümer betroffen ist. Dessen Bestellung kann, sofern sie entgegen den Bestimmungen des Gesetzes nicht vorab von den Eigentümern durchgeführt wurde, nach § 45 Abs. 3 WEG auch vom Gericht vorgenommen werden. Allerdings bedarf es dieser Maßnahmen nur bei einer konkreten Interessenkollision, nicht schon bei der bloßen Gefahr in Zukunft möglicherweise widerstreitender Interessen (vgl. Kap. 35 Rdn. 62 f.). Soweit der Verband betroffen ist, ist noch nicht einmal die Bestellung eines besonderen Vertreters erforderlich. Denn das Prinzip der Gesamtvertretung ermöglicht es, jedem einzelnen Wohnungseigentümer zuzustellen (vgl. u. Rdn. 259 ff.).

6. Die einzelnen Aufgaben und Befugnisse des Verwalters nach § 27 Abs. 1 WEG

a) Die Durchführung von Beschlüssen (§ 27 Abs. 1 Nr. 1 1. Alt. WEG)

50 Die Berechtigung und Verpflichtung zur Durchführung von Beschlüssen führt das Gesetz als erste Pflicht des Verwalters auf. Dies verdeutlicht, dass nicht der Verwalter, sondern die Wohnungseigentümer die Herren der Verwaltung sind (OLG Hamm WuM 1991, 220). Es ist primäre Aufgabe des Verwalters, ihre Beschlüsse rechtzeitig und umfassend vorzubereiten (vgl. auch Rdn. 71) und als Vollzugsorgan auszuführen (BGHZ 106, *226; BGH NJW 1996, 1217; OLG* Zweibrücken WE 1991, 333 f.). Demgemäß kann die Eigentümerversammlung als übergeordneter Träger der Willensbildung jenseits der Mindestbefugnisse des Verwalters nach § 27 Abs. 4 WEG grundsätzlich auch Entscheidungen an sich ziehen, die die Gemeinschaftsordnung dem Verwalter zuweist. Kann der Verwalter nach der Gemeinschaftsordnung etwa einen Wirtschaftsplan festsetzen, die gewerbliche Nutzung von Wohneinheiten genehmigen, die Zustimmung zur Veräußerung von Wohnungseigentum erteilen oder bauliche Veränderungen genehmigen, kommt der Eigentümerversammlung grundsätzlich die Letztentscheidungsbefugnis hierüber zu (BGH NJW 1996, 1217; OLG Zweibrücken WE 1991, 333; KG NJW-RR 1991, 1300 f.; OLG Düsseldorf ZMR 1997, 436; OLG Köln DWE 1997, 33; ZMR 2004, 146 f.; BayObLG ZMR 2004, 133; OLG Schleswig ZMR 2005, 817). Weichen die Entscheidung von Verwalter und Wohnungseigentümerversammlung voneinander ab, ist folglich ein Beschluss der Letzteren maßgeblich.

Praxistipp: 51

Der Rechtsgedanke von § 27 Abs. 1 Nr. 1 WEG ist auch auf die **Durchführung von Vereinbarungen** anzuwenden: Ist der Verwalter schon zur Durchführung von Mehrheitsbeschlüssen verpflichtet, gilt dies erst recht für Vereinbarungen.

Wesentliche **Neuerung der Novelle** ist es, dass der Verwalter nach § 27 Abs. 1 Nr. 1 WEG im Innenverhältnis nunmehr nicht nur gegenüber den Wohnungseigentümern, sondern auch gegenüber dem Verband befugt ist, für die Durchführung von Beschlüssen zu sorgen. Die Regelung des § 27 Abs. 1 Nr. 1 WEG wurde also auf den Verband ausgedehnt, was eine konsequente Folge der Teilrechtsfähigkeit ist. Auch für den Verband kommt dem Verwalter aber im Rechtsverkehr keine gesetzliche Vollmacht zu. Betrifft der Beschluss Maßnahmen der laufenden Instandhaltung oder Instandsetzung, ergibt sie sich aber aus § 27 Abs. 1 Nr. 2, Abs. 3 S. 1 Nr. 3 WEG. Gleiches gilt nach § 27 Abs. 3 S. 1 Nr. 4, 5 WEG für die Finanzverwaltung. Ansonsten muss der Verwalter durch Beschluss nach § 27 Abs. 3 S. 1 Nr. 7 WEG (konkludent) ermächtigt werden. Beschließen die Wohnungseigentümer bestimmte Maßnahmen oder den Abschluss von Verträgen, wird dies jedenfalls die konkludente Bevollmächtigung des zur Beschlussdurchführung verpflichteten Organs enthalten (vgl. OLG Hamm WE 1997, 316). Eine ausdrückliche Verweigerung der Vollmacht, die den Verwalter zur Durchführung in eigenem Namen und auf eigenes Risiko zwingen soll, dürfte ein rein theoretischer Fall sein. Ein solcher Beschluss wäre wohl als Rechtsgeschäft zu Lasten Dritter nichtig. Jedenfalls widerspräche er aber aufgrund der Erschwernisse bei der Beschlussdurchführung ordnungsmäßiger Verwaltung und könnte nach § 43 Nr. 4 WEG angefochten werden, auch vom Verwalter (s.u. Kap. 35 Rdn. 83). 52

b) Pflichten und Vertretungsmacht bei der Beschlussdurchführung

Bei der Vorbereitung und bei der Durchführung von Beschlüssen hat der Verwalter diejenige Sorgfalt anzuwenden, die ein vernünftiger Eigentümer in eigenen Angelegenheiten anwenden würde (KG WuM 1993, 307; OLG Düsseldorf ZMR 1997, 491). Ist der Verwalter Kaufmann, unterliegt er insoweit höheren Anforderungen. Er hat seine Pflichten dann mit der Sorgfalt eines ordentlichen Kaufmanns nach §§ 347, 343 bis 345 HGB zu erfüllen (BGH NJW 1996, 1217 f.; BayObLG WE 1998, 39; NZM 2002, 565). Dies betrifft insbesondere die Einholung mehrerer Angebote bei größeren Arbeiten am Gemeinschaftseigentum, beim Abschluss von Versicherungen oder sonstigen Verträgen (BayObLG NZM 2002, 566; vgl. schon BayObLG NJW-RR 1989, 1294). Im Gegensatz zum früheren Recht kommt ihm jedenfalls bei Maßnahmen der Instandhaltung und Instandsetzung aus § 27 Abs. 3 S. 1 Nr. 3 WEG eine gesetzliche Vollmacht zu. Der Verwalter kann derartige Verträge aber auch im eigenen Namen abschließen. In diesem Fall 53 wird er Vertragspartner, kann aber den Ersatz seiner Aufwendungen nach §§ 675, 670 BGB verlangen (BGH NJW-RR 1993, 1228; BayObLG WE 1996, 315; 1997, 76; OLG Hamm WE 1997, 316; OLG Schleswig ZMR 2002, 468).

c) Die Durchführung fehlerhafter Beschlüsse

54 **Fall**

> Der Verwalter ist im Zweifel darüber, ob ein Beschluss über eine bestimmte bauliche Veränderung rechtmäßig ist. Da er mit einer Anfechtung rechnet, fürchtet er sowohl bei der Durchführung des Beschlusses mit Regressansprüchen wegen der Rückbaukosten als auch bei einer Aussetzung der Beschlussdurchführung wegen entgangener Nutzungsmöglichkeiten.

55 Besondere Schwierigkeiten für den Verwalter ergeben sich aus der Verpflichtung und Berechtigung zur Durchführung von Beschlüssen, deren Rechtmäßigkeit zweifelhaft ist. Noch vergleichsweise einfach ist das Vorgehen, wenn etwa wegen Überschreitung der Beschlusskompetenz ein **nichtiger Beschluss** vorliegt: Da dieser keinerlei Bindungswirkung erzeugt, ist der Verwalter weder berechtigt noch verpflichtet, ihn auszuführen. Vielmehr setzt er sich Unterlassungs- und Schadensersatzansprüchen aus, wenn er ihn durchführt. In Zweifelsfällen hat der Verwalter Rechtsrat einzuholen und gegebenenfalls selbst eine gerichtliche Klärung herbeiführen. Dabei empfiehlt es sich, im Verfahren nach § 43 Nr. 3 WEG die Verpflichtung zur Durchführung des Beschlusses überprüfen zu lassen. Hierbei findet eine inzidente Prüfung seiner Nichtigkeit statt, während die bloße Fehlerhaftigkeit ohne erfolgreiche Anfechtung von dritter Seite die Verpflichtung zur Durchführung unberührt lässt. Folglich gerät der Verwalter, wenn er lediglich das Risiko der Durchführung eines nichtigen Beschlusses vermeiden will, nicht in einen Gegensatz zur Gemeinschaft, die an dem Beschluss trotz seiner Anfechtbarkeit festhalten will. Weniger ratsam ist in diesem Fall ein Verfahren nach § 43 Nr. 4 WEG, wenn der Verwalter keine bloßen Anfechtungsgründe geltend machen will. Zwar kann dort ebenfalls über die Nichtigkeit von Beschlüssen befunden werden (s. Kap. 35 Rdn. 103). Der Verwalter riskiert aber, wenn der von ihm gerügte Fehler zur Anfechtbarkeit, nicht aber zur Nichtigkeit führt, die Ungültigerklärung des Beschlusses und somit einen Konflikt mit der Eigentümergemeinschaft, die an einem lediglich anfechtbaren Beschluss festhalten möchte.

56 **Praxistipp:**

> In jedem Fall sollte der Verwalter einen **Antrag im Verfahren nach §§ 935 ff. ZPO** zur Aussetzung der Beschlussdurchführung stellen. Untersagt nämlich das Gericht die Ausführung des Beschlusses, weil es ihn für nichtig hält, trifft den Verwalter auch dann kein Verschulden, wenn er sich im Nachhinein doch nicht als nichtig herausstellt. Ähnliches gilt für die Zurückweisung eines entsprechenden Antrags, wenn sich der Beschluss umgekehrt im Nachhinein doch als nichtig erweist.

d) Anfechtbare Beschlüsse

57 Problematischer ist die Lage des Verwalters, wenn lediglich die Anfechtbarkeit eines Beschlusses im Raume steht. Hier wird die Durchführung des Beschlusses erst mit seiner **Bestandskraft** risikolos. Denn die Durchführung fehlerhafter, aber nicht angegriffener Beschlüsse ist nach ganz h.M. gerechtfertigt. Der Verwalter ist auch nicht verpflichtet, fehlerhafte Beschlüsse anzufechten. In einer schwierigeren Position befindet sich der Verwalter indessen, wenn die **Beschlussfassung fristgerecht angefochten** wird. In diesem

Fall von der Durchführung des Beschlusses abzusehen, wird dem Verwalter nur von einer Mindermeinung eingeräumt, die dies insbesondere mit seiner Verpflichtung begründet, Schäden von der Wohnungseigentümergemeinschaft abzuwenden und nicht sehenden Auges durch die Ausführung anfechtbarer Beschlüsse zu verursachen (Bub WE 1988, 184; Ganten WE 1992, 126 f.; Niedenführ WE 1993, 101 f.; Deckert Die ETW Gr. 4 Rn. 1370). Deshalb soll der Verwalter nach dieser Auffassung jedenfalls bei offenkundiger Fehlerhaftigkeit des Beschlusses (Deckert Die ETW Gr. 4 Rn. 1424b; Gottschalg ZWE 2003, 229) oder dann, wenn durch die Beschlussdurchführung wesentlich größerer Schaden droht als durch eine einstweilige Aussetzung, berechtigt sein, anfechtbare Beschlüsse nicht ausführen (Gottschalg ZWE 2003, 229). Die überwiegende Meinung hält solche wenig kalkulierbaren Abwägungen aus Gründen der Rechtssicherheit für bedenklich (BayObLG WE 1991, 199; Wenzel WE 1998, 456; Bärmann/Pick/Merle § 27 Rn. 30; ähnlich Müller WE 1994, 7). Zudem sei der Wille des maßgeblichen Entscheidungsorgans, der Eigentümerversammlung, zu respektieren (Staudinger/Bub § 26 Rn. 329; Wenzel WE 1998, 456). Eine eigenmächtige Entscheidung des Verwalters, seiner Auffassung zufolge anfechtbare Beschlüsse nicht durchzuführen, kommt demnach nicht in Frage.

Wenig erfolgversprechend dürfte häufig auch der Vorschlag sein, von der Eigentümerversammlung die **Aussetzung der Beschlussdurchführung** bis zu seiner Unanfechtbarkeit einzuholen (Röll WE 1993, 100; Hörmann WE 1993, 156; Deckert Die ETW Gr. 4 Rn. 1424b; Gottschalg ZWE 2003, 229 f.; Bärmann/Merle § 27 Rn. 19). Gestattet die Eigentümerversammlung eine solche Aussetzung, könnte er zwar für seine Vorgehensweise in keinem Fall in Regress genommen werden, da er nur der ausdrücklichen Weisung der Wohnungseigentümer folgte. Die sofortige Beschlussdurchführung und somit die Ablehnung einer Aussetzung wird üblicherweise aber gerade von denjenigen befürwortet, die schon für den entsprechenden Antrag gestimmt haben. Ist der Beschluss rechtswidrig, so entspricht auch die Ablehnung der Aussetzung oder ein ausdrücklich beschlossener Sofortvollzug nicht ordnungsgemäßer Verwaltung. Der Verwalter könnte sich dann auch insoweit nicht auf einen unanfechtbaren Beschluss stützen. **58**

Als Ausweg bleibt auch hier, die Aussetzung der Beschlussausführung im Wege einer **einstweiligen Verfügung gemäß §§ 935 ff. ZPO** zu beantragen (vgl. KG DWE 1987, 27; BayObLG WE 1991, 167; Bub WE 1988, 184; Ganten WE 1992, 127; Niedenführ WE 1993, 101; Müller WE 1994, 8; Gottschalg ZWE 2003, 230). Dies ist dem Verwalter ohne Weiteres möglich, da er Beschlüsse anfechten und erst recht ihre vorläufige Suspendierung beantragen kann. Damit wäre die Haftung des Verwalters immerhin dann ausgeschlossen, wenn das Gericht einen entsprechenden Beschluss erlässt oder den Antrag zurückweist. Denn der Verwalter kann den Eigentümerbeschluss nicht entgegen einer ausdrücklichen gerichtlichen Anordnung ausführen bzw. seinen Vollzug aussetzen. **59**

Prekär bleibt seine Lage indessen vor einer solche Verfügung bzw., wie im Beispielsfall, **vor der Anhängigkeit eines Anfechtungsantrags**. Angesichts dieser Lage spricht viel dafür, den Verwalter, der zur Ausführung auch anfechtbarer Beschlüsse verpflichtet ist (BGH NJW 1996, 1217; BayObLGZ 1972, 247; BayObLG WE 1991, 199), von einer Haftung den Wohnungseigentümern gegenüber frei zu stellen, selbst wenn ein Eigentümerbeschluss für ungültig erklärt wird (BayObLG WE 1991, 199). Denn die Mehrheit der Wohnungseigentümer, die die sofortige Durchführung eines Beschlusses trotz erkannter Gefahr seiner Anfechtbarkeit verlangt, trifft jedenfalls ein weit überwiegendes Mitverschulden an den Folgen ihres Abstimmungsverhaltens. Auch eine Haftung wegen vollmachtloser Vertretung tritt nach dem Rechtsgedanken von § 32 FGG a.F. (jetzt § 47 FamFG) nicht ein (KG NJW-RR 1990, 153). Der Verwalter hat demnach mit einem Hinweis auf die Gefahren einer sofortigen Beschlussdurchführung, der tunlichst protokol- **60** liert oder sonst wie aktenkundig gemacht werden sollte, alles ihm Zumutbare zur Vermeidung der Folgen einer Ungültigerklärung getan. Daher kann der Verwalter nach einer Ungültigerklärung von Beschlüssen für deren Ausführung auch nicht als Vertreter ohne Vertretungsmacht von Außenstehenden in Anspruch genommen werden. Sie haben aber u.U. Ansprüche analog § 122 BGB gegen die Wohnungseigentümer (Bärmann/Merle § 27 Rn. 24).

61 **Praxistipp:**

Dem Verwalter ist im Falle einer vorbeugenden Beratung in jedem Fall zu empfehlen, eine **namentliche Abstimmung** durchzuführen und das Ergebnis in die Niederschrift aufnehmen. Folgt man nämlich der Auffassung, wonach nur die Mehrheit, die den Sofortvollzug verlangt, für Folgenbeseitigungsansprüche haftet (vgl. Bärmann/Merle § 27 Rn. 25; a.A. Abramonko, FS Merle, 2010, 4 f.), könnte er ansonsten bei nicht mehr feststellbarem Stimmverhalten der anwesenden Wohnungseigentümer für diesen Mangel seiner Verhandlungsführung und Protokollierung regresspflichtig sein.

e) Die Durchführung der Hausordnung (§ 27 Abs. 1 Nr. 1 2. Alternative WEG)

62 Neben der Durchführung von Beschlüssen überantwortet § 27 Abs. 1 Nr. 1 WEG dem Verwalter auch die Durchführung der Hausordnung. Mit dieser Parallelität macht § 27 Abs. 1 Nr. 1 2. Alternative WEG zugleich klar, dass deren Aufstellung Sache der Wohnungseigentümer ist. Auch wenn der Verwalter zu ihrer Aufstellung kraft Gemeinschaftsordnung ermächtigt ist, kann folglich die Eigentümerversammlung diese Kompetenz an sich ziehen (BayObLGZ 1975, 204 f.; NJW-RR 1992, 344; ZWE 2001, 596; OLG Zweibrücken WE 1991, 333; KG ZMR 1992, 69; vgl. Rdn. 137 f.). Die Wohnungseigentümer können eine entsprechende Vorlage mit Mehrheit beschließen, den Verwalter aber auch zur Aufstellung einer Hausordnung ermächtigen (BayObLG NJW-RR 1992, 344; vgl. BayObLG ZWE 2001, 595). Ihm steht lediglich die unabdingbare Kompetenz zu, für ihre Durchführung zu sorgen. Umgekehrt darf der Verwalter eine Weisung der Eigentümer über das weitere Vorgehen einholen, wenn er über die Reichweite einer Bestimmung in der Hausordnung nachvollziehbarerweise im Unklaren ist (vgl. BGH ZMR 1996, 276). Die Durchführung kann einerseits durch Maßnahmen rein tatsächlicher Natur (BayObLGZ 1972, 94) wie Ermahnungen, Kehr- und Nutzungspläne, Aushänge etc. erfolgen, und zwar auch dann, wenn das Wohnungs- oder Teileigentum vermietet ist. In diesem Fall hat er den Eigentümer anzuhalten, auf die Einhaltung der Hausordnung durch den Mieter hinzuwirken, da er Letzterem gegenüber keine Befugnisse hat. Auch rechtsgeschäftliche Maßnahmen, wie die Mahnung zur Erfüllung der aus der Hausordnung resultierenden Verpflichtungen und äußerstenfalls die Abmahnung nach § 18 Abs. 2 Nr. 1 WEG, kann der Verwalter jedenfalls dann ergreifen, wenn die Hausordnung durch Beschluss genehmigt wurde. Denn damit wurde jedenfalls konkludent Vollmacht zu ihrer Durchführung erteilt (vgl. Rdn. 52), sodass der Verwalter für die Wohnungseigentümer handeln kann. Ähnlich verhält es sich bei Hausordnungen, die in der Gemeinschaftsordnung enthalten sind, da der Verwalter auch zu ihrer Durchführung nach § 27 Abs. 1 Nr. 1 WEG berechtigt ist. Letztlich dürfte dies auch für eine lediglich kraft entsprechender Ermächtigung des Verwalters erstellte Hausordnung gelten.

63 **Praxistipp:**

Zur **gerichtlichen Durchsetzung** von Ansprüchen der Wohnungseigentümer aus der Hausordnung benötigt der Verwalter nach § 27 Abs. 3 S. 1 Nr. 7 WEG eine Ermächtigung. Lediglich die bloße Feststellung eigener Rechte bei der Durchführung der Hausordnung kann er nach § 43

Nr. 3 WEG ohne Ermächtigung beantragen (BayObLGZ 1972, 93), was aber mangels Vollstreckungsmöglichkeit regelmäßig wenig bedeutsam ist. Daher ist es sinnvoll, dem Verwalter in der Gemeinschaftsordnung entsprechende Befugnisse einzuräumen.

f) Die Sorge für die Instandhaltung und Instandsetzung des Gemeinschaftseigentums (§ 27 Abs. 1 Nr. 2 WEG)

Fall 64

Der rührige Verwalter V will die alljährlich erforderliche Inspektion der Wasseraufbereitungsanlage durchführen lassen. Da er die Sparsamkeit der Eigentümer kennt und langwierige Diskussionen vermeiden möchte, will er die Maßnahmen in Auftrag geben, ohne sie vorher zu fragen. Er meint, er sei hierzu berechtigt, da es sich um eine »laufende Maßnahme der erforderlichen ordnungsmäßigen Instandhaltung und Instandsetzung« nach § 27 Abs. 3 S. 1 Nr. 2 WEG handele. Die Wohnungseigentümer wollen sich hiergegen wehren.

Der **Umfang der Befugnisse**, die § 27 Abs. 1 Nr. 2 WEG dem Verwalter einräumt, insbesondere die Bedeutung der »erforderlichen Maßnahmen« erschließt sich nicht schon aus der Lektüre, sondern erst aus der Analyse von systematischem Zusammenhang und Zweck der Vorschrift. Da die Versammlungen der Wohnungseigentümer üblicherweise nur in größeren Abständen stattfinden, können diese nur begrenzt für die Instandhaltung des Gemeinschaftseigentums, also die Bewahrung seines ordnungsgemäßen Zustandes (KG ZMR 1993, 478), und seine Instandsetzung etwa durch Reparatur nach bereits eingetretenen Schäden (BayObLG WE 1998, 155) sorgen. Deshalb weist diese Aufgabe § 27 Abs. 1 Nr. 2 WEG dem Verwalter zu. Nach der oben (Rdn. 46 ff.) dargelegten Zielsetzung von § 27 Abs. 1 WEG stellt die Aufgabe und Befugnis des Verwalters, die hierfür erforderlichen Maßnahmen zu treffen, eine Kompetenzregelung im Innenverhältnis dar. Demzufolge ist es außerhalb der Notgeschäftsführung nicht Aufgabe der Wohnungseigentümer, sondern des Verwalters, die erforderlichen Maßnahmen in eigener Verantwortung zu treffen (BayObLG ZMR 2002, 844 u. 2004, 602). Dies gilt auch für kostspielige vorbereitende Maßnahmen wie die Beauftragung eines Sachverständigen (OLG Frankfurt ZMR 2009, 862). 65

g) Die gesetzliche Vollmacht für den Verband als Neuerung und ihre Grenzen

Trotz dieser Aufgabenverteilung sieht § 27 Abs. 3 S. 1 Nr. 3 WEG im Gegensatz zum alten Recht, wonach der Verwalter ohne entsprechende Beschlussfassung keine Verträge im Namen der Wohnungseigentümer schließen konnte (BayObLG WE 1988, 31; 1990, 218; OLG Koblenz ZMR 1999, 583 f.) eine gesetzliche Vollmacht für den Verband vor. Streitig ist deren Reichweite. In der Vorauflage wurde die Auffassung vertreten, die Vollmacht aus § 27 Abs. 3 S. 1 Nr. 3 WEG umfasse im Wesentlichen die gesamte Sorge des Verwalters für Instandhaltung und Instandsetzung (so auch Hügel ZMR 2008, 9). Dies ist unter dem Gesichtspunkt, dass die Vollmacht nur die »laufenden Maßnahmen der erforderlichen ordnungsmäßigen Instandhaltung und Instandsetzung gem. Abs. 1 Nr. 2« erfasst, auf Kritik gestoßen (s. Häublein ZWE 2009, 191; ähnlich schon Merle ZWE 2006, 368). Insbesondere vor dem Hintergrund, dass eine unbegrenzte Vollmacht trotz der Weisungsgebundenheit des Verwalters erhebliche Risiken für die Gemeinschaft in sich birgt, erscheint dies verständlich. Allerdings kommen die Vertreter der abweichenden Auffassungen zu keiner einheitlichen Antwort, was dann unter »laufender Verwaltung« zu verstehen ist. Sofern selbst »laufende Reparaturen« von der Vollmacht nach § 27 Abs. 3 S. 1 Nr. 3 WEG ausgenommen werden (so Hügel/Elzer § 11 Rn. 84), entspricht 66 dies sicher nicht dem Willen des Gesetzgebers (so auch Häublein ZWE 2009, 191 f.). Denn danach sollte der Verwalter ohne Weiteres befugt sein, bestimmte Arbeiten kraft gesetzlicher Vollmacht in Auftrag zu geben: »Um andererseits die Handlungsfähigkeit sicherzustellen, wird der Verwalter nach der Neuregelung aber ohne weiteres in der Lage sein, die laufende Verwaltung und dringliche Geschäfte für die Gemeinschaft der Wohnungseigentümer zu erledigen.« (BT-Drucks. 16/887 S. 71). Einige Autoren sprechen sich dafür aus, nur Maßnahmen geringeren Umfangs unter die Vollmacht des § 27 Abs. 3 S. 1 Nr. 3 WEG zu subsumieren (Niedenführ/Kümmel/Vandenhouten § 27 Rn. 20; Jennißen/Heinemann § 27 Rn. 29; Häublein ZWE 2009, 192 f.). Dies ist aber für den Rechtsverkehr mit kaum absehbaren Risiken verbunden und geht am Wortlaut der Norm vorbei. Ob es sich um eine Maßnahme geringeren Umfangs handelt, hängt schon von der Größe der Liegenschaft ab. Insoweit müsste man auf einen gewissen Prozentsatz vom Volumen der Jahresabrechnung o.Ä. abstellen. Der Vertragspartner müsste sich demnach wie bisher nach Interna der Gemeinschaft erkundigen, um sein Risiko abzuschätzen. Noch unberechenbarer würde es, wollte man nicht auf typisierende Merkmale, sondern auf die Gegebenheiten der konkreten Liegenschaft abstellen (hiergegen zu Recht Häublein ZWE 2009, 192 f.). Insbesondere geht diese Position, die alleine auf den Umfang der Maßnahme abstellt, vom Wortlaut der Norm ab. Denn der stellt gerade nicht auf den Finanzbedarf, sondern darauf ab, ob es sich um »laufende« Maßnahmen handelt, also darauf, ob es sich um wiederkehrende Maßnahmen handelt. Will man den Umfang der Vollmacht nach § 27 Abs. 3 S. 1 Nr. 3 WEG einschränken, wird man daher die Frage in den Vordergrund stellen müssen, ob es sich bei einer Maßnahme um Arbeiten handelt, die aufgrund Abnutzung o.Ä. in bestimmten Zeitabständen immer wieder erforderlich werden (so Bärmann/Merle 10. Aufl. § 27 Rn. 189; Schultz ZWE 2009, 163). Im Ergebnis werden dann aber wie nach der in der Vorauflage vertretenen Auffassung doch die meisten Maßnahmen der Instandhaltung und Instandsetzung § 27 Abs. 3 S. 1 Nr. 3 WEG unterfallen (so, wenn auch krit. Häublein ZWE 2009, 192). Ausgenommen sind danach nur außergewöhnliche Maßnahmen, die nicht durch Abnutzung verursacht werden und nicht in bestimmten Abständen laufend wiederkehren. Eine solche Handhabung wäre der Rechtssicherheit indessen äußerst zuträglich, da der Vertragspartner der Gemeinschaft auf dieser Grundlage abschätzen kann, ob dem Verwalter Vollmacht kraft Gesetzes zukommt.

67 In diesem Rahmen wirkt das Handeln des Verwalters in Angelegenheiten der Instandsetzung und Instandhaltung, auch wenn die Wohnungseigentümer wie im Beispielsfall keinen entsprechenden Beschluss gefasst haben, kraft gesetzlicher Vollmacht ohne weiteres gegen den Verband. Die Rechtsprechung zum Handeln als vollmachtloser Vertreter bzw. zum Vertragsschluss in eigenem Namen (vgl. zuletzt BerlVerfGH NJW-RR 2007, 159 ff. = ZMR 2007, 548 ff.; OLG Saarbrücken NJW-RR 2007, 522 f. = ZMR 2007, 310) ist daher insoweit obsolet. Anders als nach der früheren Rechtslage muss sich der Vertragspartner nun also nicht mehr nach dem Beschluss erkundigen, kraft dessen der Verwalter zum Abschluss des Geschäftes bevollmächtigt wurde. Eine Vollmacht besteht allerdings nur gegenüber dem Verband, nicht auch gegenüber den Wohnungseigentümern. Diese können aus Verträgen, die der Verwalter abschließt, also nur im Rahmen der allgemeinen Haftung nach § 10 Abs. 8 WEG in Anspruch genommen werden. Im Innenverhältnis muss sich der Verwalter nach wie vor an Weisungen der Wohnungseigentümer halten (OLG Düsseldorf NJW-RR 1998, 14 = ZMR 1997, 605). Ist ihm danach etwa nur ein Vertragsabschluss bis zu einem bestimmten Volumen gestattet, wird der Verband zwar durch einen weisungswidrigen Vertragsabschluss gebunden. Im **Innenverhältnis** können ihm aber wegen der Verletzung des Verwaltervertrags aus § 280 Abs. 1 BGB Schadensersatzansprüche zustehen (Hügel/Elzer § 11 Rn. 22 u. 35; Schultz ZWE 2009, 162 vgl. noch zum alten Recht OLG Celle ZMR 2001, 643 f.; BayObLG ZMR 2004, 602; ZMR 2006,

138). Ohne besondere Dringlichkeit kann der Verwalter daher keine eigenmächtigen Entscheidungen treffen (OLG Brandenburg ZMR 2010, 213), auch keine längerfristigen Wartungsverträge abschließen (OLG Brandenburg ZMR 2010, 213). Über derartige Maßnahmen der Instandhaltung und Instandsetzung entscheiden die Wohnungseigentümer durch Mehrheitsbeschluss (OLG Hamm NJW-RR 1997, 144 = ZMR 1996, 680; OLG Hamburg ZMR 2006, 546 f.). An diese Entscheidung ist der Verwalter gebunden, auch wenn er sie für unzweckmäßig hält (BayObLG ZMR 2001, 823). Die Entscheidungsbefugnis der Eigentümer umfasst auch die Art der Instandhaltung bzw. Instandsetzung. So können die Wohnungseigentümer etwa die Möglichkeit der Eigenleistung vorsehen (BayObLG NJW-RR 1992, 344; KG NJW-RR 1996, 527 f.). Soweit sie keine diesbezügliche Entscheidung treffen, kann auch der Verwalter einfache Arbeiten gegen Vergütung in Eigenleistung durchführen lassen, wenn dies wirtschaftlich vorteilhaft ist (KG NJW-RR 1991, 1236). Umgekehrt treffen ihn keine Schadensersatzpflichten bei der Ausführung von Eigentümerbeschlüssen, auch wenn diese objektiv unzureichend für die Instandhaltung der Liegenschaft sind (OLG Hamm NJW-RR 1997, 909; insoweit richtig auch KG NJW-RR 1991, 274).

h) Die Reichweite der gesetzlichen Vollmacht

Dass die neue Vollmacht trotz der Weisungsgebundenheit des Verwalters erhebliche Risiken für die Gemeinschaft in sich birgt, liegt auf der Hand. Dies hat schnell zu Versuchen geführt, die gesetzliche Vollmacht aus § 27 Abs. 3 S. 1 Nr. 3 WEG einschränkend auszulegen. So wurde vermutet, die Neuregelung bedeute »sicherlich nicht, dass der Verwalter in den Fällen des Abs. 1 Nr. 2 auch die zur Vornahme aller dort genannten Maßnahmen notwendige Vertretungsmacht hat« (Merle ZWE 2006, 368). Dies ist sicher richtig, soweit keine »laufenden« Maßnahmen betroffen sind (s.o. Rdn. 66). Weder der Wortlaut der Norm, der ohne Einschränkung auf § 27 Abs. 1 Nr. 2 WEG verweist, noch die Gesetzesmaterialien rechtfertigen indessen weitere Einschränkungen. Vielmehr führen die Materialien ausdrücklich aus: »Um andererseits die Handlungsfähigkeit sicherzustellen, wird der Verwalter nach der Neuregelung aber ohne weiteres in der Lage sein, die laufende Verwaltung und dringliche Geschäfte für die Gemeinschaft der Wohnungseigentümer zu erledigen.« (BT-Drucks. 16/887 S. 71). Dies lässt sich nur dahingehend verstehen, dass der Gesetzgeber die Vollmacht des Verwalters tatsächlich zumindest auf die im Rahmen der in § 27 Abs. 1 Nr. 2 WEG genannten laufenden Geschäfte erstrecken wollte (Abramenko § 5 Rn. 10; ähnlich Niedenführ/Kümmel/Vandenhouten § 27 Rn. 20; a.A. Hügel/Elzer § 11 Rn. 84, wo die Ausnahme sogar »laufende(r) Reparaturen« von der Vollmacht sicher zu weit geht). Denn die laufende Verwaltung, die der Verwalter ohne weiteres kraft gesetzlicher Vollmacht zu erledigen im Stande sein soll, umfasst noch weit mehr als nur die Maßnahmen der Instandhaltung und Instandsetzung. 68

Praxistipp: 69

Sofern die Absicht des Verwalters zu eigenmächtigem Handeln vorab bekannt wird, können die Wohnungseigentümer im Rahmen eines Verfahrens nach § 43 Nr. 3 WEG den Erlass einer **einstweiligen Verfügung** beantragen, die diesem den Abschluss von Verträgen o.Ä. untersagt.

Die Entscheidungsbefugnis der Eigentümer umfasst auch die **Art der Instandhaltung bzw. Instandsetzung**. So können die Wohnungseigentümer etwa die Möglichkeit der Eigenleistung vorsehen (BayObLG NJW-RR 1992, 344; KG NJW-RR 1996, 527 f.). Die Verpflichtung eines Miteigentümers, gegen seinen Willen Eigenleistungen zu erbringen, widerspricht allerdings ordnungsmäßiger Verwaltung (OLG Hamm NJW 1982, 1108; KG NJW-RR 1994, 207) oder ist sogar mangels Beschlusskompetenz nichtig (vgl. BGH 70

ZMR 2010, 777). Aus der Entscheidungsbefugnis der Eigentümerversammlung folgt auch, dass ein einzelner Wohnungseigentümer den Verwalter nicht auf Durchführung von Instandhaltungs- oder Instandsetzungsarbeiten des Gemeinschaftseigentums o.Ä. in Anspruch nehmen kann, sondern nur die Miteigentümer (KG NJW-RR 1991, 273; ZMR 2000, 558; anders bei individuellen Schadensersatzansprüchen, s. Kap. 35 Rdn. 30). Dabei hat er Beschlüsse, die die Durchführung notwendiger Arbeiten ablehnen, anzufechten, da sie ansonsten rechtsgestaltende Wirkung entfalten (OLG Hamm ZMR 2005, 809).

71 Aus dieser sorgfältig ausgewogenen Zuteilung der Befugnisse lassen sich die »erforderlichen Maßnahmen« gem. § 27 Abs. 1 Nr. 2 WEG dahin gehend konkretisieren, dass dem Verwalter vornehmlich die **Vorbereitung der Entscheidung über die Instandhaltung und Instandsetzung des Gemeinschaftseigentums** obliegt, die aber am Ende die Wohnungseigentümer zu treffen haben (OLG Celle ZMR 2001, 643; BayObLG ZMR 2002, 844 und 2004, 602; LG Düsseldorf ZMR 2010, 713). I.E. erfordert die ordnungsgemäße Vorbereitung dieser Entscheidung somit

- die regelmäßige Begehung der Liegenschaft (OLG Zweibrücken NJW-RR 1991, 1301; OLG München ZMR 2009, 629); allerdings nicht notwendigerweise eine Überprüfung in eigener Person (BayObLG ZMR 1999, 655)
- die Feststellung von Instandhaltungs- bzw. Instandsetzungsbedarf (OLG Celle ZMR 2001, 644)
- die sorgfältige Überprüfung von Hinweisen auf Mängel seitens der Eigentümer oder Mieter (BayObLG WE 1988, 108; ZMR 1998, 357 f.; OLG München ZMR 2009, 629; AG Wennigsen ZMR 2009, 415); dabei hat der Verwalter Anlass auch die anderen zu überprüfen, wenn Mängel an einem mehrfach vorhandenen Bauteil, etwa an einer Balkonplatte, bestehen (OLG München ZMR 2009, 629 f.).
- die Geltendmachung von Gewährleistungsmängeln bei neu errichteten Wohnanlagen (BayObLG WE 1988, 31; 1991, 23; OLG München ZMR 2009, 629); dies gilt auch dann, wenn der Bauträger die erste Verwaltung übernimmt (OLG München ZMR 2009, 630)
- sofern sinnvoll, den Hinweis auf die Möglichkeit eines Wartungsvertrages, der die dauerhafte Kontrolle insbesondere sicherheitsrelevanter Technik etwa in Fahrstühlen gewährleistet (BayObLG NZM 1999, 840)
- die rechtzeitige und in geeigneter Weise erfolgende Information der Wohnungseigentümer über Handlungsbedarf, der durch eigene Kontrollen oder Hinweise Dritter ermittelt wurde (BayObLG WE 1991, 23; OLG Düsseldorf ZMR 1997, 433; 1998, 655; OLG Köln NJW-RR 2006, 89; OLG Frankfurt ZMR 2009, 862); In diesem Zusammenhang ist er befugt, Lichtbilder auch von Sondereigentum oder von Flächen, an denen Sondernutzungsrechte bestehen, anzufertigen, die dann der Eigentümerversammlung gezeigt werden, wobei allerdings zu diesem Zweck nicht erforderliche Aufnahmen aus dem Bereich der Intimsphäre eines Miteigentümers zu unterlassen sind (LG Köln, ZMR 2009, 551 f.; AG Köln ZMR 2008, 846 f.)
- die Einholung von Kostenvoranschlägen über Umfang und Kosten der Instandhaltungs- bzw. Instandsetzungsarbeiten (OLG Celle ZMR 2001, 643; BayObLG ZMR 2002, 691 f.; OLG Köln ZMR 2004, 148; AG Hannover ZMR 2009, 152; AG Velbert ZMR 2009, 566; gegen die starre Festlegung auf drei Angebote OLG Köln ZMR 1998, 109; ähnlich AG Bonn ZMR 2008, 80). Lediglich dann, wenn die Kosten beim Vorliegen einer Gebührenordnung im Bereich des Mindesthonorars legen, kann von der Einholung weiterer Angebote abgesehen werden, da ein günstigeres Angebot dann ohnehin nicht zu erwarten ist (OLG München ZMR 2009, 631). Dass Konkurrenzangebote für Folgeaufträge im Rahmen einer größeren Sanierungsmaßnahme entbehrlich sein sollen (so LG München I ZMR 2009, 401), erscheint demgegenüber zweifelhaft

- jedenfalls auf Verlangen die Unterbreitung von Vorschlägen zum weiteren Vorgehen (BGH ZMR 1996, 276)
- die unverzügliche Durchführung dringender Maßnahmen etwa zur Verkehrssicherung, jedenfalls aber provisorische Vorkehrungen (BayObLG WE 1996, 316).

Nach entsprechender Beschlussfassung hat der Verwalter die Durchführung der Arbeiten zu überwachen und insbesondere erkennbare Fehler zu rügen bzw. Zahlungen bei mangelhaften Leistungen zurückzuhalten (OLG Düsseldorf ZMR 1997, 491 f.; OLG Frankfurt ZMR 2009, 621). Ohne entsprechende Vereinbarung im Verwaltervertrag ist er zur **Bauleitung** aber regelmäßig nicht verpflichtet (KG WuM 1993, 307; OLG Düsseldorf ZMR 1997, 490 f.; BayObLG ZMR 2001, 817; ähnlich OLG Hamburg ZMR 2005, 975; OLG Frankfurt ZMR 2009, 621). Sofern der Beschluss die Ausführung der Maßnahmen nicht i.E. regelt, hat der Verwalter hierbei einen gewissen Ermessensspielraum, wobei er in jedem Fall einen sicheren Weg wählen darf (OLG Düsseldorf ZMR 2004, 365). Ergreifen die Wohnungseigentümer trotz korrekter Information keine Maßnahmen, ist der Verwalter weder berechtigt noch verpflichtet, dies seinerseits zu tun; deshalb ist seine Untätigkeit in dieser Situation keine Pflichtverletzung (LG Saarbrücken ZMR 2009, 641). 72

Praxistipp: 73

Schon nach altem Recht, das dem Verwalter keine Vertretungsmacht verlieh, konnte die Wohnungseigentümergemeinschaft in ihrem Namen, aber ohne Ermächtigung abgeschlossene Verträge nach § 177 BGB durch Mehrheitsbeschluss rückwirkend genehmigen. Dies ist hinsichtlich der Vertretungsmacht zwar nicht mehr erforderlich. Gleichwohl muss die Gemeinschaft weiterhin die Möglichkeit haben, im Innenverhältnis noch nicht abgestimmte Maßnahmen des Verwalters nachträglich zu genehmigen. Dies kann wie bisher durch Mehrheitsbeschluss, aber auch konkludent durch den Beschluss über die Jahresabrechnung geschehen, die diese Positionen enthält (vgl. OLG Hamm ZMR 1997, 379). Ferner können Gemeinschaftsordnung oder Verwaltervertrag eine Entscheidungsbefugnis für Kleinreparaturen etc. vorsehen. Für geringfügige Kleinreparaturen (Auswechseln von Glühbirnen, Dichtungen, Verschleißteilen) kann die Ermächtigung zudem schon in der Einstellung einer entsprechenden **Position in den Wirtschaftsplan** zu sehen sein (OLG Hamm ZMR 1997, 379; weitergehend wohl BayObLG NJW 1975, 2297). Der Verwalter kann diese Verträge auch **in eigenem Namen abschließen** und Ersatz seiner Aufwendungen beanspruchen, wenn er sie gem. §§ 675, 670 BGB für erforderlich halten darf (BGH NJW-RR 1993, 1228; BayObLG WE 1996, 315; 1997, 76; OLG Hamm WE 1997, 316; OLG Schleswig ZMR 2002, 468; s.a. BGHZ 67, 239 und BayObLG WE 1998, 155 zur Entnahme des Aufwendungsersatzes aus der Instandhaltungsrücklage). In engen Grenzen kommt schließlich die **Übertragung der Entscheidungsbefugnis durch Mehrheitsbeschluss** (etwa auf den Verwaltungsbeirat) in Betracht, sofern das finanzielle Risiko hieraus begrenzt bleibt und die grundsätzliche Entscheidungsbefugnis bei der Eigentümerversammlung bleibt (OLG Düsseldorf ZMR 1997, 606; LG Landshut ZMR 2009, 145; LG München I ZMR 2009, 401 u. 2009, 949; AG Regensburg ZMR 2009, 413 f.). Dies ist etwa bei der Ermächtigung zur eigenständigen Inauftraggabe von Kleinreparaturen etc. der Fall (AG Wennigsen ZMR 2009, 415). Diese Anforderungen werden etwa durch ein festes Jahresbudget für die Auftragsvergabe des Verwalters in eigenem Namen oder durch eine gegenständliche Beschränkung gewahrt (OLG Düsseldorf, ZMR 2001, 304 f.; NJW-RR 1998, 14 = ZMR 1997, 606; weitergehend Niedenführ/Schulze § 26 Rn. 47). Die bloße Beschränkung der einzelnen Auftragsvergaben auf eine bestimmte Maximalhöhe genügt schon deswegen nicht, weil dies einen Missbrauch durch Aufteilung in viele kleine Einzelaufträge nicht ausschlösse (OLG Düsseldorf ZMR 2001, 305). Erst recht kann der Verwalter nicht durch Mehrheitsbeschluss ermächtigt werden, nicht nur für die Gemeinschaft, sondern auch für einzelne Wohnungseigentümer Verträge über Instandhaltungs- und Instandsetzungsarbeiten an Flächen, an denen Sondernutzungsrechte bestehen, zu vergeben (BayObLG ZMR 2000, 850; s. jetzt BGH ZMR 2005, 554).

74 Für die unzureichende Sorge für die Instandhaltung und Instandsetzung der Anlage trifft den Verwalter die **Haftung** aus § 280 Abs. 1 BGB u.U. auch aus §§ 836, 838 BGB (BGH WuM 1993, 306; OLG Hamm ZMR 2005, 808; LG München I ZMR 2009, 401), selbst wenn sich später herausstellt, dass die Schadensursache im Sondereigentum lag (BayObLG NZM 1998, 583; vgl. i.E. Rdn. 155 ff.). Dabei entspricht die von ihm zu verlangende **Sorgfalt** derjenigen, die man von einem vernünftigen Eigentümer bei der Instandhaltung seiner eigenen Liegenschaft erwarten würde (KG WuM 1993, 307; BayObLG WE 1988, 31; OLG Düsseldorf ZMR 1997, 491; OLG Frankfurt ZMR 2009, 621). Haftungsverschärfend sind Sonderkenntnisse zu berücksichtigen, die auch bei Auswahl und Vergütung des Verwalters erhebliche Bedeutung erlangen können (BayObLG WE 1988, 31; 1991, 23). Der Verwalter muss aber nicht ohne Anlass an jeglichem Bauteil Untersuchungen vornehmen, um auch unvorhersehbare Schäden auszuschließen (s. KG ZMR 1999, 208 zu Regenfallrohren und Abwasserleitungen, OLG Zweibrücken NJW-RR 1991, 1301 zu Dachbegehungen und OLG Köln NJW-RR 2006, 89 zu Asbestkontaminationen in Lüftungsschächten). Auf die nach der Feststellung von Schäden gebotene Unterrichtung der Wohnungseigentümer kann er allenfalls dann verzichten, wenn jeder einzelne von ihnen die Notwendigkeit und den Umfang der erforderlichen Arbeiten kannte oder hätte kennen müssen (BayObLG WE 1991, 23; ZMR 2001, 559; OLG Frankfurt ZMR 2009, 862). Für verfrühte Zahlungen an Bauhandwerker kann er jedenfalls bei endgültigem Verlust dieser Geldmittel in Regress genommen werden. Daher empfiehlt sich die Auszahlung von Werklohn nach dem Fortschritt der Arbeiten. Ansonsten hat der Verwalter die Leistungsfähigkeit der beauftragten Unternehmen nur bei begründetem Verdacht zu überprüfen (OLG Düsseldorf ZMR 1997, 491; vgl. BayObLG ZMR 2005, 137). Fehler von Sonderfachleuten muss er sich nicht zurechnen lassen, da er ihre Leistungen nicht in eigener Person hätte erledigen müssen, sondern sie gerade mangels eigenen Fachwissens zur Erledigung dieser von ihm nicht geschuldeten Aufgaben eingeschaltet hat (s. Rdn. 158 ff.). In Betracht kommt allenfalls ein Auswahlverschulden. I.Ü. darf er sich auf die von ihm eingeschalteten Fachleute verlassen (OLG Düsseldorf ZMR 1998, 655; 2004, 365; BayObLG WE 1992, 24; ZMR 2002, 692). Eine weiter gehende Haftung etwa für die Bauleitung, sofern geschuldet, richtet sich nach dem Verwaltervertrag. Schuldet der Verwalter die Bauleitung, weil diese Sonderleistung gegen Zusatzvergütung verabredet ist (s. Rdn. 188), so wird er regelmäßig für jede Fahrlässigkeit haften.

75 **Praxistipp:**

Bezüglich der **Instandhaltung und Instandsetzung des Sondereigentums** treffen den Verwalter keine Verpflichtungen. Hierfür haben alleine die Wohnungseigentümer nach § 14 Nr. 1 WEG in eigener Verantwortung zu sorgen (BayObLG WE 1997, 39). Folglich haftet er auch nicht bei Unterlassung hierfür erforderlicher Maßnahmen (KG NJW-RR 1992, 150; BayObLG WuM 1996, 445 f.; 2001, 209). Sofern dem Verwalter ein Schaden im Sondereigentum bekannt ist, kann aus dem Verwaltervertrag aber die Nebenpflicht resultieren, den betroffenen Wohnungseigentümer hierüber zu informieren (BayObLG ZWE 2000, 466 f.). Die Benachrichtigung eines Mieters kann genügen, da dieser regelmäßig aus dem Mietvertrag zur Weitergabe der Information verpflichtet ist (BayObLG WuM 1996, 446; ZWE 2000, 467).

i) Maßnahmen zur Erhaltung des Gemeinschaftseigentums in dringenden Fällen (§ 27 Abs. 1 Nr. 3 WEG)

76 Die am Schutz der Wohnungseigentümer vor Verpflichtungen durch den Verwalter orientierte Regelung seiner Befugnisse in § 27 Abs. 1 Nr. 1, 2 WEG wäre bei Notfällen, die ein rasches Eingreifen erfordern, unzulänglich, da die Einberufung und Entscheidung der

Eigentümerversammlung dann zu spät käme. Für diese Fälle verleiht § 27 Abs. 1 Nr. 3 WEG dem Verwalter (ähnlich wie § 21 Abs. 2 WEG dem einzelnen Wohnungseigentümer) die Befugnis, auch ohne vorherige Befassung der Eigentümerversammlung alleine tätig zu werden (OLG Hamm WE 1997, 315; OLG Düsseldorf ZMR 1997, 605; AG Hamburg-Blankenese ZMR 2010, 409). Die Notbefugnisse von Eigentümern und Verwalter stehen nebeneinander, das Eingreifen des einen schließt ergänzende Maßnahmen des anderen nicht aus (Jennißen/Heinemann § 27 Rn. 31; Bub, ZWE 2009, 249). Im Unterschied zu § 21 Abs. 2 WEG normiert § 27 Abs. 1 Nr. 3 WEG für den Verwalter sogar eine Pflicht hierzu. Zudem bedarf es im Gegensatz zu § 21 Abs. 2 WEG keines unmittelbar drohenden Schadens; es genügt nach § 27 Abs. 1 Nr. 3 WEG ein dringender Fall (Jennißen/Heinemann § 27 Rn. 31; Bub, ZWE 2009, 249). Ein solcher ist dann anzunehmen, wenn die Erhaltung des Gemeinschaftseigentums gefährdet wäre, würden die erforderlichen Entscheidungen bis zur nächsten Eigentümerversammlung aufgeschoben (BayObLG ZMR 1997, 326; 2004, 605; OLG Düsseldorf ZMR 1997, 605; Hügel ZMR 2008, 6; Bub ZWE 2009, 249; ähnlich OLG Frankfurt ZMR 2009, 383). Klassisches Beispiel hierfür ist der Bruch oder die Verstopfung einer Versorgungs- oder Abwasserleitung (OLG Hamm NJW-RR 1989, 331). Untätigkeit kann Schadensersatzansprüche nach § 280 BGB auslösen (Bub ZWE 2009, 253).

Die Rechtsfolgen aus dem Vorliegen eines dringlichen Falles gem. § 27 Abs. 1 Nr. 3 WEG **77** waren nach altem Recht i.E. umstritten. Nach überwiegender Meinung sollte dem Verwalter unter den Voraussetzungen von § 27 Abs. 1 Nr. 3 WEG eine gesetzliche Vertretungsmacht zukommen, kraft derer er für die Wohnungseigentümer rechtsgeschäftlich tätig werden kann (BGHZ 67, 240; OLG Hamm NJW-RR 1989, 331; krit. etwa 1. Aufl. Rn. 74). Er konnte folglich nach h.M. im Namen der Wohnungseigentümer die erforderlichen Verträge (im obigen Beispiel etwa zum Aufstemmen der Mauern und zum Verschließen des Lecks) erteilen und ordnungsbehördlich in Anspruch genommen werden (OVG München WuM 1994, 507; zu Recht gegen weiter gehende Möglichkeiten außerhalb dringlicher Fälle Bärmann/Merle § 27 Rn. 61). Diese schon früher h.M. kodifiziert der Gesetzgeber, indem er dem Verwalter eine gesetzliche Vollmacht verleiht. Eine vorherige Befassung der Eigentümerversammlung ist nicht erforderlich (so aber Hügel/Elzer § 11 Rn. 40, was auf der artifiziell anmutenden Argumentation beruht, der Verwalter könne zwar für den Verband handeln, dieser aber erst kraft Entscheidung der Eigentümer). Wollte man auch in Notfällen zuerst die Entscheidung der Eigentümerversammlung verlangen, wäre § 27 Abs. 1 Nr. 3 WEG überflüssig (so tatsächlich Hügel/Elzer § 11 Rn. 41). Vielmehr kann der Verwalter nach Wortlaut, Sinn und Entstehungsgeschichte kraft gesetzlicher Vollmacht unmittelbar für den Verband handeln (Abramenko § 5 Rn. 11; Niedenführ/Kümmel/Vandenhouten § 27 Rn. 32; Bub ZWE 2009, 250). Allerdings wirkt diese Vollmacht wiederum nur für und gegen den Verband, was eine konsequente Folgerung aus seiner Teilrechtsfähigkeit ist. Die Wohnungseigentümer werden aus der Notgeschäftsführung des Verwalters nur im Rahmen des § 10 Abs. 8 WEG verpflichtet und berechtigt.

j) Die Finanzverwaltung (§ 27 Abs. 1 Nr. 4 bis 6, Abs. 3 S. 1 Nr. 4, 5 WEG)

Zur Finanzverwaltung fanden sich nach altem Recht Regelungen zum Innenverhältnis **78** (§ 27 Abs. 1 Nr. 4 WEG a.F.) und zum Außenverhältnis (§ 27 Abs. 2 Nr. 1, 2 WEG a.F.). Diese Überschneidung war für die Praxis hilfreich, da dadurch die Frage nach einer gesetzlichen Vertretungsmacht etwa bei der Verfügung über gemeinschaftliche Gelder von geringerer Relevanz war als im Zusammenhang mit den § 27 Abs. 1 Nr. 1–3 WEG a.F. Nunmehr verdeutlicht die Neuregelung in § 27 Abs. 3 S. 1 Nr. 4, 5 WEG, dass eine Vertretungsmacht für die Finanzverwaltung besteht, allerdings nur für und gegen den Verband. Dies halten die Gesetzesmaterialien zutreffender Weise für ausreichend (BT-Drucks. 16/887 S. 70). Denn die Finanzverwaltung ist keine sachenrechtliche oder die Willensbildung betreffende, also den Wohnungseigentümern zuzuordnende, sondern eine das Verwaltungsvermögen betreffende Angelegenheit, die nach Anerkennung eines teilrechtsfähigen Verbandes ausschließlich dessen Angelegenheit ist. Ferner macht die Umstellung der Finanzverwaltung in § 27 Abs. 1 WEG klar, dass der Verwalter hierzu im Innenverhältnis sowohl den Wohnungseigentümern als auch dem Verband gegenüber berechtigt ist (BT-Drucks. 16/887 S. 70). Auch dies ist eine konsequente Folgerung aus der Teilrechtsfähigkeit der Wohnungseigentümergemeinschaft. Gleichzeitig spiegelt sich die Ausdehnung der Verbandszuständigkeit nach § 10 Abs. 6 S. 3 WEG auf alle gemeinschaftsbezogenen Angelegenheiten wider. Da etwa auch Schadensersatzleistungen wegen der Beschädigung des Gemeinschaftseigentums nunmehr nach § 10 Abs. 7 S. 3 WEG in das Verwaltungsvermögen fallen, die ihrem Ursprung nach nicht dem Verband, sondern den Eigentümern zustehen, ist nunmehr nicht mehr von »gemeinschaftlichen«, sondern von »eingenommenen« Geldern die Rede (BT-Drucks. 16/887 S. 70; vgl. Merle ZWE 2006, 365 f.). Hierbei handelt es sich entgegen bisweilen geäußerter Einschätzung nicht etwa um ein Versehen des Gesetzgebers, der dies übersehen hätte (so Hügel/Elzer § 11 Rn. 49 f.; deshalb bedarf es auch der dort vorgeschlagenen Analogie nicht). Zugleich soll dadurch terminologisch der Wechsel vom Modell der »Gemeinschaft« nach §§ 741 ff. BGB zum teilrechtsfähigen Verband zum Ausdruck gebracht werden.

k) Die Anforderung und Abführung von Zahlungen (§ 27 Abs. 1 Nr. 4 WEG)

79 Der Verwalter kann sämtliche Lasten- und Kostenbeiträge sowie Tilgungsbeträge und Hypothekenzinsen anfordern und abführen, sofern es sich um gemeinschaftliche Angelegenheiten handelt. In der Praxis umfasst dies vorrangig Zahlungsaufforderungen und Mahnungen wegen Sonderumlagen und der Vorschüsse aus dem Wirtschaftsplan (BGHZ 111, 151; OLG Köln ZMR 1999, 789). Belastungen, die nur das Sondereigentum betreffen (etwa Grundsteuern, Erbbauzins und Grundpfandrechte auf einzelnen Einheiten) fallen demzufolge nicht in den Anwendungsbereich der Norm. Die Empfangszuständigkeit nach § 27 Abs. 1 Nr. 4 WEG hat zur Folge, dass eine Leistung an den Verwalter in jedem Falle schuldbefreiend wirkt, auch wenn sie nicht auf einem für die Gemeinschaft eingerichtetem Konto, sondern auf seinem allgemeinen Geschäftskonto eingeht (OLG Saarbrücken OLGZ 1988, 47 f.; OLG Köln WuM 1998, 249; ZMR 2008, 71; Jennißen/Heinemann § 27 Rn. 40 u. 102; ähnlich OLG München ZMR 2007, 816; a.A. OLG Düsseldorf NJW-RR 2006, 661 = ZMR 2006, 296; AG Pinneberg ZMR 2008, 87 f.). Der Verwalter hat diese Beträge umgehend auf das Gemeinschaftskonto umzubuchen. Umgekehrt hat der Wohnungseigentümer auf das angegebene Konto zu überweisen, auch wenn es ein Gemeinschaftskonto ist, da ihn diese Leistung in jedem Fall befreit (vgl. OLG Hamburg ZMR 2007, 60). Maßnahmen zur Erleichterung oder Beschleunigung des Zahlungsverkehrs können nunmehr nach § 21 Abs. 7 WEG weitergehend als früher auch in Abweichung von der Gemeinschaftsordnung mit Mehrheit beschlossen werden (Abramenko § 2 Rn. 7 ff.). Überzahlungen können nur vom Verband als Inhaber des Gemeinschaftsvermögens zurückgefordert werden, nicht vom Verwalter (OLG Köln ZMR 2008, 71). Gegen den Verwalter kann nur ein Schadensersatzanspruch wegen Verletzung eines Treuhandverhältnisses bestehen, der aber Darlegungen dazu erfordert, dass Überzahlungen von der Gemeinschaft nicht sogleich erstattet werden (vgl. OLG Köln ZMR 2008, 71). Die Ermächtigung des Verwalters zum Einzug von Beiträgen verstößt nicht gegen § 307 BGB (OLG Düsseldorf NJW-RR 1990, 154). Die Einschaltung eines Rechtsanwaltes zur außergerichtlichen Beitreibung muss von den Eigentümern genehmigt werden, da § 27 Abs. 1 Nr. 4 WEG die Beitreibung dem Verwalter persönlich zuweist (OLG Düsseldorf ZMR 2001, 300). Auch die gerichtliche Geltendmachung bedarf nach § 27 Abs. 3 S. 1

Nr. 7 WEG eines gesonderten Ermächtigungsbeschlusses. Ein Recht zur gerichtlichen Geltendmachung gegen den Willen der Eigentümer besteht folglich nicht. Die Unabdingbarkeit von § 27 Abs. 3 S. 1 Nr. 7 WEG schließt wie nach altem Recht die Möglichkeit nicht aus, einen Wohnungseigentümer zur Geltendmachung von Ansprüchen zu ermächtigen (BGH ZMR 2005, 881). Aus der unabdingbaren Zuständigkeit des Verwalters folgt aber, dass auch ein zur Beitreibung ermächtigter Eigentümer nur die Leistung an den Verwalter verlangen kann (OLG Köln WuM 1990, 614). Die Befugnis zur Abführung von Kosten- und Tilgungsbeiträgen etc. bezieht sich nur auf bereits bestehende Verbindlichkeiten, berechtigt also nicht zu ihrer Begründung (Hügel/Elzer § 11 Rn. 89; Niedenführ/Kümmel/Vandenhouten § 27 Rn. 37; vgl. BGH NJW-RR 1993, 1228; OLG Hamm ZMR 1997, 379; OLG Schleswig ZMR 2002, 468 f.). Ebenso wenig ergibt sich aus § 27 Nr. 4 WEG eine Berechtigung, Ansprüche gegen den Verband anzuerkennen oder auf solche zu verzichten (BayObLG WuM 1997, 399; NJW-RR 1999, 236; ZMR 2004, 840). Denn wie nach alter Rechtslage ist die Vollmacht auf das Anfordern und Entgegennehmen der Beiträge, nicht auf den Verzicht hierauf gerichtet (BayObLG NJW-RR 1999, 236).

l) Die Bewirkung und Entgegennahme von Zahlungen (§ 27 Abs. 1 Nr. 5 WEG)

§ 27 Abs. 1 Nr. 5 WEG ergänzt § 27 Abs. 1 Nr. 4 WEG um eine entsprechende Bestimmung für den Zahlungsverkehr mit Außenstehenden. Damit ist der Verwalter für den gesamten Zahlungsverkehr zuständig. Demnach ist der Verwalter befugt, ohne weitere Mitwirkung der Wohnungseigentümer, gemeinschaftliche Schulden – also nicht solche aus dem Sondereigentum – Dritten gegenüber zu begleichen. Dies umfasst die Pflicht zur Prüfung ihrer Berechtigung (OLG Düsseldorf ZMR 1997, 381) und die Geltendmachung von Zurückbehaltungsrechten (KG WuM 1993, 308). Ebenso ist er berechtigt und verpflichtet, Außenstände Dritter, etwa aus der Anmietung gemeinschaftlichen Eigentums, beizutreiben. Dies umfasst auch die Entgegennahme von Versicherungsleistungen für die Eigentümergemeinschaft (LG Köln RuS 1984, 200). Von besonderer Bedeutung ist ferner, dass die Befugnis des Verwalters nach § 27 Abs. 1 Nr. 5 WEG auch die Entgegennahme der aus einem Kostenfestsetzungsbeschluss geschuldeten Zahlung umfasst (BayObLG NJW-RR 1995, 852). Aus der Berechtigung zur Entgegennahme von Leistungen folgt die Befugnis, ihren Empfang zu quittieren (BayObLG NJW-RR 1995, 852). Die Berechtigung zur Bewirkung von Zahlungen und Leistungen bezieht sich nur auf bereits bestehende Verpflichtungen. Der Verwalter ist aus § 27 Abs. 1 Nr. 5 WEG nicht berechtigt, Rechtsverhältnisse zu beenden oder neu zu begründen (BGHZ 67, 241; OLG Hamm ZMR 1997, 379). 80

m) Die Verwaltung gemeinschaftlicher Gelder (§ 27 Abs. 1 Nr. 6, Abs. 5 WEG)

Die Verwaltung der gemeinschaftlichen Gelder betrifft sämtliche finanziellen Mittel des Verbandes. Dies umfasst neben Wohngeldzahlungen und Sonderumlagen sämtliche Zuflüsse etwa aus Zinsen, Vermietung und Verpachtung oder Entgelten für die Nutzung gemeinschaftlicher Einrichtungen, nicht aber Einkünfte aus der Vermietung von Sondereigentum, auch wenn der Verwalter diese Gelder gleichfalls einzieht. 81

Die neue Vollmacht kraft Gesetzes aus § 27 Abs. 3 S. 1 Nr. 5 WEG erleichtert den Geldverkehr mit Wohnungseigentümergemeinschaften erheblich. Der Geschäftspartner muss sich jetzt in keinem Fall mehr nach der Bevollmächtigung des Verwalters erkundigen. Diese besteht kraft Gesetzes. Die alte Rechtsprechung zu Handeln des Verwalters ohne Vertretungsmacht (s. zuletzt OLG Celle ZMR 2006, 541 f.) ist insoweit obsolet. Im Innenverhältnis zwischen Verwalter und Verband bzw. Wohnungseigentümern ändert sich dagegen nichts. Gegen den Willen der Wohnungseigentümer folgt insoweit aus § 27 82

Abs. 1 Nr. 6 WEG in keinem Fall die Befugnis, im Namen des Verbandes – für die Wohnungseigentümer besteht auch im Außenverhältnis keine Vertretungsmacht – Geldgeschäfte zu tätigen. Zur Eröffnung eines Kontos wird der Verwalter mit Übertragung der Verwaltung zumindest konkludent ermächtigt. Ordnungsmäßiger Verwaltung wird i.d.R. nur die Anlage auf einem offenen Fremdkonto entsprechen, das den Verband als Inhaber ausweist, dem Verwalter aber die Verfügungsgewalt belässt (Hügel/Elzer § 11 Rn. 88; Niedenführ/Kümmel/Vandenhouten § 27 Rn. 47; OLG Hamburg ZMR 2006, 792 f.). Denn nur so ist der Zugriff von Gläubigern des Verwalters definitiv ausgeschlossen. Ein offenes Treuhandkonto bietet entgegen der früher h.M., die es für zulässig hielt (BGH NJW 1996, 65; KG NJW-RR 1987, 1161), keinen ausreichenden Schutz gegen den Zugriff von Gläubigern des Verwalters (plastisch etwa OLG Jena ZMR 2007, 486 f.; LG Köln NJW-RR 1987, 1365 f.; zur misslichen Stellung gegenüber dem Kreditinstitut vgl. den Sachverhalt in OLG Hamm NJW-RR 1997, 523). Denn er ist rechtlich Kontoinhaber, so dass dem Verband nach allgemeinen Grundsätzen nur die Drittwiderspruchsklage nach § 771 ZPO oder in der Insolvenz des Verwalters nur ein Aussonderungsrecht nach § 47 InsO bleibt (OLG Hamm ZIP 1999, 765 f.). Dies setzt jedoch Kenntnis der Pfändungsmaßnahme voraus, die mangels Informationspflicht des Kreditinstitutes keineswegs sicher gewährleistet ist. Im Übrigen ist diese rechtliche Zuordnung zum Vermögen des Verwalters schwerlich mit dem Trennungsgebot nach § 27 Abs. 5 S. 1 WEG vereinbar. Nach Anerkennung der Teilrechtsfähigkeiten entspricht nur noch die Anlage der Gelder auf einem Fremdkonto auf Namen des teilrechtsfähigen Verbandes ordnungsmäßiger Verwaltung (OLG Hamburg ZMR 2007, 60; OLG Rostock ZMR 2010, 223; AG Strausberg ZMR 2009, 565; LG Berlin ZMR 2010, 470; Jennißen/Heinemann § 27 Rn. 102; Hügel ZMR 2008, 6). Das Kreditinstitut muss aber nicht von sich aus auf die Unzulässigkeit einer solchen Kontoführung für die Gemeinschaft hinweisen (Jennißen/Heinemann § 27 Rn. 105). Allerdings können Gemeinschaftsordnung oder Vereinbarungen die Einrichtung eines offenen Treuhandkontos zulassen, da § 27 Abs. 5 S. 1 WEG nach der ausdrücklichen Anordnung in § 27 Abs. 4 WEG nicht unabdingbar ist (LG Köln NJW-RR 1987, 1366). Der Anspruch auf Einrichtung eines ordnungsgemäßen Kontos kann wie jeder Anspruch auf ordnungsmäßige Verwaltung erst gerichtlich geltend gemacht werden, wenn zuvor die Eigentümerversammlung mit diesem Anliegen befasst wurde (LG Berlin ZMR 2010, 470).

83 Die Vertretungsmacht umfasst die Möglichkeit, Konten auf den Namen des Verbandes zu eröffnen und zu schließen (BT-Drucks. 16/887 S. 71; vgl. Merle ZWE 2006, 365 f.). Die Führung zweier verschiedener Konten für laufende Gelder und Instandhaltungsrücklage soll grundsätzlich nicht zwingend aus den gesetzlichen Regelungen zur Geldverwaltung folgen (KG NJW-RR 1987, 1160 f.). I.d.R. dürfte dies aber unabdingbar sein. Denn eine ordnungsgemäße Geldverwaltung erfasst neben der Pflicht zur korrekten Buchhaltung auch die (bei vertretbarem Risiko) möglichst ertragreiche Anlage der kurzfristig nicht benötigten Gelder (BayObLG NJW-RR 1995, 530 f.; OLG Düsseldorf WuM 1996, 112; NJW-RR 2001, 662 = ZMR 2001, 305), die auf einem Girokonto nicht gewährleistet ist. Die Letztentscheidungsbefugnis hierüber liegt wiederum bei den Wohnungseigentümern, die bestimmte Anlagearten beschließen können. I.d.R. werden (mindestens) zwei Konten, ein Girokonto für laufende Ausgaben und ein Festgeldkonto zur möglichst gewinnbringenden Anlage erst mittel- oder langfristig benötigter Gelder zu eröffnen sein. Spekulative Anlageformen oder Zweckbindungen, die mit dem Wesen der Instandhaltungsrücklage unvereinbar sind widersprechen in aller Regel Grundsätzen ordnungsmäßiger Verwaltung (OLG Düsseldorf WuM 1996, 112 zu einem Bausparvertrag). Die Zahlungen auf die Instandhaltungsrücklage sind ihrer Zweckbestimmung gem. nicht zur Deckung allgemeiner Finanzlücken auf dem Girokonto zu belassen, sondern zumindest zum Quartalsende auf das hierfür bestimmte

Konto abzuführen (BayObLG NJW-RR 1995, 531). Daneben kann eine Barkasse für kleinere Ausgaben empfehlenswert sein.

Die Gelder der Gemeinschaft hat der Verwalter nach dem **Trennungsgebot** in § 27 Abs. 5 S. 1 WEG von seinem Vermögen – und auch von dem Vermögen anderer ihm nahestehender Unternehmen (BayObLG WuM 1996, 118) – getrennt zu halten. Dies umfasst nach Sinn und Zweck der Norm auch die Gelder anderer Eigentümergemeinschaften, von denen er gleichfalls zum Verwalter bestellt wurde (zur Unzulässigkeit der Gemeinschaftsverwaltung verschiedener Liegenschaften s. OLG Hamm ZMR 2005, 721 ff.). Denn ansonsten ergäbe sich die vom Gesetzgeber gerade missbilligte Situation, dass etwa im Wege der Zwangsvollstreckung Gelder der einen Gemeinschaft für eine andere vereinnahmt werden. Ein Verstoß gegen das Trennungsgebot stellt einen wichtigen Grund für eine außerordentliche Abberufung und Kündigung des Verwaltervertrages dar und kann sogar strafrechtlich zu ahnden sein (BGH NJW 1996, 65 f.). Daneben hat der Verwalter selbstverständlich die erforderlichen organisatorischen Maßnahmen zu treffen, um den Zugriff unbefugter Mitarbeiter auf Gemeinschaftskonten zu verhindern (vgl. OLG München ZMR 2006, 884). Die Veruntreuung gemeinschaftlicher Gelder dreier Eigentümergemeinschaften in Höhe von 90.000 Euro kann bei Fehlen einschlägiger Vorstrafen mit einer einjährigen Bewährungsstrafe geahndet werden (AG Hamburg-St. Georg ZMR 2008, 335; ähnlich AG Neumarkt i.d. Opf. ZMR 2009, 487 f.). Der durch die unbefugte Transferierung von Gemeinschaftsgeldern Begünstigte haftet für deren Rückerstattung ohne die Möglichkeit der Berufung auf den Wegfall der Bereicherung (AG Hamburg ZMR 2008, 492). 84

Praxistipp: 85

Eine effektive Sicherungsmaßnahme hält § 27 Abs. 5 S. 2 WEG bereit. Danach können die Verfügungen des Verwalters von der Zustimmung eines Wohnungseigentümers oder Dritter abhängig gemacht werden (OLG Düsseldorf ZMR 1998, 105 f.; Bärmann/Merle § 27 Rn. 85). Dass dies durch Vereinbarung erfolgen kann, wie § 27 Abs. 5 S. 2 WEG nunmehr klarstellt, entspricht früherem Recht. Durch § 27 Abs. 5 S. 2 WEG besteht jetzt aber auch dann eine Beschlusskompetenz, wenn die Gemeinschaftsordnung anderes vorsieht. Ist eine solche Zustimmung im Kontoeröffnungsantrag enthalten, muss das Kreditinstitut ohne Zustimmung des Dritten durch den Verwalter vorgenommene Verfügungen zurückgewähren (OLG München NJW-RR 2000, 1683). Dies empfiehlt sich allerdings erst ab Ausgaben einer bestimmten Höhe, da die Verwaltung der gemeinschaftlichen Gelder ansonsten erheblich erschwert wird. Ein solches Zustimmungserfordernis kann bereits die Gemeinschaftsordnung vorsehen. Da diese Möglichkeit ausdrücklich im 3. Abschnitt (»Verwaltung«) geregelt ist, kann sie auch nachträglich mit Mehrheit beschlossen werden.

n) Die Unterrichtung der Wohnungseigentümer über Rechtsstreitigkeiten (§ 27 Abs. 1 Nr. 7 WEG)

In § 27 Abs. 1 Nr. 7 WEG hat der Gesetzgeber die schon bislang allgemein anerkannte Verpflichtung des Verwalters, die Wohnungseigentümer über Rechtsstreitigkeiten zu unterrichten, in Teilbereichen gesetzlich normiert. Soweit § 27 Abs. 1 Nr. 7 WEG keine Regelung trifft, besteht die allgemeine Informationspflicht des Verwalters aus §§ 675, 666 BGB fort. Systematisch gehört diese Regelung nicht in § 27 Abs. 1 WEG. Denn die Verpflichtung besteht auch im Innenverhältnis nur den Wohnungseigentümern, nicht dem Verband gegenüber (so auch (Hügel/Elzer § 11 Rn. 25; a.A. Vandenhouten ZWE 2009, 145, aber kaum vereinbar mit ihrer korrekten Feststellung ZWE 2009, 151, dass der Verband bereits mit Kenntnis des Verwalters unterrichtet ist). Dieser ist mit Kenntnis des 86

Verwalters bereits unterrichtet, da es insoweit auf seine Kenntnis ankommt. Der Verwalter hat auch dann über die Anhängigkeit eines Rechtsstreits zu informieren, wenn zu Unrecht ihm und nicht dem Ersatzzustellungsvertreter zugestellt wurde, da er die Wirksamkeit der Zustellung nicht zu prüfen hat (Vandenhouten ZWE 2009, 147). Die Verletzung der Informationspflicht aus § 27 Abs. 1 Nr. 7 WEG kann Schadensersatzansprüche auslösen und in gravierenden Fällen die Abberufung aus wichtigem Grund begründen (Vandenhouten ZWE 2009, 154).

87 Der Verwalter hat neben den aktuellen u.U. auch ehemalige Eigentümer zu unterrichten, soweit ein Zeitraum betroffen ist, zu dem sie noch Eigentümer waren (Jennißen/Heinemann § 27 Rn. 53). Nach allgemeinen Grundsätzen sind auch die Mitglieder der werdenden Wohnungseigentümergemeinschaft zu unterrichten (Vandenhouten ZWE 2009, 151). Bloß »werdende Wohnungseigentümer« – also noch nicht in das Grundbuch eingetragene Erwerber – sind nicht zu unterrichten (Vandenhouten ZWE 2009, 151). Die abweichende Auffassung (Hügel/Elzer § 11 Rn. 54) steht nicht nur im Widerspruch zum klaren Wortlaut des Gesetzes und zur sonstigen, mittlerweile einhelliger Praxis entsprechenden Behandlung »werdender Eigentümer« etwa bei Erwerberhaftung und Aktivlegitimation in Anfechtungsklagen, sondern würde ohne erkennbaren Gewinn den Aufwand bei der Verwaltung erhöhen. Denn die »werdenden Wohnungseigentümer« wären in keiner Form am Prozess zu beteiligen.

88 Nach dem Wortlaut, der keine Einschränkungen vornimmt (so richtig Vandenhouten, ZWE 2009, 145), erfasst § 27 Abs. 1 Nr. 7 WEG alle Verfahren nach § 43 WEG. Deswegen erscheinen Einschränkungen nicht geboten, die zudem selbst nach Eingeständnis ihrer Befürworter auch in der Sache nicht selten zu einem »merkwürdig erscheinende(n) Ergebnis« führen (so richtig Vandenhouten ZWE 2009, 150; a.A. LG München I ZMR 2010, 473). Dies umfasst nach der Einfügung von § 43 Nr. 5 WEG auch Klagen Dritter gegen den Verband (BT-Drucks. 16/887 S. 50 u. BT-Drucks. 16/887 S. 52). Gleiches gilt für Mahnverfahren nach § 43 Nr. 6 WEG (Jennißen/Heinemann § 27 Rn. 55). Nicht erfasst sind aber Verfahren vor der Finanz- oder Verwaltungsgerichtsbarkeit; hier bleibt es bei den allgemeinen Informationspflichten (Vandenhouten ZWE 2009, 145). Unglücklich ist der Wortlaut, als er von »anhängigen« Rechtsstreitigkeiten redet. Denn ein Rechtsstreit ist schon mit dem Eingang der Klageschrift, aber vor Zustellung an den Beklagten »anhängig«. Über bloß anhängige Rechtsstreitigkeiten wird der Verwalter aber i. d. R. keine Kenntnis haben. Der Gesetzeswortlaut ist also korrigierend dahingehend auszulegen, dass der Verwalter verpflichtet ist, die Wohnungseigentümer über zugestellte Klageschriften, mithin über rechtshängige Verfahren zu unterrichten (Hügel ZMR 2008, 7; a.A. Jennißen/Heinemann § 27 Rn. 56; Vandenhouten ZWE 2009, 152). Der Verwalter muss nach § 27 Abs. 1 Nr. 7 WEG nur darüber unterrichten, dass ein Rechtsstreit rechtshängig ist und wer dessen Parteien sind (Vandenhouten ZWE 2009, 153). Denn die Informationspflicht aus § 27 Abs. 1 Nr. 7 WEG soll nur als Erstinformation die weitere Verschaffung der gewünschten Auskünfte ermöglichen (Vandenhouten ZWE 2009, 152). Weitere Informationspflichten können sich aber aus §§ 675, 666 BGB ergeben (Vandenhouten ZWE 2009, 153).

89 Die Verpflichtung zur Unterrichtung entfällt, wenn der Verwalter etwa infolge einer Interessenkollision nicht zur Vertretung der Wohnungseigentümer berechtigt ist. Denn dann gehen die diesbezüglichen Pflichten gem. § 45 Abs. 2 S. 2 WEG auf den Ersatzzustellungsvertreter über. Allerdings hat er eine unrichtige Zustellung an ihn statt den Ersatzzustellungsvertreter nicht auf ihre Richtigkeit zu überprüfen, so dass er in diesem Fall doch nach § 27 Abs. 1 Nr. 7 WEG zur Information der Wohnungseigentümer verpflichtet ist (Vandenhouten ZWE 2009, 147). Eine weitere Ausnahme von der Pflicht zur Unterrichtung der Wohnungseigentümer wird ferner dann zu machen sein, wenn sich die

Klage nur gegen einen oder einzelne Wohnungseigentümer richtet und die rechtlichen Interessen der Miteigentümer erkennbar nicht betroffen sind. Denn dann müssen gem. § 48 Abs. 1 S. 1 letzter Halbs. WEG weder Wohnungseigentümer noch Verwalter beigeladen werden. Folglich wird der Verwalter i.d.R. gar keine Kenntnis über die Rechtshängigkeit derartiger Verfahren haben, weshalb er die Wohnungseigentümer hierüber auch nicht informieren kann. Selbst wenn der Verwalter durch Zufall hiervon erfährt, wird ihn keine Pflicht zur Unterrichtung der Wohnungseigentümer treffen. Denn ihnen fehlt nach der gesetzlichen Wertung ein rechtliches Interesse an jedweder Beteiligung am Verfahren, so dass es ihrer Unterrichtung über den Rechtsstreit nicht bedarf (Bärmann/Merle § 27 Rn. 88; Hügel ZMR 2008, 6; a.A. Jennißen/Heinemann § 27 Rn. 54). Dies folgt auch aus dem Zweck der Unterrichtung, die Voraussetzung dafür sein soll, »dass ein Miteigentümer das ihm zustehende Recht ausüben kann, sich als Nebenintervenient am Rechtsstreit zu beteiligen« (BT-Drucks. 16/887 S. 35). In einem Verfahren, das die rechtlichen Interessen der Miteigentümer in keiner Weise berührt, kann die Unterrichtung diesen Zweck von vorneherein nicht erfüllen.

Die Unterrichtung hat nach dem Wortlaut von § 27 Abs. 1 Nr. 7 WEG »unverzüglich« zu **90** erfolgen. Dies lässt dem Verwalter allenfalls einen Zeitraum von wenigen Tagen nach der Kenntnis vom Rechtsstreit (noch strenger Vandenhouten, ZWE 2009, 152, die die Unterrichtung spätestens am nächsten Tag fordert). i.d.R. wird ein Aushang am Anschlagbrett des Hauses genügen, sofern dessen Existenz und Bedeutung den Wohnungseigentümern bekannt ist (ebenso Jennißen/Heinemann § 27 Rn. 89; a.A. aus datenschutzrechtlichen Gründen Vandenhouten ZWE 2009, 152). Andernfalls ist ein Rundschreiben oder eine Information über elektronische Medien erforderlich. Die Kosten hierfür sind allgemeine Verwaltungskosten, die nicht nach § 91 Abs. 1 ZPO erstattungsfähig sind (Vandenhouten ZWE 2009, 153). Da die Information zu den nach § 27 Abs. 4 WEG unabdingbaren Kernaufgaben des Verwalters gehört, kann er sich hierfür keine Sondervergütung ausbedingen (Rdn. 181; a.A. offenbar Vandenhouten ZWE 2009, 153). Die Information auf der nächsten Eigentümerversammlung wird nur in seltenen Fällen ausreichen, da sie kaum jemals unverzüglich sein wird (Vandenhouten ZWE 2009, 152).

o) Die Abgabe von Erklärungen nach § 21 Abs. 5 Nr. 6 WEG (§ 27 Abs. 1 Nr. 8, Abs. 3 S. 1 Nr. 4 WEG)

Systematisch unzutreffend ist auch die Einordnung der Zuständigkeit des Verwalters, **91** Erklärungen wegen Maßnahmen nach § 21 Abs. 5 Nr. 6 WEG abzugeben, in § 27 Abs. 1 WEG. Auch hier besteht keine Berechtigung und Verpflichtung für und gegen die Wohnungseigentümer. Denn es besteht Einigkeit darüber, dass von der Systematik des § 21 Abs. 5 Nr. 6 WEG nur solche Maßnahmen erfasst werden, die das Gemeinschaftseigentum berühren (Merle ZWE 2006, 367; ebenso auch BT-Drucks. 16/3843 S. 52). Dessen Verwaltung steht indessen nach § 10 Abs. 6 WEG ausschließlich dem Verband zu. Folglich handelt es sich bei der Abgabe von Erklärungen nach § 21 Abs. 5 Nr. 6 WEG nur um eine Berechtigung und Verpflichtung dem Verband, nicht den Wohnungseigentümern gegenüber (Merle ZWE 2006, 367; Abramenko § 5 Rn. 14). Das zeigt implizit auch der Umstand, dass der Verwalter nach § 27 Abs. 3 S. 1 Nr. 4 WEG bei Abgabe von Erklärungen nach § 21 Abs. 5 Nr. 6 WEG nur mit Wirkung für und gegen den Verband handeln kann. Die Wohnungseigentümer werden durch die gesetzliche Vollmacht aus § 27 Abs. 3 S. 1 Nr. 4 WEG nicht gebunden. Die überschießende Befugnis den Wohnungseigentümern gegenüber ist allerdings, soweit bis jetzt absehbar, auch nicht schädlich. I.Ü. ergeben sich gegenüber altem Recht keine Änderungen. Diese Vorschrift zieht die Konsequenz daraus, dass jeder Wohnungseigentümer nach § 21 Abs. 5 Nr. 6 WEG alle das Gemeinschaftseigentum betreffenden Maßnahmen zur Herstellung von Fernsprechteilnehmereinrichtung, Rundfunkempfangsanlage und Energieversorgung zugunsten eines Miteigentümers ohnehin zu dulden hat. Der Verwalter darf deshalb ohne weiteres, insbesondere ohne Eigentümerbeschluss die hierfür notwendigen Erklärungen abgeben. Es handelt sich also wiederum um eine Vorschrift zur Vereinfachung des Rechtsverkehrs mit Wohnungseigentümergemeinschaften.

7. Das Handeln des Verwalters mit Wirkung für und gegen die Wohnungseigentümer (§ 27 Abs. 2 WEG)

a) Die Entgegennahme von Willenserklärungen und Zustellungen (§ 27 Abs. 2 Nr. 1 WEG)

92 Willenserklärungen und Zustellungen sind zwar nach Anerkennung des teilrechtsfähigen Verbandes überwiegend an diesen zu richten, da er nicht nur sämtliche Rechte und Pflichten im Zusammenhang mit dem Verwaltungsvermögen wahrnimmt, sondern darüber hinaus nach § 10 Abs. 6 S. 3 WEG nunmehr für sämtliche gemeinschaftsbezogenen Angelegenheiten zuständig ist. Gleichwohl ist in einigen Angelegenheiten, namentlich der Willensbildung und der Beschlussanfechtung noch den Wohnungseigentümern persönlich zuzustellen. Abgesehen vom deutlich verringerten Anwendungsbereich entspricht die Vorschrift wörtlich § 27 Abs. 2 Nr. 3 WEG a.F., wobei sich für Zustellungen in Gerichtsverfahren ergänzende Regelungen in § 45 WEG finden. Insoweit kann also die Judikatur zur alten Gesetzesfassung nach wie vor herangezogen werden.

93 Die Befugnis des Verwalters, Willenserklärungen und Zustellungen entgegenzunehmen, dient der Vereinfachung des Rechtsverkehrs mit der Eigentümergemeinschaft. Der Rechtsverkehr soll unabhängig von Regelungen im Innenverhältnis darauf vertrauen können, wer für die Eigentümer Willenserklärungen und Zustellungen entgegennimmt. Somit wirken an den Verwalter gerichtete Willenserklärungen gem. § 164 Abs. 3 BGB für und gegen alle Wohnungseigentümer, sofern die Erklärung ihm gegenüber gerade in dieser Funktion – nicht etwa nur in seiner Eigenschaft als Wohnungseigentümer – abgegeben wird. Zudem muss die Erklärung an die Eigentümergemeinschaft als solche gerichtet sein. Die Kenntnis des Verwalters von Erklärungen an einen einzelnen Wohnungseigentümer in einer persönlichen Angelegenheit wird diesem nicht zugerechnet (BGH ZMR 2003, 212). Eigene Willenserklärungen kann der Verwalter nur dann für die Eigentümer entgegennehmen, wenn er nach § 181 BGB vom Verbot des Selbstkontrahierens befreit ist. Auch Zustellungen sind für alle Wohnungseigentümer wirksam erfolgt, wenn dem Verwalter zugestellt wurde. Allerdings muss die Zustellung an ihn wiederum in seiner Funktion gem. § 27 Abs. 2 Nr. 1 WEG erfolgen und nicht etwa nur in seiner Eigenschaft als weiterer Beteiligter nach altem Recht, Beklagter, Streitverkündeter o.Ä. (BayObLG NJW-RR 1992, 151; WE 1995, 251; OLG Hamm ZMR 1999, 508), was zumindest im Rubrum zum Ausdruck kommen muss (BayObLGZ 1983, 19). Ansonsten ist die Zustellung unwirksam (BayObLGZ 1983, 18; WE 1991, 297). Diese Regelungen gelten auch im Verwaltungs- und Verwaltungsgerichtsverfahren (OVG Münster NJW-RR 1992, 458 f.). Dies ist von besonderer Bedeutung, da die abgabenrechtlichen Bestimmungen nach überwiegender Rechtsprechung trotz Teilrechtsfähigkeit die Wohnungseigentümer als Abgabenschuldner ansehen (BGH ZMR 2006, 785 f.; BVerwG ZMR 2006, 242 ff.; KG ZMR 2006, 636 ff.; NJW-RR 2007, 232 = ZMR 2007, 67; ZMR 2007, 137; VGH Mannheim ZMR 2006, 819 f.; anders im Einzelfall VGH München ZMR 2007, 317 ff.).

94 **Praxistipp:**

Die frühere Rechtsprechung, der zufolge eine Zustellung an den Verwalter in Beschlussanfechtungsverfahren nicht genügt, wenn ein Eigentümer einen eigenen Abweisungsantrag stellt (KG ZMR 2000, 699; OLG Köln ZMR 2007, 557), dürfte wegen § 172 ZPO nicht fortzuführen sein.

> Denn der Verwalter ist nunmehr nach § 27 Abs. 2 Nr. 2 WEG gesetzlich zur Prozessführung ermächtigt, was in den Materialien (BT-Drucks. 16/887, 37) noch nicht berücksichtigt ist, da die Änderung des § 27 WEG erst später, nach der Anerkennung der Teilrechtsfähigkeit diskutiert wurde (a.A., aber ohne Eingehen auf diese Problematik Hügel/Elzer § 13 Rn. 92; Niedenführ/Kümmel/Vandenhouten § 27 Rn. 56). Aus denselben Gründen scheidet die frühere Praxis aus, bei Zweifeln über die Zustellungsbefugnis des Verwalters allen Wohnungseigentümern zuzustellen (s. etwa BayObLG ZMR 1997, 614). Besteht sie nämlich doch, ist die Zustellung an die Wohnungseigentümer nach § 172 ZPO unwirksam.

Entgegen dem Wortlaut von § 27 Abs. 2 Nr. 1 WEG beschränkt sich die Zustellungsvertretung des Verwalters nicht auf Verfahren gegen alle Wohnungseigentümer. Der Gesetzgeber ging ohne weiteres davon aus, dass sie entsprechend ständiger Praxis auch in Verfahren besteht, in denen einzelne Eigentümer den anderen Miteigentümern als Verfahrensgegner gegenüberstehen, insbesondere in Anfechtungsklagen (Hügel/Elzer § 13 Rn. 126; BGHZ 78, 174; OLG Frankfurt OLGZ 1989, 434). Denn es besteht kein sachlicher Grund, die unerlässliche Verfahrenserleichterung dann fallen zu lassen, wenn kein Außenstehender, sondern ein Wohnungseigentümer Gegner der übrigen Miteigentümer ist. Dies würde gerade bei großen Wohnanlagen praktisch zu einer Rechtsverweigerung führen, da die Durchführung des Prozesses dann häufig schon durch Zustellungsprobleme nahezu unmöglich würde. Zudem kämen auf die Beteiligten so erhebliche Kosten für Zustellungen zu, dass die Durchführung eines Prozesses bei kleineren Streitwerten mit einem wirtschaftlich unvertretbaren Risiko verbunden wäre. **95**

b) Pflichten des Verwalters beim Zugang von Willenserklärungen bzw. Zustellungen

Nach Zugang einer Willenserklärung oder einer Zustellung hat der Verwalter die Wohnungseigentümer nach §§ 675, 666 BGB hierüber in geeigneter Weise zu unterrichten (OLG Hamm NJW-RR 2003, 591; BayObLGZ 1989, 345). Für die Zustellung von Klageschriften normiert dies nunmehr § 27 Abs. 1 Nr. 7 WEG. Wie er die Wohnungseigentümer unterrichtet, steht weitgehend in seinem Ermessen (BGHZ 78, 173; OLG Köln ZMR 1980, 191). Bei nicht eilbedürftigen Angelegenheiten genügt die Information auf der nächsten Eigentümerversammlung. Jedenfalls bei Angelegenheiten geringerer Bedeutung wird auch ein Aushang am Anschlagbrett des Hauses genügen, sofern dessen Existenz und Bedeutung den Wohnungseigentümern bekannt ist. Wenn eine Literaturmeinung bezweifelt, dass die Kenntnisnahme durch die Wohnungseigentümer hierdurch hinreichend gewährt wird (Bärmann/Merle § 27 Rn. 173), erscheint dies nicht überzeugend. Denn auch durch die Information auf der Eigentümerversammlung ist die Kenntnisnahme der abwesenden Wohnungseigentümer nicht sichergestellt. In dringlicheren Fällen ist ein Rundschreiben geboten, wobei die Beifügung des Schriftstücks in Kopie häufig empfehlenswert sein wird. Die Kosten hierfür sind allgemeine Verwaltungskosten. **96**

c) Der Ausschluss des Verwalters als Empfangs- und Zustellungsvertreter

Zu besonderen Problemen kommt es, wenn der Verwalter in irgendeiner Weise vom Ausgang des Prozesses betroffen sein könnte. Insoweit ist nunmehr höchstrichterlich entschieden, dass *seine* Zustellungsvertretung dann ausgeschlossen ist, wenn er selbst Gegner der Wohnungseigentümer ist (BGH ZMR 2007, 799; KG ZMR 2007, 801; OLG Hamburg ZMR 2008, 149). Dies wurde entweder auf eine analoge Anwendung von § 178 Abs. 2 ZPO (bzw. die Vorgängernorm § 185 ZPO a.F.) oder auf den Rechtsgedanken dieser Vorschrift gestützt: Der Verwalter soll nicht in die Lage versetzt werden, gegen ihn gerichtete oder gar eigene Antrags- oder Rechtsmittelschriften für die Wohnungseigentümer entgegennehmen zu müssen, da dies naturgemäß die Gefahr unzureichender Weiter- **97** leitung in sich birgt (BayObLG NJW-RR 1989, 1169 = BayObLGZ 1989, 345; OLG Düsseldorf WuM 1994, 719; Heinrich NJW 1974, 126; Staudinger/Bub § 27 Rn. 233). Die früher vertretene, weiter gehende Position, wonach die Zustellungsvertretung des Verwalters für die Wohnungseigentümer selbst bei Anträgen auf Abberufung des Verwalters aus wichtigem Grund keinen Bedenken begegnet, wenn »nicht ersichtlich ist, dass die Verwalterin die Mitglieder der Gemeinschaft über das (...) Verfahren etwa nicht unterrichtet hätte« (KG NJW-RR 2003, 1234 = ZMR 2004, 143; ähnlich schon BayObLG ZMR 2002, 533) ist hierdurch obsolet. Erst recht kann einem Verwalter, dessen Bestellungsdauer abgelaufen ist, nicht mehr zugestellt werden (LG Hamburg ZMR 2009, 795).

98 Hingegen herrscht über die Behandlung der Fälle, in denen sich Wohnungseigentümer und Verwalter auf einer Seite wähnen (wie bei der Beschlussanfechtung durch einzelne Miteigentümer) keine Einigkeit. Auch hier ist ein Interessenkonflikt denkbar, wenn die Unwirksamkeit des angefochtenen Beschlusses auf einen Fehler des Verwalters zurückgehen soll. Klassisches Beispiel hierfür ist die Genehmigung der Jahresabrechnung. Ihre Anfechtung soll ja sogar konkludent die Entlastung des Verwalters umfassen, wovon auch dessen Rechtsstellung betroffen sein kann (OLG Düsseldorf WuM 1991, 619; Staudinger/Bub § 28 Rn. 554). In Rechtsprechung und Literatur ist umstritten, wie sich derartige, zu Beginn des Prozesses noch nicht erkennbare, aber denkbare Interessenkollisionen zwischen dem Verwalter und den Wohnungseigentümern, die den Beschluss fassten und nunmehr verteidigen, auf die Zustellungsvertretung nach § 27 Abs. 2 Nr. 1 WEG auswirken. Die überwiegende Meinung geht davon aus, dass nicht erst der tatsächliche Interessenkonflikt, sondern schon die bloße (»abstrakte«) Gefahr eines solchen die Zustellung an den Verwalter ausschließt (OLG Hamm ZMR 2001, 139). Dies wird vorrangig damit begründet, dass eine Pflichtverletzung des Verwalters anfangs oftmals bestritten werde und sich erst im Verlaufe des Prozesses als richtig herausstelle. Das rechtliche Gehör der Wohnungseigentümer sei daher nur sicherzustellen, wenn schon bei der bloßen Gefahr einer Interessenkollision keine Zustellung an den Verwalter, sondern an die Wohnungseigentümer selbst erfolge (Mansel FS Bärmann und Weitnauer 1990, 493; Staudinger/Bub § 27 Rn. 235; Bärmann/Pick/Merle § 27 Rn. 130 f.). Die insbesondere vom BayObLG vertretene Gegenmeinung (BayObLG ZMR 1997, 614; 1998, 513; NJW-RR 2002, 733 = 2002, 533; LG Dresden ZMR 2010, 629) lässt die abstrakte Gefahr nicht genügen, sondern fordert eine konkrete Interessenkollision, etwa dann, wenn der Verwalter selbst Gegner der Wohnungseigentümer ist.

d) Die Behandlung der Interessenkollision nach der Novelle

99 Die Novelle spricht nunmehr in § 27 Abs. 3 S. 2 WEG und in § 45 Abs. 1 WEG den Fall an, dass der Verwalter zur Vertretung des Verbandes oder der Wohnungseigentümer nicht berechtigt ist. Ob dies schon bei der abstrakten Gefahr einer Interessenkollision oder erst bei einem tatsächlichen Interessengegensatz der Fall sein soll, entscheidet das Gesetz zwar nicht ausdrücklich. Im Zusammenhang mit der Vertretung der Wohnungseigentümer wird dieser Fall aber dahingehend definiert, dass »aufgrund des Streitgegenstandes die Gefahr besteht, der Verwalter werde die Wohnungseigentümer nicht sachgerecht unterrichten«. Dies entscheidet die strittige Frage, ob der Verwalter nur bei einer tatsächlichen oder schon bei einer bloß möglichen Interessenkollision als Zustellungsbevollmächtigter ausscheidet, nicht ausdrücklich. Der Wortlaut des Gesetzes lehnt sich aber eng an die Entscheidungen an, die selbst beim Streit um die Abberufung des Verwalters aus wichtigem Grund auf eine konkrete Gefahr der Fehlinformation abstellten (BayObLG ZMR 2002, 533; KG ZMR 2004, 143). Das legt die Schlussfolgerung nahe, *dass der Gesetzgeber die* abstrakte Gefahr einer Interessenkollision nicht ausreichen lassen will, um die Empfangs- und Zustellungsvertretung des Verwalters auszuschließen

(so jetzt LG Dresden ZMR 2010, 629). Hierfür spricht auch die Absicht des Gesetzes, »den mit Zustellungen verbundenen Aufwand für das Gericht und auch die zu Lasten der Wohnungseigentümergemeinschaft entstehenden Kosten gering zu halten« (BT-Drucks. 16/887 S. 36 f.). Denn auch dies war ein tragendes Argument derjenigen, nach denen eine bloß denkbare Interessenkollision die Empfangs- und Zustellungsvertretung noch nicht ausschloss. I.Ü. ginge die Fürsorge der Gerichte schon bei bloß abstrakter Interessenkollision noch über die gesetzlichen Wertungen im Anwaltsrecht hinaus. Bekanntlich führt auch dort ein Interessenkonflikt dazu, dass ein Anwalt gem. § 356 StGB und § 43a Abs. 4 BRAO die Vertretung dieser widerstreitenden Interessen nicht übernehmen kann. Dabei stellt die bloße Möglichkeit eines Interessenkonfliktes zwischen zwei Mandanten nach ganz h.M. aber noch kein widerstreitendes Interesse gem. § 356 StGB, § 43a Abs. 4 BRAO dar. Vielmehr steht hier außer Zweifel, dass die Definition der Parteiinteressen bei disponiblen Rechten alleine von deren Willen abhängt. So können zwei Mandanten ohne weiteres einen Anwalt beauftragen, gemeinsam gegen einen Dritten vorzugehen, auch wenn sich aus demselben Rechtsverhältnis später Interessengegensätze zwischen ihnen ergeben können. Solange es nicht zu tatsächlichen Konflikten kommt, kann der Anwalt für beide Mandanten tätig werden, ohne widerstreitende Interessen zu vertreten (RGSt 71, 234–237; BGHSt 5, 304–309; Henssler/Prütting § 43a Rn. 145; Feurich/Weyland § 43a Rn. 64). Eine vergleichbare Entscheidung trifft indessen auch die Eigentümermehrheit, die sich trotz denkbaren Interessenkonflikts zum Verwalter etwa zur Genehmigung der Jahresabrechnung, des Wirtschaftsplanes oder anderer von ihm vorgeschlagener Maßnahmen entschließt und folgerichtig später der Anfechtung entgegentritt. Eine Notwendigkeit, ihre Privatautonomie fürsorglich zu ihrem Schutze zu ignorieren und anders als im Anwaltsrecht von latent fortdauernden Interessengegensätzen auszugehen, ist kaum zu begründen.

e) Pflichten des Verwalters beim Zugang von Willenserklärungen trotz Interessenkollision

Nicht selten kann das Gericht eine Interessenkollision zu Beginn des Prozesses noch nicht absehen, so dass gleichwohl dem Verwalter zugestellt wird. Für ihn stellt sich dann die Frage, wie er sich zu verhalten hat. Jedenfalls dann, wenn ein Zustellungsbevollmächtigter nach § 45 WEG bestellt ist, treffen ihn keine Pflichten; streng genommen, darf er in diesem Rechtsstreit überhaupt keine Aktivitäten als Verwalter mehr entfalten (a.A. LG Hamburg ZMR 2009, 795). Denn der Ersatzzustellungsvertreter tritt nach § 45 Abs. 2 S. 2 WEG vollständig in die Aufgaben des Verwalters ein, so dass jenem weder Befugnisse noch Pflichten verbleiben. **100**

f) Die Abwendung von Rechtsnachteilen (§ 27 Abs. 2 Nr. 2 WEG)

Der Wortlaut von § 27 Abs. 2 Nr. 2 WEG entspricht, worauf die Materialien zu Recht hinweisen (BT-Drucks. 16/887 S. 70), weitgehend § 27 Abs. 2 Nr. 4 WEG a.F. Im gewandelten rechtlichen Umfeld kommt ihm aber eine völlig andere Bedeutung zu als zuvor. Einen Großteil der ehemals unter § 27 Abs. 2 Nr. 4 WEG a.F. fallenden Fälle betrifft jetzt nämlich den Verband. Dies umso mehr, als § 10 Abs. 6 S. 3 WEG auch die Geltendmachung von Ansprüchen <u>aller</u> Wohnungseigentümer dem Verband zuweist, so dass der Verwalter im Erkenntnisverfahren auch insoweit für den Verband handeln muss (insoweit richtig Hügel ZMR 2008, 8; Suilmann ZWE 2008, 118). Die Abwendung von Nachteilen für diesen ist aber in § 27 Abs. 3 S. 1 Nr. 2 WEG geregelt. Es muss sich also um gemeinschaftsbezogene Angelegenheiten handeln. In Verfahren gegen einzelne Wohnungseigentümer ist der Verwalter nicht vertretungsbefugt (so wohl auch Bergerhoff NZM 2007, 428; a.A. Briesemeister NZM 2007, 346 und Hügel ZMR 2008, 7 f. mit eingestandenermaßen abstrusen Ergebnissen für Verfahren nach § 43 Nr. 5). Dies geht zwar **101** nicht aus § 29 Abs. 2 Nr. 2 WEG selbst, wohl aber aus dem vorangestellten Satz hervor, wonach der Verwalter nur »im Namen aller Wohnungseigentümer und mit Wirkung für und gegen sie« handeln kann, was in Verfahren gegen einzelne Wohnungseigentümer gerade nicht der Fall ist. I.Ü. geht das auch aus der Geschichte und dem Sinn der Norm hervor, die die früher ebenfalls nur für gemeinschaftsbezogene Angelegenheiten bestehende Vertretungsmacht des Verwalters für alle Wohnungseigentümer fortschreiben wollte. Die Abwendung von Nachteilen für diesen ist aber in § 27 Abs. 3 S. 1 Nr. 2 WEG geregelt. Nach dieser Zuordnung der gemeinschaftsbezogenen Ansprüche sind nur noch wenige Konstellationen denkbar, in denen der Verwalter auf § 27 Abs. 2 Nr. 2 WEG zurückgreifen muss, um Nachteile von den Wohnungseigentümern abzuwenden. Dies ist innerhalb der Gemeinschaft insbesondere bei Angelegenheiten der Willensbildung, etwa bei Streitigkeiten um Beschlüsse der Fall.

102 Noch nicht abschließend geklärt ist das Verhältnis der neuen Vertretungsregelungen in § 79 ZPO zu § 27 Abs. 2 Nr. 2 WEG. Wollte man § 79 ZPO auch auf den Verwalter anwenden, wäre die Vertretung der Wohnungseigentümer durch ihn regelmäßig ausgeschlossen. Denn § 79 ZPO setzt entweder ein persönliches Näheverhältnis (Verwandtschaft, Ehe) oder die Befähigung zum Richteramt voraus, was beim Verwalter regelmäßig nicht gegeben sein wird. Dann wäre § 27 Abs. 2 Nr. 2 WEG aber praktisch ohne Bedeutung, weshalb die ganz überwiegende Auffassung von einer Unanwendbarkeit von § 79 ZPO auf die Vertretung in vorliegendem Zusammenhang ausgeht (Suilmann ZWE 2008, 119; Elzer ZMR 2008, 774 f.; Lehmann-Richter ZWE 2009, 300). Am ehesten wird man § 27 Abs. 2 Nr. 2 WEG als Spezialregelung ansehen können, die § 79 ZPO vorgeht (Elzer ZMR 2008, 774 f.; Lehmann-Richter ZWE 2009, 300). Umstritten sind die Anforderungen daran, wie der Verwalter seine Vollmacht im Verfahren nachzuweisen hat. Eine Vollmacht aller Wohnungseigentümer muss er nicht vorlegen (Bergerhoff, NZM 2007, 429), da seine Vollmacht aus dem Gesetz folgt. Man wird aber den urkundlichen Nachweis der Verwalterstellung fordern müssen (Lehmann-Richter ZWE 2009, 300; a.A. wohl Jennißen/Heinemann § 27 Rn. 160 für Prozessvollmacht nach § 81 ZPO).

g) Das Handeln in Passivverfahren der Wohnungseigentümer

103 Bedeutsam wird die Neuregelung des § 27 Abs. 2 Nr. 2 WEG daher vor allem in Anfechtungsklagen, in denen der Verwalter die Wohnungseigentümer nunmehr kraft Gesetzes vertreten kann (OLG Köln ZMR 2008, 734). Nach dem Wortlaut des Gesetzes ist von einer umfassenden Vertretungsmacht des Verwalters auszugehen (vgl. schon zum alten Recht KG ZMR 2007, 801; s. jetzt Bergerhoff, NZM 2007, 428; Gottschalg ZWE 2009, 115; zweifelnd insoweit Hügel/Elzer § 11 Rn. 67). Die Wörter »insbesondere einen gegen die Wohnungseigentümer gerichteten Rechtsstreit gem. § 43 Nr. 1, Nr. 4 oder Nr. 5 im Erkenntnis- und Vollstreckungsverfahren zu führen« stellt ein gesetzliches Regelbeispiel dar (Jennißen/Heinemann § 27 Rn. 72 ff.; Bergerhoff, NZM 2007, 428; Gottschalg ZWE 2009, 114; Müller ZWE 2008, 227; Deckert ZWE 2009, 66; a.A. Merle ZWE 2008, 110). Die Dringlichkeit muss nicht für jedes Verfahren i.E. dargelegt werden (Gottschalg ZWE 2009, 115; a.A. Merle ZWE 2008, 110 f. u. 112), läge aber i.Ü. auch vor, da stets die Versäumung der Frist zur Verteidigungsbereitschaft droht (Müller ZWE 2008, 227). Dies ergibt sich i.Ü. auch aus dem systematischen Zusammenhang mit § 27 Abs. 2 Nr. 4 WEG, wo der Gesetzgeber davon ausgeht, dass der Verwalter in den von § 27 Abs. 2 Nr. 2 WEG erfassten Streitigkeiten ohne weiteres eine Streitwertvereinbarung abschließen darf (Gottschalg ZWE 2009, 117). Die Befugnis umfasst die Abgabe sämtlicher Erklärungen im Prozess, da der Verwalter nunmehr kraft Gesetzes Prozessbevollmächtigter ist. Im Gegensatz zum früheren Recht kann er daher auch Vergleiche abschließen, die eine nur einstimmig zu treffende Regelung etwa zur Änderung der Teilungserklärung enthalten

(Hügel/Elzer § 11 Rn. 67; vgl. zum alten Recht KG ZMR 2002, 73). Ein solcher Vergleich kann aber bei Abweichung von Weisungen im Innenverhältnis Schadensersatzansprüche nach sich ziehen (ähnlich Bergerhoff NZM 2007, 428). Man wird dem Verwalter auch die Befugnis zuerkennen müssen, einen Rechtsanwalt zu mandatieren (KG ZMR 2007, 801; Suilmann ZWE 2008, 119), zumal ihm § 27 Abs. 2 Nr. 4 WEG die Vollmacht zum Abschluss einer Gebührenvereinbarung verleiht (OLG München ZMR 2007, 808 f.; Hügel/Elzer § 11 Rn. 66). Die dem Verfahrensbevollmächtigten erteilte Vollmacht wird nicht schon durch Abberufung des Verwalters unwirksam; hierzu bedarf es eines Widerrufs der Vollmacht gegenüber dem Gericht (KG ZMR 2007, 802). Die Möglichkeit einzelner Wohnungseigentümer, selbst aufzutreten oder einen eigenen Prozessbevollmächtigten zu bestellen, wird hierdurch nicht berührt (LG Düsseldorf ZMR 2009, 712; Gottschalg ZWE 2009, 117; einschränkend Bergerhoff NZM 2007, 429 f.). Allerdings kann dies mit erheblichen finanziellen Belastungen einhergehen, die selbst im Falle des Obsiegens nicht erstattet werden (vgl. Drasdo ZMR 2008, 267; Müller ZWE 2008, 227; Häublein ZWE 2008, 84 u. (Kap. 35 Rdn. 166 ff.).

h) Vollstreckungsverfahren

Von erheblich größerer Praxisrelevanz ist § 27 Abs. 2 Nr. 2 WEG im Vollstreckungsverfahren. Nach der ausdrücklichen Regelung in dieser Vorschrift ist der Verwalter berechtigt, die Wohnungseigentümer auch in einem Vollstreckungsverfahren, das auf Prozesse nach § 43 Nr. 1, 4 und 5 folgt, zu vertreten. Dies kann in den Verfahren von Bedeutung sein, die der Verband gem. § 10 Abs. 6 S. 3 WEG als Ausübungs- bzw. Erfüllungsberechtigter führt. Denn materiell-rechtlich sind dort die Wohnungseigentümer verpflichtet, weshalb sich auch die Vollstreckung gegen sie, nicht gegen den Verband richtet. Letzterer ist nur Prozessstandschafter und somit nicht Vollstreckungsschuldner (vgl. Abramenko ZMR 2007, 843 f.). Dass der Gesetzestext die Vertretung der Wohnungseigentümer in Verfahren nach § 43 Nr. 5 WEG einbezieht, erscheint sinnvoll. Denn dort ergeht regelmäßig nicht nur ein Gestaltungs- oder Feststellungsurteil wie in Verfahren nach § 43 Nr. 4 WEG und vielen Streitigkeiten um Rechte und Pflichten der Wohnungseigentümer untereinander nach § 43 Nr. 1 WEG. In der Folge kann auch aus nur vorläufig vollstreckbaren Titeln unmittelbar vollstreckt werden. Die Neuregelung stellt sicher, dass die Wohnungseigentümer in diesem Verfahren vom Verwalter vertreten werden, der schon das Erkenntnisverfahren geführt hat. Allerdings kann er entgegen der ersten Begründung des Entwurfs (BT-Drucks. 16/887 S. 70) die eidesstattliche Versicherung natürlich nicht für die Wohnungseigentümer abgeben, wie der Rechtsausschuss klarstellte (BT-Drucks. 16/3843 S. 53). Entsprechende Befugnisse kommen ihm nur gegenüber dem Verband zu, und zwar aus § 27 Abs. 3 S. 1 Nr. 2 WEG. **104**

i) Die Geltendmachung von Ansprüchen (§ 27 Abs. 2 Nr. 3 WEG)

§ 27 Abs. 2 Nr. 3 WEG gehört zu den eingangs angesprochenen Regelungen, die die eigenen Neuerungen des Gesetzgebers ignorieren. Für eine Vorschrift, die den Verwalter berechtigt, im Namen aller Wohnungseigentümer Ansprüche außergerichtlich und gerichtlich geltend zu machen, besteht praktisch kein Anwendungsbereich. Denn Ansprüche aller Wohnungseigentümer sind gemeinschaftliche Ansprüche, die nach § 10 Abs. 6 S. 3 WEG der Verband wahrzunehmen hat. Bedeutung erlangt § 27 Abs. 2 Nr. 3 WEG also nur in besonderen Konstellationen, etwa dann, wenn man § 10 Abs. 6 S. 3 WEG als abdingbar ansieht, da dann die Wohnungseigentümer bei entsprechender Regelung in der Teilungserklärung gemeinschaftliche Ansprüche im eigenen Namen geltend machen können. Ähnliches gilt, wenn der Verband die Wohnungseigentümer zur Verfolgung des Anspruchs ermächtigt, was wohl auch nach der Reform möglich sein dürfte **105** (vgl. BGH ZMR 2005, 885 und zuletzt ZMR 2007, 466). In diesen Spezialfällen muss der Verwalter durch Beschluss zur Geltendmachung des Anspruchs ermächtigt werden.

j) Die Vereinbarung von Rechtsanwaltsvergütungen (§ 27 Abs. 2 Nr. 4 WEG)

106 Im Zuge der verfahrensrechtlichen Neuorientierung wurden auch die Maßstäbe der Streitwertberechnung erheblich modifiziert. Insbesondere sieht § 49a Abs. 1 S. 2 GKG vor, dass der Streitwert das Fünffache des Klägerinteresses nicht überschreiten darf. Diese Deckelung kann bei Rechtsstreitigkeiten mit den Wohnungseigentümern zu einem erheblichen Absinken der Rechtsanwaltsvergütung führen, insbesondere bei Beschlussanfechtungen. Ficht ein Wohnungseigentümer etwa eine Jahresabrechnung mit einem Volumen von 100000 Euro wegen falscher Verteilungsschlüssel an, die ihn deswegen mit 20 Euro zuviel belastet, ist der Streitwert trotz weit höheren Interesses der Wohnungseigentümer auf maximal 100 Euro festzusetzen (statt früher 10000 bis 25000 Euro). Deshalb wird der Verwalter durch § 27 Abs. 2 Nr. 4 WEG ermächtigt, mit Rechtsanwälten eine Gebührenvereinbarung zu schließen, die einen Streitwert von maximal 50 % des Interesses der Parteien gem. § 49a Abs. 1 S. 1 GKG zugrunde legt. Da die Vollmacht kraft Gesetzes besteht, muss sich der Rechtsanwalt nicht nach Beschlüssen o.Ä. erkundigen. Soweit die auf dieser Grundlage geschuldete Vergütung über die gesetzliche Höhe hinausgeht, ist sie allerdings auch nach einem Obsiegen nicht erstattungsfähig (BT-Drucks. 16/997 S. 77). Zur Vermeidung späterer Konflikte mit den Wohnungseigentümern sollte sie der Verwalter also trotz der neuen Vollmacht in § 27 Abs. 2 Nr. 4 WEG vorab – evtl. noch vor Entstehen von Rechtsstreitigkeiten – befragen, welche Gebührenhöhen er vereinbaren darf (Hügel/Elzer § 11 Rn. 75). Noch sinnvoller ist aber eine Beschlussfassung nach § 21 Abs. 7 WEG, kraft derer die Mehrkosten als besonderer Verwaltungsaufwand umgelegt werden (Abramenko ZWE 2009, 154 ff.).

8. Das Handeln des Verwalters mit Wirkung für und gegen den Verband (§ 27 Abs. 3 S. 1 WEG)

a) Die Entgegennahme von Willenserklärungen und Zustellungen (§ 27 Abs. 3 S. 1 Nr. 1 WEG)

107 Mit der Teilrechtsfähigkeit des Verbandes ist dieser in vielerlei Hinsicht an die Stelle der Wohnungseigentümer getreten. Folglich ergab sich die Notwendigkeit, auch ihm Willenserklärungen und Zustellungen zu übermitteln. Deshalb erweitert § 27 Abs. 3 S. 1 Nr. 1 WEG die Empfangszuständigkeit des Verwalters auch auf Willenserklärungen und Zustellungen an den Verband. Wie bei den Wohnungseigentümern setzt dies voraus, dass ihm das Schriftstück genau in dieser Funktion, nicht etwa als Wohnungseigentümer oder Streitverkündetem übermittelt wird (vgl. BayObLG WE 1995, 251; OLG Hamm ZMR 1999, 508). Die Empfangszuständigkeit ist ebenso wie diejenige nach § 27 Abs. 2 Nr. 1 WEG für die Wohnungseigentümer im Interesse des Rechtsverkehrs unabdingbar.

108 **Praxistipp:**

Die Angabe des Verwalters als Vertreter aller Wohnungseigentümer genügt streng genommen nicht mehr. Eine solche Angabe, gar verbunden mit einer Eigentümerliste, riskiert eine unwirksame Zustellung. Denn die Vertretung der Eigentümer ist von derjenigen des Verbandes streng zu unterscheiden (s. jetzt AG Dresden NZM 2008, 135 f.).

109 Die Pflicht des Verwalters erschöpft sich nicht in der Entgegennahme von Willenserklärungen oder Zustellungen. Er muss sie vielmehr den Wohnungseigentümern bekanntgeben, damit sie durch Beschluss über das weitere Verhalten des Verbandes befinden können (vgl. BGHZ 78, 173; OLG Köln ZMR 1980, 191). In welcher Form dies zu geschehen hat, hängt von den konkreten Umständen des Einzelfalles, insbesondere von der Eilbedürftigkeit ab; insoweit kann auf die Ausführungen zu § 27 Abs. 2 Nr. 1 WEG verwiesen werden (s.o. Rdn. 96).

b) Der Ausschluss des Verwalters als Empfangs- und Zustellungsbevollmächtigter

Auch bei Zustellungen an den Verband können eigene Interessen dazu führen, dass der Verwalter nach § 27 Abs. 3 S. 2 WEG »nicht berechtigt« ist, den Verband zu vertreten. Aus denselben Erwägungen wie bei Zustellungen an die Wohnungseigentümer genügt die abstrakte Gefahr einer Interessenkollision insoweit allerdings nicht; es bedarf des tatsächlichen Interessengegensatzes (vgl. Kap. 35 Rdn. 62). Für diesen Fall sieht der Gesetzgeber allerdings keinen Ersatzzustellungsvertreter, sondern nach § 27 Abs. 3 S. 2, 3 WEG eine Gesamtvertretung des Verbandes durch alle Wohnungseigentümer vor. Die Wohnungseigentümer können aber nach § 27 Abs. 3 S. 3 WEG einen Vertreter bestellen (eingehend hierzu u. Kap. 35 Rdn. 74). In einem solchen Fall stellt sich die Frage, ob den Verwalter gleichwohl Pflichten treffen, wenn ihm trotz Ausschlusses von der Empfangsvertretung eine Willenserklärung zugeht oder Schriftstücke durch das Gericht zugestellt werden. Denn im Gegensatz zur Vertretung der Wohnungseigentümer hat der Gesetzgeber in diesem Zusammenhang keine Regelung wie § 45 Abs. 2 S. 2 WEG geschaffen, wonach ein Ersatzzustellungsvertreter o.Ä. in die Aufgaben und Befugnisse des Verwalters eintritt und somit dessen Pflichten insoweit übernimmt. Die Antwort auf diese Frage wird sich am Sinn und Zweck des Ausschlusses nach § 27 Abs. 3 S. 2 WEG orientieren müssen: Durch diesen Ausschluss von der Empfangsvertretung sollen nur Defizite in der Information des Verbandes verhindert, nicht aber die Anforderungen an die Fürsorge des Verwalters für die Liegenschaft verringert werden. Nach diesen Maßstäben ist der Verwalter trotz fehlender Empfangszuständigkeit jedenfalls dann zur Weiterleitung von Willenserklärungen verpflichtet, wenn dem Verband ansonsten, etwa durch Ablauf der Annahmefrist für ein günstiges Vertragsangebot, Nachteile drohen (insoweit richtig Hügel/Elzer § 13 Rn. 102). Hingegen ist der Verwalter nicht verpflichtet, dem Prozessgegner bei der ordnungsgemäßen Bezeichnung der Gegenseite behilflich zu sein, indem er etwa auf die Unwirksamkeit einer an ihn gerichteten Zustellung hinweist. Vielmehr kann das Interesse der von ihm verwalteten Gemeinschaft – etwa bei nahezu abgelaufener Verjährungsfrist – die Unterlassung derartiger Aufklärung gebieten. 110

c) Die Abwendung von Rechtsnachteilen (§ 27 Abs. 3 S. 1 Nr. 2 WEG)

§ 27 Abs. 3 S. 1 Nr. 2 WEG zieht die Folgerungen aus der Teilrechtsfähigkeit, da nunmehr auch der Verband als Rechtssubjekt Fristen versäumen oder durch Untätigkeit Rechtsnachteile erleiden kann. Daher verleiht diese Vorschrift dem Verwalter hinsichtlich des Verbandes ähnliche Befugnisse zur Abwendung von Rechtsnachteilen wie § 27 Abs. 2 Nr. 4 WEG a.F., der die Neuregelung im ersten Halbsatz wörtlich entspricht. Des Weiteren kodifiziert der zweite Halbsatz der Vorschrift die schon aus § 27 Abs. 2 Nr. 4 WEG a.F. abgeleitete Ermächtigung des Verwalters, den Verband in Passivverfahren zu vertreten (vgl. Merle GE 2005, 1467 u. ZWE 2006, 23 f.). Dabei stellt der noch vom Rechtsausschuss in den Gesetzestext eingefügte Verweis auf § 43 Nr. 5 WEG klar, dass sich diese Befugnis auch auf Klagen Dritter gegen den Verband erstreckt. Hingegen enthält § 27 Abs. 3 S. 1 Nr. 2 WEG wie das alte Recht keine Ermächtigung zur Führung von Aktivprozessen. Hierfür bedarf es einer eigenen Ermächtigung, deren Möglichkeit nunmehr aus § 27 Abs. 3 S. 1 Nr. 7 WEG folgt, sofern sie nicht in Teilungserklärung oder Verwaltervertrag enthalten ist. Die Befugnis des Verwalters nach § 27 Abs. 3 S. 1 Nr. 2 WEG in 111

Passivverfahren geht weiter als die Ermächtigung durch die Wohnungseigentümer nach früherem Recht. Denn das »Führen« des Prozesses bedeutet, dass er Prozessbevollmächtigter ist. Er darf »im Namen der Gemeinschaft der Wohnungseigentümer mit Wirkung für und gegen sie« und mittelbar, da der Verband nach § 10 Abs. 6 S. 3 WEG Prozessstandschafter der Wohnungseigentümer ist, Erklärungen mit Wirkung für und gegen diese im Prozess abgeben. Demnach kann er auch eine von der Teilungserklärung abweichende Nutzung von Räumlichkeiten genehmigen (vgl. zum alten Recht, BayObLG WE 1998, 398), einer bestimmten Bebauung des Nachbargrundstücks zustimmen (vgl. zum alten Recht OLG Köln ZMR 1995, 553), oder Ansprüche anerkennen (vgl. zum alten Recht BayObLG WuM 1997, 399). Ein weisungswidriges Verhalten kann aber Schadensersatzansprüche auslösen. Daneben vertritt der Verwalter den Verband nach § 27 Abs. 3 S. 1 Nr. 2 WEG auch im Vollstreckungsverfahren. Anders als aus § 27 Abs. 2 Nr. 2 WEG folgt hieraus die Befugnis, im Namen des Verbandes gegebenenfalls die eidesstattliche Versicherung abzugeben, die bislang aus § 27 Abs. 2 Nr. 2 WEG a.F. abgeleitet wurde.

d) Voraussetzungen und Umfang der Notgeschäftsführungsbefugnis

112 Zur Notgeschäftsführung ist der Verwalter dann befugt, wenn die Beschlussfassung auf der nächsten Eigentümerversammlung zu spät käme (OLG Düsseldorf ZMR 1994, 521). Das kann abgesehen von der Einlegung von fristgebundenen Rechtsmitteln, bei der Einhaltung jeglicher Fristen etwa bei Anfechtungsfristen nach §§ 121, 124 BGB oder bei Gewährleistungsfristen der Fall sein. Die Befugnis zur Einlegung von Rechtsmitteln im Namen der Wohnungseigentümer besteht allerdings nur bei Entscheidungen zu ihren Ungunsten, nicht bei Entscheidungen alleine zu Lasten Dritter oder gar des Verwalters (OLG Hamm ZMR 2004, 857 f.). Von der Befugnis nach § 27 Abs. 3 S. 1 Nr. 2 WEG ist auch die Einleitung eines selbstständigen Beweisverfahrens umfasst, wenn Verjährung wegen der betroffenen Baumängel droht (BGHZ 78, 172; BayObLG MDR 1976, 1023), ebenso die fristwahrende Inanspruchnahme eines Gewährleistungsbürgen (OLG Düsseldorf NJW-RR 1993, 470). Ähnliches gilt im Verwaltungsverfahren etwa gegen bauaufsichtliche Maßnahmen (OVG Lüneburg BauR 1986, 684 f.). Im Innenverhältnis liegt die Letztentscheidungsbefugnis aber auch hier bei der Wohnungseigentümerversammlung, die den Verwalter zur Korrektur früherer, zur Fristwahrung ergriffener Maßnahmen anweisen kann. Im Außenverhältnis sind allerdings die Erklärungen des Verwalters maßgeblich.

e) Die gesetzlichen Vollmachten nach § 27 Abs. 3 S. 1 Nr. 3 bis 5 WEG

113 § 27 Abs. 3 S. 1 Nr. 2 bis 5 WEG enthält die Vollmacht des Verwalters, in den Angelegenheiten der § 27 Abs. 1 Nr. 2 bis 6 und 8 WEG für den Verband zu handeln. Insoweit kann auf die obigen Ausführungen (Rdn. 48) verwiesen werden.

f) Die Vereinbarung von Rechtsanwaltsvergütungen (§ 27 Abs. 3 S. 1 Nr. 6 WEG)

114 Nach der Herabsetzung der Streitwerte kann es auch für den Verband schwierig sein, anwaltlichen Beistand zu finden. Für diesen Fall sieht § 27 Abs. 3 S. 1 Nr. 6 WEG eine Ermächtigung des Verwalters vor, mit Rechtsanwälten eine Gebührenvereinbarung zu schließen, die einen Streitwert von maximal 50 % des Interesses der Parteien gem. § 49a Abs. 1 S. 1 GKG zugrunde legt. Wie bei den Wohnungseigentümern besteht die Vollmacht kraft Gesetzes; so dass sich der Rechtsanwalt nicht nach Beschlüssen o.Ä. erkundigen muss. Die Vollmacht umfasst auch Klagen Dritter gegen den Verband gem. § 43 Nr. 5 WEG, wie der Verweis in § 27 Abs. 3 S. 1 Nr. 6 WEG klarstellt. Wie bei Gebührenvereinbarungen mit den Wohnungseigentümern sind vereinbarte Vergütungen, die über die gesetzliche Höhe hinausgehen, auch nach einem Obsiegen nicht erstattungsfähig (BT-

Drucks. 16/887 S. 77). Zur Vermeidung von Auseinandersetzungen sollte der Verwalter die Wohnungseigentümer also trotz der neuen Vollmacht in § 27 Abs. 3 S. 1 Nr. 6 WEG im Außenverhältnis – evtl. vorab für künftige Rechtsstreitigkeiten – befragen, welche Gebührenhöhen er vereinbaren kann. Noch besser ist eine Beschlussfassung, da sie auch Sonderrechtsnachfolger nach § 10 Abs. 4 S. 1 WEG bindet und somit neuerlichen Diskussionen bei jeder Anwaltsbeauftragung vorbeugt. Die Wohnungseigentümer können aber aufgrund der neuen Beschlusskompetenz des § 21 Abs. 7 WEG auch beschließen, die Mehrkosten als besonderen Verwaltungsaufwand dem unterlegenen Wohnungseigentümer anzulasten (Abramenko ZWE 2009, 154 ff.).

g) Die Ermächtigung zu sonstigen Rechtsgeschäften (§ 27 Abs. 3 S. 1 Nr. 7 WEG)

Die weitreichendste Neuerung in den Regelungen zu den Aufgaben und Befugnissen des Verwalters gegenüber dem Verband stellt § 27 Abs. 3 S. 1 Nr. 7 WEG dar (ähnlich Hügel ZMR 2008, 9; Suilmann ZWE 2008, 113). Denn mit dieser neuen Norm eröffnet der Gesetzgeber die Möglichkeit, den Verwalter nicht nur (wie bisher) durch Vereinbarung, sondern auch durch Mehrheitsbeschluss zu »sonstigen Rechtsgeschäften und Rechtshandlungen« zu ermächtigen. Bereits dem Wortlaut ist zu entnehmen, dass der Gesetzgeber mit dieser Vorschrift eine neue Beschlusskompetenz schaffen wollte. Denn nach dem eindeutigen Gesetzestext kann der Verwalter zu Rechtsgeschäften ermächtigt werden, ohne dass dies in Gesetz, Gemeinschaftsordnung oder Vereinbarung vorgesehen ist. Diese Auslegung des Wortlauts wird durch die Materialien vollumfänglich gestützt, wonach § 27 Abs. 3 S. 1 Nr. 7 WEG den Wohnungseigentümern »die Beschlusskompetenz eingeräumt (wird), dem Verwalter durch Stimmenmehrheit eine weitergehende Vertretungsmacht zu erteilen.« (BT-Drucks. 16/887 S. 71; ebenso Merle ZWE 2006, 369; Hügel/Elzer § 11 Rn. 93; Niedenführ/Kümmel/Vandenhouten § 27 Rn. 74). Im Ergebnis stellt § 27 Abs. 3 S. 1 Nr. 7 WEG neben § 16 Abs. 3 WEG eine weitere Öffnungsklausel dar, die es den Wohnungseigentümern – wenn auch auf dem Umweg über die Ermächtigung des Verwalters – erlaubt, ihre Rechtsverhältnisse auch ohne entsprechende Grundlage in Gemeinschaftsordnung oder Gesetz durch Mehrheitsentscheidung zu regeln. Als neu geschaffene Beschlusskompetenz legitimiert sie erst ab dem 01.07.2007 gefasste Beschlüsse (vgl. Kap. 35 Rdn. 147); früher beschlossene Ermächtigungen ohne Beschlusskompetenz werden nicht nachträglich durch § 27 Abs. 3 S. 1 Nr. 7 WEG geheilt (a.A. OLG Hamburg ZMR 2010, 466). Die Kompetenz zur Ermächtigung umfasst negativ auch die Möglichkeit, diese durch Beschluss zu widerrufen (zu freien Widerruflichkeit einer Ermächtigung nach § 27 Abs. 3 S. 1 Nr. 7 WEG s. Suilmann ZWE 2008, 117). 115

h) Einschränkungen der neuen Beschlusskompetenz

Wortlaut und Gesetzesbegründung nennen keine inhaltlichen Grenzen der Möglichkeit, den Verwalter zum Handeln für den Verband zu ermächtigen. Im Grundsatz kann der Verwalter also nach einem entsprechenden Mehrheitsbeschluss jegliche Geschäfte für den Verband vornehmen. Dies erfasst nach ausdrücklichem Bekunden des Gesetzgebers auch über § 27 Abs. 1, 3 WEG hinausgehende Geschäfte, so dass auch der Rahmen der laufenden Verwaltung verlassen werden kann. Der Verwalter kann damit auch zum Erwerb von Nachbargrundstücken für den Verband oder zur Abgabe von Bürgschaften zu dessen Lasten ermächtigt werden. Dabei ermöglicht die vom Gesetzgeber in den Materialien zu § 12 Abs. 4 S. 5 WEG anerkannte Erleichterung bei der Einhaltung der Form gem. § 26 Abs. 3 WEG (vgl. u. Rdn. 248 f.) auch die Ermächtigung zu formbedürftigen Geschäften. 116

Die Beschränkung der Beschlusskompetenz in § 27 Abs. 3 S. 1 Nr. 7 WEG auf die Verwaltung des gemeinschaftlichen Eigentums (s. BT-Drucks. 3843 S. 53; Merle ZWE 2006, 369) kann gerade die relevantesten Gefahren nicht bannen. Denn die Ermächtigung zu 117

Geschäften, die über die Verwaltung des gemeinschaftlichen Eigentums hinausgehen, dürfte kaum den Schwerpunkt des Problems bilden. Gerade angesichts der umfassenden Bedeutung, die der Gesetzgeber dem Begriff der Verwaltung gemeinschaftlichen Eigentums in der Novelle zugemessen hat, wird diese die meisten der hier betroffenen Geschäfte umfassen, die der Gemeinschaft schädlich sind. So bewegt sich z.B. die Entscheidung über die Anlage der Instandhaltungsrücklage zweifellos im Rahmen der Verwaltung des Gemeinschaftseigentums. Die vorgeschlagene inhaltliche Beschränkung der Beschlusskompetenz auf Geschäfte im Rahmen der Verwaltung des Gemeinschaftseigentums könnte also eine Ermächtigung des Verwalters, die Instandhaltungsrücklage in Spekulationspapieren anzulegen, nicht verhindern. Der Beschluss widerspräche zwar ordnungsmäßiger Verwaltung, überschritte aber nicht die Beschlusskompetenz. Entsprechendes gilt, wenn der Verwalter im Rahmen der Vorschussanforderung zum Verzicht ermächtigt wird. Die inhaltliche Beschränkung der Ermächtigung auf Geschäfte der Verwaltung des Gemeinschaftseigentums widerspräche also nicht nur Wortlaut und Begründung des Gesetzes, sondern könnte den Missbrauch der Beschlusskompetenz gar nicht verhindern.

i) Die Grenzen des zwingenden Rechts

118 Die Grenzen der Beschlussfassung nach § 27 Abs. 3 S. 1 Nr. 7 WEG bestimmen sich bei dieser weiten Gesetzesfassung daher zunächst nach zwingendem Gesetzesrecht. Selbstverständlich hat die Ermächtigung des Verwalters nach § 27 Abs. 3 S. 1 Nr. 7 WEG allgemeine Verbotsvorschriften wie §§ 134, 138 BGB einzuhalten. Diese Grenze kann auch dann erreicht sein, wenn der Verwalter ermächtigt wird, Verpflichtungen für den Verband einzugehen, die dieser voraussichtlich nicht erfüllen kann. Auch den Eingriff in den Kernbereich des Sondereigentums erlaubt § 27 Abs. 3 S. 1 Nr. 7 WEG nicht (Hügel/Elzer § 11 Rn. 95).

j) Kein Handeln mit Wirkung für und gegen die Wohnungseigentümer

119 Die neue Möglichkeit, den Verwalter zu ermächtigen, beschränkt sich ferner nach dem klaren Wortlaut der Norm auf das Handeln für den Verband. Ein Beschluss, der ihn zur Vornahme von Rechtsgeschäften oder Rechtshandlungen für einzelne oder alle Wohnungseigentümer ermächtigt, übersteigt diese Beschlusskompetenz und ist daher nichtig (OLG München ZMR 2010, 706). Der Verwalter kann also nicht durch Mehrheitsbeschluss zur Verfügung über Sonder- oder Gemeinschaftseigentum ermächtigt werden, da dies nicht den Verband, sondern die Rechte der Miteigentümer betrifft (OLG München ZMR 2010, 706). Aus demselben Grund kann ihn die Mehrheit nicht zur Änderung der Miteigentumsanteile oder zur Begründung von Sondernutzungsrechten ermächtigen. Schließlich kann er nicht nach § 27 Abs. 3 S. 1 Nr. 7 WEG zur Geltendmachung von Individualansprüchen ermächtigt werden, die nicht von § 10 Abs. 6 S. 3 WEG erfasst sind (vgl. schon zum alten Recht KG NJW-RR 2001, 1453 f.; OLG Hamm NJW-RR 2001, 1527).

k) Der Rahmen der ordnungsmäßigen Verwaltung

120 Wie jeder andere Beschluss muss die Ermächtigung nach § 27 Abs. 3 S. 1 Nr. 7 WEG des Weiteren ordnungsmäßiger Verwaltung entsprechen. Dies begrenzt insbesondere die Gefahr der Majorisierung. Zumindest auf diesem Wege kann etwa der illoyale Mehrheitseigentümer gebremst werden, der sich über § 27 Abs. 3 S. 1 Nr. 7 WEG ungerechtfertigte Vorteile (etwa die Anweisung an den Verwalter, auf Beiträge zu verzichten) verschaffen will. Aber auch einfach unrichtige Entscheidungen wie die Anlage der Instandhaltungsrücklage in Spekulationspapieren kann im Wege der Anfechtung korrigiert werden.

Ebenso widerspricht eine uneingeschränkte Ermächtigung, deren Gegenstand nicht mehr erkennbar ist, ordnungsmäßiger Verwaltung, da sie jegliche Rechtshandlung umfassen würde (Suilmann ZWE 2008, 115). Im Hinblick auf die vorläufige Wirksamkeit von Beschlüssen gem. § 23 Abs. 4 S. 2 WEG, die lediglich gegen die Grundsätze ordnungsmäßiger Verwaltung verstoßen, kann aber der Antrag auf Erlass einer einstweiligen Verfügung nach §§ 935 ff. ZPO geboten sein (so auch Jennißen/Heinemann § 27 Rn. 119; Suilmann ZWE 2008, 119). In Betracht kommt etwa eine einstweilige Verfügung, mit der dem Verwalter der Abschluss eines Vertrages bis zur rechtskräftigen Entscheidung über die Anfechtungsklage untersagt wird. Zudem führt dieser Mangel nur zur Anfechtbarkeit eines Beschlusses. Nach seiner Bestandskraft kann und muss er vom Verwalter ausgeführt werden, der überdies im Außenverhältnis kraft Gesetzes hierzu ermächtigt ist.

Weitere Grenzen der Beschlussfassung nach § 27 Abs. 3 S. 1 Nr. 7 WEG können sich aus **121** einer teilweisen Abbedingung dieser Norm in der Teilungserklärung ergeben. Dem steht § 27 Abs. 4 WEG wohl nicht entgegen. Denn von der Unabdingbarkeit sind nur die »dem Verwalter nach den Absätzen 1 bis 3 zustehenden Aufgaben und Befugnisse« erfasst. Dies betrifft bei einer am Wortlaut orientierten Interpretation nur dessen Befugnis, »sonstige Rechtsgeschäfte und Rechtshandlungen vorzunehmen«, die aufgrund eines wirksamen Beschlusses gefasst wurden, nicht aber die Beschlussfassung selbst (ähnlich Suilmann ZWE 2008, 117). Diese ist keine dem Verwalter zustehende Aufgabe oder Befugnis. Betrachtet man die Möglichkeit der Mehrheitsentscheidung demnach als abdingbar an, kann sie jedenfalls in zukünftigen Gemeinschaftsordnungen ausgeschlossen werden. Nach allgemeinen Grundsätzen kann dies ausdrücklich, aber auch konkludent geschehen. Letzteres ist nicht schon dann der Fall, wenn eine Ermächtigung der Teilungserklärung widerspricht, weil sie etwa nur bestimmte Möglichkeiten der Ermächtigung aufzählt, ohne dass dies ersichtlich als abschließende Regelung gedacht ist. Denn § 27 Abs. 3 S. 1 Nr. 7 WEG stellt eine gesetzliche Beschlusskompetenz dar, die den Spielraum der Mehrheit gerade über den ohnehin gegebenen Rahmen hinaus erweitern will. Anderes wird man dann annehmen müssen, wenn der Regelung klar zu entnehmen ist, dass die Aufzählung der Bereiche, in denen dem Verwalter Vollmacht erteilt werden kann, abschließend sein soll. Dies wird man dann aber auch auf ältere Teilungserklärungen übertragen müssen, die vor der Novelle verfasst wurden. Ist ihnen etwa klar zu entnehmen, dass bestimmte Angelegenheiten nicht der Mehrheitsentscheidung unterliegen, kann für die diesbezügliche Ermächtigung des Verwalters nichts anderes gelten. Wurde also die rechtzeitige Anfechtung eines unerwünschten Beschlusses versäumt und überschreitet dieser auch nicht die dargestellten Grenzen, bleibt eine genaue Prüfung der Teilungserklärung. Ist dort die Mehrheitsmacht oder die Möglichkeit zur Ermächtigung des Verwalters abschließend geregelt, dann ist § 27 Abs. 3 S. 1 Nr. 7 WEG insoweit abbedungen und ein gleichwohl gefasster Beschluss mangels Beschlusskompetenz nichtig.

l) Die Geltendmachung von Ansprüchen

Die Geltendmachung von Ansprüchen hat der Gesetzgeber nur in § 27 Abs. 2 Nr. 3 WEG **122** geregelt. Im Gegensatz zu dieser – weitgehend überflüssigen – Vorschrift fehlt eine entsprechende Bestimmung im Zusammenhang mit den Aufgaben und Befugnissen des Verwalters gegenüber dem Verband (zu Recht erstaunt auch Hügel/Elzer § 11 Rn. 91; ebenso Suilmann ZWE 2008, 118; Gottschalg ZWE 2009, 114; Schultz ZWE 2009, 161). In Ermangelung einer solchen Spezialvorschrift richtet sich die Ermächtigung des Verwalters zur gerichtlichen und außergerichtlichen Geltendmachung von Ansprüchen ebenfalls nach § 27 Abs. 3 S. 1 Nr. 7 WEG (Hügel ZMR 2008, 9). Die Vorschrift ist wie § 27 Abs. 2 Nr. 5 WEG a.F. erst nach Entstehen einer Wohnungseigentümergemeinschaft anwendbar (OLG Düsseldorf ZMR 2005, 898). Wie nach altem Recht (hierzu s. etwa OLG Düssel-

che der Gemeinschaft zu verzichten (vgl. zur alten Rechtslage BayObLG ZMR 1999, 191) und Ansprüche gegen die Gemeinschaft anzuerkennen (vgl. zur alten Rechtslage OLG Düsseldorf ZMR 1999, 424; BayObLG ZMR 1997, 326; 1999, 191). Das Ausscheiden eines Verwalters führt nicht zwangsläufig zum Erlöschen seiner Verfahrensvollmacht; vielmehr ist grundsätzlich davon auszugehen, dass er das Verfahren zu Ende führen soll (KG NJW-RR 1989, 657; zur Möglichkeit des Widerrufs etwa BayObLG ZMR 2002, 62).

128 Die nach § 27 Abs. 3 S. 1 Nr. 7 WEG gleichfalls mögliche **Prozessstandschaft** setzt nach allgemeinen Grundsätzen ein eigenes schutzwürdiges Interesse des Ermächtigten zur Rechtsdurchsetzung voraus. Dies war nach altem Recht beim Verwalter schon aufgrund der Verpflichtung zur ordnungsgemäßen, möglichst effektiven Verwaltung regelmäßig zu bejahen (BGHZ 73, 307). Dies gilt auch nach Anerkennung des teilrechtsfähigen Verbandes (OLG München ZMR 2007, 217). Im Falle der Prozessstandschaft ist alleine der Verwalter Partei (BayObLG NJW-RR 1991, 1364), so dass es keiner Beiladung der anderen Wohnungseigentümer bedarf (BayObLG WE 1996, 240). Wie nach altem Recht kann der Verwalter als Prozesstandschafter über den eingeklagten Anspruch verfügen (BGH NJW-RR 1986, 756). Die gewillkürte Prozessstandschaft ist nur in Aktivverfahren möglich, nicht auf der Beklagtenseite, da diese vom Kläger bestimmt wird (BGH NJW 1981, 282; BayObLGZ 1975, 238). Schwierigkeiten können sich aus der Pozessstandschaft allerdings nach einem Verwalterwechsel ergeben. Grundsätzlich ist der Verwalter durch die Ermächtigung legitimiert, ein anhängiges Verfahren bis zum Abschluss fortzuführen (BayObLG NJW-RR 1993, 1488; ZMR 1997, 43 u. 199; OLG Düsseldorf NJW-RR 2000, 1180 = ZMR 2000, 397; OLG Köln NJW-RR 2004, 1668; a.A. LG Hamburg ZMR 2009, 478; Suilmann ZWE 2008, 117). Wünschen die Wohnungseigentümer dies nicht, setzt die Fortführung des Prozesses durch den neuen Verwalter den mit Mehrheitsbeschluss möglichen Widerruf (BayObLG ZMR 1997, 199; implizit auch BayObLG NJW-RR 1991, 1364) der Ermächtigung seines Vorgängers und die Sachdienlichkeit seines Eintritts in das Verfahren voraus, wobei Letzteres regelmäßig zu bejahen sein wird. Hinsichtlich eines titulierten Anspruchs wird der neue Verwalter nicht ohne Weiteres Rechtsnachfolger gem. § 727 ZPO, da die Stellung seines Vorgängers als Inhaber des Anspruchs durch den Verwalterwechsel nicht berührt wird. Vielmehr muss ein auf den Vorverwalter als Prozessstandschafter lautender Titel analog § 727 ZPO auf den Verband bzw. die Wohnungseigentümer umgeschrieben werden (OLG Düsseldorf NJW-RR 1997, 1036 = ZMR 1997, 315; LG Darmstadt NJW-RR 1996, 398 = WuM 1995, 679; Staudinger/Wenzel Vor §§ 43 ff. Rn. 82).

Ähnlich wie im Zusammenhang mit § 27 Abs. 2 Nr. 2 WEG ist noch nicht abschließend geklärt, wie sich die neuen Vertretungsregelungen in § 79 ZPO auf die Befugnis des Verwalters auswirken, für den teilrechtsfähigen Verband aufzutreten. Da § 79 ZPO entweder ein persönliches Näheverhältnis (Verwandtschaft, Ehe) oder die Befähigung zum Richteramt voraussetzt, wäre der Verwalter im Regelfall nicht zur Vertretung des Verbandes befugt. Zudem fehlt für den Verband eine Regelung wie § 27 Abs. 2 Nr. 2 WEG, so dass die Argumentation mit einer § 79 ZPO vorgehenden Spezialregelung hier nicht in Betracht kommt. Gleichwohl geht die überwiegende Meinung von einer Unanwendbarkeit von § 79 ZPO auf die Vertretung des Verbandes durch den Verwalter aus. Dies lässt sich auch dogmatisch gut begründen. Denn der Verwalter ist ja kein rechtsgeschäftlich bevollmächtigter Prozessvertreter, sondern Organ des Verbandes (Elzer ZMR 2008, 774; Lehmann-Richter ZWE 2009, 299). Zudem ergibt sich seine Ermächtigung schon aus dem Gesetz; die in § 27 Abs. 3 S. 1 Nr. 7 WEG vorgesehene Beschlussfassung ist nur deren Voraussetzung, aber keine rein rechtsgeschäftliche Vollmacht (ähnlich Lehmann-Richter ZWE 2009, 299 f.). Entsprechendes gilt für einen zur Vertretung im Prozess nach § 27 Abs. § S. 3 WEG bevollmächtigten Wohnungseigentümer (Elzer ZMR 2008, 775).

9. Die Unabdingbarkeit der Befugnisse nach § 27 Abs. 1 bis 3 WEG

Die dem Verwalter nach § 27 Abs. 1 bis 3 WEG zukommenden Aufgaben und Befugnisse sind nach § 27 Abs. 4 WEG unabdingbar. Die Wohnungseigentümer können sie folglich nicht durch Vereinbarung und erst recht nicht durch Beschluss einschränken oder anderen Organen übertragen. Ebenso wenig ist nach dem Gesetzeszweck eine Einschränkung durch den Verwaltervertrag zulässig, da die der Vereinfachung des Rechtsverkehrs dienenden organschaftlichen Mindestbefugnisse des Verwalters auch der rechtsgeschäftlichen Gestaltungsmöglichkeit durch Verwalter und Wohnungseigentümer entzogen sein sollen. Dies gilt auch für mittelbare Beschränkungen, etwa des Inhalts, dass Maßnahmen nach § 27 Abs. 1 bis 3 WEG weiterer Zustimmungen durch den Verwaltungsbeirat bedürfen. Allerdings ist mit der erheblichen Erweiterung der Aufgaben und Befugnisse des Verwalters insbesondere in § 27 Abs. 3 S. 1 Nr. 7 WEG darauf zu achten, dass nicht auch andere Regelungen im Vorfeld der Verwaltertätigkeit als zwingend behandelt werden, was zu einer Lähmung der Verwaltung führen könnte. Dies war schon bislang bei der Durchführung der Hausordnung nach § 27 Abs. 1 Nr. 1 WEG anerkannt. Ihre Aufstellung war trotz § 27 Abs. 3 WEG a.F. bzw. nunmehr § 27 Abs. 4 WEG seit jeher Sache der Wohnungseigentümer, selbst wenn der Verwalter hierzu kraft Gemeinschaftsordnung ermächtigt ist (vgl. o. Rdn. 62). Dem Verwalter steht lediglich die unabdingbare Kompetenz zu, für ihre Durchführung zu sorgen. Ähnlich ist § 27 Abs. 3 S. 1 Nr. 7 WEG nicht dahingehend zu verstehen, dass die Befugnis, Rechtsgeschäfte und sonstige Rechtshandlungen vorzunehmen, dem Verwalter vorbehalten ist. Dies würde spätestens beim Verwaltervertrag zu kaum überwindbaren Schwierigkeiten führen, ganz abgesehen davon, dass damit die nach altem Recht einhellig bejahte Möglichkeit eigener rechtsgeschäftlicher Tätigkeit der Wohnungseigentümer für die Gemeinschaft ohne Not unterbunden würde. Die Befugnis des Verwalters bezieht sich alleine darauf, »sonstige Rechtsgeschäfte und Rechtshandlungen vorzunehmen«, die aufgrund eines Beschlusses durchzuführen sind, nicht aber auf die Beschlussfassung selbst. Diese ist keine dem Verwalter zustehende Aufgabe oder Befugnis, sondern alleinige Angelegenheit der Wohnungseigentümer (im Ergebnis ebenso Hügel/Elzer § 11 Rn. 112). Ebenso wenig wird man annehmen können, dass die Information eines Wohnungseigentümers über einen rechtshängigen Prozess gegen das Kompetenzgefüge des WEG verstößt, wenn sie durch einen Miteigentümer, nicht gem. § 27 Abs. 1 Nr. 7 WEG durch den Verwalter erfolgt. **129**

Eine Erweiterung seines Aufgabenbereiches verstößt in keinem Fall gegen § 27 Abs. 4 WEG und ist häufig auch sinnvoll, insbesondere bei der gerichtlichen Geltendmachung von Ansprüchen, da die jedesmalige Beschlussfassung über die Eintreibung von Wohngeldern gerade bei großen Wohnanlagen mit einem kaum mehr vertretbaren Aufwand verbunden ist. Mehrheitsbeschlüsse dürfen dabei allerdings Bestimmungen der Gemeinschaftsordnung oder gesetzliche Vorschriften nicht dauerhaft ändern. Zulässig ist es auch, dem Verwalter Vorgaben zur konkreten Art und Weise seiner Aufgabenerledigung zu machen. So ist etwa die Beschlussfassung darüber, das Gemeinschaftskonto bei einem bestimmten Kreditinstitut einzurichten oder Zahlungen eines Schuldners zu stunden, ohne weiteres möglich. Ob eine Regelung im Einzelfall zulässig ist, bemisst sich danach, ob sie bereits die Möglichkeit, eine Mindestaufgabe wahrzunehmen (das »Ob«), oder nur die Modalitäten hierbei (das »Wie«) beschränkt. **130**

10. Weitere Aufgaben und Befugnisse des Verwalters

a) Gesetzliche Vorgaben und Ergänzungen durch Gemeinschaftsordnung und Parteivereinbarung

131 Den Rahmen der weiteren Verwalterpflichten geben regelmäßig **Dienst-, Geschäftsbesorgungs- und Werkvertragsrecht** vor. Viele Einzelpflichten sind dabei dem WEG zu entnehmen. Daneben oder, sofern das Gesetzesrecht abdingbar ist, anstelle des Gesetzes können weitere bzw. andere Pflichten in der Gemeinschaftsordnung vorgesehen sein oder im Verwaltervertrag vereinbart werden.

b) Pflichten aus dem Recht der Geschäftsbesorgung

132 Zahlreiche einzelne Pflichten insbesondere im Zusammenhang mit der Rechenschaft den Wohnungseigentümern gegenüber und ihrer Information über die Verwaltertätigkeit sind im Geschäftsbesorgungsrecht verankert. So hat der Verwalter die Wohnungseigentümer nach §§ 675, 666 BGB über wesentliche Vorgänge, insbesondere über Rechtsstreitigkeiten zu informieren.

133 **Praxistipp:**

Die Tätigkeit des Verwalters erreicht oder überschreitet häufig die Grenze zur **Rechtsberatung**, insbesondere dann, wenn er seine Rechnungslegung oder Abrechnung vor dem Hintergrund der rechtlichen Erfordernisse erläutert oder die Wohnungseigentümer sonstwie über die rechtlichen Rahmenbedingungen bei der Verwaltung von Wohnungseigentum informiert. Das gilt insbesondere dann, wenn der Verwalter über seinen engeren Pflichtenkreis hinausgeht, etwa Mietern von Wohnungseigentümern die Betriebskostenabrechnung erläutert oder aufgrund seiner Abrechnung zur Klage gegen sie rät. Dies ist, sofern es sich um gesetzlich vorgesehene Tätigkeiten im Rahmen der Verwaltung handelt, nach Art. 1 § 5 Nr. 3 RBerG oder jedenfalls nach Art. 1 § 3 Nr. 6 RBerG ohne Weiteres zulässig (BGH NJW 1993, 1924; BayObLG NJW-RR 1992, 82; OLG Düsseldorf ZMR 2001, 299). Denn die Ausnahmen und Befreiungen nach Art. 1 § 5 RBerG sind vor dem Hintergrund der Berufsfreiheit (Art. 12 GG) grundrechtsfreundlich und somit extensiv auszulegen, sodass eng mit der zulässigen Rechtsbesorgung des Verwalters zusammenhängende Tätigkeiten von der Erlaubnis in Art. 1 § 5 Nr. 3 RBerG umfasst sein müssen (OLG Nürnberg ZMR 2004, 301 f.). Auch die gerichtliche Geltendmachung von Ansprüchen ohne Einschaltung eines Rechtsanwalts ist durch Art. 1 § 3 Nr. 6 RBerG gedeckt (BGH NJW 1993, 1924). Hingegen berechtigt der Umstand, dass der Verwalter etwa zum Zwecke der Ladung zu Eigentümerversammlung genaue Kenntnis über den Eigentümerbestand benötigt, nicht zur Teilnahme am automatischen Grundbuchverfahren (OLG Hamm ZMR 2008, 403 ff.).

134 Aus § 665 BGB folgt, dass der Verwalter **Weisungen** zu befolgen hat und hiervon nur bei mutmaßlichem Einverständnis abweichen darf. Ferner hat der Verwalter gem. §§ 675, 667 BGB alles, was er im Rahmen seiner Verwaltungstätigkeit erlangt, an die Wohnungseigentümer **herauszugeben**, auch unrechtmäßig in Anspruch genommene Vorteile wie Versicherungsprovisionen (OLG Düsseldorf ZMR 1998, 307). Dabei sind gem. § 668 BGB angelegte Gelder zu verzinsen.

135 All diese Verwalterdienste sind, was in der Praxis nicht selten missachtet wird, nach § 664 Abs. 1 S. 1 BGB grundsätzlich **persönlich zu erbringen**. Deshalb darf er wesentliche Tätigkeiten nicht ohne Zustimmung der Wohnungseigentümer auf Dritte übertragen (OLG Hamm ZMR 1996, 679; BayObLG ZMR 1998, 175; 2002, 534; OLG Rostock ZMR 2010, 225). Dass er es sich nicht vertraglich vorbehalten kann, die Verwalterstellung insgesamt auf Dritte zu übertragen, folgt schon aus § 26 Abs. 1 S. 5 WEG, da hierdurch

die Mitsprache der Eigentümer bei der Bestellung des Verwalters ausgeschlossen würde (BayObLG NJW-RR 1997, 1443; KG ZMR 2002, 695). Daher wäre selbst eine entsprechende Regelung in der Gemeinschaftsordnung nichtig (BayObLGZ 1975, 330). Entsprechendes gilt auch bei Änderungen in der Rechtsform einer Verwaltungsgesellschaft: Die neue Gesellschaft wird nicht ohne Zutun der Wohnungseigentümer neue Verwalterin (BayObLG ZMR 2001, 367 und 2002, 533). Die Folgen eines Verstoßes gegen diese Grundsätze werden oftmals missachtet, können aber gravierend sein: Wird etwa in einem Gerichtsverfahren demjenigen, dem die Verwaltung ohne Zustimmung der Wohnungseigentümer übertragen wurde, zugestellt, ist die Zustellung fehlerhaft (KG ZMR 2002, 695). Ähnliche Folgen drohen etwa bei der Abgabe von Zustimmungen nach § 12 WEG oder der Erteilung von Genehmigungen z.B. zu baulichen Veränderungen durch einen unberechtigt als Verwalter tätigen Dritten. Der bestellte Verwalter kann aber **Hilfskräfte** beschäftigen oder einzelne Aufgaben auf Dritte übertragen (BayObLG NJW-RR 1997, 1444; KG ZMR 2002, 695; OLG München ZMR 2008, 238; LG Flensburg NJW-RR 1999, 597). Allerdings dürfen hierdurch keine oder allenfalls im Vertrag bereits bezifferte Zusatzkosten auf die Wohnungseigentümer zukommen (OLG Düsseldorf ZMR 2001, 305). Dabei kann die widerspruchslose Hinnahme der Tätigkeit Dritter die Bestellung grundsätzlich nicht ersetzen. Denn sie kann allenfalls als ein (konkludentes) Angebot zum Abschluss eines Verwaltervertrags, aber nicht als ein die erforderlichen Formalien einhaltender Bestellungsbeschluss angesehen werden (BayObLGZ 1987, 59; OLG Schleswig WE 1997, 389; OLG Düsseldorf ZMR 2004, 135 f.; a.A. OLG Hamm ZMR 1996, 680).

c) Pflichten aus dem WEG

Im Verwaltervertrag oftmals gar nicht ausdrücklich geregelt, da selbstverständlich, sind **136** die im Gesetz verbindlich festgelegten Verwaltungstätigkeiten. So ist dem Vertrag jedenfalls im Wege ergänzender Auslegung zu entnehmen, dass sich der Verwalter in Übereinstimmung mit § 24 Abs. 1 WEG zur Einberufung der jährlichen Eigentümerversammlung und gem. § 28 Abs. 1 und 3 WEG zur Erstellung von Wirtschaftsplan und Jahresabrechnung bzw. bei Vorliegen der Voraussetzungen hierfür zur Rechnungslegung gem. § 28 Abs. 4 WEG verpflichtet (BayObLG NJWE-MietR 1997, 162; OLG Köln ZMR 1999, 789; Hügel ZMR 2008, 5; Skauradszun ZWE 2008, 419). Dabei hat nach einem Verwalterwechsel derjenige Verwalter die Jahresabrechnung zu erstellen, der bei Fälligkeit des Anspruchs amtierte (KG WE 1993, 83; BayObLG WuM 1994, 44; OLG Celle ZMR 2005, 718 f.). Fällig ist die Erstellung der Jahresabrechnung spätestens 6 Monate nach dem Ende des Wirtschaftsjahres (OLG Celle ZMR 2005, 718; strenger, für einen Regelzeitraum von 3 Monaten OLG Zweibrücken ZMR 2007, 887 f.).

d) Regelungen in der Gemeinschaftsordnung

Die Pflichten des Verwalters wie auch die zu ihrer Erfüllung erforderlichen Befugnisse **137** können in der Gemeinschaftsordnung näher geregelt werden. Dort kann weiter gehend als es durch Mehrheitsbeschluss oder Verwaltervertrag möglich ist, jegliche Bestimmung getroffen werden, die nicht zwingendem Gesetzesrecht zuwiderläuft. Häufig sind insbesondere Erweiterungen der im Gesetz zu restriktiv gefassten Befugnisse bei der Geltendmachung von Ansprüchen oder bei der Instandhaltung des gemeinschaftlichen Eigentums. Nicht selten wird dem Verwalter auch die Entscheidung über die Genehmigung baulicher Veränderungen bzw. über Nutzungen, die über die Teilungserklärung hinausgehen, oder über die Änderung des Kostenverteilungsschlüssels übertragen.

138 **Praxistipp:**

Die Bedeutung solcher **Entscheidungsbefugnisse in der Gemeinschaftsordnung** wird nicht selten auch in Juristenkreisen überschätzt. Es ist nämlich genau zu prüfen, ob die gesetzliche Aufgabenverteilung endgültig abbedungen werden soll, was in der Praxis regelmäßig nur als bloße Möglichkeit angesprochen, aber nur äußerst selten angenommen wird (vgl. zu einem solchen Extremfall, wo die Zustimmung der Wohnungs- und Teileigentümer ausdrücklich nicht erforderlich sein sollte, KG ZMR 1998, 657). Etwa die häufig in der Gemeinschaftsordnung vorgesehene Befugnis des Verwalters, von der Teilungserklärung abweichende Nutzungen zu genehmigen, nimmt der Eigentümerversammlung regelmäßig nicht die Möglichkeit, hierüber abschließend auch entgegen der Entscheidung des Verwalters zu befinden (BGH NJW 1996, 1217; OLG Zweibrücken WE 1991, 333; BayObLG ZMR 2004, 133; vgl. OLG Celle ZMR 2004, 690). Auch dann, wenn Individualrechte wie die Zustimmung zu baulichen Veränderungen betroffen sind, ersetzt die Zustimmung des Verwalters nicht zwangsläufig die des einzelnen Wohnungseigentümers. Es handelt sich vielmehr häufig nur um ein Vorschalterfordernis, das ein eigenmächtiges Vorgehen einzelner Eigentümer verhindern soll (KG NJW-RR 1991, 1300 f.; OLG Köln ZMR 2004, 147 f.; OLG Schleswig ZMR 2005, 817; LG München I ZMR 2009, 876). Wird sie vom Verwalter verweigert, kann der betroffene Wohnungseigentümer allerdings den Anspruch auf Erteilung der Genehmigung direkt gegen ihn gerichtlich geltend machen (BayObLG WE 1989, 67). Schadensersatzansprüche wegen unrechtmäßig verweigerter Zustimmungen richten sich gegen den Verwalter, nicht gegen den Verband (AG Hamburg-St. Georg ZMR 2010, 481). Selbst dem Verwalter zur Entscheidung in eigener Kompetenz zugewiesene Entscheidungsbefugnisse kann dieser u.U. zur Wahrung seiner Neutralität der Wohnungseigentümerversammlung rückübertragen (KG ZMR 2005, 900 f.).

e) Ergänzungen der gesetzlichen Regelungen im Verwaltervertrag

139 Weitere Pflichten und Befugnisse des Verwalters können sich schließlich aus dem Verwaltervertrag ergeben. Da die gesetzlichen Bestimmungen nicht abschließend und häufig auch nicht zwingend sind, können die Vertragsparteien abweichende Regelungen vereinbaren. Grenze hierfür ist das unabdingbare Recht (wie §§ 26 Abs. 1 S. 5, Abs. 2, 27 Abs. 1 bis 3 WEG). Zudem müssen sich vom Verwalter vorformulierte Verträge an den Vorgaben der §§ 305 ff. BGB messen lassen (vgl. Furmans DWE 2002, 77 ff.; Gottschalg DWE 2003, 41 ff.). Der teilrechtsfähige Verband ist jedenfalls dann, wenn nicht alle Wohnungseigentümer Unternehmer sind, als Verbraucher anzusehen (OLG München ZMR 2009, 138 f.; LG Nürnberg-Fürth ZMR 2008, 832; a.A. noch LG Rostock ZMR 2007, 732), so dass jedenfalls bei gewerblichen Verwaltern über § 310 Abs. 3 Nr. 1 BGB die Inhaltskontrolle nach §§ 305 ff. BGB möglich ist (vgl. u. Rdn. 152).

Innerhalb dieses Rahmens wird es sich häufig empfehlen, die gesetzlichen Regelungen im Verwaltervertrag zu ergänzen, sofern dies nicht schon in der Gemeinschaftsordnung geschehen ist. Dies betrifft vor allem den für die Praxis häufig zu restriktiven Katalog der Aufgaben und Befugnisse in § 27 WEG. Besonders sinnvoll ist in diesem Zusammenhang eine ergänzende Regelung zur auch nach neuem Recht ungenügenden Ermächtigung zur Geltendmachung von Ansprüchen des Verbandes. So führt das Erfordernis der jedesmaligen Ermächtigung zur Geltendmachung von Ansprüchen in großen Wohnanlagen, in denen erfahrungsgemäß mindestens ein säumiger Miteigentümer lebt, zu erheblichem Aufwand, wollte man für jedes Beitreibungsverfahren einen Beschluss fassen. Eine über § 27 Abs. 3 S. 1 Nr. 7 WEG hinausgehende Ermächtigung des Verwalters im Verwaltervertrag erspart also erheblichen Aufwand samt Kosten, da die jeweilige Ermächtigung des Verwalters für Beitreibungsverfahren durch Beschluss gerade in großen Liegenschaften mit einem kaum verkraftbaren Aufwand verbunden ist (OLG Hamm ZMR 2001, 142).

Ähnliches gilt für die Vergabe jedenfalls kleinerer Reparaturarbeiten. Im Hinblick auf eine restriktive Rechtsprechung (OLG Düsseldorf ZMR 2001, 303 ff.) ist aber vorsichtshalber zu verabreden, dass Instandhaltungs- und Instandsetzungsarbeiten nur bis zu einer (nicht allzu hohen) Obergrenze und einer Maximalsumme für das Wirtschaftsjahr keiner Beschlussfassung bedürfen (vgl. OLG München ZMR 2008, 74). Blankoermächtigungen sollen unzulässig sein (s. zuletzt AG Bonn ZMR 2008, 79). Im Einzelfall kann sein rechtsgeschäftliches Handeln aber durch Beschluss genehmigt werden, sofern es ordnungsmäßiger Verwaltung entspricht (vgl. OLG Hamburg ZMR 2008, 226). Die Ermächtigung zum Abschluss eines Vertrages umfasst auch dessen Kündigung oder sonstige Beendigung (LAG Düsseldorf ZMR 2009, 227 zu Hauswartverträgen).

Darüber hinaus kann dem Verwalter die Arbeit dadurch wesentlich erleichtert werden, dass die Wohnungseigentümer im Verwaltervertrag zur Teilnahme am Lastschriftverfahren verpflichtet werden (zur diesbezüglichen Diskussion s. etwa Deckert Die ETW, Gr. 4 Rn. 1127; Derleder ZMR 2008, 10 ff.). Dabei kann nunmehr nach § 21 Abs. 7 WEG auch eine Zusatzvergütung für die nicht hieran teilnehmenden Wohnungseigentümer beschlossen werden, was nach dem Ende des Zitterbeschlusses nicht möglich war (OLG München ZMR 2006, 961; zur neuen Rechtslage s. Abramenko § 2 Rn. 17; Derleder ZMR 2008, 12). Unbedenklich soll selbst in allgemeinen Geschäftsbedingungen eine Klausel sein, die die Wohnungseigentümer zur unverzüglichen schriftlichen Mitteilung über Schäden am Gemeinschaftseigentum verpflichtet, da sich dies schon aus der Treuepflicht der Wohnungseigentümer untereinander ergebe (AG Saarbrücken ZMR 2009, 562 f.). Umgekehrt können auch die Rechte der Wohnungseigentümer im Verwaltervertrag über die gesetzlichen Vorgaben hinaus erweitert werden. Dies betrifft insbesondere die Information der Wohnungseigentümer über Eigentümerversammlungen durch eine (gesetzlich nicht vorgesehene) Pflicht zur Versendung der Niederschrift. Ebenso empfehlen sich nähere Vorgaben zur Finanzverwaltung, etwa eine Regelung zur Kontenführung, da Treuhandkonten, sofern sie überhaupt als zulässig angesehen werden, für die Wohnungseigentümer erhebliche Risiken in sich bergen (vgl. Rdn. 82 f.).

f) Von der Gemeinschaftsordnung abweichende Regelungen im Verwaltervertrag

Praxistipp: 140

In Reaktion auf das Ende des Zitterbeschlusses in der Entscheidung vom 20.09.2000 (BGH ZMR 2000, 771 ff.) wurde oftmals eine **Korrektur »ungerechter« Kostenverteilungsschlüssel** o.Ä. durch eine abweichende Bestimmung im Verwaltervertrag gewissermaßen durch die Hintertür versucht. Dahinter stand der Gedanke, dass auch die hierdurch benachteiligten Wohnungseigentümer an die Abänderung kraft Verwaltervertrages gebunden seien. Dieses Hilfsmittel war nach altem Recht problematisch, da der Eigentümerversammlung für Abweichungen von der Gemeinschaftsordnung die Beschlusskompetenz fehlte (vgl. OLG Hamm NZM 2000, 505; ZMR 2001, 142) und ist nunmehr entbehrlich. Denn die Gemeinschaft kann die Kostenverteilung nun nach den neuen Beschlusskompetenzen der §§ 16 Abs. 3, 4 und 21 Abs. 7 WEG offen neu regeln. Eine im Verwaltervertrag »versteckte« Abänderung erscheint eben wegen dieser Tarnung eher problematisch. Eine solche nicht auf Anhieb ersichtliche Änderung könnte durchaus als Verstoß gegen Grundsätze ordnungsmäßiger Verwaltung anzusehen sein.

Allerdings ist entgegen der Rechtsprechung des OLG Köln (ZMR 2004, 146 f. und 216) zur Verwaltervollmacht nicht jede über die Gemeinschaftsordnung hinausgehende Bestimmung als Vereinbarungsänderung anzusehen. Es kommt insoweit darauf an, ob die Gemeinschaftsordnung von vorneherein nur partielle Regelungen treffen oder insoweit abschließend sein wollte. Will die Gemeinschaftsordnung nur einzelne Aspekte

c) Regelungen zum Verwaltervertrag in der Gemeinschaftsordnung

144 Wie zur Bestellung des Verwalters kann die Gemeinschaftsordnung auch nähere Bestimmungen zum Verwaltervertrag enthalten, auch durch Bezugnahme auf den beigefügten Text eines Verwaltervertrages (OLG Düsseldorf ZMR 2005, 57). Diese stellen aber ebenso wenig wie die Bestellung selbst Regelungen mit Vereinbarungscharakter dar (vgl. o. Rdn. 11), sondern sind als formeller Bestandteil der Gemeinschaftsordnung mit Mehrheitsbeschluss abänderbar. Auch Regelungen in der Gemeinschaftsordnung können bei grober Unbilligkeit unwirksam sein (OLG Hamm ZMR 2008, 555 – im Einzelfall zweifelhaft).

d) Das Zustandekommen des Verwaltervertrages durch Vertragsschluss aller Eigentümer, durch Bevollmächtigte und durch Beschluss

145 Der Abschluss des Verwaltervertrages erfolgt nach den allgemeinen Regeln des bürgerlichen Rechts, bedarf also insbesondere des Angebotes und der Annahme. Dies kann zum einen wie bisher dadurch geschehen, dass **alle Wohnungseigentümer mit dem Verwalter den Vertrag abschließen**. Denn mit einem schriftlichen Vertragsschluss durch alle Eigentümer kommt zumindest ein konkludenter schriftlicher Beschluss über den Verwaltervertrag zustande, sodass die gesetzlich vorgesehene Form des Verwaltungshandelns der Eigentümer für den Verband – eben durch Beschluss – in jedem Fall gewahrt wäre. Zudem liegt dann eine Vertretung des Verbandes nach § 27 Abs. 3 S. 2 WEG durch alle Wohnungseigentümer vor. Hingegen ist die Auffassung, wonach auch die **Mehrheit der Eigentümer als Vertragsschließende** genügen soll (BayObLG 1974, 310), nunmehr nicht mehr aufrechtzuerhalten. Denn der teilrechtsfähige Verband kann grundsätzlich nur durch Beschluss handeln, der alleine durch die mehrheitliche Unterzeichnung eines Vertrages nicht zustande kommt. Eine aktive Abgabe von Willenserklärungen kann aber nach § 27 Abs. 3 S. 2 WEG im Wege der Gesamtvertretung nur durch alle Wohnungseigentümer gemeinschaftlich erfolgen. Die Möglichkeit des schriftlichen Vertragsschlusses durch alle Wohnungseigentümer dürfte aber auf Kleinanlagen beschränkt sein, da in größeren Liegenschaften kaum hunderte von Miteigentümern den Vertrag unterzeichnen werden, ganz abgesehen davon, dass die Wahl des Verwalters selten bei allen Miteigentümern auf Zustimmung stoßen wird. Daneben kann der Vertrag nach wie vor auch schlüssig zustande kommen, wenn der Verwalter z.B. nach der Bestellung unter Entgegennahme des vorvertraglich begehrten Honorars die Arbeit aufnimmt (BGH ZMR 1997, 310; BayObLG WE 1997, 398 f.; OLG München ZMR 2005, 730).

146 Im Hinblick auf die praktischen Schwierigkeiten bei der Vertragsunterzeichnung wird der **Abschluss durch Bevollmächtigte** vorzuziehen sein. Häufiger Handhabung entspricht es, einen oder mehrere Miteigentümer, meist den Verwaltungsbeirat, seltener Außenstehende (etwa einen Anwalt) zur Entgegennahme von Vertragsangeboten und zum Aushandeln der Vertragsbedingungen i.E. zu bevollmächtigen (OLG Düsseldorf ZMR 1998, 105; OLG Hamm ZMR 2001, 140; OLG Köln ZMR 2002, 155 f.; 2005, 811; OLG München ZMR 2009, 65; AG Saarbrücken ZMR 2009, 561; a.A. wohl Staudinger/Bub § 26 Rn. 218, wonach gem. § 27 Abs. 1 Nr. 1 WEG nur ein noch amtierender Verwalter hierzu berechtigt sein soll). Dies ist jedenfalls dann zulässig, wenn dem Bevollmächtigten nicht völlig freie Hand gegeben, sondern **Eckdaten** für den Vertrag (insbesondere zu Dauer und Honorar) vorgegeben werden (OLG Köln ZMR 2003, 605; OLG Hamburg ZMR 2003, 776 und 864; OLG Frankfurt ZMR 2008, 985; AG Saarbrücken ZMR 2009, 561). Sofern noch ein Verwalter amtiert, steht § 27 Abs. 3 S. 1 Nr. 1 WEG dem nicht entgegen, da seine Vollmacht zur Entgegennahme von Willenserklärungen nicht abbedungen wird, sondern lediglich weitere Empfangsbevollmächtigte bestimmt werden (Niedenführ/Kümmel/Vandenhouten § 26 Rn. 34; a.A. Staudinger/Bub § 26 Rn. 209). Der

Beschluss über die Bevollmächtigung wird jedenfalls mit seiner Bestandskraft unanfechtbar, da die Erteilung der Vollmacht keine Abänderung der Rechtslage für die Zukunft anstrebt, sondern einen konkreten Einzelfall regelt und sich darin erschöpft (OLG Köln NJW-RR 2003, 8 = ZMR 2003, 604 f. = NZM 2002, 1002; KG ZMR 2008, 476). Er wirkt gem. § 10 Abs. 4 WEG auch gegen abwesende oder gegen ihre Erteilung stimmende Miteigentümer (BayObLGZ 1974, 309; OLG Köln NJW 1991, 1303). In der Folge wird zwischen dem Bevollmächtigten und dem Verwalter dann mit Wirkung für die Wohnungseigentümergemeinschaft der Verwaltervertrag geschlossen.

Allerdings sind mit der Bestandskraft des Beschlusses über die Vollmacht nicht alle Einwendungen gegen den Verwaltervertrag ausgeräumt. Unabhängig von der Monatsfrist kann die **Überschreitung der Vollmacht** gerügt werden, was im Erfolgsfall zur Folge hat, dass der Vertrag zumindest teilweise nicht gegen den Verband wirkt (OLG Hamm ZMR 2001, 141). Das liegt beim Abweichen von ausdrücklichen Vorgaben insbesondere zu Honorar und Laufzeit auf der Hand. Schwieriger sind Vollmachtsüberschreitungen oftmals bei der Übernahme ganzer Vertragsformulare zu erkennen. Die Vollmacht reicht nach h.M. nämlich nur so weit, als der Vertrag ordnungsgemäßer Verwaltung entspricht (OLG Hamm NJW-RR 2001, 229 = ZMR 2001, 141; OLG Düsseldorf ZMR 2006, 871; OLG Frankfurt ZMR 2008, 987). Ein entsprechender Verstoß muss nicht auf Anhieb erkennbar sein. Er liegt jedenfalls bei Vertragsklauseln vor, die von Gemeinschaftsordnung oder Gesetz abweichen oder die Gemeinschaft in unüblichem Maße belasten. Etwa zur Verabredung von Haftungsbeschränkungen bedarf es einer ausdrücklichen Ermächtigung im bevollmächtigenden Beschluss, da ein entsprechender Vertrag über die gesetzliche Regelung in § 280 Abs. 1 BGB bzw. § 823 BGB hinausgeht (OLG Hamm ZMR 2001, 142; ähnlich OLG Frankfurt ZMR 2008, 987; vgl. u. Rdn. 155 f.). Die Aufnahme von Sondervergütungen für Zusatzleistungen überschreitet die Vollmacht noch nicht, da derartige Vereinbarungen ordnungsmäßiger Verwaltung entsprechen können (OLG Hamm ZMR 2001, 141; vgl. u. Rdn. 181 ff.). Anderes gilt natürlich dann, wenn die Vereinbarung im Widerspruch zum Beschluss über die Bestellung steht (BayObLG ZMR 2005, 63). **147**

Die Eigentümerversammlung kann Streit über die Vertretungsmacht desjenigen, der den Vertrag auf ihrer Seite unterzeichnet, dadurch vermeiden, dass sie ihn zum Abschluss eines ganz bestimmten, den Wohnungseigentümern bekannten Vertrages bevollmächtigt (OLG Frankfurt ZMR 2008, 987). Dann erwächst der Beschluss über die Vollmacht selbst dann in Bestandskraft, wenn der Vertrag Klauseln enthält, die ordnungsmäßiger Verwaltung widersprechen. Auch in diesem Falle verbleibt aber die Möglichkeit der Inhaltskontrolle nach §§ 305 ff. BGB. Dann fehlt es zwar nicht mehr an der Vollmacht, §§ 305 ff. BGB zuwiderlaufende Bestimmungen sind aber aus inhaltlichen Gründen unwirksam. **148**

Unter dem Gesichtspunkt der Rechtssicherheit vorzuziehen ist daher eine **Annahme des ausgehandelten Vertrags durch Beschluss der Eigentümerversammlung**. Die Annahme eines Vertragsangebots durch Beschluss erscheint im Hinblick auf die Rechtssicherheit sowie die Haftung des Bevollmächtigten sicherer als die Bevollmächtigung zum Abschluss des Verwaltervertrags. Denkbar ist eine Annahme des ausgehandelten Vertrags bzw. die Unterbreitung eines entsprechenden Angebots durch Beschluss der Eigentümerversammlung (hierzu etwa BayObLG NJW-RR 1987, 1040; OLG Hamm NJW-RR 1993, 846; OLG Brandenburg ZMR 2008, 387; KG ZMR 2008, 477). Dieser Beschluss erwächst ohne Anfechtung in Bestandskraft und wirkt gem. § 10 Abs. 5 WEG sowohl für und gegen Sonderrechtsnachfolger als auch für und gegen die Wohnungseigentümer, die bei der Beschlussfassung nicht zugegen waren oder überstimmt wurden (BayObLGZ 1974, 309 f.; OLG Köln NJW 1991, 1303). Unwirksam könnten dann folglich nur noch nichtige Vertragsbestandteile sein. Dies ist insbesondere dann der Fall, **149** wenn er Bestimmungen enthält, die auf eine dauerhafte Abänderung von Gesetz oder Gemeinschaftsordnung hinauslaufen (vgl. o. Rdn. 140).

Diese jahrzehntealte Praxis wurde neuerdings vereinzelt in Frage gestellt, wobei die Möglichkeit der Außenwirkung von Beschlüssen verneint wurde (so Hügel ZMR 2008, 3; Jacoby ZWE 2008, 328; hiergegen überzeugend Greiner, ZWE 2008, 454 ff.). Dabei handelt es sich allerdings nicht um ein Problem des neuen Rechts. Die Möglichkeit der Eigentümerversammlung, unmittelbar durch Beschlussfassung Außenwirkung zu erzielen, ist seit langem bekannt und anerkannt, etwa durch die Entlastung, die nichts anderes darstellt als das Angebot zum Abschluss eines Vertrages nach § 397 Abs. 2 BGB (vgl. eingehend Greiner ZWE 2008, 455 ff.; OLG Hamburg ZMR 2010, 627; allgemein zu Beschlüssen mit Außenwirkung OLG Köln ZMR 2008, 70). Deshalb ist der als Heilmittel vorgeschlagene Gegenvorschlag, einige Wohnungseigentümer durch Beschluss zum Abschluss des Verwaltervertrages zu ermächtigen (Hügel ZMR 2008, 3 f.), mehr als inkonsequent. Denn auch dies wäre ein – angeblich nicht möglicher – Beschluss mit Außenwirkung, nicht nur eine Maßnahme zur inneren Willensbildung.

150 Bei der Beschlussfassung nur über die Erteilung einer Abschlussvollmacht oder die Annahme eines Vertragsangebotes hat ein Wohnungseigentümer, der sich um das Verwalteramt beworben hat, anders als bei der Bestellung **kein Stimmrecht.** Denn hierbei handelt es sich ausschließlich um ein Rechtsgeschäft nach § 25 Abs. 5 WEG (BayObLG WE 1987, 45; KG NJW-RR 1986, 642 f.; Niedenführ/Kümmel/Vandenhouten § 26 Rn. 34; a.A. Staudinger/Bub § 26 Rn. 207). Dieses Verbot gilt auch für Wohnungseigentümer, deren persönliches Interesse am Vertragsabschluss aufgrund enger wirtschaftlicher Verbindung demjenigen des Verwalters gleichsteht (KG NJW-RR 1986, 642 f.). Wird aber über Bestellung und Verwaltervertrag zusammen abgestimmt, ist ein Bewerber stimmberechtigt, da die Entscheidung über die Verwalterbestellung als mitgliedschaftliches Mitwirkungsrecht vorrangig ist (BGH ZMR 2002, 935; OLG Hamm ZMR 2008, 61). Soll das vermieden werden, muss also eine getrennte Abstimmung durchgeführt werden.

151 **Praxistipp:**

Im Fall des Stimmrechtsausschlusses nach § 25 Abs. 5 WEG darf ein Kandidat aus den Kreisen der Wohnungseigentümer aber **Untervollmachten** erteilen, wenn Miteigentümer ihn für die Abstimmung bevollmächtigen. Denn die Unterbevollmächtigten treten nicht für ihn, sondern für die Vollmachtgeber auf (BayObLG WuM 1999, 59; vgl. OLG Karlsruhe ZMR 2003, 289). Weisungen zum Stimmverhalten darf der Verwalter dann allerdings nicht erteilen.

e) Die Anfechtung des Beschlusses über den Verwaltervertrag

152 Wie jeder Beschluss der Eigentümerversammlung ist auch derjenige über den Verwaltervertrag auf Anfechtung für ungültig zu erklären, wenn er nicht ordnungsmäßiger Verwaltung entspricht (OLG Düsseldorf ZWE 2001, 221). Das ist insbesondere bei überhöhten Vergütungen der Fall, aber auch dann, wenn ein vom Verwalter verwendeter Formularvertrag der Kontrolle nach §§ 305 ff. BGB nicht standhält (BayObLG WuM 1991, 313; vgl. o. Rdn. 139). Unwirksam sind etwa Klauseln, die den Zugang von Einladungen fingieren, da sie gegen § 308 Nr. 6 BGB verstoßen (KG ZMR 2008, 477; OLG München ZMR 2009, 65). Die Verpflichtung der Wohnungseigentümer zur Mitteilung eines Adresswechsels soll allerdings auch in allgemeinen Geschäftsbedingungen unbedenklich sein (AG Saarbrücken ZMR 2009, 563). Als unwirksam wird auch die Delegation von Entscheidungsbefugnissen etwa über Maßnahmen der Instandhaltung und Instandsetzung und über den Abschluss von Verträgen angesehen, da diese Kompetenzverlagerung vom gesetzlichen Leitbild abweiche (OLG München ZMR 2009, 66). Mit ähnlicher Begründung wird die Befreiung vom Selbstkontrahierungsverbot als unangemessene Benachteiligung angesehen (OLG München ZMR 2009, 66). Noch viel weniger kann der Verwalter generell zum Verzicht auf Forderungen des Verbandes nach seinem Ermessen ermächtigt werden (vgl. AG Siegburg ZMR 2009, 84). Als unangemessene Benachteiligung wird die unbeschränkte Möglichkeit der Erteilung von Untervollmacht angesehen, da der Verwalter seine Leistung in Person zu erbringen hat (OLG München ZMR 2009, 66; vgl. Rdn. 135). Zudem stellen sie einen Vertrag zu Lasten Dritter dar, da sie nicht die Rechte der Vertragsparteien, also des teilrechtsfähigen Verbands und des Verwalters, sondern der Wohnungseigentümer beschneiden. Salvatorische Klauseln sind grundsätzlich wegen des Verstoßes gegen das Transparenzgebot unwirksam (KG ZMR 2008, 476).

Schlagen dagegen die Eigentümer ein bestimmtes Formular vor, findet eine Inhaltskontrolle zulasten des Verwalters nicht statt (Skauradszun ZWE 2008, 422). Da mit §§ 305 ff. BGB unvereinbare Klauseln auch außerhalb der wohnungseigentumsrechtlichen Prüfung im Verfahren nach § 43 Nr. 4 WEG unwirksam sind (LG Mönchengladbach ZMR 2007, 896), bedarf es dieses Risikos einer Anfechtungsklage nicht. Die Unwirksamkeit tritt kraft Gesetzes ein und kann inzident, etwa in der Klage des Verwalters auf die vereinbarte Leistung gegen den Verband geprüft werden. Im Übrigen bleibt der Vertrag nach der Grundregel des § 306 Abs. 1 BGB wirksam (LG Mönchengladbach ZMR 2007, 896). Im Falle einer Anfechtung ist der Beschluss über den Vertrag für ungültig zu erklären, wenn er nicht ordnungsgemäßer Verwaltung entspricht (OLG Düsseldorf ZWE 2001, 221). Richtet sich der Angriff nur gegen Teile des Verwaltervertrages wird oftmals nicht der Beschluss über den ganzen Vertrag für ungültig zu erklären sein. Es kommt eine Teilnichtigkeit gem. § 139 BGB in Betracht, wenn anzunehmen ist, dass der Vertrag auch ohne den nichtigen Teil geschlossen worden wäre. Aus diesem Grunde kann eine Teilanfechtung, die sich auf die beanstandeten Klauseln beschränkt, schon aus Kostengründen sinnvoll sein. Alleine die Kenntnis des Vertrages bei der Beschlussfassung über die Bestellung schließt die Anfechtbarkeit nicht aus (so kaum verständlich KG ZMR 2007, 802), da sie beim Vertragsschluss die Regel sein wird. Wird über Bestellung und Annahme des Verwaltervertrages in einem Beschluss entschieden, soll die Teilanfechtung und Ungültigerklärung nur des letzteren auch die Unwirksamkeit der Bestellung nach sich ziehen (OLG Köln ZMR 2008, 70). Diese schon nach altem Recht kaum mit der Dispositionsmaxime in Wohnungseigentumssachen vereinbare Entscheidung ist nach neuem Recht kaum mehr vertretbar. Denn der Richter darf nach § 308 Abs. 1 ZPO nicht über die Anträge hinausgehen. Der Wegfall des Vertrages und somit der Vergütungsansprüche, berechtigt den Verwalter zur Niederlegung auch seiner organschaftlichen Stellung aus wichtigem Grund. Der Beschluss über den Verwaltervertrag kann aber auch insgesamt ordnungsmäßiger Verwaltung widersprechen. Dies kann etwa dann der Fall sein, wenn die Vorbereitung einer Neubestellung ungenügend war. So ist i.d.R. wie bei jedem anderen Vertrag die Einholung mehrerer Angebote erforderlich (OLG Hamm ZMR 2009, 59; vgl. zum Preis-Leistungs-Verhältnis bei der Anfechtung der Bestellung auch Rdn. 32 u. 178).

Praxistipp: 153

Gerade beim Beschluss über den Verwaltervertrag ist zu beachten, dass die juristische **Trennung von Bestellung und Abschluss des Verwaltervertrages** in der Praxis häufig ignoriert wird. Sie fallen etwa dann in einem Akt zusammen, wenn die »Wiederbestellung zu den bisherigen Konditionen« beschlossen wird und der Verwalter dies annimmt (BayObLG WE 1991, 223). Ähnliches gilt, wenn ein Bewerber von der Eigentümerversammlung unter Bezugnahme auf ein vorab unterbreitetes Angebot bestellt wird. Die bloße Bestellung ohne Beschlussfassung über die Vergütung ist i.d.R. dahin gehend auszulegen, dass der Verwalter zu den bisherigen Konditionen tätig sein soll (OLG Hamm ZMR 2009, 59).

f) Beschlüsse über die Abänderung des Verwaltervertrages

154 Auch ein mit Mehrheitsbeschluss zustande gekommener Verwaltervertrag kann nicht einseitig auf demselben Wege mit Wirkung gegen den Verwalter abgeändert werden. Wie jeder Vertrag kann der Verwaltervertrag nur im Einvernehmen beider Seiten geändert werden Dies erfordert auf Seiten der Wohnungseigentümer wiederum die Einbindung aller Miteigentümer, was auch durch Bevollmächtigte oder Beschluss erfolgen kann. Auch der Beschluss über eine Abänderung muss ordnungsmäßiger Verwaltung entsprechen. Dies ist bei nennenswerten **rückwirkenden Erhöhungen** regelmäßig nicht der Fall (OLG Düsseldorf ZMR 1998, 653 f.). Andererseits kann aber auch ein Anspruch der Miteigentümer aus § 21 Abs. 4 WEG auf Anpassung des Vertrags bestehen, wenn etwa sonst ein fähiger Verwalter zum nächst möglichen Termin kündigen würde (vgl. KG ZMR 1986, 96).

12. Haftung und Haftungserleichterungen

a) Die Haftung für eigenes Verschulden

155 Grundsätzlich können auch **Haftungserleichterungen zugunsten des Verwalters** im Verwaltervertrag verabredet werden. Insbesondere kommt eine Beschränkung der Haftung auf Vorsatz und grobe Fahrlässigkeit in Betracht. Dabei darf es sich aber nicht um einen einseitigen Rechtsverzicht der Wohnungseigentümer bzw. des teilrechtsfähigen Verbandes handeln. Ordnungsmäßiger Verwaltung entspricht eine solche Haftungsbeschränkung nur, wenn den Wohnungseigentümern bzw. dem Verband hieraus ebenfalls Vorteile etwa in Form geringerer Kosten bei Versicherungen, nennenswerter Nachlässe beim Honorar oder sonstiger Gegenleistungen erwachsen (BayObLG ZMR 2003, 283; ähnlich OLG Hamm ZMR 2001, 142). Zu beachten ist ferner, dass bei Formularverträgen die Haftung nach § 309 Nr. 7a, b BGB bei Verletzung von Leben, Körper und Gesundheit gar nicht ausgeschlossen werden kann. Zudem muss die Enthaftung bei vorsätzlichem und grob fahrlässigem Verhalten ausdrücklich ausgenommen werden, da ansonsten ein Verstoß gegen § 309 Nr. 7 BGB vorliegt (LG Nürnberg-Fürth ZMR 2008, 833). Auch die Verkürzung der Verjährungsfrist ist in AGB nicht möglich (OLG Düsseldorf ZMR 2006, 872; OLG München ZMR 2007, 221; OLG Frankfurt ZMR 2008, 987 f.). Ferner dürfte die Haftung für eine Verletzung sog. Kardinalpflichten nicht abdingbar sein (vgl. BGHZ 89, 367; Gottschalg DWE 2003, 43). Ein **Verzicht auf die Geltendmachung bereits entstandener Schadensersatzansprüche** gegen den Verwalter wird allenfalls in besonderen Fallgestaltungen zulässig sein. Ordnungsmäßiger Verwaltung entspricht ein hierauf gerichteter Mehrheitsbeschluss etwa dann, wenn die Vollstreckung eines erstrittenen Titels nur wenig Aussicht auf Erfolg verspricht oder schon das Erkenntnisverfahren mit hohen Risiken behaftet wäre (OLG Hamm ZMR 2004, 855). Ansonsten besteht hier kein Ermessensspielraum (OLG Düsseldorf ZMR 2000, 243 f.).

156 Sofern keine wirksame Haftungsbeschränkung vereinbart wurde, haftet der Verwalter **aus § 280 Abs. 1 BGB für jede Fahrlässigkeit** bei der Verletzung vertraglicher Pflichten (OLG Celle ZMR 2004, 846 ff. noch zur alten Rechtslage). Daneben können auch Schadensersatzansprüche aus **Delikt (§ 823 BGB),** u.U. auch aus **§ 838 BGB** wegen Ablösung von Gebäudeteilen in Betracht kommen (OLG Zweibrücken ZMR 2002, 783; BayObLG NJW-RR 1995, 588). Sofern der Verwalter mit der Erfüllung seiner Pflichten in Verzug ist, kann auch ein Anspruch aus §§ 286, 280 Abs. 2 BGB in Betracht kommen (BayObLG ZMR 1998, 358; 2000, 315 f.). Bei der Verletzung von **Verkehrssicherungspflichten** kann auch **eine Haftung Dritten gegenüber** bestehen, ebenso bei Überschreitung seiner Vollmachten aus **§ 179 BGB**. Ihnen gegenüber ist eine Haftungsbeschränkung durch Vertrag oder Gemeinschaftsordnung nicht möglich, da dies auf einen Vertrag zu Lasten Dritter

hinausliefe. Ob der Verwalter schuldhaft handelte, bemisst sich danach, **was von einem ordentlichen und gewissenhaften Durchschnittsverwalter verlangt werden kann** (BGH ZMR 1996, 276; OLG Oldenburg ZMR 2008, 238). Ist der Verwalter **Kaufmann**, so hat er seine Pflichten mit der Sorgfalt eines ordentlichen Kaufmanns zu erfüllen (BayObLG ZMR 1997, 431; ZMR 2002, 690 = NZM 2002, 565). In technischer Hinsicht kann von einem Verwalter aber nicht mehr erwartet werden als von jedem anderen Laien (AG Hamburg-St. Georg ZMR 2009, 323). Sonderwissen erhöht die Anforderungen (BGH ZMR 1996, 276; BayObLG WE 1991, 23). Dies ist insbesondere dann zu bejahen, wenn im Hinblick hierauf Sondervergütungen etwa für die Überwachung von Baumaßnahmen vereinbart wurden. Ein Mitverschulden der Wohnungseigentümer ist gem. § 254 BGB anspruchsmindernd zu berücksichtigen (OLG Celle ZMR 2004, 847), sofern der Schadensersatzanspruch ihnen, nicht dem Verband zusteht, und kann im Einzelfall, wenn die Eigentümer etwa auf der Ausführung eines anfechtbaren Beschlusses bestehen, sogar zum vollständigen Haftungsausschluss führen (vgl. BayObLG WE 1991, 199).

b) Einzelfälle haftungsbegründender Pflichtverletzungen

Im Einzelnen kommt eine Haftung des Verwalters etwa in Betracht, wenn er 157

- schuldhaft etwa durch fehlerhafte Einschätzung der Beschlussfähigkeit oder die Vorlage fehlerhafter Beschlussvorlagen die **Anfechtbarkeit** von Beschlüssen verursacht (BGH ZMR 1998, 172 f.; BayOLG ZMR 2000, 325; ZMR 2003, 521 und 762)
- **Aufträge** ohne Beschluss der Wohnungseigentümer eigenmächtig vergibt (OLG Celle ZMR 2001, 643 f.)
- **bauliche Veränderungen** ohne Rechtsgrundlage genehmigt (BGHZ 115, 258 f.) oder durchführen lässt (OLG München ZMR 2006, 70 f.)
- es unterlässt, auf **Baumängel** im Gemeinschaftseigentum vor Ablauf der Gewährleistung hinzuweisen, wenn den darüber nicht informierten Wohnungseigentümern hieraus ein Schaden erwächst (OLG Hamm ZMR 1996, 680; BayObLG ZMR 2001, 559; 2003, 216 f.; OLG Düsseldorf ZMR 2002, 858). Dabei erfasst der Schaden auch Sachverständigenkosten zur Vorbereitung der Nachbesserung (BayObLG ZMR 2002, 957). Eine Pflichtverletzung scheidet nur aus, wenn sämtliche Wohnungseigentümer auch ohne Hinweis des Verwalters bereits den gleichen Kenntnisstand wie dieser hatten (BayObLG ZMR 2001, 559)
- **Baunebenkosten** ohne vertragliche Grundlagen aus Gemeinschaftsmitteln begleicht (OLG Hamburg ZMR 1995, 223)
- es unterlässt, auf eine **Beschlussfassung** wegen ihm bekannten Reparaturbedarfs hinzuwirken (OLG Hamm ZMR 1996, 680; OLG Hamm ZMR 2005, 808)
- ein **Beschlussergebnis** nicht oder unrichtig feststellt (Abramenko ZWE 2004, 140 ff.)
- die **Buchhaltung** mangelhaft führt oder gar Gelder zweckentfremdet (BayObLGZ 1985, 65 ff.), wobei hier auch Ansprüche aus § 823 Abs. 2 BGB i.V.m. § 266 StGB in Betracht kommen
- die Verwaltung ohne Zustimmung der Wohnungseigentümer **Dritten** überlässt (BayObLG ZMR 1998, 176)
- die **Finanzverhältnisse** der Gemeinschaft in Unordnung geraten, namentlich Schulden auflaufen lässt, statt durch die Erstellung von Wirtschaftsplänen für ausreichende Liquidität zu sorgen (OLG Köln ZMR 1999, 789)
- nicht bestehende oder einredebehaftete **Forderungen** etwa bei mangelhaften Werkleistungen begleicht (OLG Düsseldorf ZMR 1997, 380 f.; OLG Oldenburg ZMR 2008, 239)
- Kosten aus **Gemeinschaftsmitteln** begleicht, die nur ein oder einige Eigentümer zu zahlen verpflichtet sind (BayObLG ZMR 1999, 58 f.)

- es unterlässt, auf den drohenden Ablauf von **Gewährleistungsfristen** hinzuweisen (OLG Frankfurt ZMR 2008, 985)
- **Guthaben** der Gemeinschaft nach Beendigung der Verwaltertätigkeit nicht auszahlt, sondern nur die Forderung gegen das Kreditinstitut abtritt und dadurch Mehrkosten verursacht (BayObLG ZMR 1999, 845)
- die **Information** der Eigentümer über notwendige Instandhaltungsmaßnahmen unterlässt (OLG Hamm NJW-RR 1997, 144 = ZMR 1996, 680; BayObLG NJW-RR 1997, 717; AG Hamburg-St. Georg ZMR 2009, 408)
- einen Eigentümerbeschluss, die **Instandhaltungsrücklage** in Spekulationswerten anzulegen, ohne weiteres ausführt, ohne auf die hieraus resultierenden Risiken hinzuweisen, wobei hier ein Mitverschulden von 75 % angenommen wurde (OLG Celle ZMR 2004, 845 ff.)
- notwendige **Instandsetzungsarbeiten** unterlässt (BayObLG ZMR 2000, 315; OLG Köln NJW-RR 2006, 89; vgl. o. Rdn. 64 ff.)
- Bauhandwerkern keine ausreichenden **Instruktionen** zur Durchführung von Sanierungsarbeiten erteilt (OLG Hamburg ZMR 2001, 382)
- die **Jahresabrechnung** so mangelhaft erstellt, dass die Wohnungseigentümer Dritte mit ihrer Neuerstellung beauftragen müssen (OLG Düsseldorf ZMR 2003, 231 f.)
- die erforderlichen **Kontrollen** des Gemeinschaftseigentums nicht durchführt (BayObLG ZMR 1999, 655) zu hohe **Löhne und Lohnsteuern** zahlt (BayObLG NJW-RR 1998, 520); leistet er umgekehrt zu geringe Beiträge etwa an die Bundesknappschaft, so fehlt es bei korrekter Meldung aller Beschäftigten an einer Pflichtverletzung, wenn diese zu geringe Beiträge einzieht und später Säumniszuschläge erhebt (AG Hannover ZMR 2008, 746)
- **Rechtsangelegenheiten** fehlerhaft unter schuldhafter Nichteinholung von Rechtsrat erledigt (BayObLG ZMR 2003, 279), wobei umgekehrt eine gewissenhafte Prüfung der Rechtslage zur Entschuldbarkeit eines Rechtsirrtums führen kann (BGH ZMR 1996, 276 f; OLG Düsseldorf ZMR 2005, 972)
- **Verkehrssicherungspflichten** verletzt, indem er nicht rechtzeitig auf die Beseitigung von Gefahren hinwirkt (vgl. BGH NJW-RR 1989, 394 f.) oder diesbezügliche Beschlüsse nicht unverzüglich ausführt (BayObLG WuM 1996, 498), wobei allerdings keine Pflicht zur ständigen Kontrolle jahrelang zuverlässig arbeitender Hauswartfirmen o.Ä. besteht (BayObLG ZMR 2005, 137)
- ohne ausreichende **Vollmacht** Verträge etwa über Sanierungsarbeiten abschließt (OLG Celle NZM 2002, 169 f.; heute durch § 27 Abs. 3 S. 1 Nr. 3 WEG teilweise auf das Innenverhältnis beschränkt)
- es bei **Wasserschäden** versäumt, unverzüglich Maßnahmen zur Feststellung der Schadensursache zu ergreifen (BayObLG ZMR 1998, 357)
- es versäumt rechtzeitig gegen säumige **Wohngeldschuldner** vorzugehen und hierdurch Wohngeldausfälle (BayObLG NJW-RR 1998, 520) bzw. Rechtsanwaltskosten (OLG Köln NZM 1998, 875) verursacht, wobei allerdings der Abschluss einer Ratenzahlungsvereinbarung unter Absehen von kostenträchtigen gerichtlichen Schritten bei finanziell nicht leistungsfähigen Eigentümern ordnungsmäßiger Verwaltung entsprechen kann (BayObLG ZMR 2005, 134 f.)
- die **Zustimmung** zur Veräußerung nach § 12 WEG verspätet oder nicht formgerecht erteilt (OLG Düsseldorf ZMR 2003, 957; 2005, 972 f.)
- es versäumt, die **Zwangsverwaltung** vermieteter Wohnungen zu beantragen (OLG Hamburg WuM 1993, 301).

c) Die Haftung für das Handeln Dritter

Fall 158

> Der Verwalter ist sich nach Hinweisen der Wohnungseigentümer auf Durchfeuchtungen im Mauerwerk nicht sicher, ob die Wasserleitungen saniert werden müssen. Der beauftragte Fachmann verneint in seinem Gutachten einen weiter gehenden Sanierungsbedarf und schlägt kleinere lokale Reparaturen vor. In der Folge kommt es zu massiven Feuchtigkeitsschäden, da die Druck- und Abwasserleitungen völlig marode sind. Bei einer rechtzeitigen Sanierung, die zur Zeit der Gutachtenerstellung noch möglich war, hätten diese Schäden vermieden werden können. Die Wohnungseigentümer wollen den Verwalter in Anspruch nehmen, da der – vermögenslose – Gutachter sein Erfüllungsgehilfe gewesen sei und er für dessen Fehler einzustehen habe.

Bei der Haftung des Verwalters für Dritte sind zwei Fallgestaltungen zu unterscheiden. 159
Sofern sie Verrichtungen übernehmen, deren **Erledigung in eigener Person** zu seinen Pflichten gehört hätte, etwa bei der Buchführung oder im Mahnwesen (OLG Düsseldorf ZMR 2004, 136), im Rahmen der Kontoführung (OLG München ZMR 2006, 884) oder bei der Erfüllung zusätzlicher Pflichten, die der Verwalter im Verwaltervertrag übernommen hat (OLG Karlsruhe ZMR 2009, 624), haftet der Verwalter auch für Dritte gem. § 278 BGB. Seine Hilfspersonen ihrerseits haften grundsätzlich nur dem Verwalter, nicht aber den Wohnungseigentümern. Selbst wenn er in Kenntnis der Wohnungseigentümer wesentliche Verwaltungstätigkeiten übernimmt, bleibt nämlich der bestellte Verwalter Vertragspartner. Die bloße Hinnahme von Verwalterleistungen seitens Dritter ersetzt den Abschluss eines Vertrages mit ihnen nicht (OLG Schleswig WE 1997, 389; BayObLG ZMR 2004, 135 f.). Schaltet der Verwalter Dritte dagegen gerade deswegen ein, weil er zur **Erledigung in eigener Person nicht verpflichtet** und mangels Fachwissens auf Dritte angewiesen ist, etwa bei bautechnischen oder gärtnerischen Fragen, haftet er für deren Fehler nicht (OLG Düsseldorf ZMR 1998, 655; 2004, 365; BayObLG ZMR 2002, 692; OLG Frankfurt ZMR 2009, 622; 2009, 864; AG Hamburg-St. Georg ZMR 2009, 323; ZMR 2009, 409). In diesen Fällen bestand seine Aufgabe ja von vorneherein nicht in einer eigenständigen Untersuchung und Beurteilung der dem Dritten anvertrauten Arbeiten, sondern nur darin, einen geeigneten Fachmann hiermit zu betrauen. Auf die Auskunft dieses Fachmanns darf sich der Verwalter dann verlassen (BayObLG WE 1992, 23 f.; ZMR 2002, 692). Aus diesem Grunde ist ein Vorgehen gegen den Verwalter im Beispielsfall wenig aussichtsreich, da er nur die Entscheidungsfindung der Eigentümerversammlung vorzubereiten hat, wozu er aber in technischen Fragen regelmäßig Fachkräfte hinzuziehen kann bzw. muss. Anderes kann nur im Falle eines Auswahlverschuldens gelten, wenn der beauftragte Fachmann bekanntermaßen unzuverlässig ist (vgl. BayObLG NJW-RR 1992, 1103). Dies ist aber nicht schon dann der Fall, wenn er in kurzer Frist zur Geltendmachung von Ansprüchen »nur« ein renommiertes Holz- und Bautenschutzunternehmen beauftragt, aber keine endoskopische Untersuchung durchführen lässt (AG Hamburg-St. Georg ZMR 2009, 408 f.).

> **Praxistipp:** 160
>
> Eine **Ausnahme** von diesem Grundsatz soll bei der **Klärung von Rechtsfragen** gelten. Hier soll eine Haftung des Verwalters auch nach Einholung von Rechtsrat jedenfalls dann gegeben sein, wenn der Rechtsirrtum eines Rechtsanwalts erkennbar war (BGHZ 115, 260; OLG Hamburg DWE 1994, 151; vgl. OLG Düsseldorf ZMR 2005, 972, wo allerdings mit § 278 BGB argumentiert wird).

d) Die Entlastung

161 Der Durchsetzung von Schadensersatzansprüchen kann eine Erteilung der Entlastung entgegenstehen. Diese aus dem Gesellschaftsrecht übernommene Willenskundgebung der Gemeinschaft soll – soweit herrscht in Rechtsprechung und Literatur Einigkeit – über einen rechtlich unverbindlichen Ausdruck des Vertrauens hinausgehen. Vielmehr soll die Entlastung rechtlich verbindlich die Geltendmachung bestimmter Ansprüche gegen den Verwalter für die Zukunft ausschließen. Mit der Entlastung verzichten die Wohnungseigentümer zwar auf mögliche Ansprüche gegen den Verwalter. Dies soll nach Rechtsprechung des BGH nicht **ordnungsmäßiger Verwaltung** widersprechen, wenn keine Schadensersatzansprüche absehbar sind (BGH NJW 2003, 3126 f. = ZMR 2003, 750; BayObLG NJW-RR 2004, 1090; ZMR 2006, 138; zum ausgeschiedenen Verwalter s. BGH ZMR 2003, 942 = MDR 2004, 85; a.A. mit guten Argumenten AG Kerpen ZMR 2010, 724). Denn dann werden die Risiken der Entlastung, also der Verlust möglicher Ansprüche, durch die mit der Vertrauenskundgebung verbundene Fortsetzung der vertrauensvollen Zusammenarbeit aufgewogen. Ordnungsmäßiger Verwaltung widerspricht die Entlastung daher nur dann nicht, wenn Anhaltspunkte für Pflichtverletzungen des Verwalters und daraus resultierend Schadensersatzansprüche gegen ihn bereits bei der Beschlussfassung absehbar sind (KG ZMR 2008, 475; LG Itzehoe ZMR 2009, 143 f.; AG Hannover ZMR 2008, 843). Dies ist insbesondere dann der Fall, wenn die vorgelegte Jahresabrechnung Mängel aufweist, die ihre (teilweise) Anfechtbarkeit (KG NJW-RR 1987, 80; ZMR 2008, 70; BayObLG NJW-RR 1988, 83; 1989, 841; 1993, 1168; 1997, 716; 2000, 1467; 2002, 1095; 2004, 1090; OLG Zweibrücken ZMR 2005, 909 f.) oder Ergänzungsansprüche (BayObLG NJW-RR 1989, 1164; 2006, 22; OLG München ZMR 2006, 69; ZMR 2009, 64) begründen, oder wenn sie gar nicht vorgelegt oder ihre Genehmigung für ungültig erklärt wurde (AG Hannover ZMR 2008, 844). Gleiches gilt, wenn die Jahresabrechnung zwar rechnerisch korrekt ist, aber Ausgaben zu Unrecht getätigt wurden (KG NJW-RR 1992, 845; BayObLG NJW-RR 1992, 1432; 2001, 1232). Fehler in Abrechnungen, über die im Zusammenhang mit der Entlastung noch nicht befunden wurde, sollen allerdings nicht genügen (AG Hannover ZMR 2008, 844 – zweifelhaft). Ob für »Hobby-Verwalter« geringere Anforderungen gelten als für professionelle Amtsinhaber (so AG Saarbrücken ZMR 2008, 927), erscheint zweifelhaft. Jedenfalls entspricht eine Entlastung bei Fehlern der Jahresabrechnung oder ansonsten absehbaren Schadensersatzansprüchen nicht ordnungsmäßiger Verwaltung. Die Erteilung der Entlastung ist aber auch bei erkennbaren Fehlern nur anfechtbar und wird ohne Einleitung eines Anfechtungsverfahrens nach § 43 Nr. 4 WEG bestandskräftig. Wird der Entlastungsbeschluss für ungültig erklärt, können hiergegen sowohl der Verwalter als auch die Wohnungseigentümer Berufung einlegen (BGH NJW 2003, 3125 a.A. mangels Beschwer KG NJW-RR 1998, 1021).

162 Verweigert die Eigentümerversammlung die Erteilung der Entlastung, stellt sich wie bei jeder Beschlussfassung die Frage, ob der ablehnende Beschluss erfolgreich angefochten und nach § 21 Abs. 4 WEG durch eine Gerichtsentscheidung ersetzt werden kann. Dies ist bei der Entlastung grundsätzlich zu verneinen. Denn ohne eine entsprechende Regelung in der Gemeinschaftsordnung oder im Verwaltervertrag besteht **kein Anspruch auf Entlastung** (OLG Düsseldorf NJW-RR 1997, 525; Jennißen VII Rn. 61). Es besteht daher auch kein wichtiger, zur Niederlegung des Amtes berechtigender Grund (Staudinger/Bub § 28 Rn. 454). Verweigert die Eigentümerversammlung die Entlastung, kann der Verwalter allenfalls Feststellungsklage erheben, dass keine Ansprüche gegen ihn bestehen. Dies setzt allerdings voraus, dass sich zumindest einzelne Wohnungseigentümer konkreter Ansprüche gegen ihn berühmen (OLG Düsseldorf NJW-RR 1997, 525). Ansonsten fehlt das Feststellungsinteresse.

Die Entlastung stellt ein **negatives Schuldanerkenntnis** dar, mit dem auf Schadensersatzansprüche gegen den Verwalter verzichtet wird (BayObLG NJW-RR 1988, 82; OLG München ZMR 2007, 1095). Dies betrifft nicht nur Ansprüche des teilrechtsfähigen Verbandes, sondern auch solche der Wohnungseigentümer. Wenn man sie schon als Dritte in den Schutzbereich des Verwaltervertrages einbezieht (zu den einzelnen Konstruktionen s. Rn. 141 f.), können ihre Rechte nicht weiter reichen als die des eigentlichen Vertragspartners. Im Umfang der Entlastung kann der Verwalter wegen pflichtwidriger Handlungen oder Unterlassungen nicht mehr in Anspruch genommen werden, unabhängig von der Anspruchsgrundlage. Ansprüche aus § 280 Abs. 1 BGB scheiden daher ebenso aus wie solche aus unerlaubter Handlung (zur Ausnahme bei strafbaren Handlungen s.u. Rdn. 166). Darüber hinaus kann ein Fehlverhalten, auf das sich die Entlastung erstreckt, auch nicht mehr als wichtiger Grund für eine Abberufung geltend gemacht werden. Schließlich können die Wohnungseigentümer auch keine Auskünfte über Geschäfte verlangen, auf die sich die Entlastung bezieht (KG NJW-RR 1989, 144; 1998, 1021; OLG Düsseldorf NJW-RR 2001, 950; anders noch KG NJW-RR 1987, 462). Unberührt bleibt allerdings das Recht auf Einsicht in die Verwaltungsunterlagen. 163

Die **Reichweite der Entlastung** wird selten in dem entsprechenden Beschluss ausdrücklich definiert. Sie ist daher üblicherweise durch Auslegung zu ermitteln, wobei nach allgemeinen Regeln nur der Beschlussinhalt und allgemein erkennbare Umstände herangezogen werden können. Der Regelfall ist die Entlastung im Zusammenhang mit der Genehmigung der Jahresabrechnung. Dann beschränkt sich die Wirkung der Entlastung allerdings auf das Verwalterhandeln, das in der Jahresabrechnung seinen Niederschlag gefunden hat (BayObLG NJW-RR 1997, 1444 = ZMR 1998, 176; NJW-RR 2001, 732 = ZMR 2001, 558; OLG Köln ZMR 2001, 914; OLG Hamburg ZMR 2003, 772). Durch die Entlastung nimmt sich die Gemeinschaft also die Möglichkeit, die fehlende Berechtigung zu bestimmten Ausgaben, die Verwendung falscher Schlüssel, die Zugehörigkeit ausgewiesener Positionen zu einer anderen Abrechnungsperiode oder sonstige, auf die Abrechnung bezogene Mängel zum Gegenstand von Schadensersatzansprüchen oder zum Grund einer Abberufung zu machen. Andere Fehler, etwa die Unterlassung, Schäden am gemeinschaftlichen Eigentum zu ermitteln, oder der Eigentümerversammlung darüber zu berichten, sind folglich nicht von der Entlastung erfasst, da die Untätigkeit mangels Reparaturaufwendungen etc. gerade keinen Niederschlag in der Jahresabrechnung gefunden hat. Die Entlastung ist bei unbeanstandeter Jahresabrechnung so üblich, dass ein Teil der Rechtsprechung in deren Genehmigung eine konkludente Entlastung sieht (KG NJW-RR 1986, 1337; 1987, 79; OLG Düsseldorf NJW-RR 2001, 949; differenzierter BayObLG NJW-RR 1988, 82; OLG München NJW-RR 2007, 1095; AG Hannover ZMR 2009, 410). Dies erscheint zweifelhaft. Denn eine Jahresabrechnung kann rechnerisch korrekt sein, aber zu Unrecht getätigte Ausgaben enthalten. In diesem Falle wäre eine Anfechtung der Jahresabrechnung aussichtslos, da sie zutreffend die tatsächlichen Einnahmen und Ausgaben ausweist (BayObLG NJW-RR 1991, 15; OLG München ZMR 2007, 989; AG Hannover ZMR 2009, 410). Die materiell-rechtliche Fehlerhaftigkeit bestimmter Ausgaben begründet lediglich einen Regressanspruch gegen den Verwalter, der mit der Entlastung aber gerade abgeschnitten würde (BayObLG NJW-RR 1988, 82 f.). Vor dem Hintergrund der Verknüpfung der Entlastung mit der Genehmigung der Jahresabrechnung in der Rechtsprechung empfiehlt sich daher eine ausdrückliche Beschlussfassung, die diese ablehnt (OLG München NJW-RR 2007, 1095). Denn dann kann in keinem Fall mehr von einer konkludenten Entlastung ausgegangen werden (BayObLG NJW-RR 1988, 19; Staudinger/Bub § 28 Rn. 18). Hingegen bestehen keine Bedenken, in der Entlastung des Verwalters auch die Genehmigung der Jahresabrechnung zu sehen, zumal er hierdurch von weiterer Tätigkeit in diesem Zusammenhang entbunden wird (OLG Düsseldorf ZMR 1999, 656; Staudinger/Bub § 28 Rn. 19; a.A. KG NJW-RR 164

1986, 1337; 1987, 79). Alleine die Entlastung des Verwaltungsbeirats stellt aber jedenfalls dann keine Genehmigung der Jahresabrechnung dar, wenn die Entlastung des Verwalters ausdrücklich verweigert wird (OLG München ZMR 2007, 989). Die Eigentümerversammlung kann auch weitergehend Entlastung erteilen, etwa für die gesamte Tätigkeit des Verwalters für einen bestimmten Zeitraum. Selbstverständlich kann die Entlastung auch auf bestimmte Tätigkeiten beschränkt oder unter einem Vorbehalt erklärt werden (LG Berlin ZMR 2009, 393).

165 Dem Verwalter kann **für seine Tätigkeit insgesamt Entlastung** erteilt werden. Der Wille hierzu muss aber klar aus der Beschlussfassung hervorgehen. Dies kann etwa durch die Formulierung, dem Verwalter werde für seine gesamte Tätigkeit Entlastung erteilt o.Ä., geschehen. Bei weniger deutlichem Wortlaut des Beschlusses kann von Bedeutung sein, ob er im Zusammenhang mit der Jahresabrechnung oder unabhängig von ihr gefasst wurde. Gegenstand der Entlastung kann aber auch dann nur die Verwaltertätigkeit im Rahmen der Verwaltung des gemeinschaftlichen Eigentums sein. Sonstige Aktivitäten des Verwalters etwa im Rahmen einer Mietverwaltung können nicht Gegenstand einer Beschlussfassung der Eigentümerversammlung sein. Ein diesbezüglicher Beschluss wäre mangels Beschlusskompetenz nichtig. Die Entlastung kann aber auf bestimmte Gegenstände beschränkt werden:

166 Die Wirkung der Entlastung erstreckt sich auf sämtliche Ansprüche, die den Wohnungseigentümern **bekannt** waren (BayObLG NJW-RR 1988, 82; 1989, 841 u: 1164; 2000, 14; NJW-RR 2001, 1019 f. = ZMR 2001, 208; OLG Düsseldorf NJW-RR 2001, 950; KG ZMR 2008, 70). Dabei wird ihnen die Kenntnis des Verwaltungsbeirats nach § 166 Abs. 1 BGB zugerechnet (OLG Düsseldorf NJW-RR 2001, 950; a.A. Jennißen VII Rn. 64), nicht aber die Kenntnisse einzelner Wohnungseigentümer (BayObLG NZM 2001, 389). Maßgeblich ist die Kenntnis aller Wohnungseigentümer (BayObLG NJW-RR 2003, 79). Darüber hinaus können sie nach einer Entlastung auch solche Ansprüche nicht mehr geltend machen, die sie bei sorgfältiger Prüfung hätten erkennen können (BayObLG NJW-RR 1988, 82; 1989, 841 u. 1164; 2000, 14 = NZM 1999, 864; NJW-RR 2001, 1019 f. = ZMR 2001, 208; OLG Düsseldorf NJW-RR 2001, 949 f.; KG ZMR 2008, 70). Der Maßstab hierfür wird aber teilweise sehr großzügig gehandhabt. So muss ein Wohnungseigentümer die Rechtsprechung zu den Grundsätzen einer ordnungsgemäßen Jahresabrechnung nicht kennen, weshalb hieraus resultierende Unkenntnis eines Verwalterhandelns Regressansprüche nicht ausschließt (BayObLG ZMR 2003, 762; ähnlich KG NJW-RR 1993, 404). Von der Entlastungswirkung auf keinen Fall erfasst sind Pflichtverletzungen mit strafrechtlichem Hintergrund, etwa die Fälschung von Belegen (OLG Celle NJW-RR 1991, 979 f.). Dabei bedarf es nicht zwingend einer strafgerichtlichen Verurteilung; entsprechende Vorwürfe sind durch eine Beweisaufnahme zu klären (OLG Celle NJW-RR 1991, 980). Etwa eine im Zustand der Schuldunfähigkeit begangene Tat oder die mittlerweile eingetretene Verjährung schließen zwar eine strafrechtliche Verurteilung, nicht aber die Geltendmachung von Schadensersatzansprüchen aus.

167 Die Entlastung wird seit jeher auch auf **Individualansprüche** erstreckt, sofern sie aus Fehlern bei der Verwaltung des gemeinschaftlichen Eigentums resultieren. Etwa die Verwendung eines falschen Verteilungsschlüssels benachteiligt nur einzelne Wohnungseigentümer, kann aber gleichwohl nach einer Entlastung nicht mehr zu Schadensersatzansprüchen gegen den Verwalter führen. Hieran ändert sich auch nach der Rechtsprechung des BGH nichts, wonach der Eigentümerversammlung die Beschlusskompetenz fehlt, einzelnen Wohnungseigentümern Sonderpflichten durch Mehrheitsentscheidung aufzuerlegen (BGH ZMR 2005, 554). Zwar fehlt der Eigentümerversammlung grundsätzlich die Kompetenz, mit Mehrheit über Individualansprüche einzelner Miteigentümer zu entscheiden. Die Kompetenz zur Entlastung des Verwalters auch hinsichtlich individueller Schadensersatzansprüche der einzelnen Wohnungseigentümer ist aber trotz fehlender gesetzlicher Fixierung seit Jahrzehnten weitgehend anerkannt und von der höchstrichterlichen Rechtsprechung jüngst bestätigt worden (BGH NJW 2003, 3126 f.). Daher ist zumindest von einer gewohnheitsrechtlich begründeten Beschlusskompetenz der Eigentümerversammlung auszugehen, auch hinsichtlich individueller Schadensersatzansprüche einzelner Wohnungseigentümer Entlastung zu erteilen. Dies gilt aber natürlich nur, soweit sie aus der Verwaltung des gemeinschaftlichen Eigentums resultieren. Sonstige Schäden, etwa am Sondereigentum, das nicht der Tätigkeit des Verwalters unterfällt, sind von der Entlastung nicht erfasst (OLG Hamm NJW-RR 1997, 908; noch weiter gehend BayObLG NJW-RR 1997, 1444 = ZMR 1998, 176, wonach auch die Übertragung der Verwaltung auf Dritte keine Verwaltungstätigkeit und deshalb nicht von der Entlastung erfasst sein soll). Noch viel weniger ist dies bei Schäden der Fall, die nur gelegentlich der Verwaltung verursacht wurden (etwa durch einen Verkehrsunfall auf dem gemeinschaftlichen Grundstück) oder völlig hiervon unabhängig sind.

Die Entlastungswirkung kommt i.d.R. dem amtierenden Verwalter oder seinem Amtsvorgänger zugute. Die fehlerfreie Bestellung ist hierfür keine Voraussetzung. Auch dem faktischen Verwalter kann Entlastung erteilt werden. Selbst derjenige, der bewusst nur einzelne Verwaltungstätigkeiten, etwa die Überarbeitung einer zum Teil erfolgreich angefochtenen Jahresabrechnung übernommen hat, kann hierfür entlastet werden (OLG Düsseldorf ZWE 2007, 312 = ZMR 2008, 221). **168**

Der Verwalter selbst darf an der Abstimmung über die Entlastung nach § 25 Abs. 5 WEG in keinem Fall teilnehmen, weder als Eigentümer (BayObLG NJW-RR 1987, 596; KG NJW-RR 1989, 144; LG Frankfurt NJW-RR 1988, 596) noch als Bevollmächtigter anderer Wohnungseigentümer (KG NJW-RR 1989, 144; OLG Köln NJW-RR 2007, 671; LG Frankfurt NJW-RR 1988, 596; OLG Köln ZMR 2007, 716 f.; LG Konstanz ZMR 2008, 329; LG Itzehoe ZMR 2009, 143). Denn das negative Schuldanerkenntnis ist ein Vertrag, also die Vornahme eines Rechtsgeschäfts mit dem Verwalter. Hierüber kann der Verwalter nach § 25 Abs. 5 WEG nicht mitstimmen. Auch Dritte sind in derselben Weise vom Stimmrecht ausgeschlossen, wenn zwischen ihnen und dem Verwalter eine so starke wirtschaftliche Verflechtung besteht, dass sie als Einheit anzusehen sind (LG Frankfurt NJW-RR 1988, 596 f.). Dies ist aber nicht schon dann der Fall, wenn eine Eigentümerin Angestellte oder Hilfskraft des Verwalters ist (LG Frankfurt NJW-RR 1988, 597). Allerdings kann der Verwalter dann die Trennung der Beschlüsse über die Entlastung von demjenigen über die Jahresabrechnung verlangen. Über letzteren Gegenstand kann er mitstimmen, da insoweit das mitgliedschaftliche Interesse überwiegt (Jennißen VII Rn. 63). Ebenso kann er einem anderen Wohnungseigentümer (Unter)vollmacht erteilen, sofern er keine konkreten Weisungen zum Stimmverhalten gibt. Denn dann entscheidet der Bevollmächtigte in eigener Verantwortung über sein Stimmverhalten zur Entlastung (OLG Zweibrücken NZM 1998, 671). **169**

Die einmal erteilte Entlastung kann nicht durch **Zweitbeschluss** rückgängig gemacht werden. Denn dies wäre insbesondere nach Bestandskraft der Entlastung ein kollektives Rechtsgeschäft zu Lasten Dritter, nämlich des Verwalters. Ein solches Rechtsgeschäft ist aber auch ohne Anfechtung nichtig. Jeder Wohnungseigentümer kann seine Stimmabgabe aber nach allgemeinen Regeln bei Irrtum oder Täuschung nach §§ 119, 123 BGB anfechten. Da der Beschluss ohne Anfechtung bestandskräftig wird, muss dies innerhalb der Monatsfrist des § 46 Abs. 1 S. 2 WEG erfolgen und mit der Anfechtungsklage nach § 43 Nr. 4 WEG verbunden werden. Auch dies ist nur erfolgversprechend, wenn es bei den Mehrheitsverhältnissen auf die Stimme des Anfechtenden ankommt oder weitere Miteigentümer ihre Stimmabgabe anfechten. Anderenfalls wird die Erteilung der Entlastung bestandskräftig. **170**

171 **Praxistipp:**

In der Praxis versuchen Verwalter (und bisweilen auch Gerichte) oftmals im Hinblick auf die Entlastung »kurzen Prozess« mit Schadensersatzansprüchen zu machen. Das wird bei einem Großteil der Regressansprüche, nämlich der schuldhaften Untätigkeit des Verwalters gerade nicht möglich sein. Geht er etwa Hinweisen auf Schäden nicht nach, versäumt er Begehungen oder Untersuchungen oder verletzt er Verkehrssicherungspflichten, so findet dies naturgemäß **keinen Niederschlag in der Jahresabrechnung** und wird folglich auch nicht von der Entlastung im Zusammenhang mit der Jahresabrechnung erfasst.

e) Schaden und Kausalität

172 Wohnungseigentümer oder teilrechtsfähiger Verband haben grundsätzlich nach allgemeinen Regeln die Pflichtverletzung, den Schaden und die Ursächlichkeit zwischen beidem zu beweisen (OLG Düsseldorf ZMR 1997, 433; OLG Oldenburg ZMR 2008, 239). Sofern die Pflichtverletzung und ein zeitlich nachfolgender Schaden feststehen, kann dies bei der Frage der Kausalität zu einer **Beweislastumkehr** zu Lasten des Verwalters führen (BayObLG ZMR 1998, 358; 2000, 316). Dies ist insbesondere dann der Fall, wenn die Beweisnot aus Pflichtverletzungen des Verwalters resultiert, etwa beim Zuwiderhandeln gegen seine Aufklärungs- und Dokumentationspflichten (OLG Oldenburg ZMR 2008, 239). Ersatzfähig sind dabei sowohl **Substanzschäden** wie etwa Malerarbeiten (BayObLG ZMR 2000, 316) als auch **Folgeschäden** wie Mietzinsminderung oder -ausfall (BayObLG ZMR 1998, 358; 2000, 316) und Rechtsverfolgungskosten (BayObLG ZMR 2000, 316). Bestehen aufgrund der schädigenden Handlung **Ansprüche gegen Dritte**, so schließt das eine Inanspruchnahme des Verwalters nicht aus; er kann aber im Gegenzug deren Abtretung verlangen (BayObLG NJW-RR 1998, 520). Ein Mitverschulden der Wohnungseigentümer ist nicht mehr ohne Weiteres anspruchsmindernd zu berücksichtigen, wenn der Verband geschädigt wurde (OLG Frankfurt ZMR 2008, 988; Abramenko ZMR 2006, 413; zur alten Rechtslage s. noch OLG Celle ZMR 2004, 847). Es kann aber im Wege der Drittwiderklage geltend gemacht werden und im Einzelfall, wenn die Eigentümer etwa auf der Ausführung eines anfechtbaren Beschlusses bestehen, sogar zu einem vollständigen Freistellungsanspruch führen.

f) Das Verfahren

173 Schadensersatzansprüche der Gemeinschaft sind im Verfahren **nach § 43 Nr. 3 WEG unabhängig vom Streitwert vor dem Amtsgericht** geltend zu machen (OLG Oldenburg ZMR 2008, 239). Dabei sind **Schäden am Gemeinschaftseigentum** im Gegensatz zum früheren Recht (OLG München ZMR 2005, 733 f.; Abramenko ZMR 2005, 556; Demharter NZM 2006, 82) nunmehr als gemeinschaftliche Angelegenheiten nach § 10 Abs. 6 S. 3 WEG vom Verband geltend zu machen (vgl. LG Hamburg ZMR 2010, 551; AG Mettmann ZMR 2008, 848; AG Hamburg-St. Georg ZMR 2009, 322; AG Dortmund ZMR 2009, 486; AG Saarbrücken ZMR 2009, 961; AG Tostedt ZMR 2009, 963). Dies gilt erst recht bei eigenen Schäden des Verbandes, die anders als nach früherer Rechtsprechung (BGH NJW 1993, 728; OLG Köln NZM 2003, 684; ZMR 2006, 67; BayObLG ZMR 2003, 692; AG Hannover ZMR 2009, 82) von ihm selbst, nicht von allen Eigentümern gemeinschaftlich geltend zu machen sind. Der einzelne Wohnungseigentümer kann nur Schäden, die alleine ihn betreffen, weil sie etwa in seinem **Sondereigentum** entstanden sind, alleine geltend machen (BGH NJW 1993, 729; ZMR 1996, 276; KG ZMR 2000, 558; BayObLG ZMR 2000, 315; OLG Köln ZMR 2006, 67). **Aktivlegitimiert ist folglich alleine der teilrechtsfähige Verband.** Einzelne Eigentümer können aber durch Mehrheitsbeschluss zur Geltendmachung ermächtigt werden. Dies gilt auch für Zweierge-

meinschaften (LG Hamburg ZMR 2010, 551). Die Durchsetzung von Schadensersatzansprüchen bleibt daher nach der Rechtsprechungsänderung nur dann unkompliziert, wenn der Verwalter gewechselt hat. Denn nach dem **Verwalterwechsel** besteht keine Interessenkollision mehr bei der Durchsetzung von Schadensersatzansprüchen, sodass der neue Verwalter ohne weiteres nach § 27 Abs. 3 S. 1 Nr. 1 WEG zustellungsbevollmächtigt und nach Ermächtigung gem. § 27 Abs. 3 S. 1 Nr. 7 WEG auch zur Geltendmachung dieser Ansprüche bevollmächtigt ist. Ansonsten besteht ein offenkundiger Interessenkonflikt zwischen den Aufgaben des Verwalters, Schadensersatzansprüche gegen sich selbst geltend zu machen und seinen eigenen Belangen, der die Tätigkeit des Verwalters ausschließt. Es müssen folglich nach § 27 Abs. 3 S. 2 WEG entweder alle Wohnungseigentümer gemeinschaftlich handeln oder einen oder mehrere Miteigentümer nach § 27 Abs. 3 S. 3 WEG ermächtigen. Dies bringt aber für beide Seiten erhebliche Risiken mit sich. Der Ermächtigte ist selbst Kostenschuldner und muss sich u.U. bei einem Misserfolg seines Vorgehens fehlerhafte Prozessführung vorhalten lassen. Die Wohnungseigentümer riskieren wiederum beim Ausscheiden oder sonstigen Unstimmigkeiten selbst nach einem erfolgreichen Prozess erneute Schwierigkeiten bei der Vollstreckung (vgl. o. Rdn. 127).

Stimmen die Miteigentümer einem Vorgehen gegen den Verwalter nicht zu, bleibt dem **174** einzelnen Wohnungseigentümer nur, den ablehnenden Beschluss der Wohnungseigentümer anzufechten und eine positive Beschlussfassung zur Geltendmachung des Schadens durch das Gericht ersetzen zu lassen (AG Hannover ZMR 2009, 82; AG Dortmund ZMR 2009, 486). Nur bei Schäden, die alleine einem Wohnungseigentümer, etwa im Sondereigentum, entstanden sind, bedarf die Geltendmachung von Schadensersatz durch einzelne Wohnungseigentümer keiner Ermächtigung (BGH NJW 1993, 729; ZMR 1996, 276; BayObLG NJW-RR 1993, 281; ZMR 2000, 315; OLG Hamm NJW-RR 1997, 908; 2001, 228; KG NJW-RR 2000, 1326 = ZMR 2000, 558; AG Hannover ZMR 2009, 82; AG Rheinbach ZMR 2009, 647). Diese kann er als geschützter Dritter nach wie vor geltend machen, da der Vertrag zwischen Verwalter und Verband insoweit ein Vertrag zugunsten Dritter ist (vgl. Rdn. 142; a.A. schon zum alten Recht, aber unrichtig KG NJW-RR 1991, 273). Ähnliches gilt auch bei der Beschädigung solchen Gemeinschaftseigentums, für dessen Instandhaltung und Instandsetzung ein Wohnungseigentümer alleine zu sorgen hat (OLG München ZMR 2006, 70).

g) Die Haftung der Wohnungseigentümer für den Verwalter

Umgekehrt können die Wohnungseigentümer bzw. nunmehr auch der teilrechtsfähige **175** Verband gem. § 278 BGB auch für den Verwalter haften, wenn dieser in Erfüllung ihrer Verbindlichkeiten tätig wird, etwa bei Zahlungen in Verzug gerät. Auch eine Haftungszuweisung nach § 31 BGB dürfte nunmehr in Betracht kommen, da der Verwalter wohl auch nach Anerkennung eines teilrechtsfähigen Verbandes und dessen weiterer rechtlicher Ausgestaltung durch die Novelle Organ im Sinne dieser Vorschrift ist (Hügel/Elzer § 11 Rn. 7 u. wohl auch Hügel DNotZ 2005, 761 f.; a.A. Niedenführ/Kümmel/Vandenhouten § 27 Rn. 114). Da er Verrichtungsgehilfe der Wohnungseigentümer sein kann, kommt ferner eine Haftung aus § 831 BGB in Betracht, wobei sich die Wohnungseigentümer allerdings häufig exkulpieren können. Im Verhältnis der Wohnungseigentümer untereinander ist der Verwalter weder Erfüllungsgehilfe gem. § 278 BGB noch Verrichtungsgehilfe nach § 831 BGB, da ihn die Wohnungseigentümer gemeinsam bestellen und beschäftigen (OLG Düsseldorf ZMR 1995, 177; 1999, 425; OLG Hamburg ZMR 2003, 133; OLG Hamm ZMR 2005, 808; AG Pinneberg ZMR 2008, 88).

Hingegen kann der Verband gem. § 278 BGB auch für den Verwalter haften, wenn dieser **176** in Erfüllung seiner Verbindlichkeiten tätig wird, etwa bei Zahlungen in Verzug gerät. Im Gegensatz zum früheren Recht kommt auch eine Haftungszuweisung nach § 31 BGB in

Betracht, da der Verwalter aufgrund seiner umfassenden Vollmacht, für den Verband zu handeln, wohl als Organ i.S.d. Vorschrift anzusehen ist (Hügel/Elzer § 11 Rn. 7; a.A. Niedenführ/Kümmel/Vandenhouten § 27 Rn. 114). In jedem Fall kann er Verrichtungsgehilfe des Verbandes sein. Daher kann dieser auch aus § 831 BGB haften, wobei ihm aber häufig eine Exkulpation nach § 831 Abs. 1 S. 2 BGB gelingen wird. Dies wird auch im Innenverhältnis angenommen (OLG Hamm ZMR 2008, 402). Damit könnte die oben angesprochene Rechtsprechung, wonach die Wohnungseigentümer untereinander nicht nach § 278 BGB für den Verwalter haften, ihre Bedeutung zu einem nicht unerheblichen Teil verloren haben. Denn der teilrechtsfähige Verband ist in weitem Umfang an die Stelle der Wohnungseigentümer getreten.

h) Verkehrssicherungspflichten

177 Der Verwalter kann im Verwaltervertrag auch Verkehrssicherungspflichten übernehmen (allgemein hierzu s. Wenzel ZWE 2009, 59 f.). Ohne eine solche vertragliche Regelung sind die Wohnungseigentümer selbst verkehrssicherungspflichtig, der Verwalter ist aber nach dem Rechtsgedanken des § 27 Abs. 1 Nr. 2 WEG zur Ermittlung von Handlungsbedarf und zur Information der Wohnungseigentümer sowie zur Überwachung der Durchführung evtl. gefasster Beschlüsse verpflichtet (Wenzel ZWE 2009, 59 f.). Diese Pflichten können im Gegensatz zur tatsächlichen Durchführung erforderlicher Maßnahmen (etwa der Schneeräumung oder dem Anbringen von Absperrungen) nicht auf Dritte delegiert werden (Wenzel ZWE 2009, 60). Bei einer Übertragung der erforderlichen Einzelmaßnahmen haftet auch der hiermit betraute Dritte (Wenzel ZWE 2009, 61 f.). Wohnungseigentümer und Verwalter treffen dann nur noch Überwachungspflichten (Wenzel ZWE 2009, 61). Allerdings ist die Rechtsprechung bei der Annahme einer vertraglichen Übertragung von Verkehrssicherungspflichten großzügig. Sie soll schon dann vereinbart sein, wenn er im Verwaltervertrag die Verpflichtung übernimmt, alles zu tun, was zu einer ordnungsgemäßen Verwaltung notwendig ist (BayObLG NJW-RR 2005, 100; OLG Karlsruhe ZMR 2009, 624; ähnlich OLG Frankfurt NZM 2004, 144; strenger Wenzel ZWE 2009, 60 f., der aber möglicherweise § 305c Abs. 2 BGB nicht berücksichtigt; vgl. o. Rdn. 139 u. 152). Auch auf die zivilrechtliche Wirksamkeit der Übertragung kommt es für die Haftung des Verwalters nicht an (Wenzel ZWE 2009, 59 f.). Diese Verkehrssicherungspflicht verletzt der Verwalter, wenn er nicht rechtzeitig auf die Beseitigung von Gefahren hinwirkt (vgl. BGH NJW-RR 1989, 394 f.). Dies ist etwa bei Schnee- und Eisglätte der Fall, wenn der Verwalter nicht für ein gefahrloses Betreten sowohl der öffentlichen Verkehrsflächen wie auch der Zugänge zu Gemeinschaftseinrichtungen auf den zum Gemeinschaftseigentum gehörenden Wegen sorgt (OLG Karlsruhe ZMR 2009, 623 f. zum Personenzugang in die Tiefgarage). Ein Verstoß gegen seine Pflichten aus der Verkehrssicherung liegt auch dann vor, wenn der Verwalter diesbezügliche Beschlüsse nicht unverzüglich ausführt (BayObLG WuM 1996, 498). Es besteht allerdings ohne Anlass keine Pflicht zur ständigen Kontrolle jahrelang zuverlässig arbeitender Hauswartfirmen o.Ä. (BayObLG NJW-RR 2005, 100 = ZMR 2005, 137; OLG München ZMR 2006, 227). Für Verletzungen Dritter wegen Verletzung der Verkehrssicherungspflichten haftet der Verwalter aus § 823 Abs. 1 BGB (Wenzel ZWE 2009, 62). Eine Haftung des Verwalters besteht auch den Wohnungseigentümern selbst gegenüber, da dann der Verwaltervertrag als Vertrag zugunsten Dritter (vgl. o. Rdn. 142) verletzt wird (vgl. Wenzel ZWE 2009, 63).

13. Die Vergütung des Verwalters

a) Die Höhe der Vergütung

Die vorrangige Verpflichtung des teilrechtsfähigen Verbandes ist die Zahlung einer Vergütung für die Tätigkeit des Verwalters. Deren Höhe ist im Rahmen ordnungsmäßiger Verwaltung **frei vereinbar**. Üblich sind derzeit 20 bis 30 € je Wohneinheit und 2 bis 4 € je Garage monatlich. Dabei sind auch Staffelvereinbarungen zwecks Anpassung an die Inflation zulässig, nicht aber Wertsicherungsklauseln gem. § 2 PKAngG (Gottschalg ZWE 2002, 202; vgl. OLG Köln NJW-RR 1995, 146 f.; a.A. Deckert Die ETW, Gr. 4 Rn. 1130; zum Verstoß gegen § 307 Abs. 1 BGB s. OLG Düsseldorf ZMR 2005, 468 f.). Eine monatliche Vergütung von 14 DM pro Hobbyraum entsprach 1999 nicht mehr ordnungsmäßiger Verwaltung (OLG Düsseldorf ZMR 2001, 305), ebenso wenig eine solche von 100 DM pro Wohnung (BayObLG ZMR 2000, 848). Hingegen soll eine Vergütung von 100 DM pro Stunde bei Vorliegen besonderer Voraussetzungen angemessen gewesen sein (BayObLG ZMR 2000, 859). Eine gegenüber unvermieteten Wohnungen höhere Vergütung für vermietete Wohnungen soll bis zu 2,50 € monatlich durch Mehrheitsbeschluss erfolgen können (OLG Frankfurt ZMR 1991, 72; zweifelhaft). Sofern der Beschluss über den Verwaltervertrag oder die Bevollmächtigung zu seinem Abschluss nicht angefochten wird, gelten nur die allgemeinen Schranken der §§ 134, 138 BGB. Ein **Missverhältnis** zwischen Leistung und Vergütung des Verwalters ist dabei erst ab einem mehr als 100 % über dem Marktpreis liegenden Entgelt zu sehen, was bei Vorliegen der weiteren Voraussetzungen (insbesondere Ausnutzung der Unerfahrenheit eines Vertragspartners) zur Sittenwidrigkeit der Vergütungsvereinbarung und somit zu Rückzahlungsansprüchen führen kann (OLG Oldenburg ZMR 2002, 782 f.). Übersteigt die Vergütung eines Bewerbers die der Konkurrenten um 40% oder mehr, müssen hierfür aber sachliche Gründe vorliegen (OLG München NJW-RR 2008, 26). Ohne Vergütungsvereinbarung gilt gem. §§ 675, 612 Abs. 1, 2 BGB die **branchenübliche Vergütung** als vereinbart (KG ZMR 2004, 460). Dabei sollen Sonderleistungen, die nicht zu den gesetzlichen Aufgaben gehören, ohne weiteres getrennt zu vergüten sein (OLG Hamm ZMR 2001, 143 – zweifelhaft). Ist der **Verwaltervertrag unwirksam**, so bejaht die h.M. Ansprüche aus §§ 683 S. 1, 670 BGB (BGH ZMR 1989, 266; gegen diese im Hinblick auf den regelmäßig fehlenden Fremdgeschäftsführungswillen problematische Annahme einer Geschäftsführung ohne Auftrag und für eine Anlehnung an die im Gesellschaftsrecht angewandten Grundsätze zu fehlerhaften Anstellungsverträgen Bärmann/Merle § 26 Rn. 152; zustimmend Staudinger/Bub § 26 Rn. 288). 178

b) Die Fälligkeit der Vergütung

Die Fälligkeit der Vergütung wird regelmäßig im Verwaltervertrag näher geregelt. Üblich ist die Vereinbarung einer monatlichen Fälligkeit. Ohne eine solche Bestimmung gilt § 614 S. 1 BGB, wonach die Vergütung erst nach geleisteter Tätigkeit fällig wird. Dies ist frühestens nach Vorlage der Jahresabrechnung der Fall (OLG Hamm NJW-RR 1993, 846; a.A. Staudinger/Bub § 26 Rn. 279). Der Verwalter kann fällige Vergütungsansprüche der Gemeinschaftskasse entnehmen (vgl. KG NJW-RR 1990, 154; Staudinger/Bub § 26 Rn. 285) und mit ihnen gegen Ansprüche des Verbandes, aber wohl nicht mehr der Wohnungseigentümer aufrechnen (vgl. BayObLGZ 1976, 166; OLG Stuttgart ZMR 1983, 422; OLG Hamm ZMR 2006, 633). Der amtierende Verwalter ist allerdings nicht befugt, auf die Instandhaltungsrücklage Zugriff zu nehmen (OLG Hamm ZMR 2008, 65), wohl aber soll der abberufene mangels wohnungseigentumsrechtlicher Bindungen gegen Ansprüche auf Herausgabe der Instandhaltungsrücklage mit seinen Vergütungsansprüchen aufrechnen können (OLG Hamm ZMR 2008, 65 – zweifelhaft). Nach der Anerkennung der Teilrechtsfähigkeit der Wohnungseigentümergemeinschaft ist die alte Recht- 179 sprechung, die eine gesamtschuldnerische Haftung aller Wohnungseigentümer für die Vergütung gem. § 427 BGB annahm (BGH ZMR 2004, 833; KG ZMR 2004, 778), überholt. Die gesamtschuldnerische Haftung kommt nunmehr, anders als nach früherem Recht (BGH ZMR 2005, 55; Abramenko ZMR 2005, 586 f.) gem. § 10 Abs. 8 S. 1 WEG auch bei einem ordnungsgemäßer Verwaltung widersprechendem Finanzgebaren nicht mehr in Betracht, sondern nur noch die quotale Haftung aus § 10 Abs. 8 S. 1 WEG. **Schuldner der Verwaltervergütung ist nunmehr der teilrechtsfähige Verband.** Die Vergütung ist bei der Bemessung der Vorschüsse nach § 28 Abs. 2 WEG zu berücksichtigen. Bei deren Erhebung und bei ihrer Abrechnung ist zu beachten, dass die Berechnung der **Vergütung pro Einheit** nur das Verhältnis zwischen Wohnungseigentümern und Verwalter betrifft. Im Innenverhältnis haben sich die Wohnungseigentümer gleichwohl nach dem in der Gemeinschaftsordnung vorgesehenen Schlüssel, ansonsten nach Miteigentumsanteilen gem. § 16 Abs. 2 WEG an den Kosten des Verwalters zu beteiligen (BayObLG ZMR 2001, 827; 2004, 358; OLG Köln NZM 2002, 615; LG Lüneburg ZMR 2009, 555; Bärmann/Merle § 26 Rn. 134; Niedenführ/Kümmel/Vandenhouten § 26 Rn. 73, anders aber Rn. 60). Dies gilt selbst dann, wenn der Verwaltervertrag eine Vergütung pro Einheit vorsieht (LG Lüneburg ZMR 2009, 555). Allerdings eröffnet § 16 Abs. 3 WEG nunmehr die Möglichkeit, eine Verteilung der Verwaltervergütung nach Einheiten mit Mehrheit zu beschließen (Abramenko § 3 Rn. 30). Soweit eine Vergütung pro Einheit vorgesehen ist, kann sich die Vergütung schon mit der baulichen Zusammenlegung von Wohnungen (ohne grundbuchrechtliche Vereinigung) verringern (AG Aachen ZMR 2009, 717).

c) Verjährung

180 Die Vergütungsansprüche verjähren gem. **§ 195 BGB** nach 3 Jahren. Bestimmt der Verwaltervertrag allerdings für Ansprüche »aus diesem Vertrag« eine kürzere Verjährung, gilt dies auch für gesetzliche Ansprüche des Verwalters (BayObLG ZMR 2003, 437). Im Streitfall ist der Vergütungsanspruch auch nach Ausscheiden des Verwalters aus dem Amt nach § 43 Nr. 3 WEG unabhängig vom Streitwert vor dem Amtsgericht geltend zu machen (vgl. BGH NJW 1980, 2467 f.).

14. Sondervergütungen

a) Die Möglichkeit der Vereinbarung von Sondervergütungen

181 Die vereinbarte Vergütung gilt grundsätzlich die gesamte Tätigkeit des Verwalters ab (a.A. nunmehr AG Saarbrücken ZMR 2009, 562, wonach für alle Aufgaben, die über gesetzliche Pflichten und typisches Berufsbild hinausgehen ohne weiteres ein Anspruch auf Sondervergütung besteht). Stellt sie sich im Nachhinein als wesentlich einfacher oder, was von größerer Relevanz ist, als wesentlich aufwendiger heraus als zuvor angenommen, kommt abgesehen von den allgemeinen, aber wohl selten einschlägigen Korrekturmöglichkeiten etwa nach den Grundsätzen des Wegfalls der Geschäftsgrundlage nur eine einvernehmliche Abänderung des Verwaltervertrags in Betracht. Einseitige **Erhöhungsbegehren** sind für den laufenden Vertrag ebenso unbeachtlich wie Kürzungen durch Beschlussfassung der Eigentümer. Allerdings kann im Einzelfall auch die Ablehnung einer Erhöhung ordnungsmäßiger Verwaltung widersprechen, weshalb unter Anfechtung eines entsprechenden Beschlusses eine entsprechende Verpflichtung begehrt werden kann (KG ZMR 1986, 96). Hingegen entsprechen rückwirkende Erhöhungen grundsätzlich nicht mehr ordnungsmäßiger Verwaltung (OLG Düsseldorf ZMR 1998, 653 f.). Schwierigkeiten bei der Vereinbarung einer angemessenen Vergütung lassen sich durch die Vereinbarung von Zusatzvergütungen für bestimmte Tätigkeiten häufig entschärfen. Dies ermöglicht dem Verwalter eine genauere Kalkulation seines Honorars, da er weiß, welche Tätigkeiten mit der Grundvergütung abgegolten sind. Umgekehrt sieht sich die Gemeinschaft nicht im Nachhinein einem überforderten Verwalter gegenüber. Vor allem kann sie aber den Arbeitsanfall und die hierfür zu entrichtende Vergütung in gewissem Umfang steuern.

b) Die Vereinbarkeit von Sondervergütungen mit den Grundsätzen ordnungsmäßiger Verwaltung

Sondervergütungen entsprechen im Grundsatz **nur dann ordnungsgemäßer Verwaltung, wenn sie nicht die ohnehin schon zu den typischen Pflichten des Verwalters gehörenden Tätigkeiten umfassen** (BGH NJW 1993, 1925; OLG Hamm ZMR 2001, 141; OLG Düsseldorf ZMR 2003, 285; KG ZMR 2009, 711; Jennißen/Jennißen § 26 Rn. 91). Für welche Tätigkeiten i.E. Sondervergütungen vereinbart werden können, dürfte zu den schwierigsten Fragen wohnungseigentumsrechtlicher Beratung gehören, da Rechtsprechung und Schrifttum eine klare Linie bislang nicht erkennen lassen. Dem Gesetz am nächsten und wohl auch am praktikabelsten dürfte es sein, **die in § 27 WEG genannten Tätigkeiten grundsätzlich von Sondervergütungen auszunehmen**. Denn die dort aufgelisteten Aufgaben und Befugnisse stellen nach § 27 Abs. 3 WEG das unentziehbare Minimum der Verwaltungstätigkeit dar, das in jedem Falle vom Verwalter zu leisten ist. Gehört eine Maßnahme noch hierzu, entspricht eine Sondervergütung nicht ordnungsmäßiger Verwaltung (a.A. LG Hanau ZMR 2010, 398, wonach ein Honorar etwa für die Bearbeitung von Sonderumlagen selbst in AGB vereinbart werden kann, wenn dies deutlich und verständlich hervorgehoben wird). Nur dann, wenn eine **Erweiterung der Verwaltertätigkeit** verabredet wird, kann hierfür auch ein Sonderhonorar bestimmt werden. Zudem muss die Abrede von Sondervergütungen in einem Formularvertrag den Anforderungen der §§ 305 ff. BGB genügen. Insbesondere muss gem. § 305c Abs. 1 BGB eindeutig sein, wann und wofür eine Vergütung anfällt (OLG Düsseldorf ZMR 2003, 285 f.). Schließlich muss sich die Sondervergütung in einem angemessenen Rahmen halten, der **Zeit- und Arbeitsaufwand berücksichtigt**, wobei eine **Pauschale** vereinbart werden kann (BGH NJW 1993, 1925; OLG Hamm ZMR 2001, 141; OLG Düsseldorf ZMR 2003, 285; BayObLG ZMR 2005, 380 f.). 182

c) Einzelfälle ordnungsmäßiger Verwaltung widersprechender Sondervergütungen

Ordnungsmäßiger Verwaltung widersprechen nach der hier vertretenen Auffassung daher Sondervergütungen etwa für **Mahnschreiben**, die in der Praxis häufig als zusätzlich zu vergütende Tätigkeiten in Verwalterverträgen erscheinen, da der Verwalter schon aus § 27 Abs. 1 Nr. 4 WEG zu dieser mit der Eintreibung verbundenen Maßnahme verpflichtet ist (differenzierend Staudinger/Bub § 26 Rn. 268). Ähnliches gilt für die Buchhaltung (KG ZMR 2008, 477) und für **Kopierkosten**, da die Unterrichtung der Wohnungseigentümer über eingehende Schriftstücke zu den originären Aufgaben des Verwalters gehört (BayObLG ZMR 2001, 908 f.). Denkbar ist allenfalls die Vereinbarung einer Pauschalierung des Aufwendungsersatzes für Kopier-, Schreib- und Telekommunikationskosten, die nicht zu seinen üblichen Aufgaben gehören, wobei eine Erstattung nach den Sätzen von Nr. 7000 VV RVG nicht zu beanstanden ist (OLG Hamm ZMR 2001, 141). Auch die **Durchführung von Eigentümerversammlungen** (OLG Düsseldorf ZMR 1998, 654) einschließlich eventueller **Wiederholungsversammlungen** (vgl. OLG Düsseldorf ZMR 2006, 872; KG ZMR 2008, 477) ist seine gesetzliche Aufgabe (a.A. für Wiederholungsversammlungen AG Saarbrücken ZMR 2009, 562), wenn die Beschlussfähigkeit in der ersten Versammlung nicht erreicht wird (s. OLG Hamm ZMR 2001, 141, wo aber – insoweit inkonsequent – gleichwohl eine 183

Zusatzvergütung zugelassen wird, wenn der Verwalter klargestellt hat, dass die Normalvergütung nur eine Versammlung abdecken soll). Jedenfalls dann, wenn noch nicht einmal die Wiederholungsversammlung, deren Durchführung der Verwalter selbst zu vertreten hat, von der Sondervergütung ausgenommen ist, liegt eine unangemessene Benachteiligung nach § 307 Abs. 1 BGB vor (OLG München ZMR 2009, 67; ähnlich AG Saarbrücken ZMR 2009, 562). Erst recht kann sich der Verwalter keine Sondervergütung für die Führung der Beschluss-Sammlung versprechen lassen, da diese zu seinen Kernaufgaben gehört und im Gegenteil die Unterlassung ihrer ordnungsgemäßen Führung nach § 26 Abs. 1 S. 4 WEG zu seiner Abberufung führen würde (AG Aachen ZMR 2008, 835; Reichert ZWE 2007, 392).

184 Für die Vorbereitung von Instandsetzungen, etwa für die **Feststellung der Schäden** und die Einholung von Angeboten, kann der Verwalter keine Zusatzvergütung verlangen, da er hierfür schon nach § 27 Abs. 1 Nr. 2 WEG zu sorgen hat (OLG Düsseldorf ZMR 1998, 654; 1999, 194). Eine Zusatzvergütung hierfür entspricht entgegen einer verbreiteten Ansicht in der Verwalterschaft nicht ordnungsmäßiger Verwaltung. Ebenso wenig kann der Verwalter, was bisweilen versucht wird, für die nach § 27 Abs. 1 Nr. 6 WEG erforderlichen Buchungen **steuerberaterliche Hilfe** auf Kosten der Wohnungseigentümergemeinschaft in Anspruch nehmen. Denn die Buchführung ist ohnehin eine ihm kraft Gesetzes zugewiesene Aufgabe (BayObLG NJW-RR 1987, 1368 f.; ähnlich für weitere Sonderfachleute KG ZMR 2008, 477; AG Hannover ZMR 2009, 152). Derartige nicht ordnungsmäßiger Verwaltung entsprechende Vergütungen sind, sofern der Verwaltervertrag mit Mehrheitsbeschluss angenommen wurde, **im Beschlussanfechtungsverfahren nach § 43 Nr. 4 WEG** zu rügen. Ansonsten wird der Beschluss, sofern kein zusätzlicher Nichtigkeitsgrund vorliegt, bestandskräftig. Erfolgversprechender kann ein Vorgehen gegen derartige Sondervergütungen hingegen dann sein, wenn der Verwaltervertrag durch einen Vertreter abgeschlossen wurde, der durch Mehrheitsbeschluss hierzu bevollmächtigt wurde. In diesen Fällen ist zu prüfen, ob die Verabredung über die Sondervergütung **die im Beschluss erteilte Vollmacht überschreitet.** Ist dies der Fall, kann die Überschreitung der Vollmacht und somit die mangelnde Verpflichtung des teilrechtsfähigen Verbandes als Schuldner ohne Bindung an die Frist des § 46 Abs. 1 S. 2 WEG geltend gemacht werden.

185 Zu berücksichtigen ist ferner, dass **nur für gemeinschaftliche Aufgaben** Sondervergütungen – und zwar auch nur mit einer Zahlungsverpflichtung der Gemeinschaft – verabredet werden können. Entgegen einer häufigen Praxis kann von den betroffenen Miteigentümern **keine direkt zu zahlende Sondervergütung für Leistungen ausbedungen werden, die das Sondereigentum oder Individualansprüche betreffen,** etwa bei einer Tätigkeit nur für einzelne Wohnungseigentümer (OLG Hamm ZMR 2001, 142; vgl. schon BayObLG ZMR 1999, 272). Hieran ändert auch die neue Beschlusskompetenz in § 21 Abs. 7 WEG nichts. Denn die dort neu geschaffene Beschlusskompetenz erstreckt sich nur auf die Verwaltung des gemeinschaftlichen Eigentums (Abramenko § 2 Rn. 15). Dies umfasst gerade nicht das Sondereigentum oder individuelle Rechtspositionen einzelner Miteigentümer. Vergütungen hierfür muss der Verwalter einzeln mit den Miteigentümern aushandeln.

186 **Praxistipp:**

Stört sich die Gemeinschaft an der Inanspruchnahme des Verwalters durch einzelne Wohnungseigentümer, ist sie nicht machtlos. Die Wohnungseigentümer können dem Verwalter durch Beschluss Weisung erteilen, die Verwaltung von Sondereigentum im Rahmen seiner Tätigkeit für die Gemeinschaft zu unterlassen. Hieran ist der Verwalter nach § 27 Abs. 1 Nr. 1 WEG gebunden.

d) Einzelfälle zulässiger Vergütungen

Eine **zusätzliche Aufgabe**, für die eine Sondervergütung verabredet werden kann, ist die **Durchführung gerichtlicher Verfahren**, wenn der Verwalter dort die Aufgaben der gerichtlichen Vertretung übernimmt (BGHZ 122, 332; OLG Hamm ZMR 2001, 141; AG Düsseldorf ZMR 2008, 81). Dies ist jedenfalls in Aktivverfahren weiterhin unproblematisch, da deren Führung nicht zu den Mindestaufgaben nach § 27 WEG gehört. Der Verwalter muss hierfür vielmehr nach § 27 Abs. 3 S. 1 Nr. 7 WEG jedesmal ermächtigt werden. Für die Durchführung kann eine Vergütung in der Höhe, wie sie einem Rechtsanwalt zustünde, vereinbart werden (BGHZ 122, 332 f.; OLG Hamm ZMR 2001, 141; OLG Düsseldorf ZMR 2003, 285), nach Auffassung des BGH sogar dann, wenn zusätzlich ein Anwalt beauftragt wird (ebenso AG Nürnberg ZMR 2008, 750; hiergegen zu Recht Niedenführ/Kümmel/Vandenhouten § 26 Rn. 67). Ein Stundensatz von 130 € ist allerdings überhöht (BayObLG ZMR 2005, 380 f.). Auch pauschale Vergütungen für Mahnverfahren ohne Rücksicht auf Zeit- und Arbeitsaufwand entsprechen nicht ordnungsmäßiger Verwaltung (BayObLG NJW-RR 1988, 848; ebenso OLG Hamm ZMR 2008, 555 f. für die Verdoppelung des Verwalterhonorars bei Säumnis mit Beiträgen und für die Verdreifachung bei gerichtlicher Geltendmachung). Die Vergütung ist erstattungsfähig (LG Stuttgart NJW-RR 2003, 1169; a.A. jetzt OLG Hamm ZMR 2009, 63 für außergerichtliche Kosten und LG Stuttgart ZMR 2009, 229 f. selbst für Kosten der gerichtlichen Vertretung-zweifelhaft), kann aber nach h.M. erst im Kostenfestsetzungsverfahren geltend gemacht werden (KG NJW-RR 1989, 330; OLG Frankfurt/M. WuM 1990, 458). Nach § 21 Abs. 7 WEG wird man eine entsprechende Vergütungspflicht einzelner Wohnungseigentümer jetzt auch durch Mehrheitsbeschluss festlegen können, da es sich um einen besonderen Verwaltungsaufwand handelt. Ohne Vereinbarung kann der Verwalter selbstverständlich keine Sondervergütung verlangen (LG Lüneburg ZMR 2008, 488; a.A. AG Saarbrücken ZMR 2009, 562; vgl. o. Rdn. 181). 187

Zulässig sind ferner Sondervergütungen für die **Überwachung baulicher Maßnahmen** im Gemeinschaftseigentum (OLG Hamm ZMR 2001, 141; OLG Köln NZM 2001, 470; AG Hamburg-Harburg ZMR 2008, 1007) oder für die **Geltendmachung von Baumängeln** (vgl. OLG Celle DWE 1984, 127). Auch wenn der Verwalter diesbezügliche Beschlüsse gem. § 27 Abs. 1 Nr. 1 WEG durchzuführen hat, kommt ihm nicht die Pflicht zur Bauleitung im eigentlichen Sinne zu (KG WuM 1993, 307; OLG Düsseldorf ZMR 1997, 490 f.; BayObLG ZMR 2001, 817; OLG Frankfurt ZMR 2009, 621). Zudem kann er die damit verbundenen, besondere Qualifikationen erfordernden Überwachungstätigkeiten nicht immer in eigener Person erbringen. Erklärt er sich etwa aufgrund besonderer Qualifikationen hierzu gleichwohl bereit, entspricht die Verabredung eines Sonderhonorars grundsätzlich ordnungsmäßiger Verwaltung. Bedenken bestehen aber bei der Verabredung eines bestimmten Prozentsatzes der Bausumme, da sich die Vergütung an dem voraussichtlichen Zeitaufwand zu orientieren hat. Das ist jedenfalls dann, wenn es sich nur um vergleichsweise einfache oder schnell durchzuführende, aber etwa aufgrund der Materialien kostspielige Arbeiten handelt, nicht der Fall (OLG Düsseldorf ZMR 1999, 194). 188

Sofern die Teilungserklärung die **Zustimmung des Verwalters zu Veräußerungen** nach § 12 WEG vorsieht, kann auch für die hiermit verbundenen Tätigkeiten eine Sondervergütung vereinbart werden (Staudinger/Bub § 26 Rn. 273; Niedenführ/Kümmel/Vandenhouten § 26 Rn. 70). Sie kann aber nicht dem Erwerber abverlangt werden, da dieser nicht für Vergütungen haftet, die noch vor seiner Eintragung in das Grundbuch fällig wurden (KG WuM 1997, 523). Vielmehr richtet sich der Anspruch auf Zahlung dieser Sondervergütung gegen den Verband und kann auch in der Jahresabrechnung nicht auf den Erwerber umgelegt werden. Denkbar ist jetzt aber nach Einführung der neuen Beschlusskom- 189 petenz in § 21 Abs. 7 WEG ein Beschluss, der die Zusatzvergütung dem Veräußerer auferlegt. Zulässig ist aber nur eine Pauschale, kein Prozentsatz vom Kaufpreis, da dieser wiederum vom voraussichtlichen Zeitaufwand des Verwalters unabhängig ist und wohl auch regelmäßig gegen § 138 BGB verstößt (KG WuM 1997, 522 f.).

190 Des Weiteren kann der Verwalter für das **Nachholen von Arbeiten aus der Amtsperiode seines Vorgängers**, die dieser nicht erledigt hat, gesondert honoriert werden. Denn der Verwalter muss nur die ab seiner Bestellung fälligen Leistungen erbringen. Eine solche Sondervergütung kommt insbesondere bei der Erstellung von Abrechnungen in Betracht, deren Erstellung bereits vor Amtswechsel fällig war (KG WE 1993, 83).

191 Schließlich ist der Verwalter berechtigt, sich für den Ausweis und die differenzierte Darstellung **haushaltsnaher Dienstleistungen** eine Sondervergütung versprechen zu lassen (AG Bremen ZMR 2007, 820; AG Öhringen ZMR 2010, 488). Denn dies fällt nicht zu seinen gesetzlich festgelegten Pflichten (KG ZMR 2009, 711; AG Aachen ZMR 2008, 835). Insbesondere muss die Jahresabrechnung, die der Verwalter nach § 28 Abs. 3 WEG zu erstellen hat, diesbezügliche Angaben nicht enthalten. Ohne eine Zusatzvergütung muss er daher eine entsprechende Bescheinigung nicht erstellen (AG Bremen ZMR 2007, 820; AG Neuss ZMR 2007, 898). Eine Vergütung von 25 Euro (LG Düsseldorf ZMR 2008, 484) bzw. 17 Euro (KG ZMR 2009, 711) bzw. 5 Euro (AG Öhringen ZMR 2010, 488) je Bescheinigung widerspricht Grundsätzen ordnungsmäßiger Verwaltung nicht, ebenso wenig ein Pauschalbetrag von 120 Euro für die gesamte Liegenschaft (AG Düsseldorf ZMR 2008, 668 f.). Obwohl die Bescheinigung nicht nur die Instandhaltung des gemeinschaftlichen Eigentums betrifft, besteht eine Beschlusskompetenz, die Kosten hierfür auf alle Wohnungseigentümer umzulegen (KG ZMR 2009, 710 f.). Die Eigentümerversammlung kann aber ohne Verstoß gegen Grundsätze ordnungsmäßiger Verwaltung auch beschließen, dass der Verwalter derartige Bescheinigungen nicht erstellen muss (AG Aachen ZMR 2008, 835).

15. Der Aufwendungsersatz

192 Dem Verwalter kann neben der Vergütung u.U. aus § 670 BGB noch ein Anspruch auf Ersatz von Aufwendungen zustehen (BayObLG ZMR 2004, 932 f.). Ein solcher Anspruch kommt zwar für die Aufwendungen im Rahmen der laufenden Verwaltung von vorneherein nicht in Frage, da die Vergütung grundsätzlich auch die Kosten erforderlicher Materialien etc. abdeckt. Anderes kann aber gelten, wenn der Verwalter etwa die **Aufwendungen für dringende Maßnahmen** aus eigener Tasche vorstreckt. Wird er indessen ohne Dringlichkeit eigenmächtig tätig, ohne einen Beschluss der Wohnungseigentümer herbeizuführen, kann er Ersatz der entstehenden Aufwendungen nur nach Bereicherungsrecht gem. §§ 684 S. 1, 812 Abs. 1 BGB verlangen (BayObLG ZMR 2003, 759 f.). Schießt der verwaltende Wohnungseigentümer in kleinen Anlagen die Kosten z.B. für Heizmaterial, Wasser oder Reparaturen vor, besteht der Anspruch auf Aufwendungsersatz unabhängig von einem – möglicherweise gar nicht beschlossenen – Wirtschaftsplan oder einer Jahresabrechnung, wobei sich der Verwalter seinen Kostenanteil anrechnen lassen muss (BayObLG ZMR 1997, 659; 1998, 103). Bei noch nicht erfüllten Verbindlichkeiten tritt anstelle des Aufwendungsersatzes ein Freistellungsanspruch (KG ZMR 1997, 540; BayObLG ZMR 2003, 855). Dieser kommt auch bei den Kosten gerichtlicher Verfahren, die der Verwalter im Interesse der Wohnungseigentümer bzw. des Verbandes führt, in Betracht (BayObLG ZMR 2000, 324).

16. Schlechterfüllung

Fall 193

> Die Wohnungseigentümer sind mit den Leistungen ihres Verwalters völlig unzufrieden. Sie wollen deswegen die Zahlung der Vergütung einstellen, diese aber jedenfalls deutlich mindern.

Wenn der Verwalter seine vertraglichen Pflichten nach Auffassung der Wohnungseigentümer wie im Beispielsfall schlecht erfüllt, sind diese bzw. der Verband nicht ohne Weiteres zur Einstellung der Vergütungszahlungen berechtigt. Dies ist gem. §§ 326, 275 BGB nur dann der Fall, wenn überhaupt keine Leistung erbracht wird und diese auch nicht nachgeholt werden kann (BayObLG NJWE-MietR 1997, 162). Eine solche Konstellation liegt etwa dann vor, wenn der Wirtschaftsplan bis zum Ablauf des Wirtschaftsjahres nicht erstellt oder die jährliche Eigentümerversammlung nicht durchgeführt wurde. Ansonsten bestehen nur Schadensersatzansprüche, insbesondere aus § 280 Abs. 1 BGB. Mit diesen Gegenansprüchen kann der Verband allerdings aufrechnen (BayObLG NJWE-MietR 1997, 162; OLG Köln ZMR 2005, 573). Im Beispielsfall könnte je nach konkreten Schäden (etwa zusätzlichen Aufwendungen für nicht erbrachte Verwalterleistungen oder Vermögensverlusten aus ungenügender Sorge um das Gemeinschaftsvermögen) eine Gegenforderung bestehen, die im Ergebnis zu der begehrten »Minderung« oder sogar völligen Nichtzahlung der Vergütung berechtigt. Die Wohnungseigentümergemeinschaft trifft aber in einem Verfahren nach § 43 Nr. 3 WEG, in dem der Verwalter seine Vergütung geltend macht und dies durch bloße Vorlage des Verwaltervertrages auch einfach begründen kann, die weit unangenehmere **Beweislast für einen konkreten Schaden**. 194

17. Die Abberufung des Verwalters

a) Die ordentliche Abberufung

Sofern der Verwalter für eine bestimmte Zeit bestellt ist, endet seine organschaftliche Stellung grundsätzlich erst mit ihrem Ablauf (BayObLG WuM 1989, 206). Ohne eine solche Regelung seiner Amtsdauer ist die sog. ordentliche Abberufung durch die Wohnungseigentümer jederzeit möglich (OLG Hamm NZM 1999, 230). Sie erfolgt nach § 26 Abs. 1 S. 1 WEG wie bei der Bestellung durch **Mehrheitsentscheidung**. Die Abberufung kann ausdrücklich, aber auch **konkludent** erfolgen, insbesondere durch Bestellung eines neuen Verwalters, da eine Gemeinschaft nicht zwei Verwalter haben kann (BayObLG NJW-RR 1992, 788; ZMR 2000, 323; ZMR 2003, 438; OLG Hamm ZMR 2008, 66; OLG München ZMR 2008, 237). Deshalb ist auch eine Einladung, die nur die »Bestellung des Verwalters« ankündigt, ausreichend (KG WE 1989, 138). Denn die gleichzeitige Tätigkeit zweier Verwalter ist rechtlich ausgeschlossen, sodass ein solcher Beschluss zwingend die Abberufung des Vorverwalters beinhaltet. Grundsätzlich ist die sog. **ordentliche Abberufung jederzeit ohne Begründung möglich** (KG WE 1989, 138). Sie kann aber, was die Regel ist, auf bestimmte Gründe beschränkt werden (vgl. zuletzt OLG Düsseldorf ZMR 2006, 57 f.), was auch konkludent, etwa durch eine feste Bestellungsdauer erfolgen kann (vgl. o. Rdn. 18). Die **Abberufung aus wichtigem Grunde** nach § 26 Abs. 1 S. 3 WEG kann allerdings nicht ausgeschlossen werden, da es sich hierbei um unabdingbares Recht handelt. Sofern die Anlage von einem Miteigentümer verwaltet wird, ist dieser auch bei gleichzeitiger Abstimmung über den Verwaltervertrag **stimmberechtigt**, da der Schwerpunkt auf dem organschaftlichen Akt und somit der Teilnahme an der gemeinschaftlichen Verwaltung liegt (BGH ZMR 2002, 934 f.). 195

196 Der Mehrheitsbeschluss über die Abberufung hat zur **Folge**, dass mit ihrem Zugang beim Verwalter dessen organschaftliche Stellung endet, so wie die Bestellung sie begründet (BGH ZMR 2002, 768; BayObLG ZMR 1999, 280; 2003, 438; OLG Düsseldorf ZMR 2004, 691). Eine rückwirkende Abberufung ist ebenso wie eine rückwirkende Bestellung ausgeschlossen (AG Bonn ZMR 2010, 320), da andernfalls ursprünglich wirksame Handlungen des Organs oder gar staatliche Akte wie Zustellungen unwirksam würden. Im Gegensatz zur Begründung der Verwalterstellung ist aber anerkannt, dass diese bereits mit Zugang der Abberufung, nicht erst mit Beendigung der schuldrechtlichen Beziehungen erlischt (BGHZ 106, 122; KG ZMR 1987, 392). Der Verwalter verliert seine Rechtsstellung, insbesondere seine für den Rechtsverkehr bedeutsamen Befugnisse nach § 27 Abs. 1 bis 3 WEG also unabhängig vom Verwaltervertrag, da diese alleine durch die organschaftliche Verleihung und Entziehung des Amtes begründet und beendet wird (BayObLGZ 58, 238). Eine **gleichzeitige Beendigung von organschaftlicher Stellung und Verwaltervertrag ist aber möglich**, wenn dessen Laufzeit etwa durch besondere Abrede auf die Dauer der organschaftlichen Stellung beschränkt wird, was zulässig ist (OLG Zweibrücken ZMR 2004, 66). Dies ist aber entgegen bisweilen vertretener Auffassung nicht die Regel, da ansonsten die Rechte des Verwalters aus einem nicht zugleich mit der organschaftlichen Stellung endenden Verwaltervertrag unzulässig beschnitten würden. I.Ü. wäre ein solcher automatischer Gleichlauf von organschaftlicher Stellung und Verwaltervertrag auch kaum mit der Trennungstheorie zu vereinbaren.

b) Die Abberufung aus wichtigem Grund

197 In der Praxis bedeutsamer als die ordentliche Abberufung ist diejenige aus wichtigem Grund. Der Abberufung steht die Aufhebung der Bestellung durch Zweitbeschluss gleich (OLG Hamburg ZMR 2010, 627). Ein wichtiger Grund liegt nach ständiger Rechtsprechung vor, **wenn den Wohnungseigentümern unter Berücksichtigung aller Umstände die Zusammenarbeit mit dem bestellten Verwalter nach Treu und Glauben unzumutbar ist**, insbesondere wenn das Vertrauensverhältnis zerstört ist (BGH ZMR 2002, 769; OLG Köln ZMR 2004, 297; 2009, 311; BayObLG ZMR 2004, 602 und 840; OLG Hamm ZMR 2004, 854; OLG Rostock ZMR 2010, 223). Ein Verschulden des Verwalters ist keine zwingende Voraussetzung, aber bei der Abwägung im Einzelfall zu berücksichtigen (a. A. OLG Hamburg ZMR 2010, 629, das in jedem Fall ein Fehlverhalten des Verwalters fordert). Sofern ein wichtiger Grund vorliegt, besteht nur ein geringer Ermessensspielraum der Wohnungseigentümer, gleichwohl von einer Abberufung abzusehen (weiter gehend OLG Rostock ZMR 2010, 223). I.d.R. entspricht nur die Abberufung ordnungsmäßiger Verwaltung (OLG Hamm ZMR 2004, 854). Das Vorliegen eines wichtigen Grundes ist eine noch in letzter Instanz nachprüfbare Rechtsfrage (OLG Frankfurt/M. NJW-RR 1988, 1170; BayObLG ZWE 2001, 106). Allerdings wird eine außerordentliche Abberufung auch dann mit ihrem Zugang wirksam, wenn ein wichtiger Grund nicht vorliegt und die ordentliche Abberufung ausgeschlossen ist (Wenzel ZWE 2001, 513 f.; a.A. Suilmann ZWE 2000, 111; vgl. u. Rdn. 209). Da es sich bei der Entscheidung über die Abberufung um einen Gegenstand der gemeinschaftlichen Verwaltung handelt, ist der einzelne Eigentümer zu einem eigenständigen Vorgehen gegen den Verwalter nicht berechtigt. (OLG Hamm ZMR 2004, 854). Ein auf die Abberufung dringender Wohnungseigentümer muss somit einen Beschluss der Eigentümerversammlung herbeiführen. Bei Ablehnung seines Antrags muss er den ablehnenden Beschluss anfechten und einen Antrag auf Abberufung des Verwalters durch das Gericht stellen (s. Rdn. 212 ff.).

Praxistipp: 198

Der **wichtige Grund muss bei der Abberufung vorliegen**; später eingetretene Umstände können die Abberufung nicht rückwirkend rechtfertigen (BayObLG ZWE 2001, 106; OLG Düsseldorf ZMR 2006, 58), aber eine neue Abberufung begründen. Bereits entstandene Gründe können aber in einem Gerichtsverfahren »nachgeschoben« werden (OLG Düsseldorf ZMR 1997, 487; ZMR 2006, 58).

c) Die mangelhafte Führung der Beschluss-Sammlung

Was als wichtiger Grund gem. § 26 Abs. 1 S. 3 WEG anzusehen ist, war im Gesetz bislang 199
nicht definiert. Die Einführung der Beschluss-Sammlung hat der Gesetzgeber zum Anlass genommen, in § 26 Abs. 1 S. 4 WEG erstmals ein Regelbeispiel für einen wichtigen Grund zu normieren, der die Abberufung des Verwalters rechtfertigt. Auch dieser, die nicht ordnungsgemäße Führung der Beschluss-Sammlung, ist freilich weit gefasst und bedarf der Konkretisierung durch die Rechtsprechung. Allerdings ist die auf Anregung des Bundesrats erfolgte Einschränkung, ein wichtiger Grund liege »regelmäßig« vor, nicht dahingehend misszuverstehen, dass den Wohnungseigentümern bei erheblichen Verstößen ein Ermessen zukommt. Der Bundesrat wollte nur verhindern, »dass jeder auch noch so geringe Mangel in der Führung der Beschluss-Sammlung« zur Abberufung führt (BT-Drucks. 16/887 S. 50 ebenso AG München ZMR 2009, 645). Gravierende – auch einmalige – Fehler sind stets ein Abberufungsgrund (ebenso Niedenführ/Kümmel/Vandenhouten § 26 Rn. 99). Unerheblich ist, dass die Fehler mittlerweile abgestellt wurden, die fehlerhafte Führung der Beschluss-Sammlung in der Vergangenheit genügt (AG München ZMR 2009, 646). Dabei ist gleichgültig, ob sie bei der Anlage der Sammlung, ihrer Aktualisierung, bei einzelnen Eintragungen oder Einsichtnahmen auftreten, da alle diese Tätigkeiten zum »Führen« der Beschluss-Sammlung gehören. Ein die Abberufung rechtfertigender Fehler liegt also in jedem Fall dann vor, wenn der Verwalter gar keine Beschluss-Sammlung führt, Einträge zu spät vornimmt oder unterlässt. Die Aktualisierung der Beschluss-Sammlung darf allenfalls innerhalb einer Frist von wenigen Tagen erfolgen; eine Frist von drei Wochen geht weit über die Unverzüglichkeit nach § 24 Abs. 7 S. 7 WEG hinaus (s. etwa Jennißen/Jennißen § 26 Rn. 130; a.A. nur Deckert/Kappus NZM 2007, 750). Werden nicht der Wortlaut der Beschlüsse, sondern nur Tagesordnungspunkte, und Stimmenverhältnis angegeben, ist dies keine korrekte Führung der Beschluss-Sammlung, was die Abberufung nach § 26 Abs. 1 S. 4 WEG rechtfertigt (AG München ZMR 2009, 645 f.). Ebenso stellt die Aufnahme nicht im Gesetz vorgesehener Einträge eine ungenügende Führung der Beschluss-Sammlung dar, da diese deren Übersichtlichkeit gefährden (zu Inhalt und Form der Eintragungen ausführlich Abramenko § 2 Rn. 25 ff.). Zur ordnungsgemäßen Führung der Beschluss-Sammlung gehört es aber auch, den Berechtigten Einsicht zu gewähren und Nichtberechtigten diese zu verweigern. Schon die unrichtige Auskunft über das Vorhandensein einer Beschluss-Sammlung kann die Abberufung aus wichtigem Grund rechtfertigen (AG München ZMR 2009, 645). Derjenige, der die Abberufung des Verwalters betreibt, genügt seiner Darlegungspflicht, wenn er vorträgt, dass ihm die Auskunft erteilt wurde, eine Beschluss-Sammlung liege nicht vor (AG München ZMR 2009, 645). Dann trifft den Verwalter eine sekundäre Beweislast, dass in Wirklichkeit doch eine Beschluss-Sammlung geführt werde (AG München ZMR 2009, 645). I.d.R. wird er ihn dadurch führen können, dass er die Beschluss-Sammlung vorlegt (AG München ZMR 2009, 645). Verstöße gegen diese Pflichten berechtigen zur Abberufung des Verwalters aus wichtigem Grund.

d) Entsprechende Anwendung von § 26 Abs. 1 S. 4 WEG

200 Die erstmalige gesetzliche Regelung eines wichtigen Grundes zur Abberufung des Verwalters kann als Maßstab auch für die Intensität sonstiger Pflichtverletzungen gelten, die erreicht sein muss, um eine Abberufung aus wichtigem Grund zu rechtfertigen. Denn die korrekte Führung der Beschluss-Sammlung soll nur die zutreffende Dokumentation der Willensbildung in der Gemeinschaft sicherstellen. Danach ist ein wichtiger Grund zur Abberufung des Verwalters erst recht anzunehmen, wenn dieser über längere Zeit überhaupt keine Versammlung einberuft und daher eine Willensbildung von vorneherein verhindert (AG Hamburg-Blankenese ZMR 2008, 1003).

e) Weitere Einzelbeipiele für einen wichtigen Grund, der die Abberufung rechtfertigt

201 Ein wichtiger Grund zur Abberufung des Verwalters ist zunächst bei schwerwiegenden Pflichtverletzungen zu bejahen, etwa bei

- der **Abhaltung von Eigentümerversammlungen an weit entfernten oder unzumutbaren Orten** (BayObLG WuM 1993, 763; OLG Hamm ZMR 2001, 385)
- einem **Auftreten als Makler** bei Wohnungsverkäufen, da das Interesse des Verwalters an der Provision mit der Überwachungsfunktion kollidiert, die er bei Zustimmungen nach § 12 WEG wahrnehmen müsste (BGH NJW 1991, 168; BayObLG WuM 1997, 398)
- der **Begünstigung ihm nahe stehender Eigentümer** etwa durch fehlerhafte Buchungen zu ihren Gunsten (BayObLG ZMR 2004, 840)
- der **Entnahme der Verwaltervergütung auf Jahre** im Voraus (OLG Zweibrücken ZMR 2004, 65)
- der **Falschprotokollierung** von Eigentümerversammlungen in wesentlichen Punkten (BayObLG WEM 1980, 128)
- gravierenden **Fehlern der Jahresabrechnung**, insbesondere der Verwendung unzutreffender, weder durch Teilungserklärung noch Vereinbarung gedeckter Schlüssel (OLG Köln NJW-RR 1998, 1622; OLG Düsseldorf ZMR 2006, 294 f.; OLG Hamm ZMR 2008, 66)
- der **Geltendmachung fremder** – nicht aber eigener (OLG Düsseldorf ZMR 2004, 54; vgl. BGH ZMR 2004, 833) – **Ansprüche** gegen die Wohnungseigentümer, da der Verwalter die Interessen der Wohnungseigentümer wahrzunehmen hat (BayObLG WuM 1993, 763; OLG Hamm ZMR 2002, 541 f.)
- einem Verstoß gegen die Verpflichtung, eigenes Vermögen und **Gemeinschaftsgelder** getrennt zu halten (OLG Rostock ZMR 2010, 223)
- der **Inauftraggabe umfangreicher Sanierungsmaßnahmen ohne Beschluss der Wohnungseigentümer** (BayObLG ZMR 2004, 602; AG München ZMR 2009, 646); nicht aber schon dann, wenn die zusätzlich vorgesehene Einschaltung des Verwaltungbeirats nicht erfolgt (OLG Hamburg ZMR 2005, 974)
- der Unterlassung einer rechtzeitigen **Information** über anhängige Rechtsstreitigkeiten (AG Bonn ZMR 2010, 320)
- der **Nichtberücksichtigung ordnungsgemäßer Anträge** zur Tagesordnung (OLG Frankfurt/M. NJW-RR 1988, 1170; OLG Düsseldorf ZMR 1998, 306)
- der **Nichtdurchführung wirksamer Beschlüsse** (OLG Düsseldorf ZMR 1998, 307; OLG Köln ZMR 2009, 311 f.; AG München ZMR 2009, 646); Gleiches gilt für die **Nichtverkündung** ordnungsgemäß gefasster Beschlüsse (AG Hamburg-Blankenese ZMR 2008, 1004)
- der **Nichteinberufung** vorgesehener oder nach § 24 Abs. 2 WEG ordnungsgemäß verlangter Eigentümerversammlungen (BGH ZMR 2002, 769; BayObLG ZMR 1999, 576 f.; OLG Düsseldorf ZMR 1998, 307 und 450; 2004, 692 f.; OLG Köln ZMR 2009, 312)

- groben **Pflichtverletzungen gegen einzelne Miteigentümer** wie haltlosen Strafanzeigen (OLG Düsseldorf ZMR 1998, 450; ähnlich OLG Hamm ZMR 2002, 542)
- der Provokation von **Rechtsstreitigkeiten** zwischen den Wohnungseigentümern (OLG Rostock ZMR 2010, 223)
- dem Verstoß gegen das **Trennungsgebot** durch Vermischung von Eigenmitteln des Verwalters und Geldern der Eigentümergemeinschaft (BayObLG WuM 1996, 118)
- der **Übertragung wesentlicher Verwaltungstätigkeiten**, etwa der Buchführung auf Dritte, ohne Wissen oder gar gegen den Willen der Wohnungseigentümer (OLG Hamm WuM 1991, 220; BayObLG NJW-RR 1997, 1444)
- **Verfehlungen gegen Dritte** wie Vermögensdelikten (BayObLG ZMR 1998, 446; OLG Köln ZMR 2002, 153; OLG Schleswig ZMR 2003, 295)
- das Versäumnis, wesentliche **Versicherungen** (etwa eine Brandversicherung) abzuschließen (OLG Düsseldorf ZMR 2006, 58)
- dem **Verschweigen von Provisionen** etwa für den Abschluss von Versicherungsverträgen (OLG Düsseldorf ZMR 1998, 306; ZMR 2004, 54)
- der wiederholt schuldhaften **Verspätung bei der Erstellung von Wirtschaftsplan und Jahresabrechnung** oder gar der gänzlichen Nichterfüllung dieser Pflicht (BGH ZMR 2002, 769; BayObLG ZMR 2000, 109; OLG Hamm ZMR 2004, 854; 2008, 66; OLG Köln ZMR 2009, 312)
- der **Verweigerung jeglicher Zusammenarbeit mit dem Verwaltungsbeirat** (OLG Frankfurt/M. NJW-RR 1988, 1170; ähnlich BayObLG ZMR 2004, 923)
- der **Verweigerung mitgliedschaftlicher Rechte** wie des Rederechtes oder der Einsicht in seine Unterlagen gegenüber Wohnungseigentümern (BayObLG WuM 1990, 465)
- der Leistung von **Zahlungen aus Gemeinschaftsgeldern an Dritte ohne Rechtsgrund** (KG ZMR 1988, 347)
- dem bewussten **Zuwiderhandeln gegen den erkennbaren Willen der Eigentümer** (OLG Düsseldorf ZMR 1998, 307)
- **zweckwidriger oder gar eigennütziger Verwendung von Gemeinschaftsgeldern** (OLG Düsseldorf ZMR 1997, 487; OLG Köln ZMR 2008, 904).

Neben der Schwere der Verfehlung können bei der Frage, ob ein wichtiger Grund vor- **202**
liegt, noch **weitere Umstände** eine Rolle spielen. Insbesondere kann hier die Bestellung durch den teilenden Eigentümer von Bedeutung sein, wenn der Fehler Anlass zu der Befürchtung gibt, dass sich der Verwalter nicht als uneigennütziger Sachwalter aller Eigentümer versteht (KG WE 1986, 140). Entsprechendes gilt für einen Mehrheitseigentümer (OLG Düsseldorf WuM 1995, 611).

f) Die Form der außerordentlichen Abberufung

Wie die Bestellung folgt auch die Abberufung den allgemeinen Regeln des Beschlussrech- **203**
tes. Sie erfordert also einen **Beschluss mit einfacher Mehrheit** der abgegebenen Stimmen bzw. – bei entsprechender Regelung in der Gemeinschaftsordnung – der Miteigentumsanteile und die entsprechende Beschlussfeststellung durch den Versammlungsleiter. Der Verwalter hat keinen Anspruch darauf, vor der Entscheidung angehört zu werden (OLG Hamm ZMR 1999, 280; OLG Zweibrücken ZMR 2004, 65). Er hat weder als Vertreter anderer Wohnungseigentümer noch als Miteigentümer **Stimmrecht**, da nach den Rechtsgedanken der §§ 712 Abs. 1, 737 BGB; 117, 127, 140 HGB niemand in eigener Sache über die Entziehung einer Rechtsposition aus wichtigem Grunde befinden kann (BGH ZMR 2002, 935; OLG Düsseldorf ZMR 2002, 144). Daher darf der Verwalter auch andere Wohnungseigentümer nicht bei der Beschlussfassung vertreten (OLG Düsseldorf ZMR 1999, 60; 2002, 144). Ebenso wenig kann ein Angestellter als Vertreter des Verwalters in Ausübung von Eigentümervollmachten abstimmen. Denn die Tatsache, dass er als Nicht-

eigentümer selbst weder stimmberechtigt ist und folglich auch keinem Stimmverbot unterliegt, kann die Rechtsposition des Vertretenen nicht verbessern und das für ihn geltende Stimmverbot nicht aushebeln (OLG Düsseldorf ZMR 2002, 144). Der Verwalter kann aber stimmberechtigten Wohnungseigentümern Untervollmacht erteilen, da der Unterbevollmächtigte für den vertretenen Wohnungseigentümer, nicht für den Verwalter abstimmt (BayObLG WuM 1999, 59; vgl. OLG Karlsruhe ZMR 2003, 289). Wie die Bestellung ist die Abberufung zunächst ein interner körperschaftlicher Akt. Er entfaltet erst mit der **zumindest konkludenten Erklärung** Wirkung gegenüber dem Betroffenen (BGH ZMR 2002, 768; OLG Hamm ZMR 1999, 280; 2003, 438; OLG Düsseldorf ZMR 2004, 691).

18. Die Vertretung des Verwalters bei außerordentlichen Abberufungen

a) Nicht zur außerordentlichen Abberufung genügende Umstände

204 Bei der Vertretung des Verwalters hat der Rechtsanwalt zunächst zu untersuchen, ob überhaupt ein wichtiger Grund für die Abberufung vorliegt. Nicht jeder Fehler oder Missstand rechtfertigt eine Abberufung aus wichtigem Grund. Er muss so massiv sein, dass eine Zusammenarbeit mit dem Verwalter unzumutbar wird. Zudem kann bei kleineren Pflichtverletzungen eine **Abmahnung** erforderlich sein (BGH ZMR 2002, 769 f.; OLG Düsseldorf ZMR 2004, 54; 2006, 465; LG Nürnberg-Fürth ZMR 2009, 485; a.A. Niedenführ/Kümmel/Vandenhouten § 26 Rn. 111). Diese muss in zeitlicher Nähe zu dem beanstandeten Verhalten erfolgen (LG Nürnberg-Fürth ZMR 2009, 485). Die Wohnungseigentümer können sich auch nicht auf eine von ihnen selbst in vorwerfbarer Weise herbeigeführte Störung des Vertrauensverhältnisses berufen (BayObLG ZMR 1999, 270). Zu verneinen ist der wichtige Grund daher bei

- Fehlern in der Verwaltung einer **anderen Liegenschaft** wie der Weigerung, eine Eigentümerversammlung trotz Vorliegens der Voraussetzungen von § 24 Abs. 2 WEG einzuberufen; sie berechtigen nur die betroffenen Wohnungseigentümer zur Abberufung (OLG Düsseldorf ZMR 2004, 54)
- **bloßen Befürchtungen** etwa zu möglichen Interessenkonflikten des zum Verwalter bestellten Bauträgers, ohne dass ein konkretes Fehlverhalten vorliegt (OLG Köln WuM 1997, 697; a.A. wohl OLG Hamm ZMR 2004, 703)
- Fehlern **Dritter**, auch wenn sie dem Verwalter nahestehen; etwa eines Versammlungsleiters, der die Abberufung des Verwalters in der Eigentümerversammlung nicht verkündet (s. AG Hamburg-Blakenese ZMR 2008, 919, wo zudem auf die Möglichkeit der Wahl eines anderen Versammlungsleiters verwiesen wird)
- **Einzelfehlern in der Einzelabrechnung** oder der **einmalig verspäteten Anfertigung des Protokolls** (BayObLG ZWE 2001, 436 f.)
- **kleineren Fehlern** insbesondere in der Anfangszeit (BGH ZMR 2002, 769 f.; OLG Köln WuM 1997, 696 f.); gleiches gilt für fehlerhafte rechtliche Einschätzungen, wenn das angerufene Gericht erster Instanz eine Rechtsfrage ebenso unzutreffend beantwortet wie er (OLG Rostock ZMR 2009, 472)
- Fehlern des amtierenden Verwalters, die damit zusammenhängen, dass er nur auf **ungenügende Unterlagen des Vorverwalters** zurückgreifen kann und dessen Versäumnisse korrigieren muss (OLG Rostock ZMR 2009, 471); gleiches gilt für sonstige Erschwernisse wie die Zerstrittenheit der Eigentümergemeinschaft (OLG Rostock ZMR 2009, 471).

b) Der Abberufung aus wichtigem Grund entgegenstehende Umstände

Auch beim Vorliegen eines wichtigen Grundes scheidet eine außerordentliche Abberufung aus, wenn dem Verwalter unangefochten **Entlastung** erteilt wurde und diese das Fehlverhalten erfasst, auf das die Abberufung gestützt wird (BayObLG NJW-RR 1986, 446; OLG Köln NZM 1998, 960; OLG Hamm ZMR 2008, 66). Der Rechtsanwalt, der die Wohnungseigentümer vertritt, hat daher sorgfältig zu prüfen, wie weit die erteilte Entlastung reicht. Sofern sie, wie es der Regelfall ist, im Zusammenhang mit der Jahresabrechnung erteilt wird, bezieht sie sich nur auf die Tätigkeit, die dort ihren Niederschlag gefunden hat (OLG Köln ZMR 2001, 914; BayObLG ZMR 1998, 176; 2003, 217; OLG Hamburg ZMR 2003, 774). Wird die außerordentliche Abberufung auf andere Umstände, etwa persönliches Fehlverhalten oder pflichtwidrige Unterlassungen gestützt, steht ihr die Entlastung daher üblicherweise nicht entgegen, da diese gerade **keinen Niederschlag in der Jahresabrechnung** gefunden hat. Umgekehrt muss der Vertreter des Verwalters bestrebt sein, der Entlastung möglichst weit reichende Wirkung zu entnehmen. So spricht ein von der Jahresabrechnung deutlich getrennter Beschluss hierüber, der sich ausdrücklich auf die gesamte Verwaltertätigkeit bezieht, für eine umfassendere Wirkung, die alle bekannten oder zumindest erkennbaren Umstände in die Entlastung einbezieht. Auch ohne Entlastung schließt die Genehmigung einer Jahresabrechnung im Bewusstsein ihrer Unrichtigkeit die Abberufung aus, wenn sie gerade auf die bei der Beschlussfassung erkennbaren Fehler der Jahresabrechnung gestützt wird (LG Düsseldorf ZMR 2010, 713). 205

Ähnliche Wirkung wie der Entlastung kann der bestandskräftigen **Neubestellung in Kenntnis des Fehlverhaltens** zukommen (OLG Düsseldorf ZMR 1997, 97; OLG Köln ZMR 2003, 703 f.; 2004, 297; LG Nürnberg-Fürth ZMR 2009, 485). Indem der Wohnungseigentümer, der die frühere Berufung des Verwalters anfocht, die Neubestellung nicht mehr angreift, lässt er nämlich erkennen, dass er die Entscheidung der Miteigentümer in Kauf nimmt. Daraus geht hervor, dass er, wie bei der Entlastung, eventuelle Einwände gegen seine Tätigkeit nicht mehr geltend machen will. Es muss dann zumindest ein neuer Grund vorliegen, der zur Zeit der Neubestellung noch nicht vorlag (OLG Düsseldorf ZMR 2002, 856). Da die Bestellung wie jeder Beschluss nach § 10 Abs. 4 WEG auch gegen Sonderrechtsnachfolger wirkt, kommt es auf dessen Kenntnis nicht an; auch er kann die Abberufung nicht verlangen (insoweit unrichtig AG Wedding ZMR 2009, 884). 206

Ferner können wichtige Gründe für die Abberufung eines Verwalters, was in der Praxis häufig vernachlässigt wird, nur unter **Einhaltung einer angemessenen Frist** geltend gemacht werden. Auch wenn die zweiwöchige Frist des **§ 626 Abs. 2 BGB** keine unmittelbare Anwendung finden kann, ist doch binnen angemessener Frist nach Kenntnis des wichtigen Grundes über die Abberufung zu befinden (OLG Frankfurt/M. NJW-RR 1988, 1170; BayObLG NZM 1999, 845 f.; ZMR 2000, 323; OLG Hamm ZMR 2002, 542; AG Bonn ZMR 2010, 321 f.). Die Angemessenheit bemisst sich dabei danach, innerhalb welcher Frist eine Beschlussfassung durch eine Eigentümerversammlung möglich ist (OLG Frankfurt NJW-RR 1988, 1170; BayObLG NZM 1999, 845; LG Düsseldorf ZMR 2010, 713; AG Bonn ZMR 2010, 321 f.). 207

19. Die Anfechtung der Abberufung

a) Anfechtungsberechtigung von Wohnungseigentümern und Verwalter

Auch dann, wenn kein wichtiger Grund für eine Abberufung vorliegt oder dieser einer der oben dargelegten Umstände entgegensteht, muss der Verwalter der Abberufung entgegen- 208 treten. Diese muss nämlich wie jeder Beschluss im Verfahren nach §43 Nr. 4 WEG angefochten werden, ansonsten wird sie bestandskräftig. Das Anfechtungsrecht steht allen Wohnungseigentümern, aber auch dem Verwalter zu (BGHZ 106, 122 ff.; ZMR 2002, 767 f.; OLG Düsseldorf ZMR 2006, 58; OLG Hamburg ZMR 2010, 627; a.A. Suilmann ZWE 2000, 106 ff.). Die abweichende Literaturmeinung, die einen Schutz seiner Rechtsstellung verneint, da der Verwalter nur Befugnisse in seinem Amt, aber nicht auf das Amt habe (Becker ZWE 2002, 212), greift zu kurz. Wird die Entziehung des Amtes einer Rechtsschutzmöglichkeit entzogen, betrifft dies auch die Befugnisse im – rechtswidrig entzogenen – Amt, die der Verwalter dann entgegen der materiellen Rechtslage nicht mehr ausüben kann. Es wäre systemwidrig, zwar einzelne Eingriffe in seine Befugnisse gerichtlicher Kontrolle zu unterstellen, nicht aber die Totalentziehung des Amtes. Deshalb ist mit der h.M. von einer Anfechtungsbefugnis auch des Verwalters auszugehen.

209 **Praxistipp:**

Nach h.M. bleibt die **Abberufung bis zur rechtskräftigen Ungültigerklärung wirksam** (KG NJW-RR 1989, 839). Dies gilt auch dann, wenn ein wichtiger Grund in Wirklichkeit nicht vorliegt oder durch Entlastung, Fristablauf o.Ä. nicht mehr geltend gemacht werden kann (Wenzel ZWE 2001, 513 f.; a.A. Suilmann ZWE 2000, 111; vgl. u. Rdn. 214). In diesem Fall ist zu prüfen, ob der Verwalter im Wege **einstweiliger Verfügung** nach §§ 935 ff. ZPO eine Suspendierung der sofortigen Wirkung seiner Abberufung erwirken kann.

b) Die Entscheidung über die Anfechtung

210 Eine Ungültigerklärung der **ordentlichen Abberufung** kommt nur bei Mängeln des Verfahrens (etwa bei Fehlern in der Einberufung, der Stimmenzählung oder Verkündung) in Betracht. Materielle Fehler, insbesondere das Fehlen eines Grundes für die Abberufung können nicht vorliegen, da die ordentliche Abberufung keiner Begründung bedarf. Hingegen sind bei der **außerordentlichen Abberufung** neben der formellen Ordnungsmäßigkeit des Beschlusses das Vorliegen eines wichtigen Grundes und eventuell einer Abberufung entgegenstehende Umstände zu überprüfen. Da die Entscheidung in aller Regel anfechtbar ist und sich das Verfahren somit über zwei Instanzen erstrecken kann, kommt es häufig vor, dass der Verwalter **noch vor rechtskräftiger Bescheidung des Anfechtungsantrags auch ohne Abberufung regulär aus dem Amt geschieden** wäre. In diesem Fall tritt verfahrensrechtlich **Erledigung** ein, da das Rechtsschutzziel einer Fortführung des Verwalteramtes durch den Abberufenen dann nicht mehr erreicht werden könnte (KG ZMR 1997, 611; OLG Hamm ZMR 1999, 281; 2003, 52 f.; BayObLG NJW-RR 1997, 717); allenfalls kommt bei berechtigtem Interesse ein Antrag auf Feststellung, dass die Abberufung unwirksam war, in Betracht (Wenzel ZWE 2001, 515; BayObLG ZMR 2002, 140 und OLG Hamm ZMR 2003, 52 für die Anfechtung durch den abberufenen Verwalter). In einem Antrag auf Ungültigerklärung ist nach neuem Recht nicht auch das Begehren zu sehen, die Unwirksamkeit der **Kündigung des Verwaltervertrages** festzustellen (vgl. hierzu u. Rdn. 237). Denn das Gericht darf nach §308 Abs. 1 ZPO nicht über die gestellten Anträge hinausgehen.

211 **Praxistipp:**

Eine erfolgreiche Anfechtung führt zur rückwirkenden Unwirksamkeit der Abberufung und zur **Nichtigkeit der Bestellung des neuen Verwalters**. Denn ein zweiter Verwalter kann nicht bestellt werden, da nur eine natürliche oder juristische Person als Verwalter amtieren kann (*BayObLG ZMR 2000, 323;* OLG Zweibrücken ZMR 2004, 64; OLG München ZMR 2008, 237; a.A. Deckert Die ETW, Gr. 4 Rn. 1615). Die Amtshandlungen des zweiten Verwalters behalten aber wie diejenigen des Verwalters, dessen Bestellung für ungültig erklärt wurde, analog § 32 FGG a.F. (jetzt § 42 FamFG) ihre Wirksamkeit (OLG Zweibrücken ZMR 2004, 64; vgl. zur Fortgeltung von Rechtsgedanken des Verfahrens der freiwilligen Gerichtsbarkeit o. Rdn. 38).

c) Die Anfechtung der abgelehnten Abberufung durch einen Wohnungseigentümer

Fall 212

Der Verwalter ist wegen schwerer Pflichtverletzungen für die Wohnungseigentümer nicht mehr zumutbar. Da er jedoch wirtschaftlich mit dem Mehrheitseigentümer verflochten ist, scheitert der Antrag eines anderen Miteigentümers auf Abwahl des Verwalters. Der Antragsteller möchte hiergegen gerichtlich vorgehen.

Beim Vorgehen gegen den Verwalter ist darauf zu achten, dass zunächst, wie im Beispielsfall geschehen, die Eigentümerversammlung mit dem Begehren befasst wird, da die Abberufung in ihre Verwaltungskompetenz fällt (OLG Rostock ZMR 2010, 223). Das **sofortige Vorgehen im Wege eines gerichtlichen Verfahrens** ohne **vorherige Einschaltung der Eigentümerversammlung** ist nur ausnahmsweise unter strengen Voraussetzungen möglich, wenn ihre Befassung mit dem Abberufungsbegehren vorab gescheitert oder unzumutbar ist (BayObLG ZMR 1998, 175; OLG Düsseldorf ZMR 1998, 449 f.; ZMR 2006, 544 f.; OLG Hamm NJW-RR 2004, 806; OLG Oldenburg ZMR 2007, 306; OLG Köln ZMR 2009, 311; AG Saarbrücken ZMR 2009, 961). Ein (Negativ)Beschluss über die fristlose Kündigung des Verwaltervertrages enthält aber regelmäßig auch die Entscheidung über die Abberufung, so dass die erforderliche Befassung der Eigentümerversammlung in diesem Fall vorliegt (AG München ZMR 2009, 645). Die Gegner des Verwalters können zunächst die Einberufung einer Wohnungseigentümerversammlung nach § 24 Abs. 2 WEG verlangen, was ein Quorum von einem Viertel der Wohnungseigentümer voraussetzt. Sofern der Verwalter die Einberufung einer Versammlung oder die Aufnahme der Abberufung als Tagesordnungspunkt pflichtwidrig verweigert, kann der Verwaltungsbeirat nach § 24 Abs. 3 WEG eine Versammlung einberufen bzw. die Tagesordnung erweitern (vgl. u. Rdn. 287). Alleine diese Weigerung rechtfertigt es noch nicht, direkt eine Abberufung durch das Gericht anzustreben (AG Saarbrücken ZMR 2009, 961). Wenn beide Möglichkeiten mangels ausreichender Unterstützung in der Eigentümergemeinschaft oder Tätigwerdens durch den Verwaltungsbeirat ausscheiden, kann eine Eigentümerversammlung auch als Maßnahme ordnungsmäßiger Verwaltung nach § 21 Abs. 4 WEG verlangt werden. 213

Praxistipp: 214

Auch nach erfolgloser Befassung der Eigentümerversammlung hat die **Anhängigkeit eines Antrags bei Gericht noch keine Folgen** für die organschaftliche Stellung des Verwalters. Er kann (und muss) weiter die Verwaltung führen. Ist sein Wirken unzumutbar (weil er etwa vom Mehrheitseigentümer im Amt gehalten wird), muss der Rechtsanwalt als Vertreter der betroffenen Wohnungseigentümer versuchen, seine organschaftliche Stellung im Wege der **einstweiligen Verfügung gemäß §§ 935 ff. ZPO** zu suspendieren. Sofern geeignet, sind auch weniger einschneidende Sicherungsmaßnahmen, etwa die Herausgabe bestimmter Unterlagen an einen Sequester, zu erwägen.

Jeder Wohnungseigentümer kann, wenn die Abberufung, wie im Beispielsfall, erfolglos betrieben wird, den ablehnenden Beschluss anfechten. Hierfür gelten die **Regeln zur Anfechtung von Negativbeschlüssen**. Demnach muss der ablehnende Beschluss binnen 215

Monatsfrist angefochten und gleichzeitig der positive Antrag auf Abberufung des Verwalters gestellt werden (OLG Hamm ZMR 2004, 854 f.). Andernfalls ist die Anfechtungsklage unzulässig (AG München ZMR 2009, 644). Wird nur ein Antragsziel ausdrücklich formuliert, wurde das andere i.d.R. durch Auslegung gleichfalls als gestellt angesehen. Dies unterliegt nach der Überführung der Wohnungseigentumssachen erheblichen Bedenken, da es nunmehr nicht alleine auf das Rechtsschutzbegehren, sondern auf die gestellten Anträge ankommt, über die der Zivilrichter nicht hinausgehen darf. Auch wenn er diesbezüglich einen Hinweis nach § 139 ZPO zu erteilen hat, kann es bei restriktiver Handhabung zur Abweisung der Anfechtungsklage wegen Nichteinhaltung der Frist nach § 46 Abs. 1 S. 2 WEG kommen, was zwangsläufig auch zum Scheitern des anderen Antrags führt. Hingegen ist der Antrag auf Abberufung nicht fristgebunden, kann also noch später gestellt werden. Auch die Begründungsfrist gilt für ihn nicht (AG München ZMR 2009, 645). Eine solche Anfechtung in Verbindung mit einem Antrag auf Abberufung des Verwalters kann nur dann Erfolg haben, wenn ausschließlich die Abberufung ordnungsgemäßer Verwaltung entspricht, also ein wichtiger Grund gem. § 626 BGB vorliegt (BayObLG ZMR 1985, 390 f.; KG ZMR 1988, 347 f.; OLG Düsseldorf WE 1991, 252; enger OLG Celle ZWE 2002, 476). In diesem Fall **kann das Gericht die Abberufung selbst anordnen** und muss nicht die Wohnungseigentümer zur Mitwirkung verpflichten (BayObLG ZMR 1985, 390; KG ZMR 1988, 347). Hiergegen bestehen anders als im Fall der Bestellung eines konkreten Verwalters keine dogmatischen Bedenken, da hier nur die Abberufung ordnungsmäßiger Verwaltung entspricht.

216 **Praxistipp:**

Für die Anfechtung der abgelehnten Abberufung gilt hinsichtlich des wichtigen Grundes nicht deswegen ein strengerer **Maßstab** als bei der Anfechtung der Abberufung durch den Verwalter, weil sich dort eine Mehrheit gegen ihn ausgesprochen hat, während sie ihm hier ihr Vertrauen entgegenbringt. »Grundsätzlich kann es bei der gerichtlichen Überprüfung eines Eigentümerbeschlusses auch keine Rolle spielen, dass sich die Mehrheit für die beanstandete Maßnahme ausgesprochen hat« (Ott ZMR 2007, 586 f.; vgl. BayObLG NJW-RR 1998, 303). Liegt ein wichtiger Grund zur Abberufung des Verwalters vor, entspricht es regelmäßig nicht ordnungsmäßiger Verwaltung, gleichwohl von der Abberufung abzusehen (so richtig OLG Hamm ZMR 2004, 854; AG München ZMR 2009, 645; enger OLG Celle ZWE 2002, 476). Die Mehrheitsentscheidung für eine nicht ordnungsmäßige Verwaltung ist hier nicht schützenswerter als in anderen Fällen (vgl. o. Rdn. 29).

d) Die Ungültigerklärung der Abberufung und ihre Folgen

217 **Fall**

Eine der beiden Fraktionen einer zerstrittenen Wohnungseigentümergemeinschaft hat die Ungültigerklärung der Abberufung ihres Kandidaten erstritten. Im Triumphgefühl des gerade errungenen Sieges lässt der wieder eingesetzte Verwalter mitteilen, dass er alle in der Amtszeit seines Vorgängers gefassten Entscheidungen als nichtig ansehe, da sie von einem Unberechtigten getroffen wurden.

218 Nach allgemeinen Regeln hätte eine erfolgreiche Anfechtung der Abberufung die rückwirkende Unwirksamkeit dieses Beschlusses zur Folge. Die besondere Stellung des Verwalters bei der Verwaltung des gemeinschaftlichen Eigentums erfordert allerdings weit *gehende* **Ausnahmen von dem Rückwirkungsprinzip**. Da Beschlüsse bis zu ihrer rechtskräftigen Ungültigerklärung gem. § 23 Abs. 4 S. 2 WEG wirksam sind, hatte der

neue Verwalter das Recht und die Pflicht, das Amt des Verwalters auszuüben. Seine zwischenzeitlich vorgenommenen Handlungen den Wohnungseigentümern gegenüber (etwa die Einberufung von Eigentümerversammlungen) können daher in analoger Anwendung von § 32 FGG a.F. (jetzt § 47 FamFG) ebenso wenig beanstandet werden, wie seine Rechtshandlungen nach außen vollmachtslos sind (KG WE 1989, 133; BGH ZMR 1997, 310; zur Fortwirkung von Grundsätzen des Verfahrens der freiwilligen Gerichtsbarkeit s.o. Rdn. 38). Bis zur rechtskräftigen Ungültigerklärung der Abberufung kam die organschaftliche Befugnis alleine dem neuen Verwalter zu, sodass die Missachtung seiner Entscheidungen durch den wieder eingesetzten Verwalter im Beispielsfall unberechtigt und sogar als erhebliche Pflichtverletzung einzustufen wäre. Das Amt des gewählten Verwalters endet erst mit der Rechtskraft der Ungültigerklärung, dann aber ohne Weiteres (OLG Hamm ZMR 2003, 53). Umgekehrt erlangen bis dahin vorgenommene Handlungen des alten Verwalters nicht rückwirkend mit der Ungültigerklärung seiner Abberufung Wirkung für und gegen die Wohnungseigentümer. Dies wäre mit den schutzwürdigen Belangen des Rechtsverkehrs nicht zu vereinbaren und liefe auf die rückwirkende Anerkennung zweier Verwalter hinaus. Anderes gilt nur nach den allgemeinen zivilrechtlichen Grundsätzen über die Fortgeltung von Vollmachten etwa nach § 172 Abs. 2 BGB, wenn der alte und wieder eingesetzte Verwalter etwa noch im Besitz der Vollmachtsurkunde war.

20. Sonstige Beendigungsgründe

a) Die Amtsniederlegung

Der Verwalter kann seine organschaftliche Stellung, wie allgemein anerkannt ist, selbst **219**
durch Amtsniederlegung beenden (BayObLG ZMR 2000, 47). Diese enthält in aller Regel zugleich die Kündigung des Verwaltervertrages (BayObLG ZMR 2000, 47). Den dogmatisch interessanten Problemen, wem gegenüber die Amtsniederlegung zu erklären ist, hat der Gesetzgeber in § 27 Abs. 3 S. 2, 3 WEG abgeholfen. Die Erklärung, die dem Verband als Vertragspartner gegenüber erfolgen muss, kann aufgrund des Prinzips der Gesamtvertretung jedem Wohnungseigentümer gegenüber abgegeben werden. Für Eigentümer und Rechtsverkehr ergeben sich somit keinerlei Unklarheiten, zumal **Ansprüche aus § 280 Abs. 1 BGB wegen einer Amtsniederlegung zur Unzeit** unberührt bleiben. Ähnliches gilt für **Ansprüche des Verwalters aus § 628 Abs. 2 BGB**, die bei einer von den Wohnungseigentümern zu verantwortenden Amtsniederlegung in Betracht kommen (BayObLG ZMR 2000, 47 f.).

Praxistipp: **220**

Die Amtsniederlegung beruht nicht selten auf dem **gemeinschaftsstörenden Wirken einzelner**, wenig konsensfähiger Wohnungseigentümer. Sofern darin ein konkretes Fehlverhalten liegt, sind Schadensersatzansprüche des Verwalters gegen die Gemeinschaft regelmäßig nicht gegeben, weil es an der Zurechenbarkeit den anderen Wohnungseigentümern gegenüber fehlt. In Betracht kommen aber **Schadensersatzansprüche gegen den jeweils Verantwortlichen** (BayObLG ZMR 2000, 49).

b) Tod und Liquidierung

Daneben kann die Verwalterstellung durch den Tod des Verwalters (BayObLGZ 1987, **221**
57; BayObLG NJW-RR 2002, 734 = ZMR 2002, 534; OLG München ZMR 2008, 482) bzw. bei Gesellschaften durch deren Liquidierung enden (BayObLGZ 1990, 176; OLG Düsseldorf NJW-RR 1990, 1300). Eine Gesamtrechtsnachfolge tritt nicht ein, da es sich

bei der Ausübung der Verwaltertätigkeit um eine höchstpersönliche Verpflichtung handelt (vgl. Rdn. 135).

21. Die Dauer der Bestellung (§ 26 Abs. 1 S. 2 WEG, § 309 Nr. 9 lit. a BGB)

a) Die Maximaldauer der Erstbestellung nach Begründung von Wohnungseigentum

222 Die Dauer der Bestellung stand ursprünglich im Belieben des teilenden Eigentümers bzw. der Eigentümermehrheit. Mit der Gesetzesänderung wurde sie 1973 insbesondere deswegen auf 5 Jahre beschränkt, weil Eigentümergemeinschaften häufig durch den teilenden Eigentümer für Jahrzehnte an einen Verwalter gebunden wurden. Auch dies erschien für die erste Bestellung nach der Begründung von Wohnungseigentum zu lange, da der i.d.R. noch vom Bauträger eingesetzte erste Verwalter aufgrund seiner Beziehungen zu diesem bei der Geltendmachung von Gewährleistungsansprüchen oftmals sehr zurückhaltend war. In der Folge bestand für die Gemeinschaft die Gefahr des Rechtsverlusts (BT-Drucks. 16/3843 S. 51). Denn die Verjährungsfrist hierfür läuft nach § 634a Abs. 1 Nr. 2 BGB ebenso wie die maximale Bestellungsdauer nach § 26 Abs. 1 S. 2 WEG a.F. nach 5 Jahren ab. Nach neuem Recht (§ 26 Abs. 1 S. 2 2. Halbs. WEG) darf die Dauer der ersten Verwalterbestellung nach Begründung von Wohnungseigentum deshalb 3 Jahre nicht übersteigen. Denn dann verbleiben auch nach Ablauf der Amtsdauer des ersten Verwalters noch zwei Jahre zur Geltendmachung von Gewährleistungsansprüchen. Die Beschränkung gilt nach dem eindeutigen Wortlaut der Norm auch dann, wenn es im konkreten Fall des mit der Gesetzesänderung verfolgten Schutzes etwa deswegen nicht bedarf, weil die Begründung von Wohnungseigentum bei der ersten Bestellung bereits mehr als 5 Jahre zurückliegt. Denn § 26 Abs. 1 S. 2 WEG sieht keine Ausnahme vor (so auch Hügel/Elzer § 12 Rn. 7).

223 Wird der erste Verwalter entgegen § 26 Abs. 1 S. 2 WEG für eine längere Zeit als 3 Jahre bestellt, kann hinsichtlich des Beschlussmängelrechts auf die Rechtsprechung zu § 26 Abs. 1 S. 2 WEG a.F. zurückgegriffen werden. Auch ohne ausdrückliche Anordnung im Gesetz handelt es sich nach Sinn und Zweck der Norm um zwingendes Recht, da ihre Abdingbarkeit zum Leerlaufen der Vorschrift führen würde. Daher ist auch eine Bestimmung in der Teilungserklärung, die eine über 3 Jahre hinausgehende Dauer der Erstbestellung vorsieht, stets nichtig. Allerdings wird i.d.R. von einer Teilnichtigkeit auszugehen sein, da diejenigen, die den ersten Verwalter für mehr als 3 Jahre bestellen wollen, jedenfalls die zulässige kürzere Dauer wünschen (Staudinger/Bub § 26 Rn. 29). Die Teilnichtigkeit erfasst auch einen über 3 Jahre hinaus geschlossenen Verwaltervertrag (Staudinger/Bub § 26 Rn. 29; s.u. Rdn. 225). Auf Bestellungen nach altem Recht wirkt § 26 Abs. 1 S. 2 WEG dem ausdrücklichen Bekunden der Gesetzesbegründung zufolge aber nicht zurück. Danach sollen »vor dem Inkrafttreten vorgenommene Bestellungen« über 5 Jahre weder nichtig noch anfechtbar sein (BT-Drucks. 16/3843 S. 51; zur Frage, ob es für diesen Zeitpunkt auf die Bestellung oder die Aufnahme der Verwaltertätigkeit ankommt, s. gleich u. (Rdn. 224 u. Abramenko § 5 Rn. 40).

b) Die Maximaldauer aller weiteren Bestellungen nach § 26 Abs. 1 S. 2 WEG

224 Die Höchstdauer der Bestellung wurde 1973 auf 5 Jahre beschränkt, weil Eigentümergemeinschaften zuvor durch den teilenden Eigentümer häufig für Jahrzehnte an einen Verwalter gebunden wurden. Fristbeginn ist nach h.M. der Tag, an dem der Verwalter zur Aufnahme seiner Tätigkeit verpflichtet ist (KG WE 1987, 122; Staudinger/Bub § 26 Rn. 28; Bärmann/Pick/Merle § 26 Rn. 45). Die Beschränkung auf 5 Jahre ist zwingendes Recht, also auch durch die Gemeinschaftsordnung nicht abdingbar. Im Falle des Verstoßes ist grundsätzlich von einer **Teilnichtigkeit** gem. § 139 BGB auszugehen. Denn die

Eigentümer, die einen Verwalter für mehr als 5 Jahre bestellen, werden seine Dienste jedenfalls für die zulässige Zeit in Anspruch nehmen wollen (vgl. KG WuM 1990, 468; LG Frankfurt/M. Rpfleger 1984, 14 f.). Ähnliches gilt bei einer Bestellung auf unbestimmte Zeit. Auch diese endet somit nach 5 Jahren, hat aber für den Verwalter mangels vereinbarter Mindestdauer seiner Tätigkeit den Nachteil, dass er jederzeit abberufen werden kann.

c) Auswirkungen der Maximalbestellungsdauer auf den Verwaltervertrag

Die Maximaldauer von 5 Jahren erfasst nach dem Wortlaut von § 26 Abs. 1 S. 2 WEG nur **225** die organschaftliche Stellung. Sie kann jedoch nicht durch eine längere Laufzeit des Verwaltervertrages ausgehebelt werden. Auch dieser kann keine längere Laufzeit als 5 Jahre haben (vgl. KG WE 1987, 121). Insoweit gelten die Grundsätze der Teilnichtigkeit wie bei der Bestellung. Probleme können sich ergeben, wenn der Verwaltervertrag erst nach der Bestellung abgeschlossen wird. I.d.R. wird die Auslegung ergeben, dass die Laufzeit identisch sein, dem Verwaltervertrag also Rückwirkung zukommen soll. Jedenfalls kann eine längere Bindung als 5 Jahre auch auf diesem Wege nicht erreicht werden.

d) Verlängerungsklauseln und Turnusregelungen

Grundsätzlich zulässig sind auch Bestellungen und schuldrechtliche Verträge mit Min- **226** destdauer und **Verlängerungsklauseln** um einen bestimmten Zeitraum. Auch hier darf aber die gesamte Zeitdauer der Bestellung 5 Jahre nicht übersteigen. Andernfalls endet die Bestellung wie in den vorgenannten Fällen automatisch nach 5 Jahren (BGH NJW-RR 1995, 780 f.; OLG Frankfurt/M. OLGZ 1984, 257; OLG Köln WE 1990, 171 f.). Dabei beginnt die Frist nicht mit dem Bestellungsbeschluss, sondern jeweils mit dem Zeitpunkt zu laufen, da der Verwalter seine Tätigkeit aufnehmen soll (KG WE 1987, 122; Staudinger/Bub § 26 Rn. 28; Bärmann/Merle § 26 Rn. 51). Dies entspricht nicht nur der h.M. im Gesellschaftsrecht, sondern insbesondere dem Sinn der Norm. Denn die Bindung an den Verwalter, die maximal 5 Jahre dauern soll, beginnt erst mit seiner Tätigkeit, nicht schon unter der Amtsdauer seines Vorgängers oder gar vor Existenz auch nur einer »werdenden Eigentümergemeinschaft«. Auch **Turnusregelungen**, wonach das Verwalteramt zwischen den Eigentümern wechseln soll, sind längstens für 5 Jahre wirksam, da sie die freie Wahl des Verwalters durch die Wohnungseigentümer beschränken (Niedenführ/Kümmel/Vandenhouten § 26 Rn. 23; einschränkend – generell nur für die erste Bestellung wirksam – Staudinger/Bub § 26 Rn. 44). Zudem können Turnusregelungen im Falle einer Rechtsnachfolge problematisch sein. Denn das Eigentum kann an z.B. eine Eigentümer- oder Erbengemeinschaft fallen. Diese können aber als unverbundene Personenmehrheiten nicht zum Verwalter bestellt werden (vgl. o. Rdn. 26).

e) Sonstige Regelungen zur Bestellungsdauer

In diesem Rahmen können die Wohnungseigentümer die Dauer der Bestellung und die **227** Laufzeit des Verwaltervertrages frei bestimmen bzw. mit dem Verwalter aushandeln. Dabei ist i.d.R. jedenfalls im Wege der ergänzenden Vertragsauslegung von einer Befristung auf die Bestellungsdauer auszugehen (OLG Hamm ZMR 1997, 95 f.). Auch **Formularverträge** sind insoweit keinen stärkeren Beschränkungen ausgesetzt. Insbesondere verstößt eine Vereinbarung über eine Laufzeit von mehr als zwei Jahren nicht gegen § 309 Nr. 9a BGB. Denn § 26 Abs. 1 S. 2 WEG ist eine Spezialregelung, die § 309 Nr. 9a BGB vorgeht (BGH ZMR 2002, 771 f.).

22. Die Unwirksamkeit von Bestellung oder Verwaltervertrag

228 Ist lediglich die Bestellung unwirksam, hat dies auf die Pflichten aus dem schuldrechtlichen Vertrag keine Auswirkungen. Ist umgekehrt der Verwaltervertrag unwirksam, hat der Verwalter nach h.M. Anspruch auf Aufwendungsersatz aus § 683 S. 1 BGB (BGH NJW-RR 1989, 970; ZMR 1997, 311 f.; KG ZMR 1997, 612; a.A. mit guten Gründen Bärmann/Merle § 26 Rn. 152). Im Ergebnis kann er auf diesem Wege die **übliche Vergütung** beanspruchen, da er die Verwaltertätigkeit im Rahmen seines Gewerbebetriebs ausübt (BGH NJW-RR 1989, 970 f.).

23. Beschränkungen der Abberufung

a) Die Beschränkung auf das Vorliegen eines wichtigen Grundes (§ 26 Abs. 1 S. 3 WEG)

229 Nach den gesetzlichen Regelungen können die Wohnungseigentümer den Verwalter grundsätzlich jederzeit abberufen. Diese Möglichkeit kann aber, wie § 26 Abs. 1 S. 3 WEG klarstellt, in Gemeinschaftsordnung oder Verwaltervertrag auf den Fall des Vorliegens wichtiger Gründe beschränkt werden (hierzu s.o. Rdn. 29 ff. u. 204 ff.). Mit dieser in der Praxis häufigen Ausgestaltung von Gemeinschaftsordnung oder Verwaltervertrag wird eine verlässliche Kalkulationsgrundlage für die Berechnung des Verwalterhonorars geschaffen, die letztlich auch den Wohnungseigentümern durch entsprechend günstigere Konditionen zugute kommt. Im Umkehrschluss geht aus § 26 Abs. 1 S. 3 WEG hervor, dass die Abberufung aus wichtigem Grund nicht abbedungen werden kann. Auch ein mittelbarer Ausschluss dieser Möglichkeit oder eine Beschränkung, etwa durch abschließende Aufzählung der zur Abberufung berechtigenden Umstände, ist unwirksam.

b) Sonstige Beschränkungen von Bestellung oder Abberufung (§ 26 Abs. 1 S. 5 WEG)

230 Nach § 26 Abs. 1 S. 5 WEG sind auch andere Beschränkungen der Bestellung oder Abberufung nicht zulässig. Dies soll die Freiheit der Wohnungseigentümer schützen, einen Verwalter ihrer Wahl zu bestimmen (und somit einen noch amtierenden abzuberufen). Folglich sind abweichende Regelungen nicht nur in Beschlüssen, Vereinbarungen und Gemeinschaftsordnung, sondern auch in Verträgen mit dem Verwalter oder mit Dritten wie dem Bauträger nichtig. Jeder Wohnungseigentümer kann somit die Bestellung eines Verwalters verlangen, auch wenn sie in der Gemeinschaftsordnung ausdrücklich ausgeschlossen ist. Ein ablehnender Beschluss muss infolge seines Verstoßes gegen zwingendes Recht noch nicht einmal angefochten werden, da er nichtig ist. Gegebenenfalls muss der betroffene Wohnungseigentümer die Bestellung eines Verwalters als Maßnahme nach § 21 Abs. 4 WEG durchsetzen (vgl. o. Rdn. 40). Seiner Zielsetzung entsprechend ist § 26 Abs. 1 S. 5 WEG selbst unabdingbar.

231 **Praxistipp:**

Die **Erleichterung der Bestellung** ist nicht ausgeschlossen, aber eine weitgehend theoretische Möglichkeit. Die in der Literatur erörterten Möglichkeiten, z.B. die Bestellung jeweils für nur 3 Jahre (Niedenführ/Kümmel/Vandenhouten § 26 Rn. 27), erleichtert nicht nur die Bestellung eines neuen Verwalters, sondern schließt auch die Bestellung des alten für mehr als 3 Jahre aus, sodass sie doch wieder gegen § 26 Abs. 1 S. 5 WEG verstößt (Staudinger/Bub § 26 Rn. 10; Bärmann/Merle § 26 Rn. 82).

c) Einzelfälle unzulässiger Beschränkungen der Bestellung

Während ausdrückliche Beschränkungen der Verwalterbestellung in der Praxis eher ungewöhnlich sind, wird § 26 Abs. 1 S. 5 WEG häufig bei »versteckten« Verstößen relevant. Dies betrifft insbesondere **den Wohnungseigentümern (scheinbar) günstige Regelungen.** Im **Einzelfall** wurde als Verstoß gegen § 26 Abs. 1 S. 5 WEG angesehen 232

- die **Beschränkung des Kandidatenkreises,** etwa auf die Eigentümergemeinschaft (BayObLG WuM 1995, 230; OLG Bremen Rpfleger 1980, 68; ähnlich OLG Düsseldorf ZMR 2008, 473), da die Möglichkeit, einen Verwalter zu bestellen, auch hierdurch eingeschränkt wird; auch der Ausschluss eines Kandiaten für die Zukunft ist nicht zulässig, da dies die Wahlfreiheit der Eigentümer einschränken würde (so im Ergebnis auch AG Siegburg ZMR 2009, 83)
- eine Regelung in den Kaufverträgen der Wohnungseigentümer, wonach die Wirksamkeit der Bestellung oder Abberufung des Verwalters erst mit der **Bestandskraft** dieses Beschlusses wirksam wird (KG OLGZ 1978, 181)
- eine Übertragung der Bestellung oder Abberufung auf einen **Dritten,** etwa den Bauträger, oder ein Gremium, insbesondere den Verwaltungsbeirat (BayObLG ZMR 1994, 484). Die Wohnungseigentümer können dem Verwaltungsbeirat aber eine **Vorauswahl** überlassen (OLG Düsseldorf ZMR 2002, 214)
- die **Ermächtigung des Verwalters zur Übertragung** seiner Stellung (OLG Hamm ZMR 1996, 679; BayObLG ZMR 1998, 175; 2002, 534)
- die Regelung von **Höchstbestellungszeiten** unterhalb der Grenze des § 26 Abs. 1 S. 2 WEG (OLG Düsseldorf ZMR 2008, 473; Staudinger/Bub § 26 Rn. 20; a.A. OLG Düsseldorf ZMR 2008, 473 f., wonach der Beschluss, demzufolge der grundsätzliche Bestellungszeitraum eines Verwalters 3 Jahre beträgt, keine strikte Bindung begründen und daher weder gegen das Gesetz noch gegen Grundsätze ordnungsmäßiger Verwaltung verstoßen soll-zweifelhaft)
- die Beschränkung der Vergütung auf bestimmte **Höchsthonorare** (KG NJW-RR 1994, 402 f.)
- das Erfordernis **qualifizierter Mehrheiten** für die Verwalterbestellung (OLG Karlsruhe Justiz 1983, 413; BayObLG WuM 1996, 497) oder gar Einstimmigkeit (OLG Hamm ZMR 2009, 222). Sofern die Gemeinschaftsordnung ohne Einschränkung qualifizierte Mehrheiten zur Fassung von Beschlüssen verlangt, gilt dies gem. § 26 Abs. 1 S. 5 WEG nicht für die Bestellung des Verwalters (OLG Köln NZM 2003, 685); für sonstige Beschlussfassungen bleibt die Regelung unberührt, da davon auszugehen ist, dass sie auch ohne die nichtige Erstreckung auf die Bestellung des Verwalters getroffen worden wäre (OLG Hamm ZMR 2009, 222)
- die Vereinbarung von **Vertragsstrafen oder Abfindungen** bei einer Abberufung des Verwalters (OLG Köln OLGZ 1969, 391)
- eine vertragliche Verpflichtung, wonach die Bestellung oder Abberufung von der **Zustimmung Dritter** abhängig sein sollte (OLG Köln OLGZ 1969, 391).

24. Die Beendigung des Verwaltervertrages

a) Die ordentliche Kündigung

Zwischen organschaftlicher Stellung und Beendigung des Verwaltervertrages besteht 233 nach der Trennungstheorie keine zwingende Verknüpfung (OLG Düsseldorf ZMR 2008, 393). Grundsätzlich muss der Verwaltervertrag eigenständig, durch Kündigung beendet werden (BGH ZMR 2002, 767; BayObLG ZMR 1999, 576). Sofern diese nicht ausgeschlossen oder eine Mindestlaufzeit vereinbart ist, kommt auch hier eine **ordentliche Kündigung** in Betracht (Wenzel ZWE 2001, 514). Sie hat aber ohne entgegenstehende

Regelung nach den **Fristen des § 621 BGB** zu erfolgen (zu Unrecht auf § 622 BGB stellt nunmehr Bärmann/Merle § 26 Rn. 231) ab. Ist die Abberufung jederzeit, die Beendigung des Verwaltervertrages aber nur zu bestimmten Terminen möglich, so führt die Abberufung zwar zur sofortigen Beendigung der Verwalterstellung, nicht aber zum Verlust der vertraglichen Ansprüche. Der Verwalter darf aber seine Leistungsbereitschaft nicht selbst verneinen (OLG Düsseldorf ZMR 2008, 393). Er muss sich ferner gem. **§ 615 S. 2 BGB** den Wert dessen, was er durch Unterbleiben seiner Leistung erspart, anrechnen lassen (s. etwa OLG Hamm ZMR 1997, 96; BayObLG ZMR 2000, 49; OLG Hamburg ZMR 2005, 975; OLG Hamm ZMR 2008, 67).

b) Die Kündigung aus wichtigem Grund

234 In der Regel wird die jederzeitige Kündigungsmöglichkeit durch Mindestlaufzeiten des Verwaltervertrages ausgeschlossen sein. In diesem Fall kommt nur eine Kündigung aus wichtigem Grund in Betracht, die nicht abbedungen werden kann. Die Kündigung ist als gemeinschaftsbezogene Angelegenheit nach § 10 Abs. 6 S. 3 WEG vom Verband auszusprechen. Da der Verwalter als Vertreter nach § 27 Abs. 3 S. 2 WEG nicht in Betracht kommt, müssen entweder alle Wohnungseigentümer diese Erklärung abgeben oder einen Vertreter nach § 27 Abs. 3 S. 3 WEG bestellen (vgl. u. Rdn. 259). Dies setzt voraus, dass sich der teilrechtsfähige Verband des Vorliegens eines wichtigen Grundes berühmt (OLG Hamm ZMR 2008, 66). Grundsätzlich ist diese Beendigung der schuldrechtlichen Beziehungen unabhängig von der Abberufung aus der organschaftlichen Stellung. Wird nur die organschaftliche Stellung durch Abberufung beendet, führt dies also nicht unbedingt zum Erlöschen der vertraglichen Ansprüche insbesondere auf Zahlung der vereinbarten Vergütung (OLG Hamm NJW-RR 1997, 524 = ZMR 1997, 50). Abberufung und Kündigung können aber miteinander verknüpft werden, was bei der Berufung auf einen wichtigen Grund sogar regelmäßig anzunehmen ist (BayObLG ZMR 1999, 576; 2004, 602; OLG Düsseldorf ZMR 2004, 691; OLG Hamm ZMR 2008, 66). Darüber hinaus kann ein Gleichlauf von organschaftlicher und schuldrechtlicher Ebene schon im Verwaltervertrag vereinbart werden, etwa der Gestalt, dass mit der Abberufung auch die schuldrechtliche Beziehung endet (OLG Zweibrücken ZMR 2004, 66). Die Kündigung muss wie die Abberufung binnen angemessener Frist analog § 626 Abs. 2 BGB erfolgen.

235 **Praxistipp:**

Eine Kündigung aus wichtigem Grund scheitert oftmals daran, dass der wichtige Grund nicht nachzuweisen ist oder nicht in angemessener Frist analog § 626 Abs. 2 BGB geltend gemacht wird (vgl. hierzu OLG Schleswig ZMR 2007, 729). In diesem Fall wird mit der Kündigung jedenfalls die **Beendigung des Verwaltervertrages zum nächstmöglichen Zeitpunkt** gewollt sein, sodass sie gem. § 140 BGB in eine ordentliche Kündigung umzudeuten ist (KG NJW-RR 1989, 840; OLG Hamm ZMR 1997, 50).

c) Die Bedeutung des wichtigen Grundes für die organschaftliche Stellung und die schuldrechtlichen Beziehungen zwischen Verwalter und Wohnungseigentümern

236 Ein wichtiger Grund, aufgrund dessen der Verwalter die außerordentliche Abberufung hinnehmen muss, rechtfertigt grundsätzlich auch die Kündigung des Verwaltervertrages (BayObLG ZMR 1999, 269; 2004, 602). Dieser Gleichlauf kann zu schwierigen Rechtsproblemen führen, wenn der Verwalter einen wichtigen Grund nicht anerkennt, aber **nur den Verlust seiner Ansprüche aus dem schuldrechtlichen Vertrag verhindern**, nicht *jedoch gegen die* Abberufung vorgehen will. Denn es ist umstritten, ob sich der Verwalter dann gleichwohl gegen den Verlust seiner organschaftlichen Stellung wenden muss,

um mögliche schuldrechtliche Ansprüche zu erhalten. Dagegen spricht, dass damit der wohl wichtigste Fall, in dem der Trennungstheorie einmal praktische Bedeutung zukäme, zugunsten einer einheitlichen Behandlung entfiele. Überdies würde der Verwalter geradezu zu einem Anfechtungsverfahren gezwungen, auch wenn er sich eigentlich gar nicht gegen den Verlust seiner organschaftlichen Stellung wenden will (so im Ergebnis auch Bärmann/Merle § 26 Rn. 246; BayObLG ZMR 1999, 270). Die mittlerweile wohl **h.M.** geht aber davon aus, dass der wichtige Grund für organschaftliche Stellung und schuldrechtlichen Vertrag nicht unterschiedlich gehandhabt werden kann (OLG Hamburg ZMR 2010, 628; Staudinger/Bub § 26 Rn. 408; Deckert Die ETW, Gr. 4 Rn. 1607; wohl auch BGH ZMR 2002, 768; OLG Düsseldorf ZMR 2004, 691; a.A. OLG Köln NJW-RR 2001, 160; OLG Hamm ZMR 2007, 134; 2008, 66). In der anwaltlichen Praxis ist dem betroffenen Verwalter also zur Anfechtung auch der Abberufung zu raten, selbst wenn ihm an der Wiedergewinnung der organschaftlichen Stellung gar nicht gelegen ist.

d) Die Verteidigungsmöglichkeiten des Verwalters gegen eine Kündigung

Bei der Verteidigung seiner Rechte aus dem Verwaltervertrag kann und muss der Verwal- 237
ter dagegen von der **Anfechtung des Eigentümerbeschlusses** über die Kündigung absehen. Denn hierbei handelt es sich nur um die interne Willensbildung innerhalb der Eigentümergemeinschaft, die keinen Einfluss auf die Berechtigung zur Kündigung hat. Einer Anfechtung dieses Beschlusses fehlt daher sogar das Rechtsschutzinteresse (BGH ZMR 2002, 767). Vielmehr muss der Verwalter im Verfahren nach § 43 Nr. 3 WEG i.V.m § 256 ZPO analog **die Feststellung begehren, dass der Verwaltervertrag durch die Kündigung nicht beendet worden ist** (BGH ZMR 2002, 767 und 932; BayObLG ZMR 2004, 687; OLG Düsseldorf ZMR 2004, 691). Bereits bezifferbare Ansprüche aus dem fortbestehenden Schuldverhältnis kann er auch mit einem Leistungsantrag gegen den teilrechtsfähigen Verband geltend machen. Dabei ist aber zu berücksichtigen, dass eine Kündigung aus wichtigem Grunde in eine ordentliche Kündigung umzudeuten ist (KG NJW-RR 1989, 840; OLG Hamm ZMR 1997, 50). Es ist also nur die Vergütung bis zu dem Zeitpunkt der ordentlichen Kündigung anzusetzen. Ferner sind die durch die unterbliebene Tätigkeit ersparten Aufwendungen in Anrechnung zu bringen, die unterschiedlich beziffert werden (vgl. Rdn. 233).

e) Andere Beendigungsgründe

Daneben endet der Verwaltervertrag auch durch die Amtsniederlegung, die regelmäßig 238
auch die schuldrechtlichen Beziehungen beenden soll. Die Auffassung, die bei der Amtsniederlegung auch hinsichtlich der Kündigung des Verwaltervertrags die Erklärung gegenüber allen Miteigentümern verlangt (OLG München ZMR 2005, 981),verkennt, dass dieser nunmehr mit dem Verband geschlossen wird (vgl. o. Rdn. 141 f.). Erforderlich ist nach dem Prinzip der Gesamtvertretung nach § 27 Abs. 3 S. 2, 3 WEG nur die Erklärung gegenüber einem Wohnungseigentümer (vgl. u. Rdn. 259 ff.). Ferner beendet der Tod der bestellten natürlichen Person das Vertragsverhältnis, da die Verwalterstellung nicht im Wege der Gesamtrechtsnachfolge erworben werden kann (OLG München ZMR 2008, 482). Ebenso führt auch die Löschung oder die Änderung der Rechtsform zur Beendigung des Verwaltervertrages mit einer Gesellschaft (BayObLGZ 1987, 57).

25. Pflichten nach Beendigung des Verwaltervertrages

a) Grundsatz: Beendigung der Tätigkeit für die Wohnungseigentümer

Grundsätzlich kann der Verwalter nach Abberufung bzw. gerichtlicher Ungültigerklä- 239
rung der Bestellung und der Beendigung des Vertragsverhältnisses nicht mehr für die

Wohnungseigentümergemeinschaft tätig werden. Sofern er es doch tut, hat er hieraus keine vertraglichen Ansprüche mehr, sondern allenfalls den gesetzlichen Anspruch auf Aufwendungsersatz bzw. Herausgabe der Bereicherung nach §§ 683, 684, 812 BGB (BayObLG WuM 1996, 497). Gleicht er allerdings bereits aufgelaufene Fehlbeträge auf dem Gemeinschaftskonto aus, soll ihm ein Anspruch aus §§ 675, 670 BGB zustehen (KG ZMR 1997, 540).

240 **Praxistipp:**

Auch wenn der Verwalter nach dem Ende seiner Amtszeit nicht mehr für die Wohnungseigentümergemeinschaft handeln darf, besteht u.U. die Gefahr, dass sie von ihm nach den Vorschriften zur **Fortwirken der Vollmacht** verpflichtet wird. Zu einer solchen Bindung nach § 172 Abs. 2 BGB kann es insbesondere dann kommen, wenn der Verwalter die ihm gem. § 27 Abs. 6 WEG ausgestellte Urkunde vorlegt. Der Rechtsanwalt der Wohnungseigentümer hat somit gerade bei einer streitigen Beendigung der Verwaltertätigkeit für eine alsbaldige Herausgabe dieser Urkunde zu sorgen, notfalls im Wege der einstweiligen Verfügung nach §§ 935 ff. ZPO Daneben kann eine Mitteilung über das Erlöschen der Verwalterstellung an die Geschäftspartner empfehlenswert sein, um eine Verpflichtung durch den Verwalter nach § 170 BGB zu vermeiden. Ähnliches gilt für Gerichtsverfahren, die der alte Verwalter in **Verfahrensstandschaft** betrieben hat. Da er sie weiterführen kann (BayObLG ZMR 1997, 43 und 199; OLG Düsseldorf ZMR 2000, 397; a.A. Deckert Die ETW, Gr. 4 Rn. 1640), empfiehlt sich der Widerruf der Ermächtigung, der mit einfachem Mehrheitsbeschluss erfolgen kann (BayObLG ZMR 1997, 199).

b) Ausnahme: Fortdauer von Leistungspflichten

241 Nicht alle Pflichten des Verwalters erlöschen mit Beendigung des Verwaltervertrages. Bereits fällig gewordene Verpflichtungen bestehen fort. Dies betrifft insbesondere die **Jahresabrechnung**, die noch der abberufene Verwalter zu erstellen hat, wenn die Pflicht hierzu bereits in seiner Amtszeit fällig wurde (OLG Hamm NJW-RR 1993, 847; KG WE 1993, 83; BayObLG WuM 1994, 44; OLG Celle ZMR 2005, 718 f.; LG Saarbrücken ZMR 2010, 318). Dies soll auch 10 Jahre nach ihrer Ungültigerklärung der Fall sein (OLG Saarbrücken ZMR 2010, 708, was wohl kaum mit der großzügigen Anwendung der neuen Verjährungsregeln etwa im Zusammenhang mit baulicher Veränderung und erstmaliger Herstellung eines ordnungsgemäßen Zustands vereinbar ist). Sofern sie bereits der neue Verwalter zu erstellen hat, ist sein Vorgänger zur **Rechnungslegung** nach § 28 Abs. 4 WEG verpflichtet (BayObLG ZMR 2000, 326). Streitig ist allerdings, ob diese als vertretbare Handlung nach § 887 ZPO (so OLG Düsseldorf ZMR 1999, 426) oder als unvertretbare Handlung nach § 888 ZPO zu vollstrecken ist (so OLG Köln ZMR 1998, 519). Da die Rechnungslegung letztlich nur eine »abgebrochene« Jahresabrechnung darstellt, ist es nur konsequent, sie auch in der Zwangsvollstreckung nach denselben Grundsätzen und somit als vertretbare Handlung zu behandeln.

c) Die Verpflichtung zur Herausgabe der Unterlagen

242 Daneben bestehen nur noch Abwicklungsverpflichtungen. Insbesondere ist der Verwalter aus §§ 675, 667 BGB verpflichtet, nach Beendigung seiner Tätigkeit für die Gemeinschaft alles, was er hierbei erlangt hat, herauszugeben (BayObLG ZMR 2004, 762). Dies umfasst u.a. Schlüssel, Vollmachtsurkunden und sämtliche Unterlagen im Original, ebenso zu Unrecht eingenommene Gelder wie Provisionen (OLG Düsseldorf ZMR 1998, 307). Allerdings ist er nur zur Herausgabe, nicht zur Ablieferung der Unterlagen beim neuen Verwalter verpflichtet. Die Verpflichtung zur Herausgabe der Unterlagen besteht auch dann, wenn ein Rechtsstreit gegen den abberufenen Verwalter

bevorsteht, da sein diesbezüglicher Vortrag nicht dadurch erschwert wird, dass ihm hierfür nur Kopien zur Verfügung stehen (BayObLG WE 1993, 288). Sofern sich herauszugebende Gegenstände bei Dritten befinden, hat sie der alte Verwalter zu beschaffen, nicht nur den Herausgabeanspruch abzutreten (OLG Frankfurt/M. WuM 1999, 62). War der frühere Bauträger zum Verwalter bestellt, hat er auch Bauunterlagen herauszugeben, sofern diese für die Durchsetzung von Gewährleistungsansprüchen erforderlich sind (BayObLG ZMR 2001, 820). **Zurückbehaltungsrechte** gegen den Herausgabeanspruch stehen ihm nicht zu (OLG Frankfurt/M. ZMR 1994, 376). Allerdings darf er mit **rückständigen Vergütungen** aufrechnen (BayObLGZ 1976, 166; OLG Stuttgart ZMR 1983, 422; vgl. Rdn. 179) und wohl auch mit Ansprüchen auf Aufwendungsersatz etwa für den erforderlichen Ausgleich eines im Soll stehenden Treuhandkontos (vgl. BayObLG WuM 1997, 346).

d) Die gerichtliche Durchsetzung des Herausgabeanspruchs

Fall **243**

> Der abberufene Verwalter weigert sich die Dokumente, Versicherungs- und Bankunterlagen, Belege etc., die im Laufe seiner Amtszeit angefallen sind, an den neuen Verwalter herauszugeben. Die Wohnungseigentümer kennen ihren genauen Umfang nicht und verlangen daher im Verfahren nach § 43 Nr. 3 WEG die Herausgabe von »Schlüsseln, Versicherungs- und Kontounterlagen, Belegen und allen anderen Unterlagen im Besitze des Verwalters«. Das Amtsgericht hält den Antrag mangels hinreichender Bestimmtheit für unzulässig.

Der Anspruch auf Herausgabe ist im Verfahren nach § 43 Nr. 3 WEG geltend zu machen. Dabei ist zunächst der **neue Verwalter** aktivlegitimiert, der die Herausgabe an sich aus eigenem Recht verlangen kann (BayObLGZ 1975, 328). Fehlt ein Verwalter, kann der Verband nach § 10 Abs. 6 S. 3 WEG, vertreten durch die Wohnungseigentümer (§ 27 Abs. 3 S. 2 WEG) die Herausgabe verlangen (LG Hamburg ZMR 2008, 326; (Jennißen/Jennißen § 26 Rn. 145; zum alten Recht vgl. OLG München NJW-RR 2006, 1024 = ZMR 2006, 552 f.), was naturgemäß eine entsprechende Beschlussfassung voraussetzt (OLG Hamburg ZMR 2008, 150). Ein einzelner Wohnungseigentümer kann die Herausgabe nicht verlangen (AG Rastatt ZMR 2008, 923); er muss sich hierzu durch Beschluss ermächtigen lassen (vgl. schon zum alten Recht BGH ZMR 1997, 309; OLG Hamburg NJW-RR 1994, 783). Sofern sich die Wohnungseigentümer weigern, die Herausgabe geltend zu machen, muss der ablehnende Beschluss angefochten und die Herausgabe als alleine ordnungsmäßiger Verwaltung entsprechende Maßnahme durchgesetzt werden (BGH ZMR 1997, 309; OLG Hamburg ZMR 2008, 150 f.). Im Wege der einstweiligen Verfügung können die Wohnungseigentümer jedenfalls die Herausgabe und befristete Einsichtnahme in solche Verwalterunterlagen verlangen, auf die sie so dringend angewiesen sind, dass ein ordentliches Verfahren nicht abgewartet werden kann (AG Kelheim ZMR 2008, 83). Die Herausgabe aller Unterlagen etc. kann im Verfahren des einstweiligen Rechtsschutzes i.d.R. nicht durchgesetzt werden, da dies auf eine Vorwegnahme der Hauptsache hinausliefe (LG Hamburg ZMR 2008, 326). Der Streitwert für Streitigkeiten um die Herausgabe der Verwaltungsunterlagen beläuft er sich auf 2000 Euro; im Verfahren des einstweiligen Rechtsschutzes ist er auf ca. die Hälfte des Wertes der Hauptsache festsetzen (AG Hamburg ZMR 2009, 233). Bei der Herausgabe der gemeinschaftlichen Gelder ist maßgeblich, ob und in welcher Höhe die Gefahr ihrer unbefugten Inanspruchnahme besteht, oder ob es nur um eine Verzögerung geht (AG Hamburg ZMR 2009, 233). **244**

245 Allerdings besteht auf Seiten der Wohnungseigentümer wie im Beispielsfall oftmals **keine hinreichende Kenntnis darüber, was der Verwalter im Laufe seiner Tätigkeit erlangt hat.** Wollte man ihnen abverlangen, die herauszugebenden Gegenstände i.E. aufzuführen, würde man ihre Rechtsschutzmöglichkeiten folglich erheblich beschneiden. Nach überwiegender Auffassung ist eine **summarische Bezeichnung** der nicht näher bekannten Unterlagen daher, anders als das Amtsgericht im Beispielsfall annimmt, ausreichend. Denn der Titel ist nach **§ 888 ZPO**, nicht nach § 883 ZPO zu vollstrecken (OLG Hamburg OLGZ 1987, 189; ZMR 2008, 150; OLG Frankfurt/M. WuM 1999, 62; Staudinger/Bub § 26 Rn. 403b; jetzt auch Niedenführ/Kümmel/Vandenhouten § 26 Rn. 121; zum einstweiligen Rechtsschutz s. jetzt AG Kelheim ZMR 2008, 83 f.). Es geht in dieser Konstellation nämlich nicht um die Herausgabe bekannter Sachen, die der Gerichtsvollzieher ohne weiteres wegnehmen kann. Vielmehr steht die Herausgabe im Zusammenhang mit der **Rechenschaftspflicht** am Ende der Verwaltertätigkeit. Diese kann aber ebenso wie die Zusammenstellung der den Wohnungseigentümern gar nicht bekannten Unterlagen nur der Verwalter erfüllen, sodass eine unvertretbare Handlung vorliegt. Gleiches gilt selbstverständlich für Auskunftspflichten (LG Saarbrücken ZMR 2010, 402).

246 **Praxistipp:**

Im Erkenntnisverfahren wird vom Verwalter oftmals der **Einwand der Erfüllung** erhoben. Dieser ist verfahrensrechtlich unterschiedlich zu behandeln, je nachdem, ob der Verwalter die Rückgabe einzelner Gegenstände oder der gesamten Unterlagen behauptet. Ersteres ist für das Erkenntnisverfahren unerheblich. Dass bestimmte Gegenstände bereits herausgegeben sind, kann er nur mit der Vollstreckungsklage gem. § 767 ZPO geltend machen, sofern dieser Einwand nicht unstreitig ist oder anhand des Akteninhalts beurteilt werden kann (BayObLG ZMR 2002, 842 f.). Lediglich die Behauptung, die Herausgabepflicht sei vollständig erfüllt, ist bereits im Erkenntnisverfahren zu prüfen, da es sich beim Erlöschen des Anspruchs nach § 362 Abs. 1 BGB um eine rechtsvernichtende Einwendung handelt (BayObLG ZMR 2004, 762). Sofern die Herausgabe aus Gründen, die der Verwalter zu vertreten hat, unmöglich ist, kann er zwar nach § 275 Abs. 1 BGB nicht mehr zur Leistung verurteilt werden (so vor der Schuldrechtsmodernisierung, s. OLG Hamm NJW-RR 1988, 269). Dies setzt aber die substanzierte Darstellung des Verlustes voraus (OLG Hamm ZMR 2007, 983). Zudem bestehen dann nach § 280 Abs. 1 BGB zum Schadensersatzansprüche, die evtl. im Wege der Naturalrestitution die Wiederanfertigung wichtiger Unterlagen wie Leitungspläne, Bauzeichnungen etc. umfassen können.

e) Die Herausgabe der Gemeinschaftsgelder

247 Besonderes Interesse haben Wohnungseigentümer und teilrechtsfähiger Verband naturgemäß an der Herausgabe der Gemeinschaftsgelder. Auch in diesem Zusammenhang ist der Verwalter nicht lediglich zur Abtretung eines Anspruchs gegen Dritte, etwa gegen ein Kreditinstitut, sondern zur Zahlung oder einer dem gleichkommenden Erfüllungshandlung verpflichtet (BGH ZMR 1997, 310 f.; BayObLG ZMR 1999, 845). Dabei hat der Verwalter die Höhe des herauszugebenden Betrages durch **Rechnungslegung** gem. § 259 BGB nachvollziehbar darzustellen. Fehlende Unterlagen hat er sich zu verschaffen (vgl. LG Saarbrücken ZMR 2010, 403). Im Streitfall trifft die Wohnungseigentümer die **Beweislast** für den anfänglichen Bestand der gemeinschaftlichen Konten und Kassen sowie für eventuelle Zugänge (BayObLG ZMR 2000, 42). Hingegen hat der Verwalter bei streitigen Geldflüssen die bestimmungsgemäße Verwendung der Gemeinschaftsgelder zu beweisen (BGH ZMR 1997, 311; BayObLG ZMR 2000, 42; 2001, 208). Das Fehlen von Belegen kann dahin gehend zu werten sein, dass eine Ausgabe unberechtigt war (OLG Oldenburg ZMR 2008, 239 f.). Mit rückständigen Vergütungen darf er aufrechnen (BayObLGZ 1976, 166; OLG Stuttgart ZMR 1983, 422), wohl auch mit Ansprüchen auf

Aufwendungsersatz etwa für den erforderlichen Ausgleich eines im Soll stehenden Treuhandkontos (vgl. BayObLG WuM 1997, 346).

26. Die Publizität der Verwaltereigenschaft im Rechtsverkehr

a) Der Nachweis der Verwaltereigenschaft (§ 26 Abs. 3 WEG)

Die Verwaltereigenschaft wird nicht aus dem Grundbuch oder sonstigen Registern ersichtlich. Dies ist sowohl für den Rechtsverkehr als auch für den Verwalter mit Unsicherheiten bzw. Erschwernissen verbunden, wenn dessen Stellung nachgewiesen werden muss, etwa deswegen, weil es auf seine Erklärungen (etwa auf seine Zustimmung zu Veräußerungen nach § 12 WEG) ankommt. Eine gewisse Abhilfe insbesondere für **Erklärungen gegenüber dem Grundbuchamt** schafft in diesem Zusammenhang die 1973 eingefügte Vorschrift über den Nachweis der Verwaltereigenschaft durch öffentliche Urkunden (§ 26 Abs. 3 WEG). Sie soll den Nachweis der Verwaltereigenschaft erleichtern, sofern hierfür wie etwa nach § 29 GBO die Vorlage öffentlich beglaubigter Urkunden vorgesehen ist. Denn die dort geforderte Form des Nachweises ist nur im Falle einer gerichtlichen Bestellung möglich, da die Ausfertigung der Gerichtsentscheidung eine öffentliche Urkunde darstellt. Ansonsten könnte der Nachweis in der von § 29 GBO geforderten Form allenfalls wie im Aktienrecht nach § 130 Abs. 1 AktG durch Beurkundung eines auf der Versammlung anwesenden Notar erfolgen. Dem beugt § 26 Abs. 3 WEG vor, wonach die **Vorlage einer Niederschrift über den Bestellungsbeschluss** genügt, **bei der die Unterschriften der in § 24 Abs. 6 S. 2 WEG genannten Personen öffentlich beglaubigt sind**. Nur bei einer schriftlichen Beschlussfassung gem. § 23 Abs. 3 WEG bedarf es der Beglaubigung der Unterschriften aller Eigentümer (BayObLG Rpfleger 1986, 299). Auch die **Bezugnahme auf Urkunden**, die dem Grundbuchamt bereits in der Form des § 29 GBO vorliegen, genügt (BayObLGZ 1975, 267; OLG Köln OLGZ 1986, 410). Hingegen muss der **Verwaltervertrag** nicht vorgelegt werden. Für den Nachweis der Wiederbestellung bzw. der Abberufung gelten dieselben Grundsätze wie für den Nachweis der Bestellung (BayObLG NJW-RR 1991, 978 f.). Ohne derartigen Nachweis über eine erneute Bestellung kann das Grundbuchamt bis zum Ablauf der beschlossenen Amtszeit bzw. der maximalen Bestellungszeit von 3 bzw. 5 Jahren vom Fortbestand der Verwalterstellung ausgehen (OLG Oldenburg Rpfleger 1979, 266; BayObLG NJW-RR 1991, 979). **248**

Die Schwierigkeiten beim Nachweis eines Eigentümerbeschlusses ergeben sich allerdings nicht nur im Zusammenhang mit der Bestellung des Verwalters. Vor ganz ähnlichen Schwierigkeiten steht der Rechtsverkehr auch bei dem Nachweis der Zustimmung zu einer Veräußerung nach § 12 WEG. Angesichts der identischen Interessenlage soll die Erleichterung des § 26 Abs. 3 WEG nach h.M. nicht auf den dortigen Regelungszusammenhang beschränkt sein. Die Vorschrift ist vielmehr stets anwendbar, wenn ein Beschluss in öffentlich beglaubigter Form nachzuweisen ist (BayObLGZ 1961, 396; LG Bielefeld Rpfleger 1981, 355 f.; Schneider ZfLR 2002, 119; Bärmann/Merle § 26 Rn. 283; Weitnauer/Lüke § 26 Rn. 46; a.A. Staudinger/Bub § 26 WEG Rn. 524). **249**

b) Die Vollmachtsurkunde (§ 27 Abs. 6 WEG)

Eine ähnliche Erleichterung bezweckt § 27 Abs. 6 WEG für das rechtsgeschäftliche Handeln des Verwalters, wonach er Anspruch auf Ausstellung einer Vollmachtsurkunde gegen die Wohnungseigentümer hat. Diese Vorschrift schaffte allerdings schon für die bisherige Rechtspraxis, die nur die Wohnungseigentümer als Vertretene ansah, zahlreiche Probleme hinsichtlich Erteilung und Inhalt der Vollmachtsurkunde. Dem Wortlaut nach bezieht sich der Anspruch auf eine **von allen Wohnungseigentümern unterzeichnete** **250**

Vollmachtsurkunde. Häufig werden einzelne Wohnungseigentümer, etwa solche, die gegen die Bestellung gestimmt haben oder sich in grundsätzlicher Gegnerschaft zur Mehrheit befinden, hierzu nicht bereit sein. Die Unterzeichnung der Urkunde gerichtlich durchsetzen und gegebenenfalls auch noch nach § 888 ZPO vollstrecken zu müssen, würde den Anspruch aus § 27 Abs. 6 WEG entwerten und die damit bezweckte Erleichterung für den Rechtsverkehr in Frage stellen. Deshalb wird die Eigentümerversammlung zweckmäßigerweise einen **Beschluss fassen, eine schriftliche Vollmacht zu erteilen und eine Person hierzu bevollmächtigten**. Eine Abschrift der Niederschrift mit diesem Beschluss in Verbindung mit der Urkunde wird den Anforderungen von § 27 Abs. 6 WEG genügen. Hingegen dürfte die **Unterschrift der Eigentümermehrheit** unter der Vollmachtsurkunde alleine nicht ausreichen, da hieraus die Bindungswirkung kraft Beschlusses nicht hervorgeht und gegen die Miteigentümer, die nicht unterzeichnet haben, folglich kein Rechtsschein begründet wird. Ebenso wenig kann die **Niederschrift über den Bestellungsbeschluss** die Urkunde nach § 27 Abs. 6 WEG ersetzen. Das geht schon daraus hervor, dass die Regelung zu einer selbstständigen Vollmachtsurkunde dann überflüssig wäre. Vor allem kann die Niederschrift über die Bestellung nur die diesbezügliche Beschlussfassung nachweisen. Sie schützt aber nicht den guten Glauben in die Verwalterstellung bei Nichtigkeit oder Ungültigerklärung des Bestellungsbeschlusses wie die Vollmachtsurkunde (§§ 172, 173 BGB). Nach Beendigung der Verwalterstellung ist die Urkunde wie die sonstigen Verwaltungsunterlagen zurückzugeben, ein Zurückbehaltungsrecht besteht nicht. Sofern Missbrauchsgefahr besteht, ist die Herausgabe vorab im Wege der einstweiligen Verfügung nach §§ 935 ff. ZPO zu erwirken.

251 Auch zum **Inhalt der Vollmachtsurkunde** lässt sich § 27 Abs. 6 WEG wenig entnehmen. Nach allgemeiner Auffassung kann sie sich darauf beschränken, den Inhalt der gesetzlichen Vertretungsmacht wiederzugeben. Sie kann aber auch in Gemeinschaftsordnung oder Verwaltervertrag enthaltene Erweiterungen ausweisen oder für bestimmte Geschäfte bzw. gemeinschaftsbezogene Angelegenheiten allgemein als Blankovollmacht ausgestaltet sein. Ebenso ist es möglich, zulässige Beschränkungen wie etwa Zustimmungserfordernisse für bestimmte, nicht zu den Mindestbefugnissen gehörende Geschäfte aufzunehmen, was jedoch im Rechtsverkehr zu Abgrenzungsschwierigkeiten führen kann.

27. Unentgeltliche Verwaltung und Ausübung einzelner Verwaltertätigkeiten

a) Die unentgeltliche Verwaltung

252 In kleinen Gemeinschaften ist die Bestellung eines professionellen Verwalters aus Kostengründen häufig unzweckmäßig und nach dem Verwaltungsaufwand auch nicht notwendig. Dort übernimmt oftmals ein Miteigentümer unentgeltlich die Verwaltung. Auch ohne ausdrückliche Verabredung ist in solchen Kleinanlagen bei der Bestellung eines Eigentümers zum Verwalter die Forderung einer Vergütung grundsätzlich nicht zu erwarten, sodass Gegenteiliges ausdrücklich vereinbart sein muss (BayObLG ZMR 2000, 848 und 852; vgl. schon BT-Drucks. 1/252 S. 29). Diese unentgeltliche Verwaltung ist bislang kaum systematisch untersucht. Rechtlich handelt es sich um einen Auftrag nach §§ 662 ff. BGB. Dabei ist zu berücksichtigen, dass sich die Unentgeltlichkeit auf die Vergütung der Verwaltertätigkeit beschränkt. Hingegen hat der Verwalter auch dort aus § 670 BGB einen **Anspruch auf Ersatz seiner Aufwendungen**, etwa für Post- und Telekommunikation, Kontogebühren und sonstige Auslagen. Dies betrifft nicht zuletzt den Fall, dass ein unentgeltlich als Verwalter tätiger Miteigentümer in kleineren Anlagen die Kosten z.B. für Heizmaterial, Wasser oder Reparaturen vorschießt, wobei er sich seinen Kostenanteil anrechnen lassen muss (BayObLG ZMR 1997, 659; 1998, 103). Sein Anspruch auf Aufwendungsersatz setzt auch nicht die Genehmigung eines Wirtschaftsplans oder einer Jahresabrechnung voraus (vgl. o. Rdn. 192). Allerdings kann der unentgeltliche Verwalter ebenso wenig wie der professionelle aus § 670 BGB den Ersatz seiner Aufwendungen bei der Durchführung **eigenmächtiger Entscheidungen** verlangen. Wie jener ist er in diesen Fällen auf bereicherungsrechtliche Ansprüche verwiesen. Nicht anders als der professionelle Verwalter verpflichtet sich der unentgeltlich tätige Miteigentümer zumindest konkludent zur Einberufung der jährlichen Eigentümerversammlung gem. § 24 Abs. 1 WEG und zur Erstellung von Wirtschaftsplan und Jahresabrechnung gem. § 28 Abs. 1 und 3 WEG. Mit seiner Abberufung wird das **schuldrechtliche Verhältnis** – der Auftrag – widerrufen, was nach § 671 Abs. 1 BGB jederzeit möglich ist (BayObLGZ 1958, 238). Umgekehrt kann auch der unentgeltliche Verwalter nach § 671 Abs. 1 BGB ohne weiteres kündigen, sofern dies nicht zur Unzeit geschieht. Nach Beendigung seiner Verwaltertätigkeit ist auch der unentgeltlich tätige Verwalter nach § 667 BGB zur Herausgabe all dessen verpflichtet, was er in ihrem Verlaufe erhalten hat. Unterschiede zum professionellen Verwalter (vgl. Rdn. 242 ff.) bestehen insoweit nicht.

Das drängendste Problem der unentgeltlichen Verwaltung dürfte die Frage nach der **Haftung** sein. Derjenige, der die Verwaltung unentgeltlich und ohne berufliche Erfahrung übernimmt, wird i.d.R. nicht damit rechnen, dass ihm bei vergleichsweise leichten Nachlässigkeiten etwa in der Bearbeitung der Anzeigen zu baulichen Schäden u.U. existenzbedrohende Regressforderungen drohen. Eine unentgeltliche Erfüllung vertraglicher Pflichten bedeutet aber nicht automatisch eine konkludente Haftungserleichterung (s. OLG München ZMR 2006, 716; vgl. Skauradszun ZWE 2008, 422 f.; Schultz ZWE 2009, 163). Dies entspricht der Rechtsprechung zu gleichfalls unentgeltlich tätigen Verwaltungsbeiräten (vgl. OLG Düsseldorf ZMR 1998, 104 ff.). Der ehrenamtlich tätige Verwalter tut somit gut daran, eine Versicherung für eventuell durch seine Tätigkeit verursachte Schäden abzuschließen. Allerdings kann die Eigentümerversammlung ähnlich wie beim Verwaltungsbeirat (vgl. u. Rdn. 319) für eine konkrete Bestellung – also nicht abstrakt generell – einen milderen Haftungsmaßstab beschließen (Skauradszun ZWE 2008, 421). 253

b) Die Ausübung einzelner Verwaltertätigkeiten

Von der unentgeltlichen Verwaltung abzugrenzen sind die Fälle, in denen ein Miteigentümer etwa deswegen einzelne Verwaltungsaufgaben durchführt, weil der Verwalter durch Tod, Abberufung oder andere außergewöhnliche Umstände ausscheidet. Mangels Bestellung wird er zwar nicht zum (unentgeltlichen) Verwalter. Denn die bloße Zustimmung zu seiner Tätigkeit ersetzt nicht den Bestellungsbeschluss (BayObLGZ 1987, 59; OLG Schleswig WE 1997, 389; OLG Düsseldorf ZMR 2004, 135 f.; Staudinger/Bub § 26 Rn. 147; a.A. OLG Frankfurt/M. OLGZ 1975, 100, 101 f.). Gleichwohl kann es ordnungsmäßiger Verwaltung entsprechen, ihm – auch nachträglich – eine **pauschale Abgeltung seiner Verwaltungstätigkeit** zuzusprechen (BayObLG ZMR 2003, 694 f.). In jedem Falle hat er aber Anspruch auf Ersatz seiner **Aufwendungen** aus §§ 683, 670 BGB (BayObLG WuM 1996, 497). Denn zwischen ihm und dem Verband besteht ein Auftragsverhältnis (OLG Hamm ZMR 2008, 162). Dies führt umgekehrt zu einer Haftung bei Pflichtverletzungen ohne Haftungsbegrenzung, da das Auftragsrecht eine solche Beschränkung der Haftung nicht kennt (OLG Hamm ZMR 2008, 162). Derartige Ansprüche hat der teilrechtsfähige Verband gelten zu machen (OLG Hamm ZMR 2008, 162). Die Möglichkeiten des Beauftragten gehen ohne konkrete Beschlussfassung – mit entsprechender Bevollmächtigung im Außenverhältnis – nicht über § 27 WEG hinaus, da demjenigen, der ohne Bestellung zum Verwalter einzelne Verwaltungstätigkeiten wahrnimmt, keine weiter gehenden Befugnisse zukommen können als dem Verwalter (OLG Hamm ZMR 2008, 162). Werden entsprechende Beschlüsse gefasst, ist zu prüfen, ob der Ermächtigte nicht in Wirklichkeit zum Verwalter bestellt wurde. 254

c) Die Verwaltungstätigkeit des teilenden Eigentümers

255 Auch unmittelbar nach Entstehen einer Wohnungseigentümergemeinschaft können einzelne Verwaltungstätigkeiten schon vor der erstmaligen Bestellung eines Verwalters noch vom teilenden Eigentümer übernommen werden, wenn er die Verwaltung der Liegenschaft noch nach Eigentumserwerb des ersten Wohnungseigentümers fortführt (KG ZMR 2001, 63). Diese Tätigkeit unterfällt nicht den Regelungen des WEG zum Verwalter. Eventuelle Rechtsstreitigkeiten zwischen dem Bauträger und den Wohnungseigentümern aus der Übernahme der Verwaltungstätigkeit sollen noch nicht einmal vor dem Gericht für Wohnungseigentumssachen zu verhandeln sein (KG ZMR 2001, 64 zum verwaltenden Bauträger).

28. Die Gesamtvertretung des Verbandes durch alle Wohnungseigentümer

a) Voraussetzungen der Vertretung

256 Das Handeln des Verbandes folgt nach § 27 Abs. 3 S. 2 WEG dem Modell der Gesamtvertretung durch alle Wohnungseigentümer. Es setzt nach § 27 Abs. 3 S. 2 WEG voraus, dass ein **Verwalter fehlt** oder »zur Vertretung nicht berechtigt« ist. Sowohl Vereinbarungen als auch Beschlüsse, die einen Wohnungseigentümer trotz wirksam bestellten Verwalters zum Vertreter des Verbandes in Angelegenheiten des § 27 Abs. 1, 3 WEG bestimmen, sind wegen Verstoßes gegen § 27 Abs. 4 WEG nichtig (Drabek ZMR 2008, 77). Vom Fehlen eines Verwalters ist auszugehen, wenn ein solcher überhaupt nicht bestellt oder die Bestelldauer abgelaufen ist. Es genügt auch, wenn er auf Dauer an der Ausübung seiner Tätigkeit verhindert oder hierzu nicht bereit ist (Hügel/Elzer § 11 Rn. 100 ff.; Drabek ZMR 2008, 76; Jennißen/Heinemann § 27 Rn. 130; vgl. Rdn. 287). Eine kurzfristige Verhinderung genügt nicht. Entsprechendes gilt für den Fall der Interessenkollision (Drabek ZMR 2008, 76). Wann der Verwalter aber nach § 27 Abs. 3 S. 2 WEG »zur Vertretung nicht berechtigt« ist, lässt sich Wortlaut und Materialien des Gesetzes nicht entnehmen, obwohl insoweit Klärungsbedarf besteht. In Rechtsprechung und Schrifttum ist nämlich umstritten, ob der Vertreter von der Vertretung des Verbandes schon bei der bloßen Möglichkeit eines Interessenkonfliktes oder nur bei seinem tatsächlichen Vorliegen ausgeschlossen ist. Die Regelung des Parallelfalls in § 45 Abs. 1 WEG für die Vertretung der Wohnungseigentümer spricht für letztere Auffassung (vgl. o. Rdn. 49 u. 97 ff.). In vorliegendem Zusammenhang ist die Klärung dieser Frage aber von geringerer Bedeutung, da die Gesamtvertretung des Verbandes durch alle Wohnungseigentümer einen praktikablen Ausweg eröffnet: Es genügt, für den Zugang einer Willenserklärung sowohl beim Verwalter als auch bei den Wohnungseigentümern zu sorgen, wobei letzteres nunmehr durch die Novelle erheblich erleichtert wird (vgl. Rdn. 259). Entfällt die Verhinderung des Verwalters oder wird ein neuer bestellt, erlischt die Vertretungsmacht nach § 27 Abs. 3 S. 3 WEG ohne Weiteres (Drabek ZMR 2008, 77).

257 Des Weiteren muss es sich um ein **Geschäft des Verbandes** handeln. Auf Geschäfte der Wohnungseigentümer bezieht sich § 27 Abs. 3 S. 2, 3 WEG grundsätzlich nicht (Jennißen/Heinemann § 27 Rn. 129). Allerdings verliert diese Unterscheidung durch die Ausdehnung der Verbandszuständigkeit in § 10 Abs. 6 S. 3 WEG weitgehend ihre Bedeutung. Denn danach steht dem Verband die Erfüllung gemeinschaftsbezogener Pflichten und die Geltendmachung gemeinschaftsbezogener Ansprüche zu, so dass er in weitem Umfang auch für Geschäfte der Wohnungseigentümer zuständig ist. Fehlt ein Verwalter, tritt auf diesem Umweg dann auch für Geschäfte der Wohnungseigentümer die Gesamtvertretung ein.

b) Die Wohnungseigentümer als Erklärungsvertreter

§ 27 Abs. 3 S. 2 WEG beendet die Unklarheit, wie Gemeinschaften ohne Verwalter am Rechtsverkehr teilnehmen können. Dies geschieht grundsätzlich im Wege der Gesamtvertretung. Das folgt aus § 27 Abs. 3 S. 2 WEG und im Umkehrschluss auch aus § 27 Abs. 3 S. 3 WEG, da die Vertretung des Verbandes durch einzelne danach einer eigenen Beschlussfassung bedarf. Einzelne Wohnungseigentümer können also ohne entsprechende Ermächtigung nicht mit Wirkung für und gegen den Verband handeln; hierzu bedarf es gemeinsamer Erklärungen. Anders als beim Empfang von Willenserklärungen müssen die Wohnungseigentümer beim aktivem Auftreten im Rechtsverkehr zusammenwirken (Jennißen/Heinemann § 27 Rn. 131). Wenn auch nur einer von ihnen weder persönlich noch durch Vertreter am Geschäft beteiligt ist, wird der Verband nicht vertreten. In diesem Fall kommt nur eine Haftung der handelnden Wohnungseigentümer aus § 179 Abs. 1 BGB in Betracht. Diese scheidet aber aus, wenn der Geschäftspartner die Zusammensetzung der Gemeinschaft schon von anderen Geschäften her kennt, da die Unkenntnis der fehlenden Vollmacht dann zumindest fahrlässig ist. Den Geschäftspartner trifft aber wohl keine Pflicht zur Nachforschung und zur Einsicht in das Grundbuch, wenn sich die handelnden Eigentümer als die gesamte Eigentümergemeinschaft ausgeben (MüKo/Schramm § 179 Rn. 40; Erman/Palm § 179 Rn. 15). Im Übrigen treffen den Geschäftspartner die allgemeinen Risiken eines Vertragsschlusses mit Vertretern. Ist etwa einer der Wohnungseigentümer geschäftsunfähig, kommt mangels wirksamer Gesamtvertretung kein Vertrag mit dem Verband zustande. Allerdings kann das Geschäft in allen Fällen unzureichender Vertretung (konkludent) genehmigt werden, wenn etwa alle Wohnungseigentümer als Vertreter des Verbandes eine Werkleistung unbeanstandet nutzen. Zu beachten ist, dass die Wohnungseigentümer, auch wenn sie selbst auftreten, ohne erkennbar hierauf gerichtete Willenskundgabe nur für den Verband handeln. Sie selbst haften für dessen Verbindlichkeiten nur nach der Quote des § 10 Abs. 8 S. 1 WEG. 258

c) Die Wohnungseigentümer als Empfangsvertreter

Der Verband muss wie jedes rechtsfähige Gebilde nicht nur Erklärungen abgeben, sondern auch empfangen können. Auch insoweit sind die Wohnungseigentümer Gesamtvertreter. Dies erleichtert die Übermittlung von Willenserklärungen und Zustellungen an den Verband erheblich. Denn insoweit gilt der in vielen Einzelvorschriften zum Ausdruck kommende Rechtsgrundsatz, dass die Zustellung an einen Gesamtvertretungsberechtigten genügt: Wenn selbst die Zustellung staatlicher Hoheitsakte nach § 170 Abs. 3 ZPO nur an einen Gesamtvertretungsberechtigten erfolgen muss, kann für die Abgabe privater Willenserklärungen nichts anderes gelten. Daher entfaltet die nur einem Wohnungseigentümer gegenüber abgegebene Willenserklärungen Wirkung gegen den Verband (BGHZ 62, 173; Merle ZWE 2006, 370; Reichert ZWE 2006, 478; Hügel/Elzer § 11 Rn. 108). Ein entsprechendes Vorgehen empfiehlt sich auch bei Zweifeln, ob der Verwalter zur Vertretung des Verbandes berechtigt ist: Wird die Willenserklärung sowohl ihm als auch einem Wohnungseigentümer übermittelt, ist sie in jedem Fall zugegangen. Bei bestehender Vertretungsberechtigung wirkt die Erklärung an den Verwalter, bei fehlender diejenige an den Wohnungseigentümer. 259

Die Gesamtvertretung und ihre Folgen bei der Übermittlung von Willenserklärungen an einzelne Wohnungseigentümer kann nicht ohne Auswirkungen auf deren **Pflichten** bleiben. Denn der Wohnungseigentümer, dem eine Willenserklärung für den Verband zugeht, ist jedenfalls aufgrund seiner Treuepflicht den Miteigentümern und dem Verband gegenüber verpflichtet, diese hierüber zu informieren. Die Anforderungen an diese Information sind aber nicht so hoch wie bei einem professionellen Verwalter. Regelmäßig wird ein Aushang am schwarzen Brett der Liegenschaft oder die Nutzung eines sonstigen all- 260 gemein zugänglichen Mediums genügen (zweifelnd Jennißen/Heinemann § 27 Rn. 131). Dem Empfänger der Willenserklärung kann nicht angesonnen werden, alle Miteigentümer ausfindig zu machen und persönlich zu informieren. Denn diese sind, wenn sie bewusst auf die Bestellung eines Verwalters und dessen Möglichkeiten verzichten, ihrerseits aus der Treuepflicht gehalten, ein solches allgemeines Informationsmedium der Gemeinschaft zu nutzen. Sofern ein solches schwarzes Brett o. Ä. (etwa in Reihenhaussiedlungen) mangels gemeinschaftlicher Räume gar nicht existiert, wird man von dem Erklärungsempfänger den Einwurf einer entsprechenden Mitteilung in den Briefkasten verlangen dürfen. Mehr ist aber auch dann, wenn die Einheiten bekanntermaßen nicht vom Eigentümer bewohnt werden, nicht zu verlangen. Denn die Wohnungseigentümer sind im Gegensatz zum berufsmäßigen Verwalter nicht verpflichtet, Eigentümerlisten mit den aktuellen Anschriften zu führen und Mitteilungen an die jeweils aktuelle Adresse zu versenden. Dies umso weniger, als der vermietende Wohnungseigentümer selbst für die Weiterleitung entsprechender Mitteilungen sorgen kann, indem er den Mieter vertraglich hierzu verpflichtet (vgl. BayObLG WuM 1996, 447, ZWE 2000, 467).

261 Die unzulängliche Information der anderen Wohnungseigentümer über zugegangene Willenserklärungen dürfte in der gerichtlichen Praxis komplizierte Probleme aufwerfen. Grundsätzlich löst diese Untätigkeit ebenso wie andere Verletzungen der Pflichten aus dem Gemeinschaftsverhältnis **Schadensersatzansprüche** aus § 280 Abs. 1 BGB aus (Jennißen/Heinemann § 27 Rn. 131). Der Schadensersatzanspruch zielt auf Naturalrestitution, was bedeutet, dass der bei der Weiterleitung der Information säumige Wohnungseigentümer den Verband so zu stellen hat, als wenn er die Wohnungseigentümer korrekt unterrichtet und somit eine rechtzeitige Beschlussfassung ermöglicht hätte. So kann etwa die Differenz zum nächstbesten Angebot auszugleichen sein, wenn aufgrund der unterlassenen Weiterleitung ein günstiges Vertragsangebot nicht angenommen wird. Ebenso kommt bei unterlassener Übermittlung einer Mahnung die Erstattung von Verzugszinsen in Betracht. Bereits hier kann die Bezifferung des Schadens erhebliche Schwierigkeiten bereiten, erfordert sie doch die Ermittlung eines hypothetischen Sachverhalts. Zudem sind zahlreiche Einwände im Prozess denkbar. Auf entsprechendes Bestreiten wird z.B. zu klären sein, ob die anderen Miteigentümer bei rechtzeitiger Information tätig geworden wären, ob der Verband überhaupt früher hätte zahlen können und wollen u.Ä. Weitere Komplikationen ergeben sich dann, wenn der Empfänger der Willenserklärung nicht völlig untätig bleibt oder wenn mehreren Wohnungseigentümern dieselbe Erklärung zugeht und diese in unterschiedlicher Weise tätig werden. Hier wird häufig wohl nur eine Schätzung der Verursachungsanteile nach § 287 ZPO Abhilfe schaffen können.

29. Die Ermächtigung einzelner Wohnungseigentümer nach § 27 Abs. 3 S. 3 WEG

a) Die Bedeutung der Vorschrift

262 Das Zusammenwirken aller Wohnungseigentümer nach § 27 Abs. 3 S. 2 WEG kann die Verwaltung selbst in kleineren Gemeinschaften erheblich erschweren. Es widerspricht auch den Prinzipien des Wohnungseigentumsrechts, wonach jedenfalls Angelegenheiten minderer Bedeutung durch Mehrheitsbeschluss entschieden werden können. Ohne gesetzliche Sonderregelung wäre das Handeln von Gemeinschaften ohne Verwalter durch die Gesamtvertretung zumindest erheblich erschwert: Während die Willensbildung innerhalb der Gemeinschaft mehrheitlich erfolgen könnte, müssten im Außenverhältnis alle Wohnungseigentümer mitwirken (Hügel/Elzer § 11 Rn. 107). Diesem Widerspruch hilft § 27 Abs. 3 S. 3 WEG ab, wonach die Wohnungseigentümer auch über die Vertretungsmacht nach außen mit Mehrheit beschließen können. Dies verhindert, dass Gegner einer Maßnahme entweder zur Mitwirkung verurteilt werden müssen oder deren Durchführung verhindern können. Wurde der Beschluss nach § 27 Abs. 3 S. 3 WEG nicht oder nicht wirksam gefasst, kann dies nachgeholt werden (AG Hamburg-Blankenese ZMR 2009, 644). Eine vom Vertreter abgegebene Willenserklärung wird dann mit Rückwirkung zu einer des Verbandes.

b) Reichweite und Grenzen der Vollmacht nach § 27 Abs. 3 S. 3 WEG

Die Möglichkeit der Bevollmächtigung nach § 27 Abs. 3 S. 3 WEG lässt der Gemeinschaft **263**
einen weiten Spielraum: Sie kann einen Miteigentümer nur für ein einzelnes Rechtsgeschäft, für eine Vielzahl von Geschäften, für einen bestimmten Bereich der Verwaltung, alleine, gemeinschaftlich mit anderen, befristet oder unbefristet ermächtigen (Jennißen/Heinemann § 27 Rn. 133). Sie kann auch vorsorglich einen Vertreter für Rechtshandlungen bestellen, die der amtierende Verwalter nicht vornehmen kann. Eine Grenze bildet nur § 27 Abs. 4 WEG, so dass die Wohnungseigentümer auch nach § 27 Abs. 3 S. 3 WEG weder die Aufgaben und Befugnisse eines amtierenden Verwalters einschränken noch einen Vertreter als Quasi-Verwalter mit eingeschränkten Kompetenzen bestellen können (Jennißen/Heinemann § 27 Rn. 133). Dem Vertreter nach § 27 Abs. 3 S. 3 WEG kommen auch nicht die gesetzlichen Befugnisse des Verwalters aus § 27 Abs. 1, 3 WEG zu (jenseits des Gesetzes daher Hügel/Elzer § 11 Rn. 109, wonach der Ermächtigte »partiell zum organschaftlichen Alleinvertreter des Verbandes« werden soll). Verhandelt der Geschäftspartner des Verbandes mit einem nach § 27 Abs. 3 S. 3 WEG ermächtigten Wohnungseigentümer, muss er sich also nach dessen Vollmacht erkundigen. Er kann anders als beim Verwalter nicht auf eine gesetzliche Vertretungsbefugnis vertrauen. Verleiht die Gemeinschaft dem »Vertreter« derartige Befugnisse in nennenswertem Umfang, ist zudem fraglich, ob nicht in Wirklichkeit von einer Verwalterbestellung auszugehen ist. Für den Nachweis der Vollmacht nach außen wird man die Regeln für den Verwalter analog anwenden können. (Jennißen/Heinemann § 27 Rn. 166).

c) Das Verhältnis von § 27 Abs. 3 S. 2 WEG und § 27 Abs. 3 S. 3 WEG

Die verschiedenen Vertretungsformen des Verbandes werfen die Frage auf, welche Voll- **264**
macht im Kollisionsfall vorrangig ist. Beim Verwalter wird diese Frage durch § 27 Abs. 4 WEG entschieden: Der Verwalter ist unabdingbar zur Vertretung des Verbandes bevollmächtigt. Eine Willenserklärung, die ihm zugeht, ist daher stets auch dem Verband zugegangen. Anders steht es im Verhältnis der Wohnungseigentümer als Gesamtvertreter und einem ermächtigten Einzelvertreter, da eine ausdrückliche Regelung fehlt. Dies kann dann entscheidende Bedeutung gewinnen, wenn einem der gesamtvertretungsberechtigten Wohnungseigentümer eine Erklärung zugeht, obwohl ein Vertreter nach § 27 Abs. 3 S. 3 WEG bestellt ist. Sieht man die Ermächtigung nach § 27 Abs. 3 S. 3 WEG als vorrangig an, muss man zu der Folgerung gelangen, dass der Zugang beim Verband (noch) nicht erfolgt ist. Hiervon ist aber wohl nicht auszugehen. Das folgt zwar nicht schon aus § 27 Abs. 4 WEG (so Merle ZWE 2006, 370), da die dort geregelte Unabdingbarkeit nur Aufgaben und Befugnisse des Verwalters betrifft. Die Ermächtigung eines Miteigentümers beseitigt aber nicht die Gesamtvertretung des Verbandes durch die Wohnungseigentümer. Diese bleiben nach wie vor Vertreter des Verbandes, die zudem den Bevollmächtigten nach § 27 Abs. 3 S. 3 WEG jederzeit abberufen können. Dessen Ermächtigung dient alleine dazu, das Handeln des Verbandes im Rechtsverkehr und seinen Empfang von Willenserklärungen zu erleichtern. § 27 Abs. 3 S. 2 WEG ist gerade als der Mindeststandard für die Zuleitung von rechtserheblichen Erklärungen an den Verband anzusehen, dessen Verschlechterung durch interne Maßnahmen innerhalb des Verbandes ausgeschlossen sein soll (Abramenko § 5 Rn. 50; Hügel/Elzer § 11 Rn. 111; Jennißen/Heinemann § 27 Rn. 134; Drabek ZMR 2008, 79).

d) Fehler der Beschlussfassung

265 Nach dem ausdrücklichen Wortlaut von § 27 Abs. 3 S. 3 WEG können die Wohnungseigentümer **nur Miteigentümer** zum Vertreter des Verbandes bestimmen. Die Bevollmächtigung von Rechtsanwälten, kundigen Familienangehörigen der Eigentümer o.Ä. scheidet somit anders als nach früherer Rechtslage aus. Dies wirft die Frage auf, ob eine Zuwiderhandlung gegen diese Vorschrift zur Nichtigkeit oder nur zur Anfechtbarkeit des Beschlusses führt. Der Wortlaut gibt hierauf keine eindeutige Antwort. Er ließe sich durchaus dahingehend interpretieren, dass die Wohnungseigentümer mit der Ermächtigung eines Nichteigentümers ihre Beschlusskompetenz überschreiten. Dies würde die Nichtigkeit des Beschlusses nach sich ziehen. Hiergegen spricht aber der Vergleich mit der Bestellung eines Nichteigentümers zum Mitglied des Verwaltungsbeirats: Auch diese Beschlussfassung ist lediglich anfechtbar, obwohl auch § 29 Abs. 1 S. 2 WEG nur die Bestellung von Wohnungseigentümern zulässt (BayObLGZ 1972, 163 f.; OLG Düsseldorf WE 1995, 279; Staudinger/Bub § 29 Rn. 13). Die Ermächtigung eines Nichteigentümers zum Vertreter des Verbandes ist demgegenüber keine stärkere Abweichung von den Vorgaben des Gesetzgebers, zumal sie bisher unproblematisch möglich war. Zudem würde die Unwirksamkeit einer Vollmacht zu einer erheblichen Rechtsunsicherheit führen, da sie ohne zeitliche Einschränkung geltend gemacht werden könnte. Dies würde der Zielsetzung des § 27 Abs. 3 S. 2, 3 WEG zuwiderlaufen. Wie beim Verwaltungsbeirat ist die Ermächtigung eines Nichteigentümers aber anfechtbar, was der Geschäftspartner des Verbandes berücksichtigen sollte (so auch Drabek, ZMR 2008, 79)..

266 Des Weiteren kann eine Ermächtigung wie jeder andere Beschluss an **formellen oder materiellen Fehlern** leiden. Zur Nichtigkeit führt ein Beschluss, der dem Vertreter Befugnisse des Verwalters nach § 27 Abs. 1, 3 WEG verleiht. Hingegen darf die bloße Anfechtbarkeit im Falle der rückwirkenden Ungültigerklärung aber nicht zum Wegfall der Vertretungsmacht und zur Haftung des Ermächtigten aus § 179 Abs. 1 BGB führen. Insoweit dürfte eine Anlehnung an die Rechtsprechung zur Anfechtung von Beschlüssen, die der Verwalter bereits ausgeführt hat, geboten sein, wonach bis zur Ungültigerklärung getätigte Geschäfte des Verwalters nach dem Rechtsgedanken von § 32 FGG a.F. (jetzt § 47 FamFG) wirksam bleiben. Hieran wird man auch nach der prozessualen Umgestaltung der Verfahren nach § 43 WEG festhalten können (vgl. zur Beibehaltung von Grundsätzen des Verfahrens der freiwilligen Gerichtsbarkeit o. Rdn. 38). Ohne fristgerechte Anfechtung bleiben derartige formelle oder materielle Fehler, die nicht ausnahmsweise zur Nichtigkeit führen, nach allgemeinen Grundsätzen ohnehin unschädlich.

e) Abdingbarkeit

267 Anders als die Vorschriften zum Verwalter ist § 27 Abs. 3 S. 2, 3 WEG nicht ausdrücklich als zwingend bezeichnet. Gleichwohl wird man von der Unabdingbarkeit dieser Regelungen ausgehen müssen. Denn sie sollen ein Minimum an Rechtssicherheit im Umgang mit dem teilrechtsfähigen Verband gewährleisten. Könnte dieses Minimum durch Teilungserklärung oder Vereinbarung abbedungen werden, ließe sich die Rechtsstellung seiner Geschäftspartner durch interne Maßnahme beeinflussen, d. h. verschlechtern. Eine solche Verschlechterung der Rechtslage Dritter durch interne Maßnahmen ist nicht hinnehmbar, was alleine durch die Unabdingbarkeit von § 27 Abs. 3 S. 2, 3 WEG zu gewährleisten ist (a. A. Drabek ZMR 2008, 79). Denkbar ist allenfalls eine Ausdehnung der Vertretungsmöglichkeit, etwa durch Nichteigentümer, was allerdings einer Vereinbarung bedarf (Jennißen/Heinemann § 27 Rn. 132).

II. Der Verwaltungsbeirat

1. Bedeutung für den Rechtsanwalt

Neben Wohnungseigentümerversammlung und Verwalter ist der Verwaltungsbeirat das dritte im Gesetz vorgesehene Organ der Selbstverwaltung durch die Eigentümer. In der täglichen Praxis des Rechtsanwalts kommt dem Verwaltungsbeirat regelmäßig eine deutlich geringere Relevanz zu als dem Verwalter. Eigenständige Bedeutung als Ansprechpartner wird er vorrangig in den Fällen des Konfliktes mit dem Verwalter, etwa bei der Einberufung nach § 24 Abs. 3 WEG erlangen. Allerdings können dem Verwaltungsbeirat von der Gemeinschaftsordnung wesentlich mehr und wichtigere Aufgaben und Befugnisse zugewiesen werden als im Gesetz vorgesehen. In diesen Fällen kann er in der Bedeutung – auch für den Anwalt – dem Verwalter nahe kommen. Darüber hinaus kann er auch selbst, etwa beim Streit um die Wirksamkeit seiner Bestellung oder Abberufung und bei Regressforderungen Gegner der Wohnungseigentümer oder des teilrechtsfähigen Verbandes im gerichtlichen Verfahren sein. Wie beim Verwalter orientiert sich die folgende Darstellung an der Tätigkeit des Verwaltungsbeirats von der Bestellung bis zum Ausscheiden aus dem Amt. **268**

2. Die Bestellung des Verwaltungsbeirats (§ 29 Abs. 1 S. 1 WEG)

a) Die Abdingbarkeit des Verwaltungsbeirats

Anders als im Fall des Verwalters ist die Einrichtung eines Verwaltungsbeirats fakultativ, da § 29 WEG im vollen Umfang dispositiv ist (KG NJW-RR 1989, 460 f.; OLG Düsseldorf ZMR 1991, 32; BayObLG ZMR 1994, 69). Daher kann die **Gemeinschaftsordnung oder eine Vereinbarung den Ausschluss seiner Bestellung vorsehen** (BayObLG WuM 1994, 45). Wird seine Einrichtung in der Gemeinschaftsordnung ausgeschlossen, kann dies nicht ausdrücklich oder konkludent mit Mehrheitsbeschluss abgeändert werden, da darin eine Änderung der Teilungserklärung liegt (vgl. BGH ZMR 2000, 771 ff.). Ein solcher Ausschluss muss aber ausdrücklich bestimmt sein (BayObLG WuM 1994, 45 f.); die bloße Streichung der Vorschriften zum Verwaltungsbeirat im Formular einer Teilungserklärung genügt nicht (OLG Köln Rpfleger 1972, 261). I.Ü. steht es den Wohnungseigentümern auch dann offen, die Überprüfung von Jahresabrechnung und Wirtschaftsplan oder andere Aufgaben des Verwaltungsbeirats einzelnen Wohnungseigentümern zu übertragen (BayObLG NJW-RR 1994, 339). **269**

Auch die **Weigerung der Mehrheit**, einen Verwaltungsbeirat zu bestellen, ist aufgrund der Abdingbarkeit von § 29 WEG gerichtlich nicht angreifbar, sofern nicht ausnahmsweise eine Sonderkonstellation vorliegt, in der alleine die Bestellung eines Verwaltungsbeirats ordnungsmäßiger Verwaltung entspricht. Die Mehrheit kann aber die Bestellung eines Verwaltungsbeirats nicht durch Beschluss generell für die Zukunft ausschließen, da dies auf eine Abänderung der gesetzlichen Regelung zielte, die mangels Beschlusskompetenz nichtig ist (vgl. BGH ZMR 2000, 774). **270**

b) Die Verleihung der organschaftlichen Stellung

Fall **271**

> Ein Wohnungseigentümer hält die Wahl des Verwaltungsbeirats schon deswegen für unzulässig, weil in der Einladung nicht genau angegeben wurde, welche Mitglieder ausscheiden sollten. Im Übrigen hält er die Wahl des gesamten Verwaltungsbeirats in einem Wahlgang durch Akklamation für undemokratisch und möchte die Wahl anfechten.

272 Bei der Wahl des Verwaltungsbeirats ist ähnlich wie beim Verwalter zwischen der organschaftlichen Verleihung des Amtes und den schuldrechtlichen Beziehungen zwischen Beiratsmitgliedern und Wohnungseigentümern zu unterscheiden. Die Bestellung, also die Verleihung der organschaftlichen Stellung, durch die **Teilungserklärung** spielt allerdings eine wesentlich geringere Bedeutung als beim Verwalter, da die wählbaren Wohnungseigentümer bei deren Erstellung durch den teilenden Eigentümer i.d.R. noch gar nicht bekannt sind. Immerhin kann in besonderen Fällen die Gruppe der zu Bestellenden eingeschränkt werden, etwa durch Vorgaben, dass in Mehrhausanlagen jedes Haus oder in anderen Anlagen bestimmte Interessengruppen vertreten sein müssen (vgl. OLG Köln ZMR 2000, 638 zur Mitgliedschaft eines Vertreters des Studentenwerks). Üblicherweise erfolgt die Bestellung durch **Mehrheitsbeschluss**. Nur im schriftlichen Verfahren gem. § 23 Abs. 3 WEG bedarf es eines allstimmigen Beschlusses. Fordert die Gemeinschaftsordnung für die Bestellung des Verwaltungsbeirats Einstimmigkeit (zur Wirksamkeit dieser Regelung s. jetzt BayObLG ZMR 2005, 380), so ist seine Wahl durch Mehrheitsbeschluss nur anfechtbar, nicht aber nichtig, da die einmalige Bestellung lediglich einen Verstoß gegen die Teilungserklärung darstellt, nicht aber ihre Änderung für die Zukunft (BayObLG NZM 2002, 530).

273 Bei der **Ankündigung der Beschlussfassung** in der Einberufung ist größere Sorgfalt geboten als beim Verwalter, da jedenfalls theoretisch mehrere Personen gewählt werden können. Deshalb kann die Bezeichnung eines Tagesordnungspunktes »Neuwahl von Verwaltungsbeiratsmitgliedern« o.Ä. jedenfalls dann ungenügend sein, wenn aufgrund unterschiedlicher Laufzeiten unklar ist, welches Beiratsmitglied neu zu bestellen oder zu ersetzen ist. In diesen Fällen bedarf es der genauen Angabe, auf welches bisherige Mitglied sich die Wahl bezieht. Die Rüge im Beispielsfall kann also begründet sein. Wie bei der Wahl des Verwalters hat auch ein Wohnungseigentümer, der sich zur Wahl stellt, **Stimmrecht** (BayObLG WE 1991, 227). Eine **»Blockwahl«**, also die Wahl des gesamten Beirats in einem Wahlgang, ist entgegen der Meinung des Wohnungseigentümers im Beispielsfall jedenfalls dann zulässig, wenn hiergegen in der Eigentümerversammlung keine Bedenken erhoben werden (KG ZMR 2004, 776; OLG Hamburg ZMR 2005, 396; Staudinger/Bub § 29 Rn. 30). Die Bestellung ist wie beim Verwalter zunächst ein interner Akt. Erst mit der **Annahme** erlangt der Gewählte die organschaftliche Stellung als Mitglied des Verwaltungsbeirats.

274 **Praxistipp:**

Wie bei der Wahl des Verwalters bedarf die Wahl des Verwaltungsbeirates der einfachen Mehrheit. Nach allgemeinen Regeln ist für das Ergebnis der Abstimmung die **Verkündung des Versammlungsleiters** auch im Falle ihrer Unrichtigkeit maßgeblich und muss in diesen Fall angefochten werden (BGH ZMR 2001, 811 ff.). Mit erfolgreicher Anfechtung verliert der betroffene Verwaltungsbeirat sein Amt und der Kandidat mit der nächst hohen Stimmenzahl ist bestellt (vgl. u. Rdn. 278). Der Anfechtende, der aufgrund falscher Stimmenzählung oder Stimmrechtsausschlüssen einen anderen Kandidaten für gewählt hält, kann seine Anfechtung aber auch mit einem entsprechenden Feststellungsantrag verbinden.

c) Weitere Regelungen zur organschaftlichen Stellung des Verwaltungsbeirats im Bestellungsbeschluss

275 Die Eigentümerversammlung kann ohne Weiteres Regelungen zur organschaftlichen Stellung des Verwaltungsbeirats treffen, sofern diese nicht von Gesetz oder Gemeinschaftsordnung abweichen (hierzu s.u. Rdn. 292 f.). Das kann angesichts der fehlenden gesetzlichen Regelungen sogar ausgesprochen ratsam sein kann. Insbesondere sieht das

Gesetz anders als beim Verwalter etwa keine **(Höchst-)Dauer der Bestellung** vor (OLG Köln ZMR 2000, 638). Ohne nähere Bestimmung ist der Verwaltungsbeirat daher auf unbestimmte Zeit bestellt (OLG Hamm ZMR 1999, 281; OLG Köln ZMR 2000, 638). Eine Befristung kann somit, sofern die Gemeinschaftsordnung keine abweichende Bestimmung enthält, auch beim Bestellungsakt vorgenommen werden. Die organschaftliche Stellung endet in diesem Fall mit dem Ablauf der Bestellungszeit. Möglich und zur Vermeidung vorzeitiger Eigentümerversammlungen sinnvoll ist auch die bedingte Bestellung etwa für den Fall des Ausscheidens eines amtierenden Mitgliedes des Verwaltungsbeirats (a.A. Drasdo in Deckert Die ETW, Gr. 4 Rn. 5014). In diesem Fall wird der Nachrücker mit Eintritt der Bedingung, dem Ausscheiden eines Eigentümers aus dem Verwaltungsbeirat, Mitglied dieses Gremiums.

Praxistipp: 276

Ein **Gleichlauf mit der Amtszeit des Verwalters** empfiehlt sich bei der Regelung der Bestellungsdauer nicht, da nur die Kontinuität wenigstens eines Organs die effektive Unterstützung und Kontrolle des Verwalters erleichtert (Sauren § 29 Rn. 6). Zudem wäre dann kein Organ mehr vorhanden, das die zur Neubestellung von Verwalter und Verwaltungsbeirat erforderliche Wohnungseigentümerversammlung einberufen könnte (Drasdo in Deckert Die ETW, Gr. 4 Rn. 5049).

d) Fehler des Bestellungsbeschlusses

Wie die Bestellung des Verwalters ist die Wahl des Verwaltungsbeirats nach allgemeinen 277 Grundsätzen des Beschlussrechts anfechtbar. Eine gerichtliche Ungültigerklärung kann demnach dann erfolgen, wenn die Wahl **formelle Mängel** aufweist (z.B. weil nicht ordnungsgemäß eingeladen wurde), oder wenn sie **ordnungsmäßiger Verwaltung widerspricht**. Letzteres ist wie beim Verwalter grundsätzlich dann anzunehmen, wenn ein wichtiger Grund gegen die Bestellung des Gewählten spricht, der eine Zusammenarbeit mit ihm unzumutbar macht (BayObLG ZMR 2003, 439). In Betracht kommt auch hier wieder schädigendes Verhalten zu Lasten der Gemeinschaft oder einzelner Wohnungseigentümer. Allerdings sind an das Vorliegen solcher Umstände **strengere Anforderungen zu stellen als beim Verwalter**, da dem Verwaltungsbeirat i.d.R. keine eigenen Entscheidungsbefugnisse zukommen (KG ZMR 2004, 458; ähnlich BayObLG ZMR 2003, 439). So können an die Eignung für die Mitgliedschaft im Verwaltungsbeirat nicht dieselben Anforderungen gestellt werden wie beim Verwalter (OLG Köln ZMR 2000, 564). Streit mit einigen Miteigentümern oder auch mit der überstimmten Minderheit genügen insoweit nicht (OLG Köln ZMR 2000, 564; KG ZMR 2004, 459 und 776), ebenso wenig das voraussichtliche Ausscheiden aus der Eigentümergemeinschaft (BayObLG ZMR 2001, 996). Die Verfolgung eigener Interessen steht der Bestellung gleichfalls nicht grundsätzlich entgegen (KG ZMR 2004, 459). Das Vorliegen von Entziehungsgründen nach § 18 Abs. 1, 2 WEG muss aber genügen (a.A., aber abwegig LG Baden-Baden ZMR 2009, 473). Auf Umstände, die gegen die Wahl eines Wohnungseigentümers in den Verwaltungsbeirat sprechen, darf jeder Wohnungseigentümer ähnlich wie beim Verwalter in der Eigentümerversammlung oder in ihrem Vorfeld hinweisen (Staudinger/Bub § 29 Rn. 28; vgl. o. Rdn. 30).

e) Die Folgen einer erfolgreichen Anfechtung

Eine erfolgreiche Anfechtung führt zur rückwirkenden Ungültigkeit der Bestellung. 278 Sofern sich die Anfechtung nur gegen die Bestellung eines Mitgliedes des Verwaltungsbeirates richtete, bleibt auch die Ungültigerklärung des Beschlusses nach den Grundsätzen der Teilanfechtung (vgl. Kap. 35 Rdn. 2 und 101) auf diesen beschränkt. Waren mehr

Kandidaten als Bewerber zur Wahl aufgestellt, ist folglich der Bewerber bestellt, der mit geringerer Stimmenzahl eine absolute Mehrheit erreichte. Andernfalls muss die Eigentümerversammlung eine neue Wahl durchführen. Die Ungültigerklärung führt, selbst wenn alle Beiratsmitglieder betroffen sind, nicht zur rückwirkenden Unwirksamkeit sämtlicher von diesem Beirat vorgenommenen Rechtshandlungen, weil dies etwa bei der Einberufung nach § 24 Abs. 3 WEG oder bei weiteren in der Gemeinschaftsordnung vorgesehenen Befugnissen zu einer erheblichen Rechtsunsicherheit führen würde. Wie beim Verwalter ist vielmehr davon auszugehen, dass die bis zur Ungültigerklärung der Bestellung ergriffenen Maßnahmen nach dem Rechtsgedanken von § 32 FGG a.F. (nunmehr § 47 FamFG) wirksam bleiben (vgl. Rdn. 38). Sofern mit der Wahl des Verwaltungsbeirats über andere Regelungsgegenstände mitbeschlossen wurde, lässt deren Anfechtbarkeit die ansonsten mangelfreie Wahl unberührt (BayObLG ZMR 2004, 359).

f) Die gerichtliche Bestellung des Verwaltungsbeirats

279 **Fall**

> Ein Wohnungseigentümer will, nachdem er die Jahresabrechnung mehrfach selbst mit erheblichem Aufwand geprüft hat, auf die Unterstützung eines Verwaltungsbeirats nach § 29 Abs. 3 WEG nicht mehr verzichten. Da der Mehrheitseigentümer die Bestellung eines solchen ablehnt, möchte er diese gerichtlich durchsetzen.

280 Die gerichtliche Bestellung eines Verwaltungsbeirats spielt in der veröffentlichten Rechtsprechung im Gegensatz zum Verwalter praktisch keine Rolle, sodass es insoweit an verlässlichen Anhaltspunkten in der Judikatur fehlt. Ob die Bestellung einer konkreten Person durch gerichtliche Entscheidung erfolgen kann, erscheint zweifelhaft, da in den seltensten Fällen alleine die **Bestellung bestimmter Personen** zu Mitgliedern des Verwaltungsbeirates ordnungsmäßiger Verwaltung entsprechen wird (Drasdo in Deckert Die Eigentumswohnung, Gr. 4 Rn. 5014; a.A. Bärmann/Merle § 29 Rn. 10). Dies ist allenfalls bei einem von vorneherein personell begrenzten Eigentümerbestand vorstellbar, da die Bestellung Dritter jedenfalls keine Maßnahme ordnungsmäßiger Verwaltung darstellt und daher auch vom Gericht nicht angeordnet werden kann. Denkbar ist allerdings, dass die **Einrichtung der Institution** gerichtlich durchgesetzt werden kann. Dies ist insbesondere dann anzunehmen, wenn die Bestellung eines Verwaltungsbeirats in der Gemeinschaftsordnung ausdrücklich vorgeschrieben ist oder der Verzicht hierauf, wie wohl im Beispielsfall, nicht mehr ordnungsmäßiger Verwaltung entspricht (a.A. Niedenführ/Kümmel/Vandenhouten § 29 Rn. 1). Im Gegensatz zur Verwalterbestellung erscheint in vorliegendem Zusammenhang auch anerkannt, dass das Rechtsschutzbedürfnis für ein gerichtliches Verfahren nur dann besteht, wenn zuvor der erfolglose Versuch unternommen wurde, eine Entscheidung der Wohnungseigentümer herbeizuführen (Bärmann/Merle § 29 Rn. 8). Die Verpflichtung zur Bestellung eines Verwaltungsbeirats ist durch Zwangsgelder **gem. § 888 ZPO vollstreckbar**. Sofern die gerichtliche Bestellung einzelner Wohnungseigentümer überhaupt zulässig ist, dürfte eine entsprechende Entscheidung ebenso mit Rechtsmitteln angreifbar sein wie die Bestellung eines Verwalters als Maßnahme ordnungsmäßiger Verwaltung. Im Falle einer erfolgreichen Anfechtung berührt dies die **Wirksamkeit der von ihm zwischenzeitlich getroffenen Maßnahmen** nicht (vgl. o. Rdn. 42).

3. Aufgaben und Befugnisse des Verwaltungsbeirats nach dem WEG

a) Die Ergänzungsfunktion des Verwaltungsbeirats im dispositiven Recht

Abgesehen von den über verschiedene Bestimmungen verstreuten Einzelbefugnissen ist 281 dem Gesetz in § 29 Abs. 2 WEG der Grundsatz zu entnehmen, dass der Verwaltungsbeirat **den Verwalter bei der Durchführung seiner Aufgaben unterstützt**. Hieraus geht hervor, dass der Verwaltungsbeirat der gesetzlichen Konzeption nach neben Wohnungseigentümerversammlung und Verwalter nur ergänzende Funktionen wahrnimmt. Daher kann er den Verwalter nicht aus eigenem Recht etwa zum Abschluss von Verträgen ermächtigen (vgl. OLG Celle ZMR 2001, 642), entlasten (BayObLG WE 1988, 208), abberufen (BayObLGZ 1965, 41), sonstige Verträge im Namen der Wohnungseigentümer schließen (OLG Düsseldorf WE 1998, 37 f.) oder gar Beschlüsse der Eigentümerversammlung aufheben (BayObLG Rpfleger 1980, 23). Umgekehrt ist der Verwaltungsbeirat nicht verpflichtet, die laufende Verwaltungstätigkeit des Verwalters zu überwachen (BayObLGZ 1972, 165). Ebenso wenig ist er Vertreter der Wohnungseigentümer gegenüber dem Verwalter (OLG Hamm ZMR 1997, 434; OLG Koblenz ZMR 1999, 584). Nicht selten kommt dem Verwaltungsbeirat aber infolge seiner Vertrauensposition Streit schlichtende Funktion in Auseinandersetzungen mit dem Verwalter (oder innerhalb der Gemeinschaft) zu. Die Gemeinschaftsordnung kann sogar die Verpflichtung zur Einschaltung des Verwaltungsbeirats vor Durchführung eines Verfahrens nach § 43 WEG vorsehen (vgl. BayObLG Rpfleger NJW-RR 1991, 850; OLG Frankfurt/M. OLGZ 1988, 63 f.). Bei der Unterstützung des Verwalters nach § 29 Abs. 2 WEG ist er dem Interesse aller Wohnungseigentümer verpflichtet und muss deren Weisungen gem. §§ 662, 665 BGB Folge leisten. Deshalb kann die Zerstörung des Vertrauensverhältnisses zwischen Verwaltungsbeirat und Verwalter sogar ein wichtiger Grund sein, Letzteren abzuberufen (BayObLG ZMR 1999, 269 f.).

b) Aufgaben und Befugnisse aus § 29 Abs. 2 WEG

Den Verwaltungsbeirat trifft zunächst die generalklauselartige Pflicht zur Unterstützung 282 des Verwalters nach § 29 Abs. 2 WEG. Demnach ist der Verwaltungsbeirat, wie bereits ausgeführt, nicht verpflichtet oder berechtigt, von sich aus Verwaltertätigkeiten zu übernehmen. Insoweit muss der Verwalter ein Bedürfnis hierfür erkennen lassen. Entdeckte Missstände hat der Verwaltungsbeirat aber unaufgefordert der Wohnungseigentümerversammlung mitzuteilen (Staudinger/Bub § 29 Rn. 57). Eine Unterstützung des Verwalters kommt insbesondere bei der Begehung der Liegenschaft und bei der Feststellung von Baumängeln, der Einholung von Handwerkerangeboten, der Vorbereitung der Eigentümerversammlung, der Durchsetzung der Hausordnung und der Information der Wohnungseigentümer in Betracht. Anders als jenem kommt dem Verwaltungsbeirat aber über die allgemeine Befugnis zur Notgeschäftsführung nach § 21 Abs. 2 WEG hinaus keine gesetzliche Vertretungsmacht nach außen zu. Sie kann ihm aber, wie insbesondere im Zusammenhang mit Abschluss oder Kündigung des Verwaltervertrages häufig praktiziert, rechtsgeschäftlich verliehen werden (vgl. OLG Düsseldorf ZMR 1998, 105; OLG Hamm ZMR 2001, 140; OLG Köln ZMR 2002, 155 f.).

c) Prüfung von Wirtschaftsplan, Rechnungslegungen und Jahresabrechnungen gem. § 29 Abs. 3 WEG

Eine der wichtigsten Aufgaben des Verwalters besteht darin, gem. § 29 Abs. 3 WEG Wirt- 283 schaftsplan, Jahresabrechnung und Rechnungslegungen vor einem Beschluss der Wohnungseigentümer über ihre Genehmigung zu überprüfen. Die Prüfungsaufgabe gem. § 29 Abs. 3 WEG ermächtigt den Verwaltungsbeirat kraft Gesetzes, vom Verwalter ohne Einschaltung der Eigentümerversammlung Auskunft zu seiner Beschlussvorlage zu verlangen (Staudinger/Bub § 29 Rn. 103). Die Nichterfüllung dieser Prüfpflicht kann Schadensersatzansprüche nach sich ziehen (KG ZMR 2004, 458) und stellt einen wichtigen Grund für die Abberufung dar, kann aber nicht mit Zwangsmitteln durchgesetzt werden (KG ZMR 1997, 545). Umgekehrt müssen sich die Wohnungseigentümer bei Fehlern der Jahresabrechnung die Kenntnis und das Kennenmüssen seitens des Verwaltungsbeirats zurechnen lassen (OLG Köln ZMR 2001, 914; OLG Düsseldorf ZMR 2002, 297).

284 Der geschuldete **Prüfungsumfang** bezieht sich beim Wirtschaftsplan auf die Plausibilität der Ansätze, insbesondere auf ihre Übereinstimmung mit früheren Wirtschaftsjahren. I.E. hat der Verwaltungsbeirat die Beschlussvorlage zu Jahresabrechnung und Wirtschaftsplan jedenfalls auf
- rechnerische Schlüssigkeit, also die Übereinstimmung des Saldos aus Einnahmen und Ausgaben mit der Kontenentwicklung,
- Vollständigkeit der Einnahmen und Ausgaben,
- korrekte Zuordnung der Ausgaben zu den Kostenpositionen,
- Richtigkeit der Verteilungsschlüssel,
- die Ausweisung der Instandhaltungsrücklage

zu überprüfen (OLG Düsseldorf ZMR 1998, 107).

285 Für die Prüfung der sachlichen Richtigkeit der einzelnen Abrechnungspositionen dürfte die **stichprobenartige Kontrolle** der Belege ausreichen (OLG Düsseldorf ZMR 1998, 107). Entdeckt der Verwaltungsbeirat allerdings Fehler, ist er zu weiteren, intensiven Nachforschungen verpflichtet (vgl. zum Beirat in einer Publikums KG BGH WuM 1979, 1427). Darüber hinaus hat der Verwaltungsbeirat die **Berechtigung der Ausgaben** zu prüfen (Drasdo in Deckert Die ETW, Gr. 4 Rn. 5103). Auch wenn dies nicht zur Unrichtigkeit der Abrechnung führt, die alle, auch unberechtigte Ausgaben ausweisen muss, berührt dies doch mögliche Ersatzansprüche gegen den Verwalter, die für die Gemeinschaft von erheblicher Bedeutung und daher von der Prüfung nach § 29 Abs. 3 WEG umfasst sind. Die aus dieser Prüfung resultierende Stellungnahme gem. § 29 Abs. 3 WEG ist an **keine Form** gebunden, muss aber Art und Umfang der Prüfung erkennen lassen. Sie kann folglich vorab schriftlich, aber auch noch mündlich in der Versammlung erfolgen. Die Prüfung erfolgt regelmäßig **in den Räumen des Verwalters**, da der Verwaltungsbeirat keinen Anspruch auf Überlassung der Originalunterlagen hat (OLG Celle DWE 1985, 24; ähnlich BayObLG WE 1989, 146).

286 **Praxistipp:**

Die Frage nach den **Auswirkungen einer unterlassenen oder verweigerten Prüfung auf die Genehmigung von Jahresabrechnung und Wirtschaftsplan** wurde in der obergerichtlichen Rechtsprechung lange Zeit nicht thematisiert. Das Schrifttum sah in der Genehmigung von Jahresabrechnung oder Wirtschaftsplan ohne vorherige Prüfung durch den Verwaltungsbeirat einen Verstoß gegen die Grundsätze ordnungsmäßiger Verwaltung (Staudinger/Bub 12. Aufl. § 29 Rn. 109; Bärmann/Pick/Merle 9. Aufl. § 29 Rn. 58). Nunmehr wird angenommen, dass die fehlende Prüfung von Wirtschaftsplan und Jahresabrechnung nicht zur Anfechtbarkeit ihrer Genehmigung führt (KG ZMR 2004, 145; BayObLG ZMR 2004, 358; Staudinger/Bub § 29 Rn. 109). Denn es handele sich bei § 29 Abs. 3 WEG nur um eine Sollvorschrift, über die sich die Eigentümermehrheit hinwegsetzen könne. Sie habe auch keine andere Wahl, da die Erfüllung der Prüfungspflicht noch nicht einmal theoretisch erzwingbar ist. Dieser Auffassung ist zuzustimmen, zumal die Wohnungseigentümer diesen Fehler ansonsten schlicht durch Abberufung des Verwaltungsbeirats vor der Genehmigung von Jahresabrechnung und Wirtschaftsplan beheben könnten. Denn bei Nichtbestehen eines Verwaltungsbeirats bestehen unstreitig keine Prüfungspflichten. Im Übrigen wäre es formalistisch, nicht zu beanstandende und deshalb sofort wieder zu genehmigende Wirtschaftspläne bzw. Jahresabrechnungen nur deswegen für ungültig zu erklären, weil es an der Prüfung durch den Verwaltungsbeirat fehlt.

d) Aufgaben und Befugnisse aus § 24 Abs. 3 WEG

Erhebliche Bedeutung kann in der Praxis ferner der Reservebefugnis des Verwaltungsbeirats zur **Einberufung der Wohnungseigentümerversammlung** nach § 24 Abs. 3 WEG zukommen. Danach ist der Vorsitzende des Verwaltungsbeirats oder sein Stellvertreter zur Einberufung einer Eigentümerversammlung befugt, wenn ein Verwalter fehlt oder die Einberufung pflichtwidrig verweigert. Ein Verwalter »fehlt«, wenn er nicht bestellt, abberufen oder seine Bestellungszeit abgelaufen ist, ferner wenn er geschäftsunfähig oder sonstwie auf Dauer an der Ausübung seines Amtes gehindert ist. Eine vorübergehende Abwesenheit genügt dagegen nicht. Die pflichtwidrige Weigerung liegt zunächst vor, wenn der Verwalter die Einberufung offen ablehnt. Sie kann aber auch bei mehrfacher Verlegung oder sonstigem Verhalten, das auf eine Verhinderung der Eigentümerversammlung hinausläuft, anzunehmen sein. Das Einberufungsrecht kommt dem **Vorsitzenden oder seinem Stellvertreter** zu. Nach dem Gesetzeswortlaut sind **beide gleichberechtigt**. Der Vertreter kann demnach also auch tätig werden, wenn der Vorsitzende weder verhindert ist noch die Einberufung verweigert (Staudinger/Bub § 24 Rn. 69; a.A. im Hinblick auf die Gefahr zweier Einberufungen Bärmann/Merle § 24 Rn. 23). Umgekehrt geht aus der ausdrücklichen Nennung von Vorsitzendem und Stellvertreter hervor, dass bei Untätigkeit beider ein **»einfaches« Mitglied des Verwaltungsbeirats** nicht einberufen kann. Anderes gilt, wenn gar **keine Stellvertreter benannt** sind. Dann kann jeder Beisitzer nach § 24 Abs. 3 WEG einberufen, da die Befugnis nach § 24 Abs. 3 WEG ansonsten bei einer Verhinderung oder pflichtwidrigen Weigerung des Vorsitzenden leer liefe. Eine **Einberufung durch den gesamten Verwaltungsbeirat** genügt in jedem Falle, auch wenn kein Vorsitzender benannt ist (OLG Köln NZM 2000, 676). Dies gilt auch dann, wenn er nur noch aus einem Mitglied besteht, da sich diese mit der Einberufung konkludent selbst zum Vorsitzenden bestimmt (OLG München ZMR 2005, 981). Aus der weitergehenden Befugnis zur Einberufung folgt die Möglichkeit, weitere Beschlussgegenstände auf die vom Verwalter aufgestellte Tagesordnung zu setzen, wenn dieser deren Aufnahme verweigert. Es wäre formalistisch, dem Verwaltungsbeirat unter diesen Voraussetzungen zwar die weit aufwendigere Möglichkeit zur Einberufung einer weiteren Eigentümerversammlung, nicht aber die einfache Ergänzung der Tagesordnung zuzubilligen. 287

Praxistipp: 288

Befindet sich der Verwaltungsbeirat **bei der Annahme seiner Befugnis zur Einberufung im Rechtsirrtum**, führt dies nicht zur Nichtigkeit der dort gefassten Beschlüsse (OLG Hamm ZMR 1997, 50; BayObLG ZWE 2002, 361). Denn die Einberufung durch Unbefugte macht Beschlussfassungen nach h.M. grundsätzlich nur anfechtbar.

e) Rechte und Pflichten aus § 24 Abs. 6 S. 2 WEG

Weitere Pflichten des Verwaltungsbeirats bestehen nach der Eigentümerversammlung im Hinblick auf die Niederschrift. Nach § 24 Abs. 6 S. 2 WEG hat der Vorsitzende des Verwaltungsbeirats bzw. sein Stellvertreter die Niederschrift über die Eigentümerversammlung zu unterzeichnen. Daraus folgt zwingend eine **Prüfungspflicht**. Denn der Unterzeichnende erklärt mit seiner Unterschrift, dass er für die Richtigkeit der Niederschrift 289 einsteht. Waren Vorsitzender und Vertreter auf der Versammlung nicht zugegen, scheidet demzufolge die Unterzeichnung nach § 24 Abs. 6 S. 2 WEG aus, da sie für die Richtigkeit des Textes nicht einstehen können. Der Vorsitzende des Verwaltungsbeirats bzw. sein Stellvertreter können zugleich auch als Wohnungseigentümer unterzeichnen, müssen diese Doppelfunktion aber kenntlich machen (OLG Düsseldorf ZMR 2010, 548). Aus der Berechtigung zu Unterzeichnung und Prüfung der Niederschrift folgt die Befugnis, im Nachhinein erkannte Unrichtigkeiten zu korrigieren. Da die Niederschrift aber i.d.R. von mehreren Versammlungsteilnehmern zu unterzeichnen ist, kann ein einzelner Angehöriger des Verwaltungsbeirats eine Korrektur nicht im Alleingang durchsetzen. Es kommt nur eine Berichtigung im Zusammenwirken mit den anderen Unterzeichnern in Betracht.

290 **Praxistipp:**

Stellt der Verwaltungsbeirat im Nachhinein einen Fehler in der Niederschrift fest, ist eine **Berichtigung auch ohne zeit- und kostenintensives Gerichtsverfahren** möglich. Sofern sich alle Unterzeichner des Protokolls über dessen richtigen Inhalt einig sind, müssen sie die Eigentümer über die beabsichtigte Änderung informieren. Dabei sind Erklärungen und Unterlagen wie Mitschriften, eingereichte Beschlussvorlagen o.Ä., aus denen sich die Unrichtigkeit der Niederschrift ergibt, mit zu übersenden. Anschließend erfolgt die eigentliche Berichtigung durch einen Vermerk ähnlich der Berichtigung nach § 164 ZPO, den alle Unterzeichner des ursprünglichen Protokolls wiederum zu unterschreiben haben. Sofern ein Mitglied des Verwaltungsbeirats verstorben oder aus der Eigentümergemeinschaft ausgeschieden ist, muss die Berichtigung nicht unterbleiben; es genügt ein diesbezüglicher Vermerk (zu den weiteren Einzelheiten, auch zum Rechtsschutz gegen Berichtigungen s. Abramenko ZMR 2003, 245 ff.).

4. Die Einschränkung oder Erweiterung der Aufgaben und Befugnisse durch Gemeinschaftsordnung, Vereinbarungen oder Beschlüsse

a) Modifikationen der gesetzlichen Regelungen durch Gemeinschaftsordnung und Vereinbarung

291 **Fall**

Die Eigentümer stehen nach schlechten Erfahrungen mit einem früheren Verwalter auch einem möglichen Amtsnachfolger skeptisch gegenüber. Sie möchten daher die Verwaltung der gemeinschaftlichen Konten dem Verwaltungsbeirat übertragen.

292 Aus der fakultativen Natur des Verwaltungsbeirats folgt, dass nicht nur seine Einrichtung als solche, sondern auch der Kreis seiner Aufgaben und Befugnisse anderes geregelt werden kann als im Gesetz. Gemeinschaftsordnung oder Vereinbarung können dem Verwaltungsbeirat daher **geringere Kompetenzen** übertragen als im Gesetz vorgesehen. Seine Aufgaben und Befugnisse können auch teilweise oder zur Gänze anderen Gremien wie Bau- oder Haushaltsausschüssen übertragen werden. Die Bestellung der Mitglieder solcher Gremien unterscheidet sich von der Bestellung des Verwaltungsbeirats dadurch, dass der in den Verwaltungsbeirat Gewählte an dessen Sitzungen teilnehmen und seine Stimme dort abgeben kann, das Mitglied sonstiger Ausschüsse nicht (OLG Düsseldorf WE 1995, 279).

293 *Umgekehrt können dem Verwaltungsbeirat* auch **weitere Aufgaben und Befugnisse** eingeräumt werden. So kann ihm infolge der Abdingbarkeit von § 28 WEG durch Gemeinschaftsordnung oder Vereinbarung selbst die Genehmigung von Wirtschaftsplan und Jah-

resabrechnung überantwortet werden. Ihm können auch Kontrollbefugnisse, etwa Zustimmungsvorbehalte bei Ausgaben, zugewiesen werden. Die generelle Übertragung weiterer, über §29 Abs. 2 WEG hinausgehender Aufgaben bedarf allerdings als Änderung der gesetzlichen Vorgaben einer Vereinbarung, wenn sie nicht in der Gemeinschaftsordnung vorgesehen ist (KG ZMR 2004, 623; für sonstige Gremien OLG Düsseldorf ZMR 2003, 127). Dann ist sogar die Ausgestaltung des Verwaltungsbeirats zum Aufsichtsgremium mit der Pflicht zur umfassenden Kontrolle des Verwalters einschließlich der laufenden Verwaltung denkbar (BayObLGZ 1972, 164 f.; OLG Hamm ZMR 1997, 434). Lediglich **unabdingbar den Eigentümern zugewiesene Befugnisse**, etwa zur Bestellung und Abberufung des Verwalters oder zur Aufhebung oder Abänderung von Beschlüssen der Eigentümerversammlung können dem Verwaltungsbeirat nicht übertragen werden (BayObLG Rpfleger 1980, 23). Entsprechendes gilt für die **nach § 27 Abs. 4 WEG unentziehbaren Aufgaben des Verwalters.** Eine weit gehende Übertragung der Finanzverwaltung wie im Beispielsfall scheidet somit schon deswegen aus, weil sie nach § 27 Abs. 1 Nr. 4 bis 6, Abs. 4 WEG dem Verwalter vorbehalten ist. Als Alternative bleibt aber die Bestellung eines Verwalters aus den eigenen Reihen.

b) Modifikationen der gesetzlichen Regelungen durch Mehrheitsbeschluss

Hingegen besteht keine Beschlusskompetenz, die Befugnisse des Verwaltungsbeirats **294**
durch Mehrheitsentscheidung zu erweitern oder einzuschränken. Denn dies liefe auf eine Änderung der gesetzlich geregelten Aufgaben hinaus, wofür der Wohnungseigentümerversammlung die Beschlusskompetenz fehlt (BGH ZMR 2000, 771 ff.). Auch aus Praktikabilitätsgründen, etwa zur Vereinfachung der Verwaltung, ist keine Übertragung von Aufgaben der Eigentümerversammlung auf den Verwaltungsbeirat möglich. Insbesondere kann ihm auch bei einer Beschränkung auf bestimmte Auftragssummen nicht die generelle Befugnis verliehen werden, über die vom Verwalter vorgeschlagenen Maßnahmen der Instandhaltung oder Instandsetzung zu entscheiden (OLG Düsseldorf ZMR 2001, 304). Ein entsprechender Beschluss ist nichtig.

Praxistipp: **295**

Nach den vom BGH aufgestellten Grundsätzen zur Beschlusskompetenz (BGH ZMR 2000, 771 ff.) ist die Nichtigkeitsfolge auf **abstrakt-generelle Regelungen für die Zukunft** beschränkt. Anderes gilt, wenn **Aufgaben und Befugnisse eines konkreten Verwaltungsbeirats** etwa bei seiner Bestellung abweichend vom Gesetz festgelegt werden. Wird nur dessen aktueller Aufgabenbereich, nicht aber die Stellung des Verwaltungsbeirats allgemein für die Zukunft abweichend von Gesetz oder Gemeinschaftsordnung abgesteckt, handelt es sich zwar um einen Beschluss, der infolge dieser Abweichung ordnungsmäßiger Verwaltung widersprechen und daher anfechtbar sein kann. Er ist aber nicht nichtig, da er Gesetz bzw. Gemeinschaftsordnung nicht auf Dauer abändern will. Hiervon wiederum zu unterscheiden ist die **Übertragung bestimmter Einzelentscheidungen** etwa über den Abschluss bestimmter, von der Eigentümerversammlung vorberatener Verträge wie dem Verwaltervertrag (OLG Düsseldorf ZMR 1998, 105; OLG Hamm ZMR 2001, 140; OLG Köln ZMR 2002, 155 f.). Denn hierdurch werden nicht einmal Aufgaben und Befugnisse des bestellten Verwaltungsbeirates insgesamt erweitert, sondern nur eine einzelne Entscheidung delegiert, was ohne weiteres möglich und noch nicht einmal anfechtbar ist. Ähnliches gilt für die Durchführung vorab von der Eigentümerversammlung näher bestimmter Bauvorhaben (KG ZMR 2004, 623; BayObLG ZMR 2005, 640) oder die Entscheidung über die Zustimmung zu baulichen Veränderungen, Änderungen der Nutzung oder die Abnahme von Bauleistungen (OLG Frankfurt/M. NJW 1975, 2297). Schließlich kann dem Verwaltungsbeirat die Entscheidung über die Ermächtigung zur außergerichtlichen und gerichtlichen Durchsetzung von Ansprüchen übertragen werden (OLG Zweibrücken DWE

1987, 137 f.). Darüber hinaus kann der Verwaltungsbeirat auch **von sich aus tätig werden** und etwa für eine anstehende Verwalterbestellung Angebote einholen und unter diesen eine Vorauswahl treffen, sofern dies die Möglichkeit der Eigentümer, eigene Kandidaten zu präsentieren, nicht beeinträchtigt (OLG Düsseldorf ZMR 2002, 214).

5. Die Zusammensetzung des Verwaltungsbeirats

a) Die Anzahl der Beiratsmitglieder

296 Das Gesetz sieht in § 29 Abs. 1 S. 2 WEG vor, dass sich der Verwaltungsbeirat aus dem Vorsitzenden und zwei Beisitzern, also aus 3 Mitgliedern zusammensetzt. Die Zahl der Beiratsmitglieder ist aber dispositiv und kann daher durch Gemeinschaftsordnung oder Vereinbarung abgeändert werden. Hingegen kommt eine Modifikation durch Mehrheitsbeschluss nicht in Betracht, da dieser die gesetzliche Regelung auf Dauer abändern würde (OLG Düsseldorf NJW-RR 1991, 595). Nur gesetzeswidrig und daher lediglich anfechtbar ist aber die Wahl eines Gremiums von mehr als 3 Personen, sofern keine abstrakt-generelle Entscheidung für die Zukunft getroffen wird (BGH ZMR 2010, 545; BayObLG ZMR 2003, 761). Denn dann liegt lediglich ein gesetzeswidriger, aber kein gesetzesändernder Beschluss vor (BGH ZMR 2000, 774 f.).

b) Die wählbaren Personen

297 In den Verwaltungsbeirat können nach § 29 Abs. 1 S. 2 WEG **nur Wohnungseigentümer** bzw. die ihnen gem. § 1 Abs. 6 WEG gleichstehenden Teileigentümer gewählt werden. Eine Ausnahme von der Wählbarkeit aller Wohnungs- und Teileigentümer gilt allerdings beim **Verwalter** bzw. dem Geschäftsführer oder persönlich haftenden Gesellschafter der Verwaltungsgesellschaft: Auch wenn sie Eigentümer sind, können sie nicht neben ihrer Verwalterstellung auch dem Verwaltungsbeirat angehören, da sich der zu Kontrollierende nicht selbst kontrollieren kann. Eine gleichwohl erfolgende Bestellung ist nichtig (OLG Zweibrücken OLGZ 1983, 438 ff.). Für die Zugehörigkeit zum Kreise der Wohnungseigentümer kommt es alleine auf die **formale Eigentümerstellung** an. In der Konsequenz sind auch Treuhänder wählbar, nicht jedoch Testamentsvollstrecker, Zwangs- oder Insolvenzverwalter, da ihnen nur die Verwaltung der aus dem Eigentum resultierenden Rechte, nicht aber die Eigentümerstellung selbst zukommt. Entsprechendes gilt für Nießbrauchs- und Dauerwohnberechtigte. Sofern **Personengesellschaften** Wohnungseigentümer sind, können ihre persönlich haftenden Gesellschafter dem Verwaltungsbeirat angehören (OLG Frankfurt/M. WE 1986, 141). Ist eine **juristische Person** Eigentümerin, kann ihr gesetzlicher Vertreter in den Verwaltungsbeirat gewählt werden, aus Bruchteilsgemeinschaften jeder Bruchteilsinhaber (Staudinger/Bub § 29 Rn. 80). Denn ansonsten wären diese Wohnungseigentümer gegenüber natürlichen Personen ohne Grund benachteiligt, da ihnen die Mitwirkung im Verwaltungsbeirat verwehrt bliebe (Bärmann/Merle § 29 Rn. 12; a.A. Niedenführ/Kümmel/Vandenhouten § 29 Rn. 11; Schmidt ZWE 2004, 26).

298 **Praxistipp:**

Es empfiehlt sich, bei der Bestellung **ausdrücklich festzuhalten, dass der gesetzliche Vertreter einer juristischen Person nur als solcher Mitglied des Verwaltungsbeirats sein soll.** Denn ansonsten droht der Streit, ob er als Nichteigentümer bestellt wurde. Dies kann dann, wenn die Frage relevant wird, nämlich beim Eigentumswechsel regelmäßig nicht mehr *gerügt werden, da die Anfechtungsfrist* zu dieser Zeit regelmäßig abgelaufen sein wird. Sollte die Bestellung auf eine bestimmte Dauer erfolgt sein, scheidet auch eine Abberufung aus wichtigem Grund aus, da infolge der Kenntnis der fehlenden Eigentümerstellung die angemessene Frist zur Geltendmachung des wichtigen Grundes nach dem Rechtsgedanken von § 626 Abs. 2 BGB dann längst abgelaufen ist. Nur bei der unbefristeten Bestellung ist die Abberufung in diesem Fall unproblematisch möglich, da es hierfür keines Grundes bedarf (vgl. o. Rdn. 195).

Eine von § 29 Abs. 1 S. 2 WEG abweichende Zusammensetzung des Verwaltungsbeirats **299** kann **durch Gemeinschaftsordnung oder Vereinbarung** zugelassen werden. Ebenso kann die Gemeinschaftsordnung weitere Vorgaben zur Zusammensetzung machen, etwa zur Vertretung jedes Hauses in einer Mehrhausanlage oder zur obligatorischen Mitgliedschaft von Interessenvertretern (s. OLG Köln ZMR 2000, 638 zur Mitgliedschaft eines Vertreters des Studentenwerks). Hingegen wäre eine entsprechende Regelung in einem **Mehrheitsbeschluss** nichtig, da sie auf eine dauerhafte Abänderung des Gesetzes hinausliefe.

Praxistipp: **300**

Die – in der Praxis häufige, regelmäßig mit besonderen rechtlichen, betriebswirtschaftlichen oder bautechnischen Kompetenzen begründete – **Bestellung von Nichteigentümern zu Mitgliedern des Verwaltungsbeirats** ist nach h.M. zwar nur anfechtbar (OLG Düsseldorf WE 1995, 279; Staudinger/Bub § 29 Rn. 79; Bärmann/Merle § 29 Rn. 11; a.A. für Nichtigkeit, KG NJW-RR 1989, 460 f.). Sie wirft aber erhebliche Folgeprobleme auf, da Eigentümerversammlungen nicht öffentlich sind. Alleine aus seiner Tätigkeit im Verwaltungsbeirat kann ein Nichteigentümer wohl kein Anwesenheitsrecht ableiten (zur formellen Ordnungsmäßigkeit eines Beschlusses, der ohne Einladung eines solchen Verwaltungsbeirates gefasst wurde, s. BayObLG NJW-RR 1988, 270; zum Gesellschaftsrecht für den fakultativen Aufsichtsrat, s. Lutter/Hommelhoff, GmbHG § 48 Rn. 6; Scholz/K. Schmidt GmbHG § 48 Rn. 17). Auch aus der Pflicht zur Prüfung von Jahresabrechnung und Wirtschaftsplan gem. § 29 Abs. 3 WEG ergibt sich nichts anderes, da bereits eine schriftliche Stellungnahme hierzu oder allenfalls eine beschränkte Zulassung nur zum diesbezüglichen Vortrag in der Eigentümerversammlung die Erfüllung dieser Pflicht ermöglicht. Die in § 24 Abs. 6 WEG vorgesehene Unterschrift unter das Protokoll begründet kein Anwesenheitsrecht eines nicht aus der Eigentümerschaft stammenden Verwaltungsbeiratsmitglieds. Denn sie kann, wie unstreitig ist, nur von denjenigen Angehörigen des Verwaltungsbeirats geleistet werden, die an der Versammlung teilgenommen haben. War ein Mitglied des Verwaltungsbeirats nicht zugegen, kann es eben nicht zur Unterschriftsleistung herangezogen werden. In der Konsequenz könnte jeder Miteigentümer die Entfernung des nicht aus dem Kreise der Wohnungseigentümer stammenden Verwaltungsbeirats verlangen, was bei den in Eigentümergemeinschaften nicht selten bestehenden Zwistigkeiten ein erhebliches Konfliktpotential in sich birgt. Kommt die Mehrheit diesem Begehren nicht nach, riskiert sie nämlich schon aufgrund der Nichtöffentlichkeit der Eigentümerversammlung die Ungültigerklärung ihrer Beschlüsse.

6. Die innere Organisation des Verwaltungsbeirats

a) Die Einberufung des Verwaltungsbeirats

Die innere Organisation des Verwaltungsbeirats ist **gesetzlich nur höchst rudimentär** **301** **geregelt**. Das Gesetz führt lediglich aus, dass seine Einberufung nach Bedarf durch den Vorsitzenden erfolgt (§ 29 Abs. 4 WEG). Dies ist zumindest vor der Eigentümerversammlung, die über Wirtschaftsplan und Jahresabrechnung beschließt, der Fall, da diese gem. § 29 Abs. 3 WEG vom Verwaltungsbeirat zu prüfen sind. Hingegen räumt das Gesetz **weder dem Verwalter noch den Wohnungseigentümern die Befugnis zur Ein-**

berufung des Verwaltungsbeirates ein. Ebenso wenig haben Personen, die diesem Gremium nicht angehören, ein Recht auf **Teilnahme an Beiratssitzungen** (a.A. Staudinger/Bub §29 Rn. 130). Denn es würde die Möglichkeit des Beirats zur Kontrolle des Verwalters erheblich beeinträchtigen, dürfte dieser Sitzungen einberufen und ohne Weiteres an ihnen teilnehmen. Die Einberufung durch ein Quorum der Wohnungseigentümer oder gar einzelne Eigentümer wäre gänzlich unpraktikabel, da man dann wohl alle Eigentümer zulassen müsste und eine sinnvolle Beiratstätigkeit wie Belegprüfungen in diesen Pseudo-Eigentümerversammlungen kaum mehr möglich wäre. Die Einberufung der Beiratssitzungen unterwirft das Gesetz **keinerlei Formvorschriften**. Sie kann folglich auch telefonisch oder durch einfaches »Vorbeikommen« erfolgen.

b) Regelungen durch Mehrheitsbeschluss und Geschäftsordnung des Verwaltungsbeirats

302 Das fast vollständige Fehlen gesetzlicher Vorgaben eröffnet den Wohnungseigentümern weit reichende Gestaltungsmöglichkeiten für Einberufung und Geschäftsordnung des Verwaltungsbeirats. So können u.a. Einberufung, Wahl von Vorsitzendem und Vertreter, Sitzungsleitung, Teilnahme Dritter, Beschlussfassung, Stimmrecht (insbesondere Zweitstimme des Vorsitzenden bei Stimmengleichheit), Protokollierung und Aktenführung nicht nur in der **Gemeinschaftsordnung**, sondern auch durch **Mehrheitsbeschluss** geregelt werden. Denn eine zur Nichtigkeit führende Gesetzesänderung ist hier mangels gesetzlicher Vorgaben kaum möglich. Eine Grenze findet diese Regelungsmöglichkeit nur in entgegenstehenden Bestimmungen der Gemeinschaftsordnung. Fehlen auch Vorgaben der Gemeinschaftsordnung und der Eigentümerversammlung, kann sich der Verwaltungsbeirat selbst eine Geschäftsordnung geben (vgl. zur Wahl des Vorsitzenden OLG Köln NZM 2000, 676; ähnlich OLG München ZMR 2005, 981).

c) Die analoge Anwendung der Vorschriften zur Eigentümerversammlung

303 Die lückenhafte gesetzliche Regelung lässt die im Schrifttum (etwa Niedenführ/Kümmel/Vandenhouten 29 Rn. 35) erwogene analoge Anwendung der Vorschriften in §24 WEG zur Einberufung der Eigentümerversammlung auf den ersten Blick nahe liegend erscheinen. Eine pauschale Anwendung dieser Regelungen erscheint aber nicht geboten, da ihnen zu einem guten Teil ein anderer Regelungszweck zugrunde liegt. So sollen etwa die Vorschriften zur Person des Einberufenden und zu den Anforderungen an die Einberufung und die Ankündigung von Beschlussvorlagen einerseits die Mitwirkungsbefugnisse der Wohnungseigentümer sicher stellen, andererseits die formellen Anforderungen und somit mögliche Anfechtungsgründe verbindlich festlegen. Beides ist bei Sitzungen des Verwaltungsbeirats nicht oder nur in weit geringerem Umfang erforderlich. Denn das kleine Gremium des Verwaltungsbeirats wird sich im Gegensatz zur Eigentümerversammlung regelmäßig durch persönliche Absprache oder zumindest fernmündlich über Ort, Termin und gegebenenfalls Tagesordnung einer erforderlichen Versammlung einigen können. Gerade dann, wenn dem Verwaltungsbeirat Sonderbefugnisse etwa zur Überwachung von Baumaßnahmen oder zur Kontrolle der laufenden Verwaltung eingeräumt sind, ist eine solche gegenüber der Eigentümerversammlung flexiblere Möglichkeit zum Zusammentreten auch von erheblichem Vorteil. Zur Fehlerhaftigkeit führende Formvorschriften wie diejenigen des §24 WEG würden dagegen einer effektiven Tätigkeit des Verwaltungsbeirats entgegenstehen, ohne dass sie zur Sicherung von Mitwirkungsrechten erforderlich wären. Eine analoge Anwendung von §24 WEG insgesamt entbehrt somit der Grundlage, da es bereits an einer systemwidrigen Regelungslücke im Gesetz fehlt. Es ist vielmehr **für jeden Einzelfall zu prüfen, ob eine den Regelungen zur Eigentümerversammlung vergleichbare Situation vorliegt**, die eine analoge Anwendung bestimmter Vorschriften auf den Verwaltungsbeirat rechtfertigt. Dies dürfte bei einer pflichtwidrigen **Weigerung zur Einberufung** durch den Vorsitzenden zu bejahen sein, sodass das

Recht hierzu analog § 24 Abs. 3 WEG auch den anderen Beisitzern zusteht (a.A. Drasdo in Deckert Die Eigentumswohnung, Gr. 4 Rn. 5174). Im Übrigen stellt dies einen Grund für seine Abberufung dar. Auch bei Fragen der **Beschlussfähigkeit** kommt eine entsprechende Anwendung von § 25 Abs. 3 WEG in Betracht, da die Entscheidung über wichtige Fragen der Gemeinschaft hier wie in der Eigentümerversammlung grundsätzlich nicht einer kleinen Minderheit überlassen bleiben soll.

d) Entscheidungen des Verwaltungsbeirats

Fall 304

Dem Verwaltungsbeirat kommt nach der Gemeinschaftsordnung die Entscheidung über die Zulässigkeit baulicher Veränderungen und über Nutzungen, die von der Teilungserklärung abweichen, zu. Ein Wohnungseigentümer möchte in seiner Wohnung eine Steuerberaterkanzlei einrichten und zu diesem Zweck den Flur repräsentativ umgestalten. Die Ablehnung des Verwaltungsbeirats empfindet er als skandalös, da dieser in einem anderen Geschoss entsprechende Genehmigungen für die Einrichtung einer Anwaltskanzlei genehmigt hat. Er meint, die Entscheidung müsse analog § 43 Nr. 4 WEG angefochten werden.

Nach der gesetzlichen Regelung stehen dem Verwaltungsbeirat eigenständige Entschei- 305
dungsbefugnisse nicht zu. Konsequenterweise ist daher auch keine Anfechtung vorgesehen, da diese Entscheidungen nur Innenwirkung haben. Der Wohnungseigentümer kann die hierauf gestützten Beschlüsse der Wohnungseigentümerversammlung unmittelbar anfechten. Selbst dann, wenn dem Verwaltungsbeirat in der Teilungserklärung eigenständige Entscheidungsbefugnisse eingeräumt sind, gilt entgegen der Auffassung des Wohnungseigentümers im Beispielsfall nichts anderes. Denn die Entscheidungen des Verwaltungsbeirats erwachsen in Ermangelung einer § 23 Abs. 4 S. 2 WEG entsprechenden Regelung nicht in Bestandskraft. Ist ihre Richtigkeit umstritten, können sie folglich von Wohnungseigentümern und Verwalter im Verfahren nach § 43 Nr. 1, 2 WEG **ohne zeitliche Einschränkung implizit überprüft werden**, wenn der betroffene Miteigentümer etwa das Recht zur Durchführung einer baulichen Veränderung gerichtlich geltend macht. Schon aus diesem Grunde empfiehlt sich zu Zwecken der Beweiserleichterung die **Anfertigung von Niederschriften** über die Beiratssitzungen, zumindest aber über ihr Ergebnis, namentlich über die gefassten Entscheidungen, die von den anwesenden Mitgliedern unterzeichnet werden. Sofern der Verwaltungsbeirat eine solche Protokollierung nicht von sich aus vornimmt, kann er mangels entgegenstehender Regelung im Gesetz hierzu auch durch Mehrheitsbeschluss verpflichtet werden.

Praxistipp: 306

Welche Bedeutung Entscheidungsbefugnissen zukommt, die die Gemeinschaftsordnung dem Verwaltungsbeirat zuweist, ist in Schrifttum und Rechtsprechung weniger eingehend untersucht als entsprechende Befugnisse des Verwalters. Auch hier ist genau zu prüfen, **ob die gesetzliche Aufgabenverteilung endgültig abbedungen werden soll**. Im Wege der Auslegung wird sich wie beim Verwalter (s.o. Rdn. 138) regelmäßig ergeben, dass eine in der Gemeinschaftsordnung vorgesehene Befugnis des Verwaltungsbeirats, etwa bauliche Veränderungen oder eine von der Teilungserklärung abweichende Nutzung zu genehmigen, nur ein **Vorschalterfordernis** sein soll, das ein eigenmächtiges Vorgehen einzelner Eigentümer verhindern soll. Die Möglichkeit individuellen Rechtsschutzes oder zumindest die Befugnis der Eigentümerversammlung, hierüber abschließend auch entgegen der Entscheidung des Verwaltungsbeirats zu befinden, soll von einer entsprechenden Bestimmung in der Gemeinschaftsordnung in aller Regel wohl nicht ausgeschlossen werden.

e) Ausübung der Befugnisse durch den gesamten, aktuellen Verwaltungsbeirat

307 Sofern die Gemeinschaftsordnung auf die Entscheidungen des Verwaltungsbeirats abstellt oder ihm bestimmte Befugnisse einräumt, genügt die Tätigkeit des Vorsitzenden nicht. Vielmehr muss eine **Mehrheitsentscheidung des gesamten Gremiums** vorliegen (BayObLG NZM 2002, 530). Allerdings bedarf es keines Gesamtaktes; die einzeln – etwa im Umlaufverfahren – abgegebenen Erklärungen genügen (BayObLGZ 1988, 214). § 23 Abs. 3 WEG ist insoweit nicht analog anwendbar (vgl. o. Rdn. 303). Zudem sind entsprechende Regelungen in der Gemeinschaftsordnung dahin gehend auszulegen, dass die jeweils amtierenden Mitglieder des Verwaltungsbeirats für eine Entscheidung zuständig sind. Nach dem Ausscheiden eines ursprünglich legitimierten Verwaltungsbeiratsmitgliedes tritt folglich der Amtsnachfolger an dessen Stelle (BGH ZMR 2004, 682 f.).

7. Die schuldrechtlichen Beziehungen zwischen Beirat und Eigentümern

a) Die Rechtsnatur des Vertrages

308 Die schuldrechtlichen Beziehungen zwischen Verwaltungsbeirat und Eigentümern bzw. teilrechtsfähigem Verband sind ähnlich wie beim Verwalter im Gesetz nicht ausdrücklich geregelt. Sofern der Verwaltungsbeirat unentgeltlich tätig wird, liegt ein **Auftragsverhältnis** gem. §§ 662 ff. BGB vor (OLG Düsseldorf ZMR 1998, 105; OLG Schleswig ZMR 2005, 736). Wurde ein Entgelt vereinbart, richtet sich das schuldrechtliche Verhältnis nach den Bestimmungen von Dienstvertrag und **Geschäftsbesorgung** (§§ 675 ff., 611 ff. BGB). Von einer generellen Unzulässigkeit einer Vergütung ist wohl nicht auszugehen (Niedenführ/Kümmel/Vandenhouten § 29 Rn. 25; vgl. OLG Köln ZMR 1999, 790; LG Hannover ZMR 2006, 399; a.A. wohl KG ZMR 2004, 776 zu einer Vergütung von 500 € pro Jahr).

b) Das Zustandekommen schuldrechtlicher Beziehungen zwischen Verwaltungsbeirat und teilrechtsfähigem Verband bzw. Wohnungseigentümern

309 Angebot und Annahme zum Abschluss eines solchen Vertrages werden regelmäßig in der Bekanntgabe des Bestellungsbeschlusses, gegebenenfalls durch den hierzu Bevollmächtigten, und in seiner Annahme durch den Gewählten zu sehen sein. Wie beim Verwalter wird man davon ausgehen müssen, dass der Vertrag mit dem teilrechtsfähigen Verband geschlossen wird. Denn dies entspricht dem Schwerpunkt seiner Tätigkeit. Die wichtigsten Pflichten, die Unterstützung des Verwalters nach § 29 Abs. 2 WEG insbesondere bei Instandhaltung und Instandsetzung des gemeinschaftlichen Eigentums, bei der Auswahl von Geschäftspartnern und die Prüfung von Jahresabrechnung und Wirtschaftsplan stellen Vorgänge dar, die der allgemeinen Verwaltung angehören und somit den **teilrechtsfähigen Verband** betreffen. Allerdings wird der Verwaltungsbeirat ebenso wie der Verwalter zu einem kleineren Teil **auch für die Wohnungseigentümer persönlich tätig**. Dies ist etwa bei der Einberufung der Wohnungseigentümerversammlung nach § 24 Abs. 3 WEG der Fall, da es sich hierbei um eine korporative Angelegenheit handelt. Dies dürfte auch bei anderen Angelegenheiten wie etwa der Streitschlichtung zwischen den Miteigentümern der Fall sein. Soweit der Verwaltungsbeirat nicht für den teilrechtsfähigen Verband, sondern für die Wohnungseigentümer persönlich tätig wird, dürfte indessen die Annahme eines **teilweise zugunsten Dritter, eben der Wohnungseigentümer, abgeschlossenen Vertrages** die rechtlich befriedigende Konstruktion sein (Abramenko ZWE 2006, 275 f.). Denn dies wird dem Schwerpunkt der Vertragsbeziehungen gerecht und vermeidet die Schwierigkeiten, die mit einer Einbeziehung der Wohnungseigentümer als Vertragspartner der schuldrechtlichen Beziehung verbunden sind.

c) Die Beendigung der schuldrechtlichen Beziehungen zwischen Verwaltungsbeirat und teilrechtsfähigem Verband bzw. Wohnungseigentümern

Wie beim Verwalter ist die Abberufung von der organschaftlichen Stellung des Verwaltungsbeirats theoretisch von der Beendigung der schuldrechtlichen Beziehungen zum teilrechtsfähigen Verband zu trennen. Anders als beim Verwalter wird man aber jedenfalls bei unentgeltlich tätigen Mitgliedern des Verwaltungsbeirats im Wege der Auslegung von einer **konkludenten Verknüpfung von Abberufung und Beendigung der schuldrechtlichen Beziehungen** ausgehen müssen. Die Wohnungseigentümer ihrerseits können den Auftrag ohnehin jederzeit nach § 671 Abs. 1 BGB widerrufen, was regelmäßig zugleich mit der Abberufung bezweckt sein wird. Umgekehrt ist der ehrenamtliche Verwaltungsbeirat im Gegensatz zum professionellen Verwalter ausschließlich fremdnützig tätig. Es ist daher nicht anzunehmen, dass er sich nach Beendigung seiner organschaftlichen Befugnisse weiterhin – ohne eigenen Vorteil – etwa Auskunftsansprüchen oder gar der Haftung z.B. für die unterlassene Prüfung der Beschlussvorlagen für Jahresabrechnung und Wirtschaftsplan aussetzen will. Mit dem Ausscheiden aus dem Verwaltungsbeirat erlöschen folglich die organschaftlichen Pflichten des ehemaligen Beiratsmitglieds. Der Ausgeschiedene darf also nicht mehr an Sitzungen des Gremiums mitwirken oder Eigentümerversammlungen nach § 24 Abs. 3 WEG einberufen. Wie beim Verwalter bestehen grundsätzlich nur noch **Abwicklungspflichten**. Insbesondere hat das ausgeschiedene Mitglied des Verwaltungsbeirats gem. § 667 BGB seine Unterlagen und alles übrige, was er im Rahmen seiner Tätigkeit erlangt hat, an die Wohnungseigentümer **herauszugeben** (OLG Hamm ZMR 1997, 434 f.). Auf die Eigentumslage kommt es hierbei nicht an. Wie beim Verwalter ist diese Verpflichtung nach § 888 ZPO zu vollstrecken (vgl. o. Rdn. 245). 310

Praxistipp: 311

In Rechtsprechung und Schrifttum praktisch nicht diskutiert ist die Frage, ob auch nach Ausscheiden aus dem Amt als Verwaltungsbeirat von der **Fortdauer bestimmter Leistungspflichten** auszugehen ist. In Parallelität zum Verwalter käme dies etwa bei der **Prüfung von Jahresabrechnung und Wirtschaftsplan** nach § 29 Abs. 3 WEG in Betracht, sofern diese Verpflichtung noch zur Amtszeit des ausgeschiedenen Beiratsmitglied fällig wurde. Sofern man diese Verpflichtung anders als diejenige des Verwalters zur Erstellung von Jahresabrechnung und Wirtschaftsplan für nicht erzwingbar hält (KG ZMR 2004, 145; BayObLG ZMR 2004, 358), wird man auch in diesem Zusammenhang nur Schadensersatzansprüche zulassen können. Lediglich eine Ermächtigung zur **Verfahrensstandschaft** wird man nach allgemeinen Grundsätzen fortwirken lassen (vgl. o. Rdn. 127), sodass es insoweit eines Widerrufs bedarf.

8. Rechte und Pflichten aus dem Auftragsverhältnis

a) Ansprüche des Verwaltungsbeirats gegen die Eigentümer und den Verband

Auch wenn der Verwaltungsbeirat grundsätzlich unentgeltlich tätig wird, schließt dies 312
den **Ersatz von Aufwendungen** nicht aus. Vielmehr hat auch der unentgeltlich tätige Verwaltungsbeirat ohne Eigentümerbeschluss bereits aus dem Auftragsverhältnis (§ 670 BGB) einen Anspruch auf Ersatz der ihm tatsächlich entstandenen Aufwendungen. Dies umfasst etwa die Kosten für Telefon, Kopien und Briefmarken, sofern er diese den Umständen nach für erforderlich halten durfte (BayObLG DWE 1983, 123 f.; NZM 1999, 865). Allerdings kann der Verwaltungsbeirat keinen Ersatz der Kosten verlangen, die ihm für Tätigkeiten im Rahmen der Eigentümerstellung ohnehin entstehen, etwa für die Teilnahme an Eigentümerversammlungen (vgl. OLG Schleswig ZMR 2005, 737). Zu

differenzieren ist bei Kosten für Fachliteratur oder Fortbildungsveranstaltungen. Sofern entsprechende Ausgaben zur Lösung eines konkreten Problems im Rahmen ihrer Tätigkeit erforderlich werden, sind sie den Mitgliedern des Verwaltungsbeirats zu erstatten (vgl. BayObLG DWE 1983, 123). Ansonsten gehören Aufwendungen, die die persönlichen Voraussetzungen für die Amtstätigkeit schaffen sollen, ebenso wenig wie beim Verwalter zu den Aufwendungen im Rahmen der Tätigkeit für die Wohnungseigentümer, die diese gesondert ersetzen müssen.

313 **Praxistipp:**

In Rechtsprechung und Schrifttum bislang wenig erörtert sind die **mit pauschalierten Bezügen des Verwaltungsbeirats verbundenen Probleme**, etwa in Form einer bestimmten »Aufwandsentschädigung« o.Ä. pro Monat. Da dem Verwaltungsbeirat der Ersatz seiner konkreten Aufwendungen aus § 670 BGB zusteht, können derartige Beschlüsse nicht die Nichterstattung tatsächlich angefallener Kosten rechtfertigen. Denn bei einer solchen Auslegung – als absolute Obergrenze dessen, was der Verwaltungsbeirat erhält – würden derartige Beschlüsse gesetzliche Regelungen (§ 670 BGB) abändern und wären folglich mangels Beschlusskompetenz nichtig. Zugleich wären sie ein Rechtsgeschäft zu Lasten Dritter, da gesetzliche Ansprüche des Verwaltungsbeirats beschränkt würden. Lediglich eine der Vereinfachung dienende angemessene, den tatsächlichen Aufwand typischerweise abdeckende Pauschale ist zulässig, wie der Vergleich mit dem RVG zeigt (BayObLG NZM 1999, 865; OLG Schleswig ZMR 2005, 736). Eine zur Nichtigkeit führende Auslegung lässt sich regelmäßig nur dadurch vermeiden, dass man Beschlüsse über »Aufwandsentschädigungen« o.Ä. dahin gehend versteht, dass dem Verwaltungsbeirat nur der Zeitaufwand vergütet werden soll, mithin ein Geschäftsbesorgungs- oder Dienstvertrag zustande kommen soll.

b) Die Ansprüche der Eigentümergemeinschaft gegen den Verwaltungsbeirat

314 **Fall**

Ein Wohnungseigentümer ist mit der Arbeit des Verwaltungsbeirats unzufrieden, weil dieser seiner Auffassung zufolge zu eng mit dem Verwalter zusammenarbeitet. Da er aber keine konkreten Anhaltspunkte für Fehlverhalten i.E. hat, möchte er die gesamten Unterlagen der letzten 10 Jahre nach Beweisen hierfür durchforsten. Verwaltungsbeirat und Eigentümerversammlung lehnen sein Ansinnen ab.

315 Die Ansprüche der Wohnungseigentümergemeinschaft gegen den Verwaltungsbeirat ergeben sich überwiegend aus Auftrags- bzw. Geschäftsbesorgungsrecht. Insbesondere hat er seine Aufgaben nach § 664 Abs. 1 BGB grundsätzlich **persönlich** zu erbringen. Zu den wichtigsten Pflichten aus dem Auftragsverhältnis gehört der Anspruch der Wohnungseigentümer auf **Auskunft und Rechenschaft** über die Tätigkeit des Verwaltungsbeirats sowie auf Einsicht in dessen Unterlagen aus § 666 BGB. Dieser Anspruch steht den Eigentümern aber nur gemeinschaftlich zu (BayObLG WE 1995, 192). Der einzelne Wohnungseigentümer kann Akteneinsicht, Auskunft oder eine sonstige Tätigkeit des Verwaltungsbeirats also nur geltend machen, wenn er hierzu durch Mehrheitsbeschluss ermächtigt wurde (BayObLG WE 1995, 192; KG ZMR 1997, 544). Lehnt die Eigentümerversammlung dieses Ersuchen wie im Beispielsfall ab, kann der einzelne Eigentümer einen entsprechenden Beschluss nach den Grundsätzen der Anfechtung von Negativbeschlüssen anfechten. Mit der Anfechtung des ablehnenden Beschlusses muss er zugleich die Ansprüche auf Akteneinsicht geltend machen. Ein entsprechender Antrag wird aber nur Erfolg haben, sofern alleine seine Durchsetzung gegenüber dem Verwaltungsbeirat ordnungsmäßiger Verwaltung entsprochen hätte. Das ist im Beispielsfall bei vagen, nicht näher konkretisierbaren

Verdächten zu verneinen. Daneben kann ein Individualanspruch jedes Eigentümers auf Auskunftserteilung aus § 242 BGB bestehen, wenn ein berechtigtes und akutes Interesse hieran besteht. Ebenso hat jeder Wohnungseigentümer das Recht auf **Einsicht in die Abrechnungsunterlagen** (OLG Celle DWE 1984, 126). Ist ein Ersuchen nach Einsicht in die Unterlagen des Verwaltungsbeirats begründet, muss diese ähnlich wie bei den Verwalterunterlagen in der Wohnung des Vorsitzenden oder des weiteren Beiratsmitglieds erfolgen, das die Dokumente verwahrt. Ein Anspruch auf Überlassung ist schon im Hinblick auf das Verlustrisiko zu verneinen.

9. Die Haftung des Verwaltungsbeirats und für den Verwaltungsbeirat

a) Vertragliche und deliktische Haftung des Verwaltungsbeirats

Die Mitglieder des Verwaltungsbeirats haften den Wohnungseigentümern bzw. nunmehr 316
auch dem teilrechtsfähigen Verband bei schuldhaften Pflichtverletzungen aus **§ 280 BGB**, nicht aber in Analogie zu gesellschaftsrechtlichen Vorschriften wie §§ 93, 116 f. AktG (Staudinger/Bub § 29 Rn. 67) auf Schadensersatz. Da das Auftragsrecht eine Beschränkung des Haftungsmaßstabes nicht vorsieht, genügt hierbei **jede Fahrlässigkeit**. Bei besonders qualifizierten Beiratsmitgliedern dürfte überdies die in ihrem Beruf erforderliche Sorgfalt zu erwarten sein, insbesondere dann, wenn sie eine über den Aufwendungsersatz hinausgehende Vergütung erhalten. Die Mitglieder des Verwaltungsbeirats haften für die Verletzung sämtlicher Pflichten, also auch solcher aus zusätzlich übertragenen Aufgaben, gem. § 421 S. 1 BGB als **Gesamtschuldner** (OLG Düsseldorf ZMR 1998, 105). Anderes kann nur gelten, soweit die Aufgabenbereiche auf die Mitglieder des Beirats aufgeteilt wurden, was grundsätzlich zulässig ist (vgl. BayObLG NJW-RR 1994, 339; Staudinger/Bub § 29 Rn. 127). Auch dann treffen die anderen Beiratsmitglieder aber Überwachungspflichten (Staudinger/Bub § 29 Rn. 64). Die Ansprüche verjähren nunmehr nach der Neuregelung der Verjährungsfristen gem. § 195 BGB nach 3 Jahren.

Praxistipp: 317

Besonders regressträchtig sind, ähnlich wie für den Verwalter, über das Gesetz hinausgehende Kompetenzen kraft Gemeinschaftsordnung, etwa zur **Entscheidung bestimmter Fragen in eigener Kompetenz** (z.B. über bauliche Veränderungen oder über Maßnahmen des Verwalters). Denn hier drohen Schadensersatzansprüche von beiden Seiten, gleichgültig wie sich der Verwaltungsbeirat entscheidet. Sofern zeitlich möglich, empfiehlt sich wie beim Verwalter in zweifelhaften Fällen die **Vorlage an die Eigentümerversammlung** (vgl. BGH ZMR 1996, 276). Ansonsten bleibt die Möglichkeit einer **gerichtlichen Klärung**, etwa durch einen Antrag im Verfahren nach § 43 Nr. 1 WEG, die Verpflichtung des Verwaltungsbeirats zu einer bestimmten Entscheidung festzustellen. Dies sollte aber in jedem Fall mit dem Antrag auf Erlass einer **einstweiligen Verfügung nach §§ 935 ff. ZPO** verbunden werden, da ansonsten erst mit Rechtskraft der Entscheidung Rechtssicherheit eintritt. Wird dann etwa die Aussetzung der Vollziehung angeordnet, trifft den Verwaltungsbeirat für den Aufschub kein Verschulden, da er den Anordnungen des Gerichtes nicht zuwiderhandeln kann. Folglich scheidet auch ein Regress aus.

b) Die Haftung gegenüber Dritten

In besonderen Fällen ist eine Haftung der Beiratsmitglieder auch **Dritten** gegenüber 318
etwa aus § 179 BGB möglich, wenn der Verwaltungsbeirat eine erteilte Vollmacht überschreitet. Daneben kann der Verwaltungsbeirat, wie immer, der deliktischen Haftung nach §§ 823 ff. BGB unterliegen. U.U. kommen hier aber Freistellungsansprüche gem. §§ 670, 257 BGB in Betracht.

c) Haftungsbeschränkungen kraft Gemeinschaftsordnung und Beschluss

319 Die **Gemeinschaftsordnung** kann eine Haftungsbeschränkung vorsehen. Ohne eine solche Regelung kann eine generelle Herabsetzung des Haftungsmaßstabes für künftige Verwaltungsbeiräte nur im Wege einer **Vereinbarung** erfolgen. Ein **Mehrheitsbeschluss** wäre nichtig, da er auf eine Änderung der gesetzlichen Regelung hinausliefe. Lediglich die Haftungserleichterung für einen konkreten Verwaltungsbeirat kann mehrheitlich beschlossen werden, da damit nicht generell von der gesetzlichen Regelung abgewichen werden soll (OLG Frankfurt/M. OLGZ 1988, 189f.). Das kann allerdings – insbesondere bei vergüteter Tätigkeit – ordnungsmäßiger Verwaltung widersprechen. Auch der **schuldrechtliche Vertrag** kann eine Haftungserleichterung enthalten, was Letzterem auch im Wege der Auslegung entnommen werden kann. Dabei kommt auch eine konkludente Abrede in Betracht, etwa die Bestellung eines Wohnungseigentümers trotz seines Hinweises, dass er keine persönliche Haftung für die Beiratstätigkeit übernehmen möchte. Da es an einem schriftlichen Vertrag regelmäßig fehlen wird, sind sämtliche Umstände beim Vertragsschluss zu berücksichtigen. Häufig wird sich die Frage nach einer Haftungserleichterung aber gar nicht stellen, wenn etwa die oben angeführten Mindestanforderungen an die Prüfung von Wirtschaftsplan und Jahresabrechnung verletzt werden, da dann ohne weiteres von **grober Fahrlässigkeit** auszugehen ist (OLG Düsseldorf ZMR 1998, 107). Auch das Abweichen von erteilten Aufträgen etwa bei Sicherungsvorkehrungen gegen die unbefugte Verwendung von Geldern durch den Verwalter stellt eine grob fahrlässige Pflichtverletzung dar (OLG Düsseldorf ZMR 1998, 106).

d) Die Versicherung für die Haftungsrisiken des Verwaltungsbeirats

320 Darüber hinaus kann die Eigentümergemeinschaft auch den Abschluss einer Haftpflichtversicherung für den Verwaltungsbeirat und die Übernahme ihrer Kosten beschließen. Dies entspricht ordnungsmäßiger Verwaltung, weil das Haftungsrisiko interessierte Kandidaten von der Übernahme dieses Amtes abschrecken kann und letztlich auch Schäden für die Gemeinschaft vermieden werden (KG ZMR 2004, 780). Auch ohne ein solches Tätigwerden der Gemeinschaft empfiehlt sich für die Mitglieder des Verwaltungsbeirats der Abschluss einer Versicherung für die Risiken der Tätigkeit in diesem Amt notfalls auf eigene Rechnung.

e) Die Haftung der Wohnungseigentümergemeinschaft für den Verwaltungsbeirat

321 Eine Zurechnung von Verschulden nach § 278 BGB zu Lasten des Wohnungseigentümers soll jedenfalls beim Verwalter ausscheiden, da § 29 Abs. 2, 3 WEG die Rechte und Pflichten des Verwaltungsbeirats eigenständig regelt (BayObLG ZMR 2000, 49). Dies dürfte aber jedenfalls dann nicht mehr gelten, wenn der Verwaltungsbeirat darüber hinaus in vertragliche oder vorvertragliche Beziehungen der Wohnungseigentümer eingeschaltet wurde. Ob daneben eine deliktische Haftung der Wohnungseigentümergemeinschaft aus § 831 BGB eintritt, ist umstritten, aber wohl zu bejahen. Denn der Verwaltungsbeirat ist ihren Weisungen nach § 665 BGB unterworfen. Zudem können die Wohnungseigentümer seine Tätigkeit notfalls durch Abberufung jederzeit beenden, sodass die Gehilfenhaftung angemessen erscheint. Hingegen scheidet eine Haftungszurechnung nach § 31 BGB aus, da der Verwaltungsbeirat ein reines Innenorgan, kein Organ im Sinne dieser Vorschrift ist (BayObLGZ 1972, 163; Staudinger/Bub § 29 Rn. 3). Im **Verhältnis der Wohnungseigentümer untereinander** ist der Verwaltungsbeirat weder Erfüllungsgehilfe gem. § 278 BGB noch Verrichtungsgehilfe nach § 831 BGB. Denn er unterstützt nur den Verwalter, der seinerseits gleichfalls nicht als Verrichtungs- oder Erfüllungsgehilfen anzusehen ist (*OLG Düsseldorf ZMR 1999*, 425; OLG Hamburg ZMR 2003, 133).

f) Die Entlastung des Verwaltungsbeirats

Ähnlich wie beim Verwalter besteht auch beim Verwaltungsbeirat die Möglichkeit einer Entlastung, die grundsätzlich nicht ordnungsgemäßer Verwaltung widerspricht (BayObLG ZMR 2004, 51). Anderes gilt aber dann, wenn ein Schadensersatzanspruch möglich erscheint (BayObLG ZMR 2004, 51; OLG Zweibrücken ZMR 2005, 909 f.; OLG Düsseldorf ZMR 2006, 145). Dies ist insbesondere dann anzunehmen, wenn die Genehmigung der vom Verwaltungsbeirat geprüften Jahresabrechnung nicht ordnungsmäßiger Verwaltung entspricht (BayObLG ZMR 2001, 909; OLG Hamburg ZMR 2003, 773; OLG Düsseldorf ZMR 2005, 721; OLG Zweibrücken ZMR 2005, 909 f.). Allerdings kann die Fehlerhaftigkeit der Beschlussvorlage zur Jahresabrechnung anders als beim Verwalter nicht zwangsläufig als Grund angesehen werden, dem Verwaltungsbeirat die Entlastung zu versagen (Schmid, ZMR 2010, 667 f.). Gerade dann, wenn der Verwaltungsbeirat die Beschlussvorlage richtig geprüft und die Fehler gerügt hat, ist er seinen Aufgaben pflichtgemäß nachgekommen. Ihm ist demzufolge auch Entlastung zu erteilen. Ein Anspruch auf Entlastung besteht ohne eine entsprechende Regelung durch Gemeinschaftsordnung oder Vereinbarung nicht (vgl. zum GmbH-Recht BGH NJW 1986, 129 f.). Bei der Beschlussfassung über die eigene Entlastung ist der Verwaltungsbeirat nicht stimmberechtigt (OLG Zweibrücken ZMR 2002, 786 f.). 322

Praxistipp: 323

Wenig diskutiert ist in Rechtsprechung und Schrifttum bislang die **Reichweite der Entlastung**, was insbesondere in den Fällen bedeutsam wird, in denen dem Verwaltungsbeirat zusätzliche Befugnisse übertragen wurden. Anders als beim Verwalter ist in vorliegendem Zusammenhang wohl nicht nur diejenige Tätigkeit von der Entlastung umfasst, die in irgendeiner Weise ihren Niederschlag in der (vom Verwaltungsbeirat geprüften) Jahresabrechnung gefunden hat (vgl. o. Rdn. 164). Im Gegensatz zum Verwalter erscheint eine derartig restriktive Handhabung der Entlastungswirkung bei dem zumeist unentgeltlich tätigen Verwaltungsbeirat nicht geboten. Anders als beim Verwalter schlägt sich die Tätigkeit des Verwaltungsbeirats zudem nur ausnahmsweise in der Jahresabrechnung nieder, sodass eine Entlastung praktisch ohne Bedeutung wäre. Zudem würden etwa die ihm übertragenen Zustimmungen z.B. zu baulichen Veränderungen oder der gewerblichen Nutzung von Wohnungseigentum grundsätzlich von der Entlastung ausgeschlossen, da für die Jahresabrechnung unerheblich. Umgekehrt sind die Wohnungseigentümer gegenüber ihren Miteigentümern im Verwaltungsbeirat weit weniger schutzbedürftig, da die Tätigkeit des Verwaltungsbeirats enger gefasst und leichter zu überblicken ist als diejenige des Verwalters. Eine Entlastung ist daher ohne ausdrückliche Einschränkung auf die gesamte Tätigkeit des Verwaltungsbeirats zu beziehen.

10. Die Abberufung des Verwaltungsbeirats

a) Die ordentliche Abberufung

Wie beim Verwalter entscheidet die Eigentümerversammlung über die ordentliche Abberufung mit Stimmenmehrheit. Diese hat allerdings für den Verwaltungsbeirat eine weit größere Relevanz, da die Mindestbestelldauer für ihn oftmals nicht festgelegt wird. Wie bei der Abberufung des Verwalters ist der Betroffene bei der ordentlichen Abberufung stimmberechtigt. Sie ist nach dem Rechtsgedanken von § 671 BGB jederzeit ohne besondere Gründe möglich (KG ZMR 1997, 545; OLG Hamm ZMR 1999, 281). Mit der Beschlussfassung verliert er sein Amt (OLG Hamm ZMR 1997, 435). 324

b) Die Anfechtung der ordentlichen Abberufung

325 Wie jeder Beschluss kann auch die Abberufung im Verfahren nach § 43 Nr. 4 WEG angefochten werden. Bei der ordentlichen Abberufung verspricht allerdings nur die Rüge formeller Fehler (z.B. wegen Ladungsmängeln) Erfolg. Das Fehlen von Gründen für die Abberufung rechtfertigt die Ungültigerklärung des Beschlusses dagegen nicht, da die Abberufung eben keines Grundes bedarf. Hingegen kann der Verwaltungsbeirat, wenn für seine Tätigkeit eine Mindestdauer vorgesehen ist, vor Ablauf dieser Amtsdauer nur aus wichtigem Grund abberufen werden (OLG Hamm ZMR 1999, 281; Bärmann/Merle § 29 Rn. 29; a.A. Staudinger/Bub § 29 Rn. 42). Gleiches gilt, wenn die Möglichkeit der Abberufung auf Fälle eingeschränkt wurde, in denen ein wichtiger Grund vorliegt.

c) Die Abberufung aus wichtigem Grund

326 Wie der Verwalter kann der Verwaltungsbeirat auch dann aus wichtigem Grund abberufen werden, wenn eine bestimmte Mindestdauer als Amtszeit vorgesehen ist. Für die Frage nach dem Vorliegen eines solchen wichtigen Grundes kann auf die dort entwickelten Grundsätze (vgl. o. Rdn. 29 ff. u. 197 ff.) zurückgegriffen werden. Allerdings ist hierbei ähnlich wie bei der Anfechtung der Bestellung zu berücksichtigen, dass an den Verwaltungsbeirat geringere Anforderungen zu stellen sind als an den Verwalter (vgl. o. Rdn. 277). An der Abstimmung über die außerordentliche Beendigung seiner organschaftlichen Stellung aus wichtigem Grund darf der betroffene Wohnungseigentümer aus dem Rechtsgedanken der §§ 712 Abs. 1, 737 BGB; 117, 127, 140 HGB nicht teilnehmen (Staudinger/Bub § 29 Rn. 42). Die Abberufung aus wichtigem Grund ist **nach den allgemeinen Grundsätzen des Beschlussrechts anfechtbar**. Neben formalen Fehlern (z.B. Ladungsmängeln), führt insbesondere das Fehlen eines wichtigen Grundes zur Ungültigerklärung. Darüber hinaus kann die in der Praxis häufige Nichteinhaltung der Frist analog § 626 Abs. 2 BGB gerügt werden (vgl. insoweit o. Rdn. 207). Wie beim Verwalter führt der Ablauf der Bestellungsdauer vor Beendigung des Verfahrens zur Erledigung, da der anfechtende Wohnungseigentümer sein ursprüngliches Verfahrensziel, die Wiederherstellung seiner organschaftlichen Stellung nicht mehr erreichen kann (a.A. OLG Hamburg ZMR 2010, 628). Anders als beim Verwalter wird hier auch im Hinblick auf die schuldrechtlichen Beziehungen ein Fortsetzungsfeststellungsantrag nicht in Betracht kommen (vgl. o. Rdn. 210), da das Beiratsmitglied bei unentgeltlicher Tätigkeit keine Vergütungsansprüche verliert.

327 **Praxistipp:**

Die Abberufung ist wie jeder Beschluss nach § 23 Abs. 4 S. 2 WEG **bis zu ihrer rechtskräftigen Ungültigerklärung wirksam**. Die Anfechtung der Abberufung alleine hat nach allgemeinen Grundsätzen keine aufschiebende Wirkung (OLG Hamm ZMR 1997, 435). Will sich der Verwaltungsbeirat darüber hinaus gegen den Verlust seiner Stellung wehren, muss er also im Wege der **einstweiligen Verfügung nach §§ 935 ff. ZPO** die Aussetzung der Abberufung beantragen.

d) Die Folgen einer erfolgreichen Anfechtung der Abberufung

328 Eine erfolgreiche Anfechtung der Abberufung stellt die organschaftliche Stellung des betroffenen Beirats rückwirkend wieder her. Entgegen bisweilen vertretener Auffassung (Drasdo in Deckert Die Eigentumswohnung, Gr. 4 Rn. 5196) führt dies aber nicht zur Nichtigkeit des Beschlusses, mit dem ein Ersatzmann für das abberufene Beiratsmitglied gewählt wurde. Denn anders als beim Verwalter existiert keine zwingende Beschränkung auf eine bestimmte Zahl von Amtsträgern. Bestellen die Wohnungseigentümer von vor-

neherein einen Wohnungseigentümer mehr zum Beirat, ist dieser Beschluss nur anfechtbar, aber nicht nichtig. Folglich kann nichts anderes gelten, wenn die Wahl gar nicht angefochten, die Abberufung eines Mitgliedes des Verwaltungsbeirates aber für ungültig erklärt wird. Möglicherweise ist in der gesetzwidrigen Zusammensetzung des nunmehr erweiterten Verwaltungsbeirats aber ein wichtiger Grund zu sehen, der Neuwahlen (und somit die Abberufung des amtierenden Gremiums) ermöglicht, auch wenn die Bestelldauer der Beiratsmitglieder noch nicht abgelaufen ist.

11. Das Ausscheiden aus sonstigen Gründen und seine Folgen

a) Die Amtsniederlegung

Mangels Abberufung endet die organschaftliche Stellung mit Ablauf der vorgesehenen **329** Bestellungsdauer. Wie der Verwalter kann ein Mitglied des Verwaltungsbeirats aber auch durch Amtsniederlegung aus dem Amt scheiden, die nach § 27 Abs. 3 Nr. 1 WEG jedenfalls dem Verwalter gegenüber mit Wirkung gegen den teilrechtsfähigen Verband erklärt werden kann. Eine Amtsniederlegung ist jederzeit möglich (KG ZMR 1997, 545). Erfolgt sie zur Unzeit, kann sie allerdings Schadensersatzansprüche nach § 671 Abs. 2 S. 2 BGB begründen.

b) Das Ausscheiden aus der Eigentümergemeinschaft

Auch ohne Abberufung, Amtsniederlegung oder Ablauf der Amtszeit führt das Aus- **330** scheiden aus der Eigentümergemeinschaft zur Beendigung der Mitgliedschaft im Verwaltungsbeirat, da nach § 29 Abs. 1 S. 2 WEG nur Wohnungseigentümer Beiratsmitglieder sein können (BayObLG ZMR 1993, 129). Der Neuerwerb von Wohnungs- oder Teileigentum führt nicht zum Wiederaufleben der Bestellung (BayObLGZ 1992, 340). Daneben führen der Verlust der Geschäftsfähigkeit und der Tod eines Beirats zur Beendigung seiner organschaftlichen Stellung. Der verkleinerte Verwaltungseirat bleibt auch nach dem Ausscheiden eines Beiratsmitglieds funktionsfähig, sofern nicht ohnehin ein Ersatzmitglied bestimmt ist (BayObLGZ 1988, 214; OLG Düsseldorf NJW-RR 1991, 595; Dippel/Wolicki NZM 1999, 603 f.; a.A. Drasdo in Deckert Die Eigentumswohnung, Gr. 4 Rn. 5053). Die Wohnungseigentümer können aber im Wege der Nachwahl ein neues Mitglied bestellen, worauf u.U. sogar ein Anspruch aus § 21 Abs. 4 WEG besteht (OLG Düsseldorf NJW-RR 1991, 595; KG ZMR 1997, 545).

12. Das gerichtliche Verfahren

a) Der Streit mit Mitgliedern des Verwaltungsbeirats aus dem Kreise der Eigentümer

Für Streitigkeiten über Rechte und Pflichten des Verwaltungsbeirats ist das Gericht für **331** Wohnungseigentumssachen zuständig. Das folgt zwar nicht aus § 43 Nr. 3 WEG, da nur der Verwalter dort genannt ist, aber aus § 43 Nr. 1 WEG, da der Verwaltungsbeirat gem. § 29 Abs. 1 S. 2 WEG aus dem Kreise der Wohnungseigentümer zu bestellen ist. Sofern Streitigkeiten zwischen dem teilrechtsfähigen Verband und dem Verwaltungsbeirat etwa um Aufwendungs- oder Schadensersatz betroffen sind, ist das Amtsgericht nach § 43 Nr. 2 WEG zuständig.

b) Der Streit mit Nichteigentümern im Verwaltungsbeirat

Für den Streit mit Nichteigentümern im Verwaltungsbeirat ist eine analoge Anwendung **332** von § 43 Nr. 1 WEG gerechtfertigt (vgl. BayObLGZ 1972, 163). Denn es geht um denselben Regelungszusammenhang, wobei dem Gericht für Wohnungseigentumssachen zudem besondere Kompetenz zukommt. Bei der Geltendmachung von Ansprüchen gegen den Verwaltungsbeirat ist ferner zu prüfen, ob es sich, wie regelmäßig, um Ansprüche der Gemeinschaft handelt. Diese kann ein Eigentümer alleine nur nach entsprechender Ermächtigung geltend machen (BayObLG WE 1995, 192; KG ZMR 1997, 544). Ansonsten ist nach § 10 Abs. 6 S. 3 WEG der teilrechtsfähige Verband aktivlegitimiert. Ein ohne diese Ermächtigung gestellter Antrag wäre unzulässig. Die Anfechtung von Bestellung und Abberufung ist dagegen als Streitigkeit über die Gültigkeit von Beschlüssen im Verfahren nach § 43 Nr. 4 WEG zu verhandeln.

20. Kapitel
Eigentümerversammlung, Stimmrecht, Regelungsinstrumente der Eigentümer, Vereinbarungen, Beschlüsse, Gemeinschaftsordnung, Privatautonomie, Öffnungsklauseln

Übersicht **Rdn.**

Rdn.

I. Eigentümerversammlung

§ 24 Abs. 1, 2 und 3 WEG regelt das Recht und die Pflicht zur Einberufung der Versammlung, während § 24 Abs. 4 S. 1 WEG die Form, § 24 Abs. 4 S. 2 WEG die 2-Wochen-Frist und § 24 Abs. 5 und 6 WEG den Versammlungsablauf bis zur Protokollierung regeln. 1

1. Einberufung der Versammlung

a) Verwalterzuständigkeit zur Einberufung (§ 24 Abs. 1 und 3 WEG)

Gemäß § 24 Abs. 1 WEG ist der aktuelle Verwalter (zum faktischen Verwalter vgl. AG Wangen ZMR 2008, 580 = ZWE 2008, 146) berechtigt – und gem. § 24 Abs. 2 WEG auch verpflichtet – die Eigentümerversammlung einzuberufen. Maßgeblich ist, dass der einberufende Verwalter in dem Zeitpunkt noch amtierte, als die Einberufungserklärung seinen Herrschaftsbereich verließ (Drasdo B. Rn. 8; Staudinger/Bub § 24 Rn. 35). Er muss aber nicht auch noch im Zeitpunkt der in der Einladung bezeichneten Eigentümerversammlung Verwalter sein. Im Extremfall kann der Verwalter am letzten Tag seiner Bestellungszeit noch zur Schadensabwendung die Eigentümerversammlung einberufen. 2

Zur Einberufung ist auch ein durch (rechtskräftige) Gerichtsentscheidung bestellter (Elzer ZMR 2004, 229 ff.) oder ein im Wege einstweiliger Verfügung (§§ 935, 940 ZPO) auf Antrag eines Wohnungseigentümers (nicht mehr eines Dritten) gem. § 21 WEG bereits mit sofortiger Wirkung installierter Notverwalter berechtigt. 3

Unschädlich ist es, wenn zwischen dem Absenden der Einladungen zur Eigentümerversammlung und dem Versammlungsdatum eine Gerichtsentscheidung rechtskräftig wird, wonach der Verwalter nicht wirksam bestellt war (vgl. § 32 FGG analog, OLG München ZMR 2008, 237; Abramenko in Riecke/Schmid § 26 Rn. 16a). Die Versammlung kann ohne formellen Fehler dann ohne den Verwalter durchgeführt werden. Es muss lediglich zwingend gem. § 24 Abs. 5 WEG dann eine andere Person zum Leiter/Vorsitzenden der Versammlung im Wege des Geschäftsordnungsbeschlusses gewählt werden. 4

Die Verwalterstellung kann auch dadurch wegfallen, dass der Abberufungsbeschluss des vorigen Verwalters erfolgreich angefochten wurde. Dies hat zur Konsequenz, dass die Neuwahl des einberufenden Verwalters sich als von Anfang an nichtig darstellt (OLG Zweibrücken ZMR 2004, 63). Dies ergibt sich aus dem Grundsatz der Einheitlichkeit der Verwaltung und wird in der Rechtsprechung mit der auf eine unmögliche Leistung gerichteten Neuwahl des (einberufenden) Verwalters begründet. Häublein (ZMR 2004, 724) verweist zutreffend darauf, dass seit Einführung des § 311a Abs. 1 BGB auch die anfängliche Unmöglichkeit der Leistung nicht die Unwirksamkeit/Nichtigkeit des Rechtsgeschäfts zur Folge hat. Deshalb ist es präziser, die Nichtigkeit eines letztlich auf die Bestellung eines zweiten Verwalters gerichteten Beschlusses auf § 134 BGB zu stützen. 5

Selbst in einer Mehrhausanlage wird die Bestellung mehrerer Verwalter für unzulässig gehalten (Häublein NZM 2003, 785, 790). Nach einer erfolgreichen rechtskräftigen Anfechtung des Bestellungsbeschlusses ist für die Zwischenzeit zwar von einem Schwebezustand auszugehen, jedoch nach den Regeln der Anscheins- oder Duldungsvollmacht von einer wirksamen Einberufung des faktischen Verwalters auszugehen (Müller 8. Teil Rn. 6). 6

b) Subsidiär zur Einberufung berechtigte Personen (§ 24 Abs. 3 WEG)

aa) Verwaltungsbeirat

7 Beruft der Verwalter die Versammlung nicht ein oder weigert er sich pflichtwidrig, einzuberufen oder bestimmte Tagesordnungspunkte aufzunehmen (OLG Frankfurt ZMR 2009, 133 = ZWE 2009, 43 m. Anm. Gottschalg) kommt ein Einberufungsrecht des Verwaltungsbeiratsvorsitzenden oder dessen Vertreters in Betracht (§ 24 Abs. 3 WEG). Abramenko spricht zutreffend von einer Reservekompetenz. Zuständig ist nach § 24 Abs. 3 WEG der Vorsitzende des Verwaltungsbeirats oder sein Stellvertreter, aber es gibt keine hierarchische Stufung. Deswegen erkennt die h.M. beiden die Befugnis zur Einberufung zu, auch wenn dies bei mangelnder Koordination die Gefahr einer Doppeleinberufung in sich birgt (Abramenko Handbuch WEG 2009, § 5 Rn. 48). Weder dieser noch der Verwaltungsbeirat vertreten allerdings die Wohnungseigentümer gegenüber dem (untätigen) Verwalter (OLG Hamm ZMR 1997, 433, 434). Wurde die Wahl eines Verwaltungsbeiratsvorsitzenden vergessen oder bewusst unterlassen, soll eine Versammlung durch alle Beiratsmitglieder gemeinsam einberufen werden können, nach dem Gesetz also aller drei Mitglieder (§ 29 Abs. 1 S. 2 WEG). In diesem Falle hat dann jedenfalls auch die Person mitgehandelt, die zum Vorsitzenden bestellt worden wäre (OLG Köln ZMR 2000, 566 = NZM 2000, 675; OLG Zweibrücken WE 1991, 191 = NZM 1999, 858).

8 Das Gesetz gibt dem Vorsitzenden kein Alleineinberufungsrecht. Gem. § 24 Abs. 3 WEG kann auch sein Vertreter einberufen. Diese Bestimmung hat den Fall vor Augen, dass ein Vorsitzender zwar vorhanden ist, dieser aber nicht einlädt – aus welchen Gründen auch immer. Allerdings meint § 24 Abs. 3 WEG die äußere Zuständigkeit zur Einberufung. Die Willensbildung innerhalb des Verwaltungsbeirats erfolgt mangels einer abweichenden Vereinbarung nach dem Kopfprinzip. Jedes Mitglied hat eine Stimme. Für einen Beschluss genügt die einfache Mehrheit. Bei der Wahl zum Vorsitzenden ist jeder Eigentümer auch für seine eigene Bestellung stimmberechtigt, da § 25 Abs. 5 Fall 1 WEG für die organinterne Mitgliedschaft nicht gilt. Da demnach mit zwei Stimmen ein Verwaltungsbeiratsvorsitzender gewählt ist und bei Stimmenthaltungen im Übrigen sogar eine Stimme ausreicht, muss dies entsprechend für die Einberufung nach § 24 Abs. 3 WEG gelten. Es genügt also, wenn zwei Beiratsmitglieder einberufen und bei Enthaltung der beiden anderen sogar das Tätigwerden nur eines Mitglieds (a.A. wohl Staudinger/Bub § 24 Rn. 71).

bb) Wohnungseigentümer

9 Einem einzelnen Wohnungseigentümer steht bei Untätigkeit der von Gesetz wegen Einberufungsberechtigten kein Selbsthilferecht zu. Er kann sich jedoch ermächtigen lassen, selbst eine Wohnungseigentümerversammlung zu bestimmten Tagesordnungspunkten einberufen zu dürfen, § 37 Abs. 2 BGB analog (OLG Zweibrücken vom 16.09.2010 3 W 132/10; OLG Frankfurt ZMR 2009, 56, 58 = ZWE 2008, 481 m. Anm. Becker; OLG Hamm ZMR 1997, 49 = NJW-RR 1997, 523 = DWE 1997, 163; BayObLGZ 1970, 1, 4 = NJW 1970, 1136 = MDR 1970, 507; gegen die h.M. jetzt Staudinger/Bub Rn. 62; Bärmann/Pick/Merle kamen ohne Analogie zum selben Ergebnis über §§ 43 Nr. 3 WEG, 887 ZPO; nunmehr folgt Merle in Bärmann § 24 Rn. 24 der h.M. unter Anerkennung der Ermächtigung des Wohnungseigentümers anstelle einer erst im Vollstreckungswege durchzusetzenden Verpflichtung des Verwalters). Mit der Einberufung ist der Titel verbraucht, egal, ob die Versammlung dann auch abgehalten wird (BayObLG WE 1991, 226). Nach der Auffassung Elzers (Jennißen § 24 WEG Rn. 33) sowie Merle (Bärmann § 24 Rn. 24) *soll hier funktionell* auch nach neuem Recht der Rechtspfleger analog § 3 Nr. 1a RpflG zuständig sein (a.A. Spielbauer/Then § 24 Rn. 22, der den Weg über § 37

Abs. 2 BGB analog nicht mehr für gangbar hält). Hiergegen spricht schon der Grundsatz der Einheitlichkeit der Verfahrensordnung. Deshalb ist der Richter hier im ZPO-Verfahren zuständig (so auch OLG Zweibrücken vom 16.09.2010, 3 LO 132/10).

cc) Minderheitenquorum

Bei der Berechnung des Quorums nach § 24 Abs. 2 WEG von »mehr als ein Viertel der Wohnungseigentümer« ist maßgeblich auf die reine Kopfzahl abzustellen, auch wenn das Stimmrecht sich nach der Gemeinschaftsordnung anders bestimmt. Dies dient dem Schutz der Minderheit (vgl. Häublein ZMR 2003, 233). Besteht an einem Sondereigentum eine Miteigentümergemeinschaft, so zählt diese nur als ein »Kopf«. Bei nur zum Teil personenverschiedenen Mitberechtigtengemeinschaften gelten diese grundsätzlich als verschiedene oder mehrere Köpfe (OLG Düsseldorf ZMR 2004, 696 zum Stimmrecht: Steht ein Wohnungseigentum zwei Wohnungseigentümern je zur Hälfte zu und teilen diese dasselbe in der Weise auf, dass einer von ihnen zugleich Alleineigentümer einer weiteren Wohnung wird, so kommt es bei gesetzlichem Kopfstimmrecht zu dem der Rechtsgemeinschaft zustehenden Stimmrecht ein durch die Alleinberechtigung begründetes weiteres Stimmrecht hinzu.). Eine Einschränkung wird zu machen sein, wenn ein Wohnungseigentümer an mehreren unterschiedlichen Rechtsgemeinschaften **mehrheitlich so stark** beteiligt ist, dass er seinen Willen jeweils in sämtlichen Rechtsgemeinschaften durchsetzen kann (vgl. zum Stimmrecht: LG Hamburg ZMR 2008, 827). Erst Recht können natürlich alle Wohnungseigentümer eine Versammlung einberufen. Auch eine spontane Universalversammlung unter Verzicht auf die 2-wöchige Ladungsfrist ist denkbar. Das Verlangen muss schriftlich (nicht nur in Textform, vgl. Jennißen/Elzer § 24 Rn. 10) gestellt werden. Das Quorum muss die **formellen Voraussetzungen** beachten, nämlich insbesondere die Schriftform i.S.d. §§ 126 ff. BGB. Ein nur gefaxter Antrag ist nicht ausreichend (vgl. OLG Hamburg NJW 1990, 1613 zur Gegendarstellung). Der Zweck muss angegeben werden, um dem Verwalter die Gestaltung der Tagesordnung zu ermöglichen. Der anzugebende Grund muss verdeutlichen, warum die Thematik nicht erst auf der nächsten ordentlichen Eigentümerversammlung erörtert werden kann/darf. Ein materielles Prüfungsrecht steht dem Verwalter allerdings nicht zu. Nur wenn die Angelegenheit nicht in die Beschlusskompetenz der Versammlung fällt oder eindeutig rechtsmissbräuchlich (vgl. OLG München ZMR 2006, 719 = NZM 2006, 631: Ein materielles Prüfungsrecht steht ihm, von Missbrauchsfällen abgesehen, nicht zu) ist, kann der Verwalter das Verlangen zurückweisen bzw. unbeachtet lassen (Ausnahmefall). Zu einer überflüssigen Versammlung muss der Verwalter nicht einladen (Spielbauer/Then § 24 Rn. 12). Nach OLG Hamm (NJW 1973, 2300) muss der Verwalter die Versammlung der Wohnungseigentümer vorbehaltlich einer anderen Vereinbarung nach **§ 24 Abs. 2** WEG nur dann einberufen, wenn mehr als ein Viertel der Wohnungseigentümer nach der Kopfzahl, nicht aber der Miteigentumsanteile es verlangt. Dies ist dahin zu verstehen, dass die Gemeinschaftsordnung zusätzliche Einberufungspflichten schaffen kann; eine Reduzierung oder Einschränkung des Minderheitenquorums scheidet aus. Außerdem muss der Verwalter auch einberufen, wenn ihm schwerwiegende Pflichtverletzungen vorgeworfen werden (OLG Köln NJW-RR 2004, 733 = NZM 2004, 305: Weigert sich der Verwalter auf Bitten des Vorsitzenden des Verwaltungsbeirats und einiger Eigentümer, deren Zahl das nach der Gemeinschaftsordnung erforderliche Quorum zur Erzwingung einer außerordentlichen Eigentümerversammlung nicht erreicht, eine außerordentliche Eigentümerversammlung mit dem Tagesordnungspunkt der vorzeitigen Beendigung des Verwaltervertrags einzuberufen, so widerspricht dies dann ordnungsmäßiger Verwaltung, wenn als Grund für die vorzeitige Verwalterabberufung schwerwiegende Pflichtverletzungen angeführt werden, die nicht für längere Zeit ungeklärt im Raum stehen dürfen. In einem solchen Fall ist der Vorsitzende des Verwaltungsbeirats befugt, seinerseits die Eigentü- 10 merversammlung einzuberufen.). Umstritten ist, ob und inwieweit § 24 Abs. 2 WEG durch Vereinbarung abdingbar ist. Da selbst ein Grundrechtsverzicht (z.B. in Parabolantennenverbotsfällen) möglich ist, hält Spielbauer abweichende Regelungen unter Eingriff in den Kernbereich des Wohnungseigentums bis an die Grenze der Sittenwidrigkeit für zulässig/wirksam (Spielbauer/Then § 24 Rn. 1).

11 Der Ermächtigte kann vom Titel nicht erst mit **Eintritt der Rechtskraft** Gebrauch machen, sondern schon bei vorläufiger Vollstreckbarkeit. Da die Ermächtigung einen Gestaltungstitel darstellt, der weder vollstreckungsfähig noch vollstreckungsbedürftig ist (er vollstreckt sich gleichsam selbst), ist es – auch angesichts des i.d.R. dringenden Versammlungsbedarfs – nahe liegender die **sofortige Vollziehbarkeit** anzunehmen. Ein Rechtsmittel gegen die Entscheidung würde die Einberufung und Abhaltung der Versammlung auch nur bei entsprechender einstweiliger Verfügung des Gerichts verhindern können (vgl. AG Wangen ZWE 2008, 146).

c) Einberufung durch Unberufene (Einberufungsfehler)

12 Wird die Versammlung durch unzuständige Dritte einberufen, sind dort gefasste Beschlüsse wirksam, aber anfechtbar (BayObLG ZMR 2005, 559; OLG Köln NZM 1998, 920, 921 = OLGR Köln 1998, 241; OLGR Köln 1996, 209; BayObLG ZMR 1982, 223 = MDR 1982, 323). Eine Ungültigerklärung durch das Gericht erfolgt, wenn der Einberufungsmangel nicht geheilt wurde und nicht nachweislich ohne Auswirkung auf das Beschlussergebnis war (OLG Köln OLGR Köln 1996, 209; KG WE 1993, 221). Die Ursächlichkeit des Einberufungsfehlers für den gefassten Mehrheitsbeschluss wird vermutet (OLG Hamm ZMR 1997, 50; BayObLG WE 1992, 79). Droht eine von einem unzuständigen Dritten einberufene Versammlung stattzufinden, soll von jedem Wohnungseigentümer schon vorher bei Gericht beantragt werden können, die Durchführung der Versammlung per einstweiliger Verfügung zu verbieten (KG WE 1987, 18; AG Wangen ZWE 2008, 146). Eine Genehmigung einer ungültigen Einberufung durch Mehrheitsbeschluss in der Eigentümerversammlung scheidet aus (OLG Stuttgart NJW-RR 1986, 315 = WuM 1986, 292).

13 Die Feststellung, dass ein Ladungsfehler nicht ursächlich ist, setzt voraus, dass kein vernünftiger Zweifel daran in Betracht kommt, dass auch bei ordnungsmäßiger Einladung der Beschluss ebenso als Positiv- oder Negativbeschluss ggf. mit kleineren Mehrheiten zustande gekommen wäre (OLG Düsseldorf ZMR 1997, 91 = WE 1997, 145; BayObLG WE 1997, 267 = WuM 1997, 9). Ein eindeutiges Abstimmungsergebnis in der Versammlung allein reicht zur Widerlegung der Kausalitätsvermutung **nicht** aus (OLG Köln NZM 1998, 920 = OLGR Köln 1998, 241; im dortigen Fall lagen fünf Ja-Stimmen und eine Nein-Stimme für die Wiederwahl des abberufenen Verwalters vor).

14 Eine Heilung des Einberufungsmangels wird jedenfalls angenommen, wenn sämtliche Wohnungseigentümer in der Versammlung anwesend sind (Universalversammlung) und mit abgestimmt haben (BayObLG WE 1997, 268, 269; OLG Köln NZM 1998, 920).

Checkliste zur Einberufung

Für die Frage, wer zu einer Eigentümerversammlung einberufen kann, ist schematisch wie folgt zu unterscheiden:

- gemäß § 24 Abs. 1 WEG ist primär der aktuelle **Wohnungseigentumsverwalter** berufen
- bleibt der Wohnungseigentumsverwalter untätig oder weigert er sich pflichtwidrig, tätig zu werden, kann nach § 24 Abs. 3 WEG der Verwaltungsbeiratsvorsitzende oder ggf. sein Stellvertreter einberufen

- Wohnungseigentümer können grundsätzlich nicht einberufen; etwas anderes gilt bei einer entsprechenden Ermächtigung durch das Gericht im Verfahren nach § 43 Nr. 3 WEG
- handelt eine unzuständige Stelle, sind dennoch gefasste Beschlüsse nach h.M. nur anfechtbar.

2. Festlegung des Versammlungsortes

a) Auswahlermessen des Einberufenden

Versammlungsort und Versammlungsstätte sind im Gesetz nicht geregelt. Ihre Auswahl 15
und Festlegung unterfällt daher im Grundsatz dem Gestaltungsspielraum des Einberufenden, regelmäßig also dem Verwalter. Die Kriterien, nach denen er sich zu richten hat, sind – wenn keine entgegenstehende Vereinbarung existiert – durch die Rechtsprechung weitgehend vorgegeben. Der Einberufende hat kein freies, sondern ein gerichtlich nachprüfbares Ermessen (Staudinger/Bub Rn. 44 unter Verweis auf Häublein ZMR 2004, 723; Bärmann/Merle Rn. 48: »Ermessensgrenzen«; zur virtuellen Eigentümerversammlung Mankowski ZMR 2002, 246). Die Ermessensgrenzen ergeben sich aus der Funktion der Wohnungseigentümerversammlung als Ort der gemeinsamen Willensbildung. Der Ort muss daher verkehrsüblich und zumutbar sein, um allen Wohnungseigentümern die Teilnahme zu ermöglichen und nicht zu erschweren (OLG Hamm ZMR 2001, 383 = NJW-RR 2001, 516 = FGPrax 2001, 64). Verkehrsüblichkeit schließt Verkehrsangebundenheit, insbesondere die Erreichbarkeit mit öffentlichen Nahverkehrsmitteln mit ein. Die Wahl des Versammlungsortes im dritten Stock eines Bürogebäudes ohne Aufzug in den Geschäftsräumen des Verwalters kann sogar mit Rücksicht auf gehbehinderte Wohnungseigentümer einen Verstoß gegen § 24 WEG darstellen. Dies gilt insbesondere dann, wenn die Räumlichkeiten keinen örtlichen Bezug zur Wohnanlage aufweisen, sondern zudem in einer anderen Stadt liegen (OLG Köln ZMR 2004, 299; Vorinstanz: LG Bonn ZMR 2004, 218).

Dass bei Ferienanlagen oder Kapitalanlegerobjekten die Mehrheit der Eigentümer nicht 16
anlagenah leben wird, stellt für sich kein zu berücksichtigendes Auswahlkriterium dar. Möglich ist es, in der Gemeinschaftsordnung solcher Anlagen einen zentralen Ort festzulegen (OLG Celle NZM 1998, 822 = NJW-RR 1998, 1706).

Die Versammlungsstätte muss von der Größe her die Teilnahme aller Wohnungseigentü- 17
mer zulassen. Hierbei soll es den Wohnungseigentümern für begrenzte Zeit zur Einsparung von Versammlungskosten auch zumutbar sein, gewisse Unbequemlichkeiten in Kauf zu nehmen (OLG Düsseldorf WuM 1993, 305 = DWE 1993, 99 zur Waschküche als Versammlungsort; Gottschalg NZM 1998, 825).

Sind in kleineren Anlagen im Versammlungsvorfeld zwischen einigen Wohnungseigentü- 18
mern bereits Reibereien aufgetreten und Weiterungen nicht auszuschließen, ist die Wahl eines Wohnwagens als Versammlungsstätte ermessensfehlerhaft und kann einer Beschlussanfechtung zum Erfolg verhelfen (OLG Hamm ZMR 2001, 383 = NZM 2001, 297 = OLGR 2001, 207). Es ist grundsätzlich darauf zu achten, dass der Versammlungsort noch einen örtlichen Bezug zur Wohnanlage hat. Das OLG Köln (ZMR 2004, 299) entschied, dass die Beibehaltung eines pflichtwidrig durch den Verwalter festgelegten Versammlungsortes einer vorsätzlichen Nichtladung des dies monierenden Wohnungseigentümers gleichkomme.

b) Nichtöffentlichkeit des Versammlungsortes

19 Für Eigentümerversammlungen gilt der Grundsatz der Nichtöffentlichkeit (BGH ZMR 1993, 287 = WE 1993, 165 = NJW 1993, 1329; KG ZMR 2001, 223 = ZWE 2001, 75, 76 m.w.N.; Schultzky in Nomos-Kommentar § 24 Rn. 13; OLG Frankfurt OLGR 2005, 736: Die Wohnungseigentümerversammlung ist nicht öffentlich. Durch einen Beschluss zur Geschäftsordnung kann nichtteilnahmeberechtigten Personen die Anwesenheit gestattet werden. – str.). Die Angelegenheiten der Gemeinschaft sollen nicht aus dem Kreis der Wohnungseigentümer und weiterer zur Teilnahme berechtigter Personen nach außen getragen werden. Die Rechtsprechung leitet den Grundsatz der Nichtöffentlichkeit daraus her, dass die Wohnungseigentümer ein schutzwürdiges Interesse daran hätten, fremden Einfluss von der Versammlung fernzuhalten, einen ungestörten Ablauf der Versammlung zu sichern und einer Verbreitung ihrer Angelegenheiten in der Öffentlichkeit vorzubeugen (OLG Frankfurt/M. ZMR 1995, 326 = FGPrax 1995, 1479). Die Eigentümerversammlung hat daher – soweit nicht anderes vereinbart ist – in einer nicht öffentlichen Versammlungsstätte in der Gemeinde oder Stadt, in der sich auch die Wohnungseigentumsanlage befindet oder in unmittelbarer geographischer Nähe, stattzufinden. Ein frei zugänglicher Gaststättenraum oder der Vorgarten einer Gaststätte stellen keinen angemessenen Ort für eine Eigentümerversammlung dar (KG ZMR 1997, 487 = WE 1998, 31 = FGPrax 1997, 175, 176). Fand die Versammlung an einem solchen Ort statt und waren andere Gäste zugegen, können Beschlüsse anfechtbar sein (OLG Frankfurt/M. ZMR 1995, 326).

20 Dass die Versammlung aus diesem Grunde nur im abgeschlossenen Raum stattfinden darf, ist nicht zwingend. Sind sowohl äußere Lärmbeeinträchtigungen als auch die Wahrnehmbarkeit des gesprochenen Wortes für Nachbarn oder Passanten ausgeschlossen, kann die Versammlung auch im Freien in Betracht kommen, etwa im Garten der Anlage.

3. Bestimmung der Versammlungszeit

a) Grundsatz

21 Die Bestimmung des Versammlungszeitpunktes obliegt – wenn keine entgegenstehende Vereinbarung existiert – ebenfalls dem Einberufenden. Hierbei wurde dem Verwalter früher ein nicht nachprüfbares Ermessen (vgl. Elzer ZMR 2006, 85 ff.) zugestanden, wobei allerdings der Zeitpunkt verkehrsüblich und zumutbar sein musste (OLG Frankfurt/M. NJW 1983, 398 = DWE 1983, 61). Richtigerweise gelten jedoch die zur Wahl des Versammlungsorts aufgestellten Grundsätze entsprechend, d.h. der Verwalter hat nach billigem, gerichtlich nachprüfbarem Ermessen zu entscheiden (vgl. Staudinger/Bub § 24 Rn. 47 ff.). Der Verwalter darf grundsätzlich z.B. nicht über den Wunsch einzelner Wohnungseigentümer, den Sonntagvormittag bis 11.00 Uhr von Versammlungen freizuhalten, hinweggehen. Auch dann nicht, wenn eine Mehrheit von Eigentümern es verlangt (BayObLG MDR 1987, 937 = NJW-RR 1987, 1362 = WuM 1987, 329).

22 Vereinzelt wurde von der Rechtsprechung die Einberufung einer eilbedürftigen Versammlung auf einem Sonntag (11.00 Uhr) akzeptiert (OLG Stuttgart NJW-RR 1986, 315 = WuM 1986, 292). Der Verwalter handele in einem solchen Fall nicht pflichtwidrig, wenn infolge des von ihm gewählten Termins einzelne Wohnungseigentümer an der Teilnahme gehindert werden oder ihnen diese unzumutbar erschwert werde. Im Einzelfall komme bei Ferienwohnungen die Einberufung auf einen Samstag oder Sonntag in Betracht. Selbst die Einberufung einer Eigentümerversammlung an einem gesetzlich geschützten kirchlichen Feiertag wird dann noch als zulässig angesehen, wenn dadurch der Hauptgottesdienst nicht gestört wird (OLG Schleswig NJW-RR 1987, 1362 = DWE 1989, 143 – betr. Karfreitag – gegen LG Lübeck NJW-RR 1986, 813).

Die individuelle Urlaubsplanung eines der oder einzelner Eigentümer ist grundsätzlich kein Grund, um von einem ins Auge gefassten Versammlungsdatum abzusehen. In großen Anlagen wird sich andernfalls niemals ein passender Termin finden lassen. Aber auch die allgemeinen Schulferien stellen i.d.R. keinen solchen Grund dar. Man wird hinzunehmen haben, dass es allgemeine Schulferien in Deutschland nicht gibt. Dadurch, dass in vielen Gemeinschaften Wohnungseigentümer in verschiedenen Bundesländern wohnen und die Ferien regelmäßig um ein bis zwei Wochen variieren, verbliebe angesichts der Gesamtferienzeit pro Jahr ebenfalls zu wenig zeitlicher Spielraum für Versammlungen. In kleineren Anlagen soll »zwischen den Jahren«, also v. 27.12. bis zum 31.12. eines Jahres, allerdings keine Versammlung einberufen werden, wenn ein Teil der Eigentümer bekanntermaßen verreist (OLG Hamm ZMR 2001, 383 = NZM 2001, 297 = OLGR 2001, 207). 23

Bei kleineren Anlagen lässt sich über ein Einberufungsverbot bei internationalen Sportgroßereignissen (wie der Spiele der deutschen Mannschaft bei der Fußball-WM 2006 oder der EM 2008) mit nationaler Beteiligung nachdenken. Ggf. muss ein derartiger Gesichtspunkt aber nicht den Versammlungstag schlechthin zu Fall bringen, sondern kann über die Versammlungsuhrzeit geregelt werden. Die angemessene Rücksichtnahme auf Berufstätige bewirkt, dass i.d.R. Werktags nicht vor 17.00 Uhr eingeladen werden sollte (OLG Düsseldorf WuM 1993, 305 = DWE 1993, 99; Gottschalg NZM 1998, 825 m.w.N.). An einem Samstag, der allgemein ebenfalls zu den Werktagen zu zählen ist, kann auch ein frühzeitigerer Beginn zulässig sein (OLG Stuttgart WE 1994, 146). 24

Das AG Köln (ZMR 2004, 546) entschied, dass der Zeitpunkt einer Eigentümerversammlung verkehrsüblich und zumutbar sein müsse, womit für die Stadt Köln das Abhalten von Eigentümerversammlungen an Werktagen um 17.00 Uhr (Beginn) unter Berücksichtigung normaler Arbeitszeiten nicht in Betracht komme. Ortsansässigen Eigentümern müsse es möglich sein, ohne Urlaub zu nehmen trotz Berufstätigkeit bereits zu Beginn der Versammlung persönlich erscheinen zu können. Auch die Interessen ortsfremder Kapitalanleger rechtfertigten keinen Versammlungsbeginn vor 18.00 Uhr. Diese Sichtweise engt den Handlungsspielraum des Verwalters freilich zu weit ein. 25

Zutreffend akzeptierte das OLG Köln (ZMR 2005, 77) einen Versammlungsbeginn schon werktags um 15.00 Uhr für eine auf fünf Stunden angelegte Versammlung für eine Anlage mit mehr als 500 Wohnungseigentümern. Das AG Hamburg-Wandsbek (ZMR 2004, 224) hat die Anberaumung einer Eigentümerversammlung auf werkstags 14.00 Uhr jedenfalls dann als nicht ordnungsmäßiger Verwaltung entsprechend angesehen, wenn einzelne Wohnungseigentümer berufsbedingt nicht persönlich erscheinen konnten und dies auch vorher mitgeteilt und um Verlegung des Termins gebeten hatten. Kühnemund (WE 2009, 148 ff.) resümiert: Eine Eigentümerversammlung darf an allen Tagen, auch an Sonn- und Feiertagen, abgehalten werden, an Sonn- und Feiertagen aber niemals vor 11.00 Uhr. Eine ordentliche Versammlung ohne besondere Dringlichkeit in der Hauptferienzeit dürfte ordnungsgemäßer Verwaltung widersprechen. Außerordentliche Versammlungen aus dringendem Anlass sind aber möglich. Grundsätzlich soll eine Versammlung so stattfinden, dass ein ortsansässiger berufstätiger Eigentümer daran teilnehmen kann, ohne Urlaub zu nehmen. Das dürfte dazu führen, dass eine Versammlung in der Zeit von Montag bis Freitag i.d.R. erst nach 17.00 Uhr beginnen darf: Ausnahmen vor dem Hintergrund einzelfallbezogener Besonderheiten sind allerdings möglich. 26

b) Verstöße

Unklar sind die Konsequenzen einer zu früh anberaumten Eigentümerversammlung insbesondere für diejenigen Beschlüsse, die erst zu einer Zeit gefasst wurden, die nicht mehr als unzumutbar einzustufen ist. Jedenfalls ist die Kausalitätsvermutung des Einladungsman- 27 gels für z.B. eine Stunde nach Versammlungsbeginn gefasste Beschlüsse nicht zwingend, aber wahrscheinlich (vgl. auch Kühnemund WE 2009, 190). Wird ein Beschluss mit der Begründung, es sei zur Unzeit geladen worden, angefochten, muss schlüssig dargelegt werden, dass und warum der Ersatztermin zu abweichenden Beschlüssen hätte führen können (OLG Düsseldorf ZMR 1997, 91 = WE 1997, 145; Drabek ZWE 2000, 395, 396).

4. Form und Inhalt der Einberufung

a) Textform

28 Gemäß § 24 Abs. 4 S. 1 WEG ist für die Einberufung nur die Textform (s. dazu Lammel ZMR 2002, 333; Mankowski ZMR 2002, 481) erforderlich. Diese neuere Form bedeutet einen erheblichen Fortschritt in der Anpassung an die Herausforderungen des modernen Rechtsgeschäftsverkehrs (ausführlich Bielefeld DWE 2001, 95). Textform verlangt eine zur dauerhaften Wiedergabe in Schriftzeichen abgegebene/fixierte Erklärung, die Erkennbarkeit der Person des Erklärenden und die Erkennbarkeit des Abschlusses der Erklärung entweder durch eine Nachbildung der Unterschrift oder andere geeignete Kennzeichnung (vgl. § 126b BGB). Ein Einladungsschreiben ist also nicht mehr zwingend. Mit dem Verzicht auf die eigenhändige Unterschrift legt sich das bisherige Problem der Übermittlung von Kopien und anderen Nichtoriginalen. Die gesetzliche Form wahren nunmehr u.a. auch:

29
- Telefax
- Fotokopie einer im Original unterschriebener Einladung
- E-Mail (a.A. Lammel ZMR 2002, 333)
- Telegramm
- Faksimile
- Teletext
- SMS über Handy oder Festnetz (Textnachricht).

30 Eine Ladung durch Umlaufzettel oder Aushang in der Wohnungseigentumsanlage genügt nicht. Der Abschied von der bislang erforderlichen »papierfixierten« Form erlaubt es dem Wohnungseigentümer im modernen Rechtsverkehr selbst darüber zu entscheiden, ob und in welcher Form er eine erhaltene Nachricht ausdruckt und speichert. Im Zeitalter der Computer- und sonstigen Fernkommunikation war es ein zeitraubendes Hindernis, schriftformbedürftige Erklärungen zwar am PC verfassen zu können, diese aber stets ausdrucken und handgezeichnet auf den Weg bringen zu müssen.

31 Die Einberufung kann auch noch – und wird es zumeist – schriftlich erfolgen. Eine Unterschrift unter der Einberufung sollte dann jedenfalls einen individuellen Schriftzug darstellen (BGH NJW 1978, 1255 = MDR 1978, 472). Zumindest die Tagesordnung muss wegen des Bezugnahmeverbots von der Unterschrift des Einberufenden gedeckt sein. Letzteres gilt nicht für Entwürfe von Jahresabrechnung und Wirtschaftsplan, die auch als Anlage beigefügt werden dürfen.

b) Elektronische Form

32 Eine zweite Formerleichterung ist die elektronische Form. Anders als die Textform setzt sie keine gesetzliche Zulassung durch einzelne Gesetzesbestimmungen voraus, sondern kann die Schriftform ohne Weiteres ersetzen, sofern sich nicht aus dem Gesetz etwas anderes ergibt (§ 126 Abs. 3 BGB). Es wird die eigenhändige Unterschrift durch eine elektronische Signatur des Dokuments substituiert. Diese elektronische Signatur ist eine *qualifizierte, weil sie bestimmte* Bedingungen, die im Signaturgesetz vorgegeben sind, erfüllen muss (§ 126a Abs. 1 BGB).

c) Formfehler

Wenn die vom Verwalter gewählte Form dem Gesetz nicht genügt, wird im Regelfall ein Beschluss allein wegen dieses formalen Mangel nicht anfechtbar sein (Riecke MDR 1997, 824; OLG Düsseldorf ZMR 1997, 91 zu Einberufungsmängeln; BayObLG ZMR 1997, 93 zur Heilung von Einberufungsmängeln). Lässt sich dagegen eine mögliche Kausalität des Formfehlers für die Beschlussfassung nicht ausschließen, so ist der Beschluss erfolgreich anfechtbar. 33

d) Inhalt der Einladung

Die wichtigste Anforderung an den Inhalt der Einladung ist die Aufführung der anstehenden Tagesordnung (§ 23 Abs. 2 WEG). Daneben sind Versammlungsort und Anfangszeit mitzuteilen. Außerdem muss die Person des Einberufenden kenntlich gemacht werden. Nicht erforderlich ist ein Hinweis auf aus der Teilungserklärung ersichtliche Stimmrechtsbeschränkungen (AG Merseburg ZMR 2008, 747 m. krit. Anm. J.-H.Schmidt); Ausnahmen sind denkbar, wenn eine langjährige abweichende Übung dem einladenden Verwalter bekannt ist und er diese ändern möchte (OLG Hamm WE 1997, 352 = NJW-RR 1997, 846: Hat die Wohnungseigentümergemeinschaft über mehrere Jahre die Vertretung eines Wohnungseigentümers in der Eigentümerversammlung hingenommen, obwohl diese der Regelung der Gemeinschaftsordnung über eine Beschränkung des zur Vertretung befugten Personenkreises nicht entspricht, so darf die Gemeinschaft ihre bisherige Handhabung nur in einer Weise ändern, die gewährleistet, dass der betroffene Wohnungseigentümer rechtzeitig für seine ordnungsgemäße Vertretung sorgen kann. Fehlt es daran, muss der von dem Wohnungseigentümer bestellte Vertreter nach Treu und Glauben zur Teilnahme an der Versammlung zugelassen werden). 34

e) Die Tagesordnung

Über den Inhalt und die Reihenfolge der Tagesordnung – gem. § 23 Abs.2 WEG ist diese bei der Einberufung mitzuteilen – sowie die Formulierung der Beschlussanträge bestimmt der Verwalter (subsidiär analog § 24 Abs.2 WEG der Beiratsvorsitzende, vgl. OLG Frankfurt ZMR 2009, 133 = ZWE 2009, 43) nach billigem Ermessen. Die einzelnen Tagesordnungspunkte müssen dabei nicht zwingend mit einem Bestimmtheitsgrad festgelegt werden, wie er beispielsweise in § 253 Abs. 2 Nr. 2 ZPO vorgesehen ist; es genügt eine schlagwortartige Beschreibung. Der korrekten Bezeichnung der einzelnen Tagesordnungspunkte einer Wohnungs-Eigentümerversammlung kommt wegen der Appellfunktion der Tagesordnung eine besondere Bedeutung zu (LG Saarbrücken ZWE 2009, 49). Streitig ist noch, ob bei Modernisierungen eine primäre Beschlussfassung mit doppelt qualifizierter Mehrheit nach § 22 Abs. 2 WEG und eine Beschlussfassung als bauliche Veränderung nach § 22 Abs. 1 WEG mit einfacher Mehrheit (Zitterbeschluss) gesondert angekündigt werden muss. Zum »Umswitchen« vgl. J.-H. Schmidt FS Merle, 2010, 342. 35

U.U. kann auch ein einzelner Wohnungseigentümer – ohne dass ein Minderheitenquorum (§ 24 Abs. 3 WEG) gegeben ist – die Aufnahme von Verhandlungsgegenständen in die Tagesordnung einer Eigentümerversammlung verlangen (OLG Zweibrücken ZMR 2004, 533; OLG Frankfurt/M. ZMR 2004, 288). Das ist dann anzunehmen, wenn ihre Beratung ordnungsmäßiger Verwaltung entspricht. Das Gesetz sieht ein derartiges Recht zwar nicht vor. Dem Einzelnen erwächst in den Grenzen ordnungsmäßiger Verwaltung nach § 21 Abs. 4 WEG aber ein entsprechendes Recht. Dem Verwalter bleibt unbenommen, das gewünschte Beratungsthema selbst schlagwortartig neu zu formulieren. 36

Die Weigerung des Verwalters, die formellen Voraussetzungen für die Abstimmung zu einem geforderten Tagesordnungspunkt zu schaffen, ist pflichtwidrig, wenn für dessen 37

Behandlung sachliche Gründe sprechen (OLG Frankfurt/M. v. 23.10.2000, Az. 20 W 541/99). Bei einer Weigerung besteht die Möglichkeit, nach § 43 Nr. 3 WEG gegen den Verwalter gerichtlich vorzugehen.

5. Notwendigkeit einer Einberufung

38 Die Versammlung der Wohnungseigentümer ist gem. § 24 Abs. 1 WEG von dem Verwalter mindestens einmal jährlich – sowie in den Fällen des § 25 Abs. 4 WEG kraft Gesetzes einmal zusätzlich – einzuberufen. Auch wenn der Termin der Versammlung (z.B. 1. Dienstag im April) von vornherein feststeht, etwa wenn er vereinbart (vgl. § 10 WEG) wurde, ist eine Ladung/Einberufung nicht entbehrlich. Ein Selbstversammlungsrecht gibt es nur, wenn sich alle Eigentümer spontan zu einer sog. Universal- oder auch Vollversammlung treffen. Es ist dann davon auszugehen, dass die Wohnungseigentümer auf die Einhaltung der Formvorschriften verzichtet haben (BayObLG ZWE 2001, 494 = ZMR 2001, 366; WE 1997, 268). Außerdem ist der Verwalter jederzeit zur Einberufung berechtigt. Eine Notwendigkeit besteht, falls besondere Umstände – insbesondere anstehende unaufschiebbare Instandhaltungsmaßnahmen oder Liquiditätsprobleme des Verbandes – gegeben sind.

6. Einzuladende Personen

a) Eigentümer; werdende Eigentümer

39 Das WEG enthält keine ausdrückliche Regelung dazu, wer zu einer Eigentümerversammlung zu laden ist. Nach dem Gesetz werden dort die Angelegenheiten, über die die Wohnungseigentümer durch Beschluss entscheiden können, geordnet, § 23 Abs. 1 WEG. Das Gesetz spricht daher durchweg von der Versammlung der Wohnungseigentümer (§§ 23 Abs. 1, 24, 25 WEG). Zur Versammlung zu laden sind daher alle Wohnungseigentümer, die in der Versammlung ein mögliches Stimmrecht haben (BayObLG ZMR 1988, 70 = NJW-RR 1988, 270). Dies sind zunächst sämtliche – auch Mitglieder einer werdenden Wohnungseigentümergemeinschaft, selbst noch nach Invollzugsetzung derselben (BGH ZMR 2008, 805) – i.d.R. aus dem Grundbuch ersichtliche – Wohnungseigentümer (vgl. Elzer ZMR 2009, 9). Einzuladen sind auch vom Stimmrecht gem. § 25 Abs. 5 WEG ausgeschlossene Wohnungseigentümer, da sie immer noch zur Teilnahme an der Beratung oder Aussprache berechtigt sind (BayObLG NJW 1993, 603 = WuM 1993, 209; Müller ZWE 2000, 237, 238). Ein Stimmrechtsauschluss macht eine Ladung nicht überflüssig (OLG Zweibrücken ZMR 2004, 60, 63; BayObLG NJW 1993, 603 = WuM 1992, 209; Müller ZWE 2000, 237, 238; a.A. OLG Köln ZMR 2004, 299). Auch der Ersterwerber als Mitglied einer faktischen Eigentümergemeinschaft ist einzuladen (vgl. dazu OLG Hamm ZMR 2004, 859).

40 Die Einladung ist grundsätzlich an jeden Wohnungseigentümer persönlich zu richten, d.h. den zur Versendungszeit in Abteilung I des Grundbuchs eingetragenen Eigentümer (KG ZMR 1997, 318 = NJW-RR 1997, 1033, 1034). Verlässliche Auskunft über den aktuellen Eigentümerstand gibt i.d.R. das Grundbuch. Ist das Grundbuch unrichtig (z.B. im Erbfall oder bei Zuschlag in der Zwangsversteigerung) und ist dies dem Einberufenden bekannt, hat er den wirklichen Wohnungseigentümer einzuladen.

41 Benennt ein Wohnungseigentümer gegenüber dem Verwalter einen empfangszuständigen Ladungsbevollmächtigten, ist (auch) dieser einzuladen. Bezieht sich eine Vollmacht auf die Ausübung des Stimmrechts in der Versammlung, ist durch Auslegung zu ermitteln, ob der Vollmacht gebende Wohnungseigentümer auch auf sein Recht zur persönlichen

Ladung zu dieser Versammlung verzichten wollte. I.d.R. wird man das bejahen können. Eine Abbedingung oder Modifizierung des § 130 BGB durch Mehrheitsbeschluss ohne Öffnungsklausel ist nichtig. Eine Bestimmung im vorformulierten Verwaltervertrag, wonach die Versendung an die letzte bekannte Anschrift des Wohnungseigentümers genügt, ist unwirksam. An eine entsprechende Vereinbarung ist der Verwalter hingegen gebunden, d.h. er muss dementsprechend laden. Besondere Zustellkosten trägt die Gemeinschaft.

Aus einem Eigentümerwechsel zwischen Einladung und Versammlung kann der Erwerber einen Ladungsmangel nicht herleiten (KG ZMR 1997, 318 = WE 1997, 227 = NJW-RR 1997, 1033, 1034 = FGPrax 1997, 92, 94; Schultzky in Nomos-Kommentar § 24 Rn.7). Die Versendung an den im Versendungszeitpunkt eingetragenen (wirklichen) Eigentümer kann nicht beanstandet werden. Es sind gesetzlich keine Vorkehrungen getroffen, dass dem Verwalter Eigentümerwechsel von Amts wegen mitgeteilt würden; er ist auf eine Mitteilung der Kaufvertragsparteien angewiesen. Auch wenn ein Verwalter nach Mitteilung des Eigentümerwechsels in der Zeit zwischen Einladung und Versammlungstermin den Erwerber von der Versammlung unterrichten wird, ist er zu einer Nachholung der Einladung des Erwerbers rechtlich nicht verpflichtet, zumal auch die Einladungsfrist (2 Wochen, § 24 Abs. 4 S. 2 WEG) sich häufig gar nicht mehr einhalten lassen wird (KG ZMR 1997, 318 = NJW-RR 1997, 1033, 1034). 42

Bei der Zugangsproblematik (vgl. § 130 BGB) ist zu beachten, dass selbst bei einem (klassischen) Einschreiben der zugegangene Benachrichtigungszettel nicht den Zugang des Einschreibebriefes (Einladung) selbst ersetzt. Der Benachrichtigungszettel lässt weder Absender noch Inhalt des Einschreibens erkennen und lässt deshalb beim Empfänger Ungewissheit über diese Fragen bis zur Abholung des Einschreibens selbst (OLG Köln VersR 1992, 85; s.a. BGH ZIP 1998, 212). Als vorteilhafteste – nicht aber unbedingt sicherste – unter den drei Varianten von Einschreiben ist das Einschreiben-Einwurf anzusehen, weil es anders als die beiden anderen keine persönliche Übergabe gegen Unterschrift voraussetzt und zu einer tatsächlichen Vermutung (sog. Beweis der ersten Anscheins) des Zugangs führt, wenn der Einlieferungsbeleg (bei der Post) zusammen mit der Reproduktion des Auslieferungsbelegs vorgelegt werden (zu Einzelheiten s. LG Potsdam NJW 2000, 3722; AG Paderborn NJW 2000, 3723 und Reichert NJW 2001, 2523). Auch bei (wiederholter) Ladung durch Telefax wird das bloße Sendeprotokoll i.Ü. nicht als Zugangsnachweis anerkannt (OLG Dresden NJW-RR 1994, 1485). Die fehlende (oder nicht zugegangene) Einladung eines Wohnungseigentümers zur Eigentümerversammlung macht die gefassten Beschlüsse allenfalls anfechtbar, nicht nichtig (BGH ZMR 1999, 834). Die Regelung in der Teilungserklärung lautend: "Für die Ordnungsmäßigkeit der Einberufung genügt die Absendung an die Anschrift, die dem Verwalter von dem Sondereigentümer zuletzt mitgeteilt worden ist." regelt nicht den Nichtzugang der Ladung, sondern kommt nur bei einer Adressenänderung zum Tragen (OLG Hamburg ZMR 2006, 704). Grundsätzlich gilt die Kausalitätsvermutung vom Ladungsmangel zum konkret gefassten Beschluss. Der formelle Mangel des Ladungszugangs ist nur dann beachtlich, wenn die Beschlussfassung auf ihm beruht. Damit scheidet eine Ungültigerklärung dann aus, wenn feststeht, dass der angefochtene Beschluss auch bei ordnungsgemäßer Einberufung ebenso gefasst worden wäre (BGH ZMR 2002, 440 ff.; BayObLG NZM 1999, 130; KG ZMR 1999, 426, 428). 43

Ist ein Wohnungseigentümer geschäftsunfähig, ist der gesetzliche Vertreter einzuladen. Für die Einladung eines unter Betreuung (§§ 1896 ff. BGB) stehenden Wohnungseigentümers gelten Besonderheiten, je nachdem, ob der Betreute geschäftsfähig ist oder geschäftsunfähig (Drabek ZWE 2000, 395, 396). Bei Personenvereinigungen ist grundsätzlich – soweit vorhanden – der gesetzliche Vertreter einzuladen, bei einer GmbH mit- 44 hin der Geschäftsführer (§ 35 GmbHG), bei einer Aktiengesellschaft oder einem eingetragenen Verein hingegen der Vorstand. Bei einem mehrgliedrigen Vorstand genügt nach dem Grundsatz der Einzelvertretungsmacht bei Passivvertretung der Zugang der Einladung bei einem Vorstandsmitglied (§§ 78 Abs. 2 S. 2 AktG; 28 Abs. 2 BGB). Gehört ein Wohnungseigentum mehreren Berechtigten, ist jeder Miteigentümer einzuladen. Dies ergibt sich bereits daraus, dass für die Wahrnehmung des Rederechts als einem der elementarsten Mitgliedschaftsrechte jedes Wohnungseigentümers § 25 Abs. 2 S. 2 WEG nicht gilt. Außerdem wird verhindert, dass ein Wohnungseigentümer ohne Wissen des oder der anderen Mitberechtigten abstimmt (KG NJW-RR 1996, 844 = WuM 1996, 364 = WE 1996, 385). So sind etwa Ehegatten grundsätzlich gesondert einzuladen (Drabek ZWE 2000, 395, 396).

45 Die Frage nach dem richtigen Adressaten der Einladung stellt sich nicht nur bei der Mitberechtigung mehrerer an einem Wohnungseigentum, sondern auch bei einzelnen Wohnungseigentümern, deren Wohnungseigentum zugunsten Dritter beschränkt oder belastet ist, insbesondere dinglich Berechtigter oder persönlicher Gläubiger. Ist z.B. ein Nießbrauch am Wohnungseigentum im Grundbuch eingetragen, sind sowohl der Wohnungseigentümer als auch der Nießbraucher zu laden, wenn man noch immer mit einem Teil der Rechtsprechung – wenn auch gegen die neuere Rechtsprechung des BGH (ZMR 2002, 440 = JR 2003, 111 m. Anm. Hinz) – dem Nießbraucher für bestimmte Regelungsbereiche ein Stimmrecht zuspricht (KG MDR 1987, 674 = NJW-RR 1987, 973; OLG Hamburg MDR 1988, 56 = NJW-RR 1988, 267; a.A. OLG Hamburg ZMR 2003, 701; BayObLG FGPrax 1998, 178 = MDR 1999, 152; F. Schmidt WE 1998, 46; OLG Hamm ZMR 2001, 1004; OLG Düsseldorf ZMR 2005, 469).

46 Bei einer Zwangsverwaltung oder Insolvenz ist der betreffende Zwangs- oder Insolvenzverwalter zu laden. Die Frage, ob der Kreis der einzuladenden Personen insbesondere auf Zwangsverwalter erweitert, hängt in der Sache von der Frage eines ihnen zustehenden Stimmrechts und dessen etwaiger Reichweite ab.

b) Weitere Teilnehmer

47 Neben den Wohnungseigentümern kommen **weitere Teilnehmer** in Betracht, z.B. Gäste (Besucher), Berater, Vertreter und sonstige Dritte.

aa) Gäste (Besucher)

48 Gäste oder Besucher – dies gilt auch für Mieter, AG Bochum ZMR 2009, 230 – haben kein originäres Teilnahmerecht an der Versammlung. Sie können aber durch spontane Organisationsentscheidungen zugelassen werden. Manche Gemeinschaftsordnungen enthalten außerdem eine Besucherklausel. In einer Vereinbarung kann z.B. bestimmt werden, dass zu der Wohnungseigentümerversammlung »Besucher keinen Zutritt« haben (KG ZMR 1986, 91 = MDR 1986, 320). Dieses Verbot verstößt weder gegen ein gesetzliches Verbot noch gegen die guten Sitten. Es besteht ein berechtigtes Interesse der Wohnungseigentümergemeinschaft, dass von einer Versammlung fremde Einwirkungen ferngehalten werden. Das schließt das Interesse ein, Besucher fernzuhalten. Das Interesse der einzelnen Wohnungseigentümer, sich auch bei persönlichem Erscheinen jederzeit fremden Rates in der Versammlung zu bedienen, muss demgegenüber zurücktreten. Es ist jedem Wohnungseigentümer zuzumuten, sich anhand der Tagesordnung vor der Versammlung Rat zu holen und seine Meinung in der Versammlung selbst oder durch einen zulässigerweise bestellten Vertreter vortragen zu lassen.

49 Besucherklauseln sollen im Ergebnis gewährleisten, dass die internen Angelegenheiten der Wohnungseigentümer vertraulich behandelt werden. Da Mitarbeiter des Verwalters vertraglich zur Verschwiegenheit verpflichtet sind und manche Versammlung ohne Unterstützung des Versammlungsleiters durch seine Hilfskräfte nicht möglich wäre, sind Mitarbeiter keine Besucher. Besucherklauseln meinen regelmäßig nur von Wohnungseigentümern mitgebrachte Personen (KG ZMR 2001, 223 = ZWE 2001, 75, 76 = WuM 2001, 44).

Gegen die Zulassung oder Nichtzulassung Dritter zur Versammlung gibt es nur begrenzt Rechtsschutz. Es handelt sich bei Zulassungs- oder Ausschlussbeschlüssen (z.B. von Lebensgefährten oder Ehegatten) um reine – wenn auch ggf. rechtswidrige und dann bedeutungslose – Geschäftsordnungsentscheidungen. Elzer (Jennißen § 24 Rn. 83), Kümmel (Niedenführ/Kümmel/Vandenhouten § 24 Rn. 43) und Bottenberg/Kühnemund (Hinz pp, Formularbuch S. 676, 677) sind zu Recht der Ansicht, dass der Widerspruch nur eines Eigentümers genügt, um den Dritten auszuschließen, da das Recht jedes Einzelnen auf Nichtöffentlichkeit nicht zur Disposition der Mehrheit stehe, d.h. keine Beschlusskompetenz besteht. Den Grundsatz der Nichtöffentlichkeit (vgl. oben Rdn. 19) als »Minderheitenrecht« (vgl. Sauren ZWE 2007, 21, 25) zu bezeichnen ist irreführend (Jennißen/Elzer § 24 Rn. 83 Fn.1). Es sollen auch die Eigentümer, die an der konkreten Versammlung nicht teilnehmen, davor geschützt werden, dass nicht berechtigte Dritte Interna erfahren, die ihre Person betreffen. Der Meinungsstreit ist für die Anfechtbarkeit der in Anwesenheit unberechtigter Dritter gefassten Beschlüsse ohne Bedeutung. Immer muss Kausalität gegeben sein. Der rechtswidrige Geschäftsordnungsbeschluss heilt nicht den Verstoß gegen den Grundsatz der Nichtöffentlichkeit. Derartige Beschlüsse sind als spontane Organisationsentscheidungen (vgl. OLG Frankfurt OLGR 2005, 736: Die Wohnungseigentümerversammlung ist nicht öffentlich. Durch einen Beschluss zur Geschäftsordnung kann nicht teilnahmeberechtigten Personen die Anwesenheit gestattet werden.) i.d.R. nicht isoliert anfechtbar, weil sie sich in der Sache sofort erledigen und auch bei gerichtlicher Ungültigerklärung nicht rückabgewickelt werden können. Eine Kausalität zwischen der Anwesenheit schweigender/stiller Teilnehmer und den gefassten Beschlüssen/Sachentscheidungen in der Wohnungseigentümerversammlung ist oft zu verneinen (OLG Hamm ZMR 1996, 677 = WE 1997, 23). Auch ein Feststellungsantrag, der sich gegen künftige Wiederholungen und Abweichungen von den Bestimmungen der Teilungserklärung zur Teilnahmeberechtigung richtete, wurde – da nur auf eine abstrakte Rechtsfrage gerichtet – als verfahrensrechtlich unzulässig angesehen (im Einzelfall kann die Feststellung aber begehrt werden, BGHZ 121, 236, 242 = ZMR 1993, 287 = NJW 1993, 1329). Schultzky (Nomos-Kommentar § 24 Rn. 15) hält zu Unrecht ohne nähere Begründung sogar Tonbandaufnahmen und Videoaufzeichnungen für zulässig, wenn nur alle Anwesenden dem zustimmen. Der Schutz der Abwesenden (über die am Besten schlecht geredet werden kann) fällt damit flach. **50**

Ausnahmsweise ist ein Ausschluss eines Teilnahmeberechtigten selbstständig anfechtbar, sofern er für künftige Versammlungen gelten soll. Die Maßnahme erledigt sich dann nicht mit dem Ende der den Ausschluss beschließenden Versammlung (BayObLG ZMR 1996, 151 = WuM 1996, 113, 114; Becker WE 1996, 50, 52). Stets zulässig ist die Anfechtung der gefassten materiellen Beschlüsse mit der Begründung des rechtswidrigen Versammlungsausschlusses (BayObLG ZMR 1996, 151 = WuM 1996, 113, 114). Deshalb ist ein solcher Geschäftsordnungsbeschluss auf jeden Fall in die Beschluss-Sammlung aufzunehmen. **51**

bb) Vertreter und Berater des Wohnungseigentümers

Nach dem BGB hat jeder Wohnungseigentümer das Recht, sich auf der Versammlung durch einen rechtsgeschäftlich bestellten Stellvertreter (= Bevollmächtigten, § 166 Abs. 2 S. 1 BGB) vertreten zu lassen (BGH ZMR 1993, 287 = MDR 1993, 442; MDR 1987, 485; **52**

OLG Düsseldorf ZMR 1996, 221 = NJW-RR 1995, 1294; OLG Zweibrücken ZMR 1986, 369; Müller ZWE 2000, 237, 239; Staudinger/Bub § 25 Rn. 173 ff.). Die Vollmacht unterliegt keinem gesetzlichen Formzwang. Bevollmächtigter kann jeder beliebige Dritte sein.

53 Viele Gemeinschaftsordnungen enthalten allerdings eine Vertreterklausel. Die Befugnis der Wohnungseigentümer, sich in der Wohnungseigentümerversammlung nur durch bestimmte Personen vertreten zu lassen, kann nämlich durch eine Vereinbarung bestimmt werden (BGH ZMR 1993, 287; BayObLG NJW-RR 1997, 463; OLG Düsseldorf ZMR 1996, 221). Allerdings darf die Möglichkeit der Vertretung weder ganz ausgeschlossen noch auf den Verwalter beschränkt werden (OLG Düsseldorf ZMR 1996, 221 = NJW-RR 1995, 1294; Müller ZWE 2000, 237, 239). Im Einzelfall können nach Treu und Glauben Ausnahmen wegen Unzumutbarkeit geboten sein (BGHZ 99, 90 = NJW 1987, 650 = MDR 1987, 485 = WuM 1987, 92 = DWE 1987, 23; OLG Hamburg ZMR 2007, 477; AG Hamburg-Wandsbek ZMR 2006, 237; OLG Braunschweig WuM 1990, 171 = NJW-RR 1990, 979: Sind die Miteigentümer einer kleinen Gemeinschaft zerstritten, kann das Festhalten an der Vertretungsregelung in der Teilungserklärung treuwidrig sein; hier: ausschließliche Vertretung durch Verwalter oder Miteigentümer in der Eigentümerversammlung). Eine Vertreterklausel bedeutet weder rechtlich noch tatsächlich einen Ausschluss von der Ausübung des Stimmrechts. Allerdings kann das Berufen auf die Klausel im Einzelfall treuwidrig sein (OLG Hamburg ZMR 2007, 477; AG Rheinbach ZMR 2007, 823). Aus Sicht von Kapitalanlegern, die ihre Eigentumswohnungen vermieten und selbst an einem entfernten Ort wohnen, ist eine unbeschränkte Vertretungsmöglichkeit ggf. zwar wünschenswert. Wenn sie – wofür es verständliche Gründe geben kann – nicht den Verwalter bevollmächtigen wollten, müssen sie die Möglichkeit der Beauftragung anderer Miteigentümer erkunden (BGHZ 99, 90 = NJW 1987, 650 = MDR 1987, 485 = WuM 1987, 92 = DWE 1987, 23). Für die Praxis ist auch entschieden (BGH ZMR 1993, 287 = MDR 1993, 442), dass sich ein Vertretungsverbot nicht nur auf die Stimmabgabe, sondern auf jede aktive Beteiligung bezieht. Die Vertreterklausel will gemeinschaftsfremde Einflüsse auf die nichtöffentliche Versammlung fernhalten. Sie erstreckt sich daher auch auf auch auf die Abgabe sonstiger Erklärungen, die Beratung sowie eine Antragstellung.

54 Eine Ausnahme ist dann zugelassen, wenn ein Wohnungseigentümer ein Interesse an einer Beratung in der Versammlung hat, das durch eine Beratung im Vorfeld der Versammlung nicht entfällt. Dieses Interesse kann sich sowohl aus persönlichen (hohes Alter des Wohnungseigentümers, Krankheit) als auch aus sachlichen Gründen (schwierige Thematik) ergeben. Bei Verhandlung eines Tagesordnungspunktes über Maßnahmen gegenüber einem Miteigentümer, bei denen auch die Entziehung des Wohnungseigentums in Rede steht, ist ausnahmsweise dem Interesse des Miteigentümers an der Teilnahme seines anwaltlichen Beraters Vorrang einzuräumen gegenüber dem Interesse der übrigen Wohnungseigentümer an der Nichtöffentlichkeit (OLG Köln OLGR 2008, 305 = ZWE 2008, 402). Bei der Hinzuziehung von Beratern ist immer auf den Einzelfall abzustellen und auf Art und Bedeutung der jeweils anstehenden Tagesordnungspunkte (OLG Düsseldorf ZMR 1996, 221 = NJW-RR 1995, 1294 = WE 1996, 31 = DWE 1995, 122 = WuM 1996, 302; vgl. auch BayObLG ZMR 1997, 478 = WuM 1997, 568 = WE 1997, 436, 437; vgl. auch OLG Köln ZMR 2009, 869 zur Hinzuziehung eines Anwalts durch den Verwalter). Es lässt sich – abgesehen von dem Fall einer ständig bestehenden persönlichen Erschwernis – nicht im Voraus feststellen. Vielmehr ist erst in der Versammlung darüber zu befinden, ob und zu welchen Tagesordnungspunkten der Berater anwesend sein darf (BGH ZMR 1993, 287 = NJW 1993, 1329). Wird die Teilnahme eines *Dritten abgelehnt*, kann sich der betroffene Wohnungseigentümer dagegen durch Anfechtung der in der Sache gefassten Beschlüsse wehren. Deswegen sind solche

Beschlüsse auch in die Beschluss-Sammlung (§ 24 Abs. 7 WEG) einzutragen. Ist der Berater von Berufswegen zur Verschwiegenheit verpflichtet (z.B. ein Rechtsanwalt), ist dies bei der Abwägung zu berücksichtigen, da in diesem Falle in den Grundsatz der Nichtöffentlichkeit nur in einem geringeren Umfange eingegriffen wird.

Das Vertretungsverbot gilt nicht für gesetzliche Vertreter juristischer Personen (z.B. Geschäftsführer einer GmbH) oder Geschäftsunfähiger (z.B. Betreuer). Eine Aktiengesellschaft muss sich nicht durch den Vorstand vertreten lassen. Sie kann sich von einem Handlungsbevollmächtigten oder sonstigen Firmenangehörigen vertreten lassen, da Vorstandsmitgliedern ein persönliches Erscheinen nicht zumutbar ist (BayObLG MDR 1982, 58 = BayObLGZ 1981, 220). 55

Die Hinzuziehung der Presse ist ein schwerer formeller Fehler. Eine Vertretungsbeschränkung auf Ehegatten und Verwandte erlaubt es einem Wohnungseigentümer grundsätzlich nicht (für einen Sonderfall a.A. OLG Köln ZMR 2004, 378), sich durch einen »Lebensabschnittspartner« vertreten zu lassen. Dem Verwalter ist es unzumutbar und evtl. auch unmöglich festzustellen, ob eine Lebensgemeinschaft evident und unstreitig auf Dauer angelegt ist. Vertreterklauseln sind i.d.R. wörtlich zu nehmen. Über das ggf. treuwidrige Berufen auf diese Klausel kann in Einzelfällen (OLG Hamburg ZMR 2007, 477; AG Hamburg-Wandsbek ZMR 2006, 237) geholfen werden. Dolmetscher sind grundsätzlich zuzulassen (AG Hamburg-Altona ZMR 2005, 823). 56

c) Verstöße

Die fehlende Einladung eines Wohnungseigentümers zur Eigentümerversammlung macht die gefassten Beschlüsse h.M. nach allenfalls anfechtbar, nicht nichtig (BGH ZMR 1999, 834 = NJW 1999, 3713; BayObLG WuM 2005, 145). Von Nichtigkeit ist aber auszugehen, wenn einzelne Wohnungseigentümer **vorsätzlich** von der Wohnungseigentümerversammlung ausgeschlossen werden sollen und deshalb die Ladung unterbleibt (BayObLG ZMR 2005, 801 = WuM 2005, 145; OLG Köln ZMR 2004, 299; OLG Celle ZWE 2002, 276 = OLGR Celle 2002, 278 = NZM 2002, 458). Ein solches Vorgehen kommt einem Ausschluss aus der Versammlung gleich (OLG Zweibrücken ZMR 2004, 60). 57

Nach Auffassung des LG Düsseldorf (ZMR 2005, 231) bewirkt der faktische unbegründete Ausschluss eines Wohnungseigentümers zumindest die Anfechtbarkeit der Beschlüsse, da der Ausschluss nicht nur die Abstimmung selbst betreffe, sondern regelmäßig auch die vorangegangene Willensbildung. Das Gericht lehnt ausdrücklich eine Vernehmung aller übrigen Beteiligten zur Kausalitätsfrage ab, weil der Verlauf der Versammlung bei Teilnahme des Ausgeschlossenen nicht weiter dargestellt werden kann. Das Gericht spricht von einem schwerwiegenden Mangel. Da fristgerecht (vgl. § 46 Abs. 1 S. 2 WEG i.V.m. § 167 ZPO) angefochten wurde, musste nicht entschieden werden, ob von Beschlussnichtigkeit auszugehen ist. Beschlüsse einer Wohnungseigentümerversammlung sind generell für ungültig zu erklären, wenn diese auf einer Verletzung des Grundsatzes der Nichtöffentlichkeit beruhen, weil ein Dritter unberechtigt anwesend war: Ist jedoch der Dritte (z.B. der allen bekannte Hauswart) anwesend und wurde dessen Anwesenheit rügelos geduldet, liegt darin ein stillschweigender Verzicht auf die Einhaltung der Nichtöffentlichkeit (OLG Hamburg ZMR 2007, 550). 58

Vertretungsbeschränkungen sind bedeutungslos, wenn die Stimmabgabe eines Vertreters in der Versammlung nicht beanstandet wird (KG ZMR 1994, 525 = NJW-RR 1995, 147 = FGPrax 1995, 28, 29; OLG Frankfurt/M. DWE 1994, 162). I.Ü. gilt, dass eine Einzelfallprüfung erfolgen muss. Sie muss insbesondere den Sinn und Zweck der Vertretungsbeschränkung, nämlich das Fernhalten gemeinschaftsfremder Einwirkungen, berücksichtigen. Außerdem ist die Zumutbarkeit für den einzelnen Wohnungseigentümer, sich 59 durch eine nach der Teilungserklärung zur Vertretung befugte Person vertreten zu lassen, ein Prüfstein. Verlangt eine Vereinbarung die Vorlage einer schriftlichen Vollmacht und wird diese in der Versammlung nicht vorgelegt, kann der Leiter den Stellvertreter zurückweisen und von der Teilnahme ausschließen. Wird er nicht zurückgewiesen, ist er teilnahmeberechtigt und seine Stimme wirksam, sofern er tatsächlich bevollmächtigt war. Bei einer Stimmabgabe als einseitiger Willenserklärung ist eine Stellvertretung ohne Vertretungsmacht nach § 180 S. 1 BGB analog grundsätzlich unzulässig, d.h. das Handeln des vollmachtlosen Stimmrechtsvertreters kann nicht nach der Versammlung vom Wohnungseigentümer genehmigt werden. Eine Besonderheit gilt, wenn der Versammlungsleiter das Fehlen der Vollmacht nicht beanstandet und sich damit einverstanden erklärt, dass der Vertreter ohne Vertretungsmacht handelt. Dann gelten §§ 177 ff. BGB, sodass sich die Genehmigungsmöglichkeit doch eröffnet (§§ 177, 180 S. 2 BGB). Wird die Genehmigung der Vertreterstimme nach Aufforderung nicht binnen zwei Wochen erklärt, gilt sie als verweigert und die Stimmabgabe war unzulässig. Wegen der Nichtzurückweisung zieht die Unzulässigkeit aber jedenfalls keine Nichtigkeit des Beschlusses nach sich, da es sich um einen qualifizierten Zählfehler – die Einzelstimme hätte nicht berücksichtigt werden dürfen – handelt. Tritt der Verwalter als Bevollmächtigter auf und präsentiert keine schriftliche Vollmacht, macht bereits das Veto eines anwesenden Wohnungseigentümers die Stimmabgabe unzulässig.

Checkliste

Vom Wohnungseigentumsverwalter zu einer Eigentümerversammlung sind folgende Personen einzuladen:
- sämtliche aktuellen Wohnungseigentümer
- sämtliche Mitglieder einer werdenden Wohnungseigentümergemeinschaft, aber keine Zweiterwerber
- bei Mängeln der Geschäftsfähigkeit: der jeweilige gesetzliche Vertreter
- bei Personenvereinigungen der gesetzliche Vertreter
- bei einer GmbH der Geschäftsführer (§ 35 GmbHG)
- bei einer Aktiengesellschaft oder einem eingetragenen Verein der Vorstand
- bei einer GmbH & Co. KG der Geschäftsführer der Komplementär-GmbH
- bei Zwangsverwaltung: der Zwangsverwalter und (empfehlenswert) stets der entsprechende Wohnungseigentümer
- bei Eröffnung des Insolvenzverfahrens: der Insolvenzverwalter und (empfehlenswert) stets der entsprechende Wohnungseigentümer
- bei mehreren Wohnungseigentümern, z.B. Ehegatten: sämtliche Wohnungseigentümer
- ggf. Ladungsbevollmächtigte
- Nachlassverwalter
- Testamentsvollstrecker und (empfehlenswert) stets der entsprechende Wohnungseigentümer/Erbe
- keine Nießbraucher, Mieter, Pächter etc.
- wird eine zu ladende Person versehentlich nicht geladen sind dennoch gefasste Beschlüsse nur anfechtbar; wird eine zu ladende Person vorsätzlich nicht eingeladen, sind sämtliche Beschlüsse nichtig.

7. Einberufungsfrist

60 Gem. § 24 Abs. 4 S. 2 WEG soll die Einberufung i.d.R. mindestens zwei Wochen (vgl. Staudinger/Bub § 24 Rn. 18) vor der Versammlung erfolgen. Auch wenn es sich hier nur um eine Sollvorschrift (vgl. OLG Hamburg ZMR 2006, 704) handelt, kann sich der Ver-

walter bei pflichtwidriger Unterschreitung dieser Frist schadensersatzpflichtig machen. Die Frist beginnt mit dem Zugang des Schreibens beim Wohnungseigentümer. Bei Versendung innerhalb der Bundesrepublik sind vom Verwalter Postlaufzeiten (bis zu drei Tagen) einzukalkulieren (vgl. Elzer ZMR 2009, 8 unter II.8. zur Berechnung der Frist analog § 189 ZPO, str.). Die Frist beginnt mit dem letzten Zugang der Einladung bei einem zu ladenden Eigentümer zu laufen. § 193 BGB soll keine Anwendung finden, da es nicht um den Zugang einer Willenserklärung geht. Eine Fristunterschreitung ist nur in dringenden Fällen und für entsprechende Tagesordnungspunkte vom Gesetz vorgesehen. Die Eigentümer können die Einberufungsfrist – allerdings nicht über den Verwaltervertrag (OLG Dresden ZMR 2009, 301) – ändern (OLG Hamburg ZMR 2006, 704 zur Zugangsfiktion; BayObLG WuM 1989, 459, 460 = MDR 1989, 824).

Wegen eines Verstoßes gegen die Ladungsfrist sind die auf der Versammlung gefassten **61** Beschlüsse auf rechtzeitige Anfechtung hin für ungültig zu erklären. Eine Ausnahme gilt nur dann, wenn feststeht, dass die Beschlüsse auch ohne den Einberufungsmangel ebenso bzw. ergebnisgleich gefasst worden wären (OLG Hamm ZMR 2001, 1004 = ZWE 2001, 560, 561; BayObLG ZMR 1999, 186 = NZM 1999, 130 = WuM 1999, 642; KG NJW-MietR 1997, 134). Dies ist jedenfalls der Fall, wenn der Anfechtende den Inhalt der gefassten Beschlüsse sachlich nicht angreift und die Anfechtungsgegner an einer entgegenstehenden Rechtsansicht festhalten.

Auch wenn eine bestimmte Ladungsfrist vereinbart worden ist, kommt eine Anfechtung **62** in Betracht. Sie kann erfolgreich sein, wenn die Gemeinschaft nicht nachweisen kann, dass der angefochtene Beschluss auch bei ordnungsmäßiger Ladung genauso zustande gekommen wäre (BayObLG ZMR 2004, 766). § 24 Abs. 4 S. 2 WEG würde seinen Sinn verlieren, wenn die Nichtbeachtung folgenlos bliebe.

8. Eventualeinberufung

Nach § 25 Abs. 3 WEG ist eine Wohnungseigentümerversammlung nur beschlussfähig, **63** wenn die erschienenen stimmberechtigten Wohnungseigentümer mehr als die Hälfte der Miteigentumsanteile, berechnet nach der im Grundbuch eingetragenen Größe ihrer Anteile, auf sich vereinen. Ist diese Vorgabe nicht erfüllt, kann der Verwalter nach § 25 Abs. 4 WEG eine neue Versammlung einberufen, die ohne Rücksicht auf die Höhe der vertretenen Miteigentumsanteile beschlussfähig ist. Diese Einberufung kann jedoch **erst** erfolgen, **wenn** die Beschlussunfähigkeit der Erstversammlung feststeht, was zum Zeitpunkt der Ersteinladung nicht der Fall sein kann.

Eine Eventualeinberufung für den Fall der Beschlussunfähigkeit der Erstversammlung **64** (§ 25 Abs. 4 WEG) kann nicht schon mit der ersten Einladung verbunden werden (OLG Köln GE 1990, 151 = NJW-RR 1990, 26 = DWE 1990, 53; v. Rechenberg WE 2001, 94; Bielefeld DWE 2000, 140). Die Verbindung beider Einberufungen widerspräche der Systematik des § 25 WEG, der ein schrittweises Vorgehen erfordert und führte zur Bedeutungslosigkeit des § 25 Abs. 3 WEG. Ein bestandskräftiger Mehrheitsbeschluss, durch den eine Regelung zur zukünftigen Zulässigkeit der Eventualeinberufung herbeigeführt wurde, stellt sich deshalb als gesetzesändernder Mehrheitsbeschluss dar und ist **nichtig** (Wenzel ZWE 2001, 226, 236).

Eine Regelung, dass sogleich mit der Ersteinladung zur Eigentümerversammlung für den **65** Fall, dass die Erstversammlung beschlussunfähig sein sollte, zu einer zweiten Eigentümerversammlung am selben Tag eine halbe Stunde nach dem Termin der Erstversammlung einzuladen sei, kann allerdings **vereinbart** werden (OLG Köln ZMR 1999, 282 = MDR 1999, 799; LG Offenburg WuM 1993, 710; OLG Frankfurt ZWE 2007, 84 = NZM

2007, 806: Die Zulässigkeit einer sog. »Eventualeinberufung« zu einer Wohnungseigentümerversammlung bedarf einer ausdrücklichen Vereinbarung). Streitig ist, ob die Zweitversammlung in diesem Falle schon 30 Minuten nach der Erstversammlung angesetzt werden darf. In jedem Fall ist eine klare Zäsur zwischen beiden Versammlungen erforderlich.

9. Unabdingbarkeit von § 24 Abs. 2 Halbs. 2 WEG

66 Nicht selten wird durch eine Vereinbarung von einzelnen Vorgaben des § 24 WEG abgewichen. Nach ganz h.M. muss dabei jedenfalls das Minderheitenrecht gem. § 24 Abs. 2 Halbs. 2 WEG zwingend gewahrt bleiben (Elzer in Jennißen § 24 Rn. 202; Weitnauer/Lüke Rn. 3). Wegen Verstoßes gegen den Kernbereich des Wohnungseigentums (s. Elzer in Riecke/Schmid WEG § 10 Rn. 225 ff.) als **nichtig** sind daher alle Bestimmungen anzusehen, die dem die Einberufung fordernden Quorum ein Einberufungsrecht nehmen wollen. Dies sind zum einen solche Regelungen, die das Quorum anheben, z.B. auf ein Drittel (Bärmann/Merle § 24 Rn. 11). Zum anderen sind solche Vereinbarungen nichtig, die statt mehr als eines Viertels der Wohnungseigentümer mehr als ein Viertel der Stimmen (Gleiches gilt für Miteigentumsanteile sinngemäß) fordern, weil hierdurch – jedenfalls bei gleichzeitiger Modifizierung des Kopfprinzips des § 25 Abs. 2 S. 1 WEG – unter bestimmten Voraussetzungen das Minderheitenrecht beschnitten wird. Besonders deutlich wird dies in der Gründungsphase, in der ein Einberufungsverlangen der Minderheit gänzlich unmöglich wäre, solange der aufteilende Eigentümer selbst noch mindestens drei Viertel der Stimmen (oder Miteigentumsanteile) auf sich vereint. Da eine Regelung aber nicht temporär nichtig sein kann, ist jede Modifizierung des § 24 Abs. 2 WEG, die auch nur abstrakt die Möglichkeit herbeiführt, dass das Verlangen mehr als eines Viertels der Eigentümer nicht ausreicht, um eine Einberufung zu fordern, per se nichtig; an ihre Stelle tritt die gesetzliche Regelung. Eine Herabsetzung ist demgegenüber unschädlich. Insofern gibt das WEG nur einen Mindestschutzstandard vor (Häublein ZWE 2001, 2, 7).

67 Teilweise wird § 24 Abs. 3 WEG als dispositiv bezeichnet. Das ist nicht überzeugend (so auch Elzer in Jennißen § 24 Rn. 203). Ausgangspunkt der Überlegung muss die Erkenntnis bilden, dass die Minderheitenrechte gewahrt werden müssen und entgegenstehende Klauseln daher unwirksam sind. Zur Verdeutlichung des Problems soll eine in der Praxis gelegentlich anzutreffende Klausel dienen, nach der es »nur auf vom Verwalter einberufenen Eigentümerversammlungen« möglich sein soll, wirksame Beschlüsse zu fassen. Eine derartige Regelung steht in einem Spannungsverhältnis zu § 24 Abs. 3 WEG. Weigert sich der Verwalter, bedeutet es eine Schwächung der Eigentümerrechte, wenn das die Einberufung gem. § 24 Abs. 2 WEG fordernde Quorum der Wohnungseigentümer nicht die Möglichkeit hat, über ihr Anliegen wirksam beschließen zu lassen, nur weil sich der Verwalter weigert, die Versammlung einzuberufen. Das Recht, eine Versammlung notfalls auch ohne die Mitwirkung des pflichtwidrig handelnden Verwalters einberufen zu können, darf den Eigentümern nicht genommen werden. Außerdem würde die vorgenannte Klausel das Recht der Eigentümer beschneiden, sich jederzeit (Elzer in Jennißen § 24 Rn. 30) zu einer sog. »Universal- oder Vollversammlung« zusammenzufinden, um auf dieser Beschlüsse zu fassen. Es bestehen daher erhebliche Zweifel, ob die Klausel einer Prüfung am Maßstab des § 134 BGB i.V.m. § 24 Abs. 3 WEG standhält.

10. Außerordentliche Eigentümerversammlung

68 Wenn zwischen den Wohnungseigentümern nichts Abweichendes vereinbart ist, findet nur einmal jährlich die ordentliche Versammlung statt (§ 24 Abs. 1 WEG). Bei eilbedürftigen Entscheidungsprozessen, die noch keine Notmaßnahmen erfordern, ist aber Bedarf für eine außerordentliche Versammlung zu bejahen. Es kann sich empfehlen, schon in der Gemeinschaftsordnung solche Gründe festzulegen, die eine außerordentliche Versammlung rechtfertigen (s. Kahlen Rn. 50). Hierdurch verursachte Mehrkosten (z.B. die Saalmiete oder das Sonderhonorar des Verwalters [s. Briesemeister ZMR 2003, 312]) dürfen nicht im Missverhältnis zu den Beschlussgegenständen auf einer solchen Versammlung stehen.

11. Vorsitz in der Eigentümerversammlung

Den Vorsitz i.S.v. Versammlungsleitung (Spielbauer/Then § 24 Rn. 29) in der Wohnungseigentümerversammlung führt, sofern diese nichts anderes beschließt oder die Wohnungseigentümer nichts anderes vereinbaren, nach § 24 Abs. 5 WEG der Verwalter. Ist der Verwalter eine natürliche Person, kann er sich Dritter für den Vorsitz bedienen (KG ZMR 2001, 223 = ZWE 2001, 75 = WuM 2001, 44; BayObLG ZMR 2001, 826 = ZWE 2001, 490). In Betracht kommen vor allem Sachbearbeiter des Verwalters (LG Flensburg NJW-RR 1999, 596), ggf. aber auch sein Ehegatte. 69

Ist der Verwalter eine GmbH, kann diese durch eine allgemein vertretungsberechtigte Person, jedenfalls aber durch einen Prokuristen oder durch einen rechtsgeschäftlich bestellten Vertreter, als Vorsitzenden der Eigentümerversammlung handeln (BayObLG ZMR 2004, 131 [durch einen Angestellten vertreten]; OLG Schleswig MDR 1997, 821 m. Anm. Riecke = WE 1997, 388; Bub WE 1998, 42, 44). Umstritten ist, ob die Versammlungsleitung auch dann – ohne Geschäftsordnungsbeschluss – beim Verwalter liegt, wenn nicht er, sondern der Beiratsvorsitzende einberufen hat. Zumindest wenn der Verwalter sich geweigert hat, selbst einzuberufen, wird man bis zum Geschäftsordnungsbeschluss über die Wahl des Vorsitzenden den Einberufenden als berechtigt ansehen können (Schultzky in Nomos-Kommentar § 24 Rn. 14; Bärmann/Merle § 24 Rn. 56; Weitnauer/Lüke § 24 Rn. 14; a.A. Staudinger/Bub § 24 Rn. 84). 70

Dem (jeweiligen) Versammlungsleiter obliegt die Leitung der Versammlung von der Eröffnung (vgl. Riecke/Schmidt/Elzer ETV, 4. Aufl., Rn. 551 ff.) bis zum Schließen derselben. Er erteilt das Wort, sorgt für die Einhaltung der Tagesordnung, lässt Spontanbeschlüsse zur Geschäftsordnung fassen, achtet auf die Einhaltung einer evtl. bereits existierenden Geschäftsordnung (Muster bei Riecke/Schmidt ETV 3. Aufl. S. 211–214) der Gemeinschaft und übt das Hausrecht aus (Schultzky in Nomos-Kommentar § 24 Rn. 15). 71

12. Inhalt des Protokolls

a) Ergebnisprotokoll

Über die in der Versammlung gefassten Beschlüsse ist ein – nicht mit der Eintragung in die Beschluss-Sammlung, § 24 Abs. 7 WEG, identisches – Protokoll (Niederschrift) aufzunehmen. Wenn in einer Vereinbarung nichts Abweichendes geregelt ist, bedarf es lediglich eines Ergebnisprotokolls. Ein Verlaufsprotokoll ist nicht erforderlich. Dies bedeutet, dass z.B. Wortbeiträge einzelner Wohnungseigentümer sowie der Verlauf der Versammlung grundsätzlich nicht in das Protokoll aufgenommen werden müssen. Hat die Gemeinschaft nicht beschlossen, wie das Protokoll abzufassen ist, liegt es im Ermessen des Protokollführers, welche Tatsachen er in der Niederschrift beurkundet. 72

Sieht eine Vereinbarung vor, dass eine Niederschrift über die Versammlung und dort gefasste Beschlüsse zu fertigen ist, geht dies über die gesetzliche Regelung des § 24 Abs. 6 S. 1 WEG hinaus. Die Niederschrift muss dann zumindest alle gestellten Anträge wiedergeben, auch wenn über sie nicht abgestimmt wurde. Zwar hat der einzelne Wohnungsei- 73 gentümer keinen Anspruch darauf, dass bestimmte Diskussionsbeiträge in das Protokoll aufgenommen werden, da auch bei einer derartigen Regelung ein Ermessen des Versammlungsleiters besteht. Eine in der Teilungserklärung getroffene schuldrechtliche Regelung die vom Gesetzeswortlaut abweicht, spricht aber dafür, dass die Regelung auch einen abweichenden (weitergehenden) Inhalt haben sollte (BayObLG ZMR 2004, 443).

b) Mindestinhalt

74 Als Mindestinhalt einer Niederschrift wird man verlangen müssen:

- Angabe des Namens der Eigentümergemeinschaft
- Tag der Versammlung
- Wortlaut der gefassten Beschlüsse
- Angaben zum Abstimmungsergebnis
- konstitutive Beschlussfeststellung durch den Versammlungsleiter (Kümmel MietRB 2003, 58).

75 Es kann sich empfehlen, zuerst die Beschlussfähigkeit festzustellen und in das Protokoll aufzunehmen (Niedenführ/Schulze Rn. 9; anders jetzt Niedenführ/Kümmel § 24 Rn. 54: namentliche Aufzählung der Anwesenden sowie Beifügung der Vollmachtserklärungen). Bei dieser Handhabung ist aber zu beachten, dass die Beschlussfähigkeit je nach Beschlussgegenstand wechseln sowie durch das Verlassen der Versammlung durch einzelne Wohnungseigentümer auch ganz wegfallen kann.

c) Ermessen des Versammlungsleiters

76 Dem Versammlungsleiter – nicht seinem hinzugezogenen Protokollführer, der allerdings teilnahmeberechtigt ist (KG ZMR 2001, 223: Der Verwalter ist grundsätzlich berechtigt, die Leitung von Wohnungseigentümerversammlungen mit Hilfe von Mitarbeitern durchzuführen, sofern diese nur als seine Hilfspersonen tätig werden. Die in einer Teilungserklärung enthaltene Regelung, dass »Besucher« keinen Zutritt zu den Eigentümerversammlungen haben, bezieht sich nicht auf Mitarbeiter des Verwalters, die an den Eigentümerversammlungen nur zum Zwecke der Unterstützung des Verwalters teilnehmen und hierbei lediglich untergeordnete Tätigkeiten wie das Führen des Protokolls wahrnehmen.) – ist auch bei Abfassung der Niederschrift ein Ermessenspielraum eingeräumt. Die Protokollierung muss allerdings den Grundsätzen ordnungsmäßiger Verwaltung i.S.v. § 21 Abs. 4 WEG entsprechen. Ein Ermessensverstoß ist daher anzunehmen, wenn der Beschlussinhalt in der Niederschrift falsch, unvollständig oder überhaupt nicht wiedergegeben wird (BayObLG WE 1992, 86).

13. Form des Protokolls; Vorlagezeitpunkt

a) Gesetzliche Formerfordernisse

77 Gemäß § 24 Abs. 6 S. 2 WEG ist die Niederschrift vom Vorsitzenden und einem Wohnungseigentümer und, falls ein Verwaltungsbeirat bestellt ist, auch von dessen Vorsitzendem oder seinem Vertreter zu unterschreiben (vgl. Elzer ZMR 2009, 14 unter IX.). Ist eine dieser Personen in Doppelfunktion oder Personalunion tätig, muss sie nur einmal unterschreiben. Sie sind aber nur dann zur Unterschriftsleistung verpflichtet, wenn sie auch selbst an der Eigentümerversammlung teilgenommen haben. Dies ergibt sich daraus, dass sie durch ihre Unterschrift die inhaltliche Richtigkeit des Versammlungsprotokolls dokumentieren sollen (Elzer in Jennißen § 24 Rn. 126, 128). Das Protokoll ist eine Privaturkunde (vgl. § 416 ZPO). Fehlende Unterschriften mindern nur ihren Beweiswert.

b) Vereinbarte Formerfordernisse

aa) Beschlussbuch

Der Verwalter sollte für Versammlungen bis 01.07.2007 sämtliche Versammlungsprotokolle in ein Beschlussbuch als Vorläufer der heutigen Beschluss-Sammlung aufnehmen. Die Wohnungseigentümer konnten eine entsprechende Sammlung vor dem 01.07.2007 auch vereinbaren (OLG Düsseldorf ZMR 2005, 218). Nimmt der Verwalter in diesem Falle den Beschluss nicht auf, stellt die Nichteintragung aber nur einen Anfechtungsgrund dar (OLG Düsseldorf ZMR 2005, 218, 219). Für eine solche freiwillige Beschluss-Sammlung empfiehlt es sich, die Beschlüsse fortlaufend ab einem bestimmten Stichtag zu nummerieren und nicht jährlich mit Beschluss Nr. 1 neu anzufangen. Auf diese Art und Weise ist es dem Erwerber sehr leicht möglich, schon anhand des Beschlussbuches festzustellen, ob ihm sämtliche – auch die auf außerordentlichen Versammlungen gefassten – Wohnungseigentümerbeschlüsse vorgelegt wurden. Ab 01.07.2007 gilt § 24 Abs. 7 WEG über die zwingend (a.A. z.B. Merle ZWE 2007, 272) zu führende Beschluss-Sammlung. 78

bb) Ordnungsmäßige Protokollierung

Es ist möglich, durch Vereinbarung eine dem WEG entsprechende Protokollierung zu einer Gültigkeitsvoraussetzung für einen Beschluss zu erheben (BGH ZMR 1997, 531). Wird so eine Vereinbarung geschlossen, sollte sie auch bestimmen, welche Folgen eine unvollständige oder fehlerhafte Protokollierung hat. In dem vom BGH entschiedenen Fall regelte die Protokollierungsvorschrift ausdrücklich eine Ergänzung des § 23 WEG. Nur für diesen Sonderfall ist zweifelsfrei, dass die vereinbarte Protokollierungsart keine zusätzliche konstitutive Wirkung entfaltet, sondern lediglich die Anfechtbarkeit eines Beschlusses innerhalb der Monatsfrist des § 46 Abs. 1 S. 2 WEG begründet (s.a. Staudinger/Bub § 24 Rn. 27b). 79

cc) Unterschrift

Auch eine Bestimmung, dass das Protokoll von zwei von der Eigentümerversammlung bestimmten Wohnungseigentümern zu unterzeichnen ist, ist wirksam (BGH ZMR 1997, 531). Die zunächst unterbliebene Unterzeichnung der Versammlungsniederschrift kann allerdings bis zu einer gerichtlichen Entscheidung noch nachgeholt werden. Fehlt die nach der Gemeinschaftsordnung erforderliche zweite Unterschrift eines Wohnungseigentümers unter dem Protokoll der Eigentümerversammlung, ist ein in dieser Versammlung gefasster Beschluss auf Antrag für ungültig zu erklären, sofern nicht die Unterschrift im gerichtlichen Verfahren nachgeholt wird (OLG München ZMR 2007, 883 = ZWE 2008, 31). Eine in der Teilungserklärung enthaltene qualifizierte Protokollierungsklausel ist dahin auszulegen, dass im Falle der zulässigen Vertretung aller Wohnungseigentümer durch Dritte diese befugt sind, das Versammlungsprotokoll zu unterschreiben, und bei lediglich einem anwesenden Vertreter der Wohnungseigentümer neben dem Versammlungsleiter reicht die Unterschrift dieser Person aus (OLG Hamm ZMR 2009, 217). Wenn die Teilungserklärung bestimmt, dass zur Gültigkeit eines Beschlusses der Wohnungseigentümerversammlung die Protokollierung des Beschlusses erforderlich ist und das Protokoll durch den Verwalter und zwei von der Eigentümerversammlung bestimmte Wohnungseigentümer zu unterschreiben ist, muss die Bestimmung der beiden Wohnungseigentümer zu Beginn der Versammlung durch Mehrheitsbeschluss erfolgen. Zu seiner Gültigkeit bedarf auch ein solcher »Bestimmungsbeschluss" der Protokollierung in der vorgeschriebenen Form. Fehlt es daran, ist der »Bestimmungsbeschluss" ungültig. Dann fehlt es auch an den zur wirksamen Protokollierung erforderlichen ordnungsgemäßen Unterschriften. Dies führt zur Ungültigkeit der in der Versammlung gefassten und angefochtenen Beschlüsse (OLG Schleswig ZMR 2006, 721). 80

dd) Vorlagezeitpunkt, Einsichtsrecht; Sonstiges

81 Eine vorsorgliche Beschlussanfechtung sämtlicher Beschlüsse einer Eigentümerversammlung bei nicht rechtzeitiger Übersendung des Protokolls führt nach neuem WEG-Recht regelmäßig nicht mehr zu einer kostenmäßigen Privilegierung des Klägers, weil dieser durch Einsichtnahme in die Beschluss-Sammlung Kenntnis von den gefassten Beschlüssen erlangen kann (LG München I NZM 2008, 410 = NJW 2008, 1823). Dennoch ist der Verwalter verpflichtet binnen etwa 3 Wochen das Protokoll fertig zu stellen.

Nach § 24 Abs. 6 S. 3 WEG hat jeder Eigentümer ein individuelles Einsichtsrecht in die Protokolle (nicht auch in die Aufzeichnungen des Verwalters zur Vorbereitung derselben, KG NJW 1989, 532), das nicht durch die Beschluss-Sammlung ersetzt oder eingeschränkt wird. Es gilt insoweit vielmehr hier das zum Einsichtsrecht in die Beschluss-Sammlung Gesagte (Schultzky in Nomos-Kommentar § 24 Rn. 20) entsprechend.

Durch Vereinbarung kann geregelt werden, dass eine notarielle Beurkundung des Versammlungsprotokolls oder etwa die Beglaubigung der Unterschriften erforderlich ist (Bärmann/Merle § 24 Rn. 108 ff.). Auch die Zahl der zur Protokollunterschrift verpflichteten Personen kann reduziert werden (BayObLG WuM 1989, 534 = MDR 1989, 1106 = NJW-RR 1989, 1168). Reziprok ist ferner eine Erweiterung – z.B. bei Großanlagen – auf mehrere Wohnungseigentümer oder auf alle Mitglieder des Verwaltungsbeirats und/oder den Protokollführer denkbar. Auch bei einer Wohnungseigentümerversammlung, an der nur eine Person teilnimmt, bedarf es zur Wirksamkeit der gefassten Beschlüsse der Kundgabe der Stimmabgabe und der Feststellung und Bekanntgabe des Beschlussergebnisses durch den Versammlungsleiter. Die spätere Abfassung einer Niederschrift reicht insoweit nicht aus (OLG München ZMR 2008, 409; BayObLG ZMR 1996, 151). Zur Einmann-Versammlung vgl. ausführlich F. Schmidt ZMR 2009, 725 sowie Elzer ZMR 2009, 9 unter V.

ee) Rechtsfolge

82 Fehlt eine vereinbarte Gültigkeitsvoraussetzung, ist der »Beschlusstorso« zunächst schwebend unwirksam. Ein aus einem wichtigem Grunde abberufener Verwalter kann allerdings nicht dadurch, dass er seine nach einer Vereinbarung erforderliche Unterschrift unter dem Protokoll verweigert, seinen Abberufungsbeschluss anfechtbar machen (OLG Hamm ZMR 2002, 540). § 24 Abs. 6 WEG sieht für die Herstellung der Versammlungsniederschrift und ihre Unterzeichnung keine Frist vor. Nach Elzer (in Jennißen § 24 Rn. 129) soll dies unverzüglich i.S.d. § 121 Abs. 1 BGB zu erfolgen haben. Der Unterschriftenmangel kann jedenfalls im Gerichtsverfahren nachgeholt werden.

14. Beschluss-Sammlung

a) Normzweck; Verwalterwechsel

83 Die verbindliche – mit Sanktionen gegen den Verwalter versehene – Verpflichtung zur Führung einer Beschluss-Sammlung trägt der Tatsache Rechnung, dass bei jetzt geschaffenen neuen Beschlusskompetenzen für die Gemeinschaftsordnung ändernde Beschlüsse (vgl. BGH ZMR 2000, 771), welche (vgl. § 10 Abs. 4 WEG) gegenüber einem Rechtsnachfolger Bindungswirkung auch ohne Eintragung – mangels Eintragungsfähigkeit auch für die Wohnungseigentümer ohne Alternative – in das Grundbuch entfalten, die Erwerber von Sondereigentum nicht mehr sicher aus Teilungserklärung und Gemeinschaftsordnung sowie eventuellen Grundbucheintragungen (z.B. von Sondernutzungsrechten) einen verlässlichen Überblick über den derzeitigen Regelungsstand/Beschlusslage der Wohnungseigentümergemeinschaft erhalten können. Außerdem soll es das von betroffe-

nen Kreisen einhellig geforderte Zentralgrundbuch (vgl. v. Oefele/Schneider ZMR 2007, 753; von Oefele/Schneider DNotZ 2004, 740 ff.; Hügel/Scheel Teil 12 Rn. 239) zumindest ansatzweise ersetzen.

Drasdo (ZMR 2007, 501) schreibt: »Soweit die Beschluss-Sammlung besteht, ist diese neben dem Grundbuch als selbstständige Informationsquelle gegeben (vgl. Demharter NZM 2006, 489; Schneider ZMR 2005, 15). Sie wird bereits als Sekundärgrundbuch bezeichnet (vgl. Kreuzer FS für Seuß III, 2007, S. 155). An dem guten Glauben des bei dem Amtsgericht geführten Grundbuchs nimmt die Beschluss-Sammlung nicht teil (vgl. Armbrüster AnwBl 2005, 16). Ihre Beweiskraft ist zweifelhaft.« Abramenko (Handbuch, 2009 § 5 Rn. 108) moniert: Ob die Beschluss-Sammlung die an sie gestellten Erwartungen erfüllen, insbesondere die Niederschrift übertreffen wird, muss indessen bezweifelt werden. Bedenklich erscheint insoweit schon, dass es nicht der Unterschrift eines Mitglieds des Verwaltungsbeirats und eines weiteren Miteigentümers bedarf, die auf diesem Wege für die Richtigkeit der Niederschrift einstehen. Noch nicht einmal die Unterzeichnung durch denjenigen, der die Beschluss-Sammlung führt, ist erforderlich. Damit ist eine nachträgliche Änderung ungleich leichter möglich als bei der Niederschrift nach § 24 Abs. 6 WEG, da niemand beteiligt werden muss, der mit seiner Unterschrift für die Richtigkeit des Eintrags einsteht. Daraus, dass auch die nachträglichen Vermerke und Löschungen nicht unterzeichnet werden müssen, ergeben sich weitere Risiken für die Richtigkeit der Dokumentation. Dies gilt insbesondere bei einer elektronischen Beschluss-Sammlung, aus der Beschlüsse nach ausdrücklichem Bekunden des Gesetzgebers (bis auf die verbleibende Nummer) ersatzlos gelöscht werden können. Im Ergebnis wird die Beschluss-Sammlung also nur einen ersten Anhaltspunkt für die Beschlusslage in der Gemeinschaft vermitteln.

Die Beschluss-Sammlung dient letztlich aber nicht nur dem Schutz des Rechtsverkehrs, **84**
sondern auch dem der Wohnungseigentümer (vgl. Hügel/Scheel Teil 12 Rn. 236 ff.) selbst sowie dem aktuellen Verwalter für die tägliche Arbeit, insbesondere Vorbereitung der Eigentümerversammlung.

Bei einem Verwalterwechsel in der Versammlung trifft den neuen Verwalter insgesamt **85**
die Pflicht, eben gefasste Beschlüsse dieser Versammlung in die Beschluss-Sammlung einzutragen. Die Fälligkeit der Verpflichtung – unverzüglich nach der Versammlung – fällt bereits in seine Amtszeit (Merle ZWE 2007, 273).

b) Inhalte, § 24 Abs. 7 S. 2 WEG

- Nr. 1: Wortlaut der in der Eigentümerversammlung verkündeten Beschlüsse unter **86**
  Angabe von Ort und Datum

Gem. § 24 Abs. 7 S. 2 Nr. 1 WEG sind nur die verkündeten Beschlüsse – kein Beschlusstorso – aufzunehmen. Dies beruht auf BGH ZMR 2001, 809, wonach die Verkündung des Beschlussergebnisses durch den Versammlungsleiter (Verwalter) konstitutive Wirkung hat (vgl. Drabek in Riecke/Schmid § 23 Rn. 20 ff.). Insoweit ist die Formulierung »verkündeter Beschluss« eine Tautologie, denn es gibt keine nicht verkündeten Beschlüsse (mehr). Als Minimum wird eine konkludente Verkündung verlangt; sofern man diese noch für zulässig hält (vgl. Elzer in Jennißen Vor §§ 23 bis 25 Rn. 64). Nach F. Schmidt (NZM 2008, 432 unter III.) ist durch § 24 Abs. 7 S. 2 Nr.1 WEG erst die Rechtsprechung zur Beschlussverkündung gesetzlich abgesichert (vgl. Hügel/Elzer S. 128 Fn. 49) und es soll eine konkludente Verkündung ausscheiden. Dem kann in dieser Stringenz nicht gefolgt werden (so auch Jennißen/Elzer Vor §§ 23–25 WEG Rn. 64 zum Geschäftsordnungsbeschluss). Soweit noch ein gerichtliches Beschlussfeststellungsverfahren (AG Hamburg-Blankenese ZMR 2008, 1001 m. Anm. Elzer: Gestaltungsklage) läuft, existiert kein eintragungsfähiger Beschluss. Einzutragen ist der Wortlaut des Beschlusses, nicht bloß die Annahme eines Antrags zu TOP xy. Nur so wird eine für den die Beschluss-Sammlung Einsehenden sinnvolle Information geliefert. Das bedeutet aber nicht, dass etwa die kompletten Jahresgesamt- und Einzelabrechnungen als Anlage zum Beschluss »Die Jahresgesamt- und Einzelabrechnungen für das Wirtschaftsjahr 2008 wurden angenommen« in die Sammlung gehören. Dann verlöre die Beschluss-Sammlung den Charakter als Sekundärgrundbuch (a.A. Bärmann/Merle § 24 Rn. 152). Allein die Tatsache, dass durch Anlagenbände die Sammlung übersichtlich gehalten werden könnte, rechtfertigt nicht die Aufnahme aller Einzelabrechnungen.

87 Da das Gesetz keine Ausnahmen vorsieht, ist grundsätzlich jeder (auch der ordnungswidrige und ein solcher mit Bagatellcharakter) verkündete Beschluss in die Sammlung aufzunehmen. Es ist zwar nicht festzuhalten unter welchen Umständen der Beschluss zustande gekommen ist, nicht festgelegt ist aber, ob vorausgehende Spontanbeschlüsse zur Geschäftsordnung in die Sammlung müssen.

88 Die Aufnahme derartiger Beschlüsse erscheint entbehrlich, da sie sofort wieder gelöscht (§ 27 Abs. 7 S. 6 WEG, Löschung wegen Bedeutungslosigkeit) werden dürften (wie hier Hügel/Elzer § 8 Rn. 26; a.A. nur Merle ZWE 2007, 276).

89 Entsprechendes dürfte für nichtige Beschlüsse gelten. Ist die Nichtigkeit aber zweifelhaft kommt auch eine Eintragung mit einem Zusatzvermerk in Betracht. Die Formulierung des Gesetzes, die auf die Verkündung abhebt, legt es nahe zu Unrecht verkündete nichtige Beschlüsse einzutragen – stellt der Verwalter später die Nichtigkeit fest muss er unverzüglich den Bedeutungslosigkeitsvermerk anbringen, da ein Fall anfänglicher Bedeutungslosigkeit vorliegt.

90 Verkündete Negativ-Beschlüsse, denen ebenfalls Beschlussqualität (BGH ZMR 2002, 930 und ZMR 2001, 809; OLG Frankfurt ZMR 2006, 873) zugesprochen wird, müssen in die Sammlung, und zwar unabhängig davon, ob man ihnen eine Sperrwirkung beimisst (vgl. Wenzel ZMR 2005, 413 ff.). Beim Negativ-Beschluss kann insbesondere nicht danach differenziert werden, ob er angefochten werden muss, um den Weg für eine Verpflichtungsklage frei zu machen (a.A. Merle ZWE 2007, 275 für bedeutungslose Negativbeschlüsse).

91 Abzugrenzen vom einzutragenden Negativbeschluss sind die (Noch-) Nicht-Beschlüsse oder Scheinbeschlüsse (Beispiel: Torso wegen fehlender Verkündung oder Abstimmungen bei lockerem Treffen einiger Wohnungseigentümer, vgl. Bärmann/Merle § 23 Rn. 115), die schon wegen fehlender Beschlusseigenschaft nicht einzutragen sind.

92 Gerade wenn relativ unbestimmt formulierte Beschlüsse gefasst wurden, die auch noch auf Urkunden Bezug nehmen, die bei Beschlussfassung bekannt waren, muss wegen der Gefahr der Beschlussnichtigkeit (LG Hamburg ZMR 2001, 480; OLG Hamburg ZMR 2001, 725) ggf. der Eintragung eine konkrete Bezugnahme oder die Anlage selbst hinzugefügt werden (vgl. hierzu Deckert WE 2007, 100 ff.).

93 Beschlüsse, deren Wirkungen sich mit der Beendigung der Eigentümerversammlung erschöpfen (sog. Spontan- oder ORGA-Beschlüsse) sind gerade wegen des Wortlauts des § 24 Abs. 7 S. 6 WEG (Löschungsnorm bei Bedeutungslosigkeit) nicht (zwingend) einzutragen (vgl. OLG München ZMR 2007, 304 zum Eintritt ins schriftliche Beschlussverfahren). Schon der Normzweck spricht dagegen, die Sammlung mit Belanglosem zu überfrachten.

94 – Nr. 2: Wortlaut der schriftlichen Beschlüsse unter Angabe von Ort und Datum ihrer Verkündung

Auch hier kommt es auf die Verkündung (BGH ZMR 2001, 809; OLG Celle NZM 2006, 784) an. Bei den seltenen Umlaufbeschlüsse muss der Verwalter oder Initiator einen nach außen erkennbaren Verkündungsakt (Aushang, Rundschreiben) setzen.

– Nr. 3: etwaige Urteilsformeln gerichtlicher Entscheidungen in WEG-Sachen. 95

Nach § 24 Abs. 7 S. 2 Ziff. 3. WEG sind insbesondere, aber nicht nur die Urteilsformeln der aufgrund von Anfechtungsklagen nach § 43 Ziff. 4 WEG ergangenen gerichtlichen Entscheidungen aufzunehmen, sondern alle weiteren Urteilsformeln von Entscheidungen, die aus einem Verfahren nach § 43 Ziff. 1–5 WEG (nicht auch Mahnbescheide nach § 43 Ziff. 6 WEG vor Existenz eines Vollstreckungsbescheids, der einem Versäumnisurteil gleichsteht; Merle ZWE 2007, 276; Bärmann/Merle § 24 Rn. 160; a.A. für Verfahren nach § 43 Nr. 5 Elzer in Jennißen § 24 Rn. 159, wie hier Abramenko Handbuch WEG 2009, § 5 Rn.115; Spielbauer/Then § 24 Rn. 62) resultieren. Dies gilt insbesondere für Beschlüsse nach § 43 WEG a.F. in noch laufenden WEG-Verfahren nach dem Amtsermittlungsprinzip. Entsprechendes gilt für Vollstreckungsbescheide und wohl auch für Kostenfestsetzungsbeschlüsse (str.). Nach Schultzky (in Nomos-Kommentar § 24 Rn. 23) sollen nur »Instanzbeendende« Urteile aufgenommen werden. Für diese Einschränkung gibt das Gesetz nichts her. Grund-, Teil- und Zwischenurteile müssen auch in die Beschluss-Sammlung. Schultzky (§ 24 Rn. 25) verlangt auch die Eintragung des Aktenzeichens. Das ist sicher sinnvoll, steht aber auch nicht im Gesetz (Spielbauer/Then § 24 Rn. 61).

Streitig ist, ob in die Beschluss-Sammlung auch die Entscheidungen i.S.d. § 18 WEG (verneinend Hügel/Scheel Teil 12 Rn. 244) aufzunehmen sind. Die Ablehnung wurde damit begründet, dass in der Beschluss-Sammlung nur das Verhältnis der Wohnungseigentümer in Bezug auf die Verwaltung dokumentiert werden soll. Das Urteil gem. § 18 WEG betrifft jedoch nicht dieses, sondern den Status als Mitglied der Gemeinschaft (vgl. Drasdo ZMR 2007, 501); inzwischen wird diese Differenzierung auch von Drasdo (ZWE 2008, 172 unter V.1.a. unter ausdrücklicher Aufgabe seiner früher abweichenden Ansicht) nicht mehr vorgenommen und auch eine Eintragungspflicht der Entscheidungen zu § 18 WEG bejaht, da § 24 Abs. 7 WEG nicht zwischen den verschiedenen Verfahren differenziert. Nach Abramenko (Handbuch WEG 2009, § 5 Rn. 121) ist das Gesetz für bestimmte Streitigkeiten der Wohnungseigentümer untereinander nach § 43 Nr. 1 WEG bzw. gegen den Verwalter nach § 43 Nr. 3 WEG zu weit gefasst sein. Es ist seit jeher anerkannt, dass bei bestimmten Streitigkeiten, die nur einzelne Wohnungseigentümer betreffen, die Miteigentümer noch nicht einmal am Verfahren beteiligt werden müssen (BGH BGHZ 115, 253, 255 f.; OLG Hamm ZMR 1996, 41; OLG Hamburg ZMR 2001, 134, 135). Diese Praxis findet nunmehr in § 48 Abs. 1 S. 1 WEG die ausdrückliche Anerkennung des Gesetzgebers. Wenn aber eine solche Streitigkeit für die Miteigentümer und Verwalter so unbedeutend ist, dass sie noch nicht einmal zur Gewährung rechtlichen Gehörs am Verfahren zu beteiligen sind, muss das Ergebnis des Verfahrens nicht an der Publizitätswirkung der Beschluss-Sammlung teilnehmen. Eine Aufnahme hierin ist daher nicht geboten. Dies umso weniger, als mangels Beteiligung noch nicht einmal gewährleistet ist, dass Miteigentümer und Verwalter vom Rechtsstreit bzw. seinem Ausgang erfahren. 96

Der Begriff der »Urteilsformel« dürfte auslegungsbedürftig sein, da er sich nach dem Gesetz auf gerichtliche Entscheidungen und nicht etwa (nur) Urteile bezieht. Gerichtliche Beschlüsse (z.B. nach § 319 Abs. 2 und § 91a ZPO) können einen Urteils- bzw. Entscheidungstenor enthalten. »Urteilsformel« meint aber grundsätzlich, dass nur der »Tenor« eines Urteils (vgl. § 313 Abs. 1 Ziff. 4 ZPO) einzutragen ist. Die zusätzliche Aufnahme auch der o.g. Beschlüsse ist ratsam. Es sind auch nur vorläufig vollstreckbare Entscheidungen einzutragen (a.A. Jennißen/Elzer § 24 Rn. 161), da auch sie bereits Wirkung unter den Betroffenen erzeugen, soweit nicht nur eine Willenserklärung ersetzt wird (vgl. § 894 ZPO) und ein Informationsbedürfnis auch insoweit für die Einsichtsberechtigten besteht. 97

98 Der Tenor eines Urteils ist nicht beschränkt auf die Hauptsacheentscheidung, sondern inklusive aller Nebenentscheidungen (§§ 91 ff. und 708 ff. ZPO; vgl. Jennißen/Elzer § 24 Rn. 158; Abramenko Handbuch WEG 2009, § 5 Rn. 117) einzutragen. Die Klage abweisende Entscheidungen sind – um den Informationswert der Beschluss-Sammlung zu erhalten – unter Hinzufügung des erfolglosen Klagantrags aufzunehmen. Der Tenor: »Die Klage wird abgewiesen« allein hat keine Aussagekraft für den Leser. Dies verdeutlicht z.B. § 48 Abs. 4 WEG, wonach eine Abweisung der Anfechtungsklage als unbegründet (nicht nur unzulässig) auch den Nichtigkeitseinwand künftig abschneidet (BGH ZMR 2009, 297).

99 Entscheidungen aus Verfahren gegen außen stehende Dritte müssen – wenn nicht eine teleologische Reduktion der Norm befürwortet – eingetragen werden, obwohl diese nicht das Rechtsverhältnis der Wohnungseigentümer untereinander direkt betreffen. Sie dokumentieren jedoch die Verpflichtungen (vgl. § 10 Abs. 8 WEG) der Wohnungseigentümergemeinschaft gegenüber Dritten für die der einzelne Eigentümer teilschuldnerisch einzustehen hat. Der Erwerber kann daher aus der Aufnahme des Urteilstenors erkennen, ob er gegebenenfalls damit rechnen muss, dass er noch gegenüber Gläubigern der Gemeinschaft zu haften hat oder deren Forderungen zumindest über die Nachschusspflicht oder den Wirtschaftsplan finanzieren muss (so Drasdo ZMR 2007, 501).

100 Umstritten ist die Eintragung eines Prozess-Vergleichs, der auch in einem gerichtlichen Beschluss nach § 278 Abs. 6 ZPO enthalten sein kann. Auch insoweit fehlt es jedoch an einer gerichtlichen Entscheidung und an einer Gleichstellung mit einem Urteil wie sie § 19 Abs. 3 WEG vorsieht (vgl. Jennißen/Elzer § 24 Rn.162; Hügel in Bamberger/Roth § 24 Rn. 19; Spielbauer/Then § 24 Rn. 64). Außerdem hat ein Vergleich als solcher in WEG-Sachen nur eine bindende Wirkung unter den Beteiligten (BayObLG NJW-RR 1990, 594). Anderes gilt wenn der Vergleich einen WEG-Beschluss umsetzt (z.B. AG Pinneberg/LG Itzehoe ZMR 2006, 969; OLG Jena ZMR 2007, 65: Vergleich mit einem Bauträger oder OLG Zweibrücken ZMR 2001, 734), dann ist jedenfalls dieser Beschluss einzutragen (Hügel/Scheel Teil 12 Rn. 245). Der gerichtliche Vergleich gehört dennoch nicht in die Beschluss-Sammlung, jedenfalls wenn er den Erwerber eher irritiert und eine vermeintliche Verbindlichkeit vorgibt, die er nicht hat (a.A. Merle ZWE 2007, 277; Bärmann/Merle § 24 Rn. 164).

Deckert (WE 2007, 100 ff.) äußert hierzu: »Auch protokollierte Gerichtsvergleiche können allerdings weitergehende Rechts- und Bindungswirkungen für die gesamte Gemeinschaft erlangen, wenn sie nach Protokollierung unter den Vorbehalt einer Beschlussgenehmigung gestellt wurden; der entsprechende Beschluss mit dem vollständigen, mehrheitlich genehmigten Vergleichswortlaut ist dann unstreitig eintragungspflichtig.« Hierbei ist zu beachten, dass der Genehmigungsbeschluss angefochten werden kann. Deshalb sollte in den Vergleich eine Klausel aufgenommen werden, die einen Widerruf für den Fall gerichtlicher Ungültigerklärung des Genehmigungsbeschlusses zulässt (Elzer zu AG Düsseldorf ZMR 2008, 83 linke Sp.)

101 Vom Wortlaut des § 24 Abs. 7 Nr. 3 WEG, der nur Urteilsformeln erwähnt, scheidet die Eintragung von Vergleichen aus. Dies führt – so Drasdo (ZMR 2007, 501) – zu dem merkwürdigen Ergebnis, dass ein Vergleich (vgl. Becker ZWE 2002, 429) wegen der ausschließlichen Maßgeblichkeit des Parteiwillens, der im Ergebnis weit über eine Urteilsformel inhaltlich hinausgehen kann, nicht eingetragen werden muss, obwohl er das Verhältnis der Parteien auf Dauer nachhaltig ändert. Dennoch ist dies konsequent.

102 Es fehlt wohl an einer Bindung des Rechtsnachfolgers, weil § 10 Abs. 4 WEG nur Beschlüsse und gerichtliche Entscheidungen erwähnt, nicht aber Prozess-Vergleiche. Auch wenn etwa das AG Mayen (ZMR 2001, 228) und das LG Koblenz (ZMR 2001,

230) eine solche Bindungswirkung angenommen haben (vgl. OLG Zweibrücken ZMR 2001, 734 m. abl. zutreffender Anm. Häublein ZMR 2001, 737), ist dem nicht zu folgen. Der gerichtliche Vergleich stellt gerade keinen Beschluss der Wohnungseigentümerversammlung dar (Becker ZWE 2002, 429). Der Prozess-Vergleich beinhaltet – wenn alle Wohnungseigentümer beteiligt sind – allenfalls eine Vereinbarung i.S.d. § 10 WEG. Eine Wirkung gegenüber Erwerbern tritt nur ein, wenn eine Eintragung in die Wohnungsgrundbücher erfolgte. Dieselbe Wirkung hätte inhaltsgleicher (bestandskräftiger) Beschluss.

Drasdo (ZWE 2008, 172 und ZMR 2007, 501) zeigt Handlungsalternativen auf. Abramenko (Handbuch WEG 2009, § 5 Rn. 116) dagegen argumentiert wie folgt unter weitester Auslegung des Gesetzes: Keine Berücksichtigung findet im Gesetzestext der gerichtliche Vergleich. Es kann aber bei gerichtlichen Vergleichen kein Zweifel bestehen, dass auch er analog § 24 Abs. 7 S. 2 Nr. 3 WEG als Beendigung eines Gerichtsverfahrens einzutragen ist (Frohne ZMR 2006, 591; Merle ZWE 2007, 277; Kümmel in Niedenführ/Kümmel/Vandenhouten § 24 Rn. 72). Denn ansonsten bliebe jedenfalls in Beschlussanfechtungsverfahren der Ausgang eines Rechtsstreits auf Dauer uneingetragen, was zur Unrichtigkeit der Beschluss-Sammlung führen würde. Dann erschiene der zugrunde liegende Rechtsstreit dort weiterhin als anhängig. Schon dem Wortlaut des § 24 Abs. 7 S. 2 Nr. 3 WEG nach muss ein Beschluss nach § 278 Abs. 6 S. 2 ZPO eingetragen werden, der das Zustandekommen eines Vergleiches feststellt.

Die Angabe von Ort, Datum, Gericht und Parteien gehört zum Inhalt aller nach § 24 Abs. 7 S. 2 Ziff. 1. – 3. WEG aufzunehmenden Regelungen. **103**

c) Form und Zeitpunkt

Wegen des Gebots der Übersichtlichkeit ist es i.d.R. unzulässig, die (gesamte) Niederschrift in die Sammlung aufzunehmen. Zur technischen Umsetzung macht das Gesetz keine Vorschriften, d.h. die Sammlung kann in Schriftform oder elektronischer Form angelegt werden. Nach Auffassung des Gesetzgebers besteht kein Anlass für Formvorgaben (Muster etwa bei Hügel/Scheel Teil 12 Rn. 262, S. 397; Schramm DWE 2007, 76–82), da es sich hierbei um auf den Einzelfall bezogene Details handelt, die i.S.d. Regelungszwecks jeweils im Einzelfall zu entscheiden sind. Eine Führung der Beschluss-Sammlung kann auch elektronisch und gegebenenfalls (Ausnahme) nach nicht unbedingt historischen Ordnungskriterien erfolgen (BT-Drucks. 16/887, S. 83). **104**

§ 24 Abs. 7 S. 3 WEG verlangt vom Verwalter die Beschlüsse und Entscheidungen fortlaufend zu nummerieren. Die soll Manipulationen verhindern und es erleichtern die Vollständigkeit der Beschluss-Sammlung zu überprüfen. Keinesfalls darf die Nummerierung je Wirtschafts- oder Kalenderjahr neu beginnen etwa mit 1/07 bzw. 1/08. Die zeitliche Reihenfolge ist strikt einzuhalten, orientiert an dem Verkündungszeitpunkt der Beschlüsse oder gerichtlichen Entscheidungen. **105**

Vor dem Hintergrund des Einsichtsrechts (§ 24 Abs. 7 S. 8 WEG) muss die elektronische Beschluss-Sammlung ganz oder teilweise jederzeit in eine Printversion umgewandelt werden können. **106**

Die Wohnungseigentümer können durch Vereinbarungen Einzelheiten zu Bestandteilen der Beschluss-Sammlung zusätzlich festzulegen und/oder auch eine bestimmte Form der Sammlung regeln. **107**

Auch datenschutzrechtliche Anforderungen sind zu beachten. Durch die Vergabe von Zugangs- und Zugriffsberechtigungen ist dafür Sorge zu tragen, dass vorhandene Daten der Beschluss-Sammlung nur zu erlaubten Zwecken verwendet und auch nur den **108**

Berechtigten zugänglich gemacht werden. Außerdem müssen die vorhandenen Daten vor Verlust, unberechtigter Veränderung oder Vernichtung geschützt werden.

109 Nach § 24 Abs. 7 S. 7 WEG sind die Eintragungen jeweils unverzüglich zu erledigen und mit Datum zu versehen. »Unverzüglich« bedeutet (vgl. § 121 Abs. 1 S. 1 BGB: »ohne schuldhaftes Zögern«), dass der Gesetzgeber hier der Aktualität der Beschluss-Sammlung große Bedeutung beimisst (vgl. Merle ZWE 2007, 274).

110 Die erforderlichen Eintragungen und Vermerke müssen – jedenfalls bei bedeutenden Beschlussgegenständen – bei der ersten sich bietenden Gelegenheit erfolgen. Im Einzelfall werden Fristen von 1–5 Werktagen noch als ordnungsmäßig anzusehen sein. Im Falle der Zustellung einer gerichtlichen Entscheidung oder einer Klageschrift bzw. bei der Verkündung eines Umlaufbeschlusses muss wohl schon am nächsten oder übernächsten Arbeitstag die Eintragung erfolgt sein. Dies gilt auch für den Versammlungsbeschluss.

111 Nach Drasdo (ZMR 2007, 501) muss der Verwalter seinen Geschäftsbetrieb darauf einrichten, dass die in die Beschluss-Sammlung aufzunehmenden Fakten kurzfristig nach deren Bekanntgabe in dieser auch vermerkt werden. Ein Abwarten bis zur Unterzeichnung des Versammlungsprotokolls kommt nicht in Betracht.

112 Der Beschluss kommt selbst dann. wenn für seine Wirksamkeit eine Protokollierung vorgesehen ist (OLG Celle OLGR 2004, 600 = NZM 2005, 308; OLG Düsseldorf ZMR 2005, 218 = NZM 2005, 24), mit seiner Verkündung bereits zustande. Die Verweigerung der Unterzeichnung der Niederschrift enthebt den Verwalter nicht von der Eintragung in die Beschluss-Sammlung.

113 Ebenso wenig ist die – noch binnen Monatsfrist des § 46 Abs. 1 S. 2 WEG mögliche – Anfechtung eines Beschlusses ein Grund für ein Zurückstellen der Eintragung in die Beschluss-Sammlung. Anderenfalls liefe das Kriterium der »Unverzüglichkeit« leer. Eine Eintragung nach Eintritt der Bestandskraft kommt erst Recht nicht in Betracht. Das Gesetz sieht die zeitliche Reihenfolge Beschlusseintragung nebst **späterem** Vermerk einer Anfechtungsklage so vor.

114 Soweit die Durchführung des Beschlusses dem Verwalter durch eine gerichtliche einstweilige Verfügung vorübergehend verboten wird, steht dies der Eintragung nicht im Wege, nur ein entsprechender Vermerk muss dies dokumentieren.

Spielbauer (Spielbauer/Then § 24 Rn. 71) erwartet eine Eintragung binnen 2 bis 4 Werktagen. Nach Vorstellung des Gesetzgebers (BT-Drucks. 16/887, S. 34) ist eine Eintragung mehrere Tage nach der Beschlussfassung i.d.R. nicht mehr unverzüglich. Wesentlich weniger streng äußert sich allein Deckert (WE 2007, 100 ff.).

d) Stichtagsregelung, § 24 Abs. 7 S. 2 WEG

115 Alle Beschlüsse und gerichtlichen Entscheidungen nach dem 01.07.2007, sind in die Sammlung aufzunehmen. Eine Rückwirkung sieht das Gesetz nicht vor. Damit sind die gesetzlichen Aufgaben des Verwalters erst einmal auf der Zeitschiene derart eingegrenzt, dass in der Vergangenheit liegende Beschlüsse und Entscheidungen nicht aufzunehmen sind.

116 Allerdings heißt es in der Begründung zur WEG-Novelle (vgl. BT-Drucks. 16/887, S. 84): »... mag die Gesetzesänderung Anlass geben, die noch relevanten Beschlüsse und Entscheidungen zu sichten und zu ordnen ... dürfte sie auch ohne eine ausdrückliche gesetzliche Regelung ordnungsmäßiger Verwaltung entsprechen.« Dies bedeutet, dass es den Wohnungseigentümern nahe gelegt wird durch Mehrheitsbeschluss festzulegen, dass auch die in der Vergangenheit liegenden Beschlüsse und gerichtlichen Entscheidungen in die neue Beschluss-Sammlung aufgenommen werden sollen. Ein solcher Beschluss ist vom Verwalter umzusetzen, soweit er sich nicht auf Unmöglichkeit (§ 275 BGB) erfolgreich berufen kann.

Die Eigentümergemeinschaft verhält sich allerdings treuwidrig wenn sie dem Verwalter keinen Anspruch auf eine angemessene Sondervergütung im selben Beschluss zubilligt (ggf. angemessener Stundensatz mit Limit für den Gesamtaufwand). Es kann insoweit nichts anderes gelten als in dem Fall, dass fehlerhafte Jahresabrechnungen des Vorverwalters gerichtlich aufgehoben werden und der neue Verwalter auf Wunsch der Eigentümer diese Abrechnungen komplett neu erstellen soll. **117**

e) Aktualisierung, § 24 Abs. 7 S. 4–6 WEG

Im Falle der Anfechtung oder Aufhebung eines Beschlusses ist dies in der Sammlung zu vermerken. Bei Aufhebung ist auch Löschung zulässig. Nach § 24 Abs. 7 S. 4 WEG **müssen** die eingetragenen Versammlungsbeschlüsse oder Gerichtsentscheidungen mit Vermerken versehen werden. **118**

Dies bedeutet, dass im Falle eines angefochtenen Versammlungs- oder Umlaufbeschlusses die Tatsache der Anfechtung als Vermerk zur jeweiligen Eintragung hinzuzufügen ist. Wie dies zu geschehen hat ist gesetzlich nicht festgelegt. Um den optimalen Informationswert der Beschluss-Sammlung zu erreichen wird man Kläger, Gericht, gerichtliches Aktenzeichen (letzteres verlangt das Gesetz allerdings nicht!) etc. hineinschreiben sollen/müssen. **119**

Wird ein Versammlungsbeschlusses – z.B. durch Zweitbeschluss (vgl. Elzer ZMR 2007, 237) oder gerichtliche Entscheidung – aufgehoben, ist dies im Wege des Vermerks zur jeweiligen Eintragung hinzuzusetzen. Zum Begriff der »Aufhebung« vertritt Abramenko (Handbuch WEG 2009, § 5 Rn. 124) folgende Ansicht: Was unter »Aufhebung« zu verstehen ist, erschließt sich nicht auf Anhieb, da der Begriff dem Gesetz ansonsten fremd ist. Auf den Abschluss eines gerichtlichen Verfahrens nach § 43 Nr. 4 WEG kann er sich nicht beziehen, da die erfolgreiche Anfechtung eines Beschlusses seit Inkrafttreten des WEG als Ungültigerklärung bezeichnet wird (s. § 23 Abs. 4 S. 1 WEG a.F.). Diese Terminologie führt die Novelle etwa in §§ 23 Abs. 4 S. 2, 46 Abs. 1 S. 1 WEG ausdrücklich fort. Der nicht näher erläuterte Begriff der Aufhebung kann sich folglich nur auf die Beseitigung eines Beschlusses auf anderem Wege beziehen. **120**

Zu beachten ist, dass oft Prozesse über den angegriffenen Erstbeschluss bis zur Entscheidung über den (heilenden) Zweitbeschluss ausgesetzt werden. Wird dann der Zweitbeschluss rechtskräftig für ungültig erklärt gilt erst einmal der Erstbeschluss weiter bis zu dessen evtl. Ungültigerklärung. Es sollte zwar die Aufhebung vermerkt werden, aber mit einem Hinweis wie »Aufhebung noch nicht bestandskräftig«. Dieser Vermerk ist je nach Verfahrensausgang später erneut zu aktualisieren. **121**

Analog ist bei noch nicht rechtskräftigem Urteil über die Ungültigerklärung eines Beschlusses zu verfahren bei der Anbringung eines Aufhebungsvermerk (»Aufhebung noch nicht rechtskräftig«). Auch dieser Vermerk ist je nach Verfahrensausgang später erneut zu aktualisieren. Bei Berufungseinlegung ist sinnvollerweise das Aktenzeichen des zuständigen (vgl. ZMR 2007, 1004 zu den Sonderzuständigkeiten – Stand Ende 2007) Landgerichts anzugeben. **122**

Im Fall der Aufhebung sieht § 24 Abs. 7 S. 5 und S. 6 WEG alternative Handlungsformen für den Verwalter vor, nämlich die Anmerkung oder gar die Löschung der Eintragung. Von Löschungen (insbesondere bei elektronischer Führung der Beschluss-Sammlung) ist abzuraten (Haftungsgefahr). **123**

124 Nach § 24 Abs. 7 S. 6 WEG kommt auch eine Löschung einer Eintragung in Betracht, sofern aus anderen Gründen als einer Aufhebung die Eintragung für die Wohnungseigentümer ohne weitere Bedeutung ist. Dies gilt für Spontan- und ORGA-Beschlüsse, die über die betreffende Versammlung hinaus keine Wirkung mehr entfalten können – wenn man sie für eintragungsbedürftig ansieht. Die Eigentümerversammlung hat keine Beschlusskompetenz selbst über die Löschung zu befinden (Spielbauer/Then § 24 Rn. 70). Sehr am Wortlaut orientiert und zu eng ist die Auffassung Abramenkos (Handbuch WEG 2009, § 5 Rn. 125), dass der Gesetzgeber in § 24 Abs. 7 S. 5 u. 6 WEG nur die Löschung von »Eintragungen« vorsehe. »Vermerke« sollen danach nicht isoliert gelöscht werden können. Das sei ohne Weiteres verständlich, wenn der Vermerk auf eine erfolgreiche Anfechtung oder eine nicht angegriffene Aufhebung hinweist. Denn in diesem Fall würde die Löschung des Vermerks zur Unrichtigkeit der Beschluss-Sammlung führen, da sie einen bestandskräftigen Beschluss ausweisen würde. Hingegen erscheine die gesetzliche Regelung dann, wenn das Anfechtungsverfahren erfolglos bliebe oder der aufhebende Zweitbeschluss für ungültig erklärt wurde, nicht auf Anhieb einleuchtend. Denn dann weise der Vermerk auf einen überholten (!) Rechtszustand hin. Da anhand des Vermerks aber das Anfechtungsverfahren und sein Ausgang ermittelt werden kann, ergeben sich insoweit keine Nachteile für die Publizitätswirkung der Beschluss-Sammlung, die zum Abgehen vom Gesetzeswortlaut nötigen könnten. Ähnliches gilt für den Vermerk über den aufhebenden Zweitbeschluss, da auch dessen Ungültigerklärung anhand des Vermerks aufgefunden werden kann.

f) Recht auf Einsicht in die Sammlung, § 24 Abs. 7 S. 8 WEG

125 Ein Einsichtsrecht haben nicht nur alle Wohnungseigentümern, sondern auch von ihnen ermächtigte (im eigenen Namen, Abramenko Das neue WEG § 2 Rn. 89; Bärmann/Merle § 24 Rn. 178: fremdes Einsichtsrecht wird im eigenen Namen geltend gemacht) oder bevollmächtigte (im fremden Namen) Dritte. Bei Verweigerung der Einsicht, ist der aktuelle Verwalter für ein entsprechendes Verlangen aus § 24 Abs. 7 S. 8 WEG passivlegitimiert. Ungeklärt ist noch, ob auch einem Dritten, der zwar nicht ermächtigt ist, aber ein rechtliches Interesse an der Einsichtnahme besitzt, z.B. ein möglicher Ersteigerer, Einsicht vom Verwalter gewährt werden darf. Der Bietinteressent in der Zwangsversteigerung sollte sich von einem Wohnungseigentümer, der ein Interesse an einer baldigen Zuschlagserteilung hat, eine Ermächtigung geben lassen. Da dieser Fall vom Gesetzgeber übersehen wurde, will Elzer eine teleologische Reduktion des § 24 Abs. 7 S. 8 WEG vornehmen (Jennißen/Elzer § 24 Rn. 192) und ein Einsichtsrecht auch ohne Ermächtigung gewähren. Abramenko (Handbuch WEG 2009, § 5 Rn. 176) schlägt folgenden praktikablen Weg vor: Der Verwalter kann aber eine Ermächtigung durch einen anderen Wohnungseigentümer als den Schuldner anregen. Da die Ermächtigung nämlich nicht an eigene Veräußerungsabsichten geknüpft ist, genügt die entsprechende Erklärung irgendeines Miteigentümers. Dies wird in aller Regel auch in dessen Interesse liegen, da die Gemeinschaft mit dem Zuschlag wieder zahlungskräftige Schuldner der Vorschüsse nach § 28 Abs. 2 WEG etc. gewinnt. Der Verwalter ist gut beraten mit der Gewährung der Einsicht gegenüber Dritten ansonsten Zurückhaltung zu üben. Ggf. kann er die Entscheidung auf die Eigentümerversammlung rückdelegieren und sich qua Beschluss anweisen lassen. Der Wohnungseigentümer muss allenfalls außerhalb der Versammlung ein berechtigtes Interesse darlegen (vgl. Merle ZWE 2007, 279; Hügel/Elzer § 8 Rn. 52).

126 Der aktuelle Verwalter oder bei dessen Fehlen der zur Führung der Beschluss-Sammlung Verpflichtete hat gem. § 24 Abs. 7 S. 8 WEG jedem Wohnungseigentümer oder einem entsprechend Bevollmächtigten Einsicht in die Beschluss-Sammlung zu gewähren. Das Recht *auf Einsichtnahme umfasst auch* den Anspruch auf Fertigung und Übersendung von Kopien gegen Kostenerstattung (vgl. OLG München, ZMR 2006, 881; anders im Mietrecht: Schmid ZMR 2006, 341 zu BGH ZMR 2006, 358; Jennißen/Elzer § 24 Rn. 188).

Allen Berechtigten muss leicht realisierbar bzw. unschwer Einsichtnahme in die Sammlung gewährt werden und zwar grundsätzlich im Büro des Verwalters (vgl. OLG Köln NZM 2006, 702). In der Regel besteht kein Anspruch auf Herausgabe, allenfalls ein Anspruch auf Kopien gegen Kostenerstattung. Außerdem kann die Gemeinschaft gem. § 21 Abs. 7 WEG für den besonderen Verwaltungsaufwand einen Kostenbeitrag/eine Pauschale beschließen. Die bloße Einsicht muss allerdings kostenfrei bleiben (Abramenko Das neue WEG § 2 Rn. 93). 127

g) Sanktionen

Führt der Verwalter die Beschluss-Sammlung nicht ordnungsgemäß, kann dies regelmäßig ein wichtiger Grund zur Abberufung sein, § 26 Abs. 1 S. 4 WEG. Insbesondere wegen des hier zu Tage tretenden Haftungspotenzials sollten Verwalter der unverzüglichen und ordnungsmäßigen Führung der Beschluss-Sammlung erste Priorität einräumen. Eine Haftung gegenüber dem künftigen Erwerber sieht das Gesetz nicht vor (vgl. Köhler Rn. 445). Der Normzweck des § 24 Abs. 7 und 8 WEG legt eine Schutzwirkung auch zu Gunsten Dritter (Ersteher, Rechtsnachfolger) allerdings nahe (vgl. Merle ZWE 2007, 274). Für eine **Berichtigung der Beschluss-Sammlung** gelten die Grundsätze zur Protokollberichtigung entsprechend. Ausnahme: Beim Verwalterwechsel geht die Passivlegitimation auf Nachfolger über, der die Beschluss-Sammlung dann führt. Strittig ist allerdings, ob dem Verwalter qua Beschluss insoweit Weisungen erteilt werden können. 128

Indirekt ist durch diesen gesetzlichen Regelfall zu befürchten, dass »wichtige Gründe« schneller angenommen werden im Zusammenhang mit anderen Sachverhalten (z.B. falsche Kontoführung, vgl. Jungjohann WE 2007, 116 ff. sowie Köhler Rn. 466 ff.). Wenn schon nach **§ 26 Abs. 1 S. 4 WEG** ein wichtiger Grund zur Abberufung des Verwalters regelmäßig vorliegt, wenn der Verwalter die Beschlusssammlung nicht ordnungsgemäß führt, ist erst recht ein wichtiger Grund gegeben, wenn ein WEG-Verwalter z.B. deutlich über 12 Monate keine Eigentümerversammlung einberuft und erst durch ein gerichtliches Verfahren hierzu gezwungen werden musste. **§ 24 Abs. 1 WEG** regelt nämlich eindeutig, dass »vom Verwalter **mindestens** einmal im Jahr einzuberufen« ist. Diese Pflicht gehört zu den **Kardinalpflichten** eines WEG-Verwalters. Die Verletzung dieser Einberufungspflicht des WEG-Verwalters hat erheblich größeres Gewicht als die dilatorische Führung der Beschlusssammlung, die ihrerseits einen gesetzlichen Regeltatbestand für einen wichtigen Grund zur Verwalterabberufung darstellt (AG Hamburg-Blankenese ZMR 2008, 1001). Zur Verwalterhaftung vgl. auch Deckert (WE 2007, 100 ff.). 129

Neben der fehlenden schuldrechtlichen Beziehung zwischen Erwerber und Verwalter sprechen auch die Materialien (BT-Drucks. 16/887, S. 34) eher gegen eine Haftung des Verwalters insoweit gegenüber einem Erwerber (vgl. Abramenko Das neue WEG § 2 Rn. 87). 130

Der Verwalter muss sich ein Organisationsverschulden, das eine solche zeitgerechte Eintragung vereitelt, zurechnen lassen. Zu einer ordnungsgemäßen Betriebsorganisation zählt – nach Drasdo (ZMR 2007, 501 ff.) –, dass sichergestellt ist, dass 131

- Vorgänge, insbesondere Beschlussfassungen und Anfechtungsverfahren, kurzfristig in der Beschluss-Sammlung vermerkt werden;
- bei Verhinderungen der für die Eintragung verantwortlichen Personen bei Urlaubs- und Krankheitsfällen sicher gestellt ist, dass eine Vertretung sich um die notwendigen Erfordernisse ausreichend kümmert

und

- rechtzeitig eine Unterlassung einer Aufnahme der eintragungsbedürftigen Tatsachen in die Beschluss-Sammlung bemerkt werden kann.

132 Der typische Schaden bei schlechter/unzureichender insbesondere lückenhafter Führung entsteht auf Seiten der Gemeinschaft im Zeitpunkt des Verwalterwechsels. Schultzky (in Nomos-Kommentar § 24 Rn. 28) weist darauf hin, dass Schadensersatzansprüche nur dem Verband zustehen sollen, nicht aber den einzelnen Wohnungseigentümern (anders BT-Drucks. 16/887, S. 34). Es bestehe auch kein Vertrag mit Schutzwirkung etwa zugunsten der Erwerber.

Berechtigt zu den erforderlichen Ergänzungen und Korrekturen ist jetzt der aktuelle Verwalter. Dieser ist aber nicht verpflichtet, ohne Absprache über eine Sondervergütung bzw. Aufwendungsersatzanspruch die Arbeit seines Vorgängers nachzuholen (vgl. Abramenko Das neue WEG § 2 Rn. 84; Frohne ZMR 2005, 514; Drabek ZWE 2005, 146).

Bei Weigerung des Verwalters Einsicht zu gewähren gegenüber einem Wohnungseigentümer drohen erhebliche Forderungen wegen Differenzkaufpreises, wenn ein vorsichtiger Kaufinteressent wegen Nichtvorlage der Beschluss-Sammlung sein unter Vorbehalt abgegebenes Angebot zurückzieht.

h) Wirkung, insbesondere gegenüber Erwerbern

133 Die Beschluss-Sammlung hat weder positive noch negative Publizität mit Gutglaubenswirkung (Armbrüster AnwBlatt 2005, 15; Drasdo ZMR 2007, 502). Trotzdem bestehen für identische Regelungsgegenstände unterschiedliche Publizitätsträger, nämlich Grundbuch einerseits und Beschluss-Sammlung andererseits. Wegen der Erweiterung der Beschlusskompetenz ist ein Auseinanderdriften von Beschlusslage und Grundbuch möglich und wahrscheinlich (vgl. Häublein ZMR 2007, 412).

134 Auswirkungen auf die durch den Mehrheitsbeschluss überholte Grundbuchlage sind nur vereinzelt normiert (vgl. § 12 Abs. 4 S. 3–5 WEG). Statt einer Eintragung von gesetzes- und vereinbarungsändernden Beschlüssen ins Grundbuch oder in ein von den Verbänden seinerzeit favorisiertes Zentralgrundbuch wird nunmehr die zwingende Aufnahme derartiger Beschlüsse in die Beschluss-Sammlung für ausreichend gehalten.

135 Erwerber von Wohnungseigentum dürfen und können auf den Grundbuchinhalt, insbesondere Kostenverteilungsregelungen, nicht mehr vertrauen, auch wenn keine Öffnungsklausel existiert.

§ 10 Abs. 4 S. 2 WEG spricht gegen einen Schutz des auf das Grundbuch vertrauenden Erwerbers, weil Beschlüsse der Eigentümer weder eintragungsbedürftig noch eintragungsfähig sind. Die Beschluss-Sammlung wird insoweit für besser geeignet gehalten, das Informationsbedürfnis der Erwerber zu befriedigen. Besteht die Kompetenz zur teilungserklärungsändernden Beschlussfassung gilt: Der zutreffende Inhalt der Beschluss-Sammlung geht dem Grundbuch vor.

136 Der Erwerber ist an vom Grundbuchinhalt abweichende Beschlüsse folglich auch gebunden, wenn sie in der Beschluss-Sammlung nicht, unvollständig oder falsch wiedergegeben sind.

i) Pflicht zur Führung der Beschluss-Sammlung

137 § 24 Abs. 8 WEG regelt die Verantwortlichkeit des Verwalters für die Führung der Beschluss-Sammlung. Auch durch Beschluss kann die Pflicht nicht vom Verwalter auf Dritte oder einen Wohnungseigentümer (Beirat) delegiert werden (vgl. § 24 Abs. 8 S. 2 WEG: Anderes ist nur bei Fehlen eines Verwalters vorgesehen).

138 *Fehlt* ein Verwalter, so ist der Vorsitzende der Wohnungseigentümerversammlung zur Führung der Beschluss-Sammlung verpflichtet. Offen bleibt, wie lange und in welchem

Umfang der Versammlungsleiter hier in die Pflicht genommen werden soll. Der Vorsitzende einer Eigentümerversammlung ist zeitlich bis zur Wahl eines anderen Vorsitzenden einer späteren Eigentümerversammlung oder der Wahl eines Verwalters zur Führung der Beschluss-Sammlung verpflichtet. Diese Pflicht obliegt nämlich kraft Gesetzes dem Verwalter. Sie entsteht sofort mit seiner Wahl. Der neben einem gewählten Verwalter als Versammlungsleiter Fungierende ist niemals zur Führung der Beschluss-Sammlung verpflichtet.

§ 24 Abs. 8 S. 2 WEG begründet – insbesondere bei Fehlen eines Verwalters – Beschlusskompetenz zur Übertragung der Aufgabe auf eine andere Person. Eine Beschränkung auf Wohnungseigentümer derselben Anlage ist nicht angeordnet. Wird dagegen die Führung der Beschluss-Sammlung dem Verwalter für die Zukunft entzogen, ist diese abstrakt-generelle Regelung als gesetzesändernder Beschluss nichtig. Für die Dauer der Tätigkeit des für die Beschluss-Sammlung Verantwortlichen macht das Gesetz keine Vorgaben. Es sind daher sowohl kurzfristige Bestellungen nur für eine Versammlung als auch längere Amtszeiten möglich. Da aber nach § 24 Abs. 8 S. 1 WEG der Verwalter originär für die Beschluss-Sammlung zuständig ist, endet mit seiner Bestellung die Amtszeit eines sonstigen nach § 24 Abs. 8 S. 2 WEG Verantwortlichen, sofern die Teilungserklärung keine anderslautende Regelung vorsieht (Abramenko Handbuch WEG 2009, § 5 Rn. 137 und 144).Die Beschluss-Sammlung ist ein aliud gegenüber dem Konvolut von Versammlungsprotokollen. Die §§ 24 Abs. 7 und 8 WEG und 24 Abs. 6 WEG haben jeweils einen eigenständigen Regelungsgegenstand. **139**

j) Honorarfragen

Beschließt die Gemeinschaft die rückwirkende Führung des Beschluss-Sammlung über den gesetzlichen Auftrag hinaus, was ordnungsmäßiger Verwaltung entspricht, so hat der Verwalter einen Anspruch auf angemessene Honorierung (Hügel/Scheel Teil 12 Rn. 239; vgl. auch AG Bremen ZMR 2007, 819; LG Düsseldorf ZMR 2008, 484; KG ZMR 2009, 709 jeweils zur vergleichbaren Problematik bei § 35a EStG) zumindest gem. den §§ 675, 612 Abs. 2 BGB, wenn er keine Vergütung frei aushandelt (Bärmann/Merle § 26 Rn. 131 ff.). Diese Tätigkeit ist nicht vom Verwaltervertrag abgedeckt, noch eine Nebenpflicht desselben. **140**

k) Abdingbarkeit

Für ein vollständiges oder teilweises Abbedingen der Regelungen über die Beschluss-Sammlung besteht keine Beschlusskompetenz. Nach Merle (ZWE 2007, 272) soll durch Vereinbarung die Führung einer Beschluss-Sammlung ausgeschlossen werden können (str.), da die Beschluss-Sammlung als »Sekundärgrundbuch« das ursprünglich angedachte Zentralgrundbuch – vgl dazu v. Oefele/Schneider ZMR 2007, 753 – ersetzt; dagegen auch Jennißen/Elzer § 24 Rn. 205). **141**

Formulierungsvorschlag (H. Müller Münsteraner Verwalterkonferenz 1/09) für eine Vereinbarung zur bloßen Reduzierung und Modifizierung der gesetzlichen Pflicht:

»Die zu führende Beschluss-Sammlung enthält nur den Wortlaut der gem. § 23 Abs. 1 WEG auf Grund einer Vereinbarung gefassten Beschlüsse, die vom Gesetz abweichen oder eine Vereinbarung ändern, sowie der gem. §§ 12 Abs. 4, 16 Abs. 3 und 4, 21 Abs. 7 und 22 Abs. 2 WEG gefassten Beschlüsse, ferner die Urteilsformel rechtskräftiger gerichtlicher Entscheidungen und den Text bei Gericht geschlossener Vergleiche in einem Rechtsstreit, in dem auf Erklärung oder Feststellung der Ungültigkeit solcher Beschlüsse geklagt wurde. Insoweit wird § 24 Abs. 7 WEG abbedungen.«

§ 24 Abs. 8 WEG ist durch Vereinbarung abdingbar (Abramenko Das neue WEG § 2 Rn. 52; Hügel in Bamberger/Roth § 24 Rn. 1) Abramenko (Handbuch WEG 2009, § 5 Rn. 182) resümiert: Die Befürworter der Abdingbarkeit verweisen darauf, dass § 24 Abs. 7, 8 WEG im Gegensatz zu anderen Neuerungen nicht ausdrücklich als zwingend bezeichnet wird. Dem dürfte zu folgen sein. Denn anders als etwa die Regelungen zum Verwalter (die zudem nach ausdrücklicher Anordnung in § 27 Abs. 4 WEG zwingend sind) regelt die Beschluss-Sammlung nur das Innenverhältnis der Gemeinschaft. Für Außenstehende ist die Beschluss-Sammlung nur für bei Erwerbsabsichten von Interesse. In diesem Fall werden diese aber gerade Miteigentümer, so dass es sich nicht mehr um Außenstehende handelt. Im Übrigen ist der Rechtsverkehr nicht betroffen, so dass die Möglichkeit einer abweichenden Regelung nach § 10 Abs. 2 S. 2 WEG wohl zu bejahen ist.

15. Anspruch auf Protokollberichtigung

142 Grundsätzlich kann jeder Wohnungseigentümer eine Protokollberichtigung verlangen, insbesondere wenn einem entsprechenden außergerichtlichen Verlangen nicht entsprochen wurde (Elzer in Jennißen § 24 Rn. 136 ff.; Kümmel MietRB 2003, 58).

a) Rechtsschutzinteresse

143 Die erfolgreiche gerichtliche Durchsetzung eines Protokollberichtigungsanspruches setzt auf Antragstellerseite ein **Rechtsschutzinteresse** voraus. Dieses liegt grundsätzlich vor, wenn sich die Rechtsposition durch die begehrte Änderung des Protokolls verbessern oder zumindest rechtlich erheblich ändern würde. Ein Rechtsschutzbedürfnis wird daher bejaht, wenn eine rechtsgeschäftlich erhebliche Willenserklärung, insbesondere ein Beschluss falsch protokolliert wurde (Staudinger/Bub § 24 Rn. 124–126). Bei falscher Wiedergabe der abgegebenen Ja- und Nein-Stimmen besteht dagegen kein Rechtschutzinteresse, wenn dies sich nicht auf das Abstimmungsergebnis ausgewirkt hat (Kümmel MietRB 2003, 58, 59). Dies kann allerdings nicht gelten, wenn es um bauliche Veränderungen ging (wegen der sich aus § 16 Abs. 6 WEG ergebenden Kostentragungspflicht).

144 Das Rechtsschutzinteresse wird verneint, wenn wegen Bagatellen inhaltlicher oder formeller Art eine Berichtigung begehrt wird (KG WuM 1989, 347) oder das Protokoll den Ablauf der Versammlung oder Diskussion zwar nicht einwandfrei wiedergibt, dies aber ohne Auswirkung für die Auslegung von Beschlüssen bleibt (Staudinger/Bub Rn. 126).

b) Geltung der Anfechtungsfrist des § 46 Abs. 1 S. 2 WEG?

145 Die noch h.M. bejaht aus Gründen der Rechtssicherheit eine analoge Anwendung des § 46 Abs. 1 S. 2 WEG für die auf Berichtigung von Eigentümerbeschlüssen gerichtete Klage auf Berichtigung des Versammlungsprotokolls (KG WuM 1990, 363 = MDR 1990, 925 = DWE 1991, 72; OLG Hamm OLGZ 1985, 147 = MDR 1985, 502; Köhler/Bassenge/Vandenhouten Teil 5 Rn. 304). Berichtigungsanträge, die sich auf andere Protokollinhalte beziehen, sollen hingegen nicht der Monatsfrist unterliegen. Diese Auffassung wird in jüngster Zeit verstärkt abgelehnt (Staudinger/Bub Rn. 124; Elzer in Jennißen § 24 Rn. 142; v. Rechenberg/Riecke MDR 1997, 519).

c) Passivlegitimation für den Berichtigungsantrag

aa) Grundsatz

146 Der Adressat des Berichtigungsanspruchs ist aufgrund des Regelungszusammenhangs mit § 24 Abs. 5 WEG der für den jeweiligen Tagesordnungspunkt als Versammlungsvorsitzender Tätige anzusehen. Bei einem Wechsel im Vorsitz während der Versammlung

sind beide Vorsitzende gemeinsam oder jeder für seinen Teil zur Protokollerstellung und ggf. Protokollberichtigung verpflichtet. Die Hinzuziehung eines Protokollführers oder Notars ändert hieran nichts. Gegenüber einem externen Protokollführer (z.B. Angestellte des Verwalters oder Ehepartner eines Wohnungseigentümers) ist die Klage nach § 43 WEG nicht eröffnet. Für das ursprüngliche Protokoll und für die Berichtigung der Niederschrift ist eine Unterschrift des hinzugezogenen Protokollführers nicht erforderlich.

bb) Verwalter

Der Berichtigungsanspruch ist damit grundsätzlich gegen den Verwalter als Versamm- **147** lungsleiter und Verfasser der Niederschrift zu richten. Auch dann, wenn sämtliche Unterzeichner des angegriffenen Protokolls die Niederschrift in Form eines berichtigten Nachtrags ändern. Die Eigentümer sind für eine die Berichtigung nicht zuständig (AG Kassel ZMR 2004, 711, 712). Denn für den Inhalt der Niederschrift ist allein derjenige verantwortlich, der sie selbst oder durch einen Protokollführer erstellt hat. Der Versammlungsleiter/Vorsitzende hat die Niederschrift allein richtig zu fertigen und ist für ihren Inhalt verantwortlich. Dies gilt auch, wenn den Vorsitz ein Angestellter/Bevollmächtigter des Verwalters führt; immer bleibt der Verwalter selbst zur Erstellung der Niederschrift persönlich verpflichtet und muss eventuelle Unrichtigkeiten korrigieren (BayObLG WuM 1990, 173 ff. = DWE 1990, 113) und hierbei die erforderliche Form einhalten.

d) Anspruchsgrundlagen für den Berichtigungsanspruch

Bei Verletzung des allgemeinen Persönlichkeitsrechts durch Formulierungen im Proto- **148** koll kommt gegen den Protokollverfasser als Anspruchsgrundlage für den Berichtigungsanspruch ein Anspruch gem. den §§ 1004, 823 Abs. 1 BGB in Betracht (BayObLG WuM 1990, 173 ff.).

Das BayObLG (WE 2005, 106 ff.) entschied, dass der Wohnungseigentümer verlangen **149** könne, Fehler oder Unrichtigkeiten in Niederschriften über Eigentümerversammlungen zu berichtigen, sofern hierfür ein Rechtsschutzbedürfnis bestehe. Soweit über die Versammlung nicht nur ein Ergebnis-, sondern ein Ablaufprotokoll erstellt werde (§ 24 Abs. 6 S. 1 WEG), gebiete es der Persönlichkeitsschutz der Wohnungseigentümer, dass die Niederschrift keine sachlich nicht gebotenen Wertungen, Schärfen, Bloßstellungen und Diskriminierungen enthält.

Nach einem Beschluss des AG Freising (Zweigstelle Moosburg a.d. Isar WE 2005, 152) **150** kann der Verwalter eine Beschlussniederschrift hinsichtlich der falschen Wortwahl berichtigen. Damit entfällt ein Rechtsschutzbedürfnis für einen gerichtlichen Berichtigungsantrag.

Bei fehlerhafter Beschlussprotokollierung ergibt sich der Berichtigungsanspruch unter **151** dem Gesichtspunkt der ordnungsmäßigen Verwaltung i.S.d § 21 Abs. 4 WEG (OLG Hamm OLGZ 1989, 314, 315 = MDR 1989, 914).

e) Stellung der übrigen Wohnungseigentümer

Bei einer Berichtigungsklage gegen den Verwalter im Verfahren nach § 43 Nr. 3 WEG ist **152** dieser allein richtiger Beklagter, die übrigen Wohnungseigentümer gem. § 48 WEG hingegen Beizuladende. Daran hat auch der Beschluss des BGH v. 02.06.2005 (ZMR 2005, 547) zur Teilrechtsfähigkeit der Gemeinschaft nichts geändert. Die Wohnungseigentümer werden damit zwar nicht zu neutralen Zeugen (BayObLG NJW-RR 1993, 85 = WuM 1992, 641 = MDR 1993, 235). Ihren Angaben kommt jedoch höherer Beweiswert im Rahmen des Prozesses zu, wenn sie als Beigeladene in einer eher neutralen Rolle zwischen Kläger und Verwalter stehen. Grundlegend hierzu Becker ZMR 2006, 489 ff.

f) Form der Berichtigung

153 Wer als Versammlungsleiter durch seine Unterschrift die angebliche Richtigkeit der Niederschrift bestätigt hat, muss das Original mit einem Berichtigungsvermerk versehen und diesen wiederum unterzeichnen (Kümmel MietRB 2003, 58, 59). Diese Berichtigung kann durch rechtskräftige Gerichtsentscheidung (vgl. § 894 ZPO) ersetzt werden.

II. Stimmrecht

1. Grundsätzliches

154 Jeder Wohnungseigentümer hat ohne Rücksicht auf die Größe seines Anteils grundsätzlich – gem. § 25 Abs. 2 WEG – eine Stimme. Die Beschlussfähigkeit der Versammlung bestimmt sich allerdings nicht nach der Anzahl der vertretenen Wohnungseigentümer, sondern nach der Größe der in der Versammlung vertretenen Miteigentumsanteile. Mehrheitsbeschlüsse sind für alle Wohnungseigentümer verbindlich. Mehrheitsbeschlüsse der Wohnungseigentümer (vgl. §§ 15 Abs. 2, 21 Abs. 3, 26 Abs. 1, 28 Abs. 5 WEG) sind von besonderer Bedeutung. Die formelle Legitimation von Beschlüssen durch (gesetzliche oder vereinbarte) Beschlusskompetenz setzt § 25 WEG ungeschrieben voraus (vgl. Schmid ZMR 2003, 92).

155 § 25 Abs. 2 WEG regelt das sog. Kopfstimmrecht, das jetzt durch die §§ 16 Abs. 4 und 22 Abs. 2 WEG aufgewertet wurde. Grundsätzlich hat jeder (Allein-)Eigentümer eine Stimme (»one man one vote«), auch wenn ihm mehrere Wohnungseigentumseinheiten gehören. § 25 Abs. 3 WEG regelt allerdings die Beschlussfähigkeit in der Erst-Versammlung abweichend von der Stimmkraft nach Miteigentumsanteilen. Damit wird ein Gleichlauf mit der Kostentragungsregelung in § 16 Abs. 2 WEG erreicht. § 25 Abs. 5 WEG hat schließlich Stimmverbote, primär wegen Interessenkollision, zum Inhalt. Stimmverbote sind allerdings ohne Relevanz für das Teilnahmerecht des wegen privater Sonderinteressen oder eines Interessenwiderstreits vom Stimmrecht ausgeschlossenen Wohnungseigentümers. § 25 Abs. 5 letzte Alt. WEG regelt den Verlust des Stimmrechts für einen rechtskräftig nach § 18 WEG verurteilten Wohnungseigentümer.

Hinweis

> Jeder Wohnungseigentümer hat gem. § 25 Abs. 2 WEG eine Stimme. Steht ein Wohnungseigentum mehreren gemeinschaftlich zu, so könnten sie das Stimmrecht nur einheitlich ausüben. Etwas anderes gilt bei einem vereinbarten
> - Objekt- oder Realstimmrecht (jedem Sondereigentum kommt eine Stimme zu) oder
> - Wertprinzip (nach diesem bestimmt sich das Stimmengewicht nach den Miteigentumsanteilen).

2. Mehrheitsbeschlüsse und Stimmrecht

156 Wo es um die Ausgestaltung des ordnungsmäßigen **Gebrauches** und um die ordnungsmäßige **Verwaltung** des gemeinschaftlichen Eigentums geht, wird die Mehrheitsherrschaft vom Gesetz als Ausnahme vom Vertragsprinzip zugelassen (vgl. Elzer in Riecke/Schmid WEG § 10 Rn. 76). Überschreitet ein Mehrheitsbeschluss die Grenzen des ord-

Aufgabenbereichs des Zwangsverwalters und des Zwecks der Zwangsverwaltung liegt, von einem Stimmrecht des Wohnungseigentümers auszugehen (Riecke/Schmidt/Elzer Eigentümerversammlung, Rn. 591 ff.). In der Praxis werden die unterschiedlichen Rechtsansichten i.Ü. nur selten zu abweichenden Ergebnissen führen, da jede Entscheidung, die mit Kosten verbunden ist, nahezu automatisch die gesetzlichen Interessen des Zwangsverwalters berührt und damit zu seinem Stimmrecht führt. Dies betrifft nicht nur Instandhaltungsmaßnahmen, sondern auch bauliche Veränderungen. Selbst Änderungen der Hausordnung können die Vermögensinteressen des Zwangsverwalters berühren. Das ist der Fall, wenn das Mietobjekt bereits vermietet ist und es durch den Beschluss über die Hausordnung zu einer Divergenz mit den Regelungen des konkreten Mietvertrages kommt, der der bisherigen Beschlusslage angepasst war (vgl. Riecke in Riecke/Schmid WEG Anh. zu § 15).

Für den Sonderfall, dass einem Wohnungseigentümer mehrere Wohnungseigentumsrechte gehören, die nur zum Teil (nicht alle) zwangsverwaltet sind, gibt es beim Objektstimmrecht keine Probleme, da dem Zwangsverwalter das Stimmrecht nur in Höhe der belasteten Objekte zusteht. Gilt allerdings das Kopfprinzip, sollen der Wohnungseigentümer und der Zwangsverwalter analog § 25 Abs. 2 S. 2 WEG nur gemeinsam stimmberechtigt sein (Bottenberg/Kühnemund in Hinz pp Formularbuch S. 679). Diese Lösung wird zu Recht kritisiert (Bärmann/Merle § 25 Rn. 24), da der Schuldner, wenn ihm auch nur ein einziges Wohnungseigentum verbleibt, die gesamte Stimmrechtsausübung blockieren könnte. Deshalb wird eine Aufteilung des Stimmrechts nach Bruchteilen empfohlen (Bornheimer Stimmrecht, S. 182). Bei Geltung des Kopfstimmrechts hat der Zwangsverwalter, der für mehrere natürliche oder juristische Personen eingesetzt ist, i.Ü. je Person ein Stimmrecht (KG ZMR 2005, 148). **165**

Das Stimmrecht des Zwangsverwalters wird nicht dadurch ausgeschlossen oder eingeschränkt, dass der Wohnungseigentümer nach § 18 WEG bereits rechtskräftig zur Entziehung seines Wohnungseigentums verurteilt ist (BayObLG FGPrax 1999, 19 = ZMR 1999, 121). **166**

ee) Nießbraucher

Die Belastung des Wohnungseigentums mit einem Nießbrauch führt **nicht** zu einer Beeinträchtigung des Stimmrechts des Wohnungseigentümers (OLG Düsseldorf ZMR 2005, 469; OLG Hamburg ZMR 2003, 701; BGH ZMR 2002, 440 = JR 2003, 111 ff. m. Anm. Hinz; BayObLG MDR 1999, 152 m. Anm. Riecke; a.A. KG OLGZ 1987, 417 = MDR 1987, 674, früher auch OLG Hamburg MDR 1988, 55). Der Wohnungseigentümer kann jedoch aus dem **internen** Begleit-Schuldverhältnis zum Nießbraucher verpflichtet sein, bei der Stimmabgabe die Interessen des Nießbrauchers zu berücksichtigen und im Ernstfall nach dessen Weisungen zu handeln. Ein Stimmrechtsübergang auf den Nießbraucher hätte zur Konsequenz, dass dieser teuren Verwaltungsmaßnahmen zustimmen könnte, die Kosten jedoch gem. § 16 Abs. 2 WEG allein von dem an der Beschlussfassung nicht beteiligten Wohnungseigentümer zu tragen wären (Hinz JR 2003, 116). **167**

ff) Wohnungsberechtigter

Weder dem Wohnungsberechtigten i.S.d. § 1093 BGB noch dem Dauerwohnberechtigten i.S.d. § 31 WEG kommt ein Stimmrecht zu. Insoweit kann auf die Ausführungen zum fehlenden Stimmrecht des Nießbrauchers verwiesen werden. **168**

gg) Grundschuld- und Hypothekengläubiger

169 Grundschuld- und Hypothekengläubigern kommt kein eigenes Stimmrecht zu. Ihre dingliche Rechtsbeziehung beschränkt sich im Wesentlichen auf die Vollstreckungsmöglichkeiten nach § 1147 BGB.

hh) Mieter und Pächter

170 Auch Mietern und Pächtern steht kein Stimmrecht zu, da es an einer dinglichen Berechtigung am Wohnungseigentum fehlt. Sie können allenfalls aufgrund ihrer schuldrechtlichen Rechte im Innenverhältnis zum Wohnungseigentümer auf dessen Abstimmung in der Eigentümerversammlung Einfluss nehmen.

b) Einheitliche Stimmrechtsausübung mehrerer Berechtigter (§ 25 Abs. 2 S. 2 WEG)

171 Auch wenn nach einer Vereinbarung jeder Miteigentümer eine Stimme hat, gilt dies nicht für mehrere Bruchteilseigentümer an einer Wohnungseigentumseinheit. In solchen Fällen wird die entsprechende Vereinbarung dahin gehend auszulegen sein, dass die Bruchteilseigentümer an einer Einheit i.S.d. § 1008 BGB zur Vermeidung einer völlig disproportionalen Stimmengewichtung nur insgesamt eine Stimme haben, die gemeinsam auszuüben ist (LG Bremen ZMR 2004, 535).

172 Für den Sonderfall, dass bei einer Mehrhausanlage nach einer Vereinbarung Altbau und Neubau jeweils eine Stimme haben, gilt § 25 Abs. 2 S. 2 WEG analog. Auch in diesem Fall haben die Wohnungseigentümer im Innenverhältnis untereinander sicherzustellen, dass es zu einer einheitlichen Ausübung des Stimmrechts kommt (BayObLG ZMR 2004, 598, 599). Erhöht sich die Zahl der Wohnungseigentumseinheiten durch Ausbaumaßnahmen im Dachgeschoss, hat dies auch bei Geltung des Objektstimmrechts nicht die Folge, dass die Zahl der Stimmrechte entsprechend der Zahl der Eigentumseinheiten nach dem Ausbau steigt.

c) Stimmrechtsvollmachten

aa) Bei notwendig einheitlicher Stimmrechtsausübung

173 Bei notwendig einheitlicher Stimmrechtsausübung ist der Versammlungsleiter nicht gehalten, bei der Abgabe der Stimme durch einen zweifelsfrei Mitberechtigten dessen Ermächtigung durch den weiteren Mitberechtigten zu prüfen. In Zweifelsfällen kann der Versammlungsleiter auf Vorlage einer schriftlichen Vollmacht bestehen (OLG Düsseldorf ZMR 2004, 53). Häublein (ZMR 2004, 728) verweist darauf, dass der Versammlungsleiter gem. § 174 BGB sogar die Vorlage einer Vollmacht im Original verlangen könne, und zwar schon zu Beginn der Versammlung und nicht erst bei Abgabe der Stimme (vgl. OLG München ZMR 2008, 236: Keine Heilung durch Nachreichen der Vollmacht, wenn fehlende Vollmacht in der Versammlung gerügt wurde, Elzer ZMR 2009, 10; Merle ZWE 2007, 125 ff.; Spielbauer/Then § 25 Rn. 5). Bei Eheleuten soll es der Vollmachtsvorlage ebenso wenig bedürfen wie bei eingetragenen Lebenspartnerschaften (Spielbauer/Then § 25 Rn. 5; OLG Frankfurt DWE 1997, 80; OLG Rostock v. 12.09.2005, 7 W 43/03, Juris: Der in einer Wohnungseigentümerversammlung anwesende Mitinhaber eines Wohnungseigentums handelt bei der Stimmabgabe i.d.R. nicht nur für sich, sondern auch für die übrigen – abwesenden – Mitinhaber desselben Wohnungseigentums. Derjenige Mitinhaber, der die Stimme in der Wohnungseigentümerversammlung für das Wohneigentum abgibt, gilt regelmäßig als legitimiert, das Stimmrecht für alle Mitinhaber des Wohnungseigentums auszuüben, insbesondere, wenn es sich um Ehegatten handelt.).

bb) Bei Vertretungsausschlussklauseln

Im Prinzip kann sich jeder Wohnungseigentümer durch eine beliebige dritte Person in der Eigentümerversammlung vertreten lassen. Um den Kreis der Vertreter klein zu halten und nur Interessierten ein Teilnahmerecht zu gewähren, wird deshalb oft vereinbart, dass sich ein Wohnungseigentümer nur durch seinen Ehegatten, einen Mitwohnungseigentümer oder den Verwalter vertreten lassen darf. In diesem Zusammenhang vertritt das OLG Köln (ZMR 2004, 378 = WE 2004, 150) – allerdings für eine Teilungserklärung aus dem Jahre 1962 – die Auffassung, dass auch die Vertretung durch einen Lebensgefährten zuzulassen sei, wenn die Vertretungsausschlussklausel in der Teilungserklärung aus der Zeit »deutlich vor 1985« stamme, die nichteheliche Lebensgemeinschaft unstreitig und evident ist, auf Dauer angelegt und durch gemeinsame Kinder zu einem ehegleichen Verhältnis nach außen dokumentiert werde. Der Verwalter ist nicht verpflichtet, beim Versenden von Stimmrechtsvollmachten auf die nach einer Vereinbarung bestehenden Vertretungsbeschränkungen für die Bevollmächtigung sonstiger Dritter für Eigentümerversammlungen gesondert hinzuweisen (KG ZMR 2005, 567 = NZM 2004, 792: Eigentümerbeschlüsse unterliegen nicht deshalb der Aufhebung wegen formeller Mängel der Beschlussfassung, weil der Verwalter mit der Einladung Stimmrechtsvollmachten verschickt hat, ohne darauf hinzuweisen, dass nach der Teilungserklärung nur ein bestimmter Personenkreis bevollmächtigt werden darf, und ein Wohnungseigentümer in Unkenntnis der Teilungserklärung einen Dritten bevollmächtigt, der dann vom Verwalter von der Stimmabgabe ausgeschlossen wird.). 174

d) Stimmrechtsausschluss (§ 25 Abs. 5 1. und 2. Alt. WEG)

§ 25 Abs. 5 WEG schränkt das Stimmrecht **gesetzlich** ein. Stimmverbote werden für den Fall bestimmt, dass Beschlussgegenstand die Vornahme eines auf die Verwaltung des gemeinschaftlichen Eigentums gerichteten **Rechtsgeschäfts** mit dem betreffenden Wohnungseigentümer ist oder die Einleitung oder Erledigung eines **Rechtsstreits** der anderen Wohnungseigentümer gegen ihn betrifft. Allerdings kann der Vorbehalt rechtliche Schritte einzuleiten auch bei weiter Auslegung von **§ 25 Abs. 5 WEG** der Einleitung eines Verfahrens nicht gleichgestellt werden (BayObLG ZMR 1998, 504: Die Antragstellerin war bei der Abstimmung stimmberechtigt; ihr Stimmrecht war nicht nach § 25 Abs. 5 WEG ausgeschlossen. Die Antragsgegner haben sich aber nur rechtliche Schritte gegen die Antragstellerin "vorbehalten"; sie haben damit noch nicht beschlossen, gegen sie ein gerichtliches Verfahren einzuleiten.). Der Gesetzgeber hat für diese beiden Fälle Stimmverbote angeordnet, weil er wegen einer Interessenkonstellation die Teilnahme des betreffenden Wohnungseigentümers an der internen Willensbildung als nicht mehr vertretbar ansah. Die Stimmverbote gelten unabhängig davon, ob tatsächlich die Interessenlage beim betroffenen Wohnungseigentümer so gestaltet ist, dass der Schutz der übrigen Eigentümergemeinschaft zwingend ein Stimmverbot erfordert. Beide Stimmverbote sind das Pendant zu einer Interessenkollision und Selbstschutz- oder Selbstbevorzugungstendenz des betroffenen Wohnungseigentümers. Ähnliche Stimmverbote finden sich in §§ 34 BGB, 47 Abs. 4 GmbHG, 136 Abs. 1 AktG und 43 Abs. 6 GenG. Bei Bestehen eines Stimmrechtsausschlusses kann etwa der Verwalter auch nicht die ihm von anderen Wohnungseigentümern **übertragenen Stimmrechtsvollmachten** (vgl. Riecke/Schmid FachanwKomm. WEG, § 24 Rn. 55a) ausüben (LG Saarbrücken ZWE 2009, 49 = 137; vgl. auch Spielbauer/Then § 25 Rn. 27). Dies ist zumindest bei fehlender Stimmrechtsweisung überzeugend (vgl. AG Neuss ZMR 2008, 498 zum Fall der unzulässigen Verwalterentlastung über Vollmachtsstimmen). Im Einzelfall kann das Berufen auf die Vertreterklausel allerdings treuwidrig sein (OLG Hamburg ZMR 2007, 477; AG Hamburg-Wandsbek ZMR 2006, 237; nach LG Nürnberg- 175

Fürth NZM 2002, 619 gilt: Der Wohnungseigentümergemeinschaft ist es im Einzelfall nach Treu und Glauben verwehrt, sich auf eine in der Gemeinschaftsordnung enthaltene Beschränkung der Vertretung in der Eigentümersammlung zu berufen, wenn dem Wohnungseigentümer weder eine eigene Teilnahme noch eine der Gemeinschaftsordnung entsprechende Vertretung zumutbar ist. Ein solcher Fall liegt vor, wenn der Wohnungseigentümer, der die Eigentumswohnung geerbt hat, seit Jahren in den USA lebt, deshalb zu den anderen Wohnungseigentümern kein Vertrauensverhältnis besteht und er seinen in der Wohnung als Mieter lebenden Bruder mit der Vertretung beauftragen will.). Der Stimmrechtsausschluss schlägt nicht auf den Insolvenzverwalter durch, der nicht Vertreter des Gemeinschuldners, sondern Partei kraft Amtes ist (Bottenberg/Kühnemund in Hinz pp Formularbuch S. 681).

aa) Vornahme eines Rechtsgeschäfts mit dem betroffenen Wohnungseigentümer

176 Ein Wohnungseigentümer ist nicht stimmberechtigt, wenn die Beschlussfassung die Vornahme eines auf die Verwaltung des gemeinschaftlichen Eigentums bezüglichen Rechtsgeschäfts mit ihm betrifft. Der Begriff des Rechtsgeschäfts ist eng zu verstehen. Nach h.M. ist dazu eine einschränkende Auslegung vorzunehmen (Bärmann/Merle § 25 Rn. 100). Im Hinblick auf den Normzweck des § 25 Abs. 5 WEG und der elementaren Bedeutung des Stimmrechts für den betroffenen Wohnungseigentümer ist dieser nur dann vom Stimmrechtsverbot betroffen, wenn er ein **privates Sonderinteresse** verfolgt. Dieser Ausschlussgrund greift auch ein, wenn das Rechtsgeschäft nicht mit dem Stimmberechtigten selbst, sondern mit einem Dritten vorgenommen werden soll, der wirtschaftlich so eng mit ihm verbunden ist, dass sein persönliches Interesse mit dem des Dritten gleichzusetzen ist (OLG Oldenburg ZMR 1998, 196: Das Abstimmungsverbot des § 25 Abs. 5 WEG gilt auch für Rechtsgeschäfte mit einer von dem Wohnungseigentümer als Gesellschaftergeschäftsführer mit 49/50 Anteilen gehaltenen GmbH und seine miteigentumsberechtigte mitgeschäftsführende Ehefrau, OLG Düsseldorf ZMR 1999, 60 = FGPrax 1999, 10: Der Verwalter, der zugleich Wohnungseigentümer ist oder mit dem Wohnungseigentümer wirtschaftlich so stark verbunden ist, dass man sie interessengemäß als Einheit betrachten kann, ist von der Abstimmung über die Kündigung des Verwaltervertrages ausgeschlossen, da es sich insoweit um ein Rechtsgeschäft i.S.d. § 25 Abs. 5 WEG handelt; OLG Frankfurt OLGR 2005, 378: Einzelne Wohnungseigentümer, die dem zur Wahl stehenden Verwalter persönlich oder wirtschaftlich verbunden sind, dürfen bei seiner Wahl grundsätzlich mitstimmen.). Nimmt er dagegen lediglich **mitgliedschaftliche Rechte und Interessen** wahr, greift der Stimmrechtsausschluss nicht.

(1) Private Sonderinteressen

177 Der Wohnungseigentümer ist jedenfalls vom Stimmrecht ausgeschlossen, wenn er private Sonderinteressen verfolgt. Das ist dann der Fall, wenn z.B. darüber beschlossen werden soll, ob mit ihm ein Kaufvertrag oder Werkvertrag abgeschlossen werden, ihm gemeinschaftliches Eigentum vermietet werden soll oder es um die Einräumung von Sonderrechten geht. Außerdem spielt das Stimmverbot für Beschlüsse über Mahnungen (§ 21 Abs. 7 WEG i.V.m. § 286 BGB) sowie Fristsetzungen (§§ 281 Abs. 1, 323 Abs. 1 BGB) eine große Rolle. § 25 Abs. 5 WEG schließt nur denjenigen vom Stimmrecht aus, mit dem die Gemeinschaft das Rechtsgeschäft schließt, nicht weitere mittelbar Interessierte (vgl. zum Sonderfall eines Sammelbeschlusses OLG Düsseldorf ZWE 2008, 338, 341). Ein Nichtwohnungseigentümer kann einen Wohnungseigentümer dann nicht bei der Stimmabgabe wirksam vertreten, wenn der Vertreter (z.B. der Verwalter) – wäre er selbst Wohnungseigentümer – einem Stimmverbot unterläge (OLG Düsseldorf ZMR 2002, 143).

(2) Mitgliedschaftliche Rechte und Interessen

Den individuellen Sonderinteressen werden die sozialrechtlichen oder mitgliedschaftsorientierten Rechtsgeschäfte gegenüber gestellt. Etwa bei der Bestellung zum Verwalter ist nach h.M. auch der Eigentümer stimmberechtigt, der zum Verwalter gewählt werden soll. Gleiches gilt für die Bestellung des Beirats sowie die konträren Rechtsakte, nämlich die Abberufung des Verwalters oder die Abwahl des Beirats. In diesen Fällen verfolgt der Wohnungseigentümer jeweils mitgliedschaftliche Interessen. **178**

Anders liegt es hingegen beim Abschluss oder Kündigung des Verwaltervertrages mit dem Verband »Wohnungseigentümergemeinschaft«. Hier ist der zum Verwalter bestellte Wohnungseigentümer vom Stimmrecht ausgeschlossen, weil sein privates Sonderinteresse an einem hohen Verwalterhonorar andere Interessen überwiegt (vgl. BayObLG WE 1987, 45; OLG Düsseldorf ZMR 1999, 60 = WuM 1999, 59: Der Verwalter, der zugleich Wohnungseigentümer ist oder mit dem Wohnungseigentümer wirtschaftlich so stark verbunden ist, dass man sie interessengemäß als Einheit betrachten kann, ist von der Abstimmung über die Kündigung des Verwaltervertrages ausgeschlossen, da es sich insoweit um ein Rechtsgeschäft i.S.d. § 25 Abs. 5 WEG handelt.). Anderes gilt bei einer Kombination eines Rechtsgeschäfts um den Verwaltervertrag mit dem Amt desselben, d.h. der Bestellung oder Abberufung des Verwalters (vgl. BGH ZMR 2002, 930 = NJW 2002, 3704: Für einen zum Verwalter bestellten Wohnungseigentümer besteht bei der Beschlussfassung über seine Abberufung auch bei gleichzeitiger Entscheidung über die Beendigung des Verwaltervertrages nur bei Vorliegen eines wichtigen Grundes ein Stimmverbot, sowie Bärmann/Merle § 25 Rn. 120; Kefferpütz Stimmrechtsschranken, S. 72). **179**

(3) Beirat

Bei der Bestellung eines Verwaltungsbeirats tauchen vergleichbare Probleme kaum auf. Der Beirat ist regelmäßig ehrenamtlich tätig und hat allenfalls ein »Sonderinteresse« an einer von der Gemeinschaft zu bezahlenden Haftpflichtversicherung oder einer Haftungsbeschränkung auf grobe Fahrlässigkeit und Vorsatz. **180**

bb) Entlastung eines Wohnungseigentümers als Verwalter oder Beirat

Bei der Entlastung eines Wohnungseigentümers als Verwalter oder Beirat ergibt sich das Stimmverbot des jeweiligen Eigentümers aus § 25 Abs. 5 1. Alt. WEG (OLG Zweibrücken ZMR 2002, 786). Stellt man auf die Rechtsfolge des Entlastungsbeschlusses, nämlich die Wirkung wie ein negatives Schuldanerkenntnis (BGH ZMR 2003, 750 und ZMR 2003, 942; Riecke WuM 2003, 256), ab, so liegt hierin ein Rechtsgeschäft zwischen der Eigentümergemeinschaft als Verband (§ 10 Abs. 6 WEG) und dem Eigentümer – Verwalter. Wenn man die Bedeutung der Entlastung nicht auf die Wirkung des negativen Schuldanerkenntnisses reduziert, wäre § 25 Abs. 5 1. Alt. WEG zumindest aber analog anzuwenden. Die Rechtsprechung spricht im Zusammenhang mit dem Entlastungsbeschluss davon, dass es sich bei der mit ihm verbundenen Verzichtswirkung um eine »nicht erkannte gesetzliche Nebenfolge der Entlastung« handele (BGH ZMR 2003, 750, 753). **181**

Von der Entlastung ist die Genehmigung der Jahresabrechnung zu unterscheiden. Die Beschlussfassung über die Genehmigung der Jahresabrechnung stellt kein Rechtsgeschäft mit dem Wohnungseigentümer – Verwalter dar. Bei der Ermächtigung eines Wohnungseigentümers zur Verfahrensführung ist ein Stimmrechtsausschluss zu verneinen, wenn hierdurch allein mitgliedschaftliche Interessen wahrgenommen werden. Kommt es jedoch zu einem Dienstvertrag mit dem Wohnungseigentümer als gleichzeitigem Anwalt, greift das Stimmverbot ein. **182**

cc) Sonderfall: Abberufung eines Funktionsträgers

(1) Allgemeines

183 § 25 Abs. 5 WEG will als Ausnahmevorschrift nur bestimmte Fälle der Interessenkollision erfassen, den Wohnungseigentümer aber nicht schlechthin daran hindern, an Entscheidungen über die Verwaltung des gemeinschaftlichen Eigentums mitzuwirken. Mit der Bedeutung des Stimmrechts ist es z.B. nicht zu vereinbaren, wenn bei der Bestellung oder Abberufung eines Verwalters das Stimmrecht des Wohnungseigentümers, der in Personalunion Verwalter ist, immer ausgeschlossen wäre. Dass die Abstimmung über das Amt des Verwalters auch die Einzelinteressen des betroffenen Wohnungseigentümers berührt, kann für sich allein genommen noch kein Stimmverbot begründen. Jeder Wohnungseigentümer verfolgt bei einer Beschlussfassung im gewissen Umfang immer auch berechtigte private Interessen.

(2) Abberufung aus wichtigem Grund

184 Soll das private Interesse des Wohnungseigentümers ein Stimmrechtsverbot bewirken, muss es von einigem Gewicht und nicht mehr vom legitimen Mitwirkungsinteresse an der Willensbildung innerhalb der Eigentümergemeinschaft gedeckt sein. Etwa für einen zum Verwalter bestellten Wohnungseigentümer besteht bei der Beschlussfassung über seine Abberufung und gleichzeitiger Entscheidung über die Beendigung seines Verwaltervertrages nur bei Vorliegen eines **wichtigen Grundes** ein Stimmverbot (BGH ZMR 2002, 930). Dieses Stimmverbot folgt nicht aus § 25 Abs. 5 WEG, sondern aus einem allgemeinen Rechtsgedanken wie er in den §§ 712 Abs. 1, 737 BGB, 117, 127, 140 HGB zum Ausdruck kommt (BGH ZMR 2002, 930, 935; Kefferpütz Stimmrechtsschranken, S. 69).

dd) Einleitung oder Erledigung eines Rechtsstreits (§ 25 Abs. 5 2. Alt. WEG)

185 Unter einem Rechtsstreit i.S.v. § 25 Abs. 5 2. Alt. WEG sind sämtliche streitigen Zivilverfahren inklusive der WEG-Verfahren gem. § 43 Nr. 1–4 und 6 WEG zu verstehen. Umfasst werden sowohl das Mahnverfahren, der einstweilige Rechtsschutz (§§ 920 ff. ZPO) sowie ein ggf. vereinbartes Schiedsgerichtsverfahren. Der betroffene Wohnungseigentümer muss im künftigen Rechtsstreit Beklagter sein, wobei es nicht darauf ankommt, ob er als Wohnungseigentümer oder in einer anderen Funktion, etwa als Beirat oder Verwalter, in Anspruch genommen wird. Werden sowohl der Wohnungseigentümer als auch ein Dritter aufgrund eines einheitlichen Beschlusses als Gesamtschuldner in Anspruch genommen, ist der betreffende Wohnungseigentümer insgesamt vom Stimmrecht ausgeschlossen (BayObLG NJW-RR 1998, 231 = WE 1998, 353).

ee) Majorisierung

186 Ein Stimmrechtsausschluss ist auch anzunehmen, wenn z.B. der Mehrheitseigentümer der gesamten Wohnungseigentumsanlage gegenüber den Mitgliedern von seinem Stimmrecht in gemeinschaftswidriger Weise zugunsten seines Unternehmens Gebrauch macht (AG Hannover ZMR 2003, 962). Aus den Grundsätzen von Treu und Glauben (§ 242 BGB) ergibt sich dieser Sonderfall einer gesetzlichen, im WEG nicht geregelten Stimmrechtsbeschränkung.

187 Eine Majorisierung wird allgemein angenommen, wenn aufgrund der konkreten Stimmrechtsverhältnisse ein Wohnungseigentümer von vornherein die Stimmenmehrheit hat und zusätzlich diese Mehrheit dazu einsetzt, ohne Rücksicht auf die anderen seine *Meinung oder wirtschaftliche Interessen* durchzuboxen (BGH ZMR 2002, 930; BayObLG ZMR 2002, 525; OLG Düsseldorf ZMR 2002, 614). Ob ein Stimmrecht missbräuchlich

ausgeübt wird, ist stets im Einzelfall unter umfassender Interessenabwägung zu prüfen. Es ist deshalb nicht möglich, eine Stimmrechtsbeschränkung gerichtlich vorab feststellen zu lassen. Dass die Minderheit überstimmt wird, reicht für die Annahme einer Majorisierung nicht aus. **Entscheidend ist der Missbrauch des Stimmenübergewichts**. Andernfalls käme man zu einem Vetorecht der Minderheit. Praktisch wird die Frage einer Majorisierung immer dann, wenn der Mehrheitseigentümer vom Stimmrecht nicht bereits durch die Stimmrechtsausschlüsse in §25 Abs. 5 1. und 2. Alt. WEG ausgeschlossen ist. Das Fehlen eines solchen Stimmrechtsausschlusses ist nicht selten, da das bloße Vorliegen privater Sonderinteressen das Stimmverbot nach §25 Abs. 5 WEG nicht auslöst.

Kommt man im Rahmen der Einzelfallprüfung zum Ergebnis, dass die Ausnutzung der **188** Stimmenmehrheit treuwidrig war, also ein unzulässiger Rechtsmissbrauch zu Lasten der restlichen Eigentümer vorlag, wird die Stimmkraft des Mehrheitseigentümers nicht reduziert (a.A. noch OLG Düsseldorf DWE 1984, 120: Reduzierung auf 25 % der Gesamtstimmenzahl), sondern die Stimme wird überhaupt nicht gezählt. Erkennt der Versammlungsleiter bei seiner konstitutiven Beschlussfeststellung die unzulässige Majorisierung nicht, muss die überstimmte Minderheit den Beschluss anfechten und das Gericht ein anderes Beschlussergebnis feststellen (AG Hannover ZMR 2003, 962).

ff) Reichweite

Ein Stimmrechtsausschluss nach §25 Abs. 5 WEG bedeutet h.M. nach zugleich ein umfassendes Verbot der Stimmrechtsvollmacht (s. BayObLG ZfIR 2002, 296, 298; OLG Düsseldorf ZMR 2002, 143; a.A. Kahlen §25 WEG Rn. 121 ff.). Der vom Stimmrecht ausgeschlossene Wohnungseigentümer kann sich deshalb weder vertreten lassen noch kann er als Vertreter eines anderen Wohnungseigentümers, der nicht vom Stimmrecht ausgeschlossen ist, auftreten. Begründet wird dies damit, dass der bevollmächtigte (vom Stimmrecht ausgeschlossene) Wohnungseigentümer eine eigene Willenserklärung – wenn auch im fremden Namen – abgibt und damit auf die Beschlussfassung aktiv und seinem Willen gem. einwirken möchte. Nach der Gegenauffassung (Bärmann/Seuss 4. Aufl. B 189 a.A. jetzt Rüscher in Bärmann/Seuß 5. Aufl. Teil C Rn. 760) soll sich aus dem Wortlaut des §25 Abs. 5 WEG ein allgemeines Verbot, einem vom Stimmrecht Ausgeschlossenen Vollmacht zu erteilen, nicht ableiten lassen. Auch F. Schmidt (WE 1989, 1) sieht keinen Rechtsgrund dafür, einen vom Stimmrecht Ausgeschlossenen die Stimmrechtsvollmacht zu versagen. Schließlich habe es der Vollmachtgeber in Kenntnis der Interessenkollision auf Seiten des Vollmachtnehmers in der Hand, Anweisungen für die Abstimmung oder bewusst weisungsfrei die Vollmacht zu erteilen. Der befangene Bevollmächtigte soll aber einen nicht an Weisungen gebundenen **Unterbevollmächtigten einschalten** können (Hügel/Scheel Teil 12 Rn. 178; OLG Zweibrücken WE 1998, 504; a.A. Schultzky in Nomos-Kommentar §25 Rn. 5; LG Frankfurt NJW-RR 1988, 596: Sowohl bei der Beschlussfassung über die Jahresabrechnung als auch bei derjenigen über die Entlastung des Verwalters hat dieser als Wohnungseigentümer kein Stimmrecht. Das gilt auch, soweit er gesetzlicher oder rechtsgeschäftlich bevollmächtigter Vertreter eines Wohnungseigentümers ist. Der Stimmrechtsausschluss eines Vertreters besteht auch dann, wenn ihm der Vertretene eine konkrete Weisung erteilt hat. Ein Angestellter des Verwalters ist grundsätzlich selbst dann nicht als Wohnungseigentümer vom Stimmrecht ausgeschlossen, wenn er intern die Jahresabrechnung erstellt hat.), sofern die Auslegung der Hauptvollmacht dies erlaubt. **189**

Bei der Ermächtigung oder Genehmigung des Verwalters zur Vornahme eines Rechtsgeschäfts mit einem Wohnungseigentümer ist Letzterer gem. §25 Abs. 5 1. Alt. WEG vom Stimmrecht ausgeschlossen. Die Regelungen in §25 WEG sind **abdingbar** durch eine Regelung in der Gemeinschaftsordnung oder durch eine Vereinbarung i.S.d. §10 Abs. 3 WEG, sofern nicht in den Kernbereich des Wohnungseigentums eingegriffen wird. **190**

e) Ruhen des Stimmrecht

191 Nach § 25 Abs. 5 3. Alt. WEG ist ein Wohnungseigentümer vom Stimmrecht nach einem rechtskräftigen Ausschlussurteil gem. § 18 WEG ausgeschlossen. Die Besonderheit ist, dass der betroffene Wohnungseigentümer bei allen Beschlussfassungen nicht mitstimmen darf, egal welchen Inhalts und welchen Gegenstands. Dogmatisch besteht hier ein Streit darum, ob von einem Ruhen des Stimmrechts oder ebenfalls von einem Stimmverbot auszugehen ist. Von einem Ruhen des Stimmrechts kann nur dann gesprochen werden, wenn das Stimmrecht unter gewissen Umständen wieder aufleben kann (Kefferpütz Stimmrechtsschranken, S. 35). Dies ist in der dritten Alternative des § 25 Abs. 5 WEG zu bejahen. Das Wiederaufleben des Stimmrechts ist im Falle einer Verurteilung aufgrund des § 18 Abs. 2 Nr. 2 WEG (Zahlungsrückstand) in § 19 Abs. 2 WEG ausdrücklich geregelt, und zwar dahin, dass vor dem Zuschlag eine Abwendung durch Zahlung erfolgen kann, die ihrerseits das Stimmrecht wieder aufleben lässt. Jedoch lebt das Stimmrecht auch im Falle der Veräußerung – wenn auch erst in der Person des Erwerbers – wieder auf und entsteht nicht etwa neu.

192 Die Eigentümer können weitere Fälle vereinbaren, nach denen das Stimmrecht ruhen soll, z.B. für den Fall eines – auch unverschuldeten – Rückstands mit Wohngeldzahlungen (AG Hannover ZMR 2009, 409: Ratenzahlungsvereinbarung hebt das Ruhen des Stimmrechts nicht auf; BayObLG ZMR 2003, 519). Besteht eine solche Vereinbarung, ist der Verwalter im Regelfall gehalten, bei einer nennenswerten Zahl von säumigen Wohnungseigentümern zu Beginn der Versammlung die jeweiligen Zahlungsrückstände bekannt zu geben. Das Ruhen des Stimmrechts bezieht sich immer nur auf den Wohnungseigentümer selbst und auf von ihm mit seiner Vertretung beauftragte Dritte.

193 Fallen Wohnungseigentümerstellung und Stimmrechtsinhaberschaft ausnahmsweise auseinander, ist hiervon dass Stimmrecht des Insolvenz-, Zwangs- und Nachlassverwalters jedoch nicht betroffen (vgl. BayObLG Rpfl. 1999, 189; Spielbauer/Then § 25 Rn. 31).

3. Stimmrecht und Beschlussfähigkeit

a) Erstversammlung (§ 25 Abs. 3 WEG)

194 Beschlussfähig ist eine Erstversammlung, wenn die (persönlich erschienen oder wirksam vertretenen) **stimmberechtigten** Wohnungseigentümer mehr als die Hälfte der im Grundbuch verzeichneten Mieteigentumsanteile repräsentieren (Riecke/Schmidt/Elzer Eigentümerversammlung, Rn. 538 ff.). § 25 Abs. 3 WEG kann durch eine Vereinbarung dahin gehend abbedungen werden, dass die Beschlussfähigkeit bereits generell gegeben ist, wenn mehr als die Hälfte der Miteigentumsanteile in der Versammlung vertreten sind (BayObLG WuM 2005, 145).

195 Grundsätzlich ist das für die Beschlussfähigkeit erforderliche Quorum anhand der Gesamtzahl der Miteigentumsanteile zu berechnen, so wie sie im Grundbuch eingetragen sind. Regelmäßig sind Stimmverbote bei der Feststellung der Beschlussfähigkeit zu beachten. Die anwesenden, aber nicht stimmberechtigten Wohnungseigentümer sind bei der Berechnung des Quorums für die Beschlussfähigkeit nicht mitzuzählen. Dies gilt unabhängig davon, ob das Stimmverbot dauerhaft oder vorübergehend besteht.

196 Wenn die Stimmberechtigung auch für die nach § 47 GBO maßgebende Ausgangsgröße der im Grundbuch eingetragenen Miteigentumsanteile ohne Bedeutung ist, so spielt sie doch für jeden einzelnen Tagesordnungspunkt im Rahmen der Feststellung der *Beschlussfähigkeit eine Rolle*. Es muss nämlich die Zahl der erschienenen **und auch stimmberechtigten** Wohnungseigentümer/Vertreter das Quorum erreichen. Auch bei

gleich bleibender Zusammensetzung der Wohnungseigentümerversammlung kann die Beschlussfähigkeit Schwankungen unterliegen (Weitnauer/Lüke § 25 Rn. 2). Die gegenteilige Auffassung, wonach bei der Beschlussfähigkeit auch Personen mitzuzählen sind, die kein Stimmrecht haben (KG OLGZ 1989, 38), ist abzulehnen.

Für die Frage der Beschlussfähigkeit ist ohne Bedeutung, wie die erschienenen Stimmberechtigten ihre Stimme abgeben. Insbesondere steht eine angekündigte Stimmenthaltung der Berücksichtigung des stimmberechtigten Wohnungseigentümers bei der Beschlussfähigkeit nicht entgegen. Die Anteile zwar erschienener oder vertretener Wohnungseigentümer, die nicht stimmberechtigt sind, bleiben bei der Auszählung für die Beschlussfähigkeit grundsätzlich unberücksichtigt. Zum Sonderfall der **Einmann-Versammlung** vgl. OLG München ZMR 2008, 409 und Elzer ZMR 2009, 9 sowie F. Schmidt ZMR 2009, 725. Bei einer **Mehrhausanlage** können sich Besonderheiten ergeben. So entschied das BayObLG (ZMR 2000, 319): Die Beschlussfähigkeit einer getrennten Versammlung eines Hauses richtet sich nach den Miteigentumsanteilen, die den Wohnungseigentümern des betroffenen Hauses zustehen. Voraussetzung ist aber, dass die übrigen Eigentümer von dem auf der Versammlung gefassten Beschluss nicht betroffen sind. **197**

Ist dem Versammlungsleiter ausnahmsweise die Unrichtigkeit der im Grundbuch eingetragenen Miteigentumsanteile positiv bekannt, so ist nicht der Grundbuchstand maßgeblich, sondern die wirkliche materielle Rechtslage (Bärmann/Merle § 25 Rn. 98). Nach einigen Stimmen soll die einmal erreichte Beschlussfähigkeit genügen, auch wenn einzelne Anwesende für nachfolgende Tagesordnungspunkte kein Stimmrecht haben (Deckert/Drabek ZWE 2000, 399). Begründet wird dies damit, dass die punktuell Nicht-Stimmberechtigten Anwesenheits- und Rederecht hätten mit der Folge, dass die Versammlung funktionell ihre Aufgabe erfüllen könne. **198**

Sind gem. § 25 Abs. 5 WEG (dauerhaft) mindestens die Hälfte der Miteigentumsanteile vom Stimmrecht ausgeschlossen, ist § 25 Abs. 3 WEG nach h.M. auf die Erstversammlung nicht anzuwenden (OLG Düsseldorf ZMR 1999, 274 = NZM 1999, 269). Die Einberufung einer neuen (Zweit-)Versammlung ist nicht notwendig, da in dieser Fallkonstellation eine Erstversammlung nie beschlussfähig sein könnte (Bärmann/Merle § 25 Rn. 95; Weitnauer/Lüke § 25 Rn. 2; Drasdo Eigentümerversammlung H Rn. 30). **199**

Diese Ausnahme soll nach noch h.M. jedoch nur dann gelten, wenn objektiv vorhersehbar und unabänderlich mindestens 50 % der Miteigentumsanteile vom Stimmrecht ausgeschlossen sind. Liegt dagegen ein Mangel der Stimmberechtigung vor, der in der Zweitversammlung noch behoben werden könnte, verbleibe es bei der Anwendung des § 25 Abs. 3 WEG (KG ZMR 2004, 144; OLG Düsseldorf ZMR 1999, 191; ZMR 1999, 274). Vom KG (ZMR 2004, 144) wird nicht gewürdigt, dass das Fehlen einer ordnungsgemäßen Bevollmächtigung bereits als Nichterscheinen des Vertretenen zu werten ist. Es handelt sich hier nicht um ein Problem des Stimmrechts. Dass bei der Ermittlung des Quorums die nicht erschienenen, aber stimmberechtigten Wohnungseigentümer zu berücksichtigen sind, ist einhellige Meinung. Zur Entscheidung des OLG Düsseldorf (ZMR 1999, 191) ist schon fraglich, ob es sich mit dem Sanktionscharakter einer Vereinbarung oder Regelung in der Gemeinschaftsordnung (Ruhen des Stimmrechts) verträgt, wenn den säumigen Wohnungseigentümern eine zweite Chance gegeben wird. Dies belastet die Wohnungseigentümer, die pünktlich bezahlt haben und nun, um ihre Rechte zu wahren, zu einer weiteren Versammlung erscheinen müssen. Dem ist nicht zu folgen. Vom Stimmrecht Ausgeschlossene haben nicht nur bei der Ermittlung der erschienenen Wohnungseigentümer unberücksichtigt zu bleiben, sondern auch bei der Berechnung der Vergleichsgröße, d.h. bei der Berechnung des Quorums (Häublein NZM 2004, 534 sowie ZMR 2004, 723, 729). Nichts anderes darf m.E. gelten, wenn **200**

weniger als die Hälfte der Miteigentumsanteile einem **dauerhaften Stimmrechtsausschluss** unterliegen. Auch hier sollte das Quorum nur unter Berücksichtigung der stimmberechtigten Wohnungseigentümer gebildet werden (a.A. die h.M.).

Die Eigentümerversammlung ist nur dann beschlussfähig, wenn die erschienenen stimmberechtigten Eigentümer mehr als die Hälfte der Miteigentumsanteile aller Stimmberechtigten auf sich vereinen. Schon der Wortlaut des § 25 Abs. 3 WEG schließt es nicht aus, das Tatbestandsmerkmal »Stimmberechtigten« auch auf den zweiten Satzteil (»mehr als die Hälfte der Miteigentumsanteile«) zu beziehen. Der Zusatz »berechnet nach der im Grundbuch eingetragenen Größe dieser Anteile« kann also nur auf die Anteile der auch **stimmberechtigten** Wohnungseigentümer bezogen werden. Die gegenteilige Auffassung ist ein Zirkelschluss: Das Argument, § 25 Abs. 3 WEG sei bei Stimmrechtsausschluss von mindestens 50 % der Wohnungseigentümer nicht anwendbar und die Versammlung in derartigen Fällen wie eine Zweitversammlung zu behandeln, fällt mit der Prämisse, dass § 25 Abs. 3 WEG keine Anwendung findet. Elzer (Jennißen § 25 Rn. 66) vertritt die Ansicht, dass qualifizierte Beschlussmehrheiten (z.B. §§ 16 Abs. 4, 22 Abs. 2 WEG) die Anforderungen an die Beschlussfähigkeit erhöhen. Das soll auch für § 22 Abs. 1 WEG gelten. Nach hiesigem Verständnis stellt § 25 WEG eine generelle und formelle Mindestanforderung auf, die sich nicht nach erforderlichen Mehrheiten ausrichtet.

Rechtsfolge bei irrtümlicher Annahme der Beschlussfähigkeit nach § 25 Abs. 3 WEG durch den Verwalter. Hat er als Versammlungsleiter einen Beschluss verkündet, obwohl die Versammlung nicht beschlussfähig war, ist der Beschluss anfechtbar, aber nicht nichtig.

b) Zweitversammlung (§ 25 Abs. 4 WEG)

201 Haben die stimmberechtigten Wohnungseigentümer nicht das nach § 25 Abs. 3 WEG vorausgesetzte Quorum erreicht, bedarf es einer Zweitversammlung. Die Erstversammlung ist gem. § 25 Abs. 4 WEG beschlussunfähig. Der Verwalter ist nach § 25 Abs. 4 S. 2 WEG verpflichtet, bei der Einladung die Adressaten darauf hinzuweisen, dass die Zweitversammlung ohne Rücksicht auf die Anzahl der vertretenen Anteile beschlussfähig sein wird. Als **Rechtsfolge** bei Unterlassen des Hinweises durch den Verwalter bzw. Versammlungsleiter ist der Beschluss anfechtbar, aber nicht nichtig.

Sind bei der Zweitversammlung freilich so viele Stimmberechtigte anwesend, dass sogar das nach § 25 Abs. 3 WEG für die Erstversammlung erforderliche Quorum erreicht wird, ist ein Verstoß gegen die Belehrungspflicht unschädlich (Staudinger/Bub Rn. 259; a.A. Drasdo Eigentümerversammlung B. Rn. 208: er lehnt eine Heilung ab, wenn ein Wohnungseigentümer der Zweitversammlung in der Absicht ferngeblieben ist, die dort gefassten Beschlüsse wegen der fehlenden Belehrung anzufechten).

202 Noch nicht obergerichtlich entschieden ist die Frage, ob die Beschlussunfähigkeit vom Versammlungsleiter lediglich festgestellt worden sein muss (ggf. irrtümlich) oder ob diese tatsächlich gegeben gewesen sein muss. In Anlehnung an den Beschluss des BGH v. 23.08.2001 (ZMR 2001, 809) wird man hier die »konstitutive Feststellung« des Versammlungsleiters ausreichen lassen müssen. Von der **Fernwirkung eines Ladungsmangels** (vgl. Spielbauer/Then § 25 Rn. 24) spricht man, wenn die Erstversammlung an einem Ladungsmangel litt, deshalb die Beschlussfähigkeit fehlte und es zur Zweitversammlung kam (vgl. OLG Hamm ZMR 2007, 984). Elzer (ZMR 2009, 7) findet es naheliegend, dass ein kausaler Ladungsmangel bei der Erstversammlung auch Beschlüsse in der Zweitversammlung anfechtbar macht. Der Anfechtungskläger muss den (Ladungs-)Mangel darlegen und die übrigen Wohnungseigentümer müssen dessen fehlende Kausalität beweisen.

Die Zweitversammlung ist vom Verwalter zu **denselben** Tagesordnungspunkten wie die Erstversammlung einzuberufen, auch wenn das Gesetz nur von einem »gleichen Gegenstand« spricht. Außerdem ist im Protokoll festzuhalten, dass die Beschlüsse im Rahmen einer Zweitversammlung gefasst worden sind (vgl. OLG Frankfurt ZWE 2007, 84). Handelt es sich nur bzgl. einzelner Tagesordnungspunkte um eine Zweitversammlung, ist auch dies zu protokollieren. Wenn der Verwalter in die neue Tagesordnung **zusätzliche** Tagesordnungspunkte aufnimmt, handelt es sich um eine kombinierte Erst- und Zweitversammlung, mit der Folge, dass nur für die neuen Tagesordnungspunkte das Quorum des §25 Abs.3 WEG erfüllt sein muss. Wird die Zweitversammlung verlegt, so bedarf es des erneuten Hinweises auf die Beschlussfähigkeit ohne Erreichen des Quorums nicht mehr (KG ZMR 2004, 144). 203

Eine Eventualeinberufung für den Fall der Beschlussunfähigkeit der Erstversammlung (§25 Abs.4 WEG) kann nicht schon mit der ersten Einladung verbunden werden, sofern das nicht vereinbart ist (vgl. oben Rdn.64, 65; OLG Frankfurt NZM 2007, 806 = ZWE 2007, 84). Ein Beschluss, der die Möglichkeit einer Eventualeinberufung der Wohnungseigentümerversammlung regelt, ist nichtig (LG Mönchengladbach NZM 2003, 245). Überholt ist die Auffassung des Kammergerichts (ZMR 2000, 698 = WuM 2000, 503; ihr noch folgend allerdings Spielbauer/Then §25 Rn.25 a.E., der mit dem Kammergericht im Ergebnis nur bei einem Einzelfallbeschluss – Wirkung nur für die nächste Eigentümerversammlung – übereinstimmt, aber wie hier vertreten auch bei einem Beschluss, der die Möglichkeit gibt, künftig generell Eventualeinberufungen durchzuführen, wegen der gesetzesändernden Wirkung mangels Beschlusskompetenz als nichtig ansieht), wonach ein mit Stimmenmehrheit gefasster Eigentümerbeschluss, der in Abweichung von **§25 Abs.4** WEG vorsieht, dass mit der Einladung zur Eigentümerversammlung zugleich zur Ersatzversammlung am selben Tag geladen werden kann, nicht nichtig ist, sondern mangels rechtzeitiger Anfechtung bindend (vgl. BayObLG WuM 1989, 658 = WE 1991, 49) werden kann. Hier handelt es sich lediglich um einen nichtigen Anwendungsbeschluss für geplantes künftiges rechtswidriges Vorgehen (vgl. Riecke/Schmidt/Elzer 4. Aufl. Rn.134).

4. Feststellung und Berechnung der Stimmenmehrheit

a) Geltung des Kopfprinzips

Bei Geltung des Kopfprinzips (§25 Abs.2 S.1 WEG) steht abweichend von §745 BGB jeder natürlichen oder juristischen Person als Wohnungseigentümer eine Stimme zu. Unabhängig davon, wie groß die Zahl der von ihr gehaltenen Miteigentumsanteile oder Wohnungseinheiten ist. Bei Bruchteilseigentum haben die Mitberechtigten insgesamt nur eine Stimme (LG Bremen ZMR 2004, 535). Ist die Geltung des sog. Kopfprinzips gem. **§25 Abs.2 S.1 WEG** in der Teilungserklärung nicht abbedungen, hat ein Ehepaar, dem (gemeinsam) zwei Wohnungseigentumseinheiten gehören in der Eigentümerversammlung nur eine Stimme (AG Hamburg-St. Georg ZMR 2006, 81; a.A. Happ WE 2005, 174). Durch Veräußerung des Wohnungseigentums – auch an nahe Angehörige – kommt es (nur) beim Kopfprinzip zur Stimmrechtsvermehrung (OLG München ZMR 2006, 950). 204

b) Geltung des Wert- oder Objektprinzips

Die Regelung in §25 Abs.2 WEG ist dispositiv. Durch eine Vereinbarung kann deshalb wirksam das Wert- oder Objektprinzip vereinbart werden. Hierbei ist eine Anknüpfung an die Zahl der Wohnungen (Objektprinzip) oder die Miteigentumsanteile (Wertprinzip) möglich. **Zwingend** ist dagegen das Kopfprinzip bei den doppelt qualifizierten Mehrheiten nach §§16 Abs.4 und 22 Abs.2 WEG; nicht aber im Fall von §16 Abs.3 WEG. 205

c) Gemeinschaftliches Wohnungseigentum

206 Sind Bruchteils-, Erben- oder Gütergemeinschaften als Wohnungseigentümer im Grundbuch eingetragen, verlangt § 25 Abs. 2 S. 2 WEG von ihnen eine einheitliche Stimmrechtsausübung (für die als teilrechtsfähig angesehene BGB-Außen-Gesellschaft [BGHZ 146, 341 = ZMR 2001, 338 = MDR 2001, 459] und Personenhandelsgesellschaften bedarf es dieser Sonderregelung nicht). Der Versammlungsleiter hat bei Erscheinen nur eines Mitberechtigten dessen Vollmacht zu prüfen; im Streitfall kann er bei unklarer Vertretungsbefugnis die Stimmabgabe zurückweisen, denn es spricht keine Anscheinsvollmacht zugunsten des Erschienenen. Beim Kopfstimmrecht und nur zum Teil personenverschiedenen Mitberechtigtengemeinschaften gelten diese grundsätzlich als verschiedene oder mehrere Köpfe (vgl. OLG Frankfurt ZMR 1997, 156: Zu dem gesetzlichen Kopfstimmrecht gem. § 25 Abs. 2 S. 1 WEG, das durch eine Alleinberechtigung an Wohnungseigentum begründet wird, kommt das Stimmrecht hinzu, das einer Rechtsgemeinschaft (hier: Bruchteilsgemeinschaft), welcher auch der Alleineigentümer angehört, an weiterem Wohnungseigentum zusteht). Ausnahmsweise gilt dies jedoch nicht, und zwar wenn ein Mitberechtigter mehrere solcher Gemeinschaften dominiert (sehr str.; vgl. auch Happ WE 2005, 174 sowie AG Hamburg-St. Georg ZMR 2006, 81 = WE 2005, 246). Der Grundsatz, dass bei unterschiedlichen Beteiligungen der Wohnungseigentümer beim Kopfstimmrecht jeweils eine gesonderte Stimme besteht für die einzelne Rechts- oder Miteigentümergemeinschaft, erfährt dann eine Einschränkung, wenn ein Wohnungseigentümer an mehreren unterschiedlichen Rechtsgemeinschaften **mehrheitlich** beteiligt ist, da er seinen Willen jeweils in sämtlichen Rechtsgemeinschaften durchsetzen kann. Andernfalls würden ihm somit – entgegen dem Kopfprinzip – mehrere Stimmen zukommen (LG Hamburg ZMR 2008, 827).

207 Eine uneinheitliche Stimmabgabe der Mitberechtigten ist nicht als Stimmenthaltung, sondern als ungültige Stimme zu werten (OLG Düsseldorf ZMR 2004, 53, 54). Beim Kopfstimmrecht und nur zum Teil personenverschiedenen Mitberechtigtengemeinschaften gelten diese grundsätzlich als verschiedene oder mehrere Köpfe. Ausnahmsweise gilt dies jedoch nicht, und zwar wenn ein Mitberechtigter mehrere solcher Gemeinschaften dominiert.

d) Unterteilung von Wohnungseigentum

208 Die Unterteilung einer Wohnungseigentumseinheit (vgl. Elzer in Riecke/Schmid WEG § 8 Rn. 63 ff.) kann sich auf das **Stimmrecht** des unterteilenden Eigentümers und der von ihm erwerbenden künftigen Eigentümer in der Versammlung der Eigentümer auswirken. Zu unterscheiden ist insoweit nach Wert-, Kopf- und Objektstimmrecht.

aa) Wertstimmrecht

209 Keine Schwierigkeiten entstehen, wenn die Wohnungseigentümer in zulässiger Weise (BayObLG ZMR 2002, 527, 528) eine von § 25 Abs. 2 S. 1 WEG abweichende Vereinbarung getroffen haben, wonach sich das Stimmrecht nicht nach der Anzahl der Wohnungseigentümer, sondern nach der Höhe der Miteigentumsanteile (Wertstimmrecht) richten soll. Die übrigen Wohnungseigentümer werden hier durch eine Unterteilung nicht beeinträchtigt (Wedemeyer NZM 2000, 638, 639); ihre Stimme hat in der Versammlung auch nach der Unterteilung denselben Erfolgswert. Gesamtstimmenzahl und Gewicht bleiben unverändert.

bb) Objekt- und Kopfstimmrecht

Etwas anderes gilt, wenn ein Objektstimmrecht vereinbart ist oder die Eigentümer bei dem gesetzlichen Kopfstimmrecht nach §25 Abs. 1 S. 1 WEG geblieben sind. In beiden Fällen könnte durch eine Unterteilung die Mehrheit in der Versammlung bzw. der Erfolgswert einer Stimme und damit in unzulässiger Weise der Status der anderen Eigentümer verändert werden. **210**

Bei Vereinbarung des Objektstimmrechts darf aber eine Unterteilung selbst im Falle einer Veräußerung nicht zu einer Stimmrechtsvermehrung (BGH MDR 2004, 1403 m. Anm. Riecke/Schmid = ZMR 2004, 834) führen. Es kommt vielmehr zu einer Spaltung des Stimmrechts (KG ZfIR 2004, 677 m. Anm. Riecke = ZMR 2004, 705; Briesemeister NZM 2000, 992, 994; a.A. Wedemeyer NZM 2000, 638). §25 Abs. 2 S. 2 WEG gilt für die beiden jetzt rechtlich selbstständigen Einheiten nicht. Dies ermöglicht zwar nicht eine quantitative Änderung der Stimmrechte, wohl aber eine qualitative; d.h. es werden durch halbe Stimmen neue Abstimmungsergebnisse (wie 2,5 zu 1,5 in Kleinanlagen) möglich. **211**

Bei Geltung des gesetzlichen Kopfstimmrechts soll es dagegen bei einer Unterteilung zu einer **Vermehrung** von Stimmrechten kommen (OLG München ZMR 2006, 950: Veräußert ein Wohnungseigentümer, dem mehrere Wohnungen gehören, einzelne davon, kommt es bei Geltung des gesetzlichen Kopfprinzips zu einer Vermehrung der Stimmrechte, BayObLG ZMR 2002, 527; KG ZMR 2000, 191; a.A. Elzer in Riecke/Schmid WEG §8 Rn. 72), wenn ein neu geschaffenes Wohnungseigentum an den Erwerber veräußert wird. Hier kommt man letztlich zu einem Ergebnis, wie es auch dann entsteht, wenn ein Wohnungseigentümer mehrere Einheiten hält und diese sukzessive veräußert (KG WE 1994, 370). So entschied auch das OLG Düsseldorf (ZMR 2004, 696), dass wenn ein Wohnungseigentum zwei Eigentümern je zur Hälfte gehört und diese dasselbe in der Weise aufteilen, dass einer von ihnen zugleich Alleineigentümer einer weiteren Wohnung wird, beim Kopfstimmrecht zu dem der Rechtsgemeinschaft zustehenden Stimmrecht ein durch die Alleinberechtigung begründetes weiteres Stimmrecht hinzukommt (s.a. OLG Frankfurt/M. ZMR 1997, 156). **212**

e) Stimmenthaltung

Stimmenthaltungen sind bei der Bestimmung der Mehrheit i.S.v. §25 Abs. 1 WEG nicht mitzuzählen. Stimmenthaltungen werden nicht wie Nein-Stimmen gezählt, sondern als Null-Stimmen gewertet (BGHZ 106, 179, 183). Entscheidend ist allein, ob die abgegebenen Ja-Stimmen die Nein-Stimmen überwiegen. Wer sich der Stimme enthält, will – aus welchen Motiven auch immer – weder ein zustimmendes noch ein ablehnendes Votum, sondern seine Unentschiedenheit bekunden. Er will auf die Beschlussfassung nicht anders einwirken, als wenn er der Versammlung ferngeblieben wäre oder sich vor der Abstimmung entfernt hätte. Enthalten sich alle Stimmberechtigten kommt auch kein Negativbeschluss zustande (OLG München ZMR 2007, 480 = NJW-RR 2007, 1096). **213**

Checkliste

Als **Inhaber des Stimmrechts** in Bezug auf ein Wohnungs- oder Teileigentum in der Eigentümerversammlung kommen in Betracht:

- ein werdender Wohnungseigentümer; aber kein Zweiteigentümer
- der aktuelle Wohnungseigentümer

neben dem jeweiligen Wohnunseigentümer

- ein Zwangsverwalter
- ein Testamentsvollstrecker

anstelle des jeweiligen Wohnungseigentümers
- ein Nachlassverwalter
- ein Insovenzverwalter

kein Stimmrecht besitzen
- Nießbraucher
- Grundschuld- und Hypothekengläubiger
- Mieter und Pächter

Besonderheiten gelten
- wenn mehrere Berechtigte das Stimmrecht besitzen, § 25 Abs. 2 S. 2 WEG
- bei Stimmrechtsvollmachten
- Stimmrechtsausschlüssen.

f) Änderung der Stimmgewichtung

214 Auch wenn eine Öffnungsklausel besteht (vgl. Elzer in Riecke/Schmid WEG § 10 Rn. 275 ff.), kann eine Änderung der Stimmgewichtung nur allstimmig erfolgen (OLG Celle ZMR 2003, 221, 223; a.A. die h.M. vgl. Elzer in Riecke/Schmid WEG § 10 Rn. 283). Eigentümer, die z.B. ein durch Unterteilung entstandenes Raumeigentum erworben haben, können ggf. aus § 10 Abs. 2 S. 3 WEG oder §§ 242, 313 BGB i.V.m. mit dem Gemeinschaftsverhältnis einen **Änderungsanspruch** auf Veränderung und Anpassung der Stimmrechte haben. Außerdem ist vorstellbar, einen Änderungsanspruch im Wege der ergänzenden Auslegung (dagegen jetzt BGH ZMR 2010, 778; vgl. Elzer in Riecke/Schmid WEG § 10 Rn. 199) der Vereinbarung, die das Stimmrecht abgeändert hat, zu ermitteln (BGH ZMR 2004, 834, 838). I.d.R. wird diese Auslegung aber ergebnislos sein. Schließlich ist schon die Größe der Miteigentumsanteile frei bestimmbar; ebenso wenig besteht eine Ermessensreduzierung. Nicht zulässig ist der vollständige dauerhafte Entzug des Stimmrechts, weil dies einen Eingriff in den Kernbereich des Wohnungseigentums beinhaltet. Dagegen kann qua Vereinbarung einem Wohnungseigentümer ein Vetorecht (BayObLG NJW-RR 1997, 1305) eingeräumt werden.

g) Stimmrecht in der Mehrhausanlage

215 An verschiedenen Gebäuden können Untergemeinschaften gebildet werden, die jeweils nur die auf ihr Gebäude entfallenden Kosten tragen sollen (BayObLG ZMR 2001, 209 für Teileigentümer einer Tiefgarage; BayObLG ZMR 2000, 319 für eine Mehrhausanlage). Dies führt auch zu einem gegenständlich beschränkten Stimmrecht (AG Köln ZMR 2009, 234; AG München ZMR 2009, 238). Schon früh hatte das BayObLG eine solche Beschränkung des Stimmrechts erkannt (BayObLG NJW 1962, 492 = Rpfl 1962, 61). Sie wird auch als Block- oder Gruppenstimmrecht bezeichnet (zu Einzelheiten vgl. Göken Die Mehrhausanlage im Wohnungseigentumsrecht, S. 20 ff.). Dagegen vertritt Hügel (Bamberger/Roth § 25 Rn. 4) die Ansicht, dass ohne entsprechende Vereinbarung keine Einschränkung des Kreises der stimmberechtigten vorgenommen werden könne (vgl. Jennißen/Elzer § 25 Rn. 44).

h) Stimmauszählung

216 In geeigneten Fällen – insbesondere bei eindeutigen Abstimmungen – darf das Ergebnis der Abstimmung im Wege der sog. Subtraktionsmethode ermittelt werden (BGH ZMR 2002, 936). Wer an der Versammlung teilnimmt und nicht abstimmt, wird der dritten, nicht abgefragten, Alternative zugerechnet (so jetzt auch Drasdo Eigentümerversammlung 4. Aufl., Rn. H 53). I.Ü. ist es eine Frage der Geschäftsordnung, ob die Abstimmung durch Handzeichen, Stimmkarten, Zählmaschinen oder Hammelsprung erfolgt.

III. Regelungsinstrumente der Wohnungseigentümer

1. Grundsätzliches

Wohnungseigentümer können ihre Angelegenheiten durch **Beschluss** oder durch **Vereinbarung** regeln. Vereinbarung und Beschluss stehen allerdings nicht in gleicher Weise als Regelungsinstrument zur Verfügung. Aus den Bestimmungen der §§ 10 Abs. 2 S. 2, 23 Abs. 1 WEG folgt die Regel, dass die Eigentümer eine Angelegenheit **grundsätzlich vertraglich** regeln müssen. Diese Regelung entspricht dem allgemeinen Recht: Eine rechtsgeschäftliche Bindung ist prinzipiell das Ergebnis eines Schuldverhältnisses zwischen sämtlichen Parteien und nicht das Ergebnis des Willens einer Mehrheit. Die Möglichkeit, jemanden an die Entscheidung eines oder mehrerer anderer zu binden, bedarf stets **besonderer Legitimation** (zu den Beschlusskompetenzen s. Rdn. 331 ff.). Diese **Begrenzung von Mehrheitsmacht** wird durch § 23 Abs. 1 WEG herausgestrichen. Eine Angelegenheit kann danach nur beschlossen werden, wenn die Wohnungseigentümer hierzu befugt sind (BGH BGHZ 145, 158 [Zitterbeschluss] = NJW 2000, 3500 = ZMR 2000, 771). 217

Die Wohnungseigentümer können jederzeit im Rahmen der vom Grundgesetz garantierten Privatautonomie für das Verhältnis unter sich eine Vereinbarung treffen. Etwas anderes gilt nur, soweit das Gesetz eine Angelegenheit **nicht ausnahmsweise abschließend** geregelt hat. Dies ist nur ganz selten der Fall (s. dazu Rdn. 368 ff.). Beschlüsse sind hingegen nur rechtmäßig, wenn das Gesetz oder eine Vereinbarung (**Öffnungsklausel**; s. dazu Rdn. 388 ff.) den Wohnungseigentümern für die entsprechende Angelegenheit ausdrücklich eine Beschlusskompetenz einräumt und damit Mehrheitsmacht legitimiert. Fehlt es an einer solchen Kompetenznorm, ist ein Beschluss rechtswidrig und – wenn er eine Vereinbarung oder das Gesetz ändern will – sogar nichtig. 218

Hinweis 219

Treffen sämtliche Wohnungseigentümer eine Bestimmung, sagt der in der Bestimmung behandelte Gegenstand nur bedingt etwas darüber aus, welches Instrument anzunehmen ist. Die **wesentlichen** Unterscheidungskriterien zwischen Vereinbarungen und Beschluss sind vielmehr:
- Zustandekommen
- Bindungswirkung
- Angreifbarkeit
- Grenzen.

a) Art des Zustandekommens

Vereinbarungen sind Verträge. Sie kommen **formfrei** durch eine entsprechende Übereinkunft der Eigentümer zustande – ggf. auch konkludent (Rdn. 269). Ein Beschluss kommt hingegen auf die Abstimmung der Wohnungseigentümer über einen Beschlussantrag, die Feststellung des Versammlungsleiters, dass der Beschlussantrag die jeweils notwendige Mehrheit auf sich vereinigt hat sowie die entsprechende Verkündung des Versammlungsleiters zustande. 220

b) Bindungswirkung

An eine Vereinbarung ist jeder aktuelle Eigentümer ebenso wie an einen Beschluss gebunden, soweit diese nicht nichtig sind. Ein Sondernachfolger ist an eine Vereinbarung gebunden, wenn diese im Grundbuch nach § 10 Abs. 3 WEG eingetragen und zum Inhalt des Sondereigentums gemacht worden ist. An einen Beschluss ist jeder Wohnungseigentümer sowie ein Sondernachfolger gem. § 10 Abs. 4 S. 1 WEG hingegen ohne weiteres gebunden. 221

c) Angreifbarkeit

222 Eine Vereinbarung kann jenseits von § 10 Abs. 2 S. 3 WEG nicht »angegriffen« werden. Die Vertragsschließenden sind an sie gebunden, es sei denn, dass sie ausnahmsweise die Grenzen der Privatautonomie überschritten hat. Ein Beschluss kann hingegen in einem geregelten Verfahren, der Anfechtungsklage nach §§ 43 Nr. 4, 46 WEG dahin überprüft werden, ob er formell ordnungsmäßig zustande gekommen ist, ob er nicht gegen das Gesetz oder eine Vereinbarung verstößt, ob er keine Ermessensfehler aufweist und ob er i.S.v. § 21 Abs. 4 WEG ordnungsmäßig ist.

d) Grenzen

223 Die der Privatautonomie der Wohnungseigentümer gesetzten Grenzen gelten grundsätzlich in gleicher Weise für Vereinbarungen und Beschlüsse. Wo etwas nicht vereinbart werden kann, kann es auch nicht beschlossen werden. Soweit eine Regelung von einer Vereinbarung oder dem Gesetz abweichen und Grundlage mehrerer Entscheidungen sein will, kann sie allerdings nicht beschlossen, sondern nur vereinbart werden. Die Kompetenz, etwas zu vereinbaren, ist weiter als die Kompetenz, etwas zu beschließen.

2. Unterscheidung zwischen Vereinbarung und Beschluss

224 Trotz der ganz grundlegenden Unterschiede zwischen Vereinbarung und Beschluss kann es im **Einzelfall** durchaus **zweifelhaft** sein, welche Entscheidungsform vorliegt. Eine Unterscheidung ist dann notwendig und angezeigt, wenn in einer Eigentümerversammlung sämtliche Wohnungseigentümer anwesend oder vertreten sind und sämtliche Stimmberechtigten einem Beschlussantrag zustimmen (»allstimmiger Beschluss«). Auf welche Weise in diesem Falle die Unterscheidung erfolgen muss ist **umstritten**.

225 Nach der überkommenden und wohl auch noch herrschenden **Rechtsprechung** ist die Abgrenzung nach dem **Gegenstand der getroffenen Regelung vorzunehmen** (OLG Hamburg ZMR 2008, 154, 155; OLG Hamm ZMR 2005, 400; LG Karlsruhe v. 26.03.2010 – 11 S 140/09). Eine Regelung ist danach als Beschluss zu qualifizieren, wenn ihr Gegenstand einem solchen zugänglich ist. Demgegenüber ist eine Vereinbarung als gewollt anzusehen, wenn ihr Gegenstand eine solche »erfordert«, also für eine Regelung durch Beschluss keine Kompetenz besteht (OLG Hamm ZMR 2005, 400; OLG Hamm WE 1997, 32 = FGPrax 1997, 15 = ZMR 1996, 671, 676; BayObLG NJW-RR 2003, 9, 10 = ZMR 2002, 848, 850; BayObLGZ 2001, 73, 76; OLG Zweibrücken FGPrax 2001, 183 = ZMR 2001, 735; WE 1997, 234; OLG Düsseldorf ZMR 2001, 649, 650 = DWE 2001, 152). Diese Art und Weise der Abgrenzung besitzt für die Wohnungseigentümer **Vor- und Nachteile**. Die Einordnung als Vereinbarung vermeidet einerseits dort eine Nichtigkeit, wo für einen Gegenstand keine Beschlusskompetenz besteht und die Regelung durch Beschluss unwirksam wäre. Die Einordnung als Beschluss erlaubt es andererseits, nach § 10 Abs. 4 WEG die Bindung eines Sondernachfolgers an eine Entscheidung auch ohne Eintragung in die Wohnungsgrundbücher anzunehmen. Als Vereinbarung verstanden wäre eine nicht eingetragene Regelung hingegen hinfällig.

226 Die von der Rechtsprechung getroffene Abgrenzung nach dem Gegenstand der getroffenen Regelung mag im Einzelfall für die Wohnungseigentümer vorteilhaft sein. Sie überzeugt aber nicht in ihren Ergebnissen. Vereinbarungen und Beschlüsse unterscheiden sich grundlegend nach ihrem **Zustandekommen** (Rdn. 220). Wenn die Wohnungseigentümer sich für ein bestimmtes Regelungsinstrument entschieden haben, sind sie daran ungeachtet damit verbundener Nachteile **festzuhalten**. Eine Austauschbarkeit ist nicht vorstellbar. Ob die Wohnungseigentümer sich zur Regelung ihrer Rechtsbeziehungen eines –

wenn auch möglicherweise nicht wirksamen – Beschlusses oder einer Vereinbarung bedienen, hängt daher **allein von ihrem Willen** ab (Häublein ZMR 2000, 423, 425). Für eine Auslegung ist mithin allein maßgeblich, welche Entscheidungsform die Wohnungseigentümer **wählten wollten** und wie die äußeren Umstände zu werten sind, also auf welche Art und Weise die Entscheidung zustande gekommen ist (OLG Köln NJW-RR 1992, 598; Wenzel NZM 2003, 17, 219; Häublein ZRM 2000, 423, 425). Hierfür kann die Beschluss-Sammlung eine Hilfstatsache (Indiz) sein, aber auch die Niederschrift (Wenzel FS Deckert [2002], S. 517, 523). Heißt es in der Niederschrift, dass die Wohnungseigentümer einen Beschluss gefällt haben, liegt hierin sogar ein wichtiges Indiz für die Tatsache, dass die Wohnungseigentümer über einen Beschlussgegenstand abgestimmt und einen Beschluss gefasst haben (**a.A.** BayObLG NJW-RR 1992, 81, 83 = ZMR 1991, 489 = WE 1992, 233; OLG Karlsruhe MDR 1983, 672). Hat der Versammlungsleiter zu einer Abstimmung über einen Beschlussantrag aufgerufen, der in der Tagesordnung angekündigt war, und stellt er nach der Abstimmung das Ergebnis fest und verkündet es, liegt ein Beschluss vor (Wenzel FS Deckert [2002], S. 517, 523). Dies ist auch dann anzunehmen, wenn es an einer Beschlusskompetenz fehlt und der Beschluss allstimmig ist. Wollten die Wohnungseigentümer einen Vertrag schließen, ist dieser auch dann anzunehmen, wenn dieser durch einen Sondernachfolger »hinfällig« wird, ein Beschluss hingegen nach § 10 Abs. 4 WEG zu einer Bindung führen würde.

Kann auch im Wege der Auslegung nicht ermittelt werden, welche Entscheidungsform die Wohnungseigentümer im Auge hatten, ist nach dem **Günstigkeitsprinzip** subsidiär zu prüfen, ob die konkrete Angelegenheit durch Beschluss geregelt werden konnte oder ob eine Vereinbarung notwendig war. Nach dem Günstigkeitsprinzip haben die Eigentümer die Entscheidungsform gewählt, in der sie ihren Willen durchsetzen konnten. **227**

IV. Vereinbarungen im Wohnungseigentumsrecht

1. Einführung

Das Wohnungseigentumsgesetz kennt zwei Arten von Vereinbarungen. Sie werden in der Praxis immer wieder **verwechselt**. Die Wohnungseigentümer können zum einen vereinbaren, welche im Ergebnis **sachenrechtlich zu verstehenden Grundlagen** zwischen ihnen gelten sollen (vgl. auch § 5 Abs. 3 WEG, wonach in die Bestimmung des § 5 Abs. 1 WEG eingegriffen werden kann). Angesprochen sind hiermit die Grenzen von Gemeinschafts- und Sondereigentum, die Höhe und Anzahl der Miteigentumsanteile sowie – das ist streitig und wird von der h.M. anders gesehen – die Zweckbestimmungen im weiteren Sinne. Vereinbarungen zu diesen Punkten sind von der mit § 10 WEG angesprochenen inhaltlichen Ausgestaltung des Gemeinschaftsverhältnisses **zu unterscheiden** und keine Vereinbarung i.S.v. § 10 Abs. 2 S. 2 WEG (BGH ZMR 2005, 59 = NJW 2005, 10; BGH NZM 2003, 480 = NJW 2003, 2165, 2166; BayObLG BayObLGZ 2001, 279, 283 = NZM 2002, 70). Auch Vereinbarungen, durch die ein Wohnungseigentümer ermächtigt oder bevollmächtigt wird, eine sachenrechtlich zu verstehende Vereinbarung zu verändern, unterfallen nicht § 10 Abs. 2 und Abs. 3 WEG (BGH NJW 2003, 2165, 2166 = MDR 2003, 864; BayObLG BayObLGZ 2001, 279, 283). Die Besonderheit dieser Vereinbarungen besteht mithin darin, dass sie nach § 4 Abs. 2 WEG der für die Auflassung vorgeschriebenen **Form bedürfen** und dass sie nach § 4 Abs. 1 WEG **nur wirksam sind**, wenn sie im Grundbuch eingetragen sind. **228**

Neben solchen vom Sachenrecht her zu verstehenden Vereinbarungen gibt es nach § 10 Abs. 2 S. 2 WEG Vereinbarungen **über das Verhältnis der Wohnungseigentümer untereinander**. Diese Vereinbarungen sind ein allseitiger schuldrechtlicher Vertrag (BGH **229**

NJW 1984, 612, 613) der Wohnungseigentümer in Bezug auf ihre aus ihrem Wohnungseigentum herrührenden Rechte, der vor allem, aber nicht nur dem Zweck dient, ihre **Innenbeziehungen** zu regeln (BGH MDR 2003, 863). Diese – in der Praxis viel bedeutsameren – Vereinbarungen regeln, inwieweit abweichend von §§ 10 bis 29 WEG etwas anderes gelten soll. Diese Vereinbarungen sind **formfrei** (Rdn. 269) und müssen **nicht im Grundbuch** eingetragen werden. Ihre Eintragung im Grundbuch erfolgt i.d.R. zwar auch. Die Eintragung erfolgt aber nicht wegen einer gesetzlichen Anforderung, sondern wegen eines durch die Eintragung herbeiführbaren Ergebnisses: Durch die Eintragung kann eine solche Vereinbarung nach § 5 Abs. 4 S. 1 WEG zum Inhalt eines jeden Sondereigentums gemacht werden und bindet damit nicht nur die Vertragsschließenden, sondern nach § 10 Abs. 3 WEG auch ihre Sondernachfolger.

230 Verträge über **andere Gegenstände**, z.B. eine Regelung zur Benutzung eines Nachbargrundstücks, sind keine Vereinbarungen i.S.v. §§ 5 Abs. 4 S. 1, 10 Abs. 2 S. 2 WEG (OLG Hamburg Rpfleger 1980, 112; BayObLG Rpfleger 1979, 420; OLG Frankfurt/M. Rpfleger 1975, 179). Um die Verhältnisse der Wohnungseigentümer zu einem Dritten zu ordnen, z.B. eine Baulast, ein Grunddienstbetrieb oder eine teilweise Veräußerung bedarf es grundsätzlich eines **weiteren** gegenüber diesem vorgenommenen **Rechtsgeschäfts**. Allerdings können Verträge gegenüber Dritten **zugleich** eine Vereinbarung der Wohnungseigentümer sein, etwa bei einem Vergleich. Ferner bedarf das Innenverhältnis der Wohnungseigentümer gegenüber ihren Funktionsträgern dann keines weiteren Rechtsgeschäftes, wenn die Regelung die Pflichten nur konkretisiert. Haben die Eigentümer in einer Vereinbarung beispielsweise bestimmt, dass ihre jährliche Versammlung immer am 1. Freitag im Mai stattfinden soll, ist der Verwalter hieran gebunden.

2. Vereinbarungen i.S.v. § 10 WEG

a) Zustandekommen

231 Vereinbarungen der Wohnungseigentümer i.S.v. § 10 Abs. 2 S. 2 WEG kommen durch korrespondierende, einander entsprechende Willenserklärungen zustande. Sie können auch dadurch geschlossen werden, dass die Wohnungseigentümer **sukzessive einem Vertragstext** zustimmen (KG WE 1989, 135; zum Vertragsschluss durch Zustimmung zu einem Text s. Merle PiG 71, 251, 255 ff.). Stimmen einer Vereinbarung nicht alle Wohnungseigentümer zu, ist diese nicht zustande gekommen; es liegt dann auch **kein Beschluss** vor (Schuschke NZM 2001, 497, 499). Nicht die Vereinbarung, wohl aber die ihr zugrunde liegende Willenserklärungen unterliegen den allgemeinen Vorschriften des BGB. Jeder Wohnungseigentümer kann daher seine Willenserklärung z.B. anfechten (Schuschke NZM 2001, 497, 499). Ferner sind etwa §§ 133, 157, 242 BGB einschlägig. §§ 320 ff. BGB sind nur insoweit anwendbar, wie sie auf die Besonderheiten des WEG Rücksicht nehmen. Die Einrede des nichterfüllten Vertrages scheidet z.B. aus.

b) Gegenstand

232 Gegenstand einer Vereinbarung i.S.v. § 10 Abs. 2 S. 2 WEG ist vor allem das **Verhältnis der Wohnungseigentümer** untereinander in Ergänzung oder Abweichung von Vorschriften des WEG sowie die Abänderung oder Aufhebung solcher Vereinbarungen (nach einer Minderansicht nur). Vereinbarungen der Wohnungseigentümer haben **idealtypisch** eine Bestimmung zum Inhalt, die abstrakt-allgemein und rechtsgestaltend eine unbestimmte Anzahl von Einzelfällen betrifft, indem sie für diese das Gesetz oder eine andere Vereinbarung ändern oder ergänzen. Vereinbarungen sind also im Grundsatz – wie auch das Gesetz – regelmäßig auf Dauer angelegt und auf die Zukunft ausgelegt.

Auf diese Materien sind Vereinbarungen nach den allgemeinen Grundsätzen und h.M. aber nicht beschränkt. Die Wohnungseigentümer sind bereits nach dem Gesetz befugt, Vereinbarungen zum Verband zu treffen (vgl. § 27 Abs. 3 S. 1 Nr. 7 WEG). Es ist weiter nicht ausgeschlossen, dass die Eigentümer etwas vereinbaren, was bereits im Gesetz selbst geregelt ist. Die Wohnungseigentümer steht es schließlich frei, die »Handlungsform« Vereinbarung auch dann zu wählen, wenn sie für den Regelungsgegenstand auch eine Beschlusskompetenz besäßen (Wenzel ZWE 2001, 226, 213; Schuschke NZM 2001, 497, 498; Lüke ZfIR 2000, 881, 883). In **allen Beschlussmaterien** ist auch eine Vereinbarung möglich (str.). Eine solche Vereinbarung ist aber ggf. nicht »beschlussfest«. Ist im Einzelfall zweifelhaft, welche Entscheidungsform vorliegt, muss durch Auslegung ermittelt werden, was vorliegt. 233

c) Möglichkeit einer Vereinbarung

Die Wohnungseigentümer haben nach § 10 Abs. 2 S. 2 WEG keine Möglichkeit, durch eine Vereinbarung **zwingendes Recht** abzuändern oder zu ergänzen (s. dazu Rdn. 367 ff.). Eine entsprechende Vereinbarung wäre ebenso wie ein Beschluss nach § 134 BGB nichtig. Die Wohnungseigentümer sind gem. § 10 Abs. 2 S. 2 WEG hingegen berechtigt, **sämtliche dispositiven gesetzlichen Regelungen** – und natürlich ihre eigenen Vereinbarungen – im Wege der Vereinbarung zu ergänzen oder abweichend zu vereinbaren. 234

d) Erforderlichkeit einer Vereinbarung

Eine der Kernfragen des Wohnungseigentumsrechts ist es, ob die Eigentümer eine Angelegenheit beschließen können oder ob für diese eine **Vereinbarung notwendig** ist (Hügel MietRB 2004, 294, 295). Im Grundsatz gilt zwar, dass die Wohnungseigentümer immer dort eine Vereinbarung schließen müssen, wo das Gesetz oder eine Vereinbarung keine Beschlusskompetenz gewähren. 235

Diese Sichtweise würde aber den Blick darauf verkürzen, dass es Beschlüsse gibt, die zwar rechtswidrig sind, die aber die Wohnungseigentümer binden, wenn sie nicht rechtzeitig angefochten werden, vgl. § 23 Abs. 4 WEG. Das Gesetz akzeptiert es bis zu **einem gewissen Punkt**, dass die Wohnungseigentümer auch durch einen rechtswidrigen Beschluss ihre Geschicke bestimmen. Erst wenn eine – allerdings ungeschriebene – Grenze überschritten ist, scheiden Beschlüsse als Regelungsinstrument aus. Zur Untersuchung dieser Frage wird allgemein zwischen gesetzes- oder vereinbarungsändernden, vereinbarungsersetzenden und gesetzes- oder vereinbarungswidrigen Beschlüssen unterschieden. 236

aa) Gesetzes- oder vereinbarungsändernde Beschlüsse

Die Wohnungseigentümer können ihre Angelegenheiten nur durch eine Vereinbarung vertraglich regeln und also nicht bloß beschließen, wenn eine dispositive gesetzliche Bestimmung (Becker/Kümmel ZWE 2001, 128, 135) oder eine Vereinbarung abgeändert werden sollen. Ein Beschluss (Zitterbeschluss, Pseudovereinbarung), der anstelle einer Vereinbarung das dispositive Gesetz oder eine Vereinbarung der Wohnungseigentümer für ihr Verhältnis untereinander als Regelung auf Dauer ändern oder aufheben will (**gesetzes- oder vereinbarungsändernder Beschluss**), ist nichtig (BGH NZM 2009, 866, 867 = NJW-RR 2010, 227). 237

238 ▶ **Beispiel**

Gesetzesändernden Charakter haben etwa Beschlüsse, nach denen der Verwalter nur für jedes zweite Jahr einen Wirtschaftsplan aufzustellen hat. **Vereinbarungsändernd** ist etwa die Änderung des vereinbarten Objektprinzips in das Wertprinzip. Auch ein Beschluss, wonach eine vereinbarte Kostenregelung für die Instandsetzung nicht nur im Einzelfall verändert werden soll, ist nichtig (BGH NZM 2009, 866, 867 = NJW-RR 2010, 227).

bb) Vereinbarungsersetzende Beschlüsse

239 Eine Vereinbarung ist erforderlich, wenn die Wohnungseigentümer nach § 23 Abs. 1 WEG keine Öffnungsklausel vereinbart haben, eine Maßnahme den Gebrauch (§ 15 Abs. 2 WEG), die Verwaltung (nach § 21 Abs. 3 WEG) oder eine Maßnahme die Instandhaltung oder Instandsetzung des gemeinschaftlichen Eigentums (§ 22 Abs. 1 WEG) betrifft und **nicht ordnungsmäßig** ist. Ein dennoch gefasster Beschluss (**vereinbarungsersetzender Beschluss**) ist allerdings nicht nichtig, sondern als nicht ordnungsmäßig nur anfechtbar (BGH BGHZ 145, 158 [Zitterbeschluss] = NJW 2000, 3500 = ZMR 2000, 771; Wenzel ZWE 2001, 226, 234; **a.A.** Häublein ZWE 2001, 2, 4).

cc) Gesetzes- oder vereinbarungswidrige Beschlüsse

240 Werden das dispositive Gesetz oder eine Vereinbarung im Einzelfall falsch angewandt und verstößt also ein Beschluss gegen das Gesetz oder eine Vereinbarung (**gesetzes- oder vereinbarungswidriger Beschluss**), bezweckt die Maßnahme aber keine Regelung, die Grundlage mehrerer Entscheidungen oder Legitimation mehrfachen Handelns ist, ist ein Beschluss nicht ordnungsgemäß und rechtswidrig, aber nicht nichtig (BGH BGHZ 145, 158 [Zitterbeschluss] = NJW 2000, 3500 = ZMR 2000, 771), weil er sich in seinem Vollzug erschöpft und keine Änderung des Grundverhältnisses zum Inhalt und Ziel hat. Nach dem Gesetz ist also eine Vereinbarung nicht erforderlich.

241 ▶ **Beispiel**

Etwa ein vom Gesetz **abweichender** Kostenverteilungsschlüssel für **eine** einzige Sonderumlage ist nur anfechtbar, aber nicht nichtig. Die Eigentümer können der Abrechnung der Sonderumlage wieder einen anderen Schlüssel zugrunde legen. Wählen sie für die Abrechnung den für die Sonderumlage beschlossenen Schlüssel, ist nur der Abrechnungsbeschluss anfechtbar.

dd) Einzelfälle

(1) Kosten

242 Ob ein Kostenbeschluss **ordnungsmäßig, ordnungswidrig oder nichtig** ist, bemisst sich nach den allgemeinen Vorschriften, wann ein Beschluss ordnungsmäßig ist sowie danach, ob die Maßnahme unter §§ 16 Abs. 3, 21 Abs. 7 WEG subsumiert werden kann oder aber dem Anwendungsbereich des § 16 Abs. 4 WEG unterfällt. Ein Beschluss nach §§ 16 Abs. 3, 21 Abs. 7 WEG kann neue Kostenverteilungsschlüssel bestimmen, Kosten auf einzelne Wohnungseigentümer umlegen und auch Vereinbarungen zu den Kosten ändern. Auch nach § 16 Abs. 4 WEG kann der geltende Kostenverteilungsschlüssel geändert werden. Soweit die Wohnungseigentümer entgegen des in § 16 Abs. 4 WEG normierten »Einzelfalls« allerdings eine dauerhafte Kostenregelung treffen wollen, ist diese nichtig und nicht nur anfechtbar (Riecke/Schmid/Elzer § 16 WEG Rn. 99).

(2) Persönliche Leistungsverpflichtungen

Die Wohnungseigentümer besitzen keine Kompetenz, eine **persönliche Leistungspflicht** 243 im Wege des Beschlusses zu begründen (BGH NJW 2010, 2801; NZM 2010, 285; BGHZ 163, 154 [Teilrechtsfähigkeit] = ZMR 2005, 547; OLG Zweibrücken NJW 2007, 2417 = ZMR 2007, 646 = NZM 2007, 572 = ZWE 2007, 315 m. Anm. Drabek = IMR 2007, 256 m. Anm. Elzer; AG Neukölln ZMR 2005, 315, 316; Schmidt/Riecke ZMR 2005, 252, 258 ff.), soweit nicht eine Verpflichtung bereits aus dem **Gesetz** oder einer **Vereinbarung** folgt.

Die Wohnungseigentümer sind nicht legitimiert, **außerhalb des Bereichs der Kosten und** 244 **Lasten** des gemeinschaftlichen Eigentums Ansprüche durch Beschluss der Mehrheit von ihnen entstehen zu lassen. Sie können zwar beschließen, ob und in welchem Umfang ein Leistungsanspruch gegen einen Miteigentümer geltend gemacht werden soll, nicht dagegen auch einen entsprechenden Anspruch ohne gesetzlichen Schuldgrund konstituieren. Das gilt namentlich für Beschlüsse, die einem Wohnungseigentümer die Beseitigung bestimmter baulicher Veränderungen aufgeben, und zwar unabhängig davon, ob die betreffende Baumaßnahme rechtmäßig war oder nicht (OLG Zweibrücken NJW 2007, 2417 = ZMR 2007, 646 = NZM 2007, 572 = ZWE 2007, 315 m. Anm. Drabek = IMR 2007, 256 m. Anm. Elzer; Schmidt/Riecke ZMR 2005, 252, 260; Wenzel NZM 2004, 542, 544; vgl. auch Briesemeister ZWE 2003, 307 ff.). Gegenstand einer nichtigen Anspruchsbegründung können z.B. **Zahlungspflichten** sein, vor allem Schadenersatzansprüche, **Beseitigungspflichten**, vor allem die Entfernung baulicher Veränderungen und aktive **Instandsetzungs- und Gebrauchspflichten**. Für die sog. »aktive Mithilfe« muss unterschieden werden, ob eine Pflicht **begründet** oder nur **ausgestaltet** werden soll (siehe dazu LG München I v. 02.08.2010 – 1 S 4042/10 und LG Stuttgart v. 25.03.2010 – 2 S 43/09).

Ob die Wohnungseigentümer **selbstständige Leistungspflichten begründen** wollen, 245 setzt eine eindeutige Feststellung voraus, dass das Bewusstsein und der Wille der Mehrheit bei der Beschlussfassung dahin gingen, die Sonderverpflichtung gerade **durch den Beschluss** konstitutiv, also unabhängig von möglichen gesetzlichen Ansprüchen, **festzulegen** (OLG Zweibrücken NJW 2007, 2417 = ZMR 2007, 646 = NZM 2007, 572 = ZWE 2007, 315 m. Anm. Drabek = IMR 2007, 256 m. Anm. Elzer; OLG Hamm ZWE 2006, 228, 231 m. Anm. Becker = ZMR 2006, 630). Ob dies der Fall ist und ein so genannter »Vorbereitungsbeschluss« (BGH NZM 2010, 285) vorliegt, muss im jeweiligen Einzelfall nach Wortlaut und Sinn des Beschlusses durch Auslegung ermittelt werden. Die Zulässigkeit eines Vorbereitungsbeschlusses, der auch die **Übertragung** der Ausübung etwaiger Ansprüche auf die Gemeinschaft enthalten können soll (BGH NZM 2010, 285), hängt nicht davon ab, ob der erst noch geltend zu machende Anspruch tatsächlich besteht. Der Vorbereitungsbeschluss enthält keine Aussage zu dem Bestehen oder Nichtbestehen des Anspruchs, sondern überlässt dies dem gerichtlichen Verfahren gegen den betroffenen Wohnungseigentümer (BGH NZM 2010, 285, 286).

Nach Ansicht des Bundesgerichtshofes darf ein WEG-Gericht bei der Abweisung einer 246 Beschlussanfechtungsklage nicht offen lassen, ob es sich um einen Vorbereitungsbeschluss handelt oder der Beschluss selbstständige Leistungspflichten begründen will (BGH NZM 2010, 285).

(3) Wirtschaftsplan

Ein Beschluss, der unabhängig von einem konkreten Wirtschaftsplan generell die Fort- 247 geltung eines **jeden** Wirtschaftsplanes (Fortgeltung aller künftigen Wirtschaftspläne) zum Gegenstand hat, ist nichtig (KG ZMR 2005, 221, 222 = KGReport 2004, 350, 352; BayObLG ZMR 2003, 279; OLG Düsseldorf ZMR 2003, 862 = NZM 2003, 810; AG Neukölln WE 2003, 111). Ein solcher Beschluss wird in aller Regel aber so ausgelegt werden können, dass er **nur die nächsten Jahre** erfasst. Dann ist er wirksam.

248 Der Beschluss, dass die Eigentümer auf die Genehmigungsbedürftigkeit von Einzelabrechnungen (Einzelwirtschaftsplan und Einzeljahresabrechnung) »verzichten«, ist als Verstoß gegen § 28 Abs. 5, Abs. 1 S. 2 Nr 2 WEG nichtig (BayObLG FGPrax 2005, 59, 61). Eine entsprechende Vereinbarung wäre möglich (BayObLG NZM 1999, 1058).

249 Ein Beschluss über die Fortgeltung eines **einzelnen** Wirtschaftsplans bis zur Beschlussfassung über den nächsten Wirtschaftsplan **widerspricht nicht** Grundsätzen ordnungsmäßiger Verwaltung und übersteigt nicht die Beschlusskompetenz der Wohnungseigentümer (KG ZMR 2005, 221, 222 = KGReport 2004, 350, 352; NJW 2002, 3482 = ZMR 2002, 460; BayObLG ZMR 2003, 280; OLG Düsseldorf ZMR 2003, 767 = NZM 2003, 854; ZMR 2002, 460; WE 1993, 221; Wenzel ZWE 2001, 226, 237). § 28 Abs. 1 WEG steht nicht entgegen. Er sagt nur, dass jeweils für ein Kalenderjahr ein Wirtschaftsplan aufzustellen ist, dass also von einer einjährigen Wirtschaftsperiode auszugehen ist. Dem Gesetz ist aber kein Verbot zu entnehmen, dass nicht schon für die folgende Wirtschaftsperiode Vorsorge getroffen wird, damit keine Karenzzeiten hinsichtlich der monatlichen Beitragsvorschüsse entstehen (Wenzel ZWE 2001, 226, 237).

250 Erst eine mehrheitlich beschlossene **generelle Fortgeltung** aller künftigen Wirtschaftspläne übersteigt die Beschlusskompetenz (KG ZMR 2005, 221, 222 = KGReport 2004, 350, 352; BayObLG ZMR 2003, 279; OLG Düsseldorf ZMR 2003, 862 = NZM 2003, 810; s. Rdn. 131).

(4) Sondernutzungsrechte und Gebrauchsrechte

251 Durch einen Beschluss können die Wohnungseigentümer kein Sondernutzungsrecht begründen (BGH BGHZ 145, 158 [Zitterbeschluss] = NJW 2000, 3500 = ZMR 2000, 771; BayObLG FGPrax 2005, 106, 107; OLG Hamm ZMR 2005, 400; OLG Düsseldorf ZMR 2004, 931, 932; ZMR 2003, 955; OLG Hamburg ZMR 2003, 442; OLG Frankfurt/M. WE 2001, 29; OLG Köln ZMR 2001, 572; krit. Becker/Kümmel ZWE 2001, 128, 136).

252 Ein Beschluss ist umgekehrt auch nichtig, wenn er ein Sondernutzungsrecht den Grenzen nach beschränkt (BayObLG ZMR 2005, 383, 384).

(5) Bauliche Veränderungen

253 Mehrheitsbeschlüsse über bauliche Veränderungen i.S.v. § 22 Abs. 1 WEG, die das in § 14 Nr. 1 WEG bestimmte Maß überschreiten, sind anfechtbar (OLG Hamm ZMR 2005, 566, 567; OLG Köln NZM 2002, 454; NZM 2001, 293; OLG Schleswig NZM 2002, 962; BayObLG ZMR 2001, 292).

254 **Hinweis**

> Ob dies auch künftig gilt, hängt von der Bedeutung ab, die man dem Begriff »Zustimmung« in § 22 Abs. 1 WEG zumisst. Diese Frage ist zurzeit umstritten. Nach noch h.M. ist ein Beschluss weiterhin nicht nichtig, wenn es an der Zustimmung der Betroffenen fehlt und kann in Bestandskraft erwachsen.

(6) Sonstiges

255 Weitere Beispiele für die Abgrenzung der Beschlusskompetenz und der Vereinbarungsnotwendigkeit sind etwa folgende Entscheidungen:

- ein **Beschluss, der feststellt,** dass ein rechtskräftig titulierter Anspruch auf Beseitigung einer baulichen Veränderung trotz gewisser Maßabweichungen erfüllt ist, ist nichtig (OLG Hamm ZMR 2001, 654); **256**
- der **vollständige Entzug** der in § 14 Nr. 4 Hs. 2 WEG ausdrücklich vorgesehenen Entschädigung des beeinträchtigten Sondereigentümers oder Sondernutzungsberechtigten hat einen gesetzesändernden Inhalt. Eine solche Regelung ist dem Mehrheitsprinzip von vornherein ebenso wenig zugänglich wie die Veränderung einer Vereinbarung (OLG Düsseldorf ZMR 2006, 459, 460); **257**
- eine **beschlossene »Hausordnung«** ist insoweit teilweise nichtig, als sie eine Haftung für Verschulden durch den Verursacher, also auch **ohne** Verschulden, vorsieht (BayObLG ZMR 2002, 526); **258**
- ein Beschluss, wonach die ursprünglich lose Verlegung der – durch eine Vereinbarung dem Sondereigentum zugewiesenen – Bodenbeläge auf den Balkonen nicht geändert werden darf und im Zuge einer Erneuerung der Abdichtung wieder hergestellt werden muss, greift in das Sondereigentum des betroffenen Wohnungseigentümers ein und ist nichtig (OLG Düsseldorf ZMR 2002, 613); **259**
- ein Beschluss, der für **Beschlussanträge** der Wohnungseigentümer die **Schriftform** und eine schriftliche Begründung vorschreibt, überschreitet die Beschlusskompetenz (KG ZMR 2002, 863); **260**
- ein **generelles Haustierhaltungsverbot** ist nichtig (OLG Saarbrücken ZMR 2007, 308); **261**
- die **Stilllegung eines Müllschluckers** ist einem Beschluss als **vollständiger Gebrauchsentzug** nicht zugänglich (OLG Frankfurt/M. NZM 2004, 910; BayObLG ZMR 2002, 607; **a.A.** noch BayObLG WuM 1996, 488 und jetzt Hagen FS Wenzel [2005], S. 201, 208). Ein solcher Gebrauchsentzug ändert § 13 Abs. 2 WEG ab und hat gesetzesändernden Inhalt. Gleiches hat für die Abschaffung einer Heizungsanlage oder einer Antenne zu gelten; **262**
- ein Beschluss, der die Möglichkeit einer **Eventualeinberufung der Wohnungseigentümerversammlung** regelt, ist nichtig (LG Mönchengladbach NZM 2003, 245); **263**
- ein Beschluss, der eine nach einer Vereinbarung zulässige **gewerbliche Nutzung eines Teileigentums** einschränkt, ist mangels Beschlusskompetenz nichtig (OLG Düsseldorf ZMR 2003, 861); **264**
- die Eigentümer können beschließen, primäre **Mängelrechte am Gemeinschaftseigentum** durch Beschluss zum Gegenstand der gemeinschaftlichen Verwaltung zu machen; **265**
- das partielle **Verbot der Haltung bestimmter Hunderassen** (etwa Kampfhunde und Kampfhundmischlinge; s. dazu Riecke/Schmid/Riecke Anhang § 15 WEG) unterliegt als Gebrauchsregelung i.S.d. § 15 Abs. 2 WEG der Beschlusskompetenz der Wohnungseigentümer (KG WuM 2003, 583); **266**
- ein Beschluss, wonach **maschinelles Wäschewaschen** in der Wohnung verboten ist, greift in den Kernbereich des Wohnungseigentums ein, und bedarf einer Vereinbarung (OLG Frankfurt/M. NJW-RR 2002, 82). Entsprechendes gilt für ein nur beschlossenes **völliges Musizierverbot** oder ein beschlossenes völliges **Bade- und Duschverbot;** **267**
- ein Beschluss, der eine **Sonderumlage für die Finanzierung** eines Anwalts unter Verstoß gegen § 16 Abs. 8 WEG zum Inhalt hat, ist als konkrete Einzelfallregelung anfechtbar (BayObLG ZMR 2004, 763 = GE 2004, 1596, 1597). Die nur vorläufige Aufbringung der Kosten eines WEG-Verfahrens gehört nicht zu den Kosten der Verwaltung (BayObLG ZMR 2004, 763). Ein hiergegen verstoßender Mehrheitsbeschluss ist rechtswidrig, aber nicht nichtig (LG Düsseldorf ZMR 2006, 235). **268**

e) Wirksamkeitsvoraussetzungen einer Vereinbarung

269 Eine Vereinbarung i.S.v. § 10 Abs. 2 S. 2 WEG können grundsätzlich nur alle Wohnungseigentümer treffen. Eine Ausnahme ist bei der Änderung einer Vereinbarung durch Übertragung eines Sondernutzungsrechtes von einen auf den anderen Eigentümer zu machen: Die bereits von dem Gebrauch ausgeschlossenen Eigentümer müssen der Übertragung nicht zustimmen (BGH BGHZ 73, 145, 149; OLG Köln ZMR 1993, 428, 429). Vereinbarungen unterliegen **keinen Formvorschriften** (BGH NJW 1984, 612, 613 = DNotZ 1984, 238; BayObLG NZM 2004, 587; ZfIR 2002, 645). Etwa § 925 BGB oder 4 WEG sind nicht anwendbar (Ertl DNotZ 1979, 267, 278). Auch die Bestimmung des § 23 Abs. 3 WEG, nach der Beschlüsse im Umlaufverfahren nur dann gültig sind, wenn ihnen schriftlich zugestimmt wird, ist auf Vereinbarungen weder unmittelbar noch analog anwendbar. Das Gesetz verlangt nicht, dass Vereinbarungen in einer Versammlung der Wohnungseigentümer getroffen werden (BayObLG ZMR 2002, 848, 849). Für den Nachweis, dass eine Vereinbarung zustande gekommen ist, ist ferner eine Niederschrift entbehrlich, wie sie § 24 Abs. 6 WEG vorsieht (BayObLG ZMR 2002, 848, 849). Vereinbarungen können auch durch **schlüssiges** (konkludentes) **Verhalten** geschlossen werden (OLG München MDR 2007, 827 = IMR 2007, 224; NJW-RR 2007, 375, 376 = ZMR 2006, 955; BayObLG FGPrax 2005, 106, 107; OLG Hamm ZMR 1998, 718 = NZM 1998, 873; LG Hamburg ZMR 2010, 311, 312; Riecke/Schmid/Elzer § 10 WEG Rn. 157 ff.). Ob eine solche konkludente Vereinbarung anzunehmen ist, ist eine Frage des Einzelfalls und durch Auslegung zu ermitteln. An das Zustandekommen einer schlüssigen Vereinbarung sind jedenfalls besondere Anforderungen zu stellen. Nicht jede allseitige Übereinkunft der Wohnungseigentümer stellt eine schlüssige Vereinbarung dar. Den Wohnungseigentümern muss vielmehr **bewusst** sein, dass sie nicht nur für die Gegenwart eine Regelung treffen, sondern eine Regelung, die auch für die Zukunft gilt und grundsätzlich nicht mehr zu ändern ist (BayObLG ZMR 2001, 987; LG Hamburg ZMR 2010, 311, 312).

270 Die Eintragung einer Vereinbarung in das Grundbuch ist **keine** Wirksamkeitsvoraussetzung. Die Eintragung ist allein Tatbestandsvoraussetzung für die Bindung von Sondernachfolgern nach § 10 Abs. 3 WEG. Für eine Eintragung in das Grundbuch bedürfen Vereinbarungen nach § 29 GBO der notariellen Form.

3. Verdinglichte und schuldrechtliche Vereinbarungen

271 Für eine rechtliche Beurteilung und für die Bindung von Sondernachfolgern an eine Vereinbarung i.S.v. § 10 Abs. 2 S. 2 WEG sind im Grundbuch eingetragene »verdinglichte« und im Grundbuch nicht eingetragen »schuldrechtliche« Vereinbarungen zu unterscheiden (OLG Hamburg ZMR 2002, 216, 217). Eine »schuldrechtliche« Vereinbarung bindet nach den allgemeinen Bestimmungen nur die Vertragsschließenden. Eine Vereinbarung ist hingegen »verdinglicht«, wenn sie gem. §§ 10 Abs. 3, 5 Abs. 4 S. 1 WEG **als Inhalt des Sondereigentums im Grundbuch** eingetragen worden ist. Primäre Folge der Eintragung ist gem. § 10 Abs. 3 WEG die **Bindung von Sondernachfolgern**. Die Verdinglichung einer Vereinbarung meint also, dass Sondernachfolger eines Wohnungseigentümers eine Vereinbarung gegen sich gelten lassen müssen, obwohl sie nicht Vertragspartei waren. Wenn eine Vereinbarung nicht eingetragen wurde, bindet sie Sondernachfolger nicht kraft Gesetzes. Eine Bindung des Sondernachfolgers ist aber **vertraglich** herstellbar. Der Sondernachfolger kann sich jederzeit einer nicht verdinglichten Vereinbarung ausdrücklich oder konkludent unterwerfen (BGH ZMR 2004, 522, 523; OLG Hamburg ZMR 2002, 216, 217: jahrelange Übung in Kenntnis einer schuldrechtlichen Vereinbarung). Dies ist vor allem für eine ihn

begünstigende Regelung anzunehmen. Unterwirft sich ein Sondernachfolger einer schuldrechtlichen Vereinbarung nicht, ist zu untersuchen, ob die übrigen Wohnungseigentümer weiterhin an diese als vertragliche Regelung jenseits von § 10 Abs. 3 WEG gebunden sind (Häublein DNotZ 2004, 227, 231). Es ist zu fragen, ob die Vereinbarung als Vertrag von den Wohnungseigentümern auch unter der Bedingung geschlossen worden wäre, dass nicht alle Eigentümer an sie gebunden sind. Ferner ist zu untersuchen, ob die Regelung ihren originären oder jedenfalls irgendeinen Zweck behält, wenn nicht alle Eigentümer an sie gebunden sind (Kümmel Bindung, S. 72). Nach einer solchen Abwägung ist es möglich, dass die Bindung analog § 139 BGB entfällt. Es ist aber auch vorstellbar, dass die Bindung – ganz oder teilweise – bestehen bleibt. Entscheidend ist, ob die Regelung im Verhältnis zu allen Wohnungseigentümern nur **einheitlich beurteilt** werden kann (BayObLG ZMR 2002, 528, 529) und ob ihr ein Sinn verbleibt (OLG Hamburg ZMR 2002, 216, 217; OLG Köln ZMR 2002, 73, 75 = MDR 2001, 1404, 1405; Müller ZMR 2000, 473, 474). Etwa ein durch eine schuldrechtliche Vereinbarung begründetes, aber **nicht im Grundbuch eingetragenes Sondernutzungsrecht erlischt**, wenn ein Sondernachfolger in die Gemeinschaft eintritt und der bisherigen bloß schuldrechtlichen Vereinbarung nicht beitritt (OLG Köln ZMR 2002, 73, 75 = MDR 2001, 1404, 1405). Auch eine schuldrechtliche Öffnungsklausel wird durch den Eintritt eines Sondernachfolgers hinfällig (Wenzel ZWE 2004, 130, 132). Ist eine Vereinbarung hinfällig geworden, ist wieder die sich aus dem Gesetz ergebende Regelung gültig (BayObLG ZMR 2002, 528, 529; Weitnauer/Lüke § 10 WEG Rn. 31), hingegen nicht eine frühere Vereinbarung, es sei denn, diese Wirkung wäre vereinbart.

4. Zustimmung Dritter

Begründung, Änderung oder Ergänzung einer »verdinglichten« Vereinbarung sind 272
ebenso wie die Änderung der sachenrechtlichen Grundlagen im Einzelfall nur dann zulässig, wenn ihr die Grundbuchgläubiger zustimmen (BGH BGHZ 91, 343, 346 = MDR 1984, 830 = JZ 1984, 1113 m. Anm. Weitnauer; BayObLG ZMR 2002, 773). Aus dem Schutzzweck der §§ 877, 876 S. 1 BGB folgt allerdings, dass die Zustimmung eines Drittberechtigten entbehrlich ist, wenn seine dingliche Rechtsstellung durch eine Änderung nicht beeinträchtigt wird (BGH BGHZ 91, 343, 346 = MDR 1984, 830 = JZ 1984, 1113 m. Anm. Weitnauer; OLG Neustadt DNotZ 1964, 344, 346; BayObLG NJW 1960, 1155; Ott Sondernutzungsrecht, S. 67). Die Zustimmungsverpflichtung besteht also nur, wenn eine Beeinträchtigung des oder der Dritten konkret und objektiv gegeben ist und nicht nur lediglich die Möglichkeit eines Nachteils besteht. Eine Zustimmungspflicht ist ferner dann entbehrlich, wenn ein Wohnungseigentum lediglich begünstigt wird (BayObLG Rpfleger 1990, 63). Die Zustimmung dinglich Berechtigter ist schließlich dann nicht erforderlich, wenn das betroffene Wohnungseigentum schon vom Mitgebrauch ausgeschlossen ist (BayObLG Rpfleger 1986, 257) oder wenn z.B. ein Sondernutzungsberechtigter das Recht erhält, seinen oberirdischen Stellplatz als Carport oder Garage auszubauen (OLG Hamm WE 1997, 382). Zustimmungsberechtigte Dritte sind die in Abt. II oder Abt. III eingetragenen Berechtigten (s. dazu die Untersuchung von Ott Sondernutzungsrecht, S. 68 ff.). Potenziell zustimmungsberechtigt sind danach Grundpfandgläubiger (Berechtigte einer Grundschuld, einer Rentenschuld oder einer Hypothek) und Inhaber von Reallasten, Wohnungs- oder Nießbrauchsrechten. Ferner sind potenziell zustimmungsberechtigt die Berechtigten aus einer Vormerkung, wenn sie als spätere Eigentümer bei der Vereinbarung beteiligt wären (BayObLG BayObLGZ 1998, 255), außerdem die Inhaber von Dienstbarkeiten, wenn eine Dienstbarkeit nicht am ganzen Grundstück eingetragen ist. Ein Gesamtgläubiger ist kein Dritter. Ist das Wohnungseigentum mit der **Hypothek, Grund- oder Rentenschuld** oder **der Reallast eines Dritten**

belastet, ist eine Zustimmung dieser Gläubiger gem. § 5 Abs. 4 S. 2 WEG allerdings nur dann erforderlich, wenn ein **Sondernutzungsrecht** begründet oder ein mit dem Wohnungseigentum verbundenes Sondernutzungsrecht aufgehoben, geändert oder übertragen wird. Bei der Begründung eines Sondernutzungsrechts ist die Zustimmung dieser Gläubiger nach § 5 Abs. 4 S. 3 WEG außerdem dann nicht erforderlich, wenn durch die Vereinbarung gleichzeitig das zu seinen Gunsten belastete Wohnungseigentum mit einem Sondernutzungsrecht verbunden wird. Liegen die Voraussetzungen des § 5 Abs. 4 S. 2, S. 3 WEG nicht vor, müssen die Zustimmungen sämtlicher dinglich Berechtigter eingeholt werden. Die Ländergesetze zum Unschädlichkeitszeugnis können teilweise **direkt** (vgl. Art. 1 Abs. 2 BayUZG), jedenfalls aber über ihren Wortlaut hinaus **analog** im Bereich des Wohnungseigentums auf Fälle angewendet werden, die der Veräußerung einer belasteten Grundstücksteilfläche vergleichbar sind (BayObLG ZMR 2005, 300, 301; Lüke ZfIR 2005, 326, 327; Demharter MittBayNot 2004, 17), z.B. auf die Veräußerung eines Teils des Miteigentumsanteils oder eines Teils des gemeinschaftlichen Grundstücks, aber auch auf die Umwandlung von Gemeinschaftseigentum in Sondereigentum (z.B. BayObLG ZMR 2004, 683, 684 = DNotZ 2003, 936; krit. OLG Köln ZMR 1993, 428, 429).

273 Eine Zustimmung kommt etwa in Betracht bei Beschränkung von Nutzungsbefugnissen (Kreuzer PiG 63, 249, 260), bei Änderung von Stimmrechten (LG Aachen Rpfleger 1986, 258), bei Begründung oder Aufhebung von Sondernutzungsrechten (BGH ZMR 2001, 119; BayObLG ZMR 2002, 773), oder bei Einführung einer Veräußerungsbeschränkung nach § 12 WEG (Kreuzer PiG 63, 249, 260).

5. Änderung von Vereinbarungen

a) Allgemeines

274 Die Wohnungseigentümer können eine Vereinbarung – soweit keine vereinbarte Öffnungsklausel besteht (s. dazu Rdn. 388 ff.) oder die anerkannten gesetzlichen Öffnungsklauseln (§§ 12 Abs. 4 S. 1, 16 Abs. 3 und Abs. 4, 21 Abs. 7 WEG) einen Eingriff auch in eine Vereinbarung erlauben – nach § 10 Abs. 2 S. 2 WEG prinzipiell nur durch eine Vereinbarung ändern (BGH BGHZ 156, 192, 198 = ZMR 2003, 937, 939 = NJW 2003, 3476; BGHZ 145, 158 [Zitterbeschluss] = NJW 2000, 3500 = ZMR 2000, 771; BGHZ 145, 133 [Aufhebung Sondernutzungsrecht] = ZMR 2001, 119 = MDR 2001, 80 = ZWE 2001, 63 = NJW 2000, 3643). Die Änderung einer schuldrechtlichen, aber auch einer verdinglichten Vereinbarung ist **bereits mit der Entscheidung der Wohnungseigentümer wirksam**. Mit der Bestimmung wird also das Grundbuch, soweit eine Vereinbarung dort eingetragen ist, unrichtig und kann berichtigt werden (Böttcher NotBZ 2007, 421, 429; Wenzel ZNotP 2004, 170, 175; Schneider ZfIR 2002, 108, 117; **a.A.** Hügel NotBZ 2004, 205, 208).

275 **Hinweis**

> Das Grundbuch ist auch dann unrichtig, wenn eine **Eintragung unterbleibt**. Kommt es in diesem Falle zu einem Eigentümerwechsel und tritt dieser nicht in die Vereinbarung rechtsgeschäftlich ein, geht diese unter und das Grundbuch wird wieder richtig.

b) Anspruch auf Änderung einer Vereinbarung (§ 10 Abs. 2 S. 3 WEG)

aa) Allgemeines

276 Kommt es zwischen den Wohnungseigentümern zu keiner einvernehmlichen Vereinbarungsänderung, hat nach § 10 Abs. 2 S. 3 WEG jeder Wohnungseigentümer einen **Anspruch** darauf, eine vom Gesetz **abweichende Vereinbarung** oder die **Anpassung einer Vereinba-**

rung i.S.v. § 10 Abs. 2 S. 2 WEG zu verlangen, soweit ein Festhalten an der geltenden Regelung aus **schwerwiegenden Gründen** unter Berücksichtigung aller Umstände des Einzelfalles, insbesondere der Rechte und Interessen der anderen Wohnungseigentümer, **unbillig** erscheint (BGH NZM 2010, 205; LG Hamburg ZMR 2010, 144; AG Hamburg-Wandsbek ZMR 2010, 237). Die Änderung einer Vereinbarung über die sachenrechtlichen Grundlagen (Rdn. 228) kann nach § 10 Abs. 2 S. 3 WEG hingegen nicht verlangt werden (Riecke/Schmid/Elzer § 10 Rn. 185). Problematisch ist das Verhältnis des § 10 Abs. 2 S. 3 WEG zu den **gesetzlichen Öffnungsklauseln.** Nahe liegt, das § 10 Abs. 2 S. 3 WEG von § 16 Abs. 3 WEG und § 21 Abs. 7 WEG in deren Anwendungsbereich **vollständig verdrängt** wird. Zwischen § 16 Abs. 4 WEG und § 10 Abs. 2 S. 3 WEG besteht eine verdrängende Konkurrenz, soweit es um einen **Einzelfall** geht. Etwas anderes gilt, soweit eine **Dauerregelung** angestrebt wird. Eine dauerhafte Regelung zu den Kosten einer der in § 16 Abs. 4 WEG genannten Angelegenheiten kann nur über § 10 Abs. 2 S. 3 WEG erzwungen werden (s. zu allem auch BGH NZM 2010, 205, 206 ff. m.w.N.).

bb) Anspruchsinhaber

Anspruchsinhaber des Anspruches aus § 10 Abs. 2 S. 3 WEG ist **jeder Wohnungseigentümer**, auch ein werdender Wohnungseigentümer. Ein Zweiterwerber kann den Abänderungsanspruch geltend machen, sofern er zur Geltendmachung ermächtigt ist. Ein Dritter kann aus § 10 Abs. 2 S. 3 WEG keine Ansprüche herleiten. Auch die Funktionsträger der Wohnungseigentümer oder des Verbandes Wohnungseigentümergemeinschaft oder der Verband selbst besitzen keinen Anspruch auf Änderung des Gesetzes oder einer Vereinbarung. **277**

cc) Anspruchsgegner

Anspruchsgegner sind die Wohnungseigentümer, auch ein werdender, die sich der erstrebten **Vereinbarung entgegenstellen.** Erfüllen die Anspruchsgegner den Anspruch auf Abänderung nicht freiwillig, obwohl die Voraussetzungen vorliegen, können die sich weigernden Wohnungseigentümer im **Wege der Leistungsklage** auf Zustimmung zur Änderung in Anspruch genommen werden. Dritte müssen der Änderung zustimmen, wenn – was zu empfehlen ist – die erstrittene Vereinbarung in das Wohnungsgrundbuch eingetragen werden soll und sie nach den allgemeinen Bestimmungen zustimmungsbefugt sind. **278**

dd) Voraussetzungen

Jeder Wohnungseigentümer kann eine vom Gesetz abweichende Vereinbarung oder die Anpassung einer Vereinbarung verlangen, soweit ein **Festhalten** an der geltenden Regelung aus **schwerwiegenden Gründen** unter Berücksichtigung aller Umstände des Einzelfalles, insbesondere der Rechte und Interessen der anderen Wohnungseigentümer, **unbillig** erscheint. Die Gründe, die einen Wohnungseigentümer dazu bewegen, eine Änderung zu verlangen, sind mit den **Interessen** und **Rechten** der anderen Wohnungseigentümer **abzuwägen.** Das Interesse der die gewollte Vereinbarung ablehnenden Wohnungseigentümer liegt jedenfalls darin, am Geltenden aus verschiedenen rechtlichen und wirtschaftlichen Motiven festzuhalten. Welche Gründe das sind und wie schwer sie wiegen, muss eine Frage des Einzelfalls sein. Welche »Rechte« der anderen Wohnungseigentümer mit abzuwägen sind, sagt das Gesetz nicht. Nahe liegt, die Rechte darin zu sehen, dass die anderen Wohnungseigentümer durch die in Frage stehende gesetzliche Vorschrift oder die in Frage stehende Vereinbarung eine **geschützte Rechtsposition** und »wohlerworbene« Rechten erlangt haben. Sind diese Rechte und Rechtspositionen schutzbedürftig, so ist zu klären, wie sie sich zum festgestellten Änderungsinteresse des Verlangenden und die auf seiner Seite stehenden schwerwiegenden Gründe verhalten. Das Gesetz äußert **279** sich weiter nicht dazu, ob die Gründe des Verlangenden die Gründe der Gegenseite **überwiegen müssen.** Diese Sichtweise liegt indes nahe, weil im Grundsatz und im Zweifel eine Vereinbarung nach allgemeinen Erwägungen und Schutz des Rechtsfriedens »halten« muss. Sind mithin die für und gegen eine Änderung sprechenden Gründe **annähernd gleich groß**, muss ein Änderungsanspruch ausscheiden. Erst wenn die Gründe des Verlangenden die Gründe der der Veränderung verhalten gegenüber stehenden Wohnungseigentümern deutlich überwiegen und ihre Interessen deutlich überwiegen, müssen die Interessen ggf. sogar der Mehrheit der Wohnungseigentümer hintanstehen.

280 Bei der Prüfung eines Änderungsanspruches sind die **gesamten Umstände** des Einzelfalls **abzuwägen.** Die Frage, ob schwerwiegende Gründe vorliegen und ob die bestehende Regelung unbillig erscheint, lässt sich dabei nicht allgemein und nicht abstrakt beantworten. Die Feststellung einer Unbilligkeit kann nicht das Ergebnis einer starren Schranke, sondern stets nur Folge einer **sorgfältigen Abwägung im Einzelfall** sein, die sämtliche Besonderheiten der entsprechenden Wohnanlage berücksichtigt.

ee) Rechtsfolge

281 Den Inhalt des von den anderen Wohnungseigentümern zu erfüllenden Anspruchs regelt das Gesetz nicht. In vielen Fällen wird es sich erweisen, dass durchaus verschiedene Inhalte »angemessen« sind. Das Regelungsproblem ist mithin dasselbe wie in § 313 Abs. 1 BGB. Auch dort ist gesetzlich nicht bestimmt, welchen Inhalt eine zumutbare Regelung haben muss. Die Rechtsfolge bestimmt sich deshalb nach derselben Interessenabwägung, die für die Gewährung von Abhilfe dem Grunde nach entscheidend ist. Es ist also die Rechtsfolge zu bestimmen ist, die die schutzwürdigen Interessen beider Seiten in ein angemessenes Gleichgewicht bringt.

ff) Klage auf Änderung einer Vereinbarung

282 Lässt sich zwischen den Wohnungseigentümern kein Einvernehmen darüber erzielen, eine Vereinbarung zu ändern oder zu schaffen, und besteht auch kein anderer Weg für eine Änderung, muss ein änderungswilliger Wohnungseigentümer die anderen Eigentümer nach § 43 Nr. 1 WEG vor dem örtlich zuständigen Wohnungseigentumsgericht **im Wege einer Leistungsklage** auf Zustimmung zu der konkret zu benennenden Vereinbarung verklagen (vgl. auch OLG München ZWE 2006, 39 m. Anm. Drabek). Die verlangten Willenserklärungen gelten dann nach § 894 ZPO als **abgegeben**, sobald das Urteil die Rechtskraft erlangt hat (Elzer AnwZert MietR 8/2010, Anm. 1). Das Wohnungseigentumsgericht besitzt freilich nach h.M. **keine subsidiäre Befugnis**, eine Vereinbarung nach eigenem billigem Ermessen zu ändern und selbst den Inhalt zu bestimmen. Der Richter hat die in Frage kommenden Anpassungsmöglichkeiten mit den Parteien zu erörtern (§ 139 ZPO) und auf sachgerechte Antragstellung hinzuwirken (s.a. BGH NJW 1978, 695 = WM 1978, 167; Jauernig/Stadler § 313 BGB Rn. 30). Der Klageantrag kann sich nicht unmittelbar auf Feststellung der neuen oder geänderten Vereinbarung richten.

283 **Hinweis**

> Voraussetzung für ein Rechtsschutzbedürfnis ist nach bisher h.M., dass der Kläger zuvor an die anderen Wohnungseigentümer herangetreten und diese um Abschluss der gewollten Vereinbarung und Einigung gebeten hat (OLG Hamm ZMR 2008, 156, 159; Abramenko ZMR 2007, 424). Nach Meinung des Bundesgerichtshofs muss der Kläger, der eine Vereinbarung erreichen will, die anderen Wohnungseigentümer vor Klageerhebung hingegen nicht befassen (BGH NZM 2010, *205, 206). Zur Begründung führt* er an, die Wohnungseigentümer hätten »dafür keine Beschlusskompetenz«. Damit hat die Vorbefassung der Wohnungseigentümer aber nichts zu tun.

Der Anspruch auf Abänderung bewirkt nicht die Änderung selbst (OLG München NJW-RR 2007, 375, 377 = ZMR 2006, 955 m. Anm. Elzer). Eine gerichtlich erzwungene Zustimmung ist im Interesse an einer klaren Bestimmung des Zeitpunkts, ab dem die neue Regelung gilt, erst mit der **rechtskräftigen gerichtlichen** Entscheidung vollzogen (BGH BGHZ 130, 304, 312 = MDR 1995, 1112 = NJW 1995, 2791 = ZMR 1995, 483; OLG München NJW-RR 2007, 375, 377 = ZMR 2006, 955 m. Anm. Elzer; ZMR 2006, 952 = ZWE 2007, 157 = MietRB 2006, 323 m. Anm. Gottschalg; BayObLG ZMR 2002, 65, 66; NZM 2000, 287). 284

Soll eine erzwungene Vereinbarung gegenüber Sondernachfolgern nach § 10 Abs. 3 WEG Bestand haben, muss die neue oder geänderte Vereinbarung in das Grundbuch eingetragen werden. Unterbleibt eine Eintragung, wird auch eine erstrittene Vereinbarung mit Eintritt eines Sondernachfolgers »hinfällig«. Die erzwungene Vereinbarung ist auch nicht gerichtliche Entscheidung. Denn die Vereinbarung ist nicht Urteilsinhalt, sondern Vollstreckungswirkung und gehört zur Zwangsvollstreckung (Elzer AnwZert MietR 8/2010, Anm. 1). 285

c) Änderung einer Vereinbarung durch Beschluss

Eine Vereinbarung kann – soweit nicht eine gewillkürte Öffnungsklausel nach § 23 Abs. 1 WEG oder eine gesetzliche Öffnungsklausel (§§ 12 Abs. 4, 16 Abs. 3 und Abs. 4, 21 Abs. 7 WEG) eine Änderung erlauben – nicht durch einen Beschluss geändert werden. Ein dennoch gefasster Beschluss wäre nichtig (BGH BGHZ 145, 158 [Zitterbeschluss] = ZMR 2000, 771 = NJW 2000, 3500; OLG Düsseldorf ZMR 2003, 955; KG WuM 2003, 583; OLG Hamburg ZMR 2003, 442). 286

6. Unvollständige, widersprüchliche und unbestimmte Vereinbarungen

Ist eine Vereinbarung **unvollständig** geblieben, kann sie durch eine weitere Vereinbarung, aber auch durch einen Beschluss ergänzt werden (KG FGPrax 2005, 144, 145 = NZM 2005, 425; Jennißen NJW 2004, 3527, 3530). Über eine unvollständige Vereinbarung können die Wohnungseigentümer – anders als über das »ob« – mit Stimmenmehrheit beschließen (BayObLG ZMR 2005, 891 m. Anm. Elzer). Ist eine Vereinbarung **widersprüchlich**, z.B. wenn der vereinbarte Kostenverteilungsschlüssel nicht praktizierbar und durchführbar ist, ist die Ergänzung einer Vereinbarung ausgeschlossen. Ist eine Vereinbarung widersprüchlich, findet das subsidiäre Gesetz Anwendung (KG WuM 2003, 44). Ist eine Vereinbarung **unbestimmt**, ist sie unwirksam. Verbleiben bei einer vom Gesetz abweichenden Vereinbarung Zweifel, ist nach der gesetzlichen Regelung zu verfahren (OLG Köln IMR 2006, 55 m. Anm. Elzer; OLG Frankfurt/M. OLGReport Frankfurt 2005, 7, 10; OLG Köln OLGReport Köln 2002, 91; BayObLG ZMR 1999, 48, 49). Etwa eine Bestimmung, dass Beschlüsse in der Wohnungseigentümerversammlung grundsätzlich nur mit Mehrheit zustande kommen und nur bei »Angelegenheiten, denen keine erhebliche Bedeutung zukommt, die einfache Mehrheit genügt«, ist unwirksam, weil die Abgrenzungskriterien völlig unbestimmt sind (KG FGPrax 1998, 135 = MDR 1998, 1218 = WuM 1998, 436 = NZM 1998, 520). Können Kosten nicht sicher dem Gemeinschafts- oder dem Sondereigentum zugeordnet werden, gilt für die Verteilung der Kosten – auch wenn sie teilweise dem Sondereigentum zuzuordnen sind – der gesetzliche Kostenverteilungsschlüssel des § 16 Abs. 2 WEG. 287

7. Auslegung

288 Eine verdinglichte Vereinbarung (Rdn. 271) ist mit Blick auf § 10 Abs. 3 WEG wie eine **Grundbucheintragung** auszulegen. Für die Einzelheiten ist insoweit auf die Auslegung der Teilungserklärung und des Teilungsvertrages zu verweisen (dazu ausführlich Kap. 17 Rdn. 64). Etwas anderes gilt indes für eine nur **schuldrechtliche Vereinbarung** (Rdn. 271). Da diese einen Sondernachfolger nicht bindet, ist sie wie jeder andere Vertrag nach den allgemeinen Bestimmungen auszulegen, §§ 133, 157 BGB.

8. Bindung an eine Vereinbarung nach § 10 Abs. 3 WEG

a) Allgemeines

289 Vereinbarungen binden Sondernachfolger der Wohnungseigentümer ohne eine Eintragung nicht. Vereinbarungen sind nur zwischen den vertragsschließenden Wohnungseigentümern verbindlich (vgl. auch § 1010 Abs. 1 BGB). Dies gilt auch für begünstigende Vereinbarungen (str.). Die Bindung eines Sondernachfolgers an Vereinbarungen tritt erst ein, wenn eine Vereinbarung nach §§ 10 Abs. 3, 5 Abs. 4 S. 1 WEG zum Inhalt eines Sondereigentums gemacht wurde und im Grundbuch eingetragen ist (oder sich der Sondernachfolger der Regelung rechtsgeschäftlich unterworfen hat). Die Bindung des Sondernachfolgers tritt **kraft Gesetzes** ein, wenn und solange eine Vereinbarung im Grundbuch eingetragen sind. Ein entgegenstehender Wille des Erwerbenden ist unbeachtlich.

290 Die Bindung an Vereinbarungen gem. § 10 Abs. 3 WEG verfolgt **zwei Ziele**. Zum einen den Schutz des Sondernachfolgers. Er soll gegen sich nur solche Vereinbarungen gelten lassen müssen, die nach §§ 10 Abs. 3, 5 Abs. 4 WEG zum Inhalt des Sondereigentums gemacht worden sind und die er dort **nachlesen** konnte. Und zum anderen – und das ist ebenso wichtig – schützt § 10 Abs. 3 WEG die Eigentümer gegen einen »Wegerwerb« ihrer Satzung (Schneider ZfIR 2002, 108, 113). Solange und soweit diese »verdinglicht« worden ist, gilt sie gegen jeden Eigentümer, auch gegen den, der sich der Gemeinschaft der Wohnungseigentümer erst später durch Kauf eines Wohnungseigentums »anschließt«. Der Begriff »Sondernachfolger« ist an §§ 746, 1010 Abs. 1 BGB angelehnt. Sondernachfolger ist deshalb, wer durch Rechtsgeschäft (z.B. Kauf oder Schenkung) oder durch Zuschlag in der Zwangsversteigerung erwirbt (BayObLG WE 1988, 202). Kein Sondernachfolger ist, wer Wohnungseigentum durch Vereinbarung von Gütergemeinschaft erwirbt. Ferner ist der Gesamtrechtsnachfolger (§ 1922 Abs. 1 BGB) oder Sonderrechtsnachfolger (§ 56 Abs. 1 SGB I) kein Sondernachfolger. Auf Erben geht gem. § 1922 Abs. 1 BGB das Vermögen des Wohnungseigentümers als Ganzes über. Nach dem Gesetz tritt der Erbe in alle Rechte und Pflichten des Erblassers ein und ist wie dieser an sämtliche Vereinbarungen der Wohnungseigentümer und Beschlüsse der Eigentümerversammlung gebunden. Die Bindung an die für den Rechtsvorgänger verbindlichen Bestimmungen folgt aus der Tatsache der Gesamtrechtsnachfolge auch ohne besondere Anordnung. Kein Sondernachfolger ist schließlich, wer Wohnungseigentum nach §§ 190 ff. UmwG durch Formwechsel unter Wahrung seiner Identität, Verschmelzung oder ähnliche Fälle der Gesamtrechtsnachfolge erwirbt

291 Der Unterschied zwischen einer solchen **Ausgestaltung des Sondereigentums** und einer nur schuldrechtlichen Vereinbarung zeigt sich u.a. darin, dass auf Grund der sachenrechtlichen Gestaltung der Sondernachfolger persönlich mit seinem ganzen Vermögen haftet, ohne dass es einer schuldrechtlichen Übernahme bedarf (BGH BGHZ 99, 358 = MDR 1987, 485 = NJW 1987, 1638 = ZMR 1989, 291 = JR 1988, 205 m. Anm. Pick; BGHZ 88, 302, 308 = NJW 1984, 308 = MDR 1985, 1017; s. Rdn. 302).

b) Voraussetzung der Bindung

Vereinbarungen, durch die die Wohnungseigentümer ihr Verhältnis untereinander in Ergänzung oder Abweichung von Vorschriften des WEG regeln, sowie die Abänderung oder Aufhebung solcher Vereinbarungen **wirken** gegen Sondernachfolger, wenn sie als Inhalt des Sondereigentums im Grundbuch **eingetragen** sind (BayObLG ZfIR 2005, 658 = DNotZ 2005, 789; WE 1990, 214, 215; OLG Zweibrücken NZM 2005, 343 = FGPrax 2005, 149). Eine Bindung findet nicht statt, wenn der Sondernachfolger den Inhalt einer Vereinbarung z.B. aus einem anderen Kaufvertrag kennt (OLG Zweibrücken NZM 2005, 343 = FGPrax 2005, 149) oder kennen könnte, diese Vereinbarung aber nicht, oder noch nicht im Grundbuch eingetragen ist (OLG Düsseldorf WE 1997, 191, 192; OLG Hamm NJW-RR 1993, 1295; BayObLG WM 1989, 528). Ohne Eintragung ist ein Sondernachfolger auch dann nicht an eine Vereinbarung gebunden, wenn die Eintragung nur **versehentlich** bei Neuanlegung eines Grundbuchblattes nicht wieder eingetragen wurde (**a.A.** OLG Hamm WE 1993, 250 = NJW-RR 1993, 1295). **292**

Eine Bindung an Vereinbarungen jenseits von § 10 Abs. 3 WEG kann **rechtsgeschäftlich** herbeigeführt werden (OLG Zweibrücken NZM 2005, 343 = FGPrax 2005, 149; OLG Hamm ZMR 1996, 671, 674; NJW-RR 1993, 1295, 1296; Häublein DNotZ 2005, 741, 746). Im Regelfall wird dazu eine einseitige Erklärung des Erwerbers ausreichen. Durch die **kaufvertraglich** geregelte allgemeine Übernahme nur schuldrechtlich wirkender Rechte und Pflichten »tritt« ein Sondernachfolger allerdings nicht ohne Weiteres in die Vereinbarung z.B. schuldrechtlich wirkender Sondernutzungsrechte ein (BayObLG ZfIR 2005, 658 = DNotZ 2005, 789). Diese Art der Bindung setzt nämlich voraus, dass der Sondernachfolger eine Regelung **positiv kennt** und sich ihr rechtsgeschäftlich unterwerfen will, sie also gegen sich gelten lassen will (OLG Zweibrücken NZM 2005, 343 = FGPrax 2005, 149 = MietRB 2005, 150; OLG Köln ZMR 2002, 73, 75; BayObLG NZM 2001, 753; OLG Hamm ZMR 1996, 671, 674). **293**

c) Eintritt der Bindung

Der Sondernachfolger wird spätestens mit dem Entstehen des Wohnungseigentumsrechts in seiner Person gebunden, also mit seiner **Eintragung im Grundbuch**. Der werdende Wohnungseigentümer wird bereits dann gebunden, wenn die Voraussetzungen für dieses Institut vorliegen. Die Bindung an eine eingetragene Vereinbarung ist nicht rechtsgeschäftlich – es bedarf keiner »Zustimmung« (s. dazu Hügel FS Wenzel [2005], S. 219 ff.; Merle FS Wenzel [2005], S. 251 ff.), sondern tritt **von Gesetzes wegen** ein und ist an keine weiteren Voraussetzungen geknüpft. **294**

Ob ein Sondernachfolger ggf. nicht ins Grundbuch Einsicht genommen hat oder sich beim Verwalter oder bei seinem Rechtsvorgänger über Ausmaß und Inhalt etwaiger Beschlüsse und gerichtlicher Entscheidungen informiert hat, ist für die Bindung nach §§ 10 Abs. 3, 5 Abs. 4 S. 1 WEG bedeutungslos. Die Wirkungen des § 10 Abs. 3 WEG treten auch dann ein, wenn der Sondernachfolger in Bezug auf ihn belastende oder begünstigende Regelungen gutgläubig ist. Der Sondernachfolger muss auch solche Regelungen gegen sich gelten lassen, die er nicht kennt und nicht kennen kann oder solche Regelungen, die er ablehnt. **295**

9. Einzelheiten – mögliche Gegenstände einer Vereinbarung

Im Rahmen der vom Wohnungseigentumsgesetz und dem bürgerlichen Recht aufgestellten Schranken sind den Wohnungseigentümern für eine Vereinbarung **keine Grenzen** gesetzt. Anders als nach §§ 746, 1010 BGB, sind die Wohnungseigentümer nicht auf **296** gewillkürte Regelungen zur Verwaltung und Benutzung beschränkt. Mögliche Vereinbarungen und damit die Gegenstände einer Gemeinschaftsordnung lassen sich **danach systematisieren**, von welchen gesetzlichen Bestimmungen am häufigsten abgewichen wird oder welche Bestimmungen die Wohnungseigentümer häufig ergänzen.

297 **Hinweis**

Die wohl erheblichsten Abweichungen und Ergänzungen des Interessensausgleichs, wie ihn das Gesetz gefunden und geregelt hat, sind vor allem in folgenden Bereichen vorstellbar:

- zu den Rechten und Pflichten des Verwalters in Bezug auf den **Verband Wohnungseigentümergemeinschaft** und zum Verband selbst;
- zum **Gebrauch des Gemeinschafts- und Sondereigentums** (z.B. Sondernutzungsrechte);
- zur **Haftungsverfassung**;
- zur **Eigentümerversammlung**;
- im Zusammenhang mit dem **Verwalter** und dem **Verwaltungsbeirat**;
- eine hohe praktische Relevanz haben schließlich **Öffnungsklauseln.**

a) Regelungen zum Verband

298 Die Wohnungseigentümer können nach § 27 Abs. 3 S. 1 Nr. 7 WEG den Verwalter durch Vereinbarung ermächtigen, sonstige Rechtsgeschäfte und Rechtshandlungen im Namen des Verbandes mit Wirkung für und gegen ihn wahrzunehmen. In Betracht kommen vor allem das Recht, Aktivverfahren des Verbandes zu führen, z.B. Wohngeldklagen, sowie für diese Klagen Verträge mit Rechtsanwälten zu schließen. Ferner kann der Verwalter ermächtigt werden, vergemeinschaftete Rechte der Wohnungseigentümer für den Verband auszuführen (s. dazu Suilmann ZWE 2008, 43 ff.).

b) Gebrauchsregelungen nach §§ 13 ff. WEG

aa) Zweckbestimmungen

299 Die Wohnungseigentümer können nach § 15 Abs. 1 WEG für ihr Verhältnis untereinander **Gebrauchsregelungen** für das **Gemeinschafts-, aber auch für das Sondereigentum** vereinbaren. Diese Gebrauchsbestimmungen werden in Abgrenzung zur Bestimmung eines Sondereigentums als Wohnungs- oder Teileigentum (»Zweckbestimmungen im weiteren Sinne«) gemeinhin als »**Zweckbestimmungen im engeren Sinne**« verstanden. Üblich sind ferner **Benutzungs-, aber auch Verwaltungsregelungen** für das Gemeinschafts-, aber auch für das Sondereigentum, z.B. für die Nutzung der Waschküche, des Treppenhauses, des Fahrstuhls, der Garagen oder eines gemeinsamen Schwimmbades sowie Regelungen zu den Ruhezeiten, zur Haltung von Haustüren oder zum Abschluss der Eingangstür. Diese Bestimmungen werden gemeinhin unter dem Begriff der »**Hausordnung**« zusammengefasst (Elzer ZMR 2006, 733; s.a. Müller/Rüscher Beck'sches Formularbuch Wohnungseigentumsrecht F. 1. Anm. 1).

300 Umstritten ist, ob Miteigentümer für ihr gemeinsames Sondereigentum Gebrauchsregelungen nach § 15 Abs. 1 WEG vereinbaren können (Müller/Müller Beck'sches Formularbuch Wohnungseigentumsrecht D. I. 3). Überzeugend erscheinen allein Regelungen nach § 1010 BGB (Riecke/Schmid/Elzer § 3 WEG Rn. 74, auch mit Nachweisen zur Gegenansicht).

bb) Sondernutzungsrechte

301 Die Wohnungseigentümer können einem Eigentümer im Wege der Vereinbarung ein **Sondernutzungsrecht** am Gemeinschaftseigentum einräumen.

c) Haftungsverfassung

aa) Erwerberhaftung

Die Wohnungseigentümer können vereinbaren, dass der rechtsgeschäftliche Erwerber für in der Person seines Rechtsvorgängers bereits entstandene und fällige Zahlungsrückstände gemeinsam mit diesem gesamtschuldnerisch haftet (BGH NJW 1994, 2950, 2952 = MDR 1994, 580 = ZMR 1994, 271; BGHZ 99, 358, 361 = MDR 1987, 485 = NJW 1987, 1638 = ZMR 1989, 291 = JR 1988, 205 m. Anm. Pick; OLG Düsseldorf MDR 1997, 820). Die Haftung wird unmittelbar mit der Eintragung des Sondernachfolgers im Grundbuch ausgelöst, ohne dass es einer schuldrechtlichen Übernahme bedürfte (BGH BGHZ 99, 358 = ZMR 1987, 273; BGHZ 88, 302 = NJW 1984, 308 = MDR 1985, 1017). **302**

Eine Vereinbarung, dass auch der Erwerber einer Eigentumswohnung oder eines Teileigentums im **Wege der Zwangsversteigerung** für Wohngeldrückstände des Voreigentümers haftet, verstieße allerdings gegen § 56 S. 2 ZVG und wäre gem. § 134 BGB nichtig (BGH BGHZ 99, 358 = MDR 1987, 485 = NJW 1987, 1638 = ZMR 1989, 291 = JR 1988, 205 m. Anm. Pick; KG ZMR 2003, 292, 293; ZMR 2002, 860; OLG Düsseldorf WuM 1996, 119). **303**

bb) Unterwerfung unter die sofortige Zwangsvollstreckung

Es ist zulässig, wenn eine Vereinbarung die Unterwerfung der Wohnungseigentümer unter die **sofortige Zwangsvollstreckung** nach § 794 Abs. 1 Nr. 5 ZPO wegen des Wohngeldes vorsieht (dazu ausführlich Riecke/Schmid/Elzer § 16 WEG Rn. 252). **304**

cc) Sonderzahlungen

Die Wohnungseigentümer können für Zuwiderhandlungen, etwa bei zögerlicher Zahlung des Wohngeldes (BayObLG WE 1988, 200), eine »Vertragsstrafe« – z.B. eine Mahngebühr oder einen höheren Zinssatz – vereinbaren. Die Eigentümer können sich im Wege der Vereinbarung ferner **jenseits** von § 21 Abs. 7 WEG verpflichten, dem Verwalter den durch eine Mahnung fälliger Forderungen – etwa Wohngelder oder des Saldos aus einer Jahresabrechnung – entstandenen Mehraufwand pauschal zu vergüten. **305**

dd) Kostenverteilungsschlüssel

Die Wohnungseigentümer können für das Gemeinschaftseigentum, aber auch das Sondereigentum einen gewillkürten Kostenverteilungsschlüssel vereinbaren (BGH BGHZ 160, 354 = ZMR 2004, 834 = NJW 2004, 3413 = NZM 2004, 870 = MDR 2004, 1403 m. Anm. Riecke/Schmidt). Zulässig sind z.B. Schlüssel nach Wohn- und Nutzflächen (BayObLG WuM 1992, 155) oder eine Abrechnung nach Verbrauch (BGH BGHZ 156, 192, 198 = ZMR 2003, 937, 939 = NJW 2003, 3476; BayObLG WuM 1992, 156, 157). Solche Vereinbarungen sind allerdings jeweils **nicht beschlussfest** und können – sofern dessen Voraussetzungen vorliegen – im Wege des Beschlusses nach § 16 Abs. 3 WEG **geändert** werden (BGH NJW 2010, 2654; NZM 2010, 707). Die Wohnungseigentümer können die Kosten für die Instandsetzung und Instandhaltung des Gemeinschaftseigentums außerdem auf einzelne Wohnungseigentümer abwälzen, z.B. für die Fenster, die Wohnungseingangstüren oder den Balkon (Riecke/Schmid/Elzer § 16 WEG Rn. 177). **306**

Hinweis

> Nach **a.A.** sollen jedenfalls Vereinbarungen, die einen Wohnungseigentümer von den Kosten ausnehmen, beschlussfest sein (AG Bremen ZMR 2010, 322, 323; Drasdo NJW-Spezial 2010, 289, 290; Müller WE 2010, 224, 225).

ee) Weitere Regelungen

307 Der Fantasie der Wohnungseigentümer mit Blick auf die Haftungsverfassung sind neben den benannten Bereichen keine Grenzen gesetzt. Vorstellbar und in der Praxis üblich sind ferner u.a. folgende Regelungen:

308
- Bestimmungen zur Fälligkeit der Wohngeldzahlungen;
- Bestimmungen zur Höhe des geschuldeten Verzugszinses;
- die zwingende Teilnahme am Lastschriftverfahren;
- die Anordnung, dass ein beschlossener Wirtschaftsplan fort gilt;
- der vollständige Ausschluss der Aufrechnung;
- die Vereinbarung eines Anspruchs auf tätige Mithilfe in Form von aktiven Instandsetzungs- und Gebrauchspflichten;
- die Bestimmung, dass in einer **Mehrhausanlage eine Kostentrennung** zu erfolgen hat (OLG Schleswig v. 26.04.2007–2 W 216/06; BayObLG NZM 2001, 871). Über Wirtschaftsplan, Jahresabrechnung und über die Entlastung von Verwaltung und Verwaltungsbeirat haben auch in einer Mehrhaus-Wohnanlage grundsätzlich aber alle Wohnungs- und Teileigentümer abzustimmen (OLG Zweibrücken NZM 2005, 751, 752).

d) Eigentümerversammlung

309 Die Wohnungseigentümer können in vielfältiger Weise vom gesetzlichen Modell der Eigentümerversammlung abweichende Bestimmungen treffen. In Betracht kommen u.a. Regelungen für folgende Bereiche:

- **Einberufung der Eigentümerversammlung**: Die Wohnungseigentümer können nach § 24 Abs. 2 WEG neben den gesetzlich geregelten Fällen solche Sachlagen bestimmen, in denen der Verwalter eine Eigentümerversammlung **einberufen muss** (BayObLG WuM 1989, 459, 460). Die Wohnungseigentümer können für bestimmte Fälle die Wirksamkeit der Ladung zur Eigentümerversammlung **fingieren** (OLG Hamburg ZMR 2006, 704, 705; OLG Frankfurt/M. OLGReport Frankfurt 2005, 423, 425; Müller/Müller Beck'sches Formularbuch Wohnungseigentumsrecht D. I. 15; Jennißen/Elzer § 24 WEG Rn. 92).
- **Eventualversammlung**: Die Wohnungseigentümer können vereinbaren, dass sogleich mit der Ersteinladung zur Eigentümerversammlung für den Fall, dass die Erstversammlung beschlussunfähig sein sollte, zu einer zweiten Eigentümerversammlung (Eventualversammlung) am gleichen Tag eine halbe Stunde nach dem Termin der Erstversammlung einzuladen ist (KG NZM 2001, 105, 107; OLG Köln OLGReport Köln 1999, 120 = MDR 1999, 799; LG Offenburg WuM 1993, 710).
- **Auszählung der Stimmen**: Durch Vereinbarung kann geregelt werden, dass der Leiter einer Eigentümerversammlung sämtliche Abstimmungsergebnisse feststellen muss und die sog. Subtraktionsmethode unzulässig ist (BGH BGHZ 152, 63 = ZMR 2002, 936 = NJW 2002, 3629).
- **Stimmrecht**: Die Wohnungseigentümer können durch Vereinbarung das Ruhen des Stimmrechts bei einem Rückstand mit Wohngeldzahlungen bestimmen (BayObLG ZMR 2003, 519, 520 = BayObLGReport 2003, 129; BayObLGZ 1965, 34, 42 = NJW 1965, 821; KG ZMR 1994, 171 = KGReport 1994, 16 = MDR 1994, 274; OLGZ 1986, 179 = WM 1986, 150 = ZMR 1986, 127; offen gelassen von OLG Düsseldorf OLGReport Düsseldorf 1999, 137, 138). Das mitgliedschaftsrechtliche Element des Wohnungseigentums verbietet allerdings den **allgemeinen Stimmrechtsausschluss** eines Wohnungseigentümers als seinem elementaren Mitverwaltungsrecht i.S.d. § 20 Abs. 1 WEG (OLG Hamm Rpfleger 1975, 401, 402; BayObLG BayObLGZ 1965, 34, 42; LG Nürnberg-Fürth ZWE 2010, 233, 244 m. Anm. Elzer).
- **Stimmrechtsprinzipien**: Die Wohnungseigentümer können – außer wegen der Beschlüsse nach §§ 18 Abs. 3, 12 Abs. 4, 16 Abs. 4 und 22 Abs. 2 WEG – eine von § 25

Abs. 2 S. 1 WEG abweichende Bestimmung treffen und ein anderes Stimmrechtsprinzip (BayObLG DNotZ 1999, 215; WuM 1989, 527) – etwa das Objekt- oder Realprinzip (jedem Sondereigentum kommt eine Stimme zu) oder das Wertprinzip (nach diesem bestimmt sich das Stimmengewicht nach den Miteigentumsanteilen) – oder ein Vetorecht (BayObLG ZMR 1997, 369) vereinbaren.

- **Gültigkeit von Beschlüssen**: Die Wohnungseigentümer können vereinbaren, dass zur Gültigkeit eines Beschlusses der Eigentümerversammlung die Protokollierung erforderlich ist und das Protokoll von zwei von der Eigentümerversammlung bestimmten Wohnungseigentümern zu unterzeichnen ist (BGH BGHZ 136, 187 = MDR 1997, 919 = NJW 1997, 2956 = ZMR 1997, 531).
- **Beschlussfähigkeit**: Die Regelung, von dem in § 25 Abs. 4 S. 1 WEG genannten Quorum abzusehen, ist möglich (OLG Hamburg ZMR 1989, 230).
- **Vertreterklausel**: Die Vereinbarung, nach der sich Wohnungseigentümer in der Eigentümerversammlung nur durch ihren Ehegatten, einen Wohnungs- oder Teileigentümer oder den Verwalter derselben Wohnanlage vertreten lassen können, ist grundsätzlich wirksam. Weder das Wohnungseigentumsgesetz noch §§ 741 ff. BGB enthalten Bestimmungen darüber, ob und inwieweit sich Wohnungseigentümer bei Abstimmungen vertreten lassen können. Anders als im Vereinsrecht (§ 38 S. 2 BGB) ist daher in einer Eigentümerversammlung Stellvertretung i.S.d. §§ 164 ff. BGB grundsätzlich möglich (BGH BGHZ 99, 90 = NJW 1987, 650 = JZ 1987, 465 m. Anm. Weitnauer; BayObLG BayObLGZ 1981, 161, 164; BayObLGZ 1981, 220, 224; OLG Celle NJW 1958, 307, 308). Allerdings können im Einzelfall **Ausnahmen** wegen Unzumutbarkeit nach Treu und Glauben geboten sein (BGH BGHZ 99, 90 = NJW 1987, 650 = JZ 1987, 465 m. Anm. Weitnauer).
- **Mehrhausanlagen**: Die Verwaltung des gemeinschaftlichen Eigentums steht gem. §§ 20 Abs. 1, 21 Abs. 1 WEG allen Wohnungseigentümern gemeinsam zu. Soweit sie über die ordnungsmäßige Verwaltung durch Stimmenmehrheit beschließen, sind daher **alle Wohnungseigentümer** gem. § 25 Abs. 1 und Abs. 2 stimmberechtigt. Eine Ausnahme hiervon soll nach h.M. in den Fällen gelten, in denen bei einem Beschlussgegenstand eine genau abgrenzbare Gruppe von Wohnungseigentümern betroffen ist (OLG München FGPrax 2007, 74, 76 = OLGReport München 2007, 73 = MietRB 2007, 40 = WuM 2007, 34; OLG Zweibrücken OLGReport Zweibrücken 2004, 585, 586; BayObLG ZMR 2003, 519, 521). Dem ist zuzustimmen, soweit eine **Vereinbarung** bestimmte – regelmäßig untergeordnete (s. Rdn. 308 a.E.) – Angelegenheiten z.B. nur den Bewohnern eines Hauses einer **Mehrhausanlage** zuweist und geregelt ist, dass die jeweiligen Wohnungseigentümer der einzelnen Haus- oder Innengemeinschaft gesondert abstimmen (OLG Düsseldorf OLGReport Düsseldorf 2006, 33, 35; OLG München OLGReport München 2005, 529). Eine solche Vereinbarung ist aber nur dann zulässig, wenn **ausgeschlossen** ist, dass die übrigen Eigentümer von einer Angelegenheit betroffen werden können.
- **Zugangsfiktion**: Eine Vereinbarung, wonach eine an die dem Ladenden zuletzt genannte Adresse abgesendete Ladung als zugegangen gilt (**Zugangs- bzw. Ladungsfiktion**), ist wirksam (OLG Hamburg ZMR 2006, 704, 705; OLG Frankfurt/M. OLGReport Frankfurt 2005, 423, 425).

e) *Funktionsträger*

Den Wohnungseigentümern steht es gem. § 10 Abs. 2 S. 2 WEG frei, von der gesetzlichen **310**
Handlungsorganisation des § 20 WEG abweichende Bestimmungen zu treffen. Soweit das Gesetz nicht zwingend ist, können die Wohnungseigentümer in den vom Gesetz und den allgemeinen Vorschriften und Besonderheiten des Wohnungseigentumsrecht gezogenen Grenzen, Befugnisse sowohl auf den Verwalter (Deckert ZWE 2003, 247, 253; Lüke

WE 1996, 372, 373) als auch auf den Verwaltungsbeirat übertragen (OLG Düsseldorf ZMR 2001, 303, 304; 1997, 605 =WM 1997, 639 = WE 1998, 37; OLG Frankfurt/M. OLGZ 1988, 188, 189; Strecker ZWE 2004, 337, 341) oder neue Funktionsträger (z.B. einen Bauausschuss, OLG Celle ZMR 2001, 642, 643) schaffen (BGH WuM 2010, 253: »Sonderausschuss für bestimmte einzelne Aufgaben«). Die Anzahl der Mitglieder eines solchen Ausschusses festzulegen, liegt im Ermessen der Wohnungseigentümer. Das Gesetz enthält hierfür keine ausdrückliche Festlegung. Die Bestimmung der Mitgliederzahl muss lediglich den Grundsätzen einer ordnungsgemäßen Verwaltung entsprechen. Einer Einschränkung der Verwalterbefugnisse setzt vor allem § 27 Abs. 4 WEG Grenzen.

aa) Verwalter

311 Eine Vereinbarung, die über die Bestimmungen des § 26 Abs. 1 S. 2, Abs. 2 WEG enthaltenen Beschränkungen hinausgeht, ist nichtig. So ist die Beschränkung des Personenkreises, wer Verwalter werden kann, ebenso nichtig (BayObLG NJW-RR 1995, 271) wie qualifizierte Mehrheitserfordernisse (BayObLG WE 1995, 30). Die Eigentümer können auch nicht beschlussfest vereinbaren, wer Verwalter sein soll (s. dazu auch OLG Düsseldorf ZMR 2001, 650, 651; BayObLG WE 1995, 90). Die Eigentümer können im Wege der Vereinbarung die Abberufung des Verwalters auf das Vorliegen eines wichtigen Grundes beschränken (BGH BGHZ 151, 164 = ZMR 2002, 766 = MDR 2002, 1427 = ZWE 2002, 570 = NJW 2002, 3240; BayObLG NJW 1974, 2134). Eine Vereinbarung ist nichtig, wenn sie nicht die gesetzlichen Vorgaben aus § 26 Abs. 1 S. 2 und 3 WEG beachtet. Die Wohnungseigentümer können ferner vereinbaren, dem Verwalter ein Bestimmungsrecht i.S.v. §§ 315 ff. BGB zu erteilen. Es ist etwa möglich, dass der Verwalter für die auf dem Grundstück errichteten Kfz-Abstellplätze eine Gebrauchs- und Nutzungsregelung bestimmen und gegenüber der Gemeinschaft der Wohnungseigentümer rechtsverbindlich festlegen kann (OLG Frankfurt/M. MDR 1997, 1017).

312 **Hinweis**

> Umstritten ist, ob der erste Verwalter bereits in der Teilungserklärung benannt werden kann. Dies wird **überwiegend bejaht** (F. Schmidt FS Bub [2007], S. 221 ff.; Wenzel FS Bub [2007], S. 249 ff.; Riecke/Schmid/Elzer § 10 WEG Rn. 85; Riecke/Schmid/Abramenko § 26 WEG Rn. 8; **a.A.** Deckert FS Bub [2007], S. 37 ff.; Drasdo RNotZ 2008, 87, 89).

bb) Verwaltungsbeirat

313 Die Wohnungseigentümer können dem Beirat durch eine Vereinbarung weitere Aufgaben und Befugnisse übertragen (Müller/Rüscher Beck'sches Formularbuch Wohnungseigentumsrecht K. IV. Anm. 1). Sie können auch vereinbaren, dass die Bestellung eines Verwaltungsbeirats abweichend von § 29 Abs. 1 S. 1 WEG nur von sämtlichen Wohnungseigentümer berechnet nach Köpfen getroffen werden kann (BayObLG ZMR 2005, 379, 380 = NZM 2004, 587; NJW-RR 1994, 338 = ZMR 1994, 69, 70). Die Wohnungseigentümer können ferner **im Wege der Vereinbarung** bestimmen, dass auch ein Nichteigentümer Mitglied des Beirats sein soll (Häublein ZMR 2003, 233, 237). Der Verwaltungsbeirat kann **durch Vereinbarung** ermächtigt werden, den Verwaltervertrag frei auszuhandeln und abzuschließen (OLG Köln MDR 1998, 36, 37). Die Wohnungseigentümer können eine Geschäftsordnung für den Beirat vereinbaren (Müller/Rüscher Beck'sches Formularbuch Wohnungseigentumsrecht K. VII; s. Rdn. 342).

f) Abnahme des Gemeinschaftseigentums

Ob die Wohnungseigentümer für die Abnahme eine **Vereinbarung** schließen können, ist **umstritten** (s. dazu auch Vogel in FS Merle [2010], S. 375, 382 ff.). Zu unterscheiden sind **schuldrechtliche** und **verdinglichte Vereinbarungen**: 314

- **Schuldrechtliche:** Schließen Wohnungseigentümer über die Abnahme einen Vertrag, wollen sie diesen aber nicht zum Inhalt des Sondereigentums machen, ist dieses nicht zu beanstanden.
- **Verdinglichte**: Umstritten ist, ob Wohnungseigentümer – bzw. mit der Teilungserklärung der Bauträger – eine Vereinbarung zur Abnahme nach §§ 10 Abs. 3, 5 Abs. 4 S. 1 WEG in das Grundbuch eintragen lassen können. Der Wortlaut des § 10 Abs. 2 S. 2 WEG, wonach die Wohnungseigentümer von den Vorschriften des WEG abweichende Vereinbarungen treffen und diese zum Gegenstand des Sondereigentums machen lassen können, spricht dafür, eine solche Vereinbarung **nicht einzutragen** (so im Ergebnis Müller/Hügel Beck'sches Formularbuch Wohnungseigentumsrecht O. I Anm. 8; Müller/Rüscher Beck'sches Formularbuch Wohnungseigentumsrecht K. IV. Anm. 3; F. Schmidt FS Deckert [2002], S. 443, 462; s.a. Riesenberger NZM 2004, 537, 539). Nach **a.A.** ist es den Wohnungseigentümern erlaubt, andere Verträge als gerade solche nach § 10 Abs. 2 S. 2 WEG eintragen zu lassen (Hügel ZMR 2008, 855, 857; Häublein PiG 66, 147, 155; ders. DNotZ 2002, 608, 614; Elzer in Deckert ETW Gruppe 3 Rn. 528; Staudinger/Bub § 21 WEG Rn. 20; s.a. Timme/Dötsch § 10 Rn. 729).

g) Öffnungsklauseln für Mehrheitsbeschlüsse

Die Eigentümer können eine **allgemeine** oder eine **bestimmte** (konkrete) **Öffnungsklausel** vereinbaren und alle oder bestimmte Vereinbarungen gegenüber einer einfachen, besser aber einer qualifizierten Mehrheitsentscheidung (z.B. aller Eigentümer) zu öffnen. S. dazu ausführlich Rdn. 388 ff. 315

h) Sonstiges

- § 11 WEG: Wohnungseigentümer können für bestimmte Fälle die Aufhebung der Gemeinschaft der Wohnungseigentümer vereinbaren. 316
- § 12 WEG: Die Wohnungseigentümer können nach § 12 Abs. 1 WEG vereinbaren, dass ein Wohnungseigentümer zur Veräußerung seines Wohnungseigentums der Zustimmung der anderen Wohnungseigentümer oder eines Dritten, z.B. des Verwalters, bedarf. Durch Vereinbarung kann dem Wohnungseigentümer in diesem Falle für bestimmte Fälle ein Anspruch auf Erteilung der Zustimmung eingeräumt werden. Ist eine solche Vereinbarung getroffen worden, ist eine Veräußerung des Wohnungseigentums und ein Vertrag, durch den sich der Wohnungseigentümer zu einer solchen Veräußerung verpflichtet, unwirksam, solange nicht die erforderliche Zustimmung erteilt ist. Einer rechtsgeschäftlichen Veräußerung steht dabei eine Veräußerung im Wege der Zwangsvollstreckung oder durch den Insolvenzverwalter gleich.
- § 21 WEG: Eine Vereinbarung, eine bestimmte Versicherung abzuschließen, ist zulässig.
- § 22 Abs. 1 WEG: Die Wohnungseigentümer können vereinbaren, dass bauliche Veränderungen in jedem Falle der Zustimmung sämtlicher Eigentümer bedürfen, also auch dann, wenn bestimmte Wohnungseigentümer nicht i.S.v. § 14 Nr. 1 WEG benachteiligt sind (BayObLG MietRB 2004, 326). Die Eigentümer können eine bauliche Veränderung auch von der Zustimmung des Verwalters abhängig machen (OLG Köln MDR 2004, 683) oder die Mehrheitsverhältnisse des § 22 Abs. 1 WEG herabsenken.
- § 22 Abs. 4 WEG: Die Wohnungseigentümer können nach § 22 Abs. 4 WEG im Falle der Zerstörung des Gebäudes eine Wiederaufbaupflicht vereinbaren.

- HeizkostenV: Die Wohnungseigentümer können weder durch eine Vereinbarung noch durch einen Beschluss, z.B. nach § 16 Abs. 3, die HeizkostenV abbedingen. Die HeizkostenV ist gemäß deren § 3 S. 1 grundsätzlich **zwingend**. Eine entgegenstehende Vereinbarung oder ein entsprechender Beschluss sind deshalb nichtig (OLG Hamm ZMR 1995, 173, 175; AG Hamburg-Blankenese ZMR 2004, 544, 545; **a.A.** BayObLG NZM 2005, 106; Schmidt-Futterer/Lammel § 3 HeizkostenV Rn. 11; s.a. AG Königstein ZMR 2005, 315).

V. Beschlüsse

1. Allgemeines

317 Ein Eigentümerbeschluss ist ein mehrseitiges, internes Rechtsgeschäft der Wohnungseigentümer (OLG Köln MDR 2005, 500 = ZMR 2005, 227 = NZM 2005, 23, 24; Wenzel ZWE 2004, 510). Ein Eigentümerbeschluss ist kein Vertrag, sondern das in Worte gefasste Ergebnis der internen, kollektiven Willensbildung der Wohnungseigentümer. Durch einen Beschluss werden rechtstechnisch betrachtet mehrere gleich gerichtete Willenserklärungen der Wohnungseigentümer zur Bestimmung ihrer Willensbildung »gebündelt«. Gegenstand eines Beschlusses kann abstrakt betrachtet der ordnungsmäßige Gebrauch des Sondereigentums oder des gemeinschaftlichen Eigentums (§ 15 Abs. 2 WEG) oder eine der Beschaffenheit des gemeinschaftlichen Eigentums entsprechende ordnungsmäßige Verwaltung (§ 21 Abs. 3 WEG) sein. Durch einen Beschluss wollen die Wohnungseigentümer nicht ihre Beziehungen untereinander als Rechtssubjekt, sondern allein ihre Beziehungen gerade als Wohnungseigentümer und Mitinhaber des gemeinschaftlichen Eigentums oder als Inhaber des Sondereigentums regeln. Ein Beschluss dient im Prinzip damit nur der **innerorganisatorischen Willensbildung** der **Wohnungseigentümer** (Suilmann Beschlussmängelverfahren, S. 15).

318 **Hinweis**

> Neben den Wohnungseigentümern hat allerdings auch der Verband Wohnungseigentümergemeinschaft ein Bedürfnis dafür, im Wege des Beschlusses einen Willen zu bilden. Ferner kann der Verwaltungsbeirat zur Bildung seines Willens im Wege des Beschlusses handeln (Armbrüster JuS 2002, 564, 569). Für diese Beschlüsse gelten die Regelungen über den Eigentümerbeschluss entsprechend.

319 Beschlüsse bedürfen – soweit etwas anderes nicht vereinbart ist, z.B. ein Mehrheitserfordernis, die Schriftform oder die Eintragung in ein bestimmtes Register – **keiner besonderen Form**. Sie können daher auch schlüssig (konkludent) gefasst werden. Dies gilt allerdings nicht in der Regel für Feststellung und Verkündung, vgl. Rdn. 322 ff.

2. Entstehung eines Beschlusses

a) Versammlungsbeschlüsse

aa) Allgemeines

320 Damit es in einer Eigentümerversammlung zu einem Beschluss kommen kann, müssen die Stimmberechtigten **mehrheitlich** für einen konkreten »**Beschlussantrag**« stimmen. Ein Beschlussantrag ist auf die Herbeiführung einer bestimmten Rechtswirkung gerichtet und hält den Inhalt des zu fassenden Beschlusses fest. Die auf einen Beschlussantrag erfolgte Stimmabgabe ist eine einseitige, grundsätzlich empfangsbedürftige Willenserklä-

rung (BGH WuM 2002, 624, 625 [Subtraktionsmethode] = ZMR 2002, 936; BGHZ 14, 264, 267 für das Gesellschaftsrecht). **Empfänger** der Stimmabgabe ist der **Versammlungsleiter** (meist der Verwalter) der Eigentümerversammlung (BGH WuM 2002, 624, 625 [Subtraktionsmethode] = ZMR 2002, 936, 938; **a.A.** Lehmann-Richter ZMR 2007, 741, 744). Mit seiner Wahrnehmung – dem Zugang – wird die Stimmabgabe wirksam (Wenzel ZWE 2001, 510). Auf die Stimmabgabe finden die allgemeinen zivilrechtlichen Regeln einschließlich der Bestimmungen zur Anfechtbarkeit wegen Willensmängeln (§§ 119 ff. BGB) Anwendung (BayObLG BayObLGZ 2000, 66, 68; BayObLGZ 1995, 407, 411).

Ein Beschluss erfordert grundsätzlich eine **einfache Mehrheit** von Ja-Stimmen. Etwas **321** anderes gilt bei einer **abweichenden Vereinbarung** oder höheren **gesetzlichen Anforderungen**, z.B. nach § 16 Abs. 4 S. 2 und § 22 Abs. 2 S. 1 WEG. Bei der Auszählung der für und gegen einen konkreten Beschlussantrag abgegebenen Stimmen ist für die Frage, ob die erforderliche einfache Beschlussmehrheit erreicht worden ist, zu prüfen, ob mehr Ja-Stimmen als Nein-Stimmen für einen Beschlussantrag abgegeben worden sind (BGH BGHZ 106, 179, 183). **Stimmenthaltungen** gelten als nicht abgegebene Stimmen und sind **nicht mitzuzählen** (BGH BGHZ 106, 179, 183). Stimmenthaltungen werden also nicht wie »Nein-Stimmen« gezählt, sondern sind als »Null-Stimmen« zu werten (BGH BGHZ 106, 179, 183). Ergibt sich nach der Auszählung der Stimmen auf einen Beschlussantrag eine Stimmengleichheit oder überwiegen die Nein-Stimmen, ist ein Antrag abgelehnt worden.

bb) Feststellung und Bekanntgabe

(1) Einführung

Auf einen Beschlussantrag ergeht – wenn eine Willensbildung erfolgen soll – eine **322** Abstimmung. Der Versammlungsleiter muss im Anschluss an diese feststellen, ob die Versammlung abstimmungs- und beschlussfähig war und ob der Antrag die nach dem Gesetz erforderliche Mehrheit erreicht hat. Seine entsprechenden Feststellungen muss der Versammlungsleiter verkünden. Feststellung und Bekanntgabe sind unabdingbare Voraussetzungen dafür, dass ein Beschluss zustande kommt (BGH BGHZ 148, 335, 342 = ZMR 2001, 809 = NJW 2001, 3339 = MDR 2001, 1283). Feststellung und Bekanntgabe des Abstimmungsergebnisses haben für die Entstehung eines Beschlusses also eine **konstitutive Bedeutung**. Feststellung des Abstimmungsergebnisses und der Schluss des Versammlungsleiters, dass ein Beschluss zustande gekommen ist, sind dabei »innere« Vorgänge des Versammlungsleiters oder Initiators. Er muss prüfen, ob die abgegebenen Stimmen rechtsgültig waren und ob die gültigen Ja-Stimmen die Nein-Stimmen **überwiegen**. Bedeutung gewinnt die Feststellung, ob ein Abstimmungsergebnis positiv oder negativ ist, erst dann, wenn der Versammlungsleiter oder Initiator das Abstimmungsergebnis und ihre entsprechenden Feststellungen auch bekannt machen (verkünden). Mit der Verkündung des Beschlussergebnisses als Folge des Abstimmungsergebnisses ist ein Beschluss entstanden.

In einer Eigentümerversammlung kann das Feststellungsergebnis mündlich oder schrift- **323** lich ausdrücklich mitgeteilt werden. Nach h.M. soll eine Verkündung außerdem »in konkludenter Weise« (schlüssig) geschehen können (BGH BGHZ 148, 335, 344 = ZMR 2001, 809 = NJW 2001, 3339 = MDR 2001, 1283). Hierfür soll die **Niederschrift** eine Bedeutung haben. Für die Annahme jedenfalls einer konkludenten Feststellung in der Eigentümerversammlung soll nämlich i.d.R. die Wiedergabe eines eindeutigen Abstimmungsergebnisses in der Niederschrift genügen, es sei denn, dass sich das aus der Niederschrift ableitbare Beschlussergebnis nach den zu berücksichtigenden Umständen, insbesondere auf Grund protokollierten Erörterungen in der Eigentümerversammlung, vernünftigerweise in Frage stellen lässt (zw.).

324 Hat der Versammlungsleiter oder der Initiator eines Beschlussverfahrens nach § 23 Abs. 3 WEG **versehentlich oder absichtlich** das Abstimmungsergebnis nicht festgestellt oder/und nicht verkündet, kann ein Wohnungseigentümer gegen die anderen Wohnungseigentümer in einem Verfahren entsprechend § 43 Nr. 4 WEG, aber ohne Bindung an die Anfechtungsfrist des § 46 Abs. 1 S. 2 WEG auf **Feststellung** und Verkündung des Abstimmungsergebnisses und mithin des Beschlusses selbst **durch das Gericht** klagen. Damit ein Beschluss »entstehen«, damit sein Tatbestand verwirklicht werden kann, ist ein Gericht im Rahmen einer Feststellungsklage nach § 256 ZPO nämlich befugt, anstelle des eigentlich zuständigen Versammlungsleiters **erstmals** die für das tatbestandliche Zustandekommen eines Beschlusses notwendigen Feststellungen zu treffen (BayObLG ZMR 2004, 125, 126).

325 Hinweis

Streitig ist, ob ein Gericht in Rahmen eines solchen Beschlussfeststellungsverfahrens zudem befugt ist, neben seiner »Geburtshilfe« für den Beschluss zusätzlich dessen Rechtmäßigkeit zu prüfen. Überblick:

- Die einen wollen es einem Gericht in einem Beschlussfeststellungsverfahren **nicht erlauben**, auch über die Rechtsmäßigkeit dieses Beschlusses zu entscheiden (Riecke WE 2004, 34, 39; Deckert ZMR 2003, 153, 158; Müller NZM 2003, 222, 225; Jennißen/Elzer vor §§ 23 bis 25 Rn. 66).
- Die anderen halten hingegen ein zweites Verfahren für **prozessunökonomisch** und erlauben es dem für die Beschlussfeststellung angerufenen Gericht, auch über die Ordnungsmäßigkeit des von ihm selbst festgestellten Beschlusses zu entscheiden (OLG München MietRB 2007, 71, 72; Becker ZWE 2006, 157, 161; Becker ZWE 2002, 93, 97; Abramenko ZMR 2004, 789, 792).

(2) Fehlerhafte Verkündungen

326 Verkündet der Versammlungsleiter oder der Initiator eines schriftlichen Beschlusses, dass ein »Beschluss« gefasst wurde, obwohl die abgegebenen Stimmen diesen Schluss gar nicht rechtfertigen, ist die Feststellung unrichtig. Unstreitig ist, dass die zu Unrecht erfolgte Verkündung angegriffen werden kann. Streitig ist hingegen, ob zunächst ein anfechtbarer Beschluss zustande gekommen ist und ob also der Angriff durch eine Anfechtungs- oder Feststellungsklage zu führen ist. Jedenfalls die ganz h.M. geht davon aus, dass jede Verkündung konstitutiv das Beschlussergebnis fixiert (BGH NJW 2009, 2132, 2135; BGH ZMR 2002, 930, 936; OLG Düsseldorf ZWE 2002, 418, 419; KG OLGZ 1990, 421, 423 = MDR 1990, 925 = NJW-RR 1991, 213). Richtige Klageart ist also **eine Anfechtungsklage.** Nach einer Mindermeinung besitzt der Versammlungsleiter hingegen keine Rechtsmacht, durch Verkündung einen nicht gegenständlichen Beschluss auch »zum Leben« erwecken (Jennißen/Elzer vor §§ 23 bis 25 WEG Rn. 70 ff.; ders. ZWE 2007, 165 ff.). Richtige Klageart wäre danach eine nicht fristgebundene Feststellungsklage.

b) Beschlussfassung durch schriftliche Zustimmung (§ 23 Abs. 3 WEG)

327 Beschlüsse können auch außerhalb der Eigentümerversammlung entstehen. Ein Beschluss ist gem. § 23 Abs. 3 WEG ohne Versammlung gültig, wenn alle Wohnungseigentümer ihre Zustimmung zu diesem Beschluss schriftlich erklären. Die Zustimmung muss dem Beschlussantrag, nicht nur der Verfahrensweise gelten. Ein schriftlicher

Beschluss kommt nur dann zustande, wenn erstens jeder Wohnungseigentümer damit einverstanden ist, dass außerhalb der Eigentümerversammlung beschlossen werden soll. Außerdem muss zweitens jeder Wohnungseigentümer einem ihm vorgelegten Beschlussantrag auch zustimmen. Nicht ausreichend ist es, dass zwar sämtliche Wohnungseigentümer dem Verfahren als solches zustimmen, die Abstimmung aber nur mehrheitlich erfolgt (Kümmel ZWE 2000, 62, 63/64; F. Schmidt PiG 59, 125, 131). Weil schriftliche Beschlüsse keine Aussprache der Eigentümer und somit keinen Kampf der Meinungen in einer Versammlung erleben, sind sie nach h.M. allerdings nur dann gültig, wenn **sämtliche Eigentümer** dem jeweiligen Beschlussantrag (**Allstimmigkeit**) zustimmen (OLG Zweibrücken ZMR 2004, 60, 63; BayObLG ZMR 2002, 138, 140; a.A. R. Breiholdt ZMR 2010, 168, 170; B. Müller ZWE 2007, 56, 57; Riecke/Schmid/Drabek § 23 Rn. 47 ff.; Bärmann/Merle § 23 Rn.104). Erforderlich ist auch die Zustimmung der Wohnungseigentümer, deren Stimmrecht in der Versammlung ausgeschlossen ist (BayObLG ZMR 2002, 138, 140).

Zur Einleitung eines schriftlichen Beschlussverfahrens ist jeder Eigentümer, der Verwal- **328**
ter, der Vorsitzende des Verwaltungsbeirats oder sein Vertreter berechtigt (etwas anders kann vereinbart werden). Der Veranlasser eines schriftlichen Beschlussverfahrens kann jeden einzelnen Eigentümer direkt anschreiben und von diesem die Zustimmung zu einem Beschluss einfordern. Ebenso ist es möglich, im »Umlaufverfahren« das Schreiben an einen Eigentümer zu übersenden oder zu übergeben, verbunden mit der Bitte, die Zustimmung darauf schriftlich zu erteilen und an den nächsten Eigentümer weiterzugeben (»Zirkular«).

Sind alle Zustimmungen eingegangen, ist der Beschluss noch nicht zustande gekommen. **329**
Wie bei einem Beschluss in der Eigentümerversammlung kommt auch in einem schriftlichen Verfahren ein Beschluss erst mit der Feststellung und einer an alle Wohnungseigentümer gerichteten Mitteilung des Beschlussergebnisses zustande. Auch hier ist also die konstitutive Wirkung der Feststellung und Bekanntgabe des Beschlussergebnisses zu beachten. Es bedarf allerdings nicht des Zugangs der Mitteilung über das Zustandekommen des Beschlusses bei jedem einzelnen Eigentümer. Es genügt nach h.M. **jede Form der Unterrichtung**, etwa durch einen Aushang oder ein Rundschreiben, die den internen Geschäftsbereich des Feststellenden verlassen hat, und bei der den gewöhnlichen Umständen nach mit einer Kenntnisnahme durch die Wohnungseigentümer gerechnet werden kann (zw.).

c) Ein-Mann-Beschlüsse

In einer Eigentümerversammlung, vor allem in einer Zweitversammlung, ist vorstellbar, **330**
dass nur ein Wohnungseigentümer für eine Maßnahme stimmt und sich alle anderen Wohnungseigentümer enthalten oder gar nicht anwesend sind (vgl. z.B. OLG München NJW-Spezial 2008, 66). So ein »Ein-Mann-Beschluss« ist ohne Weiteres zulässig. Trifft hingegen der Alleineigentümer »beschlussweise« eine Anordnung, so kann diese nicht als ein Beschluss verstanden werden. Ein-Mann-Beschlüsse wären nur dann vorstellbar, wenn der Verband Wohnungseigentümergemeinschaft und/oder die Gemeinschaft der Wohnungseigentümer aus einem einzigen Wohnungseigentümer bestehen könnten (für die Anerkennung einer solchen »Einpersonen-Eigentümergemeinschaft« F. Schmidt ZMR 2009, 725, 737; Becker in FS Seuß [2007], S. 19 ff.). Die ganz h.M. lehnt das zurzeit noch ab (BGH BGHZ 177, 53, 57 = ZMR 2008, 805; Elzer ZMR 2008, 808, 810; Wenzel in FS Bub [2007], S. 249, 263/264).

3. Beschlusskompetenzen

a) Einführung

331 Die Wohnungseigentümer können über eine Angelegenheit beschließen, wenn ihnen das Wohnungseigentumsgesetz oder eine Vereinbarung nach § 23 Abs. 1 WEG (Öffnungsklausel; Rdn. 388) eine Entscheidung über eine Angelegenheit gerade durch einen Beschluss ermöglichen (Beschlusskompetenz). Ohne eine besondere Kompetenzbegründung ist für einen Beschluss kein Raum. Den Wohnungseigentümern fehlt ohne entsprechende Ermächtigung die Kompetenz, eine Angelegenheit gerade durch einen Beschluss zu regeln (BGH BGHZ 145, 158 = ZMR 2000, 771 = ZWE 2000, 518 = NJW 2000, 3500 [Zitterbeschluss]).

332 **Hinweis**

> Nach dem Gesetz können die Wohnungseigentümer in den gesetzlich bestimmten Grenzen originär nur über **folgende Materien** einen Beschluss fassen (eine Erweiterung bis zur Macht der Vereinbarung ist durch eine allgemeine Öffnungsklausel möglich, s. Rdn. 390):
> - **§ 12 Abs. 4 S. 1 WEG:** Veräußerungsbeschränkungen
> - **§ 15 Abs. 2 WEG:** Gebrauch des Gemeinschafts- und des Sondereigentums
> - **§ 16 Abs. 3 WEG:** Kostenverteilungsschlüssel
> - **§ 16 Abs. 4 S. 1 WEG:** Kosten einer Maßnahme der Instandhaltung oder Instandsetzung i.S.d. § 21 Abs. 5 Nr. 2 oder baulichen Veränderungen oder Aufwendungen i.S.d. § 22 Abs. 1 und 2
> - **§ 18 Abs. 3 S. 1 WEG:** Entziehung des Wohnungseigentums
> - **§ 21 Abs. 3 WEG:** ordnungsmäßige Verwaltung des Gemeinschaftseigentums nach § 21 Abs. 3 bis Abs. 5
> - **§ 21 Abs. 7 WEG:** Verwaltungskostenbeschlüsse
> - **§ 22 Abs. 1 S. 1 WEG:** Bauliche Veränderungen und Aufwendungen, die über die ordnungsmäßige Instandhaltung oder Instandsetzung des gemeinschaftlichen Eigentums hinausgehen
> - **§ 22 Abs. 2 S. 1 WEG:** Modernisierungsmaßnahmen
> - **§ 24 Abs. 5 WEG:** Vorsitz in der Eigentümerversammlung
> - **§ 24 Abs. 8 S. 2 WEG:** Führer der Beschluss-Sammlung
> - **§ 26 Abs. 1 S. 1 WEG:** Bestellung und Abberufung des Verwalters
> - **§ 27 Abs. 2 Nr. 3 WEG:** Geltendmachung von Ansprüchen durch den Verwalter
> - **§ 27 Abs. 3 S. 1 Nr. 7 WEG:** Erweiterung der gesetzlichen Befugnisse des Verwalters
> - **§ 27 Abs. 3 S. 3 WEG:** Vertretung des Verbandes Wohnungseigentümergemeinschaft
> - **§ 28 Abs. 4 WEG:** Rechnungslegung des Verwalters
> - **§ 28 Abs. 5 WEG:** Wirtschaftsplan und Jahresabrechnung
> - **§ 29 Abs. 1 S. 1 WEG:** Bestellung eines Verwaltungsbeirats
> - **§ 45 Abs. 2 S. 1 WEG:** Bestellung eines Ersatzzustellungsvertreters.

333 Eine Beschlusskompetenz erwächst den Wohnungseigentümern nicht dadurch, dass eine allgemein geltende Bestimmung außerhalb des Wohnungseigentumsgesetzes, etwa eine Landesbauordnung, die Änderung einer Vereinbarung anordnet (**a.A.** OLG Hamburg ZMR 2004, 936, 937). Kommt eine der gesetzlichen Verpflichtung entsprechende Vereinbarung nicht zustande, kann jeder Wohnungseigentümer die anderen auf eine entsprechende Änderung in Anspruch nehmen. Die Abgabe der entsprechenden Willenserklärung folgt aus § 894 ZPO. Entsprechendes gilt für § 3 S. 2 HeizkostenV. Diese qualifiziert die Einführung der verbrauchsabhängigen Abrechnung zwar als Maßnahme i.S.d. § 21 Abs. 3 WEG. Nicht aus der Heizkostenverordnung selbst, sondern aus § 21 WEG folgt aber die notwendige Beschlussmacht (s.a. Schmid MDR 1990, 297, 298 m.w.N.).

b) Beschlüsse ohne Kompetenzzuweisung

334 Wenn die Wohnungseigentümer über eine Angelegenheit beschließen, ohne dass das Gesetz oder eine Vereinbarung ihnen hierzu eine Kompetenz zuweisen, kann der entsprechende Beschluss nichtig oder zwar wirksam, jedoch anfechtbar sein. Die Unterscheidung ist nach der Zielrichtung des Beschlusses zu treffen:

- Wenn ein Beschluss für das weitere Zusammenleben der Wohnungseigentümer etwas vom Gesetz »abweichend« bestimmen oder eine Vereinbarung »ändern« will, so ist er nichtig, soweit nicht eine gesetzliche (§§ 16 Abs. 3, Abs. 4, 21 Abs. 7 WEG) oder gewillkürte Änderungskompetenz (Öffnungsklausel; s. Rdn. 388) besteht.
- In Angelegenheiten, die die Regelung des Gebrauchs (§ 15 Abs. 2 WEG), der Verwaltung (§ 21 Abs. 3 und Abs. 4 WEG) und der Instandhaltung oder Instandsetzung des gemeinschaftlichen Eigentums (§ 22 WEG) betreffen, können die Wohnungseigentümer durch Beschluss entscheiden, sofern es um eine »ordnungsmäßige« Maßnahme geht. Ist ein Beschluss nicht ordnungsmäßig, fehlt hierfür eine Kompetenz und der Beschluss ist rechtswidrig. Der Beschluss ist in diesem Falle anfechtbar und auf Klage hin für unwirksam zu erklären, er ist aber auch nicht nichtig (BGH ZMR 2000, 771 = ZWE 2000, 518 = NJW 2000, 3500 [Zitterbeschluss]; Rdn. 239).
- Gesetzes- oder vereinbarungswidrige Beschlüsse (Rdn. 240) sind anfechtbar, aber nicht nichtig.

4. Beschlussmängel

a) Formelle Beschlussmängel

335 Formelle Beschlussmängel – z.B. Einberufungsfehler (BayObLG ZMR 2002, 532 = NZM 2002, 346), die versehentliche Nichteinladung eines Wohnungseigentümers (BGH ZMR 1999, 834 = NJW 1999, 3713) oder Verstöße gegen den Grundsatz der Nichtöffentlichkeit (BayObLG ZMR 2004, 603 = NZM 2004, 388) – machen einen Beschluss anfechtbar, **führen aber nicht zu seiner Nichtigkeit** (BGH NJW 2009, 2132, 2135). Sogar eine Vielzahl formeller Beschlussmängel führt grundsätzlich nicht zur Nichtigkeit eines Beschlusses (BGH NJW 2009, 2132, 2135). Ein formeller Mangel bemakelt einen Beschluss aber in der Weise, dass eine Anfechtung **allein** auf diesen Mangel gestützt werden kann, **ohne** dass der Beschluss auch noch in sonstiger Weise ordnungswidrig sein muss. Die WEG Rechtsprechung geht insoweit immer noch »traditionell« von einem **Erfahrungssatz** aus, dass ein formeller Beschlussmangel sich »ausgewirkt« hat, dass ein Beschluss mithin auf einem formellen Mangel »beruht« (KG ZMR 2006, 794, 795). Inhalt und zugleich Rechtfertigung des Erfahrungssatzes ist die Überzeugung, dass der unter einem formellen Beschlussmangel leidende Beschluss nicht, nicht so oder völlig anders gefasst worden wäre, hätte man den formellen Mangel vermieden. Von der Ursächlichkeit eines formellen Beschlussmangels ist solange auszugehen, bis der Erfahrungssatz erschüttert ist. An den Nachweis, dass sich ein formeller Beschlussmangel nicht ausgewirkt hat – und die Vermutung also erschüttert ist –, sind **strenge Anforderungen** zu stellen (OLG Frankfurt/M. ZWE 2007, 84). Ein formeller Mangel ist nur dann unerheblich, wenn auch unter Anlegung eines **strengen Maßstabes** bei tatrichterlicher Würdigung ausgeschlossen werden kann, dass der Beschluss auch ohne Mangel ebenso zustande gekommen wäre (BGH ZMR 2002, 440, 445 = NJW 2002, 1647, 1651; BayObLG ZMR 2004, 766, 767 = MietRB 2004, 329). Wenn also **feststeht**, dass der Beschluss bei ordnungsgemäßer Handhabung genauso gefasst worden wäre, bleibt eine Anfechtung letztlich – jedenfalls wegen seines formellen Mangels – erfolglos. Die **Darlegungs- und Beweislast** hierfür trifft die den Beschluss verteidigenden Wohnungseigentümer.

Hinweis

Im Aktienrecht und neuerdings auch im wohnungseigentumsrechtlichen Schrifttum wird nicht auf ein »Beruhen«, sondern auf eine »Relevanz« eines Mangels abgestellt (vgl. Elzer ZWE 2010, 70, 72 Fn. 20). Es bleibt abzuwarten, ob die Gericht diese Sichtweise übernehmen.

b) Materielle Beschlussmängel

336 Ein **materieller Beschlussmangel** liegt vor, wenn ein Beschluss aus anderen als formellen Mängeln **nicht ordnungsmäßig** ist. Dies ist zum einen anzunehmen, wenn der Beschluss nicht einem ordnungsmäßigen Gebrauch i.S.v. § 15 Abs. 2 WEG oder einer nicht ordnungsmäßigen Verwaltung i.S.v. § 21 Abs. 4 WEG entspricht. Außerdem dann, wenn ein Beschluss gegen den »ordre public«, ein **Gesetz** – nicht das Wohnungseigentumsgesetz – oder eine **Vereinbarung** verstößt. Ferner ist ein Beschluss dann materiell nicht in Ordnung, wenn er unter einem **Ermessensfehler** leidet. Als Ermessensfehler kommen im Wohnungseigentumsrecht jedenfalls Ermessensunterschreitung, Ermessensüberschreitung und Ermessensfehlgebrauch in Betracht. Von praktischer Bedeutung ist vor allem der **Ermessensfehlgebrauch**. Ermessen wird fehl gebraucht, wenn sich eine bestimmte Entscheidung nicht an dem Interesse der Gesamtheit der Wohnungseigentümer nach billigem Ermessen ausrichtet (Elzer ZMR 2006, 85, 87). Ein Verstoß gegen dieses Gebot sind z.B. sachfremde Erwägungen, eine Ermessensausübung aus persönlichen Gründen oder eine Ermessensausübung aus Opportunismus. Als eine **Ermessensüberschreitung** ist vor allem ein Verstoß gegen das Gesetz, eine Vereinbarung oder gegen einen Beschluss anzusehen. Ermessen ist nur dort vorstellbar, wo eine Regelung nicht klar vorgegeben ist. Zwingend angeordnet ist etwa, dass der Verwalter jeweils für ein Kalenderjahr einen Wirtschaftsplan aufzustellen hat, § 28 Abs. 1 S. 1 WEG. Die Wohnungseigentümer überschreiten etwa ihr Ermessen, wenn sie einem Einzelnen z.B. eine im Gesetz nicht vorgesehene Handlungspflicht auferlegen. Als eine **Ermessensunterschreitung** ist z.B. eine unzureichende Tatsachengrundlage anzusehen (BayObLG ZMR 2004, 927, 928). Damit die Wohnungseigentümer von ihrem Auswahlermessen sinnvoll Gebrauch machen können, ist es notwendig, dass ihnen eine ausreichende Entscheidungsgrundlage zur Verfügung steht. Bei großen Instandsetzungsmaßnahmen ist es beispielsweise erforderlich, dass der Schadensumfang und der Instandsetzungsbedarf vorher festgestellt werden; außerdem sind i.d.R. **mehrere Angebote** für die Instandsetzungsarbeiten (BayObLG BayObLGReport 1995, 65 = WuM 1995, 677) oder die Verwalterbestellung einzuholen. Etwa ein Beschluss, mit dem ohne vorherige Einholung von Vergleichsangeboten über die Durchführung einer größeren Baumaßnahme entschieden wird, entspricht i.d.R. nicht ordnungsmäßiger Verwaltung.

5. Beschlussarten

337 In der Praxis kommen bestimmte Beschlüsse immer wieder vor. Gleichsam als »Beschlussarten« können zur weiteren Systematisierung etwa unterschieden werden:

- Geschäftsordnungsbeschlüsse
- Negativbeschlüsse
- Nichtbeschlüsse
- Organisationsbeschlüsse
- Zweitbeschlüsse.

a) Geschäftsordnungsbeschlüsse

Wohnungseigentümer können sich für die Eigentümerversammlung eine innere (abstrakte) Ordnung geben. Solche Ordnungen sind als **Geschäftsordnung** zu verstehen. Eine Geschäftsordnung kann **jedenfalls vereinbart** werden. Als Maßnahme der Verwaltung besteht aber auch eine Beschlusskompetenz, soweit keine Vereinbarung entgegensteht. Entscheidungen der Wohnungseigentümer zur Geschäftsordnung weichen nämlich jedenfalls i.d.R. nicht vom Gesetz ab, weil sie sich stets Gegenständen widmen, die ohne gesetzliche Regelung geblieben sind. Sie können daher nicht nur in einer bestimmten Wohnungseigentümerversammlung im Einzelfall, sondern auch vor ihr und für die Zukunft gefasst werden. 338

Durch eine Geschäftsordnung oder einen zur Geschäftsordnung ergehenden Beschluss werden u.a. folgende Fragen geregelt: 339

- Versammlungsleitung
- Rederecht und Redezeit
- Recht auf Gehör
- Rauchverbote
- Ordnungsmaßnahmen des Versammlungsleiters
- Beschlussfassungsverfahren
- Ende der Versammlung.

Ein einzelner Geschäftsordnungs»beschluss« ist **grundsätzlich** nicht isoliert anfechtbar (BayObLG NZM 2004, 794; KG ZMR 2003, 598, 600; OLG Köln ZMR 2000, 866, 867). Er ist schon gar kein Beschluss (dazu Jennißen/Elzer § 24 Rn. 109b ff.). Jedenfalls wird er mit Beendigung der Eigentümerversammlung von selbst **gegenstandslos**. Ist die getroffene Regelung rechtswidrig, so kann sie, wenn sich der Fehler entsprechend auswirkt, bei rechtzeitiger Anfechtung zur Ungültigkeit in der Versammlung gefasster **anderer Beschlüsse** führen (BayObLG ZMR 2002, 844; OLG Köln ZMR 2000, 866, 867; OLG Köln WE 1998, 311; OLG Düsseldorf ZMR 1997, 91). 340

Hinweis 341

Ausnahmsweise können allerdings auch Maßnahmen der Geschäftsordnung einer gerichtlichen Überprüfung unterzogen werden. Dies ist dann der Fall, wenn es sich um eine in der Gemeinschaft aufgetretene **grundsätzliche Frage** handelt, die aller Voraussicht nach auch künftig immer wieder auftritt und eine gerichtliche Überprüfung erfordert (KG ZMR 2003, 598, 600; BayObLG ZMR 1996, 151). Nach hier vertretenem Verständnis handelt es sich in solchen Fällen um einen Verwaltungsbeschluss (dazu Jennißen/Elzer § 24 Rn. 109b ff.).

Die Wohnungseigentümer können auch dem **Beirat** eine Ordnung geben. Fehlt es an einer (abschließenden) Vereinbarung, kann sich der Beirat die Ordnung aber auch im Wege des Beschlusses geben. 342

b) Negativbeschlüsse

Ergibt die Willensbildung für einen Antrag eine Mehrheit, haben die Wohnungseigentümer einen **positiven Beschluss** gefasst (dieser kann freilich **negativ formuliert** sein. 343

▶ **Beispiel** 344

Die Gemeinschaft beschließt über den Antrag, **einen Baum nicht** zu fällen. Findet der Antrag eine Mehrheit, ist der Baum nicht zu fällen. Findet der Antrag keine Mehrheit, ist er hingegen zu fällen). Findet ein Antrag hingegen keine Mehrheit, liegt ein sogenannter **Negativbeschluss** vor. Die formal einwandfrei zustande gekommene Ablehnung eines Beschlussantrages durch die Wohnungseigentümer hat Beschlussqualität. Ein Negativbeschluss ist also kein **Nichtbeschluss** (BGH ZMR 2001, 809, 814 [Negativbeschluss]).

345 Ein Negativbeschluss kann nach neuer Rechtsprechung ohne weiteres gem. §§ 43 Nr. 4, 46 Abs. 1 WEG **angefochten** werden (BGH NZM 2010, 205, 206; a.A. noch BGHZ 156, 19, 22 = NJW 2003, 3124; BGH ZMR 2002, 930). Das dafür notwendige Rechtsschutzbedürfnis ergibt sich daraus, dass der Antragsteller durch die Ablehnung ggf. in seinem Recht auf ordnungsmäßige Verwaltung des Gemeinschaftseigentums verletzt wird (BGH NZM 2010, 205, 206).

346 Eine Anfechtung ist aus praktischer Sicht allerdings in der Regel freilich nur ratsam, wenn der Anfechtende einen materiell-rechtlichen **Anspruch** auf eine **positive Beschlussfassung** hat, etwa weil sich das den Wohnungseigentümern in Verwaltungsangelegenheiten grundsätzlich zustehende Ermessen im konkreten Einzelfall auf die Durchführung der Maßnahme und damit auf einen positiven Beschluss **reduziert** hat und der negative Beschluss sich daher als ermessensfehlerhaft (s. Rdn. 336) und nicht ordnungsmäßiger Verwaltung entsprechend (§ 21 Abs. 4 WEG) herausstellt.

c) Nichtbeschlüsse (Scheinbeschlüsse)

347 Von einem »Nichtbeschluss« (Scheinbeschluss) wird gesprochen, wenn es an den Voraussetzungen fehlt, die **mindestens** vorliegen müssen, damit **wenigstens** ein mangelhafter Beschluss zustande kommt. Das ist z.B. der Fall, wenn:

- ein »Mehrheitsbeschluss« außerhalb einer Eigentümerversammlung gefasst wurde (OLG Hamm WE 1993, 24; Deckert ZMR 2000, 21);
- eine Abstimmung nicht stattgefunden hat;
- es noch **keine Gemeinschaft** von Wohnungseigentümern gibt;
- Entscheidungen nur des Alleineigentümers vorliegen;
- die Wohnungseigentümer über einen Punkt gesprochen, aber **keine Entscheidung** dazu getroffen haben;
- einem schriftlichen Beschluss **nicht alle Stimmberechtigten** zugestimmt haben (str., vgl. Rdn. 327);
- eine Abstimmung stattfindet, nachdem die Eigentümerversammlung bereits **beendet** ist (BayObLG NZM 1998, 1010 = BayObLGReport 1998, 74; a.A. KG NJW-RR 1989, 16, 17 = OLGZ 1989, 51 = ZMR 1989, 27);
- nach **streitiger Ansicht**, wenn eine **nicht einmal potenziell** befugte Person eine Zusammenkunft der Wohnungseigentümer einberufen hat;
- nach einer **nur hier vertretenen Ansicht**, wenn der Versammlungsleiter vorsätzlich oder versehentlich ein positives Beschlussergebnis verkündet, obwohl es an den **notwendigen Entstehungsvoraussetzungen** fehlt (s. dazu Jennißen/Elzer vor §§ 23 bis 25 WEG Rn. 72).

d) Organisationsbeschlüsse

348 Als Organisationsbeschlüsse können solche Entscheidungen verstanden werden, die die Verwaltung des gemeinschaftlichen Eigentums »strukturieren«. Solche Regelungen können ein wirkungsvolles, gut organisiertes Arbeiten des Verwalters jedenfalls unterstützen und erleichtern. Bekannt sind etwa **folgende Beschlüsse:**

- Regelungen über die Vorgehensweise des Verwalters, wenn **kurzfristig mehr Ausgaben** anfallen als Guthaben auf dem Verwalterkonto verbucht sind (OLG Hamm ZMR 1997, 377); *so ein* Beschluss ist besonders nach der Neubewertung der Rückstellung wichtig (dazu BGH NZM 2010, 243, 245);

- Umgang mit in der Abrechnung **ausgewiesenen Guthaben** und Zinsen;
- Bestellung von **Zustell- und Abstimmungsbevollmächtigten** bei ausländischen oder mehreren Wohnungseigentümern sowie dinglich Berechtigten (Nießbraucher etc.) am Sondereigentum;
- Mitwirkungspflichten der Wohnungseigentümer bei einem Schadeneintritt;
- Regelungen zum Ablesen von Strom-, Gas- und Wasserzählern;
- Ermächtigung des Verwalters gem. § 27 Abs. 3 S. 1 Nr. 7 WEG, auch vor Gericht die Gemeinschaft der Wohnungseigentümer zu vertreten;
- Sicherstellung, dass der Verwalter, auch wenn seine Zustimmung nach § 12 WEG nicht erforderlich ist, Kenntnis von jedem Eigentumswechsel erhält.

e) Zweitbeschlüsse

aa) Allgemeines

Die Wohnungseigentümer sind nicht gehindert, über eine bereits schon im Wege des Beschlusses geregelte gemeinschaftliche Angelegenheit erneut zu beschließen (BGH BGHZ 148, 335, 350 = ZMR 2001, 809 = NJW 2001, 3339; BGHZ 113, 197, 200 = MDR 1991, 517). Für einen solchen **Zweitbeschluss** gibt es keine besonderen Tatbestandsvoraussetzungen. Die Wohnungseigentümer brauchen vor allem **keinen sachlichen Grund**, sich nochmals mit einer Angelegenheit zu beschäftigen und diese ggf. anders, jedenfalls aber zu entscheiden (Fritsch WE 2006, 148; Wenzel IMR 2006, 56; **a.A.** OLG Frankfurt/M. IMR 2006, 56; OLG Köln NZM 2002, 454 = OLGReport Köln 2002, 243). Notwendig, aber auch ausreichend ist bereits, dass der neue Beschluss unter keinen formellen oder materiellen Mängeln leidet und nicht nichtig ist. Der neue Beschluss muss mithin »aus sich heraus einwandfrei« sein (BGH BGHZ 148, 335, 350 = ZMR 2001, 809 = NJW 2001, 3339; BGHZ 113, 197, 200 = MDR 1991, 517). Treffen die Wohnungseigentümer eine zum Erstbeschluss inhaltlich identische Regelung, bezwecken sie i.d.R., die Anfechtbarkeit eines anderen Beschlusses wegen etwaiger formeller oder materieller Beschlussmängel zu beseitigen. Dabei ist unerheblich, ob der Zweitbeschluss den Erstbeschluss wortgleich wiederholt oder – ggf. auch nur sinngemäß – bestätigt. Welche Wirkungen ein solcher bestätigender Zweitbeschluss auf den Erstbeschluss hat, beurteilt sich nach dem Willen der Wohnungseigentümer. **349**

Vorstellbar ist ein Wille, mit dem Zweitbeschluss eine Angelegenheit neu zu ordnen und daneben zugleich den (ggf. sogar bestandskräftigen) Erstbeschluss und seine Wirkungen aufzuheben und zu egalisieren (BGH BGHZ 127, 99, 101; NJW 1994, 1866, 1867 = MDR 1994, 1113). Wird der Zweitbeschluss angefochten und durch ein Gericht rechtskräftig aufgehoben, lebt der Erstbeschluss ex tunc wieder auf (BayObLG ZMR 1997, 478, 480; Müller ZWE 2000, 557, 560). Ist ein Erstbeschluss angefochten, verliert die gegen ihn gerichtete Anfechtungsklage bereits mit Entstehung eines so verstandenen Zweitbeschlusses, nicht erst mit seiner Bestandskraft, ein Rechtsschutzbedürfnis (BGH BGHZ 21, 354; BayObLG BayObLGZ 1975, 284 = ZMR 1977, 85). Wird auch der Zweitbeschluss angefochten, bietet sich eine Aussetzung nach § 148 ZPO an. **350**

Vorstellbar ist ferner ein bestätigender Zweitbeschluss, der die Wirkungen eines ordnungswidrigen Erstbeschlusses zunächst unberührt lassen will. Erwächst ein Zweitbeschluss in diesem Falle in Bestands- oder Rechtskraft, ist zu klären, wie sich dies auf den Erstbeschluss auswirken soll. Die h.M. nimmt an, dass die Mängel des Erstbeschlusses in diesem Falle »geheilt« werden. Werden bei diesem Modell Erst- und Zweitbeschluss angefochten, ist der Mangel des Erstbeschlusses erst dann bedeutungslos, wenn der gegen den Zweitbeschluss gerichtete Anfechtungsantrag rechtskräftig abgewiesen wird (BGH BGHZ 106, 113, 116) oder wenn die Anfechtungsklage ohne Aufhebung des Beschlusses **351** anders endet, z.B. durch eine Klagerücknahme oder einen Prozessvergleich. Erst mit der Rechts- und Bestandskraft des Zweitbeschlusses verliert also eine gegen den Erstbeschluss gerichtete Anfechtungsklage ihr Rechtsschutzbedürfnis und ist – wird sie nicht für erledigt erklärt – als unzulässig abzuweisen.

bb) Grenzen

352 Ein Zweitbeschluss muss – wie jeder andere Beschluss auch – formell einwandfrei zustande kommen und materiell ordnungsmäßig sein. Nach h.M. kann jeder Wohnungseigentümer nach § 21 Abs. 3 und 4 WEG außerdem verlangen, dass ein Zweitbeschluss **schutzwürdige Belange** aus Inhalt und Wirkungen des Erstbeschlusses **berücksichtigt** (BGH BGHZ 148, 335, 350 = ZMR 2001, 809 = NJW 2001, 3339 = MDR 2001, 1283; BGHZ 113, 197, 200 = MDR 1991, 517; OLG Frankfurt/M. IMR 2006, 56; OLGReport Frankfurt 2005, 334, 345 = MietRB 2005, 206, 207; OLG Hamm ZWE 2006, 228, 230; **a.A.** Jennißen/Elzer vor §§ 23 bis 25 WEG Rn. 113; ders. ZMR 2007, 237, 340). Die dabei einzuhaltenden Grenzen sollen sich nach den Umständen des Einzelfalles richten. Eine Verletzung ist etwa anzunehmen, wenn ein Wohnungseigentümer durch den abändernden Zweitbeschluss einen **rechtlichen Nachteil** im Verhältnis zur Regelung des Erstbeschlusses erleidet (OLG Frankfurt/M. OLGReport Frankfurt 2005, 334, 345 = MietRB 2005, 206, 207). Das soll jedoch nicht bedeuten, dass durch den abändernden Beschluss etwaige tatsächliche Vorteile erhalten bleiben müssen, die ein Wohnungseigentümer nach dem Erstbeschluss gehabt hätte (OLG Düsseldorf ZMR 2001, 130, 131; ZMR 2000, 475, 476). Ein Zweitbeschluss soll auch nicht in **wohlerworbene Rechte** von Wohnungseigentümern, die auf den Bestand des Erstbeschlusses vertraut haben, eingreifen dürfen, so weit nicht überwiegende »sachliche Gründe« für die neue Regelung sprächen (OLG Köln NZM 2002, 454 = OLGReport Köln 2002, 243). Rein tatsächliche Vorteile sollen irrelevant sein.

353 Verfolgt man die bislang bekannt gewordenen Entscheidungen auf ihren Kern zurück, sind vor allem **fünf Prüfsteine** für die Annahme schutzwürdiger Belange gefunden worden:

- wenn ein Wohnungseigentümer durch den Zweitbeschluss einen rechtlichen Nachteil im Verhältnis zur Regelung des Erstbeschlusses erleidet;
- wenn ein Zweitbeschluss in wohlerworbene Rechte (individuelle, subjektive Sonderrechte) eingreift;
- wenn der Erstbeschluss einem Wohnungseigentümer eine günstige Rechtsposition geschaffen hat;
- wenn ein Wohnungseigentümer auf Grund des Erstbeschlusses schutzwürdige Vorkehrungen getroffen hat, die sich als sinnlos (nutzlos) erweisen würden;
- wenn es für den Zweitbeschluss keinen nachvollziehbaren Grund gibt.

354 Ein Vorteil ist etwa angenommen worden, wenn durch einen Erstbeschluss einer baulichen Veränderung zugestimmt wurde, die nicht ordnungsmäßiger Verwaltung entsprach (OLG Düsseldorf ZMR 2001, 130, 131), oder durch den Erstbeschluss eine Ermächtigung erteilt worden war (OLG Köln ZMR 2001, 387, 389). Kein schutzwürdiger rechtlicher Vorteil ist angenommen worden, wenn ein Erstbeschluss aufgehoben werden soll, dem ein vereinbarungswidriger Kostenverteilungsschlüssel zugrunde lag (OLG Hamm ZMR 2003, 286, 289). Legen die Eigentümer fest, dass zur Prüfung von Regressansprüchen ein selbstständiges Beweisverfahren durchgeführt werden soll, sollen durch einen Zweitbeschluss, mit dem der frühere Beschluss aus Gründen der **Kostenersparnis** aufgehoben wird, keine schutzwürdigen individuellen Belange eines Wohnungseigentümers aus Inhalt und Wirkung des Erstbeschlusses verletzt werden (KG FGPrax 2000, 10 = WuM 2000, 88 = NZM 2000, 552).

cc) Anfechtbarkeit

Wie jeder andere Beschluss, kann auch ein Zweitbeschluss angefochten werden. Für eine Anfechtung fehlt allerdings ein **Rechtsschutzbedürfnis**, wenn der inhaltsgleiche Erstbeschluss nicht aufgehoben wurde, bestandskräftig und nicht nichtig ist. Selbst wenn der Zweitbeschluss aufgehoben werden würde, hätte in diesem Falle die Aufhebung des Zweitbeschlusses keine Auswirkungen auf das Rechtsverhältnis zwischen den Wohnungseigentümern: es verbliebe bei der Wirksamkeit des bestandskräftigen, inhaltsgleichen Erstbeschlusses (BGH BGHZ 148, 335, 351 = ZMR 2001, 809 = NJW 2001, 3339 = MDR; BGHZ 127, 99, 106). 355

6. Nichtigkeit von Beschlüssen

a) Einführung

Ein Beschluss ist gem. § 23 Abs. 4 WEG nichtig, wenn er gegen Vorschriften des Wohnungseigentumsgesetzes verstößt, auf deren Einhaltung nicht verzichtet werden kann (BGH NJW 2009, 2132, 2134). Die Nichtigkeit eines Beschlusses kann sich ferner daraus ergeben, dass der Beschluss seinem Inhalt nach gegen andere zwingende Vorschriften (BGH NJW 2009, 2132, 2134) oder die guten Sitten (BGH NJW 2009, 2132, 2134; BGHZ 129, 329, 333 = NJW 1995, 2036) verstößt, in den Kernbereich des Wohnungseigentums eingreift (BGH NJW 2009, 2132, 2134; OLG Hamm NJW-RR 1986, 500, 501) oder die Grenzen der Beschlusskompetenz überschreitet (BGH NJW 2009, 2132, 2134; BGHZ 145, 158, 163 = NJW 2000, 3500). Ein Beschluss ist mithin nichtig, wenn die Wohnungseigentümer für die durch ihn zu regelnde Angelegenheit keine gesetzliche oder gewillkürte Kompetenz besitzen und durch den Beschluss das Gesetz oder eine Vereinbarung geändert werden sollen (Rdn. 237). 356

b) §§ 134, 138, 242, 315 BGB

Wie jede Vereinbarung, kann auch ein Beschluss gegen § 134 BGB oder § 138 BGB verstoßen oder nach §§ 242, 315 BGB nichtig sein. Etwa der Beschluss, dass ein nach § 56 S. 2 ZVG originär erwerbender Eigentümer Wohngeldrückstände bezahlen soll, verstößt ebenso wie die Vergabe von Instandsetzungsarbeiten an Schwarzarbeiter gegen § 134 BGB. Ferner wäre ein beschlossenes **generelles** Haustierhaltungsverbot gem. § 134 BGB nichtig, weil es gegen den zwingenden Regelungsgehalt des § 13 Abs. 1 WEG verstößt. Ein beschlossenes **Vermietungsverbot** (s.a. BGH ZMR 2010, 378 m. Anm. Kümmel = NZM 2010, 285, 286) verstieße ebenso wie das Verbot des Abstellens eines Rollstuhls im Flur (OLG Düsseldorf ZMR 1984, 161) gegen § 138 BGB. Verfolgt ein beherrschender Wohnungseigentümer in sachwidriger Weise eigene Zwecke auf Kosten der Gemeinschaft, kann auch die **Ausnutzung seiner Stimmenmehrheit** im Einzelfall gegen die guten Sitten verstoßen und ausnahmsweise gem. § 138 Abs. 1 BGB zur Nichtigkeit eines Beschlusses führen (Jennißen/Elzer § 25 WEG Rn. 115). 357

c) Grundsätze des Wohnungseigentumsrechts

Den Wohnungseigentümern fehlt auch dann eine Beschlusskompetenz, soweit ein Beschluss gegen Grundsätze des WEG verstößt. Was hierzu zu zählen ist, ist noch nicht abschließend geklärt. Auch, ob diese Kategorie eines Beschlussmangels anzuerkennen ist, ist unsicher. Jedenfalls muss sich um solche Grundsätze handeln, die sich aus der Verbindung der Eigentümer zu einer Gemeinschaft i.S.v. §§ 741 ff. BGB ergeben. 358

359 ▶ **Beispiele:**

- Ein Beschluss, durch den die Wohnungseigentümer die Zustimmung zur **Teilung eines Wohnungseigentums** versagen, kann wegen fehlender Beschlusskompetenz nichtig sein (BayObLG ZMR 2003, 689, 690).
- Ein Beschluss, durch den die **Zustimmung zur Veräußerung** eines Wohnungseigentums versagt wird, ist nichtig, wenn ein wichtiger Grund zur Verweigerung der Zustimmung i.S.d. § 12 Abs. 2 S. 1 WEG nicht vorliegt (BayObLG ZMR 2003, 689, 690; ZMR 1982, 63; OLG Hamm WE 1993, 52, 54).
- Ein Beschluss, der in das **Sondereigentum eingreift**, ist nichtig (OLG Düsseldorf ZMR 2002, 613, 614; OLG Köln ZMR 2001, 568). Etwa ein Beschluss über die Vornahme und Organisation der modernisierenden Instandsetzung durch Erneuerung der durch die Teilungserklärung dem Sondereigentum zugewiesenen Wohnungseingangstüren fällt daher nicht in die Beschlusskompetenz und ist nichtig (OLG Düsseldorf ZMR 2002, 445; zw.).
- Die Eigentümer können nicht für die Zukunft beschlussweise festlegen, dass die Eigentümerversammlungen zweier unabhängiger, vom gleichen Verwalter betreuter, eine gemeinsame Wohnsiedlung bildende Wohnungseigentümergemeinschaften generell gemeinsam stattfinden sollen (OLG Köln NZM 2002, 617).
- Eine aus mehreren Wohnungseigentümergemeinschaften (Häuserblöcken) gebildete »Dachgemeinschaft« (Gesamtanlage) kann nicht wirksam über Jahresabrechnungen und Wirtschaftspläne einzelner selbständiger Wohnungseigentümergemeinschaften beschließen (OLG Düsseldorf ZMR 2003, 765).

d) Unbestimmte Beschlüsse

360 Weil ein Beschluss nach § 10 Abs. 4 S. 1 WEG auch gegen Sondernachfolger wirkt, muss er **bestimmt** sein (OLG München MietRB 2006, 131; BayObLG ZWE 2002, 523, 524; ZWE 2001, 599, 601; Hogenschuvz NZM 2010, 500 ff.). Ist ein Beschluss unbestimmt, so ist er nichtig (BayObLG ZMR 2005, 639, 640; Jennißen/Elzer vor §§ 23 bis 25 WEG Rn. 145 m.w.N.). Ein Beschluss ist bestimmt, wenn er für eine objektive und normative Auslegung **Vorgaben** enthält, die zwingend einzuhalten sind (OLG München MietRB 2007, 206 m. Anm. Elzer; OLG München ZMR 2007, 69). Ergibt sich im Wege der Auslegung ein Beschlussinhalt, ist der Beschluss ggf. anfechtbar, jedenfalls aber nicht nichtig (KG OLGZ 1981, 307, 308). Auch dann, wenn der Beschluss eine durchführbare Regelung noch erkennen lässt, die Unbestimmtheit also nicht auf inhaltlicher Widersprüchlichkeit beruht, führen Mängel nicht zur Nichtigkeit, sondern nur zur Anfechtbarkeit (BGH ZMR 1999, 41, 44). Nimmt ein Eigentümerbeschluss auf ein Ereignis oder einen Gegenstand Bezug, reicht es aus, dass dieser mit genügender Bestimmtheit feststellbar ist (BayObLG ZMR 2005, 637, 639; WuM 1993, 707). Fehlt es einem Beschluss auch danach an der erforderlichen Klarheit und Bestimmtheit, ist er nichtig (OLG Oldenburg ZMR 2005, 814, 815; BayObLG WuM 2004, 425; NZM 2002, 875).

e) § 23 Abs. 4 S. 1 WEG

361 Nach § 23 Abs. 4 S. 2 WEG ist ein Beschluss der Wohnungseigentümer i.Ü. unwirksam, wenn er von einem Gericht im Rahmen einer Anfechtungsklage nach §§ 43 Nr. 4, 46 Abs. 1 WEG gem. § 23 Abs. 4 S. 2 WEG für unwirksam erklärt worden ist.

f) Kernbereichslehre

362 *Zur Kernbereichslehre,* die vor allem für Beschlüsse gilt, s. Rdn. 378 ff.

7. Auslegung von Beschlüssen

Beschlüsse sind, wenn sie sich »über den Tag hinaus« einem Punkt widmen, aus sich heraus auszulegen – objektiv und normativ –, ohne dass es auf die subjektiven Vorstellungen der an der Beschlussfassung Beteiligten ankommt (BGH ZWE 2010, 130; BGH BGHZ 139, 288, 292 = NJW 1998, 3713 = ZMR 1999, 41; BGH ZMR 1997, 531, 532 = NJW 1997, 2956). Dabei ist von dem protokollierten Wortlaut der Beschlüsse auszugehen (BGH ZWE 2010, 130). Da Beschlüsse auch Rechtsnachfolger binden (§ 10 Abs. 4 WEG), kommt es für deren Auslegung grundsätzlich auf den Wortlaut und den Sinn an, wie er sich aus unbefangener Sicht als nächstliegend erschließt (BGH WuM 2010, 253; BGH ZWE 2010, 130; BGH BGHZ 139, 288, 292 = NJW 1998, 3713 = ZMR 1999, 41; OLG München MietRB 2007, 206). Die Auslegung hat wie diejenige von Grundbucherklärungen und wie die von Vereinbarungen zu erfolgen (BGH BGHZ 139, 288, 292 = NJW 1998, 3713 = ZMR 1999, 41). Gibt es für die Auslegung eines Beschlusses Umstände, die keinen Eingang in seinen Inhalt, seinen Wortlaut gefunden haben, dürfen diese nur dann herangezogen werden, wenn sie nach den besonderen Verhältnissen des Einzelfalles für jedermann ohne weiteres erkennbar sind, z.B. weil sie sich aus dem Kann-Inhalt der Niederschrift ergeben. Beschlüsse sind in gewissen Rahmen auch einer »ergänzenden« Auslegung zugänglich (BayObLG WE 1994, 154). Die Grundsätze der ergänzenden Auslegung greifen aber nur dann ein, wenn im Wege der normativen Auslegung zunächst festgestellt wird, dass der Beschluss einen regelungsbedürftigen Punkt nicht regelt, d.h. eine Regelungslücke aufweist. Regelt ein Beschluss ausnahmsweise nur einen »abgeschlossenen Einzelfall«, kann eine Auslegung ggf. auch an andere Punkte anknüpfen und auch solche Aspekte aufgreifen, die jenseits dessen liegen, was jedermann bekannt sein kann. **363**

Hinweis

Beschlüsse, die **nur die Beschlussfassenden binden**, bei denen sämtliche Wohnungseigentümer bei der Beschlussfassung unmittelbar beteiligt waren und die sich in einer Einzelfallmaßnahme erschöpfen, sind hingegen nach §§ 133, 157 BGB auszulegen (Jennißen/Elzer vor §§ 23 bis 25 Rn. 144; krit. Bonifacio ZMR 2006, 583, 584).

Rechtsmittelgerichte können einen angefochtenen Beschluss **selbst auslegen** und sind nicht auf eine begrenzte Nachprüfung der Auslegung durch den Tatrichter verwiesen (BGH BGHZ 139, 288, 292 = NJW 1998, 3713 = ZMR 1999, 41; KG ZWE 2010, 186). Dies gilt jedenfalls dann, wenn der Beschluss Regelungen enthält, die auch für den Sondernachfolger eines Wohnungseigentümers gelten sollen (Dauerregelungen). Etwas anderes gilt ggf. dann, wenn der Beschluss einen »abgeschlossenen Einzelfall« regelt. In diesem Falle ist die Auslegung jedenfalls nach der bisherigen Rechtsprechung grundsätzlich Sache des Tatrichters; das Rechtsmittelgericht kann sie nur dann selbst vornehmen, wenn die tatrichterliche Auslegung **rechtsfehler- oder lückenhaft** ist (OLG Zweibrücken OLGReport Zweibrücken 1997, 58; KG KGReport 1997, 85, 86 = NJW-RR 1997, 1033 = ZMR 1997, 318). **364**

8. Bindung an Beschlüsse

Die einem Beschluss zustimmenden Wohnungseigentümer sind bereits nach den **allgemeinen Regelungen** an einen Beschluss gebunden. Die Eigentümer, die gegen einen Beschluss gestimmt oder an der Beschlussfassung nicht mitgewirkt haben, sind hingegen gem. § 10 Abs. 5 WEG an einen Beschluss gebunden. Der Sondernachfolger eines Wohnungseigentümers ist an einen Beschluss nach § 10 Abs. 4 S. 1 WEG gebunden. Für die **365**

Bindung bedarf es der Eintragung des Beschlusses in die vom Verwalter nach § 24 Abs. 8 S. 1 WEG zu führende Beschluss-Sammlung oder in das Grundbuch nicht. Eine Eintragung im Grundbuch wäre auch gar nicht möglich. Denn Beschlüsse sind weder eintragungsbedürftig noch eintragungsfähig (BGH BGHZ 127, 99, 104 = NJW 1994, 3230 = ZMR 1995, 34).

366 Die Wohnungseigentümer und ihre Sondernachfolger sind nach § 10 Abs. 4 S. 2 WEG ferner auch an solche Beschlüsse gebunden, die auf einer **Öffnungsklausel** beruhen. Wenn man diese Entscheidungen allerdings mit einer Minderansicht als Vereinbarung qualifiziert (dazu Rdn. 395), kann eine Bindung von Sondernachfolgern nur aus § 10 Abs. 3 WEG oder einem Rechtsgeschäft folgen.

VI. Privatautonomie

1. Einführung

367 Die vor allem durch § 10 Abs. 2 S. 2 WEG angesprochene **Vertragsfreiheit** der Wohnungseigentümer ist **nicht umfassend ausgestaltet**. Die Privatautonomie wird wenigstens durch die als solches »ohne Weiteres« erkennbaren zwingenden Normen des Wohnungseigentumsgesetzes begrenzt. Darüber hinaus verstehen Rechtsprechung und Schrifttum den Wortlaut des § 10 Abs. 2 S. 2 WEG in dem Sinne, dass sich eine **Unabänderbarkeit** auch durch **Auslegung** einer Vorschrift ergründen und entdecken lässt.

2. Ausdrücklich zwingendes Recht des WEG

368 Das Wohnungseigentumsgesetz selbst begrenzt die Gestaltungsfreiheit der Wohnungseigentümer bereits nach seinem ausdrücklichen Wortlaut und bestimmt i.S.v. § 10 Abs. 2 S. 2 WEG an **folgenden Stellen** etwas anderes:

- **§ 11 Abs. 1 S. 2 WEG**: Eine abweichende Vereinbarung ist nur für den Fall zulässig, dass das Gebäude ganz oder teilweise zerstört wird und eine Verpflichtung zum Wiederaufbau nicht besteht.
- **§ 12 Abs. 2 S. 1 WEG**: Die Zustimmung zu einer Veräußerung darf nur aus einem wichtigen Grunde versagt werden.
- **§ 12 Abs. 4 S. 2 WEG**: Die Befugnis zur Aufhebung einer Veräußerungsbeschränkung kann durch Vereinbarung der Wohnungseigentümer nicht eingeschränkt oder ausgeschlossen werden.
- **§ 16 Abs. 5 WEG**: Die Befugnisse i.S.d. Absätze 3 und 4 des § 16 WEG können durch Vereinbarung der Wohnungseigentümer nicht eingeschränkt oder ausgeschlossen werden.
- **§ 18 Abs. 4 WEG**: Der in § 18 Abs. 1 WEG bestimmte Anspruch kann durch Vereinbarung der Wohnungseigentümer nicht eingeschränkt oder ausgeschlossen werden.
- **§ 20 Abs. 2 WEG**: Die Bestellung eines Verwalters kann nicht ausgeschlossen werden.
- **§ 22 Abs. 2 S. 2 WEG**: Die Befugnis i.S.d. § 22 Abs. 1 S. 1 WEG kann durch Vereinbarung der Wohnungseigentümer nicht eingeschränkt oder ausgeschlossen werden.
- **§ 26 Abs. 1 S. 5 WEG**: Andere Beschränkungen der Bestellung oder Abberufung des Verwalters sind nicht zulässig.
- **§ 26 Abs. 2 Halbs. 2 WEG**: Die Bestellung eines Verwalters bedarf eines erneuten Beschlusses der Wohnungseigentümer, der frühestens ein Jahr vor Ablauf der Bestellungszeit gefasst werden kann.
- **§ 27 Abs. 4 WEG**: Die dem Verwalter nach den Absätzen 1 bis 3 des § 27 WEG zustehenden Aufgaben und Befugnisse können durch Vereinbarung der Wohnungseigentümer nicht eingeschränkt oder ausgeschlossen werden.

3. Durch Auslegung als zwingend »erkanntes« Recht

Nach h.M. kann sich auch **im Wege der Auslegung** ergeben, dass eine Vorschrift des Wohnungseigentumsgesetzes ausdrücklich **zwingend** ist. Eine Bestimmung ist dabei – ohne dass das dem Wortlaut zu entnehmen wäre – »als ausdrücklich« zwingend zu verstehen, wenn sich der zwingende Charakter aus der Natur der Bestimmung, aus dem mit ihr verfolgten Zweck oder aus der Natur des Wohnungseigentums und der sich hieraus ergebenden Beziehungen der Wohnungseigentümer untereinander ergibt. **369**

Zwingende Vorschriften sind danach u.a. folgende Regelungen (s. dazu etwa Staudinger/Kreuzer § 10 WEG Rn. 22 ff.; Deckert ZWE 2003, 247, 255): **370**

- **§ 1 Abs. 4 WEG**: Bildung von Wohnungseigentum nur an einem Grundstück;
- **§ 5 Abs. 2 WEG**: bestimmte Teile müssen Gemeinschaftseigentum sein;
- **§ 6 WEG**: Unselbstständigkeit des Wohnungseigentums;
- **§ 23 Abs. 3 WEG**: Schriftliche Beschlüsse können nur einstimmig gefasst werden, soweit nicht in einer Mehrhausanlage etwas anderes vereinbart ist;
- **§ 28 WEG**: Abrechnung, Wirtschaftsplan, Rechnungslegung;
- **§§ 43 ff. WEG**: Zuständigkeit und Verfahren in Wohnungseigentumssachen.

Die Ansicht, dass eine wohnungseigentumsrechtliche Bestimmung auch dann als zwingend zu verstehen sein kann, wenn eine Auslegung und Sinn und Zweck der Vorschrift eine Unabänderbarkeit gebieten, **überzeugt**. Für die Frage, ob eine Bestimmung des Wohnungseigentumsgesetzes im Wege der Auslegung als zwingend anzusehen ist, sollte allerdings noch mehr als bislang **systematisiert** und differenziert werden. Dabei ist in den Blick zu nehmen, dass der Wortlaut des § 10 Abs. 2 S. 2 WEG wahrscheinlich missverständlich ist. Wenn es dort heißt, dass die Wohnungseigentümer »von den Vorschriften dieses Gesetzes« abweichende Vereinbarungen treffen können, gilt es zu erkennen, dass sich diese Anordnung im Bereich des dritten Abschnitts über die Gemeinschaft der Wohnungseigentümer befindet. Es bietet sich insoweit im Wege der Auslegung ohne weiteres an, in und durch § 10 Abs. 2 S. 2 WEG **nur eine Möglichkeit** zu sehen, gewillkürtes **Recht im Bereich der §§ 10 bis 29 WEG** zu setzen. Eine Befugnis, andere Vorschriften des Gesetzes zu ändern, lässt sich also nicht aus § 10 Abs. 2 S. 2 WEG herleiten, sondern muss sich auf **andere Grundsätze** stützen. Ein grundsätzliches Abänderungsverbot im Bereich der §§ 1 bis 9 WEG folgt dabei aus der Überlegung, das dort sachenrechtliche und öffentlich-rechtliche Vorschriften geregelt sind. Die Wohnungseigentümer haben deshalb **keine Befugnis**, andere Wege der Begründung von Wohnungseigentum jenseits von §§ 3 und 8 WEG zu entwickeln. Eine Befugnis der Wohnungseigentümer besteht umgekehrt vielmehr nur dort, wo das Gesetz eine Befugnis zur Änderung einräumt. Im Rahmen der §§ 1 bis 9 WEG können die Wohnungseigentümer deshalb nur die Höhe der Miteigentumsanteile, den Gegenstand von Gemeinschafts- und Sondereigentum – soweit sich dem das Gesetz nicht entgegenstellt – die Frage, ob ein Sondereigentum Wohnungs- oder Teileigentum sein soll, bestimmen. Sämtliche weiteren Vorschriften sind einem Zugriff der Wohnungseigentümer verwehrt. Im Bereich der §§ 31 bis 42 WEG (den Bestimmungen zum **Dauerwohn- und Dauernutzungsrecht**) gilt dies wenigstens für die §§ 31 Abs. 1 S. 1, Abs. 2 und Abs. 3, 32, 33 Abs. 1, 36 Abs. 2 und Abs. 3 sowie § 41 Abs. 3 WEG. Für das **Verfahrensrecht**, also §§ 43 bis 50 WEG folgt ein Abänderungsverbot aus der Überlegung, dass es sich um Verfahrensvorschriften und also um **öffentliches Recht** handelt. **371**

Zur Untersuchung ist ferner zu fragen, ob eine **gleiche Schutzbedürftigkeit** auch bei anderen Vorschriften besteht. Eine Bestimmung ist deshalb dann als zwingend zu verstehen, wenn sich dieses aus der Natur der Bestimmung, aus dem mit ihr verfolgten Zweck **372** oder aus der Natur des Wohnungseigentums und der sich hieraus ergebenden Beziehungen der Wohnungseigentümer untereinander ergibt.

373 Legt man diesen Maßstab zu Grunde, erscheinen z.B. auch folgende Vorschriften des Wohnungseigentumsgesetzes nach Sinn und Zweck als **zwingend** und **nicht abdingbar**:

- **§§ 1 bis 9 und § 43 WEG**: sind jedenfalls grundsätzlich nicht abdingbar;
- **§ 10 Abs. 6 bis Abs. 8 WEG**: sind nach Sinn und Zweck – und weil dort keine Angelegenheiten der Wohnungseigentümer bestimmt sind – nicht abdingbar, auch nicht § 10 Abs. 6 S. 3 WEG;
- **§ 16 Abs. 5, Abs. 7 und Abs. 8 WEG**: sind nach ihrem Sinn und Zweck (Schutz) nicht abdingbar (zu § 16 Abs. 8 WEG OLG Köln OLGReport Köln 2003, 241; **a.A.** KG DWE 1989, 3);
- **§ 20 und 21 WEG**: Jeder Wohnungseigentümer hat ein Recht auf Mitverwaltung;
- **§ 23 Abs. 1 WEG**: Ist nicht mit dem Ziel abdingbar, nur noch schriftliche Beschlüsse zu erlauben. Eine solche Bestimmung verstieße teilweise gegen das Gesetz, nämlich §§ 16 Abs. 5, 22 Abs. 2 S. 2 WEG, und wäre i.Ü. wegen Verstoßes gegen den Kernbereich des Wohnungseigentums, das jedenfalls die Möglichkeit einer Mitverwaltung in und durch die Eigentümerversammlung verlangt, nichtig;
- **§ 23 Abs. 3 WEG**: Ist im Interesse des Minderheitenschutzes insoweit als zwingende Vorschrift anzusehen, soweit die Zustimmungen aller Wohnungseigentümer erforderlich sind (OLG Hamm WE 1993, 24, 25; BayObLG MDR 1981, 320, 321; BayObLGZ 1980, 331, 340; F. Schmidt PiG 59, 125, 126; zweifelnd OLG Schleswig OLGReport Schleswig 2006, 619, 620 = NZM 2006, 822 = ZWE 2007, 51);
- **§ 24 Abs. 1 WEG**: Auf eine Eigentümerversammlung kann ebenso nicht verzichtet werden, wie auch eine Anordnung, nur alle 10 Jahre zusammenzukommen, nichtig wäre. Dies folgt aus §§ 16 Abs. 5, 22 Abs. 2 S. 2. Eine Vereinbarung, die vollständig auf die Abhaltung eine Eigentümerversammlung verzichten und etwa den Weg des § 23 Abs. 3 als Regelweg für die Beschlussfassung bestimmen wollte, verstieße daher gegen das Gesetz. Eine solche Vereinbarung wäre ferner wegen eines Verstoßes gegen den Kernbereich der Mitgliedschaft unwirksam;
- **§ 24 Abs. 2 WEG**: Das Minderheitenrecht des § 24 Abs. 2 Variante 2 WEG ist – wie auch im Gesellschaftsrecht – nicht zum Nachteil der Wohnungseigentümer einschränkbar (BayObLG BayObLGZ 1972, 314, 319 = MDR 1973, 49 = NJW 1973, 151; Bub FS Seuß [2007], S. 53, 59; Häublein ZMR 2003, 233, 235;
- **§ 24 Abs. 3 WEG**: Wie das Minderheitenrecht des § 24 Abs. 2 WEG ist auch das Einberufungsrecht des Verwaltungsbeirats nach § 24 Abs. 3 WEG nicht zum Nachteil der Wohnungseigentümer einschränkbar (Häublein ZMR 2003, 233, 235; **a.A.** OLG Frankfurt/M. OLGReport Frankfurt 2005, 95, 96; OLG Köln OLGReport 1996, 209, 210 = WE 1996, 311 = WuM 1996, 246);
- **§ 24 Abs. 7 und Abs. 8 WEG**: Nach Sinn und Zweck der durch § 24 Abs. 7 S. 1 WEG angeordneten Beschluss-Sammlung ist davon auszugehen, dass ihre Führung nicht disponibel ist und also weder durch einen Beschluss noch durch eine Vereinbarung abdingbar ist (**a.A.** Merle GE 2007, 636);
- **§ 26 Abs. 1 WEG**: Es können nicht mehrere Verwalter nebeneinander bestellt werden (Staudinger/Bub § 26 Rn. 66). Personenmehrheiten oder eine Gesellschaft bürgerlichen Rechts können nicht Verwalter sein (BGH ZMR 2006, 375 = NZM 2006, 263 = DNotZ 2006, 523 = Info M 2006, 91 m. Anm. Elzer; BGHZ 107, 268 = NJW 1989, 2059 = MDR 1989, 897);
- **§ 29 WEG**: Ein Verwalter kann nicht zugleich Beirat sein (Staudinger/Kreuzer § 10 WEG Rn. 22).

4. Schranken des bürgerlichen Rechts

a) §§ 134, 138 BGB

Eine Vereinbarung ist nichtig, wenn er sie gegen die **guten Sitten** (§ 138 BGB) oder gegen ein **zwingendes gesetzliches Verbot** (§ 134 BGB) verstößt (BGH NJW 2009, 2132, 2134 = ZMR 2009, 698). Etwa das Verbot des Abstellens eines Rollstuhls im Flur verstößt gegen § 138 BGB (OLG Düsseldorf ZMR 1984, 161), die vereinbarte Vergabe von Instandsetzungsarbeiten an Schwarzarbeiter oder die Vereinbarung, dass ein nach § 56 S. 2 ZVG originär erwerbender Eigentümer Wohngeldrückstände bezahlen soll, gegen § 134 BGB. Auch ein **generelles Haustierhaltungsverbot** ist gem. § 134 BGB nichtig, weil es gegen den zwingenden Regelungsgehalt des § 13 Abs. 1 WEG verstößt. Verfolgt ein beherrschender Wohnungseigentümer in sachwidriger Weise eigene Zwecke auf Kosten der Gemeinschaft, kann auch die Ausnutzung seiner Stimmenmehrheit im Einzelfall gegen die guten Sitten verstoßen und ausnahmsweise gem. § 138 Abs. 1 BGB zur Nichtigkeit eines Beschlusses führen (OLG Schleswig ZMR 2006, 315, 316; BayObLG ZMR 2001, 366, 368). **374**

b) § 242 BGB

Die von den Bauträger-Alleineigentümern vorgeschlagenen Bestimmungen unterliegen ebenso wie auch die Vereinbarungen der Miteigentümer einer – behutsamen – **Inhaltskontrolle nach Treu und Glauben** (BGH ZMR 2007, 284, 286; BGHZ 157, 322, 331 [Parabolantenne] = ZMR 2004, 438 = NJW 2004, 937; BGHZ 151, 164, 173 = ZMR 2002, 766; BGHZ 99, 90, 94 = NJW 1987, 650 = JZ 1987, 465 m. Anm. Weitnauer; BayObLG NJW 1973, 151, 152). Maßstab für eine Inhaltskontrolle ist § 242 BGB. Die Bestimmungen der §§ 305 ff. BGB sind nicht – auch nicht entsprechend – anwendbar. In der Rechtsprechung der Obergerichte wird die Anwendbarkeit der §§ 305 ff. BGB auf Gemeinschaftsordnungen daher entweder **verneint** (OLG Hamburg FGPrax 1996, 132 = ZMR 1996, 443; BayObLG NJW-RR 1992, 83 = WE 1992, 140 = WuM 1991, 365) oder **offen gelassen** (z.B. BGH ZMR 2007, 284, 286; BGHZ 157, 322, 331 [Parabolantenne] = ZMR 2004, 438 = NJW 2004, 937; BGHZ 151, 164, 174 = ZMR 2002, 766; NJW 1994, 2950, 2952 = MDR 1994, 580 = ZMR 1994, 271; OLG Düsseldorf NJW-RR 1990, 154; OLG Karlsruhe NJW-RR 1987, 651 = Rpfleger 1987, 412; OLG Köln NJW-RR 1989, 780 = Rpfleger 1989, 405). **375**

5. Folge eines Verstoßes

Vereinbarungen, die gegen die zwingenden Bestimmungen des Wohnungseigentumsgesetzes, gegen Treu und Glauben (§ 242 BGB) oder die Schranken des Bürgerlichen Rechts nach §§ 138, 315 BGB verstoßen, sind nach der Bestimmung des § 134 BGB **nichtig** (BGH NJW 1994, 2950 = MDR 1994, 580 = ZMR 1994, 271; BGH BGHZ 99, 358, 362 = MDR 1987, 485 = NJW 1987, 1638 = ZMR 1989, 291 = JR 1988, 205 m. Anm. Pick). Ein nichtiges Rechtsgeschäft lässt die gewollten Rechtswirkungen von Anfang an nicht eintreten. Die Nichtigkeit wirkt grundsätzlich für und gegen alle, **bedarf keiner Geltendmachung** und ist im gerichtlichen Verfahren von Amts wegen zu berücksichtigen (BGH NJW 2009, 2132, 2134 = ZMR 2009, 698; BGH BGHZ 107, 268, 269 = NJW 1989, 2059 = MDR 1989, 897). Eine Nichtigkeit kann zwar in einem gerichtlichen Verfahren nach § 43 WEG ausdrücklich festgestellt werden; eine solche Entscheidung hat aber nur **deklaratorische Bedeutung** (BGH BGHZ 107, 268, 270 = NJW 1989, 2059 = MDR 1989, 897; BayObLG WuM 1992, 642). **376**

377 Verstößt eine Vereinbarung gegen ein partiell wirkendes Abänderungsverbot, kann sie i.Ü. wirksam sein. Dies ist vor allem bei Vereinbarungen vorstellbar, die gegen § 16 Abs. 5 WEG verstoßen. Soweit eine Vereinbarung noch **andere Inhalte** hat, werden diese von § 16 Abs. 5 WEG **nicht berührt** und sind weiterhin wirksam. Verlangt etwa eine Vereinbarung für sämtliche Beschlüsse eine qualifizierte Mehrheit, wird diese Einschränkung außerhalb von § 16 WEG jedenfalls nicht von § 16 Abs. 5 WEG begrenzt. Besteht in einer Anlage eine allgemeine Öffnungsklausel mit -Mehrheit, hat diese Mehrheit **außerhalb** von § 16 Abs. 3 und § 12 Abs. 4 Bedeutung (Häublein ZMR 2007, 409, 412).

6. Kernbereich des Wohnungseigentums

a) Einführung

378 Nach Ansicht der Rechtsprechung bedarf es im Wohnungseigentumsrecht eines **Kernbereichs von Rechten und Pflichten,** in die die Wohnungseigentümer durch eine **gewillkürte Bestimmung nicht** eingreifen können (BGH NJW 2009, 2132, 2134 = ZMR 2009, 698; BGH BGHZ 145, 158 [Zitterbeschluss] = NJW 2000, 3500 = ZMR 2000, 771; BGHZ 129, 329, 333 = ZMR 1995, 416 = MDR 1995, 895 = JR 1996, 235 m. Anm. Buck; BGHZ 127, 99, 105 = NJW 1994, 3230 = ZMR 1995, 34; Bub FS Seuß [2007], S. 53, 58 ff.).

379 **Hinweis**

> Die Kernbereichslehre wird vor allem in vier Bereichen zur Bemakelung einer gewillkürten Bestimmung der Wohnungseigentümer genutzt:
> - Für Verfahrensbeschlüsse, die **auf Grund einer Öffnungsklausel** ergehen.
> - Für **vereinbarungsersetzende Beschlüsse** nach §§ 15 Abs. 2, 21 Abs. 3 und 22 Abs. 1 WEG (s. hierzu Wenzel NZM 2000, 260; Kreuzer WE 1997, 362, 364).
> - Für **Vereinbarungen**, die Eigentümer von der **Verwaltung ausschließen** (LG Nürnberg-Fürth ZWE 2010, 233 m. Anm. Elzer; Gottschalg ZWE 2000, 50, 51).
> - Für Vereinbarungen, die in die **sachenrechtlichen Grundlagen** eingreifen.

380 Zum Kernbereich des Wohnungseigentums gehört der sachenrechtlich geschützte Bereich (**dinglicher Kernbereich**; vgl. BayObLG WE 1999, 76; MittRhNotK 1997, 360; MittBayNot 1996, 417; KG WE 1998, 306; OLG Düsseldorf WE 1996, 68, 70; Schneider ZfIR 2002, 108, 118; Kreuzer WE 1997, 362, 364; ders. MittBayNot 1997, 136, 139). Ferner sind zum Kernbereich die unmittelbar aus dem Eigentum fließenden zentralen Verwaltungs- und Mitbestimmungsrechte (**mitgliedschaftlicher Kernbereich**) zu zählen (Schneider ZfIR 2002, 108, 118).

b) Dinglicher Kernbereich

381 Zum dinglichen Kernbereich gehören vor allem **Veränderungen der sachenrechtlichen Grundlagen** des Wohnungseigentums (Buck WE 1998, 90, 93; Demharter MittBayNot 1996, 417), also die Aufhebung oder Änderung der Miteigentumsanteile oder des Sondereigentums, die nachträgliche Umwandlung von Gemeinschafts- in Sondereigentum (OLG Düsseldorf WE 1996, 68, 70; BayObLG WuM 1994, 97) oder die Umwidmung von Teil- in Wohnungseigentum und umgekehrt; daneben der **Schutz des Sondereigentums** (Gottschalg ZWE 2002, 50, 51).

c) Mitgliedschaftlicher Kernbereich

aa) Übertragung von Entscheidungskompetenzen/Ausschluss von Verwaltungsrechten

Jeder Wohnungseigentümer besitzt nach §§ 20 ff. WEG das Recht, an der Verwaltung als ein dem Wohnungseigentum immanentes, allen Wohnungseigentümern gleichberechtigt zustehendes Recht teilzunehmen. Einschränkungen des Selbstverwaltungsrechts sind nichtig, wenn dadurch der Kernbereich der personenrechtlichen Gesellschafterstellung zueinander dauerhaft ausgehöhlt wird (BGH BGHZ 99, 90, 94 = NJW 1987, 650 = JZ 1987, 465 m. Anm. Weitnauer; BGHZ 73, 146, 150 = MDR 1979, 299 = NJW 1979, 548 = DNotZ 1979, 168). Die Eigentümer können ferner nicht beschließen, dem Verwalter die Bestimmung und Änderung des Kostenverteilungsschlüssel zu übertragen (offen gelassen von KG NZM 2004, 910, 911 [Doorman]). Auch die Übertragung der Entscheidungskompetenz über die Frage der Erneuerung oder Reparatur einer zentralen Heizungs- und Warmwasseranlage auf einen aus zwei Wohnungseigentümern bestehenden »Arbeitskreis« verletzt die Organisationsstrukturen des Wohnungseigentumsrechts. Gleiches gilt für die Übertragung der Genehmigung der Jahresabrechnung auf den Verwaltungsbeirat (OLG Hamburg ZMR 2003, 773, 774; LG Berlin ZMR 1984, 424, 425; **a.A.** Strecker ZWE 2004, 228, 229); auch sie kann nicht beschlossen werden. Ein »Sonderausschuss für bestimmte einzelne Aufgaben« soll hingegen zulässig sein (Rdn. 310). Die Eigentümer können jedenfalls nicht bestimmen, dass ein anderer Eigentümer von der Verwaltung völlig ausgeschlossen wird (Gottschalg ZWE 2002, 50, 51). Abdingbar ist auch nicht das Recht der Minderheit, gem. § 24 Abs. 2 WEG die Einberufung einer Versammlung verlangen zu können (BayObLG BayObLGZ 1972, 314, 319 = MDR 1973, 49 = NJW 1973, 151; Rdn. 309). Das Stimmrecht, nicht aber das Teilnahmerecht (LG Nürnberg-Fürth ZWE 2010, 233 m. Anm. Elzer) an der Eigentümerversammlung kann allerdings an einen Zahlungsrückstand gekoppelt werden (LG Stralsund NZM 2005, 709 = NJW-RR 2005, 313). **382**

bb) Beschränkung von Grundrechten

Grundrechte sind teilweise »verzichtbar« (BGH BGHZ 157, 322, 335 [Parabolantenne] = ZMR 2004, 438 = NJW 2004, 937; zum Verhältnis der Grundrechte zum Wohnungseigentumsrecht s. zuletzt Schmid MDR 2010, 64 ff. und Hügel FS Steiner [2009], S. 342 ff.). Ein Eingriff in den jeweiligen Schutzbereich ist **dann rechtmäßig.** Die Einschränkung eines Grundrechts kann zwar nicht beschlossen, wohl aber **grundsätzlich vereinbart** werden (BGH BGHZ 157, 322, 335 [Parabolantenne] = ZMR 2004, 438 = NJW 2004, 937, 941). **383**

▶ **Beispiele** **384**

- ein **völliges Musizierverbot** kann nicht beschlossen werden (BGH BGHZ 139, 288 = NJW 1998, 3713 = ZMR 1999, 41; OLG Zweibrücken MDR 1990, 1121; OLG Hamm NJW-RR 1986, 500, 501; NJW 1981, 465 = WE 1981, 128 = Rpfleger 1981, 149 = MDR 1986, 501; OLG Frankfurt/M. OLGZ 1984, 407= NJW 1985, 2138; BayObLG BayObLGZ 1985, 1, 5 = ZMR 1985, 208), aber – mit Einschränkungen – vereinbart werden;
- ein **generelles Haustierhaltungsverbot** kann nicht vereinbart werden (OLG Saarbrücken ZMR 2007, 308; zw.); jedenfalls das **Verbot der Hundehaltung** kann aber vereinbart werden (BGH BGHZ 129, 329, 333 = ZMR 1995, 416 = MDR 1995, 895 = JR 1996, 235 m. Anm. Buck; OLG Düsseldorf ZMR 1998, 45, 46); die Möglichkeit der Hundehaltung gehört nicht zum wesentlichen Inhalt der Nutzung von Wohnungseigentum, wie nicht zuletzt daraus folgt, dass in der überwiegenden Zahl von Wohnungen keine Hunde gehalten werden. Für andere Tiere – wenn es nicht

Nutztiere wie ein Blindenhund sind – kann freilich nichts anderes gelten. Ein »Grundrecht auf den Papagei« ist schwer vorstellbar;

- ein **generelles Verbot** von **Parabolantennen** gegenüber ausländischen und/oder deutschen Wohnungseigentümern kann bei einem berechtigten Interesse vereinbart, aber nicht stets beschlossen werden (BGH BGHZ 157, 322, 333 [Parabolantenne] = ZMR 2004, 438 = NJW 2004, 937);
- ein **völliges Bade- und Duschverbot** kann weder vereinbart noch beschlossen werden (BayObLG WE 1992, 60);
- ein Mehrheitsbeschluss, der den **Betrieb einer Waschmaschine** und das Trocknen von Wäsche innerhalb des Sondereigentums untersagt, ist nichtig (OLG Frankfurt/M. NJW-RR 2002, 82); entsprechendes gilt für eine Vereinbarung;
- zum Rauchen s. Hügel FS Steiner [2009], S. 342 ff.

385 Sinn und Zweck der Kernbereichslehre ist es im Prinzip, bestimmte Angelegenheiten einer **Vereinbarung vorzubehalten**. Eine Vereinbarung i.S.v. § 10 Abs. 2 S. 2 WEG ist daher grundsätzlich auch dann wirksam, wenn es ein Beschluss eben nicht wäre (BGH BGHZ 157, 322 [Parabolantenne] = ZMR 2004, 438 = NJW 2004, 937; BGHZ 145, 158, 165 = ZMR 2000, 771; 129, 329, 333 = ZMR 1995, 416 = NJW 1995, 2036; BGHZ 127, 99, 105 = NJW 1994, 3230 = ZMR 1995, 34; BGHZ 99, 90, 94 = NJW 1987, 650 = JZ 1987, 465 m. Anm. Weitnauer; BGHZ 73, 145, 150 = MDR 1979, 299 = NJW 1979, 548 = DNotZ 1979, 168; Demharter MittBayNot 1996, 417).

386 Die Gestaltungsfreiheit für eine Vereinbarung endet aber dort, wo die **personenrechtliche Gemeinschaftsstellung** der Wohnungseigentümer gleichsam »ausgehöhlt« wird (F. Schmidt ZWE 2001, 137, 128). Etwa die Übertragung sämtlicher Entscheidungskompetenzen der Eigentümer auf einen Dritten – verdrängend oder konkurrierend – ist aus diesem Grunde nichtig (Strecker ZWE 2004, 337, 342, 343). Das Gesetz geht in §§ 20 ff. WEG ferner davon aus, dass die Wohnungseigentümer die notwendigen Entscheidungen über das »Ob« und das »Wie« der Verwaltung grundsätzlich selbst und gemeinschaftlich treffen muss (OLG Düsseldorf ZMR 2003, 126, 127 = NZM 2002, 1031; **a.A.** KG ZMR 2004, 622, 623). Aus diesem Grunde ist etwa auch der **völlige Ausschluss** von Mitverwaltungsrechten – z.B. des Stimmrechts – nichtig (BGH BGHZ 90, 94 = NJW 1987, 650 = JZ 1987, 465 m. Anm. Weitnauer; OLG Hamm WE 1990, 70; BayObLG Rpfleger 1965, 224, 226) wie ein Verzicht an Verwaltung (LG München I Rpfleger 1978, 381, 382; Strecker ZWE 2004, 337, 344) oder ein Verzicht an der Teilnahme an der Eigentümerversammlung (LG Nürnberg-Fürth ZWE 2010, 233 m. Anm. Elzer). Auch die Teilnahme an der Eigentümerversammlung eines zulässigerweise nach dem Wohnungseigentumsgesetz, dem Bürgerlichen Gesetzbuch und der Gemeinschaftsordnung Bevollmächtigten gehört **zum unantastbaren Kernbereich der Mitgliedschaft** des Vollmacht gebenden Wohnungseigentümers (OLG Saarbrücken ZMR 2004, 67).

387 Durch die Verlagerung von Kompetenzen dürfen ferner keine **gesetzlich geschützten Minderheitsrechte** oder Anfechtungsmöglichkeiten verletzt werden. Die in einer Vereinbarung niedergelegte Ermächtigung des Wohnungseigentumsverwalters, die Verwaltung ohne Mitspracherecht der Wohnungseigentümer auf einen Dritten zu übertragen, wäre z.B. nichtig. Nichtig ist auch eine Vereinbarung mit der die Wohnungseigentümer gezwungen werden sollen, Verträge mit **mehr als zweijähriger Bindung** einzugehen (BGH ZMR 2007, 284 = MietRB 2007, 68 m. Anm. Hügel). Etwas anderes gilt nur im Ergebnis für solche Vereinbarungen, die den **sachenrechtlichen Teil** des Teilungsvertrages oder der Teilungserklärung ändern wollen. Solche Vereinbarungen (z.B. eine Vereinbarung die Gemeinschafts- in Sondereigentum umwandeln will) wären zwar auch als Eingriff in den Kernbereich des Wohnungseigentums nichtig. Darauf kommt es aber nicht an, weil diese Vereinbarungen bereits nach § 4 WEG **formnichtig** sind.

VII. Öffnungsklauseln

1. Einführung

Die Wohnungseigentümer dürfen, gestützt auf § 23 Abs. 1 WEG Vereinbarungsgegenstände gegenüber einer Mehrheitsmacht und also dem Beschluss öffnen (BGH BGHZ 145, 158, 168 [Zitterbeschluss] = NJW 2000, 3500 = ZMR 2000, 771, 774; BGHZ 95, 137, 140 = ZMR 1986, 19 = MDR 1986, 138 = NJW 1985, 2832; OLG Düsseldorf ZMR 2004, 284). Die Wohnungseigentümer können nach § 23 Abs. 1 WEG vereinbaren, dass auch dort die Regelung eine Frage durch einen Beschluss zulässig ist und eine Beschlusskompetenz besteht, wo das Gesetz für die Regelung eigentlich eine Vereinbarung vorsieht (BGH BGHZ 145, 158 [Zitterbeschluss] = NJW 2000, 3500 = ZMR 2000, 771; grundlegend BGHZ 95, 137, 140 = ZMR 1986, 19 = MDR 1986, 138 = NJW 1985, 2832). Eine solche Vereinbarung wird als eine **gewillkürte Öffnungsklausel** angesprochen. Gewillkürte Öffnungsklauseln können von den Wohnungseigentümern **ausdrücklich vereinbart** werden, indem bestimmte Angelegenheiten, die sonst nur durch Vereinbarung geregelt werden könnten, einem Verfahrensbeschluss zugänglich gemacht werden. Gewillkürte Öffnungsklauseln können sich aber auch durch eine Auslegung ergeben (KG ZMR 2002, 147, 148; BayObLG WE 2001, 424; BayObLG ZWE 2001, 424 = ZMR 2001, 10 = WE 2001, 424; BayObLGZ 89, 437). **388**

2. Reichweite und Inhalt einer Öffnungsklausel

a) Konkrete Öffnungsklausel

Eine Öffnungsklausel kann sich auf bestimmte Bereiche beschränken (BayObLG WE 1988, 140). Dann wird von einer **konkreten Öffnungsklausel** gesprochen (Böttcher NotBZ 2007, 421, 426). Vorstellbar und praktisch gar nicht selten ist ferner eine **punktuelle Öffnungsklausel** (Häublein FS Bub [2007], S. 113, 122; Kreuzer FS Seuß [2007], S. 155, 157; Müller ZWE 2004, 333). Die Wohnungseigentümer können etwa für einen ganz konkreten Gegenstand, z.B. für die Frage, welcher Wohnungseigentümer die Instandsetzungs- und Instandhaltungskosten für Fenster oder Türen in welcher Höhe tragen muss, eine Beschlusskompetenz einführen. Für die Frage, welche Reichweite eine konkrete und vor allem eine punktuelle Öffnungsklausel haben, ist der **sachenrechtliche Bestimmtheitsgrundsatz** zu beachten (Schneider ZMR 2004, 286; Wenzel FS für Deckert [2002], S. 517, 527; Timme/Dötsch § 10 Rn. 231). Wird hiergegen verstoßen, kann die Öffnungsklausel **nichtig** sein. **389**

b) Allgemeine (umfassende) Öffnungsklausel

Nach h.M. können die Wohnungseigentümer gestützt auf § 10 Abs. 2 S. 2, § 23 Abs. 1 WEG ferner eine Beschlusskompetenz für **sämtliche Angelegenheiten** begründen, wo nach dem Gesetz nur eine Vereinbarung möglich ist. Eine solche **allgemeine Öffnungsklausel** erfasst sämtliche Gegenstände, die i.Ü. zu vereinbaren wären (Böttcher NotBZ 2007, 421, 436; Häublein FS Bub [2007], S. 113, 122; Schneider ZMR 2004, 286; ders. Rpfleger 2002, 503, 504; Becker ZWE 2002, 341, 342; Casser NZM 2001, 514, 517; Röll DNotZ 2000, 898, 902; Buck Mehrheitsentscheidungen, S. 62 m.w.N.; krit. Hügel ZWE 2001, 578, 580; **a.A.** Rapp DNotZ 2000, 864, 868; Wudy MittRhNotK 2000, 383, 389; Rastätter BWNotZ 1988, 134, 141). Diese Auffassung ist – jedenfalls wenn man der hier vertretenen Mindermeinung der rechtlichen Einordnung des § 23 Abs. 1 WEG folgt (Rdn. 394) – überzeugend. Ein Zwang, eine allgemeine Öffnungsklausel gegenständlich zu beschränken, ist dem Gesetz nicht zu entnehmen (Schneider Rpfleger 2002, 503, 504). **390**

Eine gegenständliche Beschränkung wäre sogar fragwürdig, wenn man durch die Zulassung allgemeiner Öffnungsklauseln einen Weg aufzeigen will, auf veränderte, im Einzelnen nicht vorhersehbare Anforderungen auch noch nach vielen Jahren flexibel zu reagieren (Schneider ZMR 2004, 286). Eine allgemeine Öffnungsklausel erlaubt es nach h.M. sogar, ein **Sondernutzungsrecht** zu begründen (Hügel/Elzer § 3 Rn. 139; Gaier ZWE 2005, 39, 40; Wenzel ZNotP 2004, 170, 171; ders. FS Deckert [2002], S. 517, 528; Häublein Sondernutzungsrechte, S. 215 ff.; Hügel DNotZ 2001, 176, 183; Merle DWE 1986, 2, 3; **a.A.** OLG Köln ZMR 1998, 373 = WE 1998, 193, 194; Becker ZWE 2002, 341, 345; s. dazu noch Rdn. 399).

391 Bei der Formulierung einer allgemeinen Öffnungsklausel ist – anders als im Gesellschaftsrecht (dazu BGH NJW 1978, 1382; BGHZ 8, 35, 41) und anders als bei konkreten und punktuellen Öffnungsklauseln – der **sachenrechtliche Bestimmtheitsgrundsatz nicht** zu beachten. Eine Öffnungsklausel muss keine »Fallgruppen« nennen, in denen eine Beschlussmacht möglich ist. Auch eine weit gefasste Öffnungsklausel berührt nicht die Frage der grundbuchrechtlichen Bestimmtheit (Schneider ZMR 2004, 286).

392 Die Wohnungseigentümer können nach § 23 Abs. 1 WEG für einen bestimmten Beschluss, oder – soweit kein gesetzliches Abänderungsverbot wie § 16 Abs. 5 WEG entgegensteht – auch für alle ihre Beschlüsse **Wirksamkeitsvoraussetzungen** (das sind die Bedingungen, die vorliegen müssen, damit ein Beschluss zustande kommen kann) oder **Unwirksamkeitsgründe** einführen (das sind Bedingungen, die einen Beschluss nichtig oder anfechtbar machen). Es kann etwa vereinbart werden, dass ein Beschluss zu seiner Entstehung beurkundet werden oder notwendig in ein »Protokollbuch« (OLG Köln OLGReport Köln 2007, 136 = FGPrax 2007, 19 = ZMR 2007, 388) aufgenommen werden muss. Ferner kann bestimmt sein, dass einem auf der Öffnungsklausel beruhenden Verfahrensbeschluss sämtlicher Wohnungseigentümer oder der auf einer Eigentümerversammlung anwesenden Wohnungseigentümer zustimmen müssen.

393 Noch **nicht vollständig geklärt** ist, wie es sich auswirkt, wenn ein solches vereinbartes **Quorum** bei der Abstimmung über einen bestimmten Beschlussantrag **nicht erreicht wird**, der Versammlungsleiter aber dennoch einen positiven Beschluss verkündet. Nach jedenfalls h.M. ist ein auf einer Öffnungsklausel beruhender Beschluss, der die gesetzliche Mehrheit nicht erreicht, aber dennoch vom Versammlungsleiter festgestellt und **pflichtwidrig verkündet** wird, anfechtbar, aber nicht nichtig (Becker ZWE 2002, 341, 343). Die unrichtige Feststellung des Abstimmungsergebnisses stellt danach keinen Nichtigkeits-, sondern lediglich einen **Anfechtungsgrund** dar (BGH BGHZ 148, 335, 351 = ZMR 2001, 809 = NJW 2001, 3339 = MDR 2001, 1283 = BGHReport 2001, 863). Für diese Ansicht ist u.a. ausschlaggebend, dass ein bestimmtes Quorum für die Beschlussmacht der Wohnungseigentümer nicht kompetenzbegründend sein könne. Es läge bei einem Verstoß gegen das notwendige Quorum nicht anders als bei der Frage, ob die »Ordnungsmäßigkeit« kompetenzbegründend ist. Dem kann **nach hier vertretener Minderansicht** allerdings **nicht zugestimmt** werden (ausführlich Elzer ZWE 2007, 165, 171 ff.; Timme/Dötsch § 10 Rn. 236). Wer der Verkündung eine konstitutive Wirkung nicht nur für die Entstehung eines Beschlusses und also als eine von mehreren Wirksamkeitsvoraussetzung verstehen will, sondern der Verkündung auch eine Funktion für die Fixierung eines angeblichen Beschlussergebnisses zuweisen will, und ihr also die Aufgabe zuschreibt, das wahre Abstimmungsergebnis abzudecken und dieses – jedenfalls nach Ablauf der Anfechtungsfrist – sogar zu vernichten, muss belegen, woher das **rechtliche Können** für diese Wirkungen kommen soll. Weder das Gesetz noch der Mehrheitswille – etwa der der Wohnungseigentümer – können für eine rechtliche Legitimation herhalten. Das Gesetz räumt dem Versammlungsleiter diese Rechtsmacht nicht ein.

3. »Rechtsqualität« einer auf einer Öffnungsklausel beruhenden Entscheidung

Nach h.M. ist eine Entscheidung, die auf einer Öffnungsklausel beruht, **Beschluss** (BGH BGHZ 95, 137, 140 = ZMR 1986, 19 = MDR 1986, 138 = NJW 1985, 2832; OLG München NJW 2010, 450 = MDR 2010, 102 = DNotZ 2010, 196; Wenzel ZWE 2004, 130, 136; ders. FS für Deckert [2002], S. 517, 530; Häublein Sondernutzungsrechte, S. 223; Becker ZWE 2002, 341; Schneider ZfIR 2002, 108; Ott ZWE 2001, 466, 469; Röll DNotZ 2000, 901; Grebe DNotZ 1987, 5, 16; **a.A.** Böttcher NotBZ 2007, 421, 428/429; Hügel ZWE 2001, 578, 580; ders. DNotZ 2001, 176, 187; Hügel/Scheel Teil 5 Rn. 64; Hügel/Elzer § 3 Rn. 136 ff.; Jennißen/Elzer § 23 WEG Rn. 10). Nach Rechtsprechung und Schrifttum ist es durch § 23 Abs. 1 WEG möglich, dass sich die Wohnungseigentümer weitere Beschlusskompetenzen einräumen. Auf dieser **Sichtweise aufbauend**, ordnet § 10 Abs. 4 S. 2 WEG an, dass gem. § 23 Abs. 1 WEG auf Grund einer Vereinbarung gefasste Beschlüsse, die vom Gesetz abweichen oder eine Vereinbarung ändern, auch **ohne eine Eintragung** in das Grundbuch gegen einen Sondernachfolger wirken (OLG München NJW 2010, 450 = MDR 2010, 102 = DNotZ 2010, 196). 394

Nach hier vertretener **Mindermeinung** ist zwischen »Verfahren« und »Ergebnis des Verfahrens« zu unterscheiden. Eine Öffnungsklausel erlaubt danach eine Änderung der Gemeinschaftsordnung durch Beschluss. § 23 Abs. 1 WEG beschreibt dabei das Verfahren, wie eine Vereinbarung der Wohnungseigentümer zu ändern ist. Auf diese Leistungsbestimmung sind §§ 23 bis 25 WEG anzuwenden. Der Beschlussweg selbst ist aber nur **Verfahrensregelung**, die Gestaltungsweise wie die Leistungsbestimmung erfolgt. Die durch den Beschluss gestaltete Bestimmung, die Regelung auf die der Beschluss einwirkt, ist eine **Vereinbarung** bzw. die Änderung oder Ergänzung einer Vereinbarung und kein Beschluss (Hügel ZWE 2001, 578, 580; ders. DNotZ 2001, 176, 187). Diese Sichtweise entspricht § 53 Abs. 1 GmbHG, der auch die **Änderung eines Vertrages durch Beschluss** erlaubt. Der Zweck eines auf § 23 Abs. 1 WEG beruhenden Verfahrensbeschlusses liegt nach hiesiger Ansicht darin, mehrheitlich den **Inhalt einer Vereinbarung** zu bestimmen, zu ändern oder zu ergänzen. Der Beschluss selbst wird dadurch – wie vor allem § 10 Abs. 4 S. 2 WEG zeigt – **nicht** zu einer Vereinbarung, sondern bleibt Gestaltungserklärung und Verfahrensweg. Den gestaltungsberechtigten Wohnungseigentümern wird es durch eine Öffnungsklausel aber ermöglicht, entsprechend § 315 BGB den Inhalt einer Vereinbarung über einen Beschluss zu gestalten. Der Weg, wie die Leistungsbestimmung erfolgt, die **Verfahrensweise** – man kann auch von der **Gestaltungsweise** sprechen – ist keine Vereinbarung (s. für das allgemeine Recht nur Palandt/Heinrichs § 315 BGB Rn. 11 und Staudinger/Rieble § 315 BGB Rn. 73; s. für die Bestimmung durch den Alleineigentümer BGH ZMR 1986, 90 = NJW 1986, 845 = MDR 1986, 303; Häublein Sondernutzungsrechte, S. 300, 301; Weitnauer JZ 1984, 1115, 1116 und – ablehnend – Ott Sondernutzungsrecht, S. 55). Das Verfahren, eine Leistungsbestimmung zu treffen, kann natürlich auch selbst ein Vertrag sein. Vorstellbar ist aber auch ein Beschluss oder die Willenserklärung eines Wohnungseigentümers oder eines Dritten, etwa des Bauträgers oder des Verwalters. 395

4. Sachlicher Grund

Nach der Rechtsprechung (BGH BGHZ 127, 99, 105 = NJW 1994, 3230 = ZMR 1995, 34; BGHZ 95, 137 = ZMR 1986, 19 = MDR 1986, 138 = NJW 1985, 2832; OLG Hamm ZMR 2007, 293, 294; ZMR 2004, 852; OLG Düsseldorf ZMR 2006, 296, 297; LG Köln ZMR 2010, 313; **krit.** Hügel ZWE 2001, 578, 579; **abl.** Elzer ZMR 2007, 237, 240/241; Grebe DNotZ 1987, 5, 15; Häublein Sondernutzungsrechte, S. 212) darf von einer Öffnungsklausel zur Änderung einer Vereinbarung nur Gebrauch gemacht werden, wenn ein 396

sachlicher Grund zur Änderung oder Ergänzung des Gesetzes oder einer Vereinbarung vorliegt und einzelne Wohnungseigentümer gegenüber dem früheren Rechtszustand **nicht unbillig benachteiligt** werden. Während der sachliche Grund danach fragt, warum die abzuändernde gesetzliche oder vereinbarte Regelung nicht mehr geeignet ist, die Angelegenheiten der Gemeinschaft angemessen zu regeln, wird mit dem Merkmal der »Billigkeit« eine Ermessenskontrolle i.S.v. §§ 315 ff. BGB und ein der Treuepflicht der Eigentümer untereinander entspringender Minderheitenschutz (Buck WE 1995, 142, 144) eingeführt. Vor allem die durch eine Vereinbarung bislang geschützten Interessen einer ggf. überstimmten Minderheit sind angemessen zu berücksichtigen (OLG Hamm ZWE 2000, 424, 426). Ein **Kostenverteilungsschlüssel** kann etwa nur dann durch einen auf einer Öffnungsklausel beruhenden Mehrheitsbeschluss geändert werden, wenn sich die Verhältnisse gegenüber früher in **wesentlichen Punkten** geändert haben oder sich die ursprüngliche Regelung **nicht bewährt** hat (OLG Hamm ZWE 2000, 424, 426). Der Umstand allein, dass die gesetzliche Regelung unzweckmäßig ist, soll nicht genügen, um von ihr abzuweichen, auch nicht die hypothetische Erwägung, dass die Wohnungseigentümer oder der teilende Eigentümer, wenn sie den Fall bedacht hätten, ihn anders geregelt haben würden (OLG Düsseldorf ZMR 2006, 296, 297).

5. Grenzen

397 Ein auf einer Öffnungsklausel beruhender Beschluss unterliegt den gleichen allgemeinen Schranken wie jeder andere Beschluss, z.B. §§ 134, 138 BGB (Ott ZWE 2001, 466, 467; Buck WE 1995, 142, 144) oder dem Bestimmtheitsgebot (Rdn. 360). **Besondere Schranken** bilden die **gesetzlichen Abänderungsverbote** der §§ 12 Abs. 4 S. 2, 16 Abs. 5, 22 Abs. 2 S. 2 WEG. Bestimmte Befugnisse können nach diesen Verboten auch durch eine Vereinbarung der Wohnungseigentümer nicht eingeschränkt oder ausgeschlossen werden. Bestimmt eine Öffnungsklausel für sämtliche Beschlüsse **besondere Anforderungen**, z.B. eine Mehrheit, ist diese etwa gegenüber einem Beschluss nach § 16 Abs. 3 WEG im Wege einer **geltungserhaltenen Reduktion** teilweise unwirksam (Häublein FS Bub [2007], S. 113, 122). Einen Anlass anzunehmen, dass die vereinbarten Beschlussanforderungen wegen eines Verstoßes gegen die gesetzlichen Abänderungsverbote **insgesamt unwirksam** werden, besteht nicht (Häublein FS Bub [2007], S. 113, 124).

398 Eine Öffnungsklausel kann keine Beschlussmacht für eine Änderung der sachenrechtlichen Grundlagen einführen (Ott ZWE 2001, 466, 467). Ein auf einer Öffnungsvereinbarung beruhender Beschluss, der Gemeinschafts- in Sondereigentum überführen oder Sondereigentum anders zuordnen will (s. BayObLG NZM 1998, 973; NJW-RR 1990, 660, 662; OLG Düsseldorf NJWE 1997, 81; OLG Stuttgart NJW-RR 1986, 815; AG München ZMR 1997, 326) oder in das Sondereigentum eingreift (z.B. einen Zugang schließt, OLG Düsseldorf WuM 1996, 441), ist nichtig. Solche Entscheidungen könnten auch durch eine Vereinbarung i.S.v. § 10 Abs. 2 S. 2 WEG nicht getroffen werden (Ott ZWE 2001, 466, 467).

399 Ein auf einer Öffnungsklausel beruhender Beschluss ist ferner nichtig, wenn er gegen den Kernbereich des Wohnungseigentums verstößt (OLG Köln ZMR 1998, 373 = WE 1998, 193, 194; Ott ZWE 2001, 466, 467; Hauger PiG 39, 225, 229; Buck WE 1995, 142, 144). Die Kernbereichslehre hat hier heute sogar einen ihrer Schwerpunkte. Soweit man mit der h.M. gegen die hier vertretene Mindermeinung auf einer Öffnungsklausel beruhende Entscheidungen im Ergebnis als Beschluss einordnet, liegt es dabei nahe, auch in der **Begründung eines Sondernutzungsrechtes** durch einen auf einer Öffnungsklausel *beruhenden Beschluss einen Eingriff* in den dinglichen Kernbereich des Wohnungseigentums zu sehen (vgl. OLG Köln ZMR 1998, 373 = WE 1998, 193, 194; **a.A.** Böttcher

RpflStud 2002, 147, 148). Die Begründung eines die anderen Wohnungseigentümer von der Nutzung eines nicht unbeachtlichen Teils des Gemeinschaftseigentums ausschließenden Sondernutzungsrechts geht nämlich über eine Verschiebung der Grenzen der Nutzungsberechtigung hinaus und schafft eine grundlegend neue und daher nur vertraglich (einvernehmlich) mögliche Neuordnung des Gemeinschaftsrechts (OLG Köln ZMR 1998, 373 = WE 1998, 193, 194).

6. Zustimmung Dritter

Dritte – z.B. eingetragene Grundpfandrechtsgläubiger – müssen nach h.M. **nicht analog** §§ 877, 876 BGB zustimmen, wenn eine Öffnungsklausel zur Verdinglichung **eingetragen** werden soll (Böttcher NotBZ 2007, 421, 427; Gaier ZWE 2005, 39, 42; Wenzel ZWE 2004, 130, 134; Schneider Rpfleger 2002, 503, 504; Hügel ZWE 2002, 503, 505; Ott ZWE 2001, 466, 467; Bärmann/Wenzel § 10 Rn. 146; **a.A.** Becker ZWE 2002, 341, 345; Schmack ZWE 2001, 89, 91). Unerheblich sei, ob die Öffnungsklausel bereits im Teilungsvertrag oder in der Teilungserklärung geregelt ist oder erst später vereinbart und nach §§ 10 Abs. 3, 5 Abs. 4 S. 1 WEG eingetragen werde (OLG Düsseldorf ZMR 2004, 284; Hügel ZWE 2002, 503, 504; Schneider Rpfleger 2002, 503). **400**

Dritte müssen auch Angelegenheiten, die **auf Grund** der Öffnungsklausel beschlossen werden können, nicht zustimmen (Böhringer Rpfleger 2007, 353, 356). Zwar ist eine Betroffenheit Dritter i.S.v. §§ 876, 877 **ohne Weiteres möglich**, z.B. bei der Begründung eines Sondernutzungsrechtes. Ein Beschluss wird aber nicht eingetragen, so dass § 19 GBO eben keine Wirkung entfalten kann. Sieht man demgegenüber die auf einer Öffnungsklausel beruhende Entscheidung als Vereinbarung an, müssen Dritte dieser bei einer Verdinglichung zustimmen (Böttcher NotBZ 2007, 421, 429). **401**

7. Eintragungsfähigkeit und Eintragungsbedürftigkeit; § 10 Abs. 4 S. 2 WEG

Nach h.M. sind auf einer Öffnungsklausel beruhende Entscheidungen Beschluss (Rdn. 394). Sie sind daher – wie § 10 Abs. 4 S. 2 WEG danach klarstellt – weder **eintragungsfähig noch eintragungsbedürftig** (OLG München NJW 2010, 450 = MDR 2010, 102 = DNotZ 2010, 196). Dies gilt nach § Abs. 4 S. 2 WEG auch für die gem. § 23 Abs. 1 WEG auf Grund einer Vereinbarung gefassten Beschlüsse, die eine Vereinbarung ändern. Der Gesetzgeber nimmt damit bewusst einen Wertungswiderspruch zu § 10 Abs. 3 WEG in Kauf, wonach – bei identischem Inhalt – die Abänderung von Vereinbarungen durch eine Vereinbarung gegen den Sondernachfolger eines Wohnungseigentümers nur wirkt, wenn sie im Grundbuch eingetragen ist. Er nimmt auch eine Minderung der Publizitätswirkung des Grundbuchs in Kauf, weil sich der Inhalt des Sondereigentums nicht mehr vollständig aus dem Grundbuch erschließt, sondern aus einer nicht gleichermaßen verlässlichen Beschluss-Sammlung ermittelt werden muss. **402**

Wer dagegen annimmt, dass es sich um **Vereinbarungen** handelt, wird eine Eintragung nicht verlangen, für die Bindung eines Sondernachfolgers mit Blick auf §§ 10 Abs. 3, 5 Abs. 4 S. 1 WEG aber für **richtig erachten**. Bei der Eintragung handelt es sich dann – soweit eine bereits eingetragene Vereinbarung geändert wird – um ein **Berichtigungsverfahren** (Böttcher Rpfleger 2009, 181, 190; Hügel/Elzer § 5 Rn. 43 ff.; **a.A.** OLG München NJW 2010, 450 = MDR 2010, 102 = DNotZ 2010, 196). Der Unrichtigkeitsnachweis kann analog § 26 Abs. 3 WEG durch die Niederschrift geführt werden (Böttcher NotBZ 2007, 421, 430 m.w.N.). **403**

21. Kapitel
Wohngeld, bauliche Änderung, zweckwidrige Nutzung

Übersicht **Rdn.**

I. Wohngeld

1. Begriff

Der Begriff »Wohngeld« hat sich eingebürgert für die vom Sondereigentümer an die Eigentümergemeinschaft zu zahlenden Kosten und Lasten (vgl. NomosKomm Schuldrecht, Anhang zu §§ 535 bis 580a Rn. 34). Das Wohngeld im hier gemeinten Sinne hat also nichts zu tun mit dem Wohngeld i.S.d. Wohngeldgesetzes (BGBl. I 2005, 2029 ff. v. 13.07.2005). Insoweit wird zum Teil der einer Wohnungseigentümergemeinschaft geschuldete Beitrag – evtl. begrifflich präziser – als »Hausgeld« bezeichnet (vgl. Riecke/Schmidt in Anwaltformulare Kap. 57 Rn. 80–83, Muster I. bis IV.). 1

2. Rechtsgrundlagen und Entstehungsmöglichkeiten für Hausgeldverpflichtungen

Aus § 16 Abs. 2 WEG ergeben sich noch keine Ansprüche der Eigentümergemeinschaft gegen den Einzelnen auf Wohngeldzahlungen. § 16 Abs. 2 WEG regelt nämlich lediglich, dass der einzelne Wohnungseigentümer bei entstehenden Lasten oder Kosten von den jeweiligen Mitwohnungseigentümern eine anteilige kostenmäßige Beteiligung nach dem gesetzlichen Verteilerschlüssel (Miteigentumsanteile) für Kosten des Gemeinschaftseigentums verlangen kann. Da ein solches Verfahren jedenfalls größere Wohnungseigentumsanlagen unverwaltbar machen würde, weil nach § 10 Abs. 8 WEG jeder einzelne Wohnungseigentümer gegenüber außenstehenden Dritten für Verwaltungsschulden pro rata nach Miteigentumsanteilen und in dieser Höhe als Gesamtschuldner neben dem Verband »Wohnungseigentümergemeinschaft« haftet, hat der Gesetzgeber in § 28 WEG ein Verfahren geregelt, das ein ordnungsmäßiges Finanz- und Rechnungswesen der Eigentümergemeinschaft ermöglicht. 2

Nachdem § 10 Abs. 6 WEG die Rechtsfähigkeit der Eigentümergemeinschaft in Teilbereichen gesetzlich festgeschrieben hat, bedarf es eines derartigen Finanz- und Rechnungswesens selbst wenn grundsätzlich die Binnenhaftung der Wohnungseigentümer die Vollstreckung Dritter in die Sozialansprüche nicht mehr erfordert (a.A. noch BGH ZMR 2005, 547 m. Anm. Häublein). 3

a) Regelung in der Teilungserklärung/Gemeinschaftsordnung

Es ist möglich – wenn auch in der Praxis äußerst selten – bereits in der Gemeinschaftsordnung einen Sockelbetrag des Wohngeldes verbindlich zwischen den Wohnungseigentümern festzuschreiben; der jeweilige Wohnungseigentümer kann auf diese Weise auch in notarieller Urkunde sich der sofortigen Zwangsvollstreckung insoweit unterwerfen (KG WE 1998, 35 = NJW-RR 1997, 1304). Sofern eine derartige der Höhe nach bestimmte wirksame Zahlungsverpflichtung mit Zwangsvollstreckungsunterwerfungsklausel existiert, besteht u.a. kein Rechtsschutzinteresse für ein Zahlungsverfahren (vgl. § 43 WEG). 4

Lediglich soweit die Wohngeldbeitragsschuld den bereits vollstreckbar titulierten Betrag übersteigt, müsste ggf. der Anspruch noch im gerichtlichen Verfahren tituliert werden. 5

b) Aufgrund eines Beschlusses der Eigentümergemeinschaft über den Wirtschaftsplan

Der übliche Weg, im Innenverhältnis zwischen den Eigentümern einen Anspruch auf Beitragsleistungen zu konstituieren, besteht in der Beschlussfassung über einen – vom Verwalter vorzulegenden – (Gesamt- und Einzel-) Wirtschaftsplan oder Sonderumlagenentwurf. Hierzu heißt es etwa im Beschluss des BGH v. 23.09.1999 (MDR 2000, 21 ff. = ZMR 1999, 834 ff.): 6

7 »Ist die Gesamtheit (teil)rechts- und parteifähig«, ist nur sie und nicht das einzelne Mitglied Partei (BGH NJW 1974, 750). Ist sie dagegen nicht rechtsfähig oder nur teilrechtsfähig aber nicht parteifähig, wird sie bei der Verfolgung von Sozialansprüchen (Beitragsforderungen) gegen einen Gesamthänder durch die »übrigen« Gesamthänder dargestellt. Die gesamthänderische Bindung kommt allein dadurch zum Ausdruck, dass die Leistung nur an alle Gesamthänder verlangt werden kann. Liegt eine Forderungsgemeinschaft vor, so kann jeder Wohnungseigentümer von dem anderen Erfüllung der Beitragsverpflichtungen durch Leistung an alle verlangen, sofern die Eigentümerversammlung einen entsprechenden Beschluss fasst. Die Entscheidung BGH ZMR 2005, 547 ff. und jetzt § 10 Abs. 6 WEG stehen dem nicht entgegen, da sich die Teilrechtsfähigkeit auf Verwaltungsschulden beschränkt.

c) Aufgrund eines Beschlusses über die Jahresabrechnung

8 Haus- bzw. Wohngeldverpflichtungen in Höhe der sog. Abrechnungsspitze (vgl. Deckert ZMR 2004, 371) können sich in Höhe der Differenz zwischen den Soll-Vorauszahlungen und den Ist-Einnahmen abzgl. der Ist-Ausgaben aus dem Beschluss über die Jahresabrechnung ergeben. Nur wenn »ausdrücklich« etwas anderes beschlossen wurde, werden auch Salden aus den Vorjahren sowie Differenzen zwischen Ist- und Soll-Vorauszahlungen vom Beschluss über die Jahresabrechnung mit umfasst (vgl. BGH ZMR 1999, 834 = MDR 2000, 21 m. Anm. Riecke).

d) Gerichtlich erstellter Wirtschaftsplan; Vorgehen gegen untätigen Verwalter

9 Auch ein solcher in einem Gerichtsverfahren aufgestellter Wirtschaftsplan (vgl. Jennißen Verwalterabrechnung Rn. 347 ff.) kann fällige Wohngeldforderungen begründen. Die Anrufung des Gerichts kann der einzelne Wohnungseigentümer auf § 21 Abs. 4 WEG stützen (Anspruch auf ordnungsmäßige Verwaltung) und/oder auf § 21 Abs. 8 WEG. Hierbei muss der einzelne Wohnungseigentümer nicht auf die Zustimmung der ablehnenden Eigentümer zu seiner eigenen Beschlussvorlage oder der des Verwalters klagen (vgl. KG OLGZ 1994, 27 ff.; Drabek in Riecke/Schmid § 21 Rn. 306 ff. und Abramenko in Riecke/Schmid § 28 Rn. 7).

10 Streitig ist, ob noch nach Ablauf des Wirtschaftsjahres vom Gericht die Aufstellung eines Wirtschaftsplanes verlangt werden kann (vgl. Bärmann/Merle § 28 Rn. 43). Das Gericht ist berechtigt die voraussichtlichen Bewirtschaftungskosten nach Angaben der Beteiligten zu schätzen.

11 **Checkliste**

Anspruchsinhaber sämtlicher Wohngeldansprüche ist der Verband Wohnungseigentümergemeinschaft. Als Anspruch kommen im Überblick in Betracht:

- eine Vereinbarung
- ein Beschluss
- über Einzel- und Gesamtwirtschaftsplan
- über Einzel- und Gesamtjahresabrechnung
- über eine Sonderumlage
- eine durch Beschluss auferlegte Sonderpflicht jenseits von Wirtschaftsplan, Jahresabrechnung und Sonderumlage, z.B. eine »Einzelsonderumlage« ist nichtig; sofern sich ein solcher Beschluss in einer Jahresabrechnung »versteckt«, ist dies streitig
- ein Gerichtsurteil in einem Regelungsstreit.

Der einzelne Wohnungseigentümer hat einen Individualanspruch gegen Verwalter und Verband. Fehlen dem neuen Verwalter notwendige Informationen, soll auch ein Notwirtschaftsplan mit falschem/gesetzlichem Verteilungsschlüssel für alle Posten statthaft sein (OLG Hamm ZMR 2009, 58).

3. Wirtschaftsplanbeschluss und Fälligkeit der Haus- bzw. Wohngeldforderung

a) Rechtsgrundlagen und Normzweck der Regelung in § 28 WEG über den (Gesamt- und Einzel-)Wirtschaftsplan

Die §§ 28 Abs. 1, 2 und 5 i.V.m. § 21 Abs. 5 Nr. 5 WEG bilden im Regelfall die Rechtsgrundlage für den auf der Eigentümerversammlung mehrheitlich zu beschließenden Wirtschaftsplan. Da § 28 WEG insgesamt dispositiv (BayObLG NJW-RR 2006, 22) ist, muss vorab geprüft werden, ob durch Vereinbarung, Gemeinschaftsordnung/Teilungserklärung oder – bei Bestehen einer sog. Öffnungsklausel/Anpassungsvereinbarung – durch entsprechenden Mehrheitsbeschluss eine abweichende Regelung getroffen ist. Wird § 28 WEG ersatzlos abbedungen, gilt § 748 BGB (vgl. Weitnauer-Gottschalg § 28 WEG Rn. 12; a.A. LG Berlin ZMR 1984, 424). 12

Streitig (vgl. etwa OLG Hamburg ZMR 2008, 152 zur Ermächtigung des Beirats) ist, ob die Erstellung des Wirtschaftsplanentwurfs durch Beschluss der Eigentümergemeinschaft z.B. auf den Beirat delegiert werden kann. Die Problematik ist vergleichbar derjenigen bei der Delegation der Befugnis zum Abschluss und Unterzeichnen des Verwaltervertrages (vgl. dazu Abramenko in Riecke/Schmid § 29 Rn. 3 f.). Der BGH (ZMR 2009, 779) lässt sogar – zu Unrecht – eine Delegation auf eine Gesellschaft bürgerlichen Rechts in anderem Zusammenhang zu. 13

Im vorliegenden Fall wären die durch § 27 Abs. 4 WEG geschützten Mindestbefugnisse des Verwalters (erst recht) nicht tangiert, da schon nach der dispositiven Gesetzeslage (§ 28 WEG) der Verwalter lediglich einen Beschlussentwurf mit dem Inhalt des Gesamt- und Einzelwirtschaftsplanes zu erstellen hat, jedoch nicht denselben zur Wirksamkeit verhelfen kann. Es muss der Gemeinschaft unbenommen sein, einen Wirtschaftsprüfer (z.B. in Person eines Verwaltungsbeirats) mit der Erstellung eines konkreten Wirtschaftsplanentwurfs zu beauftragen. Nach einer engeren Auffassung, insbesondere des OLG Düsseldorf (MDR 1998, 35 ff. m. Anm. v. Rechenberg/Riecke = ZMR 1998, 104) wird für eine Verlagerung der Kompetenz auf den Beirat verlangt, dass die wesentlichen Eckdaten für das künftige Tätigwerden des Beirates im Ermächtigungsbeschluss hinreichend bestimmt enthalten sein müssen. 14

Im Hinblick auf die Vertragsfreiheit erscheint es nahe liegender, den Wohnungseigentümern das Recht zuzugestehen, auch ohne inhaltliche Vorgaben Kompetenzen hier vom Verwalter auf den Beirat zu delegieren. Hierdurch werden überstimmte Wohnungseigentümer auch nicht rechtlos gestellt. Diese können den mehrheitlich getroffenen Ermächtigungsbeschluss binnen einer Monatsfrist (§ 46 Abs. 1 S. 2 WEG) gerichtlich anfechten. 15

Selbst bei einer »Blankettvollmacht« zugunsten des Verwaltungsbeirates ist diese im Regelfall dahin gehend auszulegen, dass der Beirat nur berechtigt ist, einen Wirtschaftsplan zu entwerfen, der sich in den weiten Grenzen der §§ 21, 28 WEG bewegt und ordnungsmäßiger Verwaltung entspricht. 16

Ein endgültiger Schaden könnte dem benachteiligten Wohnungseigentümer selbst bei einem den Verteilungsschlüssel nicht richtig berücksichtigenden Einzelwirtschaftsplan nur in Höhe eine Zinsnachteils entstehen, wenn die Gemeinschaft diesen unbesehen beschließt, da bei der Beschlussfassung über die Jahresabrechnung z.B. keine Pflicht zur Beibehaltung des falschen Verteilerschlüssels im Wirtschaftsplans besteht (**fehlende Bindungswirkung**, vgl. auch Bärmann/Merle § 28 Rn. 36). Gerade sämtliche zu hohen Vorauszahlungen des ursprünglich benachteiligten Wohnungseigentümers führen zu einem entsprechenden Guthaben des Wohnungseigentümers in der Jahresabrechnung. 17

18 Durch bloßen Mehrheitsbeschluss kann mangels Beschlusskompetenz (BGH NJW 2000, 3500 = ZMR 2000, 771) nicht auf die Auflistung von Gemeinschaftseinnahmen in sämtlichen künftigen Wirtschaftsplänen verzichtet werden. Lediglich im Anwendungsbereich des § 21 Abs. 7 WEG (vgl. B. Müller ZMR 2008, 177) besteht neue Beschlusskompetenz.

19 Durch Mehrheitsbeschluss kann allerdings die Delegation von Entscheidungsmacht nicht so weit gehen, dass die Wohnungseigentümer nicht mehr durch Stimmenmehrheit über den Wirtschaftsplan Beschluss fassen. Dies wäre eine »gesetzesändernde« Regelung i.S.d. Wenzelschen Dreiklangs (vgl. Riecke/Schmidt 3. Aufl. ETV S. 39 ff.). Wörtlich genommen handelt es sich hier nicht um gesetzesändernde, sondern dispositive gesetzliche Regelungen abbedingende Mehrheitsbeschlüsse, die nur bei Bestehen einer Öffnungsklausel/Anpassungsvereinbarung wirksam getroffen werden können, d.h. ansonsten nichtig sind.

20 Zu weit geht Merle (Bärmann/Merle § 28 Rn. 6) wenn er Nichtigkeit auch für einen Mehrheitsbeschluss bejaht, der das Wirtschaftsjahr abweichend vom Kalenderjahr (§ 28 Abs. 1 S. 1 WEG) festlegt. So hat das LG Berlin (ZMR 2002, 471 ff.) zutreffend darauf hingewiesen, dass eine Auslegung der Vorschrift des § 28 Abs. 3 WEG ergäbe, dass aus Praktikabilitäts- oder Zweckmäßigkeitserwägungen durch Mehrheitsbeschluss vom Kalenderjahr abgewichen werden könne. Insbesondere greife der Schutzweck der Entscheidung des BGH v. 20.09.2000 (BGH NJW 2000, 3500 = ZMR 2000, 771) hier nicht ein. Ein schützenswertes Interesse des Erwerbers sei nicht erkennbar (vgl. LG München I ZMR 2009, 398; OLG München ZMR 2009, 630).

21 Zum selben Ergebnis gelangt man auch, wenn man die Formulierung Kalenderjahr in § 28 Abs. 1 und Abs. 3 WEG als bloße Ordnungs- oder Soll-Vorschriften einstuft.

22 § 28 WEG normiert mit dem Wirtschaftsplan quasi den Haushaltsplan der Eigentümergemeinschaft für das kommende (in der Praxis laufende) Wirtschaftsjahr.

b) Zeitpunkt für die Vorlage des Wirtschaftsplanes und die Beschlussfassung in der Eigentümerversammlung

23 Nimmt man die Bezeichnung des Wirtschaftsplans als eine Art Haushaltsplan der Eigentümergemeinschaft ernst, so liegt es nahe, die Regelung in Art. 110 GG analog anzuwenden. Danach wären »alle Einnahmen und Ausgaben [...] in den Haushaltsplan einzustellen [...]. Der Haushaltsplan wird für ein oder mehrere Rechnungsjahre, nach Jahren getrennt, vor Beginn (!) des ersten Rechnungsjahres durch das Haushaltsgesetz festgestellt«.

24 Bei optimaler ordnungsmäßiger Verwaltung ist der Wirtschaftsplan schon vor Beginn des Wirtschaftsjahres (vom Verwalter) aufzustellen und von der Eigentümergemeinschaft zu beschließen (Weitnauer/Gottschalg § 28 Rn. 14). Auch der Gesetzeswortlaut spricht dafür, den Wirtschaftplan für einen zukünftigen Zeitraum aufzustellen und zu beschließen (MieWo/Schmid § 28 WEG Rn. 10 – Stand 12/09 –).

25 In der Praxis wird es jedoch weitgehend gebilligt, dass in den ersten Monaten des laufenden Wirtschaftsjahres erst Beschluss gefasst wird über den Wirtschaftsplan für das bereits laufende Jahr (vgl. OLG Hamburg OLGZ 1988, 299 ff.; Abramenko in Riecke/Schmid § 28 Rn. 6). Merle (Bärmann/Merle § 28 Rn. 12) verneint sogar einen zeitlich früheren Anspruch der Eigentümergemeinschaft gegen den Verwalter. Der Anspruch soll erst drei bis sechs Monate nach Beginn des Wirtschaftsjahres fällig werden (Müller WE 1993, 11).

26 Nach *Jennißen (Die* Verwalterabrechnung, Rn. 317) ist »für das nächste Kalenderjahr vom Verwalter ein Wirtschaftsplan zu erstellen und der Eigentümerversammlung zur

Beschlussfassung vorzulegen«. Diese Auffassung hat Jennißen (WEG 1. Aufl., § 28 Rn. 62 Fn. 5) dahin ergänzt, dass auch noch kurz vor Ablauf des Kalenderjahres ein Wirtschaftsplan wirksam beschlossen werden darf.

Sofern der aktuelle Wirtschaftsplan erst im laufenden Wirtschaftsjahr beschlossen wird, können die aktuellen Wohngeldbeiträge auch rückwirkend auf den Beginn des Wirtschaftsjahres festgelegt, fällig gestellt und erhoben werden (§ 21 Abs. 7 WEG). 27

Wenn man mit dem Kammergericht (NJW-RR 1991, 463) sogar das Gericht für berechtigt hält, bis zum Ablauf der Wirtschaftsperiode noch einen Wirtschaftsplan für das laufende Jahr aufzustellen (a.A. Müller Praktische Fragen 6. Teil Rn. 30) muss dies erst recht der Eigentümerversammlung möglich sein. 28

Eine Überholung des Wirtschaftsplanes durch die Jahresabrechnung hat im Regelfall nur hinsichtlich der negativen oder positiven Abrechnungsspitze Bedeutung, d.h. die Vorauszahlungsschuld des einzelnen Wohnungseigentümers kann auch nach beschlossener Jahresabrechnung weiter auf den Wirtschaftsplan gestützt werden. Der Abrechnungsbeschluss hat keine schuldumschaffende (novierende) Wirkung (vgl. Weitnauer/Gottschalg § 28 Rn. 4). 29

Kommt es im laufenden Wirtschaftsjahr nicht zum Beschluss über den Wirtschaftsplan, kann nur noch die Erstellung einer Jahresabrechnung nach h.M. vom Verwalter verlangt werden, weil eine Vorausplanung mittels Wirtschaftsplanes sinnlos geworden ist, wenn die tatsächlichen Einnahmen und Ausgaben bereits feststehen und das zu planende Wirtschaftsjahr abgelaufen ist (vgl. Bärmann/Merle § 28 Rn. 13 unter Hinweis auf OLG Schleswig ZWE 2002, 141, vgl. auch Anm. Munzig FGPrax 2001, 184 = ZMR 2001, 855). Diese Auffassung kann für die Liquidität der Gemeinschaft von erheblicher Bedeutung sein, insbesondere wenn der Verwalter unfähig ist, kurzfristig eine korrekte Jahresabrechnung herzustellen, während es ihm ohne weiteres möglich wäre, eine Schätzung vorzunehmen und diese zur Grundlage eines **Not-Wirtschaftsplans** (vgl.OLG Hamm ZMR 2009, 58) für das abgelaufene Wirtschaftsjahr zu machen. Für den saumseligen Verwalter entfällt mit Ablauf des Wirtschaftsjahres die Aufstellungspflicht, obwohl er spätestens zu Beginn des Wirtschaftsjahres zur Aufstellung vertraglich verpflichtet war, und zwar ohne besondere Aufforderung oder Verpflichtung im Verwaltervertrag. Der zum Wirtschaftsjahresende ausscheidende Verwalter ist wohl nicht mehr für das kommende Wirtschaftsjahr zur Aufstellung des Wirtschaftsplanes verpflichtet. 30

Auch nach Engelhardt (MüKo § 28 WEG Rn. 5) ist der Wirtschaftsplan innerhalb der ersten Monate des Wirtschaftsjahres zu beschließen (vgl. BayObLG NJW-RR 1990, 659). 31

c) Inhalt des Wirtschaftsplanes

Der Inhalt ergibt sich aus § 28 Abs. 1 Nr. 1 bis 3 WEG. 32

aa) Zu Nr. 1: Voraussichtliche Einnahmen und Ausgaben

Zu den **Einnahmen** zählen primär die Wohngelder der Eigentümer selbst sowie kapitalertragsteuerpflichtige Zinseinkünfte, Miet- oder Pachteinnahmen durch Vermietung oder Verpachtung von Flächen oder Räumen des Gemeinschaftseigentums (z.B. Dachfläche für Mobilfunkanlage etc.). Streitig ist die erfolgreiche Anfechtbarkeit bei Fehlen von Kleinerträgen wie Zinsen (vgl. OLG Köln ZMR 2008, 818: unbedingt nötig; OLG München ZMR 2009, 630: kein Anfechtungsgrund). 33

Inwieweit Forderungen bzw. Außenstände der Eigentümergemeinschaft in den konkreten Wirtschaftsplan aufzunehmen sind, hängt davon ab, mit welcher Sicherheit eine Rea- 34 lisierung der Forderung im laufenden Wirtschaftsjahr anzunehmen ist. Es entspricht ordnungsmäßiger Verwaltung, wenn die Gemeinschaft zweifelhafte Forderungen im Rahmen der Prognoseentscheidung über den Wirtschaftsplan gar nicht berücksichtigt.

35 Wurde das Wohngeld im Hinblick auf zahlreiche insolvente Mitwohnungseigentümer unter Berücksichtigung der zu erwartenden Zahlungsausfälle bereits entsprechend höher kalkuliert, so ist auch dies sachgerecht, da auch uneinbringliche Wohngeldforderungen auf diese Weise fälligkeitsbegründend gegenüber dem betreffenden Wohnungseigentümer festgestellt werden.

36 Treuwidrig wäre es, gegenüber insolventen Wohnungseigentümern keinerlei Wohngeld fällig zu stellen, in der Hoffnung, dass ein künftiger rechtsgeschäftlicher Erwerber (z.B. aufgrund eines verzögerten Beschlusses) dann nicht nur für die Abrechnungsspitze, sondern für das gesamte tatsächliche Hausgeld/Wohngeld haftbar gemacht werden könnte.

37 Fehlt es an derartigen Einnahmen, entsprechen die geschätzten Gesamtkosten auch den gesamten zu realisierenden Wohngeldforderungen (**Kostendeckungsprinzip**). Zur Behandlung der Fälle mit voraussichtlicher Zahlungsunfähigkeit eines Wohnungseigentümers vgl. das Beispiel bei Jennißen Verwalterabrechnung Rn. 320, 310 ff.

38 Zu den **Ausgaben** zählen insbesondere die – bei Vorhandensein einer entsprechenden wirksamen Vereinbarung – auch auf Mieter umlegbaren Betriebskosten gem. **§ 2 Nr. 2 bis 17 Betriebskostenverordnung**. Dies sind i.E.:

- Nr. 2: Kosten der Wasserversorgung, nämlich Verbrauchskosten, Grundgebühren, Verbrauchserfassung und Kostenaufteilungskosten, Wartungskosten etc.;
- Nr. 3: Kosten der Entwässerung;
- Nr. 4a: Kosten des Betriebs der zentralen Heizungsanlage einschließlich Abgasanlage, d.h. Kosten der Brennstofflieferung, Betriebsstrom, Bedienung, Überwachung, Pflege der Anlage, Kosten der regelmäßigen Prüfung der Betriebsbereitschaft und der Betriebssicherheit, Kosten der Anlagenreinigung, Kosten für Messung nach dem Bundesimmissionsschutzgesetz, Kosten für die Ausstattung zur Verbrauchserfassung einschließlich Eichkosten;
- Nr. 4b: Kosten des Betriebs der zentralen Brennstoffversorgungsanlage;
- Nr. 4c: Kosten der eigenständig gewerblichen Lieferung von Wärme, nämlich das Entgelt für die eigentliche Wärmelieferung sowie für die Betriebskosten der Hausanlagen;
- Nr. 4d: Kosten der Reinigung und Wartung von Etagenheizungen und Gaseinzelfeuerstätten;
- Nr. 5a: Kosten des Betriebs der zentralen Warmwasserversorgungsanlage;
- Nr. 5b: Kosten der eigenständig gewerblichen Lieferung von Warmwasser;
- Nr. 5c: Der Reinigung und Wartung von Warmwassergeräten;
- Nr. 6: Kosten verbundener Heizungs- und Warmwasserversorgungsanlagen;
- Nr. 7: Kosten des Betriebs des Personen- und Lastenaufzugs;
- Nr. 8: Kosten der Straßenreinigung und Müllbeseitigung;
- Nr. 9: Kosten der Gebäudereinigung und Ungezieferbekämpfung;
- Nr. 10: Kosten der Gartenpflege;
- Nr. 11: Kosten der Beleuchtung;
- Nr. 12: Kosten der Schornsteinreinigung;
- Nr. 13: Kosten der Sach- und Haftpflichtversicherung;
- Nr. 14: Kosten für den Hauswart;
- Nr. 15: Kosten des Betriebs a) der Gemeinschaftsantennenanlage oder b) der mit einem Breitbandkabelnetz verbundenen privaten Verteilanlage;
- *Nr. 16: Kosten des* Betriebs der Einrichtung für Wäschepflege;
- Nr. 17: sonstige Betriebskosten, die möglichst »benannt« werden sollten.

Hierzu können u.a. zählen: Kosten der Dachrinnenreinigung, Fassadenreinigung, Wartung von Feuerlöschgeräten und Rauchwarnmeldern, Wartungskosten für Pumpen oder einer Rauchabzugsanlage etc. Die in § 2 Nr. 1 Betriebskostenverordnung erwähnte **Grundsteuer** taucht hier im Regelfall nicht auf, da diese direkt gegenüber dem Wohnungseigentümer vom Finanzamt geltend gemacht wird. **39**

In einer zweiten Rubrik sind die unter keinen Umständen umlagefähigen Kosten aufzuführen: **40**
- Verwaltervergütung,
- Kosten für Eigentümerversammlungen,
- Auslagenerstattung für Beiräte,
- Beiträge zur Instandhaltungsrücklage, laut BGH ZMR 2010, 300 keine »Ausgabe«
- Rückzahlbare Wohngelder aufgrund von Guthaben aus dem Vorjahr.

Auch wenn es keine Verpflichtung des WEG-Verwalters gibt, die Ausgaben entsprechend der obigen Vorgabe aufzuteilen, und auch das BayObLG (ZMR 2005, 564) eine Gestaltung der Jahresabrechnung, die auf dem vorstehenden Wirtschaftsplan fußt, nicht in der Weise verlangt, dass sie unverändert als wirksame Betriebskostenabrechnung teilweise Verwendung finden kann, sollte diese **Zweiteilung** erfolgen. **41**

Die vorgenannte Auflistung gem. § 28 Abs. 1 S. 1 WEG stellt den Gesamtwirtschaftsplan dar. Auch wenn sämtliche Positionen bis auf Heizung und Warmwasser nach Miteigentumsanteilen letztlich zu verteilen sind, kann es nicht als ordnungsmäßiger Verwaltung entsprechend angesehen werden, derartige Positionen im Rahmen des Wirtschaftsplans zusammenzufassen. **42**

Wenn z.B. bei einer neu erstellten Anlage keine Vergleichswerte aus dem Vorjahr vorhanden sind, empfiehlt Jennißen (Verwalterabrechnung Rn. 331, 332): Für die grundsätzlich umlagefähigen Kosten kann ein Wert von € 2,98 je Quadratmeter im Monat angesetzt werden, während für die nicht umlagefähigen Kosten € 0,71 kalkuliert werden können. **43**

Bei gerade erst bezugsfertig gewordenen Objekten der Eigentümergemeinschaften empfiehlt es sich, einen Zusatzbetrag über dem Wirtschaftsplan anzufordern, der sofort fällig ist, um die anfangs hohen Kosten z.B. für die Grundausstattung des Hauswarts, sofort fällige Versicherungsprämien etc. aus der Gemeinschaftskasse begleichen zu können. **44**

Die nach der Prognose des Verwalters **künftig entstehenden Ausgaben** sind in die Kalkulation des Wirtschaftsplanes aufgrund einer Schätzung aufzunehmen, wobei entweder Vorjahreswerte, Faustformeln oder Werte aus ähnlichen Anlagen herangezogen werden dürfen. Es darf auch mit pauschalen Zuschlägen (Inflationsausgleich) zu den Vorjahreswerten gearbeitet werden. Die Eigentümerversammlung hat bei der Beschlussfassung über den vom Verwalter kalkulierten Wirtschaftsplan einen **großen Beurteilungsspielraum**. **45**

bb) Zu Nr. 2: Anteilsmäßige Verpflichtung

Üblicherweise ergibt sich die Verpflichtung des einzelnen Wohnungseigentümers über den Verteilerschlüssel in der Teilungserklärung oder § 16 WEG. Zum Einzelwirtschaftsplan vgl. unten Rdn. 54 ff. **46**

cc) Zu Nr. 3: Beitrag zur Instandhaltungsrücklage

Erst die in § 28 Abs. 1 S. 2 Nr. 3 WEG erwähnten Beitragsleistungen zur Instandhaltungsrücklage (das Gesetz spricht von Rückstellung) sind abhängig vom Alter der Immobilie, dem technischen Instandhaltungsgrad und anderen individuellen Faktoren. Wegen Ein- **47** zelheiten wird verwiesen auf Hohmann in von Hauff Das große Verwalterhandbuch, S. 361 ff. Hier wird mit Tabellen über die »Eintrittswahrscheinlichkeit von Bauschäden im Zeitablauf (a.a.O., S. 382) sowie mit einer Aufgliederung des Anteils von Gewerken an den Instandhaltungskosten eines Wohngebäudes (a.a.O., S. 386)« gearbeitet.

48 Umstritten ist in diesem Zusammenhang die **sog. Peters'sche Formel**, wonach die Zuweisung zur Instandhaltungsrückstellung den Herstellungskosten pro Quadratmeter × 1,5 × 0,65: Nutzungsdauer entsprechen soll. Problematisch an dieser Formel, dass sie lediglich von Nutzungsdauer des Gebäudes von 80 Jahren ausgeht, Baukostensteigerungen nicht explizit berücksichtigt und zu einer erheblichen Mehrbelastung der Wohnungseigentümer führt. Eine andere Formel hat von Hauff entwickelt. Danach soll die jährliche Zuweisung sich aus dem Marktpreis pro Quadratmeter × 0,25: 50 ergeben (a.a.O., S. 402).

49 Die kontinuierliche Auffüllung der Instandhaltungsrücklage schützt insbesondere solvente Eigentümer im Falle eines Instandhaltungsstaus vor erheblichen Nachzahlungen.

50 Besteht kein Instandhaltungsstau, liefert § 28 Abs. 2 der II. BV einen Anhaltspunkt für die üblichen Instandhaltungskosten. Demnach wären je Quadratmeter Wohnfläche pro Jahr – zzgl. Erhöhung gem. § 28 Abs. 5a II. BV – anzusetzen:
- für Wohnungen, deren Bezugsfertigkeit am Ende des Kalenderjahres weniger als 22 Jahre zurückliegt, höchstens 7,10 € (ab 01.01.2005: 7,42 €; ab 01.01.2008: 7,87 €),
- für Wohnungen, deren Bezugsfertigkeit am Ende des Kalenderjahres mindestens 22 Jahre zurückliegt, höchstens 9,00 € (ab 01.01.2005: 9,41 €; ab 01.01.2008: 9,97 €),
- für Wohnungen, deren Bezugsfertigkeit am Ende des Kalenderjahres mindestens 32 Jahre zurückliegt, höchstens 11,50 € (ab 01.01.2005: 12,02 €; ab 01.01.2008: 12,74 €).

51 Diese Sätze sind bei Anschluss der Wohnanlage an Fernwärme um 0,20 € zu reduzieren und für Wohnungen für die ein maschinell betriebener Aufzug existiert um 1,00 € zu erhöhen.

52 Zu Einzelheiten vgl. Heix in Fischer-Dieskau/Pergande/Schwender Wohnungsbaurecht Band 4, § 28 II. BV Anm. 2–6. Die o.g. Sätze erhöhen sich zum 01.01.2011 etc. gem. § 26 Abs. 4 der II. BV **entsprechend der Veränderung des Verbraucherpreisindexes** für Deutschland.

53 Ein Wirtschaftsplan verstößt nur dann gegen die Grundsätze ordnungsmäßiger Verwaltung, wenn er zu deutlich (!) überhöhten Wohngeldforderungen oder zu nennenswerten (!) Nachzahlungen führt. Bei der zugelassenen Schätzung der zu erwartenden Einnahmen hat der Verwalter/die Eigentümerversammlung eher vorsichtig vorzugehen. Dagegen darf bei den zu erwartenden Ausgaben eher großzügig verfahren werden. Es sollte jedenfalls nach Möglichkeit vermieden werden, wegen vorhersehbarer Beträge im laufenden Jahr Sonderumlagen beschließen zu müssen, die mit zusätzlichen Kosten insbesondere für eine außerordentliche Eigentümerversammlung verbunden sind.

dd) Einzelwirtschaftsplan

54 Den Übergang vom Gesamtwirtschaftsplan zum Einzelwirtschaftsplan bewirkt der anzugebende Verteilerschlüssel für die vorgenannten einzeln aufgelisteten Einnahmen und Ausgaben. Der Wirtschaftsplan sollte denselben Verteilerschlüssel, der für die Jahresabrechnung maßgeblich ist, zugrunde legen. Selbst ein bestandskräftiger Wirtschaftsplanbeschluss mit falschem Kostenverteilerschlüssel bindet jedoch (s.o. Rdn. 17) nicht für den Beschluss über die Jahresabrechnung.

Unter Anwendung des sich aus der Teilungserklärung oder – wenn dort nichts geregelt ist – aus dem Gesetz bzw. einem Beschluss nach § 16 Abs. 3 WEG ergebenden Verteilerschlüssels sind die umlagefähigen, nicht umlagefähigen Verwaltungs- und Betriebskosten sowie der Beitrag zur Instandhaltungsrücklage zusammenzurechnen und aufzuteilen. Der so für den einzelnen Eigentümer sich ergebende Jahresbetrag ist nach dem Gesetz (§ 28 Abs. 2 WEG) vom Wohnungseigentümer »nach Abruf durch den Verwalter« zu zahlen. 55

Da ohne den Beschluss über die Einzelwirtschaftspläne eine Zahlungspflicht des einzelnen Wohnungseigentümers (im Regelfall) nicht entsteht, müssen Gesamtwirtschaftsplan und Einzelwirtschaftsplan immer »en bloc« beschlossen werden (BGH ZMR 2005, 547 ff.; BayObLG NJW-RR 1991, 1360). Eine Aufsplittung wie bei der Jahresabrechnung ist beim Wirtschaftsplan nicht möglich. 56

Auch wenn gem. § 29 Abs. 3 WEG der Wirtschaftsplan vom Verwaltungsbeirat vor der Beschlussfassung geprüft werden soll und mit einer Stellungsnahme zu versehen ist, hindert dies die Wohnungseigentümer nicht, quasi auf diese Prüfung zu verzichten und den Wirtschaftsplan ohne Prüfbericht zu beschließen. Dies ergibt sich sowohl aus dem Charakter des § 29 Abs. 3 WEG als Sollvorschrift, als auch aus der Tatsache, dass der Verwaltungsbeirat kein zwingend vorgeschriebenes, sondern lediglich ein fakultatives Organ für die jeweilige Eigentümergemeinschaft ist. 57

d) Fortgeltungsklausel

Der Wirtschaftsplan gilt ohne ausdrückliche Regelung sei es im Beschluss selbst oder in der Gemeinschaftsordnung nicht automatisch für das kommende Wirtschaftsjahr (vgl. Häublein ZMR 2002, 221 sowie für einen Ausnahmefall – bedenklich – OLG Hamburg ZMR 2002, 964). 58

Nach Auffassung des Kammergerichts (ZMR 2005, 221) besitzt die Eigentümerversammlung auch Beschlusskompetenz für eine Fortgeltungsklausel »bis zur gültigen Beschlussfassung über den nächsten Wirtschaftsplan«; außerdem soll dieses Verfahren ordnungsmäßiger Verwaltung entsprechen. Allerdings sollte der Verwalter darauf achten, dass die Fortgeltungsklausel eindeutig gefasst wird (Beschlussmuster s. Riecke/Schmidt Anwaltsformulare Kap. 57 Rn. 81). Sicherer ist es, die Fortgeltung auf die nächsten beiden Wirtschaftsjahre zu beschränken; sonst besteht ein Nichtigkeitsrisiko. 59

Zu beachten ist allerdings, dass trotz § 21 Abs. 7 WEG eine »generelle Fortgeltungsklausel«, die für sämtliche künftigen Wirtschaftspläne gilt, als gesetzesändernder Beschluss einzustufen und damit als nichtig anzusehen ist, wenn nicht die Gemeinschaftsordnung eine entsprechende Öffnungsklausel bzw. Anpassungsvereinbarung enthält (a.A. zu § 21 Abs. 7 WEG wohl Abramenko in Riecke/Schmid § 28 Rn. 9 a.E.). 60

Auf dieser Linie liegt auch die Rechtsprechung des OLG Düsseldorf (ZMR 2003, 862). Dort entschied das Gericht: »Auf den Wirtschaftsplan für der Kalenderjahr 2001 können Zahlungsansprüche grundsätzlich auch nur für dieses Jahr 2001 gestützt werden, denn ein Wirtschaftsplan begründet mangels anderweitiger Regelung in der Teilungserklärung oder im Beschluss selbst nur eine auf die betreffende Wirtschaftsperiode begrenzte Vorschusspflicht, also nicht auch stets darüber hinaus bis zur Verabschiedung eines neues Wirtschafsplanes (vgl. KG WE 1988, 167; BayObLG WE 1989, 107 und ZMR 2003, 280).« 61

Bei fehlender Fortgeltungsklausel würde es am 1. Januar des Folgejahres bei einer Großzahl von Eigentumsanlagen zu Liquiditätsengpässen kommen, wenn eine Vielzahl von Wohnungseigentümern bis zur Beschlussfassung über den Wirtschaftsplan für das lau- 62 fende Jahr ihre Vorschusszahlungen einfach einstellen. Gerade für einen finanzschwachen Mehrheitseigentümer wäre es ein Leichtes, die Beschlussfassung über den neuen Wirtschafsplan mit seinen Stimmen zu verhindern. Es dauert geraume Zeit, bis ein einzelner Wohnungseigentümer im Verfahren nach § 43 Nr. 1 WEG seinen Anspruch auf entsprechende Beschlussfassung oder die gerichtliche Ersetzung des Wirtschaftsplanes nebst einstweiliger Verfügung durchgesetzt hat. Jedenfalls sollten sich die Wohnungseigentümer vor Augen halten, dass ein Erwerberwechsel am Anfang des folgenden Wirtschaftsjahres eine klassische Fallkonstellation sein könnte, in der der Noch-Bucheigentümer die Zahlungen einstellt.

63 Wegen der aktuellen Verwalterpraxis (Beschlussfassung über den laufenden Wirtschaftsplan in den ersten vier Monaten des laufenden Jahres) kommt vor dem Hintergrund des bereits oben als »Haushaltsplan« bezeichneten Wirtschafsplans eine Übergangslösung/Karenzzeit analog den Regelungen des Not-Haushaltsrechtes in Art. 111 Abs. 2 GG in Betracht. Die dort erwähnte finanzielle Grenze »bis zur Höhe eines Viertels der Endsumme des abgelaufenen Haushaltsplanes« indiziert eine Karenzzeit von einem Vierteljahr (3 Monate). Die im Haushaltsrecht vorgesehene Kreditaufnahme ist dem Verwalter allerdings nicht gestattet. Er darf sogar nicht einmal bei Ausbleiben der laufenden Wohngelder auf die Instandhaltungsrücklage zurückgreifen (zu einem derartigen Zitterbeschluss vgl. Riecke/Schmidt 3. Aufl., ETV S. 218 ff.).

64 Lediglich in seltenen Ausnahmefällen kann die Auslegung bei entsprechenden Anhaltspunkten vor dem Hintergrund der erkennbaren Interessen der Wohnungseigentümer, auch ohne dass dies aus dem Protokoll ersichtlich ist, zur Annahme eines Fortgeltungsbeschlusses führen (OLG Hamburg ZMR 2002, 964). Dies soll insbesondere dann der Fall sein, wenn eine derartige Fortgeltung in der Eigentümergemeinschaft seit längerem praktiziert wurde (vgl. OLG Köln WuM 1995, 733).

65 Das OLG Hamburg stellte ausdrücklich fest: Der gleichzeitig mit der Abrechnung für das Jahr 1996 beschlossene Haushaltsplan für 1997 und die in Aussicht genommene Beschlussfassung für die Abrechnung 1997 und den Haushaltsplan 1998 für 15.12.1998 spreche »dafür, dass in dieser Wohnungseigentümergemeinschaft die Beschlussfassung über den Haushaltsplan des laufenden Jahres jeweils mit der Beschlussfassung über die Abrechnung des Vorjahres, die aus tatsächlichen Gründen jeweils erst im Laufe des folgenden Haushaltsjahres erfolgen kann, verbunden wird. Dass die Wohnungseigentümer bis zu diesem Zeitpunkt für das laufende Jahr keine Vorschüsse zahlen müssen, kann nicht angenommen werden, da in diesem Fall die Gefahr bestünde, dass die Eigentümergemeinschaft die laufenden Kosten nicht aufbringen und ihr hierdurch Schaden entstehen könnte.« Diese Entscheidung kann schwerlich verallgemeinert werden, auch wenn die hier angeführten Besonderheiten des Einzelfalles durchaus eher dem Üblichen entsprechen.

e) Fälligkeitsklauseln

66 Wenn nichts anderes beschlossen wurde, ist das Wohngeld nach Wirtschaftsplan gem. § 271 BGB sofort zur Zahlung fällig bzw. gem. § 28 Abs. 2 WEG auf Abruf des WEG-Verwalters.

67 Die Gemeinschaft kann jedoch durch Mehrheitsbeschluss das Lastschriftverfahren einführen (Beschlussmuster bei Riecke/Schmidt/Elzer ETV Rn. 1247). Nach § 21 Abs. 7 WEG hat Gemeinschaft für die Einführung des Lastschriftverfahrens auch die Beschlusskompetenz. Das OLG Hamburg (MDR 1998, 706) und das Saarländische OLG (FG Prax 1998, 18) haben das Lastschriftverfahren schon immer zugelassen. Das OLG Hamburg hat seine ursprüngliche Entscheidung auch für die Zeit nach dem Jahrhundertbeschluss des BGH v. 20.9.2000 noch einmal ausdrücklich bestätigt (OLG Hamburg ZMR 2002, 961). In der Entscheidung heißt es:

»Die beschlossene Teilnahme der Wohnungseigentümer am Lastschriftverfahren entspricht ordnungsgemäßer Verwaltung (§ 21 Abs. 3 WEG) nach heutigem Standard wie das LG unter Bezugnahme auf OLG Hamburg ZMR 1998, 451 ausgeführt hat.«

Auch das BayObLG (ZMR 2002, 850) hat die Einführung des Lastschrifteinzugsverfahrens als Verwaltungsregelung im Rahmen der Normenanwendung begriffen und eine Beschlusskompetenz der Eigentümergemeinschaft unter Hinweis auf die Ausführungen Wenzels (ZWE 2001, 226, 234 und 237) bestätigt. 68

Die noch zum alten Recht vertretene Auffassung von Merle (DWE 2001, 45 ff.) wonach dagegen das Lastschriftverfahren (nur) über den Verwaltervertrag eingeführt werden könne ist durch § 21 Abs. 7 WEG überholt. Schon nach früherer richtiger Sichtweise ist durch die generelle Verpflichtung zur Teilnahme am Lastschriftverfahren keine von § 28 Abs. 2 WEG abweichende gesetzesändernde Regelung erfolgt. Der Inhalt einer Geldschuld ist nämlich nicht auf eine Barzahlung reduziert; sie ist vielmehr einer rechtsgeschäftlichen Regelung über die Zahlungsweise zugänglich. Auch § 270 Abs. 1 BGB wird durch den Lastschriftbeschluss nicht abgeändert. § 270 Abs. 1 BGB ist lediglich eine Auslegungsregel (»im Zweifel«). 69

Die Fälligkeit wird oft in der Praxis für das Hausgeld gekoppelt mit Vorfälligkeitsregelungen oder Verfallklauseln. Solche Regelungen waren schon vor Schaffung des § 21 Abs. 7 WEG dann von der Beschlusskompetenz der Eigentümergemeinschaft gedeckt, sofern nicht eine Regelung in der Teilungserklärung oder eine Vereinbarung i.S.d. § 10 WEG entgegenstand (vgl. BGH ZMR 2003, 943 ff. unter Hinweis auf Riecke/Schmidt 3. Aufl. ETV S. 53 f.). 70

Zum Muster für eine »Beschlussfassung über Wirtschaftsplan mit kombinierter Fortgeltungs- und Verfallklausel« wird verwiesen auf Riecke/Schmidt in Anwaltsformulare Kap. 57 Rn. 68. 71

Wohnungseigentümer können beschließen, dass das jährliche Wohngeld in monatlichen Raten jeweils im Voraus zum dritten Werktag des laufenden Monats fällig wird, bei Verzug mit einer oder zwei Monatsraten aber sämtliche noch offenen Raten des laufenden Wirtschaftsjahres sofort und in voller Höhe fällig gestellt werden. 72

Den Meinungsstreit zwischen dem OLG Zweibrücken (ZMR 2003, 135 ff.) sowie dem Kammergericht (Vorlagebeschluss ZMR 2003, 778) hat der BGH (ZMR 2003, 943 ff.) zwar nur für eine **Verfallklausel** entschieden. Für die **Vorfälligkeitsklausel** kann jedoch nichts Gegenteiliges gelten. Beschlusskompetenz wird immer dann bejaht, wenn die Eigentümergemeinschaft diese Thematik noch nicht geregelt hat. Allerdings hat der BGH sich ausdrücklich nicht geäußert, sondern »die Frage, ob die Wohnungseigentümer eine Vorfälligkeitsregelung mit Stimmenmehrheit beschließen können« offen gelassen (ZMR 2003, 945). 73

Für eine Verfallklausel, die zur Gesamtfälligstellung eines gestundeten Wohngeldbetrages bei Verzug mit einer bestimmten Anzahl von Einzelraten führt (vgl. Beschlussmuster in Riecke/Schmidt/Elzer ETV Rn. 1239 ff.), hat der BGH unter der Terminologie »Rückstandsklausel« Folgendes festgestellt: »Die Rückstandsklausel regelt dann keine vorzeitige Fälligkeit, sondern in Form einer Verfallklausel den Verlust des Stundungsvorteils. Dieser im Fall der Leistungsverzögerung eintretende Nachteil bedeutet keine über die gesetzlichen Verzugsvorschriften hinausgehende Sanktion für pflichtwidriges Verhalten, die nach § 10 Abs. 1 S. 2 a.F. (= § 10 Abs. 2 S. 2 n.F.) WEG nur durch Vereinbarung einge- 74 führt werden könnte. Der hier vorgesehene Verlust des Stundungsvorteils eines säumigen Wohnungseigentümers bewegt sich vielmehr im gesetzlichen Rahmen.« Der Zweck einer derartigen Verfallklausel und der durch sie wieder hergestellten Gesamtfälligkeit des Wohngeldes liegt darin, die betreffenden Wohnungseigentümer durch den drohenden Verlust des Stundungsvorteils zur regelmäßigen und pünktlichen, für die Verwaltung notwendigen Zahlung des laufenden Wohngeldes zu veranlassen.

75 Im Hinblick darauf, dass die frühzeitigen Fälligstellungen in Fällen der Zwangsverwaltung und der Insolvenz Rechtsnachteile ebenso bringen können wie im Falle eines rechtsgeschäftlichen Erwerbs durch einen solventen Dritten kann entsprechend dem Formulierungsbeispiel Häubleins (ZWE 2004, 52, linke Spalte oben) folgender **Klauselzusatz** angefügt werden:

»Scheidet der Eigentümer während des Wirtschafsjahres aus der Gemeinschaft aus, lebt die monatliche Zahlungsverpflichtung für die Rechtsnachfolger wieder auf; der ausgeschiedene Eigentümer ist für diesen Fall verpflichtet, die Hausgelder bis zum Monat seines Ausscheidens zu zahlen. Die monatliche Zahlungspflicht lebt auch dann wieder auf, wenn während des Wirtschaftsjahres das Zwangsverwaltungs- oder Insolvenzverfahren eröffnet wird.«

76 Zu beachten ist, dass jetzt wegen § 21 Abs. 7 WEG Vorfälligkeits- und Verfallklauseln sich nicht mehr lediglich auf einem konkreten Wirtschaftsplan beziehen müssen. Eine Beschlusskompetenz für eine weiter gehende Fälligkeitsregelung entgegen einer Vereinbarung gem. § 10 Abs. 2 WEG ist gegeben (Heinemann in Jennißen § 21 Rn. 112, 114).

f) Ergänzung des Wirtschaftsplans durch Sonderumlagenbeschluss

77 Da dem Verwalter auch bei nur kurzfristigen Liquiditätsproblemen ein Rückgriff auf die Instandhaltungsrücklage allenfalls nach bestandskräftigem Zitterbeschluss möglich ist (Beschlussmuster bei Riecke/Schmidt 3. Aufl. ETV, S. 218), entspricht es regelmäßig ordnungsmäßiger Verwaltung, auf einer außerordentlichen Eigentümerversammlung einen »Nachtragshaushalt« in Form einer Sonderumlage beschließen zu lassen. Hierzu hat das BayObLG (ZMR 2004, 606) festgestellt: »Die Verpflichtung eines Wohnungseigentümers zur anteiligen Zahlung einer Sonderumlage setzt die betragsmäßige Festlegung sowohl der Sonderumlage insgesamt als auch des auf den einzelnen Wohnungseigentümer entfallenen Anteils voraus.«

78 Grund für die Sonderumlage bzw. den Liquiditätsengpass können sein
- der Ausfall von Wohngeldzahlungen und/oder
- die unvorhersehbar aufgetretenen Instandhaltungsmaßnahmen, die im Wirtschafsplan nicht berücksichtigt wurden und deren Kosten durch die Instandhaltungsrückstellung nicht gedeckt sind.

79 **Checkliste**

Eine Sonderumlage kann von den Wohnungseigentümern vor allem in folgenden Sachlagen beschlossen werden:
- Es treten außergewöhnliche oder nicht vorhergesehene Finanzierungslücken auf.
- Die Ansätze des Wirtschaftsplans werden durch neue Tatsachen überholt, z.B. wenn Nachforderungen aus Jahresabrechnungen vorübergehend oder dauernd uneinbringlich sind und dadurch Einnahmeausfälle entstehen, die zur Deckung beschlossener Ansprüche der Gemeinschaft oder zur Tilgung gemeinschaftlicher Verbindlichkeiten ausgeglichen werden müssen.
- *Das Wirtschaftsjahr ist abgelaufen*, es besteht eine Liquiditätslücke und es kann noch keine Abrechnung erstellt werden.

- Für überraschende Wohngeldausfälle.
- Wenn Notmaßmahmen nach §§ 21 Abs. 2, 27 Abs. 1 Nr. 3 WEG zu finanzieren sind.
- Für die Kosten der Durchführung eines Rechtsstreits oder eines selbstständigen Beweisverfahrens.
- Zur Auffüllung einer Instandhaltungsrückstellung wenn diese nicht gebildet oder (fast) ausgeschöpft ist.
- Zur Finanzierung von Instandhaltungs- oder Instandsetzungsmaßnahmen.

Wie beim Wirtschaftsplan selbst ist die Höhe der nachzuschießenden Beträge zu schätzen. Außerdem sollte festgelegt werden, dass die Sonderumlage mit dem Tag der Beschlussfassung fällig gestellt wird und zu genau festgelegten Anteilen von den Eigentümern bis zu einem bestimmten Datum auf das Gemeinschaftskonto einzuzahlen sind, sofern dem Verwalter keine Einzugsermächtigung insoweit erteilt wurde. Der Sonderumlagenbeschluss muss dieselben Kriterien erfüllen wie der Wirtschafsplanbeschluss. So hat das BayObLG (ZMR 2005, 140, 141) festgestellt: »Ein vollständiger Umlagenbeschluss muss neben dem umzulegenden Gesamtbetrag mindestens auch den Verteilerschlüssel nennen, nach dem der Betrag auf die einzelnen Wohnungseigentümer aufzuteilen ist« (BayObLG ZMR 2003, 365 ff. = NZM 2003, 66). 80

Wenn es sich um eine Liquiditäts-Sonderumlage handelt, bedarf es ausnahmsweise nicht des Ansetzens verschiedener Kostenverteilungsschlüssel, sondern die Sonderumlagebeträge können nach dem allgemeinen Verteilerschlüssel für umlagefähig erklärt werden. Das Kammergericht (ZMR 2005, 309 ff.) hat hierzu entschieden: »Allein dadurch, dass die Wohnungseigentümer die Auflistung offener Verbindlichkeiten zur Grundlage eines Sonderumlagebeschlusses machen, tritt **keine Zweckbindung der Umlage** in dem Sinne ein, dass die Zahlungen nur auf die genannten Verbindlichkeiten geleistet werden dürften. Die Sonderzahlungen sind in der allgemeinen Jahresabrechnung abzurechnen, es besteht kein Anspruch des einzelnen Wohnungseigentümers gegen den Verwalter auf gesonderte Abrechnung der Sonderumlage.« 81

Die Sonderumlage wird ausdrücklich als »nachträgliche Erhöhung des Wohngeldes« bezeichnet. Wird eine Sonderumlage ausschließlich für eine bestimmte Sanierungsmaßnahme beschlossen, mag im Einzelfall anderes gelten (vgl. AG Kerpen ZMR 1998, 376 ff.). 82

Besonders wichtig ist im Fall eines rechtsgeschäftlichen Eigentumsübergangs der Zeitpunkt der Fälligstellung der Sonderumlage, denn das OLG Karlsruhe (ZMR 2005, 310) stellte fest: »Im Verhältnis zu den übrigen Wohnungseigentümern trifft die Zahlungspflicht für eine vor Eigentumswechsel beschlossene, aber erst danach fällige Sonderumlage nicht den bisherigen, sondern den neuen Wohnungseigentümer.« 83

Eine Sonderumlage kann auch dann beschlossen werden, wenn eine nicht vorhergesehene Instandsetzungs- oder Instandhaltungsmaßnahme notwendig wird und hierfür ausreichend Mittel in der Instandhaltungsrückstellung vorhanden sind. Der einzelne Wohnungseigentümer kann jedenfalls die Eigentümergemeinschaft nicht auf die Inanspruchnahme der Instandhaltungsrücklage verweisen. Dies ergibt sich schon daraus, dass sofort wiederum ein entsprechender Auffüllungsanspruch der Eigentümergemeinschaft besteht, bis eine angemessene Instandhaltungsrücklage erreicht ist. 84

Bei insolventen Wohnungseigentümern ist im Rahmen der Prognoseentscheidung und damit bei der Beschlussfassung über die Sonderumlage auch im Einzelfall zu berücksichtigen, dass etwa der insolvente Mehrheitseigentümer auch in Zukunft mit seinen Wohngeldbeiträgen ausfallen wird (vgl. KG ZMR 2003, 603). Das Kammergericht meint, »die 85

Eigentümergemeinschaft könne wahlweise entscheiden, ob eine Sonderumlage lediglich in Höhe der Summe der offenen Rechnungen festgelegt wird oder aber im Hinblick auf den mit an Sicherheit grenzender Wahrscheinlichkeit zu erwartenden Zahlungsausfall des Mehrheitseigentümers« höhere Beträge angesetzt werden.

86 Nach einer Zwangsversteigerung des Wohnungseigentums sind Wohngeldaußenstände gegenüber dem Schuldner erstmal als endgültig uneinbringlich einzustufen, da feststeht, dass der Erwerber – der auch bei einer entsprechenden Regelung in der Teilungserklärung wegen § 56 S. 2 ZVG nicht haften würde – auch über eine ausdrückliche Regelung in der künftigen Jahresabrechnung nicht zur Zahlung der Rückstände verpflichtet ist. Die Wohnungseigentümergemeinschaft hat nämlich kein Recht, den Ersteigerer durch nachträglichen Beschluss für die (gesamten) Verbindlichkeiten seines Rechtsvorgängers als Gesamtschuldner mit haften zu lassen.

87 Dennoch hat das OLG Hamburg (MDR 1998, 1404) – wenn auch vor dem Jahrhundertbeschluss des BGH v. 20.09.2000 – entschieden: »Wer eine Eigentumswohnung erwirbt, haftet für Rückstände an Wohngeld, wenn der Jahresrechnungsabschluss nach seinem Beitritt gefasst und nicht angefochten worden ist. Dies gilt auch für einen Erwerb im Zwangsversteigerungsverfahren.« Das Gericht stellt ergänzend fest, dass es allgemeinen Grundsätzen des Wohnungseigentumsrechts entspreche, dass einem einzelnen Wohnungseigentümer durch nicht angefochtenen Beschluss Verpflichtungen auferlegt werden können, die bei Anfechtung dieses Beschlusses keinen Bestand hätten (§ 46 Abs. 1 WEG). Dies ist nach richtiger Auffassung allerdings dahin einzuschränken, dass für die betreffende Verbindlichkeit zumindest eine Beschlusskompetenz der Eigentümerversammlung gegeben sein muss (zu Einzelheiten vgl. Schmidt/Riecke ZMR 2005, 252 ff.).

88 Hierzu passt auch der Beschluss des BGH (MDR 2000, 21 = ZMR 1999, 834). Dort wird zwar für den Regelfall eine Haftung des Ersteigerers für Beitragsrückstände verneint, selbst wenn nach dem Eigentumserwerb durch Zuschlag über die Jahresabrechnung bestandskräftig Beschluss gefasst wurde. Der BGH lässt hier jedoch ein »Hintertürchen« offen, wenn er schreibt: »Ob etwas anderes dann zu gelten hätte, wenn die Wohnungseigentümer eine Schuld des Erwerbers ausdrücklich (!) entgegen der Rechtsordnung hätten begründen wollen oder ob ein derartiger Beschluss mit der Überlegung, dass eine solche Haftung grundsätzlich nur zum Inhalt einer Vereinbarung gemacht werden kann, als nichtig anzusehen wäre, bedarf hier [...] keiner Entscheidung.«

89 Vor diesem Hintergrund ist dennoch die nachträgliche Belastung des Erwerbers mit den gesamten Rückständen seines Rechtsvorgängers für einen Erwerb in der Zwangsversteigerung mit hohem **Nichtigkeitsrisiko** belastet. Es ist jedoch nach gesicherter Rechtsprechung zumindest möglich, eine Sonderumlage zu Lasten aller Wohnungseigentümer, d.h. auch des Erstehers zu beschließen, wenn als Folge der ausgebliebenen Wohngeldzahlungen des Schuldners der Gemeinschaft Liquidität zugeführt und die Zahlungsunfähigkeit abgewendet werden soll. So begründete das OLG Celle (ZMR 2004, 525 ff.) seine Entscheidung wie folgt:

»Der Einwand der Antragstellerin, sie werde als Ersteherin von Wohnungs- und Teileigentum im Wege der Zwangsversteigerung für vor dem Zuschlag angefallene Lasten und Kosten entgegen § 56 S. 2 ZVG herangezogen, ist nicht berechtigt. Die Umlage diente vielmehr dem Zweck, überflüssige Sollzinsen zu sparen und die Verwaltung in die Lage zu versetzen, fällige Verbindlichkeiten zu erfüllen. Den Nutzen hieraus ziehen nicht die Voreigentümer (Schuldner), sondern die derzeitigen Eigentümer unter Einschluss der Antragstellerin (Ersteigerer).«

Ebenso entschied das OLG Düsseldorf (ZMR 2002, 144, 146) für eine Sonderumlage zur Beseitigung von Liquiditätsschwierigkeiten. 90

Sonderfall der **jahresübergreifenden Abrechnung von Sanierungsarbeiten**: Es besteht zwar keine Verpflichtung, allerdings widerspricht es nach Auffassung des Kammergerichts (ZMR 2004, 376 ff.) auch nicht den Grundsätzen ordnungsmäßiger Verwaltung, wenn die Gemeinschaft mehrjährige Bauarbeiten am Schluss erstmalig jahresübergreifend abrechnet. Es sei bei der Fassung eines bestätigenden Zweitbeschlusses über die Vornahme der Bauarbeiten und die Finanzierung auch angemessen, den Teil der Jahresabrechnung als »Sonderumlage« zu bezeichnen. Das Kammergericht entschied für einen Fall, in dem die im Vorjahr ausgegebenen Baukosten noch nicht in die damalige Jahresabrechnung eingestellt worden waren. 91

Checkliste 92

Muss ein Sonderumlagenbeschluss geprüft werden, sind aus anwaltlicher Sicht für ein **Beschlussanfechtungsverfahren** nach §§ 43 Nr. 4, 46 Abs. 1 WEG u.a. folgende Punkte zu beachten:

- Ist der Sonderumlagenbeschluss vom Wohnungseigentumsverwalter in der Tagesordnung ordnungsmäßig angekündigt worden?
- wenn ja: kein Problem
- wenn nein: der Beschluss ist anfechtbar
- Erhält der Sonderumlagenbeschluss sämtliche notwendigen Bestandteile?
- Betragsmäßige Bestimmung der Einzelbeträge
- wenn ja: kein Problem
- wenn nein: der Beschluss ist anfechtbar; ggf. waren ausnahmsweise die Einzelbeiträge berechenbar
- Angabe der Gesamthöhe
- wenn ja: kein Problem
- wenn nein: der Beschluss ist anfechtbar
- Angabe des Kostenverteilungsschlüssels
- wenn ja: kein Problem
- wenn nein: der Beschluss ist anfechtbar; ggf. war der Kostenverteilungsschlüssel ausnahmsweise bestimmbar.

4. Wohngeldgläubiger

Nach § 10 Abs. 6 und 7 WEG ist der Verband »Wohnungseigentümergemeinschaft« Wohngeldgläubiger entgegen bisheriger Rechtsprechung (BGH MDR 2000, 21 = ZMR 1999, 834) wonach alle Wohnungseigentümer bis auf den säumigen Wohngeldschuldner Gläubiger des Anspruchs waren. Diese Rechtsprechung resultiert allerdings noch aus einer Zeit, als auch die Außengesellschaft bürgerlichen Rechts noch nicht als teilrechtsfähig angesehen wurde (so jetzt aber BGH ZMR 2001, 338 ff.; vgl. auch Jacoby ZMR 2001, 409 zum Auftreten der Außengesellschaft als Mietvertragspartei). 93

Inzwischen hat das novellierte WEG im Anschluss an den BGH (ZMR 2005, 547 ff. m. Anm. Häublein) auch positiv die Rechtsfähigkeit der Eigentümergemeinschaft (in Teilbereichen) und Gläubigerstellung in § 10 Abs. 6 WEG festgelegt. Schon der BGH hatte konstatiert: »Die Gemeinschaft der Wohnungseigentümer ist rechtsfähig, soweit sie bei der Verwaltung des gemeinschaftlichen Eigentums am Rechtsverkehr teilnimmt.« Weder der BGH noch § 10 Abs. 1 WEG haben allerdings diese rechtsfähige Gemeinschaft auch zum Zuordnungssubjekt für das gemeinschaftliche Eigentum gemacht (vgl. Abramenko ZMR 2005, 585 und 749). 94

5. Wohngeldschuldner

95 Als solcher ist im Regelfall der im Grundbuch eingetragene Wohnungseigentümer anzusehen. Dies ist jedoch nicht immer so (vgl. zum sittenwidrigen Kaufvertrag OLG Dresden ZMR 2010, 462). Gerade bei Rechtserwerb außerhalb des Grundbuchs kommt es darauf an, den wahren Wohnungseigentümer zu ermitteln. Ein derartiger Erwerb ist etwa möglich beim Erbfall oder im Falle der Zwangsversteigerung. In diesen Fällen wird das Grundbuch unrichtig und kann für die Schuldnerstellung des Wohngeldes nicht maßgeblich sein. Entsprechendes gilt, wenn ein Erwerber zwar schon im Grundbuch eingetragen ist, aber mit Rückwirkung (§ 142 BGB) Kaufvertrag und Eigentumsübertragung erfolgreich angefochten hat. In diesem Fall lässt sich eine Rechtsscheinshaftung des Bucheigentümers nicht begründen.

96 Das Amtsgericht Hamburg-Barmbek (ZMR 2004, 781 ff. m. Anm. Ihlefeld) hat eine Haftung des bereits ausgeschiedenen Gesellschafters als Ex-Mitwohnungseigentümers verneint, während das Amtsgericht Spandau (ZMR 2004, 788) eine Haftung des Ex-Gesellschafters ebenso negierte. Beide Gerichte gingen davon aus, dass die in Anspruch genommene Person nicht wahrer Eigentümer, sondern lediglich Bucheigentümer war. Für die Übertragung eines Gesellschaftsanteils bedarf es keiner Eintragung im Grundbuch. Der Erwerb vollzieht sich ohne Auflassung und Eintragung.

97 Das Amtsgericht Hamburg-Barmbek verweist darauf, dass auch der BGH maßgeblich auf die materiell-rechtliche Zugehörigkeit zur Eigentümergemeinschaft und nicht auf die formale Grundbucheintragung abstelle, so heißt es etwa in BGH ZMR 1995, 37 ff.: »Wer den Erwerb von Wohnungseigentum wirksam nach § 123 BGB angefochten hat, haftet, auch wenn er noch im Grundbuch eingetragen ist, nicht in entsprechender Anwendung des § 16 Abs. 2 WEG für Verbindlichkeiten, die nach seiner Grundbucheintragung begründet und fällig werden.« Der gegenteiligen Auffassung des OLG Celle (DWE 1982, 122) wurde eine Absage erteilt. Der Eigentümergemeinschaft wurde aufgegeben, die Rechtslage zu klären, damit der richtige Schuldner in Anspruch genommen werden kann.

98 Ihlefeld (ZMR 2004, 783) schlägt deshalb eine Vereinbarung folgenden Inhalts zur Eintragung ins Grundbuch vor: »Sollte das Wohnungseigentum in das Vermögen einer BGB-Gesellschaft fallen und sollten sich die Besitzverhältnisse an der BGB-Gesellschaft außergrundbuchlich ändern, so ist jeder einzelne Gesellschafter gegenüber der Wohnungseigentümergemeinschaft zur unverzüglichen Berichtigung des Grundbuchs und zur Mitteilung der Änderung der Besitzverhältnisse an den WEG-Verwalter in schriftlicher Form verpflichtet. Im Fall der Zuwiderhandlung haftet der ausgeschiedene Gesellschafter bis zur Grundbuchberichtigung auf Zahlung des rückständigen Wohngeldes.« Zur Rückabwicklung finanzierten Erwerbs vgl. LG Stralsund ZMR 2007, 146. Zur Eintragungsfähigkeit der Gesellschaft bürgerlichen Rechts vgl. BGH NZM 2009, 94 = ZfIR 2009, 93.

99 Ganz anders ist die Konstellation zu bewerten, wenn ein Vollrechtsinhaber als Treuhänder im Grundbuch als Eigentümer eingetragen ist. Für einen derartigen Fall entschied das OLG Düsseldorf (ZMR 2002, 70 ff.): »Das Grundbuch sei nicht unrichtig, denn auch wenn die Beteiligte das Eigentum nur treuhänderisch innegehabt habe, sei sie doch volle Eigentümerin gewesen. [...] Die sich danach aus § 891 BGB ergebende Vermutung (für) ihr Eigentum [...] ist weder durch den Treuhandvertrag noch durch die Abtretung der Ansprüche aus dem Treuhandvertrag noch durch die Eintragung eines Verfügungs- und Belastungsverbots oder die Eintragung einer Eigentumsvormerkung für die Tochter [...] widerlegt.«

6. Faktische bzw. werdende Eigentümergemeinschaft

Auf die werdende Eigentümergemeinschaft wird regelmäßig vorzeitig bereits das WEG angewandt (vgl. BGH ZMR 2008, 805 = NJW 2008, 2639; Heismann ZMR 2004, 10 ff.). Auch wenn es das Rechtsinstitut des werdenden Wohnungseigentümers nicht mehr gibt, wird weiterhin bei einer Vorratsteilung nach § 8 WEG unter den nachfolgend genannten Voraussetzungen in Literatur und Rechtsprechung das Vorliegen einer faktischen bzw. werdenden Eigentümergemeinschaft bejaht (vgl. KG ZMR 2003, 53 ff.): 100
- gültiger Erwerbsvertrag (Bau- oder Werkvertrag),
- wirtschaftlicher Übergang von Lasten und Nutzungen,
- mittelbarer oder unmittelbarer Besitz des Erwerbers an dem betreffenden Sondereigentum,
- Auflassungsvormerkung zugunsten des Erwerbers im Grundbuch eingetragen,
- Anlage der Wohnungsgrundbücher.

Die Rechte eines Mitglieds der werdenden Eigentümergemeinschaft gehen mit Invollzugsetzung der Wohnungsgemeinschaft (Anlage der Grundbuchblätter und mindestens zwei eingetragene Wohnungseigentümer) nicht verloren (so jetzt auch OLG Köln ZMR 2006, 383). Spätere Erwerber (vom Aufteiler) werden nach Invollzugsetzung der Eigentümergemeinschaft von der h.M. unterschiedslos als Zweiterwerber bezeichnet, unabhängig davon, ob der Erwerb von einem Mitglied der werdenden Eigentümergemeinschaft erfolgte, das seinerzeit vom Aufteiler erworben hat, oder ob der Erwerb direkt vom Aufteiler erfolgte. 101

Wegen weiterer Einzelheiten zum rechtlichen Status des Mitglieds einer werdenden Eigentümergemeinschaft vgl. auch Deckert ZMR 2005, 335, der ausdrücklich die frühere Rechtsprechung des OLG Köln (ZMR 2004, 859 ff.; Deckert WE 2000, 28 ff. gegen OLG Köln NJW-RR 1999, 959) ablehnt. 102

Solange auch nur ein Ersterwerber im engeren Sinne nicht im Grundbuch als Eigentümer eingetragen ist, mag zwar die Eigentümergemeinschaft in Vollzug gesetzt und entstanden sein, daneben stehen aber immer noch die Rechte des Mitglieds einer faktischen Eigentümergemeinschaft, insbesondere dessen Stimmrecht sowie die rechtlichen Verpflichtungen desselben, insbesondere zur Wohngeldzahlung. 103

7. Jahresabrechnung

a) Rechtsgrundlagen und Normzweck des § 28 Abs. 3 WEG

Wohngeldansprüche können nicht nur aus dem Beschluss über den Wirtschaftsplan oder eine Sonderumlage, sondern – wie § 28 Abs. 3 WEG zeigt – auch aus der Jahresabrechnung zugunsten der Eigentümergemeinschaft erwachsen (s.o. Rdn. 8). Die Verknüpfung zwischen Wirtschaftsplan und Jahresabrechnung ergibt sich indirekt aus § 29 Abs. 3 WEG, weil es dort heißt, dass der Verwaltungsbeirat »die **Abrechnung über den Wirtschaftsplan**« prüfen und mit einer Stellungnahme versehen soll. § 28 Abs. 3 WEG selbst enthält zwar ebenfalls den Begriff »Abrechnung«, legt jedoch nur fest, dass der Verwalter – es wird nicht einmal gesagt, ob der neue/aktuelle/amtierende Verwalter oder derjenige gemeint ist, der im betreffenden Wirtschaftsjahr tätig war – nach Ablauf des Kalenderjahres die Abrechnung aufzustellen hat. § 28 Abs. 5 WEG begründet die Beschlusskompetenz für einen einfachen Mehrheitsbeschluss über diese Jahresabrechnung. 104

Die Abrechnung muss nicht zwingend ein ganzes Kalenderjahr umfassen, insbesondere bei neu gegründeten Wohnungseigentümergemeinschaften (vgl. oben Rdn. 100 zum Entstehen einer werdenden Eigentümergemeinschaft) kann das erste Wirtschaftsjahr ein sog. 105

Rumpfjahr sein. Entsprechendes gilt bei der Umstellung auf das Kalenderjahr (LG München I ZMR 2009, 947).

106 § 28 WEG regelt im Kern das Finanz- und Rechnungswesen als wesentliche Aufgabe des WEG-Verwalters. § 28 WEG wird insofern weitgehend Vorrang vor § 16 WEG eingeräumt, der schuldrechtlich im Innenverhältnis die Beteiligung der Wohnungseigentümer an vorhandenen Nutzungen sowie die Verteilung der Lasten und Kosten des gemeinschaftlichen Eigentums regelt.

107 Durch den Beschluss über die Jahresabrechnung soll verbindlich festgestellt werden, wie die tatsächlichen Einnahmen und Ausgaben zwischen den beteiligten Wohnungseigentümern aufzuteilen sind. Die Jahresabrechnung liefert darüber hinaus wichtige Daten für den Wirtschaftsplan des künftigen Wirtschaftsjahres.

108 Die Jahresabrechnung hat weiter die Funktion der Rechenschaftslegung (vgl. § 666 BGB) für den im fraglichen Zeitraum tätigen Verwalter. Soweit die Jahresabrechnung (fakultativ) einen **Vermögensstatus** (Muster bei Elzer/Fritsch/Meier § 2 Rn. 160) enthält, informiert sie die Eigentümer auch über die aktuelle finanzielle Situation der Gemeinschaft, bezogen auf das Ende des betreffenden Wirtschaftsjahres. Auch die Höhe der Instandhaltungsrücklage wird nicht etwa durch den Wirtschaftsplan bestimmt, sondern durch die Jahresabrechnung (vgl. KG ZMR 2005, 221 f.). Die Rücklage ist keine »Ausgabe« (BGH ZMR 2010, 300).

109 Die Jahresabrechnung dient auch der Kontrolle der Wirtschaftsführung durch den Verwalter in Bezug auf Rechtmäßigkeit, Wirtschaftlichkeit und Zweckmäßigkeit. Gerade eine rechnerisch zutreffende Abrechnung kann Verstöße des Verwalters gegen das Wirtschaftlichkeitsgebot, gegen gefasste Beschlüsse etc. aufdecken. Darüber hinaus ermöglicht die Jahresabrechnung eine Überprüfung der Prognoseentscheidung, die bei Fassung des Wirtschaftsplanbeschlusses getroffen wurde. Die Abrechnung geht insoweit auch über die in § 28 Abs. 4 WEG erwähnte Rechnungslegung weit hinaus.

b) Schuldner der Jahresabrechnung und Vorlagefrist

110 Die Schuldnerstellung für die Erstellung der Jahresabrechnung hängt direkt von der Fälligkeit des Anspruchs der Wohnungseigentümergemeinschaft ab. § 28 Abs. 3 WEG regelt insoweit lediglich, dass die Jahresabrechnung »nach Ablauf des Kalenderjahres« aufzustellen ist. Nach h.M. ist regelmäßig im Wohnungseigentumsrecht binnen drei bis sechs Monaten, d.h. trotz § 16 Abs. 3 WEG nicht analog § 556 Abs. 3 BGB binnen Jahresfrist, die Abrechnung zu erstellen. Dies bedeutet, dass bei einem Verwalterwechsel bis 31.3. des Folgejahres auf jeden Fall der neue Verwalter abrechnen muss, bei einem Verwalterwechsel ab 1.7. des Folgejahres auf jeden Fall der alte Verwalter die Abrechnung zu erstellen hat, während im dazwischen liegenden Quartal eine einheitliche Rechtsmeinung nicht feststellbar ist mit der Folge, dass insoweit ausdrückliche Regelungen in jedem Fall getroffen werden sollten (vgl. Abramenko in Riecke/Schmid WEG § 28 Rn. 61 und 62; Riecke WE 2006, 4).

111 Auch die im normalen Dienstvertragsrecht für den Sondereigentumsverwalter geltende Regelung, dass derjenige Verwalter abzurechnen hat, der im fraglichen Wirtschaftsjahr die Verwaltung inne hatte (vgl. LG Hamburg HambGE 1999, 410. Happ HambGE 1999, 220; a.A. AG Magdeburg ZMR 2005, 992 und LG Bonn v. 23.03.2010, 8 S 286/09), gilt für das Wohnungseigentumsrecht nicht.

112 Bei Weigerung des Verwalters kann die Gemeinschaft den Verwalter gem. §§ 280, 286 BGB durch Mahnung in Verzug setzen und gegebenenfalls durch einen Dritten (anderer Verwalter oder Wirtschaftsprüfer) die Jahresabrechnung kostenmäßig zu Lasten des verpflichteten WEG-Verwalters erstellen lassen. Weitere Sanktionen bis hin zur Kündigung und Abberufung aus wichtigem Grund sind nicht ausgeschlossen.

Bleibt auch die Gemeinschaft gegenüber dem untätigen WEG-Verwalter passiv, so billigt jedenfalls die h.M. jedem einzelnen Wohnungseigentümer einen Individualanspruch (Abramenko in Riecke/Schmid § 28 Rn. 64) unter Verzicht auf die Notwendigkeit einer Einzelgeltendmachungsermächtigung durch Mehrheitsbeschluss und damit das Recht zu, nach Eintritt der Fälligkeit, gestützt auf § 21 Abs. 4 WEG, als Maßnahme ordnungsmäßiger Verwaltung die Erstellung und Vorlage der Abrechnung gegenüber dem Verwalter zu verlangen und diesen Anspruch gegebenenfalls auch beim Wohnungseigentumsgericht durchzusetzen (vgl. Staudinger/Bub § 28 Rn. 278). **113**

c) Inhalt der Jahresabrechnung

Die Jahresabrechnung besteht aus der Gesamtabrechnung und den daraus entwickelten Einzelabrechnungen für die Wohnungseigentümer. Im Gegensatz zum Wirtschaftsplan (vgl. BGH ZMR 2005, 547) kann die Gesamtabrechnung isoliert beschlossen werden. Dies kommt in der Praxis dann vor, wenn beispielsweise auf der Eigentümerversammlung Fehler in dem Abrechnungsentwurf des Verwalters entdeckt werden, die sich wiederum auf die Einzelabrechnungen auswirken. **114**

Lassen sich bei einer größeren Zahl von Wohnungseigentümern die Einzelabrechnungen nicht ad hoc korrigieren, muss nicht gänzlich von einer Beschlussfassung abgesehen werden, sondern es kann in einem ersten Schritt schon einmal die Gesamtabrechnung beschlossen werden. Nach deren Bestandskraft ist es dann meist nur noch eine Frage der Rechenfertigkeit, um aus der Gesamtabrechnung die korrekten Einzelabrechnungen zu entwickeln. Die Beschlussfassung über die Einzelabrechnungen muss dann allerdings möglichst zeitnah nachfolgen. Eine strengere Auffassung vertritt Jennißen (Die Verwalterabrechnung VII Rn. 390, 403), indem er darauf verweist, dass die Tragweite der Gesamtabrechnung für den einzelnen Wohnungseigentümer nur zu übersehen sei, wenn er auch erfahre, wie hoch seine anteilige Belastung ist. Deshalb hält er es für nicht akzeptabel, zunächst nur über die Gesamtabrechnung abzustimmen (vgl. auch Jennißen § 28 WEG Rn. 128; ders. Verwalterabrechnung VII. Rn. 403). **115**

Die Jahresabrechnung muss eine geordnete und verständliche, inhaltlich zutreffende Aufstellung der Einnahmen und Ausgaben enthalten. Nach ständiger Rechtsprechung insbesondere des BayObLG (ZMR 1999, 185; ZMR 2000, 238 f.) ist die Jahresabrechnung keine Gewinn- und Verlustrechnung sowie keine Bilanz, sondern eine Einnahmen-Ausgaben-Rechnung, die die tatsächlichen Beträge einander gegenüberzustellen hat. Eine vollständige Jahresabrechnung muss den Stand der gemeinschaftlichen Konten zu Anfang und zu Ende des Rechnungsjahres mitteilen und schließlich die Entwicklung des Vermögens, insbesondere der Instandhaltungsrücklage darstellen. Zur Buchung der Rücklage vgl. BGH v. 04.12.2009, V ZR 44/09, ZMR 2010, 300; vgl. dazu Lang WE 2010 Heft 8, Sonderbeilage. **116**

Auch wenn § 16 Abs. 3 WEG jetzt auf § 556 Abs. 1 BGB verweist, gelten die mietrechtlichen Abrechnungsprinzipien doch nicht für die Abrechnung nach § 28 WEG. **117**

Bis auf die Positionen »Instandhaltungsrücklage« und »Heiz-/Warmwasserkosten« soll die Jahresabrechnung lediglich die tatsächlich eingenommenen und ausgegebenen Gelder ausweisen (OLG Hamm ZWE 2001, 446 m. Anm. Demharter, 416). Von der Form her sollte allerdings die Struktur wie sie beim Wirtschaftsplan dargestellt wurde beibehalten werden. Es empfiehlt sich auch bei der Jahresabrechnung, die in § 2 Betriebskostenverordnung genannten rechtlich umlagefähigen Betriebskosten in einer eigenen Rubrik **118** zusammenzufassen, um wenigstens die Umwandlung in eine mietrechtliche Betriebskostenabrechnung zu erleichtern (vgl. Riecke FS Deckert 2002 S. 353 f.), auch wenn Letztere jetzt ebenfalls nach dem Abflussprinzip erstellt werden darf (BGH ZMR 2008, 444).

119 Ein bestimmter Abrechnungsmodus könnte im Rahmen eines Organisationsbeschlusses festgelegt werden, da § 28 WEG über das »Wie« der Abrechnung keine detaillierteren Angaben enthält und ein Systemwechsel je nach aktuell tätigem Verwalter vermieden werden sollte (vgl. Sütterlin in Deckert ETW Gruppe 4 Stand April 2010, Rn. 273).

120 Dagegen spricht Wilhelmy (Weitnauer Anhang II S. 889) im Zusammenhang mit der von der herrschenden Meinung favorisierten Einnahmen-Ausgaben-Rechnung von einem »gesetzlichen Modell einer Jahresabrechnung«. Seiner Auffassung nach ist auch in steuerlicher Hinsicht eine Abrechnung nach kaufmännischen Zuordnungsprinzipien für den vermietenden Eigentümer völlig unbrauchbar, da die Ermittlung der Einkünfte i.S.d. § 2 Abs. 1 Nr. 6 EStG i.V.m. § 21 EStG ebenfalls ausschließlich durch die Gegenüberstellung der Einnahmen und Werbungskosten (§ 2 Abs. 2 Nr. 2 EStG) und damit auf der Basis des Zu- und Abflussprinzips gem. § 11 EStG zu erfolgen habe. Zu Abrechnungsmustern wird verwiesen auf Elzer/Fritsch/Meier § 2 Rn. 159.

121 Festzustellen bleibt, dass die Jahresabrechnung nach § 28 WEG entweder mit den Prinzipien des Einkommensteuerrechts harmoniert oder mit dem im Mietrecht (überwiegend; vgl. aber BGH ZMR 2008, 444) geltenden Leistungsprinzip. Beides zusammen ist ausgeschlossen. Insoweit ist von Bedeutung, dass ein WEG-Verwalter ohne gesonderte Vereinbarung nicht als verpflichtet angesehen wird, für eine vermietete Wohnung eine Einzeljahresabrechnung so zu erstellen, dass sie unverändert als wirksame Betriebskostenabrechnung quasi auszugsweise gegenüber dem Mieter verwendet werden kann (vgl. BayObLG ZMR 2005, 564). Dies ist die Konsequenz daraus, dass dem einzelnen Wohnungseigentümer ein Anspruch auf Ergänzung der Jahresabrechnung um eine Aufstellung über Forderungen und Verbindlichkeiten der Eigentümergemeinschaft als Teil der Jahresabrechnung zugebilligt wird (vgl. BayObLG ZMR 2000, 238, Leitsatz 1).

122 Obwohl die herrschende Meinung bei den Heizkosten und der Instandhaltungsrücklage Ausnahmen zulässt, werden i.Ü. Rechnungsabgrenzungsposten innerhalb der Jahresabrechnung nicht als zulässig angesehen (vgl. BayObLG ZMR 2000, 687). Dagegen verweist Jennißen (Verwalterabrechnung Rn. 496) darauf, dass die Eigentümer gem. § 21 Abs. 3 WEG frei seien, darin zu beschließen, was den Grundsätzen ordnungsmäßiger Verwaltung im Zusammenhang mit der Form der Jahresabrechnung entsprechen soll. Die in § 28 Abs. 1 Nr. 2 WEG erwähnte »Lasten- und Kostentragung« entspreche jedenfalls nicht den in der Betriebswirtschaftslehre üblichen Begriffspaaren

- Auszahlung/Einzahlung,
- Ausgabe/Einnahme,
- Aufwand/Ertrag und
- Kosten/Leistung.

123 Dem Begriff »Kosten« sei die periodengerechte Ertragserfassung immanent, während der Begriff »Lasten« in der Betriebswirtschaftslehre völlig unbekannt sei. In diesem Zusammenhang sei auch zu berücksichtigen, dass in § 16 Abs. 2 WEG der Begriff »Kosten« verwandt werde und nicht etwa der Begriff »Auszahlung«. Im Ergebnis bleibt festzuhalten, dass Forderungen und Verbindlichkeiten nicht in die Kostenverteilung gehören, die §§ 16, 28 WEG es aber jedenfalls nicht ausdrücklich verbieten, abgegrenzte Beträge in die Jahresabrechnung aufzunehmen.

124 *Dagegen ist nach herrschender* Meinung allein auf den Zeitpunkt der Ein- oder Auszahlung abzustellen. Dass dies bei grundbuchlich nicht vorhersehbaren Umschreibungsdaten im Falle des Erwerberwechsels zu ungerechten Ergebnissen führt, muss nach h.M. über die Regelungen im Kaufvertrag kompensiert werden, da dort der Zeitpunkt der wirtschaftlichen Übergabe für das Innenverhältnis festgelegt wird. Wenn – z.B. bei den Heizkosten – Rechnungsabgrenzungsposten gebildet werden, die außerhalb des Abrechnungsjahres geleistete Zahlungen für die Heizkosten betreffen, so müssen diese offen und in übersichtlicher Weise ausgewiesen werden (OLG Hamm ZMR 2001, 1001, Leitsatz 2, sowie ebenfalls zur Durchbrechung des Einnahmen-Ausgaben-Prinzips LG Köln ZMR 2005, 150 f.).

Von der Forderung nach einer Ist-Rücklagenbildung ist die obergerichtliche Rechtsprechung inzwischen abgerückt (vgl. OLG Düsseldorf ZMR 1999, 275; BayObLG ZMR 2000, 687 und OLG Hamm ZMR 2001, 1001). Bei der Instandhaltungsrücklage wurde es allgemein für zulässig gehalten, dass sie mit dem dem Wirtschaftsplan entsprechenden Sollbetrag unter die Ausgaben der Jahresgesamtabrechnung aufgenommen wird, auch wenn ihr in dem abgerechneten Jahr in Wirklichkeit nichts oder nicht so viel zugeführt worden ist (vgl. BayObLG NJW-RR 1991, 15). Dem ist jetzt der BGH (ZMR 2010, 300) entgegen getreten. **125**

Für die Instandhaltungsrücklage hat das Amtsgericht Saarbrücken (WE 2005, 153) allerdings in einem Extremfall noch apodiktisch festgestellt, dass die Jahresabrechnung insoweit keine prognostischen, sondern nur Ist-Daten enthalten dürfe. Im konkreten Fall hatte der Verwalter zur ausgewiesenen Instandhaltungsrücklage erklärt, dass »der Abschlusssaldo der Instandhaltungsrücklage monetär vollständig vorhanden wäre, wenn die Geldmittel der WEG hierzu ausreichend wären«. **126**

Bei der Instandhaltungsrücklage handelt es sich eben nicht um Ausgaben im üblichen Sinne (vgl. Müller Praktische Fragen des Wohnungseigentums, 6. Teil Rn. 98). Hier soll vielmehr zweckgebunden Geld/Vermögen der Gemeinschaft angesammelt werden. Leistet nun ein Wohnungseigentümer entgegen den Vorgaben des Einzelwirtschaftsplanes nicht oder nicht vollständig seinen Anteil zur Instandhaltungsrücklage, so müsste nach früherer Ansicht (OLG Hamm ZMR 1997, 251; Jennißen Verwalterabrechnung Rn. 460) bei einer strengen Einnahmen-Ausgaben-Rechnung dieser reduzierte Beitrag verbucht werden mit der Folge, dass ein insoweit im Zahlungsverzug befindlicher Wohnungseigentümer über die Jahresabrechnung nach strengem Einzahlungen-Auszahlungen-Prinzip von der Beitragspflicht frei würde. Dem widerspricht der BGH (ZMR 2010, 300) wenn er unter Verwerfung aller übrigen Rechtsansichten feststellt: Tatsächliche und geschuldete Zahlungen der Wohnungseigentümer auf die Instandhaltungsrücklage sind in der Jahresgesamt- und -einzelabrechnung weder als Ausgabe noch als sonstige Kosten zu buchen. In der Darstellung der Entwicklung der Instandhaltungsrücklage, die in die Abrechnung aufzunehmen ist, sind die tatsächlichen Zahlungen der Wohnungseigentümer auf die Rücklage als Einnahmen darzustellen und zusätzlich auch die geschuldeten Zahlungen anzugeben. Stähling (ZMR 2005, 152 f.) verweist in diesem Zusammenhang darauf, dass lediglich »als Idealzustand anzustreben« sei, dass die Instandhaltungsrücklage zum Abrechnungsstichtag vollständig durch liquide Mittel gedeckt ist. Insbesondere Wirtschaftsplanüberschreitungen sowie Ausfälle bei Hausgeldvorauszahlungen führen allerdings dazu, dass der Instandhaltungsrücklage zur Deckung Forderungen gegenüberstehen, die erst durch die Genehmigung der Jahresabrechnung und die Beitreibung der sich daraus ergebenden Salden realisiert werden. **127**

Die Zweckbindung der Instandhaltungsrückstellung kann allenfalls durch sog. Zitterbeschluss bei kurzfristigen Liquiditätsproblemen der Gemeinschaft und fehlender Anfechtung kurzfristig aufgehoben werden (vgl. Riecke/Schmidt/Elzer ETV Rn. 1250; OLG München ZMR 2006, 648 = WE 2006, 246). **128**

129 Die Umlage eines von den tatsächlichen Ausgaben abweichenden Betrages (bei Heizkosten und Instandhaltungsrückstellung) führt notwendig zur Bildung von Abgrenzungsposten. Das OLG Hamm (ZMR 2001, 1002) ist der Auffassung Jennißens gefolgt.

130 Unzulässig ist das Verrechnen von Einnahmen mit tatsächlich getätigten Ausgaben der Gemeinschaft. Das OLG Hamm hat in der von ihm vorgenommenen, als »Vorschlag« bezeichneten Gesamtabrechnung allerdings Positionen wie »Nr. 2 Kleinreparatur« und »Nr. 5 Bankspesen« zwischen nach § 2 Betriebskostenverordnung umlagefähigen Kosten mit aufgeführt. Beim **Vermögensstatus** für das Girokonto werden unter »Bestand und Einnahmen« folgende Positionen aufgeführt:

- Anfangsbestand 01.01.1998
- Gesamteinnahmen Wohngeld
- Erstattung Stadtwerke
- Gesamtbetrag
- Bestand am 31.12.1998.

131 Auf der **Ausgabenseite** werden aufgeführt:

- Erstattung von Wohngeldguthaben
- Entnahme aus der Instandhaltungsrücklage (verstößt gegen BGH ZMR 2010, 300)
- Ausgaben laut Jahresabrechnung
- abzüglich Abgrenzungsposten (für in 1999 gezahlte restliche Heizungskosten)
- zuzüglich Abgrenzungsposten 1997 (in 1998 gezahlte restliche Heizungskosten)
- Gesamtbetrag.

132 Zur Instandhaltungsrückstellung stellt das OLG Hamm (ZMR 2001, 1003) fest: »Für die Gesamtabrechnung ferner hinzuzurechnen ist die Zuführung zur Instandhaltungsrücklage, für die nach anerkannter Auffassung eine Sollposition gebildet werden darf, obwohl ihr tatsächliche 2.900,97 DM Ausgaben nicht gegenüberstehen.«

133 Wird die Wohnungseigentumsanlage mit »eigenständig gewerblicher Lieferung von Wärme und Warmwasser i.S.v. § 1 Abs. 1 Nr. 2 Heizkostenverordnung« versorgt, so gehört das gesamte zu zahlende Entgelt (Kaufpreis) zu den auf die Wohnungseigentümer umlagefähigen Kosten. Dem steht auch nicht das Urteil des BGH v. 06.04.2005 (ZMR 2005, 606; vgl. dazu Schmid ZMR 2005, 590) entgegen.

134 Zweckgebundene Aufwendungen, die aus der Instandhaltungsrücklage beglichen wurden, sind einerseits im Rahmen der Einzahlungen-Auszahlungen-Abrechnung als Eingang auf dem Gemeinschaftsgirokonto zu verbuchen und andererseits als Auszahlung/Ausgabe an z.B. das betreffende Handwerksunternehmen.

135 In Konsequenz der Einzahlungen-Auszahlungen-Abrechnung sind in die Jahresabrechnung auch die vom Verwalter vom Gemeinschaftskonto abgezogenen Beträge einzustellen, wenn die Zahlungen **unberechtigt** erfolgten, d.h. nicht ordnungsmäßiger Verwaltung entsprachen oder gar unzulässige bis strafbare Privatentnahmen darstellen (vgl. BayObLG ZMR 2001, 907 f.). Das Gericht stellt ausdrücklich fest, dass zu Unrecht getätigte Ausgaben in die Jahresabrechnung gehörten, »damit das Rechenwerk stimmig ist«. Außerdem zeigen derartige Sachverhalte, dass es notwendig ist, strikt zwischen der Genehmigung der Jahresabrechnung, die trotz rechtswidriger Ausgaben zu erfolgen hat, und der Entlastung des Verwalters, die bei rechtswidrigen Ausgaben des Verwalters zu versagen ist, zu unterscheiden (vgl. Demharter ZMR 2002, 369).

136 Bei Meinungsverschiedenheiten darüber, ob ein Ausgabenposten der Gemeinschaft oder dem Sondereigentümer zur Last fällt, muss die Jahresabrechnung in der Gesamtabrechnung beim Verteilerschlüssel und in der Einzelabrechnung bei der konkreten Belastung Klarheit schaffen. Wird ein Beschluss über eine derartige Jahresabrechnung nicht ange-

fochten, wird die – möglicherweise rechtswidrige/fehlerhafte – Kostenverteilung für das konkrete Wirtschaftsjahr zwischen den Beteiligten verbindlich (vgl. AG Hamburg-Blankenese Beschluss v. 25.05.2005 Az. 506 II 11/05). Dem steht auch nicht entgegen, dass grundsätzlich die Eigentümergemeinschaft keine Beschlusskompetenz zur Begründung oder zum Verzicht auf Forderungen (vgl. Schmidt/Riecke ZMR 2005, 252 f.) hat.

Zu den typischen, den Sondereigentümer direkt treffenden Kosten zählen die i.d.R. nicht über die Verwaltung abrechenbaren Grundsteuern (vgl. zur Verteilung auf den Mieter BGH ZMR 2004, 662, im Anschluss an LG Berlin ZMR 2003, 738) sowie die Kosten für Kaltwasser, Müll, Kabel-TV (vgl. BGH ZMR 2007, 975, a.A. noch Hogenschurz ZMR 2003, 901). **137**

Diese Kostenarten machen keine Probleme, sofern der jeweilige externe Vertragspartner/Versorger bereit ist, Einzelverträge mit dem Sondereigentümer abzuschließen. Anders verhält es sich dann, wenn der Vertrag über die in Anspruch genommenen Leistungen, die im Sondereigentum verbraucht werden, über die Verwaltung der Eigentümergemeinschaft »eingekauft« werden. Hier besteht bei entsprechender Satzung (vgl. BGH ZMR 2009, 854; BVerwG ZMR 2006, 242; a. A. KG ZMR 2008, 557) trotz BGH ZMR 2005, 547 und § 10 Abs. 6 und 7 WEG im Außenverhältnis eine gesamtschuldnerische Haftung aller Wohnungseigentümer. Im Innenverhältnis erfolgt die Verteilung dieser Kosten allerdings nicht über § 16 Abs. 2 WEG, vielmehr ist in erster Linie eine verbrauchsabhängige Abrechnung durchzuführen, bei den Kabelgebühren ist nach Miteigentumsanteilen oder dem in der Teilungserklärung für allgemeine Verwaltungskosten geltenden Verteilerschlüssel umzulegen (BGH ZMR 2007, 975). **138**

Das OLG Hamm (ZMR 2004, 774) hatte noch entschieden: »Wird im Rahmen des Vertragsverhältnisses mit dem Kabelnetzbetreiber das Nutzungsentgelt nach Wohneinheiten erhoben, so entspricht nur (!) eine entsprechende Verteilung auch im Verhältnis der Wohnungseigentümer ordnungsgemäßer Verwaltung.« Anderer Ansicht war jedoch das Kammergericht (NZM 2005, 425 = NJW-RR 2005, 813). Danach sollten die Kabelgebühren nach der Zahl der vorhandenen Anschlussdosen verteilt werden. **139**

Für die Wasserversorgung und Wasserentsorgung hat der BGH (ZMR 2003, 937 = MDR 2004, 86) ausdrücklich entschieden, dass nicht nur § 16 WEG unanwendbar sei, sondern der Einbau von Kaltwasserzählern auch keine bauliche Veränderung i.S.d. § 22 WEG darstelle, sondern eine Maßnahme ordnungsmäßiger Verwaltung. **140**

Die Kosten für den Einbau der Verbrauchserfassungsgeräte zählen zu den Kosten des Gemeinschaftseigentums und können nicht direkt den Sondereigentümern belastet werden. Der Auffassung des BGH hat sich auch die obergerichtliche Rechtsprechung angeschlossen. So entschied das OLG Hamburg (ZMR 2004, 291): »Angesichts der Beschlusskompetenz der Wohnungseigentümergemeinschaft bezüglich der Einführung verbrauchsabhängiger Kostenverteilung, soweit es um die Versorgung der jeweiligen Eigentumswohnungen mit Kaltwasser geht, ist der mehrheitlich gefasste Beschluss, dies über die Instandhaltungsrücklage und eine Sonderumlage nach Wohnungseigentumsanteilen zu tun, nicht zu beanstanden.« **141**

Bereits früher hatte das OLG Hamburg (ZMR 1999, 502 f.) zu einem Wärmemessgerät entschieden, dass das Prinzip der gemeinschaftlichen Verwaltung des Gemeinschaftseigentums durch die Wohnungseigentümer auch die Ausstattung der Räume mit Geräten zur Verbrauchserfassung gebiete. Die angeschafften Geräte zur Verbrauchserfassung stellten auch gemeinschaftliches Eigentum dar. Zu Rauchwarnmeldern vgl. OLG Frankfurt ZMR 2009, 864. **142**

143 Wird in der Jahresabrechnung eine tatsächliche geflossene Wohngeldzahlung nicht aufgeführt, so muss bei entsprechender Beschlussfassung der einzelne Wohnungseigentümer fristgerecht anfechten; anderenfalls ist es ihm verwehrt, sich auf eine Tilgung der Wohngeldschuld durch Zahlung im fraglichen Abrechnungszeitraum zu berufen (vgl. BayObLG ZMR 2005, 65).

144 Für den umgekehrten Fall, nämlich dem Verbuchen von geleisteten Hausgeldvorschüssen in der Einzelabrechnung hat das Kammergericht (NZM 2005, 22) den entsprechenden Eigentümerbeschluss als »quittungsähnliche Handlung« qualifiziert. Darüber hinaus sah das Kammergericht den Verwalter nicht mehr als befugt an, als Erfüllung auf Wohngeldschulden geleistete Gelder später im Einvernehmen mit dem zahlenden Wohnungseigentümer mit einer anderen Tilgungsbestimmung eigenmächtig zu versehen und damit die Erfüllungswirkung wieder aufzuheben. In Konsequenz der reinen Einnahmen-Ausgaben-Abrechnung sind auch zu Unrecht erfolgte Einzahlungen und Auszahlungen in der Abrechnung zu erwähnen und nicht etwa zu saldieren, auch wenn sie etwa denselben Vertrag betreffen. Dies gilt selbst für den Fall, dass der Verwalter im Wege des Selbstinkasso ihm nicht zustehende Vergütungsanteile entnommen hat und diese z.B. noch im selben Wirtschaftsjahr etwa auf Druck des Verwaltungsbeirats wieder erstattet (vgl. BayObLG ZMR 2001, 907).

145 Hat der ehemalige Verwalter und gleichzeitige Sondereigentümer Betriebskosten aus eigenen Mitteln vorfinanziert und steht ihm deshalb ein Aufwendungsersatzanspruch zu (vgl. AG Hamburg-Blankenese ZMR 2003, 71 f.), so sind die vorgeschossenen Betriebskosten nicht in die Jahresabrechnung einzustellen, da eine Ausgabe der Eigentümergemeinschaft erst dann zu bejahen ist, wenn die Ausgleichsforderungen in voller Höhe vom Gemeinschaftskonto erstattet werden und nicht etwa nach Abzug des Eigenanteils pro rata von den übrigen Wohnungseigentümern.

146 Macht ein Wohnungseigentümer etwa aus Notgeschäftsführung Aufwendungen für die Eigentümergemeinschaft, so wird ihm ausnahmsweise ein Aufrechnungsrecht zugestanden (vgl. BayObLG ZMR 2005, 215, Leitsatz 3). Dies bedeutet, dass in der Jahresabrechnung aufgrund der Rückwirkung der Aufrechnung gem. § 389 BGB dasjenige Wohngeld mit dem seinerzeitigen Fälligkeitstermin als getilgt/bezahlt zu verbuchen ist und gleichzeitig eine Ausgabe in selber Höhe für die Maßnahme der Notgeschäftsführung in die Abrechnung aufgenommen werden muss.

d) Einzelabrechnungen

147 Wenn die Wohnungseigentümer nicht durch Vereinbarung Abweichendes geregelt haben, gilt § 16 Abs. 2 WEG. Danach sind die Kosten des gemeinschaftlichen Eigentums nach Miteigentumsanteilen zu verteilen.

148 Wie sich aus § 16 Abs. 7 WEG ergibt, gehören zu den Kosten der Verwaltung gem. § 16 Abs. 2 WEG auch die Kosten der sog. Abmeierungsklage nach § 18 WEG und der verschuldensunabhängige Schadensersatz aufopferungsähnlichen Charakters gem. § 14 Nr. 4 WEG. Ausnahmeregelungen enthält § 16 Abs. 6 WEG für bauliche Veränderungen und § 16 Abs. 8 WEG für Kosten in WEG-Verfahren (zu Letzteren vgl. KG ZMR 2006, 153). Normzweck dieser Regelung ist, die Lasten und Kosten den Wohnungseigentümern in dem Maße aufzubürden, wie ihnen Vorteile durch die quotale Beteiligung am gemeinschaftlichen Eigentum zukommen. Dies entspricht auch den Regeln des Gemeinschaftsrechts gem. den §§ 743, 748 BGB.

149 *Dass diese gesetzliche* Kostenverteilungsregelung nicht nur bei der Vermietung von Wohnungseigentum, sondern auch bei kompletter Selbstnutzung als ungerecht empfunden wird, verdeutlicht insbesondere die Fahrstuhlkostenentscheidung des BGH (BGHZ 92, 18 f.). Im zugrunde liegenden Fall gehörten sämtliche Wohnungen des einzigen Gebäudes, das mit einem Aufzug ausgestattet war, der Antragsgegnerin, während die Antragsteller Eigentümer einer in einem anderen Gebäude (ohne Fahrstuhl) der Mehrhausanlage belegenen Wohnung waren und sich trotzdem nach Miteigentumsanteilen an den Instandsetzungskosten (Heute könnte im Einzelfall nach § 16 Abs. 4 WEG eine abweichende Kostenverteilung beschlossen werden.) zu beteiligen hatten. Ein irgendwie gearteter Gebrauchsvorteil war hiermit jedenfalls für die Nutzer der anderen Häuser der Mehrhausanlage nicht verbunden.

Selbst bei Vorliegen eines nachhaltigen strukturell bedingten Leerstandes ist der Wohnungseigentümer weiterhin verpflichtet, nach Miteigentumsanteilen sich an den Kosten zu beteiligen. Selbst im Mietrecht werden an einen Anspruch auf Abänderung des Kostenverteilerschlüssels strengste Anforderungen gestellt (vgl. LG Bautzen WuM 2001, 288). I.Ü. zielt ein derartiger Anspruch quantitativ überwiegend auf Posten, die nach neuerer Rechtsprechung als solche des Sondereigentums begriffen werden und schon gar nicht unter § 16 Abs. 2 WEG fallen. § 16 Abs. 3 WEG ermöglicht eine Änderung durch Beschluss und ist spezieller als § 10 Abs. 2 S. 3 WEG. Andererseits sind die den Wohnungseigentümer finanziell am stärksten treffenden Kosten (Instandhaltung, vgl. § 16 Abs. 4 WEG) nicht umlagefähig – sieht man von Ausnahmen im Gewerbemietrecht ab – und in jedem Fall vom Wohnungseigentümer zu tragen. **150**

Es ist auch nicht angängig, ähnlich wie bei einem Anliegerbeitrag, die Kosten nach potentiellen Nutzungsmöglichkeiten zu verteilen. Nach Auffassung des BGH (ZMR 2004, 834) kommt in Einzelfällen bei nachträglichen Veränderungen eine ergänzende Vertragsauslegung in Betracht, insbesondere wenn Miteigentumsanteile und Quadratmeter-Wohnfläche einander entsprechen und etwa ein Ausbau ohne Veränderung der Kostenregelung in der Teilungserklärung bereits gestattet wurde. **151**

Bei der Aufteilung muss allerdings eine derartige Relation zwischen Miteigentumsanteil und Wohnfläche nicht bestehen. Der Aufteiler bzw. Bauträger kann vielmehr die Miteigentumsanteile auch nach den von ihm angesetzten Kaufpreisen festlegen (vgl. Riecke/Vogel Darmstädter Baurechtshandbuch Band I Rn. 220 ff.). **152**

Soweit Gegenstände, die zwingend Gemeinschaftseigentum sind, nach der Teilungserklärung dem Sondereigentum zugeordnet werden nebst damit verbundener Kostentragungspflicht des Sondereigentümers, ist zumindest der dingliche Teil der Regelung nichtig (zur Abgrenzung vgl. Riecke BTR 2003, 11 f.). Die dinglich nichtige Zuordnung kann allerdings schuldrechtliche Bedeutung für die Kostenverteilung haben. So hat etwa das OLG Hamm (MDR 1992, 258) sowie das LG Wuppertal (DWE 1997, 42) in der nichtigen Zuordnung der Fenster zum Sondereigentum eine wirksame Kostenverteilungsregelung dahin gehend gesehen, dass der Sondereigentümer die Instandhaltungskosten für all diejenigen Gegenstände zu tragen habe, die nach der Teilungserklärung (d.h. kostenmäßig) als Sondereigentum ausdrücklich bezeichnet sind. Ähnlich entschied das OLG Hamm (ZMR 1997, 193) für zwingend dem Gemeinschaftseigentum zuzuordnende Isolierschichten im Bereich der Geschossdecken, die ebenfalls als »kostenmäßiges Sondereigentum« eingestuft wurden. Das OLG Karlsruhe (NZM 2002, 220) hat sich ausdrücklich für Fenster, Balkontüren und Balkongeländer der Auffassung des OLG Hamm (MDR 1992, 258 = NJW-RR 1992, 148) angeschlossen. **153**

e) Besonderheiten bei der Heiz- und Warmwasserkostenabrechnung

Rechtsgeschäftliche Regelungen, die von der Heizkostenverordnung abweichen, sind zwar nicht nichtig, werden jedoch von der Heizkostenverordnung überlagert (vgl. OLG Düsseldorf ZMR 2003, 109 = NZM 2003, 802). **154**

155 Das OLG Hamm (ZMR 1995, 173 f.) geht sogar von einer Nichtigkeit der von der Heizkostenverordnung abweichenden WEG-Beschlüsse aus. Ein Ergebnis, das sich heute – bei Fehlen einer sog. Öffnungsklausel (Anpassungsvereinbarung) – schon aus der Entscheidung des BGH v. 20.09.2000 (ZMR 2000, 771) ergibt. Eine Beschlusskompetenz besteht jedoch, soweit die Eigentümerversammlung bei ihrer Beschlussfassung von der Ermächtigung in § 3 S. 2 Heizkostenverordnung Gebrauch macht. I.Ü. ist lediglich durch eine echte Vereinbarung i.S.d. § 10 WEG – soweit nicht die Heizkostenverordnung Vorrang hat – eine abweichende Regelung etwa dann möglich, wenn eine Kleinanlage aus zwei Objekten von beiden Eigentümern selbst genutzt wird (vgl. AG Hamburg-Blankenese ZMR 2004, 544 f.). Lediglich im Fall des § 11 Heizkostenverordnung kommt dem Amortisationsgedanken im Rahmen einer hier zulässigen Mehrheitsentscheidung Bedeutung zu. Ergänzend wird verwiesen auf Abramenko ZWE 2007, 61.

156 Ob eine Ausnahme nach § 11 Heizkostenverordnung gegeben ist, muss durch einen Vergleich der Installations-, Mess- und Abrechnungskosten mit den realistischen Einsparungen von Heizenergie festgestellt werden (vgl. BGH NJW-RR 1991, 647). Angenommen wird ein Vergleichszeitraum von zehn Jahren. Das LG Nürnberg-Fürth, Urt. v. 28.07.2010, 14 S 438/10 hat 40 Jahre bei Umstellung auf Fernwärme angenommen. Es gilt hier Ähnliches wie bei der Beurteilung der Unverhältnismäßigkeit der Einbaukosten für Kaltwasserzähler (vgl. KG ZMR 2004, 705). I.Ü. gilt für die Abrechnung dasselbe wie im Mietrecht.

f) Besonderheiten beim Einbau von Kaltwasserzählern

157 Ob die Eigentümergemeinschaft durch Mehrheitsbeschluss – wenn keine Vorschrift nach der Landesbauordnung wie in Hamburg oder Mecklenburg-Vorpommern dies vorsieht – rechtmäßig die verbrauchsabhängige Abrechnung und den Einbau von Kaltwasserzählern beschlossen hat, beurteilt sich danach, ob die Einbaukosten als unverhältnismäßig hoch anzusehen sind. In Hamburg hat der Bauprüfdienst (BPD 5/2003-Wasserzähler) unter Ziffer 6.3 die Kostenobergrenze wie folgt definiert:

$$\frac{\text{»Anrechenbare Installationskosten (in €)} \times 11\,\%}{\text{Wohnfläche (in Quadratmeter)} \times 12}$$

muss größer/gleich 0,25 € je Quadratmeter Wohnfläche sein.«

158 Schon die Formulierung »anrechenbare« Installationskosten führt in der Rechtsanwendung zu Schwierigkeiten, da bei Ansetzen der billigsten Einbauvariante die Obergrenze nie erreicht würde, andererseits aber bei der teuersten möglichen Variante die Obergrenze immer überschritten wäre. I.Ü. lässt sich feststellen, dass diese – nicht gesetzlich verbindliche – behördliche Aussage die Kostenobergrenze so hoch ansetzt, dass sie in der Praxis bei Durchschnittspreisen kaum jemals überschritten werden wird. Umgerechnet für eine 100 m² Wohnung ergeben sich hier nämlich hinnehmbare Einbaukosten in Höhe von 2600 €.

g) Sonderregelung des § 16 Abs. 6 WEG für bauliche Veränderungen

159 Die abdingbare Regelung des § 16 Abs. 6 WEG sieht vor, dass ein Wohnungseigentümer, der einer baulichen Veränderung nicht zugestimmt hat, auch nicht verpflichtet ist, Kosten einer solchen Maßnahme anteilig mit zu tragen. Reziprok dazu ist er auch von den entsprechenden Nutzungen ausgeschlossen. Die Regelung soll auch dann gelten, wenn eine Höchstsumme für die Kosten der baulichen Veränderung festgesetzt wurde (BayObLG ZMR 1986, 249).

Das sog. »faktische Kostenrisiko« bei Duldung einer baulichen Veränderung ist rechtlich irrelevant und insbesondere nicht geeignet, eine bauliche Veränderung zu verhindern durch Nichtzustimmung (vgl. Bärmann/Merle § 22 Rn. 199). 160

Auch derjenige Wohnungseigentümer, der zwar der baulichen Veränderung zugestimmt, sich aber gegen die Kostentragung verwahrt hat, ist von der Kostentragungspflicht befreit (Bärmann/Merle § 22 Rn. 257). Hierdurch soll dem toleranten Wohnungseigentümer die Möglichkeit eröffnet werden, einem Mitwohnungseigentümer die von ihm begehrte bauliche Veränderung nicht zu verbauen, ohne selbst hierfür finanziell Schaden zu erleiden. Eine Kostenverwahrung kann sich auch im Wege ergänzender Auslegung insbesondere für die Fälle ergeben, in denen von vornherein klar ist, dass der Zustimmende unter keinen Umständen Nutzungsvorteile von der baulichen Veränderung (z.B. Ausbau eines im Sondereigentum stehenden Dachgeschosses) hat. 161

Häublein (NJW 2005, 1466 f.) hat darauf hingewiesen, dass § 16 Abs. 6 WEG nicht in allen Fällen baulicher Veränderung zu sachgerechten Ergebnissen führt. Er hält es gerade bei Baumaßnahmen im Individualinteresse für grotesk, würde man der Gemeinschaft die Möglichkeit nehmen, die Kostentragungspflicht allein dem Begünstigten im Beschlusswege aufzuerlegen. Eine zweckorientierte Auslegung der Vorschrift wurde bereits mit unterschiedlichen Ansätzen befürwortet (vgl. Elzer in Riecke/Schmid § 16 Rn. 286; Armbrüster ZWE 2001, 86 f.; Briesemeister ZWE 2002, 244 f. und Ott ZWE 2002, 66 f.). 162

Kommt es zur Kostenbefreiung des Zustimmenden, gilt dies für die direkten Kosten, die Folgekosten und auch für den Rechtsnachfolger. 163

Ein Mehrheitsbeschluss über eine bauliche Veränderung ist zwar nicht erforderlich, aber nach Bestandskraft ausreichend. Umfasst der Beschluss eine Kostentragungsregelung, ist damit für die Kostenverteilung nicht mehr § 16 Abs. 6 WEG, sondern § 16 Abs. 2 WEG maßgeblich, wenn die Teilungserklärung oder ein Beschluss nach § 16 Abs. 4 WEG mit doppelt qualifizierter Mehrheit keinen anderen Kostenverteilerschlüssel für Instandhaltungs- und Instandsetzungsmaßnahmen am Gemeinschaftseigentum vorsieht. Das BayObLG (ZMR 2001, 829) hat hierzu festgestellt: »Wird die an sich erforderliche Zustimmung eines Wohnungseigentümers zu einer baulichen Veränderung aufgrund einer in der Gemeinschaftsordnung getroffenen Regelung durch einen Mehrheitsbeschluss ersetzt, so ist dieser für ihn bindend und er hat sich grundsätzlich an den Kosten der baulichen Veränderung zu beteiligen.« Dem widerspricht gestützt auf das OLG Hamm (ZMR 1997, 371) das OLG München (ZMR 2008, 905): Maßgeblich ist dabei insbesondere der Wortlaut des § 16 Abs. 6 WEG, der insoweit eindeutig ist. Wenn die Wohnungseigentümer eine hiervon abweichende Kostenverteilung beschließen wollen, müssen sie dies klar zum Ausdruck bringen. Es ist nicht angängig, einer möglicherweise rechtspolitisch wünschenswerten Regelung entgegen dem Gesetzeswortlaut zum Durchbruch zu verhelfen. Es besteht durchaus ein Bedürfnis dafür. dass einem Wohnungseigentümer die Möglichkeit eingeräumt wird, eine bauliche Veränderung nicht zu verhindern, aber an ihren Kosten nicht beteiligt zu werden. Dass der nicht zahlende Wohnungseigentümer gleichwohl Vorteile von der baulichen Veränderung hat, ist hinzunehmen. Andernfalls wäre nämlich dieser Wohnungseigentümer in seinem Interesse gehalten, der baulichen Veränderung seine Zustimmung ausdrücklich zu verweigern und einen entsprechenden Beschluss anzufechten. Dies hätte zur Folge, dass selbst die Wohnungseigentümer, die zur Zahlung der gesamten Kosten bereit wären, die bauliche Veränderung nicht durchführen könnten. Die Interessenlage ist deshalb nicht so eindeutig, dass einem Beschluss über die Genehmigung einer baulichen Veränderung auch eine Regelung über die Kostentragung aller entnommen werden müsste. 164

h) Versorgungsstopp bei Zahlungsrückständen

165 Nunmehr hat auch der BGH (ZMR 2005, 880 m. Anm. Elzer) wie schon früher das KG (ZMR 2001, 1007 = ZWE 2001, 497 m. Anm. Suilmann, 476) in einem Wohnungseigentumsverfahren eine derartige Versorgungssperre für zulässig gehalten (ebenso BayObLG MDR 1992, 967; OLG Hamm MDR 1994, 163), während das OLG Köln (ZMR 2000, 639 = NJW-RR 2001, 301) im Zivilprozess gegenteilig entschied (vgl. dazu die ablehnende Stellungnahme von Deckert WE 2001, 44, 68, 92 unter Hinweis u.a. auf AG Peine WE 2000, 128). Eine Art Beschlussmuster lässt sich dem Sachverhalt von KG ZMR 2002, 458 f. entnehmen. Ergänzend wird verwiesen auf Kümmel/v. Seldeneck GE 2002, 1045 sowie Ulrici ZMR 2003, 895. Zur großen Versorgungssperre vgl. AG Gladbeck ZMR 2007, 734 und ihm folgend OLG Hamm ZMR 2008, 474.

166 Qua Mehrheitsbeschluss kann der Verwalter ermächtigt werden (BGH ZMR 2005, 880), bei rechtskräftig titulierten Hausgeldrückständen von z.B. mindestens sechs vollen Hausgeldmonatsbeiträgen (vgl. OLG Dresden ZMR 2008, 140) zur Vermeidung weiterer steigender Hausgeldrückstände nach vorheriger Abmahnung und Ankündigung mit Zweiwochenfrist gegenüber dem säumigen Wohnungseigentümer/Schuldner dessen Wohnungs- oder Teileigentum nicht mehr mit Wasser, Allgemeinstrom und Beheizung zu versorgen. Dem Schuldner sind bei Zahlung der Absperr- und Anschlusskosten sowie des laufenden Hausgelds monatlich im Voraus – unabhängig von den Zahlungen auf die Rückstände – wieder die gesperrten Versorgungsleistungen zur Verfügung zu stellen (strenger OLG Dresden ZMR 2008, 140).

167 Nach h.M. (BGH a.a.O. und OLG Hamm DWE 1994, 37, vgl. Elzer in Riecke/Schmid § 16 Rn. 249) besteht ein Zurückbehaltungsrecht der Gemeinschaft nach § 273 Abs. 1 BGB. Dieses i.V.m. einem Absperrbeschluss (§§ 15 Abs. 2 bzw. 21 Abs. 3 WEG) berechtigt (vgl. bereits KG ZMR 2001, 1007) auch zum Betreten der Wohnung des Schuldners durch den Verwalter zum Zwecke der Abtrennung der Versorgungsleitungen.

168 Auch § 18 Abs. 2 Nr. 2 WEG stellt keine abschließende entgegenstehende Spezialregelung dar. Dieses Verfahren ist nämlich nicht die einzig mögliche Sanktion gegen einen säumigen Wohngeldschuldner (Armbrüster WE 1999, 14, 15). Der Einbau von Absperrventilen ist auch keine unzulässige bauliche Veränderung; von »Faustrecht« (vgl. § 858 BGB) könne nicht die Rede sein (vgl. auch § 33 Abs. 2 Fernwärmeverordnung und die dortige Möglichkeit des Versorgungsstopps bei einem Langzeitvertrag sowie LG Frankfurt MDR 1998, 1023 für § 33 AVBWasserV).

169 Der Verhältnismäßigkeitsgrundsatz ist zumindest gewahrt, wenn der Wiederanschluss nicht von der Zahlung aller Rückstände abhängig gemacht wird. Die Versorgungsunterbrechung setzt einen Wohnungseigentümerbeschluss voraus (BGH a.a.O.; vgl. schon OLG Celle NJW-RR 1991, 1118 = DWE 1991, 34, 40). Als Richtwert für die Verhältnismäßigkeit einer solchen Versorgungssperre hat bereits Armbrüster (WE 1999, 14, 16) den Hausgeldrückstand für sechs Monate angegeben. Dies erfüllt das Erfordernis einer Wohngeldschuld von erheblichem Umfang sicherlich.

i) Verfahrenskosten

170 Hier gilt die Sonderregelung des § 16 Abs. 8 WEG. Dies bedeutet, dass – bis auf die erwähnten »Mehrkosten« – die gesamten Verfahrenskosten auch in der Jahresabrechnung so auf die Wohnungseigentümer zu verteilen sind, wie das Gericht es in seiner Kostenentscheidung (§§ 91 ff. ZPO) verfügt hat (KG ZMR 1992, 308). Probleme ergeben sich, wenn den Beklagten und dem Verwalter einheitlich eine Kostenquote auferlegt wird, d.h. ohne interne Aufsplittung (so im Fall von LG Düsseldorf Bschl. v. 16.10.2008, 25 T 60/

08 n.v.). Eine nachträgliche Korrektur der gerichtlichen Entscheidung ist auch nicht durch Mehrheitsbeschluss möglich.

Haben die Wohnungseigentümer in der Gemeinschaftsordnung bestimmt, dass »Verwal- 171
tungskosten« nach Eigentumseinheiten umzulegen sind, so gilt dieser Umlegungsmaßstab auch für die Verteilung der Rechtsverfolgungskosten aus Binnenstreitigkeiten (BGH ZMR 2007, 623).

Umstritten war zuvor, wie die Kosten zu verteilen sind, wenn das Gericht einer Perso- 172
nenmehrheit von Wohnungseigentümern als Gesamtschuldner Kosten auferlegt hat. Hier kommt eine Verteilung nach den Miteigentumsanteilen oder nach einem in der Teilungserklärung vereinbarten Verteilerschlüssel ebenso in Betracht wie eine Verteilung nach Köpfen analog § 100 ZPO (für letzteres OLG Düsseldorf ZMR 2003, 228; a.A. KG ZMR 2006, 153). Sachgerechter erscheint die jetzt auch vom BGH favorisierte Lösung über eine Kostenverteilung nach Miteigentumsanteilen oder dem allgemeinen Verteilerschlüssel, weil hierdurch berücksichtigt wird, falls ein Wohnungseigentümer mehrere Einheiten hält und ergo am Rechtsstreit und dessen Ausgang ein größeres wirtschaftliches Interesse hatte.

Die Gerichtskostenvorschüsse sind auf diejenigen Wohnungseigentümer umzulegen, für 173
die der Verwalter gem. § 45 WEG Zustellbevollmächtigter ist oder in deren Namen er als Vertreter oder Prozessstandschafter auftritt. Nach Vorliegen der rechtskräftigen Gerichtskostenentscheidung ist allein diese für die endgültige Kostenverteilung maßgeblich. Dies kann bei einem über mehrere Jahre laufenden Verfahren zu späteren Erstattungsansprüchen der obsiegenden Wohnungseigentümer führen.

Anders als die Kosten eines WEG-Verfahrens nach § 43 Ziff. 1–4 und 6 WEG sind die 174
Kosten eines Zivilprozesses mit Dritten gem. § 43 Nr. 5 WEG nach § 16 Abs. 2 WEG zu verteilen. Bei einer Personalunion zwischen Aufteiler bzw. Bauträger und Mitwohnungseigentümer hat auch der beklagte Bauträger als Wohnungseigentümer an den Verfahrenskosten teilzunehmen.

II. Die bauliche Veränderung

1. Bauliche Veränderungen in der rechtsanwaltlichen Beratung

Bauliche Maßnahmen in Wohnungseigentumsanlagen beschäftigen Rechtsanwälte und 175
Gerichte ausgesprochen häufig. Dass sie trotz der vielfach ansehnlichen Geschäftswerte nicht nur von den Gerichten, sondern auch von der Anwaltschaft oftmals zu den unangenehmeren Verfahren gerechnet werden, dürfte darauf zurückzuführen sein, dass neben den sachlichen und rechtlichen Fragen nicht selten eher dem emotionellen Bereich zuzuordnende Faktoren eine Rolle spielen. Die Bandbreite bewegt sich von demjenigen Wohnungseigentümer, der meint, in seinen eigenen vier Wänden sei ihm alles erlaubt, bis zur Verhinderung einer von allen anderen Miteigentümern gewollten baulichen Maßnahme durch einen Außenseiter in der Gemeinschaft. Beide Male kann eine unzulässige bauliche Veränderung vorliegen, was erhebliches Fingerspitzengefühl bei der Darlegung der Rechtslage erfordert. Nicht selten ist den Beteiligten zudem durch eine gütliche Einigung besser gedient als durch eine gerichtliche Entscheidung, was nunmehr durch Nr. 1000 VV RVG auch besonders honoriert wird.

Neben diesen psychologischen Momenten erfordert die Vertretung der jeweiligen Beteilig- 176
ten aber in besonderem Maße eine subjektive Durchleuchtung des Falles. In kaum einem anderen Gebiet des Wohnungseigentumsrechtes können so viele divergierende Interessen

aufeinander stoßen, die jeweils eine andere Herangehensweise an den Fall verlangen. So gebietet die Vertretung des Umbauwilligen die Beleuchtung des Falls unter gänzlich anderen Aspekten als die Durchsetzung des Rückbaus oder wiederum die Abwehr von Regressansprüchen gegen Voreigentümer oder Verwalter wegen ihrer Zustimmung zu einer baulichen Veränderung. Ganz neue Möglichkeiten, aber auch Probleme schafft die neue Beschlusskompetenz zur Modernisierung in §22 Abs. 2 WEG, die u.U. die Durchsetzung von Baumaßnahmen ermöglicht, welche nach alter Rechtslage mangels Zustimmung aller Miteigentümer ausgeschlossen gewesen wären. Zudem kann der Ausgang eines Verfahrens von unscheinbaren baulichen Details oder ungewöhnlichen, nicht selten auch von den Gerichten nicht berücksichtigten Regelungen in der Gemeinschaftsordnung abhängen. Noch wichtiger als die Kenntnis der – ohnehin bisweilen widersprüchlichen – Kasuistik kann die sorgfältige Auswertung der Teilungserklärung sein, die oftmals eigenständige, von der dispositiven Gesetzeslage abweichende Regelungen enthält, und natürlich die adäquate Würdigung der tatsächlichen Seite des Falls. Eine kreative rechtsanwaltliche Tätigkeit kann dann für den eigenen Mandanten trotz identisch erscheinender Ausgangslage (u.U. selbst in einer Liegenschaft) eine günstigere Entscheidung erwirken als im vermeintlichen Parallelfall, was angesichts der »Mundpropaganda« gerade in größeren Anlagen im Hinblick auf Mandantenbindung und -werbung von einiger Bedeutung sein kann. Im Folgenden wird daher von einer monolithischen Sichtweise »der Rechtslage« i.S. eines Kommentars abgesehen. Vielmehr soll ganz bewusst versucht werden, die einzelnen Konstellationen unter dem Blickwinkel der jeweiligen subjektiven Interessenlage zu beleuchten, um selbst in wenig aussichtsreich erscheinenden Fällen Ansätze für eine erfolgreiche Vertretung des eigenen Mandanten zu ermöglichen. Bisweilen ist ihm ja etwa im Hinblick auf die Beziehungen zu seinem Mieter auch schon damit gedient, dass sich das Gericht über eine sinnvolle Argumentation nicht ohne Augenscheinseinnahme o.Ä. hinwegsetzen und der rechtswidrig errichtete Balkon bis zur Kündigung des Mietverhältnisses weiter genutzt werden kann.

2. Die Änderungen durch die Novelle

177 Abgesehen von dem grundlegend neuen Institut der Modernisierung hat die Novelle auch eine Überarbeitung des Wortlautes von §22 Abs. 1 WEG und neue Regelungen zur Kostentragung in §16 WEG mit sich gebracht. Der jetzige Wortlaut des Gesetzestextes entspricht weitgehend dem ersten Entwurf. Der Übersichtlichkeit halber wurde §16 des Entwurfs (ZMR-Sonderdr. 11/2004, 2) allerdings in mehrere Absätze unterteilt. Die Neuerungen in §22 Abs. 1 WEG sollen angebliche Unklarheiten im früheren Gesetzestext beseitigen, da die Möglichkeit zum Beschluss einer baulichen Veränderung unterschätzt und fälschlich hierfür stets Einstimmigkeit vorausgesetzt worden sein soll (BT-Drucks. 16/887 S. 24). Inhaltlich beabsichtigt die Gesetzesänderung insoweit keine Änderungen. Die frühere Rechtslage sollte nur griffiger gefasst, aber nicht modifiziert werden. Hieran sollte sich das Verständnis von §22 Abs. 1 WEG vorrangig orientieren. Denn der neue Gesetzeswortlaut ist in mehrerer Hinsicht irreführend. Vor allem lässt sich der Konditionalsatz, wonach eine bauliche Veränderung beschlossen werden kann, »wenn jeder Wohnungseigentümer zustimmt, dessen Rechte durch die Maßnahmen über das in §14 bestimmte Maß hinaus beeinträchtigt werden«, als Voraussetzung einer Beschlussfassung missverstehen. Nach der Gesetzesbegründung kommt der Zustimmung der beeinträchtigten Wohnungseigentümer eine solche kompetenzbegründende Funktion aber gerade nicht zu. Vielmehr ist ein ohne ihre Zustimmung gefasster Beschluss über die Vornahme einer baulichen Veränderung nach wie vor nur anfechtbar, nicht aber mangels *Beschlusskompetenz nichtig* (*BT-Drucks.* 16/887 S. 28 f.). Die neuen Möglichkeiten zur Abänderung der Kostentragung in §16 Abs. 3, 4 WEG sollen die Rechtsprechung zum

»Zitterbeschluss« abmildern. Nach verbreiteter Auffassung konnte der durch die Teilungserklärung bzw. durch § 16 Abs. 2 WEG vorgegebene Kostenverteilungsschlüssel mangels Beschlusskompetenz nicht durch Mehrheitsbeschluss abgeändert werden (BT-Drucks. 16/887 S. 24 m.w.N.). Insbesondere bei baulichen Veränderungen, die nur einzelnen Wohnungseigentümern zu Gute kommen, erschien dies unangemessen. Dem sollen die neuen Beschlusskompetenzen in § 16 Abs. 3, 4 WEG) abhelfen.

3. Das neue Institut der Modernisierung

Eine weitere Einschränkung ist dann geboten, wenn der Wohnungseigentümer nämlich eine Anpassung an den heutigen Wohnstandard begehrt, die als Modernisierung nach § 22 Abs. 2 WEG anzusehen ist. Eine solche Maßnahme kann er nämlich nicht nach § 22 Abs. 1 S. 1 WEG verlangen, auch wenn sie nach früherem Verständnis bauliche Veränderungen darstellten. Denn § 22 Abs. 2 WEG bestimmt ausdrücklich, dass Modernisierungen gerade nicht verlangt werden können, selbst wenn die tatbestandlichen Voraussetzungen für ihre Durchführung vorliegen. Der Anwendungsbereich des nunmehr normierten Verlangens auf Durchführung einer baulichen Veränderung ist somit gering. **178**

4. Die Abgrenzung der baulichen Veränderung von anderen Maßnahmen

a) Die Bedeutung der Qualifikation als bauliche Veränderung

So gut wie jede Abhandlung zu baulichen Maßnahmen stellt die bauliche Veränderung im engeren Sinne in das Zentrum ihrer Betrachtung. Dies findet seine Berechtigung zum einen darin, dass sie anders als sonstige bauliche Maßnahmen seit jeher in § 22 Abs. 1 WEG eine ausdrückliche gesetzliche Regelung gefunden hat, während die modernisierende Instandhaltung und erst recht die gänzlich neue Modernisierung erst mit der Novelle Einzug in das Gesetz gehalten haben (§ 22 Abs. 2, 3 WEG). Zum anderen sind an bauliche Veränderungen, denen ein hiervon beeinträchtigter Wohnungseigentümer nicht zugestimmt hat, die weitgehendsten Rechtsfolgen geknüpft: Jeder einzelne dieser Wohnungseigentümer konnte grundsätzlich ohne weitere Zwischenschritte wie Beschlussfassung o.Ä. aus § 1004 Abs. 1 BGB, §§ 14 Nr. 1, 15 Abs. 3 WEG oder aus § 823 Abs. 1 BGB deren Beseitigung verlangen. Das neue Recht ändert hieran nur dann etwas, wenn eine wirksam beschlossene Modernisierung vorliegt. Deshalb werden Gegner einer baulichen Maßnahme bestrebt sein, die Diskussion hierüber auf ihre Qualifikation als bauliche Veränderung i.S.v. § 22 Abs. 1 WEG hinzulenken. Der umbauwillige Wohnungseigentümer bzw. sein Vertreter sollte sich dagegen nicht von vorneherein auf eine solche Sichtweise einengen lassen. In der Auseinandersetzung um bauliche Veränderungen muss die erste Prüfung daher dahin gehen, ob die dem Befürworter regelmäßig ungünstige Qualifikation der Maßnahme als bauliche Veränderung überhaupt zutrifft. Gegebenenfalls sollte schon vorab im Planungsstadium geprüft werden, ob sich der gewünschte Erfolg auch mit einer Maßnahme erreichen lässt, die unterhalb der Schwelle zur baulichen Veränderung liegt. **179**

Die Abgrenzung baulicher Veränderungen von Maßnahmen unterhalb der Schwelle zur baulichen Veränderung, die nicht der Zustimmung aller oder einzelner Wohnungseigentümer bedürfen, erfuhr **durch die Novelle keine Veränderung**. Vielmehr wird die von der Praxis entwickelte Figur der »modernisierenden Instandsetzung« in § 22 Abs. 3 WEG ausdrücklich anerkannt (vgl. auch BT-Drucks. 16/887 S. 29 u. 32 u.u. Rdn. 193 ff.). Wie nach altem Recht kann die Instandhaltung und Instandsetzung des Gemeinschaftseigentums nach § 21 Abs. 5 Nr. 2 WEG mit einfacher Mehrheit beschlossen werden, ohne dass weitere Zustimmungen einzuholen sind. **180**

b) Der Begriff der baulichen Veränderung

181 Nicht jede bauliche Maßnahme stellt zugleich eine bauliche Veränderung dar. Dies ist nach allgemeiner Auffassung nur zu bejahen, wenn es sich um eine
- nach Begründung einer (werdenden) Wohnungseigentümergemeinschaft vorgenommene,
- auf Dauer angelegte,
- gegenständliche Umgestaltung
- des gemeinschaftlichen Eigentums
- außerhalb der Grenzen einer ordnungsmäßigen Instandhaltung und Instandsetzung

handelt. Fehlt nur eines dieser Elemente, liegt keine bauliche Veränderung i.S.v. § 22 Abs. 1 WEG vor. Ansprüche auf Unterlassung oder Beseitigung sind dann entweder von vorneherein nicht oder nur unter erschwerten Bedingungen gegeben. Befürworter und Gegner baulicher Maßnahmen haben also vorab zu prüfen, ob die nachfolgend im Einzelnen besprochenen Voraussetzungen einer baulichen Veränderung vorliegen.

182 **Praxistipp:**

Besteht über die rechtliche Einschätzung einer Maßnahme Uneinigkeit und ist Streit für den Fall ihrer Durchführung zu befürchten, empfiehlt es sich angesichts der Kosten von Bau und Beseitigung hierüber **vorab** eine verbindliche **gerichtliche Klärung** herbeizuführen. Dies ist im Verfahren nach § 43 Nr. 1 WEG im Wege der Feststellung möglich, dass eine Maßnahme nicht der Zustimmung eines bestimmten Eigentümers bedarf, da es sich etwa nicht um einen Eingriff in das Gemeinschaftseigentum handelt. Umgekehrt kann ein betroffener Miteigentümer gegen **eigenmächtig eingeleitete Baumaßnahmen** Rechtsschutz im Wege der **einstweiligen Verfügung** nach §§ 935 ff. ZPO, etwa mit dem Antrag auf einstweilige Einstellung der Arbeiten, erlangen, will er nicht riskieren, für die Dauer eines Hauptsacheverfahrens mit der beanstandeten Veränderung leben zu müssen. Die Kosten hierfür sind zwar nach der Überführung der Wohnungseigentumssachen in die ZPO deutlich gestiegen. Sie fallen aber dann, wenn ein Streit ohnehin absehbar ist sowieso an, so dass ein »vorbeugender« Rechtsstreit keine Mehrkosten mit sich bringt, aber die im Vergleich deutlich höheren Kosten von Um- und Rückbau erspart.

c) Nach Begründung einer Wohnungseigentümergemeinschaft vorgenommene Maßnahmen

183 Eine bauliche Veränderung i.S.v. § 22 Abs. 1 WEG kann erst nach Begründung der Eigentümergemeinschaft, also frühestens mit Eintragung einer Auflassungsvormerkung und Übertragung des Besitzes auf den ersten Erwerber erfolgen. Das geht schon daraus hervor, dass § 22 Abs. 1 WEG von der Veränderung des gemeinschaftlichen Eigentums spricht, was die Existenz der (werdenden) Eigentümergemeinschaft voraussetzt (KG ZMR 1997, 316). Hat der teilende Eigentümer bereits vor diesem Zeitpunkt einen Zustand geschaffen, der von der Teilungserklärung abweicht, ist dies folglich keine bauliche Veränderung (OLG Zweibrücken ZMR 2002, 470). Die erstmalige Herstellung eines ordnungsgemäßen Zustandes ist grundsätzlich Aufgabe der gesamten Gemeinschaft. Dies bedeutet umgekehrt allerdings auch, dass die Gemeinschaft – anders als bei baulichen Veränderungen nach § 22 Abs. 1 WEG – mit Mehrheit über die Herstellung dieses Zustandes befinden kann. Ein Änderungsvorbehalt in der Baubeschreibung ist mit Fertigstellung des Bauwerks und Entstehen der »werdenden Eigentümergemeinschaft« erledigt; nachträgliche Änderungen können auf dieser Grundlage nicht mehr vorgenommen werden (BayObLG ZMR 2003, 858).

Praxistipp: 184

Der Ausschluss spezifisch wohnungseigentumsrechtlicher Rückbauverpflichtungen gegenüber dem teilenden Eigentümer bzw. Bauträger bedeutet keine Rechtlosstellung der Erwerber. Diesen können Gewährleistungsansprüche auf mangelfreie Erstellung von Sonder- und Gemeinschaftseigentum zustehen (OLG Hamm WE 1993, 245). Dabei ist eine Klausel in allgemeinen Geschäftsbedingungen nichtig, wonach Änderungen der Bauausführung, der Material- und Baustoffauswahl vorbehalten bleiben, soweit sie gleichwertig sind (BGH ZMR 2005, 800). Maßgeblich für Gewährleistungsansprüche ist allerdings der Kaufvertrag, nicht die Teilungserklärung. Diese Streitigkeit unterfällt nicht § 43 WEG. Denn es handelt sich gerade nicht um eine Streitigkeit aus dem Gemeinschaftsverhältnis, sondern um Verpflichtungen aus anderen schuldrechtlichen Beziehungen, die nicht von § 43 Nr. 1 WEG erfasst wird (BGHZ 62, 389 f.; BayObLG WuM 1991, 450). Der Streit folgt also dem streitwertabhängigen Instanzenzug. Sind die teilenden Eigentümer Bruchteilseigentümer, kann die vorgesehene Gemeinschaftsordnung allerdings auch als vertragliche Regelung des Gemeinschaftsverhältnisses vor Begründung von Wohnungseigentum herangezogen werden (BayObLG ZMR 2002, 610).

Dieses eingängige, dogmatisch klare Konzept wurde durch die neueste Rechtsprechung 185
erheblich erschüttert. Danach kann nicht nur der Handlungs-, sondern auch der Zustandsstörer zur Beseitigung einer Störung (und nicht nur zu ihrer Duldung) verpflichtet sein. Dies soll voraussetzen, dass er nicht nur tatsächlich und rechtlich in der Lage ist, die Störung zu beseitigen. Es muss sich zudem bei einer wertenden Betrachtung ergeben, dass die Störung durch seinen maßgebenden Willen aufrechterhalten wird. Daran fehlt es etwa, wenn der Mieter auf Beseitigung eines Zustands in Anspruch genommen wird, den der vermietende Wohnungseigentümer geschaffen hat (BGH ZMR 2010, 622; OLG München ZMR 2010, 56). Dies berührt zwar nicht die definitorische Abgrenzung der baulichen Veränderung von baulichen Maßnahmen, die vor Begründung einer Wohnungseigentümergemeinschaft durchgeführt wurden. In Zukunft kann aber u.U. auch der »Zustandsstörer« auf Beseitigung in Anspruch genommen werden. Dies dürfte bei einer »wertenden Betrachtung« jedenfalls dann der Fall sein, wenn er als Erwerber vor Übergang des Eigentums bauliche Änderungen veranlasst hat. Mietern dürfte diese Inanspruchnahme auf Beseitigung der Störung allerdings nach dem diesbezüglichen obiter dictum in der genannten Entscheidung nicht drohen.

d) Auf Dauer angelegte Maßnahmen

Eine bauliche Veränderung liegt ferner nur vor, wenn die Maßnahme auf Dauer angelegt 186
ist. Dies erfordert nach h.M. nicht zwangsläufig eine feste Verbindung mit dem Grundstück bzw. mit dem Bauwerk. Es kann bereits die bloße Aufstellung (schwerer) Gegenstände, die alleine aufgrund der Schwerkraft mit dem Boden verbunden sind, eine bauliche Veränderung darstellen, etwa der Aufbau von Schränken auf dem Balkon (OLG Köln ZMR 2000, 58) oder die Aufstellung von Parabolantennen (OLG Köln ZMR 2005, 229; LG Hamburg ZMR 2009, 797 u. 2010, 61). Voraussetzung ist aber, dass diese Gegenstände ihrer Bestimmung nach dauerhaft dort verbleiben sollen. So ist das kurzfristige Abstellen von Gegenständen keine bauliche Veränderung; es kann bei hieraus resultierenden Störungen gleichwohl ein nach § 14 Nr. 1 WEG unzulässiger Gebrauch vorliegen, etwa beim Aufstellen von Biertischen, Bänken und Schirmen zum Freiausschank (BayObLG ZMR 2002, 688 f.). Jenseits dieser Immissionsfälle können Konflikte vermieden werden, wenn anstelle stationärer Anlagen leicht demontierbare Alternativen existieren. So ist z.B. der feste Einbau einer Wäschespinne eine bauliche Veränderung, während dies beim bloßen Einbetonieren eines Führungsrohres, das deren problemlose Demontage ermöglicht, verneint wurde (OLG Zweibrücken ZMR 2000, 256 f.). Ähnli-

ches gilt bei Anpflanzungen in Pflanztrögen (BayObLG ZMR 1999, 118; vgl. BayObLG WE 1992, 204 und 1998, 151, wo aber auf die Umgestaltung des gemeinschaftlichen Eigentums abgestellt wird). Dies dürfte übertragbar sein. So kann bei vorhersehbarem Streit etwa die Wahl schnell abzubauender Materialien wie einer Rolle Kunstrasen für die Fläche vor dem Haus oder ein schnell abzubauendes Podest vor der Terrasse vergleichbaren stationären Einbauten wie der Entfernung einer Pflasterung oder der Erweiterung der Terrasse deutlich überlegen sein. Ähnliches dürfte für tragbare Parabolantennen etc. gelten.

187 **Praxistipp:**

Im Streitfall kann der Hinweis auf mobile Anlagen auch die **Vergleichsbereitschaft** durchaus fördern. Wenden sich etwa Miteigentümer gegen eine ihrer Auffassung nach farblich unpassende Markise, kann der Vergleich mit einem sorgfältig ausgewählten Sortiment von Gartenschirmen (vgl. BayObLG ZMR 1995, 421) wahre Wunder bewirken. Denn ihre Beseitigung lässt sich jedenfalls nicht unter dem Aspekt der unzulässigen baulichen Veränderung durchsetzen, sodass das geringere »ästhetische Übel« vorzugswürdig sein kann. Auch der Streit um Anpflanzungen wird sich häufig durch Umtopfen in Pflanztröge beenden lassen.

e) Gegenständliche Umgestaltung

188 Der Eingriff muss zu einer Umgestaltung des gemeinschaftlichen Eigentums führen. Dabei ist keine Substanzverletzung erforderlich; auch die dauerhafte Aufhängung von Werbetafeln oder die bloße Aufstellung eines Gegenstandes ohne feste Verbindung erfüllen die Anforderung an eine Umgestaltung (OLG Köln ZMR 2000, 58; 2005, 229; BayObLG WE 1992, 204 und 1998, 151), erst recht ein Neuanstrich in anderer Farbe (OLG Hamburg ZMR 2005, 394). Daher wird diese Voraussetzung regelmäßig erfüllt sein. Lediglich bei der Gartenpflege spielt die Frage nach der gegenständlichen Umgestaltung häufiger eine Rolle, da dort tatsächlich in die Substanz eingegriffen wird, ohne dass eine Umgestaltung vorliegen muss. Denn die übliche Pflege wie der Heckenrückschnitt oder die Beseitigung umsturzgefährdeter Bäume (OLG Köln ZMR 1999, 661; BayObLG ZMR 2001, 565 f.) ist trotz erkennbaren Substanzeingriffs keine bauliche Veränderung, sondern nur eine Maßnahme der Instandhaltung. Erst dann, wenn die Beschaffenheit des Gartens insgesamt geändert wird, etwa durch Beseitigung prägender Bäume oder Umwandlung einer Spielwiese in einen Ziergarten, liegt eine Umgestaltung und somit eine bauliche Veränderung vor (OLG Hamm ZMR 1996, 220; OLG Köln ZMR 1999, 661; OLG Düsseldorf ZMR 2004, 527; OLG München ZMR 2006, 69).

f) Betroffenheit des Gemeinschaftseigentums

189 Die Veränderung muss ferner das gemeinschaftliche Eigentum betreffen. Bloße Umbauten im Sonder- oder Teileigentum, etwa die Entfernung der Tapeten, nicht tragender Wände, des Bodenbelags bis zum Estrich oder der Innentüren sind keine baulichen Veränderungen (BayObLG ZMR 1996, 46 f.). Verändert sich die Nutzung, etwa beim Umbau eines Ladens zu einer Gaststätte, besteht aber ein Unterlassungsanspruch aus § 1004 BGB i.V.m. § 14 Nr. 1 WEG (BayObLG NZM 2000, 868 f.; OLG Celle ZMR 2004, 689). Dies gilt auch dann, wenn sich der Umbau ohne Nutzungsänderung als störend erweist, etwa beim Einbau von Anlagen, von denen erhebliche Immissionen ausgehen.

Praxistipp: 190

Das **Sondernutzungsrecht** gewährt alleine regelmäßig kein Recht zur Umgestaltung der hiervon erfassten Flächen oder Räumlichkeiten. Denn auch hierbei handelt es sich um gemeinschaftliches Eigentum (BGHZ 73, 201 f.; BayObLG ZMR 1995, 496; 1999, 580; 2003, 126; OLG Köln ZMR 1995, 607; KG ZMR 1997, 316). Da die anderen Miteigentümer ohnehin von seiner Nutzung ausgeschlossen sind, ist die Beeinträchtigung aber u.U. eher zu verneinen als bei Räumen oder Flächen, die der Nutzung durch alle Wohnungseigentümer zugedacht sind (OLG Zweibrücken ZMR 2000, 257; OLG Hamburg ZMR 2005, 392; vgl. zur Errichtung von Rankgerüsten und Pergolen im Rahmen einer »ortsüblichen Nutzung« BayObLG ZMR 1998, 503 f.). Dies betrifft insbesondere die gärtnerische Nutzung, bei der der Sondernutzungsberechtigte mit der Gestaltung nach eigenem Dafürhalten zwangsläufig auch auf das Erscheinungsbild der Gartenfläche Einfluss nimmt (BayObLG ZMR 2001, 123; OLG Schleswig ZMR 2001, 854; OLG Hamburg ZMR 2003, 523 f.). Dies umfasst aber nicht die völlige Umgestaltung des Gartens etwa durch Pflasterung vorher bepflanzter Flächen (OLG Hamburg ZMR 2001, 383; OLG München ZMR 2006, 69; weiter gehend OLG Schleswig ZMR 2001, 854) oder zur Einzäunung (BayObLG ZMR 2002, 951; OLG Hamburg ZMR 2003, 524). Von vorneherein unerheblich ist die Einräumung eines Sondernutzungsrechtes bei optischen Beeinträchtigungen, da diese vom Nutzungsausschluss unabhängig sind (OLG Köln ZMR 1995, 607; OLG Hamburg ZMR 2001, 383; 2002, 622).

Die Betroffenheit des Gemeinschaftseigentums ist auch dann zu bejahen, wenn sich die 191
bauliche Maßnahme infolge eines rechtmäßigen **Überbaus** auf dem Nachbargrundstück befindet, da sie nach § 95 Abs. 1 S. 2 BGB Bestandteil des Grundstückes bleibt, von dem aus übergebaut wurde (OLG Celle ZMR 2004, 361 f.). Umgekehrt kann auch dem **Anbau** an eine Außenmauer, die auf der Grundstücksgrenze steht und folglich das Grundstück der Eigentümergemeinschaft berührt, die Qualität einer baulichen Veränderung zukommen, die nicht mit Mehrheitsbeschluss genehmigt werden kann (OLG Köln ZMR 1995, 553 f.). Andererseits soll eine etwa durch die Umgestaltung der Fassade bedingte Disharmonie zu einem angrenzenden Gebäude, das nicht zum gemeinschaftlichen Eigentum gehört, unerheblich sein (OLG Düsseldorf ZMR 1999, 583).

Praxistipp: 192

Ob bauliche Maßnahmen im Bereich eines Sonder- oder Teileigentums das gemeinschaftliche Eigentum berühren, ist für die anderen Eigentümer regelmäßig nicht abzuschätzen, wenn sie keinen Zugang zur Baustelle erhalten. Deswegen besteht aus Treu und Glauben ein **Auskunftsanspruch** über den Umfang der Veränderungen (OLG Düsseldorf ZMR 1997, 149 f.). Dies fordert vom umbauenden Miteigentümer aber nur eine bloße Erklärung über die ihm bekannten Tatsachen. Er ist nicht verpflichtet, aufgrund des Auskunftsanspruchs Gutachten o.Ä. einzuholen und der Gemeinschaft vorzulegen. Ebenso muss er die Untersuchung der veränderten Bauteile auf Beschädigungen bzw. die fachgerechte Beseitigung der baulichen Veränderung dulden (OLG Celle ZMR 2004, 364 f.). Bei eigenmächtigen Veränderungen entspricht es darüber hinaus ordnungsmäßiger Verwaltung, ihm die Kosten der Untersuchung aufzuerlegen (OLG Celle ZMR 2004, 365).

g) Maßnahmen der Instandhaltung und Instandsetzung

Trotz u.U. erheblicher baulicher Maßnahmen liegt auch dann keine bauliche Verände- 193
rung vor, wenn sich diese im Rahmen der ordnungsgemäßen Instandsetzung und Instandhaltung bewegen. So kann etwa der Austausch von Versorgungsleitungen das ganze Haus in eine Baustelle verwandeln, eine bauliche Veränderung i.S.v. § 22 Abs. 1

WEG liegt gleichwohl nicht vor (AG Dresden ZMR 2006, 79). Für die Abgrenzung zur baulichen Veränderung entscheidend ist dabei, ob die Maßnahme den ursprünglichen Zustand erhalten oder wiederherstellen (OLG Düsseldorf ZMR 1999, 193) oder zu einer Änderung des Standards führen soll. So ist die Wiederherstellung der Versorgungsleitungen in oben angeführtem Beispiel stets eine Maßnahme der ordnungsgemäßen Instandsetzung und Instandhaltung. Dabei steht den Wohnungseigentümern ein Ermessensspielraum zu, wie sie Schäden beheben wollen, durch bloße Reparatur oder eine erneuernde Instandsetzung (OLG Hamburg ZMR 2004, 140). In der Konsequenz kann letztere **mit einfacher Mehrheit beschlossen** werden. Nicht selten besteht sogar wie bei Schäden an Versorgungsleitungen ein **Anspruch aus § 21 Abs. 4 WEG auf Tätigwerden**, wenn nur die Wiederherstellung der Funktionsfähigkeit ordnungsmäßiger Verwaltung entspricht (vgl. OLG Hamm WE 1993, 245). Hingegen ist etwa der Einbau von Leitungen eines neuen Energieträgers (z.B. Gas statt Öl) jedenfalls dann eine bauliche Veränderung, wenn die bisherige Anlage noch für absehbare Zeit funktionsfähig war und keine erhebliche Ersparnis aus dem Umbau resultiert (OLG Düsseldorf ZMR 1998, 186).

194 Gehen die Umbauten am Gemeinschaftseigentum über den bloßen Ersatz vorhandener Einrichtungen hinaus, ist zu prüfen, ob die Grundsätze der sog. **»modernisierenden Instandsetzung«** Anwendung finden. Diese sind durch die neuen Regelungen zur Modernisierung in § 22 Abs. 2 WEG nicht verdrängt; vielmehr fand die modernisierende Instandsetzung mit der Novelle in § 22 Abs. 3 WEG Anerkennung durch den Gesetzgeber. Damit wird die Jahrzehnte alte Rechtsprechung bestätigt, wonach sich die ordnungsmäßige Verwaltung nicht mit einer bloßen Reproduktion des vorigen Zustandes begnügen muss, sofern dies bei Jahrzehnte alten Anlagen überhaupt möglich ist. Vielmehr kann die Anpassung der Haustechnik an den aktuellen Standard geboten sein, um etwa Energie oder sonstige Kosten zu sparen. Ob eine solche modernisierende Instandsetzung oder eine bauliche Veränderung vorliegt, richtet sich danach, wofür sich der vernünftige, wirtschaftlich denkende Hauseigentümer in der Lage der Wohnungseigentümer entscheiden würde (BayObLG ZMR 2004, 443). Maßgeblich ist insbesondere die noch bestehende Funktionsfähigkeit bzw. der baldige Ausfall der vorhandenen Anlage (OLG Düsseldorf ZMR 1998, 186; OLG Hamm ZMR 1998, 189; BayObLG ZMR 2000, 549; 2004, 443 und 2005, 894; OLG Hamburg ZMR 2005, 804) und die Bewährung und Praxistauglichkeit des vorgesehenen neuen Systems (BayObLG ZMR 2004, 443). Ferner setzt eine modernisierende Instandsetzung i.d.R. voraus, dass eventuelle Mehrkosten gegenüber einer bloßen Wiederherstellung durch Einsparungen etwa aufgrund geringeren Energieverbrauchs aufgewogen werden (vgl. BayObLG ZMR 2002, 957; ZMR 2004, 443 und 2005, 894; OLG Hamburg ZMR 2005, 804), wobei verbreitet eine Amortisation binnen 10 Jahren gefordert wird (KG ZMR 1996, 283 f.; allgemeiner BayObLG ZMR 2004, 443; vgl. BGH ZMR 2003, 940; zu einer Ausnahme bei nicht mehr zeitgemäßer Funktion der Altanlage OLG Hamm ZMR 1998, 189 f. oder neuer Gesetzeslage BayObLG ZMR 2002, 210). Daneben können weitere Aspekte wie die Umweltverträglichkeit durch entfallende Geruchsimmissionen bei alten Ölheizungen (vgl. BayObLGZ 1988, 274; OLG Hamburg ZMR 2005, 804; ähnlich BayObLG ZMR 2004, 443), der Wegfall überflüssig werdender Zusatzanlagen (OLG Düsseldorf ZMR 2002, 957) bzw. das hierdurch bedingte Freiwerden von Räumen (OLG Hamburg ZMR 2005, 804), die langfristige Sicherung des Energiebedarfs (BayObLG ZMR 2004, 443; OLG Hamburg ZMR 2005, 804), die Vereinheitlichung der vorhandenen Anlagen (OLG Hamburg ZMR 2005, 804), die Verminderung von Schallimmissionen oder umgekehrt auch die Erforderlichkeit weit gehender Eingriffe in das Sondereigentum (BayObLG ZMR 2004, 443) zu berücksichtigen sein. Der Eigentümerversammlung steht bei der Auswahl der Sanierungsmaßnahmen i.Ü. ein gewisses, gerichtlich nicht überprüfbares Ermessen zu (OLG Düsseldorf ZMR 2002, 855; OLG Düsseldorf ZMR 2002, 957; OLG Hamburg ZMR 2003, 441 f.; 2005,

804 f.; BayObLG ZMR 2005, 894). Dass die äußere Erscheinung des Gebäudes verändert wird, steht der Einstufung einer Maßnahme als modernisierende Instandsetzung nicht entgegen, wenn die sonstigen Voraussetzungen vorliegen (BayObLG ZMR 1998, 365). Eine grundsätzliche Neuerung oder Umgestaltung überschreitet jedoch den Rahmen der modernisierenden Instandsetzung (BayObLG NJW 1981, 690).

Bloße Maßnahmen ordnungsmäßiger Verwaltung liegen auch bei der **erstmaligen Schaffung eines ordnungsgemäßen Zustandes** vor. Ist die Beschaffenheit des Gemeinschaftseigentums mangelhaft, stellt die Beseitigung dieses Mangels keine bauliche Veränderung dar. Dies ist insbesondere dann der Fall, wenn ein Zustand hergestellt wird, der der Teilungserklärung entspricht (BayObLG ZMR 2000, 38 f. und 627; OLG Düsseldorf ZMR 2000, 54), weshalb die genaue Lektüre von Teilungserklärung bzw. Gemeinschaftsordnung lohnend sein kann. Oftmals wird nämlich bei der Bauausführung von den eingereichten Plänen mit Abgeschlossenheitsbescheinigung abgewichen. Noch häufiger wird hinsichtlich sonstiger Vorgaben (etwa Trittschall) von der Teilungserklärung abgewichen. Der umbauwillige Wohnungseigentümer kann im günstigsten Fall ausfindig machen, dass die von ihm begehrten Türöffnungen oder Regenfallrohre (BayObLG ZMR 1999, 847) bereits vorgesehen sind. Aber auch die Durchführung von Baumassnahmen zwecks Einhaltung öffentlich-rechtlicher Vorschriften ist keine bauliche Veränderung, sondern die erstmalige Herstellung eines ordnungsgemäßen Zustands (BayObLG NJW 1981, 690; ZMR 1998, 648). Ebenso kann jeder Wohnungseigentümer die Entfernung kontaminierter Bauteile verlangen (BayObLG WuM 1993, 208). Selbst ohne entsprechende Vorschriften kann eine Maßnahme, die das Gemeinschaftseigentum vor Schäden bewahren soll, eine erstmalige Herstellung eines ordnungsgemäßen Zustands darstellen, etwa bei der Installation eines Blitzableiters (OLG Düsseldorf ZMR 2000, 783) oder bei Maßnahmen, die aus Gründen der Verkehrssicherungspflicht erforderlich sind (OLG Hamm ZMR 1996, 220 f.). In allen diesen Fällen kann sich der umbauwillige Eigentümer nicht nur den Vorwurf einer eigenmächtigen baulichen Veränderung ersparen (BayObLG ZMR 1995, 88). Er kann aus § 21 Abs. 4 WEG sogar die Durchführung der erforderlichen Maßnahmen auf Kosten der Gemeinschaft verlangen, da die erstmalige Herstellung eines der Teilungserklärung entsprechenden Zustandes deren Aufgabe ist (LG Konstanz ZMR 2001, 744; BayObLG ZMR 2002, 685). Folglich hat er sich nur mit seinem Kostenanteil nach § 16 Abs. 2 WEG bzw. einem in der Gemeinschaftsordnung festgelegten Schlüssel zu beteiligen (LG Konstanz ZMR 2001, 745). Auch die Berufung auf die Teilungserklärung kann aber gegen Treu und Glauben verstoßen (BayObLG ZMR 2001, 471; 2002, 686; OLG Düsseldorf ZMR 2002, 298). Dies wurde früher dann angenommen, wenn die erstmalige Herstellung eines ordnungsgemäßen Zustands erst 35 Jahre nach Errichtung der Anlage begehrt wird (BayObLG ZMR 2001, 366; a.A. bei einer 30 Jahre zurückliegenden Begründung von Wohnungseigentum LG Hamburg ZMR 2001, 1012). Diese Fallkonstellation hat mittlerweile wohl nur noch geringe Bedeutung, da auch der Anspruch auf erstmalige Herstellung eines ordnungsgemäßen Zustands der Regelverjährung von drei Jahren unterliegen soll (OLG Düsseldorf ZMR 2009, 706, 707; OLG Braunschweig ZMR 2010, 626; AG Hamburg ZMR 2009, 804; a.A., aber ohne Begründung AG Hannover, ZMR 2010, 239, 240). Der Einrede der Verjährung kann allerdings ihrerseits der Einwand unzulässiger Rechtsausübung entgegenstehen, wenn sich die Gegner der baulichen Änderung nie hierauf berufen, sondern stets in der Sache argumentiert haben (OLG Düsseldorf ZMR 2010, 131). Auch durch die langjährige Hinnahme einer Anlage, etwa eines Bewuchses, und ihre Behandlung als Teil des Gemeinschaftseigentums soll diese sogar zum rechtmäßigen Zustand werden (OLG Düsseldorf ZMR 2005, 305). 195

196 **Praxistipp:**

Vor der gerichtlichen Geltendmachung eines Anspruchs auf erstmalige Herstellung eines der Teilungserklärung entsprechenden Zustands muss die Eigentümerversammlung hiermit befasst werden (BayObLG ZMR 2001, 471). Denn ansonsten würde einem Antrag nach § 43 Nr. 1 WEG das Rechtsschutzbedürfnis fehlen, da dem Antragsteller mit der Anrufung der Eigentümerversammlung ein einfacherer Weg zur Durchsetzung seines Begehrens zur Verfügung steht. Anderes gilt nur, wenn eine Mehrheit für diesen Antrag von vorneherein ausgeschlossen oder ein solches Vorgehen unzumutbar ist (BayObLG ZMR 2001, 471).

197 Der Berufung auf den in der Teilungserklärung vorgesehenen Zustand steht das **Fehlen einer Regelung zu den Einzelheiten der Bauausführung** – etwa hinsichtlich der Versorgungsleitungen o.Ä. – nicht entgegen. Denn dann ist eine zur Herstellung des Bauwerks geeignete Ausführung zu wählen, die den bestehenden Vorschriften (etwa der Bauordnung und DIN-Vorschriften) entspricht und i.Ü. sachgerecht ist (BayObLG ZMR 1995, 88). Dagegen rechtfertigt die bloße Zweckmäßigkeit die Herstellung eines anderen Zustands grundsätzlich nicht (LG Wuppertal ZMR 2001, 484 f.; a.A. für einen Sonderfall BayObLG ZMR 1998, 649 mit zu Recht krit. Anm. Müller).

198 **Praxistipp:**

Ergibt die Teilungserklärung keinen dem Umbauwilligen günstigen Befund, kann sie doch immerhin Aufschluss über **unzulässige Veränderungen oder Nutzungen durch andere Miteigentümer** geben. Auch dies stärkt die Verhandlungsposition des Umbauwilligen ungemein. Zwar kann mit baulichen Veränderungen anderer Wohnungseigentümer nicht »aufgerechnet« werden (BayObLG WE 1998, 150; KG ZMR 2009, 792). Der mit Rückbauansprüchen Überzogene kann aber seinerseits – u.U. sogar im Wege der Widerklage – ein Beseitigungsverlangen geltend machen (vgl. BayObLG WE 1998, 150; ZMR 2001, 126), was der gütlichen Streitbeilegung im Wege des Vergleichs bzw. der gegenseitigen Antragsrücknahme ausgesprochen dienlich sein kann.

199 Ähnliche Grundsätze gelten, wenn es aufgrund **nachträglich eingetretener Umstände** der Wiederherstellung eines ordnungsgemäßen Zustandes bedarf. So kann etwa ein umsturzgefährdeter Baum gefällt (OLG Köln ZMR 1999, 661), nicht mehr sichere Kinderspielgeräte entfernt (BayObLG ZMR 1999, 844) und zur Verhinderung von Geländeabrutschungen eine Betonmauer errichtet werden (BayObLG ZMR 2001, 468). Die begehrte Maßnahme muss aber das mildeste Mittel darstellen; eine Gefahrenabwendung durch weniger beeinträchtigende Eingriffe ist vorrangig (BayObLG ZMR 2001, 468; AG Hamburg ZMR 2005, 822). Wünscht der Mandant etwa wegen zunehmender Verschattung seiner Wohnung das Fällen von Bäumen, wird eine Auslichtung häufig genügen (OLG Köln ZMR 1999, 661). Im Übrigen empfiehlt sich eine Überprüfung ihrer Standsicherheit. Denn das Beseitigungsverlangen ist unter Hinweis auf eine Umsturzgefahr weit leichter durchzusetzen (OLG Köln ZMR 1999, 661; BayObLG ZMR 2001, 565 f.). Zudem kann der einzelne Wohnungseigentümer u.U. wiederum das Tätigwerden der Gemeinschaft verlangen, wenn nur die Beseitigung des Mangels ordnungsmäßiger Verwaltung entspricht (OLG Hamm ZMR 2005, 808).

200 **Praxistipp:**

Ordnungsbehördlich angeordnete Maßnahmen gehören stets zur Wiederherstellung eines ordnungsgemäßen Zustandes der Liegenschaft. Denn mit den öffentlich-rechtlichen Vorschriften soll ein Mindeststandard erhalten werden, der den Ausschluss von Gefahren für Leib, Leben und sonstige Rechtsgüter der Bewohner gewährleistet (OLG Köln ZMR 2005, 404 f.).

5. Das Verhältnis zur Modernisierung

a) Modernisierungen als Unterfall der baulichen Veränderung

Die bauliche Veränderung ist nunmehr von den weiteren Ergänzungen des § 22 WEG abzugrenzen. Viele der jetzt als Modernisierung nach § 22 Abs. 2 WEG anzusehenden Maßnahmen waren nach bisherigem Verständnis bauliche Veränderungen. Dabei ist die begriffliche Abgrenzung die geringere Schwierigkeit: Erfüllt ein Vorhaben die Anforderungen des § 22 Abs. 2 WEG, ist es zumindest auch als Modernisierung anzusehen. Schwieriger ist die Frage zu beantworten, ob die Maßnahme weiterhin auch als bauliche Veränderung behandelt werden kann oder ausschließlich den Regeln des § 22 Abs. 2 WEG folgt. Dies ist keineswegs nur von rein theoretischem Interesse, da die Legalisierung einer baulichen Veränderung nach wie vor deutlich einfacher sein kann als die Herbeiführung einer qualifizierten Mehrheit für die Modernisierung. Dies ist gerade dann der Fall, wenn nicht alle Miteigentümer gem. §§ 22 Abs. 1, 14 Nr. 1 WEG beeinträchtigt werden und deren Zustimmung möglich erscheint. Auch ein einfacher, wenn auch anfechtbarer Mehrheitsbeschluss kann u.U. eher zum Ziel führen als die doppelt qualifizierte Mehrheit. **201**

b) Die Zustimmung durch die beeinträchtigten Wohnungseigentümer

Hier wird nach den beiden Möglichkeiten zur Legalisierung einer baulichen Veränderung zu differenzieren sein. Der Gesetzgeber hielt den Weg über die Zustimmung aller Beeinträchtigten häufig für aussichtslos. Es deutet aber nichts darauf hin, dass er ihn auch dann versperren wollte, wenn die Zustimmung nur einiger Miteigentümer erforderlich und zu erlangen ist. Vielmehr sollten die Grundsätze zur baulichen Veränderung gerade nicht umgestoßen, sondern nur um zusätzliche Möglichkeiten beim Versagen der alten Rechtspraxis erweitert werden. Sofern alle erforderlichen Zustimmungen vorliegen, ist eine bauliche Veränderung daher auch dann, wenn sie nunmehr als Modernisierung anzusehen ist, zulässig. Nur dies entspricht den durch den Gesetzgeber anerkannten Interessen der Beteiligten, da den Gegnern einer baulichen Maßnahme keine zusätzliche Handhabe verschafft werden sollte. **202**

c) Der einfache Mehrheitsbeschluss

Anderes dürfte bei der Entscheidung durch Mehrheitsbeschluss gelten. Denn die Möglichkeit, bauliche Veränderungen durch bestandskräftigen Mehrheitsbeschlusses zu legalisieren, hat die Entwurfsbegründung zwar ausdrücklich angesprochen (BT-Drucks. 16/887 S. 28 f.), aber für Modernisierungen gerade nicht für ausreichend befunden (BT-Drucks. 16/887 S. 31). An die Stelle dieses Vorgehens soll vielmehr die neue Regelung treten. Hierfür sprechen auch Erwägungen der Rechtssicherheit. Es wäre für die betroffenen Rechtskreise kaum hinnehmbar, wenn je nach Bedarf – u.U. noch bis zur Abstimmung – zwischen zwei gleichberechtigten Möglichkeiten der Beschlussfassung gewählt werden könnte. Während die Erfolgsaussichten beim Erfordernis einer doppelt qualifizierten Mehrheit noch vergleichsweise einfach abzuschätzen wären, brächte die Möglichkeit bloßer Zufallsentscheidungen mit einfacher Mehrheit unkalkulierbare Risiken mit sich. Zudem brächte dies regelmäßig Streit über den zu wählenden bzw. gewählten Abstimmungsmodus, so dass es zu unzähligen Klagen wegen falscher Beschlussverkündungen käme. Deshalb ist es vorzuziehen, § 22 Abs. 2 WEG und die dortigen Mehrheitserfordernisse bei Modernisierungen als abschließende Spezialregelung anzusehen. Mit einfacher Mehrheit kann eine bauliche Veränderung daher nur genehmigt werden, wenn sie nicht zugleich eine Modernisierung darstellt. Eine solch unterschiedliche Behandlung von Modernisierungen und sonstigen baulichen Verände- **203** rungen im Beschlussrecht findet seine Bestätigung i.Ü. darin, dass beide auch ansonsten bewusst nicht parallel ausgestaltet sind. So kann der einzelne Wohnungseigentümer zwar u.U. einen Anspruch auf Durchführung einer baulichen Veränderung haben, der auch durch das Gericht ersetzbar ist, nicht aber auf Vornahme einer Modernisierung, auch wenn die Voraussetzungen des §22 Abs.2 WEG vorliegen.

6. Die Beeinträchtigung einzelner oder aller Wohnungseigentümer

a) Die Interessenlage von Befürwortern und Gegnern einer baulichen Veränderung

204 Sind die Voraussetzungen einer baulichen Veränderung gegeben und unterfällt sie auch nicht den Vorschriften zur Modernisierung, so hängen die weiteren rechtlichen Möglichkeiten von Umbauwilligen und Gegnern einer Veränderung, sofern die Teilungserklärung keine besonderen Regelungen vorsieht, davon ab, ob die gewünschte Umgestaltung des gemeinschaftlichen Eigentums einen oder mehrere Wohnungseigentümer beeinträchtigt. Ist dies der Fall, bedarf die Durchführung der Maßnahme, wie im Gegenschluss aus §22 Abs.1 S.2 WEG hervorgeht, grundsätzlich der Zustimmung der betroffenen Miteigentümer. Je nach Haltung des Mandanten zu der vorgesehenen baulichen Veränderung kommt es mithin darauf an, das Vorliegen bzw. Nichtvorliegen einer Beeinträchtigung nachzuweisen, da hiervon abhängt, ob die Maßnahme ohne Weiteres durchgeführt werden kann.

205 **Praxistipp:**

Die Kosten der Durchführung einer baulichen Veränderung und ihres Rückbaus stellen naturgemäß ein erhebliches finanzielles Risiko dar. Da die Rechtsprechung zum Vorliegen einer Beeinträchtigung zudem keineswegs völlig einheitlich ist und Tatsachenfeststellungen überdies in der Berufung nur begrenzt überprüfbar sind, empfiehlt sich oftmals eine **gerichtliche Vorabklärung**. Diese kann im Verfahren nach §43 Nr.1 WEG durch einen Feststellungsantrag erfolgen, mit dem die Zustimmungsbedürftigkeit oder -freiheit einer bestimmten baulichen Veränderung durch einzelne oder alle Wohnungseigentümer festgestellt wird. Dies ist trotz des nunmehr anzuwendenden GKG jedenfalls billiger als die Kosten für Um- und Rückbau.

b) Die Definition der Beeinträchtigung

206 Beim Bemühen um den Nachweis des Vorliegens bzw. Nichtvorliegens einer Beeinträchtigung werden die Gegner einer baulichen Veränderung i.d.R. vor geringere Probleme gestellt als der Umbauwillige. Denn der Begriff des »Nachteils« ist weit zu verstehen und erfasst, wie der Verweis auf §14 WEG zeigt, **jeden bei einem geordneten Zusammenleben nicht schlechterdings unvermeidlichen Nachteil** (BVerfG ZMR 2005, 635; BGH NJW 1992, 979; OLG Düsseldorf ZMR 2001, 131). Es genügt mithin **jegliche nicht ganz unerhebliche Beeinträchtigung** (BayObLG ZMR 1997, 90; 2003, 515; OLG Düsseldorf ZMR 2001, 131). Lediglich völlig belanglose Nachteile mit Bagatellcharakter stellen keine Beeinträchtigung i.S.v. §22 Abs.1 S.2 WEG dar. Dies wird nur selten angenommen, etwa bei Herüberragen einer Thermo-Fassadenverkleidung in den Luftraum der Liegenschaft, was einen Grundstücksstreifen von ca. 7,5 cm Breite betraf (OLG Celle ZMR 2004, 362). Das Vorliegen eines Nachteils bemisst sich nicht nach dem subjektiven Empfinden des betroffenen Wohnungseigentümers, sondern nach einem **objektiven Maßstab**, also danach, ob ein neutraler Dritter an seiner Stelle die Veränderung nach der Verkehrsanschauung als Beeinträchtigung empfinden kann (BayObLG ZMR 1997, 90; 2003, 515; OLG Zweibrücken ZMR 1999, 430; 2004, 465; OLG Hamburg ZMR 2005, 305f.). Rein subjektive Empfindlichkeiten genügen nicht (BayObLG WE 1987, 157); eine Beeinträch-

tigung muss nach objektiven Maßstäben gegeben sein (OLG Hamburg ZMR 2003, 524 f.; LG Flensburg ZMR 2004, 70). Zur Beurteilung einer Beeinträchtigung können zunächst öffentlich-rechtliche Schutzvorschriften wie das BImschG herangezogen werden. Ihrer Einhaltung durch eine bauliche Maßnahme kommt Indizwirkung dafür zu, dass von der Anlage ausgehende Beeinträchtigungen nur unwesentlich i.S.v. § 906 Abs. 1 S. 2 BGB sind (BGH ZMR 2004, 416 ff.; OVG Lüneburg ZMR 2006, 83 f.). Sie kann aber durch wissenschaftliche Zweifel an der Richtigkeit der Grenzwerte oder durch fundierte Darlegungen zu einem auch bei ihrer Einhaltung fortbestehenden Gefahrenpotenzial im Einzelfall erschüttert werden (BGH ZMR 2004, 418). Weiter können technische Vorschriften wie DIN-Normen (BayObLG ZMR 2000, 311; OLG Köln ZMR 2002, 77; OLG München ZMR 2005, 650) oder VDI-Richtlinien als Maßstab dienen (BayObLG WuM 1985, 234), darüber hinaus auch die Vorschriften zum Nachbarrecht und ihre Konkretisierung in der Rechtsprechung wie auch die Regelungen des Baurechts (BayObLG ZMR 1999, 349; OLG Hamm ZMR 2003, 372). Eine pauschale Übernahme oder analoge Anwendung dieser Vorschriften scheidet jedoch aus, da sie die Beziehungen aller Rechtsgenossen untereinander regeln, während unter den Miteigentümern ein erhöhtes, über das übliche Nachbarschaftsverhältnis von Grundstückseigentümern hinausgehendes Maß an Rücksichtnahme geboten ist (OLG Köln ZMR 1997, 48; OLG Stuttgart ZMR 2001, 731; OLG Hamm ZMR 2003, 372). Eine Beurteilung der Beeinträchtigung alleine nach öffentlich-rechtlichen Grenzwerten, DIN-Normen oder VDI-Richtlinien kommt insbesondere bei Anlagen mit überdurchschnittlichem baulichen Niveau nicht in Betracht (OLG Köln ZMR 2004, 463; OLG München ZMR 2005, 650 f.). Ferner können die reinen, unter Laborbedingungen ermittelten Messergebnisse ungenügend sein, wenn die Störung von der Lästigkeit bestimmter Immissionen abhängt. Hierbei kommt es auf das Eigenempfinden des Tatrichters an, das nur durch Augenscheinseinnahme zu gewinnen ist (OLG Köln ZMR 2004, 463; OLG München ZMR 2005, 651). Überhaupt nicht anwendbar sind die nachbarrechtlichen Ausschlüsse von Beseitigungsansprüchen nach Ablauf einer bestimmten Zeit (OLG Köln ZMR 1997, 48); es kommt allenfalls eine Verwirkung in Betracht. Die Feststellung einer Beeinträchtigung ist grundsätzlich Sache der **Tatsacheninstanzen**, die in der Revision nur beschränkt überprüft werden kann (vgl. noch zum alten Recht OLG Köln ZMR 1995, 607; BayObLG ZMR 1997, 153; 2003, 857; 2005, 67; OLG Hamburg ZMR 1998, 798; 2003, 525; 2004, 140; 2005, 392). Auch die Revisionsinstanz hat aber zu überprüfen, ob bei der Auslegung des Nachteilsbegriffs gem. § 14 Nr. 1 WEG die Ausstrahlungswirkung des Eigentumsgrundrechtes ausreichend in die Abwägung einbezogen wurde (vgl. noch zum alten Recht BVerfG ZMR 2005, 635 f.; OLG München ZMR 2005, 650; OLG Schleswig ZMR 2005, 817).

Praxistipp: 207

Als Nachteil i.S.v. § 14 Nr. 1 WEG sind nur solche Veränderungen anzusehen, die nach durchgeführtem Umbau aus der baulichen Veränderung resultieren. Die mit den Bauarbeiten einhergehenden Beeinträchtigungen gehören folglich i.d.R. nicht dazu, sofern sie nicht infolge ihrer Dauer und Intensität (etwa bei lange Zeit aufgestellten Gerüsten und Baumaschinen) selbst auf eine bauliche Veränderung hinauslaufen (KG ZMR 1998, 370 f.; BayObLG WE 1991, 254; OLG München ZMR 2007, 999 f.; AG Hannover Rpfleger 1969, 132; Staudinger/Bub § 22 WEG Rn. 86; Bärmann/Merle § 22 Rn. 195). Auch ein Mieter hat sie hinzunehmen (OLG Hamburg ZMR 2004, 367).

c) Beeinträchtigung des optischen Gesamteindrucks

Der Rechtsanwalt des gegen eine bauliche Veränderung vorgehenden Wohnungseigen- 208
tümers hat naturgemäß darauf abzustellen, dass eine Beeinträchtigung vorliegt. Dabei kann auf eine umfassende Kasuistik zurückgegriffen werden, deren Fallgruppen sich

teilweise überschneiden bzw. mehrfach erfüllt sein können. Gemessen an der Zahl der veröffentlichten Entscheidungen ist die Beeinträchtigung des optischen Gesamteindrucks eines Gebäudes der in der Praxis wohl häufigste Nachteil (vgl. BGH ZMR 2004, 439; BayObLG ZMR 2001, 125 und 907; 2002, 138 und 950; 2003, 857; 2005, 67; OLG Zweibrücken ZMR 1998, 465; 2004, 61; OLG Düsseldorf ZMR 2001, 131; OLG Hamburg ZMR 2002, 622; 2005, 305 f., 392 und 394; OLG Celle ZMR 2004, 361 f. und 363; OLG Schleswig ZMR 2005, 816 f.; OLG München ZMR 2006, 68 und 69). Für die Annahme einer Beeinträchtigung kommt es im Gegensatz zu zweckwidrigen Nutzungen nicht auf eine typisierende Betrachtungsweise, sondern auf die konkreten Umstände des Einzelfalls an (BayObLG ZMR 1999, 119; ähnlich OLG Düsseldorf ZMR 1999, 582). Dabei ist streitig, ob im Grundsatz jede Veränderung an sich schon eine Beeinträchtigung darstellt (OLG Zweibrücken ZMR 1998, 465) oder ob es hierzu einer wertenden Betrachtung bedarf (BayObLG ZMR 1997, 153; OLG Hamburg ZMR 1998, 798; 2005, 391; OLG Zweibrücken ZMR 1999, 856; OLG Celle ZMR 2004, 362; OLG Schleswig ZMR 2005, 816). In der Praxis wirkt sich dieser Streit indessen selten aus, da die Gerichte im Hinblick auf das Vertrauen jedes Miteigentümers, dass sein Eigentum nicht gegen seinen Willen und seine Geschmacksvorstellungen »verschönert« wird, durchweg außerordentlich strenge Maßstäbe anlegen. Die Wertung, dass eine Veränderung den Gesamteindruck optisch nicht beeinträchtigt oder gar verbessert, ist daher selten (vgl. OLG Hamburg ZMR 2005, 392 zu einem Fensterumbau, der die ursprünglich vorhandene, durch Umbauten aber verlorene Symmetrie teilweise wiederherstellt). Es ist zu beobachten, dass häufig einzelne Aspekte, etwa die Störung der Symmetrie einer Fassade oder die Umgestaltung als solche (OLG Köln ZMR 1995, 607 f. mit ausdrücklichen Ausführungen zur ästhetischen Nachvollziehbarkeit der Wertung, ein Anbau sei gut eingefügt worden; anders LG Flensburg ZMR 2004, 70) zur Annahme einer optischen Beeinträchtigung ausreichen, ohne dass eine abwägende Gesamtsicht angestellt würde. Daher werden Änderungen am äußeren Erscheinungsbild der Anlage in der Praxis fast immer auch als Beeinträchtigungen des optischen Gesamteindrucks angesehen. Besonders strenge Maßstäbe gelten bei der Gebäudefassade (OLG Zweibrücken ZMR 2004, 62). Auch kleinere, für sich genommen möglicherweise noch unerhebliche Änderungen können eine Beeinträchtigung darstellen, wenn die Gefahr der Nachahmung und somit der Beginn einer Umgestaltung der Fassade droht (OLG Zweibrücken ZMR 1999, 431; LG Konstanz ZMR 2001, 226; sehr restriktiv dagegen OLG Hamburg ZMR 2003, 525). Im Übrigen genügt die Intensivierung einer bereits bestehenden Uneinheitlichkeit zur Annahme eines Nachteils (OLG Düsseldorf ZMR 2001, 132). Großzügiger sind Teile der Rechtsprechung bei **Reihen- oder Doppelhäusern**, die nach dem WEG aufgeteilt sind, da hier weniger Einheitlichkeit als bei Hochhäusern zu erwarten ist (OLG Stuttgart ZMR 1999, 286; OLG Hamburg ZMR 2003, 445 f.; vgl. ZMR 2005, 305 f. für Einfamilienhäuser; a.A. LG Berlin ZMR 2001, 575).

209 **Praxistipp:**

Bei mehrheitlich gewünschten Veränderungen lässt sich der Einwand des uneinheitlichen Erscheinungsbildes u.U. mit näheren Vorgaben zur jeweiligen Durchführung der Maßnahme (etwa zu Farbe, Form und Größe von Markisen, Blumenkästen, Außenrollläden o.Ä.) entschärfen (vgl. OLG Celle ZMR 2001, 836). Handelt ein Wohnungseigentümer einer entsprechend gefassten Zustimmung zuwider, muss er damit rechnen, dass seine abweichende Ausführung als ungenehmigte bauliche Veränderung behandelt wird und er zum Rückbau gezwungen ist (vgl. u. Rdn. 244).

Ausgeschlossen ist eine Beeinträchtigung auch dann, wenn sie aus keiner Perspektive, weder von außen, noch vom Grundstück noch aus einer Wohnung **sichtbar** ist (BGH ZMR 2004, 439; BayObLG NJW-RR 1993, 207; ZMR 1999, 118 und 838 f.; ähnlich ZMR 1997152 f.; OLG Hamburg ZMR 2003, 525) oder doch nur aus ganz ungewöhnlicher Perspektive, etwa aus der Luft (BayObLG ZMR 2002, 138). Ein aus Laubpflanzen bestehender Sichtschutz, der im Herbst und Winter entfällt, genügt allerdings nicht (LG Berlin ZMR 2001, 575). Auch steht es einem Beseitigungsanspruch nicht entgegen, wenn die bauliche Veränderung aus der Wohnung desjenigen, der sich hiergegen wendet, nicht zu sehen ist. Es genügt, dass die Veränderung generell von außen her sichtbar ist, gleichgültig, ob sie von der Straße, dem Garten oder einer anderen Wohnung aus wahrnehmbar ist (OLG Zweibrücken ZMR 2004, 62; OLG Celle ZMR 2004, 363 f.; LG Nürnberg-Fürth ZMR 2003, 536). Ähnlich wie bei einer optischen Verdeckung ist eine bauliche Veränderung auch dann nicht nachteilig, wenn bereits eine Vielzahl früherer Veränderungen zu einem uneinheitlichen Gesamteindruck geführt hat, der durch die geplante Maßnahme nicht mehr verstärkt wird (OLG Zweibrücken ZMR 1999, 431; BayObLG ZMR 1999, 839). 210

d) Möglichkeit intensiverer Nutzung

Ein weiterer, insbesondere beim Ausbau von Nebenräumen auftretender Nachteil ist die Möglichkeit der intensiveren Nutzung (OLG Karlsruhe ZMR 1999, 66; BayObLG WE 1994, 25; ZMR 2001, 46; 2003, 126). Diese ist bei der Umgestaltung von Neben- zu Wohnräumen so gut wie immer gegeben, da letztere eben nach Frequentierung und Auslastung stärker beansprucht werden als Keller, Dachböden, Abstellkammern o.Ä. Dies bedeutet auch ohne Erkennbarkeit von außen praktisch immer einen Nachteil für die anderen Miteigentümer, da die verstärkte Nutzung (und somit Abnutzung) des gemeinschaftlichen Eigentums zu ihren Lasten geht (BayObLG ZMR 2001, 995). Dabei kommt es nicht auf die konkrete Nutzung durch den jeweiligen Wohnungseigentümer, sondern auf die abstrakte Nutzungsmöglichkeit an (OLG Karlsruhe ZMR 1999, 66; KG ZMR 2009, 791). Auch wenn der umbauende Wohnungseigentümer selbst noch Zurückhaltung übt, könnte nämlich jedenfalls ein Sonderrechtsnachfolger die dann bereits vorhandenen Möglichkeiten intensiver nutzen. Ist umgekehrt die Wohnnutzung von Nebenräumen nach der Teilungserklärung zulässig, können bauliche Veränderungen nicht mit dem Argument einer verstärkten Nutzungsmöglichkeit angegriffen werden (BayObLG ZMR 1997, 90 f.). Ein Umbau, der lediglich die verstärkte Nutzung von Sondereigentum oder eine dem Umbauenden zur alleinigen Nutzung zugewiesenen Fläche oder Räumlichkeit zur Folge hat, ist aber naturgemäß unerheblich, da er diese im Rahmen des § 14 Nr. 1 WEG ohnehin nach Belieben nutzen kann (OLG Hamburg ZMR 2005, 392; OLG Düsseldorf ZMR 2005, 644). 211

e) Entzug von Gebrauchsmöglichkeiten

Insbesondere bei der Gartengestaltung kommt es oftmals zur Einfriedung bestimmter Flächen, die ein Wohnungseigentümer zu Recht oder zu Unrecht glaubt, alleine nutzen zu können. Diese Einfriedungen aller Art (Zäune, Hecken, Flechtwerk u.Ä.) stellen abgesehen von der häufig damit einhergehenden optischen Beeinträchtigung i.d.R. deswegen eine Beeinträchtigung dar, weil sie die anderen Miteigentümer von der Benutzung der betroffenen Fläche ausschließen (OLG Düsseldorf ZMR 1996, 397; BayObLG ZMR 2003, 858; 2004, 127 f.) oder zumindest den Zugang erschweren (BayObLG ZMR 2000, 314; zur Verlängerung der Wege in der Anlage s. OLG München ZMR 2006, 69). Ähnliches gilt, wenn im Gebäude Räumlichkeiten wie Flure, Treppenpodeste o.Ä. abgetrennt und in eine Wohnung einbezogen werden. Ein Entzug von Gebrauchsmöglichkeiten kann ausnahmsweise unbeachtlich sein, wenn nur eine geringe Fläche, etwa ein nur 212

75 cm breiter Grundstücksstreifen unter einem Balkon im Erdgeschoss (BayObLG WuM 1991, 216) betroffen ist. Sind die Miteigentümer kraft Sondernutzungsrechtes ohnehin schon vom Mitgebrauch ausgeschlossen, ist der Ausschluss von der Nutzungsmöglichkeit kein Nachteil (vgl. OLG Düsseldorf ZMR 2005, 142 – LS Nr. 4). Die Abtrennung kann aber auch unter dem Gesichtspunkt der optischen Veränderung unzulässig sein.

f) Immissionen

213 Ein gravierender Nachteil i.S.v. § 22 Abs. 1 S. 2 WEG ist auch die Entstehung oder Verstärkung von Immissionen infolge der baulichen Veränderung. Die Beseitigung rechtfertigen allerdings nur solche Immissionen, die zwangsläufig mit der Baumaßnahme verbunden sind. So begründet inadäquates Sozialverhalten von Miteigentümern im Bereich einer Sitzgruppe nur eigenständige Unterlassungsansprüche, rechtfertigt aber nicht die Beseitigung der Anlage (OLG Karlsruhe ZMR 1997, 609; vgl. BayObLG ZMR 2002, 611, dort aber unrichtig zu den Immissionen einer Mobilfunksendeanlage, die zwangsläufig mit deren Betrieb verbunden und deshalb von der dort erteilten Zustimmung umfasst waren). Hingegen stellt die Verlegung von Sammelplätzen für Müll oder Altglas unter diesem Gesichtspunkt eine beeinträchtigende bauliche Veränderung dar, wenn ein Miteigentümer hierdurch stärker als zuvor mit Geruchs- oder Lärmimmissionen belastet wird (OLG Karlsruhe ZMR 1997, 609; vgl. BayObLG ZMR 2002, 535 f.; vgl. OLG München ZMR 2006, 69; LG Flensburg ZMR 2005, 987). Ähnliches gilt für die Rauchbelästigung durch Außenkamine (OLG Köln NZM 2000, 764), die Geräusche einer Aufzugsanlage (AG Hamburg ZMR 2005, 822) oder die Installation von Bewegungsmeldern oder sonstigen Beleuchtungskörpern, sofern diese einen Miteigentümer über das in § 14 Nr. 1 WEG zugelassene Maß beeinträchtigen (OLG Karlsruhe ZMR 1997, 609; KG ZMR 2005, 978; anders bei Änderungsmöglichkeiten der Einstellung als milderem Mittel AG Hamburg ZMR 2002, 872). Ebenso kann der Einbau einer Klimaanlage zu Geräusch- oder Heißluftimmissionen führen, die nach § 14 Nr. 1 WEG nicht zu dulden sind (OLG Zweibrücken ZMR 1999, 589). Zu beeinträchtigenden Immissionen kann es ferner bei Veränderungen der wasserführenden Leitungen und des Bodenaufbaus kommen. Hier ist allerdings zu unterscheiden: Der betroffene Miteigentümer kann nur dann ohne weiteres die Beseitigung der baulichen Veränderung verlangen, wenn diese in das Gemeinschaftseigentum eingreift, wenn beim Umbau etwa der Estrich entfernt wurde. Hat der umbauende Wohnungseigentümer lediglich einen den Trittschall dämmenden Bodenbelag, der in seinem Sondereigentum steht, entfernt, ist diese Maßnahme nur als unzulässige Nutzung nach § 1004 BGB, § 14 Nr. 1 WEG angreifbar. Auch bloße Abnutzungen eines Teppichbodens lösen nur einen Anspruch auf Instandhaltung nach § 14 Nr. 1 WEG aus (OLG Köln ZMR 2004, 463). Das setzt eine Beeinträchtigung durch den neuen bzw. abgelaufenen Bodenbelag voraus, wobei eine Verschlechterung gegenüber dem ursprünglichen Zustand bei Begründung der Wohnungseigentümergemeinschaft nachzuweisen ist. Jedenfalls nach dem Austausch der Bodenbeläge wird der Nachweis einer Verschlechterung häufig (insbesondere bei länger zurückliegenden Teilungen) nicht mehr zu führen sein, da der erstmalige Zustand oftmals nicht zu rekonstruieren ist. In diesem Fall kann der von den Immissionen betroffene Wohnungseigentümer nur die Beseitigung zusätzlicher Mängel durch den neuen Bodenbelag (z.B. durch Schaffung neuer Schallbrücken) verlangen (OLG Köln ZMR 2003, 705).

Praxistipp: 214

Oftmals zeigt sich erst durch einen Nutzerwechsel oder Veränderungen im Sondereigentum, etwa nach Auswechseln des Bodenbelags, die **Fehlerhaftigkeit des Gemeinschaftseigentums**, etwa in Gestalt unzureichender Isolationen oder ungenügenden Bodenaufbaus. In diesem Fall besteht kein Anspruch auf Nutzungsbeschränkungen oder weitere Maßnahmen zur Verbesserung der Isolation gegen den einzelnen Wohnungseigentümer (OLG Köln ZMR 2002, 77 f.; 2003, 705; OLG Düsseldorf ZMR 2002, 298; OLG München ZMR 2005, 650). Es kommt nur ein Anspruch gegen die Eigentümergemeinschaft auf erstmalige Herstellung eines ordnungsgemäßen Zustandes in Betracht (OLG Stuttgart NJW-RR 1994, 1497; OLG Köln ZMR 2002, 78 und 2003, 705; vgl. OLG Schleswig ZMR 2003, 876 ff.). Wenn Beeinträchtigungen aber sowohl auf mangelhafte Bauausführung des Gemeinschaftseigentums als auch auf Veränderungen des Sondereigentums zurückgehen, hat der Wohnungseigentümer Letzteres wenigstens dann zur Beseitigung der Beeinträchtigungen Instand zu setzen, wenn die Mängelbehebung beim Gemeinschaftseigentum weit aufwendiger wäre (OLG Düsseldorf ZMR 1995, 494 f.).

Welche Bestimmungen zum Schutz vor Immissionen nach baulichen Veränderungen gelten sollen, diejenigen bei Begründung der Wohnungseigentümergemeinschaft oder diejenigen zur Zeit des Umbaus, wird nicht einheitlich beantwortet. Nach einer Erneuerung von Bad und Toilette sollen die zu dieser Zeit geltenden DIN-Normen maßgeblich sein, auch wenn sie strenger sind als diejenigen bei Errichtung der Anlage (BayObLG ZMR 2000, 312). Dies ist schwerlich mit der Handhabung im entsprechenden Fall der Auswechselung von Bodenbelägen zu vereinbaren. Denn dort haftet der Eigentümer nur für eine Verringerung des Trittschallschutzes, muss also lediglich zusätzliche Schallbrücken entfernen oder bei Einbringen eines weniger dämmenden Belages für eine anderweitige Zusatzdämmung sorgen (OLG Hamm ZMR 2001, 842 f.; ähnlich OLG München ZMR 2005, 650 f. mit der oben angeführten Ausnahme ursprünglich besonders hohen Schallschutzes). Da die Miteigentümer, wie oben ausgeführt, nicht die Verbesserung des ursprünglichen Zustandes verlangen können, erscheint das Abstellen auf den ursprünglichen Zustand folgerichtig. 215

g) Verstärkte Einsehbarkeit

Häufig ergibt sich insbesondere bei der Schaffung neuer Fenster, dem Anbau von Balkonen oder der Beseitigung von Hecken bzw. sonstigem Sichtschutz auch insoweit eine Beeinträchtigung, als bislang sichtgeschützte Bereiche von dort eingesehen werden können (BayObLG ZMR 2001, 46; 2005, 378; OLG Hamburg ZMR 2003, 524). Hierbei handelt es sich jedenfalls dann um eine Beeinträchtigung nach § 22 Abs. 1 S. 2 WEG, wenn die betroffenen Bereiche nicht ohnehin der Öffentlichkeit zugänglich sind. Allerdings ist auf Seiten des Umbauwilligen zu prüfen, ob andere Sichtschutzmaßnahmen diesen Nachteil beseitigen können. Entsprechende Investitionen lohnen sich allerdings nur, wenn die Veränderung nicht ohnehin, insbesondere wegen einer Beeinträchtigung des optischen Gesamteindrucks zu beseitigen ist. 216

h) Negative Immissionen

Umgekehrt kann der Anbau eines Balkons oder eines sonstigen Gebäudeteils anderen Wohnungen etwa Licht nehmen (BayObLG ZMR 2001, 640; OLG Hamm ZMR 2002, 544; vgl. OLG Köln DWE 1997, 33), die Luftzirkulation beeinträchtigen, die Aussicht nehmen (BayObLG ZMR 2001, 640; 2003, 516; KG 2005, 76) oder den Fernsehempfang beeinträchtigen. Solche sog. negativen Immissionen sind im Gegensatz zum Nachbarrecht abwehrfähige Beeinträchtigungen gem. § 22 Abs. 1 S. 2 WEG. Allerdings ist auch 217 hier zu prüfen, ob diese Nachteile für die Miteigentümer trotz Durchführung der Maßnahme durch andere Vorkehrungen beseitigt werden können.

i) Schäden an Gemeinschafts- oder Sondereigentum

218 Eine Beeinträchtigung nach § 22 Abs. 1 S. 2 WEG ist stets auch dann zu bejahen, wenn es zu Schäden am Gemeinschaftseigentum kommen kann. Das ist etwa bei Mauerdurchbrüchen oder Eingriffen in die Dachhaut der Fall, die in Substanz oder Statik des Gebäudes eingreifen (OLG Düsseldorf ZMR 1997, 437; BayObLG WE 1991, 254; ZMR 1998, 362). Es genügt eine konkrete Gefährdung, selbst wenn ein Schaden nicht mit Sicherheit vorausgesagt werden kann. Absehbare zukünftige Kausalverläufe wie das Wachstum eines Baumes und die Beschädigung des Gebäudes durch Wurzeln o.Ä. sind zu berücksichtigen (BayObLG NJW-RR 1996, 1166). Als Beeinträchtigung ist auch die gesteigerte Wartungs- und Reparaturanfälligkeit gemeinschaftlicher Anlagen (OLG Düsseldorf ZMR 2001, 375; LG Hamburg ZMR 2001, 395) oder die Erschwerung von Reparaturen und Wartungen (BayObLG ZMR 1996, 571) anzusehen. Hierbei dürfte es allerdings nicht genügen, dass neue Anlagen bloß komplizierter sind als ihre Vorgänger, da dies nicht zwangsläufig mit höherem Wartungsbedarf einhergeht. Zudem würde man ansonsten nach dem WEG aufgeteilte Liegenschaften vom technischen Fortschritt abkoppeln, da modernere Anlagen regelmäßig komplizierter sind als die ursprünglich eingebauten. Eine Beeinträchtigung nach § 22 Abs. 1 S. 2 WEG ist auch anzunehmen, wenn bei reparaturanfälligen Gebäudeteilen wie Flachdächern Streitigkeiten drohen, ob ein Schaden ohnehin eingetreten wäre oder gerade durch die bauliche Veränderung verursacht wurde (BayObLG WE 1991, 254; NJW-RR 1995, 650; ZMR 1996, 571). Es ist aber auch im Hinblick auf (befürchtete) Schäden am Gemeinschaftseigentum seitens des Umbauwilligen stets zu prüfen, ob diese Beeinträchtigungen durch geeignete Maßnahmen ausgeschlossen werden können.

j) Gefährdung anderer Wohnungseigentümer

219 Eine nicht mehr nach § 14 Nr. 1 WEG hinzunehmende Beeinträchtigung liegt selbstverständlich auch dann vor, wenn eine bauliche Veränderung andere Wohnungseigentümer gefährdet. Dies wird häufig mit einem Verstoß gegen Schutzvorschriften einhergehen, was aber nicht zwangsläufig der Fall ist. So stellt auch die Anbringung von Schutzgittern oder sonstigen Baulichkeiten, die den Aufstieg und Einbruch in darüber liegende Geschosse erleichtert, eine Beeinträchtigung in diesem Sinne dar (OLG Zweibrücken ZMR 2000, 704; BayObLG ZMR 2001, 828). Dies gilt in verstärktem Maße bei der Gefahr körperlicher Schäden etwa durch noch nicht hinreichend erprobte Techniken der Wasseraufbereitung oder der Rohrsanierung (AG Dresden ZMR 2006, 79 f.).

k) Einzelfälle baulicher Veränderungen ohne Beeinträchtigung

220 Eine gewisse Aussicht, mit Erfolg gegen die Annahme einer Beeinträchtigung zu argumentieren, besteht, wenn

– lediglich die **Ausführung der baulichen Veränderung** selbst Beeinträchtigungen für die anderen Wohnungseigentümer mit sich bringt, da diese nur kurzfristig sind (BayObLG WE 1991, 254; AG Hannover Rpfleger 1969, 132; Staudinger/Bub § 22 WEG Rn. 86; Bärmann/Merle § 22 Rn. 195);
– der Gegner einer Veränderung nur bloße **Befürchtungen oder subjektive Empfindungen**, aber keine konkreten Nachteile vorbringt (OLG Karlsruhe ZMR 1985, 209; BayObLG WE 1987, 157); die nahe liegende Gefahr zukünftiger Schäden ist aber zu berücksichtigen (s.o. Rdn. 218);

- die Beeinträchtigung **Familienmitglieder** betrifft, da diese nach dem Rechtsgedanken von § 1618a BGB auch im Wohnungseigentumsrecht stärkeren Duldungspflichten unterliegen sollen (BayObLG WE 1994, 26), was freilich im Hinblick auf Sonderrechtsnachfolger problematisch erscheint;
- die bauliche Veränderung nur im Hinblick auf hinzutretende **hypothetische Kausalverläufe** angegriffen wird, da diese grundsätzlich nicht zu berücksichtigen sind (OLG Celle ZMR 2001, 836; OLG Karlsruhe ZMR 1985, 209);
- nur die **Kostenbelastung** angegriffen wird, sofern sich der Miteigentümer ihr gem. § 16 Abs. 6 WEG durch einfache Nichtzustimmung entziehen kann (BayObLG ZMR 1997, 90; OLG Hamburg ZMR 2004, 140; AG Hannover ZMR 2005, 313); die Gefahr, bei Insolvenz des Umbauenden an den Kosten beteiligt zu werden, ist als zusätzlicher hypothetischer Kausalverlauf unerheblich;
- sich die beabsichtigte bauliche Veränderung auf nur ein Gebäude einer **Mehrhausanlage** beschränkt (BayObLGZ 1975, 180; OLG Stuttgart WEM 1980, 77; LG Kiel ZMR NJW-RR 1990, 719; Bärmann/Merle § 22 Rn. 175; a.A. BayObLG NZM 2002, 871);
- die Gefahr **unsachgemäßer Bauausführung** gerügt wird, da die fehlerhafte Ausführung nicht unterstellt werden kann, sondern im Einzelfall nachzuweisen ist (OLG Karlsruhe ZMR 1985, 209; NJWE-MietR 1997, 32);
- zwar eine Veränderung vorliegt, diese aber eine **Verbesserung** gegenüber dem vorigen Zustand darstellt, was aber wohl nur in Extremfällen etwa beim Ausgleich früherer Veränderungen (OLG Hamburg ZMR 2005, 392; weitergehend LG Flensburg ZMR 2004, 70) oder bei ungepflegten Gebäuden oder Flächen (LG Wuppertal ZMR 2001, 485) anzunehmen ist.
- die Verlegung von **Versorgungsleitungen** sogar zu einer Erhöhung des Durchgangs führt (LG Itzehoe ZMR 2010, 640).

7. Abweichende Regelungen in der Teilungserklärung und Gemeinschaftsordnung

a) Die Bedeutung der Abdingbarkeit von § 22 Abs. 1 WEG für die anwaltliche Vertretung

Spätestens dann, wenn die von dem umbauwilligen Mandanten beabsichtigte Maßnahme **221** grundsätzlich eine bauliche Veränderung darstellt, die mindestens einen anderen Wohnungseigentümer beeinträchtigt, ist eine nähere Auseinandersetzung mit der Teilungserklärung und eventuellen Vereinbarungen der Wohnungseigentümer geboten. Entsprechendes gilt für die Vertretung der Umbaugegner, wenn die Maßnahme keine bauliche Veränderung darstellt oder die Mandantschaft hiervon nicht in rechtlich erheblicher Weise betroffen ist. Die Vorschriften zur baulichen Veränderung sind nämlich abdingbar (s. zuletzt BayObLG ZMR 2005, 213; OLG München ZMR 2005, 726; OLG Düsseldorf ZMR 2006, 143 f.) und können durch speziell auf die jeweilige Anlage zugeschnittene Regelungen ersetzt werden, was sich zumindest bei Mehrhausanlagen oder Reihenhaussiedlungen regelmäßig auch zur Vermeidung überflüssiger Konflikte empfehlen wird (besonders deutlich hierzu OLG Stuttgart ZMR 1999, 286). Trotz grundsätzlich gegebener Beschlusskompetenz sind Beschlüsse über die (Un)zulässigkeit baulicher Veränderungen nichtig, wenn sie von Regelungen der Gemeinschaftsordnung abweichen (LG Hamburg ZMR 2010, 61). Abreden der teilenden Eigentümer vor Eintragung der Wohnungseigentumsrechte in das Grundbuch sind gegenüber den Sonderrechtsnachfolgern allerdings unwirksam, wenn sie abstrakt-generell nicht gem. § 10 Abs. 3 WEG in das Grundbuch eingetragen wurden (KG ZMR 2001, 656 f.). Entsprechendes gilt für Abreden, die lediglich in den **Kaufvertrag**, aber nicht in die Teilungserklärung aufgenommen wurden, da sie lediglich die Beziehungen zum Verkäufer, nicht aber zu den anderen Wohnungseigentümern regeln (OLG Köln ZMR 2000, 862; BayObLG ZMR 2005, 76 f.).

222 **Praxistipp:**

Ist die Anwendung wohnungseigentumsrechtlicher Vorschriften zu Nutzung und Veränderungen (etwa bei Reihen- oder Doppelhäusern) in der Teilungserklärung abbedungen, ist der Nachbar nicht rechtlos. Er kann nur nicht die Einhaltung der (strengeren) Vorgaben des § 14 Nr. 1 WEG verlangen. Vielmehr richtet sich sein Schutz insoweit wieder nach dem **allgemeinen Nachbarschaftsrecht**, also nach §§ 906 ff. BGB (BayObLG ZMR 1997, 41 f.; 2000, 236; 2001, 363 und 473; OLG Hamburg ZMR 2003, 870), und den drittschützenden Normen des öffentlichen Rechts (BayObLG ZMR 2000, 236; 2001, 363; 473 und 564 f.; 2005, 213; OLG Hamburg ZMR 2003, 870), etwa zu Abstandsflächen (BayObLG ZMR 2001, 473 und 564). Wenn allerdings aufgrund einer **Baugenehmigung** feststeht, dass das Vorhaben nicht gegen öffentlich-rechtliche Vorschriften verstößt, muss der Miteigentümer dies auch im Verfahren nach § 43 Nr. 1 WEG gegen sich gelten lassen (BayObLG ZMR 2001, 565; a.A. noch BayObLG ZMR 1997, 42), sofern die Bauausführung nicht von der Genehmigung abweicht (BayObLG ZMR 2001, 473). Dies gilt allerdings nicht, wenn der betroffene Wohnungseigentümer gar nicht am öffentlich-rechtlichen Genehmigungsverfahren beteiligt wurde, da ihm ansonsten zu keiner Zeit rechtliches Gehör gewährt wurde. Dann kann er die materielle Baurechtswidrigkeit der Baugenehmigung noch im Verfahren nach § 43 WEG geltend machen (BayObLG ZMR 1997, 42 – insoweit noch aktuell; s. BayObLG ZMR 2005, 213). Andere, nicht drittschützende Vorschriften des öffentlichen Rechtes wie Brandschutzanforderungen (BayObLG ZMR 2005, 213) oder Vorschriften zum Wärme- und Schallschutz (BayObLG ZMR 2005, 213) sind im Verhältnis der Wohnungseigentümer untereinander unbeachtlich, weil sie alleine die Möglichkeiten des Einschreitens der Baubehörde regeln und nur von dieser auf ihre Einhaltung zu überwachen sind (vgl. BayObLG ZMR 2000, 547; OLG Hamm ZMR 2001, 1007).

223 Die Vorgaben in Teilungserklärung und Gemeinschaftsordnung können sehr verschiedenen Inhalts sein. Ihre Bandbreite reicht von der **völligen Abbedingung bis zur Verschärfung der Voraussetzungen für bauliche Veränderungen**, da § 22 Abs. 1 WEG in vollem Umfang dispositiv ist.

224 **Praxistipp:**

Teilungserklärungen sind oftmals sehr unsorgfältig ausgeführt. Enthalten sie eine dem Mandanten ungünstige Regelung, sollte der Anwalt unbedingt weiterlesen. Es finden sich nämlich nicht selten weitere, **widersprüchliche Bestimmungen**, etwa zur erforderlichen Mehrheit oder zu Art und Umfang der Baumaßnahmen, die vorab zugelassen werden. Im Falle eines solchen Widerspruchs kann grundsätzlich keine der einander widersprechenden Regelungen Vorrang beanspruchen. Es gilt dann wieder das dispositive Gesetzesrecht (OLG Oldenburg ZMR 1998, 196; vgl. OLG Stuttgart ZMR 1999, 285).

b) Erleichterungen für den Bauwilligen

225 Die Erleichterungen für umbauwillige Wohnungseigentümer lassen sich in zwei Kategorien einteilen, nämlich in **Vorabzustimmungen** für bestimmte bauliche Veränderungen und **Verfahrensregelungen**, die ein gegenüber dem Gesetz modifiziertes, eben erleichtertes Zustimmungsverfahren vorsehen. Am günstigsten für den umbauwilligen Wohnungseigentümer sind Vorabzustimmungen. Liegt eine solche vor, kann er die gewünschte Veränderung ohne weiteres vornehmen (OLG Düsseldorf ZMR 2000, 190 f.). Eine Grenze zieht die allgemeine Treuepflicht den anderen Wohnungseigentümern gegenüber, die verunstaltende bauliche Umgestaltungen verbietet, was aber nicht schon bei einer deutlich abweichenden Fassadenfarbe anzunehmen ist (OLG Düsseldorf

ZMR 2006, 143 f.). Derartige Regelungen können auf **einzelne Veränderungen**, etwa das Anbringen von Werbung (BayObLG ZMR 2001, 125) oder die Gartengestaltung (OLG Schleswig ZMR 2001, 853 f.) beschränkt sein und an bestimmte Voraussetzungen geknüpft sein. Häufig ist etwa die Zustimmung zur Anbringung von Markisen, evtl. unter Beschränkung der Farbauswahl (OLG Celle ZMR 2001, 835). Ähnliches gilt für den Einbau von Dachflächenfenstern oder Balkonverglasungen (OLG Düsseldorf ZMR 2000, 190). Es können aber auch ganze **Bündel von Maßnahmen** vorab für zulässig erklärt werden. Besonders häufig (und sinnvoll) sind entsprechende Erleichterungen etwa für Terrassen- und Gartengestaltung etc. in Reihen- oder Doppelhaussiedlungen, da die Eigentümer in derartigen Anlagen eine dem Alleineigentum an einem Grundstück stark angenäherte Stellung erhalten und Beschränkungen durch Mitspracherechte der Miteigentümer anderer Häuser besondere Konfliktpotenziale bieten (vgl. BayObLG ZMR 1997, 41; 2000, 236; 2001, 363). Dabei umfasst die Gestattung baulicher Veränderungen »im räumlichen Bereich des dem jeweiligen Wohnungseigentümer zustehenden Hauses« auch die Umgestaltung der Außenfassade (BayObLG ZMR 2000, 236). Häufig werden aber noch weiter gehende Befugnisse eingeräumt, etwa zum **Ausbau von Nebenräumen** oder zum Anbau von Terrassen bzw. Balkonen (OLG Zweibrücken ZMR 2004, 781). Hier ist darauf zu achten, dass die eingeräumte Befugnis nicht überschritten wird: Darf etwa der Dachspeicher isoliert und begehbar gemacht werden, beinhaltet dies noch nicht die Nutzung zu Wohnzwecken. Bei **Abweichungen von der Genehmigung** ist die bauliche Veränderung auf das zulässige Maß zu reduzieren bzw., wenn nicht nur eine größere, sondern eine andere Anlage errichtet wurde, vollständig zu beseitigen (OLG Köln ZMR 1995, 607; OLG Hamburg ZMR 2003, 869). Eine **weniger beeinträchtigende Anlage** – etwa ein Carport anstelle der vorab gestatteten Garagen – ist aber nicht zu beanstanden (vgl. LG Hamburg ZMR 2002, 225 f.). I.d.R. wird eine solche Vorabzustimmung auch die **Kostentragung** des umbauenden Wohnungseigentümers vorsehen. Diese wird i.d.R. dahin gehend auszulegen sein, dass er nicht nur die Kosten für die Vornahme der baulichen Veränderung, sondern auch diejenigen für eventuell bei der Bauausführung entstehende Schäden (OLG Düsseldorf ZMR 2001, 647) und **Folgekosten** zu tragen hat (BayObLG ZMR 2001, 831). Den umbauenden Wohnungseigentümer trifft gegenüber den Miteigentümern eine **Haftung** aus § 280 Abs. 1 BGB für die ordnungsgemäße Durchführung der Arbeiten, wobei ihm Verschulden von Bauhandwerkern nach § 278 BGB zugerechnet wird (OLG Düsseldorf ZMR 2005, 467). Ob seine Ansprüche gegen diese verjährt sind, ist im Verhältnis zu den Wohnungseigentümern unerheblich (OLG Düsseldorf ZMR 2005, 467 f.).

Praxistipp: 226

Zustimmungen zu baulichen Veränderungen können auch in anderen Regelungszusammenhängen **»versteckt«** sein, etwa in der Gestattung bestimmter Nutzungen. Darf ein Teil- oder Sondereigentum etwa zu bestimmten, z.B. gewerblichen Zwecken genutzt werden, umfasst dies regelmäßig auch die Zustimmung zu den hierfür erforderlichen baulichen Veränderungen wie etwa die Anbringung einer Briefkasten- und Klingelanlage oder eines Firmen- bzw. Praxisschildes (vgl. BayObLG ZMR 2001, 124 f.). Alleine die Zulässigkeit einer bestimmten Nutzung berechtigt aber noch nicht zum Einbau aller hierfür erforderlichen oder wünschenswerten Anlagen (vgl. KG ZMR 2002, 967 f. zu einer Abluftanlage für eine Gaststätte).

Eine von § 22 Abs. 1 WEG abweichende Regelung kann die Teilungserklärung auch hin- 227
sichtlich des **Verfahrens der Zustimmung** enthalten. Denkbar ist etwa ein Abrücken vom Einstimmigkeitsprinzip bei beeinträchtigenden baulichen Veränderungen, indem diese generell durch eine **qualifizierte Mehrheit** (etwa zwei Drittel oder drei Viertel der Eigentümer) genehmigt werden können (OLG Düsseldorf ZMR 1996, 568 f.; BayObLG ZMR

1999, 53). In Betracht kommt ferner eine Beschränkung der Mehrheitsentscheidung auf bestimmte Maßnahmen, etwa die farbliche Gestaltung des Gebäudes (BayObLG ZMR 2001, 830). Eine Bestimmung über mehrheitlich zu beschließende Maßnahmen kann sich schließlich auch in einer Abgrenzung zwischen baulichen Veränderungen und modernisierenden Instandsetzungen erschöpfen (OLG Zweibrücken ZMR 1999, 588).

228 **Praxistipp:**

Die oftmals nicht bis ins Letzte durchdachten Regelungen vieler Teilungserklärungen bieten der rechtsanwaltlichen Kreativität oftmals großen Spielraum. Häufig kann man eine bauliche Veränderung etwa mit einem Erst-Recht-Schluss auch dann dem Mehrheitsbeschluss zugänglich machen, wenn sie in der dem Umbauwilligen günstigen Klausel nicht genannt ist. Kann etwa nach der Teilungserklärung mit einfacher Mehrheit über »Änderungen der äußeren Gestalt« befunden werden, soll dies auch für Innenausbauten o.Ä. gelten, da ansonsten der Anbau eines Balkones, nicht aber die weit weniger belastende Installation einer Zwischentür mit Mehrheit genehmigt werden könnte (OLG Düsseldorf ZMR 1999, 193).

229 Liegen solche Öffnungsklauseln vor, kommt es nur auf das Abstimmungsergebnis, nicht mehr auf die Beeinträchtigung an, sofern die Teilungserklärung dies nicht ausdrücklich vorsieht (OLG Düsseldorf ZMR 1996, 569; KG ZMR 2003, 782; OLG München ZMR 2005, 726). Auch die Kostenregelung des § 16 Abs. 6 WEG kann jedenfalls bei Maßnahmen, die nicht nur einzelnen Wohnungseigentümern, sondern der gesamten Gemeinschaft zugute kommen sollen, abbedungen sein. Der überstimmte oder nicht mitstimmende Wohnungseigentümer ist dann an den Kosten der baulichen Veränderung zu beteiligen (BayObLG ZMR 2001, 830). Dabei ist allerdings zu berücksichtigen, dass nach § 16 Abs. 5 WEG die Befugnisse zur Kostenregelung nach § 16 Abs. 3, 4 WEG nicht eingeschränkt werden können. Eine Bestimmung in der Teilungserklärung, die etwa eine größere Mehrheit verlangt, ist daher nach neuem Recht unwirksam. Die Teilungserklärung kann die Zustimmung zu baulichen Veränderungen auch einfachen Mehrheitsbeschlüssen zugänglich machen. Allerdings werden bauliche Veränderungen auch hierdurch nicht der beliebigen Disposition der Mehrheit unterstellt. Vielmehr muss ein solcher Beschluss **sachliche Gründe** haben und darf **keine unbillige Benachteiligung** einzelner Miteigentümer nach sich ziehen (KG ZMR 1999, 851 – im Einzelfall sehr weitgehend). Auch eine wiederholte Änderung ist möglich, wenn hierfür ein sachlicher Grund vorliegt (vgl. KG ZMR 2005, 901).

230 Ein Beschluss nach dem in der Gemeinschaftsordnung vorgesehenen erleichterten Verfahren ist nach den allgemeinen Regeln im Verfahren nach § 43 Nr. 4 WEG **anfechtbar.** So führen **formelle Mängel** wie Einberufungs- oder Ladungsfehler zur Ungültigerklärung. Auch das Nichterreichen der erforderlichen (qualifizierten) Mehrheit kann die Anfechtung rechtfertigen. Allerdings ist insoweit nach allgemeinen Grundsätzen die Verkündung des Beschlussergebnisses durch den Versammlungsleiter vorerst wirksam; es kann nur im Verfahren nach § 43 Nr. 4 WEG beseitigt werden (BGH ZMR 2001, 811 ff.). Materiell kommt es bei Öffnungsklauseln in der Teilungserklärung auf die – einfache – Beeinträchtigung eines (anfechtenden) Wohnungseigentümers nicht mehr an. **Prüfungsmaßstab** sind nunmehr die Grundsätze ordnungsmäßiger Verwaltung (KG ZMR 2005, 901). Daran kann es etwa im Hinblick auf den Kostenaufwand und die fehlende Kostendeckung für das Vorhaben fehlen (Abramenko ZMR 2005, 587 f.). Ferner ist, wie gesagt, das Vorliegen sachlicher Gründe bzw. die unbillige Benachteiligung eines Wohnungseigentümers zu prüfen. Umgekehrt dürfte dann aber nach allgemeinen Grundsätzen des *Beschlussrechtes auch* das **Stimmverhalten des anfechtenden Wohnungseigentümers** unerheblich sein, da das Rechtsschutzbedürfnis für die Anfechtung auch im Falle eines

positiven Abstimmungsverhaltens nicht entfällt (OLG Karlsruhe ZMR 2003, 291). Ob die Ja-Stimme als Zustimmung nach dispositivem Recht gewertet werden könnte, spielt dann keine Rolle, da die Teilungserklärung das Gesetzesrecht ja gerade abbedingt und es somit auf die Zustimmung nach § 22 Abs. 1 S. 2 WEG gerade nicht ankommen soll. Fraglich ist, ob eine **unbillige Benachteiligung gerade des anfechtenden Wohnungseigentümers** vorliegen muss. Auch dies dürfte nach allgemeinem Beschlussrecht zu verneinen sein, da das Rechtsschutzbedürfnis keine eigene Benachteiligung durch den angegriffenen Beschluss erfordert. Vielmehr genügt das Interesse an einer ordnungsmäßigen Verwaltung (BayObLG WE 1993, 344; WuM 1999, 180; NZM 2002, 872). Dies wird insbesondere dann eine Rolle spielen, wenn die bauliche Veränderung für die Wohnungseigentümer unterschiedliche Auswirkungen hat und nur ein einfach benachteiligter, nicht aber der unzumutbar betroffene Wohnungseigentümer den Beschluss anficht.

c) Die Erschwerung baulicher Veränderungen

Die Teilungserklärung kann bauliche Veränderungen auch über die Regelung in § 22 Abs. 1 **231**
WEG hinaus ausschließen, etwa auch die Aufstellung mobiler Anlagen (vgl. BayObLG ZMR 2002, 950; s.o. Rdn. 185 f.) oder die Veränderung der im Sondereigentum stehenden Bodenbeläge untersagen (OLG Köln ZMR 2003, 704). Derartige Regelungen in der Teilungserklärung sind insbesondere für den Gegner einer Maßnahme von Interesse, die entweder nicht als bauliche Veränderung zu qualifizieren ist oder ihn nicht beeinträchtigt. In diesem Fall können Regelungen der Teilungserklärung helfen, die für sämtliche bauliche Maßnahmen – etwa auch für solche der (modernisierenden) Instandhaltung – die Zustimmung aller Wohnungseigentümer oder zumindest einer qualifizierten Mehrheit erfordern. Hierbei empfiehlt sich insbesondere eine sorgfältige Lektüre von Öffnungsklauseln. Oftmals verwenden diese nämlich nicht den Terminus der baulichen Veränderung, sondern umschreiben die betroffenen Maßnahmen. Bei solchen Abweichungen vom Gesetz wird stets zu prüfen sein, ob auch ein nicht als bauliche Veränderung i.S.v. § 22 Abs. 1 WEG zu klassifizierendes Vorhaben unter das Erfordernis einer qualifizierten Zustimmung fällt. Selbstverständlich hat aber auch der Anwalt des umbauwilligen Wohnungseigentümers stets genau zu prüfen, ob die geplante Maßnahme tatsächlich von dem Ausschluss erfasst ist. So erfasst das Verbot von Veränderungen an der äußeren Gestalt des Gebäudes nicht die Anbringung von Stufen zwischen Terrasse und Gartenfläche im Garten (BayObLG ZMR 2005, 67).

d) Die Zustimmung des Verwalters

Ob die nach der Teilungserklärung einzuholende **Zustimmung des Verwalters** zu einer **232**
baulichen Veränderung eine Erleichterung oder eine Erschwerung für den Umbauwilligen ist, muss stets besonders gründlich geprüft werden. Es ist zwar grundsätzlich möglich, die Entscheidungsbefugnis hierüber auf den Verwalter zu übertragen (KG ZMR 1998, 657, wo nach der Teilungserklärung die Zustimmung der Wohnungs- und Teileigentümer ausdrücklich nicht erforderlich sein sollte). Auch in diesem Fall muss die Entscheidung des Verwalters aber gerichtlich überprüfbar sein, wobei keine anderen Maßstäbe gelten können als bei einer Öffnungsklausel zugunsten der Eigentümermehrheit (OLG Köln DWE 1997, 33; insoweit unrichtig KG ZMR 1998, 658). Eine solche Alleinzuständigkeit des Verwalters wird von der Rechtsprechung aber nur sehr selten angenommen. Da hierdurch aus dem Eigentum resultierende Individualrechte der einzelnen Wohnungseigentümer betroffen sind, die grundsätzlich nach eigenem Dafürhalten über eine Zustimmung zu baulichen Veränderungen ihres Gemeinschaftseigentums befinden können, wird ein Zustimmungserfordernis regelmäßig nicht als »Entmachtung« der Miteigentümer, sondern als zusätzlicher Schutz angesehen: Als **Vorschalterfordernis** soll es

ein eigenmächtiges Vorgehen einzelner Eigentümer verhindern, das die Miteigentümer dann nur noch durch gerichtliche Maßnahmen abwehren könnten (BGH ZMR 1996, 276; OLG Düsseldorf ZMR 1997, 436; KG NJW-RR 1991, 1300 f.; ZMR 2002, 698; OLG Köln DWE 1997, 33; ZMR 2004, 146 f.; OLG Schleswig ZMR 2005, 817). Die Wohnungseigentümer können gleichwohl die Entscheidung hierüber an sich ziehen und entgegen einer Genehmigung des Verwalters die Zustimmung zu einer baulichen Veränderung verweigern oder umgekehrt entgegen seiner Ablehnung die Durchführung der Maßnahme gestatten. Daher ist das Fehlen einer Entscheidung des Verwalters unerheblich, wenn die Eigentümerversammlung sogleich selbst über eine bauliche Veränderung befindet (OLG Düsseldorf ZMR 2005, 644). Der Mehrheitsbeschluss ersetzt allerdings nur die Entscheidung des Verwalters; ein Ausschluss der Individualansprüche ist mit dem Mehrheitsbeschluss auch dann nicht gegeben, wenn die Möglichkeit einer Korrektur der Verwalterentscheidung durch die Eigentümerversammlung in der Gemeinschaftsordnung ausdrücklich vorgesehen ist (KG NJW-RR 1991, 1300; OLG Düsseldorf ZMR 1997, 436; 2005, 644). Zumindest der professionelle Verwalter kann i.Ü. von einer eigenen Entscheidung über die Zulässigkeit einer baulichen Veränderung nicht in jedem Falle unter Berufung auf die Letztentscheidungsbefugnis der Wohnungseigentümerversammlung absehen. Er darf diese Frage nur dann der Eigentümerversammlung zur Erteilung einer Weisung vorlegen, wenn ernstliche Zweifel über die richtige Entscheidung bestehen, wobei er den Beschluss der Eigentümerversammlung auch in diesem Fall durch Aufarbeitung der tatsächlichen und rechtlichen Fragen vorzubereiten und einen Vorschlag vorzulegen hat (BGH ZMR 1996, 276; weitergehend, die Übertragung schon zur Wahrung der Neutralität befürwortend KG ZMR 2005, 900). Ohne eine Zuweisung einer entsprechenden Befugnis an den Verwalter, begründet die bloße Erlaubnis bestimmter baulicher Veränderungen in der Teilungserklärung allerdings keinerlei Entscheidungsbefugnis des Verwalters (OLG Hamburg ZMR 2005, 565).

233 **Praxistipp:**

Verweigert der Verwalter die Zustimmung, kann er in jedem Falle auf Erteilung in Anspruch genommen werden, auch wenn die Möglichkeit besteht, die Eigentümerversammlung anzurufen (OLG Frankfurt/M. OLGZ 1984, 62; vgl. BayObLG WE 1989, 67). Die gerichtliche Entscheidung ersetzt dann aber nur das Vorschalterfordernis, wenn dem Verwalter keine weiter gehenden Befugnisse verliehen sind. Hat sich der umbauende Wohnungseigentümer weder um die Zustimmung des Verwalters noch der Eigentümerversammlung bemüht, kann eine Beseitigung gleichwohl nicht verlangt werden, wenn die Voraussetzungen einer Genehmigung vorliegen (BGH ZMR 2004, 441; OLG Köln NZM 2001, 54; OLG Schleswig ZMR 2005, 817; a.A. BayObLG ZMR 2002, 950 f., weil die Teilungserklärung § 22 Abs. 1 WEG abbedinge und die verschärften Vorgaben, eben die Genehmigung durch den Verwalter, nicht erfüllt seien; ähnlich auch OLG München ZMR 2005, 726 f.).

8. Anspruch auf Zustimmung zu einer baulichen Veränderung

234 Bietet auch die Teilungserklärung keine Möglichkeit einer erleichterten Durchsetzung der baulichen Veränderung, ist zu prüfen, ob der Umbauwillige ohnedies einen Anspruch hierauf geltend machen kann. Dieser kann sich insbesondere aus schuldrechtlichen Beziehungen zwischen den betroffenen Wohnungseigentümern ergeben. Ansonsten kann ein Anspruch auf Duldung baulicher Veränderungen in seltenen Ausnahmefällen auch **aus § 242 BGB** resultieren, wenn sich die Treuepflicht zwischen den Eigentümern infolge außergewöhnlicher Umstände unter Abwägung der widerstreitenden Interessen zu einer Zustimmungspflicht verdichtet. Dies wurde etwa dann bejaht, wenn infolge häufiger

Wohnungseinbrüche mangels anderer adäquater Lösungen nur eine Fenstervergitterung effektiven Schutz versprach (KG NJW-RR 1994, 401). Ähnliches gilt für die Entfernung eines Sitz- und Grillplatzes, dessen Lärm- und Geruchsemmissionen gerade vor dem Schlafzimmer eines Eigentümers unzumutbar sein können (BayObLG ZMR 2001, 910; 2002, 686). Ebenso kann eine bauliche Veränderung in Form eines Sichtschutzes zu dulden sein, wenn nur so die Einsehbarkeit des Privatbereichs zu vermeiden ist (AG Pinneberg ZMR 2003, 612 f.). In der Praxis häufig anzutreffen sind auch entsprechende Ansprüche auf Zustimmung zu baulichen Veränderungen aufgrund der **Wertungen des Grundgesetzes**. So kann aus der Berufsfreiheit aus Art. 12 GG eine Zustimmungspflicht zur Anbringung von Firmen-, Kanzlei- oder Praxisschildern resultieren (vgl. KG NJW-RR 1995, 334; BayObLG ZMR 2001, 124 f.; OLG Karlsruhe ZMR 2002, 219). Ebenso kann aus Art. 3 Abs. 3 S. 2 GG die Pflicht einer behindertengerechten Veränderung des Gemeinschaftseigentums, etwa des Einbaus eines Treppenliftes, resultieren. Allerdings gebietet das Eigentumsgrundrecht aus Art. 14 GG, auf das sich die anderen Wohnungseigentümer berufen können, eine sorgfältige **Grundrechtsabwägung** (BVerfG ZMR 2005, 635 f.). Die Miteigentümer müssen nur diejenige Lösung hinnehmen, die ihre Belange, also insbesondere die Wahrung eines ungestörten optischen Gesamteindrucks ihres Gebäudes, so wenig wie möglich benachteiligt (BGH ZMR 2004, 440; OLG Düsseldorf ZMR 1995, 555). Darüber hinaus ist auch zu berücksichtigen, ob der Widerstreit der gegenläufigen Grundrechtspositionen vom umbauwilligen Wohnungseigentümer schuldhaft herbeigeführt wurde (AG Hamburg ZMR 2003, 455). Hat er etwa in Kenntnis der fehlenden baulichen Anlagen an einen gehbehinderten Wohnungseigentümer vermietet und ohne Absprachen mit den Miteigentümern Zusagen bezüglich ihrer Nachrüstung gemacht, verpflichtet dies die anderen Wohnungseigentümer nicht zur Zustimmung. Hier geht der vermietende Wohnungseigentümer das Risiko unzureichender, nicht behindertengerechter Anlagen bewusst ein und kann die Wohnungseigentümer nicht durch Eingehen entsprechender Verpflichtungen zur Genehmigung baulicher Veränderungen zwingen (AG Hamburg ZMR 2003, 455 f.).

9. Das Verlangen baulicher Veränderungen

a) Die Neuerung in der gesetzlichen Regelung

An dieser Rechtslage ändert sich durch die Novelle wenig. Der neue Wortlaut des § 22 **235**
Abs. 1 S. 1 WEG, wonach bauliche Veränderungen nunmehr »verlangt werden« können, deutet zwar auf eine Erweiterung des Anspruchs auf Zustimmung zu baulichen Veränderungen hin. In § 22 Abs. 1 S. 1 WEG a.F. kam der Formulierung, dass bauliche Veränderungen »nicht gem. § 21 Abs. 3 beschlossen oder gem. § 21 Abs. 4 verlangt werden« können, rein bekräftigende Bedeutung zu: Fehlte die Zustimmung der beeinträchtigten Wohnungseigentümer sollte sie nicht – endgültig – durch Mehrheitsbeschluss und folglich auch nicht durch eine auf § 21 Abs. 4 WEG gestützte richterliche Entscheidung überwunden werden können, die einen solchen Beschluss ersetzte. Die jetzige Fassung, der zufolge bauliche Veränderungen verlangt werden können, ist nicht nur ins Positive gewandt. Sie geht über die Betonung des Gleichlaufs von Beschlussfassung und Verlangen nach § 21 Abs. 4 WEG hinaus, da sie neben der – unveränderten – Möglichkeit einer (anfechtbaren) Beschlussfassung einen bislang nicht existierenden Anspruch einzelner Eigentümer auf Durchführung baulicher Veränderungen normiert. Dabei handelt es sich nicht um ein redaktionelles Versehen, da diese Möglichkeit in der Begründung des Entwurfs ausdrücklich besprochen wird (BT-Drucks. 16/887 S. 29).

b) Nur einzelnen Wohnungseigentümern zugute kommende bauliche Veränderungen

236 Diese Neufassung erweist sich indessen von vorneherein als verfehlt, wenn bauliche Veränderungen nur einzelnen Wohnungseigentümern zugute kommen, also insbesondere bei Umbauten innerhalb einer Wohnung oder Teileigentumseinheit. Deren Rechtmäßigkeit hängt nach altem und neuen Recht alleine von der Zustimmung der beeinträchtigten Wohnungseigentümer ab. Dies soll ja gerade der Sinn der missverständlichen Formulierung sein, dass Beschlüsse nur gefasst werden können, »wenn jeder Wohnungseigentümer zustimmt, dessen Rechte durch die Maßnahmen über das in § 14 Nr. 1 bestimmte Maß hinaus beeinträchtigt werden« (BT-Drucks. 16/887 S. 28 f.). Ohne Beeinträchtigung ist weder eine Zustimmung noch gar eine Beschlussfassung erforderlich: »Wohnungseigentümern, die durch die Maßnahme nicht im vorbezeichneten Sinne betroffen werden, können den Einzelnen im Ergebnis also nicht an der Durchführung der Maßnahme hindern. Insofern ändert also sich nichts am geltenden Recht« (BT-Drucks. 16/887 S. 29). In diesem Fall und beim Vorliegen der erforderlichen Zustimmungen kann der umbauwillige Wohnungseigentümer die bauliche Veränderung aber ohne Weiteres vornehmen, wie die Entwurfsbegründung selbst ausführt (BT-Drucks. 16/887 S. 29). Einem Beschlussantrag auf der Eigentümerversammlung oder gar einem gerichtlichen Vorgehen fehlt dann schlicht das Rechtsschutzbedürfnis, da der umbauwillige Wohnungseigentümer seine Rechtsposition hierdurch nicht verbessern kann (ähnlich auch Häublein NJW 2005, 1470).

c) Der Gemeinschaft insgesamt zugute kommende bauliche Veränderungen

237 Eine gewisse Bedeutung kann das Verlangen einer baulichen Veränderung nur dann erlangen, wenn es um Maßnahmen zugunsten der gesamten Gemeinschaft geht. Denn diese kann ein einzelner Wohnungseigentümer auch nach Zustimmung der beeinträchtigten Miteigentümer nicht eigenmächtig durchführen. Der Eigentümergemeinschaft kommt nämlich bei der Beurteilung, ob eine bestimmte Verwaltungsmaßnahme auf ihre Kosten in Angriff genommen werden soll, ein erhebliches Ermessen zu. Über eine ablehnende Entscheidung kann sich auch das Gericht nur hinwegsetzen, wenn alleine die begehrte Maßnahme nach § 21 Abs. 4 WEG ordnungsmäßiger Verwaltung entspricht (vgl. BT-Drucks. 16/887 S. 29). Gerade bei baulichen Veränderungen wird dies nur ausgesprochen selten der Fall sein, da sie ja in den Bestand des Gemeinschaftseigentums eingreifen und einen u.U. lange Zeit für gut befundenen Zustand abändern. In Betracht kommt ein Anspruch auf Vornahme einer baulichen Veränderung allenfalls bei gravierenden Änderungen des äußeren Umfeldes, etwa aufgrund schwerwiegender Änderungen der Verkehrsführung, die Lärmschutzmaßnahmen oder Absperrungen zum Schutz spielender Kinder zwingend geboten erscheinen lassen.

10. Der Mehrheitsbeschluss

a) Die Beschlusskompetenz

238 Besteht kein Anspruch auf Zustimmung der beeinträchtigten Wohnungseigentümer, kann der umbauwillige Wohnungseigentümer versuchen, diese durch einen Mehrheitsbeschluss ersetzen zu lassen. Zwar ist ein Mehrheitsbeschluss zur Genehmigung einer baulichen Veränderung weder erforderlich noch hinreichend, da es grundsätzlich (nur) der Zustimmung der beeinträchtigten Miteigentümer bedarf (BGHZ 73, 199 f.; OLG Hamm ZMR 1996, 391; BayObLG ZMR 2001, 640; 2002, 63; OLG Hamm ZMR 2005, 566). Der Eigentümerversammlung kommt aber auch nach dem Ende des Zitterbeschlusses insoweit **Beschlusskompetenz** zu. Diese Angelegenheiten gehören nämlich ausweislich der amtlichen Überschrift zur »Verwaltung« des gemeinschaftlichen Eigentums, die nach § 21 Abs. 3 WEG durch Beschluss der Mehrheit erfolgt. Dass sie sich dabei im Rahmen

der ordnungsmäßigen Verwaltung zu bewegen hat, betrifft die Rechtmäßigkeit des im Einzelnen gefassten Beschlusses, nicht aber die Beschlusskompetenz (BGH ZMR 2000, 774 f.; BayObLG ZMR 2001, 292 und 995; 2004, 132; OLG Köln ZMR 2001, 475; 2004, 147; OLG Zweibrücken ZMR 2004, 62; OLG Celle ZMR 2004, 361; OLG Hamburg ZMR 2004, 366; OLG Düsseldorf ZMR 2005, 144; OLG Hamm ZMR 2005, 566 f.; a. A. nunmehr Armbrüster ZWE 2008, 61 ff. u. ZMR 2009, 252 ff.). In der Praxis ist die Beschlussfassung gerade in größeren Einheiten, in denen sich so gut wie immer einige Eigentümer aus Desinteresse oder grundsätzlicher Opposition zu einer Zustimmung nicht bereit finden, häufig der einzige Weg, bauliche Veränderungen – auch im Interesse der Gemeinschaft – durchzusetzen. Der durch eine bauliche Maßnahme begünstigte Wohnungseigentümer ist nicht nach § 25 Abs. 5 WEG vom Stimmrecht ausgeschlossen, da diese Ausnahmevorschrift nur Rechtsgeschäfte zwischen dem betroffenen und den anderen Wohnungseigentümern, nicht aber die Wahrnehmung korporativer Befugnisse wie des Stimmrechts betrifft (BayObLG ZMR 2004, 210). Die Wohnungseigentümer können dabei sowohl über künftige Vorhaben befinden als auch bereits durchgeführte Maßnahmen durch Mehrheitsbeschluss genehmigen (BayObLG NJW-RR 2000, 1399). Wird ein solcher Beschluss mangels Anfechtung bestandskräftig, bindet er folglich nach § 10 Abs. 4 WEG auch diejenigen Eigentümer, die gegen den Antrag gestimmt oder sich an der Abstimmung nicht beteiligt haben. Wurde ein Wohnungseigentümer aber über die bauliche Veränderung getäuscht, kann ihm bei Versäumung der Frist nach § 46 Abs. 1 S. 3 WEG Wiedereinsetzung gewährt werden (BayObLG ZMR 2001, 995).

Praxistipp: 239

Aufgrund der Beschlusskompetenz handelt auch der **Verwalter** nicht pflichtwidrig, der das Zustandekommen der Zustimmung durch einen entsprechenden Mehrheitsbeschluss feststellt. Anderes dürfte allerdings bei Vorgaben zu Mehrheitserfordernissen in der Teilungserklärung gelten, da die gesetzlichen Vorgaben hierdurch gerade abgeändert werden. Eine zu Unrecht verkündete Zustimmung zu einer baulichen Veränderung ist aber auch in diesem Falle anzufechten, da insoweit die Beschlussfeststellung maßgeblich ist (BGH ZMR 2001, 811 ff.).

b) Inhalt und Folgen eines Beschlusses

Sofern der Umbauwillige den Versuch einer Zustimmung zur geplanten Maßnahme kraft 240
Mehrheitsbeschlusses unternimmt, ist auf eine möglichst eindeutige Fassung des Textes zu achten. Dies betrifft zum einen den Ausspruch der Genehmigung selbst. Etwa die bloße Ablehnung, von dem Urheber der baulichen Veränderung deren Beseitigung zu verlangen, stellt noch keine Genehmigung dar (BayObLG WuM 1995, 505; ZWE 2000, 306; ZMR 2004, 446). Zum anderen ist zu einer möglichst genauen Bezeichnung der baulichen Veränderung, möglichst unter Bezugnahme auf amtliche Pläne oder, falls diese nicht erforderlich sind, Unterlagen des Bauhandwerkers o.Ä. zu raten, die möglichst als Anlage der Niederschrift beigefügt werden sollten. Andernfalls riskiert der Umbauwillige mangels **Bestimmtheit** zumindest die Anfechtbarkeit der Genehmigung, wenn eine durchführbare Regelung noch erkennbar ist (OLG Düsseldorf ZMR 2005, 144; BayObLG ZMR 2005, 300; AG Hamburg ZMR 2005, 822). Ist überhaupt nicht mehr *ersichtlich, an welchem Ort* welche Veränderung in welchem Umfang erfolgen darf, ist die Zustimmung sogar nichtig (OLG Hamm ZMR 2005, 908; vgl. BayObLG WuM 1996, 440; OLG Hamburg ZMR 2001, 727; OLG Oldenburg ZMR 2005, 814 f.). Eine Blankettzustimmung, bei der zwar die geplante Maßnahme, aber ihre genaue Lage, Größe oder sonstige Beschaffenheit bewusst nicht festgelegt wird, widerspricht ordnungsmäßiger Verwaltung (OLG Düsseldorf ZMR 2002, 216). Zumindest kann aber neuer Streit darüber entstehen, ob die gebaute Anlage der im Beschluss genehmigten entspricht. Für

die **Übereinstimmung der gebauten mit der beschlossenen Änderung** ist nämlich der umbauende Wohnungseigentümer beweisbelastet, was ohne entsprechende Unterlagen häufig zum Unterliegen im gerichtlichen Verfahren führen wird. Wird aber eine bereits bestehende bauliche Veränderung genehmigt, ist die unzureichende Bestimmtheit eines Beschlusses unschädlich, da die Bauausführung ein außerhalb des protokollierten Beschlusses liegender Umstand ist, der für jedermann erkennbar ist und zu seiner Auslegung herangezogen werden kann (OLG Düsseldorf ZMR 2005, 144 f.). Möglich ist auch eine **Delegation der Entscheidung**, etwa auf den Verwaltungsbeirat oder den Verwalter, wobei die Wohnungseigentümer deren Erteilung von der Erfüllung bestimmter Auflagen abhängig machen können (OLG Hamburg ZMR 2005, 565).

241 **Praxistipp:**

Nimmt ein Wohnungseigentümer im Vertrauen auf einen unklaren Eigentümerbeschluss bauliche Veränderungen vor, hat er **keinen Anspruch auf Ersatz der Kosten für Errichtung und Rückbau**, wenn er erfolgreich auf Beseitigung in Anspruch genommen wird. Es besteht nämlich kein einklagbarer Anspruch auf klare Beschlussfassungen. Im Zweifelsfall müsste der Umbauwillige den Inhalt des Beschlusses – etwa im Verfahren nach § 43 Nr. 4 WEG – bindend klären lassen. I.Ü. trifft ihn bei Umsetzung eines unklaren Beschlusses auch ein überwiegendes Mitverschulden (KG ZMR 2002, 149).

242 Ferner ist darauf zu achten, dass bei der Maßnahme kein fremdes Sondereigentum in seiner Substanz beeinträchtigt wird. So dürfen die Wohnungseigentümer keine Planungen beschließen, die Räumlichkeiten etwa durch Versetzen von Trennmauern tatsächlich anderen Wohnungen einverleiben. Ebenso wenig können sie über Bodenbeläge oder sonstige im Sondereigentum stehende Gebäudebestandteile beschließen. Ein solcher Beschluss wäre als **Eingriff in den Kernbereich des Sondereigentums** gleichfalls nichtig (OLG Köln ZMR 2001, 569). Selbstverständlich ist dabei aber, wie schon § 14 Nr. 4 WEG zeigt, nicht jede Einwirkung auf das Sondereigentum erfasst. Bedarf es etwa zu Reparaturzwecken der Öffnung einer Wand oder der Abnahme eines Bodenbelages, muss der betroffene Wohnungseigentümer dies gegen Ersatz seiner Schäden dulden (BayObLG ZMR 2004, 762).

243 **Praxistipp:**

Die Duldungspflicht bei zulässigen Maßnahmen nach § 14 Nr. 4 WEG kann gerade bei finanziell unzureichend ausgestatteten Gemeinschaften zu erheblichen Schwierigkeiten bei der Durchsetzung von Ersatzansprüchen führen. Dies rechtfertigt aber nicht die Anfechtung entsprechender Eigentümerbeschlüsse. Vielmehr ist den Interessen des betroffenen Wohnungseigentümers am besten gedient, wenn er die **Stellung einer Sicherheit** verlangt, sofern die Inanspruchnahme des Sonder- oder Teileigentums vorhersehbar zu Schäden führen wird (KG NJW-RR 1986, 697).

244 Der bestandskräftige Mehrheitsbeschluss, der eine bauliche Veränderung genehmigt, ersetzt die Zustimmung der beeinträchtigten Wohnungseigentümer. Der begünstigte Wohnungseigentümer darf aber nur die konkret beschlossene Maßnahme, keine weiteren durchführen, auch wenn sie sich im Nachhinein zur Erreichung des mit dem Umbau verfolgten Zwecks als notwendig erweisen (BayObLG ZMR 1998, 362 zu einem Deckendurchbruch bei genehmigtem Wanddurchbruch). **Abweichungen** von der genehmigten Maßnahme sind wie rechtswidrige bauliche Veränderungen zu behandeln; der Umbau ist also auf das erlaubte Maß zu reduzieren oder, wenn ein Teilrückbau nicht möglich ist, insgesamt zu beseitigen (LG Bremen ZMR 2001, 150). Anders als bei der bloßen Verjährung oder Verwirkung von Ansprüchen aus § 1004 BGB beseitigt ein bestandskräftiger

Beschluss den Makel der fehlenden Zustimmung durch die beeinträchtigten Miteigentümer vollständig. Es ist also nicht nur das Verlangen auf Beseitigung ausgeschlossen. Die bauliche Veränderung ist vielmehr im vollen Umfang rechtmäßig. Geht das Gebäude oder zumindest der Teil mit der baulichen Veränderung etwa unter, kann sie der betroffene Wohnungseigentümer ohne weiteres wieder errichten. Auch löst ihre Beeinträchtigung Abwehransprüche aus §§ 1004, 823 BGB aus.

c) Die Anfechtung des Mehrheitsbeschlusses

Infolge der Bindungswirkung eines Mehrheitsbeschlusses nach § 10 Abs. 4 WEG muss dem Gegner baulicher Veränderungen in jedem Falle zur Anfechtung geraten werden. Der Mehrheitsbeschluss über die Durchführung baulicher Maßnahmen kann nach den allgemeinen Regeln des Beschlussrechtes wegen **formeller Mängel** (z.B. Einberufungs- oder Ladungsmängeln) oder Verstößen gegen materielles Recht im Verfahren nach § 43 Nr. 4 WEG angefochten werden. Es genügt allerdings nicht, dass ein Mehrheitsbeschluss zur Genehmigung einer baulichen Veränderung weder notwendig noch hinreichend ist. Denn dieser Mangel wird gerade durch die Beschlusskompetenz der Eigentümergemeinschaft überwunden. Dies gilt selbst dann, wenn sich die Mehrheit wissentlich über das Zustimmungserfordernis der betroffenen Miteigentümer hinwegsetzt, da dies an der grundsätzlich gegebenen Beschlusskompetenz nichts ändert. **245**

In materieller Hinsicht sind die Grundsätze ordnungsmäßiger Verwaltung **Prüfungsmaßstab**. Demnach ist ein Eigentümerbeschluss, der sich über das Erfordernis der Zustimmung nach § 22 Abs. 1 S. 2 WEG hinwegsetzt, grundsätzlich rechtswidrig. Er ist also in jedem Falle auf Antrag eines beeinträchtigten Wohnungseigentümers für ungültig zu erklären (OLG Düsseldorf ZMR 1997, 437; OLG Köln ZMR 2004, 147). Anderes kann gelten, wenn der beeinträchtigte Wohnungseigentümer dem Eigentümerbeschluss zugestimmt hat. Denn darin kann eine materiell-rechtlich als Zustimmung nach § 22 Abs. 1 WEG zu wertende Erklärung liegen (BayObLG NJW-RR 1993, 207; ZMR 2001, 995 f.), weshalb der Beschluss dann rechtmäßig ist. Allerdings kann der Antrag auf Beseitigung im Verfahren nach § 43 Nr. 1 WEG als (konkludente) Anfechtung der Zustimmung wegen Willensmängeln anzusehen sein (vgl. u. Rdn. 261). Zu differenzieren ist dann, wenn ein nicht beeinträchtigter Wohnungseigentümer den Beschluss über eine bauliche Veränderung anficht. Haben die beeinträchtigten Wohnungseigentümer dem Beschluss zugestimmt, ist dieser rechtmäßig (vgl. OLG Zweibrücken ZMR 1999, 589; BayObLG ZMR 2002, 63). Eine auf die Unzulässigkeit der baulichen Veränderung gestützte Anfechtung durch einen nicht beeinträchtigten Wohnungseigentümer ist daher unbegründet. Anderes dürfte dagegen dann gelten, wenn nicht alle beeinträchtigten Wohnungseigentümer der baulichen Veränderung zugestimmt haben (anders BayObLG NJW-RR 1993, 206 f., wo aber nicht nur die Anfechtenden, sondern kein Wohnungseigentümer beeinträchtigt war). Denn dann bleibt ein Mehrheitsbeschluss rechtswidrig und somit anfechtbar. Dies kann auch ein nicht beeinträchtigter Wohnungseigentümer im Verfahren nach § 43 Nr. 4 WEG geltend machen, da sich die Anfechtungsbefugnis nach allgemeinen Regeln schon aus dem Interesse an einer ordnungsmäßigen Verwaltung ergibt (BayObLG WE 1993, 344; WuM 1999, 180; NZM 2002, 872). Daneben kann ein Mehrheitsbeschluss auch aus anderen Gründen, etwa im Hinblick auf den Kostenaufwand und die fehlende Kostendeckung für ein von der Mehrheit gewünschtes Vorhaben (BayObLG NJW-RR 2006, 23 zur Finanzierung durch Darlehen; allg. Abramenko ZMR 2005, 587 f.) ordnungsmäßiger Verwaltung widersprechen. Die Durchführung der Maßnahme steht einer Anfechtung des Beschlusses nicht entgegen (BayObLG NJW-RR 2006, 23). **246**

d) Die erneute (abweichende) Willensbildung in der Wohnungseigentümergemeinschaft

247 Die Anfechtung im Verfahren nach § 43 Nr. 4 WEG ist auch dann unverzichtbar, wenn es sich um eine Zufallsmehrheit handelt und der Umbaugegner eine Abänderung dieses Eigentümerbeschlusses in einer späteren Versammlung erreichen könnte. Zwar ist die **Abänderung eines einmal gefassten Mehrheitsbeschlusses** durch einen abändernden Zweitbeschluss grundsätzlich möglich. Einmal durch einen bestandskräftigen Mehrheitsbeschluss erworbene Rechtspositionen dürfen einem Miteigentümer aber nicht ohne weiteres wieder entzogen werden (BayObLG ZMR 1999, 53; zu den Voraussetzungen einer Änderung des Erstbeschlusses s. BayObLG NJW-RR 2000, 1400). Widerruft die Wohnungseigentümerversammlung eine einmal erteilte Zustimmung zu einer baulichen Veränderung, ist dieser Beschluss folglich anfechtbar.

248 **Praxistipp:**

Auch für den Vertreter des Umbaugegners kann sich der Blick in die Sammlung der Beschlüsse lohnen, wenn eine Maßnahme nicht als zustimmungspflichtige bauliche Veränderung anzusehen ist. Denn die Berufung auf bereits erworbene Rechtspositionen ist auch ihm möglich, wenn etwa die **Beibehaltung eines bestimmten Zustandes** unter Verzicht auf Abänderungen Gegenstand eines bestandskräftigen Beschlusses ist. Auch eine solche Beschlussfassung begründet eine Rechtsposition, die dem von einer Maßnahme betroffenen Wohnungseigentümer nicht ohne Weiteres entzogen werden kann, selbst wenn diese keine nach § 22 Abs. 1 WEG beachtliche Intensität erreicht (OLG Düsseldorf ZMR 2001, 131).

249 Denkbar ist allerdings ein weiterer Beschluss, der – insbesondere bei unzureichender Bestimmtheit – eine **Konkretisierung** der bereits erteilten Zustimmung vornimmt, sofern hierdurch nicht bereits begründete Rechtspositionen (teilweise) wieder entzogen werden (OLG Düsseldorf ZMR 2000, 55). Ebenso kann die Eigentümerversammlung darüber befinden, ob sich eine Maßnahme im Rahmen einer mit Mehrheitsbeschluss erteilten Genehmigung hält (BayObLG ZMR 1999, 53). Hält der Umbauwillige diese Entscheidung für unrichtig, muss er sie wiederum im Hinblick auf die Bindungswirkung nach § 10 Abs. 4 WEG im Verfahren nach § 43 Nr. 4 WEG anfechten.

e) Die Regelung der Kostenfrage

250 Zur Vermeidung überflüssigen Streites, der im Falle der Sonderrechtsnachfolge noch nach Jahren aufkommen kann, empfiehlt sich bei baulichen **Veränderungen, die nur einem Wohnungseigentümer zugute kommen,** eine ausdrückliche Regelung der Kostenfrage. Zwar wird hier häufig eine (konkludente) Übernahme der Bau- und Folgekosten durch den begünstigten Miteigentümer anzunehmen sein (vgl. BayObLG ZMR 2001, 831). Der Verzicht auf eine ausdrückliche Kostenregelung ist aber riskant, da die Ja-Stimme auch als Zustimmung nach § 22 Abs. 1 WEG gewertet werden kann (BayObLG NJW-RR 1993, 207; ZMR 2001, 995 f.). Folglich droht eine Mitbeteiligung an den Kosten, da eine Kostenbefreiung nach § 16 Abs. 6 WEG wegen fehlender Zustimmung gerade nicht in Frage kommt. Die Kostenübernahme kann wie bisher zum einen durch einseitige Erklärung des Bauwilligen bzw. durch vertragliche Regelung erfolgen, die möglichst schriftlich niedergelegt werden sollte und gegebenenfalls von der Eigentümerversammlung durch Beschluss angenommen werden kann. Denkbar ist nunmehr auch eine Regelung durch Mehrheitsbeschluss gem. § 16 Abs. 4 WEG, da diese im Zuge der Novelle eingefügte Neuregelung im Gegensatz zum früheren Recht (hierzu 1. Aufl. Kap. 21 Rn. 254 f.) eine Beschlusskompetenz geschaffen hat (i.E. s.u. Rdn. 409 ff.).

11. Die Zustimmung zur baulichen Veränderung

a) Vorüberlegungen zur Einholung der Zustimmung

Der Versuch, eine Beschlussfassung über bauliche Veränderungen herbeizuführen ist zum einen in den Fällen nicht sinnvoll, da von mindestens einem (beeinträchtigten) Miteigentümer die Anfechtung im Verfahren nach § 43 Nr. 4 WEG mit hinreichender Sicherheit erwartet werden kann, da dies die Gemeinschaft mit Kosten belastet und gegen den Bauwilligen aufbringt. Zum anderen kann sie aus genau entgegengesetzten Gründen insbesondere dann untunlich sein, wenn in kleinen Anlagen (z.B. Reihenhausanlagen), in denen oftmals gar kein Verwalter bestellt ist, das Bewusstsein für die Abhängigkeit von der Zustimmung des Nachbarn noch unterentwickelt ist. Besteht ein noch ungetrübtes nachbarschaftliches Verhältnis, kann die förmliche Einladung zu einer Eigentümerversammlung mit Beschlussfassung über eine, wie die Miteigentümer hieraus erstmals erfahren, zustimmungsbedürftige Maßnahme durchaus kontraproduktiv sein. In beiden Fällen ist dem Mandanten also zu einer völlig unterschiedlichen Vorgehensweise zu raten. **251**

b) Die Einholung der Zustimmung in gutem nachbarschaftlichen Einverständnis

Der umbauwillige Wohnungseigentümer muss nur die Zustimmung der beeinträchtigten Miteigentümer zu einer baulichen Veränderung einholen (BayObLG ZMR 1995, 497). Diese bedarf nach einhelliger Auffassung keiner Form (OLG Hamm ZMR 1996, 391; BayObLG ZMR 1998, 360; 2001, 641; 2003, 515). Sie kann somit mündlich oder durch Gesten, etwa durch Nicken am Ort der Baustelle und auch konkludent erteilt werden (BayObLG ZMR 2000, 39; 2003, 515; OLG Zweibrücken ZMR 2000, 257). Eine Genehmigung zukünftiger Änderungen soll schon dadurch erteilt werden können, dass frühere bauliche Veränderungen dieser Art genehmigt werden (OLG Düsseldorf ZMR 2001, 131 zu Außenrollläden). Der beeinträchtigte Miteigentümer muss lediglich aus der Sicht eines objektiven Dritten sein Einverständnis mit der tatsächlich geplanten und durchgeführten Maßnahme zum Ausdruck gebracht haben; die bloße Duldung genügt ebenso wenig (OLG Köln ZMR 1995, 606 ff.; BayObLG ZMR 1998, 360) wie die Ankündigung, in Zukunft, evtl. unter bestimmten, noch zu erfüllenden Bedingungen, zur Zustimmung bereit zu sein (OLG Hamm ZMR 2005, 221). Maßgeblich ist, wie der Erklärungsempfänger das Verhalten des Miteigentümers werten durfte (BayObLG ZMR 2003, 49). **252**

Praxistipp: **253**

Trotz der Tendenz der Rechtsprechung, Zustimmungen recht großzügig zu bejahen, kann die Prüfung einer restriktiven Auslegungsmöglichkeit für den Gegner einer baulichen Veränderung Erfolg versprechend sein. So ist die Ablehnung in der Eigentümerversammlung, Maßnahmen zur Beseitigung einer baulichen Veränderung zu ergreifen, noch keine Zustimmung hierzu (vgl. BayObLG WuM 1995, 505; ZWE 2000, 306; BayObLG ZMR 2004, 446). Selbst die Unterschrift unter öffentlich-rechtliche Unterlagen muss nicht zwingend als Zustimmung gem. § 22 Abs. 1 WEG gewertet werden, wenn sich der Erklärungsinhalt etwa auf den verwaltungsrechtlichen Bereich beschränkt (KG ZMR 1998, 658).

Adressat der Zustimmung muss der Umbauwillige sein; die bloße Äußerung einem Dritten gegenüber, es bestünden keine Bedenken gegen die bauliche Veränderung, genügt nicht (OLG Karlsruhe NJW-RR 1998, 1469; Staudinger/Bub § 22 WEG Rn. 52). Bei der Annahme einer (konkludenten) Zustimmung ist die Rechtsprechung häufig recht großzügig. So wurde die Teilnahme an der Einweihungsfeier (LG Heilbronn ZMR 1998, 803), die Mitwirkung bei den Bauarbeiten (BayObLG ZMR 1998, 360; 2000, 313) oder die Mitbenutzung einer Einrichtung (BayObLG ZMR 2001, 641; LG Heilbronn ZMR 1998, **254**

803) bereits als ausreichend angesehen. Vor diesem Hintergrund empfiehlt sich bei einigermaßen ungetrübten nachbarlichen Verhältnissen, in denen das gerichtliche Vorgehen gegen den Nachbarn noch undenkbar erscheint, seine intensive Einbindung in Errichtung und Nutzung der baulichen Veränderung und deren Dokumentation, soweit dies ihrer Natur nach möglich ist. Werden dem Gericht etwa – für das Familienalbum angefertigte – Lichtbilder vorgelegt, in denen der anfechtende Miteigentümer beim Tapezieren hilft, in der neu errichteten Gartenhütte mitfeiert oder sein Auto auf dem neuen Parkplatz abstellt, dürfte dieses der Annahme einer Zustimmung sicherlich näher treten können. Daneben kann natürlich das Angebot, einen Wochenendgast des Nachbarn im neuen Wohnraum unter dem Dach zu beherbergen, oder die Bitte um Erkundigungen nach Mietinteressenten im Bekanntenkreis eine zumindest konkludente Zustimmung zur baulichen Veränderung begründen. Auch die Berücksichtigung der umgebauten Räume als Wohnraum bei der Heizkostenabrechnung kann als konkludente Zustimmung zu werten sein (OLG Stuttgart ZMR 1998, 804). Die bloße Hinnahme der Bauarbeiten genügt allerdings noch nicht (OLG Köln ZMR 1995, 606 ff.; BayObLG ZMR 1998, 360).

255 **Praxistipp:**

Oftmals beruht ein Beseitigungsverlangen nur auf der mittlerweile eingetretenen Zerrüttung des Nachbarschaftsverhältnisses. Deshalb kann sich die Frage nach den Beziehungen bei Vornahme der baulichen Änderung lohnen. Möglicherweise lassen sich aus der Vergangenheit Fotografien, Briefe oder Zeugenaussagen ausfindig machen, aus denen hervorgeht, dass der nunmehr die Beseitigung verlangende Nachbar mit der baulichen Veränderung einst durchaus einverstanden war. Indiz einer Mitbenutzung ist insbesondere der Besitz eines Schlüssels für Räume, die im Rahmen der baulichen Veränderung entstanden sind oder umgestaltet wurden (BayObLG ZMR 2001, 641).

c) Die »erkaufte« Zustimmung

256 Beruht die Ablehnung des Vorhabens auf sachlichen oder – schlimmer – persönlichen Erwägungen des beeinträchtigten Miteigentümers, bleibt nur der Versuch, ihm die Zustimmung »abzukaufen«. Dies gelingt am ehesten, wenn auch der Nachbar etwa für eigene Maßnahmen oder für andere Beschlussvorlagen etwa zur Kostenverteilung oder zur Gebrauchsregelung des gemeinschaftlichen Parkplatzes seinerseits auf Mehrheiten oder sogar die einhellige Zustimmung aller Miteigentümer angewiesen ist. Ist dies nicht der Fall, kommen sonstige Gegenleistungen in Betracht; auch die Zahlung eines bestimmten Geldbetrages zum Ausgleich (gravierender) Beeinträchtigungen ist ohne weiteres möglich (vgl. BayObLG NZM 1998, 1014; zur Möglichkeit, die Zustimmung zum Gegenstand eines Vertrages zu machen s.a. OLG Hamm ZMR 2005, 221). Allerdings sollte vor dem Eingehen einer solchen Verpflichtung sichergestellt sein, dass die bauliche Maßnahme dann nicht an anderen Miteigentümern scheitert. Im schlimmsten Fall kann der Bauherr – wenn die Maßnahme etwa bereits durchgeführt und er dringend auf Rechtssicherheit angewiesen ist – die Zustimmung der ärgsten Gegner der baulichen Veränderung »erkaufen« und i.Ü. einen Mehrheitsbeschluss herbeiführen, was aber im Hinblick auf weitere – unvorhergesehene – Widerstände riskant sein kann.

d) Die Dokumentation der Zustimmung

257 Ähnlich wie bei der Beschlussfassung über eine bauliche Veränderung empfiehlt sich auch bei einer Zustimmung nach § 22 Abs. 1 WEG die genaue Dokumentation dessen, was *i.E. genehmigt wurde. Dies* ist im Interesse beider Seiten: Der Umbauwillige entgeht so der Schwierigkeit, im Einzelnen nachweisen zu müssen, worauf sich die abgegebene

Zustimmung überhaupt bezog. Denn eine **von der Zustimmung abweichende Bauweise** ist als ungenehmigte bauliche Veränderung zu behandeln; der Umbauwillige muss sie somit teilweise oder, wenn ein Teilrückbau nicht möglich ist, insgesamt beseitigen (BayObLG WE 1998, 150; OLG Zweibrücken ZMR 2000, 257). Dies kann spätestens bei Veräußerung des Wohnungseigentums durch einen Miteigentümer von erheblicher Bedeutung sein, da der Sonderrechtsnachfolger weniger tolerant sein kann als der Veräußerer. Umgekehrt läuft der Miteigentümer nicht Gefahr, anhand unvollständiger oder sonst wie unklarer Unterlagen – von ihrem nachträglichen Austausch ganz abgesehen – in die Irre geführt zu werden. Gänzlich vermieden werden sollte eine Blanko-Zustimmung. Am praktikabelsten erscheint die Kopie der Unterlagen mit der Unterschrift beider Seiten.

e) Bedingungen, Auflagen und Befristungen

Auch ohne Gegenleistung für die Zustimmung (oder neben einer solchen) sollte die **258** Zustimmung regelmäßig nur unter **Bedingungen** erteilt werden (BayObLG NZM 1998, 1014). Dies betrifft bei Maßnahmen im Interesse einzelner Wohnungseigentümer zunächst die Kosten. Die von der baulichen Veränderung nicht begünstigten Miteigentümer sollten eine Zustimmung stets nur unter der Bedingung erteilen, dass der Bauwillige sämtliche Kosten und Folgekosten übernimmt oder einen entsprechenden Beschluss gem. § 16 Abs. 4 WEG fassen (i.E. s.u. Rdn. 279 ff.). Dies betrifft gerade beim Umbau zu Wohnraum auch Verbrauchskosten, was u.U. weiter gehende Änderungen der Teilungserklärung sinnvoll erscheinen lässt, um Streitigkeiten über die Verteilung von Zahlungen des umbauenden Wohnungseigentümers zu vermeiden. Ähnliches gilt für das Risiko von Schäden aufgrund der Veränderung, wobei ausdrücklich eine verschuldensunabhängige Haftung des Umbauenden festgeschrieben werden sollte. Gegebenenfalls sollte hierfür eine Kaution verlangt werden. Selbstverständlich sollte in diesem Zusammenhang auch die fachgerechte Ausführung einschließlich der Vorlage von Gutachten etwa zur Statik und die Einholung aller öffentlich-rechtlichen Genehmigungen zur Bedingung gemacht werden. Zudem kann die Durchführung der Maßnahme an die Einhaltung bestimmter Qualitätsstandards, etwa die Verwendung bestimmter Materialien und den Abschluss einer Bauschadensversicherung geknüpft werden. Schließlich kann bei immissionsträchtigen Umbauten die Einhaltung bestimmter Grenzen – etwa ein bestimmtes Trittschallmaß – zur Bedingung gemacht werden.

Die Zustimmung zu einer baulichen Veränderung kann darüber hinaus an die Erfüllung **259** weiterer **Auflagen** geknüpft werden (BayObLG NZM 1998, 1014; ZMR 2001, 995). So kann der Umbauwillige verpflichtet werden, gewisse Bauzeiten einzuhalten, was (gerade im Hinblick auf die Unbeachtlichkeit der Beeinträchtigung durch die Bauarbeiten selbst für die Qualifikation als bauliche Veränderung vgl. o. Rdn. 207) von erheblicher Bedeutung sein kann. Ferner ist es ratsam, dem Umbauenden im Hinblick auf die baubedingten Verschmutzungen zusätzliche Reinigungen aufzugeben. Ferner kann ihm die Zustimmung nur unter der Auflage erteilt werden, bei der Umgestaltung bestimmter Räumlichkeiten vorhandene Mängel auf eigene Kosten zu beseitigen.

Schließlich kann die **Befristung** der Zustimmung sinnvoll sein. Hierdurch kann verhin- **260** dert werden, dass sich die Bauzeit mit ihren Beeinträchtigungen zu Lasten der Miteigentümer über eine ungebührlich lange Zeit erstreckt.

f) Die Beseitigung von Zustimmungen

Der Rechtsanwalt wird nicht selten mit der Problematik befasst werden, dass ein (ehema- **261** liger) Wohnungseigentümer die Erteilung der Zustimmung bereut, weil er etwa die Beeinträchtigungen unterschätzt oder einen Erwerber hierüber nicht ausreichend informiert hat und dieser nun Schadensersatz fordert. Denkbar ist dieser Fall auch beim Verwalter, dem die Befugnis zur Genehmigung baulicher Veränderungen in der Teilungserklärung verliehen wurde. Da die Zustimmung zu einer baulichen Veränderung grundsätzlich unwiderruflich ist, hat der Anwalt hier stets die Möglichkeit von Willensmängeln zu prüfen: Da die Zustimmung als Willenserklärung analog § 182 BGB angesehen wird, besteht nämlich die Möglichkeit einer **Anfechtung gem. §§ 119 ff. BGB** (BayObLG ZMR 2001, 995). Für die Praxis relevant ist insbesondere die Anfechtung wegen arglistiger Täuschung – etwa wegen der Vorlage unrichtiger Unterlagen oder der Täuschung über den Zweck des Umbaus (BayObLG ZMR 2001, 995) – nach § 123 Abs. 1 1. Alt. BGB. Dies muss auch bei der Anfechtung genehmigender Mehrheitsbeschlüsse, denen der Anfechtende zugestimmt hat, berücksichtigt werden, da in der Einleitung eines Verfahrens nach § 43 Nr. 4 WEG die konkludente Anfechtung der eigenen Zustimmungserklärung nach § 123 Abs. 1 BGB liegen kann (BayObLG ZMR 2001, 996). Da es um den Nachweis einer Täuschung über die unstreitig erteilte Zustimmung geht, ist aber nunmehr der angeblich Getäuschte für die falsche Information über den Umfang der baulichen Veränderung feststellungsbelastet. Sofern die Zustimmung durch Mehrheitsbeschluss erfolgte, kann die Anfechtung zudem nur Erfolg haben, wenn ohne die Stimme des Getäuschten kein Eigentümerbeschluss zustande gekommen wäre (BayObLG ZMR 2001, 995 f.). Da insoweit die Verkündung des Versammlungsleiters maßgeblich ist, muss mit der Anfechtung nach §§ 119 ff. BGB stets ein Antrag nach § 43 Nr. 4 WEG einhergehen, den Beschluss für ungültig zu erklären (BayObLG ZMR 2001, 996).

262 **Praxistipp:**

Der Wohnungseigentümer, der die Zustimmung zu einer baulichen Veränderung anficht, hat hierbei die **Fristen** der §§ 121 Abs. 1, 124 Abs. 1 BGB zu beachten (BayObLG ZMR 2001, 995). Die Anfechtung wegen Irrtums nach § 119 BGB dürfte aus diesen Gründen regelmäßig keine Rolle spielen, da üblicherweise keine unverzügliche Erklärung gem. § 121 Abs. 1 BGB vorliegt. Die Anfechtung muss bei einer individuellen Zustimmung nach § 22 Abs. 1 WEG dem Bauwilligen, bei einer Zustimmung durch Mehrheitsbeschluss aber den anderen auf der Eigentümerversammlung anwesenden oder vertretenen Wohnungseigentümern erklärt werden (BayObLG ZMR 2001, 995). In letzterem Falle genügt der Zugang beim Verwalter nach § 27 Abs. 2 Nr. 1 WEG, der auch durch die Klageschrift nach § 43 Nr. 4 WEG gewahrt wird (BayObLG ZMR 2001, 995). Der Anfechtungsgegner muss nach allgemeinen Grundsätzen den Fristablauf vor Zugang der Anfechtungserklärung nachweisen (BGH NJW 1992, 2347 f.). Bei Versäumung der Frist des § 46 Abs. 1 S. 2 WEG ist die Täuschung regelmäßig ein Wiedereinsetzungsgrund nach § 46 Abs. 1 S. 3 WEG (BayObLG ZMR 2001, 995).

263 Auch ohne Täuschung soll die Bindungswirkung bei beiderseitigem Irrtum über maßgebliche Umstände nach den Grundsätzen des **Wegfalls der Geschäftsgrundlage** in Wegfall kommen können. Dies soll etwa dann der Fall sein, wenn die Wohnungseigentümer von der Möglichkeit einer mehrheitlichen Beschlussfassung ausgehen und der beeinträchtigte Wohnungseigentümer nur deswegen seine Zustimmung erklärt (OLG Hamm ZMR 2002, 543).

g) Die Bindung des Rechtsnachfolgers an die Zustimmung

264 Dass die Zustimmung eines Wohnungseigentümers auch gegen seinen Gesamtrechtsnachfolger wirkt, ergibt sich schon aus dem Prinzip der Universalsukzession. Die Zustimmung wirkt aber grundsätzlich auch gegen den Sonderrechtsnachfolger desjenigen, der *sie erteilt* (BayObLG ZMR 2000, 39; 2001, 469), wobei diese Rechtsfolge unterschiedlich begründet wird (mit einer analogen Anwendung von § 10 Abs. 3 WEG a.F. –

jetzt § 10 Abs. 4 WEG – argumentiert etwa OLG Hamm ZMR 1996, 391; mit dem Grundsatz, dass dem Rechtsnachfolger nicht mehr Rechte zustehen können als dem Vorgänger OLG Köln ZMR 2004, 707). Allerdings kommt dem Sonderrechtsnachfolger beim Streit darüber, ob eine **mündliche Zustimmung** erteilt wurde, eine vergleichsweise komfortable verfahrensrechtliche Stellung zu: Da die entscheidungserheblichen Umstände in aller Regel nicht Gegenstand seiner Wahrnehmung waren, kann er sich ohne Verstoß gegen Mitwirkungspflichten auf ein einfaches Bestreiten verlegen. Der Urheber der baulichen Veränderung hat dann das Vorliegen einer Zustimmung wie auch die ihr entsprechende Bauausführung darzulegen und trägt insoweit die Beweislast. Das wird bei bereits einige Zeit zurückliegenden Verhandlungen oftmals schwierig sein. Allerdings wird sich der von einem Unterlassungsbegehren betroffene Wohnungseigentümer nunmehr oftmals auf Verjährung bzw. dann, wenn sich der Voreigentümer nie gegen die bauliche Veränderung gewandt hat, auch auf Verwirkung berufen können, da der Sonderrechtsnachfolger insoweit keine weitergehenden Rechte beanspruchen kann als der Voreigentümer (OLG Köln ZMR 1997, 48; BayObLG ZMR 2001, 53; OLG Hamburg ZMR 2002, 451). Sofern eine **schriftliche Erklärung** vorliegt, genügt ein einfaches Bestreiten einer Zustimmung von vorneherein nicht. Denn die Unterschrift unter einer Erklärung ist nunmehr, da die Beweisregel des § 416 ZPO uneingeschränkte Anwendung findet (vgl. zum alten Recht noch BayObLG ZMR 2002, 609) voller Beweis für die Abgabe der Erklärung.

Auch bei unstreitiger oder nachgewiesener Zustimmung kann es u.U. an einer Bindungswirkung fehlen, wenn die bauliche Veränderung erst nach Eigentumserwerb des Sonderrechtsnachfolgers in Angriff genommen wurde. Ein großer Teil der Rechtsprechung verneint eine Bindungswirkung nämlich dann, wenn die **bauliche Veränderung bei Eigentumsübergang noch nicht – zumindest teilweise – durchgeführt** wurde und somit für den Erwerber sichtbar war (BayObLG ZMR 1998, 360; 2001, 641; 2005, 77). Die Darlegungs- und Beweislast hierfür trägt wiederum der Urheber der baulichen Veränderung. Hier wird sich der Umbaugegner aber regelmäßig nicht auf ein einfaches Bestreiten verlegen können, da eine sichtbare Veränderung Gegenstand seiner Wahrnehmung ist. Anderes kann aber für vermietende Eigentümer gelten. I.Ü. kann das Gericht allgemein bekannte Erfahrungssätze zur Datierung des Baubeginns heranziehen, etwa den Umstand, dass üblicherweise erst nach Erteilung einer Baugenehmigung mit dem Umbau begonnen wird (BayObLG ZMR 2001, 641). 265

Praxistipp: 266

Die Erkennbarkeit der bevorstehenden baulichen Veränderung ist natürlich auch dann gegeben, wenn die Erwerber vor Erwerb hierüber unterrichtet wurden (OLG Hamburg ZMR 2003, 700). Eine Vorabinformation an – bekannte – Erwerber kann somit viel Ärger vermeiden.

Ist die Zustimmung des Rechtsvorgängers wirksam erteilt und vor Eigentumsübergang umgesetzt worden, bleibt dem Sonderrechtsnachfolger nur der Regress bei seinem Verkäufer. Denn er war u.U. bei nennenswerten Beeinträchtigungen durch die bauliche Veränderung zur Aufklärung über diesen für die Kaufentscheidung bedeutsamen Umstand verpflichtet. 267

12. Die Kosten von Instandhaltung, Instandsetzung und baulichen Veränderungen

a) Der Gegenstand der anwaltlichen Beratung

268 Oftmals steht die Durchführung einer baulichen Veränderung eigentlich nicht im Streit, sondern nur die Kostenfrage. Bei grundsätzlich intakten nachbarschaftlichen Beziehungen sind die Miteigentümer häufig bereit, einer baulichen Veränderung zuzustimmen, aber nicht deren Kosten mitzutragen. Auf keinen Fall führt eine bauliche Veränderung automatisch, etwa deswegen, weil ein Wohnungseigentümer infolge des Umbaus vorhandene Gemeinschaftsanlagen nicht mehr benötigt, zum Wegfall seiner Kostenbeteiligung und somit zur Änderung des Kostenverteilungsschlüssels (KG ZMR 2005, 906). Bei Maßnahmen, die nur einzelnen Wohnungseigentümern zugute kommen, dürfte die Verwahrung gegen die Kosten die Regel sein. Aber auch an den Kosten für bauliche Veränderungen, die theoretisch der gesamten Gemeinschaft dienen sollen, will sich bisweilen nicht jeder Miteigentümer beteiligen, ohne dass er die Realisierung der Maßnahme deswegen in Frage stellen möchte. Die Beratung der Wohnungseigentümer in diesem Zusammenhang hat somit Lösungen zu entwickeln, die die Durchführung der Maßnahme gegen Freistellung der desinteressierten Miteigentümer von den Kosten ermöglicht. Umgekehrt wird ohne solche Vorbehalte sicherzustellen sein, dass sich ursprünglich zur Kostenbeteiligung bereite Miteigentümer nicht nachträglich aus ihrer Verantwortung stehlen können.

b) Die gesetzliche Differenzierung zwischen beeinträchtigten und nicht beeinträchtigten Wohnungseigentümern

269 Die anwaltliche Beratung wird dadurch erschwert, dass das Gesetz nach h.M. eine auf Anhieb nicht recht einsichtige und daher auch oftmals in Zweifel gezogene Differenzierung bei der Kostentragung vornimmt. Danach gilt die Freistellung von den Kosten gem. § 16 Abs. 6 WEG bei fehlender Zustimmung nur für die Wohnungseigentümer, die durch die bauliche Veränderung nicht beeinträchtigt werden. Auf die Wohnungseigentümer, die durch die Maßnahme gem. §§ 22 Abs. 1 S. 1, 14 Nr. 1 WEG beeinträchtigt werden, ist § 16 Abs. 6 WEG dagegen nicht anzuwenden. Nach h.M. nimmt diese Vorschrift nämlich nur auf die in § 22 Abs. 1 S. 2 WEG geregelte Zustimmung des nicht benachteiligten Wohnungseigentümers Bezug (BGHZ 73, 200; OLG Frankfurt/M. OLGZ 1981, 313 f.; BayObLG WuM 1996, 789; OLG Saarbrücken ZMR 1997, 33; OLG Hamm ZMR 2002, 966; wohl auch AG Pinneberg ZMR 2005, 662; Demharter MDR 1988, 266; Niedenführ/Kümmel/Vandenhouten § 16 Rn. 78; a.A. zuletzt Bärmann/Merle § 22 Rn. 293; Ott ZWE 2002, 66 f.; Häublein NJW 2005, 1468 ff.). Ein Wohnungseigentümer, der durch die bauliche Veränderung Nachteile erleidet, kann (und muss) somit den Beschluss über deren Durchführung anfechten. Andernfalls ist er mangels Freistellung aus § 16 Abs. 6 WEG nach der Bestandskraft dieses Mehrheitsbeschlusses auch an deren Kosten zu beteiligen (OLG Saarbrücken ZMR 1997, 33; Demharter MDR 1988, 267; Staudinger/Bub 12. Aufl. 1997, § 16 WEG Rn. 262; Röll ZWE 2000, 15). Daher muss die anwaltliche Beratung insoweit differenzieren, was durch die neuen Verjährungsregeln nicht einfacher wird (vgl. u. Rdn. 307 f.).

c) Alternativen zum Beschluss nach § 16 Abs. 4 WEG

270 Die Möglichkeit einer Abänderung der Kostenverteilung durch Mehrheitsbeschluss hat zwar viele der früheren Probleme beseitigt. Dennoch verlieren die zum alten Recht entwickelten Möglichkeiten ihre Bedeutung nicht völlig. Dies gilt insbesondere vor dem Hintergrund, dass eine Anfechtung des Beschlusses nach § 16 Abs. 4 WEG droht. Hier kann eine doppelte Absicherung geboten sein. Dies um so mehr, als auch rein formelle *Fehler nicht unbedingt durch* einen Zweitbeschluss auszubügeln sind. Denn dem kann entgegengehalten werden, dass ein von gesetzlicher bzw. vereinbarter Kostenverteilung abweichender Schlüssel nach Durchführung der baulichen Maßnahme nicht mehr beschlossen werden kann. Denn die rückwirkende Abänderung des Kostenverteilungsschlüssels widerspricht ordnungsmäßiger Verwaltung (OLG Karlsruhe NJW-RR 2001, 1306 f.; ZMR 2007, 293, 295; ähnlich OLG München ZMR 2007, 812).

d) Die bloße Verweigerung der Zustimmung

Am einfachsten fällt die anwaltliche Beratung nach diesen gesetzlichen Vorgaben bei baulichen Veränderungen, die bestimmungsgemäß nur einzelnen Wohnungseigentümern zugute kommen sollen und den Mandanten **nicht beeinträchtigen**. Hier muss der Mandant nur stillhalten, um nicht mit Kosten belastet zu werden. Denn dann hat der nicht beeinträchtigte Wohnungseigentümer nicht zugestimmt, sodass er nach § 16 Abs. 6 WEG mit den Kosten der baulichen Veränderung nicht belastet wird. 271

e) Die Anfechtung des Beschlusses über die bauliche Veränderung

Schwieriger fällt die Beratung, wenn der Mandant, was regelmäßig der Fall ist, von der baulichen Veränderung **beeinträchtigt** wird. Nach oben Gesagtem befreit ihn die verweigerte Zustimmung zu der baulichen Veränderung nicht von der Kostenbeteiligung, da er nach § 16 Abs. 6 WEG nicht von der Kostenfreistellung erfasst wird. Der einzige völlig sichere, vom Verhalten der Miteigentümer unabhängige Weg zur Vermeidung einer Kostenbeteiligung lag früher in der Anfechtung eines Beschlusses über die Durchführung einer baulichen Veränderung nach § 43 Nr. 4 WEG. Dies ist heute nur noch bei Maßnahmen der Fall, die keine Modernisierungen darstellen. Liegt eine solche vor, kann sie häufig auch gegen den Willen eines beeinträchtigten Wohnungseigentümers beschlossen werden. Einfache Beeinträchtigungen nach § 14 Nr. 1 WEG stehen dem nicht mehr entgegen, sondern nur massive Störungen (i.E. s.u. Rdn. 431). 272

f) Die Kostenübernahmeerklärung des Umbauenden

Will der betroffene Wohnungseigentümer den Beschluss über die Durchführung der baulichen Maßnahme selbst nicht anfechten oder verspricht dies keinen Erfolg, muss er auf einer ausdrücklichen **Kostenübernahmevereinbarung** mit dem Umbauwilligen bestehen, insbesondere bei Veränderungen, die nur einzelnen Wohnungseigentümern zugute kommen. Hat der umbauwillige Wohnungseigentümer einer entsprechenden Beschlussvorlage selbst zugestimmt, kann dies u.U. auch als eine konkludente Erklärung der Kostenübernahme zu werten sein, ähnlich wie eine Stimmabgabe für den Beschlussantrag zur baulichen Veränderung als Zustimmung nach § 22 Abs. 1 WEG zu werten ist (BayObLG NJW-RR 1993, 207; ZMR 2001, 995 f.). Wie bei der Zustimmung empfiehlt sich hier aber eine möglichst lückenlose Dokumentation. 273

Praxistipp: 274

Bei einer Regelung der Kostenübernahme sollten **zu pauschale Formulierungen** wie »Übernahme der Kosten« o.Ä. vermieden werden, da dies zu Abgrenzungsschwierigkeiten führen kann. So soll die Pflicht, »alle entstehenden und entstandenen Kosten zu tragen« nur die »normalen Kosten des Ausbaus«, nicht aber Zusatzkosten etwa für eine Beseitigung von Hausschwamm umfassen (KG ZMR 1998, 192). Auch **Nutzungsbeeinträchtigungen** für andere Wohnungseigentümer sollten bedacht werden. Denn die vorübergehende Einschränkung der Nutzungsmöglichkeit von Teilen des Sondereigentums stellt nach § 14 Nr. 4 WEG noch keinen ersatzfähigen Vermögensschaden dar (KG ZMR 1998, 369 f.; zu Dachterrassen s. jetzt OLG Köln NJW-RR 2006, 89). Für Beeinträchtigungen unterhalb der Schwelle zum totalen Nutzungsausfall muss der betroffene Miteigentümer also auf vertragliche Abreden dringen.

g) Sicherung der Kostentragung zugunsten der Gemeinschaft

275 Die Sicherung der Kostenbeteiligung aller Wohnungseigentümer bereitet nach neuem Recht weit geringere Probleme als früher, da hierüber nun ein Beschluss nach § 16 Abs. 4 WEG gefasst werden kann. Nach dessen Bestandskraft muss sich also auch der nach § 16 Abs. 6 S. 1 WEG privilegierte Wohnungseigentümer, der der Maßnahme nicht zugestimmt hat, wegen § 16 Abs. 6 S. 2 WEG an den Kosten beteiligen.

h) Eigenmächtige Umbauten durch einzelne Wohnungseigentümer

276 Keine Änderung ergibt sich bei der eigenmächtigen Durchführung baulicher Maßnahmen durch einzelne Wohnungseigentümer. Führt ein Wohnungseigentümer ohne Anrufung der Eigentümerversammlung bauliche Maßnahmen zugunsten der Gemeinschaft durch, die nicht der Notgeschäftsführung nach § 21 Abs. 2 WEG unterfallen, kann er hierfür regelmäßig keinen Aufwendungsersatz nach §§ 683 S. 1, 677, 670 BGB verlangen. Denn es spricht eine Vermutung dafür, dass die Wohnungseigentümer über derartige Maßnahmen selbst befinden wollen, sodass eigenmächtige Instandsetzungsarbeiten regelmäßig nicht dem mutmaßlichen Willen der Eigentümerversammlung als zuständigem Entscheidungsgremium entsprechen werden (BayObLG ZMR 2000, 187 f.; KG ZMR 2005, 402). Es kann daher nur ein Ausgleich der Bereicherung durch Einsparung der Kosten verlangt werden, die später unausweichlich auch die Wohnungseigentümer getroffen hätten (BayObLG ZMR 2000, 188; KG ZMR 2005, 402).

i) Die Kosten der baulichen Veränderung

277 Völlig neu geregelt wurde die Möglichkeit, über die **Kosten und Folgekosten baulicher Veränderungen** zu befinden. § 16 Abs. 4 WEG berücksichtigt, dass die bisherige Regelung der Kostenfrage oftmals als misslich empfunden wurde (BT-Drucks. 16/997 S. 23), insbesondere bei Maßnahmen, die nur einzelnen Wohnungseigentümern zugute kommen. Hier sind die Miteigentümer zwar oftmals bereit, die bauliche Veränderung zu dulden, nicht aber deren Kosten zu übernehmen. Ähnliche Probleme ergeben sich bei baulichen Veränderungen der Gemeinschaft, die nur aufgrund der Kosten bei einigen Miteigentümern auf Widerstand stoßen. Diesen Fällen wurde die frühere Regelung zu den Kosten baulicher Veränderungen nicht gerecht, wonach stets der in der Teilungserklärung vorgesehene Schlüssel, ohne einen solchen die Verteilung nach § 16 Abs. 2 WEG galt. Auch nach neuem Recht bezieht sich die Freistellung von den Kosten gem. § 16 Abs. 6 WEG aufgrund fehlender Zustimmung zu der Maßnahme allerdings nur auf die Wohnungseigentümer, die durch die bauliche Veränderung nicht beeinträchtigt werden. Nach h.M. nimmt diese Vorschrift nämlich nur auf die in § 22 Abs. 1 S. 2 WEG geregelte Zustimmung des nicht benachteiligten Wohnungseigentümers Bezug (vgl. o. Rdn. 269).

j) Die Kostenregelung durch Mehrheitsbeschluss nach bisherigem Recht

278 Nach bisherigem Recht barg der Versuch, die gesetzliche oder vereinbarte Kostenverteilung durch eine Mehrheitsentscheidung abzuändern, erhebliche Risiken. Denn hierdurch wurde der Verteilungsschlüssel, auch wenn es nur um eine einmalige bauliche Veränderung ging, zumindest insoweit für die Zukunft abgeändert, als für die erst noch zu erstellende Jahresabrechnung ein anderer Schlüssel gelten sollte. Deshalb war ein derartiger Beschluss auch dann, wenn nur über die einmaligen Kosten der baulichen Maßnahme, nicht auch über ihre Folgekosten befunden wurde, nach h.M. nicht nur anfechtbar, sondern nichtig (s. 1. Aufl. Rn. 254 f.). Deshalb behalf sich die Praxis mit einer (konkludenten) Kostenübernahmeerklärung durch den Umbauwilligen oder mit der Annahme einer Zustimmung der anderen Eigentümer unter dem Vorbehalt der Kostenfreistellung. Diese

Möglichkeiten bestehen noch immer und können sogar gegenüber dem Mehrheitsbeschluss gewisse Vorteile haben (vgl. u. Rdn. 273 f., Rdn. 283).

k) Die Einführung einer neuen Beschlusskompetenz zur Kostenregelung

Die begrenzten Möglichkeiten der Wohnungseigentümer, die Kosten einer baulichen Veränderung abweichend vom vereinbarten oder gesetzlichen Schlüssel zu regeln, hat die Novelle durch Einführung einer neuen Beschlusskompetenz erheblich erweitert. Hiervon Gebrauch zu machen, empfiehlt sich insbesondere dann, wenn eine Maßnahme nur bestimmten Eigentümern zugute kommt und diese folglich auch ihre Kosten alleine tragen sollen. Denn ansonsten bleibt es nach § 16 Abs. 6 S. 1 WEG, der § 16 Abs. 3 WEG a.F. entspricht, dabei, dass nur die von der baulichen Veränderung nicht beeinträchtigten Wohnungseigentümer von der Kostentragung ausgenommen sind (vgl. BT-Drucks. 16/887 S. 25; s.o. Rdn. 269). Eine weitere Erleichterung ergibt sich für die Gemeinschaft dann, wenn ein Eigentümer von einer Maßnahme nicht beeinträchtigt wird. Auch bei gemeinschaftsnützigen baulichen Veränderungen konnte er früher nicht an deren Kosten beteiligt werden, auch wenn er ihr nicht zugestimmt hatte. Dies gilt nunmehr für Beschlüsse nach § 16 Abs. 4 WEG nicht mehr, wie § 16 Abs. 6 S. 2 WEG ausdrücklich klarstellt. Umgekehrt kann derjenige, der einer Maßnahme nicht zugestimmt hat, auch nicht mehr wie nach früherem Recht wegen fehlender Zustimmung von der Nutzung ausgeschlossen werden (vgl. BT-Drucks. 16/887 S. 25 u. 26 im Zusammenhang mit § 17 S. 2 WEG). Die neue Beschlusskompetenz kann nach § 16 Abs. 5 WEG nicht abbedungen werden. Dies betrifft auch abweichende Regelungen in alten Teilungserklärungen. Diese sind daher mit dem neuen Recht gewissermaßen außer Kraft getreten (BT-Drucks. 16/887 S. 25). 279

l) Inhaltliche Voraussetzungen einer Kostenregelung durch Mehrheitsbeschluss

Eine vom vereinbarten bzw. gesetzlichen Schlüssel abweichende Regelung der Kosten baulicher Veränderungen soll nach dem Willen des Gesetzgebers nicht im freien Belieben der Eigentümerversammlung stehen. Der abweichende Maßstab muss vielmehr nach § 16 Abs. 4 S. 1 WEG »dem **Gebrauch oder der Möglichkeit des Gebrauchs** durch die Wohnungseigentümer Rechnung« tragen. Die Berücksichtigung von Gebrauch und Möglichkeit des Gebrauchs erscheint nur auf den ersten Blick als überflüssige Verdoppelung. I.d.R. können die Kosten einer Maßnahme zwar durch Berücksichtigung der bloßen Gebrauchsmöglichkeit befriedigend gelöst werden: Bei baulichen Veränderungen im Sondereigentum fehlt es bereits an der Gebrauchsmöglichkeit, so dass hier die Belastung alleine des begünstigten Wohnungseigentümers geboten ist. Umgekehrt kann es bei Maßnahmen im Gemeinschaftseigentum, grundsätzlich nicht darauf ankommen, ob einzelne Miteigentümer auf den Gebrauch verzichten (BT-Drucks. 16/887 S. 24). Dies gilt aber nicht bei Maßnahmen im Gemeinschaftseigentum, die bestimmungsgemäß nur einzelnen Miteigentümern zugute kommen. Etwa beim Einbau eines Treppenlifts für gehbehinderte Miteigentümer können die anderen Wohnungseigentümer selbstverständlich nicht darauf verwiesen werden, dass auch ihnen der Gebrauch möglich ist. Entspricht die Veränderung des Gemeinschaftseigentums alleine dem Nutzen einzelner Miteigentümer, ist also auf die Tatbestandsalternative des konkreten Gebrauchs abzustellen. 280

m) Möglichkeiten der Kostenverteilung

Bei der Wahl der Kostenverteilung kommt der Eigentümerversammlung ein weiter Ermessensspielraum zu. Neben der unmittelbaren Erhebung von Kosten von den betroffenen Wohnungseigentümern bzw. der schlichten Nichtbeteiligung der Miteigentümer kommt bei gemeinschaftsnützigen Maßnahmen die Erhebung einer Sonderumlage oder 281 einer anteiligen Umlage der Kosten in der Jahresabrechnung in Betracht. Daneben ermöglicht § 16 Abs. 4 WEG die unmittelbare Erhebung von Entgelten für die jeweilige Benutzung einer Einrichtung, was im Einzelfall sogar gerechter sein kann. Die Wohnungseigentümer sind aber nicht zur Wahl einer derartigen, am Einzelgebrauch orientierten Kostenbeteiligung verpflichtet, wenn sie möglich ist. Nach ausdrücklichem Bekunden der Entwurfsbegründung (BT-Drucks. 16/887 S. 24) kann auch die Wahl einer pauschalierten Kostenverteilung sachgerecht sein.

n) Die erforderlichen Mehrheiten

282 Die Änderung der Kostenverteilung erfordert nach § 16 Abs. 4 S. 2 WEG die Zustimmung von drei Vierteln aller stimmberechtigten (nicht nur der anwesenden!) Wohnungseigentümer. Hierbei ist zu berücksichtigen, dass das Kopfprinzip gilt. Die Mehrheit der Einheiten genügt folglich bei Konzentration mehrerer Einheiten in einer Hand u.U. nicht (BT-Drucks. 16/887 S. 25). Kumulativ bedarf es mehr als der Hälfte aller Miteigentumsanteile. Für den Beschluss über die bauliche Veränderung, der nur der einfachen Mehrheit bedarf, und die Verteilung ihrer Kosten gelten somit unterschiedliche Mehrheitserfordernisse. Die lapidare Bemerkung in den Materialien, hierdurch sei »gewährleistet, dass ein Beschluss über eine Änderung der Kostenverteilung nur gefasst werden kann, wenn dies dem Willen der ganz überwiegenden Mehrheit entspricht« (BT-Drucks. 16/887 S. 25), deutet darauf hin, dass sich der Gesetzgeber der Brisanz dieser unterschiedlichen Mehrheiten nicht bewusst war. Wie die Gesetzesbegründung selbst ausführt, »wird die einzelne Instandsetzungsmaßnahme gemeinsam mit den dadurch ausgelösten Kosten als einheitlicher Lebenssachverhalt angesehen und der Beschluss über die Maßnahme selbst und jener über die Kostenverteilung daher regelmäßig miteinander verbunden« (BT-Drucks. 16/887 S. 23). Damit droht die Gefahr, dass ein einheitlicher Beschlussantrag über Durchführung und Finanzierung einer baulichen Maßnahme die einfache Mehrheit nach § 22 Abs. 1 WEG, nicht aber die qualifizierte nach § 16 Abs. 4 S. 2 WEG erlangt. Bei diesem Abstimmungsergebnis wäre die Durchführung der Maßnahme genehmigt, die vom allgemeinen Schlüssel abweichende Kostentragung aber nicht. Bei individualnützigen Maßnahmen läuft dies darauf hinaus, dass der Umbauwillige nicht nur die bauliche Veränderung durchführen darf, sondern sogar die Verteilung nach dem allgemeinen Maßstab verlangen kann. Eine falsche Verkündung des Beschlusses, die den Antrag insgesamt als angenommen ansieht, ändert hieran wenig. Denn dann könnte im Wege der Teilanfechtung nur die Kostentragung angegriffen werden. Das Gericht könnte aufgrund seiner Bindung an den Antrag auch nicht den gesamten Beschluss für ungültig erklären. Im Ergebnis besteht also genau die Unstimmigkeit, die die Novelle beseitigen wollte, in anderem Gewande fort: Die Wohnungseigentümer riskieren die Genehmigung einer baulichen Veränderung, die sie bei Geltung des allgemeinen Verteilungsschlüssels nie genehmigt hätten.

283 Der Anwalt muss Wohnungseigentümer und Verwalter in jedem Fall über die Gefahren einer einheitlichen Beschlussfassung aufklären. Dann lässt sich diese Gefahr etwa dadurch bannen, dass der Verwalter die Wohnungseigentümer vorab über die unterschiedlichen Mehrheitserfordernisse aufklärt. Dies ermöglicht es, zuerst über die Kostenverteilung für eine mögliche bauliche Veränderung abzustimmen. Kommt die erforderliche Mehrheit nicht zustande, können sich die Wohnungseigentümer hierauf einstellen. Sie können die bauliche Veränderung dann ebenfalls ablehnen oder nur unter dem Vorbehalt eine Kostenübernahmeerklärung genehmigen.

o) Fehler der Beschlussfassung

Die Abänderung der Kostenverteilung nach § 16 Abs. 4 WEG kann wie jeder Beschluss formell und materiell fehlerhaft sein. Neue Probleme stellen sich im Zusammenhang mit den Mehrheitserfordernissen. Es ist absehbar, dass die doppelt qualifizierte Mehrheit alsbald zu unrichtigen Beschlussfeststellungen führen wird, zumal die Berechnung der Miteigentumsanteile in der Hektik einer Versammlung besonders fehleranfällig sein dürfte. Vergleichsweise unkompliziert dürfte die **unzutreffende Verneinung der qualifizierten Mehrheiten** sein: Diese Beschlussfeststellung ist nach den allgemeinen Regeln anzufechten und durch die gerichtliche Feststellung des richtigen Beschlussergebnisses zu ersetzen. **284**

Anderes gilt für die **unrichtige positive Feststellung** des Beschlusses einer Kostenregelung nach § 16 Abs. 4 WEG. Wurde mindestens eine der beiden qualifizierten Mehrheiten nicht erreicht, so stellt sich die Frage, ob die unzutreffende Feststellung eines positiven Beschlusses das Fehlen der erforderlichen Mehrheit überwinden und ohne Anfechtung in Bestandskraft erwachsen kann. Hier kann wohl auf Rechtsprechung und Schrifttum zu vereinbarten bzw. in der Teilungserklärung enthaltenen Öffnungsklauseln, die wie § 16 Abs. 4 WEG einen Beschluss nur mit qualifizierter Mehrheit zustande kommen lassen, zurückgegriffen werden. Danach ist die Verkündung des Beschlussergebnisses maßgeblich, auch wenn die Mehrheit nicht erreicht wurde (KG NZM 2002, 614; Bärmann/Merle § 23 Rn. 46; Staudinger/Bub § 23 Rn. 173; a.A. wohl Häublein NJW 2005, 1466, 1468). Hierfür sprechen auch die Materialien, denen zufolge ein ohne die doppelt qualifizierte Mehrheit »gleichwohl gefasster Mehrheitsbeschluss wirksam, aber anfechtbar« ist (BT-Drucks. 16/887 S. 25). Dies lässt sich wohl nur dahin gehend verstehen, dass die mit einfacher Mehrheit angenommene Beschlussvorlage nach unzutreffender Beschlussfeststellung durch den Verwalter lediglich anfechtbar sein soll. Entsprechendes gilt dann auch, wenn es an der Mehrheit der Miteigentumsanteile fehlt. Auch wenn dieser Fall in der Gesetzesbegründung nicht angesprochen wird, ist nicht zu erkennen, dass der Gesetzgeber dieser Qualifikation einen höheren Stellenwert einräumen wollte als der anderen. Eher lässt die niedrigere Schwelle bei den Miteigentumsanteilen den gegenteiligen Schluss zu. **285**

Auch inhaltliche Fehler werden sich bei Beschlüssen nach § 16 Abs. 4 WEG nicht vermeiden lassen. Insbesondere steht zu erwarten, dass Voraussetzungen und Reichweite der anspruchsvollen Neuregelung verkannt werden, indem etwa Verteilungsschlüssel generell für alle baulichen Veränderungen **ohne Bezug zu einem Einzelfall** beschlossen werden. Zu den Folgen derartiger Fehler äußern sich Gesetz und Materialien nicht. Hier dürfte es im Gegensatz zur fehlerhaften Beschlussfeststellung nicht bei der Anfechtbarkeit bleiben. Aus § 16 Abs. 4 S. 1 WEG folgt nur eine Kompetenz für Kostenregelungen »im Einzelfall« und nur für bauliche Veränderungen. Für Regelungen, die nicht zu einem Einzelfall gefasst werden oder über ihn hinausgehen, fehlt der Eigentümerversammlung die Beschlusskompetenz (so auch Niedenführ/Kümmel/Vandenhouten § 16 Rn. 82; Riecke/Schmid/Elzer § 16 Rn. 99). Anderenfalls ließen sich auf diesem Wege beinahe beliebige Beschlüsse anlässlich baulicher Veränderungen fassen. **286**

Ferner ist mit Änderungen der Kostentragung zu rechnen, die dem Gebrauch bzw. der Möglichkeit hierzu nicht ausreichend Rechnung tragen, sondern für einige Wohnungseigentümer **unangemessene Benachteiligungen** mit sich bringen. Aus der Systematik des Gesetzes folgt aber, dass dieser Fehler nur zur Anfechtbarkeit eines entsprechenden Beschlusses führt. Denn der Eigentümerversammlung kommt die Kompetenz zu einer Änderung der Kostenverteilung zu, auch wenn sie diese fehlerhaft ausübt. Die Unangemessenheit der neuen Regelung stellt nur einen einfachen Fehler dar, der nicht die Nichtigkeit eines Beschlusses nach sich zieht. Dies ergibt sich i.Ü. auch daraus, dass das **287**

Gebot einer angemessenen, dem Gebrauch hinreichend Rechnung tragenden Regelung nach ausdrücklichem Bekunden der Entwurfsbegründung nur Ausprägung des Grundsatzes ordnungsmäßiger Verwaltung ist (BT-Drucks. 16/887 S. 24). Da die Ordnungsmäßigkeit einer Verwaltungsmaßnahme aber nach h.M. nicht kompetenzbegründend ist (BGH ZMR 2000, 774), führt ein Verstoß hiergegen nur zur Anfechtbarkeit eines Beschlusses.

13. Der Gebrauch der baulichen Veränderung

a) Der Gegenstand der rechtsanwaltlichen Beratung

288 Zu Unstimmigkeiten kann es in der Wohnungseigentümergemeinschaft naturgemäß dann kommen, wenn die nur von einem Teil der Eigentümer finanzierte bauliche Veränderung auch von den Nichtzahlern mitbenutzt wird. Der Rechtsanwalt hat somit bei der Beratung der zahlenden Eigentümer Wege aufzuzeigen, die den Mitgebrauch, sofern rechtlich möglich, auf diese beschränkt. Umgekehrt muss er ungerechtfertigte Nutzungsausschlüsse einzelner Wohnungseigentümer abwehren.

b) Die gesetzlichen Regelungen

289 Der einzige gesetzlich ausdrücklich geregelte Fall von Nutzungsausschlüssen ist die bauliche Veränderung, die ohne Zustimmung eines nicht beeinträchtigten Wohnungseigentümers durchgeführt wurde. Diese darf ein Miteigentümer mangels Zustimmung nach **§ 16 Abs. 6 S. 1 WEG** nicht nutzen, sofern keine Kostenbeteiligung nach § 16 Abs. 4 WEG beschlossen wurde. In diesem Fall ist der nicht zustimmende Wohnungseigentümer zwar nach § 16 Abs. 6 S. 2 WEG nicht von den Kosten freigestellt, darf aber umgekehrt auch nicht von der Benutzung ausgeschlossen werden. Auch bei einem Ausschluss des Mitgebrauchs nach § 16 Abs. 6 S. 1 WEG kann ein Recht zum Mitgebrauch nachträglich begründet werden, wenn der ursprünglich nicht zustimmende Wohnungseigentümer die bauliche Veränderung nachträglich genehmigt und sich nunmehr an den Kosten beteiligen will, was allerdings nicht nur die laufenden Ausgaben, sondern auch die Herstellungskosten erfassen muss. Nunmehr haben aber die ursprünglich mit den Kosten belasteten Wohnungseigentümer das Recht, die nachträgliche Erweiterung des Kreises der Benutzungsberechtigten zu verweigern, womit selbstverständlich auch eine Kostenbeteiligung ausscheidet (vgl. AG Wiesbaden MDR 1967, 127; Demharter MDR 1988, 266; Staudinger/Bub § 16 WEG Rn. 256). Sofern der Mitgebrauch bei Luxusinstandsetzungen nicht zu vermeiden ist, muss der Miteigentümer, der der baulichen Veränderung nicht zugestimmt hat, den für die objektiv erforderliche Instandsetzung benötigten Teil der Kosten entrichten und kann im Gegenzug die gesamte bauliche Veränderung mitbenutzen (BayObLG ZMR 1987, 190; Demharter MDR 1988, 267 f.; Merle WE 1988, 8; Staudinger/Bub 12. Aufl. 1997, § 16 WEG Rn. 260; Ott ZWE 2002, 67).

290 **Praxistipp:**

Auch über die Fälle der Luxussanierung hinaus kann dem nicht beeinträchtigten Miteigentümer trotz fehlender Zustimmung die Mitbenutzung auch dann nicht untersagt werden, wenn sie **Gemeinschaftseigentum betrifft**, das lediglich in seiner Substanz verbessert wurde. Beispiel ist der Speicher, dessen Sparren mit Paneelen verkleidet wurden. Eine solche Veränderung geht über eine modernisierende Instandsetzung, die u.U. noch die Isolation erfasst, hinaus, stellt aber mangels optischer Beeinträchtigung, Folgekosten o.Ä. auch keine Beeinträchtigung dar. In diesem Fall kann dem nicht zustimmenden Wohnungseigentümer die Mitbenutzung des Gemeinschaftseigentums nicht insgesamt untersagt werden, da dies der Teilungserklärung zuwiderliefe. Zudem konnte der nicht zustimmende Wohnungseigentümer die bauliche Veränderung mangels Nachteils gerade nicht angreifen. Da er aber durch die Verbesserungen, die die anderen Miteigentümer auf ihre Kosten vornahmen, auch nicht ungerechtfertigt bereichert sein soll, gewährt ihnen die Rechtsprechung einen Ausgleichsanspruch aus §§ 812 ff. BGB. Der nicht zustimmende Wohnungseigentümer soll danach verpflichtet sein, eine ungerechtfertigte Bereicherung aufgrund der Benutzung des verbesserten Gemeinschaftseigentums herauszugeben (BayObLG NJW 1981, 691; OLG Hamm ZMR 2002, 967; OLG Schleswig ZMR 2007, 562, 563). Diese wird aber oftmals, wie im Beispielsfall, nicht vorhanden sein, wenn für den nicht zustimmenden Wohnungseigentümer kein höherer Nutzwert o.Ä. festzustellen ist.

c) Die Benutzung baulicher Veränderungen durch beeinträchtigte Wohnungseigentümer

Im Gegensatz zu den nicht beeinträchtigten Wohnungseigentümern sind die beeinträch- **291**
tigten nach Durchführung der baulichen Veränderung weder von der Kostentragung (vgl. o. Rdn. 269) noch von der Nutzung nach § 16 Abs. 6 S. 1 WEG ausgeschlossen. Soweit die Nutzungsmöglichkeit nicht gesetzlich oder in der Teilungserklärung geregelt ist, können die Wohnungseigentümer hierüber aber durch Mehrheitsbeschluss befinden. Denkbar sind etwa Mehrheitsbeschlüsse, die die von der Kostenbeteiligung ausgenommenen Wohnungseigentümer von den hiermit verbundenen Leistungen, etwa dem Empfang von Rundfunkprogrammen über eine Gemeinschaftsparabolantenne ausschließen. Allerdings ergibt sich hieraus wiederum nicht die Möglichkeit einer der Teilungserklärung zuwiderlaufenden Beschränkung des Zugangs zum Gemeinschaftseigentum. Die Miteigentümer, die einer baulichen Veränderung nur unter Ausschluss ihrer Kostenbeteiligung zustimmen, können somit nicht von der Nutzung des gemeinschaftlichen Eigentums ausgeschlossen werden. Gestaltet die Eigentümermehrheit etwa den Waschkeller unter Verlust der bestimmungsgemäßen Nutzungsmöglichkeiten zu einer Sauna um, kann ein Wohnungseigentümer, der dem nur unter Freistellung von der Kostenlast zustimmt, nicht durch Mehrheitsbeschluss vom Mitgebrauch ferngehalten werden. Allenfalls kommt auch hier die Abschöpfung einer Bereicherung nach §§ 812 ff. BGB in Betracht (vgl. o. Rdn. 290).

d) Die Zustimmung unter Beteiligung an den Kosten

Die Zustimmung hierdurch beeinträchtigter Wohnungseigentümer zu einer baulichen **292**
Veränderung ohne Vorbehalt hinsichtlich der Kosten indiziert grundsätzlich auch ein Mitgebrauchsrecht. Anderes kann allerdings im Hinblick auf die Natur der Baumaßnahme gelten. Wird etwa mit unangefochtenem Mehrheitsbeschluss der Umbau des Daches unter Isolierung und Verkleidung des Dachstuhls genehmigt, obwohl dieser nur über eine Dachwohnung zu erreichen ist, ergibt sich hieraus kein Mitbenutzungsrecht aller zustimmenden Eigentümer (vgl. BayObLG ZMR 2001, 563; OLG Hamm ZMR 2001, 222; OLG Hamburg ZMR 2001, 1000 und 2005, 68 f.). Insoweit kann die bauliche Veränderung keine zusätzlichen Rechte schaffen. Dies ist bei der Beschlussfassung über bauliche Veränderungen durch die Mehrheit unbedingt zu beachten.

14. Das Vorgehen gegen ungenehmigte bauliche Veränderungen

a) Der Beratungsgegenstand

Der Rechtsanwalt wird, sofern einer baulichen Maßnahme nicht durch individuelle **293**
Zustimmung oder bestandskräftigen Mehrheitsbeschluss zugestimmt wurde, oftmals die Umbaugegner zu beraten haben. Auch hier ist zunächst zu prüfen, ob überhaupt eine den Mandanten beeinträchtigende bauliche Veränderung vorliegt, die nicht kraft Tei-

lungserklärung, Individualzustimmung (u.U. des Rechtsvorgängers) oder Mehrheitsbeschluss zulässig ist. Gegebenenfalls muss ein Mehrheitsbeschluss im Verfahren nach § 43 Nr. 4 WEG angegriffen oder eine Individualzustimmung nach §§ 119 ff. BGB angefochten werden. Liegt eine bauliche Veränderung ohne wirksame Zustimmung vor, ist zu überprüfen, welche Rechtsschutzmöglichkeit gegen welchen Anspruchsgegner – hier kommen u.U. verschiedene Personen in Betracht – den Interessen des Mandanten am ehesten gerecht wird. Schließlich ist die Möglichkeit einer schnellen und effektiven Vollstreckung zu prüfen.

b) Der Unterlassungsanspruch

294 Sofern die bauliche Veränderung noch nicht (vollständig) durchgeführt ist, wird die Geltendmachung eines Unterlassungsanspruchs nach § 1004 Abs. 1 S. 2 BGB; §§ 15 Abs. 3, 14 Nr. 1 WEG oftmals die wirkungsvollste Rechtsschutzmöglichkeit darstellen. Der Antrag und später der Tenor ist einfacher zu formulieren als bei der Beseitigung; es kann schon genügen, z.B. die Verpflichtung zur Unterlassung von Bauarbeiten oder der Anbringung einer Parabolantenne am Balkon der Wohnung Nr. x in der Liegenschaft y zu beantragen. Dabei sollte die Hauptsache unbedingt mit einem Antrag auf Baustopp im Wege der **einstweiligen Verfügung** nach §§ 935 ff. ZPO verbunden werden, da der Unterlassungsanspruch ansonsten u.U. leer läuft. Denn schon die Entscheidung der ersten Instanz käme in der Hauptsache häufig zu spät. I.d.R. sollte der Mandant die Fertigstellung der Baumaßnahme durch den Miteigentümer nicht zulassen, da er sie dann oftmals über Jahre, bis zum Abschluss des Verfahrens über ihre Beseitigung »vor der Nase hat«. Denn die Gerichte werden allenfalls in seltenen Ausnahmefällen einen Rückbau im Wege der einstweiligen Verfügung anordnen, da dies auf eine Vorwegnahme der Hauptsache hinausliefe. Zudem bewirkt eine über längere Zeit liegen gebliebene Baustelle oftmals eine erhebliche Verstärkung der Vergleichsbereitschaft. Das nach § 1004 Abs. 1 S. 2 BGB erforderliche **Drohen einer Beeinträchtigung** ergibt sich bereits aus Vorbereitungshandlungen. In jedem Falle ausreichend ist ein Beginn mit den Bauarbeiten; u.U. kann schon die Einholung einer Baugenehmigung genügen (BayObLG WE 1994, 116). Frühere Eigenmächtigkeiten können bei der Prüfung der drohenden Beeinträchtigung berücksichtigt werden (BayObLG WE 1994, 116). Durch eine strafbewehrte Unterlassungserklärung kann der betroffene Wohnungseigentümer das Drohen einer Beeinträchtigung ausschließen und somit ein gerichtliches Verfahren abwenden (BGH NJW 1987, 3252).

c) Inhaber von Beseitigungs- und Unterlassungsanspruch

295 Inhaber der Ansprüche auf Unterlassung und Beseitigung sind die Miteigentümer, nicht der Verwalter, da er in seinen Rechtsgütern nicht betroffen ist (LG München I ZMR 2010, 151). Dabei handelt es sich nach wie vor grundsätzlich um Individualansprüche. Ihre Ausübung stand daher nach altem Recht alleine den Miteigentümern zu. Beschlussfassungen hierüber, etwa die Ermächtigung des Verwalters zur Durchsetzung eines Rückbauanspruchs hielt die h.M. für anfechtbar, da die Geltendmachung individueller Rechte durch den Verband ordnungsmäßiger Verwaltung widersprach. Denn hierdurch wurden zum einen die Kosten der Durchsetzung von Individualansprüchen auf die Gemeinschaft abgewälzt und andererseits Eigentümer, die gegen die gerügte Veränderung keine Einwände oder ihr sogar zugestimmt haben, in eine ungewollte Parteirolle gedrängt. Überdies fehlte einem Antrag, die Unterlassung oder Beseitigung von Störungen zur Sache des Verbandes zu machen, nach bisheriger Auffassung das Rechtsschutzbedürfnis, da mit dem eigenen Vorgehen hiergegen ein einfacherer Weg offen steht (vgl. i.E. *1. Aufl. Kap. 21 Rn. 275*). Daran wird nach neuem Recht nicht festzuhalten sein. Mit der Novelle wurde nämlich nicht nur die Ausübung der gemeinschaftsbezogenen Rechte nach § 10 Abs. 6 S. 3 WEG dem Verband zugewiesen. Nach ausdrücklichem Bekunden der Gesetzesmaterialien können auch solche Ansprüche vom Verband durchgesetzt werden, die »bisher von der Gesamtheit der Wohnungseigentümer aufgrund eines entsprechenden Mehrheitsbeschlusses geltend gemacht werden können, ihr aber nicht ausschließlich zustehen« (BT-Drucks. 16/887 S. 61). Gemeint sind insbesondere Ansprüche auf Unterlassung und Beseitigung von Störungen des gemeinschaftlichen Eigentums. Der Gesetzgeber zählt ausweislich der Materialien (BT-Drucks. 16/887 S. 61) auch diejenigen Individualansprüche, die die Gemeinschaft bislang nur durch anfechtbaren Beschluss an sich ziehen konnte, zu den potentiell gemeinschaftsbezogenen und daher vom Verband wahrzunehmenden Angelegenheiten. Wenn der Gesetzgeber aber ausdrücklich die Möglichkeit vorsieht, die Rechtsverfolgung oder -verteidigung dem Verband zu übertragen, widerspricht ein entsprechender Beschluss nicht ordnungsmäßiger Verwaltung. Die Mehrheit kann somit die Durchsetzung von Individualansprüchen auf Unterlassung oder Beseitigung von Störungen des Gemeinschaftseigentums zur gemeinschaftlichen Sache machen (KG ZMR 2009, 791; OLG München ZMR 2010, 222).

d) Die Konkurrenz von Verbandszuständigkeit und individueller Rechtsverfolgung

Im Gegensatz zu den gemeinschaftsbezogenen Ansprüchen ist die Geltendmachung **296** durch den Verband nicht ausschließlich. Die besondere Natur der Individualansprüche zeigt sich auch nach neuer Rechtslage darin, dass dem Verband bei ihrer Durchsetzung keine Alleinzuständigkeit zukommt. Die Materialien sprechen ausdrücklich davon, dass die »Konkurrenz der Verfolgung von Individual- und gemeinschaftlichen Ansprüchen« unberührt bleibt (BT-Drucks. 16/887 S. 62). Dies ist nach richtiger Auffassung dahingehend zu verstehen, dass der einzelne Eigentümer auch dann, wenn der Verband mit der Durchsetzung eines Beseitigungs- oder Unterlassungsverlangens betraut wurde, ein eigenes diesbezügliches Verfahren betreiben kann (OLG München ZMR 2008, 236; OLG Hamburg ZMR 2009, 306; a.A. BGH ZWE 2010, 133; Wenzel NZM 2008, 74 ff.; vermittelnd OLG Hamm ZMR 2010, 389 = ZWE 2010, 45). Seinem Begehren fehlt schon deshalb nicht das Rechtsschutzinteresse, da der Verband seinen Antrag jederzeit zurücknehmen könnte. Prozessual handelt es sich bei solchen »doppelten« Anträgen von Verband und einzelnem Eigentümer mit gleichem Rechtsschutzbegehren um getrennte Verfahren, die im Gegensatz zur Anfechtung nicht zwingend einheitlich entschieden werden müssen. Denn die Kläger können sich in beiden Verfahren auf unterschiedliche Tatsachen stützen, die divergierende Entscheidungen rechtfertigen können. Insoweit ergibt sich kein Unterschied zu Beseitigungs- oder Unterlassungsanträgen verschiedener Eigentümer.

e) Anspruch auf Tätigwerden des Verbandes?

Wenn die Geltendmachung von Individualansprüchen durch den Verband zulässig ist, **297** stellt sich ferner die Frage, ob einzelne Eigentümer dessen Tätigwerden verlangen können. Denn jeder Wohnungseigentümer kann aus § 21 Abs. 4 WEG eine Beschlussfassung (bzw. ihre gerichtliche Ersetzung) verlangen, wenn nur eine Entscheidung ordnungsmäßiger Verwaltung entspricht. Im vorliegenden Zusammenhang wird man aber insoweit auf die alte Rechtsprechung zum fehlenden Rechtsschutzbedürfnis zurückgreifen können (s. etwa BayObLG ZMR 1997, 375; OLG Frankfurt ZMR 2004, 290). Denn der Wohnungseigentümer müsste in jedem Fall ein Gerichtsverfahren zur Ersetzung des Beschlusses über die gemeinschaftliche Durchsetzung des Unterlassungs- oder Beseitigungsanspruches herbeiführen. Erst aufgrund dieser Entscheidung müsste dann ein weiteres Verfahren gegen den Störer eingeleitet werden. Da der einzelne Wohnungseigentümer aber jederzeit ohne Zustimmung der anderen Wohnungseigentümer selbst gegen die

Störung vorgehen kann, steht ihm ein einfacherer Weg zur Verfügung. Die zwangsweise Übertragung von Individualansprüchen durch gerichtliche Anordnung scheidet also aus.

f) Die Beseitigung einer baulichen Veränderung

298 Hat der umbauende Wohnungseigentümer die anderen vor vollendete Tatsachen gestellt, können diese aus **§ 1004 Abs. 1 S. 1 BGB, §§ 15 Abs. 3, 14 Nr. 1 WEG** die Beseitigung der baulichen Veränderung verlangen (BayObLG ZMR 1995, 496 f.; OLG Köln ZMR 1995, 606; KG ZMR 2005, 978). Darüber hinaus können sie deren Beseitigung aus **§ 823 Abs. 1 BGB** verlangen, sofern ein schuldhaftes Handeln des Umbauenden vorliegt (OLG Köln ZMR 1995, 606), was aber regelmäßig zu bejahen sein wird. In der Sache führt dieser Anspruch selten weiter als der Anspruch aus § 1004 Abs. 1 BGB, da auch dieser die vollständige Beseitigung der rechtswidrigen Veränderung umfasst, was verbliebene Schäden wie Dübellöcher, Maueröffnungen usw. einschließt (vgl. BayObLG ZMR 1995, 496 f.; WE 1998, 150; OLG Köln ZMR 1995, 606). Ähnliches gilt für die weiterhin diskutierte Anspruchsgrundlage der positiven Vertragsverletzung, nunmehr **§ 280 BGB**. Hingegen kann aus keiner Anspruchsgrundlage ein **»modifizierter Rückbau«**, also ein Umbau zu einer dem Beeinträchtigten genehmen Veränderung verlangt werden (OLG Düsseldorf ZMR 2004, 365 f.; ähnlich BayObLG ZMR 2005, 378). Eine Eigentümermehrheit, die für die bauliche Veränderung verantwortlich ist, kann gesamtschuldnerisch in Anspruch genommen werden; jeder einzelne haftet nach dem Rechtsgedanken von § 840 Abs. 1 BGB. Der **Gesamtrechtsnachfolger** übernimmt das mit den Beseitigungsansprüchen belastete Wohnungs- oder Teileigentum, sodass er passivlegitimiert ist. Nach früherer Vorstellung konnte der **Sonderrechtsnachfolger** nicht auf Beseitigung in Anspruch genommen werden, wenn die Veränderung bereits vor seiner Eintragung in das Grundbuch vorgenommen wurde (OLG Köln ZMR 2004, 708; OLG Hamm ZMR 2005, 307). Er war nach diesem Konzept sog. Zustandsstörer und musste nur die Beseitigung durch den Voreigentümer oder die Eigentümergemeinschaft dulden (KG ZMR 1997, 316; OLG Hamm ZMR 2005, 307; OLG Düsseldorf ZMR 2010, 386; LG München I ZMR 2010, 151). Diese dogmatisch klare Konzeption hat der BGH durch eine »wertende Betrachtung« ersetzt ((BGH ZMR 2010, 622; OLG München ZMR 2010, 56; vgl. o. Rdn. 185). Wann der Sonderrechtsvorgänger künftig auch auf Beseitigung in Anspruch genommen werden kann, wird also erst eine neu zu entwickelnde Kasuistik zeigen. Ferner bestehen Ansprüche auf Wiederherstellung eines ordnungsgemäßen Zustands des Gemeinschaftseigentums gegen die Eigentümergemeinschaft (OLG Köln ZMR 2004, 708; OLG Hamm ZMR 2005, 307). **Antrag und Tenor** müssen hinreichend bestimmt sein. Es genügt also nicht, »den Rückbau der Veränderungen« o.Ä. zu beantragen. Der Antragsteller hat die bekämpfte Veränderung im Einzelnen zu beschreiben, so dass in der Zwangsvollstreckung kein Zweifel mehr darüber aufkommen kann, was zu beseitigen ist. Nützlich kann in diesem Zusammenhang die Vorlage von Plänen, Bauzeichnungen oder Lichtbildern sein, die durch Markierungen o.Ä. den Umfang der gewünschten Beseitigung klar machen. Auf eine solche Anlage kann auch im Entscheidungstenor Bezug genommen werden, was einer nicht selten zu Auslegungsschwierigkeiten Anlass bietenden wörtlichen Beschreibung vorzuziehen sein kann. Hingegen hat der Antragsteller keinen Anspruch darauf, wie die Beeinträchtigung durch eine bauliche Veränderung beseitigt wird. Etwa bei Immissionen ist es Sache des Urhebers einer baulichen Veränderung, ob er die Störungsquelle völlig beseitigt oder durch zusätzliche Einbauten neutralisiert (OLG Düsseldorf ZMR 1997, 537). Sofern nur ein Teil der baulichen Veränderung beeinträchtigt, kann der betroffene Wohnungseigentümer nur dessen Entfernung verlangen (BayObLG ZMR 2000, 236). Dem in Anspruch Genommenen steht es aber offen, die *Einrichtung* insgesamt zu beseitigen. Sofern über den Umfang der baulichen Veränderung und somit über den Antrag Zweifel bestehen, folgt aus § 242 BGB ein **Auskunfts-**

anspruch gegen den Wohnungseigentümer, der die bauliche Veränderung vorgenommen hat (OLG Düsseldorf ZMR 1997, 149). Dieser kann im Stufenverhältnis zum Beseitigungsantrag gestellt werden.

Sofern aus einem unberechtigten Umbau des Gemeinschaftseigentums finanzielle Vorteile gezogen wurden, kann die Gemeinschaft zudem deren **Herausgabe nach §§ 990, 987 BGB** verlangen (OLG Düsseldorf ZMR 2005, 803). Diesem Verlangen können die Kosten des Umbaus nicht entgegengehalten werden. Denn der Umbauende, der auf die Feststellung der Eigentumsverhältnisse anhand der Teilungserklärung verzichtet, ist bösgläubig, so dass er den Ersatz wertsteigender Verwendungen nach §§ 996, 990 BGB nicht verlangen kann (OLG Düsseldorf ZMR 2005, 803). **299**

g) Die Beseitigung eines Überbaus

Überbaut ein Wohnungseigentümer das Sondereigentum eines anderen, kommt ebenfalls ein Anspruch auf Beseitigung in Betracht (KG ZMR 2000, 332 f.; OLG Düsseldorf ZMR 2003, 955; für Überbauten vom Nachbargrundstück vgl. OLG Celle ZMR 2004, 361 f.). Allerdings kann der Anspruch aus Treu und Glauben ausgeschlossen sein, wenn der Erfolg der Beseitigung in deutlichem Missverhältnis zum Aufwand hierfür steht. In diesem Fall kann der beeinträchtigte Miteigentümer aber analog § 912 BGB einen finanziellen Ausgleich verlangen (vgl. KG ZMR 2000, 333; OLG Düsseldorf ZMR 2003, 955). Hingegen kann der bloße **Anbau** an eine Grenzmauer nach § 921 BGB zulässig sein (BayObLG ZMR 2005, 213). **300**

h) Der zur Beseitigung auffordernde Mehrheitsbeschluss

Früher heftig umstritten, aber von Teilen der obergerichtlichen Rechtsprechung bejaht war die Frage, ob ein (bestandskräftiger) Mehrheitsbeschluss, mit dem ein Miteigentümer zur Beseitigung einer baulichen Veränderung aufgefordert wurde, eine selbständige Verpflichtung hierzu begründete (bejahend BayObLG ZMR 1996, 623 f.; 2003, 434; OLG Hamburg ZMR 2003, 447 f.; OLG Köln ZMR 2004, 215; verneinend KG ZMR 2010, 133). In der Praxis konnten die Wohnungseigentümer so eine Art »Grundurteil« selbst schaffen, da die Beseitigungspflicht mit Bestandskraft feststand. Dieser Möglichkeit ist der BGH nun zu Recht entgegengetreten. Die Mehrheit hat keine Kompetenz, eine persönliche Leistungspflicht eines Miteigentümers durch Beschluss zu begründen (BGH ZMR 2010, 777; ähnlich schon BGH ZMR 2005, 554 unter Verweis auf Wenzel NZM 2004, 542 ff.; OLG Zweibrücken ZMR 2007, 646 f.). Mehrheitsbeschlüsse, die einem Miteigentümer die Beseitigung einer baulichen Veränderung aufgeben, sind somit nichtig, sofern man hierin nicht nur eine Ermächtigung des Verbandes zur Durchsetzung des Beseitigungsanspruchs sehen kann (KG ZMR 2010, 133). **301**

i) Die bauliche Veränderung durch berechtigte Nutzer des Wohn- oder Teileigentums

Die Rückbauverpflichtung richtet sich regelmäßig gegen den umbauenden Wohnungseigentümer als Handlungsstörer. Nehmen dagegen berechtigte Nutzer, etwa Mieter oder Pächter, eine bauliche Veränderung vor, so ist hinsichtlich der Unterlassungs- und Beseitigungsansprüche zu differenzieren: Handeln die Nutzer mit **Genehmigung des Wohnungseigentümers**, so ist letzterer selbst (mittelbarer) Handlungsstörer und kann zur Beseitigung der Veränderung verpflichtet werden (BayObLG ZMR 1996, 624; OLG Düsseldorf ZMR 2001, 375). Daneben kann er wegen eigener Verletzung seiner Pflichten aus dem Gemeinschaftsverhältnis aus § 280 BGB schadensersatzpflichtig sein (OLG Hamm ZMR 1996, 42; BayObLG ZMR 2002, 286). Ob darüber hinaus ein Verschulden des berechtigten Nutzers nach § 278 BGB zuzurechnen ist, wird bei Angehörigen des **302**

Hausstandes und des Geschäftsbetriebes allgemein bejaht, ist bei Mietverhältnissen jedoch umstritten, da der Wohnungseigentümer mietrechtlich nur sehr begrenzte Einwirkungsmöglichkeiten auf den Mieter hat. Letztlich ist die Haftung aber wohl mit der Rechtsprechung zu bejahen, da der Wohnungseigentümer die Einhaltung dieser Pflichten zum Vertragsgegenstand machen und zumindest durch Kündigung des Mietverhältnisses auch auf Mieter einwirken kann (BayObLG NJW 1970, 1554; KG ZMR 2000, 560; 2002, 968; LG Berlin ZMR 2003, 60). Hat ihm der Eigentümer im Mietvertrag Rechte eingeräumt, die der Teilungserklärung oder Gebrauchsregelungen zuwiderlaufen, ist diese Verpflichtung dem Mieter gegenüber wirksam (KG ZMR 2000, 403; OLG Celle ZMR 2004, 690; AG Hamburg ZMR 2003, 456). Der vermietende Miteigentümer kann sie aber der Eigentümergemeinschaft nicht entgegenhalten (OLG Köln ZMR 2005, 229; KG ZMR 2005, 978). Vielmehr muss er dem Mieter zum Verzicht hierauf bis zur Opfergrenze finanzielle Kompensationen anbieten (OLG Celle ZMR 2004, 690) oder Schadensersatz leisten (OLG Köln ZMR 2005, 229). Auch eine wenig aussichtsreiche Klage ist zumutbar (OLG Stuttgart ZMR 1992, 554).

303 Handelt der berechtigte Nutzer dagegen **eigenmächtig**, kann der Wohnungseigentümer mangels zurechenbaren eigenen Verhaltens nicht unmittelbar als Handlungsstörer für die Beseitigung in Anspruch genommen werden. Die Miteigentümer können den vermietenden bzw. sonstwie den Gebrauch überlassenden Wohnungseigentümer aber aus § 14 Nr. 2 WEG darauf in Anspruch nehmen, alle zumutbaren Maßnahmen zu ergreifen, um den unzulässigen Gebrauch durch den Nutzungsberechtigten zu beenden (BGH ZMR 1995, 418; 1996, 148; OLG Köln ZMR 2001, 65 f.; BayObLG ZMR 2000, 778; 2003, 758; OLG Schleswig ZMR 2004, 941 f.) und die bauliche Veränderung zu beseitigen (BayObLG DWE 1994, 28; OLG Köln ZMR 2001, 66; BayObLG ZWE 2000, 304 f.; LG Hamburg ZMR 2005, 79). Wie er dies durchsetzt, muss ihm überlassen bleiben; die beeinträchtigten Eigentümer können daher keine speziellen Maßnahmen wie eine fristlose oder ordentliche Kündigung verlangen (OLG Köln ZMR 1997, 254; KG ZMR 2000, 403; OLG Karlsruhe ZMR 2002, 152). Eine entsprechende Verpflichtung des vermietenden oder verpachtenden Eigentümers kann aber auch die Einleitung gerichtlicher Schritte bis zur außerordentlichen Kündigung eines Mieters erfordern.

304 Daneben besteht ein **Anspruch gegen den berechtigten Nutzer** selbst aus §§ 823 Abs. 1, 1004 Abs. 1 S. 1 BGB auf Beseitigung der baulichen Veränderung, da er ein absolutes Recht, das Gemeinschaftseigentum, beschädigt hat (KG ZMR 2002, 969; OLG Köln ZMR 2001, 66; BayObLG ZMR 2002, 948). Die materiell-rechtlichen Ansprüche gegen den berechtigten Nutzer außerhalb der Eigentümergemeinschaft sind grundsätzlich sogar weitergehend als gegen den Miteigentümer. Hier kann jede Verletzung des Gemeinschaftseigentums genügen, da sich der bloß schuldrechtlich berechtigte Nutzer gegenüber den Wohnungseigentümern nicht zwangsläufig auf Rechte berufen kann, die nur den Wohnungseigentümern zustehen (BayObLG ZMR 2002, 949). Es kann somit auch die Unterlassung von Eingriffen in das Gemeinschaftseigentum verlangt werden, die mangels Beeinträchtigung gem. §§ 22 Abs. 1, 14 Nr. 1 WEG nicht als bauliche Veränderung einzustufen sind. Diese Ansprüche sind allerdings, da es nicht um das Verhältnis der Wohnungseigentümer untereinander (§ 43 Nr. 1 WEG) geht, streitwertabhängig vor dem Amts- oder Landgericht anhängig zu machen (KG ZMR 1997, 316; BayObLG ZMR 2002, 948).

305 **Praxistipp:**

Der **Verwalter**, der in Durchführung eines Mehrheitsbeschlusses bauliche Veränderungen vornehmen lässt, ist regelmäßig nicht passivlegitimiert. Denn er ist nur Vollstrecker fremden Willens, also nicht Handlungsstörer (OLG Düsseldorf ZMR 2004, 366).

j) Der Anspruch auf Wiederherstellung eines ordnungsgemäßen Zustands

Neben dem Anspruch auf Beseitigung gegen den Urheber der baulichen Veränderung **306** besteht aus §21 Abs.4 WEG ein Anspruch auf Wiederherstellung des ordnungsgemäßen Zustands gegen die Wohnungseigentümergemeinschaft. Kann von den Miteigentümern schon die erstmalige Herstellung eines solchen Zustandes verlangt werden, ist dies nämlich erst recht bei nachträglichen Beeinträchtigungen der Fall. Allerdings verlangt es die Treuepflicht innerhalb der Eigentümergemeinschaft, dass der beeinträchtigte Wohnungseigentümer zuerst gegen den Miteigentümer oder sonstigen Nutzer vorgeht, der die Maßnahme durchgeführt hat. Zum Vorgehen gegen die Gemeinschaft ist also nur dann zu raten, wenn der Verursacher der baulichen Veränderung etwa insolvent geworden oder nicht mehr Miteigentümer ist (OLG Köln ZMR 2004, 708f.; OLG Hamm ZMR 2005, 307). Auch dann hat der beeinträchtigte Wohnungseigentümer vor einem gerichtlichen Vorgehen allerdings die Wohnungseigentümerversammlung mit seinem Begehren zu befassen. Ansonsten fehlt einem Antrag nach §43 Nr.1 WEG das Rechtsschutzbedürfnis, da mit der Beschlussfassung der Wohnungseigentümerversammlung eine einfachere Rechtsschutzmöglichkeit eröffnet ist (vgl. Rdn. 196). Lehnt diese einen entsprechenden Antrag ab, hat der betroffene Wohnungseigentümer diesen Beschluss innerhalb der Frist des §46 Abs.1 S.2 WEG anzufechten und einen Antrag auf Verpflichtung der Wohnungseigentümer auf Wiederherstellung des ordnungsgemäßen Zustandes zu stellen.

k) Verteidigungsmöglichkeiten gegen den Beseitigungsanspruch

Gegen einen bestehenden Anspruch auf Beseitigung einer baulichen Veränderung sind **307** nur wenige Verteidigungsmöglichkeiten gegeben. Am aussichtsreichsten dürfte noch der Versuch sein, die Einrede der **Verjährung** zu erheben. Nach verbreiteter Auffassung soll nämlich mit der Schuldrechtsreform die dreijährige Verjährungsfrist nach §195 BGB auch auf Ansprüche auf Beseitigung einer baulichen Veränderung anzuwenden sein (KG ZMR 2009, 792; Röll ZWE 2002, 353ff.; Hogenschurz ZWE 2002, 512ff.; dem folgend etwa Bärmann/Merle §22 Rn. 316). Danach verjähren Beseitigungsansprüche unabhängig von der Kenntnis eines Miteigentümers nach §199 Abs.4 BGB in 10 Jahren, ansonsten nach 3 Jahren, wobei diese Frist erst mit Schluss des Jahres zu laufen beginnt, in dem der Anspruch entstanden ist und der Gläubiger von der baulichen Veränderung Kenntnis erlangte oder ohne grobe Fahrlässigkeit hätte erlangen müssen. Altansprüche sind nach dieser Auffassung somit mit Ablauf des 31.12.2004 verjährt (Hogenschurz ZWE 2002, 514). Ob dem uneingeschränkt zu folgen ist, muss allerdings bezweifelt werden. Denn bei Unterlassungsansprüchen gilt, dass jede Einwirkung eine neue Störung darstellt, die die Verjährung von neuem in Gang setzt (Bamberger/Roth/Fritzsche §1004 Rn. 112; AnwKomm/Keukenschrijver §1004 Rn. 146; MüKo/Medicus §1004 Rn. 84). Dies wird von der Rechtsprechung auch im Wohnungseigentumsrecht bei Nutzungen, die von der Teilungserklärung abweichen, bejaht (KG WuM 2002, 101; OLG Karlsruhe, ZWE 2008, 398; vgl. OLG Hamm WE 1992, 136). Die Einrede der Verjährung kann danach nur dann begründet sein, wenn der Eingriff mit Durchführung der baulichen Veränderung beendet ist, etwa bei Aufbringen einer neuen Fassadenfarbe oder beim Fällen eines Baumes. Anders dürfte es jedenfalls dann stehen, wenn die bauliche Veränderung mit einer nach der Teilungserklärung unzulässigen Nutzung verbunden ist, wenn also ein Nebenraum zu Wohnzwecken umgestaltet oder der Balkon durch Vollverglasung zu einem weiteren Raum umfunktioniert worden ist. Hier stellt nach oben Gesagtem jede neue Nutzung einen Verstoß dar, der neue Unterlassungsansprüche auslöst, für die eine eigene Verjährung läuft. Der Gegner des Umbaus kann also selbst dann, wenn man der überwiegenden Auffassung zur Verjährung folgt, zumindest ein Verbot der unzulässigen Nutzung eines umgestalteten Raumes o.Ä. verlangen, sofern man die Beeinträchtigung nicht schon in der Möglichkeit einer solchen Nutzung sieht und vom Fortbestehen des Beseitigungsanspruchs ausgeht.

308 **Praxistipp:**

Die Verjährung hindert nur die Durchsetzung des Beseitigungsanspruchs aus §§ 823 Abs. 1, 1004 BGB, § 15 Abs. 3 WEG, nimmt der ungenehmigten baulichen Veränderung nicht den Makel der Rechtswidrigkeit. So muss bei notwendigen Eingriffen der Gemeinschaft in entsprechende Veränderungen (z.B. in einen Bodenbelag bei der Sanierung des Untergrunds) kein Schadensersatz nach § 14 Nr. 4 WEG geleistet werden (vgl. AG Kerpen ZMR 2001, 922).

309 Folgt man der überwiegenden Auffassung zur Verjährung von Beseitigungsansprüchen, kommt der **Verwirkung** von Beseitigungsansprüchen eine erheblich geringere Bedeutung zu als früher. Denn die Verwirkung des Beseitigungsanspruchs setzt eine langjährige Hinnahme der baulichen Veränderung voraus, was bis zum Ablauf der Verjährungsfrist regelmäßig nicht anzunehmen sein wird. Erschöpft sich der mit einer baulichen Veränderung verbundene Eingriff in ihrer Durchführung (etwa bei neuen Fassadenanstrichen, der Entfernung vorhandener Einrichtungen o.Ä.) werden Beseitigungsansprüche bereits verjährt sein, bevor eine Verwirkung in Betracht kommt. **Eigenständige Bedeutung** hat die Verwirkung auch nach der Verkürzung der Verjährungsfristen noch dort, wo die bauliche Veränderung mit einer unzulässigen Nutzung einhergeht (vgl. Rdn. 307). Hier ist die Nutzung der umgestalteten Räume erst nach Verwirkung der Unterlassungsansprüche unangreifbar, was erst nach langjähriger Duldung in Betracht kommt, nicht aber schon bei vierjähriger (OLG Hamm ZMR 2000, 125 f.; OLG Köln ZMR 2003, 385), fünfjähriger (OLG Hamburg ZMR 2003, 443), sechsjähriger (OLG Düsseldorf ZMR 2000, 331; a.A. KG ZMR 1997, 316 f. – zweifelhaft, zumal auch das Umstandsmoment in einer reinen Unterlassung von Beseitigungsansprüchen gesehen wird), siebenjähriger (BayObLG ZMR 2001, 828) Duldung, wohl aber nach 8 Jahren (OLG Schleswig ZMR 2005, 737 f.), 9 Jahren (OLG Köln ZMR 1998, 460), 14 Jahren (LG Wuppertal ZMR 2001, 400 f.), 15 Jahren (OLG Hamburg ZMR 2005, 805), 16 Jahren (OLG Köln ZMR 1998, 111), 20 Jahren (OLG Hamburg ZMR 2002, 451) oder mehr als 25 Jahren (OLG Düsseldorf ZMR 2004, 611). Das Kennen müssen soll bei der Berechnung dieses Zeitraums ausreichen (OLG Hamburg ZMR 2005, 805). Bei der Ermittlung des Zeitmomentes der Verwirkung ist die Zeitspanne einzubeziehen, die ein Rechtsvorgänger des nunmehr die Unterlassung begehrenden Wohnungseigentümers die Nutzung hingenommen hat (BayObLG ZMR 2001, 53; 2005, 67; OLG Hamburg ZMR 2002, 451; 2005, 805 f.). Die bloße Untätigkeit genügt allerdings nicht, da sie schon vom Zeitmoment erfasst ist (OLG Frankfurt ZMR 2010, 704); es müssen weitere Umstände hinzutreten, aus denen geschlossen werden kann, dass der Beseitigungsanspruch nicht mehr geltend gemacht wird (OLG Frankfurt ZMR 2010, 703). Derartige Umstände, die auf eine Billigung der Nutzung schließen lassen, sind neben der ausdrücklichen Zustimmung (OLG Stuttgart ZMR 2001, 733) insbesondere die Abrechnung einer Einheit entsprechend ihrer tatsächlichen Nutzung mit Billigung der Wohnungseigentümer (OLG Köln ZMR 1998, 111). Auch eine eingetretene Verwirkung hindert aber nur die Durchsetzung des Beseitigungsanspruchs aus §§ 823 Abs. 1, 1004 Abs. 1 S. 1 BGB, § 15 Abs. 3 WEG. Sie führt nicht zur Rechtmäßigkeit der baulichen Veränderung, so dass andere Ansprüche wie etwa die Entfernung des Umbaus im Rahmen einer notwendigen Sanierung (OLG Hamburg ZMR 2002, 452) nach wie vor geltend gemacht werden können. Umgekehrt haben sich die Miteigentümer an den Folgekosten für ungenehmigte Einbauten nicht zu beteiligen (OLG Saarbrücken ZMR 1997, 33; AG Pinneberg ZMR 2005, 662) und erst recht keinen Schadensersatz bei ihrer Beschädigung zu leisten (vgl. AG Pinneberg ZMR 2005, 662). Die Verwirkung muss auch der Rechtsnachfolger eines Wohnungseigentümers gegen sich gel-

ten lassen (OLG Köln ZMR 1997, 48; BayObLG ZMR 2001, 53; OLG Hamburg ZMR 2002, 451; 2005, 806).

Einem Beseitigungsverlangen lässt sich u.U. der Einwand **willkürlicher Ungleichbehandlung** entgegenhalten (KG ZMR 2009, 792). Dies wird aber nur in extremen Fallgestaltungen der Fall sein, in denen eine Vielzahl von Eigentümern mehr oder weniger identische Veränderungen vorgenommen hat (z.B. Balkonverglasungen o.Ä.) und das Beseitigungsverlangen nur zum Rückbau einer dieser Umgestaltungen führen würde (offenbar noch strenger BayObLG ZMR 2001, 125 f.). Ansonsten dürfte dieser Einwand i.d.R. nicht erfolgreich sein. Denn der Miteigentümer, der sich gegen eine bestimmte bauliche Veränderung wendet, ist nicht verpflichtet, gegen alle derartigen Maßnahmen vorzugehen. Zudem muss ihn selbst eine völlig identische Veränderung auf der anderen Seite eines Gebäudekomplexes gar nicht interessieren. Ähnliches gilt für Verwalter und Eigentümergemeinschaft, sofern sie nach der Gemeinschaftsordnung über die Beseitigung zu befinden haben. Denn insoweit steht ihnen ein Beurteilungsspielraum zu, ob eine bestimmte Veränderung noch hinnehmbar ist (BayObLG 2000, 778; OLG Hamburg ZMR 2002, 616 f.; ZMR 2004, 455). Dabei können auch andere Erwägungen, etwa wirtschaftlicher Natur, zulässig sein, wenn z.B. ohne Genehmigung ein Leerstand oder gar der Ausfall von Vorschüssen nach § 28 Abs. 2 WEG droht. Allerdings geht eine unterschiedliche Behandlung unter Berufung auf die fehlende Bindung an den Gleichheitsgrundsatz fehl (so aber OLG Hamburg ZMR 2004, 455). Die willkürliche Ungleichbehandlung identischer Veränderungen erscheint auch in der rein privatrechtlichen Beziehung zwischen Eigentümergemeinschaft und einzelnem Wohnungseigentümer aus Gründen der gegenseitigen Treuepflicht ausgeschlossen (vgl. BGH ZMR 1999, 44; BayObLG ZMR 2001, 818). Der einzelne Wohnungseigentümer muss aber schon aus Kostengründen nicht gleichzeitig gegen alle gleichartigen Nutzungen vorgehen, die er für unzulässig hält. Es ist möglich, einen »Musterprozess« zu führen und von dessen Ausgang das weitere Vorgehen abhängig zu machen (OLG Frankfurt/M. ZMR 2002, 616). Gänzlich unbeachtlich ist es, wenn nur der Anspruchsgegner andere Veränderungen für vergleichbar hält (OLG Hamburg ZMR 1998, 584; ähnlich OLG Stuttgart WEM 1980, 76 f.). 310

In besonders gelagerten Ausnahmefällen können gegen einen Beseitigungsanspruch auch die allgemeinen Beschränkungen der Rechtsausübung einschlägig sein. Dies ist insbesondere dann der Fall, wenn seine Geltendmachung gegen **Treu und Glauben** oder das **Schikaneverbot** verstößt. Beides wird aber nur außerordentlich selten anzunehmen sein. Denkbar ist dies dann, wenn etwa bei Reihenhäusern die Aufhebung der Gemeinschaft bevorsteht, sodass die Beschränkungen des § 22 WEG ohnehin in naher Zukunft fortfallen wird und die Veränderung dann ohne weiteres wieder vorgenommen werden kann (OLG Düsseldorf ZMR 1996, 398; vgl. aber OLG Hamburg ZMR 2001, 383). Ähnliches kann gelten, wenn ein Anspruch auf Zustimmung zu der baulichen Veränderung besteht und die Betroffenen den geschaffenen Zustand ohnehin dulden müssten (BayObLG WE 1992, 204). Ein Verstoß gegen Treu und Glauben kann u.U. bei einem unverhältnismäßigen Aufwand der Beseitigung anzunehmen sein (BayObLG ZMR 2000, 51; 2003, 516). In diesem Fall kommt aber eine Entschädigung für die Wertminderung des betroffenen Wohnungs- oder Teileigentums in Betracht (BayObLG ZMR 2003, 516). Dies ist aber nicht schon bei hohen Kosten der Fall, insbesondere dann nicht, wenn ein Miteigentümer eigenmächtig bauliche Veränderungen vornahm (vgl. KG ZMR 1995, 170; OLG Zweibrücken ZMR 1999, 856; BayObLG ZMR 2000, 52; 2001, 126; OLG Köln NZM 2000, 764). Denn dann ist er das Rückbaurisiko bewusst eingegangen. Anderes soll bei Baumaßnahmen zum Wohle der gesamten Eigentümergemeinschaft anzunehmen sein (BayObLG ZMR 2000, 52). Der beeinträchtigte Miteigentümer muss die Inanspruchnahme seines Sondereigen- 311

nach § 887 Abs. 2 ZPO einen Vorschuss für die voraussichtlichen Kosten einzutreiben. Sofern der zur Beseitigung verpflichtete Wohnungseigentümer Widerstand leistet, kann dieser nach § 892 ZPO unter Hinzuziehung des Gerichtsvollziehers gebrochen werden. Die Befugnis zur Ersatzvornahme beinhaltet dabei die Berechtigung zum Betreten der Wohnung, die nicht getrennt ausgesprochen werden muss. Zuständig ist nach § 887 Abs. 1 ZPO das Prozessgericht des ersten Rechtszugs, also das Amtsgericht.

316 Sofern **Nichteigentümer nutzungsberechtigt** sind, die nicht Urheber der baulichen Veränderung sind, kann die Beseitigung gegen ihren Willen nicht vorgenommen werden. Der Gläubiger benötigt hierfür einen Duldungstitel (zur materiell-rechtlichen Duldungspflicht Dritter als Zustandsstörer s.o. Rdn. 298).

317 **Sofern ein Nichteigentümer Urheber der baulichen Veränderung** ist, kann zum einen gegen ihn selbst ein Titel auf Beseitigung aus § 1004 Abs. 1 S. 1 BGB bzw. § 823 Abs. 1 BGB erwirkt und nach § 887 ZPO vollstreckt werden (vgl. o. Rdn. 303 f.). Darüber hinaus kann der Gläubiger hinsichtlich der Beseitigung einer baulichen Veränderung einen gegen den Wohnungseigentümer erstrittenen Titel nach **§ 888 Abs. 1 ZPO** vollstrecken, da dieser zur Einwirkung auf den Nutzungsberechtigten verpflichtet ist (OLG Frankfurt/M. OLGZ 1983, 98 f.; BayObLG DWE 1994, 28; OLG Köln ZMR 2001, 66; BayObLG ZWE 2000, 304 f.; LG Hamburg ZMR 2005, 79). Hingegen ist die Unterlassung einer unzulässigen Nutzung (etwa des zu einer Gaststätte umgebauten Wohnungseigentums) durch den Nutzungsberechtigten auch dann nach **§ 890 ZPO** zu vollstrecken, wenn sich die Wohnungseigentümer gegen den vermietenden Miteigentümer wenden (BGH ZMR 1996, 148; OLG Hamm WE 1992, 136; OLG Köln ZMR 1997, 254). In beiden Fällen entgeht er der Verhängung von Zwangs- bzw. Ordnungsgeldern nur, wenn er darlegt, dass er alles Erforderliche getan hat, um die Zustimmung des Nutzungsberechtigten zur Beseitigung der baulichen Veränderung zu erlangen (BGH ZMR 1996, 148; BayObLG NJW-RR 1989, 462 f.; DWE 1994, 28). Eine Pflicht zum vorrangigen Vorgehen gegen den berechtigten Nutzer als Handlungsstörer besteht für die Wohnungseigentümer nicht (OLG Köln ZMR 2001, 66).

15. Einzelbeispiele aus der Rechtsprechung für zustimmungsfreie und zustimmungspflichtige bauliche Maßnahmen

318 Die Installation eines **Abluftrohrs** für die Küchendünste einer Gaststätte stellt eine bauliche Veränderung dar, die die anderen Wohnungseigentümer schon wegen der Immissionen beeinträchtigt (KG ZMR 2002, 967 f.).

319 Die Anbringung von **Absperrbügeln** auf Parkplätzen ist eine bauliche Veränderung, die infolge des optischen Eingriffs in das Erscheinungsbild der Parkfläche der Zustimmung aller Wohnungseigentümer bedarf (LG Hamburg ZMR 2001, 395).

320 Die langfristige **Anmietung** einer Fläche zur Nutzung als Parkplatz anstelle ihres ursprünglich vorgesehenen Erwerbs stellt keine von § 22 Abs. 1 WEG erfasste bauliche Veränderung dar, wenn die Baulichkeiten wie geplant errichtet werden. Alleine die abweichende sachenrechtliche Zuordnung zur Eigentümergemeinschaft stellt keine bauliche Veränderung dar (BayObLG ZMR 1998, 364).

321 Die **Aufstockung** eines Gebäudes im Rahmen einer Dachsanierung ist keine modernisierende Instandsetzung, sondern eine bauliche Veränderung, da durch die Schaffung neuer Räumlichkeiten ein neuer Zustand geschaffen, nicht nur der alte auf den Stand der Zeit gebracht wird. Da es durch die neuen Bewohner typischerweise zu einer verstärkten Nutzung kommt, liegt auch ein Nachteil i.S.d. § 14 Nr. 1 WEG vor (BayObLG ZMR 2001, 560 f.).

Eine Änderung der **Aufzugssteuerung**, die die Benutzung ab einem bestimmten Stockwerk nur mit einem den Eigentümern vorbehaltenen Schlüssel ermöglicht und Besucher von einer eigenständigen Nutzung abhält, ist zwar keine bauliche Veränderung, da nur die Bedienung und der Gebrauch betroffen ist. Eine derartige Gebrauchsregelung kann aber ordnungsmäßiger Verwaltung widersprechen (OLG Köln ZMR 2002, 76; vgl. zur gänzlichen Stilllegung einer Anlage auch BayObLG ZMR 2002, 607). **322**

Die Installation einer **Außenbeleuchtung** kann eine nachteilige bauliche Veränderung sein, wenn die Lichtemissionen andere Wohnungseigentümer über das in § 14 Nr. 1 WEG zugelassene Maß beeinträchtigen (OLG Karlsruhe ZMR 1997, 609; vgl. KG ZMR 2005, 978 zu Lichterketten; anders bei Änderungsmöglichkeiten der Einstellung als milderem Mittel AG Hamburg ZMR 2002, 872). **323**

Das Aufmauern eines **Außenkamins** ist eine bauliche Veränderung, die infolge ihrer optischen Auswirkungen regelmäßig nicht hinzunehmen ist (OLG Köln NZM 2000, 764). **324**

Das Anbringen von **Außenrolläden** stellt auch bei geringer Größe, etwa bei 15 cm Überstand (OLG Düsseldorf ZMR 1995, 552) oder bei 8 cm Verkleinerung der Fensterfläche (OLG Düsseldorf ZMR 2000, 119) eine bauliche Veränderung dar (vgl. BayObLG NJW-RR 1992, 151; OLG Düsseldorf ZMR 2001, 131 f.; OLG Celle ZMR 2001, 835), die das ästhetische Erscheinungsbild des Gebäudes nachteilig beeinflusst. **325**

Außensteckdosen und -wasseranschlüsse sind bauliche Veränderungen, die die Miteigentümer nicht hinnehmen müssen (BayObLG WE 1998, 151). **326**

Das Fällen von **Bäumen** ist eine beeinträchtigende bauliche Veränderung, wenn diese den Gesamteindruck der Anlage prägen, wie etwa Solitäre (OLG Köln ZMR 1999, 661; OLG Düsseldorf ZMR 2004, 527; OLG München ZMR 2006, 69). Gleiches gilt für ein übermäßiges (»verstümmelndes«) Zurückschneiden (OLG Karlsruhe DWE 1994, 20; AG Hamburg ZMR 2005, 656; ähnlich für Hecken OLG München ZMR 2006, 68). Hingegen stellt das Fällen einzelner Bäume aus Gruppenanpflanzungen, etwa 3 von 60 Bäumen in einer Anlage, keine bauliche Veränderung dar, da das Erscheinungsbild der Anlage hierdurch nicht wesentlich umgestaltet wird (OLG Düsseldorf DWE 1989, 80; BayObLG ZMR 2001, 565 f.; ähnlich OLG Hamburg ZMR 2004, 295; OLG Düsseldorf ZMR 2004, 527). Die Entfernung kann auch dann als Maßnahme der Instandhaltung der Anlage anzusehen sein, wenn ein Baum durch sein Wachstum das gemeinschaftliche Eigentum (etwa durch Verwurzelung von Versorgungsleitungen) gefährdet (BayObLG NJW-RR 1996, 1166) oder krank und umsturzgefährdet ist (OLG Köln ZMR 1999, 661; BayObLG ZMR 2001, 565 f.). In letzterem Fall kann aber ein Anspruch auf Neuanpflanzung eines gleichartigen Jungbaums bestehen (LG Düsseldorf ZMR 2003, 454). Die bloße Beeinträchtigung von Lichteinfall und Belüftung wird i.d.R. durch Rückschnitt bzw. Auslichtung zu beheben sein (KG DWE 1996, 30; OLG Köln ZMR 1999, 661; OLG Düsseldorf ZMR 2004, 528). Beim Schadensersatz für die rechtswidrige Entfernung eines Baumes besteht die Besonderheit, dass regelmäßig nur die Anpflanzung eines Jungbaumes zuzüglich pauschaliertem Schadensersatz für den Minderwert des Grundstücks gegenüber dem vorigen Zustand mit ausgewachsenen Baum nach der von Koch entwickelten Methode zu leisten ist (OLG Düsseldorf ZMR 2003, 225; AG Hamburg ZMR 2005, 657; vgl. BGH NJW 1975, 2061 f.; OLG Celle NJW 1983, 2391 f.; OLG Düsseldorf NJW-RR 1997, 856 f.; zuletzt Breloer AgrarR 2005, 116 ff.). **327**

Der Anbau eines **Balkons** ist in aller Regel eine unzulässige bauliche Veränderung, da er den Gesamteindruck des Gebäudes beeinträchtigt (OLG Düsseldorf ZMR 1997, 436; OLG Köln DWE 1997, 33; BayObLG ZMR 2001, 640 f.; OLG Hamm ZMR 2005, 221), **328** u.U. auch wegen der Behinderung des Lichteinfalls in andere Wohnungen (OLG Hamm ZMR 2002, 544; 2005, 221). Zudem kann sich die Beeinträchtigung nach § 14 Nr. 1 WEG aus dem Eingriffs in die Substanz des Gemeinschaftseigentums ergeben (OLG Düsseldorf ZMR 1997, 437).

329 Das Anbringen einer **Balkonverglasung** ist in aller Regel eine Veränderung, die den Gesamteindruck des Gebäudes nachteilig beeinflusst und daher der Zustimmung aller Miteigentümer bedarf (BayObLG ZMR 2001, 125 f. und 365 f.; a.A. im Einzelfall LG Hamburg ZMR 2005, 989 f.).

330 Die Absperrung einer gemeinschaftlichen Fläche durch sog. **Baumsperren** ist eine bauliche Veränderung, die durch die Erschwerung des Zugangs die anderen Wohnungseigentümer beeinträchtigt (BayObLG ZMR 2004, 127 f.).

331 Das Anbringen von **Bewegungsmeldern** ist eine bauliche Veränderung, deren beeinträchtigende Wirkung zum einen aus ihrer eigenen Auffälligkeit, zum anderen aus der veränderten Beleuchtungssituation resultiert (AG Tempelhof-Kreuzberg ZMR 2010, 651)

332 Die nachträgliche Montage eines **Blitzableiters** ist eine Maßnahme ordnungsmäßiger Verwaltung (OLG Düsseldorf FGPrax 2000, 187).

333 Der Austausch von **Blumenkästen** durch andere, die wenige Zentimeter breiter sind, ist keine nachteilige Veränderung des Gesamteindrucks (OLG Hamburg ZMR 2003, 442).

334 Der Anschluss an das **Breitbandkabelnetz** kann als modernisierende Instandsetzung anzusehen sein, wenn auch die vollständige Erneuerung der reparaturbedürftigen Gemeinschaftsantenne keinen nach heutigen Maßstäben ausreichenden Fernsehempfang gewährleistet (OLG Hamm ZMR 1998, 189 ff.; anders bei einwandfreier Funktion und fehlender Reparaturbedürftigkeit BayObLG ZMR 1999, 56).

335 Die Verlegung der **Briefkastenanlage** ist eine nachteilige bauliche Veränderung, wenn sie jedenfalls für einige Wohnungseigentümer zur Verlängerung der Wege innerhalb der Anlage führt (OLG München ZMR 2006, 69).

336 Die Errichtung eines **Carports** ist eine bauliche Veränderung, die die Miteigentümer üblicherweise infolge ihrer optischen Auswirkungen beeinträchtigt (OLG Düsseldorf ZMR 2003, 955; OLG Hamburg ZMR 2005, 305).

337 Der Einbau von **Dachflächenfenstern** erhöht infolge des hiermit verbundenen Eingriffs in die Dachhaut die Wartungs- und Reparaturanfälligkeit des Daches. Schon deswegen liegt eine nachteilige bauliche Veränderung vor (OLG Düsseldorf ZMR 2001, 375). Daneben ermöglichen sie eine intensivere Nutzung etwa als Wohnräume, was gleichfalls als Beeinträchtigung nach § 14 Nr. 1 WEG anzusehen sein kann (OLG Köln ZMR 2001, 570). Dieser Gesichtspunkt scheidet aber aus, wenn die Teilungserklärung die Wohnnutzung gestattet (BayObLG ZMR 1997, 90 f.). Schließlich kann eine Beeinträchtigung des äußeren Erscheinungsbildes vorliegen (OLG Hamburg ZMR 2002, 616 f.).

338 Die Umgestaltung einer Dachterrasse zu einem **Dachgarten** ist jedenfalls dann eine bauliche Veränderung, wenn die vorhandene Kiesaufschüttung durch eine Erdschicht ersetzt wird und dadurch Schäden am gemeinschaftlichen Eigentum nicht auszuschließen sind oder zumindest die Ermittlung der Ursache später auftretender Schäden hierdurch erheblich erschwert wird (BayObLG ZMR 1996, 571; ähnlich OLG Köln ZMR 2000, 60).

339 Die Anlage einer **Dachterrasse** ist i.d.R. eine bauliche Veränderung, die die Miteigentümer beeinträchtigt (OLG Zweibrücken ZMR 1999, 587; vgl. BayObLG ZMR 2001, 293).

Für **Deckendurchbrüche** gelten dieselben Grundsätze wie für Mauerdurchbrüche (LG Hamburg ZMR 2001, 918; vgl. u. Rdn. 369). 340

Einzäunungen behindern bestimmungsgemäß den Zugang zu einer Fläche und sind daher auf Gemeinschaftseigentum regelmäßig unzulässig (BayObLG NJW-RR 1991, 1362; ZMR 2003, 858; OLG Saarbrücken ZMR 2005, 982; AG Pinneberg ZMR 2003, 612). Auch dann, wenn sie den Zugang nicht behindern, sondern – etwa auf einer Dachterrasse – nur als Sichtschutzzaun dienen, können sie infolge ihrer optischen Auswirkungen zustimmungspflichtig sein (BayObLG ZMR 2002, 138 und 950; OLG Hamburg ZMR 2002, 622). Anderes kann bei leicht demontierbaren Zaunsegmenten zum Schutze eines Kinderspielplatzes gelten, wenn auch optische Beeinträchtigungen ausscheiden (OLG Köln ZMR 1998, 110 unter ausdrücklicher Betonung der Besonderheiten im Einzelfall). Die bloße Ersetzung einer Einzäunung durch eine andersartige kann allerdings eine modernisierende Instandsetzung sein (s. LG Flensburg ZMR 2005, 988 zur Ersetzung eines Flechtzaunes durch Holzpalisaden). 341

Das Aufstellen eines **Fahrradständers** ist jedenfalls dann eine Maßnahme ordnungsmäßiger Verwaltung, wenn ansonsten kein hinreichender Abstellplatz existiert und es zu Behinderungen durch »wild« abgestellte Räder kommt (OLG Köln WuM 1997, 64 f.). 342

Der Einbau eines **Fahrstuhls** ist eine bauliche Veränderung, die u.a. infolge optischer Beeinträchtigungen und unvermeidbarer Schallimmissionen auch als Nachteil nach § 14 Nr. 1 WEG anzusehen ist (AG Hamburg ZMR 2005, 822 f.). 343

Ein neuer **Fassadenanstrich** ist Maßnahme ordnungsmäßiger Verwaltung, sofern er das Erscheinungsbild der Anlage nicht verändert (OLG Hamburg ZMR 2004, 140 vgl. ZMR 2005, 394). 344

Die Entfernung einer **Fassadenbegrünung**, die die Ansicht eines Gebäudes prägt, ist eine nachteilige bauliche Veränderung (OLG Düsseldorf ZMR 2005, 305). Anders dürfte nach dem oben zum Fällen von Bäumen Gesagten (Rdn. 327) bei drohenden Schäden durch den Bewuchs oder bei bloßen Pflegemaßnahmen wie einem Rückschnitt gelten. 345

Änderungen in der Größe oder Aufteilung der **Fenster** beeinträchtigen in aller Regel den optischen Gesamteindruck über das nach § 14 Nr. 1 WEG zulässige Maß hinaus und sind daher nicht hinzunehmen (OLG Köln DWE 1997, 33; OLG Zweibrücken ZMR 1999, 430; OLG Düsseldorf ZMR 2000, 119; BayObLG WE 1998, 151; ZMR 2001, 46; 2005, 76; KG ZMR 2002, 698; LG Bremen ZMR 2001, 150; anders bei fehlender Sichtbarkeit der Änderung von außen OLG Düsseldorf ZMR 1999, 196 f.). Sie können aber in Sonderfällen, etwa in Reihenhaussiedlungen mit zahlreichen früheren Veränderungen ähnlicher Art ausnahmsweise unerheblich sein (OLG Düsseldorf ZMR 1996, 398; OLG Stuttgart ZMR 1999, 285 f.). Änderungen ohne Auswirkungen auf die Fenstergröße wie etwa der Austausch von Holz- gegen Kunststofffenster können als modernisierende Instandsetzung Maßnahmen der ordnungsmäßigen Verwaltung sein (BayObLG ZMR 2005, 894; AG Hannover ZMR 2003, 963). 346

Die Aufstellung einer **Funkantenne** etwa für Amateurfunkanlagen ist eine bauliche Veränderung, die schon infolge ihrer optischen Beeinflussung des Gesamtbildes als nachteilige Veränderung anzusehen ist (OLG München ZMR 2005, 734). Ein eventuell abgeschlossener Vertrag, der diese Einrichtung duldet, kann dahin gehend auszulegen sein, dass er nur so lange Bestand haben soll, als die Genehmigung durch Eigentümerbeschluss fortbesteht (OLG München ZMR 2005, 734). 347

Die **gärtnerische Pflege** des Grundstücks gehört zur Instandhaltung und Instandsetzung der Anlage, auch wenn sie mit der Entfernung von Anpflanzungen verbunden ist (OLG 348

Hamm ZMR 1996, 220; OLG Köln ZMR 1999, 661; OLG Hamburg ZMR 2004, 295). Die Grenze ist bei der Entfernung prägender Bäume (OLG Köln ZMR 1999, 661, vgl. o. Rdn. 327) oder der Umgestaltung der Gartenanlage erreicht (OLG München ZMR 2006, 69). Bei der Abgrenzung kann eine Genehmigung der Naturschutzbehörde für die Zulässigkeit der Maßnahme sprechen (OLG Hamburg ZMR 2004, 295).

349 Die Errichtung von **Garagen** auf den Parkflächen einer größeren Wohnanlage soll mangels intensiverer Nutzung keine Beeinträchtigung gem. § 14 Nr. 1 WEG darstellen (OLG Düsseldorf ZMR 1996, 569 f. – schon im Hinblick auf die optischen Auswirkungen zweifelhaft, s. BayObLG DWE 1984, 125); bei gelungener Einfügung kann es in einer Reihenhaussiedlung an einer nachteiligen Veränderung fehlen (BayObLG ZMR 2003, 515).

350 Das Aufstellen einer **Garderobe** im Treppenhaus ist eine nachteilige bauliche Veränderung (BayObLG NJW-RR 1998, 875).

351 Die Errichtung eines **Gartenhauses** ist eine bauliche Veränderung. Ob sie auch eine Beeinträchtigung gem. § 14 Nr. 1 WEG darstellt, ist eine Frage des Einzelfalls (bejaht von OLG Zweibrücken ZMR 2000, 257; BayObLG ZMR 2002, 137 f.; 2003, 858; OLG Celle ZMR 2004, 363). Dies kann zu verneinen sein, wenn das Gartenhaus weitgehend unsichtbar ist (BayObLG ZMR 1999, 118 f.) oder sich in den optischen Gesamteindruck einpasst (BayObLG ZMR 2000, 117).

352 Das Anbringen einer massiven **Gartentür** ist eine bauliche Veränderung, die eine optische Beeinträchtigung für die Miteigentümer darstellt (BGHZ 73, 201).

353 Die Installation einer **Gegensprechanlage** mit elektrischem Türdrücker ist eine bauliche Veränderung, die einen Wohnungseigentümer aber u.U. nicht in einem nach §§ 22 Abs. 1, 14 Nr. 1 WEG erheblichen Umfang beeinträchtigt (BayObLG NZM 2002, 870; OLG Hamburg ZMR 2004, 140).

354 Die Aufstellung eines **Gerüstes** zur Durchführung rechtmäßiger Umbaumaßnahmen ist schon mangels Dauerhaftigkeit keine bauliche Veränderung und kann nach Ankündigung aufgrund der Treuepflichten zwischen den Wohnungseigentümern eine hinzunehmende Nutzung sein (LG Wuppertal ZMR 2001, 219).

355 Für ein **Gewächshaus** gilt das zu einem Gartenhaus Ausgeführte (vgl. OLG Hamburg ZMR 2005, 305; LG Berlin ZMR 2001, 575).

356 Der Anbau eines **Glaserkers** ist regelmäßig eine nachteilige bauliche Veränderung, da er die Harmonie der Fassadengestaltung stört (OLG Zweibrücken ZMR 2004, 62).

357 Die Entfernung von Anlagen wie **Grillplätzen** ist, selbst wenn es sich um Anlagen mit belästigenden Emissionen handelt, für die Miteigentümer grundsätzlich eine nachteilige bauliche Veränderung, wenn sie bereits bei Begründung des Wohnungseigentums vorhanden waren (BayObLG ZMR 2004, 924). Es kann aber aus Treu und Glauben ein Anspruch auf Beseitigung oder Verlegung bestehen (vgl. o. Rdn. 234).

358 Die Abschwächung der Neigung eines **Hanggrundstücks** kann eine nachteilige bauliche Veränderung sein, wenn hiermit die Möglichkeit einer intensiveren Nutzung verbunden ist (BayObLG ZMR 2003, 126); anderes kann bei der Gefahr von Abrutschungen gelten (vgl. BayObLG ZMR 2001, 468 zu einer Stützmauer).

359 Das Pflanzen einer **Hecke** kann als Maßnahme der gärtnerischen Gestaltung mit Mehrheit beschlossen werden (BayObLG NJW-RR 1991, 1362). Ihre Entfernung geht über eine Maßnahme gärtnerischer Gestaltung hinaus, wenn der Hecke Sichtschutzfunktion oder sonst wie prägende Funktion für die optische Erscheinung des Grundstücks zukommt (BayObLG ZMR 2005, 378 f.). Ähnliches gilt für einen radikalen Rückschnitt etwa von 160 cm auf 80 cm Höhe (OLG München ZMR 2006, 68 = NJW-RR 2006, 88 f.).

Der Austausch eines **Heizkörpers** mit Messeinrichtung zur Ermittlung des Wärmeverbrauchs durch einen Konvektor ohne derartige Erfassungsmöglichkeit ist eine beeinträchtigende bauliche Veränderung, da diese Maßnahme zu einer Verfälschung der Messergebnisse führt. Auf das Sondereigentum am Heizkörper kommt es dabei nicht an, wenn die durch den Umbau funktionslos gewordene Messeinrichtung im Gemeinschaftseigentum steht (OLG Hamburg ZMR 1999, 502 f.). Ansonsten kann der Austausch von Boilern oder sonstigen Bestandteilen der Heizung eine modernisierende Instandsetzung darstellen (OLG Düsseldorf ZMR 2002, 957; BayObLG ZMR 2004, 443; OLG Hamburg ZMR 2005, 804). **360**

Für die Errichtung einer **Holz-Blockhütte** gilt dasselbe wie für Gartenhäuschen (BayObLG WuM 1995, 504 f.; vgl. o. Rdn. 351). **361**

Der Einbau von **Kaltwasserzählern** ist keine bauliche Veränderung, wenn eine verbrauchsabhängige Abrechnung möglich, also nicht durch anders lautende Regelungen der Teilungserklärung ausgeschlossen ist. Denn dann stellt der Einbau von Kaltwasserzählern keine bauliche Veränderung, sondern als notwendige Folgemaßnahme der verbrauchsabhängigen Abrechnung eine dem Mehrheitsbeschluss zugängliche Maßnahme ordnungsmäßiger Verwaltung dar (BGH ZMR 2003, 940). Sie entspricht aber nicht ordnungsmäßiger Verwaltung, wenn die Kosten des Einbaus die Einsparungen übersteigen, die sich voraussichtlich über zehn Jahre hinweg erzielen lassen (BGH ZMR 2003, 940). **362**

Katzennetze an Balkonen stellen eine Beeinträchtigung des optischen Gesamteindrucks dar, da das einheitliche und harmonische Bild der Fassade hierdurch deutlich erkennbar und störend unterbrochen wird (OLG Zweibrücken ZMR 1998, 465). **363**

Die Anlage eines **Kiesstreifens** um das Gebäude herum ist eine Maßnahme ordnungsmäßiger Verwaltung, soweit er (nach den Feststellungen des Tatrichters) dem Schutz des Gebäudes vor Durchfeuchtungen dient (OLG Hamburg ZMR 2004, 140). **364**

Der Anbau eines **Kioskgebäudes** ist selbst dann eine beeinträchtigende bauliche Veränderung, wenn er auf einem Grundstücksteil errichtet wird, an dem ein Sondernutzungsrecht besteht (OLG Köln ZMR 1995, 606 f.). **365**

Der Einbau einer **Klimaanlage** kann unter dem Gesichtspunkt der optischen Beeinträchtigung wie auch infolge der Immissionen von Geräuschen und Heißluft eine beeinträchtigende bauliche Veränderung sein (OLG Zweibrücken ZMR 1999, 589). **366**

Der Einbau einer **Lichtschranke**, die das Einparken eines Wohnungseigentümers erheblich behindert, ist eine nicht hinzunehmende bauliche Veränderung (AG Pinneberg ZMR 2003, 795 f.). **367**

Die Anbringung einer **Markise** ist eine bauliche Veränderung (BayObLG ZMR 1995, 421; OLG Zweibrücken ZMR 2004, 465). Die Frage, ob es hierdurch zu einer Beeinträchtigung gem. §§ 22 Abs. 1, 14 Nr. 1 WEG kommt, ist vom Einzelfall abhängig. Sie kann zu verneinen sein, wenn die Markise auch im ausgezogenen Zustand keine optische Beeinträchtigung des Anwesens darstellt (BayObLG ZMR 1995, 421; OLG Zweibrücken ZMR 2004, 465); anderes gilt regelmäßig bei einer Ladenmarkise, die das optische Erscheinungsbild eines Hauses prägt (KG ZMR 1995, 169 f.). **368**

Mauerdurchbrüche zwischen zwei Sonder- bzw. Teileigentumseinheiten bzw. innerhalb einer Einheit stellen mangels Eingriffs in das Gemeinschaftseigentum keine bauliche Veränderung dar, wenn eine nicht tragende, im Sondereigentum stehende Wand betroffen ist (BGH ZMR 2001, 291; OLG Schleswig ZMR 2003, 710). Bei Wänden, die im Gemeinschaftseigentum stehen, liegt eine bauliche Veränderung vor. Zur Annahme einer Beeinträchtigung nach § 14 Nr. 1 WEG genügt die bloße Herstellung eines Zustandes, der der **369**

Teilungserklärung widerspricht, noch nicht (BGH ZMR 2001, 290 f.; BayObLG ZMR 2001, 43 f.; OLG Hamburg ZMR 2004, 366; a.A. noch BayObLG ZMR 1996, 619; OLG Zweibrücken ZMR 2000, 254 f. m. Anm. Abramenko). Es kommt vielmehr darauf an, ob mit dem Mauerdurchbruch sonstige Beeinträchtigungen, etwa Nachteile für die Statik des Gebäudes (BGH ZMR 2001, 291; BayObLG ZMR 1999, 273; 2002, 538; OLG Zweibrücken ZMR 1999, 430), oder seine Brandsicherheit (BGH ZMR 2001, 291; BayObLG ZMR 2002, 538) verbunden sind oder zumindest eine intensivere Nutzung droht (vgl. BGH ZMR 2001, 291). Schon die Notwendigkeit umfangreicher Sicherungsmaßnahmen kann als Nachteil gem. § 14 Nr. 1 WEG anzusehen sein (BayObLG ZMR 1999, 273). Eine sachgerechte Ausführung ohne objektive Beeinträchtigung ist dagegen ohne Zustimmung zulässig (BayObLG ZMR 1999, 273).

370 **Maueröffnungen** zu Entlüftungszwecken können bei geringer Größe an unauffälligem Ort (etwa im Sockelbereich des Erdgeschosses) eine so unerhebliche Beeinträchtigung darstellen, dass sie das nach § 14 Nr. 1 WEG einzuhaltende Maß nicht überschreiten (BayObLG ZMR 1997, 152 f.); ansonsten sind sie nachteilige bauliche Veränderungen (OLG Köln ZMR 2001, 65).

371 Die Errichtung einer 7,5 m hohen **Mobilfunksendeanlage** ist unabhängig von möglicherweise von ihr ausgehenden Emissionen schon im Hinblick auf ihre optische Auffälligkeit eine unzulässige bauliche Veränderung (OLG Saarbrücken ZMR 1998, 313 f.; vgl. OLG München ZMR 2005, 734). Hingegen sind die von der Anlage ausgehenden elektromagnetischen Felder, solange sie die Grenzwerte der 26. BImSchV einhalten, regelmäßig keine Beeinträchtigung gem. § 14 Nr. 1 WEG, da die Einhaltung öffentlich-rechtlicher Schutzvorschriften die Unwesentlichkeit einer Beeinträchtigung gem. § 906 Abs. 1 S. 2 BGB indiziert (BGH ZMR 2004, 416 ff.). Ohne Erschütterung dieser Indizwirkung durch wissenschaftlich begründete Zweifel an den Grenzwerten oder gleichwohl eintretenden Beeinträchtigungen aufgrund der Besonderheiten des Einzelfalls genügt ein nicht näher fundiertes Restrisikos für die Gesundheit der Wohnungseigentümer nicht zur Annahme einer Beeinträchtigung i.S.v. § 14 Nr. 1 WEG (so noch BayObLG ZMR 2002, 611 f.; OLG Hamm ZMR 2002, 623; vgl. OLG Köln ZMR 2003, 706 f.).

372 Die Aufstellung oder Versetzung von **Müll- oder Altglassammeleinrichtungen** stellt in aller Regel eine nicht hinzunehmende bauliche Veränderung dar, wenn Miteigentümer durch Geruchs- oder Geräuschimmissionen stärker als zuvor belastet werden (OLG Karlsruhe ZMR 1997, 609; OLG München ZMR 2006, 69; LG Flensburg ZMR 2005, 987; vgl. AG Hannover ZMR 2005, 313 f. – dort im Einzelfall verneint).

373 Baumaßnahmen auf dem **Nachbargrundstück**, die das gemeinschaftliche Eigentum unmittelbar berühren (etwa Ausschachtungen oder Anbauten an die Außenmauer) sind wie bauliche Veränderungen zu behandeln und können daher nicht mit Mehrheit genehmigt werden (OLG Köln ZMR 1995, 553 f.).

374 Ein **Neuanstrich** ist regelmäßig eine Maßnahme der Instandhaltung, wenn er nur an die Stelle des schadhaft gewordenen vorherigen tritt. Anderes gilt aber bei einer gezielten Veränderung des Erscheinungsbildes durch eine andere Farbe, deren Intensität (z.B. orange) eine nachteilige bauliche Veränderung darstellt (OLG Hamburg ZMR 2005, 394 f.; OLG Düsseldorf ZMR 2006, 143).

375 Die Montage von **Parabolantenen** ist eine bauliche Veränderung, die bei nachteiligen optischen Auswirkungen auf das Gebäude grundsätzlich der Zustimmung aller Miteigentümer bedarf (BGH ZMR 2004, 439 f.; OLG Hamm ZMR 2002, 539; OLG Köln ZMR 2005, 227; OLG Schleswig ZMR 2005, 816; LG Hamburg ZMR 2009, 797). Unter Berücksichtigung des Informationsgrundrechtes aus Art. 5 GG haben die Wohnungsei-

gentümer aber die Anbringung einer solchen Anlage zu dulden, wenn ein ausländischer Miteigentümer seinen Informationsbedarf insbesondere zur Berichterstattung durch Sender seines Heimatlandes aus anderen öffentlich zugänglichen Quellen, insbesondere einem Kabelanschluss, nicht decken kann (BGH ZMR 2004, 439; OLG Hamm ZMR 2002, 539). Dies soll unabhängig von der Staatsbürgerschaft auch dann gelten, wenn ein Miteigentümer ausländischer Herkunft die deutsche Staatsbürgerschaft angenommen hat (BGH ZMR 2010, 299). Die Rechtsprechung, nach der einem deutschen Staatsangehörigen auch unter Berücksichtigung der Informationsfreiheit aus Art. 5 GG kein entsprechender Anspruch zustehen soll (BayObLG ZMR 2001, 213; OLG Hamm ZMR 2002, 539), ist überholt. Kann der Wohnungseigentümer über Kabelanschluss allerdings bereits 5 Programme seines Heimatlandes empfangen, überwiegt bei einer Abwägung der Grundrechte aus Art. 5, 14 GG das Interesse der Miteigentümer an der Vermeidung einer optischen Beeinträchtigung des Gemeinschaftseigentums (insoweit aus dem Mietrecht übertragbar BGH ZMR 2005, 436 f.; s. LG Hamburg ZMR 2009, 797; 2009, 873 u. 2010, 62). Die hierfür anfallenden Kosten machen die Inanspruchnahme des Kabelanschlusses in aller Regel nicht unzumutbar (LG Hamburg ZMR 2009, 798). Auch aus Art. 12 GG kann ein Anspruch auf Duldung einer Parabolantennen resultieren, wenn der Eigentümer einer Ladeneinheit dort etwa zulässigerweise mit SAT-Anlagen handelt und zu Demonstrationszwecken eine solche Antenne benötigt (AG Hamburg-Altona ZMR 2010, 645). Den Wohnungseigentümern steht hinsichtlich der Art und Weise ihrer Aufstellung ein gewisses Direktionsrecht und Beurteilungsermessen zu, wonach sie insbesondere die Aufstellung an einem möglichst unauffälligen Ort verlangen können (BGH ZMR 2004, 440; OLG Düsseldorf ZMR 1995, 555; OLG Schleswig ZMR 2004, 150; 2005, 817; AG Hannover ZMR 2010, 482). Mehrere Miteigentümer können auch auf die Installation nur einer, weniger auffälligen Gemeinschaftsantenne verwiesen werden (BGH ZMR 2004, 440). Auf das Informationsgrundrecht kann aber verzichtet werden. Davon ist auszugehen, wenn ein Wohnungseigentümer trotz entsprechenden Verbots einer Aufstellung von Parabolantennen in der Teilungserklärung vom Erwerb einer Eigentumswohnung nicht Abstand nimmt (BGH ZMR 2004, 440; anders noch OLG Düsseldorf ZMR 2001, 649). Auch bei einem solchen Verbot kann in Einzelfällen aber aus Treu und Glauben ein Anspruch auf Duldung oder Änderung der Gemeinschaftsordnung bestehen (BGH ZMR 2004, 441; weiter gehend noch OLG Schleswig ZMR 2004, 150). Sofern sich der Wohnungseigentümer als Vermieter über die Teilungserklärung hinwegsetzt und seinem Mieter entgegen einem ausdrücklichen Verbot die Installation einer Antenne gestattet, verpflichtet dieses gemeinschaftswidrige Verhalten die Miteigentümer nach allgemeinen Grundsätzen (vgl. o. Rdn. 234) nicht zur Zustimmung (OLG Köln ZMR 2005, 229; a.A. OLG Hamm ZMR 2002, 539). Über die Aufstellung von Parabolantennen kann ohne entgegenstehende Regelung in der Teilungserklärung grundsätzlich auch mit Mehrheitsbeschluss entschieden werden (BGH ZMR 2004, 441). Ein generelles Verbot ist aber wegen Eingriffs in den Kernbereich des Sondereigentums schwebend unwirksam, bis die betroffenen Wohnungseigentümer zustimmen (BGH ZMR 2004, 442; anders noch OLG Zweibrücken ZMR 2002, 785 f.). Der Beschluss über die Unzulässigkeit einer konkreten Anlage ist aber jedenfalls nur anfechtbar (vgl. OLG Köln ZMR 2004, 939 f. und 2005, 229, wo allerdings die Rspr. des BGH – ZMR 2005, 554 – zur Nichtigkeit der Begründung individueller Pflichten durch Mehrheitsbeschluss noch nicht berücksichtigt ist; vgl. o. Rdn. 301). Ein Beschluss, durch den ein Wohnungseigentümer zur Beseitigung einer Parabolantenne verpflichtet wird, ist allerdings mangels Beschlusskompetenz nichtig (so allgemein zur konstitutiven Schaffung von Pflichten durch Mehrheitsbeschlüssen BGH ZMR 2010, 777; überholt daher AG Fürth ZMR 2010, 476).

376 Die Aufstellung einer **Pergola** ist eine bauliche Veränderung (BayObLG ZMR 2001, 362; ähnlich OLG Zweibrücken ZMR 1999, 587 f. zu Rankgerüsten).

377 Die Aufstellung von **Pflanztrögen** ist bei vorübergehender Aufstellung schon mangels dauerhafter Veränderung keine bauliche Veränderung; i.Ü. soll keine Umgestaltung des gemeinschaftlichen Eigentums vorliegen (BayObLG ZMR 1999, 118; vgl. BayObLG WE 1992, 204 und 1998, 151). Anderes gilt bei der Entfernung von Pflanztrögen, die im Gemeinschaftseigentum stehen (BayObLG WuM 1993, 207).

378 Die **Pflasterung** einer Freifläche ist grundsätzlich eine den optischen Gesamteindruck beeinträchtigende Maßnahme (LG Flensburg ZMR 2005, 987); es kann aber in Ausnahmefällen, etwa bei der Beseitigung einer ungepflegten Grünfläche an einem Nachteil i.S.v. § 14 Nr. 1 WEG fehlen (LG Wuppertal ZMR 2001, 484 f.).

379 Sowohl die Anlage wie auch die Entfernung eines **Plattenwegs** ist eine bauliche Veränderung, die den Gesamteindruck eines Gartens beeinflusst und somit die Miteigentümer beeinträchtigt (BayObLG WE 1992, 204; ZMR 1995, 496; OLG Hamburg ZMR 2001, 382 f.). Anderes kann für die Verlegung einzelner Trittplatten zur Vermeidung von Trampelpfaden gelten. Auch hierbei handelt es sich zwar um eine bauliche Veränderung, die aber bei unauffälliger Ausführung nicht optisch beeinträchtigen muss (BayObLG ZMR 2002, 63).

380 Der Einbau von **Rauchgasklappen** ist keine nachteilige Veränderung, da diese zu erheblichen Kosteneinsparungen beim Verbrauch von Brennstoffen führen (BayObLG NJW 1981, 691).

381 Die Verlegung von **Rohrleitungen** durch sein Sondereigentum muss ein Miteigentümer auch dann nicht dulden, wenn eine anderweitige Verlegung für den Umbauwilligen wesentlich kostspieliger ist (OLG Düsseldorf ZMR 2000, 477 f.).

382 Für den Anbau einer **Rollstuhlrampe** gilt das zum Treppenlift Ausgeführte (Rdn. 397; vgl. AG Dortmund WuM 1996, 243; als bauliche Veränderung, die der Zustimmung aller Miteigentümer bedarf, dagegen angesehen in BayObLG NJW-RR 2000, 1399).

383 Die Aufstellung eines **Saunahauses** auf der Terrasse oder einer Sondernutzungsfläche beeinflusst das Erscheinungsbild einer Wohnanlage nachteilig und bedarf daher der Zustimmung aller Miteigentümer (BayObLG ZMR 2001, 828).

384 Die Ersetzung eines **Schaufensters** durch zwei Glasschiebetüren auf einem 40 cm hohen, gemauerten Sockel soll keine bauliche Veränderung darstellen, wenn sich die Veränderungen im Bereich des Sondereigentums befinden und keine optische Beeinträchtigung eintritt (BayObLG ZMR 1996, 46 f. – zweifelhaft).

385 Das dauerhafte Aufstellen von **Schränken** auf dem Balkon kann bei optischer Beeinträchtigung der Fassade eine unzulässige bauliche Veränderung sein, da es auf die feste Verbindung mit Mauerwerk oder Boden nicht ankommt (OLG Köln ZMR 2000, 58).

386 Die Errichtung eines **Schuppens** ist ebenso wie die eines Gartenhauses (s. Rdn. 351) eine nachteilige bauliche Veränderung (BayObLG ZMR 2001, 641).

387 Die Montage von **Schutzgittern** stellt schon aufgrund der Auswirkungen auf den optischen Gesamteindruck eine bauliche Veränderung dar (vgl. OLG Zweibrücken ZMR 2000, 704; KG ZMR 2001, 59). Bei besonderer Einbruchsgefahr kann gleichwohl aus der Treuepflicht der Wohnungseigentümer ein Anspruch auf Zustimmung hierzu resultieren (KG NJW-RR 1994, 401), aber nicht schon aufgrund des allgemeinen Lebensrisikos eines Wohnungseinbruchs (KG NJW-RR 1994, 401; ZMR 2001, 59). Schutzgitter sind aber auch bei erhöhter Einbruchsgefahr nicht hinzunehmen, wenn sie ihrerseits Einbrüche in das darüber liegende Geschoss erleichtern (OLG Zweibrücken ZMR 2000, 704).

Ein in die Erde eingelassenes **Schwimmbecken** ist eine bauliche Veränderung, die in den Gesamteindruck des Gartens eingreift und somit beeinträchtigt (BayObLG ZMR 1999, 580). 388

Die Ersetzung eines Jägerzauns durch einen mannshohen **Sichtschutzzaun** ist eine nicht mehr nach § 14 Nr. 1 WEG hinzunehmende bauliche Veränderung (KG ZMR 1997, 316; ähnlich BayObLG ZMR 2000, 314). Entsprechendes gilt für eine **Sichtschutzmatte** ähnlicher Höhe und Funktion (BayObLG ZMR 2001, 907). 389

Die Aufstellung einer **Sitzgruppe** im Garten stellt eine bauliche Veränderung dar. Ob sie zu Beeinträchtigungen führt, ist eine Frage des Einzelfalls, wobei sozialwidrige Störungen, die von Miteigentümern, nicht von der baulichen Veränderung selbst ausgehen, nicht zu berücksichtigen sein sollen (OLG Karlsruhe ZMR 1997, 608 f.; ähnlich BayObLG ZMR 2002, 686). 390

Die Aufstellung von **Sonnenkollektoren** auf dem Dach verändert den optischen Gesamteindruck der Baulichkeiten nachteilig und ist daher eine unzulässige bauliche Veränderung (BayObLG ZMR 2000, 472; ähnlich OLG Düsseldorf ZMR 2002, 216; OLG München ZMR 2006, 69 f.). 391

Der Ausbau eines **Spitzbodens** zu Wohnzwecken ist auch dann unzulässig, wenn an diesen Räumen ein Sondernutzungsrecht besteht, da mit der Wohnnutzung typischerweise eine erhöhte Abnutzung der gesamten Wohnanlage verbunden ist (BayObLG WE 1994, 25; OLG Hamm ZMR 1998, 719). 392

Der Einbau neuer **Teleskoptüren** statt der vorhandenen Falttüren eines Fahrstuhls ist eine modernisierende Instandsetzung, wenn letztere in einem durch Reparaturen nicht zu behebenden Umfang zur Störanfälligkeit neigten (AG Nürnberg ZMR 2004, 385). 393

So genannte unterkellerte **Terrassen** sind stets bauliche Veränderungen, die über das zu duldende Maß hinausgehen (BVerfG ZMR 2005, 636; OLG Düsseldorf ZMR 1996, 397). 394

Für die Verglasung eines **Terrassenfreisitzes** gilt das zur Balkonverglasung Gesagte (Rdn. 329) entsprechend (OLG Karlsruhe ZMR 2001, 225; LG Nürnberg-Fürth ZMR 2003, 536). 395

Die Montage einer **Treppe** vom Balkon zum Garten ist eine bauliche Veränderung, die eine intensivere Nutzung des Gartens ermöglicht und daher eine Beeinträchtigung darstellt (OLG Karlsruhe ZMR 1999, 66; KG ZMR 2009, 791). Anderes kann bei einer Verbindung zwischen Terrasse und Garten gelten, wenn der Zugang dorthin auch ohnedies unschwer möglich ist (BayObLG ZMR 2005, 67). 396

Der Einbau eines **Treppenlifts** ist eine bauliche Veränderung. Eine Benachteiligung der anderen Miteigentümer soll aber unter Berücksichtigung von Art. 3 Abs. 3 S. 2 GG zu verneinen sein, wenn ein behinderter Miteigentümer ohne derartige Gehhilfe seine Wohnung bzw. sein Teileigentum nicht mehr erreichen kann (BayObLG ZMR 2004, 210 f.). Das erscheint zweifelhaft, da ein Nachteil nicht von der Behinderung eines Miteigentümers abhängen kann (so auch AG Hamburg ZMR 2003, 455; 2005, 822 und wohl auch BGH ZMR 2004, 438 zu Parabolantennen, wo im Leitsatz von einem hinzunehmenden Nachteil die Rede ist). Dies würde überdies zu Unzuträglichkeiten bei einem Eigentümerwechsel führen, da dann auch bei Erwerb durch einen nicht behinderten Sonderrechtsnachfolger eine rechtmäßige Umgestaltung des Gemeinschaftseigentums vorliegt. Folgerichtiger erscheint es, in derartigen Fällen einen aus der Treuepflicht folgenden Anspruch auf Zustimmung anzunehmen, der auf die Nutzung durch den behinderten Eigentümer beschränkt und folglich bei Wegfall dieser Voraussetzungen rückgängig zu machen ist (so richtig AG Hamburg ZMR 2005, 822). Für diesen Fall ist die Sicherung 397 der Rückbauansprüche durch eine Kaution o.Ä. zu erwägen. Anderes gilt, wenn der Wohnungseigentümer in Kenntnis der Problematik einem gehbehinderten Mieter den Einbau eines Treppenliftes ohne vorherige Befragung der Miteigentümer zusichert, da er die Konfliktsituation dann eigenmächtig herbeiführt (AG Hamburg ZMR 2003, 455 f.).

398 Die sichtbare Neuverlegung von **Versorgungsleitungen** stellt eine optisch nachteilige bauliche Veränderung dar (OLG Köln ZMR 2001, 65), die bei unterirdischer Verlegung mangels Sichtbarkeit zu verneinen ist (OLG Zweibrücken ZMR 2002, 470). Keinesfalls kann aber ohne Zustimmung des betroffenen Miteigentümers fremdes Sondereigentum hierfür in Anspruch genommen werden (BayObLG NZM 1998, 1014; OLG Düsseldorf ZMR 2000, 478).

399 Die Installation einer **Videokamera** (auch einer Attrappe) an der Außenfassade ist schon aufgrund der optischen Auswirkung eine nachteilige bauliche Veränderung (vgl. OLG Karlsruhe NZM 2002, 703; AG Frankfurt/M. NZM 2003, 68 f.). Dies dürfte bei einem sog. Videoauge, das für einen nicht Eingeweihten kaum sichtbar ist, nicht mehr anzunehmen sein (KG ZWE 2002, 412). Auch dieses ist aber ein nach § 13 Abs. 2 WEG nicht hinzunehmender Gebrauch des Gemeinschaftseigentums, wenn hierdurch die lückenlose Überwachung der Wohnungseigentümer und ihrer Besucher möglich wird. Daher muss zumindest die Löschung der Daten nach § 6 Abs. 2 BDSG sichergestellt sein (KG ZWE 2002, 412; BayObLG ZMR 2005, 300 mit weiteren Einschränkungen). Anderes wird (ähnlich wie bei Fenstergittern und ähnlichen Einbruchssicherungen) gelten, wenn die Videoüberwachung wegen der konkreten Gefahr von Straftaten als Vorbeugungsmaßnahme oder zur Erleichterung ihrer Aufklärung installiert wird (vgl. OLG Karlsruhe NZM 2002, 703 f. – außerordentlich restriktiv – sowie OLG Zweibrücken ZMR 2004, 380 f.).

400 Die Anbringung eines **Vordachs** ist eine bauliche Veränderung, die einen Wohnungseigentümer aber u.U. nicht in einem nach §§ 22 Abs. 1, 14 Nr. 1 WEG erheblichen Umfang beeinträchtigt (OLG Hamburg ZMR 2004, 140; LG Wuppertal ZMR 2001, 400).

401 Die Anbringung eines **Wärmedämmverbundystems** anstelle einer einfachen Fassadensanierung kann als modernisierende Instandsetzung zulässig sein, wenn sie die technisch bessere und wirtschaftlich sinnvollere Lösung darstellt (OLG Düsseldorf ZMR 2002, 854 f.; ähnlich für die Erneuerung einer mit Eternitplatten verkleideten Fassade BayObLG ZMR 2002, 210), aber nicht bei bestehen bleibenden Lücken der Wärmedämmung, die den Effekt stark vermindern (OLG Hamburg ZMR 2002, 963).

402 Die Installation einer mobilen **Wäschespinne** ist schon deswegen keine bauliche Veränderung, da es an der Dauerhaftigkeit der Umgestaltung fehlt; alleine das in den Boden eingelassene Führungsrohr überschreitet die Grenze einer nach § 14 Nr. 1 WEG unerheblichen Beeinträchtigung nicht (OLG Zweibrücken ZMR 2000, 256 f.). Anderes kann bei einer festen Verankerung im Boden gelten (OLG Zweibrücken ZMR 2000, 256).

403 Die Herstellung eines **Walmdachs** anstelle des sanierungsbedürftigen Flachdachs kann, wenn sie wirtschaftlich sinnvoll ist, eine modernisierende Instandsetzung sein (BayObLG ZMR 1998, 365).

404 Die Anbringung von **Werbung** ist zwar grundsätzlich eine bauliche Veränderung. Wenn ein Wohnungs- oder Teileigentum aber in zulässiger Weise zu gewerblichen oder freiberuflichen Zwecken genutzt wird, müssen die Miteigentümer eine ortsübliche und angemessene Werbung hierfür dulden, da dies von der zulässigen Nutzung umfasst ist (BayObLG ZMR 2001, 124 f.). Anderes kann für eine zu groß geratene »*wenig geschmackvolle, störende*« Werbung gelten (OLG Köln ZMR 2002, 381).

Die Veränderung, insbesondere die optische Aufwertung von **Wohnungstüren** durch eine modernere Farbgestaltung soll mit Mehrheit beschlossen werden können (BayObLG NZM 2002, 871; anders für das Anbringen von Vortüren OLG Stuttgart WEM 1980, 76). 405

Der Anbau eines **Wintergartens** stellt regelmäßig eine erhebliche Umgestaltung der Fassade dar und ist daher eine nicht hinzunehmende bauliche Veränderung (BVerfG ZMR 2005, 636; BayObLG WE 1998, 150; OLG Zweibrücken ZMR 1999, 856; vgl. KG ZMR 1999, 851, wo er sogar als unbillige Härte angesehen wird, die trotz Öffnungsklausel nicht mit Mehrheitsbeschluss genehmigt werden kann). 406

Ein etwa 20 cm in das Treppenhaus vorstehender **Zählerkasten**, der nach den Nutzungsbedingungen des Elektrizitäts- oder Gasversorgers nicht im Inneren der Wohnung montiert sein darf, soll keine optische Beeinträchtigung darstellen (BayObLG ZMR 2002, 212 – zweifelhaft; näher liegt wohl ein Anspruch auf Zustimmung aus den Treuepflichten der Wohnungseigentümer). 407

Die Aufstellung eines **Zigarettenautomaten** ist eine bauliche Veränderung, die schon aufgrund der verstärkten Inanspruchnahme von Gemeinschaftseigentum nachteilig ist (KG ZMR 2005, 978). 408

16. Die Modernisierung und ihre Kosten (§ 22 und § 16 Abs. 4, 5 WEG)

a) Zweck und Systematik der Neuregelung

Die Vorschriften zur Modernisierung in § 22 Abs. 2 WEG stellen eine vollständig neue Regelung der WEG-Novelle dar, die den Wohnungseigentümern zuvor nicht vorhandene Möglichkeiten zur Erneuerung ihrer Anlage eröffnen. Sie betreffen vorrangig Einrichtungen, die heute aufgrund des technischen und gesellschaftlichen Wandels zum normalen Wohnkomfort gerechnet werden wie Aufzug, Anlagen zur Energieeinsparung bzw. -gewinnung oder zentrale Heizungsanlage, aber bei Errichtung der Wohnanlage noch nicht vorhanden waren (vgl. BT-Drucks. 16/887 S. 29). Früher konnten derartige Maßnahmen nur mit Zustimmung aller gem. §§ 22 Abs. 1, 14 Nr. 1 WEG beeinträchtigten Wohnungseigentümer vorgenommen werden, was in der Praxis fast immer auf ein Allstimmigkeitserfordernis hinauslief. Denn die Nachrüstung der Liegenschaft mit neuen Einrichtungen zog in aller Regel für die Wohnungseigentümer auch Nachteile wie den Verlust nutzbaren Raums oder zumindest eine optische Veränderung nach sich. Die Rechtsprechung zur modernisierenden Instandsetzung vermochte hieran grundsätzlich nichts zu ändern, da sie den Ersatz bestehender Anlagen voraussetzte, die zudem Erneuerungsbedarf aufweisen mussten (s. BT-Drucks. 16/887 S. 29). Folglich waren nach früherem Recht auch objektiv sinnvolle Änderungen oftmals zum Scheitern verurteilt, da zumindest einige Miteigentümer mangels Interesses oder infolge grundsätzlicher Opposition zu einer positiven Zustimmung nicht bereit waren (so richtig BT-Drucks. 16/887 S. 10). 409

Den hieraus resultierenden Stillstand in modernisierungsbedürftigen Anlagen will die neue Regelung beseitigen, ohne beliebige bauliche Umgestaltungen der Liegenschaft dem Mehrheitswillen zu unterwerfen. Deshalb hat der Gesetzgeber in § 22 Abs. 2 WEG keine generelle Öffnungsklausel eingefügt, sondern einerseits einen klaren Rahmen möglicher Veränderungen gezogen und andererseits eine doppelt qualifizierte Mehrheit vorgesehen. Das Kopfstimmenprinzip bedarf auch bei Vielfacheigentümern keine Korrektur; ihren Interessen hat der Gesetzgeber durch das Erfordernis der Mehrheit der Miteigentumsanteile Rechnung getragen (LG München I ZMR 2009, 945). Während das Mehrheitserfordernis allenfalls – insbesondere bei knappen Entscheidungen und der Mehrheitsberech- 410 nung in hektischen Eigentümerversammlungen – praktische Probleme verursachen dürfte, wirft die Abgrenzung der zulässigen Maßnahmen rechtlich anspruchsvolle Probleme auf, da der Gesetzgeber hiermit Neuland betritt. Der Verweis auf den Begriff der Modernisierung in § 559 Abs. 1 BGB hilft nur begrenzt (hierzu BT-Drucks. 16/887 S. 30), da die mietrechtliche Definition angesichts des unterschiedlichen Regelungszwecks beider Regelungen keineswegs unbesehen übernommen werden kann: Denn im Mietrecht soll § 559 BGB die Möglichkeit einer Überwälzung ihrer Kosten auf den Mieter regeln, während der Begriff der Modernisierung in § 22 Abs. 2 WEG im Verhältnis der Wohnungseigentümer die Grenzen abstecken soll, innerhalb derer einer bauliche Maßnahme zulässig ist.

b) Die Modernisierung

411 Der Beschluss von Maßnahmen nach § 22 Abs. 2 S. 1 WEG setzt zunächst voraus, dass diese eine der vier Zielsetzungen verfolgen, die § 559 BGB im Bereich des **Mietrechtes** anerkennt. Sie müssen also nach der Legaldefinition in § 559 BGB entweder den Gebrauchswert der Mietsache nachhaltig erhöhen, die allgemeinen Wohnverhältnisse auf Dauer verbessern oder nachhaltige Einsparungen von Energie bzw. Wasser bewirken. Diese Kriterien folgen im Wesentlichen dem Mietrecht, so dass auf die diesbezügliche Literatur verwiesen werden kann. Die Modernisierung kann zunächst das Gemeinschaftseigentum betreffen. Dies liegt nahe, da die Gesetzesänderung ja gerade darauf zielt, den Einbau noch nicht vorhandener Einrichtungen zu ermöglichen. Sie kann aber auch das Sondereigentum betreffen, da sich § 559 BGB auch auf die Innenausstattung der Wohnung bezieht. Dies geht auch aus den Beispielen der Gesetzesbegründung hervor, da sich etwa Vorkehrungen zum Einsparen von Energie und Wasser (hierzu s. BT-Drucks. 16/887 S. 30) ganz überwiegend auf das Sondereigentum beziehen. Dass die Modernisierung des Sondereigentums eine entsprechende Kostenverteilung zu Lasten des hierdurch begünstigten Wohnungseigentümers erfordert, bedarf keiner näheren Ausführungen. Wird eine solche Regelung nicht aufgenommen, widerspricht der Beschluss einer individualnützigen Modernisierung, die dann zu Lasten der Gemeinschaft erfolgt, grundsätzlich ordnungsmäßiger Verwaltung. Da die Miteigentümer hierdurch sachwidrig benachteiligt würden, ist er stets anfechtbar.

c) Abweichungen vom mietrechtlichen Modernisierungsbegriff

412 Dass eine geplante bauliche Maßnahme eine der vier in § 559 BGB anerkannten Ziele verfolgt, ist indessen nur erforderliche, aber nicht hinreichende Bedingung einer Beschlussfassung nach § 22 Abs. 2 S. 1 WEG. Bereits der Gesetzestext redet von einer »Modernisierung **entsprechend** § 559 Abs. 1 des Bürgerlichen Gesetzbuches«. Dies lässt erkennen, dass die Kasuistik des Mietrechtes nur sinngemäß, aber nicht in jedem Einzelfall auf § 22 Abs. 2 WEG zu übertragen ist. Daneben sind die weiteren Vorgaben des Wohnungseigentumsrechtes zu berücksichtigen. Etwa modernisierende Instandsetzungen sind im Mietrecht durchweg als Modernisierung gem. § 559 BGB zu behandeln (Schmidt-Futterer/Börstinghaus § 559 Rn. 56; MüKo/Artz § 559 Rn. 11). Für das Wohnungseigentumsrecht bestimmt § 22 Abs. 3 WEG hingegen ausdrücklich, dass sie weiterhin als Maßnahme ordnungsmäßiger Verwaltung mit einfacher Mehrheit beschlossen werden können. Nichts anderes gilt für Kaltwasserzähler, die nach mietrechtlichen Maßstäben gleichfalls als Modernisierung gem. § 559 BGB zu behandeln sind (Schmidt-Futterer/Börstinghaus Rn. 73 u. 147). Eine andere Divergenz ist bei der erstmaligen Herstellung eines ordnungsgemäßen Zustandes zu beachten. Diese kann wie etwa bei der Herstellung eines ausreichenden Schallschutzes durchaus eine Modernisierung nach § 559 BGB darstellen, deren Kosten auf den Mieter umgelegt werden können (Schmidt-Futterer/Börstinghaus § 559 Rn. 137; MüKo/Artz § 559 Rn. 14). Im Innenverhältnis der Wohnungseigentümer können entsprechende Nachrüstungen aber weiterhin mit einfacher Mehrheit beschlossen, u.U. sogar von jedem einzelnen Wohnungseigentümer verlangt werden (vgl. BayObLG NJW-RR 1986, 955; 1990, 332 f.; ZMR 2002, 685). Bei der rechtlichen Einordnung einer baulichen Maßnahme als Modernisierung ist also nicht unbesehen der Kasuistik zu § 559 BGB zu folgen. Da diese Vorschrift nur die Kostenverteilung zwischen Vermieter und Mieter betrifft, kann sie mietrechtlich auch bei Maßnahmen wie der modernisierenden Instandsetzung Anwendung finden, die wohnungseigentumsrechtlich nicht als Modernisierung zu behandeln sind und somit nicht der qualifizierten Voraussetzungen des § 22 Abs. 2 WEG bedürfen. Trotz der Divergenzen zwischen miet- und wohnungseigentumsrechtlichem Modernisierungsbegriff wird aber die Mehrzahl der in Frage kommenden Maßnahmen nunmehr § 22 Abs. 2 WEG unterfallen. Gerade häufig umstrittene Anlagen wie Balkone, neue Türen und Fenster, Außenrolläden und die Anlage von Spielplätzen können daher, wenn sie, was regelmäßig der Fall ist, Gebrauchswert bzw. Wohnverhältnisse verbessern oder Energie bzw. Wasser einsparen, nach § 22 Abs. 2 WEG beschlossen werden.

d) Keine Erweiterung der Befugnisse zum Eingriff in das Sondereigentum

Der Begriff der Modernisierung nach § 559 BGB ist ferner auch insoweit zu weitgehend, **413** als er im Mietrecht auch Verbesserungen einer einzelnen Wohnung erfasst. Dies lässt sich nicht in vollem Umfang auf den vorliegenden wohnungseigentumsrechtlichen Zusammenhang übertragen. Jedenfalls erlaubt es die Beschlusskompetenz aus § 22 Abs. 2 WEG nicht, gegen den Willen eines Eigentümers in dessen Sondereigentum hineinzuregieren, auch wenn die gewünschte Maßnahme eine Modernisierung nach § 559 BGB wäre. Beispielsweise kann die Eigentümerversammlung nach § 22 Abs. 2 WEG nicht, auch wenn dies eine Modernisierung nach § 559 BGB darstellt, für alle Wohnungseigentümer den Einbau derselben Küchen, Fliesen oder Gasetagenheizungen beschließen (zum Modernisierungscharakter dieser Maßnahmen im Mietrecht s. Schmidt-Futterer/Börstinghaus § 559 Rn. 115, 118 u. 131), weil durch die Abnahme größerer Mengen Rabatte zu erzielen wären. Denn dies wäre ein Eingriff in den Kernbereich des Sondereigentums. Die Kasuistik zum Mietrecht darf daher auch insoweit nicht unbesehen auf die Modernisierung nach § 22 Abs. 2 WEG übertragen werden. Allerdings ist eine Modernisierung umgekehrt auch nicht schon deshalb grundsätzlich unzulässig, weil sie sich auf das Sondereigentum eines oder mehrerer Wohnungseigentümer auswirkt. Die Novelle normiert zwar keine über das bisherige Recht hinausgehenden Duldungspflichten der Wohnungseigentümer, beseitigt aber auch die nach bisherigem Recht anerkannten nicht. Angesichts der identischen Interessenlage von Gemeinschaft und einzelnem Wohnungseigentümer dürfte insoweit § 14 Nr. 4 WEG analog anzuwenden sein. Danach muss er die Folgen einer nach § 22 Abs. 2 WEG beschlossenen Maßnahme dulden, sofern sie nicht zweckgerichtet in sein Sondereigentum eingreifen, sondern nur anlässlich einer Modernisierung auftreten, etwa bei der unvermeidlichen Inanspruchnahme durch Verlegung von Versorgungsleitungen o.Ä. Bei Schäden an seinem Sondereigentum kann der betroffene Wohnungseigentümer aber Schadensersatz abzüglich seines Anteils verlangen.

e) Die Anpassung an den Stand der Technik

Neben der Modernisierung hat der Gesetzgeber einen eigenständigen wohnungseigen- **414** tumsrechtlichen Tatbestand geschaffen, die »Anpassung des gemeinschaftlichen Eigentums an den Stand der Technik« (zum Begriff s. BT-Drucks. 16/887 S. 30). Er soll auch solche Verbesserungen ermöglichen, »die im Mietrecht nur den Vermieter, nicht aber immer den Mieter treffen« (BT-Drucks. 16/887 S. 30). Dass die Gesetzesmaterialien keine

Beispiele für eine solche, nur dem vermietenden Eigentümer, nicht aber dem Mieter nützlichen Anpassungen an den Stand der Technik bieten, dürfte kein Zufall sein. Denn diese Konstellation dürfte eher theoretischer Natur sein, da eine Anpassung an den Stand der Technik eben regelmäßig den Gebrauchswert der Wohnung oder die Wohnverhältnisse verbessert oder zu Einsparungen von Energie oder Wasser führt. Ist dies nicht der Fall, weil eine Maßnahme wie etwa Sonnenkollektoren als Modernisierung nicht allgemein anerkannt ist (vgl. hierzu Schmidt-Futterer/Börstinghaus § 559 Rn. 139 a.A. MüKo/Artz § 559 Rn. 19), hilft § 22 Abs. 2 S. 1, 2. Fall WEG üblicherweise ebenfalls nicht weiter. Denn diese Verbesserungen bringen nicht nur eine Anpassung an den allgemeinen Stand der Technik, sondern gehen darüber hinaus. Zudem wird der Anwendungsbereich dieses Tatbestands noch weiter dadurch verengt, dass er im Gegensatz zur Modernisierung auf das Gemeinschaftseigentum beschränkt sein soll. In der Konsequenz kann § 22 Abs. 2 S. 1 2. Fall WEG allenfalls in Ausnahmefällen Bedeutung erlangen, etwa bei neuen Mess- und Ablesevorrichtungen, die nicht der Einsparung von Energie oder Wasser dienen (da dann schon eine Modernisierung vorliegt), sondern alleine der Bequemlichkeit des vermietenden Eigentümers. Üblicherweise wird § 22 Abs. 2 S. 1 2. Fall WEG also keine über den Modernisierungstatbestand hinausgehenden Möglichkeiten eröffnen, weshalb die Regelung für die Praxis voraussichtlich wenig Bedeutung erlangen dürfte.

f) Beispielfälle für Modernisierungen

415 Als Modernisierung anerkannt hat die Rechtsprechung
- der Anbau einer **Freitreppe** von der Erdgeschosswohnung in den Garten ist eine Modernisierung, die die anderen Wohnungseigentümer nicht unbillig benachteiligt (AG Hannover ZMR 2008, 250 ff.)

416 • den Austausch von Holz- gegen **Kunststofffenster** (LG München I ZMR 2009, 945).

417 Keine Modernisierung sind nach der Rechtsprechung
- die **Aufstockung** des Gebäudes (LG Hamburg ZMR 2010, 550)
- die Errichtung eines **Außenaufzugs** (AG Konstanz ZMR 2008, 494 ff. – zweifelhaft)
- die Umgestaltung der **Fahrstuhlkabine** aufgrund absehbaren Reparaturbedarfs (LG Hamburg ZMR 2009, 314 ff.)
- die Errichtung eines **Wintergartens** (AG Konstanz ZMR 2008, 494 ff.).

g) Die Kosten der Modernisierung

418 Beschließen die Wohnungseigentümer alleine die Durchführung einer Modernisierung, ohne eine Regelung zur Kostentragung zu treffen, so gilt für ihre Kosten und Folgekosten der vereinbarte Kostenverteilungsschlüssel bzw. § 16 Abs. 2 WEG. Wie bei der baulichen Veränderung können die Wohnungseigentümer aber mit doppelt qualifizierter Mehrheit nach § 16 Abs. 4 WEG einen abweichenden Schlüssel beschließen. Dieser muss dem Gebrauch bzw. der Möglichkeit des Gebrauchs Rechnung tragen, was ebenfalls den Regelungen zur baulichen Veränderung entspricht (vgl. o. Rdn. 272). Im Gegensatz zum dortigen Regelungszusammenhang stellen sich durch den Gleichlauf der Mehrheiten für die Modernisierung und die Kostenverteilung die bei der baulichen Veränderung durch unterschiedliche Mehrheiten hervorgerufenen Probleme (vgl. o. Rdn. 282 f.) von vorneherein nicht.

h) Unklagbarkeit und Unabdingbarkeit

419 Kommt die doppelt qualifizierte Mehrheit nicht zustande, kann der einzelne Wohnungseigentümer nach dem Gesetzeswortlaut eine Modernisierung nicht verlangen, auch wenn die Voraussetzungen einer solchen Maßnahme vorliegen. Diese Möglichkeit wurde ihm

ausweislich der Entwurfsbegründung bewusst versagt (BT-Drucks. 16/887 S. 31). I.d.R. wird hierauf auch kein Anspruch aus § 21 Abs. 4 WEG bestehen. Denn es ist kaum ein Fall vorstellbar, in dem alleine die Durchführung einer Modernisierung ordnungsmäßiger Verwaltung entspricht.

i) Unabdingbarkeit und alte Teilungserklärungen

Die Möglichkeiten der Modernisierung und der Anpassung des Gemeinschaftseigentums **420** an den allgemeinen Stand der Technik können nach § 22 Abs. 2 S. 2 WEG auch durch die Teilungserklärung nicht abbedungen werden (BT-Drucks. 16/887 S. 32). Dies betrifft nicht nur abweichende Regelungen in neuen Teilungserklärungen. Da das Gesetz keine Ausnahmen zulässt, bieten auch Regelungen in Teilungserklärungen bzw. Vereinbarungen aus der Zeit vor Inkrafttreten der Novelle keinen Schutz mehr gegen Veränderungen. Sie sind ebenso wie Bestimmungen, die §§ 12 Abs. 4, 16 Abs. 3, 4 WEG widersprechen, mit Inkrafttreten der Novelle obsolet geworden. Hingegen bleiben Bestimmungen in der Teilungserklärung, die bauliche Veränderungen von geringeren Anforderungen abhängig machen, wirksam. Denn sie schränken die Befugnisse der Mehrheit nicht ein, sondern erweitern sie (BT-Drucks. 16/887 S. 32).

17. Ausschlusstatbestände

a) Die Änderung der Eigenart der Wohnanlage

Die Mehrheitsmacht ist auch bei der Entscheidung über die Vornahme einer Modernisie- **421** rung nicht unbeschränkt. Der Gesetzgeber sieht in § 22 Abs. 2 S. 1 WEG bestimmte Beschränkungen vor, die eine Modernisierung ausschließen, auch wenn ihre Voraussetzungen grundsätzlich vorliegen. Der erste dieser Ausschlusstatbestände betrifft die Eigenart der Wohnanlage, der durch die Modernisierung nicht geändert werden darf. Was damit gemeint ist, macht die Gesetzesbegründung allerdings nur unzureichend klar. Sofern sie auf Luxussanierungen, die Aufstockung oder den Abriss von Gebäudeteilen oder den Ausbau von Speicherräumen zu Wohnzwecken abstellt (BT-Drucks. 16/887 S. 30) handelt es sich bereits nicht um Modernisierungen entsprechend § 559 BGB (so jetzt richtig LG Hamburg ZMR 2010, 550). Die Luxusmodernisierung überschreitet den objektiv notwendigen und wirtschaftlich vernünftigen Rahmen einer Modernisierung und fällt deshalb nicht unter § 559 BGB (AnwK/Scheff BGB, 2005, § 559 Rn. 7 u. 10; Bamberger/Roth/Ehlert BGB 2003, § 559 Rn. 24). Die Erweiterung der Räumlichkeiten um zusätzlichen Wohnraum bzw. Anbauten verbessert den vorhandenen nicht und stellt deswegen auch keine Modernisierung dar (Schmidt-Futterer/Börstinghaus § 559 Rn. 148; LG Hamburg ZMR 2010, 550). Das gilt erst recht für den Abriss von Gebäudeteilen. Umgekehrt können Anbauten, die nicht der Schaffung von Wohnraum dienen, durchaus die Voraussetzungen der § 559 BGB bzw. § 22 Abs. 2 WEG erfüllen, wenn nur auf diesem Wege der Modernisierung dienende Anlagen (etwa ein Treppenhaus oder ein Aufzug) installiert werden können (Schmidt-Futterer/Börstinghaus § 559 Rn. 142). Ähnliches kann für die als weiteres Beispiel für diesen Ausschlusstatbestand genannte Asphaltierung von Grünflächen gelten. Werden etwa in alten Wohnanlagen, die unter einer Knappheit von Parkraum leiden, neue Parkplätze angelegt, erhöht dies den Gebrauchswert der Mietsache nachhaltig und wird im Mietrecht durchaus als Modernisierung angesehen (Bamberger/Roth/Ehlert § 559 Rn. 27; Schmidt-Futterer/Börstinghaus § 559 Rn. 42; MüKo/Artz § 559 Rn. 16). Völlig fehl geht der Hinweis auf den Anbau eines einzelnen Balkons oder einer Dachgaube, die Symmetrie und Optik des Gebäudes stören. Denn dies betrifft in Wirklichkeit die Frage, ob eine unbillige Beeinträchtigung im Hinblick auf den optischen Gesamteindruck vorliegt.

b) Der eigentliche Sinn der Regelung

422 Der Ausschluss von Modernisierungen, die die Eigenart der Wohnanlage ändern, ist in der Sache aber berechtigt; missglückt ist nur die Wahl der Beispiele in der Gesetzesbegründung. Denn es sind durchaus Fälle vorstellbar, in denen bestimmte Maßnahmen, die zwar üblicherweise die Voraussetzungen einer Modernisierung erfüllen, dem Charakter der konkreten Anlage widersprechen. Maßgeblich ist dabei die spezifische Eigenart der betroffenen Liegenschaft, also ihre individuelle Prägung. Etwa die Anlage eines Spielplatzes stellt zwar regelmäßig eine Modernisierung nach § 559 BGB und § 22 Abs. 2 WEG dar (Bamberger/Roth/Ehlert § 559 Rn. 21; Schmidt-Futterer/Börstinghaus § 559 Rn. 140; MüKo/Artz § 559 Rn. 16). Dies ist aber dann nicht der Fall, wenn er der Liegenschaft aufgrund ihrer spezifischen Eigenart keinen Nutzen bringen kann, weil die Bewohner etwa einer Seniorenresidenz für betreutes Wohnen für derartige Anlagen keine Verwendung mehr haben. Ähnliches gilt umgekehrt, wenn ein üblicherweise als Modernisierung anzuerkennender Treppenlift in eine Wohnanlage eingebaut werden soll (zum Mietrecht s. Schmidt-Futterer/Börstinghaus § 559 Rn. 97), deren Wohnungen als Appartements eines Sporthotels durchweg sportlichen Nutzern zur Verfügung stehen. Auch hier ist die Maßnahme zumindest überflüssig bzw. wegen der Verkleinerung der Treppenaufgänge sogar hinderlich. Am wichtigsten dürfte dieser Ausschluss von Modernisierungen, die die Eigenart der Wohnanlage ändern, allerdings bei einer bestimmten sozialen Prägung der Liegenschaft sein. Werden die Wohnungen bestimmungsgemäß etwa als Studentenappartements oder von sonstigen Bewohnern mit geringem Einkommen genutzt, kann eine ansonsten nicht zu beanstandende Maßnahme aufgrund ihrer Kosten den Interessen der Eigentümer zuwiderlaufen. In diesen Fällen kann ihnen die Berufung auf den Auschluss von Modernisierungen, die die Eigenart der Wohnanlage ändern, helfen.

c) Die unbillige Beeinträchtigung eines Wohnungseigentümers

423 Des Weiteren untersagt § 22 Abs. 2 S. 1 WEG Modernisierungen, die einen Miteigentümer unbillig beeinträchtigen. Systematisch knüpft die Novelle damit an die Rechtsprechung zur Zulässigkeit baulicher Veränderungen an, die ab einer bestimmten Beeinträchtigung eines Wohnungseigentümers nicht ohne dessen Zustimmung durchgeführt werden durften und dürfen. Allerdings setzt § 22 Abs. 2 WEG die Anforderungen an die Beeinträchtigung gegenüber baulichen Veränderungen nach §§ 22 Abs. 1, 14 Nr. 1 WEG a.F. erheblich herauf. Während bei der baulichen Veränderung jede nicht ganz unerhebliche Beeinträchtigung genügt, soll eine Modernisierung nur dann unzulässig sein, wenn sie einen Wohnungseigentümer *unbillig* beeinträchtigt. Ob eine solche Beeinträchtigung vorliegt, lässt sich, wie stets bei Generalklauseln, nur am konkreten Einzelfall beurteilen. Die Entwurfsbegründung nennt denn auch nur die Kostenbelastung als Beispiel einer u.U. relevanten Beeinträchtigung (BT-Drucks. 16/887 S. 31) und die erhöhte Wartungs- oder Reparaturanfälligkeit oder Kompliziertheit einer Anlage als Gegenbeispiel (BT-Drucks. 16/887 S. 31). Hier wird man aber mit den gebotenen Modifikationen auf die Grundsätze der Beeinträchtigung durch eine bauliche Veränderung zurückgreifen können (s.u. Rdn. 206 ff.).

424 **Praxistipp:**

Materialien und Gesetzestext äußern sich nicht dazu, ob die Zustimmung der beeinträchtigten Wohnungseigentümer den Ausschlussgrund entfallen lässt. Dies ist wohl wie bei der baulichen Veränderung analog § 22 Abs. 1 S. 1 WEG zu bejahen, da auf Seiten der Wohnungseigentümer, die eine Modernisierung wünschen, und der beeinträchtigten Miteigentümer eine vergleichbare Interessenlage besteht. Haben die unbillig beeinträchtigten Miteigentümer bzw. ihre Rechtsvorgänger der Modernisierung zugestimmt, kann ein Beschluss nach § 22 Abs. 2 WEG nicht mit

Erfolg angefochten werden, da der Ausschlusstatbestand hierdurch beseitigt wurde. Dem Umbauwilligen kann daher schon die bloße Stimmabgabe eines Miteigentümers für die geplante Maßnahme nutzen. Denn damit bringt dieser seine Zustimmung hierzu zum Ausdruck. Da die Zustimmung zu baulichen Veränderungen und zu Modernisierungen aber keiner Form bedarf und somit in aller Regel schon durch das Stimmverhalten erteilt wird, kann eine namentliche Abstimmung auch aus diesem Blickwinkel lohnend sein.

d) Einzelfälle zulässiger und unzulässiger Beeinträchtigungen

Grundsätzlich wird man bei der Frage, ob eine Modernisierung einen Miteigentümer unbillig beeinträchtigt, auf dieselben Kriterien zurückgreifen können wie bei der baulichen Veränderung. Es ist lediglich ein strengerer Maßstab anzuwenden. So muss ein Miteigentümer Änderungen im **optischen Gesamteindruck** seiner Anlage wohl in erheblich größerem Umfang hinnehmen als bei baulichen Veränderungen. Dies zeigen schon die Beispiele für zulässige Modernisierungen in der Gesetzesbegründung. Etwa der Austausch von Fenstern und Türen, der Einbau von Aufzügen, die Anlage eines Gartens oder die Pflasterung von Hofflächen (BT-Drucks. 16/887 S. 29) wären unter diesem Gesichtspunkt keine zustimmungsfreien baulichen Veränderungen. Offenkundig ist die unbillige Beeinträchtigung also erheblich restriktiver auszulegen als die Beeinträchtigung gem. §§ 22 Abs. 1, 14 Nr. 1 WEG a.F. (vgl. AG Hannover ZMR 2008, 251 f.). Hierunter fallen wohl nur grobe ästhetische Beeinträchtigungen (»Verschandelungen« oder »Verunstaltungen«), die auch nach bisherigem Recht selbst dann unzulässig waren, wenn die Teilungserklärung bauliche Veränderungen in größerem Umfange erlaubt als § 22 Abs. 1 WEG (vgl. OLG Düsseldorf ZMR 2006, 142 ff.). 425

Auch der Beeinträchtigung durch die **Möglichkeit intensiverer Nutzung** wird bei Modernisierungen geringere Bedeutung zukommen als bei baulichen Veränderungen. Denn viele Maßnahmen, die als Modernisierung anzuerkennen sind, bezwecken ja gerade eine verstärkte Nutzung des Gemeinschaftseigentums. Dies betrifft auch die in der Gesetzesbegründung genannten Beispiele der Aufstellung eines Fahrradständers und des Einbaus eines Fahrstuhls. Die verstärkte Nutzung kann also nur unter qualifizierten Umständen eine unbillige Beeinträchtigung darstellen. Dies ist etwa dann anzunehmen, wenn zusätzlicher Verkehr von außen auf Gemeinschaftsflächen bzw. in Gemeinschaftsräume gelenkt wird, etwa durch Schaffung eines der Allgemeinheit günstigen Durchgangs. Ansonsten ist eine intensivere Nutzung des Gemeinschaftseigentums hinzunehmen, wenn sie zwingend mit einer nach § 22 Abs. 2 WEG zulässigen Maßnahme verbunden ist. 426

Für den **Entzug von Gebrauchsmöglichkeiten** dürfte Ähnliches gelten wie bei der Möglichkeit einer intensiveren Nutzung. Denn die Installation neuer Anlagen wird häufig Gemeinschaftsflächen in Anspruch nehmen, die nicht mehr so genutzt werden können wie vor dem Umbau. Wenn der Entzug von Gebrauchsmöglichkeiten aber mit vielen Modernisierungen, die nach dem Willen des Gesetzgebers zulässig sein sollen, zwangsläufig verbunden ist, kann dieser Nachteil alleine keine unbillige Beeinträchtigung darstellen. Wie bei der intensiveren Nutzung bedarf es hier qualifizierender Umstände. Diese sind etwa dann gegeben, wenn zuvor ohne weiteres zugängliche Gemeinschaftsräume oder gar das Sondereigentum eines Miteigentümers nicht mehr oder unter nennenswerten Schwierigkeiten zu erreichen ist. Dann bringt die Modernisierung Nachteile mit sich, die über den mit einer nach § 22 Abs. 2 WEG notwendig verbundenen Entzug von Gebrauchsmöglichkeiten hinausgeht. 427

428 Anders als bei optischer Beeinträchtigung und Entzug von Gebrauchsmöglichkeiten dürften sich bei **umbaubedingten Immissionen** keine wesentlichen Änderungen gegenüber der baulichen Veränderung ergeben: Kein Miteigentümer muss nennenswerte Geräusch- oder Geruchseinwirkungen auf sein Sonder- oder Teileigentum hinnehmen. Wird ein Miteigentümer durch Lärm, Gerüche oder andere Immissionen einer Modernisierung beeinträchtigt, ist dies in aller Regel unbillig. Die bislang veröffentlichte Rechtsprechung zur baulichen Veränderung wird insoweit überwiegend auch in vorliegendem Zusammenhang heranzuziehen sein, da die dort geschilderten Einwirkungen wohl regelmäßig auch als unbillige Beeinträchtigung anzusehen sind.

429 Eine Maßnahme der Modernisierung wie z.B. der Anbau eines Außenaufzugs kann auch die **verstärkte Einsehbarkeit** von Sondereigentumsflächen nach sich ziehen, was bei baulichen Veränderungen ebenfalls als Nachteil gem. §§ 22 Abs. 1, 14 Nr. 1 WEG a.F. gewertet wurde (BayObLG ZMR 2001, 46; ZMR 2005, 378; OLG Hamburg ZMR 2003, 524). Im Zusammenhang mit Modernisierungen ist wohl wiederum ein großzügigerer Maßstab geboten, wenn die gewünschte Maßnahme ansonsten nicht durchführbar ist. Denn ansonsten würden die Maßnahmen, die der Gesetzgeber ausdrücklich ermöglichen wollte, doch wieder ausgeschlossen. Daher wird eine unbillige Beeinträchtigung etwa dann zu verneinen sein, wenn die verstärkte Einsehbarkeit durch zusätzlichen Sichtschutz vermieden werden kann. Allerdings wird man dem betroffenen Miteigentümer, eventuelle Kosten für den zusätzlichen Sichtschutz analog § 14 Nr. 4 WEG erstatten müssen. Aus tatsächlichen Gründen weniger einfach sind **negative Immissionen**, insbesondere bei der Verschattung von Sondereigentum, zu beurteilen, da diese i.d.R. nicht durch zusätzliche Maßnahmen vermieden werden können. Im Ergebnis wird man die Frage nach einer unbilligen Beeinträchtigung wohl nur im Einzelfall beantworten können, wobei der Charakter der verschatteten Fläche von entscheidender Bedeutung ist. Betrifft die Verschattung eine Fläche, die gerade der Belichtung und Belüftung dienen soll (z.B. einen Balkon oder die Hauptfensterfläche der Wohnung), liegt die Annahme einer unbilligen Beeinträchtigung i.d.R. nahe. Hingegen wird sie zu verneinen sein, wenn untergeordnete Räume oder solche, deren Belichtung weniger bedeutsam ist (etwa Schlafzimmer) betroffen sind. Gleiches gilt, wenn nur eine geringe Fläche in Mitleidenschaft gezogen wird.

430 Von vorneherein von weitaus geringerer Bedeutung als im Zusammenhang mit (eigenmächtigen) baulichen Veränderungen dürfte bei Modernisierungen die Fallgruppe der **Gefährdung von Gemeinschafts- oder Sondereigentum** bzw. von Wohnungseigentümern spielen. Modernisierungen nach § 22 Abs. 2 WEG sollen ja gerade eine Verbesserung der Wohnverhältnisse bzw. eine Einsparung von Wasser und Energie bewirken, weshalb sie auf Errungenschaften des technischen Fortschritts beruhen. Sofern eine Modernisierung gleichwohl Risiken für das Eigentum oder gar die Gesundheit der Miteigentümer nach sich zieht, wird i.d.R. kein Unterschied zur Handhabung bei baulichen Veränderungen zu machen sein: Nennenswerte Risiken für sein Eigentum oder gar seine Gesundheit muss kein Wohnungseigentümer hinnehmen; sie stellen eine unbillige Beeinträchtigung dar.

e) Die Kosten der Modernisierung

431 Dass die Gesetzesbegründung auch die Kosten der Modernisierung als mögliche unbillige Beeinträchtigung nennt, weicht zwar von der Rechtsprechung zur baulichen Veränderung ab, ist aber konsequent. Denn im dortigen Zusammenhang kann sich jeder Wohnungseigentümer den Kosten einer baulichen Veränderung ohne Weiteres entziehen. Der *nicht beeinträchtigte* Wohnungseigentümer erreicht dies schon durch die bloße Verweigerung seiner Zustimmung, der beeinträchtigte durch Anfechtung des Beschlusses über

die bauliche Veränderung. Deswegen war die Kostenlast im Rahmen der §§ 22 Abs. 1, 14 Nr. 1 WEG a.F. nicht als relevanter Nachteil anzuerkennen. Hingegen kann sich der mit der erforderlichen Mehrheit überstimmte Wohnungseigentümer bei formell und materiell ordnungsgemäßer Beschlussfassung weder gegen die Modernisierung selbst noch gegen ihre Kosten wehren. Es ist ja gerade Sinn des § 22 Abs. 2 WEG, die Durchführung von Modernisierungen auch gegen den Willen der überstimmten Minderheit zu ermöglichen. Folglich muss die nach § 16 Abs. 6 S. 2 WEG unabwendbare Kostenbelastung wenigstens bei der Frage nach einem unbilligen Nachteil überprüfbar sein (BT-Drucks. 16/887 S. 24 f.). Allerdings bleiben die Gesetzesmaterialien insoweit weit hinter der mietrechtlichen Judikatur zurück, die »schon« eine Mieterhöhung für unzumutbar hält, die mögliche Einsparungen an Energie oder Wasser um 200 % überschreitet (Bamberger/Roth/Ehlert § 559 Rn. 30; Schmidt-Futterer/Börstinghaus § 559 Rn. 81). Die Entwurfsbegründung sieht eine relevante Beeinträchtigung erst bei einer wirtschaftlichen Überforderung eines Wohnungseigentümers bzw. dann, wenn er wegen der Kosten zum Verkauf seines Wohnungseigentums gezwungen wäre (BT-Drucks. 16/887 S. 31). Diese Maßstäbe sind zweifellos zu hoch angesetzt. Problematisch ist schon die Subjektivierung der Sichtweise. Ist etwa ein Wohnungseigentümer in finanziellen Schwierigkeiten, so kann die Grenze seiner Belastbarkeit sehr früh erreicht sein. Die Modernisierung kann dann sehr schnell daran scheitern, dass der betroffene Miteigentümer mangels liquider Mittel zur Veräußerung seines Wohnungseigentums gezwungen ist. Aber auch ohne solche Besonderheiten erscheint der Maßstab der Gesetzesmaterialien ungeeignet. Hat sich ein Miteigentümer etwa gerade wegen des günstigen Kaufpreises in eine gering ausgestattete Anlage eingekauft hat, darf er nicht bis zu der Grenze einer Zwangsveräußerung mit Modernisierungskosten belastet werden. Vorzugswürdig erscheint eine Anknüpfung an die im Mietrecht zu § 559 BGB entwickelten Grundsätze. Da Modernisierungen dort, was von § 22 Abs. 2 WEG übernommen wurde, eine Wohnwertverbesserung bzw. eine Einsparung bezwecken, kann durchaus auf den geldwerten Vorteil dieser Maßnahmen etwa in Form der Mieterhöhung abgestellt werden (Bamberger/Roth/Ehlert § 559 Rn. 30; Schmidt-Futterer/Börstinghaus § 559 Rn. 78 ff.). Eine andere Möglichkeit ist die Übernahme des im Zusammenhang mit dem Einbau von Kaltwasserzählern aufgestellten Maßstabes, wonach die Einsparungen binnen 10 Jahren die Kosten aufwiegen müssen (BGH ZMR 2003, 941). Wieder andere Stimmen stellen darauf ab, welche Kosten erforderlich sind, um das Gemeinschaftseigentum in einen allgemein üblichen Zustand zu versetzen (LG München I ZMR 2009, 946). Wenn sich in der Praxis keine dieser Lösungen durchsetzt, verbleibt nur die Möglichkeit, die Maßnahme selbst als Eingriff in die Eigenart der Anlage anzugreifen, die durch eine unverhältnismäßig teure Modernisierung geändert wird (vgl. o. Rdn. 422).

f) Mehrheiten

Für die Mehrheitserfordernisse gilt das oben zu den Kosten baulicher Veränderungen **432** Gesagte (Rdn. 282). Allerdings bestehen die dort aufgezeigten Risiken wegen unterschiedlicher Mehrheiten hier nicht, da bei der Modernisierung insoweit ein Gleichlauf besteht.

g) Fehler der Beschlussfassung

Für **formelle Fehler** gelten keine Besonderheiten. Sie ziehen nach allgemeinen Regeln **433** nur die Anfechtbarkeit des Beschlusses nach sich. Neue Probleme ergeben sich dagegen im **materiellen Beschlussmängelrecht**. Es ist absehbar, dass nicht nur Modernisierungen nach § 22 Abs. 2 WEG, sondern auch Maßnahmen beschlossen werden, die hierüber hinausgehen. Erfüllt die geplante Maßnahme aber nicht die Voraussetzungen einer

Modernisierung (bzw. Anpassung an den Stand der Technik), so bleibt es nicht bei der Anfechtbarkeit des diesbezüglichen Beschlusses. Denn der Eigentümerversammlung kommt eben nur für die in § 22 Abs. 2 WEG vorgesehenen Änderungen eine Beschlusskompetenz zu. Die Beschränkung auf Modernisierungen gibt den Rahmen der Mehrheitsmacht vor und stellt nicht nur einen Aspekt der Rechtmäßigkeitskontrolle dar. Ansonsten würde die vom Gesetzgeber bewusst vorgenommene Beschränkung der Kompetenz unterlaufen und die gerade nicht gewünschte allgemeine Öffnungsklausel zumindest auf dem Bereich baulicher Maßnahmen wiedereingeführt. Die (qualifizierte) Mehrheit kann daher nicht beliebige bauliche Maßnahmen unter Berufung auf § 22 Abs. 2 WEG beschließen. Der Beschluss einer Maßnahme, die über eine Modernisierung gem. § 22 Abs. 2 WEG hinausgeht, ist daher nicht nur anfechtbar, sondern nichtig.

434 Anderes gilt für die gleichfalls zu erwartenden Fehler bei der **Beschlussfeststellung**: Die fehlerhafte Feststellung, dass ein Beschlussantrag abgelehnt wurde, ist ebenso nur anfechtbar wie die unrichtige Verkündung eines positiven Beschlusses. Dabei spielt es keine Rolle, ob sich der Versammlungsleiter über die Mehrheitserfordernisse oder über die Rechtsnatur der Baumaßnahme irrt. Hat der Versammlungsleiter einen positiven Beschluss zu Unrecht nicht verkündet, kann dies durch das Gericht nachgeholt werden. Dieses hat aber nach herrschender und richtiger Auffassung bereits in diesem Verfahren zugleich die inhaltliche Richtigkeit des Beschlusses zu prüfen (OLG München, NJW-RR 2007, 594 f. = ZMR 2007, 223; Suilmann ZWE 2003, 74; Becker ZWE 2006, 161; Abramenko ZMR 2004, 790 ff.; a.A. Schmidt ZWE 2006, 170 f.). Die Gegner der Maßnahme müssen sich dort also unbedingt zu Wort melden, da ein nur zur Anfechtbarkeit führender Beschlussmangel ohne entsprechenden Vortrag der Parteien nicht mehr berücksichtigt werden kann.

435 Auch die Einhaltung des zum Schutze der Wohnungseigentümer und der **Eigenart der Wohnanlage** gezogenen Rahmens ist keine Frage der Beschlusskompetenz. Werden einzelne Miteigentümer durch die geplante Maßnahme i.S.d. § 22 Abs. 2 S. 1 WEG unbillig beeinträchtigt, ist der diesbezügliche Beschluss daher nur anfechtbar. Dies zeigt auch der Vergleich mit der baulichen Veränderung. Dort folgt aus einer Beeinträchtigung gem. §§ 22 Abs. 1, 14 Nr. 1 WEG ebenfalls nur die Anfechtbarkeit eines Beschlusses, der die bauliche Veränderung genehmigt. Die Genehmigung einer Modernisierung, die für einzelne Miteigentümer oder die Eigenart der Anlage eine **unbillige Beeinträchtigung** darstellt, ist daher nur auf rechtzeitige Anfechtung für ungültig zu erklären.

III. Zulässige und unzulässige Nutzungen

1. Grundsatz

436 Wohnungseigentum ist nach der Vorstellung des Gesetzgebers vollwertiges Eigentum. Das zeigt sich in der Anlehnung von § 13 Abs. 1 WEG an den Wortlaut an § 903 BGB, wonach jeder Wohnungseigentümer, »soweit nicht das Gesetz oder Rechte Dritter entgegenstehen, mit den im Sondereigentum stehenden Gebäudeteilen nach Belieben verfahren« kann. Hinsichtlich entgegenstehender gesetzlicher Regelungen zugunsten Dritter besteht kein Unterschied zu sonstigem Immobiliareigentum. Miteigentümer können Abwehransprüche dagegen aufgrund der Vorrangigkeit dieser Normen nur auf §§ 14, 15 WEG stützen, wobei die Grundsätze der §§ 906 ff. BGB allerdings auch bei der Anwendung der wohnungseigentumsrechtlichen Spezialregelungen zu beachten sind (BayObLG NJW-RR 2001, 157; a.A. MüKo/Commichau BGB, § 13 Rn. 3). Daneben können sich gesetzliche Beschränkungen auch aus öffentlich-rechtlichen Vorschriften etwa des Bauordnungs-, Denkmalschutz- oder Immissions- sowie des Nachbarrechtes ergeben, sofern sie Drittschutz bezwecken (BayObLG NJW-RR 1996, 463; 2000, 1253). Dies ist etwa bei Vorschriften zur Bewohnbarkeit, die die Nutzer der Einheit selbst schützen sollen, nicht der Fall (BayObLG NJW-RR 1996, 463). Auch drittschützende Normen sind allerdings nicht pauschal in analoger Anwendung heranzuziehen. Denn unter den Miteigentümern ist ein erhöhtes Maß an Rücksichtnahme geboten, das über das Nachbarschaftsverhältnis von Grundstückseigentümern hinausgeht (BGH ZMR 2007, 977; OLG Hamm ZMR 2003, 372). Aus diesem Grunde können etwa Ausschlussfristen des Nachbarrechtes für die Geltendmachung der Beseitigung störender Anpflanzungen keine Anwendung finden (BGH ZMR 2007, 977; OLG Hamm ZMR 2003, 373). Die Pflichten des Wohnungseigentümers zur Einhaltung der Grenzen einer zulässigen Nutzung enden nicht dann, wenn er sein Eigentum Dritten überlässt. Dann hat er nach § 14 Nr. 2 WEG dafür zu sorgen, dass auch diese die Grenzen der zulässigen Nutzung einhalten. Die (positiven) Befugnisse nach § 13 Abs. 1 WEG zur Nutzung nach Belieben erstrecken sich aber nur auf die im Sondereigentum stehenden Gebäudeteile und Räume. Hinsichtlich des Gemeinschaftseigentums besteht nur eine Berechtigung nach § 13 Abs. 2 WEG (BGHZ 107, 293 f.). Demgegenüber sind die (negativen) Befugnisse zur Abwehr der Einwirkung Dritter gegenüber § 903 BGB insoweit eingeschränkt, als der Wohnungseigentümer andere nicht von jeder Einwirkung ausschließen kann. Dies spiegelt die Duldungspflichten aus dem Gemeinschaftsverhältnis wider, denen der Alleineigentümer eines Grundstücks nicht unterworfen ist (BT-Drucks. 1/252 S. 24).

2. Instandhaltungspflicht

a) Instandhaltungspflicht als gesetzliche Schranke der zulässigen Nutzung

Zu den gesetzlichen Grenzen der zulässigen Nutzung gehört in der Gemeinschaft der Wohnungseigentümer auch ein Mindestmaß der Instandhaltung des Sondereigentums. Anders als der Alleineigentümer kann der Wohnungs- bzw. Teileigentümer sein Eigentum auch dann nicht nach Belieben vernachlässigen, wenn öffentlich-rechtliche Vorschriften noch nicht einschlägig sind. Denn § 14 Nr. 1 1. Alt. WEG stellt gegenüber § 903 BGB eine deutliche Begrenzung der Möglichkeit dar, »nach Belieben« mit dem Sondereigentum umzugehen (Jennißen/Hogenschurz § 14 Rn. 1). Danach hat der Wohnungseigentümer sein Sondereigentum auf seine Kosten so weit instand zu halten, dass den Miteigentümern aus seinem Zustand kein Nachteil erwächst, der über das bei geordnetem Zusammenleben unvermeidliche Maß hinausgeht. **437**

b) Begriff des Nachteils

Dabei ist »Nachteil« weit zu verstehen und erfasst jede nicht ganz geringfügige Beeinträchtigung (BGH NJW 1992, 979). Allerdings genügen rein subjektive Empfindlichkeiten nicht; eine Beeinträchtigung muss nach objektiven Maßstäben gegeben sein (KG NJW-RR 1994, 526; OLG Zweibrücken ZMR 2004, 465; OLG Hamburg ZMR 2005, 305 f.; OLG München ZMR 2006, 801; weiter gehend OLG München ZMR 2007, 392). Etwa die Furcht vor Gasexplosionen steht aufgrund der rein theoretischen Natur dieser Gefahr dem Einbau von Gasetagenheizungen nicht entgegen (OLG Frankfurt NJW-RR 1992, 1494; ähnlich OLG München ZMR 2007, 1000). Einer Einwirkung auf die Substanz des Gemeinschaftseigentums bedarf es allerdings nicht (Jennißen/Hogenschurz § 14 Rn. 10). Beruht die Beeinträchtigung auf tatsächlich vorhandenen, aber außergewöhnlichen Empfindlichkeiten eines Wohnungseigentümers, hat zunächst er selbst alles im Rahmen des Zumutbaren zu unternehmen, um diese Unzuträglichkeiten zu vermeiden (OLG Hamburg ZMR 2007, 476 f.). Technische Vorschriften wie DIN-Normen (BayObLG ZMR 2000, 311; OLG Köln ZMR 2002, 77 f.) oder VDI-Richtlinien können als **438**

Maßstab einer Beeinträchtigung herangezogen werden (BayObLG WuM 1985, 234), darüber hinaus auch die Vorschriften zum Nachbarrecht und ihre Konkretisierung in der Rechtsprechung wie auch die Regelungen des öffentlichen Rechtes (BVerfG NJW-RR 2006, 727; BayObLG ZMR 1999, 349; OLG Hamm ZMR 2003, 372). Eine pauschale Übernahme oder analoge Anwendung dieser Vorschriften scheidet jedoch aus, da sie die Beziehungen aller Rechtsgenossen untereinander regeln, während unter den Miteigentümern ein erhöhtes, über das übliche Nachbarschaftsverhältnis von Grundstückseigentümern hinausgehendes Maß an Rücksichtnahme geboten ist (OLG Köln ZMR 1997, 48; OLG Stuttgart ZMR 2001, 731; OLG Hamm ZMR 2003, 372). Nicht anwendbar sind insbesondere die nachbarrechtlichen Ausschlüsse von Beseitigungsansprüchen nach Ablauf einer bestimmten Zeit (OLG Köln ZMR 1997, 48).

c) Vorprägung der Liegenschaft

439 Ein über den vorgenannten Vorschriften liegendes **bauliches Niveau in der konkreten Liegenschaft** ist bei der Frage des Nachteils nach § 14 Nr. 1 WEG zu berücksichtigen (OLG Köln ZMR 2004, 463; OLG München ZMR 2005, 650; ZMR 2008, 317), zumal DIN-Normen nur Mindeststandards darstellen (OLG Köln ZMR 2003, 705). Erst recht kann die Gemeinschaftsordnung die Wohnungseigentümer zur Einhaltung eines höheren Standards verpflichten (OLG Köln NJW-RR 1998, 1312). Die Beurteilung einer Beeinträchtigung kann auch nicht nur aufgrund der Ermittlung entsprechender Werte unter Laborbedingungen erfolgen; diese Wertung hat das Gericht u. U. selbst durch eigene Augenscheinseinnahme vorzunehmen (OLG Köln ZMR 2004, 463; OLG München ZMR 2005, 651). Umgekehrt führen direkte familiäre Beziehungen aus § 1618a BGB zu weitergehenden Duldungspflichten als Fremden gegenüber (BayObLG NJW-RR 1993, 336 f.; 1993, 1361).

d) Gegenstand der Instandhaltungspflicht

440 Die Instandhaltungspflichten bezieht sich alleine auf das Sondereigentum. Für die Instandhaltung des Gemeinschaftseigentums ist ohne abweichende Regelung oder Beschlussfassung nach §§ 16 Abs. 3, 4 WEG die Wohnungseigentümergemeinschaft insgesamt zuständig, auch wenn dieses (wie etwa bei Sondernutzungsrechten) alleine von einem Wohnungseigentümer genutzt wird. Die Instandhaltungspflicht betrifft insbesondere die Instandhaltung von Versorgungsleitungen. Der Wohnungseigentümer hat in seinem Sondereigentum stehende Wasser-, Gas-, Heizungs- und Stromleitungen bei Defekten reparieren zu lassen, wenn ein Schaden durch Feuchtigkeit, Gasaustritt oder Kurzschlussgefahr droht. Entsprechend hat er durch ausreichende Beheizung sicherzustellen, dass Wasserleitungen im Winter nicht einfrieren (BayObLG ZMR 1989, 350). Ebenso hat er, wenn durch unterlassene oder falsche Nutzung Feuchtigkeitsschäden oder Schimmelbildung im Sondereigentum anderer Miteigentümer oder im Gemeinschaftseigentum drohen, Gegenmaßnahmen zu ergreifen. Auch im Sondereigentum stehende Bodenbeläge etwa auf Balkonen und Loggien sind zu erneuern, wenn sie undicht geworden sind und die Beschädigung des Mauerwerks zu befürchten steht (OLG Düsseldorf ZMR 1995, 494 f.). Abgenutzte Bodenbeläge, die das ursprüngliche Maß der Trittschalldämmung nicht mehr gewährleisten, sind auszuwechseln (OLG Köln ZMR 2004, 463; einschränkend OLG München ZMR 2008, 318). Erst recht dürfen Veränderungen etwa des Bodenaufbaus nicht zur Verschlechterung des Trittschallschutzes führen (BayObLG NJW-RR 1992, 974 f.; 1994, 599; OLG Stuttgart NJW-RR 1994, 1497; OLG Düsseldorf NJW-RR 2001, 1594 = ZMR 2002, 70 auch zur zusätzlichen Mangelhaftigkeit des Gemeinschaftseigentums). Ebenso sind Müll oder gar gefährliche Güter zu entfernen, wenn eine Beeinträchtigung anderer Wohnungseigentümer oder des Gemeinschaftseigentums zu befürchten ist. Dabei muss die Beeinträchtigung noch nicht eingetreten sein; es genügt, wenn ihr Eintritt mit hinreichender Wahrscheinlichkeit droht (BayObLG ZMR 1992, 67). Die Pflicht zur Instandhaltung des Sondereigentums besteht unabhängig davon, in welchem Zustand es übernommen wurde (Schmid ZWE 2009, 202). Ohne derartige Beeinträchtigung begründet die mangelhafte Instandsetzung des Sondereigentums keine Ansprüche der Miteigentümer (BayObLG NJW-RR 1990, 854; OLG Düsseldorf ZMR 1995, 86). Insbesondere können sie ohne Verdacht drohender Beeinträchtigungen nicht die regelmäßige Überprüfung der Versorgungsleitungen durch einen Fachmann (BayObLG NJW-RR 1994, 718) oder gar eine turnusmäßige Renovierung verlangen.

e) Folgen der Verletzung von Instandhaltungspflichten

Erleidet ein Wohnungseigentümer durch die schuldhaft unterlassene Instandhaltung **441**
des Sondereigentums durch einen Miteigentümer einen Schaden, ist jener aus § 280 BGB wegen der Verletzung der Pflichten aus dem Gemeinschaftsverhältnis, daneben aus § 823 Abs. 1 BGB und u.U. auch aus §§ 836, 838 BGB (OLG Zweibrücken ZMR 2002, 783) schadensersatzpflichtig. Die Miteigentümer können aber nicht die Verbesserung des ursprünglichen Zustandes etwa bei Trittschallbelästigung verlangen (OLG Stuttgart NJW-RR 1994, 1497; OLG München ZMR 2008, 317); insoweit kommt allenfalls ein Anspruch gegen die Eigentümergemeinschaft in Betracht (OLG Stuttgart NJW-RR 1994, 1497; OLG Düsseldorf ZMR 2002, 298; OLG Köln ZMR 2002, 78 u. 2003, 705; OLG Saarbrücken ZMR 2006, 802; vgl. OLG Schleswig ZMR 2003, 876 ff.). Ob dies auch nach Veränderungen des ursprünglichen Zustands gelten soll, ist umstritten. Nach einer Erneuerung von Bad und Toilette sollen die zu dieser Zeit geltenden DIN-Normen maßgeblich sein, auch wenn sie strenger sind als diejenigen bei Errichtung der Anlage (BayObLG NJW-RR 2000, 748 = ZMR 2000, 312; OLG München ZMR 2008, 317; wohl auch Niedenführ/Kümmel/Vandenhouten § 14 Rn. 10). Dies ist schwerlich mit der Handhabung im entsprechenden Fall der Auswechselung von Bodenbelägen zu vereinbaren. Denn dort haftet der Eigentümer nur für eine Verringerung des Trittschallschutzes, muss also lediglich zusätzliche Schallbrücken entfernen oder bei Einbringen eines weniger dämmenden Belages für eine anderweitige Zusatzdämmung sorgen (OLG Hamm ZMR 2001, 842 f.; OLG Saarbrücken ZMR 2006, 802; a.A. wohl OLG München ZMR 2006, 644 u. ZMR 2008, 317, wonach selbst die aktuelle DIN-Norm keine Obergrenze darstellen soll). Jedenfalls hat der Wohnungseigentümer, wenn Beeinträchtigungen sowohl auf mangelhafte Bauausführung des Gemeinschaftseigentums als auch auf Veränderungen des Sondereigentums zurückgehen, letzteres dann zur Beseitigung der Beeinträchtigungen instand zu setzen, wenn die Mangelbehebung beim Gemeinschaftseigentum weit aufwendiger wäre (OLG Düsseldorf ZMR 1995, 494 f.). Ein Recht zur eigenmächtigen Ersatzvornahme besteht auch bei einer Verletzung der Instandhaltungspflicht nicht; der beeinträchtige Miteigentümer muss vielmehr einen Titel erstreiten und gegebenenfalls nach § 887 ZPO vollstrecken (vgl. OLG Düsseldorf ZMR 1995, 86; OLG Köln NZM 1998, 958 f.; BayObLG ZMR 2004, 841 f.; Schmid ZWE 2009, 202). Anspruch auf bestimmte Maßnahmen hat der beeinträchtigte Wohnungseigentümer i.d.R. nicht; wie der Störer die Beeinträchtigung abstellt, ist seine Sache (BayObLG NJW-RR 1992, 975). Abweichungen vom allgemeinen Nachbarrecht gelten auch für Äste, die infolge mangelhafter Pflege überhängen, da die §§ 13, 14 WEG eine § 910 BGB verdrängende Spezialregelung darstellen (OLG Düsseldorf ZMR 2001, 910 f.).

f) Der nachbarrechtliche Ausgleichanspruch analog § 906 Abs. 2 S. 2 WEG

442 Erst in letzter Zeit häufiger diskutiert wird die Frage, ob auch Wohnungseigentümer untereinander bei einer Beschädigung ohne Verschulden aus dem nachbarrechtlichen Ausgleichsanspruch analog § 906 Abs. 2 S. 2 BGB haften. In einer älteren Entscheidung wurde eine Haftung ohne Verschulden bei dem unvorhergesehenen Bruch eines Eckventils verneint (BayObLG NJW-RR 1994, 718), ohne dass allerdings auf die Möglichkeit des nachbarrechtlichen Ausgleichsanspruchs eingegangen wurde. Man wird eine entsprechende Haftung wohl bejahen müssen (s. OLG Stuttgart ZMR 2006, 391 f.; OLG München ZMR 2008, 564; Jennißen/Hogenschurz § 14 Rn. 8; Wenzel NJW 2005, 244; a.A. jetzt für Einwirkungen, die vom Gemeinschaftseigentum ausgehen BGH ZWE 2010, 327).

3. Die schonende Nutzung als gesetzliche Nutzungsschranke (§ 14 Nr. 1 2. Alternative WEG)

a) Grundsatz

443 Des Weiteren dürfen Sonder- und Gemeinschaftseigentum nur so genutzt werden, dass über das unvermeidliche Maß hinausgehende Nachteile nicht eintreten (vgl. i.E. auch u. Rdn. 460 f.). Ob eine Nutzung etwa aufgrund der mit ihr verbundenen Immissionen darüber hinausgeht, bemisst sich unter Wohnungseigentümern nicht nach §§ 906 ff. BGB, da §§ 14, 15 WEG insoweit Sonderregelungen darstellen (OLG Hamm ZMR 2003, 372; OLG Düsseldorf ZMR 2001, 910 f.; BayObLG NJW-RR 2005, 386). Die Rechtsprechung zu § 906 BGB kann aber als Anhaltspunkt auch im Wohnungseigentumsrecht herangezogen werden (BayObLG NJW-RR 2005, 386; OLG Frankfurt NJW-RR 2006, 518). Dabei dürfte die Einhaltung von Grenzwerten (etwa nach der 26. BimSchV) gem. § 906 Abs. 1 S. 2 BGB auch im Wohnungseigentumsrecht regelmäßig die Unwesentlichkeit einer Beeinträchtigung indizieren und dem Beeinträchtigten die Erschütterung dieser Indizwirkung abverlangen (vgl. BGH ZMR 2004, 416 ff.; OLG Köln NJW-RR 2003, 373; OLG Karlsruhe NJW-RR 2006, 1600; OVG Lüneburg ZMR 2006, 84 zu Mobilfunkanlagen). Ebenso ist § 922 BGB bei gemeinschaftlichen Einrichtungen zweier Wohnungseigentümer im Rahmen des § 14 WEG entsprechend anzuwenden (OLG München NJW-RR 2006, 298). Auch die Wertungen des Nachbarrechts können herangezogen werden, allerdings ist es gerade bei Ausschlussfristen nicht ohne weiteres auf das Verhältnis der Wohnungseigentümer untereinander übertragbar. Sofern die wohnungseigentumsrechtlichen Spezialregelungen nicht gelten, weil etwa die Gemeinschaftsordnung die Wohnungseigentumseinheiten so weit wie möglich an den bei einer Realteilung herrschenden Zustand angleichen möchte, gelten die §§ 906 ff. BGB unmittelbar (vgl. u. Rdn. 446). Bei nicht zu duldenden Störungen steht jedem Miteigentümer ohne Ermächtigung durch die Wohnungseigentümerversammlung ein Unterlassungsanspruch aus §§ 1004, 862 BGB bzw. Schadensersatzansprüche aus § 280 BGB wegen Verletzung der Pflichten aus dem Gemeinschaftsverhältnis zu, der im Verfahren nach § 43 Nr. 1 WEG geltend zu machen ist. Dies betrifft allerdings nur Störungen, die irgendeinen Bezug zum Wohnungseigentum und seiner Nutzung aufweisen. Beeinträchtigungen, die keinen Bezug zum Wohnungseigentum aufweisen, sondern alleine in der Person eines Wohnungseigentümers beruhen (wie Beleidigungen und tätliche Übergriffe), begründen bürgerlich-rechtliche Unterlassungsansprüche u. a. nach §§ 823, 1004 BGB, die nach den allgemeinen Zuständigkeiten vor dem Prozessgericht geltend zu machen sind (vgl. KG NJW-RR 1988, 586 f.). Dies kann insbesondere im Rechtsmittelrecht zu abweichenden Zuständigkeiten führen, da dann nicht das zentrale Landgericht für Wohnungseigentumssachen zuständig ist. Bei entsprechend hohem Streitwert kommt zudem die erstinstanzliche Zuständigkeit des Landgerichts in Betracht. Anderes gilt aber, wenn diese Belästigungen in konkretem

Zusammenhang mit der Nutzung des Sondereigentums stehen, wenn etwa Zugang oder Nutzungen hierdurch erschwert werden. Dies unterfällt § 14 Nr. 1 WEG (KG NJW-RR 1988, 586, OLG Saarbrücken ZMR 2007, 886 f.).

b) Baulich bedingte Immissionen

Ein schonender Gebrauch verpflichtet nicht zur Vermeidung jeglicher Immissionen. Dies **444**
betrifft bei der Nutzung des Sondereigentums vorrangig Geräusch- und Geruchsimmissionen, die mit der baulichen Beschaffenheit der Wohnung zusammenhängen. Jeder Miteigentümer hat die ortsüblichen, bei der bestimmungsgemäßen Nutzung des Sonder- oder Teileigentums entstehenden Geräusche und Gerüche zu dulden. Darunter fallen normale Wohngeräusche etwa bei Bad- und Toilettenbenutzung, wobei DIN 4109 ein Anhaltspunkt für die Zulässigkeit von Geräuschimmissionen darstellt (BayObLG NJW-RR 2000, 748 = ZMR 2000, 311; OLG Köln ZMR 2002, 77 f.; OLG München ZMR 2005, 651; ZMR 2007, 810). Ähnliches gilt für das Teileigentum. Bei seinem bestimmungsgemäßem Gebrauch sind sogar Störungen hinzunehmen, die etwa die VDI Richtlinie 2058 überschreiten (BayObLG WuM 1985, 234; ähnlich OLG München ZMR 2007, 216). Derartige Normenwerke sind allerdings keine zwingenden Vorgaben, sie beschreiben üblicherweise nur den Mindeststandard (OLG München ZMR 2008, 657). Es kommt auf die individuelle Lästigkeit der Beeinträchtigungen an (OLG Düsseldorf ZMR 2008, 225). Insbesondere kann aber kann von DIN-Normen etc. dann abgewichen werden, wenn das »Gepräge« der Liegenschaft schon bei Begründung von Wohnungseigentum hiervon abwich (OLG München ZMR 2008, 317). Maßgeblich für das Gepräge der Wohnanlage sind insbesondere die Baubeschreibung, Regelungen in der Gemeinschaftsordnung und das tatsächliche Wohnumfeld (OLG München ZMR 2008, 317; ZMR 2008, 657). Bei Altbauten können Belästigungen etwa aufgrund mangelnder Schallisolierung oder knarrender Holztreppen in weiterem Umfang hinzunehmen sein als in modernen Gebäuden, wobei von Seiten der Nutzer umgekehrt auch größere Rücksichtnahme geboten sein kann (vgl. BGH ZMR 1999, 43). Aus der Treuepflicht der Wohnungseigentümer untereinander kann dann sogar folgen, dass ein Wohnungseigentümer auf ansonsten zulässige Umgestaltungen, etwa den Einbau von Parkettböden verzichten muss, wenn ansonsten der Mindestwohnstandard anderer Wohnungseigentümer unterschritten wird (zur Unterschreitung des Trittschallschutzes unter die zur Zeit der Aufteilung geltenden DIN-Normen s. OLG Düsseldorf ZMR 2008, 225). Umgekehrt ist der ursprüngliche Standard bei Umbauten zu erhalten (OLG Hamm ZMR 2001, 842; OLG München ZMR 2007, 810 f.). Führt etwa die Auswechselung des Bodenbelages zu einer Verschlechterung der Trittschalldämmung, kann der beeinträchtigte Miteigentümer Abhilfe bis zur Wiedererreichung der ursprünglichen Dämmung verlangen (OLG Düsseldorf ZMR 2008, 224; OLG Hamm ZMR 2010, 304; a.A. für eine dogmatisch kaum begründbare und auch nicht handhabbare Abwägung der schutzwürdigen Interessen im Einzelfall AG Hamburg ZMR 2010, 406), auch wenn der im Gemeinschaftseigentum stehende Estrich gleichfalls mangelhaft ist (OLG Düsseldorf NJW-RR 2001, 1594 = ZMR 2002, 70; ZMR 2008, 224; OLG München ZMR 2007, 811). Auch der Einbau einer Etagenheizung, die Wasserdampf nach außen abgibt, ist unzulässig (OLG Düsseldorf ZMR 1997, 536). Von Kindern erzeugte Geräusche sind grundsätzlich hinzunehmen, soweit sie nicht atypischen Umfang annehmen, etwa bei nächtlichen Ruhestörungen oder dem Ausüben von Freiluftsportarten wie Tennis in der Wohnung (OLG Saarbrücken ZMR 1996, 567 f.; OLG Düsseldorf ZMR 2010, 53; ähnlich BayObLG NJW-RR 1994, 599; Stollenwerk NZM 2004, 291). Ähnliches gilt für die gewerbliche Kinderbetreuung in nicht hinreichend isolierten Räumen (KG NJW-RR 1992, 1102; Stollenwerk NZM 2004, 291). Ebenso sind Küchengerüche nicht gänzlich zu vermeiden, müssen aber gegebenenfalls durch eine Dunstabzugshaube mit Kohlefilter auf ein verträgliches Maß verringert wer-

den, insbesondere wenn es sich um ortsuntypische, besonders eindringliche Gerüche handelt (OLG Köln NJW-RR 1998, 83 = ZMR 1998, 47; BayObLG NJW-RR 2001, 157 f.). Beruht eine den Miteigentümern günstige Beschaffenheit aber auf Maßnahmen, die der Eigentümer aus freier Entscheidung vorgenommen hat (etwa die Verlegung von Teppichboden), so ist darin keine Vorprägung der Baulichkeiten zu sehen. Der Wohnungseigentümer kann derartige Maßnahmen ohne Weiteres rückgängig machen, selbst wenn sich auch andere oder gar alle Miteigentümer gleichfalls zu einer entsprechenden Ausstattung entschlossen (OLG Düsseldorf ZMR 2008, 224).

c) Der Standard nach Umbauten im Sondereigentum

445 Ein Spezialproblem tauch dann auf, wenn ein Miteigentümer sein Sondereigentum umgestaltet hat. Dann stellt sich die Frage, welche Bestimmungen zum Schutz vor Immissionen nach baulichen Veränderungen gelten sollen, diejenigen bei Begründung der Wohnungseigentümergemeinschaft oder diejenigen zur Zeit des Umbaus. Sie wird nicht einheitlich beantwortet. Nach einer Erneuerung von Bad und Toilette sollen die zu dieser Zeit geltenden DIN-Normen maßgeblich sein, auch wenn sie strenger sind als diejenigen bei Errichtung der Anlage (BayObLG ZMR 2000, 312). Dies ist schwerlich mit der Handhabung im entsprechenden Fall der Auswechselung von Bodenbelägen zu vereinbaren. Denn dort haftet der Eigentümer nur für eine Verringerung des Trittschallschutzes, muss also lediglich zusätzliche Schallbrücken entfernen oder bei Einbringen eines weniger dämmenden Belages für eine anderweitige Zusatzdämmung sorgen (OLG Hamm ZMR 2001, 842 f.; ähnlich OLG München ZMR 2005, 650 f. mit der oben angeführten Ausnahme ursprünglich besonders hohen Schallschutzes). Da die Miteigentümer, wie oben ausgeführt, nicht die Verbesserung des ursprünglichen Zustandes verlangen können, erscheint das Abstellen auf den ursprünglichen Zustand folgerichtig.

d) Abbedingung der wohnungseigentumsrechtlichen Regelungen

446 Die wohnungseigentumsrechtlichen Vorschriften zu Nutzung und Veränderungen sind **abdingbar**. Geschieht dies (wie insbesondere bei Reihen- oder Doppelhäusern nicht unüblich) in der Teilungserklärung, richtet sich der Schutz des Nachbarn insoweit wieder nach §§ 906 ff. BGB (BayObLG ZMR 1997, 41 f.; OLG München ZMR 2008, 567; weitergehend wohl OLG Düsseldorf ZMR 2010, 53, das §§ 906 WEG ohne Weiteres bei Unwirksamkeit vereinbarter Regelungen anwendet), dem allgemeinen Nachbarschaftsrecht und drittschützenden Normen des öffentlichen Rechts (BayObLG ZMR 2001, 363; 473 u. 564 f.; LG Itzehoe ZMR 2009, 480; AG Hamburg-Blankenese ZMR 2010, 408; Jennißen/Hogenschurz § 14 Rn. 6). Dies kann auch Festsetzungen des Bebauungsplanes umfassen (LG Itzehoe ZMR 2009, 480). Sie bleiben allerdings Teil der privatrechtlichen Abwehransprüche und führen nicht zu öffentlich-rechtlichen Abwehransprüchen, die vor den Verwaltungsgerichten anhängig zu machen wären (BVerfG NJW-RR 2006, 727; OLG Hamm ZMR 2006, 708). Wenn allerdings aufgrund der Baugenehmigung feststeht, dass das Vorhaben nicht gegen öffentlich-rechtliche Vorschriften verstößt, muss der Miteigentümer dies auch im Verfahren nach § 43 Nr. 1 WEG gegen sich gelten lassen (BayObLG ZMR 2000, 236; NJW-RR 2001, 1457 = ZMR 2001, 565). Andere, nicht drittschützende Vorschriften des öffentlichen Rechtes sind im Verhältnis der Wohnungseigentümer untereinander unbeachtlich, weil sie alleine die Möglichkeiten des Einschreitens der Baubehörde regeln und nur von dieser auf ihre Einhaltung zu überwachen sind (vgl. BayObLG ZMR 2000, 547; OLG Hamm ZMR 2001, 1007).

e) Ausschluss oder Erschwerung der Mitbenutzung durch andere Wohnungseigentümer

Weitere Einschränkungen fordert der nach § 14 Nr. 1 2. Alternative WEG gebotene schonende Gebrauch bei der Art der Nutzung. Insbesondere ist auf eine Inanspruchnahme des Gemeinschaftseigentums zu verzichten, die den zulässigen Gebrauch durch andere Miteigentümer erheblich erschwert oder gar ausschließt. So dürfen die Hausflure nicht zum regelmäßigen oder gar dauerhaften Abstellen von Möbeln, Mülltüten (OLG Düsseldorf ZMR 1996, 446 f.; OLG München ZMR 2006, 713) oder Fahrrädern missbraucht werden. Anderes kann vor dem Hintergrund von Art. 3 Abs. 3 S. 2 GG für Rollstühle gelten (OLG Düsseldorf WE 1984, 93) und u.U. auch für Kinderwagen, sofern man noch ohne weiteres an ihnen vorbeigehen kann und kein Raum zum Abstellen im Sondereigentum vorhanden ist (vgl. OLG Hamm ZMR 2001, 1007). Selbst wenn die Nutzung von Gemeinschaftseigentum etwa zum Abstellen eines Motorrads zulässig ist, muss dieses Recht so ausgeübt werden, dass die Miteigentümer beim Gebrauch des Gemeinschaftseigentums nicht behindert werden (OLG München ZMR 2007, 885). Ein mit einem abschließbaren Gitter versehenes Treppenpodest darf, wenn es im Gemeinschaftseigentum steht, nicht verschlossen werden, da allen Wohnungseigentümern ein Recht zur Mitbenutzung zusteht (BayObLG ZMR 2004, 447). Selbst ein Sondernutzungsrecht ist insoweit eingeschränkt, als dessen Inhaber den Zugang zu gemeinschaftlichen Anlagen wie der Heizung dulden müssen (AG Freising ZMR 1998, 574). Entsprechendes gilt für die Nutzung als Fluchtweg (OLG Hamm ZMR 2010, 54). Ebenso ist der Anschluss weiterer Heizkörper ausgeschlossen, wenn die gemeinsame Heizungsanlage dann zu schwach ist, eine ordnungsgemäße Versorgung aller Heizkörper sicherzustellen (OLG Schleswig NJW-RR 1993, 24; ebenso für den Anschluss eines Kaminofens LG München I ZMR 2009, 483). Schließlich kann die verstärkte Nutzung gemeinschaftlicher Einrichtungen aufgrund entgeltlicher oder gar gewerblicher Nutzung den Rahmen ordnungsgemäßen Gebrauchs übersteigen, wenn etwa die gemeinschaftlichen Waschmaschinen aufgrund pensionsartiger Gebrauchsüberlassung oder der Spielplatz aufgrund entgeltlicher Kinderbetreuung deutlich verstärkt in Anspruch genommen werden (BayObLG ZMR 1998, 182 f.). Ähnliches gilt bei der Aufstellung eines mehr als 1000 l fassenden Müllcontainers für eine einzige Einheit (OLG Düsseldorf NJW-RR 2005, 164). Zu einem unzulässigem Ausschluss von der Mitbenutzung kommt es auch dann, wenn ein Eigentümer seinen Kampfhund unangeleint in Gemeinschaftsräumen laufen lässt und dadurch einen anderen Miteigentümer vom Betreten dieser Räume abhält (KG ZMR 2002, 970 f.; OLG Düsseldorf NJW-RR 2006, 1676 = ZMR 2006, 945 f.). **447**

f) Regelungen zum Gebrauch gemeinschaftlicher Einrichtungen

Der zulässige Gebrauch kann darüber hinaus durch spezielle Bestimmungen in der Gemeinschaftsordnung geregelt sein. Dies betrifft zum einen den Gebrauch bestimmter, in der Liegenschaft vorhandener Einrichtungen, wenn die gleichzeitige Nutzung von Gemeinschaftseinrichtungen wie Waschkeller, Trockenraum oder Parkplätze durch alle Wohnungseigentümer nicht möglich ist. Hier kommen Turnusregelungen o.Ä. in Betracht, die die Mitbenutzung aller Miteigentümer zu bestimmten Zeiten oder in bestimmtem Umfang sicherstellen. Darüber hinaus kann die Benutzung als solche näher geregelt werden, was meistens auf die Vermeidung von Belästigungen anderer zielt. Häufig sind Einschränkungen der Art, dass den Miteigentümern auch im Rahmen zulässiger Nutzung bestimmte Verhaltensweisen (Rauchen im Waschkeller oder in den Hausfluren, das dauerhafte Abstellen von Wohnmobilen auf Parkplätzen für PKW o.Ä.) untersagt werden. Die Regelung kann sich auch ohne ausdrückliche Bestimmung in der Teilungserklärung aus den besonderen Umständen der Liegenschaft ergeben. Wenn etwa der einzige Zugang zur Kellertreppe über eine Sondernutzungsfläche führt, ergibt sich aus den **448**

Umständen ein Mitbenutzungsrecht der Kellernutzer für den Transport von Gegenständen etc. (vgl. KG NJW-RR 1990, 333 f., wo allerdings von einer konstitutiven gerichtlichen Regelung ausgegangen wird). Ähnliches gilt für Mehrhausanlagen. Der Flur in jedem der einzelnen Häuser ist der Natur der Sache nach grundsätzlich nur der Benutzung durch die dortigen Bewohner zugedacht (OLG Düsseldorf NJW-RR 1995, 528). In diesen Fällen werden die Grenzen des schonenden und damit zulässigen Gebrauchs von diesen Spezialregelungen bestimmt.

4. Die Nutzungsmöglichkeiten

a) Die Bedeutung der gesetzlichen Beispiele

449 § 13 Abs. 1 WEG regelt positiv einige Möglichkeiten des zulässigen Gebrauchs. Hierbei handelt es sich nur um die wichtigsten, teilweise, wie insbesondere das Bewohnen, selbstverständlichen Beispiele der Nutzung. Dem Wohnungseigentümer ist ohne ausdrückliche Einschränkung durch Gemeinschaftsordnung oder Beschluss jede gesetzlich zulässige Nutzung gestattet, die auch dem Alleineigentümer offen stünde, also etwa die Haustierhaltung (KG NJW 1992, 2577 f.) und das Musizieren außerhalb der Ruhezeiten (vgl. BayObLG ZMR 2002, 65). Darüber hinaus kann der Eigentümer seine Wohnung bzw. sein Teileigentum auch (in Verbindung mit dem Miteigentumsanteil) veräußern (OLG Zweibrücken NJW-RR 1994, 1103) oder dinglich belasten. Möglich ist auch seine bauliche Umgestaltung, etwa die Auswechselung des Bodenbelags (OLG Düsseldorf ZMR 2002, 70), sofern dies andere Miteigentümer nicht beeinträchtigt. Der Gebrauch des Sonder- und besonders des Teileigentums umfasst auch die Anbringung ortsüblicher, branchenspezifischer Werbung etwa im Schaufenster für eine zulässigerweise ausgeübte Gewerbetätigkeit (KG NJW-RR 1995, 334; BayObLG ZMR 2001, 124; OLG Karlsruhe ZMR 2002, 219). Der zulässige Gebrauch findet seine Grenzen gem. § 14 Nr. 1 WEG dort, wo die anderen Miteigentümer in ihrer Nutzung von Sonder- oder Gemeinschaftseigentum mehr als in unvermeidlichem Umfang beeinträchtigt werden.

b) Die Vermietung

450 Die in der Praxis bedeutsamste Nutzungsmöglichkeit neben dem Bewohnen ist neben der Eigennutzung wohl die Vermietung. Diese kann ähnlich wie die Veräußerung von der Zustimmung des Verwalters oder der Eigentümer(versammlung) abhängig gemacht werden, deren Versagung aber analog § 12 WEG nur aus wichtigem Grund möglich ist (BayObLG NJW-RR 1988, 18). Dabei kann die beabsichtigte Nutzung durch den Mieter ein Grund für eine Versagung der Zustimmung sein (BayObLG NJW-RR 1988, 18). Die Möglichkeit zur Vermietung des Sondereigentums schließt die Befugnis ein, das Recht zum Mitgebrauch des gemeinschaftlichen Eigentums auf Dritte zu übertragen (OLG Düsseldorf ZMR 1996, 97; BayObLG NJW-RR 2005, 164; ZMR 1998, 182 f.).

5. Weitere Regelungen in Teilungserklärung und Aufteilungsplan

a) Abgrenzung von Wohnnutzung und sonstigem Gebrauch

451 Das Gesetz regelt den zulässigen Gebrauch von Sonder- und Teileigentum nur rudimentär und überlässt die Ausgestaltung der Gebrauchsmöglichkeiten weit gehend der Regelung durch die Gemeinschaftsordnung. Jede Teilungserklärung enthält zwingend Gebrauchsregelungen. Schon die grundsätzliche Unterscheidung in Sonder- und Teileigentum regelt nach § 1 Abs. 3 WEG mit Vereinbarungscharakter, welche Räumlichkeiten zulässigerweise zu Wohnzwecken und welche zu anderen Zwecken genutzt werden können (OLG Düsseldorf ZMR 1998, 247; KG ZMR 1998, 309; OLG Köln 2001, 662; BayObLG ZMR 2001, 42 u. 2004, 925). Allerdings besagt der Wohnzweck nicht, dass der Eigentümer sein Sondereigentum selbst bewohnen muss; jedenfalls eine Vermietung ist hiervon gleichfalls erfasst (KG NJW-RR 2001, 948 = ZMR 2001, 659; BayObLG ZMR 2003, 693 f.). Eine »Verwalterwohnung« darf auch von anderen Personen bewohnt werden (BayObLG NJW-RR 2000, 1253). Zu Wohnzwecken dient eine Wohnung auch dann, wenn Kinder und Jugendliche dort langfristig in familienähnlichen Gruppen untergebracht sind. Dass der ständige Wechsel der Bewohner nach Art einer Pension unter die Wohnnutzung fallen soll (BGH ZMR 2010, 378; LG Karlsruhe ZMR 2009, 943) ist angesichts der zusätzlichen Nutzung und des andersartigen Nutzungsverhaltens höchst zweifelhaft (so zu Recht die bisher h.M., s. KG ZMR 2007, 804; 2008, 407; LG Berlin ZMR 2010, 225; LG Hamburg ZMR 2010, 226). Die Praxis sollte sich hier mit der nach § 21 Abs. 7 WEG möglichen Umzugspauschale wehren (s. LG Berlin ZMR 2010, 225), die einer solchen Nutzung die Lukrativität nimmt. Keine Wohnnutzung stellt auch das Zusammenleben einer Vielzahl nicht familiär oder sonstwie verbundener Personen nach der Art eines Heimes dar (OLG Hamm NJW-RR 1993, 787; ZMR 1999, 504 f.; KG ZMR 2001, 659; OLG Saarbrücken ZMR 2006, 555). Dies gilt noch viel mehr für die Nutzung als Pflegeheim, da es hierbei zu erheblich verstärkter Nutzung durch Personal, Publikumsverkehr und Lieferbetrieb kommt (OLG Köln NJW-RR 2007, 87). Bei entsprechender Organisation, etwa durch Empfangs- und Verwaltungspersonal wird sogar eine gewerbliche Nutzung vorliegen (KG ZMR 2007, 805). In Fremdenverkehrsgebieten kann allerdings auch die Vermietung an häufig wechselnde Bewohner vom Wohnzweck umfasst sein (BayObLGZ 1978, 306 ff.). Auch die Wohnnutzung als solche kann bei Überbelegung ein Nachteil gem. § 14 Nr. 1 WEG sein. Dies ist bei einer Belegung von mehr als 2 Personen pro Normalzimmer (OLG Hamm NJW-RR 1993, 787; im Ergebnis ebenso OLG Frankfurt NJW-RR 2004, 663 f.) oder mehr als einer Person auf 7,5 bis 10 qm der Fall.

Bisweilen ist aber selbst die Abgrenzung zwischen Wohn- und sonstiger Nutzung nicht eindeutig getroffen, etwa beim Begriff der »Kammer«. Finden sich keine weiteren Einschränkungen, soll dieser Begriff den Teil einer Wohnung bezeichnen, was die Wohnnutzung und sogar die separate Vermietung ermöglicht (KG NJW-RR 1991, 1359). Hingegen ist die Bezeichnung als »Raum« keine Zweckbestimmung, die auf Wohnzwecke hindeutet, da sie viel zu allgemein gehalten ist (BayObLG NJW-RR 1995, 1103). Der Begriff des »Badehauses« – eines kleinen Häuschens an einer Wasserfläche – ist nicht auf die Benutzung unmittelbar im Zusammenhang mit dem Baden beschränkt, sondern umfasst zumindest insoweit auch eine wohnungsähnliche Nutzung als Freizeiteinrichtung (BayObLG NJW-RR 2003, 950 f.). Auch die Bezeichnung als »Hobbyraum« steht einer gelegentlichen Wohnnutzung nicht entgegen, wohl aber einer dauerhaften Nutzung als Lebensmittelpunkt (OLG Düsseldorf ZMR 2008, 396). Hingegen ist die Bezeichnung als »Raum« keine Zweckbestimmung, die auf Wohnzwecke hindeutet, da sie viel zu allgemein gehalten ist (BayObLG NJW-RR 1995, 1103). Sämtliche Regelungen in der Teilungserklärung sind erst ab Bestehen einer (werdenden) Wohnungseigentümergemeinschaft auf die Eigentümer anwendbar (BayObLG NJW-RR 2002, 1022). Allerdings können sie als konkludente Abrede der Mitglieder einer Eigentümergemeinschaft auszulegen sein, das Eigentum bereits zuvor nach den dortigen Regeln zu verwalten (BayObLG NJW-RR 2002, 1022).

b) Zulässige andere Nutzungen

Auch wenn die Teilungserklärung nur den Gebrauch von Räumlichkeiten zu Wohnzwe- **452**
cken vorsieht, kann eine andere Nutzung etwa zu gewerblichen Zwecken zulässig sein. Dies ist dann der Fall, wenn sie keine weitergehenden Störungen verursacht als die reine

Wohnnutzung. Dabei kommt es nicht auf die Umstände des Einzelfalles, sondern auf eine typisierende Betrachtung an. Die gewünschte bzw. praktizierte Nutzung darf also ihrer Art nach typischerweise nicht mehr beeinträchtigen als die Wohnnutzung (BayObLG ZMR 2001, 42 u. 2004, 926; OLG Saarbrücken ZMR 2006, 555; LG Hamburg ZMR 2010, 228). Dies ist dann zu bejahen, wenn sie nicht mit stärkeren Immissionen (Geräusche durch Publikumsverkehr oder Musik bzw. Gerüche) verbunden ist als die Wohnnutzung, etwa bei reiner Bürotätigkeit ohne oder mit nur geringem Publikumsverkehr. Dies soll bei einem Architektenbüro (KG NJW-RR 1995, 334), einer Steuerberaterpraxis (BayObLG ZMR 1999, 187), einer Patentanwaltskanzlei (OLG Köln ZMR 2002, 381), einer sonstigen Rechtsanwaltskanzlei (KG NJW-RR 1991, 1421), bei einem Wachlokal für Polizeibeamte (BayObLG NJW-RR 1996, 1358 = ZMR 1996, 508), einer Versicherungsvertretung (KG NJW-RR 1994, 206 f.) und unter Beachtung der üblichen Sprechstundenzeiten für Freiberufler auch bei einer psychologischen und psychotherapeutischen Praxis (OLG Düsseldorf ZMR 1998, 247) der Fall sein.

Diese Regelungen der Gemeinschaftsordnung sind wie stets der **Auslegung** zugänglich. Anders als bei Willenserklärungen ist der Wille der Beteiligten aber nicht maßgeblich. In der Teilungserklärung selbst enthaltene Umstände sind jedoch zu berücksichtigen, etwa bei einer konkreten Nutzungsbestimmung das Bestreben, konkurrierende Gewerbebetriebe fernzuhalten (OLG Hamm NJW-RR 1986, 1337). Gleiches gilt für Umstände außerhalb der Urkunde, die für jedermann ohne weiteres erkennbar sind, etwa Gegebenheiten der Topographie oder des Bauwerks (BayObLG NJW-RR 1988, 141). Die Auslegung kann noch in der Instanz vorgenommen werden, die nur die rechtliche Richtigkeit der angegriffenen Entscheidung zu prüfen hat, nunmehr also vom Revisionsgericht (BGH ZMR 1999, 42; BayObLG NJW-RR 1986, 1077; ZMR 2005, 302; OLG München ZMR 2005, 311). Bei der Auslegung sind besondere Rücksichtnahmepflichten zwischen Eltern und Kindern nach § 1618a BGB zu berücksichtigen. Dies kann aber nicht dazu führen, dass ein Abkömmling bestimmte Pflichten alleine zu erfüllen hat, da aus § 1618a BGB keine zusätzlichen Unterhaltspflichten resultieren (BayObLG NJW-RR 1993, 1361).

c) Weitere Regelungen zum Gebrauch des Sondereigentums

453 Ferner enthält die Gemeinschaftsordnung oftmals weitere Regelungen, die den zulässigen Gebrauch des Sondereigentums näher bestimmen. Diese können die Rechte der Eigentümer gegenüber der gesetzlichen Regelung erweitern, etwa die gewerbliche Nutzung von Wohnungen ganz oder in bestimmtem Umfang gestatten. Der Rahmen der zulässigen Nutzung kann aber auch enger gezogen werden, etwa durch den gänzlichen oder teilweisen Ausschluss der Tierhaltung (vgl. BGH ZMR 1995, 417 f.), des Musizierens (BayObLG ZMR 2002, 64 f.) oder der Vermietung (BayObLG NJW-RR 1988, 17 f. u 1163 f.; OLG Frankfurt/M. NJW-RR 2004, 662). In Betracht kommen ferner Regelungen zur Nutzungsart einzelner Räume etwa als Waschküche, Trockenraum, Fahrradkeller oder Hobbyraum. Sofern diese Bezeichnungen in der Teilungserklärung selbst genannt sind, stellen sie verbindliche Regelungen mit Vereinbarungscharakter dar (BayObLG NJW-RR 1986, 1077; OLG Zweibrücken ZMR 2002, 220; BayObLG ZMR 2004, 686). Sie nehmen am öffentlichen Glauben des Grundbuchs gem. § 892 BGB teil (OLG Frankfurt ZMR 1997, 659 f.). Ein dort als Heizungsraum bezeichneter Kellerraum kann dadurch auch bei Änderung der tatsächlichen Verhältnisse nicht ohne weiteres etwa als Abstellraum genutzt werden (OLG Schleswig ZMR 2006, 887 f.). Neben der Regelung zum Gebrauch einzelner Räume kann die Teilungserklärung auch **Vorgaben zur Nutzung der gesamten Liegenschaft** machen. Häufig ist etwa die Widmung zum betreuten Wohnen (BGH ZMR 2007, 286). In diesem Zusammenhang ist allerdings eine zeitliche Bindung an Dritte, etwa einen Pflegedienst, nach § 309 Nr. 9a) BGB nur auf zwei Jahre möglich (BGH ZMR 2007, 286).

d) Regelungen im Aufteilungsplan

Eine nur im Aufteilungsplan genannte Nutzung ist dagegen regelmäßig nur ein rechtlich nicht bindender Vorschlag (BGH ZMR 2010, 461 – im entschiedenen Fall allerdings zweifelhaft; OLG Hamm NJW-RR 1986, 1336; ZMR 2006, 634 f.; BayObLG ZMR 2000, 234; OLG Düsseldorf NJW-RR 2000, 1401; OLG Hamburg ZMR 2003, 446; OLG Zweibrücken NJW-RR 2005, 1540 = ZMR 2006, 76). Denn der Aufteilungsplan soll nur die Aufteilung des Gebäudes sowie Lage und Größe der in Sonder- und Gemeinschaftseigentum stehenden Gebäudeteile nachweisen, wozu regelmäßig die Zeichnungen des Architekten übernommen werden, der die Möglichkeiten der Raumnutzung auch durch Einzeichnung weiterer Details wie Möbeln erläutert, was selbstverständlich keine rechtliche Verbindlichkeit erlangt (OLG Schleswig ZMR 2004, 68 f.). Deshalb darf etwa ein als »Küche« bezeichneter Raum auch als Kinderzimmer umgebaut und genutzt werden (OLG Hamm ZMR 2006, 634 f.). Anderes gilt nur dann, wenn die Teilungserklärung auf die im Aufteilungsplan genannten Nutzungen ausdrücklich Bezug nimmt (BayObLG NJW-RR 1986, 1077; ZMR 2004, 48; OLG Hamburg ZMR 2001, 727; 2003, 697; OLG Schleswig ZMR 2004, 68). **454**

e) Die Delegation der Entscheidung über die Zulässigkeit von Nutzungen

Häufig ist auch die Regelung, dass eine von der Teilungserklärung abweichende Nutzung der Genehmigung durch die Wohnungseigentümerversammlung oder den Verwalter bedarf (KG ZMR 1998, 309; OLG Köln 2001, 662; BayObLG ZMR 2004, 925; vgl. hierzu o. Kap. 19 Rdn. 138 u.o. Rdn. 232 f.). Das formale Fehlen dieser Genehmigung alleine rechtfertigt die Untersagung der Nutzung allerdings noch nicht (BayObLG NJW-RR 1986, 1465). Ob die Verweigerung der Genehmigung in analoger Anwendung von § 12 WEG nur aus wichtigen Gründen versagt werden kann (so BayObLG NJW-RR 1986, 1465 f.; OLG Köln ZMR 2002, 381), erscheint zweifelhaft, da es schon an einer Vergleichbarkeit fehlt. Die Veräußerung ist nämlich ähnlich wie die Vermietung eines der kardinalen Rechte des Sondereigentümers, die § 13 Abs. 1 WEG sichert. Dass die gewerbliche Nutzung eines ausdrücklich nur zu Wohnzwecken bestimmten Sondereigentums ebenso schützenswert sein könnte, ist nicht ersichtlich. Vielmehr will eine entsprechende Regelung den Wohnungseigentümern regelmäßig ein Ermessen bei der Entscheidung über die Zustimmung einräumen, das seine Grenze erst bei willkürlicher oder missbräuchlicher Ausübung findet (BayObLG NJW-RR 1989, 274; vgl. schon BT-Drucks. 1/252 S. 27). Die in der Gemeinschaftsordnung vorgesehene Zustimmung des Verwalters stellt nur dann eine Letztentscheidungsbefugnis hierüber dar, wenn ihm ausdrücklich die alleinige Entscheidung übertragen wird (KG ZMR 1998, 657, wo nach der Teilungserklärung die Zustimmung der Wohnungs- und Teileigentümer ausdrücklich nicht erforderlich sein sollte). Auch in diesem Fall muss die Entscheidung des Verwalters aber gerichtlich überprüfbar sein, wobei keine anderen Maßstäbe gelten können als bei einer Öffnungsklausel zugunsten der Eigentümermehrheit (OLG Köln DWE 1997, 33; insoweit unrichtig KG ZMR 1998, 658). Eine solche Alleinzuständigkeit des Verwalters wird von der Rechtsprechung aber nur sehr selten angenommen. Da hierdurch aus dem Eigentum resultierende Individualrechte der einzelnen Wohnungseigentümer betroffen sind, die grundsätzlich nach eigenem Dafürhalten über eine Zustimmung zu baulichen Veränderungen ihres Gemeinschaftseigentums befinden können, wird ein Zustimmungserfordernis regelmäßig nicht als »Entmachtung« der Miteigentümer, sondern als zusätzlicher Schutz angesehen: Als **Vorschalterfordernis** soll es ein eigenmächtiges Vorgehen einzelner Eigentümer verhindern, die Letztentscheidung steht dann den Wohnungseigentümern als höherem Verwaltungsorgan zu (BGH ZMR 1996, 276; OLG Düsseldorf ZMR 1997, 436; KG NJW-RR 1991, 1300 f.; **455**

ZMR 2002, 698; OLG Köln DWE 1997, 33; ZMR 2004, 146 f.; OLG Schleswig ZMR 2005, 817). I.d.R. kann die Eigentümerversammlung also die Entscheidung an sich ziehen; auf die Zustimmung des Verwalters kommt es dann nicht mehr an (OLG Frankfurt/M. ZMR 1997, 607; BayObLG NJW-RR 1991, 850 u. ZMR 2001, 42 u. 2004, 133). Der betroffene Wohnungseigentümer ist nicht nach § 25 Abs. 5 WEG von der Abstimmung hierüber ausgeschlossen (BayObLG ZMR 1998, 174; 1999, 187; BayObLG ZMR 2005, 562). Ein solcher Beschluss kann nicht ohne weiteres abgeändert werden, da der durch den Erstbeschluss begünstigte Wohnungseigentümer dann eines bereits erworbenen Rechtes beraubt und hierdurch unbillig benachteiligt würde (BayObLG NJW-RR 1990, 979).

6. Das Teileigentum betreffende Nutzungsregelungen

a) Die Bedeutung von Nutzungsregelungen und die Möglichkeit eines abweichenden Gebrauchs

456 Weist die Teilungserklärung bestimmte Räumlichkeiten als Teileigentum aus, bedeutet dies, dass sie nicht zur Wohnnutzung vorgesehen sind. Dabei gestattet die Ausweisung als Teileigentum nicht jede andere als die Wohnnutzung; diese wird durch nähere Bestimmungen wie »Hobbyraum«, »Laden« o.Ä. präzisiert (KG ZMR 2007, 300). Inwieweit solchermaßen bestimmten Nutzungen zugewiesenes Teileigentum zu anderen als den vorgesehenen Zwecken genutzt werden darf, ist Gegenstand einer umfangreichen, nicht immer einheitlichen Rechtsprechung. Grundsätzlich gilt auch hier, dass es sich um eine Zweckbestimmung mit Vereinbarungscharakter handelt (OLG Düsseldorf ZMR 2000, 330; BayObLG ZMR 2000, 546; OLG Hamm ZMR 2000, 634). Eine abweichende Nutzung ist auch hier zulässig, wenn sie nicht mehr stört als die vorgesehene (KG NJW-RR 1986, 1074; BayObLG NJW-RR 1988, 141; ZMR 2000, 53), wobei es auf eine typisierende Betrachtung ankommt (OLG Düsseldorf ZMR 2000, 330; OLG Zweibrücken ZMR 2002, 220; BayObLG ZMR 2004, 686; OLG Celle ZMR 2004, 690; OLG Hamm ZMR 2006, 150; OLG München ZMR 2007, 304). Ob Wandlungen im Betriebstyp eines laut Teilungserklärung zulässigen Gewerbes zu berücksichtigen sind, ist streitig (hiergegen OLG Hamburg ZMR 1998, 714; BayObLG ZMR 2001, 52; für eine Berücksichtigung OLG Hamm NJW-RR 1986, 1337). Letztem Standpunkt dürfte schon deswegen zu folgen sein, da ein u.U. Jahrzehnte alter Sprachgebrauch der Teilungserklärung dem Rechtsverkehr kaum mehr zuzumuten und im Übrigen den gesellschaftlichen Veränderungen kaum Rechnung tragen dürfte. Es kann u.U. ein Anspruch auf Abänderung der Teilungserklärung bestehen, wofür § 10 Abs. 2 S. 3 WEG nunmehr nur noch schwerwiegende Umstände verlangt, aufgrund derer ein Festhalten an der bisherigen Regelung auch unter Berücksichtigung der Interessen der anderen Eigentümer unbillig erscheint (vgl. i.E. Abramenko § 3 Rn. 45). Bloße Schwierigkeiten bei der Vermietung der Räumlichkeiten unter Beibehaltung einer üblichen Zweckbestimmung dürften aber nach wie vor nicht genügen (vgl. OLG Zweibrücken NJW-RR 1987, 465).

b) Die Zweckbestimmung »gewerbliche Nutzung«

457 Eine denkbar weite Zulassung aller Tätigkeiten außerhalb der Wohnnutzung stellt die häufige Erlaubnis der **»gewerblichen Nutzung«** o.Ä. dar. Bei dieser Zweckbestimmung ist ohne weitere Einschränkungen grundsätzlich jede gesetzlich zulässige gewerbliche Nutzung erlaubt (OLG Düsseldorf ZMR 2003, 861). Dies umfasst u.a. die Nutzung als Begegnungsstätte eines deutsch-kurdischen Kulturvereins (OLG Hamm ZMR 2006, 149 f.), *die Einrichtung eines* Cafés (OLG Zweibrücken ZMR 1987, 230), einer chemischen Reinigung (BayObLG NJW-RR 1994, 1038), einer Gaststätte (KG ZMR 2000,

251; 2002, 967), einer Methadon- Abgabestelle (OLG Düsseldorf NJW-RR 2002, 518 f. = ZMR 2002, 447) oder einer Tagesstätte für Behinderte (OLG Zweibrücken NJW-RR 2005, 1540 = ZMR 2006, 76). Die gewerbliche Nutzung gestattet es, Dritten (Kunden, Klienten und Besuchern) den Zugang und die zeitweilige Nutzung von Teil- und Gemeinschaftseigentum zu ermöglichen (KG ZMR 2005, 148). Der Gewinnerzielungsabsicht bedarf es nicht unbedingt, wohl aber der Entgeltlichkeit (OLG Hamm ZMR 2006, 150). Dass die Zulässigkeit der Nutzung »zu beliebigen geschäftlichen und gewerblichen Zwecken« den Betrieb eines Bordells nicht mehr umfassen soll (so KG NJW-RR 1987, 1160), ist wohl vor dem Hintergrund des ProstG nicht mehr haltbar. Ist die gewerbliche Nutzung allerdings eingeschränkt, etwa bei der Bestimmung als »gewerblich genutzter Laden« sind die zusätzlichen Einschränkungen (hier: Auf die Ladenöffnungszeiten) wieder einzuhalten (BayObLG NJW-RR 1986, 318).

c) Die Zweckbestimmung »Laden«

Häufig und streitträchtig ist die Bezeichnung von Räumlichkeiten als **Laden**. Nach allgemeiner Auffassung impliziert diese Bezeichnung die Einhaltung von Öffnungszeiten (OLG Zweibrücken NJW-RR 1987, 465; BayObLG NZM 2000, 869) und eine Tätigkeit, die zumindest ihrem Schwerpunkt nach auf den Verkauf von Waren ausgerichtet ist (BayObLGZ 1980, 159). Deshalb sind andere Tätigkeiten mit längerem Publikumsverkehr und anderen Schwerpunkten wie Bewirtung oder musikalischen Darbietungen wie etwa ein Bistro (BayObLG NJW-RR 1990, 979; OLG Köln NJW-RR 1995, 851; OLG Hamm NJW-RR 1996, 335), ein Café (BayObLGZ 1980, 158 ff.) oder eine Eisdiele (OLG Schleswig MDR 2000, 759 f.) unzulässig. Hingegen wurde ein Bistro bei Einhaltung der Ladenschlusszeiten und zwei Gaststätten in der Nachbarschaft nicht untersagt (OLG Hamburg ZMR 2002, 455; a.A. OLG Hamm ZMR 1996, 42), ebenso wenig ein Szeneladen für Junkies (KG NZM 1999, 425). **458**

d) Gastronomische Betriebe im Teileigentum

Besonders zurückhaltend ist die Rechtsprechung ferner aufgrund der Geräusch- und Geruchsimmissionen sowie der Öffnungszeiten bei der Zulassung von **Gaststätten** und ähnlichen Betrieben in Räumen mit abweichender Zweckbestimmung. Diese dürfen in Räumlichkeiten nicht betrieben werden, die nach der Teilungserklärung als Atelier (BayObLG WuM 1985, 235), als Büro (BayObLG NZM 2000, 868 f.) als Café (OLG Hamburg ZMR 1998, 714; BayObLG ZMR 2001, 52), als Eisdiele (OLG München NJW-RR 1992, 1493), als Laden (BayObLG NJW-RR 1989, 720; NZM 2000, 868 f.; OLG Celle ZMR 2004, 689 f.) oder als Praxis (BayObLG ZMR 2004, 685 f.) bezeichnet werden. Öffentlich-rechtliche Genehmigungen vermögen hieran nichts zu ändern (BayObLG ZWE 2001, 606 f.). Ähnliches gilt für **Spielsalons,** die in Räumen nicht eingerichtet werden dürfen, die nach der Teilungserklärung als Büro (AG Passau Rpfleger 1980, 23) oder als Laden (BayObLG NJW-RR 1990, 595) zu nutzen sind. **459**

e) Weitere Einzelbeispiele aus der Rechtsprechung für zulässige Nutzungen

Für zulässig gehalten wurde ferner demgegenüber **460**
- das zeitweilige Spielen von Kindern auf einer als **Auffahrt** gekennzeichneten Freifläche (KG NJW-RR 1998, 1546 = ZMR 1998, 660; NJW-RR 2001, 949 = ZMR 2001, 659)
- die Nutzung einer **Garage** als Werkstatt (OLG Hamburg ZMR 2005, 976)
- eine chemische Reinigung in **Geschäftsräumen** (BayObLG NJW-RR 1994, 1038)
- die Nutzung von **Hobbyräumen** zur gewerblichen, halbtäglichen Betreuung von Kleinkindern (BayObLG NJW-RR 1991, 140 f.)

- das Bewohnen als **Kammern** bezeichneter Räume im Dachgeschoss, soweit sie in der Teilungserklärung als Bestandteil des Wohnungseigentums aufgeführt werden (KG NJW-RR 1991, 1359 f.)
- die Nutzung eines **Kellers** als Hobbyraum (OLG Düsseldorf NJW-RR 1997, 908 = ZMR 1997, 374) oder als Sauna, sofern geeignete Maßnahmen gegen Geruchsbelästigungen etc. ergriffen werden (OLG Frankfurt NJW-RR 2006, 1446)
- die Nutzung einer **Verwalterwohnung** durch andere Personen (BayObLG NJW-RR 2000, 1253).

f) Weitere Einzelbeispiele aus der Rechtsprechung für unzulässige Nutzungen

461 Für unzulässig gehalten wurde die Nutzung

- von **Büroräumen** als Ballettstudio (LG Bremen NJW-RR 1991, 1423) oder als Kinderarztpraxis (OLG Düsseldorf NJW-RR 1996, 267 = ZMR 1996, 40)
- eines **Cafés** als Bistro mit Spielgeräten (OLG Zweibrücken ZMR 1997, 481 f.)
- einer **Eisdiele** als Pilslokal (OLG München NJW-RR 1992, 1493; ähnlich für ein »Eiscafé« OLG Hamm NJW-RR 1986, 1336)
- die Inanspruchnahme des Treppenhauses zum Aufstellen einer **Garderobe** (BayObLG NJW-RR 1998, 875 f.)
- von **Geschäftsräumen** als Gaststätte mit Öffnungszeiten von 23.00 Uhr bis 5.00 Uhr (KG NJW-RR 1989, 140)
- eines **Kellers** neben der eigentlichen Nutzung als Lager- und Abstellraum (OLG Schleswig ZMR 2006, 891) als Büro (BayObLG WuM 1993, 491), als Musikzimmer (BayObLG ZMR 1998, 173), als Fahrradkeller, wenn er als Hausmeisterwohnung ausgewiesen ist (OLG Düsseldorf ZMR 1997, 477) oder zu Wohn- und Schlafzwecken (OLG Düsseldorf NJW-RR 1997, 907 = ZMR 1997, 374)
- die Nutzung eines **Kfz-Stellplatzes** zur dauerhaften Lagerung eines abgemeldeten und nicht fahrtüchtigen Kraftfahrzeugs (LG Hamburg ZMR 2009, 549 f.)
- eines **Lagerraumes** als Gymnastikstudio (BayObLG NJW-RR 1994, 527 f.)
- eines **Massageraums** als Pilsstube (BayObLG NJW-RR 1988, 141)
- einer **»Praxis/Büro«** als Ballettstudio (LG Bremen NJW-RR 1991, 1423)
- einer **Sauna** als »Pärchentreff« bzw. »Swinger-Club« (BayObLG NJW-RR 1994, 1037; NJW-RR 2000, 1323 f. = ZMR 2000, 690)
- eines **Supermarktes** als Moschee (LG Wiesbaden ZMR 2008, 333 f.).
- eines **Waschraums** zum Aufstellen eines Gefrierschranks anstelle eines Wäschetrockners (OLG Frankfurt ZMR 2009, 385)
- eines **Weinkellers** als Diskothek (BayObLG ZMR 1990, 231).

g) Sonstige Beeinträchtigungen der Mitbenutzung durch andere Wohnungseigentümer

462 Auch ein individueller Gebrauch, der die Nutzung durch andere Wohnungseigentümer nicht ausschließt, aber in anderer Weise beeinträchtigt, kann unzulässig sein (OLG Düsseldorf ZMR 2008, 395). Dabei stehen wiederum **Geräusch- und Geruchsimmissionen,** allerdings nicht durch den baulichen Zustand bedingte, im Vordergrund. Hierbei können sich besondere Pflichten zur Rücksichtnahme aus der Natur der Wohnanlage, etwa als Seniorenwohnanlage ergeben (BayObLG ZMR 2002, 606). Auch ohne solche Besonderheiten sind vermeidbare Beeinträchtigungen wie Geschrei, laute Musik, Türenknallen sowie Springen und Trampeln auf der Treppe zu unterlassen (OLG Düsseldorf ZMR 2010, 53). Ebenso wenig darf ein Wohnungseigentümer z.B. den Hausflur zum Rauchen aufsuchen, um Geruchsbelästigungen in seiner Wohnung zu vermeiden (AG Hannover NZM 2000, 520). Ähnliches gilt für Zigarettengerüche bei starken Rauchern, deren unverminderte Weitergabe an die Miteigentümer etwa durch eingeschränktes Lüften zu vermeiden ist, und für das Versprühen von Duftstoffen (OLG Düsseldorf NJW-RR 2003, 1098 f. = ZMR 2004, 52). Entsprechendes gilt bei der Nutzung von Teileigentum, etwa einem Fischgroßhandel (OLG München ZMR 2007, 720). Ebenso ist das Grillen im Freien nur dann unbedenklich, wenn es dadurch aufgrund seiner Häufigkeit, der Größe des Anwesens und des verwendeten Grillgeräts nicht zu Beeinträchtigungen der anderen Wohnungseigentümer kommt (OLG Stuttgart ZMR 1996, 625 f.; BayObLG NJW-RR 1999, 958 f.; ZMR 2002, 686). Daneben kann auch übermäßige Beleuchtung Abwehransprüche der Miteigentümer auslösen, etwa beim Betrieb eines Bewegungsmelders (OLG Hamm WuM 1991, 127; zu Lichterketten auch KG ZMR 2005, 978; a.A. im Einzelfall AG Hamburg ZMR 2002, 871 f.).

Die missbilligten Verhaltensweisen müssen nicht wie Immissionen physikalisch einwir- **463**
ken; es genügt, wenn die in Sonder- oder Teileigentum ausgeübten Tätigkeiten mit einem sozialen Unwerturteil behaftet sind und deshalb zur Wertminderung des Wohnungseigentums führen können (VerfGH Berlin NJW-RR 2003, 230 = ZMR 2003, 208 f.; KG NJW-RR 1986, 1072 f.; 1987, 1160; OLG Düsseldorf ZMR 2004, 448). Dies ist etwa bei bordellartigen Betrieben in einer Wohnung auch dann anzunehmen, wenn diese von außen nicht auf Anhieb erkennbar sind, da das »Gewerbe« zumindest im Kundenkreis publik gemacht wird (BayObLG NJW-RR 1995, 1228; OLG Karlsruhe ZMR 2002, 151; OLG Frankfurt/M. ZMR 2002, 616; neuerdings kritisch zum Unwerturteil BayObLG ZMR 2005, 67 f. – hiergegen zu Recht OLG Hamburg ZMR 2005, 645 – anders bei Teileigentum, wo es auf Zweckbestimmung und Umgebung ankommt, LG Nürnberg-Fürth NJW-RR 1990, 1355 f.). Auch der Umstand, dass kein Nachtbetrieb durchgeführt wird, ändert hieran nichts (KG NJW-RR 1986, 1072). Prostitution umfasst sowohl hetero- als auch homosexuelle Betätigung und setzt nicht zwangsläufig Geschlechtsverkehr voraus (LG Hamburg ZMR 2008, 828). Ebenso wenig müssen die Miteigentümer »ideologische Immissionen« wie politische Spruchbänder an der Balkonbrüstung hinnehmen (KG NJW-RR 1988, 846 f.). Hingegen ist Adventsschmuck im üblichen Umfang während der Weihnachtszeit trotz des letztlich religiösen Hintergrundes als sozial adäquates Verhalten zulässig (LG Düsseldorf MDR 1990, 249). Auch die Störung der Privatsphäre durch gezieltes Hineinschauen in eine Wohnung stellt einen unzulässigen Gebrauch dar (OLG München ZMR 2006, 71).

Die unbeschränkte **Haltung von Tieren** entspricht nicht ordnungsmäßiger Verwaltung **464**
(KG ZMR 1998, 659; OLG Zweibrücken ZMR 1999, 854), weswegen Reglementierungen stets zulässig sind (OLG Celle ZMR 2003, 441). Hierbei ist auf eine typisierende Betrachtungsweise abzustellen, so dass es auf konkrete Beeinträchtigungen durch die im Einzelfall gehaltenen Tiere nicht ankommt (OLG Celle ZMR 2003, 441). Maßgeblich ist daher alleine, ob die jeweilige Haltung typischerweise eine Beeinträchtigung anderer Hausbewohner darstellen kann. So können gefährliche Tieren wie Schlangen (OLG Frankfurt/M. NJW-RR 1990, 1430 f.; LG Bochum NJW-RR 1990, 1430), Giftschlangen und Pfeilfrösche (OLG Karlsruhe NJW-RR 2004, 951 f.) oder eine übermäßige Tierhaltung, etwa 4 Schäferhunde (OLG Zweibrücken ZMR 1999, 854), mehr als 4 Katzen in einer 42 qm großen Ein-Zimmer-Wohnung (KG NJW-RR 1991, 1117) oder 100 Kleintiere in einer Wohnung (OLG Köln ZMR 1996, 98) auch dann unzulässig sein, wenn noch keine konkreten Beeinträchtigungen vorliegen. Für Tauben in einem artgerechten Dachverschlag gilt dies allerdings nicht, so dass ein mehrmals wöchentlich stattfindender Freiflug von ca. 30 Minuten keine Beeinträchtigung darstellt (OLG Frankfurt NJW-RR 2006, 517 f.). Dabei wird ein Bestandsschutz für Tiere, die bereits vor einer Gebrauchsregelung zur Tierhaltung vorhanden waren, nicht anerkannt (OLG Celle ZMR 2003, 441). Auf konkrete Störungen hin können zudem Beschränkungen wie Leinenzwang auch bei zulässiger Tierhaltung nachträglich durchgesetzt werden (OLG Hamburg ZMR 1998, 584).

465 Unzulässig sind grundsätzlich auch Nutzungen, die zu einer Veränderung oder Umgestaltung des gemeinschaftlichen Eigentums führen. So stellt die Nutzung eines Teils der Grünfläche als Trampelpfad keinen ordnungsgemäßen Gebrauch mehr da, da die betroffene Fläche nicht nur gelegentlich betreten, sondern entgegen der Teilungserklärung als Verkehrsfläche genutzt und mangels Befestigung dadurch verunstaltet wird (OLG Stuttgart NJW-RR 1995, 527 = ZMR 1995, 82). Noch viel weniger ist die zielgerichtete Entfernung gärtnerischer Anlagen etwa von Bäumen, Hecken oder Blumenrabatten von der Möglichkeit des Mitgebrauchs umfasst (BayObLG ZMR 1998, 40; 2004, 1379 f.; OLG München NJW-RR 2006, 88). Ähnliches gilt für eigenmächtige Anpflanzungen oder die Anlage sonstiger gartenbaulicher Elemente wie die Aufstellung von Gartenzwergen (OLG Hamburg NJW 1988, 2052 f.) und noch viel mehr für die Aufstellung von Tischen und Stühlen zum Freiausschank mit den daraus resultierenden Belästigungen (BayObLG NJW-RR 2002, 950 = ZMR 2002, 688 f.).

7. Die Auslegung von Gebrauchsregelungen in der Teilungserklärung

a) Anwendbarkeit der allgemeinen Auslegungsgrundsätze

466 Welche Nutzung im Einzelnen zulässig ist, muss gegebenenfalls im Wege der Auslegung ermittelt werden. Entscheidend ist dabei nicht der Wille des teilenden Eigentümers oder gar des Notars, sondern, was der objektive Leser aus dem Grundbuch bzw. der Niederschrift entnehmen kann (sog. objektiv-normative Auslegung, s. BGH ZMR 1999, 42 f.; BayObLG NJW-RR 1986, 1077; OLG Köln ZMR 1995, 493; BayObLG ZMR 2001, 820 u. 830; OLG Karlsruhe ZMR 2001, 386). In der Teilungserklärung selbst enthaltene Umstände sind jedoch zu berücksichtigen, etwa bei einer konkreten Nutzungsbestimmung das Bestreben, konkurrierende Gewerbebetriebe fernzuhalten (OLG Hamm NJW-RR 1986, 1337). Gleiches gilt für Umstände außerhalb der Urkunde, die für jedermann ohne weiteres erkennbar sind, etwa Gegebenheiten der Topographie oder des Bauwerks (BayObLG NJW-RR 1988, 141). Die Auslegung kann noch in der Instanz vorgenommen werden, die nur die rechtliche Richtigkeit der angegriffenen Entscheidung zu prüfen hat, nunmehr also vom Revisionsgericht (BGH ZMR 1999, 42; BayObLG NJW-RR 1986, 1077; ZMR 2005, 302; OLG München ZMR 2005, 311).

b) Abweichungen zwischen Teilungserklärung und Gemeinschaftsordnung

467 Bisweilen kommt es zu Widersprüchen zwischen der Teilungserklärung im engeren Sinne, also den rein sachenrechtlichen Regelungen, und der Gemeinschaftsordnung im engeren Sinne, die nur die Beziehungen zwischen den Wohnungseigentümern regelt. Oftmals enthalten nämlich beide Regelungswerke Bestimmungen zur Nutzung der Räumlichkeiten, die differieren, wenn etwa die Teilungserklärung von einem »Laden« und die Gemeinschaftsordnung von einer – weiter gehenden – gewerblichen Nutzung redet. In diesem Fall soll die Bezeichnung in der sachenrechtlichen Teilungserklärung keine Zweckbestimmung mit Vereinbarungscharakter enthalten, vielmehr soll die Gebrauchsregelung gem. § 15 Abs. 1 WEG den Bestimmungen zum Gemeinschaftsverhältnis zu entnehmen sein (BayObLG ZMR 1998, 184; OLG Düsseldorf ZMR 2004, 449).

c) Abweichungen zwischen Aufteilungsplan und Teilungserklärung

468 Keine Bedeutung kommt demgegenüber einer von Teilungserklärung oder Gemeinschaftsordnung abweichenden Angabe zur Nutzung im Aufteilungsplan zu. Denn dieser hat regelmäßig nur den Charakter eines unverbindlichen Vorschlags (s.o. Rdn. 454). Daher sind Teilungserklärung und Gemeinschaftsordnung vorrangig.

8. Gebrauchsregelungen durch nachträgliche Vereinbarung

Sämtliche in Teilungserklärung oder Gemeinschaftsordnung möglichen Regelungen können auch nachträglich durch Vereinbarung zustande kommen. Insoweit kann in vollem Umfang auf obige Ausführungen verwiesen werden. Ebenso kann eine in der Gemeinschaftsordnung enthaltene Gebrauchsregelung durch Vereinbarung, nicht aber durch Mehrheitsbeschluss (OLG Düsseldorf NJW-RR 1997, 1307; KG ZMR 2007, 300) abgeändert werden. Dies ist grundsätzlich auch konkludent möglich, was aber nur selten angenommen werden kann. Denn den Wohnungseigentümern muss bei ihrem Handeln bewusst sein, dass sie mit ihrem Verhalten, insbesondere mit einer Hinnahme einer bestimmten Nutzung die Zweckbestimmung in der Gemeinschaftsordnung ändern, woran es i.d.R. fehlen wird (vgl. BayObLG NJW-RR 1994, 339 = ZMR 1994, 70 = WuM 1994, 45 f.; BayObLG ZMR 2001, 987). Die bloß tatsächlich von der Teilungserklärung abweichende Nutzung genügt nicht, auch wenn sie über längere Zeit erfolgt (BayObLG NJW-RR 1991, 139; OLG Düsseldorf NJW-RR 1995, 528; NJW-RR 1997, 907 = ZMR 1997, 374; NJW-RR 1997, 1307; OLG Saarbrücken ZMR 2006, 556; OLG Schleswig ZMR 2006, 887). Die öffentlich-rechtliche Genehmigung einer Nutzung etwa durch die Baubehörde ändert hieran nichts, da sie in das zivilrechtliche Verhältnis zwischen den Wohnungseigentümern nicht eingreift (KG NJW-RR 1993, 404; BayObLG NJW-RR 1995, 1104; OLG Düsseldorf NJW-RR 1997, 1307). **469**

9. Der Mitgebrauch des Gemeinschaftseigentums (§ 13 Abs. 2 WEG)

a) Unmittelbarer Eigengebrauch

Am Gemeinschaftseigentum besteht, wie eingangs ausgeführt (o. Rdn. 447) nur eine Berechtigung zum Mitgebrauch. Diesen regelt § 13 Abs. 2 WEG, eine § 743 Abs. 2 BGB nachgebildete Vorschrift. Dabei steht der unmittelbare Gebrauch den Wohnungseigentümern ohne abweichende Regelung grundsätzlich unabhängig von den Miteigentumsanteilen in gleichem Umfang zu (OLG Hamm ZMR 2001, 222; Jennißen/Löffler § 13 Rn. 8). Der Anspruch auf Duldung von Betreten und Nutzung des Gemeinschaftseigentums ist ein Individualanspruch, den jeder Wohnungseigentümer ohne Ermächtigung durch die Miteigentümer alleine geltend machen kann (OLG München ZMR 2008, 561). **470**

b) Regelungen zum Gebrauch gemeinschaftlicher Einrichtungen

Beschränkungen des Mitgebrauchs ergeben sich schon kraft Gesetzes aus § 14 Nr. 1 WEG. Danach darf jeder Wohnungseigentümer nur in solcher Weise vom gemeinschaftlichen Eigentum Gebrauch machen, dass kein Miteigentümer über das unvermeidliche Maß hinaus beeinträchtigt wird. Eine Nutzung durch einen Wohnungseigentümer, die zwar technisch möglich ist, die gleichartige Nutzung durch die Miteigentümer aber ausschließt, ist grundsätzlich unzulässig (zum Anschluss an einen Kamin, der entsprechende Einrichtungen in anderen Wohnungen unmöglich macht, s. OLG Hamburg ZMR 2001, 728; zur selben Problematik bei Heizungskörpern OLG Schleswig NJW-RR 1993, 24). Es kann aber ordnungsmäßiger Verwaltung entsprechen, einem gebrechlichen oder behinderten Wohnungseigentümer eine erweiterte Nutzung des Gemeinschaftseigentums zuzubilligen, etwa durch Einbau eines Treppenlifts (BayObLG ZMR 2004, 210 f.). Zudem kann der zulässige Mitgebrauch des Gemeinschaftseigentums in der Gemeinschaftsordnung näher reglementiert sein. Dies betrifft zum einen die **grundsätzliche Nutzungsart eines Raumes** etwa als Waschkeller, Trockenraum oder Parkplatz. Sofern diese Bezeichnungen in der Teilungserklärung selbst genannt sind, stellen sie verbindliche Regelungen mit Vereinbarungscharakter dar (BayObLG NJW-RR 1986, 1077; OLG **471**

Zweibrücken ZMR 2002, 220; BayObLG ZMR 2004, 686). Sie nehmen am öffentlichen Glauben des Grundbuchs gem. § 892 BGB teil (OLG Frankfurt ZMR 1997, 659 f.). Ein dort als Heizungsraum bezeichneter Kellerraum kann daher auch bei Änderung der tatsächlichen Verhältnisse nicht ohne weiteres etwa als Abstellraum genutzt werden (OLG Schleswig ZMR 2006, 887 f.). Nähere Regelungen sind ferner immer dann sinnvoll, wenn die gleichzeitige Nutzung von Gemeinschaftseinrichtungen durch alle Wohnungseigentümer nicht möglich ist. Hier kommen **Turnusregelungen** o.Ä. in Betracht, die die Mitbenutzung aller Miteigentümer zu bestimmten Zeiten oder in bestimmtem Umfang sicherstellen. Darüber hinaus kann die Benutzung als solche näher geregelt werden, was meistens auf die **Vermeidung von Belästigungen** anderer zielt. Häufig sind Einschränkungen der Art, dass den Miteigentümern auch im Rahmen zulässiger Nutzung bestimmte Verhaltensweisen (Rauchen im Waschkeller oder in den Hausfluren, das dauerhafte Abstellen von Wohnmobilen auf Parkplätzen für PKW o.Ä.) untersagt werden. Die Regelung kann sich auch ohne ausdrückliche Regelung aus den besonderen Umständen der Liegenschaft ergeben (KG ZMR 2009, 793). Wenn etwa der einzige Zugang zur Kellertreppe über eine Sondernutzungsfläche führt, ergibt sich aus den Umständen ein Mitbenutzungsrecht der Kellernutzer für den Transport von Gegenständen etc. (vgl. KG NJW-RR 1990, 333 f., wo allerdings von einer konstitutiven gerichtlichen Regelung ausgegangen wird). Ähnliches gilt für Mehrhausanlagen. Der Flur in jedem der einzelnen Häuser ist der Natur der Sache nach grundsätzlich nur der Benutzung durch die dortigen Bewohner zugedacht (OLG Düsseldorf NJW-RR 1995, 528).

c) Vermietung, Verpachtung und sonstige Gebrauchsüberlassung

472 Der gemeinschaftliche Gebrauch kann auch durch Vermietung oder Verpachtung gemeinschaftlicher Flächen an Miteigentümer oder Dritte erfolgen, über die mit Mehrheitsbeschluss befunden werden kann (BGH ZMR 2000, 845 f.; BayObLG NJW-RR 1992, 599 f.; 2002, 949 f.). Im Gegensatz zum Sondernutzungsrecht tritt kein dauerhafter Ausschluss der Wohnungseigentümer von der Nutzung ein. Vielmehr treten an die Stelle des unmittelbaren Eigengebrauchs die Mieteinnahmen (BGH ZMR 2000, 845; BayObLG NJW-RR 1992, 600; 2000, 154; OLG Hamburg ZMR 2003, 444 u. 958). Auch wenn diese für den einzelnen Miteigentümer gering sind, kann eine Vermietung ordnungsmäßiger Verwaltung entsprechen, wenn andere Vorteile wie die Gewinnung oder Beibehaltung eines Mieters, der die zusätzliche Fläche benötigt, zu verzeichnen sind (OLG Hamburg ZMR 2004, 616). Der Anteil an Nutzungen wie Miet- bzw. Pachterträgen oder Zinseinkünften bemisst sich nach §§ 13 Abs. 2 S. 2, 16 Abs. 2 WEG, also nach Miteigentumsanteilen.

10. Gebrauchsregelungen kraft Mehrheitsbeschlusses (§ 15 Abs. 2 WEG)

a) Keine entgegenstehende Vereinbarung

473 Der zulässige Gebrauch von Sonder- und Gemeinschaftseigentum kann u.U. nach § 15 Abs. 2 WEG auch durch einfachen Mehrheitsbeschluss geregelt werden. Im Gegensatz zur praktisch unbegrenzten Regelungsmöglichkeit durch Teilungserklärung bzw. Vereinbarung schränkt § 15 Abs. 2 WEG die Befugnisse der Eigentümerversammlung hier aber deutlich ein. Zunächst darf eine Vereinbarung (und somit auch Teilungserklärung und Gemeinschaftsordnung) nicht entgegenstehen (KG NJW-RR 1990, 155). Ein vorübergehend abweichender Gebrauch soll allerdings mit Mehrheit beschlossen werden können (OLG Schleswig ZMR 2005, 476 ff.). Dies schließt die Änderung ausdrücklicher Regelungen in der Teilungserklärung oder späterer Vereinbarungen durch Mehrheitsbeschluss aus. Ist beispielsweise die gewerbliche Nutzung erlaubt, kann sie nicht durch Mehrheitsbeschluss verboten werden. Ein solcher Beschluss wäre nichtig (OLG Düsseldorf ZMR

2003, 861 f.; vgl. BayObLG ZMR 2005, 132 f.). Ebenso wenig kann ein unbeschränktes Musizierverbot verhängt werden, wenn das Teileigentum beliebig – und somit auch von Berufsmusikern – gewerblich genutzt werden kann (BayObLG ZMR 2002, 606). Beschränkungen auf das Parken von PKW sind nichtig, wenn die Teilungserklärung allgemein das Abstellen von »KFZ« zulässt (KG ZMR 2000, 193).

b) Kein Eingriff in den Kernbereich des Sondereigentums

Auch Regelungen, die in einen zulässigen Gebrauch des Sondereigentums eingreifen, **474**
sind mangels Beschlusskompetenz nichtig. Dies ist etwa bei Vorgaben zur Verwendung bestimmter Bodenbeläge der Fall, da diese ohne abweichende Regelung in der Teilungserklärung grundsätzlich im Sondereigentum stehen (OLG Düsseldorf ZMR 2002, 614; KG ZMR 2002, 969). Ebenso ist ein Mehrheitsbeschluss wegen Eingriffs in den Kernbereich der Sondereigentumsrechte nichtig, der die Einziehung des Mietzinses für das Sondereigentum und einen Teileinbehalt durch den Verwalter vorsieht (OLG Düsseldorf ZMR 2001, 306).

c) Materielle Ordnungsmäßigkeit

Die Festlegung zulässiger Nutzungen durch Beschluss muss zunächst **hinreichend** **475**
bestimmt sein. Er muss daher zumindest im Wege der Auslegung eindeutig erkennen lassen, welcher Gebrauch zulässig bzw. unzulässig ist. Dabei dürfen wie bei Gebrauchsregelungen durch Vereinbarung Umstände außerhalb des Beschlusstextes nur ausnahmsweise herangezogen werden (vgl. o. Rdn. 466). Der Beschluss nach § 15 Abs. 2 WEG ist aus sich selbst heraus (objektiv-normativ) auszulegen, was noch durch das Revisionsgericht erfolgen kann (BGH ZMR 1999, 42). Insbesondere pauschale Regelungen, dass bestimmte Tätigkeiten »nicht in belästigender Weise« o.Ä. ausgeübt werden dürfen, genügen dem nicht, da ein Wohnungseigentümer weder erkennen noch ermitteln kann, ob sein Verhalten noch zulässig ist (BGH ZMR 1999, 43). Besteht Unklarheit bzw. Streit, welche Nutzung – eine zulässige oder eine unzulässige – vorliegt, kann nicht pauschal »die bisherige« Nutzung erlaubt oder verboten werden. Denn dann wäre u.U. auch eine unzulässige Nutzung gebilligt bzw. eine zulässige untersagt (KG ZMR 2002, 696; zur Frage der Bestimmtheit auch OLG Hamm ZMR 2001, 1006 f. und OLG Düsseldorf ZMR 2010, 53). Ein unbestimmter Beschluss ist aber nur anfechtbar, nicht nichtig, wenn er eine durchführbare Regelung noch erkennen lässt (BGH ZMR 1999, 44).

Die Mehrheit kann ferner nach § 15 Abs. 2 WEG nur einen **ordnungsmäßigen** **476**
Gebrauch beschließen. Er muss somit dem Interesse der Wohnungseigentümergemeinschaft entsprechen, wobei sowohl individuelle Bedürfnisse einzelner Bewohner (etwa behinderter Miteigentümer) als auch Charakter und Lage der Liegenschaft zu berücksichtigen sind (vgl. BGH ZMR 1999, 43 u. BayObLG ZMR 2001, 818 f. zu einer Seniorenwohnanlage). Dies setzt zunächst die **Gleichbehandlung** der Wohnungseigentümer voraus. Eine angemessene Berücksichtigung der allseitigen Interessen schließt es regelmäßig aus, einem Wohnungseigentümer über § 14 Nr. 1 WEG hinausgehende Nutzungsmöglichkeiten einzuräumen oder über § 14 Nr. 3, 4 WEG hinausgehende Duldungspflichten aufzuerlegen etwa durch Beschränkung des Gebrauchs eines Sondernutzungsrechtes (BayObLG ZMR 2005, 383 ff.) oder durch ungleiche Gebrauchsmöglichkeiten gemeinschaftlichen Eigentums (BayObLG NJW-RR 1988, 1165). Dies gilt auch für den nur faktischen Ausschluss, also einen Gebrauch, der eine gleichartige Nutzung durch andere Wohnungseigentümer verhindert. Dies kann etwa beim Anschluss weiterer Heizungen der Fall sein, wenn die Heizleistung gemeinschaftlichen Heizung hierfür nicht ausreicht (OLG Schleswig NJW-RR 1993, 24).

Gleichheitswidrige, willkürliche Privilegierungen oder Benachteiligungen einzelner Wohnungseigentümer stellen regelmäßig ebenfalls keinen ordnungsmäßigen Gebrauch dar (BGH ZMR 1999, 44; OLG Köln ZMR 2000, 565; BayObLG ZMR 2001, 818 u. 2005, 133). So entspricht eine Regelung, die die Reinigung der Vorräume jeweils den anliegenden Wohnungseigentümern zuweist, nicht ordnungsmäßiger Verwaltung, da es im Erdgeschoss naturgemäß zu weit stärkeren Verschmutzungen kommt (BayObLG NJW-RR 1992, 344). Allerdings können Abweichungen insbesondere aufgrund individueller Besonderheiten, etwa Krankheiten oder Behinderungen zulässig sein (KG NJW-RR 1994, 913). So kann es ordnungsgemäßem Gebrauch entsprechen, wenn vom Verbot des Abstellens jeglicher Gegenstände im Treppenhaus beim Rollstuhl eines Behinderten eine Ausnahme zugelassen wird (OLG Düsseldorf ZMR 1984, 161 f.; zu Kinderwagen vgl. OLG Hamm ZMR 2001, 1006 f.). Ähnliches gilt für den höheren Bedarf von gewerblichen Einheiten etwa bei der Zuteilung von Speicherflächen (KG NJW-RR 1991, 1118).

477 Demgemäß kann zwar bei **Knappheit von Parkraum** die Befugnis zum Parken zeitweise oder für bestimmte Fahrzeuge eingeschränkt werden (OLG Hamburg WuM 1992, 35; BayObLG NJW-RR 1998, 443 f.; OLG Hamm ZMR 2000, 634), aber nicht die »Reservierung« von Parkplätzen für bestimmte Eigentümer beschlossen werden, da dies auf einen völligen Nutzungsausschluss der anderen Miteigentümer und somit letztlich auf die Schaffung eines Sondernutzungsrechtes hinausliefe (vgl. OLG Zweibrücken NJW-RR 1986, 562 f.; OLG Frankfurt/M. WE 1986, 141; NJW-RR 1993, 87; OLG Düsseldorf ZMR 2005, 143; OLG Frankfurt ZMR 2008, 399; a.A. für die Möglichkeit der Zuweisung gemeinschaftlicher Gartenflächen zur ausschließlichen Nutzung OLG Hamm ZMR 2005, 400 f. und dem folgend LG Nürnberg-Fürth ZMR 2009, 318 – zweifelhaft). Möglich ist aber die (zeitlich befristete) Vermietung unter bevorzugter Berücksichtigung der Eigentümer (BayObLG NJW-RR 1992, 599 f.; OLG Hamburg ZMR 2003, 445). Auch der zeitweise Ausschluss der Nutzung zu bestimmten Tageszeiten geht noch nicht über die Grenzen des § 15 Abs. 2 WEG hinaus (so OLG Frankfurt ZMR 2008, 399 für den Ausschluss vom Parken zwischen 8.00 bis 18.00 Uhr). Eine unbefristete Vermietung bei knappem Parkraum entspricht nicht billigem Ermessen, da sie dem Interesse der Gesamtheit der Eigentümer zuwiderläuft (KG NJW-RR 1990, 1496; 1994, 913; 1996, 780 = ZMR 1996, 394; BayObLG NJW-RR 1992, 599 f.). Dasselbe gilt für eine Versteigerung der Nutzungsmöglichkeit, da dieses Verfahren alleine auf die wirtschaftliche Leistungsfähigkeit der Bewerber abstellt (BayObLG NJW-RR 1993, 205). Vorzugswürdig ist daher ein Losverfahren (KG NJW-RR 1990, 1496; 1994, 913; BayObLG NJW-RR 1992, 599 f.; 1993, 205 f.) oder – der Einzelfallgerechtigkeit noch dienlicher – ein Punktesystem unter Berücksichtigung von Wartezeiten etc. (KG ZMR 1996, 394) oder eine sonstige Regelung zugunsten der bis dahin nicht zum Zuge gekommenen Miteigentümer (KG NJW-RR 1994, 914). Angesammelte Punkte oder sonstige Vorteile dürfen beim Eigentümerwechsel nicht verfallen (KG NJW-RR 1996, 780 = ZMR 1996, 394). Bei sonstigen nur begrenzt zur Verfügung stehenden Kapazitäten etwa von Nachtstrom für Speicheröfen kann auch eine Verteilung nach Miteigentumsanteilen oder Wohnungsgrößen erfolgen (BayObLG NJW-RR 1988, 1165). Das Parken für Nichteigentümer gänzlich auszuschließen, widerspricht ordnungsgemäßem Gebrauch, wenn ein zulässigerweise betriebenes Gewerbe in einem Teileigentum hierauf angewiesen ist und über eigene Stellplätze verfügt (KG ZMR 1996, 217; BayObLG ZMR 1999, 777). Ähnliches gilt, wenn dem Eigentümer von 4 Teileigentumseinheiten insgesamt nur die Benutzung eines Stellplatzes zugebilligt wird (KG NJW-RR 1991, 1490). Die bloß theoretische Möglichkeit, in Zukunft ebenfalls eine (Allein)nutzungsmöglichkeit zugewiesen zu bekommen, genügt ebenfalls nicht (OLG Zweibrücken NJW-RR 1986, 563; KG NJW-RR 1990, 1496). Umgekehrt kann auch die unbeschränkte Parkmöglichkeit für Dritte ordnungsgemäßem Gebrauch widersprechen, wenn hierdurch massive Behinderungen von Miteigentümern zu befürchten stehen (OLG Düsseldorf ZMR 2002, 613).

Die **Änderung der in der Teilungserklärung vorgesehenen Zweckbestimmung** gemeinschaftlicher Räume oder Flächen scheidet regelmäßig aus, da dies nicht in der Beschlusskompetenz der Eigentümerversammlung steht (vgl. OLG Zweibrücken NJW-RR 1986, 562f.; BayObLG NJW-RR 1986, 1077). Auch wenn dies alle Wohnungseigentümer im gleichen Maße trifft, kann daher auch der Ausschluss aller Miteigentümer von der Nutzung gemeinschaftlicher Einrichtungen etwa durch deren Stilllegung dem Recht zur Mitbenutzung widersprechen, weshalb dies regelmäßig keinen ordnungsgemäßen Gebrauch darstellt (BayObLG ZMR 2002, 607; 2004, 1091; ähnlich zur erheblichen Erschwerung der Aufzugsnutzung OLG Köln ZMR 2002, 76 und zum Ausschluss aller Wohnungseigentümer von den Stromkapazitäten für Nachtspeicheröfen BayObLG NJW-RR 1988, 1165). Der Beschluss zur Stilllegung einer Gemeinschaftseinrichtung ist aber nicht nichtig (BayObLG NJW-RR 1987, 655). 478

Darüber hinaus ist der beschlossene Gebrauch nur ordnungsmäßig, wenn er sonstige **bürgerlich-rechtliche Verpflichtungen** auch gegenüber Dritten und insbesondere **öffentlich-rechtliche Vorschriften** einhält (OLG Köln ZMR 2000, 565). Etwa ein Gebrauch, der Brandschutzvorschriften missachtet, ist auch nicht ordnungsmäßig i.S.v. § 15 Abs. 2 WEG. Schließlich muss die mehrheitlich beschlossene Gebrauchsregelung jedenfalls mit den zur **ordnungsmäßigen Verwaltung** entwickelten Grundsätzen übereinstimmen, auch wenn man in § 15 Abs. 2 WEG eine §§ 20ff. WEG verdrängende Spezialregelung sieht (BGH ZMR 2000, 845; OLG Hamburg ZMR 2003, 958). Dies wird nicht vollständig schon von dem Gebot ordnungsmäßigen Gebrauchs gem. § 15 Abs. 2 WEG erfasst. Eine beschlossene Gebrauchsregelung kann als solche durchaus den Anforderungen von § 15 Abs. 2 WEG genügen, aber gleichwohl ordnungsmäßiger Verwaltung widersprechen. Dies ist etwa dann denkbar, wenn einem Miteigentümer mit einem früheren – unangefochtenen – Mehrheitsbeschluss über § 14 Nr. 1 WEG hinausgehende Nutzungsmöglichkeiten eingeräumt wurden, die nunmehr rückgängig gemacht werden sollen. In diesem Fall hat der betroffene Wohnungseigentümer mit der Unanfechtbarkeit des früheren Beschlusses bereits eine Rechtsposition erworben, deren Entziehung durch Zweitbeschluss grundsätzlich nicht ordnungsgemäßer Verwaltung entspricht und daher angefochten werden kann (BGHZ 113, 200).

Im Rahmen der Gebrauchsregelung können nunmehr nach der Novelle auch Regelungen zur **Kostentragung** nach § 16 Abs. 3 WEG neue, am Gebrauch oder der Möglichkeit des Gebrauchs orientierte Verteilungsschlüssel beschlossen werden. Voraussetzung hierfür ist, dass es sich um »Betriebskosten« gem. § 556 Abs. 1 BGB handelt (hierzu Abramenko § 3 Rn. 18ff.). Sie müssen ferner »nach Verbrauch oder Verursachung erfasst« werden (hierzu Abramenko § 3 Rn. 22ff.). Eine ungerechte Kostenverteilung kann also nicht kurzerhand durch irgendeinen anderen Verteilungsschlüssel ersetzt werden, auch wenn dieser sachgerechter ist. Die Anforderungen an die Mehrheit sind nach § 16 Abs. 3 WEG gering. Es genügt die einfache Mehrheit der auf der Eigentümerversammlung anwesenden oder vertretenen Miteigentümer. Auf qualifizierte Mehrheiten hat der Gesetzgeber bewusst verzichtet. 479

I.Ü. steht den Wohnungseigentümern ein nicht unerheblicher, gerichtlich nicht kontrollierbarer **Entscheidungsspielraum** zu (BGH ZMR 2000, 846; OLG Frankfurt NJW-RR 2004, 14; ZMR 2009, 385; Jennißen/Weise § 15 Rn. 16f. u. 20). Alleine die Tatsache, dass auch andere Lösungen denkbar sind, führt nicht dazu, dass eine vertretbare, auf sachlichen Gründen beruhende Gebrauchsregelung nicht ordnungsgemäß ist (BayObLG ZMR 1999, 494; OLG Köln ZMR 2000, 565; OLG Hamburg ZMR 2001, 652). Die Ermessensgrenze ist aber dort überschritten, wo sozial-adäquate Tätigkeiten nicht nur beschränkt, sondern gänzlich untersagt werden (BGH ZMR 1999, 43). 480

d) Beispiele aus der Rechtsprechung zur Ordnungsmäßigkeit einzelner Gebrauchsregelungen

481 Nach diesen Maßstäben wurden in der Rechtsprechung ohne entgegenstehende Regelungen in Teilungserklärung oder Vereinbarung für zulässig gehalten:

- die Nutzung eines asphaltierten Hofs zum **Abstellen** von PKW (BayObLG NJW-RR 1998, 443)
- Regelungen zur **Belüftung** zur Vermeidung von Feuchtigkeitsschäden (BayObLG WuM 1992, 707 f.)
- die Einschränkung der **Bepflanzung**, zugunsten einer einheitlichen Gestaltung (BayObLG ZWE 2001, 612) oder bei der Gefahr von Schäden für das Gemeinschaftseigentum (BayObLG ZMR 2001, 819) bzw. sonstigen Beeinträchtigungen wie dem Verlust des Ausblicks (BayObLG WuM 1992, 206 f.)
- die Beschränkung des **Betriebs ruhestörender Geräte** (BayObLG ZMR 2001, 818 f.)
- das Verbot des Anbringens von **Blumenkästen** an der Brüstung einer Dachterrasse zur Wahrung einer einheitlichen Gestaltung (BayObLG NJW-RR 2002, 13)
- das Verbot des **Duschens** von 23.00 bis 5.00 Uhr (BayObLG WuM 1991, 300; wohl nicht verallgemeinerbar)
- im Einzelfall die Nutzung einer Fläche, an der ein Sondernutzungsrecht besteht, als **Fluchtweg** (OLG Hamm ZMR 2010, 54)
- Regelungen zur **Gartengestaltung** (BayObLG NJW-RR 1991, 1362)
- die Übergabe eines **Generalschlüssels** an einen Hausmeister (OLG Hamm NJW-RR 2004, 1312)
- die Nutzung einer **Grünfläche** als Liegewiese oder Kinderspielplatz (OLG Saarbrücken NJW-RR 1990, 24 f.; OLG Frankfurt/M. NJW-RR 1991, 1360; Stollenwerk NZM 2004, 291)
- die Nutzung von Gemeinschaftseigentum als **Hausmeisterbüro** (OLG Düsseldorf NJW-RR 2002, 1525 = ZMR 2002, 959 f.), da dies allen Eigentümern zugute kommt und hierdurch die Kosten für die Anmietung entsprechender Räumlichkeiten gespart werden
- die Beschränkung der **Haustierhaltung**, sofern sie nicht auf ein völliges Verbot hinausläuft (OLG Hamburg ZMR 2008, 151). Zulässig ist etwa das Verbot Tiere frei herumlaufen zu lassen (BayObLG NJW-RR 1994, 658; NJW-RR 2004, 1380 = ZMR 2004, 769; ähnlich LG Konstanz ZMR 2009, 635), die Verpflichtung, Kot zu beseitigen (LG Konstanz ZMR 2009, 635) oder mehr als eine bestimmte Anzahl von Tieren zu halten (KG NJW-RR 1991, 1117; NJW-RR 1998, 1386 = ZMR 1998, 659; OLG Zweibrücken ZMR 1999, 854; OLG Schleswig ZMR 2004, 941). Auch die Beschränkung des Zugangs von Hunden auf eine bestimmte Gartenfläche entspricht ordnungsmäßiger Verwaltung, wobei das Tragen eines Maulkorbs nicht zwingend ist (LG Konstanz ZMR 2009, 635). Der Ausschluss von bestimmten, gefährlichen oder Ekel erregenden Tierarten wie Kampfhunden (OLG Frankfurt/M. NJW-RR 1993, 981 f.; KG NJW-RR 2004, 89 = ZMR 2004, 704) oder Ratten und Schlangen (OLG Frankfurt/M. NJW-RR 1990, 1431) ist zulässig, ebenso die Untersagung nach drei erfolglosen Abmahnungen, ein störendes oder untersagtes Verhalten zu unterlassen (BayObLG NJW-RR 1994, 658). Die unbeschränkte Zulassung der Tierhaltung widerspricht ordnungsmäßiger Verwaltung (OLG Hamburg ZMR 2008, 151; LG Konstanz ZMR 2009, 635).
- eine Regelung, wonach die **Haustür** tagsüber offen gehalten werden soll (OLG Frankfurt ZMR 2009, 860)
- die Überprüfung, Neueinstellung und Verplombung von **Heizungsabsperrventilen** (BayObLG NJW-RR 1987, 1493)
- die Nachtabsenkung der **Heizungstemperatur** zur Energieeinsparung (BayObLG WE 1985, 56)

- die Berücksichtigung der **Hundehaltung** bei Regelung des Gebrauchs von gemeinschaftlichem Eigentum etwa in der Form, dass Hunde das gemeinschaftliche Grundstück angeleint betreten dürfen, wenn eventuell anfallender Kot von den Haltern beseitigt wird (OLG Hamburg ZMR 2008, 152; s.a. Haustierhaltung)
- die Zuteilung von **Kellerräumen** (KG NJW-RR 1990, 155)
- die Erlaubnis des kurzfristigen Abstellens von **Kinderwagen** im Hausflur (OLG Hamm NJW-RR 2002, 10 f.)
- die Beschränkung des **Musizierens** auf bestimmte Zeiten (BGH ZMR 1999, 43; OLG Hamm NJW-RR 1986, 501; OLG Hamburg ZMR 1998, 799; BayObLG ZMR 2002, 65 u. 606; OLG Frankfurt NJW-RR 2004, 14 f.), wobei Berufsmusiker keine besondere Behandlung verlangen können (BayObLG ZMR 1985, 208; OLG Hamm NJW-RR 1986, 501; OLG Frankfurt NJW-RR 2004, 15). Eine Regelung, die auf ein völliges Verbot des Musizierens hinausläuft, weil etwa jedes Musizieren beim Verwalter angemeldet werden müsste (OLG Hamm NJW-RR 1986, 501), bedarf allerdings der Vereinbarung; ein entsprechender Beschluss ist gleichwohl nur anfechtbar, nicht aber nichtig (BayObLG ZMR 2002, 64 f. u. 606). Besonders intensive musikalische Betätigung kann auch vom Einbau zusätzlicher Schutzmaßnahmen abhängig gemacht werden (OLG Hamm NJW-RR 1986, 502)
- die Beschränkung von **Öffnungszeiten** für Gewerbebetriebe mit starken Lärmimmissionen wie Biergärten (BayObLG ZMR 2001, 823 f.)
- die Verpflichtung zum Einbau von **Rauchmeldern**, wobei die Wohnungseigentümer das Betreten ihres Sondereigentums nach § 14 Nr. 4 WEG zu dulden haben (OLG Frankfurt ZMR 2009, 864 f.)
- die Festlegung allgemeiner **Ruhezeiten** (BGH NJW 1998, 3714 f.; OLG Braunschweig NJW-RR 1987, 845 f.; BayObLG ZMR 2002, 605)
- das Verbot, Parkplätze, an denen **Sondernutzungsrechte** bestehen, Dritten zu überlassen (KG NJW-RR 1996, 586 f.; OLG Frankfurt/M. NJW-RR 2007, 890)
- das Freihalten der **Stellplätze** von Fahrrädern (ZMR 2009, 793)
- die **Vermietung** von Gemeinschaftseigentum (vgl. o. Rdn. 472)
- die **Verplombung** von Messeinrichtungen (KG NJW-RR 2005, 532)
- Beschränkungen des Zugangs zu **Versorgungseinrichtungen** (BayObLGZ 1972, 96 f.; NJW-RR 1987, 719; OLG Köln WuM 1997, 696)
- die Erlaubnis, **Waschmaschinen** auch sonntags von 9–12 Uhr in Betrieb zu nehmen (OLG Köln ZMR 2000, 565 f.)
- die Erlaubnis, **Weihnachtsschmuck** anzubringen (LG Düsseldorf NJW-RR 1990, 785 f. = MDR 1990, 249); anderes dürfte allerdings ähnlich wie bei Haustierhaltung und Musizieren für die neuerdings nicht selten zu beobachtenden Fälle drastischer Übertreibungen in Form von Lichtorgeln und voluminösen Weihnachtsmännern gelten
- die Gestattung, für einen zulässigen Gewerbebetrieb **Werbung** an der Hausfassade anzubringen (vgl. OLG Frankfurt Rpfleger 1982, 64).

e) Beispiele zur fehlenden Ordnungsmäßigkeit einzelner Gebrauchsregelungen

Nach diesen Maßstäben wurden ohne diesbezügliche Regelung in Teilungserklärung bzw. Gemeinschaftsordnung oder Vereinbarung in der Rechtsprechung für unzulässig gehalten: **482**

- das Verbot jeglichen und somit auch nur kurzfristigen **Abstellens** von Gegenständen außerhalb der Wohnungen und Keller (BayObLG ZMR 2005, 133; ähnlich OLG Köln ZMR 2009, 389)
- das Verbot der Nutzung von **Abstellplätzen** durch die Kunden einer rechtmäßig in einem Teileigentum befindlichen Gewerbeeinheit (KG NJW-RR 1996, 587 f.; BayObLG ZMR 1999, 777 f.)

- die Vermietung der Gartenfläche als **Biergarten**, wenn es hierdurch zu erheblichen Immissionsbelastungen für die Bewohner kommt (AG Hamburg-St. Georg ZMR 2009, 558)
- die Erlaubnis, Wohnungen als **»boarding-house«** zu nutzen (vgl. OLG Saarbrücken ZMR 2006, 554 ff., das allerdings – wohl zu Unrecht – sogar von der Nichtigkeit eines entsprechenden Beschlusses ausgeht)
- die Anordnung, **Dritte** mit bestimmten Arbeiten zu betrauen, wenn deren Erledigung durch den Eigentümer oder seine Mieter gleichfalls möglich ist (BayObLG ZMR 2005, 133)
- die Nutzung eines **»Gemeinschaftsraums« als Abstellraum** für Gartengeräte, da damit die Nutzung durch alle Wohnungseigentümer als Freizeitraum ausgeschlossen wird (BayObLG NJW-RR 1986, 1077)
- die Verhängung von **Gemeinschaftsstrafen**, wenn ein Wohnungseigentümer bestimmten Pflichten in der Teilungserklärung nicht nachkommt (OLG Frankfurt NJW-RR 2005, 1605)
- die unbeschränkte Gestattung des **Grillens** auf den Balkonen (LG Düsseldorf NJW-RR 1991, 1170)
- das gänzliche Verbot jeglicher **Hunde- bzw. Haustierhaltung** (vgl. BayObLG NJW-RR 1994, 658; ZMR 2002, 288, OLG Hamburg ZMR 2008, 151; LG Konstanz ZMR 2009, 635; weitergehend KG NJW 1992, 2578, das sogar von der Nichtigkeit eines solchen Verbots ausgeht; ebenso jetzt wieder OLG Saarbrücken ZMR 2007, 308; a.A. BGH ZMR 1995, 417 f.; OLG Hamm ZMR 2005, 899)
- das Verbot des Abstellens von **Krafträdern** auf einer Gemeinschaftsfläche im Tiefgaragenbereich (OLG München ZMR 2005, 908)
- die Verpflichtung, den Verwalter zur Einziehung von **Mieteinkünften** zu ermächtigen, da hierdurch die ausdrückliche Befugnis nach § 13 Abs. 1 WEG eingeschränkt wird (OLG Düsseldorf NJW-RR 2001, 877 = ZWE 2001, 335 f.)
- die Erlaubnis, **Möbel** auf einem Treppenpodest aufzustellen, da dies auf ein Sondernutzungsrecht hinausläuft (OLG Düsseldorf NJW-RR 2004, 377)
- das ausnahmslose Verbot jeglichen **Musizierens** (BayObLG ZMR 2002, 65 f.); ohne Anfechtung wird ein solcher Beschluss aber bestandskräftig und kann nur bei Vorliegen neuer Tatsachen wieder angegriffen werden (AG Hannover ZMR 2009, 153). Gleiches gilt für das Verbot jeglicher Musikdarbietungen in einer Gaststätte; zulässig sind nur Beschränkungen auf das Maß lautstärkebegrenzter Anlagen (BayObLG NJW-RR 1994, 338)
- das Verbot des Abstellens von **Schuhen** auf der Fußmatte (OLG Hamm NJW-RR 1988, 1172)
- die Pflicht zur persönlichen **tätigen Mithilfe** bei der Reinigung oder sonstigen Instandhaltung der Liegenschaft (KG NJW-RR 1994, 207; OLG Düsseldorf NJW-RR 2004, 376 = ZMR 2005, 143; OLG Köln NJW-RR 2005, 529; Wenzel ZWE 2009, 61 f.; a.A. für Schneeräum- und Streupflichten OLG Stuttgart NJW-RR 1987, 977 und für die Treppenhausreinigung BayObLG NJW-RR 1992, 344; der Streit dürfte durch BGH ZMR 2010, 777, wonach die Begründung von Verpflichtungen der einzelnen Wohnungseigentümer durch Mehrheitsbeschluss mangels Beschlusskompetenz ausgeschlossen ist, entschieden sein, s. jetzt auch OLG Zweibrücken ZMR 2007, 646 f.); bezüglich dieses Anteils einzelner Miteigentümer kann die Eigentümerversammlung auch keine Sonderkostenverteilung beschließen (KG NJW-RR 1994, 207 f.), sondern nur hinsichtlich der Arbeiten insgesamt
- ein allgemeines Verbot der **Vermietung** (BayObLGZ 1975, 235 ff.)
- die **Videoüberwachung** des Eingangsbereichs ohne technische Beschränkungen, die insbesondere den Vorgaben des Datenschutzes Rechnung tragen (BayObLG NJW-RR 2005, 385)

- das generelle, nicht nur zeitweise beschränkte Verbot des **Wäschetrocknens** im Freien (OLG Düsseldorf NJW-RR 2004, 376 = ZMR 2005, 143)
- das Verbot des Waschens und Trocknens von **Wäsche** in der Wohnung (OLG Frankfurt NJW-RR 2002, 82).

f) Nicht ordnungsmäßige Gebrauchsregelungen

Anders als Mehrheitsbeschlüsse, die Teilungserklärung oder Vereinbarungen abändern, **483**
sind Gebrauchsregelungen, die nicht mehr ordnungsmäßigem Gebrauch gem. § 15 Abs. 2 WEG entsprechen, nur anfechtbar. Denn es fehlt der Wohnungseigentümerversammlung auch dann nicht die Beschlusskompetenz, sie wird lediglich überschritten (BGH ZMR 2000, 774; BayObLG ZMR 2002, 288; OLG Düsseldorf ZMR 2002, 775 f.; OLG Hamm ZMR 2005, 898; ähnlich schon OLG Düsseldorf ZMR 1998, 45 f.; OLG Hamm ZMR 2001, 1006 f.). Gegen Dritte besteht allerdings keine Rechtssetzungsbefugnis (LG Nürnberg-Fürth ZMR 2010, 69; AG Hannover ZMR 2010, 153; im Ergebnis auch BVerfG ZMR 2010, 206). Hier besteht nur die Möglichkeit, eine Einwirkung des vermietenden Eigentümers nach § 14 Nr. 2 WEG zu verlangen.

11. Die Gebrauchsregelung durch gerichtliche Entscheidung

a) Das Verfahren

Beim **Fehlen einer objektiv notwendigen Gebrauchsregelung** hat jeder Wohnungsei- **484**
gentümer darüber hinaus Anspruch auf eine angemessene Gebrauchsregelung (KG NJW-RR 1990, 1496; restriktiver KG NJW-RR 1991, 1118, wonach eine gerichtliche Entscheidung auch dann ausscheidet, wenn die Gemeinschaft zu einer Regelung in der Lage ist). Die Ablehnung einer Regelung stellt in jedem Falle ein Fehlen in diesem Sinne dar (KG NJW-RR 1994, 913). Denn die Nutzung des Gemeinschaftseigentums nach dem Zufallsprinzip stellt jedenfalls bei knappen Nutzungsmöglichkeiten (etwa einer nicht für alle Eigentümer ausreichenden Zahl von Parkplätzen, Kellerräumen o.Ä.) keine angemessene Gebrauchsregelung dar (KG NJW-RR 1994, 913). Dies setzt nicht das völlige Fehlen derartiger Regelungen voraus, was infolge der diesbezüglichen Bestimmungen in der Teilungserklärung auch kaum jemals der Fall sein wird. Es genügt, dass der Gebrauch von Sonder- oder Gemeinschaftseigentum in bestimmter Hinsicht nicht hinreichend geregelt ist, auch wenn dieser Mangel (wie etwa bei der Verknappung von Parkraum durch die Zunahme des Individualverkehrs) erst nachträglich eintritt. Notfalls kann der Wohnungseigentümer den Erlass einer Gebrauchsregelung durch das Gericht im Verfahren nach § 43 Nr. 1 WEG verlangen. Hierbei handelt es sich um einen Individualanspruch, den jeder Wohnungseigentümer alleine geltend machen kann (KG ZMR 2002, 545). Ein entsprechender Antrag ist aber nur dann zulässig, wenn zuvor die Wohnungseigentümerversammlung mit einem entsprechenden Beschlussantrag befasst wurde. Denn für die Anrufung der Gerichte fehlt das Rechtsschutzbedürfnis, wenn die einfachere und kostengünstigere Möglichkeit der Beschlussfassung auf der Eigentümerversammlung noch nicht einmal versucht wurde (KG NJW-RR 1989, 977; Jennißen/Weise § 15 Rn. 23; allg. s. BGH ZMR 2003, 941; anders, aber unrichtig KG NJW-RR 1990, 155). Erst dann, wenn dieser Antrag abgelehnt oder seine Bescheidung verweigert wurde, kann der Wohnungseigentümer einen entsprechenden Antrag im Verfahren nach § 43 Nr. 1 WEG stellen. Beschließen die Wohnungseigentümer noch im Verfahren eine Gebrauchsregelung, kann der Antragsteller zur Beschlussanfechtung in Verbindung mit einem Antrag auf Erlass der begehrten Gebrauchsregelung übergehen (OLG Hamburg ZMR 1998, 799). Ansonsten ist das Gericht mangels Ungültigerklärung an den Beschluss gebunden (vgl. KG NJW-RR 1994, 913; OLG München ZMR 2008, 562).

485 Weitere Probleme ergeben sich, wenn zwar ein Beschluss gefasst wurde, der Wohnungseigentümer diesen aber für unzureichend hält. Denn dann stellt sich die Frage, ob der gefasste Beschluss einer gerichtlichen Entscheidung nach § 15 Abs. 3 WEG entgegensteht, wenn er nicht gem. § 46 Abs. 1 S. 2 WEG binnen Monatsfrist angefochten wurde. Diese Frage bedarf wohl einer differenzierenden Beantwortung. Hat die Eigentümerversammlung eine Gebrauchsregelung beschlossen, die der betroffene Miteigentümer lediglich für nicht ordnungsmäßig hält, bedarf es der fristgerechten Anfechtung. Denn dann existiert eine Gebrauchsregelung, die lediglich inhaltlich fehlerhaft ist. Fehlerhafte Beschlüsse müssen indessen innerhalb der Anfechtungsfrist nach § 46 Abs. 1 S. 2 WEG angegriffen werden. Anderes muss dagegen gelten, wenn der Beschluss zumindest in Teilbereichen gar keine Regelung trifft, weil er etwa die Lösung des Problems den direkt Betroffenen überlässt, lediglich vorläufige Maßnahmen anordnet, nur an nachbarschaftliche Kooperation appelliert oder einen Gegenstand (etwa nur den Gebrauch der Parkplätze, aber nicht sonstiger, gleichfalls betroffener Gemeinschaftsflächen) gar nicht behandelt. In diesen Fällen ändert die Beschlussfassung nichts daran, dass trotz Antrages zumindest partiell keine Gebrauchsregelung getroffen wurde. Es besteht insoweit kein Unterschied zur Zurückweisung oder Nichtbehandlung des Antrags. Folglich bedarf es nicht der Anfechtung des gefassten Beschlusses, zumal der betroffene Wohnungseigentümer mit der Teilregelung durchaus einverstanden sein kann. Bei der Frage, ob die Regelung inhaltlich ungenügend ist, kommt es auf das Interesse der gesamten Gemeinschaft an, der zudem ein Ermessensspielraum zusteht (s.o. Rdn. 480). Bestehen mehrere Möglichkeiten zur ordnungsgemäßen Regelung, kann der einzelne Wohnungseigentümer die Durchsetzung der von ihm bevorzugten Maßnahme nicht verlangen (OLG Düsseldorf NJW-RR 2004, 376 zu Lärmschutzmaßnahmen).

b) Der Inhalt der gerichtlichen Entscheidung

486 Nach altem Recht hatte das Gericht die Entscheidung gem. § 43 Abs. 2 WEG a.F. nach billigem Ermessen zu treffen. Diese verfahrensrechtliche Regelung wurde zwar nicht in das neue WEG übernommen. Mit § 21 Abs. 8 WEG hat der Gesetzgeber jedoch eine materiell-rechtliche Regelung geschaffen, die funktionalen Ersatz schaffen soll. An dieser ausdrücklichen Zielsetzung des Gesetzgebers sollte sich die Handhabung von § 21 Abs. 8 WEG orientieren, so dass es trotz ihrer ausgesprochen unglücklichen Formulierung (vgl. Abramenko § 2 Rn. 97 ff.) im Ergebnis nicht zu Änderungen gegenüber dem früheren Rechtszustand kommt. An Anträge der Parteien ist das Gericht nunmehr aber entgegen früherem Recht (vgl. OLG Hamm OLGZ 1969, 279) gebunden; es kann nur weniger, aber nichts qualitativ anderes zusprechen. Der Kläger sollte also zumindest hilfsweise neben einem bestimmten Antrag eine Entscheidung nach billigem Ermessen des Gerichts beantragen. Hierauf wird das Gericht regelmäßig nach § 139 ZPO hinzuweisen haben. Seinem Ermessen sind allerdings auch nach Stellung eines entsprechenden Klageantrags insoweit Grenzen gesetzt, als es nur eine Gebrauchsregelung treffen kann, die die Wohnungseigentümer mit Mehrheit beschließen könnten (BayObLG NJW-RR 1988, 1165; KG NJW-RR 1990, 155; 1994, 912 f.). Gebrauchsregelungen, die einer Vereinbarung bedürften, stehen nicht in seiner Entscheidungsbefugnis (KG ZMR 2002, 545). Auch nach § 15 Abs. 2 WEG mit Mehrheit beschlossene Gebrauchsregelungen kann es nur dann durch eigene ersetzen, wenn ein Anspruch auf Änderung der bestehenden Regelung besteht (KG ZMR 2002, 545; zum Änderungsanspruch s.o. Rdn. 484). Eine langjährige, wenn auch nicht auf Vereinbarung oder Beschluss beruhende Übung hat auch das Gericht bei seiner Entscheidung zu berücksichtigen (BayObLG NJW-RR 1993, 1166). Da das Gericht nur solchermaßen an die Stelle der Eigentümerversammlung tritt, kann die Entscheidung auch nach ihrer Rechtskraft durch Mehrheitsbeschluss abgeändert werden (KG NJW-RR 1996, 780 = ZMR 1996, 393).

12. Die Hausordnung

Der zulässige Gebrauch von Sonder- und Gemeinschaftseigentum kann auch in der Hausordnung geregelt sein. Diese stellt i.d.R. eine Gebrauchsregelung nach § 15 WEG dar, kann aber darüber hinausgehen, wenn sie weitere Elemente etwa zur Verwaltung des gemeinschaftlichen Eigentums gem. §§ 20 ff. WEG enthält. Wie jede Gebrauchsregelung kann die Hausordnung bereits in der Teilungserklärung bzw. Gemeinschaftsordnung enthalten sein oder durch Vereinbarung zustande kommen. Sofern die Gemeinschaftsordnung den Verwalter, den Hausmeister oder andere Personen zur Aufstellung einer Hausordnung ermächtigt, kann sie gleichwohl durch die Eigentümerversammlung abgeändert werden (BayObLG NJW-RR 1992, 344; ZMR 2002, 64). Die Aufstellung einer Hausordnung in der Gemeinschaftsordnung bzw. durch nachträgliche Vereinbarung hat allerdings den Nachteil, dass ihre Abänderung wiederum der Zustimmung aller Wohnungseigentümer bedarf (BayObLG NJW-RR 1992, 344; a.A., für die grundsätzliche Abänderbarkeit der Hausordnung BayObLG 1975, 204 f., da diese nur formeller Bestandteil der Teilungserklärung sei). **487**

13. Ansprüche bei der Störung im zulässigen Gebrauch des Sondereigentums

a) Ansprüche gegen einzelne Miteigentümer

Da Sondereigentum vollwertiges Eigentum ist, stehen dem Wohnungseigentümer bei der Beeinträchtigung des zulässigen Gebrauchs die Ansprüche aus §§ 985 ff. BGB und § 1004 BGB zu (OLG Hamm ZMR 1999, 508). Daneben bestehen Besitzschutzansprüche aus §§ 858, 861, 862, 866 BGB (BayObLG ZMR 2001, 820). Dies umfasst zunächst wie beim Alleineigentümer die – in der Praxis allerdings selteneren – unmittelbaren Eingriffe in das Sondereigentum, etwa die Mitbenutzung einer Heizung, die nur der Versorgung einzelner Einheiten dienen soll (BayObLG NJW-RR 2000, 1032). Des Weiteren kann jeder Wohnungseigentümer mittelbare Einwirkungen auf sein Sondereigentum, insbesondere jegliche Art von Immissionen, abwehren. Zur Zulässigkeit bzw. Erheblichkeit solcher Beeinträchtigungen können die Normen des Nachbarschaftsrechts und drittschützende Normen des öffentlichen Rechtes zwar nicht pauschal analog angewandt werden, da das Verhältnis der Wohnungseigentümer untereinander enger ist und größere Rücksichtnahme gebietet als zwischen sonstigen Nachbarn (OLG Köln ZMR 1997, 48; OLG Stuttgart ZMR 2001, 731; OLG Hamm ZMR 2003, 372). Die Wertungen dieser Normen sind jedoch auch im vorliegenden Zusammenhang zu berücksichtigen (BVerfG NJW-RR 2006, 727; BayObLG ZMR 1999, 349; OLG Hamm ZMR 2003, 372). Steht das beeinträchtigte Wohnungs- oder Teileigentum mehreren Eigentümern gemeinschaftlich zu, kann jeder Angehörige der Bruchteilsgemeinschaft die Unterlassungsansprüche gem. § 1011 BGB alleine geltend machen (BayObLG NJW-RR 1988, 271). **488**

Ferner kann der Wohnungseigentümer Schadensersatzansprüche nach §§ 823 Abs. 1 BGB und dann, wenn drittschützende Normen verletzt wurden, auch solche aus § 823 Abs. 2 BGB, ferner aus § 280 BGB wegen der Verletzung von Pflichten aus dem Gemeinschaftsverhältnis geltend machen (OLG Hamm NJW-RR 1987, 332; ZMR 1996, 42; BayObLG ZMR 2002, 286). Zu ersetzen ist etwa der Mietausfall, wenn die Mieter des beeinträchtigten Wohnungseigentums aufgrund der Störungen die Miete minderten (KG NJW-RR 1991, 1117). Sofern die schadenstiftende Nutzung dem Wohnungseigentümer sittenwidrig Schaden zufügen soll, sind sogar reine Vermögensschäden nach § 826 BGB zu ersetzen, wenn etwa ein Miteigentümer durch ruhestörendes oder anstößiges Verhalten in seiner Wohnung Kaufinteressenten vergraulen will (BayObLG ZMR 2004, 49). Das Verlangen, ganz geringfügige Beeinträchtigungen wie etwa **489** die kurzfristige Inanspruchnahme des Nachbarparkplatzes beim Öffnen der Wagentüren zu unterlassen, kann als Schikane nach § 226 BGB rechtsmissbräuchlich sein (BayObLG ZMR 2001, 821; OLG München ZMR 2006, 642).

490 Bei all diesen Ansprüchen handelt es sich in jedem Falle um **Individualansprüche**, deren Geltendmachung auch nach neuem Recht von Haus aus nicht Sache des Verbandes ist. In der Konsequenz können diese Ansprüche von jedem Wohnungseigentümer ohne Ermächtigung durch die Eigentümerversammlung geltend gemacht werden (BGH NJW 1993, 728; OLG Hamm ZMR 1999, 508). Sofern es sich um alleine dem einzelnen Eigentümer zustehende Rechte ohne jede Gemeinschaftsbezogenheit handelt, scheidet eine Ausübung durch den Verband gänzlich aus (Abramenko § 6 Rn. 18).

b) Ansprüche gegen die Gemeinschaft

491 Daneben kann auch die Eigentümergemeinschaft Schuldnerin eines Herausgabeanspruchs aus § 985 BGB (vgl. OLG Köln ZMR 2004, 708) oder von Unterlassungsansprüchen nach § 1004 BGB (OLG Hamm ZMR 1999, 509) sein, wenn sie zum Sondereigentum gehörende Räume gemeinschaftlich nutzt. Im Erkenntnisverfahren ist wiederum nach § 10 Abs. 6 S. 3 WEG in jedem Fall der Verband zu verklagen, der zumindest Prozessstandschafter ist (Abramenko § 6 Rn. 10 ff.). Da er ähnlich wie bei der Vermietung gemeinschaftlichen Eigentums auch materiell Berechtigter ist, dürfte sich aber auch die Vollstreckung gegen ihn richten. Sofern die Inanspruchnahme des Sondereigentums auf eine Entscheidung des Verwalters im Rahmen seiner Verwaltungstätigkeit zurückgeht, können die Unterlassungsansprüche auch gegen ihn gerichtet werden, da in diesem Falle die Störung auch von seinem Willen abhängig ist und bei einer Mehrheit von Störern ein Unterlassungsanspruch gegen jeden von ihnen besteht (OLG Hamm ZMR 1999, 509; OLG Düsseldorf ZMR 2006, 462).

c) Die Durchsetzung erlaubter Nutzungen

492 Sofern ein Wohnungseigentümer die Berechtigung zu einer bestimmten Nutzung leugnet oder entgegenstehende andere Ansprüche behauptet, kommt ein Antrag auf Feststellung, dass diese Nutzung zulässig ist, in Betracht. Ist die gewünschte Nutzung von einer Zustimmung des Verwalters oder der anderen Wohnungseigentümer abhängig, so kann bei unberechtigter Verweigerung trotz Vorliegens der Voraussetzungen ihre Erteilung gerichtlich beantragt werden. Schadensersatzansprüche wegen unrechtmäßig verweigerter Zustimmungen richten sich gegen den Verwalter, nicht gegen den Verband (AG Hamburg-St. Georg ZMR 2010, 481). Gegen die bloße Meinungsäußerung eines oder mehrerer Eigentümer, dass bestimmte Nutzungen nicht mehr geduldet werden sollen, besteht allerdings noch keine Rechtsschutzmöglichkeit (BGH ZMR 2003, 123; KG ZMR 2001, 657). Wurden unter Berufung unter einen vermeintlichen Beseitigungsanspruch bereits vollendete Tatsachen geschaffen, kann der geschädigte Wohnungseigentümer im Wege der Naturalrestitution die Wiederherstellung des ursprünglichen Zustands verlangen (OLG Düsseldorf NJW-RR 1999, 95 zu rechtswidrig beseitigten Versorgungsleitungen).

d) Verfahren und Vollstreckung

493 Sämtliche Ansprüche sind unabhängig vom Streitwert vor dem nach § 43 Nr. 1, 2 oder 4 WEG zuständigen Amtsgericht anhängig zu machen. Dabei ist ein Beschluss, der eine bestimmte Nutzung vorsieht oder untersagt, binnen Monatsfrist gem. § 46 Abs. 1 S. 2 WEG im Verfahren nach § 43 Nr. 4 WEG anzufechten, sofern nicht ausnahmsweise von *seiner Nichtigkeit auszugehen* ist. Ansonsten sind Streitigkeiten um die zulässige Nutzung im Verfahren nach § 43 Nr. 1 WEG auszutragen. Die Vollstreckung eines Unterlas-

sungsanspruchs erfolgt nach § 890 ZPO, was die Festsetzung eines bestimmten Höchstmaßes für das Ordnungsmittel nach § 890 Abs. 2 ZPO erfordert (BayObLG ZMR 2000, 54; 2001, 53).

14. Ansprüche bei Beeinträchtigung des zulässigen Mitgebrauchs am Gemeinschaftseigentum

a) Die Abwehr von Eingriffen in den zulässigen Mitgebrauch

Zu Abwehr von Eingriffen in den zulässigen Mitgebrauch des Gemeinschaftseigentums **494** stellen die **Abwehransprüche aus § 1004 Abs. 1 S. 1 BGB i.V.m. §§ 14 Abs. 1 Nr. 1, 15 Abs. 3 WEG** Spezialregelungen dar (BGH ZMR 2000, 772; OLG Düsseldorf ZMR 2004, 52; BayObLG NJW-RR 1988, 271; ZMR 2004, 128). Ansprüche aus § 866 BGB können bei Besitzstörungen einem Miteigentümer gegenüber aufgrund des bloßen Mitbesitzes nicht geltend gemacht werden. Ebenso scheidet ein Selbsthilferecht aus § 910 BGB aus (OLG Düsseldorf NJW-RR 2002, 81). Die §§ 906 ff. BGB sind daneben schon deswegen nicht anwendbar, weil es nicht um die Zuführung von Immissionen o.Ä. von einem Grundstück auf ein anderes geht (BayObLG ZMR 2000, 849; OLG Düsseldorf ZMR 2004, 52). Wie die Beseitigung der Störung durchgeführt wird, steht regelmäßig im Ermessen des Störers, so dass bestimmte Maßnahmen nicht verlangt werden können (OLG Düsseldorf NJW-RR 2002, 82; OLG Hamm ZMR 2010, 305).

Sofern nicht nur der Zugang zum Gemeinschaftseigentum oder dessen Mitgebrauch **495** behindert, sondern dessen Nutzung ohne Rechtsgrundlage von einzelnen Miteigentümern vollständig entzogen wird, besteht anstelle der Ansprüche aus § 1004 Abs. 1 S. 1 BGB i.V.m. §§ 14 Abs. 1 Nr. 1, 15 Abs. 3 WEG ein **Herausgabeanspruch aus §§ 985, 986 BGB** an die Gemeinschaft (BayObLG NJW-RR 1988, 271; OLG Hamm ZMR 1998, 454; KG ZMR 2007, 385). Dieser Anspruch kann nicht verwirkt werden. Denn dies liefe auf ein Sondernutzungsrecht desjenigen hinaus, gegen den der Herausgabeanspruch gerichtet ist (KG ZMR 2007, 388). Ein Sondernutzungsrecht kann aber nur durch Vereinbarung begründet werden (BGH ZMR 2000, 771 ff.), nicht durch den Ablauf einer bestimmten Zeit in Verbindung mit anderen Umständen. Aus diesen Gründen scheidet eine Verwirkung von Herausgabeansprüchen, die praktisch Sondernutzungsrechte unter geringeren Voraussetzungen entstehen lässt, aus (KG ZMR 2002, 546; vgl. OLG Hamm ZMR 2000, 126). Auch den Herausgabeanspruch kann jeder Angehörige einer Bruchteilsgemeinschaft alleine geltend machen (BayObLG NJW-RR 1988, 271). Besitzschutzansprüche gegen Miteigentümer können, da alle Wohnungseigentümer nur Mitbesitzer nach § 866 BGB sind, nur insoweit Erfolg haben, als Wiedereinräumung des Mitbesitzes verlangt wird (BayObLG NJW-RR 1990, 1106). Anderes kann nur bei Sondernutzungsrechten gelten, da der einzelne Wohnungseigentümer dann Alleinbesitzer von Gemeinschaftseigentum sein kann (BayObLG NJW-RR 1990, 1106).

Schließlich können **Schadensersatzansprüche** aus § 823 BGB (BayObLG ZMR 2000, **496** 849; 2004, 128) sowie aus § 280 BGB wegen der Verletzung der Pflichten aus dem Gemeinschaftsverhältnis (OLG Hamm ZMR 1996, 42; BayObLG ZMR 2002, 286) bestehen. Verschulden von Dritten wie Mietern, die ein Miteigentümer an seiner Stelle zur Erfüllung seiner Pflichten aus dem Gemeinschaftsverhältnis einschaltet, muss sich der vermietende Eigentümer nach § 278 BGB zurechnen lassen (BayObLG NJW 1970, 1554; KG ZMR 2000, 560; 2002, 968). Dies gilt aber nicht bei störendem, aber zulässigem Gebrauch (OLG München ZMR 2007, 216).

b) Ansprüche gegen Außenstehende

497 Bei Störungen im Gebrauch des Gemeinschaftseigentums durch Dritte können Unterlassungsansprüche aus §§ 1004, 906 ff. BGB oder die Rechte aus §§ 985 ff. BGB geltend gemacht werden. Die Herausgabe kann der einzelne Wohnungseigentümer gem. §§ 1011, 432 BGB allerdings nur an alle Wohnungseigentümer verlangen. Ebenso können Ansprüche aus §§ 823 ff. BGB wegen der Beschädigung gemeinschaftlichen Eigentums bestehen.

c) Das Verfahren

498 **Unterlassungsansprüche** kann jeder Wohnungseigentümer geltend machen, ohne dass es einer Ermächtigung durch die anderen Wohnungseigentümer bedürfte (BGH NJW 1992, 979; OLG Hamburg ZMR 1998, 584; KG ZMR 2002, 971; BayObLG ZMR 2004, 127 f.). Dasselbe gilt für Herausgabeansprüche (OLG Hamm ZMR 1998, 454). Diese Individualansprüche können aber nunmehr, da sie gemeinschaftsbezogen sind, nach § 10 Abs. 6 S. 3 WEG auch vom Verband geltend gemacht werden (so richtig Niedenführ/Kümmel/Vandenhouten § 13 Rn. 17). Die frühere Rechtsprechung, wonach dies nicht ordnungsmäßiger Verwaltung entsprach, da es sich hierbei gerade nicht um Angelegenheiten der gemeinschaftlichen Verwaltung handelt (BayObLG ZMR 1996, 565) und hierdurch die Kosten der Durchsetzung von Individualansprüchen auf die Gemeinschaft abgewälzt werden (vgl. KG ZMR 2004, 144; OLG Frankfurt/M. ZMR 2004, 290), ist nach dem klaren Willen des Gesetzgebers durch die Novelle obsolet geworden (Abramenko § 6 Rn. 15). Allerdings besteht nach wie vor ein weiter Ermessensspielraum, ob derartige Ansprüche durch den Verband geltend gemacht werden sollen (vgl. OLG Frankfurt/M. ZMR 2004, 290). Als Verwaltungsmaßnahme kann ein Wohnungseigentümer das Vorgehen des Verbandes daher ausschließlich dann verlangen, wenn nur dies ordnungsmäßiger Verwaltung entspricht. Streitig ist, ob die Geltendmachung des Individualanspruchs durch einzelne Wohnungseigentümer möglich bleibt, wenn die Ausübung der Rechte gegen den Störer dem Verband nach § 10 Abs. 6 S. 3 WEG übertragen wurde. Während eine Position dies rundherum ablehnt, bejaht dies die Gegenauffassung unter Berufung auf den ausdrücklich geäußerten Willen des Gesetzgebers bei der »Konkurrenz der Verfolgung von Individual- und gemeinschaftlichen Ansprüchen« (BT-Drucks. 16/887 S. 62) ebenso uneingeschränkt (s. Abramenko § 6 Rn 16; Niedenführ/Kümmel/Vandenhouten § 10 Rn. 63). Eine vermittelnde Position will dem einzelnen Wohnungseigentümer analog §§ 265, 325 ZPO die Fortsetzung eines Rechtsstreites dann ermöglichen, wenn er vor einem Mehrheitsbeschluss anhängig gemacht wurde, mit dem der Verband zur Durchsetzung der Beseitigungsansprüche ermächtigt wurde (OLG Hamm ZMR 2010, 389). Im Hinblick auf den Willen des Gesetzgebers scheint die unbeschränkte »Konkurrenz der Verfolgung von Individual- und gemeinschaftlichen Ansprüchen« vorzugswürdig. Dies nicht zuletzt auch deswegen, weil ansonsten Individualansprüche aus dem Eigentum durch (u.U. bewusst) nachlässige Rechtsverfolgung vereitelt werden könnten. Diese Beschränkung von Eigentümerbefugnissen wäre mit der Ausgestaltung des Wohnungseigentums als echtem Eigentum nicht vereinbar.

499 Hingegen fiel die Geltendmachung von **Schadensersatzansprüchen** schon nach altem Recht in die Verwaltungsbefugnis der Eigentümergemeinschaft, weshalb sie ein einzelner Wohnungseigentümer nur nach Ermächtigung durch die Eigentümerversammlung gerichtlich durchsetzen konnte (BGH NJW 1993, 727 f.). Der Unterschied zu Unterlassungs- und Herausgabeansprüchen wurde damit gerechtfertigt, dass dort der Gebrauch des gemeinschaftlichen Eigentums, bei Schadensersatzansprüchen hingegen die Wahl zwischen den nach § 249 BGB gegebenen Rechten im Vordergrund stehe, die die Gemeinschaft treffen müsse (BGH NJW 1993, 728). Dieser Ausschluss des Vorgehens Einzelner gilt erst recht nach der Novelle, da die gemeinschaftsbezogenen Ansprüche nach § 10 Abs. 6 S. 3 WEG vom Verband geltend zu machen sind. Die Weigerung, einen entsprechenden Beschluss zu fassen, kann aber nach den Regeln zur Anfechtung von Negativbeschlüssen im Verfahren nach § 43 Nr. 4 WEG in Verbindung mit einem Antrag auf entsprechende Verpflichtung der Wohnungseigentümer zur Geltendmachung des Schadensersatzanspruches angegriffen werden. Dies setzt wiederum voraus, dass nur die Geltendmachung dieser Ansprüche ordnungsgemäßer Verwaltung entspricht, was bei objektiv gegebenen und tatsächlich durchsetzbaren Ansprüchen allerdings regelmäßig zu bejahen sein wird. Darüber hinaus kann sich ein einzelner Wohnungseigentümer durch Mehrheitsbeschluss zur Geltendmachung derartiger Ansprüche ermächtigen lassen. Auch diese Ansprüche sind, wenn sie gegen Miteigentümer geltend gemacht werden, im Verfahren nach § 43 Nr. 1 WEG streitwertunabhängig vor dem Amtsgericht anhängig zu machen. Ansprüche, die sich nicht gegen Wohnungseigentümer richten, sind ZPO-Verfahren, die streitwertabhängig vor dem Amts- oder Landgericht anhängig zu machen sind.

15. Möglichkeiten der Rechtsverteidigung gegen Unterlassungs- und Beseitigungsansprüche

a) Die (Un)gleichbehandlung von Wohnungseigentümern

Der – in der Praxis beliebte – Einwand, die Nutzung durch andere Eigentümer widerspreche den Regelungen zum Gebrauch ebenfalls, wird i.d.R. unbeachtlich sein. Denn der Miteigentümer, der sich gegen einen bestimmten Gebrauch von Sonder- oder Teileigentum wendet, ist nicht verpflichtet, gegen alle unzulässigen Nutzungen vorzugehen. Eine »Aufrechnung« unzulässiger Nutzungen findet nicht statt (KG ZMR 2007, 301). Zudem muss ihn selbst eine völlig identische Nutzung auf der anderen Seite eines Gebäudekomplexes gar nicht beeinträchtigen. Ähnliches gilt für Verwalter und Eigentümergemeinschaft, sofern sie nach der Gemeinschaftsordnung über die Zulässigkeit gewerblicher oder sonstiger Nutzungen zu befinden haben. Denn insoweit steht ihnen ein Beurteilungsspielraum zu, ob eine bestimmte Nutzung noch hinnehmbar ist (BayObLG ZMR 2000, 778; OLG Hamburg ZMR 2004, 455). Dabei können auch andere Erwägungen z.B. wirtschaftlicher Natur zulässig sein, wenn etwa ohne Genehmigung ein Leerstand oder gar der Ausfall von Vorschüssen nach § 28 Abs. 2 WEG droht. Selbst ein Wohnungseigentümer, der selbst gegen Vorschriften der Gemeinschaftsordnung über die Nutzung des gemeinschaftlichen Eigentums verstößt, ist nicht grundsätzlich von der Geltendmachung eines Unterlassungsanspruchs ausgeschlossen. Denn es existiert kein allgemeiner Grundsatz, dass nur derjenige Rechte geltend machen kann, der sich selbst rechtstreu verhält (OLG München ZMR 2007, 885). **500**

Anderes kann gelten, wenn der Verband als Prozessstandschafter nach § 10 Abs. 6 S. 3 WEG Unterlassungsansprüche geltend macht. Zwar geht eine Berufung auf die fehlende Bindung an den Gleichheitsgrundsatz fehl (so aber OLG Hamburg ZMR 2004, 455). Die willkürliche Ungleichbehandlung identischer Nutzungen erscheint auch in der rein privatrechtlichen Beziehung zwischen Eigentümergemeinschaft und einzelnem Wohnungseigentümer aus Gründen der gegenseitigen Treuepflicht ausgeschlossen (vgl. BGH ZMR 1999, 44; BayObLG ZMR 2001, 818). Allerdings müssen die Wohnungseigentümer schon aus Kostengründen nicht gleichzeitig gegen alle gleichartigen Nutzungen vorgehen, die sie für unzulässig halten. Es ist möglich, einen »Musterprozess« zu führen und von dessen Ausgang das weitere Vorgehen abhängig zu machen (OLG Frankfurt/M. ZMR 2002, 616). Gänzlich unbeachtlich ist es, wenn nur der Anspruchsgegner andere Verhaltensweisen für vergleichbar hält (OLG Hamburg ZMR 1998, 584). **501**

b) Die Gewährung von Übergangsfristen

502 Eine unerlaubte Nutzung ist grundsätzlich sofort zu beenden. Nach ihrer Untersagung kann es aber insbesondere bei vermietetem Sonder- oder Teileigentum geboten sein, zur Einstellung auf die Rechtslage eine Übergangsfrist einzuräumen, binnen derer die unzulässige Nutzung zu beenden ist (BayObLG NJW-RR 2000, 1033; ZMR 2000, 54; 2001, 53; 988 u. 2004, 926). In Ausnahmefällen kann es sogar angemessen sein, diese bis zur neuen Regelung des Mitgebrauchs nach § 15 Abs. 2 WEG (OLG Hamm ZMR 2000, 127) oder sogar bis zur Beendigung des Mietverhältnisses (KG ZMR 2000, 333) zu gestatten. In diesem Fall wird es aber, wenn bauliche Veränderungen zu beseitigen sind, geboten sein, dem vermietenden Eigentümer die Stellung einer Sicherheitsleistung zur Erfüllung seiner Rückbauverpflichtungen aufzuerlegen (KG ZMR 2000, 333). Aus diesen Gründen wird ein Unterlassungsanspruch auch nicht schon dadurch verwirkt, dass ein Miteigentümer die Beendigung eines Nutzungsverhältnisses abwartet, vor einer erneuten unzulässigen Nutzung aber seinen Unterlassungsanspruch geltend macht (BayObLG ZMR 2004, 687).

c) Die Zustimmung zur unzulässigen Nutzung

503 Auch wenn die Nutzung unzulässig ist, lässt die Zustimmung hierzu einen Unterlassungsanspruch entfallen. Die Zustimmung bezieht sich nur auf die zur Zeit der Zustimmung erfolgende Nutzung; im Falle ihrer Intensivierung kann sie widerrufen werden (OLG Celle ZMR 2004, 690; für eine Widerruflichkeit analog § 183 BGB auch BayObLG ZMR 2001, 42). Dabei ist der Wohnungseigentümer an die Zustimmung seines Rechtsvorgängers gebunden (OLG Stuttgart ZMR 2001, 732). Bruchteilseigentümer können eine Genehmigung nur gemeinschaftlich erklären, da sie nur zusammen über ihre Rechte verfügen können (BayObLG NJW-RR 1988, 272). Beschlüsse, die eine unzulässige Nutzung genehmigen, sind anfechtbar, aber infolge der Beschlusskompetenz aus § 15 Abs. 2 WEG nicht nichtig (BGH ZMR 2000, 774) und stehen im Falle ihrer Bestandskraft einem Unterlassungsanspruch entgegen (BayObLG ZMR 1997, 538). Eine vor Begründung von Wohnungseigentum erklärte Zustimmung zu bestimmten Nutzungen wird durch die Teilungserklärung überholt (BayObLG NJW-RR 1988, 271; anders BayObLG NJW-RR 2001, 1093, wonach eine der Bauträgerin gegenüber erklärte Zustimmung genügen soll). Die Unterschrift unter die Eingabeplanung soll noch nicht die wohnungseigentumsrechtliche Zustimmung darstellen, da sie nur eine dem öffentlichen Recht angehörende Willenserklärung darstellt (BayObLG NJW-RR 1994, 83 – sehr zweifelhaft, da dann zumindest die Grundsätze des Rechtsmissbrauchs greifen dürften, da der Unterzeichnende die öffentlich-rechtlichen Voraussetzungen der angegriffenen Nutzung selbst erst geschaffen hat; vgl. BayObLG ZMR 2001, 557 u. u. Rdn. 506). Die Zustimmung kann auch konkludent erfolgen, was aber in der Rechtsprechung jedenfalls bei der Wohnnutzung von Teileigentum nur zurückhaltend angenommen wird. So stellt die Genehmigung des Einbaus von Küche und Bad in Dachräumen noch keine konkludente Zustimmung zur Wohnnutzung dar (KG ZMR 1998, 310). Auch die Einbeziehung in die Heizkostenabrechnung deutet nicht zwingend auf die Genehmigung einer Wohnnutzung, da auch andere Räume beheizt werden (BayObLG NJW-RR 1995, 1104).

d) Verjährung

504 Ansprüche auf Unterlassung einer unzulässigen Nutzung unterliegen der dreijährigen Verjährungsfrist nach § 195 BGB (vgl. Röll ZWE 353 ff.; Hogenschurz ZWE 2002, 512 ff.). Danach verjähren Unterlassungsansprüche unabhängig von der Kenntnis eines Miteigentümers nach § 199 Abs. 4 BGB spätestens 10 Jahre nach Kenntnis hiervon, ansonsten nach 3 Jahren, wobei diese Frist erst mit Schluss des Jahres zu laufen beginnt, in dem der Anspruch entstanden ist und der Gläubiger von der unerlaubten Kenntnis

erlangte oder ohne grobe Fahrlässigkeit hätte erlangen müssen. Altansprüche sind demnach mit Ablauf des 31.12.2004 verjährt (vgl. Hogenschurz ZWE 2002, 514). Allerdings stellt bei Unterlassungsansprüchen jede Einwirkung eine neue Störung dar, die die Verjährung von neuem in Gang setzt (Bamberger/Roth/Fritzsche § 1004 Rn. 112; Anw.Komm/Keukenschrijver § 1004 Rn. 146; MüKo/Medicus § 1004 Rn. 84). Dies wird von der Rechtsprechung auch im Wohnungseigentumsrecht bei Nutzungen, die von der Teilungserklärung abweichen, bejaht (KG WuM 2002, 101; vgl. OLG Hamm WE 1992, 136). Wird also ein Nebenraum zu Wohnzwecken umgestaltet oder ein Balkon durch Vollverglasung zu einem weiteres Raum umfunktioniert, stellt jede neue Nutzung einen Verstoß dar, der neue Unterlassungsansprüche auslöst, für die eine eigene Verjährung läuft (vgl. die Nachw. o. Rdn. 307; so jetzt auch Niedenführ/Kümmel/Vandenhouten § 15 Rn. 18; a.A. ohne Begründung Jennißen/Weise § 15 Rn. 25g). Die Einrede der Verjährung kann danach allenfalls dann begründet sein, wenn die Nutzung nicht im grundsätzlichen Widerspruch zur Gemeinschaftsordnung steht, sondern aus anderen Gründen unzulässig ist, etwa wegen Aufbringens eines unzulässigen Fußbodenbelags. Der Anspruch auf Herausgabe zu Unrecht genutzten Gemeinschaftseigentums ist schon nach § 902 Abs. 1 S. 1 BGB unverjährbar (OLG München ZMR 2008, 235).

e) Verwirkung

Der Unterlassungsanspruch kann ferner verwirkt sein, was nach langjähriger Duldung in Betracht kommt, nicht aber schon bei vierjähriger (OLG Hamm ZMR 2000, 125 f.; OLG Köln ZMR 2003, 385), fünfjähriger (OLG Hamburg ZMR 2003, 443), sechsjähriger (OLG Düsseldorf ZMR 2000, 331; a.A. KG NJW-RR 1997, 714 = ZMR 1997, 316 f. – zweifelhaft, zumal auch das Umstandsmoment in einer reinen Unterlassung von Beseitigungsansprüchen gesehen wird), siebenjähriger (BayObLG ZMR 2001, 828; OLG München ZMR 2007, 885) Duldung, wohl aber nach 9 Jahren (OLG Köln NJW-RR 1998, 1625 = ZMR 1998, 460), 16 Jahren (OLG Köln ZMR 1998, 111), 20 Jahren (OLG Hamburg ZMR 2002, 451) oder mehr als 25 Jahren (OLG Düsseldorf ZMR 2004, 611). Bei der Ermittlung dieses Zeitraums ist die Zeitspanne einzubeziehen, die ein Rechtsvorgänger des nunmehr die Unterlassung begehrenden Wohnungseigentümers die Nutzung hingenommen hat (BayObLG ZMR 2001, 53; OLG Hamburg ZMR 2002, 451). Besondere Umstände, die auf eine Billigung der Nutzung schließen lassen, sind neben der ausdrücklichen Zustimmung (OLG Stuttgart ZMR 2001, 733) insbesondere die Abrechnung einer Einheit entsprechend ihrer tatsächlichen Nutzung mit Billigung der Wohnungseigentümer (OLG Köln ZMR 1998, 111). Eine einmal eingetretene Verwirkung muss auch der Sonderrechtsnachfolger gegen sich gelten lassen (OLG Köln NJW-RR 1998, 1625 = ZMR 1998, 460). Eine erneute Nutzungsänderung muss aber auch nach Verwirkung des Unterlassungsanspruchs nicht hingenommen werden (KG ZMR 2007, 301). **505**

f) Verstoß gegen Treu und Glauben

Die Durchsetzung eines Unterlassungsanspruchs kann darüber hinaus im Einzelfall gegen Treu und Glauben verstoßen. Dies kann insbesondere vor dem Hintergrund von Art. 3 Abs. 3 S. 2 GG dann zu bejahen sein, wenn die Tierhaltung (etwa eines Blindenhundes) körperliche Behinderungen kompensieren oder zumindest die Folgen einer Behinderung oder Krankheit psychisch lindern soll (BGH ZMR 1995, 418; BayObLG NJW-RR 2002, 226 = ZMR 2002, 287 f.). Auch widersprüchliches Verhalten schließt die Durchsetzung des Unterlassunganspruchs aus, wenn ein Miteigentümer etwa die öffentlich-rechtlichen Voraussetzungen der angegriffenen Nutzung selbst erst geschaffen hat (BayObLG NJW-RR 2001, 1383 – Ls – = ZMR 2001, 557; weitergehend ZMR 2000, 188 f.). Ähnliches gilt, wenn die beanstandeten Hunde über einen längeren Zeitraum **506** geduldet wurden und es in dieser Zeit nie zu Belästigungen gekommen ist (OLG Frankfurt/M. NJW-RR 1993, 982). Rechtsmissbräuchlich kann es ferner sein, wenn der Unterlassungsanspruch ausschließlich aus sachfremden Motiven, etwa zur Ausschaltung geschäftlicher Konkurrenz geltend gemacht wird (BayObLG NJW-RR 1996, 1359; NJW-RR 1998, 301 f. = ZMR 1998, 177).

16. Das Verfahren

a) Geltendmachung durch jeden einzelnen Wohnungseigentümer

507 Den Anspruch auf **Unterlassung und Beseitigung** kann als Individualanspruch jeder Wohnungseigentümer ohne Ermächtigung durch die Gemeinschaft geltend machen (BGH NJW 1992, 979; KG NJW-RR 1986, 1073; ZMR 2002, 971; OLG Hamburg ZMR 1998, 584; OLG Zweibrücken ZMR 2002, 220; BayObLG ZMR 2002, 950; 2004, 1161; BayObLG ZMR 2004, 127 f.; OLG München ZMR 2008, 561; LG Hamburg ZMR 2009, 549;), auch soweit er sich auf drittschützende Normen des öffentlichen Rechtes stützt (BayObLG ZMR 1997, 42). Soweit der Anspruch auf Beseitigung einer Störung mit einem Eingriff in das Gemeinschaftseigentum verbunden ist, benötigt der einzelne Eigentümer aber die Zustimmung der Miteigentümer (Schmid ZWE 2009, 201). Gleiches gilt für den Anspruch auf Herausgabe (OLG Hamm ZMR 1998, 454; OLG München ZMR 2008, 235 f.), der allerdings nach §§ 1011, 432 BGB auf Herausgabe an alle Miteigentümer gerichtet sein muss. Der Eigentümer kann seinen Mieter zur Geltendmachung dieses Anspruchs in gewillkürter Verfahrensstandschaft ermächtigen (vgl. BayObLG ZMR 2001, 907). Der Anspruch ist jedenfalls dann nicht vermögensneutral, wenn durch unzulässige Nutzungen erhöhte Bewirtschaftungskosten, verstärkte Inanspruchnahme von Gemeinschaftseigentum oder eine Wertminderung des Sondereigentums drohen (KG ZMR 2007, 804). Deshalb tritt bei Insolvenz des auf Unterlassung klagenden Wohnungseigentümers eine Unterbrechung nach § 240 ZPO ein (KG ZMR 2007, 804).

b) Übertragung auf den Verband

508 Die Durchsetzung dieses Anspruchs kann nunmehr nach § 10 Abs. 6 S. 3 WEG **dem Verband übertragen** werden, soweit nicht ausschließlich die Rechte einzelner Wohnungseigentümer betroffen sind (OLG München ZMR 2008, 565; LG Itzehoe ZMR 2008, 737; LG Essen ZMR 2008, 828; unklar LG Hamburg ZMR 2008, 912). Die frühere Rechtsprechung, wonach dies nicht ordnungsmäßiger Verwaltung entsprach, da es sich hierbei gerade nicht um Angelegenheiten der gemeinschaftlichen Verwaltung handelt (BayObLG ZMR 1996, 565) und hierdurch die Kosten der Durchsetzung von Individualansprüchen auf die Gemeinschaft abgewälzt werden (vgl. KG ZMR 2004, 144; OLG Frankfurt/M. ZMR 2004, 290), ist nach dem klaren Willen des Gesetzgebers durch die Novelle obsolet geworden (Abramenko § 6 Rn. 15). Allerdings besteht nach wie vor ein weiter Ermessensspielraum, ob derartige Ansprüche durch den Verband geltend gemacht werden sollen (vgl. OLG Frankfurt/M. ZMR 2004, 290). Als Maßnahme der ordnungsmäßigen Verwaltung kann ein Wohnungseigentümer das Vorgehen des Verbandes daher nur dann verlangen, wenn nur dieses ordnungsmäßiger Verwaltung entspricht. I.Ü. steht dem Kläger dann die Möglichkeit eines eigenen Vorgehens gegen die unerwünschte Nutzung offen (vgl. BayObLG ZMR 2004, 446), was gegenüber einem doppelten Verfahren gegen Miteigentümer und Störer sogar einen Prozess erspart. Da ihm dieser einfachere Weg offen steht, ist sogar zweifelhaft, ob einer Anfechtung des Beschlusses in Verbindung mit einem entsprechenden Verpflichtungsantrag nicht das Rechtsschutzbedürfnis fehlt (vgl. BayObLG ZMR 1997, 375). Ein Beschluss, der die Geltendmachung von Individualansprüchen ermessensfehlerhaft der

Gemeinschaft überträgt, ist indessen nur anfechtbar, weshalb er bei Nichtanfechtung für alle Wohnungseigentümer bindend wird (vgl. BayObLG ZMR 1996, 566).

Eine gemeinschaftliche Geltendmachung beinhaltet zugleich die Einwilligung in eventuell erforderliche Eingriffe in das Gemeinschaftseigentum, die mit der Beseitigung verbunden sind (Schmid ZWE 2009, 201). Umstritten ist, ob hierdurch die individuale Geltendmachung durch einzelne Wohnungseigentümer ausgeschlossen wird (so OLG Frankfurt ZMR 2009, 134). Dies widerspricht aber den in den Materialien ausdrücklich geäußerten Vorstellungen des Gesetzgebers, der von einer »Konkurrenz der Verfolgung von Individual- und gemeinschaftlichen Ansprüchen« ausgeht (BT-Drucks. 16/887, 62; so auch OLG München ZMR 2008, 236; OLG Hamburg ZMR 2009, 307; Abramenko § 6 Rn. 16; Niedenführ/Kümmel/Vandenhouten § 10 Rn. 63 u. § 15 Rn. 16; vgl. o. Rdn. 296). Ansonsten würde dem beeinträchtigten Wohnungseigentümer die Durchsetzung seiner Ansprüche u.U. erheblich erschwert. Dies kann insbesondere dann der Fall sein, wenn er bei der Mehrheit der Wohnungseigentümer unbeliebt oder der Störer beliebt ist, so dass die Verfolgung der Ansprüche nur zögerlich betrieben wird. Dem beeinträchtigen Miteigentümer bliebe dann nur der mühevolle Weg über die Ersetzung der jeweils erforderlichen Beschlüsse durch das Gericht. Gerade dies soll die Ausgestaltung als Individualanspruch vermeiden. 509

c) Passivlegitimation

Bei der Passivlegitimation war früher stets zwischen Handlungs- und Zustandsstörer zu unterscheiden. Ersterer kann unmittelbar auf Beseitigung bzw. Unterlassung der gebrauchswidrigen Nutzung in Anspruch genommen werden (KG ZMR 1997, 316; OLG Hamm ZMR 2005, 307; OLG Düsseldorf ZMR 2010, 386; LG München I ZMR 2010, 151). Dies war auch dann der Fall, wenn der Eigentümer selbst eine unzulässige Nutzung vornimmt oder sie ihm in sonstiger Weise zurechenbar ist, etwa deswegen, weil er sie seinem Mieter gestattet hat (OLG München ZMR 2008, 566; Schmid ZWE 2009, 201). Fehlte es an einer solchen Zurechenbarkeit, konnte der Wohnungseigentümer, von dessen Sondereigentum die Störung ausgeht, nur auf Duldung ihrer Beseitigung in Anspruch genommen werden. So war der Sonderrechtsnachfolger, der Wohnungs- oder Teileigentum bereits in verändertem Zustand erworben hat, grundsätzlich nicht zur aktiven Beseitigung einer Störung verpflichtet (insoweit richtig OLG Düsseldorf ZMR 2008, 732; LG Nürnberg-Fürth ZMR 2009, 485; Schmid ZWE 2009, 201). Der bloße Besitz konnte nie zur Annahme einer Handlungsstörung genügen (insoweit unklar OLG Düsseldorf ZMR 2008, 732). Diese dogmatisch klare Konzeption hat der BGH durch eine »wertende Betrachtung« ersetzt (BGH ZMR 2010, 622; OLG München ZMR 2010, 56; vgl. o. Rdn. 185). Die Verpflichtung zur Duldung der Beseitigung geht anders als beim Handlungsstörer auch auf den Sonderrechtsnachfolger über (Schmid ZWE 2009, 201). Ist der Störer eine GbR, sollen gleichwohl die Gesellschafter in ihrer gesamthänderischen Verbundenheit passivlegitimiert sein (OLG München ZMR 2005, 727 – zweifelhaft). 510

d) Keine konstitutive Unterlassungsverpflichtung durch Mehrheitsbeschluss

Nicht selten versuchen die Wohnungseigentümer den Störer vor der riskanten gerichtlichen Inanspruchnahme durch Mehrheitsbeschluss zu disziplinieren. In diesen Fällen ist zunächst fraglich, ob nur eine gerichtliche Verfolgung vorbereitet oder konstitutiv ein eigenständiger Unterlassungsanspruch durch Mehrheitsbeschluss geschaffen werden soll. Letzteres muss klar zum Ausdruck kommen, ansonsten ist nur von einer Vorbereitung der gerichtlichen Auseinandersetzung auszugehen (LG Wiesbaden ZMR 2008, 332). Ob ein Mehrheitsbeschluss bei entsprechender Deutlichkeit überhaupt konstitutive Wirkung haben kann, ist umstritten. Mit der h.M. ist davon auszugehen, dass der Eigentümerversammlung ohne entsprechende Ermächtigung in Gesetz oder Gemeinschaftsordnung die 511

Kompetenz fehlt, einzelnen Wohnungseigentümern Sonderpflichten aufzuerlegen. Sie können nicht den Streit um das Bestehen eines Individualanspruches dadurch vermeiden, dass sie sich im Wege des Mehrheitsbeschlusses ein Grundurteil selbst schaffen (BGH ZMR 2010, 777; OLG Zweibrücken ZMR 2007, 646 f.; a.A. OLG Hamburg ZMR 2009, 307). Anderes gilt nur, wenn eine Öffnungsklausel entsprechende Beschlüsse ermöglicht, die konstitutiv Sonderpflichten begründen (OLG München ZMR 2008, 565).

e) Vollstreckung

512 Die **Vollstreckung** eines Unterlassungsanspruchs erfolgt nach § 890 ZPO, was die Festsetzung eines bestimmten Höchstmaßes für das Ordnungsmittel nach § 890 Abs. 2 ZPO erfordert (BayObLG ZMR 2000, 54; 2001, 53; LG München I ZMR 2008, 245; a.A. für Vollstreckung nach § 888 ZPO AG Freising ZMR 2008, 574). Der Unterlassungstitel enthält dabei auch die Pflicht zu aktivem Handeln, etwa der Entfernung unzulässiger Werbeschilder (LG München I ZMR 2008, 245). Bei der Bemessung des Ordnungsgeldes ist der Unwert der Verletzungshandlung, der Grad des Verschuldens und der wirtschaftliche wert der zu unterlassenden Handlung zu berücksichtigen, so dass bei unerlaubter Werbung für einen Sex-Shop ein Ordnungsgeld von 10.000 Euro angemessen sein kann (LG München I ZMR 2008, 245).

f) Schadensersatzansprüche als gekorene gemeinschaftsbezogene Ansprüche

513 Hingegen fiel die Geltendmachung von **Schadensersatzansprüchen** schon nach altem Recht in die Verwaltungsbefugnis der Eigentümergemeinschaft, weshalb sie ein einzelner Wohnungseigentümer nur nach Ermächtigung durch die Eigentümerversammlung gerichtlich durchsetzen konnte (vgl. o. Rdn. 499).

IV. Das Sondernutzungsrecht

1. Die Bedeutung der Konstruktion

514 Von besonderer Bedeutung für die Praxis ist das – ursprünglich gesetzlich überhaupt nicht geregelte – Sondernutzungsrecht. Es wurde nunmehr in § 5 Abs. 4 S. 2, 3 WEG auch vom Gesetzgeber anerkannt, aber nicht näher normiert. Deshalb ist weiterhin seine Ausgestaltung durch die Rechtsprechung maßgeblich. Danach räumt das Sondernutzungsrecht einem Eigentümer (**positiv**) die Befugnis zur alleinigen Nutzung einer Fläche oder einem Gebäudeteil ein und schließt die Miteigentümer umgekehrt (**negativ**) von jeglicher Nutzungsmöglichkeit aus (BayObLG NJW-RR 1986, 93; OLG Düsseldorf NJW-RR 2001, 1379; KG ZMR 2007, 386; OLG Frankfurt ZMR 2008, 399). Allerdings können für den Ausschluss der Miteigentümer in besonderen Fällen aufgrund der besonderen Treuepflichten der Wohnungseigentümer im Einzelfall Ausnahmen gelten. So ist dieser insoweit eingeschränkt, als dessen Inhaber den Zugang zu gemeinschaftlichen Anlagen wie der Heizung dulden müssen (AG Freising ZMR 1998, 574). Entsprechendes gilt für die Nutzung als Fluchtweg (OLG Hamm ZMR 2010, 54).

515 **Praxistipp:**

Ältere Rechtsprechung und Literatur ist insoweit überholt, als sie das Sondernutzungsrecht den **Gebrauchsregelungen** nach § 15 WEG zurechnete (s. etwa BayObLG NJW-RR 1986, 94). Nach heutiger Auffassung unterscheidet es sich aber von diesen durch die negative, ausschließende Komponente, da eine Gebrauchsregelung keinen endgültigen, dauerhaften Ausschluss vom Gebrauch des Gemeinschaftseigentums bewirken kann (BGH ZMR 2000, 774; BGH ZMR 2001, 120; OLG Köln NJW-RR 2001, 1305).

Die Notwendigkeit, eine Konstruktion wie das Sondernutzungsrecht anzuerkennen, resultiert daraus, dass nicht alle Flächen und Gebäudeteile einem Alleinberechtigten als Sondereigentum zugewiesen werden können, aber gleichwohl Bedarf nach einer alleinigen Nutzung bestehen kann. Häufigster Fall sind Stellplätze im Freien oder auf Duplex-Garagen (s. insoweit OLG Jena ZWE 2000, 232 f.). Es kann aber nicht nur an Flächen und Räumen, sondern auch an sonstigen im Gemeinschaftseigentum stehenden Gegenständen wie Wasserhähnen begründet werden (OLG München NJW-RR 2007, 806 = ZMR 2007, 561). Der Sache nach kann ein Sondernutzungsrecht auch an einem anderen Grundstück begründet werden, an dem eine Grunddienstbarkeit zugunsten der jeweiligen Wohnungseigentümer bestellt ist. Denn die Grunddienstbarkeit gilt als Bestandteil des herrschenden Grundstücks, für den das Sondernutzungsrecht wiederum ausschließliche Befugnisse einzelner Wohnungseigentümer anordnen kann (BayObLG NJW-RR 1990, 1044 f.; OLG Köln NJW-RR 1993, 982 f.). Allein der Umstand, dass die Grunddienstbarkeit nur einigen Miteigentümern zur Ausübung überlassen wird, soll aber kein Sondernutzungsrecht begründen (OLG Düsseldorf ZMR 2009, 132). 516

Praxistipp: 517

Sondernutzungsrechte sind nicht auf Flächen beschränkt, die nicht im Sondereigentum stehen können. Sie können auch an abgeschlossenen Räumen wie Kellern, selbst an Wohnräumen begründet werden (OLG Hamm MDR 1993, 866). Daher kann die **formunwirksame Einräumung von Sondereigentum** in die Zuweisung eines Sondernutzungsrechtes umzudeuten sein, sofern der Berechtigte Wohnungseigentümer und das Sondernutzungsrecht einer Wohnung zuzuordnen ist (KG ZMR 1999, 206).

2. Schuldrechtliches und verdinglichtes Sondernutzungsrecht

Ohne Eintragung in das Grundbuch kommt durch Vereinbarung nur ein rein schuldrechtliches Sondernutzungsrecht zustande (BayObLG NJW-RR 2003, 10 = ZMR 2002, 849; NJW-RR 2003, 10; OLG Saarbrücken ZMR 2005, 983; KG ZMR 2007, 387). Alleine aus öffentlich-rechtlichen Genehmigungen wie Gaststättenkonzessionen folgt ebenso wenig ein Anspruch auf alleinige Nutzung der betroffenen Fläche (OLG Frankfurt/M. Rpfleger 1980, 391; BayObLG ZWE 2001, 606 f.) wie aus lang anhaltendem Alleingebrauch (OLG Hamm ZMR 2000, 125; OLG Düsseldorf NJW-RR 2003, 1378 = ZMR 2003, 956). Das rein schuldrechtliche, nicht in das Grundbuch eingetragene Sondernutzungsrecht räumt dem Berechtigten die Sondernutzung aber nur gegenüber den Eigentümern ein, mit denen die Vereinbarung geschlossen wurde. Einem Sonderrechtsnachfolger gegenüber entfaltet es gemäß § 10 Abs. 3 WEG keine Wirkung (BGH Rpfleger 1979, 57; DNotZ 1984, 696; KG NJW-RR 1997, 206; OLG Köln ZMR 2002, 75; BayObLG NJW-RR 2003, 10 = ZMR 2002, 849). Damit ist das Sondernutzungsrecht weitgehend, aber nicht vollständig dem Eigentum angeglichen (vgl. BGH ZMR 2001, 120; OLG Stuttgart ZMR 2003, 56 f.). So kann es zwar rechtsgeschäftlich gutgläubig erworben werden (OLG Stuttgart OLGZ 1986, 37 f. = NJW-RR 1986, 319; BayObLG DNotZ 1990, 382 f.), aber nicht durch Zuschlag in der Zwangsversteigerung (BayObLG ZMR 1994, 233). Ferner können Flächen und Räume, an denen Sondernutzungsreche bestehen – auch an Außenstehende – vermietet werden (Niedenführ/Kümmel/Vandenhouten § 13 Rn. 35; krit. OLG Frankfurt NJW-RR 2007, 891). Hingegen kann es seinen gemeinschaftsbezogenen Wirkungen wegen nur einem Miteigentümer eingeräumt werden (BGH Rpfleger 1979, 57; Schneider Rpfleger 1998, 9). 518

3. Die Begründung und Übertragung eines Sondernutzungsrechtes

a) Die Zuweisung in der Teilungserklärung

519 Regelmäßig sind Sondernutzungsrechte bereits in der **Teilungserklärung** vorgesehen. Dabei muss die Eintragung in das Grundbuch zumindest durch Bezugnahme auf einen Plan klar erkennen lassen, auf welche Fläche sich das Sondernutzungsrecht bezieht (OLG Hamburg ZMR 2003, 448; LG Hamburg ZMR 2010, 62). Ansonsten ist das Sondernutzungsrecht nicht entstanden, es kann aber ein Anspruch auf seine Begründung und auf Mitwirkung an einer entsprechenden Änderung der Teilungserklärung bestehen (LG Hamburg ZMR 2010, 146). Allerdings können selbst pauschale Beschreibungen, etwa die Bezeichnung als »jeweils unmittelbar vor der Wohnung befindlicher Vorgarten« ausreichen, wenn im Zusammenhang mit den Grundbuchunterlagen die Abgrenzung möglich ist (BayObLG ZMR 2003, 759). Ausnahmsweise kann sich das Sondernutzungsrecht auch ohne ausdrückliche Zuweisung im Grundbuch **aus der Lage und Natur eines Gebäudeteiles** ergeben, wenn dieser etwa in ein Wohnungseigentum integriert wird oder nur durch dieses erreicht werden kann wie etwa ein nachträglich angebauter Balkon (BayObLG NJW-RR 2004, 1240 = ZMR 2004, 132; im Ergebnis ebenso BayObLG NJW-RR 1993, 86; ZMR 2004, 361). Anderes gilt für Dachterrassen (OLG München ZMR 2008, 235) und den häufig entschiedenen Fall eines Spitzbodens, der nur durch ein Sonder- oder Teileigentum erreicht werden kann. Hieraus wird sich zwar regelmäßig ein Ausschluss der anderen Eigentümer von einer dauernden Benutzung unter Inanspruchnahme fremden Sondereigentums ergeben (BayObLG NJW-RR 2001, 801 = ZMR 2001, 563; OLG Hamm ZMR 2001, 222; OLG Hamburg ZMR 2001, 1000 u. 2005, 68 f.), aber kein Sondernutzungsrecht für den Eigentümer, in dessen Wohnung bzw. Teileigentum sich der Zugang befindet. Dies würde gegen den Grundsatz gleichen Mitgebrauchs gemeinschaftlichen Eigentums verstoßen. Vielmehr ist der Spitzboden in dieser Konstellation von allen Miteigentümern nur zu Zwecken der Dachreparatur und Wartung zu nutzen (BayObLG NJW-RR 1992, 83; ZMR 2001, 563; 2004, 844 f.; OLG Hamm ZMR 2001, 222 f.; OLG Köln NJW-RR 2001, 1094 = ZMR 2001, 570 f.), was der betroffene Wohnungseigentümer seinerseits nach § 14 Nr. 4 WEG dulden muss (BayObLG NJW-RR 1992, 83). Allerdings ist in diesen Fällen die Möglichkeit einer Vereinbarung über die alleinige Nutzung durch stillschweigendes oder konkludentes Verhalten zu prüfen (OLG Düsseldorf ZMR 2004, 137).

520 **Praxistipp:**

Besondere Probleme bereiten in der Praxis **Unklarheiten des Beschriebs im Grundbuch**. Bei **Abweichungen zwischen den Größenangaben und den im Lageplan eingezeichneten Grenzen**, sind letztere maßgeblich (BayObLG NJW-RR 2000, 967). Sofern die genaue Größe der dem Nutzungsrecht unterfallenden Fläche offen bleibt, aber über die **Mindestfläche** Einigkeit erzielt wurde, ist das Sondernutzungsrecht zumindest in diesem Umfang begründet (BayObLG ZMR 2002, 849 f.). Sind die Grenzen des Sondernutzungsrechtes den Grundbuchunterlagen auch im Wege der Auslegung nicht zu entnehmen, kann es mangels **Bestimmtheit** nicht entstehen (OLG Hamm ZMR 2000, 125; NJW-RR 2001, 85 f. = ZMR 2000, 693; OLG Saarbrücken ZMR 2005, 982; OLG Hamburg ZMR 2006, 468). Ist dies der Fall, so kann aber ein **Anspruch auf Abänderung der Teilungserklärung** bestehen (OLG Hamburg ZMR 2006, 469), der schon dem Anspruch auf Mitgebrauch der betroffenen Fläche entgegengehalten werden kann (OLG Hamm NJW-RR 2001, 86 = ZMR 2000, 694 f.). Bei einer **von der Planung abweichenden Bauausführung** richtet sich die Größe der Sondernutzungsflächen nach der Teilungserklärung in Verbindung mit dem Aufteilungsplan, nicht nach der tatsächlichen Bauausführung (OLG Hamburg ZMR 2003, 448 f.).

b) Die bereits in der Teilungserklärung vorgesehene nachträgliche Zuweisung

Die Teilungserklärung kann statt der konkreten Zuweisung von Sondernutzungsrechten 521 auch ihre nachträgliche Zuweisung vorsehen. Dies ist etwa dann von Bedeutung, wenn der teilende Eigentümer noch nicht von vorneherein absehen kann, welcher Erwerber Interesse an einem oder mehr Stellplätzen hat. Dabei sind **mehrere Vorgehensweisen** denkbar. Zum einen kann der teilende Eigentümer eine Vielzahl von Sondernutzungsrechten **bei einem vorerst noch von ihm zurückbehaltenen Wohnungs- oder Teileigentum »parken«.** Diese kann er dann im Bedarfsfall an interessierte Erwerber verkaufen, da das Sondernutzungsrecht ohne weiteres auf Miteigentümer übertragen werden kann (s.u. Rdn. 524). Zulässig ist es aber auch, die Begründung eines Sondernutzungsrechtes vom Eintritt einer **aufschiebenden Bedingung** gemäß § 158 BGB, etwa einer Zuweisung durch Verwalter oder teilenden Eigentümer, abhängig zu machen (BayObLG NJW-RR 1986, 93; NJW-RR 1989, 721; OLG Düsseldorf NJW-RR 1987, 1492; 2001, 1380; OLG Frankfurt/M. ZMR 1997, 661; NJW-RR 1998, 1708 f.; OLG Hamm ZMR 2000, 124; OLG Stuttgart ZMR 2003, 56; KG ZMR 2007, 386; OLG Zweibrücken ZMR 2008, 668). Auch in diesem Fall müssen die betroffenen Flächen genau bestimmt sein (OLG Hamm ZMR 1998, 454). Dann sind die anderen Miteigentümer bereits durch die Teilungserklärung vom Mitgebrauch der betroffenen Fläche ausgeschlossen (BayObLG NJW-RR 1986, 94; OLG Hamm ZMR 2000, 124), so dass sich mit Eintritt der Bedingung nur die von vorneherein vorgesehene Beschränkung verwirklicht, weshalb ihre Mitwirkung entbehrlich ist. Sofern die Flächen oder Räumlichkeiten, an denen ein Sondernutzungsrecht bestehen soll, nicht vorab bezeichnet sind, genügt eine in der Teilungserklärung enthaltene Befugnis des Verwalters zur Gewährung von Sondernutzungsrechten am Gemeinschaftseigentum auf keinen Fall. Denn ein Erwerber könnte dann weder aus der Eintragung noch aus der Eintragungsbewilligung ersehen, ob der Verwalter von dieser Befugnis Gebrauch gemacht hat (KG NJW-RR 1987, 654). Die Befugnis, ein Sondernutzungsrecht zuzuweisen, ist aber kein eigenes verkehrsfähiges Recht und mithin nicht pfändbar (OLG Stuttgart ZMR 2003, 56 f.).

c) Die nachträgliche Begründung von Sondernutzungsrechten

Sondernutzungsrechte können auch nach Teilung des Grundstücks durch **Vereinbarung** 522 begründet werden. Die Vereinbarung bedarf keiner Form (OLG Hamburg ZMR 2008, 154 f.) muss auch nicht auf einer Eigentümerversammlung behandelt werden. Die Zustimmungen können auch sukzessive erteilt werden, auch konkludent, etwa durch Änderung des Kostenverteilungsschlüssels für das neue Sondernutzungsrecht. Erforderlich ist aber die Mitwirkung jedes Miteigentümers. Das Sondernutzungsrecht bedarf zu seiner Wirksamkeit auch nicht der Eintragung in das Grundbuch. Ohne Eintragung in das Grundbuch kommt durch Vereinbarung nur ein rein schuldrechtliches Sondernutzungsrecht zustande (BayObLG NJW-RR 2003, 10 = ZMR 2002, 849; OLG Saarbrücken ZMR 2005, 983; KG ZMR 2007, 387; OLG Hamburg ZMR 2008, 155). Das rein schuldrechtliche, nicht in das Grundbuch eingetragene Sondernutzungsrecht räumt dem Berechtigten die Sondernutzung aber nur gegenüber den Eigentümern ein, mit denen die Vereinbarung geschlossen wurde. Einem Sonderrechtsnachfolger gegenüber entfaltet es gem. § 10 Abs. 3 WEG keine Wirkung (KG NJW-RR 1997, 206; OLG Köln ZMR 2002, 75; BayObLG NJW-RR 2003, 10 = ZMR 2002, 849). Wohl kann sich aber der Begünstigte auf das Sondernutzungsrecht berufen, das seinem Sonderrechtsvorgänger eingeräumt wurde, da schuldrechtliche Vereinbarungen zwar nicht gegen, wohl aber für den Sonderechtsnachfolger wirken (OLG Hamburg ZMR 2008, 155).

Über die Vereinbarung der Wohnungseigentümer hinaus bedarf es grundsätzlich analog §§ 877, 876 BGB der **Zustimmung dinglich Berechtigter** (BayObLG NJW-RR 1986, 93;

1988, 592), insbesondere der Grundpfandrechtsgläubiger, Nießbrauchsberechtigten und Auflassungsvormerkungsberechtigten (BGH DNotZ 1984, 696 f.; BayObLG ZMR 2002, 773), wobei es alleine auf die rechtliche, nicht auf eine wirtschaftliche Betrachtung ankommt. So erhöht die Begründung von Sondernutzungsrechten an zuvor gemeinschaftlichen Parkflächen zwar regelmäßig den Wert einer Wohnung, schließt aber gleichwohl die Mitbenutzung der anderen Parkplätze aus, weshalb eine rechtliche Benachteiligung vorliegt und somit die Zustimmung dinglich Berechtigter einzuholen ist (BGH DNotZ 1984, 696 f.). Das **neue Recht** hat aber in § 5 Abs. 4 S. 3 WEG erhebliche Vereinfachungen geschaffen Danach bedarf die Begründung eines Sondernutzungsrechtes nicht mehr der Zustimmung der dinglichen Gläubiger, wenn Sondernutzungsrechte – etwa an den Parkplätzen – für alle Einheiten begründet werden. Dies beruht auf der Überlegung, dass der Wert des belasteten Wohnungs- bzw. Teileigentums aufgrund der gesicherten Rechtsstellung und somit die Befriedigungschancen der Grundpfandrechtsgläubiger eher steigen, auch wenn hiermit formal ein Rechtsverlust am gemeinschaftlichen Eigentum verbunden ist (BT-Drucks. 16/887, 15). Deshalb müssen in Rückausnahme von § 5 Abs. 4 S. 2 WEG noch nicht einmal die Hypotheken-, Grundschuld-, Rentenschuld- oder Reallastgläubiger der Begründung von Sondernutzungsrechten zustimmen.

523 **Praxistipp:**

Nach dem Wortlaut von § 5 Abs. 4 S. 3 WEG ist alleine erforderlich, dass jeder Einheit irgendein Sondernutzungsrecht zugeordnet wird. Das schließt nicht aus, dass einer Einheit eine Sondernutzung zuerkannt wird, die weit hinter der früheren Nutzung der Gemeinschaftsfläche zurückbleibt. In der Regel wird zwar schon das Eigeninteresse eines Wohnungseigentümers eine solche Benachteiligung bei der Zuordnung von Sondernutzungsrechten verhindern. Anderes kann bei wirtschaftlicher Schieflage der Fall sein, wenn etwa die für eine Gesellschaft handelnde natürliche Person versucht, einen Teil des vorhandenen Vermögens vor dem Zugriff der Gläubiger zu retten. Die Lösung dieser Fälle ist aber nicht im Wohnungseigentumsrecht zu suchen. Nach Wortlaut und Begründung von § 5 Abs. 4 S. 3 WEG liegen die Voraussetzungen einer Eintragung ohne Zustimmung der Gläubiger gleichwohl vor; eventuelle Beeinträchtigungen sind nach der Gesetzesbegründung hinzunehmen (BT-Drucks. 16/887, 16; OLG München ZMR 2009, 870 f.). Vielmehr hat der solchermaßen beeinträchtigte Grundpfandrechtsgläubiger bei den Rückgewährvorschriften des Anfechtungsgesetzes bzw. der Insolvenzordnung anzusetzen, da diese Zuordnung von Sondernutzungsrechten i.d.R. eine nach §§ 3 ff. AnfG bzw. §§ 129 ff. InsO anfechtbare Verfügung darstellen wird (vgl. i.E. Abramenko § 1 Rn. 10 ff.).

Hingegen kommt eine Begründung durch (unangefochtenen) **Mehrheitsbeschluss** nicht in Betracht, da den Wohnungseigentümern für eine solche Änderung der Teilungserklärung die Beschlusskompetenz fehlt (BGH ZMR 2000, 772 ff.; OLG Düsseldorf NJW-RR 2003, 1378 = ZMR 2003, 956 ZMR 2003, 956; OLG Saarbrücken NJW-RR 2006, 732). Dabei ist unerheblich, dass ausdrücklich ein Sondernutzungsrecht eingeräumt wird; es kommt alleine darauf an, ob einem Sondereigentümer auf Dauer die Möglichkeit des Gebrauchs von Gemeinschaftseigentum unter Ausschluss der übrigen Eigentümer eingeräumt wird (OLG München ZMR 2008, 561). Hieran ändert auch eine **Öffnungsklausel** nichts, die die Änderung der Gemeinschaftsordnung mit einer qualifizierten Mehrheit zulässt. Denn diese erlaubt keine Neuordnung der sachenrechtlichen Aufteilung des Grundstücks (OLG Köln ZMR 1998, 373; a.A. Niedenführ/Kümmel/Vandenhouten § 13 Rn. 27).

Ebenso wenig lässt lang anhaltender Alleingebrauch unter Duldung der Miteigentümer eine rechtlich zum Sondernutzungsrecht erstarkte Position entstehen (OLG Hamm ZMR 2000, 125; OLG Düsseldorf NJW-RR 2003, 1378 = ZMR 2003, 956; LG Hamburg

ZMR 2010, 311). Dies kann auch nicht indirekt, etwa durch Verwirkung des Herausgabeanspruchs erfolgen (KG ZMR 2007, 388; OLG Hamm ZMR 2008, 160 f.; a.A. OLG München ZMR 2008, 235, wonach eine Verwirkung möglich sein soll, aber nur in Betracht kommt, wenn sich die »Herausgabe für den Besitzer als schlechthin unerträglich darstellt«). Denn dann würde der bloßen Duldung größere Bedeutung zugestanden als der ausdrücklichen Vereinbarung, der eben ohne Eintragung in das Grundbuch bei Eigentümerwechsel keine Wirkung gegen den Sonderrechtsnachfolger zukommt. Auch aus öffentlich-rechtlichen Genehmigungen wie Gaststättenkonzessionen folgt kein Anspruch auf alleinige Nutzung der betroffenen Fläche (OLG Frankfurt/M. Rpfleger 1980, 391; BayObLG ZWE 2001, 606 f.).

4. Die Übertragung von Sondernutzungsrechten

Sondernutzungsrechte können ohne Zustimmung der anderen Wohnungseigentümer **524** übertragen werden, da diese schon durch deren Begründung von dem Gebrauch der betroffenen Fläche ausgeschlossen sind (BGH Rpfleger 1979, 57 f.; OLG Stuttgart NJW-RR 1986, 319; OLG Düsseldorf NJW-RR 1996, 1418; KG ZMR 2007, 387), Allerdings kommt nur die Übertragung auf einen Miteigentümer in Betracht (vgl. o. Rdn. 518). Nicht im Grundbuch gewahrte Sondernutzungsrechte werden ihrem schuldrechtlichen Charakter entsprechend durch Abtretung übertragen. Bei eingetragenen Sondernutzungsrechten bedarf es ihrer dinglichen Natur gemäß der Einigung und Eintragung nach §§ 873, 877 BGB (vgl. BGH ZMR 2001, 120). Dinglich Berechtigte müssen nicht zustimmen (BayObLG NJW-RR 1986, 94), ausgenommen natürlich diejenigen, denen Rechte an dem betroffenen Wohnungs- oder Teileigentum zustehen, da diese durch Übertragung des Sondernutzungsrechtes geschmälert werden.

5. Veränderungen durch den Sondernutzungsberechtigten

Wie das Sondereigentum ist das Sondernutzungsrecht so zu nutzen, dass Rechte anderer **525** Wohnungseigentümer nicht über das unvermeidliche Maß gem. § 14 Nr. 1 WEG hinaus beeinträchtigt werden (OLG Köln NJW-RR 1997, 14 = ZMR 1997, 47; OLG Hamm NJW-RR 2003, 231 = ZMR 2003, 372). Dies bereitet nach der Zahl der veröffentlichten Entscheidungen besondere Probleme bei **Gartenflächen**, an denen ein Sondernutzungsrecht besteht. Die Bezeichnungen »Garten«, »Gartenfläche« o.Ä. erlauben regelmäßig nur eine gärtnerische Nutzung oder die Inanspruchnahme zur Freizeitgestaltung (OLG Köln NJW-RR 1997, 14; OLG Hamm NJW-RR 2000, 1402). Ist dies nicht der Fall, kommen nur gartenbauliche Nutzungen durch gärtnerische Anlagen (BayObLG ZMR 1999, 652; 2001, 123; OLG Schleswig ZMR 2001, 854 – sehr weitgehend), Rankgerüste, Kinderspielgeräte (OLG Düsseldorf NJW-RR 1989, 1167; BayObLG ZMR 1998, 504; NJW-RR 1999, 958) oder kleinere Kaninchengehege (OLG Köln NJW-RR 2005, 1542) in Betracht. Auch bis zu 75 cm hohe Gartenzwerge sollen zur Ausübung des Sondernutzungsrechtes gehören (AG Recklinghausen NJW-RR 1996, 657 – zweifelhaft). Dasselbe gilt für die übliche gärtnerische Pflege einschließlich des Rückschnittes und der Anpflanzung und Entfernung von Pflanzen, die nicht das Gesamtbild prägen (KG NJW-RR 1987, 1360 f.; 1996, 465; OLG Köln NJW-RR 1997, 14 = ZMR 1997, 47; BayObLG ZMR 1998, 41 f.; NJW-RR 1999, 958; OLG Hamm NJW-RR 2003, 231 = ZMR 2003, 372; OLG Hamburg ZMR 2003, 523 f.). Für Rückschnitt und Pflege des Gartens durch den Sondernutzungsberechtigten können oftmals die **nachbarrechtlichen Schranken** herangezogen werden, da der Miteigentümer keine stärkere Beeinträchtigungen hinnehmen muss, die danach zulässigen Einwirkungen aber i.d.R. ebenfalls zu dulden hat (BayObLG NJW-RR 1987, 846 f.; KG NJW-RR 1987, 1360 ff.; 1996, 465; OLG Hamm NJW-

RR 2003, 231 = ZMR 2003, 372). Zwischen den Miteigentümern ist aber aufgrund des Gemeinschaftsverhältnisses stärkere Rücksichtnahme geboten, so dass etwa Beseitigungsansprüche auch dann bestehen können, wenn sie als negative Immissionen nicht abwehrbar (OLG Köln NJW-RR 1997, 14 = ZMR 1997, 48; OLG Hamm NJW-RR 2003, 231 = ZMR 2003, 372) oder durch die Ausschlussfristen nach den nachbarrechtlichen Bestimmungen nicht mehr durchsetzbar (OLG Köln NJW-RR 1997, 14 f. = ZMR 1997, 48) wären. Radikale Umgestaltungen können weder verlangt noch eigenmächtig durchgeführt werden. So kann der Miteigentümer üblicherweise nicht die komplette Entfernung einer Anpflanzung wegen Verschattung verlangen, wenn bereits die Auslichtung Abhilfe schafft (KG NJW-RR 1996, 465; OLG Köln NJW-RR 1997, 14 = ZMR 1997, 47; OLG Hamm NJW-RR 2003, 232 = ZMR 2003, 373). Umgekehrt ist die eigenmächtige Entfernung von Hecken und Bäumen unzulässig, wenn diese das Gesamtbild prägen oder für den Sichtschutz erforderlich sind (BayObLG ZMR 2000, 849; OLG Hamburg 2003, 525; OLG München 2006, 68). Dies gilt erst recht für das Abholzen des gesamten Baum- und Strauchbestandes (OLG Düsseldorf NJW-RR 1994, 1168). Gleiches gilt für Anpflanzungen (KG NJW-RR 1987, 1361; 1996, 465; OLG Köln NJW-RR 1997, 15 = ZMR 1997, 48), die das Gesamtbild beeinträchtigen, etwa für schnell wachsende Bäume. Auch zu sonstigen baulichen Veränderungen, etwa zur Vergrößerung einer Terrasse, der Pflasterung von Freiflächen (OLG Hamm NJW-RR 2000, 1402), der Verlegung von Trittsteinen (BayObLG NJW-RR 2002, 159), der Errichtung von Mauern (OLG Hamm NJW-RR 2000, 1402) ist der Inhaber eines Sondernutzungsrechts nicht berechtigt (BayObLG NJW-RR 1997, 971 f.).

526 Das Sondernutzungsrecht berechtigt ebenso wenig wie das Sondereigentum zu **baulichen Veränderungen**, die den Gesamteindruck beeinflussen (zu einem Fall ohne optische Beeinträchtigung s. BayObLG ZMR 2003, 514 f.), wie etwa Carports (BayObLG, ZMR 2003, 364) bzw. Garten- oder Gerätehäusern (BayObLG MDR 1986, 940; NJW-RR 1988, 591; 1992, 976; KG NJW-RR 1987, 1361; OLG Köln ZMR 1995, 606; anders bei fehlender optischer Beeinträchtigung BayObLG ZMR 2000, 117), zum Anbringen von Markisen (KG ZMR 1994, 426 f.) oder Einzäunungen (KG NJW-RR 1994, 526 f.; ZMR 1997, 316; OLG Hamburg ZMR 2002, 621 u. 2003, 524; OLG Köln ZMR 2008, 817 f.) oder zur Errichtung eines Schwimmbades (BayObLG ZMR 1999, 580). Auch die bauliche Abgrenzung eines Stellplatzes, die das Einparken anderer Miteigentümer behindert (BayObLG MDR 1981, 937) ist ebenso unzulässig wie ein Deckendurchbruch, der die intensivere Nutzung der Räumlichkeiten ermöglicht (BayObLG NJW-RR 1993, 1295 – Ls. –). Auch die Art der Nutzung darf ohne Zustimmung der Wohnungseigentümer nicht geändert werden (LG Hamburg ZMR 2009, 549 f. für die Nutzung eines KFZ-Stellplatzes zur dauerhaften Abstellung eines nicht mehr fahrtüchtigen KFZ).

6. Die Kostentragung für Instandhaltung und Instandsetzung der Räume und Flächen eines Sondernutzungsberechtigten

527 Die Kosten für die Instandhaltung und Instandsetzung der Flächen und Gebäudeteile, an denen Sondernutzungsrechte bestehen, trifft grundsätzlich **nach § 16 Abs. 2 WEG die Eigentümergemeinschaft**, da es sich um gemeinschaftliches Eigentum handelt (OLG Hamburg ZMR 2004, 614 f.). Sie können aber durch **abweichende Regelung in der Gemeinschaftsordnung** ganz oder teilweise dem Sondernutzungsberechtigten auferlegt werden (BayObLG ZMR 2002, 953 u. 2004, 357). Dies kann sich auch im Wege der Auslegung etwa aus der Bestimmung ergeben, dass Sondernutzungsrechte wie Sondereigentum zu behandeln sind (BayObLG ZMR 2004, 357). Unbestimmte Formulierungen genügen insoweit allerdings nicht (OLG Hamburg ZMR 2004, 615). Im Streitfall kann die Kostentragungspflicht im Verfahren nach § 43 Nr. 1 WEG festgestellt werden.

Erbringt der Sondernutzungsberechtigte die erforderlichen Maßnahmen der Instandhaltung und Instandsetzung dann trotz nochmaliger Aufforderung gleichwohl nicht, so kann der teilrechtsfähige Verband diese im Wege der Geschäftsführung ohne Auftrag vergeben und die Erstattung der Kosten nach §§ 683 S. 1, 670 BGB von dem betroffenen Wohnungseigentümer verlangen (AG Hannover ZMR 2008, 337 f.). Näher liegt aber wohl die Verurteilung zu dieser Leistung und ein Vorgehen nach § 887 ZPO.

Nach der **Novelle** können nunmehr auch die Verteilung der Kosten für Instandhaltung 528
und Instandsetzung nach § 16 Abs 4 WEG mit doppelt qualifizierter Mehrheit im Einzelfall nach dem Gebrauch bzw. der Möglichkeit des Gebrauchs neu verteilt werden. Dies dürfte allerdings nicht ohne Weiteres bei Maßnahmen an Räumlichkeiten oder Flächen, an denen ein Sondernutzungsrecht besteht, möglich sein. Auch wenn dies auf Einzelfälle beschränkt ist, würde eine ausdehnende Handhabung dazu führen, dass jedenfalls teure Maßnahmen von den Sondernutzungsberechtigten alleine zu übernehmen wären. Dies würde in vielen Wohnungseigentumsanlagen nicht nur zum Wiederaufleben der Diskussion über eine »gerechtere« Verteilung von Kosten für solches vorrangig von einzelnen genutztes Gemeinschaftseigentum führen. Vor allem stünde dies im Widerspruch zu § 21 Abs. 5 Nr. 2 WEG, wonach die Instandhaltung des Gemeinschaftseigentums auch nach der Neufassung des WEG Angelegenheit der ordnungsmäßigen Verwaltung ist, die allen Wohnungseigentümern obliegt. Hierauf besteht ein Anspruch aus § 21 Abs. 4 WEG, der auch gegen den Mehrheitswillen durchsetzbar ist. Dieser Widerspruch zwischen § 21 Abs. 5 Nr. 2 WEG und § 16 Abs. 4 S. 1 WEG ist wohl durch eine korrigierende Auslegung des Wortlauts zu lösen, die sich an der Gesetzessystematik orientiert. § 16 Abs. 4 WEG regelt nämlich die Instandhaltung und Instandsetzung im Zusammenhang mit baulicher Veränderung und Modernisierung, die eine bei Entstehung der Gemeinschaft noch nicht absehbare Veränderung voraussetzen. Dies ist nicht der Fall, wenn die Kosten der Instandhaltung und Instandsetzung nur den vorhandenen Bestand betreffen. Denn die Kostentragung hierfür war für jeden Erwerber vorhersehbar. Daher besteht nunmehr kein schützenswertes Interesse, die (qualifizierte) Mehrheit auf Kosten eines Eigentümers nachträglich zu entlasten. Vielmehr muss nach den Grundsätzen des BGH zum »Zitterbeschluss« der in der Teilungserklärung abgesteckte Rahmen für die Beziehungen innerhalb der Gemeinschaft grundsätzlich mehrheitsfest bleiben. Ganz abgesehen davon ist die stärkere Nutzung etwa infolge eines Sondernutzungsrechtes oftmals schon in der Teilungserklärung mit einer erhöhten Kostenbelastung oder Regelungen etwa zur Pflege bestimmter Flächen berücksichtigt, so dass eine Abänderung auf eine Doppelbelastung hinausliefe. Eine Beschlussfassung nach § 16 Abs. 4 WEG kommt daher nur in Betracht, wenn Veränderungen, die sich auf die Kosten für die Instandhaltung und Instandsetzung des gemeinschaftlichen Eigentums auswirken, nachträglich vorgenommen wurden. Dies ist etwa beim Einbau zusätzlicher Einrichtungen der Fall, wenn der Sondernutzungsberechtigte etwa den von ihm genutzten Gebäudebestandteil mit Versorgungsleitungen versieht. Auch diese werden mit dem Einbau Gemeinschaftseigentum. Ähnliches gilt für Anpflanzungen auf einer Gartenfläche, an der ein Sondernutzungsrecht besteht. Im Gegensatz zur Instandhaltung und Instandsetzung des überkommenen Bestandes handelt es sich bei diesen, u.U. hohe Folgekosten verursachenden Maßnahmen aber wie bei baulichen Veränderungen um Änderungen des ursprünglichen Zustands. Da die Miteigentümer diese nicht von vorneherein absehen konnten, erscheint es auch nicht unbillig, wie dort eine Überwälzung der Kosten auf den hierdurch Begünstigten zu ermöglichen. Dabei kommt es auf die Zulässigkeit der Veränderungen nicht an.

7. Ansprüche bei Störungen oder unzulässiger Nutzung des Sondernutzungsrechtes

529 Der Sondernutzungsberechtigte kann aus § 1004 BGB – gegen Miteigentümer auch aus § 280 BGB i.V.m. dem Gemeinschaftsverhältnis – die **Unterlassung von Störungen** seines Sondernutzungsrechtes verlangen (BayObLG, NJW-RR 1987, 1041 f.), ebenso die Beseitigung bereits erfolgter Störungen, etwa eigenmächtiger Anpflanzungen (BayObLG NJW-RR 1990, 1106). Ferner kann er Besitzschutzansprüche und Abwehransprüche wegen verbotener Eigenmacht (BayObLG NJW-RR 1990, 1106; KG ZMR 1999, 357; OLG Düsseldorf ZMR 2001, 220) geltend machen. Darüber hinaus stehen ihm deliktische Ansprüche auf Schadensersatz wie auch die Herausgabe von Gebrauchsvorteilen wegen ungerechtfertigter Bereicherung zu (BayObLG NJW-RR 1998, 876; KG ZMR 1999, 357). Bei Überbau kommt auch eine Überbaurente analog § 913 BGB in Betracht kommen (AG Lehrte ZMR 2010, 727, im Einzelfall aber verneint).

530 Umgekehrt bestehen bei **unzulässiger Nutzung des Sondernutzungsrechtes** durch den Berechtigten Ansprüche auf Beseitigung bzw. Unterlassung aus § 1004 BGB sowie aus § 823 Abs. 1 BGB (BayObLG ZMR 1995, 496 u. 2000, 849; OLG Hamm ZMR 1998, 717), die auf die Wiederherstellung des ordnungsgemäßen Zustandes gerichtet sind. Sofern der Anspruch auf Beseitigung von Baulichkeiten nicht geltend gemacht oder ausnahmsweise nach § 242 BGB ausgeschlossen ist, können die anderen Wohnungseigentümer trotz ihres Ausschlusses vom Gebrauch der Sondernutzungsfläche einen Anteil am Erlös evtl. erzielter Mieten hierfür verlangen (OLG Düsseldorf NJW-RR 1987, 1164).

531 Die Ansprüche wegen der Störung des Sondernutzungsrechtes kann der Berechtigte als **Individualansprüche** naturgemäß alleine ohne Ermächtigung durch die Eigentümergemeinschaft geltend machen. Auch die gegen die unzulässige Nutzung des Sondernutzungsrechtes gerichteten Ansprüche soll jeder Eigentümer ohne ermächtigenden Eigentümerbeschluss selbst geltend machen können (OLG Düsseldorf NJW-RR 1994, 1168; BayObLG ZMR 1995, 496; OLG Hamburg ZMR 2002, 621), was beim Schadensersatz eigentlich mit der Verwaltungszuständigkeit der Wohnungseigentümer kollidiert (vgl. o. Rdn. 499). Dasselbe gilt, wenn ein Eigentümer ein eigenes Recht auf Mitbenutzung geltend macht, da es sich auch hierbei um einen Individualanspruch handelt (OLG Hamm ZMR 1998, 717).

532 Diese Ansprüche gegen Miteigentümer sind unabhängig vom Streitwert vor dem nach § 43 Nr. 1 WEG zuständigen Amtsgericht zu verhandeln. Dies gilt auch für Streitigkeiten um Bestand, Inhalt und Umfang von Sondernutzungsrechten (vgl. BGHZ 109, 398 f.). Die Zuständigkeit nach § 43 Nr. 1 WEG ist aber nicht gegeben, wenn Pflichten im Streit stehen, die nicht aus dem Gemeinschaftsverhältnis, sondern aus anderen Rechtsbeziehungen resultieren, etwa aus Kaufverträgen mit dem teilenden Eigentümer (vgl. OLG Zweibrücken ZMR 2002, 471; ähnlich OLG Saarbrücken ZMR 1998, 594 f.), i.Ü. natürlich auch nicht für Verfahren gegen Außenstehende.

8. Die Änderung und Aufhebung von Sondernutzungsrechten

533 Eine **Änderung von Inhalt oder Schranken** des Sondernutzungsrechtes kann nicht durch Mehrheitsbeschluss, sondern nur durch Vereinbarung erfolgen. Dem müssen auch die dinglich Berechtigten zustimmen (BayObLG NJW-RR 2002, 1526). Ein allstimmiger Beschluss kann zwar als Vereinbarung anzusehen sein, genügt aber nicht den Anforderungen des § 29 Abs. 1 S. 1 GBO (BayObLG NJW-RR 2001, 1165). Untersagen die Eigentümer gleichwohl im Beschlusswege eine vom Sondernutzungsrecht erfasste Nutzung oder bauliche Veränderung, ist dieser Beschluss nichtig (OLG Köln ZMR 2002, 702 f.). Soll der Inhalt des Sondernutzungsrechtes zugunsten des Sondernut-

zungsberechtigten geändert werden, kann auch dies nur mit Zustimmung aller Wohnungseigentümer erfolgen. Insbesondere kann der Sondernutzungsberechtigte die Art der Nutzung nicht eigenmächtig ändern, etwa Speicherräume zu Wohnzwecken nutzen (OLG Frankfurt/M. OLGZ 1991, 185; BayObLG ZMR 1993, 477 f.) oder gar ausbauen (OLG Hamm ZMR 1998, 719). Eine Ausnahme gilt nur dann, wenn die anderen Wohnungseigentümer in keiner Weise betroffen sind, weil etwa nur die Grenzen zwischen zwei Sondernutzungsrechten verschoben werden (OLG Hamm Rpfleger 1997, 376 f.; BayObLG DNotZ 1999, 674 f.).

Entsprechendes gilt für die **Aufhebung des Sondernutzungsrechtes**. Sie bedarf materiell-rechtlich der Zustimmung aller Wohnungseigentümer und der dinglich Berechtigten als actus contrarius zur Begründung. Ein einseitiger Verzicht des Sondernutzungsberechtigten genügt nicht, da dies zu einer Änderung der Verhältnisse zwischen den Wohnungseigentümern führen würde (BGH ZMR 2001, 119; OLG Düsseldorf NJW-RR 1996, 1418 f.). Ebenso wenig kann das Sondernutzungsrecht verwirkt werden, da es insoweit dinglichen Rechten gleich steht: Verwirkt werden kann nämlich nur ein Anspruch aus dem dinglichen Recht, nicht aber dieses selbst (OLG Hamburg ZMR 2003, 523; OLG Celle NJW-RR 2007, 236, wo entgegen den vorangehenden Ausführungen in Wirklichkeit eine Zustimmung zur Verlegung der Sondernutzungsfläche vorlag; a.A. OLG Köln, NJWE-MietR1996, 203). Grundbuchrechtlich bedarf es dagegen nur der Bewilligung durch den Sondernutzungsberechtigten, da die Rechte der anderen Wohnungseigentümer nicht beeinträchtigt sein können (BGH ZMR 2001, 119 f.). **534**

22. Kapitel
Entziehung des Wohnungseigentums

Übersicht

I. Allgemeines

Die Gemeinschaft der Wohnungseigentümer ist grundsätzlich unauflöslich (§ 11 WEG), auch im Fall schwerwiegender Konflikte und Pflichtverletzungen. Als Ausgleich dazu sieht das WEG mit der Entziehung des Wohnungseigentums (§ 18 WEG) einen Weg vor, den Ausschluss eines Miteigentümers aus der Gemeinschaft herbeizuführen, wenn wegen schwerwiegender Pflichtverletzung eine Fortsetzung der Gemeinschaft mit ihm nicht zumutbar ist. Die Möglichkeit der Entziehung als ultima ratio kann deshalb nicht eingeschränkt oder ausgeschlossen werden (§ 18 Abs. 4 WEG). **1**

Die Regelung verstößt nicht gegen Art. 14 GG: Zwar gehört die Verpflichtung, das Wohnungseigentum zu veräußern, zu den »schwersten aller möglichen Eingriffe« in das Eigentum. »Der Eigentümer verliert das wesentliche Eigentumsrecht, nämlich eine Sache innezuhaben, und kann nur noch im Wege der Veräußerung darüber verfügen. Eine derartige Verpflichtung gegen den Willen des Eigentümers ist nur bei Vorliegen enger Voraussetzungen zulässig. Eine solche Voraussetzung kann vorliegen, wenn ein Eigentümer mit seinem Eigentum so verfährt, dass die Rechte anderer Personen, darunter auch Eigentumsrecht, in erheblichem Maße verletzt werden. Das gilt insbesondere dann, wenn – wie beim Wohnungseigentum – mehrere Personen in einem so engen Verhältnis stehen, dass jede ihr Recht nur dann ungestört ausüben können, wenn alle anderen eine vorgegebene Ordnung bei der Benutzung ihres Eigentums beachten« (BVerfG NJW 1994, 241/242; BVerfG WuM 1998, 45). § 18 WEG stellt deshalb eine verfassungsrechtlich zulässige Inhaltsbestimmung des Wohnungseigentums dar. **2**

Der Ausschluss eines Wohnungseigentümers, der eine so schwerwiegende Pflichtverletzung begangen hat, erfolgt in mehreren Stufen: Die Eigentümergemeinschaft muss mit qualifizierter Mehrheit einen Beschluss fassen, mit dem die Veräußerung des Wohnungseigentums verlangt wird. Kommt der störende Wohnungseigentümer dem Verlangen nicht nach, erfolgt die Durchsetzung des Anspruchs durch Klage. Das rechtskräftige Urteil berechtigt zur Zwangsvollstreckung nach dem ZVG. **3**

§ 18 Abs. 1 WEG ist ungenau formuliert. Nach Satz 1 können die Wohnungseigentümer die Veräußerung des Wohnungseigentums verlangen. Satz 2 weist jedoch – vorrangig – den Anspruch der Gemeinschaft der Wohnungseigentümer als Verband zu. Die schwer verständliche Formulierung bedeutet, dass der Verband die Entziehungsklage nach § 19 erhebt (Köhler § 18 Rn. 266; Schmid in Schmid/Kahlen § 18 Rn. 1). Bei Zweiergemeinschaften ist der andere Wohnungseigentümer berechtigt. **4**

5 § 18 WEG gilt auch für die werdende Eigentümergemeinschaft (Riecke/Schmid/Riecke § 18 Rn. 5).

6 Aus § 18 Abs. 4 WEG ergibt sich, dass die Entziehungsmöglichkeit unabdingbar ist. Unzulässig ist eine Regelung, die als Entziehungsgrund »nachbarrechtliche Störungen und schwere persönliche Misshelligkeiten« nennt (OLG Düsseldorf ZMR 2000, 549 ff.). Modifizierende oder erweiternde Vereinbarungen sind wegen der nur eingeschränkten Unabdingbarkeit nach § 18 Abs. 4 WEG zulässig, müssen jedoch dem Bestimmtheitsgrundsatz genügen. Die Durchsetzung des Entziehungsanspruchs darf jedoch nicht unzumutbar erschwert oder unmöglich gemacht werden (Schmid in Schmid/Kahlen § 18 Rn. 4). Durch Vereinbarung kann eine geringere (OLG Hamm ZMR 2004, 701) oder eine größere (OLG Celle NJW 1955, 953) Mehrheit als in Abs. 3 vorgesehen, festgelegt werden.

7 Eine rechtskräftige Verurteilung nach § 18 WEG führt nach § 25 Abs. 5 WEG zum Verlust des Stimmrechts.

II. Voraussetzungen des Entziehungsanspruchs

8 Die Voraussetzungen für die Entziehung des Wohnungseigentums beschreibt sehr allgemein § 18 Abs. 1 WEG: Ein Wohnungseigentümer muss sich einer so schweren Verletzung der ihm gegenüber anderen Wohnungseigentümern obliegenden Verpflichtungen schuldig gemacht hat, dass diesen die Fortsetzung der Gemeinschaft mit ihm nicht mehr zugemutet werden kann. Zwei Beispiele, in denen diese Voraussetzungen gegeben sind, nennt § 18 Abs. 2 WEG, nämlich den wiederholten gröblichen Verstoß gegen Pflichten aus § 14 WEG trotz Abmahnung sowie Zahlungsverzug gegenüber der Gemeinschaft über mehr als drei Monate und einen Betrag von mindestens 3 % des Einheitswertes des Wohnungseigentums.

1. Generalklausel (§ 18 Abs. 1 WEG)

9 Es muss sich um eine schwere Pflichtverletzung gegenüber anderen Wohnungseigentümern handeln. Es genügt eine Pflichtverletzung gegenüber einem einzelnen anderen Wohnungseigentümer, dessen Haushalts oder Familienangehörigen oder Mieter (Hogenschurz NZM 2005, 613). Nicht erforderlich ist, dass sich die verletzten Verpflichtungen aus dem Gemeinschaftsverhältnis ergeben. Ein einmaliger Verstoß kann bei besonders schwerwiegenden Pflichtverletzungen ausreichen. Gehen die Störungen von einem Mieter oder Familienangehörigen aus, liegt die Pflichtverletzung des Wohnungseigentümers darin, dass er entgegen § 14 Nr. 2 nicht dagegen einschreitet (MüKoBGB/Engelhardt § 18 WEG Rn. 2).

10 **Beispiele für schwere Pflichtverletzungen:**
- Ständige andauernde Fäkalgerüche aus der Wohnung, jedenfalls dann, wenn eine Änderung dieses Zustands auch auf absehbare Zeit nicht zu erwarten ist (LG Tübingen ZMR 1995, 179).
- Das Betreiben einer Unzahl von Beschlussanfechtungsverfahren, das dazu führt, dass die Zahl der Rechtsstreite als Sachmangel beim Verkauf des Wohnungseigentums einzustufen ist und vom Veräußerer gegenüber dem Erwerber offenbart werden muss (KG NJW 1992, 1901).
- Schwere Beleidigungen der Mitwohnungseigentümer (KG NJW 1967, 2268).
- Permanente Lärmbelästigungen durch Erwachsene trotz Abmahnung (LG Aachen ZMR 1965, 75).

- Dauernde nächtliche Ruhestörungen (LG Augsburg ZMR 2005, 230).
- Betreiben eines Bordells in der im Wohngebiet liegenden Eigentumswohnung mit Duldung des Eigentümers (LG Nürnberg-Fürth NJW 1963, 720).
- Wiederholte Beschmutzungen und Sachbeschädigungen trotz vorangegangener Abmahnung (AG Reinbek WE 1993, 127).
- Nichteinhaltung der Heizregelung (LG Aachen ZMR 1993, 233).

Nicht ausreichend ist: 11
- Vermietung der Wohnung an Ausländer (LG Wuppertal WE 1975, 124).
- Wiederholte aber noch nicht querulatorische Beschlussanfechtungen (OLG Köln NZM 2004, 260).
- Tätigkeit in einer politischen Organisation, auch wenn Angriffe politischer Gegner zu befürchten sind (AG München ZMR 1961, 304).

Auch unverschuldete Pflichtverletzungen können nach allgemeiner Auffassung im Einzelfall die Entziehung rechtfertigen. Zwar deutet der der Wortlaut des § 18 Abs. 1 WEG (»schuldig gemacht«) darauf hin, dass ein **Verschulden** vorliegen muss. Diese Interpretation widerspricht jedoch dem Sinn und Zweck der Vorschrift, die einen Schutz der übrigen Eigentümer gegen schwerwiegende, unzumutbare Störungen durch einen Miteigentümer gewährleisten soll. Dabei kann es nicht darauf ankommen, ob die einzelnen Pflichtverletzungen zurechenbar oder persönlich vorwerfbar sind. Störungen, die von einem wegen einer psychischen Erkrankung oder Alkohol- oder Drogenabhängigkeit schuldunfähigen Wohnungseigentümer ausgehen, beeinträchtigen die Gemeinschaft nicht weniger als andere. Auch in diesem Fall ist deshalb ein Ausschluss des störenden Eigentümers möglich, sofern die Pflichtverletzung auch unter Berücksichtigung des fehlenden Verschuldens so schwer wiegt, dass sein Verbleib in der Gemeinschaft den übrigen Eigentümern nicht zugemutet werden kann (BVerfG NJW 1994, 241/242; LG Tübingen NJW-RR 1995, 650). 12

Die Fortsetzung der Gemeinschaft mit dem Störer muss **unzumutbar** sein. Das ist unter Berücksichtigung aller Umstände des Einzelfalls zu entscheiden. Dabei sind das Interesse der Wohnungseigentümer am Ausschluss des Störers aus der Gemeinschaft und das Interesse des Wohnungseigentümers am Erhalt seines grundrechtlich geschützten Eigentums abzuwägen (LG Stuttgart NJW-RR 1997, 589). Ist die begangene Pflichtverletzung dem Störer wegen Schuldunfähigkeit nicht zurechenbar, ist i.d.R. nur bei Wiederholungsgefahr die Fortsetzung der Gemeinschaft unzumutbar (BVerfG NJW 1994, 241/242). Das gilt auch, wenn nicht der Wohnungseigentümer selbst die Störungen verursacht hat, sondern Mieter oder Familienangehörige (LG Augsburg ZMR 2005, 230). 13

2. Regelbeispiele (§ 18 Abs. 2 WEG)

Der Entziehungsanspruch besteht insbesondere bei trotz Abmahnung wiederholter **Verletzung der Pflichten aus § 14 WEG** (§ 18 Abs. 2 Nr. 1 WEG). Erforderlich sind also mindestens drei Verstöße: Einer vor der Abmahnung, zwei danach (OLG Düsseldorf ZMR 1991, 314). 14

Die Abmahnung erfolgt durch Beschluss der Wohnungseigentümer. Das Verhalten, wegen dessen abgemahnt wird, muss hinreichend bestimmt und generell geeignet sein, als Grundlage für ein Entziehungsverfahren zu dienen (LG München I WE 2008, 140 = ZWE 2009, 35). Der Verwalter kann die Abmahnung aussprechen, wenn er hierzu besonders bevollmächtigt ist (Köhler MietRB 2007, 157). Spricht der Verwalter die Abmahnung aus, ist ein Antrag auf Feststellung der Ungültigkeit und Rechtswidrigkeit unzulässig; die Abmahnung ist eine rechtsgeschäftliche Willenserklärung, deren Wirksamkeit 15 nicht Gegenstand eines Feststellungsantrags sein kann (BayObLG NJW-RR 2004, 1020). Ein Eigentümerbeschluss über die Abmahnung ist anfechtbar, wird im Anfechtungsverfahren aber nur darauf überprüft, ob formelle Mängel vorliegen, nicht darauf, ob die Abmahnung berechtigt ist (BayObLG NJW-RR 1996, 12/13).

16 **Zahlungsverzug** gegenüber der Gemeinschaft begründet unter den i.E. aufgeführten Voraussetzungen ebenfalls einen Entziehungsanspruch (§ 18 Abs. 2 Nr. 2 WEG). Erforderlich ist, dass sich der Wohnungseigentümer mit der Erfüllung der Pflicht zur Kosten- und Lastentragung (§ 16 WEG) über mehr als drei Monate in Verzug befindet und der Rückstand mindestens 3 % des Einheitswerts seines Wohnungseigentums beträgt. Modifizierungen dieser Voraussetzungen durch die Teilungserklärung sind möglich: So kann etwa vorgesehen werden, dass die Entziehung bereits bei einem geringeren Rückstand möglich sein soll; Abs. 2 ist abdingbar, soweit die Entziehung erleichtert wird (BGH NJW 2002, 1655/1657; MüKoBGB/Engelhardt § 18 WEG Rn. 10). Nicht zulässig ist dagegen eine Verschärfung der in Abs. 2 genannten Voraussetzungen für die Entziehung, da es sich dabei um Beispielsfälle für den Anspruch aus Abs. 1 handelt, der nicht eingeschränkt werden darf (so auch Palandt/Bassenge § 18 WEG Rn. 8; offen gelassen in BGH NJW 2002, 1655/1657).

17 Die Rückstände müssen – in Höhe und Dauer – im Zeitpunkt der letzten mündlichen Verhandlung noch bestehen (Schmid in Schmid/Kahlen § 18 Rn. 15). Noch nach Erlass des Entziehungsurteils bis zur Erteilung des Zuschlags im Veräußerungsverfahren kann der säumige Wohnungseigentümer die Urteilswirkungen abwenden, indem er die Rückstände begleicht.

18 Die fortlaufend unpünktliche Erfüllung von Wohngeld- und anderen Zahlungsansprüchen der Gemeinschaft der Wohnungseigentümer kann die Entziehung des Wohnungseigentums nach § 18 Abs. 1 WEG rechtfertigen, wenn sie die ordnungsgemäße Verwaltung nachhaltig beeinträchtigt (BGH NZM 2007, 290 = ZMR 2007, 465).

19 Eine Abmahnung ist auch in den Fällen des Zahlungsverzugs erforderlich, obwohl das Gesetz diese Voraussetzung nicht ausdrücklich nennt (BGH NZM 2007, 290 = ZMR 2007, 465).

III. Beschluss über das Entziehungsverlangen

20 Die Wohnungseigentümer entscheiden durch Beschluss, ob sie von dem störenden Wohnungseigentümer die Veräußerung seines Wohnungseigentums verlangen (§ 18 Abs. 3 WEG). Der von dem Veräußerungsverlangen betroffene Wohnungseigentümer ist nicht stimmberechtigt (§ 25 Abs. 5 WEG). Bei einer Zweiergemeinschaft ist ein Beschluss deshalb entbehrlich (LG Köln ZMR 2002, 227; offen gelassen in BayObLGZ 1983, 109/112, wo hervorgehoben wird, dass der auszuschließende Wohnungseigentümer anhörungs- und diskussionsbefugt ist).

21 Für die Beschlussfassung gelten besondere Regeln: Erforderlich ist eine **qualifizierte Mehrheit** von mehr als der Hälfte der stimmberechtigten Wohnungseigentümer. Bei Mehrhausanlagen ist auf die Gesamtheit der Wohnungseigentümer abzustellen (BayObLG Rpfl 1972, 144).

22 Durch die Nichtanwendbarkeit der §§ 25 Abs. 3 und 4 WEG wird klargestellt, dass mehr als die Hälfte aller stimmberechtigten Wohnungseigentümer, d.h. nicht nur die Mehrheit der in der Eigentümerversammlung erschienenen Wohnungseigentümer für den Antrag gestimmt haben müssen. Für die Feststellung der Mehrheit gilt das Kopfprinzip (§ 25 Abs. 2 S. 1 und Abs. 2 in Verbindung mit § 18 Abs. 3 S. 3) wenn nicht in der Teilungserklä-

rung/Gemeinschaftsordnung oder in einer späteren Vereinbarung ausdrücklich Abweichendes geregelt ist (OLG Rostock ZMR 2009, 470 = GE 2009, 1133). Ist in der Gemeinschaftsordnung für die Verwaltung das Kopfprinzip abbedungen und durch das Stimmrecht nach Miteigentumsanteilen ersetzt, so gilt dies grundsätzlich nicht für die Beschlussfassung über die Entziehung des Wohnungseigentums nach § 18 WEG (BayObLG ZMR 1999, 724).

Mit dem Beschluss trifft die Gemeinschaft nur eine Entscheidung darüber, ob sie die Veräußerung verlangt. Deshalb wird in einer Beschlussanfechtungsklage nur geprüft, ob der Beschluss formell wirksam und mit dem richtigen Inhalt zustande gekommen ist (OLG Braunschweig ZMR 2006, 700; OLG Rostock ZMR 2009, 470 = GE 2009, 1133). Ob das Verlangen berechtigt ist, wird allein im Rahmen der Entziehungsklage beurteilt (BayObLG NZM 1999, 578; LG München I ZWE 2009, 35 = MietRB 2009, 45). 23

Lehnen die Wohnungseigentümer es ab, die Veräußerung zu verlangen, ist diese Entscheidung im Anfechtungsverfahren nur eingeschränkt überprüfbar, da ihnen ein weiter Ermessensspielraum zusteht (KG WuM 1996, 299). Bei einem Ermessensfehlgebrauch hat jedoch jeder Wohnungseigentümer einen Anspruch auf ordnungsmäßige Verwaltung nach § 21 Abs. 4 WEG (Schmid ZfIR 2009, 721 [727]). 24

IV. Durchsetzung des Entziehungsanspruchs

1. Entziehungsklage

Kommt der Störer dem Entziehungsbeschluss nicht freiwillig nach, indem er sein Wohnungseigentum veräußert, kann die Eigentümergemeinschaft ihren Anspruch durch Klage verfolgen, für die das Wohnungseigentumsgericht nach § 43 Nr. 1 WEG zuständig ist (Hügel/Elzer § 14 Rn. 1). Ein mit absoluter Mehrheit beschlossenes Veräußerungsverlangen enthält regelmäßig die Ermächtigung, einen Rechtsanwalt mit der Erhebung der Entziehungsklage zu beauftragen (KG WuM 1992, 389). 25

Der Mehrheitsbeschluss nach § 18 Abs. 3 WEG ist Prozessvoraussetzung für die Klage. Seine Wirksamkeit wird allein im Beschlussanfechtungsverfahren nach § 43 Nr. 4 WEG überprüft; das Gericht kann das Verfahren aussetzen, bis über eine Beschlussanfechtung entschieden ist (OLG Hamburg WuM 1991, 310). Das Klagerecht hat die Gemeinschaft der Wohnungseigentümer (Hügel/Elzer § 6 Rn. 25). Im Tenor muss ausgesprochen werden, dass der beklagte Wohnungseigentümer zur Veräußerung seines Wohnungseigentums verurteilt wird. 26

Dieselben Wirkungen entfaltet auch ein gerichtlicher oder vor einer Gütestelle geschlossener **Vergleich**, in dem sich der Wohnungseigentümer zur Veräußerung seines Wohnungseigentums verpflichtet (§ 19 Abs. 3 WEG). 27

2. Vollstreckung

Aus dem Urteil – und entsprechend aus dem Vergleich – findet die Zwangsvollstreckung nach dem ersten Abschnitt des ZVG statt. Die Ausübung dieses Rechts steht der Gemeinschaft der Wohnungseigentümer zu, soweit es sich nicht um eine Gemeinschaft handelt, die nur aus zwei Wohnungseigentümern besteht (§ 19 Abs. 1 S. 2). Daneben wird man entsprechend dem Gesetzeswortlaut auch dem einzelnen Wohnungseigentümer die Zwangsvollstreckung zugestehen müssen, jedenfalls dann, wenn die Wohnungseigentümergemeinschaft als Verband nicht vollstreckt (Schmid ZfIR 2009, 721 [727]). Der voll- 28 streckungswillige Wohnungseigentümer hat dann gegen die Wohnungseigentümergemeinschaft einen Anspruch auf Herausgabe des Titels (vgl. Köhler Rn. 293; Schmid in Schmid/Kahlen § 19 Rn. 2).

29 Unberührt von dem Entziehungsverfahren bleibt die Möglichkeit nach einer Zahlungsklage die Zwangsversteigerung zu betreiben und sich dadurch die günstige Rangklasse des § 10 Nr. 2 ZVG zu sichern (v. Rechenberg/v. Rechenberg WE 2007, 7, 8).

3. Abwendungsmöglichkeit

30 Nach § 19 Abs. 2 WEG kann der Wohnungseigentümer im Falle des § 18 Abs. 2 Nr. 2 WEG (oben Rdn. 16) bis zur Erteißlung des Zuschlags die Zwangsversteigerung dadurch abwenden, dass er die Verpflichtungen, wegen deren Nichterfüllung er verurteilt ist, einschließlich der Verpflichtung zum Ersatz der durch den Rechtsstreit und das Versteigerungsverfahren verursachten Kosten sowie die fälligen weiteren Verpflichtungen zur Lasten- und Kostentragung erfüllt. Die Abwendungsbefugnis besteht nach dem Gesetzeswortlaut nur im Fall des § 18 Abs. 2 Nr. 2. Eine entsprechende Anwendung für den Fall, dass die Störungsquelle, der Anlass für eine Anwendung des § 18 Abs. 2 Nr. 1 WEG oder der Generalklausel des § 18 Abs. 1 WEG beseitigt werden, bietet sich an. Beispiel: Nach erfolgter Scheidung wird die Wohnung dem nicht störenden Ehegatten überlassen (Schmid in Schmid/Kahlen Wohnungseigentumsgesetz, 1. Aufl., § 19 Rn. 5).

23. Kapitel
Wohnungserbbaurecht und Dauerwohnrecht

Übersicht **Rdn.**

I. Wohnungserbbaurecht

Das in § 30 WEG geregelte Wohnungserbbaurecht ist eine Kombination aus den Rechtsinstituten Wohnungseigentum und Erbbaurecht. Es besteht aus einer bruchteilsmäßigen Mitberechtigung an dem Erbbaurecht, verbunden mit dem Sondereigentum an einer bestimmten Wohnung (oder nicht Wohnzwecken dienenden Räumen beim Teilerbbaurecht) in dem aufgrund des Erbbaurechts errichteten oder noch zu errichtenden Gebäude. Hinsichtlich des Sondereigentums ergibt sich kein Unterschied zum Wohnungseigentum, das Gebäude steht nach § 12 Abs. 1 ErbbauRG im Eigentum des Erbbauberechtigten. Auch beim Wohnungserbbaurecht entsteht deshalb echtes Sondereigentum, das auch entsprechend belastet werden kann. An ihm kann auch ein Dauerwohnrecht begründet werden (§ 42 WEG). **1**

Das Wohnungserbbaurecht entsteht in zwei Schritten: Zunächst muss ein Erbbaurecht an einem (oder mehreren) Grundstücken begründet werden. Dann erfolgt die Begründung des Wohnungserbbaurechts, entweder durch Einräumung von Sondereigentum (§ 31 Abs. 1 WEG) unter mehreren Berechtigten oder durch Teilung (§ 31 Abs. 2 WEG i.V.m. § 8 WEG) durch den alleinigen Erbbauberechtigen (vgl. hierzu ausführlich Rethmeier MittRheinNot 1993, 145 ff.). Voraussetzung ist in jedem Fall die Eintragung im Grundbuch (BayOBLG NZM 2004, 789). Es bestehen also zwei voneinander zu unterscheidende Rechtsverhältnisse: Einerseits das Rechtsverhältnis zwischen Grundstückseigentümer und Erbbauberechtigten, das sich nach der ErbbauRG und dem Erbbauvertrag richtet, andererseits das Verhältnis der Wohnungserbbauberechtigten untereinander, das sich nach dem Wohnungseigentumsrecht richtet (§ 30 Abs. 3 WEG). **2**

Ein einheitliches Erbbaurecht kann an mehreren selbstständigen Grundstücken begründet werden (Gesamterbbaurecht); auch daran können Wohnungserbbaurechte begründet werden, nicht dagegen wegen § 1 Abs. 4 WEG an mehreren einzelnen Erbbaurechten. Für die Aufteilung des Erbbaurechts in Wohnungserbbaurechte ist die Zustimmung des Grundstückseigentümers nicht erforderlich, weil damit keine Inhaltsänderung des Erbbaurechts verbunden ist (BayObLG DNotZ 1978, 626/627). Allerdings wird i.d.R. ein nach § 5 ErbbauRG zulässiger Zustimmungsvorbehalt zu Veräußerung und Belastung im Erbbauvertrag vereinbart sein, sodass jedenfalls dann die Mitwirkung des Eigentümers erforderlich ist, ebenso wie zur Aufteilung des Erbbauzinses auf die einzelnen Wohnungserbbauberechtigten (zum Erbbauzins, insbesondere dinglicher und schuldrechtlicher Haftung vgl. Rethmeier MittRheinNot 1993, 150 ff.). **3**

4 Das Erbbaurecht wird i.d.R. auf eine bestimmte Zeit bestellt; mit deren Ablauf erlischt es (§ 27 Abs. 1 S. 1 ErbbauRG). Mit ihm erlöschen auch die Wohnungserbbaurechte (BayObLGZ 1999, 63/65). Das Gebäude wird Bestandteil des Grundstücks und damit Eigentum des Grundstückseigentümers (§ 12 Abs. 3 ErbbauRG). Die Rechtsfolgen ergeben sich aus §§ 27 ff. ErbbauRG: Der Grundstückseigentümer hat eine Entschädigung für das Bauwerk zu leisten. Durch Vereinbarung kann die Höhe der Entschädigung und die Art der Zahlung festgelegt oder auch die Entschädigungspflicht ausgeschlossen werden (§ 27 Abs. 1 ErbbauRG). Die Entschädigungsforderung lastet auf dem Grundstück mit dem Rang des Erbbaurechts (§ 28 ErbbauRG). Den Wohnungserbbauberechtigten steht der Entschädigungsanspruch als Gemeinschaft (§§ 741 BGB) zu; der Anteil an der Entschädigungssumme tritt an die Stelle des Anteils am Erbbaurecht.

5 Im Erbbauvertrag kann vereinbart werden, dass der Grundstückseigentümer unter bestimmten Voraussetzungen Übertragung des Erbbaurechts auf sich verlangen kann (Heimfall, § 2 Nr. 4, §§ 3, 4 ErbbauRG). Der Eigentümer hat eine Vergütung zu entrichten (§ 32 ErbbauRG); das Wohnungserbbaurecht bleibt bestehen.

6 Die Umwandlung des Wohnungserbbaurechts in Wohnungseigentum ist auf direktem Wege nicht möglich und praktisch kaum zu bewerkstelligen. Erforderlich ist zunächst die Aufhebung des Erbbaurechts und der Wohnungserbbaurechte (§ 26 ErbbauRG), sodann der Erwerb von Miteigentumsanteilen und Aufteilung in Wohnungseigentum. Dabei ergeben sich erhebliche Schwierigkeiten insbesondere wegen der regelmäßig bestehenden Grundpfandrechte (i.E. vgl. Rethmeier MittRheinNot 1993, 150 ff.).

7 Das Wohnungserbbaurecht erlischt mit dem Erbbaurecht (BayObLGZ 1999, 63).

II. Dauerwohnrecht

1. Allgemeines

8 Mit dem in Teil II des WEG (§§ 31 bis 42) geregelten Dauerwohnrecht hat der Gesetzgeber ein dingliches Recht geschaffen, das eine Nutzung von Räumen ermöglicht und im Gegensatz zum Wohnungsrecht nach § 1093 BGB, das eine beschränkte persönliche Dienstbarkeit ist, **veräußerlich und vererblich** ist. Es gibt dem Inhaber das Recht, unter Ausschluss des Eigentümers eine bestimmte Wohnung in einem auf dem Grundstück errichteten oder zu errichtenden Gebäude zu bewohnen oder in anderer Weise zu nutzen (§ 31 Abs. 1 WEG). Es kann auch an nicht zu Wohnzwecken dienenden Räumen begründet werden und wird dann als Dauernutzungsrecht bezeichnet (§ 31 Abs. 2 WEG).

9 Das Dauerwohnrecht ist ein **dienstbarkeitsartiges Recht** (Riecke in Prütting/Wegen/Weinreich § 31 WEG Rn. 1).

10 Die gesetzliche Regelung beschränkt sich auf das Notwendigste und überlässt es den Beteiligten, die Ausgestaltung des Dauerwohnrechts im Einzelfall durch vertragliche Vereinbarung vorzunehmen; ohne eine solche Vereinbarung soll eine Eintragung des Dauerwohnrechts im Grundbuch nicht erfolgen (§ 32 Abs. 3 WEG). Andere als die in § 33 Abs. 2 bis 4, §§ 35, 36, 39, 40, 41 WEG und § 882 BGB genannten Regelungen können nicht mit dinglicher Wirkung getroffen werden (Hilmes/Krüger ZfIR 2009, 184 [190]).

2. Begründung und Beendigung

11 Zur Begründung ist die formlose Einigung der Beteiligten (§ 873 BGB), die Eintragungsbewilligung des Grundstückseigentümers in der Form des § 29 GBO und die Eintragung im Grundbuch erforderlich. Der Eintragungsbewilligung sind beizufügen eine Bauzeich-

nung, aus der die Aufteilung des Gebäudes und die Lage und Größe der dem Dauerwohnrecht unterliegenden Gebäude- und Grundstücksteile ersichtlich ist, sowie die Abgeschlossenheitsbescheinigung der Baubehörde oder nach Maßgabe von Landesrecht eines Sachverständigen (§ 32 Abs. 2 WEG).

Voraussetzung ist die **Abgeschlossenheit** der Wohnung (§ 32 Abs. 1 WEG). Dabei handelt es sich um eine Sollvorschrift, deren Verletzung die Wirksamkeit nicht berührt; die Regelung entspricht § 3 Abs. 2 WEG. Allerdings sind die Anforderungen an die Abgeschlossenheit beim Dauerwohnrecht insofern geringer, als diese im Gegensatz zum Wohnungseigentum, das mindestens zwei (abgeschlossene) Wohnungen in einem Gebäude voraussetzt, das Dauerwohnrecht an einer einzigen Wohnung bestellt werden kann, sodass auch nur diese abgeschlossen sein muss (für weitere Erleichterungen in den sog. »Dachbodenfällen« vgl. Lotter MittBayNot 1999, 354, der den Zugang durch eine andere, nicht mit einem Dauerwohnrecht belastete Wohnung für die Abgeschlossenheit ausreichen lassen will). **12**

Das Grundbuchamt soll die Eintragung ablehnen, wenn keine Vereinbarungen über Art und Umfang der Nutzungen, Instandhaltung und Instandsetzung der dem Dauerwohnrecht unterliegenden Gebäudeteile, Tragung öffentlicher oder privatrechtlicher Lasten des Grundstück, Versicherung und Wiederaufbau sowie das Rechts des Eigentümers auf Sicherheitsleistung, über die Voraussetzungen des Heimfallanspruchs und die Entschädigung getroffen sind (§ 32 Abs. 3 i.V.m. § 33 Abs. 4, § 36 Abs. 1, 4 WEG). **13**

Das Dauerwohnrecht kann an einem Grundstück, einem Grundstücksteil (§ 7 Abs. 2 GBO), an einem Erbbaurecht (§ 42 WEG), an einem Wohnungs- bzw. Teileigentum und an einem Wohnungs- bzw. Teilerbbaurecht begründet werden, nicht jedoch an einem Sondernutzungsrecht (OLG Hamburg ZMR 2004, 616). **14**

Bei einem sog. **Time-Sharing-Modell** kann ein Dauerwohnrecht in der Weise begründet werden, dass das Wohnrecht in 52 Anteile aufgeteilt und verschiedenen Berechtigten für je eine Woche zugewiesen wird; in das Grundbuch eingetragen werden kann der dem einzelnen Berechtigten zustehende Anteil – etwa 1/52 –; die zeitliche Ausübung kann durch eine Verwaltungsanordnung getroffen werden (BGHZ 130, 150 = ZMR 1995, 543 = NJW 1995, 2637; krit. im Hinblick auf Zwangsvollstreckung und Insolvenz einzelner Bruchteilsberechtigter Habetha ZMR 1996, 590). Ob die Beschränkung des Gebrauchs auf bestimmte Wochen des Jahres zum Inhalt des Dauerwohnrechts gemacht werden kann, wurde in der Entscheidung des Bundesgerichtshofs offen gelassen. Nicht zulässig ist dagegen eine Bestellung mehrerer gleichrangiger, jeweils auf eine Woche befristeter Dauerwohnrechte (OLG Stuttgart NJW 1987, 2023; zur dinglichen Berechtigung bei Time-Sharing vgl. Tonner/Tonner WuM 1998, 313). **15**

Das Dauerwohnrecht endet mit Ablauf einer vereinbarten Frist, mit Aufgabe durch den Berechtigten nach § 875 BGB, mit dem Erlöschen des Erbbaurechts, das mit ihm belastet war, und mit der Zwangsversteigerung des belasteten Grundstücks, falls es nicht in das geringste Gebot aufgenommen ist. Mit dem Dauerwohnrecht erlischt auch ein Miet- oder Pachtverhältnis, das der Berechtigte eingegangen ist (§ 37 Abs. 1 WEG). **16**

Nicht zur Beendigung führen der Heimfall (§ 36 WEG) oder die Zerstörung des Gebäudes.

3. Inhalt

Das Dauerwohnrecht ist **veräußerlich und vererblich** (§ 33 Abs. 1 S. 1 WEG). Einschränkungen sind jedoch durch Vereinbarung zwischen den Beteiligten möglich: So kann die Veräußerung von der Zustimmung des Eigentümers oder eines Dritten abhängig **17** gemacht werden (§ 35 WEG). Das Dauerwohnrecht kann für Lebzeiten des Berechtigten bestellt werden. Darüber hinaus kann ein Heimfallanspruch nach § 36 WEG für den Fall der Veräußerung oder des Todes des Berechtigten vereinbart werden (vgl. dazu Mayer DNotZ 2003, 908).

18 Das Dauerwohnrecht kann nicht unter einer Bedingung bestellt werden (§ 33 Abs. 1 S. 2 WEG), möglich ist aber eine **Befristung**. Für unbefristete und langfristige Dauerwohnrechte (mehr als zehn Jahre) enthält § 41 WEG Sonderregelungen, nämlich eine Löschungspflicht für im Rang vorgehende Grundpfandrechte (§ 41 Abs. 2 WEG) und eine Entschädigungspflicht bei Heimfall (§ 41 Abs. 3 WEG).

19 Auf die Pflichten des Dauerwohnberechtigten gegenüber dem Eigentümer ist § 14 WEG entsprechend anwendbar (§ 33 Abs. 2 WEG), falls nicht die Beteiligten abweichende Vereinbarungen getroffen haben. Er ist berechtigt, die Teile, Anlagen und Einrichtungen des Grundstücks mitzubenutzen, die zum gemeinschaftlichen Gebrauch bestimmt sind (§ 33 Abs. 3 WEG).

20 Die Ansprüche des Berechtigten gegen den Eigentümer regelt § 34 Abs. 1 WEG, der auf die Vorschriften über den Nießbrauch verweist. Bei Beeinträchtigung des Rechts durch Dritte stehen dem Dauerwohnberechtigten die gleichen Ansprüche wie dem Eigentümer zu (§ 34 Abs. 2 WEG).

4. Heimfall

21 § 36 WEG ermöglicht es den Beteiligten, als Inhalt des Dauerwohnrechts einen **Heimfallanspruch** zu vereinbaren, der den Berechtigten verpflichtet, das Dauerwohnrecht bei Eintritt bestimmter Voraussetzungen auf den Grundstückseigentümer oder einen von diesem zu bezeichnenden Dritten zu übertragen. Die Beteiligten sind nicht verpflichtet, einen Heimfallanspruch zu vereinbaren, dieser ist nicht notwendiger Inhalt des Dauerwohnrechts. Ist aber ein Heimfallanspruch vereinbart, müssen auch die Voraussetzungen seines Eintritts in der Eintragungsbewilligung angegeben werden, andernfalls hat das Grundbuchamt die Eintragung abzulehnen (§ 32 Abs. 3 WEG). Es ist nicht zulässig, keine Voraussetzungen für den Heimfall zu bestimmen, ihn also in das Belieben des Grundstückseigentümers zu stellen. Der Heimfallanspruch kann nicht durch ein einfaches Kündigungsrecht ersetzt werden (Hilmes/Krüger ZfIR 2009, 184 [187]).

22 § 36 Abs. 2 WEG beschränkt die Geltendmachung des Heimfallanspruchs in den Fällen, in denen die Räume, an denen das Dauerwohnrecht besteht, dem **Mieterschutz** unterliegen. Die Fassung von § 36 Abs. 2 WEG ist veraltet. Den »Mieterschutz« im Sinne der damaligen Regelungen gibt es nicht mehr. Die überwiegende Auffassung (Palandt/Bassenge § 36 WEG Rn. 4) wendet jedoch die §§ 556a–556c, 564b–564e, 572–576b, 577a, 549 BGB entsprechend an. Demgegenüber vertritt Mayer (DNotZ 2003, 926 ff.) die Auffassung, dass für die eigentumsähnliche Ausgestaltung des Dauerwohnrechts im Wege der teleologischen Reduktion § 36 Abs. 2 BGB nicht mehr anwendbar ist. Dem kann nicht mehr zugestimmt werden, nachdem die Vorschrift im Rahmen der WEG-Reform unverändert geblieben ist (Schmid/Kahlen WEG, § 36 Rn. 5).

23 Besteht ein Miet- oder Pachtverhältnis, tritt der Eigentümer in dieses ein (§ 37 Abs. 2 WEG).

24 Die Beteiligten können als Inhalt des Dauerwohnrechts vereinbaren, dass der Eigentümer eine **Entschädigung** zu leisten hat, wenn er von dem Heimfallanspruch Gebrauch macht; sie können auch die Berechnung oder Höhe der Entschädigung oder die Art der Zahlung festlegen (§ 36 Abs. 4 WEG). Bei langfristigen Dauerwohnrechten gehört die

Verpflichtung zur Zahlung einer angemessenen Entschädigung zum unabdingbaren gesetzlichen Inhalt des Rechts (§ 41 Abs. 3 WEG).

5. Veräußerung, Zwangsversteigerung

Bei Veräußerung des Dauerwohnrechts (§ 38 Abs. 1 WEG) oder des Grundstücks (§ 38 Abs. 2 S. 1 WEG) tritt der jeweilige Erwerber in das Rechtsverhältnis ein. **25**

Bei Zwangsversteigerung des Grundstücks steht das Dauerwohnrecht als Belastung des Grundstücks im Rangverhältnis zu anderen Belastungen. Es fällt nicht in das geringste Gebot, wenn ein im Rang vorgehender oder gleichstehender Gläubiger die Zwangsversteigerung betreibt, und erlischt durch Zuschlag (§ 91 ZVG). **26**

§ 39 WEG räumt den Beteiligten die Möglichkeit ein, als Inhalt des Dauerwohnrechts zu vereinbaren, dass es im Falle der Zwangsversteigerung des Grundstücks auch dann bestehen bleiben soll, wenn der Gläubiger einer im Rang vorgehenden oder gleichstehenden Hypothek, Grundschuld, Rentenschuld oder Reallast die Zwangsversteigerung betreibt (§ 39 Abs. 1 WEG). Notwendig für die Wirksamkeit der Vereinbarung ist die Zustimmung der im Rang vorgehenden Grundpfandgläubiger und Reallastberechtigten (§ 39 Abs. 2 WEG). Ferner muss der Inhaber des Dauerwohnrechts seine im Zeitpunkt der Feststellung der Versteigerungsbedingungen – also im Versteigerungstermin (§ 66 Abs. 1 ZVG) – seine fälligen Zahlungsverpflichtungen gegenüber dem Grundstückseigentümer erfüllt haben (§ 39 Abs. 3 S. 1 WEG). **27**

Die Regelung des § 39 Abs. 3 Halbs. 1 WEG ist unabdingbar (Schmid/Kahlen § 39 Rn. 4). Die Vorschrift dient dem Bestandsschutz des Dauerwohnrechts bei einer Zwangsversteigerung, damit der Dauerwohnungsberechtigte nicht schlechter steht als der Mieter (Hilmes/Krüger ZfIR 2009, 184 [191]). **28**

6. Langfristige Dauerwohnrechte

Für Dauerwohnrechte, die zeitlich unbegrenzt oder für einen Zeitraum von mehr als zehn Jahren eingeräumt sind, enthält § 41 WEG Sonderregelungen. Verlängerungsoptionen können schuldrechtlich vereinbart und dinglich durch Vormerkungen abgesichert werden (Hilmes/Krüger ZfIR 2009, 184 [190]). **29**

C.
Maklerrecht, Nachbarrecht, Grundzüge des Immobilienrechts, Versicherungen

C

Maklerrecht, Nachbarrecht, Grundzüge des Immobilienrechts, Versicherungen

24. Kapitel
Maklerrecht

Übersicht **Rdn.**

I. Der Maklervertrag

1 Der Maklervertrag ist im BGB nur in Grundzügen geregelt. § 652 BGB enthält eine Differenzierung zwischen dem **Nachweis- und dem Vermittlungsmakler.** Geregelt sind in der Vorschrift lediglich der Vergütungsanspruch des Maklers und die Abhängigkeit des Aufwendungsersatzanspruchs von einer besonderen Vereinbarung. § 653 BGB enthält eine Vermutung für die Entgeltlichkeit (Abs. 1) und eine Auslegungsregel für die Höhe der Vergütung (Abs. 2). Ist Gegenstand des Maklervertrags ein Dienstvertrag, kann die Vergütung durch das Gericht herabgesetzt werden (§ 655 BGB). Ein besonderer Verstoß des Maklers gegen seine Treupflichten wird mit dem Verlust des Vergütungs- und Aufwendungsersatzanspruchs sanktioniert (§ 654 BGB). Die Regeln über das Rechtsgeschäft sind auf den Maklervertrag vollumfänglich anwendbar. Gleiches gilt für die Regeln des allgemeinen Schuldrechts auf den wirksamen Maklervertrag. Außerhalb des BGB sind insbesondere die Vorschriften für Wohnungsmakler im WoVermG und die Regeln im SGB III (§§ 35, 292, 296, 297) im Hinblick auf die Vermittlung von Beschäftigungsverhältnissen sowie die §§ 60 ff. VVG in Bezug auf die Vermittlung von Versicherungsverträgen besonders zu beachten. Bei den folgenden Ausführungen sollen allerdings die Maklertätigkeiten mit Immobilienbezug im Vordergrund stehen.

1. Öffentlich-rechtlicher Rahmen

2 Um die Risiken für Auftraggeber bzw. Kunden von Maklern zu minimieren, wurden **öffentlich-rechtliche Vorschriften** geschaffen, die einen präventiven Ansatz verfolgen. Die Maklertätigkeit in Bezug auf Grundstücke, Wohnräume oder Darlehensverträge sowie den Erwerb bestimmter Vermögensanlagen steht nach § 34c Abs. 1 GewO unter einem Erlaubnisvorbehalt. Die Tätigkeitsmerkmale des Maklers nach der GewO entsprechen grundsätzlich denen in § 652 BGB. Auf das Begehren eines Provisionsanspruchs kommt es allerdings für die Erlaubnispflicht nach der GewO nicht an. So hat das BVerwG (NVwZ 1991, 267) entschieden, dass eine Erlaubnispflicht auch besteht, wenn eine Datenbank geführt wird, in welcher Immobilien- und Wohnungsangebote gesammelt und auf Anfrage herausgegeben werden. Wer ohne die erforderliche Erlaubnis seine Tätigkeit ausübt, der hat mit Sanktionen bis zur Schließung des Geschäftsbetriebs zu rechnen (§ 15 Abs. 2 GewO).

3 Zum Schutz der Allgemeinheit und der Auftraggeber wurde ferner die MaBV erlassen (Ermächtigung: § 34c Abs. 3 GewO), die Verpflichtungen enthält, um dem Makler anvertraute Vermögenswerte des Auftraggebers zu sichern (§ 2 MaBV). Darüber hinaus sind Vorgaben für die Verwaltung der Vermögenswerte einzuhalten (§§ 6, 8 10 MaBV). So sind vom Auftraggeber erhaltene Vermögenswerte getrennt vom Vermögen des Maklers und anderer Auftraggeber zu verwalten. Der Zugriff der Gläubiger des Maklers auf das Vermögen ist daher letztlich nicht möglich. Allerdings wurde die Kontrolldichte reduziert und die Testatspflicht sowie die Inseratensammlung für Makler (Ausnahme für Darlehensvermittler) abgeschafft (§ 13 MaBV a.F.).

2. Das Wesen des Maklervertrages

4 Der Maklervertrag ist ein einseitig verpflichtender und kein gegenseitiger Vertrag; § 320 BGB ist daher nicht anwendbar (BGHZ 94, 100). Eine Verpflichtung besteht lediglich für den Auftraggeber. Dieser hat die entsprechende Vergütung zu entrichten. Der Makler muss allerdings zur Erlangung des Anspruchs auf Vergütung die Gelegenheit zum *Abschluss eines Vertrags nachweisen* oder den Abschluss eines Vertrags vermitteln. Der Anspruch des Maklers auf Vergütung ist davon abhängig, dass ein (Haupt-)Vertrag zwi-

schen dem Auftraggeber und einem Dritten tatsächlich abgeschlossen wird, der auf den Nachweis oder die Vermittlung des Maklers zurückzuführen ist. Aus dem gesetzlichen Leitbild in § 652 Abs. 1 BGB ergibt sich aber, dass weder eine **Verpflichtung des Maklers** besteht, im Hinblick auf den angestrebten Vertrag tätig zu werden (PWW/Fehrenbacher § 652 Rn. 7), noch eine **Verpflichtung des Auftraggebers** besteht, eine nachgewiesene Gelegenheit zum Abschluss eines Vertrags wahrzunehmen oder einen vermittelten Vertrag abzuschließen (BGH NJW-RR 2003, 699). Die Beziehung zwischen Makler und Auftraggeber begründet daher zunächst lediglich Pflichten nach § 241 Abs. 2 BGB, wonach Rechte, Rechtsgüter und Interessen des Vertragspartners zu schützen sind. Aufwendungsersatz kann der Makler ohne besondere Vereinbarung nicht verlangen (§ 652 Abs. 2 BGB).

a) Maklervertrag und Hauptvertrag

Vom Maklervertrag abzugrenzen ist **der erstrebte Hauptvertrag**, der zwischen dem Auftraggeber und einem Dritten geschlossen wird. Mit Ausnahme der Doppeltätigkeit des Maklers besteht zwischen Makler und Drittem keine Vertragsbeziehung. Der Makler wird im Hinblick auf den Hauptvertrag i.d.R. auch nicht als Vertreter seines Auftraggebers tätig. Seine Aufgabe besteht im Nachweis oder in der Vermittlung. Eine Haftung des Maklers gegenüber dem Dritten über das Deliktsrecht hinaus kann sich aber aus §§ 280 Abs. 1, 311 Abs. 2, 3 BGB ergeben, wenn der Makler als Repräsentant auftritt oder die Verhandlungen als Vertrauensperson führt (BGH NJW 2004, 2156; 2001, 358; zum Vertrieb von Immobilien: BGH NZM 2003, 405, 407). Ferner kann ihn die Haftung als Vertreter ohne Vertretungsmacht treffen (BGHZ 140, 111, 116). 5

b) Praxis des Maklervertrags

In der Praxis wird **der Maklervertrag von AGB geprägt**. Ursache dafür ist neben der Zurückhaltung des Gesetzgebers die eher schwache Stellung des Maklers nach dem gesetzlichen Leitbild. Bezeichnend sind insoweit die erfolgsabhängige Ausgestaltung der Vergütung, die Freiheit der Entschließung des Auftraggebers und die Ursächlichkeit der Tätigkeit des Maklers für den Vertragschluss, aber auch die fehlende Verpflichtung des Maklers zur Tätigkeit. Für die Praxis der Maklertätigkeit kommt daher der **Inhaltskontrolle der AGB** (§§ 307 ff. BGB) durch die Gerichte eine große Bedeutung zu. Die Gerichte üben mit der Wahrnehmung der Inhaltskontrolle einen erheblichen Einfluss auf die Gestaltung des Maklervertrags aus (MüKo/Roth § 652 Rn. 2). Für die Beurteilung einer **unangemessenen Benachteiligung** (§ 307 Abs. 1 BGB), die zur Unwirksamkeit einer Klausel führt (§ 306 Abs. 1 BGB), kommt dem gesetzlichen Leitbild des § 652 BGB (BGH NJW 1992, 2568) entscheidende Bedeutung zu (§ 307 Abs. 2 Nr. 1 BGB). Zum gesetzlichen Leitbild sind insbesondere die Voraussetzungen des Vergütungsanspruchs des Maklers und der damit einhergehende Erfolgsbezug der Tätigkeit zu rechnen sowie die Abschluss- und Entschließungsfreiheit des Auftraggebers im Hinblick auf den Hauptvertrag. 6

3. Abgrenzung zu anderen Vertragstypen

Die Regelungen zum Maklervertrag sind dispositiv. Durch Vertragsgestaltung kann der Maklervertrag auch mit **Elementen aus ähnlichen Verträgen kombiniert** werden (BGH NJW 1988, 967). Die Rechtsprechung hat insoweit die Terminologie des Maklerdienstvertrags (BGH NJW-RR 1999, 1499) und des Maklerwerkvertrags (BGH NJW 1988, 967; OLG Oldenburg NJW-RR 2005, 1287) eingeführt. 7

a) Besondere Schuldvertragstypen

8 Der Maklervertrag und der **Auftrag** unterscheiden sich einerseits im Hinblick auf die Entgeltlichkeit und andererseits dadurch, dass der Beauftragte fremdnützig tätig wird, während der Makler eigennützig handelt. Zum Ausdruck kommt der Unterschied in der fehlenden Verpflichtung des Maklers zur Tätigkeit; dagegen steht dem Beauftragten von Gesetzes wegen ein Anspruch auf Aufwendungsersatz zu. Der **Dienstvertrag** begründet ebenfalls eine Verpflichtung zur Tätigkeit und wird im Gegensatz zum Maklervertrag nicht durch ein Erfolgselement geprägt. Bei gemischten Vertragsgestaltungen, die eine Verpflichtung zur Tätigkeit des Maklers begründen (z.B. Alleinauftrag – s. Rdn. 29; Nachweis von Bauvorhaben – OLG München NJW-RR 1997, 1146), spricht die Rechtsprechung von einem Maklerdienstvertrag. Beim **Werkvertrag** steht die Verpflichtung zur Herbeiführung eines bestimmten Erfolgs im Vordergrund. Für einen Maklervertrag kommt eine Verpflichtung zum Erfolg nur selten in Betracht. Die Rechtsprechung ist bei der Beschaffung von Finanzierungen mit entsprechenden Sicherheiten (BGH NJW-RR 1991, 627; OLG Oldenburg NJW-RR 2005, 1287) ausnahmsweise von einem Maklerwerkvertrag ausgegangen. Übernehmen es Makler im Rahmen von Bauherrenmodellen, die Finanzierung zu vermitteln, liegt i.d.R. eine **Geschäftsbesorgung** auf werkvertraglicher Grundlage vor (BGH NJW-RR 1991, 914). Entscheidend für die Zuordnung ist, dass nicht die Beschaffung der Finanzierung im Mittelpunkt steht, sondern die Zusage des Bauherrn, die beschaffte Finanzierung zu akzeptieren. Damit handelt es sich um ein fremdnütziges Geschäft.

b) Handelsmakler

9 Für den Handelsmakler gelten die BGB-Vorschriften nur subsidiär. Vorrangig gelten für den **Handelsmakler** die Vorschriften des HGB (§§ 93 ff. HGB); die BGB-Vorschriften sind nur ergänzend heranzuziehen. Ein Handelsmakler unterscheidet sich von einem Zivilmakler in drei Bereichen. Einerseits betreibt der Handelsmakler ein Handelsgewerbe (§ 1 HGB); für den Zivilmakler ist das nicht erforderlich. Andererseits wird der Handelsmakler zwingend als Vermittlungsmakler tätig, während der Zivilmakler auch Nachweismakler sein kann. Entscheidend ist allerdings i.d.R. die Art des zur Vermittlung vorgesehenen Geschäfts. Handelsmakler ist nur, wer die Vermittlung von Verträgen über die Anschaffung und Veräußerung von Waren oder Wertpapieren, über Versicherungen, Güterbeförderungen, Schiffsmiete oder sonstige Gegenstände des Handelsverkehrs (Patente, Schutzrechte, Bankgeschäfte: München NJW 1970, 1924 – Kaufpreisfinanzierung; RGZ 1976, 252) übernimmt; folglich beziehen sich die Vermittlungen des **Zivilmaklers auf andere Gegenstände**, insbesondere die hier im Vordergrund stehenden Gegenstände: Grundstücke und Wohnungen. Dabei ist zu berücksichtigen, dass eine Person abhängig von der Tätigkeit Zivil- und Handelsmakler sein kann. Im Gegensatz zum Zivilmakler, der Interessenvertreter ist, wird der Handelsmakler als Mittler für beide Parteien des abzuschließenden Vertrags (Hauptvertrag) tätig (§§ 98, 99 HGB).

4. Anwendbares Recht

10 Das auf den Maklervertrag bei Verbindung des Sachverhalts zu einer ausländischen Rechtsordnung **anwendbare Recht** bestimmt sich in erster Linie nach Art. 3 I, 4 Rom I-VO bzw. Art. 27, 28 EGBGB. Dabei ist das auf den Maklervertrag anwendbare Recht bei fehlender Rechtswahl i.d.R. an den gewöhnlichen Aufenthalt bzw. die gewerbliche Niederlassung des Maklers anzuknüpfen (LG Frankfurt RIW 1994, 778). Das Vertragsstatut des mit der Maklerleistung erstrebten Hauptvertrags ist davon zu unterscheiden, kann im Hinblick auf den Vergütungsanspruch aber von Bedeutung sein (BGH NJW-RR 1991, 1073), wenn es darum geht, die Wirksamkeit des Hauptvertrages zu beurteilen.

II. Vertragschluss, Wirksamkeit und Inhalt

1. Vertragsparteien

Weder das BGB noch das HGB grenzt den Kreis der Vertragsparteien des Maklervertrags ein. Als Makler und als Auftraggeber können **natürliche und juristische Personen sowie rechtsfähige Personengesellschaften** auftreten. Ein Auftraggeber kann auch mehrere Makler nebeneinander einschalten. Die einzelnen Verträge haben ein eigenständiges Schicksal. Bei Vorliegen der Voraussetzungen können daher Vergütungsansprüche mehrerer Makler gegenüber einem Auftraggeber entstehen. Der Makler kann zur Ausführung des Vertrags Hilfskräfte einsetzen, für die er gegenüber dem Auftraggeber nach § 278 einstehen muss. 11

Arbeiten mehrere Makler bei der Ausführung des Vertrags zusammen, hat der Auftraggeber aber nur mit einem Makler einen Vertrag geschlossen, hängen die rechtlichen Beziehungen von den Absprachen unter den Maklern ab (BGH NJW-RR 1987, 171). Neben der Zusammenarbeit der Makler in einer Gesellschaft kommt dabei auch das Zusammenwirken aufgrund eines **Untermaklervertrags** in Betracht (partiarisches Rechtsverhältnis besonderer Art, z.B. MüKo/Roth § 652 Rn. 271). Der Hauptmakler ist dabei im Hinblick auf die vom Untermakler angedienten Informationen frei. Im Verhältnis zum Auftraggeber ist der Untermakler lediglich Erfüllungsgehilfe des Hauptmaklers. Die Vergütung des Untermaklers hängt i.d.R. vom Vergütungsanspruch des Hauptmaklers ab (OLG Stuttgart NZM 2001, 901). Eine Art des Untermaklers ist der sog. »**Zubringer**«. So wird ein Makler bezeichnet, der über gelegentliche Mitteilungen einem anderen Makler einen Auftraggeber zuführt. Sein Vergütungsanteil ist regelmäßig geringer (BGH NJW 1974, 1082). 12

Ferner kann das Zusammenwirken von Maklern in der Form vereinbart werden, dass jeder Makler mit einer Partei des Hauptvertrags einen Maklervertrag schließt, die Informationen aber unter den Maklern ausgetauscht werden, sog. **Gemeinschaftsgeschäfte** (BGH NJW-RR 1994, 636). 13

2. Vertragsschluss

Der Maklervertrag kommt nach den allg Regeln durch **Angebot und Annahme** zustande (§§ 145 ff.). Ein Verhalten der Parteien, das den Willen zum Abschluss eines Maklervertrags eindeutig erkennen lässt, ist auch noch nach dem Erbringen der Maklertätigkeit möglich (OLG Hamburg NJW-RR 2003, 487). Bei der Auslegung der Willenserklärung ist allerdings zu berücksichtigen, dass der Interessent an einem solchen Vertragsschluss i.d.R. kein Interesse mehr hat (OLG Karlsruhe NZM 2005, 72). Der ausdrückliche Vertragsschluss wird regelmäßig keine Probleme bereiten, anders der Vertragschluss durch schlüssiges Verhalten. 14

a) Vertragsschluss durch schlüssiges Verhalten

Wegen der grundsätzlichen Formfreiheit des Maklervertrags wird die Rechtspraxis häufig mit vermeintlich konkludent geschlossenen Verträgen beschäftigt. Dabei gilt: An den Vertragsschluss durch konkludentes Verhalten werden strenge **Anforderungen** gestellt; Unklarheiten gehen zu Lasten des Maklers (z.B. BGH NZM 2002, 533, 534). Das bloße Entgegennehmen von Maklerdiensten reicht für sich allein nicht aus (BGH WM 1971, 904; MüKo/Roth § 652 Rn. 46). Ferner führen die Vereinbarung von Besichtigungsterminen sowie werbende Inserate oder die Anpreisung eines Objekts im Geschäftslokal nicht zu rechtlichen Vertragsangeboten (BGHZ 95, 393, 395). Unverlangt an Personen über- 15 mittelte Informationen über ein Objekt lösen daher für den Empfänger keine Bindung oder Sperre aus, ohne den Makler(lohn) den Vertrag über das Objekt mit dem Verkäufer zu schließen.

16 Entscheidendes Kriterium auf dem Weg zum Maklervertrag ist das **ausdrückliche Vergütungsverlangen** des Maklers an den potentiellen Vertragspartner (OLG Hamburg MDR 1997, 819). Soweit das Gegenteil nicht bekannt ist, darf der Interessent davon ausgehen, der Makler erbringe die Leistung für den Anbieter (h.M. BGHZ 95, 393, 395). Die Annahme von Leistungen eines unternehmerisch tätigen Maklers führt daher auch unter Berücksichtigung des § 653 BGB nicht zwingend zu einem Vertrag (BGHZ 163, 332). Es ist Sache des Maklers, das mehrdeutige Verhalten aufzuklären (BGH NJW 2005, 3779, 3780). Die Umstände des Einzelfalles sind aber zu berücksichtigen (BGH NJW 2000, 282, 283; OLG Celle OLGR 2002, 117: Inanspruchnahme einer zweiten Besichtigung in Kenntnis der Vergütungsforderung). Selbst wenn sich der Interessent mit einem Suchauftrag an den Makler wendet, kann nicht ausgeschlossen werden, dass nur Objekte aus dem Bestand abgefragt werden und ein mehrdeutiges Verhalten vorliegt (BGH NJW 2005, 3779). Bei einem eindeutigen Vergütungshinweis (auch in einem Inserat möglich) und dem Verlangen nach weiteren Nachweisen ist allerdings von einem Vertragsschluss auszugehen (OLG Karlsruhe NJW 2005, 574).

17 Die Grundsätze zum Vertragsschluss durch konkludentes Verhalten gelten unabhängig davon, von welcher Seite der Anstoß zur Handlung ausgeht. Es ist Sache des Maklers, eindeutig zum Ausdruck zu bringen, dass er für den Interessenten Makler sein will (BGH NJW 2002, 817). Das kann auch in wirksam einbezogenen AGB erfolgen (OLG Düsseldorf NJW-RR 1996, 1466) oder in einem übermittelten Exposé zum Ausdruck kommen (BGH WM 2007, 662; OLG Düsseldorf NJW-RR 1997, 368). Der Empfängerhorizont des jeweiligen Kunden ist dabei zu berücksichtigen (BGH WM 1971, 904; OLG Karlsruhe NZM 1999, 231). Der bloße Hinweis auf das Anfallen »einer« Vergütung genügt nicht (im Zusammenhang mit einem Kaufpreis: OLG Hamm NJW-RR 1999, 127; mit einer Miete: OLG Dresden NZM 1998, 1016).

18 Der Abschluss eines Maklervertrags mit dem Käufer wird nicht dadurch ausgeschlossen, dass der Makler auch mit dem Verkäufer einen Maklervertrag geschlossen hat. Das **Auftreten als »Doppelmakler«** ist bei Grundstücken und Wohnungen durchaus üblich und bei entsprechender Vereinbarung in Abweichung von § 654 BGB auch erlaubt (PWW/Fehrenbacher § 654 Rn. 1). Der Makler hat es in der Hand, vor einem ausdrücklichen Vertragsschluss seine Informationen zurückzuhalten; gibt er die Informationen ohne Vertrag dennoch heraus, verwirklicht sich sein Risiko.

b) Unklarheiten hinsichtlich der Vergütung

19 Bezieht sich die **Uneinigkeit nur auf die Höhe der Vergütung**, finden die allg. Regeln (insbesondere §§ 154, 155), ergänzt durch § 653 BGB Anwendung. § 653 Abs. 1 BGB verhindert, dass der Maklervertrag an einem Dissens über die Entgeltlichkeit der Vereinbarung scheitert. Die Höhe der Vergütung kann über die Auslegungsregel des § 653 Abs. 2 BGB bestimmt werden. Ausnahmsweise kann der Makler einen Vergütungsanspruch auch aus einem Kaufvertrag mit einer sog. **»Maklerklausel«** erhalten. Darin verspricht der Käufer gegenüber dem Verkäufer, an den Vermittler eine Vergütung zu bezahlen. Dabei handelt es sich um eine Vereinbarung zugunsten Dritter (§ 328 Abs. 1), die für den Makler einen Anspruch begründet (BGHZ 131, 318, 321).

3. Wirksamkeit des Maklervertrags

Die Wirksamkeit des Maklervertrags bestimmt sich nach allgemeinen Vorschriften (§§ 108 Abs. 1, 125 S. 1, 134, 138, 142 Abs. 1 BGB). Spezielle Bedeutung für den Maklervertrag haben die Form, gesetzliche Verbote und die Sittenwidrigkeit. 20

a) Form

Der Maklervertrag bedarf grundsätzlich keiner bestimmten Form. Ausnahmen ergeben sich aus besonderen Regelungen: etwa § 655b BGB und § 296 SGB III. Nach allgemeinen Regeln kann der Maklervertrag formbedürftig sein, wenn im Hinblick auf die Vergütung für die Vermittlung **zumindest eine sonstige Finanzierungshilfe** eingeräumt wird (BGH ZIP 2005, 1179: § 492) oder Verträge zur Wirksamkeit nach Landesrecht der Schriftform bedürfen (Hessische GemO: BGH MDR 1966, 753). Erheblich Bedeutung für den Maklervertrag hat die Form der **notariellen Beurkundung nach § 311b** Abs. 1 BGB, falls der Auftraggeber des Maklers, entgegen dem gesetzlichen Leitbild, zumindest faktisch zum Abschluss eines Grundstückskaufvertrags zu feststehenden Bedingungen verpflichtet sein soll. Neben den Fällen der Verpflichtung des Kunden gegenüber dem Makler zum Verkauf oder Ankauf von Grundstücken (BGH NJW 1971, 557; 1970, 1915) ist der Maklervertrag auch beurkundungsbedürftig, wenn ein gleichwertiger unangemessener Druck zum Abschluss eines Grundstücksvertrags (Erwerbs- oder Übertragungspflicht) besteht. Beispiele sind die Einräumung eines erfolgsunabhängigen Vergütungsanspruchs (jedenfalls bei mehr als 15 % der Erfolgsprovision) des Maklers allein für die Tätigkeit (BGH NJW-RR 1994, 559), die Vereinbarung einer Vertragsstrafe oder eines uneigentlichen Strafgedinges sowie eines besonderen Aufwendungsersatzes, wenn der Auftraggeber an den zugeführten Interessenten nicht verkauft (BGH NJW 1971, 557). Auf die Bezeichnung der besonderen Vergütung (Reservierungsgebühr, Bemühensentgelt) kommt es nicht an (BGH NJW 1987, 54). Ein Verstoß gegen die gesetzliche Form führt zur Nichtigkeit des Maklervertrags (zur Teilbarkeit: BGH NJW-RR 1994, 559), es sei denn, es besteht eine Heilungsmöglichkeit (BGH NJW 1987, 1628) und die Heilung tritt ein. Im Hinblick auf den Schutzzweck der Formvorschriften besteht bei der Nichteinhaltung der gesetzlichen Form kein Vergütungsanspruch des Maklers; auch nicht aus Bereicherungsrecht oder § 354 HGB (BGHZ 163, 332, 335). 21

b) Gesetzliches Verbot (§ 134 BGB)

Gesetzliche Verbote, die sich an beide Parteien richten, können bei einem Verstoß zur Nichtigkeit des Maklervertrags führen. Besondere Bedeutung erlangen insoweit **gesetzliche Vermittlungsverbote**. Ein solches Verbot besteht für die Vermittlung von Adoptionen (§ 5 AdVermG). Das Verbot gilt auch für die Ersatzmuttervermittlung (§§ 13c, 13 AdVermG). Ausbildungs- und Arbeitsvermittlungen sind nur verboten, wenn es um Vermittlungen in oder aus Ländern außerhalb der EU und der EWR geht (§ 292 SGB III). Wegen der besonderen Stellung ist es dem Notar verboten (dazu BGH NJW-RR 1990, 948), Darlehen und Grundstücksgeschäfte zu vermitteln (§ 14 Abs. 4 BNotO). Entgegen dem Verbot abgeschlossene Verträge sind nichtig. Die gleiche Wirkung hat das Verbot bei einem Verstoß von Anwaltsnotaren oder Sozietätskollegen (BGHZ 147, 39). Die Wirksamkeit eines Maklervertrags über Wohnraum hängt nicht davon ab, dass ein Auftrag des Vermieters zum Angebot des Wohnraums vorliegt. § 6 WoVermG ist kein gesetzliches Verbot nach § 134 BGB (BGHZ 152, 10). Gleiches gilt für das Koppelungsverbot, das bei einem Verstoß die Wirksamkeit des Maklervertrags unberührt lässt (§ 3 Abs. 4 WoVermG). Bei Vereinbarungen mit unzulässiger Vergütungshöhe (über 2 Monatsmieten) wird der Auftraggeber über die geltungserhaltende Reduktion (§ 5 WoVermG) geschützt. Beim **Fehlen einer gewerblichen Erlaubnis** zur entsprechenden Tätigkeit des 22

Maklers ist der Maklervertrag regelmäßig wirksam (BGHZ 78, 269: zum Verstoß gegen § 34c GewO). Vereinbarungen, die gegen die Regelungen der MaBV verstoßen, sollen grundsätzlich nicht zur Nichtigkeit führen (MüKo/Roth § 652 Rn. 22). Der BGH hat aber bei einem Verstoß gegen § 3 Abs. 2 MaBV die Nichtigkeit der Vereinbarung nach § 134 BGB wegen des Abweichens zum Nachteil des Kunden (§ 12 MaBV) angenommen (BGH NJW 2007, 1947; 2001, 818; zu § 7 MaBV: OLG Karlsruhe WM 2001, 729). Im Einklang mit den allgemeinen Grundsätzen ist der Maklervertrag bei einem Verstoß gegen das RDG nichtig (MüKo/Roth § 652 Rn. 77). Verboten ist die **Rechtsberatung durch den Makler** allerdings nur, wenn sie nicht im unmittelbaren Zusammenhang mit der Vermittlung steht (BGH NJW-RR 2000, 1502). Verboten ist die Vertragsgestaltung, nicht aber das Anfertigen und Bereithalten von Vertragsentwürfen (BGH NJW 1974, 1328). Gaststättenmakler können z.B. den Antrag auf Schankerlaubnis stellen (Palandt/Sprau § 652 Rn. 8). Immobilienmaklern dürfte ferner ein entsprechender Hinweis in Grundbuchsachen erlaubt sein.

c) Sittenwidrigkeit (§ 138 BGB)

23 Die Sittenwidrigkeit eines Maklervertrags kann sich aus den Umständen beim Vertragschluss oder dem Inhalt des Vertrags ergeben. Anknüpfungspunkt ist häufig die **Vergütungsvereinbarung**. Dabei ist allerdings zu berücksichtigen, dass den Parteien insoweit ein weiter Gestaltungsspielraum einzuräumen ist. Erfolgsabhängige Vergütungen sind nur bei einem auffälligen Missverhältnis zur üblichen Vergütung und dem Hinzutreten weiterer Umstände sittenwidrig (zur Übererlösklausel: BGHZ 125, 135). Neben der prozentualen Unangemessenheit (Vertriebsprovision von 30 % kann angemessen sein: BGH NJW-RR 2003, 699; Fünffache der üblichen Provision: BGH NJW 2000, 2669) kann auch das Überschreiten einer absoluten Grenze zur Sittenwidrigkeit führen (BGH VersR 2001, 1235). Maklerverträge im Zusammenhang mit Schmiergeldern können nichtig sein (BGHZ 94, 268). Dabei sind Gepflogenheiten in anderen Kulturkreisen bei der Gesamtwürdigung zu berücksichtigen (BGH NJW-RR 1998, 591; MüKo/Roth § 652 Rn. 70). Sittenwidrig soll auch der Abschluss eines Maklervertrags sein, wenn der Makler bereits Vertrauensperson der anderen Vertragspartei des Hauptvertrags ist und sich gleichwohl ohne Offenbarung der Zusammenhänge eine Vergütung versprechen lässt (für Berater: Steuerberater – BGHZ 95, 81, Rechtsanwalt – OLG Frankfurt NJW 1990, 2131, Vermögensverwalter – BGHZ 146, 235).

4. Vertragsdauer

24 Der Maklervertrag kann nur für die Zukunft durch **Kündigung oder Aufhebungsvertrag** beendet werden. Auf einen bereits entstandenen Vergütungsanspruch hat die Beendigung daher keine Wirkung. Der Maklervertrag wird regelmäßig auf unbestimmte Dauer geschlossen, soweit nichts anderes vereinbart ist. Ein befristeter Maklervertrag endet durch Zeitablauf. Auf den Bestand des Maklervertrags sind die Vorschriften des Auftragsrechts anzuwenden. Bei Verträgen auf unbestimmte Dauer ist für den Auftraggeber jederzeit eine Kündigung möglich (BGH WM 1986, 72). Der Makler soll dagegen nur unter den Voraussetzungen des § 314 kündigen können, unabhängig davon, ob der Vertrag für eine bestimmte oder unbestimmte Dauer geschlossen wurde (MüKo/Roth § 652 Rn. 87). Mangels Tätigkeitsverpflichtung des Maklers sind seine Interessen dadurch ausreichend geschützt. Bei Alleinaufträgen sind Besonderheiten zu beachten. Mit dem **Tod des Maklers** ist der Vertrag regelmäßig beendet (§ 673 entsprechend). Die Insolvenz des Maklers begründet in jedem Fall einen wichtigen Grund zur Kündigung des Vertrags. Beim Tod des Auftraggebers ist § 672 entsprechend anzuwenden. Seine Insolvenz führt zur Vertragsbeendigung (§§ 115, 116 InsO).

III. Erscheinungsformen des Maklervertrages

25 Der Makler hat die vertraglich vereinbarte Tätigkeit zu erbringen, um den Vergütungsanspruch zu erwerben. Orientiert sich die Vereinbarung am Gesetz, lassen sich die Fallgruppen: Nachweis der Gelegenheit zum Abschluss eines Vertrags (sog. **Nachweismakler**) und Vermittlung eines Vertrags (sog. **Vermittlungsmakler**) unterscheiden. Die erfolgsbezogenen Tätigkeiten können auch kombiniert werden, so dass ausnahmsweise beide Tätigkeiten die Vergütungspflicht auslösen (OLG Koblenz NJW-RR 1994, 824). Andere als die vereinbarte Tätigkeit genügen nicht (BGH NJW-RR 1991, 950). Fehlt eine Vereinbarung, ist die erfolgversprechende Tätigkeit durch Auslegung zu ermitteln (BGHZ 161, 349).

1. Nachweismakler

26 Der Nachweis der Gelegenheit zum Abschluss eines Vertrags ist mehr als nur die Ermittlung und Weitergabe eines geeigneten, bisher dem Auftraggeber nicht bekannten Vertragsobjekts. Die Ermittlungsmöglichkeit durch den Auftraggeber reicht nicht aus (BGHZ 119, 32, 33). Der Nachweismakler hat den Auftraggeber vielmehr in die Lage zu versetzen, dass **zumindest konkrete Verhandlungen über den angestrebten Hauptvertrag** geführt werden können (BGHZ 161, 349; 112, 63). Erforderlich für den Nachweis ist regelmäßig die Mitteilung und die eindeutige Bezeichnung des Objekts sowie Name und Anschrift des am Abschluss des Hauptvertrags interessierten (verfügungsberechtigten). Der Dritte muss im Zeitpunkt des Nachweises bereit und in der Lage sein, den angestrebten Vertrag abzuschließen. Für Immobilenerwerber bzw. -nutzer reicht das generelle Interesse am Vertragsschluss aus, soweit es dem in den Blick genommenen Objekt ähnelt (BGH NJW-RR 2009, 1282). Ein bei Gelegenheit des Nachweises aufkommendes Interesse des Dritten reicht nicht aus (OLG Frankfurt NJW-RR 2009, 642). Geringfügige Abweichungen, bei einer im Grundsatz aber bestehenden Bereitschaft, sind unschädlich (Teilvermietung: BGH NJW-RR 1997, 884).

27 Der Nachweis des Maklers muss für den **Abschluss des Hauptvertrags wesentlich** sein (BGH NJW 1983, 1848). Die einfache Kausalität irgendeiner Tätigkeit genügt nicht (BGHZ 141, 40 – vgl. auch Rdn. 44). Ein Nachweis in Form einer wesentlichen Tätigkeit ist auch noch möglich, wenn der Auftraggeber schon einzelne Kenntnisse im Hinblick auf das nachgewiesene Objekt hatte. Es muss dabei allerdings Raum für den Makler verbleiben, zusätzliche Informationen zu liefern, welche das Bemühen um das Objekt steigern (MüKo/Roth § 652 Rn. 105). Die nachgewiesene Gelegenheit muss darüber hinaus dem verwirklichten Vertrag entsprechen (BGH NJW-RR 1991, 950). Die Voraussetzung ist jeweils bei wertender Betrachtung unter Berücksichtigung der Verkehrsauffassung zu ermitteln (BGHZ 141, 40). Die Wesentlichkeit ist abzulehnen, wenn es an der Parteienidentität fehlt (BGH NJW-RR 1990, 1008). Ein Nachweis liegt auch vor, wenn der Hauptvertrag erst zustande kommt, nachdem ein zuvor mit einem anderen Interessenten geschlossener Vertrag durch Ausübung eines vertraglichen Rücktrittsrechts gescheitert ist (BGH WM 2007, 1075).

2. Vermittlungsmakler

28 Die Vermittlung geht über das bloße Zusammenführen der Vertragsparteien des angestrebten Hauptvertrags hinaus. Von einer Vermittlung ist auszugehen, wenn ein **bewusstes und zweckgerichtetes Einwirken auf den Willensentschluss des Dritten** (Partner des Hauptvertrags) vorliegt (BGHZ 112, 59). Neben dem Herbeiführen eines solchen Entschlusses (BGHZ 114, 95) wird die Förderung der Bereitschaft zum Vertragschluss

als ausreichend angesehen (BGH NJW-RR 1997, 884; OLG Hamm NJW-RR 2001, 567). Ob sich die Parteien des Hauptvertrags schon kennen, spielt insoweit keine Rolle (OLG Hamburg ZMR 2003, 274). Der Makler muss nicht mit den Parteien verhandeln oder gar beim Vertragsschluss anwesend sein (BGH WM 1974, 257).

3. Alleinauftrag

29 Eine Sonderform der Tätigkeit als Nachweis- oder Vermittlungsmakler ist der Alleinauftrag. Das weithin dispositive Maklerrecht hat im Rechtsverkehr zur Herausbildung des Alleinauftrags (auch Festauftrag, Exklusivvertrag) als eigenständigem Vertragstyp (gegenseitiger Vertrag) geführt. Gleichwohl sollen die Vereinbarungen am Maklerrecht (Maklerdienstvertrag) zu messen sein (BGHZ 60, 377). Im Gegensatz zum gesetzlichen Leitbild zeichnet sich der Alleinauftrag durch eine Tätigkeitsverpflichtung des Maklers und die **Bindung des Auftraggebers an den Makler** aus (MüKo/Roth § 652 Rn. 228). Ein Verbot von Direktabschlüssen ist dem Alleinauftrag nicht zu entnehmen (BGHZ 60, 377), kann aber individuell als »**qualifizierter Alleinauftrag**« vereinbart werden (BGH NJW 1991, 1678). Keine Auswirkung hat der Alleinauftrag auf die Freiheit des Auftraggebers, den Hauptvertrag abzuschließen (BGHZ 103, 235).

30 Die Bindung des Auftraggebers soll Anreiz für die Erledigung schwieriger Tätigkeiten sein und zeigt sich in zwei Bereichen. Einerseits schränkt der Alleinauftrag die Möglichkeit ein, jederzeit zu kündigen (BGH NJW-RR 1987, 944). Eine zeitliche Bindung für einen längeren Zeitraum ist zulässig (z.B. sechs Monate), nicht dagegen eine unbegrenzte Bindung (BGH NZM 1998, 677). Die Kündigung aus wichtigem Grund (§ 314) kann nicht ausgeschlossen werden (BGH NJW 1969, 1629). Andererseits ist es **dem Auftraggeber nicht erlaubt**, andere Makler mit dem gleichen Ziel einzusetzen.

31 Die **Pflichten des Maklers** sind verstärkt. Insbesondere begründet der Alleinauftrag eine Tätigkeitspflicht, auf den Erfolg hinzuarbeiten. Im Zusammenhang mit der Tätigkeit stehende Nebenpflichten werden ebenfalls ausgeweitet. Dazu zählt etwa die Beratung des Auftraggebers im Hinblick auf einen vorteilhaften Vertragsschluss (OLG Düsseldorf NJW-RR 1997, 1278). Je länger die Bindung, umso stärker wachsen die Pflichten. Das kann dazu führen, dass der Makler nicht mehr für die andere Partei als Vermittlungsmakler tätig sein kann (sog. Vertrauensmakler BGH NJW-RR 1998, 992).

IV. Der Provisions- bzw. Vergütungsanspruch (Lohn)

32 § 652 Abs. 1 BGB bezeichnet die Vergütung als Mäklerlohn. In der Praxis sind auch **andere Bezeichnungen** üblich: Provision, Courtage, Gebühr oder Lohn. Auf die Bezeichnung kommt es aber nicht an. Eine stillschweigende Vereinbarung der Entgeltlichkeit setzt voraus, dass dem Makler eine **Leistung übertragen** wurde. Die Ausführung der übertragenen Leistung darf ferner nach den Umständen nur gegen Vergütung zu erwarten sein. Der Anwendungsbereich des § 653 Abs. 1 BGB bleibt auf ausdrücklich abgeschlossene Maklerverträge begrenzt, bei denen die Frage der Entgeltlichkeit keinen Niederschlag in der Vereinbarung gefunden hat. Maßgebend für die Rechtsfolge des § 653 Abs. 1 BGB sind die konkreten Umstände. Die **Entgeltlichkeit wird sich aus den Umständen ergeben**, wenn es sich um eine gewerbsmäßig ausgeübte Maklertätigkeit handelt (BGH NJW-RR 1989, 1071, 1072). Die Rechtsprechung geht dabei von der Kontrollüberlegung aus, ob der Makler insoweit auch ohne ein Entgelt tätig geworden wäre (BGH NJW 1981, 1444). Die Rechtsfolge ist als gesetzliche Fiktion formuliert, wird aber **überwiegend als Vermutung verstanden** (MüKo/Roth § 653 Rn. 10). Der Makler trägt

dabei die **Beweislast** für die Umstände (BGH NJW 1970, 700). Für eine behauptete Unentgeltlichkeit in solchen Fällen trägt der Auftraggeber die Beweislast (BGH NJW 1981, 1444).

Für den Vergütungsanspruch des Maklers müssen **folgende Voraussetzungen** vorliegen: 33
Ein wirksamer Maklervertrag, die Ausführung der vertraglich vereinbarten Maklertätigkeit, ein wirksamer geschlossener Hauptvertrag und die Ursächlichkeit der Maklertätigkeit für den Abschluss des Hauptvertrags. In Rechtsprechung und Lehre wird überwiegend darüber hinaus die Kenntnis des Auftraggebers von der Maklertätigkeit gefordert (z.B. OLG Karlsruhe NJW-RR 1998, 996; Staud/Reuter § 652 Rn. 41).

1. Hauptvertrag mit einem Dritten

Eine Voraussetzung für den Vergütungsanspruch des Maklers ist der Abschluss des ange- 34
strebten Vertrags mit einem Dritten. Das Risiko, dass der Vertrag zwischen dem Auftraggeber und dem Dritten nicht abgeschlossen wird oder unwirksam ist, trägt der Makler (BGH NJW 1983, 1130). Der **Auftraggeber ist im Hinblick auf den Abschluss des Vertrags grundsätzlich frei**. Eine treuwidrige Vereitelung kann allerdings einen Schadensersatzanspruch begründen (OLG Köln MDR 1993, 1175). Was als Hauptvertrag angestrebt wird, ist durch Auslegung des Maklervertrags zu ermitteln. I.d.R. handelt es sich dabei um einen schuldrechtlichen Vertrag, auf die Ausführung (Erfüllung) kommt es für den Vergütungsanspruch nicht an (BGH WM 1974, 257). Nur ausnahmsweise ist der Abschluss eines Vorvertrags ausreichend (BGH WM 1991, 819). Gleiches gilt für die Einräumung von Vorkaufsrechten, Optionsrechten, Anwartschaftsverträgen oder bei Anzahlung (BGH WM 1976, 28; OLG Düsseldorf NJW-RR 1998, 1594). Besonderheiten sind beim Darlehensvermittlungsvertrag (§ 655a BGB) zu beachten: Der Vergütungsanspruch setzt die Auszahlung des Darlehens und den Ausschluss des Widerrufsrechts voraus (dazu § 655c BGB).

a) Dritter als Vertragspartei

Der Hauptvertrag muss mit einem Dritten geschlossen werden. Der Dritte ist dabei ins- 35
besondere vom Makler abzugrenzen. Ein **Eigengeschäft des Maklers** mit dem Auftraggeber reicht als Hauptvertrag zum Entstehen des Vergütungsanspruchs nicht aus (BGHZ 112, 240). Der Nachweismakler gibt in solchen Fällen lediglich ein eigenes Vertragsangebot ab und weist keine Gelegenheit zum Abschluss nach (BGH NJW 1985, 2473). Das Einwirken des Vermittlungsmaklers auf sich selbst scheidet als vereinbarte Tätigkeit des Maklers aus (Staud/Reuter § 652 Rn. 165). Die Beurteilung, ob ein Eigengeschäft vorliegt, ist anhand einer wirtschaftlichen Betrachtung (nicht formal rechtlich) vorzunehmen. Von einem Eigengeschäft ist beispielsweise auszugehen, wenn das Eigeninteresse des Maklers am Vertragsschluss deswegen dominiert, weil er Eigentümer oder Miteigentümer (auch als Mitgesellschafter) der betroffenen Sache (gilt auch für Inhaber von Rechten) ist (BGH WM 1977, 317). Die Übernahme einer Mietgarantie des Wohnungsvermittlers gegenüber dem Eigentümer oder Vermieter allein reicht dafür aber nicht aus (BGH NJW-RR 2006, 728). Dem Gedanken entgegenstehende AGB, die das Eigengeschäft mit der Folge der Vergütungspflicht erlauben, sind unwirksam (BGH NJW 1991, 1678).

aa) Echte wirtschaftliche Verflechtung

Die Identität von Makler und Drittem soll auch gegeben sein, wenn **eine echte wirt-** 36
schaftliche Verflechtung besteht. Grund dafür ist, dass bei entsprechender Verflechtung die nach dem gesetzlichen Leitbild bestehende Unparteilichkeit und Unabhängigkeit wegen der unvermeidlichen Interessenkollision fehlt (BGH NJW 1985, 2473). Eine Ver-

flechtung liegt insbesondere vor, wenn der Makler auf den Dritten oder der Dritte auf den Makler aufgrund der **wirtschaftlichen oder rechtlichen Abhängigkeit beherrschenden Einfluss** ausüben kann (kapitalmäßige Verflechtung mit einer Kapitalgesellschaft BGH NJW 1985, 2473). Maßgebend sind insoweit die tatsächlichen gesellschaftsrechtlichen und wirtschaftlichen Verhältnisse. Die Wirkungen des § 15 HGB reichen nicht aus, um eine Verflechtung zu begründen (BGH NJW 2009, 1809).

bb) Unechte wirtschaftliche Verflechtung

37 Im gleichen Lager stehen der Makler und der Dritte i.d.R. auch bei einem **institutionalisierten Interessenkonflikt** (sog. unechte Verflechtung). Die Verflechtung wird insoweit aber nicht über eine Beteiligungsquote vermittelt (BGHZ 138, 170). Von solchen Interessenkonflikten ist auszugehen, wenn der Makler zur **Wahrnehmung der Interessen des Kunden als ungeeignet anzusehen** ist (BGH NJW-RR 1998, 992; bei Gewinnbeteiligung: OLG Frankfurt NJW-RR 2003, 1428). Es muss anzunehmen sein, dass sich der Makler bei normalem Verlauf auf die Seite des Dritten stellt (BGH NJW-RR 2005, 1033). Entsprechende Konflikte können bei einer Verbindung über Dienst-, Arbeits- oder ähnliche Verhältnisse entstehen (Wohnungsverwalter: BGH NJW 2003, 1393; bei Kauf: BGH NJW-RR 2005, 1033; Handelsvertreter: BGH NJW 1998, 1552). Eine unechte Verflechtung ist auch anzunehmen, wenn der Makler zur Vertretung des Dritten ohne weitere Weisungen berechtigt ist (BGH NJW-RR 1998, 992). Auf die Grundlage der Vertretungsmacht kommt es nicht an (für Geschäftsführer: BGH NJW 1975, 1215).

cc) Persönliche Beziehungen

38 Rein **persönliche Beziehungen** genügen dagegen nicht, um die Abhängigkeit zu begründen (BGH NJW 1987, 1008). Zwischen Ehegatten/Lebenspartnern besteht allein wegen der Ehe keine unechte Verflechtung (BVerfGE 76, 126; 78, 128). Bei Kenntnis des Auftraggebers soll der Vergütungsanspruch allerdings erhalten bleiben (BGH NJW 2003, 1249; zur Übertragung auf andere Fälle OLG Hamm MDR 2000, 634 – Sohn). Darüber hinaus kann bei Eigengeschäften oder Verflechtungen ein von § 652 BGB unabhängiges Vergütungsversprechen vereinbart werden (BGHZ 138, 170).

b) Auftraggeber des Hauptvertrags

39 Der tatsächlich abgeschlossene Hauptvertrag muss mit dem nach dem Maklervertrag durch Nachweis oder Vermittlung angestrebten Hauptvertrag übereinstimmen. Die entspr. Entscheidung wird anhand der **persönlichen und wirtschaftlichen (inhaltlichen) Übereinstimmung** der Verträge getroffen (häufig auch mit Identität oder Kongruenz umschrieben). Um den Makler nicht schutzlos der Gestaltungsfreiheit der Vertragsparteien auszusetzen, kommt es darauf an, dass bei wertender Betrachtung keine wesentlichen Abweichungen zwischen den zu vergleichenden Verträgen vorliegen (BGH NJW 1989, 1486). Ausnahmsweise kann die Berufung auf die fehlende Übereinstimmung der Verträge treuwidrig sein, wenn im Einzelfall derselbe wirtschaftliche Erfolg erzielt wird (BGH NJW-RR 2004, 851). Die Beweislast liegt beim Makler (BGH NJW 1998, 2277). Um Streitigkeiten zu vermeiden, empfiehlt es sich, die wirtschaftlichen Ziele im Maklervertrag möglichst genau festzulegen.

aa) Wirtschaftlich inhaltliche Übereinstimmung

40 Dabei ist zu berücksichtigen, dass nur der Abschluss des Hauptvertrags Voraussetzung für den Vergütungsanspruch des Maklers ist. Die Durchführung des Vertrags bleibt daher bei der Entscheidung regelmäßig unberücksichtigt, ob eine Übereinstimmung vor-

liegt. Keine Auswirkungen auf die Übereinstimmung haben damit Mängel des Vertragsobjekts (OLG Düsseldorf NJW-RR 2000, 1724), die über das Gewährleistungsrecht zu beheben sind. **Wirtschaftlich gleichwertig** kann auch der Austausch des Objekts sein, wenn statt des angestrebten Grundstücks alle Anteile an der Eigentümer GmbH erworben werden (BGH NJW 1998, 2277; BGHZ 161, 349; NJW-RR 2006, 496: Zur Gleichwertigkeit von share deal und asset deal).

bb) Persönliche Übereinstimmung

41 Bezugssubjekt der persönlichen Übereinstimmung ist der Auftraggeber des Maklervertrags. Der Dritte ist es nur dann, wenn das Geschäft mit einem bestimmten Dritten abgeschlossen werden sollte (OLG Hamm NJW-RR 1995, 820). Der Hauptvertrag muss regelmäßig zwischen dem **Auftraggeber des Maklervertrags und einem Dritten** zustande kommen. Abweichende Festlegungen zum Vertragspartner des Hauptvertrags sind im Maklervertrag möglich und führen bei entsprechender Umsetzung zur Übereinstimmung (BGH NJW 1998, 62; Vater für den Sohn: OLG Karlsruhe NJW-RR 2003, 1495). Gleichwohl bleibt der Auftraggeber Schuldner der Maklervergütung. Der Makler hat den Vergütungsanspruch allerdings erworben, wenn statt des Auftraggebers eine andere Person Vertragspartei des Hauptvertrags wird und wirtschaftlich das gleiche (angestrebte) Ergebnis erzielt wird (BGH NJW 1995, 3311). Das ist insbes. der Fall, wenn zwischen dem Auftraggeber des Maklervertrags und der anderen Person persönlich oder wirtschaftlich enge Verbindungen bestehen (BGH NJW-RR 1998, 411). Ein bewusstes Vorschieben ist nicht erforderlich (BGH NZM 2004, 428).

c) Wirksamkeit des Hauptvertrags

42 Voraussetzung für den Vergütungsanspruch des Maklers ist neben dem Vertragsschluss in Bezug auf den Hauptvertrag auch dessen Wirksamkeit. Der Makler trägt damit das **Risiko der im Vertrag angelegten Unvollkommenheit** (BGH NJW 2001, 966). Das betrifft alle rechtshindernden Einwendungen, insbesondere die Formnichtigkeit, Gesetzes- und Sittenwidrigkeit sowie die Anfechtung wegen Irrtums und arglistiger Täuschung. Ferner kann bei einem Vertragschluss unter einer aufschiebenden Bedingung die Vergütung erst verlangt werden, wenn die Bedingung eingetreten ist (Sicherung der Erschließung: BGH NZM 2001, 476). Die Gefahren der Vertragsdurchführung und damit zusammenhängende rechtsvernichtende Einwendungen (z.B. Rücktritt, Aufhebung, Kündigung) fallen in den Risikobereich des Auftraggebers und lassen den Vergütungsanspruch des Maklers grundsätzlich unberührt (BGH WM 1974, 257, 259). Der BGH hat auch die Forderung von Schadensersatz statt der ganzen Leistung aufgrund einer Pflichtverletzung als für die Vergütung unschädlich angesehen, wenn die ursprüngliche Wirksamkeit des Vertrags erhalten bleibt (BGH NJW 2009, 2810).

2. Kausalzusammenhang

43 Zwischen der Tätigkeit des Maklers und dem Abschluss des Hauptvertrags muss ein ursächlicher Zusammenhang bestehen. Der Vergütungsanspruch entsteht nur, wenn der Hauptvertrag »infolge« der Tätigkeit des Maklers wirksam zustande gekommen ist. Dabei ist allgemein anerkannt, dass ein mitursächlicher Beitrag genügt. Der Beitrag muss aber wesentlich sein (BGH WM 1988, 725; OLG Zweibrücken NJW-RR 1999, 1502). Entscheidend ist insoweit, ob der Abschluss des Hauptvertrags noch als **Ergebnis der finalen Tätigkeit** des Maklers angesehen werden kann (BGHZ 141, 40, 46). Das hat zur Folge, dass beim Tätigwerden von mehreren Vermittlungsmaklern auch mehrere Vergütungsansprüche entstehen können, falls ein mitursächlicher wesentlicher

Beitrag mehrerer Makler festzustellen ist (MüKo/Roth §652 Rn.178). Der bloße Eintritt des angestrebten Erfolgs an sich genügt für den Vergütungsanspruch aber nicht (BGHZ 141, 40, 45). Hypothetische Kausalabläufe (z.B. Kunde und Dritter wären auch auf anderem Wege zueinander gekommen) sind nicht zu berücksichtigen (OLG Karlsruhe NJW-RR 1996, 628).

44 Die Ursächlichkeit der Tätigkeit des Nachweismaklers setzt voraus, dass ein Anstoß für den Abschluss des **konkreten Hauptvertrags** gegeben wurde (BGHZ 141, 40, 45). Der Vergütungsanspruch des Nachweismaklers kann durch entsprechende Vorkenntnisse des Auftraggebers ausgeschlossen sein. In diesen Fällen fehlt es an einem Ursachenzusammenhang des Nachweises mit dem Abschluss des Hauptvertrags (BGH NJW-RR 1998, 411). Sind zwischen dem Nachweis und dem Abschluss des Hauptvertrags ein Jahr (oder mehr) vergangen, streitet nicht mehr ein sich selbst ergebender Schluss auf den Ursachenzusammenhang für den Makler (BGH NJW 2006, 3062).

45 Die Ursächlichkeit der Tätigkeit des Vermittlungsmaklers ist gegeben, wenn dadurch nicht lediglich ein unwesentlicher Beitrag (zur Vermittlung s. Rdn. 28) zum Abschluss des Hauptvertrags geliefert wurde (BGH WM 1974, 257). **Vorkenntnisse** des Auftraggebers spielen insoweit keine Rolle. Ferner wirkt die Vermittlungstätigkeit auch fort, wenn der Maklervertrag beendet wurde und der Hauptvertrag gleichwohl zustande kommt.

3. Kenntnis des Auftraggebers

46 Es ist allgemein anerkannt, dass als ungeschriebenes Tatbestandsmerkmal für das Entstehen des Vergütungsanspruchs des Maklers regelmäßig die Kenntnis des Auftraggebers von der Tätigkeit des Maklers erforderlich ist (so schon RGZ 31, 289, 291; MüKo/Roth §652 Rn.196). Die Kenntnis muss spätestens bei Abschluss des Hauptvertrags vorliegen. Der Grund für das Erfordernis der Kenntnis wird darin gesehen, dass die **Vergütung als Gestaltungsfaktor** für den Preis eine Rolle spielt. Die bloße Möglichkeit der Kenntnisnahme kann daher nicht ausreichen (OLG Karlsruhe ZMR 1999, 38; Palandt/Sprau §652 Rn.52).

4. Höhe der Vergütung

47 Für die Höhe der Vergütung ist primär die vertragliche Vereinbarung und bei Fehlen einer Vereinbarung §653 Abs. 2 BGB maßgebend (zur ergänzenden Berücksichtigung von Handelsbräuchen BGHZ 94, 98). Die Anwendung der Auslegungsregel zum üblichen Lohn setzt voraus, dass die Entgeltlichkeit des Maklervertrags feststeht und **lediglich die Höhe der Vergütung nicht bestimmt** ist. Eine Taxe gibt es für Maklerleistungen nicht, so dass in solchen Fällen der übliche Lohn als Vergütung vereinbart ist.

a) Üblicher Lohn

48 Der **übliche Lohn** ist auf der Grundlage und am Maßstab der allgemeinen Verkehrsanschauung in den beteiligten Kreisen im Zeitpunkt des Vertragschlusses zu ermitteln (OLG Frankfurt NJW-RR 2000, 59, 60). Dabei sind örtliche Besonderheiten zu berücksichtigen. Auskünfte können bei Berufsverbänden oder den Industrie- und Handelskammern eingeholt werden (MüKo/Roth §652 Rn.14). Für Gelegenheitsvermittler soll insoweit ein Abschlag von bis zu 50% hinzunehmen sein (krit. Staud/Reuter §652 Rn.168). Bei Vergütungsspannen in Prozent sind anhand der Umstände des Einzelfalls die Aspekte für Zu- und Abschläge durch ergänzende Vertragsauslegung zu ermitteln (BGH NJW-RR 1994, 1260; BGHZ 94, 98). Bei Grundstücksgeschäften (ohne Wohn-

raummiete) dürften übliche Vergütungen bei 3 % der Gegenleistung zzgl. Umsatzsteuer liegen (OLG Frankfurt NJW-RR 2000, 58). In anderen Bereichen wird teilweise bis zu 6 % abgerechnet.

b) Sonderregelungen

Sonderregelungen sind für den Darlehensvermittlungsvertrag (Angabe eines Prozentsatzes: § 655b Abs. 1 BGB) und die Wohnungsvermittlung (§§ 3 Abs. 1, 7 WoVermG) zu berücksichtigen. Wohnungsvermittler ist, wer den Abschluss von Mietverträgen über Wohnräume vermittelt oder die Gelegenheit zum Abschluss von Mietverträgen über Wohnräume nachweist. Dazu gehören auch Geschäftsräume, die wegen ihres räumlichen oder wirtschaftlichen Zusammenhangs mit Wohnräumen mit diesen zusammen vermietet werden. Für Wohnungsmakler sind **Höchstgrenzen** vorgesehen (§ 3 Abs. 2 WoVermG). Bei Wohnräumen darf die Vergütung zwei Monatsmieten (in zulässiger Höhe: BGHZ 51, 181; LG Dresden NJW-RR 1997, 1481) zzgl. Umsatzsteuer nicht überschreiten. Betriebskosten sind nicht einzubeziehen (anders bei Gewerberäumen: MüKo/Roth § 652 Rn. 200). Eine Herabsetzung der Gegenleistung nach Vertragsschluss hat keine Auswirkung auf die Höhe der Vergütung. Vereinbarungen, dass dem Makler ein über einer bestimmten Gegenleistung hinausgehender Betrag zustehen soll, sind bis zur Grenze der Sittenwidrigkeit ebenfalls möglich (sog. Übererlösklausel: BGH NJW-RR 1994, 1260). Wohnungs- (§ 2 Abs. 4 WoVermG) und Arbeitsvermittler (§ 296 Abs. 3 SGB III) dürfen keine Vorschüsse verlangen oder entgegennehmen. Der Wohnungsvermittler darf Wohnräume auch nur anbieten, wenn er dazu einen Auftrag von dem Vermieter oder einem anderen Berechtigten hat. Nach § 6 Abs. 2 WoVermG darf er öffentlich, insbesondere in Zeitungsanzeigen, auf Aushängetafeln und dergleichen, nur unter Angabe seines Namens und der Bezeichnung als Wohnungsvermittler Wohnräume anbieten oder suchen; bietet er Wohnräume an, so hat er auch den Mietpreis der Wohnräume anzugeben und darauf hinzuweisen, ob Nebenleistungen besonders zu vergüten sind. Ein Verstoß gegen die Regeln stellt eine Ordnungswidrigkeit dar (§ 8 WoVermG). 49

5. Beweislast

Die Darlegungs- und Beweislast für alle anspruchsbegründenden Tatsachen trägt der Makler. Das bezieht sich auf: die Wirksamkeit des Maklervertrags (zum Hinweis auf die Entgeltlichkeit: BGH NJW-RR 1999, 361), den Nachweis oder die Vermittlung, den Abschluss des wirksamen Hauptvertrags, der mit der angestrebten Maklertätigkeit übereinstimmt (zu Erleichterungen bei wirtschaftlicher (und persönlicher) Gleichwertigkeit BGH NJW 1998, 2277) und im Grundsatz für den Kausalzusammenhang zwischen der Maklertätigkeit und dem Abschluss des Hauptvertrags. 50

6. Durchsetzbarkeit

Der Vergütungsanspruch des Maklers wird bei voller Wirksamkeit des Hauptvertrags fällig (BGH NJW 1991, 2844). Eine **Vorverlagerung der Gesamtfälligkeit** zugunsten des Maklers ist mit dem Leitbild des § 652 Abs. 1 BGB nicht vereinbar (Hamm NJW-RR 1996, 1526); anders dagegen die Verschiebung zugunsten des Auftraggebers. Entsprechend kann die Fälligkeit bis zur Durchführung des Hauptvertrags hinausgeschoben werden (Palandt/Sprau § 652 Rn. 71); das ist auch konkludent möglich (BGH WM 1985, 482). Aus § 655c BGB kann der allg. Grundsatz abgeleitet werden, dass bei Widerrufsrechten die Fälligkeit erst eintreten soll, wenn das Recht ausgeschlossen ist (Fristablauf). Der **Anspruch verjährt** in drei Jahren (§§ 195, 199); darüber hinaus gelten die allgemei- 51 nen Regeln. Zur Bestimmung und Durchsetzung des Anspruchs auf Vergütung steht dem Makler gegenüber dem Auftraggeber ein Auskunftsanspruch zu (zur Grundlage vgl. § 242 Rn. 56 ff.; OLG Düsseldorf NJW-RR 1996, 1464).

7. Gerichtliche Durchsetzung

52 Neben der gewöhnlichen Leistungsklage zur Durchsetzung des Anspruchs auf Vergütung wird häufig eine Stufenklage in Betracht kommen. Der Bezifferung der Klage geht dabei das Begehren um Auskunft voraus, welche es ermöglichen soll, die Vergütung zu bestimmen, die abhängig von der Gegenleistung des Hauptvertrags vereinbart wurde und der Durchsetzung des materiellen Auskunftsanspruchs dient (BaRoth/Kotzian-Marggraf § 652 Rn. 54). Im gerichtlichen Streit um Fragen des Hauptvertrags kann eine Streitverkündung angezeigt sein, um für den Auftraggeber einheitliche Wirkungen, auch im Hinblick auf den Maklervertrag, zu gewährleisten.

8. Sonderfall

53 Nach der Vorschrift des § 655 BGB ist es möglich, eine **unangemessen hohe Vergütung** für den Nachweis der Gelegenheit zum Abschluss eines Dienstvertrags, aber auch für die Vermittlung eines solchen Vertrags herabzusetzen. Die Herabsetzung erfolgt durch einen rechtsgestaltenden Akt des Richters. Vergleichbar dem § 343 wird dem Richter die Macht zur geltungserhaltenden Reduktion der konkreten vertraglichen Vereinbarung eingeräumt. Soweit es allein um die Höhe der Vergütung geht, findet § 138 BGB im Regelungsbereich des § 655 BGB keine Anwendung (MüKo/Roth § 655 Rn. 7; a.A. Staud/Reuter § 655 Rn. 11). Dabei ist zu berücksichtigen, dass Raum für die Sittenwidrigkeit bleibt, wenn im Hinblick auf die Höhe der Vergütung auch die subjektiven Voraussetzungen des § 138 BGB vorliegen (BGHZ 87, 309). Die Vorschrift ist wegen der Schutzrichtung (Schuldner) nicht abdingbar (MüKo/Roth § 655 Rn. 5).

54 Bei der Entscheidung, ob eine unverhältnismäßig hohe Vergütung vereinbart wurde, sind die Interessen des Maklers und der Nutzen des Auftraggebers zu berücksichtigen. Die **Herabsetzung durch das Gericht** erfordert einen entsprechenden Antrag des Auftraggebers. Der Antrag ist in einer (einredeweisen) Berufung auf § 655 BGB zu sehen (BGH NJW 1968, 1625 zu § 343). Die richterliche Gestaltung im Hinblick auf die Höhe der Vergütung muss sich an der angemessenen Vergütung ausrichten. Die **Befugnis zur Herabsetzung** besteht nur, solange die Vergütung nicht entrichtet ist (§ 655 S. 2 BGB).

V. Weitere Vertragspflichten

55 Neben der Verpflichtung zur Zahlung des Maklerlohns ergeben sich aus dem Maklervertrag für den Makler und für den Auftraggeber weitere Pflichten. Nach dem gesetzlichen Leitbild ergibt sich aber keine Verpflichtung des Maklers zur Tätigkeit. Grundlage der **vertraglichen Pflichten ist § 241 Abs. 2 BGB.** Je enger das Vertrauens- oder Treueverhältnis zwischen Makler und Auftraggeber ausgeprägt ist, desto mehr Rücksicht auf die Interessen der anderen Vertragspartei kann erwartet werden (BGH NZM 2001, 474, 475). Bei sog. Vertrauensmaklern, die zur ausschließlichen Interessenwahrnehmung für den Auftraggeber verpflichtet sind, zeigen sich die besonderen Pflichten aus dem Vertrauensverhältnis ganz deutlich. Ein Vertrauensmakler darf nicht auf beiden Seiten als Vermittlungsmakler (wohl aber auf einer Seite als Nachweismakler) tätig sein (BGH NJW 1964, 1467; Ausnahme: BGH NJW-RR 2000, 430). Anhaltspunkte für die Stellung als Vertrauensmakler sind eine lange Vertragsdauer oder eine ungewöhnlich geringe Vergütung.

1. Pflichten des Maklers

Den Makler treffen gegenüber dem Auftraggeber eingeschränkte Auskunfts- und Hinweispflichten. Das ist Ausdruck der Rolle des Maklers als Interessenvertreter des Auftraggebers. **Besondere Kenntnisse** können vom Makler aber grundsätzlich nicht erwartet werden (OLG Celle NJW-RR 2003, 418: Nachweismakler). Der Makler hat den Auftraggeber über alle ihm bekannten vertragsrelevanten Umstände (tatsächliche und rechtliche) richtig und vollständig aufzuklären (BGH NJW-RR 2003, 700). Die Reichweite bestimmt sich nach den Umständen des Einzelfalls (BGH NJW 2000, 3642). **Nachforschungspflichten** treffen den Makler allerdings nicht ohne besondere Vereinbarung (OLG Hamm NJW-RR 2002, 780). Zweifel soll er dem Auftraggeber aber mitteilen (OLG Koblenz NJW-RR 1997, 1281). Im Immobilienbereich können die gesteigerten Pflichten bis zur Beratungsverpflichtung reichen (BGH NJW 2000, 3642; Belehrung bei Kenntnis vom fehlenden Bebauungsplan: BGH WM 1978, 1069). Steuerliche oder rechtliche Beratung im Hinblick auf den angestrebten Hauptvertrag schuldet der Makler i.d.R. nicht (Art. 1 § 1 RBerG, §§ 2, 3 StBerG; dazu OLG Düsseldorf NJW-RR 1997, 1280; OLG Koblenz NZM 2003, 830). 56

Der Makler hat grundsätzlich keine Verpflichtung, die erhaltenen **Angaben zu prüfen** (BGH NJW-RR 2007, 711; NJW 2000, 3642). Unerheblich ist, ob er die Angaben vom Auftraggeber oder von dritter Seite erhalten hat (Angaben im Exposé: OLG Hamburg ZMR 2003, 511). Bei der Tätigkeit als Doppelmakler sollen nur die Anforderungen an die Informationspflicht als solche erhöht sein (MüKo/Roth § 652 Rn. 265). 57

Schuldhafte Verletzungen der Pflichten durch den Makler führen zu **Schadensersatzansprüchen** des Auftraggebers nach § 280 Abs. 1 BGB. Der Anspruch kann dem Vergütungsanspruch des Maklers entgegengehalten bzw. bei Bezifferung aufgerechnet werden. Ausnahmsweise kann als Naturalrestitution auch die Befreiung vom Vergütungsanspruch geschuldet werden, wenn der Auftraggeber den Hauptvertrag ohne die Pflichtverletzung nicht abgeschlossen hätte (BGH NJW 1982, 1145). Das Verschulden eines Erfüllungsgehilfen wird nach § 278 zugerechnet; Mitverschulden ist nach § 254 zu berücksichtigen. 58

2. Pflichten des Auftraggebers

Der Auftraggeber ist gegenüber dem Makler zur Zahlung der Vergütung verpflichtet. Ansonsten treffen ihn nur die Nebenpflichten aus § 241 Abs. 2 BGB. Eine Pflichtverletzung liegt i.d.R. nicht vor, wenn der Auftraggeber die ursprüngliche Absicht zum Abschluss des Hauptvertrags aufgibt oder erforderliche Mitwirkungshandlungen unterlässt (BGH NJW 1967, 1225). Über die Entscheidung muss er den **Makler aber zeitnah unterrichten** (BGH WM 1972, 444). Er ist ferner zum vertraulichen Umgang mit den vom Makler erhaltenen Nachweisen verpflichtet (OLG Koblenz NJW-RR 1994, 180). Schuldhafte Pflichtverletzungen des Auftraggebers führen zu einem **Schadensersatzanspruch** des Maklers nach § 280 Abs. 1 BGB. Dabei wird häufig der Ersatz von nutzlosen Aufwendungen im Vordergrund stehen. 59

3. Verletzung von Vertragspflichten

Verletzungen von Vertragspflichten des Maklers können sich auf den Vergütungsanspruch auch nach allgemeinen Regeln über Schadensersatzansprüche auswirken. Darüber hinaus sind bei Vertragsverletzungen eigenständige Schadensersatzansprüche des Auftraggebers denkbar (§ 280 Abs. 1 BGB). Dabei ist zu berücksichtigen, dass insoweit einfache Fahrlässigkeit zur Begründung des Anspruchs ausreicht. Dagegen wird wegen des 60

Strafcharakters, der beim Verlust des Anspruchs in § 654 BGB zum Ausdruck kommt, als **subjektives Erfordernis ein »schweres Verschulden«** des Maklers gefordert. Grobe Fahrlässigkeit soll nicht ausreichen (MüKo/Roth § 654 Rn. 2). Der Makler darf die Vergütung nicht verdient haben (BGHZ 36, 323; 92, 184).

61 Die Rspr. und Teile der Literatur wollen bei vertragswidriger Doppeltätigkeit die **Verwirkung und den Schadensersatz nebeneinander** anwenden, allerdings die Verwirkung mit den weit höheren subjektiven Anforderungen (BGHZ 36, 323, 325; OLG Hamm NJW-RR 2001, 567; 2001, 1276). Für sonstige Pflichtverletzungen kann die Rechtsfolge des § 654 BGB eingreifen, wenn eine entsprechend schwere Pflichtverletzung vorliegt. Das wird insbesondere angenommen, wenn der Makler durch Verletzung wesentlicher Vertragspflichten den Interessen seines Auftraggebers in erheblicher Weise zuwider handelt (BGH MDR 1985, 741; Rdn. 11).

62 In der Rspr. wurde für das Eingreifen der Rechtsfolge des § 654 BGB eine **zeitliche Grenze** im Hinblick auf die auslösende Pflichtverletzung eingeführt. Danach sollen Pflichtverletzungen nach der Zahlung der fälligen Vergütung nicht mehr geeignet sein, die Anwendung des § 654 BGB zu begründen (BGHZ 92, 184). In der Literatur wird die Grenze zutreffend als schwer begründbar kritisiert (MüKo/Roth § 654 Rn. 5) und in der instanzgerichtlichen Rspr. werden zumindest Ausnahmen zugelassen (etwa OLG Hamm NJW-RR 1997, 889). Für vorvertragliches Fehlverhalten kommt § 654 BGB nach Ansicht der Rspr. nicht in Betracht (BGH NJW 1984, 232). Hier verbleibt es bei einem möglichen Schadensersatzanspruch aus §§ 280 Abs. 1, 311 Abs. 2 BGB. Vor dem Hintergrund der Präventivwirkung des § 654 BGB erscheint die Begrenzung ebenfalls zweifelhaft. Instanzgerichte lassen auch insoweit zumindest Ausnahmen zu (OLG Hamm NJW-RR 2000, 59).

4. Vertragswidrige Doppeltätigkeit

63 Die vertragswidrige Doppeltätigkeit des Maklers hat die Verwirkung des Vergütungs- und des Aufwendungsersatzanspruchs zur Folge. Das gilt im Hinblick auf jeden Maklervertrag, also für beide Verträge, falls der Makler sowohl in Bezug auf den Auftraggeber als auch den Dritten jeweils vertragswidrig tätig wird. Die subjektiven Voraussetzungen bedürfen bei vertragswidriger Doppeltätigkeit i.d.R. keiner besonderen Feststellung (BGHZ 48, 344, 350). Ist die Vergütung an den Makler schon bezahlt worden, kann diese nach Bereicherungsrecht mit der Leistungskondiktion (§ 812 Abs. 1 Var. 1) zurückgefordert werden. § 214 Abs. 2 ist nicht analog anwendbar (KG NJW-RR 1986, 598, 600). Ein Bereicherungsanspruch des Maklers wegen geleisteter Dienste kommt nicht in Betracht (ebenso Palandt/Sprau § 654 Rn. 3). Die Darlegungs- und **Beweislast** für die tatsächlichen Voraussetzungen des § 654 BGB trägt der Auftraggeber.

a) Doppeltätigkeit

64 Eine Doppeltätigkeit des Maklers liegt vor, wenn er mit beiden Parteien des Hauptvertrags einen Maklervertrag abgeschlossen hat. Gesetzlich verboten ist eine solche Doppeltätigkeit nicht (BGH NJW-RR 1998, 992; Rdn. 1). Die Anknüpfung an den Abschluss eines Maklervertrags mit beiden Parteien des Hauptvertrags ist zu eng. Im Vordergrund steht **die vertragswidrige Tätigkeit für beide Parteien**. Auf welcher Grundlage dies geschieht (z.B. Maklervertrag, Auftrag), ist nicht entscheidend (BGH NJW 1992, 681). **Vertragswidrig** ist die Doppeltätigkeit, wenn sie nicht erlaubt ist. Die Erlaubnis kann sich aus der vertraglichen Gestattung ergeben. Erforderlich ist die Gestattung durch beide Auftraggeber (BGHZ 61, 17, 24). Dafür ist grundsätzlich nur eine Individualvereinbarung geeignet, weil die Doppeltätigkeit vom gesetzlichen Leitbild des § 652 BGB

abweicht und eine entsprechende AGB-Klausel der Inhaltskontrolle i.d.R. nicht standhält (wie hier MüKo/Roth § 654 Rn. 8). Ausnahmen sind in bestimmten Bereichen denkbar, in denen die Doppeltätigkeit üblich geworden ist (etwa für Immobilienmakler oder bei Versteigerungen: BGH NJW-RR 2003, 991; 1998, 992, 993; ebenso Palandt/Sprau § 652 Rn. 70). In diesen Bereichen kann durch Vertragsauslegung sogar bei fehlender Vereinbarung im Maklervertrag von der Zulässigkeit der Doppeltätigkeit auszugehen sein (BGH NJW-RR 2003, 991). Eine **typische Konstellation** ist die Vermittlungstätigkeit für einen Auftraggeber und der Nachweis für den anderen Auftraggeber (BHG NJW-RR 2004, 1126). Neben der Gestattung ist daher auch beim Fehlen einer Interessenkollision nicht ohne Weiteres von einer vertragswidrigen Doppeltätigkeit auszugehen.

b) Besondere Maklerpflichten

Die Doppeltätigkeit verpflichtet den Makler zur **Unparteilichkeit** (BGHZ 48, 344, 347). **65**
Das Gebot der Fairness ist gegenüber beiden Auftraggebern einzuhalten, um jeweils den Anspruch auf die volle Vergütung zu erhalten (BGH NJW-RR 1998, 992, 993). Die Interessen beider Auftraggeber sind gleichwertig zu berücksichtigen (BGH NJW 2004, 154). Die gebotene Aufklärung gegenüber einem Auftraggeber überlagert in solchen Fällen regelmäßig die Verpflichtung zur Verschwiegenheit gegenüber dem anderen Auftraggeber (Staud/Reuter § 654 Rn. 7).

25. Kapitel
Nachbarrecht

Übersicht **Rdn.**

I. Einleitung

Nachbarrecht ist der Oberbegriff für eine schwer zu überschauende Ansammlung von Normen und Rechtsprechungsgrundsätzen, die die tatsächliche Ausübung von Rechten in Zusammenhang mit der Nutzung von Grundstücken regeln. Den weitesten Kreis an Rechten vermittelt das Grundeigentum, aber auch alle anderen denkbaren Rechte an Grundstücken, von den dinglichen über die obligatorischen bis zum bloßen Besitz, ermächtigen ihren Inhaber, in bestimmten Grenzen mit dem Grundstück zu verfahren und Beeinträchtigungen davon abzuwehren. Denkbar sind daneben auch weitere Schutzgüter, die in Zusammenhang mit der Nutzung von Grundstücken eine Rolle spielen können, wie z.B. das Eigentum an beweglichen Sachen auf einem Grundstück, der Körper und die Gesundheit, der eingerichtete und ausgeübte Gewerbebetrieb und das allgemeine Persönlichkeitsrecht. 1

Als Grenzen der Ausübungsrechte kommen sowohl die Ausübungsrechte der jeweils anderen Rechteinhaber, also typischerweise die der Nachbarn, als auch die normierten Interessen der Allgemeinheit in Betracht. Das Nachbarrecht stellt sich also als eine Fülle von Schranken dar, die die grundsätzlich freie Nutzbarkeit von Grundstücken auf ein gesellschaftlich vereinbartes Maß zurückführt. 2

1. Bundes- und Landesnachbarrecht

Ein wichtiger Grund für die Unübersichtlichkeit des deutschen Nachbarrechts liegt in dem ausgeprägten Nebeneinander von Bundes- und Landesrecht. Die nachbarrechtlichen Regelungen des BGB, also insbesondere die §§ 903 bis 924 BGB sowie § 1004 BGB, stellen zwar ein in sich geschlossenes System dar. Für dessen Ausgestaltung und Ergänzung bleibt den Bundesländern jedoch ein gewisser Spielraum. 3

Von der im Bereich des Nachbarrechts durch Art. 124 EGBGB eröffneten Möglichkeit der Gesetzgebung auf Landesebene haben fast alle Bundesländer Gebrauch gemacht. Neben eigenen Anspruchsgrundlagen, etwa auf Beseitigung oder Schadensersatz, die neben den Anspruchsgrundlagen des BGB zur Anwendung kommen können, findet sich in den einschlägigen landesrechtlichen Regelungen eine Vielzahl von nachbarrechtlichen Normen privatrechtlicher Natur, die bei der Auslegung und Konkretisierung auch bundesrechtlicher Ansprüche herangezogen werden müssen. 4

Was unter dem Inhalt des Eigentums an einem Grundstück i.S.v. § 903 BGB zu verstehen ist, erhält oft erst durch landesgesetzliche Regelungen, etwa in Bezug auf Grenzabstände von Gebäuden und Pflanzen, seine konkrete Gestalt. Daneben gibt es auch landesrechtliche Regelungen, die bestimmte bundesrechtliche Ansprüche unmittelbar einschränken, z.B. die Beschränkung des Selbsthilferechts aus § 910 BGB in Bezug auf das Abschneiden von Wurzeln und Zweigen durch §§ 23 bis 25 NRG BW. 5

Ohne die Einbeziehung der landesrechtlichen Vorschriften ist die Prüfung eines nachbarrechtlichen Sachverhalts mithin oft unvollständig. Dieses Kapitel vermag jedoch nur einen Einstieg in die landesrechtlichen Fragestellungen zu vermitteln (vgl. im Folgenden Rdn. 28, 40, 87 sowie den Anhang ab Rdn. 186). Für tiefere Einblicke sei auf die umfas- 6 sende Darstellung bei Meisner/Stern/Hodes/Dehner sowie auf die speziell für einzelne Bundesländer existierenden Darstellungen verwiesen (s. die Auflistung bei MüKo/Säcker EGBGB Art. 124).

7 Neben dem eigentlichen Landesrecht hat das Nachbarrecht indes weitere Quellen, die in einzelnen Fallgestaltungen eine Rolle spielen können. Hinzuweisen ist dabei zum einen auf das Ortsrecht, d.h. sowohl Verordnungen der Gemeindevertretungen als auch ortsrechtliches Gewohnheitsrecht (sog. Observanz, dazu eingehend Meisner/Stern/Hodes/Dehner A §4 IV; beispielhaft BGH NJW-RR 2009, 311 – Ostfriesisches Inwiekenrecht), zum anderen auf vorkonstitutionelles Recht, also vor allem das Preußische Allgemeine Landrecht (vgl. aktuelles Beispiel in OLG Brandenburg NJ 2007, 224), alte Stadtrechte oder den Code Civil.

2. Nachbarrecht zwischen Privatrecht und öffentlichem Recht

8 In zunehmendem Maße wird das Nachbarrecht zudem durch den Einfluss des öffentlichen Rechts bestimmt. Zum einen dienen öffentlich-rechtliche Vorgaben dazu, die privatrechtlichen Ansprüche zu konkretisieren und mit Inhalt zu füllen. So werden etwa Bebauungspläne regelmäßig für die Frage nach der »Ortsüblichkeit« bestimmter Nutzungen im Rahmen von §906 BGB herangezogen. Auch hat das öffentliche Recht großen Einfluss auf die Vollstreckbarkeit nachbarrechtlicher Ansprüche, etwa wenn für das – zivilrechtlich grundsätzlich geschuldete – Fällen eines Baumes eine behördliche Genehmigung erforderlich ist. Zahlreiche öffentlich-rechtliche Normen stellen überdies im Hinblick auf bestimmte Immissionen konkrete Duldungspflichten dar, durch die Ansprüche auf Abwehr dieser Immissionen dann ausgeschlossen sind, wenn die Betriebsgenehmigung unanfechtbar erteilt ist. Weiter ist anerkannt, dass öffentlich-rechtliche Vorschriften Schutznormen i.S.v. §823 Abs. 2 BGB sein können, wenn sie eine solche Schutzwirkung für den Nachbarn entfalten.

9 Zum anderen hat die Ausweitung der Möglichkeiten des öffentlich-rechtlichen Rechtsschutzes in der zweiten Hälfte des 20. Jahrhunderts dazu geführt, dass nachbarrechtliche Ansprüche heute nicht mehr lediglich im bipolaren Verhältnis zwischen den Nachbarn selbst geltend gemacht werden können, sondern daneben auch im dreiseitigen Verhältnis zwischen zwei Nachbarn und einer zuständigen Verwaltungsbehörde. Hat nämlich eine Behörde im Rahmen eines Genehmigungs- oder eines Aufsichtsverfahrens die Aufgabe, auch die Einhaltung nachbarschützender Vorschriften zu überwachen, so können Ansprüche des Nachbarn entstehen, dessen subjektive öffentliche Rechte durch ein Handeln oder Unterlassen der Behörde verletzt wurden. Diese Ansprüche können dann auf dem Verwaltungsrechtsweg gem. §40 Abs. 1 VwGO gegen die Behörde bzw. ihren Rechtsträger eingeklagt werden.

10 Der deutliche Schwerpunkt dieses Kapitels liegt auf dem privaten Nachbarrecht und seiner Geltendmachung vor den Zivilgerichten. Soweit öffentlich-rechtliche Vorschriften im Rahmen der Prüfung zivilrechtlicher Ansprüche eine Bedeutung haben, werden sie diskutiert (s.u. Rdn. 19ff., 72ff., 100ff. und 155f.). Fragen der verwaltungsgerichtlichen Geltendmachung nachbarrechtlicher Ansprüche werden aber nur kurz angerissen (s. Rdn. 171ff.). Die Möglichkeit, dass je nach Fallkonstellation auch ein Anrufen des Verwaltungsgerichts Erfolg versprechend sein könnte, darf indes in nachbarrechtlichen Angelegenheiten nie außer Acht gelassen werden, besonders dann nicht, wenn behördliche Erlaubnisse, etwa eine Baugenehmigung, im Spiel sind.

3. Gegenseitigkeit des Nachbarrechts

Für nachbarrechtliche Fallgestaltungen ist es typisch, wenn auch nicht zwingend, dass sich ähnlich gelagerte Ansprüche spiegelbildlich gegenüber stehen. Diese Gegenseitigkeit ergibt sich aus der Natur dessen, was ein Nachbar ist, nämlich ein Gegenüber auf der gleichen Ebene. Die Grenze des Anspruchs des einen Grundstückseigentümers auf Ausübung seiner ihm aus dem Eigentum erwachsenden Rechte ist regelmäßig der entgegen gesetzte Anspruch des benachbarten Eigentümers auf Ausübung seiner eigenen Rechte. 11

Dabei verdient das Tun des einen Eigentümers a priori denselben Schutz wie der Wunsch des anderen Eigentümers, von einem bestimmten Tun verschont zu werden. Beide Positionen stützen sich zudem regelmäßig auf die grundrechtlich abgesicherte Freiheit des Eigentums gem. Art. 14 GG oder die allgemeine Handlungsfreiheit gem. Art. 2 Abs. 1 GG. Einen Ausgleich zwischen dem notwendigem Mindestschutz des Nachbarn und Wahrung der Freiheit des Emittenten zu finden, ist die zentrale Aufgabe des Nachbarrechts. 12

II. Beseitigungs- und Unterlassungsansprüche (Abwehransprüche)

Der auf ein Handeln oder Unterlassen des Nachbarn gerichtete, primäre Abwehranspruch steht im Mittelpunkt der meisten nachbarrechtlichen Fallgestaltungen. Anhand der Abwehransprüche sollen im Folgenden die wesentlichen Grundzüge des Nachbarrechts erörtert werden. Die in der Praxis oft ebenso wichtigen Ansprüche auf Geldleistung werden danach behandelt (s.u. Rdn. 124). 13

1. Die einzelnen Abwehransprüche

Der wichtigste Abwehranspruch ist der aus § 1004 Abs. 1 BGB. Das diesem Anspruch zugrunde liegende Prüfungsschema gilt in gleicher oder entsprechender Weise auch für die anderen hier erörterten Abwehransprüche. Aus diesem Grund werden im Folgenden exemplarisch die Voraussetzungen des Anspruchs aus § 1004 Abs. 1 BGB dargestellt. Sofern für die weiteren Abwehransprüche Besonderheiten gelten, wird darauf gesondert eingegangen. 14

a) Der negatorische Anspruch (§ 1004 Abs. 1 BGB)

Die zentrale Norm des nachbarrechtlichen Abwehranspruchs ist § 1004 BGB. Es handelt sich dabei um eine Auffangnorm, die den durch § 985 BGB gewährten Schutz des Eigentümers vor der Vorenthaltung des Besitzes auf sämtliche Arten möglicher Beeinträchtigungen erstreckt. Die Bezeichnung als »negatorischer« Anspruch stammt von der actio negatoria des römischen Rechts, die auf Verneinung (negatio) eines vom Störer angemaßten Rechtes (z.B. einer Dienstbarkeit) abzielte. Obwohl § 1004 BGB nicht nur die Abwehr solcher Anmaßungen, sondern – und sogar in erster Linie – rein tatsächlicher Beeinträchtigungen umfasst, ist die Bezeichnung weiterhin allgemein üblich. 15

Kraft zahlreicher Verweisungen ist § 1004 BGB auf andere dingliche Rechte entsprechend anwendbar (Dienstbarkeiten: § 1027 BGB; Pfandrecht: § 1227 BGB; Erbbaurecht: § 11 ErbbauVO; Dauerwohnrecht: § 34 Abs. 2 WEG). Gem. §§ 10, 13 WEG gilt er auch für das Wohnungseigentum. 16

Im Wege der Analogie ist § 1004 Abs. 1 BGB auch auf Störungen aller weiteren absolut geschützten Rechtsgüter i.S.v. § 823 Abs. 1 BGB entsprechend anwendbar. Im nachbarrechtlichen Kontext ist dabei in erster Linie an die Gesundheit (vgl. LG Gießen NJW-RR 17

1995, 543 – Verletzung der Streupflicht; LG München II NJW-RR 1997, 465, 466 – Mobilfunkantenne), den eingerichteten und ausgeübten Gewerbebetrieb (vgl. BGH NJW 1998, 2058, 2059 f.; NJW 1989, 2251, 2253; NJW 1980, 770 = ZMR 1980, 235), das allgemeine Persönlichkeitsrecht (LG Braunschweig NJW 1998, 2457 f. – Überwachung durch Videokamera; AG Grünstadt NJW 1995, 889 – beleidigender Anblick von Gartenzwergen) und an den Gemeingebrauch (BGH NJW 1998, 2058, 2059) zu denken.

b) Der sog. quasinegatorische Anspruch

18 Über § 823 Abs. 2 BGB in Verbindung mit der Vielzahl von anerkannten Schutzgesetzen führt die analoge Anwendung von § 1004 Abs. 1 BGB darüber hinaus zu einem Abwehranspruch im Hinblick auf rein deliktisch geschützte Rechtspositionen. Hierfür hat sich der Begriff des »quasinegatorischen« Abwehranspruchs eingebürgert.

19 Die nachbarrechtliche Bedeutung dieses Anspruchs liegt darin, dass auch drittschützende Normen des öffentlichen Rechts Schutzgesetze i.S.v. § 823 Abs. 2 BGB sind. Somit stellt der quasinegatorische Anspruch eine **Brücke zwischen dem privaten und dem öffentlichen Nachbarrecht** dar. Soweit eine Norm des öffentlichen Rechts drittschützenden Charakter hat, kann ein Nachbar, dessen Interessen in den Schutzbereich dieser Norm fallen, die eingetretene oder drohende Verletzung der Norm über § 823 Abs. 2 BGB und die analoge Anwendung von § 1004 BGB zum Gegenstand eines privatrechtlichen Abwehranspruchs machen (vgl. BGH WuM 1974, 572 = MDR 1974, 571). Für das Nachbarrecht sind insbesondere die baurechtlichen Normen relevant. Wenn auch nicht jede Norm des öffentlichen Baurechts potentiell drittschützenden Charakter hat (vgl. BVerwG NVwZ 1987, 409 = BauR 1987, 70), so ist dies für zahlreiche Regelungen anerkannt (vgl. etwa BGHZ 66, 354 = NJW 1976, 1888 = BauR 1977, 69 und BGH NJW 1985, 2825 – landesrechtliche Normen über den seitlichen Grenzabstand (Bauwich); BayObLG NJW-RR 1994, 781 – bauordnungsrechtliche Brandschutzregeln). Es besteht hierzu eine umfangreiche Kasuistik (vgl. die Übersicht bei Palandt/Bassenge § 903 Rn. 16 ff.).

20 Auch behördliche Einzelfallregelungen in Verbindung mit der ihnen zugrunde liegenden Ermächtigungsgrundlage können danach Schutzgesetze i.S.v. § 823 Abs. 2 BGB darstellen. Der in der Praxis relevanteste Fall ist die **Baugenehmigung**, wenn sie nachbarschützende Auflagen enthält. Die Einhaltung solcher Auflagen kann also Gegenstand eines quasinegatorischen Abwehranspruchs sein. An behördliche Anordnungen, die mit dem Zweck erlassen wurden, nachbarschützende Vorschriften durchzusetzen, ist nämlich auch das Zivilgericht in einem privaten Rechtsstreit zwischen Nachbarn gebunden (vgl. BGHZ 122, 1, 5 = NJW 1993, 1580, 1581 = ZMR 1993, 266 – Verstoß des Störers gegen eine mit der Baugenehmigung verbundene Lärmschutzauflage; BGH NJW 1997, 55 – Verstoß gegen eine Auflage, einen Kamin nur als Notkamin zu betreiben; zur Kritik im Schrifttum an dieser Rechtsprechung vgl. MüKo/Wagner BGB § 823 Rn. 337 ff. m.w.N.; zur Position der öffentlich-rechtlichen Lehre, die eine viel weiter gehende Bindungswirkung fordert vgl. Dolderer DVBl. 1998, 19 ff.; näheres zu den Duldungspflichten s.u. Rdn. 109).

c) Nachbarliches Gemeinschaftsverhältnis

21 In einer bekannten Entscheidung (BGHZ 113, 384 = NJW 1991, 1671, 1672 = BauR 1991, 374 – Kaltluftsee) hat der Bundesgerichtshof zwar einen Unterlassungsanspruch aus § 1004 BGB mangels Vorliegen einer Beeinträchtigung im Sinne der Norm verneint, *gleichzeitig* aber einen eigenen, eingeschränkten Unterlassungsanspruch für möglich gehalten, der aus dem sog. nachbarlichen Gemeinschaftsverhältnis (hierzu ausführlich unten Rdn. 93 ff.), also aus der Anwendung von § 242 BGB auf das Verhältnis zwischen Nachbarn, resultiert. Hierbei handelt es sich aber um eine Einzelfallentscheidung, auf die der Bundesgerichtshof zwar in anderen Entscheidungen Bezug genommen (z.B. BGH NJW 1992, 2569, 2570 = BauR 1992, 655), das Vorliegen der Voraussetzungen eines solchen Anspruchs jedoch verneint hat.

d) § 862 BGB Besitzstörung

Da es für Störungen des Besitzes mit § 862 BGB eine eigene Anspruchsnorm gibt, hat diese als lex specialis vor der analogen Anwendung von § 1004 Abs. 1 BGB Vorrang. In der Rechtsfolge ist der Abwehranspruch aus § 862 BGB aber dem Anspruch aus § 1004 Abs. 1 BGB vergleichbar. Die denkbaren Fälle der verbotenen Eigenmacht durch Besitzstörung entsprechen denen der Eigentumsbeeinträchtigung (vgl. die Beispiele bei Palandt/Bassenge BGB § 858 Rn. 3). Außerdem haben für § 862 BGB dieselben Duldungspflichten wie für § 1004 Abs. 1 BGB zu gelten, da der Besitz nicht mehr Rechte vermitteln kann als das Eigentum (vgl. LG München II NJW-RR 1997, 465, 466; LG Kempten NJW 1995, 970). 22

e) § 907 BGB Gefahr drohende Anlagen

§ 907 BGB ist ein eigener Abwehranspruch neben § 1004 Abs. 1 BGB, der zum Zweck hat, die allgemeinen Abwehrrechte des Eigentümers aus § 1004 Abs. 1 BGB in zweierlei Hinsicht zu erweitern. Zum einen gibt § 907 BGB einen Anspruch auf die Beseitigung der gesamten Anlage, während § 1004 Abs. 1 BGB sich stets im Anspruch auf die Beseitigung der konkreten Störung erschöpft. Zum anderen sollte § 907 BGB dem Nachbarn einen vorbeugenden Schutz einräumen, den § 1004 Abs. 1 BGB, der nach seinem Wortlaut voraussetzt, dass eine Störung bereits eingetreten ist, zumindest ursprünglich nicht vermittelte. Durch die Ausweitung des Begriffs der Wiederholungsgefahr aus § 1004 Abs. 1 S. 2 BGB auch auf Erstbeeinträchtigungen (vgl. unten Rdn. 118) hat der vorbeugende Charakter von § 907 BGB seine Bedeutung verloren. Der Anspruch ist gem. § 924 BGB unverjährbar. 23

f) § 908 BGB Drohender Gebäudeeinsturz

§ 908 BGB ist wie § 907 BGB ein vorbeugender Abwehranspruch, der, da Gebäude stets Anlagen i.S.v. § 907 BGB sind, einen Spezialfall von § 907 BGB darstellt. Im Unterschied zu § 907 BGB erfordert § 908 BGB allerdings nicht, dass der Einsturz mit Sicherheit zu erwarten ist, sondern lässt das bloße Drohen, mithin das Vorliegen einer überwiegenden Wahrscheinlichkeit ausreichen. Da der vorbeugende Rechtsschutz von § 1004 Abs. 1 BGB erfasst wird, ist die Relevanz der Norm gering. In der Praxis wird es häufig Erfolg versprechender sein, die Bauaufsichtsbehörde einzuschalten (so zutreffend Meisner/Stern/Hodes/Dehner B § 19 I). 24

g) § 909 BGB Vertiefung

Trotz seines Wortlauts ist § 909 BGB nicht bloß eine Verbotsnorm, sondern stellt einen eigenen Abwehranspruch auf Unterlassung bzw. Beseitigung dar, der neben § 1004 Abs. 1 BGB steht. Geschützt ist der Eigentümer bzw. der dinglich Berechtigte (sowie der Besitzer, vgl. BGHZ 147, 45 = NJW 2001, 1865 = BauR 2001, 1587) des Nachbargrundstücks. Dabei schützt § 909 BGB nicht nur die unmittelbar an das zu vertiefende Grundstück grenzenden Grundstücke, sondern jedes Grundstück, dem die erforderliche Stütze durch die geplante Vertiefung entzogen würde (RG JW 1923, 288). Tatbestandlich ist jede Art von Vertiefung, auch etwa die durch Entzug von Grundwasser (BGHZ 101, 106 = NJW 25

1987, 2810, 2811 = BauR 1987, 712), Abriss eines Kellers (BGH NJW 1980, 224, 225 = BauR 1980, 89), das Gewicht eines Hauses (BGHZ 101, 290 = NJW 1987, 2808 = BauR 1987, 717) oder Auskippen von Bauschutt (BGH NJW 1971, 935) hervorgerufene. Ein Bebauungsplan hat keine privatrechtsgestaltende Wirkung und bildet mithin keine Eingriffsgrundlage (BGH NJW 1980, 1679).

26 Das in § 909 BGB enthaltene Verbot der unzulässigen Vertiefung richtet sich nicht nur gegen den Eigentümer des Grundstücks, von dem die Störung ausgeht, sondern gegen jeden, der an der Vertiefung mitwirkt, wie z.B. den Architekten, den Bauunternehmer, den bauleitenden Ingenieur oder auch den Statiker, dessen Berechnungen die Grundlage für den Bodenaushub und die dabei zu beachtenden Sicherungsmaßnahmen bilden (hierzu umfangreich und mit zahlreichen Nachweisen BGH NJW 1996, 3205 = BauR 1996, 877), was insbesondere deswegen eine Rolle spielt, weil § 909 BGB zugleich Schutzgesetz i.S.v. § 823 Abs. 2 BGB ist und mithin einen verschuldensabhängigen Schadensersatzanspruch begründen kann (s.u. Rdn. 136).

27 Das Vorliegen einer anderweitigen Befestigung stellt eine spezielle Duldungspflicht für Ansprüche aus § 909 BGB dar. Da der Störer die Wahl hat, ob er die Vertiefung unterlässt bzw. rückgängig macht oder stattdessen für eine anderweitige Befestigung sorgt, muss die Möglichkeit der anderweitigen Befestigung bereits in den Klageantrag aufgenommen werden (vgl. hierzu Meisner/Stern/Hodes/Dehner B § 20 I 5b). Im Prozess trägt der belastete Nachbar die Darlegungs- und Beweislast für den drohenden Stützverlust, der Störer diejenige für das Bestehen einer anderweitigen Befestigung.

h) Abwehransprüche aus dem Landesnachbarrecht

28 In einigen Nachbarrechtsgesetzen existiert ein Generalverweis auf die Vorschriften des BGB (z.B. § 50 NachbG NW), sodass Anspruchsgrundlage für den Abwehranspruch dann die jeweils verletzte Nachbarrechtsnorm i.V.m. § 1004 Abs. 1 BGB ist. Daneben gibt es aber eine Vielzahl von landesrechtlichen Normen, die einen unmittelbaren Abwehranspruch gewähren (z.B. § 14 SächsNRG; § 39 BbgNRG – Anspruch auf Beseitigung bzw. Zurückschnitt von Pflanzen, die bestimmte Höhen oder Grenzabstände überschreiten; § 42 Abs. 2 NachbG SchlH – Anspruch auf Beseitigung von Gebäuden). Relevant für Abwehransprüche aus dem Landesnachbarrecht sind somit die zahlreichen Regelungen über Grenzabstände (s.u. Rdn. 204 ff.), aber auch Verbotsnormen z.B. im Hinblick auf den Abfluss von Niederschlagswasser (s.u. Rdn. 210).

2. Anspruchsinhaber

29 Gläubiger des Anspruchs aus § 1004 BGB ist der Eigentümer des Grundstücks und jeder weitere dinglich Berechtigte (vgl. Rdn. 15). Bloß obligatorisch Berechtigte haben nur den vergleichbaren Anspruch aus § 862 BGB, es sei denn, sie können sich auf einen quasinegatorischen Anspruch in Verbindung mit einer Schutznorm stützen. Auch dem Inhaber eines Anwartschaftsrechts auf Erwerb des Eigentums wird regelmäßig nur Besitzschutz zukommen, wenn er nicht vom Veräußerer zur Geltendmachung negatorischer Ansprüche ermächtigt wurde, was allerdings i.d.R. zumindest konkludent erfolgt sein dürfte (vgl. MüKo/Medicus BGB § 1004 Rn. 17).

30 Der einzelne Miteigentümer kann gem. § 1011 BGB auch alleine gegen den Störer vorgehen; die anderen Miteigentümer sind in diesem Falle keine notwendigen Streitgenossen (BGHZ 92, 351 = NJW 1985, 385). Wegen § 21 Abs. 1 WEG steht ein solches Recht dem Wohnungseigentümer *nicht* zu; für Klagen wegen der Beeinträchtigung des gemeinschaftlichen Eigentums gegen einen Dritten ist die Ermächtigung durch die Wohnungseigentümergemeinschaft erforderlich (vgl. BGHZ 121, 22 = NJW 1993, 727 = ZMR 1993, 173). Auch ein einzelner Wohnungseigentümer kann jedoch den Anspruch auf Beseitigung einer Beeinträchtigung des gemeinschaftlichen Eigentums gegen einen anderen Miteigentümer geltend machen (vgl. BGHZ 116, 392 = NJW 1992, 978 = BauR 1992, 248 = ZMR 1992, 167).

3. Beeinträchtigung

Als Beeinträchtigung i.S.v. § 1004 BGB ist jeder dem Inhalt des Eigentums (§ 903 BGB) widersprechende Zustand anzusehen (BGHZ 66, 37, 39 = NJW 1976, 416), der sich nicht in einer Entziehung oder Vorenthaltung des Besitzes erschöpft, da für letzteres § 985 BGB lex specialis ist. Aufgrund dieser weit reichenden Definition ist das Vorliegen dieses Tatbestandsmerkmals nur in bestimmten Fällen umstritten, die in den folgenden Fallgruppen zusammengefasst werden können (zur Kasuistik insgesamt vgl. die umfangreiche Zusammenstellung bei Bamberger/Roth/Fritzsche BGB § 1004 Rn. 38 ff.). **31**

a) Einwirkungen ohne Grenzüberschreitung

Das Versperren des Zugangs zu einem Grundstück, etwa durch Erhöhung einer Straße (BGHZ 30, 241, 242 = NJW 1959, 1776), verbotenes Parken (OLG Karlsruhe NJW 1978, 274) oder Behinderung öffentlicher Zugangswege (BGH NJW 1998, 2058), kann als Beeinträchtigung i.S.v. § 1004 BGB angesehen werden, weil es die sich insbesondere im Besitzen und Benutzen äußernde tatsächliche Herrschaft des Eigentümers beschränkt. Dem Zugang eines Grundstücks zu einem Fluss kommt aber nicht die gleiche Bedeutung zu, sodass bei einer Verlegung des Flusslaufs keine abwehrfähige Beeinträchtigung des Grundstücks vorliegt (BGHZ 48, 340, 342 = NJW 1968, 107). **32**

Ebenso wenig abwehrfähig ist das Fotografieren eines Hauses von einer allgemein zugänglichen Stelle aus (BGH NJW 1989, 2251). Hier ist richtigerweise eine Beeinträchtigung zu verneinen, da der Fotografiervorgang keinerlei Auswirkungen auf die Nutzung der Sache selbst hat. **33**

b) Negative Einwirkungen

Schon auf die ständige Rechtsprechung des Reichsgerichts geht der Begriff der negativen Einwirkungen zurück. Hiermit sind Umstände gemeint, die dazu führen, dass das betroffene Grundstück von dem natürlichen Zu- und Abfluss von Luft, Licht, Funkwellen und Ähnlichem abgeschirmt wird. Die Beeinträchtigung liegt hier eben gerade in dem Fehlen bestimmter, vormals vorhandener Einwirkungen. Bekannte Beispiele hierfür sind der gestörte Fernsehempfang durch das Abschirmen von Funkwellen durch ein benachbartes Hochhaus (BGHZ 88, 344 = NJW 1984, 729 = BauR 1984, 203), das Aufstauen von kalter Luft vor einem Wall von Erdaushub auf dem Nachbargrundstück (BGHZ 113, 384, 386 = NJW 1991, 1671, 1671 f. = BauR 1991, 374 – Kaltluftsee) und der Entzug von Luft und Licht durch eine Mauer auf dem nachbarlichen Grundstück (BGH NJW 1992, 2569, 2570 = BauR 1992, 655). **34**

Nach der ständigen Rechtsprechung des Bundesgerichtshofs stellen diese Einwirkungen keine abwehrfähigen Beeinträchtigungen dar. Die nachbarrechtlichen Regelungen des BGB sehen Beschränkungen des Eigentümers nur im Falle der »Zuführung« (§ 906 Abs. 1 S. 1 BGB) von Imponderabilien, mithin positiven Einwirkungen, vor. Eine Erweiterung auf negative Immissionen ist in der Gesetzessystematik nicht vorgesehen und war auch vom Gesetzgeber des BGB nicht beabsichtigt (vgl. Motive zum Entwurf des BGB, 2. Aufl. III S. 259, 264). Für eine Analogie fehlt es an einer Regelungslücke, da es insofern **35** beim Grundsatz der unbeschränkten Eigentümerrechte aus § 903 BGB bleibt (vgl. BGHZ 88, 344 = NJW 1984, 729 = BauR 1984, 203; zur gut begründeten Gegenansicht vgl. Wolf Rn. 308 ff.; Anzeichen für eine Änderung der Auffassung des BGH zeigen sich auch bei Wenzel NJW 2005, 241, 247).

c) Ideelle Einwirkungen

36 Bloß visuell wahrnehmbare, ideelle Störungen, die das ästhetische oder sittliche Empfinden des Nachbarn treffen, unterfallen nach ständiger Rechtsprechung des Bundesgerichtshof ebenfalls nicht dem Begriff der Beeinträchtigung. Es fehlt hier an der physischen Einflussnahme.

37 Bereits das Reichsgericht entschied, dass der Anblick von Nacktbadenden auf dem Nachbargrundstück keine Einwirkung i.S.v. § 1004 Abs. 1 BGB ist (RGZ 76, 130, 131 f.). Der Anblick eines benachbarten Schrottplatzes verletzt das allgemeine Persönlichkeitsrecht des Nachbarn nicht (BGHZ 54, 56, 60 f. = NJW 1970, 1541). Der benachbarte Lagerplatz eines Baubetriebes ist keine das Grundstück des Nachbarn beeinträchtigende Einwirkung (BGHZ 51, 396 = NJW 1969, 1208). Auch ein Bordellbetrieb auf dem Nachbargrundstück verletzt allenfalls das Schamgefühl oder das ästhetische Empfinden und ist mithin keine abwehrfähige Beeinträchtigung (BGHZ 95, 307, 309 = NJW 1985, 2823, 2824 = ZMR 1985, 405). Eine Abweichung von diesem Grundsatz ist allenfalls in besonders krassen Fällen denkbar (BGH NJW 1975, 170 – dort abgelehnt).

38 Die Rechtsprechung der Instanzgerichte hat in Einzelfällen Ausnahmen von diesem Grundsatz zugelassen und eine Beeinträchtigung dann bejaht, wenn die ideelle Störung so weit ging, dass sie zugleich die Verletzung eines absoluten Schutzgutes, wie z.B. des allgemeinen Persönlichkeitsrechts, darstellte (so etwa hinsichtlich der Belästigung durch Videokameras oder durch beleidigende Gartenzwerge, s.o. Rdn. 17 m.w.N.; zur Diskussion über ideelle Einwirkungen eingehend Künzl NJW 1984, 774).

d) Natürliche Einwirkungen

39 Beeinträchtigungen, die ausschließlich auf Naturkräfte zurückgehen, werden teilweise auch unter dem Begriff der Beeinträchtigung diskutiert. Richtigerweise handelt es sich in diesen Fällen aber nicht um die Frage, ob eine Beeinträchtigung vorliegt (was regelmäßig der Fall ist), sondern ob eine Beeinträchtigung einem Störer zugeordnet werden kann. Denn Abwehransprüche kann es notwendigerweise nur gegen Personen geben. Wenn für ein bestimmtes Naturereignis kein verantwortlicher Störer gefunden werden kann, scheiden natürlich auch jegliche Ansprüche aus. Die Verantwortlichkeit des potentiellen Störers für sog. natürliche Einwirkungen kann dogmatisch sauber mithin nur im Rahmen der Störerauswahl (s.u. Rdn. 49) bzw. der Duldungspflichten (s.u. Rdn. 61) erörtert werden.

e) Abweichende Regelungen im Landesnachbarrecht

40 Anders als das Bundesnachbarrecht halten die Nachbarrechtsgesetze der Länder auch Regelungen bereit, die sich mit gestalterischen und ästhetischen Aspekten beschäftigen. So können bestimmte Fälle negativer oder ideeller Einwirkungen, die im Bundesnachbarrecht nicht abwehrfähig sind, Gegenstand eines landesrechtlichen Abwehranspruchs sein. Beispielsweise bestimmen §§ 32, 35 NachbG NW eine Pflicht des Nachbarn zur Errichtung einer ortsüblichen Einfriedung. Hat der störende Nachbar nun eine nicht ortsübliche Einfriedung errichtet, stellt dies einen nachbarrechtswidrigen Zustand dar, dessen Beseitigung der belastete Nachbar gem. § 1004 Abs. 1 BGB (i.V.m. der auf das BGB verweisenden Norm § 50 NachbG NW) verlangen kann (BGHZ 73, 272 = NJW 1979, 1408; BGH NJW 1992, 2569 = BauR 1992, 655; NJW 1979, 1409 = BauR 1979, 444 = ZMR 1979, 277).

f) Einwirkungsbegriff bei Wohnungseigentümergemeinschaft

Ebenso können bei nachbarrechtlichen Streitigkeiten zwischen Wohnungseigentümern innerhalb derselben Gemeinschaft negative Einwirkungen abwehrfähig sein. Aus den hier einschlägigen §§ 14 Nr. 1, 15 Abs. 3 WEG ergeben sich erhöhte Rücksichtnahmepflichten und mithin ein anderer Prüfungsmaßstab als im Verhältnis zwischen benachbarten Grundstückseigentümern. Ein Wohnungseigentümer kann deshalb vom anderen die Beseitigung einer nicht ganz geringfügigen, konkret spürbaren und objektiv feststellbaren Beeinträchtigung verlangen, worunter auch der störende Schattenwurf durch einen Baum fällt (vgl. OLG Köln NJW-RR 1997, 146 = ZMR 1997, 47; OLG Hamm NJW-RR 2003, 230 = ZMR 2003, 372). In einer Gemeinschaft von Bruchteilseigentümern gelten diese besonderen Rücksichtnahmepflichten wegen des Fehlens einer Norm wie § 14 WEG nur sehr eingeschränkt (vgl. BGH NJW 2007, 3636, 3637). 41

4. Anspruchsgegner (Störer)

Der privatrechtliche Abwehranspruch setzt weiter voraus, dass die Beeinträchtigung einer Person zugerechnet werden kann. Die für eine bestimmte Beeinträchtigung verantwortliche Person ist der Störer i.S.v. § 1004 BGB. Die Störereigenschaft ist ein besonders umfassender Verantwortungsbegriff, der insbesondere kein Verschulden voraussetzt. Gerade in der verschuldensunabhängigen Haftung des Störers liegt die Besonderheit des negatorischen Anspruchs. 42

Grundlage der Zurechnung ist nach h.M. zunächst die Verursachung durch den Störer. Dieser Ausgangspunkt wird weithin aus nachvollziehbaren Gründen als dogmatisch unergiebig kritisiert (vgl. z.B. Neuner JuS 2005, 385, 387 m.w.N.), weil die bloße Kausalität angesichts der logischen Gleichwertigkeit aller Ursachen als Zurechnungskriterium ungeeignet ist (vgl. BGH NJW 1995, 2633). Zur Verursachung haben danach weitere Umstände zu treten, die in wertender Betrachtung herangezogen werden. Zur näheren Eingrenzung der Fallgruppen wird üblicherweise das aus dem Polizeirecht stammende Begriffspaar von Handlungs- und Zustandsstörer verwendet. 43

a) Handlungsstörer

Unproblematisch ist derjenige für eine Beeinträchtigung verantwortlich, der sie durch sein eigenes, aktives Tun unmittelbar herbeigeführt hat, etwa durch Betrieb einer emittierenden Anlage, Abladen von Abfällen, Betreten eines Grundstücks etc. Solange die Beeinträchtigung fortbesteht, bleibt ein solcher Handlungsstörer auch verantwortlich i.S.v. § 1004 BGB, unabhängig davon, ob die Gründe für seine einstige Verantwortlichkeit fortbestehen (vgl. BGH NJW 1996, 845, 846 – Bodenkontamination durch eine Firma, die mittlerweile ihren Betrieb eingestellt hat). 44

Etwas schwieriger wird die Einordnung desjenigen als Handlungsstörer, der eine Störung nur mittelbar über eine längere Kausalkette herbeigeführt hat. Parallel zum Zweckveranlasser im Polizeirecht ist er jedenfalls dann verantwortlich, wenn die Störung sich als Realisierung eines von ihm gesetzten Risikos erweist. So wird etwa der Bauherr als **mittelbarer Handlungsstörer** in Bezug auf Belästigungen angesehen, die durch den beauftragten Bauunternehmer erzeugt werden (BGH MDR 1968, 483 – Bund verantwortlich für Staubbelastung bei an Privatfirma vergebenem Autobahnbau; NJW 1962, 1342 – Bauherr für Lärm von Abbrucharbeiten verantwortlich). Ein Sportverein ist verantwortlich für den Lärm seiner Mitglieder bei der Ausübung des Sports (vgl. BGH NJW 1983, 751 = ZMR 1983, 205 = BauR 1983, 233 – Tennisplatzlärm). Auch derjenige, der gezielt Tiere z.B. durch Fütterung anlockt, ist handlungsverantwortlich für Beeinträchtigungen, die 45 diese Tiere hervorrufen (vgl. OLG Köln NJW-RR 1989, 205 – Katzen; s. weitere Fälle bei MüKo/Medicus BGB § 1004 Rn. 53). Der Eigentümer einer Mietwohnung kann indes für Störungshandlungen seines Mieters nur dann als mittelbarer Handlungsstörer verantwortlich gemacht werden, wenn er dem Mieter den Gebrauch seiner Sache mit der Erlaubnis zu den störenden Handlungen überlassen hat oder wenn er es unterlässt, den Mieter von dem den Nachbarn beeinträchtigenden Gebrauch der Mietsache abzuhalten (BGH NJW 2006, 992 = ZMR 2006, 357).

b) Zustandsstörer

46 Zustandsstörer ist daneben grundsätzlich derjenige, dem die Herrschaftsmacht über eine bestimmte Störungsquelle zusteht. Als die Zurechnung begründende Herrschaftsmacht kommt dabei in erster Linie das Eigentum, aber auch der Besitz in Betracht (vgl. BGHZ 41, 393, 395 f. = NJW 1964, 1794). Konkret führt dies zu einer Verantwortlichkeit des Berechtigten für die Handlungen Dritter. Im typischen Fall ist der Vermieter eines Grundstücks, der unzulässige Immissionen durch den Mieter duldet, Zustandsstörer (vgl. BGHZ 95, 307, 308 = NJW 1985, 2823, 2824 = ZMR 1985, 405 – Bordellbetrieb). Auf die gleiche Weise ist der Gastwirt für Geräuschbelästigungen durch seine Gäste (BGH NJW 1963, 2020) und der Flughafenbetreiber für den Lärm startender und landender Flugzeuge (BGHZ 69, 118 = NJW 1977, 1920 = ZMR 1978, 55) verantwortlich. Es kommt dabei grundsätzlich nicht darauf an, ob der Eigentümer die Störungsquelle zurechenbar verursacht hat, vielmehr ergibt sich die Haftung daraus, dass der Eigentümer für den Zustand seiner Sache verantwortlich ist (vgl. BGH NJW-RR 1996, 659).

47 Die konsequente Verfolgung des Grundsatzes der allein auf der Herrschaftsmacht beruhenden Verantwortlichkeit würde jedoch in extremen Fällen zu einer extensiven Zustandsverantwortlichkeit führen, die im Ergebnis einer **Gefährdungshaftung des Eigentümers** gleichkäme, die dem Zivilrecht – anders als dem Polizeirecht – fremd ist (vgl. MüKo/Medicus BGB § 1004, Rn. 46). Richtigerweise reicht also die bloße Eigentümerstellung allein für eine Verantwortlichkeit nicht aus. Die Zurechnung wird vielmehr darüber hergestellt, dass der Eigentümer aufgrund seiner Herrschaftsmacht die Beseitigung der Störung veranlassen könnte, dies aber unterlässt, sodass der Fortbestand der Störung im Ergebnis zumindest mittelbar von seinem Willen abhängt (vgl. BGHZ 90, 255 = NJW 1984, 2207, 2209; BGHZ 114, 183 = NJW 1991, 2770, 2771; zahlreiche weitere Nachweise bei Meisner/Stern/Hodes/Dehner B § 38 Fn. 174). In die Prüfung des eigentlich verschuldensunabhängigen Abwehranspruchs werden auf diese Weise **wertende Gesichtspunkte** eingeführt, über die berücksichtigt werden kann, ob das konkrete Handeln einem Zustandsstörer auch vorwerfbar ist. Mit dieser Bewertung nach zumindest verschuldensähnlichen Gesichtspunkten ist es der Rechtsprechung gelungen, eine sachgerechte Begrenzung der Zustandshaftung im Nachbarrecht zu etablieren. Einer eher formellen Betrachtungsweise, wonach der Handlungsstörer auf Beseitigung, der Zustandsstörer aber grundsätzlich nur auf Duldung der Beseitigung in Anspruch genommen werden könne (vgl. KG NZM 2007, 845 = NJW-RR 2007, 1604), hat der BGH eine Absage erteilt (Beschl. v. 04.03.2010 – V ZB 130/09).

48 Auch bei der Verantwortlichkeit des Zustandsstörers kommt es mithin wie bei der des Handlungsstörers auf die Bewertung seines Verhaltens und seiner Motive an, sodass die übliche Einteilung zwischen Handlungs- und Zustandshaftung unscharf, wenn nicht sogar überflüssig wird (vgl. MüKo/Medicus BGB § 1004 Rn. 38 ff.). Der allgemein anerkannte Grundsatz, wonach das **pflichtwidrige Unterlassen** dem positiven Tun grundsätzlich gleichsteht, hebt den Unterschied zwischen Handlungs- und Zustandsverantwortlichkeit weitgehend auf. Entsprechend ist die Verwendung beider Begriffe in der Rechtsprechung auch nicht einheitlich. Von gewisser Relevanz ist die Unterscheidung lediglich in den (wenigen) Fällen, bei denen der Anknüpfungspunkt für die Verantwortlichkeit des Störers, etwa das Eigentum, nicht mehr besteht, die Störung jedoch fortdauert (vgl. unten Rdn. 58).

c) Zurechnung bei Störungen durch Naturkräfte

Die Frage, ob ein Eigentümer für Beeinträchtigungen, die von seinem Grundstück herrühren, verantwortlich ist, stellt sich insbesondere bei der Vielzahl der möglichen Beeinträchtigungen durch Naturkräfte: Unterstützt von Wind und Wetter nehmen Wasser, Erde und Steine, Tiere, Ungeziefer und Bakterien sowie Blätter, Samen und Zapfen ihren Weg oft unabhängig vom Willen ihres Eigentümers. Durch Naturereignisse ausgelöste Beeinträchtigungen sind nach der Rechtsprechung des Bundesgerichtshofs dem Eigentümer aber nur dann als Störer zuzurechnen, wenn er sie durch eigene Handlungen ermöglicht hat oder wenn sie erst durch ein pflichtwidriges Unterlassen herbeigeführt worden sind (BGHZ 90, 255 = NJW 1984, 2207; BGHZ 122, 283 = NJW 1993, 1855). Um die Verantwortlichkeit des Eigentümers zu begründen, muss die Beeinträchtigung mithin zumindest indirekt auf seinen Willen zurückgehen (BGHZ 90, 255, 266 = NJW 1984, 2207, 2209 m.w.N.). Wegen dieser schwierigen Abgrenzung entscheidet der Bundesgerichtshof die entsprechenden Fälle »in wertender Betrachtungsweise von Fall zu Fall« (so BGH NJW 1995, 2633, 2634), hat zur besseren Eingrenzung im Laufe der Zeit aber eine Reihe von praktischen Kriterien entwickelt. Diese Kriterien dürften auch für die die anderen schwierigen Fälle der Zustandshaftung (Haftung für Handlungen Dritter, Haftung für technische Defekte) anwendbar sein (vgl. Wenzel NJW 2005, 241, 242). **49**

Danach scheidet eine Zurechnung bei Störungen durch Naturkräfte zunächst grundsätzlich dann aus, wenn der Eigentümer das Risiko solcher Störungen weder durch eine Veränderung des Grundstücks noch durch eine sonstige wirtschaftliche Nutzung erhöht oder auch nur kanalisiert hat (BGH NJW 1985, 1773). Andererseits ist der Eigentümer dann unproblematisch (Handlungs-)Störer, wenn er die Ausbreitung der Naturkräfte durch eigene aktive Handlungen hervorgerufen hat. So ist etwa derjenige für Störungen durch Froschlärm verantwortlich, der einen Gartenteich anlegt und unterhält (BGHZ 120, 239 = NJW 1993, 925 = ZMR 1993, 152). **50**

Diese Verantwortlichkeit besteht nach der Rechtsprechung des Bundesgerichtshofs jedoch dann nicht, wenn der Eigentümer seinerseits den Rahmen der **normalen landwirtschaftlichen Nutzung** nicht überschreitet (vgl. BGHZ 90, 255 = NJW 1984, 2207 – Oberflächenänderung aufgrund wechselnder Fruchtfolge; BGHZ 114, 183 = NJW 1991, 2770 – Änderung von Bewirtschaftung als Grünland zum Anbau von Mais). Auch das bloße Anpflanzen und Unterhalten von Bäumen (BGHZ 122, 283 = NJW 1993, 1855) und Sträuchern (BGH NJW 1995, 2633), ja sogar das Verwildern lassen eines Grundstückes (OLG Düsseldorf NJW-RR 1995, 1231) reicht mangels Schaffung einer konkreten Gefahrenquelle regelmäßig nicht aus, um eine Verantwortlichkeit des Eigentümers für die auf Naturkräften beruhenden Folgen dieses Zustands, z.B. in Form von Samenflug, Ungeziefer oder Astbefall, zu begründen. Wenn sich eine konkrete Nutzung im Rahmen des landwirtschaftlich bzw. gartenbaulich Üblichen hält, sind Störungen durch Naturkräfte als eine Art höherer Gewalt hinzunehmen. Das bezieht sich jedoch nur auf die eigentlichen Naturkräfte: Für den landwirtschaftlich verursachten verstärkten Wasserabfluss von seinem Grundstück ist ein Eigentümer i.S.v. § 1004 BGB nicht verantwortlich, für in diesem Wasser enthaltene Herbizidrückstände jedoch grundsätzlich schon, da es sich bei letzteren eben nicht um natürliche Immissionen handelt (BGHZ 90, 255 = NJW 1984, 2207). Jenseits der Landwirtschaft findet eine solche Privilegierung jedoch wohl nicht statt: für Folgen der Ausbeutung eines Steinbruchs ist – unabhängig davon, dass dies eine regional übliche Nutzung dar- **51** stellte – auch ein späterer Eigentümer verantwortlich, der die Ausbeutung selbst schon nicht mehr betrieben hat (BGH NJW-RR 1996, 659).

52 Einen Sonderfall stellen in diesem Zusammenhang Beeinträchtigungen durch in das Nachbargrundstück hineinwachsende **Baumwurzeln** dar. Nach ständiger Rechtsprechung des Bundesgerichtshofs ist der Eigentümer, unabhängig davon, ob er die Bäume selbst gepflanzt hat, für Störungen durch Wurzeln verantwortlich (vgl. BGHZ 97, 231 = NJW 1986, 2640 = ZMR 1986, 353; BGHZ 106, 142 = NJW 1989, 1032 = BauR 1989, 239; BGH NJW 1991, 2826; NJW 1995, 395 = BauR 1995, 120) Die Frage, ob es sich bei den betroffenen Bäumen nicht auch um eine normale Grundstücksnutzung handelt, wird in diesen Fällen vom Bundesgerichtshof überhaupt nicht diskutiert. Dies liegt daran, dass das BGB mit § 910 eine Spezialregelung enthält, die dem Eigentümer ein eigenes Abwehrrecht gegen eingedrungene Wurzeln und überhängende Zweige einräumt. Diese gesetzliche Wertung ist auch im Rahmen von § 1004 BGB zu berücksichtigen, sodass eine Verantwortlichkeit des störenden Nachbarn für überwachsende Wurzeln stets indiziert ist (vgl. BGH NJW 1995, 2633, 2634); eine analoge Behandlung von Laubbefall, der in § 910 BGB nicht geregelt ist, scheidet daher aus (anders jedoch OLG Frankfurt/M. NJW 1988, 2618).

53 Liegt kein zurechenbarer Mitwirkungsakt vor, kann die Störereigenschaft überdies durch pflichtwidriges Unterlassen begründet werden, wenn eine Rechtspflicht zum Handeln (eine sog. **Garantenstellung**) besteht. Unproblematisch kann sich eine solche Garantenstellung aus den allgemeinen Verkehrssicherungspflichten ergeben. Da eine Verletzung dieser verschuldensabhängigen Pflichten aber auch zur deliktsrechtlichen Haftung führt, entfaltet die Störerhaftung daneben praktisch keine eigenständige Bedeutung. Es sind aber auch **objektive Sicherungspflichten des Nachbarrechts** denkbar, die ein Verschulden gerade nicht voraussetzen. Ob eine solche Sicherungspflicht besteht, ist nach der Verkehrsauffassung und gem. den Konfliktlösungsregeln der §§ 903 ff. BGB danach zu beurteilen, ob sich die Art der Nutzung im Rahmen ordnungsgemäßer Bewirtschaftung hält, sowie unter Berücksichtigung der Wesentlichkeit möglicher Beeinträchtigungen, der Ortsüblichkeit und der Zumutbarkeit von Vorkehrungen gegen mögliche Störungen (so der ehemalige Vorsitzende des für Nachbarrecht zuständigen 5. Senats des Bundesgerichtshofs Wenzel in NJW 2005, 241, 242). Zur Begründung dieser nachbarrechtlichen Handlungspflichten wird vom Bundesgerichtshof in zunehmenden Maße auf das sog. nachbarliche Gemeinschaftsverhältnis abgestellt (vgl. Wenzel a.a.O.), welches die Nachbarn untereinander zur Rücksichtnahme verpflichtet (hierzu s.u. Rdn. 93).

54 Bejaht wurde das Vorliegen solcher Sicherungspflichten insbesondere in Bezug auf Bäume (erschöpfend zu den Sicherungspflichten bei Bäumen Schneider VersR 2007, 743). So trifft den Eigentümer eine Pflicht, seine Bäume im Hinblick auf ihre Standfestigkeit zu überprüfen und dabei insbesondere das Alter der Bäume (BGH NJW 2003, 1732 = ZMR 2004, 18) und die Möglichkeit von Krankheiten (BGHZ 160, 18 = NJW 2004, 3328) besonders zu beachten. Mehr Sachkunde als die Naturschutzbehörde braucht der Baumeigentümer allerdings nicht zu haben (vgl. BGHZ 160, 232 = NJW 2004, 3701). Wer Bäume unterhält, die den landesrechtlich vorgeschriebenen Grenzabstand nicht einhalten, verlässt den Rahmen ordnungsgemäßer Bewirtschaftung und ist schon aus diesem Grund verpflichtet, den Nachbarn auch vor natürlichen Einwirkungen durch diese Bäume zu schützen (vgl. BGHZ 157, 33 = NJW 2004, 1037, 1039 f.).

55 Dagegen wurde eine allgemeine Pflicht des Eigentümers eines Hanggrundstücks verneint, Vorkehrungen gegen das natürliche Abrollen von Felsbrocken infolge eines Sturms zu treffen, soweit er das Risiko eines solchen Vorfalls nicht durch Eingriffe in das Grundstück erhöht hat (BGH NJW 1985, 1773). Folgerichtig wurde der Eigentümer eines ähnlichen Grundstücks als Störer angesehen, weil ein Voreigentümer dort einen Steinbruch betrieben hatte und insofern ein erhöhtes Risiko für Steinschlag bestand (BGH NJW-RR 1996, 659). Ebenso ist derjenige Eigentümer als Störer anzusehen, der auf einem Hanggrundstück bauliche Veränderungen vornimmt, aufgrund derer mehr Wasser also zuvor auf das tieferliegende Nachbargrundstück fließt (OLG Karlsruhe OLGR Karlsruhe 2007, 789 = BauR 2007, 1290 (Leitsatz)).

Eine allgemeine Garantenpflicht, den Befall der eigenen Pflanzen mit Mehltau (BGH NJW-RR 2001, 1208) oder Wollläusen (BGH NJW 1995, 2633) durch Einsatz von Chemikalien zu verhindern, hat der Bundesgerichtshof jedenfalls für den Fall abgelehnt, dass die Grenzen der normalen Landwirtschaft eingehalten wurden und der eingetretene Schadensfall ein allgemeines und vom Eigentümer nicht vergrößertes Risiko darstellt. 56

Die Figur der Verantwortlichkeit aufgrund pflichtwidrigen Unterlassens ist nicht auf das Wirken von Naturkräften beschränkt, sondern kann in den Fällen des **Einwirkens dritter Personen** und der Störungen durch **technisches Versagen** ebenfalls herangezogen werden. Bestand eine nachbarrechtliche Pflicht zum Handeln, hat der Eigentümer für solche Störungen einzustehen, die durch seine Untätigkeit entstanden sind (BGHZ 144, 200 = NJW 2000, 2901 = ZMR 2000, 743 = BauR 2000, 1766 – Störungen durch den Betrieb eines Drogenhilfezentrums; BGHZ 142, 66 = NJW 1999, 2896 – Brand infolge technischen Defekts; BGHZ 155, 99 = NJW 2003, 2377, 2379 – Eindringen von Wasser infolge eines Rohrbruchs). 57

d) Veräußerung, Besitzaufgabe, Dereliktion

Anders als die Handlungsverantwortlichkeit geht die Zustandsverantwortlichkeit mit der Veräußerung der Anlage auf den neuen Eigentümer über (BGH NJW-RR 1996, 659). Diese Verantwortlichkeit geht auch schon vor dem Vollrechtserwerb auf den Erwerber über, wenn der Veräußerer zu dessen Gunsten jede Herrschaftsmacht bereits aufgegeben hat, also regelmäßig dann, wenn der Erwerber den Besitz erhalten hat und die Nutzungen zieht (vgl. BGH NJW 1998, 3273 = ZMR 1998, 690). Nach der wohl richtigen Auffassung von Dehner (s. Meisner/Stern/Hodes/Dehner B § 38 IV 2) ist allerdings zu differenzieren: Für die Beseitigung von schon vorhandenen Beeinträchtigungen auf dem belasteten Grundstück bleibt der alte Eigentümer als Störer verantwortlich; rührt die Beeinträchtigungen indes daher, dass auf dem störenden Grundstück ein bestimmter Zustand aufrechterhalten wird, ist hierfür der alte Eigentümer nicht mehr als Störer anzusehen. 58

Durch Aufgabe des Eigentums an einer Anlage (Dereliktion) kann sich der Alteigentümer grundsätzlich nicht seiner Haftung als Zustandsstörer entledigen (vgl. BGHZ 18, 253, 258 = NJW 1956, 17; BGHZ 110, 313 = NJW 1990, 2058, 2059 = ZMR 1990, 328; für den Fall der Besitzaufgabe BGHZ 41, 393, 397 = NJW 1964, 1794). Trotz einer bekannten Gegenstimme (Picker S. 92; Staudinger/Gursky BGB § 1004 Rn. 113 ff.) ist dies h.M. (vgl. MüKo/Medicus BGB § 1004 Rn. 52; Palandt/Bassenge BGB § 1004 Rn. 25). 59

e) Mehrheit von Störern

Zwischen mehreren Störern kann der Anspruchsberechtigte gem. § 840 BGB frei auswählen. Zwar haftet jeder Störer grundsätzlich nur für den Einzelbeitrag, den er selbst verantwortlich verursacht hat. Wenn sich die Einzelbeiträge nicht trennen lassen, kommt indes auch eine Gesamtschuld in Betracht (vgl. MüKo/Medicus BGB § 1004 Rn. 75 m.w.N.). 60

5. Duldungspflichten

61 In § 1004 Abs. 2 BGB wird klargestellt, dass Abwehransprüche trotz des Vorliegens des Tatbestands von § 1004 Abs. 1 BGB ausgeschlossen sind, wenn die Störung von einer Duldungspflicht des Anspruchsstellers gedeckt wird. Dies wird allgemein so verstanden, dass die Beseitigung einer Störung nur verlangt werden kann, wenn diese im Verhältnis zwischen den Beteiligten rechtswidrig ist. Die in Frage kommenden Duldungspflichten stellen daher Rechtfertigungsgründe dar. Entsprechend lässt im Falle von Abwehransprüchen aus § 862 BGB das Bestehen einer Duldungspflicht die Unerlaubtheit der Eigenmacht entfallen.

a) Duldungspflicht aus Einwilligung bzw. Rechtsgeschäft

62 Es bedarf keiner näheren Erläuterung, dass ein Nachbar, der in die eigene Beeinträchtigung eingewilligt hat, diese dann in der Folge auch zu dulden hat. Ebenso besteht eine Duldungspflicht des belasteten Eigentümers, wenn er dem Störer schuldrechtlich (was häufig auch konkludent im Rahmen vertraglicher Nutzungsgestattung erfolgt) oder dinglich das Recht zu der beeinträchtigenden Nutzung eingeräumt hat. Der Einzelrechtsnachfolger des Eigentümers ist, wenn nicht insoweit ein Vertrag zugunsten Dritter gem. § 328 BGB geschlossen wurde, an eine nicht dinglich abgesicherte Vereinbarung i.d.R. nicht gebunden (vgl. BGHZ 66, 37, 39 = NJW 1976, 416). Der in einigen Landesgesetzen genannten nachbarlichen Einwilligung kommt grundsätzlich dieselbe Wirkung zu; aufgrund der ausdrücklichen Nennung in den Gesetzen lässt sie sich indes nicht ohne Weiteres als ein Unterfall der allgemeinen schuldrechtlichen Einwilligung auffassen (vgl. zur Problematik Meisner/Stern/Hodes/Dehner A § 6 I, der für eine dingliche Wirkung dieser Erklärung plädiert).

b) Duldungspflicht aus § 906 BGB

63 Die wichtigsten gesetzlichen Duldungspflichten des privaten Nachbarrechts ergeben sich aus § 906 BGB. Die Norm bestimmt für das große Gebiet der Einwirkungen durch unwägbare Stoffe, welche Beeinträchtigungen geduldet werden müssen, sowie ggf., ob die Duldung durch Geld zu entschädigen ist (zur Entschädigung s.u. Rdn. 147 ff.)

aa) Unwägbare Stoffe

64 Die Aufzählung der unwägbaren Stoffe in § 906 Abs. 1 S. 1 BGB (Gase, Dämpfe, Gerüche, Rauch, Ruß, Wärme, Geräusch, Erschütterungen) ist nicht abschließend, sondern stellt durch die Erweiterung auf »ähnliche Einwirkungen« eine Art Generalklausel dar. Hiervon zu unterscheiden sind solche Einwirkungen, die nach den Grundsätzen der Rechtsprechung bereits den Tatbestand der Beeinträchtigung gem. § 1004 Abs. 1 BGB nicht erfüllen (s.o. Rdn. 32 ff.).

65 Nicht ausdrücklich genannte, aber unzweifelhaft unwägbare Einwirkungen sind alle Arten von Strahlen, also Funkwellen (LG München II NJW-RR 1997, 465 – Mobilfunk-Sendeanlage), aber auch Licht (OLG Stuttgart WuM 2009, 299 = MDR 2009, 1099 – Sonnenlichtreflexionen) und Radioaktivität. Darüber hinaus zeigt bereits die Auflistung in § 906 Abs. 1 S. 1 BGB, dass die Stoffe durchaus wägbar sein, also eine Masse haben dürfen. Entscheidend für die Einstufung als Feinimmission i.S.v. § 906 Abs. 1 S. 1 BGB ist daher die Kleinteiligkeit, die zu einer unbeherrschbaren Ausbreitung der Stoffe in natürlichen Umgebungen führt (BGHZ 90, 255 = NJW 1984, 2207; BGHZ 117, 110 = NJW 1992, 1389). Unter diesen Gesichtspunkten wurden bereits Chemikalien (BGHZ 90, 255 = NJW 1984, 2207), Zementstaub (BGHZ 62, 186 = NJW 1974, 987), Fäkalien (OLG Schleswig NJW-RR 1996, 399) oder Kleintiere (BGHZ 117, 110 = NJW 1992, 1389 –

Bienen; RGZ 160, 381, 382 – Fliegen) als Feinimmission anerkannt. Wasser selbst ist zwar keine Feinimmission; wenn Chemikalien allerdings durch abfließendes Wasser transportiert werden, ist das Vorliegen einer Einwirkung durch unwägbare Stoffe zu bejahen (BGHZ 90, 255 = NJW 1984, 2207).

Gröberen Gegenständen wie Geröll (BGHZ 58, 149 = NJW 1972, 724), Steinbrocken **66** (BGHZ 28, 225 = NJW 1959, 97) oder Schrotblei (BGHZ 111, 158 = NJW 1990, 1910 = ZMR 1990, 266) fehlt dagegen die für die Einstufung als unwägbar erforderliche Kleinteiligkeit.

bb) Wesentlichkeit der Einwirkung

Weitere Voraussetzung der Duldungspflicht ist, dass die Einwirkung nicht wesentlich **67** i.S.v. § 906 Abs. 1 BGB sein darf. Die Beweislast für die Unwesentlichkeit obliegt dabei grundsätzlich dem Störer (BGHZ 120, 239, 257 = NJW 1993, 925 = ZMR 1993, 152). Mit dem Sachenrechtsänderungsgesetz von 1994 hat der Gesetzgeber durch das Anfügen der Sätze 2 und 3 in § 906 Abs. 1 BGB aber Regelbeispiele dafür integriert, was als unwesentliche Einwirkung anzusehen sein soll. Bleibt eine Immission danach innerhalb der **amtlichen Grenzwerte**, insbesondere also der TA Luft und TA Lärm, ist sie nach dem Gesetzeswortlaut »in der Regel« als unwesentlich anzusehen.

Trotz der Gesetzesbegründung (vgl. BT-Drucks. 12/7425 S. 88: »Umkehr der Beweislast **68** zu Lasten des Nachbarn«) geht der Bundesgerichtshof richtigerweise davon aus, dass hierin keine formelle Beweislastumkehr zugunsten des Emittenten liegt (BGH NJW 2004, 1317, 1318 = ZMR 2004, 415 = BauR 2005, 74). Der Bundesgerichtshof nimmt hier lediglich eine **Beweiswürdigungsregel** dahin gehend an, dass ein Einhalten oder Unterschreiten der Grenz- oder Richtwerte die Unwesentlichkeit der Beeinträchtigung indiziert (so BGH a.a.O.; vgl. auch BGHZ 148, 261 = NJW 2001, 3119, 3120 = BauR 2001, 1859).

Danach hat derjenige, der trotz Einhaltung der Grenzwerte eine wesentliche Beeinträch- **69** tigung geltend macht (regelmäßig also der Betroffene), solche **die Indizwirkung erschütternden Umstände** darzulegen und ggf. zu beweisen. Der Vollbeweis der Wesentlichkeit obliegt ihm also nicht (BGH NJW 2004, 1317, 1318 = ZMR 2004, 415 = BauR 2005, 74). Zum einen kann er sich darauf stützen, dass die Besonderheiten des Einzelfalls eine abweichende Beurteilung erfordern. Zum anderen hat er die Möglichkeit darzulegen, dass die technischen Regelwerke gem. § 906 Abs. 1 S. 3 BGB nicht mehr dem Stand der Technik entsprechen (vgl. Seidel Rn. 895).

Für den Fall der Überschreitung der Grenzwerte enthält § 906 Abs. 1 BGB keine eigene **70** Regelung. Es verbleibt in diesen Fällen mithin bei der alten Rechtsprechung, wonach eine Überschreitung der Werte eine wesentliche Beeinträchtigung indiziert (vgl. BGHZ 111, 63 = NJW 1990, 2465 = ZMR 1990, 262; BGHZ 121, 248 = NJW 1993, 1656, 1657 = ZMR 1993, 268; BGHZ 70, 102, 110 = NJW 1978, 419). Messabschläge, wie sie beispielsweise Nr. 6.9 TA Lärm zugunsten des Betreibers im Verhältnis zur Aufsichtsbehörde vorsieht, gelten dabei im Verhältnis zum beeinträchtigten Nachbarn nicht (BGH NZM 2004, 957 = BauR 2005, 104). Daneben kann auch die Nichteinhaltung von in § 906 Abs. 1 BGB nicht genannten Grenzwerten wie den Geruchsimmissionsrichtlinien der Länder (vgl. BGH NJW 2001, 3054, 3055 = BauR 2001, 1566), den Richtwerten des Länderausschusses für Immissionsschutz (LAI-Hinweise oder Freizeitlärm-Richtlinie, NVwZ 1997, 469) oder nichtamtlichen Regelwerken, wie z.B. DIN- oder VDI-Normen (vgl. hierzu LG München II NJW-RR 1997, 465), ein starkes Indiz für die Wesentlichkeit darstellen. Hier kommt es umso mehr auf die tatrichterliche **Würdigung des Einzelfalls** an, in die neben der Häufigkeit und Dauer der Überschreitung auch alle weiteren wesentlichen Umstände einzubeziehen sind. Der von einem Open-Air-Rockkonzert verursachte Lärm kann danach trotz Überschreitung der Richtwerte in gewissen zeitlichen Grenzen unwesentlich sein (vgl. BGH NJW 2003, 3699 = BauR 2004, 300).

71 Das **Fehlen einer behördlichen Genehmigung** für die störende Nutzung kann ebenfalls die Prüfung der Wesentlichkeit beeinflussen, jedenfalls so lange, wie nicht feststeht, dass sie ohne Einschränkungen genehmigungsfähig ist (BGHZ 140, 1 = NJW 1999, 356). Das Fehlen einer solchen Genehmigung stellt aber nur ein Kriterium von mehreren dar und lässt keinen zwingenden Schluss auf die Wesentlichkeit der Beeinträchtigung zu (BGH NJW-RR 2006, 235). Eine Unsicherheit hinsichtlich der Genehmigungsfähigkeit geht indes zu Lasten des Störers, weil er die Beweislast dafür trägt, dass die Immission unwesentlich ist (BGHZ 140, 1 = NJW 1999, 356).

cc) Harmonisierung von öffentlichem und privatem Nachbarrecht

72 Das Bundesverwaltungsgericht und der Bundesgerichtshof sind mittlerweile darin einig, dass die Zumutbarkeit von Immissionen im privaten und im öffentlichen Recht zur Vermeidung von Wertungswidersprüchen möglichst einheitlich beurteilt werden sollte. Erklärtes Ziel beider Obergerichte ist es, diese Harmonisierung durch eine Gleichsetzung der Begriffe der **»Erheblichkeit«** aus § 3 Abs. 1 BImSchG und der **»Wesentlichkeit«** aus § 906 Abs. 1 BGB umzusetzen (BVerwGE 79, 254 = NJW 1988, 2396 – Feuerwehrsirene; BGHZ 111, 63 = NJW 1990, 2465 = ZMR 1990, 262 – Volksfest; BGHZ 122, 76 = NJW 1993, 1700 – Militärflughafen; BGHZ 120, 239 = NJW 1993, 925 = ZMR 1993, 152 – Froschteich). Wie schon vorher die Verwaltungsgerichtsbarkeit ist nunmehr auch für die Zivilgerichte der Maßstab für die Wesentlichkeitsfrage der **»verständige« Durchschnittsmensch**, der auch Allgemeininteressen und gesetzliche Wertungen berücksichtigt (BGHZ 120, 239 = NJW 1993, 925 = ZMR 1993, 152 – Froschteich; BVerfG NJW 1997, 2509 = ZMR 1997, 218). Bei der Prüfung der Wesentlichkeit von Immissionen stellt der Bundesgerichtshof so nun beispielsweise darauf ab, dass Eigentümer von Grundstücken am Rande zum Außenbereich die in diesem Grenzbereich möglichen Immissionen verstärkt hinzunehmen haben und dass auch Anwohner eines reinen Wohngebiets bei dem von einer Jugendfreizeitstätte ausgehenden Lärm im Interesse der Allgemeinheit an einer kinder- und jugendfreundlichen Umgebung höhere Grenzwerte akzeptieren müssen (BGHZ 121, 248 = NJW 1993, 1656 = ZMR 1993, 268 – Jugendzeltplatz). Auch die spezifischen Belange pflegebedürftiger Menschen sind zu berücksichtigen; aus Art. 3 Abs. 3 S. 2 GG ergibt sich, dass insoweit von einem verständigen Durchschnittsmenschen eine erhöhte Toleranzbereitschaft gefordert werden kann (vgl. OLG Karlsruhe NJW 2007, 3443 – Altenpflegeheim; OLG Köln NJW 1998, 763, 764 = ZMR 1998, 161 – Wohngruppe geistig Behinderter).

dd) Ortsüblichkeit

73 Auch wenn die Wesentlichkeit einer Beeinträchtigung i.S.v. § 906 Abs. 1 BGB feststeht, hat der Eigentümer des belasteten Grundstücks diese unter den beiden Voraussetzungen von § 906 Abs. 2 BGB ggf. dennoch hinzunehmen: Wenn die Beeinträchtigung aus einer ortsüblichen Nutzung des störenden Grundstücks resultiert und nicht durch wirtschaftlich zumutbare Abhilfemaßnahmen (s. hierzu Rdn. 79) verhindert werden kann, ist die Beeinträchtigung weiterhin zu dulden. Kann sich der Eigentümer des belasteten Grundstücks seinerseits auf eine ortsübliche Nutzung berufen, ist er vom Störer allerdings zu entschädigen (hierzu s.u. Rdn. 147).

74 Ortsüblich ist eine störende Nutzung dann, wenn eine Mehrheit von Grundstücken in *der Umgebung auf eine* Weise genutzt wird, die eine nach Art und Maß annähernd gleichermaßen beeinträchtigende Wirkung auf die weiteren Grundstücke des umliegenden

Vergleichsgebiets hat (BGH NJW 1983, 751 = ZMR 1983, 205 = BauR 1983, 233; BGHZ 120, 239 = NJW 1993, 925 = ZMR 1993, 152; BGHZ 97, 97 = NJW 1986, 2309). Hinsichtlich des Vergleichsgebiets ist grundsätzlich auf das bebaute Gemeindegebiet abzustellen. Hat die Störungsquelle einen überregional prägenden Charakter, kann auch ein größeres Gebiet maßgeblich sein (vgl. BGHZ 30, 273, 277 = NJW 1959, 1867 – Prägung einer ganzen Region durch eine große Erzgrube; BGHZ 69, 105, 100 = NJW 1977, 1917 = ZMR 1978, 57 – Regionale Prägung durch einen Flughafen). Umgekehrt kann auch lediglich ein einzelner Ortsteil als Vergleichsgebiet heranzuziehen sein, wenn dieser im Hinblick auf die konkrete Nutzungsart (z.B. Villen- oder Industriegebiet) ein erkennbar eigentümliches Gepräge aufweist (BGH LM Nr. 40 zu § 906 BGB; vgl. Beispiele bei Staudinger/Roth BGB § 906 Rn. 210). Entscheidend sind hier stets die Umstände des Einzelfalls. Geht es beispielsweise um Beeinträchtigungen durch Natureinwirkungen, kann es auch angezeigt sein, den Teil des Gemeindegebiets, der an den unbebauten Außenbereich grenzt, zu einem Vergleichsgebiet zusammenzufassen (vgl. OLG Schleswig NJW-RR 1986, 884, 886).

Wichtig ist, dass die zum Vergleich herangezogenen Beeinträchtigungen im Verhältnis zu **75** der streitgegenständlichen Störung nicht nur von ähnlichem Ausmaß, sondern auch von **gleichartiger Qualität** sein müssen. So sind etwa auch bei gleicher Lautstärke Verkehrslärm und Gewerbelärm grundsätzlich nicht vergleichbar (BGHZ 46, 35 = NJW 1966, 1858). Der Lärm eines Tennisplatzes ist aufgrund der impulsartigen Ballgeräusche und der die Aufmerksamkeit des unfreiwilligen Zuhörers auf besondere Weise auf sich ziehenden Äußerungen von Schiedsrichtern, Spielern und Publikum nicht mit dem Lärm von Gewerbebetrieben in einem Mischgebiet vergleichbar (BGH NJW 1983, 751 = ZMR 1983, 205 = BauR 1983, 233).

Entscheidender **Zeitpunkt** für das Vorliegen der vergleichbaren Beeinträchtigungen ist **76** die letzte mündliche Tatsachenverhandlung (vgl. BGH NJW 1976, 1204, 1205). Die Ortsüblichkeit einer störenden Nutzung kann im Nachhinein entfallen, wenn sich der Charakter der Nachbarschaft wesentlich geändert hat (vgl. BGH a.a.O. – Entwicklung zu reinem Wohngebiet zeitlich nach dem Bau einer Kläranlage).

Die Übereinstimmung der störenden Nutzung mit den Festlegungen eines vorhandenen **77** **Bebauungsplans** oder einer Baugenehmigung führt nicht automatisch zur Feststellung der Ortsüblichkeit, sondern hat hierfür lediglich indizielle Wirkung. Das Zivilgericht hat die Ortsüblichkeit anhand tatsächlicher Kriterien im Vergleichsgebiet stets selbst festzustellen (BGH NJW 1983, 751 = ZMR 1983, 205 = BauR 1983, 233 – Lärmbelästigung durch Tennisplatz in Mischgebiet; NJW 1976, 1204, 1205 – ein planungsfehlerhafter Bebauungsplan ist für Prüfung der Ortsüblichkeit ohne Belang; BGH DVBl. 1971, 744 – auf die Bauleitplanung kommt es nicht entscheidend an). Der Bebauungsplan regelt im Grundsatz die städtebauliche Entwicklung des gesamten Gemeindegebiets; er ist nicht darauf angelegt, die Interessen konkreter Grundstücksnachbarn im kleinnachbarlichen Raum abzuwägen und auszugleichen. Anders als bei der immissionsschutzrechtlichen Genehmigung einer genehmigungsbedürftigen Anlage, für die in § 10 BImSchG (im Vergleich zu § 3 BauGB) umfangreiche Beteiligungsrechte der potentiell Betroffenen und in § 14 BImSchG eine mit einem eigenen Ausgleichsanspruch versehene Präklusionsklausel (s.u. Rdn. 102) existieren, erscheint die Bauleitplanung nicht auf eine unmittelbar privatrechtsgestaltende Wirkung hin ausgelegt. Das gilt in noch stärkerem Maße für die **Baugenehmigung**, die regelmäßig unbeschadet der privaten Rechte Dritter ergeht (vgl. z.B. § 78 Abs. 4 LBO SchlH und die entsprechenden Vorschriften der anderen Länder; zum Konflikt zwischen privatem Immissionsschutzrecht und öffentlichem Baurecht ausführlich Hagen NVwZ 1991, 817 m.w.N.; zur Sicht des öffentlich-rechtlichen Schrifttums s. Dolderer DVBl 1998, 19).

78 Wird die störende Nutzung jedoch im umgekehrten Fall ohne eine an sich hierfür erforderliche behördliche Genehmigung betrieben, genügt dies nach einer neueren Entscheidung des Bundesgerichtshofs, um das Fehlen der Ortsüblichkeit feststellen zu können (vgl. BGHZ 140, 1 = NJW 1999, 356 – Betrieb einer Schweinemästerei **ohne behördliche Genehmigung**). Wenn eine Genehmigung unter behördlichen Auflagen erteilt wurde, die den Schutz des Nachbarn bezwecken, kommt bei einem Verstoß gegen diese Auflagen im Übrigen ein quasinegatorischer Abwehranspruch des hiervon belasteten Nachbarn in Betracht (hierzu s.o. Rdn. 20).

ee) Unzumutbarkeit von Abhilfemaßnahmen

79 Nach § 906 Abs. 2 S. 1 2. Halbs. BGB ist auch eine ortsübliche Nutzung dann abwehrfähig, wenn der Störer die Beeinträchtigung des Nachbarn durch wirtschaftlich zumutbare Abhilfemaßnahmen verhindern kann. Hierunter sind alle technischen Einrichtungen sowie betriebswirtschaftlichen Möglichkeiten zu verstehen, die die Beeinträchtigung unter die Schwelle der Wesentlichkeit herabsetzen (vgl. BGH LM Nr. 1 zu § 906 BGB; NJW 1995, 132, 134; MüKo/Säcker BGB § 906 Rn. 122). Ob die Maßnahme zumutbar ist, bemisst sich nach dem nachbarlichen Verhältnis, den Vor- und Nachteilen der einzelnen Maßnahme sowie den technischen und organisatorischen Möglichkeiten und der Leistungsfähigkeit eines durchschnittlichen (nicht des konkreten) Benutzers (vgl. KG GE 1988, 1159, 1161; Palandt/Bassenge BGB § 906 Rn. 23 m.w.N.). Nach einer Entscheidung des OLG Schleswig (NJW-RR 1986, 884) sind hier auch Belange des Umweltschutzes zu berücksichtigen. Einen langfristig rentablen Betrieb dürfen die Abhilfemaßnahmen im Ergebnis nicht verhindern, da dies die Grenze der Zumutbarkeit überschreiten würde (vgl. OLG Schleswig NJW-RR 1996, 399, 400). Nach den Grundsätzen des nachbarlichen Gemeinschaftsverhältnisses (hierzu ausführlich unten Rdn. 93 ff.) kann ein belasteter Nachbar nur beschränkte Abhilfemaßnahmen vom Störer verlangen, wenn er sich in Kenntnis oder grob fahrlässiger Unkenntnis von einer vorhandenen Störungsquelle in deren Nähe ansiedelt (BGHZ 148, 261 = NJW 2001, 3119 = BauR 2001, 1859 – Hammerschmiede).

80 Nach einem allgemeinen nachbarrechtlichen Grundsatz (vgl. BGHZ 67, 252 = NJW 1977, 146) besteht im Regelfall kein Anspruch auf eine konkrete Abhilfemaßnahme. Zwischen mehreren Maßnahmen, die alle geeignet sind, die Beeinträchtigung unter die Schwelle der Wesentlichkeit zurückzuführen, darf der Störer selbst auswählen. Eine bestimmte Abhilfemaßnahme kann der belastete Nachbar jedoch dann verlangen, wenn sie die einzig denkbare ist (vgl. OLG Stuttgart NJW-RR 1986, 1339, 1340). Wenn die erforderliche Abhilfemaßnahme aufgrund öffentlichen Rechts verboten ist, aber eine behördliche Genehmigung der Maßnahme möglich ist, kann der Störer sich nicht auf das Verbot zurückziehen, sondern ist grundsätzlich verpflichtet sich zu bemühen, die entsprechende Genehmigung zu erwirken (BGHZ 120, 239 = NJW 1993, 925 = ZMR 1993, 152; BGH NJW 1984, 1242). Im Klageverfahren kann das Zivilgericht den Störer indes nicht abstrakt auf die Möglichkeit einer Genehmigung verweisen, sondern muss die Erfolgsaussicht eines solchen Antrags selbst prüfen (BGH NZM 2005, 318).

ff) Besonderheiten bei Immissionen gemeinwichtiger Betriebe

81 In mehreren Entscheidungen hat der Bundesgerichtshof innerhalb der Prüfung von § 906 BGB auf das Bestehen einer gesteigerten Duldungspflicht gegenüber Beeinträchtigungen durch solche Betriebe hingewiesen, die dem allgemeinen Wohl dienen. So wäre der Lärm durch eine Omnibushaltestelle jedenfalls dann hinzunehmen, wenn durch die Beseitigung der Störung der Linienbetrieb lahm gelegt oder erheblich beeinträchtigt würde (BGH NJW 1984, 1242, 1243). Ebenso kann sich ein Landwirt, dessen Felder durch die

von einer benachbarten Mülldeponie angelockten Vögel geschädigt werden, hiergegen nicht wehren, weil die einzige Abhilfe in der Stilllegung der gemeinwichtigen Deponie läge (BGH NJW 1980, 770 = ZMR 1980, 235; OLG Zweibrücken NJW-RR 1986, 688). Einen tief im Boden des belasteten Grundstücks zum Zwecke der allgemeinen Versorgung angelegten Gasspeicher hat der Grundstückseigentümer (wenn auch gegen Entschädigung) zu dulden (BGHZ 110, 17 = NJW 1990, 978). Die Berufung auf das öffentliche Interesse als Rechtfertigungsgrund stellt einen Fremdkörper in den geschriebenen Maßstäben von § 906 BGB dar, weshalb diese Rechtsprechung zu Recht erheblichen Bedenken im Schrifttum begegnet (vgl. MüKo/Säcker BGB § 906 Rn. 126 ff. m.w.N.).

c) Weitere Duldungspflichten aus dem BGB

aa) § 904 BGB Notstand

Eine Beeinträchtigung seines Grundstücks hat der Eigentümer gem. § 904 BGB hinzunehmen, wenn sie zur Abwehr einer gegenwärtigen Gefahr erforderlich ist und im Verhältnis zum drohenden Schaden gering erscheint. Darlegungs- und beweispflichtig ist der sich hierauf berufende Störer. Soweit sich die Störung als gerechtfertigt erweist, ist der Störer dem Eigentümer zum Ersatz des durch die Beeinträchtigung entstandenen Schadens verpflichtet (Satz 2; hierzu s.u. Rdn. 144). **82**

bb) § 905 BGB Begrenzung des Eigentums

In § 905 S. 1 BGB wird zunächst klargestellt, dass sich das Eigentum an Grundstücken auch auf den Luftraum über und den Erdkörper unter der Oberfläche erstreckt. Gleichzeitig verpflichtet § 905 S. 2 BGB den Eigentümer, Beeinträchtigungen in diesen Bereichen dann hinzunehmen, wenn er kein Interesse an ihrer Abwehr hat. Hier reicht allerdings jedes schutzwürdige Interesse aus, auch wenn dieses Interesse an einer zukünftigen Nutzung oder einer Nutzung durch Dritte besteht (BGH NJW 1981, 573, 574 = BauR 1981, 207 – Untertunnelung; OLG Düsseldorf NJW-RR 1991, 403, 404 – Untertunnelung; OLG Düsseldorf NJW-RR 1989, 1421 – Schwenken eines Krans über das Grundstück). Die Beweislast für das Nichtbestehen eines solchen Interesses trägt der Störer, allerdings nur hinsichtlich solcher Interessen, auf die sich der belastete Eigentümer selbst beruft (BGH NJW 1981, 573, 574 = BauR 1981, 207). Ist die Einwirkung im Ergebnis zu dulden, dürfte aber ein Ausgleichsanspruch gem. § 906 Abs. 2 S. 2 BGB analog bestehen (so zutreffend Palandt/Bassenge BGB § 905 Rn. 2). **83**

cc) § 910 Abs. 2 BGB Keine Beeinträchtigung durch Überhang

Gemäß § 910 Abs. 2 BGB steht dem belasteten Nachbarn das Selbsthilferecht aus § 910 Abs. 1 BGB (hierzu s.u. Rdn. 159) nicht zu, wenn die überwachsenden Zweige und Wurzeln die Benutzung des Grundstücks nicht beeinträchtigen. Diese Wertung ist auch im Rahmen von § 1004 BGB entsprechend zu berücksichtigen (BGHZ 157, 33 = NJW 2004, 1037). Die Darlegungs- und Beweislast für das Fehlen einer solchen spürbaren Beeinträchtigung trägt der Anspruchsgegner. **84**

dd) § 912 Abs. 1 BGB Entschuldigter Überbau

Um die Zerstörung der wirtschaftlichen Einheit eines Gebäudes zu verhindern, normiert § 912 Abs. 1 BGB eine spezielle Duldungspflicht des belasteten Grundstückseigentümers hinsichtlich eines vom Nachbarn ohne Vorsatz und grobe Fahrlässigkeit und ohne umgehenden Widerspruch des Berechtigten über die Grundstücksgrenze errichteten Gebäudes, des sog. entschuldigten Überbaus. Dieser Duldungspflicht steht ein in § 912 Abs. 2 BGB normierter Entschädigungsanspruch in Form einer Geldrente gegenüber (s. hierzu **85**

Rdn. 154). Der vorsätzliche oder grob fahrlässige Überbau ist hingegen nicht nach § 912 Abs. 1 BGB entschuldigt und also nach den allgemeinen Regeln (§§ 1004, 985, 987 ff. BGB) abwehrfähig. Nach der Rechtsprechung des Bundesgerichtshofs soll der überstehende Teil des entschuldigten Überbaus eigentumsrechtlich dem Stammgrundstück zugeordnet bleiben (vgl. BGHZ 62, 141, 145 f. = NJW 1974, 794; BGHZ 175, 253 = NJW 2008, 1810; zum umstrittenen Problem der Eigentumsverhältnisse an dem Gebäude auf der Grenze s. MüKo/Säcker BGB § 912 Rn. 33 ff. m.w.N.).

86 Der den Überbauvorschriften zugrunde liegende Normzweck des Gebäudeschutzes ist auch auf rechtsähnliche Sachverhalte gleicher Interessenlage anzuwenden. So entstehen die Duldungs- und Rentenpflichten auch dann, wenn auf ein ebenfalls im Eigentum des Erbauers befindliches Nachbargrundstück hinübergebaut wird (**Eigengrenzüberbau**). Die Pflichten entfalten ihre Wirkung aber erst dann, wenn der Erbauer das auf diese Weise belastete Nachbargrundstück veräußert oder wenn das Grundstück so aufgeteilt wird, dass der Bau auf der neuen Grenze liegt (MüKo/Säcker BGB § 912 Rn. 50 f. m.w.N.). Entsprechend angewandt wird § 912 BGB auch dann, wenn zwar nicht die Grundstücksgrenze, aber ein schuldrechtlich oder dinglich vereinbarter Grenzabstand überschritten wird (BGHZ 39, 5 = NJW 1963, 807). Analog anzuwenden ist § 912 BGB ebenfalls dann, wenn erst bei einer Veränderung des Gebäudes erstmals über die Grundstücksgrenze gebaut wird (BGH NZM 2008, 939 = NJW-RR 2009, 24 = Grundeigentum 2008, 1489). Auch eine nachträglich eingetretene Mauerausbauchung dürfte unter § 912 BGB fallen (vgl. Meisner/Stern/Hodes/Dehner B § 24 VII 5).

ee) § 917 Abs. 1 BGB Notweg

87 Eine weitere spezielle Duldungsnorm ist § 917 Abs. 1 BGB, wonach der Eigentümer verpflichtet ist, die Benutzung seines Grundstücks durch den Eigentümer eines nicht mit einem öffentlichen Weg verbundenen Nachbargrundstücks hinzunehmen, bis eine solche Verbindung geschaffen wurde. Auch hier ist der zur Duldung verpflichtete Eigentümer durch eine Geldrente zu entschädigen (§ 917 Abs. 2 BGB; hierzu s.u. Rdn. 155). Als besonders einschneidende Beschränkung des Eigentums ist ein solches Notwegerecht nur unter strengen Anforderungen zu gewähren. So besteht eine echte Zugangsnot nur dann, wenn entweder tatsächlich kein anderweitiger Zugang besteht oder die Realisierung möglicher Alternativen so hohe Aufwendungen oder Erschwernisse mit sich brächte, dass die Grundstücksnutzung unzumutbar beeinträchtigt würde (vgl. BGH NJW 2006, 3426 = ZMR 2007, 46 m.w.N.). Die Norm ist analog auch auf Fälle des Notleitungsrechts anzuwenden, jedenfalls dann, wenn das einschlägige Landesrecht hierfür keine Regelung vorsieht (BGHZ 177, 165 = WM 2008, 2070 m.w.N.).

d) Landesnachbarrecht

88 Einen wesentlichen Teil des Landesnachbarrechts stellen besondere Duldungspflichten dar. Wichtige Beispiele sind das Recht auf Duldung der Anbringung und Unterhaltung von Schornsteinen, Lüftungsschächten und Antennen (s.u. Rdn. 219), auf Verlegung von Leitungen im Nachbargrundstück (s.u. Rdn. 216) und auf Anbau an eine Nachbarwand (s.u. Rdn. 214). Dazu kommen Betretungsrechte wie die sog. Hammerschlags-, Leiter- und Schaufelschlagrechte (s.u. Rdn. 218). Eine besondere Art der Duldungspflicht stellen daneben die zahlreichen Ausschlussfristen für die Geltendmachung bestimmter landesrechtlicher Ansprüche dar (s.u. Rdn. 215).

89 Im **Verhältnis zum Bundesrecht** ist jedoch Art. 124 EGBGB zu beachten, wonach die landesgesetzlichen Vorschriften das Grundstückseigentum zugunsten des Nachbarn weiter gehenden Beschränkungen unterwerfen dürfen, nicht aber umgekehrt dem Nachbarn

Rechte nehmen, die sich für ihn aus dem BGB ergeben (vgl. hierzu auch BGH NJW 2004, 1035, 1037). Die Ausschlussfristen der Landesnachbargesetze können insofern nur dem landesrechtlichen Anspruch, auf den sie sich jeweils beziehen, entgegengehalten werden. Bestehen darüber hinaus konkurrierende Abwehr- oder Erstattungsansprüche aus dem Bundesnachbarrecht, z.B. aus § 1004 Abs. 1 BGB oder dem nachbarlichen Gemeinschaftsverhältnis, werden diese durch das Verstreichen lassen der landesrechtlichen Fristen nicht berührt (vgl. BGH a.a.O.; BGHZ 157, 33 = NJW 2004, 1037, 1040).

Dagegen sind die ausdrücklichen landesgesetzlichen Duldungspflichten durchaus Duldungspflichten i.S.v. § 1004 Abs. 2 BGB. Zu beachten ist jedoch, dass nach der h.M. die landesrechtlichen Duldungspflichten anders als etwa § 906 BGB nicht unmittelbar einem Abwehranspruch aus § 1004 Abs. 1 BGB entgegengehalten werden können. Wenn ein Landesnachbargesetz von Duldung spricht, so resultiert hieraus für den Eigentümer **kein Selbsthilferecht**, sondern lediglich ein Anspruch auf eine Duldung durch den Nachbarn. Widerspricht der Nachbar der beabsichtigten Nutzung, muss der Eigentümer zunächst seinen Duldungsanspruch einklagen, um eine echte Duldungspflicht des Nachbarn i.S.v. § 1004 Abs. 2 BGB zu begründen (vgl. OLG Karlsruhe NJW-RR 1993, 91; KG OLGZ 77, 448). Für die Gegenansicht spricht, dass die vielfältigen Anzeigepflichten in den Landesgesetzen keinen Sinn machen, wenn der Eigentümer seine Rechte ohne Zustimmung des Nachbarn oder eine gerichtliche Entscheidung ohnehin nicht ausüben darf (vgl. Meisner/Stern/Hodes/Dehner A § 6 II 7 m.w.N.). **90**

Die meisten Nachbarrechtsgesetze sehen weiter einen **Vorrang öffentlich-rechtlicher** Vorschriften vor (vgl. u. Rdn. 225). In § 27 NRG BW wird überdies der Vorrang des Bebauungsplans ausgesprochen. Am weitesten geht § 3 Abs. 1 BbgNRG, der allgemein einen Vorrang bestandskräftiger Verwaltungsakte, also etwa auch einer Baugenehmigung, vorsieht (vgl. hierzu Bietz DtZ 1997, 149, 150). **91**

Auf Streitigkeiten zwischen **Wohnungseigentümern** innerhalb derselben Gemeinschaft finden die landesnachbarrechtlichen Duldungspflichten zumindest entsprechende Anwendung (BGH NJW 2007, 3636; OLG München OLGR 2006, 213). Dies gilt nach der zitierten Entscheidung des Bundesgerichtshofs ausdrücklich auch für materielle Ausschlussfristen wie § 47 NachbG NW (BGH NJW 2007, 3636, 3637; a.A. OLG Hamm NJW-RR 2003, 230 = ZMR 2003, 372; OLG Köln NJW-RR 1997, 14). **92**

e) Das nachbarliche Gemeinschaftsverhältnis

aa) Entstehungsgeschichte

Um die widerstreitenden Interessen von Nachbarn in einen gerechten Ausgleich zu bringen, sah sich bereits das Reichsgericht (vgl. RGZ 154, 161), insbesondere aber der Bundesgerichtshof in Einzelfällen gezwungen, unter Heranziehung der Grundsätze von **Treu und Glauben** von den normierten Regelungen des Nachbarrechts abzuweichen. Aus dem sog. nachbarlichen Gemeinschaftsverhältnis entstehen danach Pflichten der gegenseitigen Rücksichtnahme, die dazu führen können, die Ausübung gewisser aus dem Eigentum sich ergebender Rechte eines Grundstückseigentümers als unzulässig erscheinen zu lassen (so wörtlich BGHZ 28, 225, 229 = NJW 1959, 97). Korrespondierend zu diesen besonderen Duldungspflichten entwickelte der Bundesgerichtshof finanzielle Ausgleichsansprüche. So wurde beispielsweise dem Grundstückseigentümer, der sein Grundstück nicht umfassend bebauen konnte, weil die Brandmauer des Nachbargrundstücks infolge einer Kriegseinwirkung in sein Grundstück ragte, zwar ein Beseitigungsanspruch aus § 1004 BGB gegen den Nachbarn versagt; für die erschwerte Nutzungsmöglichkeit seines eigenen Grundstücks war er aber aus Billigkeitsgründen zu entschädigen (BGHZ 28, 110 = NJW 1958, 1580). **93**

94 Das Konzept des nachbarlichen Gemeinschaftsverhältnisses ist vom Bundesgerichtshof seitdem vielfach angewandt und fortentwickelt worden. Dabei ist aber stets betont worden, dass seine Verwendung eine **aus zwingenden Gründen gebotene Ausnahme** bleiben müsse, da die Rechte und Pflichten von Grundstücksnachbarn in erster Linie durch die nachbarrechtlichen Gesetzesvorschriften geregelt würden (vgl. BGHZ 68, 350, 354 = NJW 1977, 1447 = ZMR 1978, 122; BGH NJW 1991, 2826, 2827). Der Gedanke von Treu und Glauben begründe nämlich i.d.R. keine selbständigen Ansprüche, sondern wirke sich hauptsächlich als bloße Schranke der Rechtsausübung aus (vgl. etwa BGHZ 88, 344 = NJW 1984, 729 = BauR 1984, 203).

bb) Vom Bundesgerichtshof bejahte Duldungspflichten

95 Unter Bezugnahme auf das nachbarliche Gemeinschaftsverhältnis wurde so einem Grundstückseigentümer der Abriss einer auf seinem Grundstück stehenden Grenzwand verwehrt, weil der Rechtsvorgänger des Nachbarn vor langer Zeit unter nicht mehr aufklärbaren Umständen sein Haus an diese Grenzwand angebaut hat und deren Niederreißen unzumutbar wäre (BGHZ 68, 350 = NJW 1977, 1447 = ZMR 1978, 122). Der Eigentümer eines durch Parzellierung eines bebauten Gesamtgrundstückes entstandenen Einzelgrundstückes hat die durch seinen Boden verlaufenden Abwasserleitungen der Nachbarn dauerhaft zu dulden (BGH NJW 2003, 1392). Wer sich freiwillig in der Nähe einer bestehenden Störungsquelle ansiedelt, muss bestimmte Immissionen dulden (BGHZ 148, 261 = NJW 2001, 3119 = BauR 2001, 1859 – Hammerschmiede; s. hierzu auch oben Rdn. 79). Ebenso muss derjenige, der sein Haus unfachmännisch mit der gemeinsamen Giebelwand zum Nachbarn verzahnt hat, Beeinträchtigungen dulden, die durch einen zulässigen Umbau auf Seiten des Nachbarn entstehen (OLG Hamm NJW-RR 2009, 1616).

96 Eine besondere Rolle spielen Duldungspflichten aus dem nachbarlichen Gemeinschaftsverhältnis bei **Grobimmissionen**, für die § 906 BGB nicht gilt und die ansonsten nach § 1004 BGB ohne Einschränkung abwehrfähig wären. So hat der Eigentümer des belasteten Grundstücks das Herüberfallen von Steinbrocken aus einem benachbarten Steinbruch dann aus Gründen des nachbarlichen Gemeinschaftsverhältnisses (gegen finanzielle Schadloshaltung) hinzunehmen, wenn eine Abwägung der gegenseitigen Interessen ergibt, dass die Duldungspflicht den belasteten Nachbarn weniger schwer beeinträchtigt als der ansonsten durchgreifende Unterlassungsanspruch den Betreiber des Steinbruchs beeinträchtigen würde (BGHZ 28, 225 = NJW 1959, 97; ähnlich BGHZ 58, 149 = NJW 1972, 724). Eine an sich gem. § 909 BGB verbotene Grundstücksvertiefung hat der davon betroffene Eigentümer des Nachbargrundstücks ggf. zu dulden, wenn ohne die Vertiefung das Grundstück des Störers wirtschaftlich wertlos würde (BGHZ 101, 290 = NJW 1987, 2808 = BauR 1987, 717).

cc) Vom Bundesgerichtshof verneinte Duldungspflichten

97 Dagegen wurde ein Anspruch des im Funkschatten eines Hochhauses wohnenden Nachbarn, auf Kosten des Hochhauseigentümers Anschluss an die Sammelantenne des Hochhauses zu erhalten, verneint, ein Anspruch auf Gestattung der Errichtung einer eigenen Antenne auf dem Dach des Hochhauses in einem obiter dictum aber bejaht (BGHZ 88, 344 = NJW 1984, 729 = BauR 1984, 203). Gestattung einer Wegbenutzung – auch über viele Jahre – begründet keinen aus dem nachbarlichen Gemeinschaftsverhältnis resultierenden Benutzungsanspruch jenseits der Regelungen des Notwegs in § 917 BGB (BGHZ 112, 1 = NJW 1990, 2555). Wer trotz Bauverbots und ohne Baugenehmigung unter Nichteinhaltung des Grenzabstandes baut, kann dem Nachbarn, der den Abriss des Gebäudes begehrt, nicht die Grundsätze von Treu und Glauben entgegen halten (vgl. BGH NJW 1970, 1180,

1181). Die Zerstörung seiner Abwasserrohre durch Baumwurzeln, die von gemeindlichem Land ausgehen, hat der Eigentümer auch dann nicht zu dulden, wenn seine Rohre durch das Grundstück der Gemeinde verlaufen (BGH NJW 1991, 2826).

dd) Weitere Anwendungsfälle des nachbarlichen Gemeinschaftsverhältnisses

In letzter Zeit zieht der Bundesgerichtshof die Grundsätze des nachbarlichen Gemeinschaftsverhältnisses verstärkt heran, um zu klären, ob sich hieraus eine Handlungspflicht (»**Sicherungspflicht**«) des Eigentümers des störenden Grundstücks ergibt, eine auf Naturkräften oder den Handlungen Dritter beruhende Beeinträchtigung zu verhindern (hierzu ausführlich oben Rdn. 54 ff.). In einem einzelnen Fall hat der Bundesgerichtshof auch einen eigenen Unterlassungsanspruch aus dem nachbarlichen Gemeinschaftsverhältnis abgeleitet (BGHZ 113, 384 = NJW 1991, 1671 = BauR 1991, 374 – Kaltluftsee; s. hierzu oben Rdn. 21). **98**

In der früheren Rechtsprechung hat der Bundesgerichtshof betont, dass es sich bei dem nachbarlichen Gemeinschaftsverhältnis nicht um ein **gesetzliches Schuldverhältnis** handelt und mithin insbesondere § 278 BGB darauf keine Anwendung findet (BGHZ 42, 374 = NJW 1965, 389). In einer jüngeren Entscheidung wurden allerdings Zweifel geäußert, ob an dieser Rechtsprechung festzuhalten ist (BGHZ 135, 235 = NJW 1997, 2234). **99**

ee) Nachbarliches Gemeinschaftsverhältnis und § 906 BGB

Da die bis 1959 geltende, ursprüngliche Fassung von § 906 BGB für die Fälle ortsüblicher und damit zu duldender Beeinträchtigungen keinen Ersatzanspruch zugunsten des durch § 906 BGB zur Duldung verpflichteten Eigentümers vorsah, behandelte ein Großteil der frühen Entscheidungen zum nachbarlichen Gemeinschaftsverhältnis den in vielen dieser Fälle aus Billigkeitsgründen erforderlichen Ausgleichsanspruch in Geld (vgl. z.B. BGHZ 30, 273 = NJW 1959, 1867). Dieser Unterfall der Anwendung des nachbarlichen Gemeinschaftsverhältnisses wurde durch die Neufassung von § 906 Abs. 2 BGB ins Gesetz übernommen und stellt somit **normiertes Richterrecht** dar. In der Folge hat der Bundesgerichtshof bestätigt, dass es sich bei § 906 BGB insoweit nun um eine abschließende Regelung handelt und im Bereich dieser Norm für Abweichungen nach den Grundsätzen des nachbarlichen Gemeinschaftsverhältnisses kein Raum mehr ist (vgl. BGHZ 38, 61 = NJW 1962, 2341; BGHZ 60, 235 = NJW 1973, 703; BGHZ 111, 63 = NJW 1990, 2465 = ZMR 1990, 262; zum Ausgleichsanspruch s.u. Rdn. 147 ff.). **100**

f) Öffentliches Recht

Eine Duldungspflicht kann sich auch aus dem öffentlichen Recht ergeben, soweit die herangezogene Norm drittschützenden Charakter hat (zu diesem Begriff s.o. Rdn. 18 f.). Am weitesten gehen dabei die spezialgesetzlich geregelten Anspruchspräklusionen. Daneben existieren Duldungspflichten aus dem öffentlichen Recht nur in begrenztem Umfang. **101**

aa) Spezialgesetzliche Anspruchspräklusion

Es gibt zahlreiche Spezialgesetze, die unmittelbar auf das Nachbarrecht Bezug nehmen und die entsprechenden Abwehrrechte ausdrücklich ausschließen oder modifizieren. Diese Gesetze normieren insofern besondere Duldungspflichten i.S.v. § 1004 Abs. 2 BGB. Gem. § 14 BImSchG scheiden Abwehransprüche, die auf die Einstellung des Betriebs einer genehmigten Anlage abzielen, ab Bestandskraft der Anlagengenehmigung aus. Wenn die betroffenen Nachbarn ihre Rechte nicht im Rahmen des Genehmigungsverfah- **102** rens geltend machen, können sie die Einstellung der Anlage später nicht mehr verlangen. Über Verweisungen in § 7 Abs. 6 AtomG und § 11 LuftVG gilt § 14 BImSchG auch für die dort geregelten Zulassungstatbestände. Daneben existieren landesrechtliche Regelungen, die sich auf § 14 BImSchG beziehen. Auch das GenTG hat in § 23 eine fast identische Regelung.

103 Die zivilrechtliche Präklusionswirkung findet erst dann ihre Grenze, wenn die störende Anlage nicht mehr genehmigungskonform betrieben wird oder wenn der Betreiber der Anlage die Anlagengenehmigung durch Bestechung oder Täuschung erlangt hat. Die bloße Rechtswidrigkeit der Genehmigung lässt indes die Präklusionswirkung unberührt. Unmittelbar ausgeschlossen wird durch § 14 BImSchG jedoch nur der Anspruch auf Einstellung des Anlagenbetriebs. Ansprüche, die auf **Schutzvorkehrungen** gerichtet sind, lässt § 14 S. 1 letzter Halbs. BImSchG in modifizierter Form noch zu. Es handelt sich hierbei um modifizierte, privatrechtliche Abwehransprüche, die entsprechend auch vor den Zivilgerichten einzuklagen sind. Zugunsten des Inhabers einer wasserrechtlichen Bewilligung sieht § 11 WHG ein noch deutlich strengere Präklusionswirkung vor (vgl. zum Ganzen Seidel Rn. 866 ff. m.w.N.). Wenn solche Abhilfemaßnahmen unmöglich oder jedenfalls wirtschaftlich unzumutbar sind, erhält der Betroffene gem. § 14 S. 2 BImSchG einen Anspruch auf Kompensation (hierzu s.u. Rdn. 156).

bb) Planfeststellungsverfahren

104 Ebenso eindeutig ist die privatrechtsgestaltende Wirkung eines Planfeststellungsverfahrens. Nach § 75 Abs. 2 S. 1 VwVfG sind ab Unanfechtbarkeit eines nach Bundesrecht ergangenen Planfeststellungsbeschlusses sämtliche privatrechtlichen Abwehransprüche ausgeschlossen. In Betracht kommen hier etwa § 31 Abs. 2 KrW-/AbfG, §§ 8 f. LuftVG, §§ 28 ff. PersBefG und § 31 WHG.

cc) Weitere öffentlich-rechtliche Duldungspflichten

105 Eine mit dem Vorstehenden vergleichbare Präklusionswirkung kommt einer bloßen behördlichen Genehmigung, für die eine Präklusion nicht ausdrücklich geregelt ist, nicht zu (vgl. BGH NJW 1959, 2013 – Schankerlaubnis). Insbesondere die **Baugenehmigung** ergeht grundsätzlich unbeschadet der privaten Rechte Dritter. Die Wertung der spezialgesetzlichen Präklusionsregelungen mit ihren umfangreichen Voraussetzungen und Beteiligungsvorschriften würde umgangen, wenn jeder Genehmigung auch ohne diese Voraussetzungen die gleiche privatrechtsgestaltende Wirkung zukäme (s.a. die Erörterung in Bezug auf die Ortsüblichkeit von Immissionen oben Rdn. 77). Auch aus der bloßen Übereinstimmung einer Nutzung mit den Vorgaben eines **Bebauungsplans** erwächst damit keine Duldungspflicht (vgl. BGH NJW 1983, 751 = ZMR 1983, 205 = BauR 1983, 233). Dass Bebauungsplan und Baugenehmigung den Inhalt des Eigentums i.S.v. § 903 BGB beschränken und die Zivilgerichte mithin an deren Festlegungen gebunden seien, so wie dies im öffentlich-rechtlichen Schrifttum vertreten wird (vgl. Dolderer DVBl 1998, 19 ff. m.w.N.), stößt bei der zivilrechtlichen Rechtsprechung und Lehre aus den genannten Gründen auf breite Ablehnung.

106 Die von einem Grundstückseigentümer zugunsten seines Nachbarn übernommene **Baulast** begründet im Übrigen nur eine öffentlich-rechtliche Verpflichtung und keine unmittelbare Duldungspflicht (vgl. BGHZ 88, 97 = NJW 1984, 124). Die Weigerung, die beanspruchte Nutzung zu dulden, kann jedoch rechtsmissbräuchlich sein, wenn der Baulastbegünstigte ein angemessenes Entgelt angeboten hat (vgl. Staudinger/Gursky BGB § 1004 Rn. 187).

Duldungspflichten können sich aber aus dem **Naturschutzrecht** ergeben, z.B. aus den landesrechtlichen und kommunalen Baumschutzvorschriften. Greifen diese Vorschriften nicht, braucht ein Straßenanlieger Beeinträchtigungen durch grenzüberschreitende Baumwurzeln aber nicht schon wegen des Interesses der Allgemeinheit an der Erhaltung des Baumbestands zu dulden (vgl. BGHZ 97, 231 = NJW 1986, 2640, 2641 = ZMR 1986, 353). Duldungspflichten entstehen auch aus den Regelungen des **Artenschutzes**, etwa indem hiernach die Beseitigung eines vorhandenen Froschteichs verboten wäre; kommt allerdings eine behördliche Ausnahmegenehmigung von diesem Verbot in Betracht, so hat das Zivilgericht zu prüfen, ob deren Voraussetzungen gegeben sind (vgl. BGHZ 120, 239 = NJW 1993, 925 = ZMR 1993, 152). 107

Daneben werden die Rechte des Grundstückeigentümers noch durch **weitere spezialgesetzliche Regelungen** eingeschränkt (z.B. Benutzung des Luftraums durch Luftfahrzeuge: § 1 LuftVG; Telekommunikationslinien: §§ 68, 76 TKG; elektrische Leitungen im öffentlichen Nahverkehr: § 32 PersBefG; Straßenbeleuchtung: § 126 BauGB). 108

dd) Besonderheiten beim quasinegatorischen Anspruch

Dass bauordnungsrechtliche Genehmigungen keine Duldungspflichten begründen, gilt in dieser Pauschalität jedoch nicht, wenn quasinegatorische Ansprüche aus §§ 1004, 823 Abs. 2 BGB in Verbindung mit einer nachbarschützenden Norm des öffentlichen Rechts geltend gemacht werden. Hier findet die Prüfung des Abwehranspruchs sozusagen innerhalb des öffentlichen Rechts statt, sodass der Baugenehmigung in diesem Fall eine **tatbestandsausschließende Wirkung** zuzugestehen ist. Unstreitig hat dies zumindest in Bezug auf solche nachbarschützenden Normen zu geschehen, deren Verletzung dem Bauherrn durch die Genehmigungsbehörde im Wege des Dispenses ausdrücklich gestattet wurde (vgl. BGHZ 66, 354, 357 = NJW 1976, 1888 = BauR 1977, 69 – Befreiung von Abstandspflichten). 109

Im Zuge einer weiteren Annäherung zwischen privatem und öffentlichem Nachbarrecht sollte indes erwogen werden, auch eine für den belasteten Nachbarn **nachteilige Bindungswirkung** zuzulassen. Wenn die öffentlich-rechtliche Schutznorm, auf deren Verletzung der Betroffene sich mit seinem quasinegatorischen Anspruch stützt, als Genehmigungsvoraussetzung im behördlichen Verfahren geprüft und eine Verletzung der Norm bei Erteilung der Genehmigung verneint wurde, sollte auch ein zivilrechtlicher Anspruch regelmäßig ins Leere gehen, solange die Genehmigung nicht aufgehoben wurde (vgl. Seidel Rn. 879; ausdrücklich gegen eine solche Bindungswirkung BayObLG NJW-RR 1991, 19 = ZMR 1990, 418; NJW-RR 1997, 269 = ZMR 1997, 41). Für Extremfälle, in denen sich die behördliche Entscheidung als nichtig oder untragbar erweist, behalten sich die Zivilgerichte ohnehin eine abweichende Bewertung vor (vgl. BGHZ 122, 1, 6 = NJW 1993, 1580, 1581 = ZMR 1993, 266). Die Anwendung von § 906 BGB als Schranke scheidet nach der Rechtsprechung des Bundesgerichtshofs bei Vorliegen eines Verstoßes gegen eine nachbarschützende öffentlich-rechtliche Norm i.S.v. § 823 Abs. 2 BGB jedenfalls aus, da es sich insoweit um konkurrierende Anspruchsgrundlagen handelt (vgl. BGH a.a.O.). Steht etwa der Verstoß gegen eine nachbarschützende Lärmschutzauflage in einer Baugenehmigung fest, so ist das Zivilgericht hieran gebunden und führt keine eigene Prüfung der Immission anhand des Maßstabs von § 906 BGB mehr durch (BGH a.a.O.). 110

ee) Gemeingebrauch

Ein Sonderfall der öffentlich-rechtlichen Duldungspflicht ist der durch Widmung begründete Gemeingebrauch an einem Grundstück. Eine Benutzung der Sache, die sich im Rahmen des Gemeingebrauchs hält, ist danach vom Eigentümer hinzunehmen; Nut- 111 zungen außerhalb des Gemeingebrauchs sind dagegen abwehrfähig (vgl. z.B. für den Straßeneigentümer BGHZ 60, 365 = NJW 1973, 1281 – in die Straße ragende Automaten; BGH NJW 1978, 2201 = ZMR 1979, 111 – in die Straße ragende Werbeanlage). Typischerweise betrifft der Gemeingebrauch Straßen, daneben auch Gewässer und Wald (vgl. die Zusammenstellung bei MüKo/Säcker BGB § 905 Rn. 15 ff.).

6. Weitere Beschränkungen und Ausschlusstatbestände

a) Verjährung

112 Die Verjährung der Abwehransprüche fällt unter § 195 BGB n.F. und beträgt mithin drei Jahre seit der Störung und Kenntnis oder grob fahrlässiger Unkenntnis des Gläubigers von den anspruchsbegründenden Umständen, längstens jedoch zehn Jahre (§ 199 Abs. 2, Abs. 4 BGB). In § 197 Abs. 1 Nr. 1 BGB sind nur Herausgabeansprüche genannt, nicht auch die hiesigen Abwehransprüche. Eine analoge Anwendung der Regelung für Schadensersatz in § 199 Abs. 3 BGB ist wegen der grundsätzlichen Verschiedenheit zu den Abwehransprüchen abzulehnen (vgl. MüKo/Medicus BGB § 1004 Rn. 84). Hinsichtlich des Verjährungsbeginns ist jedoch zu beachten, dass die Verjährung des Anspruchs regelmäßig mit jeder erneuten Störung neu beginnt. Für die landesnachbarrechtlichen Ansprüche gelten vielfach abweichende Regelungen (s.u. Rdn. 224).

b) Verwirkung

113 Der Abwehranspruch aus § 1004 Abs. 1 BGB kann ebenso wie die sonstigen nachbarrechtlichen Ansprüche unter Anwendung von § 242 BGB als verwirkt anzusehen sein, wenn er über einen längeren Zeitraum nicht geltend gemacht wurde (Zeitmoment) und der Störer aufgrund konkreter Umstände davon ausging und ausgehen durfte, dass der Anspruch auch nicht mehr geltend gemacht werden würde (Umstandsmoment). Es gelten hier die allgemeinen Regeln (vgl. z.B. BayObLG NJW-RR 1993, 1165–17 Jahre Duldung begründet Verwirkung; OLG Köln NJW 1995, 3319, 3321 – zwei Jahre Warten reichen nicht). Hinsichtlich des Zeitmoments ist also ein **strenger Maßstab** anzulegen; eine mehrjährige Hinnahme reicht regelmäßig nicht aus. Allerdings löst bei wiederholten gleichartige Störungen, die zeitlich unterbrochen auftreten, jede neue Einwirkung einen neuen Anspruch aus, so dass die für die Beurteilung des Zeitmoments maßgebliche Frist jeweils neu zu laufen beginnt (BGH NJW-RR 2006, 235). Das Verpassen der rechtzeitigen Anfechtung einer zwischenzeitlich bestandskräftig gewordenen behördlichen Genehmigung (etwa einer Baugenehmigung) begründet den erforderlichen Vertrauenstatbestand auf Seiten des Störers nicht (vgl. Staudinger/Gursky BGB § 1004 Rn. 208). Die durch das Schuldrechtsmodernisierungsgesetz von 30 auf drei Jahre verkürzte Verjährungsfrist hat zur Folge, dass ehemalige Verwirkungsfälle nun verstärkt der Verjährung unterfallen dürften.

c) Unverhältnismäßigkeit der Beseitigung

114 Durch § 275 Abs. 2 BGB n.F. hat der Gesetzgeber die ursprünglich nur für den Schadensersatz geltende Regelung aus § 251 Abs. 2 BGB zu einer allgemeinen Regel des Schuldrechts erhoben. Danach kann der Schuldner die Leistung (hier also die Beseitigung einer Störung) verweigern, wenn der dafür erforderliche Aufwand in einem **krassen Missverhältnis** zum Leistungsinteresse des Gläubigers steht. Die Rechtsprechung hatte in den entsprechenden Fällen bereits seit den 1970er Jahren § 251 Abs. 2 S. 1 BGB als allgemeinen Rechtsgedanken herangezogen (BGHZ 62, 388, 391 = NJW 1974, 1552 – unentschuldigter Überbau; BGHZ 143, 1, 6 = NJW 2000, 512, 514 – widerrechtliches Abholzen einer Hecke). Wenn ein Anspruchsinhaber die **Beseitigung äußerst geringfügiger Stö-**

rungen begehrt, kann der Anspruch auch als Fall des Rechtsmissbrauchs gem. § 242 BGB ausgeschlossen sein (so etwa BGH WuM 1976, 619 – geringfügige Unterschreitung des landesrechtlichen Grenzabstands). Die Kritik der Literatur an der analogen Anwendung von § 251 Abs. 2 BGB dürfte angesichts des Wortlauts von § 275 Abs. 2 BGB n.F. verstummen (vgl. MüKo/Medicus BGB § 1004 Rn. 80). Hat der Gläubiger eine Störung aus diesen Gründen hinzunehmen, ist er ggf. zu entschädigen, sei es in analoger Anwendung von § 906 Abs. 2 S. 2 BGB oder wegen §§ 275 Abs. 4, 283 BGB.

d) Mitverschulden bzw. Mitverursachung, § 254 BGB analog

Der Bundesgerichtshof hat die wiederum aus dem Schadensersatzrecht stammenden Grundsätze des Mitverschuldens gem. § 254 BGB für analog auf den Anspruch aus § 1004 Abs. 1 BGB anwendbar erklärt (BGHZ 135, 235 = NJW 1997, 2234; BGH NJW 1995, 395 = BauR 1995, 120). Danach kann der Störer dem Gläubiger des Abwehranspruchs seinerseits den Verursachungsbeitrag des Gläubigers entgegenhalten. Da es sich bei Beseitigung und Unterlassung um prinzipiell unteilbare Ansprüche handelt, begegnet diese Analogie gewissen rechtstechnischen Problemen. Anwendung kann § 254 BGB insofern auch nur finden, wenn die Beseitigung mit Kosten verbunden ist, die dann nach dem Gesichtspunkt der zurechenbaren Mitverursachung geteilt werden können. Nach der Lösung des Bundesgerichtshofs in BGHZ 135, 235 wird die Verurteilung zur Beseitigung im Tenor durch die Feststellung beschränkt, dass sich der beeinträchtigte Eigentümer in Höhe seiner aus § 254 BGB analog ergebenden Haftungsquote an den Kosten der Beseitigung zu beteiligen hat. **115**

Da die Haftungsbegründung für § 1004 Abs. 1 BGB kein Verschulden voraussetzt, ist auch für die analog § 254 BGB zu ermittelnde Mitverursachung kein Verschulden im engeren Sinne erforderlich. Als Mitverursachungsbeitrag reicht mithin schon das Außerachtlassen der in eigenen Dingen obliegenden Sorgfalt oder das Betreiben einer für Schäden besonders anfälligen Nutzung (vgl. OLG Düsseldorf NJW-RR 1995, 1482, 1484 – Anbau einer empfindlichen Rosenart). So stellt etwa die Neuanlage eines Tennisplatzes in der Nähe von Pappeln in Bezug auf die Beschädigung des Platzes durch Baumwurzeln eine solche Mitverursachung dar (BGHZ 135, 235 = NJW 1997, 2234), ebenso das fehlerhafte Verlegen einer später von Baumwurzeln beschädigten Abwasserleitung (BGH NJW 1995, 395 = BauR 1995, 120). Schon die jahrzehntelange Duldung einer Anpflanzung von nachbarlichen Bäumen nahe der Grundstücksgrenze soll eine Mitverantwortlichkeit des die spätere Beseitigung von Wurzeln fordernden Nachbarn begründen (KG NJW 2008, 3148). **116**

7. Umfang der Abwehransprüche

Inhalt des Abwehranspruchs aus § 1004 Abs. 1 BGB kann die Beseitigung der Beeinträchtigung (Satz 1) oder die Unterlassung (Satz 2) sein. Wenn eine Störung schon entstanden ist und fortdauert, kann Beseitigung verlangt werden. Geht es um die Verhinderung einer noch bevorstehenden Beeinträchtigung, ist der Unterlassungsanspruch einschlägig. Im Falle der zukünftigen Abwehr einer fortdauernden Störung ist aber ebenfalls eine Kombination beider Ansprüche denkbar (vgl. OLG Düsseldorf NJW-RR 1995, 542). **117**

a) Wiederholungsgefahr und Erstbeeinträchtigungsbesorgnis

Nach seinem Wortlaut erfordert der Anspruch aus § 1004 Abs. 1 S. 2 BGB die Besorgung weiterer Beeinträchtigungen, mithin das Bestehen einer Wiederholungsgefahr. Schon aus dem Zweck der Norm ergibt sich jedoch, dass auch eine erstmalig drohende Störung abgewehrt werden kann, wenn die Gefahr anhand objektiver Kriterien feststellbar ist (vgl. BayObLG NJW-RR 1987, 1040 = ZMR 1987, 345; OLG Zweibrücken NJW 1992, **118**

1242) und konkret droht (BGH NJW 2009, 3787 = NZM 2009, 834). Ein gewichtiger Unterschied besteht aber im gerichtlichen Verfahren: Während bei einer vorangegangenen Störung die Wiederholungsgefahr regelmäßig vermutet wird (BGHZ 140, 1 = NJW 1999, 356 – Geruchsbelästigung durch Schweinemästerei), trägt derjenige, der sich auf eine Erstbeeinträchtigung beruft, für seine Besorgnis die volle Darlegungs- und Beweislast (OLG Hamm NJW-RR 1995, 1399).

b) Wahlfreiheit des Störers

119 Der Anspruch aus § 1004 Abs. 1 BGB ist auf die Beseitigung der Störung und die Unterlassung weiterer Beeinträchtigungen gerichtet. Ein Anspruch auf eine bestimmte Art und Weise der Beseitigung oder der Unterlassung wird dadurch nicht begründet. Die Entscheidung, wie der Störer die Beeinträchtigungen zu beseitigen bzw. zu unterlassen gedenkt, bleibt ihm grundsätzlich selbst überlassen (BGHZ 67, 252 = NJW 1977, 146; OLG Köln NJW 1998, 763, 766 = ZMR 1998, 161). Dies ist insbesondere bei der Formulierung des Urteilstenors wesentlich und sollte – zur Vermeidung eines teilweisen Unterliegens – bereits bei der Stellung des Klageantrags berücksichtigt werden.

120 Bei einer Klage wegen Einwirkungen, die unter § 906 BGB fallen, ist zu beachten, dass der belastete Eigentümer nur die Beseitigung solcher Immissionen verlangen kann, die sein Grundstück mehr als unwesentlich beeinträchtigen. Klageantrag und Urteilstenor sind dann so zu formulieren, dass die Beeinträchtigung auf ein zu duldendes Mindestmaß zu vermindern sei (vgl. BGHZ 121, 248 = NJW 1993, 1656, 1657 = ZMR 1993, 268). Wenn es für dieses Mindestmaß **keinen verbindlichen Grenzwert** gibt, kann allein zur Beseitigung oder Unterlassung wesentlicher Immissionen verurteilt werden. Damit verlagern sich Streitigkeiten über das tatsächlich einzuhaltende Maß zwar auf das Vollstreckungsverfahren; dies ist aber im Interesse eines effektiven Rechtsschutzes hinzunehmen (BGH NJW 1958, 1776; BGHZ 121, 248 = NJW 1993, 1656, 1657 = ZMR 1993, 268; BGHZ 140, 1 = NJW 1999, 356, 356 f.). Lediglich dann, wenn entweder nur eine bestimmte Maßnahme die Beseitigung der Störung gewährleistet (BGHZ 67, 252, 254 = NJW 1977, 146; BGHZ 120, 239 = NJW 1993, 925, 927 = ZMR 1993, 152) oder andere Möglichkeiten existieren, aber vernünftigerweise nicht ernsthaft in Betracht gezogen werden können (BGH NJW 2004, 1035), wird der Störer zu einer konkreten Maßnahme verurteilt.

c) Abgrenzung zwischen Beseitigungs- und Schadensersatzanspruch

121 Die Abgrenzung des negatorischen Beseitigungsanspruchs und des verschuldensabhängigen Schadensersatzanspruchs gehört auch nach Auffassung des Bundesgerichtshofs zu den ungelösten Problemen des § 1004 BGB (vgl. BGH NJW 1996, 845). Die Ausgangspunkte beider Ansprüche sind zwar unterschiedlich: Während im Wege des Schadensersatzes die Naturalrestitution i.S.v. § 249 S. 1 BGB angestrebt wird, also die Wiederherstellung des früheren Zustandes, ist der Beseitigungsanspruch zunächst nur auf ein »Aufhören der Einwirkung für die Zukunft« (vgl. BGHZ 28, 110, 113 = NJW 1958, 1580) gerichtet. Je nach Grad der Einwirkung kann jedoch streitig werden, was der Störer alles tun muss, um sie wirklich zu beseitigen. Eine extensive Ausdehnung des Umfangs der geschuldeten Beseitigung würde sich im Ergebnis der Naturalrestitution annähern. Da der Beseitigungsanspruch aber nicht unter dem für die Schadensersatzansprüche typischen Vorbehalt des Verschuldens steht, muss der Gefahr begegnet werden, dass auf diese Weise eine **allgemeine Gefährdungshaftung** entsteht (vgl. BGH NJW 1996, 845 m.w.N.).

Im Schulfall des Steins, der unrechtmäßig auf das Grundstück des Anspruchsinhabers befördert wurde, sind in Bezug auf die bloße Entfernung des Steins Beseitigung und Schadensersatz zunächst inhaltlich gleich. Sobald aber daneben auch die Erneuerung der vom Stein durchschlagenen Fensterscheibe gefordert wird, ist dies nicht mehr bloße Beseitigung, sondern Schadensersatz. 122

Eine Annäherung der Beseitigung an den Schadensersatz tritt dagegen stets bei Fällen ein, in denen die störende Sache eine nicht ohne Weiteres lösbare Verbindung mit Sachen des Anspruchsinhabers eingeht. So muss der Störer, der seinem Nachbarn die Beseitigung einer **Bodenverunreinigung** schuldet, ggf. das gesamte Erdreich austauschen, wenn die Verunreinigung anders nicht zu beseitigen ist (BGH NJW 1996, 845). Wessen Baumwurzeln in das Nachbargrundstück eingedrungen sind, hat nicht nur die Wurzeln selbst zu beseitigen, sondern grundsätzlich auch den im Rahmen der Wurzelbeseitigung zerstörten Tennisplatz (BGHZ 135, 235 = NJW 1997, 2234) oder die zerstörte Rohrleitung (BGHZ 97, 231 = NJW 1986, 2640 = ZMR 1986, 353) wiederherzustellen. Trotz der anhaltenden Kritik aus Teilen des Schrifttums (s. Staudinger/Gursky BGB § 1004 Rn. 137 ff. und MüKo/Medicus BGB § 1004 Rn. 71, jeweils m.w.N.) ist die Rechtsprechung in diesen Fällen richtigerweise einheitlich. Der Störer schuldet in diesen Fällen nämlich nicht die Naturalrestitution, sondern lediglich die Beseitigung von sekundären Störungen (z.B. der zerstörte Tennisplatz), die im Rahmen der von ihm zunächst geschuldeten Beseitigung der primären Störung (eindringende Baumwurzeln) zwangsläufig entstanden sind. Auch der Umstand, dass der belastete Grundstückseigentümer vom Störer unter Heranziehung von §§ 812 ff. BGB den Ersatz seiner Aufwendungen zur Feststellung der Störungsursache verlangen kann (BGHZ 97, 231, 236 = NJW 1986, 2640, 2642 = ZMR 1986, 353; NJW 1995, 395 = BauR 1995, 120; hierzu s.u. Rdn. 158), macht aus dem Beseitigungsanspruch noch keinen Schadensersatzanspruch. Konsequenterweise sollte beim Umfang des Beseitigungsanspruchs aber dann auch ggf. der Gedanke des aus dem Schadensersatzrecht stammenden Grundsatzes eines finanziellen Ausgleichs »Neu für Alt« Anwendung finden (so zutreffend Wenzel NJW 2005, 241, 243). 123

III. Auf Geldleistung gerichtete Ansprüche

Neben den Abwehransprüchen stellt das Nachbarrecht diverse auf Geldleistung gerichtete Ansprüche bereit, um den nachbarlichen Interessenausgleich zu ermöglichen. Wichtig ist dabei die Beachtung der grundsätzlichen Unterscheidung zwischen den allgemeinen Ansprüchen auf **Schadensersatz** (hierzu im Folgenden Rdn. 129 ff.) und den besonderen nachbarrechtlichen **Entschädigungsansprüchen**, die dazu dienen, dem belasteten Nachbarn eine Kompensation für von ihm hinzunehmende Beeinträchtigungen zu gewähren (auch weitgehend synonym als nachbarrechtliche Aufopferungsansprüche, Ausgleichsansprüche und Entschädigungsansprüche bezeichnet, hierzu unten Rdn. 146). Zuletzt sind besondere Ansprüche auf Erstattung der Kosten für eine **Selbstvornahme** zu erörtern (hierzu unten Rdn. 158). Darüber hinaus halten die Nachbargesetze der Länder für spezielle Fallgestaltungen Ansprüche auf Schadensersatz, Entschädigung, Kostentragungspflicht und Vergütung bereit, die sich im Wesentlichen aus ihrem Wortlaut erschließen (vgl. die Aufstellung unter Rdn. 220 ff.). 124

Die Unterscheidung zwischen Schadensersatz- und Entschädigungsansprüchen erscheint nicht nur sprachlich, sondern auch inhaltlich zunächst etwas unklar. Die beiden Anspruchsarten unterscheiden sich indes sowohl in ihrer Begründung als auch in ihrem Umfang. Voraussetzung für einen Schadensersatzanspruch ist grundsätzlich ein **Verschulden**, welches bei einigen Anspruchsgrundlagen jedoch gesetzlich vermutet (hierzu Rdn. 138) oder sogar fingiert (sog. Gefährdungshaftung, hierzu 125

Rdn. 142) wird. Dagegen ist der nachbarrechtliche Entschädigungsanspruch grundsätzlich verschuldensunabhängig.

126 Der Umfang eines Schadensersatzanspruchs bemisst sich nach den §§ 249 ff. BGB, während für den Ausgleichsanspruch ausgehend von § 906 Abs. 2 S. 2 BGB ein »angemessener Ausgleich in Geld« zu gewähren ist. Der Bundesgerichtshof versteht dieses **Kriterium der Angemessenheit** so, dass ein Ausgleich für die zu duldenden Beeinträchtigungen nur insoweit zu gewähren ist, als die Beeinträchtigung über das zumutbare Maß hinausgeht (vgl. BGH NJW-RR 1988, 1291 = BauR 1988, 755; BGHZ 142, 227, 235 = NJW 1999, 3633; eine Differenzierung, die in der Literatur auf Kritik stößt, vgl. MüKo/Säcker BGB § 906 Rn. 138). Über den Schadensersatzanspruch ist der Grundstückseigentümer so zu stellen, wie er ohne die Beeinträchtigung stehen würde, während der Ausgleichsanspruch nur die normalerweise gegebene Abwehrbefugnis kompensieren soll (BGHZ 111, 158 = NJW 1990, 1910, 1912 = ZMR 1990, 266). Der Ausgleichsanspruch gewährt keinen vollen Schadensersatz, sondern bemisst nach den Grundsätzen, die für die Enteignungsentschädigung gelten (BGHZ 90, 255, 263 = NJW 1984, 2207, 2208).

127 Erschwert wird eine trennscharfe Unterscheidung dadurch, dass sowohl bestimmte öffentlich-rechtliche Normen wie § 14 Abs. 2 BImSchG (hierzu Rdn. 156) als auch einige landesrechtliche Normen, die der Sache nach eine verschuldensunabhängige Kompensation für zu duldende Beeinträchtigungen darstellen, dem Betroffenen ausdrücklich einen Schadensersatzanspruch zugestehen.

128 Wie wichtig die **Unterscheidung zwischen Schadensersatz und Entschädigung** sein kann, wird in einer Entscheidung des Bundesgerichtshof deutlich, in der ein Ausgleichsanspruch bejaht wurde, obwohl in einem vorangegangenen, ebenfalls auf Zahlung gerichteten Verfahren zwischen den Parteien, in dem ein Ausgleichsanspruch nicht ausdrücklich geltend gemacht worden war, das Bestehen eines aus demselben Sachverhalt herrührenden Schadensersatzanspruchs rechtskräftig verneint worden war (BGHZ 110, 17, 24 = NJW 1990, 978, 980). In einem anderen Fall, in dem das Berufungsgericht eine Verschuldenshaftung fehlerhaft bejaht hatte, hob der Bundesgerichtshof indes diese Entscheidung nicht auf, da jedenfalls ein nachbarrechtlicher Ausgleichsanspruch gegeben war (BGH NJW-RR 1997, 1374 = BauR 1997, 1058).

1. Schadensersatzansprüche

129 Da der Umfang der Schadensersatzansprüche sich nach §§ 249 ff. BGB bemisst, ist hier gem. § 249 Abs. 1 BGB selbstverständlich zunächst die Naturalrestitution geschuldet. Bereits über den verschuldensunabhängigen Beseitigungsanspruch aus § 1004 Abs. 1 BGB kann der belastete Eigentümer nach der Rechtsprechung des Bundesgerichtshofs indes jedenfalls in den Fällen, in denen eine wirksame Beseitigung der Beeinträchtigung anders nicht möglich ist, eine weitgehende Restitution verlangen (vgl. zu dieser schwierigen Abgrenzung oben Rdn. 121). Der Schadensersatzanspruch geht jedoch darüber hinaus. Gem. § 249 Abs. 2 S. 1 BGB kann der Geschädigte hier auch den zur Wiederherstellung erforderlichen Geldbetrag verlangen. Darüber hinaus kann der Schadensersatzanspruch auch Nutzungsersatz oder Mietausfall umfassen.

a) Verschuldensabhängige Haftung

130 Angesichts der umfangreichen Literatur zur unerlaubten Handlung soll im Folgenden nur auf einige nachbarrechtlich relevante Aspekte kurz eingegangen werden. Den deliktischen Ansprüchen ist eine Reihe von gesetzlichen Regeln gemein. Eine Mehrheit von Schädigern haftet gem. § 840 BGB als Gesamtschuldner. Bei Beweisschwierigkeiten im Hinblick auf den konkreten Verursachungsbeitrag der einzelnen Schädiger ergeben sich

für den Geschädigten aus § 830 Abs. 1 S. 2 BGB Erleichterungen. Bei einer Verursachung durch Angestellte haftet der Arbeitgeber unter den Voraussetzungen von § 831 BGB, beim Handeln von Vertretern juristischer Personen führt § 31 BGB zur Haftung der juristischen Person. Schadensersatzansprüche aus unerlaubter Handlung unterfallen der regelmäßigen Verjährungsfrist von drei Jahren (§ 195 BGB). Ein Anspruch auf Schadensersatz gem. § 253 Abs. 2 BGB ist denkbar (vgl. BGH NJW 1997, 2748 = BauR 1997, 1032). Ein eventuelles Mitverschulden des Geschädigten ist gem. § 254 BGB zu berücksichtigen.

aa) § 823 Abs. 1 BGB

Die rechtswidrige und schuldhafte Verletzung eines der in § 823 Abs. 1 BGB genannten **131** absoluten Rechte durch den Schädiger führt zum Schadensersatzanspruch. In Betracht kommt in nachbarrechtlichen Konstellationen regelmäßig das Grundeigentum, zu denken ist aber auch an weitere Rechtsgüter mit nachbarrechtlichem Einschlag (vgl. die Aufzählung oben Rdn. 17). Hinsichtlich der haftungsbegründenden Kausalität stellt die Rechtsprechung auf ähnliche Gesichtspunkte ab wie bei der Zurechnung von Störungen im Rahmen von § 1004 Abs. 1 BGB (vgl. etwa BGH NJW 1985, 1773 – keine Zurechnung bei Verursachung durch Naturkräfte; s. zum Störerbegriff oben Rdn. 42 ff.). Die im Zusammenhang mit § 1004 Abs. 2 BGB erörterten Duldungspflichten, z.B. § 906 Abs. 2 S. 1 BGB, stellen bei der Prüfung von § 823 Abs. 1 BGB Rechtfertigungsgründe dar (BGHZ 90, 255 = NJW 1984, 2207; BGHZ 117, 110 = NJW 1992, 1389). Liegt also eine Eigentumsbeeinträchtigung i.S.v. § 1004 Abs. 1 BGB vor, stellt diese zugleich eine Eigentumsverletzung gem. § 823 Abs. 1 BGB dar, sodass bei Verschulden des Störers auch ein deliktischer Schadensersatzanspruch besteht (vgl. MüKo/Medicus BGB § 1004 Rn. 91).

bb) Verkehrssicherungspflichten

Die allgemein anerkannte Figur der Verkehrssicherungspflichten als Anknüpfungspunkt **132** für unerlaubtes Handeln durch Unterlassen und die in der nachbarrechtlichen Rechtsprechung zu § 1004 Abs. 1 BGB entwickelten Grundsätze der Zustandshaftung ähneln sich insofern, als in beiden Fällen nach dem Ausmaß der Verantwortung desjenigen gefragt wird, der eine potentielle Gefahrenquelle beherrscht. Soweit Schadensersatzansprüche zu prüfen sind, wird diese Verantwortlichkeit auch in nachbarrechtlichen Streitigkeiten häufig unter dem Begriff der Verkehrssicherungspflicht diskutiert.

Bejaht wurden Verkehrssicherungspflichten zwischen Nachbarn insbesondere in Bezug **133** auf umsturzgefährdete Bäume. So trifft den Eigentümer etwa eine Pflicht zum Fällen von Pappeln, die ein Lebensalter erreicht haben, bei dem mit ihrem Umstürzen gerechnet werden muss (BGH NJW 2003, 1732 = ZMR 2004, 18). Noch weiter gehend hat der Eigentümer seinen Baumbestand so anzulegen, dass er im Rahmen des nach forstwissenschaftlichen Erkenntnissen Möglichen gegen Windbruch, Windwurf und Umstürzen aufgrund fehlender Standfestigkeit gesichert ist (BGHZ 160, 18 = NJW 2004, 3328). Hieraus erwächst auch die Verpflichtung, Bäume in angemessenen Abständen auf Krankheitsbefall zu überwachen (BGH a.a.O.). Auch der Nachbar, der an oder auf der Grundstücksgrenze in schwierigem Gelände Bauarbeiten vornimmt, hat gesteigerte Verkehrssicherungspflichten zu beachten (LG Tübingen BauR 2009, 663).

Zu beachten ist, dass die für die Haftung gegenüber ansonsten unbeteiligten Dritten **134** entwickelten **Verkehrssicherungspflichten im Verhältnis zwischen Nachbarn** auch einschränkend ausgelegt werden können, wenn dem Nachbarn bestimmte Eigenheiten seines Nachbargrundstücks typischerweise bekannt sind. So trifft beispielsweise den Eigentümer eines Gartens mit einem Teich gegenüber den Kindern seines Nachbarn keine Verkehrssicherungspflicht, den Teich gegen ein mögliches Hineinfallen der Kinder abzusichern, wenn die Nachbarn einvernehmlich auf Zäune zwischen ihren Gärten verzichtet haben (BGH NJW 1994, 3348).

135 Ebenfalls besteht keine Verkehrssicherungspflicht auf Seiten des Eigentümers, das Nachbargrundstück vor gelegentlich hinüberrollenden Steinbrocken zu schützen, wenn dies nicht auf einem Handeln des Eigentümers, sondern allein auf Naturkräften beruht und dem Nachbar die Gefahrenquelle bekannt ist (BGH NJW 1985, 1773). Auch den Weinbauern, der seinen Weinberg für ein Jahr nicht bewirtschaftet, trifft keine Verkehrssicherungspflicht des Inhalts, auf dem brachliegenden Weinberg eine Schädlingsbekämpfung durchzuführen (BGH NJW-RR 2001, 1208).

cc) § 823 Abs. 2 BGB

136 Über § 823 Abs. 2 BGB kann bei Verstoß gegen eines der anerkannten Schutzgesetze ebenfalls ein Schadensersatzanspruch gegeben sein. Als Schutzgesetz im nachbarrechtlichen Kontext kommen zunächst die nachbarrechtlichen Normen des BGB selbst in Betracht, also §§ 907, 909, 1004 BGB. Da sich das Vertiefungsverbot aus § 909 BGB gegen jeden richtet, der an der Vertiefung mitwirkt, kommen bei Vorliegen von Verschulden alle an einem belastenden Bau Beteiligten als Anspruchsgegner in Betracht (s. hierzu oben Rdn. 26). Wenn der Eigentümer des störenden Grundstücks mit der Bauplanung nicht befasst war und ihm insofern kein Verschulden vorgeworfen werden kann, trifft ihn dieser Schadensersatzanspruch jedoch nicht (OLG Koblenz NJW-RR 2003, 1457). Eine verschuldensunabhängige Haftung des Eigentümers aus § 906 Abs. 2 S. 2 BGB analog (s. hierzu unten Rdn. 150) besteht allerdings regelmäßig auch dann (OLG Koblenz a.a.O.).

137 In der Praxis erheblich wichtiger sind die als Schutzgesetze i.S.v. § 823 Abs. 2 BGB qualifizierten öffentlich-rechtlichen Normen (s. hierzu ausführlich oben Rdn. 19).

b) Haftung aus vermutetem Verschulden

138 Einige spezielle deliktische Anspruchsgrundlagen aus dem BGB gehen von einem vermuteten Verschulden des Störers aus; dieser hat dann nur die Möglichkeit des Entlastungsbeweises. Es handelt sich also um verschuldensabhängige Ansprüche, die lediglich durch eine Beweislastregelung zugunsten des Geschädigten ergänzt werden.

aa) §§ 836 bis 838 BGB Gebäudeeinsturz

139 In den §§ 836 ff. BGB ist ein solcher Anspruch auf Ersatz für solche Schäden normiert, die durch den Einsturz oder durch die Ablösung von Teilen eines Gebäudes oder einer sonstigen mit dem Grundstück verbundenen Einrichtung verursacht werden. Vermutet wird lediglich das Verschulden. Der Geschädigte hat indessen darzulegen und zu beweisen, dass der Einsturz auf fehlerhafter Errichtung oder Unterhaltung der Anlage beruht. Anspruchsgegner ist der Besitzer des Grundstücks, gem. § 837 BGB stattdessen der vom Besitzer des Grundstücks abweichende Besitzer des Gebäudes. Durch § 838 BGB wird überdies bestimmt, dass derjenige, dem die Unterhaltung des Grundstücks oder des Gebäudes übertragen wurde, neben dem Besitzer als Gesamtschuldner haftet.

bb) § 832 BGB Haftung des Aufsichtspflichten

140 Ebenso wird gem. § 832 BGB die Verantwortlichkeit des für eine Person Aufsichtspflichtigen vermutet, wenn diese Person durch unerlaubte Handlung einen Schaden verursacht. Die Aufsichtsbedürftigkeit kann sich aus Minderjährigkeit oder aus dem geistigen oder körperlichen Zustand der Person ergeben. Der Vermutung unterliegt dabei sowohl die Schuldhaftigkeit der Verletzung der Aufsichtspflicht als auch die Ursächlichkeit dieser Verletzung für den eingetretenen Schaden. Dem Aufsichtspflichtigen obliegt hinsichtlich beider Vermutungen der Entlastungsbeweis.

cc) § 833 S. 2 BGB Haftung des Halters eines Nutztiers

Aus § 833 S. 2 BGB ergibt sich, dass die Verantwortlichkeit des Halters eines Nutztieres **141** ebenso vermutet wird wie die des Aufsichtspflichtigen über eine Person gem. § 832 BGB. Nutztiere sind solche zahme Haustiere, die der Erwerbstätigkeit oder dem Unterhalt dienen, z.B. landwirtschaftlich genutztes Vieh sowie Blinden- und Polizeihunde. Dem Nutztierhalter steht somit ebenfalls der Entlastungsbeweis in Bezug auf die Erfüllung seiner Aufsichtspflicht und die Ursächlichkeit einer eventuellen Verletzung für den Schaden offen. Es liegt hierin eine Privilegierung gegenüber den übrigen Tierhaltern, die verschuldensunabhängig haften (hierzu s.u. Rdn. 143).

c) Gefährdungshaftung

Ausnahmsweise wird hinsichtlich besonderer Anspruchsgrundlagen auf das Vorliegen **142** eines Verschuldens gänzlich verzichtet. Die Begründung für die sog. Gefährdungshaftung liegt regelmäßig in der Veranlassung und Beherrschung einer besonderen Gefahr. Verwirklicht sich diese Gefahr, soll ihr Veranlasser für die entstandenen Schäden haften, ohne sich entlasten zu können.

aa) § 833 S. 1 BGB Tierhalterhaftung

So hat der Halter eines Tieres für von seinem Tier verursachte Schäden gem. § 833 S. 1 **143** BGB ohne Erfordernis eines Verschuldens aufzukommen. Ein Entlastungsbeweis ist nur bei Nutztieren möglich (s.o. Rdn. 141).

bb) § 904 S. 2 BGB Notstand

Wer sich unter Berufung auf das Notstandsrecht gem. § 904 S. 1 BGB der Sache eines **144** anderen bemächtigt, wird dem Eigentümer gem. § 904 S. 2 BGB schadensersatzpflichtig, ohne dass es auf ein (aufgrund der Rechtfertigung durch § 904 S. 1 BGB regelmäßig ohnehin entfallendes) Verschulden ankäme. Der Anspruch ist jedoch ausgeschlossen, wenn der Eigentümer die Notstandslage selbst schuldhaft verursacht hat (vgl. Palandt/Bassenge BGB § 904 Rn. 5).

cc) Weitere spezialgesetzliche Fälle der Gefährdungshaftung

Für besondere Gefahren existieren weitere spezialgesetzlich normierte Anspruchsgrund- **145** lagen, die auch in nachbarrechtlichen Konstellationen einschlägig sein können, hier aber nicht näher erörtert werden sollen. Zu nennen sind § 1 UmweltHG (nachteilige Umwelteinwirkungen spezieller Anlagen), § 22 WHG (Verunreinigung von Wasser), §§ 32 bis 37 GenTG (Folgen gentechnischer Arbeiten), § 2 HaftPflG (Betrieb von Strom- und Rohrleitungsanlagen) und §§ 25 ff. AtomG (Schäden durch Kernenergie).

2. Aufopferungsansprüche

Wenn ein an sich gegebener Abwehranspruch gem. § 1004 Abs. 1 BGB dem belasteten **146** Nachbarn zugunsten eines höherrangigen Rechtsguts oder aufgrund eines überwiegenden Interesses des Störers verwehrt wird, ist dem so zur Duldung verpflichteten Nachbarn eine Entschädigung zu gewähren, die eine Kompensation für die erzwungene Aufopferung darstellt. Der Anspruch ist also nicht auf Schadensersatz, sondern Entschädigung für den Wert der entzogenen Eigentümerbefugnisse gerichtet (vgl. BGHZ 147, 45 = NJW 2001, 1865, 1867 = BauR 2001, 1587).

a) § 906 Abs. 2 S. 2 BGB

147 Die zentrale Entschädigungsnorm des kodifizierten Nachbarrechts ist § 906 Abs. 2 S. 2 BGB (zur Entwicklung der Norm aus dem nachbarlichen Gemeinschaftsverhältnis s.o. Rdn. 100). Danach hat der Störer, dessen Feinimmission zwar wesentlich, aber ortsüblich und mit zumutbaren Maßnahmen nicht zu verhindern ist (zu diesen Voraussetzungen s.o. Rdn. 63 ff.), dem belasteten Eigentümer einen angemessenen Ausgleich in Geld zu zahlen.

148 **Aktivlegitimiert** für diesen Ausgleichsanspruch ist neben dem Eigentümer auch der Besitzer des belasteten Grundstücks (BGH NZM 2008, 256 = NJW 2008, 992), nicht jedoch der bloße Eigentümer beweglicher Sachen, die beschädigt werden (BGHZ 92, 143 = NJW 1985, 47 – Kupolofen). Passivlegitimiert ist der Benutzer des Grundstücks, d.h. derjenige, der die Nutzungsart bestimmt (BGHZ 157, 188 = NJW 2004, 775, 776 = ZMR 2004, 335; BGHZ 113, 384 = NJW 1991, 1671, 1673 = BauR 1991, 374; BGHZ 72, 289, 297 = NJW 1979, 164 = BauR 1979, 80 = ZMR 1979, 108). Zwischen benachbarten Mietern findet § 906 Abs. 2 S. 2 BGB keine Anwendung, da deren Rechte und Pflichten sich ausschließlich nach dem Rechtsverhältnis zum Vermieter bestimmen und es somit an einer Regelungslücke fehlt (BGHZ 157, 188 = NJW 2004, 775 = ZMR 2004, 335). Bei Wohnungseigentümern besteht indessen, wie § 14 Nr. 1 und § 15 Abs. 3 WEG zeigen, ein gesetzliches Schuldverhältnis, in dem das Gebot der gegenseitigen Rücksichtnahme ebenso gilt wie im nachbarlichen Verhältnis der Grundstückseigentümer, sodass auf sie § 906 Abs. 2 S. 2 BGB analog anwendbar sein dürfte (vgl. Wenzel NJW 2005, 241, 244, und in der Folge OLG Stuttgart NJW 2006, 1744 = NZM 2006, 141).

149 Im Verhältnis zu den Ansprüchen auf Schadensersatz ist der Ausgleichsanspruch nach der bisherigen Rechtsprechung **subsidiär** (BGHZ 120, 239, 249 = NJW 1993, 925, 927 = ZMR 1993, 152; BGHZ 160, 18 = NJW 2004, 3328; BGHZ 72, 289, 295 = NJW 1979, 164 = BauR 1979, 80 = ZMR 1979, 108). In neueren Entscheidungen scheint der Bundesgerichtshof jedoch jedenfalls für den Anspruch aus analoger Anwendung von § 906 Abs. 2 S. 2 BGB davon abzuweichen und betont das für das private Nachbarrecht dreiteilige Haftungsrecht von Gefährdungshaftung, Verschuldenshaftung und verschuldensunabhängiger Störerhaftung, welches eine materielle Anspruchskonkurrenz begründe (vgl. BGHZ 155, 99 = NJW 2003, 2377, 2378; BGHZ 160, 232 = NJW 2004, 3701; s.a. Wenzel NJW 2005, 241, 243, der hierin einen allgemeinen Grundsatz sieht). Im Wege der Subsidiarität ausgeschlossen soll der Anspruch aus § 906 Abs. 2 S. 2 BGB insofern nur dann sein, wenn spezialgesetzliche Regelungen den konkreten Tatbestand abschließend regeln (Wenzel a.a.O. unter Bezugnahme auf BGHZ 72, 289, 295 = NJW 1979, 164 = BauR 1979, 80 = ZMR 1979, 108 und BGHZ 142, 227, 236 = NJW 1999, 3633). Solche zum Anspruch aus § 906 Abs. 2 S. 2 BGB speziellen Regelungen sind u.a. die Entschädigungsansprüche gem. §§ 74 Abs. 2 S. 3, 75 Abs. 2 S. 4 VwVfG (BGHZ 161, 323 = NJW 2005, 660; zum Anspruch s.u. Rdn. 157) sowie der verschuldensunabhängige Schadensersatzanspruch gem. § 22 WHG (vgl. BGHZ 142, 227 = NJW 1999, 3633), nicht jedoch §§ 114 ff. BbergG (BGHZ 178, 90 = NJW 2009, 762) und § 2 S. 2 HaftPflG (vgl. BGHZ 155, 99 = NJW 2003, 2377, 2378). Die Subsidiarität gilt auch dann, wenn der Vorhabenträger die den Nachbar schützenden Planvorgaben nicht einhält (BGH NZM 2010, 131 = NJW 2010, 1141 – City Tunnel Leipzig).

b) § 906 Abs. 2 S. 2 BGB analog

Über seinen Wortlaut hinaus stellt § 906 Abs. 2 S. 2 BGB in analoger Anwendung einen allgemeinen nachbarrechtlichen Ausgleichsanspruch dar, der immer dann zu gewähren ist, wenn zwar keine Duldungspflicht nach § 906 Abs. 2 S. 1 BGB besteht, der belastete Nachbar aber aus tatsächlichen oder rechtlichen Gründen daran gehindert ist oder war, seine primären Abwehransprüche gegen die eigentlich unzumutbare Störung durchzusetzen (vgl. BGHZ 142, 66 = NJW 1999, 2896; BGHZ 144, 200 = NJW 2000, 2901 = ZMR 2000, 743 = BauR 2000, 1766; BGHZ 147, 45, 49 = NJW 2001, 1865 = BauR 2001, 1587; systematische Darstellung der Kritik an der Entwicklung dieser Rechtsprechung bei Popescu/Majer NZM 2009, 181). 150

Die eine in diesem Zusammenhang anerkannte Fallgruppe umfasst Konstellationen, in denen der belastete Nachbar die Beeinträchtigung aus tatsächlichen Gründen nicht oder nicht rechtzeitig abwehren konnte. Für den sich hieraus ergebenden, **faktischen Duldungszwang** hat der Störer eine Entschädigung zu leisten, wenn die Störung länger andauert oder eine substantielle Schädigung des belasteten Grundstücks bewirkt. 151

Wenn der von einer Immission Betroffene in schutzwürdiger Weise auf Versprechungen des Störers zur baldigen Abhilfe und auf die Durchsetzung verwaltungsrechtlich angeordneter Abhilfemaßnahmen vertraut und aus diesem Grund nicht umgehend den Zivilrechtsweg beschreitet, hat er danach Anspruch auf Entschädigung (BGH NJW 1995, 714). Auch der Landwirt, der nicht rechtzeitig erkennt, dass sein Nachbar ein Unkrautvernichtungsmittel verwendet, welches mit dem Regenwasser auf sein Land geschwemmt wird und dort den ökologischen Anbau beeinträchtigt, ist nach diesen Grundsätzen zu entschädigen (BGHZ 90, 255, 263 = NJW 1984, 2207, 2208). Ebenso ist ein Eigentümer, der eine Belastung seines Grundstücks durch Schrotblei aus einer benachbarten Schießanlage zwar hätte abwehren können, die resultierende Beeinträchtigung seines landwirtschaftlich genutzten Bodens aber weder erkannt hat noch hätte erkennen können, für die Verseuchung seines Bodens zu entschädigen (BGHZ 111, 158 = NJW 1990, 1910 = ZMR 1990, 266). Einem Nachbarn, der von dem Eigentümer von Bäumen, die den landesrechtlich vorgeschriebenen Grenzabstand nicht einhalten, deren Zurückschneiden wegen des Ablaufs der dafür in dem Landesnachbarrecht vorgesehenen Ausschlussfrist nicht mehr verlangen kann, steht für den erhöhten Reinigungsaufwand infolge des Abfallens von Nadeln und Zapfen dieser Bäume ein nachbarrechtlicher Ausgleichsanspruch zu (vgl. BGHZ 157, 33 = NJW 2004, 1037). Ein Entschädigungsanspruch soll indes nur dann bestehen, wenn die beeinträchtigende Einwirkung von einer der konkreten Nutzung entsprechenden Benutzung des Nachbargrundstücks ausgeht und zu diesem einen sachlichen Bezug aufweist (BGH NJW 2009, 3787 = NZM 2009, 834 – Silvesterrakete). Dem Abfeuern einer Silvesterrakete fehlt eine solche Grundstücksbezogenheit jedoch. 152

Die andere Fallgruppe der analogen Anwendung von § 906 Abs. 2 S. 2 BGB umfasst Fälle, in denen der primäre Abwehranspruch an **rechtlichen Gründen** scheitert. Es handelt sich hierbei typischerweise um ungeschriebene Duldungspflichten wie die Grundsätze des nachbarlichen Gemeinschaftsverhältnisses (s.o. Rdn. 93) oder die gesteigerten Duldungspflichten bei gemeinwichtigen Betrieben (s.o. Rdn. 81). Wer etwa aus nachbarlicher Rücksichtnahme gehalten ist, an sich rechtswidrige Grobimmissionen zu dulden, hat danach einen Anspruch auf Schadloshaltung (BGHZ 58, 149 = NJW 1972, 724). Scheitert der Abwehranspruch aber daran, dass die erforderliche Beseitigungshandlung gegen ein gesetzliches Verbot verstößt (typischerweise eine Norm des Umweltschutzes), soll dies nach der Rechtsprechung des Bundesgerichtshofs nicht zu einem nachbarlichen Ausgleichsanspruch führen, weil – anders als in den genannten Fällen – der Störer hier gar nicht die Wahl hat, die Störung zu unterlassen (vgl. BGHZ 120, 239, 252 = NJW 1993, 153

925, 928 = ZMR 1993, 152 – Froschteich). Im vorgenannten Fall wollte der Bundesgerichtshof auch nicht auf den Umstand abstellen, dass der Nachbar den Froschteich selbst errichtet und damit die Ursache für die Beeinträchtigung gesetzt hatte, die nun aus Gründen des Naturschutzes nicht mehr beseitigt werden konnte, denn der Nachbar habe mit dem Anlegen des Teichs nur der Zielsetzung des Naturschutzgesetzes entsprochen (vgl. BGH a.a.O.). Von dieser Erwägung hat sich der Bundesgerichtshof allerdings in einer jüngsten Entscheidung insofern distanziert, als er die Frage aufwarf (und unbeantwortet ließ), ob die Eröffnung der Möglichkeit, **Naturschutz auf Kosten des Nachbarn** zu betreiben, ein dem Verhältnis des Eigentümers zum Störer fremdes Element darstellt (so wörtlich BGHZ 160, 232 = NJW 2004, 3701, 3703).

c) §§ 912 Abs. 2, 913 BGB Überbaurente

154 Der Eigentümer eines entschuldigten Überbaus (zu den Voraussetzungen s.o. Rdn. 85 f.) ist gem. §§ 912 Abs. 2, 913 BGB verpflichtet, den belasteten Nachbareigentümer durch eine Rente zu entschädigen. Die Überbaurente wird für die Duldung des Überbaues gewährt und soll den Nutzungsverlust ausgleichen, den der Eigentümer des überbauten Grundstücks erleidet (BGHZ 65, 395, 398 = NJW 1976, 669, 670). Die Höhe des gesetzlichen Rentenanspruchs bemisst sich nach dem Verkehrswert der überbauten Fläche zur Zeit der Grenzüberschreitung (BGHZ 57, 304, 305 ff. = NJW 1972, 201). Dieser Ausgleich für die Grenzüberschreitung ist eine abschließende Sonderreglung, neben der ein Schadensersatzanspruch etwa aus unerlaubter Handlung nicht mehr in Betracht kommt (BGHZ 97, 292 = NJW 1986, 2639).

d) § 917 Abs. 2 BGB Notwegrente

155 Ebenso hat derjenige Grundstückseigentümer, der unter den Voraussetzungen von § 917 Abs. 1 BGB einen Notweg zu dulden hat, Anspruch auf eine Geldrente. Dem belasteten Eigentümer ist der durch die Duldungspflicht entstehende Nutzungsverlust auszugleichen, der sich nach der Minderung des Verkehrswertes bemisst, die das gesamte Grundstück durch den Notweg erfährt (BGHZ 113, 32 = NJW 1991, 564; zu den Streitfragen hinsichtlich der genauen Bemessung vgl. MüKo/Säcker BGB § 917 Rn. 38 ff.).

e) Kompensation für öffentlich-rechtliche Präklusion des Abwehranspruchs

156 Soweit gem. § 14 S. 1 BImSchG primäre Abwehransprüche ausgeschlossen werden (hierzu s.o. Rdn. 102 f.) und Abhilfemaßnahmen nicht möglich oder wirtschaftlich unvertretbar sind, wird dem Betroffenen in § 14 S. 2 BImSchG ein Anspruch auf Kompensation im Wege des Schadensersatzes gewährt. In erster Linie stellt § 14 BImSchG einen Anspruch auf Abhilfemaßnahmen dar; der Kompensationsanspruch besteht daneben nur hilfsweise (BGHZ 102, 350 = NJW 1988, 478). Über § 7 Abs. 6 AtomG und § 11 LuftVG ist auch in diesen Bereichen der Kompensationsanspruch einschlägig. § 23 S. 2 GenTG sieht eine ähnliche Regelung vor.

f) Entschädigungsanspruch gem. §§ 74, 75 VwVfG

157 Soweit eine Einrichtung im Rahmen des Planfeststellungsverfahrens gem. §§ 72 ff. VwVfG genehmigt wird (z.B. Autobahnen oder Flughäfen) und hierin keine ausreichenden Schutzmaßnahmen für die von der Einrichtung Betroffenen enthalten sind oder nachträglich erlassen werden, haben die Betroffenen unter der Voraussetzung von § 74 Abs. 2 S. 3 VwVfG bzw. § 75 Abs. 2 S. 4 VwVfG gegen den Träger des Vorhabens einen *Anspruch auf angemessene Entschädigung* in Geld. Diese Ansprüche sind indes im Verwaltungsverfahren und mithin ggf. vor dem Verwaltungsgericht geltend zu machen; der

Zivilrechtsweg ist hier ausgeschlossen (vgl. BGHZ 161, 323 = NJW 2005, 660). Wegen Spezialität kommt in diesen Fällen auch grundsätzlich kein Entschädigungsanspruch gem. § 906 Abs. 2 S. 2 BGB in Betracht (BGH a.a.O.; Näheres s.o. Rdn. 149).

3. Ansprüche bei Selbstvornahme

Steht dem belasteten Eigentümer ein Beseitigungsanspruch zu und nimmt er die erforderlichen Maßnahmen auf eigene Kosten selbst vor, so kann er unter den Voraussetzungen des Bereicherungsrechts gem. §§ 812, 818 BGB oder der Geschäftsführung ohne Auftrag gem. §§ 683 S. 1, 670 BGB den Ersatz seiner Aufwendungen vom Störer ersetzt verlangen. Wegen der strukturellen Ähnlichkeit beider Haftungsgründe wird eine genaue Zuordnung auch vom Bundesgerichtshof zum Teil offen gelassen (BGH NJW 1996, 845, 846). Bei der Geschäftsführung ohne Auftrag ist der typischerweise entgegenstehende tatsächliche Wille des Geschäftsherrn jedenfalls bei den Fällen kein Problem, in denen eine behördliche Anordnung zur Beseitigung existiert und die Geschäftsführung also gem. § 679 BGB im öffentlichen Interesse liegt (vgl. BGHZ 110, 313 = NJW 1990, 2058, 2059 = ZMR 1990, 328). Einfacher scheint jedoch die Anknüpfung an das Bereichungsrecht, da der Störer regelmäßig durch die Selbstvornahme von einer Verpflichtung befreit wurde, ohne hierauf einen Anspruch zu haben (vgl. BGHZ 97, 231 = NJW 1986, 2640, 2641 = ZMR 1986, 353; BGH NJW 1995, 395 = BauR 1995, 120). Ein Mitverursachungsbeitrag (vgl. oben Rdn. 115) wirkt sich analog § 254 BGB auch auf die Höhe des Erstattungsanspruchs aus (BGHZ 110, 313, 317 = NJW 1990, 2058, 2058 = ZMR 1990, 328; BGH NJW 1995, 395, 396 = BauR 1995, 120). 158

IV. Sonstige nachbarrechtliche Ansprüche

1. Ansprüche auf Selbsthilfe und Fruchtziehung

a) § 910 BGB Selbsthilfeanspruch bei Überhang

Eine pragmatische Lösung für das oftmals zu Streitigkeiten zwischen Nachbarn führende Hinüberwachsen von Pflanzen auf das Grundstück des Nachbarn hält das Selbsthilferecht aus § 910 Abs. 1 BGB bereit. Unter den Voraussetzungen dieser Norm ist der belastete Eigentümer befugt, die überwachsenden Wurzeln und Zweige einfach selbst abzuschneiden. Dieses Recht steht allerdings unter dem Vorbehalt des Abs. 2, wonach kein Selbsthilferecht besteht, wenn durch den Überhang keine Beeinträchtigung der Benutzung des Grundstücks verursacht wird. Durch den Verweis auf die Nutzung des Grundstücks soll klargestellt werden, dass der Überhang nicht per se rechtswidrig ist, sondern erst dann, wenn er den Eigentümer in einer konkreten Nutzung beeinträchtigt (vgl. MüKo/Säcker BGB § 910 Rn. 6 m.w.N.). Die Befugnisse aus § 910 BGB können überdies durch kommunale Baumschutzsatzungen beschränkt sein (OLG Hamm NJW 2008, 453 = NZM 2008, 343). 159

Neben diesem Selbsthilferecht steht dem belasteten Nachbarn hinsichtlich der herüberwachsenden Zweige daneben aber auch regelmäßig der Beseitigungsanspruch aus § 1004 Abs. 1 BGB zu (vgl. BGH NZM 2005, 318; Staudinger/Roth BGB § 910 Rn. 2 m.w.N.). Voraussetzung ist jedoch auch hier, dass eine Beeinträchtigung i.S.v. § 910 Abs. 2 BGB festgestellt werden kann. Zwischen beiden Möglichkeiten der Abwehr kann der belastete Nachbar frei wählen (so ausdrücklich OLG Saarbrücken OLGR Saarbrücken 2007, 927). 160

Im Einzelfall können auch hier vorrangige landesrechtliche Vorschriften zu beachten sein. So gibt es in einzelnen Landesgesetzen ein spezielles Duldungsrecht für Überhang 161 (so in Art. 51 Abs. 3 BayAGBGB; § 38 Abs. 2 NachbG SchlH), andere Normen modifizieren den Inhalt des Selbsthilferechts unter ausdrücklicher Bezugnahme auf § 910 BGB (vgl. §§ 23 bis 25 NRG BW). Auf die zahlreichen landesgesetzlichen Regelungen für Grenzabstände von Pflanzen (s.u. Rdn. 206) kommt es indes nach richtiger Auffassung regelmäßig nicht an. Denn auch wenn es ein Nachbar unterlassen hat, innerhalb der landesrechtlichen Ausschlussfristen gegen einen zu nah an der Grenze stehenden Baum des Nachbarn vorzugehen, hat er diesen Baum nur hinsichtlich des Bestands und des Wachstums auf dem Nachbargrundstück zu dulden. Wachsen Zweige oder Wurzeln auf sein eigenes Grundstück hinüber, greift § 910 BGB (Grziwotz/Lüke/Saller 2. Teil Rn. 389 ff.; Meisner/Stern/Hodes/Dehner B § 21 I 2 a.E.; vgl. OLG Saarbrücken a.a.O. m.w.N.; a.A. OLG Köln NJW-RR 1997, 656).

b) § 911 BGB Hinüberfall

162 Da nach § 953 BGB Früchte, die von einem Baum des Nachbarn auf das eigene Grundstück fallen, im Eigentum des Nachbarn verbleiben würden, sieht § 911 BGB zum Zwecke der nachbarlichen Streitvermeidung eine Zuordnung zugunsten des Grundstückseigentümers vor, auf dessen Grundstück die Früchte landen. Etwas anderes gilt gem. S. 2 nur dann, wenn das Nachbargrundstück dem öffentlichen Gebrauch dient. Die Früchte eines echten Grenzbaums gehören dagegen gem. § 923 Abs. 1 BGB beiden Nachbarn zu gleichen Teilen.

2. Regelungen hinsichtlich Grenzabmarkungen und Grenzanlagen

163 Bei unstreitigem Grenzverlauf hat jeder Nachbar gem. § 919 BGB einen Anspruch darauf, dass sein Nachbar bei der Errichtung bzw. Wiederherstellung eines Grenzzeichens mitwirkt und sich zu gleichen Teilen an den Kosten beteiligt.

164 Die §§ 921, 922 BGB stellen Grundregeln hinsichtlich der Benutzung von Anlagen dar, die von der gemeinsamen Grundstücksgrenze durchschnitten werden, den sog. Grenzanlagen. Solche Grenzanlagen sollen, jedenfalls dann, wenn sie beiden Nachbarn einen Vorteil bringen, nach dem Gesetz grundsätzlich gemeinsam genutzt werden. Die gemeinschaftliche Berechtigung beider Nachbarn wird gem. § 921 BGB vermutet, kann also durch entsprechende Nachweise widerlegt werden.

165 Ein Sonderfall in diesem Zusammenhang ist die früher als Kommunmauer bezeichnete **Nachbarwand**. Es handelt sich hierbei um eine Mauer, die auf der Grenze und damit (wenn auch nicht unbedingt je zur Hälfte) auf beiden Grundstücken steht. Sie bietet grundsätzlich beiden Nachbarn die Möglichkeit des Anbaus. Ein Recht auf den Erbau einer Nachbarwand ohne Zustimmung des Nachbarn gibt es nicht. Steht die Nachbarwand allerdings schon, kann sich ein Anspruch auf den Anbau sowohl aus § 921 BGB als auch aus den umfangreichen, hierzu ergangenen Regelungen des Landesnachbarrechts ergeben (vgl. unten Rdn. 214; ausführlich zur Nachbarwand Feldmann/Groth/Kayser/Keinhorst § 921 I 3.). Von der Nachbarwand zu unterscheiden ist die Grenzwand, die allein auf dem Grundstück eines Nachbarn steht und deshalb nicht zum Anbau berechtigt.

V. Geltendmachung nachbarrechtlicher Ansprüche

1. Außergerichtliche Geltendmachung

166 *Nachbarrechtliche Konflikte* haben oft ein lange Vorgeschichte, können zu einem zähen und langwierigen Rechtsstreit führen und tragen das Potential in sich, auch durch gerichtliche Entscheidungen nicht wirksam beigelegt zu werden. Die nachbarliche Nähe und die für das Grundeigentum konstitutive Unbeweglichkeit sind hierfür die Ursachen. Die Vermeidung nachbarlicher Streitigkeiten sollte deshalb stets eine hohe Priorität haben. Doch auch wenn ein handfester Konflikt bereits entstanden ist, sollten die Möglichkeiten der **außergerichtlichen Streitbeilegung** zunächst ausgeschöpft werden. Insbesondere die im Vergleich zur Streitbeilegung durch Urteil unschlagbar bessere Zukunftsprognose einer gütlichen Einigung ist im Verhältnis zwischen Nachbarn, die dies ggf. noch Jahrzehnte bleiben werden, nicht zu unterschätzen (s. zum Thema Streitbeilegung die ausführliche Darstellung bei Horst Rn. 1 ff.).

Neben dem persönlichen Gespräch mit dem Nachbarn sollten auch von Dritten (weiteren Nachbarn, Haus- und Grundeigentümerverein, Verwalter) **moderierte Gespräche** versucht werden. Eine nächste Stufe kann ein freiwilliges Schlichtungsverfahren, etwa vor einer gemeindlichen Schiedsstelle oder einer Gütestelle der Industrie- und Handelskammer, sein. **167**

Für viele nachbarrechtliche Streitigkeiten zwischen Privatleuten gelten im Übrigen mittlerweile **obligatorische Schlichtungsverfahren**, deren Scheitern eine echte Prozessvoraussetzung ist (BGHZ 161, 145 = NJW 2005, 437 = ZMR 2005, 181), ggf. aber nicht bei nachbarrechtlichen Zahlungsansprüchen (BGH NZM 2009, 628 = NJW-RR 2009, 1238). Durch § 15a Abs. 1 Nr. 2 EGZPO wurde den Bundesländern die Möglichkeit eröffnet, die Parteien nachbarrechtlicher Streitigkeiten (außerhalb von Einwirkungen gewerblicher Betriebe) zur Teilnahme an einem Schlichtungsverfahren zu verpflichten. Hiervon haben bislang die Länder Bayern, Nordrhein-Westfalen, Baden-Württemberg, Brandenburg, Saarland, Sachsen-Anhalt, Hessen und Schleswig-Holstein Gebrauch gemacht (vgl. die Aufstellung bei Zöller/Gummer EGZPO § 15a Rn. 27). Hinsichtlich der Schiedsstellen bauen dabei die Länder Bayern und Baden-Württemberg allein auf die rechtsberatenden Berufe. Die anderen Länder greifen vorrangig auf bereits vorhandene Schiedsstellen zurück, wobei Rechtsanwälte und Notare als sonstige Gütestellen zugelassen werden können. **168**

Bei jedem außergerichtlichen Schiedsversuch muss beachtet werden, dass eine **Hemmung der Verjährung** während des Schlichtungsverfahrens gem. § 204 Abs. 1 Nr. 4 BGB nur dann sicher eintritt, wenn das Verfahren vor einer durch die Landesjustizverwaltung eingerichteten Gütestelle geführt wird. Ein zwischen den Parteien einvernehmlicher Schlichtungsversuch führt allerdings auch dann zur Hemmung der Verjährung, wenn er vor einer sonstigen Gütestelle unternommen wird. **169**

Sind bereits auf beiden Seiten Rechtsanwälte mit der Angelegenheit befasst, kann dies sowohl zur außergerichtlichen Verhandlung des Streits als auch zu einer wirksamen Form der Beilegung durch einen **Anwaltsvergleich** genutzt werden. Ein solcher Vergleich kann nämlich für vollstreckbar erklärt werden und wird damit zum Vollstreckungstitel (§§ 796a bis c ZPO; ausführlich zum Anwaltsvergleich Lebek/Latinovic NZM 1999, 14 ff.). **170**

2. Gerichtliche Geltendmachung

a) Privatrechtsweg vs. Verwaltungsrechtsweg

Welcher Rechtsweg der richtige ist, kann im Einzelfall eine schwierige Frage sein. Für die Abwehr hoheitlich verursachter Beeinträchtigungen kommt stets allein der Verwaltungsrechtsweg in Betracht (vgl. BGH NJW 1978, 1860; OVG Münster NJW 1984, 1982). Für Entschädigungsansprüche gegen die öffentliche Hand gilt gem. § 40 Abs. 2 VwGO aber der Zivilrechtsweg. Inwieweit bestimmte Immissionen als »hoheitlich verursacht« anzu- **171** sehen sind, kann insbesondere dann zu schwierigen Abgrenzungen führen, wenn nicht der Staat selbst handelt, sondern beispielsweise juristische Personen des Privatrechts, die staatliche Aufgaben wahrnehmen (vgl. Seidel Rn. 796 f.), oder auch die Kirchen. So differenziert das Bundesverwaltungsgericht im bekannten Fall der Kirchenglocken zwischen dem liturgischen Glockengeläut als öffentlich-rechtlich und dem bloßen Zeitschlagen als privatrechtlich, mit der Folge divergierender Rechtswegzuständigkeiten (vgl. BVerwG NJW 1984, 989 [Verwaltungsrechtsweg]; NJW 1994, 956 [Zivilrechtsweg], so auch etwa LG Arnsberg NVwZ-RR 2008, 774).

172 In den anderen Fällen jedoch, bei denen das bipolare Nachbarschaftsverhältnis zwischen zwei Personen des Privatrechts durch erfolgtes oder mögliches Verwaltungshandeln zu einem dreiseitigen Verhältnis wird, kommen grundsätzlich beide Rechtswege in Betracht. Die h.M. sieht den privatrechtlichen und den öffentlich-rechtlichen Nachbarschutz grundsätzlich als gleichberechtigt an (sog. **Zweigleisigkeitsthese**: vgl. BGH NJW 1976, 1204; NJW 1983, 751 = ZMR 1983, 205 = BauR 1983, 233; zu den einzelnen Thesen eingehend Dolderer DVBl. 1998, 19, 21 ff.). Es besteht also echte Rechtswegkonkurrenz (vgl. von Mutius Jura 1989, 297 m.w.N.). In geeigneten Fallgestaltungen kann der gestörte Nachbar demnach wählen, ob er zivilgerichtlich oder verwaltungsgerichtlich oder in beiden Rechtswegen kumulativ vorgehen will. Die jeweiligen Vor- und Nachteile sind abzuwägen.

173 Der Weg vor das Verwaltungsgericht bringt im Regelfall ein geringeres **Kostenrisiko** mit sich (vgl. Dolderer DVBl. 19, 20; Meisner/Stern/Hodes/Dehner A § 7 V). Wegen des vor dem Verwaltungsgericht auch bei höheren Streitwerten fehlenden Anwaltszwangs gilt dies insbesondere für die außergerichtlichen Kosten. Der vielfach angewandte Streitwertkatalog für die Verwaltungsgerichtsbarkeit (abgedruckt in NVwZ 2004, 1327) bringt zudem eine gewisse Planungssicherheit in Bezug auf die zu erwartenden Kosten mit sich. Vom Kläger wird i.Ü. im Verwaltungsprozess kein Kostenvorschuss gefordert. Außerdem gibt es im verwaltungsgerichtlichen Verfahren nicht das **Risiko der Schadensersatzpflicht**, wenn aus einem Urteil (§ 717 Abs. 2 ZPO) oder einer einstweiligen Verfügung (§ 945 ZPO) bereits vollstreckt wurde und eine höhere Instanz in der Sache anders entscheidet. Den §§ 80, 80a VwVfG fehlt eine entsprechende Haftungsnorm. Und auch bei einer einstweiligen Anordnung gem. § 123 VwGO trifft den Antragsteller keine Haftung gegenüber Dritten, selbst wenn diese beigeladen waren (vgl. BGHZ 78, 127 = NJW 1981, 349 = BauR 1981, 93).

174 Weiterhin hilft dem belasteten Eigentümer vor den Verwaltungsgerichten der dort gem. § 86 Abs. 1 VwGO geltende **Untersuchungsgrundsatz**, während im Parteiprozess derjenige die Darlegungs- und Beweislast hat, der sich auf einen Umstand beruft. Allerdings ist die materielle Beweislast im Zivilprozess für den Kläger oft günstiger, da im Verwaltungsprozess die Fehlerhaftigkeit der behördlichen Entscheidung, im Zivilprozess nur die Störung als solche bewiesen werden muss. Die Darlegungslast macht es für den Kläger aber trotz § 139 ZPO schwieriger, den Rechtsstreit ohne einen Rechtsanwalt zu führen.

175 Dem Kläger entgegen kommt auch die erheblich weitere **Auslegung der Begriffe Beeinträchtigung und Störer** im öffentlichen Recht. Die im Zivilrecht grundsätzlich nicht anerkannten ideellen und negativen Beeinträchtigungen (s.o. Rdn. 34 ff.) können im stärker auf die tatsächlichen Umstände Bezug nehmenden Verwaltungsrecht uneingeschränkt geltend gemacht werden (vgl. Seidel Rn. 41 Fn. 84). Auch der Begriff des Zustandsstörers ist im öffentlichen Recht weiter, weil hier die kausale Zurechnung ausreicht, während das Zivilrecht über wertende Kriterien starke Einschränkungen vornimmt (s.o. Rdn. 46).

Zuletzt bietet das Verwaltungsrecht grundsätzlich bessere **präventive Möglichkeiten**: Der belastete Eigentümer kann hier schon gegen eine behördliche Genehmigung vorgehen, lange bevor auf ihrer Grundlage eine störende Anlage errichtet wird. Zwar gibt es auch im privaten Nachbarrecht Elemente des vorbeugenden Rechtsschutzes (§ 907 BGB; § 1004 Abs. 1 S. 2 BGB bei Erstbeeinträchtigungsgefahr). Gegenüber dem repressiven Charakter der zivilrechtlichen Sanktionen hakt das Verwaltungsrecht aber auf einer viel früheren Stufe ein. 176

Eine **Rechtskraftwirkung** zwischen verwaltungs- und zivilgerichtlichen Urteilen ist überdies nur begrenzt denkbar. Denn nach § 325 Abs. 1 ZPO und § 121 Nr. 1 VwGO binden rechtskräftige Urteile in subjektiver Hinsicht nur die Parteien bzw. Beteiligten des jeweiligen Rechtsstreits. Hier kann zwar über die nach § 65 VwGO mögliche Beiladung von Beteiligten i.S.v. § 63 VwGO eine subjektive Bindungswirkung vom Verwaltungsprozess auf den späteren Zivilprozess erreicht werden. Da aber der verwaltungsgerichtliche und der zivilgerichtliche Streitgegenstand niemals gleich sind, scheitert die Rechtskraftwirkung ohnehin an den objektiven Grenzen. Somit kann auch derjenige noch vor den Zivilgerichten auf Beseitigung einer Anlage klagen, der mit dem gleichen, jedoch auf Verpflichtung der zuständigen Behörde gerichteten Begehren vor dem Verwaltungsgericht schon rechtskräftig unterlegen ist (vgl. BGH NJW 1984, 1242 – Bushaltestelle). 177

Aufgrund der von den Zivilgerichten nur sehr beschränkt anerkannten **Bindungswirkung** von behördlichen Entscheidungen kann ein Zivilverfahren also auch dann noch angestrengt werden, wenn die verwaltungsgerichtlichen Möglichkeiten ausgeschöpft sind. Feststellungen der Verwaltungsgerichte in Bezug auf Vorfragen, die auch im Zivilprozess wieder entscheidungserheblich sind, binden den Zivilrichter ebenso wenig wie die zuvor ergangenen Verwaltungsakte. Hierbei sollte jedoch beachtet werden, dass es im Zuge einer insbesondere von den Zivilgerichten betriebenen, stärkeren **Harmonisierung** von öffentlichem und privatem Nachbarrecht immer seltener zu einer tatsächlichen Abweichung zwischen der behördlichen Entscheidung und dem Ergebnis der zivilrichterlichen Abwägung der Umstände des Einzelfalls kommt. In der viel diskutierten Tennisplatz-Entscheidung (NJW 1983, 751 = ZMR 1983, 205 = BauR 1983, 233) hat sich der Bundesgerichtshof über den bestehenden Bebauungsplan und die Baugenehmigung nicht zuletzt deshalb hinweggesetzt, weil die Genehmigung des Baus eines Tennisplatzes in einem Abstand von nur vier Metern von Wohnhäusern die erforderliche Abwägung nachbarlichen Zusammenlebens gänzlich vermissen ließ. Je besser und je umfassender die Einbeziehung der nachbarlichen Belange in den behördlichen Entscheidungen erfolgt, desto geringer sind die Chancen einer abweichenden Feststellung durch ein Zivilgericht. 178

Ein wichtiger Vorteil des Zivilrechtswegs ist die Möglichkeit, auf diese Weise einen auf Unterlassung oder Beseitigung gerichteten **Titel** zu erlangen, der unmittelbar gegen den störenden Nachbarn vollstreckt werden kann. Anspruch auf eine bestimmte behördliche Maßnahme besteht dagegen im Verwaltungsrecht nur in Ausnahmefällen, sodass, auch wenn die verwaltungsgerichtliche Überprüfung des Verwaltungshandelns ergab, dass dieses fehlerhaft war, am Ende nicht gesichert ist, ob und insbesondere wann die Behörde auch tatsächlich gegen den Störer vorgehen wird. 179

Weiter stehen für Schadensersatz oder angemessenen Ausgleich in **Geld** im öffentlichen Recht im Regelfall keine Anspruchsgrundlagen zur Verfügung, sodass bei einer auf Geldleistung gerichteten Klage grundsätzlich der Zivilrechtsweg zu beschreiten sein wird. 180

b) Besonderheiten beim Zivilrechtsweg

Einige wenige Besonderheiten sollen im Folgenden noch für den Zivilrechtsweg erörtert werden. Hinsichtlich der Möglichkeiten des Rechtsschutzes vor den Verwaltungsgerichten sei auf die Darstellung bei von Mutius Jura 1989, 297 ff. hingewiesen. 181

182 Für Eigentumsstörungen besteht gem. § 24 ZPO ein ausschließlicher **Gerichtsstand**, allerdings nur in Bezug auf das Grundeigentum. Hinsichtlich des **Streitwerts** gelten keine Besonderheiten. Dieser richtet sich nach § 3 ZPO und damit regelmäßig nach dem Interesse des Klägers an der Beseitigung bzw. Unterlassung der Störung. Ausnahmsweise können jedoch auch die Kosten der Störungsbeseitigung für den Streitwert maßgeblich sein. Wenn z.B. der Kläger im Falle seines Unterliegens die Beseitigung selbst zu bezahlen hätte, hat sein Interesse den Wert der Beseitigungskosten (vgl. OLG Düsseldorf MDR 1991, 353). Aufgrund einer ähnlichen Überlegung kann die für das Erreichen der Berufungssumme relevante Beschwer des Beklagten den Wert des Streitgegenstands erheblich übersteigen. Will sich der unterlegene Beklagte gegen eine Verurteilung zu einer Beseitigung wehren, so ist die maßgebliche Beschwer nicht das Interesse des Klägers an der Beseitigung, sondern der Betrag, den der Beklagte für die Beseitigung aufzuwenden hätte (vgl. BGHZ 124, 313 = NJW 1994, 735). Nachbarrechtliche Renten wie die Überbau- (§ 912 BGB) oder die Notwegrente (§ 917 BGB) fallen hinsichtlich des Streitwerts unter § 9 ZPO, sodass der 25 fache Jahreswert anzusetzen ist. Hinsichtlich der Beeinträchtigung von Grunddienstbarkeiten ist § 7 ZPO heranzuziehen.

183 Die Anforderungen an die gem. § 253 Abs. 2 Nr. 2 ZPO nötige **Bestimmtheit des Klageantrags** sind im Falle von Abwehransprüchen regelmäßig weniger streng. Nach der ständigen Rechtsprechung des Bundesgerichtshofs sind aufgrund der Wahlfreiheit des Störers bei der Abwehr von Immissionen Anträge mit dem Gebot, allgemein Störungen bestimmter Art zu unterlassen, zulässig (so ausdrücklich BGH NZM 2005, 318; näher zur Begründung s.o. Rdn. 119 f.). Bei Unterlassungsklagen sollte jedoch dem technischen Fortschritt der Messtechnik Rechnung getragen werden und zumindest zum Zeitpunkt der letzten mündlichen Tatsachenverhandlung eine nähere quantitative Bestimmung der zu unterlassenden Beeinträchtigung gefordert werden können.

184 Die **Darlegungs- und Beweislast** obliegt dem Kläger hinsichtlich seines Eigentums (unterstützt durch §§ 891, 1006 Abs. 1 BGB), des Bestehens bzw. Drohens der Beeinträchtigung und hinsichtlich der Tatsachen, aus denen sich die Verantwortlichkeit des Beklagten ergibt. Der Beklagte wiederum hat die Voraussetzungen für eine Duldungspflicht des Klägers oder einen anderen Rechtfertigungsgrund zu beweisen.

185 Hinsichtlich der **einstweiligen Verfügung** ergeben sich keine Besonderheiten. Eine bestimmte Beseitigungsmaßnahme kann der belastete Eigentümer auch im Rahmen des einstweiligen Rechtsschutzes regelmäßig nicht verlangen (vgl. Meisner/Stern/Hodes/Dehner B § 38 VIII; vgl. jedoch OLG Frankfurt/M. NJW-RR 1987, 1166 – Verpflichtung des Nachbarn, seinen lärmenden Pfau nachts in einem geschlossenen Raum unterzubringen).

VI. Anhang zum Landesnachbarrecht

1. Landesnachbarrechtsgesetze

186 Die Nachbarrechtsgesetze der Länder Niedersachsen, Nordrhein-Westfalen, Rheinland-Pfalz, Schleswig-Holstein, Saarland und Berlin bilden eine zusammenhängende Gruppe, die sich am Vorbild des hessischen Nachbarrechtsgesetzes orientiert hat (vgl. Meisner/Stern/Hodes/Dehner A § 3 V).

187 Baden-Württemberg: Gesetz über das Nachbarrecht (NRG BW) i.d.F. v. 08.01.1996, zuletzt geändert durch Art. 63 Verwaltungsstruktur-ReformG v. 01.07.2004 (GBl. S. 469).

Bayern hat kein Nachbarrechtsgesetz; entsprechende Normen finden sich aber in Art. 43 bis 54 BayAGBGB, Gesetz zur Ausführung des Bürgerlichen Gesetzbuchs und anderer Gesetze (AGBGB) v. 20.09.1982, zuletzt geändert durch § 1 Nr. 90 Drittes AufhebungsG v. 07.08.2003 (GVBl. S. 497). **188**

Berlin: Berliner Nachbarrechtsgesetz (NachbG Bln) v. 28.09.1973 (GVBl. S. 1654), zuletzt geändert durch Art. I ÄndG v. 17.12.2009 (GVBl. S. 870). **189**

Brandenburg: Nachbarrechtsgesetz (BbgNRG) v. 28.06.1996 (GVBl. I S. 226), zuletzt geändert durch Art. 1 Erstes ÄndG v. 30.11.2007 (GVBl. I S. 193). **190**

Bremen hat kein Nachbarrechtsgesetz. **191**

Hamburg hat ebenfalls kein Nachbarrechtsgesetz, vgl. aber Hamburgische Bauordnung (HBauO) v. 13.12.2005 (HmbGVBl. S. 525, ber. S. 563), zuletzt geändert durch Art. 5 Hamburgisches G zur Umsetzung der Europäischen DienstleistungsRL und über weitere Rechtsanpassungen v. 15.12.2009 (HmbGVBl. S. 444). **192**

Hessen: Hessisches Nachbarrechtsgesetz (HessNRG) v. 24.09.1962, zuletzt geändert durch Art. 1 G zur Änd. des Hessischen NachbarrechtsG und der Hessischen BauO v. 10.12.2009 (GVBl. I S. 631). **193**

Mecklenburg-Vorpommern hat kein Nachbarrechtsgesetz (zu den Gründen ausführlich Janke NJ 2007, 204); hier gelten eventuell noch die nachbarrechtlichen Bestimmungen des Zivilgesetzbuchs der DDR (vgl. §§ 316 bis 322 DDR ZGB; zur Problematik s. Meisner/Stern/Hodes/Dehner A § 3 VII 8). **194**

Niedersachsen: Niedersächsisches Nachbarrechtsgesetz (NdsNachbG) v. 31.03.1967 (Nds. GVBl. S. 91), zuletzt geändert durch Art. 1 G zur Änd. des Nds. NachbarrechtsG und des Nds. AGBGB v. 23.02.2006 (Nds. GVBl. S. 88). **195**

Nordrhein-Westfalen: Nachbarrechtsgesetz (NachbG NW) v. 15.04.1969 (GV NW S. 190), zuletzt geändert durch Art. 248 Zweites Befristungsgesetz – Zeitraum 1967 bis Ende 1986 v. 05.04.2005 (GV NRW S. 274). **196**

Rheinland-Pfalz: Landesnachbarrechtsgesetz (NachbG Rh-Pf) v. 15.06.1970 (GVBl. S. 198); zuletzt geändert durch Gesetz v. 21.07.2003 (GVBl. S. 209). **197**

Saarland: Saarländisches Nachbarrechtsgesetz (SaarlNRG) v. 28.02.1973 (Amtsbl. S. 210), zuletzt geändert durch Art. 3 Abs. 23 Bau-NeuordnungsG v. 18.02.2004 (Amtsbl. S. 822). **198**

Sachsen: Sächsisches Nachbarrechtsgesetz (SächsNRG) v. 11.11.1997 (GVBl. S. 582), zuletzt geändert durch Art. 3 G zur Anpassung landesrechtl. Verjährungsvorschriften v. 08.12.2008 (SächsGVBl. S. 940). **199**

Sachsen-Anhalt: Nachbarschaftsgesetz (SAnhNbG) v. 13.11.1997 (GVBl. LSA 1997 S. 958), zuletzt geändert durch Gesetz v. 19.03.2002 (GVBl. LSA 2002 S. 130). **200**

Schleswig-Holstein: Nachbarrechtsgesetz für das Land Schleswig-Holstein (NachbG SchlH) v. 24.02.1971 (GVOBl. Schl-H 1971 S. 54), zuletzt geändert durch Art. 4 VerjährungsrechtsanpassungsG v. 15.02.2005 (GVOBl. Schl.-H. S. 168). **201**

Thüringen: Thüringer Nachbarrechtsgesetz (ThürNRG) v. 22.12.1992 (GVBl. S. 599), zuletzt geändert durch Art. 1 G zur Änd. des NachbarrechtsG und anderer Gesetze v. 09.03.2006 (GVBl. S. 53). **202**

2. Landesrechtlich geregelte Materien

203 Es folgt eine systematische Übersicht über die typischen nachbarrechtlichen Regelungen der einzelnen Länder in Stichworten.

a) Grenzabstände:

204 Gebäude: § 7 NRG BW; § 61 NdsNachbG; § 1 NachbG NW; § 42 NachbG SchlH.

205 Einfriedungen: § 11 NRG BW; § 16 HessNRG; § 31 NdsNachbG; § 42 NachbG Rh-Pf; § 46 SaarlNRG; § 7 SächsNRG.

206 Bepflanzungen: §§ 12 bis 22 NRG BW; Art. 47 bis 51 BayAGBGB; §§ 27 bis 30 NachbG Bln; §§ 36 ff. BbgNRG; §§ 38 bis 44 HessNRG; §§ 50 bis 60 NdsNachbG; §§ 40 ff. NachbG NW; §§ 44 ff. NachbG Rh-Pf; §§ 48 ff. SaarlNRG; §§ 9–11 SächsNRG; §§ 34 ff. SAnhNbG; §§ 37 ff. NachbG SchlH; §§ 44 ff. ThürNRG.

207 Aufschichtungen: § 8 NRG BW; § 27 BbgNRG; § 31 NachbG NW; § 18 SächsNRG.

208 Fenster- und Lichtrecht: §§ 3 bis 5 NRG BW; Art. 43 bis 45 BayAGBGB; § 20 BbgNRG; §§ 1 bis 13 HessNRG; §§ 23 bis 25 NdsNachbG; § 4 Abs. 1 NachbG NW; §§ 34 ff. NachbG Rh-Pf; §§ 35 ff. SaarlNRG; §§ 22 ff. NachbG SchlH.

209 Schadendrohende Anlagen: § 6 NRG BW.

b) Abfließendes Wasser, Traufrecht

210 §§ 1 bis 2 NRG BW; §§ 52 bis 59 BbgNRG; §§ 21, 26 f. HessNRG; §§ 39 bis 46 NdsNachbG; § 27 NachbG NW; §§ 37 f. NachbG Rh-Pf; §§ 38 ff. SaarlNRG; § 25 SächsNRG; §§ 30 ff. SAnhNbG; § 26 NachbG SchlH; §§ 37 f. ThürNRG.

c) Anspruch auf Beseitigung von Pflanzen

211 § 31 NachbG Bln; § 53 NdsNachbG; § 51 NachbG Rh-Pf; § 14 SächsNRG; § 51 ThürNRG.

d) Anspruch auf Schutzmaßnahmen bei Bodenerhöhungen

212 §§ 9 bis 10 NRG BW; § 20 NachbG Bln; § 26 BbgNRG; § 26 NdsNachbG; § 30 NachbG NW; § 43 NachbG Rh-Pf; § 47 SaarlNRG; § 17 SächsNRG; § 17 SAnhNbG (unwirksam wegen Beschränkung von § 909 BGB, so Dehner NZM 2005, 172); § 25 NachbG SchlH; § 43 ThürNRG.

e) Anspruch auf Errichtung von Einfriedungen

213 § 7 Abs. 4 NRG BW; § 21 NachbG Bln; §§ 28 ff. BbgNRG; §§ 14 bis 19 HessNRG; §§ 27 bis 37 NdsNachbG; §§ 32 ff. NachbG NW; §§ 39 ff. NachbG Rh-Pf; §§ 43 ff. SaarlNRG; §§ 22 ff. SAnhNbG; §§ 28 ff. NachbG SchlH.

f) Regelung von Nachbarwand (Kommunmauer) und Grenzwand

214 Art. 46 BayAGBGB; §§ 4 ff. NachbG Bln; §§ 5 ff. BbgNRG; §§ 1 bis 10 HessNRG; §§ 3 bis 22 NdsNachbG; §§ 7 ff. NachbG NW; §§ 3 ff. NachbG Rh-Pf; §§ 3 ff. SaarlNRG; §§ 5 ff. SAnhNbG; §§ 4 ff. NachbG SchlH; §§ 3, 9 ff. ThürNRG.

g) Weitere Duldungspflichten

aa) Ausschlussfristen für Geltendmachung von Rechten

§§ 22, 40, 61 Abs. 2 BbgNRG; § 43 Abs. 1 HessNRG; §§ 25 Abs. 1, 33, 54, 62 NdsNachbG; §§ 3 Abs. 1, 4 Abs. 2, 47 NachbG NW; § 36 NachbG Rh-Pf; §§ 37, 55 SaarlNRG; §§ 28, 40 SAnhNbG; §§ 24 Abs. 1, 33, 40, 43 NachbG SchlH. **215**

bb) Duldung der Verlegung von Leitungen

§ 7e NRG BW (hierzu OLG Karlsruhe OLGR Karlsruhe 2008, 665); § 44 BbgNRG; § 30 HessNRG; §§ 26 bis 33 NachbG Rh-Pf; § 27 SaarlNRG; § 19 SächsNRG; §§ 26 ff. ThürNRG. **216**

cc) Duldung von Überbau

§ 7b NRG BW; § 15 NachbG SchlH; § 21 NdsNachbG; § 23 NachbG NW; § 19 BbgNRG. Besondere Duldungsrechte bei Anbringung von Wärmedämmung: § 10a HessNRG; § 16a NachbG Bln. **217**

dd) Hammerschlags- und Leiterrecht

Unter diesem archaisch anmutenden Begriff wird ein Betretungs- und Benutzungsrecht des benachbarten Grundstücks für den Fall von Bau- oder Unterhaltungsarbeiten verstanden, die ohne ein solches Recht unnötig erschwert würden: § 7c NRG BW; § 17 NachbG Bln; § 23 BbgNRG; § 28 HessNRG; §§ 46 bis 48 NdsNachbG; § 24 NachbG NW; § 21 NachbG Rh-Pf; § 24 SaarlNRG; § 24 SächsNRG; § 18 SAnhNbG; § 17 NachbG SchlH; §§ 21 ff. ThürNRG. **218**

ee) Höherführen von Schornsteinen, Lüftungsschächten und Antennen

Ein solches Recht kommt regelmäßig dem Eigentümer zu, dessen Gebäude kleiner ist als das des Nachbars: § 7d NRG BW; § 19 NachbG Bln; § 25 BbgNRG; § 36 HessNRG; § 49 NdsNachbG; § 26 NachbG NW; § 17 NachbG Rh-Pf; § 21 SaarlNRG; § 26 SächsNRG; § 21 SAnhNbG; § 20 NachbG SchlH; §§ 17 ff. ThürNRG. **219**

h) Ansprüche auf Geldleistung

aa) Schadensersatz

z.B. §§ 7c Abs. 3, 7e Abs. 3 NRG BW; § 13 NachbG Bln; § 15 BbgNRG; § 23 HessNRG; §§ 14, 43 NdsNachbG; § 17 NachbG NW; §§ 19, 23 NachbG Rh-Pf; §§ 14, 25 SaarlNRG; § 28 SächsNRG; § 20 SAnhNbG; § 10 Abs. 2 NachbG SchlH; §§ 19, 23 ThürNRG. **220**

bb) Entschädigung

z.B. § 18 NachbG Bln; § 24 BbgNRG (Hammerschlagsrecht); § 50 BbgNRG (für Duldung von Leitungen); § 48 NdsNachbG (Hammerschlagsrecht); § 3 Abs. 2 NachbG NW (Nichteinhaltung des Grenzabstands); § 25 NachbG NW (Hammerschlagsrecht); §§ 20, 25, 32 NachbG Rh-Pf; §§ 23, 26, 33 SaarlNRG; § 29 SächsNRG (für jede Art von Duldung); § 19 SAnhNbG; § 19 NachbG SchlH; §§ 20, 25, 32 ThürNRG. **221**

cc) Kostentragungspflichten

Diejenigen Landesgesetze, die keine Einfriedungspflicht kennen, legen dem Nachbarn dafür eine Kostentragungspflicht für vom Eigentümer errichtet Einfriedung auf: § 25 NachbG Bln; § 6 SächsNRG. **222**

dd) Vergütungsansprüche

223 Der typische Vergütungsanspruch ist derjenige für den Anbau an die Nachbarwand. Wer an die vom Nachbarn errichtete Nachbarwand anbaut, hat dem Eigentümer des zuerst bebauten Grundstücks regelmäßig den halben Wert der Wand zu vergüten: § 8 NachbG Bln; § 9 BbgNRG; § 20 Abs. 2 NachbG NW; § 7 NachbG Rh-Pf; § 8 SaarlNRG; § 7 SAnhNbG; § 7 ThürNRG.

i) Eigene Verjährungsregeln

224 Zahlreiche Landesgesetze sehen eigene Verjährungsregeln vor (§ 26 NRG BW; Art. 52 BayAGBGB; § 2 NdsNachbG; § 53 NachbG Rh-Pf; § 57 SaarlNRG; § 31 SächsNRG; § 4 SAnhNbG; § 3 NachbG SchlH; § 53 ThürNRG). Zu beachten ist jedoch, dass in den vergangenen Jahren mehrere Länder diese Sonderregeln ganz (Berlin, Schleswig-Holstein, Brandenburg) oder weitgehend (Niedersachsen, Thüringen) aufgegeben haben und insoweit nur noch auf die Verjährungsregeln des BGB verweisen.

j) Vorrang des öffentlichen Rechts

225 § 27 NRG BW; § 2 NachbG Bln; § 49 NachbG NW; § 1 Abs. 2 NachbG Rh-Pf; § 1 SaarlNRG; § 3 SächsNRG; § 2 SAnhNbG; § 1 NachbG SchlH; § 2 ThürNRG.

26. Kapitel
Grundzüge des Immobilienrechts

Übersicht **Rdn.**

I. Grundbuchrecht

1 **Vorbemerkung:** Das Grundbuchverfahren folgt vielfach Regeln, die für die meisten Juristen fremd und unverständlich sind. Es ist ein rein formalisiertes Verfahren, welches normalerweise keiner Beweiserhebung zugänglich ist und sich lediglich auf öffentliche Urkunden – dazu zählen allerdings auch rechtskräftige Zivilurteile – stützt. Zur Durchsetzung von Ansprüchen ist es meist völlig ungeeignet. Daher soll an dieser Stelle bereits davor gewarnt werden, das Grundbuchverfahren sozusagen als einfachen Ersatz für den Zivilprozess zu verwenden.

2 **Rechtsquellen:**

Grundbuchordnung v. 24.03.1897 (Schönfelder 114 – **GBO**) Verordnung zur Ausführung der GBO v. 08.08.1935 (Demharter Anh. 1 – **AusfVO**) Grundbuchverfügung v. 08.08.1935 (Demharter Anh. 2 – **GBVerf**) Überwiegend zitierter Standardkommentar: Demharter Grundbuchordnung 27. Aufl. 2010.

1. Bedeutung des Grundbuchs

a) Buchungszwang

Es besteht die Regel, dass jedes Grundstück im Grundbuch erfasst sein muss (§ 3 Abs. 1 GBO). Ein im Grundbuch nicht erfasstes Grundstück ist also – wenigstens im Grundsatz – rechtlich nicht existent. Diese Regel gilt aber nicht lückenlos (vgl. § 3 Abs. 2 und 3 GBO: wenig gebrauchte Ausnahmen für öffentliche und für den Grundstücksrechtsverkehr bedeutungslose Grundstücke). Sofern nicht die bezeichneten Ausnahmen greifen, ist ein nicht gebuchtes Grundstück rechtlich auch nicht existent. 3

Wie Grundstücke werden behandelt 4
- nach **Bundesrecht** das Erbbaurecht gem. § 1017 Abs. 1 BGB und § 11 Abs. 1 S. 1 Erbbaurechtsverordnung und das Bergwerkseigentum gem. § 9 Abs. 1 S. 2 BundesbergG;
- im **Gebiet der früheren DDR** das selbstständige Gebäudeeigentum nach Art. 295 Abs. 1 ZGB DDR; Fortgeltung nach Art. 233 § 2b EGBGB;
- in **Bayern** die selbstständigen Fischereirechte (Art. 9 BayFischereiG) und die realen nicht radizierten Gewerbeberechtigungen.

Das häufig in diesem Zusammenhang genannte **Wohnungs- oder Teileigentum** gem. § 1 Abs. 2 und 3 WEG ist in Wirklichkeit kein Recht eigener Art, sondern lediglich ein gesetzlich besonders ausgestaltetes Miteigentum (BGH NJW 1989, 2535). Es unterliegt jedoch ebenfalls grundsätzlich den auf Grundstücke anwendbaren Vorschriften der Grundbuchordnung. 5

Jedes Grundstück darf **nur einmal gebucht** werden; dies ergibt sich ebenfalls aus § 3 Abs. 1 GBO. Ist (versehentlich) ein Grundstück doppelt gebucht, so heben sich die Wirkungen der mehrfachen Grundbucheintragung gegenseitig auf. Es entfällt also die Vermutung nach § 891 BGB ebenso wie der Gutglaubensschutz nach § 892 (BGB Demharter § 3 GBO Rn. 25) 6

b) Wirkungen der Grundbucheintragung

Die Vorschriften des BGB über die Rechte an Grundstücken stützen sich auf die Existenz des Grundbuchs. So ist neben der Einigung die Eintragung in das Grundbuch die Voraussetzung des Eigentumserwerbs oder des Erwerbs anderer Rechte an einem Grundstück (§ 873 Abs. 1 BGB). Die Eintragung in das Grundbuch wirkt also – im Gegensatz zum Recht vieler anderer Länder auch der Europäischen Union – **konstitutiv** für den Rechtserwerb. Gleiches gilt für Rechtsänderungen (§ 875 BGB). 7

Der Inhalt des Grundbuchs gilt bis zum Nachweis des Gegenteils als richtig, schafft also eine **Beweiserleichterung** (und Beweislastregelung) in der Form der widerlegbaren Vermutung (§ 891 BGB, § 292 ZPO), die sich sowohl auf das Bestehen als auch auf das Nichtbestehen von gelöschten Rechten bezieht. 8

Sie hat folgende **Wirkungen**: 9
- Der eingetragene Berechtigte gilt als der gegenwärtige Rechtsinhaber (vgl. Palandt/Bassenge § 891 BGB Rn. 5).
- Sind mehrere Berechtigte eingetragen, so gilt die Vermutungswirkung auch für die Art ihres Mitberechtigungsverhältnisses (z.B. Bruchteil oder Gesamthand), nicht jedoch für den Umfang der einzelnen Mitberechtigung.
- Die Vermutung gilt zugunsten wie zuungunsten des Eingetragenen.
- Ist ein Recht im Grundbuch eingetragen gewesen und später gelöscht, so gilt es als nicht mehr existent. Es besteht jedoch keine Vermutung dahingehend, dass ein überhaupt nicht eingetragenes, jedoch eintragungsfähiges Recht nicht existiert (vgl. Palandt/Bassenge § 891 BGB Rn. 7).

10 Über diese Vermutung hinaus wirkt der **öffentliche Glaube** des Grundbuchs (§§ 892, 893 BGB), eine gesteigerte Form des Gutglaubensschutzes. Er schützt denjenigen, der auf die Richtigkeit des Grundbuchs vertraut. Die Wirkung von § 892 BGB entspricht nur im Grundsatz derjenigen des § 891 BGB. § 891 BGB schafft nur eine widerlegbare Vermutung. § 892 BGB wirkt demgegenüber wie eine Fiktion zugunsten des Gutgläubigen; ein Gegenbeweis ist nicht möglich. Trotzdem muss das Grundbuchamt einen Eintragungsantrag, der zu einem gutgläubigen Erwerb führen würde, dann zurückweisen, wenn es die Unrichtigkeit des Grundbuchs kennt. Das Grundbuchamt darf durch seine Eintragungstätigkeit nämlich nicht einen Rechtserwerb herbeiführen, der nur kraft guten Glaubens stattfindet (BayObLGZ 1994, 66, 71 m.w.N.).

11 Das Grundbuch ist Spiegel der privaten dinglichen Rechte an Grundstücken und Rechtsgrundlage des Grundstücksverkehrs. Es ist allerdings zu beachten, dass diese Auskunftswirkung nur insoweit reicht, als die Verfügungsbefugnis über ein Grundstück oder grundstücksgleiches Recht betroffen ist. Das Grundbuch gibt z.B. dort keine Auskunft über die Höhe einer Mitberechtigung, wo die Verfügungsbefugnis mehreren nur zur gesamten Hand zusteht wie z.B. bei der GbR oder bei der Erbengemeinschaft. Allerdings hat der BGH in seinem Beschl. v. 04.12.2008 (NJW 2009, 584) die Grundbuchfähigkeit der GbR anerkannt. Daher kann jedenfalls die GbR selbst als Eigentümer eingetragen werden. Die Vermutung der (Mit-)Berechtigung erstreckt sich nach § 899a BGB – die Vorschrift wurde im Gefolge der BGH-Entscheidung eingefügt – auch auf die Gesellschafter; entsprechendes gilt für die negative Vermutung, dass keine weiteren Gesellschafter vorhanden sind. Damit korrespondiert § 82 GBO, der dem Grundbuchamt die Verpflichtung zur Einleitung eines Berichtigungsverfahrens auferlegt.

2. Begriffsklärung

a) Liegenschaftskataster

12 Das deutsche Staatsgebiet ist durch die Vermessungsbehörden amtlich vermessen. Deren Bestandsverzeichnis nennt man Liegenschaftskataster. Dieses bildet die Grundlage für die Bezeichnung der Grundstücke im Grundbuch, (§ 2 Abs. 2 GBO). Im Grundbuch sind also – auch dies im Gegensatz zur Lage in vielen anderen Rechtsordnungen – keine eigenen Liegenschaftskarten vorhanden. Änderungen im Kataster, z.B. bei Zu- und Abschreibung von Grundstücksteilen, wie sie häufig bei Erweiterung von Straßengrundstücken nötig werden, müssen daher im Grundbuch eigens nachvollzogen werden. Dazu schickt das Katasteramt dem Grundbuchamt einen sog. »Veränderungsnachweis«, in welchem die tatsächlichen Veränderungen zusammengefasst werden, damit die entsprechenden Eintragungen im Bestandsverzeichnis des Grundbuchs vorgenommen werden können.

b) Flurstück

13 Die einzelnen Grundstückseinheiten des Katasters heißen **Flurstücke**. Ein Flurstück ist demnach eine zusammenhängende, abgegrenzte Bodenfläche, für die i.d.R. nur ein Eigentumsverhältnis besteht. Es wird mit Zahlen – ganzen oder Bruchzahlen – bezeichnet.

c) Grundbuchgrundstück

14 Ein solches Flurstück ist Grundlage des Grundbuchgrundstücks (§ 2 GBO). Dieses muss mindestens ein Flurstück enthalten, kann aber auch aus mehreren bestehen. Umgekehrt *kann ein Flurstück nicht* aus mehreren Grundstücken bestehen. Ein Grundbuchgrundstück wird gekennzeichnet durch die Aufnahme als solches in das Grundbuch.

d) Grundbuchblatt, Realfolium, Personalfolium

Jedes Grundbuchgrundstück erhält nach § 3 Abs. 1 GBO ein eigenes Grundbuchblatt, das Grundbuch im Rechtssinne. Dieser Normalfall kennzeichnet das Realfolium, auf dessen Basis die meisten Grundbücher erstellt sind. Ausnahmsweise können mehrere Grundstücke eines Eigentümers in einem Grundbuchblatt zusammengefasst werden (§ 4 GBO); man spricht dann von Personalfolium. Davon wird insbesondere bei landwirtschaftlichen Anwesen Gebrauch gemacht. **15**

3. Führung der Grundbücher

Sie obliegt – ausgenommen im Land Baden-Württemberg – den **Amtsgerichten** (§ 1 Abs. 1 GBO). In Baden-Württemberg sind die Bezirksnotariate zuständig. Grundbuchbeamte sind die Rechtspfleger anstelle der in § 1 AusfVO GBO genannten Richter (§ 3 Nr. 1h RPflG) und Urkundsbeamte (§ 2 AusfVO). Die mit der Führung der Grundbücher beauftragte Abteilung des Amtsgerichts heißt auch im rechtlichen Sprachgebrauch Grundbuchamt. Schreiben, die an das Grundbuchamt adressiert werden, tragen daher die Anschrift: **16**

An das Amtsgericht XXX – Grundbuchamt –

a) Antrag

Das Grundbuchamt wird überwiegend auf Antrag tätig. Geht ein derartiger Antrag in der Einlaufstelle des Grundbuchamts beim sog. Präsentatsbeamten (vgl. § 12 Abs. 3 GBO) ein, so erhält der Vorgang einen besonderen Einlaufstempel, der auch die Uhrzeit des Eingangs wiedergibt. Für die Rangfolge eines Eingangs kommt es nicht darauf an, wann der Vorgang dem Gericht zugegangen ist, sondern wann das Grundbuchamt ihn erhalten hat (§§ 17, 45 GBO; § 879 BGB). Es empfiehlt sich daher, Anträge, bei denen es auf die Rangfolge ankommt, wie z.B. solche auf Eintragung einer Zwangssicherungshypothek, direkt beim Präsentatsbeamten abzugeben und nicht erst der Gerichtseinlaufstelle zu schicken. **17**

b) Vorlage an Rechtspfleger

Anschließend wird der Eingang durch den Urkundsbeamten der Geschäftsstelle dem Rechtspfleger zusammen mit den Grundakten (§ 24 GBVerf) vorgelegt. Diese enthalten neben den bisher eingereichten Urkunden, Verfügungen und sonstigen Vorgängen ein Handblatt, das den aktuellen Grundbuchstand wieder gibt. Auf dieses Handblatt wird allerdings dort, wo das elektronische Grundbuch eingeführt ist, regelmäßig verzichtet (§ 73 S. 2 GBVerf). **18**

c) Entscheidung des Rechtspflegers

Der Rechtspfleger entscheidet über den Eintragungsantrag durch **Beschluss**, der entweder **19**
- eine Zwischenverfügung (= Ankündigung der Zurückweisung des Antrags, verbunden mit der Nachforderung von Unterlagen) oder
- die Zurückweisung des Antrags oder
- die Eintragungsanordnung

enthält (vgl. Rdn. 69 ff.). Bei der Antragszurückweisung und der Eintragungsanordnung erstellt er auch eine Kostenrechnung. Der Rechtspfleger ist gleichzeitig Kostenbeamter i.S.v. § 1 Kostenverfügung, einer einheitlichen Dienstanweisung aller Landesjustizverwaltungen.

aa) Eintragungsanordnung

20 Sofern noch ein Papiergrundbuch vorhanden ist, trägt der Urkundsbeamte die angeordnete Eintragung ein, beim elektronischen Grundbuch tut dies der Rechtspfleger selbst mit Hilfe des Eintragungsprogramms. Danach versendet der Urkundsbeamte die Mitteilung über die Eintragung an alle Betroffenen (§ 55 GBO) und die Kostenrechnung an den oder die Kostenschuldner (§§ 2 ff. KostO).

bb) Zwischenverfügung

21 Sie wird dem Antragsteller oder Bevollmächtigten (in erster Linie der beurkundende Notar nach § 15 GBO) durch Zustellung bekannt gemacht. Die Grundakten bleiben während der in der Zwischenverfügung bezeichneten Frist auf Wiedervorlage. Verstreicht die Frist, ohne dass das Eintragungshindernis behoben oder eine Beschwerde eingelegt wurde, so muss der Antrag endgültig zurückgewiesen werden. Die Zwischenverfügung wahrt wegen der Notwendigkeit, eine Vormerkung oder einen Widerspruch einzutragen, § 18 Abs. 2 GBO den Rang der beantragten Eintragung.

cc) Zurückweisung des Antrags

22 Sie wird dem Antragsteller formlos mitgeteilt, da die gegen die Antragszurückweisung statthafte Beschwerde nach § 71 GBO nicht fristgebunden ist. Mit der Ausfertigung des Zurückweisungsbeschlusses wird auch die Kostenrechnung für die Antragszurückweisung – soweit der Vorgang unter § 130 KostO fällt – verschickt.

d) Weitere Behandlung

23 Die Grundakten kommen anschließend wieder in die Registratur; sie sind unbegrenzt aufzubewahren. Bei Beschwerden (§ 71 GBO) und weiteren Beschwerden (§ 78 GBO) werden die Grundakten dem Beschwerdegericht mit vorgelegt.

24 Im weit überwiegenden Teil des Bundesgebiets werden mittlerweile die Grundbücher in **elektronischer Form** geführt. Die Grundlage dafür wurde in den §§ 126 ff. Grundbuchordnung gelegt. Regelmäßig gibt es in den Bundesländern einen zentralen Grundbuchspeicher, an den die einzelnen Amtsgerichte angeschlossen sind. Das elektronische Grundbuch kann entweder durch Umschreibung (§ 68 GBVerf), durch Neufassung (§ 69 GBVerf) oder durch Umstellung (§ 70 GBVerf) entstanden sein.

4. Inhalt des Grundbuchs

a) Der Normalfall des Grundstücksgrundbuchs

25 Der Inhalt des Grundbuchs ergibt sich indirekt aus dem BGB, die Gliederung dieses Inhalts aus der Grundbuchverfügung. Entsprechend deren § 4 besteht das Grundbuchblatt aus:

26 • der **Aufschrift** (§ 5 GBVerf):
- Amtsgericht,
- Grundbuchbezirk (Gemarkung),
- Nummer von
- Grundbuchband (nicht beim elektronischen Grundbuch) und
- Grundbuchblatt.

Gemarkungen sind Gemeindebezirke oder Teile hiervon (§ 1 GBVerf). Soweit noch Papiergrundbücher vorhanden sind, werden sie entweder in festen Bänden zu je 35 Grundbuchblättern oder in Einzelheften geführt; die Art der Grundbuchführung wird von den Landesjustizministerien geregelt (§ 2 GBVerf).

- dem **Bestandsverzeichnis** mit Angaben über: 27
- – Lage,
- – Größe,
- – Wirtschaftsart des Grundstücks.

Insoweit handelt es sich um rein tatsächliche Angaben. Sie werden vom Gutglaubensschutz der §§ 891 ff. BGB nicht erfasst.

- **drei Abteilungen** (einzelne Blätter) folgenden Inhalts: 28
- **Abteilung I**: Eigentümer
- – Bei mehreren Eigentümern ist das Beteiligungsverhältnis anzugeben und – sofern es sich um Bruchteilseigentum handelt – auch die Größe der Anteile. Ist eine GbR als Eigentümer eingetragen, so müssen nach § 47 Abs. 2 GBO auch die Gesellschafter eingetragen werden.
- **Abteilung II**: Belastungen, die nicht in Abteilung III erfasst sind. Insbesondere kommen dafür in Betracht:
- – Erbbaurecht nach der ErbbauRVO;
- – Vormerkungen, z.B. die Auflassungsvormerkung gem. § 883 BGB;
- – Vorkaufsrecht (§§ 1094 ff. BGB);
- – Nießbrauch (§§ 1030 ff. BGB);
- – Grunddienstbarkeiten (§§ 1018 ff. BGB);
- – beschränkt persönliche Dienstbarkeiten (§§ 1090 ff. BGB);
- – Reallasten (§§ 1105 ff. BGB);
- – Zwangsversteigerungs- und Zwangsverwaltungsvermerk (§§ 19, 146 ZVG).
- **Abteilung III**: Grundpfandrechte, also
- – Hypothek (§§ 1113 ff. BGB);
- – Grundschuld (§§ 1191 ff. BGB);
- – Rentenschuld (§ 1199 ff. BGB).

Die Eintragungsfähigkeit im Grundbuch richtet sich nach dem materiell-rechtlichen Grundsatz des **Typenzwangs im Sachenrecht**: Nur die von den Gesetzen bestimmten möglichen dinglichen Rechte an Immobilien können in das Grundbuch eingetragen werden. Werden andere Rechte eingetragen, so sind diese Eintragungen nichtig (BayObLGZ 1972, 364/366). Es wird im Gegensatz zur Rechtslage in vielen anderen Ländern auch nicht ein bestimmtes Rechtsgeschäft, durch welches das Grundstück belastet wird, eingetragen, sondern jeweils nur das Ergebnis dieses Rechtsgeschäfts, also eine bestimmte Belastung. 29

Für jede Abteilung wird ein eigener **Einlagebogen** verwendet, der seinerseits wieder nach Spalten untergliedert ist. Die ersten Spalten befinden sich auf der Vorderseite des Bogens, die weiteren auf der Rückseite. Dabei verfolgt die Spaltenverteilung den Sinn, auf der Vorderseite die rechtsbegründenden, auf der Rückseite die rechtsändernden Eintragungen wiederzugeben. 30

Auf das Vorhandensein von Rechtsänderungen wird durch Rotunterstreichung (»Rötung«) der entsprechenden rechtsbegründenden Eintragungen hingewiesen (§ 14 GBVerf). 31

b) Behandlung des Erbbaurechts im Grundbuch

Die grundbuchrechtliche Behandlung des Erbbaurechts ist gekennzeichnet dadurch, dass das Erbbaurecht einerseits für das dienende Grundstück eine Belastung darstellt, andererseits als grundstücksgleiches Recht behandelt wird. Dies bedeutet: 32

- Das Erbbaurecht wird im Grundbuch des dienenden Grundstücks in Abteilung II an ausschließlich erster Rangstelle (§ 10 ErbbauVO) als Belastung eingetragen.

- Das Erbbaurecht erhält als grundstücksgleiches Recht ein eigenes Grundbuch, das sog. Erbbaugrundbuch (§ 14 ErbbauVO). Im Erbbaugrundbuch wird im Bestandsverzeichnis auf den Inhalt des Erbbaurechts gem. § 2 ErbbauVO entsprechend § 14 Abs. 1 S. 3 ErbbauVO verwiesen. In Abteilung II erfolgt die Sicherung des Erbbauzinses durch eine Reallast entsprechend § 9 ErbbauVO.

c) Behandlung des Wohnungs- bzw. Teileigentums im Grundbuch

33 Für Wohnungs- und Teileigentumseinheiten – entsprechend für das Wohnungserbbaurecht – werden jeweils besondere Grundbuchblätter angelegt, da dies § 7 WEG ausdrücklich vorsieht, ohne dass diese Eigentumsformen deswegen echte grundstücksgleiche Rechte wären. Dies bedeutet:

- Im Grundbuch des Grundstücks werden die einzelnen Miteigentumsteile im Bestandsverzeichnis abgeschrieben. Im Abschreibungsvermerk finden sich auch die Nummern der für die Miteigentumsanteile anzulegenden Blätter.
- Die Blätter der Miteigentumsanteile werden als »Wohnungsgrundbuch« bzw. »Teileigentumsgrundbuch« bezeichnet. Ihr Bestandsverzeichnis enthält neben den Angaben zum Grundstück die Größe des Miteigentumsanteils (nach Bruchteilen) und die Bezeichnung der Sondereigentumseinheit unter Bezugnahme auf den Aufteilungsplan, der sich regelmäßig in den Grundakten der ziffernmäßig ersten Einheit findet. Dort wird auch die Gemeinschaftsordnung abgelegt.

5. Einsicht in das Grundbuch und die Grundakten

a) Grundsatz

34 Das deutsche Grundbuchrecht hat sich für die »Beteiligtenöffentlichkeit« des Grundbuchs entschieden: Einsichtsberechtigt ist jeder, dessen bereits vorhandene rechtlichen Situation durch den Inhalt des Grundbuchs beeinflusst sein könnte. Dazu zählt jeder, der im Grundbuch als Berechtigter eingetragen ist, wie auch derjenige, der aufgrund einer schuldrechtlichen Situation ein nachvollziehbares Interesse am Inhalt des Grundbuchs haben kann. § 12 GBO, die zentrale Vorschrift zur Grundbucheinsicht, soll verhindern, dass eine Einsicht aus purer Neugier erfolgt oder dass neue Geschäfte – wie z.B. die eines Maklers, der Neukunden gewinnen will – über das Grundbuch angebahnt werden. Kriterium für das Vorliegen eines berechtigten Interesses ist es, dass der Antragsteller ein verständiges, durch die Sachlage gerechtfertigtes Interesse verfolgt. Die Rechtsprechung grenzt dabei vorwiegend negativ ab: »Bei der Bestimmung des Begriffs des berechtigten Interesses i.S.v. § 12 GBO ist davon auszugehen, dass im Hinblick auf den öffentlichen Glauben des Grundbuchs demjenigen die Einsicht zu gestatten ist, der sie nicht nur aus Neugier oder zu unbefugten Zwecken begehrt, sondern aus sachlichen Gründen (vgl. Demharter § 12 GBO Rn. 7 m.w.N.). Der Verfahrensbevollmächtigte eines Einsichtssuchenden hat kein eigenes Recht, sondern nur eines, das vom Recht seines Mandanten abgeleitet ist.

35 Zur Frage, unter welchen Umständen eine **Einsichtsberechtigung** gegeben ist, hat sich eine umfangreiche Kasuistik entwickelt. Von der Tendenz her wird im Hinblick auf die Auskunftsfunktion des Grundbuches von einer Ausweitung des berechtigten Interesses auszugehen sein. Soweit es um ein berechtigtes Interesse aus wirtschaftlichen Gründen geht, steht dies jedem zu, der gegen einen im Grundbuch eingetragenen Berechtigten einen Anspruch hat oder durch ein bereits angebahntes Rechtsgeschäft erlangen wird. So ist z.B. der Darlehensgeber schon vor Abschluss des Darlehensvertrages berechtigt, das Grundbuch mit dem Ziel einzusehen, festzustellen, ob sein künftiger Schuldner dort eingetragen ist« (vgl. dazu Demharter § 12 GBO Rn. 9 ff.).

Die Einsicht in die **Grundakten** ist von denselben Voraussetzungen abhängig wie die Einsicht in das Grundbuch (§ 46 Abs. 1 GBVerf). 36

b) Verfahren

Das berechtigte Interesse ist vom Einsichtssuchenden darzulegen, d.h. bei der Einsichtsstelle des Grundbuchamts dem Urkundsbeamten der Geschäftsstelle schlüssig darzulegen. Im Einzelfall kann das Grundbuchamt bei begründeten Zweifeln einen Nachweis des berechtigten Interesses oder dessen Glaubhaftmachung verlangen (Demharter § 12 GBO Rn. 13). Die eigentliche Grundbucheinsicht erfolgt dann entweder im – noch vorhandenen – Papiergrundbuch oder am Bildschirm. Der Grundbuchbeamte kann den Inhalt des EDV Grundbuchs auch ausdrucken lassen; Überlassung eines Ausdrucks an den Einsichtsberechtigten ist jedoch kostenpflichtig. 37

Grundakten dürfen nach den Verwaltungsanweisungen der Länder wegen der Gefahr ihres Verlusts auch von anwaltschaftlichen Vertretern der Beteiligten nur im Gericht eingesehen werden; eine Hinausgabe in die Kanzlei ist i.d.R. nicht möglich. 38

c) Rechtsbehelfe gegen die Versagung der Einsicht

Wenn der Urkundsbeamte der Geschäftsstelle die Einsicht versagt, teilt er dies dem Antragsteller mündlich mit. Will sich der Antragsteller mit dieser Versagung nicht abfinden, so muss er gem. § 12b Abs. 4. die **Entscheidung des Grundbuchrichters** anrufen. Dies hat in aller Regel schriftlich unter Darlegung des Sachverhalts zu erfolgen; eine Frist ist nicht einzuhalten. Der Urkundsbeamte ist seinerseits zur Abhilfe berechtigt. 39

Der Grundbuchrichter kann die Entscheidung des Urkundsbeamten aufheben und ihn anweisen, die beantragte Einsicht zu genehmigen. Andernfalls weist er den Antrag als unbegründet zurück. Gegen diese Zurückweisung steht dem Antragsteller die **Beschwerde** nach den allgemeinen Grundsätzen (§§ 71 ff. GBO) zu. 40

6. Eintragungsvoraussetzungen

a) Antrags- und Amtsverfahren

Eintragungen in das Grundbuch erfolgen 41

- grundsätzlich auf **Antrag** hin (§ 13 GBO);
- oder auf **Ersuchen einer Behörde** (§ 38 GBO, Hauptfall: Zwangsversteigerungsvermerk);
- ausnahmsweise **von Amts wegen** bei
  - Eintragung des Nacherbenvermerks (§ 51 GBO, als Annex z.B. zur Eintragung des Vorerben);
  - Eintragung des Testamentsvollstreckervermerks (§ 52 GBO als Annex zur Eintragung des Erben);
  - Eintragung von Amtswiderspruch und Amtslöschung (§ 53 GBO);
  - Löschung gegenstandsloser Eintragungen (§ 84 GBO).

b) Eintragungsantrag

aa) Berechtigter

Nach § 13 Abs. 2 GBO kann den Antrag jeder stellen, der von der Eintragung **betroffen** oder **begünstigt** ist. 42

43 Der Begriff des **Betroffenen** wird vom Gesetz sowohl bei der Antragsberechtigung als auch bei der Bewilligung (§ 19 GBO) gebraucht. Antragsberechtigt i.S.d. § 13 GBO ist aber nur der unmittelbar Beteiligte, dessen dingliche Rechtsstellung durch die Eintragung einen Verlust erleidet oder einen Gewinn erfährt. Mittelbare wirtschaftliche Vor- oder Nachteile begründen das Antragsrecht nicht, machen es aber notwendig, dass der dadurch Betroffene bewilligt. Der Kreis derjenigen, die eine Eintragung bewilligen müssen ist also größer als der Kreis der Antragsberechtigten.

44 Beispiel: Der Grundstückseigentümer will eine Teilfläche des Grundstücks an seinen Nachbarn abtreten. Bewilligen i.S.d. § 19 GBO müssen auch die Grundpfandgläubiger und die Begünstigten von Rechten in Abteilung II, antragsberechtigt i.S.d. § 13 GBO sind nur der Eigentümer und der Nachbar.

45 **Betroffener** ist immer derjenige, dem das Recht tatsächlich zusteht. Für die Buchberechtigung gilt zunächst § 891 BGB, es sei denn, die Vermutung sei bereits widerlegt. Von einer rechtsändernden Eintragung wird nur der wahre Berechtigte betroffen, von einer berichtigenden kann sowohl der bloße Buchberechtigte als auch der wahre Berechtigte betroffen sein.

46 **Begünstigter** ist derjenige, der durch die Eintragung unmittelbar einen Vorteil erfährt. § 14 GBO erweitert den Kreis der Begünstigten, indem er auch dem mittelbar Beteiligten unter engen Voraussetzungen die Antragstellung ermöglicht, wenn sie zur Durchführung der Zwangsvollstreckung nötig ist.

bb) Vertretung

47 Bei der Stellung des Antrags ist Vertretung nach den allgemeinen Grundsätzen zulässig. Der **Notar**, welcher das der Eintragung zugrunde liegende Rechtsgeschäft beurkundet oder beglaubigt hat, gilt nach § 15 GBO als zur Antragstellung bevollmächtigt. Durch § 15 GBO wird nicht der Kreis der Antragsberechtigten erweitert, sondern lediglich der Nachweis der Vollmacht ersetzt.

cc) Form

48 Der Eintragungsantrag wird grundsätzlich **formlos** gestellt. Ersetzt der Eintragungsantrag allerdings eine Bewilligung, dann bedarf es der Einhaltung der für die Bewilligung erforderlichen Form des § 29 GBO (öffentliche Beurkundung oder Beglaubigung). Das ist z.B. der Fall, wenn der Eigentümer ein eingetragenes Grundpfandrecht löschen lassen will. Dabei muss er selbst der Löschung zustimmen – es könnte ja bereits eine Eigentümergrundschuld entstanden sein. Deswegen bedarf in diesem Fall sein Antrag der notariell beglaubigten Form.

dd) Bedingungsfeindlichkeit des Antrags

49 Anträge sind als Prozesshandlungen bedingungsfeindlich; Vorbehalte des Inhalts, dass von mehreren beantragten Eintragungen die eine nicht ohne die andere erfolgen soll, sind allerdings ebenso zulässig wie Bestimmungen über das Rangverhältnis (§§ 16 Abs. 2, 60 Abs. 2 GBO).

ee) Rücknahme des Antrags

50 Bis zur Leistung der Unterschrift unter die Eintragung kann der Antrag zurückgenommen werden. Jeder Antragsteller kann aber nur den von ihm gestellten Antrag zurücknehmen. Deswegen kann sich eine Antragstellung durch beide Parteien eines Rechtsgeschäfts empfehlen, so z.B. durch den Grundstückseigentümer **und** den

Hypothekengläubiger. Diese Handlungsweise bürdet allerdings auch jedem Antragsteller die Haftung für die Kosten auf (§ 2 Nr. 1 KostO).

c) Eintragungsbewilligung

Das Grundbuchamt trägt ein materiell eintragungsfähiges Recht nur dann ein, wenn derjenige die Eintragung bewilligt, dessen Recht von ihr betroffen ist (§ 19 GBO). Gleiches gilt für die Berichtigung des Grundbuchs, die im Grundbuchverfahren nichts anderes als eine Eintragung darstellt. Bei einer Grundbuchberichtigung kann allerdings in bestimmten Ausnahmefällen an die Stelle der Bewilligung der Unrichtigkeitsnachweis treten (vgl. dazu die Ausführungen in diesem Abschnitt weiter unten). **51**

Für das Betroffensein gelten die Ausführungen unter 2 grundsätzlich entsprechend. Ein Recht wird von der Eintragung betroffen, wenn es durch sie im Rechtssinn, nicht nur wirtschaftlich, beeinträchtigt wird oder werden kann (BGHZ 66, 345). Bewilligen muss aber – im Gegensatz zur Antragsberechtigung – auch der nur möglicherweise Betroffene (vgl. BayObLGZ 81, 158) und der nur mittelbar Betroffene (vgl. BayObLGZ 81, 159). Zum Beispiel ist bei Löschung eines gepfändeten Nießbrauchs die Bewilligung des Nießbrauchers wie die des Pfändungsgläubigers nötig. Antragsberechtigt wäre aber nur der Nießbraucher. **52**

Soweit die Bewilligung in Frage steht, prüft das Grundbuchamt nicht die materielle Rechtslage, sondern nur die Formgültigkeit der Bewilligung (§ 29 GBO: öffentliche Beurkundung oder Beglaubigung). Deshalb nennt man das der Bewilligung zugrunde liegende Prinzip auch das **formelle Konsensprinzip**. Bei der Übertragung des Eigentums an Grundstücken und grundstücksgleichen Rechten gilt demgegenüber nicht das formelle, sondern das **materielle Konsensprinzip**. Gem. § 20 GBO muss dem Grundbuchamt in der Form des § 29 GBO – also durch öffentliche Urkunden – die materiellrechtliche Einigung des Berechtigten mit dem anderen Teil nachgewiesen werden. **53**

Sonderfall: Ausländische öffentliche Urkunden

Urkunden, die von ausländischen Urkundspersonen (z.B. notary public in den USA und Kanada) erstellt wurden, sind zwar grundsätzlich auch öffentliche Urkunden i.S.d. § 29 GBO, wenn sie den Erfordernissen des § 415 ZPO entsprechen (OLG Zweibrücken FGPrax 1999, 66). Das Grundbuchamt kann jedoch zum Nachweis der Echtheit eine sog. **Legalisation** verlangen, d.h. eine Bestätigung der deutschen Auslandsvertretung, dass die ausländische Urkundsperson im Rahmen ihrer Befugnisse beurkundet hat. **54**

Von dem Erfordernis der Legalisation gibt es zahlreiche **Ausnahmen** durch zwischenstaatliche Verträge (vgl. zu den betroffenen Staaten Demharter § 29 GBO Rn. 52). Eine weitere wichtige Ausnahme wurde durch das Haager Übereinkommen v. 05.10.1961 geschaffen, dem auch die Bundesrepublik Deutschland beigetreten ist. Es sieht vor, dass nicht die deutsche Auslandsvertretung, sondern eine Behörde des fremden Staats die Urkundspersoneneigenschaft des Ausstellers bestätigt. Dies erfolgt in einer sog. »Apostille«, die der Urkunde beigeheftet wird. **55**

Soweit es um den **Nachweis der dinglichen Einigung** nach § 925 BGB, § 20 GBO – und damit um die Erfüllung des materiellen Konsensprinzips – geht, scheidet die Beurkundung durch eine ausländische Urkundsperson schon deswegen aus, weil ausländische Notare nicht »zuständige Stelle« i.S.d. § 925 BGB sind (vgl. Palandt/Bassenge § 925 BGB Rn. 2 m.w.N.). Wohl aber ist die dingliche Einigung zu Protokoll eines Konsularbeamten erklärbar. **56**

57 Die Bewilligung nach § 19 GBO kann durch eine **gerichtliche Entscheidung** ersetzt werden, bei der Eintragung der Zwangshypothek durch den Titel. Bei der Übertragung eines Briefrechts (§ 26 GBO), bei der Löschung zeitlich beschränkter Rechte (§§ 23, 24 GBO) und bei der Löschung vorläufiger Rechte unter bestimmten Umständen (§ 25 GBO) ist die Bewilligung nicht erforderlich.

58 Einer Bewilligung bedarf es dann nicht zur **Berichtigung** des Grundbuchs, wenn die Unrichtigkeit nachgewiesen ist. Allerdings muss auch die Unrichtigkeit entweder durch öffentliche Urkunden nachgewiesen oder offenkundig sein.

59 Der **Offenkundigkeits**begriff wird im Grundbuchrecht anders ausgelegt als es der allgemeinen Definition entspricht (vgl. insoweit Thomas/Putzo § 294 ZPO Rn. 1). Im Grundbuchrecht sind alle dem Grundbuchamt zweifelsfrei bekannten Tatsachen und Rechtslagen offenkundig (vgl. BayObLGZ 52, 324). Ob die Kenntnisse amtlich oder außeramtlich gewonnen wurden, ist ohne Bedeutung (vgl. BayObLGZ 57, 52).

60 So kann z.B. der Nachweis der Unrichtigkeit des Grundbuchs jedenfalls dann auf andere Weise als durch Vorlage von Urkunden gem. § 29 GBO geführt werden, wenn die **Entgeltlichkeit** eines Übereignungsvertrags zwischen Vorerbe und Dritten nach § 2113 Abs. 2 BGB in Rede steht und die Vorlage von öffentlichen Urkunden zu Beweiszwecken praktisch unmöglich ist (OLG München NJOZ 2005, 2095). Gerade bei der Prüfung der Entgeltlichkeit muss beachtet werden, dass ein rechnerisch genauer Nachweis derselben in der Form des § 29 GBO in aller Regel nicht möglich ist. Deswegen hat die Rechtsprechung schon seit langem anerkannt, dass das Grundbuchamt berechtigt und verpflichtet sein soll, bei der Prüfung dieser Frage die Regeln der Lebenserfahrung und der Wahrscheinlichkeit anzuwenden und in den Begriff der Unentgeltlichkeit zusätzlich das subjektive Tatbestandsmerkmal aufgenommen (BayObLGZ 1956, 54, 60). Die Lockerung der Beweisanforderungen ist jedoch nur dort geboten, wo es praktisch unmöglich ist, Urkunden i.S.d. § 29 GBO beizubringen (BGHZ 57, 84/95).

61 Das Grundbuchamt selbst erhebt keinen **Beweis** und stellt von sich aus auch keine Ermittlungen an (BayObLGZ 69, 281). Es ist Sache des Antragstellers, alle erforderlichen Unterlagen beizubringen. Dies gilt allerdings nur für die eine Eintragung begünstigenden Umstände. Bei der Prüfung der Sach- und Rechtslage darf das Grundbuchamt auch Tatsachen berücksichtigen, die ihm anderweit bekannt geworden sind und einer Eintragung im Wege stehen (BayObLGZ 54, 292). Vermutungen reichen aber dafür nicht aus. Insbesondere kann z.B. aus dem Wert der übertragenen Immobilie nicht geschlossen werden, dass der Verkäufer über sein gesamtes Vermögen i.S.d. § 1365 BGB verfügt (OLG München NJW-RR 2007, 810).

d) Voreintragung des Betroffenen

62 Das Grundbuch soll die einzelnen Rechtsänderungen vollständig und in der richtigen Reihenfolge wiedergeben. Daher bestimmt § 39 GBO, dass eine Eintragung nur erfolgen soll, wenn der Betroffene als Berechtigter im Grundbuch voreingetragen ist.

63 Von diesem Grundsatz macht § 40 Abs. 1 GBO eine wichtige Ausnahme: Wenn der Betroffene Erbe des eingetragenen Berechtigten ist, braucht er als solcher nicht voreingetragen werden, wenn er sein Recht übertragen oder aufheben will. Der **Nachweis der Erbfolge** wird dabei grundsätzlich gem. § 35 Abs. 1 durch einen Erbschein (öffentliche Urkunde!) geführt. Ergibt sich aber das Erbrecht aus einem öffentlichen Testament oder einem Erbvertrag, so genügt dies anstelle des Erbscheins. Zu beachten ist, dass auch in diesem Fall der Grundbuchrechtspfleger die letztwillige Verfügung auszulegen hat, während bei der Erteilung des Erbscheins im Nachlassgericht der Richter zuständig wäre (§ 16 Abs. 1 Nr. 6 RPflG).

Nach § 40 Abs. 2 GBO ist eine Voreintragung des Betroffenen auch dann **entbehrlich**, wenn ein Testamentsvollstrecker die Eintragung bewilligt hat. Auch bei der Übertragung einer Briefhypothek braucht der Gläubiger nicht als Betroffener vor eingetragen zu werden, wenn er den Brief besitzt und sein Recht nach § 1155 BGB nachweisen kann (§ 26 GBO). Dabei handelt es sich jedoch nicht um eine echte Ausnahme von § 39 GBO, weil hier der Brief an die Stelle des Grundbuchs getreten ist. 64

e) Amtsverfahren

Die §§ 51 und 52 GBO sind von Amts wegen nur dann zu beachten, wenn über einen Eintragungsantrag zu befinden ist. Dagegen eröffnet § 53 GBO wie § 2361 BGB ein echtes Amtsverfahren. Ein **Widerspruch** gegen eine Eintragung kann immer dann eingetragen werden, wenn 65

- eine **wirksame Eintragung** vorliegt, die am öffentlichen Glauben teilnimmt, Eintragungen rein tatsächlicher Art z.B. im Bestandsverzeichnis können jederzeit von Amts wegen berichtigt werden. Auch Eintragungen rein negativer Art, die nur verhindern sollen, dass eine andere Eintragung am öffentlichen Glauben teilnimmt, können gelöscht werden: z.B. Widerspruch, Zwangsversteigerungs-, Nacherben- und Testamentsvollstreckervermerk.
- und die Eintragung unter **Verletzung gesetzlicher Vorschriften** vorgenommen wurde Hierbei ist es unerheblich, ob es sich um materielle oder formelle, zwingende oder nicht zwingende Vorschriften handelte. Die Gesetzesverletzung muss vom Grundbuchamt ausgegangen sein. Verschulden ist nicht erforderlich. Die Gesetzesverletzung muss feststehen; bloße Zweifel genügen nicht.
- und das **Grundbuch** als Folge der Eintragung i.S.d. § 894 BGB **unrichtig** ist. Dies muss lediglich glaubhaft sein.

Im Hinblick auf den Charakter des Verfahrens als Amtsverfahren hat das Grundbuchamt auch die erforderlichen Ermittlungen von Amts wegen anzustellen. 66

Die Wirkung des Widerspruchs entspricht derjenigen des § 899 BGB: Weitere Verfügungen über das betroffene Recht werden zwar nicht blockiert, wohl aber wird der Rechtserwerb kraft öffentlichen Glaubens unmöglich. 67

7. Die Entscheidung des Grundbuchamts

a) Reihenfolge bei mehreren Anträgen

Wegen der Rangwirkung der Grundbucheinträge bestimmt § 17 GBO, dass mehrere Anträge in der Reihenfolge des Eingangs zu erledigen sind. Dies gilt aber nur, wenn durch die verschiedenen Anträge dasselbe Recht betroffen wird, z.B. bei Eintragung verschiedener Belastungen am selben Grundstück. Entsprechend ist zu verfahren, wenn die früher beantragte Eintragung die spätere erst möglich macht. 68

b) Eintragungsverfügung

Sind die formellen und materiellen Voraussetzungen der Eintragung gegeben, so gibt der Rechtspfleger ihm statt und verfügt die Eintragung. Der Urkundsbeamte hat die Eintragungsverfügung im Grundbuch zu vollziehen; anschließend ist der neue Eintrag von beiden zu unterzeichnen (§ 2 AusfVO). Soweit das EDV-Grundbuch eingeführt ist, entwirft der Rechtspfleger die Eintragung selbst am Bildschirm und veranlasst deren Aufnahme in den EDV-Speicher als Eintragung. Er unterzeichnet allein und mit seiner elektronischen Unterschrift. 69

c) Zwischenverfügung

70 Stehen der Eintragung **kurzfristig behebbare Hindernisse** entgegen, so erlässt der Rechtspfleger durch Beschluss eine sog. Zwischenverfügung (§ 18 GBO). In ihr wird dem Antragsteller aufgegeben, bestimmte Erklärungen oder Unterlagen innerhalb einer bezeichneten Frist nachzureichen. Ihr Sinn besteht darin, dem Antrag den Rang zu wahren. Sie ist deshalb nur dann zulässig, wenn die Mängel mit rückwirkender Kraft behoben werden können, also z.B. nicht, wenn dem Bewilligenden die Berechtigung fehlt.

71 Mit ihrer förmlichen Zustellung wird die Zwischenverfügung **wirksam**. Wird das Hindernis rechtzeitig behoben, so verfügt der Rechtspfleger die Eintragung, andernfalls weist er den Antrag nach Fristablauf zurück. Andererseits ist das Grundbuchamt an die Zwischenverfügung nicht gebunden. Es kann sie jederzeit aufheben und die Eintragung vornehmen. Bei Vorliegen neuer Tatsachen kann es auch die Zwischenverfügung aufheben und den Antrag zurückweisen. Die Zwischenverfügung kann wie die Zurückweisung mit der **Rechtspflegererinnerung** angegriffen werden.

72 Während des Fristlaufs müssen später eingegangene Anträge nicht liegen bleiben. Wird durch ihre Eintragung aber dasselbe Recht betroffen, muss zugunsten des ersten Antragstellers von Amts wegen eine **rangwahrende Vormerkung** oder ein Widerspruch eingetragen werden (§ 18 Abs. 2 GBO). Ist gegen die Zurückweisung oder Zwischenverfügung die Beschwerde eingelegt worden, so sollte ausdrücklich beantragt werden, nach § 76 Abs. 1 GBO zu verfahren.

73 Einen **Vorbescheid**, wie er im Nachlassverfahren üblich und zweckmäßig ist, kennt das Grundbuchverfahren nicht (Demharter § 18 GBO Rn. 1 m.w.N.). Ein entgegen dieser Regel ergangener Vorbescheid unterliegt nicht der Anfechtung und zwar auch dann nicht, wenn die Löschung einer Eintragung als inhaltlich unzulässig angekündigt wird (Demharter § 71 GBO Rn. 18 m.w.N.).

d) Zurückweisung des Antrags

74 Bei **unbehebbaren Mängeln** des Eintragungsantrags oder nach Ablauf der Frist einer Zwischenverfügung wird der Eintragungsantrag durch zu begründenden Beschluss des Rechtspflegers zurückgewiesen. Dieser Beschluss wird mit der Bekanntmachung an den Antragsteller oder die ersuchende Behörde wirksam (§ 16 FGG).

8. Beschwerde

75 Für die Beschwerde gegen die Entscheidungen des Grundbuchamts gelten nicht die §§ 20 ff. FGG, da die GBO in §§ 71 ff. Sondervorschriften enthält.

a) Statthaftigkeit

76 Statthaft ist die Beschwerde gegen Entscheidungen des Grundbuchamts. Da regelmäßig in Grundbuchsachen der Rechtspfleger entscheidet, richtet sich die Statthaftigkeit nach § 11 Abs. 1 RPflG i.V.m. § 71 GBO. Der Rechtspfleger kann der Beschwerde abhelfen; tut er dies nicht, legt er sie dem **Landgericht – Beschwerdekammer** – zur Entscheidung vor.

77 Nicht statthaft ist die Beschwerde gegen Eintragungen, an die sich ein gutgläubiger Erwerb anschließen kann (§ 71 Abs. 2 S. 1 GBO). Falls nämlich das Beschwerdegericht eine Eintragung aufheben würde, wäre das Grundbuch zwischen der Eintragung und dem Vollzug unrichtig gewesen. Dies hätte die Möglichkeit eines gutgläubigen Erwerbs nach §§ 892, 893 BGB eröffnet. Um diese Möglichkeit auszuschließen, lässt § 71 GBO in diesen Fällen nur eine Beschwerde mit dem Ziel der Eintragung eines Amtswiderspru-

ches nach § 53 GBO zu (§ 71 Abs. 2 S. 2 GBO). Eine Beschwerde gegen eine Eintragung ist daher entsprechend in eine Anregung auf Eintragung eines Amtswiderspruches umzudeuten.

Gegen Eintragungen, an die sich ein gutgläubiger Erwerb nicht anschließen kann (z.B. die Eintragung einer Vormerkung), ist die Beschwerde unbeschränkt gegeben. **78**

b) Form

Die Beschwerde kann schriftlich oder zur Niederschrift der Geschäftsstelle beim Grundbuchamt oder beim Beschwerdegericht eingelegt werden (§ 73 GBO). **79**

Eine **Begründung** der Beschwerde ist zwar nicht vorgeschrieben, aber ratsam. Zumindest sollten sich aus der Beschwerdebegründung die Ziele des Beschwerdeführers ergeben. Legt der Beschwerdeführer die Beschwerde ein, ohne sich eine weitere Begründung vorzubehalten, so kann das **Landgericht** sofort – ohne weitere Fristsetzung – entscheiden (BayObLGZ 1974, 302). In allen anderen Fällen setzt das **Landgericht** eine Frist zur Begründung von wenigstens zwei Wochen ab Beschwerdeeinlegung. **80**

c) Frist

Die Beschwerde ist **nicht fristgebunden**. Anders als z.B. bei der Beschwerde nach der KostO kann das Beschwerderecht auch **nicht verwirkt** werden (BGHZ 48, 354). **81**

d) Beschwerdeberechtigung

Die Beschwerde setzt weiter eine Beschwerdeberechtigung voraus, die sich nach § 20 FGG richtet. Beschwerdeberechtigt ist jeder, der durch die Entscheidung des Grundbuchamts bei Unterstellung von deren Unrichtigkeit in seiner Rechtsstellung beeinträchtigt wäre, im Eintragungsverfahren jeder Antragsteller und auch jeder Antragsberechtigte i.S.d. § 13 GBO. Allerdings gibt es eine Einschränkung: Hat einer der Beteiligten einen Eintragungsantrag gestellt, so kann nicht die Beschwerde von einem anderen Beteiligten mit dem Ziel eingelegt werden, der Eintragungsantrag möge zurückgewiesen werden (OLG München FGPrax 2006, 202: Beschwerde des Eigentümers gegen seine Eintragung in Abt. I). **82**

e) Entscheidung über die Beschwerde

Über die Beschwerde entscheidet ein Zivilsenat des dem Amtsgericht übergeordneten Oberlandesgerichts (§ 72 GBO). Das Grundbuchamt kann der Beschwerde, die nach § 74 GBO auch auf neue Tatsachen gestützt werden kann, abhelfen, § 75 GBO. **83**

Die Beschwerde hat i.d.R. **keine aufschiebende Wirkung** (Ausnahme: Beschwerde gegen Zwangsgeldfestsetzung gem. § 76 Abs. 3 GBO). Das bedeutet, dass das Grundbuchamt trotz des laufenden Beschwerdeverfahrens anderweitige Eintragungen vornehmen kann, die u.U. dem mit der Beschwerde verfolgten Recht im Rang vorgehen. Um dem vorzubauen, empfiehlt es sich, mit der Beschwerdeeinlegung den Erlass einer Anordnung nach § 76 Abs. 1 GBO zu beantragen. Geschieht dies, so wahrt die entsprechend der Anordnung eingetragene Vormerkung den Rang des Rechts; der entsprechend der Anordnung eingetragene Widerspruch verhindert zwischenzeitlichen gutgläubigen Erwerb. **84**

Das Beschwerdegericht entscheidet in tatsächlicher und rechtlicher Hinsicht. Eine unzulässige Beschwerde verwirft es, eine unbegründete weist es zurück. Bei begründeter Beschwerde wird die Entscheidung des Grundbuchamts aufgehoben. Das Oberlandesgericht kann aber Eintragungen nicht selbst vornehmen, sondern muss das Grundbuchamt **85** entsprechend zu einer solchen Eintragung anweisen. Wegen der Kosten vgl. § 131 Abs. 1 KostO; bei mehreren Beteiligten kann § 84 FamFG Anwendung finden.

86 Bei einer Beschwerde gegen eine **Zwischenverfügung** (§ 18 GBO) kann das Beschwerdegericht nur insoweit bindend entscheiden, als das Grundbuchamt selbst entschieden hat. Ist es also der Auffassung, dass der vom Grundbuchamt angenommene Hinderungsgrund nicht besteht, so hebt es lediglich den Beschluss des Grundbuchamts auf, weist aber nicht zur Vornahme der beantragten Eintragung an, da ja noch weitere – im angefochtenen Beschluss nicht ausdrücklich bezeichnete – Hindernisse bestehen könnten.

9. Weitere Beschwerde

87 Gegen die Entscheidung des Beschwerdegerichts ist die Rechtsbeschwerde zulässig, über die ein Zivilsenat des Bundesgerichtshofes entscheidet. Mit der Rechtsbeschwerde kann nur eine Gesetzesverletzung (entsprechend § 72 Abs. 1 FamFG) geltend gemacht werden (§ 78 GBO).

88 Die Rechtsbeschwerde ist fristgebunden nach § 78 Abs. 3 GBO i.V.m. § 71 Abs. 1 FamFG. Sie bedarf der Zulassung durch das Beschwerdegericht nach § 78 GBO; das Rechtsbeschwerdegericht ist an die Zulassung gebunden.

10. Kosten

a) Rechtsquellen

89 Bei den Kosten muss – wie sonst auch – unterschieden werden in gerichtliche und außergerichtliche Kosten des Grundbuchverfahrens. Die Gerichtskosten sind in der Kostenordnung geregelt, deren Vorschriften über den Geschäftswert gem. § 141 KostO auch für die Kosten der Notare und gem. § 23 RVG für die Rechtsanwaltsvergütung maßgeblich sind.

b) Geschäftswert

90 Die maßgeblichen Vorschriften finden sich in den §§ 18 bis 30 KostO.

91 Der Geschäftswert beträgt in den wichtigsten Fällen:

Bei	nach	gemäß
Eigentumsübertragung	dem Wert des Grundstücks	§ 19 KostO
Vorkaufsrecht	dem halben Wert des Grundstücks	§ 20 Abs. 1 KostO
Erbbaurecht	80 % des Grundstückswerts	§ 21 Abs. 1 KostO
Begründung von Sondereigentum	50 % des Grundstückswerts	§ 21 Abs. 2 Kosto
Veräußerung des Sondereigentums	Verkehrswert desselben	§ 19 KostO
Grundschulden oder Hypotheken	Höhe der Forderung	§ 23 KostO
Nießbrauch, Reallasten, Wohnrechte	Summe der Jahreswerte x Multiplikator	§ 24 KostO

c) Festlegung des Verkehrswerts nach § 19 KostO

Gerade bei Rechtsgeschäften, die den Verkehrswert einer Sache nicht offenbaren, wie z.B. der Schenkung, besteht natürlich die Tendenz bei den Beteiligten, aus Gebührenersparnisgründen den Verkehrswert möglichst niedrig festzulegen. Zwar könnte das Gericht grundsätzlich zur Frage des Geschäftswerts sogar den Strengbeweis des § 15 FGG erheben, doch versagt dies bei der wichtigsten Frage des Verkehrswerts einer Liegenschaft wegen § 19 Abs. 2 S. 1 KostO. Der letzte Einheitswert entspricht allerdings regelmäßig nicht dem Verkehrswert, sondern liegt deutlich darunter. Die Grundbuchämter und Notare behelfen sich damit, die Gesamtwerte der Belastungen eines Grundstücks als Anhaltspunkt für den Verkehrswert heranzuziehen. Soweit dies nicht möglich ist, werden die in den Grundbuchämtern bekannten und gesammelten Kaufpreise von Liegenschaften in der Nähe oder die Brandversicherungswerte herangezogen. 92

d) Grundbuchgebühren

Sie ergeben sich aus den Vorschriften der KostO über die Gebühren in Grundbuchsachen (§§ 60 ff. KostO). Die Grundbuchgebühren in den wichtigsten Fällen betragen: 93

94

Bei	% der vollen Gebühr	gemäß
Eigentumsübertragung1, 2	100	§ 60 KostO
Eintragung einer Belastung	100	§ 62 Abs. 1 KostO
Veränderungen (und Löschungen)	50	§ 64 Abs. 1 KostO
Verfügungsbeschränkungen	50	§ 65 KostO
Vormerkungen	50	§ 66 KostO
Sonstige Eintragungen	25	§ 67 KostO
Antragszurückweisung	50 %, höchstens aber 400 €	§ 130 Abs. 1 KostO
Antragszurücknahme	25 %, höchstens aber 250 €	§ 130 Abs. 2 KostO
Beschwerdeverwerfung	volle Gebühr, höchstens aber 800 €	§ 131 Abs. 1 KostO
Rechtsbeschwerde	150 %, bei Verwerfung oder Zurückweisung jedoch höchstens 1200 €	§ 131 Abs. 2 KostO

1 = Ermäßigung auf 50 % in bestimmten Fällen 2 = in Bayern kommt noch eine Katasterfortführungsgebühr von 30 % hinzu

Hinzu kommen die Auslagen nach §§ 136 ff. KostO. 95

e) Notargebühren

Sie betragen in den wichtigsten Fällen: 96

Bei	% der vollen Gebühr	gemäß
Beurkundung von Verträgen	200	§§ 141, 36 Abs. 2 KostO
Beurkundung einseitiger Erklärungen	100	§§ 141, 36 Abs. 1 KostO
Vollzug eines Geschäfts	100	§ 62 Abs. 1 KostO
Beglaubigung von Unterschriften	25 %, höchstens 130 €	§§ 141, 45 KostO

Hinzu kommen die Auslagen nach §§ 136 ff. und §§ 152 ff. KostO. 97

f) Rechtsbehelfe gegen die Geschäftswert- und Kostenfestsetzung des Grundbuchamts

98 Die Geschäftswertfestsetzung des Gerichts unterliegt der Beschwerde nur, wenn
- die Beschwerde im Festsetzungsbeschluss zugelassen wurde oder
- der Beschwerdewert 200 € übersteigt (§ 31 Abs. 3 KostO).

99 Diese Beschwerde ist fristgebunden (§ 31 Abs. 3 S. 3 i.V.m. Abs. 1 S. 3 KostO).

100 Weitere sofortige Beschwerde: Nur bei Zulassung durch das Beschwerdegericht (§§ 31 Abs. 3 S. 5 i.V.m. § 14 Abs. 5 S. 1 KostO; Frist: Ein Monat nach Zustellung der Beschwerdeentscheidung).

101 Der **Kostenansatz** des Grundbuchamts unterliegt der – nicht fristgebundenen – Erinnerung nach § 14 Abs. 1 KostO.

102 Die – ebenfalls nicht fristgebundene – **Beschwerde** gegen die Erinnerungsentscheidung setzt voraus, dass
- die Beschwerde in der Entscheidung über die Erinnerung zugelassen wurde oder
- der Beschwerdewert 200 € übersteigt (§ 14 Abs. 3 KostO).

103 Das Erinnerungs- und Beschwerderecht kann verwirkt werden (vgl. Korintenberg/Lappe/Bengel/Reimann KostO § 14 Rn. 55).

104 Weitere sofortige Beschwerde: Nur bei Zulassung durch das Beschwerdegericht (§ 14 Abs. 5 S. 1 KostO; Frist: Ein Monat nach Zustellung der Beschwerdeentscheidung).

g) Rechtsbehelf gegen den Kostenansatz des Notars

105 Ist der Kostenschuldner mit der Kostenberechnung des Notars nicht einverstanden, so kann er sich entweder direkt mit der Beschwerde an das Landgericht, in dessen Bezirk der Notar seinen Sitz hat, wenden (§ 156 Abs. 1 S. 1 KostO) oder dem Notar gegenüber die Kostenberechnung beanstanden (Satz 3). In letzterem Fall ist der Notar von sich aus berechtigt, die Entscheidung des Landgerichts herbeizuführen.

106 Die Beschwerdeentscheidung unterliegt der **weiteren (sofortigen) Beschwerde** nach § 156 KostO, wenn die weitere Beschwerde vom Beschwerdegericht zugelassen wurde. Zuständig ist das Oberlandesgericht.

II. Dingliches Wohnrecht

1. Abgrenzung: Dienstbarkeit; Nießbrauch; Reallast – Wohnungseigentum; Miete

107 § 1093 BGB fasst das **dingliche Wohnrecht** mit Anteilen der beschränkten persönlichen Dienstbarkeit und des Nießbrauchs zusammen, oft aus einem **Altenteil** hergeleitet (Art. 96 EGBGB), zu Erhaltungs- und Wiederherstellungspflichten des Grundstückseigentümers nach landesrechtlichen Regelungen, der Altenteil oder Leibgedinge begründet hat, vgl. Erman/Grziwotz § 1093 BGB Rn. 13 m. Nachw.; seine Bestellung neben einem **Nießbrauch** ist unstatthaft (vgl. auch OLG Hamm FGPrax 1997, 168 und OLG Frankfurt MittBayNot 2009, 46 m. Anm. Frank). **Beschränkte persönliche Dienstbarkeiten** geben dem Berechtigten die Befugnis, das belastete Grundstück in einzelnen Ausschnitten/für bestimmte Zwecke zu nutzen; ein endgültiger Ausschluss des Eigentümers erfolgt dabei nicht. Solche weitreichenden Wirkungen erreicht erst der **Nießbrauch**. Für das zugrunde liegende gesetzliche Schuldverhältnis und seine Änderbarkeit ist § 1090 entsprechend *heranzuziehen, Palandt/Bassenge* § 1093 BGB Rn. 1 a.E.; zum Vermächtnis eines Wohnungsrechts und der dabei notwendigen Grundbucheintragung Grziwotz ZEV 2010, 130.

Wohnrechte können auch anders als nach § 1093 BGB begründet werden, etwa durch einfache (beschränkte) persönliche Dienstbarkeit (OLG Hamm DNotZ 1975, 225). Dann ist der Eigentümer nicht verdrängt, sondern neben dem Wohnberechtigten nutzungsbefugt, doch nicht für die Befugnisse, die gerade für seinen Vertragspartner begründet sind (BayObLGZ 1999, 431; OLG Frankfurt/M. OLGZ 1983, 31), zum vertraglichen Ausschluss dabei – Nebenräume etc. – OLG Schleswig SchlHA 1966, 67. Doch können für ihn auch ranggleiche Rechte fortbestehen bzw. eingeräumt werden, dazu OLG Saarbrücken OLGZ 1992, 5. Erhält der Berechtigte »das gesamte Grundstück« zu Wohnzwecken, kann Nießbrauch gewollt sein (Palandt/Bassenge § 1093 BGB Rn. 5). Größere praktische Bedeutung hat das **Wohnungseigentum**, zum **Dauerwohnrecht** dort § 31 WEG, das im Gegensatz zum dinglichen Wohnrecht veräußerlich und vererblich ist. **Miete** schafft lediglich schuldrechtliche Verpflichtungen zwischen den Vertragsparteien. Von der Bestellung eines Wohnrechts nach § 1093 BGB ist nur auszugehen, wenn »der ernsthafte Wille zur Grundstücksbelastung aus den Absprachen klar erkennbar« wird (im Zweifel Miete, so LG Gießen NJWE-MietR 1996, 218 und OLG Schleswig NZM 2008, 341), wobei weder der Wortlaut (»Mietzins als Gegenleistung«) noch die Vereinbarung lediglich schuldrechtlicher Verpflichtungen allein maßgeblich ist (Palandt/Bassenge § 1093 BGB Rn. 2 m. Nachw.). Alle Einzelheiten der Absprachen zwischen den Parteien sind durch Auslegung ihres Willens zu ermitteln, dazu Palandt/Bassenge § 1093 BGB Rn. 2. Ist keine Gegenleistung abgesprochen, liegt **Leihe** vor (OLG Köln NZM 2000, 11). 108

§ 1093 BGB erlaubt lediglich »Wohnen« als Rechtsinhalt. Andere Zwecke können nur »nebenher« begründet werden, dazu BGH LM Nr. 3 zu § 1093 BGB. Soll ein Gebäude oder ein Gebäudeteil zu **gewerblichen/betrieblichen** Zwecken genutzt werden, muss eine beschränkte persönliche Dienstbarkeit bestellt werden. Unschädlich ist dabei, dass das Gebäude nicht für längerfristiges Wohnen geeignet, BGH BB 1968, 105, oder noch gar nicht errichtet, OLG Hamm DNotZ 1976, 229 bzw. ausgebaut ist, dazu LG Regensburg BWNotZ 1987, 147. Andererseits ist die Erstreckung des Benutzungsrechts auf unbebaute Gebäudeteile wie etwa den Hausgarten, seine Garagenzufahrt u.Ä. oder nicht zum Wohnen bestimmte Räumlichkeiten (Garage oder Stall) zulässig, wenn die Bestellung hauptsächlich zu Wohnzwecken erfolgt, OLG Frankfurt, OLGZ 1983, 31. Soll der Eigentümer »Wohnraum fortlaufend gewähren«, ohne dass sich seine Verpflichtung auf bestimmte Räume bezieht, kann eine Reallast begründet sein; sie kann neben das Wohnrecht nach § 1093 BGB treten (dazu OLG Hamm DNotZ 1976, 229). Die Verpflichtung zur Zahlung eines Entgelts kann nicht Inhalt des dinglichen Rechts selbst werden, BGH WuM 1965, 649; sie kann aber Bedingung für seine Entstehung sein. Bei einer Veräußerung des Grundstücks geht der Anspruch nicht nach § 566 BGB kraft Gesetzes auf den Erwerber über; vielmehr ist insoweit ausdrückliche Abtretung notwendig, BGH WuM 1965, 649. Auch einmalige oder wiederkehrende Leistungen des Eigentümers sind als Inhalt des Wohnungsrechts unzulässig; sie können jedoch Gegenstand einer weiteren dinglichen Belastung sein, etwa einer neben dem Wohnungsrecht begründeten Reallast, dazu OLG Frankfurt/M. Rpfleger 1972, 20, zum Ganzen MüKo/Joost § 1093 BGB Rn. 7 und 8. **Mietpreisrecht** ist dabei nicht maßgeblich, dazu BGH WM 1965, 649 und BGH NJW 1969, 1850. 109

2. Gegenstand der Belastung; Entstehung des dinglichen Wohnrechts

Belastungsgegenstand ist das (gesamte) Grundstück; dingliche Wohnrechte können aber auch 110
- an realen **Grundstücksteilen**, vgl. allerdings § 7 GBO (dazu auch BGH LM Nr. 30 zu § 1093 BGB),
- am **Wohnungseigentum**, dazu § 6 WEG,

- und an grundstücksgleichen Rechten bestellt werden, vor allem also an einem **Erbbaurecht**,
- nicht dagegen an einer **Dienstbarkeit** (dazu LG Bremen Rpfleger 1982, 372),
- oder einem Miteigentumsanteil (BGHZ 36, 187).

Gesamtbelastung mehrerer Grundstücke (eines oder verschiedener Eigentümer) ist statthaft, wenn einheitliche Nutzung beabsichtigt ist (BayObLG NJW-RR 1990, 208; a.A. LG Dortmund Rpfleger 1963, 197; Nachw. bei Palandt/Bassenge § 1093 BGB Rn. 6). Dabei muss das Grundstück noch nicht bebaut sein (OLG Hamm DNotZ 1976, 229); seine Bebaubarkeit muss aber möglich bleiben.

111 Der Ausschluss des Eigentümers und dem für den Wohnberechtigten begründeten Befugnis ist »unabdingbarer Wesensbestandteil des Wohnrechts« nach § 1093 BGB; sonst liegt nur eine persönliche Dienstbarkeit vor (OLG Koblenz NZM 2001, 1095, vgl. auch schon Rdn. 2 und Palandt/Bassenge § 1093 BGB Rn. 3 und 4; MieWo/Finger § 1093 BGB Rn. 15 f. und OLG Frankfurt MittBayNot 2007, 402). Wesentlich ist, dass im Ausübungsbereich des Wohnungsrechts der Eigentümer "als solcher" nicht neben dem sonst Berechtigten Nutzungsbefugnisse hat, dazu BayObLGZ 1991, 431, wobei andererseits seine Mitbenutzungsrechte unschädlich sind, wenn sie sich auf unbebaute Grundstücksteile beschränken, OLG Frankfurt OLGZ 1983, 31, weitere Nebenräume erfassen, OLG Saarbrücken FGPrax 1995, 222, oder Gebäude, die nicht zu Wohnzwecken geeignet oder bestimmt sind, LG Osnabrück Rpfleger 1972, 308; a.A. insoweit LG Stade Rpfleger 1972, 96.

112 Wohnrechte nach § 1093 BGB werden durch (**dingliche**) **Einigung** zwischen den Parteien und **Eintragung** im Grundbuch begründet. Die Eintragung muss dabei den Rechtsinhalt festlegen und den Berechtigten benennen (vgl. auch OLG Hamm DNotZ 1962, 402; vgl. auch BayObLG NJW-RR 2005, 1178). Die Verpflichtung des Eigentümers eines Grundstücks, das "zur Erstellung kommende Anwesen als Studentenwohnungen mit Büros und Läden für immer zu benutzen und zu betreiben", kann nicht Inhalt einer beschränkten persönlichen Dienstbarkeit sein, vgl. auch OLG Celle NJW-RR 2005, 102; eine Dienstbarkeit zur Nutzung eines Grundstücks "nach Belieben unter Ausschluss des Eigentümers" ist auch dann inhaltlich unzulässig und kann nicht eingetragen werden, wenn sie sich auf einen Teil des Grundstücks beschränkt, vgl. schon BayObLG MDR 2003, 684). Im Eintragungsvermerk genügt die Angabe »Wohnungsrecht« unter Bezug auf § 874 BGB (weitere Einzelheiten KG OLGZ 1968, 275). Bezieht sich die eingeräumte Befugnis nicht eindeutig auf alle Räumlichkeiten und Nebengebäude, hat eine genaue Abgrenzung zu erfolgen. Jedenfalls darf die endgültige Festlegung nicht dem Eigentümer oder dem Wohnberechtigten überlassen bleiben (BayObLGZ 1964, 1).

3. Berechtigte

113 Wohnberechtigt kann nur eine natürliche oder juristische Person sein. Aber auch für eine **Personenmehrheit** kann ein Wohnrecht nach § 1093 BGB bestellt werden, wenn ihre Befugnisse i.E. inhalts- und ranggleich sind (BGHZ 46, 253). Liegt ein schutzwürdiges Interesse vor, kann auch ein **Eigentümerwohnrecht** begründet werden (dazu LG Frankfurt/M. NJW-RR 1992, 600 und LG Lüneburg Rpfleger 1998, 110), aber nicht für den jeweiligen Eigentümer. Zweck ist dann die – spätere – Weitergabe an andere zu Wohnzwecken. Schließlich ist

- Mitberechtigung nach § 432 BGB möglich,
- auch zur **gesamten Hand**, etwa für Eheleute (BGH NJW 1982, 170) oder für einen Eigentümer und einen Dritten (a.A. KG OLGZ 1985, 65 und LG Lüneburg NJW 1990, 1037) sogar in Gesamthandsgemeinschaft, wiederum für den Eigentümer und eine dritte Person, LG Lüneburg NJW-RR 1990, 1037,

- für mehrere Miteigentümer als gemeinschaftliches Wohnungsrecht, LG Frankfurt NJW-RR 1992, 600,
- als Wohnungsrecht für einen Miteigentümer allein unter Ausschluss des/der anderen, LG Wuppertal RhNK 1989, 172 oder
- in Rechtsgemeinschaft mit einem Dritten, BayObLGZ 1991, 431,
- aber wegen der Unteilbarkeit der Befugnisse nicht zu **Bruchteilen** (OLG Köln DNotZ 1965, 686),
- zur Rechtlage bei Ehegatten in **Gütergemeinschaft** vgl. OLG Köln DNotZ 1967, 501 und BayObLGZ 1967, 480; MieWo/Finger § 1093 BGB Rn. 17a.

Grundgeschäft kann auch eine **Schenkung** sein. Allerdings stellt die unentgeltliche Gebrauchsüberlassung einer Wohnung durch die nießbrauchsberechtigte Mutter keine solche Zuwendung dar, die dann widerrufen werden könnte, OLG Hamm FamRZ 1996, 1280 (§§ 528, 529 BGB für den Träger der Sozialhilfe), zu Einzelheiten auch Hamann FamRZ 1996, 528 und OLG Oldenburg FamRZ 1996, 1281; vgl. auch OLG Koblenz WuM 2004, 103 – kann der Berechtigte das Wohnrecht nicht mehr ausüben, kann ihn die Verpflichtung treffen, die Räumlichkeiten an Dritte zu vermieten. Die Rumpfumwandlung eines bei der Grundstücksübertragung eingeräumten unentgeltlichen Wohnrechts in einen Mietvertrag zwischen dem Übertragenden und dem neuen Eigentümer des Grundstücks stellt jedenfalls keinen **Gestaltungsmissbrauch** i.S.v. § 42 AO 1977 dar. Auch der Fortbestand dieses Wohnrechts hindert die Wirksamkeit des Mietvertrages nicht, BFH NJW 2004, 2116 und BFH NJW 2000, 383. Überträgt der (spätere) Erblasser ein Grundstück und verletzt dabei Erb-/Pflichtteilsaussichten eines Berechtigten, wobei er sich selbst ein beschränktes dingliches Wohnrecht vorbehält, läuft die Frist aus **§ 2325 Abs. 3 BGB** wie sonst, wenn sich seine Befugnisse nur auf eine von mehreren Wohnungen beziehen und sie an Dritte nicht übertragen werden dürfen, OLG Oldenburg ZEV 2006, 80. Mit Einverständnis des Mieters der in Wohnungseigentum umgewandelten Wohnung kann die Wohnungsgesellschaft den Kaufvertrag mit einem Dritten vereinbaren, dass dieser als Erwerber der Wohnung zugunsten des Mieters ein lebenslanges dingliches Wohnrecht im Grundbuch eintragen lässt, AG Rostock WuM 1994, 665, zu weiteren Einzelheiten OLG Bamberg NJW-RR 1994, 1359. Im Übrigen kann das dingliche Wohnrecht auch durch letztwillige Verfügung bestellt werden, wenn sich der ernsthafte Wille des Erblassers zur Grundstücksbelastung klar und eindeutig nachweisen lässt, dazu LG Gießen, WuM 1996, 478.

Werden dem Wohnberechtigten die Räume vorenthalten, die ihm zugeteilt sind, oder **114** wird er sonst an der Ausübung seiner Befugnisse gehindert, hat er Ansprüche gegen den Eigentümer oder jeden weiteren Störer, **§ 1004 BGB** (OLG Hamburg WuM 2004, 492). Zieht der Wohnberechtigte gesundheitsbedingt in ein Heim, erwirbt er so allein noch nicht die Befugnis, die Wohnung, für die er nach § 1093 BGB ein Wohnrecht hat, für sich und auf seine Rechnung zu vermieten (OLG Celle NJW-RR 2004, 1595). Ist dem Ehemann und Vater durch Entscheidung des FamG, etwa nach den Regeln des **GewaltschutzG**, untersagt, sein dingliches Wohnrecht an der **Familienwohnung** auszuüben, ist diese Maßnahme auch in einem späteren Zivilrechtsstreit zu beachten (OLG Frankfurt/M. NJW-RR 1992, 649).

4. Entgeltabreden; Wertsicherung

Bei der Begründung können die Parteien **Entgeltabreden** treffen, die mietrechtsähnlich **115** wirken (vgl. BGH WuM 1966, 1088), ohne am dinglichen Inhalt des Rechts teilzunehmen (BayObLG NJW-RR 1989, 14). Im Übrigen kann der Eigentümer zusätzliche Verpflichtungen (schuldrechtlich) für sich begründen, für die eine besondere Reallast bestellt werden kann (Heizung; Lieferung von Elektrizität; Wasser vgl. OLG Frankfurt/M. Rpfleger 1973, 20). Andererseits kann die zwischen den Parteien abgesprochene **Unentgeltlichkeit** der Rechtsausübung nicht als ihr Bestandteil im Grundbuch eingetragen werden (BGH WuM 1965, 659 und OLG Frankfurt/M. NJW-RR 1997, 345). Vielmehr ist sie lediglich schuldrechtlich vereinbart, etwa wenn die Parteien den Berechtigten insoweit »mietfrei wohnen lassen« wollen und dabei die sonst übliche örtliche Miete die Bewirtschaftungskosten einschließt (AG Berlin-Schöneberg WuM 2002, 618).

116 Nach § 1041 BGB hat der Wohnberechtigte die gewöhnlichen **Unterhaltslasten** zu tragen. Im Übrigen ist der Eigentümer zu **schonender Behandlung** verpflichtet (§§ 1090 Abs. 2, 1020 S. 1 BGB). **Wohnnebenkosten** muss der Wohnberechtigte tragen, zu Ausnahmen bei »mietfreiem Wohnen« AG Berlin-Schöneberg WuM 2002, 618; sonst LG Duisburg WuM 1988, 167 und LG Hamburg MDR 1963, 218, also für Müll, Wasser etc. Der Eigentümer muss das Gebäude nicht unterhalten, denn eine Dienstbarkeit schafft keine Pflichten zu eigenen Aktivitäten, aber zur Instandhaltung im üblichen Rahmen ist er verpflichtet (dazu BGH LM Nr. 8 zu § 1093 BGB), wobei er die Sache umgestalten darf, wenn dies den Wohnberechtigten nicht unzumutbar beeinträchtigt (KG NJW-RR 2000, 607; vgl. auch OLG Frankfurt/M. NJW 2005, 894 bei gemeinsamer Nutzungsbefugnis des Eigentümers und Wohnberechtigten). Dabei können die Parteien abweichende, nur sie erfassende Vereinbarungen treffen (dazu Palandt/Bassenge § 1093 BGB Rn. 11 m. Nachw.; OLG Schleswig NJW-RR 1994, 1359), selbst zum **Wiederaufbau** des Gebäudes, für die dann eine Sicherung durch Reallast statthaft und vormerkungsfähig ist (Palandt/Bassenge § 1093 BGB Rn. 19), zur Zerstörung des Gebäudes und zu den Auswirkungen auf den Bestand des Wohnrechts vgl. Rdn. 121.

117 **Wertsicherung** erfolgt wie sonst (dazu MieWo/Finger § 1093 BGB Rn. 19 a.E.).

5. Übertragung; Belastung des dinglichen Wohnrechts – Erlöschen

118 Die **Übertragung** des dinglichen Wohnrechts ist ausgeschlossen (§ 1092 Abs. 1 S. 1 BGB). Seine Ausübung kann einem anderen nur überlassen werden, wenn sie ausdrücklich gestattet ist (S. 2). Ausnahmen sind anerkannt, nämlich
- bei Ausgabe an eine juristische Person, die selbst nicht »wohnen« kann, denn dann ist die Weitergabe an andere zwangsläufig, bzw.
- an eine rechtsfähige Personengesellschaft.

119 **Überleitung** der Befugnisse aus dem Wohnrecht nach § 90 BSHG ist nicht zulässig (OLG Braunschweig FGPrax 1995, 224), anders aber für den Geldanspruch nach Umwandlung, einschließlich eines etwaigen Anspruchs auf Gestattung der Vermietung, dazu Brückner, NJW 2008, 1111.

120 Sind die Räumlichkeiten an Dritte vermietet, gilt § 567 BGB, unabhängig von einer Gestattung nach § 1092 Abs. 1 S. 2 BGB, dazu BGHZ 59, 51.

121 **Erlöschen** des Wohnrechts tritt ein
- mit einverständlicher Aufhebung des Vertrages zwischen den Parteien,
- nach allg. gesetzlichen Vorschriften, etwa § 158 Abs. 2 BGB,
- bei unter den Beteiligten abgesprochenem festen **Endtermin**,
- schließlich bei **Untergang** des Gebäudes oder so starker Beschädigung der Wohnräume, dass eine zweckentsprechende Rechtsausübung nicht mehr möglich ist (BGH LM Nr. 6 zu § 1093 BGB; MüKo/Joost § 1093 BGB Rn. 17). Anders sind die Dinge nur zu handhaben, wenn eine Pflicht zum Wiederaufbau besteht, dazu schon Rdn. 116 a.E. Bei **Tod** des Berechtigten greift § 1061 BGB ein (Unvererblichkeit), vgl. § 1090

Abs. 2 BGB; zur Auflösung einer juristischen Person vgl. Palandt/Bassenge § 1090 BGB Rn. 8 – die Befristung des Rechts auf ihren Bestand ist nicht zwingend (dazu auch BayObLGZ 2000, 146). Allerdings können die Beteiligten festlegen, dass

- beim Tode einer Person (A)
- eine andere Person (B) einen Anspruch auf Einräumung des dinglichen Wohnrechts haben soll, der auch durch **Vormerkung** gesichert werden kann (Palandt/Bassenge § 1093 BGB Rn. 2 m. Nachw.).

6. § 1093 Abs. 2 BGB; insbesondere: Aufnahme eines Lebensgefährten

Nach **§ 1093 Abs. 2 BGB** kann der Wohnberechtigte »seine Familie und die zur standes- **122**
mäßigen Bedienung und zur Pflege erforderliche Person« in die Wohnung aufnehmen. **Unterhaltspflichtigkeit** ihnen gegenüber ist dabei nicht Voraussetzung. **Lebenspartner** sind einbezogen. Dabei liegt keine (unzulässige) selbständige Überlassung vor, sondern nur **Mitbenutzung** (vgl. OLG Oldenburg NJW-RR 1994, 464). Sonst ist ausdrückliche Gestattung durch den Eigentümer notwendig; sie liegt in der Regel vor, wenn eine juristische Person als Berechtigter bestellt ist. Fehlt sie, kann der Eigentümer Unterlassung und Auszug der fremden Person verlangen, aber keinen Mietzins oder eine Erhöhung des Entgelts fordern (OLG Oldenburg NJW-RR 1994, 467). Vorübergehender **Besuch** ist zulässig. Auch die dauerhafte Aufnahme eines **Lebensgefährten** kann der Eigentümer nicht untersagen, wenn gegen dessen Person nicht begründete Einwände bestehen (BGHZ 1984, 36). Wie bei der Miete kann er zur Gestattung verpflichtet sein. Dann können auch erhöhte Umlagen gefordert werden (ausf. MieWo/Finger § 1093 BGB Rn. 30).

7. § 1093 Abs. 3 BGB

Ist das Wohnrecht auf einen Teil des Gebäudes beschränkt, kann der Berechtigte »die **123**
zum gemeinschaftlichen Gebrauch der Bewohner bestimmten Anlagen und Einrichtungen« mitbenutzen (§ 1093 Abs. 3 BGB), also etwa

- eine Sammelheizung (BGHZ 52, 234),
- den Keller (LG Verden NdsRpflege 1965, 84),
- Treppenhaus, Hof, Waschküche, Trockenboden (OLG Schleswig SchlHA 1966, 67),
- Ver- und Entsorgungsanlagen, BayObLG Rpfleger 1992, 57,
- nicht aber den **Garten**, dazu OLG Zweibrücken Rpfleger 1998, 282 und LG Freiburg WuM 2002, 151 und andere, für den Zugang zu seinen Räumlichkeiten nicht notwendige Einrichtungen, etwa Parkflächen, dazu LG Elwangen Rpfleger 1965, 12 und
- **Garagen** und sonstige Abstellflächen nur, wenn sie die Fahrzeuge aller Bewohner aufnehmen können/sollen (Palandt/Bassenge § 1093 BGB Rn. 13).
- Sie können dann in der Wohnung bleiben, selbst wenn der Berechtigte in der Zwischenzeit in ein Pflege-/Altenheim umziehen musste, OLG Schleswig, ZMR 2007, 369. Seine Befugnisse erfassen dabei auch umgestaltete oder erneuerte Flächen/Einrichtungen (BayObLG NJW-RR 1997, 651). Sie begründen aber keinen Anspruch auf »unentgeltliche Gewährung« (Palandt/Bassenge § 1093 BGB Rn. 13 a.E.), zu Ausnahmen oben Rdn. 121, so dass der Berechtigte dann auch den Bedienungskostenanteil zu tragen hat (a.A. LG Hamburg MDR 1963, 218). Zur Instandhaltung auf eigene Kosten ist der Eigentümer auch im Rahmen von § 1093 Abs. 3 BGB verpflichtet (BGH LM Nr. 5 und Nr. 8 zu § 1093 BGB).

III. Nießbrauch

1. Rechtliche Struktur; tatsächliche Bedeutung

124 Der **Nießbrauch** begründet für den Berechtigten die dingliche Befugnis, den belasteten Gegenstand umfassend nutzen zu dürfen, ohne ihn allerdings durch eigene Verfügung in seiner Substanz antasten oder verändern zu können. Damit werden Ähnlichkeiten zu einer **beschränkten persönlichen** Dienstbarkeit sichtbar, so kann der Nießbrauch nicht für den **jeweiligen Eigentümer** eines (fremden) Grundstücks bestellt werden. Die Übertragung der einzelnen Befugnisse auf andere ist nicht zulässig, § 1060 BGB, wobei Ausnahmen in §§ 1059a ff. BGB zugelassen sind, insbesondere bei einer juristischen Person oder rechtsfähigen Personengesellschaft, die als Nießbraucher eingesetzt ist. Danach erlischt der Nießbrauch mit dem **Tod** des Berechtigten. Ohnehin ist die tatsächliche **Ausübung** der so eingeräumten Befugnisse durch einen anderen nach Absprache mit dem Nießbraucher statthaft (vgl. dazu § 1059 S. 2 BGB). Zwischen den Beteiligten sind vielfältige Vereinbarungen üblich, um die Nutzungsverhältnisse im Einzelnen zu regeln. Als **dingliches Recht** spaltet der Nießbrauch Teilbefugnisse aus dem Eigentum ab und ordnet sie gesondert zu. Damit wird eine selbstständige, dem Zugriff des Eigentümers entzogene Rechtsposition begründet, die nicht nur relative, schuldrechtliche Nutzungsansprüche gegen ihn entstehen lässt, sondern dingliche Berechtigungen schafft. Trifft der Nießbrauch mit einem anderen Nießbrauch oder mit einem sonstigen Nutzungsrecht an der Sache so zusammen, dass die Rechte nebeneinander nicht oder nicht vollständig ausgeübt werden können, und haben sie gleichen Rang, findet § 1024 BGB Anwendung (§ 1060 BGB). Der Nießbrauch an einer beweglichen Sache erlischt, wenn er sich mit dem Eigentum vereinigt (§ 1063 Abs. 1 BGB). Doch gilt das nicht, wenn der Eigentümer ein rechtliches Interesse am Fortbestehen der ausgelagerten Befugnisse hat, § 1063 Abs. 2 BGB. Bei Beeinträchtigungen der Nutzungsbefugnisse des Nießbrauchers finden »die für die Ansprüche aus dem Eigentum geltenden Vorschriften« entsprechende Anwendung (§ 1065 BGB).

125 Gegenstand der Belastung durch Nießbrauch können **Sachen** aller Art sein, also auch Tiere, dazu Palandt/Bassenge § 1030 BGB Rn. 1, aber auch reale Sachteile, die unwesentliche Bestandteile einer anderen Sache und daher sonderrechtsfähig sind. **Wesentliche Bestandteile** – etwa **Gebäudeteile** – sind für sich dagegen nicht nießbrauchsfähig (BayObLGZ 1979, 36 und BGH NJW 2006, 1881). Für **Miteigentumsanteile** gilt § 1066 BGB. Sachgesamtheiten sind nur durch selbstständige Einzelrechte belastbar, vgl. dazu § 1085 BGB. Beim **Wohnungseigentum** erstrecken sich die Rechte des Nießbrauchers »auf das zu ihm (Miteigentumsanteil) gehörende Sondereigentum« (§ 6 Abs. 2 WEG), zur **Anfechtungsbefugnis** des Nießbrauchers bei Beschlüssen der **Wohnungseigentümer** (OLG Düsseldorf NJW 2005, 380). Dabei kann auch der Alleineigentümer einen Bruchteil seines Eigentums durch Nießbrauch belasten, **Quotennießbrauch**, dazu BGH NJW-RR 2003, 1290. Für die Nutzungs- und Verwaltungsgemeinschaft mit dem Nießbraucher gelten dann **§§ 741 ff. BGB.**

126 Statthaft ist auch die Bestellung eines Nießbrauchs an einer **Gesamtheit** von Sachen wie »Vermögen« oder »Erbschaft« (vgl. Rdn. 148) bzw. an Rechten oder Forderungen (Rdn. 149).

127 Mit dem Nießbrauch werden »grundsätzlich« alle Nutzungsbefugnisse am belasteten Gegenstand erfasst und dem Nießbraucher zugewiesen. Doch können einzelne Nutzungen ausgenommen sein (vgl. § 1030 BGB), etwa die **Vermietung** (dazu LG Aachen Rpfleger 1986, 468) oder der Gebrauch der Sache (dazu BGH LM Nr. 1 zu § 2203 BGB), *wobei die jeweiligen Bedingungen* im Einzelnen zwischen den Beteiligten bei der Begründung oder später festgelegt werden können, aber – bei Grundstücken – dinglich

nur bei Eintragung im Grundbuch wirken. Stets muss ein »umfassendes Nutzungsrecht« bleiben, das dem Nießbraucher zusteht, sodass ein »Nießbrauch« für eine oder einzelne Nutzungsarten bzw. an einigen Bestandteilen, an anderen aber nicht (dazu BayObLGZ 1979, 361 und LG Aachen RhNotZ 2001, 567), nicht wirksam begründet werden kann (BayObLG Rpfleger 1961, 429). Einbezogen sind stets die wesentlichen Bestandteile der Sache, wobei die Parteien für unwesentliche Bestandteile abweichende schuldrechtliche Vereinbarungen treffen können (vgl. schon Rdn. 124). Nachträglich eingebaute (wesentliche) Bestandteile dieser Art werden ohne eigenen Übertragungs- oder Zuschreibungsakt vom Nießbrauch erfasst (BGH LM Nr. 10 zu § 1030 BGB für ein nach Zerstörung wieder aufgebautes Gebäude). Für Grundstücke, die nach § 890 Abs. 2 BGB **zugeschrieben** sind, gilt § 1132 BGB, für **Zubehör** § 1031 BGB (MieWo/Finger § 1030 BGB Rn. 4). Auf **schuldrechtliche Ansprüche** gegen Dritte etwa bei **Beschädigung** oder **Zerstörung** der Sache erstreckt sich der Nießbrauch nicht; sie bleiben dem Eigentümer vorbehalten. Allerdings können die Beteiligten insoweit eine Verpflichtung zur **Neubegründung** und damit ihren Einbezug jedenfalls im Ergebnis festlegen. Für **Versicherungsleistungen** gilt § 1046 BGB. Bei **Enteignung** können landesrechtliche Sondervorschriften eingreifen (vgl. auch Art. 52, 53 und 109 EGBGB).

Über den belasteten Gegenstand darf der Nießbraucher nicht verfügen. Ausnahmen sind lediglich für landwirtschaftliche Grundstücke in § 1048 BGB und in §§ 1074, 1077 und 1087 Abs. 2 BGB vorgesehen. Bei **verbrauchbaren Sachen** greift § 1057 BGB ein. Selbst durch Absprache im Bestellungsvertrag können die Parteien die Handlungsmöglichkeiten des Nießbrauchers nicht erweitern, kein **Dispositionsnießbrauch** (dazu – etwa – BGH NJW 1982, 31). **Vollmachterteilung** und einfache Ermächtigung für ihn sind dagegen möglich, können aber – bei Grundstücken – nicht im Grundbuch eingetragen werden (Palandt/Bassenge § 1030 BGB Rn. 9), so dass sie nur schuldrechtlich wirken. **128**

Da dem Nießbraucher – weitgehend – die Nutzung an der Sache zugute kommt, muss er – ebenfalls weitgehend – die **Kosten** tragen (vgl. §§ 1041 ff. BGB). **129**

Mit der Bestellung eines Nießbrauchs können die Parteien unterschiedliche Zwecke verfolgen. Verbreitet sind **130**

- die **Weitergabe** eines Grundstücks noch zu Lebzeiten des Erblassers an die Kinder, um deren Ansprüche zu »garantieren«, aber eigene Bedürfnisse zu sichern (Einkünfte erhalten weiterhin die Eltern),
- wobei, **Vorbehaltsnießbrauch**, auch festgelegt werden kann, dass durch Erbgang zugeflossenes Vermögen einem anderen vorbehalten wird, **Vermächtnisnießbrauch**, etwa dem Ehegatten des Erblassers oder einer anderen, ihm nahe stehenden Person (zum Nießbrauch und Pflichtteilsergänzung Reiss ZEV 1998, 241, zum Verzicht auf den vorbehaltenen Nießbrauch für die Berechnung von Pflichtteilsergänzungsansprüchen nach § 2325 BGB Blum/Melwitz ZEV 2010, 77); zum Vorbehaltsnießbrauch beim Kommanditanteil vgl. Hochheim/Wagenmann ZEV 2010, 109.
- Manchmal ist die **Einkommensverlagerung** auf den Nießbraucher auch aus steuerlichen Gründen gewünscht, bei dem die Nutzungen zu Buche schlagen, so dass der Eigentümer entlastet wird, zur **Schenkungssteuer** bei vorzeitigem Verzicht des Nießbrauchers auf seine Befugnisse BFH ZEV 2004, 211; zur Steuerpflichtigkeit mittelbarer Grundstücksschenkungen, etwa § 7 ErbStG, BFH NJW 2005, 927; Plewka/Klümpen-Neusel NJW 2005, 1840, 1842 f.; zur Bewertung eines Grundstücksnießbrauchs nach § 12 Abs. 5 ErbStG FG Münster BeckRS 2009, 26028250, zum Billigkeitserlass bei Tod des Nießbrauchsberechtigten FG Hessen, BeckRS 2009, 26028293.
- Durch Nießbrauchsbestellung kann schließlich der Wohnbedarf eines Ehegatten im Scheidungsverfahren »sichergestellt« werden, ohne dass eine Übertragung des Eigentums (etwa: **Spekulationssteuer**) notwendig wird; bei seinem Tod erlöschen dann die

so zusammengefassten Befugnisse, so dass der andere Ehegatte als Eigentümer wiederum unbeschränkt seine Rechte ausüben kann, ohne dass weitere Maßnahmen notwendig wären. Die Übertragung einer wesentlichen Beteiligung oder eines Grundstücks unter Vorbehalt eines Nießbrauchsrechts im Wege der vorweggenommenen Erbfolge ist als unentgeltliche Vermögensübertragung keine Veräußerung nach § 17 Abs. 1 EStG; ein solches Geschäft liegt auch dann nicht vor, wenn das Nießbrauchsrecht später abgelöst wird und der Nießbraucher für seinen Verzicht eine **Abstandszahlung** erhält, sofern der Verzicht auf eine neue Entwicklung der Verhältnisse beruht, Ablehnung des sog. Surrogationsprinzips, dazu BFH NJW-RR 2005, 1702; zum nachträglichen Verzicht des Schenkers auf den vorbehaltenen Nießbrauch bei der Berechnung des Pflichtteilsergänzungsanspruchs nach § 2325 BGB Blum/Melwitz ZEV 2010, 77 und unten Rdn. 145; zu den schenkungssteuerrechtlichen Folgen Götz ZEV 2009, 609 (Nießbrauch/Erbrecht-Pflichtteilsergänzung).

2. Rechtsbeziehungen zwischen Nießbraucher und Eigentümer; schuldrechtliches Grundgeschäft – weitere schuldrechtliche Abreden

131 Mit der Begründung des Nießbrauchs entsteht zwischen dem Nießbraucher und dem Eigentümer der belasteten Sache ein **gesetzliches Schuldverhältnis** mit dem in §§ 1030 f. BGB bezeichneten Inhalt. Besteller muss dabei nicht der Eigentümer selbst sein, denn Vollmacht/Ermächtigung oder Rechtserwerb durch den Berechtigten kraft guten Glaubens reichen aus. Ergänzungen durch weitere Verabredungen oder Absprachen unter den Parteien sind zulässig. Sind sie – bei Grundstücken – im Grundbuch eingetragen, wirken sie dinglich. Voraussetzung ist allerdings stets, dass durch sie der Nießbrauch nicht in seiner gesetzlichen Ausprägung verändert wird, also die »begriffswesentlichen Grenzen zwischen Eigentum und Belastung durch Nießbrauch und damit der Grundsatz der Erhaltung der Substanz der nießbrauchbelasteten Sache« beachtet bleiben (MieWo/Finger § 1030 BGB Rn. 12 m. Nachw). Unzulässig ist die Begründung von **Leistungspflichten** für den Eigentümer (BayObLGZ 1985, 6), aber schuldrechtlich können die Parteien entspr. Verpflichtungen festlegen, also Ausschluss der Rechtswirkungen aus §§ 1036, 1037 Abs. 1 BGB (dazu KG OLGZ 1992, 1, von § 1039 Abs. 1 S. 2 BGB) oder Verknüpfung mit dem Bestand eines **Mietvertrages** (BayObLGZ 1979, 273). Dem Nießbraucher können auch keine eigenen Verfügungsbefugnisse mit dinglicher Wirkung eingeräumt werden, Dispositionsmissbrauch, dazu schon Rdn. 126. Schuldrechtlich bleiben entspr. Abreden dagegen wirksam, jedenfalls richtet sich der Rechtsinhalt des Nießbrauchs nach den gesetzlichen Bestimmungen, nicht nach einem daneben bestehenden schuldrechtlichen Nutzungsvertrag, BayOblGZ 1979, 273.

132 Berechtigt durch Nießbrauch kann nur eine natürliche oder juristische Person sein. Deshalb ist die Bestellung in »subjektiv-dinglicher« Form nicht zulässig, also für den jeweiligen Eigentümer eines anderen Grundstücks. Nießbraucher können auch **Personenmehrheiten** sein, etwa

- in Bruchteilsgemeinschaft dazu OLG Frankfurt/M. Rpfleger 1994, 204,
- Berechtigte aus § 428 BGB (BGH NJW 1981, 176),
- Gesamthandsgemeinschaften, vor allem Eheleute,
- bei Grundstücken schließlich der Eigentümer selbst, **Eigentümernießbrauch** (dazu OLG Köln NJW-RR 1999, 2399), sogar ohne eigenes Interesse, insbesondere an der Fortführung der Befugnisse, da dies so zu vermuten ist (Harder DNotZ 1970, 357; zu abweichenden Auffassungen Nachw. bei Palandt/Bassenge § 1030 BGB Rn. 3),
- während für den Nießbrauch an beweglichen Sachen § 1063 BGB eingreift.
- Der Nießbrauch kann auf einzelne Befugnisse beschränkt werden, vgl. § 1030 Abs. 2 BGB. Der Nießbraucher kann sonst die Sache vermieten und verpachten; verändert

der Eigentümer die vermietete Sache unter Nießbrauchsvorbehalt für sich, bleibt er Vermieter, BGH NJW 2006, 51. Der Nießbraucher erwirbt aus eigenem Recht die unmittelbaren Früchte nach §§ 954 ff. BGB und die mittelbaren durch Einziehung; er wird Gläubiger der Miet-/Pachtforderung, bei einer Vermietung/Verpachtung noch durch den Eigentümer mit der Nießbrauchsbestellung selbst, LG Verden NJW-RR 2009, 1095. Gleichwohl sind wegen § 1124 BGB die Pfändung der dem Eigentümer nicht mehr zustehenden Forderung durch den Nießbraucher, dazu RGZ 86, 135, und die Abtretung durch den Eigentümer an ihm möglich, dazu Palandt/Bassenge § 1030 BGB Rn. 4.

3. Entstehung des Nießbrauchs; Schutz des Nießbrauchers

Der Nießbrauch entsteht durch rechtsgeschäftliche, **dingliche** Bestellung, die vom **133** schuldrechtlichen Grundgeschäft bestandsunabhängig bleibt. Bei Begründungsmängeln erfolgt die übliche Rückabwicklung etwa nach **Bereicherungsrecht**. Für bewegliche Sachen ist **Einigung** und **Übergabe** bzw. Übergabeersatz (vgl. § 1032 BGB) notwendig, bei Grundstücken **Einigung** und **Eintragung** im Grundbuch, bei anderen Gegenständen schließlich die für sie vorgesehene Begründungsform (vgl. § 1069 BGB und § 1085 BGB). Bei einem Nießbrauch an einem **Vermögen** oder an einer **Erbschaft** muss die Bestellung sämtliche Vermögens- oder Nachlassteile nach den für sie jeweils maßgeblichen Regeln erfassen, weitere Einzelheiten Rdn. 145 f. **Ersitzung** ist möglich (§ 1033 BGB). Kraft Gesetzes kann der Nießbrauch etwa nach §§ 33 BBauG bzw. 68 FlurBG entstehen. **Befristungen** und **Bedingungen** sind statthaft, etwa in der Form, dass zunächst für einen Berechtigten ein auflösend, für den Nachfolger ein aufschiebend bedingter Nießbrauch begründet wird (zu behördlichen Genehmigungen dabei vgl. §§ 51 Abs. 1 Nr. 1 und 144 Abs. 2 Nr. 2 BBauG als Beispiel). Grundgeschäft können allg. schuldrechtliche Abreden, aber auch eine Verfügung von Todes wegen, Sicherungsvereinbarungen – um dem Erwerber/Empfänger die Nutzungen/Erträgnisse des belasteten Gegenstandes zu sichern – bzw. die Erklärung des Eigentümers sein, sein Vertragspartner solle »die Einnahmen (eines) Grundstücks erhalten und eine eigentümerähnliche Stellung einnehmen« (BGH WarnRspr 1969, 153). Dagegen ist die Bestellung eines Sicherungsnießbrauchs nicht zulässig, dazu Palandt/Bassenge § 1030 BGB Rn. 7. Bei Abtretung der gesicherten Forderung kann der Eigentümer die Aufgabe des Nießbrauchs verlangen, wenn der Nießbraucher Nutzungen nicht weiter zur Tilgung verwendet oder dem neuen Gläubiger nicht die Nießbrauchsausübung überlässt, dazu Palandt/Bassenge § 1030 BGB Rn 7 a.E.

Die **unentgeltliche** Bestellung eines Nießbrauchs für einen Minderjährigen begründet **134** wegen des Erhaltungsaufwandes, den dieser als Erwerber zu tragen hätte, nicht nur rechtliche Vorteile, **§ 107 BGB** (OLG Saarbrücken DNotZ 1980, 113; a.A. LG Ulm DNotZ 1976, 170 und AG Stuttgart DNotZ 1977, 91; inzwischen auch BGH JZ 2006, 147), gerade dann, wenn das Grundstück mit einer Grundschuld belastet ist und der Nießbraucher »auch die Kosten außergewöhnlicher Ausbesserungen und Erneuerungen sowie die außergewöhnlichen Grundstücksbelastungen zu tragen hat«. Deshalb ist § 107 BGB auch erfüllt, wenn der Eigentümer zusätzlich schuldrechtlich Kostenübernahme zugesagt hat, anders noch für die **Schenkung** unter Nießbrauchsvorbehalt MieWo/Finger § 1030 BGB Rn. 16 und BGH DB 1980, 2234.

Wird der Nießbraucher in seiner Berechtigung **gestört** oder erleidet er für sie **Schäden,** **135** hat er Ansprüche »wie« der Eigentümer (§§ 1004, 823 ff., 985, 987 BGB), wobei sich seine Forderungen auch gegen diesen selbst richten können und die vertraglichen Ansprüche aus dem gesetzlichen Schuldverhältnis und aus den Grundabreden ergänzen. §§ 987 ff. BGB gelten allerdings nicht, weil §§ 1030 ff. BGB vorrangig sind und Einzelheiten (schon) festlegen. Verzichts- und Abtretungserklärungen des am Grundstück nießbrauchsberechtigten Vermieters bezieht ihn noch nicht in den Mietvertrag ein; der Nießbraucher verliert diese Stellung (als Vermieter) erst mit der Löschung seiner Befugnisse im Grundbuch, AG Aschersleben WuM 2001, 334. Hat der Mieter nach dem Tode seines Vermieters keine Gewissheit, wer Gläubiger der Verpflichtungen aus dem Vertrag geworden ist, und zahlt deshalb nicht, hat er diese Umstände nicht zu vertreten, BGH NJW 2006, 51.

4. Beendigung und Erlöschen

136 Der Nießbrauch **erlischt** (§ 1061 BGB), mit dem **Tode** des Berechtigten (zur erbrechtsähnlichen Ausgestaltung mit Bedingungen vgl. allerdings Rdn. 132) oder bei **Auflösung** einer juristischer Person oder rechtsfähigen Personengesellschaft, für die er begründet war. Ist ein Grundstücksnießbrauch auf »Lebenszeit« eingetragen, kann gleichzeitig der Vermerk aufgenommen werden (§ 23 GBO), dass zur **Löschung** der Nachweis des Todes des Nießbrauchers genügen soll. Dann ist keine gesonderte Bewilligung mehr notwendig (BGH DNotZ 1976, 490). Andere Gründe können sein

- Eintritt einer auflösenden,
- Ausfall einer aufschiebenden Bedingung,
- gutgläubig lastenfreier Erwerb durch einen Dritten,
- Enteignung bzw.
- Zuschlag in der Zwangsvollstreckung (§§ 91 und 121 ZVG), dazu Rdn. 139,
- schließlich **Zeitablauf.**

137 Für die **Neubestellung** ist die auch sonst übliche Form erforderlich. Bei **Vereinigung** von Eigentum und Nießbrauch in einer Hand, **Konsolidation**, bleibt der Nießbrauch bestehen, wenn der Eigentümer daran ein besonderes Interesse hat (§ 1063 BGB für bewegliche Sachen), eine Regelung, die gerade für Grundstücke aber weiter eingeschränkt ist (zum Eigentümernießbrauch Rdn. 9). Wird die Sache zerstört, geht auch der Nießbrauch unter. Doch kann er nun die **Versicherungssumme** erfassen und auf ihr lasten (§ 1066 BGB). Wird das Grundstück später erneut bebaut, erstreckt sich der Nießbrauch auf das Gebäude, selbst wenn der Eigentümer die Mittel für den Bau selbst aufgebracht hat (BGH LM Nr. 10 zu § 1090 BGB).

138 Verzichtet der Nießbraucher auf seine Rechte, fallen Nutzungen künftig wieder dem Eigentümer zu. Gläubiger, denen der Nießbraucher zuvor künftige Ansprüche abgetreten hat, können gleichwohl keinen Bereicherungsausgleich vom Eigentümer verlangen (BGHZ 53, 174).

5. Zwangsvollstreckung

a) Gegen den Eigentümer

139 Wird die **Zwangsvollstreckung** gegen den Eigentümer betrieben, kann der Nießbraucher seine Rechte nach **§ 771 ZPO** verteidigen (bzw. §§ 766, 809 ZPO, wenn er im Besitz der Sache ist). **Herausgabeansprüche** nach § 1055 BGB können selbstständig gepfändet werden (§§ 846, 847 ZPO). § 771 ZPO hilft allerdings nicht weiter, wenn vorrangige Grundpfandgläubiger aus ihren Rechten vorgehen.

140 Bei der **Zwangsversteigerung** ist der Nießbrauch in das **geringste Gebot** aufzunehmen und bleibt nach **Zuschlag** erhalten (§§ 44, 52 ZVG), erlischt allerdings bei **Nachrangigkeit** hinter dem betreibenden Gläubiger (zum Anspruch auf Wertersatz aus dem **Versteigerungserlös** vgl. §§ 121, 92 Abs. 2 ZVG). Für die **Zwangsverwaltung** ist bei Nachran-

gigkeit der Nießbrauchsbegründung ein **Duldungstitel** gegen den Nießbraucher notwendig, damit der Zwangsverwalter das Grundstück in Besitz nehmen und verwalten kann (BGH NJW 2003, 2164). Ist der Nießbrauch **vorrangig**, kann die Zwangsvollstreckung zwar weiter betrieben werden. Doch ist sie auf **Erinnerung** des Nießbrauchers darauf zu beschränken, dass der Zwangsverwalter **mittelbarer Besitzer** wird und (nur) die dem Eigentümer zustehenden Befugnisse gegen den Nießbraucher erhält (LG Köln NJW 1957, 1769). Bei **Insolvenz** gilt § 47 InsO.

b) Gegen den Nießbraucher

Bei Zwangsvollstreckung gegen den Nießbraucher ist auch der Nießbrauch einbezogen. 141
Schließlich können die Befugnisse, die sich aus ihm ergeben, einem anderen zur Ausübung überlassen werden, § 857 Abs. 3 ZPO (dazu auch BGHZ 62, 133). Nach **Pfändung** ist daher die einverständliche Aufhebung mit dem Eigentümer dem Gläubiger gegenüber unwirksam (BGHZ 62, 133, 135 ff.). Auch bei Grundstücken werden Pfändungsmaßnahmen nicht im Grundbuch eingetragen, vgl. § 857 Abs. 6 ZPO (BGHZ 62, 133, 140). Die **Verwertung** i.E. richtet sich nach § 857 Abs. 4 ZPO. Meist wird das Vollstreckungsgericht einen Verwalter bestellen, der die Nutzungen zieht und den Erlös an den betreibenden Gläubiger herausgibt, vgl. auch BGH NJW 2007, 149. Lastet der gepfändete Nießbrauch des Schuldners auf einem ideellen hälftigen Anteil des Grundstücks, das sonst im ungeteilten Eigentum seiner Ehefrau steht, kann der Gläubiger über eine von ihm betriebene Leistungsklage eine ordnungsgemäße Nutzung erreichen, soweit dies der Billigkeit entspricht und sich im Rahmen von § 743 Abs. 2 BGB hält, BGH NJW 2007, 149.

c) Pflichten des Vermögensverwalters

Beruft sich ein **Vermögenspfleger** als Vertreter der Begünstigten auf die Wirksamkeit der 142
Abtretung eines Nießbrauchsanteils, muss er Sorge tragen, dass ihnen die Nutzungen aus den ihnen zustehenden Befugnissen tatsächlich zufließen (BGH NJW-RR 2005, 297). Unverzüglich nach Fälligkeit muss er daher Höhe und Verbleib klären und zumindest im bisher schon üblichen Umfang **Hinterlegung** oder anderweitige **Sicherheitsleistung** einfordern, wenn über die Auszahlung (noch) gestritten wird (BGH NJW-RR 2005, 297, 298).

6. Besonderheiten der Nießbrauchsbestellung

a) Im Familienrecht

Ausgleichspflichtiger Zugewinn kann auch entstehen, wenn ein Ehegatte Eigentümer 143
eines Grundstücks ist oder während der Ehezeit im Erbgang oder durch Schenkung meist seiner Eltern oder (ausnahmsweise) der Schwiegereltern seine Rechtstellung erwirbt. Erfasst sind dann auch **Wertsteigerungen** des Grundstücks, doch gekürzt um die allgemeinen Geldwertverluste, wobei die übliche Rechenformel des BGH zugrunde zu legen ist. Besteht ein Nießbrauch, zu den sonstigen Befugnissen Rdn. 144, werden im Verlauf

- die Nutzungsberechtigten älter,
- so dass die weitere, voraussichtliche Nutzungszeit kürzer wird und
- daher der Wert des Grundstücks »steigt«. Schenkungen unter Ehegatten nimmt die Rspr. von vornherein aus § 1374 Abs. 2 BGB (privilegierter Erwerb) aus, so dass sie beim Ausgleich wie anderer Zuerwerb in der Ehe aktiviert werden (dazu die Nachw. bei Palandt/Brudermüller § 1574 BGB Rn. 15 und als Beispiel BGH NJW 1982, 1093). I.Ü. ist, und der BGH hat seine frühere Rechtsprechung aufgegeben, die Belastung durch Nießbrauch beim

- Anfangs-
- wie beim Endvermögen mit »den jeweils ermittelten Werten« anzusetzen, die also unterschiedlich anfallen und den Zugewinn beeinflussen können, anders noch BGH NJW 1990, 1693 und 3018; OLG Bamberg NJW 1995, 607; allerdings mit teils abweichender Berechnung, ebenso wenn die Belastung schon vor Ende des Güterstandes weggefallen ist (BGH NJW 1990, 1793, 1794), mit der Begründung, in der Zuwendung sei von vornherein der "spätere Wegfall" der Belastung eingeschlossen, so dass der andere Gatte an den internen Veränderungen nicht beteiligt werden sollte, sehr kritisch früher schon Johannsen/Henrich/Jäger § 1374 BGB Rn. 24 m. Nachw.; Palandt/Brudermüller § 1374 BGB Rn. 13; Weinreich FuR 2005, 395; zu **§ 1378 Abs. 2 BGB** OLG Bamberg FamRZ 1995, 607, 608 f. und – in der Neufassung seit 01.09.2009 – Finger JR 2010, (jetzt aber wieder anders und wie schon nach früherem Recht üblich Schröder FamRZ 2010, 421), BGH NJW 2007, 2245 und Brudermüller NJW 2007, 2967; Hauß FPR 2009, 286 und Kuckenburg FuR 2008, 316; Nachw. bei Palandt/Brudermüller § 1374 BGB Rn 13.

144 Ebenso zu behandeln sind Belastungen der Rechtstellung des Eigentümers durch **Dauerwohnrecht, Leibgedinge** und sonstige dinglich gesicherte **Verpflichtungen** zum Unterhalt und zu Zahlungen an den Berechtigten (vgl. Palandt/Brudermüller § 1374 BGB Rn. 13 a.E.; OLG Karlsruhe FamRZ 1990, 24, vgl. auch Rdn. 143; ausdrücklich BGH FamRZ 2005, 1974, anders noch OLG Schleswig FamRZ 1991, 943 und OLG Hamm FamRZ 1995, 611, aber überholt), weil sonst zum Ausgleich führendes Vermögen zu Unrecht gebunden wird (wie hier Johannsen/Henrich/Jaeger § 1374 BGB Rn. 24).

b) Im Erbrecht

145 Behält sich der bisherige Eigentümer den Nießbrauch an einer Sache vor, die er dem Erwerber überträgt, liegt **erbrechtlich** noch kein **vollwertiger Leistungsvollzug** vor, etwa

- bei § 2301 BGB (Palandt/Edenhofer § 2301 BGB Rn. 9 und 10),
- sodass der hergegebene Gegenstand weiterhin ganz oder teilweise (**gemischte Schenkung**) dem Nachlass zuzurechnen ist und den sonstigen Nachlassbeteiligten in der erbrechtlich üblichen Form zusteht. Hat der Erblasser sein Hausanwesen einem Dritten unentgeltlich zugewandt und sich lediglich ein Wohnrecht an einer der im Haus befindlichen Wohnungen einräumen lassen, ist der verschenkte Gegenstand bereits geleistet, § 2325 Abs. 3 BGB, dazu OLG Karlsruhe NJW-RR 2008, 601.
- Im Übrigen können Ansprüche auf **Pflichtteilsergänzung** geltend gemacht werden, § 2325 BGB, wenn die Voraussetzungen dieser Bestimmung i.E. vorliegen, zum nachträglichen Verzicht des Schenkenden auf den vorbehaltenen Nießbrauch bei der Berechnung dieser Forderungen vgl. auch Blum/Melwitz ZEV 2010, 77; Herrler ZEV 2008, 461 (Ablauf der Frist nach § 2325 Abs. 3 BGB bei Rückbehalt eines teilweisen Wohnungsrechts verbunden mit einem dinglich gesicherten Rückerwerbsrecht);
- und bei § 2287 BGB, **Aushöhlungsnichtigkeit** beim **Erbvertrag** oder gemeinschaftlichem Testament, (Palandt/Edenhofer § 2287 BGB Rn. 5 m. Nachw. und Hb FAErbrecht/Krause 3. Kap S. 375 f. mit Beispielen; zu Steuerfragen dabei Wälzholz FamRB 2005, 212). Überträgt der Eigentümer Vermögenswerte auf seine »zweite Ehefrau«, liegt für ihn kein lebzeitiges Eigeninteresse nach § 2287 BGB vor, wenn er damit nur seiner »Zuneigung« zu ihr Ausdruck verleihen will, dazu OLG Celle FamRB 2006, 372 m. Anm. Heinle, aber dabei können die Voraussetzungen durchaus auch erfüllt sein, etwa bei Pflegeleistungen, sonstigen Entgelten u.Ä.

146 Bei der **Gütergemeinschaft** zählt der Nießbrauch, der nicht durch Rechtsgeschäfte übertragen werden kann, zum **Sondergut** eines Ehegatten, § 1417 BGB.

7. Nießbrauch an einem Vermögen/an einer Erbschaft

Für Altschulden des Bestellers haftet der Nießbraucher nur unter den Voraussetzungen aus §§ 1085 Abs. 2, 1085, 1088 BGB und § 25 HGB. Im Innenverhältnis gilt § 1047 BGB, dazu BGH NJW 2002, 343 – bei Unternehmenskrediten muss der Nießbraucher für die Zinsen einstehen, der Besteller für die Tilgung, Palandt/Bassenge § 1085 Rn. 6. Für neue Schulden des Nießbrauchers muss dieser mit seinem Umlauf- und seinem Privatvermögen allein einstehen. Der Besteller haftet für sie erst bei einer Rückübertragung des/der Unternehmens/Vermögens/belasteten Sache unter den Voraussetzungen aus § 25 HGB bzw. § 1086 BGB. Nach §§ 1085 ff. BGB kann ein Nießbrauch auch an einem **Vermögen** bestellt werden. Notarielle Beurkundung ist vorgeschrieben (§ 311b Abs. 3 BGB). Notwendig ist zudem, dass der Nießbraucher »den Nießbrauch an den einzelnen zu dem Vermögen gehörenden Gegenständen erlangt« (sachenrechtliche **Spezialitätsgrundsätze**, § 1085 Abs. 1 S. 1 BGB). Ist der Nießbrauch begründet, gelten §§ 1086 bis 1088 BGB. **Anlagevermögen** bleibt stets weiterhin dem Eigentümer zugeordnet, wenn nicht auch insoweit ausdrücklich ein Nießbrauch bestellt wird, dazu und zum Nießbrauch an einem Handelsgeschäft Palandt/Edenhofer § 1085 BGB Rn. 4 f., während das **Umlaufvermögen**, also Warenlager u.Ä. dem Nießbraucher vorbehalten ist (BGH DNotZ 2002, 217). Dabei geht der Nießbrauch Gläubigern des Eigentümers bei späteren Pfändungen und Belastungen vor. Früheren Gläubigern bleibt dagegen ihr Vorrang erhalten, vgl. § 1086 BGB. **147**

§ 1089 BGB sieht die Bestellung des Nießbrauchs an einer **Erbschaft** vor. Seine Grundlage wird regelmäßig durch **Vermächtnis** erfolgen. Dabei finden §§ 1085 ff. BGB entsprechend Anwendung. **148**

8. Nießbrauch an einem Recht/an einer Forderung

Nach §§ 1069 ff. BGB kann der Nießbrauch an einem **Recht,** nach §§ 1074 ff. BGB an einer **Forderung** bestellt werden. **149**

IV. Erbbaurecht

1. Grundzüge, Ziele, praktische Bedeutung

Mit den Regeln der **ErbbauVO** (nun: ErbbauRG, vgl. BGBl. 2007 I, 2617) sollte der **Wohnungsbau** gerade der sozial schwächeren Bevölkerungsteile gefördert und ein Instrument zur Bekämpfung der **Bodenspekulation** geschaffen werden. Doch konnten ihre Bestimmungen die in sie gesetzten Hoffnungen zu keiner Zeit erfüllen, auch wenn die Zahl der ausgegebenen Erbbaurechte inzwischen wieder gestiegen ist (dazu Finger BlGBW 1983, 221 und eine Untersuchung des Dt Städtetages; MüKo/von Oefele ErbbauRG Vor § 1 Rn. 9 und 10). Schon die Berechtigten selbst haben ein besonderes Interesse daran, vollwertiges Eigentum nicht nur am Gebäude zu erwerben. Aber auch (mögliche) Ausgeber, neben **Kirchen** vorwiegend der **Staat** bzw. Kommunen oder kommunale Stellen, ziehen häufig den kurzfristig fälligen und einplanbaren Verkaufserlös bei einer Veräußerung langfristigen Bindungen mit dem Erwerber vor. Furcht vor wenig überschaubaren Steigerungen des Erbbauzinses kommt oft hinzu (vgl. heute **§ 9a ErbbauRG**; zum Anspruch des **Nutzers** [Begriffsbestimmung in § 9] gegen den Eigentümer [und umgekehrt, vgl. § 33 S. 1] nach den Regeln des SachenRBerG – **Beitrittsgebiet** – auf Einräumung eines Erbbaurechts unter den Voraussetzungen aus §§ 43 bis 58, vgl. § 32 SachenRBerG, zur Bestellung von Dienstbarkeiten §§ 116 ff.). **150**

151 In der **Zwangsversteigerung** drohen nach weiteren Veränderungen gegenüber der ursprünglichen Fassung allerdings keine weiteren Verluste mehr. Nach **§ 9 Abs. 3 ErbbauRG** ist der Erbbauzins nämlich versteigerungsfest. § 9 Abs. 2 ErbbauRG erlaubt zudem, **Anpassungsklauseln** zum Inhalt des Erbbaurechts zu erklären, sodass Absprachen zwischen den Beteiligten jeden Rechtsnachfolger binden. Weitergehende Pläne etwa der Bundesnotarkammer, die Bestellung eines Erbbaurechts wie die Begründung von **Wohnungseigentum** zu behandeln, sind dagegen (bisher) nicht umgesetzt. Dann wäre das Erbbaurecht nicht als Belastung in Abt. II des Grundbuchs einzutragen. Vielmehr würde ein entsprechender Vermerk wie beim WEG in das **Bestandsverzeichnis** des Grundstücks aufgenommen, sodass die Belastung als **Eigentumsspaltung** erschiene und nicht als eigenes dingliches, allerdings weitgehend grundstücksgleiches Recht (zum Ganzen MüKo/von Oefele ErbbauRG Vor § 1 Rn. 10).

2. Gesetzlicher Inhalt

152 Mit dem **Erbbaurecht** begründet der Eigentümer an seinem Grundstück für den Berechtigten die Befugnis, »auf oder unter der Oberfläche ein Bauwerk zu haben« (§ 1 Abs. 1 ErbbauRG); ausgestaltet ist sie als besondere **Grundstücksbelastung**, die i.E. aber rechtlich wie ein Grundstück behandelt wird. Nach §§ 2 bis 8, 27 Abs. 1 S. 2 und 32 Abs. 1 S. 2 ErbbauRG können die Parteien weitere **inhaltliche Regelungen** mit **dinglicher Wirkung** festlegen und damit die schuldrechtlichen Absprachen ergänzen. Rechtsnachfolger sind damit gebunden. So kann der Erbbauberechtigte auf fremden Grund und Boden bauen, ohne teuer erwerben zu müssen. Der Eigentümer kann andererseits für ihn wichtige Ziele vorgeben, etwa Kirchengemeinden bzw. Kommunen, und die Bautätigkeit steuern, auch durch **Baupflichten**. Bei der Begründung ist auch § 138 Abs. 1 BGB zu beachten. Besonders grobe Missverhältnisse zwischen Leistung und Gegenleistung, die den Schluss auf eine verwerfliche Gesinnung des Begünstigten nahe legen, können allerdings nicht deshalb verneint werden, weil mehrere hundert Erwerber im Rahmen eines Steuersparmodells denselben oder einen annähernd gleichen Preis für ihre Immobilie bezahlt haben, BGH V ZR 220/04.

153 **Veräußerlichkeit** und **Vererblichkeit** sind zwingende Bestandteile des Erbbaurechts. Sie können daher nicht abbedungen werden (OLG Hamm OLGZ 1965, 72), so dass auch die Abrede unzulässig ist, das Erbbaurecht solle mit dem Tode des Berechtigten erlöschen, dazu BGH NJW 1969, 2043 (ebenso für die Bestellung auf Lebenszeit des Berechtigten). Wird der **nicht befreite Vorerbe** ohne Zustimmung des Nacherben tätig, sind die Rechtsfolgen umstritten, für die Anwendung von § 1 Abs. 4 S. 1 ErbbauRG BGH NJW 1969, 2043 m.w.N., denn die Vorschrift hat das Ziel, Abreden oder Erfüllungen der Beteiligten auszuschließen bzw. zu begrenzen, die das Erbbaurecht letztlich eben doch an die Lebensdauer eines der Vertragspartner bindet, vgl. auch Hönn NJW 1970, 138 und Winkler DNotZ 1970, 651. Andere Einschränkungen sind dagegen möglich (vgl. § 2 Nr. 4 und 5 ErbbauRG). Als **subjektiv-persönliches Recht** kann das Erbbaurecht nur für den Berechtigten selbst begründet werden. Die Bestellung für den jeweiligen Eigentümer eines anderen Grundstücks (als **subjektiv-dingliches** Recht) ist folglich ausgeschlossen. Insgesamt weist das Erbbaurecht jedenfalls eine eigentümliche **Doppelnatur** auf. Wesentliche Funktionen des Eigentums des belasteten Grundstücks sind ausgelagert und dem Erbbauberechtigten zugewiesen; sie sind dabei zu einem **grundstücksgleichen Recht** verselbständigt. Zudem ist der Grundsatz durchbrochen, Eigentum an Grund und Boden und Gebäude und Bauwerke, die darauf errichtet sind, rechtlich zusammenzufassen (vgl. §§ 93, 946 BGB). Vielmehr wird das Eigentum dem Erbbaurecht selbst als wesentlicher Bestandteil zugeordnet (vgl. § 12 Abs. 1 ErbbauRG). Unterschiede zum

- Wohnungs- oder Teileigentum,
- zu anderen **Dienstbarkeiten** und zum **Nießbrauch** bzw.
- zum **Dauerwohnrecht** sind deutlich,
- zur **Erbpacht** vgl. KRG Nr. 45 (und BayObLG NJW-RR 1991, 718),
- bzw. dem landwirtschaftlichen **Rentengut**,
- der **Heimstätte** und
- dem **Wiederkauf** (zu Einzelheiten MieWo/Finger § 1 ErbbauRG Rn. 11).

Bei Beschädigungen des Grundstücks können dem Erbbauberechtigten eigene Ersatzansprüche zustehen, wenn seine Befugnis betroffen ist, dazu und zu § 839 BGB (Überschwemmung nach fehlerhafter Errichtung eines Lärmschutzwalls) BGH III ZR 269/05.

Mit seinen Besonderheiten für Erbbaurechte verstößt § 92 Abs. 5 BewG nicht gegen verfassungsrechtliche Grundsätze, insbesondere (nicht) gegen Art. 3 Abs. 1 GG (dazu BVerfG NJW 1996, 43), auch wenn Unterschiede in der steuerlichen Behandlung im Vergleich zu Miet- und Pachtverhältnissen deutlich werden. Für den Ansatz des Erbbauzinses mit dem vollen Kapitalwert sind nämlich hinreichende, sachliche Gründe erkennbar, denn der Besteller ist in seinen Handlungsmöglichkeiten wesentlich stärker eingeschränkt als mit dem Abschluss selbst eines langfristigen schuldrechtlichen Vertrages oder der Begründung eines Nießbrauchs. **154**

Wesentlicher **Inhalt** des Erbbaurechts ist die (tatsächliche oder geplante) Nutzung des bebauten Grundstücks zum Bau oder dem Unterhalt eines **Bauwerks**, das auch »unter der Oberfläche« liegen kann, wobei sich, wenn die Bezeichnung nicht eindeutig ist, dann Nutzungsbefugnisse des Berechtigten für ein Bauwerk auf die "unterirdischen" Teile nur erstrecken, wenn sie für den Betrieb oder die Benutzung sonst unbedingt notwendig sind, wie etwa für Entlüftungsanlagen und Zufahrten für eine **Tiefgarage,** Reinigungsschächte für einen unterirdischen Kanal (KG NJW-RR 1992, 214). Dagegen scheidet die Bestellung eines Erbbaurechts an einem Grundstück aus, das nicht bebaut werden kann (LG Lübeck SchlHA 1962, 247). Mehrere, voneinander getrennte Bauwerke auf einem Grundstück müssen keinen Bezug zueinander aufweisen. Belastungsgegenstand ist jedenfalls das gesamte Grundstück, KG NJW-RR 1992, 214, ein realer Teil nur nach seiner Abschreibung, § 7 GBO. Ideelle Anteile können nicht Gegenstand eines Erbbaurechts sein. **155**

Aufgaben, Pflichten und Rechte des Erbbauberechtigten müssen sich aus der **Bestellung** eindeutig ergeben. Auch die Einschränkungen, die der Eigentümer für sich festlegt, müssen klar beschrieben sein (**Bestimmtheitsgrundsätze**, vgl. auch BGH NJW 1967, 1611). Andererseits ist zu berücksichtigen, dass die Planungen gerade des Erbbauberechtigen zu dieser frühen Zeit häufig noch nicht abgeschlossen sind. Technische Veränderungen können sich zudem im weiteren Verlauf als notwendig erweisen. Die schlichte Bezugnahme auf § 1 Abs. 1 ErbbauRG (Errichten eines »Gebäudes als Mietwohnung und Eigenheim«; dazu BGH NJW 1967, 1611 und BGH DNotZ 1969, 487) reicht gleichwohl nicht aus; so bleiben wesentliche Einzelheiten unbestimmt. Andererseits sollten Förmlichkeiten nicht engstirnig ausgelegt oder überspannt werden, sodass die Beschreibung der »ungefähren Beschaffenheit« des Bauwerks und damit der Rechtsausübung (so BGH NJW 1967, 1611) bzw. der Grundstücksbebauung »in (ihren) wesentlichen Einzelheiten« genügt (BGH NJW 1967, 1611; vgl. auch BGH WuM 1971, 498; BGH NJW 1987, 2674 – »öffentliches Baurecht« als Vertragsinhalt, BGH NJW 1994, 2024). Die schlichte Bezugnahme auf den gesetzlichen Wortlaut erfüllt die gesetzlichen Voraussetzungen nicht, Palandt/Bassenge § 1 ErbbauRG Rn. 8. Seine ungenügende Bezeichnung lässt das Erbbaurecht nicht entstehen; eine gleichwohl vorgenommene Eintragung ist inhaltlich unzulässig, OLG Frankfurt OLGZ 1983, 165. **156**

157 **Inhalt** und **Umfang** des Erbbaurechts folgen sonst (allein) aus der **Grundbucheintragung**. Damit liegt eine Gefährdung des vereinbarten Zweckes (noch) nicht vor, wenn der Erbbauberechtigte bei Wohnnutzung (200 qm) auf 31 qm ein Büro unterhält, das er im Wesentlichen selbst nutzt (OLG Hamm NJW-RR 1996, 976).

158 Erbbaurechte gehen nicht unter, wenn sich die Erwartungen der Beteiligten über die Bebaubarkeit des Grundstücks zerschlagen (BGH Rpfleger 1987, 301).

159 Ein **Bauwerk** ist eine unbewegliche, durch Verwendung von Arbeit und Material in Verbindung mit dem Erdboden hergestellte Sache (dazu schon RGZ 56, 42), die auch nach der Verkehrsanschauung als Bauwerk erscheint (verneint in RGZ 56, 42 für einen Doppelröhrenbrunnen). Schwerkraft allein reicht nicht aus (LG Oldenburg Rpfleger 1983, 205) für einen Gastank. Keine Gebäude sind Drainagegräben, Röhrenleitungen ohne feste Verbindung zum Boden, sonstige Gräben und Gruben, **Gräber** (ohne »Monumente« oder sonstige Grabdenkmäler), **Sportanlagen** ohne weitere Gebäude, wenn sie allein durch Erdaushub hergestellt sind, dazu LG Braunschweig MDR 1953, 480 und LG Itzehoe Rpfleger 1973, 304.

160 Als **Bauwerk** sind dagegen einzuordnen

- Garagen, auch Tiefgaragen (»unter der Oberfläche«),
- Kinderspielplätze mit festen Spielgeräten oder sonstigen Einrichtungen, LG Itzehoe Rpfleger 1973, 304,
- Sportanlagen/Sportplätze mit weiteren Gebäuden wie etwa Tribünen, Umkleideräumen oder Kiosken, Kunststoffbahnen, Rasenheizungen etc. bzw. Schutz- und Wirtschaftsgebäude, Palandt/Bassenge § 1 ErbbauRG Rn 7,
- Schwimmbecken, Schießstände,
- **Golfplätze** (BGH NJW 1982, 1681), denn die »Anlage hebt sich von Grund und Boden hinreichend ab«,
- **Campingplätze** mit Wirtschaftsgebäuden (zu weiteren Einzelheiten MieWo/Finger, § 1 ErbbauRG Rn. 21 und MüKo/von Oefele § 1 ErbbauRG Rn. 11 f. m. Nachw.),
- **Windkraftanlagen**, weil kein Überbau nach § 912 BGB vorliegt, selbst wenn die Rotorblätter bei bestimmter Windrichtung teilweise in den Luftraum eines Nachbargrundstücks hineinragen,
- eine Windenergieanlage, OLG Hamm Rpfleger 2006, 9 sowie LG Flensburg NJW-RR 2005, 1610 (mit einigen Einschränkungen, dazu gleich im Folgenden) sowie eine Straße, LG Kiel SchlHA 1972, 169, Brücken, Leitungsmasten, Seilbahnträger, Gleisanlagen, vgl. dazu Palandt/Bassenge § 1 ErbbauRG Rn 7,
- festgeschraubte Maschinen sind dagegen kein »Bauwerk«, und diese Voraussetzung liegt auch nicht bei einer losen Rohranlage oder bei einem »Garten« vor, LG Lübeck, SchlHA 1959, 151. Insoweit können nur beschränkte persönliche Dienstbarkeiten begründet und Nutzungsbefugnisse des Betreibers gesichert werden (nach Auffassung des LG Flensburg liegt kein Überbau nach § 912 BGB vor, wenn die Rotorblätter einer Windenergieanlage bei bestimmter Windrichtung teilweise in den Luftraum des Nachbargrundstückes hineinragen, sondern ein durch eine beschränkte persönliche Dienstbarkeit absicherbares Nutzungsrecht wie sonst auch).

161 Selbstständige Gebäudeteile können von der Nutzung durch das – insoweit beschränkte – Erbbaurecht ausgeschlossen sein. Für sie kann aber ein eigenes Erbbaurecht bestellt werden (Beispiele bei MüKo/von Oefele § 1 ErbbauRG Rn. 15 f.), soweit sie nicht Nebenflächen für ein anderes Erbbaurecht sind. **Vertikale Teilung** ist nur zulässig, wenn sich das Erbbaurecht auf »ein selbstständiges und damit sonderrechtsfähiges Gebäude *bezieht*« (*BayObLG Rpfleger 1957, 383*, zur Nutzung von **Nebenflächen** sonst vgl. MüKo/von Oefele § 1 ErbbauRG Rn. 20). Andererseits kann das Erbbaurecht auf Flä-

chen erstreckt werden, die nicht gebaut werden können, § 1 Abs. 2 ErbbauRG. Doch muss das Bauwerk selbst wirtschaftliche Hauptsache bleiben, dazu von Oefele MittBayNot 1992, 29, wobei (wiederum) großzügige Maßstäbe anzulegen sind, BayObLG NJW-RR 1991, 718. Liegt ein Verstoß gegen diese Regeln vor, ist nach § 139 BGB zu prüfen, ob nur die Erstreckung unwirksam ist oder die gesamte Bestellung des Erbbaurechts. Wirtschaftlich steht eine Kfz-Halle gegenüber einer Park-/Lagerfläche jedenfalls im Vordergrund, LG Ingolstadt MittBayNot 1992, 56, die Bauwerke gegenüber einem Golf- oder Campingplatz oder einem landwirtschaftlichen Betrieb, dazu OLG Jena SGPrax 1996, 45 gegenüber einer Freifläche, nicht aber eine kleine Garage gegenüber einem großen Garten, BayObLG NJW-RR 1991, 718. Die Rechtsbeschränkung auf einzelne Gebäudeteile, § 1 Abs. 3 ErbbauRG, lässt die Bestellung des Erbbaurechts insgesamt unwirksam werden, Palandt/Bassenge § 1 ErbbauRG Rn. 4. Dies gilt für horizontale und nicht als selbstständig anzusehende vertikale Gebäudeteile, nicht aber für Teile anderer Bauwerke, Palandt/Bassenge § 1 ErbbauRG Rn. 4.

3. Eigentumsverhältnisse, Besitz

Eigentum am Grundstück steht weiterhin dem Eigentümer, **Sondereigentum** am Bauwerk aber dem Erbbauberechtigten zu (zu den sonstigen tatsächlichen und rechtlichen Einwirkungsmöglichkeiten beider Berechtigter MüKo/von Oefele § 1 ErbbauRG Rn. 24 f., zum **Besitz** dort Rn. 25 f.). **162**

4. § 11 ErbbauRG

Auf das Erbbaurecht finden die »für Grundstücke geltenden Vorschriften« (ausgenommen: §§ 925, 927, 928 BGB) entsprechende Anwendung, vgl. § 11 Abs. 1 ErbbauRG, insbesondere also für die **Belastung** und die **Übertragung**. Daneben steht das schuldrechtliche **Grundgeschäft**, das seinen eigenen Bestimmungen folgt, aber wie sonst losgelöst von der dinglichen Bestellung ist. **163**

5. Eigentümererbbaurecht

An seinem Grundstück kann der Eigentümer auch selbst ein Erbbaurecht bestellen, **Eigentümererbbaurecht** (dazu BGH JZ 1982, 419). Große Gesellschaften (oder Gemeinden) können so auf eigenem Grund und Boden Gebäude errichten, die sie später jeweils mit einer Belastung durch Erbbaurecht weitergeben und entsprechende Bindungen durch die Bestellung eines Erbbaurechts schaffen. **164**

6. Untererbbaurecht, Gesamterbbaurecht, Nachbarerbbaurecht

Nach § 11 Abs. 1 ErbbauRG wird das Erbbaurecht rechtlich wie ein Grundstück behandelt. Deshalb kann auch ein **Untererbbaurecht** an einem Erbbaurecht bestellt werden, zu Einzelheiten BGH NJW 1974, 1137, gerade für öffentliche Einrichtungen, die als vermittelnde Rechtsträger eine selbstständige Einrichtung eingeschaltet haben oder einschalten wollen, eine wichtige Erleichterung, vgl. ausführlich BGH NJW 1974, 1137; MieWo/Finger § 1 ErbbauRG Rn. 43 f. **165**

Der **Grundstückseigentümer** kann sein Grundstück teilen; so können **Gesamterbbaurechte** entstehen, wenn zuvor ein (einheitliches) Erbbaurecht begründet war, vgl. auch BayObLG NJW-RR 2004, 11. Allerdings ist auch die Bestellung selbst in dieser Form rechtlich zulässig (dazu BGH NJW 1976, 519; OLG Hamm NJW 1959, 2169 und OLG **166**

Hamm NJW 1963, 1112; zum **Nachbarerbbaurecht** vgl. OLG Stuttgart NJW 1975, 786; Übersicht bei Stahl/Sura DNotZ 1981, 604).

7. Übertragbarkeit/Vererblichkeit – Zwangsvollstreckung/Arrestvollzug

167 Erbbaurechte sind **übertragbar** und **vererblich,** vgl. schon Rdn. 153 a.A., dabei kann die Zustimmung des Eigentümers als Inhalt des Erbbaurechts vereinbart werden, dazu Art. 5 ErbbauRG. Abweichende Wirkungen können die Parteien für sich nicht festlegen. Auch ein auflösend bedingtes Erbbaurecht können sie nicht bestellen, vgl. § 1 Abs. 4 S. 1 ErbbauRG. Im Übrigen gelten §§ 5 bis 7 ErbbauRG. Die **Zustimmung** zur vorgesehenen Übertragung muss der Eigentümer erteilen, wenn der Erbbauberechtigte sie wünscht (§ 7 Abs. 1 ErbbauRG) und die sonstigen Voraussetzungen für sie erfüllt sind, denn der bei der Bestellung des Erbbaurechts verfolgte Zweck darf nicht wesentlich beeinträchtigt oder gefährdet werden, und auch gegen den Erwerber dürfen keine Einwände bestehen. Sonst wird Abs. 2 maßgeblich. Fehlt sie, ist nicht etwa der Kaufvertrag schwebend unwirksam. Vielmehr werden von vornherein keinerlei Rechtswirkungen ausgelöst, denn das Recht selbst kann so nicht übertragen werden. Für den Erwerber entsteht damit eine besondere Gefahrenlage. Auf sie muss der Notar hinweisen, und er muss auch Wege zur Absicherung erläutern, vgl. dazu auch BGH NJW 2005, 3495. Dabei kommen in Frage:

- Die Zustimmung des Eigentümers kann schon vorab eingeholt werden, doch ist er dazu nicht verpflichtet, denn er wird in aller Regel seine Entscheidung davon abhängig machen (wollen), dass ihm zunächst die beurkundeten Verträge vorgelegt werden. Soll das Erbbaurecht auf eine GmbH & Co KG übertragen werden, kann der Eigentümer seine Zustimmung nicht allein mit deren "eingeschränkter Haftung" verweigern, OLG Frankfurt/M. NJW-RR 2006, 387.
- Die Parteien des Kaufvertrages können die Zustimmung des Eigentümers als **Bedingung** ihrer Erklärungen vereinbaren. Wird aber gleichzeitig die Auflassung erklärt, ist dieser Weg versperrt, denn sie wiederum kann nicht unter eine Bedingung gestellt werden (bedingungsfeindliches Rechtsgeschäft).
- Zweckmäßig ist daher die Absprache eines **Rücktrittsrechts** für den Käufer vom Kaufvertrag, falls der Eigentümer die vorgesehenen Erklärungen nicht abgibt. Ausdrücklich muss diese Befugnis aber davon abhängig gemacht werden, dass die Fälligkeit der Zahlung nicht nur von dieser Zustimmung, sondern auch von seiner Bereitschaft zur vorherigen Belastung mit einer Grundschuld für den Kaufpreis abhängig gemacht wird, damit die Finanzierung gesichert ist. Folgender Text empfiehlt sich:

»Der Kaufpreis ist fällig innerhalb von ... nach Absendung einer Mitteilung des beurkundenden Notars an den Käufer, wobei seine Zahlungspflicht ausdrücklich davon abhängt, dass der Grundstückseigentümer der Veräußerung und der Belastung des Erbbaurechts mit einer Grundschuld über (...) und einer einmaligen Nebenleistung von bis zu ... in öffentlich beglaubigter Form zugestimmt hat«. Hat sich der Eigentümer schon bei Begründung des Erbbaurechts zur Zustimmung zu einer Übertragung des Erbbaurechts auf eine GmbH & Co KG verpflichtet, kann sie (die Zustimmung) auch im Rahmen einer Neugründung nicht allein mit der eingeschränkten Haftung dieser Gesellschaft verweigert werden (OLG Frankfurt/M. 20 W 63/04). Ersetzung nach § 7 Abs. 3 S. 1 ErbbauRG ist möglich, wenn der Grundstückseigentümer den Angaben des Erbbauberechtigten, die Zweckbestimmung des Erbbaurechts einhalten zu wollen, nur allgemeine Erwägungen entgegensetzt (OLG Frankfurt/M. 20 W 63/04). Die Selbstbindung des Erbbauberechtigten, keine Veräußerungsgeschäfte zu tätigen, kann nicht durch Vormerkung »gesichert« werden (OLG Hamm DNotZ 1956, 151). Denn schon ein eintragungsfähiger Anspruch fehlt. Bei abredewidriger Verfügung können **Schadenersatzforderungen** entstehen.

Wie sonst ist Zwangsvollstreckungszugriff der Gläubiger (des Erbbauberechtigten) möglich. Allerdings können die Parteien des Bestellungsvertrages auch den **Heimfall** des Erbbaurechts vereinbaren, so dass allenfalls die damit ausgelösten Entschädigungsansprüche verwertet werden können (MüKo/von Oefele § 2 ErbbauRG Rn. 27 f.; zur Zwangsvollstreckung sonst dort Rdn. 191 f.). 168

Also: »Die Parteien ... vereinbaren Heimfall des Erbbaurechts an den Grundstückseigentümer bei (Verstoß gegen Verpflichtungen aus dem Erbbaurechtsvertrag«, dazu BGH NJW 1984, 2113, die allerdings im Einzelnen beschrieben werden müssen, also Zahlungsrückständen von ... etc), oder:

Sollte für das Vermögen des ... (Erbbauberechtigten) Insolvenz eröffnet werden (Alternative: Insolvenzantrag gestellt sein, oder: bei Zahlungsunfähigkeit oder Überschuldung), vereinbaren die ... den Heimfall des Erbbaurechts (dazu BGH Rpfleger 2003, 569 – »wichtiger Grund, der die Fortsetzung des Erbbauvertrages für den Grundstückseigentümer unzumutbar macht«; kritisch MüKo/von Oefele § 2 ErbbauRG Rn. 27 f.; vgl. auch OLG Karlsruhe NJW-RR 2002, 413 und BGH NJW-RR 1986, 1269; LG Düsseldorf RhNotK 1989, 218).

8. Dauer des Erbbaurechts; Beendigung; Heimfall – Folgen

Erbbaurechte werden meist auf **Zeit** ausgegeben, etwa auf 75 oder 99 Jahre. Doch ist eine solche Befristung nicht notwendig, so dass auch **"ewige Erbbaurechte"** bestellt werden können. Ablauf und Voraussetzungen müssen sich aus der Grundbucheintragung oder aus der **Eintragungsbewilligung** ergeben, §§ 874 BGB, 47 GBO, 56 Abs. 2 GBVfg. **Verlängerungsabreden** sind verbreitet (dazu BGH NJW 1989, 2043). Die Verpflichtung des Eigentümers, das Grundstück nach Beendigung des Erbbaurechts an den Erbbauberechtigten zu übertragen, bedarf der besonderen Form aus § 311b BGB. Durch die Eintragung des Erbbaurechts werden Mängel der weitergehenden Übertragungsabreden jedenfalls nicht geheilt, BGHZ 49, 269. Auch ein »ungefährer« Endtermin darf gewählt werden, der aber durch den Eintritt von weiteren Ereignissen sicher bezeichnet oder sonst bestimmbar sein muss, OLG Celle Rpfleger 1964, 213 und OLG Hamm MDR 1965, 574, etwa **Lebenszeit** des Berechtigten, aber eine unmittelbare Beschränkung auf sie im Begründungsvertrag ist nicht zulässig, dazu Rdn. 167 m. Nachw. 169

Vertragliche **Rücktrittsrechte** aus der Grundabrede der Parteien können nicht als dinglicher Inhalt des Erbbaurechts vereinbart werden. Nach Eintragung im Grundbuch sind sogar gesetzliche **Rücktrittsgründe** nicht (mehr) geeignet, das Erbbaurecht zu erfassen und zu Fall zu bringen (BGH DNotZ 1961, 402; anders OLG Hamburg MDR 1962, 132; zur Abgrenzung BGH LM Nr. 1 zu § 1 ErbbauRG – Ausübung des Rücktrittsrechts vor der Eintragung). Wie sonst bleibt nur schuldrechtliche Abwicklung nach den üblichen Regeln, BGH WuM 1971, 1148 und OLG Düsseldorf NJW 1971, 436. 170

Befristungen und **Bedingungen** für die Bestellung des Erbbaurechts sind unwirksam, § 1 Abs. 4 S. 1 ErbbauRG. Schuldrechtliche Abreden zur Aufgabe des Rechts lösen keine unmittelbaren Folgen für den Bestand des Erbbaurechts aus, sondern verpflichten nur zur Rückgabe, dazu BGH RhNotK 1974, 23 und Erman/Grziwotz § 1 ErbauVO Rn. 23. 171

Nach **§ 3 ErbbauRG** kann der **Heimfallanspruch** des Grundstückseigentümers nicht vom Eigentum am Grundstück getrennt werden. Aber die Parteien können festlegen, das Erbbaurecht in diesem Fall an einen Dritten zu übertragen. Für die **Verjährung** gilt § 4 ErbbauRG. Die **Aufteilung** des Erbbaurechts bedarf der **Zustimmung** des Eigentümers (§ 26 ErbbauRG). 172

173 Erlischt das Erbbaurecht durch **Zeitablauf**, hat der Eigentümer für das Bauwerk, das nun (wieder) ihm gehört, eine **Entschädigung** zu zahlen (§ 27 Abs. 1 S. 1 ErbbauRG). Einzelheiten können dabei mit dinglicher Wirkung als Inhalt des Erbbaurechts vereinbart werden. Seine Verpflichtungen kann er nach Abs. 3 abwenden und **Verlängerung** des Erbbaurechts für die voraussichtliche Standdauer des Gebäudes anbieten. Lehnt der Erbbauberechtigte ab, entfällt sein Anspruch. **Abtretung** vor Fälligkeit ist unstatthaft (Abs. 4).

174 Ist das Erbbaurecht »zur Befriedigung der Wohnbedürfnisse minderbemittelter Bevölkerungskreise« bestellt, muss die Entschädigung mindestens zwei Drittel des gemeinen Wertes betragen, den das Bauwerk bei Ablauf des Erbbaurechts hat (§ 27 Abs. 2 S. 1 ErbbauRG). Auf abweichende Vereinbarungen kann sich der Eigentümer nicht berufen (S. 2). Mit Erlöschen des Erbbaurechts lasten die Forderungen aus § 27 ErbbauRG »auf dem Grundstück anstelle des Erbbaurechts und mit dessen Rang« (§ 28 ErbbauRG; zur Eintragungsfähigkeit MüKo/von Oefele § 28 ErbbauRG Rn. 1). Damit ist die Gefahr des Ausfalls in der **Zwangsversteigerung** für solche Rechte begründet, die dem Erbbaurecht den Vorrang einräumen (vgl. § 10 ErbbauRG). Verkauft die öffentliche Hand ein Grundstück zur **Ansiedlung** von Familien zu besonders günstigen Konditionen und vereinbart sie dabei ein Wiederkaufsrecht, um die zweckentsprechende Nutzung sicherzustellen und Bodenspekulation zu verhindern, kann dieses Recht mehr als dreißig Jahre nach seiner Begründung nicht mehr ausgeübt werden, §§ 497, 503 a.F. BGB und BGH NJW 2007, 508. Ein bei Verkauf einer **Reichsheimstätte** für die Dauer von dreißig Jahren zugunsten der ausgebenden Stelle vereinbartes Wiederkaufsrecht ist wirksam, wenn es den nach dem Reichsheimstättengesetz bestehenden Rechten des Ausgebers nachgebildet ist. Seine Ausübung zehn Jahre nach Vertragsschluss ist trotz der Aufhebung dieses Gesetzes nicht unangemessen, wenn der Käufer das Grundstück zu einem den Verkehrswert um mehr als 70 % unterschreitenden Preis erworben hat, BGH V ZR 37/05.

175 Für **Hypotheken**, Grund- und Rentenschulden sowie Reallasten am Erbbaurecht gilt § 29 ErbbauRG; sie setzen sich an der Entschädigungsforderung fort.

Auf **Miet-** und **Pachtverträge** »finden die (beim Eigentumswechsel) geltenden Vorschriften entsprechende Anwendung« (§ 30 ErbbauRG).

176 Macht der Eigentümer von seinem **Heimfallanspruch** Gebrauch, ist für das Erbbaurecht eine angemessene Entschädigung zu gewähren (vgl. §§ 32 ff. ErbbauRG und Rdn. 173, zu Hypotheken und ihrem Fortbestand § 33 ErbbauRG). Für den **Zahlungsverzug** des Erbbauberechtigten ist § 9 Abs. 4 ErbbauRG zu beachten (mindestens zwei Jahresbeträge).

177 Beim Heimfall ist der Erbbauberechtigte nicht berechtigt, das Bauwerk **wegzunehmen** oder sich seine Bestandteile **anzueignen** (§ 34 ErbbauRG).

9. Weiterer Inhalt des Erbbaurechts; § 2 ErbbauRG – schuldrechtliche Absprachen

178 Zum Inhalt des Erbbaurechts – **dingliche Rechtsnatur**, sodass jeder Erwerber entspr. gebunden ist – gehören auch die in § 2 ErbbauRG erwähnten Abreden zwischen den Parteien. Sachenrechtliche Einigung ist dabei ebenso notwendig wie **Eintragung** im Grundbuch, um sie wirksam werden zu lassen. Nr. 1 erfasst die Errichtung, die Instandsetzung/den Erhalt – die **Kosten** trägt sonst nicht der Erbbauberechtigte – und die Verwendung des Bauwerks, eine gerade für **Kirchengemeinden** und Kommunen besonders wichtige Ergänzung, die so ihre Vorstellungen zum »Bauen« und »Wohnen« durchsetzen können. Nr. 2 erfasst die **Versicherung** des Bauwerks und seinen **Wiederaufbau** bei Zerstörung, Nr. 3 die Übernahme der **öffentlichen** und privaten **Lasten**, Nr. 4 den **Heimfall** und seine

Voraussetzungen, Nr. 5 **Vertragsstrafen** bei Verstößen gegen getroffene Absprachen, während Nr. 6 für **Vorrechte** des Erbbauberechtigten auf Erneuerung seiner Befugnisse bei Ablauf gilt und Nr. 7 den **Verkauf** an den Berechtigten bzw. die Verpflichtung dazu regelt, zum erhöhten **Erbbauzins** als »Strafe« vgl. MieWo/Finger § 2 ErbbauRG Rn. 33 und BGH NJW 1970, 243; BGH NJW 1980, 2243; Bringe zu NJW 1971, 1168). **Kaufzwangklauseln** haben dagegen stets (nur) schuldrechtliche Wirkung (vgl. auch BGH NJW 1977, 761 und BGH DNotZ 1979, 733; Hönn NJW 1977, 2073; einschränkender als hier Kollhosser NJW 1974, 1302; weitere Einzelheiten bei MüKo/von Oefele § 2 ErbbauRG Rn. 40 m. Nachw.), zur Übertragung des Erbbaurechts und der **Zustimmung** des Eigentümers vgl. §§ 5 und 6 ErbbauRG, zum Zustimmungsanspruch § 7 ErbbauRG, zu anderen Verfügungen – auch in der Zwangsvollstreckung – § 8 ErbbauRG und Rdn. 40 f. I.Ü. können die Beteiligten des Grundgeschäfts weitere **schuldrechtliche Absprachen** treffen, die nicht zum Inhalt des Erbbaurechts zählen, sie aber in anderer Form verpflichten. Dabei ist der Verpflichtete auch dann nach § 1020 S. 2 BGB zur Unterhaltung und Instandsetzung einer der Ausübung der Dienstbarkeit (des Erbbaurechts) dienenden Anlage verpflichtet, wenn der Eigentümer diese mitbenutzen darf, dazu BGH NJW 2005, 894.

10. Erbbauzins (§ 9 ErbbauRG); Änderungsvorbehalt (§ 9a ErbbauRG)

Für den **Erbbauzins** gelten die Bestimmungen über die **Reallast** (§ 9 Abs. 1 S. 1 ErbbauRG). Ansprüche auf noch nicht fällige Leistungen können nicht vom Eigentum am Grundstück getrennt und an Dritte übertragen werden. Als Inhalt des Erbbaurechts können die Beteiligten nach Abs. 3 Nr. 1 und 2 auch die Vereinbarungen nach § 9 Abs. 3 Nr. 1 und 2 ErbbauRG festlegen. Ist das Erbbaurecht mit dinglichen Rechten belastet, ist für die Wirksamkeit allerdings die »Zustimmung der Inhaber der der Erbbauzinsreallast im Rang vorgehenden oder gleichstehenden dinglichen Rechte erforderlich« (Abs. 3 S. 2). **Zahlungsverzug** begründet Heimfallansprüche des Eigentümers nur nach Abs. 4 (Rückstand von mindestens zwei Jahren). **179**

§ 9 Abs. 3 ErbbauRG bringt für die Beteiligten erhebliche Vorteile. Durch ihre Absprachen können sie erreichen, dass der sonst variable Erbbauzins **versteigerungsfest** wird, zu Einzelheiten MüKo/von Oefele § 9 ErbbauRG Rn. 15 f. Voraussetzung ist **Bestimmbarkeit** der vorgesehenen Belastung/**Erbbauzins-Reallast,** dazu MüKo/von Oefele § 9 ErbbauRG Rn. 40 f., § 9 Abs. 3 ErbbauRG ist durch Art. 11a EuroEG nochmals geändert, zu den Abläufen im Einzelnen MieWo/Finger § 9 ErbbauRG Rn. 44 f. und BT-Drucks. 12/7425 S. 84 sowie Kümpel WuM 1998, 1057; Stöber NJW 2000, 3600, vgl. i.Ü. § 1105 Abs. 1 S. 2 BGB. Notwendig ist dabei **180**

- die Festlegung des **Änderungszeitpunktes,** also der (zeitlichen) Voraussetzungen und sonstige Einzelheiten, bei deren Eintritt die Anpassung erfolgt, vgl. § 1105 Abs. 1 S. 2 BGB,
- und der **Wertmaßstab** (»Art und Umfang« der Anpassung), also die Bemessungsfaktoren für die wirksame Erhöhung, dazu auch Erman/Grziwotz § 1105 BGB Rn. 6 und MüKo/von Oefele § 9 ErbbauRG Rn. 44. Selbst wenn die Parteien im Vertrag keine ausdrückliche Regelung getroffen haben, wie die Neufestsetzung des Erbbauzinses erfolgen soll, liegt bei einer "beiderseits interessengerechten Auslegung nach dem objektiven Erklärungsgehalt des Vertragstextes unter Berücksichtigung des gesamten Regelungsgehalts der Vereinbarung nahe, die Anpassung des Erbbauzinses anhand der Änderung des Preisindexes vorzunehmen, dessen Änderung die Parteien zur Voraussetzung einer Anpassung gemacht haben", OLG Karlsruhe NJW-RR 2006, 1593. Haben die Parteien eine entspr. Wertsicherungsklausel vereinbart, kann gleichwohl Klage zur Zahlung von künftigem Erbbauzins betrieben werden, so dass die Parteien

nicht erst den Eintritt der Veränderungen abwarten müssen, und eine entsprechende Verurteilung erfolgen, BGH NJW 2007, 254, wobei die Titulierung der künftig fällig werdenden Beträge aus der Verpflichtung zu einer wiederkehrenden Leistung nur auf der Grundlage des im Zeitpunkt der mündlichen Verhandlung festgestellten Sachverhalts erfolgen kann.

181 I.Ü. sind **schuldrechtliche Anpassungsklauseln** statthaft, nehmen am »Inhalt des Erbbaurechts« aber nicht teil, zu solchen Absprachen für »alte Erbbaurechte« ohne entspr. dingliche Vereinbarungen MüKo/von Oefele § 9 ErbbauRG Rn. 46 f., wobei **währungsrechtl.** Genehmigungpflichtigkeit zu beachten ist, § 3 WährungsG, nun § 2 PreisG, zu **Spannungsklauseln**, sonstigen Leistungsvorbehalten bzw. Gleitklauseln MüKo/von Oefele § 9 ErbbauRG Rn. 54 f., zu weiteren Einzelheiten und zu § 242 BGB Wegfall/Störung der Geschäftsgrundlage, nun: **§ 313 BGB**, wenn Anpassungsklauseln gerade fehlen, MieWo/Finger § 9 ErbbauRG Rn. 37, zur Sicherung durch **Vormerkung** dort Rn. 39 mit umfangreichen Nachw. Ist in einem vor Inkrafttreten von § 9a ErbbauRG (23.01.1974) geschlossenen Vertrag die Höhe des Erbbauzinses in der Weise an den Grundstückswert gekoppelt, dass in bestimmten Zeitabständen die Änderung seiner Höhe verlangt werden kann, wenn sich der Grundstückswert um einen bestimmten Prozentsatz geändert hat, kann die Vertragsauslegung nach der Gesetzesänderung (auch) ergeben, dass eine Anpassung möglich ist, wenn seit der letzten Erhöhung der Grundstückswert nicht oder nicht in dem vereinbarten Maß gestiegen ist, sie aber wegen der Kappungsgrenze in § 9a Abs. 1 ErbbauRG nicht die nach der Vereinbarung zulässige Höhe erreichen konnte, BGH NJW 2007, 509.

182 Unter der Voraussetzung aus **§ 9 ErbbauRG** (Wohnzwecke) begründet eine Vereinbarung, dass der Erbbauzins anzupassen ist, »einen Anspruch auf Erhöhung … nur, soweit diese unter Berücksichtigung aller Umstände des Einzelfalles nicht unbillig ist« (Abs. 1 S. 1, weitere Vorgaben S. 2, 3 und 4 – Bezugspunkte: die allg. wirtschaftlichen Verhältnisse, Preisentwicklung bei Grundstücken – sie bleiben außer Betracht – die Wertverhältnisse für Umstände des Einzelfalles, wobei nun in beschränktem Maße die Veränderungen bei den Grundstückswerten nun doch eine Rolle spielen, vgl. Nr. 1 und 2). Erstmals kann ein Anspruch auf Erhöhung **drei Jahre** nach Abschluss geltend gemacht werden (S. 5). Ist schon früher eine Anpassung erfolgt, muss der Eigentümer weitere drei Jahre warten, bevor er erneut eine Erhöhung vornehmen darf. Seine Anpassungsverlangen können durch **Vormerkung** gesichert werden (Abs. 3).

183 Üblich (geworden) ist folgende Formel – **Mischindex** – (dazu auch BGH NJW 1980, 2245).

Änderung der Lebenshaltungskosten (= früher 4-Personen-Arbeitnehmerhaushalt) mit mittlerem Einkommen, heute einheitlicher **Verbraucherpreisindex** + Änderung der Einkommen (= Brutto-Verdienst der Arbeiter in der Industrie und Brutto-Verdienst der Angestellten in Industrie und Handel)
———
2

184 Die Änderung der allgemeinen wirtschaftlichen Verhältnisse errechnet sich aus

Höchstbetrag nach § 9a zum Änderungszeitpunkt und
———
Erbbauzins zum Ausgangszeitpunkt = Mischindex zum Änderungszeitpunkt
Mischindex zum Ausgleichszeitpunkt

185 Maßgeblich sind die Angaben aus den **Monatsberichten** des Statistischen Bundesamtes (vgl. auch Sager/Peters NJW 1974, 264 und dies NJW 1976, 410). Abweichungen unter

Berücksichtigung der Umstände des Einzelfalles können in beide Richtungen geboten sein (BGH NJW 1980, 181), aber nicht über den durch schuldrechtliche Anpassungsklausel festgelegten Rahmen hinaus.

Wertverhältnisse des **Erbbaugrundstücks** spielen lediglich bei Abs. 4 eine Rolle (vgl. auch Sager/Peters NJW 1974, 264 und BGH WuM 1984, 35). **186**

11. Erbbaugrundbuch; Rangstelle

Für das **Erbbaurecht** wird bei der Eintragung in das Grundbuch von Amts wegen ein besonderes Grundbuchblatt angelegt, **Erbbaugrundbuch** (§ 14 Abs. 1 S. 1 ErbbauRG), das »für das Erbbaurecht das Grundbuch i.S.d. Bürgerlichen Gesetzbuchs« ist (Abs. 3 S. 1). Sonst gelten für seine **Übertragung** und Belastung die Vorschriften über Grundstücke (§ 11 ErbbauRG, dort sind auch die Ausnahmen genannt). Damit wird das Erbbaurecht als »grundstücksgleiches« Recht behandelt (dazu schon Rdn. 153 m. Nachw.). Die Eintragung erfolgt zwingend an **erster Rangstelle.** Auch spätere **Rangänderungen** sind nicht zulässig (§ 10 Abs. 1 S. 1 ErbbauRG). »Rechte, die zur Erhaltung der Wirksamkeit gegenüber dem öffentlichen Glauben des Grundbuchs der Eintragung nicht bedürfen, bleiben (allerdings) außer Betracht« (S. 2), zu Rangvereinbarungen als Inhalt des Erbbaurechts Rdn. 191 f. **187**

Ein »aufgrund des Erbbaurechts« errichtetes Bauwerk gilt als wesentlicher Bestandteil des Erbbaurechts, nicht des Grundstücks (§ 12 Abs. 1 S. 1 ErbbauRG), und ist damit nicht weiter **sonderrechtsfähig**. Voraussetzung ist allerdings, dass das Erbbaurecht selbst wirksam entstanden ist; erlöschen die besonderen, vorgesehenen Befugnisse des Berechtigten, werden die vorgesehenen Bestandteile des Rechts »Bestandteile des Erbbaurechts«, Abs. 3). **188**

12. Beleihung

Wie das Grundstück kann das Erbbaurecht durch **Hypothek** dinglich beliehen werden (vgl. § 18 ErbbauRG). **Mündelsicherheit** ist gegeben, wenn die Voraussetzungen aus §§ 19 ff. ErbbauRG erfüllt sind. Die Hypothek darf dabei die Hälfte des Wertes des Erbbaurechts nicht übersteigen. »Dieser ist anzunehmen gleich der halben Summe des Bauwerts und des kapitalisierten, durch sorgfältige Ermittlung festgestellten jährlichen Mietreinertrags, den das Bauwerk nebst den Bestandteilen des Erbbaurechts unter Berücksichtigung seiner Beschaffenheit bei ordnungsmäßiger Wirtschaft jedem Besitzer nachhaltig gewähren kann« (§ 19 Abs. 1 S. 1 und 2 ErbbauRG), wobei der kapitalisierte **Mietreinertrag** nicht überschritten werden darf (S. 3). Ein der Hypothek im Range vorgehender Erbbauzins ist zu kapitalisieren und von ihr in Abzug zu bringen. Dies gilt nicht, wenn die Parteien eine Vereinbarung nach § 9 Abs. 3 S. 1 getroffen haben (Abs. 2). **189**

Also, **Beleihungswert:**

$$\frac{\text{Wert des Erbbaurechts}}{2} = \text{Bauwert} + \frac{\text{kapitalisierter Mietreinertrag}}{2}$$

Für die **Tilgung** der Hypothek gilt § 20 ErbbauRG. Sind Vereinbarungen nach Abs. 1 Nr. 3 und 4 getroffen, können Erbbaurechte von **Hypothekenbanken** (nach Maßgabe der §§ 11 und 12 HypothekenbankG) und von **Versicherungsunternehmen** (§ 54a VersicherungsaufsichtsG) beliehen werden (§ 21 ErbbauRG). **190**

13. Zwangsvollstreckung; Insolvenz

191 Wird die **Zwangsversteigerung** des **Grundstücks** gegen den **Eigentümer** betrieben, bleibt das Erbbaurecht selbst dann bestehen, »wenn es bei der Feststellung des geringsten Gebots nicht berücksichtigt ist« (§ 25 ErbbauRG). Damit ist

- der Erbbauberechtigte geschützt.
- Zugleich wird aber auch die Beleihbarkeit des Rechts gefördert, denn Realberechtigte müssen keine Ausfälle bei der Zwangsversteigerung des Grundstücks fürchten. Meist wird ohnehin § 44 ZVG eingreifen (Erbbaurecht ist erstrangig – also ist seine Aufnahme in das geringste Gebot gesichert).

192 Bei der Zwangsvollstreckung in das **Erbbaurecht**, wegen Verbindlichkeiten des Erbbauberechtigten, die aus einem **dinglichen** (wiederum ist § 5 Abs. 2 ErbbauRG zu beachten, vgl. dazu auch MüKo/von Oefele § 8 ErbbauRG Rn. 5 und 7 mit Nachw.) oder **persönlichen** Titel statthaft ist und bei der bei **Geldforderungen**

- Eintragung einer **Zwangshypothek**,
- die Zwangsversteigerung oder
- die Zwangsverwaltung angeordnet werden können (§§ 864, 866, 867 ZPO; dazu auch MüKo/von Oefele § 9 ErbbauRG Rn. 5 f. und Kalter KTS 1966, 137),
- »gilt auch der Grundstückseigentümer als Beteiligter« (nach § 9 ZVG, § 24 ErbbauRG), der so ohne förmliche Anmeldung an allen wichtigen Abläufen im Verfahren unmittelbar teilnimmt (vgl. §§ 41 Abs. 1, 105 Abs. 2, 59 Abs. 1 und 67 Abs. 1 ZVG). Deshalb ist er auch beschwerdeberechtigt (**§ 97 Abs. 1 ZVG**).

193 Für ausstehende fällige Leistungen aus dem Erbbauzins kann der Grundstückseigentümer nach §§ 9 Abs. 1 S. 1 ErbbauRG, 1107, 1147 BGB vorgehen und in das Erbbaurecht und in die nach §§ 1107, 1120 BGB mithaftenden Gegenstände vollstrecken. Voraussetzung ist ein **dinglicher Titel** gegen den Erbbauberechtigten. **Unterwerfungserklärung** unter die sofortige Zwangsvollstreckung durch vollstreckbare Urkunde ist zulässig, soweit sich der Erbbauberechtigte in dieser Form bindet (MüKo/von Oefele § 9 ErbbauRG Rn. 16), aber nicht statthaft, wenn »jeder Berechtigte« einbezogen sein (MüKo/von Oefele § 9 ErbbauRG Rn. 17 m. Nachw.) und so das **Stammrecht** erfassen soll, zu Ausnahmen bei einzelnen Teilleistungen wiederum MüKo/von Oefele § 9 ErbbauRG Rn. 17 und BayObLG NJW 1959, 1876 m. zust. Anm. Haegele Rpfleger 1960, 287.

194 Unter den Voraussetzungen aus § 9 Abs. 3 ErbbauRG (Bestimmbarkeit der Belastung, vgl. § 1105 BGB) ist die **Erbbauzinsreallast** mit den während der Laufzeit anfallenden Anpassungen folglich

- bestandsfest gegenüber allen Rechtsnachfolgern und
- vor Ausfällen in der Zwangsvollstreckung (weitgehend) geschützt.

Damit erwirbt der Ersteher ein Erbbaurecht ohne Erbbauzins, dazu Winkler NJW 1985, 940. **Stillhalteerklärungen** sind verbreitet, durch die sich Grundstückseigentümer und Gläubiger verpflichten, den Erbbauzins nicht zu kapitalisieren bzw. diesen bestehen zu lassen, dazu Kümpel WuM 1998, 1057 und für die Versteigerung durch den Insolvenzverwalter Stöber NJW 2000, 3600, 3604; zu weiteren Einzelheiten Erman/Grziwotz § 9 ErbbauRG Rn. 24 und 25, vgl. i.Ü. § 10 Abs. 1 Nr. 4 und 5 bzw. 8 ZVG. Als Inhalt des Erbbaurechts kann ein besonderer Rangvorbehalt vorgesehen werden. So erhält der Ersteher das Recht zur Beleihung vor dem Erbbauzins, vgl. § 9 Abs. 1 ErbbauRG und dazu Erman/Grziwotz § 9 ErbbauRG Rn. 26; zu § 174a ZVG, eine weitgehend missratene Vorschrift, sehr kritisch MüKo/von Oefele § 9 ErbbauRG Rn. 27 m. Nachw., insbesondere unter dem Blickwinkel von Art. 14 GG, dazu auch Stöber NJW 2000, 3600, 3604.

Vereinigen sich die Teile des Erbbaurechts in der Hand eines Rechtsinhabers, ist die **Teilungsversteigerung** zulässig, wenn (etwa) ein Bruchteil dem Berechtigten als Vorerben zusteht, selbst wenn für den anderen Anteil entsprechende erbrechtliche Bindungen zugunsten des Nacherben bestehen (BGH NJW-RR 2004, 1513). Erbbaurechte fallen in die **Insolvenzmasse** für den Erbbauberechtigten. Trotz dieser Nutzungsmöglichkeiten des Grundstücks kann der Insolvenzverwalter auf den Erbbauzins selbst noch nicht unmittelbar zugreifen, dazu BGH NJW-Spezial 2006, 51, so dass der Gläubiger möglichst schnell zur Realisierung seiner Ansprüche in das Erbbaurecht vollstrecken muss, das nach §§ 9 Abs. 1 S. 1 ErbbauRG, 1107, 1147 BGB für die Erbbauzinsen haftet, wiederum BGH NJW-Spezial 2006, 51. **195**

14. Erneuerung

§ 108 InsO findet auf Erbbaurechtsverträge keine Anwendung, weil zwischen den Beteiligten kein Dauerschuldverhältnis begründet wird, BGH IX ZR 145/05. Ansprüche auf Leistung des Erbbauzins sind für die Zeit nach Eröffnung des Insolvenzverfahrens keine Masseverbindlichkeiten, § 55 Abs. 1 InsO, sondern stellen Insolvenzforderungen dar, weil der Berechtigte nach § 9 Abs. 1 S. 1 ErbbauRG sie für die Bestellung des Erbbaurechts und nicht als Entgelt für die dauernde Duldung der Grundstücksnutzung zu entrichten hat und der gesetzliche Anspruch auf Erbbauzinsen ist dinglicher Natur, BGH IX ZR 145/04. Auch das Nutzungsrecht des Erbbauberechtigten und die korrespondierende Duldungspflicht des Eigentümers folgen nicht aus dem schuldrechtlichen Vertrag, sondern aus dem vom Berechtigten erworbenen dinglichen Recht. Mit der Bestellung des Erbbaurechts und der Einräumung des Besitzes an den Erbbauberechtigten hat der Grundstückseigentümer seine Verpflichtungen aus den Vereinbarungen vollständig erfüllt, OLG Düsseldorf, DZWIR 2002, 124 (126); a.A. OLG München, ZIP 2002, 1264, 1265. Die Verpflichtung, den Besitz des Erbbauberechtigten für die Dauer der Laufzeit des Vertrages zu »dulden«, folgt ebenfalls nicht aus den Abreden zur Bestellung, sondern nach Eintragung aus dem dinglichen Recht selbst. Dem Erbbauberechtigten stehen gegenüber dem Grundstückseigentümer wie gegen jeden anderen Dritten Befugnisse aus § 11 Abs. 1 ErbbauRG, §§ 861, 985, 1004 BGB zu. Gläubiger sollten daher sehen, so schnell wie möglich in das Erbbaurecht zu vollstrecken, das nach § 9 Abs. 1 S. 1 ErbbauRG, §§ 1107, 1147 BGB für die Erbbauzinsen haftet, BGH IX ZR 145/04. **196**

Ist dem Erbbauberechtigten ein **Vorrecht** auf **Erneuerung** seiner Befugnisse nach § 2 Nr. 6 ErbbauRG eingeräumt, »kann er das Vorrecht ausüben, sobald der Eigentümer mit einem Dritten einen Vertrag über die Bestellung eines Erbbaurechts an dem Grundstück geschlossen hat« (§ 31 Abs. 1 S. 1 ErbbauRG). Die Ausübung dieses Rechts ist ausgeschlossen, wenn das »neue« Erbbaurecht »einem anderen wirtschaftlichen Zweck zu dienen bestimmt ist«, S. 2, zur **Ausübungszeit** (drei Jahre) vgl. Abs. 2. Dritten gegenüber hat »das Vorrecht die Wirkung einer **Vormerkung** zur Sicherung eines Anspruchs auf Einräumung des Erbbaurechts« (Abs. 4 S. 1, dort auch zu weiteren Einzelheiten). Sind die in § 29 ErbbauRG beschriebenen Rechte nicht getilgt, leben die Befugnisse ihrer Gläubiger, die bisher am Erbbaurecht bestanden, bei seiner Erneuerung wieder auf, **dingliche Surrogation** (MüKo/von Oefele § 31 ErbbauRG Rn. 6 und 7), während die Rechte an der Entschädigungsforderung erlöschen (Abs. 5 S. 2). **197**

27. Kapitel
Bauträgerrecht, Kaufrecht

Übersicht **Rdn.**

I. Einleitung

1 Nachfolgend werden in groben Zügen die Besonderheiten des Bauträgerrechts und des Kaufrechts bezogen auf den Erwerb von Wohnungs- und Teileigentum behandelt. Die Darstellung fußt auf der Rechtslage nach In-Kraft-Treten des Schuldrechtsmodernisierungsgesetzes am 01.01.2002. Die frühere Rechtslage wird nur erörtert, sofern dies zum Verständnis unerlässlich ist. I.Ü. wird für Altfälle auf das übrige Schrifttum verwiesen (Koeble BauR 1992, 569 ff.; Pause NZBau 2000, 234 ff.; Bischoff/Mauch DNotZ 2004, 342 ff.). Sofern im Anschluss von Wohnungseigentum die Rede ist, gelten die Ausführungen entsprechend für Teileigentum.

2 Bauträger ist nach § 34c Abs. 1 Nr. 2a GewO, wer Bauvorhaben als Bauherr im eigenen Namen für eigene oder fremde Rechnung vorbereitet oder durchführt. Nimmt der Bauträger zu diesem Zwecke Vermögenswerte von Erwerbern, Mietern, Pächtern oder sonstigen Nutzungsberechtigten bzw. von Bewerbern um Erwerbs- oder Nutzungsrechte entgegen, so bedarf er der Erlaubnis der zuständigen Behörde. Der Bauträger unterliegt der aufgrund der Ermächtigungsgrundlage in § 34c Abs. 1 GewO erlassenen Makler- und Bauträgerverordnung (MaBV). Die Vorschriften der MaBV dienen vorwiegend dem Schutz von Erwerbern vor unseriösen Gewerbetreibenden. Diese sollen insbesondere vor dem Verlust ihrer Vermögenswerte bewahrt werden, die sie dem Bauträger zur Herstellung des Bauvorhabens zur Verfügung gestellt haben. Nach der MaBV obliegen dem Bauträger daher besondere Sicherungs-, Rechnungslegungs-, Buchführungs- und Informationspflichten (Drasdo NZM 2009, 601 ff.), deren Verletzung mit Ordnungswidrigkeiten belegt ist (§ 18 MaBV). So darf der Bauträger etwa Vermögenswerte des Erwerbers nur unter den Voraussetzungen der §§ 3, 7 MaBV entgegennehmen und hat diese nach § 4 Abs. 1 Nr. 2 MaBV ausschließlich zur Vorbereitung und Durchführung des Bauvorha-

bens zu verwenden (sog. objektbezogene Mittelverwendung). Die Vorschriften der MaBV sind öffentlich-rechtlicher Natur. Normadressat ist ausschließlich der Bauträger. Dieser darf nach § 12 MaBV seine Verpflichtungen nach §§ 2 bis 8 MaBV und die nach § 2 Abs. 1 MaBV zu sichernden Schadenersatzansprüche des Auftraggebers durch vertragliche Vereinbarungen weder ausschließen noch beschränken. Die Vorschrift des § 12 MaBV stellt ein Verbotsgesetz dar und ist damit auch zivilrechtlich von Bedeutung. Hiergegen verstoßende Vereinbarungen in Bauträgerverträgen sind gem. § 134 BGB i.V.m. § 12 MaBV nichtig (BGH NJW 2001, 818, 819).

II. Rechtsnatur des Bauträgervertrages

Beim klassischen Bauträgermodell erwirbt der Bauträger ein Grundstück und lässt darauf ein oder mehrere Gebäude errichten bzw. vorhandene Bausubstanz sanieren. Üblicherweise erbringt der Bauträger die Bauleistungen nicht selbst, sondern beauftragt damit insgesamt einen Generalunternehmer bzw. -übernehmer oder gewerkebezogen verschiedene Bauunternehmer mit Teilleistungen nach Losen. 3

Ferner begründet der Bauträger durch einseitige Teilungserklärung gegenüber dem Grundbuchamt nach § 8 WEG Wohnungs- bzw. Teileigentum wonach das Grundstück in Miteigentumsanteile geteilt und diese jeweils mit dem Sondereigentum an einer Wohnung bzw. an nicht zu Wohnzwecken dienenden Räumen verbunden werden. Die Begründung von Wohnungs- und Teileigentum wird mit Vollzug der Teilungserklärung in den Wohnungsgrundbüchern wirksam. Ab diesem Zeitpunkt existiert das Grundstück im Rechtssinne (nicht katasteramtlich) nicht mehr. Die Begründung von Wohnungs- bzw. Teileigentum ist bereits vor der Errichtung eines Gebäudes auf dem Grundstück möglich, da Miteigentumsanteile jeweils mit dem Sondereigentum an einer Wohnung bzw. sonstigen Räumen in einem auf dem Grundstück noch zu errichtenden Gebäude verbunden werden können (§ 8 Abs. 1 WEG). 4

Von den Rechtsbeziehungen zwischen dem Bauträger und den übrigen am Bau Beteiligten zu unterscheiden sind die Rechtsbeziehungen zwischen dem Bauträger und den einzelnen Erwerbern. Beim klassischen Bauträgermodell ist Vertragspartner der Erwerber ausschließlich der Bauträger. Die Erwerber stehen zu den anderen am Bau Beteiligten regelmäßig in keinerlei Rechtsbeziehungen, sofern diesen nicht ausnahmsweise Ansprüche des Bauträgers (z.B. Mängelrechte) abgetreten werden. 5

1. Bauträgervertrag als Kombinationsvertrag

a) Grundlagen

Gegenüber den Erwerbern verpflichtet sich der Bauträger i.d.R. im zugrunde liegenden Bauträgervertrag zur Verschaffung eines Wohnungs- oder Teileigentumsrechts und zur Herstellung/Sanierung eines Gebäudes nebst Außenanlagen. Der Bauträgervertrag ist ein einheitlicher Kombinationsvertrag, bestehend aus mehreren Vertragstypen. Als Vertrag sui generis enthält er kaufvertragliche und werkvertragliche Elemente sowie Elemente eines Geschäftsbesorgungsvertrages (BGH NJW 1986, 925; OLG Koblenz NJW-RR 2007, 964 ff.). Auf die einzelnen Vertragsbestandteile sind grundsätzlich die für den jeweiligen Vertragstyp geltenden Rechtsvorschriften anzuwenden, wobei unter Berücksichtigung des Parteiwillens und des einheitlichen Vertragszweckes eine davon abweichende ganzheitliche Regelung erforderlich sein kann (s. dazu Rdn. 10 f.). Unmaßgeblich ist insoweit die Bezeichnung des Vertrages etwa als Kaufvertrag, da es hinsichtlich der anzuwendenden Vorschriften auf den Vertragsinhalt ankommt (BGH NJW 1987, 2373; 6

BGH NJW 1988, 135; BGH BauR 1990, 466). Die Parteien können auch nicht wirksam vereinbaren, dass auf den Bauträgervertrag insgesamt Kaufrecht Anwendung finden soll (BGH NJW 1989, 2748).

aa) Kaufvertragliches Element

7 Der Bauträger verpflichtet sich beim klassischen Bauträgermodell zur Verschaffung von Wohnungs- oder Teileigentum. Wohnungs- bzw. Teileigentum ist eine sog. Rechtsgesamtheit, bestehend aus einem ideellen Miteigentumsanteil am gemeinschaftlichen Eigentum i.V.m. dem Sondereigentum an einer Wohnung bzw. sonstigen Räumen. Insoweit handelt es sich daher um einen Rechtskauf i.S.d. § 453 BGB, auf den die Vorschriften der §§ 433 ff. BGB über den Sachkauf entsprechende Anwendung finden. Der Bauträger kann sich nach den allgemeinen Regeln zur Verschaffung von Wohnungs- bzw. Teileigentum bereits vor dessen Begründung, d.h. dem grundbuchlichen Vollzug der Teilungserklärung wirksam verpflichten. Für den Bauträger besteht in diesem Fall das Risiko, dass er das Wohnungseigentum nicht oder nicht wie versprochen verschaffen kann, etwa weil dessen Begründung nach § 22 Abs. 1 BauGB aufgrund einer Fremdenverkehrssatzung ausgeschlossen ist, eine Abgeschlossenheitsbescheinigung von der Baubehörde nicht erteilt wird etc.

bb) Werkvertragliches Element

8 Ferner verpflichtet sich der Bauträger regelmäßig werkvertraglich zur Herstellung eines Gebäudes einschließlich der Außenanlagen bzw. zur Sanierung oder Modernisierung eines Altbaus. Dem werkvertraglichen Element kommt im Regelfall wirtschaftlich gesehen das Primat zu. Regelmäßig überwiegt der Wert der zu erbringenden Bauleistungen den Wert des zu verschaffenden Wohnungseigentumsrechts. Für die Herstellungspflicht gilt das BGB-Werkvertragsrecht. Die VOB/B wird in Bauträgerverträgen nur selten vereinbart, da diese auf den Leistungsaustausch zwischen Besteller und Unternehmer zugeschnitten ist und den Besonderheiten des Bauträgerrechts (Erbringung weiterer Leistungen: Eigentumsverschaffung, Planungsleistungen etc) nicht gerecht wird. Die VOB/B enthält zudem eine Reihe von Regelungen, die zugunsten des Unternehmers (Bauträger) und zu Lasten des Bestellers (Erwerber) vom BGB-Werkvertragsrecht abweichen und einer Klauselkontrolle nicht standhalten. Nach In-Kraft-Treten des Schuldrechtsmodernisierungsgesetzes und des Wegfalls der Privilegierung der VOB/B unterliegen deren Regelungen insgesamt einer Klauselkontrolle nach §§ 305 ff. BGB (BGH NJW 2004, 1597 f.).

cc) Geschäftsbesorgungsvertragliches Element

9 Neben dem werk- bzw. werklieferungsvertraglichen und dem kaufvertraglichen Element enthält der Bauträgervertrag im Einzelfall auch Bestandteile des Auftrags- und Geschäftsbesorgungsvertrages (BGH NJW 1985, 2573; BGH NJW 1986, 925, 926). So vermitteln Bauträger gelegentlich die Finanzierung des Erwerbspreises und gestalten die Finanzierung aktiv mit, etwa durch Regelungen von Mietgarantien zur Erhöhung der Eigenkapitalquote. Des Weiteren hat der Bauträger regelmäßig die Stellung eines Baubetreuers oder Architekten inne und übernimmt Beratungs- und Betreuungsfunktionen, etwa in Bezug auf Planung und Beratung hinsichtlich der Ausstattung des Sondereigentums.

dd) Anwendung vertragsbestandteilstypischer Normen und Kollisionsausgleich

Hinsichtlich des auf gemischte Verträge anwendbaren Rechts ist einerseits zu berücksichtigen, dass der Vertrag insgesamt eine Einheit bildet, andererseits aber verschiedene Vertragstypen miteinander kombiniert sind. Grundsätzlich sind für jeden Vertragsbestandteil die Vorschriften des entsprechenden Vertragstyps anzuwenden. Bei kollidierenden gesetzlichen Vorschriften ist unter Berücksichtigung der vertraglichen Abreden, des Vertragszwecks und der Interessenlage im Hinblick auf die Einheitlichkeit des Vertrages eine sachgerechte Lösung zu finden. In der Regel ist danach bei kollidierenden Vorschriften der einzelnen Vertragstypen das Recht desjenigen Vertragstyps anzuwenden, welcher insoweit den rechtlichen oder wirtschaftlichen Schwerpunkt bildet (BGH NJW 1981, 341, 342; BGH NJW 1995, 324, 326; Palandt/Heinrichs Überbl. V. § 311 Rn. 24 ff.). **10**

Für den Bauträgervertrag ergeben sich hieraus folgende Besonderheiten: **11**

- Mängelrechte: Für Mängel am Bauwerk gelten die werkvertraglichen Gewährleistungsvorschriften, für Mängel am Wohnungseigentum/Grundstück die kaufvertraglichen Gewährleistungsrechte (Grundsatz der Anwendung vertragsbestandsteilstypischer Normen) (Pause NZBau 2000, 234, 236; Basty Rn. 663 f.). Hinsichtlich der Bebaubarkeit des Grundstücks und der Bodenqualität richtet sich die Mängelhaftung nach Werkvertragsrecht, weil insoweit die Tätigkeiten des Bauträgers als Planer und Bauunternehmer im Vordergrund stehen (BGH NJW 2001, 1642, 1643).
- Verjährung der Mängelrechte: Wegen Mängeln am Wohnungseigentum/Grundstück gilt § 438 BGB, wegen Mängeln der Werkleistung gilt § 634a BGB (Grundsatz der Anwendung vertragsbestandsteilstypischer Normen) (Basty a.a.O.).
- Kündigung: Der Bauträger ist zu einer kalkulatorisch untrennbaren Gesamtleistung verpflichtet. Eine ordentliche Kündigung des werkvertraglichen Teils nach § 649 BGB ist deshalb ausgeschlossen und lediglich eine Teilkündigung aus wichtigem Grund möglich (Grundsatz der Vertragseinheit) (BGH NJW 1986, 925, 926 f.).
- Form: Der Bauträgervertrag bedarf wegen der erforderlichen Warn- und Beratungsfunktion bei Grundstücksgeschäften insgesamt gem. § 311b BGB der notariellen Beurkundung (Grundsatz des Schwerpunktes vertragsbestandsteilstypischer Normen und der Vertragseinheit) (BGH NJW 1986, 925, 926).
- Vergütung: Die Parteien können im Bauträgervertrag jeweils einen separaten Vergütungsanspruch für die Werkleistungen und den Kaufgegenstand ausweisen, wobei klar werden muss, dass ein gesondertes Entgelt vereinbart und nicht lediglich ein einheitlicher Vergütungsanspruch rechnerisch aufgegliedert werden soll (BGH NJW 1988, 483). In diesem Fall gilt für den kaufvertraglichen Vergütungsanspruch (Fälligkeit, Verjährung etc.) Kaufrecht und für den werkvertraglichen Vergütungsanspruch Werkvertragsrecht. Ist dagegen ein einheitlicher Vergütungsanspruch vereinbart worden, so ist zu differenzieren: Überwiegt wirtschaftlich der Wert der Bauleistung, gilt einheitlich Werkvertragsrecht (BGH NJW 1979, 156; BGH NJW 1979, 1650; BGH NJW 1981, 1665, 1666; BGH NJW 1986, 925, 926). Steht demgegenüber die Eigentumsverschaffung wirtschaftlich im Mittelpunkt, etwa wenn sich der Bauträger bei einer Altbaumodernisierung nur zu untergeordneten Instandsetzungsmaßnahmen verpflichtet hat, gilt Kaufrecht (Grundsatz des Schwerpunktes vertragsbestandteilstypischer Normen und Grundsatz der Vertragseinheit) (Ott NZBau 2003, 233, 234).
- Planungsleistungen: Auf die für vom Bauträger zu erbringende Planungsleistungen entfallende Teilvergütung ist die HOAI nicht anzuwenden. Der Bauträger kann die Vergütung insoweit frei berechnen (BGH NJW 1997, 2329, 2330).

b) Abweichende Individualverträge

12 Im Regelfall schließt der Bauträger mit sämtlichen Erwerbern hinsichtlich der von ihm zu erbringenden Werkleistung am Gemeinschaftseigentum inhaltsgleiche Verträge. Die Erwerbsverträge unterscheiden sich lediglich hinsichtlich des zu verschaffenden bzw. herzustellenden Sondereigentums und eventueller Sondernutzungsrechte am gemeinschaftlichen Eigentum. In diesen Fällen ist der werkvertragliche Herstellungsanspruch aller Erwerber für das Gemeinschaftseigentum nach Auffassung des BGH auf eine einheitlich unteilbare Leistung i.S.d. § 428 BGB gerichtet (BGH NJW 1979, 2207). Bedeutsam ist dies vor allen Dingen für die Verfolgung von Mängelrechten (s. dazu Rdn. 133 ff.).

13 In der Praxis werden sämtliche Bauträgerverträge i.d.R. von einem Notar beurkundet. Dies bietet Gewähr dafür, dass sich zwischen einzelnen Erwerbsverträgen keine Widersprüche hinsichtlich der Eigentumsverschaffungsverpflichtung ergeben und der Bauträger sich im Hinblick auf die Herstellung des gemeinschaftlichen Eigentums sämtlichen Erwerbern gegenüber zu derselben Leistung verpflichtet. Die Erwerber haben dann jeweils einen klar abgegrenzten Eigentumsverschaffungsanspruch und einen auf die gleiche Leistung gerichteten Herstellungsanspruch für das Gemeinschaftseigentum. Dies ist der praktische Normalfall. Schwierigkeiten ergeben sich, wenn die Eigentumsverschaffungsverpflichtungen in den Erwerbsverträgen einander widersprechen oder Herstellungsverpflichtungen mit unterschiedlichem Inhalt vereinbart werden. Der Bauträger läuft aufgrund dessen Gefahr, sich schadensersatzpflichtig zu machen, wenn ihm die Erfüllung seiner Leistungspflichten gegenüber einzelnen Erwerbern unmöglich ist.

aa) Divergenzen zwischen Eigentumsverschaffungsverpflichtungen

14 Divergenzen zwischen Eigentumsverschaffungsverpflichtungen treten gelegentlich dann auf, wenn nicht sämtliche Erwerbsverträge von einem vom Bauträger benannten Notar, sondern von verschiedenen Notaren beurkundet werden, oder bei nachträglichen Änderungen der Teilungserklärung. So kann es geschehen, dass der Bauträger sich etwa in einem Erwerbsvertrag zur Verschaffung eines Sondernutzungsrechtes verpflichtet, einem anderen Erwerber an demselben Raum aber die Begründung von Sondereigentum verspricht. Der Bauträger sollte derartige Fehler im eigenen Interesse vermeiden, um sich nicht gegenüber einzelnen Erwerbern schadensersatzpflichtig zu machen.

bb) Divergenzen zwischen Herstellungsverpflichtungen

15 Ähnliche Probleme können entstehen, wenn sich die Erwerbsverträge hinsichtlich der Verpflichtung zur Herstellung des Gemeinschaftseigentums unterscheiden. Eine solche Konstellation kann entstehen, wenn eine in Bezug genommene Baubeschreibung geändert wird oder der Bauträger sich gegenüber einzelnen Erwerbern zur Erfüllung von »Sonderwünschen« hinsichtlich des Gemeinschaftseigentums verpflichtet. In der Praxis kommt es auch gelegentlich vor, dass in Bezug genommene Aufteilungspläne nachträglich geändert werden und einzelne Erwerbsverträge auf verschiedene Versionen Bezug nehmen. Der Bauträger sollte auch hier im eigenen Interesse zwingend darauf achten, dass sich Herstellungsverpflichtungen in den Erwerbsverträgen nicht widersprechen.

2. Besondere Vertragsgestaltungen

16 Von dem typischen Bauträgermodell, d.h. Kombinationsvertrag mit inhaltsgleicher werkvertraglicher Herstellungspflicht hinsichtlich des Gemeinschaftseigentums, werden in der Praxis mitunter abweichende Vertragsgestaltungen gewählt. Hieraus können sich erhebliche Abweichungen vornehmlich für die Rechte der Erwerber ergeben.

a) Gebäudebezogene Herstellungsverpflichtungen bei Mehrhausanlagen

Im Regelfall wird auch bei sog. Mehrhausanlagen (Errichtung mehrerer Gebäude auf einem Grundstück und Begründung von Wohnungseigentum) in sämtlichen Erwerbsverträgen eine Baubeschreibung bezogen auf die Herstellung des gesamten gemeinschaftlichen Eigentums in Bezug genommen. In diesem Fall können alle Erwerber gleichermaßen vom Bauträger Herstellung verlangen. Etwas anderes gilt indessen bei atypischen Vertragsgestaltungen, in denen lediglich gebäudebezogene Herstellungsverpflichtungen übernommen werden. Legt der Bauträger etwa dem jeweiligen Erwerbsvertrag nur eine Baubeschreibung über die Errichtung/Sanierung desjenigen Gebäudes zugrunde, in dem der Erwerber Sondereigentum erwerben soll, steht diesem auch nur insoweit ein Herstellungsanspruch zu. Der Erwerber kann ohne eine zusätzliche Abrede in seinem Erwerbsvertrag vom Bauträger aber nicht verlangen, dass auch die übrigen Gebäude nach Maßgabe der anderen Baubeschreibungen hergestellt werden. Jeder Erwerber kann insoweit nur Ansprüche aus seinem konkreten Vertrag mit dem Bauträger herleiten. Rechtliche Probleme ergeben sich in diesem Zusammenhang auch im Hinblick auf eine gemeinschaftliche Verfolgung von Mängelrechten (s. Rdn. 134). 17

b) Verträge über bereits fertig gestellte Gebäude

Die Rechtsprechung hat auf vor In-Kraft-Treten des Schuldrechtsmodernisierungsgesetzes am 01.01.2002 geschlossene Verträge auch dann jedenfalls das werkvertragliche Gewährleistungsrecht angewandt, wenn sich der Bauträger lediglich zur Übertragung von Wohnungseigentum in einem bereits fertig gestellten bzw. sanierten Gebäude verpflichtete (BGH NZM 2005, 187, 188; BGH BauR 1989, 579; BGH NJW 1985, 1551; BGH NJW 1982, 2243; OLG Düsseldorf BauR 2003, 1911). Dies galt sowohl für Neubauten, selbst wenn diese bereits zwei Jahre vor Vertragsschluss erstellt worden waren (BGH BauR 1985, 314, 315; BGH BauR 1991, 85, 86), als auch für bereits vor Veräußerung abgeschlossene Sanierungen, wenn diese mit umfangreichen Arbeiten und erheblichen Eingriffen in die Altbausubstanz verbunden gewesen sind, deren Bedeutung und Umfang der Errichtung eines Neubaus gleich kommen (BGH NJW 1988, 490, 492; BGH NJW 1988, 1972; BGH NJW 1998, 2748, 2749; OLG Hamburg BauR 1997, 835). Obwohl die Bauleistung bereits vor Vertragsschluss erbracht worden war, wurde eine analoge Anwendung des Werkvertragsrechts vor allem mit den strukturellen Unterschieden zwischen Kauf- und Werkvertragsrecht nach alter Rechtslage begründet. Insbesondere stand dem Käufer anders als dem Besteller kein Nacherfüllungsanspruch zu und die Verjährungsfrist für Gewährleistungsansprüche betrug lediglich ein Jahr (§ 477 BGB a.F.). Es wurde als wenig interessengerecht angesehen, dass der Bauträger bei kurz vor Vertragsschluss fertig gestellten Gebäude wegen Mängeln lediglich ein Jahr ab Übergabe haften sollte (§ 477 BGB a.F.), bei kurz nach Vertragsschluss fertig gestellten Gebäude dagegen fünf Jahre ab Abnahme (§ 638 BGB a.F.). 18

Nach einer im Schrifttum vertretenen Auffassung sollen diese Grundsätze auch auf nach In-Kraft-Treten des Schuldrechtsmodernisierungsgesetzes geschlossene Verträge Anwendung finden (Thode NZBau 2002, 297, 299; Pauly MDR 2004, 16, 17; Pause NZBau 2002, 648; Vogel ZfIR 2005, 139; Bub PiG 72, 79, 85; Dauner-Lieb/Heidel/Lepa/Ring § 438 Rn. 13; offen gelassen BGH ZWE 2007, 404, 406). Der Bauträger habe auch bei bereits vor Vertragsschluss fertig gestellten Gebäuden eine Herstellungsverpflichtung übernommen. Zudem bestünden nach wie vor strukturelle Unterschiede zwischen neuem Kauf- und Werkvertragsrecht. So würden die Gewährleistungsfristen im Kaufrecht ab Übergabe und nicht ab Abnahme zu laufen beginnen, im Kaufrecht könnte der Käufer über die Art und Weise der Nacherfüllung (Lieferung einer neuen Sache oder Nachbesserung) befinden, wohingegen im Werkvertragsrecht diese Entscheidung dem 19

Unternehmer obliege und der Käufer habe anders als der Besteller kein Recht zur Selbstvornahme. Diese Auffassung dürfte nach neuem Recht nicht mehr vertretbar sein. Zum einen wird übersehen, dass der Bauträger keine Herstellungsverpflichtung übernimmt, wenn er lediglich die Übertragung von Wohnungseigentum verspricht. Der Bauträger verpflichtet sich nicht zur Errichtung eines Gebäudes, sondern zur Verschaffung von Wohnungseigentum in einem bereits hergestellten Gebäude. Eine Herstellungsverpflichtung wäre auf eine unmögliche Leistung (sog. Perplexität) gerichtet; der Bauträger würde sich zur Herstellung eines Gebäudes verpflichten, welches er bereits vor Vertragsschluss fertig gestellt hat. Zudem sind nach In-Kraft-Treten des Schuldrechtsmodernisierungsgesetzes die Voraussetzungen für eine analoge Anwendung des Werkvertragsrechts (planwidrige Reglungslücke, vergleichbare Interessenlage) nicht mehr gegeben. Der Gesetzgeber hat mit dem Schuldrechtsmodernisierungsgesetz die Mängelrechte des Kauf- und Werkvertragsrechts harmonisiert. Auch im Kaufrecht beträgt die Verjährungsfrist für Mängelrechte nunmehr fünf Jahre und dem Käufer steht zudem auch ein Anspruch auf Nacherfüllung zu. Eine analoge Anwendung des Werkvertragsrechts auch nach In-Kraft-Treten des Schuldrechtsmodernisierungsgesetzes ist kaum zu begründen. Auf nach dem 01.01.2002 geschlossene Bauträgerverträge bezogen auf vor Vertragsschluss bereits fertig gestellte Gebäude ist daher ausschließlich Kaufrecht anzuwenden. (Brambring DNotZ 2001, 904, 906; Hertel DNotZ 2002, 6, 18; Teichmann ZfBR 2002, 13, 19; Heinemann ZfiR 2002, 167, 168; Hildebrandt ZfiR 2003, 489; Ott NZBau 2003, 233, 238 f.; Kanzleiter DNotZ 2006, 246, 247).

c) Verkäufer-/Generalunternehmer- bzw. -übernehmer-Modell

20 Besonderheiten vor allem im Bezug auf die primären Leistungspflichten und die Mängelrechte des Erwerbers ergeben sich auch beim sog. Verkäufer-/Generalunternehmer- bzw. -übernehmer-Modell. Bei dieser Vertragsgestaltung steht dem Erwerber nicht eine Person als Bauträger gegenüber. Vielmehr werden die werkvertragliche Herstellungspflicht und die kaufvertragliche Eigentumsverschaffungspflicht von verschiedenen Personen übernommen. In der Praxis sind etwa folgende Vertragsgestaltungen anzutreffen:

21 • In ein und demselben Erwerbsvertrag verpflichtet sich eine Person zur Verschaffung von Wohnungseigentum, wohingegen eine andere Person die Verpflichtung zur Herstellung/Sanierung des Gebäudes übernimmt.

22 • Der teilende Eigentümer hat bereits einen Generalunternehmer- bzw. -übernehmervertrag zur Herstellung/Sanierung des Gebäudes geschlossen. In dem Erwerbsvertrag verpflichtet sich der teilende Eigentümer lediglich zur Eigentumsverschaffung. Zugleich wird der Eintritt des Erwerbers anstelle des teilenden Eigentümers in den Generalunternehmer-/-übernehmervertrag im Wege einer (dreiseitigen) Vertragsübernahme geregelt (sog. Vertragsübernahmemodell).

23 Bei beiden Vertragsgestaltungen wird regelmäßig die Haftung des Verkäufers für Baumängel ausgeschlossen. Diese Vertragsgestaltungen sind zulässig. Insbesondere verstößt eine Freizeichnungsklausel nicht gegen § 309 Nr. 8 BGB. Denn die Rechte des Erwerbers werden nicht beeinträchtigt. Dieser kann Mängelrechte etwa nur nicht gegenüber einer Person (Bauträger) geltend machen, sondern muss bei Mängeln der Werkleistung den Werkunternehmer und bei Mängeln des Kaufgegenstandes den Verkäufer in Anspruch nehmen. Die Rechtslage ist insoweit vergleichbar als hätte der Erwerber von vornherein zwei separate Verträge (Werkvertrag und Kaufvertrag) geschlossen (OLG Koblenz BauRB 2004, 196 f. (m. Anm. Ott); OLG Hamm NJW-RR 2006, 1164 f.).

III. Vertragsschluss

24 Ein Bauträgervertrag kommt nach den allgemeinen Regeln durch Angebot und Annahme zustande. Inhaltlich müssen die Vertragsparteien und die jeweiligen Leistungspflichten bestimmt bezeichnet sein. Zudem sind vor allen Dingen die Erwerberschutzvorschriften der MaBV zu beachten. Insbesondere die darin enthaltenen Entgegennahmeverbote stellen Verbotsgesetze i.S.d. § 134 BGB dar und führen zur Nichtigkeit hiervon zu Lasten des Erwerbers abweichender vertraglicher Regelungen (BGH NJW 2001, 818, 819).

1. Leistungspflichten der Parteien

25 Hauptleistungspflichten des Bauträgers sind nach dem Bauträgervertrag regelmäßig die kaufvertragliche Verschaffung des Wohnungseigentums und die werkvertragliche Herstellung des Gebäudes einschließlich der Außenanlagen, wohingegen der Erwerber zur Zahlung der vereinbarten Vergütung, zur Entgegennahme des Wohnungseigentums und zur Abnahme der Werkleistung verpflichtet ist. Daneben können die Parteien weitere Pflichten treffen, etwa zusätzliche geschäftsbesorgungsvertragliche Verpflichtungen des Bauträgers, Zahlungsverpflichtungen aufgrund einer übernommenen Mietgarantie etc.

a) Eigentumsverschaffungspflicht des Bauträgers

aa) Inhalt

26 In der Praxis kommt es immer wieder vor, dass Bauträger versuchen, Erwerber gerade bei Bestehen von Mängeln unter Druck zu setzen und die Auflassung von der vollständigen Zahlung der Vergütung abhängig zu machen. Erwerber geben dann häufig aus Unkenntnis nach. Der Bauträger ist nämlich verpflichtet, dem Erwerber das Wohnungseigentum so zu verschaffen, wie er dies vertraglich versprochen hat. Der Kaufgegenstand muss gem. § 433 Abs. 1 S. 2 BGB frei von Sach- und Rechtsmängeln sein. Der Bauträger darf den Kaufgegenstand (Wohnungseigentum) nicht nach Vertragsschluss einseitig ändern. Dies gilt sowohl für den Gegenstand des Sondereigentums und des Gemeinschaftseigentums, die Höhe des versprochenen Miteigentumsanteils als auch für versprochene Sondernutzungsrechte am gemeinschaftlichen Eigentum. Der Bauträger sollte dies zwingend bei eventuellen Änderungen der Teilungserklärung und Gemeinschaftsordnung beachten, um nicht Mängelrechten einzelner Erwerber ausgesetzt zu sein. Ein besonderes Risiko geht der Bauträger ein, wenn Erwerbsverträge zu einem Zeitpunkt geschlossen werden, in dem die Teilungserklärung noch nicht vollzogen wurde (Wohnungseigentum also noch nicht entstanden ist), eine Abgeschlossenheitsbescheinigung der Baubehörde nicht vorliegt oder eine Baugenehmigung bzw. sonstige öffentlich-rechtliche Genehmigungen nicht oder nur unter Auflagen erteilt worden sind. Dies kann zur Unmöglichkeit der Leistung führen bzw. einer mangelfreien Erfüllung der Eigentumsverschaffungspflicht entgegenstehen.

27 Der Bauträger ist zur sofortigen Auflassung bzw. zum sofortigen Vollzug einer bereits im Vertrag erklärten Auflassung und zur Herbeiführung der Eigentumsumschreibung im Grundbuch verpflichtet, wenn der Erwerber lediglich einen nur noch verhältnismäßig geringfügigen Teil der Vergütung zurückbehalten hat und sich der Bauträger mit der Beseitigung von Mängeln in Verzug befindet. Der Bauträger kann sich hier nach § 320 Abs. 2 BGB nicht auf die Einrede des nicht erfüllten Vertrages berufen (OLG München IBR 2008, 157). Hat der Bauträger dagegen ursprünglich vorhandene Mängel zwischenzeitlich beseitigt, ist das Berufen auf ein Zurückbehaltungsrecht gegenüber dem Auflassungsanspruch des Erwerbers nicht treuwidrig i.S.d. § 320 Abs. 2 BGB, selbst wenn nur noch die Fertigstellungsrate in Höhe von 3,5 % offen ist (OLG Karlsruhe IBR 2007,

1039). Das Zurückbehaltungsrecht kann auch dann noch geltend gemacht werden, wenn der Zahlungsanspruch des Bauträgers bereits verjährt ist, weil dieser dem Auflassungsanspruch in unverjährter Zeit gegenüberstand (OLG Karlsruhe, a.a.O.).

28 Im Falle der Insolvenz des Bauträgers findet eine Aufspaltung des Bauträgervertrages in das kaufvertragliche Element (Verschaffung von Wohnungseigentum) und das werkvertragliche Element (werkvertragliche Herstellungspflicht) statt. Ist zu Gunsten des Erwerbers eine Auflassungsvormerkung bereits im Grundbuch eingetragen, so kann dieser nach § 106 Abs. 1 InsO Eigentumsumschreibung verlangen, auch wenn der Insolvenzverwalter nach § 103 InsO Nichterfüllung des Vertrages wählt. Der Anspruch auf Auflassung/Eigentumsumschreibung ist jedoch nur dann begründet, wenn der Erwerber den auf die Übereignung des Wohnungseigentums entfallenden Teil der Vergütung gezahlt hat. Die Höhe des Teilbetrages ist nötigenfalls im Wege der ergänzenden Vertragsauslegung oder nach §§ 315 f. BGB zu ermitteln (OLG Koblenz NZM 2007, 607, 608).

bb) Änderungsvorbehalte

29 Der Bauträger kann Änderungsbedürfnissen (Erwerberwünsche, geänderte Bauausführung) nicht wirksam durch allgemeine Änderungsvorbehalte in den Erwerbsverträgen Rechnung tragen. Änderungsvorbehalte in Erwerbsverträgen, die dem Bauträger nachträglich allgemein eine umfassende Modifikation des Kaufgegenstandes gestatten, sind als allgemeine Geschäftsbedingungen nach § 308 Nr. 4 BGB unwirksam.

30 Dies bedeutet indessen nicht, dass in Formularverträgen jedwede Änderungen des Kaufgegenstandes nach Vertragsschluss ausgeschlossen wären. Denn gerade bei größeren Wohnanlagen können sich nachträglich Änderungserfordernisse hinsichtlich der Aufteilung ergeben, sei es aufgrund behördlicher Entscheidungen oder infolge des Bedürfnisses des Bauträgers, flexibel auf die Wünsche einzelner Erwerber im Absatzinteresse eingehen zu können. Der Bauträger kann dem in den Erwerbsverträgen durch Änderungsvorbehalte bzw. Vollmachtsregelungen auch im Rahmen Allgemeiner Geschäftsbedingungen Rechnung tragen, sofern die Vorgaben des § 308 Nr. 4 BGB beachtet werden. Danach kann eine einseitige Änderung der versprochenen Leistung durch den Verwender allgemeiner Geschäftsbedingungen vereinbart werden, wenn diese unter Berücksichtigung der besonderen Interessen für den anderen Vertragsteil zumutbar ist. Nicht zu beanstanden dürften Klauseln sein, wonach der Bauträger bevollmächtigt wird,

»*... die Teilungserklärung mit Gemeinschaftsordnung nachträglich zu ändern, sofern dies aufgrund behördlicher Vorgaben erforderlich oder für den Erwerber zumutbar ist, wobei Inhalt und Umfang des Sondereigentums bei wirtschaftlicher Betrachtung nicht wesentlich beschränkt werden dürfen ...*« (OLG Frankfurt/M. BauR 2000, 1204, 1207; Formulierungsbeispiel bei Basty Rn. 186).

Dies gilt auch für eine Klausel, wonach der Bauträger berechtigt ist,

»*... von der geplanten Bauausführung abzuweichen und Änderungen der vorgesehenen Baustoffe und Einrichtungsgegenstände vorzunehmen, wenn diese entweder geringfügig und/oder gleichwertig sind, entsprechende behördliche Auflagen oder Anordnungen ergehen oder sonstige wichtige Gründe vorliegen und der Wert der insgesamt zu erbringenden Leistungen nicht gemindert wird sowie Änderungen insgesamt dem Erwerber zumutbar sind.*« (OLG Frankfurt/M. BauR 2000, 1204, 1207).

Wegen der fehlenden Beschränkung auf einen triftigen Grund unwirksam ist dagegen eine Klausel gem. § 308 Nr. 4 BGB, wonach

»Änderungen der Bauausführung, der Material- bzw. Baustoffauswahl, soweit sie gleichwertig sind, vorbehalten bleiben.« (BGH BauR 2005, 1473, 1475).

Gleiches gilt für einen Änderungsvorbehalt, wonach

»von der Leistungsbeschreibung abweichende Ausführungen vorbehalten bleiben, sofern damit technische Verbesserungen verbunden/oder der Gesamtwert des Objektes nicht wesentlich beeinträchtigt werden.« (OLG Hamm BauR 2005, 1324, 1325).

Im Rahmen einer Individualvereinbarung, was praktisch kaum vorkommen dürfte, sind demgegenüber auch allgemeine Änderungsvorbehalte zulässig. Allerdings unterliegt die konkrete Ausübung des Leistungsbestimmungsrechts der Billigkeitskontrolle nach § 315 Abs. 3 BGB (Leistungsbestimmung nach billigem Ermessen). **31**

cc) Verjährung

Der Anspruch des Erwerbers auf Eigentumsverschaffung verjährt gem. § 196 BGB innerhalb von 10 Jahren seit Vertragsschluss (§ 200 BGB). Der Anspruch auf Beseitigung im Grundbuch eingetragener Belastungen nach § 438 Abs. 1 Nr. 1 BGB in 30 Jahren ab Übergabe. **32**

b) Werkvertragliche Herstellungspflicht des Bauträgers

Neben der mangelfreien Eigentumsverschaffung hat der Bauträger gem. § 631 Abs. 1 BGB das von ihm versprochene Werk (ebenfalls mangelfrei) herzustellen. Zur Konkretisierung der Herstellungsverpflichtung ist in den Erwerbsverträgen regelmäßig Bezug genommen auf eine Baubeschreibung und den Aufteilungsplan. Der Umfang der Herstellungspflicht kann sich zudem aus einem zugrunde liegenden Exposé oder Prospekt ergeben. **33**

aa) Baubeschreibung

(1) Beschriebene Leistungen

Der Umfang der werkvertraglichen Herstellungspflicht ergibt sich in erster Linie aus der Baubeschreibung. Die darin explizit aufgeführten Leistungen gehören zum geschuldeten Bausoll. Der einzelne Erwerber kann eine Herstellung allerdings nur nach Maßgabe der Baubeschreibung verlangen, die Gegenstand seines Erwerbsvertrages ist. Gerade bei Mehrhausanlagen werden vom Bauträger gelegentlich gebäudebezogene Baubeschreibungen erstellt und Erwerbsverträgen jeweils nur die Baubeschreibung für das Gebäude zugrunde gelegt, in dem der Erwerber Sondereigentum erwerben soll. Verpflichtet sich der Bauträger im Erwerbsvertrag nicht zusätzlich auch zur Herstellung der anderen Gebäude, kann der Erwerber lediglich die Herstellung des betreffenden Gebäudes nach Maßgabe der vereinbarten Baubeschreibung verlangen. **34**

(2) Nicht beschriebene, aber geschuldete Leistungen

Die Leistungspflicht des Bauträgers ist nicht zwangsläufig auf die in der Baubeschreibung beschriebenen Leistungen beschränkt, sondern kann darüber hinausgehen. Denn der Unternehmer hat ein Werk herzustellen, dass den vertraglich vorausgesetzten Zweck erfüllt bzw. sich für eine gewöhnliche Verwendung eignet und eine übliche Beschaffenheit aufweist sowie funktionstauglich ist (sog. funktionaler Leistungsbegriff) (BGH BauR 1995, 230; BGH BauR 2000, 411, 412; BGH BauR 2001, 823; BGH BauR 2003, 533 f.). **35**

36 Im Falle der Neuherstellung eines Gebäudes ist dies selbstverständlich. Verpflichtet sich der Bauträger zur Neuerrichtung eines Gebäudes, so sind etwa auch Türen, Fenster, Oberbodenbelag, Elektroinstallationen etc. einzubauen, selbst wenn diese in der Baubeschreibung nicht ausdrücklich erwähnt sind. Ist in der Baubeschreibung nicht ausdrücklich angegeben, welche Art von Materialien der Bauträger zu verwenden hat (z.B. bestimmte Dachsteinsorte, Fliesenart etc.), so obliegt dem Bauträger insoweit ein Leistungsbestimmungsrecht nach § 315 Abs. 1 BGB. Hiernach schuldet der Bauträger eine Qualität mittlerer Art und Güte.

37 Diese Grundsätze gelten auch bei Altbaumodernisierungen. Der vom Bauträger geschuldete funktionale Erfolg kann sich zum einen aus der Art und Bedeutung der in der Baubeschreibung aufgeführten Leistungen und zum anderen aus sonstigen vertraglichen Regelungen sowie Begleitumständen (z.B. Exposé) ergeben. Sind etwa die in der Baubeschreibung explizit aufgeführten Leistungen nach Umfang und Bedeutung so gravierend, dass Sie mit Bauarbeiten an einem Neubau vergleichbar sind (z.B. Neueindeckung des Daches, Neuherstellung der Entwässerungsanlage und gesamten Elektrik, Verputzen der Fassade etc.), so schuldet der Bauträger im Zweifel und ohne besondere Anhaltspunkte (z.B. ausdrückliche Leistungsbeschränkung) nicht nur diese Leistungen, sondern insgesamt eine Neuherstellung nach dem aktuellen Stand der Technik (BGH NZM 2006, 21 f.; BGH NJW 1988, 490, 492; BGH NJW 1988, 1972). Dies gilt erst Recht, wenn der Bauträger im zugrunde liegenden Exposé (BGH NJW 1988, 490, 492) oder im Vertrag eine »schlüsselfertige Sanierung« oder eine »Sanierung bis auf die Grundmauern« verspricht (BGH NZM 2005, 187, 189). Im Wege der Auslegung ergibt sich, dass der Bauträger über die in der Baubeschreibung aufgeführten Leistungen hinaus auch die nichterwähnte Altbausubstanz zu sanieren hat. Der Bauträger tut sich mit möglichst nebulösen und schwammigen Baubeschreibungen, wie in der Praxis üblich, keinen Gefallen. Vielmehr sollte dieser im Eigeninteresse auf eine möglichst präzise Leistungsbeschreibung achten und klar erkennbar für den Erwerber zum Ausdruck bringen, dass nur die beschriebenen Leistungen erbracht werden sollen. Geschieht dies, so richten sich die Rechte des Erwerbers wegen Mängeln der von der Modernisierung unberührt gebliebenen Altbausubstanz nach Kaufrecht. Insoweit können Mängelrechte jedenfalls in einem Individualvertrag wirksam auch ohne ausführliche notarielle Belehrung bei der Beurkundung im Vertrag ausgeschlossen werden (BGH NZM 2006, 21, 22).

bb) Aufteilungsplan, Außenanlagenplan, Sondernutzungsplan

38 In Bauträgerverträgen wird regelmäßig auf einen beigefügten Aufteilungsplan Bezug genommen. Der Bauträger hat das Gebäude danach herzustellen. Der Bauträger muss unbedingt darauf achten, dass sämtlichen Erwerbsverträgen derselbe Aufteilungsplan zugrunde gelegt wird. Dies sollte zudem möglichst der der Eintragungsbewilligung zum Vollzug der Teilungserklärung beigefügte amtliche Aufteilungsplan (§ 7 Abs. 4 Nr. 1 WEG) sein, um Wertungswidersprüche zu vermeiden. In der Praxis ist häufig festzustellen, dass in einzelnen Erwerbsverträgen wegen nachträglicher Planungsänderungen verschiedene Versionen eines Aufteilungsplans in Bezug genommen werden. Der Bauträger steht dann vor dem Problem, dass er bei Divergenzen seine werkvertragliche Herstellungspflicht nicht gegenüber allen Erwerbern erfüllen kann. Gleiches gilt für die den Erwerbsverträgen beigefügten Außenanlagenpläne oder Sondernutzungspläne. Auch hier ist der Bauträger gegenüber dem einzelnen Erwerber verpflichtet, die Außenanlagen nach Maßgabe des in dem konkreten Vertrag in Bezug genommenen Außenanlageplans herzustellen bzw. Sondernutzungsflächen (z.B. Kfz-Stellplätze, Gartenflächen etc.) herzustellen.

cc) Prospekt/Exposé

Die werkvertragliche Herstellungspflicht kann zudem durch Angaben in einem Prospekt oder Exposé konkretisiert werden, wenn diese im Vertrag besonders erwähnt sind. 39

Auch wenn ein Exposé oder Prospekt nicht durch besondere Erwähnung Vertragsbestandteil geworden ist, was der Regelfall sein dürfte, kann sich im Wege der Auslegung ergeben, dass der Bauträger darin erwähnte Leistungen schuldet (BGH NZM 2008, 136, 137; BGH BauR 2008, 351 ff.; BGH NJW-RR 1987, 1046; BGH NJW 1997, 2874). Denn im Rahmen der Auslegung gem. §§ 133, 157 BGB sind auch Begleitumstände des Vertragsschlusses zu berücksichtigen (BGH NZM 2006, 21, 22; BGH NJW-RR 2000, 1002, 1003). Enthält der Prospekt etwa die Aussage, dass eine »exklusive Wohnresidenz mit hochwertiger Ausstattung errichtet werde«, so darf der Bauträger mangels ausdrücklicher Regelung im Vertrag oder in der Baubeschreibung nicht lediglich Materialien »mittlerer Art und Güte« verwenden, sondern schuldet eine »qualitativ hochwertige Ausstattung« (BGH NZM 2009, 590, 592). Gleiches gilt, wenn im Prospekt etwa eine bestimmte Fliesensorte bezeichnet ist und die Baubeschreibung hierzu keine Angaben enthält. Wirbt der Bauträger im Prospekt mit »Exklusive Eigentumswohnung« und »Maßstab für Traum-Wohnungen«, so schuldet er Wohnungen, die nicht nur Durchschnittsanforderungen, sondern besonderen Komfortansprüchen genügen. Hierzu gehört die Gewährleistung eines Trittschallschutzes der Schallschutzstufe 2 und nicht lediglich der Schallschutzstufe 1 nach DIN 4109–10 (BGH NZM 2009, 590, 592; OLG Stuttgart MDR 2008, 21; OLG Karlsruhe GE 2007, 147 ff.). 40

Ist ein Exposé oder ein Prospekt nicht Vertragsbestandteil geworden und entsprechen die darin enthaltenen Angaben nicht den vertraglichen Regelungen (z.B. im Prospekt sind hochwertige Badarmaturen erwähnt, in der Baubeschreibung aber nur solche mittlerer Qualität), so kann hieraus ein Schadensersatzanspruch des Erwerbers gem. §§ 241 Abs. 2, 311 Abs. 2 i.V.m. §§ 280 ff. BGB wegen Verschulden bei Vertragsschluss entstehen. Denn der Bauträger ist verpflichtet, auf eventuelle Abweichungen vom Prospekt explizit hinzuweisen (Grziwotz/Koeble 4. Teil Rn. 331). 41

dd) Besonderheiten bei Altbausanierung

Es wurde bereits darauf hingewiesen, dass es ein weit verbreiteter Irrglaube ist, der Bauträger schulde bei Altbausanierungen stets lediglich die in der Baubeschreibung aufgeführten Leistungen. Stattdessen kommt es darauf an, welchen funktionalen Werkerfolg der Bauträger versprochen hat, was ggf. im Wege der Auslegung ermittelt werden muss. Insoweit gelten folgende Grundsätze: 42

- Bringt der Bauträger im Erwerbsvertrag klar und für den Erwerber eindeutig erkennbar zum Ausdruck, dass nur die in der Baubeschreibung aufgeführten Leistungen erbracht werden sollen, so beschränkt sich dessen Leistungspflicht darauf. Die Regelung eines Haftungsausschlusses für Sachmängel der nicht renovierten Altbausubstanz genügt hierfür indessen nicht. Vielmehr kommt es darauf an, welche Beschaffenheit die Parteien vereinbart haben, was ggf. durch Auslegung unter Berücksichtigung der berechtigten Erwartungen des Erwerbers zu ermitteln ist (BGH ZWE 2007, 404, 407). 43
- Ist dagegen wie üblich lediglich auf die Baubeschreibung verwiesen, so schuldet der Bauträger nach der Rechtsprechung insgesamt eine Neuherstellung (Komplettsanierung) über die in der Baubeschreibung aufgeführten Leistungen hinaus, wenn diese von ihrem Umfang und ihrer Bedeutung mit Arbeiten zur Errichtung eines Gebäudes vergleichbar sind oder für das gesamte Gebäude technisch und funktional aufeinander abgestimmt sein müssen und nicht isoliert beurteilt werden können (BGH ZWE 2007, 404, 406). Sind nach der Baubeschreibung etwa »das Dach vollständig neu einzude- 44

cken, Be- und Entwässerungsanlagen sowie die gesamte Elektrik neu zu errichten, die Ofen- durch eine Ölzentralheizung mit Warmwasseraufbereitungsanlage und Erdtank zu ersetzen, im Keller Hobbyräume auszubauen«, so schuldet der Bauträger insgesamt eine Neuherstellung (BGH NJW 1988, 490, 491; BGH NJW 1988, 1972; BGH ZWE 2007, 404, 406; OLG Frankfurt/M. NJW 1984, 2586). Der Herstellungsverpflichtung unterliegen dann nicht nur die ausdrücklich bezeichneten Sanierungsarbeiten, sondern die gesamte Altbausubstanz (BGH NZM 2006, 21; OLG Frankfurt BauR 2008, 90 ff.; IBR 2007, 1367). Der Bauträger muss zwar nicht insgesamt neue Bauteile erstellen (was einem Abriss und einer Neuherstellung des Gebäudes gleichkäme), wohl aber die in der Baubeschreibung nicht erwähnte Altbausubstanz untersuchen und bei vorhandenen Mängeln sanieren (BGH NJW-RR 1987, 1046, 1047; BGH NJW 1989, 2748, 2749). Die Rechtsprechung führt zu der Rechtsunsicherheit, dass im Einzelfall nicht klar ist, ob die in der Baubeschreibung erwähnten Leistungen ein solches Gewicht und einen solchen Umfang haben, sodass diese einer Neuherstellung gleichkommen oder ob dies noch nicht der Fall ist (zur Unwirksamkeit von Haftungsausschlüssen bezüglich der nicht behandelten Altbausubstanz s. Rdn. 86).

45 • Auch aus sonstigen vertraglichen Erklärungen kann sich ergeben, dass der Bauträger eine umfassende Sanierung schuldet. Dies gilt etwa für Klauseln, wonach der Bauträger eine »schlüsselfertige umfassende Sanierung«, einen »vollkommen modernisierten und umgebauten Altbau«, eine »Sanierung bis auf die Grundmauern« oder einen »Neubau hinter historischer Fassade« verspricht (BGH NZM 2005, 187, 189; OLG Frankfurt BauR 2008, 90 ff.). Aus Sicht eines objektiven Erklärungsempfängers ist dies nur so zu verstehen, dass der Bauträger über die in der Baubeschreibung aufgeführten Leistungen hinaus insgesamt eine Komplettsanierung erbringen will.

46 • Eine Verpflichtung zur umfassenden Sanierung kann sich auch ohne derartige Komplettheitsklauseln im Wege der Auslegung ergeben. Verspricht der Bauträger etwa die Schaffung von »Hobbyräumen« im Kellergeschoss, so hat er dafür Sorge zu tragen, dass diese Räume ihrer Zweckbestimmung entsprechend hergestellt werden (funktionaler Werkerfolg). Dies bedeutet, dass ggf. auch eine Vertikal- und Horizontalsperre (Abdichtung) anzubringen ist, wenn anderenfalls die Außenwände durchfeuchtet werden würden. Der Bauträger kann sich hier nicht darauf berufen, dass Abdichtungsarbeiten in der Baubeschreibung nicht erwähnt sind (BGH NJW 1988, 490, 492; OLG Düsseldorf BauR 2004, 1014, 1015; a.A. OLG Düsseldorf BauR 1999, 1120).

47 • Auch Begleitumstände des Vertragsschlusses sind im Rahmen der Auslegung nach §§ 133, 157 BGB zu berücksichtigen. So können etwa ein Exposé oder ein Prospekt den Inhalt der werkvertraglichen Herstellungspflicht konkretisieren, auch wenn diese nicht Vertragsbestandteil geworden sind (BGH NZM 2008, 136, 137; BGH NJW 1988, 490, 492) (s. dazu auch Rdn. 40).

ee) Verjährung

48 Der Anspruch des Erwerbers auf Herstellung des versprochenen Bauwerks verjährt gem. § 195 BGB innerhalb von drei Jahren. Problematisch ist, wann die Verjährungsfrist zu laufen beginnt, insbesondere wann der Anspruch i.S.d. § 199 Abs. 1 Nr. 1 BGB »entstanden« ist. Entstanden ist nach der Rechtsprechung des BGH ein Anspruch, sobald er im Wege der Klage geltend gemacht werden kann (BGH NJW 1981, 814 m.w.N.), was grundsätzlich Fälligkeit voraussetzt (BGH ZIP 2001, 611, 613). Haben die Parteien im Vertrag einen Fertigstellungstermin vereinbart, so handelt es sich insoweit um eine Zeitbestimmung i.S.d. § 271 Abs. 1 BGB mit der Folge, dass mit Ablauf des Fertigstellungstermins der Herstellungsanspruch entstanden ist und ab diesem Zeitpunkt die Verjährung zu laufen beginnt. Haben die Parteien dagegen keinen Fertigstellungstermin vereinbart, die Zeit für die Leistung also nicht i.S.d. § 271 Abs. 1

BGB bestimmt, so ist auf die Umstände des Einzelfalls abzustellen. Beim Werkvertrag hat der Unternehmer alsbald mit den Arbeiten zu beginnen und diese in angemessener Zeit zu Ende zu führen (BGH NJW-RR 2001, 806). Entscheidend ist somit der für die Herstellung des konkreten Werks objektiv erforderliche Zeitraum. Nach Ablauf der Zeitspanne, in der das konkrete Werk üblicherweise hergestellt werden kann, wäre der Herstellungsanspruch fällig und es würde die Verjährungsfrist zu laufen beginnen. Gem. § 271 Abs. 1 BGB ist mithin für den Verjährungsbeginn auf die für die Leistung bestimmte Zeit (Fertigstellungstermin) oder, wenn eine solche nicht bestimmt ist, auf die zur Herstellung des konkreten Werkes objektiv erforderliche Zeit abzustellen.

ff) Verzug

Mit der Überschreitung eines vereinbarten Fertigstellungstermins gerät der Bauträger gem. § 286 Abs. 2 Nr. 1 BGB in Verzug, es sei denn, er hat die Verzögerung nicht zu vertreten. Eine erhebliche Verzögerung des Bauvorhabens kann nach Auffassung des KG eine Kündigung des werkvertraglichen Teils des Bauträgervertrages aus wichtigem Grund rechtfertigen (KG BauR 2000, 114). Wurde ein Fertigstellungstermin nicht vereinbart, so hat der Bauträger mit der Herstellung alsbald zu beginnen und das Bauvorhaben in angemessener Zeit zu Ende zu führen, nach deren Ablauf automatisch Fälligkeit eintritt. Der Bauträger gerät in diesem Fall durch eine Mahnung nach Eintritt der Fälligkeit in Verzug. Der Bauträger hat dem Erwerber gem. § 280 Abs. 1 und Abs. 2 BGB den durch den Verzug entstandenen Schaden zu ersetzen (z.B. Kosten für das Anmieten einer Ersatzwohnung etc.). **49**

c) Zahlungsverpflichtung des Erwerbers

aa) Festlegung des Erwerbspreises

Ohne besondere Anhaltspunkte ist davon auszugehen, dass die Parteien im Erwerbsvertrag eine einheitliche Vergütung vereinbart haben. Dies gilt regelmäßig selbst dann, wenn im Vertrag für den Kaufgegenstand einerseits und die werkvertragliche Herstellungspflicht andererseits eine separate Vergütung ausgewiesen ist, da die Aufgliederung regelmäßig aus steuerlichen Gründen (AfA) erfolgt. Wollen die Parteien eine separate Vergütung vereinbaren, so muss dies unmissverständlich zum Ausdruck kommen. Bedeutsam ist dies vor allen Dingen für die Verjährung des Vergütungsanspruchs des Bauträgers (s. dazu unter Rdn. 70 ff.). **50**

Bei der Vertragsgestaltung sind vor allen Dingen hinsichtlich der Fälligkeit der Vergütung die Vorgaben der MaBV zu beachten. Die MaBV gibt zum Schutz des Erwerbers vor, unter welchen Voraussetzungen der Bauträger von diesem Vermögenswerte entgegennehmen darf. Der Bauträger muss die in § 3 Abs. 1 MaBV genannten Voraussetzungen erfüllen und darf gem. § 3 Abs. 2 MaBV Zahlung nur in dort näher bezeichneten Raten nach Baufortschritt verlangen. Ausnahmsweise ist der Bauträger zur Entgegennahme von Zahlungen des Erwerbers unabhängig von den Voraussetzungen des § 3 Abs. 1 und Abs. 2 MaBV berechtigt, wenn er diesem als Ausgleich eine Sicherheit etwa in Form einer Bankbürgschaft leistet (§ 7 Abs. 1 MaBV). Gegen die Vorschriften der MaBV verstoßende Zahlungsvereinbarungen in Erwerbsverträgen sind gem. § 134 BGB i.V.m. § 12 MaBV nichtig (*BGH NJW 2001, 818, 819*). **51**

bb) Zahlung nach Erfüllung der allgemeinen Voraussetzungen gem. § 3 Abs. 1 MaBV

Der Bauträger darf Vermögenswerte des Erwerbers unter anderem nur entgegennehmen, wenn bezogen auf den Erwerb von Wohnungs-/Teileigentum kumulativ folgende **allgemeine Voraussetzungen** nach § 3 Abs. 1 MaBV erfüllt sind: **52**

53 • Der Bauträgervertrag muss wirksam und sämtliche zum Vollzug erforderlichen Genehmigungen müssen erteilt worden sein (Erfordernis einer schriftlichen Bestätigung des Notars), dem Bauträger dürfen keine vertraglichen Rücktrittsrechte eingeräumt sein (§ 3 Abs. 1 Nr. 1 MaBV).

54 • Zugunsten des Erwerbers muss eine Vormerkung im Grundbuch eingetragen und das zu verschaffende Wohnungs- bzw. Teileigentum bereits begründet worden sein (§ 3 Abs. 1 Nr. 2 MaBV).

55 • Die Freistellung von Grundpfandrechten, die der Vormerkung zugunsten des Erwerbers im Rang vorgehen, muss (auch für den Fall der Nichtvollendung des Bauvorhabens) gesichert sein (§ 3 Abs. 1 Nr. 3 MaBV).

56 • Die Baugenehmigung muss erteilt worden sein bzw. wenn eine solche nicht erforderlich ist: Es muss eine behördliche Bestätigung vorliegen, dass die Baugenehmigung als erteilt gilt bzw. nach baurechtlichen Vorschriften mit dem Vorhaben begonnen werden darf. Ist eine solche behördliche Bestätigung nicht vorgesehen, bedarf es einer entsprechenden Bestätigung des Bauträgers sowie zusätzlich des Ablaufes mindestens eines Monats nach Zugang der Bestätigung beim Erwerber (§ 3 Abs. 1 Nr. 4 MaBV).

57 Von besonderer Bedeutung ist in der Praxis die Sicherung der Freistellung des Vertragsobjektes von Grundpfandrechten, die der Vormerkung im Rang vorgehen oder gleichstehen und nicht übernommen werden sollen (§ 3 Abs. 1 Nr. 3 MaBV). Diese Freistellung ist nach § 3 Abs. 1 S. 2 MaBV nur gesichert, wenn gewährleistet ist, dass die Grundpfandrechte gelöscht werden, und zwar im Falle der Vollendung des Bauvorhabens unverzüglich nach Zahlung der geschuldeten Vertragssumme oder im Falle der Nichtvollendung nach Zahlung des dem erreichten Bautenstandes entsprechenden Teils der Vertragssumme. Die Freistellung wird überwiegend durch eine Freistellungsverpflichtungserklärung des Grundpfandrechtsgläubigers (regelmäßig die bauträgerfinanzierende Bank) gegenüber dem Erwerber abgegeben (ausf. dazu Vogel NZM 2009, 71 ff.). Dabei kann sich der Grundpfandgläubiger vorbehalten, anstelle der Freistellung alle vom Auftraggeber bereits geleisteten Zahlungen bis zum anteiligen Wert des Vertragsobjektes zurückzuzahlen. Die zur Sicherung der Freistellung erforderlichen Erklärungen einschließlich des vorgenannten Vorbehaltes müssen dem Erwerber ausgehändigt worden sein. Der Grundpfandrechtsgläubiger ist nicht mehr zur Lastenfreistellung verpflichtet, wenn der Anspruch des Erwerbers auf Eigentumsübertragung etwa aufgrund eines mit dem Bauträger geschlossenen Aufhebungsvertrages oder durch Ausübung des Rücktrittsrechtes erloschen ist, da in diesem Fall auch die Rechte aus der akzessorischen Vormerkung erlöschen. Die grundpfandrechtlich gesicherte bauträgerfinanzierende Bank hat gleichwohl die vom Erwerber geleistete Vergütung zurückzuzahlen, wenn sie sich dazu etwa in der Bürgschaftserklärung verpflichtet hat (BGH NJW 2001, 2249 f.).

58 Für die bauträgerfinanzierende Bank problematisch sind Freistellungsverpflichtungserklärungen entsprechend dem einst empfohlenen Muster der Bundesnotarkammer (Muster Freigabeverpflichtung ohne Vollendung des Bauvorhabens, DNotZ 2002, 402, 403),

»… nach ihrer Wahl das Vertragsobjekt pfandfrei zu stellen oder den Kaufpreis zurückzuerstatten.«

Nach Auffassung des BGH handelt es sich insoweit um eine Wahlschuld i.S.d. § 262 BGB und nicht um eine Ersetzungsbefugnis i.S.d. § 3 Abs. 1 S. 3 MaBV (BGH BauR 2005, 91, 93). Dies hat für die Bank die gefährliche Konsequenz, dass im Falle der Aufhebung bzw. Rückabwicklung des Bauträgervertrages das Wahlrecht erlischt (Gegenstandslosigkeit der Pfandfreigabe) und sich deren Verpflichtung auf Rückgewähr der geleisteten Zahlungen des Erwerbers bis zum anteiligen Wert des Vertragsobjektes beschränkt. Im Falle der Insolvenz des Bauträgers ist die Bank also zur Zahlung an den Erwerber verpflichtet, wobei ihr Darlehensrückzahlungsanspruch gegen den Bauträger möglicherweise nur in Höhe des Wertes einer Bauruine gesichert ist.

cc) Zahlung nach Baufortschritt (§ 3 Abs. 2 MaBV)

Neben der Erfüllung der allgemeinen Voraussetzungen des § 3 Abs. 1 MaBV darf der Bauträger Vermögenswerte des Erwerbers nach § 3 Abs. 2 MaBV nur in bis zu sieben Teilbeträgen entsprechend dem Bauablauf entgegennehmen (Zahlung nach Baufortschritt). Die Zahlung nach Baufortschritt ist der von der MaBV vorgesehene Regelfall. Der Erwerber soll nur zur Zahlung in der Höhe verpflichtet sein, wie ihm auf der anderen Seite in Form erbrachter Bauleistungen Vermögenswerte zuwachsen (sog. Äquivalenzprinzip). Die bis zu sieben Raten dürfen (nur) aus folgenden Teilbeträgen zusammengesetzt werden: 59

- 30 % der Vertragssumme nach Beginn der Erdarbeiten, sog. Grundstücksrate (§ 3 Abs. 2 Nr. 1 MaBV) und von der restlichen Vertragssumme (§ 3 Abs. 2 Nr. 2 MaBV):
- 40 % nach Rohbaufertigstellung einschließlich Zimmererarbeiten,
- 8 % für die Herstellung der Dachflächen und Dachrinnen,
- 3 % für die Rohinstallation der Heizungsanlagen,
- 3 % für die Rohinstallation der Sanitäranlagen,
- 3 % für die Rohinstallation der Elektroanlagen,
- 10 % für den Fenstereinbau einschließlich der Verglasung,
- 6 % für den Innenputz ohne Beiputzarbeiten,
- 3 % für den Estrich,
- 4 % für Fliesenarbeiten im Sanitärbereich,
- 12 % nach Bezugsfertigkeit Zug um Zug gegen Besitzübergabe,
- 3 % für Fassadenarbeiten,
- 5 % nach vollständiger Fertigstellung.

Der Bauträger kann sich im Vertrag mithin die Zahlung von bis zu sieben Raten, die aus den vorgenannten Teilbeträgen zusammengesetzt sind, versprechen lassen. Sofern einzelne Leistungen nicht zu erbringen sind, können die darauf entfallenden Teilbeträge auf die übrigen Raten verteilt werden. Vertragliche Regelungen über eine Zahlung der Vergütung in mehr als sieben Raten oder die Zusammensetzung einzelner Raten aus anderen Teilbeträgen sind nach § 134 BGB i.V.m. § 12 MaBV nichtig. Gleiches gilt für Bestimmungen, wonach einzelne Raten zu früheren Zeitpunkten als in § 3 Abs. 2 MaBV genannt, zu zahlen sind (z.B. »Zahlung der ersten Rate bei Abschluss des Erwerbsvertrages, statt nach Beginn der Erdarbeiten« [BGH NJW 2001, 818, 819]). Unwirksam ist ferner die Festlegung einer Grundstücksrate, die nicht dem Wert des Grundstücks (ohne die zu erbringenden Werkleistungen) entspricht. Letzteres wird in der notariellen Praxis gelegentlich übersehen. Entspricht der Wert des Grundstücks ohne die zu erbringenden Bauleistungen etwa nur 20 % der Vertragssumme, so darf als Grundstücksrate auch nur ein Betrag bis zu 20 % der Vertragssumme vereinbart werden und nicht in Höhe von 30 % (sog. Äquivalenzprinzip). Umgekehrt darf bei einem Grundstückswert von 50 % der Vertragssumme als Grundstücksrate maximal ein Betrag in Höhe von 30 % vereinbart werden (vgl. § 3 Abs. 2 Nr. 1 MaBV). Entgegen der h.M. (Locher NJW 1997, 1427; Herrmanns ZfIR 1997, 548; Pauly ZMR 2006, 10, 11) ist demgegenüber eine Regelung im Vertrag nicht unwirksam, wonach der Bauträger bei entsprechend erreichtem Bautenstand die Raten in bis zu sieben Teilbeträgen nach eigenem Ermessen abfordern kann. Insbesondere stellt dies keine unzulässige Beschränkung des Sicherungssystems der §§ 2 bis 8 i.S.d. § 12 MaBV dar. Denn § 3 Abs. 2 MaBV regelt lediglich ein Entgegennahmeverbot. Gegen dieses wird jedoch nicht verstoßen, wenn der Bauträger bei Abforderung einzelner Teilbeträge die Voraussetzungen des § 3 Abs. 2 MaBV beachtet (s.a. Basty DNotI- Report 1997, 150). 60

61 Ein gegen § 3 Abs. 2 MaBV verstoßender Ratenzahlungsplan führt nicht zur Gesamtnichtigkeit des Vertrages, sondern nur zur Unwirksamkeit der Vergütungsregelung. Anstelle eines nichtigen Ratenzahlungsplanes ist nicht etwa im Wege einer geltungserhaltenden Reduktion bzw. ergänzenden Vertragsauslegung ein MaBV-konformer Ratenzahlungsplan anzuwenden. Vielmehr gelten hinsichtlich der Fälligkeit der Vergütung die Vorschriften der §§ 641, 632a BGB (BGH NJW 2001, 818, 820; BGH NZM 2007, 453, 454). Dies bedeutet, dass der Bauträger eine Vergütung grundsätzlich erst nach Abnahme, d.h. im Wesentlichen vertragsgemäßer vollständiger Herstellung des Werkes verlangen kann (§ 641 BGB).

62 Ausnahmsweise können zuvor gem. § 632a BGB Abschlagszahlungen für »eine vertragsgemäß erbrachte Leistung in Höhe des Wertzuwachses beim Besteller« verlangt werden, wenn dies entsprechend vereinbart wurde (§ 632a Abs. 2 BGB i.V.m. Art. 244 EGBGB, § 1 HausbauVO).

63 Hat der Bauträger Vermögenswerte des Erwerbers zu früh entgegengenommen, steht dem Erwerber ein Rückzahlungsanspruch nach §§ 812 Abs. 1 S. 1 Var. 1, 818 Abs. 2 BGB zu, wobei § 813 Abs. 2 BGB keine Anwendung findet (BGH NZM 2007, 453, 455). Ferner hat der Bauträger die daraus gezogenen Nutzungen gem. § 818 Abs. 1 BGB herauszugeben (z.B. ersparte Zinszahlungen bei Einsatz der Vermögenswerte des Erwerbers zur Tilgung des Bauträgerdarlehens) (BGH NJW 1998, 2354; OLG Koblenz NJW-RR 1999, 671). Überdies hat der Bauträger dem Erwerber nach § 823 Abs. 2 BGB i.V.m. §§ 3, 4, 7 MaBV den Schaden zu ersetzen, der diesem aus der verfrühten Zahlung der Vergütung entstanden ist (z.B. zusätzliche Finanzierungskosten). Auf Schadensersatz kann dabei auch der Geschäftsführer einer Bauträger – GmbH persönlich in Anspruch genommen werden, wenn dieser die Zahlung des Erwerbers wissentlich und planmäßig mit veranlasst oder sonst den Schadenseintritt persönlich herbeigeführt hat (OLG Celle BauR 2001, 1278, 1279; BGH NZM 2009, 203).

64 Soll die Ratenzahlung über ein Notaranderkonto erfolgen, muss der **Notar** nach § 54a Abs. 3 BeurkG, § 19 Abs. 1 S. 1 BNotO prüfen, ob die an ihn erteilte Verwahrungsanweisung den gesetzlichen Anforderungen entspricht und zudem darauf hinweisen, welche Gefahren sich daraus ergeben. Hierzu gehört der Hinweis, dass eine Bestätigung des Bautenstandes als Auszahlungsvoraussetzung möglichst durch eine unabhängige Person und nicht durch den im Lager des Bauträgers stehenden Bauleiter erfolgen soll (BGH NJW-RR 2009, 199). Desgleichen hat der Notar im Sinne einer doppelten Belehrungspflicht auf ungesicherte Vorleistungen des Erwerbers (z.B. von der Gemeinde noch nicht festgesetzte Erschließungsbeiträge als Bestandteil der ersten Rate) hinzuweisen und eine geeignete, dieses Risiko vermeidende Vertragsgestaltung aufzuzeigen (BGH NZM 2008, 324, 325). Bei Verletzung der Pflicht kann der Notar **Schadensersatzansprüchen** ausgesetzt sein.

dd) Vorauszahlung der Vergütung abweichend von § 3 Abs. 1 und Abs. 2 MaBV

65 Im Bauträgervertrag kann wirksam vereinbart werden, dass die Zahlung der Vergütung gem. § 3 Abs. 2 MaBV nach Baufortschritt, aber unabhängig von der Erfüllung der allgemeinen Voraussetzungen nach § 3 Abs. 1 MaBV (z.B. vor Anlegung der Wohnungsgrundbücher, Eintragung einer Vormerkung zugunsten des Erwerbers etc.) verlangt werden kann. Möglich ist ferner eine Vereinbarung, wonach die Vergütung im Voraus ohne Rücksicht auf den erreichten Bautenstand (§ 3 Abs. 2 MaBV) zu entrichten ist. Voraussetzung für solche von § 3 Abs. 1 und Abs. 2 MaBV abweichende Vereinbarungen ist, dass der Bauträger nach § 7 Abs. 1 S. 3 MaBV dem Erwerber stattdessen eine Sicherheit »für alle etwaigen Ansprüche auf Rückgewähr oder Auszahlung seiner Vermögenswerte i.S.d.

§ 2 Abs. 1 S. 1« leistet. Die Sicherheitsleistung kann durch Bürgschaft oder durch Abschluss einer Versicherung erfolgen.

Von § 3 MaBV abweichende Vertragsgestaltungen wurden insbesondere nach der Wiedervereinigung im Beitrittsgebiet aus steuerlichen Gründen wegen der Möglichkeit von Sonder-AfAs, steuerfreier Rücklagenbildungen und Abzugsmöglichkeiten für Sonderausgaben nach §§ 4 ff. FörderGebG gewählt. Darüber hinaus sind Vorauszahlungsvereinbarungen bei bestimmten Finanzierungsmodellen für den Bauträger interessant. 66

Exkurs: Im Schrifttum wird diskutiert, ob Klauseln in Bauträgerverträgen i.S.d. § 7 MaBV über eine Zahlung der Vergütung abweichend von § 3 Abs. 1 bzw. Abs. 2 MaBV als allgemeine Geschäftsbedingungen wirksam sind oder gegen die Klauselrichtlinie 93/13/EWG verstoßen, weil sie den Erwerber unangemessen benachteiligen. So sichert eine MaBV-Bürgschaft im Falle einer Vorauszahlung der Vergütung unabhängig vom erreichten Bautenstand nach § 3 Abs. 2 MaBV nach der Rechtsprechung des BGH nicht Ansprüche des Erwerbers wegen Verzuges (Überschreitung von Fertigstellungsterminen) oder wegen pauschalierter Entschädigungen für entgangene Nutzungen oder steuerliche Nachteile (BGH ZfIR 2003, 58, 59; BGH ZIP 2002, 1405, 1408). Der Erwerber steht damit schlechter als er im Falle eines vereinbarten Ratenzahlungsplans stünde. Gegenüber dem Anspruch des Bauträgers auf Zahlung einer Rate könnte der Erwerber nämlich ein Zurückbehaltungsrecht ausüben bzw. die Aufrechnung erklären. Diskutiert wird darüber hinaus aber auch die Vereinbarkeit von Vergütungsregelungen i.S.d. § 3 Abs. 1 und Abs. 2 MaBV mit der Klauselrichtlinie vor dem Hintergrund, dass der vormerkungsberechtigte Erwerber bei einer Zahlung nach Baufortschritt gem. § 3 Abs. 2 MaBV im Falle der Insolvenz des Bauträgers nur dann wirksam geschützt ist, wenn er am Vertrag festhält, nicht aber bei Ausübung des Rücktrittsrechts (der Anspruch auf Rückzahlung der Vergütung wäre dann bloße Insolvenzforderung) (s. dazu Thode ZNotP 2004, 210 ff.). Überdies ist problematisch, ob eine MaBV-konforme Vorauszahlungsklausel gegen Stellung einer Bürgschaft i.S.d. § 7 Abs. 1 MaBV mit §§ 307 Abs. 2 Nr. 1, 310 Abs. 3 Nr. 3 BGB vereinbar ist (s. dazu BGH IBR 2005, 156 m. Anm. Vogel). 67

ee) Zwangsvollstreckungsunterwerfungserklärung und Zahlungsbürgschaft des Erwerbers

Der vorleistungspflichtige Bauträger hat schon allein aufgrund der erforderlichen Finanzierung des Bauvorhabens ein Interesse daran, vor einem Zahlungsausfall bzw. Zahlungsverzug des Erwerbers geschützt zu sein. Dem kann durch Zahlungsbürgschaften Rechnung getragen werden. Eine entsprechende Klausel im Bauträgervertrag verstößt nicht gegen die Entgegennahmeverbote der MaBV und dürfte wirksam sein. Eingedenk der aktuellen Lage des Immobilienmarktes würde das Bestehen auf einer Zahlungsbürgschaft indessen wahrscheinlich dem Absatzinteresse des Bauträgers zuwider laufen. 68

Unwirksam sind demgegenüber Klauseln in notariellen Bauträgerverträgen, wonach sich der Erwerber der Zwangsvollstreckung in sein gesamtes Vermögen unterwirft und der Notar zugleich ermächtigt wird, die Vollstreckungsklausel ohne besonderen Nachweis der Fälligkeit der Vergütung zu erteilen (BGH NJW 1999, 51, 52). Eine solche Regelung verstößt gegen § 3 MaBV, weil es im Belieben des Bauträgers stünde, jederzeit unabhängig von der Erfüllung der Voraussetzungen des § 3 MaBV die Zwangsvollstreckung einzuleiten. Der Erwerber liefe Gefahr, seine Vermögenswerte bei Insolvenz des Bauträgers endgültig zu verlieren, ohne einen entsprechenden Gegenwert in Form des erreichten Bautenstandes zu erlangen. Gerade dies soll durch die Erwerberschutzvorschrift des § 3 MaBV verhindert werden. Eine Zwangsvollstreckungsunterwerfungserklärung mit Ermächtigung zur Erteilung der Vollstreckungsklausel ohne besonderen Nachweis ist deshalb gem. § 134 BGB i.V.m. §§ 3, 12 MaBV nichtig. Dies gilt auch dann, wenn zugleich 69 bestimmt ist, dass eine Beweislastumkehr nicht stattfinden soll und dem Erwerber sämtliche Rechte in einer Vollstreckungsgegenklage vorbehalten bleiben, weil der Bauträger auch hier den ersten Zugriff auf Vermögenswerte des Erwerbers hat und dieser durch anschließende Erhebung einer Vollstreckungsgegenklage nicht vor einer zwischenzeitlichen Insolvenz des Bauträgers geschützt ist (OLG Frankfurt/M. BauR 2000, 739, 740; OLG Hamm BauR 2000, 1509, 1510).

ff) Verjährung

70 Im Schrifttum umstritten und in der Rechtsprechung ungeklärt ist die Frage, wann der Vergütungsanspruch des Bauträgers verjährt. Denn der werkvertragliche Vergütungsanspruch unterliegt der regelmäßigen Verjährungsfrist von drei Jahren (§ 195 BGB), wohingegen der Anspruch auf Kaufpreiszahlung nach § 196 BGB (»Ansprüche auf die Gegenleistung«) in zehn Jahren verjährt. Im Schrifttum wird einerseits die Auffassung vertreten, der Vergütungsanspruch des Bauträgers verjähre einheitlich innerhalb der kaufvertraglichen 10-Jahres-Frist (Brambring DNotZ 2001, 904, 905; Hertel DNotZ 2002, 6, 22). Nach anderer Ansicht soll einheitlich die 3-Jahres-Frist des § 195 BGB gelten (Wagner ZfIR 2002, 257, 260).

71 Beide Auffassungen übersehen die allgemeinen Grundsätze über gemischte Verträge. Hiernach ist zunächst die vertragliche Vereinbarung der Parteien maßgeblich. Haben diese für den Kaufgegenstand und die werkvertragliche Herstellung jeweils separat eine Vergütung geregelt und nicht lediglich eine einheitliche Vergütung nur rechnerisch aufgegliedert, so gilt für den vereinbarten Kaufpreis die 10-Jahres-Frist des § 196 BGB, für den werkvertraglichen Vergütungsanspruch dagegen die dreijährige Verjährungsfrist nach § 195 BGB (Mansel/Budzikiewicz § 4 Rn. 32; Ott NZBau 2003, 233, 234).

72 Wurde eine entsprechende Vereinbarung nicht getroffen, so kommt es darauf an, welcher Vertragstyp innerhalb des Kombinationsvertrages »Bauträgervertrag« im Einzelfall den Schwerpunkt bildet. Überwiegt wirtschaftlich die zu erbringende Bauleistung und tritt die Übertragung des Wohnungseigentums dahinter zurück, so gilt einheitlich die regelmäßige Verjährungsfrist des § 195 BGB (drei Jahre) (BGH NJW 1979, 1650; BGH NJW 1979, 2193; BGH NJW 1979, 156; BGH NJW 1988, 483: jeweils zur Rechtslage vor In-Kraft-Treten des Schuldrechtsmodernisierungsgesetzes). Steht demgegenüber die Eigentumsverschaffungsverpflichtung im Mittelpunkt (z.B. bei untergeordneten Sanierungsarbeiten), gilt für den Vergütungsanspruch des Bauträgers insgesamt die Verjährungsfrist des § 196 BGB (zehn Jahre) (ausführlich Ott NZBau 2003, 233, 234).

gg) Verzug

73 Haben die Parteien einen Ratenzahlungsplan nach § 3 Abs. 2 MaBV vereinbart, so gerät der Erwerber mit der Zahlung einzelner Raten nach § 286 Abs. 1 BGB in Verzug, wenn er aufgrund einer Mahnung des Bauträgers nicht leistet. Ein Verzug ist jedoch ausgeschlossen, wenn der Bauträger den der Rate entsprechenden Bautenstand nicht mangelfrei hergestellt hat. Der Erwerber hat in diesem Fall gegenüber dem Anspruch des Bauträgers auf Zahlung der jeweiligen Rate ein Leistungsverweigerungsrecht nach § 320 BGB (BGH NJW 1999, 2110).

2. Form

74 Da der Bauträgervertrag auf die Verschaffung von Wohnungseigentum als grundstücksgleicher Rechtsgesamtheit gerichtet ist, bedarf dieser nach dem Grundsatz der Vertragseinheit bei Kombinationsverträgen und wegen der Schutz- und Warnfunktion des § 311b

BGB insgesamt der notariellen Beurkundung. Die Beurkundungspflicht bezieht sich mithin nicht lediglich auf die Eigentumsverschaffung, sondern auch auf die zu erbringenden Bauleistungen (BGH NJW 2002, 1050, 1051; BGH NJW-RR 2003, 1136, 1137). Eine unterbliebene Beurkundung führt (vorbehaltlich einer eventuellen Heilung des Formmangels durch formgerechte Auflassung nach § 311b Abs. 1 S. 2 BGB) zur Nichtigkeit des Bauträgervertrages (§ 125 BGB i.V.m. § 311b Abs. 1 S. 1 BGB) (BGH NZM 2006, 21; BGH NJW 2005, 1115; OLG Stuttgart BauR 2005, 1068 [Ls; Nichtzulassungsbeschwerde vom BGH zurückgewiesen]). Dies gilt auch dann, wenn die Parteien nur einen Teil der tatsächlich zu erbringenden Bauleistungen beurkunden lassen (BGH NJW-RR 2000, 1658, 1659). Auch die Baubeschreibung bedarf deshalb der notariellen Beurkundung, d.h. diese ist als Bestandsteil der notariellen Urkunde zu verlesen bzw. gem. § 13a BeurkG in Bezug zu nehmen (BGH ZfIR 2005, 134, 136; BGH ZfIR 2005, 313). Mit zu beurkunden ist ferner ein Bodengutachten, wenn dieses die Beschaffenheit des Baugrundes (z.B. Freiheit von Altlasten, Zusammensetzung des Bodens, wasserführende Schichten etc.) bestimmen soll. Beurkundungsbedürftig sind grundsätzlich auch nachträgliche Änderungen bzw. Ergänzungen des Bauträgervertrages, es sei denn, durch die nachträgliche Vereinbarung sollen lediglich unvorhergesehen aufgetretene Schwierigkeiten bei der Vertragsabwicklung beseitigt werden und die Vereinbarung führt nicht zu einer wesentlichen Veränderung der beiderseitigen Verpflichtungen (z.B. nachträgliche Vereinbarungen einer Baubeginnfrist und eines Rücktrittsrechts zugunsten des Erwerbers) (BGH NJW 2001, 1932, 1933; BGH NJW 1996, 452). Bei formunwirksamen nachträglichen Änderungsvereinbarungen kommt eine Heilung des Formmangels durch Auflassung nach § 311b Abs. 1 S. 2 BGB nicht in Betracht, da die Vorschrift voraussetzt, dass der beurkundungspflichtige Erwerbsvertrag selbst unwirksam ist, nicht aber Fälle unwirksamer Änderungsvereinbarungen erfasst (OLG Braunschweig BauR 2007, 2067 ff.) . Nicht mehr formbedürftig sind dagegen Änderungsvereinbarungen, die erst nach Vollzug der Auflassung geschlossen werden, und zwar unabhängig von der Eigentumsumschreibung im Grundbuch. Dies folgt aus Sinn und Zweck des § 311b BGB.

Exkurs: Auf nach In-Kraft-Treten des Schuldrechtsmodernisierungsgesetzes am 75
01.01.2002 geschlossene Verträge über bereits fertig gestellte Gebäude ist nach zutreffender Auffassung ausschließlich Kaufrecht anzuwenden (s.o. Rdn. 19). Da sich der Veräußerer in diesen Fällen lediglich zur Eigentumsverschaffung verpflichtet, nicht aber eine werkvertragliche Herstellungspflicht übernimmt, ist eine der Errichtung des Gebäudes zugrunde liegende Baubeschreibung grundsätzlich nicht mit zu beurkunden. Etwas anderes gilt ausnahmsweise, wenn die seinerzeitige Baubeschreibung nach dem Willen der Parteien die Beschaffenheit des Kaufgegenstandes bestimmen soll (zutreffend D. Schmidt ZfIR 2005, 306, 307).

3. Inhaltskontrolle

a) Inhaltskontrolle nach §§ 307 ff. BGB

aa) Allgemeine Geschäftsbedingungen

Bauträgerverträge unterliegen einer Inhaltskontrolle nach §§ 307 ff. BGB, wenn es sich 76
dabei um Formularverträge mit allgemeinen Geschäftsbedingungen handelt. Allgemeine Geschäftsbedingungen sind nach § 305 Abs. 1 BGB

- vorformulierte Vertragsbedingungen,
- für eine Vielzahl von Verträgen,
- die eine Vertragspartei (Verwender) der anderen bei Vertragsschluss stellt und
- die zwischen den Parteien nicht i.E. ausgehandelt sind.

77 **Vorformulierte Vertragsbedingungen** liegen vor, wenn diese für eine Verwendung fixiert sind. Eine schriftliche Aufzeichnung ist nicht erforderlich (BGH NJW 2001, 2635). Insbesondere bei notariell beurkundeten Verträgen (wie dem Bauträgervertrag) genügt eine Aufnahme von Klauseln aus dem Gedächtnis des Notars in den Vertrag (BGH NJW-RR 1988, 311).

78 **Vertragsbedingungen für eine Vielzahl von Verträgen:** Weitere Voraussetzung allgemeiner Geschäftsbedingungen ist es, dass die Vertragsbedingungen in der Absicht erstellt worden sind, diese für eine Vielzahl von Verträgen zu verwenden. Insoweit genügt eine dreimalige Verwendungsabsicht (BGH BauR 2002, 83). Bei einem im Auftrag des Bauträgers erstellten notariellen Bauträgervertrag gilt der Beweis des ersten Anscheins einer Mehrverwendungsabsicht (BGH NJW 1992, 2160 f.). Der Bauträger muss im Prozess eine entsprechende Vermutung erschüttern. Ihn trifft insoweit die Darlegungs- und Beweislast.

79 **Bauträger als Verwender:** Ferner müssen die Vertragsbedingungen vom Bauträger gestellt worden sein. Regelmäßig werden sämtliche Bauträgerverträge von einem vom Bauträger benannten Notar erstellt und beurkundet. Der Bauträger muss sich in diesen Fällen die Vorformulierung der Vertragsbedingungen durch den Notar zurechnen lassen (BGH NJW 1992, 2162). Insoweit spricht der Beweis des ersten Anscheins dafür, dass die Vertragsbedingungen vom Bauträger gestellt worden sind, weil dieser typischer Weise auf die Gestaltung der Bedingungen Einfluss nimmt, indem er sie selbst entwirft oder durch seinen Hausnotar entwerfen lässt (BGH NJW 1988, 558, 559; BGH NJW 1992, 2160 ff.). Etwas anderes gilt in dem praktisch seltenen Fall, dass Vertragsbedingungen von einem Erwerber gestellt und durch einen von diesem benannten Notar beurkundet werden.

80 **Fehlendes Aushandeln:** Allgemeine Geschäftsbedingungen liegen nach § 305 Abs. 1 S. 3 BGB nicht vor, wenn Vertragsbedingungen zwischen den Parteien im Einzelnen ausgehandelt worden sind. Hierfür ist es erforderlich, dass der Verwender (hier: der Bauträger) nicht nur bereit ist, über eine Vertragsklausel zu verhandeln, sondern darüber hinaus deren Inhalt ernsthaft zur Disposition stellt, sodass der Vertragspartner die Möglichkeit der Beeinflussung hat (BGH NJW 1992, 1107; BGH NJW 2000, 1110, 1111). Wird eine Vertragsbedingung in diesem Sinn für Bauträger ernsthaft zur Disposition gestellt, so liegt eine allgemeine Geschäftsbedingung auch dann vor, wenn die Klausel bestehen bleibt, weil sich der Erwerber insoweit hat überzeugen lassen (BGH NJW 2000, 1110, 1112).

81 Sind die vorgenannten Voraussetzungen erfüllt, so unterliegen die Bestimmungen des Bauträgervertrages einer Inhaltskontrolle nach §§ 307 ff. BGB.

bb) Bauträgervertrag als Verbrauchervertrag

82 Ist der Erwerber als Vertragspartner des Bauträgers ein Verbraucher (Legaldefinition: § 13 BGB), so findet eine Inhaltskontrolle nach §§ 307 ff. auch dann statt, wenn vorformulierte Vertragsbedingungen nur zur einmaligen Verwendung bestimmt sind und der Verbraucher aufgrund der Vorformulierung auf ihren Inhalt keinen Einfluss nehmen konnte (§ 310 Abs. 3 Nr. 2 BGB). Ein Erwerber ist nicht Verbraucher, wenn dieser in Immobiliengeschäften erfahren ist und zusätzlich durch Fachleute beraten wurde mit der Folge, dass eine zur einmaligen Verwendung vorgesehene Formularklausel nicht der Inhaltskontrolle nach §§ 307 ff. BGB unterliegt (OLG Dresden v. 01.12.2005–9 U 1008/04).

cc) Einzelfälle einer Inhaltskontrolle nach §§ 307 ff. BGB

- Abtretungsklauseln: Wegen Verstoßes gegen § 309 Nr. 8b aa BGB unwirksam sind Klauseln, wonach einerseits Gewährleistungsansprüche des Bauträgers gegen den von ihm beauftragten Werkunternehmer an den Erwerber abgetreten werden und andererseits zugleich bestimmt ist, dass damit Gewährleistungsansprüche des Erwerbers gegen den Bauträger ausgeschlossen sind bzw. der Bauträger erst nach einer vorherigen erfolglosen gerichtlichen Inanspruchnahme des Werkunternehmers durch den Erwerber haften soll (BGH NJW 2002, 2470 ff.). 83
- Änderungsklauseln: Unwirksam gem. § 308 Nr. 4 BGB sind Änderungsvorbehalte im Bauträgervertrag, wonach sich der Bauträger vorbehält, die versprochene Leistung ohne eine Beschränkung auf Zumutbarkeit für den Erwerber zu ändern oder von ihr abzuweichen (z.B. nachträgliche Änderung der Teilungserklärung, Änderung der Bauausführung etc.). Nach Auffassung des OLG Frankfurt/M. liegt eine unzumutbare Beeinträchtigung durch eine Klausel nicht vor, die eine geringfügige oder gleichwertige Änderung der Planung bzw. Bauausführung gestattet oder wenn dies aufgrund behördlicher Auflagen erforderlich ist und das Sondereigentum des Erwerbers nicht beeinträchtigt wird (OLG Frankfurt/M. BauR 2000, 1204, 1207). 84
- Vorleistungsklauseln: Wegen unangemessener Benachteiligung nach § 307 Abs. 2 Nr. 1 BGB unwirksam ist eine Klausel, wonach der Notar den Antrag auf Eigentumsumschreibung erst dann stellen soll, wenn der Erwerber die gesamte Vergütung gezahlt hat. Die Klausel weicht von den Grundgedanken der gesetzlichen Regelung ab, wonach der Bauträger vorleistungspflichtig ist und führt für den Erwerber zu einem Verlust seines Leistungsverweigerungsrechtes nach § 320 BGB, wenn der Bauträger die ihm obliegende Leistung nicht oder schlecht erfüllt (BGH NJW 2002, 140, 141). Gleiches gilt für eine ähnliche Klausel, wonach der Bauträger erst dann verpflichtet ist, die Auflassung zu erklären, wenn der Erwerber die Vergütung insgesamt gezahlt hat (OLG München IBR 2008, 157). Nach §§ 307 Abs. 2 Nr. 1, 309 Nr. 2 BGB unwirksam ist eine vorformulierte Vertragsbedingung über die sofortige Fälligkeit der gesamte Vergütung im Falle des ungenehmigten Einzugs des Klägers, weil damit unabhängig von einem etwaigen vertragswidrigen Verhalten entgegen der gesetzlichen Regelungen (§§ 640, 641 BGB, § 3 Abs. 2 MaBV) ein Ausschluss des Zurückbehaltungsrechts, eine Beweislastumkehr und die sofortige Fälligkeit der gesamten Vergütung verbunden sind (OLG Koblenz NZM 2007, 607, 608). 85
- Gewährleistungsausschluss: Der Bauträger erbringt nicht (ausschließlich) »eine Bauleistung« i.S.d. § 309 Nr. 8b bb BGB, sondern darüber hinaus weitere Leistungen, etwa die Eigentumsverschaffung, weshalb die Vorschrift auf Bauträgerverträge Anwendung findet. Gem. § 309 Nr. 8b aa BGB unwirksam sind Klauseln in Bauträgerverträgen betreffend die Neuerrichtung von Gebäuden über einen Ausschluss der Gewährleistung für Sachmängel (BGH NJW 1988, 135: zum Individualvertrag). Als »Neuherstellung« i.S.d. Vorschrift gilt dabei auch eine umfassende Modernisierung/Umbau von Altbauten (BGH NJW 2005, 1115; OLG Frankfurt BauR 2008, 90 ff.). Hat der Bauträger Herstellungsverpflichtungen übernommen, die nach Umfang und Bedeutung mit Neubauarbeiten vergleichbar sind, so ist ein Haftungsausschluss für Sachmängel der von der Sanierung unberührt gebliebenen Altbausubstanz nach § 309 Nr. 8b aa BGB unwirksam (BGH ZWE 2007, 404, 407). Gem. § 309 Nr. 8b bb BGB unwirksam ist ein Ausschluss des Rücktrittsrechtes (BGH NJW 2002, 511; BGH ZMR 2007, 48: zur Wandelung nach altem Recht). Gleiches gilt für eine Klausel, wonach der große Schadensersatz nur im Falle grober Fahrlässigkeit und des Vorsatzes geltend gemacht werden kann (BGH ZMR 2007, 48). 86
- Abnahme: Nach § 308 Nr. 5 BGB unwirksam sind Klauseln über eine Abnahmefiktion, wonach Sonder- und/oder Gemeinschaftseigentum als abgenommen gelten, 87

wenn der Erwerber zum Abnahmetermin nicht erschienen ist. Wegen Verstoßes gegen § 307 Abs. 2 Nr. 2 BGB nichtig ist ferner eine Klausel, aufgrund derer der Bauträger oder dessen Tochterunternehmen eine Abnahme erklären soll, da anderenfalls der Bauträger selbst über die Erfüllung seiner eigenen Verpflichtung zur mangelfreien Herstellung befinden könnte (OLG Stuttgart MDR 1980, 495). Eine unangemessene Benachteiligung des Erwerbers i.S.d. § 307 BGB stellt eine Regelung dar, dernach die Abnahme von einem Sachverständigen oder sonstigen Dritten vorgenommen werden soll, der vom Bauträger zu bestimmen ist (OLG München BauR 2009, 1444; Vogel FS für Merle (2010), 375 ff.; Sturmberg BauR 2010, 163 ff.). Nach § 307 Abs. 2 Nr. 2 BGB unwirksam sind zudem sämtliche Klauseln, die das Recht des Erwerbers auf Abnahme insbesondere auch hinsichtlich des Gemeinschaftseigentums wegen der damit verbundenen Rechtsfolgen, einschränken (z.B. Klauseln über Teilabnahmen bei Mehrhausanlagen durch die Sondereigentümer nur des betroffenen Hauses mit Wirkung für alle Wohnungseigentümer) (ausführlich Ott NZBau 2003, 233 [241]). (Vgl. ausführlich Rdn. 107.)

88 • Eigentumsübertragung: Eine Klausel, wonach die Auflassung vom Erwerber, der die gesamte Vergütung vorauszubezahlen hat, erst nach Abnahme verlangt werden kann, stellt eine unangemessene Benachteiligung i.S.d. § 307 BGB dar. Der vertragsuntreue Bauträger könnte eine Auflassung verhindern und den Erwerber faktisch zu einer Abnahme des mangelhaften Werks zwingen (im Ergebnis OLG Nürnberg BauR 2002, 106).

89 • Gewährleistungsfristen: Gegen § 309 Nr. 8b ff. BGB verstoßen Klauseln über eine Verkürzung der Verjährungsfristen für Rechte wegen Baumängeln, etwa die Bestimmung, dass die Verjährung mit der Übergabe (anstatt der Abnahme) der Eigentumswohnung beginnen soll (BGH BauR 2004, 1148 ff.).

90 • Schiedsvereinbarungen: Die namentliche Festlegung der Person eines Schiedsrichters, der für die Parteien verbindlich über alle Streitigkeiten aus dem Bauträgervertrag unter Ausschluss des ordentlichen Rechtsweges entscheiden soll, verstößt nicht gegen § 307 Abs. 1 S. 1 BGB. Eine unangemessene Benachteiligung des Erwerbers ist damit nicht verbunden, weil dieser nach § 1034 Abs. 2 S. 1 ZPO bei Gericht beantragen kann, den oder die Schiedsrichter abweichend von der Ernennungsregelung im Vertrag zu bestellen (BGH NZM 2007, 337, 338).

b) Allgemeine Inhaltskontrolle

91 Bauträgerverträge unterliegen wie sonstige Verträge einer Inhaltskontrolle nach §§ 134, 138, 242 BGB, ohne Rücksicht darauf, ob es sich insoweit um Formularverträge, Verbraucherverträge oder Individualverträge handelt. Bei der Inhaltskontrolle von Individualverträgen gem. § 242 BGB sind dabei die Wertungen der §§ 307 ff. BGB betreffend Formular- und Verbraucherverträge zu berücksichtigen (BGH NJW 1988, 135 f.). Insoweit wird auf die vorstehenden Ausführungen verwiesen. Nach § 242 unwirksam ist ein formelhafter Ausschluss der Gewährleistung für Sachmängel beim Erwerb neu errichteter oder noch zu errichtender Eigentumswohnungen in einem Individualvertrag, wenn die Freizeichnung nicht mit dem Erwerber unter ausführlicher Belehrung über die Rechtsfolgen erörtert wurde (BGH NZM 2007, 654, 655; BGH NZM 2006, 21, 22; BGH NJW 1989, 2748). Dagegen kann beim Erwerb von Altbauwohnungen eine verschuldensunabhängige Sachmängelgewährleistung für die von der Modernisierung unberührt gebliebene Altbausubstanz im Individualvertrag wirksam ausgeschlossen werden, ohne dass es einer notariellen Belehrung über Umfang und Bedeutung des Gewährleistungsausschlusses bedarf. Der Erwerber ist hier anders als beim Erwerb neu errichteter Wohnungen nicht gesteigert schutzbedürftig, da die Sachlage insoweit vergleichbar mit der Veräußerung von Altbauten ohne jede Herstellungsverpflichtung ist (BGH NZM 2006, 21, 22).

Gemäß § 134 BGB unwirksam sind insbesondere Regelungen, die gegen die Erwerberschutzvorschriften der MaBV verstoßen. Gem. § 134 BGB i.V.m. § 3 Abs. 2 MaBV nichtig ist eine Regelung, wonach die erste Rate nach Vertragsschluss und nicht erst nach Beginn der Erdarbeiten fällig werden soll (BGH NJW 2001, 818, 819). Gleiches gilt für eine von § 3 Abs. 2 MaBV abweichende Regelung über die Zusammensetzung bzw. Höhe der Raten, es sei denn, sie erfolgt zugunsten des Erwerbers (OLG Saarbrücken NZBau 2000, 429). Nach § 134 BGB unwirksam sind ferner von § 7 MaBV zu Lasten des Erwerbers abweichende Regelungen über die Stellung von Sicherheiten, etwa über die Rückgabe einer Bürgschaft vor Fertigstellung, über eine Vermischung von Sicherheiten oder eine Reduzierung einer Bürgschaft nach Baufortschritt (KG NJW-RR 2000, 566). Ebenfalls nach § 134 BGB unwirksam ist eine Klausel, wonach die Bürgschaftsurkunde für den Erwerber beim amtierenden Notar verwahrt wird, da der Bauträger nach §§ 7 Abs. 1 S. 2, 2 Abs. 2 und 4 S. 2 und 3 MaBV dem Auftraggeber die zur unmittelbaren Inanspruchnahme von Sicherheiten und Versicherungen erforderlichen Urkunden vor der Entgegennahme von Vermögenswerten auszuhändigen hat (BGH NZM 2007, 255, 256). 92

IV. Abnahme

1. Grundlagen

Gemäß § 640 Abs. 1 S. 1 BGB ist der Besteller verpflichtet, das vertragsmäßig hergestellte Werk abzunehmen. Wegen unwesentlicher Mängel kann die Abnahme nicht verweigert werden. Die Abnahmeverpflichtung ist Hauptpflicht und betrifft die werkvertragliche Leistungspflicht des Bauträgers. Die Abnahme kann vom Auftragnehmer (Bauträger) selbstständig eingeklagt werden (BGH NJW 1981, 1448; NJW 1996, 1749). Zur Abnahme ist jeder Erwerber aufgrund seines individuellen Bauträgervertrages berechtigt und verpflichtet. Abnahme bedeutet grundsätzlich die körperliche Hinnahme verbunden mit der Billigung des Werkes als in der Hauptsache vertragsgemäße Leistung (BGH NJW 1993, 1972). Die Abnahme darf wegen unwesentlicher Mängel nicht verweigert werden (§ 640 Abs. 1 S. 2 BGB). Unwesentlich sind Mängel dann, wenn es dem Besteller zumutbar ist, die Leistung als im Wesentlichen vertragsgemäße Erfüllung entgegenzunehmen und sich mit Mängelrechten zu begnügen. Insoweit kommt es auf die Umstände des Einzelfalls, Art und Umfang des Mangels und dessen konkrete Auswirkungen an. Dabei ist ein objektiver Maßstab unter Berücksichtigung des besonderen Vertragszwecks anzulegen (BGH NJW 1992, 2481) und auch die Relation zwischen der vertraglich geschuldeten Gesamtleistung und dem konkreten Mangel bzw. dem erforderlichen Mangelbeseitigungsaufwand zu beachten. Ein wesentlicher Mangel ist danach i.d.R. anzunehmen, wenn die übliche oder nach dem Vertrag vorausgesetzte Gebrauchstauglichkeit beeinträchtigt ist. Liegen bei einer Einzelfallbetrachtung mehrere unwesentliche Mängel vor, so kann deren Kumulierung dazu führen, dass insgesamt das Werk als nicht im Wesentlichen vertragsgemäß und abnahmereif hergestellt anzusehen ist. 93

Mit der Abnahme sind folgende rechtliche Konsequenzen verbunden: 94

- Ende des Erfüllungsstadiums: Bis zur Abnahme kann der Besteller (Erwerber) vom Unternehmer (Bauträger) Erfüllung verlangen und es können die Rechte des allgemeinen Leistungsstörungsrechtes (Verzug, Unmöglichkeit etc.) geltend gemacht werden. (Zur Anwendbarkeit der Mängelrecht vor Abnahme: Ott FS für Merle (2010) S. 277 ff.). Mit der Abnahme endet das Erfüllungsstadium und das Vertragsverhältnis wird in ein Abwicklungsstadium überführt. Der Besteller ist wegen Mängeln auf die Mängelrechte nach § 634 BGB verwiesen. 95

96 • Gefahrübergang: Mit der Abnahme geht die Leistungs- und Vergütungsgefahr gem. §§ 644 f. BGB auf den Besteller (Erwerber) über. Im Falle des zufälligen Untergangs des Werkes hat dieser die vereinbarte Vergütung zu zahlen, ohne dass der Unternehmer zur erneuten Leistung verpflichtet ist.

97 • Übergang Darlegungs- und Beweislast: Mit der Abnahme geht die Darlegungs- und Beweislast wegen Mängeln auf den Besteller über. Dieser muss darlegen und ggf. beweisen, dass der von ihm behauptete Mangel im Zeitpunkt der Abnahme vorhanden war, es sei denn, dass er sich Rechte wegen bestimmter Mängel bei Abnahme vorbehalten hat (sog. Protokollmängel).

98 • Beginn der Verjährungsfristen für Mängelansprüche: Gem. § 634a Abs. 2 BGB beginnt mit der Abnahme die Verjährung des Anspruchs auf Nacherfüllung, auf Selbstvornahme und Aufwendungsersatz bzw. Kostenvorschuss, des Anspruchs auf Schadenersatz und des Anspruchs auf Ersatz vergeblicher Aufwendungen (§ 634 Nr. 1, 2 und 4 BGB). Minderung und Rücktrittsrecht können nach Verjährung des Nacherfüllungsanspruches nicht mehr wirksam ausgeübt werden, wenn sich der Unternehmer auf eine Verjährung des Nacherfüllungsanspruches beruft. Sofern die Vergütung indessen noch nicht (vollständig) entrichtet worden ist, kann der Besteller insoweit Zahlung verweigern (§ 634a Abs. 4 und 5 BGB).

99 • Fälligkeit des Vergütungsanspruchs: Bei Abnahme des Werkes ist die geschuldete Vergütung zu zahlen (§ 641 Abs. 1 S. 1 BGB). Für den Bauträgervertrag ist hinsichtlich der Fälligkeit der Vergütung vorrangig § 3 Abs. 2 MaBV bzw. eine hiervon abweichende Vereinbarung über die Vorauszahlung der Vergütung gegen Stellung einer Sicherheit nach § 7 MaBV zu berücksichtigen. Im Schrifttum war lange Zeit umstritten, ob MaBV-konforme Ratenzahlungsklauseln AGB-rechtswidrig sind, weil sie vom gesetzlichen Leitbild (§ 641 BGB: Fälligkeit der Vergütung bei Abnahme) abweichen und die MaBV lediglich öffentlich-rechtliche Entgegennahmeverbote für den Bauträger regelt (s. dazu Ott NZBau 2003, 233 [241] m.w.N.). Hintergrund für die Diskussion war die sog. »Bauträger-I-Entscheidung« des BGH, wonach Normadressat der MaBV ausschließlich der Bauträger ist und deren Vorschriften öffentliches Gewerberecht darstellen, aber nicht privatrechtliche Rechtsbeziehungen zwischen Bauträger und Erwerber gestalten. Der Gesetzgeber hat aufgrund dessen inzwischen die sog. Hausbauverordnung erlassen, wonach MaBV-konforme Ratenzahlungspläne und Vorauszahlungsklauseln mit Austauschsicherheiten in Bauträgerverträgen (privatrechtlich) zulässig sind (Umstritten ist, ob die Hausbauverordnung europarechtswidrig ist. Siehe dazu Nachweise bei Ott NZBau 2003, 233 [241: Fn. 47]).

2. Abnahmearten

100 Die Abnahme kann vom Besteller ausdrücklich erklärt werden, aber auch durch konkludentes Verhalten erfolgen. Eine Abnahme durch konkludentes Verhalten setzt ein Verhalten des Bestellers voraus, aus dem der Unternehmer nach Treu und Glauben und mit Rücksicht auf die Verkehrssitte auf eine Billigung der Leistung als im Wesentlichen vertragsgemäße Leistung schließen kann (BGH NJW 1974, 95). Bloßes Schweigen genügt mangels Erklärungsgehalt insoweit nicht (BGH NJW-RR 1992, 1078). Die bloße Entgegennahme des Werkes ist für eine Abnahme daher nicht ausreichend. Vielmehr muss ein weiteres Verhalten des Bestellers hinzukommen, aus dem der Unternehmer auch bei objektiver Betrachtung auf einen Abnahmewillen schließen kann. Dies kann etwa die vorbehaltlose Zahlung des Werklohns darstellen (BGH BauR 1970, 48; OLG Köln BauR 1992, 414 [415]). Auch in der Ingebrauchnahme des Werkes kann eine konkludente Abnahme liegen, wenn der Besteller das Werk längere Zeit beanstandungsfrei nutzt und

nicht innerhalb eines angemessenen Prüfzeitraumes Mängel anzeigt (BGH NJW 1985, 731; BGH NJW-RR 1992, 1078). Auf einen Abnahmewillen kann der Unternehmer (Bauträger) indessen nicht schließen, wenn dieser bei objektiver Betrachtung keine im Wesentlichen vollständige Leistung erbracht hat, die Leistung objektiv mit erheblichen Mängeln behaftet ist oder wenn der Besteller (Erwerber) ausdrücklich einen entgegenstehenden Willen äußert (z.B. durch Mängelrügen) (BGH NJW-RR 1996, 883; BGHZ 146, 250, 262; BGH BauR 2004, 337; BGH NJW-RR 2004, 782).

Einer Abnahme steht es nach § 640 Abs. 1 S. 3 BGB gleich, wenn der Besteller (Erwerber) **101** das Werk nicht innerhalb einer ihm vom Unternehmer (Bauträger) bestimmten angemessenen Frist abnimmt, obwohl er dazu verpflichtet ist. Die Abnahmefiktion tritt hiernach nur ein, wenn der Bauträger ein abnahmereifes, d.h. im Wesentlichen mangelfreies Werk hergestellt hat (»obwohl der dazu verpflichtet ist«). Im Streitfall muss der Unternehmer die Abnahmereife beweisen.

Der Abnahme steht es gem. § 641a BGB ferner gleich, wenn dem Unternehmer von **102** einem Gutachter eine sog. Fertigstellungsbescheinigung erteilt worden ist. Voraussetzung hierfür ist, dass das versprochene Werk frei von Mängeln hergestellt wurde, ein Sachverständiger bestellt worden ist, der den Anforderungen des § 641a Abs. 2 BGB gerecht wird und der das in § 641a Abs. 3 BGB beschriebene Erteilungsverfahren beobachtet hat.

3. Abnahme Sondereigentum

Jeder Erwerber ist selbst zur Abnahme seines Sondereigentums berechtigt und verpflich- **103** tet. Dies folgt daraus, dass Sondereigentum echtes Alleineigentum ist und sich der Bauträger im zugrunde liegenden individuellen Erwerbsvertrag zur Herstellung des Sondereigentums verpflichtet hat. Sämtliche Regelungen, die dieses wesentliche Recht des Erwerbes in einer Vertragszweck gefährdenden Weise beeinträchtigen, sind nach § 307 Abs. 2 Nr. 2 BGB in allgemeinen Geschäftsbedingungen unwirksam (z.B. Abnahme durch den Bauträger oder ein Tochterunternehmen; unwiderrufliche Bevollmächtigung eines vom Bauträger zu benennenden Sachverständigen oder durch den Verwalter etc.).

4. Abnahme Gemeinschaftseigentum

Auch für die Abnahme des gemeinschaftlichen Eigentums ist der einzelne Erwerber **104** zuständig. Dies folgt daraus, dass jeder Erwerber aufgrund seines individuellen Bauträgervertrages einen Anspruch auf mangelfreie Herstellung des Gemeinschaftseigentums hat (BGH WuM 1985, 664; BGH NJW-RR 2000, 13, 15). Für den Bauträger stellt sich aufgrund dessen in der Praxis das Problem, dass bei einer Abnahme des Gemeinschaftseigentums durch jeden einzelnen Erwerber die individuellen Verjährungsfristen für die Mängelansprüche zu unterschiedlichen Zeiten beginnen würden. Gerade in sog. Nachzüglerfällen, in denen Wohnungen erst zu einem späteren Zeitpunkt veräußert werden können, würde dies zu einer faktischen Verlängerung der Verjährungsfristen führen. Der Nachzügler könnte seine Gewährleistungsansprüche gegen den Bauträger durchsetzen, selbst wenn die Ansprüche der übrigen Erwerber bereits seit langem verjährt sind. Bauträger versuchen deshalb durch eine abweichende Vertragsgestaltung einen einheitlichen Beginn der Verjährungsfristen für alle Erwerber festzuschreiben. Auch insoweit gilt, dass bestimmte Regelungen in allgemeinen Geschäftsbedingungen nach § 307 Abs. 2 Nr. 2 BGB unwirksam sind, wenn diese in das Abnahmerecht des Einzelnen in einer Vertragszweck gefährdenden Weise eingreifen.

5. Abnahmeregelungen im Bauträgervertrag/der Gemeinschaftsordnung

105 Wie bereits ausgeführt, hat der Bauträger im Hinblick auf das Gemeinschaftseigentum ein Interesse daran, dass dieses mit Wirkung für sämtliche Erwerber einheitlich abgenommen wird, um einen Gleichlauf der Verjährungsfristen der Mängelrechte zu erreichen. Diesem Bestreben folgend, werden regelmäßig entsprechende Regelungen in die Erwerbsverträge bzw. in die Gemeinschaftsordnung aufgenommen. Gerade wegen der für den einzelnen Erwerber einschneidenden Rechtsfolgen einer Abnahme sind derartige Regelungen besonders kritisch zu beurteilen und auf eine eventuelle AGB-Widrigkeit nach §§ 307 ff. BGB zu prüfen.

106 Durch Aufnahme einer Regelung über eine einheitliche Abnahme des Gemeinschaftseigentums in die Gemeinschaftsordnung kann der Bauträger die Erwerber regelmäßig nicht wirksam verpflichten. Zwar ist der Erwerber i.S.d. § 10 Abs. 3 WEG Sondernachfolger des Bauträgers als teilendem Eigentümer. Gleichwohl ist der Erwerber an eine entsprechende Regelung in der Gemeinschaftsordnung nicht gebunden, da die Bindungswirkung des § 10 Abs. 3 WEG auf Vereinbarungen der Wohnungseigentümer über »ihr Verhältnis untereinander« beschränkt ist. Die Abnahme des gemeinschaftlichen Eigentums betrifft indessen nicht die Rechtsbeziehungen der Erwerber als spätere Wohnungseigentümer zueinander, sondern ist ein individuelles Recht des Einzelnen aus seinem zugrunde liegenden Erwerbsvertrag. Abnahmeregelungen in der Gemeinschaftsordnung sind deshalb per se unwirksam (Ott ZWE 2010, 157, 161; wohl auch F. Schmidt FS für Deckert (2002), 443, 464; Basty FS für Wenzel (2005), 103, 111; a.A. Fritsch BauRB 2004, 28, 29; Müller PiG 64, 195, 205). Auf eine etwaige Inhaltskontrolle einer solchen Regelung kommt es deshalb nicht an. Nach h.M. unterliegen Regelungen der Gemeinschaftsordnung als Inhaltsbestimmung des Sondereigentums ohnehin nicht einer AGB-Kontrolle nach §§ 307 ff. BGB (BGH, NJW 1994, 2950, 2952; OLG Frankfurt ZMR 1998, 365, 367; OLG Hamburg ZMR 1996, 443). Auch durch die bloße Inbezugnahme der Gemeinschaftsordnung im Erwerbsvertrag kann eine Bindungswirkung nicht erreicht werden, da der Erwerber nicht damit rechnen muss, dass Regelungen über sein konkretes Vertragsverhältnis mit dem Bauträger in die Gemeinschaftsordnung über zukünftige Rechtsbeziehungen zu anderen Wohnungseigentümern aufgenommen werden. Eine entsprechende Inbezugnahmeklausel ist intransparent und nach § 307 Abs. 1 Nr. 2 BGB ABG-rechtswidrig (so wohl auch Riemenschneider in Grziwotz/Koeble 3. Teil Rn. 758; Ott ZWE 2010, 157, 161).

107 In Erwerbsverträgen sind Regelungen unwirksam, wonach eine Abnahme durch den Bauträger (Basty FS für Wenzel (2005), 103, 115; Ott ZWE 2010, 157, 161) oder eines seiner Tochterunternehmen (Ott ZWE 2010, 157, 161). Die Abnahme ist wesentliches Recht des Erwerbers. Es ist wiederum mit dem wesentlichen Grundgedanken der gesetzlichen Regelungen nicht zu vereinbaren, wenn an Stelle des Erwerbers der Bauträger seine eigene Werkleistung als vertragsgemäße Erfüllung billigen würde (§ 307 Abs. 2 Nr. 1 BGB). Unwirksam wegen Interessenkollision ist ferner eine Regelung, wonach eine Abnahme durch den vom Bauträger benannten und mit diesem personell bzw. wirtschaftlich verflochtenen Erstverwalter erfolgen soll (OLG Stuttgart MDR 1980, 495; F. Schmidt FS für Deckert (2002), 443, 464; Müller PiG 64, 195, 206; Basty FS für Wenzel (2005), 103, 115). Eine den Vertragszweck gefährdende Einschränkung wesentlicher Rechte oder Pflichten i.S.d. § 307 Abs. 2 Nr. 2 BGB stellt es dar, wenn dem mit dem Bauträger nicht verbundenen Verwalter im Erwerbsvertrag unwiderruflich Vollmacht zur Abnahme im Namen des Erwerbers eingeräumt wird (OLG Koblenz BauR 2003, 546; Basty FS für Wenzel (2005), 103, 113; Ott ZWE 2010, 157, 161). Dies gilt indessen nicht für widerrufliche Vollmachtserteilungen, da hierdurch die Abnahmebefugnis als wesentliches Erwerberrecht nicht eingeschränkt wird und der Erwerber jederzeit die erteilte Vollmacht widerrufen kann, insbesondere wenn der Verwalter trotz vorhandener wesent-

licher Mängel eine Abnahme ankündigt (Ott ZWE 2010, 175, 161). Eine unangemessene Benachteiligung des Erwerbers i.S.d. § 307 BGB stellt eine Regelung dar, dernach die Abnahme von einem Sachverständigen oder sonstigen Dritten vorgenommen werden soll, der vom Bauträger zu bestimmen ist (OLG München BauR 2009, 1444; Vogel FS für Merle (2010), 375 ff.; Sturmberg BauR 2010, 163 ff.). Derartige Regelungen halten einer Inhaltskontrolle nach § 307 Abs. 2 Nr. 1 und 2 bzw. § 242 BGB nicht Stand. Der Bauträger kann sich in diesen Fällen auch nicht auf eine konkludente Abnahme wegen vollständiger Zahlung der Vergütung und unterbliebener Mangelanzeigen innerhalb angemessener Zeit nach Fertigstellung berufen. Denn wegen der im Erwerbsvertrag getroffenen (unwirksamen) Abnahmeregelung kann ein objektiver Dritter in der Lage des Bauträgers als Erklärungsempfänger aus dem Verhalten des Erwerbers gerade nicht auf einen Abnahmewillen schließen (OLG München BauR 2009, 1444). Gem. § 308 Nr. 5 BGB unwirksam sind Klauseln über eine Abnahmefiktion, wonach die Abnahme als Erfolg gilt, wenn der Erwerber zum Abnahmetermin nicht erschienen ist (Ott ZWE 2010, 157, 161; Basty FS für Wenzel (2005), 103, 114). Als zulässig angesehen wird indessen eine widerrufliche Regelung im Erwerbsvertrag über die Abnahme des Gemeinschaftseigentums durch einen neutralen Dritten (Verwalter, Verwaltungsbeirat, Sachverständigen, Rechtsanwalt). Wegen der rechtlichen Wirkungen der Abnahme ist allerdings problematisch, ob die Vollmachtserteilung an einen Dritten wegen Verstoßes gegen das Rechtsberatungsgesetz (Abnahme als geschäftsmäßige Besorgung fremder Rechtsangelegenheiten) wirksam ist (Häublein DNotZ 2002, 608, 621 ff.). Soll die Abnahme des gemeinschaftlichen Eigentums im Namen des Erwerbers durch einen neutralen Sachverständigen erfolgen, ist regelmäßig problematisch, ob dessen Abnahmeerklärung tatsächlich eine rechtsgeschäftliche Abnahme i.S.d. § 640 BGB oder lediglich eine sog. technische Abnahme darstellt (s. dazu Häublein DNotZ 2002, 608, 619 f.). Erfolgt eine rechtsgeschäftliche Abnahme durch den Sachverständigen nicht ausdrücklich, so ist die Erklärung vom Empfängerhorizont, also aus Sicht des Bauträgers auszulegen. Der Bauträger wird regelmäßig nur von einer sog. technischen Abnahme ausgehen können und die Erklärung des Sachverständigen nur so verstehen dürfen, dass aus rein bautechnischer Sicht die Werkleistung im Wesentlichen mangelfrei ist. Dies gilt insbesondere dann, wenn dem Sachverständigen nicht sämtliche Erwerbsverträge inklusive Baubeschreibung vorgelegt worden sind. Der Bauträger kann hier nicht auf eine rechtsgeschäftliche Abnahme schließen, weil die Feststellung einer im Wesentlichen »vertragsgemäßen« Erfüllung nur anhand eines Abgleichs der ausgeführten Leistung (Bauist) mit der vertraglich geschuldeten Leistung (Bausoll) möglich ist.

6. Abnahme aufgrund Mehrheitsbeschlusses

Problematisch ist, ob die Wohnungseigentümer gem. § 21 Abs. 3 WEG mit Stimmenmehrheit über die Abnahme des Gemeinschaftseigentums und etwa über die Beauftragung eines Dritten befinden können. Nach der sog. Jahrhundertentscheidung des BGH v. 20.09.2000 (NJW 2000, 3500 ff.) wird man dies verneinen müssen. Die Wohnungseigentümer können danach gem. § 23 Abs. 1 WEG nur in Angelegenheiten wirksam Beschlüsse fassen, die aufgrund einer Vereinbarung i.S.d. § 10 Abs. 1 S. 2 WEG oder aufgrund einer gesetzlichen Regelung des WEG einer Beschlussfassung überhaupt zugänglich sind (sog. Beschlusskompetenz). Die Abnahme der Werkleistung des Bauträgers ist indessen keine Angelegenheit der gemeinschaftlichen Verwaltung i.S.d. § 21 Abs. 3 WEG und betrifft nicht das »Verhältnis der Wohnungseigentümer zueinander«. Vielmehr ist jeder Erwerber aufgrund seines individuellen Erwerbsvertrages mit dem Bauträger zur Abnahme berechtigt und verpflichtet. Betroffen sind die Rechtsbeziehungen des einzelnen Erwerbers zum Bauträger und nicht die Rechtsbeziehungen zu anderen Wohnungs- **108** eigentümern. Die Abnahme des Gemeinschaftseigentums hat keinen Bezug zur gemeinschaftlichen Verwaltung und bringt auch keinerlei Vorteile für sämtliche Wohnungseigentümer, sondern lediglich Nachteile für den einzelnen Erwerber als Vertragspartner des Bauträgers (z.B. Gefahrübergang, Fälligkeit der Vergütung, Übergang der Darlegungs- und Beweislast bei Mängeln, Beginn der Gewährleistungsfristen). Ein entsprechender Mehrheitsbeschluss wäre daher mangels Beschlusskompetenz nichtig und würde keine Bindungswirkung gegenüber den an der Beschlussfassung nicht beteiligten bzw. überstimmten Wohnungseigentümern oder deren Sondernachfolgern entfalten.

Aus den vorgenannten Gründen ist die Abnahme auch kein gemeinschaftsbezogenes Recht bzw. keine damit korrespondierende gemeinschaftsbezogene Pflicht i.S.d. § 10 Abs. 6 S. 3 Variante 1 WEG, die eine gesetzliche Ausübungsbefugnis oder Prozessstandschaft der rechtsfähigen Wohnungseigentümergemeinschaft begründen würde (zutreffend Pause/Vogel ZMR 2007, 577, 581).

Teilweise wird jedoch die Auffassung vertreten, bei der Abnahme handele es sich um *sonstige Rechte und Pflichten der Wohnungseigentümer (, die) gemeinschaftlich i.S.d. § 10 Abs. 6 S. 3 Variante 2 WEG geltend gemacht werden können oder zu erfüllen sind.* Die Wohnungseigentümer könnten deshalb durch Beschlussfassung die Abnahme zur gemeinschaftlichen Angelegenheit machen und eine Ausübungsbefugnis der Gemeinschaft begründen. Dies sei geboten, um Wertungswidersprüche zur Rechtsprechung über die gemeinschaftliche Verwaltungskompetenz betreffend die Ausübung vertraglicher Mängelrechte zu vermeiden. Auch liege eine einheitliche Abnahme des Gemeinschaftseigentums im dringenden Interesse des Bauträgers (Klein in: Bärmann Anh. § 10 Rn. 56 f.; Derleder NZBau 2004, 237, 243; BayObLG NZM 2000, 344, 346: Zur bestandskräftigen Beschlussfassung nach altem Recht). Dabei wird übersehen, dass die Abnahme keine Angelegenheit der Verwaltung des gemeinschaftlichen Eigentums oder dessen Instandhaltung und Instandsetzung ist, sondern ausschließlich ein Recht bzw. eine Pflicht des jeweiligen Erwerbers aus dem zu Grunde liegenden Erwerbsvertrag. Die Abnahme betrifft nicht das Verhältnis der (zukünftigen) Wohnungseigentümer zueinander, sondern ausschließlich das Verhältnis des jeweiligen Erwerbers zum Bauträger (F. Schmidt FS für Deckert (2002), 443, 462; Basty FS für Wenzel (2005), 103, 108; Ott ZWE 2010, 157, 162). Die Abnahme hat ausschließlich negative Konsequenzen für den Individualvertrag des einzelnen Erwerbers (s.o.). Dieser muss deshalb selbst entscheiden, ob der Bauträger die ihm versprochenen vertraglichen Leistungen erbracht hat und eine ordnungsgemäße Vertragserfüllung vorliegt. Anderenfalls hätte es die Wohnungseigentümergemeinschaft in der Hand, in fremde individuelle Rechtsbeziehungen einzugreifen und durch eine Abnahme trotz fehlender Abnahmereife in unzulässiger Weise zu Lasten des Erwerbers die Fälligkeit der Vergütung zu begründen, Gefahrübergang, Übergang der Darlegungs- und Beweislast für Mängel und den Beginn der Verjährungsfrist für Mängelrechte herbeizuführen. Man mag die Abnahme i.S.d. Gesetzeswortlautes jedenfalls bei inhaltsgleichen Erwerbsverträgen als Recht ansehen, das gemeinschaftlich ausgeübt werden kann. Die Abnahme hat jedoch eine Doppelnatur: Diese ist nicht nur ein Recht des Erwerbers, sondern bei bestehender Abnahmereife zugleich eine Pflicht. Diese Pflicht kann aber nicht ausschließlich gemeinschaftlich i.S.d. § 10 Abs. 6 S. 3 Variante 2 WEG erfüllt werden. Aber auch die Betrachtung, die Abnahme als Recht könne gemeinschaftlich ausgeübt werden, greift zu kurz. Denn dabei handelt es sich nicht um einen objektiven Tatbestand (wie etwa Abnahmereife), sondern um eine subjektive Erklärung, das Werk individuell als vertragsgemäße Leistung zu billigen. Es steht mithin jedem Erwerber frei, die Leistung des Bauträgers auch dann subjektiv zu billigen, wenn diese objektiv betrachtet nicht im wesentlichen mangelfrei fertig gestellt ist. Eine Abnahme als Recht ist deshalb nicht (stets) gemeinschaftlich auszuüben (ausführlich Ott ZWE 2010, 157, 162). Der Bauträger ist im Hinblick auf eine Abnahme auch nicht schutzwürdig. Dieser hat es selbst in der Hand, eine mangelfreie Werkleistung herzustellen. Bei Abnahmeverweigerung trotz bestehender Abnahmereife kann dieser aus dem jeweiligen Vertragsverhältnis den Erwerber auf Abnahme verklagen, diesen inzident durch Vergütungsklage in Anspruch nehmen und durch Setzen einer angemessenen Frist zur Abnahme nach § 640 Abs. 1 S. 3 BGB zu einer fiktiven Abnahme gelangen.

V. Ansprüche und Rechte wegen Mängeln

Die Inanspruchnahme des Bauträgers wegen mangelhafter Leistung ist in der Praxis mit **109** einer Vielzahl rechtlicher Probleme behaftet, die vornehmlich aus unterschiedlichen Vertragsgestaltungen, dem Bauträgervertrag als Typenkombinationsvertrag und dem späteren Verhältnis der Erwerber als Wohnungseigentümer zueinander resultieren. Angesichts jüngster Rechtsentwicklungen sind eine Reihe von Fragen ungelöst. Im Hinblick auf die sog. Jahrhundertentscheidung des BGH (NJW 2000, 3500 ff.) gilt dies etwa für die Frage, ob den Wohnungseigentümern eine Beschlusskompetenz zur gemeinschaftlichen Verfolgung von Mängelrechten bzw. zur Ausübung des Wahlrechts zwischen mehreren Rechten zusteht. Zweifelhaft ist ferner, ob bei einer Weiterveräußerung von Wohnungseigentum auch Zweiterwerber zur Verfolgung von Mängelrechten gegenüber dem Bauträger befugt sind. Die anwaltliche Tätigkeit ist wegen der erforderlichen Differenzierung zwischen Sonder- und Gemeinschaftseigentum, der richtigen Einordnung von Mängeln im Rahmen des Bauträgervertrages als gemischtem Vertrag (kaufvertragliche Mängel, werkvertragliche Mängel etc.) und des späteren Gemeinschaftsverhältnisses der Erwerber als Wohnungseigentümer mit erheblichen Haftungsrisiken verbunden.

1. Mangelbegriff

Im Zuge der Harmonisierung des Kauf- und Werkvertragsrechtes durch das Schuld- **110** rechtsmodernisierungsgesetz wurde ein einheitlicher dreistufiger Mangelbegriff eingeführt. Ein Mangel liegt nach §§ 434, 633 BGB vor, wenn:

- die Parteien eine bestimmte Soll-Beschaffenheit vereinbart haben und die tatsächli- **111** che Ist-Beschaffenheit davon abweicht. Jede Abweichung von einer vereinbarten Beschaffenheit stellt einen Mangel dar (OLG Brandenburg BauR 2007, 1063 ff.; OLG Hamm IBR 2006, 268). Ist etwa in der Ausführungs- oder Baubeschreibung ein bestimmtes Fliesenfabrikat angegeben, so stellt der Einbau eines anderen Fabrikats selbst dann einen Mangel dar, wenn dieses gleichwertig ist. Unter Umständen kann jedoch eine Auslegung ergeben, dass die Nennung eines bestimmten Fabrikats keine Fabrikate bezogene Beschaffenheitsvereinbarung darstellt, sondern nur einen bestimmten Qualitätsstandard definieren soll. Der Einbau eines gleichwertigen Fabrikats wäre dann mangels Abweichung von einer Beschaffenheitsvereinbarung kein Mangel. Ist im Vertrag vorgesehen, dass ein »optimaler Schallschutz« erreicht werde, schuldet der Bauträger Schalldämmmaße, die über den Mindestanforderungen der DIN 4109 liegen. Das geschuldete Maß muss das Gericht im Wege der Auslegung nach §§ 133, 157 BGB unter Berücksichtigung der gesamten Vertragsumstände ermitteln, wobei sich Anhaltspunkte aus den Schallschutzstufen II und III der VDI-Richtlinie 4100 oder des Beiblattes 2 zur DIN 4109 ergeben können (BGH NZM 2007, 651, 652). Zu berücksichtigen sind Erkärungen der Vertragsparteien, sonstige vertragsbegleitende Umstände, die konkreten Verhältnisse des Bauwerks und seines Umfeldes, der qualitative Zuschnitt, der architektonische Anspruch und die Zweckbestimmung des Gebäudes. Ohne besondere Anhaltspunkte kann der Erwerber einen Schallschutz erwarten, der üblichen Qualitäts- und Komfortstandards entspricht (BGH NZM 2009, 590, 591). Die Parteien können auch eine Beschaffenheit vereinbaren, die nicht den anerkannten Regeln der Technik entspricht oder die unter dem Üblichen liegt. Der Bauträger muss hierauf im Vertrag aber klar und eindeutig hinweisen (BGH NZM 2009, 590, 591).

112 • Haben die Parteien keine Beschaffenheitsvereinbarung getroffen, so liegt ein Mangel vor, wenn sich die Sache für die nach dem Vertrag vorausgesetzte Verwendung nicht eignet. Insoweit kommt es auf die vom Erwerber beabsichtigte und für den Bauträger erkennbare Verwendung an. Wurde dem Erwerber im Vertrag etwa das Sondereigentum bzw. ein Sondernutzungsrecht an einem »Hobbyraum« im Keller eingeräumt, so umfasst die Sanierungsverpflichtung des Bauträgers sämtliche Maßnahmen die erforderlich sind, um den betreffenden Raum als Hobbyraum nutzen zu können (OLG Düsseldorf BauR 2004, 1014, 1016: Einbau einer Abdichtung gegen eindringende Feuchtigkeit). Die Verpflichtung zur Überprüfung/Erneuerung von schadhaften Kellerwänden und das Aufbringen von Putzanstrich schließt die Pflicht ein, einen Trockenuntergrund und damit trockenes Mauerwerk sicherzustellen (OLG Nürnberg BauR 2007, 413).

113 • Lässt sich anhand des Vertrages die beabsichtigte Verwendung nicht feststellen, so liegt ein Mangel i.Ü. vor, wenn sich die Sache nicht für eine gewöhnliche Verwendung eignet oder die übliche Beschaffenheit aufweist. So hat der Bauträger etwa bei der Neuerrichtung von Gebäuden die im Zeitpunkt der Abnahme anerkannten Regeln der Technik einzuhalten (BGH NZM 2009, 590, 591; BGH NJW 1998, 2814; OLG Stuttgart MDR 2008, 21; OLG Zweibrücken BauR 2007, 264; OLG Düsseldorf IBR 2006, 549). Eine gewöhnliche Verwendung setzt auch voraus, dass das vom Bauträger errichtete Gebäude nach öffentlichem Baurecht nutzbar ist (OLG Düsseldorf BauR 2007, 440 f.). Der Bauträger hat stets ein funktionstaugliches Werk herzustellen und durchschnittliche Qualitätsanforderungen zu erfüllen (OLG München NJW-RR 2006, 1163 f.). Dies ist etwa nicht der Fall, wenn eine Tiefgarage nur mit extrem geringen Abständen zwischen Fahrzeug und Garagenbauteilen befahren werden kann (OLG München BauR 2008, 373 ff.). Anders als im Werkvertragsrecht gehören im Kaufrecht zur üblichen Beschaffenheit auch Eigenschaften, die der Käufer nach den öffentlichen Äußerungen des Verkäufers, des Herstellers oder seines Gehilfen insbesondere in der Werbung oder bei der Kennzeichnung erwarten kann (§ 434 Abs. 1 S. 3 BGB). Dem Erwerber stehen im Kaufrecht mithin Mängelrechte auch insbesondere wegen falscher Prospektangaben zu.

114 Kaufvertragliche Mängel sind etwa die unterbliebene Einräumung eines versprochenen Sondernutzungsrechts bzw. die Begründung an anderen Teilen des Gemeinschaftseigentums, als im Erwerbsvertrag vorgesehen, eine vom Vertrag abweichende Begründung von Sondereigentum (BGH NJW 1997, 1778) (z.B. Begründung von Sondereigentum an anderen Räumen, als vertraglich vorgesehen etc.), Verschaffung von Wohnungseigentum bezogen auf eine geringere Grundstücksgröße (OLG Düsseldorf BauR 2000, 1785), die Verschaffung des Wohnungseigentums mit vom Erwerber nicht zu übernehmenden Belastungen, Mängel des Grundstücks (z.B. Altlasten) oder Mängel der Bausubstanz bei fehlender vertraglicher Herstellungsverpflichtung des Bauträgers (Bauträgervertrag als reiner Kaufvertrag).

115 Einen werkvertraglichen Mangel stellt jede von der vertraglichen Vereinbarung abweichende Bauausführung dar (z.B. Herstellung abweichend von der Baubeschreibung; der im Vertrag in Bezug genommenen Teilungserklärung nebst Aufteilungsplan, Sondernutzungsplan, Außenanlagenplan etc; Verstoß gegen die anerkannten Regeln der Technik bei Neubauten etc.).

2. Kaufvertragliche und werkvertragliche Mängelrechte

Die Unterscheidung, ob ein Mangel die werkvertragliche Herstellungspflicht des Bauträgers oder die kaufvertragliche Eigentumsverschaffungspflicht betrifft, ist von erheblicher Bedeutung. Dies gilt für den Umfang der Mängelrechte (kein Selbstvornahmerecht mit Kostenvorschussanspruch des Käufers; Mängelrechte wegen falscher Prospektangaben des Käufers nach § 434 Abs. 1 S. 3 BGB, nicht aber des Bestellers), für den Beginn der Verjährungsfristen der Mängelrechte (kaufvertragliche Mängel: mit Übergabe; werkvertragliche Mängel: mit Abnahme) und für die Frage der Prozessführungsbefugnis. So ist der einzelne Erwerber wegen werkvertraglicher Mängel am Gemeinschaftseigentum anders als bei kaufvertraglichen Mängeln, nicht ohne Weiteres befugt, Mängelrechte selbst in Eigenregie geltend zu machen. **116**

Mit Einführung des Schuldrechtsmodernisierungsgesetzes hat der Gesetzgeber die Mängelhaftung des Kauf- und Werkvertragsrechtes weitgehend aneinander angeglichen. Wegen Mängeln der Werkleistung steht dem Erwerber bis zur Abnahme (Gefahrübergang) ein Anspruch auf Erfüllung zu und er kann die Herstellung des versprochenen mangelfreien Werkes verlangen (§ 631 Abs. 1 BGB). Bei wesentlichen Mängeln kann der Erwerber die Abnahme verweigern. Bei Mängeln des Kaufgegenstandes hat der Erwerber bis zum Gefahrenübergang (i.d.R. Übergabe) einen Anspruch auf Verschaffung einer mangelfreien Sache. Nach Anspruch auf Verschaffung einer mangelfreien Sache bei Mängeln des Kaufgegenstandes kann der Erwerber die Übernahme verweigern. Neben dem kauf- und werkvertraglichen Erfüllungsanspruch gilt bis zum Gefahrübergang das allgemeine Leistungsstörungsrecht, d.h. insbesondere die Vorschriften über Unmöglichkeit, Verzug und Schadensersatz wegen sonstiger nicht mangelbezogener Pflichtverletzungen (§§ 280 ff. BGB). So kann der Erwerber etwa Verzugsschäden bei Überschreitung eines vereinbarten Fertigstellungstermins (z.B. Anmietung einer Ersatzwohnung) oder verspäteter Eigentumsverschaffung (z.B. zusätzliche Bereitstellungszinsen) liquidieren. Die Mängelrechte (§§ 437 ff., 633 ff. BGB) sind vor Gefahrübergang (Abnahme bzw. Übergabe) grundsätzlich nicht anwendbar. **117**

Mit der werkvertraglichen Abnahme bzw. dem kaufvertraglichen Gefahrübergang (i.d.R. Übergabe) kann der Erwerber nicht mehr den ursprünglichen Erfüllungsanspruch geltend machen, sondern ist auf die Mängelrechte beschränkt. Diese sind enumerativ in §§ 437, 634 BGB wie folgt aufgezählt: **118**

1. Nacherfüllungsanspruch: Der Erwerber hat zunächst primär einen Anspruch auf Nacherfüllung. Der Bauträger erhält damit letztmalig die Gelegenheit, ein mangelfreies Werk herzustellen bzw. eine mangelfreie Sache zu liefern. Wegen werkvertraglicher Mängel kann der Bauträger auf eigene Kosten nach seiner Wahl den Mangel beseitigen oder ein neues Werk herstellen. Wegen kaufvertraglicher Mängel steht das Wahlrecht (Mangelbeseitigung oder Nachlieferung) gem. § 439 BGB dem Erwerber zu. Eine Nacherfüllung erfordert **geeignete Maßnahmen**, durch die ein Mangel dauerhaft beseitigt und ein funktionstaugliches Werk hergestellt wird. Dabei sind die anerkannten Regeln der Technik zu beachten. Liegen etwa die Voraussetzungen der DIN 18195 Teil 6 vor und wurde in wenig durchlässigen Böden ohne Dränung gegründet, ist eine Abdichtung gegen drückendes Wasser auszuführen und nicht nur gegen Bodenfeuchtigkeit nach DIN 18195 Teil 4 (a.A. OLG Brandenburg NZM 2009, 751, 752). Die Nacherfüllung kann bei werkvertraglichen Mängeln wegen **unverhältnismäßiger Kosten** verweigert werden (§ 635 Abs. 3 BGB), wenn die erforderlichen Kosten schlichtweg nicht mehr in einem vernünftigen Verhältnis zu den Vorteilen für den Besteller nach erfolgter Nachbesserung stehen (BGH NZM 2009, 490; BGH NJW-RR 2008, 971; BGH NJW-RR 2006, 304; OLG Schleswig IBR 2006, 86). Hat der Besteller objektiv ein berechtigtes Interesse an einer mangelfreien Herstellung, **119**

kann eine Nachbesserung auch bei hohen Mangelbeseitigungskosten nicht verweigert werden. Der Einwand der Unverhältnismäßigkeit ist nur gerechtfertigt, wenn das Bestehen auf einer Nacherfüllung bei objektiv geringem Interesse des Bestellers im Verhältnis zum erforderlichen Aufwand unter Abwägung aller Umstände einen Verstoß gegen Treu und Glauben darstellt. Von Bedeutung ist dabei auch, ob und in welchem Ausmaß der Unternehmer den Mangel verschuldet hat, wobei ein vorsätzliches Herbeiführen nicht stets den Einwand der Unverhältnismäßigkeit ausschließt (BGH NZM 2009, 490; BGH NJW-RR 2008, 971). Liegt Unverhältnismäßigkeit vor, erlischt der Nacherfüllungsanspruch. Dem Erwerber stehen die Sekundärrechte zu. Zudem kann der Erwerber dem Bauträger eine **angemessene Frist** zur Nacherfüllung setzen und nach fruchtlosem Fristablauf ebenfalls zu den nachfolgend beschriebenen Sekundärrechten (Selbstvornahme bei werkvertraglichen Mängeln, Rücktritt, Minderung, Schadensersatz, Aufwendungsersatz) übergehen. Dem Bauträger muss dabei eine angemessene Frist zur Mangelbeseitigung gesetzt werden. Angemessen ist eine Frist, innerhalb derer die Fertigstellung der geschuldeten Leistungen unter größter Anstrengung des Bauträgers erfolgen kann (BGH NJW 2006, 2254, 2257; OLG Stuttgart BauR 2003, 108; OLG Hamm BauR 2007, 1737). Je nach den Umständen des Einzelfalls kann der Bauträger verpflichtet sein, die Anzahl der Arbeitskräfte zu verdoppeln bzw. zu verdreifachen bis hin zur Durchführung von Doppelschichten und Samstagsarbeit (OLG Hamm BauR 2007, 1737). Ist die vom Erwerber gesetzte Frist zu knapp bemessen, wird grundsätzlich eine angemessene Frist in Lauf gesetzt. Dies gilt nur ausnahmsweise dann nicht, wenn die Frist nur zum Schein gesetzt ist und dem Bauträger keine realistische Chance zur Mangelbeseitigung eingeräumt werden sollte bzw. wenn der Erwerber klar und unmissverständlich zum Ausdruck bringt, an einer Mangelbeseitigung nicht mehr interessiert zu sein (BGH WM 1985, 1106, 1107; OLG Hamm BauR 2007, 1737). Die Fristsetzung ist in den Fällen der §§ 636, 637 Abs. 2, 638 Abs. 1 i.V.m. § 323 Abs. 2 BGB entbehrlich. Einer Fristsetzung bedarf es etwa nicht, wenn der Bauträger unmissverständlich zum Ausdruck bringt, nur ungeeignete Nachbesserungsarbeiten erbringen zu wollen. Darin liegt eine ernsthafte und endgültige Verweigerung einer geeigneten Mangelbeseitigung (OLG Düsseldorf IBR 2007, 1066).

120 • Selbstvornahme: Nach erfolglosem Ablauf der Nacherfüllungsfrist steht dem Erwerber wegen werkvertraglicher Mängel das Recht der Selbstvornahme auf Kosten des Bauträgers zu (§§ 634 Nr. 2, 637 BGB). Zur Durchführung der Selbstvornahme kann der Bauträger auf Kostenvorschuss in Höhe der zu erwartenden Kosten der Mangelbeseitigung in Anspruch genommen werden. Der Anspruch auf Kostenvorschuss bzw. Aufwendungsersatz soll nicht mehr bestehen, wenn die Erwerber nach Fristablauf zum Ausdruck gebracht haben, eine Mangelbeseitigung durch den Bauträger nicht mehr zulassen zu wollen. In diesem Fall erlösche der Nacherfüllungsanspruch und das damit korrespondierende Mängelbeseitigungsrecht (BGH ZMR 2006, 48, 50). In diesem Fall können nur noch die Mangelbeseitigungskosten im Wege des sog. kleinen Schadensersatzanspruchs geltend gemacht werden. Anders als beim Kostenvorschussanspruch kommt es also nicht auf die »voraussichtlichen« Kosten der Mangelbeseitigung an, sondern auf die tatsächlich entstandenen bzw. zur Mangelbeseitigung erforderlichen Kosten. In der anwaltlichen Praxis ist es deshalb zu empfehlen, lediglich eine Frist zur Mangelbeseitigung zu setzen und keine Aussagen zu einer etwaigen Ablehnung der Leistung zu treffen. Nach Durchführung der Selbstvornahme ist dann über die tatsächlichen Mangelbeseitigungskosten abzurechnen. Nach der Rechtsprechung des BGH kann auch Nachzahlung verlangt werden, sollte der Vorschuss zur Mangelbeseitigung nicht ausgereicht haben. Bereits mit der Vorschussklage werde ein einheitlicher Anspruch auf Ersatz der voraussichtlichen Mangelbeseitigungskosten geltend gemacht. Der bezifferte Vorschuss sei insoweit nichts Endgültiges und die Klage nicht

auf diesen Betrag beschränkt. Aus dem Vorschusstitel könne deshalb innerhalb der Verjährungsfrist des § 197 Abs. 1 Nr. 3 BGB von 30 Jahren Nachzahlung begehrt werden, sofern derselbe Mangel betroffen sei. Eine vorsorglich erhobene Feststellungsklage habe nur klarstellende Funktion (BGH NZM 2009, 37; BGH BauR 1989, 81, 83; a.A. OLG Nürnberg IBR 2007, 673). Für die anwaltliche Praxis ist zu empfehlen, den Antrag auf Verurteilung zur Zahlung von Kostenvorschuss mit einem Feststellungsantrag hinsichtlich weitergehender Schäden zu verbinden. Ein Selbstvornahmerecht und ein Kostenvorschussanspruch bestehen demgegenüber nicht für Mängel des Kaufgegenstandes (vgl. § 437 BGB).

- Rücktritt: Nach Ablauf bzw. Entbehrlichkeit der Frist zur Nacherfüllung kann der 121 Erwerber statt der Durchführung der Selbstvornahme vom Vertrag zurücktreten. Insoweit genügt eine einseitige Gestaltungserklärung des Erwerbers, die mit Zugang beim Bauträger wirksam wird und das Schuldverhältnis in ein Abrechnungs- und Abwicklungsverhältnis überführt. Nach Erklärung des Rücktritts erlöschen der Nacherfüllungsanspruch, das Selbstvornahmerecht mit Kostenvorschussanspruch und das Minderungsrecht, nicht jedoch der Schadensersatzanspruch statt der Leistung (§ 325 BGB). Dies bedeutet, dass der Erwerber den Rücktritt erklären und i.Ü. Schadensersatz statt der Leistung verlangen kann. Der Rücktritt ist nach § 323 Abs. 5 BGB ausgeschlossen, wenn die Pflichtverletzung des Bauträgers unerheblich ist. Der Bauträger kann sich aber auf § 323 Abs. 5 BGB nicht berufen, wenn dieser einen Mangel arglistig verschwiegen hat (BGH MDR 2006, 1155 f.).
- Minderung: Ferner kann nach fruchtlosem Verstreichen bzw. Entbehrlichkeit der Frist 122 zur Nacherfüllung die Minderung erklärt werden. Auch diese ist als Gestaltungsrecht konzipiert. Mit Ausübung des Minderungsrechtes erlöschen wegen der Gestaltungswirkung der Nacherfüllungsanspruch, das Selbstvornahmerecht mit Kostenvorschussanspruch und das Rücktrittsrecht sowie der Schadensersatzanspruch wegen Mängeln. Wegen nicht mangelbezogener Pflichtverletzungen kann daneben Schadensersatz nach § 280 Abs. 1 BGB verlangt werden. Entgegen einem weit verbreiteten Irrglauben besteht ein Minderungsrecht auch wegen unerheblicher Mängel (sog. Bagatellmängel).
- Schadensersatz: Des Weiteren stehen dem Erwerber nach Ablauf bzw. nach Entbehr- 123 lichkeit der Frist zur Nacherfüllung ein Anspruch auf Schadensersatz statt der Leistung (Ersatz des Wertunterschiedes zwischen mangelfreier und mangelhafter Sache) oder statt der ganzen Leistung (Rückgabe der mangelhaften Sache und Liquidation des Gesamtschadens einschließlich des Wertes der mangelhaften Sache) zu. Der Anspruch auf Schadensersatz statt der ganzen Leistung ist eine Kombination aus Rücktritt und Schadensersatz und deshalb wie der Rücktritt bei unerheblichen Mängeln ausgeschlossen. Verlangt der Erwerber Rückabwicklung im Wege des sog. großen Schadensersatzes, kann er hinsichtlich der Schadensberechnung wählen: zum einen kann er sich darauf beschränken, lediglich den Leistungsaustausch rückgängig zu machen (Immobilie gegen Kaufpreis und Erstattung der mit dem Vertragsschluss verbundenen Nebenkosten wie Notargebühren). Dann muss er sich im Wege der Vorteilsausgleichung nur die durch Nutzung der Immobilien eingetretene Wertminderung anrechnen lassen, die zeitanteilig linear zu berechnen ist (z.B. Gesamtnutzungsdauer der Immobilie von 80 Jahren: zeitanteilig lineare Wertminderung pro Jahr von 1/80 des Erwerbspreises) (BGH NZM 2006, 19 ff.; BGH MDR 2006, 1159 ff.). Zum anderen kann der Erwerber auch seine Investitionsentscheidung insgesamt rückgängig und das Erfüllungsinteresse geltend machen. Beschränkt sich der Erwerber nicht nur auf Rückabwicklung des Leistungsaustausches (Immobilien gegen Kaufpreis und Erstattung der Vertragsnebenkosten), sondern begehrt zusätzlich Ersatz seiner Aufwendungen zur Finanzierung des Kaufpreises und/oder Erstattung der für die Erhaltung und Bewirtschaftung der Immobilie aufgewandten Kosten, so muss er sich dann aber im

Wege der Vorteilsausgleichung den objektiven Mietzins für eine vergleichbare Immobilie anrechnen lassen (BGH MDR 2006, 1159 ff.; BGH ZfIR 2006, 856 f.). In diesem Fall nimmt er dem Veräußerer im wirtschaftlichen Ergebnis die Nutzungen des Kaufpreises und muss sich den vollen Wert der Eigennutzung nach dem üblichen Mietzins und nicht lediglich die zeitanteilig lineare Wertminderung der Immobilie als Nutzungsvorteil anrechnen lassen. Bei der Rückabwicklung ist eine vom Erwerber empfangene Eigenheimzulage nicht im Wege der Vorteilsausgleichung zu berücksichtigen (BGH NZM 2010, 291, 292). Darüber hinaus besteht ein Anspruch auf Schadensersatz für sog. Mangelfolgeschäden, d.h. Schäden, die an anderen Rechtsgütern des Erwerbers entstanden sind (§ 280 Abs. 1 BGB). Das Setzen einer Nachfrist ist hierfür nicht erforderlich. Voraussetzung eines Anspruchs auf Schadensersatz ist stets eine schuldhafte Pflichtverletzung des Bauträgers i.S.d. § 276 BGB. Prozessual zulässig ist die Stellung eines Feststellungsantrages, wenn auf Grund der Mangelhaftigkeit der Werkleistung weitere, noch nicht näher bezifferbare Kosten entstehen können (OLG Frankfurt BauR 2008, 90 ff.; IBR 2007, 1367). Der Schadensersatz stellt eine Kompensation bereits eingetretener Vermögenseinbußen dar. Der Erwerber muss diesen deshalb nicht wie einen Kostenvorschuss bei der Selbstvornahme zweckgerichtet zur Mangelbeseitigung einsetzen, sondern kann damit nach Belieben verfahren (BGH NZM 2008, 852, 853).

124 • Aufwendungsersatzanspruch: Statt des Anspruchs auf Schadensersatz besteht unter denselben Voraussetzungen ein Anspruch auf Ersatz vergeblich getätigter Aufwendungen (z.B. Vertragskosten oder Kosten für erbrachte Vorarbeiten).

125 Jedem Erwerber stehen aufgrund seines individuell mit dem Bauträger geschlossenen Vertrages der Erfüllungsanspruch und die Mängelrechte zu. Allerdings ist der einzelne Erwerber nach der Rechtsprechung insbesondere bei der Verfolgung bestimmter Mängelrechte Restriktionen ausgesetzt. Dieser ist zwar Anspruchsinhaber, kann seinen Anspruch aber unter Umständen nur nach einer entsprechenden Entscheidung der Wohnungseigentümer ausüben. Dadurch soll erreicht werden, dass der Bauträger nicht unterschiedlichen Mängelrechten einzelner Erwerber ausgesetzt ist (s. dazu Rdn. 134).

3. Exkurs: Erstattung von Kosten eines Privatgutachtens

126 Der oder die Erwerber können vom Bauträger grundsätzlich die Erstattung der Kosten eines Privatgutachters zur Ermittlung und Feststellung von Mängeln verlangen. Insoweit bestehen verschiedene Möglichkeiten. Die Kosten eines privaten Sachverständigengutachten können entweder auf einen materiell-rechtlichen Schadensersatzanspruch gestützt und separat eingeklagt oder im Rahmen des Kostenfestsetzungsverfahrens als zur zweckentsprechenden Rechtsverfolgung oder Rechtsverteidigung notwendige Kosten festgesetzt werden.

a) Der materiell-rechtliche Anspruch auf Kostenerstattung

127 Beauftragen Erwerber einen privaten Sachverständigen mit der Ermittlung, Feststellung und konkreten Beschreibung von Mängeln sowie Auswurf der Mangelbeseitigungskosten, stellen die hierfür getätigten Aufwendungen einen durch Mängel verursachten Schaden (sog. Mangelfolgeschaden) dar. Dem Erwerber steht diesbezüglich ein Anspruch auf Schadensersatz nach §§ 634 Nr. 4, 280 Abs. 1 BGB zu, ohne dass es zuvor einer Fristsetzung bedarf (BGH NJW 2002, 141; OLG München BauR 2004, 1356; Werner/Pastor 11. Aufl. 2005, Rn. 159 m.w.N.). Überdies kann ein materiell-rechtlicher Kostenerstattungsanspruch nach §§ 286, 280 Abs. 2 BGB bestehen, wenn sich der Bauträger mit der Nacherfüllung in Verzug befand (OLG Hamm BauR 1994, 668). Zu ersetzen sind die

Kosten, die erforderlich sind, um dem Erwerber ein zuverlässiges Bild über Ursache und Ausmaß der eingetretenen und noch zu erwartenden Mängel zu verschaffen (BGH NJW 1971, 99 f.; OLG Düsseldorf, NJW-RR 1996, 572; OLG Frankfurt BauR 1991, 777 f.).

b) Kostenerstattung im Kostenfestsetzungsverfahren

Die Kosten eines privaten Sachverständigengutachtens können auch im Kostenfestsetzungsverfahren nach §§ 103 ff. ZPO geltend gemacht werden, wenn es sich insoweit um »zur zweckentsprechenden Rechtsverfolgung oder Rechtsverteidigung notwendige« Kosten i.S.d. § 91 Abs. 1 ZPO handelt. Insoweit ist zwischen den Kosten eines vorprozessualen und eines Prozess begleitenden Gutachtens zu differenzieren. Bei vorprozessualen Gutachten genügt es, dass diese in unmittelbarer Beziehung zu dem bevorstehenden Rechtsstreit stehen und den Erwerber in die Lage versetzen, Mängel im Prozess substantiiert darlegen, unter Beweis stellen oder schwierige technische Fragen beurteilen zu können (OLG Düsseldorf NJW-RR 1996, 572; OLG Koblenz BauR 2002, 1131; OLG Hamburg OLGR 1997, 235). Insoweit kommt es darauf an, ob eine verständige und wirtschaftlich vernünftige Partei diese Kosten auslösenden Maßnahmen ex ante als sachdienlich ansehen durfte (BGH BauR 2007, 744 ff.; OLG Karlsruhe BauR 2007, 1450 ff.). Die Kosten eines Prozess begleitenden Privatgutachtens sind dagegen nach der Rechtsprechung nur ausnahmsweise erstattungsfähig, wenn dessen Einholung unter dem Gesichtspunkt der prozessualen »Waffengleichheit« (fachkundiger Gegner) notwendig ist oder die Partei ansonsten ihrer prozessualen Darlegungslast nicht mehr genügen könnte (BGH BauR 2007, 744 ff.; OLG Karlsruhe BauR 2007, 1450 ff.; OLG Koblenz BauR 2003, 539; OLG Frankfurt IBR 2003, 177). Letzteres wird man etwa annehmen dürfen, wenn der gerichtlich bestellte Sachverständige in einer schwierigen bautechnischen Frage zu einem anderen Ergebnis gelangt als der bereits vorprozessual tätige Privatgutachter. In diesem Fall können die Kosten für eine privatgutachterliche Stellungnahme zum Gutachten des gerichtlich bestellten Sachverständigen notwendige Kosten der Rechtsverfolgung und Rechtsverteidigung sein (OLG Düsseldorf BauR 1998, 1282; OLG Bamberg OLGR 2000, 268). Die Kosten eines privaten Sachverständigengutachten seien darüber hinaus nur dann erstattungsfähig, wenn dieses im Rechtsstreit vorgelegt werde (BGH NJW-RR 1995, 1470; OLG München IBR 2007, 1163). 128

4. Leistungsverweigerungs- und Zurückbehaltungsrecht

Bis zur Abnahme steht dem Erwerber bei Mängeln der Werkleistung gem. § 320 BGB ein Leistungsverweigerungsrecht zu. Dieser kann fällige Zahlungen an den Bauträger nach der Rechtsprechung in Höhe des zwei- bis dreifachen Betrages der Mangelbeseitigungskosten zurückhalten (BGH NJW 1984, 725; BGH NJW 1992, 2160). Diese vor In-Kraft-Treten des Schuldrechtsmodernisierungsgesetzes ergangene Rechtsprechung orientierte sich hinsichtlich der Höhe des Leistungsverweigerungsrechts nach § 320 BGB an der Höhe des Zurückbehaltungsrechtes nach erfolgter Abnahme. Durch Zubilligung des sog. Druckzuschlages soll der Bauträger angehalten werden, möglichst umgehend bestehende Mängel zu beseitigen. 129

Nach Abnahme kann der Erwerber bei Mängeln die Zahlung eines angemessenen Teils der Vergütung verweigern, i.d.R. das Doppelte der Mangelbeseitigungskosten (§ 641 Abs. 3 BGB). 130

Nicht abschließend geklärt ist, ob der einzelne Erwerber ein Leistungsverweigerungsrecht bezogen auf die Höhe der gesamten Mangelbeseitigungskosten hat oder nur quotal bezogen auf die Höhe seines Miteigentumsanteils. Nach zutreffender Ansicht kann jeder Erwerber sein Leistungsverweigerungsrecht bezogen auf die gesamten Mangelbeseiti- 131 gungskosten ausüben. Denn der Bauträger hat sich gegenüber jedem Erwerber im zugrunde liegenden Bauträgervertrag zur Eigentumsverschaffung und zur Herstellung des Sondereigentums und Gemeinschaftseigentums verpflichtet (BGH NJW 1991, 2480; BGH NJW 1999, 1705: jeweils zum Schadensersatz). Eine Beschränkung auf das Verhältnis des Miteigentumsanteils zu den Mangelbeseitigungskosten ist keine geeignete Bezugsgröße, da der Bauträger dem einzelnen Erwerber nicht lediglich die Verschaffung eines Miteigentumsanteils, sondern die Erbringung von Bauleistungen insgesamt versprochen hat und die Höhe des Miteigentumsanteils nicht zwingend den Wert des (hergestellten) Wohnungseigentums repräsentiert. Überdies müsste der Erwerber das Insolvenzrisiko des Bauträgers tragen. Könnte dieser ein Leistungsverweigerungsrecht nur im Verhältnis seines Miteigentumsanteils ausüben, müsste er bei einer späteren Restfertigstellung durch die Wohnungseigentümer zusätzliche Kosten aufwenden, wenn nicht auch alle anderen Erwerber von ihrem Zurückbehaltungsrecht Gebrauch gemacht haben. Wenig überzeugend ist auch eine im Schrifttum vertretene vermittelnde Lösung, wonach sich die Gesamtsumme des Zurückbehaltungsrechtes aller Erwerber auf den Einzelnen quotal verteilen soll, wenn mehrere Erwerber von ihrem Leistungsverweigerungsrecht Gebrauch machen (Deckert ZfBR 1984, 161, 166). Zwar ist zuzugeben, dass dadurch ein erhöhter Druck auf den Bauträger vermieden werden kann. Dabei wird allerdings übersehen, dass es der einzelne Erwerber nicht in der Hand hat, ob möglicherweise andere Erwerber ihr Leistungsverweigerungsrecht ausüben oder von der zunächst durchgeführten Leistungsverweigerung Abstand nehmen. Abgesehen davon wird es dem Erwerber bereits schwer fallen, sich zuverlässige Informationen über die Ausübung eines Leistungsverweigerungsrechts durch andere Erwerber zu beschaffen.

5. Verfolgung von Mängelrechten hinsichtlich des Sondereigentums

132 Die Rechte wegen Mängeln an seinem Sondereigentum kann jeder Erwerber selbst ausüben. Dies folgt daraus, dass der Bauträger nur diesem Erwerber die Einräumung und Herstellung seines Sondereigentums vertraglich versprochen hat. Vor diesem Hintergrund ist es unerheblich, ob in einem anderen Sondereigentum gleiche Mängel bestehen (sog. Systemfehler) (BGH NJW 1984, 725). Der einzelne Erwerber steht dem Bauträger insoweit als alleinigen Vertragspartner gegenüber. Jeder Erwerber kann indessen die Wohnungseigentümergemeinschaft ermächtigen, seine Mängelrechte in gewillkürter Prozessstandschaft geltend zu machen (BGH NZM 2007, 403, 405).

6. Verfolgung von Mängelrechten hinsichtlich des Gemeinschaftseigentums

133 Auch im Hinblick auf das gemeinschaftliche Eigentum stehen jedem Erwerber aus seinem individuellen Erwerbsvertrag mit dem Bauträger ein Anspruch auf Erfüllung und die Mängelrechte zu. Jeder Erwerber kann vom Bauträger Erfüllung und damit mangelfreie Herstellung des Gemeinschaftseigentums verlangen (BGH NZM 2008, 49, 51). Lediglich im Hinblick auf die Ausübung der Mängelrechte für das Gemeinschaftseigentum soll der einzelne Erwerber bestimmten Restriktionen ausgesetzt sein. Beschränkungen sollen sich insbesondere aus dem (zukünftigen) Gemeinschaftsverhältnis zwischen Wohnungseigentümern (einheitliche Mittelverwendung) und vor allen Dingen unter dem Gesichtspunkt des Schuldnerschutzes ergeben. Da der Bauträger anders als beim Sondereigentum mit jedem einzelnen Erwerber eine vertragliche Verpflichtung zur Herstellung des Gemeinschaftseigentums eingegangen ist, soll dieser vor einer mehrfachen Inanspruchnahme durch verschiedene Erwerber geschützt werden. Insbesondere soll verhindert werden, dass der Bauträger wegen ein und desselben Mangels am Gemeinschaftseigentum mehrfach leisten muss. Eine solche Situation kann etwa entstehen, wenn der

Bauträger einem Erwerber zur Nacherfüllung (Mangelbeseitigung) verpflichtet wäre und ein anderer Erwerber die zu entrichtende Vergütung mindern könnte. Der Bauträger müsste in diesem Fall mangelfreies Gemeinschaftseigentum herstellen, ohne die volle vertraglich vereinbarte Vergütung zu erhalten.

a) Aktivlegitimation und Prozessführungsbefugnis

Den Anspruch auf Nacherfüllung kann jeder Erwerber selbstständig gegenüber dem **134** Bauträger geltend machen (BGH NJW 1979, 2207, 2208; BGH NJW 1998, 2967, 2968; BGH NZM 2005, 792). Dem stehen weder die Gemeinschaftsinteressen noch schutzwürdige Interessen des Bauträgers entgegen. Eine mangelfreie Herstellung des gemeinschaftlichen Eigentums entspricht dem Interesse der Gesamtheit der Erwerber. Auch durch eine separate Inanspruchnahme des Bauträgers auf Nacherfüllung durch mehrere Erwerber wird dieser nicht in seinen Rechten beeinträchtigt, da er gegenüber jedem Erwerber zur Mangelbeseitigung verpflichtet wäre und damit insgesamt nur einmal leisten müsste.

Entgegen einer im Schrifttum vertretenen Ansicht (Wendel ZWE 2002, 57, 60; Schulze- **135** Hagen ZWE 2007, 113, 115) kann jeder Erwerber dem Bauträger auch wirksam selbst eine Frist zur Nacherfüllung setzen, und zwar unabhängig davon, welche Rechte der Erwerber anschließend geltend zu machen gedenkt (Ott NZBau 2003, 233, 240; BGH BauR 2007, 1221; BGH BauR 2010, 765, 770; BGH ZWE 2010, 401, 408 m. Anm. Ott: zur Ablehnungsandrohung). Die Fristsetzung führt lediglich dazu, dass der betreffende Erwerber für sich die Voraussetzung zur Geltendmachung von Sekundärrechten schafft. Damit ist jedoch noch nicht gesagt, dass der Erwerber auch befugt ist, die Sekundärrechte selbstständig geltend zu machen (dazu sogleich). Dies wird in der wissenschaftlichen Diskussion gelegentlich übersehen, wenn behauptet wird, der Erwerber könne eine Frist zur Nacherfüllung nicht wirksam setzen, wenn er anschließend die Vergütung mindern oder den kleinen Schadensersatzanspruch geltend machen will. Eine individuelle Fristsetzung ist in jedem Fall ohne einen vorherigen Mehrheitsbeschluss der Wohnungseigentümer zulässig.

Jeder Erwerber kann zudem in Eigenregie die Selbstvornahme durchführen und Auf- **136** wendungsersatz (BGH NZM 2005, 792) bzw. Vorschuss in Höhe der voraussichtlichen Mangelbeseitigungskosten verlangen (BGH NJW 1979, 2207; BGH NZM 2008, 49, 51). Hintergrund hierfür ist, dass die Selbstvornahme auf Mangelbeseitigung gerichtet ist und damit dem Interesse der Gesamtheit der Erwerber dient sowie schutzwürdige Interessen des Bauträgers nicht beeinträchtigt werden. Der einzelne Erwerber kann jedoch die Zahlung von Kostenvorschuss und Aufwendungsersatz nicht an sich, sondern nur zu Händen der Gemeinschaft verlangen (BGH NZM 2007, 407, 411; BGH NZM 2005, 792; OLG Hamm IMR 2006, 1046; a.A. BGH NJW 1979, 2207; KG BauR 2006, 1482 ff.). Etwas anderes gilt jedoch dann, wenn die übrigen Erwerber diesem ihren Kostenvorschussanspruch abgetreten haben (BGH IBR 2008, 159; OLG Düsseldorf IBR 2008, 159) oder der einzelne eine Mangelbeseitigung in Eigenregie betrieben hat (BGH NZM 2005, 792). Nach Auffassung des BGH kann der einzelne Erwerber mit dem Kostenvorschussanspruch nicht gegen den Vergütungsanspruch des Bauträgers aufrechnen, eben weil die Zahlung von Kostenvorschuss nur an die Gemeinschaft verlangt werden könne und deshalb die für eine Aufrechnung erforderlich Gegenseitigkeit fehle (BGH NZM 2007, 407, 411; a.A. OLG München BauR 2008, 373 ff.).

Ferner kann jeder Erwerber selbstständig den Rücktritt erklären oder Schadensersatz **137** statt der ganzen Leistung (sog. großer Schadensersatz) verlangen (BGH NJW 1979, 2207; BGH ZMR 2006, 48, 50: zur Wandelung bzw. zum großen Schadensersatzanspruch nach altem Recht). Beide Rechte führen ausschließlich zur Rückabwicklung des betreffenden

Erwerbsvertrages ohne die übrigen Verträge zwischen dem Bauträger und den anderen Erwerbern zu tangieren. Der Erwerber scheidet infolge des Rücktritts bzw. der Ausübung des Anspruches auf Schadensersatz statt der ganzen Leistung aus der (werdenden) Wohnungseigentümergemeinschaft aus und an seine Stelle tritt der Bauträger.

138 Nach h.M. soll ein Erwerber allerdings nicht berechtigt sein, das Minderungsrecht auszuüben, Schadensersatz statt der Leistung (sog. kleiner Schadensersatz) zu verlangen (BGH NJW 1979, 2207, 2208; BGH NJW 1998, 2967, 2968; BayObLG NJW-RR 2000, 379, 380) oder den werkvertraglichen Teil des Bauträgervertrages aus wichtigem Grund zu kündigen (so wohl BGH NJW 1986, 925, 927). Vielmehr müssen zunächst die (werdenden) Wohnungseigentümer einen entsprechenden Beschluss über die Ausübung dieser Rechte fassen und ggf. den einzelnen Erwerber zur individuellen Ausübung ermächtigen. Dies folge aus dem Gebot des Schuldnerschutzes, da anderenfalls der Bauträger wegen ein und desselben Mangels von einem oder mehreren Erwerbern auf Nacherfüllung in Anspruch genommen werden könnte, während andere Minderung begehrten und möglicherweise weitere Erwerber Schadensersatz oder Aufwendungsersatz verlangen bzw. die außerordentliche Kündigung aussprechen könnten. Die überstimmten (werdenden) Wohnungseigentümer seien gem. § 10 Abs. 4 WEG an den Beschluss gebunden und könnten etwa nach einer Entscheidung für die Ausübung des Minderungsrechtes bzw. Ausübung des Schadensersatzanspruches statt der Leistung nicht mehr die übrigen Sekundärrechte geltend machen. Insoweit fehle ihnen im Außenverhältnis die Prozessführungsbefugnis bzw. Aktivlegitimation.

139 Dieser Auffassung begegnen mit Blick auf die sog. Jahrhundertentscheidung des BGH v. 20.09.2000 (BGH NJW 2000, 3500 ff.) erheblichen Bedenken. Zweifelhaft ist insbesondere, ob den (werdenden) Wohnungseigentümern überhaupt eine Beschlusskompetenz i.S.d. § 23 Abs. 1 WEG zusteht. Denn danach können die Wohnungseigentümer lediglich Beschlüsse in den gesetzlich geregelten Fällen bzw. aufgrund einer Vereinbarung betreffend ihr Verhältnis zueinander fassen. Die Ausübung von Mängelrechten gegenüber dem Bauträger betrifft indessen nicht die Rechtsbeziehungen der Wohnungseigentümer zueinander. Vielmehr resultieren die Mängelrechte allein aus dem Verhältnis zwischen dem Bauträger und jedem einzelnen Erwerber aufgrund des konkreten Erwerbsvertrages. Betroffen sind individuelle Rechte des einzelnen Erwerbers, die mit dessen zukünftigen Beziehungen zu anderen Wohnungseigentümern nichts zu tun haben. Eine Beschlusskompetenz ergibt sich daher insbesondere nicht aus § 21 Abs. 3 WEG, da die Ausübung der Mängelrechte nichts mit der Verwaltung des gemeinschaftlichen Eigentums durch die Wohnungseigentümer zu tun hat. Dies wird bestätigt durch die Kontrollüberlegung, dass Mängelrechte des einzelnen Erwerbers bereits vor Entstehen der (werdenden) Wohnungseigentümergemeinschaft begründet sein können. Zudem sind Erwerbsverträge hinsichtlich der Verpflichtung des Bauträgers zur Herstellung des Gemeinschaftseigentums gelegentlich unterschiedlich formuliert. Insbesondere bei sog. Mehrhausanlagen enthalten Erwerbsverträge unterschiedliche Herstellungsverpflichtungen des Bauträgers, etwa nur bezogen auf das Gebäude, in dem der Erwerber Sondereigentum erwerben soll. Eine Beschlusskompetenz nach dem WEG besteht daher entgegen der h.M. nicht.

140 Zweifelhaft ist auch, ob das Gebot des Schuldnerschutzes gilt, denn schließlich hat es der Bauträger selbst in der Hand, durch eine geeignete Vertragsgestaltung mit den einzelnen Erwerbern Vorsorge gegen eine unterschiedliche Inanspruchnahme zu betreiben. Dieser erscheint daher nicht schutzwürdig. Wollte man dem nicht folgen und eine Gläubigermehrheit hinsichtlich der Mängelrechte betreffend das Gemeinschaftseigentum i.S.d. § 432 BGB (Schilling BauR 1986, 449, 450; Pause NJW 1993, 553, 555; Schulze-Hagen ZWE 2007, 113, 114 m.w.N.) bzw. nach § 428 BGB (BGH NJW 1979, 2207) annehmen, wäre eine Entscheidung der »Erwerbergemeinschaft« (nicht: Wohnungseigentümergemeinschaft) nach § 745 BGB herbeizuführen. Dafür müssten zunächst für jedes einzelne Mängelrecht ermittelt werden, welche der Erwerber eine Gläubigermehrheit bilden. Dies können nur diejenigen Erwerber sein, die mit dem Bauträger inhaltsgleiche Erwerbsverträge bezogen auf die Herstellung des Gemeinschaftseigentums geschlossen haben. Nur diese hätten dann durch Beschluss über die Ausübung des Minderungsrechtes bzw. des Anspruchs auf Schadensersatz statt der Leistung zu befinden. In dem vorgenannten Beispiel einer Mehrhausanlage mit individualvertraglichen gebäudebezogenen Herstellungsverpflichtungen müssten dann jeweils diejenigen Erwerber einen entsprechenden Beschluss fassen, die Sondereigentum in einem Gebäude erworben haben. Die formellen Voraussetzungen einer Beschlussfassung richten sich nach §§ 741 ff. BGB und nicht nach §§ 23 ff. WEG.

b) Ausübungsbefugnis/Prozessstandschaft der WEG und Beschlusskompetenz?

Nach h.M. sollen die Wohnungseigentümer befugt sein, durch Beschluss die Verfolgung **141**
von Mängelrechten am gemeinschaftlichen Eigentum an sich zu ziehen und dabei die Entscheidung über die Ausübung eines konkreten Mängelrechts zu treffen. Mängelrechte der Erwerber sollen so zu »gemeinschaftsbezogenen Rechten« der Wohnungseigentümer werden mit der Folge, dass die rechtsfähige Wohnungseigentümergemeinschaft diese gegen den Bauträger in Prozessstandschaft durchsetzen können soll (BGH ZWE 2010, 404, 407; BGH ZWE 2010, 173, 174; BGH NZM 2007, 403, 405; BGH NZM 2007, 407, 408). Die Beschlusskompetenz wird aus §§ 21 Abs. 3, 21 Abs. 5 Nr. 2 WEG abgeleitet. Die gemeinschaftliche Verfolgung und Durchsetzung von Mängelrechten sei eine Maßnahme ordnungsmäßiger Verwaltung, weil diese auf die ordnungsmäßige Herstellung des Gemeinschaftseigentums im gemeinschaftlichen Interesse gerichtet sei. Eine Beschlusskompetenz zur Begründung der gemeinschaftlichen Ausübungsbefugnis soll selbst dann bestehen, wenn der Bauträger nur einem einzigen Erwerber die Erbringung einer bestimmten Werkleistung vertraglich versprochen hat, weil es in der gemeinschaftlichen Verantwortung der Wohnungseigentümer liege, das Gemeinschaftseigentum in einen ordnungsgemäßen Zustand zu überführen und darüber zu befinden, auf welche Weise Mängel zu beseitigen seien (BGH ZWE 2010, 173, 174). Die Gemeinschaft sei weiter befugt, nach einem entsprechenden Mehrheitsbeschluss einen Vergleich mit dem Bauträger abzuschließen. Der Inhalt des Vergleichs müsse den Grundsätzen ordnungsmäßiger Verwaltung entsprechen, wobei ein weiter Beurteilungs-/Ermessensspielraum bestehe (OLG Jena ZMR 2006, 65, 66; a.A. Pause NZM 2007, 234, 235; offen gelassen BGH NZM 2006, 778). Etwas anderes soll jedoch nach Auffassung des OLG München dann gelten, wenn ein einzelner Wohnungseigentümer nach der Gemeinschaftsordnung Teile des Gemeinschaftseigentums auf eigene Rechnung Instand zu halten hat. In diesem Fall könne die Gemeinschaft den Anspruch auf Mangelbeseitigung nicht durch Beschluss an sich ziehen und mit dem Bauträger einen Vergleich abschließen. Vielmehr sei dies Angelegenheit des instandhaltungspflichtigen Wohnungseigentümers (OLG München ZMR 2007, 487, 488). Eine Beschlusskompetenz soll jedoch nicht für das Ansichziehen des Rücktrittsrechts und des Anspruchs auf Schadensersatz statt der ganzen Leistung bestehen. Insoweit handele es sich um individuelle Rechte, die auf Rückabwicklung des einzelnen Erwerbsvertrages gerichtet seien (BGH ZMR 2006, 48, 50). Auch wenn die Gemeinschaft die Verfolgung der übrigen Mängelrechte wirksam zu »gemeinschaftsbezogenen Rechten« i.S.d. § 10 Abs. 6 WEG gemacht hat und damit eine gewillkürte Prozessstandschaft der rechtsfähigen WEG begründet hat, soll dies gleichwohl eine individuelle Verfolgung der auf Rückabwicklung gerichteten Rechte durch den einzelnen Erwerber nicht ausschließen (BGH ZWE 2010, 404, 407; BGH ZMR 2006, 48, 49 ff.; OLG Hamm NZM 2007, 413, 414). Dies gilt jedoch nur so lange, bis die Gemeinschaft das gemeinschaftlich geltend gemachte Mängelrecht durchgesetzt hat. Ein Anspruch auf Schadenser-

satz statt der ganzen Leistung oder das Rücktrittsrechte können dann nicht mehr entstehen, weil der einzelne Erwerber hinsichtlich der mangelhaften Leistung befriedigt ist. Hat die Gemeinschaft die Zahlung von Kostenvorschuss begehrt und mit dem Bauträger einen Vergleich geschlossen bzw. wurde dieser rechtskräftig verurteilt und ist anschließend Zahlung erfolgt, können danach Ansprüche des Einzelnen auf Rückabwicklung seines Erwerbsvertrages nicht mehr entstehen (BGH a.a.O.; OLG Hamm a.a.O.). Bei den übrigen nicht auf Rückabwicklung gerichteten Mängelrechten soll die Befugnis der Wohnungseigentümergemeinschaft die individuelle Rechtsverfolgungskompetenz des Einzelnen überlagern. Mit der Begründung der Ausübungsbefugnis der Gemeinschaft durch Beschluss korrespondiere die Einschränkung des einzelnen Wohnungseigentümers in der Ausübung seiner vertraglichen Rechte. Das Vertragsverhältnis mit dem Bauträger sei bereits mit dieser Beschränkung begründet worden (BGH ZWE 2010, 173, 174; BGH BGHZ 172, 42, 50; Klein in Bärmann Anh. § 10 Rn. 33 ff.). Für die Ausübung der auf erstmalige mangelfreie Herstellung des Gemeinschaftseigentums gerichteten Rechte sind nach Beschlussfassung mithin nur noch der Verband zuständig.

142 Entgegen der h.M. ergibt sich aus § 10 Abs. 6 WEG weder eine Befugnis der rechtsfähigen WEG zum Ansichziehen von Mängelrechten aus Erwerbsverträgen (und damit keine gesetzliche Prozessstandschaft) noch besteht eine Beschlusskompetenz der Gemeinschaft nach § 23 Abs. 1 i.V.m. §§ 21 Abs. 3, 21 Abs. 5 Nr. 2 WEG (Ausführlich: Baer BTR 2006, 113, 155; OTT NZM 2007, 505, 506; ders. ZWE 2010, 408 f.). Bereits nach dem Wortlaut, der Systematik und dem Sinn und Zweck des Gesetzes handelt es sich bei Mängelrechten aus Erwerbsverträgen nicht um »Rechte der Wohnungseigentümer i.S.d. § 10 Abs. 6 WEG. Die §§ 10 ff. WEG betreffen ausschließlich Rechte und Pflichten der Wohnungseigentümer zueinander bzw. zur rechtsfähigen Wohnungseigentümergemeinschaft. Mängelrechte aus Erwerbsverträgen gehören hierzu nicht. Diese beruhen auf individuellen Verträgen des einzelnen Erwerbers mit dem Bauträger und sind regelmäßig lange Zeit vor Entstehen der Wohnungseigentümergemeinschaft begründet. Im Zeitpunkt des Abschlusses des Erwerbsvertrages ist der einzelne Erwerber mit anderen Erwerbern in keiner Weise rechtlich verbunden, sondern eben nur auf Grund des Erwerbsvertrages mit dem Bauträger. Das spätere Entstehen der Wohnungseigentümergemeinschaft steht damit in keinem Zusammenhang und ist zufällig. Auch sind die späteren Wohnungseigentümer nicht notwendig identisch mit den Erwerbern, die Vertragspartner des Bauträgers waren. Die h.M. lässt demgemäß einen sinnvollen Begründungsversuch, weshalb Rechte aus Erwerbsverträgen gemeinschaftsbezogene Rechte bzw. sonstige Rechte der Wohnungseigentümer i.S.d. § 10 Abs. 6 WEG sein sollen, vermissen. Wenig überzeugend ist auch die bloße Behauptung der h.M., eine Beschlusskompetenz zum Ansichziehen von Mängelrechten aus Erwerbsverträgen bestünde nach §§ 21 Abs. 3, 21 Abs. 5 Nr. 2 WEG, weil es sich diesbezüglich um Maßnahmen zur erstmaligen mangelfreien Fertigstellung des Gemeinschaftseigentums handele. Diese Behauptung wäre nur dann zutreffend, wenn es sich mit Blick auf den Gesetzeswortlaut insbesondere des § 23 Abs. 1 WEG insoweit um »Angelegenheiten betreffend das Verhältnis der Wohnungseigentümer« handeln würde. Dies aber ist nur dann der Fall, wenn die Wohnungseigentümer sich zu einer Restfertigstellung des Gemeinschaftseigentums in Eigenregie entschließen. Dann ist das Verhältnis der Wohnungseigentümer zueinander betroffen, nicht aber wenn Mängelrechte aus individuellen Erwerbsverträgen geltend gemacht werden. Auch eine Beschlusskompetenz besteht daher entgegen der h.M. nicht. Die h.M. vermag auch nicht zu erklären, wie in dem Zeitraum zwischen Begründung der einzelnen Erwerbsverträge und Entstehen zumindest der sog. werdenden Wohnungseigentümergemeinschaft einzelne Mängelrechte (z.B. Minderungsrecht, kleiner Schadensersatz) durchgesetzt werden sollen. Denn bis zum letztgenannten Zeitpunkt finden die Vorschriften des WEG keine (analoge) Anwendung. Hier bestünde ein rechtsfreier Raum. Unklar ist ferner, wie in Fällen zu verfahren ist, in denen die personelle Zusammensetzung der Wohnungseigentümergemeinschaft nicht identisch ist mit den Erwerbern als Vertragspartner des Bauträgers (z.B. Zweiterwerber). Mängelrechte aus Ersterwerbsverträgen sind dann keine Rechte der Wohnungseigentümer (Zweiterwerber). Die h.M. versagt ferner in den Fällen, in denen der Bauträger gegenüber einzelnen Erwerbern verschiedene und einander widersprechende Leistungspflichten übernommen hat. Überdies besteht auch unter dem Gesichtspunkt des vermeintlichen Schuldnerschutzes kein Bedürfnis für die Annahme einer Beschlusskompetenz/Prozessstandschaft für Mängelrechte aus Individualverträgen. Der Bauträger ist nicht schutzbedürftig. Dieser hat es als bestimmende Partei in der Hand, auf den Inhalt der Erwerbsverträge Einfluss zu nehmen und Vorsorgeregelungen zu treffen. Überdies ist er es, der seine Pflicht zur mangelfreien Herstellung des Gemeinschaftseigentums verletzt hat. Auch besteht nicht die Gefahr einer doppelten Inanspruchnahme, wie von der h.M. lapidar behauptet. Würde der Bauträger etwa von einem Erwerber wegen Mängeln am Gemeinschaftseigentum auf Minderung in Anspruch genommen werden und später ein anderer Erwerber Nacherfüllung verlangen, hätte der Bauträger gegen den sein Minderungsrecht ausübenden Erwerber einen Bereicherungsanspruch nach §§ 812, 818 BGB. Denn dieser wäre um den Wert der erbrachten Mangelbeseitigungsmaßnahmen bereichert (ausführlich zum Ganzen Ott NZM 2007, 505 ff.). Ergänzend wird i.Ü. verwiesen auf die Ausführungen unter Rdn. 139.

Hielte man den Bauträger trotz erheblicher dogmatischer Bedenken für schutzwürdig, so könnte eine entsprechende Entscheidung zur gemeinsamen Ausübung eines Mängelrechtes nur nach § 745 BGB durch Beschluss getroffen werden, und zwar jeweils von denjenigen Erwerbern, denen inhaltsgleiche Mängelrechte wegen einer gleich lautenden Herstellungsverpflichtung des Bauträgers zustehen. Dabei muss die Entscheidung über die Ausübung eines konkreten Mängelrechtes einer ordnungsmäßigen Verwaltung i.S.d. § 745 BGB entsprechen. Dies wäre nicht der Fall, wenn sich die betreffende »Erwerbergemeinschaft« etwa für die Geltendmachung eines Aufwendungsersatzanspruches entscheidet und weiter gehende Rechte (z.B. Schadensersatz statt der Leistung) in Betracht kommen. **143**

c) Abtretung/Ermächtigung von Zweiterwerbern

Nach einer in der Rechtsprechung vertretenen Auffassung sollen im Falle der Weiterveräußerung von Wohnungseigentum Zweiterwerber als stillschweigend ermächtigt gelten, Mängelrechte gegenüber dem Bauträger auszuüben (BGH NJW 1997, 2173, 2174; OLG Düsseldorf BauR 2004, 1014). Dem ist nicht zu folgen. Insbesondere findet diese Auffassung keine Stütze im Gesetz. Der Zweiterwerber steht in keinerlei vertraglicher Beziehung zum Bauträger, sondern nur zu dem Ersterwerber, von dem er das Wohnungseigentum erworben hat. Mängelrechte stehen daher stets nur den Ersterwerbern und Vertragspartnern des Bauträgers zu. Zweiterwerber sind zur Ausübung der Mängelrechte nur dann befugt, wenn ihnen ihr Veräußerer (Ersterwerber) die diesem zustehenden Mängelrechte gegen den Bauträger abgetreten hat (BGH NJW 2004, 1873). **144**

d) Prozessstandschaft des Verwalters

Nach bislang h.M. sollen die Wohnungseigentümer nicht nur durch Beschluss über die gemeinschaftlichen Verfolgung von Mängelrechten entscheiden können, sondern mit deren Ausübung den Verwalter als Prozessstandschafter ermächtigen dürfen (BGH NJW 1981, 1841; BGH NJW 1997, 2173, 2174). Dem steht entgegen, dass eine gewillkürte Prozessstandschaft nicht nur die Ermächtigung zur Geltendmachung eines fremden Rechts im eigenen Namen voraussetzt, sondern zudem ein schutzwürdiges Eigeninteresse des Prozessstandschafters (Zöller/Vollkommer Vor § 50 Rn. 44). Gerade hieran fehlt es. Der Verwalter hat als bloßer Sachwalter der Wohnungseigentümer kein schutzwürdiges Eigeninteresse an der Verfolgung von Mängelrechten gegenüber dem Bauträger. **145**

Eine gesetzliche Prozessstandschaft gem. § 27 Abs. 1 Nr. 1 WEG, wonach der Verwalter Beschlüsse der Wohnungseigentümer auszuführen hat, scheidet ebenfalls aus. Denn den Wohnungseigentümern fehlt die Beschlusskompetenz zur Entscheidung über die Ausübung von individuellen Mängelrechten der Erwerber gegenüber dem Bauträger. Zur Ausführung nichtiger Beschlüsse ist der Verwalter nicht verpflichtet. Auch ergibt sich aus der Vorschrift nicht, dass der Verwalter zur Geltendmachung fremder Rechte im eigenen Namen befugt wäre. Eine gesetzliche Prozessstandschaft ergibt sich ferner nicht aus § 27 Abs. 2 Nr. 5 WEG, da die Vorschrift einen wirksamen Ermächtigungsbeschluss voraussetzt und überdies eine gesetzliche Vertretungsmacht des Verwalters regelt, d.h. die Befugnis zur gerichtlichen Geltendmachung von Ansprüchen im Namen der Wohnungseigentümer und gerade nicht im eigenen Namen betrifft. Eine Prozessstandschaft des Verwalters besteht daher entgegen der bislang h.M. nicht.

e) Abtretung von Ansprüchen gegen andere Baubeteiligte

146 In der Praxis werden Bauvorhaben regelmäßig nicht vom Bauträger selbst realisiert, sondern in dessen Auftrag durch einen Generalunternehmer oder -übernehmer bzw. anderen Werkunternehmer. Werden die Mängelrechte des Bauträgers gegen seinen Auftragnehmer vom Bauträger an die Erwerber abgetreten, so bleibt der Bauträger gleichwohl verantwortlich. Die Erwerber sind nicht darauf verwiesen, den Vertragspartner des Bauträgers aus der erfolgten Abtretung in Anspruch zu nehmen, sondern können sich weiterhin an diesen halten. Klauseln in Erwerbsverträgen, die einen Gewährleistungsausschluss des Bauträgers unter gleichzeitiger Abtretung der Gewährleistungsansprüche gegen die übrigen am Bau beteiligten Dritten vorsehen, sind nach § 308 Nr. 8 lit. a) bb) BGB unwirksam (BGH BauR 1995, 542; BGH BauR 1998, 335). Gleiches gilt für eine Klausel, wonach sich der Erwerber zunächst aus abgetretenem Recht an den Vertragspartner des Bauträgers halten muss und erst dann diesen in Anspruch nehmen kann (BGH NJW 2002, 2470 ff.).

147 Entscheiden sich die Erwerber gleichwohl dafür, aus abgetretenem Recht den ausführenden Werkunternehmer als Vertragspartner des Bauträgers in Anspruch zu nehmen, etwa weil zugleich eine Vertragserfüllungs- oder Gewährleistungsbürgschaft ausgereicht worden ist, so ist aus anwaltlicher Sicht stets zu überprüfen, wer Inhaber der Mängelrechte ist. Dabei ist zu beachten, dass lediglich die erste Abtretung wirksam ist und mit dieser die Mängelrechte auf den Abtretungsempfänger übergehen (fehlgehend LG Darmstadt IBR 2005, 210). Nachfolgende Abtretungen gehen ins Leere. Daher sind nicht sämtliche Erwerber trotz einer entsprechenden Abtretungsklausel Inhaber der Mängelrechte.

f) Verjährungsfristen für Mängelrechte

148 Mit der Abnahme beginnt die Gewährleistungsfrist für Mängel der *Werkleistung*. Bislang ungeklärt ist es, ob dies auch für bei der Abnahme vorbehaltene Mängel gilt (s. dazu Thode ZfBR 1999, 116, 120). Die Gewährleistungsfrist beträgt gem. § 634a Abs. 1 Nr. 2 BGB fünf Jahre. Hat der Bauträger den Mangel arglistig verschwiegen, verjähren Mängelrechte dagegen gem. § 634a Abs. 3 S. 1 BGB innerhalb der dreijährigen Regelfrist nach § 195 BGB (BGH BauR 2008, 351 ff.). Die Verjährung tritt jedoch nach § 634a Abs. 3 S. 2 BGB bei Bauleistungen nicht vor Ablauf der fünfjährigen Gewährleistungsfrist gem. § 634a Abs. 1 Nr. 2 BGB ein. Beim arglistigen Verschweigen eines Baumangels kann dies für den Erwerber zu einer deutlichen Verlängerung der fünfjährigen Gewährleistungsfrist führen, da die dreijährige Regelverjährung nach § 195 BGB gem. § 199 BGB erst am Schluss des Jahres beginnt, indem der Anspruch entstanden ist und der Gläubiger von den anspruchsbegründenden Umständen und der Person des Schuldners Kenntnis erlangt hat oder ohne grobe Fahrlässigkeit hätte erlangen müssen. Sind diese subjektiven Voraussetzungen etwa erst kurz vor

Ablauf der fünfjährigen Gewährleistungsfrist nach §634a Abs. 1 Nr. 2 BGB gegeben, verlängert sich damit die Verjährungsfrist auf knapp acht Jahre. Auch für Altverträge beginnt die Regelverjährung des §195 BGB nach Art. 229 §6 Abs. 4 EGBGB nicht am 01.01.2002, sondern erst bei Vorliegen der subjektiven Voraussetzungen des §199 BGB (BGH NZM 2008, 136, 137). Wegen Mängeln des *Kaufgegenstandes* beginnt die Gewährleistungsfrist mit der Übergabe. Auch diese beträgt fünf Jahre bei Mängeln am Bauwerk (§438 Abs. 1 Nr. 2b BGB), bei Belastung mit einem dinglichen Recht 30 Jahre (§438 Abs. 1 Nr. 1 BGB) und i.Ü. zwei Jahre (§438 Abs. 1 Nr. 3 BGB).

g) Ansprüche gegen Sachverständige

Erteilt der vom Bauträger beauftragte Sachverständige trotz offener Restleistungen und **149**
vorhandener Mängel eine **Abnahme- und Fertigstellungsbescheinigung**, kann den Erwerbern ein Anspruch auf Schadensersatz nach den Grundsätzen des Vertrages mit Schutzwirkung für Dritte zustehen (LG Berlin BauR 2010, 107, 108 f.). Ein solcher Anspruch soll nach §634 Abs. 1 Nr. 2 BGB der fünfjährigen Verjährungsfrist unterliegen. Voraussetzung dürfte jedoch sein, dass eine entsprechende Klausel im Bauträgervertrag überhaupt wirksam ist, wonach die Fertigstellungsrate gem. §3 Abs. 2 MaBV mit Fertigstellungsbescheinigung eines Sachverständigen fällig sein oder die Abnahme durch den Sachverständigen erfolgen soll (s.o. Rdn. 87 und 107).

Die Erwerber können die werkvertraglichen Mängelrechte nach § 634 BGB ausüben, wenn ein von ihnen mit der Ermittlung und Feststellung von Mängeln beauftragter **privater Sachverständiger** fehlerhafte oder unvollständige Feststellungen trifft.

Ein **gerichtlich bestellter Sachverständiger** haftet nach §839a BGB bei Erstellung eines vorsätzlich oder grob fahrlässig erstellten unrichtigen Gutachtens auf Schadensersatz, wenn eine gerichtliche Entscheidung darauf beruht und Rechtsmittel ausgeschöpft sind.

VI. MaBV-Bürgschaften

Nach der Konzeption der MaBV darf der Bauträger Vermögenswerte, d.h. die Vergütung **150**
des Erwerbers erst entgegennehmen, wenn kumulativ die allgemeinen Voraussetzungen des §3 Abs. 1 MaBV erfüllt sind, und zwar nur nach §3 Abs. 2 MaBV in Raten entsprechend dem erreichten Baufortschritt. Die Vorschrift des §3 MaBV dient dem Schutz des Erwerbers vor einer Insolvenz des Bauträgers. Der Erwerber soll die Vergütung erst nach Vorliegen einer gesicherten Erwerbsposition entrichten müssen, und zwar nur anteilig in dem Verhältnis, wie ihm im Gegenzug Vermögenswerte in Form des tatsächlich erreichten Bautenstandes zuwachsen. Der Bauträger darf die Vergütung zu einem früheren Zeitpunkt oder gar eine Vorauszahlung nur dann verlangen, wenn er dem Erwerber Sicherheit für »alle etwaigen Ansprüche des Auftraggebers auf Rückgewähr oder Auszahlung seiner Vermögenswerte« leistet (§7 Abs. 1 MaBV). In der Praxis wird die Sicherheitsleistung vom Bauträger regelmäßig durch Bankbürgschaft beigebracht. Der Bürgschaftsvertrag unterliegt der Inhaltskontrolle. Als überraschende Klausel unwirksam nach §305c BGB ist eine Bestimmung, wonach Voraussetzung für die Inanspruchnahme des Bürgen der Nachweis der Fälligkeit und Höhe des Rückgewähranspruchs durch rechtskräftiges Urteil/Vergleich oder übereinstimmende Erklärung des Bauträgers und des Erwerbers ist (BGH ZMR 2006, 48, 51). Eine Klausel, demnach Voraussetzung für die Inanspruchnahme des Bürgen ein vorheriger Verzicht des Erwerbers auf seinen Anspruch gegen die Bank aus der Pfandfreigabeverpflichtung sein soll, führt zu einer unangemessenen Benachteiligung des Erwerbers und ist nach §307 Abs. 2 Nr. 1 BGB unwirksam (BGH ZMR 2006, 48, 52).

151 Lange Zeit umstritten war und bis heute nicht abschließend geklärt ist der Sicherungsumfang solcher Bürgschaften. Der Inhalt der Bürgschaftsschuld, d.h. die Verpflichtung des Bürgen gegenüber dem Erwerber, wird in erster Linie durch den Bürgschaftsvertrag bestimmt. Insoweit ist strikt zwischen der Bürgschaftserklärung und entsprechenden Regelungen im Bauträgervertrag zu unterscheiden. Bleibt die Bürgschaft hinter den Erfordernissen des § 7 Abs. 1 MaBV zurück und sichert nicht sämtliche Ansprüche auf Rückgewähr oder Auszahlung, so ist der Bürgschaftsvertrag wirksam. Der Bürge ist nämlich nicht Normadressat der MaBV (BGH NZM 2003, 646). Der Erwerber kann jedoch vom Bauträger verlangen, dass dieser ihm eine den Anforderungen des § 7 Abs. 1 MaBV entsprechende Bürgschaft beibringt. Regelungen im Bauträgervertrag, wonach eine den Anforderungen des § 7 Abs. 1 MaBV nicht gerecht werdende Bürgschaft beigebracht werden soll, sind nach § 7 MaBV i.V.m. § 134 BGB unwirksam. Dies gilt etwa für Abschmelzungsklauseln, wonach sich die Bürgschaft ohne Rücksicht auf die Eintragung einer Auflassungsvormerkung mit jeweils erreichtem Baufortschritt automatisch um den vereinbarten Teilbetrag reduziert (BGH NZM 2009, 203, 204). Die Vorschriften der §§ 3 und 7 MaBV stellen wegen § 12 MaBV gesetzliche Verbote i.S.d. § 134 BGB dar (BGH NJW 2001, 818, 819). Auf eine unwirksame bzw. fehlende Sicherungsabrede im Bauträgervertrag kann sich der Bürge nicht berufen (BGH BauR 2005, 91). Nach § 4 Abs. 1 Nr. 1 MaBV ist der Bauträger verpflichtet, Vermögenswerte des Erwerbers zur Erfüllung des Vertrages zu verwenden (Pflicht zur bauvorhabenbezogenen Mittelverwendung). Einen Verstoß hiergegen mit der Nichtigkeitsfolge nach § 134 Abs. 1 BGB i.V.m. § 12 MaBV stellt es nicht dar, wenn der Bauträger seinen Vergütungsanspruch gegen den Erwerber im Voraus an die das Bauvorhaben finanzierende Banken abtritt. Auch ohne ausdrückliche Regelung ist die Bank verpflichtet, eingehende Zahlungen des Erwerbers vorrangig zur Finanzierung des Bauvorhabens einzusetzen, etwa zur Tilgung von Krediten, die für die Durchführung des Bauvorhabens ausgegeben wurden (BGH MDR 2008, 19, 20).

1. Sicherungsumfang von Vorauszahlungsbürgschaften (§ 7 Abs. 1 S. 3 MaBV)

152 Ist anstelle eines Ratenzahlungsplans nach Baufortschritt i.S.d. § 3 Abs. 2 MaBV die Vorauszahlung der gesamten Vergütung vereinbart worden, so sichert eine Vorauszahlungsbürgschaft i.S.d. § 7 MaBV nach der Rechtsprechung des BGH sämtliche Ansprüche des Erwerbers auf Rückgewähr von Vermögenswerten ohne Beschränkung auf bestimmte Ansprüche (BGH NZM 2008, 49, 51). Gesichert werden sowohl der Anspruch auf Eigentumsverschaffung als auch Ansprüche hinsichtlich einer Fertigstellung der geschuldeten Bauleistung (BGH NZM 2009, 203, 204). Umfasst sind Ansprüche auf Ersatz von Aufwendungen zur Mangelbeseitigung bzw. auf entsprechenden Kostenvorschuss (BGH BauR 1999, 659; BGH BauR 2002, 1547; BGH BauR 2003, 243; BGH BauR 2003, 700; BGH NZM 2007, 407, 410; BGH NZM 2008, 49, 51), das Minderungsrecht (BGH BauR 2001, 1727), der Rückzahlungsanspruch nach Rücktritt oder nach Abschluss eines Aufhebungsvertrages (BGH BauR 2005, 1156, 1157), die Wandelung nach altem Recht (BGH, BauR 2010, 765, 767) und Schadensersatzansprüche wegen Nichterfüllung, verspäteter oder mangelhafter Erfüllung bzw. positiver Vertragsverletzung (BGH WuM 2002, 1655, 1657). Der Schutzzweck der MaBV besteht darin, dass der Erwerber für die von ihm entrichtete Vergütung einen entsprechenden Wert der Werkleistung des Bauträgers erhalten soll, d.h. bei Zahlung der vollständigen Vergütung ein im Wesentlichen mangelfreies Werk (sog. Äquivalenzprinzip). Ist das Werk mit wesentlichen Mängeln behaftet oder nicht fertig gestellt, so steht der Vorauszahlung der gesamten Vergütung kein äquivalenter Wert der Werkleistung des Bauträgers gegenüber, sondern eine um den Betrag der Mangelbeseitigungs- bzw. Restfertigstellungskosten vermindertes Werk. Die Bürgschaft dient auch und gerade der Sicherung einer Rückabwicklung durch

den Erwerber bei Insolvenz des Bauträgers. Diese erfasst das Risiko, dass der Insolvenzverwalter eine Erfüllung des Rückabwicklungsbegehrens ablehnt und der Erwerber den beizulegenden Wert nach §§ 45 S. 1, 87 InsO nur als Insolvenzforderung geltend machen könnte (BGH BauR 2010, 765, 768).

Nach der Rechtsprechung des BGH soll eine ausgereichte MaBV-Bürgschaft demgegenüber keine Schadensersatzansprüche des Erwerbers wegen Verzuges (z.B. bei Überschreitung eines vereinbarten Fertigstellungstermins), wegen Mietausfalls, entgangener Steuervorteile oder wegen verwirkter Vertragsstrafen sichern (BGH ZIP 2002, 1405, 1408; BGH ZfIR 2003, 58, 60; BGH NZM 2003, 522, 523). Dabei wird übersehen, dass dem Bauträger durch Stellung einer Vorauszahlungsbürgschaft nach § 7 MaBV gestattet wird, anstelle eines Ratenzahlungsplans die gesamte Vergütung im Voraus entgegenzunehmen. Die Bürgschaft ist insoweit lediglich Austauschsicherheit und hat den Erwerber so zu stellen, wie er im Falle eines vereinbarten Ratenzahlungsplans stünde. Im Falle einer vereinbarten Ratenzahlung nach Baufortschritt könnte der Erwerber jedoch gegenüber dem Anspruch des Bauträgers auf Zahlung einer Rate ein Zurückbehaltungsrecht ausüben bzw. die Aufrechnung mit Ansprüchen wegen entstandener Verzugsschäden erklären. Dies gilt zumindest im Hinblick auf die letzte Rate (sog. Fertigstellungsrate). Nach Sinn und Zweck des § 7 MaBV dient eine MaBV-Bürgschaft daher nicht lediglich der Sicherung des Äquivalenzprinzips, sondern der Rechtsstellung des Erwerbers, die er bei einem vereinbarten Ratenzahlungsplan i.S.d. § 3 Abs. 2 MaBV inne hätte (BGH ZfIR 1999, 518, 520). Eine Bürgschaft umfasst daher regelmäßig auch Schadensersatzansprüche wegen Verzuges etc. 153

Nach Auffassung des BGH soll eine MaBV-Vorauszahlungsbürgschaft keine Mängelrechte nach Abnahme sichern (BGH ZfIR 2003, 58, 60). Ein Schutzbedürfnis des Erwerbers bestehe nicht mehr, wenn dieser das Werk als mangelfrei abgenommenen habe und ohnehin nach § 641 Abs. 1 S. 1 BGB bzw. § 3 MaBV zur Zahlung des gesamten Erwerbspreises verpflichtet wäre. Dem kann nicht gefolgt werden, da die Bürgschaft nach § 7 Abs. 1 MaBV nicht lediglich bis zur Abnahme, sondern bis zur »vollständigen Fertigstellung« aufrecht zu erhalten ist. »Vollständige Fertigstellung« bedeutet, dass das Werk objektiv im Wesentlichen mangelfrei hergestellt ist, während der Begriff der »Abnahme« lediglich eine subjektive Billigung des Werkes als mangelfrei umfasst. Der Erwerber kann eine Werkleistung m.a.W. subjektiv als im Wesentlichen mangelfreie Herstellung billigen, obgleich sie dies objektiv nicht ist. 154

Bislang konnte der einzelne Erwerber nach h.M. den Bürgen, wenn der Bauträgervertrag nicht rück abgewickelt werden sollte, in voller Höhe der Mangelbeseitigungskosten beschränkt auf die Bürgschaftssumme in Anspruch nehmen. Die erstrittene Zahlung musste jedoch an die Gemeinschaft zur erstmaligen mangelfreien Fertigstellung abgeführt werden. Nunmehr hat der BGH entschieden, dass der Erwerber den Bürgen nur noch in Höhe des Anteils an den Mangelbeseitigungskosten für das Gemeinschaftseigentum in Anspruch nehmen kann, der seinem Haftungsanteil im Verhältnis zu den anderen Wohnungseigentümern (Kostenverteilungsschlüssel) entspricht (BGH NZM 2007, 407, 410; BGH NZM 2008, 49, 51). Dies soll sich (konkludent) aus der Sicherungsabrede ergeben. 155

2. Sicherungsumfang von Austauschbürgschaften (§§ 7 Abs. 1, 3 Abs. 1 MaBV)

Wurde im Bauträgervertrag eine Zahlung der Vergütung nach Maßgabe des § 3 Abs. 2 MaBV in Raten nach Baufortschritt vereinbart und eine Bankbürgschaft lediglich für die Erfüllung der allgemeinen Voraussetzungen des § 3 Abs. 1 MaBV (Vertrag, Eintragung einer Auflassungsvormerkung, Anlegung der Wohnungsgrundbücher etc.) ausgereicht, so 156 sichert eine solche Bürgschaft keine Ansprüche des Erwerbers wegen Mängeln. Der Erwerber ist diesbezüglich durch den vereinbarten Ratenzahlungsplan gesichert. Die Bürgschaft dient lediglich der Sicherung des Erwerbers für den Fall, dass der Bauträger die allgemeinen Voraussetzungen des § 3 Abs. 1 MaBV nicht erfüllt (Blank BauR 2010, 4 f.). Dies wird in der Praxis gelegentlich übersehen.

3. Verjährung der Bürgschaftsforderung

157 Die Bürgschaftsforderung unterliegt der regelmäßigen Verjährungsfrist des § 195 BGB von 3 Jahren. Diese beginnt nach § 199 Abs. 1 BGB am Schluss des Jahres, in dem der Anspruch entstanden ist (und der Gläubiger von der Person des Schuldners Kenntnis erlangt hat oder ohne grobe Fahrlässigkeit hätte erlangen können). Der Anspruch ist entstanden, wenn er vom Gläubiger geltend gemacht und mit der Klage durchgesetzt werden kann, was grundsätzlich Fälligkeit voraussetzt. Für den Anspruch aus einer Bürgschaft kommt es in erster Linie auf die (ggf. durch Auslegung zu ermittelnde) Regelung im Bürgschaftsvertrag und, wenn eine solche nicht vorhanden ist, auf die Fälligkeit der gesicherten Forderung an. Enthält der Bürgschaftsvertrag keine besondere Regelung, ist für die sekundären Mängelrechte deshalb auf den Zeitpunkt des **Ablaufs** der **Frist zur Nacherfüllung** abzustellen (BGH BauR 2010, 765, 768 f.). Unmaßgeblich ist, ob der Erwerber die Frist früher hätte setzen können. Einer zusätzlichen Leistungsaufforderung an den Bürgen bedarf es ebenfalls nicht (BGH BauR 2008, 986; BGH BauR 2008, 1885).

VII. Restfertigstellung des stecken gebliebenen Baus

1. Begriffsbestimmung

158 Ein Bauvorhaben ist »stecken geblieben«, wenn dieses wegen der Insolvenz des Bauträgers nur noch von den Erwerbern in Eigenregie fertig gestellt werden kann und Erfüllungsansprüche bzw. Mängelrechte weder gegenüber dem Insolvenzverwalter noch gegenüber sonstigen Baubeteiligten oder Dritten in Betracht kommen.

159 Hat der Bauträger ihm zustehende Ansprüche gegen den ausführenden Unternehmer nicht abgetreten, so können die Erwerber von letzterem mangels bestehender vertraglicher Beziehungen weder Erfüllung verlangen noch die Mängelrechte geltend machen. Im Falle der Eröffnung des Insolvenzverfahrens über das Vermögen des Bauträgers bestehen keine Ansprüche gegen den Insolvenzverwalter, wenn die Erwerber die ihnen obliegenden Verpflichtungen erfüllt und die vereinbarte Vergütung komplett entrichtet haben. Wurde die Vergütung demgegenüber nicht vollständig gezahlt, scheiden Ansprüche gegen den Insolvenzverwalter aus, wenn dieser bei einem dann nicht »beiderseitig erfüllten Vertrag« gem. § 103 InsO die Erfüllung des Bauträgervertrages abgelehnt hat. Ansprüche bestehen ferner dann nicht, wenn das Insolvenzverfahren mangels Masse erst gar nicht eröffnet wurde. In Betracht kommt dann allenfalls eine Schadloshaltung, wenn zugunsten der Erwerber eine Bürgschaft ausgereicht wurde. Scheiden auch derartige Ansprüche aus, spricht man von einem »stecken gebliebenem Bau«. Die Erwerber können eine Restfertigstellung lediglich auf eigene Kosten betreiben.

2. Beschlusskompetenz

160 Sofern die Erwerber zumindest eine sog. werdende Wohnungseigentümergemeinschaft bilden, können sie mit Stimmenmehrheit eine Fertigstellung beschließen, worauf jeder (werdende) Wohnungseigentümer einen individuell durchsetzbaren Anspruch hat.

Umstritten ist, unter welchen Voraussetzungen dies gilt. Nach einer Auffassung kann eine Fertigstellung des Gebäudes nur unter den Voraussetzungen des § 22 Abs. 2 WEG (analog) verlangt werden, d.h. wenn das Gebäude bereits zu mehr als der Hälfte erstellt worden ist (BayObLG WE 1993, 142; BayObLG NZM 2003, 66, 67; OLG Hamburg WE 1990, 204, 205; OLG Frankfurt/M. WuM 1994, 36). Nach anderer Ansicht kann eine Fertigstellung in jedem Fall gem. § 21 Abs. 3, Abs. 4 WEG verlangt werden. Hiernach bestehe ein Anspruch auf eine ordnungsmäßige Verwaltung des gemeinschaftlichen Eigentums, wozu die erstmalige Herstellung eines ordnungsgemäßen Zustandes unabhängig vom erreichten Fertigstellungsgrad zähle (OLG Hamm Rpfleger 1978, 182; Merle in Bärmann § 22 Rn. 378 ff.; Pick PiG 7 (1981), 59). Dem ist zuzustimmen.

Für eine analoge Anwendung des § 22 Abs. 2 WEG fehlt eine vergleichbare Interessenlage. Die Vorschrift gilt für den Fall der Zerstörung eines Gebäudes. Anders als bei der erstmaligen Herstellung wird jeder einzelne Wohnungseigentümer hier doppelt finanziell belastet, da er bereits einmal für ein fertig gestelltes Gebäude Zahlungen geleistet hat und nach dessen Zerstörung zusätzliche Aufwendungen für einen Wiederaufbau tätigen soll. Im Fall des stecken gebliebenen Baus hat der Einzelne demgegenüber nicht ein bereits erstelltes Gebäude bezahlt bzw. wäre dazu nicht verpflichtet, da nach § 3 Abs. 2 MaBV eine Vergütung an den Bauträger nur entsprechend des erreichten Bautenstandes zu entrichten ist. Die (werdenden) Wohnungseigentümer können daher ohne Rücksicht auf den erreichten Fertigstellungsgrad des Gebäudes dessen erstmalige mangelfreie Herstellung als Maßnahme einer ordnungsmäßigen Verwaltung mit Stimmenmehrheit beschließen (Ausführlich Ott NZM 2003, 134, 135 f.). 161

3. Kostentragung

Die Kosten für die Herstellung seines Sondereigentums (§ 5 Abs. 1 bis 3 WEG) hat jeder (werdende) Wohnungseigentümer selbst zu tragen, da es sich insoweit nicht um Kosten der Verwaltung des gemeinschaftlichen Eigentums i.S.d. § 16 Abs. 2 WEG handelt. 162

Die Kosten für die Herstellung des gemeinschaftlichen Eigentums sind nach Maßgabe des geltenden Kostenverteilungsschlüssels umzulegen, d.h. mangels anderweitiger Vereinbarung in der Gemeinschaftsordnung gem. § 16 Abs. 2 WEG im Verhältnis der Höhe der Miteigentumsanteile. Zur Finanzierung der Baumaßnahmen können die (werdenden) Wohnungseigentümer eine Entnahme aus einer gebildeten Instandhaltungsrücklage oder die Erhebung einer Sonderumlage beschließen bzw. die Mittel in den Wirtschaftsplan einstellen. Der entsprechende Beschluss begründet die konkrete Beitragsschuld des Einzelnen. Zur Zahlung ist nach der bislang herrschenden Fälligkeitstheorie derjenige verpflichtet, der im Zeitpunkt der Fälligkeit der einzelnen Raten aus der Sonderumlage bzw. dem Wirtschaftsplan als Wohnungseigentümer im Grundbuch eingetragen ist bzw. die Rechtsstellung eines sog. werdenden Wohnungseigentümers inne hat (BGH NJW 1988, 1910; OLG Hamm NJW-RR 1996, 911: zur Fälligkeitstheorie). Aufgrund eines Beschlusses über den Wirtschaftsplan bzw. über die Erhebung einer Sonderumlage ist auch der Insolvenzverwalter über das Vermögen eines insolventen (werdenden) Wohnungseigentümers anteilig an den Kosten zu beteiligen (Ott NZM 2003, 134, 137). Gleiches gilt für den Zwangsverwalter. 163

Umstritten ist, ob vom Grundsatz der anteiligen Kostentragung nach Maßgabe des geltenden Kostenverteilungsschlüssels eine Ausnahme zu machen ist, wenn einzelne Erwerber bereits Zahlungen in unterschiedlicher Höhe an den Bauträger geleistet haben. Nach h.M. sollen individuell erbrachte Mehrzahlungen auf den Anteil des Einzelnen an den Herstellungskosten anzurechnen sein, wenn die Mehrzahlungen an den Bauträger nachweislich in die Erstellung des Bauwerks eingeflossen seien. Es sei nicht einzusehen, 164 warum derjenige, der an den Bauträger mehr gezahlt habe als andere, bei der Restfertigstellung anteilig die gleichen Kosten tragen solle (OLG Karlsruhe NJW 1981, 466, 467; OLG Frankfurt/M. ZMR 1991, 272; Merle in Bärmann § 22 Rn. 386).

165 Nach zutreffender Auffassung sind demgegenüber individuelle Mehrzahlungen des Einzelnen an den Bauträger nicht auf dessen Anteil an den Kosten der erstmaligen Herstellung anzurechnen (LG Bonn ZMR 1985, 63, 64; Ott NZM 2003, 134, 138). Denn die Überzahlungen des Einzelnen beruhen auf dem jeweiligen individuellen Erwerbsvertrag bzw. auf dem individuellen Zahlungsverhalten des Einzelnen. Ein Ausgleich hat ausschließlich in diesem Vertragsverhältnis stattzufinden und nicht im Verhältnis der späteren Wohnungseigentümer zueinander. Eine solidarische Mithaftung für fremde gestörte Vertragsbeziehungen ist dem geltenden Recht fremd (ausführlich Ott NZM 2003, 134, 138).

VIII. Kaufrecht

166 Auf Verträge, die lediglich die Verpflichtung des Veräußerers zur Verschaffung von Wohnungseigentum zum Inhalt haben, findet ausschließlich Kaufrecht Anwendung. Dem Kaufrecht unterfallen daher insbesondere Verträge über eine Weiterveräußerung von Wohnungseigentum. Dies gilt aber auch für Verträge, die nach In-Kraft-Treten des Schuldrechtsmodernisierungsgesetzes geschlossen worden sind und in denen sich ein Bauträger lediglich zur Übertragung von Wohnungseigentum in einem bereits fertig gestellten Gebäude verpflichtet. Denn der Bauträger hat das Gebäude bereits vor Vertragsschluss hergestellt und sich lediglich zur Eigentumsverschaffung von Wohnungseigentum verpflichtet, nicht aber eine Herstellungsverpflichtung übernommen (ausführlich Ott NZBau 2003, 233, 238 f. m.w.N.; a.A. Thode NZBau 2002, 297, 299) (s.o. Rdn. 18).

167 Der Kaufvertrag ist nach § 311b Abs. 1 BGB notariell zu beurkunden. Ferner gilt die Mängelhaftung des Kaufrechts (§§ 434 ff. BGB). Insoweit ergeben sich keine Besonderheiten (s. Rdn. 110 ff.).

28. Kapitel
Verkehrssicherungspflicht

1 Unter den Begriffen der Verkehrssicherungspflicht und der Verkehrspflicht verbirgt sich dasselbe. Das Wort »Verkehrspflicht« setzt sich wohl mehr und mehr durch. Eine umfassende gesetzliche Regelung dafür gibt es nicht. Das Rechtsinstitut ist vielmehr von der Rechtsprechung geschaffen worden. Das Reichsgericht hat den Begriff geprägt und stützte sich auf einen Satz der Rechtslage vor dem In-Kraft-Treten des BGB zum 01.01.1900. Dieser Rechtssatz sagte: »Wer Räume (oder Örtlichkeiten) Dritten zugänglich macht – also einen Verkehr für andere eröffnet – ist für die verkehrssichere Beschaffenheit der Sache verantwortlich« (RGZ 54, 53 ff.). Daraus entwickelte sich dann der gewohnheitsrechtliche Rechtssatz, dass jeder, der im Verkehr eine Quelle für Gefahren schafft, die notwendigen und zumutbaren Vorkehrungen zum Schutze anderer zu treffen hat (RGZ 58, 334 und, anstelle vieler, BGHZ 9, 373 und 16, 95). Das Rechtsinstitut der Verkehrspflicht beschränkt sich aber längst nicht nur auf die Sicherung von Verkehrswegen und sonstigen allgemein zugänglichen Örtlichkeiten, sondern umfasst auch andere Gefahrenquellen. Der BGH leitet also die Verkehrspflichten aus dem allgemeinen Grundsatz ab, dass derjenige, der eine Gefahrenquelle schafft oder andauern lässt, alle nach Lage der Verhältnisse notwendigen Vorkehrungen zum Schutz Dritter treffen muss, betont aber zugleich, dass es gar nicht möglich ist, gegen alle denkbaren Ereignisse Vorsorge zu treffen: ein Zustand, eine Gefahr werde haftungsbegründend erst dann, wenn sich für ein sachkundiges Urteil die nahe liegende Möglichkeit ergibt, dass Rechtsgüter anderer verletzt werden (BGH NZV 1990, 305).

2 Neben diesen allgemeinen Verkehrspflichten, die dann auf die Anspruchsgrundlage des § 823 BGB hinführen, dürfen allerdings Spezialvorschriften nicht übersehen werden. Die Haftung des Grundstückbesitzers ist ein Fall der Verkehrspflicht, und zwar auf dem Grundsatz, dass Beschädigungen durch seine Sachen im Interesse Dritter hätten verhütet werden müssen (BGH NJW 1985, 1076 und BGHZ 58, 149). Der Unterschied dieser Regelungen zur Haftung des Grundstückbesitzers zur Haftung aus § 823 BGB liegt in der Beweislastumkehr, die sich aus dem nach § 836 BGB vermuteten Verschulden des Grundstückbesitzers und dem vermuteten ursächlichen Zusammenhang ergibt. Dieselbe Haftung und dieselbe Beweislastumkehr trifft auch denjenigen, der auf einem fremden Grundstück in Ausübung eines Rechtes daran ein Gebäude besitzt (§ 837 BGB). Schließlich haftet nach denselben Bestimmungen der §§ 836 und 837 BGB auch derjenige, der die Unterhaltung eines Gebäudes für den Besitzer übernimmt (§ 838 BGB).

3 Anspruchsgrundlage ist also zunächst einmal das Schaffen einer Gefahrenlage für Dritte. Wer also will, dass ein bestimmter Weg genutzt wird oder die Benutzung eines solchen Weges duldet, hat auch darauf zu achten, dass Rechtsgüter anderer nicht verletzt werden. Haftungsbegründend wird die Gefahrenlage allerdings erst dann, wenn sich vorausschauend – aber nachträglich betrachtet – für einen Sachkundigen die nahe liegende Möglichkeit ergibt, dass eine Gefahrenlage geschaffen oder geduldet wurde (BGH NJW 2004, 1449). Dabei muss auf die Möglichkeit geachtet werden, dass Kinder oder ältere Personen für ihren Schutz einen strengeren Sicherheitsstandard erwarten dürfen (BGH NJW 1999, 2364). Sind für die Erschließung eines Gebäudes behördliche Genehmigungen erforderlich gewesen, wurden gar nachträglich behördliche Maßnahmen angeordnet, so befreien diese immer noch nicht von der eigenen Prüfung. Selbst wenn ein Sachverständiger zugezogen wurde, um die Gefahrenträchtigkeit zu prüfen und Gefahren auszuschließen, dann schließt auch dies Fahrlässigkeit nicht schlechthin aus (BGH NJW 1994, 2232).

4 Geschützt sind diejenigen Personen, mit deren Auftauchen an der späteren Unfallstelle üblicherweise gerechnet werden muss. Geschützt sind hingegen nicht Personen, die sich unbefugt in den Gefahrenbereich begeben haben (BGH NJW 1957, 499).

5 Verpflichtet ist derjenige, in dessen Verantwortungsbereich die Unfallstelle liegt. Jeder, der in der Lage ist, über die Sache, auf der die Gefahr droht, zu verfügen, hat dafür zu sorgen, dass Gefahren vermieden werden. Die Verpflichtung trifft natürlich den Eigentümer, aber auch den Mieter, dem das Haus im Ganzen vermietet ist. Bei Wohnungseigentum haftet die Eigentümergemeinschaft. Die Verpflichtung trifft den Geschäftsinhaber, der in gemieteten Räumen sein Geschäft betreibt ebenso, wie den Gastwirt oder den Pächter. Alle also, die wünschen, dass Publikum in die Räume gelangt, in denen Freiberufler tätig sind oder Gewerbe betrieben werden, müssen für gefahrfreien Zugang sorgen. Diese Pflichten decken sich häufig mit den Schutz- und Sorgfaltspflichten in Verträgen (Miet- oder Pachtverträge).

6 Der zur Verkehrssicherung Verpflichtete wird aber vielfach durch Verträge anderes vereinbart haben, als bis hierher dargestellt. Zum einen ist es durchaus denkbar, dass der Mieter oder Pächter einer Immobilie in dem Vertrag mit Eigentümer oder Verpächter vereinbart hat, dass die Verkehrspflicht weiterhin beim Grundstückseigentümer verbleibt. Die zweite Variante ist die, dass der zur Verkehrssicherung Verpflichtete seine Pflichten auf andere überträgt. Die Übertragung der Verkehrssicherungspflicht auf einen anderen bedarf aber klarer Absprache, die die Sicherung vor Gefahren zuverlässig garantiert (BGH NJW 1996, 2646). Sind solche klaren Absprachen in Verträgen getroffen, so wird der die Verkehrssicherung Übernehmende selbst für den Schutz Dritter verantwortlich. Die Verkehrspflicht des Übertragenden verengt sich dann aber immer noch auf Kontroll- und Überwachungspflichten (BGH NJW RR 1989, 394).

7 Eine Verkehrssicherung, die alle Unfälle vermeidet, ist nicht erreichbar. Maßnahmen, die ein umsichtiger und verständiger Mensch in vernünftigen Grenzen für notwendig und ausreichend hält und die auch noch einigermaßen in der Grenze des wirtschaftlich Zumutbaren liegen, sind jedenfalls zu treffen (BGH NJW 1978, 1629). Je größer die Wahrscheinlichkeit einer Schädigung ist, desto höher ist das Maß der Sorgfalt. Bestehen DIN-Vorschriften oder Unfallverhütungsvorschriften einer Berufsgenossenschaft, dann sind diese Regeln jedenfalls zu beachten (BGH NJW 2004, 1449 und BGH MDR 1979, 45). Solche Regeln sind zwar nicht abschließend (BGH NJW-RR 2003, 1459), darüber hinaus muss übliche Sorgfalt angewandt werden, aber die Verletzung solcher Vorschriften lässt i.d.R. auf Verschulden schließen (OLG Koblenz VersR 1992, 893). Sind die Verkehrssicherungsmaßnahmen einem Dritten übertragen, so ist dieser zu überwachen, wobei diese Überwachung und der Umfang der Überwachung sich nach den Umständen des Einzelfalls richtet. Wird die Verkehrssicherung jemandem übertragen, der im eigenen Betrieb nicht beschäftigt ist, so kann sich der Übertragende jedenfalls in aller Regel darauf verlassen, dass der Vertrag und die Überwachung der Verkehrspflicht ordentlich erfüllt werden. Es sind nicht ständig Einzelkontrollen durchzuführen (BGHZ 142, 227).

8 Die Verkehrssicherungspflicht besteht nicht nur in Bezug auf die Mietsache selbst, bei der natürlich Bauvorschriften und Bauauflagen eingehalten sein müssen (LG Hamburg NZM 1999, 663), sondern auch auf Zugänge, Treppen, Flure, Hofräume und Gärten. Sind auf dem Grundstück nicht angelegte Wege durch ständigen Gebrauch entstanden, sog. Trampelpfade, die geduldet werden, so sind auch diese zu sichern (Jena MDR 2006, 514).

9 Wegen der grundsätzlich bestehenden Aufsichtspflicht sind die Entlastungsmöglichkeiten nach § 831 BGB nur schwer zu erreichen. Darlegungs- und Beweislast trifft den Anspruchsteller. Steht objektiv zunächst einmal aber der Pflichtverstoß fest, also die Ver-

letzung der Sorgfaltspflicht, dann ist die Verletzung subjektiven Tatbestands allerdings indiziert – der Anscheinsbeweis spricht dafür (BGH NJW 1986, 2757 und BGH NJW 1994, 945). Je mehr feststeht, dass gerade der Schaden eingetreten ist, der durch die Verkehrspflicht verhindert werden sollte, desto mehr gilt auch hier bezüglich der Ursächlichkeit ein Anscheinsbeweis (BGH NJW 1994, 945).

Verkehrspflichten sind von der Rechtsprechung entwickelt. Es gibt eine umfangreiche 10
Rechtsprechung. Natürlich werden bei der Rechtsprechung jeweils die Umstände des Einzelfalles berücksichtigt. Eine Rechtsprechungsübersicht kann nicht vollständig sein. Alphabetisch geordnet sollen gleichwohl einige Entscheidungen hier zusammengetragen werden. Die nachfolgende Aufzählung ist also – im Rahmen dieses Buchs – nur beispielhaft.

Abdeckroste (nicht gesichert – jeweils Mitverschulden des Verunglückten):

OLG Düsseldorf VersR 1965, 818; BGH VersR 1965, 483; BGH VersR 1969, 799; BGH VersR 1969, 850; OLG Celle VersR 1977, 479; OLG Stuttgart VersR 1977, 263; BGH VersR 1988, 516.

Abfälle müssen so gelagert werden, dass sich Schäden auf Dritte nicht auswirken können

OLG Hamm NJW-RR 1990, 793.

Altenheim (besondere Sorgfaltspflicht):

OLG Frankfurt/M. NJW-RR 1989, 419; BGH NJW 1990, 905.

Bäume – Bestehender Baumbestand ist gegen Windbruch und Windwurf zu sichern

BGH NJW 2003, 1732 und 2004, 3328.

Bauarbeiten – Der Vermieter als Bauherr hat dafür zu sorgen, dass von seinem Bauvorhaben keine Gefahren ausgehen

OLG Zweibrücken VersR 2004, 611.

Dachlawine:

OLG München NJW 1965, 1085 (Mitverschulden); LG Tübingen VersR 1967, 669 (Parkplatz vor Gaststätte – kein Mitverschulden); OLG München Vers R 1972, 1176 (kein Mitverschulden, weil Wirtschaftsgebäude).

Fußboden:

BGH NJW 1962, 31 (Bananenschale in Warenhaus – Mitverschulden); BGH VersR 1966, 1190 (Fußboden Geschäftslokal – kein Mitverschulden); OLG München VersR 1974, 269; VersR 1976, 1000; VersR 1979, 1065 (Fußböden in Warenhäusern).

Gehweg – Streupflicht:

OLG Frankfurt/M. VersR 1980, 50 (volle Haftung des Gebäudeeigentümers, weil um 07:15 Uhr noch nicht gestreut war); OLG Köln VersR 1989, 101 (Haftung Gaststättenpächter); OLG Braunschweig VersR 1990, 869.

Glastüren:

BGH VersR 1963, 947; AG München VersR 1992, 213 (Glasschwingtür zur Gaststätte).

Kinderspielplätze müssen nach dem Alter der Nutzer gesichert sein; geringere Anforderungen gelten bei sogenannten Abenteurerspielplätzen für ältere Kinder

BGH NJW 1988, 48 und 1988, 2667.

Mieter:

BGH VersR 1966, 684 (beklagter Vermieter war mit Hausumbau »noch nicht fertig« und ließ Leisten auf der Treppe liegen – 100 % Haftung); BGH VersR 1965, 165 (Treppe zu vermietetem Lager im Keller war nicht in Ordnung).

Räum- und Streupflicht – Umfang und Zeit der Gefahrenabwehr richtet sich nach den besonderen Bedürfnissen im Einzelfall

LG Kiel VersR 1978, 381 (Vermieter, jedoch noch nicht um 06:15 Uhr); OLG Frankfurt/M. VersR 1980, 50 (um 07:15 Uhr muss gestreut sein); OLG Celle VersR 1990, 169 (Hausmeister hatte ungenügend gestreut).

Sichtbehinderung:

BGH NJW 1966, 40 (Grundstückseigentümer haftet für Sichtbehinderungen durch Zäune, Mauern, Bäume an seiner Grundstücksausfahrt).

Treppe:

BGH VersR 1962, 332 (Treppe entsprach nicht den Bauvorschriften); BGH VersR 1964, 271 und VersR 1964, 974 (Treppen ohne beiderseitigen Handlauf); OLG Köln VersR 1992, 512 (Treppe ohne beiderseitigen Handlauf in Wirtschaft).

29. Kapitel
Versicherungen

Übersicht **Rdn.**

I. Überblick über das Versicherungsvertragsgesetz

Der nachfolgende Beitrag ersetzt Kommentare zum Versicherungsvertragsrecht und zu Versicherungsbedingungen nicht, er steht nicht anstelle von Lehrbüchern und will schon gleich gar nicht mit Fachanwaltshandbüchern zum Versicherungsvertragsrecht konkurrieren. Es soll der Versuch unternommen werden, die wichtigsten versicherungsrechtlichen Fragen aufzuzählen, die bei Wohnungseigentum und Mietverhältnissen in den einzelnen Versicherungssparten auftreten. **1**

Der erste und entscheidende Fehler ist, nicht zu erkennen, dass Versicherungsbedingungen einzelner Anbieter erheblich voneinander abweichen und auch abweichen können und auch abweichen dürfen. Mit Wirkung zum 01.05.2002 ist das bis dahin selbstständige Bundesaufsichtsamt für das Versicherungswesen (BAV) verschmolzen worden mit dem Bundesaufsichtsamt für das Kreditwesen und Wertpapierhandel und bildet jetzt eine neue Behörde, die Bundesanstalt für Finanzdienstleistungsaufsicht (BAFin). Das entscheidende Datum für alle deutschen Versicherungsverhältnisse aber ist der 29.07.1994. An diesem Tag wurde verkündet (BGBl. I, 1630) das dritte Durchführungsgesetz – EWG zum VAG. Bis dahin konnten deutsche Versicherungsverträge und allgemeine Geschäftsbedingungen der Versicherer wirksam werden und befreit sein von Inhaltskontrollen jeglicher Art, wenn sie von der zuständigen Aufsichtsbehörde genehmigt worden waren. Für Versicherungsverträge, die bis zum 29.07.1994 abgeschlossen waren, gilt altes Recht. Seit dieser Zeit unterliegen Verträge der Inhaltskontrolle der gesetzlichen Regelungen über allgemeine Geschäftsbedingungen (§§ 305 ff. BGB). Versicherungsunternehmen sind in der Gestaltung der Versicherungsverträge und ihrer Versicherungsbedingungen frei, soweit nicht bestimmte gesetzliche Mindestvorgaben für Versicherungsbedingungen bestehen. Dies ist für die Praxis wichtig: Die meisten Mandanten kennen die Versicherungsbedingungen nicht, zu denen ihr Hab und Gut versichert ist. Die erste Frage des Rechtsanwalts wird also sein, dass einschlägige Versicherungsbedingungen vom Mandanten besorgt werden müssen, und die zweite Frage, die sich sogleich dann anschließt, ist die, wie denn die Versicherungsbedingungen Vertragsgegenstand wurden.

Hilft alles nichts, dann hilft das Gesetz: Der Versicherungsnehmer kann vom Versicherer die Ausstellung einer Ersatzurkunde verlangen und er kann auch Abschriften der Erklärungen fordern, die er mit Bezug auf den Versicherungsvertrag abgegeben hat (§ 3 Abs. 3 S. 1 und Abs. 4 VVG). Sind Fristen zu beachten und hängt die Einhaltung der Fristen von der Übermittlung solcher Vertragsunterlagen ab, dann findet sich für solche Vorgänge ein Hemmungstatbestand im VVG (§ 3 Abs. 4 S. 2 VVG). Die Kosten der Ersatzurkunde hat – wenn sie denn geltend gemacht werden – der Versicherungsnehmer zu tragen (§ 3 Abs. 5 VVG).

Die genaue Kenntnis der jeweils einschlägigen Versicherungsbedingungen ist unbedingt erforderlich. Außergerichtlich und gerichtlich schlagen Parteien in versicherungsrechtlichen Streitigkeiten reichhaltig mit Zitaten von Urteilen um sich. Zuverlässig arbeitet nur der, der prüft, ob die zitierte Entscheidung auch wirklich zu den Versicherungsbedingungen passt, die im zu beurteilenden Fall auch tatsächlich vereinbart sind.

2 Das Versicherungsvertragsgesetz (in Kraft getreten 1908, in der Folgezeit vielfach geändert, zuletzt als VVG-2008 neu gefasst) unterscheidet zwischen der Schadenversicherung und der Summenversicherung. In der Schadenversicherung gilt das Verbot der Bereicherung. Der Schaden bildet die Obergrenze der Ersatzpflicht. Die Ausnahme bildet allerdings eine Versicherung zum Neuwert oder die Versicherung zu fester Taxe. Mit der Summenversicherung, in der das Bereicherungsverbot nicht gilt, der Lebensversicherung, der Unfallversicherung, der Krankentagegeldversicherung, haben wir uns hier nicht zu beschäftigen, sondern nur mit der Schadenversicherung, für die als gesetzliche Grundregeln die §§ 1 mit 73 VVG als Vorschriften für sämtliche Versicherungszweige gelten und für die Schadenversicherung die §§ 74 mit 99 VVG. Es folgen Regelungen über einzelne Versicherungszweige in den Bestimmungen der §§ 100 mit 215 VVG. Das BGB enthält nur wenige Bestimmungen mit versicherungsrechtlichem Bezug, jedoch zum Beispiel für die Lebensversicherung (§§ 330 bis 332 BGB), für den Nießbrauch (§§ 1045 und 1046 BGB) und die Gebäudeversicherung (§§ 1127 bis 1130 BGB).

Im VVG finden wir zwingende, halb zwingende und dispositive Vorschriften für die einzelnen Versicherungssparten.

3 Über all diesen gesetzlichen Regelungen greifen in das Versicherungsrecht aber die Vorschriften über die Regelungen allgemeiner Geschäftsbedingungen gravierend ein. Ganz besonders wird es bei der Prüfung der Wirksamkeit von Versicherungsbedingungen auf die Bestimmungen des § 305c BGB ankommen, weil doch immer wieder überraschende und mehrdeutige Klauseln in Versicherungsverträgen zu finden sind, und auch die Generalklausel der Inhaltskontrolle auf § 307 BGB darf keinesfalls übersehen werden.

II. Einzelne Versicherungsverhältnisse

4 Betrachtet man die Fachanwaltsordnung und die Fächer, in denen für Miet- und Wohnungseigentumsrecht besondere Kenntnisse nachzuweisen sind, so stellt man schon fest, dass Versicherungsverhältnisse im Fächerkanon des § 14c FAO keinen Eingang gefunden haben. Dies ist auch durchaus richtig, denn die Versicherungsverhältnisse spielen in diesem Fachbereich jedenfalls eine überragende und außergewöhnliche Rolle nicht. Versicherungsschutz wird erforderlich sein für das Wohngebäude, zum Schutz aus der Inanspruchnahme aus gesetzlicher Haftpflicht sowie zum Schutz und der Erhaltung des Hausrats. Mit der Wohngebäudeversicherung, der Haftpflichtversicherung, der Hausratversicherung will dieser Beitrag sich nachstehend beschäftigen, nicht aber ohne zwei Versicherungsmöglichkeiten vorab jedenfalls zu erwähnen, nämlich die Rechtsschutzversicherung und die Glasversicherung.

5 Rechtsschutzversicherungen kann abschließen sowohl der Haus- oder Wohnungseigentümer, wenn er schon erahnt, dass zur Durchsetzung seiner Ansprüche gegen den Mieter er Rechtsschutz unter Umständen begehrt. Rechtsschutz kann der Eigentümer auch unter Umständen benötigen zur Durchsetzung von Schadensersatzansprüchen, die sein Anwesen betreffen. Geachtet werden muss aber darauf, dass mit der abgeschlossenen privaten Rechtsschutzversicherung auch Grundstücks- und Mietrechtsschutz mit eingeschlossen ist. Das gleiche Risiko kann auch der Mieter durch Abschluss einer privaten Rechtsschutzversicherung absichern, wobei aber auch dieser darauf achten muss, dass der

Mietrechtsschutz mit eingeschlossen ist. Wer sein Haus, seine Wohnung an Dritte nicht vermietet, sondern selbst nutzt, wird i.d.R. keine Rechtsschutzversicherung benötigen. Bei der Vermietung einer Wohnung oder eines Hauses sollte der Abschluss einer Rechtsschutzversicherung aber erwogen werden, aber es muss darauf – nochmals wiederholt – geachtet werden, dass der Vermietrechtsschutz ausdrücklich mit im Versicherungsvertrag enthalten ist.

Eine Glasversicherung kann abschließen der Eigentümer, jedoch kann eine Haushaltsglasversicherung auch der Mieter wünschen. Beim Mieter wird eine Haushaltsglasversicherung jedenfalls im Normalfall nicht erforderlich sein. Auch beim Vermieter ist eine Glasversicherung i.d.R. für überflüssig und zu teuer zu erachten. Anders allerdings liegt es, wenn beim Haus ein gläserner Wintergarten angebaut ist und Hagel ab und an zu befürchten ist. Diese Versicherungen sind teuer, die genauen Quadratmeter der Glasbedachung müssen angegeben werden. Glasbauer behaupten, sie seien preisgünstiger, wenn hagelsicheres Glas von vornherein verwendet wird. 6

Ob sich also Rechtsschutz- und Glasversicherungen im Einzelfall bei Vermieter oder Mieter als unbedingt notwendig aufdrängen, erscheint durchaus zweifelhaft. Es muss eben damit kalkuliert werden, ob man Risiko selber tragen will oder gegen Bezahlung einem Versicherer überlässt. 7

1. Wohngebäudeversicherung

Unbedingt notwendig ist dagegen eine Wohngebäudeversicherung. Die Wohngebäudeversicherung bietet Versicherungsschutz für drei Gefahrengruppen, nämlich 8

- Brand – Blitzschlag – Explosion;
- Leitungswasser – Rohrbruch;
- Sturm – Hagel.

Zwischen diesen drei Gefahrengruppen besteht für den Versicherungsnehmer Wahlfreiheit. Das bedeutet, dass er nicht sämtliche Gefahren versichert haben muss. Er kann durchaus eigene Gefahrengruppen unversichert lassen und/oder anderweitig versichern. Die derzeit gebräuchlichsten sind Versicherungsbedingungen VGB 2008 (Allgemeine Wohngebäudeversicherungsbedingungen VGB 2008 – Wert 1914). In diesen VGB 2008, die den Allgemeinen Wohngebäudeversicherungsbedingungen VGB 2000 nachfolgen, fällt auf, dass die Sprache einfacher und auch für Laien verständlicher wurde. Es fällt auch auf, dass in diesen allgemeinen Empfehlungen des Verbands nun nicht nur die Explosion, sondern auch die Implosion mit umfasst ist, und das Risiko Rohrbruch umfasst nun auch Schäden an Klima-, Wärmepumpen- und Solarheizungsanlagen. Die Wohngebäudeversicherung kommt nur für den Eigentümer in Betracht, nicht für den Mieter. Bei Wohnungseigentümergemeinschaften ist der Verwalter verpflichtet, im Rahmen seiner sorgfältigen Kaufmannspflichten eine solche Versicherung abzuschließen. Er, wie auch jeder sonstige Eigentümer, wird sich allerdings vor Abschluss eines Versicherungsvertrags bei der Konkurrenz umsehen. Versicherungsprämien und Versicherungsbedingungen weichen nicht unerheblich voneinander ab. Der Billigste ist nicht immer der Preisgünstigste. Dass sich neben dem Abschluss der Wohngebäudeversicherung zu deren Ergänzung ein Versicherungsschutz gegen Elementarschäden, Flut, Lawinen, Erdbeben u.Ä. auch aufdrängt, sei am Rande hier nur erwähnt.

Feuerschadenfälle werden häufig von Mietern, Pächtern oder sonstigen Nutzungsberechtigten von Gebäuden oder Gebäudeteilen (Eigentumswohnungen) verursacht. Diese Personen haben ein erhebliches Interesse daran, nicht für von ihnen fahrlässig verursachte Schadenfälle in Anspruch genommen zu werden, zumal die Folgen solch fahrlässigen Umgehens mit Feuer i.d.R. von vornherein überhaupt nicht überblickt werden können, 9 und auch nicht annähernd die Mittel zur Verfügung stehen, Leistungen zu erbringen. Die einfachste Lösung ist natürlich, dass der Nutzer einen eigenen Versicherungsvertrag für fremde Rechnung abschließt. Dann ist derjenige, der solch eigenen Versicherungsvertrag abgeschlossen hat, jedenfalls vor Regressen des Feuerversicherers oder des Wohngebäudeversicherers geschützt. Er ist dann nicht Dritter i.S.d. § 86 VVG. Geschützt sind auch die mit dem Versicherungsnehmer in häuslicher Gemeinschaft lebenden Personen, also nicht nur Familienangehörige (§ 86 Abs. 3 VVG).

In der Regel wird aber der Eigentümer den Versicherungsvertrag abschließen und dessen Kosten auf den Mieter abwälzen, sei es, dass diese Kosten offen ausgewiesen werden oder aber pauschal und verdeckt im Mietpreis enthalten sind. Bis zum Jahr 2000 hat der BGH sich für eine haftungsrechtliche Lösung entschieden und aus der im Mietvertrag begründeten Verpflichtung des Mieters, anteilige Kosten der Feuerversicherung zu tragen, eine stillschweigende Beschränkung der Haftung auf Vorsatz hergeleitet (BGH NVersZ 2000, 427). Schon am 08.11.2000 allerdings (VersR 2001, 94) ist der BGH davon ausgegangen und hat eine Freistellung des Mieters von der Haftung für einen fahrlässig verursachten Brand ausgeschlossen damit, dass ein konkludenter Regressverzicht vereinbart worden sei. Entscheidender Gesichtspunkt sei, dass das Mietverhältnis so weit wie möglich unbelastet von Streitigkeiten bleiben soll. Die Beweislast für grob fahrlässige Verursachung des Schadens, die einen Regressverzicht nicht rechtfertigen würde, obliege dem Versicherer (BGH VersR 2001, 856). Bei dieser versicherungsrechtlichen Betrachtungsweise hat der BGH also die Beweislast für fahrlässige Verursachung des Schadens (§ 61 VVG a.F., jetzt § 81 Abs. 2 VVG) dem Versicherer zugewiesen. Grob fahrlässige Verursachung rechtfertigt den Regressverzicht nicht. Ein begrenzter Ausgleich findet nur zwischen den beiden Versicherern statt. Dem Gebäudeversicherer, dem der Regress gegen den Mieter verwehrt ist, steht gegen dessen Haftpflichtversicherung ein Anspruch auf anteiligen Ausgleich zu (BGH v. 13.09.2006, IV ZR 116/05 und IV ZR 273/05 und IV ZR 378/02).

2. Haftpflichtversicherung

10 Schutz gegen Ansprüche, die aufgrund gesetzlicher Haftpflichttatbestände geltend gemacht werden, bietet eine Haftpflichtversicherung. Eine Haftpflichtversicherung sollten jedenfalls haben sowohl der Vermieter als auch der Mieter. Versichert wird das Risiko, aufgrund gesetzlicher Haftpflicht als Privatperson in Anspruch genommen zu werden. Alle beruflichen Tätigkeiten sind ausgeschlossen. Versichert ist der Familien- und Haushaltsvorstand, der Dienstherr für in seinem Haushalt tätige Personen, der Inhaber einer oder mehrerer Wohnungen einschließlich einer Ferienwohnung, nicht jedoch einer ständigen Ferienwohnung im Ausland. Bei Sondereigentümern sind versichert Haftpflichtansprüche der Gemeinschaft der Wohnungseigentümer wegen Beschädigung des Gemeinschaftseigentums (aber nicht auf den Miteigentumsanteil an dem gemeinschaftlichen Eigentum), eines im Inland gelegenen Einfamilienhauses, als Radfahrer, als Sportler (nicht aber als Jäger), als Reiter bei Benutzung fremder Pferde (Haftpflichtansprüche der Tierhalter oder Tiereigentümer allerdings sind nicht versichert). Zahme Haustiere sind versichert, gezähmte Kleintiere und Bienen, nicht aber Hunde, Rinder, Pferde u.Ä. Es gibt also, wie schon diese kurze Aufzählung zeigt, erhebliche Einschränkungen. Soweit der Versicherungsnehmer als Mieter oder Pächter aufgrund gesetzlicher Haftungsbestimmungen in Anspruch genommen wird, kommt stets der Haftungsausschluss wegen Sachen, die gemietet oder gepachtet sind (§ 4 Abs. 1 Ziff. 6a AHB a.F., jetzt Ziff. 7 AHB-2008) in Betracht. Um diesem unbefriedigenden Zustand entgegenzuwirken, wird heute von fast allen Versicherern bei der Privathaftpflichtversicherung insoweit aber doch Deckung angeboten über die sog. »Mietsachschadenklausel«. Diese muss aber

gesondert vereinbart sein. Bei dieser Mietsachschadenklausel verwundert es allerdings nicht, dass Ansprüche aufgrund von Abnutzung, Verschleiß und übermäßiger Beanspruchung nicht gedeckt sind, zumal gerade Abnutzung und Verschleiß bei vertragsgemäßem Gebrauch einer Sache ohnehin vom Mieter nicht zu vertreten sind (§ 538 BGB). Von Bedeutung im Rahmen der Miet- und Wohnungseigentumsverhältnisse ist eine Sonderklausel bezüglich der Haftung geschäftsunfähiger Kinder. Verursachen solche Kinder Schäden, so besteht Ersatzpflicht nicht. Solche Schäden ereignen sich aber häufig im unmittelbaren Nachbarschaftsbereich und deshalb sehen die Musterklauseln vor, dass auch Schäden von Kindern unter sieben Jahren gedeckt sind. Der Versicherer wird sich nicht auf Deliktsunfähigkeit von mitversicherten Kindern berufen, soweit dies der Versicherungsnehmer wünscht und ein anderer Versicherer nicht leistungspflichtig ist. Gerade in Eigentumswohnungsanlagen werden durch Kinder, die Dreirad oder Fahrrad oder Roller fahren, häufig nicht unerhebliche Personen- und Sachschäden verursacht. Der Versicherungsnehmer muss also nicht »ohne Rechtsgrund, nur wegen des nachbarschaftlichen Friedens« in seinen Geldbeutel greifen: die private Haftpflichtversicherung zahlt und nimmt nur bei Aufsichtspflichtverletzungen Regress, soweit der Aufsichtspflichtige nicht Versicherter des Vertrags ist. Hauseigentümer und Wohnungseigentümergemeinschaften werden darauf achten, dass bei Öllagerung Gewässerschäden nicht ausgeschlossen sind. Es wird unterteilt in zwei Arten des Gewässerschadenrisikos, nämlich nach einem allgemeinen Gewässerschadenrisiko und dem Anlagerisiko. Im Rahmen der privaten Haftpflichtversicherung ist das allgemeine Gewässerschadenrisiko versichert, während das Anlagerisiko besonders eingedeckt werden muss. Auf diese Zusatzeindeckung muss also unbedingt dann geachtet werden, wenn im Keller oder auf dem eigenen Grundstück sich ein Öltank befindet.

3. Hausratversicherung

Die Hausratversicherung ist eine Sachversicherung. Der gesamte Hausrat privater Haushalte **11**
ist Gegenstand der Versicherung. Die früher gebräuchlichen Versicherungsbedingungen VHB 1992 und VHB 2000 sind ersetzt durch die neu empfohlenen Versicherungsbedingungen Allgemeine Hausratversicherungsbedingungen VHB 2008 – Quadratmetermodell. Auch hier aber gilt, dass immer geprüft werden muss, welche Versicherungsbedingungen gelten sollen und durch welchen Rechtsakt diese Bedingungen vereinbart wurden. Die Hausratversicherung kommt in Betracht für den Eigentümer eines Hauses oder einer eigenen Wohnung ebenso wie für den Mieter einer Wohnung. Gegenstand der Hausratversicherung ist – ganz grob vereinfacht – all das, was man bei einem Umzug mitnimmt. Die Hausratversicherung des Eigentümers sollte sich also nur auf die Immobilie beziehen, die er selbst bewohnt. Eine Hausratversicherung für die Immobilie, die er vermietet, ist überflüssig. In der Hausratversicherung sind folgende Gefahren und Schäden versichert:

- Brand – Blitzschlag – Explosion und Implosion;
- Anprall oder Absturz eines Luftfahrzeugs oder bemannten Flugkörpers;
- Einbruchsdiebstahl – Raub – einfacher Diebstahl von Fahrrädern;
- Vandalismus;
- Sturm – Hagel;
- Leitungswasser.

Auch hier kann sich aber empfehlen, Elementarschäden durch Erdbeben, Erdrutsch, Überschwemmung u.Ä. mitzuversichern. Nicht mitversichert sind die Dinge des Hausrats, die ausschließlich dem Beruf oder Gewerbe dienen. Zum Hausrat gehören dagegen, je nach örtlicher Verkehrsanschauung, auch nicht individuell gefertigte Einbauküchen, sonstige Einbaumöbel, wenn sie sich wieder ohne ganz besonderen Aufwand ausbauen lassen, und gegebenenfalls sogar auch Teppichböden und Heizöl.

III. Neues Versicherungsvertragsrecht seit 01.01.2008

12 Das neue Versicherungsvertragsrecht gilt ab 01.01.2008 für Neuverträge. Die neuen Regelungen gelten aber auch für Altverträge, und zwar ab 01.01.2009.

Dem Abschluss eines Versicherungsvertrags hat ein umfassendes und schriftlich dokumentiertes Beratungsgespräch voranzugehen (§ 6 VVG). Das Beratungsgespräch ist in Textform zu dokumentieren. In den Fällen, in denen der Versicherungsnehmer dies nicht wünscht, muss der Verzicht auf Beratung schriftlich festgehalten werden (§ 6 Abs. 3 VVG). Bei Vertragsschluss muss der Versicherungsnehmer die Umstände angeben, nach denen der Versicherer schriftlich fragt. Ein vom Versicherten nicht angegebenes Risiko schränkt nur dann seinen Anspruch auf Zahlung ein, wenn er explizit danach gefragt wurde. Im Bereich von Pflichtversicherungen wird es – mit Einschränkungen – künftig Direktansprüche geben so, wie man es aus dem Bereich der Kraftfahrthaftpflichtversicherung bereits kennt. Alle Versicherungsverträge können binnen zwei Wochen widerrufen werden (§ 8 VVG – bei Lebensversicherungen gilt längere Frist: § 152 VVG). Das Widerrufsrecht gilt für alle Versicherungsnehmer, gleichgültig ob dies Privatpersonen, Freiberufler, Gewerbetreibende sind.

Leistungsfreiheit des Versicherers tritt ein bei vorsätzlicher Herbeiführung des Versicherungsfalls durch den Versicherungsnehmer (§ 81 Abs. 1 VVG). Auch bei vorsätzlicher Verletzung vertraglicher Obliegenheiten durch den Versicherungsnehmer kann der Versicherer leistungsfrei sein (§ 28 Abs. 2 S. 1 VVG). Werden Obliegenheiten grob fahrlässig vom Versicherungsnehmer verletzt, so kann der Versicherer seine Leistungen in einen der Schwere des Verschuldens des Versicherungsnehmers entsprechenden Verhältnis kürzen (z.B. § 28 Abs. 2 S. 2 und § 86 Abs. 2 S. 3 VVG). Bei der Schwere der Schuld sollte man sich an Quotentabellen nicht zu sehr halten, weil es auf die Typizität des Einzelfalls ankommt und der Einzelfall lässt sich in Tabellen nicht pressen und aus Tabellen nicht herauslesen. Die subjektive Komponente spielt also bei der Bemessung der Schwere der Schuld eine sehr bedeutende Rolle. Daraus ergibt sich auch, dass die Beweislastverteilung verschieden ist, je nachdem, ob es sich um eine grob fahrlässige Obliegenheitsverletzung oder um eine grob fahrlässige Beiführung des Versicherungsfalls handelt. Der Gesetzgeber wollte hier eine differenzierte Beweislastverteilung regeln. Die grobe Fahrlässigkeit des Versicherungsnehmers, die zur Leistungsfreiheit führt, hat der Versicherer zu beweisen als einen Ausnahmetatbestand.

Für die Geltendmachung von Ansprüchen des Versicherungsnehmers kommt als Anspruchsgegner in erster Linie der Versicherer in Betracht. Ist man sich über die Begriffsbestimmung allerdings darüber im Klaren, wer Versicherungsvertreter ist (§ 59 Abs. 2 VVG), wer als Versicherungsmakler auftritt (§ 59 Abs. 3 VVG) und wer schließlich nur Versicherungsberater ist (§ 59 Abs. 4 VVG) wird allerdings auch zu prüfen haben, ob gegebenenfalls Vertreter oder Makler als Versicherungsvermittler als Anspruchsgegner auch in Betracht kommen können (§ 63 VVG).

Die Versicherungsverhältnisse sind hier nur knapp und auszugsweise gestreift. Die Darlegungen sollen mehr dazu animieren, sich mit dem Versicherungsrecht bei der Behandlung von Miet- und Wohnungseigentumssachen zu beschäftigen.

D.
Miet- und wohnungseigentumsrechtliche Bezüge zum öffentlichen Recht einschließlich Steuerrecht

30. Kapitel
Verwaltungsrecht

Übersicht **Rdn.**

I. Wohnungsbindungsgesetz

1. Regelungsgegenstand und Anwendungsbereich

a) Regelungsgegenstand

Durch die öffentlich-rechtlichen Vorschriften des WoBindG werden den Privateigentümern von Sozialwohnungen für die Vermietung und Eigennutzung derselben bestimmte Beschränkungen auferlegt. Diese Beschränkungen liegen innerhalb der Schranken der Sozialbindung des Eigentums (Art. 14 Abs. 2 S. 2 GG) und rechtfertigen sich aus der Inanspruchnahme der öffentlichen Mittel zur Errichtung der Wohnungen. S. dazu auch BVerfG NJW 1986, 1669 und BVerfG ZMR 1997, 117. 1

Das WoBindG regelt vor allem die Nutzung der Sozialwohnungen durch Vermietung an Wohnberechtigte und durch Selbstnutzung (§§ 4 bis 7 WoBindG) und die bei Fremdnutzung zu beachtende Miethöhe (§§ 8 bis 10 WoBindG). Werden eine der Preisbindung unterliegende Wohnung und ein preisfreier Kfz-Stellplatz in einer Vertragsurkunde vermietet, führt das nicht dazu, dass die Vermietung des Stellplatzes den Regelungen des WoBindG unterliegt (AG Köln ZMR 2009, 932). 2

b) Anwendungsbereich des Wohnungsbindungsgesetzes

Der Anwendungsbereich des WoBindG ist in § 1 WoBindG durch Verweisung auf § 50 WoFG und § 2 WoFÜG geregelt. 3

§ 50 WoFG lautet: 4

»Das Wohnungsbindungsgesetz in der Fassung der Bekanntmachung vom 19.08.1994 (BGBl. I S. 2166, 2319), geändert durch Artikel 7 Abs. 11 des Gesetzes vom 19.06.2001 (BGBl. I S. 1149), die Neubaumietenverordnung in der Fassung der Bekanntmachung vom 12.10.1990 (BGBl. I S. 2203, geändert durch Artikel 2 der Verordnung vom 13.07.1992 (BGBl. I S. 1250), und die Zweite Berechnungsverordnung in der Fassung der Bekanntmachung vom 12.10.1990 (BGBl. I S. 2178), zuletzt geändert durch Artikel 8 Abs. 2 des Gesetzes vom 19.06.2001 (BGBl. I S. 1149), sind in der jeweils ab 01.01.2002 geltenden Fassung auf Wohnraum,

1. *für den öffentliche Mittel im Sinne des § 6 Abs. 1 des Zweiten Wohnungsbaugesetzes bis zum 31. Dezember 2001 bewilligt worden sind,*
2. *für den öffentliche Mittel im Sinne des § 3 des Ersten Wohnungsbaugesetzes bewilligt worden sind,*
3. *für dessen Bau ein Darlehen oder ein Zuschuss aus Wohnungsfürsorgemitteln nach § 87a Abs. 1 Satz 1 des Zweiten Wohnungsbaugesetzes bis zum 31. Dezember 2001 bewilligt worden ist,*
4. *für den Aufwendungszuschüsse und Aufwendungsdarlehen nach § 88 des Zweiten Wohnungsbaugesetzes bis zum 31. Dezember 2001 bewilligt worden sind,*

5. der nach dem Gesetz zur Förderung des Bergarbeiterwohnungsbaus im Kohlebergbau gefördert worden ist,

vorbehaltlich des Absatzes 2 anzuwenden, soweit das Wohnungsbindungsgesetz, die Neubaumietenverordnung und die Zweite Berechnungsverordnung hierfür am 31. Dezember 2001 Anwendung finden. Satz 1 gilt auch, wenn Fördermittel nach § 46 Abs. 2 bewilligt werden.

Verfahren nach dem Wohnungsbindungsgesetz, der Neubaumietenverordnung und der Zweiten Berechnungsverordnung, die vor dem 1. Januar 2002 und im Fall des § 46 Abs. 2 vor dem 1. Januar 2003 förmlich eingeleitet worden sind, werden nach den bis zum 31. Dezember 2001 geltenden Vorschriften abgeschlossen. Auf der Grundlage der jeweils bis zum 31. Dezember 2001 geltenden Fassung des Wohnungsbindungsgesetzes, der Neubaumietenverordnung und der Zweiten Berechnungsverordnung wirksame Entscheidungen und sonstige Maßnahmen gelten weiter. Verfahren, die nach dem 1. Januar 2002 nach § 46 Abs. 2 förmlich eingeleitet worden sind, können nach dem Wohnungsbindungsgesetz, der Neubaumietenverordnung und der Zweiten Berechnungsverordnung in der jeweils ab dem 1. Januar 2002 geltenden Fassung durchgeführt werden.«

5 § 2 WoFÜG lautet:

(1) Auf Wohnungsfürsorgemittel, die aus Haushalten des Bundes sowie der früheren öffentlich-rechtlichen Sondervermögen des Bundes oder deren Rechtsnachfolger zur Verfügung gestellt worden sind und die

1. vor dem 1. Januar 2002,
2. in den Fällen des § 46 Abs. 2 des Wohnraumförderungsgesetzes vom 13. September 2001 (BGBl. I S. 2376), das zuletzt durch Artikel 4 des Gesetzes vom 15. Dezember 2004 (BGBl. I S. 3450) geändert worden ist, vor dem 1. Januar 2003

nach § 87a des Zweiten Wohnungsbaugesetzes in der Fassung der Bekanntmachung vom 19. August 1994 (BGBl. I S. 2137), das zuletzt durch Artikel 7 Abs. 8 des Gesetzes vom 19. Juni 2001 (BGBl. I S. 1149) geändert worden ist, bewilligt worden sind, ist § 87a des Zweiten Wohnungsbaugesetzes in der am 31. Dezember 2001 geltenden Fassung weiter anzuwenden.

(2) Auf Wohnraum,

1. für dessen Bau ein Darlehen oder ein Zuschuss aus den in Absatz 1 genannten Wohnungsfürsorgemitteln vor dem 1. Januar 2002 und in den Fällen des § 46 Abs. 2 des Wohnraumförderungsgesetzes vor dem 1. Januar 2003 bewilligt worden ist,
2. der nach dem Gesetz zur Förderung des Bergarbeiterwohnungsbaues im Kohlenbergbau in der Fassung der Bekanntmachung vom 25. Juli 1997 (BGBl. I S. 1942), zuletzt geändert durch Artikel 59 der Verordnung vom 25. November 2003 (BGBl. I S. 2304), gefördert worden ist,

sind das Wohnungsbindungsgesetz in der Fassung der Bekanntmachung vom 13. September 2001 (BGBl. I S. 2404) die Neubaumietenverordnung 1970 in der Fassung der Bekanntmachung vom 12. Oktober 1990 (BGBl. I S. 2203), zuletzt geändert durch Artikel 4 der Verordnung vom 25. November 2003 (BGBl. I S. 2346), und die Zweite Berechnungsverordnung in der Fassung der Bekanntmachung vom 12. Oktober 1990 (BGBl. I S. 2178), zuletzt geändert durch Artikel 3 der Verordnung vom 25. November 2003 (BGBl. I S. 2346), weiter anzuwenden, soweit diese Vorschriften am 31. Dezember 2006 Anwendung finden.

6 Ansonsten gilt das WoBindG weiter, bis es durch Landesrecht ersetzt wird. Sodann gelten die entsprechenden Gesetze der Länder.

c) Zweckbestimmung

aa) Grundsätzliches

7 Durch das Wohnungsbindungsgesetz wird die Verfügungsbefugnis des Berechtigten eingeschränkt. I.E. bestehen bei der Vermietung von öffentlich geförderten Wohnungen Beschränkungen hinsichtlich der Belegung der Wohnungen (§§ 4, 5, 5a und 7 WoBindG i.V.m. § 27 WoFG), bezüglich der zulässigen Miethöhe (§§ 8, 8a, 8b, 10 und 11 WoBindG), bzgl. einmaliger Mieterleistungen (§ 9 WoBindG) sowie hinsichtlich der Erhaltung der allgemeinen Zweckbestimmung (§ 7 Abs. 3 WoBindG i.V.m. § 27 WoFG).

Weitere Beschränkungen bestehen bei Selbstnutzung bzw. Nichtvermietung, Zweckentfremdung und baulichen Veränderungen (§ 7 Abs. 3 WoBindG i.V.m. § 27 Abs. 7 WoFG), Ausbau von Zubehörräumen (§ 14 WoBindG) und bei Untervermietung (§ 21 WoBindG). 8

bb) Belegungsbindung

Die öffentlich geförderte Wohnung darf nur an einen berechtigten Wohnungssuchenden überlassen werden. Dabei können verschiedene Personengruppen gebildet werden, z.B. Schwerbehinderte oder Kinderreiche. Eine Überlassung an Personen, die zwar einen Berechtigungsschein haben, aber einer andren Personengruppe angehören, ist unzulässig (VG Münster ZMR 2009, 491). Die Wohnberechtigung ist grundsätzlich durch eine Bescheinigung i.S.d. § 5 WoBindG nachzuweisen. Dort ist auch geregelt, welche Voraussetzungen der Wohnungssuchende erfüllen muss, um die Bescheinigung zu erhalten. Ausnahmen bestehen bei Benennungsrechten der Gemeinde im Rahmen des § 4 Abs. 4 WoBindG sowie im Rahmen der Ausübung des Wohnungsbesetzungsrechts gem. § 4 Abs. 5 WoBindG. Vgl. zu weiteren Einzelheiten: Schmid in FAKo-Mietrecht § 4 WoBindG. 9

cc) Kündigungsschutz

Nach § 2 WoBindG, § 32 Abs. 3 S. 2 WoFG darf sich der Vermieter, der eine Wohnung erworben hat, an der nach der Überlassung an den Mieter Wohnungseigentum begründet worden ist, dem Mieter gegenüber auf berechtigte Interessen an der Beendigung des Mietverhältnisses i.S.d. § 573 Abs. 2 Nr. 2 BGB (Kündigung des Mietverhältnisses wegen Eigenbedarfs) nicht berufen, solange die Wohnung Belegungs- oder Mietbindungen unterliegt. § 577a BGB bleibt unberührt. 10

dd) Untervermietung

Bei einer Untervermietung von mehr als der Hälfte der Wohnung, also u.U. auch der ganzen Wohnung unterliegt der Hauptmieter oder der gleichgestellte sonstige Nutzungsberechtigte (§ 19 WoBindG) weitgehend den gleichen Bindungen wie der Verfügungsberechtigte (§ 21 Abs. 1 WoBindG). Gleichgültig ist, ob die Räume leer oder möbliert überlassen werden. Für die Frage, ob die Wohnung mit mehr als der Hälfte der Wohnfläche untervermietet ist, kommt es auf das Verhältnis der ausschließlich von den jeweiligen Parteien genutzten Räume an. Bei der Ermittlung der Wohnfläche und des Anteils bleiben gemeinschaftlich genutzte Räume der Wohnung außer Betracht (vgl. § 31 Abs. 1 S. 2 NMV 1970). Auch die Mitbenutzung eines Wohnzimmers durch den Untermieter ist unerheblich (LG Mannheim WuM 1997, 263). 11

Das Ausmaß der Bindungen ist danach gestaffelt, ob die ganze Wohnung oder nur der überwiegende Teil untervermietet ist. Im letzteren Falle muss der Untermieter eine Wohnberechtigungsbescheinigung vorlegen und es müssen die Vorschriften über die Kostenmiete eingehalten werden. Bei der Untervermietung der gesamten Wohnung gelten z.B. auch die Anzeigepflichten und es müssen Benennungs- bzw. Besetzungsrechte beachtet werden. 12

Die Berechnung der zulässigen Untermiete sowie die Vergütung für Nebenleistungen und Möblierungszuschläge sind in §§ 31, 26 NMV 1970 näher geregelt. Ein Anspruch auf Zahlung eines Untermietzuschlags ergibt sich nicht bereits aus § 26 Abs. 1 NMV 1970, sondern muss vertraglich vereinbart sein oder über ein Erhöhungsverfahren nach § 10 WoBindG geltend gemacht werden. 13

14 Durch § 21 WoBindG werden die Vorschriften des § 553 BGB über die Zustimmungsbedürftigkeit der Untervermietung nicht berührt.

15 Die Überlassung der Wohnung oder mehr als der Hälfte der Wohnung durch den Verfügungsberechtigten, der die Wohnung selbst nutzt, ist einer Untervermietung durch den Hauptmieter gleichgestellt (§ 21 Abs. 2 WoBindG).

2. Miethöhe

a) Kostenmiete

aa) Allgemeines

16 Die bei Überlassung einer Sozialwohnung zu beachtende zulässige Miethöhe ist in § 8 WoBindG geregelt. Die §§ 8a, 8b WoBindG bestimmen hierbei die Art und Weise der Ermittlung der zulässigen Miethöhe.

17 Die Kostenmiete für öffentlich geförderte Wohnungen i.S.d. II. WoBauG (§ 5 Abs. 1 II. WoBauG) bedarf gem. § 72 des II. WoBauG der Genehmigung der Bewilligungsstelle. Bei nachträglicher Begründung von Wohnungseigentum gilt die für die Wirtschafteinheit bereits erteilte Genehmigung fort (BVerwG WuM 1998, 671).

18 Die in den §§ 8 bis 8b des WoBindG enthaltenen Vorschriften über die Ermittlung der Kostenmiete gelten gem. § 87a des II. WoBauG entsprechend für Wohnungen, die mit Wohnungsfürsorgemitteln i.S.d. § 6 Abs. 2c des II. WoBauG gefördert worden sind, sowie für den steuerbegünstigten Wohnungsbau, § 88b Abs. 3 des II. WoBauG.

19 Erfolgt der Widerruf der Bewilligung öffentlicher Mitttel vor der erstmaligen Auszahlung der öffentlichen Mittel, gilt die Wohnung nach § 13 Abs. 2 WoBindG als von Anfang an nicht öffentlich gefördert, ohne dass die Nachwirkungsfrist der §§ 15–17 WoBindG eingreift. Damit ist § 8 WoBindG nicht anwendbar. Jedoch kann eine Mieterhöhung auf die ortsübliche Vergleichsmiete nach § 558 BGB ausgeschlossen sein, wenn die Parteien die Wohnung im Mietvertrag als »öffentlich gefördert (Sozialwohnung) oder sonst preisgebunden« bezeichnet haben (vgl. zum Ganzen BGH ZMR 2004, 408).

20 Ob für die Dauer der Preisbindung eine Staffelmiete vereinbart werden kann, ist umstritten (Emmert WuM 2007, 498 m.w.N.). Für die Zeit nach der Preisbindung kann auch während der Preisbindung eine Staffelmietvereinbarung getroffen werden (BGH NZM 2004, 135).

bb) Begriff der Kostenmiete (§ 8 Abs. 1 WoBindG)

21 Nach der **Legaldefinition** des § 8 Abs. 1 S. 1 WoBindG ist Kostenmiete das Entgelt, das zur Deckung der laufenden Aufwendungen erforderlich ist.

22 Zu den laufenden Aufwendungen zählen gem. §§ 18 bis 30 der II. BV die Kapital- und Bewirtschaftungskosten.

23 Nach § 19 Abs. 1 der II. BV sind **Kapitalkosten** diejenigen Kosten, die sich aus der Inanspruchnahme der im Finanzierungsplan ausgewiesenen Finanzierungsmittel ergeben, namentlich die Zinsen. Zu den Kapitalkosten gehören sowohl die Eigenkapitalkosten (§ 20 II. BV) als auch die Fremdkapitalkosten (§§ 21–23a II.BV). Nicht maßgeblich sind hingegen die Finanzierungskosten für den Erwerb einer öffentlich geförderten Wohnung (AG Rendsburg WuM 1997, 437).

24 **Bewirtschaftungskosten** in diesem Sinne sind gem. § 24 II. BV die Kosten, die zur Bewirtschaftung des Gebäudes oder der Wirtschafteinheit laufend erforderlich sind, im Einzelnen Abschreibung (§ 25 II. BV – Schmid FAKo-Mietrecht § 25 II. BV), Verwaltungskosten (§ 26 II. BV – Schmid Handbuch der Mietnebenkosten, Rn. 5500 ff.),

Instandhaltungskosten (§ 28 II. BV – Schmid Handbuch der Mietnebenkosten, Rn. 1028 ff.) und das Mietausfallwagnis (§ 29 II. BV – Schmid FAKo-Mietrecht § 29 II. BV). Dazu zählen auch die Herstellungskosten des hausinternen Verteilungsnetzes und die einmalige Anschlussgebühr (Bereitstellungsgebühr) beim Anschluss an das Breitbandkabelnetz (BayVGH ZMR 1992, 211).

Nach der durch die Änderungsverordnung der II. BV v. 05.04.1984 erfolgten Neufassung des § 27 der II. BV sind bei der Ermittlung der Kostenmiete durch die Wirtschaftlichkeitsberechnung im öffentlich geförderten sozialen Wohnungsbau die Betriebskosten nicht mehr zu berücksichtigen (§ 27 Abs. 3 der II. BV). Für preisgebundenen Wohnraum ist nunmehr die Nettokaltmiete als Mietstruktur zwingend vorgeschrieben. Betriebskosten sind daher im Wege der Umlage neben der Kostenmiete, die insoweit die Grundmiete darstellt, geltend zu machen (vgl. hierzu Kap. 5). 25

Nach §§ 26, 28 NMV 1970 können neben der Einzel- und Vergleichsmiete Vergütungen und Zuschläge gefordert werden. S. hierzu Schmid Handbuch der Mietnebenkosten, Rn. 5472 ff. sowie unten Rdn. 80 ff. 26

Aufgrund der in § 28 Abs. 1 WoBindG enthaltenen Ermächtigung sind zur Ermittlung der zulässigen Miete die NMV 1970 sowie die II. BV als Durchführungsvorschriften erlassen worden. Diese gelten nach Maßgabe von § 50 WoFG und § 2 Abs. 2 WoFÜG für den Altbestand an Sozialwohnungen fort. 27

cc) Rechtsfolge bei Verstößen gegen die Preisbindung (§ 8 Abs. 2 WoBindG)

Wird eine höhere als die zulässige Kostenmiete vereinbart, so ist gem. § 8 Abs. 2 S. 1 WoBindG die Vereinbarung nur in Höhe des übersteigenden Betrages unwirksam. Die ermittelte oder genehmigte Kostenmiete ist daher auch im Falle eines Verstoßes gegen die Preisvorschriften des § 8 WoBindG zu zahlen. 28

In Höhe des unzulässigen Mehrbetrages besteht gegenüber dem Vermieter ein gesetzlicher Rückerstattungsanspruch gem. § 8 Abs. 2 S. 2 WoBindG. Auch bei einer Überhöhung wegen unrichtiger Wohnflächenangaben besteht ein Rückforderungsanspruch (OLG Dresden WuM 1998, 144). Der zu erstattende Betrag ist vom Empfang an in gesetzlicher Höhe (§ 246 BGB) zu verzinsen (§ 8 Abs. 2 S. 2 WoBindG). 29

Der Rückerstattungsanspruch des Mieters besteht auch bei Kenntnis von der überhöhten Mietvereinbarung; § 817 S. 2 BGB ist im Rahmen der insoweit abschließenden Regelung des § 8 Abs. 2 S. 2 WoBindG nicht abwendbar. Der Rückforderungsanspruch steht auch dem nicht wohnberechtigten Mieter zu (OLG Hamm WuM 1998, 203; LG Wuppertal WuM 1998, 292). 30

Auch nach Ablauf der Preisbindung wird ein unzulässiger Mehrbetrag nicht nachträglich wirksam (LG Wuppertal WuM 1998, 292). Die Parteien können aber bereits bei Abschluss des Mietvertrages oder während der Preisbindung eine Vereinbarung über eine höhere Miete nach Ablauf der Preisbindung treffen (BGH GE 2007, 1114). 31

Die Überhöhung muss der Mieter beweisen (LG Braunschweig WuM 1986, 179). 32

Gemäß § 8 Abs. 2 S. 3 WoBindG verjährt der Anspruch auf Rückerstattung nach Ablauf von vier Jahren nach der jeweiligen Leistung, sofern der Vermieter die Einrede der Verjährung erhebt. Bei Beendigung des Mietverhältnisses verjährt der Rückerstattungsanspruch nach Ablauf eines Jahres von der Beendigung des Mietverhältnisses an. Letzteres gilt für den Rückerstattungsanspruch gegen den bisherigen Vermieter entsprechend, wenn aufgrund Eigentumsübergangs der Erwerber in das Mietverhältnis eingetreten ist (AG Solingen WuM 1998, 227). 33

34 Wird der Erstattungsanspruch innerhalb der Ausschlussfrist des § 8 Abs. 2 S. 3 Halbs. 2 WoBindG geltend gemacht, so bezieht sich der Anspruch mindestens auf die Mehrleistungen innerhalb der letzten drei Jahre des Mietverhältnisses, da die vierjährige Verjährungsfrist auch insoweit zu beachten ist.

35 Eine Aufrechnung des Vermieters mit Forderungen aus dem Mietverhältnis gegen den Rückforderungsanspruch des Mieters ist nicht zulässig (LG Hamburg ZMR 1993, 169).

36 Zu öffentlich-rechtlichen Sanktionen s.u. Rdn. 161 ff.

dd) Regelung des § 8 Abs. 3 WoBindG – Vergleichsmiete

37 Während die Kostenmiete i.S.v. § 8 Abs. 1 WoBindG nach den laufenden Aufwendungen für das konkrete Objekt zu ermitteln ist, lässt § 8 Abs. 3 WoBindG die Überlassung einer öffentlich geförderten Wohnung gegen Entrichtung einer Vergleichsmiete zu. Nach der Legaldefinition des § 8 Abs. 3 S. 1 WoBindG ist Vergleichsmiete in diesem Sinne das Entgelt bis zur Höhe der Kostenmiete für vergleichbare öffentlich geförderte Wohnungen.

38 Die Vergleichsmiete ist in den Fällen zugrunde zu legen, in denen der Verfügungsberechtigte sich bei der Mittelbewilligung mit einer an Vergleichsobjekten orientierten Miete einverstanden erklärt hat. In den in Abs. 3 bestimmten Fällen (insbesondere bei Vermietung der zweiten Wohnung in einem Eigenheim oder einer Kleinsiedlung) ist die Einhaltung der Vergleichsmiete durch eine entsprechende Auflage bei der Mittelbewilligung bestimmt oder durch Ansatz der Ertragshöhe in der Lastenberechnung (§ 40c Abs. 5 der II. BV) festgelegt worden. Ein Übergang von der Vergleichsmiete zur Kostenmiete ist nur mit Genehmigung der zuständigen Stelle möglich (§ 8 Abs. 3 S. 2 WoBindG).

39 Die Vergleichsmiete bestimmt sich nach den im Zeitpunkt der Bewilligung der öffentlichen Mittel gegebenen Einzelmieten solcher öffentlich geförderter Mietwohnungen, die mit der Wohnung nach Art und Ausstattung sowie nach Förderungsjahr und Gemeindegrößenklasse vergleichbar sind (vergleichbare Wohnungen) (§ 11 Abs. 1 S. 1 NMV 1970).

40 Bei der Ermittlung der Kostenmiete zur berücksichtigende Erhöhungen führen auch zu einer Erhöhung der Vergleichsmiete (§§ 12, 13 NMV 1970).

41 Gemäß § 8 Abs. 3 S. 3 WoBindG besteht der Rückerstattungsanspruch nach Abs. 2 auch bei Überschreitungen der Vergleichsmiete.

42 Ein Rechtsanspruch auf Genehmigung des Übergangs von der Vergleichsmiete zu der nach einer Wirtschaftlichkeitsberechnung ermittelten individuellen Kostenmiete besteht nicht. Gem. § 8 Abs. 3 S. 2 kann die zuständige Stelle den Übergang genehmigen. Die entsprechenden Durchführungsbestimmungen enthält § 15 NMV 1970.

ee) Auskunftspflicht (§ 8 Abs. 4 WoBindG)

43 Das durch § 8 Abs. 4 WoBindG geregelte Auskunftsverlangen bezieht sich nur auf die erstmalige Vereinbarung der Kostenmiete. Für einseitige Mieterhöhungen und die hierbei abzugebenden Erklärungen und beizufügenden Unterlagen ergeben sich die Einzelheiten aus § 10 Abs. 1 WoBindG (s.u. Rdn. 92 ff.).

44 Die Auskunftspflicht des § 8 Abs. 4 WoBindG bezieht sich auf die Ermittlung und Zusammensetzung der insgesamt zu entrichtenden Miete (AG Gummersbach WuM 1998, 292 zu in der Miete preisrechtswidrig enthaltene Betriebskosten). Der Auskunftsanspruch steht dem jeweiligen Mieter zu. Der Vermieter ist jedoch nicht verpflichtet, alle Unterlagen vorzulegen, die es dem Mieter erlauben, die Mietentwicklung bis zur ersten Wirtschaftlichkeitsberechnung zurückzuverfolgen (BGH WuM 1984, 70).

Entsprechende Durchführungsvorschriften enthält § 29 NMV 1970. Demzufolge kann auch Einsicht in die Wirtschaftlichkeitsberechnung und sonstige Unterlagen, die eine Berechnung der Miete ermöglichen, verlangt werden. Möglich ist auch die Herausgabe von Ablichtungen gegen Erstattung der Auslagen (z.B. LG Duisburg WuM 1990, 562). **45**

Der Auskunftsanspruch verjährt mit dem Hauptanspruch auf Rückerstattung (LG Hamburg WuM 1984, 156 und WuM 1995, 390). **46**

Zur Verwirkung des Auskunftsanspruchs s. LG Köln WuM 2002, 53. **47**

Ggf. kann der Mieter auch die Abgabe einer eidesstattlichen Versicherung verlangen (LG Frankfurt WuM 1985, 183). **48**

Im Falle des § 72 Abs. 1 des II. WoBauG muss die Auskunft durch Vorlage der letzten Genehmigung ergänzt werden. **49**

Gemäß § 8 Abs. 4 S. 2 WoBindG ist auch die zuständige Stelle dem Mieter gegenüber zur Auskunft verpflichtet, sofern durch den Vermieter eine Genehmigung nicht vorgelegt oder die Auskunft über die Ermittlung und Zusammensetzung der Miete unzureichend ist. Dieser Auskunftsanspruch kommt insbesondere bei Vereinbarung einer Vergleichsmiete im Falle des § 8 Abs. 3 WoBindG zum Tragen. **50**

Sofern der Vermieter die Auskunft völlig verweigert, ist der Mieter u.U. berechtigt, weitere Mietleistungen zurückzubehalten (LG Braunschweig ZMR 1984, 243). **51**

ff) Preisbindung (§ 8 Abs. 5 WoBindG)

Alle Wohnungen, auf die gem. § 1 WoBindG dieses Gesetz anwendbar ist, unterliegen der Preisbindung, solange sie nach §§ 13 bis 17 WoBindG als öffentlich gefördert gelten. **52**

Die Preisbindung endet grundsätzlich mit der planmäßigen Tilgung der Darlehen (§ 15 WoBindG). Im Falle der vorzeitigen Rückzahlung besteht die Preisbindung innerhalb der Nachwirkungsfrist des § 16 WoBindG fort, da der Wohnraum innerhalb dieser Frist als öffentlich gefördert gilt. **53**

b) Einmalige Mieterleistungen

aa) Allgemeines

Die Regelungen in § 9 WoBindG wollen einer Umgehung des zwingenden Preisrechts vorbeugen, etwa durch zusätzliche wirtschaftliche Belastungen aus der Mitvermietung von Einrichtungs- und Ausstattungsgegenständen (BVerwG WuM 1999, 395). **54**

bb) Grundsätzliches Verbot einmaliger Leistungen (§ 9 Abs. 1 WoBindG)

Neben der Bindung des Verfügungsberechtigten an die Kostenmiete (§ 8 Abs. 1 WoBindG) ist gem. § 9 Abs. 1 WoBindG auch die Möglichkeit eingeschränkt, einmalige Leistungen im Hinblick auf die Überlassung der Wohnung zu fordern oder anzunehmen. **55**

Eine lange nach Abschluss des Mietvertrages getroffene Vereinbarung, wonach der Mieter sich zur Erstattung von Aufwendungen des Vermieters aus einem Mietaufhebungsvertrag verpflichtet, fällt daher nicht unter § 9 Abs. 1 WoBindG (BGH NJW 1978, 1053). **56**

Die Leistung von verlorenen, d.h. nicht zurückzahlbaren Baukostenzuschüssen durch den Mieter ist im öffentlich geförderten Wohnungsbau grundsätzlich unzulässig, es sei denn die Leistung erfolgt durch einen Dritten und begründet für den Mieter keine Verpflichtung. **57**

58 Unzulässige einmalige Leistungen des Mieters sind z.B.
- die Übernahme des Erstanstrichs einer Neubauwohnung durch den Mieter (AG Rheine WuM 1981, 278),
- die Übernahme eines Ausstattungspakets mit besserer als der üblichen Ausstattung (LG Berlin WuM 1986, 183),
- der Ausgleich von Mietzins- und Nebenkostenrückständen des Vormieters durch den Mieter (LG Berlin MDR 1981, 848),
- die Erstattung der vom Vermieter gezahlten Maklergebühren durch den Mieter (Schubart/Kohlenbach Soziales Miet- und Wohnrecht § 9 WoBindG Anm. 2),
- die Umlegung von Verwaltungskosten, z.B. Nutzerwechselgebühren (Schmid NZM 2008, 762 [763]).

59 Zulässig ist hingegen auch im sozialen Wohnungsbau die Abwälzung der Schönheitsreparaturen auf den Mieter (BGH NJW 1985, 480). Demzufolge kann hierfür auch eine entsprechende Sicherheitsleistung verlangt werden (§ 9 Abs. 5 WoBindG).

60 Mietvorauszahlungen, Mieterdarlehen, Sicherheitsleistungen und bestimmte Koppelungsgeschäfte können wirksam nur unter den Voraussetzungen der Abs. 2 bis 6 des § 9 WoBindG vereinbart werden.

61 Von § 9 Abs. 1 WoBindG erfasst werden nicht nur einmalige Leistungen des Mieters selbst, sondern auch Leistungen, die durch Dritte, z.B. Verwandte oder Arbeitgeber, für den Mieter erbracht werden.

62 Nicht in den Anwendungsbereich des § 9 Abs. 1 WoBindG fallen Vereinbarungen zwischen Vor- und Nachmieter über Abstandszahlungen (BGH NJW 1982, 1040).

63 Auch Zahlungen des Mieters an den Wohnungsmakler für Renovierungsarbeiten des Vormieters begründen keinen Rückerstattungsanspruch nach § 9 Abs. 7 WoBindG (LG Berlin ZMR 1996, 385).

64 § 9 Abs. 1 S. 2 WoBindG stellt klar, dass Einzahlungen auf Geschäftsanteile, die von den Mitgliedern der Wohnungsbaugenossenschaften beim Eintritt übernommen werden, und ähnliche Mitgliedsbeiträge nicht gem. § 9 Abs. 1 S. 1 WoBindG unzulässig sind.

cc) Ausnahmen

Mietvorauszahlungen und Mieterdarlehen (§ 9 Abs. 2 WoBindG)

65 Gemäß § 9 Abs. 2 WoBindG ist zulässig die Leistung von Mietvorauszahlungen oder Mieterdarlehen, sofern sie zur Mitfinanzierung des Baus der Wohnung gegeben werden und ihre Annahme von der Bewilligungsstelle nicht ausgeschlossen oder ausdrücklich zugelassen worden ist (§ 28 des I. WoBauG bzw. § 50 Abs. 2 des II. WoBauG).

66 • Mietvorauszahlung:
Eine Mietvorauszahlung i.S.v. § 9 Abs. 2 WoBindG liegt vor, wenn der Wohnungssuchende zur Schaffung des Mietraumes den Mietzins bereits in bestimmter Höhe und für eine bestimmte Zeit vorausentrichtet und die Zahlung die laufenden, jeweils fällig werdenden Mietzinsen betragsmäßig verringert. Deckungsgleich ist insoweit auch der Begriff »abwohnbarer Baukostenzuschuss«.

67 • Mieterdarlehen:
Ein Mieterdarlehen i.S.v. § 9 Abs. 2 WoBindG ist ein zur Schaffung des Mietraumes gegebenes Darlehen, das von der Mietzinszahlung rechtlich unabhängig ist und zu einem bestimmten Zeitpunkt oder in mehreren Raten rückzahlbar ist. Eine Verrechnung der Tilgungsraten mit den jeweils fällig werdenden Mietzinszahlungen ist in diesem Zusammenhang möglich.

Gemäß § 50 Abs. 2 des II. WoBauG ist die Zulassung von Mietvorauszahlungen und Mieterdarlehen nur bis zu einem Höchstbetrag, der den Erfordernissen der Finanzierung des Bauvorhabens Rechnung trägt, möglich. 68

Die Hingabe von verlorenen Baukostenzuschüssen ist im öffentlich geförderten Wohnungsbau grundsätzlich unzulässig (§ 50 Abs. 1 S. 1 des II. WoBauG). Verlorene Baukostenzuschüsse i.S.v. § 50 Abs. 1 des II. WoBauG sind nicht zurückzahlbare und nicht anrechenbare Baukostenzuschüsse, die somit durch den Mieter bzw. durch einen Dritten zugunsten des Mieters ohne echte Gegenleistung seitens des Vermieters (mit Ausnahme der Errichtung der Wohnung) gewährt werden. 69

Nachdem gem. § 50 Abs. 1 S. 2 des II. WoBauG verlorene Baukostenzuschüsse, die von Dritten zugunsten von Wohnungsuchenden geleistet werden und keine Verbindlichkeiten für die Wohnungsuchenden begründen, zulässig sind, sind derartige Finanzierungsbeiträge auch im Rahmen des § 9 Abs. 2 WoBindG möglich, obwohl derartige Leistungen in § 9 Abs. 2 WoBindG nicht genannt sind. Verlorene Baukostenzuschüsse sind jedoch trotz des engen Wortlautes des § 9 Abs. 2 WoBindG, der nur von Mietvorauszahlungen oder Mieterdarlehen spricht, zulässig, weil § 9 WoBindG inhaltlich keine andere Regelung treffen will als § 50 des II. WoBauG (Schubart/Kohlenbach Soziales Miet- und Wohnrecht (§ 9 WoBindG Anm. 3).

Modernisierungsmaßnahmen (§ 9 Abs. 3 WoBindG)

Gemäß § 9 Abs. 3 WoBindG können Mietvorauszahlungen oder Mieterdarlehen für nachträgliche Modernisierungen (Definition s. § 11 Abs. 6 der II. BV) wirksam gegeben werden, wenn die Mieterleistungen zur Deckung der Kosten für die Modernisierung verwendet werden, die Leistungen ihrer Höhe nach nicht über die vierfache Jahresmiete nach § 8 hinausgehen und die zuständige Stelle der Modernisierung zugestimmt hat. 70

Gemäß § 11 Abs. 7 S. 2 der II. BV gilt die Zustimmung der zuständigen Stelle für die Modernisierung als erteilt, wenn Mittel aus öffentlichen Haushalten für die Modernisierung bewilligt worden sind. Einer Zustimmung zur Modernisierung bedarf es ferner nicht, wenn der Vermieter öffentlich-rechtlich zu der Baumaßnahme verpflichtet war, z.B. bei Anschluss an Kanalisation, Gas- oder Fernwärmeleitung.

Die Voraussetzungen für die Erhöhung der laufenden Miete aufgrund von baulichen wertverbessernden Änderungen ergeben sich aus § 6 NMV 1970. 71

Leistungen des Mietnachfolgers (§ 9 Abs. 4 WoBindG)

Grundsätzlich sind Vereinbarungen über Mieterleistungen nur mit demjenigen Mieter zulässig, der die betreffenden baulichen Maßnahmen **erstmalig** nutzt, da gem. § 9 Abs. 2 WoBindG die Finanzierungsbeiträge zum Bau der Wohnung bzw. gem. § 9 Abs. 3 WoBindG zur Deckung der Kosten für eine Modernisierung geleistet werden müssen. 72

Nur bei vorzeitiger Beendigung des Mietverhältnisses und Rückerstattung von bereits geleisteten Finanzierungsbeiträgen an den Vormieter kann mit dem **Mietnachfolger** eine Vereinbarung über die Leistung eines Finanzierungsbeitrages als Mietvorauszahlung oder Mieterdarlehen in Höhe des rückerstatteten Betrages gem. § 9 Abs. 4 WoBindG getroffen werden. Hierbei dürfen keine für den Mietnachfolger ungünstigeren Bedingungen vereinbart werden. 73

Sicherheitsleistungen (§ 9 Abs. 5 WoBindG)

74 Nach § 9 Abs. 5 WoBindG ist die Vereinbarung einer Sicherheitsleistung des Mieters nur zulässig zur Sicherung von Ansprüchen des Vermieters gegen den Mieter aus Schäden an der Wohnung oder unterlassenen Schönheitsreparaturen (Definition s. § 28 Abs. 4 S. 4 der II. BV). Darüber hinausgehende eventuelle Ansprüche, insbesondere Ansprüche, für die in der Kostenmiete bereits der Ansatz für Mietausfallwagnis nach § 29 der II. BV bestimmt ist, wie z.B. Mietrückstände und Kosten einer Rechtsverfolgung auf Zahlung oder Räumung, berechtigen nicht zur Forderung einer Kautionsleistung. Desgleichen auch nicht ein besonderes Mietausfallwagnis im Hinblick auf das Alter des Mieters (AG Aachen WuM 1989, 636).

75 Gegen den Kautionsrückzahlungsanspruch des Mieters kann der Vermieter nur mit einer Forderung aufrechnen, welche die Kaution zulässigerweise sichert (AG Köln WuM 2000, 22). Nach Beendigung des Mietverhältnisses ist jedoch eine Aufrechnung uneingeschränkt zulässig (Horst MDR 2007, 697 [699]; a.A. AG Köln WuM 2008, 22) und zwar auch gegen einen Bereicherungsanspruch (Schmid in Schmid FAKo-Mietrecht, § 9 WoBindG Rn. 30).

76 Die Leistungsmodalitäten sind gem. der Verweisung in § 9 Abs. 5 WoBindG durch § 551 BGB geregelt.

77 Insbesondere ist die Höhe der Sicherheitsleistung betragsmäßig auf drei Monatsmieten (ohne gesondert abzurechnende Nebenkosten) begrenzt. Im Rahmen der bei § 9 Abs. 5 WoBindG zugrunde zu legenden Kostenmiete bedeutet dies, dass für die Höhe der Sicherheitsleistung nicht das zulässige Entgelt i.S.d. § 8a Abs. 7 WoBindG, sondern die Einzelmiete i.S.d. § 8a Abs. 5 WoBindG maßgebend ist.

78 Die Bewilligungsstelle kann gem. § 27 WoBindG die Zulässigkeit der Vereinbarung von Sicherheitsleistungen bei der Bewilligung öffentlicher Mittel im Rahmen des Darlehensvertrages wirksam beschränken.

dd) Koppelungsgeschäfte (§ 9 Abs. 6 WoBindG)

Grundsätzliches Verbot (§ 9 Abs. 6 S. 1 WoBindG)

79 Gemäß § 9 Abs. 6 S. 1 WoBindG sind Koppelungsgeschäfte dergestalt, dass der Mieter oder für ihn ein Dritter mit Rücksicht auf die Überlassung der Wohnung zum Bezug von Waren oder Inanspruchnahme bzw. Erbringung sonstiger Leistungen verpflichtet ist, unwirksam.

Ausnahmen (§ 9 Abs. 6 Sätze 2 und 3 WoBindG)

80 Ausnahmen gelten lediglich gem. § 9 Abs. 6 S. 2 für die Überlassung einer Garage, eines Stellplatzes oder eines Hausgartens und für die Übernahme von Sach- oder Arbeitsleistungen, die zu einer Verringerung von Bewirtschaftungskosten führen.

81 Von der Genehmigung der zuständigen Stelle ist die Wirksamkeit einer Vereinbarung über die Mitvermietung von Einrichtungs- und Ausstattungsgegenständen und über laufende Leistungen zur persönlichen Betreuung und Versorgung abhängig (§ 9 Abs. 6 S. 3 WoBindG). Voraussetzung für die Genehmigung ist, dass die Vergütung nicht offensichtlich unangemessen hoch ist, d.h. aus der vom Vermieter zur Genehmigung vorgelegten Vereinbarung selbst oder sonst wie ohne weiteres erkennbar (BVerwG NJW 1985, 1913 ff.).

Die Genehmigung einer Vereinbarung über die Mitvermietung von Einrichtungs- und Ausstattungsgegenständen setzt voraus, dass der Mietvertrag die zulässige Kostenmiete und den darüber hinaus zu zahlenden Betrag für diese Gegenstände getrennt ausweist oder dass eine sonstige konkrete Einigung gegeben ist (VG Hamburg WuM 1991, 474). 82

Anhaltspunkte für die Angemessenheit eines Möblierungszuschlags sind die Anschaffungskosten, die Lebensdauer und die 11 %ige Modernisierungsumlage aus dem § 559 BGB (LG Detmold WuM 1999, 463).

Als Sonderleistungen zur persönlichen Betreuung und Versorgung kommen nur Tätigkeiten in Betracht, die über die in Anlage 3 zu § 27 II. BV, § 2 BetrKV bezeichneten Leistungen hinausgehen, also nicht Hausmeisterkosten und Kosten der Treppenreinigung (LG Bonn WuM 1986, 182 und WuM 1987, 429; anders LG Köln WuM 1987, 195 für die Reinigung des Treppenhauses und der anderen Gemeinschaftsräume in einem Altenheim oder einer ähnlichen Einrichtung, weil hierdurch den Bewohnern möglichst lange eine selbständige Haushaltsführung ermöglicht werde). 83

Nach LG Köln WuM 1987, 195 wirkt bei einer vereinbarten Mietgleitklausel die Genehmigung der Vereinbarung auf den Zeitpunkt 3 Monate vor Antragstellung zurück, sofern sich aus dem Bescheid nichts anderes ergibt. 84

Der Mieter ist durch die Erteilung der Genehmigung nicht in seinen Rechten verletzt und daher auch nicht klagebefugt i.S.d. § 42 Abs. 2 VwGO (BVerwG NJW 1985, 1913 ff.). 85

Keiner Genehmigung nach § 9 Abs. 6 WoBindG bedürfen lange nach Abschluss des Mietvertrages getroffene Vereinbarungen (hier ca. 1 Jahr) über die Mitvermietung von Einrichtungs- und Ausstattungsgegenständen (BVerwG WuM 1999, 395). 86

Die Prüfung der Zulässigkeit der Höhe der vereinbarten Vergütung ist dem Zivilgericht vorbehalten, die Genehmigung hat insoweit keinerlei Bindungswirkung (BVerwG NJW 1985, 1913 ff.; LG Detmold WuM 1999, 463). 87

ee) Rückerstattungsanspruch (§ 9 Abs. 7, 8 WoBindG)

Hinsichtlich von Leistungen, die unter Berücksichtigung der Vorschriften des § 9 Abs. 1 bis 6 WoBindG unzulässigerweise erbracht worden sind, besteht gem. § 9 Abs. 7 S. 1 WoBindG ein gesetzlicher Rückforderungsanspruch des Leistenden. Der Anspruch besteht auch bei Kenntnis von der Unwirksamkeit der Vereinbarung, da im Rahmen der insoweit abschließenden Regelung des § 9 Abs. 7 WoBindG die Vorschrift des § 817 S. 2 BGB keine Anwendung findet (BayObLG WuM 1985, 217; OLG Karlsruhe WuM 1986, 166; LG Berlin WuM 1982, 329). 88

Gemäß § 9 Abs. 7 S. 2 WoBindG verjährt der Rückerstattungsanspruch nach Ablauf eines Jahres von der Beendigung des Mietverhältnisses. Nach LG Hamburg WuM 1992, 591 richte sich die Verjährung des Erstattungsanspruchs bei preisrechtswidrig gezahltem Möblierungszuschlag nach § 8 Abs. 2 S. 3 WoBindG und verjähre daher nach 4 Jahren nach der jeweiligen Leistung. 89

Gegen den Rückforderungsanspruch ist eine Aufrechnung nicht zulässig (LG Berlin WuM 1982, 329; LG Hamburg WuM 1992, 591). 90

Für die Rückforderung von Leistungen, die vor dem In-Kraft-Treten des WobauÄndG 1968 (01.08.1968) bzw. vor dem In-Kraft-Treten des WoBindG 1965 (01.09.1965) erbracht worden sind und nach den bis zu dem jeweiligen Zeitpunkt geltenden Vorschriften unzulässig waren, gilt gem. § 9 Abs. 8 WoBindG die Vorschrift des § 9 Abs. 7 WoBindG entsprechend. 91

3. Mieterhöhung

a) Voraussetzungen für die Wirksamkeit der einseitigen Mieterhöhung (§ 10 Abs. 1 WoBindG)

aa) Materielle Voraussetzungen (§ 10 Abs. 1 S. 1 WoBindG)

92 Eine einseitige Mieterhöhungserklärung mit rechtsgestaltender Wirkung ist nicht erforderlich, wenn im Mietvertrag bereits durch eine Gleitklausel eine Mieterhöhung zur Kostenanpassung vereinbart ist. Dann gilt lediglich für das Verfahren der Mieterhöhung § 10 WoBindG entsprechend (vgl. § 4 Abs. 8 S. 1 NMV 1970). Solange das Verfahren nach § 10 WoBindG nicht durchgeführt ist, hat der Mieter für den Erhöhungsbetrag ein Leistungsverweigerungsrecht nach § 273 BGB (BGH GE 2009, 712). Der Zeitpunkt der Wirksamkeit der Mieterhöhung bzw. der Umfang einer Rückwirkung ergibt sich aus § 4 Abs. 8 S. 2 NMV 1970.

93 Die in den allgemeinen Vertragsbestimmungen eines Wohnungsmietvertrages enthaltene Klausel »Bei preisgebundenen Wohnraum gilt die jeweils gesetzlich zulässige Miete als vertraglich vereinbart« verstößt nicht gegen das Transparenzgebot (BGH NJW 2004, 1598). Anderes gilt, wenn aus der Vertragsbestimmung nicht mit der notwendigen Deutlichkeit zu entnehmen ist, dass die jeweilige Kostenmiete als preisrechtlich höchstzulässige Miete geschuldet sein soll (BGH NJW 2004, 1738).

94 Auch die Vereinbarung einer Staffelmiete ist möglich, wenn die höchste Staffel die bei Vertragsschluss maßgebliche Kostenmiete nicht übersteigt (OLG Hamm WuM 1993, 108).

95 In allen übrigen Fällen können gem. § 10 Abs. 1 WoBindG Mieterhöhungen durch den Vermieter durch einseitige Erklärung mit vertragsändernder Wirkung durchgesetzt werden, ohne dass die Mieterhöhung der Zustimmung des Mieters bedarf.

96 Voraussetzung für die Erklärung ist gem. § 10 Abs. 1 S. 1 WoBindG, dass der Mieter nur zur Entrichtung eines niedrigeren als nach diesem Gesetz zulässigen Entgelts vertraglich verpflichtet ist.

97 In Betracht kommen Erhöhungen der laufenden Aufwendungen i.S.d. §§ 18 ff. II. BV, wie der Kapitalkosten oder Bewirtschaftungskosten (§ 4 Abs. 1 NMV 1970).

98 Eine Erhöhung des zulässigen Entgelts i.S.d. § 10 Abs. 1 S. 1 WoBindG erfolgt auch bei der Zulassung von höheren Pauschalansätzen in der Wirtschaftlichkeitsberechnung (vgl. § 8a Abs. 3 S. 2 letzter Halbs. WoBindG; § 4 Abs. 1 NMV 1970).

99 Das zulässige Entgelt erhöht sich ferner bei Wegfall oder Verringerung von Darlehen oder Zuschüssen vor Ablauf des Bewilligungszeitraums (§ 4 Abs. 4 NMV 1970).

100 Auch Modernisierungsmaßnahmen oder sonstige bauliche Änderungen führen zu einer Erhöhung des zulässigen Entgelts (§ 6 NMV 1970). Die einseitige Mieterhöhung wegen der Durchführung von Modernisierungsmaßnahmen setzt voraus, dass der Mieter den Maßnahmen zugestimmt hat, zu ihrer Duldung verpflichtet war oder sie tatsächlich geduldet hat. Die Vorschrift des § 554 BGB gilt auch insoweit (BayObLG WuM 1996, 749). Die Zulässigkeit einer Mieterhöhung wegen Energie einsparender Modernisierungsmaßnahmen wird im Grundsatz nicht durch das Verhältnis zu der hierdurch bewirkten Heizkostenersparnis (sog. Gebot der Wirtschaftlichkeit) begrenzt (BGH NJW 2004, 1738).

101 *§ 10 WoBindG gilt auch bei der* Erhöhung von Umlagen für Betriebskosten gem. § 20 NMV 1970.

§ 10 WoBindG findet ferner entsprechende Anwendung bei einer Erhöhung der Vergleichsmiete i.S.v. § 8 Abs. 3 WoBindG, wenn sich die laufenden Aufwendungen erhöhen (§ 12 Abs. 3 i.V.m. § 4 Abs. 7 und 8 NMV 1970). 102

Weiterhin finden die Vorschriften des § 10 Abs. 1, 2 und 4 WoBindG Anwendung für die Durchführung einer Mieterhöhung aufgrund der höheren Verzinsung oder der Herabsetzung der Zins- und Tilgungshilfen oder der Zuschüsse zur Deckung der laufenden Aufwendungen nach den §§ 18a bis 18e WoBindG (§ 18 f. WoBindG). 103

Im Rahmen der Förderung des steuerbegünstigten und freifinanzierten Wohnungsbaus mit Wohnungsfürsorgemitteln bzw. der Förderung des steuerbegünstigten Wohnungsbaus durch Aufwendungszuschüsse und Aufwendungsdarlehen gilt für Mieterhöhungen infolge Kostenerhöhungen § 10 WoBindG entsprechend (§ 87a Abs. 1 S. 3 und § 88b Abs. 3 des II. WoBauG i.V.m. §§ 16 bis 18 NMV 1970). 104

Bei einem einheitlichen Mietverhältnis über Wohnraum und Garage kann die Garagenmiete unabhängig von der Wohnungsmiete erhöht werden (LG Berlin GE 2004, 625). Maßstab ist die Angemessenheit der Vergütung (§ 27 NMV 1970). 105

bb) Formelle Voraussetzungen (§ 10 Abs. 1 S. 2 bis 4 WoBindG)

Das Verfahren nach § 10 Abs. 1 WoBindG kann in Allgemeinen Geschäftsbedingungen wegen § 307 Abs. 2 Nr. 1 BGB nicht wirksam abbedungen werden (BGH GE 2009, 712). Ob § 10 WoBindG insgesamt zwingend ist, hat der BGH offen gelassen (bejahend Schmid in Schmid FAKo-Mietrecht, § 10 WoBindG Rn. 34). 106

Gemäß § 10 Abs. 1 S. 2 ist die Erklärung des Vermieters nur wirksam, wenn in ihr die Erhöhung berechnet und erläutert ist, und zwar abschließend. Die vielfältige Rechtsprechung fordert eine solche Ausführlichkeit und Klarheit, dass dem Mieter Grund und Höhe der Mieterhöhung erkennbar und mit Hilfe der beigefügten Unterlagen nachprüfbar wird. Ein wohnungswirtschaftlich nicht gebildeter Mieter muss die Erklärung gedanklich und rechnerisch nachvollziehen können (LG Itzehoe ZMR 2003, 494). 107

Erforderlich ist insbesondere, dass der Erhöhungsbetrag genannt bzw. bestimmbar ist. Weiter ist die Berechnung der neuen Durchschnittsmiete als Grundlage der Einzelmiete offen zu legen und gegebenenfalls zu erläutern. Dies gilt auch für die Berechnung des Erhöhungsbetrages der Einzelmiete. 108

Zur Erläuterung der Mieterhöhung ist auch der Erhöhungsgrund anzugeben, insbesondere, welche der einzelnen Kostenpositionen der laufenden Aufwendungen sich erhöht haben und aus welchen Gründen. Hierbei ist jedoch zu beachten, dass Erhöhungen nur dann mieterhöhend wirken, soweit sie vom Vermieter nicht zu vertreten sind (§ 8a Abs. 3 WoBindG). 109

Auch bei Betriebskostenerhöhungen sind die einzelnen Positionen zu bezeichnen und zu erläutern, auch soweit sie durch Umlagen geltend gemacht werden. 110

Nach dem Wortlaut des § 10 WoBindG ist ein Hinweis auf die Rechtsgrundlage der Erhöhungserklärung nicht erforderlich, i.S.d. Rechtsklarheit jedoch zweckmäßig. 111

Gemäß § 10 Abs. 1 S. 3 und 4 WoBindG ist zur Wirksamkeit der Mieterhöhungserklärung neben der Berechnung und Erläuterung der Erhöhung alternativ die Beifügung einer Wirtschaftlichkeitsberechnung, eines Auszugs daraus, einer Zusatzberechnung zur letzten Wirtschaftlichkeitsberechnung oder, wenn das zulässige Entgelt von der Bewilligungsstelle aufgrund einer Wirtschaftlichkeitsberechnung genehmigt worden ist, eine Abschrift dieser Genehmigung erforderlich. Die inhaltlichen Anforderungen an eine aus- 112 zugsweise Wiedergabe der Wirtschaftlichkeitsberechnung ergeben sich aus § 39 Abs. 1 der II. BV, die Anforderungen an eine sog. Zusatzberechnung aus § 39a der II. BV (§ 9 NMV 1970). Eine dieser Unterlagen muss beigefügt sein, es genügt nicht, den Mieter auf das gem. § 10 Abs. 3 WoBindG bestehende Recht zur Einsicht zu verweisen (KG NJW 1982, 1468).

113 Zur Wirksamkeit einer Mieterhöhung nach § 10 Abs. 1 S. 1 WoBindG ist es nicht erforderlich, Unterlagen in einem Umfange beizufügen, die dem Mieter die Möglichkeit verschaffen, die Entwicklung der Kostenmiete bis auf die von der Bewilligungsstelle genehmigte Durchschnittsmiete zurückzuverfolgen. Es genügt vielmehr neben der Berechnung und Erläuterung (§ 10 Abs. 1 S. 2 WoBindG) die Beifügung einer der in § 10 Abs. 1 S. 3 und 4 WoBindG genannten Unterlagen (BGH NJW 1984, 1032).

114 Aus der beigefügten vollständigen bzw. auszugsweisen Wirtschaftlichkeitsberechnung muss die bisherige und die neue Höhe der laufenden Aufwendungen und ihre Zusammensetzung eindeutig erkennbar sein (§ 39 der II. BV).

115 Gemäß § 4 Abs. 8 NMV 1970 gelten die Verfahrensvorschriften des § 10 Abs. 1 für Mieterhöhungen aufgrund vertraglicher Gleitklauseln entsprechend. Die Erhöhungserklärung des Vermieters hat in diesem Falle jedoch keine rechtsgestaltende Wirkung, da sich die Vertragsänderung bereits aus der vertraglich vereinbarten Gleitklausel ergibt.

116 Die Einhaltung der Formvorschriften des § 10 WoBindG ist Wirksamkeitsvoraussetzung für die Erhöhungserklärung. Die Formvorschriften sind insoweit zwingend und können nicht durch Parteivereinbarung abbedungen werden.

117 Die Regelung des § 10 Abs. 1 S. 2 WoBindG ist verfassungsgemäß (BVerfG WuM 1998, 463).

118 Mietanforderung, Berechnung/Erläuterung und Beifügung von Unterlagen sind als Voraussetzung für eine wirksame Mieterhöhung eine untrennbare Einheit. Jedoch kann im Falle einer unwirksamen Erklärung der Vermieter jederzeit eine neue, wirksame Erklärung abgeben. Die unwirksame Erklärung führt nicht dazu, dass der Vermieter mit seinem Erhöhungsverlangen ausgeschlossen ist, vielmehr ist der Mieter nur vorübergehend berechtigt, die geforderte höhere Leistung zu verweigern (BGH NJW 1982, 1587). Eine Heilung des Formverstoßes mit rückwirkender Kraft kommt jedoch nicht in Betracht (BGH GE 2009, 712).

119 Sofern die Erhöhungserklärung zwar die formellen Voraussetzungen des § 10 Abs. 1 WoBindG erfüllt, jedoch materiellrechtlich unrichtig ist, ist die Erhöhung auf den zulässigen Betrag zu vermindern (Bormann/Schade/Schubart Soziales Miet- und Wohnrecht, Anm. 2 zu § 10 WoBindG).

cc) Schriftform (§ 10 Abs. 1 S. 1 und 5 WoBindG)

120 Nach § 10 Abs. 1 S. 1 WoBindG bedarf die Erklärung des Vermieters der Schriftform. Es gilt die Schriftform des § 126 BGB (LG Itzehoe WuM 2009, 741).

121 Zur Wahrung der Schriftform muss daher die Erklärung grundsätzlich vom Vermieter oder seinem Bevollmächtigten eigenhändig unterzeichnet werden (§ 126 Abs. 1 BGB). § 10 Abs. 1 S. 5 WoBindG lässt hiervon eine Ausnahme zu, sofern die Erklärung mit Hilfe automatischer Einrichtungen gefertigt worden ist. Im Falle der Herstellung durch EDV-Geräte oder ähnlicher maschineller Geräte kann die eigenhändige Unterzeichnung fehlen; die sonstigen Wirksamkeitsvoraussetzungen nach § 10 Abs. 1 WoBindG müssen jedoch erfüllt sein.

Die Eingabe individueller Mieterdaten, bei Betriebskostenabrechnung auch individueller Verbrauchsdaten steht einer Fertigung »mit Hilfe automatischer Einrichtungen« nicht entgegen (BGH ZMR 2004, 901 [902]). Kopiergeräte sind keine automatische Einrichtung i.S.d. § 10 Abs. 1 S. 5 WoBindG, sodass vervielfältigte Erklärungen nach wie vor eigenhändig unterschrieben werden müssen (OLG Schleswig WuM 1983, 338). 122

b) Rückforderung von rechtsgrundlos erbrachten Leistungen

aa) Anspruch

Der Mieter kann Mietzahlungen, die er aufgrund einer nicht den Formvorschriften des § 10 Abs. 1 WoBindG entsprechenden Mieterhöhungserklärung des Vermieters erbracht hat, grundsätzlich aus ungerechtfertigter Bereicherung zurückverlangen (OLG Karlsruhe WuM 1986, 166), jedoch nur dann, wenn die Erhöhungserklärung rechtsgestaltende Wirkung hatte, weil nur in diesem Falle ein Rechtsgrund für die Leistung nicht gegeben ist (BGH NJW 1982, 1587). 123

Dies gilt demzufolge nicht bei Leistungen, die trotz unwirksamer Erhöhungserklärung aufgrund einer vertraglich vereinbarten Gleitklausel erbracht worden sind. Die Erhöhungserklärung ist in diesem Falle nicht Anspruchsvoraussetzung, der erhöhte Betrag wird vielmehr aufgrund der vertraglich vereinbarten Gleitklausel geleistet. Bei vorbehaltloser Zahlung steht dem Mieter aufgrund des lediglich vorübergehenden Leistungsverweigerungsrechts ein Bereicherungsanspruch nicht zu, wie sich aus § 813 Abs. 1 BGB ergibt (BGH a.a.O.). 124

bb) Verjährung

Der Rückerstattungsanspruch hinsichtlich von rechtsgrundlos erbrachten Leistungen verjährt nicht mit der Frist nach § 8 Abs. 2 S. 2 WoBindG, sondern mit der regelmäßigen Frist des § 195 BGB (BayObLG WuM 1985, 217; OLG Hamm WuM 1997, 543). 125

c) Erhöhung von Umlagen (§ 10 Abs. 1 WoBindG)

Spätestens seit Ablauf des Abrechnungszeitraums 1986 sind Betriebskosten im Wege der Umlage neben der Einzelmiete geltend zu machen und dürfen nicht mehr in dieser enthalten sein (§ 27 Abs. 3 der II. BV). Zwingend vorgeschriebene Mietstruktur ist die Nettokaltmiete. Soweit bisher Betriebskosten in der für die Berechnung der Durchschnittsmiete maßgebenden Wirtschaftlichkeitsberechnung enthalten waren, sind diese auszuklammern und die Durchschnittsmiete entsprechend zu verringern. Die Einbeziehung der Betriebskosten in die Umlagen führt zu einer Erhöhung derselben und damit zu einer Veränderung des zulässigen Entgelts i.S.v. § 10 Abs. 1 S. 1 WoBindG. Die Erhöhung ist gem. § 10 Abs. 1 S. 1 WoBindG durch entsprechende Erklärung geltend zu machen. Trotz Versäumung der Frist bleibt für künftige Abrechnungszeiträume das Recht erhalten, eine Umstellungserklärung abzugeben (LG Koblenz WuM 1996, 560; LG Bonn WuM 1997, 229; LG Berlin ZMR 1998, 429; AG Recklinghausen ZMR 1998, 301). 126

Für Erhöhungen der Vorauszahlungen und für die Erhebung des durch die Vorauszahlungen nicht gedeckten Umlegungsbetrages sowie für die Nachforderung von Betriebskosten gilt § 10 Abs. 1 WoBindG entsprechend (§ 20 Abs. 4 S. 1 i.V.m. § 4 Abs. 7 und 8 NMV 1970). 127

Über die Betriebskosten, den Umlegungsbetrag und die Vorauszahlungen ist jährlich abzurechnen (§ 20 Abs. 3 S. 2 NMV 1970). Die Abrechnung ist spätestens bis zum Ablauf des zwölften Monats nach dem Ende des Abrechnungszeitraumes dem Mieter vorzulegen; diese Frist ist für Nachforderungen grundsätzlich eine Ausschlussfrist (§ 20 Abs. 3 S. 4 NMV 1970). 128

d) Wirkung der Erhöhungserklärung (§ 10 Abs. 2 WoBindG)

129 Sofern im Mietvertrag bereits eine Mietpreisgleitklausel (§ 4 Abs. 8 S. 1 NMV 1970) vereinbart ist, beruht die Wirksamkeit der Mieterhöhungserklärung auf der vertraglichen Vereinbarung. § 10 WoBindG gilt lediglich für die Modalitäten der Erhöhungserklärung.

130 Die Gleitklausel gilt auch im Falle einer Modernisierung (LG Kassel WuM 1986, 186). Bei energieeinsparenden Maßnahmen wird die Zulässigkeit einer Mieterhöhung nicht durch das Verhältnis der hierdurch bewirkten Heizkostenersparnis begrenzt. Regulative sind die Genehmigungspflicht Nach § 6 Abs. 1 S. 2 NMV 1970, § 11 Abs. 7 II. BV und die Einschränkung der Duldungspflicht durch die Härteklausel nach § 554 Abs. 2 S. 2 BGB (BGH ZMR 2004, 424).

131 Der Zeitpunkt der Wirksamkeit ergibt sich grundsätzlich aus § 10 Abs. 2 WoBindG. Für nach dem Mietvertrag zulässige rückwirkende Mieterhöhungen ist jedoch § 10 Abs. 2 S. 3 WoBindG nicht anwendbar; die Zulässigkeit und der Umfang der Rückwirkung ergeben sich vielmehr aus § 4 Abs. 8 NMV 1970.

132 In den übrigen Fällen hat die Erhöhungserklärung unmittelbare vertragsgestaltende Wirkung, sofern die Voraussetzungen des § 10 Abs. 1 WoBindG erfüllt sind.

133 Der Zeitpunkt der Wirksamkeit der Erklärung folgt aus § 10 Abs. 2 WoBindG. Die Erhöhung wird bei Zugang der Erklärung beim Mieter bis zum Fünfzehnten des Monats am folgenden Monatsersten, i.Ü. am übernächsten Monatsersten wirksam (§ 10 Abs. 2 S. 1 WoBindG). Wird die Erklärung bereits vor Erhöhung der Aufwendungen abgegeben, so wird diese jedoch frühestens bei Eintritt der Erhöhung wirksam (§ 10 Abs. 2 S. 2 WoBindG). Die Vereinbarung einer zeitlich unbegrenzten Rückwirkung verstößt gegen § 307 Abs. 1 S. 1, Abs. 2 Nr. 1 BGB (BGH GE 2009, 712).

134 Unter den Voraussetzungen des § 10 Abs. 2 S. 3 WoBindG kommt eine rückwirkende Erhöhung von Betriebskosten in Betracht. Die Mieterhöhung wirkt auf den Zeitpunkt der Erhöhung der Betriebskosten, längstens jedoch auf den Beginn des vorangegangenen Kalenderjahres zurück. Voraussetzung ist jedoch auch, dass der Vermieter die Erklärung innerhalb von drei Monaten nach Kenntnis von der Erhöhung abgibt.

135 Den Zugang der Mieterhöhungserklärung beim Mieter muss der Vermieter beweisen (LG Wiesbaden WuM 1987, 189).

136 Die Wirkungen der Erhöhungserklärung nach § 10 Abs. 2 WoBindG treten nicht ein, wenn der Mieter das Mietverhältnis unter den Voraussetzungen des § 11 WoBindG kündigt.

e) Einsicht in Unterlagen (§ 10 Abs. 3 WoBindG)

137 Sofern der Erklärung lediglich ein Auszug aus der Wirtschaftlichkeitsberechnung oder die Genehmigung der Bewilligungsstelle und nicht die vollständige Wirtschaftlichkeitsberechnung beigelegt worden ist, besteht gem. § 10 Abs. 3 WoBindG ein Einsichtsrecht des Mieters in die vollständige Wirtschaftlichkeitsberechnung. Gem. § 29 Abs. 2 NMV 1970 kann der Mieter gegen Erstattung der Kosten sowohl Ablichtungen der Berechnungsunterlagen als auch der Genehmigung der Bewilligungsstelle verlangen.

f) Ausschluss der Erhöhung (§ 10 Abs. 4 WoBindG)

138 Nach § 10 Abs. 4 WoBindG steht dem Vermieter das Recht zur einseitigen Mieterhöhung nicht zu, wenn und solange eine Erhöhung durch Vereinbarung mit dem Mieter oder einem Dritten, z.B. dem Arbeitgeber des Mieters oder insbesondere der Bewilligungsstelle ausgeschlossen ist.

Darüber hinaus ist eine einseitige Mieterhöhung auch dann unzulässig, wenn sich der Ausschluss aus den Umständen ergibt. In Betracht kommen insbesondere Finanzierungsbeiträge, wie Baukostenzuschüsse oder Mietvorauszahlungen des Mieters zur Schaffung oder Modernisierung des Wohnraumes. In diesen Fällen ist, sofern nicht bereits ausdrückliche Vereinbarungen über die Zulässigkeit von Erhöhungen der Kostenmiete vorliegen, anzunehmen, dass die Parteien eine unveränderte Kostenmiete auf längere Zeit zugrunde gelegt haben. Maßgebend ist hierbei das Verhältnis von Höhe und Tilgungsdauer der Mieterleistungen zur Miethöhe. In aller Regel ist jedoch nicht davon auszugehen, dass der Vermieter auf die Geltendmachung erhöhter laufender Aufwendungen, insbesondere von Betriebskosten, verzichten wollte. **139**

Aus dem Umstand, dass der Vermieter einer preisgebundenen Wohnung bei der Vereinbarung der Miete unter der Kostenmiete geblieben ist, kann auf den mutmaßlichen Parteiwillen geschlossen werden, dass eine Mieterhöhung ganz oder teilweise ausgeschlossen sein soll (LG Hannover ZMR 1996, 330). **140**

Bei anfänglichem Verzicht auf den Ansatz zulässiger laufender Aufwendungen in der Wirtschaftlichkeitsberechnung gilt § 8b Abs. 1 WoBindG und nicht § 10 Abs. 4 WoBindG. **141**

g) Sonderkündigungsrecht

Der Mieter ist im Falle einer Erklärung des Vermieters nach § 10 WoBindG berechtigt, das Mietverhältnis spätestens am dritten Werktag des Kalendermonats, von dem an die Miete erhöht werden soll, für den Ablauf des nächsten Kalendermonats zu kündigen. Kündigt der Mieter, so tritt die Mieterhöhung nach § 10 WoBindG nicht ein. Eine zum Nachteil des Mieters abweichende Vereinbarung ist unwirksam (§§ 11 WoBindG). **142**

Nicht zu folgen ist der Auffassung, dass das Sonderkündigungsrecht auch bei einer Nachforderung auf den durch die Vorauszahlungen nicht gedeckten Betrag für Betriebskosten besteht (so jedoch LG Bonn WuM 1981, 282). Zwar gilt über § 20 Abs. 4 S. 1, § 4 Abs. 7 und 8 NMV 1970 auch hierfür § 10 WoBindG. Jedoch widerspräche ein solches Kündigungsrecht dem Wesen einer Abrechnung, das von vornherein Nachzahlungen impliziert. Der Grund für die höhere Zahlung ist bereits in der Umlegungsvereinbarung des Mietvertrages bzw. in der Umlegungserklärung und in § 20 NMV 1970 angelegt. Entsprechendes gilt für eine Erhöhung der Vorauszahlungen. Auch die vergleichbare Vorschrift des § 561 BGB sieht in diesen Fällen keine Kündigungsmöglichkeit vor. Dagegen handelt es sich um eine echte Mieterhöhung und damit um eine das Sonderkündigungsrecht auslösende Erklärung, wenn der Vermieter erstmals durch eine einseitige Erklärung eine Betriebskostenumlage vornimmt. **143**

Eine juristische Person kann sich auf das Sonderkündigungsrecht nicht berufen (KG MDR 2007, 1305 = GE 2007, 1188). **144**

h) Mieterhöhung nach Ablauf der Preisbindung

Nach Ablauf der Preisbindung (§§ 16, 16a WoBindG) kann der Vermieter die Miete auf die ortsübliche Vergleichsmiete unter den Voraussetzungen des § 558 BGB anheben. **145**

Die Kappungsgrenze des § 558 Abs. 3 BGB ist anwendbar. **146**

Bei der Berechnung der Ausgangsmiete und der Kappungsgrenze sind nach Wegfall der Preisbindung die während der Preisbindung wegen Kapitalkostensteigerungen vorgenommenen Mieterhöhungen nicht abzuziehen (OLG Hamm WuM 1990, 333). **147**

148 Die Kappungsgrenze ist auch dann anzuwenden, wenn öffentliche Mittel vorzeitig zurückbezahlt werden (LG München I WuM 1985, 27), auch bei Ablauf einer privaten Mietpreisbindung (LG Stuttgart WuM 1985, 27).

149 War die Wohnung innerhalb der Dreijahresfrist noch preisgebunden, ist die Kappungsgrenze ausgehend von der zuletzt zulässigerweise zu zahlenden Kostenmiete zu berechnen (LG München I WuM 1989, 634). Hierbei sind Umlagen oder Vorauszahlungen auf Betriebskosten nicht einzubeziehen (LG Kiel DWW 1992, 87).

150 Die Anwendung der Kappungsgrenze nach Wegfall der Preisbindung ist verfassungsgemäß (BVerfG NJW 1986, 1669 zu § 2 Abs. 1 S. 1 Nr. 3 MHRG).

151 Die Wartefrist des § 558 Abs. 1 BGB gilt auch beim Übergang von der Kostenmiete zur Vergleichsmiete. Erhöhungen der Kostenmiete, die auf denselben Gründen beruhen wie Mieterhöhungen nach §§ 559, 560 BGB bleiben bei der Berechnung außer Betracht (OLG Hamm WuM 1995, 263; LG Köln ZMR 1994, 569). Das Mieterhöhungsverlangen kann jedoch bereits vor Ablauf der Preisbindung gestellt werden (OLG Hamm WuM 1980, 262; KG WuM 1982, 102) und kann unmittelbar nach Ablauf der Preisbindung wirksam werden (LG Hamburg WuM 1997, 562).

4. Maßnahmen bei Fehlbelegungen

a) Allgemeines

152 Eine Fehlbelegung liegt dann vor, wenn eine Wohnung entgegen § 4 Abs. 2 bis 5 und 7 WoBindG überlassen wurde. Dem steht gleich der nachträgliche Widerruf der Wohnberechtigungsbescheinigung oder der Benennung (vgl. § 5a WoBindG), der insb. dann gerechtfertigt sein kann, wenn die Wohnung vom Berechtigten nur als Zweitwohnung genutzt wird (VGH München NJW-RR 1988, 974).

153 Das Überlassen steht dem Belassen gleich, wie sich aus § 26 Abs. 1 Nr. 2 WoBindG ergibt (BVerwG 82, 137).

b) Kündigungsverlangen (§ 4 Abs. 8 S. 1 WoBindG)

154 Die Aufforderung der zuständigen Stelle gegenüber dem Verfügungsberechtigten, das vorschriftswidrig begründete Mietverhältnis zu kündigen, kann im Wege des Verwaltungszwanges gem. § 24 WoBindG durchgesetzt werden.

155 Die Kündigungsanordnung enthält ausschließlich die an den Verfügungsberechtigten gerichtete Aufforderung, seine gesetzliche Verpflichtung zu erfüllen, den dem WoBindG entsprechenden Zustand herzustellen und die Wohnung einem durch eine Wohnberechtigungsbescheinigung ausgewiesenen Wohnungsuchenden zu überlassen (BVerwGE 82, 137). Der Mieter der Wohnung ist daher mangels Rechtsverletzung nicht klagebefugt (BVerwG ZMR 1995, 559). Im Falle des rechtsgeschäftlichen Erwerbs wirkt ein Pflichtenverstoß und eine etwaige Kündigungsanordnung – anders als bei Erbfolge – nicht gegen den Erwerber fort (OVG Münster ZMR 1987, 110).

156 Grundsätzlich kann für den Vermieter ein berechtigtes Interesse an der Beendigung des Mietverhältnisses i.S.v. § 573 BGB daraus folgen, dass der Mieter einer dem WoBindG unterfallenden Wohnung nicht zum Kreis der Wohnberechtigten gehört (OLG Hamm NJW 1982, 2563; LG Hamburg WuM 1983, 318; LG Münster WuM 1979, 246). Hinzukommen müssen jedoch weitere Umstände, nämlich ein Kündigungsverlangen der zuständigen Stelle und mögliche Maßnahmen nach § 25 WoBindG (BayObLG WuM 1985, 283; AG Lüdenscheid WuM 1990, 553). Allein die Tatsache, dass sich nach Mei-

nung des Vermieters nach Abschluss des Mietvertrages herausstellt, dass die zuständige Behörde dem Mieter zu Unrecht einen Wohnberechtigungsschein erteilt hat, ist kein berechtigtes Interesse i.S.v. § 573 BGB. Ein solches liegt vielmehr erst dann vor, wenn die Behörde nach Rücknahme des Wohnberechtigungsscheines die Kündigung des Mietverhältnisses verlangt (LG Berlin WuM 1990, 554). Grundsätzlich reicht für ein berechtigtes Interesse i.S.d. § 573 BGB ein öffentliches Interesse an der Freimachung der Wohnung. Im Falle eines Belegungsrechts (vgl. § 4 Abs. 3 WoBindG) ist zur Wirksamkeit der Kündigung nicht erforderlich, dass zum Zeitpunkt der gerichtlichen Entscheidung ein konkreter Bedarf an der betreffenden Wohnung für einen Berechtigten besteht (BayObLG WuM 1985, 283; LG München I WuM 1988, 213).

Andererseits kann im Falle eines Belegungsrechts die Kündigung auch gegenüber einem **157** Wohnberechtigten, der jedoch nicht zum berechtigten Personenkreis gehört, begründet sein, wenn vom Vermieter die Freimachung der Wohnung zur Ausübung des Belegungsrechts verlangt wird (LG München I WuM 1987, 415).

c) Räumungsanordnung (§ 4 Abs. 8 S. 2 WoBindG)

Ist die Kündigung eines längerfristig auf bestimmte Zeit abgeschlossenen Mietvertrages **158** nicht möglich oder kann sie die alsbaldige Beendigung des Mietverhältnisses nicht erreichen, so kann die zuständige Stelle durch eine Räumungsanordnung gegenüber dem Wohnungsinhaber diesen zur Räumung verpflichten. Unter einer alsbaldigen Beendigung des Mietverhältnisses ist eine Frist von 4 Monaten bis zur vertraglichen Beendigung des Mietverhältnisses zu verstehen (VGH München NJW-RR 1988, 974) Dieser öffentlichrechtliche Eingriff kann gem. § 24 WoBindG im Wege des Verwaltungszwanges vollzogen werden. Die Rechtmäßigkeit der Räumungsanordnung hängt allein davon ab, ob der Vermieter die Räumung alsbald erreichen kann und die sachgerechte Abwägung des öffentlichen Interesses an der möglichst baldigen zweckentsprechenden Wiederverwendung der mit öffentlichen Mitteln geförderten Wohnung einerseits und der Interessen von Vermieter und Wohnungsinhaber – u.a. an der Einhaltung der gesetzlichen Kündigungsfristen – andererseits zu einem Überwiegen des ersteren Interesses führen (VGH München a.a.O.).

d) Sanktionen

Neben Kündigungsverlangen und Räumungsanordnung bleibt die Möglichkeit von **159** Sanktionsmaßnahmen gegenüber dem Verfügungsberechtigten nach § 25 oder § 26 WoBindG bestehen.

e) Heilung

Die Heilung eines Verstoßes gegen die Vorschrift des § 4 Abs. 2 WoBindG ist möglich, **160** wenn dem Mieter nach Überlassung der Wohnung eine Bescheinigung nach den Einkommensverhältnissen im Zeitpunkt des Bezugs der Wohnung auf Antrag erteilt wird (§ 5 WoBindG i.V.m § 27 WoFG, § 25 Abs. 3 S. 2 WoBindG).

5. Verstöße gegen die Vorschriften des WoBindG

a) Maßnahmen bei Gesetzesverstößen (§ 25 WoBindG)

Für die Zeit, während der der Verfügungsberechtigte schuldhaft gegen bestimmte Vor- **161** schriften des WoBindG verstößt, können Geldleistungen von ihm verlangt werden. Da es nach § 4 Abs. 2 WoBindG Sache des Vermieters ist, sich von der Wohnungsberechtigung an Hand des Wohnungsberechtigungsscheins zu überzeugen, kann der Vermieter vom

Mieter die ihm auferlegt Geldleistung nicht als Schadensersatz fordern (AG Rheine WuM 2009, 284). Der Vermieter handelt nicht schuldhaft, wenn er sich auf die bestehende höchstrichterliche Rechtsprechung verlässt (OVG Münster WuM 2010, 84).

162 Im Einzelnen kommen Verstöße
- gegen die Belegungsbindung (§§ 4, 5a WoBindG),
- gegen die Vorschriften zur Selbstnutzung, zur Zweckentfremdung und zu baulichen Veränderungen (§ 7 Abs. 3 WoBindG i.V.m. § 27 Abs. 7 WoFG),
- gegen die Preisvorschriften (§§ 8, 8a, 8b, 9 WoBindG),
- gegen die bei Untervermietung zu beachtenden Vorschriften (§ 21 WoBindG)

in Betracht.

163 Geahndet werden können nicht nur Verstöße des Verfügungsberechtigten, sondern auch von dessen Beauftragten (§ 19 Abs. 3 WoBindG).

164 Bei Untervermietung können auch gegen den Wohnungsinhaber Sanktionen nach § 25 WoBindG festgesetzt werden.

b) Ordnungswidrigkeiten (§ 26 WoBindG)

165 Vorsätzliche, u.U. auch durch Unterlassen (§ 8 OWiG) begangene Zuwiderhandlungen gegen bestimmte Vorschriften des WoBindG werden als Ordnungswidrigkeit geahndet.

166 In Betracht kommen i.E. Verstöße
- gegen die Mitteilungspflichten bei Umwandlung von Sozialwohnungen in Eigentumswohnungen (§ 2 WoBindG i.V.m. § 32 Abs. 3 S. 1 WoFG),
- gegen Belegungsbindungen (§§ 4, 5a WoBindG),
- gegen Vorschriften zur Selbstnutzung oder zum Leerstand (§ 7 Abs. 3 WoBindG i.V.m. § 27 Abs. 7 WoFG),
- gegen Preisvorschriften (§§ 8 bis 9 WoBindG),
- gegen Vorschriften zur Zweckentfremdung oder zu baulichen Veränderungen (§ 7 Abs. 3 WoBindG i.V.m. § 27 Abs. 7 WoFG).

167 Täter kann nicht nur der Verfügungsberechtigte oder dessen Beauftragter (§ 19 Abs. 3 WoBindG) sein, sondern im Falle einer Untervermietung (§ 21 Abs. 1 WoBindG) oder zweckwidrigen Nutzung (§ 7 Abs. 3 WoBindG i.V.m. § 27 Abs. 7 WoFG) auch der Mieter als Wohnungsinhaber.

II. Wohnraumförderungsgesetz

1. Anwendungsbereich

168 Das WoFG regelt gem. § 1 Abs. 1 WoFG die Förderung des Wohnungsbaus und anderer Maßnahmen zur Unterstützung von Haushalten bei der Versorgung mit Mietwohnraum und bei der Bildung von selbst genutztem Wohneigentum (Soziale Wohnraumförderung).

169 Zielgruppe bei der Förderung von Mietwohnraum sind insbesondere Haushalte mit geringem Einkommen sowie Familien und andere Haushalte mit Kindern, Alleinerziehende, Schwangere, ältere Menschen, behinderte Menschen, Wohnungslose und sonstige hilfsbedürftige Personen (§ 1 Abs. 2 WoFG). Die Einkommensgrenzen für die zu fördernden Haushalte sind in § 9 WoFG festgelegt. Die Einkommensermittlung richtet sich nach §§ 20 ff. WoFG.

2. Öffentlich-rechtliche Beschränkungen

Mietwohnraum unterliegt den in der Förderzusage nach § 13 Abs. 2 WoFG bestimmten Bindungen, insbesondere Belegungs- und Mietbindungen (§ 25 Abs. 1 WoFG). 170

Die möglichen Gegenstände und Arten von Belegungsrechten ergeben sich aus § 26 WoFG. Die Vorschriften zur Sicherung dieser Belegungsrechte, insbesondere die Erteilung eines Wohnberechtigungsscheins sind in § 27 WoFG enthalten. Wer Haushaltsangehöriger i.S.d. § 27 Abs. 2 WoFG ist, regelt § 18 Abs. 2 WoFG. Ein Haushaltsangehöriger, der vollziehbar ausreisepflichtig ist, hält sich nur vorübergehend i.S.d. § 27 Abs. 2 S. 2 BGB auf (VG Münster Beschl. v. 07.02.2008–5 L 19/08 zit. nach juris). 171

Der Vermieter, der eine Wohnung erworben hat, an der nach der Überlassung an den Mieter Wohnungseigentum begründet worden ist, darf sich dem Mieter gegenüber auf berechtigte Interessen an der Beendigung des Mietverhältnisses i.S.d. § 573 Abs. 2 Nr. 2 BGB (Kündigung des Mietverhältnisses wegen Eigenbedarf) nicht berufen, solange die Wohnung Belegungs- oder Mietbindungen unterliegt (§ 32 Abs. 3 S. 2 WoFG). 172

3. Miethöhe

Das bisherige Sonderrecht mit der Bindung an die Kostenmiete (§§ 8 ff. WoBindG) und der Möglichkeit zu einseitigen Mieterhöhungen nach § 10 WoBindG wurde für den Anwendungsbereich des WoFG nicht fortgeführt. 173

Die zulässige Miete bestimmt sich vielmehr nach den Vorschriften des BGB (§§ 557 ff. BGB) und den Regelungen zur Miethöhe in der Förderzusage nach § 13 Abs. 1 Nr. 2 WoFG (§ 28 Abs. 1 WoFG). Maßgebend ist hierbei die Grundmiete (§ 28 Abs. 1 S. 1 Halbs. 2 WoFG). Die Förderzusage darf nicht zum Nachteil des Mieters von den allgemeinen mietrechtlichen Vorschriften abweichen (§ 28 Abs. 1 S. 3 WoFG). Eine Staffelmietvereinbarung, die sich in diesem Rahmen hält, ist zulässig (Emmert WuM 2007, 498, 499). 174

Daneben können Betriebskosten i.S.d. §§ 556, 556a, 560 BGB nach Maßgabe des § 28 Abs. 4 Nr. 1 WoFG geltend gemacht werden. Die Zulässigkeit von einmaligen oder sonstigen Nebenleistungen ist in § 28 Abs. 4 Nr. 2 WoFG geregelt. Sonstige Nebenleistungen sind insbesondere Verwaltungskosten, z.B. Nutzerwechselgebühren (Schmid GE 2008, 762 [763]). Voraussetzung für die Entgegennahme solcher Leistungen sind landesrechtliche Regelungen oder Bestimmungen in der Förderzusage. 175

4. Mieterhöhung

Während der Dauer des Mietverhältnisses kann die Grundmiete unter den Voraussetzungen und unter Beachtung der Formvorschriften der §§ 558 ff. BGB bis zur ortsüblichen Vergleichsmiete erhöht werden, jedoch allenfalls bis zur höchstzulässigen Miete i.S.d. § 28 Abs. 1 WoFG und nur unter Einhaltung sonstiger Bestimmungen der Förderzusage zur Mietbindung. 176

Daneben sind ggf. Mieterhöhungen aufgrund von Modernisierungsmaßnahmen nach § 559 BGB möglich, soweit dies durch die Förderzusage zugelassen ist. 177

Veränderungen der Miete wegen gestiegener Betriebskosten sind in dem in § 560 BGB geregelten Rahmen zulässig (§ 28 Abs. 4 Nr. 1 WoFG). 178

5. Maßnahmen bei Fehlbelegungen

179 Nach § 27 Abs. 6 WoFG kann die zuständige Stelle vom Verfügungsberechtigten die Kündigung des Mietverhältnisses oder vom Mieter selbst die Räumung der Wohnung verlangen, wenn die Wohnung einem nicht wohnberechtigten Mieter überlassen worden ist. S. dazu auch oben Rdn. 154 ff.

180 Zum Ausgleich von Fehlförderungen können nach §§ 34 ff. WoFG Ausgleichszahlungen vom Mieter verlangt werden.

6. Verstöße gegen die Vorschriften des WoFG

181 Nach § 33 WoFG können Geldleistungen vom Verfügungsberechtigten verlangt werden.

182 § 52 WoFG enthält Bußgeldvorschriften, nach denen bestimmte Verstöße als Ordnungswidrigkeit geahndet werden können.

III. Wohngeldgesetz und Hartz IV

1. Gesetzeszweck

183 Dem Subsidiaritätsprinzip entsprechend kann im Rahmen der Sozialgesetzgebung staatliche Hilfe dann in Anspruch genommen werden, wenn der Einzelne nicht in der Lage ist, seinen Lebensunterhalt aus eigenen Mitteln zu bestreiten. Für Wohnkosten bedeutet dies, dass Leistungen dann gewährt werden, wenn nur so die wirtschaftliche Sicherung angemessenen und familiengerechten Wohnens gewährleistet werden kann.

2. Abgrenzung

184 In Folge der sog. Hartz-IV-Bestimmungen und der Zusammenlegung von Arbeitslosen- und Sozialhilfe sind seit 01.01.2005 Empfänger bestimmter staatlicher Transfer-Leistungen vom Wohngeld-Bezug ausgeschlossen. Die entsprechenden Leistungen sind in § 7 WoGG aufgeführt (s. Rdn. 223).

185 Damit änderte sich die Struktur der Bewilligung von Wohnkosten-Zuschüssen. Das pauschalierte Wohngeld für Empfänger von Transferleistungen nach dem inzwischen aufgehobenen Fünften Teil des WoGG ist komplett entfallen. Für Betroffene ändert sich jedoch lediglich die gesetzliche Grundlage ihrer Ansprüche, denn bei den in § 7 WoGG aufgeführten Leistungen werden die Kosten für Unterkunft und Heizung im Rahmen der jeweiligen Spezialgesetze übernommen. Der Mietzuschuss – für Haus- und Wohneigentümer: der Lastenzuschuss – nach dem Ersten Teil des WoGG wird demnach ausschließlich gezahlt, wenn keine sonstigen Sozialleistungen beantragt wurden. Stellt innerhalb eines Bewilligungszeitraumes ein bei der Berechnung des Wohngelds berücksichtigtes Familienmitglied den Antrag auf eine Transferleistung, so erlischt der Anspruch auf Wohngeld, das Familienmitglied ist vom Wohngeldbezug ausgeschlossen und der Bewilligungsbescheid wird ab dem Zeitpunkt der Änderung der Verhältnisse unwirksam. Bei Änderungen im Laufe eines Monats tritt die Unwirksamkeit des Bewilligungsbescheides am Ersten des nächsten Monats ein (s. Rdn. 207).

Der Ausschluss vom Wohngeldbezug besteht bereits dann, wenn ein Antrag auf eine Transferleistung gestellt wurde, über den noch nicht entschieden ist.

Erhalten alle zum Haushalt zählenden Familienmitglieder Sozialleistungen, besteht daneben kein Anspruch auf Wohngeld. Leben im Haushalt Familienmitglieder, die keinen Anspruch auf Sozialleistungen haben (Mischhaushalt), kann für diese Personen ein Wohngeldanspruch bestehen. Der erforderliche Antrag muss jedoch vom Mieter der Wohnung oder vom Haus-/Wohnungseigentümer gestellt werden. **186**

3. Wohngeld

a) Anspruchsvoraussetzungen

aa) Bedarf

Bei der Bemessung des Wohngeldes sind neben der Leistungsfähigkeit des Antragstellers auch die Zahl der mit dem Antragsteller zusammen wohnenden Haushaltsmitglieder und die Höhe der Miete oder Belastung zu berücksichtigen. Voraussetzung der Leistungsbewilligung ist somit ein Bedarf, der aufgrund eines Missverhältnisses zwischen der Höhe des Einkommens und der Aufwendung für Wohnraum besteht. **187**

Wurde ein solcher Bedarf festgestellt, so wird der Antragsteller von der Zahlung der Miete oder Belastung nicht gänzlich freigestellt. Er erhält lediglich eine Unterstützung zu seinen Aufwendungen in Form eines grundsätzlich nicht zurückzuzahlenden Zuschusses. Zu dessen Berechnung dienen die Wohngeldtabellen. Rückzahlungsverpflichtungen können sich allerdings dann ergeben, wenn Wohngeld aufgrund falscher Angaben gewährt und der Bewilligungsbescheid deshalb aufgehoben wurde. **188**

bb) Antrag

Wohngeld wird nicht von Amts wegen, sondern gem. § 22 WoGG ausschließlich auf Antrag geleistet. Die Wohngeldberechtigung der wohngeldberechtigten Person ergibt sich aus § 3 WoGG. Jede Gemeinschaft von Haushaltsmitgliedern kann nur einen Wohngeldberechtigten haben. Soweit mehrere Personen der Gemeinschaft die Voraussetzungen des § 3 Abs. 1 oder 2 erfüllen – weil sie z.B. den Mietvertrag oder die Nutzungsvereinbarung gemeinsam abgeschlossen haben – , bestimmen diese Haushaltsmitglieder gemeinsam die wohngeldberechtigte Person, die den Antrag stellen soll. **189**

Für den Mietzuschuss ist ein Mieter nur dann antrag- und wohngeldberechtigt, wenn er die Wohnung selbst bewohnt. Haben mehrere Personen, die nicht Haushaltsmitglieder i.S.d. § 5 WoGG sind, gemeinsam ein Mietverhältnis begründet, können sie nur getrennt Wohngeld beantragen. Auch ein Untermieter ist als Mieter von Wohnraum antragberechtigt – selbst dann, wenn der Vermieter einer Untervermietung nicht zugestimmt hat. **190**

Auch ein privat- oder öffentlich-rechtliches Nutzungsverhältnis berechtigt zum Wohngeldbezug, soweit es einem Mietverhältnis ähnelt. Hierzu zählen beispielsweise das mietähnliche Dauerwohnrecht und das Nutzungsrecht aufgrund eines genossenschaftlichen Nutzungsverhältnisses. Antragsberechtigt sind unter diesem Aspekt auch Obdachlose, die in eine Unterkunft oder Wohnung eingewiesen wurden. **191**

Zum Kreis der Antragberechtigten gehören auch Eigentümer und Miteigentümer, die Wohnraum im eigenen Haus bewohnen und keinen Lastenzuschuss beantragen können und Bewohner eines Heimes i.S.d. § 1 Heimgesetz, wenn sie nicht zu einem anderen Haushalt rechnen und nicht nur vorübergehend aufgenommen sind. **192**

Antragsberechtigt für einen Lastenzuschuss sind Bewohner eines Eigenheims, einer Kleinsiedlung, bestehend aus Wohngebäude und Landzulage, oder einer Eigentumswohnung, Eigentümer eines landwirtschaftlichen Betriebes mit getrenntem Wohn- und Wirt- **193** schaftsteil, einer landwirtschaftlichen Nebenerwerbsstelle, Inhaber eines eigentumsähnlichen Dauerwohnrechts sowie Erbbau- und Wohnungserbbauberechtigte.

cc) Haushaltsmitglieder und gemeinsamer Haushalt

194 Gemäß § 5 WoGG zählen zu den Haushaltsmitgliedern neben der wohngeldberechtigten Person auch deren Ehegatte, Verwandte in gerader Linie ohne Berücksichtigung des Verwandtschaftsgrades, Verwandte zweiten und dritten Grades in der Seitenlinie, Verschwägerte in gerader Linie, Verschwägerte zweiten und dritten Grades in der Seitenlinie, Pflegekinder und Pflegeeltern. Auch nichteheliche Kinder sind Haushaltsmitglieder. Ein noch nicht geborenes Kind zählt dagegen nicht zu den zu berücksichtigenden Haushaltsmitgliedern (OVG Münster WuM 2000, 135 f.).

Ein Kind zählt zum Haushalt eines geschiedenen Ehepartners, wenn beide Elternteile das ihnen zustehende Sorgerecht in der Weise ausüben, dass das Kind sich abwechselnd und regelmäßig in den Wohnungen der Elternteile aufhält.

195 Bei der Bemessung des Wohngeldes ist die Zahl derjenigen Haushaltsmitglieder zu berücksichtigen, die mit der wohngeldberechtigten Person eine Wohn- und Wirtschaftsgemeinschaft führen und daher zum Haushalt rechnen. Dies ist i.d.R. dann der Fall, wenn sie dieselben Räume bewohnen und wirtschaftlich füreinander einstehen.

Ein getrennt lebender Ehegatte rechnet auch dann nicht mehr zum Haushalt, wenn die Ehegatten innerhalb der ehelichen Wohnung getrennt leben.

196 Zum Haushalt rechnen auch vorübergehend abwesende Haushaltsmitglieder, für die der gemeinsame Haushalt auch während der Abwesenheit Mittelpunkt ihrer Lebensbeziehungen bleibt. Für eine nur vorübergehende Abwesenheit spricht die Tatsache, dass das Haushaltsmitglied sich zeitweise im gemeinsamen Haushalt aufhält und die Wohnung melderechtlich Hauptwohnsitz bleibt. Ein wesentlicher Anhaltspunkt für eine nur vorübergehende Abwesenheit ist die Raumaufteilung der Wohnung. Erlauben Einteilung und Einrichtung der Räume jederzeit die volle Integration des Haushaltsmitgliedes, ist eine nur vorübergehende Abwesenheit anzunehmen.

Es besteht die gesetzliche Vermutung, dass ein Haushaltsmitglied dann nur vorübergehend abwesend ist, wenn es weiterhin von anderen zum gemeinsamen Haushalt gehörenden Personen finanziell unterstützt wird. Diese Vermutung kann durch die Umstände des Einzelfalls jedoch widerlegt werden.

197 Eine Vergünstigung erfahren gemeinsame Haushalte dann, wenn ein zu berücksichtigendes Haushaltsmitglied stirbt. Die geänderte Haushaltsgröße bleibt für die Dauer von 12 Monaten nach dem Sterbemonat für die Bemessung des Wohngeldes außer Betracht. Dies gilt allerdings dann nicht, wenn eine neue Wohnung bezogen wird, für die ein neuer Antrag gestellt werden muss.

dd) Wohnraum

198 Wohngeld wird ausschließlich für Wohnraum gewährt. Die Definition für Wohnraum im Sinne dieses Gesetzes ergibt sich aus § 2 WoGG. Dabei kommt es darauf an, dass die Räume vom Verfügungsberechtigten zum Wohnen bestimmt und hierfür auch tatsächlich geeignet sind – auf die baurechtliche Zulässigkeit kommt es grundsätzlich nicht an. Allerdings kann Wohngeld dann versagt werden, wenn bei offensichtlich erheblichen baulichen Mängeln die tatsächliche Eignung zum Wohnen nicht gewährleistet ist. Unter bestimmten Voraussetzungen können im Einzelfall Beherbergungsbetriebe und beispielsweise Übergangsheime oder Frauenhäuser als Wohnraum angesehen werden. Notunterkünfte sind dagegen keine Wohnräume.

Wohngeld wird auch dann gewährt, wenn ein Miet- oder Nutzungsverhältnis gekündigt ist oder wenn der Vermieter einen Räumungsprozess angestrengt hat. 199

ee) Geltungsbereich

Die Vorschriften des WoGG gelten für alle Personen, die ihren Wohnsitz oder gewöhnlichen Aufenthalt im Geltungsbereich dieses Gesetzes haben. Dabei ist der Anspruch auf Wohngeld nicht auf deutsche Staatsangehörige begrenzt. Ausländer, die sich mit einer Aufenthaltsgenehmigung oder Duldungsbescheinigung im Geltungsbereich des WoGG aufhalten oder denen der Aufenthalt zur Durchführung des Asylverfahrens gestattet wurde, können einen Anspruch auf Wohngeld geltend machen. Ebenso können Staatenlose wohngeldberechtigt sein. 200

Keinen Anspruch auf Wohngeld haben Mitglieder ausländischer Streitkräfte, die in Deutschland stationiert sind, Mitglieder des zivilen Gefolges dieser Streitkräfte und Mitglieder diplomatischer oder konsularischer Vertretungen. 201

Deutsche Angehörige oder Ehegatten, die mit einem Mitglied ausländischer Streitkräfte oder des zivilen Gefolges in einem Haushalt leben, sind dagegen nicht vom Wohngeldbezug ausgeschlossen.

ff) Bewilligungszeitraum

In § 25 WoGG wird ein Bewilligungszeitraum mit der Regeldauer von zwölf Monaten festgelegt. Danach ist ein Wiederholungsantrag zu stellen. Dadurch erhalten die Bewilligungsbehörden eine Kontrollmöglichkeit darüber, ob die Anspruchsvoraussetzungen weiterhin vorliegen. 202

Die Regeldauer kann überschritten werden, wenn dies nach den Umständen des Einzelfalles oder unter Berücksichtigung der Geschäftslage der zuständigen Behörde erforderlich ist. Die Verwaltungsvorschrift zur Durchführung des WoGG lässt eine Überschreitung insbesondere dann zu, wenn sich Anträge zu bestimmten Zeiten häufen und Entscheidungen sich in einem für den Antragsteller unzumutbaren Maß verzögern würden. In diesen Fällen soll der Bewilligungszeitraum jedoch höchstens 18 Monate dauern. 203

Die Regeldauer muss unterschritten werden, wenn im Bewilligungszeitraum erhebliche Änderungen der Anspruchsvoraussetzungen zu erwarten sind. 204

Der Bewilligungszeitraum beginnt am Ersten des Monats, in dem der Antrag gestellt wurde, es sei denn, die Voraussetzungen für den Bezug von Wohngeld treten erst in einem späteren Monat ein. Dann beginnt der Bewilligungszeitraum am Ersten dieses Monats. 205

Wohngeld wird auf Antrag rückwirkend bewilligt, wenn sich die Miete oder Belastung rückwirkend um mehr als 15 Prozent erhöht hat und die zum Haushalt rechnenden Familienmitglieder die Erhöhung nicht zu vertreten haben. 206

Ebenso kann eine rückwirkende Bewilligung erfolgen, wenn der Antrag auf eine der in § 7 WoGG genannten Transferleistungen abgelehnt wurde. Dazu muss der Wohngeldantrag vor Ablauf des Monats gestellt werden, der auf die Kenntnis der Ablehnung folgt.

Wird während eines Bewilligungszeitraumes der Bewilligungsbescheid unwirksam, weil ein zu berücksichtigendes Haushaltsmitglied nach § 7 WoGG vom Wohngeld ausgeschlossen wird, beginnt der neue Bewilligungszeitraum am Ersten des Monats, in dem die Unwirksamkeit des ursprünglichen Bewilligungsbescheides eintritt. Der entsprechende Antrag muss vor Ablauf des Monats gestellt werden, der auf die Kenntnis der Unwirksamkeit folgt. 207

gg) Ablehnungsgründe, Änderung und Wegfall des Anspruchs

208 Gemäß § 21 WoGG besteht in folgenden Fällen kein Anspruch auf Wohngeld:

- Die Höhe des Wohngeldanspruchs liegt unter 10 €.
- Alle Haushaltsmitglieder sind nach §§ 7, 8 WoGG vom Wohngeld ausgeschlossen.
- Der Bezug von Wohngeld ist missbräuchlich, weil beispielsweise eine Rechtsposition ausschließlich zu dem Zweck geschaffen wurde, die Voraussetzungen für einen andernfalls nicht oder nicht in dieser Höhe bestehenden Anspruch zu schaffen, oder weil über erhebliches Vermögen verfügt wird.

209 Eine Änderung in den der Bewilligung zugrunde liegenden Verhältnissen führt gemäß § 27 WoGG zu einer Änderung des Wohngeldanspruchs. Zu berücksichtigen sind dabei Senkungen oder Erhöhungen der Miete/Belastung oder des Gesamteinkommens um mehr als 15 % und Veränderungen in der Zahl der zu berücksichtigenden Haushaltsmitglieder.

210 Der Anspruch auf Wohngeld fällt aus den in § 28 WoGG genannten Gründen weg. Demnach entfällt der Anspruch ab dem folgenden Zahlungsabschnitt, sobald der entsprechende Wohnraum von allen zu berücksichtigenden Haushaltsmitglieder nicht mehr genutzt wird, das Wohngeld zweckentfremdet verwendet wird oder ein alleinstehender Wohngeldberechtigter verstirbt. Lebte ein verstorbener Wohngeldberechtigter in einer Haushaltsgemeinschaft, so entfällt der Anspruch erst mit Ablauf des Bewilligungszeitraumes.

Der Bewilligungsbescheid wird dann unwirksam, wenn ein Familienmitglied gemäß §§ 7, 8 WoGG vom Wohngeld ausgeschlossen wird.

hh) Mitteilungs- und Auskunftspflichten, Bußgeldvorschrift

211 Die wohngeldberechtigte Person und das Haushaltsmitglied, an das das Wohngeld gezahlt wird, müssen die zuständige Stelle unverzüglich darüber unterrichten, wenn sich die monatliche Miete oder Belastung während des Bewilligungszeitraumes um mehr als 15 % verringert oder sich die Einnahmen um mehr als 15 % erhöhen. Eine Mitteilungspflicht besteht auch dann, wenn der Wohnraum nicht mehr benutzt wird oder ein zu berücksichtigendes Haushaltsmitglied eine Leistung nach § 7 WoGG beantragt hat oder empfängt.

212 Soweit es zur Bearbeitung des Wohngeldantrages erforderlich ist, sind Haushaltsmitglieder, nicht zum Haushalt rechnende Ehegatten, frühere Ehegatten, Kinder und Eltern der zu berücksichtigenden, sonstige Mitbewohner des Wohngeldberechtigten, Arbeitgeber und Empfänger der Miete gem. § 23 WoGG von unterschiedlichen Auskunftspflichten betroffen.

213 Verstöße gegen Mitteilungs- und Auskunftspflichten gelten als Ordnungswidrigkeiten und sind nach § 37 WoGG bußgeldbewehrt.

b) Berechnung der Anspruchshöhe

aa) Tabellen und Formel

214 Das Verfahren zur Ermittlung der Höhe des Wohngeldes ergibt sich aus § 19 WoGG. Für Haushalt mit bis zu zwölf Personen wurde eine Wohngeldformel entwickelt, in der die individuelle Miete oder Belastung, das zu berücksichtigende Einkommen vom Institut für Wohnen und Umwelt festgelegte Berechnungsgrößen berücksichtigt werden.

Für die meisten Wohngeldempfänger ist die Leistungshöhe jedoch aus Gründen der Verwaltungsvereinfachung ohne Berechnung aus entsprechenden Tabellen abzulesen. Die Angaben sind abrufbar unter www.bmvbw.de.

Sobald mehr als zwölf Familienmitglieder zu einem Haushalt zählen, erfolgt eine pauschale Fortschreibung der Leistungshöhe um jeweils 43 € für jedes weitere Familienmitglied.

bb) Miete und Belastung

Als Miete wird derjenige Betrag berücksichtigt, der für die Überlassung von Wohnraum **215**
zu zahlen ist. Dabei werden ausschließlich Geldleistungen zugrunde gelegt – auch dann, wenn die Miete reduziert wurde, weil der Mieter zusätzlich Sach- oder Dienstleistungen zu erbringen hat.

Zur Miete gehören Umlagen (Beispiele: Kosten der Wasserversorgung, der Entwässerung, der Gartenpflege), Zuschläge (Beispiel: Nebenleistungen des Vermieters, soweit sie die Überlassung von Wohnraum betreffen) und Vergütungen, die vom Mieter direkt an einen Dritten zu zahlen sind (Beispiel: Gebühren für Müllabfuhr). Gemäß § 9 Abs. 2 WoGG werden nicht berücksichtigt: Kosten für den Betrieb zentraler oder für die eigenständige gewerbliche Wärme- und Warmwasserversorgung, Zuschläge für Untermiete oder die Benutzung von Wohnraum für andere als Wohnzwecke, Vergütungen für die Überlassung von Möbeln, Kühlschränken und Waschmaschinen (Ausnahme: Einbaumöbel, die fest mit dem Gebäude verbunden sind).

Als Belastung gelten die Kosten aus dem Kapitaldienst und aus der Bewirtschaftung. **216**

Kosten für Miete oder Belastung bleiben insoweit außer Betracht, als sie auf Wohnraum **217**
entfallen, der ausschließlich gewerblich/beruflich genutzt, einem anderen überlassen, oder von nicht wohngeldberechtigten Mitgliedern eines Mischhaushaltes (s. Rdn. 186) bewohnt wird.

cc) Haushaltsgröße und Höchstbeträge

Die Haushaltsgröße ergibt sich aus der Zahl der gemäß § 6 WoGG zu berücksichtigenden **218**
Haushaltsmitglieder.

Unabhängig von dem Ergebnis der Berechnung oder der Fortschreibung wird die Höhe **219**
des Wohngeldes begrenzt durch die in § 12 WoGG festgelegten Höchstbeträge, über die hinaus die Kosten für Miete oder Belastungen nicht berücksichtigt werden.

dd) Jahres- und Gesamteinkommen

Für die Berechnung des Wohngeldes wird das Gesamteinkommen des Haushaltes ermit- **220**
telt, das sich aus dem Jahreseinkommen aller zu berücksichtigenden Haushaltsmitglieder berechnet. Zum Jahreseinkommen zählen alle steuerpflichtigen Einkünfte und die in § 14 Abs. 2 aufgeführten steuerfreien Einnahmen. Positive Einnahmen und Verluste können nur innerhalb derselben Einkunftsart gegen gerechnet werden.

Für die Ermittlung des Jahreseinkommens werden von der Summe der Einkünfte die in § 16 WoGG genannten pauschalen Abzüge für Steuern, Sozialversicherungs- und Rentenbeiträge abgezogen.

Das Gesamteinkommen ergibt sich aus dem so errechneten Jahreseinkommen, von dem **221**
die in § 17 WoGG aufgeführten Frei- und Abzugsbeträge abgesetzt werden. Dabei handelt es sich um Pauschalbeträge, mit denen besondere soziale Belastungen, Kosten der Kindererziehung und Unterhaltsverpflichtungen ausgeglichen werden.

ee) Zahlung

222 Die Auszahlungsmodalitäten ergeben sich aus § 26 WoGG. Danach gilt prinzipiell die wohngeldberechtigte Person als Wohngeldempfänger. Mit deren schriftlicher Einwilligung kann auch an ein Haushaltsmitglied oder den Empfänger der Miete gezahlt werden. In besonderen Fällen können solche Zahlungen an Dritte auch ohne Einwilligung des Wohngeldberechtigten geleistet werden, wenn zu befürchten ist, dass die Zweckbestimmung des Wohngeldes oder die wirtschaftliche Sicherung des Wohnens auf andere Weise nicht gewährleistet würde.

4. Hartz IV und andere Transferleistungen

223 Mit dem am 01.01.2005 in Kraft getretenen »Vierten Gesetz für moderne Dienstleistungen am Arbeitsmarkt« – kurz »Hartz IV« – wurden für Erwerbsfähige Arbeitslosenhilfe und Sozialhilfe zum neuen Arbeitslosengeld II (Alg II) zusammengelegt. Gleichzeitig entfiel der Fünfte Teil des WoGG, in dem der Mietzuschuss für Empfänger von Leistungen der Sozialhilfe und Kriegsopferfürsorge geregelt war. Vom Wohngeld ausgeschlossen sind u.a. Empfänger von Leistungen

– nach dem Sozialgesetzbuch II (Grundsicherung für Arbeitssuchende),
– nach dem Sozialgesetzbuch XII (Sozialhilfe für nicht erwerbsfähige Hilfebedürftige, Grundsicherung im Alter oder Erwerbsminderung),
– nach dem Bundesversorgungsgesetz (ergänzenden Hilfe zum Lebensunterhalt oder andere Hilfen, die den Lebensunterhalt umfassen),
– nach dem Asylbewerberleistungsgesetz,
– nach dem Sozialgesetzbuch VIII (Kinder- und Jugendhilfe).

224 Von besonderer praktischer Bedeutung sind die beiden erstgenannten Leistungen. Nach den Vorschriften des SGB II erhalten erwerbsfähige Hilfebedürftige Alg II; nicht erwerbsfähige Hilfebedürftige, die mit einem erwerbsfähigen Hilfebedürftigen in einer Bedarfsgemeinschaft leben, erhalten Sozialgeld. Zu einer Bedarfsgemeinschaft gehören neben dem erwerbsfähigen Hilfebedürftigen die im Haushalt lebenden Eltern, der nicht dauernd getrennt lebende Ehe- oder Lebenspartner, minderjährige unverheiratete Kinder.

Gemäß SGB XII erhalten Leistungen der Sozialhilfe diejenigen Personen, die nicht oder nicht ausreichend in der Lage sind, ihren notwendigen Lebensunterhalt aus eigenen Mitteln und Kräften zu beschaffen.

225 Leistungsberechtigte erhalten gemäß §§ 22 SGB II und 29 SGB XII Leistungen für Unterkunft und Heizung in Höhe der tatsächlichen Aufwendungen, soweit diese angemessen sind. Noch existieren keine einheitlichen Regelungen über die Angemessenheit der Kosten. In einer Ausführungsvorschrift zu §§ 22 SGB II hat beispielsweise der Berliner Senat Richtwerte festgelegt. Demnach gilt als angemessen eine Brutto-Warmmiete von 360 € (Ein-Personen-Haushalt), 444 € (Zwei-Personen-Haushalt), 542 € (Drei-Personen-Haushalt), 619 € (Vier-Personen-Haushalt) und 705 € (Fünf-Personen-Haushalt). Für jede weitere Person erhöht sich der Betrag um jeweils 50 €.

Wie das BSG in seinem Urteil v. 07.11.2006, Az. B 7b AS 18/06 R (zitiert nach Jurion Newsletter) entschieden hat, können die Tabellenwerte des § 12 WoGG nicht »ohne weiteres« für die Feststellung der Angemessenheit herangezogen werden.

Während die Vorinstanz festgestellt hatte, es sei regelmäßig von diesen Tabellenwerten auszugehen, um »Leistungsempfängern und Sozialleistungsträgern klare und eindeutige Richtlinien zur Bestimmung des Begriffs der Angemessenheit an die Hand zu geben«, stellt das BSG auf die unterschiedlichen Zwecke ab, die mit der Gewährung von Wohngeld und der Leistung nach dem SGB II oder dem SGB XII verfolgt werden.

Demnach werde bei der Gewährung von Wohngeld ohne Prüfung eines notwendigen Bedarfs von der Wohnung ausgegangen, die der Wohngeldberechtigte angemietet hat. Für die übrigen Sozialleistungen komme es aber gerade auf diesen Bedarf und damit auf die Angemessenheit der Aufwendungen an.

Eine Orientierung an den Wohngeldtabellen komme allenfalls dann in Betracht, »wenn alle anderen Erkenntnismöglichkeiten und –mittel zur Ermittlung der Angemessenheit des Wohnraums (...) ausgeschöpft sind«.

IV. Öffentlich-rechtliche Bezüge bei der Planung, Errichtung, Nutzung, Änderung und dem Abriss von Wohn- oder Gewerberaum

1. Planung

Ausgangsfall **226**

Im Einvernehmen mit einer in Schleswig-Holstein belegenen Gemeinde erteilt der Landrat des Kreises dem Discounter »Lidl« die Genehmigung zum Bau eines SB-Marktes mit einer Geschossfläche von ca. 1759 qm und einer Verkaufsfläche von ca. 1280 qm. Die dem Baugrundstück unmittelbar benachbarten Wohnungseigentümer einer Wohnungseigentümergemeinschaft legen gegen die erteilte Baugenehmigung Widerspruch ein. Für beide Grundstücke weist der zugrunde liegende Bebauungsplan ein Mischgebiet (MI) – § 6 BauNVO – aus. Der Widerspruch ist erfolgreich, da der von »Lidl« beabsichtigte großflächige Einzelhandelsbetrieb außer in Kerngebieten (MK) – § 7 BauNVO – nur in einem festgelegten Sondergebiet (SO) – § 11 Abs. 3 BauNVO – zulässig ist. (In etwas abgewandelter Form liegt dieser Sachverhalt Beschlüssen des VG Schleswig v. 07.09.2004, Az. 5 B 66/04 – und des OVG Schleswig v. 26.10.2004, Az. 1 MB 24/04 – zugrunde).

Die Errichtung, Änderung oder Nutzungsänderung baulicher Anlagen unterliegt traditionell einem in den Landesbauordnungen der Bundesländer normierten Gesetzesvorbehalt. Dabei gehen die einzelnen Bundesländer etwas unterschiedliche Wege hinsichtlich der Systematik der verschiedenen Genehmigungsarten. In Hamburg gilt beispielsweise ein vierstufiges System mit einem »Standard«-Genehmigungsverfahren, einem vereinfachten Genehmigungsverfahren, einem Anzeigeverfahren und freigestellten Vorhaben.

Zum (»**Standard**«-) **Genehmigungsverfahren** s.u. ab Rdn. 229 und 237.

Im **vereinfachten Baugenehmigungsverfahren** (z.B. § 61 HBauO) werden (z.B. gem. **227** § 61 Abs. 2 HBauO) nur noch die bauplanungsrechtlichen Zulässigkeitsvoraussetzungen des Vorhabens, die Einhaltung der Abstandsflächen, beantragte Abweichungen von den bauordnungsrechtlichen Anforderungen sowie die Anforderungen der naturschutzrechtlichen Eingriffsregelung geprüft. Hierbei ist eine Bearbeitungsfrist gesetzt, nach deren Ablauf die Genehmigung als erteilt gilt.

Verfahrensfreie Vorhaben (z.B. § 60 HBauO): Die **Genehmigungsfreistellung** bzw. das **228** **Bauanzeige-** (oder Kenntnisgabe-)**Verfahren** sind »verfahrensfrei« und unterliegen keiner präventiven Prüfung. Das führt zu einer gesteigerten Verantwortlichkeit des Bauherrn und des Entwurfsverfassers, die selbst auf die Vereinbarkeit des Vorhabens mit dem geltenden Recht zu achten haben. Besteht ein Bauvorhaben aus einem genehmigungsbedürftigen und einem genehmigungsfreien Teil, ist es insgesamt genehmigungspflichtig. Soll das Vorhaben von Vorschriften des Baurechts abweichen, ist dafür die erforderliche Ausnahme oder Befreiung von den Festsetzungen des Bebauungsplans oder die Zulassung einer Abweichung von bauaufsichtsrechtlichen Vorschriften isoliert bei der Bauaufsichtsbehörde zu beantragen. Insgesamt gilt, dass bei Zweifeln bezüglich der

Genehmigungsfreiheit eines Vorhabens eine formlose Anfrage an die Bauaufsichtsbehörde gerichtet werden sollte.

a) Bauvorbescheid

229 Das in den Bauordnungen der Länder (z.B. § 63 HBauO) geregelte Institut des Vorbescheids gibt dem Bauherrn eine preiswerte Möglichkeit, einzelne Fragen seines Bauvorhabens vorab verbindlich klären zu lassen, ohne dass schon ein vollständiger Baugenehmigungsantrag gestellt werden müsste, der mit erheblich höheren Kosten – z.B. wegen Anfertigung einer Statik – verbunden ist. Eine Voranfrage empfiehlt sich immer dann, wenn vom Grundsatz her die Genehmigungsfähigkeit der beabsichtigten Bebauung zweifelhaft ist. Im Ausgangsfall (Rdn. 226) hätte es für den Discounter »Lidl« nahe gelegen, zunächst im Wege einer Voranfrage klären zu lassen, ob der beabsichtigte großflächige Einzelhandelsbetrieb bauplanungsrechtlich zulässig ist. Stattdessen hat »Lidl« unmittelbar eine Baugenehmigung beantragt und erhalten, deren Vollziehung auf Widerspruch der Wohnungseigentümergemeinschaft im verwaltungsgerichtlichen Eilverfahren gem. §§ 80, 80a VwGO (Einzelheiten hierzu s. Rdn. 254) ausgesetzt wurde.

230 Der Vorbescheid ist bereits ein vorweggenommener Teil der späteren Baugenehmigung (BVerwGE 48, 242; BVerwG NJW 1984, 1473). Demgemäß tritt durch einen positiven Vorbescheid eine **Bindungswirkung** für das nachfolgende Baugenehmigungsverfahren ein. Mit einem unanfechtbar gewordenen Vorbescheid wird – soweit er sachlich reicht (vgl. hierzu BGH NJW 1985, 1335: Ein positiver Vorbescheid über die Neubebauung eines Grundstücks umfasst auch die Zulässigkeit des Abbruchs der Altbebauung) – über die rechtliche Zulässigkeit des Bauvorhabens **abschließend** entschieden (BVerwG BauR 1984, 164; BVerwG NVwZ 1989, 863; BVerwG NVwZ 1995, 894).

231 Aus Sicht **des Nachbarn** ist aufgrund dieser Bindungswirkung des Vorbescheids von größter Bedeutung, gegen ihn rechtzeitig Rechtsmittel einzulegen (Einzelheiten hierzu s. unter Rdn. 254), wenn er konkret von der Existenz eines Vorbescheids Kenntnis erlangt. Erlangt z.B. der von dem Nachbarn beauftragte Rechtsanwalt anlässlich einer Akteneinsichtnahme Kenntnis davon, dass nicht nur eine Baugenehmigung, sondern auch bereits zu einem früheren Zeitpunkt ein positiver Vorbescheid erteilt wurde, muss auch gegenüber dem Letzteren Widerspruch eingelegt werden.

232 Bauvoranfragen beziehen sich regelmäßig auf Fragen der **bauplanungsrechtlichen** Zulässigkeit des Bauvorhabens. Sie empfehlen sich insbesondere in denjenigen Fällen, in denen das beabsichtigte Bauvorhaben nicht plankonform ist und demgemäß nur über eine behördliche Befreiungsentscheidung gem. § 31 Abs. 2 BauGB verwirklicht werden kann. In diesen Fällen werden nachbarliche Interessen sogleich mitgeprüft, was die Planungssicherheit des Bauherrn erhöht, wenn er einen bestandskräftigen Bauvorbescheid erreichen kann.

Der Vorbescheid legitimiert den Bauherrn noch nicht, mit Baumaßnahmen zu beginnen. Er ist nach den Landesbauordnungen zeitlich befristet, gilt z.B. gem. § 73 Abs. 2 HBauO ein Jahr.

b) Baugenehmigungsbescheid

233 **Exkurs**: Voraussetzungen der Funktionslosigkeit von bauplanerischen Festsetzungen

Exkurs: Die Bedeutung der TA-Lärm für Abwehransprüche

234 Nach den Landesbauordnungen (z.B. § 72 Abs. 1 HBauO) hat der Bauherr einen **Rechtsanspruch** auf Erteilung der **Baugenehmigung**, wenn dem Vorhaben öffentlich-rechtliche Vorschriften nicht entgegenstehen. Der Bauherr muss i.d.R. bei der zuständigen Behörde einen **Antrag** auf Erteilung einer Baugenehmigung stellen (zu Einzelheiten vgl. instruktiv Uechtritz in Redeker/Uechtritz (Hrsg.), Anwaltshandbuch für Verwaltungsverfahren Band I, 2 Rn. 60–75).

Im Baugenehmigungsverfahren wird das beantragte Bauvorhaben in erster Linie auf seine Vereinbarkeit mit Rechtsvorschriften des Bauordnungs- und Bauplanungsrechts überprüft. Daneben muss das Vorhaben jedoch z.B. auch mit dem Straßen-, Wasser-, Denkmalschutz-, Naturschutz-, Immissionsschutz-, Gewerbe- oder Luftverkehrsrecht übereinstimmen. Die Bauaufsichtsbehörde hat etwa bei nicht genehmigungsbedürftigen Betrieben nach dem Bundesimmissionsschutzgesetz (BImSchG) die Einhaltung der Vorschrift des § 22 BImSchG zu prüfen (BVerwGE 74, 315). Danach darf eine Baugenehmigung nur erteilt werden, wenn die Voraussetzungen des § 22 BImSchG vorliegen. Der Baugenehmigung kommt insoweit eine **Konzentrationswirkung** zu. Dieser Grundsatz gilt aber nicht, wenn die Vereinbarkeit des Vorhabens mit bestimmten öffentlich-rechtlichen Vorschriften in einem **gesonderten Verfahren** zu prüfen ist, das durch eine rechtlich selbständige Entscheidung der anderen Behörde mit Außenwirkung abgeschlossen wird (BVerwG DVBl. 1986, 1273; BVerwG DVBl. 1989, 1055). Ist etwa neben der Baugenehmigung eine straßen-, wasser-, atom- oder landschaftsschutzrechtliche Genehmigung oder Erlaubnis erforderlich, ist es der Bauaufsichtsbehörde versagt, die für eine solche Genehmigung vorgeschriebenen besonderen Voraussetzungen zu prüfen. In welchem Umfang der Baugenehmigung Konzentrationwirkung zukommt, richtet sich in erster Linie nach den landesrechtlichen Vorschriften. Hier sind auch Gesetzesänderungen für die Zukunft zu erwarten. So sieht z.B. die am 01.04.2006 in Kraft getretene Hamburgische Bauordnung eine umfassende Konzentrationswirkung des Baugenehmigungsbescheides vor (§ 62 HBauO). 235

Über die Zulässigkeit von Vorhaben in den Fällen gem. §§ 31, 33 bis 35 BauGB wird im bauaufsichtlichen Verfahren von der Baugenehmigungsbehörde **im Einvernehmen mit der Gemeinde** entschieden (§ 36 Abs. 1 S. 1 BauGB). Diese Vorschrift kommt nicht in allen Bundesländern zum Zuge, z.B. gibt es in Hamburg aufgrund der dortigen Behördenstruktur ein Einvernehmen der Gemeinde nicht. Baugenehmigungen werden in der Freien und Hansestadt Hamburg von den zuständigen Bauprüfabteilungen der einzelnen Bezirke erteilt. Die verfahrensrechtliche Bedeutung des Einvernehmens der Gemeinde soll am folgenden Beispielsfall erläutert werden: 236

Beispielsfall 237

Ein Bauträger stellt bei der zuständigen Baugenehmigungsbehörde einen Bauantrag zur Errichtung einer Wohnanlage mit 6 Eigentumswohnungen. Das Baugrundstück liegt aber außerhalb der in dem Bebauungsplan durch Baugrenzen vorgesehenen Baufenster. Unter Hinweis darauf versagt die Gemeinde ihr Einvernehmen zu der beabsichtigten Bebauung, weil sie der nach ihrer Auffassung erforderlichen Befreiung gem. § 31 Abs. 2 BauGB nicht zustimmt. Der Bauträger beruft sich darauf, dass im räumlichen Geltungsbereich des Bebauungsplans in der Vergangenheit wiederholt Baugenehmigungen über eine Wohnbebauung außerhalb der festgelegten Baugrenzen erteilt worden sind und insoweit die räumlichen Beschränkungen des Bebauungsplans funktionslos geworden sind. Die Baugenehmigungsbehörde versagt die beantragte Baugenehmigung (in abgewandelter Form liegt dieser Sachverhalt dem Urteil des VG Lüneburg 27.05.2004, Az. 2 A 61/03 – zugrunde).

Die Baugenehmigungsbehörde ist gehindert, eine Baugenehmigung zu erteilen, wenn die Gemeinde ihr Einvernehmen nach § 36 BauGB verweigert (Ernst-Zinkahn-Bielenberg-Krautzberger Kommentar zum BauGB, Rn. 26 zu § 36 BauGB m.w.N.). Diese Rechts- 238 folge gilt auch, wenn die Versagung des Einvernehmens rechtswidrig ist oder die Baugenehmigungsbehörde die Erteilung der Baugenehmigung entgegen der Auffassung der Gemeinde für zulässig hält. Anders verhält es sich nur, wenn das fehlende Einvernehmen nach § 36 Abs. 2 S. 3 BauGB durch die nach Landesrecht zuständige Behörde oder durch die Kommunalaufsicht ersetzt wird (vgl. hierzu i.E. Ernst-Zinkahn-Bielenberg-Krautzberger Kommentar zum BauGB, Rn. 40 ff. zu § 36 BauGB). Im Beispielsfall (Rdn. 237) berief sich die Baugenehmigungsbehörde darauf, dass schon das fehlende Einvernehmen der Gemeinde zur Versagung einer positiven Entscheidung führen müsse. Nach erfolglosem Widerspruchsverfahren gegen den Versagungsbescheid musste der Bauträger nunmehr Klage vor dem Verwaltungsgericht erheben mit dem Antrag, den negativen Bescheid aufzuheben und die Baugenehmigungsbehörde zu verpflichten, die beantragte Baugenehmigung zu erteilen. Im verwaltungsgerichtlichen Verfahren konnte sich der Bauträger mit seiner Auffassung durchsetzen, dass die **Festsetzung** von Baugrenzen **im Bebauungsplan funktionslos** geworden war.

239 **Exkurs:** Nach der Rechtsprechung des Bundesverwaltungsgerichts tritt eine **bauplanerische Festsetzung** eines Bebauungsplans **außer Kraft**, wenn und soweit die Verhältnisse, auf die sie sich bezieht, in der tatsächlichen Entwicklung einen Zustand erreicht haben, der eine Verwirklichung der Festsetzung auf unabsehbare Zeit ausschließt und wenn diese Tatsache so offensichtlich ist, dass ein in ihre Fortsetzung gesetztes Vertrauen keinen Schutz verdient. Entscheidend ist, ob die jeweilige Festsetzung noch geeignet ist, zur städtebaulichen Ordnung i.S.d. § 1 Abs. 3 BauGB im Geltungsbereich des Bebauungsplans einen sinnvollen Beitrag zu leisten. Die Plankonzeption, die einer Festsetzung zugrunde liegt, wird nicht schon dann sinnlos, wenn sie nicht mehr überall im Plangebiet umgesetzt werden kann. Erst wenn die tatsächlichen Verhältnisse vom Planinhalt so massiv und so offenkundig abweichen, dass der Bebauungsplan insoweit eine städtebauliche Gestaltungsfunktion unmöglich zu erfüllen vermag, kann von einer Funktionslosigkeit die Rede sein. Das setzt voraus, dass die Festsetzung die Fähigkeit verloren hat, die städtebauliche Entwicklung noch in eine bestimmte Richtung zu steuern (BVerwG BauR 2004, 1128; BVerwG BauR 1997, 248; BVerwG BauR 2000, 854; BVerwG BauR 2001, 1550; vgl. auch OVG Lüneburg BauR 2005, 523 ff.; OVG Münster BauR 2007, 1198 ff.; OVG Hamburg BauR 2009, 203, 205).

240 Im Beispielsfall (Rdn. 237) konnte der Bauträger nachweisen, dass zwischenzeitlich bis auf das Baugrundstück alle Grundstücke im Bereich des B-Plans auch außerhalb der festgesetzten Baufenster mit Wohnraum unter Erteilung entsprechender Genehmigungen bebaut waren. Damit war die Festsetzung von Baugrenzen im B-Plan erkennbar sinnlos geworden.

241 Mit Erteilung der Baugenehmigung ist der Bauherr legitimiert, mit Baumaßnahmen zu beginnen. Allerdings sind etwaige **Auflagen oder Bedingungen** im Baugenehmigungsbescheid zuvor zu erfüllen.

242 **Widerspruch und Anfechtungsklage eines Dritten** gegen die bauaufsichtliche Zulassung eines Vorhabens haben **keine aufschiebende Wirkung** (§ 212a BauGB). Trotz eines Nachbarwiderspruchs kann daher der Bauherr nach Erteilung einer Baugenehmigung mit Baumaßnahmen beginnen (zum vorläufigen gerichtlichen Rechtsschutz des Nachbarn s. die Ausführungen unter Rdn. 254).

243 Die Baugenehmigungsbehörde prüft das Bauvorhaben nur auf seine Vereinbarkeit mit öffentlich-rechtlichen Vorschriften. **Private Rechte Dritter** bleiben daher unberührt (vgl. z.B. § 72 Abs. 4 HBauO). Abwehrrechte Dritter aufgrund privatrechtlicher Vereinbarungen oder gesetzlicher Bestimmungen bleiben daher vollen Umfanges erhalten (vgl. hierzu LG Hamburg ZUR 2006, 193 ff.: privatrechtlicher Anspruch auf Unterlassung des

Betriebs eines Kindergartens oder einer Kindertagesstätte trotz behördlicher Genehmigung). Private Rechte Dritter, die von einer erteilten Baugenehmigung unberührt bleiben, können sich ergeben aus Eigentum, Erbbaurecht, Dienstbarkeiten, Grundpfandrechten, schuldrechtlichen Verträgen sowie insbesondere den privaten Abwehrrechten aus den §§ 906 ff., 1004 BGB.

Exkurs: Sowohl bei privatrechtlichen Abwehransprüchen gem. §§ 906 ff., 1004 BGB als **244** auch bei öffentlich-rechtlichen Abwehrrechten spielt – wenn es um Lärm geht – die Sechste Allgemeine Verwaltungsvorschrift zum Bundes-Immissionsschutzgesetz (BImSchG) v. 26.08.1998 (GMBl. S. 503), nämlich die sog. TA-Lärm, eine erhebliche Rolle. Unter Ziffer 6. der TA-Lärm sind bestimmte Immissionsrichtwerte in Industriegebieten, Gewerbegebieten, in Kerngebieten, Dorfgebieten und Mischgebieten, in allgemeinen Wohngebieten und Kleinsiedlungsgebieten, in reinen Wohngebieten und in Kurgebieten, für Krankenhäuser und Pflegeanstalten genannt. Nach Ziffer 6.1 der TA-Lärm liegt z.B. der zulässige Immissionsrichtwert im reinen Wohngebiet bei tags 50 dB(A) und nachts bei 35 dB(A).

Eine unwesentliche Beeinträchtigung liegt gem. § 906 Abs. 1 S. 2 BGB i.d.R. vor, wenn die **245** in Gesetzen oder Rechtsverordnungen festgelegten Grenz- oder Richtwerte nicht überschritten werden. Zu solchen Richtwerten gehören auch die Immissionsrichtwerte der TA-Lärm. Der in der TA-Lärm festgelegte Wert von 50 dB(A) (tags) wurde z.B. auch bei der Beurteilung des von einem **Kindergarten in einem reinen Wohngebiet** ausgehenden Lärms herangezogen (LG Hamburg ZUR 2006, 193 ff.; zur öffentlich-rechtlichen Zulässigkeit einer Kindertagesstätte im reinen Wohngebiet vgl. OVG Hamburg BauR 2009, 203).

Auch im Bereich des öffentlichen Rechts ist die TA-Lärm von großer Bedeutung, etwa **246** bei der Prüfung der Frage, ob Nachbarn unzumutbar beeinträchtigt werden in Folge Lärms (vgl. hierzu auch die Ausführungen unter Rdn. 254). Wann bei Geräuschimmissionen schädliche Umwelteinwirkungen anzunehmen sind, ist normativ nicht näher bestimmt. In der Rechtsprechung ist aber anerkannt, dass die TA-Lärm einen brauchbaren Anhaltspunkt hierfür liefert (BVerwG Buchh. 406.12 § 12 BauNVO Nr. 10 m.w.N.; OVG Hamburg v. 12.02.2002, Az. 2 Bs 348/01 – »Burger King«; OVG Koblenz NuR 2003, 768, 769; OVG Münster BauR 2003, 517, 519; OVG Greifswald BRS 62 Nr. 109). Dies bedeutet zugleich, dass dem genannten Regelwerk keine rechtliche Bindung zukommt. Welche Folgerungen aus diesem Regelwerk zu ziehen sind, bleibt vielmehr der tatrichterlichen Bewertung vorbehalten (so ausdrücklich BVerwG Buchh. 406.12 § 12 BauNVO Nr. 10; BVerwGE 81, 197, 203), sodass hierdurch weder die Sach- noch Rechtslage, sondern vielmehr der Erkenntnisstand betroffen ist. Die in der TA-Lärm festgelegten Immissionsrichtwerte lassen also erkennen, ob im Einzelfall bei Geräuschimmissionen schädliche Umwelteinwirkungen anzunehmen sind.

Nach den meisten Landesbauordnungen gelten die Baugenehmigungen **für und gegen den** **247** **Rechtsnachfolger** des Bauherrn (vgl. z.B. § 75 Abs. 6 NBauO, § 78 Abs. 2 LBO S-H).

Baugenehmigungen erlöschen, wenn sie nicht innerhalb einer bestimmten Frist in **248** Anspruch genommen worden sind. gem. § 73 Abs. 1 HBauO müssen z.B. Baugenehmigungen innerhalb von 3 Jahren in Anspruch genommen werden, d.h. es muss innerhalb von 3 Jahren nach ihrer Erteilung mit der Ausführung des Vorhabens begonnen werden.

c) Rechtsmittel des Bauherrn und dessen vorläufiger gerichtlicher Rechtsschutz

Gelingt es dem Bauherrn, einen **positiven Bescheid** zu erwirken, muss er in verfahrens- **249** mäßiger Hinsicht zunächst nicht aktiv werden, wenn der **Nachbar** gegen den Baugenehmigungsbescheid Widerspruch einlegt, da dieser gem. § 212a Abs. 1 BauGB **keine aufschiebende Wirkung** hat.

250 Gelingt es dem Nachbar, im Aussetzungsverfahren gem. §§ 80a Abs. 3, 80 Abs. 5 VwGO (also im verwaltungsgerichtlichen Eilverfahren) die Anordnung der aufschiebenden Wirkung seines Widerspruches gegen die Baugenehmigung – also einen vorläufigen Baustopp – zu erwirken, hat der Bauherr die Möglichkeit, gem. §§ 80a Abs. 3, 80 Abs. 7 VwGO wegen veränderter oder im ursprünglichen Verfahren ohne Verschulden nicht geltend gemachter Umstände eine Abänderung der gerichtlichen Entscheidung zu beantragen. Der Bauherr ist im verwaltungsgerichtlichen Verfahren förmlich als Beigeladener beteiligt und hat demgemäß auch die Möglichkeit, Anträge zu stellen. Im Ausgangsfall (Rdn. 226) konnte die widersprechende Wohnungseigentümergemeinschaft im Aussetzungsverfahren einen vorläufigen Baustopp erreichen. Für den Discounter »Lidl« böte es sich an, gegenüber der gerichtlichen Entscheidung einen Abänderungsantrag gem. § 80 Abs. 7 VwGO zu stellen, wenn zwischenzeitlich die Gemeinde im Wege einer förmlichen Änderung des Bebauungsplans das bisherige Mischgebiet (MI) – § 6 BauNVO – in ein Sondergebiet (SO) – § 11 Abs. 3 BauNVO – umgewandelt hat und die erteilte Baugenehmigung noch nicht aufgehoben ist. Denn nunmehr hätte der von »Lidl« beabsichtigte großflächige Einzelhandelsbetrieb eine bauplanungsrechtliche Rechtsgrundlage, unter der Voraussetzung, dass der geänderte Bebauungsplan materielle Gültigkeit beanspruchen kann. **(Die Festsetzung einer baugebietsbezogenen, vorhabenunabhängigen Verkaufsflächenobergrenze zur Steuerung des Einzelhandels in einem Sondergebiet ist unzulässig, BVerwG BauR 2008, 1273.)** Auch die Baugenehmigungsbehörde als Antragsgegner des Verfahrens könnte einen gerichtlichen Antrag auf Abänderung gem. § 80 Abs. 7 VwGO stellen. Im Ausgangsfall (Rdn. 226) wäre im Abänderungsverfahren gem. § 80 Abs. 7 VwGO der **Antrag** zu stellen, unter Abänderung des gerichtlichen Beschlusses vom … zum Aktenzeichen … den Antrag der antragstellenden Nachbarpartei, die aufschiebende Wirkung ihres Widerspruchs gegen den Baugenehmigungsbescheid vom anzuordnen, nunmehr abzuweisen.

251 Veränderte Umstände i.S.d. § 80 Abs. 7 S. 2 VwGO liegen bei einer nachträglichen Änderung der maßgeblichen Sach- oder Rechtslage vor (OVG Hamburg NVwZ 1995, 1004). Neben neuen oder geänderten Gesetzen führen auch höchstrichterliche Klärungen bislang offener oder umstrittener Rechtsfragen zu einer veränderten Rechtslage (BVerwG NVwZ 1995, 383; VGH Baden-Württemberg NVwZ-RR 1992, 657, 658 und NVwZ 1999, 785). Höchstrichterliche Entscheidungen in diesem Sinne sind auch Entscheidungen des EuGH zur letztverbindlichen Auslegung von Gemeinschaftsrecht, das innerstaatliche Geltung hat.

252 Wird dem Bauherrn die beantragte **Baugenehmigung versagt,** bleibt ihm nur die Möglichkeit des Widerspruchs (§§ 68 ff. VwGO) und bei Erfolglosigkeit des Widerspruchsverfahrens die Erhebung einer Klage vor dem Verwaltungsgericht im Hauptsacheverfahren (§ 42 VwGO). Beim Verwaltungsgericht ist der **Antrag** zu stellen, den negativen Bescheid der beklagten Partei vom … zum Aktenzeichen … in der Gestalt des Widerspruchsbescheides vom … zum Aktenzeichen … aufzuheben und die beklagte Partei zu verpflichten, gem. dem Antrag der klagenden Partei vom … dieser einen Baugenehmigungsbescheid zu erteilen.

253 Bei für ihn negativer Entscheidung der Baugenehmigungsbehörde kann der Bauherr **keinen vorläufigen Rechtsschutz beanspruchen,** etwa mit dem Antrag, dass ihm vorläufig gestattet wird, mit Baumaßnahmen zu beginnen. Ein solches oder ähnliches Begehren kann der Bauherr auch nicht über eine einstweilige Anordnung gem. § 123 VwGO erreichen. Die »einstweilige« Anordnung hat – schon begrifflich – interimistischen Charakter. Sie zielt regelmäßig nur auf vorläufige Maßnahmen, mit denen die endgültige Entscheidung gerade offen gehalten, nicht aber vorweggenommen werden soll (OVG NRW ZMR 1996, 228).

d) Rechtsmittel des Nachbarn und dessen vorläufiger gerichtlicher Rechtsschutz

Die Möglichkeiten des Nachbarn, gegen die dem Bauherrn erteilte Baugenehmigung vorzugehen, sind zunächst **inhaltlich begrenzt**. Der Widerspruch des Nachbarn ist nicht schon dann erfolgreich, wenn er darlegen kann, dass die Baugenehmigung in irgendeiner Art und Weise objektiv rechtswidrig ist. Der Widerspruch hat nur dann Aussicht auf Erfolg, wenn öffentlich-rechtliche Vorschriften verletzt sind, die jedenfalls auch dem Schutz des Nachbarn zu dienen bestimmt sind. Wird der Fachanwalt für Miet- und Wohnungseigentumsrecht mit dieser Fragestellung konfrontiert, hält er einen verlässlichen Kompass in der Hand, wenn folgende Grundzüge beachtet werden: 254

Aus dem Bereich des **Bauordnungsrechts** kommt insbesondere Regelungen zu den Abstandsflächen ein nachbarschützender Charakter zu. Nach der HBauO bedürfen z.B. Unterschreitungen bestimmter Mindestmaße bei Abstandsflächen ausdrücklich der Zustimmung des Nachbarn (§ 71 Abs. 2 HBauO i.V.m. § 6 HBauO). Verletzt danach der Baugenehmigungsbescheid Regelungen zu den Abstandsflächen, kann der Nachbar mit Aussicht auf Erfolg Widerspruch einlegen.

Ob **bauplanungsrechtliche Festsetzungen** in einem Bebauungsplan nachbarschützend sind, ist zunächst nach dem Inhalt des Bebauungsplans und den Materialien des Bebauungsplanverfahrens zu beantworten. Aus ihnen müssen sich konkrete Anhaltspunkte dafür ergeben, dass nach dem Willen der Gemeinde Festsetzungen auch und gerade zum Schutze von Nachbarn erfolgten.

Nach der Rechtsprechung des Bundesverwaltungsgerichts sind Festsetzungen in einem Bebauungsplan über die **Art** der baulichen Nutzung (Baugebiete i.S.v. § 1 Abs. 2 BauNVO) **generell nachbarschützend** (BVerwG BauR 1994, 223; BVerwG BauR 2000, 1306). Folgende Baugebiete (Art der baulichen Nutzung) können gem. § 1 Abs. 2 BauNVO in einem Bebauungsplan dargestellt werden: Kleinsiedlungsgebiete (WS), reine Wohngebiete (WR), allgemeine Wohngebiete (WA), besondere Wohngebiete (WB), Dorfgebiete (MD), Mischgebiete (MI), Kerngebiete (MK), Gewerbegebiete (GE), Industriegebiete (GI) und Sondergebiete (SO). Nach dieser Rechtsprechung hat auch der Nachbar einen Rechtsanspruch auf die Einhaltung der festgesetzten Nutzungsart. Als Eigentümer eines Grundstücks, das durch denselben Bebauungsplan ebenfalls als z.B. Mischgebiet festgesetzt wird, kann er die Zulassung eines mit der Gebietsfestsetzung unvereinbaren Vorhabens abwehren, weil hierdurch das nachbarliche Austauschverhältnis gestört wird und eine Verfremdung des Gebiets zu besorgen ist. Dieser sog. Gebietserhaltungsanspruch besteht unabhängig davon, in welchem konkreten Umfange der Nachbar von der gebietsfremden Nutzung gestört wird, etwa durch Immissionen. Im Ausgangsfall (Rdn. 226) konnte die Wohnungseigentümergemeinschaft das Bauvorhaben von »Lidl« schon deshalb abwehren, weil der beabsichtigte großflächige Einzelhandelsbetrieb im festgesetzten Mischgebiet (MI) – § 6 BauNVO) – unzulässig ist. Wird in Fällen der vorliegenden Art dem Bauherrn von der Baugenehmigungsbehörde eine Befreiung gem. § 31 Abs. 2 BauGB erteilt, ist in der Konsequenz dieser Rechtsprechung die Befreiungsentscheidung auf Widerspruch des Nachbarn vom Verwaltungsgericht vollen Umfanges überprüfbar, nicht nur im Hinblick auf eine Würdigung nachbarlicher Interessen, die in § 31 Abs. 2 BauGB – auch – genannt sind.

Hingegen sind im Allgemeinen Festsetzungen in einem Bebauungsplan über das **Maß** der baulichen Nutzung nicht nachbarschützend. Sieht z.B. der Bebauungsplan eine Wohnbebauung mit 3 Vollgeschossen vor, ist der Widerspruch des Nachbarn i.d.R. erfolglos, wenn dem Bauherrn im Wege einer Befreiungsentscheidung gestattet wird, 4 Vollgeschosse zu errichten. Ein nachbarschützender Charakter von Festsetzungen über das Maß der baulichen Nutzung müsste sich schon ganz konkret aus dem Bebauungsplan oder seiner Begründung ergeben. In aller Regel ist es aber nicht Erfolg versprechend, wenn der Nachbar Widerspruch einlegt, weil Festsetzungen über das Maß der baulichen Nutzung nicht eingehalten sind.

255 Zugunsten des Nachbarn ist von der Rechtsprechung das **Gebot der Rücksichtnahme** ihm gegenüber entwickelt worden. Fehlt ein Bebauungsplan, richtet sich die Zulässigkeit von Vorhaben innerhalb der im Zusammenhang bebauten Ortsteile nach § 34 BauGB. Danach ist ein Vorhaben u.a. zulässig, wenn es sich »in die Eigenart der näheren Umgebung einfügt«. Aus diesem Erfordernis hat die Rechtsprechung z.B. hier das Gebot der Rücksichtnahme gegenüber dem Nachbarn entwickelt (Ernst-Zinkahn-Bielenberg-Krautzberger BauGB, Rn. 141 zu § 34 BauGB m.w.N.). Ein Bauvorhaben fügt sich eben nicht ein, wenn es gegenüber dem Nachbarn als rücksichtslos erscheint. Man sollte sich aber als widersprechender Nachbar keinen Illusionen hingeben. Ein Verstoß gegen das Gebot der Rücksichtnahme nimmt die Rechtsprechung nur dann an, wenn der Nachbar im Ergebnis konkret unzumutbar beeinträchtigt wird. Diese Messlatte wird nur in seltenen Fällen überwunden.

256 Ist die dem Bauherrn erteilte Baugenehmigung dem Nachbarn zugestellt worden, so muss dieser gegen den Bescheid innerhalb eines Monats Widerspruch einlegen (§ 70 VwGO). Die Baugenehmigung wird dem Nachbarn aber eher in Ausnahmefällen zugestellt. Typisch ist die Situation, dass der Nachbar Vorbereitungen für oder den Beginn von Baumaßnahmen in seiner Umgebung registriert. Obwohl in dieser Situation dem Nachbarn gegenüber grundsätzlich keine Frist läuft, ist ihm gleichwohl anzuraten, sich zu informieren und ggf. alsbald Widerspruch gegen die Baugenehmigung einzulegen. Wartet der Nachbar zu lange mit einem Widerspruch, kann seine **Widerspruchsbefugnis verwirken**. Vom Zeitpunkt der Möglichkeit der sicheren Kenntniserlangung an muss sich der Nachbar nach Treu und Glauben so behandeln lassen, als ob ihm die Baugenehmigung amtlich bekannt gegeben worden wäre (BVerwG NJW 1988, 839; BVerwG NVwZ 1988, 532). Weil in diesem Falle keine Rechtsbehelfsbelehrung vorliegt, beträgt regelmäßig die Widerspruchsfrist ein Jahr vom Zeitpunkt der Möglichkeit der sicheren Kenntniserlangung (vgl. § 58 Abs. 2 VwGO). Eine Verwirkung der Widerspruchsbefugnis kann unter Umständen aber auch schon vor Ablauf der Jahresfrist eintreten (Uechtritz in Redeker-Uechtritz (Hrsg.) Anwaltshandbuch für Verwaltungsverfahren, Band I, 2 Rn. 124 m.w.N.). Die Jahresfrist beginnt im Übrigen nicht erst dann, wenn diejenigen Teile des Vorhabens errichtet werden, gegen die sich der Nachbar wendet. So beginnt beispielsweise die Frist für den Widerspruch des Nachbarn gegen eine nicht bekannt gemachte Baugenehmigung für einen Kindergarten mit Außenspielgelände nicht erst mit der Aufstellung der Spielgeräte zu laufen, auch wenn sich der Nachbar nur gegen das Außenspielgelände wendet (OVG Nds. BauR 1997, 452).

Erfährt der Nachbar, dass nicht nur eine Baugenehmigung, sondern auch bereits zu einem früheren Zeitpunkt ein positiver Vorbescheid erteilt wurde, muss er auch gegenüber dem Letzteren Widerspruch einlegen, um dessen Bestandskraft zu verhindern (vgl. hierzu die Ausführungen unter Rdn. 231).

257 Auch mit einem rechtzeitig eingelegten Widerspruch (s. hierzu die vorstehenden Ausführungen Rdn. 256) kann der Nachbar nicht verhindern, dass der Bauherr gem. der erteilten Baugenehmigung mit der Errichtung von Wohn- oder Gewerberaum beginnt. Denn der Widerspruch hat gem. § 212a Abs. 2 BauGB keine aufschiebende Wirkung. Der Nachbar hat folgende Optionen, einen Baubeginn oder einen Weiterbau zu stoppen:

258 Er kann bei der Baugenehmigungsbehörde den Antrag stellen, die Vollziehung der Baugenehmigung auszusetzen und einstweilige Maßnahmen zur Sicherung seiner Rechte zu treffen (§§ 80a Abs. 1 Nr. 2, 80 Abs. 4 VwGO).

Ferner hat der Nachbar die Möglichkeit, beim Verwaltungsgericht den Antrag zu stellen, die aufschiebende Wirkung seines Widerspruchs gegen die Baugenehmigung anzuordnen (§§ 80a Abs. 3, 80 Abs. 5 VwGO). 259

Sowohl der Antrag gegenüber der Baugenehmigungsbehörde über die Aussetzung der Vollziehung als auch der Antrag an das Verwaltungsgericht, die aufschiebende Wirkung des Widerspruchs anzuordnen, sind **grundsätzlich nicht fristgebunden**. Ihnen **fehlt** allerdings das **Rechtsschutzbedürfnis**, wenn das Gebäude zum Zeitpunkt der behördlichen oder gerichtlichen Entscheidung vollständig oder weitgehend fertig gestellt ist (Uechtritz in Redeker-Uechtritz (Hrsg.) Anwaltshandbuch für Verwaltungsverfahren, Band I, 2, Rn. 136 m.w.N.). Um möglichst frühzeitig einen Baubeginn oder eine Fortführung des Bauvorhabens zu verhindern, empfiehlt es sich aus Sicht des Nachbarn, so schnell wie möglich zu handeln und die o.g. Anträge zu stellen. Unterschiedlich wird in der Rechtsprechung die Frage beantwortet, ob der Nachbar verpflichtet ist, zunächst einen Antrag bei der Baugenehmigungsbehörde auf Aussetzung der Vollziehung des Baugenehmigungsbescheides zu stellen oder ob er auch ohne einen solchen Antrag direkt das Verwaltungsgericht gem. § 80a Abs. 3 i.V.m. § 80 Abs. 5 VwGO anrufen darf (zum Meinungsstand m.w.N. vgl. Uechtritz in Redeker-Uechtritz (Hrsg.) Anwaltshandbuch für Verwaltungsverfahren, Band I, 2 Rn. 135). Teilweise wird jedenfalls bei Hinweisen auf den drohenden Beginn von Bauarbeiten die direkte Anrufung des Gerichts für zulässig gehalten. **Bei Hinweisen auf den Beginn von Bauarbeiten oder wenn jene tatsächlich schon begonnen haben, empfiehlt sich für den beauftragten Rechtsanwalt ein paralleles, zweigleisiges Vorgehen:** Für den Nachbarn wird zum einen bei der Baugenehmigungsbehörde der Antrag gestellt, die Vollziehung der Baugenehmigung auszusetzen verbunden mit der Aufforderung, hierüber innerhalb einer kurzen Frist (zwischen 3 und 7 Tagen) zu entscheiden; gleichzeitig wird aber auch schon beim Verwaltungsgericht der Antrag gestellt, die aufschiebende Wirkung des Widerspruchs der Nachbarpartei anzuordnen. In der Regel ist die Baugenehmigungsbehörde nicht bereit, die Vollziehung der Baugenehmigung auszusetzen, ist sie doch im Allgemeinen von der Rechtmäßigkeit der gerade erteilten Baugenehmigung überzeugt. Bis zu einer gerichtlichen Entscheidung ist bei dem zweigleisigen Vorgehen damit zu rechnen, dass eine aus Sicht des Nachbarn negative behördliche Entscheidung vorliegt; sollte die Behörde noch nicht entschieden haben, kann der Nachbar nach dem Rechtsgedanken des § 80 Abs. 6 S. 2 Nr. 2 VwGO darauf hinweisen, dass in angemessener Frist sachlich von der Baugenehmigungsbehörde nicht entschieden worden ist. Sollte wider Erwarten die Baugenehmigungsbehörde dem Antrag des Nachbarn auf Aussetzung der Vollziehung der Baugenehmigung entsprechen, könnte schließlich das gerichtliche Aussetzungsverfahren in der Hauptsache für erledigt erklärt werden. 260

In der Sache selbst ist der Antrag des Nachbarn an das Verwaltungsgericht, die aufschiebende Wirkung seines Widerspruchs gegen die Baugenehmigung anzuordnen, dann erfolgreich, wenn bei summarischer Prüfung Überwiegendes dafür spricht, das der angegriffene Baugenehmigungsbescheid den Nachbarn in seinen Rechten verletzt und deshalb rechtswidrig ist. Die »summarische Prüfung« im verwaltungsgerichtlichen Eilverfahren ist allerdings nun schon eine recht intensive, das Verwaltungsgericht prüft also bereits im Aussetzungsverfahren recht genau die Sach- und Rechtslage. 261

Erreicht der widersprechende Nachbar im gerichtlichen Aussetzungsverfahren (§§ 80, 80a VwGO) zunächst keinen Baustopp, wird also sein Antrag auf Herstellung der aufschiebenden Wirkung des Widerspruchs abgelehnt, verbleibt ihm die Möglichkeit, bei veränderter Sach- und Rechtslage eine Änderung oder Aufhebung der zunächst ergangenen gerichtlichen Entscheidung zu beantragen (§§ 80a Abs. 3, 80 Abs. 7 S. 2 VwGO). Es gelten hier die gleichen Grundsätze wie bei einem vom Bauherrn oder von der Bau- 262 genehmigungsbehörde initiiertes Abänderungsverfahren (vgl. dazu die Ausführungen unter Rdn. 250 ff.).

263 Weder **Wohnungseigentümer nach dem WEG** untereinander noch einzelne Wohnungseigentümer im Verhältnis zur Wohnungseigentümergemeinschaft insgesamt sind Nachbarn i.S.d. öffentlichen Bau-Nachbarrechts. Damit ist z.B. ausgeschlossen, dass ein Wohnungseigentümer subjektiv-öffentliche Nachbarrechte gegen die Nutzungsänderung einer Wohnung geltend macht, die im Sondereigentum eines anderen Miteigentümers derselben Wohnungseigentümergemeinschaft steht (BVerwG BRS 60 Nr. 173; BVerwG BauR 1989, 75). Gleichfalls ist es einem Sondereigentümer verwehrt, im Rahmen des öffentlichen Nachbarrechts gegen ein Bauvorhaben anzugehen, dass die Wohnungseigentümergemeinschaft, an der er selbst beteiligt ist, auszuführen beabsichtigt (BVerwG NVwZ 1990, 665; BVerwG NJW 1988, 3279). Innerhalb der Wohnungseigentümergemeinschaft gibt es insoweit keine öffentlich-rechtlichen Abwehransprüche gegen Bauvorhaben. Sie beurteilen sich vielmehr nach den Bestimmungen des WEG und Vereinbarungen oder Beschlüssen der Wohnungseigentümergemeinschaft (§ 15 Abs. 3 WEG). Ein einzelner Wohnungseigentümer soll auch nicht berechtigt sein, wegen Beeinträchtigung des gemeinschaftlichen Eigentums im eigenen Namen Abwehrrechte gegen ein Bauvorhaben auf einem Nachbargrundstück geltend zu machen, er sei insoweit kein Nachbar i.S.d. landesrechtlichen Bauordnung (VGH München v. 12.09.2005, Az. 1 ZB 05.42).

e) Bedeutung der Abgeschlossenheitsbescheinigung bei Bildung von Wohnungseigentum

264 Gemäß § 3 Abs. 2 WEG soll Sondereigentum (zur Begriffsbestimmung vgl. § 1 Abs. 2 und 3 WEG) nur eingeräumt werden, wenn die Wohnungen oder sonstigen Räume in sich abgeschlossen sind. Diese Abgeschlossenheit hat die Baubehörde zu bescheinigen, die sog. Abgeschlossenheitsbescheinigung ist der Eintragungsbewilligung beizufügen (§ 7 Abs. 4 Nr. 2 WEG). Der Eintragungsbewilligung ist i.Ü. beizufügen eine von der Baubehörde mit Unterschrift und Siegel oder Stempel versehene Bauzeichnung, aus der die Aufteilung des Gebäudes sowie die Lage und Größe der im Sondereigentum und der im gemeinschaftlichen Eigentum stehenden Gebäudeteile ersichtlich ist (Aufteilungsplan) (§ 7 Abs. 4 Nr. 1 WEG).

265 Durch die Abgeschlossenheitsbescheinigung ist das Grundbuchamt der Notwendigkeit enthoben nachzuprüfen, ob die durch § 3 Abs. 2 WEG normierten Voraussetzungen in der Wirklichkeit gegeben sind (Weitnauer Wohnungseigentumsgesetz, 9. Aufl., Rn. 14 zu § 7 WEG). Die Erteilung der Bescheinigung ist ein **Verwaltungsakt**. Wird die Bescheinigung über die Abgeschlossenheit verweigert, so ist hiergegen der Widerspruch (§§ 68 ff. VwGO) und nach Maßgabe von § 42 VwGO Klage vor dem Verwaltungsgericht gegeben (Weitnauer Wohnungseigentumsgesetz, 9. Aufl., Rn. 14 zu § 7 WEG).

266 Baubehörde i.S.v. § 7 Abs. 4 WEG ist die nach Landesrecht zur Erteilung von Baugenehmigungen zuständige Behörde (Weitnauer Wohnungseigentumsgesetz, 9. Aufl., Rn. 15 zu § 7 WEG).

267 Das Erfordernis der Abgeschlossenheit betrifft **nur die räumliche Abgrenzung der Sondereigentumsbereiche**. Im Zuge der Bildung von Wohnungseigentum bei **Altbauten** verweigerten Baubehörden eine Zeit lang die Abgeschlossenheitsbescheinigung, wenn Trennwände oder Trenndecken in Altbauten nicht den gegenwärtigen bauordnungsrechtlichen Anforderungen genügten. Diese Praxis wurde beendet mit Beschluss des Gemeinsamen Senats der Obersten Gerichtshöfe des Bundes v. 30.06.1992 (BGHZ 119, 42 = *NJW 1992, 2320) der entschied:* »Wohnungen und sonstige Räume in bestehenden Gebäuden können auch dann i.S.v. § 3 Abs. 2 S. 1 WEG in sich abgeschlossen sein, wenn

die Trennwände und Trenndecken nicht den Anforderungen entsprechen, die das Bauordnungsrecht des jeweiligen Bundeslandes aufstellt.«

Nicht selten ist die Konstellation, dass zwei nebeneinander liegende Eigentumswohnungen durch einen **Wanddurchbruch** miteinander verbunden werden. Eine solche bauliche Veränderung ist nicht schon deswegen i.S.d. §§ 14 Nr. 1, 22 Abs. 1 WEG zu Lasten anderer Wohnungseigentümer nachteilig, weil sie zum Verlust der Abgeschlossenheit (§ 3 Abs. 2 WEG) führt (BGH NJW 2001, 1212). **268**

2. Öffentlich-rechtliche Nutzungsbeschränkungen

a) Zweckentfremdung

Aufgrund des § 1 Abs. 1 von Artikel 6 des Gesetzes zur Verbesserung des Mietrechts und zur Begrenzung des Mietanstiegs sowie zur Regelung von Ingenieur- und Architektenleistungen v. 04.11.1971 (BGBl. I 1971, 1745) sind die **Länder** zu Verordnungen über das **Verbot der Zweckentfremdung von Wohnraum** ermächtigt. Aufgrund dieses Gesetzes werden die Landesregierungen ermächtigt, für Gemeinden, in denen die Versorgung der Bevölkerung mit ausreichendem Wohnraum zu angemessenen Bedingungen besonders gefährdet ist, durch Rechtsverordnung zu bestimmen, dass Wohnraum anderen als Wohnzwecken nur mit Genehmigung der von der Landesregierung bestimmten Stelle zugeführt werden darf. Von dieser Ermächtigung haben die Länder Gebrauch gemacht. Noch aktuell sind die Zweite Zweck**entfremdungsverbot-Verordnung** – 2. ZwVbV – des **Landes Brandenburg** v. 11.03.1998 (GVBl. II 1998, 270), das Gesetz über das Verbot der Zweckentfremdung von Wohnraum – ZwEWG – des Freistaates **Bayern** v. 10.12.2007 (GVBl. 2007, 864) und das Zweckentfremdungsübertragungsgesetz – ZwGM-V – des Landes **Mecklenburg-Vorpommern** v. 25.06.1996 (GVOBl. M-V 1996, 286). **269**

Die §§ 9 bis 12 des Gesetzes über den Schutz und die Erhaltung von Wohnraum v. 08.03.1982 (HmbGVBl. S. 47) bieten den **Hamburger Behörden** Möglichkeiten, das Verbot der Zweckentfremdung von Wohnraum durchzusetzen. Danach können u.a. Wohnungsgebote – auch bei Leerstehen von Wohnraum –, Räumungsgebote und Wiederherstellungsgebote erlassen werden. **270**

Schon alsbald nach seinem In-Kraft-Treten entschied das Bundesverfassungsgericht, dass Artikel 6 § 1 MietRVerbessG mit dem Grundgesetz vereinbar ist (BVerfG NJW 1975, 727). **271**

Zum Begriff »Wohnraum« und den einzelnen, in Betracht kommenden Tatbeständen einer Zweckentfremdung wird verwiesen auf Fischer-Dieskau, Pergande, Schwender Wohnungsbaurecht, Bd. 3.1, Zweckentfremdung, Loseblattsammlung. **272**

Die fehlende Zweckentfremdungsgenehmigung führt **nicht** zur **Nichtigkeit** des Mietvertrages, da es sich sowohl bei der vorstehend (Rdn. 269) bezeichneten gesetzlichen Ermächtigungsgrundlage (Artikel 6 § 1 MietRVerbessG) als auch bei den entsprechenden landesgesetzlichen Regelungen nicht um Verbotsgesetze handelt (BGH NJW 1994, 320 = DWW 1994, 246 = ZMR 1994, 255). **273**

Die Mietsache ist allerdings mangelhaft i.S.v. § 536 Abs. 1 BGB, wenn sie unter Verstoß gegen eine Zweckentfremdungsverordnung zu anderen als Wohnzwecken vermietet wird (OLG Hamm NJWE-MietR 1997, 201; KG NJW-RR 1996, 1224 = ZMR 1996, 263; BayObLG NJW-RR 1986, 690, einschränkend: LG Berlin GE 1994, 459, letztere Entscheidung wird als bedenklich angesehen: Schmidt-Futterer, Mietrecht, 9. Aufl., Rn. 80 zu § 536 BGB; Sternel Mietrecht aktuell, 4. Aufl., Rn. VIII 45a). **274**

275 Eine **Mietpreisüberhöhung i.S.v. § 5 WiStG (zu den Voraussetzungen und Rechtsfolgen dieser Vorschrift i.E. s. Kap. 4, II.)** setzt ein geringes Angebot an Wohnungen voraus. Nach bislang herrschender Meinung liegt ein geringes Angebot an Wohnraum schon dann vor, wenn das vorhandene Angebot an Wohnungen die Nachfrage nicht wenigstens spürbar, d.h. um zumindest 5 % übersteigt (vgl. hierzu Junker in Lützenkirchen, AHB Mietrecht, 4. Aufl., D Rn. 181 m.w.N.). Indiztatsache für das Vorliegen eines geringen Angebots kann in diesem Zusammenhang u.a. sein, ob ein Zweckentfremdungsverbot für das betreffende Gebiet besteht (Sternel Mietrecht, III Rn. 61, 62; LG Bochum NZM 1999, 1001). Gegenüber dieser Auffassung sind neuerdings vom BGH (MDR 2005, 978) Bedenken erhoben worden: Nach dem allgemeinen Sprachverständnis bezeichnet der Begriff »gering« im vorliegenden Zusammenhang eine relative Knappheit eines Gutes. Das könne dafür sprechen, ein geringes Angebot nur dann anzunehmen, wenn es die Nachfrage nicht erreicht, und es bereits dann zu verneinen, wenn Angebot und Nachfrage ausgeglichen seien oder das Angebot die Nachfrage, sei es auch nur geringfügig, übersteige. Der Hinweis auf ein **Zweckentfremdungsverbot für das betreffende Gebiet** im Rahmen von **§ 5 WiStG** hat angesichts vorstehend bezeichneter BGH-Entscheidung sicher an Bedeutung verloren.

b) Nutzungsuntersagungen

276 Die Nutzung von Wohn- oder Gewerberaum muss erfolgen in Übereinstimmung mit den öffentlich-rechtlichen Vorschriften. Die Bauordnungen der Länder bieten den Bauaufsichtsbehörden gesetzliche Grundlagen für Eingriffsverfügungen, wenn die Nutzung von Wohn- oder Gewerberaum im Widerspruch zu öffentlich-rechtlichen Vorschriften erfolgt. So ist beispielsweise in § 76 Abs. 1 S. 2 HBauO normiert:

277 »Werden Anlagen im Widerspruch zu öffentlich-rechtlichen Vorschriften benutzt, so kann diese Nutzung untersagt werden.«

278 Anders als für die Beseitigungsanordnung genügt grundsätzlich nach herrschender Meinung für die Nutzungsuntersagung **allein die formelle Illegalität**, also das Fehlen einer an sich erforderlichen Bau- oder Nutzungsgenehmigung (OVG Saarlouis NVwZ 1985, 122; BayVGH DVBl. 1987, 1015; OVG Lüneburg NVwZ 1989, 170; HmbOVG v. 25.11.1991, Az. OVG Bs II 128/91 – für den ungenehmigten Betrieb eines Pizza-Service-Betriebs; HmbOVG v. 17.12.1992, Az. OVG Bs II 39/91 – für die ungenehmigte Nutzung einer Kleingartenparzelle für die Hundezucht; HmbOVG, Hamburger Grundeigentum 1991, 251 – für das ungenehmigte Abstellen eines Bootsanhängers mit Segelboot auf der Garagenzufahrt; HmbOVG v. 28.06.1994 – OVG Bs II 24/94 – v. 03.02.1998, Az. OVG Bs II 43/97 –; VGH Kassel NVwZ 1995, 922; OVG Weimar LKV 1997, 370; OVG Koblenz BauR 1997, 103; VGH Kassel NVwZ-RR 1996, 487; Mampel BauR 2000, 996, 1000; a.A. VGH Mannheim NVwZ 1990, 480). Bei der Nutzungsuntersagung für einen Swinger-Club wurde offen gelassen, ob allein die formelle Illegalität ausreichend ist (VGH München NVwZ RR 2005, 15); der Swinger Club war sowohl formell illegal, weil er nicht von der Baugenehmigung für das Wohngebäude erfasst ist, als auch materiell illegal, weil im allgemeinen Wohngebiet liegend.

279 Von dem Grundsatz, dass allein die formelle Illegalität die Anordnung eines Nutzungsverbotes rechtfertigt, gibt es eng begrenzte **Ausnahmefälle**. Ausnahmefälle liegen vor,

- wenn die materielle Legalität der Baumaßnahmen ohne Weiteres ersichtlich und außer Zweifel ist (OVG Lüneburg NVwZ 1989, 170; OVG Lüneburg BRS Bd. 16 Nr. 130; OVG Münster BauR 1988, 75; HmbOVG Hamburger Grundeigentum 1991, 251; OVG Saarlouis NVwZ 1985, 122; HmbOVG v. 28.06.1994 Az. OVG Bs II 24/94) oder

- wenn die Bauaufsichtsbehörde durch positives Handeln einen Vertrauenstatbestand geschaffen hat (OVG Lüneburg NVwZ 1989, 170; OVG Lüneburg BRS Bd. 16 Nr. 130) oder
- wenn eine auch nur vorübergehende Nutzungsuntersagung nicht wieder gutzumachende Folgen hat (HmbOVG Hamburger Grundeigentum 1991, 251), etwa wenn ein Betrieb stillgelegt wird, der nach Stilllegung nur schwer wieder in Gang zu bringen wäre (BayVGH BayVBl. 1980, 246) oder
- wenn sich die Bauaufsichtsbehörde bei einer Vielzahl gleich gelagerter Verstöße gegen das öffentliche Baurecht in einem eng umgrenzten Bereich willkürlich einen einzigen Ordnungspflichtigen herausgreift (OVG Lüneburg NVwZ 1989, 170; OVG Lüneburg BRS Bd. 16 Nr. 130), oder
- wenn die Bauaufsichtsbehörde schikanös gegen einen Ordnungspflichtigen vorgeht (OVG Lüneburg NVwZ 1989, 170; OVG Lüneburg BRS Bd. 16 Nr. 130).

Liegt einer dieser durchaus begrenzten Ausnahmefälle nicht vor, muss sowohl der **280** Eigentümer als auch der Nutzer von Wohn- oder Gewerberaum mit einer behördlichen Inanspruchnahme rechnen, wenn für die ausgeübte Nutzung eine Bau- oder Nutzungsgenehmigung nicht vorliegt, vorausgesetzt, es besteht überhaupt eine Genehmigungsbedürftigkeit.

Die **Anordnung der Nutzungsuntersagung** begründet die umfassende Verpflichtung, **281** alles Erforderliche zu tun, um die untersagte Nutzung aufzugeben und alles zu unterlassen, wodurch die unzulässige Nutzung fortgesetzt würde. Sie umfasst auch die Pflicht, die untersagte Nutzung nicht fortzuführen oder durch Dritte (Mieter, Pächter) fortführen zu lassen. Sie verpflichtete den Eigentümer zur **Kündigung von Mietverhältnissen** (HmbOVG v. 12.09.1974, Az. OVG Bs II 23/74) und auch zur Erhebung einer **Räumungsklage** oder Mietaufhebungsklage (VG Hamburg v. 15.08.1974 Az. VI VG 1675/74; HessVGH BRS Bd. 40 Nr. 229).

Wird Wohn- oder Gewerberaum ohne eine erforderliche Bau- oder Nutzungsgenehmi- **282** gung vermietet, liegt ein Mangel der Mietsache i.S.v. § 536 Abs. 1 BGB vor (BayObLG NJW-RR 1986, 690; OLG Hamburg NJW-RR 1996, 1356; Schmidt-Futterer Mietrecht, 9. Aufl., Rn. 76 zu § 536 BGB).

3. Ansprüche von Wohnungseigentümern oder Mietern bei öffentlich-rechtlichen Fehlern

a) Ansprüche der Wohnungseigentümer gegenüber dem Bauträger

Beim Verkauf einer neu errichteten Eigentumswohnung richten sich die Mängelrechte/ **283** Gewährleistungsansprüche des Erwerbers unbestritten nach **Werkvertragsrecht** (Werner/Pastor Der Bauprozess, 12. Aufl., Rn. 476 ff.). Hat sich der Veräußerer von Wohnungseigentum in den Verträgen mit den Erwerbern zu umfassenden Modernisierungsarbeiten sowie zur Aufstockung des Gebäudes mit zwei zusätzlichen Geschossen verpflichtet, so sind derartige Arbeiten nach Umfang und Bedeutung Neubauarbeiten vergleichbar und rechtfertigen die Anwendbarkeit von Werkvertragsrecht auf Mängel der gesamten Bausubstanz (BGH NZM 2007, 519).

Der Unternehmer = Veräußerer einer neu errichteten Eigentumswohnung hat dem Bestel- **284** ler = Käufer »das Werk frei von Sach- und Rechtsmängeln zu verschaffen« (§ 633 Abs. 1 BGB). Wird Wohn- oder Gewerberaum nicht in Übereinstimmung mit öffentlich-rechtlichen Vorschriften errichtet und veräußert, liegt im Allgemeinen ein werkvertraglicher Mangel vor, für den der Unternehmer/Veräußerer einzustehen hat. Nach der heutigen Fassung von § 633 Abs. 1 BGB aufgrund des SchRModG kann in praktischer Hinsicht offen bleiben, ob im Einzelfall öffentlich-rechtliche Defizite als Sach- oder Rechtsmängel zu qualifizieren sind, da die Gleichstellung von Sach- und Rechtsmängeln gem. § 633 Abs. 1 BGB n.F. auch hinsichtlich der Rechtsfolgen gilt (Werner/Pastor Der Bauprozess, 12. Aufl., Rn. 1455). Werkvertragliche Mängel aufgrund öffentlich-rechtlicher Defizite sind beispielsweise in folgenden Fällen angenommen worden:

- Nichteinhaltung von Abstandsflächen (OLG Hamm BauR 2000, 918; vgl. auch OLG Hamm BauR 1999, 1204 = NJW-RR 2000, 22: Prüfung der Anwendbarkeit des sog. Schmalseitenprivilegs);
- keine volle Nutzungsfähigkeit eines Gebäudes – aufgrund einer Auflage des Bauaufsichtsamts ist ein Büro im Keller nicht ganztägig nutzbar (BGH BauR 1989, 219);
- die Bauausführung verstößt gegen die Arbeitsstättenverordnung sowie die Arbeitsstättenrichtlinien (Brandenburgisches OLG BauR 2002, 1562);
- für ein als Laden/Cafe bezeichnetes Teileigentum sind behördlicherseits zu wenig Plätze für einen rentablen Betrieb zugelassen (Genehmigung als Cafe mit maximal 4 Tischen mit je 4 Sitzplätzen sowie mit 4 Stehplätzen) (BGH NJW 2001, 3476);
- unzureichende lichte Höhe eines Wohnraums – Nichtbeachtung bauordnungsrechtlicher Vorschriften über die Höhe von Aufenthaltsräumen unter Dachschrägen – (OLG Hamm BauR 1993, 729).

285 Beziehen sich öffentlich-rechtliche Fehler (Defizite) auf das **Gemeinschaftseigentum,** stellt sich die Frage, ob Mängelrechte/Gewährleistungsansprüche von **einzelnen Wohnungseigentümern** oder **der Wohnungseigentümergemeinschaft insgesamt** geltend gemacht werden können oder müssen (ausführlich hierzu: Ott NZM 2007, 505). Dabei ist zu beachten, dass jeder einzelne Wohnungseigentümer einen Erwerbsvertrag mit dem Veräußerer (i.d.R. ein Bauträger) geschlossen hat. Nach der Rechtsprechung des BGH ist der einzelne Wohnungseigentümer zur selbständigen, also auch gerichtlichen Verfolgung der aus dem Vertragsverhältnis mit dem Veräußerer herrührenden, auf Beseitigung der Mängel am gemeinschaftlichen Eigentum gerichteten, Ansprüche befugt. Er kann also – auch ohne Ermächtigungsbeschluss durch die Gemeinschaft – von dem Veräußerer Nachbesserung/Nacherfüllung und unter den gesetzlichen Voraussetzungen Ersatz seiner Aufwendungen sowie einen Vorschuss auf die voraussichtlichen Mängelbeseitigungskosten in voller Höhe verlangen (vgl. hierzu Werner/Pastor Der Bauprozess, 12. Aufl., Rn. 476 ff.).

286 Darüber hinaus ist es unproblematisch, wenn die Wohnungseigentümer oder eine Gruppe von ihnen **vereinbaren**, gemeinschaftlich Gewährleistungsansprüche gegenüber dem Veräußerer/Bauträger geltend zu machen und ggf. gerichtlich zu verfolgen.

287 Nach h.M. wird es darüber hinaus ohne Weiteres als zulässig erachtet, dass die Eigentümer die Geltendmachung von Gewährleistungs- bzw. Mängelansprüchen am gemeinschaftlichen Eigentum aus den individuellen Erwerbsverträgen durch Mehrheitsbeschluss wirksam »an sich ziehen« und damit zur Gemeinschaftsangelegenheit machen können (BGHZ 74, 258, 263 ff. = ZMR 1980, 54, 58 = NJW 1979, 2207; BGHZ 81, 35, 38 = ZMR 1981, 316, 318 = NJW 1981, 1841; BayObLG NJW-RR 2000, 379, 380 = ZMR 2000, 113, 115; KG ZMR 2004, 531, 532). Unter Bezugnahme auf den Beschluss des BGH v. 20.09.2000 (BGHZ 145, 158 = ZMR 2000, 771 = MDR 2000, 1367) wird die Beschlusskompetenz der Wohnungseigentümergemeinschaft zu einem solchen Vorgehen infrage gestellt (Schmidt/Riecke ZMR 2005, 252, 266). Indes ergibt sich die Beschlusskompetenz in Fällen dieser Art aus § 21 Abs. 5 Nr. 2 WEG i.V.m. der wohnungseigentumsrechtlichen Treuepflicht (dazu grundlegend: Armbrüster ZWE 2002, 333). Aus dem Gemeinschaftsverhältnis lässt sich die Verpflichtung eines jeden Wohnungseigentümers ableiten, eine ordnungsmäßige Instandhaltung und Instandsetzung des gemeinschaftlichen Eigentums vorrangig über noch bestehende Mängelrechte/Gewährleistungsansprüche gegenüber

dem Bauträger zu erreichen. Denn ansonsten hätte die Instandhaltung und Instandsetzung des Gemeinschaftseigentums auf Kosten der Wohnungseigentümergemeinschaft zu erfolgen. Es erscheint auch treuwidrig und unbillig, wenn sich einzelne Wohnungseigentümer auf der einen Seite aus der gemeinschaftlichen Verfolgung von Mängelrechten/Gewährleistungsansprüchen heraushalten können, andererseits aber von dem Erfolg profitieren, wenn nur einzelne Wohnungseigentümer Ansprüche gegenüber dem Veräußerer verfolgen. Demgemäß kann die Wohnungseigentümergemeinschaft durch Mehrheitsbeschluss die Durchsetzung der auf die ordnungsgemäße Herstellung des Gemeinschaftseigentums gerichteten Rechte der Erwerber von Wohnungseigentum wegen Mängeln des Gemeinschaftseigentums an sich ziehen; sie tritt dann im Gerichtsverfahren als gesetzlicher Prozessstandschafter auf (BGH NZM 2007, 403). Einem solchen Ansichziehen steht nicht entgegen, dass nur einem Mitglied der Gemeinschaft ein Anspruch auf ordnungsgemäße Herstellung oder Instandsetzung des Gemeinschaftseigentums zusteht (BGH NZM 2010, 204). Die Teilrechtsfähigkeit der Wohnungseigentümergemeinschaft als Verband ist nunmehr in § 10 Abs. 6 WEG geregelt, zuvor wurde sie bereits von der Rechtsprechung bejaht (BGH NJW 2005, 2061).

b) Ansprüche der Wohnungseigentümer untereinander

Bestehen bei öffentlich-rechtlichen Fehlern/Defiziten keine Ansprüche gegenüber Drit- **288**
ten, insbesondere keine Mängelansprüche mehr gegen den Bauträger (s. hierzu die vorherigen Ausführungen unter Rdn. 285 ff.), kann eine Behebung dieser Fehler im weiteren Sinne, soweit sie das Gemeinschaftseigentum betreffen, jeder Wohnungseigentümer gem. § 21 Abs. 4, Abs. 5 Nr. 2 WEG beanspruchen. Zur ordnungsgemäßen Instandhaltung und Instandsetzung des gemeinschaftlichen Eigentums zählt auch die **erstmalige Herstellung des planmäßigen Zustandes** (Bärmann Wohnungseigentumsgesetz, 10. Aufl., Rn. 96 zu § 21 WEG; Weitnauer Wohnungseigentumsgesetz, 9. Aufl., Rn. 29 zu § 21 WEG). Eine ordnungsgemäße Instandhaltung und Instandsetzung des Gemeinschaftseigentums ist i.Ü. gegeben bei solchen Maßnahmen, mit denen den **Erfordernissen öffentlich-rechtlicher Vorschriften** entsprochen werden soll (s. BGH NJW 2003, 3476 – Kaltwasserzähler –; Bärmann Wohnungseigentumsgesetz, 10. Aufl., Rn. 98 zu § 21 WEG m.w.N.; Weitnauer Wohnungseigentumsgesetz, 9. Aufl., Rn. 32 zu § 21 WEG). Unter beiden Gesichtspunkten kann jeder Wohnungseigentümer von den anderen eine Behebung öffentlich-rechtlicher Fehler/Defizite verlangen. Bei fehlenden behördlichen Genehmigungen richtet sich der Anspruch in erster Linie darauf, diese im Nachhinein einzuholen, wenn eine Genehmigungsfähigkeit gegeben ist. Werden z.B. abweichend vom Aufteilungsplan auf Gemeinschaftsfläche keine Terrassen, sondern Wintergärten errichtet, kommt in erster Linie in Betracht, für die Wintergärten nachträglich eine Baugenehmigung einzuholen. Notfalls sind Rückbaumaßnahmen des Gemeinschaftseigentums erforderlich, wenn sie berechtigterweise von der zuständigen Behörde verlangt werden und auf andere Weise eine Übereinstimmung mit öffentlich-rechtlichen Vorschriften nicht erreicht werden kann.

Ein Wohnungseigentümer kann von den übrigen Wohnungseigentümern Ersatz des **289**
Schadens an seinem Sondereigentum verlangen, der dadurch entsteht, dass das Gemeinschaftseigentum vom Bauträger nicht mangelfrei hergestellt worden ist. Der Bauträger ist insoweit Erfüllungsgehilfe der Wohnungseigentümer nach § 278 BGB. Der betreffende Wohnungseigentümer muss sich allerdings in Höhe seines Miteigentumsanteiles ein Mitverschulden anrechnen lassen (OLG Hamburg OLGReport Hamburg 2005, 339 = MietRB 2005, 267).

c) Ansprüche des Mieters gegenüber dem Vermieter

290 Bei öffentlich-rechtlichen Fehlern/Defiziten liegt im Allgemeinen ein **Mangel der Mietsache** vor (Schmidt-Futterer Mietrecht, 9. Aufl., Rn. 59 ff. zu § 536 BGB; Schmid (Hrsg.) Miete und Mietprozess, 4. Aufl., Kap. 8, Rn. 61 ff.). Bestehen also öffentlich-rechtliche Gebrauchshindernisse, wie z.B. Nutzungsuntersagungen, liegt regelmäßig ein Mangel des Mietobjektes i.S.v. § 536 Abs. 1 BGB vor und es bestehen demgemäß auf gesetzlicher Grundlage folgende Ansprüche des Mieters:

- Mietminderung (§ 536 BGB),
- Schadensersatz und Ersatz von Aufwendungen (536a BGB),
- das Recht zur außerordentlich fristlosen Kündigung des Mietvertrages (§ 543 Abs. 2 Nr. 1 BGB).

d) Ansprüche des Vermieters gegenüber dem Mieter

291 Mietrechtliche Ansprüche des Vermieters gegenüber dem Mieter können nur dann in Betracht kommen, wenn der Mieter vertraglich **wirksam** die Erfüllung öffentlich-rechtlicher Verpflichtungen dem Vermieter gegenüber übernommen hat. Die Wirksamkeit derartiger Vereinbarungen ist im Einzelfall danach zu überprüfen, ob eine **Individualvereinbarung** vorliegt oder ob die Abwälzung öffentlich-rechtlicher Verpflichtungen auf den Mieter **formularmäßig** erfolgte.

292 Verursacht der Mieter eine **schädliche Bodenveränderung** oder **Altlast**, kann der Vermieter von ihm im Wege eines Ausgleichsanspruchs die Sanierungskosten erstattet verlangen (§ 24 Abs. 2 BBodSchG; OLG Bremen MietRB 2007, 262).

293 **Beispielsfall:**

Der Eigentümer = Vermieter vermietet nacheinander an die Mieter M 1, M 2 und M 3 Räumlichkeiten zum Betrieb einer chemischen Reinigung. Der Mietvertrag mit M 1 ist seit 6 Jahren beendet. Es werden Bodenkontaminationen festgestellt und der Eigentümer/Vermieter von der zuständigen Behörde aufgefordert, Sanierungsmaßnahmen zur Beseitigung der Bodenkontamination auszuführen. Sachverständige Feststellungen ergeben, dass die Bodenkontaminationen von dem Mieter M 1 verursacht wurden, da bestimmte schädliche Stoffe von den folgenden Mietern M 2 und M 3 bei Betrieb der chemischen Reinigung nicht mehr verwandt wurden. Der Eigentümer/Vermieter verlangt nunmehr von dem Mieter M 1 eine Erstattung aller seiner Aufwendungen zur Beseitigung der Bodenkontaminationen.

Die wesentlichen Pflichten zur Gefahrenabwehr sind in § 4 BBodSchG geregelt. Der Verursacher einer schädlichen Bodenveränderung oder Altlast sowie dessen Gesamtrechtsnachfolger, der Grundstückseigentümer und der Inhaber der tatsächlichen Gewalt über ein Grundstück sind verpflichtet, den Boden und Altlasten sowie durch schädliche Bodenveränderungen oder Altlasten verursachte Verunreinigungen von Gewässern so zu sanieren, dass dauerhaft keine Gefahren, erhebliche Nachteile oder erhebliche Belästigungen für den Einzelnen oder die Allgemeinheit entstehen. Von mehreren Verpflichteten kann die zuständige Behörde nach ihrer Wahl einen in Anspruch nehmen. In der Regel wird sie sich an den gegenwärtigen Eigentümer halten, von dem dann diejenigen Maßnahmen gefordert werden, die nach den §§ 9 ff. BBodSchG verlangt werden können.

294 Gemäß § 24 Abs. 2 BBodSchG haben mehrere Verpflichtete unabhängig von ihrer Heranziehung untereinander einen Ausgleichanspruch. Soweit nichts anderes vereinbart wird, hängt die Verpflichtung zum Ausgleich sowie der Umfang des zu leistenden Ausgleichs davon ab, **inwieweit die Gefahr oder der Schaden vorwiegend von dem einen oder anderen Teil verursacht worden ist.**

Im o.g. Beispielsfall (Rdn. 293) kann der Vermieter bei dem ersten Mieter Regress nehmen, da dieser im Zusammenhang mit dem Betrieb der chemischen Reinigung die später entdeckten Kontaminationen des Bodens verursachte. Dabei ist unschädlich, dass der Mietvertrag zum ersten Mieter schon seit längerer Zeit beendet ist. Denn der Ausgleichsanspruch gem. § 24 Abs. 2 BBodSchG verjährt in 3 Jahren, § 548 BGB – die kurze mietrechtliche Verjährungsfrist von 6 Monaten – ist ausdrücklich nicht anzuwenden (§ 24 Abs. 2 S. 3 BBodSchG; OLG Bremen MietRB 2007, 262). Die 3-jährige Verjährungsfrist beginnt nach der Beitreibung der Kosten, wenn eine Behörde Maßnahmen selbst ausführt. Sonst beginnt sie, wenn der Verpflichtete die ihm aufgegebenen Maßnahmen beendet hat und wenn er von der Person des Ersatzpflichtigen Kenntnis erlangt (§ 24 Abs. 2 S. 4 BBodSchG). Der Ausgleichsanspruch verjährt ohne Rücksicht auf diese Kenntnis 30 Jahre nach der Beendigung der Maßnahmen (§ 24 Abs. 2 S. 5 BBodSchG). Für Streitigkeiten steht der **Rechtsweg vor den ordentlichen Gerichten** offen (§ 24 Abs. 2 S. 6 BBodSchG). 295

Der Ausgleichsanspruch gem. § 24 Abs. 2 BBodSchG besteht allerdings nur, »soweit nichts anderes vereinbart« worden ist (§ 24 Abs. 2 S. 2 BBodSchG). Eine vertragliche Vereinbarung über den Ausschluss des Ausgleichsanspruchs nach § 24 Abs. 2 BBodSchG muss nicht ausdrücklich getroffen werden. Haben es die **Mietvertragsparteien** vielmehr ausdrücklich bei der Geltung der gesetzlichen Bestimmungen, nach denen der Vermieter für die Erhaltung der Mietsache in vertragsgemäßen Zustand verantwortlich ist, belassen, so kann darin ein **Ausgleichanspruchsausschluss** gesehen werden (BGH NJW-RR 2004, 1596). Im Beispielsfall (Rdn. 293) könnte sich der vom Vermieter in Anspruch genommene Mieter unter Umständen darauf berufen, dass mangels ausdrücklicher gegenteiliger Vereinbarung im Mietvertrag der Vermieter die Verpflichtung zur Gebrauchsgewährung trägt – nach den gesetzlichen Vorschriften – und dadurch konkludent der Ausgleichsanspruch gem. § 24 Abs. 2 BBodSchG ausgeschlossen wurde (a.A. OLG Bremen MietRB 2007, 262). Aus Vermietersicht ist daher bei der Vermietung von Gewerberäumen, deren Nutzung schädliche Bodeneinwirkungen hervorrufen können, in der **Vertragsgestaltung** darauf zu achten, dass der Mieter voll verantwortlich bleibt für von ihm verursachte Bodenkontaminationen unter voller Aufrechterhaltung des Ausgleichsanspruches gem. § 24 Abs. 2 BBodSchG. 296

4. Bauliche Veränderungen

a) Öffentlich-rechtliche Genehmigungen

Bauliche Veränderungen, die über Instandhaltung und Instandsetzung hinausgehen, bedürfen im Allgemeinen, wenn sie nicht nur geringfügigen Umfanges sind, einer öffentlich-rechtlichen Genehmigung der nach Landesrecht zuständigen Baugenehmigungsbehörde. Es bedarf z.B. der Einholung einer Baugenehmigung, wenn der Eigentümer eines Miethauses sein Gebäude aufstocken möchte. Der Wohnungseigentümer einer Erdgeschosswohnung muss eine Baugenehmigung beantragen, wenn er anstelle einer bisher offenen Terrasse einen Wintergarten errichten möchte. Auch der erstmalige Ausbau von Dachgeschossflächen zu Wohnungen (vgl. hierzu die Ausführungen unter Rdn. 298 ff.) ist baugenehmigungspflichtig. 297

Die Bauordnungen der Länder definieren i.E., welche Vorhaben genehmigungsbedürftig sind. So bedürfen z.B. gem. § 59 Abs. 1 S. 1 HBauO **die Errichtung, Änderung, Nutzungsänderung und die Beseitigung von Anlagen der Baugenehmigung.** Hiervon ausgenommen sind Bauvorhaben, die verfahrensfrei sind (§ 60 HBauO), für die gem. § 64 HBauO lediglich ein Zustimmungsverfahren vorgesehen ist, und Fliegende Bauten (§ 66 HBauO). Ähnliche Bestimmungen finden sich in allen Bauordnungen der Länder.

b) Dachausbau

298 Es ist eine typische Konstellation, dass bereits in der **Teilungserklärung** (§ 8 WEG) das Recht begründet ist, Dachgeschossflächen (Bodenflächen inklusive Spitzboden) zu einer oder mehreren Wohnungen auszubauen. Dem jeweiligen Inhaber solcher Dachgeschossflächen wird in der Teilungserklärung die Befugnis eingeräumt, entsprechende Ausbaumaßnahmen auf eigene Kosten vorzunehmen. Oft sind die Modalitäten eines Dachausbaus in der Teilungserklärung nur mehr oder weniger pauschal beschrieben. In solchen Fällen muss der Ausbauberechtigte den geplanten Umbau mit allen Einzelangaben, die für die übrigen Wohnungseigentümer von Interesse sein können, diesen zur Genehmigung vorlegen (v. Rechenberg Bauliche Veränderung am Beispiel des Dachbodenausbaus zu Wohnzwecken, FS für Deckert, 309, 320 ff.).

299 Mit dem Dachausbau kann der Ausbauberechtigte erst beginnen, wenn dazu eine Baugenehmigung erteilt worden ist. Auch die Änderung baulicher Anlagen erfordert i.d.R. eine öffentlich-rechtliche Baugenehmigung (s. dazu die vorstehenden Ausführungen unter a)). Ob der von dem Ausbauberechtigten gestellte Bauantrag von dem Verwalter als Vertreter der Wohnungseigentümergemeinschaft mit zu unterzeichnen ist, liegt in der Entscheidungskompetenz der Baugenehmigungsbehörde. Die landesrechtlichen Vorschriften zum Baurecht sehen im Allgemeinen vor, dass Bauanträge neben dem Bauherrn auch vom Grundeigentümer zu unterschreiben sind. So sieht z.B. die Bauvorlagenverordnung der Freien und Hansestadt Hamburg in § 1 Abs. 4 S. 1 vor, dass das Antragsformular vom Bauherrn zu unterschreiben ist (gemäß § 1 Abs. 4 S. 4 BauVorlVO kann die Bauaufsichtsbehörde die Unterschrift des Grundeigentümers auf dem Antragsformular verlangen, wenn diese Person nicht zugleich Bauherr ist). Der Sinn und Zweck dieser und entsprechend anderer landesrechtlichen Vorschriften liegt darin, zu verhindern, dass die Baugenehmigungsbehörden mit Bauanträgen konfrontiert werden, die offenkundig aus privatrechtlichen Gründen nicht realisiert werden können. In der Regel wird bei einem Dachausbau innerhalb einer Wohnungseigentümergemeinschaft auch das Gemeinschaftseigentum gegenständlich berührt. Im Allgemeinen wird die äußere Gebäudehaut verändert. Unter diesem Gesichtspunkt könnte die Baugenehmigungsbehörde fordern, dass der Antrag zum Dachausbau auch von dem Verwalter der Wohnungseigentümergemeinschaft zu unterschreiben ist. Die gegenteilige Position kann damit begründet werden, dass die Wohnungseigentümer in der Teilungserklärung von vornherein ihr Einverständnis zum Dachausbau erklärt haben und die Baumaßnahmen jedenfalls auch Flächen mit Sondernutzungsrecht oder Sondereigentumsflächen betreffen. Die möglicherweise nach öffentlichem Recht von der Baugenehmigungsbehörde geforderte Zustimmung der Wohnungseigentümergemeinschaft zum Bauantrag besagt aber nichts darüber, ob privatrechtlich (wohnungseigentumsrechtlich) die anderen Wohnungseigentümer zustimmen müssen oder nicht. Soweit die Teilungserklärung noch keine Detailregelungen enthält, müssen sich Wohnungseigentümer – wie oben ausgeführt – über die konkret durchzuführenden Maßnahmen abstimmen; die grundsätzliche Zustimmungsbedürftigkeit zu den konkreten Baumaßnahmen in Fällen dieser Art soll die Gemeinschaft davor schützen, dass unfachmännische Arbeiten ausgeführt und damit Gefahren vom Gemeinschaftseigentum abgewendet werden. Die Wohnungseigentümergemeinschaft hat gegen den ausbauenden Wohnungseigentümer wie gegen einen Beauftragten Ansprüche auf eine vollständige und mangelfreie Erstherstellung des Dachausbaus (KG NZM 2000, 1012; OLG Düsseldorf ZMR 2005, 466). Die Gemeinschaft kann die Herstellung des Zustandes verlangen, der bei ordnungsgemäßem Ausbau bestanden hätte, d.h. die Beseitigung aller unmittelbaren und mittelbaren Nachteile. Dies gilt auch dann, wenn Gewährleistungsansprüche des ausbauenden Wohnungseigentümers gegen den von ihm beauftragten Werkunternehmer verjährt sind

(OLG Düsseldorf ZMR 2005, 466). Mangels ausdrücklicher anderweitiger Regelung in der Teilungserklärung geht die Verpflichtung zur ordnungsgemäßen Ersthesstellung allerdings nicht von dem ausbauenden Wohnungseigentümer auf spätere Erwerber über (KG NZM 2000, 1012).

Hinweis 300

> Will der Vermieter vom Wohnraum bisher zu einer Wohnung gehörenden Bodenraum zu einer neuen Wohnung ausbauen, ist er gem. § 573b BGB zu einer Teilkündigung des Bodenraums berechtigt. Nicht erforderlich ist, dass die **Baugenehmigung** bei Ausspruch der Kündigung oder mit Ablauf der Kündigungsfrist bereits erteilt ist. Der Vermieter muss aber bei Ausspruch der Kündigung den Bauantrag bereits auf den Weg gebracht haben und mit einer Genehmigung rechnen können (Hinz/Junker/v. Rechenberg/Sternel Formularbuch des FA Miet- und Wohnungseigentumsrecht, 2009, 342).

c) Zusammenlegung von Wohnungen

Eine Zusammenlegung von Wohnungen kann ein genehmigungsbedürftiges Bauvorhaben sein, da nach den Landesbauordnungen grundsätzlich auch das Ändern baulicher Anlagen genehmigungsbedürftig ist. Denn infolge einer Zusammenlegung von Wohnungen, verbunden mit baulichen Veränderungen, können sich z.B. die bauordnungsrechtlichen Anforderungen, etwa an den Brandschutz, ändern. 301

Zivilrechtlich ist eine rechtliche Vereinigung von Wohnungseigentumseinheiten nach heute h.M. analog § 890 BGB selbst dann ohne Mitwirkung der übrigen Eigentümer zulässig, wenn die vom neu gebildeten einheitlichen Sondereigentum erfassten Räume keine in sich abgeschlossene Gesamtwohnung bilden, sondern weiterhin getrennt bleiben (BGH NJW 2001, 1212, 1213 m.w.N.). In dieser grundlegenden Entscheidung hat der BGH dahin gehend erkannt, dass Wanddurchbrüche zwischen zwei Wohnungen, die zum Verlust der Abgeschlossenheit (§ 3 Abs. 2 WEG) oder einem der Teilungserklärung widersprechenden Zustand führen, **nicht schon deshalb** einen für die anderen Wohnungseigentümer nicht hinnehmbaren Nachteil darstellen (§§ 14 Nr. 1, 22 Abs. 1 WEG). 302

5. Abriss von Wohn- oder Gewerberäumen

a) Abrissgenehmigung

Auch der Abriss baulicher Anlagen ist genehmigungsbedürftig. Dies sehen die Landesbauordnungen der Länder vor. Z.B. bedürfen gem. § 59 Abs. 1 S. 1 HBauO die Errichtung, Änderung, Nutzungsänderung und die **Beseitigung von Anlagen** der Baugenehmigung. Der Erteilung einer Abrissgenehmigung können die öffentlich-rechtlichen Vorschriften über **Denkmalschutz** oder das Bestehen einer **Erhaltungssatzung gem. § 172 BauGB** entgegenstehen. 303

Ein positiver Vorbescheid über die Neubebauung eines Grundstücks umfasst auch die Zulässigkeit des Abbruches der Altbebauung (BGH NJW 1985, 1335). Aufgrund der Bindungswirkung des Bauvorbescheids (s. dazu die Ausführungen unter 1. a) kann die Baugenehmigungsbehörde in diesem Falle eine beantragte Abrissgenehmigung nicht mehr versagen. 304

Eine Abrissgenehmigung kann i.d.R. von einem Dritten, z.B. einem Nachbarn, isoliert nicht angefochten werden, da allein mit dem Abriss einer Bausubstanz nachbarschützende Vorschriften nicht verletzt sind. 305

b) Abriss als Grund für die Beendigung eines qualifizierten Wohnraumzeitmietvertrages (§ 575 BGB)

306 Beabsichtigt der Vermieter von Wohnraum einen zukünftigen Abriss des Wohngebäudes, kann er gem. § 575 BGB bis dahin mit Mietern des Wohngebäudes einen sog. qualifizierten Zeitmietvertrag schließen (zum Muster eines solchen Zeitmietvertrages vgl. Hinz/Junker/v. Rechenberg/Sternel Formularbuch des FA Miet- und Wohnungseigentumsrecht, 2009, 12 ff.). Wichtig ist, dass der Vermieter in dem Zeitmietvertrag die **Verwendungsabsicht** genau bezeichnet. Für den Fall des Abrisses kann der Vertragstext z.B. wie folgt lauten:

»Nach Ablauf der Mietzeit wird das Gebäude, in dem das Mietobjekt gelegen ist, abgerissen und an gleicher Stelle ein Einkaufszentrum errichtet werden.«

307 In den Fällen eines qualifizierten Zeitmietvertrages gem. § 575 BGB hat der Mieter überhaupt keinen Kündigungsschutz.

c) Abriss als Grund für Verwertungskündigung (§ 573 Abs. 2 Nr. 3 BGB)

308 Gemäß § 573 Abs. 2 Nr. 3 BGB ist der Vermieter zur ordentlichen Kündigung eines Wohnraummietverhältnisses berechtigt, wenn er durch die Fortsetzung des Mietverhältnisses an einer angemessenen wirtschaftlichen Verwertung des Grundstücks gehindert und dadurch erhebliche Nachteile erleiden würde. Die Notwendigkeit, das vorhandene **Gebäude abzubrechen** und das Grundstück anderweitig zu bebauen, kann eine Verwertungskündigung rechtfertigen (BGH NZM 2009, 234; BayObLG ZMR 1993, 560; LG Berlin ZMR 2003, 837; LG Berlin GE 2003, 49, 50; LG Osnabrück WuM 1994, 214). Im Allgemeinen werden aber an die Verwertungskündigung von der Rechtsprechung recht hohe Anforderungen gestellt. Der Vermieter muss schon in der Kündigung sehr genau darlegen, dass er unter Beibehaltung der Bausubstanz, also ohne Abriss, durch die Fortsetzung des Mietverhältnisses an einer angemessenen wirtschaftlichen Verwertung des Grundstücks gehindert ist und dadurch erhebliche Nachteile erleiden würde (z.B. einer solchen Kündigung, vgl. Hinz/Junker/v. Rechenberg/Sternel Formularbuch des FA Miet- und Wohnungseigentumsrecht, 2009, 335 ff.).

V. Der Energieausweis nach EnEV 2009 – mietrechtliche Aspekte

1. Der Energieausweis nach EnEV 2009

309 Unter das Stichwort »Produktinformation« kann auch der neue Energieausweis eingeordnet werden, der einen Überblick über die energetische Qualität des Gebäudes geben soll. Dies war nach der Altfassung der Energieeinsparverordnung (EnEV) bislang nur für Neubauten zwingend. Die Neuregelung der EnEV, beginnend mit der EnEV 2007, weitet die Pflicht zur Erstellung eines Energieausweises auch auf den Altbestand aus.

a) Gesetzliche Rahmenbedingungen der EnEV 2009

310 Die Richtlinie 2002/91/EG des Europäischen Parlaments und des Rates v. 16.12.2002 über die Gesamtenergieeffizienz von Gebäuden (Gebäudeenergieeffizienzrichtlinie (ABl. EG Nr. L v. 04.01.2003 S. 65 f., nachfolgend RL als Abkürzung für die Gebäudeeffizienzrichtlinie)) musste von den Mitgliedsstaaten bis spätestens 04.01.2006 in nationales Recht umgesetzt werden (Art. 15 RL). Diese Richtlinie schreibt den Mitgliedsstaaten die Einführung von Energieausweisen vor sowohl für Neugebäude als auch für Bestandsgebäude (Art. 7 RL).

In Deutschland bestand bislang nur für neu zu errichtende Gebäude die Verpflichtung, einen Energiebedarfsausweis zu erstellen, (§ 13 EnEV a.F.). Für Bestandsgebäude existierte zwar seit Inkrafttreten des 2. Gesetzes zur Änderung des Energieeinsparungsgesetzes am (Energieeinspargesetz (EnEG) BGBl. 2005 I, 2682) die notwenige Ermächtigungsgrundlage in § 5a EnEG. Jedoch wurde die erforderliche Rechtsverordnung nicht fristgemäß erlassen. Die EnEV 2007 trat erst am 01.10.2007 in Kraft (§ 31 EnEV). Zwischenzeitlich wurde sie schon wieder novelliert. Die EnEV 2009 ist seit 01.10.2009 zu beachten. Die energetischen Anforderungen an Gebäude wurden wiederum verschärft. Hinsichtlich der Energieausweise gab es keine gravierenden Änderungen. 311

Sinn und Zweck des Energieausweises ist es, Auskunft über die energetische Qualität eines Gebäudes zu liefern. Bauherren, Käufer, Mieter und Leasingnehmer sollen sich ein Bild über die energetische Qualität des Gebäudes machen können. Damit soll mehr Transparenz auf dem Immobilienmarkt geschaffen und zusätzliche »Anreize« gegeben werden, insbesondere die beim Altbestand vorhandenen erheblichen Energiesparpotentiale zu nutzen und zu realisieren. Deshalb beinhaltet der Energieausweis auch konkrete Modernisierungsempfehlungen. Insgesamt soll der Ausweis nur der Information dienen und keinen Nachrüstungsverpflichtungen bzw. zivilrechtliche Ansprüche des Käufers, Mieters oder Leasingnehmers auslösen. 312

b) Anwendungsbereich der EnEV 2009

Die EnEV gilt grundsätzlich für alle Gebäude, deren Räume unter Einsatz von Energie beheizt oder gekühlt werden, § 1 Abs. 1 Nr. 1 EnEV. Eine Reihe von Gebäuden sind gem. § 1 Abs. 2 EnEV vom Anwendungsbereich der Verordnung ausgenommen. 313

Die Ausnahmetatbestände nach § 1 Abs. 2 S. 1 Nr. 1 bis 5 EnEV entsprechen dem bisherigen Recht. Es handelt sich hierbei um von der Gebäudeenergieeffizienzrichtlinie nicht erfasste Baulichkeiten wie unterirdische Bauten, Baustellencontainer etc. oder es handelt sich um Industrieanlagen, Werkstätten und landwirtschaftliche Nutzgebäude mit niedrigem Energiebedarf nach Art. 4 Abs. 3 RL. 314

Der Ausnahmetatbestand des § 1 Abs. 2 Nr. 6 EnEV betrifft »provisorische« Gebäude mit einer geplanten Nutzungsdauer bis einschließlich 2 Jahren. Damit sind Gebäude gemeint, die an einem Ort errichtet werden und nach Ablauf einer kurzen Nutzungszeit wieder beseitigt werden. 315

Die Ausnahme des § 1 Abs. 2 S. 1 Nr. 7 EnEV betrifft Gebäude, die dem Gottesdienst oder anderen religiösen Zwecken gewidmet sind. 316

Weitere Ausnahmetatbestände gelten in § 1 Abs. 2 Nr. 8 und 9 EnEV für Wohngebäude, die für eine Nutzungsdauer von weniger als 4 Monaten jährlich bestimmt sind sowie sonstige handwerkliche, landwirtschaftliche, gewerbliche und industrielle Betriebsgebäude, die nach ihrer Zweckbestimmung auf eine Innentemperatur von weniger als 12 Grad Celsius oder jährlich weniger als 4 Monate beheizt sowie jährlich weniger als 2 Monate gekühlt werden. 317

c) Inhalt und Aufbau der Energieausweise

Der Energieausweis muss nach Inhalt und Aufbau einem der EnEV 2009 vorgegebenem Muster entsprechen und mindestens die dort für die jeweilige Ausweisart geforderten, nicht als freiwillig gekennzeichneten Angaben enthalten, § 17 Abs. 4 EnEV. Die Muster finden sich in den Anlagen 6 bis 9 der EnEV 2009. 318

319 Die Anlage 6 gilt für Wohngebäude, die Anlage 7 für Nichtwohngebäude, die Anlage 8 und 9 betrifft die aushangpflichtigen öffentlichen Gebäude. Sofern wirtschaftlich Modernisierungsmaßnahmen möglich sind, müssen Modernisierungsempfehlungen beigefügt werden, § 20 Abs. 1 S. 1 EnEV. Die Modernisierungsempfehlungen müssen ihrerseits dem Muster der Anlage 10 der EnEV 2009 entsprechen, § 20 Abs. 2 S. 1 EnEV. Sind Modernisierungsempfehlungen nicht möglich, hat der Aussteller des Energieausweises den Eigentümer anlässlich der Ausstellung dies mit einem entsprechendem Hinweis mitzuteilen, § 20 Abs. 1 S. 4 EnEV.

320 Eigenkreativität ist daher nicht gefragt, weshalb Eigentümer, Verkäufer, Verpächter, Vermieter und Leasinggeber gut beraten sind, die auf dem Markt erhältlichen Energieausweise einer kritischen Überprüfung anhand der Anlagen 6 bis 10 der EnEV zu unterziehen.

321 Der Verordnungsgeber hält die äußere und inhaltliche Einheitlichkeit der Energieausweise für die Akzeptanz von großer Bedeutung. Lediglich die Verwendung der Farben der vorgegebenen Muster ist – vor allem aus Kostengründen – nicht vorgeschrieben.

322 Die Energieausweise enthalten die berechneten Bedarfsangaben und die Verbrauchsdaten sowohl als Zahlenwerte als auch anschaulich mit einer Markierung in einer Längsskala (»Bandtacho«). Letzteres soll einen Vergleich der Gebäude erleichtern. Das ursprünglich aus anderen Produkten bekannte Klassensystem von A – G wurde im Rahmen der Beratungen verworfen, da es dazu einladen würde, energetisch gerade nur soviel zu investieren, dass die nächst höhere Klasse erreicht wird. Zudem birgt ein Klassensystem die Gefahr einer Stigmatisierung erheblicher Teile des deutschen Gebäudebestandes, soweit diese unter dem Durchschnitt aller Gebäude liegen. Diese Auffassung wird nicht von allen geteilt. Der Deutsche Städtetag beispielsweise bevorzugt das Klassenlabel und empfiehlt im Rahmen der Umsetzung der Energieausweise für öffentliche Gebäude eine zusätzliche Darstellung von Klassen (Deutscher Städtetag, Arbeitskreis Energieeinsparung, Hinweise zum kommunalen Energiemanagement, Ausgabe 19 Juni 2007, Energieverbrauchsausweis für öffentliche Gebäude, S. 4, 5 unter Hinweis auf den Energieausweis der Stadt Frankfurt/M. Diese Empfehlung erscheint bedenklich im Hinblick darauf, dass der Bandtacho zwingend vorgeschrieben ist. Zwar lässt die EnEV zusätzliche Angaben zu, es besteht aber die Gefahr durch zusätzliche Klassifizierungen einer Verwässerung des Energieausweises. Zusätzliche Angaben dürfen nicht dazu führen, neue Klasseneinteilungen einzuführen, die nicht allgemein gültig sind).

323 Die Energieausweise enthalten auf 4 Seiten die wesentlichen Gebäudedaten. Die im Muster vorgegebenen Felder müssen vollständig ausgefüllt werden. Nur die im Muster ausdrücklich als »freiwillig« bezeichneten Angaben können entfallen. Zusätzliche Angaben können beigefügt werden, § 17 Abs. 4 S. 2 EnEV. Durch die Formulierung »können beigefügt werden« wird verdeutlicht, dass diese Angaben nicht Bestandteil des Energieausweises werden.

324 Die Entfernung von Blättern aus den Mustervorgaben ist nicht zulässig. Sofern entsprechende Angaben im konkreten Fall für den Energieausweis nicht zwingend sind, sind die Blätter lediglich unausgefüllt zu lassen.

325 Energieausweise müssen grundsätzlich für Gebäude ausgestellt werden, § 17 Abs. 3 S. 1 EnEV. Eine Ausnahme von diesem Grundsatz gilt gem. § 17 Abs. 3 S. 2 EnEV für gemischt genutzte Gebäude mit Wohnungen oder Wohnflächen, sofern die unterschiedliche Nutzung in solchen Gebäuden nach den Regeln des § 22 EnEV getrennt behandelt werden müssen.

Der Energieausweis ist vom Aussteller eigenhändig oder durch Nachbildung der Unterschrift zu unterschreiben, § 17 Abs. 4 EnEV. 326

Die Gültigkeitsdauer eines Energieausweises beträgt 10 Jahre, vgl. § 17 Abs. 6 EnEV. 327

d) Arten des Energieausweises

Die EnEV 2009 kennt grundsätzlich zwei Varianten, nämlich den sog. »bedarfsorientierten« oder den »verbrauchsorientierten« Energieausweis. 328

Der »Energiebedarfsausweis« stellt ein unter normierten Bedingungen errechneten theoretischen Energiebedarf eines Gebäudes dar, § 18 EnEV. Bedarfsausweise müssen alle geometrischen, konstruktiven und energetischen Gebäudedaten erfassen. 329

Der »Energieverbrauchsausweis« basiert auf dem tatsächlich gemessenen Energieverbrauch eines Gebäudes, beispielsweise auf Grundlage der letzten drei Heizkostenabrechnungen – witterungsbereinigt – § 19 EnEV. 330

Beide Arten des Energieausweises haben sowohl Vor- als auch Nachteile. 331

Vorteil des Energiebedarfsausweises ist, dass er Aufschluss über die bauliche Qualität des untersuchten Gebäudes gibt. Dieser Energieausweis ist unabhängig von dem jeweiligen Nutzerverhalten, das Schwankungen unterliegen kann. Lebt in dem zu untersuchenden Gebäude ein »Asket« oder ein »Energieverschwender«, wird das Objekt nicht über- bzw. unterbewertet. Je kleiner das Objekt ist, desto größer wäre die Gefahr der Verfälschung. 332

Nachteil des bedarfsorientierten Energieausweises ist, dass er teurer ist. Er erfordert eine aufwändige Feststellung der einzelnen Faktoren wie Baumaterial, Dämmung, Heizungsart, Ausrichtung zur Sonne, etc. Aufgrund dieser vielen Faktoren gibt es auch eine Reihe von Variablen, die ihrerseits die Berechnung wieder unsichern machen. 333

Ergebnisse sind mit Unsicherheiten behaftet, wenn aussagekräftige Eingangsdaten entweder nicht vorhanden sind oder fehlerhafte Annahmen getroffen werden. Je älter das Gebäude ist, desto weniger verlässliche Daten werden vorliegen. 334

Vorteil des Energieverbrauchsausweises ist es, dass er kostengünstig erstellt werden kann und quasi ein bloßes Abfallprodukt der Heizkostenabrechnung ist. Ein weiterer Vorteil des verbrauchsorientierten Energieausweises ist es, dass neben dem gesamten Verbrauch auch die Verbräuche der einzelnen Nutzeinheiten zur Plausibilisierung der Daten herangezogen werden können. 335

Nachteil des verbrauchsorientierten Energieausweises ist es, dass er letztlich das Nutzerverhalten wiedergibt, das aufgrund seiner unterschiedlichen Bandbreite (Asket bzw. Verschwender) wenig Rückschlüsse auf die bauliche Substanz zulässt. 336

Im Ergebnis wird man festhalten können, dass beide Typen des Energieausweises Vor- und Nachteile haben und Schwankungsbreiten kaum zu vermeiden sind. 337

e) Zutreffender Energieausweis

Welche Art von Energieausweis auszustellen ist, hängt maßgeblich davon ab, ob es sich um ein neu errichtetes Gebäude oder um eine wesentliche Änderung an einem bestehenden Gebäude i.S.d. § 16 Abs. 1 EnEV handelt, oder ob es sich um ein Bestandsgebäude i.S.d. § 16 Abs. 2 EnEV handelt. Bei letzterem ist der Typ des Energieausweises abhängig von der Größe, der Nutzung, dem Alter und der energetischen Qualität des Gebäudes. 338

Eine Schlüsselfunktion für die Art des Energieausweises kommt § 16 EnEV zu. In § 16 Abs. 1 EnEV sind die »Baufälle« geregelt, in § 16 Abs. 2 EnEV, die »Verkaufs-, Vermie- 339 tungs-, Verpachtungs- und Leasingfälle« § 16 Abs. 3 EnEV regelt die Aushangpflicht öffentlicher Gebäude. Die Regelung bildet eine zusätzliche Pflicht und soll die Vorbildfunktion dieser Gebäude hervorheben. Diese Pflicht ist »anlassfrei«. Sie ist also weder von einem Verkauf, einer Vermietung, etc. abhängig. Voraussetzung ist lediglich eine Mindestgröße von mehr als 1000 m²; Nettogrundfläche. Sie richtet sich an den Eigentümer der öffentlichen Gebäude, nicht an die Behörde bzw. sonstige Einrichtung.

340 § 16 Abs. 4 EnEV enthält eine »Bagatellklausel«. Energieausweise sind für kleine Gebäude nicht auszustellen. Bei Baudenkmälern ist § 16 Abs. 2 EnEV gem. § 16 Abs. 4 EnEV nicht anzuwenden. Kleine Gebäude sind gem. § 2 Nr. 3 EnEV Gebäude mit nicht mehr als 50 m² Nutzfläche. Baudenkmäler sind in § 2 Nr. 3a EnEV auf Initiative des Bundesrates legal definiert worden. Welches Gebäude als Baudenkmal gilt, wird nach Landesrecht bestimmt. Grund der Ausnahme ist die Gefahr, dass die Verpflichtung zur Erstellung eines Energieausweises einen unerwünschten Modernisierungsdruck auf Baudenkmäler zur Folge hätte und i.Ü. der Denkmalbestand kein klimapolitisch relevantes Energieeinsparpotential aufweist.

341 Soweit aufgrund des § 16 EnEV Energieausweise erstellt werden müssen, regelt § 17 Abs. 2 EnEV welche Art von Energieausweis vorgesehen ist. Dementsprechend ist zu unterscheiden:

342 In den »Baufällen« darf der Energieausweis nur auf der Grundlage des Energiebedarfs ausgestellt werden (bedarfsorientierter Energieausweis); § 17 Abs. 2 S. 1 EnEV. Dies ist auch sachlogisch, da für ein zu errichtendes Gebäude keine Verbrauchswerte vorliegen können.

343 In den »Vermietungs- und Verpachtungsfällen« sind ab dem 01.10.2008 Energieausweise für Wohngebäude, die weniger als 5 Wohnungen haben und für die der Bauantrag vor dem 01.11.1977 gestellt worden ist, auf der Grundlage des Energiebedarfs auszustellen (bedarfsorientierter Energieausweis); § 17 Abs. 2 S. 2 EnEV.

344 Ausnahme:
- Wohngebäude hält bei der Baufertigstellung des Anforderungsniveaus der Wärmeschutzverordnung v. 11.08.1977 ein oder
- Wohngebäude hält durch spätere Änderungen mindestens das vorstehend bezeichnete Anforderungsniveau ein.

345 Bei Wohngebäuden, die dieser Einschränkung der Wahlfreiheit nicht unterliegen und bei Nichtwohngebäuden besteht ein Wahlrecht zwischen dem Energiebedarfsausweis und dem Energieverbrauchsausweis.

346 Die EnEV 2009 enthält zudem eine Legaldefinition der Begriffe »Wohngebäude« und »Nichtwohngebäude«. Gem. § 2 Nr. 1 EnEV sind Wohngebäude Gebäude, die nach ihrer Zweckbestimmung überwiegend dem Wohnen dienen, einschließlich Wohn-, Alten- und Pflegeheimen sowie ähnliche Einrichtungen und Nichtwohngebäude gem. § 2 Nr. 2 EnEV Gebäude, die nicht unter § 2 Nr. 1 EnEV fallen. Maßgeblich ist insoweit nach dem Wortlaut die Zweckbestimmung des Gebäudes.

347 In dem Zeitraum zwischen dem Inkrafttreten der EnEV 2007 bis zum 01.10.2007 sollten die Beschränkungen des § 17 Abs. 2 S. 2 EnEV noch nicht gelten, so dass es in den Fällen des § 16 Abs. 2 EnEV vorübergehend bis zum genannten Zeitpunkt bei der in § 17 Abs. 1 S. 1 EnEV verankerten Wahlfreiheit blieb.

Nachfolgende Tabelle soll einen Überblick geben: **348**

<table>
<tr><td colspan="6">Übersicht zur »Wahlfreiheit« für Energieausweise, § 17 EnEV</td></tr>
<tr><td>Neubau oder wesentliche Änderung eines Bestandsgebäudes (§ 16 Abs. 1 EnEV)</td><td colspan="4">Bestandsgebäude
bei Verkauf-, Vermietung-, Verpachtung- oder Leasing
(§ 16 Abs. 2 EnEV)</td><td>Öffentliche Gebäude
(§ 16 Abs. 3 EnEV)</td></tr>
<tr><td rowspan="7">Kein Wahlrecht:
Bedarfsorientierter Energieausweis</td><td colspan="4">bis 01.10.2008:</td><td rowspan="7">Wahlrecht:
– bedarfsorientierter Energieausweis
– verbrauchsorientierter Energieausweis</td></tr>
<tr><td colspan="4">Wahlrecht:
– bedarfsorientierter Energieausweis
– verbrauchsorientierter Energieausweis</td></tr>
<tr><td colspan="4">ab 01.10.2008</td></tr>
<tr><td colspan="3">Wohngebäude</td><td>Nichtwohngebäude</td></tr>
<tr><td colspan="2">1 bis 4 Wohnungen</td><td>Mehr als 4 Wohnungen</td><td rowspan="3">Wahlrecht:
– bedarfsorientierter Energieausweis
– verbrauchsorientierter Energieausweis</td></tr>
<tr><td>Bauantrag vor dem 01.11.1977</td><td>Bauantrag nach dem 31.10.1977</td><td></td></tr>
<tr><td>Grundsatz:
Bedarfsorientierter Energieausweis
Ausnahme:
Niveau der ersten Wärmeschutzverordnung vom 11.08.1977 eingehalten bei:
– Baufertigstellung
oder
– spätere Maßnahmen
dann Wahlrecht:
– bedarfsorientierter Energieausweis
– verbrauchsorientierter Energieausweis</td><td>Wahlrecht:
– bedarfsorientierter Energieausweis
– verbrauchsorientierter Energieausweis</td><td>Wahlrecht:
– bedarfsorientierter Energieausweis
– verbrauchsorientierter Energieausweis</td></tr>
</table>

Die vorstehende Tabelle gibt die theoretischen Möglichkeiten, die die EnEV 2009 einräumt, wieder.

Aus tatsächlichen Gründen kann aber im Einzelfall die Wahlfreiheit unabhängig von den Möglichkeiten der EnEV eingeschränkt sein. **349**

Gebäude ohne Zentralheizung/mit verschiedenen Heizungsarten, deren Verbräuche für die rückwirkenden drei Jahre nicht/oder nur mit erheblichem Aufwand feststellbar sind, werden ebenfalls dem bedarfsabhängigen Energieausweis erfordern. **350**

Gleiches wird für Gebäude gelten, bei denen der Gesamtverbrauch der letzten drei Jahre nicht ermittelbar ist. Schwierigkeiten werden sich auch bei gemischt genutzten Gebäuden ergeben. **351**

352 Schließlich ist auch zu berücksichtigen, dass bei Nichtwohngebäuden neben dem hier thematisierten Wärmeverbrauch auch der Energieaufwand für Klimatisierung und Beleuchtung einzustellen ist.

353 Eine weitere Einschränkung der Wahlfreiheit ergibt sich daraus, dass, wer Mittel aus staatlichen Förderprogrammen bekommen möchte, in jedem Fall einen Bedarfsausweis benötigt.

354 Die nach der EnEV 2009 eingeräumte Wahlfreiheit relativiert sich daher aus rein tatsächlichen Gründen in einigen Fällen.

355 Im Zusammenhang mit der Erstellung des Energieausweises stellt sich auch die Frage, inwieweit der Mieter zur Auskunft über seinen Energieverbrauch verpflichtet ist. Es gibt Mietverhältnisse, in denen der Mieter direkt mit den Versorgungsunternehmen abrechnet. Dennoch kann es ein Bedürfnis auch in einem bestehenden Mietverhältnis für den Vermieter geben, einen Energieausweis zu erstellen. Man denke in diesem Zusammenhang an die Fälle einer beabsichtigten Veräußerung des Mietobjekts. Bedenken wurden hier erhoben aus datenschutzrechtlichen Gründen. Die Vorschriften des Bundesdatenschutzgesetzes (BDSG) stehen der Auskunftspflicht nicht entgegen (LG Karlsruhe InfoM 2009, 375). Es ist schon nicht erkennbar, inwieweit es sich bei den Verbrauchsdaten um persönliche Daten i.S.d. Bundesdatenschutzgesetzes handelt. I.Ü. ist das Interesse des Vermieters, sich einen Energieausweis mit geringem Kostenaufwand ausstellen zu lassen, abzuwägen gegen das Interesse des Mieters, seine Verbrauchsdaten nicht preisgeben zu müssen. Ergänzend ist anzumerken, dass § 4 Abs. 2 S. 2 Nr. 1 BDSG die Erhebung von personenbezogenen Daten zulässt, wenn eine Rechtsvorschrift dies zwingend voraussetzt. Eine derartige Rechtsvorschrift ist in § 17 Abs. 1 EnEV zu sehen. Folglich steht dem Vermieter aus einer vertraglichen Nebenpflicht ein Auskunftsanspruch gegenüber dem Mieter auf Mitteilung der zur Erstellung des Energieausweises notwendigen Daten zu.

f) Aussteller der Energieausweise

356 Wer zur Erstellung der Energieausweise berechtigt ist, ergibt sich aus § 21 EnEV. Hierbei ist wiederum zwischen den Neubauten und dem Gebäudebestand zu unterscheiden. Bei Gebäuden ist wiederum zwischen den unterschiedlichen Gebäudearten zu differenzieren. Bei Neubauten i.S.d. § 16 Abs. 1 EnEV bleibt die Ausstellungsberechtigung wie bisher landesrechtlich geregelt. Bei Bestandsgebäuden i.S.d. § 16 Abs. 2 EnEV müssen die Aussteller bestimmte baufachliche Qualifikationen erfüllen. Die Einzelheiten regelt der umfangreiche Katalog des § 21 EnEV, auf den insoweit verwiesen wird.

g) Übergangsvorschriften für Energieausweise

357 Bereits die EnEV 2007 sah Überleitungsvorschriften für die Beschaffung der Energieausweise vor. Hintergrund dieser gestaffelten Einführung war der zu erwartende große Bedarf an Ausweisen für den Gebäudebestand in Deutschland. Klarzustellen ist, dass diese Überleitungsvorschrift nichts mit den Fristen der Wahlfreiheit zu tun hat. Diese Regelungen sind strikt voneinander zu trennen.

358 Gem. § 29 EnEV ist für die Bestandsgebäude nach § 16 Abs. 2 EnEV sowohl nach Gebäudetyp und Baufertigstellungsjahr zu differenzieren. Nachfolgende Tabelle gibt hier einen Überblick:

Gebäudeart Baujahr (Fertigstellung)	**Zugänglichmachung**
Wohngebäude Baujahr bis 1965	Ab 1. Juli 2008
Wohngebäude Baujahr ab 1966	Ab 1. Januar 2009
Nichtwohngebäude Baujahr (unabhängig)	Ab 1. Juli 2009

Soweit nach § 13 EnEV 2004 bereits die Pflicht besteht, Energieausweise bei Neubauten zugänglich zu machen, stellt § 29 Abs. 1 S. 2 EnEV für Wohngebäude bzw. § 29 Abs. 2 S. 2 EnEV für Nichtwohngebäude klar, dass insoweit keine Übergangsvorschriften greifen. Energieausweise, die vor in Kraft treten der EnEV 2007 nach den Bestimmungen des EnEV-Entwurfs in der Fassung des Kabinettsbeschlusses v. 25.04.2007 ausgestellt wurden, sind 10 Jahre ab dem Tag der Ausstellung gültig, § 29 Abs. 3 S. 2 EnEV. Entsprechendes gilt für auf freiwillige Basis von Gebietskörperschaften oder auf deren Veranlassung ausgestellter Energieausweise, § 29 Abs. 3 S. 2 EnEV. **359**

Wärmebedarfsausweise gelten als Energieausweise i.S.d. § 16 Abs. 1 S. 3, Abs. 2 und 3 EnEV nach § 29 Abs. 3 S. 1 EnEV. **360**

h) Sanktionen

§ 8 Abs. 1 Nr. 2 EnEG i.V.m. § 27 Abs. 2 EnEV eröffnet Sanktionen in Form von Ordnungswidrigkeitstatbeständen. Der Bußgeldrahmen bewegt sich auf bis zu 15.000,–. **361**

Ordnungswidrig handelt, wer vorsätzlich oder fahrlässig entgegen § 16 Abs. 2 S. 1 bzw. S. 2 EnEV einen Energieausweis nicht, nicht vollständig oder nicht rechtzeitig zugänglich macht oder entgegen § 21 Abs. 1 S. 1 und Abs. 2a EnEV einen Energieausweis oder Modernisierungsempfehlung ausstellt. Der Verordnungsgeber hat die Bewährung als Ordnungswidrigkeit für erforderlich gehalten, um eine effiziente Umsetzung der Europäischen Vorgaben sicherzustellen. Gleichzeitig soll die Qualifikation der Aussteller durch den Bußgeldtatbestand gewahrt werden. **362**

2. Mietrechtliche Aspekte

Die Pflicht zur Erstellung des Energieausweises ist öffentlich-rechtlich. Dem Energieausweis soll nur informatorischer Charakter zukommen, § 5a S. 3 EnEG. Nachfolgend werden zusätzlich die möglichen mietrechtlichen Auswirkungen untersucht, die mit der Pflicht zur Ausstellung des Energieausweises anlässlich der Vermietung entstehen können. **363**

a) Zugänglichmachung des Energieausweises

Gem. § 16 Abs. 2 S. 2 EnEV hat der Vermieter dem potentiellen Mieter einen Energieausweis zugänglich zu machen, spätestens unverzüglich dann, nachdem der potentielle Mieter dies verlangt hat. Der Wortlaut spricht lediglich von »Zugänglichmachen«. Die EnEV 2009 räumt dem potentiellen Mieter keinen Anspruch auf Übergabe des Originalausweises oder einer Kopie hiervon ein. Die ursprüngliche Regelung, ein weiterer S. 3 in § 16 Abs. 2 EnEV anzufügen, die den Vermieter verpflichten soll, auf Verlangen eine Kopie des Energieausweises zu überlassen, wurde auf Betreiben des Bundesrates gestrichen. Ob der Vermieter eine Kopie des Energieausweises dem potentiellen Mieter aushändigt, soll dem Vermieter überlassen werden. **364**

Der Begriff »Zugänglichmachen« ist ein Minus gegenüber weitergehenden Formulierungen wie beispielsweise »Vorlegen« des Energieausweises. Erforderlich ist ein aktives Tun, da der Wortlaut von Zugänglich »machen« und nicht Zugänglich »halten« spricht. Es muss die Möglichkeit eingeräumt werden, den Ausweis bei der Entscheidungsfindung berücksichtigen zu können. Dies kann, muss aber nicht die Vorlage des Energieausweises sein. Ebenso ausreichend wäre beispielsweise die Einsichtnahme im Büro des Vermieters oder ein gut sichtbarer Aushang am Eingang oder im Treppenhaus. Hierdurch wird dem informatorischen Charakter des Energieausweises ausreichend Rechnung getragen. **365**

366 In zeitlicher Hinsicht soll das »Zugänglichmachen« des Energieausweises noch während des Vorgangs der Entscheidungsfindung ermöglicht werden, dabei spätestens unverzüglich nach einem entsprechenden Verlangen des potentiellen Mieters. Dem Wortlaut nach ist die Vorlagepflicht auf den Zeitraum bis zum Vertragsabschluss begrenzt, wobei eine Informationspflicht im laufenden Mietverhältnis nicht mehr besteht (a.A. Sternel Energiepass und Gewährleistung, NZM 2006, 495, 497). Eine zeitliche Ausdehnung der Pflicht zur Zugänglichmachung erscheint auch vom Sinn und Zweck des Energieausweises, eine Entscheidungshilfe zur Verfügung zu stellen, ob das Mietobjekt angemietet werden soll oder nicht, nicht notwendig. Mit Vertragsabschluss erübrigt sich das Zugänglichmachen als Pflicht des Vermieters. Eine zeitliche Ausdehnung ist deshalb nicht geboten, auch wenn die Gültigkeitsdauer des Energieausweises auf 10 Jahre beschränkt ist und theoretisch Fälle möglich sind, in denen der Vermieter dem Verlangen des Mieters nicht nachkommen kann, weil der Energieausweis (noch) nicht erstellt ist (So die Argumentation bei: Sternel Energiepass und Gewährleistung, NZM 2006, 495, 497). Im Hinblick auf die großzügigen Übergangsfristen erscheinen Engpässe nicht nahe liegend.

367 Als maßgeblichen Stichtag wird man auf den Mietvertragsabschluss nicht auf den Mietbeginn abstellen müssen, wenn es um die Frage der Pflicht zur Zugänglichmachung geht. Diese wird stufenweise ab 01.07.2008 eingeführt.

368 Der Personenkreis gegenüber dem der Energieausweis zugänglich gemacht werden soll, ist gem. § 16 Abs. 2 S. 2 EnEV eingeschränkt, da lediglich »potentielle Mieter« eine Zugänglichmachung verlangen können. Somit ist nicht jedermann berechtigt, Einblick in den Energieausweis zu nehmen. Die ursprüngliche Fassung des § 16 EnEV, der noch von »Interessenten« sprach, wich von der amtlichen Formulierung der Deutschen Fassung der Gebäudeenergieeffizienzrichtlinie ab, die vom »potentiellen Käufer« spricht. Da die Regelung bei Vermietungsfällen entsprechend anzuwenden ist, wird sprachlich der Kreis noch enger gezogen auf »potentielle Mieter«. Es wurde befürchtet, dass eine zu weite Auslegung des Begriffes »Interessent« zu schikanösen Anzeigen durch angebliche »Mietinteressenten« führe und die Behörden mit Ordnungswidrigkeitsverfahren überzogen werden.

369 Der »potentielle Mieter« verpflichtet den Vermieter zur Zugänglichmachung nur, wenn eine Vermietung sowohl von Seiten des Vermieters als auch des Mieters, also beidseitig, ernsthaft in Betracht gezogen wird. Der Verordnungsgeber hat hier Personen im Auge, die sich auf Veranlassung des Vermieters zur Besichtigung des Mietobjektes einfinden. Die bloße einseitige Behauptung einer Person, an einem Objekt interessiert zu sein, reicht daher nicht aus. In der Praxis dürften sich Abgrenzungsschwierigkeiten ergeben, da eine zu enge Auslegung des Begriffes »potentieller Mieter« dem Sinn und Zweck der Regelung zuwider laufen würde. Ansonsten würde die bloße Entscheidung des Vermieters, dass eine bestimmte Person als Mieter nicht in Betracht kommt, genügen, um das Zugänglichmachen des Energieausweises zu unterlaufen. Sofern im Rahmen einer Besichtigung des Objekts ein Verlangen auf Zugänglichmachung geäußert wird, ist dem vermieterseitig nachzukommen. Umgekehrt wird die »Selbsteinladung« einer Person und Aufdrängung als Mieter kein »potentieller Mieter« i.S.d. § 16 Abs. 2 S. 2 EnEV sein.

370 Die EnEV 2009 räumt dem Mieter keinen Anspruch auf Erstellung eines Energieausweises ein. Es besteht lediglich die Möglichkeit, die Zugänglichmachung des Energieausweises zu verlangen, ohne dass dies einen Anspruch gegenüber dem Vermieter einräumt, der gerichtlich durchsetzbar wäre. Sofern der Vermieter dem Verlangen nicht nachkommt, ist der Mieter in seiner Entscheidung frei, ob er den Mietvertrag abschließt oder nicht. Die fehlende oder die verweigerte Zugänglichmachung des Energieausweises zeigt für den Vermieter allenfalls indirekt Konsequenzen, da Objekte, in denen der Energieausweis

nicht zugänglich gemacht wird, auf dem Mietmarkt mit Abschlägen (sinkendes Mietniveau) bzw. durch Anzeige bei der zuständigen Behörde mit einer Ordnungswidrigkeit rechnen muss.

Die Wirksamkeit des Mietvertrages wird durch einen Verstoß gegen die Pflichten nach § 16 Abs. 2 S. 2 EnEV nicht berührt (theoretisch denkbar wäre die Verwirklichung von Anfechtungstatbeständen wegen gefälschter Energieausweise). **371**

Dem Vermieter bleibt es natürlich unbenommen, unabhängig von der Pflicht des § 16 Abs. 2 S. 2 EnEV, freiwillig in den Bestandsmietverhältnissen den Energieausweis zugänglich zu machen. Diesen Schritt werden insbesondere Vermieter unternehmen, die am Mietmarkt ein Mietobjekt mit einer hohen energetischen Qualität besitzen. Dadurch kann eine verstärkte Bindung des Mieters an das Objekt erreicht und Abwanderungen vorgebeugt werden. **372**

Vermieter sollten vorsorglich das Zugänglichmachen schriftlich dokumentieren, was mittels einer Bestätigung, dass der Energieausweis zugänglich gemacht wurde, möglich ist. Dies sollte wegen § 309 Nr. 12b BGB, wonach Tatsachenbestätigungen gesondert unterschrieben werden müssen, in einem eigenen Formular – keinesfalls im Mietvertrag – erfolgen. **373**

Wie Vermieter, die nicht alleiniger Eigentümer der Mietsache sind, einem potentiellen Mieter den Energieausweis zugänglich machen können, ist in der EnEV 2009 nicht geregelt. Gem. § 17 Abs. 3 EnEV müssen Energieausweise einheitlich für das Gebäude ausgestellt und dürfen lediglich in Ausnahmefällen getrennt erstellt werden (z.B. bei Mischnutzung gem. § 22 EnEV). Dies führt zu Problemen bei Wohnungseigentümergemeinschaften, Untervermietungsfällen oder ähnlichen Konstellationen. Die Begründung der Verordnung übergeht diese Fragen weitgehend. Lediglich bei Wohnungseigentümergemeinschaften wird lapidar festgestellt, dass der einzelne Eigentümer einen Anspruch gegenüber dem anderen Wohnungseigentümer auf Erstellung des Energieausweises und Tragung der hierfür aufzuwendenden Kosten haben soll. Eine rechtliche Begründung hierfür wird nicht geliefert. Die Angelegenheit wird in die Zuständigkeit der Wohnungseigentümerversammlung nach § 21 WEG fallen, zumal in vielen Fällen auch eine Entscheidung darüber getroffen werden muss, ob ein Energieverbrauchs- oder ein Energiebedarfsausweis zu erstellen ist. Dies dürfte gegen eine Zuständigkeit des Verwalters nach § 27 Abs. 1 Ziff. 2 WEG sprechen. In sonstigen vertraglichen Verhältnissen, beispielsweise Untermietverhältnissen, die nach dem Wortlaut miterfasst sind, wird man vertragliche Nebenpflichten bemühen müssen, damit der betroffene Vermieter, der nicht gleichzeitig Eigentümer des Gebäudes ist und die entsprechenden Informationen nicht hat, die Pflichten nach § 16 Abs. 2 S. 2 EnEV erfüllen kann. In derartigen Fallkonstellationen ist mit praktischen und rechtlichen Schwierigkeiten zu rechnen, die vom Verordnungsgeber nicht ausreichend bedacht wurden. **374**

b) Mietminderung und Schadensersatz

Bei Fehlen des Energieausweises bzw. bei mangelhaftem Energieausweis, d.h. einen Ausweis, der günstigere Werte vorspiegelt, ist denkbar, dass dem Mieter gegenüber dem Vermieter Mängelansprüche zustehen. **375**

aa) Zugesicherte Eigenschaft

Fehlt eine zugesicherte Eigenschaft, wird nach § 536 Abs. 2 BGB dies dem Sachmangel gleichgestellt, ohne dass es darauf ankommt, ob die Tauglichkeit erheblich gemindert ist (KK-MietR/Harting § 536 BGB Rn. 123). **376**

377 Die mit dem Energieausweis zu beurteilende energetische Qualität eines Gebäudes ist eine Eigenschaft, die dem Objekt unmittelbar anhaftet und ein Wert bildender Faktor ist (Sternel Energiepass und Gewährleistung, NZM 2006, 495, 497). Im Regelfall wird das bloße Zugänglichmachen des Energieausweises durch den Vermieter nach § 5a EnEG keine Zusicherung darstellen (Horst Wohnraummietrecht, Aspekte des Energiepasses, NZM 2006, 1, 3; Sternel Energiepass und Gewährleistung, NZM 2006, 495, 497).

378 Voraussetzung der Zusicherung ist, dass der Vermieter die Gewähr für das Vorhandensein der Eigenschaften, die im Energieausweis enthalten sind, übernehmen und bei Fehlen für die Folgen einstehen will. Dies ist nicht anzunehmen, wenn der Vermieter lediglich seine öffentlich rechtlichen Pflicht zur Vorlage des Energiepasses nachkommt.

379 Den Parteien bleibt es unbenommen, über die öffentlich-rechtliche Pflicht hinaus, die Richtigkeit des Energieausweises zuzusichern. Beispielsweise sieht das Muster des Wohnungsmietvertrages des DMB in § 6 Ziff. 2 des Vertrages die Möglichkeit vor, dass der Vermieter die Richtigkeit des Energieausweises zusichert (s. http://www.mieterbund.de//download//wohnungs-mietvertrag.pdf). Vermieter können von einer Zusicherung der Richtigkeit des Energieausweises nur gewarnt werden. Die »Streubreite« der Ergebnisse bei Energieausweisen darf nicht unterschätzt werden Eine unzutreffende Zusicherung kann Mängelrechte begründen, wobei ein Regress beim Aussteller des Energieausweises in derartig gelagerten Fällen fragwürdig ist (Die Ausstellung eines Energieausweises ist als »Werk« i.S.d. §§ 631 ff. BGB zu beurteilen. Der BGH wendet das Werkvertragsrecht in ständiger Rechtsprechung auf die Herstellung von Gutachten an. Dieser Ansatz wird auf die Erstellung des Energieausweises übertragbar sein einschließlich der Rechtsprechung zur Dritthaftung. Ausführlich zum Thema Haftung: Kamphausen Expertenhaftung für mangelhafte Energieausweise nach der neuen EnEV 2006, BauR 2006, 1209, 1211).

380 Gefahr besteht auch, wenn der Vermieter den Energieausweis unbedacht zum Bestandteil des Mietvertrages erklärt. Dies kann auch stillschweigend geschehen, indem der Energieausweis dem Mietvertrag beigefügt wird. Die öffentlich rechtliche Pflicht nach § 5a EnEG beschränkt sich nach dem Wortlaut auf das bloße »Zugänglichmachen«. Sofern der Vermieter den Ausweis beifügt, kann damit im Einzelfall eine Zusicherung verbunden sein. Nach einer Auffassung in der Literatur kann eine derartige Zusicherung indiziert sein, wenn der Energieausweis dem Mietvertrag als Bestandteil beigefügt wird (Sternel Energiepass und Gewährleistung, NZM 2006, 495, 497).

381 Dies erscheint sehr weitgehend, zumal die durch die EnEV 2009 vorgegebenen Muster der Energieausweise bereits auf Seite 1 den deutlichen Hinweis enthalten, dass der Energieausweis lediglich der Information dient. Weiter wird in den Mustern ausgeführt, dass die Angaben des Energieausweises sich auf das gesamte Wohngebäude oder den bezeichneten Gebäudeteil beziehen. Weiterhin wird ausgeführt, dass der Energieausweis lediglich dafür gedacht ist, einen überschlägigen Vergleich von Gebäuden zu ermöglichen. Die bloße Beifügung des Energieausweises kann daher nicht als Eigenschaftszusicherung aufgefasst werden. Es spricht aber für eine Zusicherung, wenn der Mieter gegenüber konkrete Anforderungen an die Mietsache stellt und der Vermieter mit Beifügung des Energieausweises seine Angaben zur energetischen Qualität belegt. In derartigen Fällen liegt es nahe, dass es sich hierbei nicht um allgemeine Anpreisungen oder Beschreibungen der Mietsache handelt, sondern dass der Vermieter die Gewähr für das Vorhandensein der im Energieausweis beschriebenen Eigenschaften übernimmt und auch für alle Folgen des Fehlens einstehen will.

bb) Sachmangel

Ein Sachmangel gem. § 536 Abs. 1 BGB ist die für den Mieter nachteilige Abweichung des tatsächlichen Ist-Zustandes der Mietsache von dem vertraglich vorausgesetzten Soll-Zustand der Mietsache (BGH ZMR 2000, 508, 510; BGH ZMR 2005, 108, 109; BGH ZMR 2005, 612, 613; (Schmid/Harting § 536 BGB Rn. 121 m.w.N.). Die Abweichung kann qualitativ oder quantitativ, auf tatsächliche oder rechtliche Verhältnisse zurückzuführen sein (Schmid/Harting § 536 BGB Rn. 121 m.w.N.). Bei einem Sachmangel muss die Tauglichkeit zum vertragsgemäßen Gebrauch der Mietsache aufgehoben oder gemindert sein, § 536 Abs. 1 BGB. **382**

Der vertraglich vorausgesetzte Soll-Zustand unterliegt der Disposition des Vertragspartners (BGH ZMR 2005, 108, 109). Soweit Vereinbarungen fehlen, kann die Beschaffenheitsabrede über die Verkehrsanschauung durch die maßgeblichen technischen Normen, insbesondere Grenz- oder Richtwerte, zu ergänzen sein. Der mietrechtliche Sachmangelbegriff knüpft – anders als der kauf- und werkvertragliche – nicht an die Beschaffenheit als solche, sondern an die Gebrauchstauglichkeit an, deren Beeinträchtigung maßgebend ist. **383**

Deshalb steht bei Nichteinhaltung der bei Errichtung eines Gebäudes geltenden Bauvorschriften nicht ohne Weiteres fest, dass ein mietrechtlicher Sachmangel vorliegt bzw. dass im Falle, dass das Gebäude mangelfrei erbaut wurde, kein mietrechtlicher Sachmangel vorliegt (Schmid/Stangl § 16 EnEV Rn. 125 m.w.N.). Der Vermieter ist dabei grundsätzlich nicht zur Modernisierung verpflichtet, da es auf den Stand der Technik bei Errichtung der Mietsache ankommt. Wird die Mietsache modernisiert oder wesentlich verändert, insbesondere ein Mietgebäude umgebaut, darf der Mieter davon ausgehen, dass die Maßnahmen nach dem gegenwärtigen Stand der Technik durchgeführt und die einschlägigen technischen Normen eingehalten werden (BGH ZMR 2005, 108; Schmid/Stangl § 16 EnEV Rn. 125). **384**

Die EnEV 2009 enthält eine ausschließlich öffentlich-rechtlich einzuhaltende Verpflichtung. Daraus lässt sich nicht ableiten, dass der Vermieter nun verpflichtet ist, die dort ausgewiesene energetische Qualität, die verschärft wurde, gegenüber dem Mieter umzusetzen. Dies stellt eine Frage des bauaufsichtlichen Einschreitens der zuständigen Behörden dar bzw. ist es eine Frage der Verfolgung von Ordnungswidrigkeiten. **385**

Mit der Erstellung des Energieausweises befolgt der Vermieter lediglich seine Verpflichtungen in öffentlich rechtlicher Hinsicht. Damit ist kein Erklärungswille verbunden, dass die im Energieausweis enthaltenen Angaben Soll-Beschaffenheit der Mietsache sind. Im Regelfall nimmt der Mieter lediglich Einsicht in den Energieausweis, der Ausweis wird aber nicht dem Mietvertrag beigefügt. Technische, insbesondere DIN-Normen sind grundsätzlich keine Rechtsnormen. Es handelt sich um allgemeine, privattechnische Regelungen mit Empfehlungscharakter (BGH ZMR 2004, 415, 417). **386**

Eine Auslegung des Mietvertrages wird auch bei bloßer Beifügung des Energieausweises ergeben, dass damit keine Soll-Beschaffenheit der Mietsache vereinbart wurde, da die entsprechenden Muster auf Seite 1 ausdrücklich darauf hinweisen, dass der Energieausweis lediglich der Information dient. Sinn und Zweck ist lediglich, einen überschlägigen Vergleich von Gebäuden zu ermöglichen. **387**

Es gibt somit keine gesetzlich definierte Soll-Beschaffenheit der Mietsache, die durch die Ist-Beschaffenheit nachteilig abweichen könnte und damit mietrechtliche Ansprüche auslöst (Horst Wohnraummietrechtliche Aspekte des Energiepasses, NZM 2006, 1, 3). **388**

389 Den Parteien ist es natürlich unbenommen, die Werte des Energieausweises ausdrücklich zur Soll-Beschaffenheit der Mietsache zu erklären. Hinsichtlich der damit verbundenen Risiken für den Vermieter, kann auf die Ausführungen zur Eigenschaftszusicherung verwiesen werden.

390 Der Handlungsbedarf bei der Vertragsgestaltung kann sich aus unterschiedlichen Interessenslagen ergeben. Einerseits kann dem Vermieter daran gelegen sein, schlichtweg zu dokumentieren, dass er seiner Pflicht zur »Zugänglichmachung« nachgekommen ist. Andererseits kann ein Bedürfnis bestehen bei energetisch hochwertigen Gebäuden, den Energieausweis bewusst als Marktinstrument einzusetzen und die dortigen Angaben als »Soll-Beschaffenheit« zu vereinbaren. Aufgrund der »Sensibilisierung« der Mieter für die energetische Qualität eines Gebäudes im Zuge der Einführung des Energieausweises kann auch ein entsprechender Druck im Immobilienmarkt entstehen, der wiederum einen Handlungsbedarf bei der Vertragsgestaltung provoziert. Abgestuft nach der Interessenslage und aus Sicht des Vermieters wären vielfältige Formulierungen denkbar. Individualvereinbarungen haben aber stets Vorrang! Beispielsweise könnte wie folgt formuliert werden:

Wenn der Vermieter dem Mieter einen Energieausweis vorlegt oder in Kopie überlässt, so dient dies allein der Erfüllung öffentlich-rechtlicher Pflichten; in den vorliegenden Mietvertrag wird der Energieausweis nicht einbezogen. Die Angaben des Energieausweises sind nicht maßgeblich für den vertragsgemäßen Zustand. Vor allem sichert der Vermieter keine bestimmte Eigenschaft zu, keinen bestimmten Energiebedarfs- oder -verbrauchswert und keine bestimmte Obergrenze für den Energieverbrauch. Der Energieausweis hat lediglich informativen Charakter und der tatsächliche Energieverbrauch kann aufgrund des konkreten Nutzerverhaltens erheblich von den ausgewiesenen Werten abweichen.

391 Mit einer derartigen Formulierung erreicht der Vermieter, dass er einerseits nachweist, dass der Energieausweis zugänglich gemacht wurde, hier in Form der Übergabe, sofern zusätzlich zu dieser Klausel der Empfang des Energieausweises nochmals schriftlich bestätigt wird, zum anderen wird dadurch vereinbart, dass der Energieausweis keine »Soll-Beschaffenheit« der Mietsache ist. Zudem wird damit eine gewisse »Befriedungsfunktion« erreicht, da auch aus dem Vertrag ersichtlich ist, dass der tatsächliche Verbrauch vom errechneten Verbrauch aufgrund des Nutzerverhaltens abweichen kann. Ein frühzeitig dokumentierter Hinweis kann der Konfliktvermeidung dienen.

392 Sofern der Vermieter den Energiekennwert ausdrücklich zur »Soll-Beschaffenheit« der Mietsache erheben will, sollte im Hinblick auf die teilweise erheblichen »Streubreiten« eine Art »Toleranzgrenze« eingeführt werden. Sinngemäß könnte etwa wie folgt formuliert werden:

Der Vermieter übergibt dem Mieter den Energieausweis vom (Ausstellungsdatum) des (Namen des Ausstellers). Die Parteien vereinbaren auf der Grundlage des vorstehend vorgelegten Energieausweises einen Wert von (Wert in kWh/m²a) auf der Grundlage der bisherigen Nutzung bzw. des derzeitigen Bauzustandes als Soll-Beschaffenheit der Mietsache. Abweichungen von bis zu (+/- n % Toleranzrahmen) v.H. stellen keinen Mangel dar.

393 Die vorstehende Formulierung führt zu einer entsprechenden Soll-Beschaffenheit und im Falle von Abweichungen zu mietrechtlichen Ansprüchen des Mieters, soweit der Toleranzrahmen überschritten wird. Es erscheint aber fraglich, inwieweit größere Toleranzrahmen nicht kontraproduktiv auf potentielle Mieter wirken. Es ist zu befürchten, dass eine weitgehende Gläubigkeit an die errechneten Werte im Energieausweis besteht und eigenes Nutzerverhalten als Ursache für tatsächliche Abweichungen ignoriert wird.

Zudem dürfte die Streubreite, die sich in den genannten Untersuchungen bestätigt haben, nicht allgemein bekannt sein, so dass größere Toleranzrahmen bei Mietern, die auf die energetische Qualität wert legen, zu Schwierigkeiten führen.

In diesem Zusammenhang erscheint es aus Vermietersicht einfacher und zielführender nicht den ausgewiesenen Wert in kWh/ma des Energieausweises als Grundlage der Beschaffenheitsvereinbarung zu wählen, sondern vielmehr an die Ausgangsdaten anzuknüpfen. Beispielsweise könnte eine bestimmte Heizungsanlage, die Art der Befeuerung, oder eine bestimmte Wärmedämmung vereinbart werden. Letzteres ist eine Überprüfung meist leicht zugänglich und führt nicht zu Irritationen, wenn der tatsächliche vom rechnerischen Wert abweicht, da der rechnerische Wert nicht »Soll-Beschaffenheit« der Mietsache ist (Stangl Der Energieausweis nach EnEV 2007 – mietrechtliche Aspekte, ZMR 2008, 14). 394

Die vorstehenden Ausführungen sind von Sachverhalten abzugrenzen, in denen es nicht um Abweichungen vom Inhalt des Energieausweises geht, sondern generell um Abweichungen von der Soll-Beschaffenheit, die sich aus der Gebrauchstauglichkeit der Mietsache selbst ergibt. Dies sind beispielsweise Fälle, in denen die Wärmeversorgung ausfällt oder nicht ausreicht, Fenster undicht sind oder Verkehrssicherungspflichten verletzt werden. Es dürfen beispielsweise mit Nichteinhaltung der energetischen Qualität keine Gesundheitsgefahren einhergehen. Es handelt sich in diesen Fällen um unabhängig vom Energieausweis vorliegende nachteilige Abweichungen des Ist-Zustandes der Mietsache vom Soll-Zustand. Es geht aber hierbei nicht um die Einhaltung der Anforderungen an Gebäude nach EnEV 2009. 395

Die bloße mangelnde Wirtschaftlichkeit soll noch keinen Sachmangel i.S.d. § 536 Abs. 1 BGB darstellen. Sofern der Mieter höhere Kosten trägt, um die Mietsache ausreichend mit Wärme zu versorgen, so ist dies allenfalls eine Frage der Wirtschaftlichkeit im Rahmen der Betriebskosten, nicht aber eine Frage, ob ein Sachmangel vorliegt oder nicht (Sternel Energiepass und Gewährleistung, NZM 2006, 495, 497). Anders soll dies zu beurteilen sein, wenn der Mieter selbst für die Wärmeversorgung der Mietsache sorgen muss, weil sich hier die Unwirtschaftlichkeit des Gebäudes bzw. der Anlagentechnik unmittelbar auf die Gebrauchstauglichkeit auswirke (Sternel Energiepass und Gewährleistung, NZM 2006, 495, 498). 396

cc) Minderung

Sofern die Mietsache im Einzelfall wegen der fehlerhaften Angaben des Energieausweises ein Mangel der Mietsache anzunehmen ist, mindert sich nach § 536 Abs. 1 BGB die Miete. Hier scheint es bereits fraglich, wie durch fehlerhafte Angaben im Energieausweis die Tauglichkeit des Mietobjekts zum vertragsgemäßen Gebrauch aufgehoben sein soll. Die Nutzung ist im Regelfall uneingeschränkt möglich, sie ist allenfalls unwirtschaftlich. 397

dd) Kenntnis

Das Recht des Mieters auf Mietminderung ist ausgeschlossen, wenn der Mieter bei Vertragsschluss den Mangel der Mietsache kennt, § 536b BGB. Nimmt der Mieter eine mangelhafte Sache an, obwohl er den Mangel kennt, so kann er die Rechte nach §§ 536 und 536a BGB nur geltend machen, wenn er sich seine Rechte bei der Annahme vorbehält. 398

Macht der Vermieter den Energieausweis zugänglich, der eine schlechte energetische Qualität der Mietsache aufweist, wird sich der Mieter nicht auf einen Mangel der Mietsache berufen, damit keine Mietminderung geltend machen können. Der Mieter ist nicht 399 schutzwürdig, da er in Kenntnis der unzureichenden Qualität nicht vom Abschluss des Mietvertrages Abstand genommen bzw. entsprechend eine niedrigere Miete ausgehandelt hat.

400 Der Mieter handelt grob fahrlässig, wenn er die Zugänglichmachung des Energieausweises nicht verlangt. Er verletzt bei Abschluss des Mietvertrages die erforderliche Sorgfalt.

401 Anders ist die Sachlage, falls der Vermieter zwar nachweislich einen Energieausweis vorgelegt hat, dieser Energieausweis der Mietsache unzutreffend einen energetisch günstigen Zustand bescheinigt. Sofern der Inhalt des Energieausweises Soll-Beschaffenheit der Mietsache wurde und die Ist-Beschaffenheit hiervon nachteilig abweicht, hilft die Kenntnis nichts. Der Mieter kann in diesem Fall auf die Gewährleistungsrechte zurückgreifen.

ee) Schadensersatz

402 Sofern nicht anders vereinbart, haftet der Vermieter dem Mieter verschuldensunabhängig für bei Vertragsschluss vorhandene Mängel der Mietsache aus § 536a Abs. 1 Alternative 1 BGB, (Garantiehaftung für anfängliche Mängel).

403 Ist der Mangel nach Vertragsschluss entstanden, so haftet der Vermieter nur noch bei Verschulden, § 536a Abs. 1, Alternative 2, BGB i.V.m. § 276 BGB. Darüber hinaus ist der Vermieter schadensersatzpflichtig, wenn er mit der Beseitigung eines Mangels in Verzug ist, § 536a Abs. 1, Alternative 3, BGB. Auch diese Variante greift nur bei einem Verschulden, § 286 Abs. 4 BGB.

404 Beide Schadensersatzansprüche setzen voraus, dass ein Mangel der Mietsache vorhanden ist. Dies dürfte nur in den seltensten Fällen zu bejahen sein. Zudem wird die Garantiehaftung des Vermieters häufig formularvertraglich abbedungen sein.

405 In den Ausnahmefällen, in denen der Vermieter eine energetische Beschaffenheit als Eigenschaft zugesichert oder als Soll-Beschaffenheit vereinbart hat und dem Vermieter ein Verschulden vorzuwerfen ist, besteht ein Schadensersatzanspruch. Dabei ist bereits fraglich, ob eine Zurechnung des Verschuldens des Ausstellers über § 278 BGB möglich ist, da es sich bei der Pflicht, die der Vermieter erfüllt, nur um eine öffentlich-rechtliche Pflicht handelt (Horst NZM 2008 145, 149). Im Übrigen besteht noch nicht einmal eine Vorlagepflicht im Rahmen der Vertragsverhandlungen.], besteht ein Schadensersatzanspruch.

406 Sofern die Garantiehaftung nicht ausgeschlossen wurde, haftet der Vermieter sogar ohne Verschulden.

407 Der Schadensersatz bestimmt sich nach den allgemeinen Regeln der §§ 249 ff. BGB.

408 Der Schaden könnte hier beispielsweise in der unwirtschaftlichen Beheizung bestehen. Sofern der Mieter hier überhöhte Kosten tragen muss, ist dies eine Schadensposition.

c) Modernisierung

409 In diesem Zusammenhang ist zu unterscheiden zwischen einerseits dem Anspruch des Mieters auf Modernisierung der Mietsache und andererseits dem Anspruch des Vermieters auf Duldung einer Modernisierung durch den Mieter.

aa) Anspruch auf Modernisierung (Mieter)

410 Der Mieter hat grundsätzlich keinen Anspruch auf Durchführung von Modernisierungsmaßnahmen gegen den Vermieter. Der Vermieter schuldet grundsätzlich nur diejenigen technischen Standards, die zur Zeit der Errichtung des Gebäudes galten. Er ist somit

nicht zur Anpassung oder Modernisierung verpflichtet. Dies gilt sowohl für die Wärmedämmung als auch für die Anlagetechnik (LG München I WuM 1988, 352; LG Hannover WuM 1991, 540).

Eine Ausnahme gilt dann, wenn der Vermieter nachträglich erhebliche Eingriffe in die Bausubstanz vornimmt oder wenn im Laufe der Zeit sich die Verhältnisse so geändert haben, dass der Mindeststandard zeitgemäßen Wohnens unterschritten wird (BGH NZM 2005, 60; BGH NZM 2004, 736). 411

Eine weitere Ausnahme gilt für den Fall, dass wissenschaftlich anerkannte oder technische Standards, die der Gesundheit oder der Sicherheit von Menschen dienen, geändert oder neu eingeführt wurden (BayObLG NZM 1999, 899). 412

Bis auf diese wenigen Ausnahmefälle ist der Vermieter nicht zu einer Modernisierung verpflichtet. Die Verbesserungsvorschläge im Energieausweis lösen keinen Anspruch des Mieters aus. 413

Technische Standards, wie z.B. DIN-Normen, sind keine gesetzlichen Vorschriften sondern lediglich Empfehlungen ohne rechtliche Verbindlichkeit. Sofern kein ausdrückliche Soll-Beschaffenheit vereinbart wurde, sind die den Vertragsschluss herbeiführenden Willenserklärungen nach dem maßgeblichen, objektiven Empfängerhorizont so auszulegen, dass der Zustand als vereinbart gilt, der sich bei Vertragsschluss als üblich ergibt. Dieser übliche Zustand kann wiederum durch die technischen Normen bestimmt werden (Börstinghaus Anpassung der Wohnung an typische Wohnstandards – Trittschall, Elektroversorgung, Wärmedämmung, ESW, S. 39, 42). 414

Auch bei der Wärmedämmung wurde bereits entschieden, dass ein Gebäude, das die zum Errichtungszeitpunkt bestehenden Bauvorschriften erfüllt, mangelfrei ist (BGH ZMR 2005, 108). 415

Sofern der Energieausweis Modernisierungsempfehlungen enthält, handelt es sich hier nur um reine Informationen, die dem Mieter keine Ansprüche einräumen. Bereits nach dem Wortlaut handelt es sich um »Empfehlungen« und nicht »Verpflichtungen«. 416

Den Parteien bleibt es natürlich unbenommen, im Rahmen des Mietvertrages einzelne Modernisierungsempfehlungen zum Gegenstand einer Verpflichtung des Vermieters zur Umsetzung zu machen. Die bloße Beifügung der Modernisierungsempfehlungen stellt keine vertragliche Verpflichtung des Vermieters dar. Die Anlage 10 der EnEV 2007 enthält wiederum den ausdrücklichen Hinweis, dass es sich hierbei um bloße Informationen handelt. Ein Modernisierungsanspruch kann auch nicht aus dem Wirtschaftlichkeitsgebot abgeleitet werden. Das Wirtschaftlichkeitsgebot ist kein Instrument zur Durchsetzung von Modernisierungsmaßnahmen. 417

bb) Durchsetzung Modernisierung (Vermieter)

Greift der Vermieter die im Energieausweis enthaltenen Modernisierungsvorschläge auf und saniert/modernisiert das Gebäude entsprechend den Vorgaben, so liegt regelmäßig eine Verbesserung der Soll-Beschaffenheit der Mietsache vor, damit eine Wohnwertverbesserung. Diese ist in der erhöhten energetischen Qualität des Gebäudes zu sehen und dem damit verbundenen reduzierten Energieverbrauch. 418

Dabei sind aber verschiedene Fallkonstellationen (s. Börstinghaus Anpassung der Wohnung an typische Wohnstandards – Trittschall, Elektroversorgung, Wärmedämmung, PiG 39, 56 f.) zu unterscheiden: 419

- Lag der Mindeststandard bei Mietvertragsabschluss nicht vor, ist ein Mangel der Mietsache gegeben, der Erfüllungsansprüche des Mieters auslöst. Aufgewandte

Kosten zur Herstellung der Soll-Beschaffenheit berechtigen den Vermieter nicht zur Mieterhöhung.

- Entspricht die Mietsache bei Vertragsschluss dem Mindeststandard, muss aber später eine Nachbesserung aufgrund gesetzlicher Vorschriften erfolgen, liegt meist eine Modernisierung, zumindest aber eine bauliche Maßnahme vor, die der Vermieter nicht zu vertreten hat. Eine Mieterhöhung gem. § 559 BGB ist grundsätzlich möglich.
- Steigert der Vermieter durch bauliche Maßnahmen den Gebrauchswert der Mietsache, was bei Erfüllung des Mindeststandards bei Altverträgen der Fall ist, dann wird er die Miete gem. § 559 BGB erhöhen können.

420 Die Vorschriften der §§ 559 ff. BGB ermöglichen es somit, nicht nur die energetische Qualität des Gebäudes, damit dessen Wert zu erhöhen, sondern erlauben es auch, die Miete zu erhöhen, sofern die Voraussetzungen eingehalten sind.

421 Inwieweit die Kosten für die Erstellung des Energieausweises als Baunebenkosten im Rahmen der Modernisierung umlagefähig sind, ist strittig (Dagegen: Friers Der Energieausweis – Stand der Dinge nach der Entscheidung des Bundesrats – DWW 2007, 236, 237; im Einzelfall dafür: Horst Wohnraummietrechtliche Aspekte des Energiepasses, NZM 2006, 1, 5). Im Regelfall werden die Kosten nicht umlagefähig sein, da der Energieausweis reinen informativen Charakter hat und insofern nicht als Baunebenkosten berücksichtigungsfähig ist.

d) Betriebskosten

422 Der Energieausweis kann im Betriebskostenrecht in zweierlei Hinsicht Auswirkungen haben. Einerseits ist zu prüfen, ob die Kosten für die Erstellung des Energieausweises als Betriebskosten umlagefähig sind, zum anderen ist zu erörtern, ob ein fehlerhafter Energieausweis Einfluss auf das Gebot der Wirtschaftlichkeit hat.

423 Die Kosten für die Erstellung des Energieausweises unterliegen nicht der Definition für Betriebskosten. Betriebskosten sind Kosten, die dem Eigentümer durch das Eigentum am Grundstück oder durch den bestimmungsgemäßen Gebrauch des Gebäudes, der Nebengebäude, Anlagen und Einrichtungen und des Grundstücks laufend entstehen. Es erscheint angebracht, die Kosten der Erstellung des Energieausweises zu den Verwaltungskosten des § 1 Abs. 2 Nr. 1 BetrKV zu zählen. I.Ü. fehlt es auch am Merkmal der laufenden Entstehung, da die Pflicht zur Zugänglichmachung allein von der Fluktuation im Mietobjekt abhängig ist und ein bestehender Energieausweis 10 Jahre Gültigkeit besitzt.

424 Im Rahmen der Betriebskosten kann ein fehlerhafter Energieausweis, d.h. wenn die berechneten Werte niedriger sind als die tatsächlichen Werte, zu Auseinandersetzungen führen. Sofern kein atypisches Nutzerverhalten des Mieters vorliegt, drehen sich die Streitfragen hier um das Gebot der Wirtschaftlichkeit.

425 Der Wirtschaftlichkeitsgrundsatz ist niedergelegt in §§ 556 Abs. 3 S. 1 Hs. 2, 560 Abs. 5 BGB.

426 Danach bedeutet Wirtschaftlichkeit einen Ansatz der Bewirtschaftungskosten, der den Grundsätzen einer ordentlichen Bewirtschaftung entspricht. Betriebskosten können nur angesetzt werden, soweit sie bei gewissenhafter Abwägung aller Umstände und bei ordentlicher Geschäftsführung gerechtfertigt sind (so für preisgebundenen Wohnraum).

427 Der Wirtschaftlichkeitsgrundsatz verbietet dem Vermieter nicht, unwirtschaftlich zu verwalten. Allerdings führt das Gebot dazu, dass Kosten nur eingeschränkt umgelegt werden können, sofern gegen diesen Grundsatz verstoßen wird.

Bei der Beurteilung der Wirtschaftlichkeit ist vom Standpunkt eines vernünftigen Vermieters auszugehen, der ein vertretbares Kosten-/Nutzungsverhältnis im Auge behält (Schmid/Schmid Vor § 556 BGB Rn. 14). **428**

Teilweise wird ein Verstoß gegen das Wirtschaftlichkeitsgebot angenommen, wenn unwirtschaftliche Anlagen betrieben oder Mängel nicht beseitigt werden und dadurch höhere Kosten entstehen (Schmid/Schmid Vor § 556 BGB Rn. 34 m.w.N.). Teilweise soll dies zu einem Abzug zu lasten des Vermieters vom Abrechnungssaldo führen (Sternel Energiepass und Gewährleistung, NZM 2006, 495, 498), teilweise wird dies nicht als ein Problem der Betriebskostenumlegung gesehen (Schmid/Schmid Vor § 556 BGB Rn. 34). Die Betriebskostenumlegung bezieht sich nur auf den Ist-Zustand der Mietsache und nicht auf den Soll-Zustand der Mietsache (bestätigend BGH NZM 2008, 35; Horst NZM 2008, 146, 147). Es bestehe keine Verpflichtung des Vermieters, verbrauchsgünstige Anlagen zu schaffen, da es auch keine entsprechende Modernisierungsverpflichtung gibt. Die Umlagefähigkeit der bei dem gegenwärtigen Zustand der Mietsache anfallenden Kosten als solche, wird dadurch nicht berührt. **429**

31. Kapitel
Steuerrecht

Übersicht **Rdn.**

I. Allgemeines

1 Miet- und wohnungseigentumsrechtliche Bezüge zum Steuerrecht ergeben sich insbesondere im Zusammenhang mit einkommen-, umsatz-, sowie erbschaft- und schenkungsteuerlichen Fragestellungen. Hinzu kommen gewerbesteuerliche, grundsteuerliche und grunderwerbsteuerliche Probleme, die Kapitalertragsteuer und die Zweitwohnungsteuer. Auch die Eigenheimzulage wirft in der Praxis etliche Fragen auf. Der Beratungsbedarf nach steuerlichen Dienstleistungen im Zusammenhang mit Immobilien ist sehr hoch und stellt regelmäßig einen wichtigen Bereich für Steuerberater dar. Ebenso hoch ist das Beratungsrisiko, da entsprechende Gestaltungen oft über Jahre praktiziert werden oder – insbesondere bei der Übertragung von Immobilien – die Gegenstandswerte erheblich sind.

II. Einkommensteuer

2 Sobald Wohnungen oder Räumlichkeiten vermietet werden, ergibt sich zumindest für den Vermieter eine einkommensteuerliche Relevanz. Überschüsse bzw. Gewinne sind Bestandteile des steuerpflichtigen Einkommens und führen zu einer Steuerbelastung, während Verluste mit anderen Einkünften verrechnet werden und somit zu Steuerersparnissen führen können.

3 Für selbstgenutzte Immobilien hat sich die steuerliche Bedeutung seit Abschaffung der Eigenheimzulage ab 2007 (sie wird nur noch für sog. Altfälle gewährt) stark vermindert.

4 Relevant geblieben sind betrieblich oder beruflich eigengenutzte Immobilien, Immobilien in Sanierungsgebieten und selbstgenutzte Baudenkmäler sowie Steuerermäßigungen für Handwerkerleistungen.

1. Einkunftsarten und Einkunftsbegriff

5 Das Einkommensteuerrecht kennt sieben Einkunftsarten. Die Vermietung bzw. Nutzung von Immobilien kann für drei Einkunftsarten relevant sein.

6 Relevant für die richtige Zuordnung ist zunächst, ob sich das vermietete Grundstück bzw. der Grundstücksteil im Privat- oder Betriebsvermögen befindet.

7 In der Abgrenzungsfrage zwischen Privat- und Betriebsvermögen verfügt das Steuerrecht über die Möglichkeit, Räumlichkeiten gem. deren Nutzung aufzuteilen und zwar unabhängig vom sachenrechtlichen Eigentum. So können in einem einzigen Haus zeitgleich bis zu vier verschiedene Nutzungen vorliegen, die steuerlich jeweils separat zu beurteilen sind:

- Nutzung zu eigenen Wohnzwecken (steuerlich i.d.R. irrelevant)
- Nutzung zu fremden Wohnzwecken (Vermietung)
- Nutzung zu eigenen betrieblichen oder beruflichen Zwecken (Betriebsvermögen)
- Nutzung zu fremden betrieblichen oder beruflichen Zwecken (Vermietung oder Betriebsverpachtung).

8 Die Ermittlung der steuerpflichtigen Einkünfte richtet sich danach, welche Einkunftsart vorliegt.

a) Einkünfte aus Vermietung- und Verpachtung (§ 21 EStG)

9 Diese Einkunftsart stellt den Regelfall bei der Vermietung von Immobilien des Privatvermögens dar. Steuerpflichtig sind dabei sämtliche Einnahmen, die aus der Vermietung der Immobilie erzielt werden, abzüglich aller damit zusammenhängenden Werbungskosten einschließlich Abschreibungen.

Gewinne oder Verluste aus der Veräußerung der Immobilie sind im Rahmen dieser Einkunftsart steuerlich unbeachtlich. 10

b) Einkünfte aus privaten Veräußerungsgeschäften (§ 23 EStG)

Die privaten Veräußerungsgeschäfte gem. § 23 EStG sind ein Spezialfall der sonstigen Einkünfte gem. § 22 EStG. Steuerpflichtig ist der Gewinn aus der Veräußerung einer Immobilie des Privatvermögens, wenn zwischen Anschaffung und Veräußerung weniger als 10 Jahre liegen und zwar unabhängig davon, ob die Immobilie vermietet wurde oder nicht. Ausgenommen sind lediglich ausschließlich zu eigenen Wohnzwecken genutzte Immobilien. 11

Der steuerpflichtige Veräußerungsgewinn gem. § 23 EStG ist völlig unabhängig von den Vermietungseinkünften gem. § 21 EStG zu erklären und führt auch nicht dazu, dass die Immobilie Betriebsvermögen wird. 12

c) Einkünfte aus Gewerbebetrieb (§ 15 EStG)

Das Vorliegen von Betriebsvermögen und damit gewerblichen Einkünften führt dazu, dass Veräußerungsgewinne und -verluste steuerlich immer zu berücksichtigen sind und zwar in Höhe der Differenz zwischen Veräußerungspreis und Buchwert. 13

Bei gewerblichen Einkünften (§ 15 EStG) ist der Gewinn nach den Vorschriften des EStG zu ermitteln und der Einkommensteuer zu unterwerfen. 14

Darüber hinaus unterliegen die gewerblichen Einkünfte grundsätzlich der Gewerbesteuer. 15

2. Einkünfte aus Vermietung und Verpachtung (§ 21 EStG)

Wer eine Immobilie des Privatvermögens vermietet oder verpachtet, hat die erzielten Einnahmen abzüglich der Werbungskosten zu versteuern. 16

a) Einkunftserzielungsabsicht (Liebhaberei)

aa) Grundsätzliche Problematik

Bei der Vermietung vom Immobilien kommt es aufgrund der Abschreibungen und Finanzierungsaufwendungen häufig zu langjährigen Verlusten. Da diese die Steuerbelastung anderer Einkünfte senken, nimmt es die Finanzverwaltung nicht hin, wenn dauerhaft keine Überschüsse möglich sind. 17

Voraussetzung der steuerlichen Erfassung der Einnahmen einerseits und der Abzugsfähigkeit der Werbungskosten andererseits ist daher eine gegebene Einkunftserzielungsabsicht (BFH v. 24.08.2006, IX R 15/06, BStBl. II 2007, 256). 18

Eine Einkunftserzielungsabsicht liegt nach ständiger Rechtsprechung nicht vor, wenn sog. »Liebhaberei«-Fälle gegeben sind (BFH v. 25.06.1984, GrS 4/82, BStBl. II 1984, 751). In Liebhaberei-Fällen können angefallene Aufwendungen nicht als Werbungskosten angesetzt werden. 19

Die Abgrenzung zwischen Einkunftserzielungsabsicht und Liebhaberei ist oftmals streitig. 20

Einzelheiten enthält ein Schreiben des BMF v. 08.10.2004 (IV C 3 – S-2253–91/04, BStBl. I 2004, 933). Zwar geht es im genannten BMF-Schreiben vorrangig um die Einkünfteerzielungsabsicht bei Ferienwohnungen. Gleichwohl gibt das genannte Schreiben die aktuelle Rechtsprechung sehr gut wieder. Zur Einkunftserzielungsabsicht bei der Ver- 21 mietung besonders aufwändig ausgestatteter Wohnungen s. OFD München bzw. OFD Nürnberg v. 27.10.2004 (S-2253–86 St 41, DB 2005, 76), im Fall eines Zweifamilienhauses s. FG Düsseldorf v. 21.10.2004 (11 K 2425/02, EFG 2005, 114). Zur Einkünfteerzielungsabsicht bei der Vermietung eines historischen Objekts (Mühle) s. BFH v. 19.04.2005 (IX R 10/04, BStBl. II 2005, 692). Zum Problem »Abstandszahlungen an Mieter bei beabsichtigter Selbstnutzung (= keine Einkünfteerzielungsabsicht) s. BFH v. 07.07.2005 (IX R 38/03, BStBl. II 2005, 760).

bb) Unentgeltliche Vermietung

22 Bei unentgeltlicher Vermietung mangelt es regelmäßig an der Einkünfteerzielungsabsicht, so dass die entsprechenden Aufwendungen nicht steuerlich geltend gemacht werden können.

cc) Entgeltliche Vermietung

23 Bei entgeltlicher Vermietung zu ortsüblichem Mietzins spricht der Beweis des ersten Anscheins für das Vorliegen einer Einkünfteerzielungsabsicht, weil nicht auf das Ergebnis der Vermögensnutzung eines oder weniger Jahre, sondern auf das positive Gesamtergebnis der voraussichtlichen Vermögensnutzung abzustellen ist. Gem. BMF v. 08.10.2004 (IV C 3 – S-2253–91/04, BStBl. I 2004, 933, Rn. 1) ist nach ständiger Rechtsprechung des BFH (vgl. BFH v. 30.09.1997, IX R 80/94, BStBl. II 1998, 771 m.w.N.) bei einer auf Dauer angelegten Vermietungstätigkeit ohne weitere Prüfung vom Vorliegen einer Einkunftserzielungsabsicht auszugehen. Grundsätzlich sind daher sowohl die Einnahmen als auch die Werbungskosten in voller Höhe steuerlich zu berücksichtigen.

24 Der Beweis des ersten Anscheins für das Vorliegen der Einkünfteerzielungsabsicht ist jedoch entkräftet, wenn aufgrund objektiver Beweisanzeichen (z.B. kurzfristige Finanzierung oder kurze Mietzeit) festgestellt werden kann, dass der Steuerpflichtige das Gebäude in der Absicht angeschafft hat, alle steuerlichen Vorteile in Anspruch zu nehmen und es kurze Zeit danach zu veräußern. Erkennt die Finanzverwaltung eine Einkunftserzielungsabsicht z.B. aus den vorgenannten Gründen nicht an, liegen keine Einkünfte mehr aus Vermietung und Verpachtung vor und die Einnahmen und Ausgaben aus dieser Tätigkeit werden steuerrechtlich nicht berücksichtigt. Dies kommt insbesondere vor, wenn ein Steuerpflichtiger eine Immobilie erwirbt (oder sich an einem Immobilienfonds beteiligt), um diese nach einer kurzen Phase der Verlustnutzung an Angehörige zu verschenken.

dd) Teilentgeltliche Vermietung

25 Bei teilentgeltlicher Vermietung stellt der Gesetzgeber die vereinbarte Miete der ortsüblichen Marktmiete gegenüber und beurteilt danach den Umfang abzugsfähiger Werbungskosten (s. Rdn. 79 ff.). Die Rechtsprechung des BFH und die Finanzverwaltung relativieren diese Vorgabe des Gesetzgebers.

26 Für Fälle, in denen die vereinbarte Miete zwischen 56 % und 75 % der Marktmiete liegt, fordert der BFH, dass die Abgrenzung zur Liebhaberei an Hand einer Überschussprognose erfolgt (BFH v. 05.11.2002, IX R 48/01, BStBl. II 2003, 646; BFH v. 06.10.2004, IX R 30/03, BStBl. II 2005, 386). Die Überschussprognose ist auf 30 Jahre vorzunehmen. Die Finanzverwaltung hat sich dieser Rechtsauffassung angeschlossen (BMF v. 08.10.2004, IV C 3 – S-2253–91/04, BStBl. I 2004, 933, Rn. 13).

27 In die vom Steuerzahler zu erstellende Prognose sind die im Prognosezeitraum voraussichtlich erzielbaren Einnahmen sowie die im Prognosezeitraum voraussichtlich anfallenden Werbungskosten einzubeziehen.

Auf der Ausgabenseite ist auch die Abschreibung zu erfassen. Es ist von einer Abschreibung nach § 7 Abs. 4 EStG (2 %) auszugehen und zwar unabhängig davon, welche Abschreibungsmethode später tatsächlich gewählt wird. Sonderabschreibungen, erhöhte Absetzungen oder die degressive AfA gem. § 7 Abs. 5 EStG sind nicht anzusetzen (BMF v. 08.10.2004, IV C 3 – S-2253–91/04, BStBl. I 2004, 933, Rn. 34). 28

Da nicht alle Einnahmen und alle Ausgaben genau feststehen, sind die voraussichtlichen Einnahmen und die voraussichtlichen Ausgaben zu schätzen. Es ist auch zulässig, die Werte der letzten fünf vergangenen Jahre hochzurechnen. Wegen der jeder Prognose anhaftenden Unsicherheit erhöht die Finanzverwaltung zu Gunsten der Steuerzahler die geschätzten Einnahmen um 10 % und kürzt die geschätzten Werbungskosten um 10 % (BMF v. 08.10.2004, IV C 3 – S-2253–91/04, BStBl. I 2004, 933, Rn. 34). Zinseffekte bleiben unberücksichtigt, d.h. das letzte Jahr wird genauso bewertet wie das erste Jahr und nicht auf den Gegenwartswert abgezinst. 29

ee) Angehörigen-Verträge

Einkommensteuerliche Gestaltungsmöglichkeiten ergeben sich bei Fällen teil(un)entgeltlicher Überlassung zu mehr als 56 % der ortsüblichen Marktmiete insbesondere dann, wenn es sich um Verträge mit Angehörigen handelt. Diese werden von der Finanzverwaltung – gestützt durch die Rechtsprechung des BFH – darauf hin überprüft, ob sie bürgerlich-rechtlich wirksam abgeschlossen wurden (zivilrechtliche Wirksamkeit), ob die Vereinbarungen auch tatsächlich durchgeführt werden (tatsächliche Durchführung) und ob die Gestaltung dem zwischen Fremden Üblichen entspricht (Fremdvergleich). 30

(1) Zivilrechtliche Wirksamkeit

Die zivilrechtliche Wirksamkeit ist anhand der Vorschriften des BGB und der ansonsten einschlägigen mietrechtlichen Vorschriften zu beurteilen. 31

(2) Tatsächliche Durchführung

Die zivilrechtliche Wirksamkeit von Verträgen hat nur indizielle Bedeutung. Entscheidend ist die tatsächliche Durchführung des Vertrages. Daher kann eine zivilrechtliche Unwirksamkeit geheilt werden, wenn zeitnah nach Erkennen der Unwirksamkeit die Mängel beseitigt werden (BFH v. 07.06.2006, IX R 4/04, BStBl. II 2007, 294). 32

Die tatsächliche Durchführung der vertraglichen Vereinbarungen wird in der finanzamtlichen Praxis überprüft. Daher sollten Barzahlungen belegbar sein (trotz FG Düsseldorf und FG Münster, s.o.) und Barzahlungsbelege sowie Kontoauszüge aufbewahrt werden. 33

(3) Fremdvergleich

Grundsätzlich steht es Angehörigen frei, ihre Rechtsverhältnisse untereinander so zu gestalten, dass diese steuerlich möglichst günstig sind (erneut BFH v. 29.08.2007, IX R 17/07, BStBl. II 2008, 502). Der Fremdvergleich (dazu BFH v. 31.07.2007, IX R 8/07, BFH/NV 2008, 350) findet daher nur dort seine Berechtigung, wo nicht anderweitig festgestellt werden kann, dass die vereinbarten Leistungen tatsächlich dem Einkunftserzielungsbereich und nicht dem Privatbereich zuzurechnen sind. Für die Beurteilung eines Angehörigenvertrages ist daher die Gesamtheit der objektiven Gegebenheiten zu beachten, so dass nicht jede Abweichung vom Üblichen notwendigerweise die steuerliche Anerkennung des Vertrages ausschließen muss. Die Finanzverwaltung folgt dem (OFD Frankfurt v. 25.04.2007, S 2253 A – 46 – St 214, StB 2007, 288). 34

35 Abzustellen ist daher nicht auf einzelne vertragliche Abreden, sondern auf deren Gesamtheit. Nicht jede Abweichung vom Üblichen schließt sogleich die steuerliche Anerkennung von Verträgen unter Angehörigen aus (H 21.4 EStR, Stichwort »Fremdvergleich«, S. 1).

36 Zwingende Voraussetzung für die steuerliche Anerkennung ist, dass die Hauptpflichten der Mietvertragsparteien wie z.B. die Überlassung einer konkret bestimmten Mietsache und die Höhe der zu entrichtenden Miete stets klar und eindeutig vereinbart und auch tatsächlich durchgeführt werden (H 21.4 EStR, Stichwort »Fremdvergleich«, S. 2).

37 Das gilt auch für nachträgliche Vertragsänderungen (BFH v. 20.10.1997, IX R 38/97, BStBl. II 1998, 106; Schmidt/Drenseck EStG § 21 Rn. 65 Stichwort »Angehörige«).

38 Die folgenden Fallgestaltungen zwischen Angehörigen wurden von der Rechtsprechung als fremdüblich anerkannt:

- Unregelmäßige Mietzahlungen, keine Abreden über die oder Ungenauigkeiten bei den Nebenkosten (BFH v. 25.07.2000, IX R 6/97, BFH/NV 2001, 305).
- Ungenauigkeiten bzgl. Inhalt des Mietvertrages oder in seiner Durchführung, wenn gleiche Mängel bei zwischen Fremden abgeschlossenen Verträgen auftraten (BFH v. 28.06.2002, IX R 68/99, BStBl. II 2002, 699).
- Formverstöße beim Mietvertrag (BFH v. 21.10.1997, IX R 57/96, BStBl. II 1998, 108).
- Barzahlungen ohne Quittung führen für sich allein noch nicht zur Nichtanerkennung des Mietvertrages (FG Düsseldorf v. 12.02.1998, 8 K 872/96, EFG 1998, 1012; ebenso FG Münster v. 29.04.1998, 1 K 504/98, EFG 1999, 836).
- Bei Mietverhältnissen zwischen Eltern mit einem unterhaltsberechtigten Kind ist die steuerliche Anerkennung nicht deshalb zu versagen, weil das Kind die Miete aus dem Barunterhalt der Eltern zahlt (BFH v. 19.10.1999, IX R 39/99, BStBl. II 2000, 224) oder die Miete mit dem Barunterhalt verrechnet (BFH v. 19.10.1999, IX R 30/98, BStBl. II 2000, 223). Die Finanzverwaltung wendet diese Rechtsprechung an (OFD Frankfurt v. 08.10.2001, S 2253 A – 46 St II 23, DB 2001, 2629). Weitere Nachweise bei Schmidt/Drenseck EStG, § 21 Rn. 65 Stichwort »Angehörige«).
- Auch bei Mischfinanzierungen durch die Kinder – Bezahlung der Miete teils aus eigenen Mitteln, teils aus dem Barunterhalt – erkennt die Rechtsprechung dahingehende Mietverträge an (BFH v. 17.12.2002, IX R 35/99, BFH/NV 2003, 611; w.N. bei Schmidt/Drenseck EStG, § 21 Rn. 65 Stichwort »Angehörige«).
- Eine nur geringe Nutzung der Wohnung durch den mietenden Angehörigen steht der steuerlichen Anerkennung des Mietvertrages nicht entgegen (BFH v. 07.06.1994, IX R 121/92, BFH/NV 1995, 112; FG Niedersachsen v. 01.10.1992, S 3250 17 34, EFG 1992, 195).
- Der steuerlichen Anerkennung steht es auch nicht entgegen, wenn der mietende Familienangehörige das Grundstück zuvor gegen wiederkehrende Leistungen auf den vermietenden Familienangehörigen übertragen hat (BFH v. 10.12.2003, IX R 12/01, BStBl. II 2004, 643). Anders jedoch, wenn ein im Zusammenhang mit einer Grundstücksübertragung eingeräumtes unentgeltliches Wohnungsrecht gegen Vereinbarung einer dauernden Last aufgehoben und gleichzeitig ein Mietverhältnis mit einem Mietzins in Höhe der dauernden Last vereinbart wird (BFH v. 17.12.2003, IX R 56/03, BStBl. II 2004, 648).
- Vermietung zwischen Ehegatten im Rahmen einer doppelten Haushaltsführung zu fremdüblichen Bedingungen (BFH v. 11.03.2003, IX R 55/01, BStBl. II 2003, 627).

ff) Nießbrauchs-Verträge

39 In Nießbrauchsfällen ist zwischen entgeltlich bestelltem und unentgeltlich bestelltem Nießbrauch zu unterscheiden.

(1) Entgeltliche Bestellung

40 Wer einen Nießbrauch gegen Entgelt bestellt, erzielt Einnahmen i.S.d. § 21 EStG (BFH v. 27.06.1978, VIII R 54/74, BStBl. II 1979, 332). Es gilt das Zuflussprinzip (§ 11 EStG), so dass das Entgelt für die Einräumung des Nießbrauchs in dem Kalenderjahr als Einnahme zu erfassen ist, in dem es dem Nießbrauchsverpflichteten zufließt. In Einmalzahlungsfällen kann aus Billigkeitsgründen eine Verteilung auf mehrere Jahre erfolgen (BMF v. 24.07.1998, BStBl. I 1998, 914, Rn. 29). In Vorauszahlungsfällen kann das Wahlrecht des § 11 Abs. 1 S. 3 EStG angewendet werden, welches eine Verteilung der Einnahmen auf den entsprechenden Nutzungsüberlassungszeitraum ermöglicht.

41 Der Werbungskostenabzug steht dem Eigentümer zu (Schmidt/Drenseck EStG, § 21 Rn. 45). Relevant ist insoweit die Abschreibung.

42 Wenn und soweit der Nießbrauchsberechtigte das Objekt vermietet, ist er seinerseits steuerlich wie ein vermietender Eigentümer zu behandeln. Er hat die Mieteinnahmen zu versteuern und kann die bei ihm anfallenden Aufwendungen als Werbungskosten steuermindernd geltend machen.

(2) Unentgeltliche Bestellung

43 Beim unentgeltlich bestellten Nießbrauch kann der Eigentümer bzw. Nießbrauchsverpflichtete mangels Einkunftserzielung grundsätzlich keine Werbungskosten geltend machen (BFH v. 13.05.1980, VIII R 128/78, BStBl. II 1981, 299).

gg) Ferienwohnungen

44 Wer eine Ferienwohnung – oft in der Rechtsform des Wohnungseigentums – vermietet, muss die Einnahmen als Einkünfte aus Vermietung und Verpachtung (§ 21 EStG) versteuern und kann im Gegenzug die auf das Vermietungsobjekt entfallenden Aufwendungen als Werbungskosten (§ 9 EStG) steuerlich absetzen. Voraussetzung für den Regelfall (§ 21 i.V.m. § 9 EStG) ist allerdings auch hier die Einkunftserzielungsabsicht (BFH v. 25.06.1984, GrS 4/82, BStBl. II 1984, 751).

45 Der BMF hat mit Schreiben v. 08.10.2004 (IV C 3 – S 2253 91/04, BStBl. I 2004, 933) u.a. auch die Rechtsprechung des BFH zur Vermietung von Ferienwohnungen zusammengefasst. Danach ist zwischen Vermietungsfällen, Selbstnutzungsfällen und Leerstandsfällen zu unterscheiden.

(1) Ausschließliche Vermietung

46 Wer eine Ferienwohnung ausschließlich an wechselnde Feriengäste privat (nicht gewerblich!) vermietet und diese in Leerstandszeiten nicht selber nutzt, sondern für potenzielle Feriengäste frei hält, ist bzgl. des Werbungskostenabzuges auf der sicheren Seite. Die Finanzverwaltung geht ohne weitere Prüfung von einer Einkunftserzielungsabsicht aus – und zwar unabhängig davon, ob die Vermietung durch den Eigentümer in Eigenregie oder durch Einschaltung eines Verwalters erfolgt. Dies gilt auch dann, wenn die Wohnung nur an wenigen Tagen im Jahr vermietet wird (BFH v. 05.11.2002, IX R 18/02, BStBl. II 2003, 914; BFH v. 21.11.2000, IX R 37/98, BStBl. II 2001, 705; BFH v. 06.11.2001, IX R 97/00, BStBl. II 2002, 726). Allein hohe WK-Überschüsse rechtfertigen

keine Ausnahme von dieser typisierenden Annahme (BFH v. 24.08.2006, IX R 15/06, BStBl. II 2007, 256).

47 Die Finanzverwaltung (BMF v. 08.10.2004, IV C 3 – S 2253 91/04, BStBl. I 2004, 933, Rn. 17) geht zudem von einer ausschließlichen Vermietungsabsicht aus, wenn

- die Entscheidung über die Vermietung der Ferienwohnung nicht dem Eigentümer, sondern einem Dritten (z.B. Reiseveranstalter oder Kurverwaltung) obliegt und darüber hinaus eine Eigennutzung durch den Eigentümer vertraglich für das jeweilige Jahr ausgeschlossen ist.
- sich die Ferienwohnung im ansonsten vom Eigentümer selbst genutzten Zwei- oder Mehrfamilienhaus oder in unmittelbarer räumlicher Nähe zu der selbstgenutzten Wohnung des Eigentümers befindet. Voraussetzung ist allerdings, dass die selbstgenutzte Wohnung des Eigentümers nach Größe oder Ausstattung dessen Wohnbedürfnissen entspricht. Indiz dafür ist, dass die selbstgenutzte Wohnung des Eigentümers die Möglichkeit zur Unterbringung von Gästen bietet.
- der vermietende (Wohnungs-)Eigentümer an dem Ort, an dem sich die vermietete Ferienwohnung befindet, mehr als eine Ferienwohnung besitzt und nur eine davon selbst nutzt.
- die Dauer der Vermietung der Ferienwohnung dem Durchschnitt der Vermietungen in der am Ferienort üblichen Saison entspricht.

48 Der Vermieter ist für die ausschließliche Vermietungsabsicht feststellungsbelastet. Wenn und soweit also die vorgenannten Voraussetzungen nicht vorliegen, wird nicht automatisch von Liebhaberei ausgegangen, sondern der jeweilige Eigentümer muss schlüssig darlegen, dass eine Einkünfteerzielungsabsicht besteht.

Unterschreiten z.B. die Tage der Vermietung die übliche Vermietungsdauer am Ferienort um mindestens 25 %, so hat der Steuerpflichtige entsprechend gesteigerte Werbemaßnahmen zu belegen (BFH v. 26.10.2004, IX R 57/02, BStBl. II 2005, 388; vgl. auch BFH v. 24.08.2006, IX R 15/06, BStBl. II 2007, 256).

Gleiches gilt, wenn im Anschluss an eine Dauervermietung eine – erfolglose – Bereitstellung zur gelegentlichen Vermietung erfolgt (FG Bremen v. 11.06.2004, 1 K 265/03, EFG 2005, 361; BFH v. 05.04.2005, IX R 48/04, BFH/NV 2005, 1299).

49 Der Einkünfteerzielungsabsicht steht es nicht entgegen, wenn sich der Eigentümer in der Ferienwohnung kurzfristig wegen Wartungs-, Reinigungs- oder Reparaturarbeiten, allgemeinen Kontrollen, Schlüsselübergaben oder Teilnahmen an Eigentümerversammlungen selbst aufhält. Derartige Aufenthalte stehen grundsätzlich im Zusammenhang mit der Vermietungstätigkeit und sind daher der Fremdnutzung zuzuordnen.

50 Wird der jeweilige Eigentümer dabei jedoch von einem Familienmitglied oder Dritten begleitet oder dauert die Selbstnutzung mehr als einen Tag, so ist zu begründen und ggf. sogar nachzuweisen, dass der Aufenthalt dennoch ausschließlich den Vermietungszwecken diente (BMF v. 08.10.2004, IV C 3 – S 2253 91/04, BStBl. I 2004, 933, Rn. 19).

(2) Zeitweise Vermietung und zeitweise Selbstnutzung

51 Wird eine Ferienwohnung durch den Eigentümer zeitweise selbst genutzt oder Dritten unentgeltlich überlassen bzw. für derartige Zwecke freigehalten und nur in den verbleibenden Zeiträumen vermietet, so ist diese Misch-Nutzung ein Beweisanzeichen für eine auch private, nicht mit der Einkunftserzielung zusammenhängende Veranlassung der Aufwendungen. Daher ist in solchen Fällen die Einkunftserzielungsabsicht nachzuweisen.

Der Eigentümer muss objektive Umstände vortragen, auf Grund derer in einem bestimmten Beurteilungszeitraum ein Überschuss der Einnahmen über die Werbungskosten erwartet werden konnte/wird. Grundsätzlich ist für einen Beurteilungszeitraum von dreißig Jahren eine Prognose zu erstellen, die zu einem Totalüberschuss führt (BMF v. 08.10.2004, IV C 3 – S 2253 91/04, BStBl. I 2004, 933, Rn. 21). 52

Bei befristeter Vermietung ist nicht auf den vorgenannten Dreißig-Jahres-Zeitraum, sondern auf den entsprechend kürzeren Zeitraum abzustellen (BMF v. 08.10.2004, IV C 3 – S 2253 91/04, BStBl. I 2004, 933, Rn. 36). 53

Dabei sind Aufwendungen nur dann als Werbungskosten in die Überschussprognose einzubeziehen, wenn und soweit sie auf Zeiträume entfallen, in denen die Ferienwohnung tatsächlich an Feriengäste vermietet wurde bzw. für solche Zwecke freigehalten wurde. Aufwendungen, die sowohl Selbst- als auch Fremdnutzungszeiträume betreffen, sind entsprechend der zeitlichen Nutzung aufzuteilen (BMF v. 08.10.2004, IV C 3 – S 2253 91/04, BStBl. I 2004, 933, Rn. 40). 54

(3) Leerstand

Die Finanzverwaltung sieht es als gegen die Einkunftserzielungsabsicht sprechendes Beweisanzeichen, wenn sich ein Eigentümer bei Erwerb der Immobilie noch nicht entschieden hat, ob er diese veräußern, selbst nutzen oder vermieten will (BMF v. 08.10.2004, IV C 3 – S 2253 91/04, BStBl. I 2004, 933, Rn. 24 ff.). 55

Andererseits kann auch schon vor Abschluss eines Mietvertrages über eine leerstehende Wohnung eine Einkunftserzielungsabsicht vorliegen (BMF v. 08.10.2004, IV C 3 – S 2253 91/04, BStBl. I 2004, 933, Rn. 25). In diesen Fällen können bereits vor der Erzielung von Einnahmen entstandene Aufwendungen steuermindernd geltend gemacht werden. Es handelt sich um sog. vorweggenommene/vorab entstandene Werbungskosten. 56

Zur Selbstnutzungsabsicht bei einer ursprünglich nicht zu Ferienzwecken erworbenen Eigentums-/Ferienwohnung s. FG Baden-Württemberg v. 16.12.2003 (2 K 367/01, EFG 2005, 112). Zur Einkünfteerzielungsabsicht trotz ungewollter Leerstandszeiten vgl. BFH v. 24.08.2006, IX R 15/06, BStBl. II 2007, 256. 57

Wenn ein Steuerpflichtiger eine dauerhafte Vermietung ausschließt, um die Wohnung verkaufen zu können und dies ursächlich für einen jahrelangen Leerstand ist, sind die Aufwendungen für die leer stehende Wohnung mangels Einkünfteerzielungsabsicht nicht abzugsfähig (BFH v. 05.04.2005, IX R 48/04, BFH/NV 2005, 1299). 58

b) Einkunftsermittlung

Im Rahmen der Einkunftsart Vermietung und Verpachtung wird für die Besteuerung der Überschuss der Einnahmen über die Werbungskosten zugrunde gelegt (§ 2 Abs. 2 S. 1 Nr. 2 EStG). 59

Die Entscheidung, ob Einnahmen und Werbungskosten bei den Einkünften aus Vermietung und Verpachtung anzusetzen sind, richtet sich danach, ob ein ursächlicher Zusammenhang zu dem Vermietungsobjekt besteht. 60

Die Frage, in welchem Veranlagungsjahr Einnahmen und Werbungskosten zu berücksichtigen sind, beantwortet im Wesentlichen das Zu- und Abflussprinzip (§ 11 EStG), welches jedoch durch einige Sonderregelungen durchbrochen wird. Einige der Sonderregelungen sind unter Einnahmen (s. Rdn. 64 ff.) bzw. Werbungskosten (s. Rdn. 74 ff.) erläutert. 61

c) Einnahmen

aa) Ursachenzusammenhang

62 Einnahmen aus Vermietung und Verpachtung sind alle Güter, die in Geld oder Geldeswert bestehen und dem Vermieter bzw. Verpächter aufgrund der Nutzungsüberlassung (notwendiger Zusammenhang) zufließen (§ 8 Abs. 1 EStG i.V.m. § 21 EStG).

63 Praxisrelevant sind i.d.R. nur Einnahmen in Form von Geld. Einnahmen »in Geldeswert« sind weniger von Bedeutung.

bb) Zuflussprinzip

64 Bei Vermietungstätigkeit im Privatbereich gem. § 21 EStG werden die steuerpflichtigen Einkünfte zwingend durch eine Einnahmen-Überschuss-Rechnung ermittelt. Für die steuerliche Erfassung der Einnahmen gilt das Zuflussprinzip des § 11 EStG.

(1) Grundsatz

65 Die zeitliche Zuordnung erfolgt gem. § 11 Abs. 1 S. 1 EStG: »Einnahmen sind innerhalb des Kalenderjahres bezogen, in dem sie dem Steuerpflichtigen zugeflossen sind«.

66 Diese Regelung bietet Gestaltungsmöglichkeiten. So kann z.B. ein Steuerzahler, der gegen Ende des Kalenderjahres feststellt, dass seine in dem gerade ablaufenden Kalenderjahr zu versteuernden Einkünfte schon relativ hoch sind, veranlassen, dass er die Dezember-Mieten erst Mitte Januar kassiert.

(2) Ausnahmen

67 Diesen Gestaltungsmöglichkeiten versucht der Gesetzgeber auf zwei Wegen Grenzen aufzuzeigen: zum einen bei regelmäßig wiederkehrenden Einnahmen, zum anderen bei Vorauszahlungen.

(aa) regelmäßig wiederkehrende Einnahmen

68 Regelmäßig wiederkehrende Einnahmen, die dem Vermieter/Verpächter kurze Zeit vor Beginn oder kurze Zeit nach Beendigung des Kalenderjahres, zu dem sie wirtschaftlich gehören, zugeflossen sind, gelten als in diesem Kalenderjahr bezogen (§ 11 Abs. 1 S. 2 EStG).

69 Wiederkehrend sind Einnahmen, bei denen ihrer Natur nach auf Grund eines bestimmten Rechtsverhältnisses die Wiederholung in gewissen Zeitabständen von Anfang an fest steht (BFH v. 10.12.1985, VIII R 15/83, BStBl. II 1986, 342), so z.B. die monatliche Miete.

70 Regelmäßig wiederkehrend sind Einnahmen, die entsprechend dem vereinbarten Rechtsverhältnis grundsätzlich am Beginn oder am Ende des Kalenderjahres zahlbar sind, zu dem sie wirtschaftlich gehören (BFH v. 06.07.1995, IV R 63/94, BStBl. II 1996, 266). Voraussetzung ist lediglich die Gleichartigkeit. Eine Gleichmäßigkeit hinsichtlich der Höhe der Zahlungen ist nicht erforderlich. Beispiel: Wenn eine vereinbarte Mietzahlung zum 30. eines Monats erst am 2. des Folgemonats eingeht, gilt sie am 30. des Vormonats als zugeflossen.

71 Als »kurze Zeit« i.S.d. § 11 Abs. 1 S. 2 EStG ist ein Zeitraum von bis zu zehn Tagen anzusehen (st. Rechtsprechung vgl. z.B. BFH v. 24.07.1986, IV R 309/84, BStBl. II 1987, 16). Demzufolge gelingt der unter Rdn. 68 dargestellte Effekt nur dann, wenn die Dezember-Mieten erst nach dem 10. Januar des Folgejahres bezahlt werden.

(bb) Verteilungswahlrecht für Vorauszahlungen

Einnahmen, die auf einer Nutzungsüberlassung von mehr als fünf Jahren beruhen und im Voraus geleistet werden (Mietvorauszahlungen), können insgesamt auf den Zeitraum gleichmäßig verteilt werden, für den sie geleistet werden (§ 11 Abs. 1 S. 3 EStG). 72

cc) Einnahmen-ABC

Einnahmen aus Vermietung und Verpachtung liegen dann vor, wenn zum einen die entsprechende Einkünfteerzielungsabsicht vorliegt und zum anderen ein Ursachenzusammenhang zwischen den Zuflüssen in Geld oder Geldeswert und der Nutzungsüberlassung besteht. Beispiele: 73

- **Abstandszahlungen** des Mieters für die vorzeitige Entlassung aus dem Mietverhältnis gehören zu den Einnahmen aus Vermietung und Verpachtung, insbesondere dann, wenn sich die Höhe der Abstandszahlung an noch ausstehenden Mietzahlungen orientiert (BFH v. 11.01.2005, IX R 67/02, BFH/NV 2005, 1044).
- **Arbeitnehmer-Wohnung**: Überlasst ein Arbeitnehmer ein in seinem Haus oder in seiner Wohnung gelegenes und von ihm genutztes Büro an seinen Arbeitgeber und erfolgt die Nutzung des Büros im vorrangigen Interesse des Arbeitgebers, so sind daraus erzielte Entgelte den Einkünften aus Vermietung zuzuordnen (BMF v. 13.12.2005, IV C 3 – S-2253–112/05, BStBl. I 2006, 4).
- **Arbeitgeber-Wohnung**: Die Überlassung einer Wohnung durch den Arbeitgeber an einen Arbeitnehmer ist als Vermietung zu werten. Mieteinnahme ist der anteilige Wert der Arbeitsleistung (BFH v. 01.09.1998, VIII R 3/97, BStBl. II 1999, 213), der sich nach dem ortsüblichen Mietwert richtet (Schmidt/Drenseck EStG, § 21 Rn. 65 Stichwort »Arbeitnehmer-Wohnung«).
- **Baukostenzuschüsse: öffentliche** Baukostenzuschüsse, die keine Gegenleistung für die Überlassung des Gebrauchs darstellen, sondern für die Erneuerung, Erhaltung oder funktionsgerechte Verwendung einer Immobilie gewährt werden, stellen keine Einnahmen aus Vermietung und Verpachtung dar, sondern mindern die Herstellungskosten (BFH v. 26.03.1991, IX R 104/86, BStBl. II 1992, 999) bzw. Erhaltungsaufwendungen (EStR 21.5 Abs. 1).
- **Baukostenzuschüsse: private** Baukostenzuschüsse, die z.B. von Mietern als Mietvorauszahlung oder als verlorener Zuschuss gezahlt werden, sind Einnahmen aus Vermietung und Verpachtung. Sie sind grundsätzlich in dem Jahr zu erfassen, in dem sie dem Vermieter zufließen (§ 11 Abs. 1 EStG). Um die Progressionswirkung abzumildern, ist jedoch eine Verteilung auf mehrere Jahre gem. § 11 Abs. 1 S. 3 EStG zulässig (EStR 21.5 Abs. 3 S. 2).
- **Bausparguthabenzinsen:** Diese sind Einnahmen aus Vermietung und Verpachtung, wenn sie in engem zeitlichem Zusammenhang mit dem Erwerb oder Umbau eines Hauses stehen (BFH v. 09.11.1982, VIII R 188/79, BStBl. II 1983, 172), anderenfalls handelt es sich um Einkünfte aus Kapitalvermögen (BFH v. 08.12.1992, VIII R 78/89, BStBl. II 1993, 301).
- **Beschlagnahmeentschädigungen:** Nutzungsentschädigungen für die Inanspruchnahme eines Grundstücks z.B. für die Einweisung von Asylanten oder Obdachlosen sind Einnahmen aus Vermietung und Verpachtung (BFH v. 14.06.1963, VI R 216/61 U, BStBl. III 1963, 380).
- **Dienstbarkeit:** Das Entgelt für die Bestellung einer beschränkt persönlichen Dienstbarkeit (§§ 1090 ff. BGB) oder einer Grunddienstbarkeit (§§ 1018 ff. BGB) gehört dann zu den Einnahmen aus Vermietung und Verpachtung, wenn es sich dem wirtschaftlichen Gehalt nach um Nutzungsentgelte im weitesten Sinne handelt. Umfangreiche Rechtsprechungsnachweise finden sich bei Schmidt/Drenseck EStG, § 21 Rn. 65 Stichwort »Dienstbarkeit«.

- **Damnum**: Erstattete Damnumbeträge stellen Einnahmen i.S.d. § 21 EStG dar, wenn das Damnum selbst als Werbungskosten abzugsfähig war (BFH v. 22.09.1994, IX R 13/93, BStBl. II 1995, 118). Keine Einnahmen aus Vermietung und Verpachtung liegen hingegen vor, wenn das Damnum lediglich als Bemessung für eine Vorfälligkeitsentschädigung dient (BFH v. 19.02.2002, IX R 36/98, BStBl. II 2003, 126).
- **Entschädigungen**: Nutzungsentschädigungen sind Einnahmen i.S.d. § 21 EStG. Ansonsten kommt eine Besteuerung gem. § 22 Nr. 3 EStG in Betracht. U.U. ist die Entschädigung aber auch nicht steuerbar (BFH v. 19.12.2000, IX R 96/97, BStBl. II 2001, 391). Entschädigungen wegen unterlassener Instandhaltung sind ebenfalls als Einnahme zu erfassen (BFH v. 29.11.1968, VI R 316/66, BStBl. II 1969, 184), nicht aber Entschädigungen für den Verzicht auf künftige Wohnnutzung (FG München v. 27.06.2007, 1 K 4055/04, EFG 2007, 1603).
- **Erbbaurecht:** Laufender Erbbauzins ist beim Besteller des Erbbaurechts als Entgelt für die Duldung der Nutzung des Grundstücks als Einnahme aus Vermietung und Verpachtung zu erfassen und zwar auch dann, wenn das Entgelt in einer Summe oder in nur wenigen Teilbeträgen gezahlt wird (BFH v. 20.09.2006, IX R 17/04, BStBl. II 2007, 112). Für seit dem 01.01.2004 geleistete Einmalzahlungen oder Vorauszahlungen darf das Wahlrecht gem. § 11 Abs. 1 S. 3 EStG angewendet werden.
- **Erschließungskosten:** Zahlt ein Erbbauberechtigter neben dem Erbbauzins an den Grundstückseigentümer auch Erschließungskosten und Straßenanliegerbeiträge an die Gemeinde, so führt dies beim Erbbaubesteller zu Einnahmen aus Vermietung und Verpachtung, wenn aus der Zahlung ein Wertzuwachs des Grundstücks resultiert (BFH v. 21.11.1989, IX R 170/85, BStBl. II 1990, 310).
- **Feuerversicherung:** Entschädigungen aus einem Feuerversicherungsvertrag zählen nicht zu den Einnahmen aus Vermietung und Verpachtung, es sei denn, es werden Werbungskosten oder Aufräumkosten ersetzt (BFH v. 01.12.1992, IX R 333/87, BStBl. II 1994, 12).
- **Kautionen** sind steuerrechtlich dem Mieter zuzurechnen und stellen daher keine Einnahme aus Vermietung und Verpachtung beim Vermieter dar.
- **Kostenübernahmen:** Hat der Mieter sämtliche Kosten i.Z.m. dem Objekt zu tragen, so kann dies beim Vermieter zu Einnahmen aus Vermietung und Verpachtung einerseits und in entsprechender Höhe zu abzugsfähigen Werbungskosten andererseits führen. Unter dem Strich ergibt sich für den Vermieter keinerlei Belastung (BFH v. 10.08.1988, IX R 20/84, BFH/NV 1989, 160).
- **Mietausfallversicherung:** Einnahmen aus einer Mietausfallversicherung sind Einnahmen aus Vermietung und Verpachtung, da es sich um Ersatz für entgangene Mieteinnahmen handelt (BFH v. 29.04.1982, IV R 177/78, BStBl. II 1982, 591).
- **Mieteraufwendungen/Mietereinbauten:** Instandhaltungsaufwendungen des Mieters, zu denen er verpflichtet ist, sind keine Einnahmen des Vermieters. Anders ist es, wenn der Mieter von ihm vorgenommene und bei Vertragsende noch vorhandene Verbesserungen unentgeltlich dem Vermieter überlassen muss. Dann stellt der Wert der Verbesserungen eine Einnahme aus Vermietung und Verpachtung beim Vermieter dar. Ebenfalls gehören zu den Einnahmen aus Vermietung und Verpachtung die Entschädigungen, die der Mieter wegen unterlassener Instandhaltungen an den Vermieter zu zahlen hat (BFH v. 29.11.1968, VI R 316/66, BStBl. II 1969, 184).
- **Nebenkosten:** Ein Entgelt für Nebenleistungen des Vermieters gehört zu den Einnahmen aus Vermietung und Verpachtung, so z.B. Entgelt für die Beleuchtung, für die Reinigung der Flure und Treppen oder für die Überlassung eines Schwimmbades (BFH v. 01.08.1978, VIII R 17/74, BStBl. II 1979, 14).
- **Nießbrauch:** Entgelte für die Nießbrauchseinräumung sind Einnahmen aus Vermietung und Verpachtung (BFH v. 27.06.1978, VIII R 54/74, BStBl. II 1979, 332). Die

Finanzverwaltung folgt der Rechtsauffassung des BFH (BMF v. 24.07.1998, IV B 3 – S-2253–59/98, BStBl. I 1998, 914, Rn. 28). Zum Erwerb eines Grundstücks gegen eine Bebauungsverpflichtung und gegen eine Wohnrechtseinräumungsverpflichtung s. OFD Koblenz v. 18.04.2006 (S 2253 A – St 31 2, DB 2006, 1136).

- **Photovoltaik:** Einspeisungsvergütungen die einem Mieter für eine Anlage gezahlt werden, die dieser auf dem Mietobjekt installiert hat, sind Einnahmen des Mieters und nicht des Vermieters (BFH v. 11.04.2008, V R 10/07, BStBl. II 2009, 741).
- **Schadensersatz** für die Beschädigung oder Zerstörung der Mietsache durch den Mieter oder einen Dritten zählt nicht zu den Einnahmen aus Vermietung und Verpachtung, wenn die Schadensersatzleistung nicht auf dem Mietvertrag, sondern auf einem anderen Rechtsgrund beruht (BFH v. 29.11.1968, VI R 316/66, BStBl. II 1969, 184). Anders ist es, wenn eine Abgeltung der Gebrauchsüberlassung im Vordergrund steht, so z.B. bei Schadensersatz wegen vertragswidriger Vernachlässigung oder Vorenthaltung der Mietsache (BFH v. 05.05.1971, I R 166/69, BStBl. II 1971, 624) oder wegen übermäßiger Beanspruchung der Mietsache (BFH v. 22.04.1966, VI 264/65, BStBl. III 1966, 395).
- **Umlagen** für Wassergeld, Flur- und Kellerbeleuchtung, Grundsteuer, Müllabfuhr, Straßenreinigung, Kanalbenutzung, Zentralheizung, Wasserversorgung, Fahrstuhlbenutzung, Schwimmbandbenutzung etc. gehören zu den Mieteinnahmen (BFH v. 14.12.1999, IX R 69/98, BStBl. II 2000, 197; BFH v. 13.07.2000, VI B 184/99, BFH/NV 2000, 1470).
- **Umsatzsteuer:** Die Erstattung von Mehrwertsteuer in Optionsfällen (§§ 4 Nr. 12a, 9, 15 UStG) führt zu einer Einnahme aus Vermietung und Verpachtung (BFH v. 17.03.1992, IX R 55/90, BStBl. II 1993, 17). Das gilt auch dann, wenn die gezahlte Vorsteuer im Vorjahr nicht als Werbungskosten geltend gemacht worden ist oder wenn sie sich nicht bei einer Einkommensteuer-Veranlagung tatsächlich ausgewirkt hat (BFH v. 29.06.1982, VIII R 6/79, BStBl. II 1982, 755).Verfassungsrechtliche Zweifel bestehen insoweit nicht (BVerfG v. 11.10.2001, 2 BvR 782/00). Bei Herstellungskosten führt in Optionsfällen die an den Bauunternehmer gezahlte Umsatzsteuer als Vorsteuer zu Werbungskosten und die spätere Erstattung durch das Finanzamt zu Einnahmen.
- **Vertragsstrafe:** Zahlen Architekten oder Bauunternehmer wegen verspäteter Fertigstellung eines zur Vermietung gedachten Objektes und als Ausgleich entgangener Mieteinnahmen Vertragsstrafen, so liegen Einnahmen aus Vermietung und Verpachtung vor.
- **Verzugszinsen:** Wenn Verzugszinsen wegen verspäteter Mietzahlung in Rechnung gestellt und gezahlt werden, zählen sie zu den Einnahmen aus Vermietung und Verpachtung und nicht zu solchen aus Kapitalvermögen (Subsidiaritätsprinzip gem. § 20 Abs. 8 EStG).
- **Vorauszahlungen** auf Mietzinsen sind grundsätzlich im Zeitpunkt ihres Zuflusses (§ 11 EStG) als Einnahme zu erfassen, es sei denn, es handelt sich um eine Darlehenshingabe des Mieters an den Vermieter. Für Mietzahlungen und gegen einen Darlehensvertrag spricht eine Verrechnungsabrede (BFH v. 11.10.1983, VIII R 61/81, BStBl. II 1984, 267).
- **Vormietrecht:** Entgelte für die Einräumung eines Vormietrechtes sind Einnahmen aus Vermietung und Verpachtung. Sie stehen wirtschaftlich vorweggenommenen Mietzahlungen gleich.

d) Werbungskosten

Bei der Einkunftsart Vermietung und Verpachtung gem. § 21 EStG werden die Kosten, die steuerlich zulässig die Einnahmen mindern, Werbungskosten genannt. **74**

75 Werbungskosten sind Aufwendungen zur Erwerbung, Sicherung und Erhaltung der Einnahmen (§ 9 Abs. 1 S. 1 EStG). Diese können in Geld oder Geldeswert (Sachaufwendungen) bestehen. Ersparte Aufwendungen sind keine Ausgaben (BFH v. 15.12.1977, VI R 102/75, BStBl. II 1978, 216; BFH v. 21.10.1980, VIII R 190/78, BStBl. II 1981, 160). Auch die eigene Arbeitskraft ist keine Aufwendung i.S.d. § 9 EStG (BFH v. 01.10.1985, IX R 58/81, BStBl. II 1986, 142).

aa) Ursachenzusammenhang

76 Für den Werbungskosten-Abzug ist der Ursachenzusammenhang ausdrücklich gesetzlich verlangt (Schmidt/Drenseck EStG, § 9 Rn. 7).

77 Ob eine Veranlassung i.S.d. § 9 Abs. 1 S. 1 EStG gegeben ist, ist für das Steuerrecht unabhängig von strafrechtlichen (conditio sine qua non) oder sonstigen Bedingungstheorien zu prüfen. Der BFH (BFH v. 04.07.1990, GrS 2–3/88, BStBl. II 1990, 817) verlangt einen tatsächlichen oder wirtschaftlichen Zusammenhang.

78 Ob die Veranlassung objektiv oder nur subjektiv gegeben sein muss, ist nicht eindeutig geklärt. Der BFH (v. 27.02.1975, I R 11/72, BStBl. II 1975, 611) spricht von einer »Zweckursache«. Dem wird in der Literatur (Schmidt/Heinicke EStG, § 4 Rn. 30) zugestimmt. Danach liegt die Grenze jeder steuerlich relevanten Veranlassung dort, wo bereits bei objektiver Betrachtung ein sachlicher Zusammenhang mit der Einkunftsquelle nicht mehr begründet werden kann. Beispielsweise kann bei der Anschaffung eines privaten Wohnhauses nicht davon ausgegangen werden, dass die Anschaffungskosten und die laufenden Aufwendungen als Werbungskosten veranlasst sind.

79 In den Fällen verbilligter Vermietung hängen entstandene Aufwendungen unter Umständen nicht in voller Höhe mit den erzielten Einnahmen zusammen:

80 Wenn die Miete für die Überlassung einer Wohnung zu Wohnzwecken weniger als 56 % der ortsüblichen Marktmiete beträgt, so ist die Nutzungsüberlassung in einen entgeltlichen und einen unentgeltlichen Teil aufzuteilen (§ 21 Abs. 2 EStG; s.a. Rdn. 25 ff.).

81 Die auf den entgeltlichen Teil entfallenden Einkünfte sind zu versteuern, d.h. die angefallenen Werbungskosten sind entsprechend anteilig abzugsfähig.

82 Übersteigt die gezahlte Miete 56 % der ortsüblichen Marktmiete, ist die Miete in der tatsächlich gezahlten Höhe zu versteuern und die angefallenen Aufwendungen sind zu 100 % abzugsfähig.

bb) Abflussprinzip

83 Bei Vermietungstätigkeit im Privatbereich gem. § 21 EStG werden die steuerpflichtigen Einkünfte zwingend durch eine Einnahmen-Überschuss-Rechnung ermittelt. Für die steuerliche Erfassung der Ausgaben gilt das Zuflussprinzip des § 11 EStG.

(1) Grundsatz

84 § 11 Abs. 2 S. 1 EStG bestimmt, dass Ausgaben für das Kalenderjahr abzusetzen sind, in dem sie geleistet worden sind.

85 Diese Regelung bietet Gestaltungsmöglichkeiten. So kann z.B. ein Vermieter gegen Ende des Kalenderjahres noch Werbungskosten »produzieren«, indem er vor Ablauf des Jahres noch Reparaturen vornimmt und bezahlt, die eigentlich erst im folgenden Kalenderjahr hätten vorgenommen werden brauchen.

(2) Ausnahmen

Diesen Gestaltungsmöglichkeiten versucht der Gesetzgeber auf zwei Wegen Grenzen aufzuzeigen. Zum einen für den Fall regelmäßig wiederkehrender Ausgaben und zum anderen für den Fall von Vorauszahlungen. 86

(a) regelmäßig wiederkehrende Ausgaben

Regelmäßig wiederkehrende Ausgaben, die bei dem Steuerzahler kurze Zeit vor Beginn oder kurze Zeit nach Beendigung des Kalenderjahres, zu dem sie wirtschaftlich gehören, abfließen, gelten als in diesem Kalenderjahr abgegangen (§ 11 Abs. 2 S. 2 EStG). 87

Wiederkehrend sind Ausgaben, bei denen ihrer Natur nach auf Grund eines bestimmten Rechtsverhältnisses die Wiederholung in gewissen Zeitabständen von Anfang an fest steht (BFH v. 10.12.1985, VIII R 15/83, BStBl. II 1986, 342), so z.B. die monatliche Zahlung an Energieversorgungsunternehmen. 88

Regelmäßig wiederkehrend sind Zahlungen, die nach dem zugrunde liegenden Rechtsverhältnis grundsätzlich am Beginn oder am Ende des Kalenderjahres zahlbar sind, zu dem sie wirtschaftlich gehören (BFH v. 06.07.1995, IV R 63/94, BStBl. II 1996, 266). Voraussetzung ist nur die Gleichartigkeit, nicht die Gleichmäßigkeit der Zahlungen in der Höhe. 89

Eine »kurze Zeit« i.S.d. § 11 Abs. 1 S. 2 EStG ist ein Zeitraum von bis zu zehn Tagen (st. Rechtsprechung vgl. z.B. BFH v. 24.07.1986, IV R 309/84, BStBl. II 1987, 16). 90

(b) Verteilungspflicht für Vorauszahlungen

Der BFH hatte entschieden, dass Erbbauzinsen, die für 99 Jahre im Voraus bezahlt werden im Jahr der Zahlung steuermindernd berücksichtigt werden können (BFH v. 23.09.2003, IX R 65/02, BStBl. II 2005, 159). Nach dem EU-Richtlinien-Umsetzungsgesetz vom 09.12.2004 (BGBl. I 2004, 3310) sind seit dem 01.01.2005 nur noch Vorauszahlungen für maximal fünf Jahre zu berücksichtigen (§ 11 Abs. 2 S. 3 EStG). 91

cc) WEG-Instandhaltungsrücklage

Wohnungseigentümer leisten monatliche Vorschüsse auf das sog. »Hausgeld« oder »Wohngeld« (§ 28 Abs. 2 WEG). In diesen Zahlungen sind anteilige Beiträge zur Instandhaltungsrückstellung enthalten. Hinsichtlich dieser Zahlungen ist wie folgt zu unterscheiden: 92

Für vermietende Wohnungseigentümer sind Aufwendungen zur Instandhaltung und Instandsetzung des vermieteten Wohnungs- oder Teileigentums steuerlich abzugsfähig. Fraglich ist nur, in welchem Besteuerungszeitraum die steuerliche Zuordnung erfolgt. 93

Der BFH (BFH v. 26.01.1988, IX R 119/93, BStBl. II 1988, 577) vertritt die Auffassung, dass die an den Wohnungseigentumsverwalter gezahlten Beiträge erst dann als Werbungskosten abzugsfähig sind, wenn die Gelder tatsächlich zur Finanzierung von als Werbungskosten abzugsfähigen Aufwendungen verausgabt worden sind. Die Finanzverwaltung stimmt dem zu (H 21.2 EStR, Stichwort »Werbungskosten«). 94

Mit anderen Worten: Steuerlich relevant ist nicht das Kalenderjahr, in dem der vermietende Wohnungs- bzw. Teileigentümer an den Verwalter zahlt, sondern erst das Kalenderjahr, in dem der Verwalter die eingesammelten Beiträge zur Instandhaltungsrückstellung tatsächlich für Aufwendungen verwendet, die ihrerseits steuerlich als Werbungskosten zu beachten sind. 95

96 Der BGH hat beschlossen, dass die Instandhaltungsrücklage »dem Verband« zusteht (BGH v. 02.06.2005, V ZB 32/05, DB 2005, 2075). Gleichwohl hat der BFH seine Rechtsprechung aus 1988 bestätigt (BFH v. 21.10.2005, IX B 144/05, BFH/NV 2006, 291). Die Begründung aus 1988, wonach erst bei der tatsächlichen Verwendung der Gelder durch den Wohnungseigentumsverwalter feststeht, ob es sich um Erhaltungs- oder Herstellungsaufwand handelt, greift weiter.

97 Auch die Änderung des § 10 WEG mit Wirkung zum 30.06.2007, mit der erstmalig eine eigene Rechtsfähigkeit der WEG begründet wurde, konnte den BFH nicht umstimmen. Mit Beschluss v. 09.12.2008, IX B 124/08, BGH/NV 2009, 571 hat der BFH seine alte Rechtsprechung in Ansehung der Gesetzesänderung des WEG ausdrücklich bestätigt.

98 Hiergegen wird oftmals – und bisweilen mit Duldung der Finanzverwaltung – verstoßen, da die vom BFH geforderte Regelung mit erheblichem Mehraufwand verbunden und wirtschaftlich unzutreffend ist. Ein Verkäufer hat keinen Anspruch auf Rückerhalt zuviel gezahlter Instandhaltungskosten; umgekehrt profitiert der Vermieter, wenn die von einem Rechtsvorgänger gezahlte Rücklage genutzt werden kann.

99 In der Praxis bestätigt der Wohnungseigentumsverwalter nach Bezahlung derjenigen Rechnungen, die zum Werbungskostenabzug führen, dem jeweiligen Wohnungs- bzw. Teileigentümer, dass er einen entsprechenden anteiligen Betrag für Reparaturen etc. ausgegeben hat. Der Wohnungs- bzw. Teileigentümer kann den auf ihn entfallenden Betrag zusammen mit der Bestätigung des Wohnungseigentumsverwalters steuerlich absetzen. Die Finanzämter akzeptieren i.d.R. derartige Verwalterbescheinigungen.

dd) Abgrenzung Erhaltungs-/Herstellungsaufwand

100 Der wesentliche Unterschied zwischen Erhaltungsaufwand einerseits und Herstellungsaufwand andererseits ist die Tatsache, dass sich Erhaltungsaufwand bereits im Jahr der Zahlung steuermindernd auswirkt. Herstellungsaufwand hingegen ist auf die (Rest-)Nutzungsdauer der Immobilie zu verteilen und im Wege der Abschreibung zeitanteilig zu berücksichtigen.

(1) Erhaltung

101 Unter Erhaltungsaufwand versteht man »Aufwendungen für die Erneuerung von bereits vorhandenen Teilen, Einrichtungen oder Anlagen« (R 21.1 EStR Abs. 1). Beispiel: Fenstererneuerung, Austausch Heizkessel, Dacherneuerung, auch: Einbau einer solarstrombetriebenen Brauchwasseranlage in bereits vorhandene Gaswärmeversorgung (BFH v. 14.07.2004, IX R 52/02, BStBl. II 2004, 949).

(2) Herstellung

102 Herstellungsaufwand definiert § 255 Abs. 2 S. 1 HGB. Danach handelt es sich um Aufwendungen durch den Verbrauch von Gütern und die Inanspruchnahme von Diensten für die Erweiterung oder für die über den ursprünglichen Zustand hinaus gehende wesentliche Verbesserung eines Gebäudes. Die wesentliche Verbesserung muss gegenüber dem ursprünglichen Zustand im Zeitpunkt des Erwerbs bestehen.

103 Eine wesentliche Verbesserung liegt dann vor, wenn Einrichtungen nicht nur in zeitgemäßer Form ersetzt werden, sondern darüber hinaus das Gebäude als Ganzes in seinem Gebrauchswert deutlich erweitert und damit der Wohnwert insgesamt deutlich gesteigert wird. Beispiel: Einbau einer Klimaanlage (FG Nürnberg v. 15.11.2005, I 304/2004, EFG *2006, 1573). Pauschalierend* spricht man insoweit von einer »Standardanhebung«. Eine Standardanhebung wird vor allem dokumentiert durch die Qualität der Heizung, der

Sanitär- und Elektroinstallation sowie der Fenster. Wenn bei mindestens drei der genannten Kriterien (Heizung, Sanitär, Elektro, Fenster) eine Anhebung des Standards zu verzeichnen ist, geht die Rechtsprechung des BFH von Herstellungsaufwendungen aus. Sofern jedoch feststeht, dass es sich um reine Reparaturmaßnahmen (Erhaltung des ursprünglichen Zustandes) handelt, führen die Maßnahmen auch dann nicht zum Herstellungsaufwand, wenn sie in allen vier genannten Bereichen durchgeführt werden (BFH v. 20.08.2002, IX R 10/02, BFH/NV 2003, 35).

(3) Abgrenzung

Hinsichtlich der Abgrenzung des Standards unterscheidet die Finanzverwaltung zwi- **104**
schen

- sehr einfacher Standard
- mittlerer Standard
- sehr anspruchsvoller Standard (Luxussanierung)

Da der weitaus überwiegende Teil der in Deutschland bestehenden Wohnungen dem **105** mittleren Standard entspricht, bedarf es entweder einer bisher selbst unterdurchschnittlichen Wohnbedürfnissen nicht hinreichenden Wohnungsausstattung, um eine Standardanhebung zu definieren oder aber der Modernisierung in eine außergewöhnliche Luxuswohnung. Einzelheiten zur Abgrenzung sind in dem BMF-Schreiben vom 18.07.2003 (IV C 3 – S-2211–94/03, BStBl. I 2003, 386) zusammengefasst.

ee) Anschaffungsnahe Aufwendungen

Die Finanzverwaltung – und ihr folgend die ältere Rechtsprechung des BFH – ging in **106** Fällen, in denen kurze Zeit nach der Anschaffung einer Immobilie größerer Erhaltungsaufwand anfiel, davon aus, dass der Kaufpreis auf ein Gebäude mit gegebenem Reparaturstau entfallen sei und daher die größeren Erhaltungsaufwendungen in der kurzen Zeit nach dem Anschaffungszeitpunkt tatsächlich den Herstellungs-/Anschaffungskosten zuzurechnen seien (»anschaffungsnaher Herstellungsaufwand«). Daher bestimmte R 157 Abs. 4 EStR a.F., dass derartiger anschaffungsnaher Herstellungsaufwand auch als Herstellungsaufwand zu behandeln sei.

Der BFH (v. 12.09.2001, IX R 39/97, BStBl. II 2003, 569) änderte die dahingehende **107** Rechtsprechung. Danach musste exakt definiert werden, ob es sich entweder um Erhaltungsaufwand oder um Herstellungsaufwand handelt – jeweils i.S. der o.g. Definitionen. Handelte es sich danach um Erhaltungsaufwand, war dieser unabhängig von irgendwelchen Grenzen und zeitlichen Bezügen steuerlich sofort abzugsfähig.

Der Gesetzgeber hat mit Wirkung vom 01.01.2004 mit § 6 Abs. 1 Nr. 1a EStG eine **108** Rechtsnorm geschaffen, wonach die ursprüngliche Regelung zu den anschaffungsnahen Aufwendungen Gesetz geworden ist. Danach gilt: Zu den Herstellungskosten eines Gebäudes gehören auch Aufwendungen für Instandsetzungs- und Modernisierungsaufwendungen, die innerhalb von drei Jahren nach der Anschaffung des Gebäudes durchgeführt werden, wenn die Aufwendungen (netto, d.h. ohne Umsatzsteuer) 15 % der Anschaffungskosten des Gebäudes übersteigen. Diese Regelung entspricht exakt der Regelung in R 157 EStR a.F.

Das Überschreiten der 15 %-Grenze ist ein rückwirkendes Ereignis, so dass Vorläufig- **109** keitsvermerke i.S.d. § 165 AO zur Änderung der entsprechenden Steuerbescheide nicht erforderlich sind (OFD Münster v. 21.01.2005, DB 2005, 258).

Bei der Ermittlung des Betrags der anschaffungsnahen Aufwendungen bleiben die Kos- **110** ten für Erweiterungen i.S.d. § 255 Abs. 2 S. 1 HGB außer Betracht. Außerdem bleiben außer Betracht Aufwendungen für Erhaltungsarbeiten, die jährlich üblicherweise anfallen, wie z.B. Schönheitsreparaturen. Erhaltungsaufwendungen anderer Art (z.B. Austausch defekter Fenster) sind in die 15 %-Grenze einzuberechnen.

111 Die Drei-Jahres-Frist beginnt mit dem Tag der Anschaffung. Der Begriff der Anschaffung ist definiert als Erwerb des wirtschaftlichen Eigentums. Dieses gilt dann als erworben, wenn der Erwerber die wirtschaftliche Verfügungsmacht erlangt hat. Diese Voraussetzung ist regelmäßig in dem Zeitpunkt erfüllt, in dem Besitz, Gefahr, Nutzung und Lasten auf den Erwerber übergehen (BFH v. 28.04.1977, IV R 163/75, BStBl. II 1977, 553 m.w.N.; die Literatur folgt dem: Schmidt/Kulosa EStG § 6 Rn. 35).

112 Daneben bestimmt R 21.1 Abs. 2 S. 2 EStR, dass in den Fällen, in denen die Aufwendungen nach Fertigstellung eines Gebäudes für die einzelne Baumaßnahme nicht mehr als (netto) 4.000 € betragen, die Aufwendungen stets als Erhaltungsaufwand zu behandeln sind, sofern ein entsprechender Antrag gestellt wurde. Ob diese Regelung neben § 6 Abs. 1 Nr. 1a EStG weiter gilt, ist ungeklärt.

113 Nicht geregelt ist auch die Frage, auf welche Aufwendungen es in Wohnungseigentums-Fällen ankommt. Zu differenzieren dürfte danach sein, wer investiert.

114 Erwirbt ein Wohnungs- bzw. Teileigentümer ein Wohnungs- bzw. Teileigentum und investiert er nach dem Anschaffungszeitpunkt in sein Wohnungs- bzw. Teileigentum, so dürfte auf die Aufwendungen des einzelnen Wohnungs- bzw. Teileigentümers abzustellen sein.

115 Wenn jedoch mehrere Wohnungs- bzw. Teileigentümer jeweils ein Wohnungs- bzw. Teileigentum erwerben und sodann die Gemeinschaft – vertreten durch den Verwalter (§ 27 Abs. 1 Nr. 2 WEG) – in das gemeinschaftliche Eigentum investiert, so existiert kein gemeinsamer Anschaffungszeitpunkt, auf den der Beginn der Drei-Jahres-Frist festgelegt werden kann. Es bietet sich an, die gemachten Aufwendungen umzurechnen auf die jeweiligen individuellen Anteile des einzelnen Wohnungs- bzw. Teileigentümers an der Gesamtanlage und sodann auf den Anschaffungszeitpunkt des einzelnen Wohnungs-/Teileigentums abzustellen. Die Rechtsprechung hat sich zu dieser Problematik bislang nicht geäußert.

ff) Verteilung größeren Erhaltungsaufwands gem. § 82b EStDV

116 Gemäß § 82b Abs. 1 S. 1 EStDV können größere Aufwendungen für die Erhaltung von Gebäuden, die im Zeitpunkt der Leistung des Erhaltungsaufwands nicht zu einem Betriebsvermögen gehören und zudem überwiegend (mehr als 50 %) Wohnzwecken dienen, auf zwei bis fünf Jahre gleichmäßig verteilt werden. Ein gesonderter Antrag ist insoweit nicht erforderlich. Es reicht die Verteilung in der eingereichten Steuererklärung.

117 Die Frage, ob das Objekt zu mehr als 50 % Wohnzwecken dient, ist auf der Basis einer Nutzflächenberechnung zu beantworten. Bei Räumen, die sowohl Wohnzwecken als auch anderen Zwecken dienen, kommt es darauf an, welchem überwiegenden Zweck sie dienen (Schmidt/Drenseck EStG § 7 Rn. 159). Für diese Beurteilung ist das Kalenderjahr maßgebend, in dem die Aufwendungen getätigt werden. Wird das Gebäude/das Wohnungseigentum in den nachfolgenden Jahren nicht mehr überwiegend zu Wohnzwecken genutzt, ist dies unschädlich.

118 Gehören zum Gebäude/Wohnungseigentum Garagen, so sind diese – ohne Rücksicht auf ihre tatsächliche Nutzung – als zu Wohnzwecken dienend zu behandeln, soweit in ihnen nicht mehr als ein Personenkraftwagen für jede in dem Gebäude befindliche Wohnung untergestellt werden kann (§ 82b Abs. 1 S. 3 EStDV).

Die Abweichung von § 11 Abs. 2 EStG (Abflussprinzip) ist in § 82b Abs. 1 S. 1 EStDV ausdrücklich normiert. 119

Wird das Gebäude/Wohnungseigentum während des Verteilungszeitraumes veräußert, ist der noch nicht berücksichtigte Teil des Erhaltungsaufwands im Jahr der Veräußerung als Werbungskosten anzusetzen (§ 82b Abs. 2 S. 1 EStDV). Gleiches gilt, wenn ein Gebäude/Wohnungseigentum in ein Betriebsvermögen eingebracht, in Teileigentum umgewandelt oder nicht mehr zur Einkünfteerzielung (Selbstnutzung zu Wohnzwecken) genutzt wird (§ 82b Abs. 2 S. 2 EStDV). 120

§ 82b EStDV gilt seit dem 01.01.2004, nachdem diese Regelung zwischen 1999 und 2003 aufgehoben gewesen war. Die Norm ist anzuwenden auf Erhaltungsaufwand, der nach dem 31.12.2003 entstanden ist (§ 84 Abs. 4b S. 2 EStDV). Maßgebend ist, dass die entsprechenden Arbeiten nach diesem Zeitpunkt abgeschlossen wurden. 121

gg) Abschreibungen

Bereits getätigte Anschaffungs- oder Herstellungsaufwendungen sind nach der »Aufwandsverteilungstheorie« begrifflich im Zeitpunkt der Verausgabung als Werbungskosten anzusehen. Sie können lediglich nicht im Zeitpunkt der Verausgabung in voller Höhe steuerlich abgezogen werden, sondern werden periodengerecht verteilt. § 9 Abs. 1 S. 3 Nr. 7 EStG ist abweichend von und vorrangig vor § 11 Abs. 2 S. 1 EStG zu beachten. 122

Voraussetzung für den Werbungskostenabzug ist, dass abnutzbare Wirtschaftsgüter angeschafft oder hergestellt wurden. Konsequenterweise fallen die Aufwendungen für den Grund und Boden nicht in die Bemessungsgrundlage. 123

Weitere Voraussetzung ist, dass es sich um abnutzbare Wirtschaftsgüter handelt, die für mehr als ein Jahr verwendet oder genutzt werden. Die Verwendung oder Nutzung des Wirtschaftsgutes muss sich nur »erfahrungsgemäß« auf einen Zeitraum von mehr als einem Jahr erstrecken (§ 7 Abs. 1 S. 1 EStG). Vorübergehende Nutzungsunterbrechungen (z.B. wegen Instandsetzungsarbeiten oder bei Leerstandszeiten wegen Nichtvermietbarkeit) hindern nicht an der Inanspruchnahme der Jahres-AfA. Abweichendes gilt nur dann, wenn die Leerstandszeit oder sonstige Nichtbenutzung zu einer Aufgabe der Einkünfteerzielungsabsicht führt. 124

(1) § 7 Abs. 4 S. 1 Nr. 2 EStG

Bei Gebäuden differenziert § 7 Abs. 4 S. 1 EStG zwischen solchen, die zu einem Betriebsvermögen gehören und nicht Wohnzwecken dienen einerseits und Gebäuden, die nicht zu einem Betriebsvermögen gehören oder Wohnzwecken dienen andererseits. 125

Zu einem Privatvermögen gehörende Gebäude oder Eigentumswohnungen werden entsprechend ihres Fertigstellungsdatums – unabhängig davon, ob sie dem Mieter zu Wohn- oder gewerblichen Zwecken dienen – weiter unterschieden. Objekte, die nach dem 31.12.1924 fertiggestellt worden sind, werden mit 2 % p.a. abgeschrieben und solche, die vor dem 01.01.1925 fertiggestellt worden sind, mit 2,5 % p.a. 126

Die Abschreibung nach § 7 Abs. 4 EStG erfolgt linear, d.h. in gleichbleibenden Jahressätzen. 127

(2) § 7 Abs. 5 EStG

Neubauten, deren Bauantrag bis zum 31.12.2005 gestellt wurde, konnten – abweichend von § 7 Abs. 4 EStG – auch degressiv abgeschrieben werden. Die Abschreibungssätze schwanken zwischen 1,25 % und 10 %. Welcher %-Satz anzusetzen ist, ist abhängig vom Jahr der Fer- 128 tigstellung oder Anschaffung und davon, ob es sich um Privat- oder Betriebsvermögen handelt. Zu unterscheiden ist zwischen den Fassungen des EStG 1981, der Fassung durch das 2. Haushaltsstrukturgesetz v. 22.12.1981, der Fassung des Gesetzes v. 19.12.1985, der Fassung des Gesetzes v. 30.06.1989 und der Fassung des Gesetzes v. 13.09.1993/29.12.2003. Eine nachvollziehbare Zusammenfassung findet sich im Beckschen Steuerberater-Handbuch 2010/2011, Pelka/Rohde, Kapitel X, Rn. 4.

(3) § 7b EStG

129 Die Abschreibung gem. § 7b EStG war letztmals für Einfamilienhäuser, Zweifamilienhäuser und Eigentumswohnungen anzuwenden, die vor dem 01.01.1987 angeschafft oder hergestellt worden sind. Angesichts des Förderzeitraums von acht Jahren ist diese Vorschrift heutzutage überholt.

130 An die Stelle des ehemaligen § 7b EStG ist zunächst bis 1995 die Steuerbegünstigung gem. § 10e EStG getreten, die dann von 1996 bis 2005 durch die Eigenheimzulage abgelöst wurde, s. dazu Rdn. 378 ff.

(4) § 7c EStG

131 Als Fördermaßnahme für die Bauwirtschaft und zur Schaffung von Mietwohnungen wurde § 7c EStG geschaffen. Bei Wohnungen, die durch Baumaßnahmen an bestehenden inländischen Gebäuden hergestellt worden sind, können abweichend von § 7 Abs. 4 EStG und § 7 Abs. 5 EStG im Jahr der Fertigstellung und in den folgenden vier Jahren jeweils bis zu 20 % der Bemessungsgrundlage abgeschrieben werden.

132 Begünstigt sind/waren jedoch nur solche Wohnungen, für die der Bauantrag nach dem 02.10.1989 gestellt wurde ist, die vor dem 01.01.1996 fertig gestellt worden sind und für die keine Mittel aus öffentlichen Haushalten unmittelbar oder mittelbar gewährt worden sind (§ 7 Abs. 2 EStG).

(5) § 7h EStG

133 Bei einem im Inland belegenen Gebäude in einem förmlich festgelegten Sanierungsgebiet oder städtebaulichen Entwicklungsbereich können abweichend von § 7 Abs. 4 EStG und § 7 Abs. 5 EStG im Jahr der Herstellung und in den folgenden sieben Jahren jeweils bis zu 9 % und in den folgenden vier Jahren jeweils bis zu 7 % der Herstellungskosten für Modernisierungs- und Instandsetzungsmaßnahmen abgesetzt werden (§ 7h Abs. 1 S. 1 EStG). Entsprechendes gilt für Herstellungskosten von Maßnahmen, die der Erhaltung, Erneuerung und funktionsgerechten Verwendung des Gebäudes dienen, das wegen seiner geschichtlichen, künstlerischen oder städtebaulichen Bedeutung erhalten bleiben soll (§ 7h Abs. 1 S. 2 EStG).

(6) § 7i EStG

134 Bei einem im Inland belegenen Gebäude, das nach den jeweiligen landesrechtlichen Vorschriften ein Baudenkmal ist, kann der Steuerpflichtige abweichend von § 7 Abs. 4 EStG und § 7 Abs. 5 EStG im Jahr der Herstellung und in den folgenden sieben Jahren jeweils bis zu 9 % und in den folgenden vier Jahren jeweils bis zu 7 % der Herstellungskosten für Baumaßnahmen, die zur Erhaltung des Gebäudes als Baudenkmal erforderlich sind, absetzen (§ 7i Abs. 1 S. 1 EStG). Entsprechendes gilt, wenn das Gebäude selbst nicht die Voraussetzungen eines Baudenkmals erfüllt, aber Teil einer Gebäudegruppe oder einer Gesamtanlage ist, die nach den jeweiligen landesdenkmalrechtlichen Vorschriften als Einheit geschützt ist (§ 7i Abs. 1 S. 4 EStG).

(7) § 7k EStG

Bei Wohnungen mit Sozialbindung (§ 7k Abs. 3 EStG), für die der Bauantrag nach dem 28.02.1989 gestellt wurde oder die nach dem 28.02.1989 erworben wurden und die vor dem 01.01.1996 fertig gestellt worden sind, für die keine Mittel aus öffentlichen Haushalten gewährt werden und die im Jahr der Anschaffung oder Herstellung sowie in den folgenden neun Jahren zu fremden Wohnzwecken dienen, können im Jahr der Fertigstellung und in den folgenden vier Jahren jeweils bis zu 10 % und in den folgenden fünf Jahren jeweils bis zu 7 % der Herstellungskosten oder Anschaffungskosten abgesetzt werden (§ 7k Abs. 1 S. 1 EStG). 135

(8) Sonstige Abschreibungsmöglichkeiten

Für einige Gebäudearten (z.B. Hallenkonstruktionen) und Grundstückseinrichtungen (z.B. Parkplätze) gelten besondere Abschreibungssätze, die den amtlichen AfA-Tabellen zu entnehmen sind. 136

hh) Abschreibungsmodelle

Diverse Abschreibungsmodelle sind bekannt geworden als sog. »Bauherrenmodelle«. Deren Ziel ist es, mehrere Personen zu vereinen, um Immobilien zu erwerben, zu errichten oder zu modernisieren. Es sollen Vermietungseinkünfte i.S.d. § 21 EStG erzielt werden und die entstehenden Aufwendungen sollen möglichst sofort und in voller Höhe steuerlich abzugsfähig sein. 137

Bekannt geworden sind 138

- das »Hamburger Modell«, welches sich dadurch auszeichnet, dass sich Anleger als Kommanditisten an einer KG beteiligen, die sanierungsbedürftige Häuser nach Instandsetzung in Eigentumswohnungen aufteilt.
- das Mietkaufmodell, in dem der Anleger ein Bündel voneinander abhängiger Verträge schließt, die darauf abzielen, die Verluste der Anlaufphase als sofort abzugsfähige Werbungskosten darzustellen.
- geschlossene Immobilienfonds, bei denen die Anleger Einkünfte aus Vermietung und Verpachtung (§ 21 EStG) erzielen und die regelmäßig in der Rechtsform einer KG oder GbR angeboten werden.
- offene Immobilienfonds, bei denen die Anleger Einkünfte aus Kapitalvermögen (§ 20 EStG) erzielen.

(1) Bauherr/Erwerber

Für die steuerliche Konsequenz der Beteiligung an einem Modell ist die Abgrenzung zwischen Bauherren einerseits und Erwerbern andererseits von Bedeutung. Hierzu hat der BFH entschieden, dass die Anleger im Rahmen eines Bauherrenmodells, an dem sie sich auf Grund eines von dem Projektanbieter vorformulierten Vertrages beteiligen regelmäßig nicht als Bauherren, sondern als Erwerber des bebauten Grundstücks anzusehen sind. 139

Bauherr ist danach nur, wer ein Gebäude auf eigene Rechnung und Gefahr baut oder bauen lässt. Dies ist nach dem Gesamtbild des Verhältnisses des Einzelfalls zu beurteilen. Der »Bauherr« muss das Geschehen beherrschen. Eine solche Beherrschung liegt nicht vor, wenn der Anleger das gesamte, vom Initiator vollständig vorformulierte Vertragsbündel einschließlich der Bauplanung und der Bauausführung übernimmt und sich umfassend durch Baubetreuer und Treuhänder vertreten lässt. Hat der Anleger daher lediglich die Wahl, entweder das gesamte Bündel der angebotenen Verträge zu überneh- 140 men oder sich überhaupt nicht zu beteiligen, so ist er kein Bauherr im steuerlichen Sinne, sondern Erwerber. Zu Einzelheiten s. BMF v. 20.10.2003, IV C 3 – S-2253a – 48/03, BStBl. I 2003, 546.

(2) Werbungskosten/Anschaffungs- bzw. Herstellungskosten

141 Werbungskosten sind steuerlich im Jahr der Aufwendung abzugsfähig, Anschaffungs-/Herstellungskosten sind im Wege der Abschreibung auf die Nutzungsdauer des Objekts zu verteilen.

142 Im sog. 5. Bauherrenerlass (BMF v. 20.10.2003, IV C 3 – S-2253a – 48/03, BStBl. I 2003, 546) hat der BMF für sog. »Gesamtobjekte«, also solche Objekte, bei denen mehrere Personen gleichartige Rechtsbeziehungen zu Dritten hergestellt oder unterhalten haben, auch aufgezeigt, welche Aufwendungen bei Bauherrenmodellen sofort abzugsfähige Werbungskosten sein können und welche Aufwendungen als Anschaffungskosten zu qualifizieren sind. I.E.:

- Zinsen der Zwischen- und Endfinanzierung (Rdn. 12): Werbungskosten, wenn eigene Verpflichtung gegenüber Darlehensgeber besteht.
- Vorauszahlungen von Schuldzinsen (Rdn. 13): Werbungskosten nur bei Vorliegen wirtschaftlich vernünftiger Gründe. Hiervon wird ausgegangen bei Vorauszahlungen für bis zu 12 Monaten.
- Damnum, Disagio, Bearbeitungs- und Auszahlungsgebühren (Rdn. 15): Werbungskosten soweit marktüblich; bei Laufzeit von mindestens 5 Jahren gilt Damnum bis zu 5 % (früher: 10 %) als marktüblich. Neue Regelung gilt für nach dem 31.12.2003 abgeschlossene Darlehensverträge (OFD Berlin v. 19.01.2004, S-2211 1/04, DStR 2004, 356).
- Kosten der Darlehenssicherung (Rdn. 16): Werbungskosten, soweit an Notar oder Grundbuchamt gezahlt.
- Vermietungsgarantien und -bürgschaften: Keine Werbungskosten, wenn Mieter bei Objektbeginn bereits feststeht oder Mieter mit Anleger-/Anbieterseite verflochten ist (so auch BFH v. 21.02.1990, IX B 37, BFH/NV 1992, 90, m.w.N.). Ansonsten bei Erstvermietung zwei Monatsmieten, bei mindestens fünfjähriger Garantie vier Monatsmieten als Werbungskosten abzugsfähig.
- Gebühren für Endfinanzierung (Rdn. 18): Werbungskosten i.H.v. 2 % des vermittelten Darlehens. Höhere Gebühren zählen zu den Anschaffungskosten.
- Bürgschafts- oder Garantiegebühren (Rdn. 18): Werbungskosten i.H.v. 0,5 % der in Anspruch genommenen Darlehen. Höhere Gebühren zählen zu den Anschaffungskosten.
- Vergütungen an Steuer- und Rechtsberater (Rdn. 19): Werbungskosten, soweit diese auch ein Erwerber außerhalb eines Gesamtprojekts absetzen könnte. Unaufgegliedertes Gesamthonorar zählt zu den Anschaffungskosten.
- Sach- und Haftpflichtversicherungen (Rdn. 20): Werbungskosten, soweit der Anleger die Beiträge als Versicherungsnehmer zahlt.

143 Aufgrund der in 2005 eingeführten Vorschrift § 15b EStG (Verluste im Zusammenhang mit Steuerstundungsmodellen) hat die Bedeutung der Abschreibungsmodelle erheblich nachgelassen. § 15b EStG bestimmt, dass bei sog. Verlustzuweisungsmodellen die initialen Verluste nicht mit anderen Einkünften, sondern nur mit späteren Gewinnen derselben Immobilie (Einkunftsquellenidentität) verrechnet werden dürfen. Steuerstundungsmodelle liegen vor, sobald die Verlustzuweisung aufgrund modellhafter Gestaltung 10 % des Kapitaleinsatzes übersteigt.

ii) Leerstandszeiten

In den Fällen, in denen eine Immobilie weder selbst genutzt noch vermietet wird (sog. Leerstandsfälle), hängt die Möglichkeit eines Werbungskostenabzuges davon ab, ob während der Leerstandszeiten eine Vermietungsabsicht bestand. **144**

Liegt eine Vermietungsabsicht vor, so ist der Werbungskostenabzug zu gewähren. Eine dahingehende Absicht ist seitens des Steuerzahlers zu belegen (BFH v. 09.07.2003, IX R 102/00, BStBl. II 2003, 940). **145**

jj) Ausgaben-ABC

Werbungskosten sind Aufwendungen, die in ursächlichem Zusammenhang mit der Vermietungstätigkeit stehen (§ 9 EStG). Beispiele: **146**

- **Abstandszahlungen:** Zahlungen des Vermieters an den Mieter für die vorzeitige Räumung des vermieteten Objekts sind Werbungskosten (BFH v. 24.10.1979, VIII R 92/77, BStBl. II 1980, 187). Erfolgt die Zahlung jedoch wegen beabsichtigter Selbstnutzung, so liegen keine Werbungskosten vor (BFH v. 07.07.2005, IX R 38/03, BStBl. II 2005, 760).
- **Annoncen**: Wenn ein Mieter gesucht wird, sind die Inseratskosten Werbungskosten.
- **Arbeitszimmer**: Wenn ein Arbeitszimmer den Mittelpunkt der Vermietungstätigkeit darstellt, können die anfallenden Aufwendungen im Rahmen des § 4 Abs. 5 Nr. 6b EStG als Werbungskosten abzugsfähig sein (Schmidt/Drenseck EStG § 21 Rn. 100 Stichwort »Arbeitszimmer«). Zur Rechtslage für Kalenderjahre ab 2007 s. Rdn. 434 ff.
- **Bausparvertrag**: Die Abschlussgebühren für einen Bausparvertrag sind Werbungskosten, wenn der Abschluss des Vertrages in einem engen wirtschaftlichen Zusammenhang mit dem Hausbau, dem Hauskauf oder der Ablösung eines Anschaffungs-/Herstellungsdarlehens steht (BFH v. 01.10.2002, IX R 12/00, BStBl. II 2003, 398).
- **Bauwesenversicherung**: Die Beiträge zu einer Bauwesenversicherung sind Werbungskosten (BFH v. 25.02.1976, VIII B 81/74, BStBl. II 1980, 294).
- **Beiträge**: Kommunalabgaben zur Errichtung öffentlicher Anlagen (z.B. Kanalisation, Versorgungsleitungen) sind grundsätzlich nachträgliche Anschaffungskosten des Grund und Boden (vgl. Schmidt/Kulosa EStG § 6 Rn. 59), in Modernisierungsfällen können es jedoch Werbungskosten sein (vgl. Schmidt/Kulosa EStG § 6 Rn. 62).
- **Bewirtschaftungskosten**: Kosten für Heizung, Wasser, Müllabfuhr, Kanalisation, Straßenreinigung, Schornsteinfeger, Hausverwalter, Hausmeister, Reinigung etc. sind Werbungskosten.
- **Darlehen:** Nicht die Darlehensaufnahme führt zum Werbungskostenabzug, sondern erst der Umstand, dass die darlehensweise aufgenommenen Mittel zur Bestreitung von Aufwendungen verwendet werden (BFH v. 10.12.1991, VI R 209/69, BStBl. II 1972, 250).
- **Finanzierungskosten**: Einmalige oder laufende Leistungen in Geld für die Überlassung von Kapital (Schuldzinsen) sind Werbungskosten. Dazu gehören auch Bürgschaftsprovisionen, Kurssicherungsaufwendungen, Zahlungen aufgrund einer Wertsicherungsklausel, Verzugszinsen, Verwaltungskostenbeiträge, Nebenkosten der Darlehensaufnahme (z.B. Notargebühren, Maklerkosten) und Umschuldungskosten. Auch Abschlussgebühren eines Bausparvertrages, Bereitstellungszinsen und Vorfälligkeitsentschädigungen können abzugsfähig sein. Kursverluste aus der Tilgung von Fremdwährungsdarlehen sind im Zusammenhang mit Einkünften aus § 21 EStG grundsätzlich nicht abzugsfähig. Sehr ausführlich hierzu s. Schmidt/Drenseck EStG, § 9 Rn. 91 ff. Zum Schuldzinsenabzug bei einem Darlehen für die Herstellung oder Anschaffung eines teilweise vermieteten und teilweise selbstgenutzten Gebäudes s. BMF v. 16.04.2004, IV C 3 – S-2211–36/04, BStBl. I 2004, 464 sowie BFH v. 01.04.2009, IX R 35/08, BStBl. II 2009, 663).
- **Grundsteuer**: Als Werbungskosten abzugsfähig.

- **Heizkosten**: Heizkosten zur Vermeidung/Beseitigung von Schäden sind Werbungskosten, nicht jedoch Heizkosten während der Bauphase.
- **Instandhaltungsrücklage**: Zuführungen zur wohnungseigentumsrechtlich vorgegebenen Instandhaltungsrücklage sind erst dann als Werbungskosten abzugsfähig, wenn die Gelder tatsächlich für Reparaturen etc. verwendet worden sind (BFH v. 26.01.1988, IX R 119/83, BStBl. II 1988, 577 sowie BFH v. 21.10.2005, IX B 144/05, BFH/NV 2006, 291). Einzelheiten hierzu s. Rdn. 92 ff.
- **Kontoführungsgebühren**: Kontoführungsgebühren sind als Werbungskosten abzugsfähig, wenn das Konto ausschließlich der Immobilienverwaltung dient (BFH v. 09.05.1984, VI R 63/80, BStBl. II 1984, 560).
- **Maklerprovisionen**: An Makler gezahlte Provisionen sind dann als Werbungskosten abzugsfähig, wenn die Aufwendungen für die Vermittlung eines Mieters entstanden sind.
- **Planungskosten**: Planungskosten sind regelmäßig den nicht sofort abzugsfähigen Herstellungskosten zuzurechnen. Ein Werbungskostenabzug kommt in Betracht bei vergeblichen Planungskosten (Schmidt/Drenseck EStG, § 9 Rn. 46 ff.).
- **Prozesskosten**: Kosten eines gerichtlichen Verfahrens sind dann als Werbungskosten abzugsfähig, wenn sie im Zusammenhang mit der Vermietung stehen. Wenn es um den An- oder Verkauf einer Immobilie geht, sind die entstandenen Aufwendungen hingegen nicht als Werbungskosten abzugsfähig.
- **Räumungskosten**: Die Kosten zur Freimachung/Räumung einer Immobilie können Werbungskosten sein (Schmidt/Drenseck EStG, § 21 Rn. 100, Stichwort »Räumungskosten« m.w.N.).
- **Reisekosten**: Fahrtkosten, Mehraufwand für Verpflegung und Übernachtungskosten sind als Werbungskosten abzugsfähig, wenn und soweit eine private Mitveranlassung ausgeschlossen ist. Zur Aufteilung der Aufwendungen für eine gemischt veranlasste Reise s. aber nunmehr BFH v. 21.09.2009, BGBl. I 2010, 614).
- **Schönheitsreparaturen**: Lässt der Vermieter in der vermieteten Wohnung Schönheitsreparaturen auf eigene Kosten durchführen, sind die Aufwendungen als Werbungskosten abzugsfähig.
- **Zweitwohnungsteuer**: Ist eine Wohnung als Ferienwohnung vermietet und fällt Zweitwohnungsteuer an, so sind die gezahlten Zweitwohnungsteuern jedenfalls für den anteiligen Zeitraum der Fremdnutzung als Werbungskosten abzugsfähig (BFH v. 15.10.2002, IX R 58/01, BStBl. II 2003, 287).

e) Auslandsbezug

147 Auch in den Fällen, in denen eine inländische Immobilie einem (Steuer-)Ausländer gehört, ergibt sich eine steuerliche Relevanz. Ebenso haben im Inland unbeschränkt steuerpflichtige Personen steuerliche Pflichten zu beachten, wenn sie über vermieteten Grundbesitz im Ausland verfügen.

aa) Inlandsimmobilien von Steuerausländern

148 Steuerausländer sind solche Personen, die in Deutschland weder einen Wohnsitz noch einen gewöhnlichen Aufenthalt haben. Sie werden allerdings mit ihrer in Deutschland gelegenen Immobilie gem. § 49 Abs. 1 Nr. 6 EStG beschränkt steuerpflichtig, sofern diese vermietet oder verpachtet wird.

149 Grundsätzlich gehen Bestimmungen eines Doppelbesteuerungsabkommens (DBA) den nationalen Steuergesetzen vor.

In den meisten Fällen einer in Deutschland liegenden vermieteten Immobilie des Privatvermögens weisen die DBA jedoch auch Deutschland das Besteuerungsrecht zu (Belegenheitsprinzip). Demzufolge muss der Steuerausländer seine Einkünfte in Deutschland erklären und versteuern. Eine Verpflichtung zum Steuerabzug gem. § 50a EStG (Quellensteuer), die den Schuldner der Miete zu Einbehalt und Abführung der Einkommensteuer des ausländischen Eigentümers verpflichtet, besteht nicht. 150

bb) Ausländischer Grundbesitz

Grundsätzlich hat ein unbeschränkt Einkommensteuerpflichtiger seine im Ausland erzielten Überschüsse aus Vermietung und Verpachtung in Deutschland als Bestandteil seines steuerpflichtigen Einkommens zu versteuern. 151

Dieser Grundsatz wird jedoch überlagert, sofern ein DBA etwas anderes regelt. 152

Entsprechend dem Belegenheitsprinzip weisen die DBA in den meisten Fällen das Besteuerungsrecht dem Land zu, in dem die Immobilie des Privatvermögens liegt. Der Steuerinländer muss daher seinen Vermietungsüberschuss im Ausland versteuern. Demgemäß sind diese Einkünfte zwar in Deutschland steuerfrei (Freistellungsmethode), jedoch unterliegen sie gem. § 32b EStG dem Progressionsvorbehalt. Das bedeutet, dass der Steuerpflichtige sein im Inland steuerpflichtiges Einkommen mit dem Steuersatz versteuern muss, der sich ergäbe, wenn die steuerfreien ausländischen Vermietungseinkünfte in das Einkommen einfließen würden. Diese Vorschrift bleibt bei demjenigen ohne Auswirkung, der mit seinem sonstigen inländischen Einkommen bereits den Höchststeuersatz erreicht. Hingegen muss derjenige, der mit seinen übrigen Einkünften in der Progressionszone liegt, durchaus mit einer erheblichen Mehrbelastung rechnen.

Einige DBA, z.B. Spanien und Schweiz, sehen nicht die Freistellungsmethode gem. dem Belegenheitsprinzip vor, sondern das sog. Anrechnungsverfahren. Daraus ergibt sich, dass z.B. die Vermietungsüberschüsse eines Ferienhauses auf Mallorca sowohl in Spanien als auch in Deutschland steuerpflichtig sind. Die in Spanien entrichtete Einkommensteuer kann allerdings auf die deutsche Steuerbelastung angerechnet werden. Die Anrechnung erfolgt maximal in Höhe der deutschen Steuerbelastung, so dass es nicht zu einer Erstattung ausländischer Steuern durch den deutschen Fiskus kommen kann. 153

Eine Besonderheit gilt in Verlustfällen: gem. § 2a EStG dürfen in Deutschland steuerpflichtige Verluste aus Auslandsimmobilien nicht mit anderen Einkünften verrechnet werden, sondern nur mit späteren positiven Einkünften derselben Immobilie. 154

Befindet sich die Immobilie innerhalb der EU, findet diese Gesetzesnorm indes keine Anwendung, da eine abweichende EU-Rechtsprechung vorrangig zu beachten ist: danach ist § 2a EStG gemeinschaftsrechtswidrig mit der Folge, dass Verluste aus einer z.B. in Spanien oder Frankreich gelegenen Immobilie ohne weiteres mit positiven Einkünften inländischer Art verrechnet werden dürfen (EuGH v. 15.10.2009, C-35/08, DStR 2009, 2186). 155

3. Einkünfte aus privaten Veräußerungsgeschäften (§ 23 EStG)

Unter bestimmten Voraussetzungen sind die Veräußerungen von Immobilien des Privatvermögens innerhalb von 10 Jahren steuerpflichtig. Einzelheiten zu Auslegungsfragen behandelt das BMF-Schreiben v. 05.10.2000, IV C 3 – S-2256–263/00, BStBl. I 2000, 1383 i.d.F. v. 29.03.2007. 156

a) 10-Jahres-Frist

157 Maßgeblich für den Anschaffungs- bzw. Veräußerungszeitpunkt ist das Verpflichtungsgeschäft (Kaufvertrag). Demzufolge wird auch dann ein Veräußerungsgewinn steuerpflichtig, wenn zwar der Besitz und das dingliche Eigentum erst später als 10 Jahre nach der Anschaffung übertragen werden, der zugrunde liegende Verkaufsvertrag jedoch innerhalb der 10-Jahres-Frist abgeschlossen wurde. Im Falle einer Erbschaft oder Schenkung liegt keine Anschaffung vor, d.h. für den Erben ist der Zeitpunkt der Anschaffung des Erblassers maßgeblich.

b) Einkunftsermittlung

158 Die Höhe der Einkünfte aus privaten Veräußerungsgeschäften (§ 23 EStG) ergibt sich aus dem Unterschiedsbetrag zwischen Veräußerungspreis einerseits und den Anschaffungs- oder Herstellungskosten zzgl. Werbungskosten andererseits.

159 Der steuerpflichtige Veräußerungsgewinn berechnet sich nicht nur aus der Differenz zwischen Verkaufspreis und Anschaffungskosten (einschließlich Anschaffungsnebenkosten wie Grunderwerbsteuer, Notar- und Gerichtsgebühren), sondern ist gem. § 23 Abs. 3 S. 4 EStG zusätzlich um die Abschreibungen zu erhöhen, die steuerlich in der Vermietungszeit geltend gemacht wurden (Veräußerungspreis abzüglich Buchwert). Somit verlieren die bis dahin geltend gemachten Abschreibungen im Nachhinein in voller Höhe ihre Wirkung und zwar im Veräußerungsjahr.

160 Im Zusammenhang mit der Veräußerung stehende Kosten können als Werbungskosten Gewinnmindernd geltend gemacht werden.

Beispiel: – Besitzübergang in 2010 (irrelevant) – Grundbucheintragung in 2011 (irrelevant) – Verkaufsvertrag im Jahre 2009 Verkaufspreis 500.000 € ./. Anschaffungskosten in 2001 350.000 € ./. Verkaufskosten in 2010 (Makler) 10.000 € + Abschreibungen 2001–2009 72.000 € = Einkünfte gem. § 23 EStG in 2010 212.000 €.

161 Auch Verluste aus privaten Immobiliengeschäften innerhalb der genannten Zeitspanne sind von steuerlicher Relevanz. Allerdings dürfen derartige Verluste gem. § 23 Abs. 3 S. 7, 8 EStG nicht mit Überschüssen anderer Einkunftsarten verrechnet werden, sondern nur mit Gewinnen aus privaten Veräußerungsgeschäften des gleichen Jahres oder des Vorjahres. Ist Beides nicht möglich, können sie vorgetragen und mit Gewinnen aus privaten Veräußerungsgeschäften späterer Jahre saldiert werden.

4. Einkünfte aus Gewerbebetrieb (§ 15 EStG)

a) Originärer Gewerbebetrieb

162 Wer ein Gewerbe betreibt, hält die dazugehörigen Wirtschaftsgüter üblicherweise im Betriebsvermögen. Sobald eine Immobilie Betriebsvermögen darstellt, werden mit deren Vermietung keine Einkünfte aus Vermietung und Verpachtung erzielt, sondern gewerbliche Einkünfte (Subsidiaritätsprinzip gem. § 21 Abs. 3 EStG).

163 Betriebsvermögen liegt auch vor, wenn der Gesellschafter einer gewerblichen Personengesellschaft (z.B. OHG, GmbH & Co. KG) ein Gebäude der Personengesellschaft zur Nutzung überlässt (sog. Sonderbetriebsvermögen gem. § 15 Abs. 1 S. 1 Nr. 2 EStG).

b) Gewerbebetrieb kraft Rechtsform

164 Gewerbliche Einkünfte liegen per se vor, wenn sich die Immobilie im Eigentum einer Kapitalgesellschaft oder einer GmbH & Co. KG befindet, bei der nur die GmbH als persönlich haftende Komplementärin zur Geschäftsführung befugt ist.

c) Betriebsaufspaltung

Ebenfalls Betriebsvermögen und damit gewerbliche Einkünfte liegen vor, wenn eine sog. Betriebsaufspaltung gegeben ist. Eine Betriebsaufspaltung liegt vor, wenn ein Unternehmen (Besitzunternehmen) eine wesentliche Betriebsgrundlage an eine gewerblich tätige Personen- oder Kapitalgesellschaft (Betriebsunternehmen) zur Nutzung überlasst (sachliche Verflechtung) und eine Person oder mehrere Personen zusammen (Personengruppe) sowohl das Besitzunternehmen als auch das Betriebsunternehmen in dem Sinne beherrschen, dass sie in der Lage sind, in beiden Unternehmen einen einheitlichen geschäftlichen Bestätigungswillen durchzusetzen (personelle Verflechtung). Liegen die Voraussetzungen einer personellen und sachlichen Verflechtung vor, ist die Vermietung oder Verpachtung keine Vermögensverwaltung mehr, sondern eine gewerbliche Vermietung oder Verpachtung. Das Besitzunternehmen ist Gewerbebetrieb (BFH v. 12.11.1985, VIII R 240/81, BStBl. II 1986, 296). Weitere Einzelheiten finden sich in H 15.7 Abs. 4-6 und Abs. 8 EStR. **165**

Im Grundfall der Betriebsaufspaltung ist die Eigentümerin einer Immobilie eine Privatperson, die gleichzeitig Mehrheitseigentümerin einer Kapitalgesellschaft ist, die die Immobilie nutzt. **166**

Beispiel: Der 70 %-ige Gesellschafter ein Maschinenbaufabrik (Kapitalgesellschaft) errichtet eine Fabrikationshalle, die er an die Maschinenbaufabrik vermietet. Obwohl der Gesellschafter als Privatperson handelt, wird die Immobilie durch das Rechtsinstitut der Betriebsaufspaltung als Betriebsvermögen behandelt. **167**

Betriebsaufspaltungen können auch bei Personengruppen entstehen. Entscheidend ist immer, dass zwischen Eigentümer-/Besitzgesellschaft und Betriebsgesellschaft eine mehr als 50 %-ige Gemeinsamkeit besteht. **168**

d) Gewerblicher Grundstückshandel

Der gewerbliche Grundstückshandel stellt einen Spezialfall der gewerblichen Einkunftsart dar. **169**

Er ergibt sich nicht unmittelbar aus dem Gesetz, sondern ist aus der finanzgerichtlichen Rechtsprechung entwickelt worden. Es geht um Objekte, die nicht von vornherein als Betriebsvermögen klassifiziert sind, sondern zunächst i.d.R. als Privatvermögen zu Vermietungszwecken genutzt werden. Gewerblichkeit tritt nach herrschender Auffassung nicht etwa durch den Umfang des Immobilienbesitzes ein. Auch bei der Vermietung von sehr umfangreichem Grundbesitz gilt noch der Grundsatz der Einkunftsart Vermietung und Verpachtung (BFH v. 21.08.1990, VIII R 271/84, BStBl. II 1991, 126). Gewerblichkeit definiert sich vielmehr dadurch, dass die sog. Vermögensumschichtung, d.h. die Verwertung der Immobilie, gegenüber der Vermietungstätigkeit als wirtschaftliches Motiv – gewollt oder ungewollt – in den Vordergrund tritt. Maßgeblich ist, in welcher Zeit wie viele Objekte veräußert werden. Dabei spielt es keine Rolle, ob die Veräußerung von vornherein geplant war oder nicht. Die Rechtsprechung spricht hier von der sog. bedingten Veräußerungsabsicht, die grundsätzlich bei jedem Immobilienerwerb unterstellt wird. **170**

Liegt gewerblicher Grundstückshandel vor, ist aufgrund des Subsidiaritätsprinzips die Steuerpflicht aus privaten Veräußerungsgeschäften gem. § 23 Abs. 2 EStG hinfällig. **171**

Fraglich ist in der Praxis, wann die Grenze zwischen privaten Vorgängen und betrieblichen Vorgängen überschritten ist. Zur Gewerblichkeit bei der Vermietung einer Ferienwohnung s. FG Münster v. 11.11.2004, 14 K 3586/03, EFG 2005, 197. **172**

173 Die aktuelle Rechtsprechung wurde zusammengestellt im Schreiben des BMF v. 26.03.2004, IV A 6 – S-2240–46/04, BStBl. I 2004, 434 i.d.F. v. 29.03.2007.

174 Entscheidungskriterien sind die Dauer der Nutzung vor der Veräußerung, die eventuelle Beteiligung am allgemeinen wirtschaftlichen Verkehr sowie die Zahl der veräußerten Objekte.

aa) Nutzungsdauer vor der Veräußerung

175 Ein gewerblicher Grundstückshandel wird nach der Rechtsprechung des BFH angenommen, wenn ein Veräußerer eine Anzahl bestimmter Objekte kauft oder bebaut und sie in engem zeitlichen Zusammenhang damit veräußert (BFH v. 18.09.2002, X R 183/96, BStBl. II 2003, 238). Ein enger zeitlicher Zusammenhang wird in aller Regel angenommen, wenn die Zeitspanne zwischen Errichtung und Verkauf der Objekte nicht mehr als fünf Jahre beträgt (BFH v. 23.04.1996, VIII R 27/94, BFH/NV 1997, 170). Dieser Fünfjahreszeitraum ist keine starre Grenze. Auch Objekte, die nach mehr als fünf Jahren seit Erwerb oder Errichtung veräußert werden, bleiben nicht immer außer Betracht. Eine Überschreitung des Fünfjahreszeitraums hat lediglich zur Folge, dass die von dem zeitlichen Zusammenhang ausgehende Indizwirkung verloren geht, die durch andere Indizien ersetzt werden kann (BFH v. 23.01.2004, IV B 3/03, BFH/NV 2004, 781).

176 Sind bebaute Grundstücke bis zur Veräußerung mindestens zehn Jahre vermietet worden, so gehört die Veräußerung der Grundstücke nach Ablauf der zehn Jahre zur privaten Vermögensverwaltung (BFH v. 06.04.1990, III R 28/87, BStBl. II 1990, 1057 sowie BMF v. 26.03.2004, IV A 6 – S-2240–46/04, BStBl. I 2004, 434, Rn. 2).

bb) Beteiligung am allgemeinen wirtschaftlichen Verkehr

177 Indiz für die Annahme eines gewerblichen Grundstückshandels ist die sog. Teilnahme am allgemeinen wirtschaftlichen Verkehr. Diese ist dann gegeben, wenn Kontakte zu einer Mehrzahl von Käufern vorliegen (BFH v. 29.03.1973, I R 153/71, BStBl. II 1973, 661). Es kann ausreichen, wenn ein Makler eingeschaltet wird, um die Beteiligung am allgemeinen wirtschaftlichen Verkehr zu bejahen (BFH v. 07.12.1995, IV R 112/92, BStBl. II 1996, 367).

cc) Drei-Objekt-Grenze

178 Ein weiteres wesentliches Indiz für das Vorliegen eines gewerblichen Grundstückshandels ist das Überschreiten der Drei-Objekt-Grenze (BFH v. 10.12.2001, GrS 1/98, BStBl. II 2002, 291). Die Veräußerung von mehr als drei Objekten innerhalb eines Fünfjahreszeitraums ist grundsätzlich gewerblich (BFH v. 18.09.1991, XI R 23/90, BStBl. 1992 II, 135).

179 Verfassungsrechtlich ist es unbedenklich, die Veräußerung von zwei ungeteilten Mehrfamilienhäusern an zwei Erwerber im Rahmen der Drei-Objekt-Grenze nur als zwei Objekte zu bewerten, hingegen die Veräußerung von zwei in Wohnungseigentum aufgeteilten Mehrfamilienhäusern en bloc an zwei Erwerber als Veräußerung der Zahl der Wohnungseigentumsrechte entsprechenden Objektezahl zu qualifizieren (BFH v. 15.07.2004, III R 37/02, BStBl. II 2004, 950).

180 Die Drei-Objekt-Grenze ist keine Drei-Erwerber-Grenze. Konsequenterweise beginnt die Nachhaltigkeit eines Grundstückshandels nicht erst bei einem Verkauf an vier verschiedene Erwerber (BFH v. 23.01.2004, IV B 3/03, BFH/NV 2004, 781).

Objekt i.S.d. Drei-Objekt-Grenze sind nur Objekte, bei denen ein enger zeitlicher Zusammenhang zwischen Errichtung, Erwerb oder Modernisierung einerseits und der Veräußerung andererseits besteht. Der enge zeitliche Zusammenhang ist gegeben, wenn zwischen Errichtung, Erwerb oder Modernisierung einerseits und der Veräußerung andererseits nicht mehr als fünf Jahre vergangen sind (BMF v. 26.03.2004, IV A 6 – S-2240–46/04, BStBl. I 2004, 434). Je nach Einzelfall können auch Zeiträume bis zu 10 Jahren noch als enger zeitlicher Zusammenhang gelten, wobei die Rechtsprechung und Finanzverwaltung über Einzelentscheidungen hinaus noch keine einheitlichen Regeln definiert haben, welche Fälle betroffen sind. Auf die Größe, den Wert oder die Nutzungsart der jeweiligen Immobilie kommt es nicht an (BFH v. 15.03.2000, X R 130/97, BStBl. II 2001, 530). 181

In WEG-Fällen stellt jedes Wohnungseigentum/Teileigentum ein selbstständiges Objekt dar. Dies gilt sogar für im Teileigentum stehende Garagenabstellplätze (BFH v. 18.09.2002, X R 183/96, BStBl. II 2003, 238 sowie BFH v. 15.07.2004, III R 37/02, BStBl. II 2004, 950). 182

Selbst ohne Überschreitung der Drei-Objekt-Grenze kann ein gewerblicher Grundstückshandel gegeben sein, wenn 183

- das Grundstück mit einem darauf vom Verkäufer zu errichtenden Gebäude bereits vor seiner Fertigstellung verkauft wird;
- das Grundstück von vorn herein auf Rechnung und nach den Wünschen des Erwerbers bebaut wird;
- ein Steuerzahler bereits während der Bauzeit einen Makler mit dem Verkauf des Objekts beauftragt;
- schon vor der Fertigstellung ein Vorvertrag mit einem künftigen Erwerber geschlossen wird;
- unmittelbar nach dem Erwerb eines Grundstücks mit dessen Bebauung begonnen und das Grundstück unmittelbar nach Abschluss der Bauarbeiten veräußert wird.

e) Abschreibungen für Gebäude des Betriebsvermögens

aa) § 7 Abs. 4 S. 1 Nr. 1 EStG

Befinden sich Gebäude in einem Betriebsvermögen und dienen sie nicht Wohnzwecken, so werden sie gem. § 7 Abs. 4 S. 1 Nr. 1 EStG mit 3 % p.a. linear abgeschrieben. Wohngebäude werden mit 2 % abgeschrieben bzw. mit 2,5 %, wenn sie vor dem 01.01.1925 angeschafft wurden (§ 7 Abs. 4 S. 1 Nr. 2 EStG) vgl. Rdn. 125 ff. 184

bb) § 7 Abs. 5 EStG

Neubauten, die Wohnzwecken dienen und deren Bauantrag bis zum 31.12.2005 gestellt wurde, konnten – abweichend von § 7 Abs. 4 EStG – auch degressiv abgeschrieben werden. Degressive Abschreibungen für gewerblich genutzte Gebäude waren letztmalig möglich, wenn der Bauantrag bis zum 31.12.1993 gestellt worden war. Einzelheiten hierzu s. Beck'sches Steuerberater-Handbuch 2010/2011, Pelka/Rohde, Kapitel X Rn. 4. 185

cc) § 7h EStG

Für bestimmte Modernisierungs- und Instandsetzungsmaßnahmen kommt abweichend von § 7 Abs. 4 EStG und § 7 Abs. 5 EStG die Anwendung des § 7h EStG in Betracht. Vgl. Rdn. 133. 186

dd) § 7i EStG

187 Bei einem inländ. Baudenkmal kann abweichend von § 7 Abs. 4 EStG und § 7 Abs. 5 EStG die Abschreibung auch gem. § 7i EStG erfolgen vgl. Rdn. 134.

III. Umsatzsteuer

188 Vermieter sind grundsätzlich Unternehmer i.S.d. § 2 Abs. 1 UStG und unterliegen damit den Regelungen des Umsatzsteuergesetzes. Da die Vermietung eine sonstige Leistung darstellt, die gegen Entgelt erbracht wird, sind die Vermietungsleistungen – soweit das Mietgrundstück in Deutschland liegt – grundsätzlich umsatzsteuerbar (§ 1 Abs. 1 Nr. 1 UStG).

189 Das gilt selbst dann, wenn jemand lediglich eine Fotovoltaikanlage betreibt und regelmäßig den erzeugten Strom ganz oder teilweise in das allgemeine Stromnetz speist oder die erzeugte Wärme regelmäßig an Mieter weiter geliefert wird (OFD Karlsruhe v. 20.09.2006, S 7104, UR 2007, 120).

190 Bei geringen Umsätzen (Gesamtumsatz im vorangegangenen Kalenderjahr maximal 17.500 € und im laufenden Kalenderjahr voraussichtlich maximal 50.000 €) kommt eine Behandlung als Kleinunternehmer gem. § 19 UStG in Betracht mit der Folge, dass keine Pflicht zum gesonderten Rechnungsausweis und zur Entrichtung der Umsatzsteuer, aber auch keine Berechtigung zum Vorsteuerabzug besteht.

191 Im Folgenden wird von dem Regelfall einer umsatzsteuerlichen Qualifikation des Vermieters als Unternehmer ausgegangen.

1. Art und Umfang von Vermietungsleistungen

192 Hinsichtlich der Begriffe Vermietung und Verpachtung orientiert sich das Steuerrecht am bürgerlichen Recht (BMF v. 04.09.2009, IV B 9 – S-7117/08/10001, BStBl. I 2009, 1005, Rn. 27).

193 Liegen sog. gemischte Verträge vor, also Gebrauchsüberlassungsverträge, die neben der Gebrauchsüberlassung auch andere Leistungen enthalten, so ist zunächst zu prüfen, ob diese anderen Leistungen umsatzsteuerlich unselbständig oder selbstständig sind.

194 Unselbständige Nebenleistungen teilen das umsatzsteuerliche Schicksal der Hauptleistung. Zu den unselbstständigen Nebenleistungen gehören die Lieferung von Wärme, die Versorgung mit Kalt- und Warmwasser, die Überlassung von Waschmaschinen, die Flur- und Treppenreinigung sowie die Treppenbeleuchtung (Ziff. 4.12.1. Abs. 5 UStAE).

195 Selbstständige Nebenleistungen hingegen sind umsatzsteuerlich jeweils für sich zu beurteilen. Dazu gehören z.B. die Lieferung von Heizöl oder Heizgas oder die Vermietung von Inventar (Ziff. 4.12.1 Abs. 6 UStAE).

196 Die Lieferung von elektrischem Strom im Zusammenhang mit einer steuerfreien Grundstücksvermietung ist als unselbständige Nebenleistung zu beurteilen (Ziff. 4.12.1 Abs. 5 UStAE). Für bis zum 30.09.2009 ausgeführte Umsätze wird jedoch eine Betrachtung als selbstständige, steuerpflichtige Leistung nicht beanstandet (BMF v. 21.07.2009, IV B 9 – S-7168/08/10001, BStBl. I 2009, 821 zu BFH v. 15.01.2009, V R 91/07, BStBl. II 2009, 615).

197 Die Überlassung von Standplätzen im Zusammenhang mit einer steuerfreien Grundstücksvermietung ist als unselbstständige Nebenleistung zu beurteilen. Für bis zum 31.12.2008 ausgeführte Umsätze wird jedoch eine Betrachtung als selbstständige, steuer-

pflichtige Leistung nicht beanstandet (BMF v. 15.01.2009, IV B 9 – S-7168/08/10001, BStBl. I 2009, 69).

Besteht zwischen denselben Vertragspartnern ein Mietverhältnis sowohl bzgl. eines Grundstücks als auch bzgl. eines Stellplatzes und besteht zwischen Grundstück und Stellplatz ein räumlicher Zusammenhang, so wird die Stellplatzvermietung als unselbstständige Nebenleistung zur Hauptleistung beurteilt (4.12.2 Abs. 3 UStEA). 198

Außer den vorstehend genannten gemischten Verträgen kennt das Umsatzsteuerrecht noch sog. Verträge besonderer Art. Diese liegen vor, wenn die Gebrauchsüberlassung des Grundstücks gegenüber anderen wesentlichen Leistungen zurücktritt und das Vertragsverhältnis ein einheitliches, unteilbares Ganzes darstellt (BFH v. 31.05.2001, V R 97/98, BStBl. II 2001, 658). Liegt ein solcher Vertrag besonderer Art vor, ist umsatzsteuerlich nicht von einer Vermietungsleistung auszugehen, so dass auch die Steuerbefreiung nach § 4 Nr. 12 UStG nicht in Betracht kommt – und zwar weder für die gesamte Leistung noch für einen Teil der Leistung. Einzelheiten und Beispielsfälle befinden sich auch in Ziff. 4.12.6 UStAE. 199

In Leasing-Fällen folgt das Umsatzsteuerrecht dem Einkommensteuerrecht. Konsequenterweise ist Finanzierungsleasing mit einkommensteuerrechtlicher Zuordnung des Leasinggegenstandes beim Leasinggeber umsatzsteuerrechtlich als Vermietung anzusehen. 200

2. Steuerfreiheit gem. § 4 Nr. 12 UStG

Umsätze der Vermietung und Verpachtung von Grundstücken, von Berechtigungen, für die die Vorschriften des bürgerlichen Rechts über Grundstücke gelten und von staatlichen Hoheitsrechten, die die Nutzung von Grund und Boden betreffen, sind umsatzsteuerfrei (§ 4 Nr. 12a UStG). 201

Ebenfalls umsatzsteuerbefreit sind Umsätze, die in der Überlassung von Grundstücken und Grundstücksteilen zur Nutzung aufgrund eines auf Übertragung des Eigentums gerichteten Vertrages oder Vorvertrages bestehen (§ 4 Nr. 12b UStG) sowie Umsätze, die auf der Bestellung, Übertragung oder Ausübungsüberlassung von dinglichen Nutzungsrechten an Grundstücken beruhen (§ 4 Nr. 12c UStG). 202

Nicht steuerbefreit sind hingegen sog. Hotelumsätze (Vermietung von Wohn- und Schlafräumen zur kurzfristigen Beherbergung von Fremden) sowie die Vermietung von Plätzen für das Abstellen von Fahrzeugen (als Hauptleistung), die kurzfristige Vermietung auf Campingplätzen (vgl. BFH v. 13.02.2008, XI R 51/06, BStBl. II 2009, 63) und die Vermietung von Betriebsvorrichtungen – selbst dann, wenn die Betriebsvorrichtung wesentlicher Grundstücksbestandteil ist (§ 4 Nr. 12 S. 2 UStG). 203

Bei einer steuerbefreiten Vermietung ist es dem Vermieter grundsätzlich nicht möglich, einen Vorsteuerabzug geltend zu machen (§ 15 Abs. 2 UStG). 204

3. Option zur Steuerpflicht gem. § 9 UStG

Unter bestimmten Voraussetzungen kann der Vermieter auf die Steuerbefreiung nach § 4 Nr. 12 UStG verzichten und so die Möglichkeit erlangen, aus den Anschaffungs- oder Herstellungskosten des Gebäudes bzw. aus Reparaturaufwendungen Vorsteuer geltend zu machen. 205

206 Dies ist immer dann sinnvoll und in der Praxis auch der Regelfall, wenn der Mieter zum Vorsteuerabzug berechtigt ist und der Mieter somit die an den Vermieter zu zahlende Umsatzsteuer auf die Miete vom Finanzamt erstattet erhält. Für den Mieter stellt die Umsatzsteuer in diesem Fall keine Belastung dar und für den Vermieter ergibt sich ein zusätzlicher Ertrag dadurch, dass alle seine Aufwendungen geringer ausfallen, sofern und soweit diese Umsatzsteuer enthalten.

207 Besonders gravierend wirkt sich dies bei einem Neubau aus, da die gesamten Baukosten bezogen auf die Bruttorechnungen um ca. 16 % (19/119) niedriger ausfallen.

a) materiell-rechtliche Voraussetzungen

208 Materiell-rechtliche Voraussetzung für die Option zur Steuerpflicht ist, dass die Vermietung an einen anderen Unternehmer für dessen Unternehmen erfolgt und der mietende Unternehmer das Objekt ausschließlich für Umsätze verwendet oder aber zu verwenden beabsichtigt, die den Vorsteuerabzug nicht ausschließen (§ 9 Abs. 1 und 2 UStG). Mit anderen Worten: Der Mieter muss seinerseits umsatzsteuerpflichtige oder andere vorsteuerunschädliche Umsätze tätigen.

209 Die Frage der Option ist für jeden Grundstücksteil gesondert zu beurteilen (Ziff. 9.2. Abs. 1 S. 4 UStAE).

210 In Mischnutzungsfällen (der Mieter nutzt das vermietete Objekt teilweise zu unternehmerischen Zwecken und teilweise zu privaten Zwecken) ist eine Aufteilung vorzunehmen. Das Gleiche gilt, wenn der Mieter das Objekt zwar insgesamt zu unternehmerischen Zwecken nutzt, jedoch ein Teil dieser Zwecke nicht zu umsatzsteuerpflichtigen Umsätzen führt. Eine dahingehend sehr umfassende Darstellung mit etlichen Beispielen findet sich in Ziff. 9.2 Abs. 1 UStAE.

211 Die Ausübung des Besteuerungswahlrechts unterliegt der Missbrauchskontrolle des § 42 AO (BFH v. 09.11.2006, V R 43/04, BStBl. II 2007, 344).

b) formelle Voraussetzungen

212 Formelle Voraussetzung für die Option zur Steuerpflicht ist die Ausübung des Optionsrechts. Diese muss nicht zwingend verbal oder schriftlich erfolgen (Ziff. 9.1 Abs. 3 S. 6 UStAE). Ein lediglich konkludentes Verhalten reicht aus. Dazu gehört z.B.

- der Abzug von Vorsteuern, die nicht abgezogen werden könnten, wenn der mit der Vermietung bewirkte Umsatz umsatzsteuerfrei wäre
- die Erteilung von Rechnungen mit offenem Umsatzsteuerausweis
- die Verbuchung von Vermietungsumsätzen als steuerpflichtige Umsätze
- die Erfassung von Vermietungsumsätzen in der Umsatzsteuervoranmeldung oder in der Umsatzsteuerjahreserklärung als umsatzsteuerpflichtige Umsätze

213 Die Ausübung der Option ist solange möglich, wie die Steuerfestsetzung für diese Leistung noch vorgenommen, aufgehoben oder geändert werden kann.

214 Ebenso kann bis zur Steuerfestsetzung ein ausgeübter Verzicht auf die Steuerbefreiung wieder rückgängig gemacht werden (Ziff. 9.1 Abs. 4 S. 1 UStAE).

4. Berechnung der Umsatzsteuer

215 Als Bemessungsgrundlage ist die Höhe des steuerpflichtigen Umsatzes, d.h. des Mietentgelts, heranzuziehen.

Im Regelfall ist die gem. Vertrag vereinbarte Miete maßgeblich (Soll-Besteuerung).

Auf Antrag gestattet das Finanzamt jedoch auch eine Besteuerung nach den vereinnahmten Mieten (Ist-Besteuerung), wenn der Unternehmer **216**

- von der Buchführungspflicht befreit ist oder
- Umsätze als Freiberufler gem. § 18 Abs. 1 Nr. 1 EStG generiert oder
- im vorangegangenen Kalenderjahr einen Gesamtumsatz von nicht mehr als 250.000 € (01.07.2009 bis 31.12.2011: 500.000 €) hatte.

Auf die Bemessungsgrundlage ist grundsätzlich der allgemeine Umsatzsteuersatz i.H.v. 19 % (bis 31.12.2006: 16 %) anzuwenden. **217**

Lediglich für die Vermietung von Wohn- und Schlafräumen, die ein Unternehmer zur kurzfristigen Beherbergung von Fremden bereithält sowie für die kurzfristige Vermietung von Campingplätzen gilt ab dem 01.01.2010 der ermäßigte Umsatzsteuersatz i.H.v. 7 %. **218**

5. Vorsteuerabzug gem. § 15 UStG

Hat der Vermieter zur Umsatzsteuerpflicht seiner Vermietungsumsätze optiert, so ist er bei den damit im Zusammenhang stehenden Eingangsleistungen grundsätzlich zum Vorsteuerabzug berechtigt. Für die tatsächliche Geltendmachung der Vorsteuer ist jedoch erforderlich, dass eine im umsatzsteuerlichen Sinne ordnungsgemäße Rechnung vorliegt. **219**

Eine ordnungsgemäße Rechnung muss gem. § 14 Abs. 4 UStG folgende Angaben enthalten: **220**

- den vollständigen Namen und die vollständige Anschrift des leistenden Unternehmers (Vermieter) und des Leistungsempfängers (Mieter)
- die dem leistenden Unternehmer (Vermieter) vom Finanzamt erteilte Steuernummer oder die ihm vom Bundeszentralamt für Steuern erteilte Umsatzsteuer-Identifikationsnummer
- das Ausstellungsdatum
- eine fortlaufende Nummer, die zur Identifizierung der Rechnung vom Rechnungsaussteller einmalig vergeben wird (Rechnungsnummer)
- die Menge und die Art (handelsübliche Bezeichnung) der gelieferten Gegenstände bzw. den Umfang und die Art der sonstigen Leistung (Bezeichnung des Vermietungsobjekts)
- den Zeitpunkt der Leistung bzw. wenn ein (Teil-)Entgelt vor Ausführung der Leistung vereinnahmt wird den Zeitpunkt der Vereinnahmung (Angabe des Zeitraums, für den die Miete verlangt bzw. in dem die Miete gezahlt wird)
- das nach Steuersätzen und einzelnen Steuerbefreiungen aufgeschlüsselte Entgelt für die Leistung sowie jede im Voraus vereinbarte Minderung des Entgelts, sofern diese nicht bereits im Entgelt berücksichtigt ist
- den anzuwendenden Steuersatz sowie den auf das Entgelt entfallenden Steuerbetrag oder im Falle einer Steuerbefreiung den Hinweis darauf, dass die Leistung steuerfrei ist und
- in Fällen des § 14b Abs. 1 Satz 5 UStG einen Hinweis auf die Aufbewahrungspflicht des Leistungsempfängers (s. Rdn. 252 ff.).

Wird ein Gebäude angeschafft oder hergestellt und soll dieses sowohl für vorsteuerunschädliche (steuerpflichtige Vermietung) als auch für vorsteuerschädliche (steuerfreie Vermietung) verwendet werden, so sind die Vorsteuerbeträge im Wege einer sachgerechten Schätzung prozentual aufzuteilen. Als Maßstab erkennt die Finanzverwaltung dabei i.d.R. nur das Verhältnis der Nutzflächen an (BMF v. 30.09.2008, IV B 8 – S-7306/08/10001, BStBl. I 2008, 896). **221**

6. Vorsteuerkorrektur gem. § 15a UStG

222 Die Berechtigung zur Umsatzsteueroption und damit zum Vorsteuerabzug kann sich im Laufe der Jahre ändern. Daher hat der Gesetzgeber mit § 15a UStG einen Mechanismus geschaffen, der bei bestimmten Leistungsbezügen im Nachhinein eine Korrektur des Vorsteuerabzuges vorsieht – sowohl im positiven als auch im negativen Sinne. Betroffen sind im Wesentlichen Vorsteuern aus der Errichtung des Gebäudes (§ 15a Abs. 1 UStG) sowie aus solchen Leistungen an dem Gebäude, die nicht bereits im Zeitpunkt ihres Bezuges wirtschaftlich verbraucht sind (§ 15a Abs. 3 UStG i.V.m. Ziff. 15a 6 Abs. 8 UStAE). Damit können z.B. auch Renovierungsarbeiten betroffen sein (BMF v. 12.04.2007, IV A 5 – S-7316/07/0002, BStBl. I 2007, 466).

223 Zu beachten ist, dass eine Vorsteuerkorrektur immer nur dann in Betracht kommen kann, wenn sich das Recht zum Vorsteuerabzug gegenüber dem Erstjahr ändert, z.B. – bedingt durch einen Mieterwechsel – von einer steuerfreien zu einer steuerpflichtigen Vermietung oder umgekehrt.

224 Von den umsatzsteuerfreien Umsätzen zu unterscheiden sind in diesem Zusammenhang die nicht-steuerbaren Umsätze, wie z.B. die Geschäftsveräußerung im Ganzen (s. Rdn. 230 ff.). Bei einem Wechsel von steuerpflichtigen zu nicht-steuerbaren Umsätzen findet § 15a UStG keine Anwendung.

225 Für die Anschaffungs- oder Herstellungskosten einer Immobilie gilt gem. § 15a Abs. 1 S. 2 UStG ein Berichtigungszeitraum von 10 Jahren. Die Berichtigung erfolgt nicht rückwirkend in dem Veranlagungszeitraum des ursprünglichen Vorsteuerabzuges und auch nicht insgesamt für den noch restlichen Zeitraum im Veranlagungszeitraum der Veränderung. Vielmehr wird die Vorsteuer in jedem Jahr des Berichtigungszeitraumes gesondert mit grundsätzlich jeweils 10 % korrigiert.

226 Beispiel: Ein Vermieter hat 50.000 € Vorsteuern aus einem Neubau geltend gemacht und das Gebäude umsatzsteuerpflichtig vermietet. Zu Beginn des vierten Jahres ändern sich die Verhältnisse, weil ein Mieterwechsel dergestalt stattfindet, dass der neue Mieter (z.B. ein Arzt) nicht zum Vorsteuerabzug berechtigt ist und somit der Vermieter die Option zur Umsatzsteuer nicht mehr ausüben darf. Der Vorsteuerabzug auf den Neubau bleibt aufgrund der abgelaufenen drei Jahre mit 30 % (15.000 €) endgültig. Die restlichen 70 % (35.000 €) unterliegen der Korrektur. Da diese pro Jahr 5.000 € beträgt, muss der Vermieter im vierten Jahre 5.000 € an das Finanzamt zurückzahlen. Ändern sich die Verhältnisse nicht erneut, sind auch in den Folgejahren (fünftes bis zehntes Jahr) jeweils 5.000 € zu korrigieren. Findet ab dem Beginn des neunten Jahres wieder eine umsatzsteuerpflichtige Vermietung statt, so werden für die Jahre neun und zehn indes keine Vorsteuerkorrekturen vorgenommen. Im Vergleich relevant ist daher nur das Erst- bzw. hier das Anschaffungsjahr.

227 In diesen Konstellationen führt die Vorsteuerkorrektur immer zu einem erheblichen Zinsvorteil für den Vermieter. Muss bereits im Jahr nach der Gebäudeerrichtung eine Vorsteuerkorrektur vorgenommen werden, so muss der Vermieter zwar 90 % der Vorsteuern zurückzahlen – jedoch verteilt über neun Jahre.

228 Die Korrekturvorschrift des § 15a UStG gilt jedoch auch in umgekehrter Richtung. Sollte zunächst eine Optionsausübung nicht oder nur teilweise möglich gewesen sein, so kann bei umsatzsteuerpflichtiger Vermietung ab einem späteren Zeitpunkt innerhalb von 10 Jahren nachträglich Vorsteuer aus den ursprünglichen Anschaffungs- oder Herstellungskosten geltend gemacht werden. Erfolgt z.B. nach fünf Jahren steuerfreier Vermietung zu Beginn des sechsten Jahres eine umsatzsteuerpflichtige Vermietung, so können immerhin noch 40 % der Vorsteuern aus dem Neubau in den letzten vier Jahren des Berichtigungszeitraumes geltend gemacht werden.

In Fällen einer Immobilienveräußerung durch Geschäftsveräußerung im Ganzen (s. Rdn. 230 ff.) ist bedeutsam, dass der Erwerber den Berichtigungszeitraum des Veräußerers fortführt. Demzufolge kann es bei dem Erwerber einer Immobilie durchaus zu einer Vorsteuerkorrektur kommen, wenn z.B. acht Jahre nach Errichtung und fünf Jahre nach Erwerb von einer umsatzsteuerpflichtigen in eine umsatzsteuerfreie Vermietung gewechselt wird. 229

7. Geschäftsveräußerung im Ganzen

Der Gesetzgeber hat per Legaldefinition (§ 1 Abs. 1a UStG) die sog. Geschäftsveräußerung im Ganzen als nicht-steuerbar von der Umsatzbesteuerung ausgenommen. Dadurch, dass es sich hier nicht um eine Umsatzsteuerbefreiung, sondern um eine Nicht-Steuerbarkeit handelt, ist auch eine Optionsausübung im Sinne einer freiwilligen Umsatzbesteuerung nicht möglich. 230

Die Geschäftsveräußerung im Ganzen spielt bei Immobilien eine besondere Rolle. Sie liegt zunächst dann vor, wenn z.B. ein Immobilienunternehmen seine gesamten Immobilien oder ein privater Immobilienbesitzer seinen gesamten Immobilienbestand veräußert. Die Veräußerung wird aufgrund der Nicht-Steuerbarkeit nicht der Umsatzsteuer unterworfen. Dies gilt auch dann, wenn die Immobilien zuvor umsatzsteuerpflichtig vermietet worden sind. 231

Es findet auch keine nachträgliche Vorsteuerkorrektur gem. § 15a UStG statt, so dass eine während des zehnjährigen Berichtigungszeitraumes veräußerte Immobilie auch dann nicht beim Veräußerer zur Vorsteuerkorrektur führt, wenn er diese Immobilie vor Veräußerung umsatzsteuerpflichtig vermietet hatte (s. Rdn. 222 ff.). Eine z.B. zu Beginn des dritten Jahres veräußerte Immobilie führt trotz Veräußerung ohne Umsatzsteuer nicht dazu, dass der Veräußerer für die restliche Zeit 70 % der ehemals geltend gemachten Vorsteuer zurückzahlen muss. 232

Die gesetzgeberische Definition der Geschäftsveräußerung im Ganzen bedarf gerade bei Immobilien einer Interpretation. So lässt sich durchaus die Auffassung vertreten, dass jede einzelne Immobilie für sich betrachtet ein Geschäft darstellt. Besitzt z.B. eine Immobiliengesellschaft zehn Immobilien, so könnte bereits in der Veräußerung einer Immobilie eine Geschäftsveräußerung im Ganzen gesehen werden, obwohl die Gesellschaft mit ihren verbleibenden neun Immobilien nach wie vor ihrer Vermietungstätigkeit nachgeht. 233

Die Rechtsprechung hat hierzu im Wesentlichen folgende Abgrenzungskriterien herausgearbeitet: 234

Sofern das Grundstück nur einen Teil des Unternehmens umfasst, liegt eine nicht steuerbare Geschäftsveräußerung nur dann vor, wenn das verkaufte Grundstück einen in der Gliederung des Unternehmens gesondert geführten Betrieb darstellt. 235

Die Übertragung eines gesondert geführten Betriebs liegt z.B. vor, wenn Teileigentum an einem Grundstück, das nach dem Wohnungseigentumsgesetz aufgeteilt ist, veräußert wird. 236

Allerdings ist ein Grundstück kein gesondert geführter Betrieb, wenn es nicht als ein für sich lebensfähiger Organismus beurteilt werden kann, d.h. es nach außen hin kein selbstständiges, in sich abgeschlossenes Wirtschaftsgebilde gewesen ist. 237

Ein unvermietetes Grundstück stellt regelmäßig keinen gesondert geführten Betrieb dar (BFH Urt. v. 11.10.2007, VR 57/06, BFH/NV 2008, 509). Bei einem vermieteten Grund- 238 stück hingegen kann regelmäßig davon ausgegangen werden, dass es sich um einen gesondert geführten Betrieb handelt.

239 Sofern der Erwerber in die Mietverträge eintritt und die unternehmerische Vermietungstätigkeit fortführt, kann daher von einer Geschäftsveräußerung ausgegangen werden (BFH v. 01.04.2004, V B 112/03, BStBl. II 2004, 802). Keine Geschäftsveräußerung im Ganzen liegt indes vor, wenn die Immobilie an den Mieter selbst veräußert wird: als Eigennutzer führt er die Vermietungstätigkeit nicht fort. Auch der Verkauf einer eigenbetrieblich genutzten Immobilie wird i.d.R. nicht als Geschäftsveräußerung im Ganzen qualifiziert.

240 Man sollte annehmen, dass die Folgen dieser Vorschrift in der Praxis keine Probleme hervorrufen: Liegt eine Geschäftsveräußerung im Ganzen vor, so wird eben ohne Umsatzsteuer und ohne nachträgliche Vorsteuerkorrektur übertragen. Liegt keine Geschäftsveräußerung im Ganzen vor, so wird die Veräußerung eben umsatzsteuerpflichtig vorgenommen, da der Erwerber bei unveränderten Vermietungsverhältnissen vorsteuerabzugsberechtigt ist.

241 Kritisch wird die Angelegenheit jedoch dann, wenn eine einmal getroffene Entscheidung Jahre später z.B. anlässlich einer Betriebsprüfung durch die Finanzverwaltung angegriffen wird und diese nachträgliche andere Betrachtungsweise erhebliche materielle Konsequenzen nach sich zieht. Daher sind bei der Formulierung von Grundstückskaufverträgen hohe Anforderungen an entsprechende Absicherungsinstrumente zu stellen. Dies sei an folgenden Beispielen erläutert:

1. Beispiel: Die Vertragsparteien nehmen eine Geschäftsveräußerung im Ganzen an, so dass keine Umsatzsteuer berechnet wird. Die Finanzverwaltung kommt bei einer Überprüfung zu einem anderen Ergebnis. Der Berichtigungszeitraum für eine Vorsteuerkorrektur ist mit sechs Jahren noch nicht abgelaufen, so dass das Finanzamt anlässlich der umsatzsteuerfreien Veräußerung im Nachhinein 60 % der bei der Herstellung des Gebäudes geltend gemachten Umsatzsteuer zurückverlangt. Die Alternative, aus dem Kaufpreis die Umsatzsteuer anlässlich einer umsatzsteuerpflichtigen Veräußerung herauszurechnen, ist im Regelfall noch teurer.

2. Beispiel: Die Vertragsparteien nehmen keine Geschäftsveräußerung im Ganzen an und behandeln den Verkauf umsatzsteuerpflichtig. Das Finanzamt kommt jedoch zu dem Ergebnis, dass eine Geschäftsveräußerung im Ganzen vorliegt. In diesem Fall verliert der Erwerber seinen Vorsteuererstattungsanspruch auf den gesamten Kaufpreis und kann nur hoffen, dass der Verkäufer noch existiert und in der Lage ist, seinerseits eine Korrektur der abgeführten Umsatzsteuer und der Rechnung durchzuführen. Ansonsten bliebe dessen Umsatzsteuer gem. § 14c UStG nach wie vor geschuldet.

242 Sind sich die Vertragsparteien also nicht zu 100 % sicher, ob es sich bei der Immobilienveräußerung um eine Geschäftsveräußerung im Ganzen handelt, bedarf es entsprechender vertraglicher Regelungen um den Fall abzusichern, dass die Finanzverwaltung eine abweichende Auffassung vertritt. Gleichzeitig ist sicherzustellen, dass etwaige Korrekturen auch noch tatsächlich durchgeführt werden können. Entsprechende vertragliche Formulierungen gestalten sich daher in der Praxis recht kompliziert.

8. Steuerschuldner

243 Grundsätzlich schuldet der leistende Unternehmer die Umsatzsteuer für seine Umsätze, *d.h. der Vermieter muss die Umsatzsteuer* auf die von ihm getätigten Vermietungsleistungen an die Finanzbehörden entrichten.

In Ausnahmefällen kehrt sich die Umsatzsteuerschuldnerschaft um und der Leistungsempfänger hat die Steuer abzuführen (sog. Reverse-Charge-Verfahren). 244

Im Bereich der Vermietung und Verpachtung gilt dies dann, wenn 245

- Bauleistungen (»Werklieferungen und sonstige Leistungen, die der Herstellung, Instandsetzung, Instandhaltung, Änderung oder Beseitigung von Bauwerken dienen, mit Ausnahme von Planungs- und Überwachungsarbeiten«) an den Vermieter – in seiner Eigenschaft als Bauherr bzw. Auftraggeber von Reparaturarbeiten – erbracht werden und
- der Vermieter seinerseits selber Bauleistungen (z.B. Wohnungseigentümergemeinschaften) erbringt

Gemäß § 13b Abs. 2 UStG schuldet also in diesen Fällen nicht der leistende Bauunternehmer, sondern der Vermieter als Empfänger der Bauleistung die Umsatzsteuer. 246

Den Begriff der »Bauleistungen« definiert das BMF im Schreiben v. 31.03.2004 (IV D 1 – S-7279–107/04, BStBl. I 2004, 453 ff.). 247

9. Pflicht zur Ausstellung von Rechnungen

Zur Intensivierung der Bekämpfung der Schwarzarbeit und damit zusammenhängender Steuerhinterziehung regelt § 14 Abs. 2 S. 1 Nr. 1 UStG, dass Unternehmer, die in Zusammenhang mit einem Grundstück stehende steuerpflichtige Leistungen erbringen, innerhalb von sechs Monaten nach Ausführung der Leistung eine Rechnung ausstellen müssen (Ziff. 14.1. Abs. 3 UStAE). 248

Für steuerfreie Umsätze gem. § 4 Nr. 12 UStG gilt dies jedoch seit 2009 nicht mehr (§ 14 Abs. 2 S. 1 Nr. 2 S. 3 UStG). 249

Verstöße gegen die Ausstellungspflicht können mit einer Geldbuße von bis zu 5.000 € geahndet werden (§ 26a Abs. 2 UStG). 250

Hat der Vermieter zur Umsatzsteuer optiert, so kann der Mieter gem. § 14 Abs. 1 UStG die Erteilung einer Rechnung mit offenem Steuerausweis verlangen. Solange der Vermieter diesen Anspruch nicht erfüllt – eine bloße Mahnung stellt noch keine Rechnung dar (Ziff. 14.1 Abs. 1 S. 4 UStAE) – besteht ein Leistungsverweigerungsrecht des Mieters gem. § 273 BGB, das sich grundsätzlich auf die gesamte Miete bzw. den gesamten Zahlungsanspruch erstreckt (OLG Düsseldorf v. 09.03.2006, I-10 U 130/05, NWB Eilnachrichten Fach 1 S. 344/NWB-Nr. 42 v. 16.10.2006). 251

10. Pflicht zur Aufbewahrung von Rechnungen

Jeder Unternehmer (sowohl auf Vermieter- als auch auf Mieterseite) hat sämtliche Eingangs- und Ausgangsrechnungen zehn Jahre lang aufzubewahren (§ 14b Abs. 1 S. 1 UStG). 252

Ist der Mieter ein Nichtunternehmer oder ein Unternehmer, der jedoch zu nichtunternehmerischen Zwecken mietet, so hat er für seine Eingangsrechnungen in Zuammenhang mit dem gemieteten Grundstück eine Aufbewahrungspflicht von zwei Jahren zu beachten (§ 14b Abs. 1 S. 5 UStG). 253

Die Aufbewahrungsfrist beginnt mit dem Ablauf des Kalenderjahres, in dem die Rechnung ausgestellt worden ist (§ 14b Abs. 1 S. 3 UStG). 254

255 Verstößt ein Mieter (Unternehmer) gegen die zehnjährige Aufbewahrungspflicht, so kann eine Geldbuße von bis zu 5.000 € gegen ihn festgesetzt werden (§ 26a Abs. 2 UStG).

256 Verstößt ein Mieter (Nichtunternehmer oder Unternehmer, der für nichtunternehmerische Zwecke mietet) gegen die zweijährige Aufbewahrungspflicht, so kann eine Geldbuße von bis zu 500 € gegen ihn festgesetzt werden (§ 26a Abs. 2 UStG).

IV. Grunderwerbsteuer

257 Die Grunderwerbsteuer ist eine Verkehrsteuer und besteuert Grundstücksumsätze.

1. Besteuerungsgegenstand

258 Besteuert werden Erwerbsvorgänge, die sich auf inländische Grundstücke beziehen.

259 Erfasst werden im Wesentlichen (§ 1 Abs. 1 GrEStG) Kaufverträge oder andere Rechtsgeschäfte, die einen Anspruch auf Übereignung oder auf Abtretung eines Übereignungsanspruchs begründen sowie der Übergang des Eigentums im Zwangsversteigerungsverfahren.

260 Unter Grundstücken i.S.d. GrEStG sind Grundstücke i.S.d. bürgerlichen Rechts zu verstehen (§ 2 Abs. 1 GrEStG).

261 Den Grundstücken stehen Erbbaurechte, Gebäude auf fremden Boden und dinglich gesicherte Sondernutzungsrechte i.S.d. § 15 WEG gleich (§ 2 Abs. 2 GrEStG).

262 Wohnungseigentum, Teileigentum, Wohnungserbbaurechte und Teilerbbaurechte nach dem WEG gehören grunderwerbsteuerlich ebenfalls zu den Grundstücken.

2. Besteuerungsausnahmen

263 Von der Besteuerung ausgenommen sind u.a.
- Grundstückserwerbe, wenn der für die Berechnung der Steuer maßgebende Wert 2.500 € nicht übersteigt
- Grundstückserwerbe, die dem Erbschaftsteuer- und Schenkungsteuergesetz unterfallen (Erwerbe von Todes wegen und Schenkungen unter Lebenden)
- Grundstückserwerbe durch den Ehegatten des Veräußerers
- Grundstückserwerbe durch den früheren Ehegatten des Veräußerers im Rahmen der Vermögensauseinandersetzung nach der Scheidung
- Grundstückserwerbe durch Personen, die mit dem Veräußerer in gerader Linie verwandt sind.

264 Den Abkömmlingen stehen die Stiefkinder gleich. Den Verwandten in gerader Linie sowie den Stiefkindern stehen deren jeweiligen Ehegatten gleich.

265 Einzelheiten zu diesen und weiteren sog. allgemeinen Ausnahmen der Besteuerung ergeben sich aus § 3 GrEStG.

3. Gesellschaftsrechtlich vermittelte Erwerbstatbestände

266 Bei einer Bruchteilsgemeinschaft stellt jede Veräußerung eines Bruchteils für sich einen grunderwerbsteuerpflichtigen Tatbestand dar.

Bei Personen- oder Kapitalgesellschaften gilt dies nur eingeschränkt. Unter bestimmten Voraussetzungen kann hier jedoch auch bereits ein Gesellschafterwechsel dazu führen, dass Grunderwerbsteuer entsteht. 267

a) Personengesellschaften

Personenmehrheiten halten Grundstücke im Privatvermögen gerne als GbR, während in betrieblichen Bereichen die Rechtsform der GmbH & Co. KG eine häufig anzutreffende Erscheinungsform darstellt. Für solche Gesamthandsgemeinschaften hat der Gesetzgeber geregelt, dass ein grunderwerbsteuerpflichtiger Vorgang vorliegt, wenn zum Vermögen der Gesellschaft ein inländisches Grundstück gehört und mindestens 95 % der Anteile auf neue Gesellschafter übergehen. Veräußern z.B. alle Gesellschafter einer GbR mit inländischem Grundbesitz ihre Anteile, so fällt auf den vollen Wert des Grundstücks Grunderwerbsteuer an. Dagegen würde ein nur 50 %-iger Gesellschafterwechsel keine Grunderwerbsteuer auslösen. Maßgeblich für die Frage des Überschreitens der 95 %-Grenze ist ein 5-jähriger Betrachtungszeitraum (§ 1 Abs. 2a GrEStG). 268

In der Praxis bedeutet dies, dass ein vollständiger Gesellschafterwechsel und damit eine vollständige Neuorientierung des wirtschaftlichen Eigentums an dem Grundstück ohne jede Grunderwerbsteuer gelingen kann, wenn die letzten 5,1 % erst nach Ablauf von mehr als 5 Jahren übertragen werden. In der Praxis werden derartige steuerlich zulässige Gestaltungen nicht selten gewählt. 269

Beispiel: A hält 60 % und B 40 % an einer Grundstücks-GbR. A verkauft seine sämtlichen Anteile an den Gesellschafter C. Gesellschafter B veräußert 30 % der Anteile ebenfalls an den Gesellschafter C. Es fällt keine Grunderwerbsteuer an. Für die nächsten 5 Jahre sind der Gesellschafter B mit 10 % und der Gesellschafter C mit 90 % an der GbR beteiligt. Nach Ablauf der 5 Jahre verkauft Gesellschafter B 4 % der Anteile an den Gesellschafter C und 6 % an den neuen Gesellschafter D. Auch dieser Vorgang bleibt grunderwerbsteuerfrei. Obwohl ein 100 %-iger Wechsel des wirtschaftlichen Eigentums stattgefunden hat, wird keine Grunderwerbsteuer ausgelöst.

Zur Vermeidung von Grunderwerbsteuer ist jedoch zudem eine weitere Vorschrift zu beachten. Danach darf keine sog. Anteilsvereinigung in einer Hand vorliegen: auch hier gilt eine 95 %-Grenze (§ 1 Abs. 3 GrEStG). 270

Beispiel: Hätte im oben beschriebenen Fall der Gesellschafter C auch die letzten 6 % erworben, so hielte er alle Anteile in einer Hand und auf den gesamten Grundstückswert wäre Grunderwerbsteuer angefallen.

Weitere Besonderheiten ergeben sich beim Übergang von Alleineigentum in Gesamthandseigentum oder umgekehrt sowie von einer Gesamthand auf eine andere Gesamthand. Soweit bei solchen Übergängen ein Anteilseigner vorher wie nachher mittelbar Grundstückseigentum hält, wird im Regelfall keine Grunderwerbsteuer erhoben. Die einzelnen Regelungen sind in den §§ 5, 6 GrEStG normiert. 271

Beispiel: Bringt ein Grundstückseigentümer eine Immobilie in eine Grundstücks-GbR ein, an der er zu 60 % beteiligt ist, so wird die Grunderwerbsteuer nur zu 40 % erhoben.

b) Kapitalgesellschaften

Eine vergleichbare und doch in einigen Punkten entscheidend andere Regelung gilt bei Kapitalgesellschaften. Auch hier gilt der Tatbestand der Anteilsvereinigung in einer Hand (§ 1 Abs. 3 GrEStG). 272

Beispiel: Werden 100 % der Anteile an einer GmbH an einen einzigen Erwerber veräußert, so wird der gesamte Grundbesitz der GmbH einschließlich des Grundbesitzes etwaiger 100 %-iger Tochtergesellschaften der Grunderwerbsteuer unterworfen.

273 Dieser Gesetzesnorm wird im Rahmen von Unternehmenskaufverträgen häufig wenig Beachtung geschenkt. Wird ein Unternehmen verkauft, das über umfangreichen Grundbesitz verfügt, so kann es zu erheblichen Belastungen kommen.

274 Bei Kapitalgesellschaften lässt sich die Grunderwerbsteuer dadurch vermeiden, dass mindestens ein zweiter Gesellschafter mit einer Mindestquote von 5,1 % an der GmbH beteiligt wird.

c) Konzerne

275 Für Konzerne gilt seit dem 01.01.2010 eine Sonderregelung. Danach werden umwandlungsverursachte Grundbesitzübertragungen innerhalb eines Konzerns nicht der Grunderwerbsteuer unterworfen, wenn vorher wie nachher die grundbesitzende Gesellschaft zu mindestens 95 % zu demselben Konzern gehört (§ 6a GrEStG).

276 Mit dieser im Detail nicht ganz einfachen Vorschrift wurde einer langjährigen Forderung der Wirtschaft Rechnung getragen, da die bisherige Regelung konzerninterne Umstrukturierungen erheblich erschwert, teuer oder gar unmöglich gemacht hatte.

4. Berechnung der Steuer

277 Die Steuer bemisst sich grundsätzlich nach dem Wert der Gegenleistung (§ 8 Abs. 1 GrEStG).

278 Als Gegenleistung gilt im Normalfall (Verkauf) der Kaufpreis einschließlich der vom Käufer übernommenen sonstigen Leistungen (§ 9 Abs. 1 Nr. 1 GrEStG).

279 In Zwangsversteigerungsfällen gilt als Gegenleistung das Meistgebot (§ 9 Abs. 1 Nr. 4 GrEStG).

280 Beim Erwerb einer Eigentumswohnung ist der gleichzeitige Erwerb eines in der Instandhaltungsrücklage (§ 21 Abs. 5 Nr. 4 WEG) angesammelten Guthabens durch den Erwerber nicht in die grunderwerbsteuerrechtliche Gegenleistung einzubeziehen (BFH v. 09.10.1991, II R 20/89, BStBl. II 1992, 152; FinMin Niedersachsen v. 01.10.1992, DStR 1992 S. 1548). Die Steuer beträgt 3,5 % (§ 11 Abs. 1 GrEStG).

281 Durch die Föderalismusreform I aus 2006 ist die Gesetzgebungskompetenz zur Bestimmung des Steuersatzes auf die Länder übergegangen. Ein erhöhter Steuersatz von 4,5 % gilt seit dem 01.01.2007 im Bundesland Berlin, seit dem 01.01.2009 im Bundesland Hamburg und seit dem 01.03.2010 in Sachsen-Anhalt.

5. Steuerschuldner

282 Steuerschuldner sind im Regelfall die an einem Erwerbsvorgang als Vertragsteile beteiligten Personen, d.h. sowohl der Verkäufer als auch der Käufer (§ 13 Nr. 1 GrEStG).

283 In der Praxis wird jedoch zumeist vertraglich vereinbart, dass der Erwerber die Grunderwerbsteuer trägt. Daher hat sich die Finanzverwaltung bei der Eintreibung der Steuer in sachgerechter Ermessensausübung zunächst an den Erwerber zu richten. Dies ändert *nichts daran*, dass der Veräußerer Steuerschuldner bleibt und im Zweifel die Grunderwerbsteuer in voller Höhe auch von ihm verlangt werden kann.

Abs. 2 i.V.m. Anl. 22 BewG 3.120.000 € x 50 % 1.560.000 € = Gebäudesachwert (mind. 40 % des Gebäuderegelherstellungswertes) 1.560.000 € Ergebnis: Bodenwert 600.000 € + Gebäudesachwert 1.560.000 € = vorläufiger Sachwert 2.160.000 € x Wertzahl gem. § 191 i.V.m. Anl. 25 BewG 0,8 = Grundstückswert 1.728.000 €.

In allen Fällen verbleibt dem Erwerber die Möglichkeit, einen tatsächlich niedrigeren Verkehrswert des unbebauten oder bebauten Grundstücks mit Hilfe eines Gutachtens nachzuweisen (§ 198 BewG). 298

Übertragungen sog. Familienwohnheime (Selbstnutzung zu eigenen Wohnzwecken) unter Ehegatten zu Lebzeiten sind steuerbefreit, wenn das Grundstück im Inland, der EU oder dem EWR belegen ist (§ 13 Abs. 1 Nr. 4a ErbStG). Bei Erwerb von Todes wegen gilt die Steuerbefreiung nicht nur für den überlebenden Ehepartner, sondern auch für den überlebenden Lebenspartner (§ 13 Abs. 1 Nr. 4b ErbStG). Auch die Kinder oder die Kinder verstorbener Kinder sind begünstigt, soweit das Familienheim die Gesamtwohnfläche von 200 qm nicht übersteigt (§ 13 Abs. 1 Nr. 4c ErbStG). Voraussetzung ist, dass auch die Kinder bzw. Kindeskinder die Immobilie selbst zu Wohnzwecken nutzen. 299

Handelt es sich bei dem übertragenen Grundbesitz um eine vermietete Wohnimmobilie im Privatvermögen, so wird diese nur mit 90 % ihres Wertes angesetzt (Verschonungsabschlag gem. § 13c ErbStG). 300

b) Steuerliches Betriebsvermögen

Im Betriebsvermögen befindlicher Grundbesitz wird keiner gesonderten Bewertung unterworfen. Vielmehr erfolgt eine Gesamtbewertung des Betriebes. 301

Dadurch können betriebliche Immobilien insoweit eine zusätzliche Förderung erfahren, als dass die Übertragung von Betriebsvermögen insgesamt steuerlich begünstigt sein kann. 302

Betriebsvermögen (und damit auch dazugehörige Immobilien) der EU und der EWR bleiben gemäß § 13a ErbStG i.V.m. § 13b ErbStG 303

- im Umfang von 85 % außer Ansatz (Verschonungsabschlag), wenn während einer 5-jährigen Betriebsfortführungsfrist eine Lohnsumme von 400 % erhalten bleibt; die restlichen 15 % des Betriebsvermögens unterliegen nach Berücksichtigung einer gleitenden Freigrenze von 150.000 € (Abzugsbetrag) der Besteuerung;
- im Umfang von 100 % außer Ansatz (Verschonungsabschlag), wenn während einer 7-jährigen Betriebsfortführungsfrist eine Lohnsumme von 650 % erhalten bleibt.

Bei Nichtbeachtung der Mindesthalte- und Mindestlohnsummenbedingungen entfällt der Verschonungsabschlag quotal und zeitanteilig, sodass eine Nachversteuerung erfolgt. 304

Betriebe mit maximal 20 Beschäftigten unterliegen nicht der Lohnsummenregelung. 305

Nicht begünstigt ist Betriebsvermögen, welches zu mehr als 50 % aus Verwaltungsvermögen besteht. 306

3. Steuerklassen

Wie hoch die zu zahlende Erbschaft- oder Schenkungssteuer ist, richtet sich u.a. danach, in welche Steuerklasse der Erbe oder Beschenkte einzuordnen ist. Das ErbStG unterscheidet drei Steuerklassen (§ 15 ErbStG): 307

- Steuerklasse I: Eltern und Großeltern bei Erwerb von Todes wegen, Ehegatten, Kinder und Stiefkinder sowie deren Abkömmlinge

- Steuerklasse II: Eltern und Großeltern bei Schenkungen, Geschwister, Nichten, Neffen, Schwiegerkinder, Schwiegereltern, geschiedene Ehegatten, Stiefeltern
- Steuerklasse III: übrige Erwerber

4. Freibeträge

308 Erbschaften und Schenkungen werden durch relativ großzügig bemessene Steuerfreibeträge begünstigt.

309 Die Freibeträge betragen (§ 16 Abs. 1 ErbStG)
- für Ehegatten und eingetragene Lebenspartner 500.000 €
- für Kinder 400.000 €
- für Enkel 200.000 €
- für sonstige Personen der Steuerklasse I 100.000 €
- für Personen der Steuerklasse II 20.000 €
- für Personen der Steuerklasse III 20.000 €.

310 In Erbfällen erhalten überlebende Ehegatten und Lebenspartner darüber hinaus einen zusätzlichen Versorgungsfreibetrag in Höhe von 256.000 € (§ 17 Abs. 1 ErbStG).

311 Ebenfalls nur in Erbfällen kommt auch für Kinder ein zusätzlicher Versorgungsfreibetrag in Betracht, der je nach Alter des Kindes im Erbzeitpunkt von 52.000 € bis 10.300 € gestaffelt ist (§ 17 Abs. 2 ErbStG).

312 In beiden Fällen ist der Versorgungsfreibetrag um den kapitalisierten Wert eventueller Versorgungsbezüge zu mindern.

5. Steuersätze

313 Die Erbschaft- bzw. Schenkungsteuer wird nach folgenden %-Sätzen erhoben (§ 19 Abs. 1 ErbStG):

Wert des steuerpflichtigen Erwerbs (§ 10) bis einschließlich	**%-Satz in der Steuerklasse ab 01.01.2010 (01.01.-31.12.2009)**		
€	I	II	III
75.000	7	15 (30)	30
300.000	11	20 (30)	30
600.000	15	25 (30)	30
6.000.000	19	30 (30)	30
13.000.000	23	35 (50)	50
26.000.000	27	40 (50)	50
über 26.000.000	30	43 (50)	50

6. Steuerschuldner

314 Steuerschuldner ist im Regelfall der Erwerber bzw. Falle einer Schenkung auch der Zuwendende (§ 20 Abs. 1 ErbStG).

VI. Gewerbesteuer

Gewerbesteuerliche Aspekte sind nur dann relevant, wenn und soweit die Vermietung im Rahmen eines gewerblichen Unternehmens erfolgt, d.h. die vermietete Immobilie Betriebsvermögen darstellt. 315

Für die private Vermietung besteht grundsätzlich keine Gewerbesteuerpflicht. Nur in Ausnahmefällen kann sich ergeben, dass eine private Vermietung steuerlich in eine gewerbliche umqualifiziert wird (s. Rdn. 162 ff.) 316

1. Besteuerungsgegenstand

Steuergegenstand der Gewerbesteuer ist jeder stehende Gewerbebetrieb, soweit er im Inland betrieben wird (§ 2 Abs. 1 S. 1 GewStG). Was als Gewerbebetrieb zu qualifizieren ist, richtet sich nach den Vorschriften des EStG. 317

Die Tätigkeit einer GmbH oder einer AG gilt stets und in vollem Unfang als Gewerbebetrieb (§ 8 Abs. 2 KStG). 318

2. Besteuerungsausnahmen

Wer von der Gewerbesteuer befreit ist, regelt § 3 GewStG. Diesen Vorteil genießen insbesondere einige juristische Personen des öffentlichen Rechts. 319

3. Berechnung der Steuer

a) Bemessungsgrundlage

Der Gewerbesteuer unterworfen wird der Gewerbeertrag (§ 6 GewStG). 320

Dabei handelt es sich um den Gewinn, der nach den Vorschriften des EStG oder des KStG ermittelt wird (§ 7 S. 1 GewStG) vermehrt um die gewerbesteuerlichen Hinzurechnungen (§ 8 GewStG) und vermindert um die gewerbesteuerlichen Kürzungen (§ 9 GewStG). Der sich ergebende Betrag ist abzurunden und um evtl. Freibeträge (§ 11 Abs. 2 GewStG) zu vermindern.

Soweit es um Immobilien geht, sind nachfolgende Regelungen des GewStG von Bedeutung: 321

- Hinzurechnung zum Gewinn i.S.d. EStG oder KStG: Ein Viertel der Summe aus 100 % der Entgelte für Schulden und 65 % (ab 2010: 50 %) der Miet- und Pachtzinsen einschl. Leasingraten für die Benutzung von unbeweglichen Wirtschaftsgütern des Anlagevermögens, die im Eigentum eines anderen stehen (§ 8 S. 1 Nr. 1a, e GewStG), soweit diese Summe den Betrag von 100.000 € übersteigt.
- Mit diesen Vorschriften werden die Finanzierungszinsen einer Immobilie der Gewerbesteuer unterworfen und ebenso die gezahlten Mieten und Pachten, unabhängig davon, ob diese beim Vermieter ebenfalls der Gewerbesteuer unterworfen werden. Faktisch kommt es somit zu einer Substanzbesteuerung. Soweit der Freibetrag i.H.v. 100.000 € überschritten wird, werden somit 25 % der Schuldzinsen und 16,25 % (ab 2010: 12,5 %) der Mietaufwendungen der Gewerbesteuer unterworfen. Insbesondere bei anlageintensiven Betrieben (z.B. Baugeräteverleih) und solchen, die hohe Raumaufwendungen (z.B. Einzelhandelsketten) haben, kommt es zu beträchtlichen steuerlichen Belastungen. Bei einem Hebesatz von 450 % verursachen im Jahr 2010 Schuldzinsen i.H.v. 150.000 € ca. 5.906 € Gewerbesteuer und Mietaufwendungen i.H.v. 800.000 € ca. 15.750 € Gewerbesteuer.

- Kürzung vom Gewinn i.S.d. EStG oder KStG: 1,2 % des Einheitswerts des zum Betriebsvermögen gehörenden – und nicht von der Grundsteuer befreiten – Grundbesitzes mit weiteren Bedingungen und Einschränkungen (§ 9 S. 1 Nr. 1 S. 1 GewStG) bzw. bei Grundstücksunternehmen: Ertrag aus der Verwaltung und Nutzung des zum Betriebsvermögen – und nicht von der Grundsteuer befreiten – Grundbesitzes mit weiteren Bedingungen und Einschränkungen (§ 9 S. 1 Nr. 1 S. 2 GewStG).

b) Erweiterte Kürzung für Grundstücksunternehmen

322 Die verhältnismäßig geringe Entlastung mit 1,2 % des Einheitswertes soll nach dem gesetzgeberischen Willen eine Doppelbesteuerung mit Gewerbesteuer und Grundsteuer, die beide als Real- bzw. Objektsteuern von den Gemeinden erhoben werden, vermeiden.

323 Die sog. erweiterte Kürzung für Grundstücksunternehmen gem. § 9 Nr. 1 S. 2 GewStG hat hingegen einen anderen Zweck. Sinn dieser Befreiungsnorm ist, dass Unternehmen, die lediglich Grundbesitz verwalten, gänzlich von der Gewerbesteuer entlastet werden sollen. Prinzipiell soll eine Gleichstellung mit denjenigen Steuerpflichtigen erreicht werden, die ihr Immobilienvermögen im Privatvermögen halten. Von der erweiterten Kürzung profitieren vor allem Wohnungsbaugesellschaften und Genossenschaften, die – auch aufgrund der gewerbesteuerlichen Hinzurechnungsvorschriften der Fremdkapitalzinsen – mit Gewerbesteuer belastet würden, diese jedoch aufgrund der geringen Margen bzw. wegen des Gesellschaftszwecks gar nicht begleichen könnten.

324 Die erweiterte Kürzung steht nur solchen Unternehmen zu, die ausschließlich eigenen Grundbesitz verwalten. Unschädlich ist lediglich, wenn neben dem eigenen Grundbesitz eigenes Kapitalvermögen verwaltet wird. Jede noch so geringfügige anderweitige Tätigkeit führt dazu, dass das Unternehmen die erweiterte Kürzung nicht mehr geltend machen kann.

325 Das Kriterium der Ausschließlichkeit wird sogar so eng gefasst, dass nach Auffassung der Finanzverwaltung – bestätigt durch BFH-Rechtsprechung – dieses während des gesamten Veranlagungszeitraumes vorliegen muss.

Beispiel: Veräußert ein Grundstücksunternehmen seinen gesamten Immobilienbesitz zum 1.11. eines Kalenderjahres, so würde die erweiterte Kürzungsvorschrift für den gesamten Veranlagungszeitraum nicht mehr zur Anwendung kommen, da das Unternehmen in den letzten beiden Monaten des Jahres keinen eigenen Grundbesitz mehr verwaltet hat. Das Unternehmen wird in diesem Falle doppelt bestraft: nicht nur der laufende Ertrag führt zu einer Gewerbesteuerbelastung, sondern auch der Veräußerungsgewinn, der ansonsten ebenfalls von der erweiterten Kürzung erfasst worden wäre.

326 Eine Nichtbeachtung des Ausschließlichkeitskriteriums kann daher zu erheblichen Belastungen führen. Beispiel: Wird eine langjährig genutzte Immobilie mit einem Veräußerungsgewinn i.H.v. 10 Mio. € übertragen, so kann sich daraus eine Gewerbesteuerbelastung in einer Größenordnung von 1,5 Mio. € ergeben.

327 Diese Wirkung lässt sich vermeiden, wenn das Unternehmen seinen Grundbesitz entweder erst zum Jahresende (31.12.) veräußert oder sein Geschäftsjahr mit dem Datum der Übertragung auf ein abweichendes Wirtschaftsjahr umstellt.

c) Freibeträge, Steuermesszahl und Steuermessbetrag

328 Natürliche Personen und Personengesellschaften haben einen Freibetrag i.H.v. 24.500 € p.a. (§ 11 Abs. 1 S. 3 Nr. 1 GewStG).

Auf den nach Abrundung und Abzug evtl. Freibeträge (§ 11 Abs. 1 GewStG) ermittelten Gewerbeertrag ist die Steuermesszahl von 3,5 % (§ 11 Abs. 2 GewStG) anzuwenden, um den sog. Steuermessbetrag zu erhalten. 329

d) Hebesatz

Die Gewerbesteuer berechnet sich durch Multiplikation des Steuermessbetrages mit einem bestimmten Hundertsatz (Hebesatz). Die Hebesätze werden von den Gemeinden individuell festgesetzt und können daher je nach Belegenheit des Gewerbetriebes in ihrer Höhe von mindestens 200 % bis hin zu 490 % (derzeitiger Höchststand) variieren. Der Mindesthebesatz von 200 % wurde gesetzlich verankert, um einen Niedrigsteuerwettbewerb der Gemeinden zu unterbinden (§ 16 Abs. 4 S. 2 GewStG). 330

Die Gewerbesteuer ist seit 2008 einkommensteuerlich und körperschaftsteuerlich nicht abzugsfähig. Bei einem Hebesatz von 450 % ergibt sich somit eine Belastungsquote in Höhe von 15,75 % auf den Gewerbeertrag. 331

4. Steuerschuldner

Schuldner der Gewerbesteuer ist der Unternehmer, d.h. derjenige, für dessen Rechnung das Gewerbe betrieben wird (§ 5 Abs. 1 S. 1, 2 GewStG). 332

Wird das Gewerbe durch eine Personengesellschaft betrieben, so schuldet die Gesellschaft die Gewerbesteuer (§ 5 Abs. 1 S. 3 GewStG). 333

5. Einkommensteuerliche Anrechnung

Mit dem Ziel einer steuerlichen Rechtsformneutralität wurde ein pauschales Gewerbesteueranrechnungsverfahren eingeführt, das die gewerbesteuerliche Belastung von Einzelunternehmen und Personengesellschaften zumindest teilweise kompensieren soll. 334

Dabei wird die Einkommensteuer um das 3,8-fache des Gewerbesteuermessbetrages reduziert (§ 35 Abs.1 GewStG). 335

Der Gewerbesteuermessbetrag kann aus dem Gewerbesteuerbescheid entnommen werden. Damit wird bei einem Hebesatz von 380 % faktisch erreicht, dass die gezahlte Gewerbesteuer durch die Einkommensteuerersparnis kompensiert wird. 336

Für die gewerbesteuerliche Anrechnung wird vorausgesetzt, dass für das Unternehmen tatsächlich Gewerbesteuer festgesetzt wurde. Damit kommt das Gewerbesteueranrechnungsverfahren erst dann zur Anwendung, wenn die gewerbesteuerliche Bemessungsgrundlage den für Personengesellschaften und Einzelunternehmen maßgeblichen Freibetrag von 24.500 € (§ 11 Abs. 1 S. 3 Nr. 1 GewStG) übersteigt. 337

Die aktuelle Rechtsprechung zu § 35a EStG ergibt sich aus dem BMF-Schreiben v. 24.02.2009, IV C 6 – S-2296a/08/10002, BStBl. I 2009, 440 i.V.m. BMF-Schreiben v. 22.12.2009, IV C 6 – S-2296a/08/10002, BStBl. I 2010, 43. 338

VII. Grundsteuer

1. Besteuerungsgegenstand

Der Grundsteuer unterliegt der Grundbesitz i.S.d. BewG (§ 2 GrStG). Das sind der Grund und Boden nebst aufstehenden Gebäuden, das Erbbaurecht sowie das Wohnungs- 339 und Teileigentum sowie das Wohnungs- und Teilerbbaurecht, soweit es sich nicht um land- und forstwirtschaftliches Vermögen oder um Betriebsgrundstücke handelt (§ 68 Abs. 1 BewG).

2. Besteuerungsausnahmen

340 Umfangreiche Ausnahmen von der Steuerpflicht sind in §§ 3,4 GrStG geregelt. Insbesondere ist der Grundbesitz juristischer Personen des öffentlichen Rechts und der Grundbesitz diverser Religionsgesellschaften steuerbefreit.

341 Bei strukturellem Leerstand und daraus resultierender Ertragsminderung um 100 % bzw. mehr als 50 % wird die Grundsteuer in Höhe von 50 % bzw. in Höhe von 25 % erlassen (§ 33 GrStG).

3. Berechnung der Steuer

342 Bei der Grundsteuer gilt das sog. Stichtagsprinzip, d.h. sie wird nach den Verhältnissen zu Beginn des Kalenderjahres festgesetzt (§ 9 Abs. 1 GrStG).

a) Bemessungsgrundlage

343 Als Bemessungsgrundlage wird der Einheitswert herangezogen, der nach den Vorschriften des BewG festgesetzt wird. Dieser Einheitswert basiert auf den Wertverhältnissen zum 01.01.1964 (Beitrittsländer: 01.01.1935) und liegt daher im Regelfall erheblich unter den tatsächlichen Verkehrswerten.

b) Steuermesszahl und Steuermessbetrag

344 Auf den Einheitswert ist ein Tausendsatz (Steuermesszahl) anzuwenden, um zur Rechengröße des Steuermessbetrages zu gelangen.

Die Steuermesszahl beträgt grundsätzlich 3,5 vom Tausend (§ 15 Abs. 1 GrStG).

Sonderregelungen (§ 15 Abs. 2 GrStG) gelten für
- Einfamilienhäuser: gestaffelte Steuermesszahl von 2,6 vom Tausend (für die ersten 38.346,89 € des Einheitswertes) und 3,5 vom Tausend (für den Rest des Einheitswertes)
- Zweifamilienhäuser: 2,6 vom Tausend

c) Hebesatz

345 Die Höhe des Hundertsatzes (Hebesatz) wird durch die Gemeinden bestimmt (§ 1 GrStG). Je nach dem, wo der Grundbesitz liegt, kann die Höhe der Grundsteuer daher variieren.

346 Unterschieden wird zwischen Hebesätzen des Typ A (für land- und forstwirtschaftliches Vermögen) und Hebesätzen des Typ B (für alle anderen Immobilien).

347 Die Grundsteuer-Hebesätze des Typ B schwanken derzeit zwischen 240 % (Bad Homburg) und 810 % (Berlin). Die Mehrzahl der Städte haben ihre Grundsteuer-Hebesätze des Typ B zwischen 400 % und 500 % festgelegt.

4. Steuerschuldner

348 Schuldner der Grundsteuer ist derjenige, dem der Steuergegenstand nach den Vorschriften des BewG bei der Feststellung des Einheitswertes zugerechnet wird (§ 10 Abs. 1 GrStG).

349 Wird der Steuergegenstand mehreren Personen zugerechnet, so sind sie Gesamtschuldner (§ 10 Abs. 3 GrStG).

5. Entstehung und Fälligkeit

Die Steuer entsteht mit dem Beginn des Kalenderjahres und wird auch nach den Verhältnissen zu Beginn des Kalenderjahres festgesetzt (§ 9 GrStG). 350

Da die Festsetzung der Steuer immer für ein gesamtes Kalenderjahr erfolgt, handelt es sich um eine sog. Jahressteuer. 351

Die Fälligkeit hingegen ist quartalsweise jeweils auf den 15.02., 15.05., 15.08. und 15.11. eines Jahres festgelegt (§ 28 GrStG). 352

Daher schuldet z.B. derjenige, der im März seine Immobilie verkauft hat, grundsätzlich auch noch die restlichen drei Fälligkeiten des Jahres. 353

In Grundstückskaufverträgen wird daher regelmäßig eine Vereinbarung getroffen, wonach der Erwerber dem Veräußerer zeitanteilig ab Besitzübergang die Grundsteuer erstatten muss. 354

VIII. Zweitwohnungsteuer

Zweitwohnungsteuern sind verfassungskonform (BVerfG v. 06.12.1983, 2 BvR 1275/79, BStBl. II 1984, 72 sowie BFH v. 05.03.1997, II R 28/95, BStBl. II 1997, 469). 355

1. Besteuerungsgegenstand

Der Steuerpflicht unterliegen Zweitwohnungen, die sich zumindest zeitweise zum Wohnen eignen und in denen sich der Inhaber nicht dauernd, sondern nur vorübergehend aufhält. 356

2. Besteuerungsausnahmen

Für Wohnungen, die lediglich der Kapitalanlage dienen, darf eine Zweitwohnungsteuer nicht erhoben werden (OVG NRW v. 23.04.1993, 22-A-3850/92, KStZ 1994, 12). 357

Dabei scheidet eine steuerliche Qualifikation als reine Kapitalanlage aus, wenn die Wohnung für einen nicht unerheblichen Zeitraum eines Jahres für die eigene Erholung oder für die Erholung von Angehörigen verwendet wird. Dies gilt selbst dann, wenn die Möglichkeit der Eigennutzung lediglich theoretisch gegeben ist (BVerwG v. 10.10.1995, 8 C 40/93, BStBl. II 1996, 37). 358

3. Berechnung der Steuer

a) Bemessungsgrundlage

Als Bemessungsgrundlage wird der Mietwert der Zweitwohnung herangezogen. 359

Hier lassen sich drei Modelle unterscheiden:

aa) Überlinger Modell

Beim Überlinger-Modell, das vorwiegend in Baden-Württemberg und in Niedersachsen anzutreffen ist, wird für die Steuerschuld die übliche Miete als Berechnungsgrundlage herangezogen. 360

Der Umfang einer Fremdvermietung wird steuermindernd berücksichtigt.

bb) Timmendorfer Modell

361 Beim Timmendorfer-Modell wird die Steuerschuld nach der Jahresrohmiete berechnet.

362 Auch hier wird die Bemessungsgrundlage gemindert, soweit die Wohnung fremdvermietet ist.

cc) Hamburger Modell

363 Das Hamburger Modell knüpft an die melderechtlichen Bestimmungen des Landes Hamburg an. Einzelheiten bei Koops/Möhrle BB 1994, 121.

Die Dauer von Eigen- und Fremdnutzung bleibt unberücksichtigt.

b) Steuersatz

364 Die Zweitwohnungsteuer ist eine örtliche Aufwandsteuer. Die Erhebung erfolgt daher – ermächtigt mittels der Kommunalabgabengesetze der Länder – durch die Gemeinden.

365 Die Steuersätze bewegen sich zwischen 5 % (Berlin) und 16 % (Erfurt). In den meisten Fällen liegen die Sätze zwischen 8 % und 12 %.

IX. Kapitalertragsteuer in WEG Fällen

1. Besteuerungsgegenstand

366 Grundsätzlich unterliegen der Kapitalertragsteuer verschiedene Ausprägungen von Kapital- und Zinserträgen (§ 43 Abs. EStG). Dabei ist die Kapitalertragsteuer als besondere Erhebungsform der Einkommensteuer zu verstehen.

367 Da die Kapitalertragsteuer von der auszahlenden Stelle (Bank) einbehalten und direkt an die Finanzverwaltung abgeführt wird, d.h. der Steuerabzug direkt an der Quelle erfolgt, spricht man vielfach auch von einer Abzugs- oder Quellensteuer.

368 Wohnungs- bzw. Teileigentümers leisten meist durch monatliche Zahlungen Beiträge zu einer Instandhaltungsrücklage an den Grundstücksverwalter. Der Verwalter hat die angesammelten Gelder »von seinem Vermögen gesondert zu halten« (§ 27 Abs. 5 S. 1 WEG) und als Teil ordnungsmäßiger Verwaltung (§ 21 Abs. 5 Nr. 4 WEG) für Rechnung der Wohnungs- bzw. Teileigentümer anzulegen (§ 27 Abs. 2 WEG).

369 Durch diese Geldanlage entstehen Kapitalerträge, die der Kapitalertragsteuerpflicht unterliegen und anteilig den einzelnen Wohnungs- bzw. Teileigentümern zuzurechnen sind.

2. Berechnung der Steuer

a) Bemessungsgrundlage

370 Der Einkommen- bzw. Kapitalertragsteuer unterliegen grundsätzlich sämtliche Kapitalerträge i.S.d. § 20 EStG. Dazu gehören auch die Zinsen aus einer Instandhaltungsrücklage.

b) Steuersatz

371 Die Kapitalertragsteuer beträgt 25 % des Kapitalertrags (§ 43a Abs. 1 S. 1 Nr. 1 EStG). Ab dem Kalenderjahr 2009 gilt, dass für Kapitalerträge die Einkommensteuer mit dem 25 %-Steuerabzug abgegolten ist.

372 Hinzu kommt der Solidaritätszuschlag von 5,5 % (§ 4 S. 1 SolZG) auf die Kapitalertragsteuer, sodass die gesamte Quellenbesteuerung 26,375 % ausmacht.

Der Vollständigkeit halber sei ergänzt, dass der Steuerpflichtige beantragen kann, die Kapitalerträge nicht der sog. Abgeltungsteuer von 25 %, sondern der tariflichen Einkommensteuer zu unterwerfen. Vorteilhaft ist dies z.B. dann, wenn der persönliche Einkommensteuersatz unter 25 % liegt, ausländische Steuern noch nicht berücksichtigt sind oder im Rahmen des Steuerabzuges der Sparer-Pauschbetrag noch nicht voll ausgeschöpft wurde (§ 32d EStG) 373

Die für den Mieter einbehaltenen Steuern sind sodann auf seine persönliche Einkommensteuerschuld anrechenbar (§ 36 Abs. 2 Nr. 2 EStG). Voraussetzung für die Anrechnung ist jedoch, dass ihm eine Bescheinigung über den Einbehalt und die Abführung der Steuer erteilt wird (§ 45a Abs. 2 EStG). Diese Bescheinigung wird regelmäßig für den Kontoinhaber – den Wohnungseigentumsverwalter – ausgestellt und nicht für den einzelnen Wohnungs- bzw. Teileigentümer. 374

Gleichwohl erfolgt die Anrechnung der einbehaltenen Steuern auf die persönliche Einkommensteuerschuld der einzelnen Wohnungs- bzw. Teileigentümer, wenn der Verwalter 375

- die insgesamt erzielten Kapitalerträge nach dem Verhältnis der Miteigentumsanteile aufteilt,
- diese Aufteilung dem jeweiligen Miteigentümer mitteilt und
- der Mitteilung eine Kopie der Steuerbescheinigung des jeweiligen Kreditinstituts beifügt.

Die Mitteilung des Verwalters nebst kopierter Steuerbescheinigung hat der einzelne Wohnungs- bzw. Teileigentümer seinem Finanzamt vorzulegen, welches sodann die auf seinen Miteigentumsanteil entfallende einbehaltene Steuer auf seine persönliche Einkommensteuerschuld anrechnet (s. OFD Frankfurt v. 17.11.1985, S 2401 A – 7 – St II 11, StEK EStG § 40 Rn. 82). Für den damit verbundenen Aufwand darf der Verwalter ein Sonderhonorar verlangen. Die Rechtslage ist vergleichbar mit den Fällen, in denen Wohnungseigentümerverwalter Bescheinigungen nach § 35a EStG erstellen (vgl. AG Bremen v. 03.06.2007, 111 a II 89/2007 WEG sowie LG Düsseldorf v. 08.02.2008, 19 T 489/2007). 376

3. Steuerschuldner

Steuerschuldner der Kapitalertragsteuer ist das einbehaltende Kreditinstitut (§ 44 Abs.1 S. 1 EStG). 377

X. Eigenheimzulage

Das Eigenheimzulagengesetz ist für Jahre nach dem 31.12.2005 gestrichen worden. Allerdings kann die Eigenheimzulage von denjenigen Steuerzahlern, die noch im Jahre 2005 die Voraussetzungen geschaffen haben, noch für den gesamten Förderzeitraum in Anspruch genommen werden (§ 19 Abs. 9 EigZulG). 378

In der Beratungspraxis spielen eigenheimzulagenrechtliche Probleme daher noch bis zum Jahre 2013 eine Rolle. 379

1. Anspruchsberechtigte (§ 1 EigZulG)

Anspruchsberechtigt sind unbeschränkt Einkommensteuerpflichtige i.S.d. EStG (§ 1 EigZulG). 380

2. Begünstigtes Objekt (§ 2 EigZulG)

381 Begünstigt ist die Herstellung oder Anschaffung einer Wohnung in einem im Inland gelegenen eigenen Haus oder einer im Inland gelegenen eigenen Eigentumswohnung (§ 2 EigZulG). Der Anspruchsberechtigte muss entweder bürgerlich-rechtlicher oder wirtschaftlicher (§ 39 AO) Eigentümer sein. Eigentum am Grund und Boden muss nicht vorliegen. Unerheblich ist, ob es sich bei der Wohnung um steuerliches Betriebsvermögen oder Privatvermögen handelt (FinMin NRW v. 09.07.2004, EZ 1200–1 – V B 2, DStR 2004, 1430).

382 Für den Begriff der Wohnung gelten die bewertungsrechtlichen Abgrenzungsmerkmale. Insbesondere muss Abgeschlossenheit gegeben und ein eigener Zugang vorhanden sein.

383 Für das Vorliegen von wirtschaftlichem Eigentum reichen bloße Nutzungsrechte nicht aus. Nutzungsberechtigte sind jedoch dann wirtschaftliche Eigentümer, wenn sie auf einem fremden Grundstück mit Zustimmung des Eigentümers für eigene Rechnung eine Wohnung errichten und auf Grund eindeutiger, im Voraus getroffener und tatsächlich durchgeführter Vereinbarungen die wirtschaftliche Verfügungsmacht und Sachherrschaft inne haben, weil die Wohnung nach voraussichtlicher Dauer des Nutzungsverhältnisses bei normalem, der gewählten Gestaltung entsprechendem Verlauf wirtschaftlich verbraucht ist (BFH v. 24.06.2004, III R 50/01, BStBl. II 2005, 80). Der Berechtigte muss das uneingeschränkte Nutzungsrecht erlangt haben und frei darüber verfügen können oder aber bei Beendigung seines Nutzungsrechts einen Anspruch auf Entschädigung haben. Vgl. BMF v. 10.04.2002, IV C 3 EZ-1010–12/02, BStBl. I 2002, 525; BFH v. 18.07.2001, X R 23/99, BStBl. II 2002, 281.

384 Dauerwohnberechtigte i.S.d. §§ 31 ff. WEG sind nur dann als wirtschaftliche Eigentümer der Wohnung anzusehen, wenn ihre Rechte und Pflichten bei wirtschaftlicher Betrachtungsweise den Rechten und Pflichten eines Eigentümers der Wohnung entsprechen und wenn sie aufgrund des Dauerwohnrechtsvertrags bei Beendigung des Dauerwohnrechts eine angemessene Entschädigung erhalten (BFH v. 11.09.1964, VI 56/63 U, BStBl. III 1965, 8; BFH v. 22.10.1985, IX R 48/82, BStBl. II 1986 258; FG Köln v. 27.04.2000, 5 K 4004/99). Wenn der Dauerwohnrechtsvertrag dem Mustervertrag über die Bestellung eines eigentumsähnlichen Dauerwohnrechts (Bundesbaublatt 1956, 615) entspricht, so erkennt die Finanzverwaltung ohne weitere Prüfung an, dass ein Dauerwohnberechtigter wirtschaftlicher Eigentümer der Wohnung ist (BMF v. 21.12.2004, IV C 3 – EZ-1010–43/04, BStBl. I 2005, 305, Rn. 7).

385 Der Anspruchsberechtigte muss einerseits eine Wohnung entweder hergestellt oder angeschafft haben und andererseits die Herstellungs- oder Anschaffungskosten getragen haben. Letzteres ist auch dann der Fall, wenn er das Geld zur Herstellung oder Anschaffung geschenkt bekommen und damit ein Objekt i.S.d. EigZulG angeschafft oder hergestellt hat. Hersteller ist, wer auf eigene Gefahr und eigene Rechnung eine Wohnung errichtet. Das gilt auch bei einer Errichtung auf fremdem Grund und Boden.

386 Baumaßnahmen an einem bereits bestehenden Gebäude sind nur dann als Herstellung zu beurteilen, wenn die Baumaßnahme einem Neubau gleichkommt. Dies ist der Fall, wenn ein Gebäude so abgenutzt ist, dass es unbrauchbar geworden ist (Vollverschleiß) und durch die Instandsetzungsarbeiten unter Verwendung der übrigen noch nutzbaren Teile ein neues Gebäude hergestellt wird (BMF v. 18.07.2003, IV C 3 S-2211–94/03, BStBl. I 2003, 386, Rn. 18).

387 Die Herstellung einer Wohnung ist nicht begünstigt, wenn sie entgegen den baurechtlichen Vorschriften ohne Baugenehmigung errichtet worden ist (BFH v. 31.05.1995, X 245/93, BStBl. II 1995, 875).

Anschaffung bedeutet entgeltlicher Erwerb. Eine mittelbare Grundstücksschenkung führt nicht zu einem entgeltlichen Erwerb (BFH v. 08.06.1994, X R 51/91, BStBl. II 1994, 779). Eine solche mittelbare Grundstücksschenkung liegt vor, wenn im Voraus eine klare und eindeutige Schenkungsabrede dahingehend getroffen ist, dass der Gegenstand der Schenkung ein ganz bestimmtes Grundstück und nicht etwa ein Geldbetrag sein soll (BFH v. 15.05.1990, IX R 21/86, BStBl. II 1992, 67). 388

Die Anschaffung vom Ehegatten ist von der Förderung ausgeschlossen (§ 2 S. 3 EigZulG). Dies gilt auch bei Zuschlag im Zwangsversteigerungsverfahren (BFH v. 19.02.2004, III R 54/01, BStBl. II 2004, 489). 389

Die Eigenheimzulage wird nach ständiger Rechtsprechung nicht gewährt für Ferienwohnungen. 390

3. Förderzeitraum (§ 3 EigZulG)

Der Förderzeitraum beträgt acht Jahre. Er beginnt mit dem Jahr der Fertigstellung oder Anschaffung der Wohnung und endet mit dem siebten auf dieses Jahr folgende Kalenderjahr. Dies gilt unabhängig von dem Zeitpunkt des Beginns der Nutzung zu eigenen Wohnzwecken (BFH v. 13.08.1990, X B 60/90, BStBl. II 1990, 977). 391

Eine Wohnung ist hergestellt, sobald sie bewohnbar ist. Der Zeitpunkt der Bauabnahme ist ohne Bedeutung. 392

Der Anschaffungszeitpunkt ist derjenige, in dem der Erwerber das wirtschaftliche Eigentum an dem Objekt erlangt. Regelmäßig ist dies der Zeitpunkt, zu dem Besitz, Nutzung, Lasten und Gefahr auf den Erwerber übergehen. 393

4. Nutzung zu eigenen Wohnzwecken (§ 4 EigZulG)

Eine Wohnung wird nur dann zu Wohnzwecken genutzt, wenn sie tatsächlich bewohnt wird (BFH v. 04.05.1999, IX B 38/99, BStBl. II 1999, 587). 394

Eine Nutzung zu eigenen Wohnzwecken liegt auch dann vor, wenn die Wohnung in der Form des betreuten Wohnens genutzt wird (BFH v. 19.05.2004, III R 12/03, BStBl. II 2004, 837). 395

Das Bereithalten einer leerstehenden oder lediglich möblierten Wohnung stellt keine Nutzung zu Wohnzwecken dar. 396

5. Einkunftsgrenze (§ 5 EigZulG)

Ein Anspruchsberechtigter kann die Eigenheimzulage ab dem Jahr in Anspruch nehmen, in dem die Summe der positiven Einkünfte nach § 2 Abs. 2 EStG zzgl. der Summe der positiven Einkünfte des vorangegangenen Jahres (Vorjahr) 70.000 € nicht übersteigt. Bei Ehegatten verdoppelt sich dieser Betrag. 397

Die Einkommensverhältnisse sind nur zu Beginn der Förderung (Erstjahr/Vorjahr) zu prüfen. Übersteigt der Anspruchsberechtigte (ggf. zusammen mit seinem Ehegatten) später die Einkommensgrenze, kann er dennoch weiterhin die Eigenheimzulage bekommen. 398

6. Objektbeschränkung (§ 6 EigZulG)

399 Ein Anspruchsberechtigter kann die Eigenheimzulage nur für eine Wohnung oder einen Ausbau oder eine Erweiterung in Anspruch nehmen (§ 6 Abs. 1 S. 1 EigZulG). Besonderheiten gelten für Ehegatten (§ 6 Abs. 1 S. 2 EigZulG).

400 Sind mehrere Anspruchsberechtigte Eigentümer einer Wohnung, so gilt jeder Anteil an dieser Wohnung als Objekt (§ 6 Abs. 2 S. 1 EigZulG).

401 Für den Objektverbrauch kommt es nicht darauf an, ob der Anspruchsberechtigte für ein Objekt die Eigenheimzulage für den gesamten Förderzeitraum, nur für einzelne Jahre oder zu Unrecht in Anspruch genommen hat.

402 Unter die Objektbeschränkung fallen auch Einfamilienhäuser, Zweifamilienhäuser, Eigentumswohnungen, Zubauten, Ausbauten, Umbauten und Erweiterungen, für die der Anspruchsberechtigte der Eigenheimzulage ähnliche Fördermittel in Anspruch genommen hat. Zum Beispiel nach § 7b EStG, § 10e EStG oder nach § 15 BerlinFG.

403 Ehegatten können – solange sie unbeschränkt einkommensteuerpflichtig sind und nicht dauernd getrennt leben – die Eigenheimzulage für zwei Objekte in Anspruch nehmen.

404 Dies gilt jedoch nicht, wenn die Objekte in räumlichem Zusammenhang belegen sind (z.B. die Wohnungen eines Zweifamilienhauses).

405 Die Anteile von Ehegatten an einer gemeinsamen Wohnung werden – solange sie unbeschränkt einkommensteuerpflichtig sind und nicht dauernd getrennt leben – nicht als zwei selbstständige Objekte, sondern als ein Objekt behandelt.

406 Fallen bei Ehegatten die Voraussetzungen der Zusammenveranlagung z.B. durch Trennung, Scheidung oder Tod eines Ehegatten weg, gilt für jeden Ehegatten wieder die Ein-Objekt-Grenze. Anteile an einer gemeinsamen Wohnung werden wieder als selbständige Objekte behandelt.

7. Folgeobjekt (§ 7 EigZulG)

407 Nutzt ein Anspruchsberechtigter eine Wohnung (Erstobjekt) nicht bis zum Ablauf des Förderzeitraums zu eigenen Wohnzwecken und kann er deshalb die Eigenheimzulage nicht mehr in Anspruch nehmen, kann er die Eigenheimzulage für ein weiteres Objekt (Folgeobjekt) beanspruchen (§ 7 S. 1 EigZulG).

408 Dem Erstobjekt sind Objekte nach §§ 7b, 10e EStG gleichgestellt.

Hat der Anspruchsberechtigte auch das Folgeobjekt nicht bis zum Ablauf des Förderzeitraums zu eigenen Wohnzwecken genutzt, ist die Inanspruchnahme der Eigenheimzulage für ein drittes Objekt nicht zulässig. Ein drittes Objekt liegt jedoch nicht vor, wenn statt des Folgeobjekts wieder das Erstobjekt zu eigenen Wohnzwecken genutzt wird und der Förderzeitraum für das Erstobjekt noch nicht abgelaufen ist. Dann lebt die Eigenheimzulagenberechtigung für das Erstobjekt wieder auf (BFH v. 29.11.2000, X R 15/98, BStBl. II 2001, 755).

409 Der Förderzeitraum beginnt beim Folgeobjekt frühestens mit Ablauf des Kalenderjahres, in dem der Anspruchsberechtigte das Erstobjekt letztmals zu eigenen Wohnzwecken genutzt hat. Der Förderzeitraum für das Folgeobjekt ist um die Anzahl der Kalenderjahre zu kürzen, in denen der Anspruchsberechtigte für das Erstobjekt eine Eigenheimzulage oder entsprechende steuerliche Förderungen erhalten hat.

8. Bemessungsgrundlage (§ 8 EigZulG)

Bemessungsgrundlage für den Fördergrundbetrag sind die Herstellungs- oder Anschaffungskosten der Wohnung zzgl. der Anschaffungskosten für den dazugehörigen Grund und Boden sowie die Aufwendungen für Instandsetzungs- und Modernisierungsmaßnahmen, die innerhalb von zwei Jahren nach der Anschaffung der Wohnung durchgeführt werden (§ 8 S. 1 EigZulG). Aufwendungen für jährlich üblicherweise anfallende Erhaltungsarbeiten (Schönheitsreparaturen, Wartungsarbeiten) bleiben unberücksichtigt. 410

Werden Teile der Wohnung nicht zu eigenen Wohnzwecken genutzt, ist die Bemessungsgrundlage um den hierauf entfallenden Teil zu kürzen (§ 8 S. 3 EigZulG). Eine Kürzung ist somit vorzunehmen, wenn Teile der Wohnung 411

- gewerblich oder beruflich genutzt oder vermietet werden; dies gilt auch dann, wenn die Aufwendungen für die berufliche Nutzung (häusliches Arbeitszimmer) einkommensteuerrechtlich nicht abgezogen werden können (BFH v. 27.09.2001, X R 92/98, BStBl. II 2002, 51);
- nicht zu eigenen Wohnzwecken genutzt werden, z.B. in Vermietungsfällen.

9. Höhe der Eigenheimzulage (§ 9 EigZulG)

a) Fördergrundbetrag (§ 9 Abs. 2 EigZulG)

Der Fördergrundbetrag beträgt jährlich 1 % der Bemessungsgrundlage, maximal 1.250 €. 412

Eine Eigenheimzulage steht einem Anspruchsberechtigten auch dann in vollem Umfang zu, wenn er die Wohnung nur während eines Teils des Jahres zu eigenen Wohnzwecken genutzt hat. In Veräußerungsfällen bedeutet dies, dass in einem Jahr sowohl der Veräußerer als auch der Erwerber die Zulage für dieselbe Immobilie jeweils in voller Höhe erhalten können. 413

Steht einem Anspruchsberechtigten nur ein Anteil an einem Einfamilienhaus oder einer Eigentumswohnung zu, kann er auch nur den entsprechenden Teil des Fördergrundbetrages erhalten (BFH v. 29.03.2000, IX B 111/98, BStBl. II 2000, 352). 414

Steht eine Wohnung im Gesamthandseigentum einer Erbengemeinschaft, kann ein Miterbe bis zur Auseinandersetzung der Erbengemeinschaft, maximal jedoch bis zum Ende des für den Erblasser maßgebenden Förderzeitraums, den Fördergrundbetrag in Anspruch nehmen, ggf. nur anteilig. 415

Erhält ein Miterbe nach Auseinandersetzung der Erbengemeinschaft durch Realteilung eine Wohnung, deren Wert dem Wert seines Anteils am Nachlass entspricht, kann er den Fördergrundbetrag bis zum Ende des Förderzeitraums für die ganze Wohnung in Anspruch nehmen. Voraussetzung ist nach Ansicht der Finanzverwaltung, dass die Miterben innerhalb von sechs Monaten nach dem Erbfall eine Auseinandersetzungsvereinbarung treffen (BMF v. 21.12.2004 IV C 3 – EZ-1010 – 43/04, BStBl. I 2005, 305, Rn. 59). 416

b) Kinderzulage (§ 9 Abs. 5 EigZulG)

Die Kinderzulage beträgt jährlich für jedes Kind, für das der Anspruchsteller oder sein Ehegatte einen Freibetrag nach § 32 Abs. 6 EStG oder Kindergeld erhält, 800 € (§ 9 Abs. 5 S. 1 EigZulG). 417

418 Die Gewährung der Kinderzulage setzt voraus, dass

- entweder der Anspruchsberechtigte oder sein Ehegatte für das jeweilige Jahr des Förderzeitraums zumindest für einen Monat für das Kind Kindergeld oder einen Freibetrag i.S.d. § 32 Abs. 6 EStG erhalten (BFH v. 14.05.2002, IX R 33/00, BStBl. II 2003, 236)

und

- das Kind im Jahr der Anschaffung oder Herstellung des Objekts oder zu einem späteren Zeitpunkt im Förderzeitraum zum inländischen Haushalt des Anspruchsberechtigten gehört oder gehört hat (BFH v. 23.04.2002, IX R 101/00, BStBl. II 2003, 235).

10. Entstehung des Anspruchs auf Eigenheimzulage (§ 10 EigZulG)

419 Der Anspruch auf Eigenheimzulage entsteht mit Beginn der Nutzung der hergestellten oder angeschafften Wohnung zu eigenen Wohnzwecken.

420 Für die weiteren Jahre des Förderzeitraums entsteht der Anspruch auf Eigenheimzulage mit Beginn des Kalenderjahres, für das eine Eigenheimzulage festzusetzen ist.

11. Verfahren (§§ 11–15 EigZulG)

421 §§ 11 bis 15 EigZulG regeln sowohl das Verfahren der erstmaligen Festsetzung als auch die Neufestsetzungsfälle.

422 Die Eigenheimzulage ist auf einmaligen Antrag für alle Jahre des Förderzeitraums, für die ein Anspruch auf Eigenheimzulage besteht, festzusetzen.

423 Der erstmaligen Festsetzung sind die Verhältnisse im Zeitpunkt des Bezugs der Wohnung zu Grunde zu legen (Höhe der Herstellungs- oder Anschaffungskosten, Anzahl der Kinder).

424 Wenn sich nach dem Zeitpunkt, in dem erstmals die Voraussetzungen für die Inanspruchnahme der Eigenheimzulage vorliegen, Änderungen ergeben, die zu einer Erhöhung oder Minderung der Eigenheimzulage führen (z.B. Geburt eines Kindes), ist eine Neufestsetzung durchzuführen (§ 11 Abs. 2 EigZulG).

425 § 11 Abs. 5 EigZulG gibt die Möglichkeit der fehlerbeseitigenden Neufestsetzung. Danach kann die Eigenheimzulage neu festgesetzt werden, wenn die Festsetzung der Eigenheimzulage zu Recht abgelehnt worden ist oder die Eigenheimzulage rechtsfehlerhaft zu hoch oder zu niedrig festgesetzt wurde.

426 Sind mehrere Anspruchsberechtigte Eigentümer einer Wohnung, ist die Eigenheimzulage für jeden gesondert festzusetzen. Die Bemessungsgrundlage kann gesondert und einheitlich festgestellt werden (§ 11 Abs. 6 EigZulG).

427 § 15 EigZulG ordnet die entsprechende Anwendung der AO an. Damit können Eigenheimzulagenbescheide nach §§ 129, 164, 165, 172 bis 177 AO berichtigt, aufgehoben und geändert werden.

12. Genossenschaftsförderung

428 Auch bei der Anschaffung von Genossenschaftsanteilen wird die Eigenheimzulage gewährt (§ 17 EigZulG). Vgl. BMF v. 21.12.2004, IV C 3 – EZ 1010–43/04, BStBl. I 2005, 305.

Gefördert wird der Erwerb von Geschäftsanteilen an einer nach dem 01.01.1995 in das Genossenschaftsregister eingetragenen Wohnungsbaugenossenschaft. Die Satzung der Genossenschaft muss dem Genossenschaftsmitglied ein unwiderrufliches und vererbliches Recht auf Erwerb der von ihm genutzten Wohnung für den Fall einräumen, dass die Mehrheit der in einem Objekt wohnenden Genossenschaftsmitglieder der Begründung von Wohnungseigentum und Veräußerung der Wohnungen schriftlich zugestimmt hat. **429**

Der Genosse muss sich mit Geschäftsanteilen von mindestens 5.000 € beteiligen. **430**

Der Genossenschaftsanteil darf nicht dadurch finanziert werden, dass der Anspruch auf Eigenheimzulage an die Genossenschaft abgetreten wird. In solchen Fällen nimmt die Finanzverwaltung einen Missbrauchsfall i.S.d. § 42 AO an. **431**

Der Genossenschaftsanteil darf auch nicht durch ein Darlehen durch die Genossenschaft an den Genossen finanziert werden. Das Darlehen wäre gem. § 22 Abs. 4 S. 2 GenG i.V.m. § 134 BGB nichtig mit der Folge, dass die Einlage nicht erbracht ist. **432**

Der Anspruch auf Eigenheimzulage besteht in Genossenschaftsfällen nur, wenn der Anspruchsberechtigte spätestens im letzten Jahr des Förderzeitraums mit der Nutzung einer Genossenschaftswohnung zu eigenen Wohnzwecken beginnt (§ 17 S. 1 EigZulG). **433**

XI. Einzelfragen

1. Arbeitszimmer

Ein Arbeitszimmer ist definiert als ein beruflich oder betrieblich genutzter Raum, der nach Lage, Funktion und Ausstattung vorwiegend der büromäßigen Erledigung gedanklicher, schriftlicher oder verwaltungstechnischer bzw. -organisatorischer Arbeiten dient (s. Schmidt/Heinicke EStG, § 4 Rn. 591). Der steuerliche »Idealfall« besteht aus einem Raum, der mit einem Schreibtisch und Möbeln zur Aufbewahrung von Akten, einer EDV und einem Telefon ausgestattet ist. **434**

a) Häusliches Arbeitszimmer

Seit dem 01.01.2007 können Aufwendungen für ein häusliches Arbeitszimmer nur dann steuerlich abgesetzt werden, wenn das Arbeitszimmer den Mittelpunkt der gesamten betrieblichen und beruflichen Tätigkeit bildet. Das ist der Fall, wenn der qualitative Schwerpunkt der betrieblichen und beruflichen Tätigkeit im häuslichen Arbeitszimmer liegt. Es kommt auf eine Wertung der Gesamttätigkeit an. Entscheidend ist, dass der jeweilige Steuerzahler im Arbeitszimmer diejenigen Handlungen vornimmt und Leistungen erbringt, die für den konkret ausgeübten Beruf wesentlich und prägend sind (BMF v. 07.01.2004, IV A 6 – S 2145–71/03, BStBl. I 2004, 143). **435**

Dem zeitlichen Umfang der Nutzung des häuslichen Arbeitszimmers ist lediglich indizielle Bedeutung beizumessen. **436**

Übt ein Steuerzahler verschiedene betriebliche und berufliche Tätigkeiten nebeneinander aus, so muss das häusliche Arbeitszimmer den Mittelpunkt jeder einzelnen Tätigkeit oder jedes einzelnen Aufgabenbereichs darstellen (BFH v. 23.09.1999, VI R 74/98, BStBl. II 2000, 7). **437**

Nachdem das Bundesverfassungsgericht mit Datum vom 06.07.2010 die beschränkte Abzugsfähigkeit von Aufwendungen für ein häusliches Arbeitszimmer zumindest in den Fällen als verfassungswidrig erklärt hat, in denen einem Steuerpflichtigen für seine **437a** betriebliche oder berufliche Tätigkeit kein anderer Arbeitsplatz zur Verfügung steht, ist der Gesetzgeber verpflichtet, rückwirkend zum 01.01.2007 eine Neuregelung zu erlassen.

Der Entwurf des Jahressteuergesetzes 2010 sieht vor, dass in entsprechenden Fällen bis zu 1.250 € geltend gemacht werden können.

b) Betriebsstätte

438 Voraussetzung für das Abzugsverbot ist, dass es sich überhaupt um ein Arbeitszimmer handelt.

439 Davon abzugrenzen – und somit auch nicht vom Abzugsverbot betroffen – ist eine Betriebsstätte. Betriebsstätte ist jede feste Geschäftseinrichtung oder Anlage, die der Tätigkeit eines Unternehmens dient (§ 12 AO). Dies gilt z.B. für Anwaltskanzleien oder Versicherungsagenturen, die in einem Raum der Privatwohnung betrieben werden.

440 Exakte Abgrenzungsmerkmale zwischen Arbeitszimmern einerseits und Betriebsstätten andererseits gibt es nicht. Die Rechtsprechung des BFH nimmt als Abgrenzungskriterien den Umfang der maschinellen Ausstattung, die Beschäftigung von Angestellten, die Größe des Raumes, eventuell vorhandenen Publikumsverkehr und insbesondere Hinweise am Gebäude (Kanzleischilder) an, aus denen sich ergibt, dass in der fraglichen Wohnung nicht nur gewohnt wird. Zum aktuellen Stand der Rechtsprechung s. BMF v. 07.01.2004, IV A 6 – S 2145–71/03, BStBl. I 2004, 143 und BMF v. 14.09.2004, IV B 2 – S-2145–7/04, BStBl. I 2004, 861.

c) Vermietung an Arbeitgeber

441 Die Arbeitszimmer- bzw. Betriebsstätten-Problematik ergibt sich dann nicht, wenn der Mieter bzw. Eigentümer der Wohnung den fraglichen Raum an den Arbeitgeber vermietet. Der BMF hat ausdrücklich bestätigt, dass sich in derartigen Fällen die Frage der Abzugsbeschränkung für die Aufwendungen in Zusammenhang mit dem Arbeitszimmer nicht stellt (BMFv. 13.12.2005, IV C 3 – S 2253–112/05, BStBl. I 2006, 4).

2. Über-Kreuz-Vermietung

442 Gelegentlich werden sog. Über-Kreuz-Vermietungen vorgenommen. Auf diesem Wege versuchen zwei Steuerzahler, die eigentlich als Selbstnutzer keine Aufwendungen als Werbungskosten steuermindernd geltend machen könnten, dennoch in den Vorteil des Werbungskostenabzuges zu gelangen.

443 Im Idealfall sind zwei Personen Eigentümer einer in etwa gleich großen und gleich belegenen Wohnung. Die beiden Eigentümer vermieten sich wechselseitig ihre Wohnung. Im Ergebnis ist jeder Vermieter und kann die auf »seine« Wohnung entfallenden Aufwendungen steuermindernd geltend machen.

444 Die Finanzverwaltung betrachtet solche »Gestaltungen« sehr genau. Meist wird ein sog. Missbrauch rechtlicher Gestaltungsmöglichkeiten (§ 42 AO) angenommen. Der BFH folgt dieser Ansicht der Finanzverwaltung jedenfalls dann, wenn planmäßig jeweils zwei – in etwa gleichwertige – Wohnungen von zwei Personen angeschafft werden, um diese sodann unmittelbar nach der Anschaffung der jeweils anderen Person zu vermieten, so dass sich die Vorgänge wirtschaftlich neutralisieren (BFH v. 19.06.1991, IX R 134/86, BStBl. II 1991, 904; BFH v. 25.01.1994, IX R 97/90, BStBl. II 1994, 738). Nur in Ausnahmefällen wurden derartige Gestaltungen steuerlich anerkannt (vgl. BFH v. 12.09.1995, IX R 54/93, BStBl. II 1996, 158).

3. Mietereinbauten

Insbesondere im gewerblichen Bereich kommt es häufig vor, dass der Mieter Investitionen in und an dem Gebäude vornimmt. Das Steuerrecht definiert in diesem Fall Gebäudeteile, die als selbstständige Wirtschaftsgüter gewertet werden. Neben Betriebsvorrichtungen (z.B. Hochregallager), Scheinbestandteilen (vorübergehender, jederzeit wieder entfernbarer Einbau, z.B. Schränke) und Ladeneinbauten (z.B. Schaufensteranlagen) spielen vor allem Mietereinbauten eine bedeutsame Rolle. **445**

Einbauten oder Umbauten des Mieters sind als Herstellungskosten eines materiellen Wirtschaftsgutes zu aktivieren, wenn sie unmittelbar besonderen Zwecken dienen und in diesem Sinne in einem von der eigentlichen Gebäudenutzung verschiedenen Funktionszusammenhang stehen (BFH v. 26.02.1975, I R 32/73, BStBl. II 1975, 443 und BMF v. 15.01.1976, III B 11 – S-2133–2/75, BStBl. I 1976, 66). Nach der Definition der Rechtsprechung sowie den Richtlinien der Finanzverwaltung führen faktisch sämtliche Investitionen, die ein Mieter in den Räumlichkeiten vornimmt, zu Mietereinbauten, sofern sie nicht als Scheinbestandteile, Betriebsvorrichtungen oder sonstige Mietereinbauten/Mieterumbauten qualifiziert werden können. Mietereinbauten liegen z.B. vor, wenn der Mieter in einem Großraumbüro durch Zwischenwände Raumaufteilungen vornimmt. **446**

Durch die Klassifizierung als selbständiges Wirtschaftsgut kann der Mieter die entsprechenden Aufwendungen nicht im Zeitpunkt der Vornahme steuerlich geltend machen. Er hat sie vielmehr zu aktivieren und über die Nutzungsdauer abzuschreiben. Die Frage, wie hoch diese Abschreibungen ausfallen, ist in der Praxis bisweilen heftig umstritten und war auch in der Rechtsprechung nicht einheitlich geurteilt. Im BMF-Schreiben v. 15.01.1976 war zugunsten der Steuerpflichtigen noch geregelt, dass es im Regelfall auf die restliche Dauer des Mietvertragsverhältnisses ankommt. Mit BFH-Urteil v. 15.10.1996 (VIII R 44/94, BStBl. II 1997, 533) wurde den mietvertragsorientierten Nutzungsdauern eine Absage erteilt. Aufgrund der Klassifizierung als Gebäudeteile sind demnach die Abschreibungssätze für Gebäude, also insbesondere § 7 EStG, anzuwenden. Diese Rechtsprechung wurde durch BFH-Urteil v. 25.02.2010 (VI R 2/07, BFH/NV 2010, 1018) bestätigt. **447**

Da die degressiven Abschreibungsregeln für Gebäude im Betriebsvermögen schon seit längerem abgeschafft sind, bedeutet dies nichts anderes, als dass Mietereinbauten im Regelfall nur mit 3 % p.a., d.h. auf 33 1/3 Jahre abgeschrieben werden dürfen. Dieses Ergebnis ist höchst fragwürdig, da nur im Ausnahmefall ein Mieter diese Einbauten über einen derart langen Zeitraum in Gebrauch haben dürfte. Demzufolge bietet diese Rechtsprechung und Verwaltungsmeinung in der Praxis ein hohes Maß an Streitpotential. **448**

Der Mieter wird im Regelfall versuchen, eine kürzere Abschreibungsdauer durchzusetzen. Er muss unter Bezugnahme auf § 7 Abs. 4 S. 2 EStG den Nachweis antreten, dass die tatsächliche Nutzungsdauer kürzer ist. Ein solcher Nachweis ist möglich, wenn z.B. der Mietvertrag zu einem bestimmten Datum ausläuft und eine Verlängerung eher unwahrscheinlich ist. Ebenso gelingt der Nachweis, wenn feststeht, dass die Mietereinbauten zu einem bestimmten Zeitpunkt entfernt oder ersetzt werden. **449**

Hat der Mieter die geringe Abschreibung von 3 % hinnehmen müssen, so hat er allein aufgrund handelsrechtlicher Bestimmungen die Nutzungsdauer zu verkürzen, sobald feststeht, dass die normierte Nutzungsdauer des § 7 Abs. 4 EStG nicht erreicht wird. Dies ist z.B. dann der Fall, wenn der Betrieb eine Standortverlagerung beschließt oder wenn das Mietvertragsverhältnis – egal von welcher Partei – gekündigt wird. **450**

Beispiel: Mietereinbauten in 2005 100.000 € ./. Abschreibung gem. § 7 Abs. 4. EStG für 2005-2010 15.000 € Buchwert zum 31.12.2010 85.000 €. Kündigung Mietvertrag zum 31.12.2012 Restnutzungsdauer 2 Jahre Abschreibung in 2011 und 2012 jeweils 42.500 €.

451 In den Fällen, in denen kein unzweifelhaftes Ende des Mietvertrages vorliegt, wird der Nachweis einer behaupteten kürzeren Nutzungsdauer zu Auseinandersetzungen mit der Finanzverwaltung führen.

4. Steuerermäßigung für Handwerkerleistungen

452 Der Gesetzgeber hat seit 2003 eine Steuerermäßigung für die Inanspruchnahme von Handwerkerleistungen geschaffen. Die Regelung ist in § 35a EStG normiert. Es handelt sich um sog. haushaltsnahe Dienstleistungen. Die Begünstigung betrifft somit nicht die Einkunftsarten, sondern den eigenen Haushalt und zwar unabhängig davon, ob es sich um eine eigengenutzte Immobilie handelt oder um gemietete Räumlichkeiten.

453 Begünstigt sind Handwerkerleistungen für Renovierungs-, Erhaltungs-, und Modernisierungsmaßnahmen, mit Ausnahme der nach dem CO2-Gebäudesanierungsprogramm der KfW Förderbank geförderten Maßnahmen (§ 35a Abs. 3 EStG).

454 Die Ermäßigung betrifft die Steuerbelastung unmittelbar, d.h. sie ist nicht progressionsabhängig. Die tarifliche Einkommensteuer ermäßigt sich um 20 % der nachweislich bezahlten Handwerkerleistungen, höchstens um 1.200 €. Soweit die Handwerkerleistungen 6.000 € übersteigen, ergeben sich demzufolge keine Steuerermäßigungen mehr.

455 Die Steuerermäßigung ist antragsgebunden. Darüber hinaus muss der Steuerpflichtige für diese Aufwendungen eine ordnungsgemäße Rechnung erhalten haben und die Zahlung auf das Konto des Erbringers der Leistung nachweisen. Die Rechnungen des Handwerkers dürfen also nicht bar bezahlt worden sein (bestätigt durch die Rechtsprechung, BFH v. 20.11.2008, VI R 14/08, BStBl. II 2009, 307).

456 Weitere Ausführungen finden sich im Anwendungsschreiben zu § 35a EStG (BMF v. 15.02.2010, IV C4 – S-2296b/07/0003, BStBl. I 2010, 140).

E.
Miet- und wohnungseigentumsrechtliche Besonderheiten des Verfahrens-, Vollstreckungs- und Gebührenrechts

32. Kapitel
Mietrecht

Übersicht **Rdn.**

I. Verfahrensrecht

1. Zuständigkeit

1 Bevor eine Klage bei Gericht eingereicht wird, muss sich generell der Kläger darüber Gedanken machen, an welches Gericht er seine Klageschrift richten soll; – denn Klageerhebung bei einem unzuständigen Gericht bedeutet Zeitverlust und Kosten. Dabei stellen sich für den Kläger in Mietsachen im Wesentlichen drei Fragen:

2 1. Handelt es sich um ein Wohnraummietverhältnis oder liegt ein gewerbliches Mietverhältnis vor?

3 2. In welcher Gemeinde (Gerichtsbezirk) liegt das Mietobjekt?

4 3. Bei gewerblichen Mietverhältnissen: Wie hoch ist der Streitwert?

5 Aus der Beantwortung dieser Fragen ergibt sich die örtliche und sachliche Zuständigkeit des Gerichtes erster Instanz.

a) Die ausschließliche örtliche Zuständigkeit des Amtsgerichts bei Wohnraummiete gem. §29a ZPO

6 Es wäre mit dem Sinn des sozialen Wohnraummietrechts schlecht vereinbar, wenn es dem Vermieter bei Abschluss eines Mietvertrages ohne Weiteres möglich wäre, die örtliche Zuständigkeit des Gerichts frei zu vereinbaren. Die Vergangenheit hat gezeigt, dass insbesondere große überörtlich tätige Wohnungsunternehmungen in ihren Formularmietverträgen den Firmensitz als Gerichtsstand vorsahen. Der Mieter war dann gezwungen, im Falle eines Rechtsstreits ein auswärtiges, möglicherweise weit entferntes Gericht zu bemühen. Es liegt auf der Hand, dass unter diesen Umständen viele, insbesondere sozial schwächere Mieter auf ihre Rechtsverteidigung, vor allem auf die Geltendmachung der Sozialklausel verzichten, weil sie der Prozessführung in einer fremden Stadt nicht gewachsen sind.

7 Hinzu kommt, dass ein Rechtsstreit zusätzliche Kosten veranlasst, wenn Zeugen und Sachverständige von weit her angereist kommen müssen. Gerade die Beurteilung der Sozialklausel und Fragen im Zusammenhang mit der Gewährung von Räumungsfrist und der Beurteilung von Wohnungsmängeln setzen genaue Kenntnisse des Wohnungsmarktes und der örtlichen Verhältnisse voraus, sodass gute Gründe dafür sprechen, für Klagen aus Mietverhältnissen über Wohnraum das Gericht für ausschließlich zuständig zu erklären, **in dessen Bezirk sich die Wohnung befindet** (LG Frankenthal NJW-RR 1997, 334).

8 Inhaltlich regelt die Bestimmung die **örtliche Zuständigkeit,** während die Regelung der ausschließlichen **sachlichen** Zuständigkeit des Amtsgerichtes in Wohnraummietsachen in §23 Abs. 2a GVG geregelt ist.

9 Da §29a Abs. 1 ZPO keine Beschränkung auf Wohnraummietverhältnisse enthält, gilt die Regelung der örtlichen Zuständigkeit insoweit auch für **Geschäftsraummiet- und Pachtsachen.** Die sachliche Zuständigkeit richtet sich hier allein nach dem Streitwert (vgl. §23 GVG).

Aufgrund der Generalklausel nach Abs. 1 richtet sich der Gerichtsstand nach dem **Ort des Miet- oder Pachtobjektes** für »alle Streitigkeiten aus Miet- oder Pachtverhältnissen über Räume«, ob es sich um vertragliche oder gesetzliche Ansprüche, ob es sich um Wohn- oder Geschäftsraummiete handelt. Es kommt auch nicht darauf an, ob es sich um eine Leistungs-, Feststellungs- oder Gestaltungsklage oder um einen Antrag auf Arrest oder einstweilige Verfügung handelt. Die Vorschrift ist anwendbar sowohl für Haupt- wie für Untermietverhältnisse, also auch für (gewerbliche) Zwischenvermietungsverhältnisse. 10

Mit dem ausschließlichen Gerichtsstand am Ort der Raumbegebenheit dürften alle früheren Abgrenzungs- und Auslegungsschwierigkeiten behoben sein (LG Hamburg WuM 2003, 384; BGH NJW 2004, 1239 = MDR 2004, 769). Eine Vermengung mit der sachlichen Zuständigkeit ist beseitigt.

▶ **Beispiel:** 11

a) **Wohnraummietverhältnis,** die Wohnung liegt in Köln; Streitwert 7000,–. Zuständig ist das **Amtsgericht Köln.**
b) Mietverhältnis über **Geschäftsräume** in Köln, Streitwert 7000,–. Zuständig ist das **Landgericht Köln.**

Die Vorschrift ist sowohl für **Haupt- wie Untermietverhältnisse** anwendbar, also auch für (gewerbliche) **Zwischenvermietungsverhältnisse.** 12

Das gilt auch für den Anspruch des Eigentümers gegen den Untermieter einer Wohnung auf Zahlung einer Nutzungsentschädigung (LG Köln WuM 1991, 563), nicht jedoch für den Anspruch des Vermieters gegen den Mietbürgen (BayObLG WuM 2000, 137). 13

Für Streitigkeiten über die Miete von **Werkmietwohnungen** ist das Amtsgericht zuständig. Die Zuständigkeit des Arbeitsgerichtes ist selbst dann nicht gegeben, wenn der Betriebsrat hinsichtlich der Wohnungen ein Mitbestimmungsrecht hat (BAG WuM 1990, 391). 14

Das Amtsgericht, in dessen Bezirk sich der Miet- bzw. Pachtraum befindet, ist örtlich **ausschließlich** für den Rechtsstreit zuständig. Damit sind Zuständigkeitsvereinbarungen (§ 40 Abs. 2 Nr. 2 ZPO) **ausgeschlossen.** 15

Wird im Rahmen eines Verweisungsbeschlusses gem. § 281 ZPO gegen § 29a ZPO verstoßen, so geht die Bindungswirkung des Verweisungsbeschlusses vor (OLG Düsseldorf Rpfleger 1976, 186; OLG Frankfurt/M. OLGZ 1979, 451 – Urteile, die zu § 29a ZPO a.F. ergangen sind). Dagegen entfaltet die Abgabe des Rechtsstreits im Rahmen eines Mahnverfahrens (§ 696 Abs. 5 S. 1 ZPO) keine Bindungswirkung. 16

Die ausschließliche örtliche Zuständigkeit gilt nach § 29a Abs. 2 ZPO **nicht** für Wohnraum, der nur zum **vorübergehenden Gebrauch** vermietet ist und für möblierte Zimmer innerhalb der vom Vermieter selbst genutzten Wohnung, die von juristischen Personen des öffentlichen Rechts (Gemeinden, Träger der Wohlfahrtspflege) wegen dringenden Wohnbedarfs weitervermietet worden sind (§ 549 Abs. 2 Nr. 1–3 BGB). 17

Bei der Anmietung einer **Ferienwohnung** oder in einem Mietvertrag mit dem sog. möblierten Herrn sind also beispielsweise Gerichtsstandsvereinbarungen zulässig (Ausnahme bei langfristiger Anmietung: OLG Hamburg MDR 1993, 43). 18

§ 29a ZPO gilt nur für im **Inland** gelegenen Wohnraum. Befindet sich dagegen die Wohnung in einem Mitgliedstaat der **Europäischen Union**, so begründet die Lage der unbeweglichen Sache die ausschließliche örtliche und internationale Zuständigkeit für die entsprechenden Streitigkeiten ohne Rücksicht auf den Wohnsitz (Art. 22 Nr. 1 S. 1 EuGVVO). Mietprozesse müssen also ggf. im Ausland geführt werden. 19

Allerdings wird mit Art. 22 Nr. 1 S. 2 EuGVVO für kurzfristige Gebrauchsüberlassungsverträge (u.a. für Vermietung von **Ferienwohnungen**!) eine Ausnahme zugelassen. In diesen Fällen sind **auch** die Gerichte des Vertragsstaates für Klagen zuständig, wenn die Vertragsparteien ihren Wohnsitz in demselben Vertragsstaat haben. Vgl. hierzu im Einzelnen die Erläuterung zu Art. 22 EuGVVO.

20 Wird ein Anspruch auf Unterlassung der Zwangsvollstreckung aus einem Titel auf Zahlung von Wohnraummiete gem. § 826 BGB geltend gemacht, so ist gem. § 29a ZPO das örtliche Amtsgericht ausschließlich zuständig (LG Hamburg WuM 2003, 38). Das Gleiche gilt, wenn die Zahlung aus einer Mietbürgschaft verlangt wird, oder wenn nach Zession einer Mietforderung um die Berechtigung dieser Forderung gestritten wird (OLG Karlsruhe WuM 1984, 276). Denn die entscheidende Frage betrifft in diesen Fällen das Wohnraummietverhältnis.

Zur ausschließlichen örtlichen Zuständigkeit in **Wohneigentumssachen** vgl. § 43 WEG n.F.

b) Die sachliche Zuständigkeit des Amtsgerichts nach § 23 GVG

21 Nach dieser Vorschrift ist das Amtsgericht generell für alle Zivilrechtsstreitigkeiten bis zu einem Streitwert von 5000,– sachlich zuständig und darüber hinaus, **ohne Rücksicht auf den Wert des Streitgegenstandes,** für alle Streitigkeiten über Ansprüche aus einem **Mietverhältnis über Wohnraum** oder über den Bestand eines solchen Mietverhältnisses.

aa) Streitigkeiten über Wohnraummietverhältnis

22 Voraussetzung für die ausschließliche Zuständigkeit des Amtsgerichtes gem. § 23 Nr. 2a GVG ist die schlüssige Behauptung des Klägers, dass sich das Mietvertragsverhältnis auf **Wohnraum** bezieht. Ein Wohnraum liegt vor, wenn die Räumlichkeit zur dauernden privaten Benutzung i.S.d. Führung eines Haushalts – also zum Schlafen, Kochen, Essen etc. – bestimmt ist. Dabei gehören zum Wohnraum auch die Nebenräume, welche die Führung eines Haushalts ermöglichen (OLG Frankfurt/M. ZMR 2009, 198). Die Zuordnung des Mietobjekts als Wohnraum oder als sonstigen Raum richtet sich nach dem vom Mieter verfolgten Vertragszweck, nicht nach einer möglicherweise hiervon abweichenden tatsächlichen Nutzung (BGH NJW 1997, 1849; OLG Düsseldorf WuM 1995, 434; OLG Celle ZMR 1999, 469; OLG Frankfurt/M. ZMR 2009, 198). Innenräume von beweglichen Sachen, auch wenn sie Wohnzwecken dienen (z.B. Wohnwagen, Wohncontainer), sind keine Wohnräume.

23 Auch wenn sich der klägerische Anspruch nicht auf ein Wohnraummietverhältnis gründet (z.B. Eigentumsherausgabeklage oder Klage aus dem Gesichtspunkt der ungerechtfertigten Bereicherung) wird der Rechtsstreit dann als Wohnraumstreitigkeit behandelt, wenn sich die schlüssige Verteidigung des Beklagten auf Gegenrechte aus einem Wohnraummietvertrag beruft. Auch hier muss nämlich das behauptete wohnraumrechtliche Vertragsverhältnis geprüft werden (OLG Düsseldorf NZM 2008, 479 = WuM 2007, 712 = ZMR 2008, 127).

24 Da das **Mietvertragsverhältnis** begriffsnotwendig eine Gegenleistung für die Räumeüberlassung voraussetzt, ist die Vorschrift für ein **Leihverhältnis,** bei dem die (Wohn-)Räume unentgeltlich zur Verfügung gestellt werden, nicht anwendbar. Eine analoge Anwendung kommt nicht in Betracht (OLG Zweibrücken NJW-RR 1989, 716). Das Gleiche gilt auch bei **faktischen Nutzungsverhältnissen** und bei Herausgabeklagen aus dem Gesichtspunkt der ungerechtfertigten Bereicherung, wenn beide Parteien von der Nichtigkeit des Mietvertrages ausgehen, oder nach übereinstimmender Meinung der Parteien der Vertrag wirksam angefochten worden ist.

(1) Vertragstypen

§ 23 GVG ist anwendbar für alle Miet- und Untermietverträge über Wohnraum. 25

(a) Mischmietvertrag

Werden in einem einheitlichen Mietvertrag **Wohn- und Geschäftsräume** gemeinsam vermietet, so kommt es für die Anwendbarkeit des § 23 GVG darauf an, welche Nutzungsart überwiegt (OLG Hamburg MDR 1969, 846; OLG Karlsruhe MDR 1988, 414; KG GE 1995, 1205; OLG München ZMR 1995, 295, h.M.; weitergehend: OLG Hamm ZMR 1986, 11). Sollten sich allerdings bereits aus dem Sachvortrag des Klägers Zweifel an der überwiegenden gewerblichen Nutzung der Mietsache ergeben, so ist eine Gerichtsstandsvereinbarung nicht zulässig. Das LG Kiel (SchlHA 76, 94) hat wegen der sozialen Zielrichtung der Vorschrift § 29a ZPO (a.F.) bereits für anwendbar erachtet, wenn Räume überhaupt für Wohnzwecke genutzt werden (ähnlich: LG Flensburg MDR 1981, 57; LG Aachen MDR 1986, 240 mit zustimmender Anmerkung von Vollkommer). 26

(b) Werkmietwohnung

Verträge über Werkmietwohnungen i.S.v. § 576 BGB sind ihrem Wesen nach ebenfalls Mietverträge über Wohnraum, sodass § 23 GVG anwendbar ist. Durch die Einbeziehung der Werkswohnungen in die vorliegende Zuständigkeitsregelung folgt, dass eine Zuständigkeit der Arbeitsgerichte ausscheidet (LAG Tübingen NJW 1970, 2046; Kleffmann ZMR 1982, 131, BAG MDR 1990, 656). 27

(c) Werkdienstwohnung

Da bei der Werkdienstwohnung i.S.d. § 576b BGB der Arbeitsvertrag die Rechtsgrundlage für die Raumnutzung ist, sind nach Auffassung des Bundesarbeitsgerichtes (BAG MDR 2000, 600 = ZMR 2000, 361) für Streitigkeiten im Zusammenhang mit der Wohnung gem. § 2 Abs. 1 Nr. 3a ArbGG die **Arbeitsgerichte** zuständig. 28

Nach a.A. ist nach Beendigung des Arbeitsverhältnisses die ausschließliche Zuständigkeit des Amtsgerichtes gegeben, da unter den Voraussetzungen des § 565e BGB a.F. an die Stelle des bisherigen Nutzungsrechtes ein gesetzliches Schuldverhältnis tritt, welches einem Mietverhältnis i.S.d. §§ 23 Nr. 2a GVG, 29a Abs. 1 ZPO gleich zustellen sei (Staudinger/Sonnenschein §§ 565b bis 565e a.F. BGB Rn. 15; Schmidt-Futterer/Blank 7. Aufl., § 565b a.F. Rn. 12; AG Garmisch ZMR 1972117; vgl. Anm. von Baron ZMR 2000, 364). 29

(d) Betriebswohnungen (Werkförderungsvertrag)

Die Anmietung von Wohnraum zur Weitervermietung an Betriebsangehörige ist ein Mietvertrag über **gewerbliche Nutzung** der Mieträume und fällt somit nicht unter § 23 GVG (BGH NJW 1981, 1377; 1988, 487; a.A.: LG München I ZMR 1974, 51). 30

Das Gleiche gilt, wenn der (Haupt-)Mieter die Wohnung gewerbsmäßig an Untermieter zu Wohnzwecken vermieten will, selbst wenn der Hauptmieter gemeinnützig tätig ist (OLG Karlsruhe NJW 1984, 373). 31

(e) Altenheimvertrag

§ 23 GVG gilt auch für (Alten-)Heimverträge, soweit der Mietcharakter überwiegt (LG Göttingen ZMR 1981, 274: z.B. wenn nur eine Teilverpflegung gestellt wird). 32

(f) Vertrag zugunsten Dritter

33 Leitet ein Dritter gem. § 328 BGB aus einem Mietvertrag Rechte her, so gilt § 23 GVG auch für den Dritten. Die Vorschrift ist jedoch nicht anwendbar, wenn ein Dritter klagt, der aus Anlass der Abwicklung eines Mietvertrages begünstigt wurde (OLG München Rpfleger 1972, 31 = ZMR 1973, 84).

(2) Art der Klagen

34 § 23 Nr. 2 GVG gilt sowohl für **Leistungs-, Feststellungs-** als **auch Gestaltungsklagen.** Außerdem regelt er die Zuständigkeit für Arrest und einstweilige Verfügung (KG ZMR 1983, 377). I.E. gilt § 23 GVG für folgende Klagen:

(a) Räumungsklage

35 Hierunter fallen nicht nur die Klagen auf Räumung von Wohnraum aufgrund des **mietvertraglichen Anspruchs,** etwa wegen Beendigung des Mietverhältnisses (§ 546 BGB), sondern alle Klagen auf Räumung von Wohnraum **ohne Rücksicht auf den Rechtsgrund** (Wieczorek § 29a B II; Thomas/Putzo § 29a Anm. 1b; LG Duisburg WuM 1981, 213; Zöller/Vollkommer § 29a Anm. 13; a.A.: OLG München MDR 1977, 497; AG Charlottenburg WuM 1983, 210 m.w.N.). Es macht also keinen Unterschied, ob der Herausgabeanspruch auf Mietvertrag, Bereicherung, Eigentum oder Besitz gestützt wird. Folglich macht es auch keinen Unterschied, wenn die Räumung mit der Nichtigkeit des Mietvertrages begründet wird und auf Herausgabe aus § 985 BGB geklagt wird (LG München I ZMR 1987, 271 str.; a.A. Sternel V Rn. 8). Die Zuständigkeit des Amtsgerichts wird zumindest dann bejaht, wenn sich der Beklagte **auf ein Wohnraummietverhältnis beruft** (OLG Hamburg WuM 1990, 393; OLG Bremen WuM 1990, 526; betr.: Räumung von Hausbesetzern; LG Berlin WuM 1992, 462; OLG Düsseldorf WuM 2007, 712). Hierzu gehören auch Räumungs- und Herausgabeklagen, die auf dem Selbsthilferecht des Vermieters gem. § 562b BGB beruhen, insbesondere zum Zwecke der Zurückschaffung eingebrachter Sachen. Im weiteren Sinne können hierzu auch die sog. umgekehrten Räumungsklagen gezählt werden. Das sind Klagen auf **Wiedereinräumung des Besitzes,** wenn beispielsweise der Vermieter dem Mieter durch verbotene Eigenmacht oder auf sonstige Weise den Besitz der Wohnung vorenthält.

(b) Klage auf Zustimmung zur Mieterhöhung

36 Der Anspruch auf Zustimmung zur Mieterhöhung ergibt sich aus §§ 558 ff. BGB auf der Grundlage eines bestehenden Wohnraummietverhältnisses, sodass Anspruch auf Zustimmung im weiteren Sinne als Erfüllungsanspruch angesehen werden kann. Nach allgemeiner Auffassung gilt für diese Klagen § 29a ZPO a.F. und für die sachliche Zuständigkeit nunmehr § 23 Nr. 2a GVG.

(c) Zahlungsklagen

37 Für sie ist das **Amtsgericht** nach § 23 GVG zuständig, ohne Rücksicht darauf, ob der Streitwert 5000,– übersteigt, wenn nur der Kläger Tatsachen vorträgt, aus denen sich ergibt, dass ein Mietvertrag oder Untermietvertrag über Wohnraum vorliegt (OLG München MDR 1979, 940).

38 In erster Linie gehören hierzu Klage auf **Erfüllung** eines (Unter-)Mietvertrages, also insbesondere Klagen auf rückständige Miete (LG Mannheim NJW 1969, 1071), aber auch beispielsweise die Klage des Mieters auf Zahlung eines mietvertraglich vereinbarten **Vor-**

schusses für Wohnungsausstattung. Die sachliche Zuständigkeit des Amtsgerichts nach § 23 Nr. 2a GVG ist nicht gegeben bei Klagen auf Zahlung einer garantierten Miete, welche im Rahmen eines **Grundstückkaufvertrages** vereinbart wurde.

Hierzu gehören auch Zahlungsklagen, die sich aus der Abwicklung eines **beendeten Mietverhältnisses** ergeben, so z.B. der Kautionsrückzahlungsanspruch oder der Anspruch auf Rückzahlung eines geleisteten Vorschusses (OLG München NJW 1970, 955). **39**

Ebenso Klagen auf **Schadensersatz** wegen Nichterfüllung oder nichtgehörige Erfüllung des Mietvertrages (z.B. aus den §§ 325, 326, 286, 280, 546a a.F. BGB, positive Vertragsverletzung). Hierzu gehören vor allem die Klagen wegen nicht oder mangelhaft durchgeführter Schönheitsreparaturen (BGH NJW 1963, 713), aber auch die Klage des Mieters auf Schadensersatz wegen vorgetäuschten Eigenbedarfs des Vermieters (AG Heidelberg WuM 1975, 67). Hierzu gehören auch Schadensersatzklagen aus **positiver Vertragsverletzung** und aus **culpa in contrahendo** bzw. Schadensersatzansprüche gem. § 280 BGB n.F. (Zöller/Vollkommer § 29a ZPO Rn. 9; a.A. LG Frankenthal NJW-RR 1997, 334). **40**

Schließlich gehört hierzu auch der Anspruch des Mieters auf **Rückerstattung** zu viel gezahlter, weil preisrechtlich nicht geschuldeter Miete (BGH NJW 1984, 1615 = ZMR 1984, 175; vgl. auch BGHZ 1989, 282). **41**

(d) Feststellungsklagen

Hierzu gehören die Klagen auf Feststellung des Bestehens oder Nichtbestehens eines Mietvertragsverhältnisses (§ 256 ZPO) sowie die Feststellung des Bestehens einzelner Rechte und Pflichten hieraus (OLG Karlsruhe ZMR 1984, 18; LG Essen ZMR 1970, 31). **42**

(e) Fortsetzung des Mietverhältnisses

Klagt der Mieter aufgrund der Sozialklausel (§ 574 BGB) auf Fortsetzung des Mietverhältnisses (evtl. bei gerichtlicher Abänderung einzelner Vertragsbestimmungen), so fallen solche Klagen unter § 23 GVG. **43**

Nach allgemeiner Auffassung gilt die Vorschrift auch für die wiederholte Fortsetzungsklage gem. § 574c BGB. **44**

(f) Auskunftsklagen

Auch ohne ausdrückliche vertragliche Regelung kann der Vermieter unter bestimmten Umständen vom Mieter Auskunft über vertragsrelevante Umstände verlangen, z.B. über die Person eines Untermieters bei unberechtigter Untervermietung (LG/OLG Hamburg ZMR 1999, 106 ff.). **45**

bb) Gewerbliche Mietverhältnisse/Pachtverhältnisse

Die sachliche Zuständigkeit in Geschäftsraummietsachen richtet sich allein nach dem Streitwert, d.h. Klagen bis zu 5000,– gehen vor das Amtsgericht, für Klagen mit höherem Streitwert ist das Landgericht als Eingangsgericht sachlich zuständig. **46**

cc) Streitigkeiten in Wohnungseigentumssachen nach § 23 Nr. 2c GVG

(1) Das wohnungseigentumsrechtliche Verfahren als streitiges Verfahren nach der ZPO

Mit dem Gesetz zur Änderung des Wohnungseigentumsgesetzes v. 26.03.2007 (BGBl. I 2007, 370) ist das Gerichtsverfahren in Wohnungseigentumssachen in das **streitige Verfahren der Zivilprozessordnung** übergeleitet worden. Anders als in dem früheren Ver- **47** fahren der freiwilligen Gerichtsbarkeit gelten somit nunmehr die allgemeinen, strengen Regeln der ZPO, insbesondere hinsichtlich Darlegungs- und Beweislast sowie Mitwirkungspflichten der Parteien.

48 Das Gericht kann nunmehr auf die allgemeinen Sanktionsmöglichkeiten der ZPO zurückgreifen, wenn die Parteien ihrer Pflicht zur Verfahrensförderung nicht nachkommen. Hierzu gehört u.a. die Möglichkeit ein Versäumnisurteil zu erlassen und ein Urteil für vorläufig vollstreckbar zu erklären. Im Einzelnen kann auf die allgemeinen Regeln der ZPO Bezug genommen werden.

(2) Anwendungsbereich

49 Nach § 23 Nr. 2c GVG ist das **Amtsgericht** ausschließlich sachlich zuständig für alle Streitigkeiten nach § 43 Nr. 1 bis 4 und 6 des WEG, unabhängig vom Streitwert.

50 § 43 WEG n.F. enthält die Generalklausel für alle typischen wohnungseigentumsähnlichen Verfahren, die ausschließlich vor dem Gericht auszutragen sind, in dessen Bezirk sich die Wohnanlage befindet und zwar unabhängig vom Streitwert. Im Einzelnen kann auf die Kommentierung zu § 43 WEG n.F. Bezug genommen werden.

51 In allen übrigen Verfahren, auch mit wohnungseigentumsrechtlicher Berührung, gilt die allgemeine Grundregel des § 23 Ziff. 1 GVG: Für einen Streitwert bis 5000,– ist das Amtsgericht sachlich zuständig, für Ansprüche, die diesen Betrag überschreiten, ist das Landgericht sachlich zuständig.

52 ▶ **Beispiel:**

a) Die teilrechtsfähige Gemeinschaft der Wohnungseigentümer klagt eine Schadensersatzforderung gegen Handwerker wegen Pfuscharbeiten in der Wohnanlage in Höhe von 7000,– ein.
Gem. § 23 Ziff. 1 GKG ist das **Landgericht** für die Klage sachlich zuständig, weil der Streitwert über 5000,– liegt. Ein Fall von § 23 Ziff. 2 GKG liegt nicht vor, da eine Streitigkeit nach § 43 Nr. 1 bis 4 und 6 WEG n.F. nicht vorliegt.

b) Die Wohnungseigentümergemeinschaft klagt gegen Miteigentümer auf Zahlung von 7000,– Hausgeldrückstände.
Sachlich zuständig ist das **Amtsgericht**, obwohl der Streitwert die Grenze von 5000,– überschreitet, da eine Streitigkeit gem. § 43 Nr. 2 WEG n.F. vorliegt (vgl. § 23 Nr. 2c GVG).

dd) Verbindung mit anderen Ansprüchen

(1) Mietsachen

53 Mehrere Ansprüche des Klägers können in einer Klage verbunden werden, wenn für sämtliche Ansprüche die sachliche Zuständigkeit des Prozessgerichts gegeben ist (§ 260 ZPO). Die Verbindung einer Räumungsklage aus einem Wohnraummietverhältnis mit einer sonstigen Zahlungsklage (die also **nicht** mietrechtlicher Natur ist – vgl. Rdn. 14 ff.) ist somit nur zulässig, wenn die Geldforderung 5000,– nicht übersteigt. Andernfalls wäre für die Zahlungsklage gem. § 23 Nr. 1 i.V.m. § 71 Abs. 1 GVG das Landgericht zuständig, so dass die Zahlungsklage abzutrennen (§ 145 ZPO) und auf Antrag an das Landgericht zu verweisen ist.

(2) Wohnungseigentumssachen

54 Falls die Voraussetzungen des § 147 ZPO vorliegen, kann das Gericht auch in Wohnungseigentumssachen mehrere Verfahren zur gemeinsamen Verhandlung und Entscheidung verbinden.

Nach § 47 WEG n.F. besteht nunmehr eine **Verpflichtung zur Prozessverbindung** in allen Beschlussanfechtungsverfahren, um zu gewährleisten, dass die Entscheidung einheitlich ergeht. Dies ist erforderlich, weil es sich um denselben Streitgegenstand handelt und die Entscheidung alle Wohnungseigentümer und den Verwalter bindet.

c) Die internationale Zuständigkeit nach Art. 22 EuGVVO

aa) Geltungsbereich

Die ausschließliche Zuständigkeit des Amtsgerichts, in dessen Bezirk sich der Mietraum befindet (§ 29a ZPO) gilt nur für im Inland gelegenen Mietraum. Befindet sich dagegen die Wohnung in einem **Mitgliedstaat der Europäischen Union,** so kommt die Verordnung (EG) Nr. 44/2001 v. 22.12.2000 des Rates über die gerichtliche Zuständigkeit und die Anerkennung und Vollstreckung von Entscheidungen in Zivil- und Handelssachen (EuGVVO) zur Anwendung. 55

Die Verordnung, die vom Rat der EU in eigener Gesetzgebungskompetenz erlassen worden ist, ersetzt das Brüsseler EWG-Übereinkommen (EuGVÜ) und gilt in allen Mitgliedstaaten der EU unmittelbar, mit Ausnahme von Dänemark. Im Verhältnis zu Dänemark ist das EUGVÜ weiterhin anwendbar. 56

Mit den EFTA-Staaten (soweit sie nicht inzwischen auch Mitglied der EU geworden sind) wurde das sog. Lugano-Übereinkommen geschlossen, welches im Wesentlichen die gleichen Regelungen wie das EuGVVO bzw. die EuGVVO enthält. Soweit geringfügige Abweichungen vorliegen s.u. Rdn. 76. 57

bb) Bedeutung der Vorschrift und Verhältnis zum nationalen Recht

Art. 22 EuGVVO enthält einen abschließenden Katalog ausschließlicher Zuständigkeiten, wobei nur die internationale aber nicht die örtliche Zuständigkeit im engeren Sinne geregelt wird. Sind aufgrund Art. 22 EuGVVO die Gerichte eines Vertragsstaates ausschließlich zuständig, so geht diese Zuständigkeit vor und verdrängt alle sonstigen Zuständigkeiten (z.B. am Wohnsitz des Beklagten). 58

Von den Zuständigkeitsvorschriften des Art. 22 EuGVVO kann weder durch eine Gerichtsstandsvereinbarung noch stillschweigend zugunsten der Gerichte eines anderen Vertragsstaates abgewichen werden. Ein im Widerspruch zu Art. 22 EuGVVO angerufenes Gericht hat sich von Amts wegen für unzuständig zu erklären (Art. 25 EuGVVO). Bei Nichtbeachtung wird die Anerkennung und Vollstreckung versagt (Art. 35 und 41 EuGVVO). 59

Die Zuständigkeitsregelung des Art. 22 EuGVVO gilt unabhängig vom Wohnsitz und der Staatsangehörigkeit der Parteien. Insbesondere gilt sie für Beklagte mit Wohnsitz außerhalb der EU. 60

Bei Streitigkeiten über die einheitliche Auslegung des EuGVVO entscheidet der Gerichtshof der Europäischen Gemeinschaften in Luxemburg, dem von den nationalen Gerichten, soweit sie in letzter Instanz entscheiden, Auslegungsfragen vorzulegen sind. 61

cc) Miet- und Pachtverhältnisse

Nach Art. 22 Nr. 1 S. 1 EuGVVO ist für Streitigkeiten aus Miet- und Pachtverhältnissen an unbeweglichen Sachen ohne Rücksicht auf den Wohnsitz der Parteien ausschließlich das Gericht des Staates zuständig, in welchem sich die Wohnung bzw. das Pachtobjekt befindet. Zur Begründung wird neben dem Gesichtspunkt der Sachnähe angeführt, dass »Miet- und Pachtverhältnisse meist gesetzlichen Sonderregelungen unterliegen, sodass es 62 sich empfiehlt, mit der Anwendung dieser meist sehr komplizierten Bestimmungen ausschließlich die Gerichte des Landes zu betrauen, in dem sie gelten«.

63 Auch sei häufig die Tätigkeit von Sachverständigen erforderlich, sodass auch aus diesem Grunde durch die Anordnung einer ausschließlichen Zuständigkeit ein sachgerechter Rechtsschutz gewährleistet wird (EuGH v. 27.01.2000).

64 Damit fallen in die ausschließliche Zuständigkeit der ausländischen Gerichte alle Klagen, bei denen zwischen den Parteien über das Bestehen oder die Auslegung des Miet- oder Pachtvertrages Streit besteht. Darüber hinaus fallen unter Art. 22 EuGVVO insbesondere auch alle Klagen

- auf Zahlung der Miete,
- auf Zahlung der vom Mieter zu tragenden Nebenkosten, wie Kosten für Wasser-, Gas- und Stromverbrauch,
- auf Ersatz für vom Mieter verursachte Schäden,
- alle Klagen auf Räumung und Herausgabe.

65 Dagegen fallen Rechtsstreitigkeiten, die sich nur »mittelbar auf die Nutzung der Mietsache beziehen« wie z.B. Reisekosten oder entgangene Urlaubsfreude nicht in die ausschließliche Zuständigkeit (BGH WuM 1985, 124) – das Gleiche gilt für Beherbergungsverträge bei denen neben der Unterkunft auch noch Verpflegung geschuldet wird (OLG Düsseldorf ZMR 2009, 194).

66 Deshalb fallen **Timesharingverträge** bei denen nach schuldrechtlicher Gestaltung ein großer **Dienstleistungsanteil** geschuldet ist, nicht unter die ausschließliche Zuständigkeit der Verordnung (LG Darmstadt IPRspr 1995 Nr. 149; BGH NZM 2010, 251). Ebenso, wenn das Teilnutzungsrecht einer Immobilie über eine **Clubmitgliedschaft** erworben wird (EuGH v. 13.10.2005, NZM 2005, 912).

67 Entscheidend ist allein, ob der Kern des Rechtsstreits aus der Vermietung oder Verpachtung einer Immobilie hervorgegangen ist, ohne dass es auf die rechtliche Natur der Anspruchsgrundlage ankommt. So greift Art. 22 EuGVVO ein bei einer Klage auf Rückzahlung der Miete, unabhängig davon ob der Klageanspruch auf Vertrag, Delikt (z.B. Täuschung über das Mietobjekt) oder auf ungerechtfertigter Bereicherung beruht (LG Bochum v. 17.09.1985 IPRspr. 1985 Nr. 144). Gleiches gilt beispielsweise für die Klage auf Schadensersatz wegen Zerstörung oder Beschädigung des gemieteten Hauses, ohne dass es darauf ankommt, ob der Anspruch mit positiver Forderungsverletzung oder unerlaubter Handlung begründet wird (OLG Hamm v. 24.01.1995, 7 U 158/94).

68 Andererseits hat sich der EuGH bei Fehlen eines Mietverhältnisses für eine restriktive Anwendung von Art. 16 EuGVVO ausgesprochen, selbst wenn der Rechtsstreit ähnliche Fragen wie beim Vorliegen eines Mietverhältnisses zum Gegenstand hat. So hat der EuGH eine Klage auf Nutzungsentschädigung nach nichtiger Eigentumsübertragung einer Wohnung nicht der Anwendung des Art. 16 EuGVVO unterstellt, auch wenn die Nutzungsentschädigung nach mietrechtlichen Grundsätzen zu berechnen ist (EuGH v. 09.06.1994 IPPax 1995, 99). Dieser Grundsatz gilt unverändert auch für Art. 22 EuGVVO.

dd) Kurzfristige Gebrauchsüberlassungsverträge (Art. 22 Nr. 1 S. 2 EuGVVO)

69 Die Ausnahmeregelung im bisher gültigen Art. 16 Nr. 1b EuGVÜ ist die Reaktion auf die Rechtsprechung des EuGH (EuGH v. 15.01.1985 NJW 1985, 905), wonach Art. 16 Nr. 1 EuGVÜ für alle Verträge über die Miete oder Pacht von unbeweglichen Sachen gilt, also auch für kurzfristige Verträge und für solche, die sich nur auf die Gebrauchsüberlassung einer Ferienwohnung beziehen.

Das EuGVÜ in der Neufassung von 1989 und das Lugano-Übereinkommen haben durch die Einfügung von Nr. 1b zwar die Einbeziehung kurzfristiger Gebrauchsüberlassungsverträge bestätigt, jedoch eine ergänzende Wohnsitzzuständigkeit eingeräumt. 70

Danach sind auch die Gerichte des Vertragsstaates am Wohnsitz des Beklagten für Klagen zuständig, wenn das Mietobjekt nur kurzfristig zum vorübergehenden privaten Gebrauch zwischen Privatpersonen vermietet wurde und die Vertragsparteien ihren Wohnsitz in demselben Vertragsstaat haben. Juristische Personen sind nach Art. 16 EuGVÜ ausgenommen, da sie gewöhnlich gewerblich tätig sind. 71

Demgegenüber bringt die Neuregelung des Art. 22 EuGVVO eine Auflockerung insofern als es ausreicht, dass der Mieter eine natürliche Person ist, wobei es unerheblich ist, ob der Eigentümer eine natürliche oder juristische Person ist und ob diese im gleichen Staat wie der Mieter ihren Sitz hat. 72

Diese Sonderregelung des Art. 22 Abs. 1 S. 2 EuGVVO betrifft in erster Linie Ferienwohnungen und Ferienhäuser; sie ist wegen ihrer zeitlichen Beschränkung (»höchstens sechs aufeinander folgende Monate«) erkennbar auf diesen Benutzerkreis zugeschnitten. 73

▶ **Beispiel:** 74

Ein in Hamburg wohnender Deutscher vermietet seine Ferienwohnung an der Côte d'Azur für 2 Monate an einen in München wohnenden Italiener. Zuständig für Klage auf Zahlung des Mietzinses: AG München.

Der von einem Reiseveranstalter oder einem sonstigen Vermittler geschlossene Vertrag über eine Ferienwohnung unterliegt nicht der Regelung des Art. 22 EuGVVO (EuGH v. 26.02.1992 IPRspr. 190 Nr. 175; BGH NJW 1992, 3158). Das Gleiche gilt für Verbandsklagen gegen Formularklauseln, die ein inländisches Reiseunternehmen bei der Überlassung von Ferienwohnungen im Ausland verwendet (OLG Frankfurt/M. v. 10.06.1992 IPRspr. 1992 Nr. 183b). 75

Das Lugano-Übereinkommen verlangt im Gegensatz zur Fassung von Art. 16 Nr. 1b EuGVÜ nur, dass der Mieter eine natürliche Person ist und keine der beiden Parteien ihren Wohnsitz im Belegenheitsstaat hat. 76

2. Fortsetzung des Mietverhältnisses in Härtefällen auch ohne Antrag

a) Inhalt und Bedeutung von § 308a ZPO

Grundsätzlich ist das Gericht nicht befugt einer Partei etwas zuzusprechen, was sie nicht beantragt hat. 77

Eine **eingeschränkte Verurteilung** ist nur dann zulässig, wenn der Klageantrag so formuliert ist, dass auch ein »Weniger« als selbstständiger Gegenstand einer Verurteilung in Betracht kommt und als sinnvolles Klagebegehren verstanden werden kann. Das gilt auch bei Klagen auf Abgabe einer Willenserklärung, insbesondere bei Klagen auf **Zustimmung zur Mieterhöhung.**

Diese Bindung des Gerichts an die Sachanträge (§ 308 ZPO) wird durch § 308a ZPO im Interesse des Mieterschutzes durchbrochen um das dem Mieter zustehende Recht auf Vertragsfortsetzung (der früher sog. Sozialklausel) auch prozessual möglichst wirkungsvoll durchzusetzen und nicht an formellen Fehlern scheitern zu lassen.

Erachtet demnach das Gericht in einem Räumungsrechtsstreit den Räumungsanspruch der Vermieterpartei deshalb für unbegründet, weil der Mieter sich auf die Härtegründe der sog. **Sozialklausel** (§§ 574 ff. BGB) berufen konnte und deshalb eine Fortsetzung des 78

Mietverhältnisses verlangen kann, so muss das Gericht in dem Urteil **auch ohne ausdrücklichen Antrag der Mietpartei** aussprechen, für welche Dauer und unter welchen Änderungen der Vertragsbedingungen das Mietverhältnis fortgesetzt wird.

b) Voraussetzungen

79 Es muss sich um einen Prozess zwischen Vermieter und Mieter oder zwischen Mieter und Untermieter auf **Räumung und Herausgabe** von Wohnraum handeln, wobei die Klage abzuweisen ist, weil die Voraussetzungen der Sozialklausel vorliegen und der Mieter die Fortsetzung des Mietverhältnisses nach dem §§ 574 bis 574b BGB verlangen kann.

80 Macht der Mieter sein Fortsetzungsverlangen selbstständig durch eine eigene **Fortsetzungsklage** (auch nach wiederholter Anwendung der Sozialklausel nach § 574c BGB) geltend, so ist § 308a ZPO ebenfalls anwendbar (LG Berlin MDR 1999, 1436). Eine analoge Anwendung von § 308a ZPO scheidet aus bei Mietverträgen auf bestimmte Zeit gem. § 575 BGB, wenn der Mieter eine selbstständige Fortsetzungsklage erhebt.

c) Folgen

81 Beruft sich der Mieter im Räumungsprozess zur Begründung seines Antrags auf Klageabweisung nur auf seinen Widerspruch oder das gestellte Fortsetzungsverlangen, ohne zu beantragen, dass das Gericht gleichzeitig auch die Dauer und die Vertragsbedingungen für das verlängerte Mietverhältnis bestimmen möge, so muss das Gericht bei Abweisung der Klage gleichwohl durch **Gestaltungsurteil** (h.M.) im Tenor aussprechen, auf welche Zeit und unter welchen geänderten Bedingungen das **Mietverhältnis fortzusetzen** ist. Unterlässt das Gericht versehentlich diesen Ausspruch, so kommt eine Urteilsergänzung nach § 321 ZPO in Betracht.

d) § 308a ZPO bei Säumnis des Beklagten

82 Ist der Beklagte säumig, so hat das Gericht gem. § 331 ZPO das Vorbringen des Klägers auch auf Schlüssigkeit i.S.d. §§ 574 bis 574b BGB zu prüfen. Allerdings dürfte es in der Praxis höchst selten vorkommen, dass bereits der Kläger den form- und fristgerecht eingelegten Widerspruch des Mieters zusammen mit sämtlichen Tatsachen vorträgt, aus denen sich ergibt, dass der Beklagte die Fortsetzung des Mietverhältnisses, sei es auch unter veränderten Vertragsbedingungen, verlangen kann. Ist jedoch der Sachvortrag des Klägers im Sinne einer Fortsetzung bzw. Umgestaltung des Vertragsverhältnisses schlüssig, so ist das tatsächliche mündliche Vorbringen des Klägers als zugestanden anzunehmen, sodass **Versäumnisurteil** ergehen muss. § 308a ZPO erlaubt dem Gericht nicht, von Amts wegen zu ermitteln, ob Tatsachen vorliegen, die eine Fortsetzung des Mietverhältnisses rechtfertigen könnten (Thomas/Putzo § 308a Rn. 7).

e) Widerklage/Fortsetzung

83 Der Beklagte ist auch nicht gehindert, seine Rechte aus §§ 574 bis 574b BGB im Wege der Widerklage **geltend** zu machen (Thomas/Putzo § 308a Rn. 8). Erhebt also der Vermieter Räumungsklage, dann kann der Mieter Widerklage auf Fortsetzung des Mietverhältnisses erheben.

Der Mieter kann auch seinerseits eine selbstständige Fortsetzungsklage mit unbestimmtem Verlängerungsantrag stellen oder weitere Fortsetzung des Mietverhältnisses gem. § 574c BGB verlangen. Hier ist § 308a ZPO analog anwendbar.

f) Vorläufige Vollstreckbarkeit

Nach § 308a ZPO ergangene Urteile sind **ohne Sicherheitsleistung** für vorläufig vollstreckbar zu erklären (§ 708 Nr. 7 ZPO). 84

g) Kosten

Die Kostenentscheidung richtet sich in erster Linie nach § 93b ZPO, sonst nach den allgemeinen Normen des Kostenrechts (§§ 91 ff. ZPO). 85

h) Streitwert

Eine Zusammenrechnung der Ansprüche auf Räumung und auf Fortsetzung des Mietverhältnisses findet nicht statt (§§ 16 Abs. 3, 4 GKG). 86

i) Anfechtung

Bei einem klageabweisenden Urteil braucht der Kläger seine Räumungsklage nicht weiter zu verfolgen, er kann nämlich nach Abs. 2 die Berufung allein auf den Ausspruch über die Fortsetzung des Mietverhältnisses beschränken, wenn er eine kürzere Frist für die Fortdauer des Mietverhältnisses oder günstigere Vertragsbedingungen erreichen will. Es reicht aus, dass der Kläger durch die Fortsetzungsentscheidung materiell beschwert ist. 87

Der Beklagte kann im Falle der Klageabweisung seine Berufung auf den Ausspruch über die Fortsetzung des Mietverhältnisses beschränken, wenn er die Fortdauer des Mietverhältnisses oder die veränderten Vertragsbedingungen weiter zu seinen Gunsten abgeändert wissen will. Dabei kommt es nicht darauf an, ob der Beklagte wegen der Mietvertragsfortsetzung Anträge gestellt hat, da über die Dauer und die Bedingungen der Fortsetzung des Mietverhältnisses von Amts wegen zu entscheiden war. Das Erfordernis einer formellen Beschwer muss hier zwangsläufig entfallen.

§ 308a ZPO gilt in jeder Lage des Verfahrens, sodass auch das Berufungsgericht die Anwendbarkeit der §§ 574 bis 574b BGB **von Amts wegen** zu beachten hat. 88

3. Berufung und Revision

a) Berufung

In Rechtsstreitigkeiten über vermögensrechtliche Ansprüche findet gem. § 511 ZPO die Berufung statt, wenn der Wert des Beschwerdegegenstandes **600,–** übersteigt oder das Gericht des ersten Rechtszugs die Berufung im Urteil zugelassen hat. Durch das Gesetz zur Reform des Zivilprozesses v. 27.07.2001 (BGBl. I, 1887) ist die **Zulassungsberufung** bei einem Beschwerdewert unter 600,– neu eingeführt worden. 89

aa) Berufungssumme als Zulässigkeitsvoraussetzung

Voraussetzung für die Zulässigkeit der Berufung ist, dass der Wert des Beschwerdegegenstandes 600,– übersteigt. Erreicht der Streitwert nicht die erforderliche Berufungssumme, so ist das Urteil der ersten Instanz in vermögensrechtlichen Streitigkeiten unanfechtbar, es sei denn die Berufung wird ausdrücklich zugelassen (§ 511 Abs. 2 Nr. 2 ZPO; vgl. hierzu unten Rdn. 98). 90

Der Beschwerdegegenstand wird durch die Beschwer und durch die Anträge des Berufungsklägers bestimmt. Der Rechtsmittelkläger ist insoweit beschwert, als ihm das Urteil der Vorinstanz etwas versagt, was er beantragt hat. 91

92 ▶ **Beispiel:**

Der Kläger hat Mietrückstände in Höhe von 1500,– eingeklagt. Das AG gibt der Klage in Höhe von 1000,– statt; in Höhe von 500,– wird die Klage abgewiesen.
Der Beklagte ist in diesem Falle mit 1000,– beschwert; seine Berufung ist zulässig. Der Kläger ist nur in Höhe von 500,– beschwert; der Kläger kann keine Berufung einlegen.

93 Der Berufungsführer kann seinen Berufungsantrag auch **beschränken** und in der Berufungsinstanz weniger beantragen, als er durch das Ersturteil beschwert ist. Der nicht mit dem Rechtsmittel angegriffene Teil des Urteils der Vorinstanz wird damit rechtskräftig. Der in der Berufungsinstanz verbliebene strittige Teil muss aber noch insgesamt einen Streitwert von mindestens 600,01 aufweisen.

94 Der sog. **Gebührenstreitwert,** d.h. der Wert, welcher der Berechnung der Rechtsanwaltsgebühren und der Gerichtskosten zugrunde gelegt wird, entspricht in den meisten Fällen dem Beschwerdewert (vgl. §24 GKG).

95 Eine Ausnahme von diesem Grundsatz findet sich u.a. in §41 GKG für die Bewertung mietrechtlicher Streitigkeiten. Der Wert von Räumungsklagen ist dort auf den der Jahresmiete und der Wert von Klagen auf Zustimmung zur Mieterhöhung auf den zwölffachen monatlichen Erhöhungsbetrag beschränkt. Diese Vorschrift, die den rechtspolitischen Zweck verfolgt, die Kosten von Mietprozessen gering zu halten, ist jedoch für die Berechnung des Wertes, nach dem sich die Zulässigkeit der Berufung bestimmt, nicht anwendbar (Näheres vgl. Erläuterungen zum Streitwert Kap. 36 Rdn. 1 ff., 70 ff.).

96 Grundsätzlich ist die Höhe des Beschwerdewertes durch das Berufungsgericht in einem besonderen Beschluss oder in den Gründen des Berufungsurteils in sinngemäßer Anwendung der §§3 bis 9 ZPO festzusetzen. Bei Unstimmigkeiten und Streitfragen hat der Berufungskläger den Wert des Rechtsmittels bis zum Ablauf der Berufungsfrist glaubhaft zu machen, wobei allerdings seine eigene eidesstattliche Versicherung ausgeschlossen ist (§511 Abs. 3 ZPO).

97 Der Wert der Beschwer bei Verurteilung zur Mängelbeseitigung bemisst sich nicht nach den Kosten der Mängelbeseitigung, sondern gem. §§2, 3 und 9 ZPO nach dem 3,5-fachen Jahresbetrag der aufgrund des Mangels gegebenen Mietminderung (BGH NZM 2000, 713; LG Hamburg ZMR 1998, 294).

bb) Zulassung der Berufung

98 Falls die Beschwer einer Partei unter 600,– liegt **muss** das Amtsgericht die Berufung dennoch **zulassen,** wenn **eine** der folgenden Voraussetzung vorliegt:
a) grundsätzliche Bedeutung der Rechtssache oder
b) Fortbildung des Rechts oder Sicherung einer einheitlichen Rechtsprechung.

99 Im Hinblick darauf, dass im Zuge der ZPO-Reform der **Rechtsentscheid** in Wohnraum-Mietsachen (§541 ZPO a.F. und §511a Abs. 2 ZPO a.F.) **weggefallen** ist, ist die Zulassung der Berufung als Voraussetzung für eine notwendige Revisionsentscheidung erforderlich. Enthält das Urteil keine Äußerung zur Frage der Zulassung der Berufung, so ist dies als Nichtzulassung zu werten (LG Görlitz WuM 2003, 39).

cc) Fristen: Berufungseinlegung/Berufungsbegründung

100 Die Berufung wird durch Einreichung einer Berufungsschrift bei dem Berufungsgericht eingelegt. Es genügt z.B. der Satz: »Gegen das Urteil des Amtsgerichts München vom … lege ich Berufung ein.«

Achtung: Anwaltszwang (§78 ZPO)!

Die **Berufungsfrist** beträgt **einen Monat;** sie ist eine Notfrist und beginnt mit der Zustellung des in vollständiger Form abgefassten Urteils, spätestens aber nach Ablauf von fünf Monaten nach der Verkündung (§ 517 ZPO). 101

Die **Berufungsbegründung** ist, sofern sie nicht bereits in der Berufungsschrift enthalten ist, in einem Schriftsatz bei dem Berufungsgericht einzureichen. Die Frist für die Berufungsbegründung beträgt **zwei Monate** ab Urteilszustellung (§ 520 Abs. 2 ZPO). 102

b) Revision

aa) Grundsätzliches – Inhalt der Neuregelung

Durch das ZPO-Reformgesetz von 2001 wird die Statthaftigkeit der Revision allein von der **Zulassung des Rechtsmittels** abhängig gemacht. Berufungsurteile können nunmehr unabhängig vom Streitwert (bzw. Beschwer) mit der Revision angefochten werden, wenn das Berufungsgericht das Rechtsmittel in seinem Urteil ausdrücklich zulässt. Um sicherzustellen, dass die Rechtskontrolle des Revisionsgerichts nicht ausschließlich von der Zulassungspraxis der Berufungsgerichte abhängt, wurde die generelle **Zulassungsrevision** durch die **Nichtzulassungsbeschwerde** (§ 544 ZPO) ergänzt. Nach § 543 Abs. 1 Nr. 2 ZPO findet somit die Revision auch dann statt, wenn sie das Revisionsgericht auf Beschwerde gegen die Nichtzulassung zugelassen hat. (Beachte bis 31.12.2011: § 26 EGZPO Nr. 8!) 103

Die Revision ist zuzulassen, wenn die Rechtssache grundsätzliche Bedeutung hat oder die Fortbildung des Rechts oder die Sicherung einer einheitlichen Rechtsprechung eine Entscheidung des Revisionsgerichts erfordert. Damit ist die Notwendigkeit eines **Rechtsentscheids** in Wohnraummietsachen entfallen; der Rechtsentscheid ist abgeschafft. 104

Zuständig für die **Berufung** gegen Urteile des Amtsgerichts ist die Zivilkammer des **Landgerichts** (§ 72 Abs. 1 GVG). Das Landgericht ist auch Berufungs- u. Beschwerdegericht für **Wohnungseigentumssachen** gem. § 43 Nr. 1 bis 4 und 6 WEG; auch für solche mit Auslandsbezug (§ 72 Abs. 2 GVG) – (Ausnahme von § 119 Abs. 1 Nr. 1b und 1c GVG! s.u.). 105

Achtung!

Für alle Entscheidungen des Amtsgerichts in Mietsachen mit Auslandsberührung war bis 31.10.2009 das Oberlandesgericht zuständiges Berufungs- u. Beschwerdegericht.

Diese Sonderzuständigkeit des OLG entfiel am 01.09.2009 aufgrund Art. 22, 112 des FGG-Reformgesetzes (FGG-RG) v. 17.12.2008.

bb) Zulassungsgründe

(1) Rechtsfrage von grundsätzlicher Bedeutung

Bei dem Begriff »grundsätzliche Bedeutung« handelt es sich um einen eingrenzbaren und durch die Rechtsprechung weithin ausgefüllten Rechtsbegriff (BVerfG BVerfGE 49, 156) zu dessen Auslegung auf die Rechtsprechung zum Rechtsentscheid verwiesen werden kann. 106

Generell kommt einer Rechtsfrage dann grundsätzliche Bedeutung zu, wenn die sie betreffende Entscheidung sich voraussichtlich in einer **unbestimmten Vielzahl** von Fällen auswirkt. Es genügt daher nicht, dass mehrere Streitigkeiten derselben Prozesspartei anhängig sind und insoweit divergierende Urteile vorliegen oder möglich sind (BGH NJW 1970, 1549; Zöller 27. Aufl. Anm. 11 zu § 543 ZPO), wohl aber, wenn innerhalb verschiedener Kammern des LG unterschiedliche Rechtsauffassungen bestehen (OLG 107

Hamm ZMR 1991, 23; KG ZMR 1991, 67). Die Rechtsfrage muss über den Einzelfall hinauswirken, sich also in der Praxis immer wieder stellen und darf sich nicht lediglich auf die Rechtsbeziehungen der Parteien des anhängigen Rechtsstreites beschränken. Eine grundsätzliche Bedeutung der Vorlagefrage ist zu verneinen, wenn der Rechtsstreit einen **Einzelfall** betrifft. Der Umstand, dass für diesen Einzelfall möglicherweise die Rechtsfrage als eine solche von grundsätzlicher Bedeutung betrachtet werden kann, macht die Vorlage zum Rechtsentscheid nicht zulässig (KG WuM 2000, 480), es sei denn die Frage hat auch Gewicht für den Rechtsverkehr (BGH NJW 2003, 1943; 2003, 3765).

108 Wenn eine Rechtsfrage in Literatur und Rechtsprechung allgemein erörtert wird, kommt ihr i.d.R. grundsätzliche Bedeutung zu (OLG Hamburg MieWoE § 564b BGB Nr. 6 = ZMR 1982, 90), dies ist aber nicht Voraussetzung (OLG Hamburg ZMR 1991, 139; WuM 1991, 154).

109 Eine in Rechtsprechung und Literatur bisher nicht erörterte, im Gesetz eindeutig geregelte Rechtsfrage gewinnt nicht schon dadurch grundsätzliche Bedeutung, dass sie in mehreren anhängigen Parallelprozessen durch die erstinstanzlichen Gerichte unterschiedlich beurteilt worden ist (OLG Karlsruhe WuM 1984, 7).

110 Es ist auch nicht jede Rechtsfrage, über die eine gerichtliche Entscheidung noch nicht vorliegt, von grundsätzlicher Bedeutung (OLG Karlsruhe WuM 1984, 7).

111 Eine **ausgelaufenes Recht** betreffende Rechtsfrage besitzt i.d.R. keine grundsätzliche Bedeutung (OLG Karlsruhe WuM 1984, 7), jedoch genügt es, wenn eine bestimmte Frage für die Zukunft Bedeutung erlangen kann (OLG Hamm MieWoE § 3 MHG Nr. 6 = WuM 1983, 17; OLG Karlsruhe MieWoE § 564b BGB Nr. 22 = WuM 1983, 9). Die grundsätzliche Bedeutung entfällt aber i.d.R. dann, wenn die Rechtsfrage bereits **verfassungsrechtlich bindend geklärt** ist (BayObLG NJW-RR 1994, 848). Das Gleiche gilt, wenn bereits eine gefestigte obergerichtliche Rechtsprechung besteht.

(2) Fortbildung des Rechts, Sicherung einer einheitlichen Rechtsprechung

112 Die o.g. Zulassungskriterien stellen im Grunde markante Beispielsfälle für eine »Rechtssache grundsätzlicher Bedeutung« dar. Die Fortbildung des Rechts geschieht durch Leitsätze für die Auslegung von Gesetzesbestimmungen oder für das Schließen von Gesetzeslücken.

Eine Revisionsentscheidung ist dann zur Sicherung einer einheitlichen Rechtsprechung erforderlich, wenn die Rechtsprechung sich zu zersplittern droht oder wegen Abweichung von höchstrichterlicher Rechtsprechung Rechtsunsicherheit zu befürchten ist.

4. Urkundenprozess

113 **Zahlungsansprüche** der Mietparteien können auch im Wege des Urkundenprozesses geltend gemacht werden (§§ 592 ff. ZPO). Dadurch erlangt der Kläger schneller als im ordentlichen Verfahren einen Vollstreckungstitel, aus dem er ohne Sicherheitsleistung (§ 708 Nr. 4 ZPO), aber unter dem Risiko einer Schadensersatzpflicht vollstrecken darf. Die Beschleunigung des Verfahrens wird durch Beschränkung der Beweismittel auf Urkundenvorlage und Parteivernehmung erreicht. Die Widerklage ist ausgeschlossen (§ 595 Abs. 1 ZPO). Der unterlegenen Partei wird Gelegenheit gegeben, im sog. **Nachverfahren** ihre Rechte geltend zu machen, sodass eine Verurteilung im Urkundenprozess in Form eines Vorbehaltsurteils (§ 599 Abs. 1 ZPO) zu erfolgen hat.

114 Die Vorschriften über den Urkundenprozess gelten auch für **Mietverhältnisse über Wohnraum.** Aus den Vorschriften des sozialen Mietrechtes lässt sich die Unstatthaftigkeit der Urkundenklage bei Ansprüchen aus Wohnraummietverhältnissen nicht herleiten. Mängel der Mietsache und die darauf beruhende Mietminderung kann der Mieter in demselben Prozess, nämlich im Nachverfahren geltend machen. Der Mieter erleidet dadurch keine anderen Nachteile als alle Beklagten, die im Urkundenprozess ihre rechtsvernichtenden Einwendungen nicht durch Urkunden nachweisen können (BGH NJW 2005, 2701 = NZM 2005, 661 = WuM 2005, 526; OLG Düsseldorf ZMR 2008, 948).

Dies gilt auch dann, wenn der Mieter sich nicht nur auf eine Mietminderung beruft, son- **115**
dern im Hinblick auf das Vorliegen von anfänglichen oder nachträglich eingetretenen Mängeln die Einrede des nicht erfüllten Vertrages gem. § 320 BGB erhebt (BGH NZM 2007, 161; BGH NZM 2009, 734; BGH ZMR 2010, 19 in Fortführung seiner grundlegenden Rechtsprechung aus 2005 a.a.O.).

Mietforderungen können deshalb im Urkundenprozess geltend gemacht werden (BGH WuM 1999, 345; BGH WuM 2005, 526). Eine etwa durch Landesgesetze vorgesehene **obligatorische Streitschlichtung** findet in diesem Falle nicht statt (§ 15a Abs. 2 Ziff. 4 EGZPO).

Auch der Mieter kann sich des Urkundenprozesses bedienen z.B. um eine geleistete Kau- **116**
tion zurückzufordern (Bub/Treier VIII Rn. 41; Sternel Mietrecht Aktuell 3. Aufl. Rn. 1471; a.A.: LG Mönchengladbach ZMR 1994, S. XII Nr. 23). Der **Saldo einer Betriebskostenabrechnung** soll im Urkundenprozess geltend gemacht werden können (AG Berlin-Mitte ZMR 2007, 42); allerdings ist fraglich, ob hierbei die Vorlage der Betriebskostenabrechnung und des Mietvertrages genügt (vgl. hierzu Flatow DWW 2008, 88, 92).

5. Einstweilige Verfügung

a) Zweck und Inhalt des Rechtsinstituts

Da die Anwendung des Faustrechts unzulässig ist (Gewaltmonopol des Staates), können **117**
die Parteien eines Mietvertragsverhältnisses ihre privatrechtlichen Ansprüche nur mit den dafür vorgesehenen Mitteln der staatlichen Gewalt durchsetzen, wobei i.d.R. Voraussetzung ist, dass in einem meist Zeit raubenden Verfahren ein vollstreckbarer Titel erstritten wird. Damit läuft aber der Inhaber eines Rechtes Gefahr, dass er sein Recht nach dem Vorliegen eines obsiegenden Urteils deshalb nicht verwirklichen kann, weil in der Zwischenzeit die Vollstreckungsmöglichkeit verloren gegangen ist oder der Gläubiger gewaltsam vor vollendete Tatsachen gestellt wurde. Dieser Gefahr kann durch den Erlass einer einstweiligen Regelung begegnet werden. Die einstweilige Verfügung dient der Sicherung eines Individualanspruchs und der einstweiligen Regelung eines streitigen Rechtsverhältnisses. Während der Zweck der sog. **Sicherungsverfügung** (§ 935 ZPO) darin liegt, die Verwirklichung eines Rechtes dadurch zu sichern, dass der bestehende Zustand in Bezug auf einen bestimmten Streitgegenstand erhalten bleibt, liegt der Zweck der sog. **Regelungsverfügung** (§ 940 ZPO) darin, durch eine vorübergehende Regelung den Rechtsfrieden bis zur Entscheidung des streitigen Rechtsverhältnisses zu sichern. Die Abgrenzung zwischen beiden Verfügungstypen ist oftmals schwierig zu treffen, jedoch praktisch ohne Bedeutung, sodass es sich empfiehlt, in Zweifelsfällen den Antrag auf Erlass einer einstweiligen Verfügung auf beide Vorschriften zu stützen.

Demnach sind einstweilige Verfügungen in Bezug auf den Streitgegenstand zulässig, **118**
wenn zu besorgen ist, dass durch eine Veränderung des bestehenden Zustandes die Verwirklichung des Rechts einer Partei vereitelt oder wesentlich erschwert werden könnte oder wenn ein einstweiliger Zustand in Bezug auf ein streitiges Rechtsverhältnis geregelt werden soll, sofern diese Regelung, insbesondere bei dauernden Rechtsverhältnissen zur

Abwendung wesentlicher Nachteile oder zur Verhinderung drohender Gewalt oder aus anderen Gründen nötig erscheint. Die **Räumung** von Wohnraum darf durch einstweilige Verfügung nur wegen **verbotener Eigenmacht** angeordnet werden (§ 940a ZPO).

b) Verfahren

119 Es handelt sich um ein summarisches Verfahren, bei dem an die Stelle voller Beweisführung die **Glaubhaftmachung** (§ 294 ZPO) tritt. Die Entscheidung kann in dringenden Fällen ohne mündliche Verhandlung ergehen. Zu entscheiden ist in diesem Fall durch Beschluss; gegen die einstweilige Verfügung kann der Antragsgegner **Widerspruch** einlegen (§§ 924, 925 ZPO). Gegen die Zurückweisung des Antrags ist die **sofortige Beschwerde** (§ 567 Abs. 1 Nr. 2, § 569 ZPO) statthaft.

c) Voraussetzungen

120 Begründet ist ein Antrag auf Erlass einer einstweiligen Verfügung, wenn der Verfügungsanspruch und der Verfügungsgrund **glaubhaft gemacht** sind.

aa) Verfügungsanspruch

121 Verfügungsanspruch i.S.d. § 935 ZPO ist jeder nicht auf eine Geldleistung gerichtete **Individualanspruch,** z.B. Anspruch auf Räumung und Herausgabe, auf Abgabe von Willenserklärungen, Ansprüche zur Sicherung des Vermieterpfandrechts gem. § 562b BGB wie z.B. das Verbot der Entfernung der vom Vermieter eingebrachten Sachen; die Gestattung der Zurückschaffung eingebrachter Sachen oder die Überlassung an den Vermieter.

122 Zum Verfügungsanspruch i.S.d. § 940 ZPO hat der Antragsteller **Tatsachen** vorzutragen, aus denen sich das Rechtsverhältnis und sein möglicher Anspruch ergibt. Das Gericht muss aufgrund der vorgetragenen Tatsachen beurteilen können, inwieweit eine behauptete Störung gerechtfertigt sein könnte. Der Antrag muss auf die Regelung eines einstweiligen Zustandes zielen, jedoch ist die Bestimmung der einzelnen Maßnahme Sache des Gerichtes (§ 938 ZPO).

bb) Verfügungsgrund

123 Sowohl bei der Sicherungsverfügung nach § 935 ZPO, wie auch bei der Regelungsverfügung nach § 940 ZPO hat der Antragsteller darzulegen und glaubhaft zu machen, warum er einer schnellen einstweiligen Maßnahme des Gerichtes bedarf und warum er nicht sein Ziel ebenso gut damit erreichen kann, dass er auf dem normalen Rechtsweg ein vollstreckungsfähiges Urteil erstreitet. Der Antragsteller hat also darzulegen, warum zu befürchten ist, dass durch eine Veränderung des bestehenden Zustandes die Verwirklichung seiner Rechte vereitelt oder wesentlich erschwert werde oder inwieweit eine einstweilige Regelung notwendig ist, um wesentliche Nachteile abzuweisen oder drohende Gewalt zu verhindern. Das Gericht hat die schutzwürdigen Interessen beider Seiten gegeneinander abzuwägen (OLG München OLGR 1999, 245; OLG Hamm NJW-RR 2001, 1202). Die **Dringlichkeit** fehlt, wenn der Antragsteller in Kenntnis der maßgeblichen Umstände untätig bleibt und den Antrag auf Erlass der einstweiligen Verfügung erst nach längerer Zeit stellt (OLG Hamburg MDR 1974, 148: Antragstellung nach sechs Monaten; OLG München OLGZ 72, 56: Verlängerung der Berufungsbegründungsfrist um zwei Monate).

124 Langes Zuwarten kann insbesondere eine gesetzliche Dringlichkeitsvermutung widerlegen (OLG Hamm NJW-RR 1990, 1236; OLG Frankfurt/M. NJW 1985, 1295; KG KG-Report 1994, 106 für § 885 Abs. 1 S. 2 BGB).

d) Einzelfälle

Die Zulässigkeit einer einstweiligen Verfügung wird bejaht, um die **Besichtigung** einer gekündigten Wohnung durch den Vermieter durchzusetzen; ebenso kommt der Erlass einer einstweiligen Verfügung zur Durchführung dringend **notwendiger Reparaturen** in Betracht, wenn der Mieter den Zugang verweigert, bis ihm der Vermieter den Ersatz eines möglicherweise entstehenden Schadens zusichert (LG Frankfurt/M. MDR 1968, 328). **125**

Durch Befristung der einstweiligen Verfügung kann dem Interesse des Antragsgegners Rechnung getragen werden, die Klärung der materiellen Rechtslage herbeizuführen (AG Lörrach WuM 2002, 95). **126**

Durch eine einstweilige Verfügung kann das **Besichtigungsrecht** des Vermieters nicht erzwungen werden, wenn lediglich die Renovierungsbedürftigkeit der vermieteten Wohnung überprüft werden soll. Hier fehlt es an der erforderlichen Eilbedürftigkeit (AG Hamburg WuM 1981, U 6). **127**

Erhaltungsmaßnahmen i.S.d. § 554 BGB können im Wege der einstweiligen Verfügung nur dann durchgesetzt werden, wenn eine akute Gefahr für die Mietsache besteht (AG Neuss NJW-RR 1986, 314). Bauliche Maßnahmen zur Modernisierung oder Sanierung nach § 554 BGB sind i.d.R. nicht eilbedürftig (AG Görlitz WuM 1993, 390; AG Köln ZMR 1994 S. XIV Nr. 10), selbst dann nicht, wenn öffentliche Modernisierungszuschüsse wegen Verfristung verloren gehen würden (LG Frankenthal WuM 1993, 418). Führt allerdings der Vermieter eigenmächtig bauliche Maßnahmen an den Mieträumen durch, kann der Mieter mit einstweiliger Verfügung die Wiederherstellung eines der bisherigen Wohnqualität entsprechenden Wohnzustandes erzwingen (AG Wolgast WuM 1994, 265). **128**

An der Eilbedürftigkeit fehlt es, wenn der Erlass der einstweiligen Verfügung zum Betreten der Mietwohnung zur **Schädlingsbekämpfung** erst drei Wochen nach Ortsbesichtigung durch die beauftragte Firma beantragt wird (AG Vilbel WuM 1989, 207). **129**

Dagegen dürfte zumindest in den Wintermonaten die erforderliche Dringlichkeit für den Erlass einer einstweiligen Verfügung gegeben sein, um hiermit die **Beheizung der Wohnung** zu gewährleisten (OLG Köln ZMR 1994, 325). Das LG Düsseldorf hat entschieden, dass die Dringlichkeit für eine beantragte einstweilige Verfügung auf vertragsgemäße Beheizung der Wohnung nicht deshalb entfällt, weil der Antragsteller seine Wohnung auch elektrisch beheizt. Denn eine elektrische Beheizung mit elektrischen Heizöfen ist nur ein Notbehelf. **130**

Auch die Versorgung mit **Kalt- und Warmwasser** durch den Vermieter kann durch einstweilige Verfügung sichergestellt werden (AG Leipzig MDR 1998, 1025). **131**

Allerdings kann nicht jeder **technische Defekt** in der Heizungs- und Warmwasserbereitungsanlage sofort vom Mieter zum Anlass für eine einstweilige Verfügung genommen werden. Der Mieter ist vielmehr gehalten, den Vermieter von auftretenden Schwierigkeiten rechtzeitig zu unterrichten und dem Vermieter zur Durchführung der Reparaturarbeiten angemessene Zeit zu geben. Das LG Osnabrück (WuM 1980, 198) hat entschieden, dass die Unterbrechung der Warmwasserversorgung auch bei mehrtägiger Dauer nur dann zum Erlass einer einstweiligen Verfügung berechtigt, wenn der Vermieter die Warmwasserversorgung absichtlich abstellt oder diese rechtsmissbräuchlich nicht wieder in Betrieb setzt. **132**

Eine einstweilige Verfügung kommt i.d.R. auch dann nicht in Betracht, wenn durch deren Erlass der Antragsteller praktisch in der Hauptsache **volle Befriedigung** erlangt, da durch die begehrte Maßnahme ein Zustand geschaffen werden würde, welcher nicht mehr rückgängig gemacht werden kann. Dies gilt insbesondere für die Duldung von **133**

Umbau- und Renovierungsmaßnahmen (vgl. AG Dortmund WuM 1979, 38; AG Wuppertal WuM 1980, 180; AG Unna WuM 1980, 179; AG Blütlingen WuM 1982, 282; LG Köln WuM 1984, 199).

134 Dagegen kann sich der **Mieter** mit einer einstweiligen Verfügung gegen solche **Besitzstörungen** wehren, die das Nutzungsrecht an den Räumen, die Inanspruchnahme der vorhandenen Versorgungseinrichtungen, aber auch den Zugang zum Wohnhaus betreffen. Das gilt beispielsweise, wenn mit Abbrucharbeiten am Haus begonnen wird oder der bisher vorhandene gewöhnliche Zugang zum Haus zerstört wird (vgl. LG Gießen WuM 1983, 254). Für Gemeinschaftsantennenanlage: vgl. AG Bergen WuM 1994, 5.

135 In dringenden Fällen kann auch das **Betreten einer Wohnung** durch einen gerichtlich bestellten Sachverständigen durch einstweilige Verfügung angeordnet werden (LG Düsseldorf – 22 S 346/00; AG Neuss 34 C 2106/00). Das Grundrecht auf Unverletzlichkeit der Wohnung steht einer vertraglichen Zutrittsgewährung durch den Berechtigten nicht entgegen (BVerfG WuM 2001, 111).

136 Von der Rechtsprechung werden hohe Anforderungen an die **Darlegungspflicht** des Vermieters gestellt, wenn dieser im Wege der einstweiligen Verfügung die Beschlagnahme der dem **Vermieterpfandrecht** unterliegenden Gegenstände in der Wohnung des Mieters begehrt. Nach Auffassung des LG Köln (WuM 1981, U 20) verlangt ein solcher Antrag:

1. genaue Ausführungen, welche Gegenstände sich in der Wohnung des Antragsgegners (Mieters) befinden,
2. die Glaubhaftmachung, dass sich zum Zeitpunkt des Eingangs des Antrages bei Gericht noch dem Vermieterpfandrecht unterliegende Gegenstände in der Wohnung des Mieters befinden,
3. die Glaubhaftmachung des behaupteten Verfügungsanspruches i.Ü.

137 Bestreitet der Antragsgegner den Anspruch substantiiert, so reicht nach Ansicht des LG Köln (a.a.O.) eine eidesstattliche Versicherung des Antragstellers über das Bestehen eines Anspruchs nicht aus.

138 Die **Vollstreckung** einer einstweiligen Verfügung mit der dem Vermieter die vertragsgemäße Beheizung der Mietwohnung aufgegeben wird, erfolgt wie die Vollstreckung eines Unterlassungstitels gem. § 890 ZPO (LG Wuppertal WuM 1982, 134).

139 Das OLG Celle (NJW-RR 1991, 781) hat eine einstweilige Verfügung auf **Unterlassen von Äußerungen** des Mieters über Mängel der Mietsache gegenüber Kaufinteressenten abgelehnt. Bei **Unterlassungsverfügungen** kann es generell Schwierigkeiten bereiten, die begehrte Verfügung so genau zu bezeichnen, dass sie einen vollstreckungsfähigen Inhalt hat. Allgemeine Formulierungen wie z.B. »Zugang verschaffen« oder »nicht behindern« dürften deshalb i.d.R. nicht ausreichen (OLG Düsseldorf MDR 1986, 328). Bei Personengruppen (z.B. Hausbesetzern) genügt nicht die Bezeichnung einer »Anzahl ständig wechselnder Personen« (OLG Oldenburg NJW-RR 1995, 1164 = MDR 1995, 794).

140 Im Falle der **Doppelvermietung** kann dem Vermieter nicht im Wege der einstweiligen Verfügung vorgeschrieben werden, an welchen Gläubiger er zu leisten hat, weder durch ein Gebot, die Räume dem Antragsteller zu überlassen, noch durch ein Gebot, die Übertragung des Besitzes auf Dritte zu unterlassen (OLG Frankfurt/M. ZMR 1997, 22; OLG Brandenburg MDR 1998, 98; OLG Schleswig MDR 2000, 1428; OLG Hamm, NZM 2004, 192; OLG Celle ZMR 2009, 113; KG NZM 2008, 889). Dies ergibt sich aus dem Grundsatz der Privatautonomie der Parteien. Der Vermieter darf entscheiden, welchen Vertrag er erfüllen will und an welchen Mieter er evtl. Schadensersatz leistet (KG ZMR 2007, 614; OLG Hamburg NJW-RR 2004, 521; a.A.: OLG Düsseldorf NJW-RR 1991, 336; Zöller 27. Aufl. § 938 Rn. 12; Wichert ZMR 1997, 16 ff.; Kohler NZM 2008, 545).

Besteht bei Geschäftsräumen ein **vertraglicher Konkurrenzschutz,** so kann dieser mit Hilfe einer einstweiligen Verfügung durchgesetzt werden (OLG Hamm NJW-RR 1990, 1236). Das Gleiche gilt für die Erhaltung einer vereinbarten **Betriebspflicht** (OLG Naumburg NZM 1998, 575; a.A.: OLG Düsseldorf NJW RR 1997, 648; KG ZMR, 2005, 47). 141

e) Leistungsverfügung

In Ausnahmefällen lässt die Rechtsprechung über die Sicherung eines Anspruchs und die vorläufige Regelung eines streitigen Rechtsverhältnisses hinaus eine ganze oder teilweise Befriedigung im Wege der einstweiligen Verfügung zu. Zusätzliche Voraussetzung ist hierbei, dass der Gläubiger auf die sofortige Erfüllung dringend angewiesen ist oder die geschuldete Handlung so kurzfristig zu erbringen ist, dass die Erwirkung eines Titels im ordentlichen Verfahren nicht möglich ist. 142

Als Beispiele kommen hierbei in Betracht: der Anspruch der Mieter auf Lieferung von Strom, Gas und Heizöl (insbesondere zur Winterszeit); der Unterlassungsanspruch von Mitmietern gegen einen Hundehalter, wenn diese von einem auf dem Grundstück frei herumlaufenden Hund belästigt werden (OLG Hamburg MDR 1975, 578) sowie Mietforderungen, wenn glaubhaft gemacht wird, dass sie im Einzelfall zur Sicherstellung des Unterhalts benötigt werden (OLG München v. 31.12.1953–1 W 1937/53; a.A. OLG Celle NJW 1952, 1221). Die Herausgabe von **Gewerberaum** per Eilantrag ist i.d.R. selbst dann nicht zulässig, wenn der Antragsteller die Uneinbringlichkeit von Mietrückständen und das Auflaufen von weiteren Mietforderungen befürchten muss (OLG Celle NZM 2001, 194). 143

f) Sonderregelung bei Räumung von Wohnraum (§ 940a ZPO)

§ 940a ZPO regelt eine Ausnahme von dem Grundsatz, dass durch einstweilige Verfügungen keine Maßnahmen angeordnet werden dürfen, die zur Befriedigung des Gläubigers führen würden. Hat sich jedoch der Wohnungsinhaber durch **verbotene Eigenmacht** in den Besitz der Wohnung gesetzt oder droht dem Antragsteller konkrete **Gefahr für Leib oder Leben,** so kann der Gegner sich nicht auf besondere Schutzwürdigkeit berufen. 144

Strittig ist, ob für den Erlass einer einstweiligen Verfügung in diesem Falle allein das Vorliegen der verbotenen Eigenmacht als Verfügungsgrund ausreicht (Zöller Anm. 2 zu § 940a ZPO), oder ob daneben die Voraussetzungen des § 940 ZPO vorliegen müssen, ob also die Räumung zur Abwendung wesentlicher Nachteile oder zur Verhinderung drohender Gewalt oder aus anderen Gründen notwendig ist (Thomas/Putzo Anm. zu § 940a ZPO). Ausschlaggebend dürfte letztendlich die Interessenlage der Parteien im Einzelfall sein, wobei man sich bei der Begründung nötigenfalls auch auf den Standpunkt stellen könnte, dass eine verbotene Eigenmacht auch als ein »anderer Grund« i.S.v. § 940 ZPO angesehen werden kann (vgl. OLG Saarbrücken NJW 1967, 1813; LG Frankfurt/M. WuM 1980, 1758 m. Anm. von Wolff). Das AG Menden (WuM 1999, 418) hat den Erlass einer einstweiligen Räumungsverfügung gegen die in der Wohnung verbliebene **Lebensgefährtin des Mieters,** der selbst aufgrund eines Räumungstitels bereits ausgezogen war, abgelehnt. Die Lebensgefährtin sei nämlich nicht durch verbotene Eigenmacht gegenüber dem Vermieter nach der Räumung des Mieters unmittelbare Besitzerin der Wohnung geworden (bestätigt durch LG Arnsberg a.a.O.). 145

Seit In-Kraft-Treten des Gewaltschutzgesetzes v. 11.12.2001 dürfte diese Streitfrage indes erledigt sein; denn dort wurde § 940a ZPO dahingehend ergänzt, dass die Räumung von Wohnraum auch bei einer konkreten Gefahr für Leib und Leben angeordnet werden kann. 146

147 Damit wird klargestellt, dass in diesen Fällen die Räumung von Wohnraum bei anderen als auf Dauer angelegten gemeinsamen Haushalten durch eine einstweilige Verfügung angeordnet werden kann.

148 Gegenüber einer einstweiligen Verfügung auf Räumung wegen verbotener Eigenmacht kommt die Bewilligung einer **Räumungsfrist** nicht in Betracht (LG Hamburg NJW-RR 1993, 1233).

149 § 940a ZPO ist nicht anwendbar bei Wohnraum, der zu **gewerblichen Zwecken** angemietet worden ist (OLG Celle ZMR 2000, 752).

g) Einstweilige Maßnahmen aufgrund Sonderregelungen: Unanwendbarkeit der Vorschriften der ZPO

150 1. Im Verfahren nach dem **Wohnungseigentumsgesetz** kann seit der Novellierung von 2007, im Gegensatz zur früheren Rechtslage, einstweiliger Rechtsschutz nach den allgemeinen Vorschriften der ZPO gem. §§ 916 ff. ZPO gewährt werden (vgl. Rdn. 47, 48). Zulässig ist nunmehr z.B. der Erlass einer einstweiligen Verfügung durch den ein Beschluss der Wohnungseigentümer vorläufig außer Kraft gesetzt wird.

151 2. Eine einstweilige Verfügung kommt aber nicht in Betracht, soweit die **Hausratsverordnung** eingreift. Hier ist das Gericht von Amts wegen verpflichtet, gem. § 15 HausratsV die nötigen Anordnungen zu treffen. Das Gleiche gilt für Verfahren in **Lebenspartnerschaftssachen** hinsichtlich der Regelung der Rechtsverhältnisse an der gemeinsamen Wohnung und am Hausrat der Lebenspartner (§ 661 Abs. 1 Nr. 5 ZPO). Eine entsprechende Anwendung auf die nicht eheliche Lebensgemeinschaft ist zu verneinen (Zöller § 940a Rn. 2; vgl. Finger WuM 2000, 462). Vgl hierzu Rdn. 251 ff.

152 3. Nach der durch das **GewaltschutzG** ergänzten neuen Fassung des § 940a ZPO kann neben der Räumung auch ein **Betretungsverbot** für eine Wohnung durch einstweilige Verfügung angeordnet werden (§ 1 Nr. 1 GewSchG).

h) Streitwert

153 Der Streitwert für eine einstweilige Verfügung ist gem. § 3 ZPO nach freiem Ermessen zu schätzen (vgl. § 20 Abs. 1 GKG). Maßgebend ist das **Interesse des Antragstellers** an der vorläufigen Regelung bzw. Sicherung seines Anspruchs. Dabei wird i.d.R. das Befriedigungsinteresse nicht erreicht, sodass bei den meisten einstweiligen Verfügungen der Wert niedriger als die Hälfte des Hauptsachestreitwertes (also etwa 1/3) anzusetzen ist (Zöller zu § 3 ZPO Stichwort: »einstweilige Verfügung«; LG Görlitz WuM 1994, 380). Das OLG München hat beispielsweise auch den Wert der Gestattung des Zugangs zur Durchführung von Renovierungsarbeiten auf 1/10 des Verkehrswertes des Hausteiles vor Durchführung der Baumaßnahme festgesetzt (JurBüro 1973, 1191). Wird die Räumung einer Wohnung (etwa nach § 940a ZPO wegen verbotener Eigenmacht) im Wege der einstweiligen Verfügung verlangt, so entspricht der Streitwert dem Hauptsachestreitwert.

6. Prozesskosten

a) Grundsätze der Kostenentscheidung

154 Grundsätzlich hat gem. § 91 Abs. 1 ZPO diejenige Partei die gesamten Kosten des Rechtsstreits zu tragen, die den Prozess verloren hat. Die unterliegende Partei muss dem Gegner alle Kosten erstatten, die zur zweckentsprechenden Rechtsverfolgung oder Rechtsverteidigung notwendig waren. Hierzu gehören auf jeden Fall auch die gesetzlichen Gebühren und Auslagen des Rechtsanwalts der obsiegenden Partei.

Stimmt der Mieter während des Prozesses der verlangten Mieterhöhung zu oder räumt er freiwillig die Wohnung, so ist die **Hauptsache für erledigt** zu erklären. In diesem Falle wird gem. § 91a ZPO nur noch über die Kosten des Verfahrens ohne mündliche Verhandlung entschieden. Eine Beweisaufnahme kommt in diesem Falle nicht in Betracht. Das Gericht entscheidet über die Kostentragung vielmehr nach billigem Ermessen unter Berücksichtigung des bisherigen Sach- und Streitstandes. Dabei ist unter Berücksichtigung des bisherigen Parteivorbringens der voraussichtliche Ausgang des Prozesses abzuschätzen und das beiderseitige Prozessrisiko abzuwägen. Ist der Ausgang des Prozesses offen, weil vom Ergebnis einer Beweisaufnahme abhängig, so ist es i.d.R. gerechtfertigt, die Kosten gegeneinander aufzuheben. **155**

Wenn jede Partei teils obsiegt, teils unterliegt, so sind die Prozesskosten im Verhältnis des Obsiegens bzw. Unterliegens zu quoteln (§ 92 Abs. 1 ZPO). **156**

Hat der Beklagte den Anspruch **sofort anerkannt**, so sind dem Kläger die gesamten Kosten des Verfahrens aufzuerlegen, es sei denn, der Beklagte hat durch sein Verhalten zur Erhebung der Klage Anlass gegeben (§ 93 ZPO). **157**

Anlass zur Erhebung der Räumungsklage besteht nicht sofort nach Ausspruch der fristlosen Kündigung. Obwohl die fristlose Kündigung das Mietverhältnis sofort nach Zugang der Kündigungserklärung beendet, räumt die Rechtsprechung dem Mieter noch eine Frist von ein bis zwei Wochen ein, um den Umzug vorzubereiten (LG München II WuM 1989, 181; LG Berlin Berliner Grundeigentum 1994, 707; AG Ahaus DWW 1989, 54; AG Bergisch-Gladbach WuM 1990, 297). **158**

Dies gilt nicht bei Vermietung von **Gewerbeobjekten**: Hier ist Räumungsklage schon veranlasst, wenn sich der Mieter auf eine vor Ablauf der Kündigungsfrist erfolgte Anfrage des Vermieters nicht zu seinen Räumungsabsichten äußert. Denn hier entfällt die Widerspruchsmöglichkeit nach § 574 BGB und die dem Mieter von Wohnraum zugestandene Dispositionsfrist (OLG Stuttgart WuM 1999, 414). **159**

Verfrühte Klageerhebung (z.B. gleichzeitig mit Ausspruch der fristlosen Kündigung) führt dazu, dass der Kläger die Kosten zu tragen hat, falls der Mieter innerhalb der o.g. Frist räumt (so auch LG Hannover NJW-RR 1992, 659). **160**

Im Übrigen ist eine Klage generell veranlasst, wenn der Mieter zu erkennen gibt, dass er seinen vertraglichen Verpflichtungen nicht nachkommen will (so z.B. OLG Frankfurt/M. OLGR 1996, 203 betr. Räumungsverpflichtung). Klageveranlassung wurde von der Rechtsprechung z.B. anerkannt, wenn der Mieter erforderliche Bauarbeiten in seiner Wohnung dadurch hintertreibt, dass er an Terminabsprachen nicht mitwirkt (AG Hamburg MDR 1987, 768) oder wenn der Mieter der Kündigung unter Berufung auf eine Mindermeinung in der Rechtsprechung widerspricht und damit seine Räumungsunwilligkeit dokumentiert (LG Köln WuM 1993, 541) oder wenn der Mieter eine Anfrage wann er zu räumen gedenkt nicht beantwortet (OLG Stuttgart WuM 1999, 414 m. abl. Anm. Breckerfeld NZM 2000, 328). Dagegen fallen dem Kläger dann die Kosten zur Last, wenn der Mieter vor Zustellung der Räumungsklage bereits ausgezogen ist (LG Baden-Baden WuM 1996, 473). **161**

b) Möglichkeit einer abweichenden Kostenentscheidung gem. § 93b ZPO

Von diesen o.g. allgemeinen Grundsätzen des Kostenrechts kann bei Räumungsprozessen über Wohnraum abgewichen werden. § 93b ZPO bietet dem Gericht die Möglichkeit, einer Partei auch dann die Kosten ganz oder teilweise aufzuerlegen, obwohl sie den Prozess letztendlich gewonnen hat. Das Gesetz trägt damit den Besonderheiten des Wohnraummietrechts Rechnung, wonach insbesondere bei der Anwendung der sog. Sozial- **162** klausel (§ 574 BGB) von den Parteien verlangt wird, den Vertragspartner jeweils über die Umstände rechtzeitig und umfassend zu informieren, welche für die Beurteilung der Schutzrechte des Mieters von Bedeutung sein können. Die Klagepartei muss schon vor Klageerhebung über die persönlichen Umstände des Gegners soweit informiert sein, um die gegenseitige Interessenlage in seine Überlegungen zum Klageentschluss einbeziehen zu können. Hat eine der Parteien ihre Informationspflicht verletzt, so läuft sie Gefahr, trotz Obsiegens in der Sache die Kosten tragen zu müssen.

163 Die Anwendung der Vorschrift setzt voraus, dass der Vermieter auf **Räumung** und Herausgabe klagt oder der Mieter durch Klage die Feststellung begehrt, dass das Mietverhältnis gem. §§ 574 bis 574c BGB fortzusetzen ist.

164 Das Gleiche gilt, wenn zwischen Vermieter und Mieter nur noch über die Frage der Bewilligung einer Räumungsfrist gestritten wird.

165 § 93b ZPO ist anwendbar bei einer Klage (auch Widerklage) auf Räumung von **Wohnraum;** bei einem Mischmietverhältnis, falls die Nutzung des Wohnraums offensichtlich überwiegt (LG Stuttgart NJW 1973, 1377). Als Wohnraum gilt auch eine Dienstwohnung i.S.d. § 576b BGB; nicht jedoch Wohnraum, der nur vorübergehend überlassen worden ist (§ 549 Abs. 2 Nr. 1–3 BGB). Zum Begriff des »Wohnraums« vgl. BVerfG NJW 1994, 144. § 93b ZPO gilt auch im Falle eines Untermietverhältnisses und bei einem wiederholten Fortsetzungsverlangen des Mieters nach § 574c BGB.

c) Räumungsklage und Sozialklausel

166 Hat der Vermieter Räumungsklage erhoben und verlangt der Mieter unter Berufung auf die Sozialklausel die Fortsetzung des Mietverhältnisses gem. §§ 574 bis 574c BGB, so sind zwei Fälle zu unterscheiden:

aa) Der Räumungsklage wird stattgegeben

167 Die Kosten können gem. § 93b Abs. 1 ZPO ganz oder teilweise dem Kläger trotz seines Obsiegens auferlegt werden, wenn der Vermieter aus nachträglich (d.h. nach Absendung des Kündigungsschreibens) eingetretenen Gründen im Prozess gewonnen hat oder der Vermieter seine berechtigten Interessen dem Mieter nicht unverzüglich bekannt gegeben hat.

168 Die Entscheidung, ob bzw. in welchem Umfange die Kosten dem Kläger auferlegt werden, liegt im **pflichtgemäßen Ermessen** des Gerichts. Voraussetzung ist allerdings, dass das Fortsetzungsverlangen des Mieters form- und fristgerecht (§§ 574b und 576a BGB) unter Angabe der Gründe vorgelegen hat. Für die Begründung genügt es nicht, lediglich formelhaft auf die Sozialklausel des § 574 BGB Bezug zu nehmen, sondern es müssen dem Vermieter bestimmte **konkrete Tatsachen** mitgeteilt worden sein, auch wenn dies vom Mieter nicht ausdrücklich gem. § 574b Abs. 1 BGB verlangt worden ist. Hätten allerdings die Gründe des Mieters für sich allein schon nicht für eine Fortsetzung des Mietverhältnisses ausgereicht, so ist § 93b Abs. 1 ZPO nicht anwendbar (LG Hagen ZMR 1965, 141); denn der Anspruch auf Fortsetzung muss vom Gericht deshalb verneint werden, weil die Interessen des Vermieters überwiegen. § 93b ZPO scheidet deshalb auch dann aus, wenn das Fortsetzungsverlangen bereits aus formellen Gründen, etwa wegen Fristversäumung unberücksichtigt bleiben muss.

169 Das Gleiche gilt, wenn eine Fortsetzungsklage des Mieters abgewiesen wurde, weil die berechtigten Interessen des Vermieters stärker waren als der an sich berechtigte Widerspruch des Mieters.

bb) Die Räumungsklage wird abgewiesen

§ 93b Abs. 2 ZPO gibt dem Gericht die Möglichkeit, bei einem Fehlverhalten des Mieters diesem ganz oder teilweise die Kosten des Rechtsstreits aufzuerlegen, auch wenn das Mietverhältnis durch Gestaltungsurteil fortgesetzt wird und der Mieter im Ergebnis obsiegt hat. Dies folgt aus der Verpflichtung des Mieters, auf Verlangen (§ 574b Abs. 1 BGB) dem Vermieter unverzüglich und vollständig über die Gründe seines Widerspruchs Auskunft zu erteilen. Kommt der Mieter dieser Verpflichtung nicht nach, so können dem Mieter ganz oder teilweise die Kosten des Rechtsstreits auferlegt werden, obwohl das Mietverhältnis fortgesetzt worden ist und somit der Mieter obsiegte. **170**

d) Anerkenntnis und Räumungsfrist

Abs. 3 der Vorschrift erlaubt die in § 93 ZPO vorgesehene Kostenregelung zugunsten des Mieters abzuändern, wenn der Mieter zwar Anlass zur Klage gegeben hat, aber der Mieter wegen der Gewährung einer Räumungsfrist vergeblich eine außergerichtliche Einigung versucht hat. **171**

aa) Umfang und Zeitpunkt des Anerkenntnisses

Voraussetzung für eine Kostenentscheidung zugunsten des unterlegenen Mieters ist, dass der Beklagte den Räumungsanspruch des Klägers sofort anerkannt hat. Mit Anerkenntnis ist ein solches i.S.d. § 307 ZPO zu verstehen, d.h., der Beklagte muss den Räumungsanspruch in der ersten mündlichen Verhandlung unumschränkt anerkennen. Bestreiten des Klageanspruchs in einem vorbereiteten Schriftsatz ist dann unschädlich (LG Hagen MDR 1965, 750; LG Freiburg NJW-RR 90, 382 = WuM 1993, 553). Wird der Räumungsanspruch erst im Laufe des Prozesses fällig, so reicht es, wenn der Mieter sein sofortiges Anerkenntnis im darauf folgenden mündlichen Termin erklärt (LG Mannheim ZMR 1968, 51; LG Köln WuM 1993, 542). **172**

Das prozessuale Anerkenntnis muss sich auf den Streitgegenstand beziehen. Das Außerstreitstellen der Kündigungsberechtigung stellt **kein** prozessuales Anerkenntnis dar, sondern betrifft nur ein präjudizielles Rechtsverhältnis (LG Kiel WuM 1993, 540). **173**

Ist im Räumungsprozess das **schriftliche Vorverfahren** angeordnet, so ist das sofortige Anerkenntnis im ersten Schriftsatz (Verteidigungsanzeige) zu erklären (LG Lübeck und LG Regensburg WuM 1993, 552), zumindest aber innerhalb der für die Klageerwiderung gesetzten Frist (LG Flensburg WuM 1993, 553; LG Köln a.a.O.; LG Freiburg a.a.O.). **174**

bb) Konkretisierung des Fortsetzungsbegehrens bzw. des Räumungsfristverlangens

Darüber hinaus muss der Beklagte vor Klageerhebung unter Angabe von Gründen eine Fortsetzung des Mietverhältnisses oder eine den Umständen nach angemessene Räumungsfrist **vergeblich begehrt** haben. Die Ablehnung eines solchen Begehrens ist für den Kläger nur dann kostenschädlich, wenn der Mieter sein Begehren **substantiiert begründet** hat und die verlangte Räumungsfrist auch zeitlich begrenzt hat (LG Kassel DWW 1971, 94). Die formelhafte Begründung, dass die Bemühungen der Beklagten um Anmietung von Ersatzwohnraum angesichts der schwierigen Lage auf dem Wohnungsmarkt bisher keinen Erfolg gehabt haben, stellt kein ausreichend konkretes Fortsetzungsverlangen i.S.d. § 93b Abs. 3 ZPO dar, da der Beklagte nicht angibt, wie lange seiner Meinung nach die Fortsetzung des Mietverhältnisses erforderlich sei. Das Verlangen einer zeitlich bestimmten oder bestimmbaren **Frist** ist jedoch im Rahmen des § 93b Abs. 3 ZPO wesentliches Erfordernis, denn nur so kann der Vermieter abschätzen, ob es für ihn noch vertretbar erscheinen kann, dem Verlangen des Beklagten nachzugeben. Aus **175** diesem Grunde kann nicht in jedem Widerspruch des Mieters gegen die Vermieterkündigung das Begehren einer angemessenen Räumungsfrist vor Klageerhebung gesehen werden (LG Stuttgart ZMR 1972, 283; a.A. Pergande NJW 1968, 132). Hat deshalb der Mieter trotz sofortiger Anerkennung des Räumungsanspruchs vor Klageerhebung nur ganz unbestimmte Äußerungen zur Frage seines endgültigen Auszugs gemacht, so können die Kosten nicht dem obsiegenden Vermieter auferlegt werden (LG Hannover ZMR 1970, 366; LG Frankenthal WuM 1990, 527 und WuM 1993, 547; AG Langenfeld WuM 1993, 459; AG Hannover WuM 1993, 547; AG Münster WuM 1993, 550). Nach LG Kassel (ZMR 1972, 16) und LG Freiburg (WuM 1993, 553) genügt es aber, wenn die erbetene Frist zumindest bestimmbar ist.

176 Unterlässt es der Mieter wegen wahrscheinlichen Auszugs bis zum Ablauf der Kündigungsfrist eine gerichtliche Räumungsfrist zu beantragen, so kommt trotzdem **Kostenfreistellung** zugunsten des Mieters gem. § 93b Abs. 3 ZPO in Betracht (LG Essen ZMR 1972, 16). Gleiches gilt, wenn der Mieter trotz Offenhaltung der Frage, ob er überhaupt schon sofort räumen muss, seine Bereitschaft zur Räumung innerhalb einer angemessenen Frist erklärt und um Einräumung dieser Frist vergeblich bittet (LG Stuttgart WuM 1993, 544). Die Räumungsfrist kann auch aufgrund Kündigung durch den Mieter erforderlich geworden sein (LG Freiburg WuM 1996, 716; AG Kassel WuM 1993, 541).

177 Das vorprozessuale **weitere** Begehren einer Räumungsfrist schließt die Anwendbarkeit des § 93b Abs. 3 ZPO nicht aus (LG Köln WuM 1993, 543).

178 Hat der Vermieter das vorprozessuale Fristverlängerungsbegehren des Mieters ganz oder, teilweise abgelehnt, was auch stillschweigend dadurch geschehen kann, dass auf Räumung geklagt wird, so kann das Gericht in Abweichung von § 91 ZPO die Kosten des Verfahrens ganz oder teilweise dem Kläger auferlegen, wenn das Gericht bei seiner Entscheidung in Anwendung des § 721 ZPO zu der Auffassung gelangt, dass eine Räumungsfrist zu gewähren ist. Dabei muss die beantragte Frist nicht genau mit der vom Gericht gewährten Frist übereinstimmen, wenn dem Begehren des Mieters zumindest entnommen werden kann, dass er sich auch mit einer kürzeren Frist zufrieden geben würde.

179 Bei der **Kostenquotelung** ist die Bereitschaft des Vermieters, auf die Situation des Mieters einzugehen und hierfür Verständnis zu zeigen, entsprechend zu würdigen und zu honorieren (LG Mannheim MDR 1972, 553; AG Köln WuM 1972, 146 und 200).

180 § 93b Abs. 3 ZPO ist **analog** anwendbar, wenn die Gewährung einer Räumungsfrist durch das Gericht nicht mehr erforderlich ist, weil der Mieter im Laufe des Prozesses Ersatzwohnraum erlangt hat (LG Mannheim WuM 1978, 135). Die analoge Anwendung kommt auch in Betracht, wenn der **Untermieter** vom Eigentümer gegenüber dem Räumungsanspruch aus § 546 BGB eine Räumungsfrist vergeblich begehrt hat (Hoffmann WuM 1967, 33). Dagegen soll der klagende Vermieter mit der Überbürdung der Verfahrenskosten bestraft werden, wenn der Mieter freiwillig räumt, aber nur etwas Zeitaufschub begehrt (AG Hamburg WuM 1993, 549), wobei sich der Zeitaufschub an § 721 ZPO orientiert (OLG Köln WuM 1997, 336).

181 Zieht der Mieter ohne Anerkennung des Räumungsanspruches des Vermieters aus, dann ergeht Kostenentscheidung allein nach § 91a ZPO (LG Köln ZMR 1970, 366), nachdem die Parteien den Rechtsstreit in der Hauptsache übereinstimmend für erledigt erklärt haben.

e) Rechtsbehelfe

In den Fällen des § 93b Abs. 1 und 2 ZPO kann die Kostenentscheidung nicht selbstständig angefochten werden (§ 99 Abs. 1 ZPO). Im Falle des § 93b Abs. 3 ZPO kann gegen die Kostenentscheidung in einem Anerkennungsurteil des Amtsgerichts selbstständig sofortige Beschwerde eingelegt werden (§ 99 Abs. 2 ZPO). Ist wegen Hauptsacheerledigung nur über die Kosten entschieden worden, so ist die sofortige Beschwerde analog § 91a Abs. 2 S. 1 ZPO zulässig (OLG Karlsruhe NJW-RR 1996, 1477). **182**

7. Die Parteien im Mietprozess

Viele Mietprozesse scheitern bereits daran, dass bei Klageerhebung nicht sorgfältig darauf geachtet wird, wer als Kläger und Beklagter im Prozess auftreten soll. **183**

a) Personenmehrheit auf Vermieter- oder Mieterseite/Lebenspartner

Handelt es sich auf Vermieter- oder Mieterseite um mehrere Personen, so besteht i.d.R. eine **gesamthänderische** Bindung, wenn eine Personenmehrheit als **Gläubiger** auftritt. Daher können z.B. die Vermieter ihren Anspruch auf Zahlung von Miete oder die Mieter ihren Anspruch auf Kautionsrückzahlung nur **gemeinschaftlich** geltend machen (Sternel V Rn. 14). **184**

Stehen dagegen mehrere Mieter oder Vermieter auf der **Schuldnerseite,** so besteht i.d.R. eine **Gesamtschuldnerschaft,** mit der Folge, dass die Klage gegen nur eine Person zulässig ist. **185**

So genügt es z.B., wenn der Vermieter lediglich einen Ehegatten eines Mieterehepaares auf Schadensersatz oder zur Zahlung der Miete verklagt. **186**

In Fällen, in denen die Grundlagen des Vertrages selbst betroffen wird, besteht eine **gesamthänderische Bindung auch auf Schuldnerseite.** Deshalb muss sich die Klage des Vermieters auf **Zustimmung zur Mieterhöhung** gem. § 558 BGB gegen sämtliche Mieter richten (KG WuM 1986, 106); Entsprechendes gilt für die Klage des Mieters auf Zustimmung zur Untervermietung gem. § 553 BGB, wenn es sich um mehrere Vermieter handelt. **Ehepartner** als Vermieter können sich in diesem Falle nicht gegenseitig zur Klageerhebung im eigenen Namen ermächtigen, da der Anspruch auf Zustimmung nicht abtretbar ist und deshalb eine Prozessführung in **gewillkürter Prozessstandschaft** ausscheidet (KG NJWE-MietR 1997, 170; LG Kiel WuM 1999, 293).

Ebenso muss eine Klage auf Feststellung der Unwirksamkeit eines Mietvertrages bei Personenmehrheit auf Vermieter- oder Mieterseite von allen gegen alle Vertragspartner geführt werden (OLG Celle NJW-RR 1994, 854). **187**

Generell empfiehlt es sich, eine Räumungsklage gegen **sämtliche Mitmieter** zu erheben, unabhängig davon, ob sich noch alle Mitmieter in der Wohnung aufhalten. Das ist allein schon deshalb ratsam, um spätere Schwierigkeiten bei der Zwangsvollstreckung zu vermeiden. **188**

Das OLG Schleswig hat in einem Rechtsentscheid (WuM 1982, 264) die Auffassung vertreten, dass einer Räumungsklage gegen den bereits ausgezogenen Mitmieter das Rechtsschutzbedürfnis fehle, wenn der Auszug endgültig erfolgt sei und der Mieter dies dem Vermieter vor Klageerhebung mitgeteilt habe. Diese Entscheidung ist auf erhebliche Kritik gestoßen. **189**

Der BGH hat nunmehr entschieden (WuM 1996, 83 = ZMR 1996, 182), dass der vertragliche Räumungs- und Herausgabeanspruch gem. § 546 Abs. 1 BGB auch gegenüber dem- **190** jenigen Mitmieter begründet ist, der im Gegensatz zu den anderen den Besitz an der Wohnung **endgültig aufgegeben** hat. Die bloße Besitzaufgabe durch einen Mitmieter stellt weder eine Erfüllung des Rückgabeanspruchs i.S.v. § 362 Abs. 1 BGB dar, noch erlischt seine Rückgabepflicht gem. § 275 Abs. 1 BGB. Schließlich besteht ein Rechtsschutzinteresse an einer Räumungsklage auch gegenüber dem Mieter, der den Besitz an der Wohnung endgültig aufgegeben hat, weil der Vermieter auf Dauer nicht sicher sein kann, ob der ausgezogene Mieter seinen Entschluss revidiert und die Wohnung wieder in Besitz nimmt und ein Räumungstitel es dem Vermieter gestattet, auf vereinfachtem Weg gem. § 283 BGB einen Schadensersatzanspruch gegen diesen durchzusetz.en, wenn sein Rückgabeanspruch nicht erfüllt wird.

191 Erkennt der nicht besitzende Mitmieter den Räumungsanspruch sofort an, kann nach Verfahrenstrennung ein Anerkenntnisurteil ergehen. Der Erlass eines Versäumnisurteils dürfte indes nicht zulässig sein, da grundsätzlich von notwendiger Streitgenossenschaft auf Mieterseite auszugehen ist (vgl. Scholz ZMR 1996, 361, 363; str.).

192 Nach der nunmehr wohl herrschenden Meinung in der Rechtsprechung ist ein Räumungstitel gegen **beide Ehegatten** erforderlich, auch wenn nur einer der Ehegatten die Wohnung angemietet hat (BGH WuM 2004, 555 = ZMR 2004, 738). Vollstreckungsrechtlich hat der mitbesitzende Ehegatte einen eigenen Gewahrsam an den Räumen; er kann nicht lediglich als Besitzdiener des Mieters angesehen werden (Sternel V Rn. 17; Emmerich/Sonnenschein Rn. 107 vor § 535 BGB a.F.; OLG Hamburg MDR 1960, 769). Da die obergerichtliche Rechtsprechung immer mehr dazu neigt, den Lebensgefährten einem Ehegatten gleichzustellen, wird davon auszugehen sein, dass ein Räumungstitel auch gegenüber dem **Lebenspartner** erforderlich ist, den der Mieter in die Wohnung aufgenommen hat (BGH ZMR 2008, 695 = WuM 2008, 364). Vgl. hierzu Rdn. 376 ff.

b) Untermieter

193 Gegen den **Untermieter** ist ein selbstständiger Räumungstitel erforderlich. Aus dem Räumungsurteil gegenüber dem Mieter kann nicht gegen den Untermieter vollstreckt werden, es sei denn, der Untermieter hat den Besitz erst nach Erlass des Urteils erlangt (§§ 325 Abs. 1, 727 Abs. 1 ZPO). Zur Zwangsvollstreckungsproblematik vgl. Rdn. 382 ff.

c) BGB-Gesellschaft – Wohngemeinschaft (WG)

194 Eine BGB-Gesellschaft kann nach der neueren Rechtsprechung des BGH selbstständig klagen und verklagt werden (BGH WuM 2001, 134). Der BGH hat in dem genannten Urteil v. 29.01.2001 die **Rechtsfähigkeit der BGB-Gesellschaft** anerkannt, soweit sie im Außenverhältnis am Rechtsverkehr teilnimmt und dadurch eigene Rechte und Pflichten begründet. Daraus folgt, dass nunmehr die Außen-GbR selbst klagen u. verklagt werden muss. Der BGH empfiehlt (BGH a.a.O.) im Passivprozess neben der Gesellschaft auch die Gesellschafter persönlich zu verklagen, da die Gesellschafter einer BGB-Gesellschaft für die Verpflichtungen der Gesellschaft haften (BGH NZM 2005, 218) – und so nötigenfalls gleich gegen den einzelnen Gesellschafter vollstreckt werden kann.

195 Eine **Wohngemeinschaft** (WG) ist, anders als ihr Name vermuten ließe, rechtlich als Gesellschaft des bürgerlichen Rechts zu qualifizieren, so dass die Wohngemeinschaft gem. der o.g. neuen Rechtsprechung des BGH auch **parteifähig** ist (§ 50 ZPO).

196 Es empfiehlt sich bei Abschluss des Mietvertrages klarzustellen, ob der Vertrag mit der Gesellschaft oder mit den einzelnen Mitgliedern der Wohngemeinschaft abgeschlossen werden soll.

Ein **Räumungsurteil** gegen die Wohngemeinschaft als BGB-Gesellschaft ist nur vollstreckbar, soweit es Räumlichkeiten betrifft, die im Mitbesitz der Mitglieder der Wohngemeinschaft sind. Für die Räumung eines einzelnen Zimmers, welches dem einzelnen Bewohner im Alleinbesitz zugewiesen wurde, ist ein eigener Räumungstitel erforderlich, der sich gegen das einzelne Mitglied der Wohngemeinschaft richtet. **197**

Eine Klage auf **Zustimmung zur Mieterhöhung** gem. § 558 BGB hat sich gegen die Wohngemeinschaft als rechtsfähige BGB-Gesellschaft zu richten. **198**

Ebenso folgt aus der Rechtsfähigkeit der BGB-Gesellschaft, dass eine Klage auf **Rückzahlung der Kaution** von der Wohngemeinschaft erhoben werden muss, denn bei der Kaution handelt es sich um Gesellschaftsvermögen. **199**

d) Echte Gemeinschaften

aa) Bauherrengemeinschaft

Bauherrengemeinschaften und ähnliche Vereinigungen oder Vermögensmassen sind **nicht parteifähig** und können deshalb nicht in der Klageschrift als Kläger oder Beklagte aufgeführt werden. In diesen Fällen müssen die Namen und die Anschrift der einzelnen Mitglieder der Gemeinschaft als Partei genannt werden. **200**

bb) Erbengemeinschaft

Die **Erbengemeinschaft** ist weder rechtsfähig noch parteifähig, weil sie nicht zur dauerhaften Teilnahme am Rechtsverkehr bestimmt oder geeignet ist. Sie ist vielmehr ihrem Wesen nach auf Auseinandersetzung gerichtet. Im Streitfall sind die einzelnen Erben Partei (BGH WuM 2006, 695). **201**

cc) Wohnungseigentümergemeinschaft (WEG)

Die **Gemeinschaft der Wohnungseigentümer** (WEG) ist rechtsfähig soweit sie bei der Verwaltung des gemeinschaftlichen Eigentums am Rechtsverkehr teilnimmt (BGH WuM 2005, 530 = NZM 2005, 543). Insoweit ist die Wohnungseigentümergemeinschaft parteifähig und kann als solche klagen oder verklagt werden. **202**

Dementsprechend normiert nunmehr die Novelle des Wohnungseigentumsgesetzes ausdrücklich die **Teilrechtsfähigkeit der Wohnungseigentümergemeinschaft** (§ 10 Abs. 6 S. 1 und 2 WEG). Die WEG ist Inhaberin der als Gemeinschaft im Rahmen der genannten Verwaltung des gemeinschaftlichen Eigentums gesetzlich begründeten und vertraglich erworbenen Rechte und Pflichten. **203**

e) Hausverwalter

Der Hausverwalter ist als Vertreter des Vermieters grundsätzlich **nicht befugt** Ansprüche auf Miete und Nebenkosten im eigenen Namen gerichtlich geltend zu machen (LG Hamburg WuM 1991, 599; LG Berlin NJW-RR 1993, 1234). Eine Klage in **gewillkürter Prozessstandschaft** scheidet selbst dann aus, wenn der Hausverwalter vom Vermieter ausdrücklich mit dem Einzug der Miet- und Nebenkosten beauftragt und zur gerichtlichen Geltendmachung ermächtigt worden ist und den Verwalter aufgrund des Vertrages mit dem Vermieter Rechenschaftspflichten treffen (LG Görlitz WuM 1997, 682; AG Dortmund WuM 2001, 633; LG Saarbrücken WuM 1998, 421). Unabhängig davon, dass bereits eine **Ermächtigung** durch den Rechtsinhaber zur Ausübung von Gestaltungsrechten nicht zulässig ist (vgl. Rdn. 214), lässt die überwiegende Rechtsprechung selbst einfache Zahlungsklagen des Hausverwalters in gewillkürter Prozessstandschaft am Fehlen eines **eigenen rechtsschutzwürdigen Interesses** scheitern (AG Köln WuM 2008, 676). **204**

f) Insolvenzverwalter

205 Sobald das Insolvenzgericht für den Mieter oder Vermieter einen Insolvenzverwalter bestellt hat, geht die **Prozessführungsbefugnis** für Aktiv- und Passivprozesse auf den **Verwalter** über. Er ist Partei kraft Amtes und hat deshalb im eigenen Namen die Klage zu erheben (§§ 24 Abs. 2, 85 Abs. 1, 86 InsO). Für einen Räumungsklage gegen den insolventen Mieter ist nur der Insolvenzverwalter passivlegitimiert (AG Berlin-Charlottenburg NZM 2005, 618).

g) Nachlassverwalter, Testamentsvollstrecker, Zwangsverwalter

206 In allen o.g. Funktionen liegt ein Fall von **gesetzlicher Prozessstandschaft** vor. Der Verwalter bzw. Vollstrecker tritt daher immer im eigenen Namen auf.

207 Der **Zwangsverwalter** kann anhängige Prozesse über Nutzung aus der Zeit seiner Amtstätigkeit auch trotz Aufhebung der Zwangsverwaltung fortsetzen (BGH MDR 1993, 476 = WuM 1993, 61). Dagegen ist der Zwangsverwalter nicht prozessführungsbefugt, wenn die Zwangsverwaltung vor Rechtshängigkeit der Streitsache aufgehoben worden ist (BGH WuM 2005, 463).

208 Will der Mieter Ansprüche gegen der verstorbenen Vermieter geltend machen, so kann sowohl der Erbe als auch der **Testamentsvollstrecker** verklagt werden (§ 2213 BGB).

h) Nießbrauch-, Erbbauberechtigter

209 Die Bestellung eines Nießbrauch- oder Erbbaurechtes ist für die **Mieterseite** ohne Belang. Der Nießbraucher bzw. Erbbauberechtigte wird **Vermieter** und ist als solcher im Mietprozess aktiv- und passivlegitimiert (§ 566 BGB analog).

210 Hat der Mietvertrag eine längere Laufzeit als die Dauer des Nießbrauches, so wird der Eigentümer Vermieter (§ 1056 Abs. 1 i.V.m. § 566 BGB) und damit Prozesspartei. Gleiches gilt für das Erbbaurecht (§ 30 Abs. 1 ErbbauVO i.V.m. § 566 BGB).

i) Erwerber

211 Der Käufer eines Mietobjektes wird erst dann Mietvertragspartei, wenn er als Eigentümer im Grundbuch eingetragen worden ist. Der Zeitraum zwischen Abschluss des Kaufvertrages und Eintragung im Grundbuch kann sich manchmal über viele Monate erstrecken, z.B. wegen Schwierigkeiten bei der Finanzierung des Kaufobjektes, Streitigkeiten über die Vertragsauslegung (– Rücktrittsklauseln –) oder auch wegen technischer oder personeller Pannen beim Grundbuchamt.

212 Der **Erwerber** ist in dieser Phase **nicht Vermieter** und damit gegenüber der Mietpartei grundsätzlich weder aktiv- noch passivlegitimiert.

213 Die häufig in notariellen Kaufverträgen getroffene Vereinbarung, wonach bei vollständiger Zahlung des Kaufpreises **Nutzen und Lasten** auf den Käufer übergehen bewirkt lediglich eine Abtretung von Mietzinsansprüchen an den Erwerber, die dieser im Prozess im eigenen Namen geltend machen kann (BGH NZM 2003, 716). Dagegen ist es dem Erwerber verwehrt, dem Mieter etwa wegen Störungen des Hausfriedens oder wegen Eigenbedarfs zu kündigen und auf **Räumung** zu verklagen oder eine **Mieterhöhung** gerichtlich durchzusetzen. Denn nach der in der Rechtsprechung überwiegend vertretenen Ansicht sind Gestaltungsrechte wie z.B. Vertragsbeendigung oder Mieterhöhung nicht abtretbar. Der BGH hat diese Frage bisher nicht entschieden (vgl. BGH NJW 1998, 896; WuM 2008, 219 = ZMR 2008, 519).

Umstritten bleibt die Frage, ob der Erwerber sämtliche Ansprüche als **gewillkürter Prozessstandschafter** im eigenen Namen durchsetzen kann, wenn er in der notariellen Urkunde hierzu ausdrücklich **ermächtigt** worden ist. Überwiegend wird hierzu die Auffassung vertreten, dass dies nur für abtretbare Forderungen, nicht jedoch für nicht abtretbare Gestaltungsrechte gilt (LG Kiel WuM 1999, 293; LG München I WuM 1999, 161; LG Berlin NZM 2002, 780; a.A.; BGH WuM 1998, 99 (gewerbl. Mietverhältnis); KG WuM 2008, 153 unter pauschaler Bezugnahme auf BGH a.a.O.; BGH ZMR 2008, 519 m. Anm. Scholz S. 521). **214**

Solange dem **Mieter** nicht (notfalls durch Vorlage des Grundbuchauszuges) der Eigentümerwechsel nachgewiesen ist, ist dieser gehalten, Ansprüche aus dem Mietverhältnis (z.B. Rückzahlung weg. Mietminderung) gegenüber dem alten Eigentümer (Verkäufer) geltend zu machen. **215**

8. Sonstige prozessuale Besonderheiten im Mietprozess

a) Keine Terminverlegung in beschleunigungsbedürftigen Verfahren

aa) Allgemeines

Wie in jedem Rechtsstreit können auch die Parteien eines Mietprozesses bei Gericht beantragen, dass ein Termin aufgehoben oder verlegt oder die Verhandlung vertagt wird. Diesem Verlangen wird zu entsprechen sein, wenn **erhebliche Gründe** vorliegen, die auf Verlangen des Vorsitzenden **glaubhaft** zu machen sind. Gem. § 227 Abs. 1 ZPO sind als erhebliche Gründe insbesondere **nicht** anzusehen: **216**

1. das Ausbleiben einer Partei oder die Ankündigung, nicht zu erscheinen, wenn nicht das Gericht dafür hält, dass die Partei ohne ihr Verschulden am Erscheinen verhindert ist;
2. die mangelnde Vorbereitung einer Partei, wenn nicht die Partei dies genügend entschuldigt;
3. das Einvernehmen der Parteien allein.

Anstelle der früheren Gerichtsferien, die den Lauf von Fristen hemmten, können die Parteien nunmehr stattdessen binnen einer Woche nach Zugang der Ladung oder Terminbestimmung einen Verlegungsantrag stellen, es sei denn, es handelt sich um einen Termin zur Verkündung einer Entscheidung oder das Verfahren bedarf besonderer Beschleunigung. **217**

bb) Inhalt der Regelung

Die Neufassung von § 227 Abs. 3 ZPO gewährt für Termine, die in der Zeit vom 1. Juli bis 31. August anberaumt worden sind, einen Terminverlegungsanspruch. Während normalerweise einem Terminverlegungsantrag nur dann stattgegeben wird, wenn erhebliche Gründe angegeben werden, ist in der Ferienzeit **während der Monate Juli und August** eine Begründung entbehrlich. **218**

Eine solche Terminverlegung kommt allerdings nur in Betracht, wenn der Antrag innerhalb **einer Woche** nach Zugang der Ladung oder Terminbestimmung gestellt wird. Damit sollen kurzfristige überraschende Verlegungsanträge verhindert werden. **219**

Ein Anspruch auf Vertagung oder Aufhebung eines Termins besteht nicht. Das Gesetz spricht ausdrücklich nur von Terminverlegung. **220**

cc) Ausnahmen bei beschleunigungsbedürftigen Verfahren

221 §227 Abs. 3 S. 2 ZPO enthält einen Ausnahmekatalog für Verfahren, die einer besonderen Beschleunigung bedürfen. Inhaltlich entspricht er in weiten Teilen dem Katalog des nunmehr aufgehobenen §200 Abs. 2 GVG. Liegt ein unter Nr. 1 bis 8 genanntes beschleunigungsbedürftiges Verfahren vor, dann entfällt ein Terminverlegungsanspruch gem. Abs. 3 S. 1, sondern die Terminbestimmung bleibt auch in der Ferienzeit bestehen, falls nicht sonstige erhebliche Gründe eine Terminverlegung rechtfertigen.

222 Was das Mietrecht betrifft, so werden unter Nr. 2 alle Streitigkeiten wegen Überlassung, Benutzung, Räumung oder Herausgabe von Räumen genannt. Hierunter fallen insbesondere alle **Räumungsklagen** des Vermieters wegen Beendigung des Mietverhältnisses oder auch beispielsweise alle Klagen wegen Instandsetzung oder Instandhaltung der Mietsache.

223 Die Ausnahmevorschrift gilt nicht nur für Wohnraummietverhältnisse, sondern auch für gewerblich genutzte Räume und Pachtverhältnisse.

224 Streitigkeiten über den **Eigentumsherausgabeanspruch** bei Wohnräumen oder anderen Räumen sind typischerweise ebenso beschleunigungsbedürftig wie Räumungs- und Herausgabeklagen nach beendetem Leihverhältnis oder faktischem Nutzungsverhältnis.

225 Zu den beschleunigungsbedürftigen Verfahren gehören ferner alle Streitigkeiten wegen **Fortsetzung des Mietverhältnisses** über Wohnraum aufgrund der sog. Sozialklausel (§§ 574, 574c BGB), also z.B. Klagen des Mieters auf Feststellung, dass das Mietverhältnis wegen besonderer Härtegründe fortgesetzt wird.

dd) Streitigkeiten wegen Zurückbehaltung eingebrachter Sachen

226 Streitigkeiten wegen Zurückbehaltung eingebrachter Sachen fallen unter Nr. 6 und werden damit auch als beschleunigungsbedürftig anerkannt.

227 Hierzu gehören in erster Linie Klagen, die auf dem Selbsthilferecht des Vermieters gem. §562b BGB beruhen, insbesondere Herausgabeklagen zum Zwecke der Zurückschaffung eingebrachter Sachen.

ee) Terminverlegung bei mehreren Ansprüchen

228 Im Gegensatz zur früheren Rechtsprechung bei den Gerichtsferien genügt es, wenn nur einer von mehreren Ansprüchen der besonderen Beschleunigung bedarf. Werden mit einer Klage mehrere Ansprüche geltend gemacht (objektive Klagehäufung, §260 ZPO), so **entfällt** grundsätzlich für den ganzen Rechtsstreit der **Terminverlegungsanspruch,** wenn nur einer der geltend gemachten Ansprüche dem Katalog des § 227 Abs. 3 S. 2 Nr. 1–8 ZPO unterfällt. Das Gleiche gilt für Haupt- und Hilfsanträge sowie für Widerklagen. Dem Beschleunigungsinteresse wird also umfassend Rechnung getragen.

b) Vorläufige Vollstreckbarkeit von Urteilen in Mietsachen ohne Sicherheitsleistung

229 Endurteile in Mietrechtsstreitigkeiten sind gem. §708 Nr. 7 ZPO von Amts wegen als vorläufig vollstreckbar zu bezeichnen. Durch die Vorschrift soll der Gläubiger in die Lage versetzt werden, bereits aus einem nicht rechtskräftigen Urteil Vollstreckungsmaßnahmen durchführen zu lassen. Gerade bei Räumungssachen besteht hier auf Vermieterseite ein dringendes Interesse, da oftmals vom insolventen Mieter auch in aussichtslosen Angelegenheiten Rechtsmittel eingelegt werden, alleine zu dem Zweck, um eine Verzögerung der Rechtskraft herbeizuführen. Die **vorläufige Vollstreckbarkeit** ist nicht von einer **Sicherheitsleistung** abhängig zu machen. Andererseits hat das Gericht von Amts

wegen im Interesse des Schuldners in das Urteil aufzunehmen, dass der Schuldner die Vollstreckung durch Sicherheitsleistung oder Hinterlegung abwenden darf, wenn nicht der Gläubiger vor der Vollstreckung Sicherheit in gleicher Höhe leistet (§ 711 ZPO), es sei denn, dass kein Rechtsmittel gegeben ist (§ 713 ZPO).

Diese Regelung schützt einerseits den Mieter davor, dass »vollendete Tatsachen« geschaffen werden – andererseits bewahrt sie den Vermieter vor finanziellen Einbußen –, etwa wenn Miete bzw. Nutzungsentschädigung ausbleibt. **230**

Von dem Ausspruch der vorläufigen Vollstreckbarkeit wird auch die **Kostenentscheidung** erfasst, sodass mit dem Urteil sofort die Kostenfestsetzung begehrt werden kann. Daraus folgt, dass auch ein abweisendes Urteil für vorläufig vollstreckbar zu erklären ist. **231**

Der Ausspruch über die vorläufige Vollstreckbarkeit ist stets von Amts wegen ohne Antrag in die **Urteilsformel** mit aufzunehmen. Über die vorläufige Vollstreckbarkeit kann in der Berufungsinstanz vorweg verhandelt und entschieden werden (§ 718 ZPO). Wenn Berufung eingelegt wird, kann die Zwangsvollstreckung gem. den §§ 719, 707 ZPO **vorläufig eingestellt** werden. Das Berufungsgericht hat hierbei allerdings zu prüfen, ob das eingelegte Rechtsmittel hinreichende Aussicht auf Erfolg bietet. **232**

Die in § 708 Nr. 7 ZPO aufgeführten Streitigkeiten betreffen Streitigkeiten zwischen dem Vermieter und dem Mieter oder Untermieter von Wohnräumen oder anderen Räumen. Hierzu zählen auch Streitigkeiten zwischen dem Mieter und dem Untermieter solcher Räume wegen Überlassung, Benutzung oder Räumung, wegen Fortsetzung des Mietverhältnisses über Wohnraum aufgrund des § 574 BGB, sowie wegen Zurückhaltung der von dem Mieter oder dem Untermieter in die Mieträume eingebrachten Sachen. Zum Begriff »Wohnraum« vgl. die Ausführungen zu § 23 Nr. 2a GVG; »andere Räume« sind solche i.S.v. § 29a Abs. 1 ZPO. **233**

c) Verbot von Schiedsgerichtsvereinbarungen

Gem. § 1030 Abs. 2 ZPO ist ein Schiedsvertrag über Rechtsstreitigkeiten, die den Bestand eines Wohnraummietverhältnisses treffen, unwirksam. **234**

Durch das Schiedsverfahrens-Neuregelungsgesetz v. 22.12.1997 (BGBl. 1997 I, 3224) wurde das schiedsrichterliche Verfahren im zehnten Buch der ZPO völlig neu gefasst. **235**

Das Schiedsgericht entscheidet zivilrechtliche Streitigkeiten anstelle des ordentlichen staatlichen Gerichtes. Voraussetzung ist die Vereinbarung der Parteien, die zwischen ihnen entstandenen Streitigkeiten der Entscheidung durch ein Schiedsgericht zu unterwerfen (Schiedsvereinbarung: § 1029 ZPO). **236**

Gem. § 1030 Abs. 1 ZPO kann jeder vermögensrechtliche Anspruch Gegenstand einer Schiedsvereinbarung sein; nichtvermögensrechtliche Ansprüche nur insoweit als die Parteien berechtigt sind, über den Gegenstand des Streites einen Vergleich abzuschließen. **237**

Eine Ausnahme gilt jedoch für das Mietrecht! Nach Absatz 2 der Vorschrift sind Schiedsvereinbarungen, die den Bestand eines **Wohnraummietverhältnisses** betreffen, unwirksam. Die Ausnahmeregelung gilt nur für im Inland gelegenen Wohnraum. **238**

Durch die Bestimmung soll sichergestellt werden, dass im Interesse des sozial schwächeren Mieters Streitigkeiten über Wohnraummietverhältnisse ausschließlich vor der ordentlichen Gerichtsbarkeit ausgetragen werden. Zuständig für Streitigkeiten über Wohnraum ist somit ausschließlich das Amtsgericht, in dessen Bezirk sich der Wohnraum befindet (§ 29a ZPO). Damit sind auch Parteivereinbarungen über die Zuständigkeit ausgeschlossen. **239**

240 Unter § 1030 Abs. 2 ZPO fallen:
a) Räumungsklagen; denn bei ihnen ist das Bestehen eines Miet- oder Untermietverhältnisses als Vorfrage zu entscheiden. Dabei ist es unerheblich, ob der Räumungsanspruch auch noch zusätzlich auf Eigentum oder ungerechtfertigte Bereicherung gestützt wird.
b) Alle Klagen zur Feststellung des Bestehens oder Nichtbestehens eines Miet- oder Untermietverhältnisses einschließlich der Feststellung, dass das Mietverhältnis nach den §§ 574a bis c BGB fortgesetzt wird.

241 Nicht unter das Verbot der Schiedsgerichtsvereinbarung fallen Mietstreitigkeiten über Wohnraum der in § 549 Abs. 2 Nr. 1 bis 3 genannten Art, also Wohnraum, der nur zum vorübergehenden Gebrauch vermietet ist, das möblierte Zimmer innerhalb der vom Vermieter selbst bewohnten Wohnung oder die Notunterkunft.

242 Alle anderen Streitigkeiten aus einem Mietvertragsverhältnis, die nicht den Bestand des Mietverhältnisses als solchen betreffen, können Gegenstand einer Schiedsgerichtsvereinbarung sein. So kann beispielsweise auch im Mietvertrag vereinbart werden, dass Streitigkeiten über die Wirksamkeit von Mieterhöhungen nach § 558 ff. BGB durch einen Schiedsrichter zu entscheiden sind. Ebenso können Streitigkeiten auf Erfüllung oder beispielsweise im Zusammenhang mit einem Mietvorkaufsrecht der Entscheidung durch ein Schiedsgericht unterworfen werden (Zöller 25. Aufl., § 1030 Rn. 21).

d) Zuständigkeit des Familiengerichts

243 Für Streitigkeiten, die die Regelung der Rechtsverhältnisse an der Ehewohnung und am Hausrat betreffen, ist gem. § 621 ZPO das Familiengericht (beim AG) ausschließlich zuständig. Das Gleiche gilt für Verfahren in **Lebenspartnerschaftssachen** für die Regelung der Rechtsverhältnisse an der gemeinsamen Wohnung und am Hausrat der gleichgeschlechtlichen Lebenspartner (§ 661 Abs. 1 Nr. 5, Abs. 2 ZPO), sowie bei Maßnahmen nach dem GewaltschutzG gem. § 621 Abs. 1 Nr. 13 ZPO.

aa) Begriff: Familiensache/Familiengericht

244 **Familiensachen** sind nicht sämtliche Streitigkeiten zwischen Ehegatten und zwischen Kindern und Eltern, sondern nur solche, die in § 23b Abs. 1 S. 2 GVG abschließend aufgezählt sind. Dazu gehören u.a. Verfahren über die Rechtsverhältnisse, welche die Ehewohnung oder den Hausrat betreffen.

245 Das **Familiengericht** ist eine Abteilung beim AG, die für Familiensachen (u.U. auch für mehrere Gerichtsbezirke) zuständig ist (§§ 23b Abs. 1 S. l, 23c GVG).

Das Familiengericht ist für Rechtsverhältnisse an der Ehewohnung und am Hausrat ausschließlich zuständig (§ 621 Abs. 1 Nr. 7 ZPO).

246 Das Familiengericht ist für das gesamte in der Hausratsverordnung geregelte Verfahren zuständig (§ 11 Abs. 1 HausratsV), wobei neben den Ehegatten u.a. auch der Vermieter der Ehewohnung oder der Grundstückseigentümer beteiligt sein können (§ 7 HausratsV).

Das Familiengericht entscheidet:

247 1. wenn sich Ehegatten **anlässlich der Scheidung** nicht darüber einigen können, wer von ihnen die Ehewohnung künftig bewohnen und wer die Wohnungseinrichtung und den sonstigen Hausrat erhalten soll (s. § 1 HausratsV);

248 2. wenn sich **getrennt lebende Ehegatten** nicht über die Verteilung des Hausrats einigen können (s. § 1361a Abs. 3 BGB);

3. wenn ein **getrennt lebender oder trennungswilliger Ehegatte** vom anderen verlangt, dass dieser ihm die Ehewohnung ganz oder teilweise zur Benutzung überlässt (s. § 1361b Abs. 1 BGB); 249
4. wenn zwischen den Ehegatten Streit besteht über die **Rückschaffung** eigenmächtig aus der Ehewohnung entfernten Hausrates (BGH FamRZ 1982, 1200 = NJW 1983, 47) oder von einem der Ehegatten zu diesem Zwecke der Zutritt in die Ehewohnung begehrt wird (OLG Düsseldorf FamRZ 1985, 497; vgl. Zöller § 621 Rn. 48a). Gilt insbesondere, wenn der Besitz von Ehewohnung und Hausrat durch **verbotene Eigenmacht** erlangt wurde (OLG Bamberg FamRZ 1993, 335). 250

bb) Lebenspartnerschaften

Durch das Gesetz zur Beendigung der Diskriminierung gleichgeschlechtlicher Gemeinschaften v. 16.02.2001 wird **gleichgeschlechtlichen Lebenspartnern die** Möglichkeit geboten eine eingetragene Lebenspartnerschaft zu begründen. Lebenspartner sind, ähnlich wie Ehegatten, einander zu Fürsorge und Unterstützung sowie zur gemeinsamen Lebensgestaltung verpflichtet und tragen füreinander Verantwortung (§ 2 LPartG). Die Lebenspartnerschaft wird begründet durch eine gegenseitige persönliche Erklärung vor der zuständigen Behörde, miteinander eine Partnerschaft auf Lebenszeit führen zu wollen (§ 1 Abs. 1 LPartG). 251

Mit dem neu geschaffenen § 661 ZPO (BGBl. I v. 22.02.2001, 274) wird ein eigenes Verfahren in Lebenspartnerschaftssachen in die Zivilprozessordnung eingerührt. Demnach sind u.a. Verfahren, in denen die Rechtsverhältnisse an der **gemeinsamen Wohnung** der Lebenspartner geregelt werden sollen oder der **gemeinsame Hausrat** geteilt werden muss Lebenspartnerschaftssachen. 252

Verfahrensmäßig folgen die Lebenspartnerschaftssachen den jeweiligen Verfahrensordnungen in Familiensachen, insbesondere auch der Hausratsverordnung (§ 661 Abs. 2 ZPO i.V.m. § 621 Abs. 1 Nr. 7 ZPO). 253

e) Streitschlichtung

aa) Voraussetzungen des Schlichtungsverfahrens

Getreu der Erkenntnis, dass »schlichten besser als richten« sei, sind die Bundesländer gem. § 15a EGZPO ermächtigt worden (Gesetz zur Förderung der außergerichtlichen Streitbeilegung v. 15.12.1999 – BGBl. 1999 I, 2400) in bestimmten Fällen die Zulässigkeit einer Klage davon abhängig zu machen, dass zuvor ein **außergerichtlicher Schlichtungsversuch** durchgeführt wird. 254

Es empfiehlt sich deshalb vor Einreichung der Klageschrift zu prüfen, ob aufgrund landesrechtlicher Vorschriften ein Schlichtungsverfahren durchzuführen ist. Da es sich bei der obligatorischen Streitschlichtung um eine **Prozessvoraussetzung** handelt, welche das Gericht von Amts wegen zu prüfen hat, würde eine Klage als **unzulässig** abgewiesen werden, wenn nicht ein Zeugnis über den erfolglosen Schlichtungsversuch zusammen mit der Klageschrift bei Gericht eingereicht würde. 255

Die obligatorische Streitschlichtung haben acht Bundesländer durch zumeist befristete Landesgesetze eingeführt. Danach ist in vermögensrechtlichen Streitigkeiten vor dem Amtsgericht eine außergerichtliche Streitbeilegung zu versuchen, wenn der Streitgegenstand unter 750,– liegt (Streitwertgrenze im Saarland und in Nordrhein-Westfalen bei 600,–) oder es sich um nachbarrechtliche Streitigkeiten bzw. persönliche Ehrverletzungen handelt. Nach § 15a Abs. 2 S. 1 EGZPO sind bestimmte Streitigkeiten von vorneherein der außergerichtlichen Streitschlichtung **nicht zugänglich.** Hierzu gehören (soweit für 256 den Mietprozess relevant) vor allen Dingen alle Klagen, die durch ein **Mahnverfahren** eingeleitet werden, außerdem Klagen, die binnen einer **gesetzlichen Frist** zu erheben sind sowie Ansprüche, die im **Urkundenprozess** geltend gemacht werden.

Da § 558b Abs. 2 BGB eine Klagefrist enthält, ist für alle Klagen **auf Zustimmung zu einer Mieterhöhung** eine außergerichtliche Streitschlichtung **ausgeschlossen.** Ein Schlichtungsversuch kann auch dann generell nicht verlangt werden, wenn eine **Mietzahlungsklage im Urkundenprozess** geführt wird.

Bei **sonstigen Zahlungsansprüchen** wird, wie die bisherige Praxis zeigt, weitgehend auf das Mahnverfahren ausgewichen, um ein zeit- und kostenaufwendiges Schiedsverfahren zu vermeiden.

Zur Schlichtung geeignet erscheinen demnach in erster Linie vermögensrechtliche Ansprüche aus einem Mietvertrag, die nicht auf Zahlung des Geldbetrages abzielen und einen Streitwert von 750,– nicht übersteigen (§ 15a Abs. 1 Nr. 1 EGZPO).

In Betracht kommen hier z.B. Klagen auf Genehmigung oder Unterlassung von Tierhaltung, Klagen auf Duldung einer Modernisierung oder einer Erhaltungsmaßnahme, Klagen auf Genehmigung oder Entfernung einer Parabolantenne oder sonstiger vom Mieter installierten Anlagen, Klagen auf Zustimmung zur Untervermietung, Unterlassungsklagen u.Ä.

Wegen der z.T. unterschiedlichen Rechtsprechung zur Höhe des Streitwertes können sich allerdings bereits hier Schwierigkeiten ergeben, wenn das Gericht den Streitwert vorläufig unter 750,– ansetzt und damit den Rechtstreit der obligatorischen Streitschlichtung unterzieht. In Zweifelsfällen ist es deshalb ratsam, vor Klageerhebung einen Schlichtungsversuch zu machen.

Aus Kostengründen wird das Schlichtungsverfahren auch **räumlich** begrenzt: Gem. § 1 Abs. 2 S. 2 EGZPO ist das Schlichtungsverfahren nur vorgesehen, wenn die Parteien in **demselben Bundesland wohnen** (oder ihren Sitz oder eine Niederlassung haben). Zu den Schlichtungsgesetzen der Länder wird die örtliche Anwendbarkeit der Schlichtungsvorschriften weiter beschränkt. So ist z.B. nach Art. 2 des bayerischen Schlichtungsgesetzes ein Schlichtungsversuch vor Klageerhebung nur erforderlich, wenn die Parteien ihren Wohnsitz im selben **Landgerichtsbezirk** haben.

bb) Klageerweiterung und objektive Klagehäufung

257 Angesichts der Streitwertgrenze von 750,– stellt sich oftmals die Frage, ob nicht durch nachträgliche Änderung des Streitgegenstandes ein aufwändiges Schlichtungsverfahren vermieden werden könnte. Das Landgericht München I (MDR 2003, 1313) hat die Durchführung eines Schlichtungsverfahrens dann nicht für erforderlich gehalten, wenn eine Klage mit Streitwert unterhalb 750,– bis zu ihrer Zustellung auf eine Klagesumme erhöht wird, die den für das Schlichtungsverfahren relevanten Streitwert übersteigt. Nach den allgemeinen prozessualen Grundsätzen komme es nicht auf den Zeitpunkt der Klageeinreichung, sondern der Klageerhebung gem. § 253 ZPO und somit der Klagezustellung an. Ebenso: LG Baden-Baden WuM 2001, 560. Das LG Kassel (NJW 2002, 2256) hat sogar eine Klageerweiterung nach Zustellung für zulässig erachtet, vorbehaltlich eines eventuellen Rechtsmissbrauches. Zur Klageerweiterung nach Erlass eines Mahnbescheides vgl. AG Halle NJW 2001, 2099).

258 Generell dürfte bei Klagehäufungen auf Sinn und Aufgabe des Schlichtungsverfahrens abzustellen sein und diese dann nicht für zulässig zu erachten, wenn sie nur dem Zweck dienen, das Schlichtungsverfahren zu umgehen (LG Aachen NZM 2002, 503 = MDR 2002, 906; vgl. Friedrich NJW 2002, 3223).

cc) Nachholen des Schlichtungsverfahrens

Der BGH hat nunmehr die Streitfrage entschieden, ob ein obligatorisches Schlichtungsverfahren der Klageerhebung vorangehen muss oder ob es nach der Klageerhebung während des Rechtsstreits nachgeholt werden kann (BGH Urt. v. 23.11.2004, WuM 2005, 64). Demnach ist eine vor Durchführung des Schlichtungsverfahrens erhobene Klage unzulässig. Das durch § 15a EGZPO angestrebte Ziel einer Justizentlastung und einer raschen und kostengünstigen Konfliktbereinigung lasse sich nur durch ein vorgeschaltetes Verfahren erreichen. Andernfalls würde das Schlichtungsverfahren nicht mit einem ernsthaften Einigungswillen betrieben, wenn bereits ein Gerichtsverfahren läuft und dafür Kosten entstanden sind. 259

dd) Kosten

Kommt es nach einem erfolglosen obligatorischen Schlichtungsverfahren zum Prozess, so zählen die Gebühren, die durch das Güteverfahren entstanden sind, zu den Kosten des Rechtsstreits (§ 91 Abs. 3 ZPO) und sind als solche erstattungsfähig (LG Itzehoe NJW-RR 2003, 352 = MDR 2003, 472). Anwaltskosten sind nach einer Entscheidung des LG Mönchengladbach (JurBüro 2003, 208) wegen des zwingenden Charakters des Schlichtungsverfahrens grundsätzlich als notwendige Vorbereitungskosten erstattungsfähig. 260

ee) Erfahrungen

Die mit der Einführung der obligatorischen Streitschlichtung verbundene Hoffnung auf einvernehmliche Befriedung der widerstreitenden Parteiinteressen und Entlastung der Gerichte haben sich zumindest im Bereich der vermögensrechtlichen Streitigkeiten **nicht erfüllt**, da hier zur Vermeidung der Streitschlichtung weitgehend auf das vorgeschaltete Mahnverfahren zurückgegriffen wurde und damit im Ergebnis nur eine zusätzliche und nutzlose Verfahrenshürde aufgebaut worden ist. Es ist deshalb zu erwarten, dass das Instrument der Streitschlichtung nur noch in beschränktem Umfang (z.B. Nachbarschaftsstreitigkeiten o.Ä.) Anwendung finden wird. So wird z.B. in Bayern die Streitschlichtung in vermögensrechtlichen Angelegenheiten für die Zeit nach dem 31.12.2005 **ersatzlos gestrichen**, die sonstigen Regelungen sind seit 31.12.2008 außer Kraft. 261

II. Vollstreckungsrecht – mietrechtliche Besonderheiten

1. Richterliche Räumungsfrist

a) Inhalt und Anwendungsbereich von § 721 ZPO

§ 721 ZPO gewährt dem Mieter von Wohnraum die Möglichkeit, eine Räumungsfrist zu erlangen, obwohl er bereits rechtskräftig zur sofortigen Räumung verurteilt ist. 262

Das Gericht kann nämlich auf Antrag oder von Amts wegen dem Schuldner eine den Umständen nach angemessene Räumungsfrist gewähren – sei es gleich im **Räumungsurteil** (LG Rostock NJW-RR 2001, 442) – oder, wenn das Urteil auf künftige Räumung lautet, später in einem eigenen **Beschluss.** 263

Der Sinn der Vorschrift liegt im Wesentlichen darin, die bei einer sofortigen Zwangsräumung entstehenden sozialen Härten nach Möglichkeit zu vermeiden und dem Mieter die Gelegenheit zu geben, noch während eines befristeten Zeitraums Ersatzwohnraum zu suchen und den Umzug vorzubereiten. Hinzu kommt das Interesse der Allgemeinheit einer eventuell drohenden Obdachlosigkeit entgegenzuwirken (LG Regensburg WuM 1991, 359). 264

265 Die Gewährung einer Räumungsfrist ist nach § 721 Abs. 7 ZPO **ausgeschlossen bei Zwischenmietverhältnissen,** wenn der Staat oder die Gemeinde oder eine private Wohlfahrtseinrichtung Wohnraum zur Erfüllung öffentlicher Aufgaben (z.B. Unterbringung Obdachloser) angemietet hat. Allerdings muss hier der Mieter bei Anmietung der Notunterkunft auf die Zweckbestimmung des Wohnraums und den nicht bestehenden Mieterschutz hingewiesen werden. In diesen Fällen überwiegt von vornherein das Räumungsinteresse der öffentlichen Hand. Allerdings bleibt in extremen Härtefällen § 765a ZPO anwendbar.

Auch bei der Vollstreckung eines **Zeitmietvertrages** (unter den Voraussetzungen des § 575 BGB) ist die Gewährung einer Räumungsfrist versagt.

266 Der mit § 721 ZPO bezweckte Schutz des Mieters gegen sofortige Zwangsvollstreckungsmaßnahmen geht insoweit über den allgemeinen Vollstreckungsschutz des § 765a ZPO hinaus, als die Voraussetzungen für die Gewährung eines Räumungsaufschubs weniger streng sind; andererseits ist jedoch die Gewährung von Räumungsfrist gem. § 721 ZPO an strenge formelle Voraussetzungen gebunden.

Droht die Zwangsvollstreckung aus einem gerichtlichen **Räumungsvergleich,** so gewährt § 794a ZPO dem Mieter den gleichen Schutz vor sofortiger Zwangsräumung.

b) Formelle Voraussetzungen

aa) Räumungsurteil über Wohnraum

267 § 721 ZPO betrifft nur die Fälle, in denen die Räumung von **Wohnraum** in Betracht kommt. Unter Wohnraum sind die Räume zu verstehen, in denen sich der Mieter zur dauernden privaten Benutzung i.S.d. Führung eines Haushalts tatsächlich aufhält, also insbesondere abgeschlossene Wohnungen oder solche Räume, die zum Kochen und Schlafen tatsächlich benützt werden (vgl. Rdn. 22).

268 § 721 ZPO findet deshalb für **gewerblich genutzte Räume** keine Anwendung (OLG München ZMR 2001, 616). Ist aufgrund der räumlichen Gegebenheiten eine tatsächliche Trennung von Wohn- und gewerblich genutzten Räumen möglich (z.B. Zimmer im Haus, Werkstatt im Hof), so kann eine Räumungsfrist allein für den Wohnraum gewährt werden (OLG Hamburg MDR 1972, 955; LG Hamburg WuM 1993, 203; LG Mannheim ZMR 1993, 79). Dagegen kommt eine Räumungsfrist nicht in Betracht, wenn eine **getrennte Herausgabe** nicht möglich ist (LG Frankfurt/M. WuM 1994, 15). Bei gemischt genutzten Räumen ist Räumungsfrist bereits dann zu gewähren, wenn der Mieter über keine sonstige Unterkunft verfügt, d.h. insbesondere, wenn ein Raum zum Schlafen mitbenutzt wird (LG Stuttgart WuM 1973, 83 m.w.N.; LG Kiel WuM 1976, 132). Das LG Mannheim (ZMR 1968, 190 = WuM 1968, 50) hält § 721 ZPO bei **Mischmietverhältnissen** nur dann für anwendbar, wenn der Wohnzweck gegenüber dem sonstigen Nutzungszweck überwiegt oder mindestens gleichwertig ist. Das ist aber immer dann der Fall, wenn der Mieter in den gemischt genutzten Räumen auch schlafen muss. Wegen des sozialen Schutzzweckes der Vorschrift findet § 721 ZPO selbst dann Anwendung, wenn Räume entgegen der vertraglichen Zweckbestimmung tatsächlich als Wohnraum genutzt werden (Beispiel: der Mieter bewohnt das als Büro angemietete Zimmer oder Vermietung zum Betrieb eines Frauenhauses). Vgl. LG Lübeck ZMR 1993, 223; OLG Köln WuM 1997, 336.

269 § 721 ZPO greift nur ein, wenn ein auf Räumung gerichtetes **Urteil** vorliegt. Dabei ist es gleichgültig, um welche Art von Urteil es sich handeln mag. Es kommen also auch **Anerkenntnis- oder Versäumnisurteile** sowie Urteile auf **künftige Räumung** (§ 721 Abs. 2 ZPO) in Betracht. Dies gilt auch für das zweite Versäumnisurteil, durch welches lediglich

der Einspruch gegen ein auf Räumung lautendes Versäumnisurteil verworfen worden ist (LG München I WuM 1982, 81). Der Zweck der Vorschrift, nämlich einem Mieter seine Wohnung als Lebensmittelpunkt für einen begrenzten Zeitraum vor Zwangsräumung zu schützen, verlangt es auch, dass der **Zuschlagsbeschluss** des Vollstreckungsgerichts im Zwangsversteigerungsverfahren mit einem Räumungsurteil gleichgestellt wird (LG Münster MDR 1965, 212; LG Kiel NJW 1992, 1174; a.A. OLG München OLGZ 1969, 43; LG Hamburg MDR 1971, 671).

Lediglich wenn ein geschiedener Ehegatte zur Räumung der bisherigen **Ehewohnung** 270 verurteilt worden ist, scheidet wegen der Spezialvorschriften im Hausratsteilungsverfahren nach der Hausratsverordnung die Anwendung des § 721 ZPO aus (OLG München NJW 1978, 548; OLG Stuttgart FamRZ 1980, 467 m.w.N.). Gleiches gilt für **gleichgeschlechtliche Lebenspartnerschaften** gem. § 661 Abs. 1 Nr. 5 ZPO.

Die Gewährung einer Räumungsfrist kommt dagegen nicht in Betracht, wenn die Räu- 271 mung von Wohnraum, der durch verbotene Eigenmacht in Besitz genommen worden ist, durch eine **einstweilige Verfügung** nach § 940a ZPO angeordnet worden ist (LG Hamburg WuM 1994, 707 und NJW-RR 1993, 1233), oder der Verlust der Wohnung auf einer einstweiligen Maßnahme nach dem GewaltschutzG beruht (§ 620 Nr. 9 ZPO). Der Wohnungsbesetzer oder der/die gewalttätige Lebenspartner/in müssen **sofort** weichen!

bb) Zuständigkeit

Zuständig ist immer das **Prozessgericht** (nicht das Vollstreckungsgericht). Das ist i.d.R. 272 in erster Instanz das Amtsgericht (§ 23 Abs. 1 Nr. 2a GVG), doch kann dies auch das Landgericht sein, da sich der Schutz des § 721 ZPO auf Herausgabeklagen aus **allen** Rechtsgründen erstreckt, also auch auf solche, die nicht im Zusammenhang mit einem Mietverhältnis stehen. Solange die Sache in der **Berufungsinstanz** anhängig ist, entscheidet das Berufungsgericht auch über Anträge auf Verlängerung oder Verkürzung der Räumungsfrist und Anträge nach § 721 Abs. 2 ZPO. Mit Beendigung des Berufungsverfahrens, also nach Verkündung des Berufungsurteils, geht die Zuständigkeit wieder an die erste Instanz, also i.d.R. an das Amtsgericht, über. Hat der Mieter gegen ein Räumungsurteil **Verfassungsbeschwerde** erhoben, so muss er sein Räumungsschutzbegehren für die Dauer des verfassungsgerichtlichen Verfahrens im Wege einer einstweiligen Anordnung vor dem **Verfassungsgericht** geltend machen (LG Frankfurt/M. WuM 1999, 346).

cc) Antrag

(1) Urteilsverfahren

Endet der Prozess mit einem Räumungsurteil, so hat das Gericht **auf Antrag** oder **von** 273 **Amts wegen** zu prüfen, ob eine Räumungsfrist zu gewähren ist.

Der Antrag, der als Prozesshandlung nur bis zur letzten mündlichen Verhandlung 274 gestellt werden kann, gewinnt für den Beklagten lediglich dadurch an Bedeutung, dass er eine Ergänzung des Urteils verlangen kann, wenn das Gericht den Antrag übergeht und nicht hierüber entscheidet (§ 721 Abs. 1 S. 3 1. Halbs. ZPO). Da auf jeden Fall die Frage der Gewährung einer Räumungsfrist von Amts wegen zu prüfen ist, sind von den Parteien die tatsächlichen Umstände, welche für oder gegen die Gewährung einer Räumungsfrist sprechen, im Räumungsprozess vorzutragen. Häufig wird von den Gerichten übersehen, dass die Entscheidung über die Frage einer Räumungsfrist auch im **Versäumnisurteil** enthalten sein muss.

(2) Beschlussverfahren

275 Ist eine Räumungsfrist in einem Urteil gewährt, so kann die Räumungsfrist auf **Antrag** verlängert oder verkürzt werden (§ 721 Abs. 3 ZPO). Lautet das Räumungsurteil auf künftige Räumung und ist deshalb über eine Räumungsfrist noch nicht entschieden, so kann dem Schuldner ggf. auf Antrag eine Räumungsfrist gewährt werden (§ 721 Abs. 2 ZPO). Die Entscheidung ergeht durch Beschluss. Zuständigkeit s.o. Rdn. 272.

276 Bei der Stellung des Antrags ist eine **Zweiwochenfrist** einzuhalten, d.h., der Antrag muss spätestens zwei Wochen vor dem Tag, an dem nach dem Urteil zu räumen ist, oder spätestens zwei Wochen vor Ablauf der bisherigen Räumungsfrist bei Gericht eingehen. Der Schuldner ist aber nicht gehindert, während der gesamten Dauer der einmal gewährten Räumungsfrist den Antrag auf Räumungsfristverlängerung zu stellen, mit Ausnahme der beiden letzten Wochen vor Ablauf der Frist. Bei der **Fristberechnung** ist der letzte Tag der gewährten Räumungsfrist in die zwei Wochen einzurechnen, unabhängig davon, ob der letzte Tag der Frist auf ein Wochenende fällt oder nicht. Beginnt die Zweiwochenfrist an einem Wochenende oder Feiertag, so findet für den Antrag auf Räumungsfristverlängerung § 222 ZPO keine Anwendung (LG München l WuM 1980, 247; LG Freiburg WuM 1989, 433; LG Berlin NJW-RR 1993, 144 = ZMR 1992, 394; a.A. LG Hamburg WuM 1993, 470). Beispiel: Räumungsfrist gewährt bis 31. Mai; letzter Tag für die Antragstellung ist der 17. Mai, ohne Rücksicht darauf, ob der 17. Mai auf ein Wochenende fällt.

277 Bei **Fristversäumnis** ist der Verlängerungsantrag als **unzulässig** abzuweisen. Allerdings besteht nach § 721 Abs. 3 S. 3 ZPO die Möglichkeit der **Wiedereinsetzung in den vorigen Stand** analog §§ 233 bzw. 238 ZPO. Sie kommt dann in Betracht, wenn der Antragsteller oder sein Prozessbevollmächtigter das Fristversäumnis nicht verschuldet hat. Danach genügt es, wenn der Antragsteller glaubhaft macht, dass er die verspätete Antragstellung nicht verschuldet hat.

dd) Höchstdauer

278 Räumungsfrist darf insgesamt nicht mehr als **1 Jahr** gewährt werden (§ 721 Abs. 5 S. 1 ZPO). Die Jahresfrist ist vom Tag der Rechtskraft des Räumungsurteils oder bei Urteilen auf zukünftige Räumung von dem im Urteil vorgesehenen Räumungstag an zu berechnen. Ist gegen ein erstinstanzliches Urteil Berufung eingelegt worden, so bleibt die vom Erstgericht gewährte Räumungsfrist außer Betracht.

ee) Zeitmietverträge

279 Unter bestimmten Umständen ermöglicht das Gesetz den Abschluss von Zeitmietverträgen ohne Kündigungsschutz und ohne gesetzliche Verlängerungsmöglichkeit. Liegen die Voraussetzungen des § 575 BGB vor, so ist die Gewährung einer Räumungsfrist **ausgeschlossen** (§§ 721 Abs. 7, 794a Abs. 5 ZPO). Endet der Zeitmietvertrag durch **außerordentliche Kündigung**, so kann eine Räumungsfrist höchstens bis zum Ende der Vertragslaufzeit gewährt werden.

280 Dies ist folgerichtig; denn wenn sich ein Mieter auf einen Zeitmietvertrag der genannten Art einlässt, weiß er bereits von vorneherein, dass eine Fortsetzung des Mietverhältnisses nicht in Betracht kommt, sodass er sich rechtzeitig um Ersatzwohnraum kümmern muss. Dem Mieter verbleibt aber unverändert der Vollstreckungsschutz nach § 765a ZPO.

281 Der Ausschluss der Räumungsfrist gilt auch bei den **nicht privilegierten Mietverhältnissen** über Wohnraum i.S.d. § 549 Abs. 2 Nr. 3 BGB.

c) Sachliche Voraussetzungen

aa) Interessenabwägung

Die Beurteilung der Frage, ob eine Räumungsfrist gewährt, verlängert, verkürzt oder aufgehoben werden soll, muss vom Gericht nach pflichtgemäßem **Ermessen** entschieden werden. Voraussetzung für die Gewährung einer Räumungsfrist ist, dass das **Interesse des Schuldners** am Verbleib in seiner Wohnung größer ist, als das **Interesse des Gläubigers** an der sofortigen Durchsetzung seines Räumungstitels. 282

Bei der im Rahmen des §721 ZPO vorzunehmenden **Interessenabwägung** sind sämtliche Umstände auf Schuldner- wie auch auf Gläubigerseite zu berücksichtigen (OLG Hamm NJW-RR 1995, 526ff.). Es können insbesondere auch solche Umstände in die Abwägung miteinbezogen werden, die zum Erlass des Räumungsurteils geführt haben. Aber auch das Verhalten der Parteien in der Zeit zwischen Erlass des Räumungsurteils und der Entscheidung über die Räumungsfrist ist zu berücksichtigen. 283

Generell soll dem nur noch vorübergehenden Bestandsinteresse des Mieters im Allgemeinen der Vorrang vor dem Erlangungsinteresse des Vermieters einzuräumen sein – anders als im Vollstreckungsschutzverfahren gem. §765a ZPO (LG Hamburg WuM 1990, 216; LG Regensburg WuM 1991, 359). 284

Grundsätzlich muss als Voraussetzung für die Gewährung einer Räumungsfrist verlangt werden, dass der Schuldner zumindest seine **laufende Nutzungsentschädigung** entrichtet und sich um Ersatzwohnraum bemüht. Wenn das Gericht zur Überzeugung gelangt, dass die Zahlung der zukünftigen Nutzungsentschädigung nicht sichergestellt ist, dann ist i.d.R. eine Räumungsfrist zu versagen; denn es kann dem Gläubiger nicht zugemutet werden, die Wohnung unentgeltlich zur Verfügung zu stellen. Anhaltspunkte für die Prognose des weiteren Zahlungsverhaltens des Schuldners bieten seine Vermögensverhältnisse, die Dauer und die Höhe der Rückstände und die Antwort auf die Frage, ob sich der Schuldner um finanzielle Hilfe bei den Sozialbehörden bemüht hat. Der zur Verurteilung führende Mietrückstand kann lediglich als Indiz für das zukünftige Zahlungsverhalten des Schuldners herangezogen werden, schließt aber die Gewährung einer Räumungsfrist nicht grundsätzlich aus. Räumungsfrist kann auch unter der Bedingung künftiger pünktlicher Zahlungen gewährt werden (LG Mainz WuM 1997, 233). Bedenklich ist deshalb die Entscheidung des LG Berlin (ZMR 2001, 189), welches bei Zahlungsrückstand des Mieters generell eine Räumungsfrist von mindestens sechs Wochen gewährt, um die Obdachlosigkeit des Mieters zu vermeiden. 285

Die Gewährung einer Räumungsfrist kommt auch dann nicht in Betracht, wenn der Mieter nicht alles ihm Zumutbare und Mögliche tut, um sich eine **Ersatzunterkunft** zu suchen (Schmidt-Futterer NJW 1971, 1829; LG Mannheim WuM 1978, 269; Schmidt-Futterer/Blank B 315; BGH MDR 1990, 1003 = NJW 1990, 2823; AG Münster WuM 1998, 731). Der Umfang der dem Mieter zumutbaren Bemühungen zur Beschaffung von Ersatzwohnraum richtet sich im Wesentlichen nach den finanziellen Verhältnissen des Mieters. Von einem Sozialhilfeempfänger kann deshalb beispielsweise nicht verlangt werden, dass er einen Makler beauftragt oder Wohnungsanzeigen aufgibt (LG Mannheim ZMR 1993, 79; WuM 1993, 62). Es muss dabei aber dem Mieter zugemutet werden, eventuell teureren Ersatzwohnraum oder für etwa die gleiche Miete eine kleinere Wohnung anzumieten. Der Mieter ist auch gehalten, eventuell eine Wohnung im weiteren Umkreis zu akzeptieren und nötigenfalls (im zumutbaren Umfang) Fahrten zum Arbeitsplatz in Kauf zu nehmen. Ist die zu räumende Wohnung bereits sehr teuer, dann kann davon ausgegangen werden, dass der Schuldner, wenn er sich ernsthaft darum bemüht, leicht eine Ersatzwohnung findet. 286

287 Ergibt sich aus den persönlichen Umständen des Schuldners, dass er **keine** konkrete **Aussicht auf eine Ersatzwohnung** hat, dann würde eine kürzere Räumungsfrist ihm nur einen geringen zeitlichen Vorteil bringen. Lediglich ein Aufschub ohne eine zu erwartende Veränderung des Sachstandes ist kein Grund für die Verlängerung der Räumungsfrist, wenn dem geringfügigen zeitlichen Vorteil des Schuldners ein beachtliches Räumungsinteresse des Gläubigers gegenübersteht (LG Kassel ZMR 1967, 187; LG Mönchengladbach ZMR 1990, 463; LG Waldshut-Tiengen WuM 1996, 53; a.A.: LG Mannheim WuM 1990, 307).

288 Hohes Alter, lange Mietdauer, Krankheit des Schuldners und Ähnliches sprechen für die Gewährung einer Räumungsfrist (z.B. Risikoschwangerschaft, AG Bergheim WuM 1999, 530). Bei schweren psychischen Erkrankungen (evtl. verbunden mit Suizidgefahr) ist bei der Bemessung der Räumungsfrist auch zu berücksichtigen, dass sich der Mieter auf den anstehenden Umzug seelisch einstellen muss und bis zum Ende der Räumungsfrist vorbereitende therapeutische Behandlungen nötig sein könnten (LG Bonn ZMR 2000, 27).

289 Gegen die Gewährung von Räumungsfrist spricht neben dem Ausbleiben von Nutzungsentschädigung vor allem **Fehlverhalten des Schuldners** im persönlichen Bereich. So z.B. schwere Verletzungen des Hausfriedens, Tätlichkeiten, Belästigungen oder Beleidigungen gegenüber Mitmietern, fortgesetzte Ruhestörungen etc. Tätlichkeiten gegenüber dem Vermieter und seinen Familienangehörigen schließen die Gewährung einer Räumungsfrist aus, falls der Vermieter im gleichen Haus wohnt. Ansonsten ist darauf abzustellen, wie hoch die Wahrscheinlichkeit ist, dass sich ähnliche Fälle wiederholen.

290 Das LG Hamburg (WuM 1994, 219) hat allerdings eine Räumungsfrist gewährt, trotz fristloser Kündigung wegen Tätlichkeiten gegenüber dem Vermieter.

291 **Eigenbedarf** des Gläubigers kann ein mehr oder minder dringendes Räumungsinteresse bewirken, je nachdem, inwieweit dem Gläubiger oder dessen Familienangehörigen ein Verbleib in der bisherigen Wohnsituation zugemutet werden kann. Hat der Gläubiger seine bisherige Wohnung aufgegeben in der Hoffnung, sofort die eigene Wohnung beziehen zu können, so kann dieser Umstand nicht zu Lasten des Mieters gehen; denn der Gläubiger muss grundsätzlich mit Verzögerungen des Auszugs rechnen. Aus dem gleichen Grunde kann sich der Gläubiger nicht darauf berufen, dass er die Räume für die Zeit nach Ablauf der Kündigungs- oder Räumungsfrist bereits fest weitervermietet hat und er deshalb **Schadensersatzansprüche** befürchten muss.

292 Hat der Mieter im Prozess die vom Vermieter vorgetragenen Eigenbedarfsgründe anerkannt, so soll er gehalten sein, sich um Ersatzwohnraum innerhalb der Kündigungsfrist zu kümmern (LG Verden WuM 1992, 637), ansonsten ist in der Rechtsprechung umstritten, ob die **Ersatzwohnraumbeschaffungspflicht** bereits bei Erhalt der Kündigung entsteht (so LG Stuttgart WuM 1990, 20) oder erst bei Rechtskraft des Räumungsurteils (so LG Essen WuM 1992, 202).

293 Ist gegen ein Räumungsurteil Rechtsmittel eingelegt worden, so gewährt das Berufungsgericht eine Räumungsfrist, wenn der Mieter sich zumindest eine gute Chance ausrechnen durfte, dass die Räumungsklage abgewiesen wird. Eine andere Entscheidung würde das **Willkürverbot** berühren (BVerfG WuM 1999, 155).

bb) Dauer

294 Auch die Dauer der zu gewährenden Räumungsfrist liegt im pflichtgemäßem Ermessen des Gerichts, wobei auch hier eine **Abwägung der beiderseitigen Parteiinteressen** vorzunehmen ist (vgl. OLG Hamm NJW-RR 1995, 526). Das Gericht hat dabei grundsätzlich einen Spielraum von einer im Gesetz nicht bestimmten Mindestfrist bis zu der vom

Gesetz bestimmten Höchstfrist von 1 Jahr (§ 721 Abs. 5 S. 1 ZPO). Soweit nicht gravierende Interessen des Gläubigers entgegenstehen, ist die Räumungsfrist zumindest so zu bemessen, dass dem Schuldner ausreichend Zeit bleibt, bei Berücksichtigung der besonderen persönlichen und wirtschaftlichen Verhältnisse Ersatzwohnraum anzumieten und den Umzug vorzubereiten. Eine Räumungsfrist von weniger als 1 Monat ist hierbei nur in Ausnahmefällen angebracht, etwa wenn Ersatzwohnraum kurzfristig zur Verfügung steht (LG Waldshut-Tiengen WuM 1996, 53). I.d.R. erscheint es nicht zweckmäßig, bei erstmaliger Bewilligung der Räumungsfrist die **Höchstdauer von einem Jahr** voll auszuschöpfen. Allzu groß wäre nämlich die Versuchung für den Schuldner, im Vertrauen auf eine lange Schutzfrist, seine Bemühungen um Ersatzwohnraum einzustellen oder zumindest zu reduzieren. In Ausnahmefällen (z.B. unvorhergesehene Bauverzögerung) dürfte die Ausschöpfung der Höchstfrist gerechtfertigt sein (LG Heidelberg WuM 1995, 661). Bei der Bemessung der Räumungsfrist kann auch berücksichtigt werden, dass der Mieter in einem offenkundig aussichtslosen Fall **Rechtsmittel** eingelegt hat, um die Zwangsvollstreckung hinauszuzögern.

Da es sich jeweils um Einzelfallentscheidungen handelt, wäre eine Zusammenstellung der **295**
veröffentlichten Rechtsprechung zu dieser Frage wenig hilfreich.

Da der Mieter wegen der Möglichkeit eines Verlängerungsantrages innerhalb zwei **296**
Wochen vor Fristende genau wissen muss, wann die Räumungsfrist abläuft, empfiehlt es sich, die Räumungsfrist datumsmäßig festzulegen (Beispiel: Dem Beklagten wird eine Räumungsfrist bis zum 31. März gewährt). Wird dagegen die Räumungsfrist zeitraummäßig formuliert (Beispiel: Der Beklagte erhält eine Räumungsfrist von drei Monaten), dann beginnt der Lauf der Frist mit Verkündung des Urteils bzw. Zustellung des Beschlusses.

Eine vom Gericht bewilligte Räumungsfrist kann auf Antrag auch **verlängert** oder **ver-** **297**
kürzt werden (§ 721 Abs. 3 ZPO). Eine vom Gläubiger außergerichtlich zugebilligte Räumungsfrist kann nicht vom Gericht verlängert oder verkürzt werden, jedoch kann ein Antrag auf Verlängerung einer vertraglich gewährten Räumungsfrist in einem Antrag auf erstmalige Gewährung einer gerichtlichen Räumungsfrist nach § 721 Abs. 1 ZPO **umgedeutet** werden. Bei der Beurteilung der Frage, ob bzw. in welchem Umfange die Räumungsfrist verlängert oder verkürzt werden muss, kann nur auf solche Umstände zurückgegriffen werden, die nach Erlass der ursprünglichen Räumungsfristentscheidung bekannt geworden bzw. entstanden sind.

cc) Verzicht

Das Gericht ist an der Gewährung einer Räumungsfrist gehindert, wenn der Schuldner **298**
auf Räumungsschutz verzichtet hat (Zöller § 721 Rn. 12; a.A. Sternel V 109). Der Verzicht des Schuldners auf die Stellung von Anträgen auf Gewährung einer Räumungsfrist nach §§ 721 und 794a ZPO ist **zulässig** und gerade im Zusammenhang mit Räumungsvergleichen nicht selten. Dagegen ist ein Verzicht auf Vollstreckungsschutz nach § 765a ZPO unwirksam.

d) Entscheidung

aa) Tenor

Der Ausspruch über die Gewährung einer Räumungsfrist ist im **Urteilstenor** aufzuneh- **299**
men. Bei Versagung einer Räumungsfrist genügt es, dass diese Frage in den Entscheidungsgründen erörtert wird. Wenn sich weder aus dem Urteilsspruch noch aus den Entscheidungsgründen ergibt, dass sich das Gericht mit einem **Antrag** auf Räumungsfrist

auseinander gesetzt hat, dann muss angenommen werden, dass das Gericht den Antrag bei der Entscheidung übergangen hat, mit der Folge, dass § 321 ZPO eingreift. Dies gilt auch, wenn ein Versäumnisurteil ergeht. In diesem Falle sind die vom Kläger behaupteten Anknüpfungstatsachen für die Gewährung einer Räumungsfrist als zutreffend zu unterstellen (LG Mannheim MDR 1966, 242).

300 Wenn sich bei fehlendem Antrag aus den Gründen des Urteils nicht ergibt, dass sich das Gericht mit § 721 ZPO von Amts wegen auseinander gesetzt hat, dann ist davon auszugehen, dass das Gericht eine Räumungsfrist **abgelehnt** hat.

301 Über Anträge auf Bewilligung einer Räumungsfrist bei Vollstreckungstiteln auf künftige Räumung (§ 721 Abs. 2 ZPO) und bei der Verlängerung oder Abkürzung einer bewilligten Räumungsfrist wird im **Beschlussverfahren** entschieden, wobei die Entscheidung **ohne mündliche Verhandlung** ergehen kann. Will das Gericht einem Antrag stattgeben, so ist der Gegner vorher zu hören. Falls die Zwangsvollstreckung nahe bevorsteht und der Sachverhalt noch aufklärungsbedürftig ist (Beispiel: Der Mieter behauptet, einen Mietvertrag über Ersatzwohnraum abgeschlossen zu haben), empfiehlt es sich, die Zwangsvollstreckung gem. § 732 Abs. 2 ZPO (eventuell gegen Sicherheitsleistung) einstweilen einzustellen.

bb) Wirkung der Entscheidung

302 Die Gewährung einer Räumungsfrist ändert nichts daran, dass das Mietverhältnis **beendet** ist. Der Mieter schuldet nicht Mietzahlungen, sondern **Nutzungsentschädigung**. Allerdings ist der Schuldner für die Dauer des Laufs einer gewährten Räumungsfrist nicht schadensersatzpflichtig wegen verspäteter Rückgabe der Mietsache gem. § 546a Abs. 1 und 2 BGB. Dies ergibt sich aus § 571 Abs. 2 BGB. Schadensersatzansprüche wegen **Beschädigung** oder **Verschlechterung** der Mietsache während des Laufs einer Räumungsfrist bleiben dagegen unberührt. I.Ü. ist die Zwangsvollstreckung aus dem Räumungsurteil während des Laufs der Räumungsfrist ausgeschlossen.

303 Bis zum Ablauf der Räumungsfrist ist der Mieter zum Gebrauch der Einrichtungen und Anlagen des Wohngrundstücks nur insoweit berechtigt, als diese für ein sachlich angemessenes Wohnen unbedingt notwendig sind (vgl. AG St. Blasien WuM 1996, 286 zur Schwimmbadbenutzung). Es wäre deshalb durchaus möglich, die Räumungspflicht hinsichtlich der Nebenräume (wie z.B. Speicher oder Kellerraum o.Ä.) aufrechtzuerhalten und die Gewährung von Räumungsfrist auf die Wohnräume zu beschränken.

304 Es ist zulässig, die Bewilligung der Räumungsfrist mit der Auflage zur Zahlung der laufenden Nutzungsentschädigung zu verknüpfen (LG Hamburg WuM 1990, 216; a.A. Schmidt-Futterer/Blank B 450).

e) Kostenentscheidung

aa) Urteil

305 Wird dem im Räumungsrechtsstreit unterliegenden Mieter eine Räumungsfrist gem. § 721 Abs. 1 ZPO gewährt, so führt dies nicht zu einem teilweisen Obsiegen des Beklagten i.S.v. § 92 Abs. 1 ZPO. Gegenstand des Rechtsstreits ist nämlich allein der **Räumungsanspruch** des Klägers. Auch die Stellung eines Antrags auf Gewährung von Räumungsfrist erhöht nicht den Streitwert des Verfahrens. Durch die Entscheidung über die Räumungsfrist entsteht keine besondere Gebühr.

306 Allerdings gewährt § 93b Abs. 3 ZPO dem Gericht die Möglichkeit, bei **sofortigem Anerkenntnis** des Räumungsanspruchs eine Kostenentscheidung zugunsten des Mieters

zu treffen, wenn das Gericht eine Räumungsfrist bewilligt und der Beklagte bereits vor Erhebung der Klage unter Angabe von Gründen die Fortsetzung des Mietverhältnisses oder eine den Umständen nach angemessene Räumungsfrist vom Kläger vergeblich begehrt hatte.

bb) Beschluss

Die im Beschlussverfahren bei der Verlängerung der Räumungsfrist (§ 721 Abs. 3 ZPO) entstehenden Kosten sind **Kosten der Zwangsvollstreckung** (LG München I WuM 1982, 81; str., die Gegenmeinung entscheidet über die Kosten gem. §§ 91 ff. ZPO). **307**

Gemäß § 788 ZPO fallen diese Kosten auch dann dem Schuldner zur Last, wenn sein Antrag auf Verlängerung (bzw. Gewährung) von Räumungsfrist Erfolg hat. Hierfür spricht neben der Stellung der Vorschrift im achten Buch der ZPO (»Gläubiger«; »Schuldner«) auch die Billigkeitserwägung, dass ein Gläubiger nicht dann noch finanzielle Nachteile erleiden soll, wenn er durch die Verlängerung einer Räumungsfrist eine weitere Beeinträchtigung seiner Rechte hinnehmen muss (LG München I WuM 1982, 81; str. Thomas/Putzo § 721 Rn. 13, wonach die Kostenentscheidung nach §§ 91 ff. zu treffen ist; a.A: so auch Zöller 25. Aufl. Rn. 15 zu § 721 ZPO m.w.N.). **308**

Allerdings sind die Kosten eines Fristverlängerungsverfahrens ausnahmsweise dann dem Gläubiger ganz oder teilweise aufzuerlegen, wenn die Kostentragungspflicht des Schuldners offensichtlich der **Billigkeit** widerspricht. Das könnte beispielsweise dann der Fall sein, wenn sich der Gläubiger grundlos einer kurzen Verlängerung widersetzt, obwohl die Voraussetzungen für die Fristverlängerung eindeutig sind (Beispiel: Räumungsunfähigkeit des Schuldners, Notwendigkeit eines Zwischenumzugs innerhalb kurzer Zeit, obwohl seitens des Gläubigers keine besonderen Gründe für ein sofortiges Räumungsinteresse sprechen). **309**

Gleiches gilt, wenn der Gläubiger einen Antrag auf Verkürzung der Räumungsfrist stellt, obwohl aufgrund der Umstände mit Händen zu greifen ist, dass ein solcher Antrag keine Aussicht auf Erfolg hat. In all diesen Fällen bietet die analoge Anwendung von § 788 Abs. 4 ZPO die Möglichkeit einer **Billigkeitsentscheidung** (vgl. Schmid ZMR 1982, 129). **310**

f) Rechtsmittel

aa) Gegen Urteile

Auf Räumung lautende Urteile (auch Versäumnisurteile) sind durch **Berufung** (bzw. Einspruch) anzugreifen. Voraussetzung ist, dass der zugrunde liegende Räumungsanspruch angegriffen wird. Das sind praktisch nur die Fälle, bei denen der Beklagte die Auffassung vertritt, dass das Räumungsurteil zu Unrecht ergangen sei, doch zumindest hilfsweise eine längere Räumungsfrist zu gewähren sei. Auch wenn kein ausdrücklicher Antrag auf Gewährung von Räumungsfrist gestellt worden ist, hat das Berufungsgericht **von Amts wegen** die Frage des § 721 ZPO zu überprüfen. Die Praxis zeigt, dass häufig auch in aussichtslosen Fällen Rechtsmittel eingelegt werden, um die Zwangsvollstreckung hinauszuzögern. Das Berufungsgericht kann in solchen Fällen die Verfahrensdauer bei der Gewährung von Räumungsfrist mit berücksichtigen. **311**

Will der Mieter oder Vermieter lediglich die Versagung, Gewährung oder Bemessung der Räumungsfrist anfechten, so ist allein die **sofortige Beschwerde** gem. § 721 Abs. 6 Nr. 1 ZPO statthaft. Die sofortige Beschwerde ist auch gegen Versäumnisurteile gegeben, nicht jedoch gegen das zweite Versäumnisurteil gem. § 345 ZPO (LG Dortmund NJW 1965, 1385). **312**

313 Hat der Mieter gegen ein Räumungsurteil **Berufung** eingelegt, so besteht für den Vermieter keine Möglichkeit, mit der sofortigen Beschwerde die Gewährung oder die Bemessung der Räumungsfrist anzugreifen (Sternel Rn. V 115; a.A. LG Düsseldorf ZMR 1990, 380). Der Vermieter hat in solchen Fällen seine Argumente, die gegen eine Räumungsfrist sprechen, dem Berufungsgericht vorzutragen, welches gem. §721 Abs. 1 ZPO über die Frage der Räumungsfrist erneut mit zu entscheiden hat, falls die Berufung zurückzuweisen ist (a.A. das LG Gießen WuM 1994, 551, das die Berücksichtigung dieses Sachvortrags lediglich im Wege einer Anschlussberufung für zulässig hält).

bb) Gegen Beschlüsse

314 Gegen Entscheidungen außerhalb des Urteils über Bewilligung einer Räumungsfrist bei künftiger Räumung (§ 721 Abs. 2 ZPO) und bei Verlängerung und Verkürzung einer Räumungsfrist (§721 Abs. 3 ZPO) ist das Rechtsmittel der **sofortigen Beschwerde** gegeben (§721 Abs. 6 Ziff. 2 ZPO).

Grundsätzlich ist auch die **Rechtsbeschwerde** gem. § 574 ZPO statthaft. Doch dürfte allein schon wegen der engen zeitlichen Begrenzung des Fristverlängerungsverfahrens die Rechtsbeschwerde kaum praktische Bedeutung erlangen.

2. Räumungsvergleich

a) Räumungsfrist bei Vergleichen

315 Häufig endet ein Räumungsprozess durch Vergleich, in welchem sich der Mieter zur Räumung von Wohnraum verpflichtet. Das Entgegenkommen des Vermieters besteht dann i.d.R. darin, dass er sich mit einem weiter hinausgeschobenen Räumungszeitpunkt einverstanden erklärt und/oder bei fristgerechtem Auszug eine Geldsumme zusagt.

316 §794a ZPO gibt dem Gericht die Möglichkeit, auch in solchen Fällen eine Räumungsfrist zu gewähren, entsprechend der Regelung in §721 ZPO bei Räumungsurteilen.

317 Es darf bezweifelt werden, ob die Möglichkeit, unabhängig vom Willen des Gläubigers allein durch das Gericht Räumungsfrist zu erlangen, den Abschluss von Räumungsvergleichen erleichtert. Allerdings besteht die Möglichkeit, dass der Schuldner auf seine Rechte aus §794a ZPO verzichtet, wenn er im Vergleich einen angemessenen Räumungszeitpunkt vereinbaren konnte. Räumungsvergleiche enthalten deshalb oft Klauseln wie: »Der Beklagte verzichtet auf Räumungsschutz, soweit gesetzlich zulässig« o.Ä. Auf Vollstreckungsschutz gem. §765a ZPO (in außergewöhnlichen Härtefällen) kann nicht verzichtet werden (vgl. Rdn. 298).

b) Anwendungsbereich des § 794a ZPO

318 Voraussetzung ist ein **im Prozess geschlossener Vergleich,** aus dem die Zwangsvollstreckung stattfindet; außergerichtliche Räumungsvergleiche oder sonstige Räumungsvereinbarungen sind allein nach den allgemeinen Regeln des Vertragsrechts zu behandeln und fallen nicht unter §794a ZPO (h.M.; Zöller §794a Rn. 1; Schmidt-Futterer/Blank B 312; ZMR 1970, 99 m.w.N.). Ein **außergerichtlicher** Räumungsvergleich, den Rechtsanwälte im Namen und in Vollmacht der von ihnen vertretenen Parteien geschlossen haben (Anwaltsvergleich) kann, weil er den Bestand eines Mietverhältnisses über Wohnraum betrifft, wegen §796a Abs. 2 ZPO **nicht** für vollstreckbar erklärt werden.

319 Der Wortlaut der Vorschrift lässt es auch zu, selbst dann eine gerichtliche Räumungsfrist zu erlangen, wenn die Parteien sich im Prozessvergleich bereits auf eine Räumungsfrist geeinigt haben. Allerdings wird in einem solchen Fall bei der Gewährung und Bemes-

sung einer Räumungsfrist ein **strengerer Maßstab** anzulegen sein, da bereits im Vergleich die besonderen Interessen des Schuldners an einem Hinausschieben des Räumungstermins berücksichtigt worden sind (Zöller ZPO 26. Aufl. § 794a Rn. 2).

Eine Räumungsfrist wird deshalb i.d.R. nur dann in Betracht kommen, wenn **neu eingetretene Umstände,** mit denen bei Vergleichsabschluss ohne grobes Verschulden noch nicht gerechnet werden konnte, für einen Aufschub der Räumung sprechen. So z.B. bei nicht rechtzeitiger Fertigstellung eines Wohnbaus bei ansonsten erforderlichem Doppelumzug innerhalb kurzer Zeit (AG Aachen und LG Aachen WuM 2007, 398; a.A. LG Hamburg WuM 2001, 412). 320

Haben die Parteien in einem gerichtlichen Vergleich ausdrücklich eine Räumungsfrist vereinbart, so kann diese **nicht über** § 794a ZPO **verkürzt** werden. Das ergibt der eindeutige Wortlaut der Vorschrift, welcher in Abs. 2 nur die **vom Gericht gewährte Räumungsfrist** anspricht (LG Augsburg WuM 1988, 67; LG Hanau WuM 1988, 316; LG Stuttgart WuM 1992, 32). Die Gründe, die nach Ansicht des Vermieters die Verkürzung einer im Vergleich gewährten Räumungsfrist erforderlich machen, müssten aber solch massive Verletzungen der Mieterpflichten darstellen, dass sie auch einen wichtigen Grund zur fristlosen Kündigung des Nutzungsverhältnisses darstellen können (AG Lörrach WuM 2001, 578). 321

Das Gleiche gilt für die Verkürzung einer außergerichtlich vereinbarten Räumungsfrist. Das LG Ulm (WuM 1981, 164) hat in diesen Fällen die **analoge Anwendung** des § 794a ZPO aus Gründen der Prozessökonomie und des wirksamen Schuldnerschutzes für zulässig erachtet. Dieser Auffassung kann nicht gefolgt werden, da § 794a als Norm des Vollstreckungsrechts einen vollstreckbaren Titel zur Voraussetzung hat und die Fristgewährung durch gerichtlichen Beschluss klar umrissen ist. Dagegen müssten bestrittene außergerichtliche Räumungsfristvereinbarungen erst durch eine Beweisaufnahme ermittelt werden. 322

Gemäß § 794a Abs. 5 ZPO ist die Anwendung der Vorschrift **ausgeschlossen** bei Ferienhäusern, bestimmten Zwischenmietverhältnissen und Zeitmietverträgen (vgl. Rdn. 279). 323

c) Formelle Voraussetzungen

Die Bewilligung der Räumungsfrist erfolgt **auf Antrag des Schuldners.** Zuständig ist das Amtsgericht, in dessen Bezirk die Wohnung liegt. Der Antrag ist spätestens **zwei Wochen** vor dem im Vergleich bestimmten Räumungstermin zu stellen. Hat nach dem Vergleich der Schuldner sofort zu räumen oder früher als 14 Tage nach Abschluss des Vergleichs, so beginnt die Frist mit dem Datum des Vergleichsabschlusses (Zöller § 794a Rn. 3; a.A. Thomas/Putzo § 794a Rn. 4). Die Räumungsfrist darf insgesamt nicht mehr als 1 Jahr betragen, gerechnet vom Tag des vereinbarten Räumungszeitpunktes (bzw. vom Tag des Vergleichsabschlusses, falls sofortige Räumung vereinbart worden ist). 324

Zuständig für die Entscheidung ist das Amtsgericht als Prozessgericht, nicht das Vollstreckungsgericht. Das Amtsgericht entscheidet durch **Beschluss,** wobei die Entscheidung ohne mündliche Verhandlung ergehen kann. 325

Der Beschluss des Amtsgerichts kann mit der **sofortigen Beschwerde** angegriffen werden. Das Landgericht kann die Rechtsbeschwerde zulassen. 326

d) Sachliche Voraussetzung

Die sachlichen Voraussetzungen für die Anwendbarkeit des § 794a ZPO sind dieselben, welche für § 721 ZPO gelten. 327

328 Auf die vorstehenden Ausführungen zur richterlichen Räumungsfrist bei Räumungsurteilen kann Bezug genommen werden.

3. Vollstreckungsschutz

a) Zweck der Regelung des § 765a ZPO

329 § 765a ZPO enthält die allgemeine **Härteklausel** des Vollstreckungsrechts, welche dem Räumungsschuldner auch dann noch die Möglichkeit eines Vollstreckungsschutzes gewährt, wenn eine Räumungsfrist gem. den §§ 721, 794a ZPO nicht mehr in Betracht kommt, sei es weil die gesetzliche Höchstdauer von einem Jahr (§§ 721 Abs. 5, 794a Abs. 3 ZPO) bereits ausgeschöpft ist, sei es weil der Schuldner die **Antragsfristen** versäumt hat (LG Darmstadt NZM 2000, 376; BGH NZM 2000, 382). Auch bei den sog. **Zeitmietverträgen** i.S.d. § 575 BGB und den Mietverhältnissen über Wohnraum i.S.d. § 549 Abs. 2 Nr. 3 BGB, bei denen die Gewährung von Räumungsfristen nicht vorgesehen ist (§§ 721 Abs. 7, 794a Abs. 5 ZPO) gewinnt die Vorschrift besondere Bedeutung, da sie die einzige Möglichkeit eröffnet, in krassen Ausnahmesituationen eine sofortige Zwangsräumung zu verhindern.

330 Der Zweck der Vorschrift besteht darin, den Schuldner aus sozialen Gründen in einem besonderen ungewöhnlichen Härtefall vor unangemessenen Eingriffen durch die Zwangsvollstreckung zu schützen, welche gegen die **guten Sitten** verstoßen und damit dem allgemeinen Rechtsgefühl widersprechen. Der Schutz des § 765a ZPO ist daher **nicht abdingbar.**

b) Formelle Voraussetzungen

aa) Antrag

331 Eine Anordnung nach § 765a ZPO ergeht nur auf **Antrag des Schuldners**; der Antrag ist **Prozesshandlung** (Stein/Jonas/Münzberg § 765a Anm. 2; Wiezorek § 765a Anm. B I; LG Limburg Rpfleger 1977, 219). Es besteht für das Verfahren **kein Anwaltszwang.** Der Antrag ist spätestens **zwei Wochen** vor dem festgesetzten Räumungstermin zu stellen, es sei denn, dass die Gründe, auf denen der Antrag beruht, erst nach diesem Zeitpunkt entstanden sind oder der Schuldner ohne sein Verschulden an einer rechtzeitigen Antragstellung gehindert war. Letzteres muss der Schuldner zumindest glaubhaft machen (Zöller § 765a ZPO Rn. 19b).

332 Die Antragsfrist soll dem Gericht ausreichend Zeit verschaffen um das Vorbringen des Schuldners zu überprüfen, um auf diese Weise zu verhindern, dass die Entscheidung wegen des bevorstehenden Räumungstermins unter Zeitdruck gefällt werden muss, was oftmals zu ungerechtfertigten Ergebnissen führen könnte.

333 Obwohl es im öffentlichen Interesse liegt, sittenwidrige Vollstreckungsmaßnahmen zu verhindern, darf das Gericht nicht **von Amts wegen** tätig werden (Zöller § 765a ZPO Rn. 19). Die Bitte um Gewährung einer Räumungsfrist enthält auch den Antrag nach § 765a ZPO (OLG Frankfurt/M. Rpfleger 1979, 391).

334 Die materielle Rechtskraft eines ersten erfolglosen Vollstreckungsschutzverfahrens steht einem **weiteren Vollstreckungsschutzverfahren** nach § 765a ZPO nicht entgegen, wenn es auf **neue** Tatsachen gestützt ist, gleichgültig ob diese schon früher geltend gemacht werden konnten oder nicht. Dies ist aber bei der Abwägung der Gläubiger- und Schuldnerinteressen zu berücksichtigen (OLG Köln NJW 1993, 2248; OLG Frankfurt/M. ZMR 1993, 336), insbesondere wenn sich Anhaltspunkte auf rechtsmissbräuchliches Taktieren des Räumungsschuldners ergeben. Letzteres geschieht häufig dadurch, dass unter

Missachtung der 2- Wochen-Frist des § 765a Abs. 3 ZPO noch kurz vor der Zwangsräumung (oder erst im Beschwerdeverfahren!) massive Härtegründe vorgetragen werden, die das Gericht unter Zeitdruck setzen um eine einstweilige Aufhebung des Räumungstermins zu erreichen. (Zu den »taktischen Alternativen« des Vollstreckungsschuldners und der Möglichkeit des Gläubigers durch Einreichung einer »Schutzschrift« diesem vorzubeugen vgl. Lämmer u. Muckle in NZM 2008, 69 ff.)

bb) Rechtsschutzbedürfnis

Dieses liegt beim **Schuldner** erst dann vor, wenn eine Zwangsvollstreckungsmaßnahme konkret bevorsteht und noch nicht vollendet ist. Ein Antrag nach § 765a ZPO ist deshalb unzulässig, wenn er bereits zu einem Zeitpunkt gestellt wird, bevor dem Gerichtsvollzieher **Räumungsauftrag** erteilt worden ist. Der Schuldner wird deshalb zweckmäßigerweise gleich bei Antragstellung die Räumungsaufforderung des Gerichtsvollziehers vorlegen. Das **Rechtsschutzinteresse** ist auch dann weggefallen, wenn die Räumung vollzogen ist, d.h. das Mobiliar und sonstige Einrichtungen, die nicht Gegenstand der Miete waren, aus der Wohnung entfernt worden sind. Das LG Hamburg (WuM 1993, 417) hält die Räumung noch nicht für abgeschlossen, wenn der Gerichtsvollzieher lediglich das Schloss ausgewechselt hat. **335**

Das Rechtsschutzbedürfnis des **Gläubigers** fehlt, wenn der Räumungstitel nicht vollstreckt werden kann. Dies ist z.B. dann der Fall, wenn gegen den mit besitzenden Ehegatten ein Räumungstitel nicht vorliegt (OLG Oldenburg NJW-RR 1994, 715).

cc) Zuständigkeit

Die Entscheidung über den Vollstreckungsschutzantrag trifft ausschließlich das **Vollstreckungsgericht** beim Amtsgericht (§§ 765a Abs. 1, 164, 802 ZPO). Auf sofortige Beschwerde kann das LG die Anordnungen selbst treffen, selbst dann, wenn die Voraussetzungen des § 765a ZPO erstmals in der Beschwerdeinstanz geltend gemacht worden sind (OLG Hamm NJW 1965, 1339; KG NJW 1965, 2408). **336**

Wenn das Gericht erwägt, dem Vollstreckungsschutzantrag des Schuldners stattzugeben, ist die Anhörung des Gläubigers unerlässlich; denn nur so kann dem Gläubiger Gelegenheit gegeben werden, sein eigenes Schutzbedürfnis ausreichend darzulegen. Der Schuldner ist für seinen Sachvortrag **voll beweispflichtig,** bloße Glaubhaftmachung genügt nicht. Nötigenfalls kann das Gericht **einstweilige Anordnungen** gem. § 765a Abs. 1 S. 2 ZPO treffen. **337**

c) Sachliche Voraussetzungen

aa) Auslegungsrahmen – sittenwidrige Härte

Bereits aus dem Wortlaut des § 765a ZPO geht hervor, dass die Gewährung von Vollstreckungsschutz nur in besonderen **Ausnahmesituationen** in Betracht kommt (»... wegen ganz besonderer Umstände ...«). Es handelt sich um eine Ausnahmevorschrift, die eng auszulegen ist (BGH BGHZ 44, 138). Das Gericht hat bei der Handhabung des § 765a ZPO keinen Ermessensspielraum (vgl. BGH NJW 1965, 2107), sodass die Gewährung von Räumungsschutz nur dann in Frage kommt, wenn die Räumung gerade zum beabsichtigten Zeitpunkt nach der Überzeugung aller vernünftig denkenden Bürger **sittenwidrig** wäre und zu einem ganz untragbaren Ergebnis führen würde. **338**

Bei der Beurteilung der Frage, ob eine bestimmte Zwangsvollstreckungsmaßnahme im Einzelfall eine sittenwidrige Härte darstellt, ist nicht danach zu fragen, wer die Härte verursacht hat; es kommt also nicht darauf an, ob dem Gläubiger wegen der Durchführung der **339**

Zwangsvollstreckungsmaßnahme ein **moralischer Vorwurf** gemacht werden kann oder ob etwa der Schuldner die Härtegründe i.S.d. § 765a ZPO auch selbst verschuldet hat. Es ist lediglich auf die objektive Auswirkung der Vollstreckungsmaßnahme unter Berücksichtigung der Umstände des Einzelfalles abzustellen, ohne dass es darauf ankommt, ob das Vollstreckungsgericht die der Zwangsvollstreckung zugrunde liegende Entscheidung für richtig oder falsch hält (Thomas/Putzo § 765a Anm. 8b). Dabei begründet es keine Härte i.S.d. § 765a ZPO, dass die Zwangsvollstreckung überhaupt durchgeführt wird; denn ein Schutz kann nur gegen bestimmte Vollstreckungsmaßnahmen, nicht jedoch gegen die Zwangsvollstreckung allgemein gewährt werden (OLG Köln NJW 1994, 1743 und NJW-RR 1995, 1472). Materiell-rechtliche Einwendungen des Schuldners gegen den Vollstreckungstitel müssen außer Acht bleiben (OLG Hamm NJW-RR 2002, 790).

bb) Fehlender Ersatzwohnraum

340 Es ist offenkundig, dass der Schuldner die »normalen« mit einer Räumung verbundenen Härten zu dulden hat. Fehlender **Ersatzwohnraum** für sich allein kann deshalb in keinem Fall eine sittenwidrige Härte nach § 765a ZPO darstellen. Notfalls muss dem Schuldner von der zuständigen **Sozialbehörde** eine Unterkunft beschafft werden, da die Aufgabe der Verhinderung von sozialen Notfällen von der Gesellschaft und nicht von einem (zufälligen) privaten Gläubiger zu tragen ist (vgl. z.B. OLG Köln ZMR 1995, 535: keine sittenwidrige Härte, wenn Familie mit vier minderjährigen Kindern Unterbringung in einer Obdachlosenunterkunft droht; LG Münster WuM 2000, 314); BGH NJW 2005, 681; OLG Zweibrücken NJW-RR 2002, 1664).

341 Von der Rechtsprechung wird das Vorliegen einer sittenwidrigen Härte im Wesentlichen dann bejaht, wenn der Schuldner nachweist, dass ihm Ersatzwohnraum innerhalb kurzer Zeit zur Verfügung steht und ihm ein **zweifacher Umzug** nicht zugemutet werden kann. Auch hier sind strenge Maßstäbe anzulegen. So scheidet beispielsweise die Gewährung von Vollstreckungsschutz dann aus, wenn die Fertigstellung des vom Schuldner erworbenen Hauses nicht konkret abschätzbar ist oder noch zu weit entfernt ist (etwa länger als zwei Monate). In letzterem Falle ist dem Schuldner eine behelfsmäßige anderweitige Unterbringung zumutbar (OLG Köln a.a.O.; LG Hamburg ZMR 2001, 802).

342 Bei einer Familie mit vier schulpflichtigen Kindern kann Räumung wenige Wochen vor Schuljahresende eine sittenwidrige Härte darstellen (OLG Köln FamRZ 1995, 1428 = NJW-RR 1995, 1163).

cc) Räumungsunfähigkeit

343 Eine sittenwidrige Härte ist immer dann zu bejahen, wenn der Schuldner (nötigenfalls durch amtsärztliches Gutachten) nachweist, dass wegen akuter Erkrankung für ihn oder eines seiner Familienangehörigen **Räumungsunfähigkeit** besteht. Dabei ist zu beachten, dass eine i.S.d. § 765a ZPO relevante Räumungsunfähigkeit nicht bereits dann vorliegt, wenn beispielsweise der Arzt bestätigt, dass dem Schuldner eine Zwangsräumung bzw. Unterbringung in einer Notunterkunft aus gesundheitlichen Gründen nicht zugemutet werden kann oder dass ein Krankheitsrückfall nicht ausgeschlossen ist.

344 Es besteht zwar kein Zweifel, dass im Rahmen der vom Gericht vorzunehmenden **Güterabwägung** dem Leben und der Gesundheit des Schuldners Vorrang vor dem Begehren des Gläubigers auf Inbesitznahme der Wohnung einzuräumen ist (BVerfG NJW 1979, 2607; BGH WuM 2008, 36). Voraussetzung ist hierbei allerdings das Vorliegen einer **konkreten Lebensgefahr,** deren Eintritt mit hinreichender Wahrscheinlichkeit anhand objektiv feststellbarer Merkmale nachgewiesen werden muss (OLG Köln NJW-RR 1990, 590). Die im Rahmen des § 765a ZPO gebotene enge Auslegung verlangt, dass an die Konkretisierung der behaupteten Lebens- bzw. Gesundheitsgefahr hohe Anforderungen gestellt werden müssen. Es liegt in der Natur der Sache, dass die Durchführung einer Zwangsräumung immer eine extreme seelische Belastung für einen Schuldner darstellt, die sich immer auf die Gesundheit ungünstig auswirken dürfte. Diese generellen Beeinträchtigungen der Gesundheit hat jedoch der Schuldner zu tragen (Scholz ZMR 1986, 227).

I.Ü. ist darauf hinzuweisen, dass der Schuldner bei der Durchführung der Zwangsräu- 345
mung nötigenfalls völlig von **körperlichen Arbeiten** freigestellt werden kann. Eine Schwangerschaft kann deshalb allenfalls dann Grund für eine Zwangsvollstreckungsschutzmaßnahme sein, wenn die Entbindung kurz bevorsteht.

dd) Selbstmorddrohung – Suizidgefährdung

Die gleichen strengen Maßstäbe sind anzulegen, wenn die Räumungsunfähigkeit mit **psy-** 346
chischen Beeinträchtigungen (Depressionen oder Ähnlichem) begründet wird.

Allein die Drohung eines Schuldners mit **Selbstmord,** falls eine Zwangsvollstre- 347
ckungsmaßnahme durchgeführt werden sollte, kann kein Anlass zur Einstellung der Zwangsvollstreckung sein; denn sonst könnte jede Durchsetzung gerichtlicher Entscheidungen beliebig verhindert werden (OLG Düsseldorf Rpfleger 1998, 208). Die mit der Durchführung einer Zwangsräumung verbundene akute Zwangslage enthält immer auch die abstrakte Gefahr einer Verzweiflungstat von Schuldnern, die in keinem dieser Fälle mit völliger Sicherheit ausgeschlossen werden kann. Konkrete Hinweise, wie z.B. langjährige psychiatrische Behandlung oder frühere Selbstmordversuche geben jedoch dem Gericht Veranlassung, eine besonders sorgfältige Sachprüfung vorzunehmen. Das BVerfG hat wiederholt (NJW 1979, 2607; 1991, 3207; ZMR 1992, 137; WuM 1980, 27; NJW 1994, 1719; NJW 1998, 295; WuM 2004, 81; WuM 2005, 735; NJW 2006, 508 = NZM 2006, 158) ausgeführt, dass eine Zwangsvollstreckung das **Prinzip der Verhältnismäßigkeit** und das Grundrecht des Schuldners aus Art. 2 Abs. 2 S. 1 GG verletzen kann, wenn die unmittelbar der Erhaltung von Leben und Gesundheit dienenden Interessen im konkreten Fall ersichtlich wesentlich schwerer wiegen, als diejenigen Belange, deren Wahrung die staatliche Vollstreckungsmaßnahme dienen soll. Nach Auffassung des BVerfG haben die Vollstreckungsgerichte durch eine entsprechende Verfahrensgestaltung **Verfassungsverletzungen** durch Vollstreckungsmaßnahmen tunlichst auszuschließen, und die Gefahr von Grundrechtsverletzungen nach Möglichkeit einzudämmen (BVerfG ZMR 1998, 481 – Folgenabwägung bei Gesundheitsschaden einer 87-jährigen Räumungsschuldnerin).

Die Frage, ob eine Zwangsräumung zum Suizid des Schuldners führen kann ist dabei 348
unabhängig davon zu beantworten, ob diese Suizidalität auf einer Erkrankung oder auf sonstigen persönlichkeitsbedingten Ursachen beruht. Die Unfähigkeit, aus eigener Kraft oder mit zumutbarer fremder Hilfe die Konfliktsituation angemessen zu bewältigen verdient nach Auffassung des BVerfG auch dann Beachtung, wenn ihr kein Krankheitswert zukommt (BVerfG NJW 1994, 1719). Zur Einstufung eines drohenden Suizids als »Bilanzselbstmord«: vgl. BVerfG ZMR 2001, 878 = NJW-RR 2001, 1523; krit.hierzu: Linke NZM 2002, 205).

Selbst eine amtsärztlich bestätigte Selbsttötungsgefahr stellt nur einen Gesichtspunkt im 349
Rahmen der Interessenabwägung dar. Es ist auch zu berücksichtigen, ob der gefährdete Schuldner den Versuch macht, durch laufende **ärztliche Behandlung** die extreme Reaktion auf die drohende Räumung zu überwinden (OLG Köln ZMR 1993, 336). Nach LG Bonn (WuM 1991, 284) muss eine behauptete Suizidgefahr **ganz überwiegend wahrscheinlich** sein, um Vollstreckungsschutz zu rechtfertigen.

350 Unter diesem Gesichtspunkt kann es in Fällen der vorgenannten Art hilfreich sein, wenn das Vollstreckungsgericht anordnet, dass die Zwangsräumung in Gegenwart eines Arztes, Psychiaters oder einer Fachkraft der Sozialbehörden durchgeführt wird. Das Gericht kann auch anordnen, dass der Räumungsschuldner eine Erfolg versprechende Behandlungsmöglichkeit wahrnimmt und die Notwendigkeit weiterer Behandlung in regelmäßigen Abständen nachweist (OLG Jena NZM 2000, 839; BVerfG NZM 2005, 657; BGH WuM 2006, 46 = ZMR 2006, 203; NJW 2005, 1859; WuM 2005, 735; NJW 2006, 508 = NZM 2006, 158; WuM 2008, 96; BGH WuM 2010, 250).

351 Ist die Suizidgefahr des Schuldners – beispielsweise durch **stationäre Unterbringung** – beherrschbar, kann dem Gläubiger nicht auf Dauer zugemutet werden, wegen der theoretischen Möglichkeit einer Selbsttötung auf die Durchsetzung seines Räumungstitels zu verzichten. Dies gilt umso mehr, wenn der Schuldner eine gebotene Behandlung seines krankhaften psychischen Zustandes ablehnt (LG Bonn NZM 2000, 331).

352 Der BGH hat in seiner Entscheidung v. 14.06.2007 (NZM 2007, 658) erneut auf die Möglichkeit der **Unterbringung** des Schuldners in einer psychiatrischen Einrichtung hingewiesen (im Anschluss an NJW 2006, 508 = NZM 2006, 158) und betont, dass die Zwangsvollstreckungsmaßnahme erst dann durchgeführt werden kann, wenn die Unterbringung durch die zuständigen Behörden und Gerichte (Vormundschaftsgericht!) angeordnet und **durchgeführt** worden ist. Es genügt also nicht die Ordnungsbehörde lediglich über die amtsärztlich belegte akute Suizidgefahr zu informieren und auf die sofortige Unterbringung des Schuldners hinzuwirken, da die tatsächliche Unterbringung nicht in der Entscheidungskompetenz des Vollstreckungsgerichtes liegt. Hält das Vormundschaftsgericht als für die Frage der Unterbringung im Falle der Selbstgefährdung primär zuständige Stelle eine Unterbringung nicht für erforderlich, ist die Zwangsvollstreckung fortzusetzen (vgl. Schuschke NJW 2006, 876). Das Grundrecht des Mieters auf Leben und körperliche Unversehrtheit (Art. 2 GG) kann in **absoluten Ausnahmefällen** dazu führen, dass die Zwangsvollstreckung aus einem rechtskräftigen Räumungsurteil auf **unbestimmte Zeit** einzustellen ist (BVerfG NJW-RR 1993, 232; BGH WuM 2008, 36). Hier drängt sich jedoch die Frage der **Enteignung** auf, insbesondere wenn, wie im Regelfall, keine Nutzungsentschädigung vom Räumungsschuldner bezahlt wird. Denn der Schutz des Lebens eines suizidgefährdeten Menschen ist Aufgabe des Staates und darf nicht allein auf Kosten des Gläubigers gehen (BGH NJW 2005, 1859). Es ist fraglich ob in diesen Fällen dem Gläubiger ein Sonderopfer zugemutet werden darf. Vgl. ähnliche Problematik bei Fehlen von Ersatzwohnraum (Rdn. 340).

ee) Schutzbedürfnis des Gläubigers

353 **Das Schutzbedürfnis des Gläubigers** ist in jedem Falle zu berücksichtigen und kann ein solches Gewicht erlangen, dass es eine Vollstreckungsschutzmaßnahme ausschließt. Das kann insbesondere der Fall sein, wenn der Gläubiger auf die **Mieteinnahmen** dringend angewiesen ist, während wegen Vermögenslosigkeit des Schuldners sich die nicht realisierbaren **Zahlungsrückstände** weiter erhöhen (LG Hildesheim MDR 1995, 1010 = NJW-RR 1995, 1164). Gleiches gilt, wenn der Schuldner zu erkennen gibt, dass er nicht ernsthaft einen Wohnungswechsel anstrebt (AG Hamburg ZMR 1984, 324). Grundsätzlich ist nämlich davon auszugehen, dass der Gläubiger ein schutzwürdiges Interesse bereits deshalb hat, weil er einen **vollstreckbaren Titel** in Händen hat. Es ist die primäre Aufgabe der Vollstreckungsorgane, im Auftrag der Gläubiger einem rechtskräftigen Vollstreckungstitel zur Durchsetzung zu verhelfen. Es genügt deshalb nicht die bloße Abwägung des Schuldnerinteresses gegen das Gläubigerinteresse (Baumbach/Lauterbach/Albers/Hartmann § 765a ZPO Rn. 1). Die Ausnahmevorschrift des § 765a ZPO darf in ihrer praktischen Auswirkung den Bestimmungen nach den §§ 721 und 794a ZPO nicht

gleichgestellt werden. Andernfalls würde indirekt die Pflicht zur Wohnraumbeschaffung auf den Gläubiger abgewälzt werden, wozu dieser nach dem Gesetz nicht verpflichtet ist.

Allerdings muss sich der Gläubiger auch im Rahmen des Zwangsvollstreckungsverfahrens so loyal verhalten, dass er dem Schuldner die Erfüllung seiner Räumungsverpflichtung nicht unnötig erschwert. **354**

Vollstreckungsschutz ist deshalb gewährt worden, wenn der Gläubiger durch Kontaktaufnahme mit dem Vermieter einer neuen Wohnung des Schuldners durch negative Informationen über den Schuldner eine Ursache dafür setzt, dass der neue Vermieter die Überlassung der Wohnung an den Schuldner ablehnt (OLG Köln WuM 1995, 661 = ZMR 1995, 413). **355**

d) Entscheidung

aa) Einstweilige Einstellung durch das Gericht

Über den Vollstreckungsschutzantrag entscheidet der **Rechtspfleger beim Vollstreckungsgericht** durch Beschluss, der ohne mündliche Verhandlung ergehen kann. Soll dem Antrag stattgegeben werden, so ist auf jeden Fall der Gläubiger vorher zu hören. Bei der Vollstreckung von Räumungstiteln kommt als zulässige Vollstreckungsschutzmaßnahme vor allem die **einstweilige Einstellung der Zwangsräumung** in Betracht. Die einstweilige Einstellung ist zeitlich zu begrenzen entsprechend der Dauer der Notsituation auf Schuldnerseite. Auch wenn ein Ende der Notlage des Schuldners zum Zeitpunkt der Entscheidung noch nicht konkret absehbar ist (etwa bei akuter Krankheit) ist es dennoch erforderlich, die Dauer der einstweiligen Einstellung **zeitlich zu begrenzen;** denn andernfalls wäre im Ergebnis eine Untersagung der Vollstreckung erreicht. Eine solche Maßnahme würde praktisch den materiell-rechtlichen Räumungstitel wertlos machen (vgl. Rdn. 340 u. 352). **356**

Bei einer **Änderung der Sachlage** kann zwar der Gläubiger gem. § 765a Abs. 4 ZPO einen Antrag stellen um die Schutzmaßnahme wieder aufheben zu lassen, doch fehlen ihm i.d.R. die Kenntnisse aus dem persönlichen Bereich des Schuldners, während der Schuldner ohne Schwierigkeiten nach Ablauf der Schutzfrist eine Verlängerung beantragen kann, falls die Härtegründe fortdauern. Eine Änderung des Beschlusses ist noch während des Beschwerdeverfahrens zulässig. Selbst ein (formell) rechtskräftiger Beschluss kann bei Änderung der Sachlage abgeändert oder aufgehoben werden. Dann entfällt die Bindung des Vollstreckungsgerichts an die Entscheidung des Beschwerdegerichts (Zöller 27. Aufl., § 765a ZPO Rn. 29). **357**

Vor der Entscheidung über den Vollstreckungsschutzantrag sind einstweilige Anordnungen (analog zu den §§ 766, 732 Abs. 1 ZPO) zulässig. **358**

Solange die Zwangsvollstreckung eingestellt ist, ist eine Zwangsräumung unzulässig. Für die Zeit, während der der Schuldner die Wohnräume im Besitz hat, schuldet er **Nutzungsentschädigung** bis in Höhe der ortsüblichen Vergleichsmiete. Darüber hinaus kann der Gläubiger gem. §§ 546a, 571 Abs. 1 BGB unter bestimmten Voraussetzungen Schadensersatz (etwa wegen Mietausfall) verlangen; die Einschränkung des § 571 Abs. 2 BGB bezieht sich nämlich ausdrücklich nur auf die Gewährung von Räumungsfrist gem. den §§ 721, 794a ZPO. Die Einstellung der Zwangsvollstreckung kann mit **Zahlungsauflagen** an den Schuldner verbunden werden. Die Pfändungsfreigrenze des § 850c ZPO ist dabei grundsätzlich zu beachten (OLG Jena NZM 2000, 839). **359**

bb) Einstweilige Einstellung durch den Gerichtsvollzieher

360 In Ausnahmefällen kann der **Gerichtsvollzieher** gem. § 765a Abs. 2 ZPO selbstständig die Vollstreckung für die Dauer von höchstens **einer Woche** einstellen, wenn ihm die Voraussetzungen des § 765a Abs. 1 ZPO glaubhaft gemacht werden. Dabei darf sich der Schuldner jedoch nur auf neu **hinzukommende Umstände** berufen, die nicht bereits zuvor vom Vollstreckungsgericht im Rahmen eines vorangegangenen Vollstreckungsschutzverfahrens geprüft worden sind. Nach Ablauf von einer Woche muss der Gerichtsvollzieher die Zwangsräumung durchführen, es sei denn der Schuldner erreicht beim Vollstreckungsgericht die Einstellung der Zwangsräumung.

e) Rechtsbehelfe

361 Gegen die Entscheidung des Vollstreckungsgerichts kann innerhalb von 2 Wochen die **sofortige Beschwerde** eingelegt werden (§ 11 Abs. 1 RPflG, § 793 ZPO). Der Rechtspfleger kann abhelfen (§ 572 Abs. 1 ZPO).

362 Gegen Maßnahmen des Gerichtsvollziehers (etwa Einstellung der Räumung gem. § 765a Abs. 2 ZPO) ist die **Erinnerung** nach § 766 ZPO gegeben. Hierüber entscheidet das Vollstreckungsgericht.

363 Das Beschwerdegericht kann die **Rechtsbeschwerde** gem. § 574 Abs. 1 Nr. 2 ZPO zulassen.

f) Kosten

364 Die Kosten hat gem. § 788 Abs. 1 ZPO grundsätzlich der **Schuldner** zu tragen, sie können aber gem. § 788 Abs. 4 ZPO aus Billigkeitsgründen auch dem Gläubiger ganz oder teilweise auferlegt werden. Zu den notwendigen Kosten der Zwangsvollstreckung i.S.d. § 788 Abs. 1 ZPO gehören auch die Kosten eines Beschwerdeverfahrens, zumindest dann, wenn die Beschwerde **des Schuldners** Erfolg hat und die Zwangsvollstreckung erst in der Beschwerdeinstanz eingestellt worden ist (OLG Düsseldorf NJW-RR 1996, 637; OLG Köln JurBüro 1996, 158 = NJW-RR 1995, 1163). Hat die Beschwerde **des Gläubigers** Erfolg und wird der Schutzantrag des Schuldners zurückgewiesen, so trägt der Schuldner die Kosten des Beschwerdeverfahrens gem. § 788 Abs. 1 ZPO als Kosten der Zwangsvollstreckung, es sei denn, sie werden nach Abs. 4 dem Gläubiger auferlegt. Bei erfolgloser Beschwerde trägt der Beschwerdeführer (Gläubiger) die Kosten gem. § 97 ZPO.

4. Zwangsräumung

a) Voraussetzungen: Titel gegen den Schuldner

365 Kommt der Schuldner seiner Verpflichtung die Wohnung zu räumen und an den Gläubiger herauszugeben nicht nach, so hat im Wege der Zwangsvollstreckung nach § 885 Abs. 1 ZPO der Gerichtsvollzieher »den Schuldner aus dem Besitz zu setzen und den Gläubiger in den Besitz einzuweisen«.

aa) Räumungsurteil

366 Voraussetzung hierfür ist ein Räumungsurteil, das für vorläufig vollstreckbar erklärt worden ist (§ 704 Abs. 1 ZPO). Neben dem **Vollstreckungstitel** sind für die Zwangsvollstreckung die **Vollstreckungsklausel** und die **Zustellung** erforderlich. Der zur Räumung verpflichtende Titel braucht nicht gesondert auch noch eine Herausgabeverpflichtung zu enthalten, doch empfiehlt es sich dennoch bei Räumungsklagen, die Räumung und Herausgabe (Herausgabe der Schlüssel!) zu beantragen.

Ein zwischen den Parteien **außergerichtlich** geschlossener Vergleich, in welchem sich etwa der Mieter verpflichtet, die Wohnung zu einem bestimmten Zeitpunkt zu räumen, stellt **keine Grundlage** für eine Zwangsvollstreckungsmaßnahme dar. Nach § 794 Abs. 1 Nr. 1 ZPO kann nur aus einem vor dem Amts- bzw. Landgericht geschlossenen Vergleich vollstreckt werden. Wenn deshalb der Mieter trotz schriftlich erklärter Räumungsverpflichtung nicht fristgerecht auszieht, ist der Vermieter gezwungen, nunmehr Räumungsklage zu erheben, um einen gerichtlichen Räumungstitel zu erlangen. **367**

Der Räumungstitel muss die zu räumenden Räumlichkeiten so genau bezeichnen, dass dem Gerichtsvollzieher bei der Durchführung der Zwangsräumung keine Zweifel aufkommen können, welche Räume im Einzelnen betroffen sind. Das ist insbesondere bei der Räumung von Teilwohnungen von Bedeutung sowie bei Nebenräumen, die sich außerhalb der abgeschlossenen Wohnung befinden können, wie Garage, Hobbyraum, Keller- und Speicheranteil. **368**

▶ **Beispiel:** **369**

»Der Mieter A wird verurteilt die von ihm innegehaltene Wohnung in ..., X-Straße 7, 3. OG links, bestehend aus 3 Zimmern, 1 Küche und 1 Kammer samt Speicheranteil Nr. 23 und Garage zu räumen und an den Vermieter B herauszugeben ...«

bb) Gerichtlicher Vergleich

Die Zwangsvollstreckung findet ferner gem. § 794 Abs. 1 Nr. 1 ZPO aus Vergleichen statt, die zur Beilegung eines Rechtsstreits vom Richter zu Protokoll genommen worden sind. Bei der Formulierung von gerichtlichen Vergleichen wird häufig übersehen, dass es für eine Zwangsräumung nicht ausreicht, wenn sich die Parteien darüber einig sind, dass das Mietverhältnis zum Tage X endet (AG Schöneberg NJW-RR 1991, 1488; LG Bonn WuM 1989, 586). Der Vergleich muss vielmehr die ausdrückliche **Räumungsverpflichtung** des Mieters zu einem bestimmten Zeitpunkt enthalten (Beispiel: »... der Mieter A verpflichtet sich, die Wohnung X ... bestehend aus ... samt Speicheranteil und Garage zum 30. Oktober zu räumen und an den Vermieter B herauszugeben ...«). **370**

cc) Notarielle Urkunden, Anwaltsvergleiche

Notarielle Urkunden in denen sich der Schuldner der sofortigen Zwangsvollstreckung unterwirft (§ 794 Abs. 1 Nr. 5 ZPO) oder der sog. Anwaltsvergleich gem. § 796a Abs. 1 ZPO erlangen im Wohnraummietrecht als Vollstreckungstitel praktisch keine Bedeutung, da beide Vorschriften nicht gelten, wenn der Inhalt der notariellen Urkunde, bzw. des Anwaltsvergleichs auf Abgabe einer Willenserklärung gerichtet ist oder den Bestand eines Mietverhältnisses über Wohnraum betrifft. Hierbei handelt es sich in erster Linie um den Anspruch des Vermieters auf Räumung und Herausgabe der Mietwohnung sowie um den Anspruch des Mieters auf Fortsetzung des Mietverhältnisses nach §§ 574 bis 574c BGB. **371**

Dagegen sind notarielle Urkunden oder Anwaltsvergleiche bei **gewerblichen Mietverhältnissen** durchaus geeignet, um als vollstreckbarer Räumungstitel zu dienen. **372**

b) Zwangsvollstreckung gegen sonstige Gewahrsamsinhaber

aa) Besitzdiener

Die Zwangsräumung kann grundsätzlich nur gegen den im Titel genannten Schuldner durchgeführt werden. Andere Personen, die sich in der Wohnung mit aufhalten, aber keinen eigenen vollstreckungsrechtlichen Gewahrsam an der Mietsache ausüben, können zusammen mit dem Schuldner aus der Wohnung gesetzt werden. **373**

Hierbei handelt es sich um sog. **Besitzdiener,** also um Personen, die zwar die tatsächliche Sachherrschaft an den Mieträumen ausüben können, aber von den Weisungen des Räumungsschuldners abhängig sind. Hierunter fallen in erster Linie die Kinder, ebenso Besucher und Gäste des Mieters.

374 Teilweise wird allein darauf abgestellt, ob eine in der Wohnung angetroffene Person ihr Besitzrecht vom Vermieter ableitet oder ob sie sich ohne, oder etwa gar gegen den erklärten Willen des Vermieters in der Wohnung aufhält. In letzterem Falle sei ein Räumungstitel gegen diese Person nicht erforderlich (OLG Hamburg NJW 1992, 3308; KG NZM 2003, 105; LG Freiburg WuM 1989, 571; LG Berlin DGVZ 1993, 173; Palandt § 546 Rn. 13).

375 Nach der Rechtsprechung des BGH kommt es jedoch darauf nicht an, sondern entscheidend ist lediglich, wer die äußerlich erkennbare Sachherrschaft (Gewahrsam) an der Wohnung ausübt, wer sich also auf Dauer mit Billigung des Mieters in der Wohnung aufhält; gegen diese Person ist grundsätzlich auch ein Räumungstitel erforderlich (BGH WuM 2004, 555; BGH NJW 2008, 1959 = NZM 2008, 400 = WuM 2008, 364; BGH NZM 2008, 805 = BGH WuM 2008, 678 = ZMR 2009, 21; *Zöller* ZPO, 27. Aufl. § 885 Rn. 5, 10).

Begründet wird diese strenge Auffassung (sog. 2-Titel-Theorie) mit der Erwägung, dass es nicht dem Gerichtsvollzieher (im formalisierten Vollstreckungsverfahren) auferlegt werden soll zu prüfen, ob sich der Dritte zu Recht in der Wohnung aufhält, sondern dass der Gerichtsvollzieher als Vollstreckungsorgan lediglich die tatsächlichen Besitzverhältnisse zu prüfen hat. Hierbei kann allerdings eine Mitteilung an den Vermieter von der Aufnahme eines neuen Mitbewohners oder eine Anmeldung des Wohnsitzes beim Einwohnermeldeamt als Indiz für Mitbesitz dienen (BGH a.a.O.); – wenn man nicht überhaupt die Drittüberlassungsanzeige als alleiniges Kriterium für den Mitbesitz annimmt (vgl. Rdn. 380).

Daraus folgt, dass ein Dritter, der etwa zu Unrecht als Besitzdiener behandelt werden soll, sein nicht erkennbares Besitzrecht durch Beschwerde (§§ 766, 793 ZPO) oder Klage (§ 771 ZPO) gerichtlich geltend machen muss (Zöller ZPO, 27. Aufl., § 885 Rn. 5).

bb) Mitbesitzender Ehegatte/Lebensgefährte/erwachsene Kinder/gleichgeschlechtlicher Lebenspartner

376 Das LG Freiburg (WuM 1989, 571) hält beispielsweise einen Titel gegen den Lebensgefährten nicht für erforderlich; desgleichen LG Baden-Baden (WuM 1992, 492) gegen Familienangehörigen und Partner; ebenso LG Berlin (WuM 1990, 38; LG Heidelberg DGZ 1994, 9 m.w.N.). Das OLG Hamburg (ZMR 1991, 143) hält einen Titel nicht für erforderlich gegen erwachsene, aber noch in der Ausbildung befindliche Kinder des Mieters (aber ausdrücklich offen gelassen bei mit besitzenden Ehegatten oder Partner).

377 Nach der jüngsten Rechtsprechung des BGH (NJW 2004, 3041) ist der **Ehegatte des Mieters Mitbesitzer** der Wohnung, so dass ein eigener Räumungstitel auch gegen den Ehegatten erforderlich ist.

378 Nach der nunmehr wohl herrschenden Ansicht sind auch ein Lebensgefährte oder Verlobter sowie erwachsene Kinder nicht als bloße Besitzdiener des Mieters anzusehen, sondern als **selbstständige Gewahrsamsinhaber**, die nur aufgrund eigener Titel aus der Wohnung gesetzt werden können (OLG Hamburg MDR 1993, 274 = WuM 1992, 548; OLG Köln WuM 1994, 285; KG MDR 1994, 162; OLG Oldenburg NJW-RR 1994, 715; OLG Köln WuM 1997, 280; OLG Düsseldorf DGVZ 1998, 140; OLG Frankfurt/M. WuM 2003, 640; BGH ZMR 2003, 826; BGH WuM 2004, 555; BGH NJW 2008, 1959 = WuM 2008, 364; BGH NZM 2008, 805).

Ebenso übt nach dieser Rechtsansicht der mit besitzende **gleichgeschlechtliche Lebenspartner**, der eine Lebenspartnerschaft gem. § 1 LPartG eingegangen ist, selbstständigen Gewahrsam an der Wohnung aus, sodass gegen ihn ein eigener Räumungstitel erforderlich ist. 379

Die Gleichstellung von zusammenlebenden Ehegatten und **nichtehelichen Lebensgefährten,** deren Verhältnis auf Dauer angelegt ist und seit längerer Zeit bestanden hat, wird u.a. mit der obergerichtlichen Rechtsprechung i.Ü. Mietrecht begründet (BVerfG BVerfGE 82, 6 zu § 569a BGB; ebenso BGH NJW 1993, 999). Vgl. hierzu auch das Lebenspartnerschaftsgesetz v. 16.02.2001 (BGBl. I 2001, 266 ff.). 380

Nach BGH (WuM 2008, 364 = NJW 2008, 1959; BGH NZM 2008, 805) hat der Gerichtsvollzieher vor Durchführung der Zwangsräumung die tatsächlichen Besitzverhältnisse von weiteren in der Wohnung anwesenden Personen zu ermitteln, d.h. nach Umständen und Grundlagen des Aufenthaltes zu forschen, die auf ein längeres Zusammenleben hindeuten könnten. Damit dürfte jedoch das Aufgabenprofil des Gerichtsvollziehers überstrapaziert sein (vgl. auch AG Hamburg-St. Georg ZMR 2007, 280 für den Fall rechtsmissbräuchlichen Verhaltens von Schuldner und Mitbesitzer).

Der BGH will zwar dem Gerichtsvollzieher nicht zumuten (im formalisierten Vollstreckungsverfahren) die materielle Berechtigung des Dritten zum Besitz zu prüfen, aber es wird ihm vom BGH sehr wohl zugemutet, vor Ort die tatsächlichen Besitzverhältnisse zu prüfen und zu beurteilen, also die häufig viel schwierigere Frage zu beantworten: Ist der Dritte Mitbesitzer oder Besitzdiener? Entscheidend wird es darauf ankommen, ob der Mieter den Vermieter von der Aufnahme einer weiteren Person in die Wohnung informiert hat; denn nur so kann missbräuchliches Taktieren auf Schuldnerseite verhindert werden (vgl. Scholz in ZMR 2009, 99).

cc) Nach freiwilliger Räumung durch den Schuldner

Hat der Mieter das Mietobjekt geräumt oder auf Dauer verlassen, so hat die zuvor mitbesitzende Person nunmehr den Alleingewahrsam, sodass ein Titel gegen den Mieter nutzlos wäre. Zur Zwangsvollstreckung bedarf es in diesem Falle eines **eigenen Titels gegen die Person, welche die Wohnung tatsächlich in Besitz hat.** Das gilt insbesondere nach Trennung oder Scheidung, wenn der Mieter – Ehemann – ausgezogen ist und die Ehefrau die alleinige Gewahrsamsinhaberin geworden ist (AG Frankfurt/M. DGVZ 1998, 44; LG Mannheim NJW 1962, 815; LG Regensburg WuM 1998, 235). Bei einer Trennung der Ehegatten nach Rechtshängigkeit kann der gegen den Ehemann erwirkte Räumungstitel nach den §§ 727, 325 ZPO umgeschrieben werden (Zöller § 727 Rn. 17; LG Münster MDR 1973, 934). 381

dd) Untermieter

Aus Vorgenanntem ergibt sich auch, dass der Gerichtsvollzieher gegen einen Untermieter nur dann vorgehen kann, wenn ein **eigener Räumungstitel** gegen ihn vorliegt (allg. Meinung OLG Celle NJW-RR 1988, 913; OLG Düsseldorf MDR 1998, 1474; LG Kiel WuM 1991, 507; LG Hamburg NJW-RR 1991, 1297; BGH NZM 2008, 805). 382

Falls ohne Wissen des Vermieters ein Untermietverhältnis vereinbart wird, um der drohenden Zwangsräumung zu entgehen (z.B. Räumungsschuldner ist eine GmbH, diese vermietet die Räume kurz vor der anstehenden Zwangsräumung an ihren Geschäftsführer) dürfte der **Einwand des Rechtsmissbrauchs** Erfolg haben. Das OLG Hamburg (MDR 1993, 274 = WuM 1992, 548 = ZMR 1993, 16) hat entschieden, dass sich der Dritte nach Treu und Glauben nicht auf seine besitzrechtliche Position berufen kann, 383 wenn ohne oder gegen den Willen des Vermieters Mitbesitz begründet, insbesondere ihm dieser verschwiegen worden ist.

384 Letztendlich ist diese Rechtsprechung (s.o. Rdn. 381, 357) im Ergebnis unbefriedigend, weil sie es einem räumungsunwilligen Schuldner erleichtert, durch unredliches Taktieren eine Zwangsräumung zu verhindern (vgl. z.B. LG Detmold DGVZ 1999, 27). Zur Kritik an der sog. 2-Titel-Theorie vgl. Pauly in ZMR 2005, 337.

ee) Wohngemeinschaft

385 Bei der Vermietung an eine Wohngemeinschaft sind drei rechtliche Konstruktionen denkbar:

a) Hauptmietverhältnis mit einem Mieter; dieser hat die Erlaubnis einzelne Räume an verschiedene Untermieter weiterzuvermieten.
b) Mehrere selbstständige Mietverträge jeweils mit den einzelnen Mitgliedern der Wohngemeinschaft.
c) Vermietung an die Wohngemeinschaft als **BGB-Außengesellschaft.** Der BGH hat die Rechtsfähigkeit der Gesellschaft bürgerlichen Rechts anerkannt, soweit sie im Außenverhältnis am Rechtsverkehr teilnimmt (BGH WuM 2001, 134).

In den ersten beiden Fallgestaltungen gibt es bei der Zwangsvollstreckung keine Besonderheiten. Es ist ein selbständiger Räumungstitel gegen den jeweiligen Mieter/Untermieter erforderlich (s.o.).

386 Im Falle der Vermietung an die **Wohngemeinschaft als BGB-Gesellschaft** kann diese nach der neueren BGH-Rechtsprechung (a.a.O.) als Gesellschaft selbständig verklagt werden.

387 Dennoch wäre davon abzuraten, einen Räumungstitel allein gegen die Wohngemeinschaft zu erwirken; denn bei der Zwangsräumung von einzelnen Zimmern der Mitglieder der Wohngemeinschaft könnten sich Schwierigkeiten ergeben. Obwohl der gemeinschaftliche Besitz an der Wohnung zum Gesellschaftsvermögen der Bewohnergesellschaft gehört, hat jeder Mitbewohner **unmittelbaren Alleinbesitz** an seinem Zimmer. Aus diesem Grunde wird auch weiterhin ein Räumungstitel gegen jeden Besitzer erforderlich sein, sodass ein Räumungsurteil gegen die Wohngemeinschaft nicht ausreichend erscheint.

388 Es empfiehlt sich deshalb Räumungsklage sowohl gegen die **Wohngemeinschaft** als auch gegen die einzelnen **Mitglieder der Wohngemeinschaft** zu erheben. Der Räumungstitel gegen die BGB-Gesellschaft kann als Grundlage für die Räumung der gemeinschaftlich genutzten Räume dienen (Küche, Bad, Keller, Speicher, evtl. gemeinschaftlich genutztes Wohnzimmer), während mit dem Titel gegen den einzelnen Mitbewohner/Gesellschafter dieser aus Besitz seines Zimmers gesetzt werden kann.

389 Schwierigkeiten können sich ergeben, wenn die Bewohner ständig wechseln oder bei rechtswidrigen Hausbesetzungen. In diesen Fällen soll ein Räumungstitel mit unbestimmter Personenangabe möglich sein (Thomas/Putzo § 885 ZPO Rn. 4b; str.: einschränkend BezG Potsdam OLGZ 1993, 324).

c) Verfahren

aa) Amtspflichten des Gerichtsvollziehers

390 Zu den Amtspflichten des Gerichtsvollziehers gehört es, die Vollstreckung möglichst schonend und **kostengünstig** zu gestalten. Der Gerichtsvollzieher muss deshalb die Zwangsräumung so rechtzeitig ankündigen, dass sich der Schuldner hierauf vorbereiten kann. Eine Ankündigungsfrist von 3 Wochen ist wegen § 180 Abs. 2 der Geschäftsanweisung für Gerichtsvollzieher mindestens einzuhalten. Gegen einen zu kurzfristig angesetzten Räumungstermin kann Vollstreckungsschutz nach § 765a ZPO beantragt werden. Deshalb ist der GV auch verpflichtet den Schuldner aufzufordern, seine neue Anschrift zum Zweck von Zustellungen mitzuteilen oder einen Zustellungsbevollmächtigungen zu benennen (§ 885 Abs. 1 S. 1 ZPO; Zöller 27. Aufl., § 885 Rn. 21a).

Der Gerichtsvollzieher ist auch gehalten, die Sozialbehörde zu verständigen, wenn Obdachlosigkeit droht (§ 181 Abs. 2 der Geschäftsanweisung für Gerichtsvollzieher).

bb) Räumung und Besitzeinweisung

Der Gerichtsvollzieher hat den Schuldner aus dem Besitz zu setzen und den Gläubiger in den Besitz einzuweisen. Das erfolgt i.d.R. in der Weise, dass eine vom Gerichtsvollzieher beauftragte Spedition die Wohnung leer räumt und die Einrichtungsgegenstände sowie die sonstige Habe des Schuldners einlagert. Mit der Übergabe der Schlüssel bzw. dem Auswechseln der Schließzylinder wird der Gläubiger in die Lage versetzt, die tatsächliche Gewalt über die Räume auszuüben. Damit ist die Räumung beendet, selbst wenn mit Zustimmung des Gläubigers noch wertloses Gerümpel zurückgelassen wird (LG München I WuM 1998, 500). 391

Der Gerichtsvollzieher ist aufgrund des Räumungstitels berechtigt, sich auch gegen den Willen des Schuldners Zugang zur Wohnung zu verschaffen. Eine zusätzliche richterliche Androhung ist nicht erforderlich (§ 758a Abs. 2 ZPO). Vollstreckungshandlungen in der Wohnung des Schuldners zur **Nachtzeit** und an **Sonn- und Feiertagen** bedürfen jedoch einer (zusätzlichen) richterlichen Anordnung (BGH WuM 2004, 554 zur Vollstreckung eines Haftbefehls; a.A. vgl. Zöller 27. Aufl., Rn. 35 zu § 758a ZPO). 392

Da die vom Gerichtsvollzieher beauftragte Spedition i.d.R. nicht genau weiß, wie viel Räumungsgut anfällt, werden oftmals übermäßiges Personal und Transportraum zur Verfügung gestellt und berechnet. Zur Kostenreduzierung empfiehlt es sich daher durch rechtzeitigen Kontakt mit dem Schuldner den tatsächlich benötigten Aufwand festzustellen. Oftmals hat der Schuldner bereits vor dem Termin zur Zwangsräumung freiwillig (teilweise) geräumt. 393

Macht der Vermieter an sämtlichen in der Wohnung des Schuldners befindlichen Gegenständen ein **Vermieterpfandrecht** geltend, so kann die Zwangsvollstreckung auf die Herausgabe der Wohnung (Schlüsselübergabe!) beschränkt werden. Der Gerichtsvollzieher ist also nicht gehalten, die Wohnung von sämtlichem Mobiliar zu räumen und einzulagern (BGH ZMR 2006, 200). Das kann zu erheblichen Kosteneinsparungen führen (vgl. Anm. Körner zur vorgenannten Entscheidung des BGH (ZMR 2006, 201). 394

Ergeben sich bei der Durchführung der Zwangsvollstreckung unvorhergesehene Schwierigkeiten, die den Vollzug der Zwangsräumung als sittenwidrige Härte erscheinen lassen könnten (insbesondere akute Erkrankungen des Schuldners oder einer seiner Hausgenossen), so kann der Gerichtsvollzieher bis zur Entscheidung des Vollstreckungsgerichts, jedoch nicht länger als eine Woche, gem. § 765a Abs. 1 S. 2 ZPO die Zwangsvollstreckung aufschieben. 395

Bei der **Räumung eines Grundstücks** ist der Gerichtsvollzieher nicht verpflichtet während der Besitzzeit entstandene **Erdaufschüttungen** und Gewächse wie **Bäume und Sträucher** zu beseitigen. Aufwändige Maßnahmen dieser Art sind nach § 887 ZPO (Ersatzvornahme) zu vollstrecken (OLG Düsseldorf WuM 2000, 315). 396

Eine Vollstreckung nach § 885 Abs. 2 ZPO kommt hier schon deshalb nicht in Betracht, weil diese Vorschrift nur solche beweglichen Sachen betrifft, die weggeschafft, verwahrt und versteigert werden können (OLG Hamburg WuM 2000, 365). In Abweichung von der Auffassung des BGH (BGH ZMR 1995, 245, 247 = WuM 1995, 320 f.) ist das OLG Hamburg (a.a.O.) der Ansicht, dass in diesen Fällen der Beseitigungsanspruch einen **selbstständigen Streitwert hat.**

cc) Behandlung des Räumungsgutes

(1) Übergabe der Sachen an den Schuldner

397 Der Gerichtsvollzieher ist nicht berechtigt das geräumte Hab und Gut des Schuldners einfach auf der Straße stehen zu lassen, sondern er muss die Sachen nach erfolgter Räumung dem Schuldner übergeben. Ist der Schuldner nicht persönlich anwesend oder zur Übernahme nicht bereit oder nicht in der Lage, kann die Übergabe auch an die in § 885 Abs. 2 ZPO genannten Dritten erfolgen. Übergabe geht vor Verwahrung!

398 Falls der Räumungsschuldner bereits über eine Ersatzunterkunft verfügen sollte, muss der Gerichtsvollzieher dessen Habe dorthin transportieren lassen, wenn der Transportweg zur Ersatzunterkunft nicht weiter ist als zu den Verwahrräumen bzw. falls der Schuldner einen entsprechenden Kostenvorschuss leistet (Sternel V Rn. 93; LG Aschaffenburg DGVZ 1997, 155; a.A. LG Essen MDR 1974, 762).

(2) Verwahrung

399 Falls es sich als unmöglich erweist, dem Schuldner das Räumungsgut zur Verfügung zu stellen, so nimmt der Gerichtsvollzieher die Sachen in Verwahrung, was i.d.R. dadurch erfolgt, dass eine vom Gerichtsvollzieher beauftragte Speditionsfirma die Gegenstände einlagert (§ 885 ZPO Abs. 3 S. 1).

400 Generell gilt, dass der Gerichtsvollzieher während des gesamten Räumungsverfahrens darauf zu achten hat, dass nicht mehr als die unbedingt notwendigen Kosten entstehen. Aus diesem Grunde ist der Gerichtsvollzieher verpflichtet, abzuschätzen, ob es billiger kommt das Räumungsgut bei einer Spedition einzulagern oder ob das Räumungsgut in gleich sicherer Weise in vom Vermieter angebotenen kostengünstigeren Räumen verwahrt werden kann (LG Dortmund DGVZ 1996, 171).

401 In Einzelfällen kann es sich empfehlen, zunächst nur den Schuldner (mit den nötigsten persönlichen Sachen) aus dem Besitz zu setzen und das Mobiliar vorerst in der Wohnung zu belassen, bevor es später bei einer Spedition eingelagert wird (sog. **Hamburgische Räumung**; vgl. Nies MDR 1999, 1113 ff.). In der Zwischenzeit kann abgewartet werden, ob der Schuldner bei Gericht Vollstreckungsschutz erlangt. Hat der Schuldner mit seinem Antrag Erfolg, so kann er vom Gerichtsvollzieher ohne großen Kostenaufwand wieder in die Wohnung eingelassen werden (vgl. Rdn. 417).

(3) Herausgabeanspruch des Schuldners

402 Der Schuldner ist gem. § 885 Abs. 3 S. 2 ZPO berechtigt, vom Gerichtsvollzieher **unpfändbare Sachen** (§ 811 Abs. 1 ZPO) ohne Weiteres herauszuverlangen. Damit soll die lebensnotwendige Versorgung des Schuldners und seiner Angehörigen sichergestellt werden. Auf Verlangen sind auch solche Sachen sofort herauszugeben, bei denen ein Verwertungserlös nicht zu erwarten ist. Dies betrifft insbesondere Gegenstände, die lediglich für den Schuldner einen emotionalen Wert bedeuten (z.B. Fotoalben o.Ä.) und unnötige Verwahrungskosten verursachen würden.

Solange diese Gegenstände nicht verwertet oder entsorgt sind kann der Schuldner die Herausgabe dieser Gegenstände jederzeit verlangen, ohne dass der Gerichtsvollzieher ein **Zurückbehaltungsrecht** geltend machen kann. 403

(4) Verkauf/Hinterlegung

Schon um Lagerkosten zu sparen ist der Schuldner gehalten, das eingelagerte Räumungsgut baldmöglichst abzuholen. Gem. § 885 Abs. 4 S. 1 ZPO bleibt dem Schuldner hierfür eine **Frist von zwei Monaten,** innerhalb derer die eingelagerten Sachen vom Gerichtsvollzieher gegen Zahlung der Lagerkosten herausverlangt werden können. 404

Nach Fristablauf werden die Sachen baldmöglichst **freihändig verkauft,** wobei es im pflichtgemäßen Ermessen des Gerichtsvollziehers steht, welche Maßnahmen er ergreift, um die Lagerkosten möglichst gering und den Verkaufserlös möglichst hoch zu halten. In geeigneten Fällen steht auch die Möglichkeit der **öffentlichen Versteigerung** (§ 814 ZPO) zur Verfügung. 405

Der Verkaufserlös wird nach Abzug der Kosten für Räumung, Verwahrung und Verkauf zugunsten des Schuldners hinterlegt. Allerdings kann dieser Anspruch auf Auszahlung des Erlöses von jedem Gläubiger einer Geldforderung gepfändet werden. 406

(5) Vernichtung unverwertbarer Sachen

Der Gerichtsvollzieher ist berechtigt (um unnötige Lagerkosten zu vermeiden) Müll und offensichtlich wertloses Gerümpel sofort im Anschluss an die Räumung zu vernichten, es sei denn sie werden vom Schuldner in Verwahrung genommen (LG Karlsruhe DGVZ 1980, 14). 407

Die Sachen, die trotz aller Verkaufsbemühungen sich als unverwertbar erweisen, werden von Amts wegen vernichtet (§ 885 Abs. 4 S. 2 ZPO). Hierbei ist die 2-Monatsfrist abzuwarten. Der Gerichtsvollzieher muss abwägen, ob die Hoffnung auf einen späteren (geringen?) Verkaufserlös ein weiteres Zuwarten und die damit verbundenen weiteren Kosten rechtfertigt. Dem Schuldner sollte Gelegenheit gegeben werden, die zu vernichtenden Sachen alsbald abzuholen. 408

(6) Haustiere

Tiere, die der Schuldner in der Wohnung zurücklässt, sind vom Gerichtsvollzieher zu entfernen, in einem Tierheim unterzubringen und anschließend (soweit möglich) zu verkaufen. Strittig ist die Frage, ob die Tierschutzbehörde in Notfällen verpflichtet ist, für Unterbringung und Versorgung zu sorgen. Zustimmend: OLG Karlsruhe NJW 1997, 1798; LG Oldenburg DGVZ 1995, 44; ablehnend: VGH Mannheim NJW 1997, 1798. 409

Ein Titel auf Unterlassung der Hundehaltung enthält automatisch den Entfernungsanspruch, d.h., der Gläubiger darf das Tier durch den Gerichtsvollzieher entfernen lassen. Dieser kann seinerseits wieder auf Hilfspersonen (z.B. Tierheimpersonal) zurückgreifen (AG Bremen WuM 2007, 144). 410

d) Verbrauch des Titels

aa) Verjährung

Der Räumungsgläubiger ist grundsätzlich nicht gezwungen, von seinem Räumungstitel innerhalb einer bestimmten Frist Gebrauch zu machen (der Räumungsanspruch verjährt erst in 30 Jahren – § 197 Abs. 1 Nr. 3 BGB). Häufig nimmt ein Gläubiger einen Räumungsauftrag wiederholt zurück, nachdem rückständige Nutzungsentschädigung 411 nachbezahlt worden ist. Allerdings kann ein solches Verhalten des Gläubigers dann rechtsmissbräuchlich werden, wenn dieser den Vollstreckungstitel jahrelang sozusagen »in der Schublade behält«, um damit den Mieter zum Wohlverhalten oder etwa gar zu irgendwelchen Zugeständnissen zu veranlassen (OLG Hamm WuM 1981, 257; LG Hamburg WuM 1987, 233).

bb) Verwirkung

412 Wenn der Vermieter von seinem Räumungstitel jahrelang nicht Gebrauch macht (Zeitmoment), liegt die Vermutung nahe, dass durch schlüssiges Verhalten ein neues Mietverhältnis begründet worden ist (Sternel V Rn. 95). Anhaltspunkte liegen dann vor, wenn der Gläubiger den Schuldner weiterhin wie einen normalen Mieter behandelt und insbesondere auch Mieterhöhungen geltend macht. Ein Vertrauenstatbestand beim Schuldner (Umstandsmoment) erlangt im Laufe der Zeit umso mehr Gewicht, je länger sich dieser vertragstreu verhält und er deshalb eher darauf vertrauen kann, vom Gläubiger wieder als Mieter akzeptiert zu werden. Das LG Hamburg hat beispielsweise bei einem etwa fünf Jahre alten Titel das Zustandekommen eines neuen Mietvertrags angenommen (LG Hamburg WuM 1989, 32).

413 Das AG Frankfurt/M. hat bei einem erst drei Jahre alten Räumungstitel Verwirkung angenommen (NJW-RR 1988, 204). Demgegenüber hat das LG Mönchengladbach (WuM 1990, 161) die Verwirkung eines etwa fünf Jahre alten Titels verneint, wenn Vollstreckungsabsicht wiederholt geäußert wurde.

414 Von einer Neubegründung des Mietverhältnisses durch schlüssiges Verhalten kann aber immer dann **nicht** ausgegangen werden, wenn der Gläubiger eindeutig erklärt, dass es mit der Beendigung des Mietverhältnisses sein Bewenden haben soll. Allerdings kommt die Begründung eines **neuen Mietverhältnisses** in Betracht, wenn sich aus dem schlüssigen Verhalten der Parteien klar ergibt, dass sie ein neues Mietverhältnis begründen wollen. Das AG Hamburg-Altona (WuM 2006, 697) hat hierbei eine Wohlverhaltensphase auf Mieterseite von 2 Jahren vorgeschlagen, wobei es darauf ankommt, ob nach diesem Zeitraum sich beim Schuldner auf Grund einer Besserung seines Verhaltens, insbesondere pünktlicher Mietzahlungen, ein Vertrauen dahingehend bilden konnte, dass der Gläubiger mit einer Neubegründung des Mietverhältnisses einverstanden ist (AG Hamburg WuM 2008, 609).

cc) Vermieterpfandrecht

415 Gegenstände, an denen der Vermieter ein Pfandrecht aus § 562 BGB (vgl. BGH ZMR 2006, 200; selbst wenn strittig ist, welche Sachen dem Vermieterpfandrecht unterliegen.) geltend macht, unterliegen nicht der Räumungsvollstreckung. Sobald der Gläubiger der Entfernung eines Gegenstandes widerspricht, lässt der Gerichtsvollzieher diesen in den Räumen zurück (BGH DGVZ 2003, 88). Die Räumung ist dann dennoch beendet, mit der Folge, dass der Gläubiger die auf diese Weise zurückgebliebenen Sachen selbst entsorgen muss, wenn sich herausstellt, dass diese nicht verwertet werden können (AG Düsseldorf DGVZ 1994, 141).

dd) Einweisung durch die Gemeinde

416 Wenn die Gemeinde über keine Notunterkunft verfügt und deshalb den Räumungsschuldner wegen drohender Obdachlosigkeit wieder in die Wohnung einweist, wird der Räumungstitel nicht verbraucht. Durch die Einweisung entsteht ein selbstständiges Nutzungsverhältnis zwischen Gemeinde und dem Gläubiger aufgrund öffentlichen Rechtes. Das von der Gemeinde zu bezahlende Nutzungsentgelt richtet sich nach der bisher

bezahlten Miete, mindestens aber nach der ortsüblichen Nutzungsentschädigung nach § 546a BGB (Sternel V Rn. 94; OLG Frankfurt/M. DGVZ 1970, 9; LG Darmstadt DGVZ 1993, 154).

Zur Vermeidung doppelter Spediteurkosten kann es geeigneten Fällen sinnvoll sein, den Schuldner mit der nötigsten persönlichen Habe aus dem Besitz der Wohnung zu setzen und die Entfernung des Mobiliars zunächst (maximal auf die Dauer von zwei Wochen) zu unterlassen (sog. **Hamburgische Räumung**). Wenn der Schuldner in den folgenden Tagen die Wiedereinweisung durch die Gemeinde erreichen sollte, kann auf diese Weise das Zurückschaffen der bereits eingelagerten Möbel vermieden werden (vgl. Nies MDR 1999, 1113, 1120). **417**

Die Einweisungsbehörde ist verpflichtet, nach Beendigung der Beschlagnahme die Wohnung auf ihre Kosten frei zu machen, selbst wenn der Eigentümer einen gültigen Räumungstitel besitzt (BGH MDR 1995, 1014). Zur Haftung für Wohnungsschäden nach Wiedereinweisung vgl. BGH WuM 2006, 164. Zu den haftungsrechtlichen Nachteilen **alternativer Vollstreckungsmodelle** wie Hamburger Räumung, Frankfurter Räumung, Berliner Modell vgl. Grüßenmeyer in NZM 2007, 310 (321). **418**

ee) Mehrfache Vollstreckung von Räumungstiteln

Nachdem durch das Gewaltschutzgesetz v. 11.12.2001 neu eingefügten § 885 Abs. 1 S. 3 ZPO ist die mehrfache Vollziehung einer **einstweiligen Anordnung** nach § 620 Nr. 7, 9 oder § 621g S. 1 ZPO, soweit Gegenstand des Verfahrens Regelungen nach der **HausratV** sind, innerhalb deren Geltungsdauer zuzulassen. **419**

Im Hinblick auf die verschiedenen Möglichkeiten des Räumungsschuldners, eine Zwangsräumung zu verhindern, soll durch diese Regelung sichergestellt werden, dass der Gläubiger eines Räumungstitels sich nicht erneut an das Gericht wenden muss, wenn sich der Schuldner nach Räumung und Überlassung der Wohnung an den Gläubiger dort wieder Zugang verschafft und sich weigert, die Wohnung freiwillig zu verlassen.

e) Rechtsbehelfe

Wenn der Schuldner glaubt, dass die Durchführung der Zwangsräumung für ihn oder einen seiner Familienangehörigen eine sittenwidrige Härte mit sich bringt, besteht die Möglichkeit, gem. § 765a ZPO beim Vollstreckungsgericht die **einstweilige Einstellung** der Zwangsvollstreckung zu erlangen. Im Einzelnen s. hierzu die Ausführungen zum Vollstreckungsschutz. **420**

Gegen das Zwangsvollstreckungsverfahren des Gerichtsvollziehers, also gegen alle Handlungen und Maßnahmen des Gerichtsvollziehers nach § 885 Abs. 1 bis 4 ZPO haben sowohl der Gläubiger wie der Schuldner als auch jeder Dritte die Möglichkeit, **Erinnerung** nach § 766 ZPO beim Vollstreckungsgericht einzulegen (OLG Köln DGVZ 1997, 119). **421**

Hat der Gerichtsvollzieher den Verkauf eingelagerter Sachen gem. Abs. 4 angeordnet, so findet hiergegen die Erinnerung des Schuldners statt. Das Gleiche gilt, wenn der Gerichtsvollzieher Sachen auf Verlangen nicht herausgibt. Ein Dritteigentümer muss jedoch sein Recht durch Herausgabeklage geltend machen (LG Koblenz DGVZ 1987, 11). **422**

Gegen die Entscheidung des Vollstreckungsgerichts ist in allen Fällen wiederum **sofortige Beschwerde** zum Landgericht gem. § 793 ZPO gegeben. **423**

Durch eine gerichtliche Entscheidung, die den Gerichtsvollzieher anweist, die Räumung aus einem Titel gegen einen Dritten (z.B. mit besitzenden Lebensgefährten) durchzuführen, wird der Titelschuldner selbst nicht beschwert. Ihm steht gegen diese Entscheidung daher kein Rechtsmittel zu (OLG Köln WuM 1997, 280). **424**

f) Kosten der Zwangsräumung

aa) Notwendige Kosten der Zwangsvollstreckung gem. § 788 ZPO

425 Die eigentlichen Kosten der Zwangsräumung, also die Kosten für die Entfernung des, Mieters und seiner Habe aus der Wohnung, sind **notwendige Kosten der Zwangsvollstreckung,** für die sowohl der Vermieter als Auftraggeber als auch der Mieter als Schuldner gem. § 3 Abs. 2 GVKostG, dem Gerichtsvollzieher als Gesamtschuldner haften. Der Gerichtsvollzieher wird i.d.R. nur tätig, wenn der Vermieter gem. § 5 S. 1 GVKostG einen Vorschuss einbezahlt hat. Nach § 788 Abs. 1 S. 1 ZPO kann der Gerichtsvollzieher seine eigenen oder die vom Vermieter bevorschussten Kosten unmittelbar mit dem Räumungstitel vollstrecken. Führt ein solcher Vollstreckungsversuch mangels pfändbarer Habe nicht zum Erfolg, kann der Vermieter die Kosten durch **Kostenfestsetzungsbeschluss** als notwendige Kosten der Zwangsvollstreckung titulieren lassen, wenn der Gläubiger meint, sie später beim Schuldner noch beitreiben zu können.

bb) Transport und Verwahrung

426 Die Kosten für den Transport und die Verwahrung des Räumungsgutes gem. § 885 Abs. 3 ZPO sind ebenfalls Kosten der Zwangsvollstreckung, für die ungeachtet des Wortlautes der Vorschrift »auf Kosten des Schuldners« grundsätzlich auch der Vermieter dem Gerichtsvollzieher haftet (allg. Meinung; OLG Karlsruhe Rpfleger 1974, 408 ff.). Der Vermieter ist dabei nicht nur verpflichtet, einen **Vorschuss** zu leisten, sondern er ist auch nachschusspflichtig, wenn sich die Kosten als höher erweisen (OLG Karlsruhe a.a.O.).

427 Benützt der Gerichtsvollzieher zur Einlagerung des Räumungsgutes **Räumlichkeiten des Vermieters** (sog. Frankfurter Räumung – AG Frankfurt/M. NZM 2004, 359), so sind auch die aufgrund des Verwahrungsvertrages mit dem Vermieter entstandenen Kosten solche der Zwangsvollstreckung, die im Kostenfestsetzungsverfahren festzusetzen sind (Brossette NJW 1989, 963; a.A. OLG Frankfurt/M. DGVZ 1998, 188).

428 Bei pflichtwidrigem Handeln des Gerichtsvollziehers als Vollstreckungsorgan tritt die **Amtshaftung** ein. Daneben ist kein Raum für eine Haftung des GV als Verrichtungsgehilfen des Gläubigers. **Begleitschäden** aus der Räumungsvollstreckung, also z.B. Schäden an Einrichtungsgegenständen oder Verlust von Inventar, welche darauf beruhen, dass Räumung, Transport oder Verwahrung nicht in der gehörigen Weise durchgeführt worden ist, sind also dem Staat gegenüber gem. § 839 BGB i.V.m. Art. 34 GG geltend zu machen (BGH NZM 2009, 275).

cc) Entsorgung

429 Die Kosten für die Vernichtung **wertlosen Räumungsgutes** sind vom Schuldner und ersatzweise auch vom Gläubiger zu tragen (Zöller/Stöber § 885 ZPO Rn. 18; LG Koblenz DGVZ 1992, 30 ff.; a.A. LG Frankfurt/M. DGVZ 1994, 43).

33. Kapitel
Immobiliarzwangsvollsteckung

Übersicht **Rdn.**

I. Immobiliarvollstreckung als Einzelzwangsvollstreckung

1. Vorbemerkungen

Für die Immobiliarvollstreckung kommen **drei Möglichkeiten** in Betracht (§ 866 Abs. 1 ZPO): 1

- Eintragung einer Sicherungshypothek für die Forderung des Gläubigers (Zwangshypothek)
- Zwangsversteigerung
- Zwangsverwaltung

2. Gegenstand der Immobiliarvollstreckung

Als **Gegenstand der Immobiliarvollstreckung** kommen in Betracht: 2

- Grundstücke (§ 864 Abs. 1 ZPO)
- Wohnungs- und Teileigentumsrechte (als besonders ausgestaltetes Bruchteilseigentum; § 864 Abs. 2 ZPO)
- Grundstücksgleiche Rechte (z.B. Erbbaurechte; § 864 Abs. 1 ZPO, § 11 Abs. 1 ErbbauRG)
- Wohnungs- und Teilerbbaurechte (als Unterart des Erbbaurechts, § 30 WEG)
- Gebäudeeigentum (im Beitrittsgebiet, Art 233 § 4 Abs. 1 und 7 EGBGB)
- Schiffe und Schiffsbauwerke (§ 864 Abs. 1 ZPO; hier ist keine Zwangsverwaltung möglich)
- Luftfahrzeuge (§ 99 Abs. 1 LuftfzRG, § 864 Abs. 1 ZPO; hier ist keine Zwangsverwaltung möglich)
- Bahneinheiten (nach Landesrecht, § 871 ZPO)

Schaubild: Immobiliarvollstreckung

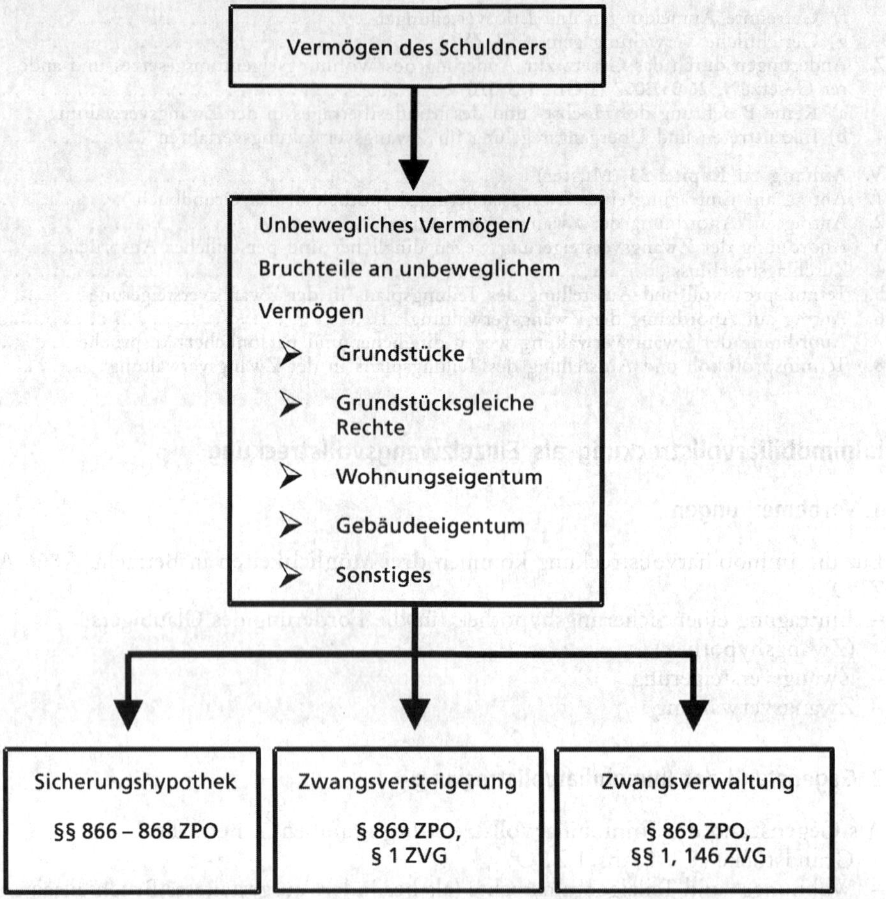

Die vorgenannten Objekte können entweder **insgesamt oder nach Bruchteilen** (§§ 741 ff. BGB) belastet werden und zur Versteigerung gelangen, wenn der Anteil in dem Anteil eines Miteigentümers besteht. Dem steht ein noch in der Hand des Alleineigentümers befindlicher gem. § 3 Abs. 6 GBO gebuchter Miteigentumsanteil gleich. Die Versteigerung von Gesamthandsanteilen ist damit ebenso wenig möglich wie ihre selbständige Belastung mit dinglichen Rechten (§ 864 Abs. 2 ZPO).

3 Die Immobiliarvollstreckung erfasst auch diejenigen Bestandteile des unbeweglichen Vermögens, auf die sich der **Hypothekenhaftungsverband** erstreckt (vgl. §§ 1120–1130 BGB). Zum Verhältnis zur Zwangsvollstreckung in das bewegliche Vermögen s. § 865 ZPO. Zum Umfang der Beschlagnahme in der Zwangsversteigerung s. Teil III Rdn. 215 und zum Umfang der Beschlagnahme in der Zwangsverhaltung s. Teil IV Rdn. 530 f.

3. Gemeinsame Verfahrensvoraussetzungen

4 Vor Beginn einer jeden Vollstreckungsmaßnahme sind bestimmte Voraussetzungen zu beachten, die nachfolgend noch einmal kurz wiedergegeben werden sollen. Zur näheren Erläuterung sei insoweit auf die einschlägigen Kommentare verwiesen. Soweit die nach-

folgend dargestellten Verfahren der Immobiliarvollstreckung zu den genannten Punkten Besonderheiten aufweisen, werden diese bei den betreffenden Verfahren besprochen.

a) Allgemeine Prozessvoraussetzungen

(1) Zuständigkeiten (sachlich, örtlich, funktionell; vgl. § 802 ZPO) 5
(2) Deutsche Gerichtsbarkeit (§§ 18 ff. GVG)
(3) Zulässigkeit des Rechtswegs (§ 13 GVG)
(4) Parteifähigkeit (§ 50 ZPO)
(5) Prozessfähigkeit (§ 51 ZPO)
(6) Prozessführungsbefugnis (keine isolierte Vollstreckungsstandschaft (BGH NJW 1993, 1396))
(7) Rechtsschutzinteresse.

b) Voraussetzungen der Zwangsvollstreckung

aa) Allgemeine Voraussetzungen der Zwangsvollstreckung

(1) Vollstreckungstitel

Als Vollstreckungstitel kommt grundsätzlich ein **Zahlungsurteil** in Betracht, das eine bestimmte Geldforderung zum Gegenstand hat. Das Endurteil muss entweder rechtskräftig oder für vorläufig vollstreckbar erklärt worden sein (§ 704 ZPO). Zwangsversteigerung und Zwangsverwaltung können daneben auch aufgrund eines **Duldungstitels** wegen des dinglich gesicherten Anspruchs betrieben werden (§ 1147 BGB). 6

Einem rechtskräftigen oder vorläufig vollstreckbaren Endurteil **stehen gleich** (§ 794 Abs. 1 ZPO): 7

- gerichtliche Vergleiche (§ 794 Abs. 1 Nr. 1 ZPO)
- Kostenfestsetzungsbeschlüsse (§ 794 Abs. 1 Nr. 2 ZPO)
- beschwerdefähige Entscheidungen (§ 794 Abs. 1 Nr. 3 ZPO)
- Vollstreckungsbescheide (§ 794 Abs. 1 Nr. 4 ZPO)
- vollstreckbare Schiedssprüche (§ 794 Abs. 1 Nr. 4a ZPO)
- vollstreckbare Anwaltsvergleiche (§ 794 Abs. 1 Nr. 4b ZPO)
- notarielle Urkunden (§ 794 Abs. 1 Nr. 5 ZPO).

Als Vollstreckungstitel kommen darüber hinaus u.a. in Betracht:

- Arreste und einstweilige Verfügungen (§§ 928 ff., 936 ff. ZPO)
- Entscheidungen in Angelegenheiten der freiwilligen Gerichtsbarkeit (§§ 86, 95 FamFG)
- Entscheidungen in Familienstreitsachen (§ 120 FamFG)
- vollstreckbare Auszüge aus der Insolvenztabelle (§ 201 Abs. 2 InsO)
- rechtskräftig bestätigte Insolvenzpläne i.V.m. der Eintragung in die Tabelle (§ 257 Abs. 1 u. 2 InsO)
- angenommene Schuldenbereinigungspläne (§ 308 Abs. 1 S. 2 InsO i.V.m. § 794 Abs. 1 Nr. 1 ZPO)
- Zuschlagsbeschlüsse in Zwangsversteigerungsverfahren (§§ 93, 132 Abs. 2 ZVG)
- rechtskräftige Entscheidungen, gerichtliche Vergleiche und einstweilige Anordnungen in Wohnungseigentumssachen (§ 45 Abs. 2 WEG a.F.). Die nach dem Gesetz zur Änderung des Wohnungseigentumsgesetzes und anderer Gesetze v. 26.03.2007 (BGBl. I S. 370) ergehenden Entscheidungen richten sich gem. § 43 ff. WEG nunmehr nach den zivilprozessualen Vorschriften. Ihre Vollstreckung erfolgt daher nach den allgemeinen Vorschriften
- Festsetzungsbeschlüsse über Rechtsanwaltsvergütungen (§ 11 Abs. 2 S. 2 RVG)

– Jugendamtsurkunden über die Verpflichtung zur Erfüllung von Unterhaltsansprüchen (§§ 59 Abs. 1 S. 1 Nr. 3 u. 4, 60 SGB VIII).

8 Der Zahlungstitel muss im Inland vollstreckbar sein. Für **ausländische Vollstreckungstitel** gilt § 722 ZPO bzw. § 110 FamFG, soweit nicht vorrangige Regelungen aus bi- oder multilateralen Verträgen bestehen. Für die Eintragung einer Zwangshypothek in ausländischer Währung s. i.Ü. Teil II Rdn. 96.

9 Soweit mit der Forderung **Kosten** bisheriger Zwangsvollstreckungsmaßnahmen beigetrieben werden sollen, bedarf es insoweit keines besonderen Vollstreckungstitels (§ 788 ZPO), wenn diese Kosten entweder belegt oder ihre Entstehung sowie Notwendigkeit dargelegt und glaubhaft gemacht werden (OLG Köln MDR 1986, 152; LG Darmstadt Rpfleger 1988, 332). Auch bei der Eintragung einer Zwangshypothek bedarf es (wegen der dort ansonsten anzuwendenden Formvorschriften der Grundbuchordnung, § 29 GBO) nicht eines förmlichen Nachweises der Kosten bisheriger Zwangsvollstreckungsmaßnahmen (Dümig Rpfleger 2004, 1, 16; MüKo/Eickmann § 867 Rn. 20; Musielak/Becker § 867 Rn. 3; Zöller/Stöber § 867 Rn. 2; **a.A.** OLG Celle NJW 1972, 1902).

(2) Parteienidentität

10 Die Identität von Antragsteller und Titelgläubiger sowie Antragsgegner und Titelschuldner muss gegeben sein (§ 750 Abs. 1 ZPO).

(3) Vollstreckungsklausel

11 Mit der Zwangsvollstreckung darf grundsätzlich erst begonnen werden, wenn von dem Vollstreckungstitel zum Zwecke der Zwangsvollstreckung eine mit einer Vollstreckungsklausel versehene Ausfertigung erteilt worden ist (§§ 724 ff. ZPO). Ausnahmen bestehen insoweit für einen auf das Urteil gesetzten Kostenfestsetzungsbeschluss (§ 795a ZPO), für einen Vollstreckungsbescheid (§ 796 ZPO) sowie für Arrestbefehle (§ 929 ZPO) und einstweilige Verfügungen (§ 936 ZPO).

12 Für die Erteilung der Vollstreckungsklausel ist grundsätzlich der Urkundsbeamte der Geschäftsstelle funktionell zuständig (§ 724 Abs. 2 ZPO). Allerdings kann in den Fällen des § 20 Nr. 12 RpflG die ausschließliche Zuständigkeit des Rechtspflegers begründet sein. Wird eine solche qualifizierte Klausel entgegen der Regelung des § 20 Nr. 12 RpflG vom Urkundsbeamten der Geschäftsstelle erteilt, führt die **Überschreitung der funktionellen Zuständigkeit** zur Unwirksamkeit der Vollstreckungsklausel (OLG Frankfurt Rpfleger 1991, 12). Aufgrund einer solchermaßen unwirksamen Vollstreckungsklausel kann dann bspw. auch nicht die Eintragung einer Zwangshypothek erfolgen (Hintzen ZIP 1991, 474, 477).

13 Die für die Praxis höchst wichtige Streitfrage, wer für die Erteilung der Vollstreckungsklausel im Falle eines **Widerrufsvergleiches** funktionell zuständig ist, hängt davon ab, ob zur Zwangsvollstreckung eine einfache Klausel i.S.d. § 724 ZPO als ausreichend angesehen wird (dies und damit die Zuständigkeit des Urkundsbeamten nehmen insbes. an OLG Stuttgart NJW 2005, 909; Sauer/Meiendresch NJW 2004, 2870). Die Frage ist nunmehr vom BGH in Übereinstimmung mit dem BAG dahingehend entschieden worden, dass in den genannten Fällen eine wirksame Vollstreckungsklausel nur vom Rechtspfleger erteilt werden kann (BGH BGHReport 2006, 130 = NJW 2006, 776 = Rpfleger 2006, 87 wie zuvor schon BAG NJW 2004, 701 = Rpfleger 2004, 298; OLG Saarbrücken NJW 2004, 2908 = Rpfleger 2004, 642). Nicht vom Rechtspfleger erteilte Zwangsvollstreckungsklauseln bei Widerrufsvergleichen sind daher als nichtig anzusehen.

Unter der Herrschaft des früheren Rechts war heftig umstritten, ob ein **Wechsel** des als Titelgläubiger genannten **WEG-Verwalters** wie ein Fall der Rechtsnachfolge behandelt werden kann, der die Erteilung einer Rechtsnachfolgeklausel unmittelbar zugunsten des neuen WEG-Verwalters gem. § 727 ZPO ermöglichen würde. Die ablehnende Auffassung (LG Darmstadt NJW-RR 1996, 398; Bärmann/Pick/Merle 9. Aufl., § 45 Rn. 141; Hintzen/Wolf Handbuch der Mobiliarvollstreckung Rn. 108; Musielak/Lackmann § 727 Rn. 13; Schuschke/Walker § 727 Rn. 18) stellt vorrangig darauf ab, dass der Verwalter als gewillkürter Verfahrensstandschafter ohne Übertragung des titulierten Anspruchs durch die Wohnungseigentümer selbst nicht dazu ermächtigt sei, als lediglich formeller Titelgläubiger eine isolierte Vollstreckungsstandschaft zu begründen. Der Wechsel eines gewillkürten Prozessstandschafters ändere nichts an der materiell-rechtlichen Zuordnung des betreffenden Anspruchs. Während die Vertreter dieser Auffassung konsequent auf den Nachweis des Wegfalls der bisherigen Verwalterberechtigung, die Abtretung des Anspruchs durch die Wohnungseigentümer an den neuen Verwalter und den Nachweis der Rechtsnachfolge gem. § 726 ZPO abstellen wollen (vgl. Bärmann/Pick/Merle 9. Aufl., § 27 Rn. 180), wird richtigerweise die Umschreibung der Vollstreckungsklausel in entsprechender Anwendung des § 727 ZPO unmittelbar auf den neuen Verwalter erfolgen können, weil mit der Prozessführungsbefugnis die materielle Einziehungsberechtigung verbunden ist (Baumbach/Lauterbach/Albers/Hartmann § 727 Rn. 21 a.E. und 27; Müller Rn. 1246; MüKo/Wolfsteiner § 727 Rn. 12 a.E.; Stein/Jonas/Münzberg § 727 Rn. 33; Zöller/Stöber § 727 Rn. 38; offengelassen von BayObLG NZM 2000, 307 = ZMR 2000, 43, BayObLG NZM 2001, 299 und OLG Düsseldorf NJW-RR 1997, 1035 = ZMR 1997, 315). 14

Nach neuem Recht kann der Verwalter dagegen nicht mehr ermächtigt werden, Hausgeldansprüche im eigenen Namen als Prozessstandschafter des Verbandes Wohnungseigentümergemeinschaft geltend zu machen. Weder kann für eine Prozessstandschaft des Verwalters ein praktisches Bedürfnis erkannt werden, noch liegt das erforderliche rechtliche Eigeninteresse des Verwalters als Organ des Verbandes vor (Wenzel NJW 2007, 1905, 1909; Bärmann/Merle § 27 Rn 232; Bärmann/Wenzel 150 f.; a.A. noch OLG München ZMR 2006, 647). Ein entsprechender Beschluss widerspricht daher ordnungsgemäßer Verwaltung.

Tritt der WEG-Verwalter dagegen lediglich als Vertreter der Wohnungseigentümer auf, hat ein Verwalterwechsel auf die Vollstreckbarkeit des Titels keine Auswirkungen (Zöller/Stöber § 727 Rn. 38 a.E.).

Ist die Vollstreckungsklausel für oder gegen einen Insolvenzverwalter erteilt worden, erfordert der spätere **Wechsel in der Person** des Verwalters keine Umschreibung der Klausel (Stöber § 15 Rn. 40.22). 15

Fallen Verwaltungs- und Verfügungsbefugnis **auf den Schuldner zurück**, nachdem gegen den Insolvenzverwalter wirksam eine Vollstreckungsmaßnahme eingeleitet war, ist für diese eine Umschreibung des Titels auf den Schuldner ebenso wenig erforderlich wie eine erneute Zustellung des Titels nunmehr an ihn (BGH NotBZ 2005, 257 = Rpfleger 2006, 423). 16

Zur erforderlichen Klauselumschreibung bei einem **vorläufigen Insolvenzverwalter** s. ausführlich Teil II Rdn. 82 und Teil III Rdn. 255. 17

(4) Zustellung

Vor Beginn der Zwangsvollstreckung muss der Vollstreckungstitel zugestellt werden (§ 750 Abs. 1 ZPO). Für den Beginn der Zwangsvollstreckung genügt dabei eine Zustellung von Amts wegen, wenn ein entsprechender Zustellungsvermerk seitens des Gerichts angebracht worden ist; der nochmaligen Zustellung im **Parteibetrieb** bedarf es dann nicht. 18

19 Liegt eine **qualifizierte Vollstreckungsklausel** gem. §§ 726 ff. ZPO vor, müssen außer dem Vollstreckungstitel auch noch die Vollstreckungsklausel selbst und die die Umschreibung nachweisenden Urkunden zugestellt werden (§ 750 Abs. 2 ZPO).

20 Ist eine vollstreckbare Urkunde gem. § 794 Abs. 1 Nr. 5 ZPO von einem **Vertreter** errichtet worden, so bedarf auch die zugrunde liegende Vollmachtsurkunde der Zustellung, wenn nicht der Schuldner im Falle der Vertretung des seinerzeit noch eingetragenen Eigentümers gem. § 185 Abs. 2 BGB das Objekt erworben hat (BGH NJW-RR 2005, 1359 = ZfIR 2005, 884; BGH NJW-RR 2007, 358 = Rpfleger 2007, 37 = ZfIR 2007, 110; zum Ganzen s. jetzt ausführlich DNotI – Gutachten DNotI-Report 2008, 65).

21 Entgegen der früher vorherrschenden Meinung (OLG Hamm NJW-RR 1998, 87; OLG Düsseldorf MDR 1997, 392; OLG Karlsruhe Rpfleger 1991, 51; OLG Stuttgart JurBüro 1990, 112; KG Rpfleger 1988, 359; OLG Schleswig NJW-RR 1987, 700) hat der BGH entschieden, dass bei einer **Sicherungsvollstreckung** gem. § 720a ZPO die Zustellung der einfachen Vollstreckungsklausel gem. § 750 Abs. 3 ZPO für den Beginn der Zwangsvollstreckung nicht erforderlich ist (BGH Rpfleger 2005, 547 = MDR 2005, 1433).

22 Soll die Zwangsvollstreckung in das Vermögen einer **Gesellschaft bürgerlichen Rechts** erfolgen, genügt die Zustellung an den Geschäftsführer, oder, wenn ein solcher nicht bestellt ist, an einen ihrer Gesellschafter (BGH DNotZ 2006, 777 = NJW 2006, 2191 = Rpfleger 2006, 478; demgegenüber vgl. jetzt aber auch BGH v. 14.07.2010 – V ZB 86/10 – und BGH v. 12.10.2010 – V ZB 253/10).

bb) Besondere Voraussetzungen der Zwangsvollstreckung

23 Im Einzelfall kann die Beachtung der folgenden besonderen Voraussetzungen bei einer Zwangsvollstreckung in Betracht kommen:

(1) Eintritt eines Kalendertages (§ 751 Abs. 1 ZPO)

24 Ist die Geltendmachung des Anspruchs von dem Eintritt eines Kalendertages abhängig, so darf die Zwangsvollstreckung nur beginnen, wenn der Kalendertag abgelaufen ist (§ 751 Abs. 1 ZPO). Aus diesem Grunde kann bspw. die Eintragung einer Zwangshypothek nur wegen bereits fälliger Leistungen erfolgen. Dies gilt nicht für Zinsen, die als Nebenforderung zum Hauptanspruch geltend gemacht werden (MüKo/Eickmann § 867 Rn. 7).

25 Auch bei laufend wiederkehrenden Ansprüchen (Unterhaltsleistungen, Mietzinsansprüchen) kann für erst **künftig fällig werdende Beträge** noch keine Zwangsvollstreckung betrieben werden. So müssen für jede weitere fällig gewordene Leistung die Voraussetzungen für die Eintragung einer Zwangshypothek jeweils wieder vorliegen, bei der Eintragung einer Zwangshypothek also auch der Mindestbetrag erreicht sein.

26 Enthält eine notarielle Urkunde die Regelung, dass der Notar die Vollstreckungs**klausel** jederzeit **ohne Nachweis der Fälligkeit** erteilen darf, ist gleichwohl vom Vollstreckungsorgan die Fälligkeit zu prüfen (Böttcher Zwangsvollstreckung Rn. 35; Bürkle BWNotZ 1994, 60, 65; Hintzen ZIP 1991, 474, 478; **a.A.** LG Wiesbaden Rpfleger 1987, 118). Trotz § 1193 Abs. 3 S. 2 BGB ist die sofortige Erteilung der Vollstreckungsklausel möglich, wenn auf einen Kündigungsnachweis verzichtet wurde (LG Lübeck Rpfleger 2009, 950).

27 Ist eine sog. **Verfallklausel** vereinbart, wird bei Nichtzahlung einer Rate der gesamte Restbetrag fällig. Die Zwangsvollstreckung kann dann in voller Höhe betrieben werden, wenn der erste Fälligkeitszeitpunkt verstrichen ist (Hintzen ZIP 1991, 474, 477). Der Schuldner muss gegebenenfalls seine Zahlung nach § 767 ZPO geltend machen.

(2) Nachweis einer Sicherheitsleistung (§ 751 Abs. 2 ZPO)

Hängt die Vollstreckung von einer dem Gläubiger obliegenden Sicherheitsleistung ab, so darf mit der Zwangsvollstreckung nur begonnen oder sie nur fortgesetzt werden, wenn die Sicherheitsleistung durch eine öffentliche oder öffentlich beglaubigte Urkunde nachgewiesen und eine Abschrift dieser Urkunde bereits zugestellt ist oder gleichzeitig zugestellt wird (§ 751 Abs. 2 ZPO). Im Hinblick auf die Möglichkeit einer Sicherungsvollstreckung ohne vorherige Sicherheitsleistung durch Eintragung einer Zwangshypothek gem. § 720a Abs. 1 S. 1 lit. b) ZPO ist die Bedeutung dieser besonderen Zwangsvollstreckungsvoraussetzung im hier zu behandelnden Bereich nicht sehr groß. Hinzuweisen ist in diesem Zusammenhang noch auf die geänderte Rechtsprechung des BGH zum Zustellungserfordernis bei der Sicherungsvollstreckung gem. § 750 Abs. 3 ZPO (s. Rdn. 21). 28

(3) Zug um Zug Leistung (§ 765 ZPO)

Hängt die Vollstreckung von einer Zug um Zug zu bewirkenden Leistung des Gläubigers an den Schuldner ab, so darf das Vollstreckungsgericht eine Vollstreckungsmaßregel nur anordnen, wenn der Beweis, dass der Schuldner befriedigt oder im Verzug der Annahme ist, durch öffentliche oder öffentlich beglaubigte Urkunden geführt wird und eine Abschrift dieser Urkunden bereits zugestellt ist. Der Nachweis ist entbehrlich, wenn bereits der Gerichtsvollzieher mit der Zwangsvollstreckung gem. § 756 ZPO begonnen hatte (§ 765 ZPO). 29

(4) Beachtung von Wartefristen

Der Beginn der Vollstreckung kann von dem vorherigen Ablauf einer Wartefrist abhängen, der eine zusätzliche Warnfunktion für den Vollstreckungsschuldner zukommt. 30

Solche Wartefristen (zwei Wochen ab Zustellung) sind nach § 798 ZPO vorgesehen
- für nicht auf das Urteil gesetzte Kostenfestsetzungsbeschlüsse,
- für Vollstreckbarkeitserklärungen anwaltlicher Vergleiche,
- für notarielle Urkunden.

Darüber hinaus regelt § 750 Abs. 3 ZPO eine weitere Wartefrist für die Sicherungsvollstreckung. Danach müssen Urteil und Vollstreckungsklausel mindestens zwei Wochen vor Vollstreckungsbeginn nach § 720a ZPO zugestellt sein. Dies gilt nach der neuen BGH-Rechtsprechung jedoch nicht für die Zustellung der einfachen Zwangsvollstreckungsklausel (s. Rdn. 21).

cc) Keine Vollstreckungshindernisse

Die Zwangsvollstreckung darf nicht betrieben werden, wenn Vollstreckungshindernisse entgegenstehen. 31

Als solche kommen allgemein in Betracht:
- das Vorliegen von Hindernissen i.S.d. §§ 775, 776 ZPO;
- die Eröffnung eines Insolvenzverfahrens gem. § 89 InsO. Hier besteht allerdings die Möglichkeit zur abgesonderten Befriedigung durch Zwangsversteigerung und Zwangsverwaltung (§ 49 InsO). S. insoweit auch Teil II Rdn. 80 f. und Teil III Rdn. 255.

II. Zwangssicherungshypothek

1. Vorbemerkungen

32 Die Grundbucheintragung einer Sicherungshypothek wegen einer Forderung im Wege der Zwangsvollstreckung gem. § 866 Abs. 1 ZPO bewirkt das Entstehen eines dinglichen Verwertungsrechts (kurz: **Zwangshypothek**). Die Zwangshypothek ist eine Sicherungshypothek i.S.d. §§ 1184 ff. BGB, die sich nur durch ihren Entstehungstatbestand und einige vollstreckungsrechtliche Besonderheiten von einer gewöhnlichen Sicherungshypothek unterscheidet. Die Zwangshypothek kann daher immer nur als Buchrecht eingetragen werden; die Erteilung eines Hypothekenbriefes ist kraft Gesetzes ausgeschlossen (§ 1185 Abs. 1 BGB).

33 **Sinn und Zweck** der Eintragung ist nicht die Befriedigung des titulierten Anspruches. Vielmehr verschafft die Eintragung der Zwangshypothek im Grundbuch dem Vollstreckungsgläubiger lediglich ein Recht mit gesichertem Rang vor evtl. späteren dinglichen Rechten oder vor Gläubigern nicht gesicherter Vollstreckungsforderungen, deren Beschlagnahme im Wege der Zwangsversteigerung oder Zwangsverwaltung erst später nachfolgt.

34 Die Eintragung einer **Zwangshypothek** kann **selbstständig und unabhängig** von einem Zwangsversteigerungs- oder Zwangsverwaltungsverfahren betrieben werden (§ 866 Abs. 2 ZPO). Sofern noch keines der zuletzt genannten Verfahren betrieben werden sollte, gewährt die Grundbucheintragung der Zwangshypothek dem Gläubiger einen Befriedigungsanspruch in der Rangklasse 4 des § 10 Abs. 1 ZVG (s. dazu Rdn. 179). Wird das Zwangsversteigerungsverfahren bereits auf Antrag eines anderen Gläubigers betrieben, kann gleichwohl noch die Eintragung der Zwangshypothek in das Grundbuch erfolgen, weil der Zwangsversteigerungsvermerk kein Eintragungshindernis darstellt. Allerdings kann in diesem Fall die Zwangshypothek mit ihrem dinglichen Anspruch nur dann in Rangklasse 6 des § 10 Abs. 1 ZVG berücksichtigt werden, wenn sie spätestens im Versteigerungstermin angemeldet wird (dazu Teil III Rdn. 303 und 417).

Wegen der mit der Grundbucheintragung verbundenen Wirkungen **empfiehlt sich** die Eintragung einer Zwangshypothek auch dann, wenn die zwangsweise Verwertung des Objektes bereits absehbar ist. Neben der Stellung eines Verfahrensbeteiligten i.S.d. § 9 ZVG erwirbt der Gläubiger einer Zwangshypothek nämlich mit der Eintragung des Rechts einen gesetzlichen Anspruch auf Löschung vorrangiger oder gleichrangiger Eigentümergrundpfandrechte (§ 1179a BGB), der dem Gläubiger einer nur persönlichen Forderung nicht zukommt. Aber auch im Falle eines Rettungsverkaufes sichert die Zwangshypothek im Zuge der Lastenfreistellung dem eingetragenen Gläubiger Mitwirkungsrechte, die zumindest eine teilweise Realisierung seiner Forderung möglich erscheinen lassen. Zu der in diesem Zusammenhang in der Praxis üblichen »Lästigkeitsprämie« vgl. für den Fall der Zahlung durch den Insolvenzverwalter BGH NJW-RR 2008, 1074 = Rpfleger 2008, 440; krit. dagegen Frege/Keller NZI 2009, 11.

35 Die Zwangshypothek kann nach den allgemeinen sachenrechtlichen Bestimmungen des BGB zur **Eigentümergrundschuld** werden (RGZ 78, 398). Dies ist dann der Fall, wenn die Forderung zur Zeit der Eintragung des Rechts nicht besteht (§ 1163 Abs. 1 S. 1 i.V.m. § 1177 Abs. 1 BGB), wenn die Forderung erlischt (§ 1163 Abs. 1 S. 2 i.V.m. § 1177 Abs. 1 BGB) oder der Gläubiger auf die Hypothek verzichtet (§ 1168 Abs. 1 i.V.m. § 1177 Abs. 1 BGB). Darüber hinaus kommt ein Rechtserwerb durch den Eigentümer unter den besonderen Voraussetzungen des § 868 ZPO in Betracht. Diese Regelungen entsprechen § 775 Nr. 1 bis 3, § 776 ZPO.

Die Eintragung einer Zwangshypothek wird von der h.M. sowohl als Maßnahme der Zwangsvollstreckung wie auch verfahrensrechtlich als Grundbuchgeschäft gesehen, sodass das **Grundbuchgericht in doppelter Funktion** tätig wird (BGHZ 148, 392 = NJW 2001, 3627 = Rpfleger 2002, 17 = ZMR 2002, 134; BGHZ 27, 310 = NJW 1958, 1090; OLG München NJW 2009, 1358; OLG Hamm Rpfleger 1973, 440). Es hat daher die zwangsvollstreckungsrechtlichen und auch die grundbuchrechtlichen Eintragungsvoraussetzungen selbstständig zu prüfen (BGHZ 148, 392 = NJW 2001, 3627 = Rpfleger 2002, 17 = ZMR 2002, 134; OLG München NJW 2009, 1358; OLG Frankfurt NJW-RR 2007, 1248; BayObLG Rpfleger 1982, 466). Zutreffenderweise wird jedoch das Primat der zwangsvollstreckungsrechtlichen Voraussetzungen zu beachten sein; dazu s. im nächsten Abschnitt. 36

2. Eintragungsvoraussetzungen

a) Antrag

Die Antragstellung ist nach zutreffender Ansicht primär unter vollstreckungsrechtlichen Gesichtspunkten zu sehen, da die Eintragung einer Zwangshypothek **vorrangig** dem Bereich der **Zwangsvollstreckung** zugeordnet ist (§ 867 Abs. 1 ZPO). Lediglich für die vom Gesetz angeordnete Grundbucheintragung müssen zusätzlich noch die Voraussetzungen erfüllt sein, die das Grundbuchrecht weitergehend verlangt (Böttcher Zwangsvollstreckung Rn. 56; Dümig Rpfleger 2004, 1, 16; Hintzen ZIP 1991, 474, 475; **a.A.** Schöner/Stöber Rn. 2164; Demharter Anh. zu § 44 Rn. 69). 37

Der gem. § 867 Abs. 1 ZPO erforderliche Eintragungsantrag kann daher nur vom Gläubiger gestellt werden; dem Schuldner kommt kein **Antragsrecht** zu, weil § 13 Abs. 1 S. 2 GBO zutreffender Weise keine Anwendung findet (Dümig Rpfleger 2004, 1, 16; Musielak/Becker § 867 Rn. 2; Stein/Jonas/Münzberg § 867 Rn. 23; **a.A.** Schöner/Stöber Rn. 2164; Demharter Anh. zu § 44 Rn. 69; Leesmeister Materielles Liegenschaftsrecht 10. Kap. § 2 II 1). 38

Eine **Bevollmächtigung** im Rahmen der Antragstellung ist zulässig und gleichfalls nach vollstreckungsrechtlichen Gesichtspunkten zu behandeln (Schöner/Stöber Rn. 2166). Soweit nicht als Bevollmächtigter ein Rechtsanwalt auftritt (§ 88 Abs. 2 ZPO), ist die Vollmacht daher in schriftlicher Form nachzuweisen (§ 80 S. 1 ZPO; insoweit nicht zutreffend noch zum alten Recht OLG Zweibrücken Rpfleger 2001, 174: § 13 FGG); die Vollmacht bedarf wie der Antrag keiner Unterschriftsbeglaubigung. Als Bevollmächtigte kommen jetzt allerdings außer Rechtsanwälten nur noch die in § 79 Abs. 2 S. 2 Nr. 1–4 ZPO genannten Personen in Betracht. Die Bezeichnung des Bevollmächtigten im Schuldtitel genügt allerdings (§ 81 ZPO), wenn nicht der Titel – wie beim Vollstreckungsbescheid – ohne Prüfung der Bevollmächtigung eines Nichtanwaltes zustande gekommen ist (Zöller/Stöber § 867 Rn. 2). 39

Beantragt ein **WEG-Verwalter** für den »Verband Wohnungseigentümergemeinschaft« die **Grundbucheintragung**, stellt sich die Frage, ob dies nach dem Inkrafttreten des Gesetzes zur Neuregelung des Rechtsberatungsrechts am 01.07.2008 (BGBl. I S. 2840) überhaupt noch möglich ist. Tritt danach nämlich als Bevollmächtigter keine der in § 79 Abs. 2 ZPO genannten Personen auf, ist der Antrag durch Beschluss zurückzuweisen (§ 79 Abs. 3 S. 1 ZPO). Das Gesetz nennt jedoch in § 79 Abs. 2 ZPO als möglichen Bevollmächtigten den WEG-Verwalter nicht. Entsprechendes gilt, wenn man für die Antragstellung mit der a.M. von der Anwendbarkeit des § 13 GBO ausgeht. In diesem Fall würde § 10 Abs. 2 FamFG (früher § 13 Abs. 2 FGG) eine entsprechende Regelung beinhalten (vgl. Demharter § 30 Rn. 7 i.V.m. § 15 Rn. 2). 40

41 Das Handeln des WEG-Verwalters beruht in den genannten Fällen allerdings nicht auf einer rechtsgeschäftlich erteilten Vollmacht. Der WEG-Verwalter wird vielmehr als Organ des »Verbandes Wohnungseigentümergemeinschaft« tätig, wenn er Maßnahmen trifft, um einen gegen den Verband gerichteten Rechtsstreit gem. § 43 Nr. 2 oder Nr. 5 WEG in einem Erkenntnis- und Vollstreckungsverfahren zu führen (§ 27 Abs. 3 S. 1 Nr. 2 WEG). Der Bereich der gesetzlichen Vertretungsmacht des WEG-Verwalters kann auch für die aktive Prozessführung erweitert werden, wenn und soweit die Wohnungseigentümer den WEG-Verwalter hierzu gem. § 27 Abs. 3 S. 1 Nr. 7 WEG ermächtigen. Ist aber eine solche Ermächtigung erfolgt, handelt der WEG-Verwalter in den angesprochenen Fällen nicht als Bevollmächtigter i.S.d. § 10 Abs. 2 FamFG, § 79 Abs. 2 ZPO, sondern als gesetzlich bestimmtes Organ des Verbandes. Damit finden die geänderten Vertretungsvorschriften des FamFG und der ZPO insoweit auf den WEG-Verwalter keine Anwendung (Elzer ZMR 2008, 772, 774).

42 Zu den auch nach dem Inkrafttreten des »Gesetzes zur Einführung des elektronischen Rechtsverkehrs und der elektronischen Akte im Grundbuchverfahren sowie zur Änderung weiterer grundbuch-, register- und kostenrechtlicher Vorschriften (ERVGBG)« v. 11.08.2009 (BGBl. I S. 2713) noch bestehenden Schwierigkeiten, wenn eine **Gesellschaft bürgerlichen Rechts** als Antragsteller auftritt vgl. Bestelmeyer Rpfleger 2010, 169, 188 m.w.N.

43 Der Antrag ist schriftlich oder zu Protokoll der Geschäftsstelle zu erklären, damit der Zeitpunkt des Eingangs beim Grundbuchgericht zur Bestimmung der Rangfolge festgehalten werden kann.

Als Mindestinhalt sollte er enthalten:
- Angaben zur Person des Gläubigers und bei mehreren Gläubigern zu deren Beteiligungsverhältnis (vgl. Rdn. 85 ff.);
- Angaben zur Person des Schuldners (besonders wichtig bei mehreren Titelschuldnern);
- Angaben zum Belastungsgegenstand in Übereinstimmung mit dem Grundbuch und bei mehreren Belastungsobjekten Angaben zur Verteilung der Forderung (vgl. Rdn. 66 ff. und Rdn. 99);
- Angaben zur Höhe der zu sichernden Forderung mit Kosten und Nebenleistungen (zur Angabe bei gleitenden Zinssätzen s. Rdn. 126 ff.).

44 Sieht man wie hier in der Antragstellung vorrangig eine Maßnahme der Zwangsvollstreckung, so ist auch eine evtl. **Antragsrücknahme** als Vollstreckungstätigkeit zu behandeln. Möglich ist eine solche Rücknahme des Antrages auf Eintragung einer Zwangshypothek bis zur Vollendung der Eintragung, d.h. bis zur Unterzeichnung (§ 44 GBO) bzw. Speicherung beim elektronischen Grundbuch (§ 129 Abs. 1 GBO). Die Rücknahme bedarf dann keiner besonderen Form (wie hier Böttcher Zwangsvollstreckung Rn. 56; Dümig Rpfleger 2004, 1, 16; Hintzen ZIP 1991, 474, 475; **a.A.** die h.M. OLG Düsseldorf Rpfleger 2000, 62; OLG Hamm Rpfleger 1985, 231; Demharter § 31 Rn. 2; Musielak/Becker § 867 Rn. 2; Schiffhauer Rpfleger 1995, 478; Schöner/Stöber Rn. 2203; Schuschke/Walker § 867 Rn. 16; Zöller Stöber § 867 Rn. 2). Die von der h.M. betonte Bedeutung der Antragsrücknahme im Hinblick auf den damit verbundenen Rangverlust im Grundbuch überzeugt nicht, da bspw. bei einer Mobiliarvollstreckung durch die – formlos mögliche – Antragsrücknahme ebenfalls ein Rangverlust eintreten kann. Auch führte die h.M. nach altem Recht zu dem mitunter befremdlichen Ergebnis, dass ein Gläubiger der Aufforderung zur Nachreichung einer formgerechten Antragsrücknahme deshalb nicht nach kam, weil die damit verbundenen Kosten oftmals höher gewesen wären, als die einer dann nachfolgenden Antragszurückweisung (vgl. § 130 Abs. 1 KostO a.F.: maximal

35,– €). Gänzlich abzulehnen ist die Auffassung, nach einer nicht formgerecht erfolgten Rücknahme sei die – ja nicht mehr gewollte – Grundbucheintragung gleichwohl vorzunehmen (so aber Musielak/Becker § 867 Rn. 2).

Ein **Muster** für einen Antrag auf Eintragung einer Zwangshypothek befindet sich im Anhang zu Kapitel 33 (Muster 1). **45**

b) Zuständigkeiten

Für die Eintragung einer Zwangshypothek gelten die allgemeinen Zuständigkeitsregelungen des Grundbuchrechts. Sachlich und örtlich ist daher dasjenige Grundbuchgericht als Vollstreckungsgericht zuständig, in dessen Bezirk das zu belastende Objekt gelegen ist (§ 1 Abs. 1 GBO). Für das Eintragungsverfahren besteht die funktionelle Zuständigkeit des Rechtspflegers (§ 3 Nr. 1h RpflG). **46**

c) Zwangsvollstreckungsrechtliche Eintragungsvoraussetzungen

aa) Allgemeine Prozessvoraussetzungen

Wie bei jeder Vollstreckungsmaßnahme müssen zunächst die allgemeinen Prozessvoraussetzungen vorliegen. Dazu s. Teil I Rdn. 5. **47**

Im Einzelfall kann das **Rechtsschutzinteresse** für die Eintragung einer Zwangshypothek fraglich sein: **48**

Lassen die **Höhe der** eingetragenen **Vorlasten** und die **Wertigkeit** des Versteigerungsobjektes eine Befriedigung in der Zwangsversteigerung nicht erwarten, kann aber gleichwohl die Eintragung der Zwangshypothek nicht aus diesen Gründen abgelehnt werden, weil dem Grundbuchgericht keine Prognoseentscheidung zukommt (LG Marburg Rpfleger 1984, 406; Hintzen ZIP 1991, 474, 476). **49**

Besteht für die zur Eintragung beantragte Forderung bereits eine **anderweitige** grundbuchliche **Sicherung**, müssen folgende Konstellationen unterschieden werden: **50**
- Besteht **an demselben** Versteigerungs**objekt** bereits eine rechtsgeschäftlich bestellte **Hypothek** fehlt das Rechtsschutzinteresse zur Eintragung einer Zwangshypothek für dieselbe Forderung (Schuschke/Walker § 867 Rn. 6).
- Ist dagegen für dieselbe Forderung bereits **an einem anderen Objekt** rechtsgeschäftlich eine **Hypothek** bestellt worden, bejaht die h.M. das Rechtsschutzinteresse, weil die Vollstreckungsmöglichkeit des Gläubigers nicht durch die § 1113 ff. BGB eingeschränkt werden könne (RGZ 98, 106; KG JW 1938, 2847; BayObLG Rpfleger 1991, 53; LG Lübeck Rpfleger 1985, 287; Schuschke/Walker § 867 Rn. 6; Zöller/Stöber § 867 Rn. 17). Diese Ansicht ist abzulehnen, weil ansonsten die Gefahr einer Vervielfältigung des Gläubigerrechts besteht. Anders als bei rechtsgeschäftlich bestellten Verkehrshypotheken entsteht nämlich bei der Eintragung einer Zwangshypothek für eine bereits durch eine Verkehrshypothek gesicherte Forderung kein Gesamtrecht (Böttcher Zwangsvollstreckung Rn. 53; MüKo/Eickmann § 867 Rn. 71).
- Nicht zulässig ist auch die Eintragung einer zweiten – bedingten – Zwangshypothek an einem Objekt für eine Forderung, die bereits durch eine Zwangshypothek gesichert ist (»**Ausfallhypothek**«; LG Hechingen Rpfleger 1993, 169; Stein/Jonas/Münzberg § 867 Rn. 54). Vgl. demgegenüber aber die ausdrückliche Regelung in § 322 Abs. 5 AO, wonach eine Zwangshypothek im Verwaltungszwangsverfahren unter der aufschiebenden Bedingung eingetragen werden kann, dass das Vorrecht der öffentlichen Last (Rangklasse 3 des § 10 Abs. 1 ZVG) wegfällt. S. jetzt auch für Eintragungen von Zwangshypotheken nach Änderung des ZVG durch das Gesetz v. 26.03.2007 (BGBl. I S. 370) Rdn. 52.

- Zur Eintragung einer **weiteren Zwangshypothek** im Grundbuch, wenn an einem anderen Objekt bereits eine solche eingetragen wurde s. Rdn. 71 f.
- Wegen der rechtlichen Unabhängigkeit einer bestehenden Forderung im Verhältnis zu einer bereits eingetragenen **Grundschuld** kann die Forderung des Gläubigers durch Eintragung einer Zwangshypothek an demselben oder einem anderen Objekt des Schuldners gesichert werden (BayObLG Rpfleger 1991, 53; LG Lübeck Rpfleger 1985, 287; Schöner/Stöber Rn. 2208). Dies ist nur dann ausgeschlossen, wenn der Schuldner/Eigentümer die persönliche Haftung für die Zahlung des Grundschuldbetrages übernommen und sich wegen des abstrakten Schuldversprechens der sofortigen Zwangsvollstreckung unterworfen hat. In diesem Fall besteht kein Rechtsschutzinteresse an der nochmaligen nachrangigen Sicherung auf dem bereits mit der Grundschuld belasteten Objekt (OLG Köln NJW-RR 1996, 1106 = Rpfleger 1996, 153; Schöner/Stöber Rn. 2208).

51 Umstritten ist, ob eine bisher auf einem **Miteigentumsanteil** eingetragene Zwangshypothek auf alle oder weitere Miteigentumsanteile erstreckt werden kann, wenn sich die weiteren Anteile in der Hand des Schuldners (z.B. durch Erbfolge) vereinigt haben (befürw. Schöner/Stöber Rn. 2196a; Muth EWiR 1996, 240; abl. OLG Oldenburg ZIP 1996, 175 = Rpfleger 1996, 242; Musielak/Becker § 867 Rn. 10). Da der rechtsgeschäftlichen Erstreckung eines Grundpfandrechtes auf weitere oder alle hinzu erworbenen Miteigentumsanteile § 1114 BGB nicht entgegensteht und durch die Vereinigung der Anteile der ursprünglich belastete Anteil seine Fähigkeit zur weiteren eigenständigen Belastung verloren hat (RGZ 68, 79; Schöner/Stöber 1918), ist auch für die korrespondierende Norm des § 864 Abs. 2 ZPO nicht ersichtlich, weshalb nicht auch im Wege der Zwangsvollstreckung auf diese Weise einheitliche Belastungsverhältnisse erreicht werden sollten, zumal auch hier zukünftig für weitere Eintragungen nur der neu gebildete Haftungsgegenstand insgesamt zur Verfügung steht. Allerdings ist für eine Erstreckung nicht Voraussetzung, dass sich die Rangverhältnisse des ursprünglich belasteten Miteigentumsanteil auch unverändert am erstreckten Teil fortsetzen. Das Rangverhältnis bestimmt sich insoweit unter Berücksichtigung der zum Zeitpunkt der Erstreckung eingetragenen Vorlasten am hinzu erworbenen Anteil (so auch zu Recht Schöner/Stöber Rn. 2196a).

52 Nach der Einführung des gesetzlichen Vorranges für Hausgeldansprüche mit der neu belegten Rangklasse 2 des § 10 Abs. 1 ZVG (dazu s. ausführlich Teil III Rdn. 186 ff.) stellt sich die Frage, ob angesichts der nunmehr bestehenden vorrangigen Beitreibungsmöglichkeit für die Eintragung von **Zwangshypotheken für Hausgeldansprüche** überhaupt noch ein **Rechtsschutzbedürfnis** bestehen kann. In Anlehnung an die Regelung für öffentliche Lasten, bei denen § 322 Abs. 5 AO ausdrücklich die Eintragung einer Zwangshypothek im Verwaltungszwangsverfahren unter der aufschiebenden Bedingung erlaubt, dass das Vorrecht der Rangklasse 3 des § 10 Abs. 1 ZVG wegfällt, vertritt Zeiser (Rpfleger 2008, 58, 59; ihm folgend nunmehr Böhringer Rpfleger 2009, 124, 132; Böttcher Rpfleger 2009, 181, 182) die Auffassung, dass eine Zuteilung auf die eingetragene Zwangshypothek erst nach Deckung der Ansprüche in der vorrangigen Rangklasse 2 in Betracht kommen kann. Demzufolge sei ein Rechtsschutzbedürfnis des Gläubigers für die Eintragung im Grundbuch auch nur anzuerkennen, wenn die Zwangshypothek unter der aufschiebenden Bedingung eingetragen wird, dass das Vorrecht nach § 10 Abs. 1 Nr. 2 ZVG entfällt. Dem ist entgegen zu halten, dass in einer Reihe denkbarer Fallgestaltungen gerade keine vorrangige Befriedigung in der Rangklasse 2 erfolgen kann oder zumindest bei Eintragung der Zwangshypothek für die Hausgeldansprüche eine solche für das Grundbuchgericht nicht ersichtlich sein wird (Schneider ZfIR 2008, 161, 169 f. mit Beispielen). Aus diesem Grunde wird die Eintragung einer Zwangshypothek für Hausgeldansprüche in das Grundbuch unverändert wie bisher **unbedingt** erfolgen können (wie hier jetzt auch Demharter § 54 Rn. 12; Wilsch BeckOK-GBO Sonderbereich Zwangssicherungshypothek Rn. 114 a.E.; i.E. ebenso LG Düsseldorf NJW 2008, 3150 = ZMR 2008, 819). Doppelzahlungen sind infolge der Prüfung durch das Versteigerungsgericht ausgeschlossen.

bb) Allgemeine Voraussetzungen der Zwangsvollstreckung

Wie bei jeder Vollstreckungsmaßnahme müssen die allgemeinen Voraussetzungen der **53**
Zwangsvollstreckung vorliegen; sie treten an die Stelle der Eintragungsbewilligung und sind gem. § 29 Abs. 1 S. 2 GBO durch öffentliche Urkunden nachzuweisen (MüKo/Eickmann § 867 Rn. 20). Dazu s. zunächst Teil I Rdn. 6 ff.

Wegen des Nachweises der notwendigen **Kosten** der Zwangsvollstreckung s. Teil I Rdn. 9.

Ist **Schuldnerin** eine **Gesellschaft bürgerlichen Rechts**, wird auch nach dem Inkrafttreten des »Gesetzes zur Einführung des elektronischen Rechtsverkehrs und der elektronischen Akte im Grundbuchverfahren sowie zur Änderung weiterer grundbuch-, register- und kostenrechtlicher Vorschriften (ERVGBG)« v. 11.08.2009 (BGBl. I S. 2713 die Eintragung einer Zwangshypothek regelmäßig nicht mehr für möglich gehalten, weil die Identität zwischen der schuldnerischen GbR und der im Grundbuch als Eigentümerin eingetragenen GbR nicht überprüft werden könne (Bestelmeyer Rpfleger 2010, 169, 188). S. jetzt auch BGH v. 14.07.2010 – V ZB 86/10 und BGH v. 12.10.2010 – V ZB 253/10.

cc) Besondere Voraussetzungen der Zwangsvollstreckung

Wegen der auch in der Immobiliarvollstreckung zu beachtenden besonderen Voraussetzungen der Zwangsvollstreckung s. zunächst Teil I Rdn. 23 ff. Weiterhin sind bei der Eintragung einer Zwangshypothek **zusätzlich** die nachfolgend dargestellten besonderen Voraussetzungen zu prüfen: **54**

(1) Mindestbetrag einer Zwangshypothek

Eine Zwangshypothek darf nur für einen Betrag von **mehr als 750,00 €** in das Grundbuch eingetragen werden (§ 866 Abs. 3 S. 1 ZPO i.d.F. des 7. PfändungsfreigrenzenÄndG v. 13.12.2001, BGBl. I S. 3638). Bagatellforderungen können damit nicht im Grundbuch gesichert werden. **55**

Wird der **Mindestbetrag** mit der Hauptforderung allein nicht erreicht, kann unter den nach genannten Voraussetzungen gleichwohl eine Eintragung erfolgen: **56**
- Stehen dem Gläubiger **mehrere Schuldtitel** gegen denselben Schuldner zu, so kann unter Zusammenrechnung der Forderungen eine einheitliche Zwangshypothek in das Grundbuch eingetragen werden (§ 866 Abs. 3 S. 2 ZPO). **57**
- Zur Erreichung der Mindesthöhe können Forderungsbeträge ebenfalls mit **notwendigen Kosten der Zwangsvollstreckung** gem. § 788 ZPO zusammengerechnet werden (Musielak/Becker § 866 Rn. 4). Dazu gehören wegen § 867 Abs. 1 S. 3 ZPO jedoch nicht die Kosten der Eintragung für die Zwangshypothek. **58**
- Bei der Berechnung des Mindestbetrages bleiben **Zinsen** unberücksichtigt, soweit sie als Nebenforderungen geltend gemacht werden (§ 866 Abs. 3 S. 1 2. Halbs. ZPO). **59**
- Werden **Zinsrückstände** kapitalisiert, kann für sie allein ohne Weiteres bei Erreichen der Mindesthöhe eine Zwangshypothek eingetragen werden, wenn die Hauptforderung inzwischen erloschen ist. Die Zinsen haben in diesem Fall ihre Eigenschaft als Nebenforderung verloren (Hintzen Teil B Rn. 72). **60**

– Wird dagegen auch die Hauptforderung noch geschuldet, will die h.M. gleichwohl die Eintragung einer Zwangshypothek allein wegen kapitalisierter Zinsen zulassen, wenn diese nur die Mindesthöhe erreichen (LG Bonn Rpfleger 1982, 75; MüKo/Eickmann § 866 Rn. 10; Musielak/Becker § 866 Rn. 4; Schuschke/Walker § 866 Rn. 6; Schöner/Stöber Rn. 2190; Stöber Einl. Rn. 66.2). Ebenso wird auch die Möglichkeit der Zusammenrechnung einer Vollstreckungsforderung mit ihren kapitalisierten Zinsen zur Erreichung der Mindesthöhe als zulässig angesehen (MüKo/Eickmann § 866 Rn. 10; Stöber Einl. Rn. 66.2).
Dem kann nicht gefolgt werden, weil der Gläubiger das Wesen und die Eigenschaft der einzutragenden Forderungen nicht einseitig ohne Mitwirkung des Schuldners verändern kann (KGJ 50, 149, 155). Die Eintragung von Zinsen setzt aber das Bestehen einer auf Zahlung von Kapital gerichteten Hauptforderung und deren Eintragung in das Grundbuch voraus. Dies bedeutet, dass die Zinsen als Nebenforderung vom Bestand der Hauptforderung abhängig sind. Die Eintragung einer selbständigen Hypothek für die Zinsen ist deshalb selbst dann, wenn es sich um kapitalisierte Rückstände handelt, nur möglich, wenn entweder die Hauptforderung erloschen ist oder wenn die Zinsen durch Vereinbarung zwischen Gläubiger und Schuldner zu einer selbständigen Forderung gemacht worden sind. Wenn nicht eine dieser Voraussetzungen gegeben ist, sind die Zinsen Nebenforderung und als solche nicht selbstständig eintragbar (OLG Hamm Rpfleger 2009, 447; OLG Schleswig Rpfleger 1982, 301; Hintzen Teil B Rn. 72; Hellmig Rpfleger 1982, 301). Weiterhin könnte sich der die Zwangsvollstreckung betreibende Gläubiger auf diese Weise gegenüber einem gewöhnlichen im Grundbuch gesicherten Gläubiger auch einen Rangvorteil verschaffen. Während nämlich ein gewöhnlicher Gläubiger mit seinem Recht lediglich wegen der Hauptforderung, laufenden Zinsen und auf Anmeldung bis zu zwei Jahren rückständigen Zinsen in der Rangklasse 4 des § 10 Abs. 1 ZVG berücksichtigt werden kann und i.Ü. mit älteren angemeldeten Rückständen in die Rangklasse 8 des § 10 Abs. 1 ZVG aufgenommen wird (vgl. Teil III Rdn. 426), könnte der Gläubiger einer Zwangshypothek die kapitalisierten Rückstände nach der Eintragung wie eine Hauptforderung in der Rangklasse 4 des § 10 Abs. 1 ZVG ohne zeitliche Begrenzung geltend machen. Demgegenüber könnten ältere Rückstände eines gewöhnlichen dinglich gesicherten Gläubigers allenfalls noch in Rangklasse 5 des § 10 Abs. 1 ZVG berücksichtigt werden, wenn er ihretwegen die Zwangsversteigerung betreibt (ebenso Hintzen ZIP 1991, 474, 479 und ders. Rpfleger 2009, 448).

61 Bei der Antragstellung **vergessene Zinsen** können auch nachträglich noch dinglich gesichert werden, wenn es sich um Nebenforderungen aus demselben Titel handelt (Haegele Rpfleger 1969, 171; **a.A.** AG Pinneberg Rpfleger 1969, 171). Die Eintragung kann dann bei dem Recht und wegen § 1119 BGB auch bis zu einem Zinssatz von 5 % im Range des Rechts nachgeholt werden (Hintzen Handbuch Teil B Rn. 70; Musielak/Becker § 866 Rn. 4; Stein/Jonas/Münzberg § 866 Rn. 6). Darüber hinausgehende nachträglich eingetragene Zinsen können nur an rangbereiter Stelle gesichert werden.

62 Ist ein **Teilbetrag** der zur Eintragung beantragten Zwangshypothek zunächst **zurückgewiesen**, später aber aufgrund der **Beschwerde**entscheidung jedoch einzutragen, gilt die Wertgrenze insoweit nicht (LG Ellwangen BWNotZ 1982, 68 m. Anm. Böhringer).

63 Der Mindestbetrag von 750,01 € gilt nunmehr gem. § 867 Abs. 2 ZPO **auch für** die **verteilten Einzelhypotheken** an mehreren Objekten des Schuldners (anders noch für Anträge vor dem 01.01.1999; vgl. Art 3 Abs. 7d 2. ZV-Novelle; insoweit unzutreffend Musielak/Becker § 866 Rn. 4).

Erfolgt gleichwohl eine Eintragung in das Grundbuch unter **Außerachtlassung der Wertgrenze**, ist die Zwangshypothek nichtig (RGZ 60, 279, 284; BayObLGZ 1975, 398; OLG Frankfurt OLGZ 81, 261). Sie ist gem. § 53 Abs. 1 GBO von Amts wegen als inhaltlich unzulässig zu löschen; eine Eigentümergrundschuld kann in diesem Fall nicht entstehen (MüKo/Eickmann § 866 Rn. 14; Zöller/Stöber § 866 Rn. 5). 64

Die Mindestbetragsregelung findet auf **andere Sicherungshypotheken** keine entsprechende Anwendung (Musielak/Becker § 866 Rn. 4; Schuschke/Walker § 866 Rn. 7; Stein/Jonas/Münzberg § 866 Rn. 10; bzgl. Verurteilung zur Bestellung einer Sicherungshypothek: KG OLGRspr 1, 205; bzgl. Sicherungshypothek gem. § 848 ZPO: KGJ 35, 316; bzgl. Sicherungshypothek gem. § 128 ZVG: Steiner/Eickmann § 130 Rn. 30). 65

(2) Verteilung der Forderung

Sollen mehrere Grundstücke desselben Schuldners mit der Zwangshypothek belastet werden, so ist der Betrag der **Forderung** auf die einzelnen Grundstücke zu **verteilen** (§ 867 Abs. 2 S. 1 ZPO). Die Entstehung einer Gesamtzwangshypothek soll zur Vermeidung einer übermäßigen Belastung des Schuldners unterbleiben (z. Ausnahmen s. Rdn. 73 ff.). Nach Verteilung der Forderung entstehen mit der Eintragung in das Grundbuch jeweils Einzelhypotheken. Eine Verteilung ist also unnötig, wenn bereits mehrere Grundstücke gem. § 890 BGB zu einer rechtlichen Einheit verbunden sind (Stein/Jonas/Münzberg § 867 Rn. 53). 66

Die **Größe der Forderungsteile** bestimmt der Gläubiger. Jedoch ist für Antragstellungen seit dem 01.01.1999 (Art. 3 Abs. 7d 2. Zwangsvollstreckungsnovelle, BGBl. I S. 3039) zu beachten, dass entgegen der vormaligen Regelung nunmehr die verteilten Beträge ebenfalls mehr als 750,– € betragen müssen (§§ 867 Abs. 2 S. 2 2. Halbs. ZPO i.V.m. § 866 Abs. 3 S. 1 ZPO). Bei vor diesem Zeitpunkt beantragten Eintragungen konnte der Teilbetrag nach der Verteilung unter der seinerzeitigen Betragsgrenze von 500,– DM bleiben (früher ganz h.M. vgl. nur RGZ 84, 265). 67

Zinsen sind als Nebenleistungen bei den jeweiligen Teilbeträgen einzutragen und können nicht auf einem der Grundstücke allein oder über die gesicherte Teilforderung hinaus eingetragen werden (Zöller/Stöber § 867 Rn. 15). 68

Die Verteilung ist vollstreckungsrechtliches Eintragungserfordernis. Sie ist daher mit der **Antragstellung** zu beantragen und unterliegt auch nur den vollstreckungsrechtlichen Anforderungen; die **Form** des § 29 GBO ist daher nicht zu beachten (Zöller/Stöber § 867 Rn. 15). Zur Nachholung einer unterbliebenen Verteilungserklärung s. Rdn. 117. 69

Sollen der Grundbucheintragung **mehrere Vollstreckungstitel** zugrunde gelegt werden, müssen die Verteilung und die nachfolgende Eintragung erkennen lassen, welcher Teil der Forderung aus welchem der Vollstreckungstitel auf welchem der Grundstücke gesichert werden soll. Andernfalls kann die Eintragung inhaltlich unzulässig sein (OLG Zweibrücken Rpfleger 2001, 586; Zöller/Stöber § 867 Rn. 15). 70

Die Eintragung einer Zwangshypothek als **Gesamtrecht** an mehreren Objekten desselben Schuldners entgegen der Bestimmung des § 867 Abs. 2 ZPO führt zur **inhaltlichen Unzulässigkeit** der Eintragung (RGZ 163, 121, 125). gem. § 53 Abs. 1 S. 2 GBO hat von Amts wegen die Löschung des Rechts zu erfolgen. Dabei sind jedoch zwei Fallgestaltungen zu unterscheiden: 71

- Hat zunächst eine wirksame (Einzel-)Eintragung der Zwangshypothek vorgelegen und wurde lediglich später eine weitere Eintragung wegen derselben Forderung oder eines Teils derselben Forderung unter Verstoß gegen § 867 Abs. 2 ZPO vorgenommen, berührt dies die Wirksamkeit der ersten Eintragung nicht (BayObLG Rpfleger 1986,

372; LG München II Rpfleger 1989, 96; Stein/Jonas/Münzberg § 867 Rn. 57; **a.A.** noch KG HRR 1929, Nr 2139). In diesem Fall ist nur die Eintragung der zweiten Zwangshypothek als inhaltlich unzulässig zu löschen, wenn sich die Unzulässigkeit aus der Eintragung selbst oder aus den in Bezug genommenen Eintragungsgrundlagen ergibt (z.B. aus einem angebrachten Gesamthaftvermerk gem. § 48 GBO oder der Eintragung auf den mehreren Belastungsgegenständen im selben Grundbuch). Ergibt sich die Unzulässigkeit der Eintragung nicht in der dargestellten Weise, ist die Eintragung eines Amtswiderspruches gem. § 53 Abs. 1 S. 1 GBO bei der zweiten Zwangshypothek geboten (BayObLG Rpfleger 1986, 372; Stöber Einl. Rn. 68.4). Nach MüKo/Eickmann (§ 867 Rn. 65) kann der Fortbestand des unzulässigen Zweitrechtes auch durch Aufhebung des Erstrechtes oder durch Verzicht darauf herbeigeführt werden, wobei das Zweitrecht dann allerdings erst in diesem Zeitpunkt entstehen kann.

- Sind die unzulässigen Eintragungen der Gesamtzwangshypothek zeitgleich erfolgt, ist das Recht auf sämtlichen Objekten als inhaltlich unzulässig zu löschen. Ob eine nachträgliche Verteilung mit teilweiser Löschung unter Reduzierung auf eine zulässige Eintragung zur Heilung einer gegen § 867 Abs. 2 ZPO verstoßenden Mehrfacheintragung führen kann, ist zweifelhaft (**abl.** Musielak/Becker § 867 Rn. 7; Stöber Einl. Rn. 68.4), aber unter Berücksichtigung des Umstandes, dass die Rangwirkungen im Grundbuch erst durch den späteren Eingang der Verteilungserklärung sichergestellt werden, wohl zu bejahen (so auch MüKo/Eickmann § 867 Rn. 65; Streuer Rpfleger 1988, 513, 517 Bsp. 8).

72 Soll gleichwohl später eine **Absicherung** der Forderung **auf mehreren Objekten** des Schuldners erfolgen (insbesondere, wenn nachträglich weiterer Grundbesitz des Schuldners bekannt geworden ist), kann dies nur in der Weise geschehen, dass der Gläubiger die erste eingetragene Hypothek zur Löschung bringt oder auf sie gem. § 1168 Abs. 2 S. 1 BGB verzichtet (Bruder NJW 1990, 1163). Die bloße Aushändigung einer Löschungsbewilligung an den Schuldner genügt dafür nicht (KG JW 1938, 2847). Möglich ist auch ein nur teilweiser Verzicht zur Erhaltung der Rangstelle an dem bisherigen Objekt (OLG Oldenburg Rpfleger 1996, 242). Die durch den Verzicht entstehende Eigentümergrundschuld (§§ 1168 Abs. 1, 1177 Abs. 1 BGB) stünde allerdings wiederum der Mobiliarvollstreckung durch den verzichtenden Gläubiger zur Verfügung (§§ 830, 857 Abs. 6 ZPO), sodass zur Vermeidung einer **Umgehung** auch das Nebeneinander von Zwangshypothek (als Pfandrecht am Grundstück) und Pfandrecht am Grundpfandrecht dem Schutzzweck des § 867 Abs. 2 ZPO unterfallen muss (MüKo/Eickmann § 867 Rn. 66; Fischinger WM 2009, 637; a.A. LG Mainz Beschl. v. 18.06.2002–8 T 312/01 – zit n. juris).

Möglich ist jedoch die Eintragung einer **Zwangssicherungshypothek an einem anderen Objekt** in voller Höhe, während gleichzeitig die Zwangsversteigerung in dasjenige Wohnungseigentum betrieben wird, das für die Entstehung der Forderung ursächlich ist. Insbesondere wenn das andere Objekt ebenfalls ein Wohnungseigentum ist, dürfte es zweckmäßig sein, in der Grundbucheintragung zum Ausdruck zu bringen, dass es sich um Beträge handelt, die für ein anderes Wohnungseigentum geschuldet werden (ebenso Demharter § 54 Rn. 13 für den vergleichbaren Fall bei öffentlichen Lasten).

73 Vom Verbot der (originären) Gesamtzwangshypothek gibt es folgende **Ausnahmen**:
- Wird das mit einer Zwangshypothek belastete **Grundstück real geteilt** (§ 7 GBO), entsteht an den neu gebildeten und rechtlich selbständigen Teilflächen eine Gesamtzwangshypothek (Zöller/Stöber § 867 Rn. 16).

74 – Dies muss auch dann gelten, wenn die Aufteilung des Grundstücks im Wege der **Bildung von Wohnungs- und Teileigentumsrechten** erfolgt (BayObLG Rpfleger 1996, 333; Fachanwaltskommentar WEG/Schneider § 7 Rn. 44; MüKo/Eickmann § 867 Rn. 68).

- Da § 867 Abs. 2 ZPO nur das Entstehen eines Gesamtrechts bei demselben Schuldner verhindern will, kann eine ursprüngliche Gesamtzwangshypothek entstehen, wenn eine Forderung **gegen mehrere Gesamtschuldner** gesichert werden soll (BGH NJW 1961, 1352 = Rpfleger 1961, 353; LG Duisburg JurBüro 1981, 624 m zust. Anm. Muth; MüKo/Eickmann § 867 Rn. 69). Die Eintragung der Zwangshypothek auf den einzelnen Belastungsobjekten eines jeden Gesamtschuldners hat dann in verschiedenen Grundbüchern unter Anbringung eines Gesamthaftvermerkes gem. § 48 GBO zu erfolgen (Stöber Einl. Rn. 68.7), wobei hinsichtlich mehrerer Belastungsobjekte desselben Gesamtschuldners wiederum eine Verteilung gem. § 867 Abs. 2 ZPO zu erfolgen hat (Zöller/Stöber § 867 Rn. 19). **75**
- Befinden sich im Beitrittsgebiet **Grundstücks- und Gebäudeeigentum** in einer Hand, können sie trotz der Bestimmung des § 78 SachenRBerG mit einer Gesamtzwangshypothek belastet werden (OLG Brandenburg Rpfleger 1997, 60; OLG Jena FGPrax 1997, 208; LG Leipzig VIZ 1996, 482; MüKo/Eickmann § 867 Rn. 70; Musielak/Becker § 867 Rn. 9; **a.A.** LG Frankfurt/O. Rpfleger 1997, 212; LG Chemnitz Rpfleger 1995, 456). **76**
- Aufgrund einer einstweiligen Verfügung kann eine Vormerkung zur Sicherung des **Anspruchs des Bauunternehmers** (§ 648 BGB) auf Eintragung einer Gesamthypothek ohne Verteilung eingetragen werden (OLG Frankfurt NJW-RR 1995, 1359), da auch die Sicherungshypothek des Bauunternehmers keine Zwangshypothek i.S.d. § 867 ZPO ist (Musielak/Becker § 867 Rn. 10). **77**
- Hat ein Gläubiger den **Anspruch auf Übertragung** mehrerer Grundstücke **pfänden** und sich überweisen lassen, entsteht ein Gesamtpfandrecht an den Eigentumsverschaffungsansprüchen (Stöber Einl. 68.5). Im Falle der Erfüllung erwirbt der Gläubiger kraft Gesetzes eine Gesamtsicherungshypothek (§ 848 Abs. 2 ZPO), die im Wege der Grundbuchberichtigung einzutragen ist (Stein/Jonas/Münzberg § 848 Rn. 7). **78**
- Auch findet § 867 Abs. 2 ZPO keine Anwendung bei der Eintragung von Sicherungshypotheken aufgrund eines **Ersuchens des Versteigerungsgerichts** nach §§ 128, 130 ZVG, weil es sich auch insoweit um Sicherungshypotheken eigener Art handelt (OLG Düsseldorf Rpfleger 1989, 339; LG Kassel Rpfleger 2001, 176; Steiner/Eickmann § 130 Rn. 30; Stöber § 128 Rn. 2.4). **79**

dd) Keine Vollstreckungshindernisse

Die Eintragung einer Zwangshypothek ist nach **Eröffnung des Insolvenzverfahrens** unzulässig (§ 89 Abs. 1 InsO). **80**

Ist eine Zwangshypothek innerhalb eines Monats vor dem Antrag auf Eröffnung des Insolvenzverfahrens oder nach diesem Zeitpunkt in das Grundbuch eingetragen worden, unterfällt sie der Regelung des § 88 InsO. Die Frist beträgt im vereinfachten Insolvenzverfahren auf Antrag des Schuldners drei Monate (§ 312 Abs. 1 S. 3 InsO). Danach wird die Zwangshypothek rückwirkend unwirksam, wenn über das Vermögen des Schuldners das Insolvenzverfahren eröffnet wird. Nach Auffassung des BGH soll in diesen Fällen in entsprechender Anwendung des § 868 ZPO **keine Eigentümergrundschuld** entstehen können (BGHZ 166, 74 = DNotZ 2006, 514 = NJW 2006, 1286 = Rpfleger 2006, 253; ebenso Stöber Einl. Rn. 73.3 und, wenn die Voraussetzungen des § 88 InsO nur hinsichtlich eines Belastungsgegenstandes bei einer zulässigen Gesamtzwangshypothek vorliegen, OLG Düsseldorf Rpfleger 2004, 39; **a.A.** allerdings die bis dahin ganz h.M. OLG Düsseldorf NJW-RR 2004, 138 = Rpfleger 2003, 647; BayObLG NJW-RR 2001, 47 = Rpfleger 2000, 448; Hintzen Handbuch Teil B Rn. 103; Keller ZIP 2000, 1324, 1329; Musielak/Becker § 868 Rn. 3; Stein/Jonas/Münzberg § 867 Rn. 9). Die Entscheidung des BGH ist insbesondere wegen der dort postulierten »absoluten schwebenden Unwirksamkeit« ein- **81** getragener Zwangshypotheken und der damit verbundenen Möglichkeit eines Wiederauflebens der noch nicht im Grundbuch gelöschten Buchposition nach Beendigung des Insolvenzverfahrens oder mit erfolgter Freigabe seitens des Insolvenzverwalters auf heftigen Widerspruch gestoßen (dazu Alff/Hintzen ZInsO 2006, 481; Demharter Rpfleger 2006, 256; Bestelmeyer Rpfleger 2006, 387; Keller ZIP 2006, 1174). Zu den Besonderheiten der **Rückschlagsperre** s. auch Teil III Rdn. 255.

Die wirksam eingetragene Zwangshypothek gewährt dagegen im Insolvenzverfahren einen (dinglichen) Anspruch auf abgesonderte Befriedigung (§ 49 InsO).

82 Eine **Untersagung der Zwangvollstreckung** gem. § 21 Abs. 2 Nr. 3 InsO bezieht sich nach dem Wortlaut der Bestimmung ausdrücklich nicht auf das unbewegliche Vermögen, sodass die Eintragung einer Zwangshypothek auch bei angeordneten Sicherungsmaßnahmen möglich ist. Ist allerdings die Verwaltungs- und Verfügungsbefugnis über das Vermögen des Schuldners/Eigentümers auf einen vorläufigen Insolvenzverwalter übergegangen (§ 22 Abs. 1 S. 1 InsO), ist der Titel zunächst auf den vorläufigen Insolvenzverwalter umzuschreiben und nebst Klausel entsprechend §§ 727, 748, 749 ZPO zuzustellen (LG Cottbus NZI 2000, 183 = Rpfleger 2000, 294 Ls.; LG Cottbus Rpfleger 2000, 465; Klawikowski InVo 1999, 37; Hintzen Handbuch Teil B Rn. 108; **a.A.** Zöller/Stöber § 727 Rn. 18).

83 Die Eintragung einer Zwangshypothek erfordert in **Umlegungs- und Sanierungsgebieten** ebenso wie in **Entwicklungsbereichen** keine Genehmigungen nach §§ 51, 144, 169 BauGB, da diese Normen nur für rechtsgeschäftliche Verfügungen gelten (OLG Oldenburg NJW-RR 1998, 1239; LG Regensburg Rpfleger 1977, 224; Böttcher Zwangsvollstreckung Rn. 48; MüKo/Eickmann § 867 Rn. 16).

84 Handelt es sich bei dem Eigentümer um einen **Vorerben**, kann die beantragte Zwangshypothek ohne Weiteres eingetragen werden, wenn der Nacherbenvermerk (§ 51 GBO) im Grundbuch eingetragen ist. Das Grundbuchgericht prüft nicht die Wirksamkeit der Eintragung gegenüber dem Nacherben (vgl. § 2115 BGB, § 773 ZPO).

d) Grundbuchrechtliche Eintragungsvoraussetzungen

aa) Angaben zum Berechtigten und gegebenenfalls zum Gemeinschaftsverhältnis

85 Der im Grundbuch einzutragende Titelgläubiger ist gem. § 15 Abs. 1 GBV zu bezeichnen.

Bei natürlichen Personen ist daher regelmäßig die **Angabe des Vor- und Nachnamens** sowie des **Geburtsdatums** erforderlich; letzteres kann gegebenenfalls durch Angaben zum Beruf ersetzt werden.

Juristische Personen, Handels- und Partnerschaftsgesellschaften sind mit ihrem Namen bzw. ihrer **Firma und** dem **Sitz** zu bezeichnen. Ist als Gläubiger ein **Einzelkaufmann** unter seiner Firma genannt, so hat die Grundbucheintragung gleichwohl unter seinem bürgerlichen Namen zu erfolgen (BayObLG NJW-RR 1988, 980 = Rpfleger 1988, 309). Wird die Bezeichnung der Firma einer Handelsgesellschaft, die Gläubigerin einer Zwangshypothek ist, infolge einer **Titelberichtigung** im Grundbuch berichtigt, steht dem Eigentümer des Grundstücks gegen die Berichtigung kein Beschwerderecht zu. Für die Bezeichnung der Firma im Grundbuch ist deren registerrechtliche Zulässigkeit bedeutungslos (OLG München DNotZ 2009, 222 = NJW-RR 2009, 446 = Rpfleger 2009, 148).

86 Lautet der Titel auf **Leistung an einen Dritten**, so ist der Gläubiger unter Bezeichnung des Dritten als Zahlungsempfänger in das Grundbuch einzutragen (BayObLG Rpfleger 2005, 309; OLG Karlsruhe Rpfleger 1998, 158). Dies gilt auch für Zwangsgeldzahlungen (Stöber Einl. Rn. 67.2).

Bei einer Zwangshypothek ist diejenige Person als Gläubiger einzutragen, die im Vollstreckungstitel als solcher ausgewiesen ist. Ist Inhaber des Vollstreckungstitels der **Insolvenzverwalter**, so ist dieser als Gläubiger der Zwangshypothek in das Grundbuch einzutragen. Eine materielle Überprüfung des Titels findet dabei nicht statt (OLG München Beschl. v. 23.04.2010–34 Wx 19/10; LG Darmstadt Rpfleger 2007, 659). 87

Sind mehrere Gläubiger als Berechtigte im Grundbuch einzutragen, ist das **Gemeinschaftsverhältnis** gem. § 47 GBO aus dem Titel zu entnehmen. 88

Fehlen diesbezüglich ausdrückliche Angaben, kann das Gemeinschaftsverhältnis durch **Auslegung** auch unter Heranziehung der Urteilsgründe ermittelt werden (MüKo/Eickmann § 867 Rn. 23). Vielfach wird Gesamtgläubigerschaft nach § 428 BGB in Betracht kommen (Schöner/Stöber Rn. 2181). Die Honorarforderung einer **Rechtsanwaltsgemeinschaft** im Kostenfestsetzungsbeschluss soll bei fehlender Angabe den Mitgliedern der Sozietät als Gesellschafter bürgerlichen Rechts zustehen (BGH NJW 1996, 2859). Die Bezeichnung »und Partner« genügt dabei nicht dem grundbuchrechtlichen Bestimmtheitsgrundsatz (LG Bonn Rpfleger 1984, 28). Tritt später ein weiterer Rechtsanwalt in die Sozietät ein, benötigt er einen auf seinen Namen lautenden Vollstreckungstitel gegen den Schuldner (OLG Saarbrücken Rpfleger 1978, 227). 89

Auch wenn der **Gesellschaft bürgerlichen Rechts** in bestimmter Hinsicht Rechtsfähigkeit zuerkannt wird (BGHZ 146, 341 = NJW 2001, 1056 = Rpfleger 2001, 246; BGH NJW 2002, 1207; BGH NJW 2006, 3716 = Rpfleger 2007, 23 = ZMR 2007, 23) wurde sie gleichwohl lange Zeit nicht als grundbuchfähig angesehen (OLG Schleswig NZM 2008, 104 = Rpfleger 2008, 131; OLG Celle NJW 2006, 2194 = NZM 2006, 518; BayObLG NJW-RR 2004, 810 = Rpfleger 2004, 93; BayObLG NJW 2003, 70 = Rpfleger 2003, 78 m. Anm. Dümig; Demharter 18. Aufl. § 19 Rn. 108; Demharter Rpfleger 2002, 538; Heil NJW 2002, 2158; Münch DNotZ 2001, 535; Stöber MDR 2001, 544; **a.A.** OLG Stuttgart DNotZ 2007, 383 = NZM 2007, 262 = Rpfleger 2007, 258; Behrens ZfIR 2008, 1; Dümig Rpfleger 2002, 53; RPfleger 2007, 24; Eickmann ZfIR 2001, 433; Heßeler/Kleinkeuz NZG 2007, 250; Keller NotBZ 2001, 397; Nagel NJW 2003, 1646; Ott NJW 2003, 1223; Ulmer/Steffek NJW 2002, 330; Wertenbruch NJW 2002, 230). Aus diesem Grunde wurde auch die Eintragung der Gesellschaft selbst als Gläubigerin einer Zwangshypothek in das Grundbuch zunächst abgelehnt (BayObLG NJW-RR 2005, 43 = Rpfleger 2005, 19; LG Berlin Rpfleger 2004, 283; a.A. Vorlagebeschluss des KG NJW 2008, 3444 = Rpfleger 2008, 476). 90

Nach dem Inkrafttreten des »Gesetzes zur Einführung des elektronischen Rechtsverkehrs und der elektronischen Akte im Grundbuchverfahren sowie zur Änderung weiterer grundbuch-, register- und kostenrechtlicher Vorschriften (ERVGBG)« v. 11.08.2009 (BGBl. I S. 2713) kann die Eintragung einer Zwangshypothek zugunsten einer Gesellschaft bürgerlichen Rechts nur erfolgen, wenn auch die Gesellschaft<u>er</u> im Titel genannt sind (§ 47 Abs. 2 GBO). Dabei braucht nicht zwischen Vollstreckungsbescheiden und sonstigen Titeln unterschieden zu werden (wie hier Bestelmeyer Rpfleger 2010, 169, 188; a.A. Lautner NotBZ 2009, 77, 82 f.). Die Eintragung einer Zwangshypothek für eine Gesellschaft bürgerlichen Rechts scheidet daher aus, wenn sie nur unter ihrem Namen – ohne Bezeichnung der Gesellschafter – einen Titel erlangt haben sollte (Böhringer Rpfleger 2009, 537, 538, 540; Lautner DNotZ 2009, 650, 662).

Wegen der zwischenzeitlich infolge der BGH-Rechtsprechung (BGHZ 179, 102 = NJW 2009, 594 = Rpfleger 2009, 141 = ZfIR 2009, 93) nur unter ihrem Namen und ohne Angaben zu den Gesellschaftern im Grundbuch eingetragenen Gesellschaften bürgerlichen Rechts (sog. »Namens-GbR«) s. Bestelmeyer Rpfleger 2010, 169, 187. Derzeit ist nicht absehbar, ob und gegebenenfalls wie diese Gesellschaften am Immobilienverkehr weiterhin teilnehmen können (vgl. dazu auch Böttcher ZNotP 2010, Heft 5 unter 3.c) sowie KG v. 23.03.2010–1 W 88 + 116–127/10). Das OLG München hat nunmehr zumindest für den Fall der gleichzeitigen Gründung eine Richtigstellung der Erwerbseintragung auf den Zeitpunkt der ursprünglichen Eintragung für möglich gehalten (OLG München FG Prax 200, 179 = DnotZ 2010, 691).

91 Sind **Wohnungseigentümer** als Berechtigte einer Zwangshypothek einzutragen, wurde bis zur Entscheidung des BGH v. 02.06.2005 (BGHZ 163, 154 = NZM 2005, 543 = Rpfleger 2005, 521 = ZMR 2005, 547) die Auffassung vertreten, dass die Grundbucheintragung wegen der Einordnung der Wohnungseigentümergemeinschaft als besonders ausgestalteter Bruchteilsgemeinschaft nur in der Weise vorgenommen werden könnte, dass sämtliche Wohnungseigentümer einzeln unter Angabe der nach § 15 GBV erforderlichen Merkmale sowie des Gemeinschaftsverhältnisses einzutragen sind (vgl. zuletzt noch BayObLG Rpfleger 2005, 309; OLG Frankfurt NZM 2004, 503). Dabei war im Einzelnen umstritten, wie detailliert insbesondere bei größeren Gemeinschaften die Angaben zu erfolgen hatten und wie die zutreffende Bezeichnung des Gemeinschaftsverhältnisses zu lauten hatte (vgl. zum seinerzeitigen Meinungsstand die Nachweise bei Hintzen Handbuch Teil B Rn. 98 f.).

Nunmehr hat der BGH durch den genannten Beschluss die Wohnungseigentümergemeinschaft selbst für rechtsfähig erklärt, soweit sie bei der Verwaltung des gemeinschaftlichen Eigentums am Rechtsverkehr teilnimmt. Rechtsträger des Verwaltungsvermögens der Wohnungseigentümer ist somit der Verband der Wohnungseigentümer unabhängig von der konkreten Zusammensetzung der Wohnungseigentümer. Der rechtsfähige Verband der Wohnungseigentümer ist nunmehr auch in § 10 Abs. 6 WEG gesetzlich geregelt. Diesem Verband wurde auch die Grundbuchfähigkeit zugesprochen, wenn es um die Eintragung einer Zwangshypothek für Forderungen der Gemeinschaft geht (so bereits BGH ZMR 2005, 547, 553 Ziffer 7.). Die Eintragung kann deshalb in entsprechender Anwendung des § 15 GBV z.B. in der folgenden Weise vorgenommen werden: »Wohnungseigentümergemeinschaft A-Stadt, B-Straße Hausnummern 17 und 19« (Demharter NZM 2005, 601, 602). Der Beifügung einer Eigentümerliste bedarf es dazu nicht mehr (LG Bremen NZM 2007, 453 = Rpfleger 2007, 315). Denkbar sind auch Bezeichnungen, die sich an der katastermäßigen Bezeichnung des in Wohnungseigentum aufgeteilten Grundstücks oder an den für dieses Grundstück vergebenen Grundbuchblattnummern orientieren. Kombinationen untereinander und ergänzende Phantasiebezeichnungen sind dabei zulässig (Schneider Rpfleger 2008, 291, 293 m.w.N.) Zur Abgrenzung von der gewöhnlichen Miteigentümergemeinschaft sollte der jetzt in § 10 Abs. 6 S. 4 WEG zwingend vorgeschriebenen Bezeichnung »Wohnungseigentümergemeinschaft« der Zusatz »Verband« vorangestellt werden.

92 Voraussetzung dafür ist jedoch, dass auch der zugrunde liegende Titel eine **entsprechende Bezeichnung** enthält, weil das Grundbuchgericht als Berechtigten nur denjenigen eintragen kann, den der Titel als Gläubiger ausweist und dann auch nur so, wie er dort bezeichnet ist (BGHZ 148, 392 = NZM 2001, 1078 = RPfleger 2002, 17 = ZMR 2002, 134). Wegen der Eintragung *einer* Zwangshypothek aufgrund »gemischter« Titel zugunsten der Eigentümergemeinschaft und zugunsten des Verwalters s. Rdn 94. In zukünftigen Fällen wird das unproblematisch sein, weil die Rechtsprechung sich bereits auf die geänderte Sichtweise des BGH eingestellt hat. Verwerfungen aus der unterschiedlichen Dogmatik können sich jedoch für eine gewisse **Übergangszeit** ergeben:

– Im Grundbuch **bereits eingetragene Zwangshypotheken** nennen in Übereinstimmung mit der früheren Rechtsauffassung die eingetragenen Miteigentümer als Gläubiger. Dies ist für Hausgeldansprüche jetzt unzutreffend. Gleichwohl scheidet ein Amtswiderspruch gegen die Eintragung oder gar eine Amtslöschung (§ 53 Abs. 1 GBO) aus, weil die Eintragung seinerzeit weder unter Verletzung gesetzlicher Vorschriften zustande gekommen ist noch ein inhaltlich unzulässiges Recht verlautbart wird (**a.A.** für Letzteres wohl F. Schmidt NotBZ 2005, 309, 312). Das Grundbuchgericht kann aufgrund der bestehenden Titelbindung (BGH NJW 2001, 3627) auch nicht ohne Weiteres in die Rechtsposition eines jetzt unzutreffend verlautbarten Gläubigers eingreifen. Vielmehr müsste zunächst der zugrunde liegende Vollstreckungstitel umgeschrieben werden. Ob und unter welchen Voraussetzungen dies überhaupt möglich ist, ist streitig und noch nicht abschließend geklärt. In jedem Fall entfallen mit der Rechtskraft der Entscheidung jedoch die möglicherweise noch im Erkenntnisverfahren denkbaren Korrekturen (Abramenko ZMR 2005, 749, 752 a.E.; **a.A.** F. Schmidt NotBZ 2005, 309, 312 f.). So hat bspw. noch das BayObLG im Wege einer Klarstellung den »Verband Wohnungseigentümergemeinschaft« an die Stelle der zuvor benannten Wohnungseigentümer gesetzt (OLG München Rpfleger 2005, 662 = ZMR 2005, 729; OLG München ZMR 2006, 157). Auch das OLG Düsseldorf befürwortet ebenso eine Berichtigung des Rubrums gem. § 319 ZPO (OLG Düsseldorf NZM 2006, 182) wie Wenzel (ZWE 2006, 2, 10 f.) und Briesemeister (ZWE 2006, 15, 19). Soweit Wohnungseigentümer bereits als Berechtigte einer Zwangshypothek im Grundbuch eingetragen sind, kann es damit sein Bewenden haben (so auch Demharter NZM 2005, 601, 604). Das kann jedoch nur solange gelten, wie nicht für die Eintragung einer Verfügung über das Recht die Voreintragung gem. § 39 GBO erforderlich wird. Für diesen Fall befürwortet Böhringer (Rpfleger 2006, 53, 55 f.) die Anpassung der Grundbucheintragung nach einer vorherigen Umschreibung der Vollstreckungsklausel entsprechend § 727 ZPO (**a.A.** Wenzel ZWE 2006, 62, 67). § 727 ZPO ist jedoch auf diesen Fall nicht anwendbar; es handelt sich nämlich nicht um eine spätere Rechtsnachfolge, sondern um eine anfängliche, aber nicht erkannte Unrichtigkeit des Titels. Infolgedessen kann auch keine Rechtsnachfolgeklausel erteilt werden (dazu sogleich).

- Soweit lediglich die **Löschung** einer noch auf den Namen der Wohnungseigentümer persönlich eingetragenen **Zwangshypothek** in Rede steht, ist auch schon nach früherem Rechtsverständnis der Verwalter als zur Erteilung einer **löschungsfähigen Quittung** berechtigt angesehen worden (BayObLG Rpfleger 2001, 296 = ZMR 2001, 369; BayObLG Rpfleger 1995, 410; Zeiser Rpfleger 2003, 550, 553). Mangels ausreichender Vertretungsbefugnis für die Wohnungseigentümer scheidet jedoch insoweit die Abgabe einer **Löschungsbewilligung** durch den Verwalter aus (LG Frankfurt RNotZ 2006, 63; so jetzt auch unter Aufgabe der in der Vorauflage vertretenen Auffassung Hock/Mayer/Hilbert/Deimann Rn. 2266). Erst bei der Löschung solcher für den »Verband Wohnungseigentümergemeinschaft« eingetragenen Rechte wird dieser zukünftig durch den Verwalter vertreten. Der Verwalter ist dann in Bezug auf solche »Neurechte« sowohl für die Erteilung löschungsfähiger Quittungen als auch für die Abgabe von Löschungsbewilligungen allein zuständig (Hügel/Elzer § 3 Rn. 58).
- Liegt lediglich ein noch auf die Wohnungseigentümer selbst lautender Titel vor und ist die **Eintragung einer Zwangshypothek erst beantragt**, hat das Grundbuchgericht die Gläubigereigenschaft gem. § 1115 BGB zu prüfen. Nicht umgeschriebene und noch auf die Wohnungseigentümer als Gläubiger lautende Vollstreckungstitel können dann aber nicht mehr ohne Weiteres als Eintragungsgrundlage dienen, weil sie einen nach heutiger Erkenntnis falschen Gläubiger ausweisen, dessen Eintragung das Grundbuch unrichtig machen würde (F. Schmidt NotBZ 2005, 309, 312). Das Grundbuchgericht darf jedoch keine Eintragung vornehmen, wenn feststeht, dass diese zur Unrichtigkeit des Grundbuchs führen würde. F. Schmidt (NotBZ 2005, 309, 312) folgert daraus, dass entsprechende Titel mit der BGH-Entscheidung wertlos geworden seien, da nach seinem Verständnis ein entsprechender Eintragungsantrag zurückzuweisen sei (**a.A.** Demharter Rpfleger 2007, 480, 481 Ziffer 5). Demgegenüber hat das

LG Hamburg (Rpfleger 2006, 10 m. abl. Anm. Demharter Rpfleger 2006, 120) in der Annahme einer Rechtsidentität (wie schon zuvor das OLG München Rpfleger 2005, 662 = ZMR 2005, 729 im Erkenntnisverfahren) die Eintragung im Wege der Zwangsvollstreckung angeordnet, weil das Grundbuchgericht den vorgelegten Vollstreckungstitel im Sinne der neuen BGH-Rechtsprechung auszulegen hätte. Diese Ansicht haben sich ebenfalls KEHE/Dümig Einl. B Rn. 78a; Bauer/v. Oefele/Wilke § 13 Rn. 38 und vormals Hock/Mayer/Hilbert/Deimann Rn. 2112 ff., jetzt in der 4. Aufl. aufgegeben) zu eigen gemacht. Danach wäre von einer quasi automatischen Überleitung der titulierten Zahlungsansprüche auszugehen; dem kann jedoch aus systematischen und sachlichen Erwägungen nicht gefolgt werden.

- So ist diese Rechtsauffassung allein schon deshalb abzulehnen, weil damit ohne eine vorherige Rubrumsänderung des zugrunde liegenden Vollstreckungstitels die Auslegung durch das Vollstreckungsorgan im formalisierten Zwangsvollstreckungsverfahren weiter gehen würde als der (immer noch) titulierte materielle Anspruch. Für die Anordnung der Zwangsvollstreckung ist jedoch die Identität von Titel- und Vollstreckungsgläubiger unerlässliche Voraussetzung. Das Vollstreckungsgericht ist selbst dann nicht zur Überprüfung des Titels berechtigt, wenn zweifelsfrei feststeht, dass der titulierte Anspruch nach der materiellen Rechtslage dem vollstreckenden Gläubiger zusteht (vgl. BGH Rpfleger 2007, 479, 480; Zöller/Stöber § 750 Rn. 3; MüKoZPO/Heßler § 750 Rn. 29). Hinzu kommt, dass nicht jeder für die Wohnungseigentümer titulierte Anspruch nunmehr auch zwangsläufig dem Verband zustehen muss. So müssen etwa Unterlassungs- und Beseitigungsansprüche der Wohnungseigentümer nicht auf den Verband übergegangen sein und können unverändert den Miteigentümern zustehen (vgl. BGH ZMR 2006, 457; BGH NZM 2007, 411 = Rpfleger 2007, 479 = ZMR 2007, 875; OLG München ZMR 2005, 733). Infolgedessen bedarf es in jedem konkreten Fall der Prüfung, ob die Wohnungseigentümer im Rahmen der Verwaltung des gemeinschaftlichen Eigentums als Gemeinschaft am Rechtsverkehr teilnehmen, weil nur dann auch ein Übergang des titulierten Anspruchs erfolgt sein kann. Aus diesem Grunde befürwortet Böhringer auch hier eine Umschreibung der Alttitel auf den Verband in entsprechender Anwendung des § 727 ZPO (Rpfleger 2006, 53, 55; ebenso Fachanwaltskommentar WEG/Elzer § 10 Rn. 388 und Rn. 441; **a.A.** Wenzel ZWE 2006, 62, 67). Tatsächlich liegt der Umschreibung aber kein Fall einer Rechtsnachfolge zugrunde, so dass auch keine Vollstreckungsklausel gem. § 727 ZPO erteilt werden kann.
- Nachdem sich der Gesetzgeber nunmehr mit § 10 Abs. 6 WEG der Auffassung des BGH (BGHZ 163, 154 = Rpfleger 2005, 521 = ZMR 2005, 547) zur Rechtsfähigkeit der Wohnungseigentümergemeinschaft angeschlossen hat, ist Zuordnungssubjekt für geltend zu machende Hausgeldforderungen allein der »Verband Wohnungseigentümergemeinschaft«. Auch **nach der Gesetzesänderung** scheidet jedoch für in Rechtskraft erwachsene Titel eine Berichtigung des Rubrums gem. § 319 ZPO ebenso aus wie eine Anwendung des § 727 ZPO. Während einerseits Korrekturen des Gläubigers nach Eintritt der Rechtskraft ausgeschlossen sind (Abramenko ZMR 2005, 749, 752 a.E.), liegen andererseits die Voraussetzungen für eine Titelumschreibung nicht vor, weil es sich nicht um eine Rechtsnachfolge, sondern um einen anfänglichen, aber nicht erkannten Mangel in der Bezeichnung des Gläubigers handelt (F. Schmidt ZWE 2007, 280, 289; Wenzel ZWE 2006, 62, 67). Beide Ansätze zur Lösung des Dilemmas sind jedoch nun überholt, nachdem das Gesetz mit der Neufassung des § 10 WEG eine andere Beurteilung erlaubt. Gem. § 10 Abs. 7 S. 1 WEG wird das gesamte Verwaltungsvermögen der Gemeinschaft der Wohnungseigentümer als Rechtssubjekt zugeordnet. Zu diesem Verwaltungsvermögen gehören die Ansprüche und Befugnisse aus Rechtsverhältnissen mit Dritten und mit Wohnungseigentümern (§ 10 Abs. 7 S. 3

WEG), also insbesondere auch Hausgeldansprüche. Die Vermögenszuordnung erfolgt dabei umfassend; sie ist unabhängig davon, ob der Erwerb schon vor langer Zeit stattgefunden hat, in der Zeit seit dem 02.06.2005 stattfand oder erst in der Zukunft nach Inkrafttreten des Änderungsgesetzes stattfinden wird (Regierungsentwurf eines Gesetzes zur Änderung des Wohnungseigentumsgesetzes und anderer Gesetze v. 09.03.2006 – BT-Drucks. 16/887, Anlage 3: Gegenäußerung der Bundesregierung zur Stellungnahme des Bundesrates, S. 63). Diese Regelung entspricht dem **Leitgedanken eines schon immer vorhandenen, aber erst am 02.06.2005 entdeckten »Verbandes Wohnungseigentümergemeinschaft«** als eigenständigem Rechtsträger. § 10 Abs. 7 WEG ist damit der Nachweis, dass im Rahmen der Verwaltung des gemeinschaftlichen Eigentums erworbene Ansprüche – also insbesondere Hausgeldansprüche – seit jeher dem »Verband Wohnungseigentümergemeinschaft« zustehen. Diese Erkenntnis kann jedoch noch nicht ohne Weiteres zu einem unmittelbaren Unrichtigkeitsnachweis z.B. im Rahmen einer Grundbuchberichtigung hinsichtlich einer bereits eingetragenen Zwangshypothek führen (so aber wohl F. Schmidt ZWE 2007, 280, 289). Vielmehr erhellt sie, dass bei einem auf die Wohnungseigentümer persönlich lautenden Alttitel wegen eines die Verwaltung des gemeinschaftlichen Eigentums betreffenden Anspruchs kein Fall der Rechtsnachfolge, sondern eine lediglich die wahre Identität des Berechtigten verdunkelnde Bezeichnung vorliegt. Dieser Sachverhalt ist damit insoweit einer **Namensänderung** bei unveränderter Rechtsinhaberschaft der berechtigten Partei vergleichbar, als es sich bei den betreffenden Ansprüchen nicht um solche den Miteigentümern persönlich zustehende handelt. Die Namensänderung bezieht sich also nur auf einen Teil der von den Wohnungseigentümern schon immer eingenommenen Rechtspositionen. Nur insoweit können dann aber auch die für Namensänderungen entwickelten Grundsätze herangezogen werden, wenn zugleich sichergestellt ist, dass es sich im Einzelfall um einen verbandsbezogenen Anspruch handelt. Eine auch nur entsprechende Anwendung des § 727 ZPO scheidet aus; es handelt sich nicht um einen Dritten iS dieser Vorschrift. Stattdessen kann eine bloße **Beischreibung der bereits erteilten Vollstreckungsklausel** erfolgen, wenn nachgewiesenermaßen ein solcher verbandsbezogener Anspruch tituliert ist (vgl. BayObLG DNotZ 1979, 55; BayObLGZ 87, 446 = Rpfleger 1988, 241 Ls; OLG Bremen Rpfleger 1989, 172; Baumbach/Lauterbach/Albers/Hartmann Einf. §§ 727–729 Rn. 4; Zöller/Stöber § 727 Rn. 31). Da es sich insoweit nur um eine klarstellende Aufdeckung des wahren Sachverhalts handelt (Stein/Jonas/Münzberg § 727 Rn. 10), kann der Klauselvermerk auch durch den Urkundsbeamten der Geschäftsstelle angebracht werden (vgl. Zöller/Stöber § 727 Rn. 33). Möglich ist aber auch die Feststellung der Identität des noch unter dem Namen der Wohnungseigentümer bezeichneten rechtsfähigen Verbandes in Bezug auf das zugeordnete Verwaltungsvermögen durch das zuständige Vollstreckungsorgan, also z.B. das Grundbuch- oder Zwangsversteigerungsgericht (Stein/Jonas/Münzberg § 727 Rn. 10; Zöller/Stöber § 750 Rn. 4).

Als Berechtigter einer Zwangshypothek kann auch lediglich der **Verwalter** einer Woh- **93**
nungseigentumsanlage in das Grundbuch eingetragen werden, wenn er in dem Vollstreckungstitel als Gläubiger ausgewiesen ist (BGHZ 148, 392 = NJW 2001, 3627 = Rpfleger 2002, 17). Dabei spielt es keine Rolle, ob der Verwalter selbst Forderungsinhaber oder nur Verfahrensstandschafter ist.

Lautet allerdings der zugrunde liegende Vollstreckungstitel auf den **Verwalter** einer **94**
Wohnungseigentumsanlage, darf zugunsten der **Wohnungseigentümergemeinschaft** eine Zwangshypothek in das Grundbuch nicht eingetragen werden. Ist gleichwohl aufgrund mehrerer Vollstreckungstitel, die teils auf die Wohnungseigentümergemeinschaft, teils auf einen anderen Gläubiger lauten, zugunsten der Wohnungseigentümergemein-

schaft die **Zwangshypothek als einheitliche Hypothek** an einem Grundstück eingetragen worden, kommt die Eintragung eines Amtswiderspruchs, beschränkt auf die den Dritten ausweisenden Titel, in Betracht. (OLG München MDR 2010, 436).

95 Fehlt die Angabe eines Gemeinschaftsverhältnisses im Vollstreckungstitel, soll die **fehlende Bezeichnung** durch einseitige Ergänzung im Antrag nachgeholt werden können (OLG Frankfurt MDR 1989, 365; OLG Köln Rpfleger 1986, 91; Musielak/Becker § 867 Rn. 6; Zöller/Stöber § 867 Rn. 3). Dafür wird mitunter noch nicht einmal die grundbuchmäßige Form des § 29 GBO verlangt (OLG Köln Rpfleger 1986, 91; E. Schneider MDR 1986, 817; Musielak/Becker § 867 Rn. 6; nur insoweit allerdings **a.A.** Hintzen ZIP 1991, 474, 481; Zöller/Stöber § 867 Rn. 3).

Diese Auffassung wird zu Recht abgelehnt (Böttcher Zwangsvollstreckung Rn. 64; Demharter § 47 Rn. 14; KEHE/Eickmann § 47 Rn. 16; MüKo/Eickmann § 867 Rn. 23; Meikel/Böhringer § 47 Rn. 197). Eine Nachholung des im Titel fehlenden und auch nicht durch Auslegung zu ermittelnden Gemeinschaftsverhältnisses mehrerer Gläubiger ist unzulässig, weil auf diese Weise durch eine Partei einseitig die Befugnis zur Leistungsannahme festgelegt werden könnte. Abgesehen davon, dass im Vollstreckungsverfahren keine Möglichkeiten zur Überprüfung der Richtigkeit dieser Angaben bestehen, kann dem Schuldner eine solche – nicht titulierte – Bestimmung auch nicht egal sein. Es bedarf in diesen Fällen vielmehr der Titelergänzung durch das Erkenntnisgericht (womit dann auch die Frage nach der Form des § 29 GBO beantwortet ist).

bb) Angaben zur geltend gemachten Forderung

96 Die zu vollstreckenden Geldbeträge sind gem. § 28 S. 2 GBO entweder in Euro, in der Währung eines der Mitgliedstaaten der Europäischen Union, in denen der Euro noch nicht an die Stelle der bisherigen nationalen Währung getreten ist (z.Z. Bulgarien, Dänemark, Estland, Großbritannien, Lettland, Litauen, Polen, Rumänien, Schweden, Tschechien, Ungarn) oder in den Währungen der Schweiz oder der Vereinigten Staaten von Amerika anzugeben (VO v. 30.10.1997, BGBl. I S. 2683).

97 Ist eine Forderung in einer anderen – nicht eintragbaren – ausländischen Währung tituliert, kommt nur die Eintragung einer Höchstbetragshypothek in Euro in Betracht (RGZ 106, 74). Für die Berechnung des Höchstbetrages (einschließlich Zinsen!) ist der Umrechnungsbetrag der Forderung am Tage der Antragstellung maßgebend (Stöber Einl. Rn. 67.5). Die Berechnung hat das Vollstreckungsgericht vorzunehmen (MüKo/Eickmann § 867 Rn. 42).

98 Der Antrag kann auch nur wegen eines Teil- oder Restbetrages der Forderung gestellt werden, wenn nur bei der Eintragung die Mindestgrenze überschritten wird. Der Antrag braucht dann keine Gesamtabrechnung der Gläubigerforderung einschließlich aller einmal entstandenen Nebenkosten und die Glaubhaftmachung der nicht mehr in der Teil- oder Restforderung enthaltenen Vollstreckungskosten und keine Darstellung der Ratenzahlungen des Schuldners zu enthalten (Schöner/Stöber Rn. 2164).

cc) Angaben zum Belastungsgegenstand

99 Der Belastungsgegenstand ist vom Gläubiger in Übereinstimmung mit dem Grundbuch oder durch Hinweis auf das Grundbuchblatt gem. § 28 S. 1 GBO zu bezeichnen.

100 Zu möglichen Belastungsobjekten bei Eintragung einer Zwangshypothek s. i.E. Teil I Rdn. 2.

101 Zum Erfordernis der Verteilung bei mehreren Belastungsgegenständen s. Rdn. 66 ff.

dd) Voreintragung des Schuldners

Der Vollstreckungsschuldner muss gem. § 39 Abs. 1 GBO voreingetragen sein. 102

Zur derzeit bestehenden Problematik bei einer Zwangsvollstreckung gegen eine Gesellschaft bürgerlichen Rechts s. Teil II Rdn 53.

Der **Voreintragung** bedarf es ausnahmsweise dann **nicht**, wenn gem. § 40 GBO der Titel 103
gegen den Erblasser, den Nachlasspfleger oder den Testamentsvollstrecker im Falle des § 748 Abs. 1 ZPO (Demharter § 40 Rn. 22) ergangen ist und der Schuldner Erbe des eingetragenen Eigentümers ist.

Fehlt die erforderliche **Voreintragung**, muss der Gläubiger sie gem. §§ 14, 22 Abs. 2 104
GBO durch Berichtigung des Grundbuches erst herbeiführen. Dazu bedarf es lediglich des Nachweises der Grundbuchunrichtigkeit in der Form des § 29 GBO nicht aber der Mitwirkung des Schuldners. Erforderliche Urkunden kann der Gläubiger sich über § 792 ZPO, § 357 Abs. 2 FamFG beschaffen. Notfalls kann der Gläubiger den Berichtigungsanspruch des Schuldners pfänden und sich überweisen lassen (§§ 829, 835 ZPO) und sodann einklagen (Musielak/Becker § 867 Rn. 4).

Ausnahmsweise kann als Schuldner auch ein **Verstorbener** eingetragen werden, wenn die 105
Zwangsvollstreckung bei Tod bereits begonnen hatte und nunmehr in den Nachlass fortgesetzt wird (Hagena Rpfleger 1975, 390; MüKo/Eickmann § 867 Rn. 27; Musielak/Becker § 867 Rn. 4; Zöller/Stöber § 867 Rn. 3; **a.A.** KG Rpfleger 1975, 133).

Konnte die Eigentumsumschreibung **nach einer durchgeführten Zwangsversteigerung** 106
noch nicht erfolgen, dürfen gegen den Ersteher gerichtete Anträge auf Eintragung einer Zwangshypothek ebensowenig zurückgewiesen werden wie sonstige von ihm zur Eintragung bewilligte Rechte (§ 130 Abs. 3 ZVG). Im unmittelbaren Anschluss an die Vollziehung des Ersuchens des Zwangsversteigerungsgerichts ist die Zwangshypothek unter Berücksichtigung der allgemeinen Regeln (§ 17 GBO) einzutragen (LG Lahn-Gießen Rpfleger 1979, 352 m. zust. Anm. Schiffhauer; Dassler/Schiffhauer § 130 Rn. 32; Stein/Jonas/Münzberg § 867 Rn. 30; Stöber § 130 Rn. 6.1). Im Verhältnis zum Ersuchen gilt für die beantragte Eintragung der Zwangshypothek § 17 GBO nicht (vgl. Steiner/Eickmann § 130 Rn. 49).

Ist umgekehrt zwar noch der Titelschuldner im Grundbuch als Eigentümer eingetragen, 107
das Eigentum aber nachweislich außerhalb des Grundbuchs auf einen Dritten übergegangen, ist der Antrag zurückzuweisen (OLG Jena Rpfleger 2001, 344 = ZfIR 2001, 505 im Falle der Zuschlagserteilung wegen § 90 ZVG).

ee) Sonstige grundbuchrechtliche Besonderheiten

Ist als Inhalt eines **Erbbaurechts** (bzw. eines Wohnungs- oder Teilerbbaurechts, § 30 108
WEG) gem. § 5 Abs. 2 ErbbauRG vereinbart, dass der Erbbauberechtigte zur Belastung des Erbbaurechts mit einem Grundpfandrecht der Zustimmung des Grundstückseigentümers bedarf, so ist diese Regelung gem. § 8 ErbauRG auch für Verfügungen im Wege der Zwangsvollstreckung zu beachten. Das Grundbuchgericht wird daher in einem solchen Fall zur Eintragung einer Zwangshypothek den Nachweis der Zustimmung des Grundstückseigentümers verlangen (§ 15 ErbbauRG). Sind Ausnahmen vom Zustimmungserfordernis hinsichtlich bestimmter Gläubiger vorgesehen, gelten diese auch für Zwangshypotheken dieser Gläubiger (OLG Celle Rpfleger 1985, 22). Das Zustimmungserfordernis ist auch dann zu beachten, wenn Grundstückseigentümer und Erbbauberechtigter dieselbe Person sind (BayObLG Rpfleger 1996, 447 = NJW-RR 1996, 975; OLG Hamm Rpfleger 1985, 233; LG Köln NJW-RR 2000, 682).

Wird eine erforderliche Zustimmungserklärung ohne ausreichenden Grund verweigert, kann sie durch das Gericht ersetzt werden (§ 7 Abs. 3 ErbbauRG). Dazu bedarf es nach zutreffender Auffassung nicht der vorherigen Pfändung und Überweisung des Zustimmungsanspruchs (Schöner/Stöber Rn. 1794; Streuer Rpfleger 1994, 59; **a.A.** BGHZ 33, 76 = NJW 1960, 2093 = Rpfleger 1961, 192; OLG Hamm Rpfleger 1993, 334). Dem Grundbuchgericht ist dann der rechtskräftige Ersetzungsbeschluss nachzuweisen.

109 Ist für den Eigentümer ein **Rangvorbehalt** bei einem dinglichen Recht eingetragen, so kann der vollstreckende Gläubiger diesen bei der Eintragung der Zwangshypothek nicht ausnutzen (BGHZ 12, 238 = NJW 1954, 954; Schöner/Stöber Rn. 2142). Der Rangvorbehalt ist auch nicht pfändbar (Stöber Forderungspfändung Rn. 1733).

110 Für die Eintragung einer Zwangshypothek auf dem Grundstück eines Minderjährigen ist keine **familiengerichtliche Genehmigung** erforderlich (Stöber Einl. Rn. 64.6 lit. c).

111 Die Eintragung einer **Vormerkung** für eine Zwangshypothek ist nicht möglich (Stöber Einl. Rn. 67.8).

3. Eintragungsverfahren

a) Mängel bei der Antragstellung

112 Ergibt die Prüfung des Eintragungsantrages Mängel, so ist wie folgt zu unterscheiden:

aa) Vollstreckungsrechtliche Eintragungshindernisse

113 Liegen vollstreckungsrechtliche Eintragungshindernisse vor, so kann eine Zwangsvollstreckung und damit auch eine Grundbucheintragung nicht erfolgen. Demgemäß kann einem solchermaßen mit Mängeln behafteten Eintragungsantrag auch nicht die Rangwirkung des § 17 GBO zukommen; eine Rang wahrende Zwischenverfügung i.S.d. § 18 GBO ist somit in diesen Fällen ausgeschlossen (BGHZ 27, 310 = NJW 1958, 1090 = Rpfleger 1958, 216; LG Mainz Rpfleger 1991, 302; MüKo/Eickmann § 867 Rn. 30; Musielak/Becker § 867 Rn. 5; Schöner/Stöber Rn. 2194; Stein/Jonas/Münzberg § 867 Rn. 34). Statt dessen haben Beanstandungen im Wege einer **Aufklärungsverfügung** zu erfolgen (sog. »unechte Zwischenverfügung«: § 139 ZPO); eine sofortige Zurückweisung des Eintragungsantrages wird nur in Ausnahmefällen in Betracht kommen (ThürOLG Jena Rpfleger 2002, 355; MüKo/Eickmann § 867 Rn. 32; Stein/Jonas/Münzberg § 867 Rn. 34; Zöller/Stöber § 867 Rn. 4). Diese Grundsätze finden auch Anwendung, wenn neben vollstreckungsrechtlichen zusätzlich grundbuchrechtliche Eintragungserfordernisse fehlen (Meikel/Böttcher § 18 Rn. 53).

114 Die Eintragungsreihenfolge bestimmt sich dann nach dem Zeitpunkt des Eingangs der Behebung des vollstreckungsrechtlichen Eintragungshindernisses bei dem Grundbuchgericht. Zwischenzeitlich eingegangene weitere und erledigungsreife Anträge sind ohne Rücksicht auf den beanstandeten Eintragungsantrag zu vollziehen, sodass ihnen bei der Grundbucheintragung der Vorrang zukommt. Einer vorherigen Zurückweisung des mängelbehafteten Antrages bedarf es nicht (MüKo/Eickmann § 867 Rn. 32; Schöner/Stöber Rn. 2194 für fehlende Verteilung).

115 Betrifft das vollstreckungsrechtliche Eintragungshindernis lediglich einen ausscheidbaren Teil des Eintragungsantrages (z.B. die fehlende Glaubhaftmachung der Vollstreckungskosten), kommt einem i.Ü. erledigungsreifen Eintragungsantrag auch die Rangwirkung des § 17 GBO zu (MüKo/Eickmann § 867 Rn. 33; Zöller/Stöber § 867 Rn. 4).

Nicht gefolgt werden kann jedoch der Auffassung, das Grundbuchgericht hätte mit Vollstreckungsmängeln behaftete Anträge dann Rang wahrend mit einer Zwischenverfügung gem. § 18 GBO zu beanstanden, wenn schlüssig vorgetragen werde, dass zwar die Voraussetzungen der Zwangsvollstreckung vorliegen, lediglich der Nachweis insoweit jedoch noch nicht geführt werden kann (so aber Demharter § 18 Rn. 9 a.E.; MüKo/Eickmann § 867 Rn. 31; Musielak/Becker § 867 Rn. 5; Stein/Jonas/Münzberg § 867 Rn. 33). Da die Grundbuchgerichte zur Nachprüfung außerstande sind, würde in der Praxis die bloße Behauptung des Vorliegens der vollstreckungsrechtlichen Voraussetzungen regelmäßig zum Erlass einer Rang wahrenden Zwischenverfügung nötigen (zu Recht ablehnend daher OLG München NJW 2009, 1358; Böttcher Zwangsvollstreckung Rn. 70; KEHE/Herrmann § 18 Rn. 25; Zöller/Stöber § 867 Rn. 4). 116

▶ **Beispiele für vollstreckungsrechtliche Eintragungshindernisse:** 117

- Fehlen eines Zwangsvollstreckungstitels (Verstoß gegen §§ 704, 794 ZPO).
- Fehlen der Vollstreckungsklausel (Verstoß gegen § 724 ff. ZPO).
- Fehlen des Zustellungsnachweises (Verstoß gegen § 750 Abs. 1 ZPO). Der Nachweis der Zustellung des Titels kann gegenüber dem Grundbuchamt in aller Regel nur durch die Vorlage der Zustellungsurkunde erbracht werden (OLG München NJW 2009, 1358).
- Die zur Eintragung beantragte Forderung erreicht nicht den vorgeschriebenen Mindestbetrag (Verstoß gegen § 866 Abs. 3 ZPO).
- Fehlen einer Verteilungserklärung bei mehreren Belastungsobjekten (Verstoß gegen § 867 Abs. 2 ZPO; BGHZ 27, 310 = NJW 1958, 1090 = Rpfleger 1958, 216; OLG Düsseldorf MDR 1990, 62). Die Nachholung ist als Ergänzung der Antragstellung anzusehen und daher nicht gem. § 31 GBO formbedürftig (Schöner/Stöber Rn. 2195; **a.A.** noch KG HRR 1934 Nr. 1056). Unstreitig ist die Nachholung der Verteilungserklärung als Einschränkung des ursprünglichen Antrags jedenfalls nicht mehr formbedürftig, wenn die Eintragung lediglich noch auf einem der Objekte begehrt wird, nachdem inzwischen der Antrag vom Grundbuchgericht zurückgewiesen worden ist. In diesem Fall entfällt nämlich durch die Zurückweisung der innere Grund für die Formerschwerung (OLG München ZfIR 2010, 255 Ls; KG HRR 1934 Nr. 1056; Meikel/Hertel § 31 Rn. 21).
- Fehlender Ablauf einer Wartefrist gem. §§ 750 Abs. 3, 798 ZPO. Hier konzediert die Literatur zu Recht ein Zuwarten ohne den weiteren Erlass einer Aufklärungsverfügung, weil keine andere Beseitigungsmöglichkeit für den Antragsteller besteht und eine kostenpflichtige Zurückweisung unverhältnismäßig wäre. Rangwirkungen können dem Antrag dann allerdings erst mit Ablauf der Frist zukommen (MüKo/Eickmann § 867 Rn. 34; Stein/Jonas/Münzberg § 867 Rn. 35).
- Fehlender Nachweis der Voraussetzungen der §§ 740, 741 ZPO, wenn in ein zum Gesamtgut einer Gütergemeinschaft gehörendes Grundstück aufgrund eines Vollstreckungstitels gegen nur einen der beiden Ehegatten vollstreckt werden kann soll (BayObLG Rpfleger 1996, 63).

bb) Grundbuchrechtliche Eintragungshindernisse

Handelt es sich dagegen ausschließlich um grundbuchrechtliche Eintragungshindernisse, ist nach den allgemeinen grundbuchrechtlichen Vorschriften zu verfahren. Danach ist in einem solchen Fall eine (sog. »echte«) **Zwischenverfügung gem. § 18 GBO** zu erlassen, der im Falle eines weiteren Antragseinganges rangwahrende Wirkung zukommt (ganz h.M. Demharter § 18 Rn. 9; MüKo/Eickmann § 867 Rn. 28; Musielak/Becker § 867 Rn. 3; 118

Schöner/Stöber Rn. 2185; Stein/Jonas/Münzberg § 867 Rn. 33; **a.A.** lediglich Habermeier 64 f., der die Unterscheidung in grundbuchrechtliche und zwangsvollstreckungrechtliche Eintragungshindernisse grundsätzlich ablehnt und die Anwendbarkeit von § 17 GBO im Rahmen der Zwangsvollstreckung verneint). Ist der nachfolgende Eintragungsantrag erledigungsreif, bevor das grundbuchrechtliche Eintragungshindernis beseitigt wird, ist für die vorrangig zur Eintragung beantragte Zwangshypothek von Amts wegen eine Vormerkung gem. § 18 Abs. 2 GBO in das Grundbuch einzutragen.

119 ▶ **Beispiele für grundbuchrechtliche Eintragungshindernisse:**

- Fehlende Voreintragung des Vollstreckungsschuldners im Grundbuch (Verstoß gegen § 39 GBO).
- Fehlende Angabe eines Gemeinschaftsverhältnisses bei mehreren Gläubigern (Verstoß gegen § 47 GBO).
- Fehlen hinreichender Identifikationsmerkmale (Verstoß gegen § 15 GBV).
- Fehlende Angabe zum Höchstzinssatz bei einem gleitenden Zinssatz. Der Mangel wurde früher als Verstoß gegen den Bestimmtheitsgrundsatz angesehen (BGHZ 35, 22, 26 = NJW 1961, 1257 = Rpfleger 1961, 231). Zur heutigen geänderten Rechtslage vgl. ausführlich Rdn. 126 ff. m.w.N. Nach der hier vertretenen Auffassung ist dieser Beanstandungspunkt inzwischen entfallen (vgl. jetzt auch die Vorlageentscheidung des OLG Hamm FGPrax 2006, 3 = Rpfleger 2006, 70 Ls. und BGH DNotZ 2006, 526 = NJW 2006, 1341 = Rpfleger 2006, 313).

b) Grundbucheintragung

aa) Grundsatz

120 Die Zwangshypothek ist bei der Grundbucheintragung als Sicherungshypothek zu bezeichnen (§ 1184 Abs. 2 BGB). Sie ist kraft Gesetzes brieflos (§ 1185 Abs. 1 BGB).

121 Wegen der bei dieser Sicherungshypothek bestehenden Besonderheiten ist anzugeben, dass die Eintragung im Wege der Zwangsvollstreckung erfolgt (KGJ 49, 228; Demharter Anh. zu § 44 Rn. 70; Schöner/Stöber Rn. 2186).

122 Erfolgt die Eintragung im Wege der Sicherungsvollstreckung gem. § 720a ZPO, so kann dies nach zutreffender Meinung im Grundbuch verlautbart werden (Stein/Jonas/Münzberg § 867 Rn. 32; wegen der bestehenden Verwertungseinrede sogar für Eintragungspflicht MüKo/Eickmann 867 Rn. 37; **a.A.** Schöner/Stöber Rn. 2186).

123 Die Eintragung hat die gem. § 1115 Abs. 1 BGB erforderlichen Angaben, also die Forderung, den Zinssatz, etwaige andere Nebenleistungen und Kosten sowie den Gläubiger ausdrücklich zu bezeichnen; andernfalls ist die Eintragung inhaltlich unzulässig (BayObLGZ 1984, 245). I.Ü. kann wegen des an die Stelle der Bewilligung tretenden Schuldtitels bei der Eintragung der Forderung auf diesen Bezug genommen werden (Stein/Jonas/Münzberg § 867 Rn. 31). Dies gilt insbesondere für den Beginn der Verzinsung, der regelmäßig vor dem Eintragungstag liegen wird (Schöner/Stöber Rn. 2188).

bb) Keine Eintragung der Eintragungskosten!

124 Das Grundstück haftet bereits kraft Gesetzes mit dem Rang der Zwangshypothek für die dem Schuldner zur Last fallenden notwendigen **Kosten** (§ 788 ZPO) **der Eintragung** (§ 867 Abs. 1 S. 3 ZPO). Aus diesem Grunde sind sie weder eintragungsbedürftig noch eintragungsfähig. Werden sie gleichwohl zur Eintragung beantragt, kann diese unterbleiben. Einer förmlichen Zurückweisung bedarf es dann nicht, weil die Kosten ja indirekt

mit der Eintragung der Zwangshypothek i.S.d. Antragstellers dinglich gesichert werden, sodass dem Gläubiger in der Sache nichts abgesprochen wird (MüKo/Eickmann § 867 Rn. 47; Schöner/Stöber Rn. 2192; Stein/Jonas/Münzberg § 867 Rn. 58; Stöber Einl. Rn. 70.2; **a.A.** noch für fömliche Teilzurückweisung KG DNotZ 1934, 777; Böttcher Zwangsvollstreckung Rn. 77).

Zu den Kosten der Eintragung gehören die Gerichtskosten und diejenigen Kosten auch anwaltlicher Vertretung, die durch die Antragstellung unmittelbar entstehen. Nicht unter § 867 Abs. 1 S. 3 ZPO fallen daher die Kosten der Vollstreckungsvorbereitung z.B. durch Titelzustellung, einer evtl. vorgängigen Grundbuchberichtigung oder der Beschaffung von Urkunden (MüKo/Eickmann § 867 Rn. 47). **125**

cc) Eintragung variabler Zinsen?

Die Zulässigkeit der **Eintragung variabler Zinssätze** in das Grundbuch ist seit jeher anerkannt. Um den Umfang der Belastung insbesondere für nachrangige Gläubiger ersichtlich zu machen, wurde allerdings unter Berufung auf den das Grundbuchrecht beherrschenden Bestimmtheitsgrundsatz die Angabe eines Höchstzinssatzes gefordert, der in Verbindung mit der in Bezug genommenen Eintragungsbewilligung die Höhe der geschuldeten Zinsen bestimmbar machte, wenn dort der regelmäßige (oder Mindest-)Zinssatz und die objektiven Kriterien für die Entstehung der Verpflichtung zur Zahlung eines höheren Zinssatzes angegeben waren (BGHZ 35, 22, 26 = NJW 1961, 1257 = Rpfleger 1961, 231; BGH DNotZ 1963, 436; BayObLG Rpfleger 1975, 221; KG Rpfleger 1971, 316; OLG Frankfurt Rpfleger 1956, 194; OLG Stuttgart NJW 1954, 1646). Der Höchstzinssatz ist dann der wörtlich im Grundbuch einzutragende Zinssatz des § 1115 Abs. 1 BGB. Bei Zwangshypotheken war mangels Titulierung die entsprechende Angabe des Höchstzinssatzes im Eintragungsantrag vom Gläubiger zu machen. Fehlte sie, wurde sie durch förmliche Zwischenverfügung (wegen des grundbuchrechtlichen Mangels vgl. Rdn. 119) nachgefordert. Die Angabe konnte als Antragsergänzung in Schriftform nachgereicht werden (Schöner/Stöber 13. Aufl. Rn. 2190). Dies kann jedoch nur für rechtsgeschäftlich vereinbarte oder über den gesetzlichen Verzugsrahmen hinausgehende Zinsen gelten, die gem. § 1115 Abs. 1 BGB der konstitutiven Grundbucheintragung bedürfen. Für die gesetzlichen Zinsen haftet das Grundstück dagegen bereits ohne Eintragung gem. § 1118 BGB, sodass solche gesetzlichen Zinsen auch nicht eintragungsfähig sind (MüKo/Eickmann § 867 Rn. 45; Schöner/Stöber 13. Aufl. Rn. 2190 a.E.; a.A. jetzt aber dies. in der 14. Aufl., Rn. 2189). **126**

Nach der Einführung variabler gesetzlicher Zinsen (z.B. in § 288 Abs. 1 BGB Verzugszinsen i.H.v. »fünf Prozentpunkten über dem Basiszinssatz« und in § 288 Abs. 2 BGB für Rechtsgeschäfte ohne Verbraucherbeteiligung »acht Prozentpunkte über dem Basiszinssatz«; in § 497 Abs. 1 BGB Verzugszinsen bei Darlehensverträgen »2,5 Prozentpunkte über dem Basiszinssatz«; in § 104 Abs. 1 S. 2 ZPO für die Kostenfestsetzung Prozesszinsen) beschränken sich Forderungsgläubiger entgegen der früheren Verfahrensweise weitgehend auf die Geltendmachung dieser gesetzlichen Verzugszinsen. Wegen § 1118 BGB hat deren **Eintragung bei der Zwangshypothek** jedoch zu unterbleiben, da das Grundstück insoweit bereits kraft Gesetzes haftet. Gesetzliche Zinsen sind nicht eintragungsfähig, weil sie nicht eintragungsbedürftig sind. Auch die Angabe eines Höchstzinssatzes kann deshalb insoweit entgegen einer immer noch weit verbreiteten Praxis nicht gefordert und ein solcher auch nicht eingetragen werden (MüKo/Eickmann § 867 Rn. 45; Klawikowski Rpfleger 2007, 388; Wagner Rpfleger 2004, 668; ders. Rpfleger 2006, 314; a.A. zur Eintragungsbedürftigkeit jetzt jedoch Schöner/Stöber 14. Aufl., Rn. 2189 unter Aufgabe seiner früher vertretenen Meinung). **127**

Werden gesetzliche Zinsen zur Eintragung beantragt, ist die Rechtslage vergleichbar der zur Eintragung beantragten Eintragungskosten (s. Rdn. 124). Auch diese sind nicht eintragungsfähig, weil sie gem. § 867 Abs. 1 S. 3 ZPO nicht eintragungsbedürftig sind. Dementsprechend kann auch hier bei einer Antragstellung seitens des Gläubigers auf eine förmliche Zurückweisung des Eintragungsantrages verzichtet werden. Statt dessen genügt eine formlose Mitteilung über die Nichteintragung mit der Eintragungsnachricht, weil auch hier dem Gläubiger nichts abgesprochen wird (so zu Recht Wagner Rpfleger 2004, 668, 671). Erfolgt gleichwohl – überflüssigerweise – die Eintragung gesetzlicher Zinsen in das Grundbuch, so ist die Eintragung weder inhaltlich unzulässig noch macht sie das Grundbuch unrichtig i.S.d. § 53 GBO (KG Rpfleger 2003, 204). Denkbar sind solche Eintragungen, wenn dem Grundbuchgericht der Charakter als Verzugszinsen nicht erkennbar ist.

128 Darüber hinausgehend befürwortet die h.M. mittlerweile auch für **rechtsgeschäftlich vereinbarte** und gem. § 1115 Abs. 1 BGB konstitutiv einzutragende variable Zinsen eine Grundbucheintragung ohne Angabe einer Höchstzinsbegrenzung, weil der Gesetzgeber durch die Gesetzesänderungen der letzten Jahre zum Ausdruck gebracht habe, dass bestimmbare Zinseintragungen den heutigen Anforderungen durchaus genügen und der Bestimmtheitsgrundsatz nicht überdehnt werden soll (vgl. i.E. m.w.N.: KG ZfIR 2003, 106; LG Traunstein MittBayNot 2004, 440; LG Schweinfurt Rpfleger 2004, 622 m. zust. Anm. Böhringer; LG Konstanz BWNotZ 2002, 11; LG Kassel Rpfleger 2001, 176; Böhringer Rpfleger 2003, 157, 163; DNotI-Report 2003, 193; Meikel/Ebeling Vorbem. 137 zur GBV; Stavorinus Rpfleger 2004, 739; Wolfsteiner MittBayNot 2003, 295; Volmer ZfIR 2001, 246; **a.A.** noch für rechtsgeschäftlich vereinbarte Zinsen OLG Schleswig MittBayNot 2003, 295 m. abl. Anm. Wolfsteiner; OLG Celle DNotI-Report 2004, 202; Demharter FGPrax 2004, 144, 146; Schöner/Stöber 13. Aufl. Rn. 1962; Wilsch FGPrax 2003, 193). Andernfalls könnte dies nämlich sogar zu einer für den Gläubiger nachteiligen Beschränkung in den Fällen führen, in denen die variablen Zinsen den im Grundbuch eingetragenen Höchstzinssatz letztlich übersteigen würden (sehr instruktiv Wagner Rpfleger 2004, 668, 672 m.w.N.). Auf Vorlagebeschluss des OLG Hamm (FGPrax 2006, 3 = Rpfleger 2006, 70 Ls.) hat sich der BGH (DNotZ 2006, 526 = NJW 2006, 1341 = Rpfleger 2006, 313) nunmehr im Sinne der h.M. ausgesprochen und die Eintragung eines Höchstzinssatzes nicht für erforderlich erachtet, wenn auf die gesetzliche Verzinsung nach BGB § 288 Abs. 1 Bezug genommen wird (dem folgend nunmehr auch Schöner/Stöber 14. Aufl. Rn. 1962 u. Rn. 2293 unter Aufgabe seiner früheren Ansicht).

c) Titelvermerk

129 Die Eintragung der Zwangshypothek ist auf der vollstreckbaren Ausfertigung des Schuldtitels zu vermerken (§ 867 Abs. 1 S. 1 ZPO). Der Vermerk soll den Schuldner gegen weitere Eintragungen wegen derselben Forderung unter Missachtung des § 867 Abs. 2 ZPO schützen (Stein/Jonas/Münzberg § 867 Rn. 32). Da die Vollstreckungsunterlagen nach Abschluss des Eintragungsverfahrens an den Antragsteller zurückzugeben sind, hat das Gericht für die Grundakten beglaubigte Abschriften zu fertigen (§ 10 Abs. 1 GBO). Hierfür fallen keine Beglaubigungsgebühren an (§ 136 Abs. 1 Nr. 2 KostO). Soweit eine Dokumentenpauschale erhoben wird, soll diese nicht gem. § 788 ZPO erstattungsfähig sein (Zöller/Stöber § 867 Rn. 14).

4. Fehler bei der Eintragung

a) Nichtigkeit

Die Eintragung einer Zwangshypothek ist nur ausnahmweise dann unheilbar nichtig, wenn die Eintragung unter Verletzung grundlegender vollstreckungsrechtlicher Vorschriften erfolgt ist oder das Recht mit einem gesetzlich nicht erlaubten Inhalt im Grundbuch eingetragen ist (Dümig Rpfleger 2004, 1; Hintzen Teil B Rn. 127). Diese Umstände müssen sich aus dem Eintragungstext selbst oder den in Bezug genommenen Urkunden ergeben. In einem solchen Fall ist die Zwangshypothek von Amts wegen gem. § 53 Abs. 1 S. 2 GBO zu löschen. Ein gutgläubiger Erwerb ist nicht möglich (BGHZ 88, 21; MüKo/Eickmann § 867 Rn. 50; Musielak/Becker § 867 Rn. 7). **130**

Ein solch gravierender Verstoß gegen zwingende zwangsvollstreckungsrechtliche Vorschriften mit der Nichtigkeitsfolge wird angenommen **131**
- wenn ein zur Zwangsvollstreckung geeigneter Titel fehlt (BGHZ 103, 30, 35; BGHZ 114, 315, 328);
- bei Inexistenz von Gläubiger oder Schuldner (Stein/Jonas/Münzberg Vor § 704 Rn. 130);
- wenn der Mindestbetrag gem. § 866 Abs. 3 S. 1 ZPO nicht erreicht wird (BayObLG Rpfleger 1976, 66; vgl. ausführlich Rdn. 55 ff.);
- bei unzulässiger Eintragung an mehreren Objekten, wenn der Verstoß gegen § 867 Abs. 2 ZPO erkennbar ist (Zöller/Stöber § 867 Rn. 18; vgl. ausführlich Rdn. 66 ff.).

Die Verletzung grundbuchrechtlicher Bestimmungen führt dagegen lediglich zur Anfechtbarkeit (Dümig Rpfleger 2004, 1, 15 f. m.w.N.). **132**

b) Anfechtbarkeit

Im Übrigen führt die Fehlerhaftigkeit der Grundbucheintragung lediglich zur Anfechtbarkeit der Vollstreckungsmaßnahme. Im Hinblick auf die bestehende Grundbuchunrichtigkeit kann ein Amtswiderspruch gem. § 53 Abs. 1 S. 1 GBO eingetragen werden. Wird der Eintragungsmangel nachträglich beseitigt, ist Rückwirkung bzw. Heilung möglich. Unter Berücksichtigung der Grundsätze des § 879 Abs. 2 BGB in vergleichbaren Fällen rechtsgeschäftlich bestellter Rechte wird eine Rückwirkung bzw. Heilung (ex tunc) auf den Zeitpunkt der Eintragung im Grundbuch zu Recht bejaht (BayObLG Rpfleger 1976, 66; OLG Schleswig NJW-RR 1988, 700; Hagemann Rpfleger 1992, 165; MüKo/Eickmann § 867 Rn. 51; Musielak/Becker § 867 Rn. 8; Schuschke/Walker § 867 Rn. 20: Stein/Jonas/Münzberg § 867 Rn. 18; Zöller/Stöber § 867 Rn. 25; **a.A.** jedoch – Heilung wegen der Benachteiligung evtl. Zwischenrechte lediglich ex nunc – Furtner MDR 1964, 460). Auf den insoweit bestehenden Meinungsstreit (dazu ausführlich Dümig Rpfleger 2004, 1 m.w.N.), ob die fehlerhafte Eintragung zu einer auflösend bedingt wirksamen oder einer aufschiebend bedingt unwirksamen Zwangshypothek führt, kommt es für die Beantwortung dieser Frage nicht an (so auch Musielak/Becker § 867 Rn. 8). **133**

Eine Rückwirkung bzw. Heilung wird angenommen, **134**
- wenn die fehlende Zustellung nachgeholt wird (OLG Schleswig NJW-RR 1988, 700);
- wenn die Frist des § 750 Abs. 2 ZPO später abläuft (OLG Hamm NJW-RR 1998, 87 = Rpfleger 1997, 393);
- wenn eine erforderliche Sicherheitsleistung nachträglich geleistet wird (BayObLG NJW-RR 2003, 1668);
- bei Eintragung der Zwangshypothek trotz eröffneten Insolvenzverfahrens (Dümig Rpfleger 2004, 1, 8; **a.A.** Hintzen Teil B Rn. 127);

– wenn die Zwangsvollstreckung aus dem der Eintragung zugrunde gelegten Vollstreckungstitel eingestellt war, auch wenn das Grundbuchgericht bei der Eintragung von der Einstellung keine Kenntnis hatte (LG Saarbrücken Rpfleger 1975, 328; **a.A.** Hintzen Teil B Rn. 127).

135 Die Eintragung eines Amtswiderspruches kommt allerdings nur dann in Betracht, wenn das Grundbuchgericht gesetzliche Vorschriften auf den ihm unterbreiteten Sachverhalt unrichtig angewandt hat. Nicht ausreichend ist, dass die Eintragung aufgrund anderweitiger, für das Grundbuchgericht nicht erkennbarer Umstände objektiv zu Unrecht erfolgt ist (OLG Frankfurt FGPrax 2003, 197 m. abl. Anm. Dümig; OLG Hamm FGPrax 2005, 192 = Rpfleger 2005, 532 m. zust. Anm. Eickmann ZfIR 2005, 827; OLG Schleswig FGPrax 2006, 150 = Rpfleger 2006, 536 m. abl. Anm. Dümig ZfIR 2006, 595 und nach Ablehnung des vorgenannten Vorlagebeschlusses durch den BGH erneut OLG Schleswig FGPrax 2007, 210; **a.A.** OLG Celle RPfleger 1990, 112 m. abl. Anm. Münzberg Rpfleger 1990, 253; jetzt offen gelassen von OLG Frankfurt NJW-RR 2007, 1248).

5. Rechtsmittel

a) Einwendungen gegen eine Zwischenverfügung

136 Gegen eine (»echte«) Zwischenverfügung gem. § 18 GBO und gegen eine (»unechte«) Aufklärungsverfügung gem. § 139 ZPO kann der Gläubiger die unbefristete Beschwerde gem. § 71 Abs. 1 GBO, § 11 Abs. 1 RpflG erheben.

b) Einwendungen gegen eine Zurückweisung des Antrags

137 Gegen die Zurückweisung eines Eintragungsantrages steht dem Gläubiger ebenfalls die unbefristete Beschwerde gem. § 71 Abs. 1 GBO, § 11 Abs. 1 RpflG zu.

138 Wird die Zurückweisung des Eintragungsantrages im Rechtsmittelverfahren aufgehoben, ist der Antrag unerledigt. Die Rangwirkungen leben zu dem dann gegebenen Zeitpunkt wieder auf; inzwischen eingetragene Rechte bleiben davon jedoch unberührt (Zöller/Stöber § 867 Rn. 24).

c) Einwendungen gegen die Eintragung einer Zwangshypothek

139 Gegen die Eintragung der Zwangshypothek kann der Schuldner Beschwerde mit dem Ziel einer Amtslöschung oder Eintragung eines Amtswiderspruches gem. § 53 GBO einlegen (§ 71 Abs. 2 ZPO); die zivilprozessualen Rechtsbehelfe der §§ 766 und 793 ZPO sind hier nicht einschlägig (OLG Hamm ZfIR 2005, 825; OLG Zweibrücken Rpfleger 2001, 174; OLG Köln Rpfleger 1996, 189; BayObLG Rpfleger 1995, 106; KG Rpfleger 1987, 301; MüKo/Eickmann § 867 Rn. 73; Musielak/Becker § 867 Rn. 12; Stein/Jonas/Münzberg § 867 Rn. 18; Zöller/Stöber § 867 Rn. 24; **a.A.** Habermeier 119). Dabei kommt eine Amtslöschung nur dann in Betracht, wenn gutgläubiger Erwerb nicht möglich ist, d.h. die Zwangshypothek erkennbar unzulässig ist. Dies gilt dann allerdings auch bei einer zwar inhaltlich zulässigen Zwangshypothek, wenn nach dem konkreten Inhalt des Grundbuchs die Möglichkeit eines gutgläubigen Erwerbs sowohl für die Vergangenheit als auch für die Zukunft rechtlich ausgeschlossen ist (BGHZ 64, 194 = NJW 1975, 1282 = Rpfleger 1975, 246; BayObLG NJW-RR 2003, 1668; OLG Frankfurt FGPrax 1998, 205; Schöner/Stöber Rn. 2199).

d) Materiell-rechtliche Einwendungen

Materiell-rechtliche Einwendungen gegen die Vollstreckungsforderung muss der Schuldner mit der Vollstreckungsabwehrklage gem. § 767 ZPO geltend machen (OLG München FGPrax 2008, 235; OLG Frankfurt NJW-RR 2007, 1248; OLG Köln Rpfleger 1991, 149; Schuschke/Walker § 867 Rn. 29). Ein Dritter kann mit der Drittwiderspruchsklage gem. § 771 ZPO der Eintragung einer Zwangshypothek auf seinem Grundstück auch nach der Eintragung noch entgegentreten, weil die Zwangsvollstreckung als solche mit der Eintragung noch nicht abgeschlossen ist (BGH WuM 1988, 99). In beiden Fällen kann bei einem obsiegenden Urteil und entsprechender Voreintragung die Umschreibung der Zwangshypothek in eine Eigentümergrundschuld gem. § 868 ZPO, § 22 GBO erfolgen. **140**

6. Besonderheiten bei der Arresthypothek

a) Rechtsnatur

Die Vollziehung eines Arrestes in ein Grundstück erfolgt durch Eintragung einer Sicherungshypothek für die Forderung (§ 932 Abs. 1 S. 1 ZPO). Dies gilt mit der Besonderheit des § 931 ZPO ebenfalls für die übrigen in Teil I Rdn. 2 genannten Belastungsobjekte und damit auch für Wohnungs- und Teileigentumsrechte. Bei der Eintragung in das Grundbuch ist der gem. § 923 ZPO festgestellte Geldbetrag als Höchstbetrag zu bezeichnen (§ 932 Abs. 1 S. 1 2. Halbs. ZPO). Die Arresthypothek ist damit eine besondere als Höchstbetragssicherungshypothek ausgestaltete Form der Zwangshypothek (Stöber Einl. Rn. 74.1). **141**

Soll aus einer eingetragenen Arresthypothek die Zwangsversteigerung betrieben werden, bedarf es im Unterschied zur gewöhnlichen Zwangshypothek noch eines separaten Duldungstitels (§ 1147 BGB). Der nachträglich durch die 2. Zwangsvollstreckungsnovelle v. 17.12.1997 (BGBl. I S. 3039) eingefügte § 867 Abs. 3 ZPO ist in § 932 Abs. 2 ZPO nicht entsprechend für anwendbar erklärt worden. **142**

Die Arresthypothek ist eine durch die Feststellung der Forderung auflösend bedingte Eigentümergrundschuld (Stöber § 114 Rn. 5.3). Deshalb ist der in einem Zwangsversteigerungsverfahren auf eine erloschene Arresthypothek entfallende Erlösanteil vom Vollstreckungsgericht zu hinterlegen, wenn nicht der Gläubiger die Feststellung der gesicherten Forderung entweder durch ein schuldnerseitiges Anerkenntnis oder durch ein rechtskräftiges Feststellungsurteil nachweist. **143**

Die Aufhebung des Arrestbefehls führt zum Entstehen einer Eigentümergrundschuld (OLG Dresden JFG 5, 321). **144**

b) Umwandlungsmöglichkeit

Die Arresthypothek kann nachträglich in eine gewöhnliche Zwangshypothek umgewandelt werden, wenn der Gläubiger für seine gesicherte Forderung einen Vollstreckungstitel erwirkt hat. Die Umwandlung kann auf formlosen Antrag erfolgen, wenn sämtliche Voraussetzungen für die Eintragung einer Zwangshypothek vorliegen. In diesem Fall verschafft die Umwandlung den gesetzlichen Löschungsanspruch, der bei einer Arresthypothek gem. § 932 Abs. 1 S. 2 ZPO ausgeschlossen ist. Die Umwandlung kann beantragt werden, auch wenn der Vollstreckungstitel lediglich vorläufig vollstreckbar ist (Zöller/Vollkommer § 932 Rn. 5; MüKo/Heinze § 932 Rn. 15; **a.A.** Baumbach/Lauterbach/Hartmann/Albers § 932 Rn. 3). **145**

c) Besonderheiten bei den Eintragungsvoraussetzungen

aa) Grundsatz

146 Die Eintragung der Arresthypothek stellt eine Maßnahme der Zwangsvollstreckung dar (§ 928 ZPO). Weil die Sicherung des Gläubigers erst mit der Grundbucheintragung entsteht (§ 932 Abs. 1 und 2 i.V.m. § 867 Abs. 1 S. 1 ZPO) sind auch bei der Arresthypothek neben den zwangsvollstreckungsrechtlichen Voraussetzungen noch die grundbuchrechtlichen Eintragungsvoraussetzungen zu beachten. Dabei kann grundsätzlich auf die Ausführungen zur Zwangshypothek verwiesen werden, soweit nicht nachstehend Besonderheiten genannt werden.

bb) Besonderheiten beim Vollstreckungstitel

147 Der Arrestbefehl als Vollstreckungstitel ist vorläufig vollstreckbar. Eines besonderen Ausspruches bedarf es nicht (MüKo/Heinze § 929 Rn. 1).

148 Der Arrestbefehl muss innerhalb eines Monats vollzogen werden (§ 929 Abs. 2 ZPO). Als Vollziehung des Arrestbefehls gilt dabei bereits der Eingang des Antrags auf Eintragung der Höchstbetragssicherungshypothek (§ 932 Abs. 3 ZPO). Zur Wahrung der Vollziehungsfrist ist aber nicht auf den Antragseingang beim Grundbuchgericht abzustellen (so z.B. noch OLG Düsseldorf NJW-RR 1997, 781 = Rpfleger 1997, 259); es genügt vielmehr der Eingang des Antrages bei dem Amtsgericht, zu dem das für die Eintragung zuständige Grundbuchgericht gehört (BGHZ 146, 361 = NJW 2001, 1134 = Rpfleger 2001, 294). Der Zeitpunkt des Antragseingangs bei dem Grundbuchgericht (§ 13 GBO) ist jedoch nach wie vor maßgeblich für die Erledigungsreihenfolge und Begründung der Rangfolge (BGHZ 146, 361 = NJW 2001, 1134 = Rpfleger 2001, 294). Ergibt sich bereits aus der Datierung des Arrestes, dass die einmonatige Vollziehungsfrist des § 929 Abs. 2 ZPO noch nicht abgelaufen ist, besteht für das Grundbuchgericht keine Notwendigkeit zur weiteren Prüfung der Zustellung oder Aushändigung an den Gläubiger (Schöner/Stöber Rn. 2229).

cc) Besonderheit bei der Vollstreckungsklausel

149 Einer Vollstreckungsklausel bedarf es nur, wenn die Vollziehung für oder gegen eine andere als die im Arrestbefehl bezeichnete Person erfolgen soll (§ 929 Abs. 1 ZPO).

dd) Besonderheiten bei der Zustellung

150 Antragstellung und Eintragung der Höchstbetragshypothek können bereits vor der Zustellung des Arrestbefehls an den Schuldner erfolgen (§ 929 Abs. 3 S. 1 ZPO).

151 Erfolgt die Zustellung jedoch nicht innerhalb einer Woche nach der Vollziehung und vor Ablauf der Monatsfrist des § 929 Abs. 2 ZPO, ist die Vollziehung des Arrestbefehls ohne Wirkung (§ 929 Abs. 3 S. 2 ZPO). Für die Berechnung dieser Frist ist darauf abzustellen, wann tatsächlich der Zugriff auf das Schuldnervermögen durch Eintragung des Rechts erfolgte; es kommt hier also nicht auf den Antragseingang an (OLG Frankfurt NJW-RR 1999, 1446 = Rpfleger 1999, 84; Musielak/Huber § 929 Rn. 10; Stöber Einl. Rn. 74.2; Zöller/Vollkommer § 929 Rn. 24).

152 Das Grundbuchgericht überprüft die Einhaltung der Zustellungsfrist nicht (Demharter Anh. zu § 26 Rn. 43). Wird die Versäumung der Frist bekannt, kann auf Antrag des Schuldners oder des Gläubigers mittels eines formgerechten Unrichtigkeitsnachweises die Grundbuchunrichtigkeit beseitigt werden (BayObLG Rpfleger 1993, 397; OLG

Karlsruhe Rpfleger 1997, 16; **a.A.** Stöber Einl. Rn. 74.2, der unter Gewährung rechtlichen Gehörs die Löschung in freier Beweiswürdigung zulassen will). Solange die Vollziehungsfrist noch nicht verstrichen ist, kann eine Arresthypothek bei gleichzeitiger Löschung der ersten – wegen Fristversäumung unwirksamen – Eintragung erneut in das Grundbuch eingetragen werden (Schöner/Stöber Rn. 2232 m.w.N.).

Soll dagegen die Löschung der Arresthypothek im Grundbuch aufgrund einer Bewilligung des Gläubigers erfolgen, bedarf es nach den allgemeinen Grundsätzen der Zustimmung des eingetragenen Eigentümers in der Form des § 29 GBO (§ 27 S. 1 GBO). **153**

ee) Besonderheiten bei der Sicherheitsleistung

Ist der Arrest gegen Sicherheitsleistung angeordnet (§ 921 ZPO), muss dies dem Grundbuchgericht nachgewiesen werden (§ 751 Abs. 2 ZPO). Jedoch braucht im Hinblick auf § 929 Abs. 3 S. 1 ZPO die Zustellung der Urkunden über die Sicherheitsleistung nicht vor der Antragstellung beim Grundbuchgericht zu erfolgen (Böttcher Zwangsvollstreckung Rn. 132). Eine Sicherungsvollstreckung gem. § 720a ZPO ist bei der Arresthypothek nicht möglich (Deimann RpflStud 1992, 167). **154**

ff) Besonderheiten beim Mindestbetrag und bei der Verteilung auf mehrere Objekte

Gemäß §§ 932 Abs. 1, 923 ZPO ist im Grundbuch als Höchstbetrag die Lösungssumme einzutragen. Sie muss daher den Betrag von 750,00 € überschreiten (§ 932 Abs. 2 i.V.m. § 866 Abs. 3 S. 1 ZPO); die Hauptforderung selbst kann darunter liegen (Stöber Einl. Rn. 74.3). **155**

Soll die Eintragung bei mehreren Objekten erfolgen, ist die Lösungssumme zu verteilen (§ 932 Abs. 2 i.V.m. § 867 Abs. 2 S. 1 ZPO). Die einzelnen Teile müssen jeweils den Betrag von 750,00 € überschreiten (§ 932 Abs. 2, § 867 Abs. 2 S. 2, § 866 Abs. 3 S. 1 ZPO). **156**

d) Besonderheiten beim Eintragungsverfahren

aa) Mängel bei der Antragstellung

Vollstreckungsrechtliche Mängel müssen innerhalb der Vollziehungsfrist des § 929 Abs. 2 ZPO beseitigt werden (BGHZ 146, 361 = NJW 2001, 1134 = Rpfleger 2001, 294); andernfalls hat Zurückweisung zu erfolgen. **157**

Grundbuchrechtliche Mängel können mit Rang wahrender Zwischenverfügung beanstandet werden; auf die Beseitigung des Mangels innerhalb der Vollziehungsfrist kommt es daher nicht an (OLG Düsseldorf Rpfleger 1978, 216; Böttcher Zwangsvollstreckung Rn. 128; Zöller/Vollkommer § 932 Rn. 8). **158**

bb) Grundbucheintragung der Arresthypothek

Die Arresthypothek ist im Grundbuch als Höchstbetragshypothek zu bezeichnen (§ 932 Abs. 1 S. 1 2. Halbs. ZPO, § 1190 BGB). Als Höchstbetrag ist die Lösungssumme gem. § 923 ZPO einzutragen. Zinsen und Kosten können nicht gesondert eingetragen werden, da sie bereits im Höchstbetrag eingerechnet sind (§ 1190 Abs. 2 BGB). **159**

cc) Titelvermerk

Die Eintragung der Arresthypothek ist gem. § 932 Abs. 2, § 867 Abs. 1 S. 2 2. Halbs. ZPO auf dem Arrestbefehl zu vermerken. **160**

e) Fehler bei der Eintragung

161 Das Fehlen einer vollstreckungsrechtlichen Eintragungsvoraussetzung führt zur Nichtigkeit der eingetragenen Arresthypothek. Das gilt insbesondere für die Nichteinhaltung der Vollziehungs- und der Zustellungsfrist (BGH NJW 1999, 3494 = Rpfleger 1999, 485), aber auch für die unterbliebene Eintragung des Höchstbetrages (Schöner/Stöber Rn. 2233). Auf die Einhaltung der Fristen kann auch nicht verzichtet werden (RGZ 151, 157; OLG Frankfurt Rpfleger 1982, 32). In diesen Fällen kann eine Eigentümergrundschuld nicht entstehen (OLG Frankfurt Rpfleger 1982, 32).

162 Fehlen grundbuchrechtliche Eintragungsvoraussetzungen ist die Arresthypothek wirksam (Schöner/Stöber Rn. 2233).

III. Zwangsversteigerung

1. Vorbemerkungen

163 Das Zwangsversteigerungsgesetz (ZVG) unterscheidet verschiedene **Arten** der Versteigerung:
- die Vollstreckungsversteigerung (§§ 1 ff. ZVG);
- die Versteigerung auf Antrag des Insolvenzverwalters (§§ 172 ff. ZVG);
- die Versteigerung auf Antrag des Erben (§§ 175 ff. ZVG);
- die Versteigerung zum Zwecke der Aufhebung der Gemeinschaft – »Teilungsversteigerung« (§§ 180 ZVG).

Die nachfolgenden Ausführungen beziehen sich auf den Regelfall der Vollstreckungsversteigerung; zu einigen Besonderheiten der Teilungsversteigerung s. Rdn. 465 ff.

164 **Sinn und Zweck** des Verfahrens ist es, an die Stelle der Immobilie den teilbaren Versteigerungserlös in Geld treten zu lassen. Rechte an der Immobilie setzen sich daher zunächst am Versteigerungserlös fort (Surrogationsprinzip). Anders als im Insolvenzrecht wird der Erlös jedoch nicht nach Quoten, sondern entsprechend der Rangordnung der Rechte und Ansprüche gem. § 10 ZVG verteilt.

165 Die Zwangsversteigerung kann selbstständig und unabhängig von einer zur Eintragung beantragten Zwangshypothek oder einem Zwangsverwaltungsverfahren betrieben werden (§ 866 Abs. 2 ZPO).

166 Zum **Gegenstand** der Zwangsversteigerung s. i.E. Rdn. 2. Neben den dort genannten Objekten kann sich die Versteigerung unter bestimmten Voraussetzungen auch auf Zubehörstücke erstrecken (§ 55 ZVG); dazu s. Rdn. 215 und 286.

167 **Verfahrensrechtlich** folgt die Zwangsversteigerung durch die Verweisung in § 869 ZPO den Bestimmungen der ZPO, soweit nicht das ZVG besondere Regelungen enthält.

168 **Die nachfolgenden Ausführungen beziehen sich auf Zwangsversteigerungsverfahren in der ab dem 01.07.2007 geltenden Fassung des ZVG. Die durch das Gesetz zur Änderung des Wohnungseigentumsgesetzes und anderer Gesetze v. 26.03.2007 (BGBl. I S. 370) eingefügten Änderungen finden allerdings auf »Altverfahren« keine Anwendung, so dass diese unverändert nach den bisherigen Vorschriften fortgeführt werden (BGH Rpfleger 2008, 321 = ZMR 2008, 385). Wegen der sich aus dem früheren Recht ergebenden Abweichungen und Besonderheiten s. daher i.E. Teil III Rdn. 445 ff.**

2. Anordnung des Verfahrens

a) Voraussetzungen

aa) Antrag

Die Anordnung der Zwangsversteigerung erfolgt gem. § 15 ZVG auf Antrag des Gläubigers. Der Antrag kann **schriftlich oder zu Protokoll** des Urkundsbeamten der Geschäftsstelle gestellt werden. Eine fehlende oder nicht eigenhändige Unterzeichnung hindert die Anordnung des Verfahrens zumindest dann nicht, wenn die Ernsthaftigkeit der Antragstellung und der Absender nicht in Zweifel stehen (Dempewolf MDR 1977, 801; Vollkommer Rpfleger 1975, 419). Der Antrag ist bedingungsfrei zu stellen; eine Begründung ist nicht erforderlich. **169**

Beantragt ein **WEG-Verwalter** für den »Verband Wohnungseigentümergemeinschaft« die **Anordnung der Zwangsversteigerung**, ist mit dem Inkrafttreten des Gesetzes zur Neuregelung des Rechtsberatungsrechts am 01.07.2008 (BGBl. I S. 2840) fraglich geworden, ob insoweit überhaupt noch eine Bevollmächtigung möglich ist. Tritt nämlich als Bevollmächtigter keine der in § 79 Abs. 2 ZPO genannten Personen auf, ist der Antrag durch Beschluss zurückzuweisen (§ 79 Abs. 3 S. 1 ZPO). Das Gesetz nennt jedoch in § 79 Abs. 2 ZPO als möglichen Bevollmächtigten den WEG-Verwalter nicht. Das Handeln des WEG-Verwalters beruht im genannten Fall allerdings nicht auf einer rechtsgeschäftlich erteilten Vollmacht. Der WEG-Verwalter wird vielmehr als Organ des »Verbandes Wohnungseigentümergemeinschaft« tätig, wenn er Maßnahmen trifft, um einen gegen den Verband gerichteten Rechtsstreit gem. § 43 Nr. 2 oder Nr. 5 WEG in einem Erkenntnis- und Vollstreckungsverfahren zu führen (§ 27 Abs. 3 S. 1 Nr. 2 WEG). Der Bereich der gesetzlichen Vertretungsmacht des WEG-Verwalters kann auch für die aktive Prozessführung erweitert werden, wenn und soweit die Wohnungseigentümer den WEG-Verwalter hierzu gem. § 27 Abs. 3 S. 1 Nr. 7 WEG ermächtigen. Ist aber eine solche Ermächtigung erfolgt, handelt der WEG-Verwalter insoweit nicht als Bevollmächtigter im Sinne des § 79 Abs. 2 ZPO, sondern als gesetzlich bestimmtes Organ des Verbandes. Damit finden die geänderten Vertretungsvorschriften des der ZPO insoweit auf den WEG-Verwalter keine Anwendung (Elzer ZMR 2008, 772, 774). **170**

Sind in einem Zwangsversteigerungsverfahren gleichwohl Zustellungen an einen gegen Art. 1 § 1 RberG verstoßenden Bevollmächtigten erfolgt, sind diese bis zu dessen Zurückweisung durch das Gericht wirksam (vgl. § 79 Abs. 3 S. 2 ZPO). Ein den Bevollmächtigten vom Verfahren ausschließender Beschluss wirkt konstitutiv und entfaltet keine Rückwirkung (BGH Rpfleger 2010, 531 = ZfIR 2010, 434). **171**

172 Schematische Darstellung des Ablaufs eines Zwangsversteigerungsverfahrens (mit freundlicher Erlaubnis von Dipl.-Rechtspfleger Heinrich Kraft, Potsdam):

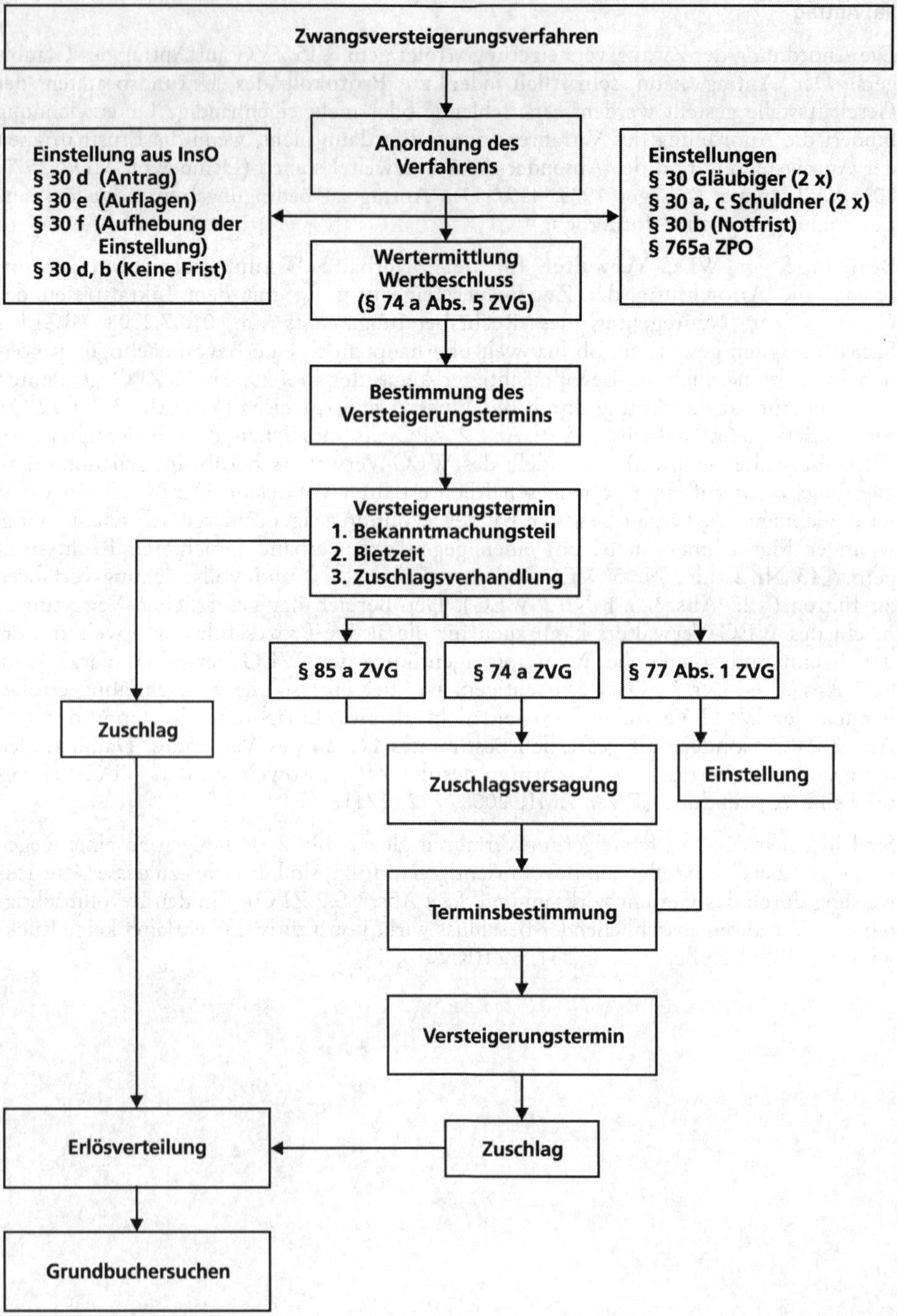

Inhaltlich soll der Antrag gem. § 16 ZVG das **Grundstück** und den **Eigentümer** bezeichnen. Die genaue Angabe des Versteigerungsobjektes im Antrag ist insbesondere dann erforderlich, wenn eine bloße Bezugnahme auf ein Grundbuchblatt nicht ausreicht. Dies wird z.B. dann der Fall sein, wenn in einem Grundbuch mehrere Objekte oder Anteile des Schuldners gebucht sind. Der eingetragene Eigentümer muss auch der Schuldner sein (§ 17 Abs. 1 ZVG). Vom Grundsatz der Voreingetragenheit des Schuldners gibt es jedoch Ausnahmen. Die wohl häufigste ist die Zwangsversteigerung gegen den/die Erben des noch im Grundbuch eingetragenen Schuldners. In diesem Fall kann die Zwangsversteigerung auch ohne Voreintragung angeordnet werden, wenn die Erbfolge glaubhaft gemacht oder offenkundig ist (§ 17 Abs. 1 und 3 ZVG). Gläubiger und Schuldner bzw. dessen Erben sind jeweils mit ihrer zustellungsfähigen Anschrift im Antrag zu bezeichnen. 173

Weiterhin hat der Antrag **Angaben über den zu vollstreckenden Anspruch und den vollstreckbaren Titel** zu enthalten (§ 16 ZVG). Es muss sich um eine Geldforderung handeln. Der Anspruch ist im Antrag aufzugliedern nach 174
- Kosten
- Zinsen
- sonstigen Nebenleistungen
- Hauptanspruch.

Der Gläubiger braucht seinem Antrag gem. § 16 ZVG jedoch keine Gesamtabrechnung beizufügen, wenn er lediglich eine Restforderung geltend macht (BGH v. 11.03.2010 – V ZA 17/09).

Der Gläubiger hat ferner im Antrag zu erklären, ob er wegen sog. »**persönlicher**« **und/oder** »**dinglicher**« **Ansprüche** das Verfahren betreiben will. Der Unterschied ist für den weiteren Gang des Verfahrens von entscheidender Bedeutung, da der Gesetzgeber den Ansprüchen eine unterschiedliche Rangklasse im Rahmen des § 10 ZVG zugeordnet hat (dazu s. ausführlich Rdn. 225 ff.). So ergeben sich beispielsweise Abweichungen bei der Erstellung des geringsten Gebotes (Rdn. 312 Nr. 9) oder bei der Erlösverteilung (Rdn. 416 ff.). Der Gläubiger kann aus einem Zahlungstitel in das gesamte Vermögen des Schuldners (»persönlich«), also sowohl in das Mobiliarvermögen als auch in das Immobiliarvermögen vollstrecken. Demgegenüber berechtigt ein Duldungstitel gem. § 1147 BGB lediglich (»dinglich«) zur Zwangsvollstreckung in das mit einem Pfandrecht (Hypothek: § 1113 BGB; Grundschuld: § 1192 Abs. 1 BGB; Rentenschuld: § 1200 Abs. 1 BGB; Reallast: §§ 1105, 1107 BGB) belastete Objekt. Erfolgt im Antrag keine Angabe zur Rechtsnatur des geltend gemachten Anspruches, umfasst der Antrag sämtliche sich aus dem Titel ergebenden Ansprüche des Gläubigers (Stöber § 16 Rn. 3.4). Betreibt ein Gläubiger die Zwangsversteigerung zunächst nur persönlich, ist für eine Ergänzung des Anordnungsbeschlusses zu einem späteren Zeitpunkt aufgrund eines vom Gläubiger nachträglich vorgelegten dinglichen Titels kein Raum. Es bedarf dann vielmehr insoweit eines neuerlichen Beitritts zum Verfahren, weil es sich um völlig verschiedene Ansprüche handelt (Stöber § 15 Rn. 9.5).

Ein **Muster** für einen Anordnungsantrag befindet sich im Anhang zu Kapitel 33 (Muster 2). 175

bb) Verfahrensvoraussetzungen

Über den Antrag entscheidet das gem. § 1 Abs. 1 ZVG zuständige Amtsgericht, in dessen Bezirk das Grundstück liegt, als Vollstreckungsgericht. Funktionell **zuständig** ist dort ausschließlich der Rechtspfleger (§ 3 Nr. 1i) RPflG), der bei seinen Entscheidungen unabhängig und nur an Recht und Gesetz gebunden ist (§ 9 RPflG). 176

177 Die allgemeinen Prozessvoraussetzungen wie z.B. **Parteifähigkeit und Prozessfähigkeit** müssen auch für die Anordnung der Zwangsversteigerung vorliegen. Für das Verfahren besteht kein Anwaltszwang (§ 13 RPflG). Wegen der **allgemeinen und besonderen Voraussetzungen** der Zwangsvollstreckung wird zunächst auf Teil I Rdn. 6 ff. und 22 ff. verwiesen.

178 Es können sich jedoch **Besonderheiten** ergeben:

So ist das **Rechtsschutzbedürfnis** für eine Zwangsversteigerung auch dann zu bejahen, wenn das Verfahren lediglich wegen einer sog. **Bagatellforderung** betrieben werden soll (BGH NJW 2004, 3635 = RPfleger 2004, 722; BGH NJW 1973, 894). Eine betragliche Mindestgrenze wie für die Eintragung einer Zwangshypothek existiert hier nicht. Der Schutz des Schuldners vor einem unverhältnismäßigem Eingriff in sein Eigentumsrecht kann mit den Einstellungsmöglichkeiten des Verfahrensrechts gewährleistet werden (Stöber Einl. 48.4; Schiffhauer ZIP 1981, 832; **a.A.** Hintzen Teil C Rn. 101, der wegen des Grundsatzes der Verhältnismäßigkeit und des Übermaßverbotes zunächst einen Nachweis über die Erfolglosigkeit der für den Schuldner weniger einschneidenden Mobiliarvollstreckung fordert). Auch kommt eine Ablehnung des Antrages aus dem Rechtsgedanken des § 803 Abs. 2 ZPO wegen einer mutmaßlich **zwecklosen Anordnung** des Verfahrens (insbesondere bei hohen Vorlasten) nicht in Betracht. Eine analoge Anwendung der Vorschrift scheidet aufgrund der speziellen Regelung des § 77 Abs. 2 ZVG aus, nachdem der Gesetzgeber dort ausdrücklich die Ergebnislosigkeit von zwei Versteigerungsterminen in Kauf nimmt (BGH NZM 2004, 347 = Rpfleger 2004, 302 = ZfIR 2004, 440).

179 Für das Betreiben der Zwangsversteigerung aus dem Rang einer eingetragenen **Zwangshypothek** ist seit dem In-Kraft-Treten der 2. Zwangsvollstreckungsnovelle (BGBl. I S. 3039) am 1. 1. 1999 ein separater Duldungstitel nicht mehr erforderlich. Gem. § 867 Abs. 3 ZPO genügt zur Befriedigung aus dem Grundstück insoweit lediglich der vollstreckbare Titel, auf dem die Eintragung der Zwangssicherungshypothek vermerkt ist. Dies gilt auch für Zwangshypotheken, die vor dem 01.01.1999 eingetragen wurden. Die Erleichterung des § 867 Abs. 3 ZPO ist allerdings auf das Betreiben der Zwangsversteigerung beschränkt. Für andere Maßnahmen einer dinglichen Zwangsvollstreckung benötigt der durch Eintragung der Zwangshypothek gesicherte Gläubiger gleichwohl unverändert einen dinglichen Titel (BGH NJW 2008, 1599 = Rpfleger 2008, 429 = ZMR 2008, 610).

180 Hat sich der Schuldner anlässlich der Bestellung eines Grundpfandrechtes in einer **notariellen Urkunde** gem. § 794 Abs. 1 Nr. 5 ZPO der sofortigen Zwangsvollstreckung **unterworfen**, so wird dort regelmäßig nicht nur die Zwangsvollstreckungsunterwerfung in persönlicher Hinsicht erfolgt sein (z.B.: »Wegen der zuvor genannten Ansprüche unterwirft sich der Schuldner der sofortigen Zwangsvollstreckung in sein gesamtes Vermögen.«), sondern in den meisten Fällen wird auch wegen des dinglichen Anspruches die Unterwerfung erklärt worden sein (z.B.: »Zugleich unterwirft sich der Eigentümer der sofortigen Zwangsvollstreckung in den belasteten Gegenstand in der Weise, dass die Zwangsvollstreckung auch gegen den jeweiligen Eigentümer zulässig ist.«). Soll im letztgenannten Fall nun nach der Übertragung eines Wohnungseigentums die Zwangsvollstreckung gegen den neuen Eigentümer betrieben werden, ist eine **Rechtsnachfolgeklausel** gem. § 727 ZPO erforderlich, wenn das betreffende Grundpfandrecht aufgrund der Bewilligung des seinerzeitigen Eigentümers noch vor dem Eigentumswechsel in das Grundbuch eingetragen worden ist.

181 Hat der Erwerber jedoch an der Grundpfandrechtsbestellungsurkunde bereits in der Weise mitgewirkt, dass er als **künftiger Eigentümer** aufgetreten ist und sich als solcher auch wegen des künftigen dinglichen Anspruchs der sofortigen Zwangsvollstreckung ohne weiteren Nachweis unterworfen hat, ist die Beibringung einer Rechtsnachfolge-

klausel dann entbehrlich, wenn die Vollstreckungsklausel keinen Schuldner ausdrücklich bezeichnet oder die Eintragung des Eigentumswechsels gleichzeitig mit der des Grundpfandrechts erfolgt. In beiden Fällen ist die Klausel ohne Einschränkung wegen aller Ansprüche erteilt, über die die Urkunde errichtet worden ist (Stöber § 15 Rn. 40.17).

Vielfach werden in der Praxis Grundpfandrechtsbestellungen über **Vollmachten** abgewickelt (entweder für den noch eingetragenen Eigentümer aufgrund im Kaufvertrag eingeräumter Belastungsvollmachten oder für den Erwerber im Rahmen von Bauträgervollmachten). In beiden Fällen begründet die Zwangsvollstreckungsunterwerfung in notarieller Urkunde durch einen Vertreter die Vollstreckbarkeit der Urkunde gegen den Schuldner. Aus diesem Grunde ist es erforderlich, dass dem Vollstreckungsgericht bei Anordnung der Zwangsversteigerung die ausreichende Vertretungsmacht in öffentlicher oder öffentlich beglaubigter (gegebenenfalls auszugsweiser) Urkunde nachgewiesen wird. Der Nachweis ist eine Urkunde i.S.d. § 16 Abs. 2 ZVG; eine Bestätigung des Notars genügt als Vollmachtsnachweis nicht (Stöber Rpfleger 1994, 393; a.A. OLG Zweibrücken OLGRep 1999, 20). Auf das Erfordernis der **Zustellung der Vollmachtsurkunde** sei an dieser Stelle noch einmal hingewiesen (BGH NJW-RR 2005, 1359 = ZfIR 2005, 884; BGH NJW-RR 2007, 358 = Rpfleger 2007, 37 = ZfIR 2007, 110; vgl. auch Teil I Rdn. 20). 182

Werden an dem ursprünglich mit Grundpfandrechten belasteten Grundstück **nachträglich Wohnungs- und Teileigentumsrechte** gem. § 3 oder § 8 WEG begründet, bestehen die Rechte nach der Aufteilung an sämtlichen neu gebildeten Wohnungs- oder Teileigentumseinheiten gem. § 1132 BGB als Gesamtrechte fort (FaKoWEG/Schneider § 7 Rn. 44). Wegen der fortbestehenden Identität des Gesamtgegenstandes bleibt daher auch Vollstreckungsgrundlage unverändert der bisherige dingliche Vollstreckungstitel mit der früheren Grundstücksbezeichnung. Sowohl in sämtliche durch Teilung entstandenen Wohnungs- und Teileigentumseinheiten, als auch in eines oder einige der neu gebildeten Einheiten kann ohne Umschreibung der Vollstreckungsklausel vollstreckt werden (LG Essen Rpfleger 1986, 101; LG Berlin Rpfleger 1985, 159 m. zust. Anm. Witthinrich; Stöber § 16 Rn. 3.11; **a.A.** LG Weiden Rpfleger 1984, 280). 183

Ebenso ist für die Anordnung der Zwangsversteigerung in ein **durch Unterteilung entstandenes Wohnungs- oder Teileigentumsrecht** des noch eingetragenen Eigentümers wegen § 1132 BGB jedenfalls solange keine Änderung der noch am ungeteilten Objekt für ein eingetragenes Grundpfandrecht erteilten Vollstreckungsklausel erforderlich, als die Unterteilung nicht mit einer Veränderung des ursprünglichen Haftungsobjektes verbunden ist (vgl. für die Teilung eines Grundstücks Stöber § 16 Rn. 3.8 lit b)). Zum Meinungsstand, ob rechtsgeschäftliche Nachverpfändungen mit neuerlicher Unterwerfungserklärung für erforderlich gehalten werden, vgl. FaKo-WEG/Schneider § 6 Rn. 8 (Veränderungen beim Miteigentumsanteil) und § 7 Rn. 225 (Veränderungen beim Sondereigentum). In jedem Fall macht die Veräußerung einer durch Unterteilung entstandenen Einheit die Umschreibung einer erteilten Vollstreckungsklausel erforderlich. 184

cc) Nachweise

Die vollstreckbare Ausfertigung des **Titels** mit Zustellungsnachweis ist dem Antrag mit gegebenenfalls weiteren erforderlichen Nachweisen beizufügen (§ 16 Abs. 2 ZVG). Die Ausfertigung des Vollstreckungstitels muss dann dem Gericht bei der Versteigerung und bei der Erteilung des Zuschlages vorliegen. Ein Verstoß gegen dieses Verfahrensgebot (bspw. weil der Gläubiger den Titel für anderweitige Vollstreckungsmaßnahmen zurückerhalten hat) kann auch noch im Verfahren der sofortigen Beschwerde geheilt werden (BGH Beschluss v. 18.03.2010 – V ZB 124/09). Ist über ein dingliches Recht ein Grund- 185 pfandrechtsbrief erteilt, so ist für die Anordnung des Verfahrens die Vorlage des Briefes nicht erforderlich (Hock/Mayer/Hilbert/Deimann Rn. 56).

dd) Besondere Voraussetzungen für das Betreiben der Zwangsversteigerung durch den »Verband Wohnungseigentümergemeinschaft« in der Rangklasse 2 des § 10 Abs. 1 ZVG

(1) Neufassung der Rangklasse 2 des § 10 Abs. 1 ZVG

186 Durch Art. 2 des WEGÄndG v. 26.03.2007 wurde die frühere Nr. 2 des § 10 Abs. 1 ZVG dergestalt neu gefasst, dass nunmehr ein **Vorrang für Hausgeldansprüche** der Wohnungseigentümergemeinschaft und Regressansprüche einzelner Wohnungseigentümer besteht. Mit dieser Neufassung sollte dem in der Praxis zunehmend zu beobachtenden Ausfall der Wohnungseigentümergemeinschaften bei der Geltendmachung ihrer Hausgeldansprüche entgegengewirkt werden. Nach bisherigem Recht konnten diese Ansprüche im günstigsten Fall über die Eintragung einer Zwangshypothek in der Rangklasse 4 des § 10 Abs. 1 ZVG (dort allerdings nachrangig gegenüber den finanzierenden Bankinstituten), üblicherweise aber lediglich in der Rangklasse 5 des § 10 Abs. 1 ZVG berücksichtigt werden (dazu s. Rdn. 426), sodass sie im Ergebnis mit sehr großer Wahrscheinlichkeit nicht zur Zuteilung gelangten.

Die Novellierung des § 10 Abs. 1 Nr. 2 ZVG verschafft den Wohnungseigentümerverbänden nun einerseits die Möglichkeit, ihr Vorrecht in der Rangklasse 2 **zum Verfahren anzumelden**, um auf diese Weise im geringsten Gebot berücksichtigt zu werden. Zu den Voraussetzungen der verbandsseitigen Anmeldung s. ausführlich Rdn. 304 ff.).

Dies allein wird jedoch in den Fällen vermögensloser oder zahlungsunwilliger Miteigentümer nicht ausreichend sein, weil deren dingliche Belastungen den festgesetzten Verkehrswert regelmäßig erreichen oder gar überschreiten. Hier liegt de facto eine Unversteigerbarkeit vor, wenn die Wohnungseigentümerverbände – wie bisher – nur aus den hinteren Rangpositionen das Verfahren betreiben könnten (sog. Vollstreckungsparadoxon: »Unversteigerbarkeit durch Überschuldung«). Deshalb besteht nun weiterhin erstmals auch die Möglichkeit für die Wohnungseigentümerverbände, die **Zwangsversteigerung selbst** aus der Rangklasse 2 des § 10 Abs. 1 ZVG aktiv zu **betreiben.** Damit wird die Zwangsvollstreckung in das Wohnungseigentum deutlich erfolgversprechender, weil nunmehr dem Verband als betreibendem Gläubiger rangmäßig keine bestehen bleibenden Grundpfandrechte mehr vorgehen. Der »Verband Wohnungseigentümergemeinschaft« ist damit erstmals in die Lage versetzt, einen missliebigen Miteigentümer im Wege der Zwangsversteigerung aus der Gemeinschaft zu entfernen. Zu diesem Zweck kann er nach h.M. auch selbst als Erwerber auftreten (OLG Hamm Beschl. v. 04.05.2010–15 W 382/09; OLG Hamm NZM 2009, 914 = Rpfleger 2010, 132 = ZMR 2010, 216; OLG Celle NJW 2008, 1537 = Rpfleger 2008, 296 = ZMR 2008, 210). Das bisweilen zu beobachtende Phänomen, das säumige Wohnungseigentümer zwar die Ansprüche ihrer dinglichen Gläubiger, nicht aber die des Eigentümerverbandes bedienen, um auf diese Weise weiterhin auf Kosten der übrigen Miteigentümer in der Wohnung verbleiben zu können, dürfte damit an Attraktivität verloren haben.

(2) Antragstellung

187 Voraussetzung für eine Berücksichtigung im Vorrang der Rangklasse 2 ist dabei, dass bereits der Vollstreckungs**antrag** die erstrebte **Rangklasse** erkennen lässt (BGH NJW 2008, 1956 = Rpfleger 2008, 375 = ZMR 2008, 724; Alff/Hintzen Rpfleger 2008, 165, 168; Böttcher §§ 15, 16 Rn. 117; Schneider ZfIR 2008, 161, 163; Steiner/Hagemann §§ 15, 16 Rn. 213; Stöber § 16 Rn. 3.4; ders., ZVG-Handbuch Rn. 399k). Die Angabe der Rang-

klasse gehört zur »Art des Anspruchs« i.S.d. § 16 Abs. 1 ZVG, die bereits bei Verfahrensbeginn und nicht erst im Laufe des Verfahrens anzugeben ist (so aber noch Dassler u.a./Rellermeyer § 10 Rn. 87).

Beschränkt sich der Antrag auf die Geltendmachung von Hausgeldansprüchen in der Rangklasse 2 und hält das Vollstreckungsgericht die Voraussetzungen dieser Rangklasse nicht für erfüllt, so soll der Antrag gleichwohl nicht zurückgewiesen werden können. Weil der Antrag auf Anordnung der Zwangsversteigerung in der Rangklasse 2 als minus automatisch den Antrag auf Anordnung in der Rangklasse 5 umfasse, soll die Anordnung der Zwangsversteigerung dann in der Rangklasse 5 erfolgen (LG Möchengladbach Rpfleger 2009, 257).

Ein späteres »Umwechseln« aus der Rangklasse 5 kann durch eine bloße Erklärung jedenfalls nicht erreicht werden; hierzu bedarf es vielmehr eines separaten Beitrittsbeschlusses zugunsten des Verbandes (BGH NJW 2008, 1956 = Rpfleger 2008, 375 = ZMR 2008, 724).

Wird der Antrag auf Anordnung der Zwangsversteigerung von einem **Bevollmächtigten** **188**
gestellt, so kann zunächst wegen der Neufassung des § 79 Abs. 2 ZPO auf die Ausführungen in Teil III Rdn. 170 verwiesen werden. Danach kann auch ein WEG-Verwalter den Verband Wohnungseigentümergemeinschaft im Rahmen eines Zwangsversteigerungsverfahrens vertreten, wenn er über die entsprechende Ermächtigung gem. § 27 Abs. 3 S. 1 Nr. 7 WEG verfügt.

(3) Anspruch

Es muss sich um einen bevorrechtigten und fälligen Anspruch handeln. Hierunter fallen **189**
gem. § 10 Abs. 1 Nr. 2 ZVG nur **Ansprüche** des »Verbandes Wohnungseigentümergemeinschaft« auf Zahlung der Beiträge zu den Lasten und Kosten des gemeinschaftlichen Eigentums und des Sondereigentums gem. § 16 Abs. 2, § 28 Abs. 2 und 5 WEG. Im Einzelnen fallen hierunter:

- Ansprüche aus einem Einzelwirtschaftsplan (Hausgeldvorschüsse und Rückstellungen)
- Ansprüche aus dem Negativsaldo einer Jahresabrechnung (»Abrechnungsspitze«)
- Ansprüche aus einem Sonderumlagenbeschluss – Erstattungsansprüche für Kosten eines Sondereigentums, die über die Gemeinschaft abgerechnet werden.

In Betracht kommen neben den genannten verbandsseitigen Ansprüchen auch noch Rückgriffsansprüche eines Wohnungseigentümers auf Zahlung von ihm allein verauslagter Gemeinschaftskosten.

Die Fälligkeit der Ansprüche tritt mangels anderslautender Regelung mit dem Abruf durch den Verwalter ein (§ 28 Abs. 5 WEG). Keine Voraussetzung für die Geltendmachung ist die Bestandskraft der Ansprüche. Vertragliche und deliktische Ansprüche des Verbandes Wohnungseigentümergemeinschaft fallen nicht unter den Vorrang. Lediglich rückgriffsberechtigte Wohnungseigentümer können Regressansprüche an dieser Rangstelle geltend machen.

Vom Vorrang erfasst werden gem. § 10 Abs. 1 Nr. 2 S. 3 ZVG auch sonstige **Nebenleistungen**. Zu denken ist hier insbesondere an Zinsen des titulierten Anspruchs. Richtigerweise wird man auch **Verzugszinsen** gem. § 288 BGB hier einzuordnen haben, und zwar unabhängig von ihrer Titulierung (vgl. zur parallelen Problematik bei der Eintragung einer Zwangshypothek Teil II Rdn. 126 ff.; wie hier auch Alff ZWE 2010, 105, 106).

Im Range des Anspruchs sind weiterhin berücksichtigungsfähig die **Kosten** der die Befriedigung aus dem Wohnungseigentum bezweckenden Rechtsverfolgung (§ 10 Abs. 2 ZVG). Zu den dinglichen Rechtsverfolgungskosten gehören gewöhnlicherweise nicht die Kosten einer persönlichen Klage und die damit verbundenen Kosten der Ausfertigung und Zustellung eines entsprechenden Urteils (vgl. Stöber § 10 Rn. 15.3 mwN). Im vorliegenden Fall wird man jedoch die Kosten für die Beschaffung des Titels im Vorrang berücksichtigen können, weil gem. § 10 Abs. 3 S. 2 ZVG hier ausnahmsweise der persönliche Zahlungstitel für eine (dingliche) Vollstreckung im Vorrang genügt (ebenso Alff ZWE 2010, 105, 106).

(4) Titulierung der Ansprüche

190 Für die Vollstreckung im Vorrang ist ein Zahlungstitel ausreichend (§ 10 Abs. 3 S. 2 ZVG). Ob es sich in der Sache gleichwohl um die Vollstreckung eines dinglichen Anspruchs handelt, ist nach wie vor sehr umstritten und bisher noch nicht abschließend geklärt (vgl. Teil III Rdn. 254).

Der Titel muss erkennen lassen:
- die Verpflichtung des Schuldners zur Zahlung des Hausgeldanspruchs
- Art und Bezugszeitraum des Hausgeldanspruchs
- Fälligkeit des Hausgeldanspruchs. **Fehlen Angaben** im Titel zur Art des Anspruchs und/oder zum Bezugszeitraum und/oder zur Fälligkeit, kann gem. § 10 Abs. 3 S. 3 ZVG insoweit Glaubhaftmachung erfolgen.

Für den WEG-Verwalter dürfte sich zweckmäßigerweise bereits bei der Antragstellung eine entsprechende Eidesstattliche Versicherung empfehlen.

Enhält der Titel **unrichtige Angaben** zur Vollstreckungsforderung, so ist das Vollstreckungsgericht gem. § 10 Abs. 3 S. 2 ZVG an die Falschbezeichnung (z.B. im Vollstreckungsbescheid als »Forderung aus Miete«) gebunden, ohne dass eine anderweitige Glaubhaftmachung gem. § 10 Abs. 3 S. 3 ZVG möglich wäre (LG Möchengladbach Rpfleger 2009, 257).

Soweit bei der Anordnung des Verfahrens der Vorrangsbereich mit 5 % des festgesetzten Verkehrswertes (dazu sogleich) noch nicht ausgeschöpft sein sollte, bedürfte es einer Titulierung der laufend fällig werdenden Hausgeldansprüche für die Zukunft. Eine solche Titulierung ist bisher in der Praxis nicht üblich und kann auch nur auf der Grundlage des laufenden Wirtschaftsplanes erfolgen. Ob es zur Geltendmachung weiterer Hausgeldansprüche insoweit einer **Nachtitulierung** bedarf, ist umstritten (wohl bejahend Derleder ZWE 2008, 13, 17; dagegen wird eine ergänzende Anmeldung im Vorrang als ausreichend anzusehen sein; Schneider ZfIR 2008, 161, 163 f.). Ohne Titulierung können die lediglich ergänzend angemeldeten Ansprüche nach der hier vertretenen Auffassung zwar am Vorrang der Rangklasse 2 teilnehmen, es handelt sich jedoch dann insoweit nicht um ablösungsfähige Ansprüche, weil ihretwegen die Zwangsvollstreckung nicht betrieben wird. Zur Ablösung von Hausgeldansprüchen s. ausführlich Teil III Rdn. 258 ff. Nach einer erfolgten Ablösung wären solche lediglich im Vorrang angemeldeten Ansprüche vom weiteren Betreiben der Zwangsversteigerung durch einen Dritten abhängig.

Schwierigkeiten zeigen sich bisweilen in der Praxis im Umgang mit sog. **Alttiteln**. Wegen der insoweit zu beachtenden Besonderheiten s. Teil II Rdn. 91 f.

Ein auf den **WEG-Verwalter** (in Prozessstandschaft) lautender **Titel** ist wegen Hausgeldansprüchen zwar zulässig (BGHZ 148, 392 = NJW 2001, 3627 = Rpfleger 2002, 17), kann aber ohne vorherige Umschreibung auf den Verband nicht zu einem Betreiben im Vorrang der Rangklasse 2 des § 10 Abs. 1 ZVG berechtigen (vgl. OLG München NJW-RR 2010, 744).

(5) Begrenzung des Anspruchs durch Höchstbetrag und Zeitdauer

Der **Höchstbetrag** des § 10 Abs. 1 Nr. 2 S. 3 ZVG darf nicht überschritten werden. Das **191**
bedeutet, dass in der Rangklasse 2 lediglich Beträge bis zu 5 % des gem. § 74a Abs. 5 ZVG festgesetzten Verkehrswertes berücksichtigt werden können. Kosten und Nebenleistungen sind gegebenenfalls in den Betrag einzurechnen. Treten im Laufe des Verfahrens Veränderungen des Wertes ein, so ist für die Ermittlung des Grenzwertes der zum Zeitpunkt des Zuschlags festgesetzte Verkehrswert maßgeblich.

Die Ansprüche in der Rangklasse 2 sind weiterhin **zeitlich begrenzt** auf die laufenden und die rückständigen Beträge aus dem Jahr der Beschlagnahme sowie aus den beiden Kalenderjahren vor der Beschlagnahme (vgl. § 13 ZVG). Auf diese Weise wird ein Gleichklang mit den wohnungseigentumsrechtlichen Abrechnungsperioden erreicht (vgl. § 28 Abs. 1 und 3 WEG). Die Regelung lehnt sich damit an die schon bisher für Ansprüche in den Rangklassen 3 und 4 des § 10 Abs. 1 ZVG geltenden Zeiträume für die Berechnung wiederkehrender Leistungen an, erfasst aber im Gegensatz zur Regelung in § 13 Abs. 1 S. 2 ZVG mit den rückständigen Beträgen das gesamte Beschlagnahmejahr (zur Bestimmung des Beschlagnahmezeitpunktes s. Rdn. 214 ff.). Dabei sollen nach den Vorstellungen des Gesetzgebers Forderungen, die sich wirtschaftlich auf einen früheren Zeitraum beziehen, selbst dann nicht privilegiert sein können, wenn die entsprechende Beschlussfassung innerhalb des genannten Zeitraums erfolgt (vgl. Bärmann/Pick WEG, 18. Aufl. ErgBd S. 219); der Wortlaut des Gesetzes spiegelt diese Auffassung allerdings nicht wider.

Soweit in der Rangklasse 2 des § 10 Abs. 1 ZVG neben Verbandsansprüchen auch Regressansprüche eines einzelnen Wohnungseigentümers zulässigerweise geltend gemacht werden, wird bei einem Überschreiten der Höchstgrenze des § 10 Abs. 1 Nr. 2 S. 3 ZVG die Frage nach der **Aufteilung des Vorrangs** nicht einheitlich beantwortet. Während richtigerweise wohl das Gleichrangprinzip zur Anwendung kommen dürfte (Schneider ZfIR 2008, 161, 164), möchte Derleder (ZWE 2008, 13, 20) in diesem Fall auf den Entstehungszeitpunkt der Forderungen abstellen.

(6) Überschreiten des Mindestbetrages

Der gem. § 10 Abs. 3 S. 1 ZVG geforderte Mindestbetrag muss überschritten sein. Eine **192**
Zwangsvollstreckung im Vorrang der Rangklasse 2 ist danach nur zulässig, wenn der **Verzugsbetrag** des § 18 Abs. 2 Nr. 2 WEG mit 3 % des steuerlichen Einheitswertes überschritten wird. Auf diese Weise wird ein Wertungswiderspruch zu einem wohnungseigentumsrechtlichen Entziehungsverfahren vermieden. Der für die Verfahrensanordnung unerlässliche Nachweis bereitete in der Vergangenheit im Hinblick auf das mutmaßlich auch bzgl. des steuerlichen Einheitswertes bestehende Steuergeheimnis (so FG Düsseldorf Rpfleger 2009, 258 = ZMR 2009, 213) große Schwierigkeiten und führte zu einer Reihe höchstrichterlicher Entscheidungen (u.a. BGH NJW 2008, 1956 = Rpfleger 2008, 375 = ZMR 2008, 724; BGH NJW 2009, 1888 = Rpfleger 2009, 399 = ZMR 2009, 701; BGH NJW 2009, 2066 = Rpfleger 2009, 518 = ZMR 2009, 775; BGH NZM 2009, 707).

Das **Nachweisproblem** ist nunmehr durch eine Ergänzung des § 10 Abs. 3 S. 1 behoben worden (Art. 8 des Gesetzes zur Reform des Kontopfändungsschutzes v. 07.07.2009 (BGBI. I 2009, 1707). Danach steht § 30 der Abgabenordnung nunmehr einer Mitteilung des Einheitswerts an die in § 10 Abs. 1 Nr. 2 ZVG genannten Gläubiger nicht mehr entgegen, wenn ein vollstreckbarer Titel vorliegt. Zur Kritik an dieser Lösung s. insbesondere

Commans ZfIR 2009, 489 und Drasdo ZMR 2009, 742. Zutreffend ist, dass auch nach der gesetzlichen Ergänzung unklar ist, ob eine Verpflichtung der Finanzbehörden zur Mitteilung des Einheitswertes überhaupt besteht und gegebenenfalls welcher Art diese Mitteilung zu sein hat (EW-Bescheid, formlose Mitteilung ohne Namensnennung, Art der Grundstücksbezeichnung pp.). Im Einzelfall bereitet auch der Prüfungsumfang bei den Finanzbehörden noch Schwierigkeiten (»liegt ein vollstreckbarer Titel vor«).

Nach der auch insoweit noch anwendbaren BGH-Rechtsprechung wird auch zukünftig der Nachweis des Überschreitens des Mindestbetrages zur Anordnung der Zwangsversteigerung im Vorrang auch durch Hinweis auf den bereits festgesetzten Verkehrswert in einem bereits von dritter Seite betriebenen Zwangsversteigerungsverfahren in Betracht kommen (BGH NJW 2009, 1888 = Rpfleger 2009, 399 = ZMR 2009, 701). Nicht möglich ist dagegen die Vorlage eines Einheitswertbescheides über eine nach Lage, Zuschnitt und Größe vergleichbare Einheit in derselben Anlage zum Nachweis des steuerlichen Einheitswertes für das Vollstreckungsobjekt (BGH NJW 2008, 1956 = Rpfleger 2008, 375 = ZMR 2008, 724). Ferner kann ein nachträgliches Absinken der Hausgeldforderungen unter den in § 10 Abs. 3 S. 1 ZVG genannten Mindestbetrag nicht zum Wegfall des Vorrangs führen. So vermag eine **teilweise Befriedigung** des Verbandes durch den säumigen Wohnungseigentümer nichts daran zu ändern, dass der einmal erlangte Vorrang in der Rangklasse 2 bis zur vollständigen Tilgung der geltend gemachten Beträge einschließlich der Kosten fortbesteht (Bräuer/Oppitz ZWE 2007, 326, 329, Derleder ZWE 2008, 13, 15; Hügel/Elzer § 15 Rn. 15; Schneider ZMR 2010, 340, 343).

(7) Objektmäßige Begrenzung

193 Die Forderungen sind darüber hinaus nur objektbezogen (»daraus«) privilegiert (vgl. § 10 Abs. 1 Nr. 2 S. 1 ZVG). D.h., nur die auch konkret auf das jeweilige Wohnungs- oder Teileigentum entfallenden Beträge können im Rahmen der Versteigerung genau dieser Einheiten bevorrechtigt geltend gemacht werden.

Sollte der Vollstreckungsschuldner **Eigentümer mehrerer Einheiten** in derselben Anlage sein, könnten die vom Verband an einem anderen Wohnungseigentum geltend gemachten Ansprüche nur nach den allgemeinen Grundsätzen berücksichtigt werden.

Ein Zahlungstitel über die **Gesamtsumme** von Hausgeldrückständen **für mehrere Wohnungseigentumseinheiten** desselben Schuldners kann zur jeweiligen Einordnung in die Rangklasse 2 des § 10 Abs. 1 ZVG nur genügen, wenn sich die anteilige Höhe des Verzugsbetrags für das konkrete vom Zwangsversteigerungsverfahren betroffene Wohnungseigentum zumindest aus der Begründung des Titels ergibt oder sich wenigstens durch Auslegung mit Hilfe der dazu gehörigen Antragsschrift ermitteln lässt (LG Passau Rpfleger 2008, 381). Andernfalls käme eine Zwangsvollstreckung insoweit lediglich in den Rangklassen 4 bzw. 5 des § 10 Abs. 1 ZVG in Betracht. Eine Glaubhaftmachung des Verzugsbetrags für das einzelne Wohnungseigentum erst im Zwangsversteigerungsverfahren soll nicht zulässig sein (LG Passau Rpfleger 2008, 381).

Als problematisch werden sich deshalb die Fälle erweisen, in denen neben dem Wohnungseigentum auch ein im Grundbuch selbstständig gebuchter Tiefgaragenstellplatz vorhanden ist. Sind hier Wirtschaftsplan und Jahresabrechnung nicht nach den Kosten für Wohnung und Stellplatz getrennt erstellt, bestehen Schwierigkeiten, die tatsächlich auf die Einzelobjekte entfallenden Beträge auch den zutreffenden Einheiten zuzuweisen. Nach der Rechtsprechung des LG Passau müsste die notwendige Aufteilung bereits im Erkenntnisverfahren erfolgt sein. Will man solchermaßen aufgrund einer **Gesamtabrechnung** ergangene Titel nicht für unvollstreckbar halten, bietet sich insoweit ebenfalls die entsprechende Zulassung des WEG-Verwalters zur Eidesstattlichen Versicherung an, in der die Erhebung der Hausgeldzahlungen objektmäßig aufschlüsselt werden kann. Insoweit kann auch der Objektbezug über den Wortlaut des § 10 Abs 3 S. 3 ZVG hinaus glaubhaft zu machen sein (so auch zu Recht Alff ZWE 2010, 105, 106).

b) Entscheidungen des Vollstreckungsgerichts

Das Vollstreckungsgericht hat zunächst die in Rdn. 176 ff. ff. dargestellten Verfahrensvoraussetzungen zu prüfen. Ergeben sich Mängel, kommt eine Zurückweisung des Antrages nur bei nicht behebbaren Mängeln in Betracht. Regelmäßig wird das Gericht den Antrag nicht sogleich zurückweisen und entsprechend § 139 ZPO durch eine Zwischenverfügung auf die Beseitigung der Mängel hinwirken. Diese **Zwischenverfügung** darf nicht mit der Zwischenverfügung gem. §§ 17, 18 GBO verwechselt werden. In einem Zwangsversteigerungsverfahren ist keine Rangwahrung durch Antragstellung vorgesehen. Infolgedessen wird einem weiteren beanstandungsfreien Antrag entsprochen werden, auch wenn die Frist zur Behebung von Mängeln des zeitlich früher gestellten Anordnungsantrages noch nicht verstrichen ist. Dies kann zu Rangverlusten in der Befriedigungsreihenfolge des § 10 ZVG führen (zur Rangfolge vgl. auch Rdn. 225 ff.). **195**

Weiterhin hat im Hinblick auf § 28 ZVG auch schon bei der Entscheidung über die Verfahrensanordnung von Amts wegen eine Prüfung dahingehend zu erfolgen, ob durch die Anordnung der Zwangsversteigerung **Rechte Dritter** verletzt werden, die entweder aus dem Grundbuch ersichtlich oder als Verfügungsbeschränkung dem Rechtspfleger bekannt sind. In Betracht kommen insbesondere **erbrechtliche Beschränkungen** und solche nach der **Insolvenzordnung** (s. weiterhin Rdn. 255). **196**

Eine im Grundbuch eingetragene **Erwerbsvormerkung** (»Auflassungsvormerkung«) hindert dagegen die Anordnung des Verfahrens nicht. Allerdings kann eine im Rang der Vormerkung erfolgende Eigentumsumschreibung zur Aufhebung des Versteigerungsverfahrens führen (vgl. § 883 BGB), wenn nicht eine Titelumschreibung in Betracht kommt (s. dazu Rdn. 253 ff.). **197**

Ist im Grundbuch verlautbart, dass die Veräußerung des Wohnungseigentums gem. **§ 12 WEG** von der Zustimmung aller oder einiger bestimmter Wohnungseigentümer bzw. von der **Zustimmung** eines Dritten – und hier insbesondere des WEG-Verwalters – abhängig sein soll, so gilt dies gem. § 12 Abs. 3 S. 2 grundsätzlich auch für eine Veräußerung im Wege der Zwangsvollstreckung. Es ist allerdings zunächst zu prüfen, ob für den Fall der Zwangsversteigerung eine Ausnahme vereinbart worden ist (vgl. FaKoWEG/Schneider § 12 Rn. 9). Eine danach erforderliche Zustimmung zur Veräußerung braucht jedoch für die Anordnung des Verfahrens noch nicht nachgewiesen zu werden, weil zu diesem Zeitpunkt weder ein Übertragungsvorgang vorliegt noch eine Beurteilung der Person des Erwerbers möglich ist (LG Berlin Rpfleger 1976, 149; FaKoWEG/Schneider § 12 Rn. 90 m.w.N.). **198**

Bei Vorliegen der entsprechenden Voraussetzungen kann für die Durchführung eines Zwangsversteigerungsverfahrens auch **Prozesskostenhilfe** bewilligt werden. Dies ist auch dann möglich, wenn der »Verband Wohnungseigentümergemeinschaft« Beitragsforderungen vollstrecken will (BGH WuM 2010, 527). Wegen der Komplexität des Verfahrens kann dem Schuldner Prozesskostenhilfe jedoch nicht pauschal für das gesamte Verfahren bewilligt werden, sondern lediglich für einzelne genau zu benennende vollstreckungsgerichtliche Maßnahmen (BGH Rpfleger 2004, 174; **a.A.** Stöber Einl. Rn. 45.2) **199**

Die **Anordnung der Zwangsversteigerung** erfolgt durch Beschluss, der dem Schuldner von Amts wegen zuzustellen ist (§ 22 Abs. 1 ZVG). Eine Zustellung an den Gläubiger oder dessen Vertreter erfolgt nur, wenn dem Antrag nicht in vollem Umfange entspro- **200** chen werden konnte. Öffentliche Zustellung (§§ 185 ff. ZPO) und Auslandszustellung (§§ 183 f. ZPO) sind ebenso möglich, wie die Bestellung eines Zustellungsvertreters (§ 6 ZVG) für das weitere Verfahren.

201 Ein Muster für einen Anordnungsbeschluss findet sich im Anhang zu Kapitel 33 (Muster 3).

202 Mit der Anordnung des Verfahrens **ersucht** das Vollstreckungsgericht gleichzeitig das **Grundbuchgericht** um Eintragung des Zwangsversteigerungsvermerkes (§ 19 Abs. 1 ZVG). Die Eintragung erfolgt in der II. Abteilung des betreffenden Grundbuchs. Auch wenn dort aufgrund eines zeitgleichen Ersuchens auf Eintragung eines Zwangsverwaltungsvermerkes eine – wegen des oftmals unterschiedlichen Verlaufes der beiden Verfahren nicht zu empfehlende – gemeinschaftliche Eintragung der Vermerke in das Grundbuch erfolgen sollte, so handelt es sich in der Sache gleichwohl um zwei selbstständige Verfügungsbeschränkungen.

c) Beitritt weiterer Gläubiger

203 Beantragen weitere Gläubiger die Anordnung der Zwangsversteigerung, so erfolgt statt des Versteigerungsbeschlusses die Anordnung, dass der **Beitritt** des Antragstellers zum Verfahren zugelassen wird (§ 27 Abs. 1 ZVG). Auch insoweit müssen daher die vorgenannten Verfahrensvoraussetzungen für den weiteren Gläubiger erfüllt sein. Der Gläubiger, dessen Beitritt zugelassen ist, hat dieselben Rechte, als wenn auf seinen Antrag die Versteigerung angeordnet worden wäre (§ 27 Abs. 2 ZVG). Der Unterschied zwischen Anordnung der Zwangsversteigerung und Beitritt zum Verfahren ist damit lediglich ein sprachlicher.

204 Problematisch kann ein Beitritt nach neuem Recht sein, wenn zu diesem Zeitpunkt bereits ein Versteigerungsverfahren anhängig ist, das noch nach altem Recht begonnen worden ist (vgl. § 62 Abs. 1 WEG). Für diesen Fall gelten die früheren Regelungen nämlich auch für den Beitrittsgläubiger fort, so dass in einem solchen Versteigerungsverfahren ein Beitritt aus der Rangklasse 2 des § 10 Abs. 1 ZVG wegen Hausgeldansprüchen nicht möglich ist (BGH NJW 2008, 1383 = Rpfleger 2008, 321 = ZMR 2008, 385). Zu den **Übergangsregelungen** s. ausführlich Rdn. 445 f.

205 Der Beitrittsbeschluss macht **kein neuerliches Ersuchen** um Eintragung in das Grundbuch erforderlich (§ 27 Abs. 1 S. 2 ZVG).

206 Möglich ist der Beitritt bis zur Rechtskraft des Zuschlagsbeschlusses (OLG Stuttgart Rpfleger 1970, 102); ein Beitritt zum Verteilungsverfahren ist nicht zulässig (Steiner/Teufel § 27 Rn. 20). Nach Rechtskraft des Zuschlags ist eine Vollstreckung nur noch durch Pfändung eines etwaig dem Schuldner zustehenden Erlösüberschusses möglich (dazu Stöber Forderungspfändung Rn. 130).

207 Der Beitritt zum Verfahren kann für den Gläubiger u.U. mit einem erhöhten Kostenrisiko verbunden sein, wenn z.B. der das Verfahren zunächst betreibende Gläubiger Gebührenbefreiung für sich in Anspruch nehmen kann. In diesem Fall haftet der beitretende Gläubiger für die Gesamtkosten des Verfahrens in voller Höhe (vgl. § 26 Abs. 1 GKG).

208 Ein **vor dem Beitritt** ergangener **Wertfestsetzungs**beschluss kann vom Beitrittsgläubiger auch dann noch angefochten werden, wenn er den anderen Beteiligten gegenüber bereits rechtskräftig geworden ist (Böttcher § 27 Rn. 17).

d) Wirkung der Anordnung/des Beitritts

aa) Grundsatz der Selbstständigkeit der Einzelverfahren

Durch die Anordnung wird das Zwangsversteigerungsverfahren in seiner Gesamtheit 209
ausgelöst (zum Übergangsrecht s. Rdn. 445). Sämtliche betreibenden Gläubiger sind Teilnehmer dieses **Gesamtverfahrens**. Für jeden dieser Gläubiger besteht jedoch ein **Einzelverfahren**, das vom Schicksal der anderen Einzelverfahren weitgehend unabhängig ist. Spricht das ZVG von »Verfahren«, ist nicht das Gesamtverfahren, sondern das jeweilige Einzelverfahren gemeint. Jeder Gläubiger erwirkt demgemäß in seinem Einzelverfahren seine »eigene« Beschlagnahme, wobei für einen Beitrittsgläubiger eine weitere Eintragung der Verfahrensanordnung in das Grundbuch nicht mehr stattfindet (§ 27 Abs. 1 S. 2 ZVG). Die differenzierte Behandlung des Verfahrensbegriffs ist für alle Beteiligten eines Zwangversteigerungsverfahrens von größter Bedeutung und kann weitreichende Auswirkungen haben.

▶ **1. Beispiel:** 210

Durch die Beschlagnahme wird das Rangverhältnis der jeweiligen betreibenden Gläubiger in der Rangklasse 5 des § 10 Abs. 1 ZVG bestimmt. Daraus leitet sich später die Befriedigungsreihenfolge der Ansprüche ab.

▶ **2. Beispiel:** 211

Stellt von mehreren betreibenden Gläubigern lediglich einer das Verfahren gem. § 30 ZVG ein, so hat die Einstellung dieses Einzelverfahrens keinen Einfluss auf den Fortgang des Gesamtverfahrens (wohl aber u.U. auf die Bedingungen der Versteigerung).

Der Grundsatz der Selbständigkeit der Einzelverfahren ermöglicht es einem bereits das 212
Verfahren betreibenden Gläubiger, sowohl mit jeweils neu fällig gewordenen Zinsansprüchen oder auch aus verschiedenen Ansprüchen (z.B. dinglich, wenn bisher lediglich aus persönlichen Ansprüchen betrieben wurde) dem (Gesamt-)Verfahren beizutreten (Stöber § 27 Rn. 3.3 und 3.5). Der BGH hat diese Möglichkeit auch für Hausgeldansprüche im Hinblick auf deren unterschiedlichen Charakter (persönlicher Zahlungsanspruch – dinglicher Duldungsanspruch) ausdrücklich anerkannt (BGH NJW 2008, 1956 = Rpfleger 2008, 375 = ZMR 2008, 724). Für diese neuerlichen Vollstreckungsverhältnisse ergehen separate Beitrittsbeschlüsse, die dem betreibenden Gläubiger auch insoweit ein eigenständiges Recht auf Verfahrensbetrieb und -fortgang sichern (Eickmann § 2 I 3; Stöber Handbuch Rn. 187). Ein Gläubiger kann also bezüglich desselben Gegenstandes mehrere Verfahren betreiben. Jedoch dürfte die Erstattungsfähigkeit der u.U. durch solche Beitrittsbeschlüsse anfallenden Mehrkosten in vielen Fällen zweifelhaft sein (§§ 91, 788 ZPO).

Das Betreiben der Zwangsversteigerung aus mehreren Beitrittsbeschlüssen wegen 213
bestehender Teilforderungen aus demselben Titel kann jedoch **im Einzelfall rechtsmissbräuchlich** sein, wenn das Verfahren über einen längeren Zeitraum ohne ernsthafte Versteigerungsabsicht betrieben wird (z.B. Versteigerungsfahren lediglich als »Druckmittel« gegenüber dem Schuldner). In einem solchen Fall wird die Durchbrechung des Selbständigkeitsgrundsatzes für geboten gehalten (LG Bonn Rpfleger 2001, 365), um einem erkennbaren Rechtsmissbrauch angesichts formal richtiger Ausnutzung der komplexen Verfahrensmechanismen begegnen zu können (vgl. allgem. BGH NJW 1979, 162). In Betracht kommen kann deshalb in einem solchen Fall nicht nur die Aufhebung eines Einzelverfahrens nach einer dritten Einstellung (dazu Rdn. 243), sondern auch die Aufhebung des Gesamtverfahrens (LG Erfurt Rpfleger 2005, 375 – im entschiedenen Fall nach 2 Jahren; **a.A.** LG Dessau Rpfleger 2004, 724 u.a. wegen der

schuldnerseitigen Zustimmung zu dieser Verfahrensweise nach immerhin über 5 Jahren m. krit. Anm. Eickmann ZfIR 2005, 389, 390f.).

bb) Wirksamwerden der Beschlagnahme

214 Gemäß § 20 Abs. 1, § 27 Abs. 2 ZVG gilt der Anordnungs- bzw. Beitrittsbeschluss zugunsten des Gläubigers als **Beschlagnahme** des Objekts. **Wirksam werden** kann die Beschlagnahme sowohl durch Zustellung des jeweiligen Beschlusses an den Schuldner (§ 22 Abs. 1 S. 1 ZVG) als auch (bei erstmaliger Anordnung) durch Eingang des Ersuchens auf Eintragung des Zwangsversteigerungsvermerkes bei dem Grundbuchgericht, sofern nur auf das Ersuchen demnächst die Eintragung erfolgt (§ 22 Abs. 1 S. 2 ZVG). Auch das für die Rangklasse 2 des § 10 Abs. 1 ZVG maßgebliche Jahr der Beschlagnahme (vgl. Rdn. 91) bestimmt sich nach § 22 Abs. 1 ZVG. Eine Rückwirkung der Anordnung auf den Zeitpunkt einer früheren Antragstellung entsprechend § 167 ZPO ist demgemäß ausgeschlossen (BGH v. 22.07.2010 – V ZB 178/09).

Hat bis zur Beschlagnahme im Zwangsversteigerungsverfahren eine Zwangsverwaltung fortgedauert, so gilt die für diese bewirkte Beschlagnahme als die erste (§ 13 Abs. 4 S. 2 ZVG). Betreibt ein Gläubiger Zwangsversteigerung und Zwangsverwaltung nebeneinander, so ist für jedes der beiden Verfahren das Wirksamwerden der Beschlagnahme gesondert zu beurteilen (Dassler u.a./Hintzen § 22 Rn. 7).

cc) Umfang der Beschlagnahme

215 Die Beschlagnahme umfasst grundsätzlich neben dem Grundstück auch diejenigen Gegenstände, auf die sich bei einem Grundstück die Hypothek erstreckt (§ 20 Abs. 2 ZVG). Für einen dinglich gesicherten Gläubiger wird damit durch die zu seinen Gunsten erfolgte Beschlagnahme der **Hypothekenhaftungsverband** (§ 1120 BGB) aktiviert (Hock/Mayer/Hilbert/Deimann Rn. 103). Wegen § 21 ZVG erreicht die Beschlagnahme durch Anordnung der Zwangsversteigerung jedoch nicht alle zum Haftungsverband gehörenden Gegenstände sondern lediglich

- das Versteigerungsobjekt als solches;
- die wesentlichen Bestandteile, die nicht Gegenstand besonderer Rechte sein können;
- die mit dem Eigentum verbundenen Rechte wie z.B. Grunddienstbarkeiten;
- das Zubehör, sofern es im Eigentum des Schuldners steht;
- die land- und forstwirtschaftlichen Erzeugnisse, die Zubehör sind oder erst nach der Beschlagnahme des Grundstücks geerntet wurden, sofern sie nicht durch die Ernte Eigentum eines Dritten werden;
- Versicherungsforderungen bezüglich eines beschlagnahmten Gegenstandes.

216 Wegen der weiter gehenden Beschlagnahme in der Zwangsverwaltung s. Teil IV Rdn. 530f.

dd) Gegenstand der Beschlagnahme beim Wohnungseigentum

217 **Gegenstand der Beschlagnahme** ist das Wohnungseigentum in seiner konkreten rechtlichen Ausgestaltung. Haben die Wohnungseigentümer ihr Verhältnis untereinander nicht – wie in der Praxis regelmäßig erfolgt – vertraglich ergänzt oder abgeändert (§ 10 Abs. 2 S. 2 WEG), erfasst die Beschlagnahme das Wohnungseigentum in seiner gesetzlichen Ausgestaltung (§ 10 Abs. 2 S. 1 WEG).

218 Die durch § 6 WEG grundsätzlich untersagte separate Verfügung über den Miteigentumsanteil oder das Sondereigentum verbietet auch eine selbständige Zwangsvollstreckung in die einzelnen Elemente des Wohnungseigentums. Die Anerkennung von Verfü-

gungsmöglichkeiten hinsichtlich einzelner Elemente des Wohnungseigentums zugunsten von Mitgliedern der Gemeinschaft (vgl. FaKoWEG/Schneider § 6 Rn. 3 ff.) beschränkt sich auf rechtsgeschäftliche Übertragungen zum Zwecke des Austausches zwischen den Wohnungseigentümern. Hier stehen praktische Erwägungen im Vordergrund, da andernfalls solche Veränderungen des rechtlichen und tatsächlichen Bestandes vorhandener Einheiten nur über eine mit großem Aufwand und vielfachen Schwierigkeiten verbundene Rückabwicklung verbunden mit anschließender Neuaufteilung möglich wären.

Das Gleiche gilt auch für ein gegebenenfalls zugunsten des jeweiligen Eigentümers einer **219** Wohnungs- oder Teileigentumseinheit vereinbartes und im Grundbuch als Inhalt des Sondereigentums gem. § 5 Abs. 4 S. 1, § 13 Abs. 2 WEG vermerktes Sondernutzungsrecht. Zur Problematik einer ausdrücklich oder durch bloße Bezugnahme erfolgten Grundbucheintragung s. FaKoWEG/Schneider § 7 Rn. 176. Ein gem. § 10 Abs. 3 WEG »verdinglichtes« Sondernutzungsrecht stellt kein eigenständiges (dingliches) Recht dar, sondern gehört zum Inhalt des jeweiligen Sondereigentums (BGHZ 73, 145 = Rpfleger 1979, 57 = ZMR 1979, 380; BGHZ 145, 133 = NJW 2000, 3643 = Rpfleger 2001, 69 = ZMR 2001, 119). Das mit einem bestimmten Raumeigentum verbundene **Sondernutzungsrecht** unterfällt damit der Beschlagnahme in der Immobiliarvollstreckung; eine Mobiliarvollstreckung durch gesonderte Pfändung ist nicht möglich (OLG Stuttgart Justiz 2002, 407; Stöber Forderungspfändung Rn. 1792; Wieczorek/Lüke § 857 Rn. 26; Schneider Rpfleger 1998, 53, 59 f.; **a.A.** jedoch LG Stuttgart DWE 1989, 72; Schuschke NZM 1999, 830; Palandt/Bassenge § 13 Rn. 13; Weitnauer/Lüke § 15 Rn. 36, die zumindest innerhalb der Gemeinschaft eine separate Pfändung von Sondernutzungsrechten gem. § 857 ZPO für zulässig erachten). Die hier vertretene Auffassung untersagt jedoch die ansonsten denkbare Mobiliarvollstreckung von Immobilien (so zu Recht auch Stöber Forderungspfändung Rn. 1792 Fn. 5). Besonders deutlich zeigt sich die Problematik, wenn die Aufteilung im Einzelfall über umfängliche Sondernutzungsrechte gestaltet worden ist (zu denken wäre z.B. an Doppelhaushälften oder sog. »Kellermodelle«).

Ebenfalls unzulässig ist die Pfändung eines Zuweisungsvorbehaltes bei der gestreckten **220** Begründung von Sondernutzungsrechten (OLG Stuttgart ZWE 2002, 542).

Demgegenüber kann aufgrund eines solchen **Zuweisungsvorbehaltes** ein **Sondernutzungsrecht** auch noch **nach der Beschlagnahme** in der Zwangsversteigerung wirksam **221** einem Wohnungs- oder Teileigentum zugeordnet werden (zur gestreckten Begründung von Sondernutzungsrechten s. ausführlich Schneider Rpfleger 2001, 535 ff.). Da der betreibende Gläubiger durch die positive Zuweisung in seiner Rechtsposition nicht beeinträchtigt wird, erfolgt die Versteigerung des Wohnungseigentums mit dem als Inhalt des Sondereigentums nach der Beschlagnahme verdinglichten Sondernutzungsrecht (Stöber § 15 Rn. 45.3; s.a. Rdn. 349). Umgekehrt findet bei einem in der Zwangsversteigerung befindlichen Wohnungseigentum keine Beeinträchtigung durch die nachträgliche Zuordnung eines Sondernutzungsrechtes zu einer anderen Einheit statt, wenn bereits in der Teilungserklärung alle übrigen Wohnungseigentümer aufschiebend bedingt von der Nutzung ausgeschlossen sind.

Davon zu unterscheiden ist jedoch die **zulässige Pfändung** von Ansprüchen eines Bau- **222** trägers aus einem **Treuhandverhältnis** mit einem Wohnungseigentümer, wenn diesem Sondernutzungsrechte an Parkplätzen nur deshalb zustehen, weil er sie treuhänderisch für den aus der Wohnungseigentümergemeinschaft ausgeschiedenen Bauträger verwaltet (BGH NJW 2010, 2346). Wie dann allerdings die Verwertung des gepfändeten Rückübertragungsanspruchs hinsichtlich der vorübergehend dem Wohnungseigentümer zugeordneten Sondernutzungsrechte erfolgen könnte, hat der BGH allerdings nicht erörtert.

ee) Wirkung der Beschlagnahme

223 Die Beschlagnahme hat für den jeweils betreibenden Gläubiger die **Wirkung eines Veräußerungsverbotes** (§ 23 Abs. 1 S. 1 ZVG). Da nicht nur eine Veräußerung Inhalt des Verbotes ist, sollte besser von einem Verfügungsverbot gesprochen werden (Böttcher § 23 Rn. 2), das auch Rechtshandlungen mit umfasst (Meyer-Stolte Rpfleger 1989, 118). Das in diesem Sinne verstandene Veräußerungsverbot des § 23 ZVG führt jedoch nicht zu einer Grundbuchsperre. Spätere Verfügungen des Eigentümers über beschlagnahmte Gegenstände sind – nur relativ – dem betreibenden Gläubiger gegenüber insoweit unwirksam, wie sie dessen Anspruch vereiteln würden (BGH WuM 1988, 1388). Es handelt sich damit im Ergebnis um eine »schwebende Wirksamkeit« der Verfügungen, weil der Erwerber seine Rechtsstellung aufgrund der Geltendmachung der relativen Unwirksamkeit durch den betreibenden Gläubiger wieder verlieren kann (Böttcher § 23 Rn. 4). Genehmigt der betreibende Gläubiger die Verfügung des Eigentümers, erwächst die gegen das Verfügungsverbot verstoßende Verfügung ex tunc genauso in voller Wirksamkeit, als wenn sie von Anfang an mit Einwilligung des Gläubigers vorgenommen worden wäre (Böttcher § 23 Rn. 5 ff.).

224 Unter das Verfügungsverbot des § 23 ZVG fällt auch die **nachträgliche Aufteilung eines Grundstückes in Wohnungs- und Teileigentumsrechte** gem. § 8 WEG. Zwar handelt es sich bei der sog. Vorratsteilung nicht um eine Verfügung im eigentlichen Rechtssinne, jedoch kann darin ein verfügungsähnlicher Vorgang gesehen werden (vgl. Schneider ZNotP 2010, 387). Aus diesem Grunde kann der Grundstückseigentümer nach der Beschlagnahme in einem Zwangversteigerungsverfahren die Immobilie in Wohnungs- und Teileigentumsrechte aufteilen, jedoch ist die Aufteilung dem betreibenden Gläubiger gegenüber gem. §§ 135, 136 BGB (relativ) unwirksam (BGH NJW 1997, 1581; BGH NJW-RR 1988, 1274 = Rpfleger 1988, 543). Verweigert dieser nach einer entsprechenden Anhörung durch das Versteigerungsgericht seine Zustimmung zur Aufteilung und beruft sich auf seine Rechte aus dem Verfügungsverbot, kann nur das ursprünglich in Beschlag genommene Grundstück in seiner Gesamtheit zur Versteigerung kommen (LG Würzburg/AG Würzburg Rpfleger 1989, 117 m. zust. Anm. Meyer-Stolte; Bärmann/Armbrüster § 1 Rn. 216; Böttcher § 23 Rn. 11; Dassler u.a./Hintzen § 23 Rn. 16 u. § 63 Rn. 10; Eickmann EWiR 1987, 627; FaKoWEG/Schneider § 1 Rn. 65; Köhler/Bassenge/Klose 1. Aufl. Teil 19 Rn. 448; Stöber § 23 Rn. 2.2 lit b); **a.A.** OLG Frankfurt OLGZ 1987, 266; LG Essen Rpfleger 1989, 116; Weitnauer/Briesemeister § 3 Rn. 126). Einzelausgebote gem. § 63 Abs. 1 ZVG kommen dann nicht in Betracht. Zur grundbuchmäßigen Behandlung der angelegten Wohnungsgrundbücher in diesem Fall s. FaKo WEG/Schneider § 9 Rn. 27.

ff) Auswirkungen auf Rangklassen und Berechnungen

225 Die durch die Anordnung eines Verfahrens bewirkte Beschlagnahme des Versteigerungsobjektes hat **Auswirkungen auf die** einem Gläubiger zukommenden **Rangklassen** im Rahmen des § 10 Abs. 1 ZVG.

Danach gebührt einem **dinglich gesicherten Gläubiger** Befriedigung aus dem Grundstück an der Rangstelle seines Grundpfandrechtes für das Kapital des Rechtes sowie die laufenden und bis zu zwei Jahren rückständigen Zinsen (Rangklasse 4). Auf eine evtl Beschlagnahme kommt es demgemäß für dinglich gesicherte Gläubiger erst an, wenn der in dieser Rangklasse gesetzlich eingeräumte Rahmen überschritten werden soll. Zur Abgrenzung von laufenden und rückständigen Nebenleistungen vgl. § 13 Abs. 1 und 2 ZVG.

Betreibt ein **Gläubiger** wegen der ihm **persönlich** zustehenden Ansprüche das Verfahren, so verschafft diese Beschlagnahme ihm erst eine Rangstelle und ermöglicht in der Folge seine Befriedigung in der Rangklasse 5 (zur Ausnahme bei der Zwangshypothek s. Teil III Rdn. 179). Dies gilt auch für die älteren Zinsen des insoweit nicht mehr in der Rangklasse 4 gesicherten dinglichen Gläubigers, soweit er ihretwegen das Verfahren betreibt. Betreibt ein dinglich gesicherter Gläubiger wegen eines ihm persönlich zustehenden Anspruches die Zwangsversteigerung, beeinträchtigt dies nicht seinen vorrangig in Rangklasse 4 gesicherten Anspruch.

Nach der für einen Gläubiger erfolgten **Beschlagnahme** in das Grundbuch **eingetragene Rechte** werden nach den Ansprüchen des Beschlagnahmegläubigers berücksichtigt und sind diesem gegenüber relativ unwirksam (Rangklasse 6).

Das **Rangverhältnis innerhalb der Rangklassen** bestimmt sich nach § 11 ZVG. Sind **226** demgemäß mehrere Rechte der Rangklasse 4 zu berücksichtigen, so ergibt sich die Befriedigungsreihenfolge aus dem Rangverhältnis, das gem. § 879 BGB unter den Rechten besteht (§ 11 Abs. 1 ZVG). Innerhalb der Rangklasse 5 ist die zeitliche Reihenfolge der Beschlagnahme maßgebend (§ 11 Abs. 2 ZVG).

Die durch die Anordnung eines Verfahrens bewirkte Beschlagnahme des Versteigerungsob- **227** jektes hat also **Auswirkungen auf die Berechnung** der einem dinglich gesicherten Gläubiger zustehenden Ansprüche. Während der Kapitalbetrag ohne zeitliche Beschränkungen in der Rangklasse 4 zu berücksichtigen ist, wird der Umfang des Zinsanspruches durch den Beschlagnahmezeitpunkt bestimmt. Sind in einem Gesamtverfahren mehrere Beschlagnahmen erfolgt, so ist für die Bestimmung der laufenden und rückständigen Beträge einheitlich für alle Gläubiger der frühere Zeitpunkt maßgebend (§ 13 Abs. 4 S. 1 ZVG). Dies gilt selbst dann, wenn der zeitlich zuerst betreibende Gläubiger »sein« Verfahren zwischenzeitlich eingestellt oder seinen Antrag zurückgenommen haben sollte. Eine ununterbrochene Anhängigkeit des Gesamtverfahrens für zumindest einen Gläubiger reicht aus.

e) Beteiligte des Verfahrens

Das Gesetz unterscheidet in § 9 ZVG zwei Gruppen von Verfahrensbeteiligten: **228**

- Beteiligte von Amts wegen:
  Dies sind
  - der Vollstreckungsschuldner;
  - sämtliche betreibenden Gläubiger (selbst dann, wenn im Einzelfall das Verfahren einstweilen eingestellt ist);
  - dinglich Berechtigte, deren Recht vor Eintragung des Zwangsversteigerungsvermerkes im Grundbuch eingetragen oder durch Eintragung gesichert worden ist (§ 9 Nr. 1 ZVG).
- Beteiligte aufgrund Anmeldung (§ 9 Nr. 2 ZVG):
  Dies sind
  - dinglich Berechtigte, deren Recht nach Eintragung des Zwangsversteigerungsvermerkes im Grundbuch eingetragen oder durch Eintragung gesichert worden ist;
  - die Berechtigten der Rangklassen 1 bis 3 des § 10 Abs. 1 ZVG (z.B. wegen der Berücksichtigung von Zwangsverwaltungsvorschüssen – zu den Voraussetzungen s. insbesondere Teil IV Rdn. 635 – oder von öffentlichen Grundstückslasten);
  - Inhaber eines nicht im Grundbuch eingetragenen, der Zwangsversteigerung entgegenstehenden Rechtes (z.B. der Eigentümer von Grundstückszubehör aufgrund von Sicherungsübereignung oder Eigentumsvorbehalt oder der nicht im Grundbuch vermerkte Nacherbe, demgegenüber die Veräußerung beim Eintritt der Nacherbfolge gem. § 2115 BGB, § 773 ZPO unwirksam ist);

- Berechtigte von Grundschuldrückgewährsansprüchen (BGH NJW 2002, 1578 = Rpfleger 2002, 273; Böttcher § 9 Rn. 13; Dassler u.a./Rellermeyer § 9 Rn. 16; Steiner/Hagemann § 9 Rn. 84; Stöber § 9 Rn. 2.8; **a.A.**: keine Berücksichtigung mangels eines »Rechtes« OLG Hamm Rpfleger 1992, 308; OLG Köln Rpfleger 1988, 324);
- Abtretungs- und Pfändungsgläubiger bei einem Briefgrundpfandrecht, soweit keine Eintragung im Grundbuch erfolgt ist (Böttcher § 9 Rn. 8);
- Mieter und Pächter.

229 Für die Anmeldung ist eine **Frist** nicht vorgesehen. Der Anmeldende wird mit der Anmeldung Beteiligter für das weitere Verfahren; das bisherige Verfahren muss er gegen sich gelten lassen. In bestimmten Fällen kann eine späte Anmeldung allerdings zur Nichtberücksichtigung von Ansprüchen führen (vgl. § 10, § 37 Nr. 4 und 5, § 110, § 114 ZVG).

230 Das Versteigerungsgericht braucht keine Nachforschungen anzustellen, solange jemand nicht aus dem Grundbuch ersichtlich ist (RGZ 157, 89). Ist jemand nach dem Versteigerungsvermerk in das Grundbuch eingetragen worden, besteht nach h.M. bzgl. der Anmeldebedürftigkeit eine Hinweis- und Aufklärungspflicht gem. § 139 ZPO wohl nur bei unerfahrenen Berechtigten (Böttcher § 9 Rn. 10; Steiner/Hagemann § 9 Rn. 64; **a.A.**: keine Aufklärungspflicht Dassler/Muth 12. Aufl. § 9 Rn. 23).

231 Ist ein ideeller Miteigentumsanteil an einem Grundstück (z.B. ein Wegeanteil) Gegenstand der Zwangsversteigerung, sind die übrigen **Miteigentümer** der anderen Anteile Verfahrensbeteiligte gem. § 9 Nr. 1 ZVG (Steiner/Hagemann § 9 Rn. 47; Stöber § 9 Rn. 3.19). Dies gilt auch für in **Wohnungs- und Teileigentumsrechte** aufgeteilte Grundstücke, wenn die Miteigentümer bereits bei Eintragung des Versteigerungsvermerkes im Grundbuch eingetragen waren (OLG Stuttgart Rpfleger 1966, 113 = NJW 1966, 1036; Böttcher § 9 Rn. 8; Dassler u.a./Rellermeyer § 9 Rn. 11; Stöber § 9 Rn. 3.35). In einem solchen Fall können allerdings **Zustellungen** statt an die Miteigentümer an den für die Eigentumsanlage bestellten Verwalter nach dem Wohnungseigentumsgesetz wirksam erfolgen (OLG Stuttgart Rpfleger 1966, 113 = NJW 1966, 1036; Stöber ZVG-Handbuch Rn. 395). Dies gilt insbesondere auch für eine Terminsbestimmung, wenn die Zustellung mit dem Hinweis erfolgt, dass sie an den Verwalter der Wohnungseigentumsanlage in eben dieser Eigenschaft erfolgt; es bedarf dann lediglich der Zustellung einer Ausfertigung an ihn (BGHZ 78, 166 = NJW 1981, 282 m. abl. Anm. Kellermann; vgl. jetzt auch § 27 Abs. 2 Nr. 1 WEG). Nicht möglich ist die Zustellung an den Verwalter im Falle einer Interessenkollision, so wenn er z.B. für den Vollstreckungsschuldner als Miteigentümer und für sich selbst als Verfahrensgegner die Zustellung entgegennehmen müsste (BayObLG Rpfleger 1973, 310; BayObLG NJW-RR 1989, 1168; Böttcher § 9 Rn. 8; Stöber § 41 Rn. 2.8). Zustellungen an den WEG-Verwalter kommen insbesondere auch dann in Betracht, wenn Rechte in der II. Abteilung des Grundbuchs (z.B. Wegerechte oder Leitungsrechte) zugunsten aller Wohnungseigentümer eingetragen sind (Hock/Mayer/Hilbert/Deimann Rn. 941).

3. Einstellungs- und Aufhebungsmöglichkeiten

a) Einstellungsmöglichkeiten

aa) Grundsätze

232 In Zwangsversteigerungssachen bestehen nebeneinander und kombinierbar **mehrere Möglichkeiten** für eine einstweilige Einstellung des Verfahrens.

Eingestellt werden kann entweder auf Antrag oder von Amts wegen immer nur das jeweilige **Einzelverfahren** eines betreibenden Gläubigers. Durch die Einstellung eines Einzelverfahrens wird der Fortgang der übrigen Einzelverfahren und des Gesamtverfahrens nicht berührt, wenngleich sich aus der Einzeleinstellung Auswirkungen auf den weiteren Verlauf ergeben können. 233

Das Gleiche gilt für einen möglichen Fortsetzungsantrag. Die Fortsetzung eines einstweilen eingestellten (Einzel-)verfahrens führt damit nicht auch zur Fortsetzung anderer (Einzel-)verfahren.

Eine einstweilige Einstellung berührt die **Beschlagnahmewirkungen** zugunsten des Gläubigers nicht. Er bleibt Beteiligter und behält auch sein Befriedigungsrecht aus § 10 Abs. 1 Nr. 5 ZVG (Stöber ZVG-Handbuch Rn. 188). 234

Einstweilige Einstellungen sind **während der gesamten Verfahrensdauer möglich**. Das Gesamtverfahren endet jedoch nicht mit dem Ende der Bietzeit, sondern erst mit der Verkündung des Zuschlags. Findet die Zuschlagsverkündung in einem späteren Termin statt (vgl. § 87 ZVG), so ist auch bis zu diesem Termin noch eine Einstellung möglich. Eine Einstellung des bestrangig betreibenden Gläubigers nach dem Schlusse der Versteigerung führt jedoch zur Versagung des Zuschlags gem. § 33 ZVG. 235

Zur **Fortsetzung** eines einstweilen eingestellten Verfahrens ist grundsätzlich ein entsprechender Antrag des Gläubigers erforderlich (§ 31 Abs. 1 S. 1 ZVG). Der Fortsetzungsantrag ist als Verfahrenserklärung bedingungsfeindlich und kann schriftlich oder zu Protokoll der Geschäftsstelle des Gerichts erklärt werden (Böttcher § 31 Rn. 6 f.). Der Fortsetzungsantrag muss spätestens innerhalb von 6 Monaten gestellt werden (zum unterschiedlichen Fristbeginn s. § 31 Abs. 1 S. 2 ZVG); im Falle des § 76 Abs. 2 ZVG beträgt die Frist lediglich 3 Monate. Die Frist beginnt nicht vor der Zustellung einer Belehrung über die Rechtsfolgen der Fristversäumnis (§ 31 Abs. 3 ZVG); im Falle des § 76 ZVG beginnt die Frist – auch ohne Belehrung des Gläubigers – am Tage nach dem Verteilungstermin. 236

Nachfolgend sollen kurz die verschiedenen Einstellungsmöglichkeiten mit ihren Besonderheiten dargestellt werden: 237

bb) Einstweilige Einstellung gem. § 30 ZVG

Der das Verfahren betreibende Gläubiger kann jederzeit bis zur Zuschlagsverkündung (Steiner/Storz § 30 Rn. 40) die **Einstellung** des Verfahrens **bewilligen** und es auf diese Weise zum Ruhen bringen. Zur Vermeidung von Rückfragen empfiehlt sich eine eindeutige Wortwahl bei der Bewilligung (zur Auslegung verschiedener Erklärungen vgl. Böttcher § 30 Rn. 2 m.w.N.). Eine Begründung für seine Einstellung braucht der Gläubiger nicht anzugeben (Dassler u.a./Hintzen § 30 Rn. 3). Für die Bewilligung der Verfahrenseinstellung ist eine besondere Form nicht vorgeschrieben. Sie kann daher schriftlich oder zu Protokoll abgegeben werden; sie kann jedoch nicht unter einer Bedingung oder Befristung erklärt werden (Dassler u.a./Hintzen § 30 Rn. 11). Eine gleichwohl vom Gläubiger gesetzte Frist ist unbeachtlich; die Einstellung hat unbefristet zu erfolgen (LG Traunstein Rpfleger 1989, 35; Steiner/Storz § 30 Rn. 35). 238

Die Einstellung erfolgt hinsichtlich des konkreten zur Einstellung bewilligten Einzelverfahrens durch konstitutiv wirkenden Beschluss des Versteigerungsgerichtes. Eventuell noch laufende andere Einzelverfahren – auch desselben Gläubigers – bleiben von der Einstellung unberührt. Werden sämtliche Einzelverfahren aller betreibenden Gläubiger eingestellt, kommt das Gesamtverfahren zum Ruhen; der Zwangsversteigerungsvermerk wird in diesem Fall aber nicht gelöscht (Steiner/Storz § 30 Rn. 42), weil die Beschlagnahme weiterhin bestehen bleibt. Aus diesem Grunde wäre auch ein Gläubiger der Rang- 239 klasse des § 10 Abs. 1 Nr. 5 ZVG an einer evtl. Erlösverteilung trotz seiner Einstellungsbewilligung ohne einen erneuten Fortsetzungsantrag zu beteiligen (Böttcher § 30 Rn. 11; Stöber § 31 Rn. 5.11 lit c); **a.A.** Steiner/Storz § 31 Rn. 14).

240 Erfolgen **Einstellungen** hinsichtlich der Einzelverfahren **aller betreibenden Gläubiger bis auf den bestrangig betreibenden**, so hat dies keinerlei Auswirkungen auf das Gesamtverfahren, wenn nur für den bestrangigen Gläubiger die Fristen der §§ 43 Abs. 2 und 44 Abs. 2 ZVG eingehalten sind (Böttcher § 30 Rn. 13).

241 Erfolgt eine **Einstellung des bestrangig betriebenen Einzelverfahrens** kann dies unterschiedliche Auswirkungen auf das i.Ü. weiter betriebene Verfahren haben:
- sind die Fristen der §§ 43 Abs. 2 und 44 Abs. 2 ZVG hinsichtlich einer bereits erfolgten Terminierung nicht eingehalten, macht dies eine Terminsverlegung erforderlich (Steiner/Storz § 30 Rn. 46);
- erfolgt die Einstellung, nachdem die Bietzeit bereits begonnen hatte, macht dies eine Neuberechnung des geringsten Gebotes (dazu Rdn. 312 Ziffer 9) und einen Neubeginn der Bietzeit erforderlich (Steiner/Storz § 30 Rn. 47);
- ist der Schluss der Versteigerung gem. § 73 Abs. 2 ZVG bereits verkündet, der Zuschlag aber noch nicht erteilt, führt eine Einstellungsbewilligung des bestrangig Betreibenden i.d.R. zu einer Zuschlagsversagung (vgl. Böttcher § 33 Rn. 12 dort auch ausführlich zur Problematik der Normenkonkurrenz im Hinblick auf § 83 Nr. 1 ZVG).

242 Im **Verhältnis zu anderen Vorschriften** geht eine bewilligte Verfahrenseinstellung nach § 30 ZVG anderen noch nicht beschlossenen Einstellungen grundsätzlich vor, weil der Gläubiger als Herr des Verfahrens anzusehen ist (Dassler u.a./Hintzen § 30 Rn. 32). Lediglich in Bezug auf Maßnahmen gem. § 28 ZVG ist diese Ansicht bestritten (auch insoweit bejahend Steiner/Storz § 30 Rn. 13; Dassler u.a./Hintzen § 30 Rn. 33; **a.A.** Böttcher § 30 Rn. 18; Stöber § 30 Rn. 6.1).

243 Ist dasselbe Einzelverfahren aufgrund einer Bewilligung des insoweit betreibenden Gläubigers bereits zweimal eingestellt, so gilt die **dritte Einstellungsbewilligung** als Antragsrücknahme (§ 30 Abs. 1 S. 3 ZVG). Einstellungen aus anderen Gründen bleiben für die Berechnung ebenso außer Betracht wie solche, die andere Einzelverfahren betreffen (Steiner/Storz § 30 Rn. 51; Dassler u.a./Hintzen § 30 Rn. 21).

cc) Einstweilige Einstellung gem. § 30a ZVG

244 Auf Antrag des Schuldners kann das Verfahren einstweilen bis zu einer Höchstdauer von 6 Monaten eingestellt werden, wenn
- **Aussicht** besteht, dass durch die Einstellung die **Versteigerung vermieden** werden kann und
- die Einstellung nach den **persönlichen und wirtschaftlichen Verhältnissen** des Schuldners sowie nach der **Art der Schuld** der Billigkeit entspricht und
- die **gläubigerseitigen Interessen** gem. § 30a Abs. 2 ZVG ausreichend berücksichtigt sind.

245 Der Einstellungsantrag kann nur binnen einer **Notfrist** von zwei Wochen schriftlich oder zu Protokoll der Geschäftsstelle gestellt werden. Die Frist beginnt mit der Zustellung der Belehrung gem. § 30b Abs. 1 S. 1 und 2 ZVG.

246 Die einstweilige Einstellung kann mit **Auflagen** – insbesondere Zahlungsauflagen – verbunden werden (§ 30a Abs. 3 bis 5 ZVG).

247 Unter den Voraussetzungen des § 30c ZVG kann das Verfahren noch einmal **erneut eingestellt** werden, wobei auch hier immer auf das jeweilige Einzelverfahren aus einem bestimmten Anordnungs- bzw. Beitrittsbeschluss abzustellen ist.

dd) Einstweilige Einstellung gem. § 30d ZVG

Das Zwangsversteigerungsverfahren kann gem. § 30d ZVG auch auf Antrag des **Insolvenzverwalters** einstweilen eingestellt werden, wenn 248
- im Insolvenzverfahren der Berichtstermin nach § 29 Abs. 1 Nr. 1 InsO noch bevorsteht;
- das Grundstück nach dem Ergebnis des Berichtstermins im Insolvenzverfahren für eine Fortführung des Unternehmens oder für die Vorbereitung der Veräußerung eines Betriebs oder einer anderen Gesamtheit von Gegenständen benötigt wird;
- durch die Versteigerung die Durchführung eines vorgelegten Insolvenzplans gefährdet würde oder
- in sonstiger Weise durch die Versteigerung die angemessene Verwertung der Insolvenzmasse wesentlich erschwert würde.

Die Norm bezweckt eine bestmögliche und ungestörte Verwertung der Insolvenzmasse 249 (Stöber § 30d Rn. 1). Die Antragsberechtigung des Insolvenzverwalters besteht daher auch, wenn das Insolvenzverfahren erst nach Anordnung des Versteigerungsverfahrens eröffnet worden ist und der Eigentümer die für ihn laufende Frist zur Antragstellung gem. § 30a ZVG oder § 30c ZVG versäumt hat oder ein solcher Antrag vor Insolvenzeröffnung bereits abgewiesen worden ist (Stöber § 30d Rn. 2.2).

Der Antrag unterliegt wegen der fehlenden Verweisung in § 30d Abs. 3 ZVG auf die 250 Bestimmung des § 30b Abs. 1 ZVG nicht der dort genannten Befristung. Er kann daher bis zur **Zuschlagserteilung** gestellt werden (Stöber § 30d Rn. 5.1).

Unter den in § 30d Abs. 2 ZVG genannten Voraussetzungen kann auch auf Antrag des 251 **Insolvenzschuldners** eine einstweilige Einstellung der Zwangsversteigerung erfolgen, wenn dieser einen Insolvenzplan vorgelegt hat.

ee) Einstweilige Einstellung gem. § 28 ZVG

Auch nach der Anordnung der Zwangsversteigerung oder einem Beitritt zum Verfahren 252 können Tatsachen bekannt werden, die der weiteren Durchführung der Zwangsversteigerung gem. § 28 ZVG entgegenstehen (zu Hindernissen bei der Anordnung des Verfahrens s. Rdn. 196). Dabei sind neben Tatsachen, die sich unmittelbar aus dem Grundbuch ergeben, auch solche zu beachten, die dem Versteigerungsgericht als Verfügungsbeschränkung oder Vollstreckungsmangel bekannt geworden sind.

Ein grundbuchersichtliches Hindernis kann sich in der Praxis für das Vollstreckungsge- 253 richt z.B. aus der **Umschreibung** einer im Grundbuch eingetragenen **Erwerbsvormerkung** ergeben. Die Vormerkung sichert den schuldrechtlichen Anspruch auf Übertragung des Eigentums an der Immobilie (§ 883 BGB). Verfügungen über den Gegenstand sind dem Berechtigten gegenüber insoweit unwirksam, als sie seinen gesicherten Anspruch beeinträchtigen oder vereiteln; dazu gehören auch Verfügungen im Wege der Zwangsvollstreckung (§ 883 Abs. 2 BGB). Erfolgt nun die Eigentumsübertragung durch Umschreibung im Grundbuch, so erfolgt diese in Erfüllung des durch die Vormerkung gesicherten Anspruchs »im Rang der Erwerbsvormerkung«. Das Eigentumsrecht des vormerkungsgesicherten Erwerbers steht der Versteigerung nunmehr entgegen, da der Vollstreckungsschuldner nicht mehr Eigentümer der beschlagnahmten Immobilie ist (vgl. § 17 Abs. 1 ZVG). Damit sind alle diejenigen Einzelverfahren solcher Gläubiger an der Fortsetzung gehindert, deren Beschlagnahmen erst *nach Eintragung der Vormerkung* wirksam geworden sind. Das gilt im vollen Umfang für Gläubiger, die wegen persönlicher Ansprüche das Verfahren betreiben (Böttcher ZfIR 2010, 521, 524; a.A. Kesseler DNotZ 2010, 404, der demgegenüber den Vormerkungsberechtigten auf den Weg einer

Drittwiderspruchsklage verweisen will, weil nicht feststehe, ob der Eigentumswechsel in Vollziehung des gesicherten Anspruchs erfolgt), jedoch auch für dinglich gesicherte Gläubiger, soweit sich die Eintragung ihres dinglichen Rechts als vormerkungswidrig darstellt, also mit Rang nach der Vormerkung erfolgt ist (LG Frankenthal Rpfleger 1985, 372; Böttcher § 28 Rn. 4 ff.; Dassler u.a./Hintzen § 28 Rn. 15; Stöber § 28 Rn. 4.8 lit a)).

Kein entgegenstehendes Recht stellt das durch Vormerkung gesicherte Eigentum des Dritten dar, wenn die Versteigerung wegen des dinglichen Anspruchs aus einem vorrangig eingetragenen Grundpfandrechts erfolgt. Auch wenn in diesem Falle die Beschlagnahme nach Eintragung der Vormerkung erfolgt sein sollte, stellt sie sich nicht als vormerkungswidrige Verfügung dar. Die Erwerbsvormerkung schützt nicht gegen die Geltendmachung eines rangbesseren dinglichen Rechts (Stöber § 28 Rn. 4.8 lit c)). Das Versteigerungsverfahren kann in diesem Fall auch ohne Umschreibung der Vollstreckungsklausel fortgesetzt werden; der Erwerber ist nicht als Rechtsnachfolger des Vollstreckungsschuldners anzusehen (BGHZ 170, 378 = NJW 2007, 2993 = Rpfleger 2007, 333; Dassler u.a./Hintzen § 28 Rn. 15; Jursnik MittBayNot 1999, 433, 436; Stöber § 28 Rn. 4.8 lit c); **a.A.** OLG Hamm Rpfleger 1984, 426; Böttcher § 28 Rn. 8).

254 Umstritten ist das **Verhältnis** von **Hausgeldansprüchen** im Vorrang der Rangklasse 2 des § 10 Abs. 1 ZVG und einer im Grundbuch eingetragenen **Erwerbsvormerkung.** Erfolgt die Beschlagnahme durch den Verband Wohnungseigentümergemeinschaft wegen vorrangig in der Rangklasse 2 gesicherter Hausgeldansprüche, nachdem bereits die Erwerbsvormerkung zugunsten eines rechtsgeschäftlichen Erwerbers eingetragen worden ist, soll nach einer – hier abgelehnten – Auffassung ein gegenüber dem Vormerkungsberechtigten wirksamer Rechtserwerb infolge Zuschlags in der Zwangsversteigerung nicht mehr möglich sein. Der Eigentumserwerb eines Erstehers soll danach gem. § 883 Abs. 2 BGB relativ unwirksam sein, so dass der Vormerkungsberechtigte von dem Ersteher die Zustimmung zu seinem eigenen Rechtserwerb verlangen könnte (vgl. § 888 BGB). Eine solche in der Beschlagnahme gesehene vormerkungswidrige Verfügung kann jedoch nur angenommen werden, wenn man in den vorrangig gesicherten Hausgeldansprüchen unverändert persönliche Zahlungsansprüche sieht, denen nach der Novelle vom Gesetzgeber lediglich ein verfahrensrechtliches Befriedigungsprivileg beigelegt worden sein soll (so Kesseler NJW 2009, 121; Fabis ZfIR 2010, 354). Diese Auffassung ist jedoch mit der inzwischen h.M. abzulehnen, weil den in der Rangklasse 2 des § 10 Abs. 1 ZVG gesicherten Ansprüchen vielmehr originär ein Befriedigungsrecht kraft der Rechtsnatur dieser Ansprüche beigelegt ist. Die Einordnung der bevorrechtigten Hausgeldansprüche in die Rangklasse 2 begründet nunmehr deren dinglichen Charakter (AG Koblenz Rpfleger 2010, 282 = ZMR 2010, 568; Alff ZWE 2010, 105, 106; Böttcher ZfIR 2010, 345, 347; Hügel/Elzer NZM 2009, 457, 472; Müller FS Merle (2010), S. 255, 261; Palandt/Bassenge 69. Aufl. 2010, § 16 Rn. 29; Schmidberger/Slomian ZMR 2010, 579; Schneider ZMR 2009, 165; Stöber § 10 Rn. 4.7). Dies bedeutet, dass Hausgeldansprüche im Umfang des Vorrechts nunmehr gegen jeden rechtsgeschäftlichen Erwerber eines Wohnungseigentums wirken, und zwar ohne Rücksicht darauf, ob der Erwerber zugleich auch persönlich haftet (Böttcher ZfIR 2010, 521, 531; Schneider ZMR 2009, 165, 168; Stöber § 10 Rn. 4.7). Wird demgemäß aus der vorrangigen Rangklasse 2 des § 10 Abs. 1 ZVG die Zwangsversteigerung betrieben, so erlischt eine nachrangig in der Rangklasse 4 eingetragene Erwerbsvormerkung (Alff ZWE 2010, 105, 112; Böttcher ZfIR 2010, 345, 347; Dierck/Morvilius/Vollkommer Handbuch des Zwangsvollstreckungsrechts 4. Kapitel Rn. 296a; Schneider ZMR 2009, 165; 169; Stöber § 10 Rn. 16.8). Damit erstreckt sich der Sicherungsumfang der Vormerkung genausowenig auf den Vorrang der Hausgeldansprüche in der Rangklasse 2 wie im vergleichbaren Fall des Vorrangs der öffentlichen Lasten in der Rangklasse 3.

Als Verfahrenshindernis können z.B. Verfügungsbeschränkungen aus dem **Insolvenzrecht** in Betracht kommen. Danach kann ein Gläubiger wegen seines **dinglich gesicherten Anspruchs** aus der Rangklasse des § 10 Abs. 1 Nr. 4 ZVG das Verfahren ohne Rücksicht auf eine spätere Insolvenzeröffnung betreiben, weil er absonderungsberechtigt ist (§ 49 InsO). Eine Umschreibung und erneute Zustellung der Vollstreckungsklausel wird lediglich in den Fällen erforderlich, in denen die Zwangsversteigerung nach Eröffnung des Insolvenzverfahrens beantragt wird. Ist die Beschlagnahme in der Zwangsversteigerung bereits erfolgt, ist eine neue Klausel nicht erforderlich (Böttcher § 28 Rn. 17).Wegen eines **schuldrechtlichen Anspruchs** kann ein persönlicher Gläubiger die Zwangsversteigerung in der Rangklasse des § 10 Abs. 1 Nr. 5 ZVG nicht mehr betreiben, wenn das Insolvenzverfahren bereits eröffnet ist (§ 89 InsO). Jedoch kann der persönliche Gläubiger das durch Beschlagnahme für ihn vor Insolvenzeröffnung wirksam angeordnete Verfahren ohne Klauselumschreibung fortsetzen, wenn er nicht der Rückschlagsperre des § 88 InsO unterfällt. Danach sind Beschlagnahmen im letzten Monat vor dem Antrag auf Insolvenzeröffnung und nach diesem Antrag mit der Insolvenzeröffnung unwirksam. Die Frist beträgt im Verbraucherinsolvenzverfahren 3 Monate (§ 312 Abs. 1 S. 3 InsO). Die Rückschlagsperre hat auch für den Gläubiger eines dinglichen Anspruchs zu gelten, wenn er aus einer in der fraglichen Zeit in das Grundbuch eingetragenen Zwangshypothek abgeleitet wird (Stöber NZI 1998, 105). Wegen der damit verbundenen Rechtsfolgen für das im Grundbuch eingetragene Recht s. ausführlich Dassler u.a./Hintzen § 28 Rn. 24 m.w.N. 255

Auch den im Vorrang der Rangklasse 2 gesicherten **Hausgeldansprüchen** der Wohnungseigentümerverbände steht nunmehr nach der Novelle ein **Absonderungsrecht** zu, weil nach der auch hier zugrunde gelegten Auffassung nunmehr in ihnen dinglich gesicherte Ansprüche zu sehen sind (BGH NZM 2009, 439 = Rpfleger 2009, 407 (obiter dictum); LG Berlin ZMR 2010, 142 = ZWE 2010, 228; AG Koblenz Rpfleger 2010, 282 = ZMR 2010, 568; Alff ZWE 2010, 105, 106; Böttcher § 10 Rn. 19; Hintzen/Alff ZInsO 2008, 480, 484; Hügel/Elzer NZM 2009, 457, 472; Kexel EWiR 2009, 545; Palandt/Bassenge 69 Aufl. 2010 § 16 Rn. 30b; Schneider ZfIR 2008, 161, 166; ders. ZMR 2009, 165; 170; Stöber § 15 Rn. 23.4). Sie unterliegen damit auch ohne Eintragung einer Zwangshypothek nicht dem Vollstreckungsverbot des § 89 Abs. 1 InsO. Wohnungseigentümerverbände können also wegen ihres dinglichen Anspruchs, nicht jedoch wegen des daneben bestehenden persönlichen Anspruchs, auch während eines Insolvenzverfahrens Befriedigung aus dem Wohnungseigentum im Wege der Zwangsvollstreckung suchen. Zu diesem Zweck kann der dingliche Duldungsanspruch auch noch nach Eröffnung des Insolvenzverfahrens gegen den Insolvenzverwalter tituliert werden (AG Koblenz Rpfleger 2010, 282 = ZMR 2010, 568; Hintzen/Alff ZInsO 2008, 480, 484; Schneider ZfIR 2008, 161, 166 f.; ders. ZMR 2009, 165, 171).

Wird dem Vollstreckungsgericht ein **Verfahrensmangel** bekannt, so hat es das Verfahren ebenfalls von Amts wegen unter Fristbestimmung einzustellen oder aufzuheben, wie auch schon eine Anordnung des Verfahrens bei einem Mangel der Verfahrensvoraussetzungen (s. Rdn. 196) nicht hätte erfolgen dürfen. 256

Regelmäßig wird eine **Aufhebung** des Verfahrens jedoch nur bei nicht behebbaren Mängeln in Betracht kommen. Besteht dagegen eine Behebungsmöglichkeit, wird bis zur Beseitigung des Hindernisses unter Fristsetzung das Verfahren **einzustellen** sein, um die Wirkungen der Beschlagnahme für den Gläubiger zu wahren (Böttcher § 28 Rn. 37; Steiner/Eickmann § 28 Rn. 78; Stöber § 28 Rn. 7.2). Läuft die Frist fruchtlos ab, ist das Verfahren aufzuheben. 257

ff) Einstweilige Einstellung gem. § 75 ZVG

258 Die einstweilige Einstellung des Verfahrens hat gem. § 75 ZVG zu erfolgen, wenn nach dem Beginn der Versteigerung der Schuldner oder ein ablösungsberechtigter Dritter (vgl. § 268 BGB) den zur Befriedigung des Gläubigers und den zur Deckung der Kosten erforderlichen **Betrag an das Gericht** zahlt. Teilzahlung ist dabei nicht zulässig (Dassler u.a./Hintzen § 75 Rn. 6).

259 Dies gilt auch, wenn wegen der aus dem Vorrang des § 10 Abs. 1 Nr. 2 ZVG betriebenen **Hausgeldansprüche** die **Ablösung** erfolgt. Mit der Befriedigung des Verbandes Wohnungseigentümergemeinschaft geht dessen Forderung kraft Gesetzes gem. § 268 Abs. 3 S. 1 BGB mit allen Nebenrechten auf den Ablösenden über. Die Ablösung verschafft dem Ablösenden somit gem. §§ 401, 412 BGB die durch die Anordnung der Zwangsversteigerung erlangte Rechtsstellung des Abgelösten (zur insoweit erforderlichen Klauselumschreibung s. OLG Düsseldorf Rpfleger 1987, 75 mwN und HansOLG Bremen Rpfleger 1987, 381 m. Anm. Bischoff/Bobenhausen). Dazu gehört im Umfang der Ablösung auch das Einrücken des Ablösenden in die Rangklasse 2 des § 10 Abs. 1 Nr. 2 ZVG, weil dieses Recht nicht an die Person des Gläubigers, sondern an die Forderung geknüpft ist (allgem. M.; vgl. für öffentliche Grundstückslasten gem. § 10 Abs. 1 Nr. 3 ZVG bereits RGZ 135, 25; RGZ 146, 317; Böttcher § 75 Rn. 34; Steiner/Storz 9. Aufl. 1984 § 75 Rn. 62; Stöber § 15 Rn. 20.26 und nunmehr für Hausgeldansprüche gem. § 10 Abs. 1 Nr. 2 ZVG ebenfalls BGH ZMR 2010, 383; Dassler u.a./Hintzen § 75 Rn. 39; Schneider ZfIR 2008, 161, 165). Nach einer erfolgten Ablösung steht dem Verband Wohnungseigentümergemeinschaft das Vorrecht in demselben Zwangsversteigerungsverfahren nicht nochmals zu, wenn das Vorrecht der Zuordnung der Forderungen zur Rangklasse 2 des § 10 Abs. 1 ZVG bereits in voller Höhe in Anspruch genommen wurde (BGH NZM 2010, 324 = Rpfleger 2010, 333 = ZMR 2010, 383).

260 Sollte der bereits einmal vollständig abgelöste Verband die Zwangsversteigerung nur aus einem Teil der ihm zustehenden und bisher titulierten Hausgeldansprüche betrieben haben, der jedoch die 5 %ige Obergrenze des § 10 Abs. 1 Nr. 2 S. 3 ZVG noch nicht ausgeschöpft hat, könnte der Verband Wohnungseigentümergemeinschaft dem fortdauernden Versteigerungsverfahren aufgrund eines weiteren Titels später erneut wegen der Differenz zwischen dem abgelösten Betrag und dem Höchstbetrag in der Rangklasse 2 beitreten (Derleder ZWE 2008, 13, 16; Schneider ZfIR 2008, 161, 165). Da wegen der den Mindestbetrag des § 10 Abs. 3 S. 1 ZVG überschreitenden Forderung in der Rangklasse 2 bereits die Ablösung erfolgt ist, könnte der Verband auch lediglich wegen eines geringfügigeren, den Vorrangsrahmen bis zu 5 % noch ausschöpfenden Betrages erneut beitreten; dem Sinn des Mindestbetrages – Vermeidung eines Eigenumsverlustes für einen Betrag unterhalb von 3 % des Einheitswertes – wäre insgesamt jedoch Genüge getan (Schneider ZMR 2010, 340, 341 Fn. 17; insoweit a.A. Anwaltshandbuch Wohnungseigentumsrecht/Klose 2. Aufl. 2009, Teil 16 Rn. 544, wonach der Beitrittsbetrag erneut 3 % des steuerlichen Einheitswertes übersteigen müsse.

261 Ob der Grundsatz der nur einmaligen Ausnutzbarkeit des Vorrangs auch dann zu gelten hat, wenn zwischenzeitlich das (Gesamt-)Versteigerungsverfahren aufgehoben worden ist, hat der BGH ausdrücklich offen gelassen (BGH NZM 2010, 324 = Rpfleger 2010, 333 = ZMR 2010, 383). Vorstellbar ist, dass in einem neuerlich angeordneten Zwangsversteigerungsverfahren neben den abgelösten Hausgeldforderungen aus dem früheren Zwangsversteigerungsverfahren nun auch seitens des Verbandes Wohnungseigentümergemeinschaft wegen weiterer, in der Zwischenzeit titulierter Hausgeldansprüche die Zwangsversteigerung aus der Rangklasse 2 betrieben werden soll. Ginge man auch für diesen Fall vom Grundsatz der Einmaligkeit aus, müsste den abgelösten Beträgen im

Rahmen der verfahrensrechtlichen Grenzen auch in dem späteren Verfahren Vorrang vor den neuen Ansprüchen des Verbandes zukommen (so Alff/Hintzen Rpfleger 2008, 165, 170). Nach der hier vertretenen Auffassung sind dagegen mehrere in die Rangklasse 2 des § 10 Abs. 1 ZVG einzuordnende Ansprüche in einem neuen Verfahren vielmehr nach dem Verhältnis ihrer Beträge zu berücksichtigen (vgl. § 10 Abs. 1 2. Halbs. ZVG; so bereits Schneider ZfIR 2008, 161, ders. ZMR 2010, 340, 341 f.; wie hier jetzt auch Anwaltshandbuch Wohnungseigentumsrecht/Klose Teil 16 Rn. 546 und Böttcher § 10 Rn. 21).

Für die Fortsetzung des Verfahrens und die erforderliche Belehrung des Gläubigers gilt **262** auch hier wiederum § 31 ZVG.

gg) Einstweilige Einstellung gem. § 76 ZVG

Die einstweilige Einstellung hat bei der Versteigerung mehrerer Objekte gem. § 76 ZVG **263** von Amts wegen hinsichtlich der übrigen zu erfolgen, wenn der Anspruch des betreibenden Gläubigers bereits durch ein Gebot aus einem der Objekte gedeckt ist.

hh) Einstweilige Einstellung gem. § 77 ZVG

Ist ein Gebot nicht abgegeben oder sind sämtliche Gebote erloschen, so wird das Verfah- **264** ren einstweilen gem. § 77 Abs. 1 ZVG eingestellt.

ii) Einstweilige Einstellung gem. § 765a ZPO

§ 765a ZPO findet als **allgemeine Schutzvorschrift** des Vollstreckungsrechts auch auf **265** das Zwangsversteigerungsverfahren Anwendung (BVerfG 49, 220 = NJW 1979, 534; Stöber Einl. 52.2). Jedoch ist die Bestimmung als Ausnahmevorschrift (BGHZ 44, 138 = NJW 1965, 2107) eng auszulegen und kann nur in besonders gelagerten Ausnahmefällen zum Tragen kommen, wenn die Versteigerung im Einzelfall für den Schuldner über die mit jeder Zwangsvollstreckung verbundene Härte hinausgeht und deshalb als sittenwidrig erscheint. Andere Schutzvorschriften dürfen aber nicht durch eine unkontrollierte Anwendung des § 765a ZPO unterlaufen werden (Stöber Einl. 54.3). Zur Verletzung von Art. 2 Abs. 2 S. 1 GG durch Ablehnung der Aussetzung einer Zwangsversteigerung einer Eigentumswohnung trotz vom Schuldner vorgetragener Lebensgefahr s. BVerfG NJW 2004, 49 = NZM 2004, 153 = ZMR 2004, 46.

Das Gericht hat **in jeder Lage des Verfahrens** auf Antrag des Schuldners das Vorliegen **266** der Voraussetzungen des § 765a ZPO zu prüfen, wenn das Vorbringen des Schuldners Anhaltspunkte für ein unsittliches oder schikanöses Verhalten des Gläubigers erkennen lässt. Dazu bedarf es nicht der ausdrücklichen Berufung auf die Vorschrift des § 765a ZPO. Die vormals in § 30c Abs. 2 ZVG enthaltene Regelung wurde deshalb überwiegend als »nicht durchdacht« angesehen (Böttcher § 30c Rn. 5; Stöber § 30c Rn. 7.4). Was sittenwidrig ist, konnte durch § 30c Abs. 2 ZVG nicht für zulässig erklärt werden. Daher wurde bereits früher nach h.M. entgegen dem Wortlaut des Gesetzes gem. § 765a ZPO u.U. eine dritte Einstellung des Verfahrens für möglich gehalten, auch wenn zuvor bereits zweimal über § 30a ZVG eingestellt worden war (KG OLGZ 1966, 61; OLG Braunschweig OLGZ 1968, 39; Böttcher § 30c Rn. 5; Vorlage an das BVerfG gem. Art. 100 GG wegen Verfassungswidrigkeit: Steiner/Storz § 30d Rn. 36 ff.; s. jetzt auch Dassler u.a./Hintzen § 30c Rn. 10 f. m.w.N.). Abs. 2 ist nunmehr durch das 2. JuModG v. 22.12.2006 (BGBl. I S. 3416) aufgehoben worden.

Zur einstweiligen Einstellung der Zwangsversteigerung unter Auflagen auf Zeit, wenn **267** der mit der Fortsetzung des Verfahrens verbundenen **Gefahr der Selbsttötung** des Schuldners nur durch dessen dauerhafte Unterbringung entgegengewirkt werden könnte

s. BGH NJW 2008, 586 = NZM 2008, 142 = Rpfleger 2008, 212. Zur Zulässigkeit eines Antrags des Schuldners auf Räumungsvollstreckungsschutz gem. § 765a ZPO wegen Suizidgefährdung bei Zwangsversteigerung des zur Masse im Insolvenzverfahren des Schuldners gehörenden Wohngrundstücks s. BGH WuM 2009, 314; BGH NJW 2009, 1283 = Rpfleger 2009, 259 = WuM 2009, 140 und BGH NJW 2009, 78 = Rpfleger 2009, 105 = WuM 2009, 59.

268 Zur einstweiligen Einstellung und Aufhebung des **bereits erteilten Zuschlags** im Falle gesteigerter Suizidgefahr s. BGH NJW 2006, 505 = NZM 2006, 156 = RPfleger 2006, 147 und bei Suizidgefahr im Fall einer Zwangsräumung gegen einen nahen Angehörigen des Schuldners BGH NJW 2005, 1859 = NZM 2005, 517 = Rpfleger 2005, 454. Zur Aufhebung des Zuschlags im Beschwerdeverfahren s.a. BGH NJW 2009, 80 = WuM 2008, 679. Ein rechtskräftiger Zuschlagsbeschluss kann nicht mehr nach § 765a ZPO aufgehoben werden (BGH NJW-RR 2010, 232 = Rpfleger 2010, 101 und nachgehend BVerfG Rpfleger 2010, 383).

269 Zur Behandlung eines Einstellungsantrags bei bestehender Suizidgefahr in der anschließenden **Räumungsvollstreckung** (vgl. Rdn. 377 ff.) und der gerichtlichen Maßnahmen zur Gefahrenabwehr s. BGH NJW 2006, 508 = NZM 2006, 158 = RPfleger 2006, 149 = ZMR 2006, 203 und BGH NJW 2007, 3719 = NZM 2007, 658 = Rpfleger 2007, 561 sowie BGH WuM 2010, 250.

270 Zur Fortsetzung der Zwangsvollstreckung gegen einen suizidgefährdeten Schuldner, wenn das **Vormundschaftsgericht** Maßnahmen zum Schutz des Lebens des Schuldners nicht für geboten hält s. BGH (jetzt: Betreuungsgericht) ZfJR 738, m Anm., Keller.

271 Zur Ver**letzung von Art. 2 GG** durch Ablehnung der Aussetzung einer Zwangsversteigerung der schuldnerischen Eigentumswohnung s. BVerfG NJW 2004, 49 = WuM 2004, 81 = ZMR 2004, 46. Vgl. auch BVerfG NJW 2005, 3414 Ls. = Rpfleger 2005, 614.

jj) Einstweilige Einstellung gem. § 775 ZPO

272 Eine vollziehende einstweilige Einstellung des Versteigerungsverfahrens ist erforderlich, wenn zuvor das Prozessgericht gem. § 775 Nr. 2 ZPO die Einstellung der Zwangsvollstreckung angeordnet hat (Stöber ZVG-Handbuch Rn. 193). Eine Fortsetzung des Verfahrens kann auch hier nur nach vorheriger Belehrung gem. § 31 ZVG auf entsprechenden Gläubigerantrag erfolgen.

273 Eine einstweilige Einstellung durch das Vollstreckungsgericht kann auch ohne vorherige Anordnung des Prozessgerichts im Falle des § 775 Nr. 4 ZPO in Betracht kommen, wenn eine öffentliche Urkunde oder eine vom Gläubiger ausgestellte Privaturkunde vorgelegt wird aus der sich ergibt, dass der Gläubiger nach Erlass des zu vollstreckenden Urteils befriedigt ist oder Stundung bewilligt hat. Gleiches gilt im Falle des § 775 Nr. 5 ZPO, wenn der Einzahlungs- oder Überweisungsnachweis einer Bank oder Sparkasse vorgelegt wird, aus dem sich ergibt, dass nach Erlass des Urteils der zur Befriedigung des Gläubigers erforderliche Betrag eingezahlt oder überwiesen worden ist.

kk) Einstweilige Einstellung gem. §§ 769, 771 Abs. 3 ZPO

274 Ebenfalls eines zusätzlichen Ausführungsbeschlusses seitens des Vollstreckungsgerichts bedarf es, wenn das Prozessgericht in den Fällen der §§ 767, 768 oder 771 ZPO auf Vollstreckungsabwehrklage, Klauselabwehrklage oder Drittwiderspruchsklage hin die Zwangsvollstreckung eingestellt hat.

Neben dem Prozessgericht besteht auch für das Vollstreckungsgericht in besonders dringenden Fällen die Möglichkeit, das Verfahren gem. § 769 Abs. 2 ZPO einzustellen. In einem solchen Fall ist dem Antragsteller unter Fristsetzung aufzugeben, eine Entscheidung gem. § 769 Abs. 1 durch das Prozessgericht herbeizuführen. Nach fruchtlosem Fristablauf wird das Versteigerungsverfahren von Amts wegen fortgesetzt. 275

b) Aufhebungsmöglichkeiten

aa) Aufhebung gem. § 28 ZVG

Zu den Voraussetzungen und dem Verhältnis zur einstweiligen Einstellung s. ausführlich Rdn. 252 ff. 276

Es dürfte in der Praxis regelmäßig vorkommen, dass die Wirksamkeit von Aufhebungsbeschlüssen wegen des damit verbundenen Wegfalls der Beschlagnahmewirkungen von der vorherigen Rechtskraft des Beschlusses abhängig gemacht wird (Stöber § 28 Rn. 7.2). 277

Zur Aufhebung eines Zwangsversteigerungsverfahrens wegen vermeintlicher **Unklarheit über den Gegenstand** der Vollstreckung bei begründetem Wohnungseigentum s. Rdn. 294 (Bewertung) und Rdn. 354 ff. (Erteilung des Zuschlags). 278

bb) Aufhebung gem. § 29 ZVG

Gemäß § 29 ZVG ist das Verfahren aufzuheben, wenn der Gläubiger den **Versteigerungsantrag zurücknimmt**. Dies ist auch noch nach Schluss der Versteigerung bis zur Zuschlagsverkündung möglich (Stöber § 29 Rn. 2.7). Betreiben mehrere Gläubiger die Zwangsversteigerung, ist das Gesamtverfahren erst beendet, wenn sämtliche Gläubiger den Antrag zurückgenommen oder die Aufhebung bewilligt haben. 279

Die Rücknahmeerklärung ist als **Prozesshandlung** bedingungsfeindlich und unwiderruflich. Die Erklärung und damit die Aufhebung des Verfahrens wird entgegen der früher herrschenden Auffassung nicht mit Eingang bei Gericht wirksam; der nachfolgende Aufhebungsbeschluss hat nicht nur deklaratorische Bedeutung (so noch AG Bamberg Rpfleger 1969, 99; Steiner/Storz § 29 Rn. 27; Stöber § 29 Rn. 25; **a.A.** Böttcher § 29 Rn. 13). Es bedarf vielmehr einer konstitutiven gerichtlichen Aufhebung zur Beseitigung der Beschlagnahme (BGHZ 177, 218 = NJW 2008, 3067 = Rpfleger 2008, 586 = ZfIR 2008, 876). Mit Erlass des Aufhebungsbeschlusses erlischt die Beschlagnahme des Grundstücks. Auch bei einem Versehen kann der aufhebende Gläubiger nur das Verfahren neu anordnen lassen oder allenfalls dem Verfahren neu beitreten, sofern das Verfahren noch von einem anderen Gläubiger betrieben wird. Dies kann mit Rangverlusten im Falle des § 10 Abs. 1 Nr. 5 ZVG verbunden sein; regelmäßig werden die insoweit anfallenden Mehrkosten auch nicht erstattungsfähig i.S.d. §§ 91, 788 ZPO sein. 280

cc) Sonstige Aufhebungsmöglichkeiten

Neben den zuvor angesprochenen Aufhebungsmöglichkeiten kann eine Aufhebung des Versteigerungsverfahrens auch noch in den folgenden Fällen in Betracht kommen: 281

- § 30 Abs. 1 S. 3 ZVG: Dritte Einstellung; sie gilt als Antragsrücknahme
- § 31 Abs. 1 S. 2 ZVG: Fruchtloser Ablauf der sechsmonatigen Frist
- § 77 Abs. 2 ZVG: Ergebnisloser zweiter Versteigerungstermin
- § 765a ZPO: Aufhebung aus Gründen des Vollstreckungsschutzes (vgl. Rdn. 265 ff.)
- §§ 775, 776 ZPO: Aufhebung bei Vollstreckungshindernissen.

4. Festsetzung des Verkehrswertes

282 In jedem Versteigerungsverfahren erfolgen Ermittlung und Festsetzung des Grundstückswertes durch das Vollstreckungsgericht **von Amts wegen** (§ 74a Abs. 5 ZVG). Als Grundstückswert ist dabei der **Verkehrswert** anzusehen. Dieser wird durch den Preis bestimmt, der in dem Zeitpunkt, auf den sich die Ermittlung bezieht, im gewöhnlichen Geschäftsverkehr nach den rechtlichen Gegebenheiten und tatsächlichen Eigenschaften, der sonstigen Beschaffenheit und der Lage des Grundstücks oder des sonstigen Gegenstands der Wertermittlung ohne Rücksicht auf ungewöhnliche oder persönliche Verhältnisse zu erzielen wäre (vgl. § 194 BauGB). Als Verkehrswert ist demnach der normale voraussichtliche Verkaufswert eines freihändigen Verkaufs (»gemeine Wert«) unter Außerachtlassung persönlicher Erwartungen und Vorstellungen anzusehen, also nicht der Einheitswert und auch nicht ein Liebhaberwert (Böttcher § 74a Rn. 25; Stöber § 74a Rn. 7.3). Der nach § 74a Abs. 5 ZVG festgesetzte Verkehrswert ist für alle Vorschriften des ZVG maßgebend, die sich auf den Grundstückswert beziehen (Böttcher § 74a Rn. 26).

283 Für **Wohnungs- und Teileigentum** bedeutet dies, dass die Wertermittlung sich sowohl auf den Miteigentumsanteil als auch auf das damit verbundene Sondereigentum zu beziehen hat. Die als Inhalt des Sondereigentums im Grundbuch gegebenenfalls verdinglichte Ausgestaltung des Verhältnisses der Wohnungseigentümer untereinander ist dabei ebenso zu berücksichtigen wie bekannte Beschlüsse und Entscheidungen des Richters, die gegen den Ersteher wirken (§ 10 Abs. 3 und 4 WEG). Insbesondere gebührt dabei den im Grundbuch vermerkten **Sondernutzungsrechten** gem. § 13 WEG besondere Aufmerksamkeit. Die Einräumung einer alleinigen und dauerhaften Nutzungsbefugnis unter Ausschluss der übrigen Eigentümer z.B. an Pkw-Stellplätzen im Freien oder Gartenflächen stellt einerseits für den sondernutzungsberechtigten Eigentümer einen mitunter erheblichen Wertvorteil dar, während andererseits der Entzug der gesetzlichen Nutzungsmöglichkeit für die übrigen Eigentümer regelmäßig mit einer Wertminderung verbunden sein wird. Allerdings werden sich Sondernutzungsrechte wie auch sonstige Wert bildende Gebrauchsregelungen in der Praxis nicht immer unmittelbar über den Grundbuchtext erschließen, weil ihre Eintragungen wirksam auch unter **Bezugnahme** auf die Eintragungsbewilligung erfolgt sein können (zu diesem Problem vgl. FaKoWEG/Schneider § 7 Rn. 176 ff.). Es bedarf also bereits für die Wertermittlung der Kenntnis der der Eintragung zugrunde liegenden Bewilligung (ebenso Stöber ZVG-Handbuch Rn. 396b unter Hinweis auf einen bei Ertl (Rpfleger 1979, 81, 83) geschilderten instruktiven Fall, in dem eine Hausmeisterwohnung, der bei Zuschlag Sondernutzungsrechte an mehreren Pkw-Stellplätzen auf Vorrat zugeordnet waren, zum reinen Wohnungswert ohne Berücksichtigung des Wertes der Stellplätze versteigert wurde, weil der wahre Grundbuchinhalt hinter einem rechtlich zwar einwandfreien, aber nichts sagenden Eintragungsvermerk verborgen war). Dies gilt umgekehrt auch für die **Vereinbarung einer gestreckten Zuordnung** von Sondernutzungsrechten, weil in solchen Fällen bei einem in der Zwangsversteigerung befindlichen Wohnungseigentum keine weitere Beeinträchtigung durch die nachträgliche Zuordnung eines Sondernutzungsrechtes zu einer anderen Einheit mehr eintreten kann, wenn bereits in der Teilungserklärung alle übrigen Wohnungseigentümer aufschiebend bedingt von der Nutzung ausgeschlossen sind (wegen der unterschiedlichen Gestaltungsmöglichkeiten bei Sondernutzungsrechten s. Bärmann/Seuß 5. Aufl. 2010, Teil C III Rn. 316 ff. m.w.N.).

284 Das Vollstreckungsgericht wird sich zur Ermittlung des Verkehrswertes regelmäßig der Hilfe eines **Sachverständigen** bedienen (Böttcher § 74a Rn. 28; Stöber § 74a Rn. 10.1). Die Beteiligten können aber auch eigene Gutachten, Versicherungsunterlagen, frühere Kaufverträge o.Ä. vorlegen. Für die Festsetzung gelten die Grundsätze der freien richter-

lichen Beweiswürdigung (§§ 869, 286 ZPO), sodass keine Bindung des Gerichts an ein Sachverständigengutachten besteht (Dassler u.a./Hintzen § 74a Rn. 41). Als Sachverständige kommen amtlich zugelassene und vereidigte Grundstücksschätzer und die Gutachterausschüsse nach §§ 192 ff. BauGB in Betracht (Böttcher § 74a Rn. 28; Dassler u.a./ Hintzen § 74a Rn. 43 f.).

Wenngleich das ZVG eine bestimmte **Berechnungsmethode** nicht vorschreibt, wurde die Bewertung bis zum 30.06.2010 auf der Grundlage der Wertermittlungsverordnung v. 06.12.1988 (BGBl. I S. 2209) i.d.F. v. 18. 8. 1997 (BGBl. I S. 2081, 2110) und der Wertermittlungrichtlinien vom 11. 6. 1991 (BAnz Nr. 182a) vorgenommen. Mit Wirkung v. 01.07.2010 ist an die Stelle der Wertermittlungsverordnung die »Verordnung über die Grundsätze für die Ermittlung der Verkehrswerte von Grundstücken (Immobilienwertermittlungsverordnung – ImmoWertV)« v. 19.05.2010 getreten (BGBl. I S. 639). Danach bieten sich zur Wertermittlung das **Vergleichswertverfahren** (Ermittlung durch Preisvergleich mit geeigneten Objekten), das **Ertragswertverfahren** (Wertbestimmung nach dem zu erzielenden Ertrag) oder das **Sachwertverfahren** (Bestimmung des Bodenwerts und des Zeitwerts des Gebäudes) an. Da insbesondere bei Wohnungseigentum nicht immer klar erkennbar sein wird, ob das Versteigerungsobjekt vorrangig selbst genutzt werden soll oder als Anlageobjekt zur Erzielung von Rendite angesteigert werden soll, kommt insoweit wohl regelmäßig die Bildung eines Mittelwertes aus Sachwert und Ertragswert zur Kontrolle des gefundenen Ergebnisses in Betracht. Dabei ist die Lage auf dem Grundstücksmarkt zu berücksichtigen (BGH NJW-RR 2001, 732). Zu den unterschiedlichen Berechnungsmethoden s. ausführlich Stöber § 74a Rn. 7.4. **285**

Zu schätzen ist auch der **Wert aller beweglichen Sachen**, auf die sich die Zwangsversteigerung gem. §§ 55, 20, 21 ZVG erstreckt (§ 74a Abs. 5 S. 2 ZVG). Sofern nicht sämtliche betreibenden Gläubiger solche Gegenstände freigeben sollten, erstreckt sich die Versteigerung damit gem. § 55 Abs. 2 ZVG auch auf Zubehörteile, die im Eigentum eines Dritten stehen, sich aber im Besitz des Schuldners befinden. Abzustellen ist dabei auf den Zeitpunkt des Beginns der Versteigerung, nicht der Beschlagnahme (BGH NJW 1972, 1187). Der Dritte muss sein Recht nach Maßgabe des § 37 Nr. 5 ZVG geltend machen. Schon die Eigenschaft als Bestandteil (§§ 93, 94 BGB) oder Zubehör (§§ 97, 98 BGB) unterliegt der – regional geprägten – Verkehrsanschauung und ist nicht immer einfach festzustellen (vgl. nur die unterschiedlichen Auffassungen über die Eigenschaft einer Einbauküche: in Norddeutschland Bestandteils- oder Zubehöreigenschaft, BGH NJW-RR 1990, 586; im Bezirk des OLG Düsseldorf weder Bestandteils- noch Zubehöreigenschaft, OLG Düsseldorf NJW-RR 1994, 1039 m. Anm. Jaeger NJW 1995, 432; im Bezirk des OLG Zweibrücken Bestandteilseigenschaft bei Sonderanfertigung, OLG Zweibrücken NJW-RR 1989, 84 und Rpfleger 1993, 169; für den west- und süddeutschen Raum vgl. auch OLG Hamm MittRhNotK 1989, 114 und OLG Karlsruhe Rpfleger 1988, 542 = ZMR 1988, 91). Das Gericht hat sich daher einer rechtsverbindlichen Aussage zu enthalten (Dorn Rpfleger 1987, 143, 145), wenngleich eine Klärung versucht werden sollte. Die abschließende Klärung der Frage, ob ein Gegenstand Bestandteil oder Zubehör ist, obliegt jedoch dem Prozessgericht und nicht dem Vollstreckungsgericht (LG Leipzig Rpfleger 2001, 610; Böttcher § 55 Rn. 4; Dassler u.a./Hintzen § 55 Rn. 24). Bei der Ermittlung und Festsetzung des Verkehrswertes sollte deshalb auf eine detaillierte Aufschlüsselung geachtet werden, um gegebenenfalls auch zu einem späteren Zeitpunkt jederzeit eine nachträgliche Freigabe durch Neufestsetzung berücksichtigen zu können (so schon Dassler/Gerhardt 12. Aufl., § 74a Rn. 26). **286**

Sachen, die ein **Mieter oder Pächter** als Eigentümer zur vorübergehenden Nutzung in das Objekt gebracht hat (Einrichtungsgegenstände, Herde u.ä.), sind nicht Zubehör (§ 97 Abs. 2 S. 1 BGB). An ihnen kommt dem Vollstreckungsschuldner auch kein mittelbarer

Besitz zu, sodass sich die Versteigerung auf sie nicht erstreckt (RGZ 143, 33; Stöber ZVG-Handbuch Rn. 283; zur Eigenschaft einer vom Mieter eingebrachten Einbauküche s. BGH Rpfleger 2009, 253 = ZMR 2009, 271).

287 Zu den Amtspflichten des Vollstreckungsgerichts im Rahmen der Ermittlung des Verkehrswerts gem. § 74a Abs. 5 ZVG, wenn Anhaltspunkte für **Altlasten** auf dem Grundstück bestehen, s. OLG Karlsruhe v. 30.07.2010–12 U 245/09.

288 Der **Zeitpunkt** für die Wertfestsetzung bestimmt sich nach pflichtgemäßem Ermessen des Vollstreckungsgerichts (Stöber § 74a Rn. 7.12). Dabei wird einerseits zu berücksichtigen sein, dass die Festsetzung so rechtzeitig vor dem (ersten) Versteigerungstermin erfolgen sollte, dass die zu diesem Zeitpunkt bekannten Verfahrensbeteiligten (§ 9 ZVG) noch die Möglichkeit haben, vor dem Termin von ihrem Beschwerderecht gem. § 74a Abs. 5 S. 3 ZVG Gebrauch zu machen und auch eine Entscheidung herbeiführen zu können (Stöber ZVG-Handbuch Rn. 210a). Andererseits sollen unnötige Kosten und vermeidbares Aufsehen solange nicht verursacht werden, wie nicht durch Terminsbestimmung das Verfahren nach abschließender Entscheidung über evtl. Einstellungsanträge gem. §§ 30a ff. ZVG fortgesetzt werden kann (Böttcher § 74a Rn. 34).

289 Der Wert wird nicht für einen bestimmten Versteigerungstermin, sondern **für das gesamte Verfahren** festgesetzt (Böttcher § 74a Rn. 27; Stöber § 74a Rn. 7.13). Nach einer Einstellung der Zwangsversteigerung oder für einen zweiten Termin findet daher grundsätzlich keine Neufestsetzung statt.

290 Der Wert wird durch **Beschluss** festgesetzt, der allen Verfahrensbeteiligten (§ 9 ZVG) zuzustellen ist. Der Beschluss ist mit der sofortigen Beschwerde anfechtbar; eine weitere Beschwerde findet nicht statt (§ 74a Abs. 5 S. 3 ZVG). Nicht anfechtungsberechtigt sind Mieter und Pächter, da ihnen kein Recht auf Befriedigung aus dem Erlös zukommt (BGH MDR 1971, 287). Nicht anfechtungsberechtigt ist auch der Eigentümer einer zur Wohnungseigentümergemeinschaft gehörenden Wohnung bzgl. der Verkehrswertfestsetzung einer anderen, nicht in seinem Eigentum stehenden Wohnung derselben Wohnungseigentümergemeinschaft. Ihm fehlt insoweit das Rechtsschutzbedürfnis, wenn er die Festsetzung eines niedrigeren Verkehrswerts fordert (LG Göttingen NZM 2001, 1141).

291 Eine absolute **Rechtskraft des Wertfestsetzungsbeschlusses** kann es allerdings schon deshalb nicht geben, weil jederzeit nach der Festsetzung weitere Beteiligte hinzukommen können, denen gegenüber der Beschluss erst noch rechtskräftig werden muss (Böttcher § 74a Rn. 34 und 37; Stöber § 74a Rn. 7.12). Rechtskraft der Wertfestsetzung kann deshalb auch nicht für die Terminsbestimmung verlangt werden.

292 Weiterhin besteht Einigkeit darüber, dass die – relative – Rechtskraft einer Überprüfung und gegebenenfalls **Neufestsetzung** des Wertes bei Eintritt neuer Tatsachen nicht entgegensteht, weil insoweit noch keine Entscheidung vorliegt (BGH NJW 1971, 1751; Böttcher § 74a Rn. 38; Dassler u.a./Hintzen § 74a Rn. 36; Stöber § 74a Rn. 7.20). So wird hinreichender Anlass zur Überprüfung bestehen, wenn z.B. infolge Brandes, Unwettereinflüssen oder baulichen Verbesserungen nachträgliche Änderungen eingetreten sind. Auch ein längerer Zeitraum seit der Wertfestsetzung mit erheblichen allgemeinen Preissteigerungen kann ebenso Veranlassung zur Überprüfung geben (OLG Hamm Rpfleger 1977, 452) wie eine allgemeine Wertsteigerung auf dem örtlichen Immobiliensektor, wenn diese wesentlich ist (OLG Köln Rpfleger 1993, 258: 10 %). Bei Wohnungseigentum kann die nachträgliche **Zuordnung eines Sondernutzungsrechtes** zum Wohnungseigentum des Schuldners z.B. an einem Pkw-Stellplatz wegen der damit verbundenen Wertsteigerung einen solchen Anlass darstellen (OLG Düsseldorf Rpfleger 2000, 559). Allerdings hat der BGH (NJW-

RR 2004, 302 = Rpfleger 2004, 172 = ZfIR 2004, 167) sich jetzt der Auffassung angeschlossen (schon bisher: OLG Hamm Rpfleger 1993, 210; Böttcher § 74a Rn. 38 a.E.; Dassler/Gerhardt 12. Aufl. § 74a Rn. 30; Stöber § 74a Rn. 7.9), dass für eine Neufestsetzung nur dann ein Rechtsschutzbedürfnis bestehen kann, wenn nicht bereits im ersten Versteigerungstermin der Zuschlag wegen Nichterreichens der Wertgrenzen der § 85a Abs. 1 oder § 74a Abs. 1 ZVG versagt wurde (**a.A.** für Neufestsetzung: OLG Düsseldorf Rpfleger 2000, 559; OLG Köln Rpfleger 1983, 362; Dassler u.a./Hintzen § 74a Rn. 62; Hornung Rpfleger 1979, 365; Steiner/Storz § 74a Rn. 112).

Bei der Wertermittlung wird zu beachten sein, dass für die Wertermittlung in Zwangsver- **293**
steigerungsverfahren **Besonderheiten** gelten. So sind in Abt. II des Grundbuchs eingetragene Rechte, die durchaus Einfluss auf die Wertbildung im Rahmen einer rechtsgeschäftlichen Veräußerung haben (wie z.B. Nießbrauchrechte oder Wohnungsrechte), für die Bildung des Verkehrswertes in einem Zwangsversteigerungsverfahren unbeachtlich (Alff Rpfleger 2003, 113, 114; Stöber § 74a Rn. 7.4 lit. e); **a.A.** LG Heilbronn Rpfleger 2004, 56 m. abl. Anm. Hintzen und LG Heilbronn Rpfleger 2004, 511 m. abl. Anm. Hintzen). Das Vollstreckungsgericht wird über ihre Berücksichtigung im geringsten Gebot und ihr Bestehenbleiben zu befinden haben (vgl. § 52 ZVG); erlischt ein solches Recht durch den Zuschlag, ist gegebenenfalls ein Wertersatzbetrag zu bilden (vgl. § 92 Abs. 1 ZVG).

Bei der Versteigerung von Wohnungs- und Teileigentumseinheiten mehren sich in der **294**
Praxis die Fälle, in denen Gutachter und Gerichte in diesem Stadium des Verfahrens vor die Aufgabe gestellt werden, bei der Bewertung **abweichenden Bauausführungen** Rechnung zu tragen. Die Wertermittlung kann dabei nicht mit der Begründung abgelehnt werden, dass aufgrund des tatsächlichen Zustandes des Objekts eine Überprüfung der Übereinstimmung mit den im Grundbuch in Bezug genommenen Aufteilungsplänen nicht möglich ist (zutreffend Grziwotz ZfIR 2005, 449, 451; **a.A.** LG Kassel Rpfleger 2002, 41; LG Passau ZfIR 2005, 476). Die Versteigerung kann nämlich gleichwohl erfolgen. Je nach Art und Umfang der Abweichung bezieht sie sich entweder auf den im Grundbuch verzeichneten Miteigentumsanteil verbunden mit dem vom Aufteilungsplan beschriebenen oder davon geringfügig abweichenden Sondereigentum oder lediglich auf einen sog. isolierten Miteigentumsanteil (dazu i.E. Rdn. 352 ff.). Jedenfalls bleibt auch bei extremen Abweichungen des Sondereigentums vom Aufteilungsplan das Objekt zumindest im Zustand eines isolierten Miteigentumsanteils genauso verkehrsfähig und damit versteigerbar, wie auch rechtsgeschäftlich eine Veräußerung möglich wäre (BGH NJW 2004, 1798 = Rpfleger 2004, 207 = ZMR 2004, 206; BGH NJW 2004, 3418 = Rpfleger 2005, 17 = ZMR 2005, 59; OLG Hamm Rpfleger 2007, 137 = ZMR 2007, 213; Schöner/Stöber Rn. 2830 a.E. **a.A.** OLG Hamm DNotZ 1977, 308 und DNotZ 1992, 492 m. abl. Anm. Hauger). Vielmehr ist der Wert unter Berücksichtigung der mit der Grundbucheintragung nicht übereinstimmenden Bauausführung zu ermitteln. Im Ergebnis wird also eine Wertminderung infolge der Abweichungen wegen der auf einen Ersteher möglicherweise zukommenden Kosten eines Rückbaues oder der gerichtlichen Geltendmachung von Anpassungsansprüchen an die Teilungserklärung zu berücksichtigen sein.

Bauliche Abweichungen erfordern deshalb eine besonders intensive Aufklärung aller Beteiligten schon im Rahmen der Wertfestsetzung und später auch der Bietinteressenten im Versteigerungstermin.

Ob im Einzelfall die Versteigerung einer vom Aufteilungsplan abweichenden Einheit auch wirtschaftlich sinnvoll ist und überhaupt Gebote zu erwarten sind, ist eine andere – in diesem Stadium nicht vom Gericht zu beantwortende – Frage, die allerdings mit dem das Verfahren betreibenden Gläubiger zu erörtern sein dürfte. Jedenfalls kann der Gläubiger nicht von vornherein wie in den genannten Fällen (LG Passau ZfIR 2005,

476; LG Kassel Rpfleger 2002, 41) darauf verwiesen werden, zunächst eine Änderung des Gründungsakts herbeizuführen. Diese ließe sich im Zweifel nur über eine Vollstreckung in den Anspruch seines Schuldners auf Änderung der Teilungserklärung gem. §§ 857, 835 ff. ZPO erreichen. Ein solches Verfahren bleibt dem betreibenden Gläubiger sicherlich unbenommen, es kann ihm jedoch nicht zur Verpflichtung gemacht werden. Andernfalls müsste er mit weiteren Geldmitteln für den Rückbau und die Vollstreckung in Vorlage treten, wobei ein entsprechender Mehrerlös im Versteigerungsfalle völlig ungewiss ist.

295 Für den weiteren Gang des Verfahrens ist eine **Umstellung des Antrages** oder gar eine **Antragsrücknahme** und erneute Beantragung der Zwangsversteigerung selbst dann nicht erforderlich, wenn aufgrund der vorgefundenen baulichen Verhältnisse lediglich ein sog. **isolierter (substanzloser) Miteigentumsanteil** zur Bewertung und nachfolgend zur Versteigerung käme (vgl. die Möglichkeiten Rdn. 354 ff.). Eine vom Aufteilungsplan und der Bezug nehmenden Grundbucheintragung abweichende Bauausführung lässt den Vollstreckungsgegenstand »Wohnungseigentum« mit seinem Miteigentumsanteil verbunden mit dem zugeordneten Sondereigentum in seinem jeweils vorgefundenen Zustand erscheinen. Maßgeblicher Vollstreckungsgegenstand ist aber gem. § 864 Abs. 2 ZPO immer der rechtlich im Vordergrund stehende Miteigentumsanteil, sodass mit seiner Angabe das Verfahren nach der grundbuchmäßigen Beschreibung durchgeführt werden kann (so auch zu Recht Stöber § 15 Rn. 45.13 lit c) für den Fall gravierender baulicher Abweichungen; **a.A.** Müller ZWE 2006, 378, 382). Eine Aufhebung der Zwangsversteigerung kann auch deshalb nicht in Betracht kommen, weil andernfalls der Schuldner durch geeignete Umbau/Ausbaumaßnahmen die Durchführung des Verfahrens jederzeit erneut in Frage stellen könnte (so geschehen bei LG Passau ZfIR 2005, 476). Für den allein betreibenden Gläubiger würde eine Aufhebung des Verfahrens mit anschließender Neuanordnung aber zum Verlust des nach § 13 Abs. 1 ZVG maßgeblichen Beschlagnahmezeitpunktes (und damit zur Verkürzung seines zuvor gesicherten Rangvolumens) führen. Auf die (Nicht-)Durchführung baulicher Maßnahmen hat der Gläubiger jedoch keinen Einfluss.

5. Bestimmung und Durchführung des Versteigerungstermins

a) Terminsbestimmung und zu beachtende Fristen

296 Für die Durchführung des Versteigerungstermins sind verschiedene **Fristen** von Bedeutung, deren Nichtbeachtung u.U. zur Aufhebung des Termins führen kann:

297 **§ 43 Abs. 1 ZVG:** Danach muss die Terminsbestimmung **sechs Wochen**, bei Fortsetzung nach einer einstweiligen Einstellung **zwei Wochen** vor dem Versteigerungstermin bekannt gemacht sein. Gemeint ist damit die öffentliche Bekanntmachung gem. § 39 ZVG, die im Amtsblatt/im Internet zu erfolgen hat. Die Frist wird nur durch eine solche Bekanntmachung gewahrt, die inhaltlich den Anforderungen des § 37 ZVG genügt (OLG Hamm Rpfleger 1991, 71 m. Anm. Meyer-Stolte). Die Veröffentlichung muss deshalb den gesamten **Inhalt** der Terminsbestimmung wiedergeben. Wohnungs- und Teileigentum ist danach unter Angabe des Miteigentumsanteils, der Bezeichnung des in Wohnungseigentum aufgeteilten Grundstücks unter Angabe seiner Größe sowie des mit dem Miteigentumsanteil verbundenen Sondereigentums an bestimmten Räumlichkeiten zu bezeichnen. Zum zwingenden Inhalt der Veröffentlichung gehören nicht Angaben zur Wohnungsgröße und zur Anzahl der Räume (Stöber § 37 Rn. 2.8).

298 Bei Nichtbeachtung der Frist muss der Versteigerungstermin aufgehoben werden; andernfalls ist der Zuschlag gem. § 83 Nr. 7 ZVG zu versagen. Ein **Verstoß gegen § 43**

Abs. 1 ZVG ist unheilbar (Dassler u.a./Hintzen § 43 Rn. 11). Auch ist eine in der Sache fehlerhafte Bekanntmachung nicht geeignet, eine rechtzeitige Ankündigung des Versteigerungstermins i.S.v. § 43 Abs. 1 ZVG darzustellen, sodass ein etwaiger Zuschlagsbeschluss im Rechtsmittelweg aufzuheben wäre. Dies gilt auch für unrichtige Angaben zum Sollinhalt einer Terminsbestimmung. Eine solche inhaltliche Unrichtigkeit der Bekanntmachung ist z.B. dann anzunehmen, wenn in der Bekanntmachung des Versteigerungstermins für eine Eigentumswohnung die tatsächliche **Wohnfläche** der Wohnung von der in der Terminsveröffentlichung angegebenen mit rd. 9 m² abweicht oder das falsche Stockwerk der zu versteigernden Eigentumswohnung veröffentlicht ist. Diese Abweichungen sind auch erheblich, weil sowohl Größe als auch Lage der Wohnung das Bietinteresse wesentlich mitbestimmen (OLG Karlsruhe Rpfleger 1993, 256 m insoweit zust. Anm. Meyer-Stolte; LG Augsburg Rpfleger 1999, 232). Zur ordnungsgemäßen Bekanntmachung bei Gebäuden mit einem außergewöhnlichen Charakter (schlossähnliches Gebäude aus der Barockzeit) s. OLG Hamm Rpfleger 2000, 172.

§ 43 Abs. 2 ZVG: Die Terminsbestimmung muss allen im Zeitpunkt der Terminsbestim- **299**
mung bekannten Verfahrensbeteiligten **vier Wochen** vor dem Versteigerungstermin zugestellt sein. Bei Nichteinhaltung kann der Betroffene das Verfahren jedoch genehmigen; andernfalls ist der Zuschlag zu versagen (§ 83 Nr. 1 ZVG), es sei denn, der Betroffene ist durch Deckung seiner Ansprüche nicht beeinträchtigt (Böttcher § 43 Rn. 7).

§ 43 Abs. 2 ZVG: Dem Schuldner muss ein Beschluss, aufgrund dessen die Versteigerung **300**
erfolgen kann, mindestens vier Wochen vor dem Termin zugestellt sein. Es handelt sich um den Anordnungs- oder einen Beitrittsbeschluss, aber auch um einen Fortsetzungsbeschluss, der nach einer einstweiligen Einstellung infolge eines Fortsetzungsantrages ergangen ist. Auch hier kann der Schuldner bei Nichteinhaltung das Verfahren genehmigen.

§ 41 Abs. 2 ZVG: Im Laufe der vierten Woche vor dem Termin soll den Beteiligten mit- **301**
geteilt werden, auf wessen Antrag und wegen welcher Ansprüche die Versteigerung erfolgt. Die Mitteilung kann einen Hinweis über weitere betreibende Gläubiger enthalten, deren Ansprüche jedoch wegen Fristversäumnis gem. § 44 Abs. 2 ZVG nicht dem geringsten Gebot zugrunde gelegt werden dürfen. Ein Unterlassen der Mitteilung durch das Gericht oder auch eine unvollständige oder unrichtige Mitteilung gem. § 41 Abs. 2 ZVG beeinträchtigen das Verfahren nicht, da es sich insoweit um eine Ordnungsvorschrift handelt (Böttcher § 41 Rn. 7; Dassler u.a./Hintzen § 41 Rn. 13; Stöber § 41 Rn. 3.1; **a.A.** Steiner/Teufel § 41 Rn. 15).

b) Anmeldungen zum Termin

Gemäß § 45, § 114 ZVG werden die zur Zeit der Eintragung des Versteigerungsvermerkes **302**
eingetragenen Rechte mit ihrem Kapitalbetrag einschließlich der laufenden wiederkehrenden Leistungen und einem vom Gläubiger gezahlten Gerichtskostenvorschuss **von Amts wegen** berücksichtigt.

Alle übrigen Ansprüche müssen verfahrensrechtlich durch Anmeldung gewahrt werden. **303**
Ansprüche des betreibenden Gläubigers, die sich aus seinem Versteigerungs- oder Beitrittsantrag ergeben, gelten als angemeldet (vgl. § 114 Abs. 1 S. 2 ZVG). Eine bestimmte Form ist für die **Anmeldung** nicht vorgeschrieben. Erfolgt keine Anmeldung, bleiben diese Ansprüche unberücksichtigt; bei verspäteter Anmeldung tritt Rangverlust ein (§ 37 Nr. 4, § 110 ZVG). Zur Anmeldung durch einen bevollmächtigten WEG-Verwalter s. Teil III Rdn. 170.

In Betracht kommen hier insbesondere:
- Rechte, die nach dem Zwangsversteigerungsvermerk eingetragen worden sind;
- Rückständige Zinsen (zum Begriff vgl. § 13 Abs. 1 ZVG)
- Anordnungs- und Beitrittskosten sowie sonstige Kosten der dinglichen Rechtsverfolgung
- Vorschüsse aus einem Zwangsverwaltungsverfahren zur Berücksichtigung in Rangklasse 1 des § 10 Abs. 1 ZVG
- Ansprüche auf öffentliche Lasten zur Berücksichtigung in Rangklasse 3 des § 10 Abs. 1 ZVG
- Kosten für die Terminswahrnehmung; hier reicht zunächst ein Pauschalbetrag zur Rangwahrung aus.

c) Besondere Voraussetzungen für eine Anmeldung von Hausgeldansprüchen in der Rangklasse 2 des § 10 Abs. 1 ZVG

304 Will der »Verband Wohnungseigentümergemeinschaft« (vgl. § 10 Abs. 1 Nr. 2 S. 4 ZVG) seine Ansprüche lediglich zu einem von dritter Seite bereits betriebenen Zwangsversteigerungsverfahren anmelden (kein »Altverfahren«!! – dazu s. Rdn. 445), unterscheiden sich die Voraussetzungen in einigen Punkten von den unter Rdn. 186 ff. genannten:

305 • **Bevorrechtigter und fälliger Anspruch:** Zunächst muss der Anmeldung ein bevorrechtigter und fälliger Anspruch zugrunde liegen. i.E. kann deshalb insoweit auf die in Rdn. 189 genannten Voraussetzungen verwiesen werden.

306 • **Titulierung der Ansprüche:** Die geltend gemachten Ansprüche sind bei der Anmeldung durch den Verband gem. § 45 Abs. 3 ZVG entweder durch einen entsprechenden **Titel** (insoweit s. Rdn. 190) **oder** durch Vorlage einer Niederschrift über die Beschlüsse der Wohnungseigentümer einschließlich ihrer Anlagen oder in sonst geeigneter Weise **glaubhaft** zu **machen.** Das Gesetz erlaubt hier also eine Berücksichtigung der **Hausgeldansprüche ohne Titel**! In beiden Fällen muss sich aus dem Vorbringen jedoch die Zahlungspflicht, die Art und der Bezugszeitraum des Anspruchs sowie seine Fälligkeit ergeben (§ 45 Abs. 3 S. 2 ZVG). Hier dürfte sich erst recht bereits bei der Anmeldung eine entsprechende Eidesstattliche Versicherung des WEG-Verwalters zur Glaubhaftmachung empfehlen.

307 • **Begrenzung des Anspruchs durch Höchstbetrag und Zeitdauer** Auch bei einer Anmeldung von Hausgeldansprüchen darf der Höchstbetrag des § 10 Abs. 1 Nr. 2 S. 3 ZVG nicht überschritten werden (§ 45 Abs. 3 S. 1 ZVG). Aus § 10 Abs. 1 Nr. 2 S. 3 ZVG ergibt sich, dass das **Vorrecht insgesamt** auf **5 %** des gem. § 74a Abs. 5 ZVG festgesetzten Verkehrswertes begrenzt ist. Auch bei einem Betreiben wegen rückständiger Hausgeldansprüche kann deshalb gegebenenfalls (nur) noch die Differenz bis zur Ausschöpfung des Vorrechtsrahmens angemeldet werden. Einer Nachtitulierung seitens des Verbandes bedarf es deshalb im Betreibensfall nicht (Schneider ZfIR 2008, 161, 163 f.; a.A. wohl Derleder ZWE 2008, 13, 17). Es ist dem Verband Wohnungseigentümergemeinschaft überlassen, auf welche Weise er den ihm zukommenden Vorrang ausnutzen möchte. Zu den Unterschieden bei einer Ablösung vgl. Rdn. 259 ff. Auch der zeitliche Rahmen für die Berücksichtigung der angemeldeten Ansprüche deckt sich mit dem in Rdn. 191. Gesagten (§ 10 Abs. 1 Nr. 2 S. 2 ZVG).

308 • **Überschreiten des Mindestbetrages** Die noch in Rdn. 192 dargestellten Probleme entfallen hier. Bei einer Anmeldung können auch geringere Beträge angemeldet werden, weil der Mindestbetrag von 3 % des steuerlichen Einheitswertes bei einer bloßen Anmeldung nicht überschritten werden muss. § 10 Abs. 3 S. 1 ZVG setzt ein aktives Betreiben der Versteigerung voraus.

- **Objektmäßige Begrenzung** Hausgeldansprüche können nur in einem über das verursachende Wohnungseigentum geführten Zwangsversteigerungsverfahren angemeldet werden (vgl.: »die daraus fälligen Ansprüche«; § 45 Abs. 3 S. 1, §10 Abs. 1 Nr. 2 S. 1 ZVG). 309

– **Rechtzeitigkeit der Anmeldung und der Glaubhaftmachung** Im Hinblick auf § 45 Abs. 1 u. 3 ZVG ist eine **rechtzeitige Anmeldung** der Hausgeldansprüche und ihre **Glaubhaftmachung** für eine Berücksichtigung im sog. geringsten Gebot und der späteren Verteilung des Versteigerungserlöses unerlässlich (vgl. Rdn. 303). 310
Die Anmeldung hat daher spätestens bis zur Aufforderung zur Abgabe von Geboten im Versteigerungstermin zu erfolgen, da andernfalls ein Rangverlust gem. § 37 Nr. 4 i.V.m. § 110 ZVG eintritt!!
Beruft sich die Wohnungseigentümergemeinschaft bei einem Beitritt zur Zwangsversteigerung einer Eigentumswohnung zunächst auf den Vorrang des § 10 Abs. 1 Nr. 2 ZVG und nimmt den Antrag später zurück, so heilt eine nachfolgende Anmeldung der Forderungen aus dem Titel, aus dem früher betrieben wurde, die erst nach der Aufforderung zur Abgabe von Geboten bei Gericht eingeht, nicht den endgültigen Rangverlust (LG Heilbronn ZfIR 2010, 288; vgl. auch Traub ZfIR 2010, 273).

d) Terminsablauf

Der Versteigerungstermin ist das Herzstück des gesamten Zwangsversteigerungsverfahrens. Er lässt sich zum besseren Verständnis in folgende Abschnitte aufteilen: 311

aa) Bekanntmachungsteil

Der Ablauf des Versteigerungstermins vom Anfang bis zum Beginn der Bietzeit ergibt sich aus § 66 ZVG. Danach kann dieser Abschnitt folgende Punkte umfassen: 312

1. Aufruf der Sache im Rahmen einer öffentlichen Verhandlung
2. Feststellung der erschienen Beteiligten
3. Bekanntgabe der Nachweisungen des Grundstücks/des Wohnungs- oder Teileigentums (Grundbuchauszüge, in Bezug genommene Bewilligungen z.B. zur Klärung des Inhalts und Umfangs von Sondernutzungsrechten)
4. Bekanntgabe der betreibenden Gläubiger und ihrer Ansprüche
5. Bekanntgabe der ersten Beschlagnahme zur Berechnung der wiederkehrenden Leistungen gem. § 13 Abs. 4 ZVG (vgl. Rdn. 214, 225 ff.)
6. Bekanntgabe des gem. § 74a Abs. 5 ZVG festgesetzten Verkehrswertes mit Festlegung der für das weitere Verfahren maßgeblichen »5/10«- und »7/10«-Grenzen (§ 85a, § 74a ZVG); dazu s. Rdn. 257 ff., 324 ff.;
7. Bekanntgabe der erfolgten Anmeldungen zum Termin
8. Bekanntgabe der Versteigerungsbedingungen
   - Bezahlung und Verzinsung des Bargebotes (§ 49 ZVG)
   - Zuzahlungspflichten (§§ 50, 51 ZVG)
   - Bestehen bleibende Rechte nach Grundbuchlage (§ 52 ZVG)
   - Schuldübernahme und Fälligkeit von Grundpfandrechten (§ 54 ZVG)
   - Umfang der Beschlagnahme (§ 55 ZVG – s. Rdn. 215)
   - Übergang von Nutzungen und Lasten (§ 56 ZVG)
   - Zuschlagskosten (§ 58 ZVG)
   - Abweichende Versteigerungsbedingungen (§ 59 ZVG)
   - Verfahren bei mehreren Objekten und Gesamtrechten (§§ 63, 64 ZVG)
   - Abgesonderte Versteigerung und anderweitige Verwertung (§ 65 ZVG)

9. Bekanntgabe des sog. geringsten Gebotes
(Nur Zulassung von Geboten, durch die die dem betreibenden Gläubiger vorgehenden Rechte und die Verfahrenskosten gedeckt sind; § 44 Abs. 1 ZVG. Das geringste Gebot setzt sich aus zwei Teilen über die Bestehen bleibenden Rechte und den bar zu zahlenden Teil zusammen.)
Da die Begründung des Vorranges für Hausgeldansprüche im Betreibensfalle aus der Rangklasse 2 des § 10 Abs. 1 ZVG zum Erlöschen der dem betreibenden Gläubiger nachgehenden Rechte in der Rangklasse 4 führt, hätte dies regelmäßig das Erlöschen der am ganzen Grundstück eingetragenen **Grunddienstbarkeiten** und **beschränkten persönlichen Dienstbarkeiten** bei der Zwangsversteigerung auch nur eines Wohnungseigentums zur Folge (vgl. Rdn. 375). § 52 Abs. 2 S. 2 Nr. 2 ZVG sieht deshalb das **Bestehenbleiben** dieser Rechte auch **ohne Berücksichtigung im geringsten Gebot** vor, wenn aus dem Vorrecht der Rangklasse 2 des § 10 Abs. 1 ZVG vollstreckt wird. Das Bestehenbleiben soll jedoch auf die Fälle beschränkt bleiben, in denen diesen Rechten kein Recht der Rangklasse 4 vorgeht, aus dem die Zwangsversteigerung betrieben werden kann, weil die genannten Dienstbarkeiten in diesem Falle ebenfalls durch Versteigerung aus dem vorrangigen Grundpfandrecht zum Erlöschen gebracht werden könnten.
10. Weitere wichtige Hinweise wie z.B.
    - auf das grundsätzliche Fortbestehen von Mietverhältnissen (§ 57 ZVG)
    - auf das Sonderkündigungsrecht des Erstehers (§ 57a ZVG)
    - auf ein gegebenenfalls bestehendes Zustimmungserfordernis für die Zuschlagserteilung gem. § 12 WEG
11. Hinweis auf die bevorstehende Ausschließung weiterer Anmeldungen durch die Aufforderung zur Abgabe von Geboten
12. Aufforderung zur Abgabe von Geboten.

bb) Bietzeit

313 Bietzeit ist die Zeit zwischen der Aufforderung zur Abgabe von Geboten und dem Zeitpunkt, in dem bezüglich sämtlicher zu versteigernder Objekte die Versteigerung geschlossen wird. Sie muss mindestens 30 Minuten dauern und ist solange fortzusetzen, bis trotz Aufforderung des Gerichtes keine weiteren Gebote mehr abgegeben werden (§ 73 Abs. 1 ZVG). Das letzte Gebot und den Schluss der Versteigerung hat das Gericht zu verkünden (§ 73 Abs. 2 ZVG). Dieser Abschnitt kann typischerweise folgende Punkte umfassen:
1. Legitimationsfragen, insbesondere bei nichtdeutschen Bietern
2. Fragen des Beteiligungsverhältnisses und gegebenenfalls des Güterstandes bei Erwerb durch mehrere Personen (vor dem Hintergrund des § 47 GBO)
3. Fragen ausreichender Bietvollmacht (§ 71 Abs. 2 ZVG)
4. Nachweise für ausreichende Vertretungsmacht bei Gesellschaften u.a. (§ 71 Abs. 2 ZVG)
5. Nachweise für zustimmungspflichtige Gebote (§ 71 Abs. 2 ZVG)
6. Fragen der Sicherheitsleistung (§§ 67–70 ZVG)
7. Ablösungsfragen (§ 75 ZVG – s. Rdn. 258 ff.).

314 Spätestens seit der Anerkennung der Rechtsfähigkeit des Verbandes Wohnungseigentümergemeinschaft mit Einführung von § 10 Abs. 6 S. 1 WEG entspricht es ganz h.M., dass der **Verband rechtsgeschäftlich** Wohnungseigentum auch in der von ihm selbst verwalteten Anlage **erwerben** kann, wenn der Erwerb eine Maßnahme ordnungsgemäßer Verwaltung darstellt (OLG Hamm ZWE 2010, 270 = WuM 2010, 441; OLG Hamm NJW 2010, 1464 = Rpfleger 2010, 132 = ZMR 2010, 216; OLG Celle NJW 2008, 1537 = Rpfleger 2008, 296 = ZMR 2008, 210; LG Frankenthal MittBayNot 2008, 128; Abramenko

ZMR 2006, 338, 340; Böhringer NotBZ 2008, 179, 181; Böttcher Rpfleger 2009, 181, 183; Häublein FS Seuß 2007, S. 125, 148; Heggen NotBZ 2008, 198; Hügel DNotZ 2005, 753, 771 f.; ders. DNotZ 2007, 326, 338; Jennißen NZM 2006, 203, 205; Kümmel ZMR 2007, 894; Rapp MittBayNot 2005, 449, 458 f.; Saumweber MittBayNot 2007, 357, 360; Schmitz ZNotP 2008, 353, 357; Schneider Rpfleger 2007, 175, 177; Wenzel ZWE 2006, 462, 469; ders. NZM 2006, 321, 323; **a.A.** LG Nürnberg-Fürth ZMR 2006, 812 m. abl. Anm. Schneider; LG Heilbronn ZMR 2007, 649 m. abl. Anm. Hügel; Bonifacio ZMR 2009, 257; Schöner/Stöber Rn. 2838c ff.; krit. auch DNotI-Gutachten DNotI-Report 2007, 169). Die Ordnungsmäßigkeit der Maßnahme ist vom Grundbuchgericht allerdings nicht zu prüfen, weil es sich bei dem Erwerb um eine Verwaltungsmaßnahme handelt, für die grundsätzlich Beschlusskompetenz besteht. Selbst ein ordnungswidriger Mehrheitsbeschluss führt danach gem. § 23 Abs. 4 WEG lediglich zur Anfechtbarkeit (vgl. FaKoWEG/Schneider § 1 Rn. 99 f. m.w.N.).

Auf die gleiche Weise ist auch ein **Erwerb im Wege der Zwangsvollstreckung** für **möglich** zu halten (§ 90 ZVG). Dies gilt insbesondere für den sog. »Rettungserwerb« im Wege der Zwangsversteigerung, um auf diese Weise einen unzumutbaren Wohnungseigentümer aus der Gemeinschaft zu entfernen (vgl. Abramenko ZMR 2006, 338; Jennißen NZM 2006, 203, 205). Denkbar ist z.B. aber auch der Erwerb eines Teileigentums im Dachgeschoss im Wege der Zwangsversteigerung, wenn dadurch die Weiterführung eines bereits begonnenen unsachgemäßen Ausbaus entgegen den genehmigten Bauplänen verhindert und Schaden vom Gemeinschaftseigentum abgewendet werden soll. Aus der Praxis werden auch immer wieder Erwerbsfälle bzgl. Pkw-Stellplätzen in Tiefgaragen berichtet. Wie beim rechtsgeschäftlichen Erwerb ist hierfür verbandsintern eine **Mehrheitsentscheidung** ausreichend (Hügel ZMR 2007, 650; Schneider Rpfleger 2007, 175; Wenzel ZWE 2006, 462, 464 f.; **a.A.** LG Nürnberg-Fürth ZMR 2006, 812 m. abl. Anm. Schneider; LG Heilbronn ZMR 2007, 649 m. abl. Anm. Hügel). Auch das Vollstreckungsgericht hat wie schon das Grundbuchgericht nicht zu prüfen, ob der beschlossene Erwerb einer ordnungsgemäßen Verwaltung entspricht (s.o.). 315

Neben dem **Nachweis der Bestellung** zum Verwalter ist deshalb nur noch der weitergehende **Nachweis der Bevollmächtigung** des Verwalters zum Erwerb eines Wohnungseigentums im Wege der Zwangsversteigerung durch Vorlage einer entsprechenden Niederschrift über die Beschlussfassung mit den nach § 26 Abs. 3 WEG beglaubigten Unterschriften zu erbringen (§ 71 Abs. 2 ZVG). Die Vorschrift des § 26 Abs. 3 WEG ist entsprechend anwendbar, da ein Beschluss der Wohnungseigentümer in öffentlich beglaubigter Form nachzuweisen ist (FaKoWEG/Schneider § 1 Rn. 182). 316

Weil die **Eintragung des Verbandes** Wohnungseigentümergemeinschaft nunmehr in Übereinstimmung mit § 10 Abs. 6 S. 4 WEG zu erfolgen hat, muss bereits bei Abgabe des Gebotes auf eine ordnungsgemäße **Bezeichnung** geachtet werden. Gem. § 10 Abs. 6 S. 4 WEG muss »die Gemeinschaft die Bezeichnung 'Wohnungseigentümergemeinschaft' gefolgt von der bestimmten Angabe des gemeinschaftlichen Grundstücks führen«. Die bloße Angabe »Wohnungseigentümergemeinschaft« wäre dabei allerdings zumindest unglücklich, weil sie die notwendige Unterscheidung der rechtsfähigen Gemeinschaft der Wohnungseigentümer einerseits und den in Bruchteilsgemeinschaft verbundenen Wohnungseigentümern als Miteigentümern gem. §§ 741 ff., 1008 ff. BGB andererseits vermissen lässt (zutreffend Elzer WuM 2007, 295, 296). Darüber hinaus verwendet das Gesetz selbst den Begriff »Gemeinschaft« bereits in anderem Kontext, wobei es jedoch um die nicht rechtsfähige Bruchteilsgemeinschaft der Wohnungseigentümer nach bisherigem Verständnis geht (vgl. FaKoWEG/Schneider § 1 Rn. 14). Die unterschiedliche Vermögenszuordnung mit den daran knüpfenden Verfügungsmöglichkeiten verlangt jedoch nach einer eindeutigen sprachlichen Abgrenzung, wobei mit Böhringer/Hintzen Rpfleger 317

2007, 353, 354 die Kurzform »WEG« abzulehnen ist. Es spricht deshalb nichts dagegen aber viel dafür, zur Klarstellung den Verbandsbegriff zusätzlich in die gesetzlich vorgeschriebene **Mindestbezeichnung** aufzunehmen (ähnlich schon Dümig Rpfleger 2005, 528, 529, der noch von der »Verwaltungsgemeinschaft der Wohnungseigentümer« spricht; **a.A.** Böttcher Rpfleger 2009, 181, 186: »nicht notwendig«).

318 Die darüber hinaus der Bezeichnung »Verband Wohnungseigentümergemeinschaft« hinzuzufügende bestimmte Angabe des gemeinschaftlichen Grundstücks kann auf unterschiedliche Weise erfolgen. Da der Verband namensfähig i.S.d. § 12 BGB ist (Böhringer/Hintzen Rpfleger 2007, 353, 354, Böttcher Rpfleger 2009, 181, 186) stehen die weiteren Angaben zur Disposition des Verbandes. Folgende Varianten sind – auch in Kombination (zutreffend Dümig Rpfleger 2005, 528, 529 mit Beispiel) und unter Hinzufügung von Phantasienamen (zutreffend Böhringer Rpfleger 2006, 53, 55; **a.A.** Wilsch RNotZ 2005, 536, 539) denkbar:

319 • **Postalische Bezeichnung**

»Verband Wohnungseigentümergemeinschaft« unter Angabe der Lage des Grundstücks nach Ort, Straße und Hausnummer

(z.B. »Verband Wohnungseigentümergemeinschaft Schloßallee 80 in Berlin«);

320 • **Katastermäßige Bezeichnung**

»Verband Wohnungseigentümergemeinschaft« unter Angabe der katastermäßigen Bezeichnung nach Gemarkung, Flur und Flurstück

(z.B. »Verband Wohnungseigentümergemeinschaft Gemarkung Berlin-Lichterfelde Flur 1, Flurstück 4711«);

321 • **Grundbuchmäßige Bezeichnung**

»Verband Wohnungseigentümergemeinschaft« unter Angabe der grundbuchmäßigen Buchungsstellen nach Gemarkung und Grundbuchblattnummern

(z.B. »Verband Wohnungseigentümergemeinschaft Gemarkung Berlin-Lichterfelde Blätter 0815 bis mit 0925«).

Da das Rechtssubjekt bei allen Fassungsvorschlägen hinreichend gekennzeichnet ist und § 15 Abs. 1 lit. b) GBV auf den vorliegenden Sachverhalt nicht anwendbar erscheint, bedarf es keiner weitergehenden Angabe zum Sitz des Personenverbandes (Böhringer/Hintzen Rpfleger 2007, 353, 354; Dümig Rpfleger 2005, 528, 529). Nicht mehr geeignet zur Bezeichnung des Verbandes ist dagegen die bisher gebräuchliche Angabe »Wohnungseigentümergemeinschaft, bestehend aus den Eigentümern ...«, weil sie nicht den rechtsfähigen Verband als Rechtsträger verlautbart (zum Ganzen s.a. Schneider Rpfleger 2008, 291).

cc) Verhandlung über den Zuschlag

322 Nach dem Schluss der Versteigerung sind die anwesenden Beteiligten über den Zuschlag zu hören (§ 74 ZVG). Unabhängig davon, dass die Voraussetzungen für eine Zuschlagserteilung vom Vollstreckungsgericht von Amts wegen zu prüfen sind, können in diesem Zusammenhang auch Zuschlagsversagungsanträge z.B. gem. §§ 74a, 75, 76, 85 ZVG, § 765a ZPO gestellt werden.

323 Liegen weiterhin keine Gründe für eine Zuschlagsversagung von Amts wegen gem. § 83 i.V.m. §§ 84, 85a ZVG vor, kann der Zuschlag erteilt werden. Der Zuschlag hat dann unmittelbar oder in einem gesonderten Zuschlagsverkündungstermin gem. § 87 Abs. 1

ZVG zu erfolgen. Die Wochenfrist des § 87 Abs. 2 S. 1 ZVG stellt lediglich eine Ordnungsvorschrift dar (Böttcher § 87 Rn. 4). Insbesondere bei einer zustimmungspflichtigen Zuschlagserteilung z.B. gem. § 12 WEG muss den Beteiligten jedoch eine längere und angemessene Frist zur Beschaffung einer erforderlichen Zustimmung gewährt werden, sodass in diesen Fällen nur ein besonderer Verkündungstermin in Betracht kommt (für den genannten Fall ausdrücklich Böttcher § 15, 16 Rn. 86 a.E.).

Exkurs: Absolutes und relatives Mindestgebot gem. §§ 85a Abs. 1, 74a Abs. 1 ZVG

Gemäß **§ 85a Abs. 1 ZVG** ist der **Zuschlag von Amts wegen zu versagen**, wenn das abgegebene Meistgebot, also das Bargebot zuzüglich des Kapitalwertes der bestehen bleibenden Rechte, die Hälfte des Grundstückswertes nicht erreicht. Maßgeblich für die Berechnung der 5/10-Grenze ist auch hier der gem. § 74a Abs. 5 ZVG festgesetzte Verkehrswert. Auf diese Weise soll der Schuldner vor einer Verschleuderung seiner Immobilie geschützt werden. 324

Wird das Meistgebot von einem zur Befriedigung aus dem Objekt Berechtigten abgegeben, so ist der Zuschlag nur dann zu versagen, wenn das Bargebot zuzüglich des Kapitalwertes der bestehen bleibenden Rechte zusammen mit dem Betrag, mit dem der Berechtigte ausfällt, 5/10 des festgesetzten Verkehrswertes nicht erreicht (§ 85a Abs. 3 ZVG).

▶ **Beispiel:** 325

Das Wohnungseigentum im Wert von € 200.000 ist belastet mit einer Grundschuld für die x-Bank i.H.v. € 150.000. Die x-Bank betreibt das Verfahren und bietet lediglich das geringste Gebot von € 8.000.
Die x-Bank kann über § 85a Abs. 3 ZVG den Zuschlag erhalten. Zwar liegt ihr Gebot mit € 8.000 unterhalb der 5/10-Grenze (€ 100.000), hinzuzurechnen ist jedoch noch der Ausfallbetrag i.H.v. € 150.000, sodass die Summe die Hälfte des festgesetzten Verkehrswertes überschreitet.

Die Zuschlagserteilung rechtfertigt sich aufgrund der Befriedigungswirkung des § 114a ZVG, wonach der materielle Versteigerungserlös höher ist als 5/10 des Wertes des Wohnungseigentums. Dabei ist auch bei einer nur noch teilweise valutierten Grundschuld der Ausfall in voller Höhe des dinglichen Anspruchs und nicht lediglich in Höhe der dem Gläubiger noch zustehenden persönlichen Forderung anzusetzen (BGHZ 158, 159 = NJW 2004, 1803 = Rpfleger 2004, 432 = ZfIR 2004, 558; Böttcher § 85a Rn. 9; Dassler u.a./Hintzen § 85a Rn. 27; Muth Rpfleger 1985, 45, 47; Stöber § 85a Rn. 4.3; **a.A.** OLG Koblenz Rpfleger 1991, 468 m. abl. Anm. Hintzen; Scherer Rpfleger 1985, 141). Ein Ersteher ist demgemäß bei einer teilweise valutierten Grundschuld in Höhe des Differenzbetrages ungerechtfertigt bereichert und hat diesen an den Schuldner aufgrund des Sicherungsvertrages bzw. gem. §§ 812 ff. BGB herauszugeben (BGHZ 158, 159 = NJW 2004, 1803 = Rpfleger 2004, 432 = ZfIR 2004, 558; Böttcher § 85a Rn. 9; Dassler u.a./Hintzen § 85a Rn. 28; Muth Rpfleger 1985, 45, 48).

Für die Anwendung des § 85a ZVG ist die Rangposition des Bieters ohne Bedeutung.

▶ **Beispiel (Fortsetzung):** 326

Im vorgenannten Beispiel soll ein weiteres Recht über € 100.000 zugunsten der y-Bank nachrangig im Grundbuch eingetragen sein. Böte nunmehr die y-Bank das geringste Gebot i.H.v. € 8.000, erhielte sie den Zuschlag.

Die x-Bank würde bei der Verteilung leer ausgehen; sie könnte jedoch im Beispielsfall über einen Antrag gem. **§ 74a ZVG** den Zuschlag verhindern. Aus dem Beispiel lässt sich folgern, dass im Versteigerungstermin jeder vorrangige Gläubiger vertreten sein sollte, wenn er nicht Gefahr laufen will, wegen § 85a Abs. 3 ZVG mit seinen Ansprüchen auszufallen (Dassler u.a./Hintzen § 85a Rn. 29).

Tritt ein nach § 85a Abs. 3 ZVG Berechtigter die Rechte aus dem Meistgebot an einen Dritten ab, der die Voraussetzungen nicht erfüllt, kann gleichwohl der Zuschlag erteilt werden (Böttcher § 85a Rn. 13; Dassleru.a./Hintzen § 85a Rn. 32; Ebeling Rpfleger 1988, 400, 401; Stöber § 85a Rn. 5.2).

327 Gemäß **§ 74a Abs. 1 ZVG** kann ein Berechtigter, der bei einem Meistgebot (Bargebot zuzüglich des Kapitalwertes der bestehen bleibenden Rechte) unter 7/10 des Grundstückswertes mit seinem Anspruch zumindest teilweise ausfällt, die **Versagung** des Zuschlages **beantragen**, wenn er bei einem Gebot in der genannten Höhe voraussichtlich gedeckt sein würde. Antragsberechtigt ist jeder Gläubiger, der einen Anspruch gem. § 10 ZVG hat. Nicht antragsberechtigt sind der Vollstreckungsschuldner wegen eines evtl. Erlösüberschusses sowie Mieter und Pächter, weil sie keinen aus dem Objekt zu befriedigenden Anspruch haben (BGH Rpfleger 1971, 102).

328 ▶ **Beispiel:**

Das Wohnungseigentum im Wert von € 200.000 ist belastet mit einer bestehen bleibenden Grundschuld für die x-Bank i.H.v. € 80.000 (Abt. III Nr. 1). Für dieses Recht sind Kosten und Zinsen i.H.v. € 20.000 zu berücksichtigen. An Verfahrenskosten und vorgehenden Grundsteueransprüchen der Rangklasse 3 des § 10 Abs. 1 sind zu berücksichtigen insgesamt € 8.000. Bestbetreibender Gläubiger ist die y-Bank aus dem Recht Abt. III Nr. 2 mit einem Kapitalbetrag i.H.v. € 60.000 sowie Kosten und Zinsen i.H.v. € 12.000.
Beträgt das bare Meistgebot nunmehr € 25.000, kann die x-Bank einen Zuschlagsversagungsantrag gem. § 74a Abs. 1 ZVG stellen.
Das Gebot liegt mit insgesamt € 105.000 (= € 25.000 bar + € 80.000 bestehen bleibendes Recht III/1) zwar über der 5/10-Grenze des § 85a Abs. 1 ZVG (= € 100.000), jedoch unter 7/10 des Verkehrswertes (= € 140.000). Der x-Bank könnte auf ihre Baransprüche aus dem Recht Abt. III Nr. 1 (= € 20.000) lediglich ein Betrag von € 17.000 zugeteilt werden, der nach Abzug von Verfahrenskosten und vorgehenden Grundsteueransprüchen verbleibt (€ 25.000 – € 8.000). Der Ausfall beträgt somit € 3.000 und würde bei einem Gebot i.H.v. 7/10 gedeckt sein.
Auch die y-Bank kann aus dem Recht Abt. III Nr. 2 einen Zuschlagsversagungsantrag stellen. Bei dem baren Meistgebot i.H.v. 25.000,– € fällt die Gläubigerin vollständig aus. Bei einem Gebot i.H.v. 7/10 des festgesetzten Verkehrswertes (= € 140.000) würde sie zumindest teilweise Deckung erfahren. Das Bargebot nach Abzug des bestehen bleibenden Rechts Abt. III Nr. 1 i.H.v. € 80.000 beträgt dann € 60.000. Davon sind die Verfahrenskosten und vorgehenden Grundsteueransprüche mit insgesamt € 8.000 sowie die Kosten und Zinsen des Rechtes Abt. III Nr. 1 mit € 20.000 abzuziehen, sodass die Ansprüche der Gläubigerin zumindest teilweise i.H.v. € 32.000 gedeckt wären.

Der Zuschlagsversagungsantrag kann nur bis zum Schluss der Verhandlung über den Zuschlag gestellt werden; in einem späteren Verkündungstermin über den Zuschlag ist dies nicht mehr möglich (Böttcher § 74a Rn. 16).

Der Antrag gem. § 74a Abs. 1 S. 1 ZVG ist abzulehnen, wenn der betreibende Gläubiger widerspricht und glaubhaft macht, dass ihm durch die Versagung des Zuschlages ein unverhältnismäßiger Nachteil erwachsen würde (§ 74a Abs. 1 S. 2 ZVG).

329 Ist der Zuschlag einmal aus den Gründen des § 85a Abs. 1 ZVG oder § 74a Abs. 1 ZVG versagt worden, gelten für den neuen, dann von Amts wegen anzuberaumenden

Termin weder die 5/10- noch die 7/10-Grenze (§§ 85a Abs. 2 S. 2, 74a Abs. 4 ZVG). Umgekehrt sind die genannten Grenzen zu beachten, wenn es sich bei dem ersten Termin um einen ergebnislosen i.S.d. § 77 ZVG handelt. Auch sind Gebote, die der Bieter nur deswegen abgibt, um die Rechtsfolgen des § 85a Abs. 1 ZVG herbeizuführen (»**Eigengebote** des Gläubigers«), nach Ansicht des BGH grundsätzlich rechtsmissbräuchlich und deshalb nicht geeignet, eine Zuschlagsversagung gem. § 85a Abs. 1 ZVG zu rechtfertigen (BGHZ 177, 334 = Rpfleger 2008, 587 = ZfIR 2008, 684 m. Bespr. Keller ZfIR 2008, 671; BGHZ 172, 218 = NZM 2008, 59 = RPfleger 2007, 483 m. abl. Anm. Stöber BGHReport 2007, 1158).

6. Erteilung des Zuschlages

a) Allgemeines

Durch den Zuschlag wird der Ersteher **Eigentümer** des versteigerten Objektes (§ 90 **330**
Abs. 1 ZVG). Der Eigentumswechsel vollzieht sich damit **kraft staatlichen Hoheitsaktes** (BGHZ 112, 59 = NJW 1990, 2744 = Rpfleger 1990, 522; RGZ 60, 48). Der Ersteher erwirbt originäres Eigentum (BGHZ 159, 397 = NJW 2004, 2900 = Rpfleger 2004, 644 = ZfIR 2005, 33) und ist nicht Rechtsnachfolger des Vollstreckungsschuldners (BGH NJW-RR 1986, 1115 = Rpfleger 1986, 396 = ZIP 1986, 926; Dassler u.a./Hintzen § 90 Rn. 1). Dies gilt selbst dann, wenn der bisherige Eigentümer das Wohnungseigentum ersteigert (Böttcher § 90 Rn. 1). Zugleich erwirbt der Ersteher mit dem Grundstück diejenigen Gegenstände, auf die sich Versteigerung gem. § 55 ZVG erstreckt hat (§ 90 Abs. 2 ZVG; vgl. Rdn. 286 f.). Durch den Zuschlag erlöschen alle eingetragenen Rechte, die nicht nach den Versteigerungsbedingungen (vgl. Rdn. 312 Ziffer 8) bestehen bleiben sollen (§ 91 Abs. 1 ZVG), soweit nicht deren Bestehen bleiben nachträglich vereinbart wird (sog. Liegenbelassen gem. § 91 Abs. 2 und 3 ZVG).

Die erst nach Ausführung des Teilungsplanes erfolgende **Eintragung des Erstehers** als **331**
Eigentümer in das **Grundbuch** ist somit **Grundbuchberichtigung**; ihr kommt lediglich deklaratorische Bedeutung zu.

Der Zuschlag wird **mit** der **Verkündung wirksam** (§ 89 ZVG). Das Wirksamwerden des **332**
Zuschlags ist damit nicht von der vorherigen Zahlung des Meistgebots abhängig (RGZ 75, 316). Eben sowenig ist es aufschiebend bedingt durch die Rechtskraft des Beschlusses (Böttcher § 89 Rn. 2; Steiner/Storz § 89 Rn. 4) oder auflösend bedingt durch dessen rechtskräftige Aufhebung im Rechtsmittelverfahren (Böttcher § 89 Rn. 2; Dassler u.a./Hintzen § 89 Rn. 4). Der Zuschlagsbeschluss ist wirksam, solange nicht seine Wirkungen durch eine rechtskräftige Aufhebung im Beschwerdeverfahren ex tunc wieder außer Kraft gesetzt werden (Steiner/Storz § 89 Rn. 5). Allerdings bleiben vom Ersteher in der Zwischenzeit vorgenommene Verfügungen und Rechtshandlungen in diesem Fall wirksam, weil es sich insoweit nicht um eine auflösende, sondern um eine Rechtsbedingung handelt. Wirksam bleiben damit auch Mietkündigungen oder neu abgeschlossene Mietverträge (Stöber § 90 Rn. 2.3 m.w.N.).

Wird nach der Zwangsversteigerung eines Grundstücks der **Zuschlagsbeschluss** im Beschwerdeweg **rechtskräftig aufgehoben** und der Zuschlag **zugleich einem anderen erteilt**, verliert der ursprüngliche Ersteher das Eigentum an den Schuldner rückwirkend zum Zeitpunkt des Wirksamwerdens des Zuschlagsbeschlusses; der neue Ersteher wird mit dem Wirksamwerden der Zuschlagserteilung an ihn Eigentümer. Von diesem Zeitpunkt an besteht zwischen dem ursprünglichen Ersteher, der das Grundstück weiterhin benutzt, und dem neuen Ersteher ein Eigentümer-Besitzer-Verhältnis. Der neue Ersteher hat einen Anspruch auf Nutzungsherausgabe nach § 987 BGB ab dem Zeitpunkt, in welchem dem ursprünglichen Ersteher die im Beschwerdeweg ergangene Zuschlagsentscheidung zugestellt worden ist; bis dahin haftet der ursprüngliche Ersteher nach § 988 BGB (BGH Rpfleger 2010, 384 = ZfIR 2010, 374).

333 Ein Muster für einen Zuschlagsbeschluss findet sich im Anhang zu Kapitel 33 (Muster 4).

b) Besondere wohnungseigentumsrechtliche Voraussetzungen

aa) Vereinbarung einer Veräußerungsbeschränkung

334 Wohnungseigentümer können als Inhalt des Sondereigentums gem. **§ 12 Abs. 1 WEG** vereinbaren, dass zur Veräußerung des Wohnungseigentums die **Zustimmung** anderer Wohnungseigentümer oder eines Dritten erforderlich sein soll. Ist eine solche Vereinbarung getroffen, so gilt sie gem. § 12 Abs. 3 S. 2 WEG auch für eine Veräußerung im Wege der Zwangsvollstreckung. Möglich ist eine solche Vereinbarung auch nur hinsichtlich der separaten Übertragung eines Sondernutzungsrechts (BGHZ 73, 145 = Rpfleger 1979, 57 = ZMR 1979, 380 jew. a.E.).

bb) Anwendungsbereich des § 12 WEG

335 Allerdings können die Wohnungseigentümer wiederum **Ausnahmen** vom grundsätzlichen Zustimmungserfordernis vereinbaren und dieses auf bestimmte Fallgestaltungen beschränken. So werden in der Praxis vielfach zur Erhaltung der Beleihbarkeit Veräußerungen im Wege der Zwangsversteigerung von einem vereinbarten Zustimmungserfordernis ausgenommen (vgl. FaKoWEG/Schneider § 12 Rn. 9 und § 7 Rn. 172 ff.), sodass in einem solchen Fall für die Zuschlagserteilung keine wohnungseigentumsrechtlichen Besonderheiten zu beachten sind.

336 Ein Zustimmungserfordernis gem. § 12 WEG kann jedoch nur dann in Betracht kommen, wenn es dem **betreibenden Gläubiger gegenüber auch wirksam** vereinbart worden ist.

- Erfolgte die Vereinbarung des Zustimmungserfordernisses, *bevor* das **Grundpfandrecht** eines Gläubigers im Grundbuch **eingetragen** wurde, so findet er im Zeitpunkt der Belastung das Wohnungseigentum in diesem Zustand vor und muss die Vereinbarung daher gegen sich gelten lassen (Stöber § 15 Rn. 45.5 lit b)).
- Erfolgte die Vereinbarung des Zustimmungserfordernisses, ***nachdem*** das **Grundpfandrecht** des Gläubigers bereits im Grundbuch **eingetragen** war, bedarf die nachträgliche Vereinbarung als Inhaltsänderung des Sondereigentums grundsätzlich der Zustimmung dinglich Berechtigter entsprechend §§ 876, 877 BGB (FaKoWEG/Schneider § 12 Rn. 7 m.w.N.). Seit dem 01.07.2007 ist jedoch für die nachträgliche Begründung einer Veräußerungsbeschränkung die Mitwirkung von Grundpfandrechts- und Reallastberechtigten nicht mehr erforderlich (§ 5 Abs. 4 S. 2 u. 3 WEG).
  Ist die Zustimmung erteilt, wirkt die Veräußerungsbeschränkung damit gegenüber dem Gläubiger, sodass zur Zuschlagserteilung die Zustimmung gem. § 12 WEG erforderlich ist (Böttcher §§ 15, 16 Rn. 86; Dassler u.a./Hintzen § 81 Rn. 48; Stöber § 15 Rn. 45.5 lit b)). Eine Vereinbarung gem. § 12 WEG bedarf jedoch über die Ausnahme des § 5 Abs. 4 S. 2 u. 3 WEG hinaus dann nicht der Zustimmung der dinglich Berechtigten, wenn deren Rechte auf sämtlichen Miteigentumsanteilen eingetragen sind (OLG Frankfurt Rpfleger 1996, 340), sodass in diesen Fällen dann auch die Zuschlagserteilung gem. § 12 WEG nicht zustimmungspflichtig ist (Böttcher §§ 15, 16 Rn. 86; Steiner/Hagemann §§ 15, 16 Rn. 194; insoweit **a.A.** Stöber § 15 Rn. 45.5 lit b) und Bärmann/Wenzel § 12 Rn. 7, der noch nicht einmal in einer Zustimmung zur Begründung von Wohnungseigentum ohne weiteres zugleich die Zustimmung zur Veräußerungs-

beschränkung erblicken will, bei seinen Überlegungen jedoch den neu gefassten § 5 Abs. 4 S. 2 u. 3 WEG vernachlässigt.).

Das Gleiche muss auch gelten, wenn das Versteigerungsverfahren aus Rangklasse 3 des § 10 Abs. 1 ZVG wegen eines Anspruches betrieben wird, der auf dem ungeteilten Grundstück lastet, weil auch dieser Anspruch vor der Aufteilung entstanden ist und die Gläubiger durch die Bildung von Wohnungseigentum nicht in ihrer Berechtigung beeinträchtigt werden dürfen (Böttcher §§ 15, 16 Rn. 86; Steiner/Hagemann §§ 15, 16 Rn. 194; Stöber § 15 Rn. 45.5 lit b)). Dies kann jedoch nur solange zutreffen, wie auch sämtliche mit dem Recht belasteten Einheiten gemeinsam zur Versteigerung kommen, wie auch sonst die gleichzeitige Versteigerung aller Einheiten zustimmungsfrei zu bleiben hat (FaKo WEG/Schneider § 12 Rn. 34 m.w.N.). Andernfalls läge nämlich in der vom Globalgläubiger betriebenen Zwangsversteigerung nur eines Wohnungseigentums die Genehmigung der mit dem Zustimmungserfordernis nach § 12 WEG verbundenen Aufteilung in Wohnungseigentum.

- Erfolgt die **Beschlagnahme durch** einen **persönlichen Gläubiger** vor Eintragung der Verfügungsbeschränkung in das Grundbuch, besteht ebenfalls keine Zustimmungspflicht für den Zuschlag (Böttcher § 28 Rn. 32 a.E.).

Gilt eine vereinbarte Veräußerungsbeschränkung auch für den Eigentumserwerb im Wege der Zwangsvollstreckung (vgl. § 12 Abs. 3 S. 2 WEG), so bedarf der **Zuschlag** in der Zwangsversteigerung **zugunsten des »Verbandes Wohnungseigentümergemeinschaft«** dann keiner Zustimmung, wenn der Verband in der von ihm selbst verwalteten Anlage Eigentum erwirbt. Die Wohnungseigentümergemeinschaft muss nicht vor sich selbst geschützt werden (FaKoWEG/Schneider § 12 Rn. 55a). **337**

Etwas anderes hat allerdings dann zu gelten, wenn der **Verband** Wohnungseigentum in einer fremden, **nicht von ihm verwalteten Anlage** erstehen möchte. Insoweit wird er wie jeder andere Fremderwerber zu behandeln sein. Sollte der Verband in der Zwangsversteigerung hinsichtlich der fremden und der erwerbenden Anlage dabei durch denselben WEG-Verwalter gem. § 27 Abs. 3 S. 1 Nr. 7 WEG vertreten werden, kommt die Anwendung von § 181 BGB in Betracht (Schneider Rpfleger 2008, 291). **338**

cc) Zeitpunkt der Zustimmung

Ist das vereinbarte Zustimmungserfordernis gem. § 12 WEG zu beachten, ist der Nachweis der wirksam erteilten **Zustimmung bis zur Entscheidung über den Zuschlag** zu erbringen (Böttcher §§ 15, 16 Rn. 86; Steiner/Hagemann §§ 15, 16 Rn. 194; Stöber § 15 Rn. 45.7). Verfahrensanordnung oder Beitritt können dagegen ohne Weiteres erfolgen (vgl. Rdn. 198 m.w.N.). Eine im Laufe des Zwangsversteigerungsverfahrens erklärte Zustimmung ist bis zur Zuschlagserteilung widerruflich (LG Essen KTS 1977, 191; Schiffhauer Rpfleger 1986, 326, 343 Abschn X. 4; FaKoWEG/Schneider § 12 Rn. 99). Liegt bis zum Zuschlag – auch nach entsprechend großzügiger Bestimmung eines gesondert anberaumten Verkündungstermins (vgl. Rdn. 323 – die Zustimmung nicht vor, ist der Zuschlag gem. § 83 Nr. 6 ZVG zu versagen (Steiner/Hagemann §§ 15, 16 Rn. 195 a.E.; Stöber § 15 Rn. 45.7). **339**

dd) Nachweis und Form der Zustimmung

Die Erteilung einer gem. § 12 WEG erforderlichen Zustimmung kann auch in einem Zwangsversteigerungsverfahren **nicht** mit **Bedingungen und Auflagen** verknüpft werden (ebenso für die rechtsgeschäftliche Veräußerung FaKoWEG/Schneider § 12 Rn. 92 m.w.N.). **340**

341 Die Erteilung der Zustimmung bedarf keiner besonderen **Form**. Die Erklärung kann gegenüber dem Vollstreckungsgericht schriftlich oder zu Protokoll abgegeben werden. Das Vollstreckungsrecht verlangt nicht den Nachweis in der grundbuchrechtlichen Form des § 29 GBO (Dassler u.a./Hintzen § 81 Rn. 48; FaKoWEG/Schneider § 12 Rn. 95; Steiner/Hagemann §§ 15, 16 Rn. 195; Stöber § 15 Rn. 13.9 i.V.m. Rn. 45.7).

342 Hat die **Zustimmung durch den WEG-Verwalter zu erfolgen**, ist dieser auch in einem Zwangsversteigerungsverfahren verpflichtet, die Verwaltereigenschaft nachzuweisen (DNotI-Gutachten DNotI-Report 1997, 57, 58). Der Nachweis kann dabei nicht durch Vorlage des Verwaltervertrages geführt werden (LG Köln MittRhNotK 1984, 121). Ist die Bestellung des Verwalters in der Teilungserklärung erfolgt, so kann im Rahmen der Höchstdauer für eine Bestellung gem. § 26 Abs. 1 WEG ohne Weiteres vom Fortbestand der Bestellung ausgegangen und von weiteren Nachweisen abgesehen werden, wenn nicht konkrete Tatsachen gegen den Fortbestand der Bestellung sprechen (BayObLG MittBayNot 1991, 170; OLG Oldenburg Rpfleger 1979, 266; LG Wuppertal MittRhNotK 1982, 207). I.Ü. gilt für den Nachweis § 24 Abs. 6 WEG.

Will der WEG-Verwalter das Wohnungseigentum selbst ansteigern, ist er an der Erteilung der Zustimmung im Hinblick auf § 181 BGB gehindert (vgl. FaKoWEG/Schneider § 12 Rn. 82 m.w.N.).

343 Hat die **Zustimmung durch** alle oder einige **Wohnungseigentümer** zu erfolgen, kann der Nachweis der Eigentümerstellung durch Hinweis auf die bei dem Gericht geführten Grundbücher erbracht werden.

344 Ist insbesondere in kleineren Eigentümergemeinschaften die Wirksamkeit der Veräußerung von der **»Zustimmung aller übrigen Miteigentümer«** abhängig gemacht und ist diese auch nicht für den Fall der Zwangsversteigerung abbedungen worden, so muss zum Eigentumserwerb durch Zuschlagserteilung selbst dann die Zustimmung sämtlicher anderen Wohnungseigentümer und sogar des Vollstreckungsschuldners vorliegen, wenn dieser zugleich noch Alleineigentümer oder Miteigentümer weiterer Einheiten in derselben Anlage sein sollte. Dabei ist unerheblich, ob wegen der übrigen Beteiligungen möglicherweise ebenfalls Verfahren zur Zwangsversteigerung angeordnet sind. Anders als im Falle rechtsgeschäftlicher Veräußerungen fehlt es bei dieser Konstellation an einer Veräußerungserklärung des Schuldner-Eigentümers, in der man sonst zutreffender Weise eine notwendige Zustimmungserklärung erblicken könnte, soweit er auch noch als Eigentümer weiterer Einheiten zustimmungspflichtig ist (FaKoWEG/Schneider § 12 Rn. 77a).

ee) Ersetzung einer fehlenden Zustimmung

345 Der Anspruch auf Erteilung der Zustimmung gem. § 12 WEG steht dem Veräußerer, also dem Schuldner des Zwangsversteigerungsverfahrens zu (FaKo WEG/Schneider § 12 Rn. 74; Steiner/Hagemann §§ 15, 16 Rn. 195). Dem Meistbietenden steht demgegenüber kein Anspruch zu, weil er nicht durch die Anordnung der Zustimmungspflicht in seiner freien Verfügungsbefugnis beschränkt wird. Der noch im Grundbuch eingetragene (Alt-)Eigentümer wird jedoch an einer Geltendmachung des Anspruchs zur Erlangung der für die Zuschlagserteilung erforderlichen Zustimmungserklärung regelmäßig kein Interesse mehr haben. Der Anspruch auf Erteilung der Zustimmung soll deshalb zur Ausübung selbstständig pfändbar sein (Böttcher §§ 15, 16 Rn. 86; Soergel/Stürner § 12 WEG Rn. 13; Staudinger/Kreuzer § 12 Rn. 40; Steiner/Hagemann §§ 15, 16 Rn. 195; Weitnauer/Lüke § 12 Rn. 12 S. 317; **a.A.** Bärmann/Wenzel § 12 Rn. 45), wenn auch nicht selbstständig abtretbar (OLG Frankfurt WE 1989, 172). Eine **Pfändung des Anspruchs** durch den betreibenden Gläubiger ist jedoch **entbehrlich**. Der Gläubiger kann unmittelbar, ohne vorherige Pfändung und Überweisung den Zustimmungsanspruch geltend

machen. Dem die Zwangsversteigerung betreibenden Gläubiger steht ein eigenes Antragsrecht zu, weil durch die Anordnung der Zwangsversteigerung das Wohnungseigentum in seiner Gesamtheit, also mit dem Anspruch auf Zustimmungserteilung erfasst wird (Bärmann/Pick/Merle 9. Aufl., § 12 Rn. 51; FaKo WEG/Schneider § 12 Rn. 76; in diesem Sinne jetzt wohl auch Palandt/Bassenge § 12 Rn. 12 i.V.m. § 8 ErbbRG Rn. 4; **a.A.** noch die vorstehend zitierte h.M.). Dies entspricht der vergleichbaren Lage bei der Zwangsvollstreckung in ein Erbbaurecht (BGHZ 100, 107 = NJW 1987, 1942 = Rpfleger 1987, 257; Streuer Rpfleger 1994, 59; i.E. jetzt auch Bärmann/Wenzel § 12 Rn. 45).

Der Anspruch auf Zustimmung kann gegen andere Wohnungseigentümer oder den Verwalter im **Verfahren** nach §§ 43 ff. WEG, gegen sonstige Dritte im ordentlichen Klagewege verfolgt werden (Böttcher §§ 15, 16 Rn. 86; Steiner/Hagemann §§ 15, 16 Rn. 195; Stöber § 15 Rn. 45.7). Die **Vollstreckung** richtet sich sodann nach § 894 ZPO. Danach gilt die Zustimmungserklärung mit Rechtskraft der Entscheidung als abgegeben. Die Zustimmung kann nicht unmittelbar durch das Gericht ersetzt werden (BayObLG Rpfleger 1977, 172; Weitnauer/Lüke § 12 Rn. 12). **346**

c) Zuschlagserteilung trotz Fehlens einer erforderlichen Zustimmung

Anders als bei einer rechtsgeschäftlichen Veräußerung (dazu FaKoWEG/Schneider § 12 Rn. 104) heilt ein rechtskräftig gewordener Zuschlag in der Zwangsversteigerung das Fehlen einer erforderlichen Zustimmung (LG Frankenthal Rpfleger 1984, 183; Bärmann/Wenzel § 12 Rn. 49; Böttcher § 90 Rn. 3; Erman/Grziwotz Rn. 9; FaKoWEG/Schneider § 12 Rn. 105; Palandt/Bassenge Rn. 12; Reinke Rpfleger 1990, 498, 499 für die vergleichbare Zustimmung bei einem Erbbaurecht; Streuer Rpfleger 2000, 357, 361). Der Zuschlag ersetzt hier nicht lediglich die Erklärungen des Veräußerers (so aber zu Unrecht Staudinger/Kreuzer § 12 Rn. 70, der bezeichnenderweise von einer schwebenden Unwirksamkeit des Vertrages spricht). Die umfassende Reichweite eines hoheitlichen Zuschlages wurde auch von Bärmann/Pick/Merle (9. Aufl., § 12 Rn. 55) und Weitnauer/Lüke (9. Aufl., § 12 Rn. 13) verkannt, die sogar wie bei einer rechtsgeschäftlichen Veräußerung eine schwebende Unwirksamkeit des Zuschlages annahmen. Der Eigentumserwerb in der Zwangsversteigerung findet jedoch ohne Rücksicht darauf statt, ob der Zuschlagsbeschluss mit dem Gesetz in Einklang steht oder nicht (Stöber § 90 Rn. 1.2 unter Hinweis auf die reichsgerichtliche Rechtsprechung). Verfahrensmängel sind gegebenenfalls im Rechtsmittelwege geltend zu machen. **347**

d) Gegenstand der Zuschlagserteilung bei Wohnungs- und Teileigentum

aa) Rechtliche Ausgestaltung

Wie schon die Beschlagnahme (vgl. Rdn. 217) erfasst auch der Zuschlag in der Zwangsversteigerung das **Wohnungseigentum in seiner** konkreten **rechtlichen Ausgestaltung**. Neben dem im Grundbuch verzeichneten Miteigentumsanteil verbunden mit dem Sondereigentum an einer näher beschriebenen Räumlichkeit erwirbt der Ersteher also das Wohnungseigentum nach den gesetzlichen Bestimmungen über das Verhältnis der Wohnungseigentümer untereinander mit den in der Praxis regelmäßig getroffenen und als Inhalt des Sondereigentums gem. § 10 Abs. 3 WEG gegenüber Sondernachfolgern wirkenden weiteren Vereinbarungen der Wohnungseigentümer (Stöber ZVG-Handbuch Rn. 397). Beschlüsse der Wohnungseigentümer gem. § 23 WEG und Entscheidungen des WEG-Richters gem. § 43 WEG wirken dabei gegen den Ersteher als Sondernachfolger auch ohne Eintragung in das Grundbuch (§ 10 Abs. 4 WEG). **348**

Der Zuschlagsbeschluss erstreckt sich damit auch auf im Grundbuch als Inhalt des Sondereigentums gem. §§ 5 Abs. 4, 13 WEG vermerkte **Sondernutzungsrechte**. Dabei **349** genügt es, wenn das Sondernutzungsrecht lediglich mittelbar durch Bezugnahme auf die Eintragungsbewilligung zur Eintragung gelangt ist (OLG Stuttgart OLGR Stuttgart 2002, 290). Allerdings kommt ein gutgläubiger Erwerb eines Sondernutzungsrechtes durch Zuschlag in der Zwangsversteigerung von vornherein nicht in Betracht (BayObLG ZMR 1994, 231).

350 Ebenfalls erstreckt sich der Zuschlagsbeschluss auf Bereiche eines einheitlichen Gebäudes im gemeinschaftlichen Eigentum oder im Sondereigentums, die sich aufgrund eines **Überbaues** erlaubtermaßen auf dem Nachbargrundstück befinden. Dies ist dann der Fall, wenn der Überbau entweder unter den Voraussetzungen des § 912 BGB oder in Ausübung einer Dienstbarkeit gem. § 95 Abs. 1 S. 2 BGB vom Nachbarn zu dulden ist. Das Bauwerk stellt dann einen einheitlichen wesentlichen Bestandteil des in Wohnungseigentum aufgeteilten Grundstücks dar. Wird umgekehrt das Grundstück versteigert, auf das von dem in Wohnungseigentum aufgeteilten übergebaut worden ist, so erstrecken sich Versteigerung und Zuschlag nicht auf den darauf befindlichen Gebäudeteil.

Liegen die genannten Voraussetzungen für einen rechtmäßigen Überbau nicht vor, handelt es sich um einen **rechtswidrigen** (unentschuldigten) **Überbau**. Das Eigentum am Gebäude wird dabei auf der Grenzlinie vertikal geteilt (BGHZ 57, 245 = NJW 1972, 195 und 900 m. Anm. Hodes; BGHZ 62, 141 = NJW 1974, 794; BGHZ 64, 333 = NJW 1975, 1553; BGH NJW 1982, 756; BGH NJW 1985, 789). Bereits die Anlegung eines solchermaßen begründeten Wohnungseigentums verstieße gegen § 1 Abs. 4 WEG. Allerdings könnte in einem solchen Fall an eine Aufrechterhaltung der Teilungserklärung für die in Wohnungseigentum aufgeteilten Einheiten des Stammgrundstückes unter Heranziehung der Rechtsgedanken des BGH (BGHZ 109, 179 = Rpfleger 1990, 62 = ZMR 1990, 112; ebenso BayObLG NZM 1998, 525 = ZMR 1998, 360) gedacht werden. Insoweit konnte nämlich wirksames Wohnungseigentum gegebenenfalls mit reduziertem Gemeinschaftseigentum entstehen (in diese Richtung wohl auch Stöber § 15 Rn. 45.10). Lediglich soweit sich Sondereigentumseinheiten vollständig in dem unzulässig übergebauten Gebäudeteil befinden, kann kein Sondereigentum entstehen; ein solchermaßen zur Versteigerung gelangtes Wohnungseigentum befände sich im Zustand eines isolierten (substanzlosen) Miteigentumsanteils (dazu s. Rdn. 351). Insoweit scheidet auch ein Erwerb kraft guten Glaubens aus, weil ein Rechtszustand verlautbart wird, den es gar nicht geben kann (vgl. BGHZ 130, 159 = Rpfleger 1996, 19 = ZMR 1995, 521; BGH NJW 2004, 1798 = Rpfleger 2004, 207 = ZMR 2004, 206; BGH Rpfleger 2005, 17 = ZMR 2005, 59; OLG München Rpfleger 2007, 459). Der gute Glaube daran, dass ein Gebäude sich innerhalb der Grundstücksgrenzen befindet, wird aber durch § 892 BGB nicht geschützt. Zum Ganzen vgl. FaKo/Schneider § 1 Rn. 145 m.w.N.

351 Befindet sich das Wohnungseigentum bereits bei Beginn der Versteigerung und aus dem Grundbuch ersichtlich im **Zustand eines isolierten** (substanzlosen) **Miteigentumsanteils** (vgl. BayObLG DNotZ 2000, 205), gelangt auch lediglich dieser Anteil zur Zuschlagserteilung. Der isolierte Miteigentumsanteil ist nämlich verkehrsfähig und damit versteigerbar, wie sich schon aus der Gesamtschau der bisherigen höchstrichterlichen Rechtsprechung entnehmen lässt (BGHZ 109, 179, 185 = NJW 1990, 447; BGHZ 110, 36, 39 = NJW 1990, 1111; BGH NJW 2004, 1798 = Rpfleger 2004, 207 = ZMR 2004, 206; **a.A.** noch OLG Hamm DNotZ 1992, 492 m. abl. Anm. Hauger) und zuletzt vom BGH (NJW 2004, 3418 = Rpfleger 2005, 17 = ZMR 2005, 59) auch ausdrücklich bestätigt wurde (ebenso jetzt auch OLG Hamm Rpfleger 2007, 137 = ZMR 2007, 213). Zu den weitergehenden Ansprüchen des Erstehers in einem solchen Fall s. Rdn. 364 f.

352 Gleiches hat auch zu gelten, wenn bei einer Grundbucheintragung die wörtliche Beschreibung des Gegenstandes des Sondereigentums im Text der Teilungserklärung und die Angaben im Aufteilungsplan nicht überein stimmen, sodass grundsätzlich keiner der sich **widersprechenden Erklärungsinhalte** vorrangig ist. Auch in einem solchen Fall ist deshalb Sondereigentum nicht entstanden (BGH ZMR 2004, 206; BGHZ 130, 159 = ZMR 1995, 521; OLG Hamm ZMR 2004, 369; BayObLG ZMR 1999, 773). Betrifft der Widerspruch das gesamte Sondereigentum einer Einheit, so entsteht ein sog. isolierter Miteigentumsanteil, der dann auch Gegenstand der Zuschlagserteilung ist. Die Wirksamkeit der Begründung der übrigen Einheiten wird dadurch nicht berührt (BGHZ 130, 159 = ZMR 1995, 521; dort auch zur Änderungsverpflichtung der anderen Wohnungseigentümer).

Die bisher mit einem Rechtserwerb im Wege der Zwangsversteigerung verbundenen Erklärungsschwierigkeiten, wie der Übergang eines **Anteils des Schuldners an dem Verwaltungsvermögen** der Gemeinschaft zu behandeln sei (vgl. dazu einerseits BayObLG DNotZ 1985, 416; Hock/Mayer/Hilbert 2. Aufl. Rn. 888; Stöber § 15 Rn. 45.4 und Weitnauer/Briesemeister § 1 Rn. 19 f., die davon ausgingen, das gemeinschaftliche Gelder der Wohnungseigentümer weder gemeinschaftliches Eigentum, noch Zubehör seien und andererseits Bärmann/Pick/Merle 9. Aufl., § 21 Rn. 157 und Röll FS Merle 2000, 253, 255, die entweder von einer subjektiv-dinglichen Berechtigung oder von gemeinschaftlichem Eigentum i.S.d. § 1 Abs. 5 WEG ausgingen) sind durch die neue Rechtsprechung des BGH zur Teilrechtsfähigkeit der WEG-Gemeinschaft beseitigt (BGH ZMR 2005, 547 = NJW 2005, 2061). Die Neuregelung findet sich nunmehr auch in § 10 Abs. 6 WEG gesetzlich verankert. Bereicherungsrechtliche Ausgleichsansprüche des **Schuldners gegenüber dem Ersteher** eines Wohnungseigentums scheiden aus, nachdem als Rechtsträger des Verwaltungsvermögens nunmehr der teilrechtsfähige Verband anzusehen ist. 353

bb) Abweichende tatsächliche Verhältnisse

Die **tatsächlichen Verhältnisse** können aus verschiedenen Gründen von der Grundbucheintragung abweichen. Auch in diesen Fällen ist zu fragen, auf welchen Gegenstand sich der Zuschlag bezieht. Dabei können die nachfolgenden Konstellationen unterschieden werden, die sämtlich schon während des Verfahrens (zu den Bewertungsfragen s. z.B. Rdn. 294 ff. zu einer umfassenden Aufklärung und Belehrung aller Beteiligten und Bietinteressenten nötigen (Stöber § 15 Rn. 45.13). Zu möglichen weitergehenden Ansprüchen des Erstehers in diesen Fällen s. Rdn. 365. 354

- **Errichtung an anderer Stelle**: Wird das Gebäude abweichend vom Aufteilungsplan an anderer Stelle auf dem aufgeteilten Grundstück errichtet, entsteht Wohnungseigentum mit Sondereigentum in diesem Gebäude dann, wenn Gemeinschaftseigentum und Sondereigentum zweifelsfrei abgrenzbar sind (BGHZ 177, 338 = NJW 2008, 2982 = Rpfleger 2008, 631; BGH NJW 2004, 1798 = Rpfleger 2004, 207; OLG Hamburg NZM 2003, 109; BayObLG NJW-RR 1990, 332 = Rpfleger 1990, 204: letztgenanntes zur abweichenden Aufstellung von zwei Fertiggaragen). 355
- **Fehlende Fertigstellung**: Wohnungseigentum kann bereits vor der tatsächlichen Errichtung der Räume, an denen Sondereigentum bestehen soll, begründet und in das Grundbuch eingetragen werden (vgl. § 3 Abs. 1 WEG und § 8 Abs. 1 WEG: »*zu errichtenden Gebäude*«). Vor der Fertigstellung des Sondereigentums existiert dann lediglich ein isolierter Miteigentumsanteil an dem Grundstück (BGHZ 110, 36 = NJW 1990, 1111 = Rpfleger 1990, 159). Nach h.M. verschafft die Grundbucheintragung den Eigentümern jedoch insoweit eine gesicherte Rechtsposition (Anwartschaftsrecht), als dem Anteil am Grundstück im Falle der Bebauung demnächst auch Sondereigentum zuwächst (BayObLG ZMR 2002, 291; Niedenführ/Kümmel/Vandenhouten § 3 Rn. 12; Weitnauer/Briesemeister § 3 Rn. 67). Erfolgt die Fertigstellung abschnittsweise, entsteht auch das Sondereigentum schrittweise mit der Herstellung der betreffenden 356

Raumeinheiten und nicht erst mit der Fertigstellung der gesamten Wohnanlage (Hügel ZMR 2004, 549). Unterbleibt die Fertigstellung des Gebäudes endgültig, so bleibt das Wohnungseigentum in dem Zustand wirksam, in dem es sich bei der Grundbucheintragung befand, also der Substanz nach in dem eines bloßen isolierten (substanzlosen) Miteigentumsanteils am Grundstück (zuletzt noch OLG München v. 06.07.2010–34 Wx 43/10; zum Ganzen ausführlich FaKoWEG/Elzer § 3 Rn. 107 ff. m.w.N.). Dies gilt auch dann, wenn nach öffentlichem Recht ein Bauverbot für das Grundstück bestehen sollte (BGHZ 110, 36 = NJW 1990, 1111 = Rpfleger 1990, 159). Gegenstand der Zwangsvollstreckung ist somit das Wohnungseigentum in diesem jeweiligen Entwicklungsstadium (Stöber § 15 Rn. 45.11).

Das Gleiche hat zu gelten, wenn ein Teil der Gesamtanlage errichtet wurde und für einen anderen Teil der ursprünglich konzipierten Wohnanlage die Bauabsicht später aufgegeben wurde (vgl. den Fall des BayObLG Rpfleger 2002, 199, wo die geplante Tiefgarage in annähernd 30 Jahren nicht errichtet wurde). Auch in diesem Fall ist für die gebauten Wohnungen Sondereigentum voll entstanden; das Erlöschen der Anwartschaft kann auch hier zur Notwendigkeit führen, wegen der überschüssigen isolierten (substanzlosen) Miteigentumsanteile die Teilungserklärung zu ändern (BayObLG Rpfleger 2002, 199; Stöber Rn. 45.13 lit g); **a.A.** noch OLG Hamm DNotZ 1992, 492 m. abl. Anm. Hauger, das – zu Unrecht – einem solchen isolierten Miteigentumsanteil sowohl die Buchungsfähigkeit im Grundbuch als auch die Verkehrsfähigkeit abspricht).

357 – **Andere Raumaufteilung: Grundrissverschiebungen** innerhalb einer Wohnung ohne Änderung der im Aufteilungsplan niedergelegten äußeren Umfangsgrenzen sind für die Entstehung des Sondereigentums unschädlich (OLG Bamberg NJW-RR 2003, 1138; OLG Hamm NJW-RR 1986, 1275; BayObLG Rpfleger 1982, 21). Gegenstand der Immobiliarvollstreckung ist das im Grundbuch verzeichnete Wohnungseigentum in seiner tatsächlichen Ausgestaltung (Stöber § 15 Rn. 45.13 lit b)).

Mit der geänderten Raumaufteilung kann eine **Änderung der Nutzungsart** verbunden sein, so dass sich für einen Ersteher die Frage stellen kann, ob und inwieweit er möglicherweise verpflichtet sein könnte, den ursprünglich in der Teilungserklärung mit den Aufteilungsplänen niedergelegten Zustand wieder herzustellen. Dies könnte dann der Fall sein, wenn mit der Bezeichnung der einzelnen Räume in dem Aufteilungplan zugleich eine Zweckbestimmung des Sondereigentums verbunden wäre, die wirksam nur im Vereinbarungswege unter Beteiligung aller Wohnungseigentümer abgeändert werden könnte (§ 15 Abs. 1, § 10 Abs. 3 WEG). Die bloße Bezeichnung der einzelnen Räume des Sondereigentums in dem in Bezug genommenen Aufteilungsplan reicht dafür jedoch nicht aus. Es handelt sich nach einhelliger Auffassung insoweit lediglich um einen »Nutzungsvorschlag«, der den Wohnungseigentümer im Rahmen der Nutzung als Wohnung nicht darin beschränkt, die konkrete Nutzungsart der einzelnen Räume zu verändern (OLG Frankfurt/M. NZM 2008, 736 = ZWE 2008, 433, 440; OLG Hamm NZM 2007, 294 = ZMR 2006, 634; jeweils zur Verlegung der Küche). Auch Eintragungen des planenden Architekten in den Genehmigungsplänen kommt in der Regel nicht dadurch die Bedeutung einer Zweckbestimmung mit Vereinbarungscharakter zu, dass diese Pläne für den Aufteilungsplan genutzt werden (BGH NZM 2010, 407 = ZMR 2010, 461). Enthält die im Grundbuch eingetragene Gemeinschaftsordnung also nicht ausdrücklich eine anders lautende Regelung zur »Umwidmung« von Räumlichkeiten, wird ein Ersteher auch nicht zum »Rückbau« der vorgefundenen Raumaufteilung verpflichtet werden können, wenn er zukünftig nicht selbst gegen das allgemeine Rücksichtnahmegebot gem. § 14 Nr. 1 WEG verstossen sollte.

- **Mehrere kleinere Einheiten anstelle einer größeren**: Werden Räumlichkeiten dergestalt geschaffen, dass anstelle der ursprünglich geplanten größeren Einheit nunmehr mehrere kleinere innerhalb desselben Gesamtgrundrisses gebaut sind, so entsteht *ein* Miteigentumsanteil verbunden mit dem Sondereigentum an den kleineren Wohnungen. Dieser Miteigentumsanteil verbunden mit dem Sondereigentum an allen kleineren Wohnungen ist somit auch Gegenstand der Zwangsversteigerung (Stöber § 15 Rn. 45.13 lit d)). 358
  In der Praxis wird in solchen Fällen allerdings oftmals für die rechtliche Umsetzung der tatsächlich bereits vollzogenen Unterteilung auch eine teilweise »Freigabe« des bisherigen Wohnungseigentums in den Zugangsbereichen gewünscht sein (»Eingangsflurproblem«). Hierfür bedarf es jedoch der sachenrechtlichen Mitwirkung aller Wohnungseigentümer (vgl. ausf. FaKoWEG/Schneider § 7 Rn. 242 ff.).
- **Eine größere Einheit anstelle mehrerer kleinerer Einheiten**: Wird anstelle mehrerer im Plan vorgesehener kleinerer Wohnungen lediglich eine Wohnung auf demselben Gesamtgrundriss errichtet, bestehen für diese Einheit mehrere Miteigentumsanteile. Für jeden Miteigentümer ist dann Sondereigentum an den jeweils im Aufteilungsplan mit seinem Miteigentum verbundenen Räumen entstanden (OLG Hamm NJW-RR 1986, 1275; BayObLG Rpfleger 1982, 21). Versteigert wird dann das jeweils einzelne Wohnungseigentum mit dem durch die abweichende Bauausführung tatsächlich entstandenen Sondereigentum an den Räumen, die nach dem Aufteilungsplan dem Anteil zugeordnet sind (Stöber § 15 Rn. 45.13 lit e)). Wird bei der Zusammenlegung mehrerer kleinerer Wohnungen gemeinschaftliches Eigentum in die neu gebildete Gesamtwohnung einbezogen (»Eingangsflurproblem«), ohne dass diese Veränderung sachenrechtlich nachvollzogen wird, führt die Versteigerung der bisherigen Einzeleinheiten dazu, dass ein Ersteher auch nur insoweit Sondereigentum erwerben kann, als die Räumlichkeiten bereits zu Sondereigentum erklärt waren. 359
- **Geringfügige Abweichungen**: 360
  Eine vom Aufteilungsplan nur geringfügig abweichende Aufteilung der Räumlichkeiten lässt gleichwohl Sondereigentum entstehen. Umstritten ist lediglich, ob sich der Umfang des Sondereigentums auch in diesem Fall aus dem bei der Grundbucheintragung in Bezug genommenen Aufteilungsplan ergibt (so BayObLG DNotZ 1999, 212 = ZMR 1998, 794; BayObLG Rpfleger 1993, 488 = ZMR 1993, 423), oder ob das Sondereigentum nur in seiner tatsächlich vorhandenen Begrenzung zugrunde gelegt werden kann (so Stöber § 15 Rn. 45.13 lit a); wegen der Geringfügigkeitsgrenze vgl. einerseits Bärmann/Armbrüster § 2 Rn. 77: bis zu 3 % und andererseits Timme/Kesseler § 3 Rn. 87: nicht mehr als 5 cm absolut). Für den Fall einer rechtsgeschäftlichen Veräußerung hat das OLG Düsseldorf (NJW-RR 1988, 590) entschieden, dass ein außerhalb der tatsächlichen Bauausführung liegender (geplanter) Raumteil nicht Gegenstand der Veräußerung ist (ebenso Röll MittBayNot 1991, 240). Gleiches hat auch für die Zwangsversteigerung zu gelten. Vor diesem Hintergrund erscheint die »Luftschrankenentscheidung« des BGH als versteigerungsrechtlich sehr bedenklich (BGHZ 177, 338 = NJW 2008, 2982 = Rpfleger 2008, 631 = ZMR 2008, 897).
- **Gravierende Abweichungen**: 361
  Weicht die Bauausführung von dem in der Eintragungsbewilligung in Bezug genommenen Aufteilungsplan in so wesentlichen Punkten ab, dass nicht mehr festgestellt werden kann, welches Sondereigentum in der Natur dem im Grundbuch eingetragenen entspricht, so ist überhaupt kein Sondereigentum entstanden (BGH Rpfleger 2004, 207 = ZMR 2004, 206). In einem solchen Fall bleibt die Begründung des Wohnungseigentums jedoch wirksam und bildet den Verfahrensgegenstand im Zustand eines isolierten (substanzlosen) Miteigentumsanteils an dem Grundstück. Auch der isolierte Miteigentumsanteil ist verkehrsfähig (ausdrücklich BGH NJW 2004, 3418 Ls.

= Rpfleger 2005, 17 =ZMR 2005, 59; OLG Hamm Rpfleger 2007, 137 = ZMR 2007, 213). Dies gilt auch dann, wenn erst im Laufe eines Versteigerungsverfahrens (typischerweise bei der Gutachtenerstellung, vgl. ausführlich Rdn. 294 f.) die gravierenden Abweichungen festgestellt werden. Da das Versteigerungsobjekt mit seinem Miteigentumsanteil hinreichend bezeichnet werden kann, ist keine Aufhebung des Verfahrens angezeigt (Stöber § 15 Rn. 45.13 lit c)). Die Grenzen zwischen einer unwesentlichen und wesentlichen Abweichung sind dabei aber nicht immer ganz scharf zu ziehen (vgl. zum Meinungsstand Abramenko ZMR 1998, 741, 742 f. und die Nachweise Rdn. 360); auch will der BGH (Rpfleger 2004, 207, 208) die Fälle unterscheiden, in denen zwar eine wesentliche Bauabweichung vorliegt, jedoch die einzelnen im Sondereigentum stehenden Räumlichkeiten noch ohne Weiteres nach dem Aufteilungsplan zu identifizieren und untereinander sowie gegenüber dem gemeinschaftlichen Eigentum abgegrenzt werden können. In dieser Richtung jetzt auch die »Luftschrankenentscheidung« des BGH (BGHZ 177, 338 = NJW 2008, 2982 = Rpfleger 2008, 631 = ZMR 2008, 897).

362 – **Einbeziehung gemeinschaftlichen Eigentums:**
Errichten die Wohnungseigentümer abweichend vom Aufteilungsplan Räumlichkeiten auf Flächen, die im Gemeinschaftseigentum stehen (z.B. Garagen auf Hofflächen), so kann an ihnen ohne eine Änderung der Teilungserklärung kein Sondereigentum entstehen. Diese Räume bleiben vielmehr Gemeinschaftseigentum (OLG Celle ZWE 2009, 128; OLGReport München 2005, 607). Die Versteigerung bezieht sich in diesen Fällen auf das im Grundbuch verzeichnete Wohnungseigentum mit den zugeordneten Sondereigentumsräumen und dem gemeinschaftlichen Eigentum mit seiner tatsächlichen – teilungsplanwidrigen – Bebauung.

363 – **Einbeziehung von nicht sondereigentumsfähigen Einrichtungen und Räumen:**
Soll die Aufteilung auch Einrichtungen oder Räumlichkeiten erfassen, an denen gem. § 5 Abs. 2 WEG kein Sondereigentum entstehen kann (z.B. einen Kellerraum mit gemeinschaftlicher Heizungsanlage oder den einzigen Zugang zu einem im gemeinschaftlichen Eigentum stehenden Raum; vgl. BGHZ 73, 302 = Rpfleger 1979, 255; BGH Rpfleger 1991, 454), so ist insoweit kein Sondereigentum entstanden (BGHZ 109, 179 = Rpfleger 1990, 62). Sollte das Sondereigentum ausschließlich aus einem nicht sondereigentumsfähigen Raum gebildet werden, verbliebe auch in diesem Fall lediglich ein isolierter (substanzloser) Miteigentumsanteil. Zu dessen Behandlung in der Zwangsversteigerung s. bereits Rdn. 351. Wäre ein solcher Sachverhalt bereits dem Grundbuchgericht aufgefallen, hätte auch schon dort die Verbindung des Miteigentumsanteils mit den als Sondereigentum ausgewiesenen Räumen unter entsprechender Rötung in Sp. 3 des Bestandsverzeichnisses als inhaltlich unzulässig gelöscht werden müssen (BayObLG DNotZ 2000, 205; Demharter Anh. zu § 3 Rn. 12; FaKoWEG/Schneider § 7 Rn. 190). Zur Versteigerung wäre dann von Anfang an lediglich ein isolierter (substanzloser) Miteigentumsanteil gelangt (s. Rdn. 294).

cc) Beseitigung eines isolierten (substanzlosen) Miteigentumsanteils

364 Aufgrund der fehlenden gesamthänderischen Bindung der Wohnungseigentümer kann ein isolierter (substanzloser) Miteigentumsanteil den anderen Miteigentümern nicht entsprechend § 738 BGB anwachsen. Jedoch sind alle Miteigentümer aufgrund des Gemeinschaftsverhältnisses verpflichtet, den Gründungsakt so zu ändern, dass keine isolierten Miteigentumsanteile bestehen bleiben (BGHZ 109, 179 = NJW 1990, 447 = Rpfleger 1990, 62 = ZMR 1990, 112). Die Verpflichtung, an der Beseitigung des isolierten Miteigentumsanteils mitzuwirken, trifft dabei den jeweiligen Eigentümer eines Miteigentumsanteils ebenso wie die hieran dinglich Berechtigten, die durch die Änderung der Teilungserklärung in ihren Rechten betroffen sein können (Schöner/Stöber Rn. 2830 a.E.). Aufgrund der vom BGH unter Hinweis auf die Ansicht Rölls (MüKo/Röll 2. Aufl. § 5 WEG Rn. 35a) zum Ausdruck gebrachten »dinglichen Verstrickung« wird diese Anpassungsverpflichtung – gegebenenfalls unter Gewährung eines entsprechenden finanziellen Ausgleichs für den dadurch bewirkten Wertzuwachs – auch den Ersteher eines Wohnungseigentums treffen.

dd) Originärer Herstellungsanspruch des Erstehers

Soweit der Ersteher durch den Zuschlag lediglich einen Miteigentumsanteil verbunden **365** mit einem von der Teilungserklärung abweichenden Sondereigentum erwirbt, erwirbt er dieses Eigentum originär und nicht als Rechtsnachfolger des Schuldners (s. Rdn. 330). Da in diesem Fall das Eigentum also nicht vom Schuldner abgeleitet wird, steht auch dem Ersteher als neuem Wohnungseigentümer grundsätzlich ein **Anspruch** auf ordnungsgemäße Verwaltung des Wohnungseigentums zu. Dieser Anspruch beinhaltet insbesondere eine ordnungsgemäße Instandhaltung und Instandsetzung (§ 21 Abs. 5 WEG) und umfasst auch die **erstmalige Herstellung** eines dem Aufteilungsplan entsprechenden Zustands von Sondereigentum und Gemeinschaftseigentum (BayObLG ZMR 2004, 524; BayObLG WE 1997, 93; BayObLG ZMR 1989, 102). Anstelle des nicht in Übereinstimmung mit der Grundbucheintragung vorgefundenen Sondereigentums erlangt der Ersteher durch den Zuschlag also einen eigenständigen Herstellungsanspruch, der grundsätzlich nicht davon abhängig ist, ob der frühere Wohnungseigentümer auf seinen Anspruch verzichtet oder diesen verwirkt hat (BayObLG ZMR 2004, 524). Die Geltendmachung dieses Anspruches kann jedoch auf der Grundlage von § 242 BGB ausgeschlossen sein, wenn dessen Erfüllung den übrigen Mitgliedern der Gemeinschaft unter Berücksichtigung aller Umstände nach Treu und Glauben nicht zuzumuten ist (vgl. BayObLG ZMR 2002, 954). Dies wird jedoch i.d.R. nicht der Fall sein, wenn der Ersteher die Abweichung der Bauausführung von der Teilungserklärung nicht positiv kannte, aber hätte erkennen können (BayObLG ZMR 2004, 524).

e) Wirkungen der Zuschlagserteilung

aa) Lastentragung und Haftung des Erstehers

Der Übergang des Eigentums vollzieht sich durch den Zuschlag außerhalb des Grundbu- **366** ches (§ 90 Abs. 1 ZVG). Der Ersteher wird damit kraft Gesetzes mit dem **Tag des Zuschlages** Mitglied der Eigentümergemeinschaft, sodass er ab diesem Zeitpunkt **auch für die Lasten** des gemeinschaftlichen Eigentums sowie für die Kosten der Instandhaltung, Instandsetzung, der Verwaltung und des gemeinschaftlichen Gebrauchs des gemeinschaftlichen Eigentums aufzukommen hat (§ 56 S. 2 ZVG). Auf den späteren Zeitpunkt der Grundbuchberichtigung kommt es nicht an. Vom Tage des Zuschlags an hat der Ersteher somit auch die **laufenden Hausgeldzahlungen** als Vorschuss zu erbringen (§ 28 Abs. 2 WEG). Dies gilt auch dann, wenn eine Verfallklausel vereinbart sein sollte, wonach das gesamte für das Kalenderjahr zu zahlende Hausgeld sofort fällig wird, wenn ein Miteigentümer mit der Vorschusszahlung für einen festgelegten Zeitraum in Verzug gerät (Alff ZWE 2010, 105, 106).

Der Erwerber in der Zwangsversteigerung haftet für die (alten) Verbindlichkeiten des **367** Schuldners und früheren Eigentümers (z.B. wegen rückständiger Hausgeldzahlungen) ebensowenig, wie der Schuldner für die (neuen) Verbindlichkeiten des Erstehers haftet (BGHZ 104, 197 = NJW 1988, 1910; BGHZ 88, 302 = NJW 1984, 318).

Für die Beurteilung der Zahlungspflicht wegen bestehender **Rückstände** im Hinblick auf **368** die Lasten und Kosten des gemeinschaftlichen Eigentums ist maßgeblich auf den Zeitpunkt der Beschlussfassung und der Fälligkeit abzustellen (BGHZ 104, 197 = NJW 1988, 1910; BGHZ 107, 285 = NJW 1989, 2697). Ein Ersteher haftet demnach nicht für Verbindlichkeiten des Voreigentümers, wenn sowohl **Beschlussfassung** als auch **Fälligkeit vor der Zuschlagserteilung** liegen (BGHZ 87, 138 = NJW 1983, 1615). Daran vermag auch eine anderslautende Vereinbarung der Wohnungseigentümer nichts zu ändern. Die Vereinbarung einer Haftung des Erwerbers im Falle der Veräußerung eines Wohnungseigentums bezieht sich nämlich lediglich auf den rechtsgeschäftlichen Erwerber, nicht auch auf den Ersteher in der Zwangsversteigerung (BGHZ 88, 302 = NJW 1984, 308). Eine Vereinbarung, wonach auch der Ersteher von Wohnungseigentum für Hausgeldrückstände des Voreigentümers hafte soll, verstößt gegen § 56 S. 2 ZVG und ist deshalb gem. § 134 BGB nichtig (BGHZ 99, 358 = NJW 1987, 1638; OLG Hamm NJW-RR 1996, 911 = ZMR 1996, 337).

369 Eine Haftung des Erstehers für die genannten Lasten und Kosten besteht demgemäß nur in den Fällen, in denen erst **nach** dem **Zuschlag** ein **Beschluss** der Wohnungseigentümer gem. § 28 Abs. 5 WEG gefasst wird und die **Fälligkeit** eintritt. Aber auch dann, wenn zwar die **Beschlussfassung** vor der **Zuschlagserteilung** liegt, jedoch die **Fälligkeit** erst **danach** eintritt, kann es maßgeblich nur auf den Zeitpunkt der Fälligkeit der beschlossenen Leistungen ankommen (OLG Hamm NJW-RR 1996, 911 = ZMR 1996, 337; Weitnauer/Gottschalg § 16 Rn. 50 S. 408).

370 Wird ein **Beschluss** über die Jahresabrechnung erst **nach** der **Zuschlagserteilung** gefasst, so haftet der Ersteher dennoch für **Nachforderungen** aus Abrechnungen für bereits früher fällig gewordene Hausgeldbeiträge des Schuldners, weil diese mit dem Beschluss erstmalig begründet werden (BGHZ 104, 197 = NJW 1988, 1910). Die Haftung des Erstehers ist jedoch beschränkt auf die sog. **Abrechnungsspitze**; für rückständiges Hausgeld seines Vorgängers haftet er nicht (BGHZ 142, 290 = NJW 1999, 3713 = ZMR 1999, 834 m. Anm. Riecke MDR 2000, 22; OLG Düsseldorf WuM 2001, 41). Der Beschluss über die Jahresabrechnung ist nämlich nicht mit einer Aufhebung des früheren Beschlusses über den Wirtschaftsplan verbunden und ersetzt diesen daher nicht; ihm kommt regelmäßig nur eine diesen Plan bestätigende oder verstärkende Wirkung, nicht aber eine schuldumschaffende zu (so schon BGH NJW 1994, 1866). Belastet der Beschluss über die Jahresabrechnung daher den Ersteher mit Hausgeldschulden des Schuldners, die diesem gegenüber nach dem Wirtschaftsplan für den entsprechenden Zeitraum bereits fällig waren, so ist ein solcher Beschluss nichtig. Eine Verpflichtung des Erstehers zur Zahlung des auf rückständigen Vorauszahlungen des Voreigentümers beruhenden Teils des Abrechnungssaldos kommt demnach selbst dann nicht in Betracht, wenn der Beschluss bestandskräftig geworden sein sollte (BGHZ 142, 290 = NJW 1999, 3713 = ZMR 1999, 834).

I.Ü. haftet der aus der Gemeinschaft ausgeschiedene Schuldner weiterhin für die während seiner Zugehörigkeit zur Eigentümergemeinschaft fällig gewordenen Hausgeldzahlungen und zwar auch dann, wenn der entsprechende Beschluss über die Jahresabrechnung erst nach seinem Ausscheiden gefasst und bestandskräftig geworden ist (BGHZ 131, 228 = NJW 1996, 725; BGHZ 142, 290 = NJW 1999, 3713 = ZMR 1999, 834). Allerdings ermäßigt sich die Zahlungspflicht des ausgeschiedenen Schuldners hinsichtlich der rückständigen Vorauszahlungen insoweit, wie sie sich durch eine nach dem Eigentumswechsel beschlossene Jahresabrechnung als überhöht erweist.

371 Nach den zuvor dargestellten Grundsätzen haftet der Ersteher auch für eine **Sonderumlage**, wenn diese zwar vor der **Zuschlagserteilung** beschlossen wurde, die Fälligkeit aber erst nach dem Eigentumswechsel eintreten soll (BGHZ 142, 290 = NJW 1999, 3713 = ZMR 1999, 834; OLG Köln NZM 2002, 351; OLG Hamm NJW-RR 1996, 911 = ZMR 1996, 337; LG Saarbrücken NZM 2009, 590 = ZMR 2009, 877). Auch hier ist der Fälligkeitszeitpunkt maßgebend, wenn nicht ausnahmsweise Anhaltspunkte dafür bestehen, dass die Fälligstellung der Sonderumlage rechtsmissbräuchlich bewusst auf einen späteren Zeitpunkt verlegt worden ist, um auf diese Weise den zahlungskräftigen Ersteher anstelle des insolventen bisherigen Eigentümers als Schuldner zu erhalten (OLG Köln NZM 2002, 351).

Stehen die Ausfälle aufgrund fällig gestellter Beitragsvorschüsse, Abrechnungsspitzen und Sonderumlageanteilen **nach Zuschlagserteilung** in der Zwangsversteigerung erstmalig fest, erfolgt die Verteilung im Innenverhältnis im Wege eines »Nachtragshaushalts« unter den im Zeitpunkt der Beschlussfassung vorhandenen Wohnungseigentümern. Ein Ersteher ist deshalb insoweit mit seiner Kostenquote an den umgelegten Wohngeldrückständen zu beteiligen und wird damit erstmals durch eine solche **Sonderumlage** belastet (KG ZMR 2003, 292). Da der frühere Schuldner durch die Umlage nicht von der Verpflichtung zur Zahlung rückständiger Hausgelder befreit wird und vielmehr zum Nutzen der derzeitigen Eigentümer die Zahlungsunfähigkeit der Gemeinschaft abgewendet werden soll, verstößt die Erhebung einer Sonderumlage auch nicht gegen § 56 S. 2 ZVG (OLG Celle ZMR 2004, 525).

Die **Problematik** einer an der Fälligkeitstheorie ausgerichteten Zahlungsverpflichtung **372** für Sonderumlagen zeigt sich besonders deutlich, wenn in dem betreffenden Gebäude nicht nur ein Miteigentümer, sondern mehrere oder gar sämtliche anderen Miteigentümer unter Zahlungsschwierigkeiten leiden. In einem solchen Fall würde durch die nach dem Erwerb in der Zwangsversteigerung einer Einheit anfallenden Umlagebeschlüsse zur Beseitigung der aufgetretenen Deckungslücken letztlich der solvente Ersteher zur Sanierung der Gesamtanlage herangezogen werden. Bei wirtschaftlicher Betrachtungsweise dürfte sich daher für ein solches Objekt kaum ein (Einzel)ersteher finden lassen. Als Ausweg kommt wohl nur ein Gesamterwerb im Wege der Versteigerung durch das finanzierende Bankinstitut mit anschließender rechtsgeschäftlicher Veräußerung und gegebenenfalls nach vorangegangener (Teil-)Sanierung in Betracht.

Die wohnungseigentumsrechtliche Rechtsauffassung zur Fälligkeitstheorie gerät auch in **373** **Konflikt** zur Rechtsprechung des für **Insolvenzsachen** zuständigen IX. Senates des BGH. Dieser lässt in zwei neueren Entscheidungen (BGHZ 179, 336 = NJW 2009, 1674 = Rpfleger 2009, 331 = ZfIR 2009, 434; BGHZ 150, 305 = NJW-RR 2002, 1198 = ZMR 2002, 929) deutliches Unbehagen erkennen, wenn es angesichts eines in der Insolvenz befindlichen Wohnungseigentümers in das Ermessen einzelner Insolvenzgläubiger gestellt sein soll, ihre Forderungen wirtschaftlich wenigstens teilweise gegenüber allen anderen gleichartigen Gläubigern nachträglich zu verstärken. Genau dies würde aber geschehen, wenn über eine Beschlussfassung zur Zahlung einer Umlage nach Insolvenzeröffnung wegen des gerade durch den Gemeinschuldner eingetretenen insolvenzbedingten Ausfalles Masseverbindlichkeiten begründet werden, obwohl die Forderungen ihren wirtschaftlichen Ursprung in der Zeit vor der Eröffnung des Insolvenzverfahrens haben (so aber für das frühere Konkursrecht konsequent nach der Fälligkeitstheorie BGHZ 108, 44 = NJW 1989, 3018). Auf diese Weise soll jedoch § 38 InsO nicht ausreichend beachtet sein. Vielmehr sei nicht auf die Beschlussfassung der Wohnungseigentümer im Innenverhältnis abzustellen, sondern auf den Zeitpunkt des Entstehens der Forderung gegenüber dem Gemeinschuldner. Liege dieser insolvenzrechtlich allein maßgebliche Zeitpunkt vor der Insolvenzeröffnung, soll es sich lediglich um eine gewöhnliche Insolvenzforderung handeln (ebenso: Wenzel ZInsO 2005, 113; Lüke FS Kirchhof 2003, S. 287; Beutler/Vogel ZMR 2002, 802; **abl.** Drasdo NZI 2005, 489 und NZM 2003, 297).

bb) Weitere Zahlungspflichten des Erstehers

Durch die Zuschlagserteilung ergeben sich **weitere Zahlungspflichten** für den Ersteher. **374** So sind zu erbringen:

An das **Vollstreckungsgericht:**
- Zahlung des Bargebotes (§ 49 Abs. 1 ZVG);
- Zahlung der Zinsen von 4 % aus dem Bargebot vom Zeitpunkt des Zuschlages bis einen Tag vor Verteilungstermin (§ 49 Abs. 2 ZVG i.V.m. § 246 BGB). Bei Hinterlegung des Steigpreises unter Verzicht auf die Rücknahme endet die Verzinsung mit der Hinterlegung (§ 49 Abs. 4 ZVG). U.U. sind höhere Zinsen aufgrund abweichender Versteigerungsbedingungen zu zahlen.

An die **Altgläubiger:**
- Forderungen aus bestehengebliebenen (Alt-)Rechten sind unmittelbar an diese Gläubiger zu zahlen.

An das **Finanzamt:**
- Zahlung der Grunderwerbssteuer nach dem Wert des baren Meistgebot zzgl. der Rechte, die nach den Versteigerungsbedingungen bestehen bleiben (Der Steuersatz beläuft sich gem. § 11 Abs. 1 GrEStG grundsätzlich noch auf 3,5 %. Gem. Art. 105 Abs. 2a GG können die Bundesländer den Steuersatz inzwischen selbst festlegen. Z.Zt. erheben Berlin, Hamburg und Sachsen-Anhalt jeweils 4,5 %, Brandenburg – ab 2011– 5 %).

An die **Gerichtskasse:**
- Kostenrechnung hinsichtlich der Gebühr für die Erteilung des Zuschlages (5/10-Gebühr gem. § 26 Abs 2 GKG i.V.m. KV-Nr. 2214);
- Kostenrechnung hinsichtlich der Gebühr für die Eintragung des Eigentumswechsels im Grundbuch (10/10-Gebühr gem. §§ 60 Abs. 1, 19, 20 Abs. 1, 32 KostO i.V.m. § 74a ZVG mindestens nach dem festgesetzten Verkehrswert; vgl. OLG Düsseldorf Rpfleger 2002, 592 m.w.N.).

cc) Bestehenbleiben und Erlöschen von Rechten

375 Durch den Zuschlag erlöschen unter der in § 90 Abs. 1 ZVG genannten Voraussetzung alle Rechte, die nicht nach den Versteigerungsbedingungen bestehen bleiben sollen (§ 91 Abs. 1 ZVG), soweit nicht deren Bestehenbleiben noch nachträglich vereinbart wird (sog. Liegenbelassen gem. § 91 Abs. 2 und 3 ZVG).

376 Für **Grunddienstbarkeiten** gem. §§ 1018 ff. BGB und **beschränkte persönliche Dienstbarkeiten** gem. §§ 1090 ff. BGB an einem in Wohnungseigentum aufgeteilten Grundstück kann dies weitreichende Folgen haben:
- **Belastet** eine solche genannte Dienstbarkeit lediglich eine **einzelne** Wohnungs- oder Teileigentums**einheit** (z.B. als Wohnungsrecht oder Fremdenverkehrsdienstbarkeit), so beschränkt sich die Ausübung auf die aus dem Sondereigentum fließenden Befugnisse (vgl. z.B. BGHZ 107, 289 = NJW 1989, 2391). Ein solches Recht erlischt nur bei Versteigerung der belasteten Wohnungs- oder Teileigentumseinheit, wenn es nicht nach den Versteigerungsbedingungen bestehen bleibt. Eine Versteigerung anderer Einheiten aus der Eigentümergemeinschaft berührt ein solches Recht nicht (vgl. LG Göttingen NJW-RR 1997, 1105).
- Ist eine solche Dienstbarkeit jedoch als **Belastung des gesamten Grundstücks** eingetragen (z.B. als Wegerecht, Leitungsrecht, Bebauungsverbot), führt das Erlöschen durch Zuschlag an nur einem Miteigentumsanteil grundsätzlich auch zum Erlöschen an den nicht versteigerten Bruchteilen. Weil ein Grundstücksbruchteil nicht mit einem solchen Recht belastet sein kann, folgt aus dem Erlöschen durch Zuschlag an der versteigerten Einheit die Unzulässigkeit des Rechts an den nicht versteigerten Einheiten der übrigen Miteigentümer (OLG Düsseldorf v. 22.09.2010–3 Wx 46/10; OLG Frankfurt Rpfleger 1979, 149; LG Freiburg BWNotZ 1980, 61; Schöner/Stöber Rn. 1190).

Etwas anderes kann nur dann gelten, wenn die Dienstbarkeit infolge Aufteilung in Wohnungs- und Teileigentumsrechte zunächst in sämtliche für die Miteigentumsanteile gebildeten Grundbücher übernommen wurde, obwohl sie inhaltlich nur einzelne aus dem Sondereigentum fließende Befugnisse beschränkt. Dann beschränkt sich die Belastung tatsächlich -wie in der zuerst genannten Fallgestaltung – auf diejenige(n) Einheit(en), auf die sie sich bezieht; alle übrigen Wohnungs- und Teileigentumsrechte werden entsprechend § 1026 BGB von der Belastung frei. Ein Zuschlag führt dann ebenfalls nur zum Erlöschen einer solchen Belastung bei Versteigerung der konkret betroffenen Einheit, wenn das Recht nach den Versteigerungsbedingungen nicht bestehen bleibt.

- In der Praxis wird häufig versucht, über **abweichende Versteigerungsbedingungen** gem. § 59 ZVG das Bestehen bleiben solcher, das ganze Grundstück belastenden Rechte zu sichern, da eine Neubestellung angesichts des mit der Beschaffung von u.U. zahlreichen Eintragungsbewilligungen verbundenen zeitlichen und finanziellen Aufwandes nur schwerlich zu erreichen sein wird.
- Da das Betreiben der Zwangsversteigerung aus der Rangklasse 2 des § 10 Abs. 1 ZVG zum Erlöschen der dem betreibenden Gläubiger nachgehenden Rechte in der Rangklasse 4 führt, hätte dies regelmäßig das Erlöschen der am ganzen Grundstück eingetragenen **Grunddienstbarkeiten** und **beschränkten persönlichen Dienstbarkeiten** bei der Zwangsversteigerung auch nur eines Wohnungseigentums zur Folge. § 52 Abs. 2 S. 2 Nr. 2 ZVG sieht deshalb das **Bestehen bleiben** dieser Rechte auch **ohne Berücksichtigung im geringsten Gebot** vor, wenn aus dem Vorrecht der Rangklasse 2 des § 10 Abs. 1 ZVG vollstreckt wird. Das Bestehen bleiben ist jedoch auf die Fälle beschränkt, in denen diesen Rechten kein Recht der Rangklasse 4 vorgeht, aus dem die Zwangsversteigerung betrieben werden kann, weil die genannten Dienstbarkeiten in diesem Falle ebenfalls durch Versteigerung aus dem vorrangigen Grundpfandrecht zum Erlöschen gebracht werden könnten. Liegen diese Voraussetzungen nicht vor, bleibt es bei der zuvor dargestellten Folge des Erlöschens an sämtlichen Einheiten.

f) Zuschlagsbeschluss als Vollstreckungstitel

Da der Ersteher durch die Zuschlagserteilung Eigentümer des versteigerten Objekts **377** geworden ist, verliert der bisherige Schuldner-Eigentümer mit diesem Zeitpunkt seine Rechte am Objekt. Hat er z.B. die Eigentumswohnung selbst genutzt, ist er ab Zuschlag nicht mehr zum Besitz berechtigt. Der Schuldner hat das Objekt zu **räumen** und auch die mitversteigerten Sachen **herauszugeben**. Dazu gehören auch sich auf das Objekt beziehende Urkunden wie z.B. Kauf-, Miet-, Pacht- und Versicherungsverträge, Grundsteuer- und Einheitswertbescheide sowie Planungsunterlagen (Bauer JurBüro 1999, 400; Böttcher § 93 Rn. 4; Stöber § 93 Rn. 2.5). Geschieht dies nicht freiwillig, kann der Ersteher seine Rechte im Wege der Räumungsvollstreckung gem. § 885 ZPO bzw. der Herausgabevollstreckung gem. § 883 ZPO durchsetzen. Wird eine herauszugebende Sache nicht vorgefunden, kann der Ersteher vom Schuldner die Abgabe der eidesstattlichen Versicherung über deren Verbleib gem. § 883 Abs. 2 ZPO verlangen (Bauer JurBüro 1999, 400, 402).

Vollstreckungstitel auf Räumung und Herausgabe gegenüber dem bisherigen Eigentü- **378** mer ist der Zuschlagsbeschluss (§ 93 Abs. 1 ZVG). Die vollstreckbare Ausfertigung wird auf Antrag vom Vollstreckungsgericht erteilt, wobei die erforderliche **Vollstreckungsklausel** grundsätzlich vom Urkundsbeamten der Geschäftsstelle erteilt werden kann, wenn nicht eine Klausel gegen einen besitzenden Dritten erforderlich ist (Bauer JurBüro 1998, 400, 401). Die gem. § 750 Abs. 1 ZPO vorgeschriebene Zustellung erfolgt an den bei der Verkündung nicht anwesenden Schuldner gem. § 88 ZVG von Amts wegen. In allen übrigen Fällen erfolgt die Zustellung im Wege des Parteibetriebs, an besitzende Dritte gegebenenfalls unter Beifügung der sonstigen Nachweise (§ 750 Abs. 2 ZPO).

379 Für den Beginn der Zwangsvollstreckung ist Eintritt der **Rechtskraft nicht erforderlich**. Räumungs- und Herausgabevollstreckung sind damit auch schon vor Zahlung des baren Meistgebotes zulässig. Im Falle der Zuschlagsanfechtung kann gegebenenfalls im Wege der einstweiligen Anordnung der Vollzug ausgesetzt werden (§ 570 Abs. 2 ZPO). Zur einstweiligen Einstellung gem. § 765a ZPO s. Rdn. 267 ff. m.w.N.

380 Zur Räumung verpflichtet ist neben dem bisherigen Eigentümer auch der **Ehegatte**, der nicht selbst als Miteigentümer Vollstreckungsschuldner ist (LG Oldenburg Rpfleger 1991, 29; Bauer JurBüro 1998, 400, 401). Das gilt gleichermaßen auch für andere **Familienmitglieder** (LG Krefeld Rpfleger 1987, 259) und Partner einer **nichtehelichen Lebensgemeinschaft** (Muth Rpfleger 1991, 30), weil ihnen regelmäßig kein eigenständiges Recht zum Besitz zusteht.

381 Soweit ein **Dritter** aufgrund eines Rechtes besitzt, das durch den Zuschlag nicht erloschen ist, soll die Zwangsvollstreckung nicht erfolgen (§ 93 Abs. 1 S. 2 ZVG). Dies trifft auch auf Mieter und Pächter zu, deren Rechtsverhältnisse aufgrund § 57 ZVG, §§ 566, 578 BGB fortbestehen. In diesen Fällen ist bereits die Vollstreckungsklausel nicht zu erteilen, wenn solche Umstände wie z.B. ein Rechtsstreit über das Bestehen eines Mietverhältnisses erkennbar sind (OLG Hamm Rpfleger 1989, 165; Stöber § 93 Rn. 3.1). Wurde das Recht zum Besitz aus einem Miet- oder Pachtverhältnis bereits vor der Zuschlagserteilung beendet, kann die Zwangsvollstreckung aufgrund des Zuschlagsbeschlusses erfolgen (Bauer JurBüro 1998, 400, 401; Böttcher § 93 Rn. 7; **a.A.** Stöber Rn. 3.2). Aufgrund des mit dem Zuschlag verbundenen Eintritts in bestehende Miet- und Pachtverhältnisse kann dies jedoch dann nicht gelten, wenn zwar das Vertragsverhältnis vor der Zuschlagserteilung gekündigt ist, die Kündigungsfrist aber erst danach abläuft (Stöber § 93 Rn. 3.2; **a.A.** Bauer JurBüro 1998, 400, 401; Böttcher § 93 Rn. 7).

382 Beruht ein Mietverhältnis offensichtlich auf einer **Scheinvereinbarung**, kann gleichwohl die Vollstreckungsklausel erteilt werden (LG Köln Rpfleger 1996, 121; LG Freiburg Rpfleger 1990, 266). Die Nichtigkeit eines vorgelegten Vertrages zwischen Familienangehörigen kann jedoch nicht schon allein deshalb angenommen werden, weil es alleiniger Zweck ist, die Rechtsfolge des § 93 ZVG auszuschalten und die sich für den Ersteher ergebenden Rechte zu vereiteln, wenn der Mietvertrag vor Bezug der Wohnung abgeschlossen wurde, die vereinbarte Miete dem Ortsüblichen entspricht und auch tatsächlich gezahlt wird (OLG Düsseldorf NJW-RR 1996, 720; Stöber § 93 Rn. 3.2).

7. Versteigerung mehrerer Objekte

383 Im Zwangsversteigerungsrecht gilt der **Grundsatz der Einzelversteigerung** (Böttcher § 18 Rn. 1). Danach wäre an sich für die Versteigerung mehrerer Grundstücke für jedes von ihnen ein gesondertes Verfahren erforderlich (Stöber § 18 Rn. 1). Dies gilt gem. § 864 Abs. 2 ZPO auch für Bruchteile eines Grundstücks (z.B. bei Eheleuten zu je 1/2-Anteil). Hierunter fällt unbestritten auch das Wohnungs- und Teileigentum mit etwaig daran gebildeten Miteigentumsanteilen.

384 Der Gesetzgeber räumt in § 18 ZVG die Möglichkeit ein, als **Ausnahme** von diesem Grundsatz die Zwangsversteigerung **mehrerer Objekte** in demselben Verfahren zu betreiben, wenn

- es sich um eine Forderung gegen denselben Schuldner handelt (so kann beispielsweise ein Gläubiger wegen einer persönlichen Forderung die Versteigerung mehrerer Objekte des Schuldners beantragen) oder

- es sich um ein Gesamtrecht an mehreren Objekten handelt (dabei ist unerheblich, ob die Objekte unterschiedlichen Eigentümern gehören) oder
- wenn es sich um eine Forderung handelt, für die mehrere Eigentümer gesamtschuldnerisch haften (typischerweise bei je zu 1/2-Miteigentumsanteil im Grundbuch eingetragenen Eheleuten, die als Gesamtschuldner für die ausgeurteilte und beizutreibende Forderung haften).

Objekte, die eine wirtschaftliche und/oder räumliche Einheit bilden, sollen zur Erzielung eines höheren Erlöses in demselben Verfahren zur Versteigerung kommen.

Der Vorschrift kommt besondere Bedeutung zu, wenn es sich um die Versteigerung von **385**
Wohnungs- und Teileigentum handelt. Je nach der Buchungsart im Grundbuch lassen sich dabei – ohne Berücksichtigung etwaiger Bruchteilseigentümer an den einzelnen Einheiten – unterscheiden:

- Sind sowohl für die zu Wohnzwecken als auch für die nicht zu Wohnzwecken dienenden Räume im Rahmen der Aufteilung jeweils **eigene Miteigentumsanteile** gebildet worden, die im Grundbuch mit jeweils eigenem Sondereigentum verbunden worden sind, so handelt es sich um selbständige Objekte, die nur unter den zuvor genannten Voraussetzungen verfahrensmäßig verbunden werden können. Es handelt sich auch buchungstechnisch um eigenständige Einheiten in separaten Grundbüchern (z.B. einerseits die Wohnung und andererseits die Garage oder der Stellplatz in der Tiefgarage).
- Handelt es sich dagegen lediglich um einen **einheitlichen Miteigentumsanteil**, der mit mehreren zu Wohnzwecken dienenden und/oder nicht zu Wohnzwecken dienenden Räumlichkeiten verbunden worden ist, wird auch nur ein gemeinschaftliches Wohnungs- und Teileigentumsgrundbuch gebildet (vgl. FaKoWEG/Schneider § 7 Rn. 5). Es handelt sich dann rechtlich um ein Objekt, obwohl oftmals buchungsmäßig die Möglichkeit einer Verselbständigung mit einem eigenständigen, dann abzuspaltenden Miteigentumsanteil bestanden hätte (z.B. zwei aus einer größeren Wohnung gebildete kleinere Einheiten oder eine Wohnung mit Stellplatz in der Tiefgarage).

Aus dem zuvor Gesagten ergibt sich, dass ein wohnungseigentumsrechtliches Gebilde je nach seiner Buchungsart verfahrensrechtlich unterschiedlichen Regeln folgen kann.

Aber auch nach einer verfahrensmäßigen Verbindung unter den Voraussetzungen des § 18 **386**
ZVG ist jedes Versteigerungsobjekt **grundsätzlich einzeln auszubieten**. Hier kann jedoch zur Erzielung eines höheren Gesamterlöses (ausnahmsweise) zusätzlich ein **Gesamtausgebot** aller oder ein **Gruppenausgebot** lediglich einiger verfahrensmäßig verbundener Objekte erfolgen. Dies gilt auch bei der Zwangsversteigerung mehrerer Bruchteile eines Grundstücks oder einer Wohnungseigentumseinheit (z.B. bei Eheleuten zu je 1/2-Anteil; OLG Saarbrücken Rpfleger 1992, 123 m. Anm. Hintzen). Voraussetzung dafür ist lediglich eine entsprechende Antragstellung eines Verfahrensbeteiligten (§ 9 ZVG); von Amts wegen erfolgt mit Ausnahme des § 63 Abs 1 S. 2 ZVG kein Gesamt- oder Gruppenausgebot (§ 63 Abs. 2 ZVG). Zustimmungserklärungen sind hierfür nicht erforderlich.

Kein Fall des § 63 ZVG liegt dagegen bei einer Begründung von Wohnungs- und Teilei- **387**
gentumsrechten nach der Beschlagnahme im Zwangsversteigerungsverfahren vor, wenn damit gegen das Veräußerungsverbot des § 23 ZVG verstoßen wird. Hat demnach der betreibende Gläubiger nicht seine Zustimmung zur Aufteilung erklärt, kann nur das ungeteilte Grundstück zur Versteigerung gelangen, sodass Einzelausgebote trotz der bestehenden Grundbuchlage nicht möglich sind (vgl. Rdn. 224 m.w.N.);

388 **Einzelausgebote** dürfen nur dann **unterbleiben**, wenn die anwesenden Beteiligten, deren Rechte bei der Feststellung des geringsten Gebotes nicht zu berücksichtigen sind, darauf verzichtet haben (§63 Abs. 4 S. 1 ZVG). Auch der anwesende Schuldner muss diesen Verzicht ausdrücklich erklären (OLG Saarbrücken Rpfleger 1992, 123 m. Anm. Hintzen); Mieter und Pächter müssen nicht verzichten (Böttcher §63 Rn. 3; Stöber §63 Rn. 2.1; **a.A.** Alff RpflStud 2004, 33, 36). Der Verzicht ist bis spätestens vor der Aufforderung zur Abgabe von Geboten zu erklären (§63 Abs. 4 S. 2 ZVG). Gleiches gilt auch für eine entsprechende Rücknahmeerklärung (Dassler u.a./Hintzen §63 Rn. 8). Beteiligte, die erst nach diesem Zeitpunkt erscheinen, müssen nicht mehr auf die Einzelausgebote verzichten (Böttcher §63 Rn. 3; Dassler u.a./Hintzen §63 Rn. 8).

389 **Für jede Ausgebotsart** ist ein **gesondertes geringstes Gebot** zu berechnen. Finden Einzel- und Gesamtausgebot nebeneinander statt, so **erhöht** sich bei dem Gesamtausgebot jeweils das **geringste Gebot** um den Mehrbetrag, der bei einem Einzelgebot das **geringste Gebot** im Einzelausgebot übersteigt (§63 Abs. 1 S. 1 ZVG). Auf diese Weise soll erreicht werden, dass ein Berechtigter, dessen Ansprüche bei einem Einzelausgebot befriedigt werden, auch bei anderen Ausgebotsarten Deckung erfährt (Böttcher §63 Rn. 12). Durch diese kraft Gesetzes eintretende Anpassung des geringsten Gebotes beim Gesamtausgebot erhöht sich jeweils der bar zu zahlende Teil des geringsten Gebotes (vgl. Rdn. 312 Ziff. 9).

390 Der **Zuschlag** ist auf das Gesamtausgebot zu erteilen, wenn das Meistgebot im Gesamtausgebot höher ist als das Gesamtergebnis der Einzelausgebote (§63 Abs. 3 S. 2 ZVG). Dabei ist zu berücksichtigen, dass sich der **Vergleich** nicht auf die abgegebenen baren Meistgebote beschränkt, sondern auch die bestehen bleibenden Rechte mit einbezieht. Ist auf ein Einzelausgebot kein Gebot abgegeben worden, wird der Wert für dieses Objekt beim Vergleich mit € 0 angesetzt (OLG Frankfurt Rpfleger 1995, 512). Das Gesamtmeistgebot kann auch dann gem. §63 Abs. 3 S. 2 ZVG höher sein als das Gesamtergebnis der Einzelausgebote, wenn die Beteiligten im Termin nach §63 Abs. 4 S. 1 ZVG für einige Objekte auf Einzelausgebote verzichtet haben (BGH NJW-RR 2007, 1139 = Rpfleger 2007, 95). Bei der Erteilung des Zuschlages ist gegebenenfalls §76 ZVG zu beachten (dazu Rdn. 263).

8. Stellung des Mieters/Pächters

a) Fortbestehen des Miet- oder Pachtverhältnisses

391 Vom Zuschlag an **tritt** der Ersteher anstelle des bisherigen Vermieters oder Verpächters in die sich aus einem bestehenden Miet- oder Pachtverhältnis ergebenden Rechte und Pflichten **ein** (§57 ZVG i.V.m. §§566 Abs. 1, 578 BGB). Er ist aber nicht Rechtsnachfolger des alten Eigentümers, sondern die Rechte und Pflichten entstehen neu auf der Grundlage des ursprünglichen Vertragsverhältnisses.

392 Besteht **neben** dem **Mietverhältnis** noch ein **dingliches Wohnungsrecht** für den Mieter, so sind beide Rechtsverhältnisse unabhängig voneinander (Stöber §57 Rn. 3.13). Ein Ersteher tritt deshalb auch dann in einen bestehenden Mietvertrag ein, wenn das dingliche Recht durch den Zuschlag erloschen sein sollte (Böttcher §§57–57d Rn. 5). Dabei ist es unerheblich, ob das Wohnungsrecht erst nach Überlassung der Mieträume bestellt worden ist (Stöber §57 Rn. 3.13).

393 Hatte der bisherige Vermieter die Verpflichtung übernommen, vom Mieter eingebrachte **Einrichtungsgegenstände** zu übernehmen, so geht diese Verpflichtung auf den Ersteher über (LG Hamburg ZMR 1977, 210).

Anwendung, wobei grundsätzlich nach dem Fortbestand der wegen der öffentlichen Mittel begründeten Grundpfandrechte und der Art der Förderung unterschieden wird:

Erlöschen die genannten Rechte **mit dem Zuschlag** des Grundstücks in der Zwangsversteigerung, so gelten die Wohnungen, für die öffentliche Mittel als **Darlehen** bewilligt worden sind, bis zum Ablauf des dritten Kalenderjahres nach dem Kalenderjahr, in dem der Zuschlag erteilt worden ist, als öffentlich gefördert. Eine Ausnahme gilt insoweit für eigen genutzte Eigentumswohnungen i.S.d. § 16 Abs. 5 WoBindG; sie gelten in diesem Fall bis zum Zuschlag als öffentlich gefördert. Sind die öffentlichen Mittel lediglich als **Zuschüsse** bewilligt worden, so gelten die Wohnungen längstens bis zum Zuschlag als öffentlich gefördert.

Sind die wegen der öffentlichen Mittel begründeten **Grundpfandrechte** mit dem Zuschlag **nicht erloschen**, verbleibt es für die Beendigung der Eigenschaft »öffentlich gefördert« bei den gewöhnlichen Bestimmungen der §§ 15, 16 WoBindG über den Ablauf der Bindung und die vorzeitige Rückzahlung der öffentlichen Mittel.

Ein **Ausschluss des gesetzlichen Kündigungsrechtes** wegen Eigenbedarfs (§ 573 Abs. 2 **411**
Nr. 2 BGB) oder zur angemessenen wirtschaftlichen Verwertung (§ 573 Abs. 2 Nr. 3 BGB) besteht gem. § 577a BGB für die Dauer von mindestens 3, u.U. bis zu 10 Jahren, wenn an vermieteten Wohnräumen nach der Überlassung an den Mieter **Wohnungseigentum begründet** und das Wohnungseigentum veräußert worden ist. Als Veräußerung i.S. dieser Vorschrift gilt auch der Zuschlag von Wohnungseigentum im Wege der Zwangsversteigerung (BayObLG NJW-RR 1992, 1166).

c) Rechtsgeschäfte über Miet- und Pachtforderungen

Soweit nach den Vorschriften der § 566b Abs. 1 (Vorausverfügung über die Miete), § 566c **412**
(Vereinbarung zwischen Mieter und Vermieter über die Miete) und § 566d BGB (Aufrechnung durch den Mieter) für die Wirksamkeit von Verfügungen oder Rechtsgeschäften über die Miete/Pacht auf den Zeitpunkt des Übergangs des Eigentums abgestellt wird, ist an dessen Stelle die **Beschlagnahme des Grundstücks maßgebend** (§ 57b Abs. 1 S. 1 ZVG).

Als **Vorausverfügungen des Vermieters** kommen in Betracht Abtretung und Verpfändung der Mietzinsforderung (Steiner/Teufel §§ 57–57d Rn. 91) sowie Pfändung durch einen Gläubiger als Verfügung im Wege der Zwangsvollstreckung (RGZ 76, 118) als auch Aufrechnung seitens des Vermieters (Dassler u.a./Engels § 57b Rn. 8) und Nießbrauchsbestellung an der Mietzinsforderung (Böttcher §§ 57–57d Rn. 23).

Als **Rechtsgeschäft zwischen Vermieter und Mieter** kommen in Betracht Erfüllung gem. § 362 BGB, Annahme an Zahlungs Statt gem. § 364 BGB, Erlass gem. § 397 BGB sowie Stundung, Vergleich und Vorauszahlung des Mietzinses (Böttcher §§ 57–57d Rn. 24; Stöber ZVG-Handbuch Rn. 290d).

Erfasst werden von den genannten Vorschriften nach periodischen Zeitabschnitten bemes- **413**
sene Mietzinsen. Dazu gehört auch eine Vorausentrichtung des Mietzinses, wenn der vorausbezahlte Mietzins von den Vertragsparteien schon im Mietvertrag selbst vereinbart und fällig gestellt worden ist, es sei denn, dass die Mietvorauszahlung als Baukostenzuschuss verwendet werden sollte und verwendet worden ist (BGHZ 37, 346 = NJW 1962, 1860). Eine gem. dem Mietvertrag geleistete Vorauszahlung des Mietzinses in einem **Einmalbetrag** ist dagegen dem Ersteher gegenüber wirksam, wenn die Höhe des Mietzinses nicht nach wiederkehrenden Zeitabschnitten bemessen ist (BGHZ 137, 106 = NJW 1998, 595 = ZMR 1998, 141; s. jetzt auch BGH NJW 2007, 2919 = ZMR 2007, 677).

Zur Wirksamkeit von Baukostenzuschüssen gegenüber dem Ersteher s. Stöber § 57b Rn. 7).

414 Ist dem Mieter oder Pächter der Beschluss, durch den die Zwangsversteigerung angeordnet wird, zugestellt, so gilt mit der Zustellung die Beschlagnahme als dem Mieter oder Pächter bekannt. Die Zustellung erfolgt auf Antrag des Gläubigers an die von ihm bezeichneten Personen (§ 57b Abs. 1 S. 2 ZVG). Dem Beschluss soll eine Belehrung über die Bedeutung der Beschlagnahme für den Mieter/Pächter beigefügt werden (§ 57b Abs. 1 S. 3 ZVG). Das Vollstreckungsgericht hat auf Antrag des Gläubigers Ermittlungen zur Feststellung der Mieter/Pächter zu veranlassen. Dazu kann es sich der Hilfe eines Gerichtsvollziehers oder eines sonstigen zuständigen Beamten bedienen oder die zuständige örtliche Behörde (Einwohnermeldeamt) um Mitteilung der ihr bekannten Mieter/Pächter ersuchen (§ 57b Abs. 1 S. 4 ZVG).

415 Der Beschlagnahme zum Zwecke der Zwangsversteigerung steht in diesem Zusammenhang die Beschlagnahme in einem Zwangsverwaltungsverfahren gleich, wenn die Zwangsverwaltung bis zum Zuschlag angedauert hat (§ 57b Abs. 2 ZVG). Als bekannt im Sinne der §§ 566c und 566d gilt die Beschlagnahme dem Mieter/Pächter gegenüber auch, wenn ihm ein Zahlungsverbot gem. § 22 Abs. 2 S. 1 ZVG zugestellt wird (§ 57b Abs. 2 S. 2 ZVG). Dass er dann auch noch Kenntnis von der Beschlagnahme mit Anordnung der Zwangsversteigerung erlangt, ist nicht erforderlich (Stöber § 57b Rn. 8).

9. Erlösverteilung

a) Verteilungstermin

416 Nach der Erteilung des Zuschlages bestimmt das Vollstreckungsgericht einen gesonderten Termin zur Verteilung des Versteigerungserlöses (§ 105 Abs. 1 ZVG). Dieser **Verteilungstermin** wird ca. 6–8 Wochen nach dem Versteigerungstermin stattfinden. Im Gegensatz zum Versteigerungstermin ist er nicht öffentlich (§ 169 GVG). Die Terminsbestimmung ist den Beteiligten und dem Ersteher sowie im Falle des § 69 Abs. 2 ZVG dem für mithaftend erklärten Bürgen und in den Fällen des § 81 Abs. 2, 3 ZVG dem Meistbietenden zuzustellen. Dabei gelten als Beteiligte auch diejenigen, die das angemeldete Recht noch glaubhaft machen müssen (§ 105 Abs. 2 ZVG). An **Mieter oder Pächter** braucht mangels eines Befriedigungsanspruches aus dem Versteigerungserlös **keine Zustellung** zu erfolgen (Böttcher § 105 Rn. 4).

417 **Anmeldungen** zum Verteilungstermin sind erforderlich, soweit ein Anspruch nicht bereits von Amts wegen bei der Erlösverteilung zu berücksichtigen ist (§ 114 Abs. 1 ZVG). Frühere Anmeldungen gelten hier weiter, können aber geändert bzw. konkretisiert werden (vgl. Rdn. 303); dies gilt jedoch nicht für Anmeldungen in einem etwaigen parallelen Zwangsverwaltungsverfahren, da jedes Vollstreckungsverfahren selbstständig geführt wird. Zur Aufnahme in den Teilungsplan ist es erforderlich, dass die anmeldebedürftigen Ansprüche **spätestens im Verteilungstermin** angemeldet werden; dies sind insbesondere:
- Ansprüche aus den Rangklassen des § 10 Abs. 1 Nr. 1–3 ZVG
- Ansprüche auf Zahlung von rückständigen wiederkehrenden Leistungen (dies selbst dann, wenn sie aus dem Grundbuch ersichtlich sind (!); vgl. § 114 Abs. 2 ZVG)
- Ansprüche auf Erstattung von Kosten gem. § 10 Abs. 2 ZVG (In der Praxis wird vielfach zunächst zur Rangwahrung zum Versteigerungstermin ein Pauschalbetrag angemeldet, der jetzt der Konkretisierung bedarf.)
- Ansprüche auf Wertersatz für erlöschende Rechte gem. § 92 ZVG
- Ansprüche aus Rechten, die erst nach dem Zwangsversteigerungsvermerk in das Grundbuch eingetragen wurden.

Zu nennen ist hier ebenfalls die Geltendmachung von Löschungsansprüchen, die entweder gem. § 1179 BGB durch eingetragene Löschungsvormerkungen oder gem. § 1179a BGB durch gesetzliche Löschungsansprüche mit Vormerkungswirkung gesichert sind (vgl. Stöber § 114 Rn. 9.15); die Praxis unterscheidet hier oftmals nicht von einer gewöhnlichen Anmeldung. Zur Behandlung dieser Ansprüche unter Berücksichtigung der unterschiedlichen denkbaren Konstellationen s. ausführlich Stöber § 114 Rn. 9.

Der Ersteher hat die Verpflichtung, bis zum Verteilungstermin das bare Meistgebot ein- **418**
schließlich der bis dahin angefallenen Zinsen an das Vollstreckungsgericht zu zahlen. Die **Zahlung** kann infolge Art. 11 Nr. 4 des 2. JustizmodernisierungsG v. 22.12.2006 (BGBl. I S. 3416, 3421) zum Termin nur noch durch Überweisung entsprechend § 49 Abs. 3 ZVG erfolgen, sofern der Betrag der Landesjustizkasse bzw. der Gerichtskasse vor dem Termin gutgeschrieben ist und ein Nachweis hierüber im Termin vorliegt (§ 107 Abs. 2 ZVG). Ein Geldbetrag, der zur Sicherheit für das Gebot des Erstehers hinterlegt ist, gilt als gezahlt (§ 107 Abs. 3 ZVG), wenn die Hinterlegung unter Verzicht auf die Rücknahme erfolgt ist.

Probleme bei der Zahlung:
- **Bei der Überweisung** auf das Konto der Gerichtskasse bzw. der Landesjustizkasse wird häufig nicht bedacht, dass die Überweisungswege auch im Zeitalter des Computers u.U. mehrere Tage in Anspruch nehmen können. Es ist jedoch nicht ausreichend, wenn das Geld lediglich auf dem Konto eingegangen ist. Vielmehr muss der Landesjustiz- oder Gerichtskasse darüber ein Kontoauszug und dem Rechtspfleger des Versteigerungsgerichts im Verteilungstermin eine Nachricht über den Zahlungseingang zugegangen sein. Ist dies nicht der Fall, muss das Gericht von der Nichtzahlung ausgehen. Zu den Konsequenzen s. Rdn. 436 ff.
- **Bei der Finanzierung** des Steigpreises hat der Ersteher und ein ihn finanzierendes Institut zu bedenken, dass die sonst übliche vorherige Eintragung eines Grundpfandrechtes zur Absicherung der Finanzierung im Grundbuch im Falle eines Erwerbs durch Zwangsversteigerung nicht möglich ist (vgl. § 130 Abs. 3 ZVG). Vielmehr muss zuerst die Zahlung – und zwar auflagenfrei – an das Gericht erfolgen. Die Eintragung des sichernden Grundpfandrechtes kann erst nach der Eigentumsumschreibung im Grundbuch erfolgen, die ihrerseits eine durchgeführte Verteilung voraussetzt.
- Zweckmäßigerweise wird der Antrag auf Eintragung des Finanzierungsrechtes jedoch schon vor dem Verteilungstermin bei dem Grundbuchgericht eingereicht werden. Die Absicherung der gewünschten Rangstelle kann dann über eine entsprechende Rangbestätigung seitens des das Grundbuch einsehenden Notars erreicht werden. Das Grundbuchgericht wird den Eintragungsantrag des Notars nicht wegen fehlender Voreintragung (§ 39 GBO) zurückweisen, sondern das Eintragungsersuchen des Versteigerungsgerichtes abwarten. Erfolgt dann die Zahlung des Steigpreises (unmittelbar durch die finanzierende Bank) zum Verteilungstermin, ist auf diese Weise sichergestellt, dass das Grundpfandrecht rangmäßig nach evtl. in der Versteigerung bestehen gebliebenen Rechten zur Eintragung gelangt.

b) Teilungsplan

Der Teilungsplan wird gem. § 113 ZVG im Verteilungstermin aufgestellt. I.d.R. wird das **419**
Gericht einen vorläufigen Teilungsplan vorlegen. Zu dem Teilungsplan sind die Beteiligten anzuhören (§ 113 Abs. 1 ZVG); über ihn ist sofort zu verhandeln (§ 115 Abs. 1 S. 1 ZVG). Zur Beurkundung eines evtl. zwischen den Beteiligten geschlossenen Vergleichs ist hier der Rechtspfleger zuständig (OLG Nürnberg Rpfleger 1972, 305).

Ein **Muster** für einen Teilungsplan befindet sich im Anhang zu Kapitel 33 (Muster 5). **420**

Der Teilungsplan wird sich regelmäßig wie folgt gliedern:

aa) Vorbericht

421 Der Vorbericht enthält die Feststellung der für die Verteilung wichtigen Angaben wie z.B.
- Angaben zum betroffenen **Objekt** und zum **Ersteher**
- Angaben zur Höhe des baren **Meistgebotes** (bedeutsam für die Berechnung der Teilungsmasse)
- Angaben zum **Tag des Zuschlags** (bedeutsam für die Berechnung der Zinsen des Bargebots und der bestehen bleibenden Rechte)
- Angaben zum **Tag des Verteilungstermins** (bedeutsam für die Berechnung der Zinsen des Bargebots und der erlöschenden Rechte)
- Angaben zur **ersten Beschlagnahme** (bedeutsam für die Berechnung der laufenden und der rückständigen wiederkehrenden Leistungen)
- Angaben zum **bestrangig betreibenden Gläubiger** (bedeutsam für die Feststellung der bestehen bleibenden und erlöschenden Rechte)
- Angaben zum **Wert** des Versteigerungsobjektes (bedeutsam für die Berechnung der Verfahrenskosten).

bb) Teilungsmasse

422 Sie ist das **Surrogat** für das versteigerte Objekt und die mitversteigerten Gegenstände. An der Teilungsmasse setzen sich daher die Ansprüche auf Befriedigung aus dem Versteigerungsobjekt fort, soweit sie nach den Versteigerungsbedingungen nicht bestehen bleiben (vgl. zuletzt BGH ZfIR 2004, 1028 m. Anm. Dümig).

423 Die Teilungsmasse besteht aus dem **baren Meistgebot** (§ 49 Abs. 1 ZVG) sowie den **Zinsen** hierfür (§ 49 Abs. 2 ZVG) i.H.v. 4 % (§ 246 BGB) für die Zeit vom Tage der Zuschlagserteilung bis einen Tag vor dem Verteilungstermin. Gegebenenfalls kann ein anderer Zinssatz gem. § 59 ZVG vereinbart sein.

424 Nicht zur Teilungsmasse gehören Einkünfte aus einem evtl. parallel betriebenen Zwangsverwaltungsverfahren. Es handelt sich um zwei unabhängig voneinander betriebene Verfahren, für die selbstständige Teilungsmassen gebildet werden.

cc) Bestehen bleibende Rechte

425 Gemäß § 113 Abs. 2 ZVG sind im Teilungsplan die Rechte anzugeben, die aufgrund der Versteigerungsbedingungen (§§ 52, 91 Abs. 1 ZVG) oder aufgrund einer Liegenbelassungsvereinbarung (§ 91 Abs. 2 ZVG) bestehen bleiben.

dd) Schuldenmasse

426 Sie umfasst die **vorweg** aus dem Versteigerungserlös zu entnehmenden **Kosten des Verfahrens** (§ 109 Abs. 1 ZVG). Nicht dazu gehören die durch Anordnung oder Beitritt eines Gläubigers und die durch den Zuschlag entstandenen Kosten. Der danach verbleibende Überschuss wird auf die Rechte verteilt, die durch Zahlung zu decken sind (§ 109 Abs. 2 ZVG). Das sind alle Ansprüche, für die gem. §§ 10, 37 Nr. 4, 110 ZVG ein **Recht auf Befriedigung** aus dem Versteigerungserlös besteht. Dabei werden die einzelnen Ansprüche nach ihrer Rangfolge und innerhalb derselben nach Kosten, Nebenleistungen und Hauptanspruch (§ 12 ZVG) aufgenommen.

Im Einzelnen ergibt sich somit die nachfolgende **Rangfolge:**

Rangklasse »0«:	Verfahrenskosten gem. § 209 ZVG
Rangklasse 1:	Zwangverwaltungsvorschüsse (dazu s. ausführlich Teil IV Rdn. 635)
Rangklasse 1a:	Die zur Insolvenzmasse gehörenden Ansprüche auf Ersatz der Feststellungskosten bzgl. der beweglichen Gegenstände, auf die sich die Versteigerung bezieht mit pauschal 4 % des festgesetzten Verkehrswertes
Rangklasse 2:	Ansprüche des Verbandes Wohnungseigentümergemeinschaft auf Zahlung der Beiträge zu den Lasten und Kosten des gemeinschaftlichen Eigentums und des Sondereigentums des betreffenden Raumeigentums, die nach § 16 Abs. 2, § 28 Abs. 2 u. Abs. 5 WEG geschuldet werden einschließlich der Vorschüsse und Rückstellungen (Hausgeldansprüche) sowie Rückgriffsansprüche einzelner Wohnungseigentümer.
Rangklasse 3:	Öffentliche Lasten (für die das Versteigerungsobjekt dinglich haftet wie z.B. Grundsteuern, Erschließungskosten, Flurbereinigungsbeiträge und Schornsteinfegergebühren; s. i.E. ausführlich die Aufstellung bei Meikel/Morvilius § 54 Rn. 12 ff. Enthält das vom Vollstreckungsschuldner zu zahlende Hausgeld auch Kehr- und Überprüfungsgebühren des Schornsteinfegers, so kann nur dieser die Ansprüche in der Rangklasse 3 geltend machen, nicht aber die Wohnungseigentümergemeinschaft oder der Verwalter (Ebeling Rpfleger 1986, 125). Nicht zu berücksichtigen sind hier den Eigentümer persönlich treffende Ansprüche wie z.B. verbrauchsabhängige Abgaben.) Infolge der Neufassung der KommunalabgabenG der Länder ist zunehmend eine Tendenz zur Verdinglichung von Verbrauchskosten zu beobachten. Nach Auffassung des BGH ZgiR 2010, 696 begründet z.B. § 6 Abs. 5 KAG-NW eine auf dem einzelnen Wohnungseigentum ruhende öffentliche Last in Höhe der für das gesamte Grundstück entstandenen Benutzungsgebühren, soweit diese nach der kommunalen Satzung grundstücksbezogen ausgestaltet sind und hiernach alle Inhaber von Miteigentumsanteilen an den Grundstück gesamtschuldnerisch haften. Zu den sich aus dieser Auffassung ergebenden Folgen vgl. den Beitrag von Traub ZfIR 2010, 699.
Rangklasse 4:	Ansprüche aus dinglichen Rechten (dazu s. ausführlich Rdn. 225 ff.)
Rangklasse 5:	Ansprüche der betreibenden Gläubiger, soweit nicht bereits in einer höheren Klasse berücksichtigt werden (dazu s. ausführlich Rdn. 225 ff.)
Rangklasse 6:	Ansprüche aus dinglichen Rechten, die nach der Beschlagnahme eingetragen sind (relativ unwirksame Rechte – vgl. Rdn. 225 ff.)
Rangklasse 7:	Ältere Rückstände öffentlicher Lasten der Rangklasse 3, soweit ihretwegen nicht das Verfahren betrieben wird
Rangklasse 8:	Ältere Rückstände dinglicher Rechte der Rangklasse 4, soweit ihretwegen nicht das Verfahren betrieben wird
Rangklasse »9«:	Verspätet angemeldete Ansprüche gem. §§ 37 Nr. 4, 110 ZVG

ee) Zuteilung

427 Die Zuteilung nimmt die **tatsächliche Verteilung** des Versteigerungserlöses vor und bestimmt, ob und in welcher Höhe die unter dd) genannten Ansprüche aus der Schuldenmasse berücksichtigt werden können. Die Teilungsmasse wird also nicht in einer bestimmten Quote an die Berechtigten ausgeschüttet, sondern nach der Rangfolge ihrer Ansprüche bis zur jeweiligen Deckung zugeteilt. Verbleibt nach Befriedigung aller Berechtigten ein Erlösüberschuss, gebührt dieser dem vormaligen Eigentümer bzw. bei mehreren diesen gemeinschaftlich.

428 Die **Empfangsberechtigten** sind dabei unter Berücksichtigung etwaiger Abtretungen, Pfandrechte oder Löschungsansprüche konkret zu bestimmen. An dieser Stelle würden auch gegebenenfalls erforderlich werdende Aufteilungen gem. §§ 112, 122 ZVG bei Gesamtrechten an mehreren Objekten erfolgen.

429 Die Auszahlung an einen **Grundpfandrechtsgläubiger** darf gem. § 126 Abs. 1 ZVG nur erfolgen, wenn auch der über ein solches Recht erteilte **Grundpfandrechtsbrief** vorgelegt wird. Dies ist allerdings nur erforderlich, wenn Zahlungen auf die Hauptsache erfolgen sollen, nicht aber, wenn ein Erlös lediglich auf Kosten, Zinsen oder sonstige Nebenleistungen zugeteilt wird (Böttcher § 126 Rn. 3; Stöber § 126 Rn. 2.1; **a.A.** allerdings Dassler u.a./Hintzen § 126 Rn. 7; Steiner/Teufel § 126 Rn. 12). Erfolgt die Vorlage des Briefes nicht, wird der Berechtigte als unbekannt behandelt. Wurde ein solches Briefgrundpfandrecht außerhalb des Grundbuchs abgetreten, muss der Gläubiger seine Berechtigung zusätzlich durch Vorlage der öffentlich beglaubigten Abtretungserklärung i.S.d. § 1155 BGB nachweisen.

430 Wurde eine Zwangshypothek im Wege der **Sicherungsvollstreckung** gem. § 720a ZPO eingetragen, kann an den Gläubiger ein darauf entfallender Erlösanteil nur ausgezahlt werden, wenn entweder die erforderliche Sicherheit geleistet wurde oder der Titel ohne Sicherheitsleistung vollstreckbar geworden ist (Böttcher § 117 Rn. 20). Die Zuteilung an den Gläubiger kann daher nur unter einem entsprechenden Vorbehalt unter gleichzeitiger Bestimmung der Hilfsberechtigten erfolgen.

431 Soweit **Zuteilungen an die Mitglieder einer Wohnungseigentümergemeinschaft** als im Grundbuch mit ihrer jeweiligen Person eingetragene Inhaber einer Zwangssicherungshypothek wegen rückständiger Hausgeldbeiträge erfolgen sollen, war dies bisher unter Berücksichtigung des bei der Eintragung angegebenen Beteiligungsverhältnisses unproblematisch (vgl. Rdn. 92). Nunmehr hat jedoch der BGH mit seiner Entscheidung vom 02.06.2005 zur Teilrechtsfähigkeit der Wohnungseigentümergemeinschaft festgestellt, dass derartige Ansprüche ausschließlich dem Verband als Berechtigtem zustehen, nicht jedoch den einzelnen Mitgliedern (BGH ZMR 2005, 547, 553 Ziff. 7.). Dadurch können zum Zeitpunkt der Zuteilung Personen im Grundbuch als Gläubiger ausgewiesen sein, die materiell-rechtlich nach der geänderten BGH-Rechtsprechung nicht Gläubiger sein können. Dadurch ist das Grundbuch unrichtig geworden. Titelberichtigung oder Klauselumschreibung gem. § 727 ZPO scheiden jedoch in einem solchen Fall nach der hier vertretenen Auffassung aus (vgl. i.E. F. Schmidt NotBZ 2005, 309, 312 f. und die weiteren Nachweise Rdn. 92). In Betracht kommt nach der Novellierung des WEG einzig eine sog. **Titelbeischreibung**, wenn es sich bei den geltend gemachten Beträgen auch um Hausgeldforderungen handelt. Nach den Ausführungen Rdn. 92 a.E. kann gegebenenfalls auch das Vollstreckungsgericht feststellen, ob die zur Zuteilung anstehenden Erlösanteile auf solche Ansprüche entfallen. Damit kommt auch eine Hinterlegung des Erlösanteils wegen Ungewissheit über die Person des Berechtigten (§ 372 BGB) zunächst nicht in Betracht. Vielmehr muss das Vollstreckungsgericht erst einmal selbst um Klärung der Rechtslage bemüht sein (BGHZ 7, 302); dabei wird es den Vorrang der Rechtskraft zu beachten haben.

c) Ausführung des Teilungsplanes

Im Verteilungstermin wird gem. § 117 Abs. 1 ZVG die Ausführung des Teilungsplanes vorgenommen, wenn Widerspruch gem. § 115 ZVG nicht erhoben wurde und der Ersteher das bare Meistgebot nebst Zinsen gezahlt oder hinterlegt hat. Soweit der Versteigerungserlös reicht, werden **Auszahlungen** an die Berechtigten vorgenommen. Insoweit ist nunmehr ebenfalls die unbare Zahlungsweise gesetzlich vorgesehen (§ 117 Abs. 1 S. 2 ZVG). 432

Werden **Grundpfandrechtsbriefe** über erloschene Grundpfandrechte vorgelegt, sind diese Briefe unbrauchbar zu machen, soweit das Recht nicht nur teilweise erloschen ist (§ 127 Abs. 1 ZVG). Nicht vorgelegte Briefe kann das Vollstreckungsgericht von den Berechtigten anfordern. 433

Liegen dem Gericht **Vollstreckungstitel** vor, muss eine Zuteilung auf die titulierten Ansprüche auf den Titeln vermerkt werden (§ 127 Abs. 2 ZVG). 434

Im Verteilungsverfahren können vielfältige Probleme auftreten, deren Behandlung nicht Gegenstand dieser Ausführungen sein kann. 435

Exemplarisch sei daher nur hingewiesen
- wegen der Behandlung von Liegenbelassungsvereinbarungen für erlöschende Rechte vgl. § 91 Abs. 2 und 3 ZVG;
- wegen der Behandlung erlöschender Rechte der II. Abteilung des Grundbuchs (Wertersatz) vgl. § 92 ZVG;
- wegen der Behandlung von Befriedigungserklärungen seitens des Erstehers vgl. Stöber § 117 Rn. 5;
- wegen der Behandlung von außergerichtlichen Befriedigungserklärungen und der Erstellung sog. Kontrollteilungspläne vgl. § 144 ZVG;
- wegen der Behandlung von Rückgewährsansprüchen vgl. ausführlich Storz ZIP 1980, 506 und Stöber § 114 Rn. 7.7 ff.;
- wegen der Pfändung von Rückgewährsansprüchen vgl. Stöber Forderungspfändung Rn. 1888;
- wegen der Behandlung von Rechtsbehelfen vgl. § 115 ZVG; zur Abgrenzung der in Betracht kommenden Rechtsmittel (sofortige Beschwerde – Widerspruch gegen den Teilungsplan) s. LG Heilbronn ZfIR 2010, 288.

10. Nichtzahlung des Bargebots – Wiederversteigerung

Im Falle der Nichtzahlung des Bargebots wird der Teilungsplan dadurch ausgeführt, dass die **Forderung** gegen den Ersteher auf den Berechtigten **übertragen** wird (§ 118 Abs. 1 ZVG). Die Übertragung wirkt wie die Befriedigung aus dem Versteigerungsobjekt (§ 118 Abs. 2 ZVG). 436

Zugleich sind jedem Berechtigten unverändert 4% gesetzliche **Zinsen** (§ 246 BGB) aus dem baren Meistgebot vom Tage des Verteilungstermins an zu übertragen. Die Nichtberichtigung des Bargebotes begründet für sich allein keinen Verzug des Erstehers, sodass Verzugszinsen auch bei der Eintragung der Sicherungshypotheken nicht zu berücksichtigen sind (LG Kassel v. 27.08.2010–3 T 345/10; LG Zweibrücken v. 10.09.2004–4 T 154/04 zit. juris; AG Lüneburg v. 04.02.2010–23 K 13/09 zit. juris; Böttcher § 118 Rn. 4; Dassler u.a./Hintzen § 128 Rn. 5; Hannemann RpflStud 2001, 169; Stöber § 118 Rn. 5.1; Streuer Rpfleger 2001, 401; Wilhelm Rpfleger 2001, 166; **a.A.** 5 % über dem Basiszinssatz gem. § 288 Abs. 1 BGB: LG Wuppertal Rpfleger 2009, 166; LG Hannover Rpfleger 2005, 324; LG Cottbus Rpfleger 2003, 256; LG Augsburg Rpfleger 2002, 374; LG Kempten und LG 437

Berlin Rpfleger 2001, 192; LG Kassel Rpfleger 2001, 176; Eickmann § 22 I 1b und II 3; Storz Rpfleger 2003, 50).

438 Die Übertragung der Forderung wird gem. §§ 128, 130 Abs. 1 ZVG verknüpft mit dem Ersuchen um Eintragung entsprechender Sicherungshypotheken zugunsten des Berechtigten. Die **Sicherungshypotheken** entstehen mit der Eintragung in das Grundbuch (§ 128 Abs. 3 S. 1 ZVG). Sie erhalten den Rang, der der zu sichernden Forderung nach dem Teilungsplan zukommt. Die Sicherungshypotheken stellen keine Vollstreckungsmaßnahme gegen den Ersteher dar. Sie können deshalb auch für eine Forderung von weniger als € 750 eingetragen werden; ebenfalls ist eine Verteilung der Forderung bei mehreren Objekten nicht erforderlich. §§ 866 Abs. 3, 867 Abs. 2 ZPO finden hier keine Anwendung (OLG Düsseldorf Rpfleger 1989, 339; Dassler u.a./Hintzen § 128 Rn. 1; Stöber § 128 Rn. 2.4).

439 Nach der Ausführung des Teilungsplanes ist sowohl die Forderung als auch der Anspruch aus der **Sicherungshypothek** gegen den Ersteher in dessen gesamtes Vermögen **vollstreckbar** (§ 132 Abs. 1 ZVG). Vollstreckungstitel ist die vollstreckbare Ausfertigung des Zuschlagsbeschlusses, die das Vollstreckungsgericht auf Antrag erteilt (§ 132 Abs. 2 S. 1 ZVG). Der Zustellung einer Urkunde über die Übertragung der Forderung bedarf es nicht (§ 132 Abs. 2 S. 2 ZVG).

440 Die erneute Zwangsvollstreckung in das Versteigerungsobjekt – sog. **echte Wiederversteigerung** – kann alsdann unter erleichterten Voraussetzungen durchgeführt werden. Sie kann erfolgen, ohne dass es der vorherigen Zustellung des Titels und der Voreintragung des Erstehers im Grundbuch bedarf (§ 133 ZVG). Nach Anordnung der Wiederversteigerung wird das Vollstreckungsgericht bei dem zuständigen Finanzamt die Erteilung der steuerlichen Unbedenklichkeitsbescheinigung betreiben, damit der Ersteher als Eigentümer in das Grundbuch eingetragen werden kann. Aus diesem Grunde kann vor der mit der Eigentumsumschreibung verbundenen Eintragung der Sicherungshypotheken die Anordnung der Wiederversteigerung lediglich wegen der persönlichen Ansprüche aus der Forderungsübertragung erfolgen. Nach Eintragung der Sicherungshypotheken kann dann eine vollstreckbare Ausfertigung wegen der dinglichen Ansprüche beantragt und sodann dem Wiederversteigerungsverfahren wegen dieser Ansprüche beigetreten werden (Schiffhauer Rpfleger 1994, 402; **a.A.** jetzt Stöber § 133 Rn. 2.4, der zur Abwehr von Verzögerungen eine dingliche Vollstreckungsmöglichkeit bereits im Vorgriff auf die demnächst erfolgende Eintragung des Rechts für zulässig hält).

441 Fallen bei der Wiederversteigerung **Sicherungshypotheken** in das geringste Gebot, so sollen sie abweichend von § 49 ZVG **nicht bestehen bleiben**, weil deren Betrag eigentlich schon bei der ersten Versteigerung hätte bezahlt werden müssen. Aus diesem Grunde ordnet § 128 Abs. 4 ZVG ihre Aufnahme in den bar zu zahlenden Teil an; sie bleiben deshalb nicht bestehen. Einige Sicherungshypotheken können dabei gem. § 129 ZVG nach dem Ablauf von 6 Monaten einen **Rangverlust** erleiden, wenn nicht insoweit das Verfahren betrieben wird.

11. Grundbuchersuchen

442 Die **Berichtigung** des Grundbuchs durch Ersuchen des Vollstreckungsgerichts kann erfolgen, wenn der Teilungsplan ausgeführt und der Zuschlag rechtskräftig ist (§ 130 Abs. 1 ZVG). Des Weiteren muss die steuerliche Unbedenklichkeitsbescheinigung gem. § 22 GrEStG vorliegen. Ein Antragsrecht des Erstehers oder eines Beteiligten besteht nicht (*Dassler u.a./Hintzen* § 130 Rn. 1).

Liegen die genannten Voraussetzung vor, ersucht das Vollstreckungsgericht das Grundbuchgericht darum, 443
- den Ersteher als Eigentümer in das Grundbuch einzutragen;
- die durch den Zuschlag erloschenen Rechte zu löschen, soweit nicht deren Liegenbelassung vereinbart worden ist;
- den Vermerk über die Anordnung der Zwangsversteigerung zu löschen;
- gegebenenfalls Sicherungshypotheken aufgrund einer Forderungsübertragung einzutragen.

Eine teilweise Erledigung des Ersuchens durch das Grundbuchgericht ist unzulässig (Dassler u.a./Hintzen § 130 Rn. 13).

Das Ersuchen des Vollstreckungsgerichts unterliegt dabei nicht der materiellen **Prüfung durch das Grundbuchgericht**. Aus diesem Grunde kann das Grundbuchgericht z.B. nicht verlangen, dass dem Ersuchen die gem. § 12 WEG erforderliche Zustimmung des WEG-Verwalters beigefügt wird (Böttcher § 130 Rn. 18 und 25; Dassler u.a./Hintzen § 130 Rn. 12). 444

12. Änderungen durch das Gesetz zur Änderung des Wohnungseigentumsgesetzes und anderer Gesetze v. 26.03.2007 (BGBl. I S. 370)

Die aktuellen Bestimmungen des ZVG sind zusammen mit denen des WEG **am 01.07.2007 in Kraft getreten** (Art. 4 des Gesetzes zur Änderung des Wohnungseigentumsgesetzes und anderer Gesetze v. 26.03.2007, BGBl. I S. 370). Bei der Geltendmachung von Hausgeldansprüchen durch den »Verband Wohnungseigentümergemeinschaft« ist jedoch die **Übergangsregelung** des § 62 Abs. 1 WEG (!) zu beachten. Nach dieser Vorschrift sind für die am 01.07.2007 bei Gericht anhängigen Verfahren in Zwangsversteigerungssachen die durch Artikel 2 des Gesetzes geänderten Vorschriften des Gesetzes über die Zwangsversteigerung und die Zwangsverwaltung in ihrer bis dahin geltenden Fassung weiter anzuwenden. Das bedeutet, dass es für die Anwendbarkeit des neuen Rechts allein darauf ankommt, ob am 01.07.2007 bereits ein Zwangsversteigerungsverfahren anhängig war oder nicht. Nicht maßgebend ist also, ob der zugrunde liegende Anspruch oder seine Titulierung vor diesem Stichtag liegen. Nach den allgemeinen Grundsätzen des Verfahrensrechts wird ein Zwangsversteigerungsverfahren für den jeweiligen Gläubiger mit dem Eingang seines Antrags gem. § 15 ZVG anhängig. Im Gegensatz zu diesem im ZVG gebräuchlichen – gläubigerorientierten – Verfahrensbegriff geht der Gesetzgeber bei der Übergangsregelung dagegen von einem Verfahrensbegriff aus, der sich auf das **Gesamtverfahren der Zwangsversteigerung** bezieht. Auf diese Weise soll sichergestellt werden, dass die Einführung eines begrenzten Vorranges für Hausgeldforderungen die im Zeitpunkt des Inkrafttretens anhängigen Verfahren nicht berührt, weil es ansonsten zu Verzögerungen und Erschwerungen kommen könnte. 445

War somit am 01.07.2007 ein Zwangsversteigerungsverfahren über die betreffende Immobilie überhaupt anhängig, so ist für die Geltendmachung von Hausgeldansprüchen nicht mehr auf die Person des Gläubigers oder den Rang seines Anspruchs abzustellen. Auch ist unerheblich, ob die Wohnungseigentümergemeinschaft das Verfahren selbst betreiben oder lediglich ihre Ansprüche anmelden will. Ebenfalls ist eine »Umwandlung« von (nach bisherigem Recht) rangschlechteren Ansprüchen in nunmehr rangbessere der Rangklasse 2 nicht möglich, weil sonst in einem (Gesamt-)Verfahren unterschiedliches – und sich bzgl. der Rangklasse 2 widersprechendes – Recht zur Anwendung kommen müsste. In einem am 01.07.2007 anhängigen (Gesamt-)Verfahren ist somit weder auf Anmeldung eine Berücksichtigung im geringsten Gebot noch ein vorrangiges Betreiben aus der Rangklasse 2 für Hausgeldansprüche der Wohnungseigentümergemeinschaft denkbar (Böhringer/Hintzen Rpfleger 2007, 353, 360; Bräuer/Oppitz ZWE 2007, 326, 332; Schneider ZfIR 2008, 161, 162; **a.A.** Elzer ZAP 2007, 1025, 1032 für den Fall einer Anmeldung nach dem 01.07.2007 in einem nicht selbst vom Verband betriebenen Zwangsversteigerungsverfahren). Dieser Sichtweise hat sich nunmehr auch der BGH mit Beschl. v. 21.02.2008 – V ZB 123/07 (NZM 2008, 288 Ls. = Rpfleger 2008, 321 = ZMR 2008, 385) angeschlossen, wobei er allerdings für den Begriff der Anhängigkeit auf den »Erlass des Anordnungsbeschlusses« abstellt. Bedauerlicherweise geht der BGH nicht auf die insoweit bereits vorliegenden abweichenden Meinungen näher ein; er begründet seine Auffassung in diesem Punkt lediglich mit einer aus dem Kontext genommenen Fundstelle.

446 Aus dem zuvor Dargestellten ergibt sich, dass es u.U. noch auf Jahre hinaus ein Nebeneinander von Zwangsversteigerungsverfahren nach altem und solchen nach neuem Recht geben wird. Auch in dem vom BGH mit Beschl. v. 21.02.2008 entschiedenen Fall dauerte das »Altverfahren« bereits seit Mai 2002 an. Nicht nur für WEG-Verwalter kann dies mit **Haftungsgefahren** verbunden sein, wenn die fortdauernde Anwendung alten Rechts auf anhängige Zwangsversteigerungsverfahren aus der Zeit vor dem 01.07.2007 verkannt wird und eine Beteiligung des »Verbandes Wohnungseigentümergemeinschaft« am »Altverfahren« mangels eingetragener Zwangshypothek gänzlich unterbleibt.

13. Besonderheiten bei einer sog. werdenden Wohnungseigentümergemeinschaft

447 Mit Beschl. v. 05.06.2008 hat der BGH in Übereinstimmung mit der ganz h.M. anerkannt, dass Erwerber von Wohnungseigentum bereits im **Anlaufstadium** noch vor Entstehen der eigentlichen Wohnungseigentümergemeinschaft eine sog. werdende Gemeinschaft bilden, auf die die Vorschriften des Wohnungseigentumsgesetzes entsprechend anzuwenden sind. Voraussetzung dafür ist, dass ein wirksamer Erwerbsvertrag über das Wohnungseigentum vorliegt, zugunsten des Erwerbers bereits eine Auflassungsvormerkung in das Grundbuch eingetragen und der Besitz an der erworbenen Wohnung übergeben worden ist (BGHZ 177, 53 = DNotZ 2008, 930 = NJW 2008, 2639 = Rpfleger 2008, 564 = ZMR 2008, 805 = ZWE 2008, 378 mit zahlreichen Nachweisen). Der vorherigen Anlegung der Wohnungsgrundbücher soll es nach Auffassung des BGH hierzu nicht bedürfen; insoweit a.A. Schneider ZWE 2010, Heft 12 im Hinblick auf den dann u.U. nicht mehr gewährleisteten Gleichlauf von materiellem Recht und Zwangsvollstreckungsrecht. Unter diesen Voraussetzungen sind die noch nicht als Eigentümer im Grundbuch eingetragenen Erwerber u.a. auch verpflichtet, entsprechend § 16 Abs. 2 WEG die Kosten und Lasten des künftigen gemeinschaftlichen Eigentums zu tragen.

448 Dies soll jedoch grundsätzlich nur für den sog. **Ersterwerber** gelten (grundlegend BGHZ 87, 138 = NJW 1983, 1615 = Rpfleger 1983, 310; BGHZ 106, 113 = NJW 1989, 1087 = Rpfleger 1989, 150; BGH NJW 1994, 3352 = Rpfleger 1995, 150 = ZMR 1995, 37). Ein sog. Ersterwerb kann nach derzeitigem Rechtsverständnis nur bis zum Entstehen einer vollständig und rechtlich durch Eigentumsumschreibung auf den ersten Erwerber in Vollzug gesetzten Eigentümergemeinschaft stattfinden (wegen der vom BGH angedeuteten Erweiterung des Anwendungsbereichs s. Schneider ZWE 2010, 341, 342). Der Erwerb von einem eingetragenen Wohnungseigentümer nach Invollzugsetzung führt dagegen zum sog. **Zweiterwerb**. Auf den Zweiterwerber finden jedoch die Vorschriften des WEGs vor seiner Eigentumseintragung keine Anwendung. Erst die Umschreibung des Eigentums im Grundbuch führt insoweit zur Mitgliedschaft in der Wohnungseigentümergemeinschaft (BGHZ 106, 113 = NJW 1989, 1087 = Rpfleger 1989, 150; OLG Zweibrücken NZM 1999, 322 = ZMR 1999, 358).

Als **Gläubiger** der (zutreffend nur) gegen den werdenden Wohnungseigentümer gerichteten Hausgeldansprüche wird nach ganz überwiegender Auffassung die werdende Wohnungseigentümergemeinschaft als rechtsfähiger Verband angesehen (Armbrüster GE 2007, 420, 435; Elzer ZMR 2008, 808, 811; Hügel ZWE 2010, 122; Hügel/Elzer NZM 2009, 457, 458; Jennißen/Grziwotz 2. Aufl. 2010 § 10 Rn. 98; Niedenführ/Kümmel/Vandenhouten § 10 Rn. 14; Schneider ZWE 2010, 341, 343; Timme/Dötsch § 10 Rn. 62; Wenzel NZM 2008, 625, 628; a.A. wohl nur Müller FS Merle (2010), S. 255, 258 f.), Umstritten ist allerdings, ob hinsichtlich der Verpflichtung zur Zahlung des Hausgeldes eine **gesamtschuldnerische Haftung von teilendem und werdendem Eigentümer** besteht (bejahend: – z.T. noch zum früheren Recht – AHB WEG/Köhler 2. Aufl. 2009, Teil I Rn. 31; Elzer ZMR 2007, 714, 715; Müller FS Merle (2010), S. 255, 260; Pause Bauträgerkauf und Baumodelle 4. Aufl 2004 Rn. 621; Staudinger/Bub (2005) § 16 Rn. 209; abl. dagegen im Hinblick auf die Unteilbarkeit des Mitgliedschaftsrechts BeckOK BGB/Hügel § 16 Rn. 28; Schneider ZWE 2010, 204, 206; Wenzel NZM 2008, 625, 629). Von der Beantwortung dieser Frage wird abhängen, mit welcher Titulierung die Zwangsversteigerung eines Wohnungseigentums betrieben werden kann. **449**

Es ist weiterhin von entscheidender Bedeutung, ob man den wohnungseigentumsrechtlichen Hausgeldansprüchen nach der WEG-Novelle nunmehr – wie hier vertreten – eine dingliche Wirkung im Umfang des Vorrangs gem. § 10 Abs. 1 Nr. 2 ZVG zugesteht oder wie bisher von lediglich persönlichen Ansprüchen ausgehen will, denen allerdings ein vollstreckungsrechtliches Befriedigungsprivileg beigelegt wurde (vgl. Rdn. 254). Die **rechtliche Qualität** der Hausgeldansprüche wird über ihre Durchsetzbarkeit in der Immobiliarvollstreckung entscheiden. Dabei sind folgende Konstellationen denkbar: **450**

- **Es liegt ein persönlicher Zahlungstitel gegen den teilenden Eigentümer (i.d.R. Bauträger) vor** **451**
  Nach dem hier zugrunde gelegten Verständnis kommt eine (gesamtschuldnerische) Titulierung von persönlich geschuldeten Hausgeldansprüchen gegen den teilenden Bauträger nicht in Betracht. Aber selbst unter der Annahme einer gesamtschuldnerisch fortbestehenden Haftung wäre die im Grundbuch bereits zugunsten des werdenden Wohnungseigentümers eingetragene Erwerbsvormerkung (Rangklasse 4 des § 10 Abs. 1 ZVG) im Betreibensfall dem persönlichen Zahlungsanspruch des Verbandes (Rangklasse 5 des § 10 Abs. 1 ZVG) gegenüber vorrangig und damit in das sog. geringste Gebot als bestehen bleibend aufzunehmen (vgl. §§ 44 Abs. 1, 52 Abs. 1 ZVG; BGHZ 46, 124 = NJW 1967, 566 = Rpfleger 1967, 9; BGH NJW 1996, 3147 = Rpfleger 1997, 76). Ein evtl. Zuschlag würde den darauf beruhenden Eigentumserwerb als vormerkungswidrige Verfügung i.S.d. § 883 Abs. 2 BGB erscheinen lassen, so dass der Vormerkungsberechtigte seinen Anspruch auf Eigentumsübertragung alsdann gegen den Ersteher gem. § 888 Abs. 1 BGB durchsetzen könnte. Das Wohnungseigentum wäre dadurch de facto unversteigerbar (Schneider ZWE 2010, 341, 346; ähnlich auch Müller FS Merle (2010), S. 255, 261).
- **Es liegt ein persönlicher Zahlungstitel gegen den werdenden Wohnungseigentümer vor** Eine Zwangsvollstreckung seitens des Verbandes Wohnungseigentümergemeinschaft in das vom werdenden Wohnungseigentümer angeschaffte Wohnungseigentum ist *vor* dessen grundbuchmäßiger Umschreibung auf den Erwerber im Wege der Immobiliarvollstreckung nicht möglich. Der Erwerber als Mitglied der werdenden Wohnungseigentümergemeinschaft ist nämlich (noch) nicht als sachenrechtlicher Eigentümer in das Grundbuch eingetragen, so dass es an der erforderlichen Identität von Vollstreckungsschuldner und eingetragenem Eigentümer fehlt (vgl. § 17 Abs. 1 ZVG). **452**

453 • **Es liegt ein dinglicher Duldungstitel gegen den teilenden Eigentümer (i.d.R. Bauträger) vor**
Nach dem hier zugrunde gelegten Verständnis muss es sich um einen separaten Duldungstitel handeln; eine (gesamtschuldnerische) Titulierung kommt dagegen nicht in Betracht (s.o.). Ein solcher Titel kann auch nach der Veräußerung des Wohnungseigentums noch erlangt werden, weil der teilende Eigentümer bis zur Umschreibung auf den Erwerber unverändert als sachenrechtlicher Rechtsinhaber des Wohnungseigentums im Grundbuch eingetragen ist; lediglich die Mitgliedschaftsrechte sind auf den werdenden Wohnungseigentümer übergegangen.
In diesem Fall gehen nach zutreffender – aber bestrittener – Auffassung die Hausgeldansprüche der jetzt neu belegten Rangklasse 2 im Umfang des Vorrangs einer im Grundbuch eingetragenen Erwerbsvormerkung im Rang vor (Alff ZWE 2010, 105, 112; Böttcher ZfIR 2010, 345, 347; Dierck/Morvilius/Vollkommer Handbuch des Zwangsvollstreckungsrechts 4. Kapitel Rn. 296a; Schneider ZMR 2009, 165; 169; Stöber § 10 Rn. 16.8). Bis zur vollständigen Befriedigung im Vorrang werden Ansprüche nachrangiger Rangklassen bei der Erlösverteilung verdrängt, so dass die Erwerbsvormerkung nicht als bestehenbleibend in das geringste Gebot aufgenommen werden kann (vgl. § 44 ZVG). Eine im Wohnungsgrundbuch zugunsten des werdenden Wohnungseigentümers eingetragene Erwerbsvormerkung (Rangklasse 4 des § 10 Abs. 1 ZVG) wird folglich mit dem Zuschlag ebenso wie dort eingetragene Grundpfandrechte erlöschen (BGHZ 57, 356 = NJW 1972, 537 = Rpfleger 1972, 216; BGHZ 59, 94 = NJW 1972, 1758 = Rpfleger 1972, 398; BGH NJW 1994, 3299 = Rpfleger 1995, 173), weil sie dem Recht des (best)betreibenden Wohnungseigentümerverbandes (Rangklasse 2 des § 10 Abs. 1 ZVG) im Rang nachgeht (a.A. Fabis ZfIR 2010, 354, 358; Kesseler NJW 2009, 121, 123).

• **Es liegt ein dinglicher Duldungstitel gegen den werdenden Wohnungseigentümer vor**
Aufgrund der Sonderregelung in § 10 Abs. 3 S. 2 ZVG könnte in dem Zahlungstitel gegen den werdenden Wohnungseigentümer eine Vollstreckungsgrundlage zur Zwangsversteigerung im Vorrang des § 10 Abs. 1 Nr. 2 ZVG gesehen werden. Da mit der Anerkennung der Rechtsfigur des werdenden Wohnungseigentümers jedoch lediglich eine Vorwegnahme der verbandsrechtlichen Mitgliedschaftsrechte, nicht aber zugleich eine Verschiebung der sachenrechtlichen Eigentumsverhältnisse am Vollstreckungsgegenstand verbunden ist (BGHZ 177, 53 = DNotZ 2008, 930 = NJW 2008, 2639 = Rpfleger 2008, 564 = ZMR 2008, 805 = ZWE 2008, 378), kann ein Duldungsanspruch *vor* seiner Grundbucheintragung als Eigentümer gegen den werdenden Wohnungseigentümer nicht durchgesetzt werden. *Nach* Eigentumsumschreibung kann jedoch ohne weiteres aus dem Zahlungstitel gegen den vormals werdenden Wohnungseigentümer im Vorrang des § 10 Abs. 1 Nr. 2 ZVG vollstreckt werden (Schneider ZWE 2010, 341, 349).

454 Die dargestellten Varianten zeigen, dass die Zwangsversteigerung eines Wohnungseigentums ohne die Annahme eines dinglich wirkenden Vorrangs für Hausgeldansprüche im Umfang des § 10 Abs. 1 Nr. 2 ZVG bei einer werdenden Wohnungseigentümergemeinschaft praktisch unmöglich ist (zum Ganzen s. ausf. Schneider ZWE 2010, 341).

14. Besonderheiten bei der Entziehung eines Wohnungseigentums

455 § 18 Abs. 1 S. 1 WEG n.F. (= § 18 Abs. 1 WEG a.F.) räumt mit Ausnahme einer aus zwei Wohnungseigentümern bestehenden Gemeinschaft dem Verband Wohnungseigentümergemeinschaft (§ 18 Abs. 1 S. 2 WEG) einen Anspruch auf Entziehung des

Wohnungseigentums ein, wenn sich ein Mitglied der Gemeinschaft einer so schweren Verletzung der ihm gegenüber den anderen Wohnungseigentümern obliegenden Verpflichtungen schuldig gemacht hat, dass diesen die Fortsetzung der Gemeinschaft mit ihm nicht mehr zugemutet werden kann. Der Anspruch ist im Wege einer sog. **Abmeierungsklage** zu verfolgen (zum Begriff und den beschlussmäßigen Voraussetzungen s. ausf. FaKoWEG/Riecke § 18 Rn. 40 ff.). Das stattgebende Urteil ersetzte bisher die für die freiwillige Versteigerung und für die Übertragung des Wohnungseigentums erforderlichen Erklärungen (§ 19 Abs. 1 S. 1 WEG a.F.). Veräußerte der verurteilte Wohnungseigentümer sein Wohnungseigentum nicht rechtsgeschäftlich an einen Dritten, konnte das Wohnungseigentum auf Antrag gem. §§ 53 ff. WEG a.F. im Wege der sog. **freiwilligen Versteigerung** durch einen Notar versteigert werden. Das Verfahren erlangte in der Praxis keine große Bedeutung, weil es sich als langwierig erwies und dem Schuldner Möglichkeiten zur Manipulation durch zwischenzeitliche Verfügungen über das Wohnungseigentum insbesondere über wertausschöpfende Belastungen bot (vgl. Weitnauer/Lüke § 19 Rn. 7).

Mit der Änderung der zwangsversteigerungsrechtlichen Bestimmungen durch Art. 2 des Gesetzes zur Änderung des Wohnungseigentumsgesetzes und anderer Gesetze v. 26.03.2007 (BGBl. I S. 370) ist das bisherige notarielle Versteigerungsverfahren durch eine Verweisung auf die entsprechend anwendbaren Bestimmungen des ersten Abschnitts des ZVG (= §§ 1–145a ZVG) ersetzt worden (§ 19 Abs. 1 S. 1 WEG). Demnach erfolgt die **Vollstreckung des Entziehungsurteils** nunmehr im Wege eines **gerichtlichen Zwangsversteigerungsverfahrens.** **456**

Mangels näherer gesetzlicher Regelungen über den Ablauf dieses Verfahrens herrscht **Uneinigkeit, wie** ein Entziehungsurteil – gerade auch im Verhältnis zu anderen Ansprüchen – **zu vollstrecken ist.** Nach Auffassung des BMJ hat die Vollstreckung eines Entziehungsurteils in der **Rangklasse 5** des § 10 Abs. 1 ZVG zu erfolgen (Regierungsentwurf eines Gesetzes zur Änderung des Wohnungseigentumsgesetzes und anderer Gesetze v. 09.03.2006 – BT-Drucks. 16/887 S. 26 f.). Damit sollen dann i.d.R. sämtliche Belastungen des Wohnungseigentums im geringsten Gebot zu berücksichtigen sein. Die amtliche Begründung geht weiterhin davon aus, dass ein Gläubiger wegen einer Geldforderung dem laufenden Versteigerungsverfahren gem. § 27 ZVG beitreten kann, was dann auch umgekehrt möglich sein muss (Regierungsentwurf v. 09.03.2007 – BT-Drucks. 16/887 S. 27; wohl auch Bärmann/Seuß/Bonifacio Teil F Rn. 422). **457**

Die Ansicht des BMJ setzt allerdings gleichartige Verfahrenregeln voraus, die jedoch nicht erkennbar sind. § 10 Abs. 1 ZVG regelt die Rangordnung der **Rechte auf Befriedigung** aus einem Wohnungseigentum zur Verwirklichung eines *Geldanspruchs*. Der ausgeurteilte *Entziehungsanspruch* stellt demgegenüber kein solches geldwertes Befriedigungsrecht dar und kollidiert aus diesem Grunde mit dem zwangsversteigerungsrechtlichen Deckungsgrundsatz (vgl. § 44 ZVG), der grundsätzlich auch die Berücksichtigung der Rangklassen 6, 7 und 8 des § 10 Abs. 1 ZVG verlangt. Ein danach verbleibender Erlösüberschuss gebührt aber sodann dem bisherigen Wohnungseigentümer und nicht dem entziehungsberechtigten Verband (so auch Dassler u.a./Rellermeyer § 10 Rn. 71), Der Entziehungsanspruch steht damit außerhalb der Rangordnung des § 10 Abs. 1 ZVG (Dassler u.a./Rellermeyer § 10 Rn. 71; ähnlich Bärmann/Seuß/Bonifacio Teil F Rn. 421: »rangloses Recht«). **458**

Das dargestellte Dilemma versucht Rellermeyer dadurch lösen, dass er den Entziehungsanspruch als an letzter Rangstelle stehend begreift (Dassler u.a./Rellermeyer § 10 Rn. 71; offenbar auch Bärmann/Seuß/Bonifacio Teil F Rn. 421). Es erscheint **459** jedoch sehr zweifelhaft, ob der **Entziehungsanspruch überhaupt** im Rahmen einer **Vollstreckungsversteigerung** berücksichtigt werden kann (i.E. wohl ebenfalls abl. Stöber Einl. Rn. 3).

460 Nach hier vertretener Auffassung ist der **Entziehungsanspruch nicht rangfähig** und kann auch deshalb nicht in einer auf Verwirklichung eines Geldanspruchs ausgerichteten Vollstreckungsversteigerung berücksichtigt werden. Die vom BMJ vorgenommene rangklassenmäßige Einordnung hat keinen Eingang ins Gesetz gefunden und ist daher nicht als verbindlich anzusehen; es fehlt stattdessen an einer gesetzlichen Regelung. Die Einschätzung des BMJ beruht auch ganz offensichtlich auf einer Fehlinterpretation der Formulierung in § 10 Abs. 1 Nr. 5 ZVG. Wenn dort von einem »Anspruch des Gläubigers« gesprochen wird, »soweit er nicht in einer der vorhergehenden Klassen zu befriedigen ist«, kann nach der Systematik des Gesetzes nämlich nur ein sonstiger Zahlungsanspruch gemeint sein, der die Befriedigung aus dem Wohnungseigentum ermöglicht.

Vergleicht man demgegenüber die ebenfalls nicht primär auf Befriedigung aus einem Grundstück angelegten **Sonderverfahren** des 3. Abschnitts im ZVG (§§ 172 ff. ZVG: Zwangsversteigerung auf Antrag des Insolvenzverwalters; §§ 175 ff. ZVG: Zwangsversteigerung auf Antrag des Erben; §§ 180 ff. ZVG: Zwangsversteigerung zur Aufhebung einer Gemeinschaft), so drängt sich auch sprachlich eine Parallele auf. In allen genannten Fällen hat der Gesetzgeber für diese Verfahren nämlich unter Berücksichtigung von notwendigen Sonderregelungen ebenfalls zumindest die entsprechende Anwendung der Vorschriften des 1. Abschnitts des ZVG angeordnet (§§ 172, 176, 180 Abs. 1 ZVG). Keines der genannten Sonderverfahren des 3. Abschnitts im ZVG ist jedoch mit einer Vollstreckungsversteigerung kompatibel; ein wechselseitiger Beitritt wird von der ganz h.M. wegen der unterschiedlichen Zielrichtungen und Verfahrensstrukturen abgelehnt (vgl. je m.w.N. für die Insolvenzverwalterversteigerung Dassler u.a./Rellermeyer § 172 Rn. 13; Stöber § 172 Rn. 7; für die Nachlassversteigerung Dassler u.a./Rellermeyer § 176 Rn. 3; Stöber § 176 Rn. 4; für die Teilungsversteigerung Dassler u.a./Hintzen § 180 Rn. 166 u. Rn. 176; Stöber § 180 Rn. 14.1 f.). Es handelt sich im Verhältnis zur Vollstreckungsversteigerung um jeweils vollständig voneinander unabhängige Verfahren, die auch gleichzeitig daneben anhängig sein können. Im Hinblick auf die sprachliche Vergleichbarkeit und die ähnliche Verfahrensstruktur als nicht auf Verwirklichung eines Geldanspruchs gerichtete Verfahren hat diese Regelung auch für die Vollstreckung eines Entziehungsurteils gem. § 19 Abs. 1 WEG zu gelten (i.E. wohl ebenfalls Stöber Einl. Rn. 3). Ein **Zwangsversteigerungsverfahren** zur Vollstreckung eines Entziehungsurteils ist daher selbstständig zu führen und kann nicht mit einer Vollstreckungsversteigerung verbunden werden (a.A. Regierungsentwurf v. 09.03.2007 – BT-Drucks. 16/887 S. 27 und Bärmann/Seuß/Bonifacio Teil F Rn. 422).

461 Richtigerweise sind daher in der selbständigen Zwangsversteigerung **sämtliche** im Grundbuch **eingetragenen Rechte** in das **geringste Gebot** aufzunehmen. Dazu gehören aber auch die rechtzeitig geltend gemachten Ansprüche der Rangklassen 6, 7 und 8 des § 10 Abs. 1 ZVG (im Ergebnis für ein verbundenes Verfahren ebenso Dassler u.a./Rellermeyer § 10 Rn. 71 u. Bärmann/Seuß/Bonifacio Teil F Rn. 421). Aufgrund der somit von einem Ersteher zu übernehmenden Belastungen wird sich das Versteigerungsverfahren zum Zwecke der Entziehung eines Wohnungseigentums in der Praxis als **stumpfe Waffe** erweisen und wohl wiederum nur ein Schattendasein führen (ebenso FaKoWEG/Riecke § 19 Rn. 11a). Verstärkt wird dieses Resultat noch dadurch, dass den Wohnungseigentümerverbänden zumindest für die Fälle eines Zahlungsverzugs mit der neu belegten Rangklasse 2 des § 10 Abs. 1 ZVG nunmehr ein weit wirkungsvolleres Instrument zur Zwangsvollstreckung zur Verfügung steht.

462 Der zur Entziehung verurteilte Wohnungseigentümer kann im Falle des § 18 Abs. 2 Nr. 2 WEG bis zur Erteilung des Zuschlags die **Zwangsversteigerung** dadurch **abwenden**, dass er die Verpflichtungen, wegen deren Nichterfüllung er verurteilt worden ist, einschließlich der fälligen weiteren Verpflichtungen und der entstandenen Kosten erfüllt (§ 19 Abs. 2 WEG). In diesem Fall kann er die weitere Durchführung des Zwangsversteigerungsverfahrens nur über eine Vollstreckungsabwehrklage verhindern. Da das Entziehungsurteil die Zahlungsverpflichtung nicht unmittelbar tituliert, können Zahlungsnachweise zur Abwendung der Vollstreckung gem. § 775 Nr. 5 ZPO oder § 75 ZVG nicht ausreichen (Dassler u.a./Rellermeyer § 10 Rn. 73).

463 Nach dem Normzweck der §§ 18, 19 WEG darf der **Schuldner** in diesem Versteigerungsverfahren selbst **keine Gebote** abgeben (FaKoWEG/Riecke § 19 Rn. 11b). Die Unzumutbarkeit seines Verbleibens in der Eigentümergemeinschaft rechtfertigt es, ihn als Bieter auszuschließen (Abramenko Das neue WEG § 8 Rn. 14; Bärmann/Seuß/Bonifacio Teil F Rn. 427).

464 Soweit ein **Entziehungsverfahren** bereits **vor dem 01.07.2007 anhängig** war, können die Wohnungseigentümer insgesamt den geltend gemachten Anspruch weiterverfolgen. Einer Verfahrensführung durch den Verband Wohnungseigentümergemeinschaft soll es insoweit nicht bedürfen (OLG München NJW 2008, 856 = ZMR 2008, 412 m. krit. Anm. Wenzel ZWE 2008, 150).

15. Ausgewählte Besonderheiten bei der Teilungsversteigerung

a) Grundsatz

465 Die Zwangsversteigerung zum Zwecke der Aufhebung der Gemeinschaft (§ 180 Abs. 1 ZVG; kurz: Teilungsversteigerung) dient dazu, eine bestehende Gemeinschaft an dem Versteigerungsobjekt auseinanderzusetzen. In Betracht kommen hier Bruchteils- und Gesamthandsgemeinschaften. An die Stelle des in Natur nicht teilbaren Versteigerungsobjekts tritt durch die Versteigerung als Erlös ein teilbarer Geldbetrag (BGH NJW-RR 2009, 1026 = Rpfleger 2009, 579 = ZMR 2009, 776).

466 Auch Gemeinschaften an einzelnen Wohnungs- und Teileigentumseinheiten können auf diese Weise auseinandergesetzt werden. Nicht möglich ist dagegen die Auseinandersetzung hinsichtlich der Wohnungseigentümergemeinschaft insgesamt (§ 11 Abs. 1 WEG). Dies gilt trotz § 751 BGB auch für Pfändungsgläubiger und trotz § 84 Abs. 2 InsO auch für Insolvenzverwalter (§ 11 Abs. 2 WEG).

467 Auf das Verfahren finden grundsätzlich die Vorschriften über die Zwangsversteigerung entsprechende Anwendung (§ 180 Abs. 1 ZVG), soweit sich nicht aus den §§ 181 bis 185 ZVG ein anderes ergibt.

468 Der entscheidende Unterschied zur Vollstreckungsversteigerung besteht darin, dass für die Anordnung der Teilungsversteigerung ein vollstreckbarer Schuldtitel nicht erforderlich ist (§ 181 Abs. 1 ZVG). Antragsberechtigt ist in diesem Verfahren jedes Mitglied einer Bruchteilsgemeinschaft, einer Erbengemeinschaft, einer aufgelösten Gesellschaft, einer aufgelösten Gütergemeinschaft sowie deren Vertreter und sonstige Beteiligte wie Nießbraucher, Erbteilserwerber, Pfandgläubiger und Pfändungsgläubiger (Stöber § 180 Rn. 3.2). Wegen § 180 Abs. 1 ZVG übernimmt der Antragsteller hier die Rolle des betreibenden Gläubigers aus der Vollstreckungsversteigerung; die übrigen Beteiligten sind Antragsgegner in der Rolle des Vollstreckungsschuldners einer Vollstreckungsversteigerung (BGHZ 79, 249 = NJW 1981, 2065 = Rpfleger 1981, 187).

469 Betreibt ein Gläubiger, der den dem Schuldner als Miteigentümer eines Grundstücks zustehenden Anspruch auf Aufhebung der Bruchteilsgemeinschaft und auf Teilung sowie Auszahlung des Erlöses gepfändet hat, die Teilungsversteigerung, ist der Schuldner jedoch auch dann nicht an einer Verfügung über seinen Miteigentumsanteil durch Veräußerung gehindert, wenn der gepfändete Anspruch dadurch untergeht (BGH Rpfleger 2010, 439).

470 Beim gesetzlichen Güterstand der Zugewinngemeinschaft bedarf unter den Voraussetzungen des § 1365 Abs. 1 BGB bereits die Antragstellung der Zustimmung des anderen Ehegatten (h.M. Stöber § 180 Rn. 3.13 m. zahlreichen Nachweisen; so jetzt auch BGH FamRZ 2007, 1634 = NJW 2007, 3124 = Rpfleger 2007, 558 m. abl. Anm. Zimmer/Pieper NJW 2007, 3104).

471 Vollstreckungsversteigerung und Teilungsversteigerung können zeitgleich und unabhängig voneinander über dasselbe Objekt durchgeführt werden (Hamme Rpfleger 2002, 248 m.w.N.).

b) Besonderheiten bei den Einstellungsmöglichkeiten

472 Weil die Teilungsversteigerung nicht zum Zwecke der Vollstreckung einer Geldforderung durchgeführt wird, sind diejenigen Vorschriften nicht entsprechend anwendbar, die die zwangsweise Beitreibung einer Gläubigerforderung voraussetzen. Demgemäß findet § 30a ZVG in der Teilungsversteigerung keine Anwendung (Stöber § 30a Rn. 1.2).

473 Statt dessen kann auf Antrag eines Miteigentümers für die Dauer von längstens sechs Monaten die einstweilige Einstellung des Verfahrens angeordnet werden, wenn dies bei Abwägung der widerstreitenden Interessen der mehreren Miteigentümer angemessen erscheint. Die einmalige Wiederholung der Einstellung ist zulässig, wobei § 30b ZVG entsprechende Anwendung findet (§ 180 Abs. 2 ZVG).

474 Weiterhin ist auf Antrag des Ehegatten oder des früheren Ehegatten die einstweilige Einstellung des Verfahrens anzuordnen, wenn ein Miteigentümer die Zwangsversteigerung zum Zwecke der Aufhebung der Gemeinschaft betreibt, der außer ihm nur sein Ehegatte oder sein früherer Ehegatte angehört, wenn dies zur Abwendung einer ernsthaften Gefährdung des Wohls eines gemeinschaftlichen Kindes erforderlich ist. Die mehrfache Wiederholung der Einstellung ist zulässig, wobei wiederum § 30b ZVG entsprechende Anwendung findet (§ 180 Abs. 3 ZVG).

475 Durch mehrfache Anordnung einer einstweiligen Einstellung nach § 180 Abs. 2 und § 180 Abs. 3 ZVG darf eine Höchstdauer der Einstellung von fünf Jahren nicht überschritten werden (§ 180 Abs. 4 ZVG). Maßgeblich ist dabei die Summe der Einstellungszeiten, nicht die Gesamtdauer des Verfahrens (Stöber § 180 Rn. 13.12).

476 § 765a ZPO ist im Teilungsversteigerungsverfahren entsprechend anzuwenden (BGH NJW 2007, 3430 = Rpfleger 2007, 408).

c) Besonderheiten beim geringsten Gebot

477 Gemäß § 182 Abs. 1 ZVG sind in das geringste Gebot die den Anteil des Antragstellers belastenden oder mitbelastenden Rechte sowie alle diejenigen Rechte aufzunehmen, die einem dieser Rechte im Rang vorgehen oder gleichstehen. Dazu gehören nunmehr bei der Versteigerung eines Wohnungseigentums gegebenenfalls auch die Hausgeldansprüche im Vorrang des § 10 Abs. 1 Nr. 2 ZVG (ebenso Alff ZWE 2010, 105, 113, der insoweit zu Recht von einem redaktionellen Versehen des Gesetzgebers ausgeht).

Bei einer Gesamthandsgemeinschaft können die Anteile der Gesamthänder am Vollstreckungsgegenstand nicht unterschiedlich belastet sein. Daher sind alle Belastungen in das geringste Gebot aufzunehmen (BGH ZfIR 1999, 155). 478

Bei einer Bruchteilsgemeinschaft werden dagegen andere Rechte an den Anteilen der übrigen Miteigentümer nicht berücksichtigt. Sie erlöschen mit der Zuschlagserteilung (Böttcher § 180 Rn. 2). 479

Bei der Zwangsversteigerung zum Zwecke der Aufhebung der Gemeinschaft ist das Einzelausgebot der Miteigentumsanteile gem. § 63 Abs. 1 S. 1 ZVG unzulässig (BGH NJW-RR 2009, 1026 = Rpfleger 2009, 579 = ZMR 2009, 776). Das Verfahren ist auf die vollständige und endgültige Aufhebung der Gemeinschaft und nicht nur auf das Ausscheiden einzelner Miteigentümer unter Fortbestand der Gemeinschaft in anderer personeller Zusammensetzung gerichtet. Mit diesem Verfahrenszweck ist das Einzelausgebot der Miteigentumsanteile nicht zu vereinbaren. 480

Zur Vermeidung einer Benachteiligung durch ungleiche Anteilsbelastungen bei Bruchteilseigentümern schreibt § 182 Abs. 2 ZVG die Aufnahme eines Ausgleichsbetrages in das geringste Gebot vor. Der Ausgleichsbetrag stellt dabei lediglich einen Rechnungsposten im geringsten Gebot dar, der einen für die Auseinandersetzung ausreichend hohen Erlösüberschuss sicherstellen soll; er wird nicht unter den Miteigentümern verteilt (Böttcher § 182 Rn. 9). 481

Das Verfahren zur Feststellung des geringsten Gebotes bei Antragstellungen seitens mehrerer oder aller Miteigentümer, deren Anteile unterschiedlich belastet sind, ist nach wie vor heftig umstritten. Hier werden vier unterschiedliche Lösungsansätze vertreten, deren Darstellung den hiesigen Rahmen sprengen würde (vgl. daher i.E. die Auseinandersetzungen bei Böttcher § 182 Rn. 13 ff.; Stöber § 182 Rn. 3; Streuer Rpfleger 2001, 119 je m.w.N.). 482

d) Besonderheit bei der Sicherheitsleistung

Grundsätzlich gelten die Vorschriften über die Sicherheitsleistung (§§ 67 ff. ZVG) auch für die Teilungsversteigerung. Lediglich ein Miteigentümer braucht für sein Gebot dann keine Sicherheit zu leisten, wenn ihm ein durch sein Gebot gedecktes Grundpfandrecht zusteht (§ 184 ZVG). Trifft einen bietenden Miteigentümer die Pflicht zur Sicherheitsleistung, so ist sie in der gesetzlichen Höhe zu erbringen; ein Recht auf Kürzung entsprechend dem eigenen Gemeinschaftsanteil besteht nicht (Böttcher § 184 Rn. 1). 483

e) Besonderheit bei der Zuschlagsversagung

Auch § 74a ZVG (7/10-Grenze) findet wegen der Forderungsbezogenheit nur sehr eingeschränkt Anwendung. Weder Antragsteller noch Antragsgegner des Verfahrens zur Auseinandersetzung können den Antrag auf Zuschlagsversagung stellen, weil sie keinen aus dem Meistgebot zu befriedigenden Anspruch haben. Lediglich den dinglichen Berechtigten, die einen aus dem Meistgebot zu befriedigenden Anspruch haben, kommt ein Antragsrecht zu. Das kann nur bei der Auseinandersetzung einer Bruchteilsgemeinschaft und auch dann nur der Fall sein, wenn die Anteile der Miteigentümer unterschiedlich belastet sind und die dinglichen Rechte erlöschen (LG Frankfurt Rpfleger 1972, 234; Böttcher § 180 Rn. 99). 484

f) Vereinbarung einer Veräußerungsbeschränkung

485 Haben Wohnungseigentümer als Inhalt des Sondereigentums gem. **§ 12 Abs. 1 WEG** vereinbart, dass zur Veräußerung des Wohnungseigentums die **Zustimmung** anderer Wohnungseigentümer oder eines Dritten erforderlich sein soll, so gilt dies auch für eine Veräußerung im Wege der Zwangsvollstreckung (§ 12 Abs. 3 S. 2 ZVG). Eine vereinbarte Veräußerungsbeschränkung ist daher grundsätzlich auch in einem Verfahren zur Auseinandersetzung der Gemeinschaft zu beachten (Böttcher § 15, 16 Rn. 86).

486 Ist als Ausnahme vom Zustimmungserfordernis vereinbart, dass ein Wohnungseigentümer bei einer »Veräußerung im Wege der Zwangsvollstreckung« oder bei einer »Veräußerung im Wege der Zwangsversteigerung« nicht der Zustimmung bedarf, so gilt dies auch im Falle der Teilungsversteigerung (Stöber § 15 Rn. 45.5).

g) Besonderheiten beim Ausnahmekündigungsrecht

487 Der Ersteher in der Teilungsversteigerung tritt gem. § 180 Abs. 1, § 57 ZVG in die bestehenden Miet- und Pachtverhältnisse ein. Ein Sonderkündigungsrecht gem. § 57a ZVG hat der Ersteher nicht (§ 183 ZVG). Für die Wirkungen von Verfügungen über den Miet- oder Pachtzins kommt es maßgeblich auf den Zeitpunkt des Zuschlags und nicht der Beschlagnahme an; § 57b ZVG gilt hier nicht. Der Ersteher muss sich also im Rahmen des § 566b Abs. 1 BGB wie ein rechtsgeschäftlicher Erwerber behandeln lassen (Stöber § 183 Rn. 2.3).

h) Besonderheiten bei der Erlösverteilung

488 Auch bei der Teilungsversteigerung ist ein Teilungsplan zu erstellen. Ergibt die Erlösverteilung einen **Überschuss**, so bleibt dieser **grundsätzlich unverteilt** (Schiffhauer ZIP 1982, 660; Stöber Rpfleger 1958, 73). Als Surrogat gebührt der Überschuss den Mitgliedern der aufzuhebenden Gemeinschaft. Jedoch garantiert die frühere Miteigentumsquote nicht automatisch auch einen entsprechenden Anteil am Erlös. Vielmehr hat die Verteilung durch die Mitglieder der Gemeinschaft selbst und außerhalb des Versteigerungsverfahrens stattzufinden, weil es nicht die Aufgabe des Vollstreckungsgerichts ist, evtl. Ausgleichsansprüche der Mitglieder untereinander zu berücksichtigen (RGZ 119, 321; BGHZ 4, 84 = NJW 1952, 263 = Rpfleger 1952, 415; Böttcher § 180 Rn. 4; Dassler u.a./Hintzen § 180 Rn. 154 f.; Stöber § 180 Rn. 8.1). Nur bei Einvernehmen aller früheren Miteigentümer ist das Vollstreckungsgericht zur Aufteilung des Erlöses legitimiert (RGZ 119, 321; Dassler u.a./Hintzen § 180 Rn. 154 f.). Das Versteigerungsverfahren bereitet mithin eine anderweitig gesetzlich oder vertraglich geregelte vermögensrechtliche Auseinandersetzung unter den Eigentümern lediglich vor und hat nicht die Funktion, diese Auseinandersetzung zu ersetzen oder vorwegzunehmen (BGH NJW-RR 2009, 1026 = Rpfleger 2009, 579 = ZMR 2009, 776).

489 Aus diesem Grunde kann auch ein früherer Miteigentümer, der selbst Ersteher des Objektes ist, nicht davon ausgehen, er müsse den »ihm ja bereits gehörenden Miteigentumsanteil« nicht noch einmal bezahlen, weil der entsprechende Erlösanteil sogleich wieder an ihn zurückfiele. Mit großer Zurückhaltung wird von einer entsprechenden **(Voll)Finanzierung** wohl nur dann abgesehen werden können, wenn spätestens im Verteilungstermin übereinstimmende rechtsverbindliche Erklärungen aller Mitglieder über den Auszahlungsmodus vorliegen oder abgegeben werden können. Der Rechtpfleger des Versteigerungsgerichts ist dann auch befugt, wirksam eine vergleichsweise Regelung zu protokollieren (OLG Nürnberg Rpfleger 1972, 305; Böttcher § 180 Rn. 31; Schiffhauer *ZIP 1982, 526*; Stöber Einl. Rn. 49.4).

Andernfalls ist der den Mitgliedern der Gemeinschaft zustehende **Übererlös** gem. § 117 Abs. 2 S. 3 ZVG zu **hinterlegen**. Zum anschließenden Verfahren bei der Hinterlegungsstelle und der notwendigen prozessualen Auseinandersetzung vgl. BGH (NJW-RR 1999, 504 = Rpfleger 1999, 140; NJW-RR 1990, 133; NJW-RR 1990, 1202; BGHZ 90, 194 = NJW 1984, 2526 = Rpfleger 1984, 284), Böttcher (§ 180 Rn. 104), Dassleru.a./Hintzen (§ 180 Rn. 158) und Stöber (§ 180 Rn. 18.4). **490**

Wird nach erfolgter Teilungsversteigerung vormals zu Bruchteilen berechtigter Eheleute das von dem einen Bruchteilsberechtigen zu zahlende **Bargebot überhaupt nicht berichtigt**, setzt sich ihre Gemeinschaft an der ihnen nach § 118 Abs. 1 ZVG unverteilt übertragenen Forderung als Mitberechtigung nach § 432 BGB fort. Auch wenn die Bruchteile feststehen und keine Gemeinschaftsverbindlichkeiten mehr zu berichtigen sind, ist ihre Gemeinschaft hinsichtlich der übertragenen Forderung noch nicht durch Teilung in Natur aufgehoben. Demzufolge kann der Ersteher mangels Gegenseitigkeit der Forderungen gegen diese Forderung nicht mit einer Forderung aus Zugewinnausgleich aufrechnen, die ihm gegen den anderen Mitberechtigten zusteht (BGHZ 175, 297 = NZM 2008, 295 = FamRZ 2008, 767 = Rpfleger 2008, 379). **491**

i) Besonderheit bei der Zuschlagsgebühr

Ist ein früherer Miteigentümer Ersteher, bestimmt sich im Falle der Teilungsversteigerung der Geschäftswert für die Zuschlagserteilung nach dem Meistgebot abzüglich des Wertes für den dem Ersteher vormals gehörenden Anteil. Bei Gesamthandseigentum ist jeder Mitberechtigte wie ein Eigentümer nach dem Verhältnis seines Anteils anzusehen (§ 29 Abs. 2 S. 2 GKG). **492**

IV. Zwangsverwaltung

1. Vorbemerkungen

Neben der Eintragung einer Zwangshypothek und der Zwangsversteigerung ist die Zwangsverwaltung die **dritte Möglichkeit der Zwangsvollstreckung** in das unbewegliche Vermögen des Schuldners (§ 866 Abs. 1 ZPO). Die Zwangsverwaltung kann selbstständig und unabhängig von einer zur Eintragung beantragten Zwangshypothek oder einem Zwangsversteigerungsverfahren betrieben werden (§ 866 Abs. 2 ZPO). Zu den Berührungspunkten mit Letzterem s. Teil IV Rdn. 634 ff. **493**

Sinn und Zweck der Zwangsverwaltung ist die Befriedigung des Gläubigers nicht aus der Substanz, sondern aus den Erträgen der Immobilie. Zu diesem Zweck wird dem Schuldner die **Verwaltungs- und Benutzungsbefugnis entzogen** (§ 148 Abs. 2 ZVG) und dem eingesetzten Zwangsverwalter übertragen (§ 152 ZVG). Dieser soll nach vernünftigen Bewirtschaftungsgrundsätzen die laufenden Ausgaben aus den laufenden Einnahmen decken und Überschüsse nach einem aufzustellenden Teilungsplan verteilen, (§§ 155 bis 158 ZVG). **494**

Die tatsächliche Verwaltungs- und Benutzungsbefugnis berechtigt den Zwangsverwalter jedoch **nicht** zu weitergehenden **rechtlichen Verfügungen** über das Beschlagnahmeobjekt; hierzu ist nach wie vor nur der Eigentümer befugt (Böttcher § 148 Rn. 15; Stöber § 152 Rn. 4.3). Aus diesem Grunde ist auch während der Zwangsverwaltung eine Veräußerung ohne Mitwirkung des Zwangsverwalters möglich. Ebenso obliegt die Bewilligung einer Grundbucheintragung wegen der materiell-rechtlich sich dadurch vollziehenden Verfügung über das Objekt nicht dem Zwangsverwalter. Er kann deshalb bei einem **495** zwangsverwalteten Wohnungs- oder Teileigentum auch nicht anstelle des eingetragenen Eigentümers die Grundbucheintragung zur Änderung der Teilungserklärung beantragen und bewilligen (LG Bonn Rpfleger 1983, 324). Die Beschlagnahme in der Zwangsverwaltung bewirkt also **keine Grundbuchsperre** (vgl. §§ 146 Abs. 1, 23 ZVG). Eine einseitige Freigabe des verwalteten Objekts durch den Zwangsverwalter ist – anders als im Insolvenzverfahren – in der Zwangsverwaltung nicht möglich; dazu bedarf es der Aufhebung des Verfahrens.

496 Zum **Gegenstand** der Zwangsverwaltung s. i.E. Teil I Rdn. 2. Neben den dort genannten Objekten erstreckt sich die Zwangsverwaltung auch noch auf weitere Gegenstände (§ 148 Abs. 1 S. 1 ZVG); dazu s. Teil IV Rdn. 530 ff.

497 Verfahrensrechtlich folgt die Zwangsverwaltung durch die Verweisung in § 869 ZPO den Bestimmungen der ZPO, soweit nicht das ZVG besondere Regelungen enthält.

498 **Die nachfolgenden Ausführungen beziehen sich auf Zwangsverwaltungsverfahren in der bis ab dem 01.07.2007 geltenden Fassung des ZVG. Die durch das Gesetz zur Änderung des Wohnungseigentumsgesetzes und anderer Gesetze v. 26.03.2007 (BGBl. I S. 370) eingefügten Neuerungen finden allerdings auf »Altverfahren« keine Anwendung, so dass diese unverändert nach den bisherigen Vorschriften fortgeführt werden (BGH NJW 2009, 598 = Rpfleger 2009, 163 = ZMR 2009, 294). Wegen der sich aus dem früheren Recht ergebenden Abweichungen s. daher i.E. Teil IV Rdn. 647 ff.**

2. Anordnung des Verfahrens

a) Grundsatz

499 Auf die Anordnung der Zwangsverwaltung finden die Vorschriften über die Anordnung der **Zwangsversteigerung entsprechende Anwendung**, soweit sich nicht aus den §§ 147 bis 151 ZVG etwas anderes ergibt (§ 146 Abs. 1 ZVG). Es ist deshalb zunächst grundsätzlich auf die Ausführungen im III. Teil zu verweisen. In der Folge können sich die Erläuterungen daher auf Besonderheiten des Zwangsverwaltungsverfahrens beschränken.

Schematische Darstellung des Ablaufs eines Zwangsverhaftungsverfahrens (mit freundlicher Erlaubnis von Dipl.-Rechtspfleger Heinrich Kraft, Potsdam):

500

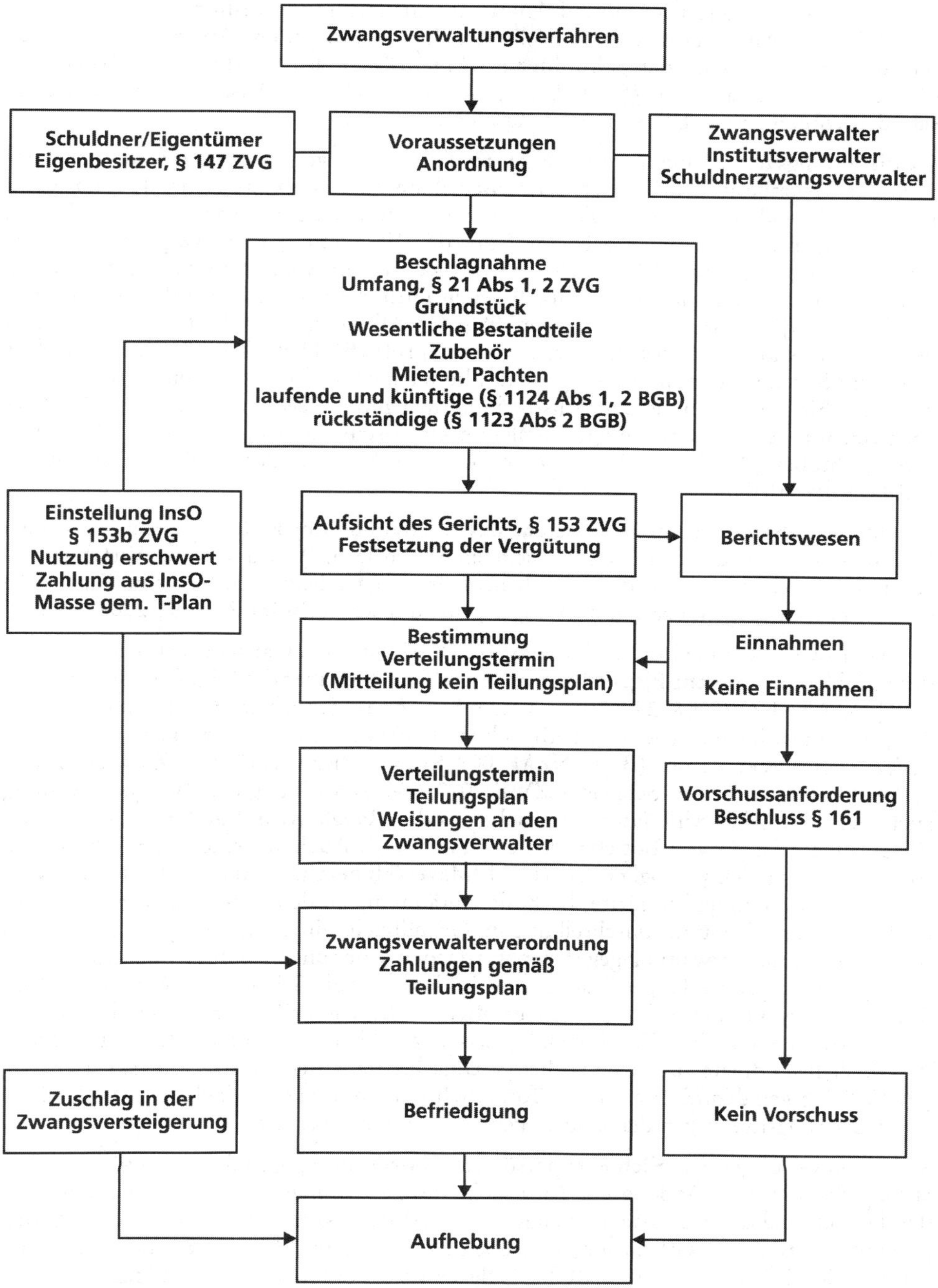

b) Besonderheiten bei den Voraussetzungen der Anordnung

aa) Voreingetragenheit des Vollstreckungsschuldners

501 Die Zwangsverwaltung wird nur auf Antrag des Gläubigers angeordnet (§§ 146 Abs. 1, 15 ZVG). Zu den Anforderungen s. zunächst Teil III Rdn. 169 ff. Die Anordnung darf auch hier nur erfolgen, wenn der **Schuldner als Eigentümer** des Vollstreckungsobjektes im Grundbuch eingetragen ist (§§ 146 Abs. 1, 17 Abs. 1 ZVG). Zu Ausnahmen vom Grundsatz der Voreingetragenheit s. Teil III Rdn. 173.

502 Da die Zwangsverwaltung auf Erzielung der Nutzungen gerichtet ist, erfordert sie aber auch den **Eigenbesitz des Vollstreckungsschuldners** am Verwaltungsobjekt i.S.d. § 872 BGB. Der Eigenbesitz kann unmittelbar als Selbstnutzer ausgeübt werden oder sich auch nur mittelbar darstellen wie z.B. im Falle der Vermietung oder Verpachtung. Eine Zwangsverwaltung kann daher nicht angeordnet werden, wenn und soweit dadurch in den Besitz eines nicht zur Herausgabe bereiten Dritten eingegriffen werden soll (BGHZ 96, 61, 66 = NJW 1986, 2438 = Rpfleger 1986, 26). Allerdings wird der Besitz des Schuldners für die Anordnung des Verfahrens nicht geprüft (BGH Rpfleger 2004, 510), sodass erst beim Scheitern der Besitzübergabe das bestehende Vollstreckungshindernis erkennbar wird. Bis zur Behebung des Vollstreckungsmangels ist das Verfahren gem. § 28 ZVG einstweilen unter Fristsetzung einzustellen; nach Fristablauf erfolgt dann Verfahrensaufhebung (Stöber § 146 Rn. 10.4). Zur besonderen Problematik des Nießbrauchsrechtes s. Teil IV Rdn. 516 ff.

503 Die bloße **Behauptung eines Dritten**, das Verwaltungsobjekt befinde sich in seinem **Eigenbesitz**, ist ohne weitere Nachweise nicht geeignet, die Anordnung des Verfahrens zu verhindern. Der Dritte muss dann gegebenenfalls seinen behaupteten Besitz im Klagewege gem. § 771 ZPO gegenüber dem Gläubiger geltend machen (BGH Rpfleger 2004, 510).

504 Ausnahmsweise kann jedoch die Zwangsverwaltung auch dann angeordnet werden, wenn der Schuldner zwar **nicht Eigentümer** des Objektes ist, er **aber** das Objekt im **Eigenbesitz** hat (§ 147 Abs. 1 ZVG, § 872 BGB). In diesem Fall können jedoch nach h.M. nur (dingliche) Ansprüche aus einem eingetragenen Grundpfandrecht oder einer Reallast gegen den Eigenbesitzer vollstreckt werden (BGH NZM 2009, 912 = Rpfleger 2010, 37 = ZMR 2010, 125; Stöber § 147 Rn. 2.5; a.A. Schneider ZWE 2010, 204; Anordnung der Zwangsverwaltung auch wegen dinglich wirkender Ansprüche aus den Rangklassen 2 und 3 des § 10 Abs. 1 ZVG; offen gelassen von Böttcher/Keller § 147 Rn. 4). Auch aus einer Zwangshypothek soll diese Vollstreckung möglich sein (Hock/Mayer/Hilbert/Deimann Rn. 1464). Der wohl häufigste Anwendungsfall dürfte die Besitzeinräumung an den Grundstückserwerber bei noch fehlender Eigentumsumschreibung im Grundbuch sein. Folgt man jedoch der h.M., so ist eine Zwangsverwaltung gegen den werdenden Wohnungseigentümer aufgrund rückständiger Hausgeldzahlungen damit ausgeschlossen (vgl. Schneider ZWE 2010, 204). Soweit der Eigenbesitz nicht bei Gericht offenkundig sein sollte (z.B. durch den bei den Grundakten befindlichen Kaufvertrag), muss er glaubhaft gemacht werden (§ 147 Abs. 2 ZVG). Vielfach dürfte auch eine vorherige Umschreibung der Vollstreckungsklausel gem. § 727 ZPO gegen den Eigenbesitzer erforderlich werden, weil der Gläubiger lediglich über einen Duldungstitel gegen den eingetragenen Eigentümer verfügt.

Steht dem Gläubiger **lediglich** eine **persönliche Forderung** gegen den Eigentümer zu, ist er zunächst auf die Pfändung der Ansprüche des Eigentümers gegenüber dem besitzenden Dritten und deren Einziehung angewiesen. Alsdann könnte er einen Herausgabetitel gegen den Besitzer erwirken, um schließlich nach erfolgter Herausgabe die Zwangsverwaltung durchführen zu lassen (BGH Rpfleger 1986, 26; Hock/Mayer/Hilbert/Deimann Rn. 1465).

bb) Rechtsschutzinteresse

Das **Rechtsschutzinteresse** ist als allgemeine Prozessvoraussetzung stets von Amts wegen zu prüfen (vgl. Teil I Rdn. 5). **Fehlt** es **mit Sicherheit**, so ist die Anordnung des Zwangsverwaltungsverfahrens abzulehnen bzw. ein laufendes Verfahren aufzuheben (LG Hechingen Rpfleger 1991, 430; Gaier ZWE 2004, 323). Dies ist beispielsweise dann der Fall, wenn bei der Entscheidung über den Antrag feststeht, dass die Anordnung des Verfahrens erfolgen würde, obwohl ein besitzender Dritter nicht zur Herausgabe bereit ist (BGH ZfIR 2004, 746; Hawelka ZfIR 2005, 14). **505**

Ähnlich wie bei der Zwangsversteigerung (vgl. Teil III Rdn. 178) hat der BGH jedoch auch für die Zwangsverwaltung festgestellt, dass aus dem Rechtsgedanken des **§ 803 Abs. 2 ZPO** wegen einer mutmaßlich **zwecklosen Zwangsverwaltung** eine Ablehnung des Antrags auf Verfahrenseinleitung nicht zulässig ist (BGHZ 151, 384 = NJW 2002, 3178 = Rpfleger 2002, 578). Der Schuldner braucht in diesem Verfahren vor einem unnötigen Verlust seines Vermögens nicht geschützt zu werden, da die Zwangsverwaltung lediglich die Bewirtschaftung nicht aber die Verwertung der Immobilie bezweckt. Auch wenn die **Befriedigung** im Zeitpunkt der Antragstellung möglicherweise **aussichtslos** erscheint, kann sich das Rechtsschutzinteresse auch daraus ergeben, dass die Immobilie einer einträglicheren Nutzung zugeführt oder einer drohenden Verwahrlosung Einhalt geboten werden kann. **506**

Auch für ein **selbstgenutztes Wohnungseigentum** des Vollstreckungsschuldners kommt eine Aufhebung der Zwangsverwaltung nicht mangels Rechtsschutzinteresses in Betracht, wenn derzeit und in absehbarer Zukunft keine Einnahmen daraus erzielt werden können (LG Frankfurt NZM 1998, 635). Allerdings stellen in diesem Fall die Aufwendungen des Gläubigers keine vom Schuldner zu erstattenden **notwendigen Kosten der Zwangsvollstreckung** i.S.d. § 788 ZPO dar, wenn deren Zweck nach den konkreten Umständen nicht darin besteht, die Befriedigung der titulierten Forderung zu erreichen (BGH NJW 2005, 2460 = Rpfleger 2005, 552). **507**

Die Anordnung einer Zwangsverwaltung ist ebenfalls zulässig, wenn eine Wohnungseigentümergemeinschaft das Verfahren **auch zur Sicherung** ihrer bisher nicht titulierten **zukünftigen Forderungen** betreibt. Die Situation wäre nicht anders, wenn ein Dritter die Zwangsverwaltung betreiben würde (BGH NJW 2003, 2162). **508**

Anders soll der Fall liegen, wenn der **Schuldner hilfebedürftig** i.S.d. SGB ist und noch nicht einmal die Betriebskosten zahlen kann. Hier können auf Dauer keine Einnahmen erzielt werden, so dass nach Auffassung des BGH (NJW 2009, 444 = Rpfleger 2009, 252 = ZfIR 2009, 147) eine Zwangsverwaltung gänzlich unzulässig sein soll. **509**

Umstritten ist das Rechtsschutzinteresse des Gläubigers, wenn die beantragte Zwangsverwaltung mit der damit verbundenen Besitzverschaffung durch den Zwangsverwalter nur dazu dienen soll, in einem parallel laufenden Zwangsversteigerungsverfahren dem dort bestellten Sachverständigen oder den Bietinteressenten gegen den Willen des Schuldners den **Zutritt zum Objekt** zu ermöglichen (**abl.** LG Ellwangen Rpfleger 1995, 427; Haarmeyer/Wutzke/Förster/Hintzen § 146 Rn. 29 allerdings in § 5 Rn. 8 ZwVwV mit der Empfehlung, bei der Antragstellung den ausschlaggebenden Grund zu verschweigen; Hock/Mayer/Hilbert/Deimann Rn. 1470; **befürw.** Böttcher/Keller § 146 Rn. 6). Jedenfalls kann der Zwangsverwalter für die Vereinbarung von Besichtigungsterminen mit potenziellen Bietinteressenten keine Vergütung verlangen, weil die Durchführung eines evtl. parallel stattfindenden Zwangsversteigerungsverfahrens nicht zu seinen Aufgaben gehört (LG Heilbronn Rpfleger 2003, 679 m. Anm. Schmidberger). **510**

Ein **Muster** für einen Anordnungsantrag befindet sich im Anhang zu Kapitel 33 (Muster 6). **511**

c) Besonderheiten bei der Entscheidung des Vollstreckungsgerichts

512 Bei der Anordnung der Zwangsverwaltung sind vom Vollstreckungsgericht zunächst die schon im III Teil Rdn. 176 ff. und 195 dargestellen **Verfahrensvoraussetzungen** zu prüfen. Auf die Beseitigung evtl. Mängel ist regelmäßig durch Zwischenverfügung hinzuwirken.

513 Wie schon bei der Anordnung der Zwangsversteigerung hat auch bei der Entscheidung über die Anordnung der Zwangsverwaltung im Hinblick auf §§ 161 Abs. 4, 28 ZVG eine Prüfung von Amts wegen zu erfolgen, ob durch die Anordnung des Verfahrens **Rechte Dritter** verletzt werden, die entweder aus dem Grundbuch ersichtlich oder als Verfügungsbeschränkung dem Rechtspfleger bekannt sind (vgl. Teil III Rdn. 196 ff.).

514 Zur Behandlung einer im Grundbuch eingetragenen **Erwerbsvormerkung** s. bereits Teil III Rdn. 197 und 259, zu **insolvenzrechtlichen Beschränkungen** s. Teil III Rdn. 255.

515 Eine im Grundbuch eingetragene **Veräußerungsbeschränkung gem. § 12 WEG** hindert weder die Anordnung noch die Durchführung des Verfahrens, da die Zwangsverwaltung im Gegensatz zur Zwangsversteigerung keine Veräußerung darstellt (Haarmeyer/Wutzke/Förster/Hintzen § 146 Rn. 14).

516 Ist im Grundbuch ein **Nießbrauchsrecht** verlautbart, gebühren dem Nießbrauchsberechtigten sämtliche Nutzungen des belasteten Objekts (§ 1030 BGB); er ist insbesondere auch zum Besitz und damit zur Vermietung und Verpachtung berechtigt (§ 1036 Abs. 1 BGB). Damit betrifft die Berechtigung des Nießbrauchers dieselben Ansprüche, auf die im Rahmen der Zwangsverwaltung zugegriffen werden soll. Aus diesem Grunde kann die Anordnung der Zwangsverwaltung nur erfolgen, wenn der Nießbrauchsberechtigte der Anordnung zugestimmt hat (vgl. § 1065 BGB). Die frühere Streitfrage, ob dies auch dann gelten könne, wenn die Zwangsverwaltung aus einem dinglichen Recht betrieben wird, das dem Nießbrauch im **Rang** vorgeht (verneinend Dassler/Muth 12. Aufl., Vor § 146 Rn. 9; befürw. Stöber 17. Aufl., § 146 Rn. 10.2) hat der BGH (NJW 2003, 2164 = NZM 2003, 490 = Rpfleger 2003, 378 m. Anm. Alff Rpfleger 2003, 523) nunmehr dahingehend entschieden, dass auch der Anspruch auf Duldung der Zwangsvollstreckung des vorrangig im Grundbuch eingetragenen Gläubigers ohne einen gesonderten Duldungstitel gegen den besitzenden Nießbraucher nicht durchsetzbar ist, weil durch den Vorrang allein der Nießbrauchsberechtigte noch nicht zum Vollstreckungsschuldner wird. Der vorrangig betreibende Grundpfandrechtsgläubiger benötigt daher zur Zwangsvollstreckung gegen den nachrangig eingetragenen Nießbrauchsberechtigten einen gegen diesen hinsichtlich des Duldungsanspruchs als **Rechtsnachfolger** gem. § 727 ZPO umgeschriebenen Duldungstitel (Stöber § 146 Rn. 11.5). Dieser formalen Sichtweise wird allerdings entgegengehalten, dass bei Verweigerung der freiwilligen Zustimmungserklärung durch ein u.U. mehrjähriges Klageverfahren der materiell-rechtlich bestehende Vorrang des Grundpfandrechtsgläubigers (vgl. § 879 BGB) de facto ausgehöhlt werden kann (Haarmeyer/Wutzke/Förster/Hintzen § 146 Rn. 12).

Liegt ein entsprechender Duldungstitel zwar gegen den Eigentümer, nicht aber gegen den Nießbrauchsberechtigten vor oder wird die Zwangsverwaltung aus einem Recht betrieben, das dem Nießbrauchsrecht im Rang nachgeht, so kann das Verfahren nur mit der Maßgabe **beschränkt angeordnet** werden, dass dem Zwangsverwalter der mittelbare Besitz zukommt. Ihm steht dann lediglich die Befugnis zu, die Rechtsausübung des Berechtigten zu überwachen und die Rechte auszuüben, die der Eigentümer gegenüber dem Nießbrauchsberechtigten geltend machen könnte (Stöber § 146 Rn. 11.8). Die Anordnung der beschränkten Zwangsverwaltung dürfte nur ausnahmsweise sinnvoll sein, da der Zwangsverwalter keinerlei Zugriffsmöglichkeiten auf die zu ziehenden Nutzungen des Objekts hat (Hock/Mayer/Hilbert/Deimann Rn. 1482).

Ein im Grundbuch eingetragener **Eigentümernießbrauch** hindert auch bei vorrangiger Eintragung nicht die Anordnung der unbeschränkten Zwangsverwaltung (Hock/Mayer/Hilbert/Deimann Rn. 1483; MüKo/Eickmann § 1123 Rn. 11). **517**

Die für das Nießbrauchsrecht dargestellte Problematik zeigt sich gleichermaßen auch bei **Altenteils- und Wohnungsrechten**, soweit sie zum Besitz berechtigen (vgl. § 49 GBO, §§ 1093 Abs. 1, 1036 BGB). **518**

Die **Anordnung der Zwangsverwaltung** erfolgt durch Beschluss, der dem Schuldner von Amts wegen zuzustellen ist (§§ 146 Abs. 1, 22 Abs. 1, 3 ZVG). Eine Zustellung an den Gläubiger oder dessen Vertreter dürfte nicht nur wie bei der Zwangsversteigerung erforderlich sein, wenn dem Antrag nicht in vollem Umfange entsprochen werden kann. Vielmehr dürfte nach der Neufassung der Zwangsverwalterverordnung (ZwVwV v. 19.12.2003, BGBl. I S. 2804) im Hinblick auf den jetzt nachzuweisenden Versicherungsschutz gem. § 9 Abs. 3 Nr. 1 ZwVwV regelmäßig an den Gläubiger zuzustellen sein, damit die Frist von 14 Tagen geprüft werden kann (Hintzen/Alff Rpfleger 2004, 129 ff.). **519**

Um mit Verwaltungshandlungen umgehend beginnen zu können, sollte das Vollstreckungsgericht zugleich mit dem Anordnungsbeschluss auch die **Bestellung des Zwangsverwalters** vornehmen (Stöber § 150 Rn. 3.1). **520**

Ein **Muster** für einen Anordnungsbeschluss findet sich im Anhang zu Kapitel 33 (Muster 7). **521**

Mit der Anordnung des Verfahrens **ersucht** das Vollstreckungsgericht gleichzeitig das **Grundbuchgericht** um Eintragung des Zwangsverwaltungsvermerkes (§§ 146 Abs. 1, 19 Abs. 1 ZVG). Der Zwangsverwaltungsvermerk ist unabhängig von einem evtl. ebenfalls zur Eintragung beantragten Zwangsversteigerungsvermerk in das Grundbuch einzutragen (vgl. Teil III Rdn. 202). Von der Anordnung der Zwangsverwaltung sind nach dem Eingang der im § 19 Abs. 2 ZVG bezeichneten Mitteilungen des Grundbuchgerichtes die hieraus ersichtlichen Beteiligten zu benachrichtigen (§ 146 Abs. 2 ZVG). Eine öffentliche Bekanntmachung erfolgt nicht. **522**

d) Besonderheiten beim Beitritt weiterer Gläubiger

Beantragt ein weiterer Gläubiger die Anordnung der Zwangsverwaltung, so ist anstelle der Verfahrensanordnung der Beitritt des Antragstellers zum Verfahren zuzulassen (§§ 146 Abs. 1, 27 Abs. 1 ZVG). Auch insoweit müssen die Verfahrensvoraussetzungen für den weiteren Gläubiger erfüllt sein. Der Beitrittsbeschluss ist neben dem Schuldner (§§ 146 Abs. 1, 22 Abs. 1 ZVG) auch noch von Amts wegen dem Zwangsverwalter zuzustellen (§ 151 Abs. 2 1. Halbs. ZVG). **523**

Der Beitrittsbeschluss macht **kein neuerliches Ersuchen** um Eintragung in das Grundbuch erforderlich (§§ 146 Abs. 1, 27 Abs. 1 S. 2 ZVG). Eine Neubestellung des Zwangsverwalters erfolgt nicht. **524**

e) Besonderheiten bei den Wirkungen der Anordnung/des Beitritts

aa) Selbstständigkeit der Einzelverfahren

Auch in der Zwangsverwaltung betreiben der Anordnungsgläubiger sowie die weiteren dem Verfahren beitretenden Gläubiger jeweils ihr Einzelverfahren (vgl. für die Zwangsversteigerung Teil III Rdn. 209 ff.). Ähnlich der Zwangsversteigerung führen die Einzelverfahren auch hier zu einem gemeinsamen Teilungsplan. **525**

bb) Wirksamwerden der Beschlagnahme

526 Gemäß §§ 146 Abs. 1, 20 Abs. 1, 27 Abs. 2 ZVG gilt der Anordnungs- bzw. Beitrittsbeschluss zugunsten des Gläubigers als **Beschlagnahme** des Objekts.

527 **Wirksam werden** kann die Beschlagnahme im Zwangsverwaltungsverfahren zunächst nach den allgemeinen Grundsätzen (vgl. Teil III Rdn. 214) sowohl durch Zustellung des **Anordnungs**beschlusses an den Schuldner (§§ 146 Abs. 1, 22 Abs. 1 S. 1 ZVG) als auch durch Eingang des Ersuchens auf Eintragung des Zwangsverwaltungsvermerkes bei dem Grundbuchgericht, sofern nur auf das Ersuchen demnächst die Eintragung folgt (§§ 146 Abs. 1, 22 Abs. 1 S. 2 ZVG). Darüber hinausgehend wird die Beschlagnahme im Zwangsverwaltungsverfahren auch dadurch bewirkt, dass der Zwangsverwalter nach § 150 ZVG den Besitz des Objekts erlangt (§ 151 Abs. 1 ZVG). Der frühere Zeitpunkt ist maßgeblich.

528 Erfolgt später der **Beitritt** eines weiteren Gläubigers, so wird die Beschlagnahme für ihn mit der Zustellung des Beitrittsbeschlusses an den Schuldner wirksam (§§ 146 Abs. 1, 27 Abs. 1 S. 1, 22 Abs. 1 S. 1 ZVG). Darüber hinaus wird die Beschlagnahme zugunsten des Beitrittsgläubigers auch dadurch bewirkt, dass der Beitrittsbeschluss an den Zwangsverwalter zugestellt wird, sofern sich dieser bereits im Besitz des Objektes befindet (§ 151 Abs. 2 2. Hs. ZVG).

529 Zur Wirksamkeit der Beschlagnahme gegenüber einem **Drittschuldner** (also insbesondere gegenüber Mietern und Pächtern) ist es erforderlich, dass sie diesen bekannt ist oder ihnen ein entsprechendes Zahlungsverbot zugestellt worden ist (§§ 146 Abs. 1, 22 Abs. 2 S. 2 ZVG). Das Zahlungsverbot wird auf Antrag des betreibenden Gläubigers (§ 22 Abs. 2 S. 1 ZVG) oder des Zwangsverwalters (§ 151 Abs. 3 ZVG) durch das Versteigerungsgericht erlassen und darf nicht vor der Beschlagnahme des Objektes zugestellt werden (Böttcher § 22 Rn. 8).

cc) Umfang der Beschlagnahme

530 Die Beschlagnahme in der Zwangsverwaltung umfasst gem. §§ 146 Abs. 1, 20, 21 ZVG zunächst alle Gegenstände, die auch von der Beschlagnahme in der Zwangsversteigerung erfasst werden (s. dazu Teil III Rdn. 215).

531 Darüber hinaus werden von der **Beschlagnahme** in der Zwangsverwaltung gem. §§ 148 Abs. 1 S. 1, 21 ZVG **weitergehend** erfasst:

- **land- und forstwirtschaftliche Erzeugnisse,**
  die – anders als in der Zwangsversteigerung – zwar nicht mehr mit dem Boden verbunden und auch nicht mehr Zubehör sind, aber noch der Hypothekenhaftung unterliegen (§ 20 Abs. 2 ZVG i.V.m. §§ 1120 bis 1122 BGB); gleiches gilt für eine entsprechende Versicherungsforderung;

- **Miet- und Pachtforderungen**
  Die Zwangsverwaltung erfasst **laufende** Miet- und Pachtforderungen nach Maßgabe des § 1124 Abs. 2 BGB. Demnach gelten rechtsgeschäftliche und zwangsweise Vorausverfügungen gegenüber dem Zwangsverwalter nur noch für den laufenden Kalendermonat, bei einer Beschlagnahme nach dem fünfzehnten Tag des Monats auch noch für den folgenden Kalendermonat. Dies gilt selbst dann, wenn der Mietzinsanspruch bereits vor Begründung desjenigen Grundpfandrechts abgetreten wurde, aus dem ein Gläubiger die Beschlagnahme erwirkt hat. Auch wird die Abtretung des Anspruchs auf den Mietzins an einen bevorrechtigten Grundpfandrechtsgläubiger selbst im Falle der Beschlagnahme durch einen nachrangigen Grundpfandrechtsgläubiger diesem gegenüber unwirksam (*BGH NZM 2005, 915 = ZIP 2005, 1452*). Gesondert erhobene Betriebskosten i.S.v. § 556 Abs. 1 BGB und insoweit zu leistende Vorauszahlungen

sind als Teil der vereinbarten Miet- und Pachtforderungen i.S.d. §§ 148 Abs. 1, 21 Abs. 2 ZVG anzusehen, sodass sich die Beschlagnahme auch darauf erstreckt (BGH NJW 2003, 2320 = Rpfleger 2003, 456).

Rückständige Mietforderungen werden von der Beschlagnahme nach Maßgabe des § 1123 Abs. 2 S. 1 BGB erfasst. Demnach bleiben fällige Forderungen mit dem Ablauf eines Jahres ab ihrer Fälligkeit beschlagnahmefrei. Da Betriebskosten jedoch erst fällig werden können, wenn eine ordnungsgemäße Abrechnung vorliegt (BGHZ 113, 188 = NJW 1991, 836), kann es bei verspäteter Vorlage zu einem Auseinanderfallen der maßgeblichen Fälligkeitszeitpunkte kommen. Die Beschlagnahme könnte sich in diesem Fall noch auf später fällig gewordene Betriebskosten erstrecken, während die rückständige Grundmiete bereits beschlagnahmefrei geworden ist (Stöber § 148 Rn. 2.3 lit c)).

Erfolgte die Vermietung oder Verpachtung durch einen **Nießbrauchsberechtigten**, kommt es darauf an, ob das Recht dem die Zwangsverwaltung betreibenden Gläubiger im Range nachgeht. Nur in diesem Fall erfasst die Beschlagnahme aufgrund der besseren Rangwirkung die Miet- bzw. Pachtforderung. Andernfalls unterliegen diese nicht der Beschlagnahme in der Zwangsverwaltung, da sie von vornherein nicht dem Vermögensbereich des Eigentümers zugeordnet waren (Böttcher/Keller § 148 Rn. 10).

Bei einem **Untermietverhältnis** erfasst die Beschlagnahme gegenüber dem Schuldner/Eigentümer regelmäßig nicht die Ansprüche des Mieters auf Mietforderungen aus dem Untermietverhältnis (OLG Düsseldorf MDR 1988, 592). Ausnahmsweise können Forderungen aus einem Untermietverhältnis dann von der Beschlagnahme erfasst sein, wenn der Hauptmietvertrag wegen Vereitelung der Gläubigerrechte gem. § 138 S. 1 BGB nichtig ist (BGH ZInsO 2005, 371);

- Ansprüche aus einem mit dem Eigentum am Objekt verbundenen Recht auf **wiederkehrende Leistungen** gem. § 1126 BGB;
- **Zubehörteile**

  Außer den dem Schuldner/Eigentümer gehörenden Zubehörstücken wird auch das vor der Beschlagnahme zwar veräußerte, aber noch nicht aus dem Haftungsverband ausgeschiedene Zubehör erfasst (§§ 1121, 1122 Abs. 2 BGB);

  die Zwangsverwaltung erstreckt sich auch auf schuldnerfremde Zubehörstücke, wenn nach der Übereignung noch der Besitz auf dem Grundstück verbleibt (BGH NJW 1986, 59 = Rpfleger 1985, 161);

  dagegen wird im Eigentum eines Dritten stehendes Zubehör, das nicht dem Haftungsverband unterliegt, auch nicht von der Beschlagnahme erfasst, da § 55 Abs. 2 ZVG in der Zwangsverwaltung keine Anwendung findet (Böttcher/Keller § 148 Rn. 5; Haarmeyer/Wutzke/Förster/Hintzen § 148 Rn. 10; Stöber § 148 Rn. 2.2).

dd) Wirkung der Beschlagnahme

Wie bei der Zwangsversteigerung kommt der Beschlagnahme die Wirkung eines **relativen Veräußerungsverbotes** zu (§§ 146 Abs. 1, 23 ZVG), das nicht zu einer Grundbuchsperre führt (ausführlich Teil III Rdn. 223 f.). Die Anordnung der Zwangsverwaltung bewirkt für den betreibenden Gläubiger die **Aktivierung des Hypothekenhaftungsverbandes** mit einem gegenüber der Zwangsversteigerung erweiterten Umfang (Hock/Mayer/Hilbert/Deimann Rn. 1511). Nur über die Anordnung der Zwangsverwaltung – nicht aber über die Anordnung der Zwangsversteigerung – können daher Miet- und Pachtzinsansprüche des Eigentümers für den Vollstreckungsgläubiger erreichbar werden. Bisher ausgebrachte Pfändungen der Miete/Pacht werden dadurch nicht gegenstandslos, sondern ruhen lediglich für die Zeit der Zwangsverwaltung und leben nach deren Aufhebung wieder auf (Hock/Mayer/Hilbert/Deimann Rn. 1441 a.E.). 532

533 Mit dem Wirksamwerden der Beschlagnahme wird dem Schuldner die **Verwaltung und Benutzung** des Objektes **vollständig entzogen** (§ 148 Abs. 2 ZVG – zum Wohnrecht des Schuldners s. sogleich Rdn. 534). Im Gegensatz zur Zwangsversteigerung ist dem Schuldner auch innerhalb der Grenzen einer ordnungsgemäßen Wirtschaft (§ 24 ZVG) die Verwaltung und Benutzung nicht gestattet (Stöber § 148 Rn. 3.1). Da weiterhin die Vorschrift des § 23 Abs. 1 S. 2 ZVG ausdrücklich nicht für anwendbar erklärt ist (§ 148 Abs. 1 S. 2 ZVG), ist in der Zwangsverwaltung auch das Verfügungsrecht des Schuldners hinsichtlich einzelner der Beschlagnahme unterworfener Gegenstände ausgeschlossen.

Exkurs:

Wohnrecht des Schuldners in der Zwangsverwaltung

534 Während der Zwangsverwaltung hat der Schuldner für sich und seine Familie Anspruch auf **Überlassung** derjenigen **Räumlichkeiten**, die für seinen Hausstand unentbehrlich sind (§ 149 Abs. 1 ZVG). Dies gilt jedoch nur für den Fall, dass der Schuldner bereits zu Beginn der Zwangsverwaltung in den beschlagnahmten Räumen wohnt; ein späterer Einzug in eine frei werdende Wohnung wird durch die Vorschrift nicht gedeckt (Böttcher/Keller § 149 Rn. 2). Der Schuldner muss die Räume auch **zwingend** benötigen; andernfalls gehört es zum Pflichtenkreis des Zwangsverwalters, die Ansprüche auf Nutzungsentschädigung und Schadensersatz wegen rechtswidriger Vorenthaltung von Räumen, die sonst anderweitig hätten vermietet werden können, durchzusetzen (Haarmeyer/Wutzke/Förster/Hintzen § 149 Rn. 7). Geschützt werden soll nur der Schuldner persönlich und seine Familie. Aus diesem Grunde haben **juristische Personen** keinen Anspruch auf Überlassung (BGH WuM 1964, 789); es liegt dann eine gewerbliche Nutzung vor. Dies gilt auch dann, wenn der Geschäftsführer der Schuldner-GmbH im Objekt wohnt (LG Mannheim ZMR 1969, 178). Entsprechendes hat auch für die Nutzung durch Personengesellschaften zu gelten (Böttcher/Keller § 149 Rn. 3 a.E.).

535 Es muss sich um **Wohnräume** handeln; gewerbliche Räume kann der Schuldner nach dem Schutzzweck der Norm nur dann weiternutzen, wenn er einen Mietvertrag mit dem Zwangsverwalter abschließt (BGH Rpfleger 1992, 402). Kommt ein solcher nicht zustande und wird auch die dann zu zahlende Nutzungsentschädigung für die gewerblichen Räume nicht gezahlt, ist der Schuldner auf Antrag des Zwangsverwalters von einem Gerichtsvollzieher aus dem Besitz zu setzen. Vollstreckungstitel ist in diesem Fall der Beschluss über die Anordnung der Zwangsverwaltung zusammen mit der Ermächtigung zur Besitzverschaffung nach § 150 Abs. 2 ZVG (Hock/Mayer/Hilbert/Deimann Rn. 1520). Zu den Wohnräumen gehören die nötigen **Nebenräume** wie z.B. Kellerräume und Speicherräume. Eine **Garage** gehört **nicht** zwangsläufig dazu; sie ist i.d.R. auch nicht unentbehrlich (ebenso Stöber § 149 Rn. 2.2).

536 Die **Überlassung der unentbehrlichen Wohnräume** an den Schuldner hat nach h.M. mangels einer entsprechenden Anspruchsgrundlage **kostenlos** zu erfolgen (Böttcher/Keller § 149 Rn. 4; Haarmeyer/Wutzke/Förster/Hintzen § 149 Rn. 4 und 7; Stöber § 149 Rn. 2.3; Dassler u.a./Engels § 149 Rn. 11; **a.A.** noch Dassler/Muth § 149 Rn. 6). Dem entspricht die Regelung in § 5 Abs. 2 Nr 2 ZwVwV. Einigkeit besteht allerdings darüber, dass der Vollstreckungsschuldner die auf ihn entfallenden **Nebenkosten** zu tragen hat (Böttcher/Keller § 149 Rn. 4; Dassleru.a./Engels § 149 Rn. 11; Haarmeyer/Wutzke/Förster/Hintzen § 149 Rn. 7 a.E.; Stöber § 149 Rn. 2.3).

537 **Gefährdet** der Schuldner oder ein Mitglied seines Hausstandes das Objekt oder die Verwaltung, so hat auf Antrag eines Verfahrensbeteiligten (h.M. vgl. Stöber § 149 Rn. 3.4) oder des Zwangsverwalters das Gericht dem Schuldner die **Räumung** des Objektes aufzugeben (§ 149 Abs. 2 ZVG). Der Vollstreckungsschuldner hat somit für das Verhalten

seiner Angehörigen einzustehen. Die Gefährdung muss schuldhaft, nicht zwingend vorsätzlich erfolgen (Böttcher/Keller § 149 Rn. 7; Hock/Mayer/Hilbert/Deimann Rn. 1521) und den Ertrag des zwangsverwalteten Objektes beeinträchtigen (LG Bremen MDR 1956, 49). Sie kann z.B. darin bestehen, dass der Schuldner bzw. eine zu seinem Hausstand gehörige Person die genutzte Wohnung vernachlässigt oder beschädigt oder die Tätigkeit des Zwangsverwalters wesentlich erschwert (Böttcher/Keller § 149 Rn. 7; Stöber § 149 Rn. 3.2). Auch das Abschrecken von Miet- oder Pachtinteressenten durch Drohungen oder Tätlichkeiten kann hierhin gehören (Jaeckel/Güthe § 149 Rn. 4). In diesen Fällen kann ebenfalls gegen den selbstnutzenden Wohnungseigentümer nach den vorstehenden Grundsätzen verfahren und die Räumung aufgegeben werden (Stöber § 149 Rn. 3.12). Zu den Erfolgsaussichten s. aber auch Teil IV Rdn. 586.

In jüngster Zeit wurde vermehrt die Auffassung vertreten, dass auch die beharrliche **Weigerung zur Zahlung der Nebenkosten** einen solchen Gefährdungstatbestand darstellen könnte, wenn dadurch die ordnungsgemäße Durchführung der Zwangsverwaltung betroffen ist (AG Heilbronn Rpfleger 2004, 236 m. Anm. Schmidberger; LG Zwickau Rpfleger 2004, 646 Ls; Böttcher § 149 Rn. 7; Hock/Mayer/Hilbert/Deimann Rn. 1521 m.w.N.; Stöber § 149 Rn. 3.2). Bei einem in Wohnungs- und Teileigentumseinheiten aufgeteilten Grundstück sollte danach die **Nichtzahlung der Betriebs- und Verbrauchskosten** durch einen einzelnen Eigentümer den Bestand der gesamten Anlage und damit die Verwaltung gefährden können (so insbes. AG Heilbronn Rpfleger 2004, 236 m. Anm. Schmidberger; LG Zwickau Rpfleger 2004, 646 Ls; AG Schwäbisch Hall NZM 2006, 600; LG Dresden NZM 2006, 665; Böttcher § 149 Rn. 7; Haarmeyer/Wutzke/Förster/Hintzen § 149 Rn. 9; Hock/Mayer/Hilbert/Deimann Rn. 1521; Stöber § 149 Rn. 2.3 und zuletzt Schmidberger Rpfleger 2008, 105, 112 f. mit umfangreichen Nachweisen). Nunmehr hat der BGH jedoch klargestellt, dass die Nichtzahlung des laufenden Hausgeldes keinen Grund für den Erlass einer Räumungsanordnung gegen den sein Wohnungseigentum selbst nutzenden Schuldner darstellt (BGH NZM 2008, 209 = RPfleger 2008, 268 = WuM 2008, 171; so auch schon Drasdo NZM 2006, 765 und ders. NJW 2007, 1569, 1572; a.A. jedoch unverändert Böttcher/Keller § 149 Rn. 7a). S. dazu auch BVerfG NJW 2009, 1259 = Rpfleger 2009, 329.

Die **Entscheidung des Vollstreckungsgerichts** erfolgt nach pflichtgemäßen Ermessen 538
(Hock/Mayer/Hilbert/Deimann Rn. 1525; Stöber § 149 Rn. 3.7) und hat immer das geringere Übel anzuwenden, wenn andere Maßregeln zur Beseitigung der Gefährdung (z.B. Zwangsgeldandrohung und -festsetzung) ausreichen (Haarmeyer/Wutzke/Förster/Hintzen § 149 Rn. 10 a.E.; Stöber § 149 Rn. 3.6). Das Gericht kann die sofortige Räumung anordnen oder dem Schuldner eine Räumungsfrist bewilligen. Der Schuldner genießt dabei weder den Mieterschutz, noch kann er Räumungsschutz nach § 721 ZPO verlangen (Hock/Mayer/Hilbert/Deimann Rn. 1525; Stöber § 149 Rn. 3.5). Auch kann die Räumungsanordnung sich nur gegen einzelne Familienangehörige richten. Ein Räumungsbeschluss nur gegen den Ehepartner/Lebenspartner allein soll allerdings wegen der besonderen Verpflichtung zur Ehe-/Lebensgemeinschaft nicht zulässig sein (Haarmeyer/Wutzke/Förster/Hintzen § 149 Rn. 10; Stöber § 149 Rn. 3.5; **a.A.** noch Dassler/Muth § 149 Rn. 9).

Vollstreckungstitel ist der Räumungsbeschluss, da gegen ihn die sofortige Beschwerde 539
zulässig ist (§ 794 Abs. 1 Nr. 3 ZPO). Der Beschluss bedarf nach allgemeiner Meinung keiner **Vollstreckungsklausel** und ist sofort vollstreckbar (LG Hamburg Rpfleger 2004, 304; Böttcher/Keller § 149 Rn. 8; Haarmeyer/Wutzke/Förster/Hintzen § 149 Rn. 11; Stöber § 149 Rn. 3.8). Es empfiehlt sich jedoch, den Eintritt der Rechtskraft abzuwarten (Böttcher/Keller § 149 Rn. 8; Haarmeyer/Wutzke/Förster/Hintzen § 149 Rn. 11). Die erforderliche **Zustellung** erfolgt von Amts wegen durch das Gericht und kann von der

Geschäftsstelle gem. § 169 Abs. 1 ZPO bescheinigt werden. Ausgeführt wird der Räumungsbeschluss durch einen vom Zwangsverwalter zu beauftragenden Gerichtsvollzieher; eines richterlichen Durchsuchungsbeschlusses bedarf die Räumung nicht (§ 758a Abs. 2 ZPO). Wie bei jeder anderen Räumungsvollstreckung kann der Schuldner in besonderen Härtefällen Vollstreckungsschutz gem. § 765a ZPO beantragen (Böttcher/Keller § 149 Rn. 11; Haarmeyer/Wutzke/Förster/Hintzen § 149 Rn. 12).

540 **Ausnahmsweise** kann der Vollstreckungsschuldner neben dem Wohnrecht bei land- und forstwirtschaftlich oder gärtnerisch genutzten Grundstücken **Unterhaltsleistungen** gem. § 149 Abs. 3 ZVG beanspruchen.

f) Beteiligte des Verfahrens

541 Auch für die Zwangsverwaltung ergeben sich die Verfahrensbeteiligten aus der allgemeinen Vorschrift des § 9 ZVG. Es kann deshalb zunächst auf die Ausführungen in Teil III Rdn. 228 ff. verwiesen werden. Darüber hinaus ist für das Zwangsverwaltungsverfahren nach der grundlegenden Entscheidung des Bundesgerichtshofs zur Teilrechtsfähigkeit der **Wohnungseigentümergemeinschaft** auch diese als Beteiligte anzusehen, soweit sie als Gläubigerin im Verfahren auftritt (BGH NZM 2005, 653 = ZMR 2005, 547; vgl. auch BGHZ 179, 336 = NJW 2009, 1674 = Rpfleger 2009, 331 = ZWE 2009, 209 zur Frage, ob die Wohnungseigentümergemeinschaft als Beteiligte i.S.d. § 154 S. 1 ZVG anzusehen ist). Daneben muss es jedoch aufgrund der eingeschränkten Rechtsinhaberschaft zusätzlich bei der Beteiligtenstellung der einzelnen Wohnungseigentümer verbleiben (Drasdo ZWE 2006, 68, 69).

542 Das **Zwangsversteigerungsverfahren** und das **Zwangsverwaltungsverfahren** bzgl. desselben Objektes sind **unabhängig** voneinander, sodass die Beteiligten des einen Verfahrens nicht automatisch Beteiligte des anderen Verfahrens sind. Die Beteiligtenstellung ist für jedes Verfahren selbstständig zu beurteilen. Eine Überschneidung kann sich aus der Stellung des das Zwangsverwaltungsverfahren betreibenden Gläubigers ergeben, wenn er von ihm geleistete Kostenvorschüsse gem. § 10 Abs. 1 Nr. 1 ZVG zum Versteigerungsverfahren anmeldet. Dazu s. ausführlich Teil IV Rdn. 635 ff.

g) Verbindung mehrerer Zwangsverwaltungsverfahren

543 Wie bei der Zwangsversteigerung (vgl. dazu Teil III Rdn. 383 ff.) können auch Zwangsverwaltungsverfahren über **mehrere Objekte** grundsätzlich unter den Voraussetzungen des § 18 ZVG verbunden werden. Dabei ist jedoch zu beachten, dass die **Erträge** mehrerer Sondereigentumseinheiten **streng getrennt** zu halten sind und auch die Verteilung objektbezogen durchzuführen ist (BGHZ 179, 336 = NJW 2009, 1674 = Rpfleger 2009, 331 = ZWE 2009, 209; BGH NJW 2009, 598 = Rpfleger 2009, 163 = ZMR 2009, 294; OLG Hamm Rpfleger 2004, 369, 370 = ZMR 2004, 456 m. Anm. Schneider; Steiger Rpfleger1985, 481; Haarmeyer/Wutzke/Förster/Hintzen § 146 Rn. 14). So kann beispielsweise nicht aus den Einkünften vermieteter Eigentumswohnungen das Hausgeld für nicht genutzte Einheiten bestritten werden. Zur Lösung dieses Problems in der Praxis durch ein mit Zustimmung des Gläubigers eingerichtetes Treuhandkonto, über das Zahlungen der ertragsstarken Einheiten als Vorschüsse für Leerstände eingesetzt werden können s. Haarmeyer/Wutzke/Förster/Hintzen § 9 ZwVwV Rn. 19. Faktisch wird eine Verbindung mehrerer Verfahren daher in der Praxis auf besondere Ausnahmesituationen beschränkt bleiben (so auch Köhler/Bassenge/Wolicki Anwaltshandbuch Teil 19 Rn. 343 ff.).

3. Einstellungs- und Aufhebungsmöglichkeiten

a) Einstellungsmöglichkeiten

aa) Grundsätze

Auch wenn im Gesetz selbst erst durch die spätere Einfügung des § 153b ZVG eine einstweilige Einstellungsmöglichkeit ausdrücklich normiert worden ist, besteht Einvernehmen, dass ein **Zwangsverwaltungsverfahren eingestellt** werden kann (dazu u. zur Kritik an der mangelhaften gesetzlichen Regelung s. noch Dassler/Muth § 161 Rn. 2). Allerdings soll die Einstellung nur in Sonderfällen möglich sein, weil das Zwangsverwaltungsverfahren seiner Natur nach ein fortdauerndes ist und die einstweilige Einstellung dem Sinn des Verfahrens widerspricht (Stöber § 146 Rn. 6.1). 544

Nicht anwendbar sind im Zwangsverwaltungsverfahren die speziell auf das Versteigerungsverfahren zugeschnittenen Einstellungsmöglichkeiten der §§ 30a ff., 33, 75 bis 77 ZVG (Böttcher/Keller § 146 Rn. 73; Haarmeyer/Wutzke/Förster/Hintzen § 146 Rn. 62). 545

Die einstweilige Einstellung kann wie bei der Zwangsversteigerung immer nur den jeweiligen Gläubiger mit seinem **Einzelverfahren** betreffen (vgl. Teil III Rdn. 239). Sie lässt die Beschlagnahmewirkungen bestehen, sodass auch der Zwangsverwaltungsvermerk im Grundbuch eingetragen bleiben muss. Auch der Zwangsverwalter bleibt im Amt und vereinnahmt nach wie vor die Nutzungen des Objektes. Lediglich Ausschüttungen auf die Ansprüche derjenigen Gläubiger, deren Verfahren einstweilen eingestellt sind, dürfen nicht mehr erfolgen (Dassler u.a./Engels § 161 Rn. 4; Stöber § 146 Rn. 6.6). Die Beträge sind stattdessen für sie zu hinterlegen (Stöber § 146 Rn. 6.6; **a.A.** lediglich verzinsliche Anlage: Böttcher/Keller § 146 Rn. 80). 546

bb) Einstweilige Einstellung gem. §§ 146 Abs. 1, 30 ZVG

Ob einem Einstellungsantrag des betreibenden Gläubigers gem. §§ 146 Abs. 1, 30 ZVG in der Zwangsverwaltung entsprochen werden kann, ist nach wie vor heftig umstritten und nicht abschließend geklärt. Eine einstweilige Einstellung dürfte jedoch nicht nur dem Sinn und Zweck des Verfahrens zuwiderlaufen, das schließlich auf Einziehung der Nutzungen und Verteilung an den Gläubiger gerichtet ist, sondern im Ergebnis wegen der ausbleibenden Tilgungswirkung sogar zu einer Schädigung des Schuldners führen (ebenfalls für Einstellungsfeindlichkeit: Dassler u.a./Engels § 161 Rn. 4; Depre/Mayer Rn. 183; Haarmeyer/Wutzke/Förster/Hintzen § 146 Rn. 62; Hock/Mayer/Hilbert/Deimann Rn. 1662 ff.; Stöber § 146 Rn. 6.5; **a.A.** Böttcher/Keller § 146 Rn. 78; Eickmann § 6 VIII 1; Drischler JurBüro 1964, 471; Mohrbutter Handbuch des Vollstreckungsrechts, § 57 (III)). Auf keinen Fall dürfte jedoch abseits der Systematik des Gesetzes eine einstweilige Einstellung unbeschränkt oft oder zeitlich unbegrenzt und ohne Belehrung erfolgen (Hock/Mayer/Hilbert/Deimann Rn. 1685; so aber z.B. Drischler JurBüro 1964, 471). 547

cc) Einstweilige Einstellung gem. §§ 161 Abs. 4, 28 ZVG

Wie bei einer Zwangsversteigerung können auch bei der Zwangsverwaltung nachträglich behebbare Hindernisse bekannt werden, die eine Einstellung des Verfahrens bis zur Behebung rechtfertigen (zu entgegenstehenden Rechten bei der Anordnung der Zwangsverwaltung s. bereits ausführlich Rdn. 512 ff.). Zur Behandlung eines Eigentumswechsels und einer eingetragenen Erwerbsvormerkung vgl. Teil III Rdn. 253, zu insolvenzrechtlichen Verfügungsbeschränkungen vgl. Teil III Rdn. 255. 548

dd) Einstweilige Einstellung gem. § 765a ZPO

549 In besonders gelagerten Ausnahmefällen ist auf Antrag des Vollstreckungsschuldners die Zwangsverwaltung ganz oder teilweise einzustellen, zu untersagen oder vorübergehend einzustellen, wenn die Durchführung des Verfahrens für den Schuldner wegen ganz besonderer Umstände des Einzelfalls eine Härte bedeuten würde, die unter voller Würdigung des Schutzbedürfnisses des Gläubigers mit den guten Sitten nicht zu vereinbaren wäre (BGH NJW 2009, 444 = Rpfleger 2009, 252 = ZfIR 2009, 147; Haarmeyer/Wutzke/Förster/Hintzen § 146 Rn. 64 unter Hinweis auf die Rechtsprechung des BVerfG; Stöber § 146 Rn. 6.4). Die allgemeine Schutzvorschrift des § 765a ZPO findet auf alle Zwangsvollstreckungsverfahren in jeder Lage des Verfahrens Anwendung (vgl. Teil III Rdn. 266).

ee) Einstweilige Einstellungen gem. §§ 769, 771 Abs. 3, 775 ZPO

550 Einstweilige Einstellungen sind ähnlich wie im Versteigerungsverfahren (dazu s. Teil III Rdn. 272 ff.) auch für die Zwangsverwaltung denkbar, wenn das Prozessgericht im Hinblick auf eine vorliegende Vollstreckungsgegenklage oder Drittwiderspruchsklage eine entsprechende Anordnung getroffen hat (§§ 769 Abs. 1, 771 Abs. 3 ZPO). In besonders dringenden Fällen kann auch das Vollstreckungsgericht unter Bestimmung einer Frist zur Beibringung der Entscheidung des Prozessgerichts eine solche Anordnung treffen (§ 769 Abs. 2 ZPO). Ein einstweilige Einstellung ist weiterhin möglich unter den Voraussetzungen des § 775 ZPO.

ff) Einstweilige Einstellung gem. § 153b ZVG

551 Auf Antrag des Insolvenzverwalters kann die vollständige oder teilweise Einstellung der Zwangsverwaltung angeordnet werden, wenn der Insolvenzverwalter glaubhaft macht, dass durch die Fortsetzung der Zwangsverwaltung eine wirtschaftlich sinnvolle Nutzung der Insolvenzmasse wesentlich erschwert wird (§ 153b ZVG). Die Einstellung nach § 153b ZVG setzt die Eröffnung des Insolvenzverfahrens voraus; sie ist möglich, sobald beide Verfahren gleichzeitig nebeneinander laufen (Böttcher § 153b Rn. 2).

b) Aufhebungsmöglichkeiten

aa) Grundsätze

552 Auch die Aufhebung der Zwangsverwaltung kann sich wegen der Selbstständigkeit der Einzelverfahren immer nur gegen den jeweiligen Gläubiger richten. In den nach genannten Fällen bedarf es zur Aufhebung jeweils eines konstitutiv wirkenden Beschlusses durch das Vollstreckungsgericht.

bb) Aufhebung gem. § 161 Abs. 2 ZVG

553 Das Verfahren ist aufzuheben, wenn der Gläubiger **befriedigt** ist (§ 161 Abs. 2 ZVG). Dies muss durch den Zwangsverwalter im laufenden Zwangsverwaltungsverfahren erfolgt sein. Richtigerweise sind aber auch Zahlungen in einem parallelen Zwangsversteigerungsverfahren als ausreichend anzusehen (so zutreffend Hock/Mayer/Hilbert/Deimann Rn. 1676; **a.A.** Stöber § 161 Rn. 3). Eine Befriedigung des Gläubigers außerhalb des Zwangsverwaltungs- oder Zwangsversteigerungsverfahrens führt nicht zur Aufhebung des Verfahrens. Vielmehr ist der Gläubiger in diesem Fall zur Antragsrücknahme verpflichtet. Erfolgt sie nicht, kann der Vollstreckungsschuldner gem. § 767 ZPO die Aufhebung des Verfahrens verlangen.

cc) Aufhebung gem. § 161 Abs. 3 ZVG

Ist zur Durchführung des Zwangsverwaltungsverfahrens mangels ausreichender Einnahmen ein **Kostenvorschuss** bei dem betreibenden Gläubiger angefordert worden, so kann das Vollstreckungsgericht (Ermessensentscheidung: BGH NJW-RR 2004, 1527 = Rpfleger 2004, 579) nach Ablauf einer eingeräumten Zahlungsfrist die Aufhebung des Verfahrens anordnen, wenn der Gläubiger den benötigten Betrag nicht vorschießt (§ 161 Abs. 3 ZVG). Da es sich nicht um eine Ausschlussfrist handelt, kann der Gläubiger selbst nach einer entsprechenden Beschlussfassung noch zahlen, wenn die Wirkungen der Verfahrensaufhebung vom Eintritt der Rechtskraft abhängig gemacht worden sind (so empfohlen von Hock/Mayer/Hilbert/Deimann Rn. 1677). 554

Der Vorschuss sollte sinnvollerweise vom bestrangig betreibenden Gläubiger angefordert werden (Böttcher/Keller § 161 Rn. 8). Aber auch eine quotenmäßige Erhebung bei mehreren beteiligten Gläubigern ist möglich und würde im Falle der Nichtzahlung lediglich zur Verfahrensaufhebung hinsichtlich des die Zahlung verweigernden Gläubigers führen; das kann mit einer Erhöhung der Vorschusspflicht für die übrigen betreibenden Gläubiger verbunden sein (Böttcher/Keller § 161 Rn. 11; Steiner/Hagemann § 161 Rn. 21). 555

dd) Aufhebung gem. §§ § 161 Abs. 4, 28 ZVG

Werden dem Vollstreckungsgericht nachträglich der Fortsetzung der Zwangsverwaltung **entgegenstehende Rechte** bekannt, die nicht durch eine mit einer entsprechenden einstweiligen Einstellung verbundenen Fristsetzung beseitigt werden können, so ist das Verfahren aufzuheben. In Betracht kommt hier im Gegensatz zur Zwangsversteigerung auch der Besitz eines Dritten, gegen den kein Vollstreckungstitel vorliegt und der auch nicht Mieter oder Pächter ist. Zu insolvenzrechtlichen Verfügungsbeschränkungen vgl. Teil III Rdn. 255. 556

ee) Aufhebung gem. §§ 161 Abs. 4, 29 ZVG

Gemäß §§ 161 Abs. 4, 29 ZVG ist das Verfahren aufzuheben, wenn der Gläubiger den **Zwangsverwaltungsantrag zurücknimmt**. Betreiben mehrere Gläubiger die Zwangsverwaltung, ist das Gesamtverfahren erst beendet, wenn sämtliche Gläubiger den Antrag zurückgenommen haben. 557

Die Rücknahmeerklärung ist als **Prozesshandlung** bedingungsfeindlich und unwiderruflich. Die Erklärung und damit die Aufhebung des Verfahrens wird allerdings entgegen der früher überwiegend vertretenen Ansicht nicht mit Eingang bei Gericht wirksam; vielmehr kommt dem nachfolgenden Aufhebungsbeschluss wie in der Zwangsversteigerung konstitutive Wirkung zu (vgl. Teil III Rdn. 280; BGHZ 177, 218 = NJW 2008, 3067 = Rpfleger 2008, 586 = ZfIR 2008, 876; Böttcher/Keller § 161 Rn. 16 ff.; Keller ZfIR 2009, 385; a.A. noch OLG Köln VersR 1994, 113; LG Heilbronn Rpfleger 1996, 37; Stöber § 161 Rn. 2.3; Steiner/Hagemann § 161 Rn. 27). 558

ff) Sonstige Aufhebungsmöglichkeiten

Neben den zuvor angesprochenen Aufhebungsmöglichkeiten kann eine Aufhebung des Zwangsverwaltungsverfahrens noch in den folgenden Fällen in Betracht kommen: 559

- § 765a ZPO: Aufhebung aus Gründen des Vollstreckungsschutzes
- §§ 775, 776 ZPO: Aufhebung bei Vollstreckungshindernissen
- Untergang des zwangsverwalteten Objektes (vgl. Böttcher/Keller § 161 Rn. 23; Stöber § 161 Rn. 3.9)
- Nachträglicher Wegfall von Verfahrensvoraussetzungen, insbesondere des Rechtsschutzinteresses (dazu vgl. Rdn. 505 ff.).

560 Zur **Zuschlagserteilung als Aufhebungsgrund** s. Teil IV Rdn. 643.

561 **Kein Aufhebungsgrund** sind (Stöber § 161 Rn. 3.14):
– Außergerichtliche Befriedigung (s. Teil IV Rdn. 553)
– Wechsel des Gläubigers
– Wechsel des Schuldners/Eigentümers
– Fehlen eines Zwangsverwalters.

4. Zwangsverwalter

a) Stellung des Zwangsverwalters

562 Über die Stellung des Zwangsverwalters werden unterschiedliche **Theorien** vertreten (vgl. i.E. die Nachweise bei Stöber § 152 Rn. 2 m.w.N.). Der Streit kann für die weitere Darstellung letztlich unentschieden bleiben, weil nahezu gleiche Ergebnisse erzielt werden (Böttcher/Keller § 152 Rn. 5; Steiner/Hagemann § 152 Rn. 16; Stöber § 152 Rn. 2.3). Danach wird man den Zwangsverwalter als Partei kraft Amtes zu behandeln haben, der – durch öffentlich-rechtlichen Hoheitsakt bestellt – weder Angestellter noch Vertreter der Beteiligten oder des Vollstreckungsgerichts ist. Er verwaltet privatrechtlich treuhänderisch fremdes Vermögen nach einer gesetzlich definierten Aufgabenstellung. Dabei hat er neutral und objektbezogen zu handeln (Böttcher/Keller § 152 Rn. 5; Stöber § 152 Rn. 2).

563 Der Zwangsverwalter unterliegt bei der Ausführung seines Amtes der Aufsicht des Zwangsvollstreckungsgerichts, das gegebenenfalls auch erforderlich werdende Anweisungen erteilen kann (§ 153 ZVG). Zur Durchsetzung einer pflichtgemäßen Amtsführung stehen dem Vollstreckungsgericht dabei die im § 153 Abs. 2 ZVG genannten Maßnahmen zur Verfügung.

b) Sonderformen der Zwangsverwaltung

aa) Institutsverwalter

564 Gemäß § 150a Abs. 1 ZVG besteht für die dort genannten Institute (also insbesondere Banken, Sparkassen, Bausparkassen und Versicherungsgesellschaften) die Möglichkeit, eine in ihren Diensten stehende Person als Zwangsverwalter vorzuschlagen (**Institutsverwalter**). Durch die Einsetzung soll das Verfahren für den Gläubiger effizienter und kostengünstiger gestaltet werden (BGH Rpfleger 2005, 457 m. Anm. Erler), da der Institutsverwalter als Angestellter des Gläubigers für seine Tätigkeit keine Vergütung aus der Masse erhält (§ 150a Abs. 2 S. 2 ZVG). Als Institutsverwalterin sind auch Beschäftigte eines 100 %igen Tochterunternehmens der Gläubigerin anzusehen (LG Koblenz Rpfleger 2004, 114). Zu den Vor- und Nachteilen einer Institutsverwaltung s. insbesondere befürwortend Selke (ZfIR 2005, 812) und ablehnend Mayer (ZfIR 2005, 809). Schlägt ein hierzu berechtigter Gläubiger einen Institutsverwalter vor, so muss das Gericht den Vorgeschlagenen zum Zwangsverwalter bestellen, wenn dieser die erforderliche persönliche und fachliche Eignung besitzt, bei dem vorschlagenden Institut fest angestellt ist und dieses auch die Haftung übernimmt (§ 150a Abs. 2 S. 1 ZVG). Hinsichtlich seiner Stellung unterscheidet sich der Institutsverwalter nicht von einem gewöhnlichen nach § 150 ZVG bestellten Zwangsverwalter (Stöber § 150a Rn. 5.1).

bb) Schuldner-Verwalter

565 Bei der Zwangsverwaltung eines land- oder forstwirtschaftlich oder gärtnerisch genutzten *Grundstücks* ist der Schuldner aufgrund der besonderen Kenntnisse und Erfahrungen zum Verwalter zu bestellen (**Schuldner-Verwalter**), es sei denn, er ist ungeeignet

oder nicht bereit, das Amt zu übernehmen (§ 150b Abs. 1 ZVG). Wird der Schuldner zum Zwangsverwalter bestellt, so muss das Vollstreckungsgericht zugleich eine Aufsichtsperson bestellen (§ 150c Abs. 1 ZVG), unter deren Aufsicht der Schuldner die Verwaltung zu führen hat (§ 150c Abs. 4 ZVG). Darüber hinaus ist die Verfügungsbefugnis des Schuldners als Zwangsverwalter eingeschränkt. Zwar darf er über die Nutzungen des Grundstücks und deren Erlös verfügen, er bedarf dazu jedoch grundsätzlich der Zustimmung der Aufsichtsperson (§ 150d S. 1 ZVG).

c) Bestellung

Der Zwangsverwalter wird vom Vollstreckungsgericht bestellt (§ 150 Abs. 1 ZVG). **566**
Bestellt werden kann nur eine voll geschäftsfähige, natürliche **Einzelperson**, nicht eine juristische Person oder Personenvereinigung (Haarmeyer/Wutzke/Förster/Hintzen §§ 150, 150a Rn. 6), die geschäftskundig und bereit zur Amtsübernahme ist; die Verwaltung als solche darf nicht einem anderen übertragen werden (§ 1 Abs. 2 und 3 ZwVwV).

Die Auswahl des Zwangsverwalters hat nach pflichtgemäßem Ermessen zu erfolgen **567**
(BGH Rpfleger 2005, 457). Zum **Auswahlverfahren** und zu den **Bestellungskriterien** vgl. die Entscheidungen des BVerfG (NJW 2004, 2725; BVerfGE 116, 1 = NJW 2006, 2613 und NZI 2009, 641 sämtlich bzgl. Insolvenzverwalterauswahl) und des OLG Koblenz (Rpfleger 2005, 618 m. Anm. Kirsch) sowie Haarmeyer/Wutzke/Förster/Hintzen § 1 ZwVwV Rn. 19 ff. und Stöber § 150 Rn. 2 und Rn. 9 je m.w.N. Man wird die dort entwickelten Grundsätze auch bei der Auswahl eines Zwangsverwalters bedenken müssen (Böttcher/Keller § 150 Rn. 3b)).

Die Bestellung des Zwangsverwalters erfolgt üblicherweise im Anordnungsbeschluss und **568**
gilt grundsätzlich für das **gesamte Verfahren**. Eine **Entlassung** kann von Amts wegen gem. § 153 Abs. 2 S. 1 ZVG oder aus wichtigen Gründen auch auf Antrag des Verwalters erfolgen (Böttcher/Keller § 150 Rn. 5).

Der Zwangsverwalter erhält als Ausweis eine **Bestallungsurkunde**, aus der sich das **569**
Objekt der Zwangsverwaltung, der Name des Schuldners, das Datum der Anordnung sowie die Person des Verwalters ergeben (§ 2 ZwVwV). Das Amt des Zwangsverwalters beginnt mit der Aushändigung und Annahme des Anordnungsbeschlusses sowie der Übergabe der Bestallungsurkunde (Haarmeyer/Wutzke/Förster/Hintzen § 2 ZwVwV Rn. 2).

d) Aufgaben

aa) Allgemeine Aufgaben und Befugnisse

Gemäß § 152 Abs. 1 ZVG hat der Zwangsverwalter das Recht und die Pflicht, alle **570**
Handlungen vorzunehmen, die erforderlich sind, um das Objekt in seinem wirtschaftlichen Bestand zu **erhalten** und ordnungsgemäß zu **benutzen**. Er hat die **Ansprüche,** auf die sich die Beschlagnahme erstreckt, **geltend** zu **machen** und die für die Verwaltung entbehrlichen Nutzungen **in Geld umzusetzen**. Für den Zwangsverwalter besteht weiterhin die Verpflichtung, dem Gläubiger und dem Schuldner jährlich und nach Beendigung der Verwaltung **Rechnung** zu **legen**. Dabei ist die Rechnung dem Vollstreckungsgericht einzureichen und wird von diesem dem Gläubiger und dem Schuldner vorgelegt (§ 154 ZVG).

Zu den Aufgaben und Pflichten des Zwangsverwalters gehören daher **insbesondere (in** **571**
alphabetischer Reihenfolge der hervorgehobenen Stichworte)

- Fertigstellung von **Bauvorhaben** (§ 5 Abs. 3 ZwVwV). Hier hat der Zwangsverwalter **572**
  die vorherige Zustimmung des Gerichts einzuholen (§ 10 Abs. 1 Nr. 1 ZwVwV). Die

Zustimmung kann nicht erteilt werden für Vorhaben des Zwangsverwalters, die ein beschlagnahmtes Gebäude durch Umbau nachhaltig verändern oder in die vom Schuldner dem Objekt zugedachte Nutzung in einer Weise eingreifen, dass die wirtschaftliche Beschaffenheit des Objektes in ihrem Gesamtcharakter berührt wird (BGH NZM 2005, 156 = Rpfleger 2005, 210: Nutzungsänderung von betreutem Wohnen in größeres Pflegeheim). Damit obliegt der Zwangsverwaltung nicht die Herstellung einer besseren Verwertbarkeit für die Zwangsversteigerung des Objektes. Drasdo (NJW-Spezial 2005, 146) zieht aus der Neufassung des § 10 Abs. 1 Nr. 1 ZwVwV den Schluss, dass nunmehr auch wesentliche Nutzungsänderungen nicht nur im Rahmen der Gebäudefertigstellung genehmigungsfähig sein müssen. Zu den sich bei Wohnungseigentum stellenden Problemen s. Teil IV Rdn. 596.

573 – Anfertigung eines **Berichtes** über die **Besitzerlangung** mit dem in § 3 Abs. 1 Nr. 1 bis 9 ZwVwV aufgeführten Inhalt.

574 – **Betriebsfortführung** eines grundstücksbezogenen Gewerbebetriebes des Schuldners, wenn dies zur ordnungsgemäßen Nutzung des Grundstücks erforderlich ist und dabei nicht in Rechte des Schuldners an Betriebsmitteln eingreift (BGHZ 163, 9 = NJW-RR 2005, 1175 = Rpfleger 2005, 557; differenzierter Böttcher/Keller § 152 Rn. 27 ff.; **a.A.** Haarmeyer/Wutzke/Förster/Hintzen § 5 ZwVwV Rn. 14 ff.; Stöber § 152 Rn. 9.6 ff. je mit zahlreichen Nachweisen). Entscheidet sich der Zwangsverwalter zur Betriebsfortführung, stellt dies nach Ansicht des BAG (NJW 1980, 2148) eine Betriebsfortführung i.S.d. § 613a BGB dar, so dass der Zwangsverwalter als Arbeitgeber erscheint. Außerdem ist er für das Zwangsverwaltungsobjekt und den Gewerbebetrieb umsatzsteuer- und einkommensteuerpflichtig (Dassler/Engels § 152 Rn. 56).

575 – Ob der Zwangsverwalter in bestehende **Energielieferungsverträge** eintritt, obliegt grundsätzlich seiner ordnungsgemäßen Amtsführung. Wenngleich es vielfach angebracht sein dürfte, in die bestehenden Verträge einzutreten, ist der Zwangsverwalter nicht zur Erfüllung verpflichtet, weil er nicht Rechtsnachfolger des Schuldners ist (Böttcher/Keller § 152 Rn. 51). Er kann daher frei entscheiden, ob sich durch den Wechsel zu einem anderen Unternehmen die Kosten der Zwangsverwaltung vermindern lassen. Dazu s. ausführlich Derleder/Knok ZfIR 2005, 235.

576 – **Liquiditätsmanagement** zur Sicherung der Ausgaben der Verwaltung und der Kosten des Verfahrens (§ 9 Abs. 1 ZwVwV). Eine sehr gute Darstellung und Kommentierung der Positionen auf der Einnahmen- und Ausgabenseite findet sich bei Haarmeyer/Wutzke/Förster/Hintzen § 9 ZwVwV.

577 – **Nutzungsänderungen** s. Bauvorhaben.

578 – **Nutzungsentschädigungen** sind miet- bzw. pachtrechtlicher Natur und unterliegen daher der Befugnis des Zwangsverwaltes aus § 152 Abs. 1 ZVG. Damit erstreckt sich die Prozessführungsbefugnis des Zwangsverwalters auch auf Ansprüche aus einer rechtsgrundlosen Nutzung des Objekts (BGH NJW-RR 2003, 1308 = Rpfleger 2003, 600).

579 – Zahlung der laufenden **öffentlichen Lasten** des verwalteten Objektes (§ 156 Abs. 1 ZVG).

580 – **Prozessführung** hinsichtlich aller der Zwangsverwaltung unterliegenden Rechte und Verpflichtungen also insbesondere aus Miet- und Pachtverhältnissen (Stöber § 152 Rn. 14). Zum Umfang der Prozessführungsbefugnis und der Aktivlegitimation eines Zwangsverwalters, wenn der Vollstreckungsschuldner in seinem Eigentum stehende **Grundstücke zusammen mit** anderen, von einem Dritten **hinzu gepachteten** Grundstücken zu einem einheitlichen Pachtzins unterverpachtet hat, s. BGH (Rpfleger 2005, 271).

Die **Prozessführungsbefugnis** erlischt bei Antragsrücknahme für anhängige Rechtsstreitigkeiten mit dem Wirksamwerden des Aufhebungsbeschlusses (§§ 161 Abs. 4, 32 ZVG). Ohne ausdrückliche gerichtliche Ermächtigung besteht keine nachwirkende

Prozessführungsbefugnis (BGHZ 155, 38, 45 = NJW-RR 2003, 1419 = Rpfleger 2003, 457), sodass nicht nur die Verfahrensbefugnis in Aktivprozessen, sondern auch in Passivprozessen beispielsweise hinsichtlich von Hausgeldforderungen erlischt (KG NJW-RR 2004, 1457 = ZMR 2004, 776). Besteht die Befugnis zur Vereinnahmung rückständiger Mieten, so berechtigt dies den Zwangsverwalter aber nicht, einen Rechtsstreit gegen Dritte zu beginnen, die Mieten angeblich zu Unrecht eingezogen haben (BGH NZM 2009, 875 = Rpfleger 2010, 38 = ZMR 2010, 106). Ein Zwangsverwalter, der auf Rückgabe einer Mietsicherheit in Anspruch genommen wird, ist zur Führung des Prozesses nicht mehr befugt, wenn die Zwangsverwaltung vor Rechtshängigkeit der Streitsache aufgehoben worden ist (BGH NJW-RR 2006, 138 = Rpfleger 2005, 559). Wird ein Zwangsverwaltungsverfahren jedoch nicht wegen Antragsrücknahme (§§ 161 Abs. 4, 29 ZVG) oder der vollständigen Befriedigung des Gläubigers (§ 161 Abs. 2 ZVG) aufgehoben, sondern weil das Grundstück in der Zwangsversteigerung zugeschlagen wurde, ist der Zwangsverwalter auch ohne entsprechende Ermächtigung im Aufhebungsbeschluss befugt, wegen Nutzungen aus der Zeit vor der Zuschlagserteilung Klage zu erheben, sofern der die Zwangsverwaltung betreibende Gläubiger im Zeitpunkt des Wirksamwerdens des **Zuschlagsbeschlusses** noch nicht vollständig befriedigt ist (BGH v. 11.08.2010 – IX ZR 181/08).

- Zur Verpflichtung des Zwangsverwalters zur Zahlung von **Umsatzsteuer** s. ausführlich Onusseit ZfIR 2005, 265. **581**
- Zur unverändert fortbestehenden rechtlichen **Verfügungsbefugnis** des Schuldners s. Teil IV Rdn. 495. **582**
- Da der Zwangsverwalter gem. § 152 Abs. 2 ZVG in bestehende Miet- und Pachtverträge eintritt, obliegen ihm auch insoweit die entsprechenden **Verkehrssicherungspflichten** (OLG Hamm ZMR 2004, 511). **583**
- Abschluss oder gegebenenfalls Fortführung von **Versicherungsverträgen** (§ 9 Abs. 3 ZwVwV). **584**
- Anforderung der für die Verwaltung erforderlichen **Vorschussbeträge** entweder unmittelbar beim betreibenden Gläubiger (OLG Köln Rpfleger 1998, 482) oder durch Mitteilung an das Gericht (vgl. § 161 Abs. 3 ZVG). **585**
- Entscheidungen zum **Wohnrecht** des Schuldners i.S.d. § 149 Abs. 1 und 2 ZVG (Stöber § 149 Rn. 2.4). Der Zwangsverwalter wird dabei zu bedenken haben, dass bei dauerhafter Unterbringung des Schuldners in einem Pflegeheim das vormals zuerkannte Wohnrecht wieder aberkannt werden kann (AG Heilbronn Rpfleger 2004, 514). Der Gläubiger wird seinerseits zu beachten haben, dass nach der Rechtsprechung des BGH (NJW 2005, 2460 = Rpfleger 2005, 552) eine Anordnung der Zwangsverwaltung als von vornherein zweckwidrig erscheint, wenn bei Beantragung des Verfahrens bekannt war, dass der Vollstreckungsschuldner für die aufgrund der Größe der Wohnung entbehrlichen Räume (§ 149 Abs. 1 ZVG) kein Engelt zu leisten vermag, weil er bereits das geringere Hausgeld nicht beglichen hat und bekanntermaßen zahlungsunfähig ist. Die entsprechenden Aufwendungen stellen dann keine notwendigen Kosten der Zwangsvollstreckung i.S.d. § 788 ZPO dar. **586**
- Beantragung und/oder Mitteilung des **Zahlungsverbotes** an Drittschuldner, insbes. Mieter/Pächter (vgl. §§ 151 Abs. 3; 22 Abs. 2 S. 2 ZVG; s.a. Teil IV Rdn. 529). **587**

bb) Aufgaben und Befugnisse unter ausgewählten mietrechtlichen Gesichtspunkten (in alphabetischer Reihenfolge der hervorgehobenen Stichworte)

- **Betriebskostenabrechnung und -guthaben** **588**

  Der hinsichtlich des beschlagnahmten Objektes an die Stelle des Eigentümers tretende Zwangsverwalter ist gem. § 556 BGB verpflichtet, die **Betriebskosten** zu **erfassen** und nach Abrechnung auf die Mieter/Pächter zu **verteilen** (BGH NJW-RR 2005, 1029 =

Rpfleger 2005, 460). Das gilt sowohl hinsichtlich der von ihm neu abgeschlossenen als auch hinsichtlich der von ihm übernommen Verträge. Nur auf diese Weise kann festgestellt werden, ob gegebenenfalls Nachforderungen bestehen. Solche entstehen erst mit Zugang der Abrechnung (BGHZ 113, 188 = NJW 1991, 836). Der Zwangsverwalter wird dabei die Jahresfrist des § 556 Abs. 3 BGB zu beachten haben. Allerdings wird wegen der möglicherweise bestehenden Schwierigkeiten bei der Beschaffung der Informationen und Unterlagen hinsichtlich einer schuldhaften Fristversäumung ein großzügiger Maßstab anzulegen sein (AG Zwickau Rpfleger 2005, 101).

Der Hypothekenhaftungsverband erfasst mit der Beschlagnahme in der Zwangsverwaltung auch die Rückstände aus dem letzten Jahr (§§ 148 Abs. 1 S. 1, 21 Abs. 2 ZVG, 1123 Abs. 2 S. 1 BGB; vgl. Teil IV Rdn. 531). Aus diesem Grunde ist der Zwangsverwalter verpflichtet, eine etwaig noch **ausstehende Abrechnung** auch für diesen Zeitraum zu erstellen und die sich daraus gegebenenfalls ergebenden Nachforderungen geltend zu machen (BGH NJW 2003, 2320 = Rpfleger 2003, 456). Darüber hinausgehend sieht der BGH nunmehr in § 152 Abs. 2 ZVG eine allgemeine Mieterschutzvorschrift, so dass der Zwangsverwalter die auf dem Mietvertrag beruhende Verpflichtung des Vermieters zur jährlichen Abrechnung der Betriebskosten und zur Auszahlung eines daraus sich ergebenden Guthabens des Mieters auch dann zu erfüllen haben soll, wenn die Betriebskosten für einen Zeitraum abzurechnen sind, der vor der Beschlagnahme liegt und hinsichtlich dessen die Geltendmachung einer etwaigen Nachforderung zugunsten der Haftungsmasse nach § 152 Abs. 1 2. Halbs. ZVG i.V.m. § 556 Abs. 3 S. 3 BGB ausgeschlossen ist (BGH NJW 2006, 2626 = Rpfleger 2006, 488 = ZMR 2006, 601). Zur Kritik an dieser Auffassung, die es im Nachzahlungsfalle dem Mieter ermöglicht, sich auf § 556 Abs. 3 S. 3 BGB zu berufen, während umgekehrt ein evtl. Erstattungsanspruch seitens des Zwangsverwalters zu zahlen sein soll s. ausführlich Böttcher/Keller § 152 Rn. 41b.

Ergibt die Betriebskostenabrechnung ein **Guthaben** zugunsten des Mieters/Pächters, so hat der Zwangsverwalter den Betrag selbst dann an den Mieter auszuzahlen, wenn die Vorauszahlungen noch vor der Beschlagnahme in der Zwangsverwaltung an den Schuldner/Eigentümer geflossen sind (BGH NJW 2003, 2320 = Rpfleger 2003, 456 m. krit. Anm. Haut Rpfleger 2003, 602; abl. auch Haarmeyer/Wutzke/Förster/Hintzen § 6 ZwVwV Rn. 30, die wegen der problematischen Rangordnung den Mieter auf den Prozessweg verweisen wollen).

Wird die **Zwangsverwaltung aufgehoben**, hat der Zwangsverwalter die abgeschlossenen Abrechnungszeiträume abzurechnen. Wird das Verfahren nach Erteilung des Zuschlages aufgehoben, ist wegen § 57 ZVG, §§ 566, 556 Abs. 3 ZVG wie bei einem Vermieterwechsel zu verfahren, sodass die Abrechnungspflicht für die laufende Abrechnungsperiode den Ersteher trifft (zutreffend Stöber § 152 Rn. 12.9 a.E.). Dauert die Zwangsverwaltung über den Zuschlag hinaus, ist der Zwangsverwalter verpflichtet, die von dem Mieter des Grundstücks für die Zeit vor dem Zuschlag vereinnahmten, aber nicht verbrauchten Nebenkostenvorauszahlungen an den Ersteher auszukehren, soweit diesem die Abrechnung der Nebenkostenvorauszahlungen und die Rückzahlung des Überschusses obliegt (BGH NZM 2008, 100 = Rpfleger 2008, 89 = ZfIR 2008, 25).

589 – **Herausgabe von Unterlagen**

Die Beschlagnahmewirkung in der Zwangsverwaltung umfasst auch den Anspruch des Zwangsverwalters auf Verschaffung der im Schuldnerbesitz befindlichen, die rechtlichen Verhältnisse des Grundstücks betreffenden Urkunden und Unterlagen, also insbesondere von Miet- und Pachtverträgen sowie Versicherungsunterlagen (BGH NJW-RR 2005, 1032 = Rpfleger 2005, 463; Haarmeyer/Wutzke/Förster/Hintzen § 148 Rn. 13). Den **Anspruch auf Herausgabe** kann der Zwangsverwalter notfalls unter

Einschaltung eines Gerichtsvollzieher in entsprechender Anwendung des § 836 Abs. 3 S. 3 ZPO durchsetzen. Vollstreckungstitel ist der Anordnungsbeschluss des Vollstreckungsgerichts mit der Ermächtigung zur Inbesitznahme gem. § 150 Abs. 2 ZVG (OLG München Rpfleger 2002, 373; Haarmeyer/Wutzke/Förster/Hintzen § 148 Rn. 13; Böttcher/Keller § 150 Rn. 7; Stöber § 150 Rn. 7.2). Dies gilt auch dann, wenn sich die Unterlagen außerhalb des beschlagnahmten Objekts befinden.

– **Kautionszahlungen** 590

Beim Abschluss eines **neuen Miet- oder Pachtvertrages** ist der Zwangsverwalter im Interesse des Gläubigers verpflichtet, das Risiko eines Mietausfalls durch die Vereinbarung einer Kautionszahlung zu verringern. Diese Kaution ist getrennt von den Erträgnissen und vom Vermögen des Zwangsverwalters anzulegen (KG NJW-RR 1999, 738; LG Stuttgart ZMR 1997, 472; Haarmeyer/Wutzke/Förster/Hintzen § 6 ZwVwV Rn. 31; Hock/Mayer/Hilbert/Deimann Rn. 1718; Stöber § 152 Rn. 12.13). Die Anlage erfolgt gem. § 551 BGB.

Eine vom Mieter/Pächter **noch nicht** gegenüber dem Schuldner/Eigentümer **geleistete Kaution** ist vom Zwangsverwalter einzufordern, weil sich die Beschlagnahme auch hierauf erstreckt (BGH NJW-RR 2005, 1029 = Rpfleger 2005, 460).

Hat der Mieter/Pächter seine **Kautionszahlung** bereits **gegenüber** dem **Schuldner/Eigentümer erbracht**, so ist dieser zur Herausgabe an den Zwangsverwalter verpflichtet. Mit dem Objekt ist dem Zwangsverwalter daher auch die Kautionszahlung entweder als Bargeld oder in Form der Unterlagen, die einen Zugriff auf den angelegten Geldbetrag ermöglichen (z.B. Sparbuch), auszuhändigen (BGH NJW-RR 2005, 1032 = Rpfleger 2005, 463 m. Anm. Schmidtberger). Der Anspruch kann im Wege der Herausgabevollstreckung gem. § 883 ZPO durchgesetzt werden. Vollstreckungstitel ist der Anordnungsbeschluss, wenn der Zwangsverwalter dort zur Besitzverschaffung gem. § 150 Abs. 2 ZVG ermächtigt ist (BGH NJW-RR 2005, 1032 = Rpfleger 2005, 463 m. Anm. Schmidtberger).

Im Anschluss an seine nachfolgend dargestellte Rechtsprechung zur Rückzahlung einer geleisteten Kaution bei Beendigung eines Miet- oder Pachtverhältnisses soll nach Auffassung des BGH den Zwangsverwalter die Pflicht des Vermieters zur Anlage einer vom Mieter als Sicherheit geleisteten Kaution selbst dann treffen, wenn der Vermieter die Kaution nicht an den Zwangsverwalter ausgefolgt hat (NJW 2009, 1673 = Rpfleger 2009, 468 = ZMR 2009, 422). Demnach soll der Zwangsverwalter auch zur **Bildung einer Kaution für ein nicht beendetes Mietverhältnis** verpflichtet sein (abl. Wedekind/Wedekind ZfIR 2009, 315). Aufgrund eines nicht näher begründeten »einer Treuhand ähnlichen Verhältnisses« bestehe für den Mieter ein Zurückbehaltungsrecht gegenüber dem Zwangsverwalter wegen einer vom Vermieter nicht gem. § 551 Abs. 3 BGB angelegten Kaution (BGH NJW 2009, 3505 = Rpfleger 2010, 99 = ZMR 2010, 105). Diese Rechtsprechung führt letztlich dazu, dass ein Zwangsverwalter zunächst die Auffüllung der Kautionskonten der Mieter vornehmen muss, bevor eine Verteilung der Einnahmen erfolgen kann (Berger ZfIR 2010, 221). Nicht geklärt ist dann aber noch, an wen gegebenenfalls eine solchermaßen (u.U. sogar aus Gläubigervorschüssen) angesparte Kaution vom Zwangsverwalter zu übergeben ist, wenn das Zwangsverwaltungsverfahren nach einer Antragsrücknahme aufgehoben werden sollte. Für eine Rückgabe an den Gläubiger plädiert in diesem Fall Böttcher/Keller (§ 152 Rn. 42), weil andernfalls der Mieter durch die Anordnung des Verfahrens einen Vorteil erlangt hätte (ebenso Berger ZfIR 2010, 221).

Nach **Beendigung eines Miet- oder Pachtverhältnisses** hat der Zwangsverwalter die Pflicht, eine nicht benötigte Kaution zurückzugeben. Dies gilt nach der Rechtsprechung des Bundesgerichtshofes selbst dann, wenn der Zwangsverwalter diese vom Schuldner/Eigentümer nicht erhalten hat. Die Verpflichtung ergibt sich aus den Obliegenheiten des Schuldners im Rahmen der mietvertraglichen Abwicklung und dem Umstand, dass der Zwangsverwalter in das Vertragsverhältnis gem. § 152 Abs. 2 ZVG eingetreten ist (BGH NJW 2003, 3342 = Rpfleger 2003, 678 = ZMR 2003, 903). Entscheidend ist nur, dass der Mieter die Kaution an den vermietenden Schuldner/Eigentümer gezahlt hat (ebenso zuvor OLG Hamburg NJW-RR 2002, 878 = Rpfleger 2002, 216 m. abl. Anm. Alff). Trotz erheblicher Kritik (Alff/Hintzen Rpfleger 2003, 635; Haarmeyer/Wutzke/Förster/Hintzen § 155 Rn. 10 ff.; Stöber 17. Aufl. § 152 Rn. 9.14; Walke WuM 2004, 185) hat der BGH an dieser Rechtsprechung festgehalten (BGH NJW-RR 2005, 1029 = Rpfleger 2005, 460 = ZMR 2005, 603). Die Rechtslage ist damit vergleichbar der Rückzahlungspflicht eines Erstehers in der Zwangsversteigerung nach der Zuschlagserteilung (vgl. Teil III Rdn. 395). Zwangsverwaltungsverfahren sind durch diese Rechtsprechung für den Gläubiger weniger attraktiv geworden, weil er damit rechnen muss, u.U. zur Vermeidung einer Verfahrensaufhebung gem. § 161 Abs. 3 ZVG für die Rückzahlung einer nicht erlangten Kaution einen Vorschuss leisten zu müssen. Vgl. auch die von verfassungsrechtlichen Bedenken getragene fundamentale Kritik Mayers an der Rechtsprechung des Bundesgerichtshofes (Rpfleger 2006, 175).

Der Zwangsverwalter einer Mietwohnung ist jedoch dem Mieter gegenüber zur Herausgabe einer Mietkaution, die der Vermieter vom Mieter erhalten, aber nicht an den Zwangsverwalter ausgefolgt hat, nicht verpflichtet, wenn das Mietverhältnis dadurch beendet wird, dass der **Mieter** das Eigentum an der Wohnung durch **Zuschlag** in der Zwangsversteigerung selbst erwirbt (BGH ZfIR 2010, 652).

Lediglich wenn der Schuldner/Eigentümer das Grundstück **vor dem 01.09.2001 erworben** und die Kaution selbst nicht ausgehändigt erhalten und auch keine Rückgewährspflicht übernonmmen hat, trifft ihn keine Herausgabepflicht, weil § 556a S. 1 BGB auf Veräußerungsgeschäfte vor dem 01.09.2001 keine Anwendung findet. Dementsprechend hat auch der Zwangsverwalter dem Mieter eine geleistete Kaution nur dann herauszugeben, wenn eine derartige Verpflichtung auch den Vollstreckungsschuldner selbst getroffen hätte (BGH NJW-RR 2005, 962 = Rpfleger 2005, 459; BGH NZM 2006, 179 = Rpfleger 2006, 214 = ZMR 2006, 248).

Nach **Beendigung des Mietverhältnisses** darf der Mieter/Pächter mit einem Kautionsrückzahlungsanspruch nicht gegen einen Anspruch des Zwangsverwalters auf Mietzahlung aufrechnen (OLG Rostock MDR 2005, 139).

Tritt der Schuldner/Eigentümer nach **Beendigung des Zwangsverwaltungsverfahrens** in einen vom Zwangsverwalter abgeschlossenen Mietvertrag ein, so ist ihm die Kaution auszuhändigen (Böttcher/Keller § 152 Rn. 46).

591 – **Miet- und Pachtverträge**

Die Nutzung des zwangsverwalteten Objektes erfolgt grundsätzlich durch Vermietung und Verpachtung (§ 5 Abs. 2 ZwVwV). Beim **Abschluss neuer Miet- oder Pachtverträge** hat der Zwangsverwalter neben dem Schriftformerfordernis des § 6 Abs. 1 ZwVwV die zusätzlichen Anforderungen des § 6 Abs. 2 ZwVwV zu beachten. Danach sind bestimmte Regelungen über Anspruchs- und Haftungsausschlüsse sowie Freistellungen in die Neuverträge aufzunehmen, die sich aus den Besonderheiten eines parallel laufenden Zwangsversteigerungsverfahrens und einem dort gegebenenfalls erteilten Zuschlag ergeben. Die vom Zwangsverwalter abgeschlossenen Miet- oder Pachtverträge binden den Vollstreckungsschuldner auch nach dem Ende der Zwangsverwaltung (BGH NJW 1992, 3041 = Rpfleger 1992, 403). Aus diesem Grunde sind beim Abschluss eines neuen langfristigen Vertrages (nicht mehr Wohnraummietvertrages aufgrund des MietrechtsreformG v. 19.06.2001, BGBl. I S. 1149) die Belange des Gläubigers an einer wirtschaftlichen Nutzung des Objektes mit denjenigen des Schuldners an einer möglichst freien Disposition über das Objekt nach Aufhebung der Zwangs-

verwaltung abzuwägen. Ohne besonderen Anlass haben die Belange des Schuldners dabei Vorrang (OLG Köln Rpfleger 1999, 502; Böttcher/Keller § 152 Rn. 43).
In **bestehende Miet- oder Pachtverträge** tritt der Zwangsverwalter gem. § 152 Abs. 2 ZVG ein. Er hat die Mieter/Pächter über die Besitzerlangung und die Beschlagnahme zu informieren und sie zur Zahlung an sich aufzufordern (§ 4 ZwVwV).

– **Reparatur und Renovierung** 592
Der Zwangsverwalter tritt hinsichtlich eines vermieteten oder verpachteten Objektes an die Stelle des Schuldners/Eigentümers (§ 152 ZVG). Ihn treffen daher auch die Verpflichtungen aus den noch vom Vollstreckungsschuldner abgeschlossenen Miet- und Pachtverträgen. Dazu gehört auch die Erhaltungspflicht für Wohnräume gem. § 535 Abs. 1 S. 2 BGB. Maßnahmen des Zwangsverwalters in diesem Bereich gehören daher zur gewöhnlichen Unterhaltung des Objektes und können aus den vorhandenen Einnahmen eigenverantwortlich bezahlt werden (Haarmeyer/Wutzke/Förster/Hintzen § 10 ZwVwV Rn. 10). Dazu gehören insbesondere Reparaturen und Renovierungsmaßnahmen von beschädigten, verunstalteten oder abgenutzten Teilen des Objektes (Haarmeyer/Wutzke/Förster/Hintzen § 10 ZwVwV Rn. 11 mit Beispielen und m.w.N.). Für die Durchführung außergewöhnlicher Maßnahmen oder solcher, die die mit der Neufassung der Zwangsverwalterverordnung eingeführte 15 %-Grenze (vgl. § 10 Abs. 1 Nr. 5 ZwVwV) übersteigen, bedarf der Zwangsverwalter der Zustimmung des Vollstreckungsgerichts.

cc) Aufgaben und Befugnisse unter ausgewählten wohnungseigentumsrechtlichen Gesichtspunkten (in alphabetischer Reihenfolge der hervorgehobenen Stichworte)

– **Anfechtungsbefugnis** 593
Die Beschlussanfechtungsbefugnis knüpft an das Stimmrecht in der Wohnungseigentümerversammlung an (s. Teil IV Rdn. 599). Danach wird dem Zwangsverwalter das Anfechtungsrecht zustehen, soweit es sich um Maßnahmen auf der Bewirtschaftungsebene handelt, die durch die Beschlagnahme dem Eigentümer entzogen sind (§ 152 ZVG). Soweit das Stimmrecht dem Eigentümer hinsichtlich der sachenrechtlichen und satzungsrechtlichen Beschlussgegenstände nicht verloren geht, muss ihm jedenfalls auch ein Anfechtungsrecht zustehen (Häublein ZfIR 2005, 337). Da durch einen Eigentümerbeschluss aber nicht nur der Zwangsverwalter hinsichtlich der seiner Beschlagnahme unterliegenden Gegenstände verpflichtet wird, sondern im Hinblick auf die spätere Aufhebung des Verfahrens auch der Schuldner/Eigentümer, muss diesem auch ein Anfechtungsrecht bei solchen Beschlüssen zustehen, bei denen der Zwangsverwalter zur Stimmabgabe befugt war (Häublein ZfIR 2005, 337). Eine Nichtbeteiligung des Vollstreckungsschuldners macht gefasste Beschlüsse nach den allgemeinen Grundsätzen zumindest anfechtbar; u.U. kann der Ausschluss sogar zur Nichtigkeit führen (BayObLG WuM 2005, 145; OLG Köln ZMR 2004, 299; OLG Celle ZWE 2002, 276).

– **Besitzverschaffung** 594
Der eingesetzte Zwangsverwalter kann sich gem. § 150 Abs. 2 ZVG nicht den zur Durchführung des Verfahrens erforderlichen Besitz verschaffen, wenn das Grundstück in Vorbereitung der künftigen Aufteilung in Wohnungseigentum bereits an die Erwerber verkauft und ihnen zum Eigenbesitz überlassen worden ist (Stöber § 150 Rn. 5.7). Nur soweit der Zwangsverwalter zur Entziehung des Besitzes hinsichtlich der noch nicht verkauften und überlassenen Einheiten berechtigt ist, können Nutzungen für den Schuldner/Eigentümer anfallen, die dann der Zwangsverwaltung unterliegen.
Bei der Inbesitznahme durch den Zwangsverwalter können sich Fragen nach der gegenständlichen Begrenztheit des Beschlagnahmeobjektes ergeben, wenn die **tatsäch-**

liche bauliche Ausführung nicht mit der im Grundbuch verlautbarten Rechtslage übereinstimmt. Zur Rechtslage im Hinblick auf die denkbaren **Abweichungen** s. ausführlich Teil III Rdn. 354 ff.

595 – **Einladung zur Wohnungseigentümerversammlung**
Die Frage nach dem richtigen Adressaten der Einladung zur Wohnungseigentümerversammlung ist eng mit der Frage des Stimmrechts verknüpft (s. Teil IV Rdn. 599). Nach dem Aufgabenkreis des § 152 ZVG kommt dem Zwangsverwalter die wirtschaftliche Nutzung des von ihm verwalteten Objektes zu. Deshalb spricht eine Vermutung dafür, dass Beschlussgegenstände in der Wohnungseigentümerversammlung die Zwangsverwaltung berühren (BayObLG NZM 1999, 78 = Rpfleger 1999, 189 = ZMR 1999, 121; KG ZMR 1990, 351), sodass in jedem Fall der Zwangsverwalter einzuladen ist (Bärmann/Merle § 24 Rn. 44). Teilweise wird dem Zwangsverwalter sogar ein umfassendes Stimmrecht für alle Beschlussgegenstände zuerkannt (Bärmann/Merle § 25 Rn. 23; Gottschalg NZM 2005, 91; Weitnauer/Lüke § 25 Rn. 12). Demgegenüber verbleiben nach einer differenzierenden Ansicht eigentumsrechtliche Befugnisse jedoch unverändert bei dem betreffenden Wohnungseigentümer. Diesem ist durch die Anordnung der Zwangsverwaltung nicht die Verfügungsbefugnis für Entscheidungen z.B. im sachenrechtlichen oder satzungsrechtlichen Bereich entzogen worden (vgl. Teil IV Rdn. 495). Aus diesem Grunde muss auch das Stimmrecht für solche Versammlungsgegenstände bei ihm verbleiben (s.u. Rdn. 599). Er ist daher – zumindest wenn dementsprechende Tagesordnungspunkte vorgesehen sind – neben dem Zwangsverwalter zur Wohnungseigentümerversammlung einzuladen (AG Berlin-Neukölln ZMR 2005, 659; KG NJW-RR 1987, 77; Drasdo Die Eigentümerversammlung Rn. 130; Häublein ZfIR 2005, 337; Staudinger/Bub § 24 Rn. 57; **a.A.** Bärmann/Merle § 24 Rn. 44).

596 – **Fertigstellung**
Zu den Schwierigkeiten der mit einer Fertigstellung von Bauvorhaben u.U. verbundenen Nutzungsänderung s. zunächst die Ausführungen Teil IV Rdn. 599. Bei Wohnungs- und Teileigentumseinheiten kann sich das Problem der Fertigstellung für den Zwangsverwalter ebenfalls und zwar sowohl hinsichtlich des Gemeinschafts- als auch des Sondereigentums ergeben (vgl. OLG Celle ZInsO 2005, 818; BayObLG ZWE 2000, 214). Nach der Rechtsprechung des BGH (NZM 2005, 156 = Rpfleger 2005, 210) kann die gem. § 10 Abs. 1 Nr. 1 ZwVwV erforderliche Zustimmung durch das Vollstreckungsgericht jedoch nicht erteilt werden für Vorhaben des Zwangsverwalters, die ein beschlagnahmtes Gebäude durch Umbau nachhaltig verändern oder in die vom Schuldner dem Objekt zugedachte Nutzung in einer Weise eingreifen, dass die wirtschaftliche Beschaffenheit des Objektes in ihrem Gesamtcharakter berührt wird. Gleichwohl können z.B. eine nicht fertig gestellte Wohnungseigentumsanlage oder Mängel in der Bausubstanz die Wohnungseigentümer zur Änderung der ursprünglichen Konzeption im Rahmen der Instandsetzung nötigen. Der Zwangsverwalter ist in diesem Fall aber gezwungen, mit den übrigen Wohnungseigentümern zusammenzuwirken. Gefasste Beschlüsse wirken wegen § 10 Abs. 5 WEG dann auch zu Lasten der von ihm verwalteten Masse. Daraus folgert Drasdo (ZWE 2006, 68, 77), dass sich im Bereich des Wohnungseigentumsrechts die dargestellte Fertigstellungs- und Nutzungsänderungsproblematik nicht stellen kann. Dennoch sollte der Zwangsverwalter sich vorsorglich vor der Abstimmung die Genehmigung des Gerichts einholen (vgl. Haarmeyer/Wutzke/Förster/Hintzen § 10 ZwVwV Rn. 3). Zumindest müsste er in eigenem Interesse dafür Sorge tragen, dass er einen dahingehenden, auch die Masse bindenden Beschluss, nicht gegebenenfalls anfechten muss (Drasdo ZWE 2006, 68, 77).

– **Hausgeldzahlungen** 597
a) Rechtslage bis zum 30.06.2007:
Unterlag Wohnungs- und Teileigentum der Zwangsverwaltung, hatte der Zwangsverwalter anstelle des Vollstreckungsschuldners das Hausgeld gem. § 16 Abs. 2 WEG zu begleichen (Gaier ZWE 2004, 323). Die Verpflichtung bezog sich allerdings nur auf die nach der Beschlagnahme fällig gewordenen Beträge (OLG Hamm Rpfleger 2004, 369 = ZMR 2004, 456; OLG Hamburg ZMR 1993, 342; BayObLG NJW-RR 1991, 723 = Rpfleger 1991, 332; AG Heilbronn Rpfleger 2003, 606). Betroffen waren sowohl die **Vorauszahlungen** nach dem Wirtschaftsplan einschließlich der in den Vorschüssen enthaltenen Beiträge zur Instandhaltungsrücklage (Gaier ZWE 2004, 323, 326; Armbrüster WE 1999, 14, 19) als auch etwaige nach der Beschlagnahme beschlossene **Sonderumlagen** (OLG Köln NZM 1999, 94; OLG Düsseldorf NJW-RR 1991, 724). **Laufende Hausgeldzahlungen** waren dabei gem. § 155 Abs. 1 ZVG als Ausgaben der Verwaltung der Masse **vorweg** zu entnehmen (BGH NJW 2009, 598 = Rpfleger 2009, 163 = ZMR 2009, 294; BGHZ 179, 336 = NJW 2009, 1674 = Rpfleger 2009, 331; BayObLG NJW-RR 1999, 1458 = Rpfleger 1999, 408 = ZMR 1999, 577; BayObLG NJW-RR 1991, 723 = Rpfleger 1991, 332; Böttcher 4. Aufl. § 155 Rn. 10; Steiger Rpfleger 1985, 474; s.a. Teil IV Rdn. 605). Im Rahmen der Hausgeldzahlungen waren auch die Kosten des Wohnungseigentumsverwalters vorab aus der Masse zu bestreiten (OLG Hamm Rpfleger 2004, 369 = ZMR 2004, 456). Keine Ausgaben i.S.d. Verwaltung waren im Hausgeld enthaltene Aufwendungen für die Verzinsung oder Tilgung von gemeinschaftlichen Grundpfandrechten oder Leistungen aus Reallasten; diese sind deshalb herauszurechnen und unterliegen der Auszahlung nach dem Teilungsplan (Stöber § 152 Rn. 19.3; **a.A.** Staudinger/Bub § 28 Rn. 217).
Bei **Nachzahlungen** haftete der Zwangsverwalter nur für die sog. **Abrechnungsspitze** (BGHZ 142, 290 = NJW 1999, 3713 = ZMR 1999, 834 m. Anm. Riecke MDR 2000, 22; OLG München NZM 2007, 452 = RPfleger 2007, 416 = ZMR 2007, 721; AG Heilbronn Rpfleger 2003, 606). Die Rechtslage war damit vergleichbar der Haftung eines Erstehers in der Zwangsversteigerung (dazu s. ausführlich Teil III Rdn. 368 ff.). Zunehmend wurde diese Rechtsprechung unter insolvenzrechtlichen Gesichtspunkten in Frage gestellt, wenn zwar die Beschlussfassung der Wohnungseigentümer nach Eröffnung des Insolvenzverfahrens erfolgt ist, die Forderung ihren wirtschaftlichen Ursprung aber in der Zeit davor hatte (vgl. insoweit die entsprechenden Ausführungen zur Ersteherhaftung in der Zwangsversteigerung Teil III Rdn. 373 m.w.N.; wie hier aber auch OLG Köln FGPrax 2008, 55). Eine sehr ausführliche Darstellung und Auseinandersetzung mit dieser Problematik findet sich bei Drasdo (ZWE 2006, 68, 71 ff. m.w.N.).

b) Rechtslage nach dem 01.07.2007:
Aufgrund der allgemeinen Verweisung in § 155 Abs. 2 S. 1 ZVG hatten die Regelungen zur geänderten Rangklasse 2 des § 10 Abs. 1 ZVG grundsätzlich auch in der Zwangsverwaltung Anwendung zu finden. Damit waren in der Zwangsverwaltung eines Wohnungseigentums nach der Gesetzesänderung in der Rangklasse 2 die fälligen Ansprüche auf Zahlung der Beiträge zu den Lasten und Kosten des gemeinschaftlichen Eigentums oder des Sondereigentums zu berücksichtigen, die nach § 16 Abs. 2, § 28 Abs. 2 und 5 WEG einschließlich der Vorschüsse und Rückstellungen geschuldet werden.
Allerdings sind nach der ausdrücklichen Regelung in § 155 Abs. 2 S. 2 ZVG in der Rangklasse 2 lediglich noch Zahlungen des Zwangsverwalters auf »**laufende wiederkehrende Leistungen**« zulässig. Von der Leistung ausgenommen wären damit Zahlungen auf einmalige und rückständige Ansprüche (vgl. § 13 ZVG). In der Zwangsverwaltung eines Wohnungseigentums nach neuem Recht könnten somit nur noch die

laufenden Hausgelder, nicht dagegen mehr einmalige Beträge wie eine Sonderumlage und die sog. Abrechnungsspitze Berücksichtigung finden (Wedekind ZfIR 2007, 704, 705 f.; Hock/Mayer/Hilbert/Deimann Rn. 1833a; a.A. Alff/Hintzen Rpfleger 2008, 165, 173 f.). Hausgeldzahlungen hätten demnach durch die Gesetzesänderung ihre bisherige Qualität als »Ausgaben der Verwaltung« verloren haben und würden statt dessen rangklassengebundene Ansprüche darstellen. Dies hätte zur Begleichung durch den Zwangsverwalter eigentlich die Aufstellung eines Teilungsplanes erforderlich gemacht. Zur Vermeidung der damit verbundenen Schlechterstellung der Wohnungseigentümer wurden Hausgeldansprüche nunmehr wie öffentliche Lasten behandelt. Gem. § 156 Abs. 1 S. 2 ZVG konnten die laufenden Hausgeldzahlungen vorab ohne Aufstellung eines Teilungsplanes erfolgen. Sähe man in den laufenden Hausgeldzahlungen allerdings rangklassengebundene Ansprüche, könnten Vorschusszahlungen insoweit nicht mehr angefordert werden, weil Vorschüsse nur für Ausgaben der Verwaltung, nicht aber zur Befriedigung von Rangklassenforderungen verwendet werden dürfen. Bis zur nachstehenden Entscheidung des BGH hat sich kein eindeutiges Meinungsbild ergeben (Rangklassenforderung und deshalb kein Vorschuss: LG Leipzig Rpfleger 2009, 337; AG Schöneberg ZMR 2009, 157; AG Duisburg NZM 2008, 937; Dassler u.a./Engels § 156 Rn. 10; Keller ZfIR 2009, 385; Mayer RpflStud 2006, 71; Schneider ZfIR 2008, 161, 168 f.; ders. NZM 2008; 919; Stöber ZVG-Handbuch 8. Aufl., Rn. 637a; Wedekind ZfIR 2007, 704, 705 f.; a.A. gesetzliche Einordnung in Rangklasse 2 hindert die Behandlung als Ausgaben der Verwaltung nicht und lässt daher auch Vorschüsse weiterhin zu: LG Köln NJW 2009, 599; LG Düsseldorf Rpfleger 2009, 583 = ZMR 2009, 713; Bärmann/Becker § 16 Rn. 176; Hügel/Elzer Das neue WEG-Recht § 15 Rn. 44; Schädlich ZfIR 2009, 265).

c) Rechtslage nach dem 15.10. 2009:
Mit seiner genannten Entscheidung hat der BGH (BGHZ 182, 361 = NJW 2010, 1003 = Rpfleger 2010, 35 = ZMR 2010, 296) festgestellt, dass die Änderungen des ZVG in § 10 Abs. 1 Nr. 2 und § 156 Abs. 1 sich nicht dahingehend auswirken, dass die Forderungen der Wohnungseigentümergemeinschaften auf das laufende Hausgeld nicht mehr als Ausgaben der Verwaltung zu erfüllen wären. Hausgeldzahlungen seien vielmehr zwingend als Ausgaben der Verwaltung gem. § 155 Abs. 1 ZVG zu qualifizieren und daher auch weiterhin vorschussfähig.
Die Entscheidung ordnet das System der Einnahmen- und Überschussverteilung in der Zwangsverwaltung neu und widerspricht der Systematik des Gesetzes (zur Kritik s. Schneider ZWE 2010, 77). Die in § 156 Abs. 1 S. 1 und 2 genannten Ansprüche (laufende öffentliche Lasten und laufende Hausgelder) werden nunmehr aus der Überschussverteilung des § 155 Abs. 2 ZVG i.V.m. § 10 Abs. 1 ZVG herausgenommen und wie Aufwendungen i.S.d. § 155 Abs. 1 behandelt. Die Vorschrift des § 156 Abs. 1 ZVG soll nach der vom V. Senat vertretenen Lesart für diese Forderungen eine Sonderstellung zwischen den aus den Nutzungen vorab zu bestreitenden Verwaltungsausgaben sowie Verfahrenskosten einerseits und den andererseits nach § 155 Abs. 2 S. 1 ZVG mit Rang nach diesen zu erfüllenden Ansprüchen begründen. Auch nach dem Beschluss des BGH bleibt ungeklärt, ob auch **Sonderumlagen** und **Abrechnungsspitzen** nun wieder wie vor der Gesetzesänderung als Ausgaben der Verwaltung zu behandeln sein sollen. Die Entscheidung verhält sich lediglich über **laufende Hausgeldzahlungen** (wegen der insoweit nach der BGH-Entscheidung bestehenden dogmatischen Einordnungsschwierigkeiten s. Schneider ZWE 2010, 77). Hierzu sollen allerdings auch Sonderumlagen und Abrechnungsspitzen zu zählen sein (so Alff/Hintzen Rpfleger 2008, 165, 173; Dassler u.a./Engels 13. Aufl., § 156 Rn. 11; Stöber 19. Aufl., § 156 Rn. 3.4; a.A. zu Recht Böttcher/Keller § 155 Rn. 10b f.).

Der Zwangsverwalter hat die Zahlungen **unverzüglich** zu leisten, wenn entsprechende Mittel zur Verfügung stehen. Zur Bildung von **Rückstellungen** aus eingehenden Mieten für zukünftig möglicherweise ausbleibende Hausgeldzahlungen ist der Zwangsverwalter nicht berechtigt (LG Köln Rpfleger 1987, 325 m. Anm. Meyer-Stolte). Werden aus dem Wohnungs- oder Teileigentum **keine Einnahmen** erzielt, hat der Gläubiger zur Vermeidung der Verfahrensaufhebung den erforderlichen Betrag gem. § 161 Abs. 3 ZVG vorzuschießen. Zur Behandlung eines solchen Vorschussbetrages im Rahmen der Zwangsversteigerung s. Teil IV Rdn. 635 ff.

Rückständige Hausgeldzahlungen aus der Zeit vor der Beschlagnahme gehören nicht zu den Ausgaben der Zwangsverwaltung (LG Rostock Rpfleger 2003, 680; AG Heilbronn Rpfleger 2003, 606; BayObLG NJW-RR 1999, 1458 = Rpfleger 1999, 408 = ZMR 1999, 577; Haarmeyer/Wutzke/Förster/Hintzen § 9 ZwVwV Rn. 18; Steiger Rpfleger 1985, 474; Stöber § 152 Rn. 19.3). Dabei ist maßgeblich auf den Zeitpunkt der Fälligkeit abzustellen. Sie tritt erst durch die entsprechende Beschlussfassung der Wohnungseigentümer ein (BGH NJW 1985, 912).

Der **Schuldner haftet** neben dem Zwangsverwalter **weiterhin** für Hausgeldansprüche (OLG München Rpfleger 2007, 158 = ZMR 2007, 216) und wird nur in Höhe der tatsächlich vom Zwangsverwalter erbrachten Leistungen von seiner Zahlungspflicht frei (OLG Zweibrücken FGPrax 2006, 68 = NZM 2005, 949). Dies gilt auch für den an die Stelle des Schuldners tretenden Insolvenzverwalter (OLG Köln FG Prax 2008, 55).

Ein **Guthaben** aus einer nach der Beschlagnahme beschlossenen Jahresabrechnung steht dem Zwangsverwalter für die von ihm verwaltete Masse zu. Dies gilt auch dann, wenn der Schuldner in dem Wirtschaftsjahr noch selbst Hausgeldzahlungen vor der Beschlagnahme erbracht haben sollte. Das Guthaben aus einer schon vor der Anordnung der Zwangsverwaltung beschlossenen Jahresabrechnung steht dagegen dem Schuldner/Eigentümer zu (Haarmeyer/Wutzke/Förster/Hintzen § 9 ZwVwV Rn. 18; Stöber § 152 Rn. 19.6).

– **Kostenvorschuss** 598

Soweit die laufenden Ausgaben der Zwangsverwaltung die Einnahmen des Verfahrens übersteigen oder gar Mieteinnahmen bei längerem Leerstand überhaupt nicht erzielt werden, ist der Gläubiger verpflichtet, einen zur Deckung hinreichenden Vorschuss zur Verfügung zu stellen (vgl. Haarmeyer/Wutzke/Förster/Hintzen § 9 ZwVwV Rn. 18). Dabei wird zu beachten sein, dass für den Zwangsverwalter nach der Gesetzeslage bei der Zahlung der laufenden Hausgelder eine Deckungslücke entsteht, wenn das Wohnungseigentum vermietet ist. Während der Zwangsverwalter gem. § 13 ZVG bereits für die letzte vor der Beschlagnahme fällig gewordene Hausgeldzahlung zahlungspflichtig ist, werden die Mietzahlungen gem. § 1124 BGB erst ab dem Zeitpunkt der Beschlagnahme erfasst. Wird der vom Zwangsverwalter angeforderte Vorschuss zur Deckung von Verwaltungskosten vom zahlungspflichtigen Gläubiger nicht rechtzeitig geleistet, so kann das Vollstreckungsgericht das Zwangsverwaltungsverfahren aufheben (§ 161 Abs. 3 ZVG).

Auch wenn kein Kostenvorschuss angefordert oder geleistet worden ist, so **haftet** der betreibende **Gläubiger** dem Zwangsverwalter gleichwohl für angefallene Aufwendungen nach § 155 Abs. 1 ZVG (BGH Rpfleger 2004, 579; Hock/Mayer/Hilbert/Deimann Rn. 1678).

Sollte daher der Verband Wohnungseigentümergemeinschaft selbst die Zwangsverwaltung betreiben, wäre von ihm ebenfalls ein evtl. Kostenvorschuss einzufordern. Dies würde zu dem befremdlichen Ergebnis führen, dass der Verband einerseits seine eigenen Haugeldzahlungen als Ausgaben der Verwaltung vorzuschießen hätte, aber auch die nunmehr vom BGH ebenfalls dem § 155 Abs. 1 ZVG zugeordneten öffentlichen Lasten. Im Hinblick auf die Entscheidung v. 11.05.2010 – IV ZR 117/09 – zur gesamtschuldnerischen Haftung der Wohnungseigentümer für Benutzungskosten können damit exorbitante Zahlungspflichten auf den Gläubiger zukommen, die geradezu zu einer Antragsrücknahme nötigen.

Zur Aufhebung des Verfahrens mangels Zahlung s. Teil IV Rdn. 554 f. und zur Behandlung eines geleisteten Vorschussbetrages im Rahmen einer parallelen Zwangsversteigerung über dasselbe Objekt s. Teil IV Rdn. 635 ff.

Noch nicht abschließend geklärt ist, ob auch nach der Entscheidung des BGH zur Einordnung der laufenden Hausgeldzahlungen als Ausgaben der Verwaltung Vorschüsse für Abrechnungsspitzen und Sonderumlagen möglich erscheinen (vgl. BGHZ 182, 361 = NJW 2010, 1003 = Rpfleger 2010, 35 = ZMR 2010, 296 und Schneider ZWE 2010, 77).

599 – **Stimmrecht**

Wegen der unterschiedlichen Meinungen zur **Aufspaltung des Stimmrechts** in der Wohnungseigentümerversammlung ist zunächst auf die Ausführungen zur »Einladung« zu verweisen (Teil IV Rdn. 595 m.w.N.). Zur Vermeidung von Abgrenzungsschwierigkeiten in der Praxis empfehlen Riecke/Schmidt/Elzer (Eigentümerversammlung Rn. 591) deshalb **im Zweifel** vom **Stimmrecht des Zwangsverwalters** auszugehen und lediglich dann, wenn ein Beschlussgegenstand erkennbar außerhalb des gesetzlichen Aufgabenbereichs des Zwangsverwalters liegt, ein Stimmrecht des Wohnungseigentümers anzunehmen. Die unterschiedlichen Ansichten zur Aufspaltung des Stimmrechts werden in der Praxis jedoch nur selten zu abweichenden Ergebnissen führen, da jede Entscheidung, die mit Kosten verbunden ist, nahezu automatisch die gesetzlichen Interessen des Zwangsverwalters berührt und damit zu seinem Stimmrecht führt (FaKoWEG/Riecke § 25 Rn. 11; enger wohl Drasdo ZWE 2006, 68, 74 und Häublein ZfIR 2005, 337 für bauliche Veränderungen, die wegen der finanziellen Auswirkungen eine Absprache zwischen Zwangsverwalter und Wohnungseigentümer erforderlich machen sollen).

Das **Stimmrecht** wird **nicht** dadurch **ausgeschlossen**, dass der Zwangsverwalter Beträge nach dem ZVG schuldig bleibt; auch eine rechtskräftige Verurteilung des Wohnungseigentümers zur Veräußerung nach § 18 WEG wirkt sich darauf nicht aus (BayObLG ZMR 1999, 121).

Die **Wertigkeit des Stimmrechts** bestimmt sich für den Zwangsverwalter zunächst nach den für den Eigentümer geltenden Grundsätzen. Erfasst die Zwangsverwaltung mehrere Wohnungen verschiedener Eigentümer und wird in allen Verfahren derselbe Zwangsverwalter bestellt, so kommen ihm wegen der nur zufällig bestehenden Verwalteridentität allerdings auch bei Geltung des Kopfprinzips so viele Stimmen zu, wie er Wohnungseigentümer vertritt (KG NZM 2004, 878). Nur wenn es sich um mehrere Einheiten eines Schuldners handelt, von denen nicht alle zwangsverwaltet sind, sollen bei Geltung des Kopfprinzips der Wohnungseigentümer und der Zwangsverwalter analog § 25 Abs. 2 S. 2 WEG nur gemeinsam stimmberechtigt sein (KG NJW-RR 1989, 1162; Drasdo ZWE 2006, 68, 75; Staudinger/Bub § 25 Rn. 141; Stöber § 152 Rn. 19.1; Weitnauer/Lüke § 25 Rn. 12). Der Vollstreckungsschuldner könnte auf diese Weise jedoch die gesamte Stimmrechtsausübung blockieren, wenn ihm auch nur eine nicht verwaltete Einheit verbleibt (Bärmann/Merle § 25 Rn. 24). Zutreffenderweise wird daher eine Aufteilung des Stimmrechts nach Bruchteilen empfohlen (FaKoWEG/Riecke § 25 Rn. 12 m.w.N.).

600 – **Verhältnis Zwangsverwalter – Wohnungseigentümer**

Die Zwangsverwaltung erfolgt objektbezogen, sodass durch die Beschlagnahme im Verfahren das sonstige Vermögen des Vollstreckungsschuldners nicht berührt wird. Aus diesem Grunde tritt der Zwangsverwalter nur im Rahmen des § 152 ZVG an die Stelle des Wohnungseigentümers. Dies hat zur Folge, dass der Wohnungseigentümer auch weiterhin neben dem Zwangsverwalter für Wohngeldansprüche haftet und nur in Höhe der tatsächlich vom Zwangsverwalter erbrachten Leistungen von seiner Zahlungspflicht frei wird. I.Ü. haftet er weiterhin mit seinem gesamten Vermögen (OLG München Rpfleger 2007, 158; OLG Zweibrücken NJW-RR 2005, 1682 = NZM 2005, 949; OLG Köln DWE 1989, 30; AG Neukölln ZMR 2005, 659; Drasdo ZWE 2006, 68, 78; Köhler/Bassenge/Wolicki Teil 19 Rn. 294). Dies gilt auch für Mitglieder einer werdenden Wohnungseigentümergemeinschaft (LG Dresden NZM 2005, 912).

– **Verhältnis Zwangsverwalter – Wohnungseigentumsverwalter** 601
  Gem. § 152 ZVG tritt der Zwangsverwalter hinsichtlich des beschlagnahmten Objektes an die Stelle des Eigentümers. Für ein in der Zwangsverwaltung befindliches Wohnungseigentum bedeutet dies, dass der Zwangsverwalter die Rechte und Pflichten hinsichtlich des betreffenden Sondereigentums wahrzunehmen hat. Demgegenüber bleibt die Wohnungseigentümergemeinschaft bzw. der von ihr bestellte WEG-Verwalter für die Verwaltung des gemeinschaftlichen Eigentums zuständig (Stöber § 152 Rn. 19.2). Für den Fall der Zwangsverwaltung sämtlicher Einheiten einer Wohnungseigentumsanlage bedeutet dies, dass der für alle Einheiten bestellte Zwangsverwalter mit der Wohnungseigentumsverwaltung einen außenstehenden Verwalter beauftragen kann (AG Strausberg Rpfleger 2004, 115).
– **Verhältnis Zwangsverwalter – Insolvenzverwalter** 602
  Das Zusammentreffen von Zwangsverwaltung und Insolvenzverwaltung über das Vermögen eines Wohnungseigentümers kann insbesondere bei der Abrechnung von Hausgeldzahlungen (s. insoweit bereits die Ausführungen zu der in letzter Zeit umstrittenen Fälligkeitstheorie Rdn. 66 ff. und Rdn. 597 m.w.N.), der Rückzahlung von Mietkautionen (dazu BGH NZM 2008, 203 = ZMR 2008, 280) und der Fortführung von Gewerbebetrieben auf dem zwangsverwalteten schuldnerischen Grundstück (dazu BGHZ 163, 9 = NZM 2006, 73 = Rpfleger 2005, 557 = ZfIR 2005, 560 m. Anm. Weber) zu Abgrenzungsschwierigkeiten führen. Die sich daraus ergebenden Verteilungskonflikte sind dabei immer unter der Prämisse zu sehen, dass die Zwangsverwaltungsmasse kein von der Insolvenzmasse unabhängiges Sondervermögen, sondern vielmehr ein Teil der Insolvenzmasse ist (Eickmann ZfIR 2007, 557, 560). Die unterschiedliche Zuordnung entscheidet somit darüber, ob Verbindlichkeiten den absonderungsberechtigten – dinglich gesicherten – Gläubigern (§ 49 InsO) oder den – ungesicherten – Insolvenzgläubigern (§ 38 InsO) zuzuordnen sind bzw. als Masseverbindlichkeit zulasten der Insolvenzmasse (§ 55 InsO) gehen.
  Vor diesem Hintergrund ist dann auch die sog. »kalte Zwangsverwaltung« einzuordnen. Dabei geht es um die Gläubigerbefriedigung aus den Miet- und Pachtforderungen außerhalb eines gerichtlichen Verfahrens aufgrund vertraglicher Vereinbarungen zwischen dem Insolvenzverwalter und den Grundpfandrechtsgläubigern (zur Zulässigkeit und Ausgestaltung s. ausführlich Eickmann ZfIR 2007, 557, 560).
– **Versicherung** 603
  Dem Zwangsverwalter obliegt nur die Versicherung des Sondereigentums, **nicht** aber die **Versicherung des gemeinschaftlichen Eigentums**. Insoweit hat er jedoch anstelle des Vollstreckungsschuldners zu prüfen, ob das Gemeinschaftseigentum ausreichend durch Abschluss einer Feuerversicherung und gegen die Risiken im Hinblick auf die Haus- und Grundbesitzerhaftpflicht abgesichert ist (Stöber § 152 Rn. 16.4).

e) Haftung

Die Tätigkeit des Zwangsverwalters ist haftungsträchtig (§ 154 S. 1 ZVG; vgl. nur BGHZ 179, 336 = NJW 2009, 1674 = Rpfleger 2009, 331 = ZfIR 2009, 434); an den einschlägigen Stellen ist darauf bereits hingewiesen worden. Da der Zwangsverwalter aus eigenem Recht und nicht als Bediensteter des Staates handelt, haftet er persönlich und nach den 604 allgemeinen Grundsätzen (Stöber § 154 Rn. 3). Aus diesem Grunde verpflichtet § 1 Abs. 4 ZwVwV den Zwangsverwalter zum Abschluss einer Vermögensschadenshaftpflichtversicherung mit einer Deckung von mindestens 500000,– €. Die Haftung erstreckt sich auf Personen, denen er sich zur Erfüllung seiner Pflichten bedient (§ 278 BGB). Die persönliche Haftung besteht gegenüber dem Ersteher und den Beteiligten i.S.d. § 9 ZVG (BGH Rpfleger 1990, 132). Berechtigte Ansprüche gegen den Zwangsverwalter verjähren nach 3 Jahren (Stöber § 154 Rn. 3). Nicht am Verfahren beteiligte Dritte können demgegenüber Ansprüche aus Vertragsverhältnissen gegen die Masse erheben.

605 Für die Zwangsverwaltung von Wohnungseigentum ist noch besonders hervorzuheben, dass der Zwangsverwalter die laufenden **Zahlungen** auf das Hausgeld **unverzüglich** vorzunehmen hat (Haarmeyer/Wutzke/Förster/Hintzen § 9 ZwVwV Rn. 18). Auszahlungen dürfen nur zu den jeweiligen Fälligkeitszeitpunkten nach dem Teilungsplan erfolgen. Die Bildung von **Rücklagen** ist dem Zwangsverwalter verboten, weil er ansonsten Forderungen befriedigen könnte, für die nach dem Teilungsplan keine ausreichenden Mittel vorhanden gewesen wären (LG Köln Rpfleger 1987, 325 m. Anm. Meyer-Stolte; Beyer ZfIR 2005, 713). In diesem Falle könnten die nach dem Plan berechtigten Gläubiger geschädigt werden. Zahlt er jedoch abweichend vom Plan zu früh, könnte er die Wohnungseigentümergemeinschaft schädigen, weil ihr Vorrecht dann u.U. ins Leere laufen könnte (Drasdo ZWE 2006, 68, 73 f.). Zu den ungeklärten Fragen hinsichtlich der Hausgeldzahlungen bei Anwendung des neuen Rechts nach dem WEÄndG v. 26.03.2007 (BGBl. I S. 370) s. Rdn. 597.

606 Zur Haftung des Zwangsverwalters für **Verwahrlosungsschäden** in einer Wohnung und den Anforderungen an den Entlastungsbeweis s. BGH (NZM 2005, 700 = Rpfleger 2005, 616 = WuM 2005, 597).

f) Vergütung

607 Der Zwangsverwalter hat Anspruch auf eine **angemessene Vergütung** für seine gesamte Geschäftsführung sowie auf **Erstattung** seiner **Auslagen** (§§ 152a ZVG, § 17 Abs. 1 ZwVwV). Zusätzlich ist die von ihm zu zahlende **Umsatzsteuer** vom Vollstreckungsgericht festzusetzen (§ 17 Abs. 2 ZwVwV).

608 Ist der Zwangsverwalter als **Rechtsanwalt** zugelassen, so kann er für seine Tätigkeiten, die ein nicht als Rechtsanwalt zugelassener Verwalter einem Rechtsanwalt übertragen hätte, nach Maßgabe des Rechtsanwaltsvergütungsgesetzes abrechnen (§ 1 Abs. 3 S. 1 ZwVwV).

609 Die Bestimmungen zur Vergütung (§§ 17 bis 22 ZwVwV) sind mit der Neufassung der Zwangsverwalterverordnung (v. 19.12.2003 BGBl. I S. 2804) grundlegend geändert worden. Das **neue Vergütungssystem** in der Zwangsverwaltung unterscheidet zunächst grundsätzlich danach, ob das verwaltete Objekt – gegebenenfalls auch nur teilweise – vermietet oder verpachtet ist.

610 – Werden **Einnahmen aus Vermietung oder Verpachtung** erzielt, so steht dem Zwangsverwalter die **Regelvergütung** gem. § 18 Abs. 1 und 2 ZwVwV je nach Einzelfall i.H.v. 5 % bis 15 % der eingezogenen Bruttomieten/-pachten zu. Zum Missverhältnis zwischen Zwangsverwaltertätigkeit und Regelvergütung sowie zur Anwendung der »Faustregeltabelle« der Interessengemeinschaft Zwangsverwaltung – IGZ – (ZInsO 2004, 1021) s. jetzt BGH (BGHReport 2008, 258 = Rpfleger 2008, 216 = ZfIR 2008, 199).
Ist die festzusetzende Vergütung danach offensichtlich **unangemessen**, kann der Zwangsverwalter für den Abrechnungszeitraum einheitlich auf Stundenbasis abrechnen (§ 19 Abs. 2 ZwVwV).

Daneben kann gegebenenfalls zusätzlich eine nicht anrechenbare **Sondervergütung** für die Fertigstellung von Bauvorhaben i.H.v. 6 % der vom Zwangsverwalter verwalteten Bausumme in Betracht kommen (§ 18 Abs. 3 ZwVwV).

- Werden **keine Einnahmen aus Vermietung oder Verpachtung** erzielt, kann der Zwangsverwalter seine Tätigkeit nur einheitlich auf **Stundenbasis** abrechnen (§ 19 Abs. 1 ZwVwV). Der festsetzbare Stundensatz beträgt dabei je nach Schwierigkeitsgrad des Verfahrens einheitlich € 35 bis € 95. 611

  In jedem Fall beträgt die **Mindestvergütung** des Zwangsverwalters € 600 wenn das Verwaltungsobjekt von ihm bereits in Besitz genommen wurde (§ 20 Abs. 1 ZwVwV). Die Mindestvergütung bezieht sich auf das gesamte Verfahren und nicht auf die jeweilige Abrechnungsperiode (Haarmeyer/Wutzke/Förster/Hintzen § 20 ZwVwV Rn. 1). Erfolgte die Verfahrensaufhebung vor Inbesitznahme, erhält er für seine Tätigkeit 200 € (§ 20 Abs. 2 ZwVwV). 612
- **Nicht anwendbar** ist die ZwVwV, wenn der Schuldner selbst zum Zwangsverwalter bestellt worden ist (§ 150e S. 1 ZVG, § 24 Abs. 1 ZwVwV). Allerdings wird der Aufsichtsperson eine angemessene Vergütung entsprechend § 153 ZVG wie für einen Zwangsverwalter zu zahlen sein (Haarmeyer/Wutzke/Förster/Hintzen § 150e Rn. 7; Stöber § 150c Rn. 3.10). Ebenfalls erhält ein Institutsverwalter für seine Tätigkeit keine Vergütung aus der Masse (§ 150a Abs. 2 S. 2 ZVG). 613

Eine weitergehende Darstellung und Auseinandersetzung mit dem neuen Vergütungssystem muss auch im Hinblick auf die noch stattfindende Abwicklung von Altfällen und oftmals regional unterschiedlicher Rechtsprechung der einschlägigen **Literatur** vorbehalten bleiben (vgl. z.B. Hintzen/Alff Rpfleger 2004, 129, 135 ff. und die Kommentierung der §§ 17 bis 22 ZwVwV bei Haarmeyer/Wutzke/Förster/Hintzen mit Berechnungsbeispielen und tabellarischen Übersichten). 614

5. Überschussverteilung

a) Vorbemerkungen

Das Zwangsverwaltungsverfahren ist als Dauerverfahren konzipiert, in dem fortlaufend die gezogenen **Nutzungen** zu **verteilen** sind. Infolgedessen erschöpft sich das Verfahren – anders als in der Zwangsversteigerung – nicht in einer einmaligen Verteilung der erwirtschafteten Überschüsse. Die zur Erhaltung der Substanz des Verwaltungsobjektes erforderlichen Ausgaben der Verwaltung müssen daher mit den Kosten des Verfahrens – in durchaus wechselndem Umfang – jeweils vorab beglichen werden. Die Verteilungsverfahren in der Zwangsversteigerung und in der Zwangsverwaltung laufen unabhängig voneinander (Böttcher/Keller § 155 Rn. 2; s. dazu auch Teil IV Rdn. 634). Grundpfandrechte sollen grundsätzlich bestehen bleiben (s. dazu auch Teil IV Rdn. 632 f.). 615

Auch in der Zwangsverwaltung gelten die **Rangklassen** des § 10 Abs. 1 ZVG, wenngleich einige Besonderheiten zu beachten sind (dazu s. Teil IV Rdn. 625 f.). Soweit die Rangordnung der Ansprüche innerhalb eines Rechtes Bedeutung erlangt, findet § 12 ZVG Anwendung. Für die Abgrenzung von laufenden wiederkehrenden Leistungen einerseits und Rückständen andererseits ist § 13 Abs. 1 ZVG maßgeblich. 616

b) Zahlungen ohne Aufstellung eines Teilungsplans

Der Zwangsverwalter darf **vorab ohne** einen gerichtlichen **Teilungsplan** aus den Nutzungen des von ihm verwalteten Objektes nur folgende Zahlungen leisten (§ 11 Abs. 1 ZwVwV): 617

- Zahlungen auf **Ausgaben der Verwaltung** gem. § 155 Abs. 1 ZVG.
  Dies sind z.B.:
  - Vergütung und Auslagen des Zwangsverwalters (dazu s. Teil IV Rdn. 607 ff.);
  - Verwaltungs- und Bewirtschaftungskosten gem. § 152 ZVG – dazu gehören insbesondere Instandhaltungskosten, Versicherungsprämien (dazu s. Teil IV Rdn. 584 und 603) und Nebenkostenabrechnungen (dazu s. Teil IV Rdn. 588);
  - laufende Hausgeldzahlungen (dazu s. Teil IV Rdn. 597); die Rechtslage für Abrechnungsspitzen und Sonderumlagen erscheint ungeklärt.;
  - verzinsliche Rückzahlungen (vgl. § 155 Abs. 3 ZVG) auf Kostenvorschüsse eines Gläubigers (dazu Teil IV Rdn. 554 f. und 598);
  - titulierte (gegebenenfalls auf den Zwangsverwalter umgeschriebene) Ansprüche Dritter gegen die Zwangsverwaltungsmasse.
- Zahlungen auf **Kosten des Verfahrens** gem. § 155 Abs. 1 ZVG
  Dies sind die Gerichtskosten mit Ausnahme der Anordnungs- bzw. Beitrittskosten, die einem betreibenden Gläubiger entstanden sind. Die Gerichtsgebühren bestimmen sich nach dem Gesamtwert der Einkünfte und betragen 0,5 einer vollen Gebühr für jedes angefangene Verwaltungsjahr (§ 55 GKG i.V.m. KV Nr. 2221); hinzu kommen noch die entstandenen Auslagen.
- Zahlungen auf laufende wiederkehrende Beträge der **öffentlichen Lasten** gem. § 156 Abs. 1 S. 1 ZVG.
  Hierunter fallen insbesondere die Grundsteuerzahlungen.

618 Die Aufwendungen für Ausgaben der Verwaltung und für Kosten gem. § 155 Abs. 1 ZVG haben mangels anderweitiger Regelung untereinander gleichen **Rang** (Böttcher/Keller § 155 Rn. 14; Hock/Mayer/Hilbert/Deimann Rn. 1761; Stöber § 155 Rn. 4.5; **a.A.** Dassler/Muth § 155 Rn. 13; Haarmeyer/Wutzke/Förster/Hintzen § 155 Rn. 3; Steiner/Hagemann § 155 Rn. 33). Die Zahlung auf laufende wiederkehrende Beträge der öffentlichen Lasten verbleiben dagegen in der Rangklasse 3 des § 10 Abs. 1 ZVG; sie dürfen lediglich ohne Plan vorab entnommen werden, sodass sie vom Zwangsverwalter erst beglichen werden dürfen, wenn die vorrangigen Ansprüche für Ausgaben der Verwaltung und Kosten des Verfahrens gedeckt sind (Böttcher/Keller § 156 Rn. 2; Stöber § 156 Rn. 2.2). Ob an dieser Systematik noch festgehalten werden kann, ist angesichts der BGH-Rechtsprechung nun zweifelhaft geworden (BGHZ 182, 361 = NJW 2010, 1003 = Rpfleger 2010, 35 = ZMR 2010, 296), Nachdem die dogmatische Einordnung der im § 156 Abs. 1 ZVG behandelten Ansprüche vom BGH neu vorgenommen wurde, dürften entgegen der früher ganz h.M. nun auch öffentliche Lasten zu den Ausgaben der Verwaltung zu rechnen sein (so Stapper/Schädlich NZI 2009, 906 f.; zur Problematik vgl. Schneider ZWE 2010, 77 m.w.N.).

619 Während ein vom Gläubiger gezahlter Kostenvorschuss zur Deckung der Ausgaben der Verwaltung und der Kosten herangezogen werden kann, darf der Zwangsverwalter öffentliche Lasten nicht aus einem solchen Vorschuss begleichen, weil sonst ein nachrangiger Gläubiger systemwidrig einen vorrangigen befriedigen würde (so zutreffend Hock/Mayer/Hilbert/Deimann Rn. 1762). Diese Rechtsauffassung ist durch die genannte BGH-Rechtsprechung jedoch fraglich geworden.

c) Zahlungen mit Aufstellung eines Teilungsplans

aa) Verteilungstermin

620 Nach dem Eingang der Mitteilungen des Grundbuchgerichts über die Eintragung der Verfügungsbeschränkung (§§ 146 Abs. 1, 19 Abs. 2 ZVG) wird der **Verteilungstermin bestimmt** (§ 156 Abs. 2 S. 1 ZVG), wenn zu erwarten ist, dass außer den unter lit b) genannten Ansprüchen weitergehende Zahlungen aus erwirtschafteten Überschüssen geleistet werden können. Dies hat der Zwangsverwalter dem Vollstreckungsgericht unter Angabe des voraussichtlichen Betrages der Überschüsse und der Zeit ihres Einganges anzuzeigen (§ 11 Abs. 2 S. 2 ZwVwV). Die Terminsbestimmung ist den Beteiligten sowie dem Zwangsverwalter zuzustellen (§ 156 Abs. 2 S 3 ZVG). Der Verteilungstermin ist nicht öffentlich.

Anmeldungen zum Teilungsplan sind nur erforderlich, soweit es sich bei den geltend gemachten Ansprüchen nicht um laufende Beträge wiederkehrender Leistungen handelt, die bereits aus dem Grundbuch ersichtlich sind (§§ 156 Abs. 2 S. 4, 114 Abs. 2 ZVG). Damit sind auch solche Ansprüche aus der Rangklasse 1 des § 10 Abs. 1 ZVG anzumelden, die nicht bereits als Ausgaben der Verwaltung oder als Kostenbetrag Berücksichtigung gefunden haben, also insbesondere Vorschusszahlungen betreibender Gläubiger. Ebenfalls nicht grundbuchersichtlich und daher anzumelden sind Kosten der dinglichen Rechtsverfolgung (§ 10 Abs. 2 ZVG); auch nach dem Zwangsverwaltungsvermerk eingetragene Rechte sind geltend zu machen. Die Ansprüche der betreibenden Gläubiger gelten als angemeldet, soweit sie sich aus dem Verwaltungs- oder Beitrittsantrag ergeben (§§ 156 Abs. 2 S. 4, 114 Abs. 1 S. 2 ZVG). 621

Anmeldungen müssen **spätestens** im Verteilungstermin erfolgen (Böttcher/Keller § 156 Rn. 9); sie sind **gegenüber** dem **Vollstreckungsgericht** und nicht gegenüber dem Zwangsverwalter zu erklären. Anmeldungen in einem parallel laufenden Zwangsversteigerungsverfahren entfalten für die Zwangsverwaltung keine Wirkungen. Zur Vorlage von Grundpfandrechtsbriefen s. Teil IV Rdn. 628 und 631. 622

bb) Teilungsplan

Der Teilungsplan wird im Verteilungstermin für die **ganze Dauer des Verfahrens** aufgestellt (§ 156 Abs. 2 S. 2 ZVG). Zu dem Teilungsplan sind die Beteiligten anzuhören (§§ 156 Abs. 2 S. 4, 113 Abs. 1 ZVG). 623

Der Teilungsplan in der Zwangsverwaltung wird nach der Rangfolge des § 10 Abs. 1 ZVG aufgestellt; er hat dabei allerdings die sich aus § 155 ZVG ergebenden **Besonderheiten** zu berücksichtigen. So wird er sich im Unterschied zum Teilungsplan in der Zwangsversteigerung (dazu s. Teil III Rdn. 419) regelmäßig nur aus einem **Vorbericht** und den Angaben zur **Schuldenmasse** zusammensetzen. Angaben zur Teilungsmasse entfallen aufgrund der ungewissen und erst zukünftig erwarteten Erträge ebenso wie solche zu **bestehen bleibenden Rechten**, da grundsätzlich keine Kapitalansprüche berücksichtigt werden (§ 155 Abs. 2 ZVG). Gar nicht – bzw. nur informatorisch – werden auch die bereits vorab ohne Teilungsplan zu berücksichtigenden Ansprüche aufgeführt (dazu s. Teil IV Rdn. 617), da sie nicht aus den Überschüssen zu bedienen sind (vgl. Stöber § 155 Rn. 4.3 und 4.4). 624

Die **Überschussverteilung** in der Zwangsverwaltung erfolgt nur auf Ansprüche der **Rangklassen** 1 bis 5 des § 10 Abs. 1 ZVG (§ 155 Abs. 2 S. 1 ZVG). Die Rangklassen 6 bis 8 entfallen somit; zur Behandlung eines zwischen der Anordnung des Verfahrens und einem Beitritt eingetragenen – relativ unwirksamen – Grundpfandrechts s. Böttcher/Keller (§ 155 Rn. 16) und Stöber (§ 155 Rn. 6.8). Weiterhin werden in den Rangklassen 2 bis 4 nur Ansprüche auf laufende wiederkehrende Leistungen aufgenommen. Ansprüche auf Kapitalzahlungen können nur in der Rangklasse 5 des § 10 Abs. 1 ZVG und dann auch nur unter den Voraussetzungen des § 158 ZVG (besonderer Kapitalzahlungstermin) Berücksichtigung finden (§ 155 Abs. 2 S. 2 ZVG). 625

In der Praxis erschöpft sich eine Zwangsverwaltung im Allgemeinen in der Zahlung der laufenden wiederkehrenden Leistungen des bestrangig gesicherten Grundpfandrechtsgläubigers. Das Verfahren ist daher regelmäßig nicht geeignet zur Erfüllung titulierter Ansprüche; es verhindert lediglich das Auflaufen weiterer Zahlungsrückstände (zutreffend Staudinger/Wenzel § 45 Rn. 78).

626 I.E. ergibt sich somit gem. § 155 ZVG die nachfolgende **Rangfolge**:

Rangklasse 1:	Zwangverwaltungsvorschüsse (dazu s. ausführlich Teil IV Rdn. 635 ff.) Anschaffungskosten für Düngemittel, Saatgut oder Futtermittel sowie Kredite für deren Anschaffung
Rangklasse 2:	Hausgeldansprüche der Wohnungseigentümerverbände (gem. § 156 Abs. 1 S. 2 ZVG bereits im Umfang der laufenden Leistungen vorab ohne Teilungsplan beglichen; i.Ü. vgl. zur derzeitigen Problemlage bzgl. Abrechnungsspitzen und Sonderumlagen Rdn. 597)
Rangklasse 3:	laufende wiederkehrende öffentliche Lasten (gem. § 156 Abs. 1 S. 1 ZVG bereits vorab ohne Teilungsplan beglichen)
Rangklasse 4:	nur laufende wiederkehrende Leistungen der im Grundbuch eingetragenen Rechte (Abt. II und Abt. III): • laufende Zinsen (Kapital nur bei Betreiben und im Rahmen des § 158 ZVG) • wiederkehrende Leistungen aus Reallasten, insbesondere Erbbauzinsen • Tilgungsbeiträge als Zuschlag zu den Zinsen (Tilgungshypothek) • Abzahlungsbeträge auf eine unverzinsliche Schuld bis zu 5 % der Schuldsumme (Abzahlungshypothek) • laufende Zinsen aus einem Eigentümerrecht (§ 1197 Abs. 2 BGB) auch für einen Pfändungsgläubiger
Rangklasse 5:	alle sonstigen Ansprüche betreibender – auch persönlicher – Gläubiger, soweit noch nicht vorstehend berücksichtigt in dieser Rangklasse hat sich – wie in der Zwangsversteigerung – die Rangfolge nach dem Beschlagnahmezeitpunkt und nicht nach dem zugrundeliegenden Anspruch zu richten (Böttcher/Keller § 155 Rn. 37; Dassler u.a./Engels § 155 Rn. 74; Haarmeyer/Wutzke/Förster/Hintzen § 155 Rn. 24; Stöber § 155 Rn. 7.2; **a.A.** Steiner/Hagemann § 155 Rn. 90; Korintenberg/Wenz § 155 Rn. 4)

627 Ein Muster für einen Teilungsplan befindet sich im Anhang zu Kapitel 33 (Muster 8).

628 Zur Feststellung eines Empfangsberechtigten braucht der über ein Grundpfandrecht erteilte **Grundpfandrechtsbrief** wegen §§ 1159, 1160 Abs. 3 BGB im Verteilungstermin **nicht** vorgelegt zu werden, soweit nur laufende Zinsen in der Rangklasse 4 des § 10 Abs. 1 ZVG zu berücksichtigen sind (vgl. Teil IV Rdn. 631 m.w.N. auch zur **a.A.**).

cc) Ausführung des Teilungsplanes

629 Nach der Feststellung des Teilungsplanes hat das Vollstreckungsgericht die planmäßige Zahlung der Beträge an die Berechtigten anzuordnen (§ 157 Abs. 1 ZVG). Teilungsplan

und **Zahlungsanordnung** sind entsprechend § 157 Abs. 1 ZVG zu ergänzen, wenn nachträglich eintretende Umstände (wie z.B. der Beitritt eines Gläubigers, Rangänderungen der im Plan aufgenommenen Rechte, Löschung eines Rechts) dies erfordern.

Auszahlungen hat der Zwangsverwalter nur aufgrund der vom Vollstreckungsgericht nach Feststellung des Teilungsplans getroffenen Anordnung zu leisten (§ 11 Abs. 2 S. 1 ZwVwV). Auszahlungen erfolgen dabei zur Zeit ihrer **Fälligkeit**, soweit die Bestände ausreichen (§ 157 Abs. 1 S. 2 ZVG). Der Zwangsverwalter hat dafür Sorge zu tragen, dass ausreichend Mittel zur Begleichung der vorweg zu entnehmenden Beträge des § 155 Abs. 1 ZVG zur Verfügung stehen (Böttcher/Keller § 157 Rn. 5). Nach Sicherstellung der Ausgaben der Verwaltung und der Verfahrenskosten darf der Zwangsverwalter an einen im Rang nachstehenden Berechtigten erst dann Zahlungen leisten, wenn als sicher vorauszusehen ist, dass die Zahlungen an die vorgehenden Berechtigten aus Einnahmen geleistet werden können, die bis zur Fälligkeit dieser Zahlungen eingehen (Haarmeyer/Wutzke/Förster/Hintzen § 157 Rn. 3). **630**

Die Auszahlung darf an einen Grundpfandrechtsgläubiger in diesem Verfahren auch dann erfolgen, wenn der über ein solches Recht erteilte **Grundpfandrechtsbrief** nicht vorgelegt wird (für die Zuteilung in der Zwangsversteigerung vgl. Teil III Rdn. 429), solange nur laufende Zinsen in der Rangklasse 4 des § 10 Abs. 1 ZVG zu berücksichtigen sind (Böttcher/Keller § 156 Rn. 14; Steiner/Hagemann § 156 Rn. 48; **a.A.** allerdings Haarmeyer/Wutzke/Förster/Hintzen § 156 Rn. 7; Stöber § 156 4.5, die auf die zukünftige Legitimation des Empfängers abstellen; **a.A.** auch Hock/Mayer/Hilbert/Deimann Rn. 1775, die lediglich für die Feststellung der zukünftigen Zinsansprüche im Teilungsplan, nicht aber für die Auszahlungen den Briefnachweis fordern). **631**

d) Zahlungen auf das Kapital

Zahlungen auf das Kapital von Grundpfandrechten oder auf die Ablösungssumme einer Reallast darf der Zwangsverwalter nicht ohne Weiteres leisten, weil bei Zahlungen auf das Kapital das Grundpfandrecht erlischt. Er hat vielmehr zu diesem Zweck die **Anberaumung eines Termins** bei dem Vollstreckungsgericht zu beantragen (§ 158 Abs. 1 S. 2 ZVG; § 11 Abs. 3 ZwVwV). Dies ist jedoch erst möglich, wenn der Zwangsverwalter aus den Nutzungen des Objektes sämtliche Ansprüche nach § 155 ZVG begleichen kann und darüber hinaus weitere Überschüsse erwirtschaftet. **632**

Die Zahlung auf das Kapital soll dann im Termin an den Berechtigten erfolgen (§§ 158 Abs. 2, 117 Abs. 1 S. 1 ZVG). Da das Erlöschen des Grundpfandrechtes zur Unrichtigkeit des Grundbuches führt (§§ 1181, 1192 BGB), hat das Vollstreckungsgericht das Grundbuchgericht um Löschung des Rechts zu ersuchen (§ 158 Abs. 2 ZVG). Dabei bedarf es zur Auszahlung auf das Kapital der Vorlage eines erteilten Grundpfandrechtsbriefes (Haarmeyer/Wutzke/Förster/Hintzen § 158 Rn. 5); die Zahlungen sind auf dem Titel zu vermerken (§§ 158 Abs. 2, 127 Abs. 1 ZVG). **633**

6. Verhältnis von Zwangsversteigerung und Zwangsverwaltung

Werden Zwangsversteigerung und Zwangsverwaltung nebeneinander betrieben, sind sie nicht nur rechtlich, sondern auch **verfahrenstechnisch getrennt** zu halten (separate Aktenführung; separate Anordnungsbeschlüsse pp); eine Verbindung dieser Verfahren ist nicht möglich (Stöber § 146 Rn. 3.5). **634**

Gleichwohl gibt es zwischen beiden Verfahrensarten **Berührungspunkte:**

a) Erstattung von Zwangsverwaltungsvorschüssen

635 Gemäß § 10 Abs. 1 ZVG können einem Gläubiger in einem Zwangsversteigerungsverfahren Aufwendungen, die er zur Erhaltung oder nötigen Verbesserung des zwangsverwalteten Objekts getätigt hat, im Zwangsversteigerungsverfahren in der Rangklasse 1 erstattet werden, wenn die Zwangsverwaltung bis zum Zuschlag angedauert hat und die vom betreibenden Gläubiger im Zwangsverwaltungsverfahren geleisteten Vorschüsse nicht vorweg aus den Nutzungen des Objekts gem. § 155 Abs. 1 ZVG befriedigt werden können. Der Vorrang umfasst auch die Zinsen auf die geleisteten Vorschusszahlungen gem. § 155 Abs. 3 ZVG.

636 Bei einem zwangsverwalteten Wohnungs- oder Teileigentum konnten unter den genannten Voraussetzungen die zur Deckung der laufenden Hausgeldzahlungen erforderlichen Beträge (OLG Hamm Rpfleger 2004, 369) genauso als Vorschuss Berücksichtigung finden wie Zahlungen für beschlossene Sonderumlagen (OLG Köln NZM 1999, 94 = Rpfleger 1998, 482). Nachdem der BGH entschieden hat, dass für laufende Hausgeldzahlungen auch nach der Novelle unverändert Vorschüsse angefordert werden können (BGHZ 182, 361 = NJW 2010, 1003 = Rpfleger 2010, 35 = ZMR 2010, 296) ist lediglich noch ungeklärt, ob dies auch für Abrechnungsspitzen und Sonderumlagen zu gelten hat. Das Vorrecht in der Zwangsversteigerung kann jedoch nur insoweit beansprucht werden, als die Vorschussleistungen auch tatsächlich zur **Erhaltung** und nötigen **Verbesserung** des Versteigerungsobjektes, d.h. des **Gemeinschafts- und/oder** des **Sondereigentums** aufgewendet worden sind (zutr. Pohlhaus ZMR 2005, 820; insoweit tlw. noch differenzierend OLG Braunschweig NJW-RR 2002, 1305 f.). Dabei ist es unerheblich, ob die Zahlungen des Gläubigers freiwillig oder auf Verlangen des Gerichts gem. § 161 Abs. 3 ZVG erfolgten (OLG Köln NZM 1999, 94 = Rpfleger 1998, 482). Ebenso unerheblich ist, ob mit der Zahlung auch der beabsichtigte Zweck in vollem Umfange erreicht wurde; auch gegebenenfalls verbleibende (Rest-)Mängel oder eine nicht bewirkte Wertverbesserung beeinträchtigen nicht die Erstattungsmöglichkeit (LG Wuppertal ZMR 2005, 818 m. zust. Anm. Pohlhaus).

637 Vorschussbeträge zur Deckung der im Hausgeld enthaltenen **Betriebskosten** sind dagegen **nicht bevorrechtigt** (BGHZ 154, 387 = NJW 2003, 2162 = Rpfleger 2003, 454 = ZWE 2003, 264 m. Anm. Demharter = ZMR 2005, 637). Anteilige Hausgeldbeträge, die für die Zahlung der Grundsteuern, der Gebäudehaftpflichtversicherung (nicht der Feuerversicherung), der Straßenreinigung, der Wasser- und Abwasserkosten, der Heiz- und Stromkosten, der Müllabfuhr und der Instandhaltungsrücklage bestimmt sind, können im Rahmen der Zwangsversteigerung deshalb nicht in Rangklasse 1 berücksichtigt werden (OLG Frankfurt NJW-RR 2002, 1304, OLG Braunschweig NJW-RR 2002, 1305 = Rpfleger 2002, 580; LG Wuppertal ZMR 2005, 818; LG Hamburg ZMR 2001, 395; LG Augsburg Rpfleger 2001, 92; LG Mönchengladbach Rpfleger 2000, 80; Gaier ZWE 2004, 323; **a.A.** noch OLG Düsseldorf NZM 2002, 1045; Wolicki NZM 2000, 321, 324; zu den einzelnen Hausgeldbestandteilen s.a. krit. J.-H. Schmidt NZM 2002, 847). Damit ist einer durchaus gängigen Praxis vieler Eigentümergemeinschaften, durch eigenes Betreiben der Zwangsverwaltung die zur Sicherstellung der laufenden und besonderen Kosten verauslagten Vorschüsse im Zwangsversteigerungsverfahren in Rangklasse 1 wiedererlangen zu wollen, ein Riegel vorgeschoben.

638 Auch stellen in diesem Fall die Aufwendungen des Gläubigers keine vom Schuldner zu erstattenden **notwendigen Kosten der Zwangsvollstreckung** i.S.d. § 788 ZPO dar, wenn deren Zweck nach den konkreten Umständen nicht darin besteht, die Befriedigung der titulierten Forderung zu erreichen (BGH NJW 2005, 2460 = Rpfleger 2005, 552).

Nicht bevorrechtigt sind ferner **Zuführungen zur Instandhaltungsrücklage**, weil damit zunächst lediglich eine Vermögensverschiebung, aber keine Ausgabe verbunden ist (Bärmann/Merle § 28 Rn. 68; Jennißen Die Verwalterabrechnung nach dem WEG, 107). Erst die Durchführung eines entsprechenden Verwendungsbeschlusses bewirkt den für die Berücksichtigung als Vorschuss in der Zwangsversteigerung maßgeblichen Geldabfluss (Drasdo ZWE 2006, 68, 76). 639

b) Auswirkungen der Beschlagnahme auf die Zinsberechnung

Ein im Rahmen der Zwangsverwaltung erfolgter früherer Beschlagnahmezeitpunkt ist bei der Berechnung der laufenden und der rückständigen wiederkehrenden Leistungen im Zwangsversteigerungsverfahren dann zugrunde zu legen, wenn die Zwangsverwaltung bis zur Anordnung der Zwangsversteigerung fortgedauert hat (§ 13 Abs. 4 ZVG). 640

c) Überleitung einer ergebnislosen Zwangsversteigerung

Bleibt die Zwangsversteigerung in einem zweiten Termin ergebnislos, kann auf Antrag des Gläubigers angeordnet werden, dass das Verfahren als Zwangsverwaltung fortgesetzt wird, wenn die Voraussetzungen für die Anordnung der Zwangsverwaltung vorliegen (§ 77 Abs. 2 S. 2 ZVG). In diesem Fall bleiben die Wirkungen der für die Zwangsversteigerung erfolgten Beschlagnahme bestehen (§ 77 Abs. 2 S. 3 ZVG). 641

d) Sicherungsverwaltung

Ist während eines anhängigen Zwangsversteigerungsverfahrens zu besorgen, dass durch das Verhalten des Schuldners die ordnungsgemäße Bewirtschaftung gefährdet wird, so hat das Volllstreckungsgericht auf Antrag des Gläubigers die zur Abwendung der Gefährdung erforderlichen Maßregeln anzuordnen (§ 25 ZVG). Diese können auch in der Anordnung einer Zwangsverwaltung bestehen (Hock/Mayer/Hilbert/Deimann Rn. 1424; Stöber § 25 Rn. 4.2). 642

e) Auswirkungen der Zuschlagserteilung in der Zwangsversteigerung

Die Erteilung des Zuschlags in der Zwangsversteigerung hat die Aufhebung der Zwangsverwaltung zur Folge (Böttcher/Keller § 161 Rn. 18; Stöber § 161 Rn. 3.11). Dazu bedarf es nach wohl h.M. eines konstitutiven Aufhebungsbeschlusses, dessen Wirkungen dann auf den Zeitpunkt der Zuschlagserteilung zurückreichen (Böttcher/Keller § 161 Rn. 18; Steiner/Hagemann § 161 Rn. 29; Stöber § 161 Rn. 3.11 m.w.N. auch zur Gegenansicht). Die Rechtskraft des Zuschlagsbeschlusses sollte zur Vermeidung irreparabler Beeinträchtigungen abgewartet werden. 643

f) Getrennte Anmeldungen und Erlösverteilungen

Anmeldungen im Zwangsversteigerungsverfahren wirken nicht für das Zwangsverwaltungsverfahren und umgekehrt (Böttcher/Keller § 146 Rn. 20). Auch die Verteilung der jeweiligen Erlöse hat für jedes Verfahren **streng getrennt** zu erfolgen (Haarmeyer/Wutzke/Förster/Hintzen Einl. Rn. 19). Zu beachten ist in diesem Zusammenhang, dass ein Berechtigter wegen derselben Ansprüche in beiden Verfahren nicht doppelt befriedigt werden darf. Ein Überschuss im Zwangsverwaltungsverfahren darf nicht der Teilungsmasse des Zwangsversteigerungsverfahrens zugeführt werden (Böttcher/Keller § 146 Rn. 21). 644

g) Gerichtliche Verwaltung gem. § 94 ZVG

645 Auf Antrag eines Beteiligten, der im Zwangsversteigerungsverfahren Befriedigung aus dem Bargebot zu erwarten hat, kann das Versteigerungsobjekt für Rechnung des Erstehers in gerichtliche Verwaltung genommen werden, solange nicht die Zahlung oder Hinterlegung des Bargebots erfolgt ist. Auf die Bestellung finden einige Vorschriften über die Zwangsverwaltung entsprechende Anwendung (§ 94 Abs. 2 ZVG). Die Vorschrift dient dem Schutz gegen tatsächliche Verfügungen des Erstehers (z.B. über mitversteigerte Gegenstände oder Mietverträge), der ohne Zahlung seines Meistgebotes bereits mit dem Zuschlag Eigentümer geworden ist (Hock/Mayer/Hilbert/Deimann Rn. 1427 f.).

7. Änderungen durch das Gesetz zur Änderung des Wohnungseigentumsgesetzes und anderer Gesetze v. 26.03.2007 (BGBl. I S. 370)

a) Keine Beachtung des Höchst- und des Mindestbetrages in der Zwangsverwaltung

646 Gem. § 156 Abs. 1 S. 3 ZVG entfällt für Zwangsverwaltungsverfahren im Betreibensfall die Beschränkung der berücksichtigungsfähigen Ansprüche auf 5 % des gem. § 74a Abs. 5 ZVG festgesetzten Verkehrswertes. Nach dem Sinn und Zweck der Regelung kann auch auf die Einhaltung des Mindestbetrages mit 3 % des steuerlichen Einheitswertes im Betreibensfall verzichtet werden; in der Zwangsverwaltung findet nämlich kein Eigentumsverlust statt. Darüber hinaus ist es dem betreibenden Verband jederzeit möglich, eine Anordnung der Zwangsverwaltung zu erreichen, indem er das Verfahren aus der Rangklasse 5 – unbeschränkt – betreibt. Der Unterschied wird sich gegebenenfalls erst nach Deckung aller laufenden wiederkehrenden Ansprüche der Rangklassen 2 bis 4 bei der – in der Praxis kaum vorkommenden – Zahlung auf die sonstigen Ansprüche in der Rangklasse 5 zeigen.

b) Inkrafttreten und Übergangsregelung für Zwangsverwaltungsverfahren

647 Auch die geänderten Bestimmungen zur Zwangsverwaltung sind am 01.07.2007 in Kraft getreten (Art. 4 des Gesetzes zur Änderung des Wohnungeigentumsgesetzes und anderer Gesetze v. 26.03.2007, BGBl. I S. 370). Die in § 62 Abs. 1 WEG enthaltene Übergangsvorschrift spricht zunächst ausdrücklich nur von »Zwangsversteigerungssachen«. Mit Wedekind (ZfIR 2007, 704, 707) wird man jedoch annehmen können, dass der umgangssprachlich anmutende Begriff das ZVG in seiner Gesamtheit meint, zumal der Gesetzgeber nicht zu erkennen gegeben hat, dass er für Zwangsverwaltungen vom Grundsatz des Gesamtverfahrens (s. Rdn. 445) abweichen wollte (im Ergebnis ebenso Weis ZfIR 2007, 477, 481). Damit ist auch für Zwangsverwaltungssachen maßgebend, ob am 01.07.2007 bereits ein Verfahren anhängig war oder nicht (**a.A.** Hock/Mayer/Hilbert/Deimann Rn. 1833i: Da die Zwangsverwaltung in § 62 WEG nicht genannt ist, sollen die neuen Regelungen auch für Verfahren gelten, die vor dem 01.07.2007 anhängig geworden sind). Die geänderten Bestimmungen können nach der hier vertretenen Auffassung somit erst auf Neuverfahren nach dem 01.07.2007 Anwendung finden (so auch BGH NJW 2009, 598 = Rpfleger 2009, 163 = ZMR 2009, 294). Die Bedeutung der zeitlichen Begrenzung dürfte jedoch aufgrund der Rechtsprechung des BGH (BGHZ 182, 361 = NJW 2010, 1003 = Rpfleger 2010, 35 = ZMR 2010, 296) weitgehend entfallen sein, da Zwangsverwaltungsverfahren nach neuem Recht weitgehend dem früheren Recht angeglichen sind.

V. Anhang zu Kapitel 33 (Muster)

1. Antrag auf Eintragung einer Zwangssicherungshypothek in das Grundbuch

Duisburg, 10. März 2006 **648**

Dr. Hans Erzenich
Flözacker 7
47179 Duisburg
– Rechtsanwalt –

An das
Amtsgericht Duisburg
– Grundbuchgericht –
Kardinal-Galen-Straße 124
47058 D u i s b u r g

Grundbuch von Hamborn Blatt 9999

In der Zwangsvollstreckungssache

Emil Schacht, geboren am 22.03.1958, wohnhaft Flözacker 77, 47179 Duisburg – Gläubiger[1] –

vertreten durch Rechtsanwalt Hans Erzenich, Flözacker 7, 47179 Duisburg

gegen

Franz Bergmann, Erzstraße 8, 47166 Duisburg – Schuldner[2] –

steht dem Gläubiger gegen den Schuldner eine Forderung zu aus der vollstreckbaren Ausfertigung der notariellen Urkunde des Notars Dr. Hubert Sohle in Duisburg v. 14.07.2005 (UR-Nr 456/2005).

Nach der anliegend beigefügten Forderungsaufstellung[3] per 10.03.2006 belaufen sich die Ansprüche des Gläubigers auf:

1. (Rest-)Hauptforderung	72500,00 €
2. Zinsen[4] auf die Hauptforderung	535,07 €
3. Unverzinsliche Kosten[5]	1879,20 €
Summe:	74914,27 €

1 Zu den Erfordernissen bei den notwendigen Angaben zum Berechtigten und ggf. eines Beteiligungsverhältnisses für mehrere Gläubiger s. Rdn. 85 ff. Zu den Besonderheiten bei der Zwangsvollstreckung durch Wohnungseigentümer, den Wohnungseigentumsverwalter bzw. durch den teilrechtsfähigen Verband der Wohnungseigentümer s. Rdn. 91 ff.
2 Zur Zulässigkeit von Gesamtbelastungen bei mehreren Schuldnern s. Rdn. 73.
3 Diese Art der Antragstellung ermöglicht die Verwendung der in der Praxis vielfach gebräuchlichen Anwenderprogramme zur Forderungsberechnung.
4 Zur Problematik einer Höchstzinsangabe bei geschuldeten variablen Zinsen s. Rdn. 126.
5 Zur fehlenden Eintragungsfähigkeit der durch die Grundbucheintragung der Zwangshypothek verursachten Kosten s. Rdn. 124 f.

Hinzu kommen die weiteren Zinsen seit dem 11.03.2006 gemäß der beiliegenden Forderungsaufstellung.

Namens und in Vollmacht des Gläubigers beantrage ich wegen dieser Forderung die

Eintragung einer Zwangssicherungshypothek

zulasten des nachfolgend bezeichneten, auf den Namen des Schuldners eingetragenen Grundbesitzes:

a) Grundbuch von Hamborn Blatt 9999:
Das unter laufender Nr. 1 des Bestandsverzeichnisses verzeichnete Wohnungseigentumsrecht (bestehend aus einem 55,88/561stel Miteigentumsanteil an dem Grundstück Gemarkung Hamborn, Flur 222, Flurstück 250, Hof- und Gebäudefläche, Lorenweg 1, 305 m² groß, verbunden mit dem Sondereigentum an der Wohnung im zweiten Obergeschoss links mit Kellerraum, Nr. 9 des Aufteilungsplans).

b) Grundbuch von Hamborn Blatt 9999:
Der unter laufender Nr. 2 des Bestandsverzeichnisses verzeichnete Miteigentumsanteil an dem Grundstück Gemarkung Hamborn, Flur 222, Flurstück 251, Hof- und Gebäudefläche, Lorenweg, 24 m² groß.

Die Gesamtforderung soll wie folgt verteilt werden[6]:
a) der unter lit a) genannte Belastungsgegenstand soll haften für die Hauptforderung sowie die Zinsen aus der Hauptforderung i.H.v. derzeit 73.035,07 €;

b) der unter lit b) genannte Belastungsgegenstand soll haften für die entstandenen Kosten i.H.v. 1.879,20 €.

Ich füge mit der Bitte um Rückgabe bei:

- Vollstreckbare Ausfertigung des notariellen Urkunde des Notars Dr. Hubert Sohle in Duisburg v. 14.07.2005 (UR-Nr 456/2005)
- Nachweise zu den Vollstreckungskosten
- Forderungsaufstellung v. 10.03.2006

(Unterschrift)

6 In einem solchen Fall hat die Verteilung unter Beachtung des Mindestbetrages bei den Einzelobjekten zu erfolgen!

2. Antrag auf Anordnung der Zwangsversteigerung

Duisburg, 10. März 2005 649

An das
Amtsgericht Duisburg
– Vollstreckungsgericht –
Kardinal-Galen-Straße 124
47058 D u i s b u r g

Anordnung der Zwangsversteigerung

In der Zwangsvollstreckungssache

Emil Schacht, Flözacker 77, 47179 Duisburg

– Gläubiger –

vertreten durch Rechtsanwalt Hans Erzenich, Flözacker 7, 47179 Duisburg

gegen

Franz Bergmann, Erzstraße 8, 47166 Duisburg

– Schuldner –

beantrage ich namens und in Vollmacht des Gläubigers die Anordnung der Zwangsversteigerung des folgenden auf den Namen des Schuldners eingetragenen Grundbesitzes:

Grundbuch von Hamborn Blatt 9999:

55,88/561stel Miteigentumsanteil an dem Grundstück Gemarkung Hamborn, Flur 222, Flurstück 250, Hof- und Gebäudefläche, Lorenweg 1, 305 m² groß, verbunden mit dem Sondereigentum an der Wohnung im zweiten Obergeschoss links mit Kellerraum, Nr. 9 des Aufteilungsplans

Auf das dort geführte Grundbuch nehme ich Bezug.

Die Zwangsversteigerung wird beantragt aufgrund folgender beigefügter Vollstreckungstitel:
1. Urteil des LG Duisburg vom 10. November 2004 (25 O 1234/03)
2. Kostenfestsetzungsbeschluss des LG Duisburg vom 16. Dezember 2004 (25 O 1234/03)
wegen folgender **persönlicher** Forderungen:
1. ..... .€ Hauptforderung mit 5 % Zinsen über dem Basiszinssatz seit dem ... aus ...€;
2. ......€ festgesetzte Kosten mit 5 % Zinsen über dem Basiszinssatz seit dem ...
3. ......€ bisherige Kosten der Zwangsvollstreckung (Belege anbei)

oder

In dem vorgenannten Grundbuch ist in Abt. III unter Nr. 3 eine Zwangshypothek über ....€ mit 5 % Zinsen über dem Basiszinssatz seit dem ... aus ...€ sowie Kosten i.H.v. ....€ eingetragen.
Wegen des **dinglichen** Anspruchs aus dem genannten Recht
und der weiteren durch die Eintragung der Zwangshypothek entstandenen Kosten i.H.v. ....€ (Eintragungskosten und Rechtsanwaltskosten)
beantrage ich die Anordnung der Zwangsversteigerung.
Den Vollstreckungstitel mit Eintragungsvermerk und Kostenbelegen habe ich beigefügt.

oder

Die Zwangsversteigerung wird beantragt aufgrund der vollstreckbaren Urkunde des Notars Dr. Hubert Sohle in Duisburg vom 26. November 1996 (UR-Nr. 1234/96) wegen des **dinglichen und persönlichen Anspruchs** aus dem im vorgenannten Grundbuch in Abt. III unter Nr. 2 eingetragenen Rechts wie folgt:
1. 178.952,15 € Grundschuldkapital mit 15 % Zinsen seit dem 01.01.1999
2. Kosten der dinglichen Rechtsverfolgung
Den Vollstreckungstitel habe ich beigefügt.

(Unterschrift)

3. Anordnung der Zwangsversteigerung wegen dinglicher und persönlicher Ansprüche

650

46 K 430/02

AMTSGERICHT DUISBURG
BESCHLUSS

In der Zwangsvollstreckungssache
Emil Schacht, Flözacker 77, 47179 Duisburg

– Gläubiger –

vertreten durch Rechtsanwalt Hans Erzenich, Flözacker 7, 47179 Duisburg

gegen

Franz Bergmann, Erzstraße 8, 47166 Duisburg

– Schuldner –

ist der Schuldner Eigentümer des im Grundbuch von Hamborn Blatt 9999 auf seinen Namen eingetragenen Grundbesitzes:

Grundbuch von Hamborn Blatt 9999:
55,88/561 stel Miteigentumsanteil an dem Grundstück Gemarkung Hamborn, Flur 222, Flurstück 250, Hof- und Gebäudefläche, Lorenweg 1, 305 m² groß, verbunden mit dem Sondereigentum an der Wohnung im zweiten Obergeschoss links mit Kellerraum, Nr. 9 des Aufteilungsplans.

Aufgrund der vollstreckbaren Urkunde des Notars Dr. Hubert Sohle in Duisburg vom 26. November 1996 (UR-Nr. 1234/96) steht dem Gläubiger gegen den Schuldner ein dinglicher und persönlicher Anspruch aus dem im vorgenannten Grundbuch in Abteilung III Nr. 2 eingetragenen Recht zu:
a) 178.952,15 € Grundschuldkapital mit 15 % Zinsen seit dem 01.01.1999
b) Kosten der dinglichen Rechtsverfolgung

Auf Antrag des Gläubigers wird die **Zwangsversteigerung** des genannten Grundbesitzes **angeordnet.**

Dieser Beschluss gilt zugunsten des Gläubigers als Beschlagnahme des Grundbesitzes.

Duisburg, 6. November 2002

Hauer
– Rechtspfleger –

4. Zuschlagsbeschluss

651 46 K 430/02

Verkündet am
23. Februar 2005

Hauer, Rechtspfleger

AMTSGERICHT DUISBURG
BESCHLUSS

in der Zwangsversteigerungssache betreffend den im Grundbuch von Hamborn Blatt 9999 eingetragenen Grundbesitz:

55,88/561stel Miteigentumsanteil an dem Grundstück Gemarkung Hamborn, Flur 222, Flurstück 250, Hof- und Gebäudefläche, Lorenweg 1, 305 m² groß, verbunden mit dem Sondereigentum an der Wohnung im zweiten Obergeschoß links mit Kellerraum, Nr. 9 des Aufteilungsplans

Eigentümer: Franz Bergmann, Erzstraße 8, 47166 Duisburg

In dem Versteigerungstermin am 09.02.2005 ist

Herr Karl Kumpel, geboren am 22.03.1958, wohnhaft Kohlenweg 1 in 47179 Duisburg

Meistbietender geblieben.
Ihm wird daher der oben genannte Grundbesitz für den durch Zahlung zu berichtigenden Betrag von 28.000,– €

zugeschlagen unter folgenden Bedingungen:

Das Bargebot ist ab heute in Höhe von 28.000,– € mit 4 % zu verzinsen und mit den Zinsen von dem Ersteher im Verteilungstermin zu zahlen.

Bei Zahlungsverzug ist das Bargebot ab Verteilungstermin mit 5 % über dem jeweiligen Basiszinssatz gem. § 247 BGB zu verzinsen.

Der Ersteher trägt die Kosten dieses Beschlusses.

Als Teil des geringsten Gebotes bleiben keine Rechte bestehen.

Duisburg, 23. Februar 2005

Hauer
– Rechtspfleger –
Ausgefertigt

5. Terminsprotokoll und Aufstellung des Teilungsplans in der Zwangsversteigerung

46 K 430/02

Duisburg, 652
23. März 2005

Gegenwärtig:
Hauer, Rechtspfleger

(auf die Hinzuziehung eines
Urkundsbeamten der Geschäftsstelle
wurde gemäß § 159 Abs. 1 S. 2 ZPO verzichtet)

In dem heutigen

Termin zur Verteilung des Versteigerungserlöses

in der Zwangsversteigerungssache betreffend den im Grundbuch von Hamborn Blatt 9999 eingetragenen Grundbesitz:

55,88/561stel Miteigentumsanteil an dem Grundstück Gemarkung Hamborn, Flur 222, Flurstück 250, Hof- und Gebäudefläche, Lorenweg 1, 305 m² groß, verbunden mit dem Sondereigentum an der Wohnung im zweiten Obergeschoss links mit Kellerraum, Nr. 9 des Aufteilungsplans

Eigentümer bis Zuschlag: Franz Bergmann, Erzstraße 8, 47166 Duisburg

erschien nach Aufruf der Sache: niemand.

Der Teilungsplan wurde wie aus der Anlage ersichtlich aufgestellt.

Aus den Akten ergibt sich, dass keine Widersprüche und keine abweichenden Anmeldungen vorliegen, die nach §§ 115 Abs. 2 ZVG als Widerspruch zu behandeln sind.

Das Bargebot nebst Zinsen ist gezahlt.

Die Auszahlung erfolgt nach einer besonderen Anordnung.

Hauer
– Rechtspfleger –

Amtsgericht

Duisburg,
23. März 2005

46 K 430/02

Anlage zum Protokoll vom 23. März 2005

Teilungsplan

in der Zwangsversteigerungssache betreffend den im Grundbuch von Hamborn Blatt 9999 eingetragenen Grundbesitz:

55,88/561stel Miteigentumsanteil an dem Grundstück Gemarkung Hamborn, Flur 222, Flurstück 250, Hof- und Gebäudefläche, Lorenweg 1, 305 m² groß, verbunden mit dem Sondereigentum an der Wohnung im zweiten Obergeschoss links mit Kellerraum, Nr. 9 des Aufteilungsplans

A. Vorbericht

Erste Beschlagnahme: 14.11.2002

Tag der Zuschlagsverkündung: 23.02.2005

Verteilungstermin: 23.03.2005

Berechnung der wiederkehrenden Leistungen
- die bestehen bleiben, bis zum 22.02.2005 einschließlich
- die erlöschen, bis zum 22.03.2005 einschließlich

Eigentümer bis zum Zuschlag: Franz Bergmann, Erzstraße 8, 47166 Duisburg

Ersteher: Karl Kumpel, geboren am 22.03.1958, Kohlenweg 1 in 47179 Duisburg

mit einem Bargebot von 28.000,00 €

Die Bestimmung des Verteilungstermins ist den nach § 105 Abs. 2 ZVG in Betracht kommenden Beteiligten zugestellt worden.

B. Feststellung der Teilungsmasse

Die Teilungsmasse setzt sich zusammen aus:

1)	dem Bargebot von	28.000,00 €
2)	4 % Zinsen aus 28.000,00 € v. 23.02.2005 bis 22.03.2005 (= 30 Zinstage)	93,33 €
	insgesamt:	28.093,33 €

Diesen Betrag erbringt der Ersteher durch Zahlung von 28.093,33 €

C. Feststellung der bestehen bleibenden Rechte

keine

D. Feststellung der Schuldenmasse

Gegen die unter **B** festgestellte Teilungsmasse sind folgende Ansprüche geltend gemacht oder von Amts wegen zu berücksichtigen:

Nr	Gläubiger und Anspruch		**Betrag €**
1	Gerichtskasse wegen der gemäß § 109 ZVG vorweg zu entnehmenden Gerichtskosten		1.826,67 €
2	Stadtkasse Duisburg wegen der Grundsteuern (Anmeldung Seite 135)		60,07 €
3	Emil Schacht, Flözacker 77, 47179 Duisburg vertr. d. Rechtsanwalt Hans Erzenich, Flözacker 7, 47179 Duisburg wegen folgender Ansprüche aus dem Recht Abteilung III Nr. 2 (Anmeldung Seite 104, 134)		
	1. Kosten	132,00 €	
	2. 15 % Zinsen aus 17852,15 € vom 01.01.1999 bis zum 22.03.2005 (= 2242 Zinstage)	167.171,14 €	
	3. Nebenleistung	0,00 €	
	4. Kapital	178.952,15 €	
	insgesamt	346.255,29 €	346.255,29 €

Von der weiteren Aufführung der Schuldenmasse wird mangels Teilungsmasse abgesehen.

E. Ausführung des Teilungsplanes

Aus der unter Abschnitt **B** errechneten Teilungsmasse von 28.093,33 €

werden in nachstehender Reihenfolge = Rangfolge zugeteilt:

Nr.	Gläubiger	wie Abschnitt D Nr.	Betrag €
1	der Gerichtskasse	1	1.826,67 €
2	der Stadtkasse	2	60,07 €
3	Herrn Emil Schacht, Flözacker 77, 47179 Duisburg,	3	26.206,59 €
	ergibt wie oben		28.093,33 €

Damit ist die Teilungsmasse erschöpft.

F. Behandlung von Urkunden

Die im Verfahren vorgelegten Schuldtitel und Urkunden sind wie folgt zu behandeln:

Auf die Urkunde des Notars Dr. Hubert Sohle in Duisburg vom 26. November 1996 (UR-Nr. 1234/96) ist folgender **Vermerk** zu setzen:

»Auf vorstehenden Anspruch sind in dem Zwangsversteigerungsverfahren 46 K 430/02 (Amtsgericht Duisburg) auf

a	Kosten	132,00 €
b	Zinsen (Teilbetrag)	26.074,59 €
	insgesamt	26.206,59 €

zugeteilt worden.«

Die Auszahlung erfolgt über die Oberjustizkasse in Hamm.

Duisburg, 23. März 2005

(Hauer), Rechtspfleger LS

6. Antrag auf Anordnung der Zwangsverwaltung

653 Duisburg,
10. März 2005

Dr. Hans Erzenich
Flözacker 7, 47179 Duisburg
– Rechtsanwalt –

An das
Amtsgericht Duisburg
– Vollstreckungsgericht –
Kardinal-Galen-Straße 124
47058 D u i s b u r g

Anordnung der Zwangsverwaltung

In der Zwangsvollstreckungssache

Emil Schacht, Flözacker 77, 47179 Duisburg – Gläubiger –

vertreten durch Rechtsanwalt Hans Erzenich, Flözacker 7, 47179 Duisburg

gegen

Franz Bergmann, Erzstraße 8, 47166 Duisburg – Schuldner –

beantrage ich namens und in Vollmacht des Gläubigers die Anordnung der Zwangsverwaltung des folgenden auf den Namen des Schuldners eingetragenen Grundbesitzes:

Grundbuch von Hamborn Blatt 9999:

55,88/561stel Miteigentumsanteil an dem Grundstück Gemarkung Hamborn, Flur 222, Flurstück 250, Hof- und Gebäudefläche, Lorenweg l, 305 m² groß, verbunden mit dem Sondereigentum an der Wohnung im zweiten Obergeschoss links mit Kellerraum, Nr. 9 des Aufteilungsplans

Auf das dort geführte Grundbuch nehme ich Bezug.

Die Zwangsverwaltung wird beantragt aufgrund folgender beigefügter Vollstreckungstitel:
1. Urteil des LG Duisburg vom 10. November 2004 (25 O 1234/03)
2. Kostenfestsetzungsbeschluss des LG Duisburg vom 16. Dezember 2004 (25 O 1234/03)

wegen folgender **persönlicher Forderungen:**
1. …… € Hauptforderung mit 5 % Zinsen über dem Basiszinssatz seit dem … aus … €;
2. …… € festgesetzte Kosten mit 5 % Zinsen über dem Basiszinssatz seit dem …
3. …… € bisherige Kosten der Zwangsvollstreckung (Belege anbei)

oder

In dem vorgenannten Grundbuch ist in Abt. III unter Nr. 3 eine Zwangshypothek über ....€ mit 5 % Zinsen über dem Basiszinssatz seit dem ... aus ...€ sowie Kosten i.H.v.
........€ eingetragen.
Wegen des **dinglichen Anspruchs** aus dem genannten Recht
und der weiteren durch die Eintragung der Zwangshypothek entstandenen Kosten i.H.v.
..........€ (Eintragungskosten und Rechtsanwaltskosten)
beantrage ich die Anordnung der Zwangsverwaltung.
Den Vollstreckungstitel mit Eintragungsvermerk und Kostenbelegen habe ich beigefügt.

oder

Die Zwangsverwaltung wird beantragt aufgrund der vollstreckbaren Urkunde des Notars Dr. Hubert Sohle in Duisburg vom 26. November 1996 (UR-Nr. 1234/96) wegen des **dinglichen und persönlichen Anspruchs** aus dem im vorgenannten Grundbuch in Abt. III unter Nr. 2 eingetragenen Rechts wie folgt:
1. 178.952,15 € Grundschuldkapital mit 15 % Zinsen seit dem 01.01.1999
2. Kosten der dinglichen Rechtsverfolgung
Den Vollstreckungstitel habe ich beigefügt.

(Unterschrift)

7. Anordnung der Zwangsverwaltung wegen dinglicher und persönlicher Ansprüche

46 L 283/02 654

AMTSGERICHT DUISBURG
BESCHLUSS

In der Zwangsvollstreckungssache

Emil Schacht, Flözacker 77, 47179 Duisburg – Gläubiger –

vertreten durch Rechtsanwalt Hans Erzenich, Flözacker 7, 47179 Duisburg

gegen

Franz Bergmann, Erzstraße 8, 47166 Duisburg – Schuldner –

ist der Schuldner Eigentümer des im Grundbuch von Hamborn Blatt 9999 auf seinen Namen eingetragenen Grundbesitzes:

Grundbuch von Hamborn Blatt 9999:

55,88/561stel Miteigentumsanteil an dem Grundstück Gemarkung Hamborn, Flur 222, Flurstück 250, Hof- und Gebäudefläche, Lorenweg 1, 305 m² groß, verbunden mit dem Sondereigentum an der Wohnung im zweiten Obergeschoss links mit Kellerraum, Nr. 9 des Aufteilungsplans.

Aufgrund der vollstreckbaren Urkunde des Notars Dr. Hubert Sohle in Duisburg vom 26. November 1996 (UR-Nr. 1234/96) steht dem Gläubiger gegen den Schuldner ein dinglicher und persönlicher Anspruch aus dem im vorgenannten Grundbuch in Abteilung III Nr. 2 eingetragenen Recht zu:
a) 178.952,15 € Grundschuldkapital mit 15 % Zinsen seit dem 01.01.1999
b) Kosten der dinglichen Rechtsverfolgung

Auf Antrag des Gläubigers wird die **Zwangsverwaltung** des genannten Grundbesitzes **angeordnet**.

Dieser Beschluss gilt zugunsten des Gläubigers als Beschlagnahme des Verwaltungsobjektes. Durch die Beschlagnahme wird dem Schuldner die Verwaltung und Benutzung des Objektes entzogen.

Als Verwalter wird Dr. Kurt Schwarz, Duisburger Str. 218, 47169 Duisburg bestellt.

Sofern sich das Verwaltungsobjekt im Besitz des Schuldners befindet, wird der Zwangsverwalter ermächtigt, sich selbst den Besitz zu verschaffen.

Besitzt jemand das Verwaltungsobjekt als Mieter oder Pächter, wird der mittelbare Besitz auf den Zwangsverwalter übertragen.

Empfehlenswert und in der Praxis gebräuchlich (vgl. Teil IV Rdn. 502) ist nach der Neufassung der ZwVwV mit Wirkung v. 01.01.2004 die unmittelbare Aufnahme des folgenden Zusatzes in den Beschlusstext:
Schuldner und Gläubiger werden aufgefordert, innerhalb von 14 Tagen nach Zugang des Anordnungsbeschlusses einen bestehenden Versicherungsschutz (im Hinblick auf Feuer-, Sturm-, Leitungswasserschäden und Haftpflichtgefahren) schriftlich gegenüber dem Zwangsverwalter nachzuweisen. Andernfalls hat der Zwangsverwalter diese Versicherungen unverzüglich abzuschließen, wenn der Gläubiger die unbedingte Kostendeckung schriftlich mitteilt, § 9 Abs. 3 ZwVwV.

Duisburg, 6. November 2002

Hauer
– Rechtspfleger –

8. Terminsprotokoll und Aufstellung des Teilungsplans in der Zwangsverwaltung

46 L 283/02

Duisburg, 655
2. Juli 2004

Gegenwärtig:
Hauer, Rechtspfleger
(auf die Hinzuziehung eines
Urkundsbeamten der Geschäftsstelle
wurde gemäß § 159 Abs. 1 S. 2 ZPO verzichtet)

In dem heutigen

Termin zur Aufstellung eines Teilungsplanes

in der Zwangsverwaltungssache betreffend den im Grundbuch von Hamborn Blatt 9999 eingetragenen Grundbesitz:

55,88/561 stel Miteigentumsanteil an dem Grundstück Gemarkung Hamborn, Flur 222, Flurstück 250, Hof- und Gebäudefläche, Lorenweg 1, 305 m² groß, verbunden mit dem Sondereigentum an der Wohnung im zweiten Obergeschoss links mit Kellerraum, Nr. 9 des Aufteilungsplans.

Eigentümer: Franz Bergmann, Erzstraße 8, 47166 Duisburg

erschien nach Aufruf der Sache: Niemand.

Der Teilungsplan wurde wie aus der Anlage ersichtlich aufgestellt.

Aus den Akten ergibt sich, dass keine Widersprüche und keine abweichenden Anmeldungen vorliegen, die als Widerspruch zu behandeln wären.

Sodann wurde folgender

Beschluss

verkündet:
1. Der Zwangsverwalter wird angewiesen, Zahlungen nach Maßgabe des Teilungsplan an die Berechtigten zu leisten (§ 157 Abs. 1 ZVG).
2. Die Rechnungslegung hat kalenderjährlich zu erfolgen.

Hauer
– Rechtspfleger –

Amtsgericht

Duisburg,
2. Juli 2004

46 L 283/02

Anlage zum Protokoll vom 2. Juli 2004

Teilungsplan

in dem Zwangsverwaltungsverfahren betreffend den im Grundbuch von Hamborn Blatt 9999 eingetragenen Grundbesitz:

55,88/561stel Miteigentumsanteil an dem Grundstück Gemarkung Hamborn, Flur 222, Flurstück 250, Hof- und Gebäudefläche, Lorenweg 1, 305 m² groß, verbunden mit dem Sondereigentum an der Wohnung im zweiten Obergeschoss links mit Kellerraum, Nr. 9 des Aufteilungsplans

Eigentümer: Franz Bergmann, Erzstraße 8, 47166 Duisburg

A. Vorbemerkung

1. Erste Beschlagnahme: 14.11.2002
2. Die laufenden wiederkehrenden Leistungen nehmen daher ihren Anfang mit dem letzten vor dem Beschlagnahmedatum fällig gewesenen Betrag (§ 13 ZVG).
3. Betreibender Gläubiger: Emil Schacht, Flözacker 77, 47179 Duisburg vertreten durch Rechtsanwalt Hans Erzenich, Flözacker 7, 47179 Duisburg
4. Zwangsverwalter: Dr. Kurt Schwarz, Duisburger Str. 218, 47169 Duisburg
5. Folgende Anmeldungen liegen vor: Anmeldung des Rechtsanwalts Hans Erzenich, Flözacker 7, 47179 Duisburg v. 06.04.2004

B. Aus den Nutzungen sind zu bestreiten:

I. Ausgaben der Verwaltung und Kosten des Verfahren (§ 155 Abs. 1 ZVG):

1) Ausgaben der Verwaltung
   a) Verwaltungskosten, die der Zwangsverwalter zur Erhaltung und notwendigen Verbesserung des Grundbesitzes aufwenden muss;
   b) Vergütung des Verwalters.
2) Kosten des Verfahrens.
   Die Ansprüche zu Ziffer 1) und Ziffer 2) haben gleichen Rang!

II. Sonstige bevorrechtigte Ansprüche:

1) Der Anspruch des betreibenden Gläubigers auf Ersatz eines an den Zwangsverwalter gezahlten Vorschusses (§ 10 Abs. 1 Nr. 1 ZVG).
   – hier zur Zeit kein Anspruch –
2) Die laufenden Beträge der öffentlichen Haus- und Grundabgaben (vgl. Abschnitt A Nr. 2)

III. Die laufenden wiederkehrenden Leistungen aus den im Grundbuch eingetragenen Rechten:

1. Anspruch des Emil Schacht, Flözacker 77, 47179 Duisburg
vertreten durch Rechtsanwalt Hans Erzenich, Flözacker 7, 47179 Duisburg
aus dem Recht Abteilung III Nr. 2
15 % Zinsen aus 350.000,– DM = 178.952,15 €,
fällig jährlich nachträglich am 1. Kalendertag des folgenden Kalenderjahres
zur Zeit fällig:
für die Zeit vom 01.01.2001 bis zum 31.12.2001 = 360 Tage **26.842,82 €**

Von der weiteren Aufstellung des Teilungsplanes wird abgesehen, da die voraussichtlichen Einnahmen für weitere Zahlungen nicht ausreichen.
Eine Ergänzung des Teilungsplanes bleibt ggf. vorbehalten.
Duisburg, 2. Juli 2004
(Hauer), Rechtspfleger LS

34. Kapitel
Insolvenz

Übersicht

Rdn.

I. Einleitung – Überblick über das Insolvenzverfahren

1 Das Insolvenzverfahren dient der geordneten und gleichmäßigen Gläubigerbefriedigung, wenn das Vermögen des Schuldners nicht mehr ausreicht, um alle Gläubiger voll zu befriedigen. Jedes Insolvenzverfahren beginnt mit einem Insolvenzantrag entweder des Schuldners selbst oder eines Gläubigers (§ 13 InsO). Der Antrag leitet das **Insolvenzeröffnungsverfahren** ein. In diesem wird geprüft, ob ein Eröffnungsgrund vorliegt (Zahlungsunfähigkeit oder Überschuldung, §§ 17 ff. InsO) und ob das verbliebene Vermögen des Schuldners ausreicht, um (zumindest) die Kosten des Insolvenzverfahrens zu decken. Können nicht einmal die Verfahrenskosten aus dem Vermögen des Schuldners beglichen werden, weist das Insolvenzgericht den Insolvenzantrag mangels Masse ab (§ 26 InsO; eine natürliche Person kann jedoch beantragen, dass ihm die Kosten des Verfahrens gestundet werden (§ 4a InsO)).

2 Diese Prüfung kann einige Zeit in Anspruch nehmen. Um bis zur Entscheidung über den Insolvenzantrag eine zu Lasten der Gläubiger nachteilige Veränderung in der Vermögenslage des Schuldners zu verhindern, hat das Gericht im Insolvenzeröffnungsverfahren die zum Schutz der (künftigen) Insolvenzmasse erforderlichen **Sicherungsmaßnahmen** anzuordnen (§ 21 Abs. 1 InsO). Die in der Praxis wichtigsten Sicherungsmaßnahmen sind die Bestellung eines vorläufigen Insolvenzverwalters und die Anordnung von Verfügungsbeschränkungen. Beide Sicherungsmaßnahmen können kombiniert werden und werden es in der Praxis regelmäßig auch. Gehören zum Vermögen des Schuldners eine oder mehrere Eigentumswohnungen oder hat er sonst erhebliches Vermögen, wird das

Gericht regelmäßig einen vorläufigen Insolvenzverwalter einsetzen und dem Schuldner zugleich Verfügungsbeschränkungen auferlegen.

Ordnet das Gericht im Eröffnungsverfahren ein allgemeines Verfügungsverbot an (§ 21 Abs. 2 Nr. 2, 1. Alt. InsO), geht die Befugnis des Schuldners, sein Vermögen zu verwalten und darüber zu verfügen (sog. Verwaltungs- und Verfügungsbefugnis) auf den Insolvenzverwalter über (§ 22 Abs. 1 S. 1 InsO). Man spricht in diesem Fall von einem **»starken vorläufigen Insolvenzverwalter«**. Wird dagegen nur angeordnet, dass die Verfügungen des Schuldners zur ihrer Wirksamkeit der Zustimmung des vorläufigen Verwalters bedürfen (§ 21 Abs. 2 Nr. 2, 2. Alt. InsO), bleibt der Schuldner im Grundsatz befugt, sein Vermögen zu verwalten und darüber zu verfügen. Man spricht in diesem Fall von einem **»schwachen vorläufigen Insolvenzverwalter«**. In der Praxis wird nur ausnahmsweise ein starker vorläufiger Insolvenzverwalter bestellt, weil dessen Tätigkeit im Eröffnungsverfahren die (künftige) Insolvenzmasse erheblich belastet. Die vom starken vorläufigen Verwalter begründeten Verbindlichkeiten sind nämlich – im Gegensatz zu denen des schwachen vorläufigen Insolvenzverwalters – Masseverbindlichkeiten (§ 55 Abs. 2 InsO). Masseverbindlichkeiten werden nicht wie einfache Insolvenzforderungen (§ 38 InsO) quotal befriedigt, sondern sind vorweg, also vollen Umfangs aus der Masse zu bedienen (§ 53 InsO); näher: Rdn. 46 f. 3

Mit der **Eröffnung des Insolvenzverfahrens** geht die Verwaltungs- und Verfügungsbefugnis auf den Insolvenzverwalter über (§ 80 Abs. 1 InsO). Der Insolvenzverwalter verwertet das Vermögen des Schuldners (§ 159 InsO) und begleicht aus dem Erlös zunächst die Kosten des Verfahrens und die sonstigen Masseverbindlichkeiten (§ 53 InsO). Den verbleibenden Erlös kehrt er zu gleichen Teilen an diejenigen Insolvenzgläubiger aus, die ihre Forderungen zur Tabelle angemeldet haben (§§ 174 ff. InsO). 4

Jeder Gläubiger, der an der Verteilung der Insolvenzmasse teilhaben will, muss seine Forderung(en) **zur Insolvenztabelle anmelden** (§§ 174 ff. InsO). Wird eine angemeldete Forderung vom Insolvenzverwalter oder von einem anderen Gläubiger bestritten, muss der anmeldende Gläubiger – vor dem Zivilgericht – auf Feststellung klagen (§§ 179, 180 InsO). Aus der mit der gerichtlichen Klärung verbundenen Verzögerung erwächst dem Gläubiger kein Nachteil. Während der Zeit der Rechtshängigkeit des Feststellungsverfahrens wird der auf seine Forderung entfallende Anteil bei der Verteilung zurückbehalten (§ 189 InsO; das Feststellungsverfahren muss dem Insolvenzverwalter fristgebunden nachgewiesen werden, § 189 Abs. 2 InsO) und ihm im Falle seines Obsiegens nachträglich ausgekehrt. 5

Die öffentlich bekannt zu machenden Entscheidungen der meisten deutschen Insolvenzgerichte sind im Internet unter **www.insolvenzbekanntmachungen.de** kostenlos abrufbar. Öffentlich bekannt zu machen sind unter anderem der Beschluss, mit dem im Eröffnungsverfahren Verfügungsbeschränkungen angeordnet werden (vgl. § 23 InsO) und der Eröffnungsbeschluss (vgl. § 30 InsO). 6

II. Wohnungseigentumsrecht in der Insolvenz

Das Wohnungseigentum fällt als ein der Zwangsvollstreckung unterliegender Vermögenswert des Schuldners in die Insolvenzmasse (§§ 35 f. InsO). Seine Behandlung in der Insolvenz folgt damit grundsätzlich den allgemeinen insolvenzrechtlichen Regeln. Besonderheiten ergeben sich aber daraus, dass der Wohnungseigentümer zwingend mit den anderen Wohnungseigentümern in einer (Bruchteils-)Gemeinschaft verbunden ist, die kraft Gesetzes Rechte und Pflichten zwischen den Wohnungseigentümern begründet. 7

8 Der Wohnungseigentümergemeinschaft kommt nach dem neuen § 10 WEG zwar (Teil-)Rechtsfähigkeit zu. Mit dem ebenfalls neu eingefügten § 11 Abs. 3 WEG hat der Gesetzgeber aber ausdrücklich bestimmt, dass über das Vermögen der Wohnungseigentümergemeinschaft ein Insolvenzverfahren nicht stattfindet. Die Gläubiger der Gemeinschaft – nicht eines einzelnen Eigentümers – müssen im Wege der Einzelzwangsvollstreckung auf das Vermögen der Gemeinschaft zugreifen, zu dem aber gerade nicht das Wohnungseigentum ihrer Mitglieder gehört. Reicht das Vermögen der Gemeinschaft nicht, muss der Gläubiger ggf. den Anspruch der Wohnungseigentümergemeinschaft gegen die Wohnungseigentümer auf Auffüllung des Gemeinschaftsvermögens pfänden. Das kann sich zeitaufwändig gestalten und mit Risiken behaftet sein. Die Durchsetzung dieses materiellen Anspruchs auf Verschaffung von Liquidität setzt nämlich einen Beschluss der Wohnungseigentümer voraus. Sind die Wohnungseigentümer nicht bereit, das Vermögen freiwillig aufzufüllen, könnten die dahinter stehenden internen Probleme der Eigentümergemeinschaft auf das Zwangsvollstreckungsverfahren durchschlagen.

9 Die folgenden Ausführungen haben nur die Insolvenz des einzelnen Wohnungseigentümers zum Gegenstand.

1. Fortbestand der Wohnungseigentumsgemeinschaft in der Insolvenz

10 Die Eröffnung des Insolvenzverfahrens über das Vermögen eines Wohnungseigentümers führt weder zur Auflösung der Wohnungseigentumsgemeinschaft noch bewirkt sie das Ausscheiden des insolventen Wohnungseigentümers aus der Gemeinschaft. Der Grundsatz der Unauflösbarkeit der Wohnungseigentümergemeinschaft (§ 11 Abs. 1 WEG) gilt auch in der Insolvenz uneingeschränkt fort. Dies wird in § 11 Abs. 2 WEG, der auch die erweiterte Auflösungsmöglichkeit für Bruchteilsgemeinschaften in § 84 Abs. 2 InsO für Wohnungseigentümergemeinschaften ausschließt, noch einmal klargestellt.

2. Das Wohnungseigentum im Insolvenzeröffnungsverfahren

a) Rechtswirkungen der Verfahrenseinleitung

11 Die *Einleitung* eines Insolvenzverfahrens gegen einen Wohnungseigentümer hat keine unmittelbaren Auswirkungen auf dessen Rechtsstellung als Wohnungseigentümer. Im Insolvenzeröffnungsverfahren wird erst geprüft, ob ein Insolvenzgrund vorliegt, der die Grundlage dafür bietet, dem Schuldner die eigenverantwortliche Steuerung seiner Vermögensverhältnisse zu entziehen. Um für die Dauer der Prüfung eine nachteilige Veränderung der Vermögensverhältnisse des Schuldners zu verhindern, trifft das Insolvenzgericht jedoch die erforderlichen Sicherungsmaßnahmen.

b) Bestellung eines schwachen vorläufigen Insolvenzverwalters

12 Bestellt das Insolvenzgericht einen schwachen vorläufigen Insolvenzverwalter (Regelfall, s.o. Rdn. 3), verliert der Wohnungseigentümer nicht die Verwaltungs- und Verfügungsbefugnis über sein Vermögen (s.o. Rdn. 3). Allerdings wird fast ausnahmslos zugleich mit der Einsetzung eines schwachen vorläufigen Insolvenzverwalters ein Zustimmungsvorbehalt gem. § 21 Abs. 2 Nr. 2, 2. Alt. InsO angeordnet. Dieser bewirkt, dass Verfügungen des Wohnungseigentümers ohne die Zustimmung des vorläufigen Verwalters unwirksam sind, sodass der Wohnungseigentümer nicht mehr allein über sein Wohnungseigentum verfügen, es also insbesondere weder belasten noch übertragen kann. Ergänzend wird Dritten regelmäßig verboten, mit befreiender Wirkung an den Schuldner zu zahlen.

aa) Wohnungseigentümerversammlungen

Da der Zustimmungsvorbehalt nur *Verfügungen* des Wohnungseigentümers ihre Wirksamkeit nimmt, bleibt der Eigentümer zu allen sonstigen Rechtshandlungen allein befugt. Das umfasst insbesondere den gesamten Bereich der Verwaltung des gemeinschaftlichen Eigentums, soweit sie in den Händen der Wohnungseigentümer liegt, §§ 20 ff. WEG. Der Wohnungseigentümer, und nicht der vorläufige schwache Verwalter, ist daher berechtigt, an Wohnungseigentümerversammlungen teilzunehmen und an der Beschlussfassung mitzuwirken. Daher ist der Wohnungseigentümer trotz der Anordnung der vorläufigen Insolvenzverwaltung zu den Versammlungen einzuladen. **13**

bb) Vermietete Eigentumswohnung

Ist die Eigentumswohnung vermietet, kann der Mieter Zahlungen nicht mehr mit schuldbefreiender Wirkung an den Wohnungseigentümer leisten, wenn das Gericht – dem Regelfall entsprechend (s.o. Rdn. 12) – Drittschuldnern verboten hat, mit befreiender Wirkung an den Schuldner zu zahlen. Die Mieten sind in diesem Fall an den vorläufigen Insolvenzverwalter zu entrichten, dem im Rahmen seiner Bestellung üblicherweise gestattet wird, Forderungen einzuziehen und Gelder entgegenzunehmen (sog. Kassenbefugnis). **14**

c) Bestellung eines starken vorläufigen Insolvenzverwalters

Wird (ausnahmsweise) gem. § 21 Abs. 2 Nr. 1 i.V.m. Abs. 2 Nr. 2, 1. Alt. InsO ein starker vorläufiger Insolvenzverwalter bestellt, geht die Verwaltungs- und Verfügungsbefugnis über das Vermögen des Schuldners auf den Verwalter über (§ 22 Abs. 1 S. 1 InsO). Damit wird der starke vorläufige Insolvenzverwalter bereits im Eröffnungsverfahren zum »alleinigen Ansprechpartner« für die übrigen Wohnungseigentümer in allen Wohnungseigentumsangelegenheiten. Er nimmt die Rechte des insolventen Wohnungseigentümers umfassend wahr. **15**

aa) Wohnungseigentümerversammlungen

Der starke vorläufige Insolvenzverwalter ist zur Teilnahme an den Wohnungseigentümerversammlungen berechtigt, in denen er im selben Umfang stimmberechtigt ist wie der Wohnungseigentümer, der mit dem Verlust der Verwaltungs- und Verfügungsbefugnis auch sein Stimmrecht eingebüßt hat (zur Frage des Stimmrechtsverbots des Insolvenzverwalters s.u. Rdn. 25 f.). Der starke vorläufige Insolvenzverwalter ist unter Beachtung der gesetzlichen Förmlichkeiten (vgl. Kap. 19 Rdn. 29 ff.) zu laden, wobei für ihn keine neue Einladungsfrist (§ 24 Abs. 4 WEG) zu laufen beginnt, wenn dem insolventen Wohnungseigentümer vor der Bestellung des starken vorläufigen Insolvenzverwalters bereits ein Einladung zugegangen ist. Wurde der starke vorläufige Insolvenzverwalter versehentlich nicht eingeladen, sollte sich der WEG-Verwalter mit ihm über die weitere Vorgehensweise hinsichtlich der in dieser Versammlung gefassten Beschlüsse – aus Beweisgründen schriftlich – verständigen. Zum einen geht nämlich das Anfechtungsrecht eines nicht eingeladenen Teilnahmeberechtigten sehr weit. Zum anderen ist noch nicht abschließend geklärt, ob die in einer Eigentümerversammlung gefassten Beschlüsse gegenüber einem Teilnehmer, der nicht eingeladen war, mit Ablauf der Anfechtungsfrist des § 46 Abs. 1 S. 2 WEG (ein Monat) überhaupt bestandskräftig werden (abl. Merle in Bärmann § 23 Rn. 176, der sogar weitergehend von der Nichtigkeit ausgeht). Wäre das nicht der Fall, wären die Beschlüsse auf unabsehbare Zeit angreifbar. **16**

bb) Vermietete Eigentumswohnung

17 Ist die Eigentumswohnung vermietet, kann der Mieter wegen des Übergangs der Verwaltungs- und Verfügungsbefugnis Zahlungen mit schuldbefreiender Wirkung nur noch an den staken vorläufigen Insolvenzverwalter leisten.

cc) Keine Verwertungsbefugnis

18 Auch der starke vorläufige Insolvenzverwalter ist trotz des Übergangs der Verwaltungs- und Verfügungsbefugnis auf ihn nicht befugt, das Wohnungseigentum im Eröffnungsverfahren zu veräußern oder freizugeben (zur Freigabe Rdn. 35 ff.). Die unbeschränkte rechtliche Befugnis des starken vorläufigen Verwalters im Außenverhältnis wird im Innenverhältnis durch den Sicherungszweck begrenzt. Der vorläufige Verwalter soll lediglich das Vermögen des Schuldners bis zur Entscheidung über den Insolvenzantrag vor nachteiligen Veränderungen schützen. Verwertungen oder verwertungsähnliche Maßnahmen wie die Freigabe sind ihm daher grundsätzlich nicht gestattet (näher, auch zu den Ausnahmen: Jaeger/Henckel § 22 Rn. 37 ff.).

3. Das Wohnungseigentum ab Eröffnung des Insolvenzverfahrens

19 Mit der Eröffnung des Insolvenzverfahrens über das Vermögen eines Wohnungseigentümers geht die Verwaltungs- und Verfügungsbefugnis auf den Insolvenzverwalter über (§ 80 Abs. 1 InsO). Damit tritt der Insolvenzverwalter in sämtliche Rechte und Pflichten aus dem Wohnungseigentum ein. Das umfasst sowohl die vermögensrechtliche Seite des Wohnungseigentums als auch die Rechte und Pflichten, die sich aus der Mitgliedschaft des Schuldners in der Wohnungseigentümergemeinschaft ergeben. Für die anderen Wohnungseigentümer steht die Frage im Vordergrund, welche Auswirkungen die Insolvenzeröffnung über das Vermögen eines Eigentümers auf die Durchsetzung ihrer Forderungen gegen diesen hat.

a) Geltendmachung von Ansprüchen

20 Die Forderungen des insolventen Wohnungseigentümers gegen Dritte sind Bestandteil der Insolvenzmasse und demgemäß vom Insolvenzverwalter – ggf. auch gerichtlich – geltend zu machen. In Betracht kommen insbesondere die Geltendmachung etwaiger Gewährleistungsansprüche gegenüber dem Bauträger und, wenn die Eigentumswohnung vermietet ist, die Einziehung von Mieten.

21 Umgekehrt müssen sich Dritte mit Ihren Forderungen gegenüber dem Wohnungseigentümer an den Insolvenzverwalter wenden. Alle zum Zeitpunkt der Insolvenzeröffnung bereits bestehenden, nicht bevorrechtigten Forderungen (= Insolvenzforderungen; näher unten Rdn. 47) sind zur Insolvenztabelle anzumelden (§§ 174 ff. InsO). Das gilt grundsätzlich auch dann, wenn sie bereits in einem gerichtlichen Verfahren anhängig gemacht worden sind (zu den sich daraus ergebenden prozessualen Konsequenzen vgl. Rdn. 56 ff.) selbst wenn sie bereits tituliert sind. Den praktisch besonders bedeutsamen Ansprüchen wegen rückständiger Wohngelder ist ein eigener Abschnitt gewidmet (Rdn. 42 ff.).

b) Zugangsrecht und Räumung bei selbst genutzter Eigentumswohnung

22 Der Insolvenzverwalter ist berechtigt, die Räumlichkeiten des Wohnungseigentümers, die dieser selbst nutzt, zu betreten. Verweigert der Wohnungseigentümer den Zutritt, ist der Verwalter bereits aufgrund einer vollstreckbaren Ausfertigung des Eröffnungsbeschlusses berechtigt, den Zutritt im Wege der Zwangsvollstreckung durchzusetzen, eines

gesonderten Titels bedarf es insoweit nicht (BGH ZInsO 2006, 1105; Jarchow in Hamburger Kommentar zum Insolvenzrecht § 148 Rn. 27).

Die vollstreckbare Ausfertigung des Eröffnungsbeschlusses ist gem. § 148 Abs. 2 S. 1 InsO i.V.m. § 885 ZPO auch Titelgrundlage für eine Räumungsvollstreckung gegen den insolventen Wohnungseigentümer und dessen Familienangehörige (K/P/Holzer § 148 Rn. 17 m.w.N.). Vollstreckungsschutz kann der Wohnungseigentümer nur über § 765a ZPO erlangen; der Antrag ist spätestens zwei Wochen vor dem festgesetzten Räumungstermin zu stellen. **23**

c) Zugangsrecht bei vermieteter Eigentumswohnung

Ist die Wohnung vermietet, steht dem Insolvenzverwalter gegenüber den Mietern ein Zutrittsrecht nur im Rahmen der mietrechtlichen Bestimmungen zu. Enthält der Mietvertrag keine Regelung über das Besichtigungsrecht des Vermieters, greifen die von der Rechtsprechung entwickelten allgemeinen Grundsätze. Danach hat der Vermieter insbesondere im Vorfeld einer Veräußerung das Recht, sich ein Bild vom Zustand der Wohnung zu machen (Schmidt-Futterer/Eisenschmid § 535 Rn. 154). Da es Aufgabe des Insolvenzverwalters ist, das Vermögen des Schuldners zu verwerten (§ 159 InsO), kann er im Rahmen seiner Verwertungsbemühungen Zutritt zur vermieteten Eigentumswohnung verlangen und zwar auch in Begleitung von Kaufinteressenten oder eines Immobilienmaklers. Allerdings kann der Insolvenzverwalter gegenüber einem sich sperrenden Mieter den Zutritt – anders als gegenüber einem die Wohnung selbst nutzenden insolventen Eigentümer (s. Rdn. 22) – nicht auf der Grundlage des Eröffnungsbeschlusses zwangsweise durchsetzen, sondern muss zunächst vor den ordentlichen Gerichten einen Titel gegen den Mieter erstreiten. **24**

d) Teilnahme an Wohnungseigentümerversammlungen

Der Insolvenzverwalter ist – unter Verdrängung des bisherigen Wohnungseigentümers (Becker S. 184) – zur Teilnahme an Wohnungseigentümerversammlungen berechtigt; er ist anstelle des Wohnungseigentümers einzuladen. Für dessen Ladung, Ladungsfrist usw. gilt das zum vorläufigen starken Insolvenzverwalter gesagte entsprechend (s.o. Rdn. 16). Als über das Wohnungseigentum Verfügungsbefugter steht ihm das alleinige Stimmrecht für das Wohnungseigentum des Schuldners in der Versammlung zu. Die Ausübung des Stimmrechts durch den Insolvenzverwalter unterliegt denselben Schranken, denen das Stimmrecht des Eigentümers unterworfen ist, insbesondere gilt auch für den Insolvenzverwalter das Stimmverbot des § 25 Abs. 5 WEG (dazu Kap. 19 Rdn. 202 ff.). Liegt ein solches Stimmverbot in der Person des Insolvenzverwalters vor, steht dem Wohnungseigentümer auch kein subsidiäres Stimmrecht zu (Bärmann/Pick/Merle § 25 Rn. 139). **25**

Der Insolvenzverwalter ist entgegen der h.M. (Vallender NZI 2004, 401, 405 m.w.N.) mit seinem Stimmrecht grundsätzlich auch ausgeschlossen, wenn den Wohnungseigentümer, wäre er noch stimmberechtigt, ein Stimmverbot träfe. Die Begründung der herrschenden Ansicht, der Insolvenzverwalter sei nicht Interessenvertreter des Wohnungseigentümers und nehme seine Aufgabe als unabhängiges Organ der Rechtspflege wahr, greift zu kurz. Das Stimmrechtsverbot soll verhindern, dass sich der Stimmberechtigte bei der Beschlussfassung von Sonderinteressen leiten lässt und die mitgliedschaftlichen Interessen nicht berücksichtigt (Bärmann/Pick/Merle § 25 Rn. 123). Eine solche Interessenkollision tritt aber regelmäßig auch beim Insolvenzverwalter auf, wenn sie in der Person des – nicht mehr stimmberechtigten – Wohnungseigentümers gegeben ist. Ist beispielsweise Beschlussgegenstand ein Vertrag der Wohnungseigentümergemeinschaft mit dem insolventen Wohnungseigentümer, sind dieser und der Insolvenzverwalter gleichermaßen **26** an einem für den Wohnungseigentümer vorteilhaften Abstimmungsergebnis interessiert. Die aus einem solchen Vertrag dem insolventen Wohnungseigentümer zufließenden Einnahmen mehren als Neuerwerb die Insolvenzmasse (§ 35 InsO), sodass es zu einem Gleichlauf der Interessen des Wohnungseigentümers mit den Interessen des der bestmöglichen Gläubigerbefriedigung verpflichteten Insolvenzverwalters kommt.

27 Zum Stimmrecht im Falle der Freigabe des Wohnungseigentums durch den Insolvenzverwalter s.u. Rdn. 37.

e) Verwertung des Wohnungseigentums

28 Der Insolvenzverwalter kann eine zur Insolvenzmasse gehörende Eigentumswohnung freihändig veräußern, nach § 165 InsO zwangsversteigern lassen oder aus der Insolvenzmasse freigeben. Soll die Eigentumswohnung verwertet werden, muss der Wohnungseigentümer, wenn er die Wohnung selbst bewohnt, in jedem Fall mit der Räumung rechnen (s.o. Rdn. 22 ff.), weil eine freie Wohnung sowohl in der Zwangsversteigerung als auch bei freihändiger Veräußerung einen höheren Erlös erzielt. Ist die Eigentumswohnung vermietet, kommt für die Zeit des laufenden Insolvenzverfahrens auch eine sogenannte kalte Zwangsverwaltung in Betracht.

aa) Freihändige Veräußerung

29 Zur freihändigen Veräußerung bedarf der Insolvenzverwalter der Zustimmung des Gläubigerausschusses (§ 160 Abs. 2 Nr. 1 InsO). Haben die Wohnungseigentümer vereinbart, dass die Veräußerung des Wohnungseigentums der Zustimmung der anderen Wohnungseigentümer oder des Wohnungsverwalters bedarf (§ 12 Abs. 1 WEG), gilt diese Verfügungsbeschränkung auch für eine freihändige Veräußerung durch den Insolvenzverwalter. Wird die Zustimmung zu Unrecht verweigert, muss der Insolvenzverwalter sie gem. § 43 WEG geltend machen.

30 Der Insolvenzverwalter ist beim freihändigen Verkauf zudem an bestehende Vorkaufsrechte, gesetzliche wie vertragliche, gebunden.

31 **Praxistipp:**

Der Erwerber muss für seine Entscheidung berücksichtigen, dass er bei freihändiger Veräußerung durch den Insolvenzverwalter **für rückständige Grundsteuern und** – nach neuer Gesetzeslage – für rückständige **Wohngeldansprüche** bis zu einer Höhe von 5 % des Verkehrswertes (vgl. Rdn. 43 ff.) – zwar nicht persönlich aber – **mit dem erworbenen Grundstück haftet**. Hat der beurkundende Notar darüber nicht aufgeklärt (§ 17 BeurkG), dürfte er dem Erwerber zum Schadensersatz verpflichtet sein, wohingegen die fehlende Aufklärung durch den veräußernden Insolvenzverwalter wohl nicht zu dessen Haftung nach § 60 InsO führt (beides von der Rechtsprechung noch nicht entschieden).

bb) Zwangsversteigerung

32 Die Zwangsversteigerung (§ 165 InsO i.V.m. §§ 172 ff. ZVG) ist langwierig und verursacht erhebliche Kosten zu Lasten der Insolvenzmasse, weshalb sie in der Praxis die Ausnahme bildet. Aus drei Gründen kann sie dennoch in Betracht kommen:

1. Bei der vom Insolvenzverwalter betriebenen Zwangsversteigerung (sog. Insolvenzverwalterversteigerung) sind – im Gegensatz zum freihändigen Verkauf – alle Vorkaufsrechte mit Ausnahme einiger wenig verbreiteter gesetzlicher Vorkaufsrechte (insbesondere nach Denkmalschutzgesetzen sowie nach Naturschutz- und Forstrechten) ausgeschlossen (vgl. für schuldrechtliche Vorkaufsrechte § 471 BGB, für dingliche

§ 1098 Abs. 1 S. 1 BGB i.V.m. § 471 BGB und für das Vorkaufsrecht der Gemeinde nach dem BauGB Stöber ZVG, § 81 Anm. 10.5.)
2. Bei land- und forstwirtschaftlichen Grundstücken entfällt das Genehmigungserfordernis nach dem Grundstücksverkehrsgesetz (Dassler/Schiffhauer/Gerhardt/Muth § 172 Rn. 1, § 81 Rn. 31).
3. Und schließlich kommt eine Zwangsversteigerung in Betracht, um Gewährleistungsansprüche des Erwerbers auszuschließen (§ 56 S. 3 ZVG).

Praxistipp: 33

Gerade die Möglichkeit, dass die Veräußerung im Wege der Zwangsversteigerung dem Ausschluss von Gewährleistungsrechten dient, sollte Interessenten zu besonderer Vorsicht mahnen. Ggf. sollte man den Insolvenzverwalter nach seinen Beweggründen für die Einleitung des Zwangsversteigerungsverfahrens fragen und ohne eine befriedigende – schriftliche – Auskunft vom Kauf absehen.

cc) Kalte Zwangsverwaltung

Von der sog. kalten Zwangsverwaltung spricht man, wenn der Insolvenzverwalter vermietetes Immobilienvermögen für die Grundpfandgläubiger wie ein gerichtlich bestellter Zwangsverwalter (s. dazu Kap. 33 Rdn. 493 ff.) bewirtschaftet, insbesondere die Mieten einzieht und sie an die Grundpfandgläubiger abführt. Zugrunde liegt dem ein Geschäftsbesorgungsvertrag zwischen Insolvenzverwalter und Grundpfandgläubiger(n), der auch die Höhe des Entgelts festlegt, der für die verwaltende Tätigkeit an die Insolvenzmasse abzuführen ist. Da mit der kalten Zwangsverwaltung die schwerfällige Zwangsverwaltung und das – Reibungsverluste erzeugende – Nebeneinander zweier Verwalter vermieden wird, ist die kalte Zwangsverwaltung in der Insolvenz eines Grund- oder Wohnungseigentümers verbreitet. 34

dd) Freigabe der Eigentumswohnung

Der Insolvenzverwalter hat auch die Möglichkeit, das Wohnungseigentum freizugeben (es besteht aber entgegen OLG Düsseldorf ZinsO 2007, 154 keine *Pflicht* zur Freigabe; die unterlassene Freigabe kann aber ausnahmsweise zur Haftung des Insolvenzverwalters nach § 60 InsO führen (Pape ZflR 2007, 817)). Der BGH hat nunmehr mit der h.M. in der Literatur entschieden (NJW 2005, 2015), dass das auch im Insolvenzverfahren einer Gesellschaft gilt. Die Freigabe bewirkt, dass das Wohnungseigentum in das insolvenzfreie Vermögen des Schuldners (§§ 35, 36 InsO) überführt wird. Mit dem Ausscheiden des Wohnungseigentums aus der Insolvenzmasse geht die Verfügungsbefugnis insoweit wieder vom Insolvenzverwalter auf den Schuldner über, mit der Folge, dass der Schuldner wieder in vollem Umfang berechtigt ist, das Wohnungseigentum zu verwalten und darüber zu verfügen. 35

Eine Freigabe kommt nur dann in Betracht, wenn die voraussichtlichen Kosten für die Verwaltung und Verwertung des Wohnungseigentums den zu erwartenden Verwertungserlös übersteigen (MüKoInsO/Lwowski § 35 Rn. 85). Anderenfalls würde sich der Insolvenzverwalter wegen Verkürzung der Insolvenzmasse schadensersatzpflichtig machen. 36

Mit der Freigabe entfällt das Teilnahmerecht des Insolvenzverwalters an Versammlungen der Wohnungseigentümer, während umgekehrt das Teilnahmerecht des Wohnungseigentümers wieder auflebt (Lüke in FS Wenzel, S. 238). Vgl. für den Fall, dass die Wirksamkeit der Freigabe streitig ist: Kap. 20 Rdn. 161. War im Zeitpunkt der Freigabe bereits eine Wohnungseigentumsversammlung anberaumt, muss der Wohnungseigentümer daher nachträg- 37 lich eingeladen werden. Allerdings beginnt die Ladungsfrist des § 24 Abs. 4 WEG nicht erneut zu laufen, wenn der Insolvenzverwalter ordnungsgemäß eingeladen war; der Wohnungseigentümer muss in diesem Fall jedoch unverzüglich eingeladen werden.

38 Auf Ansprüche, die bereits zum Zeitpunkt der Freigabe begründet waren, hat die Freigabe keine Auswirkungen (insbesondere Wohngeld), und zwar auch dann nicht, wenn sie ihren Ursprung im Wohnungseigentum haben. Sie sind unverändert – je nach Entstehungszeitpunkt als Insolvenzforderung oder Masseforderung – gegenüber der Masse geltend zu machen (LG Stuttgart NZM 2008, 532; LG Kassel ZIP 2007, 2370; Häsemeyer Rn. 13.19).

39 Wohnungseigentumsrechtliche Ansprüche aus der Zeit nach der Freigabe können dagegen nur gegenüber dem insolventen Wohnungseigentümer geltend gemacht werden. Dieser verfügt neben dem freigegebenen Wohnungseigentum nur über unpfändbares Vermögen (§§ 35, 36 InsO). Daher kommt der noch nicht abschließend geklärten Frage, ob die mit dem freigegebenen Wohnungseigentum ggf. erzielten Einnahmen (Mieten) in die Insolvenzmasse fallen oder nicht, entscheidende Bedeutung zu. Zutreffend ist die Auffassung, dass die nach der Freigabe fällig werdenden Mieten zum insolvenzfreien Vermögen gehören (HambKomm/Lüdtke § 35 Rn. 70; MüKoInsO/Lwowski/Peters § 35 Rn. 58; Henckel in FS Kreft, S. 291, 296 ff.; a.A. – obiter dictum – BGH ZInsO 2009, 830, 832). Anderenfalls hätte der Verwalter es in der Hand, die mit einem Gegenstand der Insolvenzmasse verbundenen Kosten und Lasten durch Freigabe abzuschütteln, aber die Früchte weiter für die Masse zu vereinnahmen. Ein solches »Rosinenpicken« ist insolvenzrechtlich unzulässig. Die in dem Auseinanderfallen von Erträgen und Kosten eines unbeweglichen Gegenstandes liegende Unbilligkeit führt der BGH in anderem Zusammenhang selbst gegen die Zulässigkeit der Forderungspfändung mithaftender Mieten durch Grundpfandgläubiger in Feld (BGH ZMR 2006, 851).

40 Unabhängig davon, ob die mit einer freigegeben, vermieteten Eigentumswohnung erzielten Mieteinnahmen zur Insolvenzmasse zählen oder nicht, können die anderen Wohnungseigentümer nach der Rechtsprechung des BGH die nach Freigabe fällig werdenden Mieten nicht im Wege der Mobiliarvollstreckung pfänden lassen, da das Vollstreckungsverbot des § 89 Abs. 1 InsO auch für freigegebene Vermögensgegenstände gilt (BGH ZInsO 2009, 830). Auch die mit dem freigegebenen Wohnungseigentum erzielten Mieten gehören zum sonstigen Vermögen im Sinne des § 89 Abs. 1 InsO und unterfallen damit dem Vollstreckungsverbot.

Die Wohnungseigentümergemeinschaft bleibt aber die Möglichkeit, sich einen Vollstreckungstitel bezüglich der nach § 10 Abs. 1 Nr. 2 n.F. ZVG privilegierten Hausgeldansprüche (Rdn. 43 ff.) zu verschaffen und gestützt auf diesen Titel die Zwangsverwaltung des Wohnungseigentums zu beantragen (BGH ZInsO 2009, 830).

41 Der Wohnungseigentümer kann sich der künftigen Kosten und Lasten des Wohnungseigentums nicht durch Aufgabe des Eigentums gem. § 928 BGB entledigen, da nach höchstrichterlicher Rechtsprechung die Dereliktion von Wohnungseigentum nicht zulässig ist (BGHZ 115, 1, 7 ff.).

4. Wohngeldansprüche

42 Der insolvente Wohnungseigentümer ist regelmäßig auch mit der Zahlung des Wohngeldes im Rückstand. Nach früherem Recht mussten die übrigen Eigentümer fast ausnahmslos für die Rückstände des insolventen Wohnungseigentümers aus der Zeit vor dem Insolvenzverfahren aufkommen, weil es sich dabei um einfache Insolvenzforderungen handelt, für die keine Masse vorhanden war, und sie auch in der Zwangsversteigerung

wegen vorrangig zu befriedigender Grundpfandgläubiger ausfielen. Die WEG-Novelle v. 26.03.2007 (BGBl. I, 370) hat nunmehr mit § 10 Abs. 1 Nr. 2 ZVG eine für die übrigen Eigentümer vorteilhafte Regelung eingeführt, die wegen ihrer großen Bedeutung vor der rechtlichen Einordnung der Wohngeldansprüche in der Insolvenz (als Insolvenz- oder Masseforderung) dargestellt werden soll.

a) Befriedigung in der Zwangsversteigerung, § 10 Abs. 1 Nr. 2 ZVG

Nach dem am 01.07.2007 in Kraft getretenen § 10 Abs. 1 Nr. 2 ZVG sind die laufenden und rückständigen Wohngelder – einschließlich der Rückstellungen – des laufenden Jahres der Beschlagnahme und der letzten zwei Jahre an zweiter Rangstelle zu befriedigen. Da an erster Rangstelle lediglich einige Verfahrenskosten vorgehen, ist in der Zwangsversteigerung eine Befriedigung dieser Wohngeldrückstände sicher. Allerdings begrenzt § 10 Abs. 1 Nr. 2, S. 3 ZVG das Vorrecht der Wohngeldgläubiger auf 5 % des – vom Gericht gem. § 74a Abs. 5 ZVG festzusetzenden – Verkehrswertes (auch im Falle der Ablösung ihrer Forderung/en durch nachrangige Gläubiger können sie nicht erneut (weitere) 5 % in der Rangklasse 2 geltend machen, BGH ZMR 2010, 383). Darüber hinaus gehende Beträge können in der Rangklasse 5 angemeldet werden. Schließlich können die Wohngeldgläubiger das Zwangsvollstreckungsverfahren *selbst* nur beantragen, wenn Ihre Ansprüche 3 % des – regelmäßig weit unter dem Verkehrswert liegenden – Einheitswertes (§ 180 AO, §§ 19 ff. BewG) übersteigen, § 10 Abs. 3 S. 1 ZVG i.V.m. § 18 Abs. 2 Nr. 2 WEG. Ob die – insoweit nicht eindeutige – Verweisung auf § 18 Abs. 2 Nr. 2 WEG auch das Erfordernis eines mehr als dreimonatigen Verzuges umfasst, ist noch offen. Der damit bezweckte Schutz vor allzu raschem Zugriff auf das Wohnungseigentum verliert im Insolvenzverfahren des Wohnungseigentümers seine Bedeutung, so dass richtigerweise kein Verzug von mehr als drei Monaten bestehen muss. Betreibt ein anderer Gläubiger die Zwangsversteigerung, gilt der 3 %ige Mindestbetrag nicht, in diesem Fall können auch geringere Forderungen angemeldet werden. 43

Um Wohngeldforderungen nach § 10 Abs. 1 Nr. 2 ZVG vollstrecken zu können, muss der Titel auch die Art der Verpflichtung (Wohngeld) und – wegen der zeitlichen Beschränkung der berücksichtigungsfähigen Forderungen (s. Rdn. 43) – den Bezugszeitraum erkennen lassen, § 10 Abs. 3 S. 2 ZVG. Insbesondere bei Versäumnis-, Anerkenntnis- und Verzichtsurteilen, die regelmäßig ohne Tatbestand und Entscheidungsgründe abgefasst sind (§ 313b ZPO) – ist dem Vollstreckungsgericht daher neben dem Titel eine beglaubigte Abschrift der Klageschrift vorzulegen. 44

Um eine Zwangsversteigerung wegen geringfügiger Beträge auszuschließen (der Regelung für die Entziehung von Wohnungseigentum in § 18 Abs. 2 Nr. 2 WEG nachgebildet), müssen die rückständigen Beträge 3 % des steuerlichen Einheitswerts (§ 180 Abs. 1 AO, §§ 19 ff. BewG) des Wohnungseigentums übersteigen. Das Überschreiten dieses Grenzwertes ist Zulässigkeitsvoraussetzung des Antrages und in der Form des § 16 Abs. 2 ZVG, also mittels Urkunde glaubhaft zu machen (BGH Rpfleger 2008, 375; BGH ZMR 2009, 775).

Liegt ein Vollstreckungstitel vor, ist die Wohnungseigentümergemeinschaft (bei nur einem weiteren Eigentümer: dieser) berechtigt, beim Finanzamt den Einheitswertbescheid anzufordern. Das Steuergeheimnis (§ 30 AO) ist insoweit eingeschränkt, § 10 Abs. 3 S. 1, 2. Halbs. ZVG. Diese Regelung ist durch Art. 8 des Gesetzes zur Reform des Kontopfändungsschutzes v. 07.07.2009 (KtoPfRefG) eingefügt worden. Gem. Art. 10 Abs. 2 KtoPfRefG ist Art. 8 bereits zum 11.07.2009 in Kraft getreten. Damit sind die Wohnungseigentümer nunmehr – im Gegensatz zur früheren Rechtslage (dazu ausführlich Schmid Mietrecht, Loseblattkommentar, § 10 Rn. 32 f.) – in der Lage, den Mindestwert der Forderung nachzuweisen.

45 Da die Wohngeldforderungen nicht aus dem Grundbuch ersichtlich sind, müssen sie im Zwangsversteigerungsverfahren angemeldet werden, § 45 Abs. 1 ZVG.

b) Insolvenzforderung oder Masseforderung?

46 Für Wohngeldforderungen, die nicht im Zwangsversteigerungsverfahren befriedigt werden (s. Rdn. 43 ff.), ist entscheidend, ob sie einfache Insolvenzforderungen oder Masseverbindlichkeiten darstellen. Während die Insolvenzgläubiger auf ihre Insolvenzforderungen im Durchschnitt nur eine Quote von 5 % erhalten, werden Masseverbindlichkeiten vorab voll befriedigt (§ 53 InsO; es sei denn, der Insolvenzverwalter muss die Unzulänglichkeit der Masse anzeigen (§ 208 InsO; näher dazu unten Rdn. 118 ff.).

47 Die Abgrenzung zwischen Insolvenzforderungen und Masseverbindlichkeiten ergibt sich aus § 38 InsO. Danach ist Insolvenzgläubiger derjenige *persönliche* Gläubiger (in Abgrenzung zum *dinglichen* Gläubiger, dessen Anspruch sich auf Befriedigung aus einem bestimmten Gegenstand beschränkt), *der zur Zeit der Eröffnung* des Insolvenzverfahrens einen begründeten Vermögensanspruch gegen den Schuldner hat. Maßgeblich ist insoweit, ob der Rechtsgrund für die Entstehung der Forderung vor Eröffnung des Verfahrens gelegt war (MüKoInsO/Ehricke § 38 Rn. 16). Das ist der Fall, wenn der anspruchsbegründende Tatbestand vor Verfahrenseröffnung materiell begründet war (MüKoInsO/Ehricke § 38 Rn. 16). Die Forderung selbst braucht dagegen noch nicht entstanden zu sein (Beutler/Vogel ZMR 2002, 803).

aa) Vor Verfahrenseröffnung begründete Wohngeldansprüche

48 Demnach sind Wohngeldansprüche, die vor Eröffnung des Insolvenzverfahrens begründet waren, einfache Insolvenzforderungen (die aber bis zu einer Höhe von 5% des Verkehrswertes nicht zur Insolvenzantragstellung berechtigen, weil es insoweit wegen des Rechts auf abgesonderte Befriedigung am Rechtsschutzbedürfnis fehlt, vgl. BGH ZinsO 2008, 103). Nach dem Wirtschaftsplan periodisch (typischerweise monatlich) zu leistende Wohngeldvorschüsse, die vor Insolvenzeröffnung fällig wurden, sind somit Insolvenzforderungen. Daran ändert sich auch dann nichts, wenn die Wohnungseigentümer nach Insolvenzeröffnung die Jahresabrechnung durch Beschluss gem. § 28 Abs. 5 WEG genehmigen (BGH NJW 1994, 1866). Nach der Rechtsprechung des BGH hat der Beschluss über die Jahresabrechnung hinsichtlich der rückständigen Vorschüsse nämlich nur (anspruchs-)bestätigende Wirkung. Die Forderungen werden durch den Beschluss nicht neu begründet (BGH NJW 1999, 3713; BGH NJW 1996, 725).

49 Als Insolvenzforderungen entstandene Wohngeldansprüche können daher auch nicht durch einen nachträglichen Beschluss in Masseverbindlichkeiten umgewandelt werden. Die Wohnungseigentümer können jedoch auf einem Umweg jedenfalls einen Teil des rückständigen Wohngeldes zu einer Masseverbindlichkeit hochstufen. Beschließen sie nach der Insolvenzeröffnung eine **Sonderumlage** zur Abdeckung des vom insolventen Wohnungseigentümer nicht gezahlten Wohngeldes, ist nach Auffassung des V. Zivilsenats des BGH (»WEG-Senat«) der auf den insolventen Wohnungseigentümer entfallende Anteil der Sonderumlage eine Masseschuld, weil es sich dabei um eine – durch den Umlagebeschluss – neu begründete Forderung handelt (BGH NJW 1989, 3018; a.A. Merle in Bärmann § 23 Rn. 134 und Becker in Bärmann § 16 Rn. 170 m.w.N.).

50 Auch wenn die Begründung des V. Senats nicht unumstritten ist (zweifelnd auch der IX. Zivilsenat des BGH NJW-RR 2002, 1198), sollten die Wohnungseigentümer – solange

der V. Senat an seiner Auffassung festhält – nach Insolvenzeröffnung einen entsprechenden Umlagebeschluss fassen, um vom Insolvenverwalter Ausgleich des auf den insolventen Eigentümer entfallenden Anteils als Masseverbindlichkeit verlangen zu können. Auf diesem Wege lässt sich der Ausfall reduzieren.

Noch nicht abschließend geklärt ist, unter welchen Voraussetzungen im Falle der Bestellung eines starken vorläufigen Insolvenzverwalters die in der Zeit nach seiner Bestellung (bis zur Insolvenzeröffnung) fällig werdenden Wohngeldansprüche als Masseverbindlichkeiten zu qualifizieren sind. Ausgangspunkt ist § 55 Abs. 2 S. 2 InsO, nach dem Ansprüche aus einem Dauerschuldverhältnis Masseverbindlichkeiten sind, soweit der starke vorläufige Insolvenzverwalter die Gegenleistung in Anspruch nimmt. Ob es sich bei dem Verhältnis zwischen dem einzelnen Wohnungseigentümer und der Wohnungseigentümergemeinschaft tatsächlich um ein Dauerschuldverhältnis handelt (Eckert EWiR 2002, 1051), kann vorliegend dahin gestellt bleiben, weil § 55 Abs. 2 S. 2 InsO zumindest analog auf das Verhältnis eines Wohnungseigentümers zu den übrigen Wohnungseigentümern – als Verband oder als Rechtsgemeinschaft – anwendbar ist. Für die Beantwortung der weiteren Frage, ob der starke vorläufige Insolvenzverwalter die Gegenleistung für das Wohngeld in Anspruch genommen hat, ist auf die Tätigkeit des Wohnungsverwalters abzustellen. Denn das Wohngeld wird für die Bewirtschaftung des Gemeinschaftseigentums gezahlt, die fast ausschließlich in den Händen des Wohnungsverwalters liegt. Für eine Inanspruchnahme i.S.d. § 55 Abs. 2 S. 2 InsO bedarf es über die tatsächliche Erlangung der Gegenleistung hinaus eines darauf gerichteten Willens (Marotzke Gegenseitige Verträge, Rn. 14.47 ff.). Bei Leistungen, denen sich der vorläufige Insolvenzverwalter gar nicht entziehen kann, wie z.B. der Instandsetzung von Gemeinschaftseigentum, kann allein deren Erbringung für alle Wohnungseigentümer nicht als Annahme der Gegenleistung gelten. Es bedarf darüber hinaus eines konkreten, auf die Annahme der jeweiligen Leistung gerichteten Willens des vorläufigen Insolvenzverwalters. Nur wenn im Einzelfall die Ablehnung der Tätigkeit des Wohnungsverwalters durch den vorläufigen Insolvenzverwalter den Grundsätzen von Treu und Glauben widerspräche, kann auf das voluntative Element verzichtet werden. Im Ergebnis wird es darauf hinaus laufen, dass der starke vorläufige Insolvenzverwalter alle für den Erhalt des Gemeinschaftseigentums unabdingbaren Maßnahmen akzeptieren wird, bzw. dessen Verweigerung in diesen Fällen rechtsmissbräuchlich wäre, und alle anderen Maßnahmen nicht annehmen wird, um die Begründung Masseverbindlichkeiten zu vermeiden. 51

bb) Nach Verfahrenseröffnung begründete Wohngeldansprüche

Wohngeldvorschüsse, die nach der Insolvenzeröffnung fällig werden, sind vorweg zu befriedigende Masseverbindlichkeiten (KG NZM 2001, 238; OLG Düsseldorf NZI 2007, 50; Becker in Bärmann § 16 Rn. 170). 52

Zu den Masseverbindlichkeiten zählt auch die sog. **Abrechnungsspitze**, sofern der Beschluss über die Jahresabrechnung nach Insolvenzeröffnung gefasst wird. Als Abrechnungsspitze wird derjenige Betrag bezeichnet, um den der Abrechnungssaldo am Jahresende die Summe der Wohngeldvorschüsse übersteigt. Es kommt auch nicht darauf an, ob die Kosten und Lasten, die in die Abrechnungsspitze rechnerisch eingeflossen sind, vor oder nach Insolvenzeröffnung angefallen sind (Becker in Bärmann § 16 Rn. 170; a.A. Beutler/Vogel ZMR 2002, 802). Eine solche Differenzierung widerspräche der Rechtsprechung des BGH, nach der die Ansprüche in Höhe der Abrechnungsspitze erstmalig und originär durch den Beschluss über die Jahresabrechnung entstehen (BGH NJW 1994, 1866) und würde darüber hinaus – teils unlösbare – praktische Probleme aufwerfen. 53

54 Wird der Wohngeldrückstand des insolventen Wohnungseigentümers durch einen Sonderumlagebeschluss nach Insolvenzeröffnung auf alle Wohnungseigentümer umgelegt, stellt der auf den insolventen Wohnungseigentümer entfallende anteilige Umlagebetrag eine Masseverbindlichkeit dar (s.o. Rdn. 49).

5. Verfahrensrechtliches

a) Zuständigkeit des Wohnungseigentumsgerichts

55 Die Zuständigkeit des Wohnungseigentumsgerichts gem. § 43 Abs. 1 Nr. 1 WEG für Anträge wegen rückständigen Wohngelds aus der Zeit nach Insolvenzeröffnung bleibt auch im Insolvenzverfahren bestehen (BGH NJW 2002, 3709). Das gilt auch dann, wenn der in Anspruch genommene Insolvenzverwalter das Wohnungseigentum vor Rechtshängigkeit des Antrages aus der Insolvenzmasse freigegeben hat (BGH a.a.O.). Noch nicht abschließend geklärt ist, ob das Insolvenzgericht gem. § 180 InsO (so Herchen in Hamburger Kommentar zum Insolvenzrecht, § 180 Rn. 9) oder das Wohnungseigentumsgericht gem. § 43 WEG zuständig ist, wenn eine als Insolvenzforderung zur Tabelle anzumeldende Wohngeldforderung bestritten wird. Beim derzeitigen Stand der Rechtsprechung ist ein Verweisungsbeschluss (§ 281 ZPO) in beide Richtungen jedenfalls mit ausführlicher Begründung nicht willkürlich und damit bindend (OLG Hamburg ZinsO 2006, 1059).

b) Unterbrechung des Verfahrens (§ 240 ZPO)

aa) Insolvenzeröffnung

56 Da die wohnungseigentumsrechtlichen Streitigkeiten seit der WEG-Novelle v. 26.03.2007 nicht mehr im Verfahren der freiwilligen Gerichtsbarkeit, sondern im streitigen Verfahren nach der ZPO entschieden werden, § 43 WEG, ist im Fall der Eröffnung des Insolvenzverfahrens über das Vermögen eines Beteiligten das Verfahren gem. § 240 ZPO unterbrochen (zu den Rechtsfolgen der Unterbrechung s. Rdn. 145), wenn es die Insolvenzmasse betrifft. Betroffen ist die Insolvenzmasse, wenn es sich bei dem Verfahrensgegenstand um eine Individualschuld des Beklagten oder um einen Individualanspruch des Klägers handelt (Palandt/Bassenge WEG § 43 Rn. 17).

57 Im **Beitreibungsverfahren** wegen rückständiger Wohngelder nach §§ 16 Abs. 2, 43 Abs. 1 WEG unterbricht die Insolvenz des Beklagten das Verfahren, weil es sich bei der Beitragsschuld um eine Individualschuld des Wohnungseigentümers handelt. Die Insolvenz eines anderen Wohnungseigentümers hat keine Auswirkungen auf das Verfahren, da das Wohngeld nach neuer Rechtslage von der insoweit rechtsfähigen Wohnungseigentümergemeinschaft (s.o. Rdn. 8) geltend gemacht wird.

58 Die früher h.M., dass das **Beschlussanfechtungsverfahren** durch die Eröffnung des Insolvenzverfahrens über das Vermögen des anfechtenden Wohnungseigentümers nicht unterbrochen wird (KG ZMR 2005, 647), lässt sich angesichts der nun unmittelbaren – statt der früher nur analogen – Anwendung des § 240 ZPO nicht mehr halten. Das praktische Bedürfnis nach schneller Klärung der Wirksamkeit des angegriffenen Beschlusses wird eine teleologische Reduktion des § 240 ZPO wohl nicht tragen (so auch Elzer Das neue WEG-Recht, Rn. 69 f.). Richtigerweise wird man nach dem Gegenstand des angegriffenen Beschlusses unterscheiden müssen. Hat die angefochtene Regelung finanzielle Auswirkungen, betrifft das Verfahren die Insolvenzmasse und wird unterbrochen. Hat der Streit z.B. nur Fragen der Gebrauchsregelung zum Gegenstand, findet keine Unterbrechung statt. Ein – im Ermessen des Gerichts liegendes – Zwischenurteil zur Unterbre-

chungswirkung ist nicht selbstständig anfechtbar. Entsprechendes gilt für die Insolvenz eines beklagten Wohnungseigentümers.

bb) Bestellung eines vorläufigen Insolvenzverwalters

Soweit nach den vorstehenden Ausführungen eine Unterbrechung des Verfahrens in Betracht kommt, führt nur die Bestellung eines starken vorläufigen Insolvenzverwalters (s.o. Rdn. 3) zur Unterbrechung gem. § 240 S. 2 ZPO. Allerdings kann der starke vorläufige Verwalter nicht gem. § 239 Abs. 2 bis 4 ZPO gezwungen werden, sich über die Aufnahme des Verfahrens zu erklären, da § 85 Abs. 1 S. 2 InsO von der Verweisung in § 24 Abs. 2 InsO ausgenommen ist. 59

Die Bestellung eines schwachen vorläufigen Insolvenzverwalters unterbricht das Verfahren nicht, sie hindert den Wohnungseigentümer also nicht, Verfahrenshandlungen vorzunehmen. 60

c) Aufnahme eines unterbrochenen Verfahrens gem. §§ 85, 86 InsO

Die Aufnahme eines gem. § 240 ZPO unterbrochenen Aktivverfahrens regelt § 85 InsO. 61 Ob es sich um ein **Aktivverfahren** handelt, richtet sich nicht nach der formellen Parteirolle, sondern danach »ob etwas zur Masse gelangen soll« (Aktivverfahren daher z.B. auch bei gegen Schuldner gerichteter negativer Feststellungsklage, HK/Eickmann § 86 Rn. 5). Die Aufnahme des Verfahrens geschieht durch eine Erklärung des Insolvenzverwalters gegenüber dem Verfahrensgegner, die vom Gericht zuzustellen ist (§ 250 ZPO). Verzögert der Insolvenzverwalter die Aufnahme, kann er gem. § 239 Abs. 2 bis 4 ZPO gezwungen werden, sich zu erklären.

Lehnt der Insolvenzverwalter die Aufnahme des Verfahrens ab (formlose Erklärung gegenüber Schuldner oder Verfahrensgegner reicht; Bork InsR, Rn. 185), gilt dies zugleich als Freigabe des Streitgegenstandes aus der Masse (BGH ZInsO 2007, 94; Uhlenbruck/Uhlenbruck § 85 Rn. 94). Die Unterbrechung des Verfahrens endet damit (BGH NJW 2005, 2015), das Verfahren ist mit dem insolventen Wohnungseigentümer als Beteiligten fortzuführen (ggf. Rubrumsänderung erforderlich, s.u.). 62

Die Aufnahme eines unterbrochenen **Passivverfahrens** (der Schuldner wird auf Leistung in Anspruch genommen) ist nur hinsichtlich Masseforderungen und Gegenständen, an denen ein Aussonderungs- oder Absonderungsrecht (vgl. §§ 47 ff. InsO) geltend gemacht wird, möglich (§ 86 InsO). Insolvenzforderungen sind demgegenüber auch dann nach §§ 174 ff. InsO zur Insolvenztabelle anzumelden, wenn sie bereits gerichtlich geltend gemacht wurden (§ 87 InsO). Wird eine Insolvenzforderung im Prüfungstermin bestritten (§ 179 Abs. 1 InsO), ist das infolge der Insolvenzeröffnung unterbrochene Gerichtsverfahren durch Aufnahme als Feststellungsverfahren zu betreiben (§ 180 Abs. 2 InsO). 63

Der Insolvenzverwalter muss das Verfahren in der Lage aufnehmen, in der es sich befand. D.h. er muss die bisherige Prozessführung des Schuldners – vorbehaltlich einer eventuellen Anfechtung – gegen sich gelten lassen, was auch die Versäumung von Fristen umfasst (MüKoInsO/Ott § 80 Rn. 84). 64

d) Beteiligte und Rubrum

aa) Eröffnetes Insolvenzverfahren

Ab Insolvenzeröffnung ist der Insolvenzverwalter in Verfahren für und gegen den insolventen Wohnungseigentümer als Partei kraft Amtes Verfahrensbeteiligter und daher ins Rubrum aufzunehmen und zwar namentlich mit Funktionszusatz (»als Insolvenzverwal- 65 ter über das Vermögen des (insolventer Eigentümer)«). Fällt die Insolvenzeröffnung in ein laufendes Verfahren, ist das Rubrum umzustellen. Die Prozessführung liegt nunmehr – unter Verdrängung des insolventen Wohnungseigentümers – allein beim Insolvenzverwalter.

66 Da die Wohnungseigentumsgemeinschaft nunmehr Wohngeldforderungen selbst, nämlich als (teil-)rechtsfähiger Verband unter eigener Bezeichnung (Wohnungseigentumsgemeinschaft + postalische Adresse oder Grundbuchbezeichnung – § 10 Abs. 6 S. 4 WEG) geltend macht, hat die Insolvenz eines Eigentümers auf Gläubigerseite keine Auswirkungen (mehr) auf das Rubrum; die Insolvenz eines Verbandsmitgliedes bleibt insoweit reines Internum.

bb) Insolvenzeröffnungsverfahren

67 Ist im Insolvenzeröffnungsverfahren nur ein schwacher vorläufiger Insolvenzverwalter bestellt (s.o. Rdn. 3), bleibt der Wohnungseigentümer beteiligtenfähig. Das Insolvenzgericht kann den schwachen vorläufigen Insolvenzverwalter jedoch entsprechend § 53 ZPO ermächtigen, Prozesse für den Schuldner zu führen. Das Prozessgericht ist an eine entsprechende Ermächtigung gebunden (näher: HK/Kirchhof § 22 Rn. 61).

68 Hat das Insolvenzgericht einen starken vorläufigen Insolvenzverwalter eingesetzt (s.o. Rdn. 3), wird dieser anstelle des Schuldners Verfahrensbeteiligter. Der Funktionszusatz (s.o. Rdn. 65) lautet dann: »als vorläufiger Insolvenzverwalter über das Vermögen …«. Der Schuldner ist in diesem Fall wegen des Übergangs der Verwaltungs- und Verfügungsbefugnis auf den starken vorläufigen Insolvenzverwalter von der Führung des Verfahrens insgesamt ausgeschlossen.

cc) Freigabe

69 Gibt der Insolvenzverwalter das Wohnungseigentum während eines gegen den insolventen Wohnungseigentümer gerichteten laufenden Beitreibungsverfahrens frei, bleibt der Insolvenzverwalter passivlegitimiert, da Verfahrensgegenstand vor der Freigabe entstandene Wohngeldansprüche sind. Diese sind trotz der Freigabe weiter gegen die Masse geltend zu machen (s.o. Rdn. 38). Richtet sich das Verfahren gegen einen anderen säumigen Wohnungseigentümer, steht der insolvente Wohnungseigentümer also ausnahmsweise auf der Gläubigerseite, ändert sich nichts, weil nach neuem Recht die Wohnungseigentumsgemeinschaft als Rechtsperson das Verfahren betreibt (s.o. Rdn. 66) und die Insolvenz eines ihrer Mitglieder verfahrensrechtlich ohne Bedeutung ist.

70 Im Beschlussanfechtungsverfahren tritt der insolvente Wohnungseigentümer mit der Freigabe an die Stelle des Insolvenzverwalters als Beteiligter; das Rubrum ist entsprechend zu ändern.

e) Titelumschreibung für die Zwangsvollstreckung

71 Mit Ausnahme der dinglichen Forderungen (z.B. dingliche Vorkaufsrechte (§ 1094 BGB) oder Grunddienstbarkeiten (§ 1018 ff. BGB)) handelt es sich bei den bereits vor Insolvenzeröffnung rechtskräftig titulierten Ansprüchen notwendig um Insolvenzforderungen, weil sie ihren Rechtsgrund vor der Eröffnung haben, § 38 InsO (vgl. Rdn. 47). Eine Zwangsvollstreckung von Insolvenzforderungen ist durch § 89 InsO ausgeschlossen. Insolvenzforderungen sind generell – also auch im Falle ihrer Titulierung – zur Insolvenztabelle anzumelden, einer Umschreibung des Titels bedarf es nicht.

Ob ein dinglicher Titel auf den Insolvenzverwalter umgeschrieben und ihm erneut zugestellt werden muss, hängt vom Zeitpunkt der Vollstreckung ab. Einer Umschreibung des

Titels bedarf es dann nicht, wenn bei Eröffnung des Insolvenzverfahrens bereits eine auf den Schuldner lautende Vollstreckungsklausel existiert (BGH RPfleger 2006, 423; Stöber NZI 1998, 105, 106). Gleichwohl tritt der Insolvenzverwalter kraft Gesetzes an die Stelle des Schuldners als Beteiligter (BGH a.a.O.; Stöber a.a.O.).

Für den Fall der **Freigabe** des Wohnungseigentums gelten die Ausführungen entsprechend, nur mit umgekehrten Vorzeichen. Hat die Zwangsvollstreckung bereits vor der Freigabe gegen den Insolvenzverwalter begonnen, braucht der Vollstreckungstitel nicht umgeschrieben zu werden (BGH RPfleger 2006, 423). Wird die Vollstreckung erst nach Freigabe begonnen, muss ein auf den Insolvenzverwalter lautender Titel umgeschrieben werden.

III. Mietverhältnisse in der Insolvenz

§ 108 Abs. 1 S. 1 InsO bestimmt, dass Miet- und Pachtverhältnisse über unbewegliche Sachen in der Insolvenz fortbestehen. Er verdrängt damit § 103 InsO (BGH NJW 2007, 3715), so dass der Insolvenzverwalter bei Miet- und Pachtverhältnissen – anders als bei sonstigen gegenseitigen Verträgen – nicht das Wahlrecht des § 103 InsO hat, das ihm erlaubt, nach seiner Wahl den Vertrag zu erfüllen und vom anderen Teil Erfüllung zu verlangen oder die Erfüllung zu verweigern und den Vertragspartner auf einen – als einfache Insolvenzforderung geltend zu machenden – Schadensersatzanspruch zu verweisen. **72**

§ 108 Abs. 1 S. 1 InsO gilt für sämtliche Miet- und Pachtverhältnisse, unabhängig davon, ob der Mieter/Pächter oder der Vermieter/Verpächter in die Insolvenz fällt. Unerheblich ist auch, ob es sich um einen Haupt- oder Untermiet-/Pachtvertrag handelt (vgl. aber zu den Besonderheiten bei Untermiet-/Pachtverhältnissen ausführlich Marotzke ZInsO 2007, 1 ff.). In der Insolvenz des Vermieters ist § 108 Abs. 1 S. 1 InsO nach Auffassung des BGH (NJW 2007, 3715) – entgegen der bis dahin ganz h.M. – jedoch nur anwendbar, wenn die Mietsache im Zeitpunkt der Eröffnung des Insolvenzverfahrens dem Mieter bereits überlassen war. **73**

Im Folgenden ist der besseren Lesbarkeit halber nur vom Mietverhältnis die Rede. Für **Pachtverhältnisse** gelten die nachfolgenden **Ausführungen entsprechend**, soweit nicht Pachtverhältnisse gesondert behandelt werden. Zu einigen Besonderheiten bei Pachtverträgen: Cymutta ZInsO 2009, 412 ff. **74**

1. Insolvenz des Mieters

Die Insolvenz des Mieters führt – im Gegensatz zur Insolvenz des Vermieters (s.u. Rdn. 132) – zu einer Störung des vertraglichen Äquivalenzverhältnisses. Der Mieter ist nicht mehr in der Lage, seine vertragliche Hauptpflicht, die Mieten zu zahlen, zu erfüllen. Die dadurch aufgeworfenen Fragen lassen sich in zwei Bereiche einteilen: 1. Unter welchen Voraussetzungen kann sich der Vermieter und unter welchen Voraussetzungen kann sich der Mieter/Insolvenzverwalter von dem Mietvertrag lösen. 2. Welche (Miet-)Forderungen stellen vorab zu befriedigende Masseverbindlichkeiten dar und welche (Miet-)Forderungen sind einfache Insolvenzforderungen, die nur quotal befriedigt werden. **75**

Hinsichtlich der Möglichkeiten, sich vom Mietvertrag zu lösen, wird der Mieter in der Insolvenz in zweifacher Hinsicht privilegiert. Zum einen wird das Kündigungsrecht des Vermieters beschränkt: Bereits die Stellung eines Insolvenzantrages löst eine Kündigungssperre aus, die es dem Vermieter verwehrt, den Mietvertrag wegen der bis dahin aufgelaufenen Zahlungsrückstände oder einer Verschlechterung der Vermögensverhält- **76** nisse des Schuldners zu kündigen (§ 112 InsO). Auf der anderen Seite kann sich der Mieter seinerseits vorzeitig vom Vertrag lösen, weil dem Insolvenzverwalter ein Sonderkündigungsrecht eingeräumt wird, das diesem erlaubt, Mietverhältnisse des Schuldners unabhängig von vertraglich vereinbarten Kündigungsfristen oder Laufzeiten generell mit einer Frist von drei Monaten zu kündigen, (§ 109 InsO) (in Insolvenzverfahren, die vor dem 01.07.2007 eröffnet wurden, mit gesetzlicher Kündigungsfrist näher: Rdn. 94).

a) Kündigungssperre für den Vermieter nach § 112 InsO

77 § 112 InsO bestimmt, dass der Vermieter nach der Stellung des Insolvenzantrages das Mietverhältnis nicht wegen eines vor dem Insolvenzantrag eingetretenen Zahlungsrückstandes oder wegen einer Verschlechterung der Vermögensverhältnisse des Mieters kündigen kann. Die wegen § 119 InsO unabdingbare Vorschrift des § 112 InsO soll verhindern, dass dem Schuldner die von ihm angemieteten Räumlichkeiten zur Unzeit entzogen werden. Müsste der Schuldner etwa die Mieträume, in denen er sein Gewerbe ausübt, insolvenzbedingt herausgeben, wäre der Geschäftsbetrieb nicht mehr aufrecht zu erhalten. Dadurch würde eine Sanierung oder auch nur die bestmögliche Verwertung der in dem schuldnerischen Unternehmen gebündelten Ressourcen verhindert oder jedenfalls erheblich erschwert.

aa) Anwendungsbereich

78 Die Kündigungssperre des § 112 InsO gilt für sämtliche Miet- und Pachtverhältnisse. Von einem Teil der Literatur wird vertreten, dass § 109 InsO auf **Wohnraummietverhältnisse** des Schuldners keine Anwendung findet (HK/Marotzke § 109 Rn. 17 m.w.N.). Die Regelung des § 112 InsO wolle nur verhindern, dass die vom Insolvenzverwalter übernommene wirtschaftliche Einheit zur Unzeit auseinander gerissen werde (s. Rdn. 77). Das drohe aber durch den Entzug der Wohnung des Schuldners nicht, weil diese für die Masse nicht verwertbar sei. Richtig ist zwar, dass der Gesetzgeber bei der Schaffung des § 112 InsO den Fall eines laufenden Geschäftsbetriebs vor Augen hatte, dem durch eine Kündigung der angemieteten Räumlichkeiten die Grundlage zur Fortführung des Betriebes entzogen wird (BT-Drucks. 12/2443, S. 148), mit entsprechend nachteiligen Folgen für die Masse. Der Entzug der Wohnung des Schuldners hätte jedoch in der Privatinsolvenz vergleichbare Auswirkungen. Ein von Obdachlosigkeit bedrohter Schuldner wird nur sehr eingeschränkt seinen insolvenzrechtlichen Auskunfts- und Mitwirkungspflichten (§§ 97 ff. InsO) nachkommen und erst recht nicht durch Aufnahme einer Erwerbstätigkeit zur Mehrung der Insolvenzmasse beitragen. Die Mitwirkung des Schuldners ist aber Voraussetzung der bestmöglichen Gläubigerbefriedigung. Die Kündigung der Wohnräume des Schuldners würde auch dem mit der Einführung der Restschuldbefreiung noch einmal betonten gesetzgeberischen Ziel, dem Schuldner einen Neuanfang zu ermöglichen, zuwiderlaufen. Da zudem der Wortlaut des § 112 InsO eine Einschränkung nicht gebietet, gilt die Kündigungssperre auch für Wohnraummietverhältnisse (offen gelassen von BGH NJW 2007, 1591).

79 § 112 InsO gilt auch für noch nicht vollzogene Mietverträge, also für den Fall, dass dem Mieter die Räumlichkeiten noch nicht überlassen waren (MüKoInsO/Eckert § 112 Rn. 11 ff. m.N. zum Meinungsstand). Jedoch wird das in diesem Fall gem. § 109 Abs. 2 InsO (auch) zugunsten des Vermieters bestehende Rücktrittsrecht durch die Kündigungssperre des § 112 InsO nicht ausgeschlossen. Das Rücktrittsrecht nach § 109 InsO besteht im Unterschied zur Kündigungssperre allerdings nicht schon mit dem Insolvenzantrag, sondern erst ab der Insolvenzeröffnung. Daher wird ein Vermieter, der sich von einem mit dem insolventen Mieter geschlossenen, aber noch nicht vollzogenen Mietvertrag lösen möchte, bestrebt sein, den Vertrag im Eröffnungsverfahren nicht in Vollzug zu setzen. Verzögert er die Übergabe der Mietsache jedoch pflichtwidrig, ist ihm verwehrt, sich auf das Rücktrittsrecht des § 109 Abs. 2 InsO zu berufen.

Die Kündigungssperre des § 112 InsO gilt von der Antragstellung bis zur Beendigung des Insolvenzverfahrens. **80**

bb) Verhältnis zur Anfechtung nach §§ 119 BGB

Der Vermieter kann den Mietvertrag trotz der Kündigungssperre des § 112 InsO gem. §§ 119 ff. BGB anfechten, soweit deren Voraussetzungen vorliegen. Wurde der Vermieter etwa vom Mieter bei Vertragsschluss arglistig über dessen wahre Vermögensverhältnisse getäuscht, kann der Vermieter seine auf Abschluss des Mietvertrages gerichtete Erklärung gem. § 123 BGB anfechten. Angesichts der Schwierigkeiten des beweisbelasteten Vermieters, die arglistige Täuschung nachzuweisen, wird es nur in Ausnahmefällen gelingen, sich auf diesem Wege von einem Mietvertrag mit dem insolventen Mieter zu lösen. **81**

cc) Voraussetzungen der Kündigungssperre

Von der Kündigungssperre des § 112 InsO sind nur **Kündigungen** erfasst, die dem Mieter **nach der Insolvenzantragstellung** (= Eingang bei Gericht; vgl. OLG Düsseldorf ZMR 2009, 601) zugehen. Ob es sich um einen Eigenantrag des Schuldners oder einen Fremdantrag eines Gläubigers handelt, ist unerheblich (Gottwald/Huber § 37 Rn. 16). **82**

Ist das Mietverhältnis demgegenüber aufgrund einer dem Mieter vor dem Insolvenzantrag zugegangenen Kündigung wirksam beendet, hängt vom Verhalten des Insolvenzverwalters ab, ob sich der Herausgabeanspruch gegen den insolventen Mieter oder – als Aussonderungsrecht gem. § 47 InsO – gegen den Insolvenzverwalter richtet. Hat der Insolvenzverwalter das Mietobjekt **nicht in Besitz** genommen und auch keine Rechte daran beansprucht, ist das Mietobjekt nicht Masse befangen, so dass Herausgabe nur vom Schuldner (Mieter) verlangt werden kann (BGH ZMR 2008, 875). Hat der Insolvenzverwalter Besitz ergriffen, richtet sich der Herausgabeanspruch gegen ihn (BGH a.a.O.; zum weitergehenden Räumungsanspruch vgl. Rdn. 106; zur ggf. erforderlichen Titelumschreibung Rdn. 154 ff.). Entsprechend ist die Rechtslage beim starken vorläufigen Insolvenzverwalter, auf den die Verwaltungs- und Verfügungsbefugnis übergegangen ist (s.o. Rdn. 3).

Nach § 112 Nr. 1 InsO kann der Vermieter nicht mehr wegen eines **Mietrückstandes** kündigen, der in der Zeit **vor dem Eröffnungsantrag** eingetreten ist (näher: Rdn. 85 ff.). Der Ausschluss der Kündigung gilt nicht nur, wenn der aufgelaufene Zahlungsrückstand einen gesetzlichen Kündigungstatbestand erfüllt (§ 543 Abs. 2 Nr. 3 BGB), sondern auch, wenn er aufgrund einer abweichenden oder ergänzenden Vertragsklausel zur Kündigung berechtigen würde (Gottwald § 37 Rn. 16). **83**

Eine Kündigung nach Insolvenzantragstellung ist auch ausgeschlossen, wenn sie auf eine **Verschlechterung der Vermögensverhältnisse** des Mieters gestützt wird (§ 112 Nr. 2 InsO). Anders als die Kündigungssperre wegen Zahlungsverzuges erfasst § 112 Nr. 2 InsO auch Vermögensverschlechterungen, die nach dem Insolvenzantrag eintreten. Deshalb kann der Vermieter die Anzeige der Masseunzulänglichkeit, die eine weitere Vermögensverschlechterung indiziert, nicht zum Anlass für eine Kündigung nehmen. **84**

dd) Nach Insolvenzantragstellung eingetretener Zahlungsverzug

Der Kündigungsschutz des § 112 InsO erstreckt sich nicht auf Mietrückstände, die nach der Antragstellung auflaufen. Kommt es nach dem Insolvenzantrag erneut zu Zahlungsrückständen, kann der Vermieter entsprechend den vertraglichen oder allgemeinen **85** gesetzlichen Regeln fristlos kündigen (BGH NJW 2002, 3326). Der Mieter bzw. der (vorläufige) Insolvenzverwalter müssen also für die Zahlung der laufenden Mieten Sorge tragen, wenn eine fristlose Kündigung im Insolvenzverfahren vermieden werden soll.

86 Dem Vermieter ist es aber verwehrt, einen Zahlungsrückstand für die Zeit nach der Antragstellung herbeizuführen, indem er **nach dem Antrag eingehende Zahlungen** mit Rückständen aus der Zeit vor der Antragstellung **verrechnet** (LG Neubrandenburg WuM 2001, 551). Das gilt auch dann, wenn der Schuldner bzw. der Insolvenzverwalter bei der Zahlung keine (ausdrückliche) Tilgungsbestimmung getroffen hat. Die auf dem mutmaßlichen vernünftigen Willen des Schuldners beruhende Tilgungsreihenfolge des § 366 Abs. 2 BGB gilt nicht, wenn sie dem tatsächlichen Willen erkennbar widerspricht (BGH NJW 2001, 815). Zahlungen, die nach dem Insolvenzantrag geleistet werden, sollen die Kündigung des Mietverhältnisses verhindern. Eine Verrechnung auf die – wegen § 112 InsO nicht zur Kündigung berechtigenden – Altschulden widerspricht damit erkennbar dem Willen des Schuldners und ist deshalb unzulässig.

87 Ausnahmsweise kann ein zur Kündigung berechtigender Zahlungsrückstand sogar dann vorliegen, wenn nach Antragstellung die laufenden Mieten gezahlt worden sind. Wurden die Zahlungen nämlich in **anfechtbarer Weise geleistet** (§§ 129 ff. InsO), kann – und muss – der Insolvenzverwalter sie nach der Eröffnung des Verfahrens im Anfechtungswege zurückverlangen (§ 143 InsO); nach der Rechtsprechung des BGH sogar dann, wenn er selbst den Zahlungen als schwacher vorläufiger Insolvenzverwalter zugestimmt hat (BGH NJW 2005, 1118). Aus diesem Grunde kommt anfechtbar geleisteten Zahlungen unter kündigungsrechtlichen Gesichtspunkten keine Erfüllungswirkung zu. Zweifelhaft könnte allerdings sein, ob man anfechtbar geleisteten Zahlungen die Erfüllungswirkung schon vor der Insolvenzeröffnung absprechen kann. Das Anfechtungsrecht entsteht nach höchstrichterlicher Rechtsprechung erst mit der Insolvenzeröffnung, sodass formal betrachtet vor der Insolvenzeröffnung auch Zahlungen, die einen der Anfechtungstatbestände der §§ 129 ff. InsO erfüllen, (noch) nicht mit dem Makel der Rückforderbarkeit belastet sind. Ob die Voraussetzungen einer wirksamen Kündigung vorliegen, ist jedoch anhand einer normativ-wertenden Betrachtung zu beurteilen, für die es nicht auf den rechtstechnischen Entstehungszeitpunkt des Anfechtungsrechtes ankommt. Aus kündigungsrechtlicher Sicht sind anfechtbar geleistete Zahlungen (auch vor Insolvenzeröffnung) wie nicht geleistete Zahlungen zu behandeln. Anderenfalls könnte der Schuldner das Kündigungsrecht des Vermieters durch Zahlungen unterlaufen, die der Vermieter nach Eröffnung des Verfahrens wieder herauszugeben hat. Die vorstehende Anfechtungsproblematik kann jedoch nicht auftreten, wenn die Mieten jeweils zeitnah zum vertraglich bestimmten Fälligkeitstermin entrichtet werden. Dann unterliegen sie als Bargeschäft i.S.d. § 142 InsO nicht der Anfechtung nach den §§ 129 bis 132 InsO. Allerdings wird bei Mietverhältnissen der für die Annahme eines Bargeschäfts unschädliche Zeitraum zwischen Fälligkeit und Zahlung kurz zu bemessen sein.

88 Wurden die Mieten im Einzugsermächtigungsverfahren **per Lastschrift abgebucht**, kann der Insolvenzverwalter in weitem Umfang den bereits erfolgten Belastungen des Kontos des insolventen Mieters widersprechen, so dass die Mieten zurückgebucht werden. Bankrechtlich handelt es sich im Verhältnis Mieter zu Mieterbank nämlich um nicht genehmigte Belastungsbuchungen, die einer Genehmigung durch den Mieter bedürfen, um Bestand zu haben. Da es regelmäßig an einer ausdrücklichen Genehmigung fehlt, kommt es auf die – in den allgemeinen Geschäftsbedingungen der Kreditinstitute geregelte – konkludente Genehmigung an. Nach Nr. 7 Abs. 3 AGB-Banken bzw. Nr. 7 Abs. 4 AGB-Sparkassen (Fassung ab 01.04.2002) gelten alle Buchungen als genehmigt, denen nicht innerhalb von sechs Wochen nach Zugang des Rechnungsabschlusses widersprochen wird. Da der Rechnungsabschluss bei Privatkunden üblicherweise vierteljährlich erfolgt, kann der Insolvenzverwalter je nach Zeitpunkt des Zugangs des Rechnungsabschlusses vier, manchmal sogar fünf Mieten rückbuchen lassen. Regelmäßig wird auch die Vermieterbank das Konto des Vermieters in diesem Umfang rückbelasten, sodass der Vermieter mit diesen Mieten ausfällt (nach Abschnitt III Nr. 1 LSA ist die Vermieterbank gegenüber der Mieterbank zwar nur zur Rückführung der innerhalb von 6 Wochen widerrufenen Lastschriften *verpflichtet*, macht aber gegenüber dem Vermieter regelmäßig von ihrem weitergehenden Recht auf unbefristete Rückbelastung aus Nr. 7 bzw. Nr. 8 der Inkassovereinbarung Gebrauch und reicht die entsprechende Beträge an die Mieterbank weiter). **Bei den widerrufenen Mieten handelt es sich um Rückstände aus der Zeit vor dem Insolvenzantrag** (LG Hamburg ZInsO 2009, 445), die damit der Kündigungssperre des § 112 InsO unterliegen (auf fehlendes Verschulden stellt AG Hamburg ZinsO 2007, 721 ab). Bei den Abbuchungen auf dem Mieterkonto wie auch bei den Gutschriften auf dem Vermieterkonto handelte es sich um unrichtige Ausweisungen, so dass der – nach Antragstellung erfolgte – Widerruf nicht etwa einen Mietrückstand aus der Zeit nach Antragstellung schafft, sondern lediglich eine Berichtigung der Kontobuchführung mit deklaratorischem Charakter bewirkt.

ee) Unwirksamkeit abweichender Vereinbarungen (§ 119 InsO)

Gem. § 119 InsO sind alle Vereinbarungen, die darauf abzielen, dem Vermieter die Lösung des Mietverhältnisses im Insolvenzfall zu ermöglichen, unwirksam. Wie das Lösungsrecht bezeichnet wird, spielt dabei keine Rolle (Gottwald/Huber § 37 Rn. 18). § 119 InsO soll Umgehungen der Regelung des § 112 InsO verhindern und ist daher weit auszulegen. **89**

ff) Praktische Erwägungen aus Mietersicht

Befindet sich der Mieter mit den Mietzahlungen in Verzug oder haben sich seine Vermögensverhältnisse erkennbar verschlechtert, kann die frühzeitige Stellung eines – die Kündigungssperre des § 112 InsO auslösenden – eigenen Insolvenzantrags ein probates Mittel zur Abwendung einer drohenden Kündigung darstellen. Der Mieter muss den Vorteil der Kündigungssperre gegenüber der negativen Signalwirkung eines Insolvenzverfahrens abwägen. Er hat dabei zu berücksichtigen, dass die Kündigungssperre nur die bis zur Antragstellung aufgelaufenen Mietrückstände erfasst und nur für die Dauer des Insolvenzverfahrens gilt (wichtig bei drohender Abweisung mangels Masse dazu Rdn. 1). Gerät der Mieter nach der Antragstellung mit den Zahlungen erneut in Rückstand, kann ihm wirksam gekündigt werden (s.o. Rdn. 85 ff.). **90**

gg) Praktische Erwägungen aus Vermietersicht

Umgekehrt stellt sich die Situation des Vermieters dar. Will der Vermieter nicht Gefahr laufen, ein wegen Zahlungsverzuges bereits bestehendes Kündigungsrecht zu verlieren, muss er unverzüglich kündigen, um einem drohenden Insolvenzantrag – des Mieters oder eines anderen Gläubigers – zuvorzukommen. Ist erst einmal Insolvenzantrag gestellt, kann der Vermieter erst wieder kündigen, wenn der Schuldner nach dem Antrag erneut in einem Umfang in Zahlungsverzug gerät, der zur Kündigung nach den vertraglichen oder gesetzlichen Regeln berechtigt. **91**

Ist eine Anschlussmietung mit einem neuen Mieter nicht gesichert, kann es sich für den Vermieter wirtschaftlich rechnen, selbst einen Insolvenzantrag zu stellen (Glaubhaftmachung des Insolvenzgrundes erforderlich, § 14 Abs. 1 InsO!), statt das Mietverhältnis fristlos zu kündigen. Sein Mietzinsanspruch stellt nämlich ab Eröffnung des Insolvenzverfahrens gem. § 55 Abs. 1 Nr. 2, 2. Alt. InsO ein bevorrechtigte Masseverbindlichkeit **92** dar, die vollen Umfangs erfüllt wird, es sei denn die Eröffnung des Insolvenzverfahrens wird mangels Masse abgelehnt (vgl. Rdn. 1) oder es wird im eröffneten Verfahren Masseunzulänglichkeit angezeigt (s.u. Rdn. 117 ff.). Allerdings steht dem Insolvenzverwalter ab Insolvenzeröffnung ein Sonderkündigungsrecht mit dreimonatiger Kündigungsfrist zu (s. Rdn. 94 ff.).

93 Diese Überlegung gilt erst recht im Insolvenzeröffnungsverfahren. Sind im Eröffnungsverfahren bereits wieder Mietrückstände aufgelaufen, die zur außerordentlichen Kündigung berechtigen (s. Rdn. 85 ff.), steht die Eröffnung des Insolvenzverfahrens in aller Regel unmittelbar bevor, weil das Insolvenzeröffnungsverfahren zumeist nicht mehr als gut drei Monate in Anspruch nimmt. Da die Mieten ab Insolvenzeröffnung als Masseverbindlichkeiten vorweg zu berichtigen sind (s. Rdn. 92), wäre eine Kündigung des Vermieters ohne sichere Anschlussvermietung wirtschaftlich nicht sinnvoll.

b) (Sonder-)Kündigungsrecht des Insolvenzverwalters (§ 109 InsO)

94 § 109 Abs. 1 S. 1 InsO gewährt dem Insolvenzverwalter ein Sonderkündigungsrecht im eröffneten Insolvenzverfahren. Nach dieser Bestimmung hat der Insolvenzverwalter die Möglichkeit, Mietverhältnisse, die der Schuldner als Mieter eingegangen war, ohne Rücksicht auf die vereinbarte Vertragsdauer mit einer Frist von drei Monaten zum Monatsende zu kündigen (in Insolvenzverfahren, die vor dem 01.07.2007 eröffnet wurden, gelten die gesetzlichen Kündigungsfristen (zu diesen: 1. Auflage Rn. 97 ff.), § 109 Abs. 1 S. 1 a.F. i.V.m. § 103c EGInsO); gilt vertraglich oder gesetzlich eine kürzere Kündigungsfrist, ist diese maßgeblich, § 109 Abs. 1 S. 1 a.E. § 109 Abs. 1 S. 1 InsO ermöglicht dem Insolvenzverwalter, sich zum Wohle der Masse von Verträgen mit langfristiger Bindung zu lösen, die für die Masse keinen Nutzen mehr haben. Mit der Kündigungsfrist von drei Monaten soll dem Vermieter ermöglicht werden, einen Anschlussmieter zu finden.

aa) Anwendungsbereich

95 Ausgenommen von der Regelung des § 109 Abs. 1 S. 1 InsO ist nur der den Wohnraum des Mieters betreffende Mietvertrag. Für Wohnraummietverträge sieht § 109 Abs. 1 S. 2 InsO statt der Kündigung eine Freigabemöglichkeit vor (dazu Rdn. 107 ff.).

96 § 109 Abs. 1 S. 1 InsO gilt nicht nur für Mietverhältnisse mit vertraglich vereinbarten langen Kündigungsfristen, sondern auch für Zeitmietverträge, in denen das Recht auf ordentliche Kündigung gänzlich ausgeschlossen ist.

97 § 109 Abs. 1 S. 1 InsO gilt **nicht im Insolvenzeröffnungsverfahren**. Das ergibt sich nicht nur aus seiner Stellung im dritten Teil der Insolvenzordnung, der mit »Wirkungen der Eröffnung des Insolvenzverfahrens« überschrieben ist. Die Beendigung von Verträgen stellt eine Verwertungsmaßnahme dar, die im Falle der Nichteröffnung des Insolvenzverfahrens für den Mieter u.U. irreparable Schäden zur Folge hätte.

98 Dem Vermieter steht in der Insolvenz des Mieters kein Sonderkündigungsrecht zu. Dessen Kündigungsmöglichkeiten sind im Gegenteil durch § 112 InsO beschnitten (s.o. Rdn. 77 ff.).

bb) Keine Befristung oder Verwirkung des Sonderkündigungsrechts

99 Das Sonderkündigungsrecht des § 109 Abs. 1 S. 1 InsO ist nicht befristet. Es gibt – anders als für den Erwerber nach § 111 InsO (s.u. Rdn. 136) – keine Frist, innerhalb derer der Insolvenzverwalter von dem Kündigungsrecht aus § 109 Abs. 1 S. 1 InsO Gebrauch machen muss (*Uhlenbruck/Wegener* § 109 Rn. 8). Der Insolvenzverwalter kann das Mietverhältnis also mit der Dreimonatsfrist des § 109 Abs. 1 InsO auch nach Jahr und Tag

kündigen und darf sich bei seiner Entscheidung allein von den Bedürfnissen der von ihm verwalteten Insolvenzmasse leiten lassen, ohne auf die Belange des Vermieters Rücksicht nehmen zu müssen.

Für den Insolvenzverwalter dürfte aber jedenfalls bei größeren Mietobjekten die vertragliche Nebenpflicht bestehen, dem Vermieter auf Nachfrage den voraussichtlichen Kündigungstermin mitzuteilen, um ihm zu ermöglichen, sich rechtzeitig auf das wahrscheinliche Vertragsende einzustellen. Jedenfalls bei größeren Mietobjekten erweist es sich regelmäßig als schwierig, einen Nachmietvertrag zum Ende der dreimonatigen Kündigungsfrist zu schließen. Eine Mitteilung des Insolvenzverwalters über das voraussichtliche Ende der Kündigungsfrist kann hier erhebliche Schäden durch Mietausfälle vermeiden. Möchte der Insolvenzverwalter eines Unternehmens beispielsweise nur noch die offenen Aufträge in den angemieteten Räumen abarbeiten, lässt sich einigermaßen genau angeben, ab wann das Mietobjekt nicht mehr benötigt wird. Der Insolvenzverwalter kann die Angabe verweigern, wenn anderweitige Interessen entgegenstehen, wie z.B. in besonders gelagerten Fällen Geheimhaltungsinteressen. Der Mitteilung kommt als Einschätzung auch keine Bindungswirkung zu. Jedoch kann eine vom Verwalter *zu vertretende* Fehleinschätzung Schadensersatzansprüche wegen Verletzung einer vertraglichen Nebenpflicht nach sich ziehen. 100

Eine Verwirkung des Sonderkündigungsrechts gem. § 242 BGB scheidet selbst bei einem länger währenden Insolvenzverfahren grundsätzlich aus, da der Vermieter für die Dauer des Insolvenzverfahrens wegen der Regelung des § 109 InsO nicht auf eine andere als die dort statuierte dreimonatige Kündigungsfrist vertrauen darf. 101

cc) Mehrere Mieter

Streitig ist, ob die Kündigung des Insolvenzverwalters das Mietverhältnis insgesamt beendet, wenn der Mietervertrag auf Mieterseite von mehreren Personen geschlossen wurde. Das ist entgegen der h.M. zu verneinen (MüKoInsO/Eckert § 109 Rn. 37 f. m.w.N.; umfassend dazu Paul InVO 2008, 1 ff.). Die vom Insolvenzverwalter ausgesprochene Kündigung bewirkt nur das Ausscheiden des Schuldners aus dem Mietverhältnis. Eine gerichtliche Entscheidung ist zu dieser Frage – soweit ersichtlich – noch nicht ergangen. 102

Geht man mit der hier vertretenen Ansicht davon aus, dass der Mietvertrag mit dem/den weiteren Mieter(n) fortbesteht, kann die Kündigung des Insolvenzverwalters namens des insolventen Mieters ausnahmsweise für die übrigen Vertragsparteien ein außerordentliches Kündigungsrecht begründen, wenn sie den Vertrag ohne den ausgeschiedenen Schuldner nicht geschlossen hätten und der Grund dafür noch fortwirkt. 103

Angesichts dieser noch nicht durch die Rechtsprechung geklärten Fragen empfiehlt es sich, bereits bei Abschluss eines Mietvertrages mit mehreren Mietern die Folgen der Insolvenz eines oder mehrerer Mieter vertraglich zu regeln. 104

dd) Rechtsfolgen der Kündigung

Dem Vermieter steht wegen der vorzeitigen Beendigung des Mietverhältnisses ein **Schadensersatzanspruch** zu, der jedoch lediglich eine Insolvenzforderung darstellt (§ 109 Abs. 1 S. 3 InsO) und somit zur Tabelle anzumelden ist (§§ 174 ff. InsO). Als Schaden kann der Vermieter den Mietzins geltend machen, der ihm durch die vorzeitige Vertragsbeendigung entgangen ist. War beispielsweise vertraglich eine Kündigungsfrist von einem Jahr vereinbart und kündigt der Insolvenzverwalter mit der Dreimonatsfrist des § 109 InsO, steht dem Vermieter für die Differenz von neun Monaten ein Schadensersatzan- 105 spruch zu. Der Vermieter muss sich jedoch im Rahmen seiner Schadensminderungspflicht nach § 254 BGB um eine Weitervermietung bemühen und sich ersparte Aufwendungen anrechnen lassen.

106 Der Vermieter kann nach Ablauf der Kündigungsfrist die Herausgabe der Mietsache verlangen. Ob sich der Herausgabeanspruch gegen den insolventen Mieter oder – als Aussonderungsrecht gem. § 47 InsO – gegen den Insolvenzverwalter richtet, hängt von dessen Verhalten ab. Hat der Insolvenzverwalter das Mietobjekt **nicht in Besitz** genommen und auch keine Rechte daran beansprucht, ist das Mietobjekt nicht Masse befangen, so dass Herausgabe nur vom Schuldner (Mieter) verlangt werden kann (BGH ZMR 2008, 875). Hat der Insolvenzverwalter demgegenüber Besitz ergriffen, richtet sich der Herausgabeanspruch gegen ihn. Entsprechend ist die Rechtslage beim starken vorläufigen Insolvenzverwalter, auf den die Verwaltungs- und Verfügungsbefugnis übergegangen ist (s.o. Rdn. 3).

Der Herausgabeanspruch des Vermieters gegen den Insolvenzverwalter begründet zwar ein Aussonderungsrecht gem. § 47 InsO, er ist aber beschränkt auf die Verschaffung des unmittelbaren Besitzes (BGH ZMR 2006, 438). Der **weitergehende** mietvertragliche **Räumungsanspruch** aus § 546 Abs. 1 BGB, der die Wiederherstellung des vertraglich geschuldeten Zustandes beinhaltet, also insbesondere die Beseitigung von zurückgelassenen Gegenständen und die Beseitigung von Veränderungen der Mietsache, ist lediglich eine, gem. § 45 InsO in Geld umzurechnende, Insolvenzforderung (BGH ZInsO 2001, 751), und zwar unabhängig davon, ob das Mietverhältnis vor oder nach Insolvenzeröffnung beendet wurde (OLG Celle ZIP 2007, 1914). Nur wenn die Veränderung/Verschlechterung der Mietsache auf die Nutzung durch den Insolvenzverwalter zurück geht, handelt es sich um eine Masseforderung.

c) Die Erklärung nach § 109 Abs. 1 S. 2 InsO bei Wohnraummietverhältnissen

107 Nach § 109 Abs. 1 S. 2 InsO ist es dem Insolvenzverwalter – zum Schutz des Schuldners – verwehrt, den Mietvertrag über dessen Wohnung gem. § 109 Abs. 1 S. 1 InsO zu kündigen. Er kann lediglich erklären, dass Forderungen, die nach Ablauf der dreimonatigen Kündigungsfrist des § 109 Abs. 1 S. 1 InsO fällig werden, nur noch gegenüber dem Schuldner geltend gemacht werden können. Die Erklärung bedarf entsprechend § 568 BGB der Schriftform.

aa) Wirkungen der Erklärung nach § 109 Abs. 1 S. 2 InsO

108 Die wichtigste praktische Folge der Erklärung gem. § 109 Abs. 1 S. 2 InsO ist, dass sich der Vermieter wegen der nach Ablauf der gesetzlichen Kündigungsfrist fällig werdenden Mieten nur an den Schuldner halten kann. Ob das Mietverhältnis mit Ablauf der gesetzlichen Kündigungsfrist darüber hinaus vom Schuldner fortgesetzt wird, also aus der Masse »ausscheidet«, ist umstritten (HK/Marotzke § 109 Rn. 6 ff. m.w.N.). Sinn und Zweck des § 109 Abs. 1 S. 2 InsO ist es, zum Wohle des Schuldners den Verlust seiner Wohnung durch eine vom Insolvenzverwalter zur Entlastung der Masse herbeigeführten Vertragsbeendigung zu vermeiden. Mit der Sonderregel des § 109 Abs. 1 S. 2 InsO soll aber nicht die Möglichkeit des Insolvenzverwalters in Frage gestellt werden, sich entsprechend dem Grundgedanken des § 109 Abs. 1 InsO von Dauerschuldverhältnissen zu lösen. Bliebe das Mietverhältnis Masse befangen, müssten den Insolvenzverwalter streng genommen z.B. die Verkehrssicherungspflichten treffen. Umgekehrt würde sich die kaum vertretbare Folge ergeben, dass nicht der Mieter zur ordentlichen Kündigung berechtigt ist, sondern *der Insolvenzverwalter* (so aber ausdrücklich MüKoInsO/Eckert § 109 Rn. 56; dagegen zu Recht K/P/Tintelnot § 109 Rn. 7 f.). Das Mietverhältnis geht daher nach Ablauf der gesetzlichen Kündigungsfrist als Folge der Erklärung nach § 109 Abs. 1 S. 2 InsO in vollem Umfang auf den Schuldner über (Uhlenbruck/Berscheid § 109 Rn. 15 f.).

Eine **Kündigungserklärung** ist daher, wenn der Insolvenzverwalter die Erklärung nach § 109 Abs. 1 S. 2 InsO abgegeben hat, nach Ablauf der dreimonatigen Kündigungsfrist an den Mieter/Schuldner zu richten und nicht an den Insolvenzverwalter (K/P/Tintelnot § 109 Rn. 7 f.; a.A. MüKoInsO/Eckert § 109 Rn. 55; LG Karlsruhe ZIP 2003, 677). Da diese Frage aber umstritten und auch in der Rechtsprechung noch nicht abschließend geklärt ist, sollte, um das Risiko einer unwirksamen Kündigung auszuschließen, vorsorglich sowohl dem Schuldner als auch dem Insolvenzverwalter gegenüber gekündigt werden. **109**

Gleichfalls noch ungeklärt ist, wann und unter welchen Voraussetzungen der Vermieter das Mietverhältnis **kündigen** kann, **nach**dem der Insolvenzverwalter die **Erklärung** nach § 109 Abs. 1 S. 2 InsO abgegeben hat. Nach einer Auffassung entfällt bereits mit Abgabe der Erklärung nach § 109 Abs. 1 S. 2 InsO die Kündigungsschranke des § 112 InsO (K/P/Tintelnot § 109 Rn. 7e; a.A. MüKoInsO/Eckert § 109 Rn. 59), sodass der Vermieter unmittelbar nach deren Zugang eine Kündigung aussprechen kann, die sich auf die Rückstände aus der Zeit vor der Antragstellung stützt. Das steht jedoch im Widerspruch zur Systematik der §§ 112, 109 Abs. 1 InsO. Das Mietverhältnis ist auch nach Abgabe der Erklärung nach § 109 Abs. 1 S. 2 InsO unstreitig jedenfalls bis zum Ablauf der gesetzlichen Kündigungsfrist Masse befangen und sind die Mietzinsansprüche des Vermieters für diesen Zeitraum als bevorrechtigte Masseverbindlichkeiten auszugleichen. Damit korrespondierend wirkt folglich auch der Kündigungsschutz des § 112 InsO bis zum Ablauf der gesetzlichen Kündigungsfrist fort. Mit deren Ablauf scheidet das Mietverhältnis aus der Insolvenzmasse aus (s.o. Rdn. 108), sodass mit diesem Zeitpunkt der Kündigungsschutz des § 112 InsO entfällt und der Vermieter das Mietverhältnis wegen der vor Antragstellung aufgelaufenen Rückstände kündigen kann. Zu diesem Ergebnis käme man auch dann, wenn man mit der hier abgelehnten Ansicht davon ausginge, dass das Mietverhältnis auch nach der Erklärung gem. § 109 Abs. 1 S. 2 InsO massebefangen bleibt. Allerdings müsste man dann § 112 InsO, der für die gesamte Dauer des Insolvenzverfahrens gilt, teleologisch reduzieren. **110**

bb) Schadensersatzanspruch gem. § 109 Abs. 1 S. 3 InsO

Auch im Falle der Erklärung nach § 109 Abs. 1 S. 2 InsO steht dem Vermieter wegen der Folgen der Erklärung ein Schadensersatzanspruch als Insolvenzforderung zu (§ 109 Abs. 1 S. 3 InsO). Dieser umfasst nur denjenigen Schaden, der dem Vermieter bei einer – hier ausgeschlossenen – Kündigung nach § 109 Abs. 1 S. 1 InsO zugestanden hätte (s.o. Rdn. 105). Dass das Mietverhältnis zum Schutz des Mieters über die gesetzliche Kündigungsfrist hinaus läuft, ist nicht mehr Folge der Erklärung nach § 109 Abs. 1 S. 2 InsO; ein dadurch eingetretener Schaden des Vermieters kann nicht gegenüber der Insolvenzmasse geltend gemacht werden (Braun/Kroth § 109 Rn. 17 f.). **111**

d) Die Mietforderungen des Vermieters in der Insolvenz des Mieters

Soweit es die Mietzinsansprüche des Vermieters anbelangt, ist die für ihn entscheidende Frage in der Insolvenz des Mieters, ob es sich bei seinen Forderungen um Masseverbindlichkeiten handelt oder ob er sie als Insolvenzforderungen zur Tabelle anmelden muss. Während Masseverbindlichkeiten vom Insolvenzverwalter vorab zu begleichen sind, erhalten die Insolvenzgläubiger auf ihre zur Tabelle angemeldeten Forderungen regelmäßig nur eine geringe Quote (s.o. Rdn. 46). **112**

aa) Mietzinsansprüche aus der Zeit vor der Insolvenzeröffnung

113 Nach § 108 Abs. 3 InsO (vormals = Abs. 2) können Ansprüche aus der Zeit vor Eröffnung des Insolvenzverfahrens nur als – quotal zu befriedigende – Insolvenzforderungen geltend gemacht werden. Demnach stellen alle vor der Insolvenzeröffnung fällig werdenden Mieten einfache Insolvenzforderungen dar, also grundsätzlich auch diejenigen Mieten, die im Insolvenzeröffnungsverfahren fällig werden.

114 Starker vorläufiger Insolvenzverwalter

Als Ausnahme zu § 108 Abs. 3 InsO bestimmt § 55 Abs. 2 InsO (lex spezialis gegenüber § 108 Abs. 3 InsO) zwei Fälle, in denen Forderungen aus dem Eröffnungsverfahren ausnahmsweise **Masseverbindlichkeiten** sind. Gem. § 55 Abs. 2 Nr. 2 InsO gelten Verbindlichkeiten aus einem Dauerschuldverhältnis als Masseverbindlichkeit, soweit **der starke vorläufige Insolvenzverwalter** (auf den die Verfügungsbefugnis übergegangen ist, s.o. Rdn. 3) die Gegenleistung im Eröffnungsverfahren für die (künftige) Masse in Anspruch genommen hat. Auf Mietverträge übertragen bedeutet das: Nutzt der starke vorläufige Insolvenzverwalter im Eröffnungsverfahren die Mietsache weiter, haben die auf diesen Zeitraum entfallenden Mieten Masseschuldcharakter. Und zum zweiten gelten gem. § 55 Abs. 2 Nr. 1 InsO die von einem starken vorläufigen Insolvenzverwalter im Eröffnungsverfahren begründeten Verbindlichkeiten nach der Insolvenzeröffnung als Masseverbindlichkeiten. Schließt der starke Verwalter also im Eröffnungsverfahren einen neuen Mietvertrag ab, sind alle daraus erwachsenden Ansprüche als Masseverbindlichkeiten vorweg zu berichtigen.

115 Schwacher vorläufiger Insolvenzverwalter

Die von einem **schwachen vorläufigen Insolvenzverwalter** (s.o. Rdn. 3) im Eröffnungsverfahren begründeten Verbindlichkeiten stellen demgegenüber keine Masseverbindlichkeiten dar. Selbst wenn der schwache vorläufige Insolvenzverwalter die Mietsache im Eröffnungsverfahren weiter nutzt, können die auf diesen Zeitraum entfallenden Mieten nur als Insolvenzforderungen geltend gemacht werden.

116 Zwar kann auch der schwache vorläufige Insolvenzverwalter ausnahmsweise Masseverbindlichkeiten begründen, wenn das Insolvenzgericht ihn durch Beschluss ermächtigt hat, einzelne, im Voraus genau festgelegte Verpflichtungen zu Lasten der späteren Insolvenzmasse einzugehen (sog. **Einzelermächtigung**; vgl. BGH NJW 2002, 3326). Mietforderungen sind jedoch niemals Gegenstand einer Einzelermächtigung. Dieses Institut wurde von der Rechtsprechung entwickelt, um die Weiterlieferung von Waren und Dienstleistungen sicherzustellen, ohne die der Geschäftsbetrieb eines in die Insolvenz geratenen Unternehmens nicht aufrecht erhalten werden kann. Würden deren Lieferanten nämlich nur einfache Insolvenzforderungen erwerben, würden sie ihre Lieferungen einstellen, sodass der Geschäftsbetrieb des Schuldners zum Erliegen käme. Der Vermieter ist jedoch wegen der Kündigungssperre des § 112 InsO nicht in der Lage, dem Schuldner die Mietsache kurzfristig zu entziehen, sodass aus Verwaltersicht keine Notwendigkeit besteht, ihn im Wege der Einzelermächtigung zu privilegieren.

bb) Mietzinsansprüche aus der Zeit nach der Insolvenzeröffnung und Masseunzulänglichkeit

117 Die nach der Insolvenzeröffnung fällig werdenden Mieten sind Masseverbindlichkeiten. Für Ansprüche aus Mietverträgen, die der Insolvenzverwalter nach Verfahrenseröffnung geschlossen hat, folgt das aus § 55 Abs. 1 Nr. 1 InsO. Für nach der Eröffnung fällig werdende Ansprüche aus Mietverträgen, die schon vor der Verfahrenseröffnung bestanden haben, ergibt sich das aus § 55 Abs. 1 Nr. 2, 2. Alt. InsO.

Zeigt der Insolvenzverwalter nach der Eröffnung des Insolvenzverfahrens gem. § 208 InsO **Masseunzulänglichkeit** an (die Verfahrenskosten sind gedeckt, die sonstigen Masseverbindlichkeiten nach § 55 InsO können aber nicht mehr erfüllt werden), werden die Masseverbindlichkeiten nach der in § 209 InsO vorgesehenen Rangfolge befriedigt. Danach werden zunächst die Verfahrenskosten berichtigt (§ 209 Abs. 1 Nr. 1 InsO). An zweiter Rangstelle werden die sog. Neumasseverbindlichkeiten befriedigt. Das sind diejenigen Masseverbindlichkeiten, die nach der Anzeige des Masseunzulänglichkeit begründet worden sind (§ 209 Abs. 1 Nr. 2 InsO). Nur soweit nach vollständiger Berichtigung der Neumasseverbindlichkeiten noch verteilbares Vermögen verbleibt, werden die sog. Altmasseverbindlichkeiten, also die zur Zeit der Anzeige der Masseunzulänglichkeit bereits begründeten Masseverbindlichkeiten, befriedigt (§ 209 Abs. 1 Nr. 3 InsO). Ein Altmassegläubiger kann auch nicht mehr auf Leistung klagen, sondern muss auf Feststellung, dass ihm eine Altmasseforderung zusteht, klagen (BGH ZInsO 2003, 465). Wird die Masseunzulänglichkeit während des laufenden Verfahrens angezeigt, muss der Klageantrag entsprechend umgestellt werden. Einfache Insolvenzforderungen fallen bei Masseunzulänglichkeit vollständig aus. **118**

Die Mietzinsansprüche des Vermieters gehören in zwei Fällen zu den vorab zu befriedigenden Neumasseverbindlichkeiten: **119**

- Zum einen, wenn der Insolvenzverwalter nach der Anzeige der Masseunzulänglichkeit die Gegenleistung in Anspruch nimmt, also die Mietsache **nutzt** (§ 209 Abs. 2 Nr. 3 InsO). Sollte das Mietverhältnis gekündigt sein, liegt eine Nutzung in diesem Sinne während der laufenden Kündigungsfrist schon dann vor, wenn der Insolvenzverwalter dem Vermieter nicht die Rückgabe und weitere Nutzung der Mietsache anbietet (BGHZ 154, 358 = ZInsO 2003, 465); der Insolvenzverwalter muss also die Rückgabe der Mietsache aktiv betreiben, damit die weiteren Mieten nicht als Neumasseverbindlichkeiten entstehen.
- Zum anderen zählen, wenn der Insolvenzverwalter nach Anzeige der Masseunzulänglichkeit ein Mietverhältnis **nicht** zum ersten möglichen Termin **kündigt**, die Mieten für die Zeit nach diesem Termin unabhängig davon, ob der Insolvenzverwalter die Gegenleistung in Anspruch nimmt oder nicht, zu den vorrangig zu befriedigenden Neumasseverbindlichkeiten (§ 209 Abs. 2 Nr. 2 InsO). Hier begründet schon die Nichtkündigung trotz Kündigungsmöglichkeit den Rang einer Neumasseverbindlichkeit.

cc) Zusammenfassung

Forderungen aus der Zeit bis zur Eröffnung des Insolvenzverfahrens sind Insolvenzforderungen, es sei denn, sie sind von einem starken vorläufigen Insolvenzverwalter im Insolvenzeröffnungsverfahren begründet worden oder der starke vorläufige Insolvenzverwalter hat die Mietsache im Insolvenzeröffnungsverfahren genutzt. Mietforderungen aus der Zeit nach Verfahrenseröffnung sind vorrangig zu befriedigende Masseforderungen. Wird Masseunzulänglichkeit angezeigt, sind die danach fällig werdenden Mietforderungen Neumasseverbindlichkeiten, soweit der Verwalter die Mietsache nutzt oder – unabhängig von einer Nutzung – die Mieten für die Zeit nach dem ersten Termin, zu dem der Insolvenzverwalter das Mietverhältnis nach Anzeige der Masseunzulänglichkeit hätte kündigen können. **120**

e) Renovierungsansprüche/Schönheitsreparaturen

aa) Ausgangslage

121 Die Pflicht des Vermieters, die Mietsache in einem vertragsgemäßen Zustand zu erhalten (§§ 535, 538 BGB), wird regelmäßig im Mietvertrag auf den Mieter übergewälzt (s.o. Kap. 8 Rdn. 7 ff., 25). In der Insolvenz des Mieters stellt sich damit die Frage, ob der dem Vermieter gegen den Mieter aufgrund der Überwälzung zustehende Anspruch auf Durchführung der Schönheitsreparaturen eine Masseverbindlichkeit oder eine Insolvenzforderung darstellt. Das bestimmt sich nach der Grundnorm des § 38 InsO, wonach Insolvenzgläubiger derjenige persönliche Gläubiger ist, der zur Zeit der Eröffnung des Insolvenzverfahrens einen begründeten Vermögensanspruch gegen den Schuldner hat. Das ist dann der Fall, wenn der anspruchsbegründende Tatbestand vor Verfahrenseröffnung materiellrechtlich abgeschlossen war (Beutler/Vogel ZMR 2002, 803 f.; näher oben Rdn. 46).

bb) Entstehungszeitpunkt des Renovierungsanspruchs

122 Teilweise wird vertreten (Ringstmeier in Beck/Depré S. 655 f.), der Renovierungsanspruch entstünde im Laufe der Zeit, wachse also proportional zu der seit der letzen Renovierung verstrichenen Zeit an. Nach dieser Ansicht könnte der Renovierungsanspruch des Vermieters teilweise Insolvenz- und teilweise Masseforderung sein. Für die bereits vor der Insolvenzeröffnung eingetretene Abnutzung stünde dem Vermieter eine Insolvenzforderung zu, für die Zeit nach der Insolvenzeröffnung könnte er – sofern das Mietobjekt weitergenutzt wird – den Renovierungsanspruch als Masseverbindlichkeit geltend machen.

123 Dieser Ansicht kann nicht gefolgt werden. Der Anspruch auf Durchführung der Schönheitsreparaturen entsteht nicht Stück für Stück derart, dass mit Ablauf eines Bruchteils der – wie auch immer zu bemessenden – Renovierungsfrist ein entsprechender Bruchteil des Renovierungsanspruchs entstanden ist. Das ist schon mit der Natur des Renovierungsanspruchs unvereinbar, der auf die Durchführung der notwendigen Arbeiten gerichtet ist und nicht mit einem etwaigen Schadensersatzanspruch wegen unterlassener Schönheitsreparaturen verwechselt werden darf. Wie sollte beispielsweise ein 10 %iger Anspruch auf Streichen von Wänden und Decken erfüllt werden? Der Renovierungsanspruch entsteht vielmehr erst dann, wenn die Räumlichkeiten renovierungsbedürftig sind, d.h. der dekorative Zustand erheblich beeinträchtigt ist, wobei die vertraglich vereinbarten Renovierungsfristen einen ersten Anhalt für die Renovierungsbedürftigkeit bieten (näher: Kap. 8 Rdn. 79 ff.). Solange die Mietsache noch nicht renovierungsbedürftig ist, steht dem Vermieter überhaupt kein Renovierungsanspruch zu. Mit Eintritt der Renovierungsbedürftigkeit entsteht der Renovierungsanspruch in vollem Umfang.

Daraus ergibt sich folgende

cc) Einordnung als Insolvenzforderung/Masseforderung

124 Entsteht der Renovierungsanspruch entsprechend den vorstehenden Ausführungen vor der Insolvenzeröffnung, ist er als Insolvenzforderung zur Tabelle anzumelden. Da der Renovierungsanspruch nicht auf Geld, sondern auf Herstellung des vertragsgemäßen Zustandes gerichtet ist, ist er gem. § 45 InsO mit dem Wert geltend zu machen, der für die Zeit der Eröffnung des Insolvenzverfahrens geschätzt werden kann. Hatte sich der Renovierungsanspruch infolge fruchtlosen Ablaufs einer nach § 281 BGB gesetzten Frist bereits vor Insolvenzeröffnung in einen Schadensersatzanspruch umgewandelt (näher: Kap. 9 Rdn. 96 ff.), kann dieser als solcher zur Tabelle angemeldet werden. Ist die Reno-

vierungspflicht dagegen infolge weiterer Abnutzung erst nach Eröffnung des Insolvenzverfahrens entstanden, ist sie Masseverbindlichkeit und ist als solche vorrangig aus der Masse zu berichtigen.

dd) Quotenklausel

125 Zunehmend finden sog. (Kosten-)Quotenklauseln Eingang in (Formular-)Mietverträge, die bezwecken, den Mieter bei Beendigung des Mietverhältnisses vor Fälligkeit des Renovierungsanspruchs anteilig an den Renovierungskosten zu beteiligen (vgl. BGH ZMR 2005, 518; näher: Kap. 8 Rdn. 62 ff.). Dieser Anspruch, der sich auf einen dem Zeitablauf entsprechenden Bruchteil der Renovierungskosten richtet, entsteht mit Beendigung des Mietverhältnisses. Seine Einordnung als Insolvenz- oder Masseforderung hängt demgemäß davon ab, ob das Mietverhältnis vor oder nach Eröffnung des Insolvenzverfahrens beendet wird.

ee) Protokollierung des Zustands des Mietobjekts

126 Es liegt im wirtschaftlichen Interesse des Vermieters, seinen Renovierungsanspruch im Insolvenzverfahren des Mieters als Masseforderung geltend machen zu können. Im Bestreitensfall muss er die Voraussetzungen eines Masseanspruchs darlegen und beweisen. Der Vermieter muss somit beweisen, dass die Mietsache erst infolge ihrer weiteren Nutzung nach der Insolvenzeröffnung renovierungsbedürftig geworden ist, mithin der Renovierungsanspruch erst nach Insolvenzeröffnung entstanden ist (Rdn. 122 ff.). Das wird ihm regelmäßig nur gelingen, wenn er den Zustand des Mietobjekts zum Zeitpunkt der Insolvenzeröffnung (oder kurz danach) festgestellt hat. Anderenfalls wird er den Einwand, dass das Mietobjekt schon vor der Insolvenzeröffnung renovierungsbedürftig war, in einer späteren gerichtlichen Auseinandersetzung nicht entkräften können. Geht der Vermieter davon aus, dass der Insolvenzverwalter die Mietsache nicht nur kurzfristig weiter nutzen wird, sollte er daher unbedingt zeitnah zur Insolvenzeröffnung eine Besichtigung durchführen und den Zustand der Mietsache zu Beweiszwecken protokollieren.

f) Das Vermieterpfandrecht in der Insolvenz des Mieters

127 Dem Vermieterpfandrecht aus § 562 BGB kommt bei Wohnraummietverhältnissen kaum Bedeutung zu, weil sich in der Wohnung des Insolvenzschuldners selten verwertbare Habe befindet. Bei Gewerberaummietverhältnissen spielt das Vermieterpfandrecht demgegenüber eine große Rolle, nicht zuletzt weil das Pfandrecht des Vermieters nach der Rechtsprechung des BGH dem Recht des Sicherungsnehmers aus Raumsicherungsübereignungen vorgeht (BGH NJW 1992, 1156); für andere Sicherungsübereignungen gilt: Die Sicherungsübereignung vor Einbringung des Gegenstandes ist vorrangig, die Sicherungsübereignung nach Einbringung nachrangig).

128 Dem Vermieterpfandrecht unterliegen alle dem insolventen Mieter gehörenden (dazu zählen nicht die dem Mieter unter Eigentumsvorbehalt gelieferten Sachen, BGH NJW 1983, 2140), von ihm vor der Insolvenzeröffnung eingebrachten Sachen. Das Vermieterpfandrecht kann in der Insolvenz gem. § 50 Abs. 2 InsO jedoch nur für die letzten 12 Monate vor der Insolvenzeröffnung geltend gemacht werden, unter Einschluss der Zeit des Insolvenzeröffnungsverfahrens (BGH NJW 2007, 1588).

129 Das Vermieterpfandrecht sollte so früh wie möglich angezeigt werden, am besten schon im Insolvenzeröffnungsverfahren gegenüber dem vorläufigen Insolvenzverwalter. Der Vermieter kann vom Insolvenzverwalter auch Auskunft über die dem Vermieterpfandrecht unterliegenden Sachen verlangen (BGH ZinsO 2004, 151).

130 Die Verwertung der dem Vermieterpfandrecht unterliegenden Sachen obliegt dem Insolvenzverwalter (§ 166 InsO), der dafür pauschal 9 % des Erlöses (zzgl. 19 % USt darauf) zugunsten der Masse einbehält (§§ 170 f. InsO).

131 Werden Sachen des Mieters ohne Wissen des Vermieters oder gegen seinen Widerspruch entfernt, muss er innerhalb eines Monats nach Kenntnis auf Rückschaffung der Sachen klagen, § 562a Abs. 2 BGB. Vor der Insolvenzeröffnung ist die Klage im Falle eines schwachen vorläufigen Insolvenzverwalters (s.o. Rdn. 3) gegen den Schuldner, im Falle eines starken vorläufigen Insolvenzverwalters und nach Insolvenzeröffnung gegen den Verwalter zu richten (zum Rubrum vgl. Rdn. 151 ff.).

2. Insolvenz des Vermieters

132 Die Insolvenz des Vermieters wirkt sich auf das Mietverhältnis weniger einschneidend aus als die Insolvenz des Mieters, weil dem Vermieter die Erfüllung seiner Hauptpflicht – die Gebrauchsüberlassung der Mietsache – auch in der Insolvenz möglich bleibt. Anders als bei der Insolvenz des Mieters kommt es infolge der Insolvenz des Vermieters also zu keiner (gewichtigen) Störung des Äquivalenzverhältnisses. Da bestehende Mietverhältnisse in der Insolvenz des Vermieters auch nicht die Insolvenzmasse belasten, sieht die Insolvenzordnung anders als in der Mieterinsolvenz – von einer Ausnahme abgesehen – auch keine Sonderkündigungsrechte vor. In der Insolvenz des Vermieters gelten grundsätzlich die allgemeinen Kündigungsregeln unverändert fort. Ein Sonderkündigungsrecht räumt die Insolvenzordnung demjenigen Erwerber ein, der das Mietobjekt vom Insolvenzverwalter freihändig veräußert erhält; wird das Objekt im Insolvenzverfahren zwangsversteigert, greift die inhaltsgleiche Bestimmung des § 57a ZVG.

133 Zu den Besonderheiten im Falle eines insolventen Untervermieters, der die Mietsache also seinerseits ebenfalls angemietet hat statt sie zu Eigentum zu besitzen, ausführlich Marotzke ZInsO 2007, 1 ff.

a) Kein Rücktritt nach § 109 Abs. 2 InsO

134 Nach § 109 Abs. 2 InsO besteht ein Rücktrittsrecht für den Fall, dass der Mietvertrag bei Verfahrenseröffnung noch nicht vollzogen ist. Es ist umstritten, ob dieses Rücktrittsrecht auch für den Fall der Insolvenz des Vermieters Anwendung finden soll. Dieser Streit hat jedoch seine praktische Bedeutung verloren, seit der BGH entgegen der damals nahezu einhelligen Ansicht entschieden hat, dass § 108 Abs. 1 S. 1 InsO in der Insolvenz des Vermieters unanwendbar ist, wenn die Mietsache im Zeitpunkt der Eröffnung des Insolverfahrens dem Mieter noch nicht überlassen war (BGH NJW 2007, 3715). In diesem Falle steht demzufolge dem Insolvenzverwalter das Wahlrecht aus § 103 Abs. 1 InsO zur Seite, das ihm erlaubt, sich nach seiner Wahl vom Vertrag zu lösen (BGH a.a.O.). Lehnt er die Vertragserfüllung ab, steht dem Mieter ein Schadensersatzanspruch wegen Nichterfüllung als einfache Insolvenzforderung zu (§ 103 Abs. 2 InsO).

b) Kündigung nach Veräußerung (§ 111 InsO)

135 Dem Erwerber eines Mietobjekts steht beim Erwerb vom Insolvenzverwalter gem. § 111 InsO ein Sonderkündigungsrecht zu. Tritt er anstelle des insolventen Vermieters gem. § 566 Abs. 1 BGB in das Mietverhältnis ein (setzt Überlassung der Mietsache an den Mieter vor Veräußerung voraus, § 566 Abs. 1 BGB), kann er es unter Einhaltung der gesetzlichen Frist kündigen. § 111 InsO soll die Veräußerung des insolvenzbefangenen Mietgegenstandes und damit die Verwertung der Insolvenzmasse erleichtern. Immobilien lassen sich besser veräußern, wenn sich der Erwerber von bestehenden, ggf. langfristigen Miet-

verträgen unter Einhaltung der gesetzlichen Kündigungsfrist lösen kann, um das Objekt einer wirtschaftlicheren Verwertung zuzuführen.

Mit Rücksicht auf die Interessen des Mieters wird dem Erwerber nur ein einmaliges Son- **136**
derkündigungsrecht zugestanden: Gem. § 111 Abs. 1 S. 2 InsO kann die Kündigung nur für den ersten Termin erfolgen, für den sie zulässig ist. Gemeint ist damit der erste mögliche Termin nach der Umschreibung des Eigentums. Das gilt auch dann, wenn nach dem Kaufvertrag Besitz, Nutzen und Lasten bereits vor der Umschreibung (typischerweise mit Hinterlegung der Kaufpreissumme beim Notar) auf den Erwerber übergehen soll. Die Möglichkeit der Kündigung setzt voraus, dass der Erwerber von der Umschreibung des Eigentums im Grundbuch Kenntnis hat. Erfolgt beispielsweise die Umschreibung eines gewerblichen Grundstücks am dritten Werktag des ersten Quartals eines Jahres, benachrichtigt das Grundbuch den Erwerber hiervon aber erst am vierten Werktag, ist für die erste Kündigungsmöglichkeit nicht auf das erste, sondern auf das zweite Quartal abzustellen. In Anlehnung an die Rechtsprechung zum inhaltsgleichen § 57a ZVG wird man eine Verwirkung des Sonderkündigungsrechtes aus § 111 InsO nur annehmen können, wenn eine verspätete Kündigung auf einer Außerachtlassung der gebotenen Sorgfalt beruht (OLG Düsseldorf ZMR 2003, 177; OLG Oldenburg RPfl. 2002, 325; näher Schmid Fachanwaltskommentar Mietrecht, § 57a Rn. 5).

Versäumt der Erwerber den ersten zulässigen Kündigungstermin, gilt die vertraglich vereinbarte Kündigungsfrist bzw. Laufzeit des Vertrages.

Der Mieter kann einem ihm durch die Kündigung des Erwerbers nach § 111 InsO ent- **137**
standenen Schaden als einfache Insolvenzforderung zur Tabelle anmelden oder mit seinem **Schadensersatzanspruch** gegenüber Ansprüchen des Insolvenzverwalters aus der Zeit vor der Insolvenzeröffnung aufrechnen (FK-InsO/Wegener § 111 Rn. 14).

c) Kein besonderes Kündigungsrecht des Mieters

Der Mieter kann in der Insolvenz des Vermieters das gem. § 108 Abs. 1 S. 1 InsO fortbe- **138**
stehende Mietverhältnis nur nach den allgemeinen Regeln kündigen. Die Insolvenz des Vermieters gibt ihm kein besonderes Kündigungsrecht.

Wird die Eröffnung des Insolvenzverfahrens über das Vermögen des Vermieters mangels **139**
Masse abgelehnt, kann der Mieter nicht allein darauf eine außerordentliche Kündigung stützen, sofern der Vermieter seine aus dem Mietvertrag resultierenden Pflichten erfüllt (vgl. BGH NZM 2002, 524).

d) Vorausverfügungen über Miet- und Pachtzins (§ 110 InsO)

§ 110 Abs. 1 InsO beschränkt zum Schutz der Insolvenzmasse die Möglichkeit des Vermie- **140**
ters, über den ihm zustehenden Mietzins im Voraus zu verfügen. Wird das Insolvenzverfahren vor dem 15. eines Kalendermonats eröffnet, ist eine Vorausverfügung über den Mietzins nur noch für diesen laufenden Monat wirksam (§ 110 Abs. 1 S. 1 InsO). Hat der Vermieter beispielsweise seiner Bank im Jahre 2009 die Mietforderungen der nächsten fünf Jahre zur Sicherheit abgetreten und wird am 10. Januar des Jahres 2010 das Insolvenzverfahren über sein Vermögen eröffnet, ist die Abtretung ab Februar 2010 unwirksam. Die Mieten stehen ab diesem Zeitpunkt der Insolvenzmasse zu und können schuldbefreiend nur noch an den Insolvenzverwalter geleistet werden. Wurde das Insolvenzverfahren nach dem 15. eines Kalendermonats eröffnet, ist die Vorausverfügung auch für den folgenden Kalendermonat wirksam (§ 110 Abs. 1 S. 2 InsO).

Verfügungen i.S.d. § 110 InsO sind neben dem praktisch wichtigsten Fall der Abtretung **141**
des Mietzinsanspruchs: Verpfändung, Stundung, Erlass und Nießbrauchbestellung. Gem.

§ 110 Abs. 2 InsO stehen die Einziehung der Forderung sowie Zwangsvollstreckungsmaßnahmen einer rechtsgeschäftlichen Verfügung gleich. Demnach sind vom Mieter an den Vermieter geleistete Vorauszahlungen dem Insolvenzverwalter gegenüber ebenso unwirksam wie Maßnahmen der Zwangsvollstreckung, sofern sie sich auf Mietforderungen beziehen, die nach dem Kalendermonat fällig werden, in dem das Insolvenzverfahren eröffnet wird (bei Eröffnung bis zum 15. des Kalendermonats), oder nach dem der Insolvenzeröffnung folgenden Kalendermonat (bei Eröffnung nach dem 15. des Kalendermonats).

142 Der Insolvenzverwalter kann unbeschadet des § 110 InsO das vom insolventen Vermieter vorgenommene Verfügungsgeschäfts bzw. die vom Gläubiger durchgeführte Zwangsvollstreckungsmaßnahme **anfechten**; beide Regelungen stehen nebeneinander. Kann etwa die Vorausabtretung nach den §§ 129 ff. InsO angefochten werden, ist sie für den gesamten angefochtenen Zeitraum unwirksam, eines Rückgriffs auf § 110 InsO bedarf es nicht. Gleiches gilt für die Rückschlagsperre des § 88 InsO. Nach dieser Bestimmung wird eine im letzten Monat vor dem Insolvenzantrag durch Zwangsvollstreckung erlangte Sicherung (nicht Befriedigung) mit Verfahrenseröffnung unwirksam.

143 Der systematisch den §§ 95, 96 InsO zuzurechnende § 110 Abs. 3 InsO erweitert die Aufrechnungsmöglichkeit des Mieters für den in § 110 Abs. 1 InsO bezeichneten Zeitraum. Für den Zeitraum, in dem der Vermieter über die Mietforderungen »insolvenzfest« im Voraus verfügen kann, wird abweichend von § 96 Abs. 1 Nr. 1 InsO und unabhängig von den Voraussetzungen des § 95 InsO eine Aufrechnung des Mieters zugelassen, auch wenn er der Masse erst nach Eröffnung des Insolvenzverfahrens etwas (zumeist Mieten) schuldig geworden ist (BGH ZInsO 2007, 90).

e) Pfändung durch Grundpfandgläubiger (§ 49 InsO)

144 Die Pfändung gem. §§ 1123, 1124 BGB mithaftender Mieten durch absonderungsberechtigte Grundpfandgläubiger (§ 49 InsO) ist nach Eröffnung des Insolvenzverfahrens nicht mehr zulässig (BGH ZIP 2006, 1554). Ein Zugriff der absonderungsberechtigten Gläubiger auf die Mieten bleibt im Wege der Zwangsverwaltung gem. §§ 146 ff. ZVG möglich, wobei hier – im Gegensatz zur Pfändung der Mieten – die öffentlichen Lasten und die Ausgaben der Verwaltung des Grundstücks gem. den §§ 155 f. ZVG aus den Mieterträgen vorweg berichtigt werden.

3. Verfahrensrechtliches

a) Unterbrechung des Verfahrens (§ 240 ZPO)

aa) Insolvenzeröffnung

145 Die Eröffnung des Insolvenzverfahrens über das Vermögen des Mieters oder des Vermieters unterbricht einen zwischen diesen anhängigen Rechtsstreit (§ 240 ZPO). Die Unterbrechung bewirkt, dass laufende Fristen unterbrochen werden, Prozesshandlungen des Gerichts gegenüber beiden Parteien und Prozesshandlungen einer Partei gegenüber der anderen Partei unwirksam sind (genehmigungsfähig, keine Nichtigkeit), § 249 ZPO. Die Wirkungen treten unabhängig von der Kenntnis der Parteien oder des Gerichts von der Insolvenzeröffnung ein (BGHZ 66, 59).

bb) Bestellung eines vorläufigen Insolvenzverwalters

146 *Die Bestellung eines starken* vorläufigen Insolvenzverwalters (s.o. Rdn. 3) führt zur Unterbrechung eines laufenden Verfahrens (§ 240 S. 2 ZPO). Allerdings kann der starke

vorläufige Verwalter nicht gem. § 239 Abs. 2 bis 4 ZPO gezwungen werden, sich über die Aufnahme des Verfahrens zu erklären, da § 85 Abs. 1 S. 2 InsO von der Verweisung in § 24 Abs. 2 InsO ausgenommen ist.

Die Bestellung eines schwachen vorläufigen Insolvenzverwalters unterbricht laufende Verfahren nicht. 147

b) Aufnahme eines unterbrochenen Verfahrens gem. §§ 85, 86 InsO

Die Aufnahme eines gem. § 240 ZPO unterbrochenen Aktivverfahrens regelt § 85 InsO. Vgl. hierzu ausführlich oben Rdn. 61 f., 64. 148

Die Aufnahme eines unterbrochenen Passivverfahrens ist nur hinsichtlich Masseforderungen und Gegenständen, an denen ein Aussonderungs- oder Absonderungsrecht (vgl. §§ 47 ff. InsO) geltend gemacht wird, möglich (§ 86 InsO). Näher hierzu oben Rdn. 63. 149

Der Insolvenzverwalter muss das Verfahren in der Lage aufnehmen, in der es sich befand. D.h., er muss die bisherige Prozessführung des Schuldners – vorbehaltlich einer eventuellen Anfechtung – gegen sich gelten lassen, auch soweit dieser Fristen versäumt hat (MüKoInsO/Ott § 80 Rn. 84). 150

c) Beteiligte und Rubrum

aa) Eröffnetes Insolvenzverfahren

Ab Insolvenzeröffnung ist der Insolvenzverwalter in Verfahren für und gegen den insolventen Mieter/Vermieter als Partei kraft Amtes Verfahrensbeteiligter und daher ins Rubrum aufzunehmen. Dem Namen des Insolvenzverwalters ist seine Funktion hinzuzufügen (»als Insolvenzverwalter über das Vermögen des (insolventer Mieter/Vermieter)«). Fällt die Insolvenzeröffnung in ein laufendes Verfahren, ist das Rubrum umzustellen. Die Prozessführung liegt nunmehr – unter Verdrängung des insolventen Mieters/Vermieters – allein beim Insolvenzverwalter. 151

bb) Insolvenzeröffnungsverfahren

Ist im Insolvenzeröffnungsverfahren nur ein schwacher vorläufiger Insolvenzverwalter bestellt (s.o. Rdn. 3), bleibt der insolvente Mieter/Vermieter Partei des Verfahrens und prozessführungsbefugt. Das Insolvenzgericht kann den schwachen vorläufigen Insolvenzverwalter allerdings entsprechend § 53 ZPO ermächtigen, Prozesse für den Schuldner zu führen. Das Prozessgericht ist an eine entsprechende Ermächtigung gebunden (näher: HK/Kirchhof § 22 Rn. 55). 152

Hat das Insolvenzgericht einen starken vorläufigen Insolvenzverwalter eingesetzt (s.o. Rdn. 3), wird dieser anstelle des Schuldners Partei des Verfahrens. Der Funktionszusatz (s.o. Rdn. 151) lautet dann: »als vorläufiger Insolvenzverwalter über das Vermögen ...«. Der Schuldner ist wegen des Übergangs der Verwaltungs- und Verfügungsbefugnis auf den starken vorläufigen Insolvenzverwalter von der Prozessführung insgesamt ausgeschlossen. 153

d) Titelumschreibung für die Zwangsvollstreckung

Sind **Mietforderungen** bei Insolvenzeröffnung bereits tituliert, handelt es sich notwendig um Insolvenzforderungen, weil sie ihren Rechtsgrund (denklogisch) vor der Eröffnung haben, § 38 InsO (vgl. Rdn. 113 i.V.m. Rdn. 47). Insolvenzforderungen sind generell – also auch im Falle ihrer Titulierung – zur Insolvenztabelle anzumelden, einer 154

Umschreibung des Titels bedarf es nicht. Das Gleiche gilt für bereits titulierte Renovierungsansprüche (vgl. Rdn. 121 ff.).

155 Demgegenüber handelt es sich bei dem **Herausgabeanspruch** nach wirksamer Kündigung des Mietverhältnisses (vgl. Rdn. 82 und Rdn. 106) um einen Aussonderungsanspruch i.S.d. § 47 InsO (nicht aber bei dem davon zu unterscheidenden Räumungsanspruch, vgl. Rdn. 106 f.). Aussonderungsansprüche sind »außerhalb des Insolvenzverfahrens« (§ 47 S. 2 InsO) geltend zu machen, also nicht zur Insolvenztabelle anzumelden. Ob ein Herausgabetitel umgeschrieben werden muss, hängt zum einen vom Zeitpunkt der Vollstreckung und zum anderen vom Verhalten des Insolvenzverwalters ab.

156 Einer Umschreibung des Titels bedarf es dann nicht, wenn bei Eröffnung des Insolvenzverfahrens bereits eine auf den Schuldner lautende Vollstreckungsklausel existiert (BGH RPfleger 2006, 423; Stöber NZI 1998, 105, 106). Gleichwohl tritt der Insolvenzverwalter kraft Gesetzes an die Stelle des Schuldners als Beteiligter (BGH a.a.O.; Stöber a.a.O.).

157 Hat der Insolvenzverwalter das Mietobjekt **nicht in Besitz** genommen und auch keine Rechte daran beansprucht, ist das Mietobjekt nicht Masse befangen, so dass Herausgabe ohnehin nur vom Schuldner (Mieter) verlangt werden kann (BGH ZMR 2008, 875). Eine Titelumschreibung scheidet in diesem Fall von vornherein aus.

158 Hat der Insolvenzverwalter demgegenüber Besitz ergriffen, richtet sich der Herausgabeanspruch gegen ihn, so dass der Titel – sofern nicht bereits eine auf den Schuldner lautende Vollstreckungsklausel vorliegt (s. Rdn. 156) – auf ihn umgeschrieben und ihm erneut zugestellt werden muss (BGH RPfleger 2006, 423), damit er vollstreckt werden kann.

159 Für den Fall der **Freigabe** des Mietverhältnisses (insbesondere durch die Erklärung nach § 109 Abs. 1 S. 2 InsO; s. Rdn. 108) gelten die Ausführungen entsprechend, nur mit umgekehrten Vorzeichen. Hat die Zwangsvollstreckung bereits vor der Freigabe gegen den Insolvenzverwalter begonnen, braucht der Vollstreckungstitel nicht umgeschrieben zu werden (BGH RPfleger 2006, 423). Wird die Vollstreckung erst nach Freigabe begonnen, muss ein auf den Insolvenzverwalter lautender Titel umgeschrieben werden.

35. Kapitel
Das Verfahren in Wohnungseigentumssachen

Übersicht

Neuere Literatur:

Abramenko, Die Beschlussanfechtung durch alle Eigentümer. Zugleich Besprechung von AG Bingen, ZMR 2008, 739, ZMR 2008, 689-690; ders., Die Streitwertvereinbarung nach § 27 Abs. 2 Nr. 4, Abs. 3 S. 1 Nr. 6 WEG: Möglichkeiten, Grenzen und Alternativen, ZWE 2009, 154-160; Becker, Die Anfechtungsklage des Mitberechtigten am Wohnungseigentum, ZWE 2008, 405-410; Bergerhoff, Die wohnungseigentumsrechtliche Anfechtungsklage im ZPO-Verfahren, NZM 2007, 425-432; Bonifacio, Zur Erledigung der wohnungseigentumsrechtlichen Anfechtungsklage, ZMR 2010, 163-168; Briesemeister, Korrigenda zur WEG-Reform 2007, NZM 2007, 345-347; ders., Das Nachschieben von Anfechtungsgründen nach Ablauf der Begründungsfrist des § 46 Abs. 1 Satz 2 WEG im Beschlussanfechtungsprozess des Wohnungseigentümers, ZMR 2008, 253-260; ders., das Anfechtungsrecht des WEG-Verwalters in eigener Sache, ZWE 2008, 416–418; ders., Korrigenda zur WEG-Reform 2007, NZM 2007, 345-347; Deckert, Die Verteilung der Prozesskosten in der Jahresabrechnung, ZWE 2009, 63-69; Dötsch, ders., Genügt ein Prozesskostenhilfeantrag zur Wahrung der Anfechtungsfrist nach WEG?, NZM 2008, 309-313; ders., Anfechtungsbegründungsfrist i.S.d. § 46 Abs. 1 Satz 2 WEG – Gebot einschränkender Auslegung?, ZMR 2008, 433-439; ders., Anmerkung zu BGH, ZMR 2009, 296 ff., ZMR 2009, 301 f.; ders., Nachgefragt: Gesamtschuldnerische Kostenhaftung im Beschlussanfechtungsverfahren? ZMR 2009, 183-185; Drasdo, Die Kostenerstattungsbegrenzung gem. § 50 WEG; ZMR 2008, 266-269; Einsiedler, Der Gebührenstreitwert in Wohnungseigentumssachen, ZMR 2008, 765-772; Elzer, Wiedereinsetzung in Anfechtungsgründe, ZMR 2009, 256 f.; Drabek, Die Bestellung zum Ersatzzustellungsvertreter der Wohnungseigentümer-§ 45 Abs. 2 WEG, ZWE 2008, 22-26; Hügel, Die Verteilung der Kosten eines gerichtlichen Verfahrens und erhöhter Gebührensätze für Rechtsanwälte in der Jahresabrechnung, ZWE 2008, 265-273; Kuhla, Prozesskostenvorschüsse aus der Gemeinschaftskasse, ZWE 2009, 196-200; Lehmann-Richter, Rechtsmittel des Verwalters gegen Kostenentscheidungen nach § 49 Abs. 2 WEG, ZWE 2009, 74-76; Merle, Ermessensentscheidungen des Gerichts nach § 21 Abs. 8 WEG, ZWE 2008, 9-12; Niedenführ, Die Auferlegung von Prozesskosten an den Verwalter nach § 49 Abs. 2 WEG, ZWE 2009, 69-73; Skrobek, Die Kostenentscheidung in wohnungseigentumsrechtlichen Verfahren nach der WEG-Reform (§§ 91 ff. ZPO; §§ 49, 50 WEG n.F.), ZMR 2008, 173-177; Suilmann, Die Ermächtigung des Verwalters nach § 27 Abs. 3 Satz 1 Nr. 7 WEG, ZWE 2008, 113-120; Wolicki, Die Kostenentscheidung bei Beschlussanfechtungsklagen nach der WEG-Novelle, NZM 2008, 717-720.

I. Das Verfahrensrecht nach der Novelle

1. Der Übergang zum Zivilprozessrecht

Kaum eine andere Änderung der Novelle wurde in der rechtswissenschaftlichen Diskussion unterschiedlicher gewertet, als der unscheinbare Wegfall des in § 43 Abs. 1 WEG a.F. enthaltenen Halbsatzes »im Verfahren der freiwilligen Gerichtsbarkeit«. Denn diese Änderung des Gesetzestextes markiert eine der weitreichendsten Änderungen der Novelle, den Übergang zum ZPO-Verfahren. Diese prozessuale Umorientierung wurde teilweise begrüßt (so Krumm ZRP 2004, 259; Abramenko ZMR 2005, 26; Hügel/Elzer § 13 Rn. 1 ff.; zurückhaltender Hinz ZMR 2005, 277 f.), teilweise entschieden abgelehnt (Lüke ZWE 2005, 153 ff.; Demharter NZM 2006, 494; Kreuzer ZWE 2003, 153). Wohnungseigentumssachen sind nunmehr nicht mehr Verfahren der freiwilligen Gerichtsbarkeit, sondern Zivilprozesse. Das FGG findet keine Anwendung mehr, sofern nicht einzelne Grundzüge des FGG-Verfahrens in das neue Recht übertragen wurden, etwa die Hinweispflichten in Anfechtungsverfahren (BT-Drucks. 16/887, 38), die Beiladung als Fortführung der Beteiligung nach § 43 Abs. 4 WEG a.F. (BT-Drucks. 16/887, 39), die von §§ 91 ff. ZPO partiell abweichende Kostenverteilung (BT-Drucks. 16/887, 41) oder die Begrenzung der Kostenbelastung nach § 48 Abs. 3 S. 2 WEG a.F. (BT-Drucks. 16/887, 41 f.; im Ergebnis ebenso Niedenführ/Kümmel/Vandenhouten § 27 Rn. 78). Mit diesem Wechsel der Verfahrensgrundsätze bezweckt der Gesetzgeber zweierlei: Zum einen sollen gerichtliche und somit staatliche Ressourcen durch den Wegfall der Amtsermittlung geschont werden, was letztlich zu einer Entlastung der öffentlichen Haushalte führen soll (BT-Drucks. 16/887, 12 u. 14). Zum anderen soll die verfahrensrechtliche Umorientierung den Wohnungseigentümern vor allem dann, wenn sich eine Seite gar nicht verteidigt, eine schnellere Durchführung der Verfahren ermöglichen. Denn nach dem Übergang in den Zivilprozess werden nunmehr auch in Wohnungseigentumssachen Versäumnis- und Anerkenntnisurteile möglich (BT-Drucks. 16/887, 12 f.), letztere allerdings nur bei entsprechender Erklärung aller Beklagten bzw. ihrer Vertreter (Hügel/Elzer § 13 Rn. 159). Das Anerkenntnis einzelner Wohnungseigentümer im Anfechtungsverfahren ist wegen der notwendigen Streitgenossenschaft aller Beklagten unbeachtlich (AG Charlottenburg ZMR 2010, 644). Grundsätzlich kann jetzt auch im Urkundsprozess geklagt werden (Hügel/Elzer § 13 Rn. 65). Darüber hinaus wurden die verfahrensrechtlichen Vorschriften in wichtigen Einzelheiten geändert. Zu nennen sind etwa die Vorschriften zur Festsetzung des Streitwerts, zur Bezeichnung der Parteien und zur Verbindung von Anfechtungsklagen. 1

2. Die Verfahrensmaximen des neuen Rechts

a) Die Dispositionsmaxime

Die Anwendbarkeit der ZPO führt zu einem drastischen Wechsel der Verfahrensmaximen. Insbesondere wird die Rechtsverfolgung und -verteidigung gänzlich den Parteien überantwortet, die weit umfassender als im früheren Recht über den Streitgegenstand verfügen können. So kann der Kläger seinen Antrag in der Anfechtungsklage wie bisher auf einen Teil des Eigentümerbeschlusses beschränken (BayObLG NJW-RR 1991, 15; 1992, 1169; 1993, 1039; 2001, 10; KG NJW-RR 1991, 1236; OLG Saarbrücken NJW-RR 2006, 732; OLG München ZMR 2006, 950). Neben der Rücknahme des Antrags und der beiderseitigen Erledigterklärung können die Parteien das Verfahren nun auch durch Anerkenntnis beenden, das nicht mehr nur auf die Tatsachenermittlung Einfluss hat, sondern als Verfahrenshandlung nach § 307 ZPO zu behandeln ist (zu den Einschränkungen im Anfechtungsverfahren s.o. Rdn. 132). 2

b) Der Wegfall des Amtsermittlungsgrundsatzes

3 Die zweite, nicht weniger einschneidende Änderung ist der Übergang zum zivilprozessualen Beibringungsgrundsatz. Das nach § 43 WEG zuständige Gericht muss den Sachverhalt nicht mehr von Amts wegen ermitteln. Zwar muss es wie in jedem Zivilprozess Hinweise nach § 139 ZPO erteilen, auf eine klare Antragstellung hinwirken, Fragen nach § 278 Abs. 2 S. 2 ZPO stellen und die sonstigen verfahrensrechtlich gebotenen Maßnahmen zur Aufklärung des Sachverhalts ergreifen. Der Zivilrichter ist dabei aber weitgehend auf die Mitwirkung der Parteien angewiesen. Er kann und darf, wenn deren Sachvortrag trotz Hinweisen etc. ungenügend bleibt, den Sachverhalt nicht mehr von Amts wegen aufklären. Grundlage seiner Entscheidung ist nunmehr der Tatsachenstoff, den die Parteien beibringen. Dies hat in vielerlei Hinsicht bedeutsame Detailänderungen zur Folge. Dies beginnt schon bei der Bestimmung der Parteien. Richtet sich die Klage gegen den Falschen (etwa in der Beschlussanfechtung nur gegen die Wohnungseigentümer, die dem Beschluss zugestimmt haben), kann das Gericht nicht mehr von selbst die richtigen Verfahrensgegner an ihre Stelle setzen (BT-Drucks. 16/887, 50 f.; zum alten Recht s. noch BayObLGZ 1972, 249 f.; OLG Zweibrücken NJW-RR 1987, 1367). Ferner gelten unbestrittene Tatsachen künftig als zugestanden. Die Klärung umstrittener Tatsachen setzt einen Beweisantritt nach den zivilprozessualen Vorschriften voraus. Die Sachverhaltsaufklärung im Wege des Freibeweises scheidet künftig aus; es gilt das Strengbeweisverfahren der ZPO. An ein Geständnis ist das Gericht nunmehr nach § 288 ZPO gebunden. Fehlender Vortrag kann nun zu einer Entscheidung zu Lasten eines Beteiligten führen, auch wenn noch Aufklärungsmöglichkeiten bestehen.

4 **Praxistipp:**

Diese Umorientierung hat für Rechtsanwälte eine nicht zu unterschätzende Arbeitserleichterung zur Folge. So genügt nunmehr etwa der Vortrag, es seien Wirtschaftsplan und Einzelwirtschaftspläne genehmigt, aufgrund derer der Beklagte Vorschüsse in bestimmter Höhe schulde, um deren Beitreibung zu begründen. Die Vorlage weiterer Unterlagen muss bzw. darf das Gericht nicht mehr verlangen.

II. Die Mandantschaft

1. Die Bedeutung der Frage

5 Vor Einleitung eines Verfahrens muss sich der Rechtsanwalt im Klaren sein, wen er überhaupt vertritt. Auch wenn es auf Anhieb erstaunlich sein mag, bereitet die Prüfung, wer als Mandantschaft anzusehen ist, in Wohnungseigentumssachen u.U. gewisse Schwierigkeiten, die mit der nunmehr anerkannten Teilrechtsfähigkeit der Wohnungseigentümergemeinschaft und dem Hinzutreten eines weiteren möglichen Beteiligten nicht geringer werden. Die Umwandlung der Wohnungseigentumssachen in Zivilprozesse verändert auch die Stellung derjenigen, die dort Rechte durchsetzen oder verteidigen wollen. Terminologisch zeigt sich dies daran, dass nunmehr von Parteien, namentlich von Kläger und Beklagtem, die Rede ist, nicht mehr von Beteiligten (Antragsteller und Antragsgegner). In der Sache zeigt sich dies darin, dass sie nun Herren des Verfahrens sind. Abweichender Sachvortrag anderer Wohnungseigentümer, der dem Vortrag der Partei zuwiderläuft, ist nicht mehr Grundlage der Entscheidung noch kann er gar gegen ihren Willen Ermittlungen des Gerichts auslösen.

2. Der Verwalter als Ansprechpartner des Rechtsanwalts

a) Der Verwalter als Auftraggeber in eigenem Interesse

Der Verwalter kann zunächst die Rechtsverfolgung in eigenem Interesse wünschen. Dies kann sowohl in Aktivverfahren, wenn er etwa die Zahlung seiner Vergütung begehrt, als auch in Passivverfahren der Fall sein, wenn er etwa auf Herausgabe von Unterlagen in Anspruch genommen wird. In diesen Fällen bereitet die Bestimmung der Mandantschaft naturgemäß keine Probleme. 6

b) Die Vertretung des Verwalters im Rahmen seiner Tätigkeit für Wohnungseigentümer und teilrechtsfähigen Verband

Kompliziertere Fragen kommen auf den Rechtsanwalt zu, wenn der Verwalter nicht in eigenem Interesse, sondern im Rahmen seiner Verwaltertätigkeit Rechtsrat benötigt. Hier ist zunächst zu prüfen, **ob er für den teilrechtsfähigen Verband oder für die Wohnungseigentümer persönlich auftritt**. Auch nach der Teilrechtsfähigkeit der Wohnungseigentümergemeinschaft ist beides möglich. Sofern die Teilbereiche des Rechtslebens betroffen sind, an »denen die Wohnungseigentümer im Rahmen der Verwaltung des gemeinschaftlichen Eigentums als Gemeinschaft am Rechtsverkehr teilnehmen«, ist regelmäßig der teilrechtsfähige Verband aktiv- und passivlegitimiert (§ 10 Abs. 6 S. 3 WEG; vgl. schon BGH ZMR 2005, 555). In diesen Fällen ist der Verwalter nunmehr nach § 27 Abs. 3 S. 1 Nr. 2 WEG gesetzlich bevollmächtigt, Passivverfahren für den Verband zu führen. In diesem Rahmen darf er auch einen Rechtsanwalt beauftragen, was nicht zuletzt daraus folgt, dass er mit ihm nach § 27 Abs. 3 S. 1 Nr. 6 WEG eine Gebührenvereinbarung abschließen darf. Ebenso ist er nach § 27 Abs. 3 S. 1 Nr. 1 WEG nun Zustellungsbevollmächtigter auch des Verbandes. 7

c) Der Verwalter als Verfahrensstandschafter

Ist geklärt, wer Anspruchsinhaber oder -gegner ist, muss geprüft werden, ob der Verwalter ermächtigt ist, für ihn aufzutreten. Dies kann zunächst in Form der **Verfahrensstandschaft** der Fall sein. Dies setzt in Aktivverfahren nach wie vor einen Beschluss voraus, da der Verwalter nicht generell zur Rechtsverfolgung für den Verband ermächtigt ist. Vielmehr fällt die Prozessführung unter die »sonstigen Rechtsgeschäfte und Rechtshandlungen« nach § 27 Abs. 3 S. 1 Nr. 7 WEG, für die der Verwalter durch Beschluss ermächtigt werden muss. Wurde er bis zur Einleitung des Verfahrens noch nicht gefasst, ist eine **Nachholung** in dessen Verlauf möglich (BayObLG WuM 1990, 95; ZMR 2005, 63). Die Ermächtigung kann dem Verwalter auch im **Verwaltervertrag** (OLG Frankfurt/M. DWE 1993, 110; BayObLG WE 1996, 240; ZMR 1997, 43; OLG Zweibrücken WE 1997, 163) oder in der **Teilungserklärung bzw. Gemeinschaftsordnung** (KG ZMR 1993, 344; OLG Frankfurt/M. DWE 1993, 110; BayObLG ZMR 1997, 43) erteilt werden. In letzterem Fall wird sie aber regelmäßig als formeller Bestandteil der Gemeinschaftsordnung anzusehen sein (vgl. Kap. 19 Rdn. 11), weshalb sie mit Mehrheitsbeschluss abgeändert werden kann (BayObLG Rpfleger 1980, 23; Bärmann/Pick/Merle § 27 Rn. 146 und 169). Daneben erfordert die Verfahrensstandschaft ein **eigenes Interesse** des Verfahrensstandschafters an der Rechtsverfolgung, das aber für den Verwalter regelmäßig zu bejahen sein wird. Denn bei ihm ergibt sich in aller Regel schon aus der Pflicht zur ordnungsgemäßen Erfüllung seiner Aufgaben ein Interesse an einer effizienten und reibungslosen Verwaltung und somit an der raschen Durchsetzung der Ansprüche, die der Eigentümergemeinschaft zustehen (BGHZ 73, 307). 8

9 **Praxistipp:**

Die **Erhöhungsgebühr nach Nr. 1008 VV RVG** spielt bei der Vertretung des teilrechtsfähigen Verbandes keine Rolle mehr, da dieser nunmehr seine Rechte selbst verfolgen und verteidigen kann. Sofern der Verwalter noch für die Wohnungseigentümer als Verfahrensstandschafter auftreten kann, fällt sie ebenfalls nicht an, da nur der Verfahrensstandschafter Beteiligter ist (BayObLG WE 1999, 79). Der Verwalter ist aber nicht aus Gründen der Kostengeringhaltung verpflichtet, als Verfahrensstandschafter aufzutreten (KG ZMR 1993, 345; OLG Zweibrücken ZMR 2005, 986; OLG Dresden ZMR 2005, 971).

10 Werden Ansprüche in Verfahrensstandschaft geltend gemacht, müssen die Wohnungseigentümer in keinem Falle beteiligt werden, da nur der Verfahrensstandschafter Verfahrensbeteiligter ist (BayObLG WE 1996, 240). Die Verfahrensstandschaft ist aber stets **nur in Aktivverfahren** möglich, nicht auf der Beklagten- und Klägerseite, da diese vom Antragsteller bestimmt wird (BGH NJW 1981, 282; BayObLGZ 1975, 238). Ebenso scheidet eine **isolierte Verfahrensstandschaft nur für das Vollstreckungsverfahren** aus (BGHZ 92, 349).

11 **Praxistipp:**

Die Ermächtigung des Verwalters erlischt nicht automatisch mit der Beendigung der Verwalterstellung (BayObLG WuM 1993, 764). Der ermächtigende Beschluss ist im Zweifel dahin auszulegen, dass sich die Ermächtigung nach einem Verwalterwechsel auch auf den neuen Verwalter erstreckt (KG NJW-RR 1989, 657; BayObLG ZMR 1997, 43). Bei einer streitigen Abberufung empfiehlt sich daher ein **Widerruf der Ermächtigung**, für den ein Mehrheitsbeschluss ebenfalls genügt (BayObLG WuM 1993, 764; ZMR 1997, 199). Ein noch auf den Vorverwalter als Verfahrensstandschafter lautender Titel muss analog § 727 ZPO auf die Wohnungseigentümer bzw. nunmehr den Verband umgeschrieben werden (vgl. OLG Düsseldorf ZMR 1997, 315; LG Darmstadt WuM 1995, 679; Staudinger/Wenzel Vor §§ 43 ff. Rn. 82).

12 Erteilung und Bestand einer Verfahrensvollmacht richten sich nach den allgemeinen zivilprozessualen Regeln. Die Vollmachtserteilung im Verwaltervertrag ist ausreichend und ermöglicht auch die Einschaltung eines Rechtsanwalts durch den Verwalter (BayObLG ZMR 2000, 44). **§ 88 Abs. 2 ZPO**, wonach Mängel der Vollmacht bei Rechtsanwälten nicht von Amts wegen zu berücksichtigen sind, findet auch in Verfahren nach § 43 WEG Anwendung (OLG Frankfurt/M. ZMR 2003, 594; ähnlich BayObLG WuM 1992, 568; Drasdo WuM 1996, 665 m. Fn. 8; Sauren Vor § 43 Rn. 11) IV.: »Prozessvollmacht«). Eine anfänglich mangelhafte Bevollmächtigung kann etwa mit einer **Genehmigung der Verfahrensführung durch Mehrheitsbeschluss** rückwirkend wirksam werden (BayObLG ZMR 2003, 363). Eine Vollmacht für die erste Instanz erfasst ohne weiteren Eigentümerbeschluss auch die Einlegung der Berufung (LG München I ZMR 2010, 398).

13 **Praxistipp:**

Der Verwalter kann Wohnungseigentümer und Verband, wenn sich zumindest einer der geltend gemachten Ansprüche gegen ihn richtet (BayObLG WE 1998, 65), infolge einer **Interessenkollision** nicht im Verfahren nach § 43 WEG vertreten. Tut er dies gleichwohl, sind die Wohnungseigentümer nicht ordnungsgemäß vertreten (OLG Saarbrücken ZMR 2010, 709; vgl. u. Rdn. 62 ff.).

3. Einzelne Wohnungseigentümer als Ansprechpartner des Rechtsanwalts

a) Der Wohnungseigentümer als alleiniger Auftraggeber

Begehrt ein einzelner Wohnungseigentümer eine rechtliche Beratung oder die Vertretung in einem Verfahren, ist vorab – nicht zuletzt auch im Hinblick auf die Erhöhungsgebühr nach Nr. 1008 VV RVG – zu klären, ob tatsächlich nur eine Tätigkeit für diesen Wohnungseigentümer gewünscht ist. Dies ist etwa dann anzunehmen, wenn er als **Alleineigentümer** einer Wohnung bzw. eines Teileigentums ausschließlich in eigener Sache tätig wird. 14

b) Mitglieder einer Bruchteilsgemeinschaft

Bereits etwas komplizierter wird es, wenn der Gesprächspartner des Rechtsanwalts Mitglied einer **Bruchteilsgemeinschaft** ist, wenn also das Wohnungs- oder Teileigentum Eheleuten oder einer Erbengemeinschaft gehört. In diesem Fall muss zunächst geklärt werden, ob der Anwalt für alle Bruchteilseigentümer tätig werden soll. Dann fällt auch die Erhöhungsgebühr nach Nr. 1008 VV RVG an. Sofern der Bruchteilseigentümer nur für sich handelt, ist zu prüfen, ob er, wie etwa im Beschlussanfechtungsverfahren (vgl. Rdn. 81), alleine klagebefugt ist oder nicht. 15

c) Der einzelne Wohnungseigentümer als Verfahrensstandschafter der Wohnungseigentümer

Will der einzelne Wohnungseigentümer nur in eigenem Namen vorgehen, so ist des Weiteren zu prüfen, ob er die betroffenen Ansprüche alleine geltend machen kann. Der einzelne Wohnungseigentümer ist nämlich grundsätzlich nur befugt, eigene Ansprüche (**Individualansprüche**) ohne Weiteres alleine geltend zu machen. Ansprüche, die in die Verwaltungsbefugnis der Wohnungseigentümer fallen und daher diesen insgesamt oder nunmehr dem teilrechtsfähigen Verband zustehen, kann ein einzelner Wohnungseigentümer nur nach einer entsprechenden **Ermächtigung** in eigenem Namen geltend machen (vgl. Rdn. 30). Wie in anderen Zivilprozessen kann ein Wohnungseigentümer, u.U. sogar ein Außenstehender, zur Geltendmachung von Rechten im Verfahren nach § 43 WEG ermächtigt werden (BGH ZMR 2005, 884 f.). Für wen der Eigentümer auftritt – für den Verband oder für die Wohnungseigentümer persönlich – richtet sich wie beim Verwalter danach, wer nunmehr Anspruchsinhaber oder -gegner ist (vgl. o. Rdn. 7–8). Auch ein Miteigentümer als Verfahrensstandschafter muss ein **eigenes Interesse** an der Rechtsverfolgung haben. Dies liegt allerdings regelmäßig vor, da auch ein Wohnungseigentümer regelmäßig ein schutzwürdiges Interesse an einer ordnungsgemäßen Verwaltung und der Teilhabe hieran hat (BGH ZMR 1997, 309; BayObLG ZMR 1996, 565). 16

d) Der Wohnungseigentümer als Vertreter der Miteigentümer

Schließlich kann ein Wohnungseigentümer auch als Vertreter der Miteigentümer oder des teilrechtsfähigen Verbandes auftreten. Wie der Verwalter muss er hierzu bevollmächtigt werden. Für die Miteigentümer genügen hierzu **Einzelvollmachten**. Für den teilrechtsfähigen Verband kann eine Vollmacht dagegen schon im Hinblick auf mögliche Sonderrechtsnachfolger, die durch Einzelvollmachten nicht gebunden werden können, wohl nur durch **Eigentümerbeschluss** erfolgen. Mängel der Vollmacht können wie beim Verwalter durch rückwirkende **Genehmigung** geheilt werden. Der bevollmächtigte Wohnungseigentümer kann – etwa dem Rechtsanwalt – Untervollmacht erteilen. Im Hinblick auf die hierfür anfallenden Kosten sind aber nähere Abreden im Innenverhältnis zwischen Vollmachtgebern und Bevollmächtigtem sinnvoll. 17

4. Mehrheit von Eigentümern als Auftraggeber des Anwalts

18 Wie in jedem Zivilprozess besteht die Möglichkeit, dass auf Kläger- oder Beklagtenseite mehrere Beteiligte gleich gerichtete Ziele verfolgen. Zu den bereits bei der Beauftragung durch einzelne Wohnungseigentümer dargestellten Problemen kommt hierbei u.U. die Besonderheit, dass die Entscheidung allen Beteiligten gegenüber einheitlich ergehen muss. Dies ist etwa im Beschlussanfechtungsverfahren der Fall, da ein Beschluss nicht einem Wohnungseigentümer gegenüber ungültig und einem anderen gegenüber wirksam sein kann. In diesen Fällen einer notwendig einheitlichen Entscheidung liegt eine **notwendige Streitgenossenschaft** vor. Die bloße Mehrheit von Klägern ist aber oftmals nur eine **einfache Streitgenossenschaft**, wenn abweichende Entscheidungen ergehen können. Begehren etwa mehrere Wohnungseigentümer den Rückbau einer baulichen Veränderung, kann dem Antrag eines Wohnungseigentümers stattzugeben sein, demjenigen seines Streitgenossen aber nicht, wenn etwa sein Sonderrechtsvorgänger die Maßnahme gebilligt hat oder er nicht beeinträchtigt ist. Es liegen dann mehrere selbständige, lediglich äußerlich verbundene Verfahren vor, auch wenn die Streitgenossen durch einen Rechtsanwalt vertreten werden.

III. Das zuständige Gericht

1. § 43 WEG als reine Regelung der örtlichen Zuständigkeit

19 Mit dem Wegfall der Worte »im Verfahren der freiwilligen Gerichtsbarkeit« regelt § 43 WEG nur noch das örtlich zuständige Gericht, das über die Streitigkeiten nach § 43 Nr. 1 bis 6 WEG zu entscheiden hat. Wie bisher ist dies das Gericht, in dessen Bezirk das Grundstück liegt. Dies gilt auch für einen im Ausland lebenden Wohnungseigentümer (OLG Stuttgart NJW-RR 2005, 814). Eine Ergänzung gegenüber dem früheren Gesetzestext ist die Regelung der Ausschließlichkeit dieser Zuständigkeit. Wie nach altem Recht können die Wohnungseigentümer also nicht die Zuständigkeit des näheren Amtsgerichts eines Nachbarbezirks vereinbaren. Eine abweichende Zuständigkeit können sie entgegen § 39 ZPO auch nicht durch rügeloses Verhandeln herbeiführen. Nach der Überführung in den Zivilprozess kann auch in Wohnungseigentumssachen ein Schlichtungsverfahren nach § 15a EGZPO erforderlich sein. Sofern es in Angelegenheiten, die die Verletzung der persönlichen Ehre betreffen, landesrechtlich vorgesehen ist, erfasst dies nicht Äußerungen zur beruflichen Tätigkeit des Verwalters. Denn hierbei geht es nicht um den Angriff auf die persönliche Ehre einer Privatperson (LG München I ZMR 2010, 556; Niedenführ/Kümmel/Vandenhouten § 43 Rn. 16 ff.). Ob eine § 43 WEG unterfallende Streitigkeit vorliegt, hat das Gericht anhand des vom Kläger vorgetragenen Sachverhalts von Amts wegen zu ermitteln.

2. Die Regelung der sachlichen Zuständigkeit

20 Im Gegensatz zur Vorgängernorm bestimmt § 43 WEG nicht mehr die erstinstanzliche Zuständigkeit des Amtsgerichts. Die sachliche Zuständigkeit ist nunmehr in § 23 Nr. 2c GVG geregelt. Demnach ist sachlich für die Verfahren nach § 43 Nr. 1 bis 4 und 6 WEG (nicht aber für Klagen Dritter gem. § 43 Nr. 5 WEG!) unabhängig vom Streitwert stets das Amtsgericht Eingangsinstanz. Darüber hinaus kodifiziert § 23 Nr. 2c GVG die bereits für das alte Recht angenommene Ausschließlichkeit dieser Zuständigkeit. Auch hier bleibt es wie nach altem Recht dabei, dass die Wohnungseigentümer die Zuständigkeit des Landgerichts bei höheren Streitwerten weder vereinbaren noch durch rügelose Verhandlung begründen können. Ebenso wenig kann die Zuständigkeit nach § 43 WEG etwa

von Bruchteilseigentümern rechtsgeschäftlich vereinbart werden (OLG Celle ZMR 2003, 222 f.; einschränkend für die Bruchteilsgemeinschaft vor Entstehen der werdenden Eigentümergemeinschaft BayObLG ZMR 2002, 610; vgl. OLG Köln ZMR 2000, 561 f., wo rügelos verhandelt wurde). Die Zuständigkeit des Gerichts für Wohnungseigentumssachen ist aber nicht mehr eine Frage des Rechtswegs, sondern nur noch der sachlichen Zuständigkeit (OLG München ZMR 2008, 735). Das Gericht für Wohnungseigentumssachen ist anders als das Familiengericht auch kein eigener Spruchkörper, weshalb seine Bestimmung auch nicht im Zuständigkeitsstreit nach § 36 Abs. 1 ZPO erfolgen kann (OLG München ZMR 2008, 819). Deshalb können Wohnungseigentümer und Mieter in einem Verfahren verklagt bzw. die Verfahren nach § 147 ZPO verbunden werden (OLG München ZMR 2008, 819). Dass in der Konsequenz unterschiedliche Landgerichte als Berufungsgerichte zuständig sein können, steht dem nicht entgegen (OLG München ZMR 2008, 819). Zu beachten ist, dass es für die gänzlich neu in das WEG aufgenommenen Streitigkeiten mit Dritten in § 43 Nr. 5 WEG bei der allgemeinen, vom Streitwert abhängigen Zuständigkeit von Amts- und Landgericht bleibt, da sie in § 23 Nr. 2c GVG nicht aufgeführt sind.

3. Schiedsverfahren

Sofern der Landesgesetzgeber von der Ermächtigung des § 15a EGZPO Gebrauch gemacht hat, ist die obligatorische Streitschlichtung nunmehr auch in Verfahren nach § 43 WEG Zulässigkeitsvoraussetzung einer Klage, da es sich um Zivilprozesse handelt (Jennißen/Suilmann, § 43 Rn. 10). Man kann dem allerdings durch ein Mahnverfahren nach § 15a Abs. 2 Nr. 5 EGZPO entgehen. Legt man die Rechtsprechung zu § 1004 BGB, §§ 15 Abs. 3, 14 Nr. 1 WEG zugrunde, wonach §§ 906 ff. BGB zwischen den Wohnungseigentümern keine Anwendung findet (vgl. Kap. 21 Rdn. 443), so unterfallen Streitigkeiten zwischen den Wohnungseigentümern nicht § 15a Abs. 1 Nr. 2 EGZPO. Dies ist auch insoweit konsequent, als diese eben nicht Eigentümer zweier benachbarter Grundstücke, sondern Bruchteilseigentümer desselben Grundstücks sind. Hingegen ist bei Streitigkeiten der Wohnungseigentümer untereinander wegen der Verletzung der persönlichen Ehre wiederum ein Einigungsversuch nach § 15a Abs. 1 Nr. 1 EGZPO durchzuführen. Hingegen ist es bei Äußerungen zur beruflichen Tätigkeit des Verwalters nicht erforderlich. Denn hierbei geht es nicht um den Angriff auf die persönliche Ehre einer Privatperson (LG München I ZMR 2010, 556). 21

Auch nach der Überführung der Wohnungseigentumssachen in die Zivilprozess kann insoweit von den zwingenden Zuständigkeitsregelungen in § 43 WEG, § 23 Nr. 2c GVG abgewichen werden, als durch Teilungserklärung oder Vereinbarung ein Vor- oder Schiedsverfahren vorgesehen sein kann. Dabei sind zwei unterschiedlich weit reichende Konstellationen möglich. Zum einen kann vereinbart sein, dass das Gericht für Wohnungseigentumssachen erst nach Befassung des Verwaltungsbeirats (vgl. KG NJW-RR 1994, 401; 1996, 910), der Wohnungseigentümerversammlung (BayObLG NJW-RR 1991, 850) oder einem Schiedsverfahren als Vorschaltverfahren (BayObLG NJW-RR 1990, 1106) angerufen werden kann. Zum anderen kann das Schiedsverfahren auch gänzlich an die Stelle des Verfahrens vor den staatlichen Gerichten treten. Wird in erstem Fall sofort ein staatliches Gericht angerufen, ist der Antrag unzulässig (BayObLG NJW-RR 1991, 850; KG NJW-RR 1996, 910). Er kann aber durch Nachholung des Schiedsverfahrens noch vor der Entscheidung der letzten Tatsacheninstanz zulässig werden. Das in der Gemeinschaftsordnung vorgesehene Schlichtungsverfahren ist allerdings wegen § 46 Abs. 1 S. 2 WEG in Beschlussanfechtungsverfahren nicht durchzuführen, da ansonsten die ohnehin schon knappe Anfechtungsfrist nochmals verkürzt würde (AG Merseburg ZMR 2008, 748). Soll das Schiedsverfahren dagegen an die Stelle des Gerichtsverfahrens 22 treten, ist ein gleichwohl bei einem staatlichen Gericht gestellter Antrag unheilbar unzulässig. Voraussetzung hierfür soll in Beschlussanfechtungsverfahren aber sein, dass ähnliche Verfahrensgarantien wie nach dem WEG gelten. So muss die Beteiligung aller Wohnungseigentümer und die Konzentration aller Anfechtungen in einem Verfahren gewährleistet sein, anderenfalls soll die Schiedsvereinbarung nach § 138 BGB nichtig sein (AG München ZMR 2010, 649).

IV. Die Zuständigkeiten nach § 43 WEG i.E

1. Die Bedeutung der Streitigkeiten nach § 43 Nr. 1 WEG nach neuem Recht

a) Die Ausgliederung der Streitigkeiten um Rechte des Verbandes

23 § 43 Nr. 1 WEG erfasst wie § 43 Abs. 1 Nr. 1 WEG a.F. Streitigkeiten der Wohnungseigentümer untereinander. Trotz ähnlichen Wortlauts kommt der Vorschrift aber eine gänzlich andere Bedeutung zu als vor der Anerkennung der Teilrechtsfähigkeit der Wohnungseigentümergemeinschaft. Denn zahlreiche Verfahren wie Beitreibungsverfahren, die früher als Streitigkeiten der Wohnungseigentümer untereinander nach § 43 Abs. 1 Nr. 1 WEG a.F. angesehen wurden, betreffen nunmehr den Verband. Sie werden jetzt von der neuen Regelung des § 43 Nr. 2 WEG erfasst.

b) Sonstige gemeinschaftsbezogene Rechte und Pflichten

24 Weniger eindeutig zu beantworten ist die Frage, ob auch der Streit um sonstige gemeinschaftliche Rechte und Pflichten der Wohnungseigentümer von § 43 Nr. 1 WEG erfasst wird, bei denen es sich nicht um eigene Rechte oder Pflichten des Verbandes handelt. Nach § 10 Abs. 6 S. 3 WEG ist der Verband zwar auch insoweit ausübungs- und erfüllungsbefugt. § 43 Nr. 1 WEG stellt aber dem Wortlaut nach nicht auf die Person der Streitenden, sondern auf die materiell-rechtliche Zuordnung der Rechte und Pflichten ab, um die gestritten wird. Dies deutet darauf hin, dass auch ein Streit, in dem der Verband die Rechte aller Wohnungseigentümer gegen einen Miteigentümer wahrnimmt, im Verfahren nach § 43 Nr. 1 WEG auszutragen ist. In der Praxis werden sich allerdings keine Unterschiede ergeben. Wichtiger ist der Fall, in dem sich Verband und einzelne Wohnungseigentümer wie Dritte gegenüberstehen, etwa bei der Vermietung gemeinschaftlichen Eigentums. Dann beruht der geltend gemachte Anspruch nicht auf dem Gemeinschaftsverhältnis, sondern auf einer schuldrechtlichen Vereinbarung, unterfällt also nicht § 43 Nr. 1 WEG (s. gleich u. Rdn. 29). Diese Verfahren sind nach den besonderen Regeln des § 43 Nr. 5 WEG abzuwickeln (Niedenführ/Kümmel/Vandenhouten § 43 Rn. 53).

c) Individualansprüche der Wohnungseigentümer

25 In jedem Fall erfasst § 43 Nr. 1 WEG Streitigkeiten zwischen einzelnen Wohnungseigentümern um Individualrechte. Dabei bleibt es bei der weiten Auslegung von persönlichem und sachlichem Anwendungsbereich der Norm (BT-Drucks. 16/3843, 55), da insoweit keine Änderungsabsichten des Gesetzgebers erkennbar sind. Insoweit bleibt die Judikatur zum früheren Recht maßgeblich.

d) Persönliche Voraussetzungen der Zuständigkeit nach § 43 Nr. 1 WEG

26 Der Zuständigkeit nach § 43 Nr. 1 WEG unterfallen folglich sämtliche Streitigkeiten der Wohnungseigentümer über ihre Rechte und Pflichten aus dem Gemeinschaftsverhältnis und der Verwaltung des gemeinschaftlichen Eigentums. Auch nach der Novelle ist die Zuständigkeit des Gerichtes für Wohnungseigentumssachen nach § 43 WEG

weit auszulegen (BGH ZMR 2009, 544). Dies umfasst auch Streitigkeiten innerhalb der werdenden Wohnungseigentümergemeinschaft, wobei die Eintragung des zweiten Eigentümers diese Befugnis nicht erlöschen lässt (BayObLG NJW 1990, 3217 f.). Auch Streitigkeiten mit ausgeschiedenen Wohnungseigentümern sind grundsätzlich vor dem nach § 43 Nr. 1 WEG zuständigen Gericht auszutragen (BGH ZMR 2002, 941 ff.; KG NJW-RR 1988, 842 ff.; BayObLG NJW-RR 1994, 856), nicht aber solche mit werdenden Eigentümern nach Begründung von Wohnungseigentum (KG NJW-RR 1986, 444 f.; 1987, 841 f.). Demzufolge bedarf es auch nach dem Ausscheiden mehrerer Wohnungseigentümer aus der Eigentümergemeinschaft nicht der Bestimmung des Gerichtsstandes nach § 36 Abs. 1 Nr. 3 ZPO, wenn sie gemeinsam in einem Verfahren Anspruchsgegner sind (OLG Stuttgart ZMR 2000, 336). Die Abtretung von Ansprüchen etwa an einen Mieter ändert an der Zuständigkeit nichts (KG MDR 1984, 584). Entsprechendes gilt für den Testamentsvollstrecker über den Nachlass eines verstorbenen Wohnungseigentümers (OLG Hamburg ZMR 2003, 134) oder nach der Insolvenz eines Wohnungseigentümers für den Insolvenzverwalter (BGH ZMR 2002, 941 f.; KG NJW-RR 1987, 77 f. auch zu den Grenzen der Prozessführungsbefugnis). Ähnliches gilt für den Zwangsverwalter (KG ZMR 2006, 221).

e) Sachliche Voraussetzungen der Zuständigkeit nach § 43 Nr. 1 WEG

In der Sache muss es sich um einen Streit über Rechte und Pflichten aus dem Gemein- 27
schaftsverhältnis bzw. der Verwaltung des gemeinschaftlichen Eigentums handeln. Hierbei handelt es sich um eine weit auszulegende Zuweisung. Sie soll sämtliche Streitigkeiten erfassen, die das Gemeinschaftsverhältnis betreffen, unabhängig von der Anspruchsgrundlage. Ob der geltend gemachte Anspruch demnach auf spezifisch wohnungseigentumsrechtliche Anspruchsgrundlagen wie etwa § 14 Nr. 4, § 15 Abs. 3 WEG oder auf Vertrag oder Delikt gestützt wird, ist demzufolge unerheblich (BGH NJW-RR 1991, 907 f.; BGHZ 130, 165; OLG Köln NJW-RR 1995, 910 f. = ZMR 1995, 269; BayObLG ZMR 2002, 213; OLG München ZMR 2005, 979). Entscheidend ist alleine, ob die streitgegenständlichen Rechte und Pflichten in einem inneren Zusammenhang zum Gemeinschaftsverhältnis der Wohnungseigentümer stehen (OLG Hamburg ZMR 1996, 615; BayObLG ZMR 2003, 589). Auszugehen ist insoweit vom Vortrag des Klägers, aus dem sich die behauptete Zuständigkeit schlüssig ergeben muss (BayObLG NJW-RR 1991, 1357; ZMR 2003, 589 u. 854; Hügel/Elzer § 13 Rn. 37). Dies ist bei gemeinschaftsbezogenen Streitigkeiten aus §§ 10–29 WEG stets der Fall, hingegen nicht bei sonstigen schuldrechtlichen Vereinbarungen zwischen einzelnen Wohnungseigentümern (BGH NJW-RR 1986, 1335; BayObLG NJW-RR 1999, 11 = ZMR 1998, 503 für die Tätigkeit eines Miteigentümers als Verfahrensbevollmächtigter). Ausgenommen von der Zuständigkeitsregelung nach § 43 Nr. 1 WEG sind demgegenüber sachenrechtliche Fragen nach §§ 2–9 WEG etwa über Umfang und Gegenstand von Sonder- und Miteigentum (BGHZ 130, 164 f.), und Ansprüche auf Einräumung bzw. Aufhebung dinglicher Rechte aus schuldrechtlichen Vereinbarungen (OLG Zweibrücken ZMR 2002, 471). Hierüber haben, sofern es sich nicht um ein Grundbuchverfahren handelt, die ordentlichen Gerichte zu entscheiden (BGHZ 73, 304; 130, 164 f.; OLG Karlsruhe OLGZ 1976, 13 f.; OLG Düsseldorf ZMR 2009, 54), nicht aber – infolge seines vorrangig schuldrechtlichen Charakters – eines Sondernutzungsrechtes (BGHZ 109, 398 f.; Jennißen/Suilmann § 43 Rn. 15; a.A. noch OLG Stuttgart NJW-RR 1986, 318). Dies gilt nicht, wenn die sachenrechtliche Zuordnung nur Vorfrage eines Streites unter Wohnungseigentümern ist (OLG Stuttgart NJW-RR 1986, 318; OLG Düsseldorf NJW-RR 1995, 207; OLG Karlsruhe OLGZ 1976, 14). Ausnahmsweise kann das Rechtsschutzbedürfnis für einen Antrag nach § 43 Nr. 1 WEG entfallen, wenn dem Kläger ein einfacherer Weg offen stünde. Das ist regelmäßig dann zu bejahen, wenn er ohne Einschaltung der hierfür zuständigen Wohnungseigentümerver-

sammlung sogleich das Gericht mit seinem Begehren befasst (BGH ZMR 2003, 941; OLG Hamburg ZMR 1993, 536 f.; BayObLG ZMR 1994, 523; OLG Düsseldorf ZMR 2004, 612 f.). Dies gilt aber dann nicht, wenn die Anrufung der Eigentümerversammlung unzumutbar oder etwa aufgrund der Mehrheitsverhältnisse erkennbar aussichtslos (BayObLG ZMR 2004, 840) oder unzumutbar ist, was auf seltene Ausnahmefälle beschränkt sein dürfte (so LG Hamburg ZMR 2009, 941 für die Beschlussfassung über die Beseitigung von Rattenkadavern).

f) Einzelfälle von Streitigkeiten nach § 43 Nr. 1 WEG

28 Der Zuständigkeit nach § 43 Nr. 1 WEG unterfallen demzufolge nach der Rechtsprechung der Streit um

- einen Anspruch auf **Änderung der dinglichen Rechtslage**, etwa des Umfangs eines Sondernutzungsrechtes aus dem Gemeinschaftsverhältnis (BayObLG ZMR 1998, 583; OLG München ZMR 2006, 157; KG ZMR 2007, 554)
- die Zulässigkeit **baulicher Veränderungen** (BayObLGZ 1975, 179 f.)
- Schadensersatz vom **Bauträger**, der Miteigentümer ist, aufgrund der Mehrkosten die aus der Nichterrichtung weiterer Gebäude der Liegenschaft resultieren (BayObLG NJW-RR 2002, 882)
- Ansprüche wegen **ehrverletzender Äußerungen** gegen Miteigentümer (OLG Frankfurt NJW-RR 2007, 162 ff.)
- eine Abmahnung vor der Einleitung eines Verfahrens zur **Entziehung** des Wohnungseigentums nach § 18 WEG (zur Zuordnung gemeinschaftsbezogener Ansprüche zu § 43 Nr. 1 s.o. Rdn. 24), wobei allerdings nur die formale Ordnungsmäßigkeit dieses Beschlusses überprüft werden kann, da die sachliche Berechtigung des Veräußerungsverlangens in einem eigenen Verfahren zu klären ist (BayObLG WuM 1990, 95; NZM 1999, 579); Entsprechendes gilt für eine Abmahnung (BayObLG WuM 1995, 501)
- Inhalt und Wirksamkeit von **Gebrauchsregelungen** (BayObLGZ 1970, 266 f.)
- Möglichkeit und Umfang des Gebrauchs von **gemeinschaftlichem Eigentum** und hiergegen gerichtete Unterlassungsansprüche (OLG Frankfurt NJW 1965, 2205 f.), selbst wenn sie durch einen Mieter erfolgen, der aber selbst ebenfalls Inhaber eines nicht selbst genutzten Sonder- oder Teileigentums ist (KG ZMR 2005, 978)
- Schadensersatzansprüche gegen den **Insolvenzverwalter** aus § 61 InsO (OLG Düsseldorf ZMR 2007, 206)
- die Einhaltung von **Konkurrenzschutzvereinbarungen**, die als Inhalt des Sondereigentums in das Grundbuch eingetragen sind (BayObLG WE 1997, 477), nicht aber bei schuldrechtlichen Vereinbarungen zwischen zwei Miteigentümern (BGH NJW-RR 1986, 1335)
- den **Kostenverteilungsschlüssel** (OLG Karlsruhe NJW-RR 1987, 975; BayObLG NZM 2003, 521), auch wenn hierbei inzident über die sachenrechtliche Vorfrage der Änderung von Miteigentumsanteilen zu befinden ist (BayObLG ZMR 1985, 132; KG WE 1998, 469)
- die Einräumung von **Mitbesitz** am gemeinschaftlichen Eigentum (BayObLGZ 1970, 266)
- **Schadensersatz** wegen unerlaubter Handlung zwischen zwei Miteigentümern im Zusammenhang mit dem Gemeinschaftsverhältnis unabhängig von der Anspruchsgrundlage (BGH NJW-RR 1991, 907 f.)
- Rechte und Pflichten, die aus einem **Sondernutzungsrecht** herrühren (BGHZ 109, 398 f.; OLG Hamm NJW-RR 1993, 1296)
- die Änderung der Raumgrenzen nach der **Teilungserklärung** (OLG Düsseldorf MDR 1988, 410) oder der Anspruch auf Umwandlung von Gemeinschafts- in Sondereigentum (OLG Schleswig ZMR 2006, 74)
- die Bestellung eines **Verwalters** (OLG Köln ZMR 2003, 960)

- Rechte und Pflichten des **Verwaltungsbeirats** (BayObLGZ 1972, 163; zur Zuständigkeit nach § 43 Nr. 1 WEG bei Verwaltungsbeiratsmitgliedern, die nicht Wohnungseigentümer sind, vgl. o. Kap. 19 Rdn. 332)
- die Zustimmung zur **Veräußerung** nach § 12 WEG (BayObLGZ 1972, 350 f.; 1977, 40 ff.).

g) Einzelfälle von Streitigkeiten, die nicht § 43 Nr. 1 WEG unterfallen

Nicht der Zuständigkeit nach § 43 Nr. 1 WEG unterliegen hingegen nach der Rechtsprechung der Streit um 29

- Ansprüche nach **Aufhebung** der Gemeinschaft (BayObLG WE 1999, 197)
- Rechte und Pflichten von Teilhabern einer **Bruchteilsgemeinschaft** an einem Teil- oder Wohnungseigentum (KG NJW-RR 1986, 1274; BayObLG NJW-RR 1995, 589)
- Ansprüche der Wohnungseigentümer gegen **Dritte** oder umgekehrt Dritter gegen die Wohnungseigentümergemeinschaft (BayObLG WuM 1991, 450), auch wenn sie der Gemeinschaft abgetreten wurden (OLG München ZMR 2005, 979); hierfür kann aber jetzt die Zuständigkeit nach § 43 Nr. 5 WEG gegeben sein
- Rechte und Pflichten aus der Zeit vor **Entstehen der Wohnungseigentümergemeinschaft** (BayObLG NJW-RR 1991, 1358)
- die **Entziehung** von Wohnungseigentum nach §§ 18, 19 WEG (Niedenführ/Kümmel/Vandenhouten § 43 Rn. 70; a.A. mit bedenkenswerten Argumenten Hügel/Elzer § 13 Rn. 41)
- die **Herausgabe** von Sondereigentum (BGHZ 130, 164 ff.)
- Pflichten aus **schuldrechtlichen Vereinbarungen** zwischen den Wohnungseigentümern (BGH NJW-RR 1986, 1335; BayObLG NJW-RR 1999, 12 = ZMR 1998, 503)
- die Zugehörigkeit bestimmter Räume zum **Sondereigentum** eines Miteigentümers (BGHZ 130, 164 f.; BayObLG NJW-RR 1991, 1357; 1996, 913; ZMR 1998, 583; OLG Düsseldorf ZMR 2009, 54)
- die Frage, wem ein **Sondernutzungsrecht** zusteht (OLG Saarbrücken NJW-RR 1998, 1165 = ZMR 1998, 594; OLG Zweibrücken ZMR 2002, 471)
- Ansprüche wegen der **Veräußerung** von Wohnungseigentum (BGHZ 62, 389 f.; BayObLG NJW-RR 1994, 1429)
- Ansprüche aus schuldrechtlichen Beziehungen wie der **Vermietung** gemeinschaftlichen Eigentums oder der Rechtsberatung, auch wenn die Verträge zwischen Miteigentümern geschlossen wurden, da sich diese hierbei wie Dritte gegenüberstehen (BayObLG WuM 1996, 359; NZM 1998, 516)
- der Streit mit einer anderen **Wohnungseigentümergemeinschaft** um die Nutzung eines gemeinsamen Treppenhauses (OLG Hamm ZMR 2006, 879).

h) Die Prozessführungsbefugnis

Die Geltendmachung eines Anspruchs im Verfahren nach § 43 Nr. 1 WEG setzt voraus, 30
dass der Wohnungseigentümer im konkreten Fall prozessführungsbefugt ist. So kann ein einzelner Wohnungseigentümer Ansprüche gegen einen Miteigentümer ohne Ermächtigung durch die Eigentümergemeinschaft nur dann geltend machen, wenn sie ihm als Individualansprüche alleine zustehen. Dies ist etwa bei der Beeinträchtigung des Sondereigentums oder eines Sondernutzungsrechtes stets der Fall. Bei Unterlassungsansprüchen wegen der Beeinträchtigung des Gemeinschaftseigentums kann der Verband gem. § 10 Abs. 6 S. 3 WEG auch die Geltendmachung von Individualansprüchen an sich ziehen. Ob die Prozessführungsbefugnis des einzelnen Wohnungseigentümers hiervon berührt wird, ist streitig (OLG München ZMR 2008, 236; Abramenko § 6 Rn. 14 ff.; Niedenführ/Kümmel/Vandenhouten § 10 Rn. 63, s.o. Kap. 21 Rdn. 296). Dasselbe gilt für den Anspruch auf

Unterlassung unzulässiger Nutzungen. Hingegen fällt etwa die Geltendmachung von Schadensersatzansprüchen in die Verwaltungsbefugnis der Eigentümergemeinschaft, weshalb sie ein einzelner Miteigentümer nur nach entsprechender Ermächtigung im Verfahren nach § 43 Nr. 1 WEG durchsetzen kann. Dasselbe gilt für die Beitreibung von Ansprüchen der Gemeinschaft gegen einzelne Miteigentümer wegen der Beteiligung an den Lasten und Kosten des Gemeinschaftseigentums (BGH NJW 1990, 2386; OLG Köln NJW-RR 2001, 159). Fehlt die Antragsbefugnis, so ist der Antrag zu verwerfen (KG ZMR 1997, 544).

2. Streitigkeiten nach § 43 Nr. 2 WEG

31 § 43 Nr. 2 WEG trägt der vom Gesetzgeber anerkannten Teilrechtsfähigkeit des Verbandes Rechnung. Danach ist auch für Streitigkeiten mit dem Verband das Amtsgericht der belegenen Sache zuständig. Der weitere Instanzenzug entspricht den sonstigen echten Wohnungseigentumssachen. Die Zuständigkeit erfasst nur die Streitigkeiten, in denen der Verband Träger eigener Rechte ist. Ist er nur ausübungsbefugt, richtet sich die Zuständigkeit nach § 43 Nr. 1 WEG, da materiell-rechtlich die Wohnungseigentümer berechtigt und verpflichtet sind (s.o. Rdn. 24). Die Zuständigkeit nach § 43 Nr. 2 WEG besteht sowohl für Aktivverfahren des Verbandes (etwa Beitreibungssachen) als auch für Passivprozesse (etwa für die Klage auf Auszahlung von Guthaben aus der Jahresabrechnung). Da § 43 Nr. 2 WEG nur Streitigkeiten zwischen Verband und Wohnungseigentümern benennt, ergibt sich für Klagen des Verwalters (oder solche gegen ihn) nicht die Zuständigkeit aus § 43 Nr. 2 WEG. Diese fallen unter § 43 Nr. 3 WEG. Der persönliche und sachliche Anwendungsbereich ist wie bei § 43 Nr. 1 WEG weit zu fassen. So sind auch Beitreibungsverfahren gegen mittlerweile ausgeschiedene Wohnungseigentümer Prozesse nach § 43 Nr. 2 WEG. Ebenso sind auch die betroffenen Rechte und Pflichten weit zu verstehen: Im Verfahren nach § 43 Nr. 2 WEG sind unabhängig von der Anspruchsgrundlage alle Streitigkeiten auszutragen, die einen inneren Zusammenhang zum Gemeinschaftsverhältnis der Wohnungseigentümer aufweisen (AG Lichtenberg ZMR 2008, 576). Allerdings können außerhalb des Gemeinschaftsverhältnisses begründete Ansprüche nicht deswegen vor dem nach § 43 Nr. 1 WEG zuständigen Gericht verfolgt werden, weil sie an den Verband abgetreten wurden (OLG München ZMR 2005, 979; a. A. Jennißen/Suilmann § 43 Rn. 30). Ebenso wenig sind Ansprüche gegen Dritte aufgrund einer Bürgschaft, Garantie o.Ä. für Wohnungseigentümer erfasst (Jennißen/Suilmann § 43 Rn. 29).

3. Streitigkeiten mit dem Verwalter (§ 43 Nr. 3 WEG)

a) Die Bedeutung der Zuständigkeitszuweisung nach der Novelle

32 Die Zuständigkeit für Streitigkeiten mit dem Verwalter nach § 43 Nr. 3 WEG ist im Wesentlichen mit dem früheren Recht (§ 43 Abs. 1 Nr. 2 WEG a.F.) deckungsgleich. § 43 Nr. 3 WEG erfasst neben Streitigkeiten der Wohnungseigentümer auch diejenigen des Verbandes mit dem Verwalter und zwar sowohl Aktivprozesse des Verwalters, etwa wegen seiner Vergütung, als auch Passivprozesse, etwa wegen Schadensersatzforderungen gegen ihn. Erstinstanzlich ist somit das Amtsgericht unabhängig vom Streitwert zuständig; der weitere Instanzenzug entspricht demjenigen der sonstigen echten Wohnungseigentumssachen. Auch hier gilt der Grundsatz weiter Auslegung, da ein Änderungswille des Gesetzgebers gegenüber dem früheren Rechtszustand nicht erkennbar ist (vgl. BT-Drucks. 16/3843 S. 55). So gilt die Zuständigkeit nach § 43 Nr. 3 WEG insbesondere auch für Streitigkeiten mit dem ausgeschiedenen Verwalter. Wie bei Streitigkeiten gem. § 43

Nr. 1, 2 WEG kommt es auf die Rechtsgrundlage des geltend gemachten Anspruchs nicht an. Es genügt, dass der Anspruch in einem inneren Zusammenhang zur Tätigkeit des Verwalters steht.

b) Persönliche Voraussetzungen der Zuständigkeit nach § 43 Nr. 3 WEG

Da der Gesetzgeber den weiten Anwendungsbereich von § 43 Nr. 3 WEG gegenüber dem früheren Recht nicht einschränken wollte (Hügel/Elzer § 13 Rn. 46), ist die frühere Judikatur insoweit noch heranzuziehen. Dementsprechend unterfallen auch Streitigkeiten mit einem ausgeschiedenen Verwalter § 43 Nr. 3 WEG (BGHZ 59, 63 f.; 106, 38; BayObLG NJW-RR 1988, 19; 1991, 1363; 1994, 856; OLG Hamm NJW-RR 1988, 268; OLG Oldenburg ZMR 2008, 238). Anderes gilt nur, wenn sowohl der Verwalter als auch der den Anspruch geltend machende Wohnungseigentümer vor Rechtshängigkeit ausgeschieden sind, da durch dieses Verfahren kein Zusammenhang mit dem Funktionieren der Gemeinschaftsverwaltung mehr gegeben ist (OLG Köln WE 1996, 76). Dies gilt auch für Streitigkeiten zwischen amtierenden und ehemaligem Verwalter über ehrenrührige Behauptungen (OLG München NJW-RR 2006, 155 = ZMR 2006, 156). Umgekehrt sind Ansprüche eines ausgeschiedenen Eigentümers gegen den Verwalter ebenfalls nach dieser Zuständigkeitsnorm vor dem Gericht für Wohnungseigentumssachen zu verhandeln (BayObLG WuM 1994, 572 f.; KG ZMR 2000, 401). Auf die förmliche Bestellung des Verwalters kommt es dabei nicht an. Es genügt, wenn er mit Wissen der Wohnungseigentümer die Verwaltung geführt hat (KG OLGZ 1981, 304). Demzufolge steht der Zuständigkeit nach § 43 Nr. 3 WEG noch viel weniger entgegen, dass die Bestellung zwar erfolgte, aber unwirksam war (KG OLGZ 1976, 266 f.; NJW-RR 1991, 1363; OLG Köln NJW-RR 2005, 1096). Selbst für die Inanspruchnahme des Gesellschafters einer OHG, der nie Verwalter war, sondern nur nach § 128 HGB für deren Verbindlichkeiten haftet, soll die Zuständigkeit des § 43 Nr. 3 WEG gelten (BayObLG NJW-RR 1987, 1368). Dasselbe soll auch bei der Durchgriffshaftung gegen den Geschäftsführer einer Verwalter-GmbH gelten (KG ZMR 2006, 152 f.; AG Hannover ZMR 2007, 75; a.A. LG Krefeld ZMR 2007, 74). Auch bei Auseinandersetzungen um einzelne Verwaltungstätigkeiten, die ein bewusst nicht als Verwalter auftretender Miteigentümer übernommen hat (vgl. o. Kap. 19 Rdn. 254), ist die Zuständigkeit nach § 43 Nr. 3 WEG gegeben (KG GE 1990, 149). Anderes gilt nur dann, wenn eine Übergabe der Verwaltung vom Bauträger auf einen von den Wohnungseigentümern bestellten Verwalter noch gar nicht stattgefunden hat (BGH NJW 1976, 240). Auch ein Rechtsstreit mit dem Haftpflichtversicherer des Verwalters unterfällt nicht § 43 Nr. 3 WEG (BayObLG NJW-RR 1987, 1099). 33

c) Sachliche Voraussetzungen der Zuständigkeit nach § 43 Nr. 3 WEG

Der Grundsatz weiter Auslegung gilt auch hinsichtlich des Streitstoffs nach § 43 Nr. 3 WEG. Auch hier ist die Zuständigkeit des Gerichtes nach § 43 Nr. 3 WEG somit noch nach dem Ausscheiden des Verwalters gegeben (BGHZ 59, 58; 106, 38; BayObLG NJW-RR 1994, 856; WuM 2003, 349). Wie bei § 43 Nr. 1 WEG kommt es auch bei Streitigkeiten mit dem Verwalter nicht auf die Rechtsgrundlage des geltend gemachten Anspruchs, sondern alleine darauf an, ob er in einem inneren Zusammenhang zu seiner Tätigkeit steht (BGHZ 59, 63 f.; BayObLG NJW-RR 1994, 856; OLG Köln NJW-RR 2005, 1096). Maßgeblich ist insoweit der Vortrag des Klägers (OLG Stuttgart NJW-RR 1986, 1277). Ausgeschlossen sind folglich nur solche Tätigkeiten, die nicht mit den Aufgaben des Verwalters nach § 27 WEG zusammenhängen, also etwa als vormaliger Baubetreuer (BGHZ 65, 266), als Bauträger, als Verwalter von Sondereigentum (BayObLG NJW-RR 1989, 1168 u. 1996, 1037) oder als Makler. 34

d) Die Prozessführungsbefugnis

35 Die Geltendmachung eines Anspruchs im Verfahren nach §43 Nr. 3 WEG hängt darüber hinaus davon ab, ob ein Wohnungseigentümer oder Verwalter im konkreten Fall prozessführungsbefugt ist. So kann ein einzelner Wohnungseigentümer Ansprüche gegen den Verwalter ohne Ermächtigung durch die Eigentümergemeinschaft nur dann geltend machen, wenn sie ihm als Individualansprüche alleine zustehen, etwa beim Streit um ordnungsgemäße Verwaltung gem. §21 Abs. 4 WEG (vgl. BayObLG ZMR 2003, 692; OLG Hamm NJW-RR 1993, 847) oder um den Ersatz von Schäden, die alleine in seinem Sondereigentum entstanden sind. Andere Schadensersatzansprüche gegen den Verwalter unterfallen dagegen der Verwaltungsbefugnis der Eigentümergemeinschaft, so dass sie ein einzelner Miteigentümer nur nach entsprechender Ermächtigung alleine geltend machen kann. Fehlt die Prozessführungsbefugnis, so ist der Antrag zu verwerfen (KG ZMR 1997, 544).

e) Einzelfälle der Zuständigkeit nach §43 Nr. 3 WEG

36 Der Zuständigkeit nach §43 Nr. 3 WEG unterliegen demzufolge nach der Rechtsprechung der Streit um

- die **Abberufung** des Verwalters (BGH NZM 2002, 789)
- Ansprüche auf Ersatz von **Aufwendungen** (BayObLG WE 1997, 76), sofern diese nicht nach Ablauf der Bestellungszeit auf Bitten des neuen Verwalters getätigt wurden (OLG Köln NZM 2002, 749)
- **Auskunftsansprüche** (BayObLGZ 1972, 166)
- die Verpflichtung des Verwalters zur **Einberufung einer Eigentümerversammlung** (BayObLGZ 1970, 4; WuM 1992, 450)
- die **Durchführung** von Eigentümerbeschlüssen (OLG Frankfurt OLGZ 1980, 76 f.)
- Ansprüche des Verwalters wegen **ehrverletzender Äußerungen** von Wohnungseigentümern (BayObLG ZWE 2001, 319; a.A. BayObLGZ 1989, 68 f.; OLG Düsseldorf ZWE 2001, 165 f.; OLG München ZMR 2008, 735) und ebenso eines Wohnungseigentümers wegen entsprechender Äußerungen des Verwalters, sofern jeweils ein Zusammenhang mit der Verwaltung besteht es kann aber vorab landesrechtlich ein Schiedsverfahren vorgesehen sein (vgl. o. Rdn. 21)
- die **Einsicht** in Unterlagen des Verwalters (OLG Frankfurt OLGZ 1979, 138; OLG Hamm NJW-RR 1999, 162)
- die Genehmigung der **Haustierhaltung** (OLG Saarbrücken NZM 1999, 622)
- die **Herausgabe** von Unterlagen (BayObLGZ 1969, 211; OLG Hamm WEZ 1988, 256 f.)
- die Berichtigung des **Protokolls** (BayObLGZ 1982, 447 f.)
- **Schadensersatz** wegen Verletzung des Verwaltervertrages (BGH NJW 1972, 1319 f.; WE 1989, 94)
- **Unterlassung** weiterer Tätigkeit des abberufenen Verwalters (BayObLG ZMR 1982, 224)
- die Zustimmung zur **Veräußerung** nach §12 WEG (BayObLGZ 1977, 40 ff.)
- die **Vergütung** des Verwalters (BGH NJW 1980, 2468)
- Umfang und Inhalt der **Verwalteraufgaben** (OLG Köln OLGZ 1979, 284)
- die Wirksamkeit der **Verwalterbestellung** (KG OLGZ 1976, 267), sofern es sich nicht um eine Beschlussanfechtung nach §43 Abs. 1 Nr. 4 WEG handelt
- das Bestehen eines **Verwaltervertrags** (BGH NJW 1980, 2468; NZM 2002, 789) und Ansprüche hieraus (BGHZ 59, 60 ff.).

4. Der Streit um die Gültigkeit von Eigentümerbeschlüssen (§ 43 Nr. 4 WEG)

a) Die Bedeutung der Zuständigkeitszuweisung nach der Novelle

Die allgemeine Tendenz der Novelle, in § 43 WEG nur noch die örtliche Zuständigkeit zu regeln, setzt sich bei Streitigkeiten über die Gültigkeit von Beschlüsse fort. 43 Nr. 4 WEG trifft im Gegensatz zur Vorgängernorm keine Aussagen mehr über die Anfechtungsberechtigung, dies übernimmt § 46 Abs. 1 S. 1 WEG. Auch ansonsten sind einzelne Aspekte der Anfechtungsklage nunmehr in Spezialvorschriften wie §§ 46 f., 48 Abs. 1 S. 2 WEG geregelt. Bezüglich der erstinstanzlichen Zuständigkeit stimmt § 43 Nr. 4 WEG weitgehend mit dem alten Recht überein. Da Wortlaut und Materialien eine Einschränkung im Anwendungsbereich der Norm nicht zu entnehmen ist, gilt auch hier der Grundsatz weiter Auslegung (Hügel/Elzer § 13 Rn. 51). Insoweit kann auf die Rechtsprechung zum alten Recht zurückgegriffen werden. 37

b) Gegenstand der Anfechtungsklage

Für die Zuständigkeit nach § 43 Nr. 4 WEG gilt wie nach früherem Recht der **Grundsatz weiter Auslegung.** Daher erfasst sie nicht nur die eigentliche Anfechtung von Eigentümerbeschlüssen, sondern auch den Antrag, ihre Wirksamkeit (OLG Hamm NJW 1981, 465) oder ihren Inhalt (OLG Köln OLGZ 1979, 284; BayObLG ZMR 2004, 126) festzustellen. Ferner kann die Feststellung des Beschlussergebnisses, das für Zustandekommen und Inhalt eines Beschlusses konstitutiv ist (BGH ZMR 2001, 809 ff.), im Verfahren nach § 43 Nr. 4 WEG binnen eines Monats gem. § 46 Abs. 1 S. 2 WEG angefochten und die Feststellung des wahren Beschlussergebnisses begehrt werden. Sofern eine Beschlussfeststellung durch den Versammlungsleiter gänzlich unterblieben ist, kann diese im Verfahren nach § 43 Nr. 4 WEG durch das Gericht nachgeholt werden (BGH ZMR 2001, 812 f.). Auch die Berichtigung des im Protokoll unrichtig wiedergegebenen Beschlussinhalts ist im Verfahren nach § 43 Nr. 4 WEG geltend zu machen, wobei hierfür die Monatsfrist des § 46 Abs. 1 S. 2 WEG nicht gilt (OLG Celle NJW 1958, 307; wohl auch WE 1989, 200; BayObLG NJW-RR 1990, 211; Niedenführ/Kümmel/Vandenhouten § 43 Rn. 69; a.A. OLG Köln OLGZ 1979, 284 f.; OLG Hamm OLGZ 1985, 148 f.; KG NJW-RR 1991, 213). Selbst die Ablehnung, einen bestimmten Beschluss zu fassen, kann angefochten werden, allerdings nur in Verbindung mit einem positiven Antrag (BGH ZMR 2001, 813 f.; BayObLG NJW-RR 2005, 312; OLG München ZMR 2006, 307). Ob wie nach früherem Recht der fehlende Antrag im Wege der Auslegung »ergänzt« werden kann, erscheint zweifelhaft. Im Gegensatz zum Richter der freiwilligen Gerichtsbarkeit hat das Zivilgericht nicht das Rechtsschutzbegehren ohne Bindung an die Anträge zu erforschen. Der Streitgegenstand des Zivilprozesses bestimmt sich alleine nach den Anträgen des Klägers, über die das Gericht nicht hinausgehen darf. 38

Im Verfahren nach § 43 Nr. 4 WEG kann auch die **Feststellung des vom Verwalter nicht oder unzutreffend verkündeten Beschlussergebnisses** begehrt werden (BGH ZMR 2002, 931; BayObLG ZMR 2004, 126; vgl. auch Riecke WE 2004, 34, 39), was mit der Anfechtung einer unzutreffenden Verkündung verbunden werden muss (BGH ZMR 2002, 931 f.; BayObLG ZMR 2004, 126). Beides muss innerhalb der Monatsfrist des § 46 Abs. 1 S. 2 WEG beantragt werden (OLG Frankfurt ZMR 2009, 57). Sofern die Feststellung des vom Versammlungsleiter nicht verkündeten Beschlussergebnisses beantragt wird, sind inhaltliche Mängel wie im Gesellschaftsrecht (vgl. OLG Celle OLGR 1998, 326) bereits in diesem Verfahren, nicht etwa erst in einem auf die Feststellung folgenden Anfechtungsverfahren zu prüfen. Selbst der Versammlungsleiter hat vor der Beschlussfeststellung die Rechtmäßigkeit des festzustellenden Beschlusses zu prüfen und von der Verkündung eines anfechtbaren Beschlusses regelmäßig abzusehen, zumindest aber auf 39

Bedenken hinzuweisen (Gottschalg WE 2002, 46; Deckert ZMR 2003, 156; weitergehend Kümmel GE 2002, 382 f.). Erst recht hat dann das Gericht, das an seine Stelle tritt, vor der Beschlussfeststellung eine solche inhaltliche Prüfung vorzunehmen, was i.Ü. natürlich auch aus Gründen der Prozessökonomie geboten ist (OLG München NJW-RR 2007, 594 f. = ZMR 2007, 223; Niedenführ/Kümmel/Vandenhouten § 43 Rn. 72; Abramenko ZMR 2004, 790 ff.; Becker, ZWE 2006, 161; a.A. AG Hamburg-Blankenese ZMR 2008, 1002; Riecke/v. Rechenberg MDR 2002, 310; Deckert ZMR 2003, 157 f.; Müller NZM 2003, 224 f.; Schmidt ZWE 2006, 171). Zu einer Bevormundung der Wohnungseigentümer kommt es hierdurch nicht, da Mängel, die keine Partei rügt, hier wie im Anfechtungsverfahren nicht zu berücksichtigen sind.

40 Wird die **Feststellung der Gültigkeit eines Beschlusses** beantragt, ist stets nur das Vorliegen von Nichtigkeitsgründen zu prüfen. Bloße Anfechtungsgründe sind grundsätzlich nicht zu berücksichtigen, sofern der Beschluss nicht rechtzeitig angefochten wurde. Denn bis zu seiner Ungültigerklärung ist er als wirksam zu behandeln. Will ein Wohnungseigentümer oder ein sonstiger Anfechtungsberechtigter den Eigentümerbeschluss beseitigen, muss er ihn anfechten. Dies geschieht mit einem Antrag, die Gültigkeit festzustellen, gerade nicht. Folglich erwächst der streitgegenständliche Beschluss im Laufe des Verfahrens in Bestandskraft, so dass beim Fehlen von Nichtigkeitsgründen seine Wirksamkeit festzustellen ist (a.A. Bärmann/Pick/Merle § 43 Rn. 65).

41 Schließlich kann im Verfahren nach § 43 Nr. 4 WEG auch die Ersetzung einer Beschlussfassung verlangt werden. Voraussetzung hierfür ist, dass nur die Fassung eines bestimmten Beschlusses ordnungsmäßiger Verwaltung entspricht (OLG München ZMR 2006, 155). Ansonsten hat die Gemeinschaft die Wahl zwischen verschiedenen Möglichkeiten (BayObLG NJW-RR 2002, 1093, 1095) und es besteht also kein Anspruch aus § 21 Abs. 4 WEG auf eine von ihnen (OLG Saarbrücken NJW-RR 2000, 87; OLG Düsseldorf NJW-RR 2004, 376 = ZMR 2005, 143; BayObLG NJW-RR 2004, 1091 = ZMR 2005, 135; ZMR 2005, 378; OLG München ZMR 2007, 397). Besondere Schwierigkeiten ergeben sich, wenn zwar ein Anspruch auf eine Beschlussfassung besteht, deren Inhalt aber im Ermessen der Eigentümerversammlung steht, etwa bei einer Gebrauchsregelung von Parkplätzen. Könnte hier nur nach einem genauen Antrag des Klägers entschieden werden, liefe der Gefahr, eine (teilweise) Klageabweisung zu erleiden, obwohl sein Begehren grundsätzlich begründet ist. Dem hilft § 21 Abs. 8 WEG ab, wonach die Details einer solchen Entscheidung in das Ermessen des Gerichts gestellt werden können. Der Wegfall des Amtsermittlungsgrundsatzes führt aber auch hier zu verschärften Anforderungen an den Tatsachenvortrag. Dem Gericht müssen hinreichende Tatsachen mitgeteilt werden, aufgrund derer es eine Ermessensentscheidung treffen kann. Wird etwa die Festsetzung eines Wirtschaftsplans begehrt, muss der Kläger substanzierte Ausführungen zum Finanzbedarf machen, u.U. unter Vorlage früherer Wirtschaftspläne und Jahresabrechnungen.

42 Die Klage auf Ersetzung eines Beschlusses setzt die vorige Befassung der Eigentümerversammlung voraus. Denn der Eigentümerversammlung steht es in erster Linie zu, über die Notwendigkeit der begehrten Maßnahme zu befinden. Wenn eine solche einvernehmliche Lösung gar nicht erst versucht wurde, fehlt einem Antrag auf gerichtliche Entscheidung grundsätzlich das Rechtsschutzbedürfnis (KG NJW-RR 1991, 1424 f.; OLG Hamburg NJW-RR 1994, 783; BayObLG NJW-RR 1997, 1445; OLG Köln NJW-RR 1999, 307; OLG München ZMR 2006, 155; ZMR 2006, 308; OLG Frankfurt ZMR 2006, 874; OLG Hamm ZMR 2007, 297; ZMR 2007, 881; 2008, 159). Dies kann eine mühevolle Prozedur erfordern. Weigert sich der Verwalter, die begehrte Beschlussfassung auf der nächsten Eigentümerversammlung behandeln zu lassen, rechtfertigt das ebenfalls noch nicht die Klage auf Ersetzung eines Beschlusses nach § 21 Abs. 4 WEG. Der Wohnungs-

eigentümer, der die Beschlussfassung wünscht, muss zunächst die Aufnahme eines bestimmten Tagesordnungspunktes auf der nächsten Eigentümerversammlung durchsetzen. Dies kann nach Einholung einer ausreichenden Anzahl von Unterschriften nach § 24 Abs. 2 WEG, oder durch Einschaltung des Verwaltungsbeirats nach § 24 Abs. 3 WEG, ansonsten als Maßnahme ordnungsmäßiger Verwaltung geschehen. Der einzelne Wohnungseigentümer muss dann zunächst den Verwalter auf Ergänzung der Tagesordnung in Anspruch nehmen oder sich selbst gerichtlich zur Einberufung ermächtigen lassen und auf diesem Wege einen Beschluss der Eigentümerversammlung herbeiführen. Erst dann, wenn die Eigentümerversammlung den Beschlussantrag abgelehnt oder gar nicht behandelt (etwa grundlos von der Tagesordnung genommen) hat (hierzu BayObLG NJW-RR 1997, 1445) ist das Rechtsschutzbedürfnis für eine Klage im Verfahren nach § 43 Nr. 4 WEG gegeben. Wurde der Beschlussantrag abgelehnt, hat der Kläger zudem diesen Negativbeschluss anzufechten, da dessen Bestandskraft ansonsten der begehrten Entscheidung entgegenstehen kann (vgl. o. Rdn. 38 u.u. 106).

Schon nach altem Recht herrschte hinsichtlich der Geltendmachung von Anfechtungsgründen die **Dispositionsmaxime**. Dies gilt erst Recht nach Überführung der Wohnungseigentumssachen in die ZPO. Den Umfang der Anfechtung bestimmt der Kläger. So hat er die Möglichkeit, einen Beschluss nicht insgesamt, sondern nur teilweise anzugreifen. Dies ist insbesondere bei der Genehmigung von Jahresabrechnung und Wirtschaftsplan von Bedeutung, wenn sich der anfechtende Wohnungseigentümer nur gegen einzelne Positionen wendet. Eine Ungültigerklärung kann nur insoweit erfolgen, als die Genehmigung von Jahresabrechnung bzw. Wirtschaftsplan konkret angegriffen und insoweit tatsächlich fehlerhaft ist (BayObLG NJW-RR 1990, 1108; 1992, 1170; KG NJW-RR 1991, 1236; WE 1995, 92). Ebenso wenig darf das Gericht einen Beschluss wegen Mängeln für unwirksam erklären, auf die sich der Antragsteller nicht beruft (BayObLGZ 1986, 268; vgl. u.u. Rdn. 3 o. Rdn. 104). In Zweifelsfällen ist durch Nachfrage zu klären, ob sich der Antragsteller auf einen erkennbaren, aber nicht gerügten Mangel berufen will. 43

5. Streitigkeiten mit Dritten nach § 43 Nr. 5 WEG

Gänzlich neu ist die Aufnahme von Rechtsstreitigkeiten mit Dritten in den Katalog des § 43 WEG. Dabei ist die Zuständigkeit der belegenen Sache nur bei Klagen Dritter gegen Verband oder Wohnungseigentümer gegeben. Gehen umgekehrt Verband oder Wohnungseigentümer gegen Dritte vor, bleibt es bei den allgemeinen Zuständigkeitsregeln, auch bei negativen Feststellungsklagen (Niedenführ/Kümmel/Vandenhouten § 43 Rn. 87; Abramenko AGS 2006, 282 f.). Die Widerklage kann also nach § 33 Abs. 2 ZPO ausgeschlossen sein. Klagen gegen den Verband müssen das gemeinschaftliche Eigentum oder seine Verwaltung betreffen. Dies wird bei der weiten Handhabung des Verwaltungsbegriffs in der Novelle praktisch immer der Fall sein, weshalb § 43 Nr. 5 WEG alle Passivverfahren des Verbandes erfassen dürfte. Trotz Erfüllungsbefugnis des Verbandes ist auch die Einbeziehung von Klagen gegen Wohnungseigentümer in vorliegendem Zusammenhang nicht überflüssig, da sich § 43 Nr. 5 WEG auch auf Verfahren gegen einzelne Wohnungseigentümer erstreckt. Dies zeigt der Umstand, dass auch Streitigkeiten, die das Sondereigentum betreffen, von § 43 Nr. 5 WEG umfasst werden. Allerdings muss sich die Klage auf das Wohnungseigentum beziehen. Die Klage auf Zahlung des Werklohns für den Einbau einer Küche in das Sondereigentum unterfällt somit § 43 Nr. 5 WEG (Briesemeister NZM 2007, 346; Jennißen/Suilmann § 43 Rn. 46; Kuhla ZWE 2009, 197). Für sonstige Klagen gegen einen Wohnungseigentümer etwa aus schuldrechtlichen Sonderbeziehungen gilt der allgemeine Gerichtsstand. Unbedingt zu beachten ist, dass die Streitigkeiten nach § 43 Nr. 5 WEG nicht in vollem Umfang den Sonderregeln für Wohnungseigentumssachen unterfallen. Anwendung findet die Regelung zur örtlichen Zuständigkeit 44 von Wohnungseigentumssachen. Hingegen richtet sich die erstinstanzliche Zuständigkeit nicht nach § 23 Nr. 2c GVG, da die Verfahren nach § 43 Nr. 5 WEG dort nicht aufgeführt werden. Bei einem Streitwert über 5000 Euro ist somit das Landgericht erstinstanzlich zuständig. Auch der eingeschränkte Rechtsmittelzug findet auf Klagen Dritter nach § 43 Nr. 5 WEG keine Anwendung, da § 72 Abs. 2 S. 1 GVG diese Verfahren wiederum nicht einbezieht. Es gilt also der allgemeine Rechtsmittelzug, wobei gegen Urteile des Oberlandesgerichts die Nichtzulassungsbeschwerde zulässig ist.

6. Der Mahnbescheid

45 Mit § 43 Nr. 6 WEG bestimmt der Gesetzgeber die örtliche Zuständigkeit für Mahnverfahren des Verbandes. Dies erschien dem Gesetzgeber notwendig, da der Verband nicht über einen »Sitz« i.S.d. § 17 Abs. 1 S. 1 ZPO verfüge und daher auf den Sitz der Verwaltung abgestellt werden müsse (eingehend hierzu BT-Drucks. 16/3843 S. 55 f.). Die Beschränkung auf Anträge des Verbandes wurde erforderlich, da der Gesetzgeber die alte Regelung in § 46a Abs. 1 S. 2 WEG a.F. als zu weit gefasst ansah (BT-Drucks. 16/3843, 55 f.). Für sonstige Binnenstreitigkeiten, etwa unter den Wohnungseigentümern gilt § 43 Nr. 6 WEG daher nicht. Das zuständige Mahngericht ist in diesen Fällen nach § 689 Abs. 2 ZPO zu ermitteln. Der Gerichtsstand des § 43 Nr. 1 WEG kommt erst bei der Abgabe nach Widerspruch oder Einspruch zum Tragen (BT-Drucks. 16/3843, 56). I.Ü. sind die Regeln der ZPO direkt anzuwenden, so dass § 46a WEG a.F. ersatzlos entfallen konnte.

7. Die Anrufung eines unzuständigen Gerichts

a) Die Verweisung nach § 281 ZPO

46 Die Folgen der Anrufung eines unzuständigen Gerichtes richten sich jetzt, da Wohnungseigentumssachen Zivilprozesse sind, nach den allgemeinen Regeln der ZPO. Es ist also bei örtlicher Unzuständigkeit nach § 281 ZPO zu verweisen. Das Gericht, an das verwiesen wurde, ist auch an eine fehlerhafte Entscheidung gebunden, sofern sie nicht willkürlich ist oder ohne Gewährung rechtlichen Gehörs erging (Baumbach/Lauterbach/Hartmann § 281 Rn. 48; Zöller/Greger Vor § 284 Rn. 16 ff.) Mit der Zuweisung der Wohnungseigentumssachen an die Zivilgerichtsbarkeit kann das Prozessgericht auch nicht mehr zu Unrecht angerufen werden. Konsequenterweise ist die Sondernorm zur Abgabe (§ 46 WEG a.F.) ersatzlos entfallen.

b) Der negative Kompetenzkonflikt

47 Die Bindungswirkung nach § 281 Abs. 2 S. 2 ZPO schließt es nicht aus, dass sich auch das Gericht, an das der Rechtsstreit verwiesen wurde, für unzuständig hält und die Bindungswirkung der Verweisung (etwa wegen angenommener Willkür) verneint (Baumbach/Lauterbach/Hartmann § 281 Rn. 38 ff.; Zöller/Greger § 281 Rn. 19) In diesem Fall kann es zu einer zweiten rechtskräftigen Verweisung kommen. Den dann vorliegenden sog. negativen Kompetenzkonflikt hat wie bislang, nunmehr aber in direkter Anwendung von § 36 Nr. 6 ZPO das im Rechtszug nächst höhere Gericht zu entscheiden.

V. Besonderheiten der Klageschrift in Wohnungseigentumssachen

1. Grundsatz

Nach früherem Recht bedurfte eine Antragsschrift weder eines Antrags noch einer Begründung. Das Gericht hatte das Rechtsschutzbegehren von sich aus zu ermitteln und von Amts wegen zu prüfen, ob es begründet ist. Nach neuem Recht folgt die Klage in den Verfahren nach § 43 WEG den Regeln der ZPO, was die Anforderungen gegenüber dem Verfahren nach dem FGG erheblich erhöht. Es bedarf nunmehr einer Klageschrift, die die Voraussetzungen der ZPO, insbesondere des § 253 Abs. 2 ZPO erfüllen muss (Hügel/Elzer § 13 Rn. 65 f.). Auch der Kläger muss nunmehr anders als der Antragsteller nach früherem Recht (vgl. KG NJW-RR 1991, 596) eine ladungsfähige Anschrift angeben. Es ist also nicht mehr ausreichend, dass ein Rechtsschutzziel irgendwie erkennbar wird. Der Kläger muss vielmehr einen bestimmten Antrag nach § 253 Abs. 2 Nr. 2 ZPO stellen. Des Weiteren ist die Unterzeichnung der Antragsschrift künftig zwingend erforderlich (§§ 253 Abs. 4, 130 Nr. 6 ZPO). Im Gegensatz zum früheren Recht muss der gestellte Antrag begründet werden. Ansonsten ist die Klage wie in jedem anderen Zivilprozess mangels Schlüssigkeit abzuweisen. Diese Anforderungen ergeben sich unmittelbar aus der ZPO. Das WEG enthält nur einzelne ergänzende Bestimmungen für solche Gegenstände, für die man aufgrund der besonderen Natur des Wohnungseigentumsverfahrens eine vom Zivilprozess abweichende Regelung als sinnvoll erachtete. 48

2. Besonderheiten bei der Bezeichnung der Wohnungseigentümer in der Klageschrift

a) Der Bedarf einer gegenüber § 253 ZPO modifizierten Regelung

Nach der Überführung der Wohnungseigentumssachen in das ZPO-Verfahren bedarf es nunmehr gem. § 253 Abs. 2 Nr. 1 ZPO zwingend der Bezeichnung von Parteien und Gericht. Im Gegensatz zum früheren Recht darf das Gericht die tatsächlich Beteiligten nicht von Amts wegen feststellen und am Verfahren beteiligen (so noch BayObLGZ 1972, 249 f.). Dies gilt grundsätzlich auch für Klagen gegen alle anderen Miteigentümer, also insbesondere für Anfechtungsklagen. Danach müsste der Kläger alle Beklagten bereits in der Klageschrift bezeichnen. Allerdings gelten gegenüber sonstigen Zivilprozessen bedeutsame Ausnahmen. Die Angabe aller Eigentümeradressen wird dem Kläger nämlich in der Praxis oftmals gar nicht möglich sein, da sie ihm i.d.R. nicht bekannt sind. Er hat zwar einen **Individualanspruch auf Herausgabe einer Adressenliste** gegen den Verwalter. Wird dieser aber nicht umgehend erfüllt oder ist die übergebene Liste unvollständig oder unrichtig, stünde der Kläger vor erheblichen Schwierigkeiten, da er die Beklagten nicht ordnungsgemäß bezeichnen könnte. Zudem wäre ihm bei der Anfechtung die **Einhaltung der Frist des § 46 Abs. 1 S. 2 WEG** kaum möglich. Zwar käme ihm die Rückwirkungsfiktion des § 167 ZPO zugute. Dies setzt aber eine alsbaldige Zustellung nach Eingang der Klageschrift bei Gericht voraus. Ohne Kenntnis der Namen und Adressen seiner Miteigentümer wäre ihm dies regelmäßig nicht möglich. 49

b) Die Erleichterungen des § 44 Abs. 1 WEG

Diese praktischen Schwierigkeiten bei der Erfüllung der Anforderungen nach § 253 Abs. 2 Nr. 1 ZPO veranlassten den Gesetzgeber, bei Klagen gegen alle Wohnungseigentümer deutliche Erleichterungen vorzusehen. Es bedarf nicht schon in der Klageschrift der **Angabe aller Wohnungseigentümer**. Der Kläger kann sich bei der Bezeichnung der Beklagten auf »die bestimmte Angabe des gemeinschaftlichen Grundstücks« beschränken. Entgegen dem missverständlichen Wortlaut tritt das Grundstück nicht an die Stelle 50 der Beklagten; die Klage ist also nicht gegen das Grundstück zu richten. Gemeint ist vielmehr die schon bislang oftmals übliche Bezeichnung der Beklagten als »Wohnungseigentümer der Liegenschaft Hauptstr. 10, 65817 Eppstein« (BT-Drucks. 16/887, 36; LG Köln ZMR 2009, 632; vgl. insoweit zum alten Recht vor Anerkennung eines teilrechtsfähigen Verbandes etwa BayObLG NJW-RR 1986, 564). Die Bezeichnung als »Wohnungseigentümergemeinschaft« soll auch dann nicht als Klage gegen die Miteigentümer zu verstehen sein, wenn die Vorlage einer Eigentümerliste angekündigt wird (AG Dresden ZMR 2008, 248 – sehr streng).

51 Zu beachten ist, dass die Ausnahme des § 44 Abs. 1 S. 2 WEG nach dem klaren Wortlaut der Norm nur für die Wohnungseigentümer gilt. Hingegen bedarf es bereits in der Klageschrift zwingend der **Angabe von Verwalter und Ersatzzustellungsvertreter**. Dies erscheint auch aus prozessualen Gründen unerlässlich, da sich ansonsten kaum lösbare Probleme im Hinblick auf die Rückwirkungsfiktion des § 167 ZPO ergeben. Denn den Wohnungseigentümern kann bereits vor ihrer korrekten Bezeichnung nach § 253 Abs. 2 Nr. 1 ZPO wirksam zugestellt werden, da eine Zustellung an den Verwalter nach § 45 Abs. 1 WEG bzw. an den Ersatzzustellungsbevollmächtigten nach § 45 Abs. 2 WEG auch gegen sie wirkt. Fehlt auch ihre Angabe, kann überhaupt nicht zugestellt werden. Hingegen bedarf es der Angabe des nach § 45 Abs. 2 S. 1 WEG ebenfalls zu bestellenden Vertreters des Ersatzzustellungsvertreters in der Klageschrift nach Wortlaut und Begründung des Gesetzes (BT-Drucks. 16/887, 36) noch nicht. Dies erscheint auch überflüssig, da das Gericht über zwei Zustellungsadressen verfügt und bei Bedenken gegen beide den Kläger von sich aus auffordern kann, auch die Anschrift des Vertreters des Ersatzzustellungsvertreters anzugeben.

c) Die Rückausnahme von § 44 Abs. 1 S. 1 WEG bei Gemeinschaften ohne Verwalter

52 Wortlaut und Begründung von § 44 Abs. 1 S. 1 WEG (s. BT-Drucks. 16/887 S. 35 f.) setzen die Existenz eines Verwalters bzw. zumindest eines Ersatzzustellungsbevollmächtigten voraus. Neben der vereinfachten Bezeichnung der Beklagten »sind in der Klageschrift außerdem der Verwalter und der gem. § 45 Abs. 2 S. 1 bestellte Ersatzzustellungsvertreter zu bezeichnen«. Diese Formulierung zeigt, dass es sich nicht um fakultative Angaben, sondern um eine zwingende Voraussetzung für die vereinfachte Bezeichnung der Beklagten nach § 44 Abs. 1 S. 1 WEG handelt. Da sie in Gemeinschaften ohne Verwalter nicht zu erfüllen sind, scheidet die Erleichterung des § 44 Abs. 1 S. 2 WEG in diesen Fällen aus. Dabei handelt es sich auch nicht um eine misslungene Formulierung oder ungewollte Einschränkung von § 44 Abs. 1 S. 1 WEG. Vielmehr könnte eine Klage, die weder eine ausreichende Bezeichnung der Beklagten noch die Angabe eines Zustellungsbevollmächtigten aufweist, schlechterdings nicht zugestellt werden. Daher scheidet die vereinfachte Angabe der Beklagten nach § 44 Abs. 1 S. 1 WEG in Gemeinschaften ohne Verwalter und Ersatzzustellungsbevollmächtigtem aus. Da es sich bei diesen Gemeinschaften, die auf einen Verwalter verzichten, in aller Regel um Kleinanlagen mit geringen Eigentümerzahlen handelt, sind die Probleme bei der Beschaffung der ladungsfähigen Anschriften i.d.R. auch weit geringer. Anderenfalls kann dem betroffenen Wohnungseigentümer bei Versäumung der Anfechtungsfrist auch durch Wiedereinsetzung gem. §§ 233 ff. ZPO geholfen werden.

3. Die nachträgliche Bezeichnung der Beklagten

a) Die Vorlage der Eigentümerliste und die Regelfrist hierfür

53 Die Bezeichnung der Beklagten nach der bestimmten Angabe des gemeinschaftlichen Grundstücks genügt jedoch nur vorläufig, zum Zwecke der Zustellung. In der gerichtli-

chen Entscheidung reicht eine solche summarische Bezeichnung nicht mehr aus. Die Gesetzesmaterialien betonen zu Recht, dass klar sein muss, gegen wen vollstreckt werden kann (BT-Drucks. 16/887, 36), auch wenn dies bei einem Gestaltungsurteil wie im Anfechtungsverfahren nur im Hinblick auf Nebenentscheidungen von Bedeutung ist. Vor allem muss aber eindeutig feststehen, für und gegen wen die Entscheidung wirkt. Deshalb ordnet § 44 Abs. 1 S. 2 WEG an, dass bis zum Schluss der mündlichen Verhandlung eine vollständige Eigentümerliste vorgelegt werden muss. Der im Gesetzgebungsverfahren diskutierte Zeitpunkt hierfür (s. insoweit BT-Drucks. 16/887 S. 50 u. 73 entgegen den früheren Überlegungen in BT-Drucks. 16/887 S. 36) wurde auf den Schluss der mündlichen Verhandlung festgesetzt. Dies trägt dem Umstand Rechnung, dass die Beschaffung der zustellungsfähigen Anschriften, etwa nach Todesfällen oder Wegzug in das Ausland erhebliche Schwierigkeiten bereiten kann.

b) Vorgehen von Kläger und Gericht bei unkooperativen Verwaltern

Zur Vorbereitung einer Beschlussanfechtung hat jeder Wohnungseigentümer einen **54** Anspruch auf Überlassung einer Eigentümerliste gegen den Verwalter (LG Stuttgart ZMR 2009, 78). Die Beschaffung der Anschriften kann aber besondere Schwierigkeiten bereiten, wenn sich der Verwalter, der häufig alleine über die diesbezüglichen Informationen verfügt, als unkooperativ erweist. Denn das Grundbuch muss nach § 15 Abs. 1a) GBV die Anschriften der Eigentümer nicht enthalten. Hierauf hat das Gericht bei der Terminierung der letzten mündlichen Verhandlung Rücksicht zu nehmen. Schon nach bisherigem Recht ging die Weigerung des Verwalters, die Eigentümerliste herauszugeben, und eine eventuelle Untätigkeit des Gerichtes nicht zu Lasten des anfechtenden Wohnungseigentümers (OLG Köln ZMR 2003, 386 f.). Daher darf das Gericht bei obstruktivem Verhalten des Verwalters auf keinen Fall mit dem Anfechtungskläger »kurzen Prozess« machen und die Klage nach einer frühen Terminierung der mündlichen Verhandlung kurzerhand als unzulässig verwerfen. Denn die Verwerfung kommt nach ausdrücklichem Bekunden des Gesetzgebers in den Materialien nur »bei endgültig grundloser Verweigerung der notwendigen Angaben« in Betracht (BT-Drucks. 16/887, 36; ebenso Niedenführ/Kümmel/Vandenhouten § 44 Rn. 9; unvertretbar daher AG Hannover ZMR 2010, 483). Sofern die zustellungsfähigen Anschriften anders nicht zu erlangen sind, hat das Gericht dem Verwalter zumindest in entsprechender Anwendung von § 142 Abs. 1 ZPO aufzugeben, eine Eigentümerliste vorzulegen (unrichtig AG Hannover ZMR 2010, 483). Deswegen kann zur Vorbereitung einer Beschlussanfechtung regelmäßig kein einstweiliger Rechtsschutz wegen der Herausgabe einer Eigentümerliste in Anspruch genommen werden. Die Anordnung nach § 142 ZPO ist vorrangig (LG Stuttgart ZMR 2009, 78).

4. Klagen durch alle Wohnungseigentümer

Sofern § 44 Abs. 1 S. 1 WEG auch von Klagen »durch (...) alle Wohnungseigentümer« **55** redet, beruht dies auf einer Nichtbeachtung der eigenen Systematik durch den Gesetzgeber. Denn die verfahrensrechtlichen Neuregelungen beruhen im Wesentlichen noch auf dem ersten Entwurf aus dem Jahre 2004, der die Teilrechtsfähigkeit der Wohnungseigentümergemeinschaft und ihre Weiterentwicklung in der Novelle noch nicht berücksichtigte. Folglich konnten sie dem Umstand noch nicht Rechnung tragen, dass Ansprüche aller Wohnungseigentümer – also gemeinschaftsbezogene Ansprüche – nach § 10 Abs. 6 S. 3 WEG stets durch den Verband wahrgenommen werden. Folglich tritt er auch an ihre Stelle als Partei. Klagen aller Wohnungseigentümer kommen also nur noch in mehr oder weniger exotischen Ausnahmefällen in Betracht, wenn etwa der Verband diese zur Ausübung seiner Rechte rückermächtigt. Insoweit hat § 44 Abs. 1 S. 1 WEG demnach praktisch keinen Anwendungsbereich. Überdies bedarf es entgegen § 44 Abs. 1 S. 1 WEG auch hier der Angabe des Verwalters, da ihm als Zustellungsbevollmächtigten u.a. die Entscheidung nach § 27 Abs. 2 Nr. 1 WEG zuzustellen wäre (im Ergebnis ebenso Hügel/Elzer § 13 Rn. 82). Die in den Materialien vorausgesetzte Mandatierung eines Anwaltes war in der bisherigen Praxis bei Anträgen aller Wohnungseigentümer (etwa in Beitreibungsverfahren) keineswegs durchgängig der Fall.

5. Die Bezeichnung der anderen Wohnungseigentümer in Streitigkeiten zwischen einzelnen Wohnungseigentümern

a) Der Regelfall

56 In bestimmten Rechtsstreitigkeiten sind nur einige Wohnungseigentümer Partei, etwa dann, wenn ein Wohnungseigentümer von einem anderen den Rückbau einer baulichen Veränderung verlangt. In diesem Fall sind auch nur diese als Parteien zu bezeichnen. Für den oder die Beklagten in einem solchen Rechtsstreit gilt die Erleichterung in § 44 Abs. 1 S. 2 WEG nicht, da sie sich nur auf Streitigkeiten bezieht, an denen alle Wohnungseigentümer beteiligt sind. Die anderen, nicht verklagten Wohnungseigentümer müssen aber regelmäßig beigeladen werden (s.u. Rdn. 113 ff.). Dabei ergibt sich dasselbe Problem wie bei der Klage gegen alle Wohnungseigentümer: Der Kläger kann die zustellungsfähigen Anschriften i.d.R. nicht vollständig angeben, da sie ihm nicht bekannt sind. Daher erklärt § 44 Abs. 2 S. 1 WEG die Erleichterungen des § 44 Abs. 1 S. 2 WEG in diesen Fällen für anwendbar. Der Kläger muss die beizuladenden Eigentümer also wiederum nur als »Wohnungseigentümer Hauptstr. 10, 65817 Eppstein« bezeichnen. Voraussetzung ist auch hier, dass der Verwalter bzw. der Ersatzzustellungsbevollmächtigte in der Form des § 253 Abs. 2 Nr. 1 ZPO angegeben werden. Die Bezeichnung der Beizuladenden ist allerdings im Gegensatz zur Angabe der Beklagten nach § 44 Abs. 1 WEG keine Voraussetzung für die Zulässigkeit der Klage. Allerdings dürfte eine Klage auch »bei endgültig grundloser Verweigerung der notwendigen Angaben« nicht unzulässig sein. Denn zum einen gehört die Angabe von Beigeladenen nicht zu den Mindestanforderungen an eine Klage nach § 253 Abs. 2 ZPO. Zum anderen kann die Beiladung nach §§ 44 Abs. 2 S. 2, 48 Abs. 1 S. 1 WEG gänzlich entbehrlich sein. Das Gericht kann sich auch hier damit behelfen, dem Verwalter entsprechend § 142 Abs. 1 ZPO die Vorlage der Eigentümerliste aufzugeben.

b) Der Ausnahmefall der fehlenden rechtlichen Betroffenheit

57 Sieht das Gericht mangels Betroffenheit ihrer Interessen nach § 48 Abs. 1 S. 1 WEG von der Beiladung der anderen Wohnungseigentümer ab, ist ihre Bezeichnung in der Klageschrift überflüssig. Dies bringt § 44 Abs. 2 S. 2 WEG etwas undeutlich zum Ausdruck, wenn dort nur die »namentliche Bezeichnung« für entbehrlich erklärt wird. Es bedarf auch ihrer Bezeichnung nach § 44 Abs. 1 S. 1 WEG nicht. Denn ihre Interessen werden durch den Rechtsstreit nicht berührt, so dass es ihrer Beteiligung und somit ihrer Bezeichnung in keiner Weise bedarf. Ist also von vorneherein erkennbar, dass ein Rechtsstreit die Interessen der anderen Wohnungseigentümer nicht betrifft, können weitere Angaben zu den Miteigentümern ersatzlos entfallen. Dies wird allerdings häufig nicht mit der notwendigen Eindeutigkeit vorherzusehen sein. Deswegen empfiehlt sich in aller Regel die Angabe der weiteren Wohnungseigentümer in der abgekürzten Form nach § 44 Abs. 1 S. 1 WEG. Will sich der klagende Wohnungseigentümer aber die Mühe sparen, eine aktuelle Adressenliste zusammenzustellen, sollte er dem Gericht gegenüber vorab eine Entscheidung über das Absehen von einer Beiladung anregen. Auch ohne eine entsprechende gesetzliche Regelung hat es seine diesbezügliche Einschätzung den Parteien dann schon im Hinblick auf die Vervollständigung der Klageschrift vor der letzten mündlichen Verhandlung mitzuteilen.

VI. Die Zustellung der Klageschrift

1. Klagen gegen alle Wohnungseigentümer

a) Der Verwalter als Zustellungsbevollmächtigter der verklagten Wohnungseigentümer

Zur Vermeidung unüberwindlicher Hürden in Rechtsstreitigkeiten gegen Wohnungseigentümer und teilrechtsfähigen Verband hat die Novelle bereits bestehende Regelungen zur Zustellung fortentwickelt. So wiederholt § 45 Abs. 1 WEG die bereits in § 27 Abs. 2 Nr. 1 WEG normierte Zustellungsbevollmächtigung des Verwalters für die Wohnungseigentümer. § 45 Abs. 1 WEG gibt allerdings wiederum den Stand der Diskussion vor der Anerkennung der Teilrechtsfähigkeit und insbesondere vor ihrer Weiterentwicklung durch den Gesetzgeber wieder. Denn nach § 10 Abs. 6 S. 3 WEG ist der Verband für die Erfüllung gemeinschaftsbezogener Pflichten aller Wohnungseigentümer kraft Gesetzes Prozessstandschafter. Eine Klage gegen alle Wohnungseigentümer wäre daher unzulässig; es ist der Verband in Anspruch zu nehmen. Klagen gegen alle Wohnungseigentümer kommen daher anders als nach früherem Recht nur noch in Angelegenheiten der Willensbildung, insbesondere bei Verfahren nach § 43 Nr. 4 WEG in Betracht. Entgegen den in dieser Hinsicht überholten Materialien (BT-Drucks. 16/887, 66) ist die Zustellung an ihn in diesem Fall zwingend. Wie nach altem Recht ist der Verwalter **nur für gemeinschaftsbezogene Klagen** zustellungsbevollmächtigt. Für Klagen gegen einzelne Wohnungseigentümer ist der Verwalter nicht zustellungsbevollmächtigt, da es sich nicht um gemeinschaftliche Angelegenheiten handelt. Nur hierauf bezieht sich aber die Zustellungsvertretung des Verwalters. 58

Praxistipp: 59

Es ist fraglich, ob das Gericht wie nach früherem Recht die Wahl hat, ob es dem Verwalter oder den Wohnungseigentümern zustellt. Denn nach § 27 Abs. 2 Nr. 2 WEG ist der Verwalter nunmehr gesetzlich auch zur Prozessführung ermächtigt. Damit ist auf ihn § 172 ZPO auch ohne zusätzliche Bestellung zum Prozessbevollmächtigten, anzuwenden, so dass eine Zustellung an die Beklagten selbst unwirksam ist (a.A.,LG Hamburg ZMR 2009, 796 mit der Begründung, dass der Verwalter erst ab Rechtshängigkeit gesetzlicher Prozessvertreter sei; im Ergebnis ebenso aber ohne Erörterung dieser Problematik Hügel/Elzer § 13 Rn. 92; Niedenführ/Kümmel/Vandenhouten § 27 Rn. 56; Drabek ZWE 2008, 22.

b) Der Verwalter als Zustellungsvertreter der beigeladenen Wohnungseigentümer

Zugleich stellt § 45 Abs. 1 WEG klar, dass der Verwalter auch dann Zustellungsvertreter der Wohnungseigentümer, ist, wenn diese »gemäß § 48 Abs. 1 S. 1 beizuladen sind«. Auch in diesem Fall bedarf es also nicht der Zustellung an alle Wohnungseigentümer. Erfolgt sie gleichwohl, ist die Beiladung allerdings im Gegensatz zur Klage gegen die Wohnungseigentümer nicht fehlerhaft. Denn die Beigeladenen sind keine Parteien, auf die alleine sich die Prozessführungsbefugnis des Verwalters nach § 27 Abs. 2 Nr. 2 WEG bezieht. § 172 ZPO kommt daher nicht zur Anwendung. 60

2. Der Ausschluss einer Zustellung an den Verwalter

a) Der Verwalter als Gegner der Wohnungseigentümer

§ 45 Abs. 1 WEG normiert zwei Gründe, die zum Ausschluss der Zustellungsbevollmächtigung des Verwalters für die Wohnungseigentümer führen. Der erste liegt vor, wenn der Verwalter Gegner der Wohnungseigentümer ist. Dies kommt nach neuem 61

Recht aber fast nur noch bei Verfahren nach § 43 Nr. 4 WEG in Betracht, in denen der Verwalter Eigentümerbeschlüsse anficht. Begehrt der Verwalter eine Leistung aller Wohnungseigentümer oder wird er umgekehrt von allen Wohnungseigentümern in Anspruch genommen, ist nunmehr der Verband nach § 10 Abs. 6 S. 3 WEG n.F. erfüllungs- bzw. ausübungsbefugt und somit als Prozessstandschafter Gegner des Verwalters. I.Ü. sind die meisten in Betracht kommenden Ansprüche des Verwalters (etwa wegen rückständiger Vergütung) oder gegen ihn (etwa wegen Schadensersatzes) ohnehin Sache des Verbandes. Auch insoweit hat der Gesetzgeber also seine eigenen Neuerungen wiederum ignoriert.

b) Die Interessenkollision

62 Von größerer Relevanz ist der Fall der Interessenkollision, die schon nach bisheriger Praxis die Vertretung der Wohnungseigentümer durch den Verwalter ausschloss. Neben der bloßen Normierung dieses Falles in § 45 Abs. 1 WEG entscheidet der Gesetzgeber dabei implizit die strittige Frage, ob der Verwalter nur bei einer tatsächlichen oder schon bei einer bloß möglichen Interessenkollision als Zustellungsbevollmächtigter ausscheidet. Nach dem Gesetzeswortlaut scheidet die Zustellungsvertretung nämlich dann aus, wenn »aufgrund des Streitgegenstandes die Gefahr besteht, der Verwalter werde die Wohnungseigentümer nicht sachgerecht unterrichten«. Damit lehnt sich der Gesetzgeber eng an die Entscheidungen an, die selbst beim Streit um die Abberufung des Verwalters aus wichtigem Grund auf eine konkrete Gefahr der Fehlinformation abstellten (KG ZMR 2004, 143; BayObLG ZMR 2002, 533). Das legt zumindest nahe, dass der Gesetzgeber für den Ausschluss der Zustellungsvertretung nach § 45 Abs. 1 WEG die theoretische Gefahr einer Interessenkollision nicht genügen lassen will. Hierfür spricht auch die in den Materialien betonte Absicht des Gesetzgebers, »den mit Zustellungen verbundenen Aufwand für das Gericht und auch die zu Lasten der Wohnungseigentümergemeinschaft entstehenden Kosten gering zu halten« (BT-Drucks. 16/887, 36 f.; LG Dresden ZMR 2010, 629). Denn dies stellte eines der Hauptargumente derjenigen dar, die die abstrakte Gefahr einer Interessenkollision noch nicht zum Ausschluss des Verwalters von der Entgegennahme von Zustellungen ausreichen ließen (im Ergebnis ebenso Hügel/Elzer § 13 Rn. 98; Niedenführ/Kümmel/Vandenhouten § 45 Rn. 12). In jedem Fall ist die Gefahr nicht sachgerechter Information gegeben, wenn es um seine eigene Rechtsstellung geht, etwa um die Anfechtung seiner Bestellung (AG Hamburg ZMR 2008, 575) oder um seine Rechte und Pflichten (OLG München ZMR 2008, 658).

c) Die Folgen des Ausschlusses einer Zustellung an den Verwalter

63 Die Verhinderung des Verwalters, Zustellungen für die Wohnungseigentümer entgegenzunehmen, ist erstaunlicherweise gänzlich anders geregelt als beim Verband. Eine der Gesamtvertretung nach § 27 Abs. 3 S. 2 WEG entsprechende Regelung fehlt völlig. Die Zustellung an einzelne Wohnungseigentümer wirkt also von vorneherein nicht gegen die anderen. Nach § 45 Abs. 2 WEG sind die Wohnungseigentümer vielmehr gesetzlich zur Vorsorge verpflichtet, indem sie einen **Ersatzzustellungsvertreter** und seinen Vertreter bestellen müssen. Denn der Ersatzzustellungsvertreter soll nach § 45 Abs. 2 S. 1 WEG schon bestellt werden, »wenn ein Rechtsstreit noch nicht anhängig ist«, also vorsorglich (Drabek ZWE 2008, 23). Damit sollen Zeitverluste in einem Gerichtsverfahren vermieden werden (BT-Drucks. 16/887, 37). Nach dem Wortlaut von § 45 Abs. 2 S. 1 WEG soll diese Vorsorgemaßnahme nur dem Umstand vorbeugen, »dass der Vertreter als Zustellungsvertreter ausgeschlossen ist«. Die Vorschrift ist aber zumindest analog auch dann anzuwenden, wenn ein Verwalter gänzlich fehlt, weil er etwa abberufen wurde oder verstarb. Die bisweilen im Schrifttum vertretene abweichende Auffassung (Reichert ZWE 2006, 477) läuft dem Sinn der Neuregelung zuwider, wonach die Rechtsverfolgung gegen

Wohnungseigentümer nicht durch interne Unzulänglichkeiten ihrer Organisation unzumutbar werden darf (ebenso Niedenführ/Kümmel/Vandenhouten § 45 Rn. 14). Entgegen bisweilen geäußerter Auffassung (Niedenführ/Kümmel/Vandenhouten § 45 Rn. 13) ist aber nicht schon »im Zweifelsfall eine Zustellung an den Ersatzzustellungsvertreter vorzunehmen«. Dieser tritt nur an die Stelle des Verwalters, wenn jener nach § 45 Abs. 1 WEG definitiv als Zustellungsvertreter ausgeschlossen ist (Drabek ZWE 2008, 23; a.A. unter Verweis auf die angeblich missglückte Formulierung von § 45 Abs. 2 S. 1 WEG Jennißen/Suilmann § 45 Rn. 29). Ansonsten ist er nicht zur Entgegennahme von Zustellungen berechtigt, so dass diese unwirksam sind. Im Zweifel kann das Gericht also nur Verwalter *und* Ersatzzustellungsvertreter zustellen, da dann eine Zustellung in jedem Falle wirksam ist. Da die Vorschrift dem Schutz des Rechtsverkehrs dient, ist sie nicht nach § 10 Abs. 2 S. 2 WEG abdingbar (Drabek ZWE 2008, 25).

Die Stellung des Ersatzzustellungsvertreters unterscheidet sich deutlich von derjenigen des Vertreters nach § 27 Abs. 3 S. 3 WEG. Im Gegensatz zu jenem beschränkt sich die Rolle des Ersatzzustellungsvertreters nicht auf diejenige eines Bevollmächtigten. Das Gesetz redet hier wie bei Verwalter und Verwaltungsbeirat ausdrücklich von einer Bestellung. Vor allem aber sieht § 45 Abs. 2 S. 2 WEG ausdrücklich vor, dass der Ersatzzustellungsvertreter in dieser Funktion vollständig in die Aufgaben und Befugnisse des Verwalters eintritt (Hügel/Elzer § 13 Rn. 109). Hieraus folgt zum einen, dass eine **organschaftliche Stellung wie bei Verwalter und Verwaltungsbeirat** begründet wird. Der Beschluss über die Bestellung eines Ersatzzustellungsvertreters ist nach den allgemeinen Regeln wegen formeller und materieller Fehler anfechtbar. Materiell dürfte er insbesondere dann fehlerhaft sein, wenn vorherzusehen ist, dass der Bestellte etwa aufgrund organisatorischer Defizite nicht in der Lage sein wird, für eine hinreichende Information der Wohnungseigentümer zu sorgen. Auch der Beschluss, keinen Ersatzzustellungsvertreter zu bestellen, kann angefochten werden. Die Beschlussanfechtung kann und muss mit einem Antrag auf Bestellung eines Ersatzzustellungsvertreters nach § 21 Abs. 8 WEG verbunden werden. Die Möglichkeit der Bestellung nach § 45 Abs. 3 WEG schließt dies nicht aus (a.A. Drabek ZWE 2008, 24), da sie eine andere Zielsetzung hat: Während das Gericht nur in einem Rechtsstreit nachträglich Versäumnisse der Wohnungseigentümer korrigieren kann, ersetzt die Bestellung nach § 21 Abs. 8 WEG die vom Gesetz geforderte vorbeugende Beschlussfassung der Wohnungseigentümer. **64**

Mit der organschaftlichen Stellung geht eine schuldrechtliche Beziehung einher, was einerseits Ansprüche etwa auf Aufwendungsersatz, andererseits Verpflichtungen und im Falle ihrer Schlechterfüllung eine Haftung aus § 280 Abs. 1 BGB nach sich ziehen kann (vgl. Hogenschurz ZMR 2005, 765). So hat der Ersatzzustellungsvertreter die Pflicht, die Wohnungseigentümer über Zustellungen zu unterrichten (Drabek ZWE 2008, 24). Allerdings dürften an unentgeltlich tätige Ersatzzustellungsvertreter ähnlich wie beim Bevollmächtigten nach § 27 Abs. 3 S. 3 WEG geringere Anforderungen zu stellen sein als beim professionellen Verwalter. Gleichwohl kann die Schlechterfüllung dieser Pflichten eine Haftung aus § 280 Abs. 1 BGB nach sich ziehen kann (vgl. Hogenschurz ZMR 2005, 765; Drabek ZWE 2008, 25). Eine Versicherung hiergegen kann wie beim Verwaltungsbeirat auf Kosten der Gemeinschaft abgeschlossen werden (Drabek ZWE 2008, 25; vgl. o. Kap. 19 Rdn. 253). Umgekehrt hat er Ansprüche etwa auf Aufwendungsersatz, wenn er im Rahmen seiner Tätigkeit Ausgaben hat. Die Wohnungseigentümer können aber auch eine Aufwandsentschädigung beschließen (Jennißen/Suilmann, § 45 Rn. 47; Drabek ZWE 2008, 25). Diese Kosten sind allgemeine Verwaltungskosten. **65**

Eine solche Übertragung von Teilen der Verwalterpflichten kann nicht gegen den Willen des Bestellten erfolgen. Er muss ihrer Übernahme ähnlich wie der Verwalter zustimmen (BT-Drucks. 16/887 S. 37; Hügel/Elzer § 13 Rn. 116; Niedenführ/Kümmel/Vandenhouten **66**

§ 45 Rn. 18). Die Bestellung des Ersatzzustellungsvertreters unterscheidet sich ferner auch hinsichtlich der wählbaren Personen vom Vertreter nach § 27 Abs. 3 S. 3 WEG. Im Gegensatz zu jenem beschränkt das Gesetz den Kreis möglicher Ersatzzustellungsvertreter nicht auf die Eigentümergemeinschaft (Drabek ZWE 2008, 24). Wie die Materialien zeigen, die die Bestellung von Mietern in Erwägung ziehen (BT-Drucks. 16/887 S. 37), kann nach § 45 Abs. 2 WEG also auch ein Nichteigentümer bestellt werden (Hügel/Elzer § 13 Rn. 112). In Betracht kommt auch die Bestellung einer juristischen Person (Jennißen/Suilmann § 45 Rn. 36), aber nicht einer Gesellschaft bürgerlichen Rechts, da mangels Publizität etwa durch ein Register nie klar wäre, wer zu einem bestimmten Zeitpunkt deren Geschäfte führt und daher Adressat der Zustellung sein muss. Ob die Wohnungseigentümer etwa den Verwaltungsbeirat auch mit weiter gehender Vollmacht ausstatten, ihn also zum Vertreter für die Anfechtungsklage insgesamt bestellen können (so OLG Hamm ZMR 2009 310), erscheint fraglich. Dies wäre zwar wohnungseigentumsrechtlich unbedenklich, aber mit den neuen Vertretungsregelungen in § 72 ZPO kaum vereinbar. Ohne eine solche Regelung ist der Ersatzzustellungsvertreter jedenfalls nicht berechtigt, weitere Prozesshandlungen für die Wohnungseigentümer vorzunehmen, etwa einen Rechtsanwalt zu beauftragen (Jennißen/Suilmann § 45 Rn. 26). Die Bestellungsdauer können die Wohnungseigentümer mangels gesetzlicher Vorgaben durch Beschluss regeln (Drabek ZWE 2008, 24). Ohne eine solche Regelung ist der Ersatzzustellungsvertreter auf unbestimmte Zeit bestellt (Drabek ZWE 2008, 24). Der Ersatzzustellungsvertreter kann aber abberufen werden (a.A. Jennißen/Suilmann § 45 Rn. 41, der von einem »Widerruf« redet). Da der Ersatzzustellungsvertreter Aufgaben des Verwalters wahrnimmt, treffen diesen anders als bei Erklärungen dem Verband gegenüber auch dann keine Pflichten mehr, wenn trotz Ausschlusses nach § 45 Abs. 1 WEG ihm zugestellt wird. Denn der Ersatzzustellungsvertreter tritt insoweit in Aufgaben und Befugnisse des Verwalters ein. Eine doppelte Verwalterbestellung kommt aber auch partiell, hinsichtlich der Zustellungsvertretung nicht in Betracht, da dies für den Rechtsverkehr mit einer nicht hinnehmbaren Rechtsunsicherheit verbunden wäre.

67 **Praxistipp:**

Den Verwalter treffen anders als bei Zustellungen an den Verband auch dann keine Pflichten mehr, wenn trotz Ausschlusses nach § 45 Abs. 1 WEG ihm zugestellt wird. Denn der Ersatzzustellungsvertreter tritt insoweit in Aufgaben und Befugnisse des Verwalters ein. Eine doppelte Verwalterbestellung kommt aber auch partiell, hinsichtlich der Zustellungsvertretung nicht in Betracht, da dies für den Rechtsverkehr mit einer nicht hinnehmbaren Rechtsunsicherheit verbunden wäre.

d) Der gerichtlich bestellte Ersatzzustellungsvertreter

68 Kommen die Wohnungseigentümer der Verpflichtung zur Bestellung von Ersatzzustellungsvertreter und Vertreter nicht nach oder ist die Zustellung auch an sie nicht ausführbar – etwa weil ebenfalls eine Interessenkollision besteht – kann den Wohnungseigentümern beim Fehlen eines zustellungsbevollmächtigten Verwalters nur persönlich zugestellt werden. Dies würde aber bei großen Anlagen einen erheblichen Aufwand erfordern, den der Gesetzgeber gerade vermeiden will. Deshalb ermöglicht § 45 Abs. 3 WEG die Bestellung eines Ersatzzustellungsvertreters durch das Gericht. Sofern sich kein Wohnungseigentümer zur Übernahme dieser Aufgabe bereitfindet, kann das Gericht auch einen Außenstehenden hiermit betrauen. Jedenfalls bei größeren Anlagen muss er die organisatorischen Voraussetzungen zur Durchführung der Ersatzzustellung erfüllen (AG Dortmund ZMR 2009, 231). In diesem Fall sollte es wie früher beim Notverwalter zugleich die schuldrechtlichen Beziehungen, insbesondere die Höhe des Aufwendungsersatzes

regeln (hierzu vgl. Hogenschurz ZMR 2005, 765; Hügel/Elzer § 13 Rn. 116). In diesem Fall sollte es wie früher beim Notverwalter zugleich die schuldrechtlichen Beziehungen, insbesondere die Höhe des Aufwendungsersatzes regeln (AG Dortmund ZMR 2009, 231; Hogenschurz ZMR 2005, 765; Hügel/Elzer § 13 Rn. 116). Hierfür kann und sollte das Gericht einen Vorschuss anordnen (AG Dortmund ZMR 2009, 231). Bei den Kosten handelt es sich nicht um Kosten des Rechtsstreits, sondern der Verwaltung, da die Gemeinschaft den Ersatzzustellungsbevollmächtigten schon vor dem Rechtsstreit hätte bestellen müssen (AG Dortmund ZMR 2009, 231; a.A. Jennißen/Suilmann § 45 Rn. 57; Drabek ZWE 2008, 25; Vandenhouten ZWE 2009, 153). Das Gericht ist aber nicht verpflichtet, einen Ersatzzustellungsvertreter zu bestellen (Drabek ZWE 2008, 23). Es kann auch den Wohnungseigentümern selbst zustellen. Ob der gesetzlich ausgewählte Ersatzzustellungsvertreter zur Annahme des Amtes verpflichtet ist, regelt § 45 WEG zwar nicht ausdrücklich. Da es sich aber wie bei der Bestellung durch die Wohnungseigentümer um die Übertragung von Aufgaben und Befugnissen handelt, wird man wie dort die Annahme des Amtes fordern müssen. Denn auch dem gerichtlichen Ersatzzustellungsvertreter können Verwalteraufgaben nicht gegen seinen Willen auferlegt werden (ähnlich auch Kümmel ZWE 2005, 157; Hogenschurz ZMR 2005, 765; a.A. Hinz ZMR 2005, 276). Dies entspricht auch der Praxis beim früheren Notverwalter, dessen Pflichten sich in Teilbereichen mit denen des gerichtlichen Ersatzzustellungsvertreters überschneiden. Die Zustimmung des Ersatzzustellungsvertreters zur Übertragung dieses Amtes ist ähnlich wie beim Verwalter Voraussetzung einer wirksamen Bestellung; eine gleichwohl an ihn vorgenommene Zustellung wäre unwirksam (LG Nürnberg-Fürth ZMR 2009, 640 f.). Den Wohnungseigentümern steht hingegen kein Rechtsmittel gegen die Bestellung eines Ersatzzustellungsvertreters zu, da ein solches gesetzlich nicht vorgesehen ist (LG Berlin ZMR 2008, 992 f.; LG Nürnberg-Fürth ZMR 2009, 640).

3. Wirkungen der Zustellung

Mit der Zustellung wird die Wohnungseigentumssache wie jeder sonstige Zivilprozess rechtshängig. Dies bewirkt u.a. die fortdauernde Zuständigkeit des angerufenen Gerichtes nach § 261 Abs. 3 Nr. 1 ZPO und die Unzulässigkeit einer nochmaligen gerichtlichen Geltendmachung des streitgegenständlichen Anspruchs. Unabhängig vom Fortbestehen der Eigentümerstellung dauern nach § 265 Abs. 2 ZPO Aktiv- und Passivlegitimation der ursprünglichen Parteien fort. Wie nach altem Recht kann eine Ausnahme hiervon in Verfahren nach § 43 Nr. 4 WEG gelten, wenn der angegriffene Beschluss die Rechtsstellung des Anfechtenden nach dem Eigentumsverlust nicht mehr beeinflussen kann und der Rechtsnachfolger kein Interesse an der Fortführung des Verfahrens hat (BayObLG ZMR 1998, 447 f.; KG ZMR 2000, 275). Nach § 325 Abs. 1 ZPO wirkt schließlich das rechtskräftige Urteil gegen den Sonderrechtsnachfolger, der nach Rechtshängigkeit Wohnungseigentum erworben hat, allerdings nicht gegen »vergessene« Wohnungseigentümer (BT-Drucks. 16/887 S. 75). Für die Beigeladenen enthält § 48 Abs. 3 WEG eine entsprechende Regelung. **69**

4. Die Zustellung an den Verband

a) Der Verwalter als vorrangiger Zustellungsbevollmächtigter

Sofern ein Verwalter bestellt ist und ihm nicht ausnahmsweise die Berechtigung zur Entgegennahme von Zustellungen fehlt, hat er auch Zustellungen an den Verband nach § 27 Abs. 3 S. 1 Nr. 1 WEG entgegenzunehmen. Ist ein Verwalter bestellt und zur Entgegennahme berechtigt, wirkt eine Zustellung an einen oder alle Wohnungseigentümer wegen **70**

§ 27 Abs. 3 S. 2 1. Halbs. WEG nicht gegen den Verband. Denn die Vertretungsmacht der Wohnungseigentümer besteht nur beim Fehlen eines Verwalters.

b) Die Gesamtvertretung des Verbandes durch alle Wohnungseigentümer

71 § 27 Abs. 3 S. 2 WEG beendet die Unklarheit, wie Gemeinschaften ohne Verwalter am Rechtsverkehr teilnehmen können. Dies geschieht grundsätzlich im Wege der Gesamtvertretung. Das folgt aus § 27 Abs. 3 S. 2 WEG und im Umkehrschluss auch aus § 27 Abs. 3 S. 3 WEG, da die Vertretung des Verbandes durch einzelne danach einer eigenen Beschlussfassung bedarf. Bei der **Abgabe von Erklärungen** können einzelne Wohnungseigentümer also ohne entsprechende Ermächtigung nicht mit Wirkung für und gegen den Verband handeln; hierzu bedarf es gemeinsamer Erklärungen. Anders steht es dagegen beim **Zugang von Willenserklärungen und der Entgegennahme von Zustellungen.** Auch insoweit sind die Wohnungseigentümer Gesamtvertreter. Dies erleichtert die Übermittlung von Willenserklärungen und Zustellungen an den Verband erheblich. Denn insoweit gilt der in vielen Einzelvorschriften zum Ausdruck kommende Rechtsgrundsatz, dass die Zustellung an einen Gesamtvertretungsberechtigten genügt: Wenn selbst die Zustellung staatlicher Hoheitsakte nach § 170 Abs. 3 ZPO nur an einen Gesamtvertretungsberechtigten erfolgen muss, kann für die Abgabe privater Willenserklärungen nichts anderes gelten. Daher entfaltet die nur einem Wohnungseigentümer gegenüber abgegebene Willenserklärung Wirkung gegen den Verband (BGHZ 62, 173; Merle ZWE 2006, 370; Reichert ZWE 2006, 478; Hügel/Elzer § 11 Rn. 108).

72 **Praxistipp:**

Ein entsprechendes Vorgehen empfiehlt sich auch bei Zweifeln, ob der Verwalter zur Vertretung des Verbandes berechtigt ist: Wird die Willenserklärung sowohl ihm als auch einem Wohnungseigentümer übermittelt, ist sie in jedem Fall zugegangen. Bei bestehender Vertretungsberechtigung wirkt die Erklärung an den Verwalter, bei fehlender diejenige an den Wohnungseigentümer.

c) Die Pflichten des einzelnen Erklärungsempfängers

73 Die Gesamtvertretung und ihre Folgen bei der Übermittlung von Willenserklärungen an einzelne Wohnungseigentümer kann nicht ohne Auswirkungen auf deren Pflichten bleiben. Denn der Wohnungseigentümer, dem eine Willenserklärung für den Verband zugeht, ist jedenfalls aufgrund seiner Treuepflicht den Miteigentümern und dem Verband gegenüber verpflichtet, diese hierüber zu informieren. Die Anforderungen an diese Information sind aber nicht so hoch wie bei einem professionellen Verwalter. Regelmäßig wird ein Aushang am schwarzen Brett der Liegenschaft oder die Nutzung eines sonstigen allgemein zugänglichen Mediums genügen. Dem Empfänger der Willenserklärung kann nicht angesonnen werden, alle Miteigentümer ausfindig zu machen und persönlich zu informieren. Denn diese sind, wenn sie bewusst auf die Bestellung eines Verwalters und dessen Möglichkeiten verzichten, ihrerseits aus der Treuepflicht gehalten, ein solches allgemeines Informationsmedium der Gemeinschaft zu nutzen. Sofern ein solches schwarzes Brett o.Ä. (etwa in Reihenhaussiedlungen) mangels gemeinschaftlicher Räume gar nicht existiert, wird man von dem Erklärungsempfänger den Einwurf einer entsprechenden Mitteilung in den Briefkasten verlangen dürfen. Mehr ist aber auch dann, wenn die Einheiten bekanntermaßen nicht vom Eigentümer bewohnt werden, nicht zu fordern. Denn die Wohnungseigentümer sind im Gegensatz zum berufsmäßigen Verwalter nicht verpflichtet, Eigentümerlisten mit den aktuellen Anschriften zu führen und Mitteilungen an die jeweils aktuelle Adresse zu versenden. Dies umso weniger, als der vermietende

Wohnungseigentümer selbst für die Weiterleitung entsprechender Mitteilungen sorgen kann, indem er den Mieter vertraglich hierzu verpflichtet (vgl. BayObLG WuM 1996, 447; ZWE 2000, 467).

d) Folgen eines Pflichtverstoßes

Die unzulängliche Information der anderen Wohnungseigentümer über zugegangene Willenserklärungen dürfte in der gerichtlichen Praxis komplizierte Probleme aufwerfen. Grundsätzlich löst diese Untätigkeit ebenso wie andere Verletzungen der Pflichten aus dem Gemeinschaftsverhältnis Schadensersatzansprüche aus § 280 Abs. 1 BGB aus. Der Schadensersatzanspruch zielt auf Naturalrestitution, was bedeutet, dass der bei der Weiterleitung der Information säumige Wohnungseigentümer den Verband so zu stellen hat, als wenn er die Wohnungseigentümer korrekt unterrichtet und somit eine rechtzeitige Beschlussfassung ermöglicht hätte. So kann etwa die Differenz zum nächstbesten Angebot auszugleichen sein, wenn aufgrund der unterlassenen Weiterleitung ein günstiges Vertragsangebot nicht angenommen wird. Ebenso kommt bei unterlassener Übermittlung einer Mahnung die Erstattung von Verzugszinsen in Betracht. Bereits hier kann die Bezifferung des Schadens erhebliche Schwierigkeiten bereiten, erfordert sie doch die Ermittlung eines hypothetischen Sachverhalts. Zudem sind zahlreiche Einwände im Prozess denkbar. Auf entsprechendes Bestreiten wird z.B. zu klären sein, ob die anderen Miteigentümer bei rechtzeitiger Information tätig geworden wären, ob der Verband überhaupt früher hätte zahlen können und wollen u.Ä. Weitere Komplikationen ergeben sich dann, wenn der Empfänger der Willenserklärung nicht völlig untätig bleibt oder wenn mehreren Wohnungseigentümern dieselbe Erklärung zugeht und diese in unterschiedlicher Weise tätig werden. Hier wird häufig wohl nur eine Schätzung der Verursachungsanteile nach § 287 ZPO Abhilfe schaffen können. 74

e) Die Ermächtigung einzelner Wohnungseigentümer nach § 27 Abs. 3 S. 3 WEG

Darüber hinaus können die Wohnungseigentümer nach § 27 Abs. 3 S. 3 WEG einen oder mehrere Miteigentümer zur Vertretung des Verbandes ermächtigen. Dies kann für einzelne Rechtsgeschäfte, für eine Vielzahl von Geschäften, für einen bestimmten Bereich der Verwaltung, alleine, gemeinschaftlich mit anderen, befristet oder unbefristet erfolgen. Sie können auch vorsorglich einen Vertreter für Rechtshandlungen bestellen, die der amtierende Verwalter nicht vornehmen kann. Eine Grenze bildet nur § 27 Abs. 4 WEG, so dass die Wohnungseigentümer auch nach § 27 Abs. 3 S. 3 WEG weder die Aufgaben und Befugnisse eines amtierenden Verwalters einschränken noch einen Vertreter als Quasi-Verwalter mit eingeschränkten Kompetenzen kreieren können. In der Konsequenz kann so auch ein Zustellungsbevollmächtigter für den Verband bestellt werden. Ihm kommen aber nicht die gesetzlichen Befugnisse des Verwalters aus § 27 Abs. 1, 3 WEG zu (jenseits des Gesetzes daher Hügel/Elzer § 11 Rn. 109, wonach der Ermächtigte »partiell zum organschaftlichen Alleinvertreter des Verbandes« werden soll). Rechtsverkehr und Gerichte können also anders als bei Verwalter und Ersatzzustellungsbevollmächtigtem nicht auf eine gesetzliche Vertretungsbefugnis vertrauen. 75

f) Das Verhältnis von § 27 Abs. 3 S. 2 WEG und § 27 Abs. 3 S. 3 WEG

Die verschiedenen Vertretungsformen des Verbandes werfen die Frage auf, welche Vollmacht im Kollisionsfall vorrangig ist. Beim Verwalter wird diese Frage durch § 27 Abs. 4 WEG entschieden: Der Verwalter ist unabdingbar zur Vertretung des Verbandes bevollmächtigt. Eine Willenserklärung oder Zustellung, die ihm zugeht, ist daher stets auch dem Verband zugegangen. Anders steht es im Verhältnis der Wohnungseigentümer als Gesamtvertreter zu einem ermächtigten Einzelvertreter, da eine ausdrückliche Regelung 76 fehlt. Dies kann dann entscheidende Bedeutung gewinnen, wenn einem der gesamtvertretungsberechtigten Wohnungseigentümer eine Erklärung zugeht, obwohl ein Vertreter nach § 27 Abs. 3 S. 3 WEG bestellt ist. Sähe man die Ermächtigung nach § 27 Abs. 3 S. 3 WEG als vorrangig an, müsste man zu der Folgerung gelangen, dass der Zugang beim Verband (noch) nicht erfolgt ist. Hiervon ist aber wohl nicht auszugehen. Das folgt zwar nicht schon aus § 27 Abs. 4 WEG (so Merle ZWE 2006, 370), da die dort geregelte Unabdingbarkeit nur Aufgaben und Befugnisse des Verwalters betrifft. Die Ermächtigung eines Miteigentümers beseitigt aber nicht die Gesamtvertretung des Verbandes durch die Wohnungseigentümer. Diese bleiben nach wie vor Vertreter des Verbandes, die zudem den Bevollmächtigten nach § 27 Abs. 3 S. 3 WEG jederzeit abberufen können. Dessen Ermächtigung dient alleine dazu, das Handeln des Verbandes im Rechtsverkehr und seinen Empfang von Willenserklärungen zu erleichtern. § 27 Abs. 3 S. 2 WEG ist gerade als der Mindeststandard für die Zuleitung von rechtserheblichen Erklärungen an den Verband anzusehen, dessen Verschlechterung durch interne Maßnahmen innerhalb des Verbandes ausgeschlossen sein soll (Abramenko § 5 Rn. 50; Hügel/Elzer § 11 Rn. 111).

g) Fehler der Beschlussfassung

77 Eine absehbare Fehlerquelle ist die **Ermächtigung eines Nichteigentümers**, zumal § 27 Abs. 3 S. 3 WEG hier von § 45 Abs. 2 WEG abweicht. Nach dem ausdrücklichen Wortlaut von § 27 Abs. 3 S. 3 WEG können die Wohnungseigentümer nur Miteigentümer zum Vertreter des Verbandes bestimmen. Die Bevollmächtigung von Rechtsanwälten, kundigen Familienangehörigen der Eigentümer o.Ä. scheidet somit anders als nach früherer Rechtslage aus. Dies wirft die Frage auf, ob eine Zuwiderhandlung gegen diese Vorschrift zur Nichtigkeit oder nur zur Anfechtbarkeit des Beschlusses führt. Der Wortlaut gibt hierauf keine eindeutige Antwort. Er ließe sich durchaus dahingehend interpretieren, dass die Wohnungseigentümer mit der Ermächtigung eines Nichteigentümers ihre Beschlusskompetenz überschreiten. Dies würde die Nichtigkeit des Beschlusses nach sich ziehen. Hiergegen spricht aber der Vergleich mit der Bestellung eines Nichteigentümers zum Mitglied des Verwaltungsbeirats: Auch diese Beschlussfassung ist lediglich anfechtbar, obwohl auch § 29 Abs. 1 S. 2 WEG nur die Bestellung von Wohnungseigentümern zulässt (BayObLGZ 1972, 163 f.; OLG Düsseldorf WE 1995, 279; Staudinger/Bub § 29 Rn. 13). Die Ermächtigung eines Nichteigentümers zum Vertreter des Verbandes ist demgegenüber keine stärkere Abweichung von den Vorgaben des Gesetzgebers, zumal sie bisher unproblematisch möglich war. Zudem würde die Unwirksamkeit einer Vollmacht zu einer erheblichen Rechtsunsicherheit führen, da sie ohne zeitliche Einschränkung geltend gemacht werden könnte. Dies würde der Zielsetzung des § 27 Abs. 3 S. 2, 3 WEG zuwiderlaufen. Wie beim Verwaltungsbeirat ist die Ermächtigung eines Nichteigentümers aber anfechtbar, was der Geschäftspartner des Verbandes berücksichtigen sollte.

78 Des Weiteren kann eine Ermächtigung wie jeder andere Beschluss an **sonstigen formellen oder materiellen Fehlern** leiden. Dies darf im Falle der rückwirkenden Ungültigerklärung aber nicht zum Wegfall der Vertretungsmacht und zur Haftung des Ermächtigten aus § 179 Abs. 1 BGB führen. Insoweit dürfte eine Anlehnung an die Rechtsprechung zur Anfechtung von Beschlüssen, die der Verwalter bereits ausgeführt hat, geboten sein, wonach bis zur Ungültigerklärung getätigte Geschäfte des Verwalters nach dem Rechtsgedanken von § 32 FGG a.F. (jetzt § 47 FamFG) bleiben wirksam bleiben (vgl. o. Kap. 19 Rdn. 38). Hieran wird man auch nach der prozessualen Umgestaltung der Verfahren nach § 43 WEG festhalten können (vgl. zur Beibehaltung von Grundsätzen des Verfahrens der freiwilligen Gerichtsbarkeit o. Kap. 19 Rdn. 38). Ohne fristgerechte Anfechtung bleiben derartige formelle oder materielle Fehler, die nicht ausnahmsweise zur Nichtigkeit führen, nach allgemeinen Grundsätzen ohnehin unschädlich.

h) Abdingbarkeit der Regelungen zur Gesamtvertretung?

Anders als die Vorschriften zum Verwalter ist § 27 Abs. 3 S. 2, 3 WEG nicht ausdrücklich als zwingend bezeichnet. Gleichwohl wird man von der Unabdingbarkeit dieser Regelungen ausgehen müssen. Denn sie sollen ein Minimum an Rechtssicherheit im Umgang mit dem teilrechtsfähigen Verband gewährleisten. Könnte dieses Minimum durch Teilungserklärung oder Vereinbarung abbedungen werden, ließe sich die Rechtsstellung seiner Geschäftspartner durch interne Maßnahme beeinflussen, d.h. verschlechtern. Eine solche Verschlechterung der Rechtslage Dritter durch interne Maßnahmen ist nicht hinnehmbar, was alleine durch die Unabdingbarkeit von § 27 Abs. 3 S. 2, 3 WEG zu gewährleisten ist. 79

VII. Besonderheiten der Anfechtungsklage

1. Die Parteien der Anfechtungsklage

a) Die Bedeutung der Beschlussanfechtung

Durch das Beschlussrecht des Wohnungseigentumsrechtes, insbesondere durch die Notwendigkeit einer Beschlussanfechtung im Verfahren nach § 43 Nr. 4 WEG werden die Regeln zur Willensbildung in einer Eigentümergemeinschaft nach §§ 741 ff. BGB erheblich modifiziert. Denn dort bleibt ein fehlerhafter Willensbildungsakt stets angreifbar. Sie bleibt jenseits der allgemeinen Schranken wie Rechtsmissbrauch, Verwirkung etc. auch nach längerem Zeitablauf unbegrenzt anfechtbar, auch inzident bei der Umsetzung des Gemeinschaftswillens. Demgegenüber kann ein Beschluss der Eigentümerversammlung als Beschluss bestandskräftig, d.h. auch im Falle seiner Fehlerhaftigkeit für die Gemeinschaft verbindlich werden, wenn er nicht im Verfahren nach § 43 Nr. 4 WEG angefochten wird. Daraus ergibt sich, dass die Anfechtungsklage das einzige Verfahren zur Überprüfung von Beschlüssen der Eigentümerversammlung ist. Ist ein Beschluss nicht ausnahmsweise nichtig, so kann seine Rechtmäßigkeit nur dort überprüft werden. Bleibt die Anfechtungsklage erfolglos oder wird sie gar nicht durchgeführt können Verstöße gegen die Grundsätze ordnungsmäßiger Verwaltung oder sonstige nur zur Anfechtbarkeit führende Mängel weder gerügt noch von Amts wegen geprüft werden. Behörden und Gerichte haben Beschlüsse dann als wirksam hinzunehmen (OLG Celle ZMR 2008, 311 u. 312; OLG Hamm ZMR 2010, 217). Die Erhebung der Anfechtungsklage alleine hat nach der Grundregel des § 23 Abs. 4 S. 2 WEG keine Suspensivwirkung. Diese kann aber im Wege des einstweiligen Rechtsschutzes herbeigeführt werden. 80

b) Die Klagebefugnis

Die Beschlussanfechtung war in der Diskussion um eine gesetzliche Neuregelung besonders umstritten, was nicht zuletzt damit zusammenhing, dass dieses Verfahren besonders schwer in die Zwei-Parteien-Systematik der ZPO einzufügen war. Deshalb bemühte sich der Gesetzgeber hier besonders um zusätzliche Regelungen, die im Wesentlichen die bisherige Rechtspraxis in das Zivilprozessrecht übertragen sollten. Zu keiner Zeit stand allerdings zur Diskussion, dass im Verfahren nach § 43 Nr. 4 WEG weiterhin jeder **Wohnungseigentümer** befugt sein sollte, einen Beschluss anzufechten. Insoweit kann auf die frühere Rechtsprechung zurückgegriffen werden. Dies gilt auch für den teilrechtsfähigen Verband, soweit er zugleich Eigentümer von Wohnungs- bzw. Teileigentum ist (Hügel/Elzer § 13 Rn. 120, zu weit gehend aber Rn. 123, wo dem Verband ein allgemeines Anfechtungsrecht bei Betroffenheit in eigenen Rechten zuerkannt wird). Dies gilt bereits für die Mitglieder der »werdenden Wohnungseigentümergemeinschaft«, also durch Vor- 81 merkung gesicherte Ersterwerber, die bereits Besitz an dem Wohnungs- oder Teileigentum erlangt haben (KG NJW-RR 2004, 878; a.A. OLG Saarbrücken NJW-RR 1998, 1094 ff.; zum Zweiterwerber s.u. Rdn. 84). Wird allerdings der Kaufvertrag durch Rücktritt oder Anfechtung beseitigt, erlöschen die akzessorische Vormerkung und damit auch die Klagebefugnis für Anfechtungsklagen (BayObLG NJW-RR 1996, 335). Maßgeblich ist insoweit die Eintragung im Grundbuch; der Veräußerer kann also bis zur Umschreibung Klage nach § 43 Nr. 4 WEG erheben und verliert seine Klägerstellung nach § 265 Abs. 2 ZPO dann nicht mehr (BayObLG NJW-RR 1991, 532; 1995, 467). Demgemäß kann der erst nach der Beschlussfassung, aber vor Ablauf der Anfechtungsfrist in das Grundbuch eingetragene Erwerber den Eigentümerbeschluss ebenfalls anfechten (OLG Frankfurt NJW-RR 1992, 1170; KG NJW-RR 1995, 148 = WE 1995, 121). Der Erwerber kann aber zur Beschlussanfechtung ermächtigt werden (KG NJW-RR 1995, 147 f. = WE 1995, 120; vgl. u. Rdn. 84). Sofern an einem Wohn- oder Teileigentum Bruchteilseigentum besteht, ist jeder Angehörige der Eigentümergemeinschaft zur Anfechtung berechtigt (BayObLG NJW-RR 1988, 271; 1991, 216; KG NJW-RR 1994, 279; OLG Frankfurt ZMR 2007, 291; LG Berlin NJW-RR 1997, 652; Becker, ZWE 2008, 405). Dies führt zu erheblichen Problemen bei der Behandlung der anderen Bruchteilseigentümer. Dem Wortlaut von § 46 Abs. 1 S. 1 WEG zufolge müssten sie mitverklagt werden, da sie zu den »übrigen Wohnungseigentümern« gehören. Die Gegenauffassung (Becker ZWE 2008, 405 ff.) hält das aufgrund der Einheitlichkeit der Rechtsausübung für ausgeschlossen und kommt zu dem Schluss, dass sie gar nicht Partei werden. Dies wiederum führt zu erheblichen Problemen der Rechtskrafterstreckung, die nur Parteien und Beigeladene treffen kann (s. den Lösungsvorschlag von Becker ZWE 2008, 407 ff.). Entsprechendes gilt für die Erbengemeinschaft (BayObLG NJW-RR 1998, 164 = WuM 1998, 748). Hingegen kann der Gesellschafter einer GbR außerhalb der Notgeschäftsführung analog § 744 Abs. 2 BGB Eigentümerbeschlüsse alleine nicht anfechten, da die GbR als rechtsfähiger Verband nur selbst anfechtungsberechtigt ist, nicht aber ihre einzelnen Gesellschafter (BayObLG NJW-RR 1991, 216). Der drohende Ablauf der Anfechtungsfrist nach § 46 Abs. 1 S. 2 WEG genügt dabei alleine nicht zur Rechtfertigung einer Notgeschäftsführung, da es sich hierbei um den – gesellschaftsintern vorab zu berücksichtigenden – Regelfall handelt und das Einstimmigkeitsprinzip des § 709 Abs. 1 BGB auch in eiligen Angelegenheiten gilt (BayObLG NJW-RR 1991, 216).

82 **Praxistipp:**

Die Klagebefugnis ist unabhängig von Stimmverhalten und Stimmrecht. Daher ist auch der Eigentümer zur Beschlussanfechtung berechtigt, der dem angegriffenen Beschluss zugestimmt hat (BayObLG NJW-RR 1997, 717; 2001, 1234; OLG Karlsruhe ZMR 2003, 291). Ebenso wenig verliert der vom Stimmrecht ausgeschlossene Wohnungseigentümer das Recht, ordnungsmäßiger Verwaltung widersprechende Beschlüsse im Verfahren nach § 43 Nr. 4 WEG anzufechten (KG NJW-RR 1986, 643).

c) Der Verwalter

83 In Reaktion auf die Kritik an früheren Entwürfen, die eine Anfechtung durch den Verwalter nicht vorsahen, hat der Gesetzgeber in § 46 Abs. 1 S. 1 WEG die Anfechtungsbefugnis des Verwalters nunmehr ausdrücklich anerkannt (BT-Drucks. 16/3843 S. 57). Auch insoweit ist die Rechtsprechung zum früheren Recht weiter aktuell. Nach § 43 Nr. 4 WEG kann auch der Verwalter Beschlüsse der Wohnungseigentümer anfechten. Dies umfasst jedenfalls Beschlüsse, die ihn in seiner Rechtsstellung beeinträchtigen, also etwa eine Abberufung (BGH ZMR 2002, 767 = BGH Rep. 2002, 808 m. Anm. Riecke). Nach inzwischen h.M. hängt seine Anfechtungsbefugnis aber nicht davon ab, dass ein Eigentü-

merbeschluss in seine Rechte eingreift (so aber LG Nürnberg-Fürth ZMR 2009, 484). Vielmehr handelt es sich hierbei um eine altruistische Befugnis, die der Verwalter im Interesse der Wohnungseigentümer und somit letztlich zur Sicherung einer ordnungsgemäßen Verwaltung ausübt (Reuter ZWE 2001, 287 ff.; zust. etwa Hügel/Scheel Rechtshandbuch Rn. 1167). Er ist folglich auch dann zur Anfechtung befugt, wenn der angegriffene Beschluss seine Interessen nicht berührt (KG OLGZ 1976, 57 f.; Bub WE 1988, 184; Niedenführ WE 1993, 101; Müller WE 1994, 8; Belz Handbuch des Wohnungseigentums, 2. Aufl. 1998, Rn. 186; wohl auch Staudinger/Wenzel § 43 Rn. 42). Die Befugnis des Verwalters zur Beschlussanfechtung erlischt mit seiner Abberufung (BayObLG WE 1991, 111). Seine Abberufung kann er allerdings stets anfechten (vgl. o. Kap. 19 Rdn. 208).

d) Die Klagebefugnis Dritter

Die Rechtslage bleibt auch bezüglich der Klagebefugnis Dritter unverändert. Sie ist nur **84** insoweit gegeben, als Dritte wie etwa der Zwangs- oder Insolvenzverwalter Verwaltungsrechte des Eigentümers wahrnehmen (BayObLG NJW-RR 1991, 724; Niedenführ/Kümmel/Vandenhouten § 46 Rn. 9 f.). Ansonsten sind Dritte wie etwa Mieter nach § 46 Abs. 1 S. 1 WEG grundsätzlich nicht zur Erhebung der Anfechtungsklage befugt, auch wenn sie aufgrund ihrer schuldrechtlichen Beziehungen zu einem Wohnungseigentümer von einem Beschluss (etwa einer Hausordnung) betroffen sind. Insoweit können sie sich nur an den Wohnungseigentümer als Vertragspartner halten. Auch dinglich Berechtigte wie Grundpfandrechtsgläubiger oder Nießbraucher sind nach § 46 Abs. 1 S. 1 WEG nicht aktivlegitimiert (BayObLG NJW-RR 1999, 1536 = ZMR 1998, 709 f.; OLG Düsseldorf ZMR 2005, 469; a.A. KG NJW-RR 1987, 973 f.), da die Vorschrift ausdrücklich nur von Klagen »eines oder mehrerer Wohnungseigentümer« redet. Da es insoweit auf die Eintragung im Grundbuch ankommt und die Figur des »werdenden Wohnungseigentümers« nicht anzuerkennen ist, sind auch rechtsgeschäftliche Erwerber, die durch eine Auflassungsvormerkung gesichert sind, nicht zur Anfechtungsklage befugt (BGHZ 106, 118 ff.; OLG Saarbrücken ZMR 1998, 596 f.; BayObLG ZWE 2001, 591 f.). Das gilt auch beim Zweiterwerb von einem werdenden Eigentümer (insoweit richtig OLG Saarbrücken NJW-RR 2002, 1236 f.) oder nach Eintragung des ersten werdenden Wohnungseigentümers in das Grundbuch (KG NJW-RR 2004, 879). Die Ermächtigung und die Anfechtung in Prozessstandschaft sind allerdings nach wie vor möglich (BayObLG WE 1990, 67; KG NJW-RR 1995, 148 = WE 1995, 120; OLG Saarbrücken NJW-RR 2002, 1237; KG NJW-RR 2004, 879; Hamburg-Altona ZMR 2008, 493). Dies erfordert wie nach altem Recht die Offenlegung der Prozessstandschaft innerhalb der Anfechtungsfrist (KG NJW-RR 1995, 148 = WE 1995, 121; NJW-RR 2004, 879; BayObLG NJW-RR 1999, 1537 = ZMR 1998, 710). Der zur Zeit der Beschlussfassung bereits aus der Eigentümergemeinschaft ausgeschiedene Eigentümer ist gleichfalls nicht mehr anfechtungsbefugt, zumal ihn die Eigentümerbeschlüsse nicht mehr binden können (BGHZ 106, 39; KG ZWE 2001, 219; OLG Zweibrücken ZMR 2007, 398). Etwas anderes gilt nur, wenn ein Beschluss ausnahmsweise noch Auswirkungen auf seine Rechtsposition zeitigen kann (OLG Düsseldorf ZMR 1997, 545). Dies ist bei der Genehmigung von Jahresabrechnungen grundsätzlich nicht der Fall (OLG Düsseldorf ZMR 1997, 545 f.). Auch der teilrechtsfähige Verband ist Dritter und daher nicht im Verfahren nach § 43 Nr. 4 WEG aktivlegitimiert.

2. Die Passivlegitimation

a) Grundsatz

85 In der Diskussion um die Neugestaltung der Beschlussanfechtung war umstritten, wer in diesem Verfahren passivlegitimiert sein sollte. Teilweise wurde angeregt, Anfechtungsklagen künftig nur gegen diejenigen zu richten, die dem Beschluss zugestimmt hatten (s. BT-Drucks. 16/887 S. 51). Im Schrifttum wurde ferner vereinzelt vorgeschlagen, die Passivlegitimation im Anfechtungsverfahren dem teilrechtsfähigen Verband zuzuerkennen (Armbrüster ZWE 2006, 474). Dem ist der Gesetzgeber nicht gefolgt. Nach § 46 Abs. 1 S. 1 WEG ist die Anfechtungsklage stets gegen die Wohnungseigentümer zu richten. Auch dies entspricht der bisherigen Rechtsprechung (BGH ZMR 2005, 555 f.; Niedenführ/Kümmel/Vandenhouten § 46 Rn. 28 f.), die somit weiter herangezogen werden kann. Allerdings kann das Gericht nicht mehr von Amts wegen feststellen, wer Gegner im Anfechtungsverfahren ist (so noch BayObLGZ 1972, 249 f.). Richtet der Anfechtungskläger seine Klage bewusst nur gegen einige Wohnungseigentümer, etwa diejenigen, die für den Beschluss gestimmt haben, so ist seine Klage unzulässig (AG Wiesbaden ZMR 2008, 340; AG Hamburg-St. Georg ZMR 2010, 236). Die Auswechselung eines Beklagten ist nur innerhalb der Anfechtungsfrist des § 46 Abs. 1 S. 2 WEG möglich (s. schon zum alten Recht LG Essen ZMR 2007, 817; vgl. aber unten Rdn. 86). Den beklagten übrigen Wohnungseigentümern kommt die Kompetenz zu, einen Rechtsanwalt zu beauftragen (Bergerhoff NZM 2007, 431).

b) Die Klage gegen den teilrechtsfähigen Verband

86 Umstritten ist die Frage, wie zu verfahren ist, wenn der Kläger die Anfechtungsklage gegen den teilrechtsfähigen Verband richtet. Zu streng war die Auffassung, der zufolge alleine die Bezeichnung des Beklagten als »Wohnungseigentümergemeinschaft« ausreichend sein soll, die Klage mangels richtigen Beklagten abzuweisen, auch wenn zusätzlich eine Eigentümerliste vorgelegt wird (so AG Dresden ZMR 2008, 248; ähnlich AG Bochum ZMR 2008, 740; AG Hamburg-St. Georg ZMR 2008, 742 f.; AG Schwarzenbek ZMR 2009, 159) oder sogar im Plural von »den Beklagten« die Rede war. Umgekehrt vertraten andere Gerichte die Auffassung, jegliche Bezeichnung des Beklagten sei als Klage gegen die übrigen Wohnungseigentümer zu verstehen, da dies ja die richtigen Beklagten nach § 46 Abs. 1 S. 1 WEG seien. Dem folgt im Ergebnis auch der 5. Zivilsenat (ZWE 2010, 33; ZMR 2010, 547), auch wenn er nicht von einer Identität von Wohnungseigentümern und Verband ausgeht, sondern eine Auswechselung des Beklagten annimmt. Da es nach § 44 Abs. 1 S. 1 WEG aber der Angabe eines Beklagten überhaupt nicht bedürfe, könne die Anfechtungsklage noch in der letzten mündlichen Verhandlung gegen die Wohnungseigentümer umgestellt werden. Diese Entscheidung, mit der der 5. Zivilsenat wieder einmal die Ergebnisse von Rechtsprechung und Literatur mit leichter Hand vom Tisch wischt, erscheint – vorsichtig ausgedrückt – zweifelhaft. Eine Klage ohne Beklagten kennen weder ZPO noch WEG. Vielmehr setzt § 44 Abs. 1 S. 1 WEG ausdrücklich voraus, dass die Klage »gegen alle Wohnungseigentümer mit Ausnahme des Gegners erhoben« wird. Nach Vorstellung des Gesetzgebers darf lediglich die nähere Bezeichnung der einzelnen Wohnungseigentümer nachgereicht werden (BT-Drucks. 16/887 S. 36), nicht aber die Angabe im Rubrum, dass sie verklagt werden sollen. Zudem fehlte es im entschiedenen Fall nach bislang einhelliger Auffassung schon an einer wirksamen Zustellung an die neue Partei. Denn nicht jede beliebige Zustellung an den Verwalter wirkt gegen die Wohnungseigentümer. Vielmehr muss ausdrücklich klargestellt sein, dass an den Verwalter als Zustellungsvertreter für die Wohnungseigentümer zugestellt werden soll (BayObLGZ 1983, 14 [18 f.]; BayObLG WE 1991, 297; NJW-RR 1992, 150 [151]; WE 1995, 251; OLG Hamm ZMR 1999, 507 [508]; Jennißen/Suilmann 2008,

§ 45 Rn. 5; Riecke/Schmid 3. Aufl. 2010, § 27 Rn. 40). Das kann bei einer Klage gegen den teilrechtsfähigen Verband gerade nicht der Fall gewesen sein, weshalb sie gegenüber den Wohnungseigentümern wirkungslos blieb (BayObLGZ 1983, 14 [18 f.]; WE 1991, 297; 1995, 251; Jennißen/Suilmann 2008, § 45 Rn. 5; Riecke/Schmid 3. Aufl. 2010, § 27 Rn. 40).

Dogmatisch kann nur die Position überzeugen, die nach dem vom Kläger Gewollten differenziert. Bei mehrdeutigen Angaben ist danach zu prüfen, gegen wen sich die Klage wirklich richten soll. Dabei ist nicht nur das Rubrum zu berücksichtigen (OLG Karlsruhe ZMR 2009, 903; LG Düsseldorf ZMR 2008, 911; 2009, 69; 2010, 632 ausdrücklich gegen die Auffassung des BGH; LG Nürnberg-Fürth ZMR 2009, 75; 2009, 803 f.; LG Berlin ZMR 2009, 391 f.; LG Hamburg ZMR 2010, 64; AG Konstanz ZMR 2008, 496; AG Ahrensburg ZMR 2009, 79). Ergeben sich etwa durch Verwendung des Plurals »die Beklagten« (vgl. OLG Karlsruhe ZMR 2009, 903; LG Nürnberg-Fürth ZMR 2009, 75; LG Hamburg ZMR 2009, 397; AG Konstanz ZMR 2008, 496) oder gar die Beifügung einer Eigentümersliste Anhaltspunkte dafür, dass in Wirklichkeit alle übrigen Wohnungseigentümer verklagt werden sollten, ist die Verwendung des Begriffs »Wohnungseigentümergemeinschaft« unschädlich (so auch LG Nürnberg-Fürth ZMR 2009, 804), zumal er keineswegs so eindeutig nur den teilrechtsfähigen Verband bezeichnet (so aber LG Düsseldorf ZMR 2009, 68), wie § 43 Nr. 1 WEG zeigt. Denn auch dort ist von der »Gemeinschaft der Wohnungseigentümer« die Rede, was aber zweifelsfrei nur auf die Gesamtheit der Wohnungseigentümer, nicht auf den teilrechtsfähigen Verband zu beziehen ist. Wenn Anhaltspunkte dafür gegeben sind, dass die übrigen Wohnungseigentümer verklagt werden sollen, ist eine Falschbezeichnung zu berichtigen. Richtet sich die Klage aber unmissverständlich gegen den Verband, so kommt eine Korrektur durch das Gericht nicht in Betracht (LG Darmstadt ZMR 2008, 736; LG Düsseldorf ZMR 2009, 68 f.; LG Berlin ZMR 2009, 392; LG Köln ZMR 2009, 632 u. 633; LG Hamburg ZMR 2010, 144; zum umgekehrten Fall der Klage gegen die Wohnungseigentümer anstelle des teilrechtsfähigen Verbandes s. OLG Düsseldorf ZMR 2009, 546 ff.; LG München I ZMR 2010, 68). Denn der Kläger bestimmt, wen er mit seiner Klage überzieht. Wählt er den Falschen, kann seine Klage nicht alleine deswegen berichtigend ausgelegt werden, weil das Gesetz als Beklagten nur die übrigen Wohnungseigentümer vorsieht (LG Itzehoe ZMR 2009, 479; LG Köln ZMR 2009, 633 f.). Dann wäre jegliche Inanspruchnahme des Falschen von Amts wegen zu berichtigen. In diesem Falle wahrt die Klageerhebung den Wohnungseigentümern gegenüber die Frist des § 46 Abs. 1 S. 2 WEG nicht, da es an einem Prozessrechtsverhältnis zu ihnen fehlt (LG Berlin ZMR 2009, 39). Daher kommt auch eine Klageänderung nach Ablauf der Anfechtungsfrist nicht in Betracht (LG Itzehoe ZMR 2009, 479; vgl. LG Köln ZMR 2009, 632).

c) Unrichtige Bezeichnung einiger Wohnungseigentümer

Auch die unrichtige Bezeichnung einzelner Wohnungseigentümer führt nicht dazu, dass **87** die Klage schnell durch Abweisung mangels Passivlegitimation entschieden werden kann. Denn durch die Angabe der vermeintlichen Mitglieder der Eigentümergemeinschaft macht der Kläger klar, dass er die übrigen Wohnungseigentümer verklagen will (vgl. OLG Düsseldorf ZMR 2008, 314). Er kann durch die Angabe der ihm bekannten Eigentümer nicht schlechter gestellt werden, als wenn er von vorneherein nur die zulässige Kurzbezeichnung nach § 44 Abs. 1 S. 1 WEG gewählt hätte. Daher darf er unrichtige, etwa mittlerweile ausgeschiedene Wohnungseigentümer gleichfalls bis zur letzten mündlichen Verhandlung (vgl. § 44 Abs. 1 S. 2 WEG) durch die richtigen Beklagten ersetzen (LG Köln ZMR 2009, 716; vgl. Jennißen/Suilmann § 44 Rn. 18).

d) Die Anfechtung durch alle Wohnungseigentümer

88 Gerade in kleineren Eigentümergemeinschaften kann es dazu kommen, dass alle Wohnungseigentümer – etwa zur Vermeidung von Prozesskosten – rechtzeitig Anfechtungsklage erheben. Wie dieser Fall zu regeln ist, kann dem Gesetz nicht unmittelbar entnommen werden. Keine tragfähige Lösung ist die Annahme, dass das Verfahren dann erlischt, so dass eine Entscheidung nicht mehr zu treffen ist (so AG Bingen ZMR 2008, 739 f.). Das Gericht kann ein Verfahren nicht gegen den Willen beider Parteien durch Nichtentscheidung beenden. Sieht es die Voraussetzungen für eine Entscheidung nicht mehr als gegeben an oder fehlt dem Begehren nach seiner Auffassung das Rechtsschutzbedürfnis, so ist die Klage dann abzuweisen, wie schon der Vergleich mit der Erledigung zeigt. Ansonsten ergäben sich auch materiell-rechtlich untragbare Konsequenzen, da der Beschluss, was das AG Bingen sehenden Auges hinnimmt, entgegen den Anträgen beider Kläger fortexistiert (Abramenko ZMR 2008, 689 f.; a.A. Bonifacio ZMR 2010, 166 ff.). Gerade dann, wenn die ursprünglichen Beklagten nur aus Kostengründen ebenfalls anfechten, sind sie nach erfolgloser Beschlussanfechtung auch durch nichts gezwungen, einen Zweitbeschluss zu fassen. Hier liegt es wohl nahe, den Verband als Beklagten in Prozessstandschaft anzusehen (Abramenko ZMR 2008, 690), wie dies im Schrifttum bereits verschiedentlich erwogen wurde (Armbrüster ZWE 2006, 470, 474; Hügel/Elzer Das neue WEG-Recht, 2007, § 13 Rn. 128). § 46 Abs. 1 S. 1 WEG steht dem nicht entgegen, da die Anfechtungsklage nach dieser Vorschrift »gegen die übrigen Wohnungseigentümer« zu richten ist. Damit ist gerade keine Regelung für den Fall getroffen, in dem kein Wohnungseigentümer mehr »übrig« ist.

3. Fristen und Wiedereinsetzung

a) Die Klagefrist des § 46 Abs. 1 S. 2 WEG

89 Die Ungültigerklärung muss wie nach altem Recht binnen eines Monats nach der Beschlussfassung bzw. bei schriftlichen Beschlüssen nach deren Verkündung beantragt werden (Hügel/Elzer § 13 Rn. 132). Allerdings ist diese Frist nun im Verfahrensrecht, in § 46 Abs. 1 S. 2 WEG kodifiziert. Es soll sich gleichwohl um eine materiell-rechtliche Ausschlussfrist handeln (BT-Drucks. 16/887 S. 38; BGH ZMR 2009, 297; LG Berlin ZMR 2009, 392 f.; LG Köln ZMR 2009, 633; AG Hamburg ZMR 2009, 232). Wird die Anfechtungsfrist versäumt, ist die Klage also nicht unzulässig, sondern unbegründet (BayObLG NJW-RR 1990, 211; 1991, 977; 2001, 1593 f.; LG Nürnberg-Fürth ZMR 2009, 77; AG Hamburg ZMR 2009, 232), was auch die Berufung auf die Nichtigkeit des Beschlusses nach § 48 Abs. 4 WEG ausschließt (LG Hamburg ZMR 2010, 636). Diese Rechtsfolge tritt unabhängig davon ein, ob sich die Beklagten hierauf berufen (Dötsch ZMR 2008, 436). Bei einer Mehrheit von Anfechtungsklagen soll die Fristversäumung durch einzelne Kläger trotz der notwendigerweise einheitlichen Entscheidung zur Abweisung nur der verspäteten Klage führen können (BGH ZMR 2009, 700; Jennißen/Suilmann § 46 Rn. 170). Die Frist berechnet sich nach §§ 187, 188 BGB. Sie beginnt mit der Beschlussfassung zu laufen, die i.d.R. dem Datum der Eigentümerversammlung entspricht. Bei schriftlichen Beschlüssen ist deren Verkündung maßgeblich. Die Frist kann auch vom Gericht nicht verlängert werden (Bergerhoff NZM 2007, 427; Dötsch ZMR 2008, 436). Umstritten ist, ob abweichende Regelungen in der Gemeinschaftsordnung wirksam sind (vgl. zum Streitstand Bergerhoff NZM 2007, 427; Dötsch ZMR 2008, 436). Die Argumentation, dass dies schon deswegen ausgeschlossen sei, da nicht nur nach § 10 Abs. 2 WEG die Wohnungseigentümer, sondern auch der Verwalter betroffen sei (so Bergerhoff NZM 2007, 427), überzeugt allerdings nicht. Denn das war auch nach altem Recht der Fall, wo die Abdingbarkeit der Anfechtungsfrist nach § 23 Abs. 4 S. 2 WEG all-

gemein bejaht wurde (vgl. Bärmann/Pick/Merle 9. Aufl. 2003, § 24 Rn. 215 m.w.N.). Die Frist gilt nicht für alle Verfahren nach § 43 Nr. 4 WEG, etwa nicht bei der Klage auf Feststellung des Beschlussinhalts und nicht für die Klage auf deklaratorische Feststellung der Beschlussnichtigkeit (BGH ZMR 2009, 700). Hingegen soll die fristgerechte Zustellung einer formell mangelhaften, etwa nicht gegen die richtigen Beklagten gerichteten Klageschrift nicht ausreichen (AG Charlottenburg ZMR 2008, 247). Auch wenn die Gemeinschaftsordnung ein Schlichtungsverfahren vorsieht, gilt dies wegen § 46 Abs. 1 S. 2 WEG nicht für Beschlussanfechtungsverfahren. Ansonsten würde die ohnehin schon knappe Anfechtungsfrist nochmals verkürzt (AG Merseburg ZMR 2008, 748). Umgekehrt entbindet die überobligatorische Einleitung nicht von der Einhaltung der Monatsfrist.

b) Fristwahrung durch Einreichung eines Prozesskostenhilfegesuchs

Besonders problematisch gestaltet sich die Wahrung der Monatsfrist, wenn der Kläger **90** meint, den Prozess nicht aus eigenen Mitteln finanzieren zu können. Teilweise wird in Anlehnung an die gesellschaftsrechtlichen Anfechtungsklagen vertreten, dass die Stellung eines Prozesskostenhilfeantrags zur Fristwahrung genügt (so Niedenführ/Kümmel/Vandenhouten § 46 Rn. 45; Jennißen/Suilmann § 46 Rn. 98 u. Voraufl. § 46 Rn. 6). Die Gegenauffassung meint, in diesen Fällen komme nur die Wiedereinsetzung nach §§ 233 ff. ZPO in Betracht (Dötsch NZM 2008, 311 f.). Da beide Wege vertretbar erscheinen, entspricht es dem Gebot des fairen Verfahrens, dass ein Gericht seinen Standpunkt offenlegt, wenn es die Wiedereinsetzungslösung bevorzugt. Denn dann muss gem. § 233 S. 1 ZPO binnen zwei Wochen nach der Entscheidung über das PKH-Gesuch ein Antrag auf Wiedereinsetzung gestellt werden. Gleiches gilt für die Versäumung der Klagebegründungsfrist (Dötsch NZM 2008, 312). Der Anwalt sollte diese Anträge, wenn ihm die Auffassung des Gerichts nicht bekannt ist, schon aus anwaltlicher Vorsicht stellen. Innerhalb derselben Frist muss nach § 236 Abs. 2 S. 2 ZPO die unterlassene Handlung nachgeholt, hier also eine den Anforderungen des § 253 ZPO genügende Klage eingereicht werden (Dötsch NZM 2008, 312).

c) Die Rückwirkungsfiktion

Zur Fristwahrung genügt die Einreichung der Klageschrift bei Gericht. Denn dem Kläger **91** kommt die Rückwirkungsfiktion des § 167 ZPO zugute, wenn seine Klage noch vor Ablauf der Monatsfrist bei Gericht eingeht, aber erst danach zugestellt wird. Allerdings erfordert dies die demnächstige Zustellung (vgl. BT-Drucks. 16/887 S. 37). Die Rückwirkungsfiktion nach § 167 ZPO setzt nach neuem Recht nicht nur voraus, dass die Sache noch innerhalb der Monatsfrist bei Gericht eingeht. Entgegen früherer Rechtsprechung (BayObLG NZM 2001, 143, 144; OLG Köln, ZMR 2001, 661 f.; OLG Zweibrücken ZMR 2003, 452; OLG Hamm ZMR 2005, 806; KG ZMR 2006, 66) wird das Gericht jetzt auch bei Beschlussanfechtungen nur noch dann tätig, wenn der Kostenvorschuss rechtzeitig eingezahlt wird (AG Bonn ZMR 2008, 245 ff.). Die auf Beschlussanfechtungsverfahren alten Rechts angewandte Regelung des § 8 Abs. 2 S. 2 KostO, wonach es »nicht angebracht erscheint«, die Zustellung von der Zahlung des Kostenvorschusses abhängig zu machen, kann auf Zivilprozesse nach § 43 WEG keine Anwendung mehr finden. Vielmehr soll die Zustellung gem. § 12 Abs. 1 S. 1 GKG erst nach Einzahlung des Kostenvorschusses erfolgen, was binnen einer Frist von zwei Wochen geschehen muss (AG Bonn ZMR 2008, 246). Entgegen bisweilen geäußerter Auffassung (Elzer/Hügel § 13 Rn. 178) kann das Gericht die frühere Praxis nicht unter Berufung auf § 12 Abs. 1 S. 1 GKG fortführen. Denn § 12 Abs. 1 S. 1 GKG gibt nur ein Ermessen für den Einzelfall, etwa bei drohender Verjährung. Es geht aber nicht an, diese dem Regelfall zuwiderlaufende, nur für Ausnahmen bestimmte Ermessensausübung auf eine bestimmte Art von Klagen insgesamt auszudehnen. Dies hätte der Gesetzgeber regeln müssen. I.Ü. liefe eine solche Handhabung auch der erklärten Absicht des Gesetzgebers (z.B. BT-Drucks. 16/887 S. 12 u. 14) zuwider, staatliche Ressourcen durch den Übergang in den Zivilprozess zu schonen. Bei verspäteter Einzahlung des Vorschusses ist die nicht mehr demnächstige Zustellung also im Gegensatz zur früheren Praxis nicht mehr vom Gericht zu vertreten. Verspätet ist die Einzahlung, wenn sie nicht binnen zwei Wochen nach Aufforderung zur Einzahlung des Vorschusses erfolgt (BGH ZMR 2009, 299; LG Nürnberg-Fürth ZMR 2009, 76 f.; LG Berlin ZMR 2009, 391; LG Hamburg ZMR 2009, 795; AG Bonn ZMR 2008, 246; AG Saarbrücken ZMR 2010, 77 f.; AG Hamburg-St. Georg ZMR 2010, 236; ausdrücklich gegen eine großzügige Handhabung bei geringfügigen Überschreitungen LG Hamburg ZMR 2009, 396). Diese Aufforderung darf der Kläger aber abwarten (LG Hamburg ZMR 2009, 396; AG Bonn ZMR 2008, 246). Liegt binnen drei Wochen keine Kostenanforderung vor, soll der Kläger verpflichtet sein, beim Gericht nachzufragen (AG Hamburg-St. Georg ZMR 2010, 236). Er muss auch nicht schon in der Klageschrift Angaben zum Streitwert machen (LG Berlin ZMR 2009, 391). Fragt das Gericht aber wegen des Streitwertes an, hat der Kläger hierauf zügig zu reagieren (LG Berlin ZMR 2009, 391; für eine Bearbeitungsfrist von einer Woche LG Hamburg ZMR 2009, 397). Werden die Kosten nicht angefordert, kann der Kläger nicht unbegrenzt lange tätig bleiben, sondern muss diesbezüglich beim Gericht nachfragen (Bergerhoff, NZM 2007, 426). Führt ein vom Kläger verschuldeter Umstand dazu, dass die Klage nicht demnächst zugestellt wird, ist sie nicht mehr gem. § 167 ZPO fristgerecht (im Ergebnis ebenso LG Hamburg ZMR 2009, 795; AG Wiesbaden ZMR 2008, 581; Niedenführ/Kümmel/Vandenhouten § 46 Rn. 40). Durch das Gericht verschuldete Verzögerungen schließen die Rückwirkungsfiktion des § 167 ZPO aber nach wie vor nicht aus (LG Nürnberg-Fürth ZMR 2008, 739; LG Köln ZMR 2009, 633).

d) Die Frist zur Klagebegründung

92 Mit der Überführung der Wohnungseigentumssachen in das ZPO-Verfahren muss die Beschlussanfechtung wie jede Klage begründet werden. Ansonsten ist sie mangels Schlüssigkeit unbegründet (AG Bonn ZMR 2008, 246 f.; Dötsch ZMR 2008, 437; a.A. Hügel/Elzer § 13 Rn. 154, wonach § 46 Abs. 1 S. 2 WEG eine Sachurteilsvoraussetzung darstellen soll, deren Nichteinhaltung zur Unzulässigkeit der Klage führt – wohl nicht mit allgemeinen zivilprozessualen Grundsätzen vereinbar). Denn es handelt sich um eine materiell-rechtliche Frist (BGH ZMR 2009, 298; 2009, 698; 2010, 126; LG Dessau-Roßlau ZMR 2008, 324; AG Hamburg ZMR 2009, 232). Dies kann allerdings gerade in Verfahren nach § 43 Nr. 4 WEG besondere Schwierigkeiten bereiten. So kann ein nicht auf der Versammlung anwesender Kläger wesentliche Tatsachen etwa zu Beschlussfähigkeit, Ausschlüssen von der Abstimmung o.Ä. erst aus der Niederschrift erfahren, die ihm u.U. erst Wochen nach der Versammlung zugeht (BT-Drucks. 16/887 S. 73). Deshalb gestattet § 46 Abs. 1 S. 2 WEG bei Anfechtungsklagen, die Klagebegründung binnen 2 Monaten nach der Beschlussfassung nachzureichen. Maßgeblich ist der Eingang bei Gericht, da § 167 ZPO keine Anwendung findet und die unvorhersehbare Bearbeitungsdauer der Begründung durch Gericht und Post nicht dem Kläger zum Nachteil gereichen darf (Jennißen/Suilmann § 46 Rn. 103; Dötsch ZMR 2008, 437). Wie bei der Anfechtungsfrist (s.o. Rdn. 89) erfasst auch die Begründungsfrist nicht alle Verfahren nach § 43 Nr. 4 WEG. So können Nichtigkeitsgründe noch nach ihrem Ablauf vorgetragen werden (Jennißen/Suilmann § 46 Rn. 105; Briesemeister, ZMR 2008, 254). Mit Rechtskraft des Urteils tritt aber auch insoweit die Bindung des § 48 Abs. 4 WEG ein.

4. Anforderungen an eine fristwahrende Begründung

Die Begründung muss nicht als solche bezeichnet werden, um dem Begründungserfordernis des § 46 Abs. 1 S. 2 WEG Genüge zu tun (BGH ZMR 2009, 698). Sie muss aber den konkreten Lebenssachverhalt, auf den sich die Anfechtung stützt, mindestens seinem wesentlichen Kern nach innerhalb der Frist des § 46 Abs. 1 S. 2 WEG darlegen (BGH ZMR 2009, 298; ZMR 2009, 699; AG Bonn ZMR 2008, 246 f.; AG Konstanz ZMR 2008, 496; AG Hamburg ZMR 2009, 232; Bergerhoff NZM 2007, 428). Wie alle Prozesshandlungen unterliegt sie noch der Prüfung durch das Revisionsgericht (BGH ZMR 2009, 698). Pauschale Ausführungen der Art, dass der angegriffene Beschluss »rechtswidrig« sei »ordnungsmäßiger Verwaltung widerspreche« o.Ä. genügen nicht (LG Lüneburg ZMR 2009, 636 f.; LG München I ZMR 2009, 945; AG Bonn ZMR 2008, 246 f.; AG Hamburg ZMR 2009, 232). Es genügt nicht, wenn sich der Anfechtungsgrund nur aus den Anlagen ergibt (BGH ZMR 2009, 299). Auch eine schlagwortartige Bezeichnung genügt i.d.R. nicht (BGH ZMR 2009, 699). Rügt der Kläger etwa die Beschlussunfähigkeit der Versammlung genügt der einfache Hinweis auf die fehlende Beschlussfähigkeit nicht, er hat vielmehr darzulegen ob dies seiner Auffassung nach auf unzureichenden Vollmachten, ungenügender Präsenz von Wohnungseigentümern, der Berücksichtigung nicht Stimmberechtigter o.A. beruht (BGH ZMR 2009, 698). Selbst der Vortrag, die beschlossene Verwaltervergütung sei überhöht, soll nicht genügen, vielmehr soll Vortrag zu vergleichbaren Vergütungen erforderlich sein (LG Lüneburg ZMR 2009, 637 – sehr weitgehend). Gleiches soll für Fehler der Abrechnung gelten, die im Einzelnen darzulegen sind (LG Lüneburg ZMR 2009, 637). Für die gerichtliche Abberufung des Verwalters genügt die Darlegung, dass die Auskunft erteilt wurde, eine Beschluss-Sammlung liege nicht vor (AG München ZMR 2009, 645). Dann trifft den Verwalter eine sekundäre Beweislast, dass in Wirklichkeit doch eine Beschluss-Sammlung geführt werde (AG München ZMR 2009, 645). Auch die anderen Wohnungseigentümer trifft eine sekundäre Beweislast, wenn der Kläger einen Mangel des Beschlusses substanziert rügt (LG München I ZMR 2009, 945). Ein Nachschieben neuer Anfechtungsgründe ist nach h.M. ausgeschlossen (BGH ZMR 2009, 298; ZMR 2009, 700; LG Nürnberg-Fürth ZMR 2009, 319; AG Konstanz ZMR 2008, 497; AG Lichtenberg ZMR 2008, 578; AG Hamburg ZMR 2009, 232; Bergerhoff NZM 2007, 428; a.A. mit guten Gründen Briesemeister ZMR 2008, 257 ff.; Dötsch ZMR 2008, 438 f.). Zulässig ist nur eine Präzisierung des bisherigen Sachvorbringens (AG Hamburg ZMR 2009, 232) oder der Anträge (Dötsch ZMR 2008, 436). Schon mangels Begründung wird auch die frühere Praxis, bei verspäteter Übersendung des Protokolls vorsorglich alle Beschlüsse anzufechten, kaum mehr fortgeführt werden können (Briesemeister ZMR 2008, 255; im Ergebnis ebenso, aber mit der Möglichkeit der Einsicht in die Beschluss-Sammlung argumentierend LG Hamburg ZMR 2009, 73). Dies betrifft aber nur den Tatsachenvortrag; Rechtsausführungen können bis zur Verkündung einer Entscheidung nachgereicht werden, da das Gericht die Rechtslage ohnehin bis zu diesem Zeitpunkt von selbst zu prüfen hat (AG Saarbrücken ZMR 2009, 561). Unbestrittenes neues Vorbringen kann aber wohl berücksichtigt werden (vgl. LG Nürnberg-Fürth ZMR 2009, 319). Vorschläge, die Möglichkeit zuzulassen, die Begründungsfrist bei Zustimmung der Beklagten analog § 520 Abs. 1 S. 2 ZPO zu verlängern (Hügel/Elzer § 13 Rn. 155), haben sich nicht durchgesetzt (vgl. LG Dessau-Roßlau ZMR 2008, 325; LG Hamburg ZMR 2008, 415; AG Wernigerode ZMR 2008, 88; AG Charlottenburg ZMR 2008, 248; Dötsch ZMR 2009, 301; Bergerhoff NZM 2007, 427; Dötsch ZMR 2008, 437). Selbst die irrtümliche Verlängerung der Frist durch das Gericht bleibt wirkungslos (BGH ZMR 2010, 128, da die Frage nun höchstrichterlich geklärt ist; ähnlich früher schon LG Dessau-Roßlau ZMR 2008, 324 f.; AG Wernigerode ZMR 2008, 88). Erst recht sind Vereinbarungen der Parteien wirkungslos (Bergerhoff NZM 2007, 427). Die rechtzeitige Begründung der Anfechtungsklage durch einen Streitgenossen kommt nach deren Rücknahme den verbleibenden Klägern nicht zugute (BGH ZMR 2009, 699 f.). 93

d) Die Wiedereinsetzung

aa) Die Neuregelung der Wiedereinsetzung

94 Bereits nach früherem Recht war in der Rechtsprechung anerkannt, dass bei unverschuldeter Versäumung der Anfechtungsfrist Wiedereinsetzung gewährt werden kann. Einige Stimmen zogen diese h.M. allerdings deswegen in Zweifel, weil bei Versäumung einer materiell-rechtlichen Frist nicht nach verfahrensrechtlichen Vorschriften Wiedereinsetzung gewährt werden könne. Diesen Streit beseitigt § 46 Abs. 1 S. 3 WEG nunmehr, indem er die zivilprozessualen Vorschriften der §§ 233 bis 238 ZPO ausdrücklich für anwendbar erklärt (vgl. Hügel/Elzer § 13 Rn. 138). Zugleich stellt die systematische Stellung dieser Verweisung klar, dass auch gegen die Versäumung der Klagebegründungsfrist Wiedereinsetzung gewährt werden kann. Dies setzt freilich einen Antrag in der Frist des § 234 Abs. 1 S. 1 ZPO voraus (vgl. LG Nürnberg-Fürth ZMR 2009, 319). Nur dann, wenn die versäumte Handlung bereits vorgenommen oder nachgeholt wurde, kann auch ohne Antrag Wiedereinsetzung gewährt werden.

bb) Die Wiedereinsetzungsgründe im Einzelnen

95 Inhaltlich ändert sich durch die Anwendbarkeit der §§ 233 ff. ZPO wenig, da die dortigen Voraussetzungen für eine Wiedereinsetzung § 22 Abs. 2 FGG weitgehend entsprechen. So ist die verspätete Zusendung der Niederschrift kein Wiedereinsetzungsgrund (BayObLG NJW-RR 1991, 977; OLG Düsseldorf NJW-RR 1995, 464; KG NJW-RR 1996, 845). Da eine Verpflichtung des Verwalters zur Versendung der Niederschrift kraft Gesetzes nicht besteht, ist der Wohnungseigentümer ohne abweichende Regelung in Teilungserklärung oder Verwaltervertrag gehalten, sich selbst beim Verwalter über die gefassten Beschlüsse zu informieren (BayObLG NJW-RR 1989, 656; 1991, 977; OLG Düsseldorf NJW-RR 1995, 464; KG NJW-RR 1997, 777). Selbst die früher als Ausweg vorgeschlagene vorsorgliche Anfechtung aller Beschlüsse wird nunmehr nicht mehr ohne Weiteres für zulässig befunden, da sich der Wohnungseigentümer zunächst anhand der Beschluss-Sammlung über eventuell gefasste Beschlüsse zu informieren hat (LG München I NJW 2008, 1823 f.; LG Hamburg ZMR 2009, 73; LG Karlsruhe ZMR 2010, 716; anders noch Jennißen/Suilmann § 46 Rn. 87 u. 122). Auch nach Wiedereinsetzung ist aber die weitere Frist des § 46 Abs. 1 S. 2 WEG zur Klagebegründung einzuhalten oder auch insoweit Wiedereinsetzung zu beantragen. Die bloße Unsicherheit darüber, ob überhaupt ein Beschluss gefasst wurde, stellt keine unverschuldete Fristversäumung dar, da der Wohnungseigentümer die Beschluss-Sammlung einsehen und für den Fall, dass diese keinen hinreichenden Aufschluss bietet, vorsorglich die Ungültigerklärung beantragen kann (OLG München ZMR 2007, 995). Hingegen ist Wiedereinsetzung zu gewähren, wenn der Beschluss weder korrekt angekündigt noch rechtzeitig protokolliert wurde. Denn dann muss der Wohnungseigentümer mit der Beschlussfassung nicht rechnen (BayObLG NJW-RR 1989, 656; OLG Düsseldorf NJW-RR 1995, 464; KG NJW-RR 1996, 845; 1997, 777). Dann trifft ihn mangels Kenntnis kein Verschulden gem. § 233 ZPO. Versäumt der Kläger die Anfechtungsfrist etwa deswegen, weil die Beschlussfassung nicht ordnungsgemäß angekündigt und auch das Protokoll nicht rechtzeitig versandt wurde, ist die Versäumung der Klagefrist unverschuldet (Hügel/Elzer § 13 Rn. 132; BayObLG NJW-RR 1989, 656; OLG Düsseldorf NJW-RR 1995, 464; KG NJW-RR 1996, 845; 1997, 777). Hingegen ist die weisungswidrige Ausnutzung der Vollmacht kein Wiedereinsetzungsgrund (KG NJW-RR 1997, 777). Das Verschulden eines gesetzlichen Vertreters, etwa des Geschäftsführers einer Verwaltergesellschaft, wird dieser zugerechnet (BayObLG NJW-RR 1997, 1373). Ebenso wenig rechtfertigt Arbeitsüberlastung die Wiedereinsetzung (BayObLG NJW-RR 2003, 1666). Nach Änderung von Instanzenzug und Rechtsmitteln wird absehbar von besonderer Bedeutung sein, dass weder die Unkenntnis des Rechtsmittels, das der Anwalt im Übrigen selbst zu prüfen hat (OLG München ZMR 2007, 560), noch des Rechtsmittelgerichts (OLG Zweibrücken ZMR 2006, 160) Wiedereinsetzungsgründe sind. Die Grundsätze zur Versäumung der Einlegungsfrist finden entsprechend auf die Versäumung der Frist zur Klagebegründung Anwendung. Wird etwa keine Niederschrift angefertigt oder kann der Kläger seine Anfechtungsklage unverschuldet aus anderen Gründen erst nach dieser Frist begründen, ist ihm gem. § 46 Abs. 1 S. 3 WEG Wiedereinsetzung nach §§ 233 ff. ZPO zu gewähren (vgl. Elzer ZMR 2009, 256 f. auch für einzelne Anfechtungsgründe). Hingegen ist das Abwarten auf eine Bescheidung eines Antrags auf Verlängerung der Begründungsfrist nach § 46 Abs. 1 S. 2 WEG kein Wiedereinsetzungsgrund, dass diese Frist nicht verlängert werden kann (LG Dessau-Roßlau ZMR 2008, 325).

5. Rechtsschutzbedürfnis und Rechtsmissbräuchlichkeit einer Beschlussanfechtung

a) Das Rechtsschutzbedürfnis

Dass der Gesetzgeber Änderungen in der Dogmatik von Rechtsschutzbedürfnis und Rechtsmissbräuchlichkeit von Beschlussanfechtungen bezweckte, lassen Gesetzeswortlaut und -materialien nicht erkennen. Insoweit kann daher auf die frühere Judikatur zurückgegriffen werden. Grundsätzlich ist demnach ohne Weiteres vom Rechtsschutzbedürfnis einer Beschlussanfechtung durch die hierzu berechtigten Personen auszugehen (KG ZMR 1998, 656; BayObLG WE 1990, 215). Der anfechtende Wohnungseigentümer muss durch den angegriffenen Beschluss keinen Nachteil erleiden (OLG München NJW-RR 2007, 303; LG Itzehoe ZMR 2010, 148). Die Zustimmung zu einer Beschlussvorlage lässt das Rechtsschutzbedürfnis für eine Anfechtung grundsätzlich nicht entfallen (BayObLG NJW-RR 1988, 1168; OLG Karlsruhe ZMR 2003, 291; LG Wiesbaden ZMR 2008, 332), ebenso wenig die Durchführung des angegriffenen Beschlusses (AG Düsseldorf ZMR 2010, 234). 96

Praxistipp: 97

Das Rechtsschutzbedürfnis wird ausnahmsweise bei so genannten **»altruistischen Anfechtungen«** verneint. Eine solche liegt dann vor, wenn der durch den Beschluss belastete Wohnungseigentümer von einer Anfechtung absieht, ein anderer, nicht beschwerter Miteigentümer aber für ihn gerichtliche Schritte ergreift (OLG München ZMR 2007, 306; ähnlich AG Salzgitter ZMR 2010, 650).

Das Rechtsschutzbedürfnis fällt auch nicht deswegen weg, weil der Beschluss bereits von einem anderen Wohnungseigentümer angefochten wurde, da dieser seinen Antrag jederzeit zurücknehmen kann, ohne dass ein anderer Verfahrensbeteiligter hierauf Einfluss nehmen könnte (BayObLG NJW-RR 2001, 1233; Elzer/Hügel § 13 Rn. 182). Das Ausscheiden aus der Eigentümergemeinschaft nach Anhängigkeit der Klage wirkt sich nur dann auf das Rechtsschutzbedürfnis aus, wenn der Beschluss den ausgeschiedenen Eigentümer in keiner Weise mehr berührt (BayObLG NJW-RR 1987, 271; ZMR 1998, 447 f.; KG ZWE 2000, 274). Andernfalls kann der ausgeschiedene Wohnungseigentümer das Verfahren als gesetzlicher Prozessstandschafter des neuen Eigentümers analog § 265 Abs. 2 ZPO fortführen (BGH ZMR 2001, 810). Die Vollziehung des Beschlusses berührt das Rechtsschützbedürfnis in aller Regel nicht, da nach seiner rechtskräftigen Ungültigerklärung jedenfalls Folgenbeseitigungsansprüche in Betracht kommen (BayObLG NJW-RR 1988, 1169, 1992, 1367; NZM 2002, 623; NJW-RR 2006, 23), u.U. auch Ersatzansprüche gegen den Verwalter bei ungenügender Information der Wohnungseigentümer (BayObLG NJW-RR 1997, 717). Anderes gilt, wenn die Rückgängigmachung ausgeschlossen 98 ist und die Ungültigerklärung auch sonst keine Auswirkungen mehr haben kann (BayObLG NJW-RR 1992, 1367; 1999, 164 = WuM 1998, 748; OLG München ZMR 2007, 139 f.). Noch viel weniger genügt die nachträgliche Beseitigung der ursprünglichen Anfechtungsgründe, etwa die Vorlage ursprünglich fehlender Unterlagen zur Jahresabrechnung, weil es auf die Ordnungsmäßigkeit des Beschlusses zur Zeit der Beschlussfassung ankommt (KG NJW-RR 1987, 80). Auch die Genehmigung der Jahresabrechnung berührt das Rechtsschutzbedürfnis für die Anfechtung des Wirtschaftsplanes nicht, da dieser weiterhin Anspruchsgrundlage für die Vorschüsse nach § 28 Abs. 2 WEG bleibt (BayObLG WE 1998, 404). Die erneute Beschlussfassung hat keinen Einfluss auf die Anfechtung des Erstbeschlusses, sofern auch der Zweitbeschluss angefochten wird. Denn dann bleibt es möglich, dass beide Beschlüsse vom Gericht für ungültig erklärt werden. Erst die Bestandskraft des inhaltsgleichen Zweitbeschlusses lässt das Rechtsschutzbedürfnis entfallen, da der Antragsteller sein Verfahrensziel – die Beseitigung der Beschlussfassung – dann im Ergebnis in keinem Falle mehr erreichen kann (BGH ZMR 2001, 814; BayObLG NJW-RR 1986, 1399; 1987, 9; WE 1993, 343; ZMR 2005, 891; KG NZM 2000, 552; OLG Hamm ZMR 2008, 156 f.; OLG München ZMR 2008, 237; LG Wiesbaden ZMR 2008, 332).

b) Rechtsmissbräuchliche Beschlussanfechtungen

99 Auch derjenige, der einer Beschlussvorlage zugestimmt hat, darf den Beschluss im Verfahren nach § 43 Nr. 4 WEG angreifen (BayObLG NJW-RR 2001, 1234; KG ZMR 2009, 792). Dies ist nur rechtsmissbräuchlich, wenn ein Wohnungseigentümer der Beschlussfassung in Kenntnis des nunmehr geltend gemachten Verfahrensmangels zugestimmt hat (BayObLG NJW-RR 1988, 1168; NJW-RR 1992, 910). Ähnliches gilt, wenn der Kläger auf andere Weise den Anschein erweckt hat, er billige die Beschlussfassung (OLG Saarbrücken NJW-RR 2002, 1237 – im konkret entschiedenen Fall aber zweifelhaft). Die bisher als Rechtsmissbrauch behandelten Fälle, in denen der Anfechtende das Verfahren über längere Zeit nicht betrieb (KG NJW-RR 1998, 371 = ZMR 1997, 485; NJW-RR 2005, 531; OLG Düsseldorf NJW-RR 1998, 588 = WE 1998, 309 f.; NJW-RR 1999, 14) dürften an Bedeutung verloren haben. Zahlt der Kläger den Kostenvorschuss nicht, ist sein Antrag jetzt verfristet (vgl. o. Rdn. 91). I.Ü. droht ihm jetzt auch als Kläger ein Versäumnisurteil nach §§ 330, 333 ZPO, wenn er nicht erscheint oder nicht verhandelt. Hintertreibt der Kläger den Fortgang des Verfahrens auf andere Weise, indem er etwa trotz Aufforderung des Gerichtes keine Eigentümerliste vorlegt (vgl. OLG Düsseldorf ZWE 2001, 163 f.), kann ihm das Gericht dies nach § 142 ZPO aufgeben.

6. Der Klageantrag

a) Bestimmtheit

100 Schon das bisherige Recht stellte an den Antrag im Beschlussanfechtungsverfahren höhere Ansprüche als in den sonstigen Verfahren nach § 43 WEG. Es genügte nicht, dass im Wege der Auslegung ein Rechtsschutzziel des Antragstellers erkennbar wurde. Vielmehr musste der Antragsteller etwa durch Angabe des Tagesordnungspunktes oder des Inhalts klar erkennen lassen, welcher Beschluss inwieweit angefochten werden sollte (Hügel/Elzer § 13 Rn. 144; OLG Zweibrücken NJW-RR 1995, 398; OLG Köln NJW-RR 1996, 1481 f.). Denn die Miteigentümer hatten ein schützenswertes Interesse daran, zu wissen, welche Beschlüsse bestandskräftig geworden sind (OLG Zweibrücken NJW-RR 1995, 398; OLG Köln NJW-RR 1996, 1482). War dem vor Ablauf der Anfechtungsfrist gestellten Antrag nicht zu entnehmen, welcher Beschluss angefochten werden sollte, konnte dies nicht nach Fristablauf nachgeholt werden (KG NJW-RR 1996, 845; OLG

Köln WE 1996, 467). Auch die Anfechtung »der Beschlüsse« einer Eigentümerversammlung genügt dem Bestimmtheitserfordernis nur dann, wenn tatsächlich alle Beschlüsse angefochten werden, weil sie etwa unter demselben formalen Mangel leiden oder vorsorglich angegriffen werden, da der Verwalter die Niederschrift nicht angefertigt bzw. verschickt hat (BayObLG NJW-RR 1995, 1167; 2001, 1234; 2002, 734; OLG Köln NJW-RR 1996, 1481 f.). Der Klageantrag kann dann nach Ablauf der Frist auf einzelne Beschlüsse beschränkt werden (LG Mainz NJW-RR 2000, 825). Allerdings setzt dies nach neuem Recht voraus, dass der anfechtende Wohnungseigentümer versucht hat, sich auch durch Einsichtnahme in die Beschluss-Sammlung über die gefassten Beschlüsse zu informieren. Ansonsten fehlt seiner Klage nämlich wegen der Nichtausschöpfung einer einfacheren Rechtsschutzmöglichkeit das Rechtsschutzbedürfnis (LG München I ZMR 2008, 1823; LG Karlsruhe ZMR 2010, 715). Aufgrund der ungenügenden Erfüllung der Verwalterpflichten wird dann regelmäßig eine Kostenentscheidung – nunmehr nach § 49 Abs. 2 WEG – zu Lasten des Verwalters geboten sein. Die Anfechtung unter einer Bedingung, etwa einer entsprechenden Rechtsauffassung des Gerichts, ist unzulässig (AG Bremen ZMR 2007, 820). An diesen Grundsätzen hat sich nach dem Übergang in den Zivilprozess selbstverständlich nichts geändert. Erledigt sich der ursprüngliche Antrag auf Ungültigerklärung eines Beschlusses, ist ein auf Feststellung seiner Ungültigkeit gerichteter Antrag nach wie vor regelmäßig unzulässig (BayObLG NJW-RR 2004, 444).

b) Teilanfechtung von Beschlüssen

Wie schon nach altem Recht kann die Anfechtungsklage aufgrund der Dispositionsma- **101**
xime auf einen Teil des Eigentümerbeschlusses beschränkt werden (BayObLG NJW-RR 1991, 15; 1992, 1169; 1993, 1039; 2001, 10; KG NJW-RR 1991, 1236; OLG Saarbrücken NJW-RR 2006, 732; OLG München ZMR 2006, 950; ZMR 2008, 661; LG Lüneburg ZMR 2009, 555). Nach § 308 Abs. 1 ZPO ist das Gericht nicht befugt, über diesen Antrag hinauszugehen und den Beschluss im weiteren Umfang für ungültig zu erklären. Allerdings setzt die teilweise Ungültigerklärung die Abtrennbarkeit des Beschlusses voraus. Damit stellt sich das Problem, wie zu verfahren ist, wenn der Kläger diese Abtrennbarkeit zu Unrecht annimmt. Nach altem Recht ging man davon aus, dass der Antrag dann dahin gehend auszulegen sei, dass der Beschluss insgesamt angefochten werde (OLG Hamburg ZMR 2008, 153). Das dürfte nicht in das neue Recht zu übernehmen sein. Denn den Umfang der Anfechtung bestimmt nach allgemeinen zivilprozessualen Grundsätzen alleine der Klageantrag (§ 308 Abs. 1 ZPO). Stellt der Kläger einen unzulässigen Antrag, kann er hierfür nicht dadurch privilegiert werden, dass das Gericht über seinen Antrag hinausgeht. Die Klage ist dann, sofern der Antrag nicht im Wege der Auslegung doch als Anfechtung des gesamten Beschlusses angesehen oder nur einfach unklar ist und deshalb auf Hinweis nach § 139 Abs. 1 S. 2 ZPO korrigiert werden kann, als unzulässig abzuweisen. Allerdings ist der Kläger hierauf hinzuweisen. Innerhalb der Frist des § 46 Abs. 1 S. 2 WEG kann er seinen Antrag auf den gesamten Beschluss erstrecken.

7. Der Streitgegenstand

a) Der konkrete Beschluss

Streitgegenstand ist der vom Kläger angegebene Beschluss oder ein abtrennbarer Teil, der **102**
wie nach altem Recht getrennt angefochten werden kann (vgl. u. Rdn. 104). Es ist stets nur der konkret angefochtene Eigentümerbeschluss Gegenstand des Verfahrens nach § 43 Nr. 4 WEG, auch nach Fassung eines inhaltsgleichen Zweitbeschlusses. Dieser kann und muss somit ebenfalls angefochten werden (BayObLG NJW-RR 1994, 659). Ansonsten erwächst er in Bestandskraft, was zur Folge hat, dass das Rechtsschutzbedürfnis für die

Anfechtung des Erstbeschlusses entfällt (BGH ZMR 2001, 814). Hat sich die Beschlussanfechtung erledigt, so muss der Kläger eine Entscheidung nach §91a ZPO beantragen. Denn einen Fortsetzungsfeststellungsantrag sieht das neue Recht ebenso wenig wie das frühere vor (OLG Hamburg ZMR 2008, 405).

b) Anfechtbarkeit und Nichtigkeit des Beschlusses

103 In einer weiteren Sonderregelung für Anfechtungsklagen (§48 Abs. 4 WEG) kodifiziert der Gesetzgeber die schon bisher h.M., dass Ungültigerklärung und Nichtigkeitsfeststellung keine unterschiedlichen Streitgegenstände sind. Nach §48 Abs. 4 WEG hat die Abweisung einer Anfechtungsklage als unbegründet zur Folge, dass auch die Berufung auf die Nichtigkeit des Beschlusses ausgeschlossen ist. Dies kodifiziert die Rechtsprechung zum früheren Recht (BayObLG NZM 2002, 744; OLG Düsseldorf NJW-RR 2005, 1095 = ZMR 2006, 142). Zugleich geht daraus hervor, dass das Gericht neben Anfechtungsgründen stets auch Nichtigkeitsgründe zu berücksichtigen hat (BGH ZMR 2003, 947; OLG Zweibrücken ZWE 2002, 543; OLG Düsseldorf NJW-RR 2005, 1095; vgl. BayObLG ZMR 2003, 763; 2005, 64), letztere von Amts wegen und auch nach Ablauf der Anfechtungsfrist gem. §46 Abs. 1 S. 2 WEG. Bei den Anträgen auf Ungültigerklärung und Nichtigkeitsfeststellung handelt es sich um denselben Streitgegenstand (BGH ZMR 2003, 947; ZMR 2010, 128 f.; OLG Zweibrücken ZWE 2002, 543; BayObLG NJW-RR 1987, 330; ZMR 2003, 763; 2005, 64). Lediglich die Vorprüfung eines anderen Beschlusses im Verfahren nach §43 Nr. 4 (etwa die mehrheitliche Änderung des Kostenverteilungsschlüssels bei Anfechtung der Jahresabrechnung) hindert spätere Nichtigkeitsfeststellungsanträge nicht (OLG Düsseldorf NZM 2001, 712).

c) Die Dispositionsmaxime in der Beschlussanfechtung nach neuem Recht

104 Die zivilprozessuale Dispositionsbefugnis der Parteien erlaubt es wie bisher, die Anfechtung auf abtrennbare Teile eines Eigentümerbeschlusses zu beschränken (vgl. BayObLG NJW-RR 1991, 15; 1992, 1169; 1993, 1039; 2001, 10; KG NJW-RR 1991, 1236; OLG Saarbrücken NJW-RR 2006, 732; OLG München ZMR 2006, 950). Im Hinblick auf nichtige Beschlüsse erweitert sie die Möglichkeiten des Klägers. Die Dispositionsbefugnis der Beteiligten geht im Anfechtungsverfahren zwar nach wie vor nicht so weit, dass sie unbegrenzt über die Geltendmachung von Nichtigkeitsgründen verfügen können. Denn die Nichtigkeit eines Beschlusses ist eine Frage des materiellen Rechts: Ein nichtiger Beschluss erzeugt keine Rechtswirkung, weder für die Wohnungseigentümer noch für das Gericht. Die Parteien können also nicht durch den Verzicht, etwa das Fehlen der Beschlusskompetenz zu rügen, eine Berücksichtigung dieses Fehlers vermeiden. Folgt die Nichtigkeit aus dem Vortrag der Parteien, so hat das Gericht diese Rechtsfolge ohne Weiteres zu beachten. Durch die Herrschaft über den Tatsachenstoff haben die Parteien aber weit mehr Einfluss auf die Entscheidung des Gerichts. Sie können diesbezüglichen Vortrag unterlassen oder einen bestimmten Tatsachenstoff unstreitig stellen. Fehlt dem Gericht die Tatsachengrundlage, kann es mangels Möglichkeit zu eigenen Ermittlungen die Nichtigkeit des Beschlusses nicht mehr feststellen. Dies führt zu gänzlich neuen Möglichkeiten der »Heilung« nichtiger Beschlüsse. Da die Abweisung der Anfechtungsklage nach §48 Abs. 4 WEG auch die Rüge der Nichtigkeit ausschließt, können durch (Schein)Anfechtung selbst ursprünglich nichtige Beschlüsse über den Umweg der Rechtskraft weiteren Angriffen entzogen werden.

Praxistipp: 105

Noch einfacher ist die bewusst verfristete Anfechtung eines nichtigen Beschlusses. Da die Anfechtungsfrist in § 46 Abs. 1 S. 2 WEG eine materiell-rechtliche Ausschlussfrist darstellt (vgl. o. Rdn. 89), bleibt dem Gericht ohne weiteren Vortrag nur die Abweisung der Anfechtungsklage (vgl. schon zum alten Recht OLG Düsseldorf NJW-RR 2005, 1095). Für eine teleologische Reduktion (so Hügel/Elzer § 13 Rn. 163; zur a.A. s. die dort zitierte Rechtsprechung) besteht auch in diesen Fällen kein Anlass. Es wäre auch mit erheblichen, von allgemeinen Grundsätzen der Rechtskraft abweichenden Unsicherheiten verbunden, könnte im Einzelfall stets eingewandt werden, was das Gericht i.E. geprüft habe, nur die Verfristung oder auch die Fehlerhaftigkeit eines Beschlusses (vgl. Niedenführ/Kümmel/Vandenhouten § 48 Rn. 15). I.Ü. würde dann ein obiter dictum über die Reichweite der Rechtskraft einer Entscheidung bestimmen.

d) Negativbeschlüsse

Die Ablehnung einer Beschlussvorlage (ein so genannter Negativbeschluss) kann grundsätzlich nur in Verbindung mit dem Antrag auf Verpflichtung der Eigentümer zur Durchführung einer bestimmten Maßnahme angegriffen werden (BGH ZMR 2001, 814; 2002, 931 f.; OLG Hamburg ZMR 2008, 150; KG ZMR 2009, 135; OLG Düsseldorf ZMR 2009, 707; anders, aber kaum verständlich jetzt BGH ZMR 2010, 542). Denn es besteht kein Rechtsschutzbedürfnis dafür, lediglich die Ablehnung einer bestimmten Beschlussfassung zu beseitigen, da der Antragsteller hierdurch nichts gewinnt. Ob ein Anspruch hierauf besteht, ist freilich keine Frage der Zulässigkeit (so unrichtig AG Rheinbach ZMR 2007, 824), sondern der Begründetheit. Nach neuem Recht erscheint es fraglich, ob eine isolierte Anfechtungsklage im Wege der Auslegung dahingehend auszulegen ist, dass damit auch die Verpflichtung zur Durchführung der abgelehnten Maßnahme verbunden sein soll (zum alten Recht s. BGH ZMR 2002, 931 f.; für die Fortführung dieser Praxis auch im Zivilprozess Dötsch ZMR 2008, 436). Denn der Zivilrichter hat anders als das Gericht der freiwilligen Gerichtsbarkeit nicht über das Rechtsschutzbegehren, sondern über die konkreten Anträge des Klägers zu befinden, über die er nicht hinausgehen darf (vgl. schon zum alten Recht Niedenführ/Schulze § 43 Rn. 69, wonach Anfechtung alleine nicht, wohl aber der positive Antrag auf Vornahme einer Maßnahme genügen soll). Allerdings ist eine restriktivere Handhabung im vorliegenden Zusammenhang nicht mit einem Rechtsverlust verbunden, da der Verpflichtungsantrag nicht fristgebunden ist. Er kann also nach dem gem. § 139 ZPO gebotenen Hinweis noch gestellt werden. Auch für die Anfechtung des Negativbeschlusses mit dem Feststellungsantrag, es sei überhaupt kein Beschluss gefasst worden, kann ein Rechtsschutzbedürfnis gegeben sein (OLG München ZMR 2007, 481). Ähnliches soll gelten, wenn der Negativbeschluss nach Bestandskraft einem späteren Verpflichtungsantrag entgegenstünde (OLG München ZMR 2006, 474). 106

e) Geschäftsordnungsbeschlüsse

Der Anfechtung von Beschlüssen zur Geschäftsordnung fehlt grundsätzlich das Rechtsschutzbedürfnis, da diese mit Beendigung der Versammlung gegenstandslos werden (BayObLG NJW-RR 1987, 1363; WuM 1996, 117; OLG München ZMR 2006, 70; AG Hamburg-Harburg ZMR 2008, 920). Anderes kommt nur in Betracht, wenn der Beschluss auch für zukünftige Versammlungen gelten soll (OLG Düsseldorf NJW-RR 1995, 1294; AG Hamburg-Harburg ZMR 2008, 920) oder in Wirklichkeit trotz der Einkleidung als Geschäftsordnungsbeschluss anderen Inhalt, etwa die Ablehnung einer Beschlussvorlage zum Inhalt hat (OLG Hamburg ZMR 2008, 149 f.). 107

f) Sonstige Meinungsäußerungen

108 Noch viel weniger sind sonstige Meinungsäußerungen, etwa Hinweise einzelner Wohnungseigentümer anfechtbar, da ihnen kein Regelungsgehalt für die Gemeinschaft zukommt (BayObLG NJW-RR 1987, 1365).

VIII. Das Verfahren bis zur Entscheidung

1. Entscheidungen durch das Gericht während des Verfahrens

109 Entscheidungen des Gerichtes während des Verfahrens ergehen zwar nach wie vor durch Beschluss, richten sich nunmehr aber ausschließlich und unmittelbar, nicht nur in analoger Anwendung, nach den zivilprozessualen Vorschriften. So ist über die Gewährung von **Prozesskostenhilfe** künftig ausschließlich nach Maßgabe der §§ 114 bis 127 ZPO zu entscheiden. Dabei gilt für Rechtsmittel die Monatsfrist nach § 127 Abs. 3 S. 3 ZPO, nicht die zweiwöchige Frist nach § 22 Abs. 1 FGG (vgl. hierzu noch 1. Aufl., Kap. 33 Rdn. 163). Auch der teilrechtsfähige Verband ist prozesskostenhilfefähig (LG Berlin ZMR 2007, 145). Dies ist bei der Beitreibung von Beiträgen nach § 28 Abs. 2 WEG auch im allgemeinen Interesse gem. § 116 S. 1 Nr. 2 ZPO. Denn die Unauflöslichkeit der Wohnungseigentümergemeinschaft zeigt, dass ihre Existenzberechtigung auch dann anzuerkennen ist, wenn sie ihre Ziele und Aufgaben nicht aus eigener Kraft, insbesondere nicht aus eigenen Mitteln verfolgen kann. Deshalb muss sie im Falle der Bedürftigkeit in die Lage versetzt werden, die zur Erfüllung ihrer Aufgaben erforderlichen Beiträge einzuklagen (BGH ZWE 2010, 332).

110 Die Entscheidung über den **Ausschluss vom Richteramt** richtet sich nicht nach § 6 FGG, sondern nach § 41 ZPO, die Befangenheitsrüge nach §§ 42 ff. ZPO. Auch die **Wiedereinsetzung** in den vorigen Stand richtet sich nicht mehr nach § 22 Abs. 2 FGG, sondern nach §§ 233 ff. ZPO. Da die Voraussetzungen hierfür aber im Wesentlichen gleich geblieben sind, kann diesbezüglich weitgehend auf die frühere Rechtsprechung zurückgegriffen werden. §§ 233 ff. ZPO gelten nun nach § 46 Abs. 1 S. 3 WEG auch für die unverschuldete Nichteinhaltung der Anfechtungsfrist. Akteneinsicht ist nicht mehr nach § 34 FGG, sondern nach § 299 Abs. 2 ZPO zu gewähren, was mit einem verschärften Prüfungsmaßstab für entsprechende Gesuche einhergeht. Denn künftig genügt ein »berechtigtes Interesse« nicht mehr; es muss ein rechtliches Interesse vorliegen. Wirtschaftliche oder wissenschaftliche Interessen berechtigen demnach nicht mehr zur Akteneinsicht. Im Ergebnis kommt es bei Aussetzung (§§ 148, 149, 252 ZPO), Unterbrechung (§§ 239 ff. ZPO) und Ruhen des Verfahrens (§§ 251 ff. ZPO) nicht zu Änderungen, da hierauf schon früher die zivilprozessualen Vorschriften angewendet wurden. Die Verbindung verschiedener Verfahren richtet sich künftig unmittelbar nach § 147 ZPO. Für Anfechtungsklagen enthält § 47 WEG eine Spezialregelung, die über § 147 ZPO hinausgeht (vgl. u. Rdn. 126 ff.).

2. Mündliche Verhandlung und Beweiserhebung

a) Die mündliche Verhandlung

111 Zwar bestand schon nach altem Recht nach § 44 Abs. 1 WEG a.F. regelmäßig die Pflicht, mündlich mit den Beteiligten zu verhandeln. Dies diente allerdings teilweise anderen Zwecken als im Zivilprozess. Auf diesem Wege sollte vornehmlich eine gütlichen Einigung herbeigeführt, der Sachverhalt aufgeklärt und rechtliches Gehör gewährt werden (s etwa *BGH ZMR 1999*, 42; OLG Karlsruhe ZMR 2003, 375; BayObLG ZMR 2004, 765). Nach neuem Recht unterscheidet sich die mündliche Verhandlung in Wohnungseigen-

tumsverfahren nicht mehr von sonstigen Zivilprozessen. Sie ist mithin alleinige Grundlage der Entscheidung, wobei allerdings auf schriftliches Vorbringen Bezug genommen werden kann. Daher können nunmehr im Gegensatz zum früheren Recht (hierzu s. etwa OLG Zweibrücken ZMR 2002, 786; BayObLG ZMR 2001, 473; 2003, 370; 2004, 764) nach § 309 ZPO keine Richter an der Entscheidung mitwirken, die an der mündlichen Verhandlung nicht teilgenommen haben. Da der Sachverhalt nicht mehr von Amts wegen zu ermitteln ist, kann allerdings jetzt ohne weiteres nach § 128 Abs. 2 ZPO auf die mündliche Verhandlung verzichtet werden. Für das Protokoll über die mündliche Verhandlung gelten §§ 159 ff. ZPO nun nicht mehr, wie nach § 44 Abs. 2 WEG a.F. nur für Vergleiche, sondern insgesamt. Erklärungen der Parteien nach § 160 Abs. 3 Nr. 3 ZPO müssen daher künftig verlesen werden. Ferner gelten jetzt die Präklusionsregeln der §§ 296, 296a ZPO. Erst nach den dort genannten Zeitpunkten zur Akte gereichter Vortrag darf mithin ohne Wiedereintritt in die mündliche Verhandlung nicht mehr berücksichtigt werden. Ferner gilt die Frist des § 310 Abs. 1 S. 2 ZPO für das Absetzen der Entscheidung.

b) Beweiserhebung und -würdigung

Auch Beweiserhebung und -würdigung richten sich nunmehr ausschließlich nach zivilprozessualen Grundsätzen (§§ 355 ff. ZPO). Die Tatsachenfeststellung im Wege des **Freibeweises** etwa durch formlose Ermittlungen scheidet daher künftig aus. Das Gericht kann sich nur noch im Wege des **Strengbeweises**, also durch Augenscheinseinnahme, Parteivernehmung, Zeugen-, Sachverständigen- oder Urkundenbeweis Gewissheit über die Richtigkeit einer bestrittenen Behauptung verschaffen. Anders als nach früherem, vom Amtsermittlungsgrundsatz beherrschtem Recht ist eine Beweiserhebung deshalb von der fristgerechten Zahlung eines Auslagenvorschusses abhängig. Andernfalls ist die beweisbelastete Partei nach Maßgabe des § 379 ZPO mit dem Beweismittel ausgeschlossen. Die Vernehmung nicht benannter Zeugen ist ausgeschlossen. Ohne Einschränkung möglich ist auch die Durchführung eines **selbständigen Beweisverfahrens** nach §§ 485 ff. ZPO (vgl. OLG Köln NJW-RR 1991, 851). Die Möglichkeit der Parteidisposition über Beweismittel, etwa bei der Wahl des Sachverständigen nach § 404 Abs. 4 ZPO ist nunmehr unbeschränkt. Die **Vernehmung einer Partei** setzt künftig eine gewisse Wahrscheinlichkeit für die Richtigkeit behaupteter Tatsachen voraus und darf nicht ohne eine solche als Maßnahme der Amtsermittlung durchgeführt werden. Keine Unterschiede zum früherem Recht ergeben sich bei der Würdigung der erhobenen Beweise, da diese schon früher allgemeinen zivilprozessualen Regeln folgte. Das Gericht ist also, sofern das Gesetz dies nicht ausdrücklich vorsieht, grundsätzlich nicht an Beweisregeln o.Ä. gebunden, sondern hat die Beweise frei zu würdigen. Maßgeblich ist dabei seine Überzeugung, ob eine streitige Tatsache feststeht. Sofern gesetzliche Beweisregeln existieren (etwa zur Beweiskraft einer Urkunde nach §§ 416, 439 Abs. 3 ZPO), ist ihre Geltung aber nicht mehr durch den Amtsermittlungsgrundsatz eingeschränkt (vgl. insoweit noch BayObLG NJW-RR 2002, 1453 f. = ZMR 2002, 609). **112**

3. Die Beiladung

a) Der Grundgedanke der Beiladung

Die Rechte der Wohnungseigentümer bzw. des Verwalters können durch die Entscheidung in einer Streitigkeit nach § 43 WEG auch dann berührt sein, wenn sie nicht selbst klagen oder verklagt werden. So ist etwa die Verschlechterung des optischen Gesamteindrucks, die Verschattung oder ein anderer Nachteil aufgrund einer baulichen Veränderung oftmals für alle Wohnungseigentümer gleich gravierend. Wer dagegen vorgeht, ist nicht selten eher eine Frage persönlicher Motive und Befindlichkeiten. Wirkt eine Ent- **113** scheidung in diesen Streitigkeiten, wie in § 45 Abs. 2 S. 2 WEG a.F. und § 48 Abs. 3 WEG vorgesehen, gleichwohl auch für die nicht als Antragsteller und -gegner bzw. als Kläger und Beklagte in das Verfahren involvierten Wohnungseigentümer, müssen sie in irgendeiner Weise hieran beteiligt werden. Dies geschah nach altem Recht durch § 43 Abs. 4 WEG a.F., wonach neben Antragsteller und Antragsgegner auch die anderen Wohnungseigentümer bzw. der Verwalter am Verfahren zu beteiligen war. Den Grundgedanken dieser Regelung will § 48 WEG in den Zivilprozess übertragen. Danach müssen Wohnungseigentümer und Verwalter in einigen Verfahren nach § 43 WEG beigeladen werden, auch wenn sie nicht Prozessparteien sind (BT-Drucks. 16/887 S. 39). Auf diesem Wege soll ihnen insbesondere rechtliches Gehör gewährt werden (BT-Drucks. 16/887 S. 74). Dieser Zielsetzung kann § 48 Abs. 1 bis 3 WEG freilich nur ungenügend gerecht werden, da dem die Zwei-Parteien-Systematik des Zivilprozesses entgegensteht.

b) Die Stellung der Beigeladenen

114 Mit der Beteiligung nach § 43 Abs. 4 WEG a.F. waren erhebliche Einwirkungsmöglichkeiten auf Verfahren und gerichtliche Entscheidung gegeben. Jeder Beteiligte konnte unabhängig vom Antragsteller und Antragsgegner eigenen Sachvortrag in das Verfahren einbringen, den das Gericht, hatte es den Sachverhalt doch von Amts wegen aufzuklären, berücksichtigen musste. Der Bindung an die Entscheidung nach § 45 Abs. 2 S. 2 WEG a.F. standen also adäquate Einwirkungsmöglichkeiten gegenüber, mit denen jeder Beteiligte den Ausgang des Verfahrens beeinflussen konnte. Dies ist nach der Zwei-Parteien-Systematik des Zivilprozesses nicht mehr ohne Weiteres möglich. Verfahren nach § 43 WEG sind nunmehr Zivilprozesse, in denen das Gericht den Vortrag der Parteien seiner Entscheidung zu Grunde legen muss. Die Parteien müssen den Vortrag der Beigeladenen, sofern er ihrer Position günstig ist, übernehmen, ansonsten ist es unerheblich.

115 Die begrenzte Einwirkungsmöglichkeit des Beigeladenen soll durch die Möglichkeit des Beitritts verbessert werden. Der Beitritt kann jederzeit, noch in der Rechtsmittelinstanz erfolgen (Jennißen/Suilmann § 48 Rn. 23). Gesetz und Materialien äußern sich zu ihrer Wirkung nicht. Deshalb ging die überwiegende Meinung zunächst davon aus, dass sie am ehesten der Nebenintervention gem. § 66 Abs. 1 ZPO entspricht (s. etwa AG Rastatt ZMR 2008, 923; Abramenko § 7 Rn. 20; Schmid/Kahlen WEG, 2007, § 48 Rn.; Niedenführ/Kümmel/Vandenhouten § 48 Rn. 11; Sauren NZM 2007, 859; wohl auch Bärmann/Pick/Merle § 48 Rn. 6). Diese Einschätzung wurde durch den Umstand erhärtet, dass die Materialien die Stellung der Beigeladenen zutreffend mit derjenigen der Nebenintervention vergleichen (BT-Drucks. 16/887 S. 40). Dies würde aber an der Zuschauerrolle des Beigeladenen wenig ändern. Die Möglichkeit der Unterstützung durch Beitritt nach § 48 Abs. 2 S. 2 WEG würde die beschränkten Einwirkungsmöglichkeiten des Beigeladenen nicht erweitern. Denn dann kann sich der Beigeladene nach § 67 ZPO mit seinen Erklärungen und Handlungen nicht in Widerspruch zur Hauptpartei setzen. Der Vortrag der Partei geht vor (Baumbach/Lauterbach/Hartmann § 67 Rn. 8; Zöller/Vollkommer § 67 Rn. 9; Musielak/Weth § 67 Rn. 9; Abramenko AnwBl 2007, 403 f.; Niedenführ/Kümmel/Vandenhouten § 48 Rn. 11). Auch Rechtsmittel könnte der Beigeladene nicht gegen den Willen der Partei einlegen. Diesem misslichen Ergebnis ist Suilmann mit dem Vorschlag entgegengetreten, den Beitritt als streitgenössische Nebenintervention gem. § 69 ZPO aufzufassen ((Jennißen/Suilmann § 48 Rn. 26 ff.). Dieser Vorschlag überzeugt. Damit stehen dem Beigetretenen alle Rechte der Hauptpartei zu. Er kann somit wirksam Prozesshandlungen vornehmen und Beweis anbieten (Jennißen/Suilmann § 48 Rn. 28). Ferner kann er ein Anerkenntnis der Hauptpartei verhindern (Jennißen/Suilmann § 48 Rn. 29). Nicht verhindern kann er lediglich die Klagerücknahme und einen Vergleich zwischen den Hauptparteien (Jennißen/Suilmann § 48 Rn. 31). Dies berührt seine Rechtsstellung allerdings nicht, da er hieran nicht gebunden ist. Als Streithelfer hat er im Falle des Obsiegens gem. § 101 Abs. 1 ZPO einen Kostenerstattungsanspruch und ist umgekehrt im Falle des Unterliegens gem. §§ 101 Abs. 2, 100 Abs. 1 ZPO nach Kopfteilen an den Kosten des Gegners zu beteiligen (Jennißen/Suilmann § 48 Rn. 34 f.).

c) Die Wirkung der Rechtskraft (§ 48 Abs. 3 WEG)

Die beschränkte Einwirkungsmöglichkeit auf den Prozess Dritter wäre hinzunehmen, wenn dem Beigeladenen die Wahrnehmung eigener Rechte in einem anderen Verfahren erhalten bliebe. Das ist indessen nicht der Fall. Nach § 48 Abs. 3 WEG erstreckt sich die Rechtskraft des Urteils in diesem Verfahren auch auf die Beigeladenen. Das lässt sich nur dahingehend verstehen, dass ihnen ein auf den gleichen anspruchsbegründenden Tatsachen beruhendes Vorgehen abgeschnitten sein soll, wovon auch die Materialien ausgehen (BT-Drucks. 16/887 S. 74). Könnte jeder Wohnungseigentümer seine identischen Ansprüche nur aufgrund der Personenverschiedenheit getrennt verfolgen, käme § 48 Abs. 3 WEG nämlich nie zum Tragen. Selbst diese Rechtskrafterstreckung wäre wenig problematisch, könnte der Beigeladene wie der Nebenintervenient nach § 68 ZPO wenigstens einwenden, dass er durch die Erklärungen und Handlungen der Hauptpartei an der Geltendmachung von Angriffs- oder Verteidigungsmitteln gehindert worden sei. Diese Möglichkeit besteht indessen weder nach dem Wortlaut noch nach den Materialien des Gesetzes. Nach § 48 Abs. 3 WEG wirkt die Rechtskraft einer Entscheidung im Verfahren nach § 43 WEG gegen den Beigeladenen, ohne dass er die Rüge unrichtiger Prozessführung erheben kann; ihm bleibt nur die streitgenössische Nebenintervention. Zugleich erstreckt § 48 Abs. 3 WEG die Wirkung der Rechtskraft nach § 325 ZPO auch auf die Rechtsnachfolger der Beigeladenen. Dies ist eine konsequente Folgeregelung, da § 325 ZPO nur die Parteien, nicht aber die dem Zivilprozess unbekannten Beigeladenen nennt (zur gesetzlichen Verfahrensstandschaft des Veräußerers für den Erwerber analog § 265 Abs. 2 ZPO nach altem Recht vgl. BGH ZMR 2001, 810 f.; BayObLG ZMR 2001, 42; NJW-RR 2002, 949; ZMR 2003, 367 f.; LG Hamburg ZMR 2004, 863 zur Rechtskrafterstreckung analog § 325 Abs. 1 ZPO nach altem Recht s. BayObLG WuM 1991, 632). Der künftige Eigentümer ist daher nicht zu beizuladen, kann aber als Streitgenosse analog § 66 ZPO auf Seiten des Veräußerers beitreten. 116

d) Rechtswahrung der anderen Wohnungseigentümer

Sofern die Rechtsprechung nicht über die streitgenössische Nebenintervention zu einer Korrektur der misslungenen Fassung von § 48 Abs. 3 WEG gelangt, ist davon auszugehen, dass im Wege der Beiladung eine wirkungsvolle Rechtsverteidigung nicht gewährleistet ist. Will der Wohnungseigentümer, der beim Vorgehen eines Miteigentümers von der Rechtskrafterstreckung auf der Klägerseite betroffen wäre, sicher gehen, muss er eine eigene Klage erheben. Nur die Stellung des Klägers gewährleistet im Parteiprozess, dass sein Vorbringen unbeschränkt Berücksichtigung finden kann. Genau entgegengesetzt hat der Beklagte zu agieren. Er muss auf die Beiladung der anderen Wohnungseigentümer hinwirken, um eine Erstreckung der Rechtskraft nach § 48 Abs. 3 WEG zu erreichen und weitere Klagen in derselben Angelegenheit zu vermeiden. 117

e) Die Durchführung der Beiladung

Nach § 48 Abs. 1 S. 1 WEG sind »die übrigen Wohnungseigentümer«, die nicht auf Kläger- oder Beklagtenseite stehen, beizuladen, ferner nach § 48 Abs. 1 S. 2 WEG der Verwalter, sofern er nicht Partei ist. Die Veräußerung des Wohnungseigentums verändert die Stellung des Beigeladenen nach § 48 Abs. 2 S. 3 WEG i.V.m. § 265 Abs. 2 ZPO nicht. Dieser Regelung bedurfte es, da die ZPO diese Form der Beteiligung an einem Prozess nicht 118 kennt und folglich auch nicht regelt. I.Ü. ist § 48 Abs. 1 S. 1 WEG wie die Vorgängernorm zur Beiladung (§ 43 Abs. 4 WEG a.F.) unvollständig. Der Kreis der Beizuladenden ist nicht abschließend aufgeführt. So sind etwa auch zur Verwaltung des Vermögens, dem das Wohnungs- oder Teileigentum zugehört, Berechtigte wie Testamentsvollstrecker, Zwangs- oder Insolvenzverwalter kraft Amtes beizuladen (Elzer/Hügel § 13 Rn. 194). Ebenso wenig kann auf eine Beteiligung des ausgeschiedenen Verwalters verzichtet werden, wenn die Streitigkeit gerade seine Rechtsstellung berührt (BayObLG ZMR 2003, 763; 2004, 598). Entsprechendes gilt für einen nicht aus dem Kreise der Eigentümer stammenden Verwaltungsbeirat, wenn etwa seine Wahl oder Entlastung Gegenstand des Streites ist (vgl. BayObLG NJW 1972, 1377). Der Gesamtrechtsnachfolger ist kraft Gesetzes Eigentümer und somit schon vor der Eintragung in das Grundbuch zu beteiligen (BayObLG WE 1994, 153). Ausdrücklich geregelt ist in § 48 Abs. 1 S. 1 letzter Halbs. WEG dagegen nunmehr, dass die Beiladung nicht erforderlich ist, wenn ausschließlich Individualansprüche eines Eigentümers gegen einen anderen (vgl. OLG Hamm ZMR 1996, 41; OLG Hamburg ZMR 2001, 135) oder gegen den Verwalter (vgl. BGHZ 115, 255 f.; OLG Hamburg ZMR 2001, 135; BayObLG ZMR 2000, 314 f.; 2003, 514) geltend gemacht werden, die die anderen Miteigentümer in keinem Fall berühren. Bei Beschlussanfechtungsverfahren ist der Verwalter nach § 48 Abs. 1 S. 2 WEG zwingend selbst beizuladen, nicht nur als Vertreter der Wohnungseigentümer (vgl. OLG Köln ZMR 2002, 973).

f) Die Beiladung nach einem Verwalterwechsel

119 Der Verwalter ist in Beschlussanfechtungsverfahren auch dann nach § 48 Abs. 1 S. 2 WEG beizuladen, wenn der angefochtene Beschluss vor seiner Bestellung gefasst wurde. Denn er hat bestandskräftige Beschlüsse auszuführen und ist somit in seinen Rechten und Pflichten betroffen (BGH NJW 1998, 755). Wie nach altem Recht dürfte der abberufene Verwalter beizuladen sein, wenn er etwa einen Anfechtungsgrund schuldhaft herbeigeführt haben soll und somit gleichfalls in seiner Rechtsstellung betroffen sein kann (BGH NJW 1998, 755 f.; BayObLG ZMR 2004, 598). Dies gilt um so mehr, als er nach § 49 Abs. 2 WEG mit den Kosten des Verfahrens belastet werden kann.

g) Die Beteiligung des teilrechtsfähigen Verbandes als Antragsteller oder Antragsgegner

120 Soweit der teilrechtsfähige Verband selbst Rechte einklagt oder umgekehrt wegen seiner Pflichten verklagt wird, kann er zwar nach § 43 Nr. 2 WEG Partei sein. Eine Beiladung des Verbandes sieht das Gesetz nicht vor. Für sie besteht auch keine Notwendigkeit; vielmehr würde sie zusätzliche Fehlerquellen schaffen (a.A. Elzer/Hügel § 13 Rn. 204). Daher hat seine Beiladung zu unterbleiben, selbst wenn seine Rechte – etwa bei Anfechtung des Wirtschaftsplans – betroffen sind.

h) Die Form der Beiladung

121 Nach § 48 Abs. 2 S. 1 WEG erfolgt die Beiladung durch Zustellung der Klageschrift und der Verfügungen des Vorsitzenden. Hieraus folgt, dass die Parteien nach § 133 Abs. 1 S. 1 ZPO, sofern kein Verwalter oder Ersatzzustellungsvertreter bestellt ist, eine entsprechende Anzahl von Abschriften beizufügen haben. Geschieht dies nicht, können die Abschriften nunmehr nach § 28 Abs. 1 S. 2 GKG auf ihre Kosten angefertigt werden. Sofern kein Fall der Interessenkollision vorliegt, genügt aber nach § 27 Abs. 2 Nr. 1 WEG die Zustellung an den Verwalter, dem nur ein Schriftstück zugestellt werden muss (Niedenführ/Kümmel/Vandenhouten § 27 Rn. 56). Entsprechendes gilt für den Ersatzzustellungsvertreter (Niedenführ/Kümmel/Vandenhouten § 45 Rn. 16). Im Gegensatz zum früheren Recht kann ein Beigeladener in einem Zivilprozess zwischen Dritten keine eigenen Anträge stellen, so dass die alte Rechtsprechung, die für diesen

Fall eine Zustellung an ihn selbst verlangte (KG ZMR 2000, 699) jedenfalls in diesem Zusammenhang obsolet ist.

i) Rechtsmittel gegen eine fehlerhafte Beiladung

Die Korrektur von Fehlern der Beiladung wird erheblich von der entsprechenden Praxis bei Fehlern der Beteiligung abweichen. Nach früherem Recht wurden Fehler der Beteiligung **im Zusammenhang mit der Hauptsacheentscheidung** korrigiert. Sie wurden als wesentlicher, in der sofortigen weiteren Beschwerde zur Aufhebung und Zurückverweisung führender Verfahrensfehler angesehen, wobei es noch nicht einmal einer Rüge bedurfte (OLG Zweibrücken NJW-RR 1987, 1367; BayObLG NJW-RR 1991, 850; KG ZMR 1997, 542; OLG Hamburg ZMR 2008, 149; a.A. offenbar OLG München ZMR 2007, 995). Somit konnten derartige Fehler auch einem hierdurch gar nicht belasteten Beteiligten einen zweiten Anlauf in den Tatsacheninstanzen bescheren. Ein gänzlich anderes System der Fehlerkorrektur ergibt sich nach neuem Recht. Nach § 48 Abs. 3 WEG »wirkt das rechtskräftige Urteil auch für und gegen alle beigeladenen Wohnungseigentümer«. Daraus folgt einerseits, dass der nicht ordnungsgemäß beigeladene Wohnungseigentümer auch nach Rechtskraft des Urteils nicht gebunden ist. Mangels ordnungsgemäßer Beiladung kann er trotz Klageabweisung etwa einen Beseitigungsanspruch in einem weiteren Verfahren nochmals geltend machen. Andererseits ist damit klargestellt, dass dies die einzige vom Gesetzgeber gewollte Folge einer fehlerhaften Beiladung sein soll. Insbesondere begründet sie keinen Verfahrensmangel mehr, auf den sich ein ordnungsgemäß am Verfahren Beteiligter berufen kann. Das ergibt sich i.Ü. auch aus allgemeinen zivilprozessualen Grundsätzen. Denn Grundlage der Entscheidung ist im Zivilprozess nur der Parteivortrag, so dass der Mitwirkung anderer Wohnungseigentümer grundsätzlich keine streitentscheidende Bedeutung mehr zukommen kann. Damit ist die unterlassene Beiladung eines Wohnungseigentümers aber für die Richtigkeit der Entscheidung zwischen den Parteien unerheblich. Im Zusammenhang mit der Anfechtung der Hauptsache stellt die fehlerhafte Beiladung also keinen Mangel dar, der zum Erfolg eines Rechtsmittels führen kann. **122**

Ist der Verzicht auf die Beiladung nach § 48 Abs. 1 S. 1 WEG nicht mit der Hauptsacheentscheidung angreifbar, bleibt nur die **Anfechtung der Entscheidung über die Beiladung** selbst. Dies bereitet keine Schwierigkeiten, wenn der Beklagte die Beiladung ausdrücklich beantragt hat. Lehnt das Amtsgericht dies nämlich ab, wird ein das Verfahren betreffendes Gesuch zurückgewiesen, wogegen die sofortige Beschwerde nach § 567 Abs. 1 Nr. 2 ZPO zulässig ist. Bleibt sie erfolglos, kann der Beklagte den anderen Wohnungseigentümern den Streit verkünden. Dies zieht zwar nicht die Erstreckung der Rechtskraft, aber immerhin die Nebeninterventionswirkung des § 68 ZPO nach sich. Hingegen ist eine fehlerhafte, weil entbehrliche Beiladung nicht anfechtbar. Hierdurch erleidet aber auch keine Seite prozessuale Nachteile: Für die Rechtsverfolgung durch den Kläger ist sie nicht schädlich und dem Beklagten kommt die Bindungswirkung sogar zugute. **123**

j) Verfahren ohne Beiladung

Die Beiladung von Wohnungseigentümern findet nach § 48 Abs. 1 S. 1 WEG nur in Verfahren nach § 43 Nr. 1 und 3 WEG statt. In Anfechtungsverfahren versteht sich dies schon deswegen von selbst, da die Klage gegen alle anderen Wohnungseigentümer gerichtet ist (BT-Drucks. 16/887 S. 75). Da sie schon als Beklagte am Verfahren beteiligt sind, ist eine Beiladung überflüssig. Allerdings soll der Verwalter aus Gründen der Rechtskrafterstreckung gem. § 48 Abs. 3 WEG auch in Verfahren nach § 43 Nr. 3, 4 WEG beizuladen sein, wenn er nicht selbst Partei ist (BGH ZMR 2010, 547). Der Beiladung **124** des teilrechtsfähigen Verbandes bedarf es nicht (a.A. offenbar für die Beiladung nach altem Recht OLG Hamm ZMR 2009, 217). Problematischer erscheint es, dass es auch in Streitigkeiten mit dem Verband nach § 43 Nr. 2 WEG der Beiladung der Wohnungseigentümer nach § 48 Abs. 1 S. 1 WEG nicht zwingend bedarf. Damit kodifiziert die Novelle zwar die schon bisher überwiegende Auffassung, die in Streitigkeiten des Verbandes nur diesen als Verfahrensbeteiligten ansah und die Beteiligung der Wohnungseigentümer ablehnte (Wenzel ZWE 2006, 10; Abramenko ZMR 2005, 750). Diese Regelung übersieht aber, dass der Verband nach § 10 Abs. 6 S. 3 WEG nunmehr auch Ansprüche geltend machen kann, die bislang Individualansprüche waren. Macht etwa der hierzu ermächtigte Verband Ansprüche auf Beseitigung einer baulichen Veränderung geltend, kommt es zu derselben Situation wie bei der Verfolgung dieses Anspruchs durch einzelne Eigentümer. In diesen Fällen sollte § 48 Abs. 1 WEG analog angewandt werden.

125 Darüber hinaus bedarf es der Beiladung nach § 48 Abs. 1 S. 1 WEG ausnahmsweise auch **bei fehlender rechtlicher Betroffenheit** in Verfahren nach § 43 Nr. 1, 3 WEG nicht. Dies ist dann der Fall, wenn die rechtlichen Interessen der Miteigentümer hiervon erkennbar nicht betroffen sind. Dies kann etwa bei reinen Nachbarstreitigkeiten der Fall sein. Insoweit kann auf die Rechtsprechung zurückgegriffen werden, wonach auch die Beteiligung nach § 43 Abs. 4 WEG a.F. entbehrlich war. Demnach ist eine Beiladung nicht erforderlich, wenn ausschließlich Individualansprüche eines Eigentümers gegen einen anderen (BayObLG NJW-RR 1990, 661; OLG Hamm ZMR 1996, 41; OLG Hamburg ZMR 2001, 135; OLG München ZMR 2007, 810; 2008, 656) geltend gemacht werden, die die anderen Miteigentümer in keinem Fall berühren. Dies ist etwa bei typisch nachbarrechtlichen Streitigkeiten etwa um Trittschall (BayObLG NJW-RR 1990, 661; OLG München ZMR 2007, 810; OLG Düsseldorf ZMR 2008, 224) anzunehmen, ferner bei Schadensersatzansprüchen gegen einzelne Miteigentümer (OLG Hamm ZMR 1996, 41; OLG Hamburg ZMR 2001, 135). Entsprechendes gilt bei Verfahren gegen den Verwalter (BGHZ 115, 255 f.; OLG Zweibrücken NJW-RR 1991, 1301; OLG Hamburg ZMR 2001, 135; BayObLG ZMR 2000, 314 f.; 2003, 514), wenn etwa alleine um die Verwaltung von Sondereigentum gestritten wird (OLG Saarbrücken ZMR 2008, 241). Dies ist allerdings bei Streitigkeiten, die das gesamte Gemeinschaftseigentum, etwa dessen zweckwidrige Nutzung (OLG Köln NJW-RR 2007, 87), betreffen, grundsätzlich nicht anzunehmen. Auch beim bloßen Streit um die Kosten nach Rücknahme des Sachantrags (BayObLG WE 1991, 289) kann auf die Beteiligung der anderen Wohnungseigentümer verzichtet werden. Der Beteiligung des amtierenden Verwalters bedarf es ferner nicht, wenn es sich bei einem Verfahren nach § 43 Nr. 3 WEG um eine persönliche Streitigkeit mit dem alten Verwalter handelt.

4. Die Prozessverbindung in Beschlussanfechtungsverfahren

a) Die Problematik

126 Wird ein Eigentümerbeschluss von verschiedenen Anfechtungsberechtigten im Verfahren nach § 43 Nr. 4 WEG angegriffen, können die Entscheidungen in den Verfahren nicht unterschiedlich ergehen. Denn ein Eigentümerbeschluss kann nur allen Wohnungseigentümern gegenüber ungültig oder unwirksam sein. Dies konnte in der Praxis zu erheblichen Unstimmigkeiten führen, wenn unbemerkt zwei verschiedene Anfechtungen vor unterschiedlichen Spruchkörpern anhängig waren. Deshalb kodifiziert § 47 S. 1 WEG im Wesentlichen die bisherige Rechtsprechung, wonach die Verfahren zu verbinden sind, wenn ein Beschluss von zwei oder mehr Wohnungseigentümern angefochten wird (KG WuM 1993, 93 f.; BayObLG ZMR 2003, 590; OLG München ZMR 2007, 396; LG Frankfurt NJW-RR 1987, 1424).

b) Voraussetzungen der Verbindung

Identische Verfahrensziele, etwa die Klage zweier Miteigentümer auf Beseitigung einer baulichen Veränderung, alleine erfüllen die Voraussetzungen einer Prozessverbindung nach § 47 S. 1 WEG nicht. Es muss sich um **Anfechtungsklagen nach § 43 Nr. 4 WEG** handeln. In anderen Verfahren kommt zwar nach allgemeinen zivilprozessualen Grundsätzen nur eine Prozessverbindung nach § 147 ZPO in Betracht, die im Ermessen des Gerichts steht. Sofern § 47 S. 1 WEG von der »Erklärung oder Feststellung der Ungültigkeit« redet, sind damit die konstitutive Ungültigerklärung bei bloßer Anfechtbarkeit und die deklaratorische Feststellung der Nichtigkeit gemeint. Hierauf dürfte sich die zwingende Verbindung von Verfahren nach § 43 Nr. 4 WEG allerdings nicht beschränken. Sind zwei Verfahren auf Feststellung des Inhalts desselben Eigentümerbeschlusses anhängig, besteht gleichfalls die Gefahr widersprechender Entscheidungen und die Notwendigkeit einer einheitlichen gerichtlichen Klärung. Denn derselbe Beschluss kann nicht für den einen Wohnungseigentümer einen anderen Inhalt haben als für den anderen. Es empfiehlt sich daher wie bei der Zuständigkeitsregelung des § 43 Nr. 4 WEG eine weite Auslegung des Verbindungsgebotes in § 47 S. 1 WEG. Es muss neben der eigentlichen Anfechtung von Eigentümerbeschlüssen bzw. der Feststellung ihrer Nichtigkeit auch den Antrag, ihre Wirksamkeit oder ihren Inhalt (OLG Köln OLGZ 1979, 284; BayObLG ZMR 2004, 126) festzustellen oder das Protokoll zu berichtigen, umfassen. Dasselbe muss für die Feststellung des Beschlussergebnisses gelten, wenn der Versammlungsleiter die konstitutive Verkündung des Beschlussergebnisses unterlassen hat. Denn ein Beschlussergebnis kann nicht für den einen Wohnungseigentümer anders als für den anderen festgestellt werden. 127

Die Verbindung nach § 47 S. 1 WEG setzt ferner die **Anfechtung desselben Beschlusses** voraus. Er darf also nicht nur inhaltsgleich sein. Dies ergibt sich auch schon daraus, dass der inhaltsgleiche Zweitbeschluss unter anderen Fehlern leiden kann als der erste Beschluss, so dass unterschiedliche Entscheidungen durchaus denkbar sind. Die Klage muss über den Wortlaut hinaus auch denselben Bestandteil des Beschlusses betreffen. Wird die Genehmigung der Jahresabrechnung wegen unterschiedlicher Kostenpositionen angefochten, bedarf es keiner Verbindung nach § 47 S. 1 WEG, auch wenn es sich um denselben Beschluss handelt. Denn der Gegenstand beider Verfahren ist nicht identisch, so dass einander widersprechende Entscheidungen nicht zu befürchten stehen. Gleichgültig ist dagegen bei Identität des Beschlussgegenstandes die Zielrichtung der Klage. Begehrt ein Wohnungseigentümer die Ungültigerklärung eines Beschlusses und ein anderer die Feststellung seines Inhalts, ist nach § 47 S. 1 WEG zu verbinden. Denn es droht mit der Feststellung eines bestimmten Beschlussinhalts eine der Ungültigerklärung widersprechende Entscheidung. Soweit die Kläger nur teilweise dieselben Beschlüsse anfechten, kann es sich zur Verfahrensvereinfachung empfehlen, die Verfahren mit unterschiedlichem Gegenstand abzutrennen und nur die Anfechtungen hinsichtlich derselben Beschlüsse zu verbinden. 128

Die Verbindung setzt ferner voraus, dass die Anfechtenden **gleichgerichtete Interessen** vertreten (vgl. AG Hamburg-Harburg ZMR 2008, 919 f.; a.A. wohl Jennißen/Suilmann § 47 Rn. 3). Dies ist trotz Anfechtung desselben Beschlusses nicht zwingend der Fall. Ficht ein Eigentümer eine Maßnahme nur wegen der Kosten hierfür an, der andere deswegen, weil er sie selbst als unrechtmäßig ansieht, so liegen keine gleichgerichteten Interessen vor. Eine Verbindung ist dann nicht zwingend. 129

130 **Praxistipp:**

Liegen die Voraussetzungen des § 47 S. 1 WEG vor, besteht **kein Ermessen des Gerichts** in der Frage der Prozessverbindung. Die Verfahren sind zu verbinden (vgl. schon zum alten Recht OLG Köln ZMR 2007, 556). Damit dürfte auch die zweifelhafte Rechtsprechung zu »Pilotverfahren« (OLG Köln ZMR 2005, 404), wonach die Parteien nur ein Verfahren betreiben und die anderen ruhen lassen können, hinfällig geworden sein.

c) Folgen der Verbindung

131 Der Wortlaut von § 47 S. 1 WEG, wonach die Prozesse »zur gleichzeitigen Verhandlung zu verbinden« sind, suggeriert eine Nähe zu § 147 ZPO, die indessen nicht besteht. Die Verbindung nach § 147 ZPO steht im Ermessen des Gerichts. Sofern nicht ausnahmsweise die Voraussetzungen der notwendigen Streitgenossenschaft vorliegen, ändert die Verbindung nach § 147 ZPO nichts daran, dass es sich rechtlich weiterhin um selbstständige Prozesse handelt. Sie können nach § 150 ZPO auch wieder getrennt werden. Dass die Verbindung nach § 47 WEG auf einen engeren Zusammenhang hinausläuft, ergibt sich schon aus § 47 S. 2 WEG. Denn dort ist von den »vorher selbstständigen Prozesse(n)« die Rede. Die ursprünglichen Anfechtungsklagen bilden nunmehr also ein einheitliches Verfahren. Eine Trennung kommt nicht mehr in Betracht. Darüber hinaus werden die Anfechtungsklagen nicht nur gleichzeitig verhandelt, sondern auch gleichzeitig entschieden, da es sich nach der Verbindung nur noch um ein Verfahren handelt. Nach der Rechtsprechung des BGH, nach der verspätete Anfechtungsklagen einzelner Wohnungseigentümer unabhängig vom Ergebnis der fristgerechten Klagen abgewiesen werden können (BGH ZMR 2009, 700; vgl. § 46 Rn. 6), kann allerdings eine unzulässige Klage durch Teilurteil abgewiesen werden (Jennißen/Suilmann § 47 Rn. 9).

132 Nach § 47 S. 2 WEG bewirkt die Verbindung, dass die Kläger »als Streitgenossen anzusehen sind«. Sie scheiden somit in den Anfechtungsprozessen der anderen Kläger aus der Beklagtenstellung aus und nehmen ausschließlich die Klägerrolle ein. Auch wenn Gesetz und Materialien den Begriff der Streitgenossenschaft nicht näher ausführen, handelt es sich bei den Klägern um notwendige Streitgenossen gem. § 62 ZPO. Denn die Anfechtungsklagen können, wie bereits ausgeführt, nur einheitlich entschieden werden (BGH ZMR 2009, 699). Denn die Anfechtungsklagen können, wie bereits ausgeführt, nur einheitlich entschieden werden. Ein Versäumnis- bzw. Anerkenntnisurteil darf nur ergehen, wenn die Voraussetzungen hierfür bei jedem Beklagten vorliegen (Jennißen/Suilmann § 47 Rn. 16). Das Anerkenntnis einzelner Wohnungseigentümer im Anfechtungsverfahren ist wegen der notwendigen Streitgenossenschaft aller Beklagten unbeachtlich (AG Charlottenburg ZMR 2010, 644). Dies soll aber nicht ausschließen, dass bei Fristversäumnis durch einzelne Anfechtungskläger abweichende Entscheidungen ergehen. So soll bei Versäumung der Klagefrist durch einen von mehreren Klägern dessen Klage als unbegründet abgewiesen werden (BGH ZMR 2009, 700). Ebenso soll die rechtzeitige Begründung der Anfechtungsklage durch einen Streitgenossen nach deren Rücknahme den verbleibenden Klägern nicht zugute kommen (BGH ZMR 2009, 699 f.). Die Wirkung des § 48 Abs. 3 WEG trifft aber alle Wohnungseigentümer (BGH ZMR 2009, 700). Möglich ist dann erst recht die Klagerücknahme durch einen Streitgenossen (BGH ZMR 2009, 700).

d) Rechtsmittel und unangefochtene Unterlassung der Verbindung

133 § 47 WEG trifft keine eigene Regelung zu Rechtsmitteln gegen die Entscheidung über die *Verbindung. Demnach gelten* die *allgemeinen* zivilprozessualen Regeln. Begehrt eine Partei die Verbindung, ist dies »ein das Verfahren betreffendes Gesuch«. Wird es zurückge-

wiesen, ist daher nach § 567 Abs. 1 ZPO die sofortige Beschwerde zulässig. Hingegen ist gegen die Vornahme einer Verbindung kein Rechtsmittel eröffnet.

Offen lässt das Gesetz, welche Folgen es hat, wenn eine gebotene Verbindung unter- 134
lassen wurde und diese Entscheidung nicht angegriffen wurde. Da § 47 WEG im Wesentlichen nur die frühere Judikatur zur Behandlung paralleler Beschlussanfechtungen kodifiziert, wird man insoweit auf die Rechtsprechung zum früheren Recht zurückgreifen können. Bei ordnungsgemäßer Beiladung aller Wohnungseigentümer am ersten Verfahren zieht demnach dessen rechtskräftige Entscheidung die Erledigung des noch nicht entschiedenen Verfahrens nach sich, da die Entscheidung nur gegen alle Eigentümer einheitlich ergehen kann (Elzer/Hügel § 13 Rn. 191; vgl. BayObLG ZMR 2003, 590 f.; ZMR 2004, 604; OLG München ZMR 2007, 396; OLG Köln ZMR 2007, 556 f.). Da ein Fehler des Gerichts vorlag, wird man auch die nach altem Recht zugelassenen Ausnahmen von diesem Grundsatz übernehmen können (vgl. BayObLG ZMR 2004, 604). Umgekehrt wird man jedem Wohnungseigentümer die Möglichkeit eines Rechtsmittels auch gegen die Entscheidung im Parallelverfahren einräumen müssen, damit er die Rechtskraftwirkung für sein Verfahren abwenden kann (vgl. BayObLG ZMR 2003, 590 f.).

5. Der Hinweis auf erkennbar übersehene Nichtigkeitsgründe

Eine Sonderregelung richterlicher Hinweispflichten für die Anfechtungsklage enthält 135
§ 46 Abs. 2 WEG, wonach das Gericht den Kläger, der eine zur Beschlussnichtigkeit führende Tatsache erkennbar übersehen hat, hierauf hinweisen muss. Diese Vorschrift ist wohl zumindest überflüssig (ähnlich Hinz ZMR 2005, 278; Dötsch ZMR 2008, 433). Dass der Kläger den zur Nichtigkeit führenden Umstand »erkennbar« übersehen haben muss, setzt voraus, dass er dem Sachvortrag also ohne Weiteres zu entnehmen ist. Dann kann das Gericht aber ohnehin nur die Nichtigkeit des Beschlusses feststellen. Ein nichtiger Beschluss hat nämlich weder für die Wohnungseigentümer noch für Dritte oder gar das Gericht rechtliche Bedeutung. Entgegen der Entwurfsbegründung (BT-Drucks. 16/887 S. 38) hat dies nichts mit dem nicht mehr geltenden Amtsermittlungsgrundsatz zu tun, sondern ist eine Frage materiellen Rechtes, worauf die Stellungnahme des Bundesrates (BT-Drucks. 16/887 S. 51) zu Recht hinweist. Dem Gericht sind aus verfahrensrechtlichen Gründen lediglich weitere Nachforschungen verwehrt, wenn es Nichtigkeitsgründe nur vermutet. Dann kann § 46 Abs. 2 WEG aber schon deswegen nicht zur Anwendung kommen, da dem Gericht noch gar nicht ersichtlich ist, dass der Kläger die zur Nichtigkeit führenden Tatsachen »erkennbar übersehen« hat. Bedeutung kann der Hinweis nach § 46 Abs. 2 WEG also nur in zwei Fällen erlangen. Der erste betrifft die Konstellation, in der sich der Kläger nicht auf die Nichtigkeit berufen will. Dann kann er aufgrund des Hinweises seinen Vortrag modifizieren, da er im Zivilprozess und somit auch in der Beschlussanfechtung die tatsächlichen Grundlagen der Entscheidung bestimmt (BT-Drucks. 16/887 S. 38; so jetzt auch AG Konstanz ZMR 2008, 498). Bedeutsamer dürfte aber die zweite Konstellation sein, dass der Beschluss auch andere Wohnungseigentümer betrifft, die aber die Anfechtungsfrist haben verstreichen lassen. Nach dem Hinweis auf den übersehenen Nichtigkeitsgrund haben dann auch sie die Möglichkeit, Klage auf Feststellung der Nichtigkeit zu erheben. Sollte dies, wie die Ausführungen in der Gesetzesbegründung nahelegen (BT-Drucks. 16/887 S. 73), gewollt sein, bleibt freilich unklar, weshalb der Hinweis nur dem Kläger zu erteilen ist.

IX. Die Beendigung des Verfahrens ohne Entscheidung in der Hauptsache

136 Die Dispositionsmaxime gestattete es schon nach früherem Recht, das Verfahren durch Rücknahme des Antrags zu beenden. Diese Möglichkeit der **Klagerücknahme** besteht nach wie vor. Allerdings bedarf es hierzu im Gegensatz zum früheren Recht (vgl. KG ZMR 1998, 656; BayObLG WE 1990, 215) jetzt nach Beginn der mündlichen Verhandlung der **Einwilligung des Gegners** gem. §269 Abs. 1 ZPO. Selbstverständlich können sich die Parteien weiterhin vergleichen. Durch die verfahrensrechtliche Umgestaltung der Verfahren nach §43 WEG dürften sich die Möglichkeiten zum **Vergleichsschluss** sogar oftmals erweitern, da diese in weitem Umfang dem Zwei-Parteien-System angeglichen wurden. Etwa bei Streitigkeiten der Wohnungseigentümer untereinander sind nur diese Partei, die Miteigentümer lediglich Beigeladene, nicht mehr gleichberechtigte »weitere Beteiligte«, so dass ein Vergleich zwischen den Parteien unschwer geschlossen werden kann. Allerdings wirkt dieser im Gegensatz zu einer Entscheidung nicht nach §48 Abs. 3 WEG gegen die Beigeladenen. Ähnliche Erleichterungen ergeben sich aus der Anerkennung und Ausdehnung der Teilrechtsfähigkeit. Früher standen gemeinschaftsbezogene Ansprüche allen Wohnungseigentümern zu, so dass sie diese auch gemeinsam einzufordern hatten und somit Partei waren. Dies hat jedenfalls bei größeren Gemeinschaften einen Vergleich häufig praktisch unmöglich gemacht. Nunmehr werden diese Ansprüche alleine vom Verband geltend gemacht, der sich folglich auch vergleichen kann. In jedem Fall ist auch ein Vergleichsschluss nach **§278 Abs. 6 ZPO** jetzt ohne Weiteres möglich. Auch in Zukunft können sich einzelne Wohnungseigentümer aber nicht über einen Streitgegenstand vergleichen, der wie etwa die Gültigkeit eines Beschlusses nicht zu ihrer Disposition steht (BayObLG NJW-RR 1999, 1614). Die Hauptsache kann ferner wie bisher durch beiderseitige **Erledigungserklärung** beendet werden. Auch dabei gelten jetzt aber die zivilprozessualen Grundsätze uneingeschränkt, so dass eine Erledigungserklärung zwischen Anhängigkeit und Rechtshängigkeit nicht mehr in Betracht kommt (zum alten Recht s. noch OLG Zweibrücken NJW-RR 1993, 149; BayObLG NJWE-MietR 1997, 15). Auch ist die Erledigung nicht von Amts wegen festzustellen (vgl. OLG Köln ZMR 2010, 54). Vielmehr ist eine Klage nach unbestrittenem oder nachgewiesenem Eintritt des erledigenden Ereignisses abzuweisen, wenn der Kläger nicht für erledigt erklärt (OLG Köln ZMR 2010, 55). Hingegen hat die im Wohnungseigentumsverfahren seit jeher anerkannte Praxis, das Schweigen auf eine Erledigungserklärung als Zustimmung zu werten, durch §91a Abs. 1 S. 2 ZPO auch im Zivilprozess Anerkennung gefunden. In Beschlussanfechtungsverfahren führt die bloße Durchführung der beschlossenen Maßnahme noch nicht zu einem erledigenden Ereignis (AG Düsseldorf ZMR 2010, 235).

X. Die Entscheidung in der Hauptsache

1. Prüfungsmaßstab: Formelle und inhaltliche Prüfung gerügter Fehler

137 Das Gericht für Wohnungseigentumssachen prüft den Beschluss sowohl in formeller wie in inhaltlicher Hinsicht. In formeller Hinsicht sind insbesondere Fehler beim Zustandekommen eines Beschlusses schädlich. Inhaltlich ist vor allem seine Vereinbarkeit mit der Teilungserklärung und mit höherrangigem Recht sowie die Einhaltung der Grundsätze ordnungsmäßiger Verwaltung zu prüfen. Innerhalb dieses Rahmens kommt der Eigentümerversammlung aber oftmals ein Beurteilungs- oder Ermessensspielraum zu, in den das Gericht nicht eingreifen darf.

138 Unumstritten ist schon nach altem Recht, dass die Anfechtung auf abtrennbare Teile des Beschlusses beschränkt werden kann (s.o. Rdn. 101). Die Dispositionsbefugnis des Klä-

gers geht nun noch weiter. Mit der Pflicht zur Begründung der Anfechtungsklage nach § 46 Abs. 1 S. 2 WEG ist eine überhaupt nicht begründete Anfechtung als unschlüssig abzuweisen. Dies gilt auch für ein teilweises Fehlen der Begründung. Anders als nach bisherigem Recht sind im Rahmen der bloßen Anfechtbarkeit nicht gerügte Mängel nicht nur dann unbeachtlich, wenn der Kläger auf ihre Geltendmachung ausdrücklich verzichtet (BayObLG NJW-RR 1989, 1164; weitergehend schon zum früheren Recht KG NJW-RR 2002, 880, wonach sich das Gericht nur mit konkreten Rügen zu befassen hatte). Dies geht aus dem Wechsel der Prozessmaximen und der daraus resultierenden höheren Verantwortung der Parteien hervor. So wenig wie der Zivilrichter seine Entscheidung auf Anfechtungsgründe nach §§ 119, 123 BGB stützen kann, die der Anfechtende gar nicht geltend macht, kann er Beschlussmängel im Verfahren nach § 43 Nr. 4 eigenmächtig zum Gegenstand des Verfahrens machen. Denn ihre Rüge ist, wie schon die Notwendigkeit der Anfechtungsklage zeigt, in die Herrschaft der Parteien gestellt. Es ist ihre Sache, diese Gründe anzuführen, der Richter kann sie nunmehr nicht mehr von Amts wegen berücksichtigen (noch weiter gehend die h.M., wonach Anfechtungsgründe nach Ablauf der Begründungsfrist nach § 46 Abs. 1 S. 2 WEG noch nicht einmal mehr nachgeschoben werden können; s. BGH ZMR 2009, 298 u. 700; LG Nürnberg-Fürth ZMR 2009, 319; AG Konstanz ZMR 2008, 497). Allenfalls kommt ein gerichtlicher Hinweis in Betracht.

2. Formelle Ordnungsmäßigkeit

a) Einhaltung der Regeln zur Eigentümerversammlung

Eine Beschlussfassung kann nicht an beliebigem Ort zu irgendeiner Zeit erfolgen, etwa **139** bei einem zufälligen Treffen von Wohnungseigentümern. Anders als die Gemeinschaft nach §§ 741 ff. BGB kann die Wohnungseigentümergemeinschaft ihren Willen nur in einer formalisierten Versammlung der Miteigentümer bilden (zu Ort und Zeit der Versammlung s. § 24 Rn. 16 ff.; Abramenko Handbuch WEG § 5 Rn. 60 f.). Werden die hierfür in Gesetz und Gemeinschaftsordnung vorgesehenen Regelungen nicht eingehalten, ist ein gleichwohl gefasster Beschluss im Regelfall (nur) anfechtbar. In Ausnahmefällen kann er allerdings auch nichtig sein, wenn der formale Fehler etwa bewusst begangen wurde, um die Wahrnehmung unentziehbarer Mitgliedschaftsrechte zu vereiteln. Hierzu zählt etwa die bewusste Nichtladung missliebiger Wohnungseigentümer durch den Verwalter, die im Gegensatz zu versehentlichen Ladungsfehlern zur Nichtigkeit der auf dieser Versammlung gefassten Beschlüsse führen kann.

b) Einberufung durch eine hierzu befugte Person

Die formelle Ordnungsmäßigkeit eines Beschlusses erfordert zunächst die ordnungsge- **140** mäße Einberufung durch eine hierzu befugte Person. Dies ist i.d.R. der Verwalter, in den Fällen des § 24 Abs. 3 WEG auch der Vorsitzende des Verwaltungsbeirats oder sein Stellvertreter. Nach Ermächtigung durch das Gericht kann anlog § 37 Abs. 2 BGB auch ein Wohnungseigentümer zur Einberufung befugt sein (vgl. Abramenko Handbuch WEG § 5 Rn. 47 ff.; a.A. nunmehr AG Charlottenburg ZMR 2010, 76).

c) Bezeichnung des Beschlussgegenstandes

Eine ordnungsgemäße Einberufung erfordert die Bezeichnung des Beschlussgegenstan- **141** des, anhand derer sich jeder Wohnungseigentümer ein hinreichend klares Bild über ihren Gegenstand machen kann. Dies erfordert nicht schon in der Einladung den Beschlussantrag, über den abgestimmt werden soll. Es bedarf aber zumindest einer stichwortartigen Beschreibung des Gegenstandes, über den die Eigentümerversammlung befinden soll (vgl. § 24 Rn. 28 ff.; Abramenko Handbuch WEG § 5 Rn. 58 f.).

d) Nichtöffentlichkeit

142 Die Willensbildung der Eigentümerversammlung ist ferner nur dann ordnungsgemäß, wenn sie nicht offen oder verdeckt fremden Einflüssen ausgesetzt ist. Deshalb sind Eigentümerversammlungen grundsätzlich nicht öffentlich. Dies schließt insbesondere die Teilnahme Dritter aus, die nicht zulässigerweise als Bevollmächtigte eines Wohnungseigentümers oder sonstigen Teilnahmeberechtigten auftreten. Darüber hinaus ist aber auch sicherzustellen, dass der Verlauf der Versammlung nicht durch »Zaungäste« verfolgt werden kann. Denn die Beobachtung der Versammlung durch Dritte kann, selbst wenn diese passiv bleiben, das Rede- und Abstimmungsverhalten der Teilnehmer beeinflussen, weil sie sich u. U. nicht mehr ungezwungen zu allen Themen äußern oder Missfallen etwa der Nachbarn über ihr Abstimmungsverhalten zu baulichen Veränderungen fürchten (s. i.E., Abramenko Handbuch WEG § 5 Rn. 69 ff.)

e) Beschlussfähigkeit

143 Zu den formalen Voraussetzungen einer ordnungsgemäßen Beschlussfassung gehört des Weiteren die Beschlussfähigkeit der Versammlung nach § 25 Abs. 3 WEG (BGH ZMR 2009, 700). Mit einem solchen Mindestquorum will das Gesetz verhindern, dass u.U. alle anstehenden Angelegenheiten durch Zufallsmehrheiten entschieden werden. Die Beschlussfähigkeit der Erstversammlung setzt voraus, dass die erschienenen oder vertretenen Wohnungseigentümer zusammen über mehr als die Hälfte der Miteigentumsanteile verfügen. Diese Zählweise weicht vom gesetzlichen Kopfprinzip in § 25 Abs. 2 S. 1 WEG ab, wonach jeder Eigentümer unabhängig von der Größe seines Miteigentumsanteils bzw. der Zahl der ihm gehörenden Einheiten nur eine Stimme hat. Die Berechnung der Beschlussfähigkeit nach § 25 Abs. 3 WEG geht grundsätzlich auch anderen Schlüsseln zur Berechnung der Stimmkraft vor, die die Gemeinschaftsordnung vorsehen kann (s. Abramenko Handbuch WEG § 5 Rn. 92).

f) Einhaltung von Formerfordernissen

144 Die Beschlussfassung der Eigentümerversammlung selbst unterliegt keiner bestimmten Form. Sie kann geheim (z.B. durch Stimmzettel), aber auch offen erfolgen. In eindeutigen Fällen genügt die Akklamation. Nach überwiegender, von der Rechtsprechung gebilligter Meinung genügt, wenn niemand widerspricht, sogar die so genannte Subtraktionsmethode. Danach kann es der Versammlungsleiter bei der Frage nach Nein-Stimmen und Enthaltungen dabei bewenden lassen, da der hierauf schweigende Rest dann zwingend den Ja-Stimmen zuzuordnen ist (BGH ZMR 2002, 937 ff.). Ebenso bleibt die Nichteinhaltung der Vorgaben zur Niederschrift und zur Beschluss-Sammlung ohne Einfluss auf die Wirksamkeit eines Beschlusses. Die Gemeinschaftsordnung kann aber abweichende Regelungen vorsehen, etwa der Art, dass sie die Protokollierung von Beschlüssen oder die Unterzeichnung der Niederschrift durch bestimmte Wohnungseigentümer zwingend vorschreibt. Verstöße hiergegen führen aber i.d.R. nur zur Anfechtbarkeit eines Beschlusses, nicht jedoch zu seiner Nichtigkeit (OLG Schleswig ZMR 2006, 721; OLG München ZMR 2007, 883 f.; noch großzügiger OLG Hamm ZMR 2009, 218). Vorgaben der Gemeinschaftsordnung zur Form der Protokollierung können im Einzelfall aber auch als Voraussetzung für die Wirksamkeit aller oder bestimmter Beschlussfassungen zu verstehen sein. Dies ist jedenfalls dann der Fall, wenn die Bestimmung in der Teilungserklärung erkennen lässt, dass ein Beschluss nur bei korrekter Einhaltung der dort vorgesehenen Form Wirkung entfalten soll (so wohl OLG Frankfurt ZMR 2009, 58).

g) Die Unschädlichkeit formeller Fehler

Formelle Fehler ziehen nicht zwingend die Ungültigerklärung eines hiervon betroffenen Beschlusses nach sich. Zum Einen kann jeder Wohnungseigentümer auf eine Rüge des formellen Fehlers verzichten (BayObLG NJW-RR 1992, 911). Betrifft der formelle Fehler nur einzelne Wohnungseigentümer – etwa bei der versehentlichen Nichtladung – können hiervon nicht betroffene Miteigentümer eine Anfechtung dann nicht mehr hierauf stützen. Ein konkludenter Verzicht auf die Einhaltung der Formvorschriften liegt auch dann vor, wenn alle Wohnungseigentümer an der Eigentümerversammlung teilnehmen (so genannte Vollversammlung), ohne den Mangel zu rügen (OLG Düsseldorf NJW-RR 1986, 97; KG NJW-RR 1991, 213; vgl. Abramenko Handbuch WEG § 5 Rn. 105). Zum anderen sind Einberufungsmängel dann unbeachtlich, wenn gleichwohl alle Wohnungseigentümer erscheinen und keiner den Fehler rügt. Schließlich scheidet eine Ungültigerklärung bei vielen formellen Fehlern aus, wenn sie ohne Einfluss auf die Beschlussfassung waren. Dies ist etwa bei Ladungsmängeln der Fall, wenn der angegriffene Beschluss auch bei korrekter Bezeichnung des Beschlussgegenstandes genauso gefasst worden wäre (BayObLG NJW-RR 1992, 911; OLG Köln NJW-RR 2001, 89; KG ZMR 2009, 790). Allerdings genügen hier keine bloßen Wahrscheinlichkeiten oder große Mehrheiten. Die fehlende Kausalität des Fehlers für die Beschlussfassung muss positiv festgestellt werden (OLG Köln ZMR 2009, 627), wofür diejenigen beweisbelastet sind, die den Beschluss verteidigen. Ein häufiges Beispiel hierfür ist der Umstand, dass der versehentlich nicht geladene Wohnungseigentümer bei einstimmig oder mit großer Mehrheit gefassten Beschlüssen selbst nicht angeben kann, was er denn bei ordnungsmäßiger Ladung vorgetragen hätte, um die Miteigentümer zu überzeugen. 145

3. Inhaltliche Prüfung

a) Materielle Ordnungsmäßigkeit

Jeder Beschluss muss den Grundsätzen der Gemeinschaftsordnung, höherrangigem Recht und den Grundsätzen einer ordnungsmäßigen Verwaltung entsprechen. Während die Einhaltung der beiden ersten Vorgaben relativ leicht festzustellen ist, lässt sich die Übereinstimmung mit den Grundsätzen ordnungsmäßiger Verwaltung nur im Einzelfall überprüfen. Nach Rechtsprechung und Schrifttum entspricht eine Maßnahme im Rahmen der Bewirtschaftung des gemeinschaftlichen Eigentums ordnungsmäßiger Verwaltung, wenn sie unter Berücksichtigung der besonderen Umstände des Einzelfalls im Interesse der Gesamtheit aller Wohnungseigentümer liegt (BayObLG NJW-RR 2004, 1021). Eine genauere Definition erscheint kaum möglich, da sich die völlig verschiedenen Rahmenbedingungen hunderttausender Gemeinschaften nicht auf eine griffige Formel verallgemeinern lassen. So kann die Einstellung eines Hausmeisters, um nur ein Beispiel anzuführen, in größeren Anlagen zwingend geboten sein, während sie in einem Haus mit vier Wohnungen überflüssig erscheint. Selbst bei Anlagen ähnlicher Größe können identische Maßnahmen nach Rücklagen und finanziellen Möglichkeiten der Eigentümer unterschiedlich zu beurteilen sein. Daher muss die Frage, ob ein Beschluss ordnungsmäßiger Verwaltung entspricht, an Kriterien wie dem Kosten-Nutzen-Vergleich, der Finanzlage, der Übereinstimmung mit bau- und ordnungsrechtlichen Vorgaben und der Eigenart der Anlage beantwortet werden. 146

b) Recht zur Zeit der Beschlussfassung als Prüfungsmaßstab

Maßstab der Prüfung ist die Rechts- und Sachlage zur Zeit der Beschlussfassung (BGH ZMR 2009, 298; OLG Hamm ZMR 2008, 159). Dies gilt auch für die neuen Beschlusskompetenzen, die mit der Novelle in das Gesetz eingefügt wurden (OLG Hamm ZMR 147

2008, 159; KG ZMR 2009, 790; OLG Brandenburg ZMR 2009, 857; AG Wiesbaden ZMR 2008, 165; Deckert/Kappus NZM 2007, 751; a.A. für § 27 Abs. 3 S. 1 Nr. 7 WEG OLG Hamburg ZMR 2010, 466). Denn deren Einführung ändert nichts daran, dass der Eigentümerversammlung für einen entsprechenden Beschluss vor dem 01.07.2007 die Beschlusskompetenz fehlte. Er bleibt daher nichtig, auch wenn er nach neuem Recht gefasst werden könnte und die danach erforderlichen Mehrheiten erreicht wurden.

c) Die Auslegung des Beschlusses durch das Gericht

148 Wie alle rechtlich erheblichen Erklärungen kann das Gericht einen Beschluss der Wohnungseigentümer auslegen. Allerdings erfordert der Schutz des Rechtsverkehrs hier Einschränkungen. Denn insbesondere den nicht auf der Eigentümerversammlung anwesenden Wohnungseigentümern sowie späteren Sonderrechtsnachfolgern kann nicht zugemutet werden, einen möglicherweise mit dem Wortlaut unvereinbaren tatsächlichen Willen der Eigentümerversammlung zu ermitteln. Ansonsten wären Niederschriften und Beschluss-Sammlung letztlich auch vollständig entwertet. Daher gilt der Grundsatz der »objektiv-normativen« Auslegung, wonach das Gericht einen Beschluss ähnlich wie eine Rechtsnorm oder das Grundbuch so auszulegen hat, wie ihn ein objektiver Dritter verstehen würde (BGH ZMR 2010, 379; BayObLG NJW-RR 1986, 1464; NJW-RR 1994, 1104; NJW-RR 2000, 1400; NJW-RR 2004, 1455; ZMR 2005, 388; NJW-RR 2005, 385; OLG Hamm NJW-RR 1989, 1161; NJW-RR 1997, 970; OLG Köln NJW-RR 2003, 1233; OLG München NJW-RR 2005, 599; ZMR 2007, 69; NJW-RR 2007, 1461; OLG Düsseldorf ZMR 2006, 297; NJW-RR 2007, 1169 f.; OLG Frankfurt ZMR 2008, 399; KG ZMR 2009, 793) Da dies eine Rechtsfrage ist, sind die Erklärungen der Parteien hierzu nicht bindend (BayObLG NJW-RR 1989, 721). Für die Auslegung kann das Gericht nur den Wortlaut von Beschluss und Niederschrift (OLG Hamm NJW-RR 2003, 1452; OLG München ZMR 2006, 230 f.) sowie auch für Dritte erkennbare Umstände, etwa die Beschaffenheit des Grundstücks und der Baulichkeiten (OLG München ZMR 2007, 558; OLG Frankfurt ZMR 2009, 57) heranziehen, nicht aber für Außenstehende nicht ersichtliche Umstände. Der subjektive Wille einzelner oder mehrerer Eigentümer oder die nicht protokollierte Diskussion auf der Eigentümerversammlung sind daher unerheblich (OLG Hamm NJW-RR 1997, 970 f.; ZMR 2007, 296 f.). Soll die Berücksichtigung derartiger Umstände bei der Auslegung möglich sein, müssen sie folglich Eingang in die Niederschrift finden (BayObLG NJW-RR 1994, 1104). Wie Grundbucheintragungen können Beschlüsse der Wohnungseigentümer noch vom Revisionsgericht selbstständig ausgelegt werden (s. zuletzt OLG Frankfurt ZMR 2008, 399; a.A. für Beschlüsse, die einen abgeschlossenen Einzelfall regeln, BayObLG NJW-RR 1994, 1104).

4. Die Entscheidung

a) Die Form der Entscheidung in der Hauptsache

149 Wird das Verfahren nicht auf eine der vorstehenden Weisen beendet, hat das Gericht eine Entscheidung in der Hauptsache zu treffen. Diese ergeht nunmehr durch Urteil, nicht mehr durch Beschluss. Insoweit kommen die §§ 300 ff. ZPO in vollem Umfang zur Anwendung. Dies gilt auch für Versäumnis- und Anerkenntnisurteile, die nunmehr nach den allgemeinen Grundsätzen möglich sind. Das Anerkenntnis einzelner Wohnungseigentümer im Anfechtungsverfahren ist wegen der notwendigen Streitgenossenschaft aller Beklagten allerdings unbeachtlich (AG Charlottenburg ZMR 2010, 644). Verschlechtert hat sich die Position der Verfahrensbeteiligten insoweit, als es im Gegensatz zum früheren Recht (vgl. BGH ZMR 2002, 679 ff.; OLG München ZMR 2006, 714) keiner Rechtsmittelbelehrung mehr bedarf.

b) Grundlagen der Entscheidung

Nach wie vor ist das Gericht an Gesetz, Vereinbarungen und Beschlüsse der Wohnungseigentümer gebunden. Bereits nach altem Recht kam die in § 43 Abs. 2 WEG a.F. geregelte Entscheidung nach billigem Ermessen erst in Betracht, wenn Gesetz, Vereinbarungen und Beschlüsse keine Vorgaben machten. Der Richter hatte mithin seiner Entscheidung Teilungserklärung, Vereinbarungen und Beschlüsse zu Grunde zu legen, auch wenn er die dortigen Regelungen für unbillig oder unzweckmäßig hielt (BGHZ 122, 333; OLG Karlsruhe NJW-RR 1987, 975; KG ZMR 2002, 545). Diese Bindung endete erst dort, wo die allgemeinen Grenzen der Privatautonomie insbesondere der §§ 134, 138 BGB überschritten waren oder ein Bestehen auf den dortigen Regelungen gegen Treu und Glauben verstieß (vgl. KG ZMR 2002, 545; OLG Frankfurt ZMR 2004, 290). Verstößt ein Beschluss nur zum Teil gegen Vereinbarungen, Gesetz oder Grundsätze ordnungsmäßiger Verwaltung, darf er auch nur insoweit für ungültig erklärt werden, wenn der Rest einen für sich sinnvollen Regelungsgehalt behält (OLG Hamm NJW-RR 1986, 501). Unter diesen Umständen kam eine Regelung nach billigem Ermessen des Richters nach § 43 Abs. 2 WEG a.F. nur selten in Betracht, insbesondere dann, wenn die Wohnungseigentümer eine gebotene Regelung unterließen, die der Richter dann mangels hinreichender Vorgaben nach billigem Ermessen selbst zu schaffen hatte. Insoweit ändert sich durch **§ 21 Abs. 8 WEG**, der die Entscheidung des Richters nach billigem Ermessen von vorneherein auf diesen Fall begrenzt, inhaltlich nur wenig. Im übrigen kann bei der Handhabung von § 21 Abs. 8 WEG angesichts des misslungenen Wortlauts der Norm (vgl. insoweit Abramenko § 2 Rn. 96 ff.) die ausdrückliche Absicht des Gesetzgebers im Vordergrund stehen, materiell-rechtlichen Ersatz für § 43 Abs. 2 WEG a.F. zu schaffen, der als nicht vereinbar mit den Regeln der ZPO angesehen wurde. Insoweit kann auf die Judikatur zum früheren Recht zurückgegriffen werden. So erfordert die Entscheidung nach billigem Ermessen die Orientierung an den Interessen aller Wohnungseigentümer (KG ZMR 1996, 218). Im Beschlussanfechtungsverfahren kommt sie nach wie vor nicht in Betracht, da dem Richter dort nur die Ungültigerklärung eines Beschlusses möglich ist (BayObLG WuM 1995, 64; ZMR 2005, 132; OLG Hamburg ZMR 2008. 152). Nur dann, wenn die Anfechtung mit einem Antrag auf Erlass einer positiven Regelung verbunden ist, kommt eine ergänzende Regelung in Betracht. Aufgrund der beschränkten Befugnis des Gerichtes können die Wohnungseigentümer eine auf § 21 Abs. 8 WEG beruhende richterliche Gestaltung auch durch eine mehrheitlich beschlossene eigene Regelung ersetzen (KG NJW-RR 1996, 780). **150**

c) Die Entscheidung in der Hauptsache: Feststellung der Nichtigkeit oder Ungültigerklärung

Sofern die Klage insbesondere wegen Versäumung der Fristen nach § 46 Abs. 1 S. 2 WEG **151**
unzulässig ist oder keine durchgreifenden Mängel des angegriffenen Beschlusses rügt, ist sie abzuweisen, sofern keine von Amts wegen zu berücksichtigenden Nichtigkeitsgründe vorgetragen sind. Das Gericht darf nicht offen lassen, ob es die Anfechtungsklage für unzulässig oder für unbegründet hält (BGH ZMR 2009, 297; 2010, 378). Dieser Unterschied gewinnt allerdings nur dort Bedeutung, wo die Nichtigkeit eines Beschlusses in Betracht kommt. Denn nur bei einer Klageabweisung als unbegründet kann nach § 48 Abs. 4 WEG auch die Nichtigkeit des Beschlusses nicht mehr geltend gemacht werden, so dass diese Möglichkeit bei einer unzulässigen Klage nicht ausscheidet (BGH ZMR 2009, 297).

Bei erfolgreichen Klagen ist zu unterscheiden: Liegen Nichtigkeitsgründe vor, ist die **152**
Nichtigkeit des Beschlusses deklaratorisch festzustellen, bei bloßer Anfechtbarkeit ist der

Beschluss konstitutiv für ungültig zu erklären. Sofern der Mangel nur Teile des Beschlusses erfasst, ist eine teilweise Ungültigerklärung bzw. Nichtigkeitsfeststellung analog § 139 BGB möglich, sofern der verbleibende Teil sinnvollerweise auch alleine Bestand haben kann (BayObLG NJW-RR 1988, 1165; 1991, 1363). Dies wird häufig bei Jahresabrechnungen der Fall sein, sofern nur einzelne Positionen für ungültig zu erklären sind. Ein einheitlicher Beschlussgegenstand kann aber nicht in eine große Zahl von Einzelregelungen zerlegt und in auseinander gerissenen Einzelteilen aufrechterhalten bleiben (s. BayObLG ZMR 2005, 132 f. zu einer Hausordnung). Der Eigentümerbeschluss wird mit Rechtskraft der Ungültigerklärung rückwirkend vernichtet. Allerdings sind abweichende Regelungen möglich. Führt die Ungültigerklärung etwa zu einer erheblichen Umstellung der Verwaltung, kann das Gericht Zeit zur Beschlussfassung über eine Neuregelung einräumen und die Ungültigkeit erst ab einem bestimmten Zeitpunkt nach der Rechtskraft der Entscheidung eintreten lassen (BayObLG NJW-RR 1992, 344). Umgekehrt besteht bei dringendem Handlungsbedarf die Möglichkeit, durch eine einstweilige Verfügung nach §§ 935 ff. ZPO Nachteile einer anfechtbaren Beschlussfassung für den oder die betroffenen Wohnungseigentümer vorab, etwa durch die Suspendierung ihrer Ausführung, zu vermeiden (Hügel/Elzer § 13 Rn. 168).

153 **Praxistipp:**

Andere Möglichkeiten als die (Teil)ungültigerklärung sind dem Gericht im Beschlussanfechtungsverfahren nicht gegeben; insbesondere kann es den angegriffenen Beschluss nicht ändern oder durch einen anderen ersetzen (BayObLG WE 1995, 246; ZMR 2005, 132; OLG Hamburg ZMR 2008, 152). In Beschlussanfechtungsverfahren, ist dem Richter grundsätzlich nur die Ungültigerklärung eines Beschlusses möglich (BayObLG WuM 1995, 64; ZMR 2005, 132). Nur dann, wenn die Anfechtung mit einem Antrag auf Erlass einer positiven Regelung verbunden ist, kommt eine ergänzende Regelung in Betracht. Nicht möglich sind dagegen Teilanfechtung und Teilungültigerklärung einzelner Einzelabrechnungen, da dies zur rechnerischen Unschlüssigkeit der Jahresabrechnung führen würde (OLG München ZMR 2008, 905). Die Möglichkeit einer inhaltlichen Änderung oder auch nur Umformulierung scheidet dagegen aus.

d) Die Kostenentscheidung nach §§ 91 ff. ZPO

154 Über die Kosten befindet das Gericht nunmehr nach §§ 91 ff. ZPO. Die Sonderregelungen des § 47 WEG a.F., insbesondere die misslungene, Laien praktisch nicht zu erklärende Bestimmung zur Tragung der eigenen Kosten sind entfallen. Dies hat zur Folge, dass die unterlegene Partei auch die außergerichtlichen Kosten des Gegners tragen muss. Diese Pflicht zur Erstattung der außergerichtlichen Kosten betrifft aber nur die Parteien, nicht auch die Beigeladenen, selbst wenn sie sich von einem Rechtsanwalt vertreten lassen. Auch wenn sie dieselben Interessen vertreten wie dieser, sind sie sind nicht »Gegner« i.S.d. § 91 Abs. 1 ZPO. Anders gilt nach einem Beitritt gem. § 48 Abs. 2 S. 2 WEG. Da die Beigeladenen dann Nebenintervenienten werden (BT-Drucks. 16/887 S. 40), muss der Gegner ihre Kosten nach § 101 Abs. 1 ZPO tragen (Niedenführ ZWE 2009, 71). Auch vor diesem Hintergrund ist bei Interessenidentität mit dem Kläger stets zu prüfen, ob die Erhebung einer eigenen Klage zur Wahrung der eigenen Interessen sinnvoller ist.

e) Ausnahmen von der Kostenentscheidung nach §§ 91 ff. ZPO

155 Eine Ausnahme von der Kostenentscheidung nach §§ 91 ff. ZPO lässt **§ 49 Abs. 1 WEG** bei Streitigkeiten zu, die eine **Entscheidung nach billigem Ermessen des Gerichts gemäß § 21 Abs. 8 ZPO** erfordern. Diese Übernahme von Fragmenten aus der früheren Regelung des § 47 WEG a.F. erscheint nicht recht einsichtig. Immerhin müssen die ver-

klagten Wohnungseigentümer dann nach § 21 Abs. 8 WEG eine eigentlich »erforderliche Maßnahme« nicht getroffen haben. Mithin haben sie üblicherweise schuldhaft Anlass zu dem Rechtsstreit gegeben (ähnlich Merle ZWE 2008, 12). Dem wird man aber auch im Rahmen des § 49 Abs. 1 WEG Rechnung tragen können. Denn wie nach § 47 S. 1 WEG a.F. wird es oftmals billigem Ermessen entsprechen, die Kosten danach zu verteilen, inwieweit das Rechtsschutzziel des Klägers Erfolg hatte. Erlässt das Gericht etwa eine zuvor unterlassene Gebrauchsregelung, die sich mit den Vorstellungen des Klägers deckt, werden danach den Beklagten die Kosten des Rechtsstreits aufzuerlegen sein. Keine Sonderregelung trifft § 49 Abs. 1 WEG dagegen bei der Abweisung eines Klageantrags nach § 21 Abs. 8 WEG. Denn die Kostenentscheidung nach billigem Ermessen ist auf den Fall beschränkt, dass das Gericht eine Regelung nach § 21 Abs. 8 WEG trifft. Dies ist bei einer Klageabweisung gerade nicht der Fall.

Von einer Kostengrundentscheidung nach den Grundsätzen der §§ 91 ff. ZPO kann nach **§ 49 Abs. 2 WEG** abzusehen sein, wenn die Tätigkeit des Gerichtes durch ein **grob schuldhaftes Verhalten des Verwalters** veranlasst wurde. Diese Ausnahme betrifft nicht die Fälle, in denen der Verwalter selbst (unterlegene) Partei ist. Denn dann trifft ihn die verschuldensunabhängige Kostenhaftung nach §§ 91 ff. ZPO. § 49 Abs. 2 WEG betrifft vielmehr die Fälle, in denen eine Verletzung der Verwalterpflichten wie z.B. eine offenkundig unrichtige Beschlussfeststellung den Rechtsstreit zwischen anderen Parteien verursacht hat (vgl. BT-Drucks. 16/887 S. 41). Unter diesen Umständen sollen materiellrechtliche Schadensersatzansprüche nach wie vor bereits in der Kostenentscheidung berücksichtigt werden. 156

Praxistipp: 157

Die Formulierung, dass dem Verwalter Prozesskosten auferlegt werden »können«, deutet darauf hin, dass sich der Gesetzgeber gegen die zum früheren Recht vertretene Auffassung wendet (OLG Zweibrücken ZMR 1999, 662; BayObLG ZMR 2003, 125; 279 u. 521; KG ZMR 2003, 872.), wonach materiell-rechtliche Erstattungsansprüche berücksichtigt werden müssen. Darauf lassen auch die Ausführungen in den Materialien schließen, wonach die Kostenentscheidung zu Lasten des Verwalters »weiterhin möglich bleiben« soll (BT-Drucks. 16/887 S. 41). Das Gericht muss eine **solche Entscheidung also nicht zwingend** treffen (Abramenko § 7 Rn. 52; Elzer/Hügel § 13 Rn. 245; Niedenführ ZWE 2009, 69). Sie kann insbesondere unterbleiben, wenn zur Frage des groben Verschuldens eine Beweisaufnahme erforderlich wäre (LG Berlin ZMR 2009, 395; Niedenführ ZWE 2009, 69 f.). Diese Umorientierung ist zu begrüßen, da ansonsten eine falsche oder nur formelhaft begründete Kostenentscheidung zum Ausschluss von Ersatzansprüchen führt. Denn unabhängig von ihrer Richtigkeit würde dann eine rechtskräftige Entscheidung über materiell-rechtliche Ersatzansprüche getroffen, wenn diese zwingend in der Kostenentscheidung zu berücksichtigen sind (BayObLGZ 1988, 293; BayObLG ZMR 2003, 125; OLG Zweibrücken ZMR 1999, 662). Eine Kostenentscheidung, die Schadensersatzansprüche gegen den Verwalter – zulässigerweise – nicht berücksichtigt, steht also einer Geltendmachung in einem weiteren Verfahren nicht mehr entgegen (Bärmann/Wenzel § 49 Rn. 22; Niedenführ ZWE 2009, 70). Die gegenteilige Auffassung, die § 49 Abs. 2 WEG als Haftungsbegrenzung auffasst (so LG Berlin ZMR 2009, 394; Jennißen/Suilmann § 49 Rn. 30 f.) findet in Gesetzeswortlaut und Gesetzesmaterialien keine Stütze (Niedenführ ZWE 2009, 70). Die in den Materialien betonte Prozessökonomie zwingt nicht zur Annahme eines Rechtsverlusts, wenn eine Entscheidung nach § 49 Abs. 2 WEG nicht getroffen wird. Denn bereits die Möglichkeit, bei Vorliegen der Voraussetzungen eine solche Entscheidung zu treffen, stellt eine Verfahrensvereinfachung dar. Wenn das Gericht aber grobes Verschulden bejaht, hat es kein Ermessen. Dann muss es eine Kostenentscheidung gegen den Verwalter treffen und zwar nicht nur wegen der Gerichtskosten (Niedenführ ZWE 2009, 70; a.A. AG Konstanz ZWE 2008, 354).

158 Dem Wortlaut nach findet § 49 Abs. 2 WEG in allen Verfahren nach § 43 WEG Anwendung. Dies dürfte auch dem Sinn der Norm entsprechen, da die Wohnungseigentümer in Binnenstreitigkeiten wie in Verfahren nach § 43 Nr. 5 WEG gleichermaßen vor den Folgen einer fehlerhaften Verwaltung bewahrt werden sollen und grobes Verschulden des zumeist entgeltlich arbeitenden Verwalters in Außenrechtsstreitigkeiten nicht schutzwürdiger ist als in Binnenstreitigkeiten (a.A. Niedenführ ZWE 2009, 71). Die Entstehungsgeschichte lässt sich wohl nicht gegen den klaren Wortlaut der Norm anführen (so aber Niedenführ ZWE 2009, 71), da die Vorschrift eben auch nach Einfügung von § 43 Nr. 5 WEG unverändert beibehalten wurde. Nach der systematischen Stellung erfasst § 49 Abs. 2 WEG nur Erkenntnisverfahren, nicht aber Zwangsvollstreckungsmaßnahmen (a.A. Jennißen/Suilmann § 49 Rn. 16). Denn §§ 43 ff. WEG regeln nach neuem Recht nur noch das Erkenntnisverfahren. Es kommt nicht darauf an, wie der Rechtsstreit endet. § 49 Abs. 2 WEG findet nicht nur bei einem streitigen Urteil, sondern auch bei Klagerücknahme, Versäumnis- oder Anerkenntnisurteil Anwendung (Jennißen/Suilmann § 49 Rn. 2), ebenso bei einer beidseitigen Erledigung.

159 Bei den **Voraussetzungen einer Kostenentscheidung zu Lasten des Verwalters** kann auf die Anforderungen der bisherigen Rechtsprechung zurückgegriffen werden, nach denen dem Verwalter die außergerichtlichen Kosten eines Verfahrens nach § 47 S. 2 WEG a.F. aufzuerlegen waren (so auch Elzer/Hügel § 13 Rn. 236; Skrobek ZMR 2008, 174). Auf den Ausgang des Rechtsstreits kommt es nicht an; maßgeblich ist alleine die Veranlassung des Rechtsstreits durch grobes Verschulden des Verwalters (Niedenführ ZWE 2009, 71). So können ihm die Kosten des Rechtsstreits auferlegt werden, wenn er ihn durch Mängel der Einberufung (OLG Köln ZMR 2006, 384; OLG München ZMR 2006, 955) oder durch nachlässige Protokollierung der Eigentümerbeschlüsse verursacht hat (LG Leipzig NJW-RR 2005, 1036; nicht aber bei korrekter Protokollierung eines von einem Dritten als Versammlungsleiter falsch verkündeten Beschlusses, s. OLG Düsseldorf ZMR 2006, 141). Gleiches gilt jedenfalls bei wiederholt falscher Erstellung der Jahresabrechnung (OLG Düsseldorf ZMR 2006, 295). Ebenso hat jedenfalls der professionelle Verwalter die Kosten eines Rechtsmittels zu tragen, wenn er ohne Vollmacht nach § 27 Abs. 3 S. 1 Nr. 7 WEG ein Aktivverfahren des Verbandes betreibt (vgl. OLG Düsseldorf NJW-RR 2007, 86 f. = ZMR 2006, 941 f.) oder die Frist seiner Einlegung schuldhaft versäumt (BayObLG NJW-RR 2003, 302). Das grobe Verschulden kann auch noch in einem bereits anhängigen Verfahren vorliegen (Jennißen/Suilmann § 49 Rn. 21), da nach § 49 Abs. 2 WEG nur die Tätigkeit des Gerichts, nicht das Verfahren selbst veranlasst sein muss. Beispiel kann etwa die verspätete Mitteilung eines erledigenden Umstands sein, die weitere Tätigkeiten, z.B. eine Beweisaufnahme verursacht. Bei nicht professionellen Verwaltern kann hier ein weniger strenger Maßstab anzulegen sein (LG Berlin ZMR 2009, 395; Jennißen/Suilmann § 49 Rn. 26; Niedenführ ZWE 2009, 72). Folgt der Verwalter in einer umstrittenen, von der Rechtsprechung noch nicht beantworteten Frage einer prominent vertretenen Auffassung, fehlt es an einem groben Verschulden (AG Charlottenburg ZMR 2010, 645; a.A. in derselben Fallgestaltung AG Dresden ZMR 2010, 804). Das grobe Verschulden muss feststehen. Eine Beweisaufnahme alleine wegen der Kostenfrage scheidet aus (LG Berlin ZMR 2009, 395; Jennißen/Suilmann § 49 Rn. 28; Niedenführ ZWE 2009, 69 f.). Allerdings können teilrechtsfähiger Verband oder Wohnungseigentümer materiell-rechtliche Ansprüche dann in einem eigenen Verfahren geltend machen (vgl. o. Rdn. 157). Das Verschulden muss die Verwaltung des gemeinschaftlichen Eigentums betreffen; sonstige Pflichtwidrigkeiten etwa bei der zusätzlich übernommenen Verwaltung von Sondereigentum genügen nicht (Jennißen/Suilmann § 49 Rn. 17). Das Gericht muss das grobe Verschulden positiv feststellen, eine Beweislastumkehr findet nicht statt (Jennißen/Suilmann § 49 Rn. 24). Die Kausalität des groben Verschuldens und der Veranlassung des Verfahrens ist i.d.R. anzunehmen. Der Verwalter kann aber den Gegenbeweis führen, wenn etwa ein formaler Mangel sowohl für die

Beschlussfassung als auch für die Anfechtung keine Rolle spielte. Die Kostenentscheidung kann nur so weit reichen, wie der Rechtsstreit hierdurch veranlasst wurde (Niedenführ ZWE 2009, 72).

Umgekehrt scheidet eine Kostenentscheidung nach § 49 Abs. 2 WEG nicht aus, wenn der Verwalter etwa als Wohnungseigentümer auch Partei des Rechtsstreits war (LG Berlin ZMR 2009, 394; Niedenführ ZWE 2009, 71; a.A. Skrobek ZMR 2008, 175). Die Kostenentscheidung nach § 49 Abs. 2 WEG verdrängt den Kostenerstattungsanspruch nach §§ 91 ff. ZPO. Das Risiko einer Insolvenz des Verwalters rechtfertigt keine zusätzliche, gesamtschuldnerische Haftung der im Beschlussanfechtungsverfahren unterlegenen Wohnungseigentümer (Niedenführ ZWE 2009, 70; a.A. Jennißen/Suilmann § 49 Rn. 19). **160**

Beispiele für »grobes Verschulden« **161**

Grobes Verschulden des Verwalters nahm die Rechtsprechung an, wenn der Verwalter
- eine **Beschlussverkündung** vornimmt, obwohl er zuvor kundgetan hat, dass die erforderliche qualifizierte Mehrheit nicht erreicht ist. Umgekehrt scheidet eine Kostenentscheidung nach § 49 Abs. 2 WEG nicht aus, wenn der Verwalter etwa als Wohnungseigentümer auch Partei des Rechtsstreits war (LG Berlin ZMR 2009, 395).
- eine fehlerhafte **Beschlussvorlage** einbringt, die zur erfolgreichen Anfechtung des gefassten Beschlusses führt (AG Königstein ZMR 2009, 236; AG Strausberg ZMR 2009, 564)
- eine fehlerhafte **Einberufung** einer Eigentümerversammlung vornimmt, so dass die dort gefassten Beschlüsse erfolgreich angefochten werden (AG Strausberg ZMR 2009, 564; AG Velbert ZMR 2009, 566)
- über seine **Entlastung** mitstimmt (AG Neuss ZMR 2008, 499)
- nach Ende seiner Bestellungsdauer ohne Ermächtigung Wohngelder einklagt ((LG Hamburg ZMR 2009, 478 f.)
- nach Ungültigerklärung der Genehmigung einer **Jahresabrechnung** keinerlei Anstalten macht, eine neue Beschlussvorlage zu erstellen und hierauf verklagt wird (LG Saarbrücken ZMR 2010, 318)
- eine fehlerhafte Beschlussvorlage zur **Jahresabrechnung** erstellt (AG Regensburg ZMR 2010, 649)
- Ungenauigkeiten in der versandten **Tagesordnung** verschuldet, die zur erfolgreichen Beschlussanfechtung führen (AG Düsseldorf ZMR 2008, 917)
- in Mehrhausanlagen nach **Teilgemeinschaften** abstimmen lässt (AG Regensburg ZMR 2010, 649)
- Vorgaben der **Teilungserklärung** missachtet (AG Neuss ZMR 2008, 499)
- Unrichtig das Zustandekommen eines Beschlusses **verkündet**, obwohl die erforderliche Stimmenmehrheit nicht erreicht war (AG Berlin-Tempelhof-Kreuzberg ZMR 2008, 998 f.)
- die Überweisung der **Wohngelder** auf ein Konto auf seinen Namen verlangt und hierdurch eine berechtigte Zahlungsverweigerung provoziert, da er zur Führung eines offenen Treuhandkontos für den teilrechtsfähigen Verband nicht mehr berechtigt ist (AG Strausberg ZMR 2009, 564; Niedenführ ZWE 2009, 71; Suilmann ZWE 2008, 119)
- die Vorlage zum **Wirtschaftsplan** nicht nach den Vorgaben der Gemeinschaftsordnung erstellt, so dass der Genehmigungsbeschluss mit Erfolg angefochten wird (AG Strausberg ZMR 2009, 565); Gleiches gilt für die Jahresabrechnung (AG Mettmann ZMR 2009, 959)
- ohne gültigen **Wirtschaftsplan** auf Zahlung von Vorschüssen nach § 28 Abs. 2 WEG klagt (AG Strausberg ZMR 2009, 564 f.; im konkreten Einzelfall aber unrichtig, da der Wirtschaftsplan nur anfechtbar, aber nicht rechtskräftig für ungültig erklärt war)
- es unterlässt, auf die Bestellung eines **Ersatzzustellungsvertreters** hinzuwirken und dadurch höhere Prozesskosten verursacht (Drabek ZWE 2008, 23).

162 Als Kostenschuldner nach §49 Abs. 2 WEG kommt nur der Verwalter in Betracht, nicht auch sein Prozessbevollmächtigter, seine Hilfspersonen o.Ä. Das Ausscheiden des Verwalters steht der Anwendung von §49 Abs. 2 WEG allerdings nicht entgegen, da die Vorschrift ähnlich wie §43 Nr. 3 WEG weit zu verstehen ist (Niedenführ ZWE 2009, 71). Ebenso wenig kommt es darauf an, ob die Bestellung wirksam ist (Jennißen/Suilmann §49 Rn. 15; Niedenführ ZWE 2009, 71). Im Gegensatz zu §47 S. 2 WEG (vgl. KG ZMR 2006, 380) setzt eine Kostenentscheidung nach §49 Abs. 2 WEG nicht voraus, dass der Verwalter Kläger, Beklagter oder Beigeladener war. Nach dem ausdrücklichen Gesetzeswortlaut ist es gerade nicht erforderlich, dass er Partei des Rechtsstreits war (so auch AG Strausberg ZMR 2009, 564; Jennißen/Suilmann §49 Rn. 18; Skrobek ZMR 2008, 175; Suilmann ZWE 2008, 119). Umgekehrt scheidet eine Kostenentscheidung nach §49 Abs. 2 WEG nicht aus, wenn der Verwalter etwa als Wohnungseigentümer auch Partei des Rechtsstreits war (LG Berlin ZMR 2009, 394; Niedenführ ZWE 2009, 71; a.A. Skrobek ZMR 2008, 175). Die Kostenentscheidung nach §49 Abs. 2 WEG verdrängt den Kostenerstattungsanspruch nach §§91 ff. ZPO. Das Risiko einer Insolvenz des Verwalters rechtfertigt keine zusätzliche, gesamtschuldnerische Haftung der im Beschlussanfechtungsverfahren unterlegenen Wohnungseigentümer (Niedenführ ZWE 2009, 70; a.A. Jennißen/Suilmann §49 Rn. 19).

163 Die Kostenentscheidung nach §49 Abs. 2 WEG setzt keinen Antrag voraus; sie ergeht von Amts wegen (Niedenführ ZWE 2009, 73). Keinerlei Hinweise finden sich in Gesetzeswortlaut und -materialien zum **Verfahren** im Einzelnen, wenn der Verwalter ganz oder teilweise mit den Verfahrenskosten belastet werden soll. Eine solche Kostengrundentscheidung setzt in jedem Fall voraus, dass dem Verwalter zuvor **rechtliches Gehör** gewährt wird (Elzer/Hügel §13 Rn. 241; Skrobek ZMR 2008, 175; Lehmann-Richter ZWE 2009, 75; Niedenführ ZWE 2009, 73). In Verfahren nach §43 Nr. 3 oder 4 WEG, in denen der Verwalter als Partei beteiligt oder zumindest beizuladen ist, genügt insoweit wohl ein entsprechender Hinweis, aufgrund dessen er sich zu dieser Möglichkeit äußern kann. Eine Kostenentscheidung zu Lasten des Verwalters ist indessen nach dem Wortlaut von §49 Abs. 2 WEG nicht auf Verfahren beschränkt, in denen der Verwalter kraft Gesetzes zumindest beizuladen ist. So kann etwa ein Streit unter Wohnungseigentümern nach §43 Nr. 1 Nr. 7 WEG auf einer falschen Information des Verwalters beruhen. Sofern das Gericht in diesen Fällen eine Kostenentscheidung zu Lasten des Verwalters beabsichtigt, muss es ihm folglich zuvor auf andere, geeignete Weise rechtliches Gehör gewähren, etwa durch Zustellung eines entsprechenden Hinweises. Dies bringt Anwälte, die das Mandat vom Verwalter übertragen bekommen, aber für die Wohnungseigentümer auftreten, in erhebliche Schwierigkeiten. Zugunsten ihrer Mandanten werden sie auf eine solche Kostenentscheidung hinwirken müssen (Drasdo ZMR 2008, 267). Die Kostenentscheidung nach §49 Abs. 2 WEG ist auch dann möglich, wenn der nach §49 Abs. 2 WEG in Anspruch zu nehmende Verwalter mittlerweile aus seinem Amt geschieden ist. Auch dann kommt nämlich eine Kostenentscheidung nach §49 Abs. 2 WEG in Betracht, da die Vorschrift nur auf die Pflichtverletzung des Verwalters, aber nicht auf seine fortdauernde Tätigkeit während des Rechtsstreits abstellt. Dies setzt aber wiederum die Gewährung rechtlichen Gehörs voraus.

164 Zur Anfechtbarkeit der Kostenentscheidung stellen sich ähnliche Probleme wie in den anderen Fällen, in denen kein Rechtsmittel vorgesehen ist (vgl. u. Rn. 187). Da der Verwalter aber erstmals von einer Maßnahme staatlicher Gewalt belastet wird, entspricht es rechtsstaatlichen Grundsätzen, ihm analog §§91a Abs. 2, 99 Abs. 2 ZPO eine Überprüfung zu ermöglichen (LG Frankfurt ZMR 2009, 229; LG Berlin ZMR 2009, 394; LG München I ZMR 2009, 874 f.; Elzer/Hügel §13 Rn. 244; Niedenführ/Kümmel/Vandenhouten §49 Rn. 19; Jennißen/Suilmann §49 Rn. 37; Skrobek ZMR 2008, 176; Lehmann-

Richter ZWE 2009, 74; Niedenführ ZWE 2009, 73). Allerdings ist dann analog §§ 91a Abs. 2, 99 Abs. 2 ZPO auch eine Mindestbeschwer von 600 Euro zu fordern (Lehmann-Richter ZWE 2009, 74 f.). Die Gegenmeinung, die nur eine Mindestbeschwer von 200 Euro gem. § 567 Abs. 2 ZPO fordert (Niedenführ ZWE 2009, 73), ist insoweit inkonsequent, da es wie in den §§ 91a Abs. 2, 99 Abs. 2 ZPO um die Kostengrundentscheidung geht, § 567 Abs. 2 ZPO aber nur eine zusätzliche Hürde für sofortige Beschwerden gegen Kostenfestsetzungsbeschlüsse enthält. Die Möglichkeit der sofortigen Beschwerde ist allerdings nur gegeben, wenn der Verwalter nicht schon als Partei des Rechtsstreits gegen die Entscheidung eigenständig Rechtsmittel einlegen kann (LG Frankfurt ZMR 2009, 229). Die Rechtsmittelfrist beginnt mit Zustellung der Entscheidung, wobei es genügt, dass sie dem Verwalter in seiner Eigenschaft als Wohnungseigentümer zugestellt wird (LG Frankfurt ZMR 2009, 229). Die Zuständigkeit für die Beschwerde entspricht dem allgemeinen Instanzenzug nach § 72 Abs. 2 S. 1 GVG für Wohnungseigentumssachen (Lehmann-Richter ZWE 2009, 75). Sind sowohl Rechtsmittel in der Hauptsache als auch in der Kostenentscheidung zulässig, so ist dasjenige in der Hauptsache vorrangig; die sofortige Beschwerde des Verwalters ist bis zu dieser Entscheidung auszusetzen (vgl. Lehmann-Richter ZWE 2009, 75). Gegen die Nichtanwendung von § 49 Abs. 2 WEG ist kein Rechtsmittel gegeben (Niedenführ ZWE 2009, 73). Hierfür besteht auch i.d.R. kein Bedarf, da materiell-rechtliche Schadensersatzansprüche nach richtiger Ansicht in einem separaten Verfahren weiterverfolgt werden können (s.o. Rdn. 157). Anderes kann nur gelten, wenn das Gericht Schadensersatzansprüche ausdrücklich aberkennt (Niedenführ ZWE 2009, 73).

XI. Das Kostenfestsetzungsverfahren

1. Der Antrag

Die Kostenfestsetzung erfolgt nach § 103 Abs. 2 ZPO nur auf Antrag, dem eine Berechnung der Kosten und die zur Rechtfertigung der einzelnen Ansätze dienenden Belege beizufügen sind. Nach § 104 Abs. 2 S. 1 ZPO genügt zur Berücksichtigung eines Ansatzes dessen Glaubhaftmachung, zur Berücksichtigung von Umsatzsteuer nach § 104 Abs. 2 S. 3 ZPO sogar die einfache Erklärung, dass die Beträge nicht als Vorsteuer abgezogen werden können. Dieser Antrag samt Kostenberechnung und Anlagen ist nach § 103 Abs. 2 S. 2 ZPO dem Gegner mitzuteilen. **165**

2. Erstattungsfähige Kosten

a) Anwaltsgebühren und sonstige Kosten zur zweckentsprechenden Rechtsverfolgung

Die Erstattungsfähigkeit außergerichtlicher Kosten richtet sich nach § 91 Abs. 1 S. 2 ZPO, wobei § 50 WEG eine Spezialregelung enthält. Zu erstatten sind also wie im Zivilprozess nur die zur zweckentsprechenden Rechtsverfolgung oder Rechtsverteidigung erforderlichen Kosten. Leitet die Eigentümergemeinschaft etwa gegen einen Mehrfacheigentümer wegen jeder Wohnung getrennte Beitreibungsverfahren ein, sind die Mehrkosten nicht erstattungsfähig (KG NJW-RR 1992, 1298). Ebenso kann die Beauftragung mehrerer Anwälte über die notwendigen und somit erstattungsfähigen Kosten nach § 91 Abs. 1 S. 2 ZPO hinausgehen (OLG Karlsruhe ZMR 1996, 226). Zur zweckentsprechenden Rechtsverfolgung oder -verteidigung erforderlich sind stets, auch bei einem Berufsverwalter, die Kosten anwaltlichen Beistands (OLG Frankfurt WE 1984, 126; OLG Köln NJW 1991, 1303; KG WuM 1993, 433). Des Weiteren können alle weiteren Kosten und Auslagen, die zur Verfahrensführung erforderlich waren, fest- **166** gesetzt werden, etwa Postentgelte, die Kosten für Bankauskünfte beim Streit um Zahlungen, für amtliche Auskünfte u.Ä. Insoweit kann auf die zu § 91 Abs. 1 ZPO entwickelten Grundsätze zurückgegriffen werden. In Verfahren des teilrechtsfähigen Verbandes gegen einzelne Miteigentümer sollen Kosten für die Information der Wohnungseigentümer allerdings nicht erstattungsfähig sein (BGH ZMR 2009, 778 f.). Dies soll, obwohl die Wohnungseigentümer selbst Beklagte sind, auch im Beschlussanfechtungsverfahren der Fall sein, sofern nicht der Verwalter nach § 45 Abs. 1, letzter Halbs. WEG als Vertreter ausgeschlossen ist (BGH ZMR 2009, 779).

b) Die Begrenzung der Erstattung von Rechtsanwaltskosten bei Prozessen gegen die Wohnungseigentümer

167 Nicht nur die Kostengrundentscheidung, sondern auch die Beurteilung, ob einzelne Kosten erstattungsfähig sind, richtet sich nunmehr grundsätzlich nach § 91 ZPO. § 50 WEG sieht nur bei Streitigkeiten mit allen Wohnungseigentümern eine Ausnahme vor, wenn diese von verschiedenen Anwälten vertreten werden. In der Praxis betrifft dies nur Verfahren nach § 43 Nr. 4 WEG, da Rechte und Pflichten aller Wohnungseigentümer ansonsten vom Verband wahrgenommen werden. Danach können die Wohnungseigentümer grundsätzlich nur die Erstattung der Kosten eines Anwalts verlangen. Dies leuchtet ohne Weiteres ein, könnten die Anwaltskosten doch ansonsten zumindest bei großen Gemeinschaften geradezu existenzbedrohende Ausmaße für den unterlegenen Kläger annehmen. Der Grundgedanke der Norm ist auch bei der Entscheidung über Anträge auf Prozesskostenhilfe zu berücksichtigen, da die Beiordnung eines eigenen Anwalts in den von § 50 WEG erfassten Fällen nicht geboten ist (Jennißen/Suilmann § 50 Rn. 3).

168 Der Gesetzgeber hatte bei Schaffung der Norm offenbar nur den einfachen Regelfall vor Augen, in dem ein Wohnungseigentümer seine Beschlussanfechtungsklage gegen alle anderen richtet. Nur in diesem Fall ist die Anwendung der Vorschrift einigermaßen unproblematisch. Hat der Verwalter in einem Verfahren nach § 43 Nr. 4 WEG einen Rechtsanwalt mandatiert und beauftragen danach mehrere Wohnungseigentümer eigene Prozessbevollmächtigte, ohne dass dies nach § 50 letzter Halbs. WEG geboten war, so werden nur die Kosten des vom Verwalter beauftragten Rechtsanwalts erstattet. Der BGH hat in dieser Konstellation den Vorschlägen, die eine Aufteilung der Erstattungssumme auf alle Anwälte befürworteten (z.B. Elzer/Hügel § 13 Rn. 252), eine Absage erteilt (BGH ZMR 2010, 51). Dies wird zu Recht mit dem Mehrheitsprinzip begründet, da die Mehrheit entscheiden darf, wer sie vertritt.

169 Wie die Praxis zeigt, kann es aber auch zur Beschlussanfechtung durch viele oder gar eine Mehrheit von Wohnungseigentümern kommen. Vom Wortlaut der Norm sind auch diese Fälle erfasst. Hier wird es aber in jedem Falle zu Unzuträglichkeiten kommen. Denn auf der einen Seite sind die Kläger üblicherweise mangels eines gemeinschaftlichen, dem Zustellungsvertreter auf Beklagtenseite vergleichbaren Organs in keiner Weise organisatorisch verbunden und werden häufig von der anderen Klage gar nichts wissen, so dass die Bestellung eines gemeinsamen Rechtsanwaltes aus praktischen Gründen ausscheidet (hierauf stellt Drasdo ZMR 2008, 267 ab; jetzt auch LG Düsseldorf ZMR 2010, 143). Andererseits wäre eine Beschränkung von § 50 WEG auf die »übrigen Wohnungseigentümer«, die auf Beklagtenseite stehen, schon aus Gründen der Waffengleicheit kaum vertretbar. Es wäre mit Art. 3 GG kaum vereinbar, müssten sich die Beklagten auf die Erstattung der Kosten eines Anwalts verweisen lassen, während sie umgekehrt die Anwaltsvergütung für mehrere anfechtende Wohnungseigentümer tragen müssten. Im Extremfall kann es auch hier zu den vom Gesetzgeber befürchteten existenzbedrohenden Folgen kommen, wenn eine Vielzahl von Wohnungseigentümern jeweils eigene Anwälte mandatiert, deren Kosten die wenigen auf Beklagtenseite verbliebenen Miteigentümer tragen sollen (hier will Drasdo ZMR 2008, 267 offenbar ebenfalls die Beschränkung auf einen Anwalt zulassen). Im Ergebnis sprechen also wohl Wortlaut und Sinn der Norm für eine Beschränkung der Erstattungsfähigkeit auch in diesen Fällen (Jennißen/Suilmann § 50 Rn. 6). Allerdings muss es sich um die Anfechtung desselben Beschlusses mit derselben Zielrichtung der Kläger handeln. Keine Anwendung kann § 50 WEG aber schon dem Wortlaut nach in den Fällen finden, in denen nicht alle Wohnungseigentümer beteiligt sind, also etwa bei Klagen des teilrechtsfähigen Verbandes (so richtig Skrobek ZMR 2008, 176; Drasdo ZMR 2008, 2678) und wohl auch nicht in Verfahren nach § 43 Nr. 5 WEG (a.A. Jennißen/Suilmann § 50 Rn. 3 u. Drasdo ZMR 2008, 266, wonach sich § 50 WEG sogar zugunsten Dritter in Verfahren nach § 43 Nr. 5 WEG auswirken soll). Letzterer Fall kann aber wohl dahingestellt bleiben, da Ansprüche gegen alle Wohnungseigentümer als gemeinschaftsbezogene Angelegenheit ohnehin von der Prozessführungsbefugnis des teilrechtsfähigen Verbandes nach § 10 Abs. 6 S. 3 WEG erfasst werden, so dass nur die Kosten eines Rechtsanwaltes anfallen. § 50 WEG ist nicht (analog) auf sonstige Kosten, etwa Reisekosten anzuwenden, die ebenfalls vielfach anfallen können, etwa Reisekosten (Jennißen/Suilmann § 50 Rn. 4). Auch die Kosten eines Rechtsanwaltes, den der Verwalter neben demjenigen der Wohnungseigentümer mandatiert hat, werden von § 50 WEG nicht erfasst, können aber nach § 91 ZPO nicht erforderlich sein (Jennißen/Suilmann § 50 Rn. 7).

Nicht ausdrücklich geregelt ist der Fall, dass sich die Beklagten gleichwohl durch mehrere Anwälte vertreten lassen. Hier stellt sich die Frage, ob und nach welchem Schlüssel die Erstattung auf alle rechtsanwaltlich vertretenen Beklagten aufzuteilen ist (Hügel/Elzer § 13 Rn. 252; vgl. Skrobek ZMR 2008, 177). Nach dem Sinn der Norm dürfte eine solche Handhabung indessen fern liegen (vgl. Jennißen/Suilmann § 50 Rn. 16; Drasdo ZMR 2008, 268, wonach der gemeinschaftlich bestellte Rechtsanwalt vorrangig ist und ansonsten eine Quotelung vorzunehmen ist). Auch wenn die Anfechtungsklage nicht gegen den Verband, sondern gegen alle übrigen Miteigentümer zu richten ist, handelt es sich doch um eine Angelegenheit der Gemeinschaft. Hierüber hat diese aber mit Mehrheit zu befinden. Beschließt die Mehrheit die Mandatierung eines Rechtsanwalts, muss ein Miteigentümer mit abweichenden Vorstellungen diese Mehrheitsentscheidung dulden wie jede andere. Das »Gerechtigkeitsdefizit« (so Elzer/Hügel § 13 Rn. 252) dieser zwangsweisen Verpflichtung auf einen Rechtsanwalt ist also normale Folge der Mehrheitsherrschaft. Findet sich der hiermit unzufriedene Miteigentümer nicht ab, muss er die Einschaltung eines eigenen Anwalts selbst tragen. Dies ergibt sich i.Ü. auch aus § 50 WEG. Wenn dort nur die Mandatierung eines Anwalts als zweckentsprechende Rechtsverfolgung oder -verteidigung angesehen wird, besagt dies auch im Innenverhältnis der Beklagten, dass die Einschaltung eines weiteren Anwalts durch einzelne Miteigentümer regelmäßig keine Maßnahme im Rahmen einer ordnungsgemäßen Prozessführung ist. Diese hat der einzelne Wohnungseigentümer folglich selbst zu tragen. **170**

Von der Begrenzung der Kostenerstattung lässt § 50 WEG eine **Rückausnahme** zu, wenn eine Vertretung durch mehrere Anwälte »aus Gründen, die mit dem Gegenstand des Rechtsstreits zusammenhängen« geboten erscheint. Dies kann z.B. bei der besonderen Betroffenheit eines Wohnungseigentümers der Fall sein, etwa bei der Anfechtung eines Beschlusses über die Genehmigung einer baulichen Veränderung. In diesem Fall wird man dem Miteigentümer, der einen kostspieligen Anbau durch einen ebenso kostspieligen Rückbau beseitigen soll, eigenen rechtlichen Beistand zubilligen müssen. Denn die anderen Wohnungseigentümer, die sich etwa nur gegen den Vorwurf einer ungenügenden Bezeichnung des entsprechenden Beschlusses in der Tagesordnung wehren, tragen ein ungleich geringeres Risiko (so auch Drasdo ZMR 2008, 268, der auf die unterschiedlichen finanziellen und sonstigen Auswirkungen einer Ungültigerklärung abstellt). In Betracht kommt die **171**

Mandatierung eines weiteren Anwaltes auch bei möglichen Interessenkollisionen des ersten (LG Berlin ZMR 2010, 309; Drasdo ZMR 2008, 268); nicht aber die mangelhafte Tätigkeit des ersten Rechtsanwalts, da dies nicht der Gegenseite zur Last fallen darf (Drasdo ZMR 2008, 269 zu Recht gegen Jennißen/Suilmann § 50 Rn. 9). Persönliche Differenzen zu anderen Wohnungseigentümern oder zum Anwalt genügen aber nicht (Drasdo ZMR 2008, 268), ebenso wenig der vom Sitz der Kanzlei weit entfernte Wohnort eines Miteigentümers (Drasdo ZMR 2008, 269). Insoweit kann keine Rede davon sein, dass »keine Fallkonstellation existieren (dürfte), die eine entsprechende Entscheidung rechtfertigt (so aber Skrobek ZMR 2008, 176). Das besondere Kostenrisiko wirft die Frage auf, ob der Anwalt seinen Mandanten darüber belehren muss, dass er auch bei einem Obsiegen seine Kosten u.U. nicht erstattet bekommt. Eine gesetzliche Hinweispflicht wie in § 12a Abs. 1 S. 2 ArbGG hat der Gesetzgeber in vorliegendem Zusammenhang nicht normiert. Gleichwohl wird eine Hinweispflicht im Hinblick auf § 50 WEG bisweilen bejaht (Drasdo ZMR 2008, 269).

172 Dem Gericht kommt nach dem Wortlaut der Norm weder bei der Regel der Nichterstattung noch bei der Ausnahme ein Ermessen zu (Skrobek ZMR 2008, 177). Es hat lediglich einen Beurteilungsspielraum. Beide Entscheidungen sind somit durch die nächste Instanz und, soweit Rechtsfragen betroffen sind, auch noch in der Rechtsbeschwerde voll überprüfbar. Das Rechtsbeschwerdegericht ist allerdings an die verfahrensfehlerfrei zustande gekommenen tatsächlichen Feststellungen des Beschwerdegerichts, die es zur Ausfüllung seines Beurteilungsspielraums getroffen hat, gebunden.

c) Mehrkosten aufgrund von Gebührenvereinbarungen nach § 27 Abs. 2 Nr. 4, Abs. 3 S. 1 Nr. 6 WEG

173 Nicht in § 50 WEG geregelt, aber demselben Regelungszusammenhang zugehörig sind Mehrkosten aufgrund von Gebührenvereinbarungen nach § 27 Abs. 2 Nr. 4, Abs. 3 S. 1 Nr. 6 WEG. Auch hierbei handelt es sich nicht um notwendige und somit erstattungsfähige Kosten nach § 91 Abs. 1 ZPO, auch wenn die entsprechenden Vergütungsvereinbarungen im Namen von Wohnungseigentümern und Verband abgeschlossen werden können (BT-Drucks. 16/887 S. 77). Möglich ist aber eine Beschlussfassung nach § 21 Abs. 7 WEG, kraft derer die Mehrkosten als besonderer Verwaltungsaufwand umgelegt werden (Abramenko ZWE 2009, 154 ff.).

d) Sondervergütungen des Verwalters

174 Grundsätzlich sind auch Sondervergütungen, die dem Verwalter aufgrund vertraglicher Abreden für die Durchführung eines Verfahrens zustehen (vgl. hierzu o. Kap. 19 Rdn. 181 ff.), im Kostenfestsetzungsverfahren geltend zu machen (KG NJW-RR 1989, 330; OLG Frankfurt WuM 1990, 458; BayObLGZ 1988, 293; a.A. für die Möglichkeit einer Einforderung auch im Hauptsacheverfahren OLG Köln NJW 1991, 1302 f.). Denn mit der Möglichkeit der Kostenfestsetzung steht ein einfacherer und kostengünstigerer Weg zur Verfügung als ein erneutes Hauptsacheverfahren, so dass für Letzteres das Rechtsschutzbedürfnis fehlt. Umgekehrt können die Wohnungseigentümer, wenn trotz Prüfung materiell-rechtlicher Erstattungsansprüche außergerichtliche Kosten nach der Kostengrundentscheidung nicht zu erstatten sind, die Sondervergütung des Verwalters infolge entgegenstehender Rechtskraft nicht erneut in einem Hauptsacheverfahren geltend machen (vgl. o. Kap. 19 Rdn. 187).

e) Kostenfestsetzung in erfolgreichen Beschlussanfechtungsverfahren

Besondere Probleme bereitet die Festsetzung der Kosten, die dem Kläger im Beschlussanfechtungsverfahren entstanden. Nach einer Auffassung haften die Beklagten nicht als Gesamtschuldner, sondern gem. § 100 Abs. 1 ZPO nur nach Köpfen. Das führt zu aberwitzigen Ergebnissen, da der siegreiche Kläger u.U. hunderte von Kostenfestsetzungsbeschlüssen beantragen und vollstrecken müsste, was zu einer Explosion der Kosten führen würde (äußerst instruktiv Wolicki NZM 2008, 717 ff.). Diese widersinnigen Folgen wird man wohl nur durch eine Gesamtschuldnerhaftung der Beklagten und die Verpflichtung zu einer Sonderumlage der Kostenschuldner lösen können (Wolicki NZM 2008, 718 ff. für eine analoge Anwendung von § 100 Abs. 4 ZPO; dazu neigend auch Dötsch ZMR 2009, 184 f.; a.A. Deckert ZWE 2009, 67 f.). Ob allerdings auch nur darlehensweise auf das Vermögen des teilrechtsfähigen Verbandes zurückgegriffen werden kann (so Wolicki, NZM 2008, 719 f.), erscheint zweifelhaft. 175

3. Die Entscheidung über den Kostenfestsetzungsantrag

Über den Antrag entscheidet nach § 21 Nr. 1 RpflG der Rechtspfleger. Er hat dem Antragsgegner grundsätzlich rechtliches Gehör zu gewähren. Dies kann aber im Abhilfeverfahren nachgeholt werden. Der Kostenfestsetzungsbeschluss ist jedenfalls bei Absetzungen oder umstrittenen Ansätzen zu begründen (vgl. OLG Düsseldorf Rpfleger 1981, 408). Bei einer Kostentragung nach Quoten kann gem. § 106 ZPO ein Kostenausgleich vorgenommen werden. Der Kostenfestsetzungsbeschluss ist selbständiger Vollstreckungstitel nach § 794 Abs. 1 Nr. 2 ZPO. 176

4. Rechtsmittel

a) Die befristete Erinnerung bei einer Beschwer bis 200 Euro

Gegen die Entscheidung des Rechtspflegers ist somit gem. §§ 104 Abs. 3 S. 1 ZPO die sofortige Beschwerde gegeben. Die Mindestbeschwer beträgt seit 2004 nach § 567 Abs. 2 ZPO nicht mehr 50 Euro, sondern 200 Euro. Zuständig ist nach § 72 Abs. 2 GVG auch hierfür das Gericht der Hauptsache (LG Stade ZMR 2010, 319). Wird sie nicht erreicht, ist nach § 11 Abs. 2 S. 1 RPflG die befristete Erinnerung zulässig. Dieser kann der Rechtspfleger nach § 11 Abs. 2 S. 3 RPflG nach Anhörung der Gegenseite abhelfen. Tut er dies nicht, hat er die Sache nach § 11 Abs. 2 S. 3 RPflG dem Abteilungsrichter am Amtsgericht vorzulegen, der abschließend entscheidet. Als Rechtsbehelf gegen seine Entscheidung kommt nach allgemeinen Grundsätzen nur die Gegenvorstellung nach § 319a ZPO in Betracht. Ansonsten ist die Entscheidung nicht mehr angreifbar. Wird ein Rechtsmittel trotz Nichterreichens der Mindestbeschwer an die Beschwerdekammer des Landgerichtes weitergeleitet, hat sie dieses grundsätzlich nicht zu verwerfen, auch wenn es fälschlich als »sofortige Beschwerde« bezeichnet ist. Vielmehr ist die Sache (evtl. unter Aufhebung des Vorlagebeschlusses) an das Amtsgericht zur Entscheidung zurückzugeben. 177

b) Die sofortige Beschwerde

Ist die Mindestbeschwer erreicht, findet gegen die Entscheidung des Rechtspflegers nach § 104 Abs. 3 S. 1 ZPO die sofortige Beschwerde statt. Der Rechtspfleger kann der sofortigen Beschwerde gem. § 572 Abs. 1 S. 1 ZPO wiederum nach Anhörung des Gegners abhelfen. Hierbei können Verfahrensverstöße wie die fehlende Begründung oder die unterlassene Gewährung rechtlichen Gehörs durch Nachholung der unterbliebenen Amtshandlung geheilt werden. Hilft der Rechtspfleger der sofortigen Beschwerde nicht 178 ab, hat er die Sache der Beschwerdekammer des übergeordneten Landgerichtes vorzulegen. Die korrekte Durchführung des Nichtabhilfeverfahrens ist keine Voraussetzung für die Entscheidung der Beschwerdekammer (OLG Frankfurt MDR 2002, 1391; OLG Stuttgart MDR 2003, 110). Das Beschwerdegericht hat als Tatsacheninstanz tatsächliche und rechtliche Einwendungen zu berücksichtigen. Hält es die sofortige Beschwerde für begründet, so kann es den Erlass eines neuen Kostenfestsetzungsbeschlusses nach § 572 Abs. 3 ZPO dem Amtsgericht übertragen. Dies kommt insbesondere dann in Betracht, wenn die Behebung eines Fehlers umfangreiche Neuberechnungen erfordert.

c) Die sofortige weitere Beschwerde

179 Gegen die Entscheidung des Beschwerdegerichtes ist die sofortige weitere Beschwerde nur zulässig, wenn das Beschwerdegericht sie nach § 574 Abs. 1 Nr. 2 ZPO zugelassen hat (BayObLG ZMR 2002, 946). Dies schließt nach Auffassung des **BGH** die Übertragung der Sache auf den Einzelrichter aus (BGH RPfleger 2003, 374 f.). Für die Entscheidung über die sofortige weitere Beschwerde ist nunmehr der **BGH** zuständig.

d) Vollstreckungsgegenklage

180 Einwendungen, die den Titel selbst betreffen, wie etwa Erfüllung, muss der Schuldner auch im Kostenfestsetzungsverfahren mit der Vollstreckungsgegenklage geltend machen (BGH ZMR 2009, 545). Allerdings gilt beim Kostenfestsetzungsbeschluss die Einschränkung des § 767 Abs. 2 ZPO nicht, da streitige Einwendungen wie die Behauptung der Erfüllung im Kostenfestsetzungsverfahren nicht berücksichtigt werden können (BayObLG ZMR 2000, 45).

XII. Rechtsmittel

1. Die Entscheidung in der Hauptsache

181 Die Entscheidung in der Hauptsache ist nunmehr wie jedes Urteil mit der **Berufung** anzugreifen, auf die in vollem Umfang die §§ 511 ff. ZPO anzuwenden sind. Dies bereitet bei Anfechtungsklagen neue Probleme (s. u. Rdn. 186). Der Rechtsschutz der unterlegenen Partei wird hierdurch allerdings teilweise sogar verbessert, da die **Mindestbeschwer** nun nach § 511 Abs. 2 Nr. 1 ZPO nur noch 600 Euro betragen muss. Diese richtet sich nicht nach dem Streitwert, sondern nach der persönlichen Beeinträchtigung des Rechtsmittelführers (BayObLG NJW-RR 1990, 1239). I. Ü. gelten die allgemeinen Regeln der ZPO einschließlich des Anwaltszwangs nach § 78 ZPO vor Landgerichten. Die Berufungsschrift muss selbstverständlich im Gegensatz zum früheren Recht (OLG Hamm NJW-RR 2003, 1232) unterzeichnet sein. Die Zuständigkeit für Berufungen ist für Verfahren nach § 43 Nr. 1 bis 4 WEG abweichend vom üblichen **Instanzenzug** geregelt. Nach § 72 Abs. 2 S. 1 GVG ist für alle Berufungen stets das Landgericht am Sitz des Oberlandesgerichts für dessen gesamten Bezirk zuständig. Dies gilt nach der ausdrücklichen Anordnung in § 72 Abs. 2 S. 2 GVG auch für Sachen mit Auslandsberührung (BT-Drucks. 16/3843 S. 60). Diese Konzentration soll durch die häufigere Befassung der Berufungsgerichte mit der Materie die Qualität der Berufungsentscheidungen sichern (BT-Drucks. 16/887 S. 60). Die Landesregierungen können von der Zuständigkeitsregelung des § 72 Abs. 2 S. 1 GVG zwar nach § 72 Abs. 2 S. 3 GVG abweichen; aufgrund entsprechender Ermächtigung nach § 72 Abs. 2 S. 4 GVG auch die Landesjustizverwaltungen. Dabei kann aber nach § 72 Abs. 2 S. 3 GVG nur »ein anderes Landgericht« im Bezirk des Oberlandesgerichts bestimmt werden. Es ist also nach Wortlaut und Sinn der Norm nicht möglich, etwa den gegenwärtigen Zustand beizubehalten. Die Prüfung, ob die

Zuständigkeit für die Berufung solchermaßen abweichend geregelt ist, darf der Rechtsanwalt nicht seinem Kanzleipersonal überlassen (BGH ZMR 2010, 624). Die Versäumung der Berufungsfrist wegen unterlassener Prüfung der Zuständigkeit ist nicht unverschuldet und rechtfertigt daher nicht die Wiedereinsetzung (BGH ZMR 2010, 625). Geht die Berufung bei einem unzuständigen Gericht ein, kann dieses die Sache nicht nach § 281 ZPO verweisen (BGH ZMR 2010, 625). Es kann hat die Sache allerdings abzugeben. Die Berufung ist aber nur fristgerecht eingelegt, wenn die Akte noch innerhalb der Berufungsfrist dort eingeht.

Anschlussrechtsmittel sind auch im Beschlussanfechtungsverfahren grundsätzlich möglich (BGH ZMR 2010, 377; OLG Köln ZMR 2010, 136). Dabei ist aber zu beachten, dass sie sich gegen den Berufungsführer richten müssen (BGH ZMR 2010, 378). Das Berufungsgericht verhandelt und entscheidet grundsätzlich als Kammer, kann die Sache aber unter den Voraussetzungen des § 526 ZPO auf den Einzelrichter übertragen. Gegen die Berufungsentscheidung ist auf Zulassung nach § 543 Abs. 1 Nr. 1 ZPO die **Revision** eröffnet. Diese ist im Gegensatz zur Vorlage nach früherem Recht (§ 28 Abs. 2 FGG) nicht nur bei Abweichungen von der Rechtsprechung anderer Obergerichte, sondern auch bei grundsätzlicher Bedeutung möglich. Gegen die Entscheidung über die Nichtzulassung ist nach § 62 Abs. 2 WEG in Abweichung von § 543 Abs. 1 Nr. 2 ZPO für einen Zeitraum von 5 Jahren die Nichtzulassungsbeschwerde nicht gegeben. **182**

Den allgemeinen Regeln folgt dagegen der Rechtsmittelzug in **Verfahren nach § 43 Nr. 5 WEG**, da diese in § 72 Abs. 2 S. 1 GVG nicht genannt sind (BT-Drucks. 16/3843 S. 60). Auch die Nichtzulassungsbeschwerde ist anders als in den Verfahren nach § 43 Nr. 1 bis 4 WEG nach § 62 Abs. 2 WEG uneingeschränkt zulässig (BT-Drucks. 16/3843 S. 58). **183**

Gegen Entscheidungen in der Hauptsache, die nicht mehr mit Rechtsmitteln angreifbar sind, kann nur die befristete **Gegenvorstellung** nach § 321a ZPO (an Stelle der früheren Anhörungsrüge gem. § 29 a.F. FGG) erhoben werden. Darüber hinaus bleibt – etwa bei der Verletzung von Verfahrensgrundrechten – nur die Verfassungsbeschwerde. **184**

2. Besonderheiten im Beschlussanfechtungsverfahren

a) Rechtsmittel der Wohnungseigentümer

Völlig neue Probleme ergeben sich für die Parteistellung im Rechtsmittelzug, da die Anfechtung die Zwei-Parteien-Systematik der ZPO sprengt. Vergleichsweise einfach ist nur die Konstellation zu handhaben, in der eine Anfechtungsklage ohne Erfolg bleibt. In diesem Fall bleibt der Anfechtungskläger auch der Berufungskläger und die Beklagten werden insgesamt zu Berufungsbeklagten. Die Parteirollen ändern sich also nicht. Die schon seinerzeit mit zivilprozessualen Grundsätzen begründete Rechtsprechung, wonach ein in erster Instanz untätiger Wohnungseigentümer nicht die Anfechtung eines anderen im Rechtsmittelzug fortführen darf (OLG Zweibrücken NJW-RR 1989, 658; BayObLG NJW-RR 1992, 976 – Ls.), gilt nach der Novelle erst recht. Dies bezieht sich aber nicht auf die – allerdings schon nach altem Recht eher theoretischen – Fälle, in denen die Frist zur Anfechtung des Eigentümerbeschlusses noch nicht abgelaufen war (BayObLG NJW-RR 1992, 151). Kann der ordnungsgemäß beigeladene Wohnungseigentümer, wenn die Verfahren nicht ordnungsgemäß verbunden werden, im Parallelverfahren Rechtsmittel einlegen (vgl. Rdn. 134), muss das auch dann gelten, wenn er noch keinen erstinstanzlichen Antrag gestellt hat. Auch dann, wenn die unterlegenen Wohnungseigentümer insgesamt gegen eine Ungültigerklärung vorgehen, bleibt es bei den Parteirollen der Vorinstanz. Schwieriger sind sie beim Vorgehen einzelner Beklagter gegen die Ungültigerklärung zu beurteilen. In diesem Fall wird man in **185**

Anlehnung an die Regeln zur notwendigen Streitgenossenschaft annehmen müssen, dass der Rechtsbehelf für alle Beklagten gilt, auch wenn sie selbst kein Rechtsmittel eingelegt haben. Die Kosten sind aber wie dort analog §§ 101 Abs. 2, 100 Abs. 2 ZPO nur demjenigen Streitgenossen aufzuerlegen, der das Rechtsmittel eingelegt hat.

b) Rechtsmittel des Verwalters

186 Noch problematischer wird die Behandlung eines Rechtsmittels, das der Verwalter eingelegt hat. Wie noch zum alten Recht höchstrichterlich entschieden, kann der Verwalter etwa gegen die erstinstanzliche Ungültigerklärung seiner Bestellung Rechtsmittel einlegen. Da dies nach der Entscheidung des BGH zum alten Recht nicht zuletzt aus verfassungsrechtlichen Grundsätzen wie dem Justizgewährungsanspruch folgt (BGH ZMR 2007, 798 f.; unrichtig OLG Köln NJW-RR 2006, 25; dem folgend Niedenführ/Kümmel/Vandenhouten § 26 Rn. 22), wird man nicht davon ausgehen können, dass nach neuem Recht anderes gilt. Auch ein entsprechender Wille des Gesetzgebers ist nicht erkennbar. Vielmehr wurde die ursprünglich vergessene Anfechtungsberechtigung, die mit der Befugnis zur Einlegung von Rechtsmitteln korrespondiert, auf entsprechende Kritik ausdrücklich in den Gesetzeswortlaut eingefügt. Dies wirft aber im Zivilprozess verwickelte prozessuale Probleme auf, da der Verwalter nach der klaren Anordnung in § 46 Abs. 1 S. 1 WEG nur dann Partei einer Anfechtungsklage ist, wenn er selbst die Ungültigerklärung eines Beschlusses begehrt. Ansonsten ist er nach § 48 Abs. 1 S. 2 WEG nur Beigeladener. Erkennt man ihm, was aus den genannten Gründen geboten ist, zumindest in bestimmten Fällen das Recht zur Einlegung von Rechtsmitteln ein, tritt eine neue Partei in den Rechtsstreit ein. Dies läuft auf die Übernahme eines weiteren Elementes aus der freiwilligen Gerichtsbarkeit in die neue Verfahrensordnung hinaus (vgl. im Ergebnis ähnlich Niedenführ/Kümmel/Vandenhouten § 26 Rn. 22, aber auf den Fall des Beitritts als streitgenössischer Nebenintervenient nach § 69 ZPO begrenzt, was zudem angesichts der beschränkten Möglichkeiten eines streitgenössischen Nebnintervenienten problematisch erscheint, s. MüKo/Schilken ZPO § 69 Rn. 10; Stein/Jonas/Bork § 69 Rn. 7; Baumbach/Lauterbach/Hartmann § 69 Rn. 10; zum Problem s.a. Briesemeister ZWE 2008, 417 f.). Damit wird zunächst die Zustellung aller Entscheidungen auch an den Verwalter erforderlich. I.Ü. wird man sein Rechtsmittel ähnlich behandeln müssen wie dasjenige des einzelnen Wohnungseigentümers, der sich gegen die Ungültigerklärung eines Beschlusses wehrt. Das Rechtsmittel des Verwalters wirkt damit auch für die anderen Beklagten. Im Falle des Misserfolgs hat er in jedem Fall analog §§ 101 Abs. 2, 100 Abs. 2 ZPO dessen Kosten alleine zu tragen.

3. Andere Entscheidungen

187 Auch die Rechtsmittel gegen andere Entscheidungen wie etwa Kostenentscheidungen nach übereinstimmender Erledigungserklärung nach § 91a ZPO, die Zurückweisung des Antrags auf Durchführung eines Beweissicherungsverfahrens, Entscheidungen im Rahmen der Kostenfestsetzung oder der Vollstreckung, richten sich nunmehr ausschließlich nach den Vorschriften der ZPO. Dies beseitigt das teilweise undurchsichtige Nebeneinander von FGG und ZPO, das selbst in der höchstrichterlichen Rechtsprechung bisweilen für Verwirrung sorgte (s. BGH ZMR 2003, 756 f.; ZMR 2005, 58 f.; NZM 2006, 660 f. u. WuM 2006, 706 f. = ZMR 2007, 52 f.), kann aber in Sonderfällen auch zu einer **Verkürzung des Rechtsschutzes** führen. So wurden etwa Beweis- oder Auflagenbeschlüsse in Verfahren nach § 43 Abs. 1 WEG a.F. bislang jedenfalls dann für anfechtbar gehalten, wenn sie einen selbstständigen Eingriff in die Rechte des Betroffenen beinhalteten (BayObLG ZMR 1998, 513; OLG Düsseldorf NZM 2005, 953). Diese Rechtsprechung kann künftig keine Geltung mehr beanspruchen, da Beweisbeschlüsse nach § 355 Abs. 2 ZPO

grundsätzlich nicht isoliert anfechtbar sind. Sie sind nach zivilprozessualen Grundsätzen nur noch inzident mit der Anfechtung in der Hauptsache überprüfbar. Dies ist insbesondere für die Beigeladenen problematisch, da sie die Hauptsacheentscheidung gar nicht anfechten können. Wird etwa bei Anordnung einer Beweisaufnahme durch Inaugenscheinnahme der Nachbarwohnung die Reichweite von § 14 Nr. 4 WEG verkannt, würde der Beigeladene in grundrechtlich geschützten Positionen beeinträchtigt (vgl. OLG Nürnberg NJW-RR 1990, 909). Jedenfalls in diesen Fällen mit Grundrechtsbezug wird in entsprechender Anwendung geregelter Fälle (etwa § 380 Abs. 3 ZPO) ein Beschwerderecht einzuräumen sein (vgl. etwa OLG Celle ZMR 2007, 54 f. zur außerordentlichen Anfechtbarkeit von Entscheidungen, gegen die eigentlich kein Rechtsmittel gegeben war, im alten Recht; weitergehend, auch für andere Entscheidungen Elzer/Hügel § 13 Rn. 234). Ansonsten sind Nebenentscheidungen, sofern keine abweichenden Spezialregelungen existieren, mit der sofortigen Beschwerde gem. §§ 567 ff. ZPO angreifbar. Auch für diese Rechtsmittel ist nach § 72 Abs. 2 S. 1 GVG das Landgericht am Sitz des Oberlandesgerichts zuständig. Gegen seine Entscheidung ist die Rechtsbeschwerde nach § 574 Abs. 1 ZPO nur statthaft, wenn sie im Gesetz ausdrücklich eröffnet oder durch das Beschwerdegericht zugelassen ist. Eine Nichtzulassungsbeschwerde findet im Gegensatz zu Urteilen grundsätzlich nicht statt.

4. Die Rechtskraft in Wohnungseigentumssachen

Für formelle und materielle Rechtskraft der Entscheidungen ergeben sich keine inhaltlichen Unterschiede zum alten Recht. Die zivilprozessualen Regeln sind nun direkt anwendbar (§§ 322 ff., 705 ZPO). Für den sachlichen Umfang der materiellen Rechtskraft gilt der **zweigliedrige Streitgegenstandsbegriff** (so schon zum alten Recht OLG Köln ZMR 1998, 374 f.). Lediglich in Anfechtungsverfahren gilt die Besonderheit des § 48 Abs. 4 WEG, wonach auch die Nichtigkeit eines Beschlusses nach der Abweisung des Antrags auf Ungültigerklärung nicht mehr geltend gemacht werden kann (vgl. o. Rdn. 103). Auch dies entspricht aber dem früheren Rechtszustand. Eine Abweichung vom Zivilprozess gilt nur hinsichtlich des persönlichen Umfangs der Rechtskraft. Denn nach der Spezialregelung des § 48 Abs. 3 WEG erfasst die Rechtskraft auch die Beigeladenen und ihre Rechtsnachfolger (vgl. o. Rdn. 116). 188

XIII. Die Zwangsvollstreckung

1. Die vorläufige Vollstreckbarkeit

Eine einschneidende Änderung gegenüber dem früheren Recht ergibt sich für die Zwangsvollstreckung aus noch nicht rechtskräftigen Titeln. Diese sind nunmehr grundsätzlich nach §§ 708 ff. ZPO **vorläufig vollstreckbar**. Im Übrigen ergeben sich keine Änderungen, da sich die Zwangsvollstreckung schon gem. § 45 Abs. 3 WEG a.F. ausschließlich nach den Vorschriften der ZPO richtete. Dabei verbleibt es natürlich auch bei der Überführung der Wohnungseigentumssachen in das ZPO-Verfahren. Rechtskräftige Alttitel der Wohnungseigentümer, die noch vor der Rechtsprechung zur Teilrechtsfähigkeit ergingen, können und müssen nicht auf den Verband umgeschrieben werden (BGH NJW-RR 2007, 956; ZMR 2007, 287). 189

2. Die Vorrangigkeit von Beitragsforderungen in der Zwangsversteigerung

190 Wesentlich erleichtert wird die Durchsetzung von Beitragsforderungen im Zwangsversteigerungsverfahren durch die Neuerungen insbesondere in § 10 Abs. 1 Nr. 2 ZVG. Dies ermöglicht den Wohnungseigentümern erstmals auch bei vorrangigen Grundpfandrechten die Aussicht auf eine erfolgreiche Durchführung des Zwangsversteigerungsverfahrens gegen säumige Miteigentümer. Die früheren Probleme bei der Ermittlung der Wertgrenze nach § 10 Abs. 3 S. 1 ZVG wurden durch die Änderung von § 18 Abs. 2 Nr. 2 WEG weitgehend entschärft.

a) Die frühere Rechtslage

191 Eine weitere, wenn auch der Höhe nach begrenzte Möglichkeit zur Beitreibung rückständiger Vorschüsse bieten die Änderungen von § 10 ZVG im Rahmen der Novelle zum ZVG. Auch titulierte Rückstände konnten nach früherem Recht bei selbstgenutztem Eigentum oftmals nicht vollstreckt werden. Denn Erträge waren nicht zu erwarten. War das selbstgenutzte Wohnungs- oder Teileigentum bis zur Wertgrenze beliehen, konnte selbst ein Eigentümerwechsel im Wege der Zwangsversteigerung ausscheiden. Denn Grundpfandrechte fielen in das geringste Gebot, mussten mithin vom Ersteher übernommen werden. Dass Außenstehende hierzu regelmäßig nicht bereit sind, versteht sich von selbst, da sie ein solchermaßen belastetes Eigentum alsbald wieder verlieren (OLG Celle NJW-RR 1991, 1119). In der Folge hing die Durchführung des Zwangsversteigerungsverfahrens von den besserrangigen Gläubigern ab. War aus ihrer Sicht ein weiteres Abwarten zur Ermittlung von Kaufinteressenten für eine lukrativere freihändige Veräußerung erforderlich, konnten sich die Miteigentümer noch nicht einmal im Wege der Zwangsversteigerung des säumigen Miteigentümers entledigen. Dies führte in der Praxis dazu, dass die Miteigentümer teilweise über Jahre die Lasten und Kosten eines insolventen Wohnungseigentümers mittragen mussten.

b) Der Lösungsansatz der Gesetzesänderung

192 Diesem Missstand, dass gerade die überhöhte Belastung mit Grundpfandrechten zu einem von den Miteigentümern finanzierten Verbleiben des Schuldners in seiner Wohnung verhilft, will § 10 Abs. 1 Nr. 2 ZVG mit einem begrenzten Vorrang u.a. der Vorschüsse nach § 28 Abs. 2 WEG begegnen. Danach wird rückständigen Beiträgen zu den Kosten und Lasten ein der Höhe nach begrenzter Vorrang auch gegenüber dinglichen Rechten eingeräumt. In der Folge werden die Forderungen des Verbandes, die nach altem Recht regelmäßig in vollem Umfang ausfielen, nunmehr im Wege der Zwangsversteigerung wenigstens teilweise befriedigt. Noch weit wichtiger ist es aber, dass so auch ohne Zutun der dinglichen Gläubiger überhaupt ein Eigentümerwechsel herbeigeführt werden kann. Auf diesem Wege können sich die Wohnungseigentümer wenigstens für die Zukunft des zahlungsunfähigen Miteigentümers entledigen, der nach bisherigem Recht auf ihre Kosten in der Liegenschaft verblieb. Nach weiter gehender Auffassung sollen Wohngeldforderungen, die nach § 10 Abs. 1 Nr. 2 ZVG privilegiert sind, auch im Insolvenzverfahren anderen Rechten vorgehen. Deshalb soll dem teilrechtsfähigen Verband im Insolvenzverfahren ein **Aussonderungsrecht** nach § 49 InsO zustehen (LG Berlin ZMR 2010, 142 = ZWE 2010, 228; LG Ellwangen ZMR 2010, 634). § 10 Abs. 1 Nr. 2 ZVG regelt aber nur die Rangfolge der Forderungen. Sie führt nicht zur **Verdinglichung** der Wohngeldforderung. Daraus folgt insbesondere, dass die Wohnungseigentümergemeinschaft nach einem Eigentümerwechsel nicht ohne Duldungstitel gegen den Erwerber vollstrecken kann (LG Ellwangen, ZMR 2010, 634; AG Heilbronn ZMR 2010, 241; a.A. etwa Schneider ZMR 2009, 165; offen gelassen von LG Stuttgart, ZMR 2010, 558 = ZWE 2010, 276). Die Bevorrechtigung der Beiträge nach § 28 Abs. 2 WEG durch ihren Vorrang

gem. § 10 Abs. 1 Nr. 2 WEG führt nicht zu ihrer Schlechterstellung in der **Zwangsverwaltung.** Auch nach der Novelle kann der Verband die Zahlung der Wohngelder vorweg als Vorschüsse verlangen. Es handelt sich weiterhin um Ausgaben der Verwaltung. Der Gesetzgeber hat nur die Stellung des Verbandes in der Zwangsversteigerung verbessern, nicht aber seine Stellung im Zwangsverwaltungsverfahren verschlechtern wollen (BGH NZM 2009, 909 = ZMR 2010, 296 = ZWE 2010, 81).

c) Die Voraussetzung für die vorrangige Geltendmachung von Vorschüssen nach § 28 Abs. 2 WEG

Der Vorrang nach § 10 Abs. 1 Nr. 2 S. 1 ZVG ist **schuldner- und einheitsbezogen.** Folglich setzt eine Bevorrechtigung zunächst voraus, dass es sich um Vorschüsse des Wohnungseigentümers für die in der Versteigerung befindliche Wohnung handelt. Dies ergibt sich daraus, dass nach § 10 Abs. 1 Nr. 2 S. 1 ZVG »bei Vollstreckung in ein Wohnungseigentum die daraus fälligen Ansprüche« vorrangig sein sollen. Der Verband kann also dann, wenn der Schuldner Mehrfacheigentümer ist, nicht wegen der Rückstände einer Einheit die vorrangige Befriedigung bei einer Zwangsvollstreckung in eine seiner anderen Wohnungen beanspruchen. Nach § 10 Abs. 1 Nr. 2 ZVG können nur die Rückstände, die für die jeweilige Einheit aufgelaufen sind, berücksichtigt werden. **193**

Auch in zeitlicher Hinsicht setzt § 10 Abs. 1 Nr. 2 S. 2 ZVG der vorrangigen Geltendmachung von Beitragsforderungen eine Grenze. Es können nur solche Rückstände vorrangig berücksichtigt werden, die **im Jahr der Beschlagnahme und in den beiden Jahren zuvor** fällig wurden. Dabei kommt es nach der Entwurfsbegründung anders als bei der Haftung von Veräußerer und Erwerber auf die Entstehung, nicht auf die Fälligkeit der Beiträge an. Wird also etwa die Jahresabrechnung nicht, wie eigentlich geboten, in den ersten Monaten nach Ablauf des betroffenen Wirtschaftsjahres, sondern mehr als 1 Jahr später genehmigt, berührt dies die zeitliche Ausschlussfrist des § 10 Abs. 1 Nr. 2 S. 2 ZVG nicht, da die Forderungen bereits zuvor begründet wurden (BT-Drucks. 16/887 S. 45). In demselben Zwangsversteigerungsverfahren kann eine Wohnungseigentümergemeinschaft das Vorrecht des § 10 Abs. 1 Nr. 2 ZVG **nur einmal** geltend machen. Dies gilt auch nach Ablösung der Forderung durch andere Gläubiger. Der Umstand, dass monatlich neue, eigentlich bevorrechtigte Forderungen entstehen, ist in einem Zwangsversteigerungsverfahren also auch dann unerheblich, wenn Altforderungen zwischenzeitlich aus dem zeitlichen Rahmen des § 10 Abs. 1 Nr. 2 S. 2 ZVG fallen. Ob dies auch für ein neues Zwangsversteigerungsverfahren gilt, hat der BGH ausdrücklich offen gelassen (BGH ZMR 2010, 383). **194**

Die bevorrechtigte Geltendmachung von Beiträgen ist ferner auch der **Höhe** nach beschränkt. Nach § 10 Abs. 1 Nr. 2 S. 3 ZVG darf die bevorrechtigte Summe 5 % des Verkehrswertes nach § 74a Abs. 5 ZVG nicht übersteigen, was auch Nebenforderungen wie Zinsen umfasst. Dies ist in der praktischen Umsetzung insoweit problematisch, als die Wohnungseigentümer den Verkehrswert nach § 74a Abs. 5 ZVG frühestens nach Einholung des Verkehrswertgutachtens, mit Sicherheit sogar erst nach Festsetzung des Verkehrswertes, nicht aber schon bei Einleitung des Verfahrens kennen. Wird die vorrangige Berücksichtigung einer darüber hinausgehenden Forderung beantragt, zieht dies allerdings keinen Rechtsnachteil nach sich. Mit der über 5 % des Verkehrswertes übersteigenden Forderung fällt der teilrechtsfähige Verband eben aus. **195**

Darüber hinaus setzt die bevorrechtigte Beitreibung von Kosten- und Lastenbeiträgen nach § 10 Abs. 3 S. 1 ZVG ferner einen Mindestbetrag von $^{3}/_{10}$ **des Einheitswertes** voraus. Dies beruht auf der Überlegung des Gesetzgebers, dass es einen Wertungswiderspruch darstellen würde, könnte ein Entziehungsverfahren erst ab dieser Grenze, ein Zwangs- **196** versteigerungsverfahren jedoch schon bei geringeren Rückständen betrieben werden (BT-Drucks. 16/887, 45; zur Problematik vgl. Schneider ZfIR 2008, 162 f.). Dies hat sich in der Praxis insoweit als problematisch erwiesen, als dieser nicht bekannt ist und die Finanzämter eine Auskunft hierzu verweigerten. Die vom V. Zivilsenat zunächst vertretene Auffassung, dass das Überschreiten dieser Grenze nur durch eine Vorlage des Einheitswertbescheides nachgewiesen werden könne, die aber auf Ersuchen nach §54 Abs. 1 S. 4 GKG problemlos zu bewerkstelligen sei (so BGH ZMR 2008, 724 ff.), beruht auf Unkenntnis des Zwangsversteigerungsverfahrens (FG Düsseldorf ZMR 2009, 213; LG Dortmund ZMR 2009, 631 f.; LG Stuttgart ZMR 2009, 642 f.; AG Potsdam ZMR 2008, 750 f.) und wurde zu Recht schnell aufgegeben. Nach neuerer Rechtsprechung genügt es, wenn die Wertgrenze von 3 % des Verkehrswertes überschritten ist (BGH ZMR 2009, 701 ff.). Vor dessen Festsetzung darf ein Antrag auf Beitritt zum Verfahren nicht zurückgewiesen werden. Nunmehr sieht die Änderung des §18 Abs. 2 Nr. 2 WEG vor, dass §30 AO der Mitteilung des Einheitswertes an die Wohnungseigentümergemeinschaft »nicht entgegen(steht)«. Es bleibt abzuwarten, ob die bloße Möglichkeit der Mitteilung von den Vollstreckungsgerichten und Finanzbehörden dahingehend verstanden wird, dass der Einheitswert i.d.R. mitzuteilen ist. Eine Erkundigungspflicht des Vollstreckungsgerichtes normiert §18 Abs. 2 Nr. 2 WEG nicht. Das Vollstreckungsgericht ist daher nicht verpflichtet, die Finanzbehörde um Mitteilung des Einheitswertes zu ersuchen, sondern muss lediglich den Verkehrswert festsetzen und danach über den Beitritt entscheiden (BGH ZMR 2009, 936). Damit wird es auf Dauer dabei bleiben, dass gesetzeswidrig auf den Verkehrs-, nicht auf den Einheitswert abgestellt wird, was im Einzelfall, bei vergleichsweise geringen Wohngeldforderungen durchaus zum materiell-rechtlich nicht berechtigten Ausfall des teilrechtsfähigen Verbandes führen kann. Die Verurteilung in mehreren Titeln über Hausgeldrückstände können zusammengerechnet werden, sofern sie dieselbe Einheit betreffen (LG Itzehoe ZMR 2008, 913). Die Wohnungseigentümer sind durch diese Grenze nur an der Einleitung eines Zwangsversteigerungsverfahrens gehindert. Sie können Beitragsforderungen aber in einem Verfahren, das von einem anderen Gläubiger betrieben wird, unabhängig von dieser Grenze bevorrechtigt geltend machen (BT-Drucks. 16/887 S. 45 f.).

197 Schließlich begrenzt §10 Abs. 1 Nr. 2 ZVG die privilegierte Behandlung auf »die (...) fälligen Ansprüche«. In vorliegendem Zusammenhang, bei Vorschüssen nach §28 Abs. 2 WEG für bereits zurückliegende Zeiträume ist die **Fälligkeit** üblicherweise nach Genehmigung des Wirtschaftsplanes und dem Abruf der Gelder durch den Verwalter gem. §28 Abs. 2 WEG schon längst eingetreten. Problematisch kann allenfalls der Fall sein, dass die Genehmigung des Wirtschaftsplans erfolgreich im Verfahren nach §43 Nr. 4 WEG angefochten wird. Dann fehlt es an den Voraussetzungen der Fälligkeit; es kann allenfalls der Nachzahlungsbetrag aus der Jahresabrechnung geltend gemacht werden. Auch aus diesem Grunde empfiehlt es sich, bei der Genehmigung eines Wirtschaftsplanes dessen Gültigkeit bis zur Beschlussfassung über einen neuen mitzubeschließen. Denn dann können immerhin die nach dem fortgeltenden Wirtschaftsplan zu erbringenden Vorschüsse vorrangig berücksichtigt werden.

d) Die besonderen Anforderungen an den Titel

198 Der Verband muss als Gläubiger bereits bei Antragstellung gem. §16 Abs. 2 ZVG einen vollstreckbaren Titel beifügen. Tituliert muss aber nur die Forderung sein. Eines Duldungstitels wegen der Vollstreckung in das Wohnungseigentum bedarf es, wie die Formulierung in §10 Abs. 3 S. 2 ZVG klarstellen soll (s. BT-Drucks. 16/887 S. 46; vgl. Mayer RpflStud 2006, 71), gerade nicht. Dafür sind an den Titel hinsichtlich der Rückstände, da sie eben nur unter den Voraussetzungen des §10 Abs. 1 Nr. 2 ZVG bevorrechtigt sind, besondere Anforderungen zu stellen. Diese sind in § 10 Abs. 3 ZVG normiert. Danach muss der Titel neben der Zahlungsverpflichtung die Art des Anspruchs (also seine Natur als Beitrag nach §§ 16 Abs. 2, 28 Abs. 2, 5 WEG), den Zeitraum seiner Begründung im Jahr der Beschlagnahme oder in den beiden Jahren zuvor und die Fälligkeit erkennen lassen. Konsequenterweise müssten diese Angaben dem Titel zu entnehmen sein, wie der Vergleich mit Forderungen aus unerlaubter Handlung gem. § 850f Abs. 2 ZPO zeigt, was dort notfalls einen eigenen Feststellungsantrag erfordert (BGH Rpfleger 2003, 93). Denn ansonsten muss der Rechtspfleger im streng formalisierten Vollstreckungsverfahren die materiell-rechtliche Begründung des Anspruchs überprüfen. Diese Systemwidrigkeit nimmt der Gesetzgeber im vorliegenden Verfahren aber in Kauf, wie die Ausführungen der Materialien zum Nachweis gem. § 10 Abs. 3 S. 3 ZVG bei Versäumnis- und Anerkenntnisurteilen, zeigen (BT-Drucks. 16/887 S. 46). Denn danach genügt bei Titeln ohne Tatbestand und Entscheidungsgründe eine Glaubhaftmachung in sonst geeigneter Weise, etwa durch ein Doppel der Klageschrift, die die erforderlichen Angaben enthält. Nur dadurch bleibt aber auch das Mahnbescheidsverfahren, in dem ein über die Zahlungsverpflichtung hinausgehender Titel überhaupt nicht ergehen kann, für rückständige Beiträge nach §§ 16 Abs. 2, 28 Abs. 2, 5 WEG sinnvoll. Umgekehrt würde im vorliegenden Zusammenhang also das Feststellungsinteresse für Feststellungsanträge zur Art der Schuld, wie sie im Hinblick auf § 850f Abs. 2 ZPO geboten sind, fehlen. Denn die Voraussetzungen nach § 10 Abs. 3 ZVG können für Vorschüsse nach § 28 Abs. 2 WEG und andere Beitragsrückstände auch auf anderem Wege nachgewiesen werden.

e) Möglichkeiten der Realgläubiger

Die Realgläubiger müssen auch nach neuem Recht nicht tatenlos einer Versteigerung **199** zusehen, die ihren Interessen zuwiderläuft. Sie haben nach § 268 Abs. 1 S. 1 BGB das Recht, die Gemeinschaft wegen der rückständigen Beiträge zu befriedigen, da sie im Falle der Versteigerung mit einem Rechtsverlust – dem Erlöschen ihrer Grundpfandrechte nach § 91 Abs. 1 ZVG – rechnen müssen (Jennißen/Jennißen WEG 2008, § 28 Rn. 211). Mit der Ablösung geht die Forderung der Gemeinschaft auf sie über (§ 268 Abs. 3 BGB) und sie können über den Fortgang des Verfahrens entscheiden. Nach einer in der Literatur vertretenen Auffassung (Derleder ZWE 2008, 13, 16) behält das übergegangene Recht seinen Vorrang, weshalb eine bevorrechtigte Vollstreckung wegen weiterer Beiträge jenseits der Grenze von 5 % liegt und ausscheidet. Dies dürfte aber der Zielsetzung des Gesetzgebers zuwiderlaufen, da die Miteigentümer dann nur die einmalige Befriedigung wegen der von § 10 Abs. 1 Nr. 2 ZVG erfassten Forderungen erreichen, nicht aber den Eigentümerwechsel, so dass sich an dem unbefriedigenden Zustand des früheren Rechts nichts grundlegend ändert.

XIV. Der einstweilige Rechtsschutz

1. Unterschiede zur einstweiligen Anordnung nach § 44 Abs. 3 WEG a.F.

Mit der Überführung der Wohnungseigentumssachen in die Zivilprozessordnung wurde **200** der Bereich des einstweiligen Rechtsschutzes erheblich umgestaltet. Die wohnungseigentumsrechtliche Spezialregelung des § 44 Abs. 3 WEG a.F. ist ersatzlos entfallen. Damit wird einstweiliger Rechtsschutz wie in anderen bürgerlichen Rechtsstreitigkeiten nach den Vorschriften zu Arrest (§§ 916 ff. ZPO) und einstweiliger Verfügung (§§ 935 ff. ZPO) gewährt. Dies bedeutet insoweit eine Erleichterung für den Rechtsuchenden, als das Ersuchen um einstweiligen Rechtsschutz nicht mehr die Anhängigkeit der Hauptsache voraussetzt. Wie in sonstigen bürgerlichen Rechtsstreitigkeiten stellt der Antrag auf

Erlass einer einstweiligen Verfügung ein eigenes Verfahren dar. Ferner kann die erstinstanzliche Entscheidung anders als nach früherem Recht selbstständig angefochten werden. Jedenfalls für rechtsanwaltlich nicht vertretene Wohnungseigentümer stellt dies aber auch eine Erschwerung dar, da einstweiliger Rechtsschutz nur noch auf Antrag gewährt werden kann, nicht mehr von Amts wegen. In Eilfällen, in denen das Gericht eine mündliche Verhandlung nicht anberaumt, kann die Entscheidung gegen die nur nach § 44 Abs. 1 S. 1 WEG summarisch bezeichneten Wohnungseigentümer ergehen; der Antragsteller hat dann zur Vollstreckung eine lediglich deklaratorische Eigentümerliste nachzureichen.

2. Voraussetzungen des einstweiligen Rechtsschutzes

a) Anordnungsgrund und Anordnungsanspruch

201 Zu den Voraussetzungen einstweiligen Rechtsschutzes kann die frühere Rechtsprechung weiterhin herangezogen werden. Denn schon nach altem Recht war hierfür ein Anordnungsanspruch, also das voraussichtliche Bestehen eines Anspruchs in der Hauptsache, und ein Anordnungsgrund, also ein dringendes Bedürfnis für das sofortige Tätigwerden des Gerichtes (AG Niebüll ZMR 2009, 82), erforderlich. Dies ist etwa bei der Einberufung einer Eigentümerversammlung durch Unbefugte der Fall (AG Wangen ZMR 2008, 580; AG Niebüll ZMR 2009, 82; AG Hamburg ZMR 2010, 477). Wie im Zivilprozess kann die Dringlichkeit durch längeres Zuwarten entfallen (sog. Selbstwiderlegung, s. LG München I ZMR 2009, 146 f. = ZWE 2009, 84 ff.; AG Hamburg-Blakenese ZMR 2008, 919). In Beschlussanfechtungsverfahren ist zudem die Anfechtungsfrist des § 46 Abs. 1 S. 2 WEG zu beachten. Nach ihrem Ablauf fehlt es sowohl am Anordnungsgrund als auch am Anordnungsanspruch, da eine Ungültigerklärung dann ausscheidet. Allerdings kann einstweiliger Rechtsschutz noch vor Erhebung der Anfechtungsklage in Anspruch genommen werden. Die Wohnungseigentümer können sich gegen eine einstweilige Regelung dann aber mit einem Antrag nach §§ 936, 926 Abs. 1 ZPO wehren (Jennißen/Suilmann § 46 Rn. 178). Die Anforderungen an Anordnungsgrund und Anordnungsanspruch entsprechen den jetzt zu fordernden Voraussetzungen nach §§ 916 ff. ZPO. So ist die Konkurrenz mit anderen Gläubigern regelmäßig kein Arrestgrund (AG Kerpen ZMR 2009, 324). Anderes kann nach dem Willen des Gesetzgebers, der sich in § 10 Abs. 1 Nr. 2 ZVG manifestiert hat, für Wohngeldforderungen gelten (AG Kerpen ZMR 2009, 324). Anordnungsanspruch und Anordnungsgrund sind nach § 940 ZPO glaubhaft zu machen (AG Wangen ZMR 2008, 580; wohl auch (LG München I ZMR 2009, 147 f.). Die Wiederholungsgefahr alleine indiziert nur einen Verfügungsanspruch, aber noch keinen Verfügungsgrund (LG München I ZMR 2009, 148). Die vorangegangene rechtswidrige Beeinträchtigung begründet i.d.R. die Vermutung einer Wiederholungsgefahr (LG Hamburg ZMR 2009, 550). Durch das bloße Versprechen, die Störung künftig zu unterlassen, ist die Wiederholungsgefahr nicht ausgeräumt (LG Hamburg ZMR 2009, 550). Auch bei der gerichtlichen Bestellung eines Verwalters nach § 21 Abs. 4 WEG liegt der Schwerpunkt der Prüfung auf dem Anordnungsgrund: Da der Anspruch nicht ausgeschlossen werden kann, liegt im Fehlen eines Verwalters immer ein Verfügungsanspruch, der Verfügungsgrund hängt indessen davon ab, wie dringlich die Bestellung ist (LG Stuttgart ZMR 2009, 148).

b) Keine Vorwegnahme der Hauptsache

202 Die Erfüllung der Hauptsache darf i.d.R. nicht vorweggenommen werden (LG Hamburg ZMR 2008, 326; AG Wangen ZMR 2008, 580). Es können aber Maßnahmen minderer Eingriffsintensität angeordnet werden, also etwa statt einer Nutzungsuntersagung einer

Einheit, die zum Zwecke einer unzulässigen Nutzung umgebaut wird, eine Baustopp (LG Wiesbaden ZMR 2008, 334 f.) oder die Suspendierung des Verwalters von bestimmten Aufgaben (Jennißen/Suilmann, § 46 Rn. 176). Wenn allerdings ohne Vorwegnahme der Hauptsache wirkungsvoller Rechtsschutz gar nicht gewährleistet werden kann, ist eine entsprechende einstweilige Verfügung zulässig. Das wurde etwa bei der drohenden Durchführung einer Eigentümerversammlung durch Unbefugte bejaht, die deshalb auch im einstweiligen Rechtsschutz untersagt werden kann (AG Wangen ZMR 2008, 580; AG Niebüll ZMR 2009, 82). Das Verbot der Vorwegnahme der Hauptsache ist dagegen i.d.R. zu beachten, wenn der Antragsteller eine einfachere Möglichkeit zur Durchsetzung seiner Interessen ungenutzt ließ (s. AG Hamburg-Blankenese ZMR 2008, 919 zur versäumten Bestellung eines neuen Versammlungsleiters). Insbesondere gilt dies für das Verlangen auf Überlassung einer Eigentümerliste zur Vorbereitung einer Beschlussanfechtung. Da der Kläger diese nach § 44 Abs. 1 S. 2 WEG erst bis zum Schluss der mündlichen Verhandlung vorlegen muss, kann er abwarten, dass das Gericht eine Anordnung nach § 142 ZPO erlässt (LG Stuttgart ZMR 2009, 78).

3. Allgemeine Interessenabwägung?

Teilweise wird im Verfahren nach §§ 935 ff. ZPO ausgehend vom Erfordernis des § 940 **203**
Abs. 1 ZPO, wonach eine Regelungsverfügung »nötig« sein muss, eine allgemeine Abwägung der Interessen beider Seiten gefordert, wobei zudem in Beschlussanfechtungsverfahren eine allgemeine gesetzliche Grundsatzentscheidung postuliert wird, wonach auch rechtswidrige Eigentümerbeschlüsse gültig und daher zu vollziehen sind (LG München I ZMR 2009, 73). Dies dürfte § 940 Abs. 1 ZPO deutlich überspannen und die bisherige Praxis auf den Kopf stellen. Der einstweilige Rechtsschutz diente ja gerade dazu, die Durchführung rechtswidriger Beschlüsse trotz ihrer vorläufigen Wirksamkeit zu verhindern. Es kann im Übrigen schwerlich ein rechtlich schützenswertes Interesse der Beklagten vorliegen, einen rechtswidrigen Beschluss durchzuführen und sich dadurch Folgenbeseitigungsansprüchen auszusetzen (so jedenfalls für die Bestellung eines Verwalters, gegen die ein wichtiger Grund spricht AG Hamburg ZMR 2010, 477). Auch in anderem Zusammenhang, etwa bei der Einberufung von Eigentümerversammlungen durch Unbefugte, wird die Gefahr anfechtbarer Beschlüsse mit weitreichenden Konsequenzen als ausreichende Rechtfertigung einer einstweiligen Verfügung angesehen (AG Wangen ZMR 2008, 580; AG Niebüll ZMR 2009, 82; AG Hamburg ZMR 2010, 477). Im Übrigen verkennt die gegenteilige Auffassung, dass der Gesetzgeber eben nicht nur die vorläufige Wirksamkeit, sondern auch die rückwirkende Ungültigerklärung eines rechtswidrigen Beschlusses angeordnet hat. Noch zweifelhafter ist diese Rechtsprechung im Zusammenhang mit dem Antrag auf einen einstweiligen Baustopp (LG München I ZMR 2009, 146 f. = ZWE 2009, 84 ff.), da hierdurch die Schaffung vollendeter Tatsachen geduldet wird. Man wird es daher dabei belassen dürfen, dass der Anordnungsanspruch nach §§ 935 ff. ZPO regelmäßig in der Anfechtbarkeit des Beschlusses liegt, und der Anordnungsgrund zumeist schon darin liegt, dass der rechtswidrige Beschluss ansonsten durchgeführt wird.

4. Streitwert

Der Streitwert in Verfahren des einstweiligen Rechtsschutzes ist auf ca. ein Drittel des **204**
Wertes der Hauptsache festzusetzen (AG Hamburg ZMR 2009, 233). Bei Streitigkeiten um die Herausgabe der Verwaltungsunterlagen beläuft er sich auf 1000 Euro (AG Hamburg ZMR 2009, 233).

5. Schadensersatz nach § 945 ZPO

205 Früher war umstritten, ob die spätere Aufhebung einer Entscheidung im einstweiligen Rechtsschutz Schadensersatzansprüche nach § 945 ZPO nach sich ziehen konnte (dafür etwa BGHZ 120, 263 ff., dagegen etwa KG NJW-RR 1992, 211). Nunmehr kann die zivilprozessuale Rechtsprechung zum Ersatzanspruch nach § 945 ZPO, da die ZPO direkt anwendbar ist, natürlich ohne Weiteres übernommen werden.

36. Kapitel
Streitwert im Miet- und WEG-Verfahren

Übersicht **Rdn.**

I. Streitwert im Mietverfahren

1. Verfahrensstreitwert/Gebührenstreitwert

1 Es ist grundsätzlich zwischen dem **Verfahrensstreitwert** und dem **Gebührenstreitwert** zu unterscheiden. Während der Verfahrensstreitwert dazu dient, die sachliche Zuständigkeit des Prozessgerichtes zu bestimmen, und darüber Auskunft gibt, ob der Rechtsmittelstreitwert erreicht ist, dient der Gebührenstreitwert als Grundlage für die Festsetzung der Gerichts- und Rechtsanwaltsgebühren.

2 Für Streitigkeiten über vermögensrechtliche Ansprüche bis i.H.v. 5000 Euro einschließlich ist das AG sachlich zuständig (vgl. § 23 Nr. 1 GVG), für höhere Ansprüche das LG.

3 Bei **Mietstreitigkeiten über Wohnraum** verliert der Verfahrensstreitwert weitgehend an Bedeutung, weil für solche Streitigkeiten das Amtsgericht ohne Rücksicht auf den Streitwert sachlich zuständig ist. Es geht hier deshalb nur noch um die Frage, ob der Rechtsmittelstreitwert (Beschwer) erreicht ist.

4 Der Verfahrensstreitwert richtet sich nach den Vorschriften der Zivilprozessordnung (§§ 3 bis 9 ZPO), während der Gebührenstreitwert im Wesentlichen in § 41 GKG geregelt ist.

5 Die Streitwertbemessung muss griffig und leicht durchschaubar gestaltet sein, damit die Parteien das Kostenrisiko eines Rechtsstreits in etwa abschätzen können. Ein auf hohem Streitwert beruhendes hohes Kostenrisiko kann (trotz der Möglichkeit, Prozesskosten-

hilfe zu erlangen) bei finanziell schwachen Parteien dazu führen, dass diese aus Kostengründen darauf verzichten, ihre Rechte zu behaupten. Dem ist bei Wohnraummietverhältnissen insoweit Rechnung getragen worden, als der **Gebührenstreitwert** bei Räumungsklagen und bei Klagen auf Zustimmung zur Mieterhöhung in § 41 GKG auf einen Höchstbetrag begrenzt wird. Verfahrensstreitwert und Gebührenstreitwert können sich deshalb durchaus unterscheiden (§ 62 S. 2 GKG).

2. Begriff der Miete

6 Bei der Bewertung von Mietstreitigkeiten spielt die vereinbarte »Miete« (§ 535 Abs. 2 BGB) die entscheidende Rolle:

7 Miete ist nicht nur das eigentliche in Geld oder Naturalien zu entrichtende Entgelt, sondern sie umfasst **auch sonstige Nebenleistungen** des Mieters, sofern sie im Verkehr als Entgelt für die Gebrauchsüberlassung angesehen werden und nicht nebensächlich sind (BGH BGHZ 18, 168 = NJW 1955, 1633). Die vom Mieter vertraglich übernommenen öffentlichen Abgaben und Lasten wie z.B. Feuerversicherung, Grundsteuer, Kanalisationsbeiträge, Müllabfuhrgebühren, Instandhaltungskosten, Aufwand für Baukosten und Baukostenzuschüsse etc. sind deshalb im Rahmen des § 41 GKG bei der Ermittlung der Miete zu berücksichtigen. Andererseits sind mit der vereinbarten Miete auch solche Nebenleistungen abgegolten, auf die der Vertrag sich möglicherweise nicht ausdrücklich erstreckt, aber als Annex der Wohnraumnutzung anzusehen sind (vgl. OLG Koblenz WuM 2006, 581 für die Mitbenutzung von Kellerräumen).

8 Der im Jahre 2004 durch das Kostenrechtsmodernisierungsgesetz in § 41 GKG neu geschaffene Abs. 1 S. 2 klärt eine lange Zeit umstrittene Frage, ob die Bruttomiete oder die Nettomiete anzusetzen ist und wie die Heizkosten zu behandeln sind. Jetzt gilt, dass Nebenkosten zum Nettogrundentgelt hinzuzurechnen sind, wenn diese als Pauschale vereinbart sind und nicht gesondert abgerechnet werden.

9 Das bedeutet, dass **Betriebskostenvorauszahlungen** (was bei neueren Mietverhältnissen die Regel sein dürfte) bei der Ermittlung der Miethöhe nicht zu berücksichtigen sind. Hierzu zählen insbesondere die Vorauszahlungen für Heizung und Warmwasser (LG Krefeld WuM 2005, 263).

10 Die Vereinbarung einer **Inklusivmiete,** d.h. einer Pauschale **ohne** Verpflichtung darüber eine gesonderte Abrechnung zu erstellen, weist deutlich auf den Entgeltcharakter dieser Nebenkosten hin. Abs. 1 S. 2 bestätigt damit den bereits früher in der Rechtsprechung zur Pauschalmiete nahezu einhellig vertretenen Rechtsstandpunkt.

11 **Nebenkostenpauschalen** sind somit zur Grundmiete hinzuzurechnen. Wegen § 2 HeizkostenV sind jedoch in einem solchen Fall die Heizkosten gesondert abzurechnen (OLG Hamm WuM 1986, 267).

12 Leistungen, die als unbedeutende Gefälligkeitsleistungen einzustufen sind, sowie Leistungen, die der Mieter selbst abrechnet, fallen nicht unter den Rechtsbegriff (LG Göttingen WuM 2003, 643; LG Köln WuM 1996, 50; a.M. OLG Düsseldorf WuM 2002, 501 – je zum alten Recht).

Wenn sich die streitige Zeit über ein Jahr hinaus erstreckt und das Mietentgelt in verschiedenen Zeitabschnitten verschieden hoch ist (**Staffelmiete**) kommt es nicht auf den Durchschnittswert aller Staffeln an, sondern auf den **höchsten Betrag,** der in der streitigen Zeit innerhalb eines Jahres zu zahlen sein würde (BGH ZMR 2006, 28 = MDR 2006, 384; BGH NZM 2007, 935 = WuM 2008, 50).

Maßgebend ist der vertraglich geschuldete, nicht die vom Kläger behauptete Miete (LG Mannheim NJW 1961, 1266). Ist die Höhe der Miete nicht bekannt, etwa weil die Räumungsklage auf Nichtzahlung der vom Vermieter begehrten Mehrmiete gestützt wird, so ist die Miete vom Gericht zu schätzen. Mieterhöhungen im Laufe der Instanz sind nicht Streitwert erhöhend zu berücksichtigen (§ 40 GKG). 13

3. Der Gebührenstreitwert nach § 41 GKG

a) Streit über das Bestehen oder die Dauer eines Mietverhältnisses

Der Streitwert bemisst sich nach der auf die streitige Zeit entfallende Miete, wobei allerdings die Jahresmiete die Obergrenze darstellt (§ 41 Abs. 1 GKG). Das Verlangen, vom Mieter zurückgelassene Einrichtungen zu entfernen, ist Teil der Räumungsklage und wirkt sich nicht streitwerterhöhend aus (BGH MDR 1994, 100 = WuM 1994, 80; WuM 1995, 320 = ZMR 1995, 245). 14

Die Vorschrift betrifft insbesondere folgende Fälle: 15

- **Feststellungsklagen** über das Bestehen oder die Dauer eines Mietverhältnisses (OLG Düsseldorf JurBüro 1956, 345). 16
- Klagen auf **Fortsetzung eines Mietverhältnisses** gem. §§ 574, 574c BGB oder aufgrund einer Verlängerungsoption (BGH ZMR 1988, 173; OLG Hamburg WuM 1994, 553). 17
- Feststellungsklagen bezüglich der **Wirksamkeit einer Kündigung** (BGH MDR 1958, 601 = NJW 1958, 1291; OLG Frankfurt/M. MDR 1967, 313; LG Köln WuM 1997, 446). 18

Da es sich bei § 41 Abs. 1 GKG um eine Sonderregelung speziell für Feststellungsklagen handelt, ist es nicht gerechtfertigt, einen zusätzlichen, wie sonst bei positiven Feststellungsklagen üblichen Abschlag zu machen. 19

Für die Anwendung des § 41 Abs. 1 GKG ist allein die Frage entscheidend, ob die Parteien letztendlich über das Bestehen oder die Dauer eines Mietverhältnisses streiten. Diese Frage ist nicht allein nach den Anträgen zu beurteilen, sondern es ist der **gesamte Sachverhalt** zu berücksichtigen (OLG Nürnberg Rpfleger 1956, 268). § 41 Abs. 1 GKG ist somit auch dann anwendbar, wenn die Klage auf eine **andere Anspruchsgrundlage** gestützt wird, aber aus der Klagebegründung hervorgeht, dass die Entscheidung des Rechtsstreits vom Bestehen oder der Dauer eines Mietverhältnisses abhängt (BGH JurBüro 1953, 495; OLG Braunschweig Rpfleger 1956, 114) oder der Beklagte sich schlüssig auf Gegenrecht aus einem behaupteten Wohnraummietvertrag beruft (OLG Düsseldorf WuM 2007, 712 = ZMR 2008, 127; KG ZMR 2008, 449). 20

Bei einer **Leistungsklage des Mieters** auf Überlassung bzw. Herausgabe der Mietsache ist folglich § 41 Abs. 1 GKG anwendbar, wenn durch die Klage letztendlich eine Entscheidung über den Bestand des vom Mieter behaupteten Vertragsverhältnisses herbeigeführt werden soll, so etwa bei der Klage des Mieters auf **weitere Belassung** der von ihm innegehaltenen Räume (OLG München Rpfleger 1956, 29; OLG Celle MDR 1989, 272; LG Halle WuM 1994, 531). Das gilt selbst dann, wenn das Bestehen oder der Fortbestand des Mietverhältnisses nicht streitig ist. Dem Wesen nach handelt es sich um eine »umgekehrte« Räumungsklage des Vermieters, so dass § 41 Abs. 2 S. 1 GKG analog anwendbar ist. 21

Das OLG Bamberg (JurBüro 1979, 1866) hat § 16 Abs. 1 GKG (a.F.) auch bei einem Streit über das **Recht zur Minderung der Miete** angewendet, weil sich der Rechtsstreit wirtschaftlich als eine Auseinandersetzung über das Fortbestehen des Mietverhältnisses dargestellt hat. 22

23 **Voraussetzung** für die Anwendung des § 41 Abs. 1 GKG ist stets, dass **das Bestehen oder die Dauer eines Mietverhältnisses** streitig ist. Die Parteien dürfen deshalb nicht lediglich über den Inhalt eines Mietverhältnisses verschiedener Meinung sein (hier gilt § 3 ZPO). Streit über das Bestehen oder die Dauer eines Mietverhältnisses besteht nicht nur dann, wenn von den Parteien entgegengesetzte Rechtsstandpunkte vertreten werden, sondern auch, wenn ein Anerkenntnis- oder Versäumnisurteil ergeht oder wenn eine Partei gegenüber einer auf einer **anderen Anspruchsgrundlage** gestützten Klage sich auf das Bestehen eines Mietverhältnisses beruft. Ob ein Mietverhältnis dann tatsächlich rechtswirksam besteht, ist unerheblich; es genügt, dass sein Bestand behauptet wird (OLG Karlsruhe NJW 1956, 310; OLG München NJW 1953, 1399; a.A. OLG Oldenburg NJW 1955, 956).

24 Die Anwendung des § 41 Abs. 1 GKG beschränkt sich nicht allein auf Streitigkeiten zwischen Mieter und Vermieter, sondern erstreckt sich auch auf Streitigkeiten, bei denen **dritte Personen** beteiligt sind. Hierzu gehören beispielsweise alle Streitigkeiten, die das Verhältnis des Vermieters zum Untermieter nach Beendigung des Hauptmietverhältnisses betreffen, Klagen des Vermieters gegen Verwandte oder Besucher des Mieters (OLG Frankfurt/M. Rpfleger 1955, 209; LG Mannheim MDR 1964, 1016) oder Streitigkeiten zwischen Personen, von denen jeder glaubt, aufgrund eines gültigen Mietvertrages zum Besitz derselben Wohnung berechtigt zu sein (OLG Nürnberg Rpfleger 1956, 268; OLG Hamburg NJW 1965, 2406).

25 **»Streitige Zeit«** ist der Zeitraum, über den durch den Rechtsstreit entschieden werden soll. Zu rechnen ist der Zeitraum ab Klageerhebung; dies gilt auch für das Berufungsverfahren, es ist nicht auf den Zeitpunkt der Rechtsmitteleinlegung abzustellen (BGH NJW 1969, 2164). Ein früherer Zeitpunkt kommt allenfalls dann in Betracht, wenn der Kläger ausdrücklich die Feststellung begehrt, dass das Mietverhältnis bereits seit einer bestimmten Zeit vor Klageerhebung nicht mehr besteht (BGH NJW 1958, 1291 = Rpfleger 1958, 215).

26 Das Ende der »streitigen Zeit« ist bei Mietverträgen mit **fester Laufzeit** der Ablauf der Vertragszeit. Die generelle Möglichkeit, einen solchen Vertrag unter bestimmten Voraussetzungen außerordentlich zu kündigen, bleibt außer Betracht.

27 Bei **Mietverträgen von unbestimmter Dauer** (z.B. auch Mietverträge mit Verlängerungsklausel) endet die streitige Zeit mit dem Zeitpunkt, zu dem der Vertrag gekündigt werden kann oder bereits gekündigt worden ist (BGH MDR 1955, 731). Bei der fristlosen Kündigung eines unbefristeten Mietverhältnisses beginnt die streitige Zeit mit dem Zugang der Kündigung und endet mit dem Zeitpunkt, in dem die fristlos ausgesprochene Kündigung als ordentliche Kündigung hätte wirksam werden können (OLG Frankfurt/M. Kostenrechtsprechung § 12 GKG Nr. 5; LG Würzburg JurBüro 1977, 705).

b) Räumungsklagen

28 Wird die Räumung der Wohnung verlangt, weil das Miet-, Pacht- oder ähnliche Nutzungsverhältnis (z.B. Nießbrauch LG Köln WuM 1985, 125) beendet ist, so richtet sich der Streitwert grundsätzlich nach der **Jahresmiete.** Das Gleiche gilt, wenn der Kläger die Räumung auch aus einem anderen Rechtsgrund verlangt, also beispielsweise neben § 546 BGB den Eigentumsherausgabeanspruch nach § 985 BGB geltend macht.

29 Es sind die folgenden **vier Klagemöglichkeiten** zu unterscheiden:

30 • Fall 1 Klage auf Räumung und Herausgabe wegen Beendigung eines Mietverhältnisses (§ 546 Abs. 1 BGB),

31 • Fall 2 Klage auf Räumung und Herausgabe auch aus einem anderen Rechtsgrund,

- Fall 3 Räumungsklage nur aus einem anderen Rechtsgrund, der Beklagte beruft sich auf ein Mietverhältnis, 32
- Fall 4 Räumungsklage nur aus einem anderen Rechtsgrund. 33

Im **ersten Fall** (§ 41 Abs. 2 S. 1 GKG) verlangt der Kläger die Räumung der Wohnung 34
mit der Behauptung, dass ein Mietvertrag zwar bestanden habe, dieser aber beendet sei. Darauf, ob über die Beendigung des Mietverhältnisses zwischen den Parteien Streit besteht, kommt es nicht an. Ebenso wenig spielt es eine Rolle, ob das Mietverhältnis tatsächlich erloschen ist; entscheidend ist allein, ob der Kläger seine **Beendigung behauptet.** Das Gleiche gilt, wenn der Räumungsanspruch mit der Nichtigkeit des Mietvertrages begründet wird (OLG Celle NdsRpfl. 1955, 230).

Begründet der Kläger **[Fall 2]** sein Räumungsverlangen nicht nur mit der Beendigung des 35
Mietverhältnisses, sondern stützt er seine Klage gleichzeitig (hilfsweise) auch auf andere, von der Beendigung des Mietverhältnisses **unabhängige Rechtsgründe** (z.B. Eigentum, verbotene Eigenmacht, ungerechtfertigte Bereicherung, Zuschlag – LG Kassel Rpfleger 1987, 425), so ist stets (d.h. auch dann, wenn der streitige Zeitraum kürzer als 1 Jahr ist) die Jahresmiete maßgebend (§ 41 Abs. 2 S. 2 GKG; – LG Köln WuM 1993, 555).

Im **Fall 3** wird die Räumungsklage allein auf einen **anderen** Rechtsgrund gestützt, jedoch 36
wendet der Beklagte ein, dass er aufgrund eines Miet- oder ähnlichen Nutzungsverhältnisses zum Besitz der Wohnung berechtigt sei. Dieser Fall ist in § 41 GKG nicht geregelt. Bei dieser Fallgestaltung wendet die Rechtsprechung § 41 Abs. 2 GKG sinngemäß an, d.h. der Streitwert bemisst sich nach der Jahresmiete, wenn nicht die streitige Zeit kürzer ist; denn das Gericht muss auch die Frage der Beendigung des Nutzungsverhältnisses entscheiden, falls es bestanden haben sollte (BGH NJW 1967, 2263; OLG Hamburg WuM 1995, 197; LG Köln ZMR 1996, 268). Um also die Natur des Streites erkennen zu können, muss man auch die **Einlassung des Beklagten** beachten (OLG München NJW 1953, 1399). § 41 GKG ist deshalb auch in sonstigen Fällen entgeltlicher Gebrauchsüberlassung anwendbar (OLG Köln WuM 1995, 719).

Erhebt dagegen der Kläger eine Räumungsklage ohne jeglichen mietrechtlichen Bezug 37
und behauptet der Beklagte auch nicht das Bestehen eines Mietverhältnisses **[Fall 4]**, so findet § 41 GKG keine Anwendung, sondern der Streitwert richtet sich nach dem Verkehrswert der Wohnung gem. § 6 ZPO (OLG Hamburg Rpfleger 1958, 36).

Der Streitwert kann **geringer als die Jahresmiete** sein, wenn lediglich über den Räu- 38
mungstermin gestritten wird und die »streitige Zeit« weniger als ein Jahr ausmacht.

▶ **Beispiel:**

Der Kläger verlangt sofortige Räumung, während der Beklagte behauptet, erst in sechs Monaten zur Räumung verpflichtet zu sein.

Im Fall 2 (Räumungsverlangen auch aus einem anderen Rechtsgrund) ist jedoch stets der einjährige Nutzungsbetrag maßgebend (s. i.Ü. Rdn. 35).

Wird neben der Räumung die Zahlung rückständiger Miete verlangt, so sind der Wert des 39
Räumungsanspruchs und der Zahlungsanspruch gem. § 5 ZPO zusammenzurechnen.

Ist die **Staffelmiete** in verschiedenen Zeiträumen unterschiedlich hoch, richtet sich der 40
Streitwert einer Räumungsklage nach dem höchsten Wert der Staffel (BGH NZM 2005, 944; BGH WuM 2008, 50).

Der Streitwert für den **Herausgabeanspruch gegen den Untermieter nach § 546 Abs. 3** 41
BGB bemisst sich nach § 41 Abs. 2 GKG auf den Jahresbetrag der Untermiete (OLG

Düsseldorf MDR 1998, 126) und die Klage auf **Erlaubnis zur Untervermietung** nach dem Jahresbetrag des Untermietzinses (OLG Celle OLGR 1999, 263).

42 Der **Anwaltsgebührenstreitwert** bei einer **Räumungsvollstreckung** nach Beendigung eines Miet- oder ähnlichen Nutzungsverhältnisses richtet sich auch nach der Neufassung des § 25 Abs. 1 RVG nach der Bruttokaltmiete eines Jahres. Dies gilt auch für die Zeit vor der Gesetzesänderung v. 17.12.1997 (OLG Stuttgart NZM 1998, 881 zu § 57 Abs. 2 BRAGO). Das OLG Stuttgart (WuM 2005, 734) hat den Streitwert einer Räumungsklage wegen Zahlungsverzugs im **Heimvertrag** in analoger Anwendung des § 41 Abs. 2 GKG im Hinblick auf § 8 HeimG auf den Jahresbetrag des vollen geschuldeten Heimentgelts festgelegt.

c) Räumung und Fortsetzungsverlangen

43 Hat der Vermieter Räumungsklage erhoben und macht der Mieter in diesem Rechtsstreit (etwa im Wege der Widerklage) seine Ansprüche aus der **Sozialklausel** (die §§ 574 oder 574c BGB) geltend, so ist als Streitwert immer nur die Jahresmiete anzusetzen. Eine **Zusammenrechnung** von Räumungs- und Fortsetzungsanspruch **findet also nicht statt** (Ausnahme von § 19 Abs. 1 S. 2 GKG).

44 Weist das erstinstanzliche Gericht den Räumungsanspruch ab und erkennt auf Mietverlängerung bei entsprechend erhöhter Miete gem. § 574a BGB, so bestimmt sich der Streitwert nach der höheren Miete, und zwar für alle in der ersten Instanz entstandenen Gebühren (§ 40 Abs. 1 GKG). Das Gleiche gilt, wenn sich der Mieter gegenüber der Räumungsklage auf ein Fortsetzungsverlangen beruft und etwa im Wege der Feststellungswiderklage eine Vertragsverlängerung bei entsprechender Mieterhöhung anbietet. Wird auf Räumung erkannt, in der Rechtsmittelinstanz jedoch die Räumungsklage abgewiesen, und lautet das Urteil auf Mietverlängerung bei erhöhter Miete, so bleibt es bei dem Streitwert der ersten Instanz (§ 41 Abs. 4 GKG). Das Gleiche gilt, wenn der Vermieter im Berufungsverfahren nur mehr eine erhöhte Miete fordert.

45 Erhöht das Berufungsgericht die Miete rückwirkend auf einen im erstinstanzlichen Verfahren liegenden Zeitpunkt, so ist für den Streitwert vor dem Amtsgericht die höhere Miete maßgebend (Schmidt-Futterer MDR 1965, 347).

46 Ist die Beschwer, deretwegen das Rechtsmittelverfahren betrieben wird, geringer als die Jahresmiete, so ist für das Berufungsverfahren der geringere Wert maßgebend.

d) Klagen auf Zustimmung zur Mieterhöhung

47 Bei einer Klage auf Zustimmung zur Erhöhung der Miete nach § 558 BGB ist der Streitwert höchstens der **zwölffache Betrag** der zusätzlich geforderten Miete (§ 41 Abs. 5 GKG). Bei der Berechnung des Differenzbetrages zwischen der bisherigen und der geforderten höheren Miete ist von derjenigen Miete auszugehen, die zum Zeitpunkt der Klageerhebung gegolten hat. Eine vorprozessuale **teilweise Zustimmung** des Mieters in die Mieterhöhung wirkt sich somit **Streitwert mindernd** aus.

48 Ein geringerer als der Jahresdifferenzbetrag kann beispielsweise dann in Betracht kommen, wenn die Restlaufzeit eines auf bestimmte Zeit geschlossenen Vertrages weniger als ein Jahr beträgt oder sonst aus dem übereinstimmenden Parteivortrag sich ergibt, dass das Mietverhältnis aus anderen Gründen weniger als zwölf Monate andauert.

49 Der Jahresdifferenzbetrag gilt auch für Mieterhöhungen hinsichtlich der Betriebskosten nach §§ 556 Abs. 2 und 560 BGB, Mieterhöhungen bei Modernisierung (§ 559 BGB), Erhöhungsverlangen bei preisgebundenem Wohnraum sowie aufgrund einer nach § 557a BGB vereinbarten Staffelmiete (LG Hamburg WuM 1989, 435; LG Bonn WuM 1989, 435).

e) Sonstige Ansprüche aus dem Mietverhältnis

Die **Mängelbeseitigungsklage des Mieters** bemisst sich nach dem Jahresbetrag einer angemessenen, zu schätzenden Minderungsquote (§ 41 Abs. 5 GKG). Das Gleiche gilt für die Klage des Vermieters auf Duldung von **Modernisierungs- und Erhaltungsmaßnahmen**. Hier gilt als Maßstab der Jahresbetrag einer möglichen Mieterhöhung bzw. einer sonst möglichen Mietminderung durch den Mieter. Läuft das Mietverhältnis nur noch weniger als ein Jahr, so ist entsprechend zu kürzen (§ 41 Abs. 5 S. 2 GKG). **50**

Soll eine **Erlaubnis zur Tierhaltung** durch Klage erlangt werden, so richtet sich der Streitwert nicht nach dem Wert des Tieres, sondern nach dem ideellen Interesse des Mieters an der Tierhaltung bzw. nach der generalpräventiven Bedeutung eines Verbots für den Vermieter. Dieses ist von Gerichten bei **Hunden** auf 500 Euro bis 1500 Euro geschätzt worden (LG Wiesbaden WuM 1994, 486; LG Hamburg WuM 1996, 532; LG Kassel WuM 1997, 260 und WuM 1998, 296). Das AG Bonn hat einen Streit um die Entfernung einer **Katze** mit 300 Euro bewertet (WuM 1990, 197; LG Berlin NZM 2001, 41: Haltung zweier Katzen: 400 Euro). Das LG Kiel (WuM 1998, 574) hat den Wert einer Klage auf Entfernung eines Hundes und einer Katze auf 360 Euro festgesetzt und hat dabei auf die durch die Tierhaltung entstandenen fiktiven Abnutzungskosten an der Wohnung abgestellt und ein sog. Affektionsinteresse verneint (LG Kiel WuM 1999, 586). Die »therapeutische Notwendigkeit« der Hundehaltung wirkt sich nach Meinung des LG Berlin nicht als Wert erhöhend aus (LG Berlin NZM 2001, 41; vgl. Gies in NZM 2003, 886 [890]). **51**

Das Interesse an der Zustimmung zum Anbringen einer **Parabolantenne** hat das LG Bremen mit 500 Euro bewertet (LG Bremen WuM 2000, 364). Wird **Beseitigung** begehrt, so richtet sich der Gebührenstreitwert nach den Kosten der Beseitigung und evtl. den Wert der optischen Beeinträchtigung (LG Kiel WuM 1996, 632; LG Bonn WuM 1993, 468; LG Frankfurt/M. JurBüro 2002, 531; BGH NZM 2006, 637). **52**

Die Klage auf **Hinterlegung der Kaution** bemisst sich nach der Höhe der vereinbarten Kaution (LG Essen MDR 2004, 207). **53**

f) Streitwert des Vergleichs

Grundsätzlich richtet sich der Streitwert eines Vergleichs nach dem Wert der streitigen Ansprüche, die durch den Vergleich erledigt werden, auch wenn solche nur hilfsweise geltend gemacht werden (OLG Köln JurBüro 1996, 476 = NJW-RR 1996, 1278). **54**

Häufig werden Räumungsvergleiche der Art geschlossen, dass sich der Vermieter bei fristgerechter Räumung und Herausgabe verpflichtet, einen bestimmten Geldbetrag als **Abstandszahlung** (Umzugskostenbeihilfe o.Ä.) zu bezahlen. Diese (z.T. erheblichen) Abstandszahlungen erhöhen den Vergleichsstreitwert nicht. Bei der Bemessung des Vergleichsstreitwertes kommt es nämlich allein darauf an, **worüber** sich die Parteien verglichen haben; **worauf** sie sich durch vergleichsweise Übernahme von Verpflichtungen oder Aufgaben von Rechten verglichen haben, ist demgegenüber belanglos (OLG Köln WuM 1971, 136 = MDR 1971, 854; OLG Schleswig JurBüro 1991, 584; OLG Düsseldorf JurBüro 1992, 51; OLG Karlsruhe WuM 2008, 617; a.A. LG Freiburg NZM 2008, 784). **55**

Denn der Prozessvergleich setzt Streit oder Ungewissheit zwischen den Parteien voraus. Der Wert des Vergleichsgegenstandes erhöht sich somit nicht allein schon dadurch, dass im Prozessvergleich Rechte und Pflichten der Parteien begründet werden, die nicht im Streit oder in ihrem Bestand ungewiss waren, sondern lediglich dazu dienen den Rechtsstreit schnell und pragmatisch im gegenseitigen Interesse zu beenden. **56**

Bedauerlicherweise wird dieser Grundsatz von Anwaltseite (insbesondere bei Erstellung der Honorarrechnung) gerne übersehen.

57 Die vergleichsweise Vereinbarung einer **Räumungsfrist** erhöht den Wert eines Räumungsvergleiches nicht. Ebenso wenig führt der vergleichsweise Verzicht der Vermieterpartei auf die Durchführung evtl. erforderlicher **Schönheitsreparaturen** zu einer Erhöhung des Vergleichsstreitwertes, es sei denn, dass durch diese Vereinbarung streitige Ansprüche mit erledigt wurden. Dann sind diese hinzuzurechnen.

4. Verfahrensstreitwert (Zuständigkeits- bzw. Rechtsmittelstreitwert)

58 Die Frage nach dem **Zuständigkeitsstreitwert** spielt bei **Wohnraum**mietsachen praktisch keine Rolle, da wegen der Sondervorschrift der § 29a ZPO und § 23 Nr. 2a GVG der Prozess ohne Rücksicht auf den Streitwert immer beim Amtsgericht geführt wird (vgl. Rdn. 3).

Lediglich bei **gewerblichen** Mietverhältnissen muss sich der Anwalt über den Zuständigkeitsstreitwert Gedanken machen, weil er wissen muss, ob die Klage beim Amtsgericht oder beim Landgericht einzureichen ist.

Die Frage nach dem **Rechtmittelstreitwert** wird am ehesten dann relevant, wenn geringe Mieterhöhungen eingeklagt werden oder sonst geringe Mieten im Spiele sind. Hier ist oft die Berufungssumme von 500 Euro nicht erreicht, sodass eine Sachprüfung durch die zweite Instanz verwehrt bleibt.

a) Streit über Bestehen und die Dauer des Mietverhältnisses

59 Der Streitwert bemisst sich gem. § 8 ZPO nach der gesamten Miete oder Pacht, den der Mieter oder Pächter während der **»streitigen Zeit«** zu zahlen hat. Maßgebend sind hierzu die Angaben in der Klageschrift. Die streitige Zeit endet mit dem Tag, an dem der Mietvertrag nach Ansicht des Klägers enden würde, also bei Verträgen mit fester Laufzeit nach deren Ablauf, bei Verträgen auf unbestimmte Zeit an dem Tag für den gekündigt ist oder frühestens gekündigt werden kann (RG RGZ 164, 325 [329]; BGH WuM 1982, 465 = ZMR 1992, 433; OLG Karlsruhe WuM 1994, 338; vgl. hierzu Rdn. 25 bis 27) bzw. nach Ablauf einer begehrten Mieterschutzfrist (BGH WuM 2005, 525). **Höchstbetrag ist die 25-fache Jahresmiete.**

60 Wird mit der Klage die Feststellung begehrt, dass ein Mietverhältnis nicht beendet ist, so ist Streitwert nach § 8 ZPO die gesamte Miete, die für die restliche Mietzeit anfallen würde. »Streitige Zeit« ist die gesamte vom Kläger behauptete Vertragslaufzeit. Kündigt dagegen der Kläger seinerseits zu einem Zeitpunkt vor Ablauf des Mietverhältnisses, dann reicht die für den Streitwert erhebliche Mietzeit nur bis zu dieser Kündigung (BGH NZM 1999, 21).

b) Räumungsklagen

61 Bei **Pacht- und gewerblichen Mietverhältnissen** gilt § 8 ZPO mit dem 25-fachen Jahreszins als Höchstbetrag. § 8 ZPO kommt selbst dann zur Anwendung, wenn eine Herausgabeklage auf Eigentum gestützt wird und der Beklagte ein Miet- oder Pachtverhältnis einwendet, dessen Bestand oder Dauer streitig ist (BGH Report 2003, 757). § 8 ZPO ist auch anwendbar bei miet- oder **pachtähnlichen** Nutzungsverhältnissen (BGH WuM 2005, 66).

62 Der Zuständigkeits- bzw. Verfahrensstreitwert für eine Klage auf **Räumung einer Mietwohnung** bemisst sich ebenfalls nach § 8 ZPO, da das Bestehen eines Mietverhältnisses streitig ist.

Bei Mietverträgen mit **fester Laufzeit** richtet sich das Räumungsinteresse nach der Höhe der für die restliche Laufzeit zu entrichtenden Miete.

Bei Mietverträgen auf **unbestimmte Zeit** bzw. mit **Verlängerungsklausel** ist darauf abzustellen inwieweit ein Ende des Vertragsverhältnisses absehbar ist. Wenn, etwa aufgrund einer vorhandenen Kündigung, festgestellt werden kann, dass und zu welchem Zeitpunkt der Mietvertrag auf jeden Fall endet, so ist auf dieser Basis die Restlaufzeit zu ermitteln. Die »streitige Zeit« und damit der Wert der Beschwer wird hier lediglich nach oben durch das 25-fache des Jahresentgelts begrenzt (BGH NJW-RR 1992, 1359; NJW-RR 2005, 867 = NZM 2005, 435; NZM 2007, 355).

Dagegen kommt nach der Rechtsprechung des BGH § 8 ZPO **nicht** zur Anwendung, wenn bei Verträgen von unbestimmter Dauer oder mit Verlängerungsklausel das tatsächliche Ende des Mietverhältnisses **ungewiss** ist (BGH NZM 2005, 435). Zu diesen Fällen ist auf den Zeitpunkt abzustellen, den der Mieter bzw. Nutzungsberechtigte für sich als den günstigsten in Anspruch nimmt. Hat er keinen konkreten Zeitpunkt genannt oder sich auf ein lebenslanges Nutzungsrecht berufen, ist in entsprechender Anwendung des § 9 ZPO auf einen Zeitraum von 3½ Jahren abzustellen (BGH NJW 1996, 316 = WuM 1996, 187; NZM 2004, 460 = WuM 2004, 353; NZM 2005, 435; NZM 2007, 355; BVerfG NZM 2006, 578). Dies gilt insbesondere bei einer ordentlichen Kündigung des Vermieters, weil in den hier relevanten Fällen i.d.R. streitig ist, ob ein berechtigtes Interesse an der Beendigung des Mietverhältnisses vorliegt, so dass sich das Ende der Mietzeit nicht sicher bestimmen lässt (BGH NZM 2007, 355).

Bei Wohnraummietverhältnissen wird wegen der **Sondervorschriften** der § 29a ZPO und § 23 Nr. 2a GVG die Frage des Verfahrensstreitwerts allenfalls dann aktuell, wenn Zweifel bestehen, ob die Berufungssumme des § 511a ZPO bzw. der Beschwrdewert des § 26 Nr. 8 EGZPO erreicht wird. **63**

▶ **Beispiel:**

Klage auf Herausgabe eines Kellerabteils: Miete: 25 €/mtl.
Gebührenstreitwert nach § 41 Abs. 2 GKG: 25 x 12 = 300 Euro
Verfahrens-/Rechtsmittelstreitwert nach § 3 ZPO: 25 x 36 = 900 Euro.

Achtung: Übergangsvorschrift nach § 26 Nr. 8 EGZPO Beschwerdewert der Nichtzulassungsbeschwerde: 20000 Euro! (BGH WuM 2005, 525). **64**

Wenn die Parteien im Rahmen einer Räumungsklage darüber streiten, ob der Beklagte oder ein Dritter Partei des Mietvertrages war, bemessen sich der Zuständigkeitswert und die Beschwer nur dann nach § 8 ZPO, wenn nach dem Klagevorbringen Streit darüber besteht, ob das Mietverhälltnis über den Zeitpunkt der verlangten Räumung hinaus bestanden hat oder noch besteht; andernfalls fehlt es an dem Erfordernis der »streitigen Zeit« (BGH WuM 1995, 320).

c) Mietzahlung – Klage auf zukünftige Leistung

Der Streitwert für eine Klage auf zukünftige Bezahlung von Miete (§ 259 ZPO) berechnet sich nicht nach § 9 ZPO, sondern ist nach § 3 ZPO zu schätzen (OLG Karlsruhe MDR 1977, 40; OLG Frankfurt/M. MDR 1980, 761; OLG Köln WuM 1985, 126). **65**

Bei **Mietverhältnissen auf unbestimmte Zeit** wird der Streitwert i.d.R. auf die 3-fache Jahresmiete geschätzt. **66**

Nach der Neufassung des § 9 ZPO wird in der neueren Rechtsprechung (in Anschluss an BVerfG in WuM 1996, 321) auch zunehmend die Auffassung vertreten, dass sich der **67**

Streitwert einer Klage auf Zahlung der monatlichen Miete bis zur Beendigung des Mietvertrages nach § 9 ZPO bemisst, d.h. die Berufungssumme nach der dreieinhalbfachen Jahresmiete zu bestimmen ist (OLG Stuttgart WuM 1997, 278).

68 Bei **Mietverhältnissen auf bestimmte Zeit** ist der Zeitraum bis zum Mietende zu berücksichtigen. Bei längeren Restlaufzeiten soll etwa die Hälfte der Zeit zugrunde gelegt werden. Restlaufzeiten bis zu 3 oder 4 Jahren sollen voll in Ansatz gebracht werden (Sternel 3. Aufl. V Rn. 85; OLG Karlsruhe MDR 1977, 407 = WuM 1979, 155).

d) Klagen auf Zustimmung zur Mieterhöhung

69 Da der Gebührenstreitwert für Mieterhöhungsklagen bei Wohnraum durch § 16 Abs. 5 GKG aus sozialen Gründen auf den 12-fachen Erhöhungsbetrag begrenzt ist, erlangt die Frage nach dem Verfahrensstreitwert nur insofern Relevanz, als sich der Rechtsmittelstreitwert nach § 511a ZPO hiernach bemisst.

70 Die Rechtsprechung schätzt zum überwiegenden Teil den Wert des Mieterhöhungsverlangens nach § 3 ZPO auf den 36 fachen Differenzbetrag (z.B. LG München I ZMR 1986, 90). Das LG Köln (WuM 1997, 279) hat die Anwendung des § 9 ZPO abgelehnt und es offen gelassen, ob sich die nach § 3 ZPO zu schätzende Beschwer am 12- oder 15-fachen Monatsbetrag der begehrten Mieterhöhung bemisst. Nach anderer Ansicht ist § 41 Abs. 5 GKG analog anzuwenden (vgl. Rdn. 47).

71 Seit der Neufassung des § 9 ZPO und dem Hinweis des BVerfG (NJW 1996, 1531) geht die Rechtsprechung bei der Berechnung der Beschwer häufig auch vom 42-fachen Differenzbetrag aus (OLG Celle OLGR 1996, 84; LG Hildesheim WuM 1996, 351; LG Berlin WuM 1997, 268; LG Kiel MDR 1994, 834; a.A. LG Darmstadt NJW-RR 1997, 775; LG Saarbrücken WuM 1998, 171, 234; LG Bremen WuM 1997, 334).

e) Erfüllungsansprüche aus dem Mietverhältnis

72 Klagen des Mieters auf **Mängelbeseitigung** bemessen sich an dem Interesse des Mieters an der mangelfreien Nutzung der Mietsache. Bei der Schätzung dieses Interesses kann auf die **monatliche Minderungsquote** zurückgegriffen werden. Die Höhe des Streitwerts ist, anders als beim Gebührenstreitwert nach § 41 Abs. 5 GKG, umstritten. Das LG Hamburg setzte beispielsweise den dreifachen Jahresbetrag der Minderungsquote an (LG Hamburg MDR 1985, 1032; WuM 1994, 624; a.A. LG Kiel WuM 1995, 320: Höhe der Mängelbeseitigungskosten, es sei denn, es ist absehbar, dass das Mietverhältnis vor Ablauf von 3 Jahren endet. Dann sei der geringere Wert maßgebend). Das LG Berlin (ZMR 1975, 218; 2002, 826) setzt in analoger Anwendung von § 16 GKG die Jahresmiete als Höchstgrenze; so auch LAG Köln (WuM 2001, 291). Zur Beschwer s. BGH (WuM 2000, 427).

73 Nach der Neufassung des § 9 ZPO wird auch der $3^1/_2$fache Jahresbetrag der Mietminderung angesetzt (OLG Hamburg WuM 1995, 595; LG Kiel WuM 2003, 37). Nach der Entscheidung des BGH (NZM 2000, 713 = WuM 2000, 427) dürfte sich die Auffassung, wonach die Mietminderung von 42 Monaten dem Streitwert entspricht, als h.M. durchsetzen. Das LG Hamburg (ZMR 1998, 294) hat sich nun dieser Meinung angeschlossen, ebenso das LG Wiesbaden (WuM 2000, 617). § 9 ZPO gilt ebenso für die Klage des Vermieters auf **Duldung von Instandsetzungsmaßnahmen** (LG Hamburg WuM 1999, 344).

74 Eine Klage auf Erteilung der **Untermieterlaubnis** nach § 553 BGB bemisst sich nach dem dreifachen Jahresbetrag eines fiktiven Untermietzuschlages (a.A. LG Kiel WuM 1995, 320: Jahresbetrag der vom Mieter durch Untervermietung in Aussicht genommenen wirtschaftlichen Mietentlastung).

Nach Auffassung des BGH (NZM 2006, 637) richtet sich die Beschwer einer Klage auf **Beseitigung einer Parabolantenne** allein nach dem Wert der Beeinträchtigung der Substanz des Hauses und/oder des optischen Gesamteindrucks (hier: unter 600 Euro).

II. Streitwert in Wohnungseigentumssachen nach § 49a GKG

1. Allgemeines

Durch die Änderung des Wohnungseigentumsgesetzes v. 30.03.2007 (BGBl. I, 370 ff.), **75** welche am 1. Juli 2007 in Kraft tritt, wurde u.a. das wohnungseigentumsrechtliche Verfahren in das **streitige Verfahren** nach der ZPO übergeleitet. Daraus folgt, dass Kostenentscheidungen künftig nach den Grundsätzen gem. §§ 91 ff. ZPO ergehen, d.h., dass für die Tragung der Prozesskosten das Obsiegen bzw. Unterliegen einer Partei im Rechtsstreit entscheidend ist (vgl. § 93b ZPO Rn. 1 ff.) und Ermessenserwägungen nicht mehr in Betracht kommen. **Gerichtskosten** werden nicht mehr wie früher nach der Kostenordnung, sondern nach den erheblich höheren gem. dem Gerichtskostengesetz erhoben. Folgerichtig wird der frühere Begriff »Geschäftswert« durch »Streitwert« ersetzt. Die unterlegene Partei hat nunmehr gem. § 91 Abs. 1 S. 1 ZPO, insbesondere die **Rechtsanwaltskosten**, der Gegenseite zu erstatten.

Die mit der Neuregelung verbundene **Erhöhung des Kostenrisikos** könnte in vielen Fäl- **76** len dazu führen, dass die Anrufung des Gerichts bei wirtschaftlicher Betrachtungsweise nicht mehr sinnvoll erscheint, weil das Kostenrisiko eines Rechtsuchenden in keinem vernünftigen Verhältnis zu seinem Interesse an dem Ausgang des Verfahrens steht. Hinzu kommt, dass in Verfahren nach dem WEG die Entscheidung nicht nur die Prozessparteien bindet, sondern auch auf alle beigeladenen Wohnungseigentümer sowie auf den Verwalter Auswirkungen haben kann.

Um das Kostenrisiko für die Parteien, – anders als nach der bisherigen uneinheitlichen **77** Praxis – kalkulierbar zu machen und im Bestreben der aus dem Rechtsstaatsprinzip resultierenden Justizgewährungspflicht durch eine **Reduzierung des Streitwertes** zu genügen wurde für die Streitwertfestsetzung in Wohnungseigentumssachen der § 49a in das GKG neu eingefügt.

2. Grundsatz gem. § 49a Abs. 1 S. 1 GKG: das Interesse der Parteien an der Entscheidung – 50%

Der Streitwert in Wohnungseigentumssachen ist nach der Neuregelung in mehrfacher **78** Hinsicht begrenzt.

Der Sinn des äußerst kompliziert formulierten Gesetzeswortlautes erschließt sich am **79** ehesten, wenn man sich vor Augen hält, dass bei einem Prozess in Wohnungseigentumssachen sich i.d.R. nicht nur Einzelpersonen als Parteien gegenüberstehen, sondern neben der teilrechtsfähigen Eigentümergemeinschaft, die übrigen Wohnungseigentümer, sowie Beigetretene und Beigeladene sich am Prozess beteiligen können. Da sich die Rechtskraft eines Urteils nicht nur auf die Parteien und die auf ihrer Seite Beigetretenen erstreckt, sondern daneben auch auf alle beigeladenen Wohnungseigentümer und den evtl. beigeladenen Verwalter (§ 48 Abs. 1 WEG), soll mit der Neuregelung in § 49a GKG bei der Streitwertfestsetzung das **Interesse aller Beteiligten** berücksichtigt werden.

Bei bezifferten Klagen verbleibt es allerdings bei § 48 Abs. 1 GKG i.V.m. § 3 ZPO, **80** wonach sich der Streitwert nach der Höhe der Forderung richtet.

81 Nach Absatz 1 bemisst sich deshalb der Gebührenstreitwert für unbezifferte Klagen grundsätzlich nach dem **Interesse der Parteien** und aller Beigeladenen (nicht nur der Beigetretenen!) an der Entscheidung. Wegen des erhöhten Kostenrisikos, insbesondere bei Beschlussanfechtungsklagen in größeren Wohnanlagen ist der Streitwert auf 50 % dieses Interesses begrenzt.

82 Das Interesse der Parteien an der Entscheidung wird vom Gericht nach den allgemeinen Grundsätzen der ZPO (§§ 3 ff.) nach freiem Ermessen festgesetzt. Es kann eine beantragte Beweisaufnahme sowie von Amts wegen die Einnahme des Augenscheins und die Begutachtung durch Sachverständige anordnen.

3. Weitere Streitwertgrenzen:

83 Neben der in Abs. 1 S. 1 bezeichneten absoluten Streitwertobergrenze wird der Streitwert noch zusätzlich in zweifacher Hinsicht begrenzt:

a) Wert des Klägerinteresses (Abs. 1 S. 2 GKG)

84 Der Streitwert darf den fünffachen Wert des **Interesses des Klägers** und der auf seiner Seite Beigetretenen nicht übersteigen.

b) Verkehrswert des Wohnungseigentums (Abs. 1 S. 3 GKG)

85 Der Streitwert darf den **Verkehrswert des Wohnungseigentums** des Klägers und der auf seiner Seite Beigetretenen nicht übersteigen.

86 Während S. 1 kumulativ auf das **Gesamtinteresse** aller am Prozess beteiligten Parteien samt aller Beigeladenen abstellt, bemessen sich die weiteren Einschränkungen nach S. 2 und 3 allein nach dem **Interesse des Klägers** (samt Beigetretenen).

c) Parteiinteresse des Klägers als Untergrenze (Abs. 1 S. 2 erster Halbs.)

87 Selbstverständlich darf bei der Streitwertfestsetzung das Interesse des Klägers und der auf seiner Seite Beigetretenen an der Entscheidung nicht unterschritten werden.

88 ▶ **Beispiel:**

Eine Wohnungseigentümergemeinschaft bestehend aus 20 Eigentümern gleichwertiger Appartments beschließt die Erneuerung der Heizungsanlage – geschätzte Kosten 80 000 Euro, die als Sonderumlage nach Miteigentumsanteilen von den Eigentümern getragen werden sollen.

Der Wohnungseigentümer A, dessen Wohnung 50 000 Euro wert ist und den ein Anteil von 4 000 Euro treffen würde, wehrt sich gegen die geplante Baumaßnahme mit einer Anfechtungsklage. Die Wohnungseigentümer B und C, deren Kostenanteil ebenfalls je 4 000 Euro betragen würde, teilen die Auffassung des A und treten dem Rechtsstreit auf Seiten des Klägers bei.

89 Streitwertberechnung:

a) »Interesse der Parteien« (Abs. 1 S. 1), d.h. Interesse des Klägers samt Beigetretene und der übrigen Wohnungseigentümer: Es geht um die Kosten der Heizungsanlage, – also 50 % von 80 000 Euro. 40 000 Euro wäre also die absolute Obergrenze.

b) Streitwertbeschränkung gem. Abs. 1 S. 2 Interesse des A und der Beigetretenen: 1 200,- €. Die relative Obergrenze würde somit den fünffachen Betrag also 60 000,- Euro ausmachen. Damit wäre aber die absolute Obergrenze gem. Abs. 1 S. 1 überschritten, sodass es bei der Obergrenze von 40 000 Euro verbleibt.
Die Untergrenze bemisst sich nach dem einfachen Interesse von A, B und C, also 12 000 Euro.

c) Verkehrswert der Wohnungen überschritten? (Abs. 1 S. 3) Der Verkehrswert der drei Wohnungen von A, B und C beträgt 150 000 Euro (50 000 x 3), liegt also deutlich über dem bisher ermittelten Streitwert, so dass es bei der Streitwertobergrenze von 40 000 Euro verbleibt.

Der vom Gericht festzusetzende Streitwert kann also im vorstehenden Beispielsfall zwischen 12 000 Euro und 40 000 Euro liegen, obwohl das Interesse an der gerichtlichen Entscheidung auf Beklagtenseite weit höher liegt (Erneuerung der Heizungsanlage). Der Streitwert würde auch für den Rechtsanwalt auf Beklagtenseite gelten, der die übrigen Miteigentümer vertritt, welche eine neue Heizungsanlage wünschen. **90**

Bereits im Gesetzgebungsverfahren wurde die Befürchtung geäußert, dass es im Falle der Klage eines einzelnen Wohnungseigentümers gegen die übrigen Wohnungseigentümer für diese nicht immer einfach sein könnte, einen Rechtsanwalt zu finden, der für einen im Einzelfall möglicherweise niedrigen Streitwert zur Übernahme des Mandats bereit ist. **91**

Nach § 27 Abs. 2 Nr. 4 WEG n.F. ist der Verwalter künftig berechtigt, mit einem Rechtsanwalt in den Verfahren des § 43 Nr. 1, Nr. 4 oder Nr. 5 WEG n.F. eine Gebührenvereinbarung zu treffen, wobei der Streitwert die absolute Obergrenze des § 49a Abs. 1 S. 1 GKG nicht überschreiten darf. **92**

Falls sich im vorstehenden Beispielsfall die gerichtliche Streitwertfestsetzung an der Untergrenze von 12.000 Euro bewegen sollte, wäre also der Verwalter nicht gehindert mit einem Rechtsanwalt eine Gebührenvereinbarung auf der Grundlage eines Streitwertes von 40.000 Euro zu treffen. **93**

4. Klagen gegen einzelne Wohnungseigentümer (Abs. 2)

Die Begrenzung des Streitwerts gilt nicht nur für die Rechtsverfolgung, sondern auch für die Rechtsverteidigung. Bei Klagen gegen einzelne Wohnungseigentümer ist nicht auf das Gesamtinteresse der Parteien (wie in Abs. 1 S. 1) abzustellen, sondern allein auf das **Interesse der beklagten Wohnungseigentümer** samt des Interesses der auf ihrer Seite Beigetretenen. Der Streitwert darf das 5-fache ihres Interesses nicht übersteigen und darf keinesfalls höher sein als der Verkehrswert des Wohnungseigentums des Klägers und der auf seiner Seite Beigetretenen (Abs. 1 S. 3 gilt entsprechend!). **94**

§ 49a Abs. 2 GKG setzt voraus, dass nicht alle Wohnungsigentümer (mit Ausnahme des Klägers) Beklagte sind (Hügel/Elzer Das neue WEG, 2007, § 13 Rn. 269; Suilmann in Jennißen WEG 2008, GKG § 49a Rn. 9; a.A. Einsiedler ZMR 2008, 765).

Bei **bezifferten Zahlungsklagen** (z.B. Klagen der teilrechtsfähigen Wohnungseigentümergemeinschaft auf Bezahlung rückständigen Hausgeldes) richtet sich der Streitwert nach der eingeklagten Geldsumme (vgl. Rdn. 5), denn nach § 49a Abs. 1 S. 2 GKG darf der Streitwert das Interesse des Klägers an der Entscheidung nicht unterschreiten. **95**

Eine Wertbegrenzung nach oben entfällt bei dieser Fallgestaltung, da das Beklagteninteresse darin besteht, die eingeklagte Geldsumme nicht zu schulden und im Übrigen bezifferte Hausgeldansprüche bereits nach der bisherigen Rechtsprechung wie Zahlungsklagen nach der ZPO behandelt worden sind und für eine abweichende Ermessensentscheidung gem. § 3 ZPO kein Raum ist. I.Ü. wurde bereits im Gesetzgebungsverfahren die Auffassung vertreten, dass § 49a GKG bei bezifferten Klagen überhaupt nicht anwendbar ist (BT-Drucks. 16/887 S. 76). **96**

Soll eine Wohnungseigentümergemeinschaft mit einem bezifferten Betrag belastet werden, während einer der Eigentümer mit der Klage die **alleinige Haftung des Verwalters** durchsetzen will, so bestimmt nicht der Miteigentumsanteil des Klägers sondern § 49a Abs. 1 S. 1 GKG den Streitwert (OLG Koblenz ZMR 2010, 305). **97**

37. Kapitel
RVG

Übersicht **Rdn.**

Rdn.

I. Allgemeines

1. Aufbau des RVG

Das RVG gliedert sich in 1
- den Paragrafenteil (RVG) mit neun Abschnitten,
- das Vergütungsverzeichnis (Anlage 1 zum RVG) mit sechs Teilen zu den Gebühren des Anwalts und einem Teil zu den Auslagen,

Teil	Inhalt	Verzeichnisnummern
1	Allgemeine Gebühren	1000–1009
2	Außergerichtliche Tätigkeiten einschließlich der Tätigkeit in Verwaltungsverfahren	2100–2508
3	Bürgerliche Rechtsstreitigkeiten, Verfahren der freiwilligen Gerichtsbarkeit, der öffentlich-rechtlichen Gerichtsbarkeiten, Verfahren nach dem Strafvollzugsgesetz und ähnliche Verfahren	3100–3518
4	Strafsachen	4100–4304
5	Bußgeldsachen	5100–5200
6	Sonstige Verfahren	6100–6404
7	Auslagen	7000–7008

Die Teile des Vergütungsverzeichnisses sind in Abschnitte und Unterabschnitten aufgeteilt. 2

Den einzelnen Teilen, Abschnitten und Unterabschnitten des Vergütungsverzeichnisses sind jeweils Vorbemerkungen vorangestellt, die Einzelheiten zu den Vorschriften und zur Anwendbarkeit der Abschnitte regeln oder erläutern. Neben den Vorbemerkungen finden sich zu den einzelnen Gebührentatbeständen noch Anmerkungen, die jeweils unter der Gebühr stehen und sich auf diese beziehen.

2. Art und Umfang der anwaltlichen Tätigkeit

3 Sofern der Rechtsanwalt ein miet- oder wohnungseigentumsrechtliches Mandat übernommen hat, bestimmt der vom Mandanten erteilte Auftrag den Umfang seiner Tätigkeit und die in Ansatz zu bringende Vergütung.

4 ▶ **Beispiel 1:**

Der Rechtsanwalt wird von seiner Mandantin mit einer Räumungsklage gegen deren Mieter beauftragt. Nach Überprüfung der von der Mandantin überlassenen Unterlagen kommt er zu dem Ergebnis, dass die Klage keine Aussicht auf Erfolg hat und berät seine Mandantin entsprechend. Die Klage soll wunschgemäß nicht mehr gefertigt und die Akte abgerechnet werden.
Obwohl eine Beratung stattgefunden hat, kann der Rechtsanwalt hier gem. Vorbem. 3 Abs. 2 VV RVG eine Verfahrensgebühr nach Nr. 3200 VV RVG in Ansatz bringen, da der Auftrag zur Klageerhebung bereits erteilt war. Allerdings entsteht die Verfahrensgebühr nur in ermäßigter Höhe von 0,8 (Nr. 3101 Nr. 1 VV RVG).

5 Maßgeblich ist also nicht, welche Tätigkeit der Rechtsanwalt tatsächlich ausgeübt hat, sondern wozu er beauftragt wurde, also ob er den Mandanten
- außergerichtlich beraten,
- außergerichtlich vertreten oder
- in einem gerichtlichen Verfahren vertreten

soll.

3. Abgeltungsbereich der Gebühren (§ 15 RVG)

a) Pauschalvergütung

6 Mit der Vergütung wird die gesamte Tätigkeit des Rechtsanwalts vom Auftrag bis zur Erledigung in derselben Angelegenheit abgegolten (§ 15 Abs. 1 RVG). Insoweit wird von einer Pauschalvergütung des Rechtsanwalts gesprochen. In gerichtlichen Verfahren kann er für jeden Rechtszug gesonderte Gebühren berechnen (§ 15 Abs. 2 RVG).

7 Wird der Rechtsanwalt, der in einer Angelegenheit bereits tätig war, erneut beauftragt, soll er nicht mehr Gebühren erhalten, als er erhalten würde, wenn er von Anfang an hiermit beauftragt worden wäre (§ 15 Abs. 5 S. 1 RVG). Dabei kommt es auf die Auftragserteilung durch den Mandanten an. Wenn der Rechtsanwalt einen Auftrag für seinen Mandanten bereits erledigt hat und später von seinem Mandanten beauftragt wird, weitere Ansprüche gegen denselben Gegner geltend zu machen, handelt es sich gebührenrechtlich um eine neue Angelegenheit (Gerold/Schmidt/Müller-Rabe RVG § 15 Rn. 102; Jungbauer Rechtsanwaltsvergütung Rn. 847; Göttlich/Mümmler (fortgef. von Rehberg/Xanke) RVG »Auftrag« S. 99; Hansens/Braun/Schneider Praxis des Vergütungsrechts Teil 1 Rn. 236).

8 ▶ **Beispiel 2:**

Der Rechtsanwalt wird von seinem Mandanten mit der Kündigung eines Wohnraummietverhältnisses beauftragt. Später erhält er vom Mandanten den Auftrag zur Geltendmachung von Schadensersatzansprüchen gegen den ehemaligen Mieter. Die Geltendmachung des Schadensersatzanspruchs stellt gebührenrechtlich eine neue Angelegenheit dar.

9 Werden hingegen in einem laufenden Mandat weitere Forderungen gegen denselben Gegner mit erledigt, liegt eine gebührenrechtliche Angelegenheit vor.

▶ Beispiel 3: 10

Der Rechtsanwalt wird mit der außergerichtlichen Geltendmachung rückständiger Mieten beauftragt. Im gleichen Verfahren soll er auch die nicht bezahlte Nebenkostenabrechnung geltend machen. Es handelt sich um eine gebührenrechtliche Angelegenheit.

▶ Beispiel 4: 11

Der Rechtsanwalt wird mit der außergerichtlichen Geltendmachung fünf rückständiger Mieten beauftragt. Im Verlaufe des Mandats werden weitere drei Mieten fällig, mit deren Durchsetzung der Anwalt ebenfalls beauftragt wird. Jetzt liegt nur eine gebührenrechtliche Angelegenheit vor. Der Gegenstandswert beläuft sich auf dem Gesamtwert aller acht Mieten (§ 23 Abs. 1 S. 1 RVG i.V.m. § 39 Abs. 1 GKG).

b) Erneute Beauftragung nach mehr als zwei Kalenderjahren

Sofern der frühere Auftrag seit mehr als zwei Kalenderjahren erledigt ist und der Rechtsanwalt erneut in derselben Angelegenheit tätig wird, liegt gem. § 15 Abs. 5 S. 2 RVG eine neue gebührenrechtliche Angelegenheit vor. 12

▶ Beispiel 5: 13

Der Rechtsanwalt wird von seinem Mandanten im Juli 2007 mit der Abwehr der von seinem Vermieter erhobenen Betriebskostenabrechnung beauftragt. Nachdem der Rechtsanwalt der Gegenseite die Vertretung angezeigt und die Ansprüche im Namen seines Mandanten zurückgewiesen hat, meldet sich die Gegenseite zunächst nicht mehr, sodass der Rechtsanwalt seine Tätigkeit im November 2007 auf Wunsch des Mandanten abrechnet. Im März 2009 macht der Vermieter die Betriebskostenforderung erneut geltend. Der Mandant beauftragt daraufhin den Anwalt erneut.
Da zwischen Erledigung der ursprünglichen außergerichtlichen Vertretung und dem erneuten Auftrag mehr als zwei Kalenderjahre vergangen sind, entsteht die Geschäftsgebühr gem. § 15 Abs. 5 S. 2 RVG erneut.

Darüber hinaus ist eine im Gesetz vorgesehene Gebührenanrechung nach Ablauf von zwei Kalenderjahren ausgeschlossen (OLG AGS 2001, 151 = München MDR 2000, 785 = OLGR 2000, 200 = JurBüro 2000, 469 = Rpfleger 2000, 516 = AnwBl 2000, 698 = NJW-RR 2000, 1727; OLG Köln OLGR 2009, 601 = MDR 2009, 1365).

▶ Abwandlung zu Beispiel 5: 14

Im März 2010 erhält der Rechtsanwalt von seinem Mandanten die Mitteilung, dass die Gegenseite wegen der Betriebskosten nunmehr Klage erhoben hat. Der Rechtsanwalt erhält Prozessauftrag.
Die für die außergerichtliche Tätigkeit entstandene Geschäftsgebühr ist wegen Zeitablaufs nicht anzurechnen auf die in dem gerichtlichen Verfahren entstehende Verfahrensgebühr. Zwischen der Erledigung des zunächst erteilten Auftrages (Juli 2007) und dem Auftrag, in dieser Sache weiter tätig zu werden (März 2007), liegen mehr als zwei Jahre.

Zwischen der Erledigung des ersten Auftrages und der erneuten Beauftragung müssen mehr als zwei **volle** Kalenderjahre liegen, alleine zwei Jahre reichen nicht aus (Gerold/Schmidt/Müller-Rabe RVG § 15 Rn. 103; Hansens/Braun/Schneider Praxis des Vergütungsrechts, Teil 1 Rn. 231). 15

c) Dieselbe, verschiedene und besondere Angelegenheiten

16 In den §§ 16 bis 18 RVG finden sich Hinweise darauf, wann gebührenrechtlich dieselbe Angelegenheit, verschiedene oder besondere Angelegenheiten vorliegen, ohne dass die dortigen Aufzählungen abschließend wären (Gerold/Schmidt/Müller-Rabe RVG § 15 Rn. 5). In derselben Angelegenheit erhält der Rechtsanwalt seine Vergütung nur einmal, während bei verschiedenen oder besonderen Angelegenheiten, der Rechtsanwalt für jede Angelegenheit gesondert berechnete Gebühren erhält.

d) Teile des Gegenstandes

17 Die Begriffe »Angelegenheit« und »Gegenstand« sind gebührenrechtlich zu unterscheiden. Mit der Angelegenheit wird gebührenrechtlich die pauschalierte Abgeltung der Tätigkeit des Rechtsanwalts eingegrenzt. Eine Angelegenheit kann mehrere Gegenstände haben, deren Werte gem. § 23 Abs.1 S. 1 RVG i.V.m. § 39 GKG oder § 22 RVG zu addieren sind. Der vom Mandanten erteilte Auftrag ist insoweit maßgeblich. Wird der Rechtsanwalt bezüglich verschiedener Gegenstände, zwischen denen ein innerer Zusammenhang besteht, beauftragt und handelt es sich um einen einheitlichen Lebensvorgang, so liegt gebührenrechtlich eine Angelegenheit vor (Gerold/Schmidt/Müller-Rabe RVG § 15 Rn. 9).

18 Eine wichtige Vorschrift enthält § 15 Abs. 3 RVG:

»Sind für Teile des Gegenstands verschiedene Gebührensätze anzuwenden, entstehen für die Teile gesondert berechnete Gebühren, jedoch nicht mehr als die aus dem Gesamtbetrag der Wertteile nach dem höchsten Gebührensatz berechnete Gebühr.«

19 Die Auswirkungen dieser Vorschrift werden auf den Rdn. 232 ff. anhand von Beispielen noch ausführlich dargestellt.

e) Rechtszug

20 Was gebührenrechtlich zum Rechtszug gehört, ist in § 19 RVG geregelt. Für die zum Rechtszug gehörenden Tätigkeiten erhält der Rechtsanwalt keine zusätzlichen Gebühren. Die gebührenrechtliche Tätigkeit des Rechtsanwalts im Rechtszug ist von der prozessualen Bedeutung des Rechtszuges z.T. abweichend. So beginnt gem. Abs. 2 der Vorbem. 3 VV RVG – im Gegensatz zum gerichtlichen Verfahren – der gebührenrechtliche Rechtszug bereits mit dem Betreiben des Geschäfts einschließlich der Information (Hartmann Kostengesetze § 19 RVG Rn. 1; Gerold/Schmidt/Müller-Rabe RVG § 19 Rn. 10; Bischof/Jungbauer/Bräuer/Curkovic/Mathias/Uher Kompaktkommentar RVG § 19 Rn. 9, 11). Während ein Mahnverfahren zum Rechtszug gehört, zählt es gebührenrechtlich als gesonderte Angelegenheit (§ 16 Nr. 4 RVG).

4. Gebührenarten

21 Die Gebühren des Rechtsanwalts werden in Wertgebühren, Betragsrahmengebühren und Festgebühren eingeteilt.

22 Wertgebühren werden nach dem Gegenstandswert berechnet (§ 2 Abs. 1 RVG). Hierbei kann es sich um Gebühren mit einem festen Gebührensatz oder um Satzrahmengebühren handeln.

23 ▶ **Beispiel 6:**

Gemäß Nr. 3305 VV RVG beträgt die Gebühr für die Vertretung des Antragstellers im Mahnverfahren 1,0.

Beispiel 7: 24

Gemäß Nr. 2300 VV RVG beträgt die Geschäftsgebühr 0,5 bis 2,5.

Betragsrahmengebühren spielen in Miet- und WEG-Sachen keine Rolle. Sie gelten in sozialrechtlichen Angelegenheiten, Straf und Bußgeldsachen. 25

Bei Festgebühren ist der Betrag der Gebühr bereits im Vergütungsverzeichnis vorgegeben. 26

Beispiel 8: 27

Die Geschäftsgebühr in der Beratungshilfe beträgt gem. Nr. 2503 VV RVG 70,00 €.

Hinweispflicht bei Wertgebühren:

Soweit sich die Gebühren nach dem Gegenstandswert berechnen, ist der Mandant vor 28 Annahme des Mandats darauf hinzuweisen (§ 49b Abs. 5 BRAO). Es handelt sich insoweit nicht um eine bloße Ordnungsvorschrift, sondern um eine vertragliche Nebenpflicht aus dem Anwaltsvertrag. Der Verstoß gegen die Hinweispflicht nach § 49b Abs. 5 BRAO kann daher zum Ersatz des Vertrauensschadens verpflichten (BGH AGS 2007, 386 = WM 2007, 1390 = NJW 2007, 2332 = BRAK-Mitt 2007, 175 = FamRZ 2007, 1322 = MDR 2007, 1046 = AnwBl 2007, 628 = ZfSch 2007, 465 = VersR 2007, 1377 = JurBüro 2007, 478 = DB 2007, 1639 = NJW-Spezial 2007, 382 = RVGreport 2007, 316 = ZFE 2007, 402 = ZERB 2007, 416). Dabei trifft den Auftraggeber Darlegungs- und Beweislast sowohl dafür, dass der Hinweis unterblieben ist, als auch für den ihm daraus entstandenen Vertrauensschaden (BGH AGS 2008, 9 m. Anm. Schons = DB 2007, 2704 = WM 2007, 2351 = BB 2007, 2768 = FamRZ 2008, 144 = AnwBl 2008, 68 = NJW 2008, 371 = ZfSch 2008, 45 = BGHReport 2008, 183 = MDR 2008, 235 = JurBüro 2008, 145 = VersR 2008, 556 = NJW-Spezial 2007, 622 = RVGreport 2008, 37 = FamRB 2008, 76; s. aber auch OLG Hamm AGS 2009, 428 = AnwBl 2010, 143 = BRAK-Mitt 2009, 231 = Info M 2010, 140).

Die Verpflichtung besteht nur zum Hinweis darauf, dass nach dem Gegenstandswert 29 abzurechnen ist. Der Anwalt muss nicht ungefragt über die Höhe des Gegenstandswerts oder der Vergütung Auskunft erteilen. Eine Aufklärung ist jedoch geboten, wenn sich eine ungewöhnlich hohe Vergütung ergibt, mit der der Auftraggeber ersichtlich nicht rechnet (BGH AGS 2008, 9 m. Anm. Schons = DB 2007, 2704 = WM 2007, 2351 = BB 2007, 2768 = FamRZ 2008, 144 = AnwBl 2008, 68 = NJW 2008, 371 = ZfSch 2008, 45 = BGHReport 2008, 183 = MDR 2008, 235 = JurBüro 2008, 145 = VersR 2008, 556 = NJW-Spezial 2007, 622 = RVGreport 2008, 37 = FamRB 2008, 76; s. aber auch OLG Hamm AGS 2009, 428 = AnwBl 2010, 143 = BRAK-Mitt 2009, 231 = Info M 2010, 140), insbesondere dann, wenn sie nicht in Relation zum Prozessrisiko und zum erstrebten Erfolg steht (s.a. BGH AGS 2010, 216 = BRAK-Mitt 2009, 19).

In der Berufungsinstanz dürften diese Belehrungspflichten kaum eine Rolle spielen, da 30 der Mandant schon aus der ersten Instanz weiß, dass nach dem Gegenstandswert abgerechnet wird und wie hoch dieser ist, so dass eine Verletzung der Hinweispflichten kaum einen Vertrauensschaden auslösen kann.

5. Rahmengebühren

Anders als bei den Festgebühren kann der Rechtsanwalt bei den Rahmengebühren nach 31 seinem Ermessen, insbesondere unter Berücksichtigung der in § 14 RVG genannten Kriterien, die Höhe der Gebühr oder des Gebührensatzes bestimmen. Die Kriterien, die bei der Bestimmung von Rahmengebühren zu berücksichtigen sind, ergeben sich aus § 14 RVG, wonach im Einzelfall alle Umstände, insbesondere

- Umfang der anwaltlichen Tätigkeit,
- Schwierigkeit der anwaltlichen Tätigkeit,
- die Bedeutung der Angelegenheit für den Auftraggeber,
- die Einkommensverhältnisse des Aufraggebers,
- die Vermögensverhältnisse des Aufraggebers,
- ein besonderes Haftungsrisiko des Rechtsanwalts

bei der Bemessung der Gebühr heranzuziehen sind. In der Praxis wird in durchschnittlichen Angelegenheiten vom Ansatz der Mittelgebühr Gebrauch gemacht, die sich nach folgender Formel berechnet:

32 $$\frac{\text{Mindestgebühr} + \text{Höchstgebühr}}{2} = \text{Mittelgebühr}$$

33 Hat der Rechtsanwalt die Höhe seiner Gebühr unter Berücksichtigung der Kriterien des § 14 RVG innerhalb des vorgegebenen Gebührenrahmens bestimmt, ist er hieran gebunden (§ 315 Abs. 2 BGB). Er kann die Höhe der Gebühr nicht nachträglich nach oben korrigieren (Gerold/Schmidt/Müller-Rabe RVG § 14 RVG Rn. 4). Da eine abschließende Bestimmung erst mit Beendigung der Angelegenheit möglich ist, sollte der Anwalt sein Bestimmungsrecht auch erst dann ausüben. Rechnungen, die er vor Fälligkeit stellt, sollten ausdrücklich als »Vorschuss« bezeichnet werden. Anderenfalls läuft der Anwalt Gefahr, sein abschließendes Bestimmungsrecht zu verlieren (s. dazu OLG Köln AGS 2009, 525 = VRR 2010, 43 = RVGreport 2010, 138).

6. Mehrere Auftraggeber

a) Erhöhung von Gebühren

34 Der Rechtsanwalt, der in derselben Angelegenheit mehrere Auftraggeber vertritt, erhält grundsätzlich seine Gebühren nur einmal (§ 7 Abs. 1 RVG). gem. Nr. 1008 VV RVG erhöhen sich jedoch die Verfahrens- und/oder Geschäftsgebühren für jede weitere Person, die der Rechtsanwalt vertritt.

35 Die Erhöhung tritt in jeder Angelegenheit gesondert ein. Wird der Rechtsanwalt z.B. von mehreren Auftraggebern mit deren Vertretung sowohl im außergerichtlichen als auch im gerichtlichen Verfahren beauftragt, so erhöht sich neben der Geschäfts- auch die Verfahrensgebühr (LG Düsseldorf AGS 2007, 381 = MDR 2007, 1164 = JurBüro 2007, 480 = NZM 2007, 743 = Rpfleger 2007, 629 = RVGreport 2007, 298 = VRR 2007, 298; AG Stuttgart AGS 2007, 385 =MDR 2007, 1107 = ZMR 2007, 737 = JurBüro 2007, 522 = NJW-RR 2007, 1725; LG Ulm AGS 2008, 163 = AnwBl 2008, 73 = NJW-Spezial 2008, 155; KG AGS 2009, 4 = NJ 2008, 461 = Rpfleger 2008, 669 = KGR 2008, 968 = JurBüro 2008, 585 = RVGreport 2008, 391 = VRR 2008, 439 = NJW-Spezial 2009, 92). Mehrere Auftraggeber können beispielsweise Eheleute sein, die gemeinsam eine Wohnung vermietet oder angemietet haben (BGH WuM 2005, 792 = NJW 2005, 3786 = NZM 2005, 942 = BGHReport 2006, 133 = Rpfleger 2006, 99 = AGS 2006, 69 = AnwBl 2006, 74 = ZMR 2006, 106 = JurBüro 2006, 138 = MDR 2006, 437 = GE 2006, 572 = RVGreport 2005, 464 = NJW-Spezial 2006, 5 = DWW 2006, 34 = MietRB 2006, 95). Mehrere Auftraggeber bilden auch die einzelnen Erben eines Mieters oder Vermieters, da die Erbengemeinschaft nicht rechtsfähig ist (BGH NJW 2006, 3715 und NJW-RR 2004, 1006).

36 Bei einer Wohnungseigentümergemeinschaft ist zu differenzieren: Vertritt der Anwalt die Eigentümergemeinschaft selbst, liegt nur ein Auftraggeber vor. Vertritt er dagegen die

einzelnen Wohnungseigentümer, so liegt eine Auftraggebermehrheit vor, die zur Erhöhung nach Nr. 1008 VV RVG führt. Eine andere Frage ist später, ob die Vertretung der einzelnen Eigentümer erforderlich und damit erstattungsfähig war. Das ist im Passivprozess stets zu bejahen, im Aktivprozess dagegen zu verneinen, wenn die Möglichkeit bestanden hätte, im Namen der Gemeinschaft vorzugehen.

Bei der Erhöhung ist zu differenzieren: 37

- Wertgebühren erhöhen sich um 0,3 je weiteren Aufraggeber, höchstens um 2,0.
- Bei festen Sätzen sind diese anzuheben. So erhöht sich die 1,3-Verfahrensgebühr der Nr. 3100 VV RVG bei zwei Auftraggebern auf 1,6.
- Bei Satzrahmen ist sowohl der Mindestsatz als auch der Höchstsatz um jeweils 0,3 je weiteren Aufraggeber anzuheben, so dass sich ein um jeweils 0,3 erhöhter Rahmen ergibt. So beläuft sich der Rahmen der Geschäftsgebühr bei zwei Auftraggebern auf 0,8 bis 2,8; die Mittelgebühr beträgt 1,8, die Schwellengebühr nach Anm. zu Nr. 2300 VV RVG beträgt 1,6.
- Festgebühren erhöhen sich um 30 % je weiteren Auftraggeber. So beträgt die Geschäftsgebühr in der Beratungshilfe bei zwei Auftraggebern 91,00 €.

Die Erhöhung ist auf 2,0, bei Festgebühren auf das Doppelte der Festgebühr, also 200 %, begrenzt (Nr. 1008 VV RVG). 38

Zu beachten ist, dass die Erhöhung der Nr. 1008 VV RVG keine eigene Gebühr darstellt, sondern nur zu einer Erhöhung einer Geschäfts- oder Verfahrensgebühr führt. Sie ist also »Teil« dieser Gebühren (Gerold/Schmidt/Müller-Rabe RVG Nr. 1008 VV RVG Rn. 4). 39

b) Auswirkungen der Erhöhung

Nach dem Wortlaut der Nr. 1008 VV RVG erhöhen sich alle Gebühren, die als Verfahrens- oder Geschäftsgebühren bezeichnet sind, hierzu gehören insbesondere: 40

Gebühr	VV-Nr.	Für
Geschäftsgebühr	2300	außergerichtliche Vertretung
Verfahrensgebühr	3100	Vertretung in erstinstanzlichen gerichtlichen Verfahren
Verfahrensgebühr	3200	Vertretung in Berufungsverfahren
Verfahrensgebühr	3206	Vertretung in Revisionsverfahren
Verfahrensgebühr	3305	Vertretung des Antragstellers im Mahnverfahren
Verfahrensgebühr	3307	Vertretung des Antragsgegners im Mahnverfahren
Verfahrensgebühr	3309	Vertretung im Zwangsvollstreckungsverfahren
Verfahrensgebühr	3311	Vertretung im Zwangsversteigerungsverfahren
Verfahrensgebühr	3400	Tätigkeit als Verkehrsanwalt
Verfahrensgebühr	3401	Tätigkeit als Unterbevollmächtigter/Terminsvertreter
Verfahrensgebühr	3335	Tätigkeit im PKH-Antragsverfahren

Die Erhöhung greift auch dann, wenn eine Gebühr nur in ermäßigter Höhe anfällt. So erhöht sich die 0,3-Geschäftsgebühr für ein einfaches Schreiben nach Nr. 2302 VV RVG 41 bei zwei Auftraggebern auf 0,6 und die ermäßigte Verfahrensgebühr nach Nr. 3101 VV RVG bei zwei Auftraggebern auf 1,1.

42 Nach dem Wegfall der Beratungsgebühr der Nr. 2100 VV RVG erhält der Rechtsanwalt gem. § 34 Abs. 1 RVG – sofern nichts anderes vereinbart wurde – für einen mündlichen oder schriftlichen Rat oder eine Auskunft (Beratung), die nicht mit einer anderen gebührenpflichtigen Tätigkeit zusammenhängt, für die Ausarbeitung eines schriftlichen Gutachtens und für die Tätigkeit als Mediator Gebühren nach den Vorschriften des bürgerlichen Rechts. Sofern der Mandant Verbraucher ist, darf der Rechtsanwalt nicht mehr als 250,00 €, bei einem ersten Beratungsgespräch nicht mehr als 190,00 € verlangen.
Umstritten ist die Frage, ob sich diese Betragsgrenzen für den Rechtsanwalt, der für mehrere Auftraggeber in derselben gebührenrechtlichen Angelegenheit wegen desselben Gegenstandes gleichzeitig beratend tätig wird, ebenfalls erhöhen.
Zum Teil wird die Ansicht vertreten, eine Erhöhung der Gebühr für die Beratung sei nicht gegeben, da diese in Nr. 1008 VV RVG nicht erwähnt sei, sondern sich nach dem Willen des Gesetzgebers nur die Verfahrens- und Geschäftsgebühr erhöht (Gerold/Schmidt/Müller-Rabe RVG Nr. 1008 VV RVG Rn. 14 ff.; Bischof/Jungbauer/Brauer/Curkovic/Uher/Mathias Kompaktkommentar RVG § 34 Rn. 65).
Dieser Ansicht ist nicht zu folgen, denn die Beratungsgebühr ist eine der Geschäfts- und Verfahrensgebühr ähnliche Betriebsgebühr, soweit keine weiteren Tätigkeiten mehr hinzukommen, für die weitere Gebührentatbestände im RVG existieren.
Sofern der Rechtsanwalt keine Vergütungsvereinbarung geschlossen hat und sein Mandant Verbraucher ist, wird seine gesamte Tätigkeit im Beratungsmandat mit der Gebühr des § 34 Abs. 1 RVG – wie auch bei der Geschäfts- oder Verfahrensgebühr – abgegolten (N. Schneider MDR 2004, 494). Auch wenn die Kappungsgrenze für die Beratungsgebühr in Höhe von 190,00 € bzw. 250,00 € in Ansatz zu bringen ist, erhöht sich diese bei mehreren Auftraggebern um 30 % für jeden weiteren Auftraggeber, wobei das Doppelte der Kappungsgrenze (380,00 €/500,00 €) nicht überschritten werden darf (Hansens/Braun/Schneider Praxis des Vergütungsrechts Teil 8 Rn. 81 ff.).

43 ▶ **Beispiel 9:**

Der Rechtsanwalt berät Eheleute wegen der Kündigung eines Mietverhältnisses. Die Beratung erfolgte in einem ersten Beratungsgespräch. Der Rechtsanwalt rechnet wie folgt ab:

Beratungsgebühr, § 34 Abs. 1 RVG (190,00 € + 57,00 €)	247,00 €
19 % Umsatzsteuer, Nr. 7008 VV RVG	46,93 €
Summe	293,93 €

44 Die Erhöhung wird bei Wertgebühren unabhängig vom Gebührensatz der Ausgangsgebühr mit 0,3 berechnet.

45 ▶ **Beispiel 10:**

Der Rechtsanwalt wird von Eheleuten beauftragt, einen Mahnbescheid wegen rückständiger Mieten in Höhe von 12000,00 € zu beantragen. Die Verfahrensgebühr beträgt gem. Nr. 3305 VV RVG 1,0. Sie erhöht sich gem. Nr. 1008 VV RVG um 0,3 (Auftraggeber sind zwei Personen, daher Erhöhung für eine weitere Person), so dass der Rechtsanwalt eine erhöhte Verfahrensgebühr in Höhe von 1,3 (Ausgangsgebühr 1,0 + Erhöhung 0,3) verlangen kann.

46 ▶ **Beispiel 11:**

Der Rechtsanwalt vertritt Eheleute im Rahmen eines Räumungsprozesses. Hierfür entsteht u.a. eine 1,3 Verfahrensgebühr gem. Nr. 3100 VV RVG, die sich für den weiteren Auftraggeber gem. Nr. 1008 VV RVG um 0,3 auf insgesamt 1,6 erhöht.

▶ **Beispiel 12:** 47

Der Rechtsanwalt vollstreckt den für die Eheleute erwirkten Räumungstitel. Hierfür fällt eine 0,3 Verfahrensgebühr gem. Nr. 3309 VV RVG an, die sich für den weiteren Auftraggeber gem. Nr. 1008 VV RVG um 0,3 auf insgesamt 0,6 erhöht.

Nur dann, wenn der Rechtsanwalt mehrere Auftraggeber in derselben Angelegenheit vertritt, kann eine Erhöhung anfallen. Bei Wertgebühren kann sie nur dann beansprucht werden, wenn der Rechtsanwalt wegen des identischen Gegenstands tätig wird (Anm. Abs. 1 zu Nr. 1008 VV RVG). Vertritt der Rechtsanwalt in derselben Angelegenheit mehrere Auftraggeber wegen unterschiedlicher Gegenstände, führt dies nicht zu einer Erhöhung, sondern zu einer Addition der einzelnen Gegenstandswerte (Göttlich/Mümmler/Rehberg/Xanke RVG »Angelegenheit« S. 30; Hansens/Braun/Schneider Praxis des Vergütungsrechts Teil 6 Rn. 190). 48

c) Teilrechtsfähigkeit der Wohnungseigentümergemeinschaft

Die Wohnungseigentümergemeinschaft ist teilrechtsfähig, sofern sie bei der Verwaltung des gemeinschaftlichen Eigentums am Rechtsverkehr teilnimmt. Dies gilt dann, wenn sie bei Rechtsgeschäften oder Rechtshandlungen im Außenverhältnis auftritt oder wenn von ihr Beitrags- oder Schadensersatzansprüche gegen einzelne Wohnungseigentümer im Innenverhältnis verfolgt werden. Sie kann in den vorgenannten Fällen also klagen oder auch selbst verklagt werden. Von daher kommt eine Erhöhung nicht in Betracht, da der Rechtsanwalt nur einen Auftraggeber vertritt. 49

Im Beschlussanfechtungsverfahren vertritt der Rechtsanwalt jedoch mehrere Auftraggeber, da dieses die Willensbildung und nicht den Rechtsverkehr des Verbandes betrifft. Dies gilt auch, wenn der Rechtsanwalt einzelne Wohnungseigentümer einer WEG vertritt (Hansens/Braun/Schneider Praxis des Vergütungsrechts Teil 6 Rn. 186, S. 427). 50

Eine vor Inkrafttreten der WEG-Novelle entstandene Erhöhung bleibt nach Beschluss des BGH v. 08.02.2007 (JurBüro 2007, 368), erstattungsfähig, auch wenn Mitglieder einer Wohnungseigentümergemeinschaft, vertreten durch den Verwalter, dem Rechtsanwalt Klageauftrag noch vor der BGH-Entscheidung zur Rechtsfähigkeit (Beschluss v. 02.06.2005 = JurBüro 2005, 534) erteilt haben. 51

▶ **Beispiel 13:** 52

Der Rechtsanwalt macht für die Wohnungseigentümergemeinschaft, bestehend aus 14 Wohnungseigentümern, rückständiges Wohngeld in Höhe von 1160,00 € gegen einen Wohnungseigentümer außergerichtlich geltend. Die Angelegenheit ist weder umfangreich noch schwierig.

Die Geschäftsgebühr erhöht sich wegen der Teilrechtsfähigkeit der Wohnungseigentümergemeinschaft in diesem Fall nicht, so dass der Rechtsanwalt folgende Gebühren und Auslagen beanspruchen kann:

Gegenstandswert: 1160,00 €	
1,3 Geschäftsgebühr, Nr. 2300 VV RVG	110,50 €
Postentgeltpauschale, Nr. 7002 VV RVG	20,00 €
Zwischensumme netto	130,50 €
19 % Umsatzsteuer, Nr. 7008 VV RVG	24,80 €
Summe	**155,30 €**

53 ▶ **Beispiel 14:**

Der Rechtsanwalt macht für die Wohnungseigentümergemeinschaft, bestehend aus 8 Wohnungseigentümern, Mängelbeseitigungskosten in Höhe von 12.500,00 € gegen eine Handwerksfirma gerichtlich geltend. Ein Termin zur mündlichen Verhandlung hat stattgefunden.

Auch in diesem Fall fällt eine Erhöhung gem. Nr. 1008 VV RVG wegen der Teilrechtsfähigkeit der Wohnungseigentümergemeinschaft nicht an. Folgende Gebühren und Auslagen können abgerechnet werden:

Gegenstandswert: 12.500,00 €	
1,3 Verfahrensgebühr, Nr. 3100 VV RVG	683,80 €
1,2 Terminsgebühr, Nr. 3104 VV RVG	631,20 €
Postentgeltpauschale, Nr. 7002 VV RVG	20,00 €
Zwischensumme netto	1.335,00 €
19 % Umsatzsteuer, Nr. 7008 VV RVG	253,65 €
Summe	**1.588,65 €**

54 ▶ **Beispiel 15:**

Der Rechtsanwalt vertritt die Wohnungseigentümergemeinschaft, bestehend aus 12 Wohnungseigentümern, in einem Beschlussanfechtungsverfahren eines Eigentümers. Es hat ein Verhandlungstermin stattgefunden, an dem der Rechtsanwalt teilgenommen hat. Der Geschäftswert wurde auf 23.500,00 € festgesetzt.
Da die Beschlussanfechtung nicht den Rechtsverkehr des Verbands, sondern die Willensbildung innerhalb der Gemeinschaft betrifft, hat der Rechtsanwalt in diesem Verfahren mehrere Auftraggeber, nämlich die einzelnen Wohnungseigentümer (Hansens/Braun/Schneider Praxis des Vergütungsrechts Teil 6 Rn. 187).

Gegenstandswert: 23.500,00 €	
3,3 Verfahrensgebühr, Nrn. 3100, 1008 VV RVG	2.263,80 €
1,2 Terminsgebühr, Nr. 3104 VV RVG	823,20 €
Postentgeltpauschale, Nr. 7002 VV RVG	20,00 €
Zwischensumme netto	3.107,00 €
19 % Umsatzsteuer, Nr. 7008 VV RVG	590,33 €
Summe	**3.697,33 €**

d) Haftung

55 Jeder Auftraggeber schuldet dem Rechtsanwalt nur die Gebühren und Auslagen, die er schulden würde, wenn der Rechtsanwalt allein in seinem Auftrag tätig geworden wäre (§ 7 Abs. 2 RVG). Das bedeutet, dass jeder Auftraggeber nur in Höhe der Vergütung haftet, die bei seiner alleinigen Vertretung entstanden wäre, nicht jedoch für die Erhöhungen für die weiteren Auftraggeber (mit Ausnahme der Dokumentenpauschale [§ 7 Abs. 2 RVG], die der erste Auftraggeber auch für die Unterrichtung der weiteren Auftraggeber schuldet).

56 ▶ **Beispiel 16:**

Der Rechtsanwalt wird von Geschwistern beauftragt, einen Mahnbescheid wegen rückständiger Mieten in Höhe von 20.000,00 € gegen den Schuldner zu beantragen. Folgende Gebühren werden vom Rechtsanwalt in Ansatz gebracht:

Gegenstandswert: 20.000,00 €	
1,3 Verfahrensgebühr, Nr. 3305 i.V.m. 1008 VV RVG	839,80 €

Postentgeltpauschale, Nr. 7002 VV RVG	20,00 €
Zwischensumme netto	859,80 €
19 % Umsatzsteuer, Nr. 7008 VV RVG	163,36 €
Summe	**1.023,16 €**

Für die Vertretung nur eines Auftraggebers wäre wie folgt abzurechnen:

Gegenstandswert: 20.000,00 €	
1,0 Verfahrensgebühr, Nr. 3305 VV RVG	646,00 €
Postentgeltpauschale, Nr. 7002 VV RVG	20,00 €
Zwischensumme netto	666,00 €
19 % Umsatzsteuer, Nr. 7008 VV RVG	126,54 €
Summe	**792,54 €**

Der Rechtsanwalt kann gem. § 7 Abs. 2 S. 2 RVG in diesem Fall insgesamt nicht mehr fordern, als durch die Vertretung der Geschwister entstanden ist, also 1.023,16 €. Jeder der beiden Auftraggeber schuldet dem Rechtsanwalt jedoch einen Betrag in Höhe von 792,54 € (davon 561,92 € gesamtschuldnerisch haftend). Zahlen die Geschwister den Betrag in Höhe von 1.023,16 € nicht, kann der Rechtsanwalt zwar gegen jeden Auftraggeber 792,54 € geltend machen, allerdings nur bis zur Zahlung der insgesamt entstandenen 1.023,16 €. Wenn ein Geschwisterteil beispielsweise 792,54 € zahlt, kann der Rechtsanwalt vom anderen Geschwisterteil nur noch den Restbetrag in Höhe von 230,62 € fordern. Es bleibt dem Rechtsanwalt überlassen, in welcher Reihenfolge er bezüglich seiner Vergütung die Auftraggeber in Anspruch nimmt (Gerold/Schmidt/Müller-Rabe RVG Nr. 1008 VV RVG Rn. 260). **57**

Erfolgt die Geltendmachung der Vergütung des Rechtsanwalts im Rahmen der gerichtlichen Vergütungsfestsetzung gem. § 11 RVG, kann die Erhöhung der Nr. 1008 VV RVG nicht gegenüber den einzelnen Auftraggebern festgesetzt werden, da insoweit keine gesamtschuldnerische Haftung besteht. **58**

▶ **Beispiel 17:** **59**

Auftraggeber A und B beauftragen den Rechtsanwalt als Gesamtgläubiger eine Forderung in Höhe von 10000,00 € klageweise geltend zu machen. Im Termin wurde streitig verhandelt. Urteil. Die Rechnung des Rechtsanwalts wird nicht bezahlt.
Schritt 1: Errechnung des Gesamtvergütungsanspruchs

Gegenstandswert: 10.000,00 €	
1,3 Verfahrensgebühr Nr. 3100 VV RVG	631,80 €
0,3 Erhöhung Nr. 1008 VV RVG	145,80 €
1,2 Terminsgebühr Nr. 3104 VV RVG	583,20 €
Postentgeltpauschale Nr. 7002 VV RVG	20,00 €
Zwischensumme:	**1.380,80 €**

Anm.: Aus Gründen der Nachvollziehbarkeit wird die Erhöhung gem. Nr. 1008 VV RVG gesondert ausgewiesen, obwohl sie an sich Teil der Verfahrensgebühr ist.

Schritt 2: Errechnung des isolierten Vergütungsanspruchs nach § 7 Abs. 2 gegen die einzelnen Auftraggeber

Gegenstandswert: 10.000,00 €	
1,3 Verfahrensgebühr Nr. 3100 VV RVG	631,80 €
1,2 Terminsgebühr Nr. 3104 VV RVG	583,20 €
Postentgeltpauschale Nr. 7002	20,00 €
Zwischensumme	**1.235,00 €**

Schritt 3: Ermittlung des Betrages, für welchen die einzelnen Auftraggeber gesamtschuldnerisch haften:

Gesamtvergütungsanspruch:	1.380,80 €
Abzüglich 2 × Erhöhung (145,80)	– 291,60 €
Zwischensumme	**1.089,20 €**

Schritt 4: Ermittlung des Individualhaftungsanspruchs

Gesamtvergütung 1.380,80 € – Gesamtvergütungshaftung	– 1.089,20 €
Restbetrag	291,60 €
Geteilt durch 2:	**145,80 €.**

Es wird also im Rahmen der Kostenfestsetzung beantragt:

a) gegen die Antragsgegner als Gesamtschuldner	1.089,20 €
b) gegen den Antragsgegner zu 1) allein weitere	145,80 €
c) gegen den Antragsgegner zu 2) allein weitere	145,80 €

festzusetzen.

Es haften:

Auftraggeber	Gesamthaftung	Individualhaftung	Kontrolle § 7 Abs. 2/Gesamtgebührenanspruch
1	1.089,20 €	145,80 €	1.235,00 €
2	1.089,20 €	145,80 €	1.235,00 €

(vgl. ausführlich dazu AnwK-RVG/N. Schneider § 11 Rn. 211 ff.).

60 Die gleichen Grundsätze gelten auch im Rechtsstreit. Werden unzutreffender Weise die einzelnen Auftraggeber als Gesamtschuldner verklagt, kann dies zur teilweisen Klageabweisung und damit zu Kostennachteilen führen (s. AG Bergisch-Gladbach AGS 2007, 119).

7. Grundsätze der anwaltlichen Abrechnung

61 Die zentrale Vorschrift über den Inhalt der Rechnung des Rechtsanwalts findet sich in § 10 RVG (»Berechnung«), in welchem es heißt:

(1) Der Rechtsanwalt kann die Vergütung nur aufgrund einer von ihm unterzeichneten und dem Auftraggeber mitgeteilten Berechnung einfordern. Der Lauf der Verjährungsfrist ist von der Mitteilung der Berechnung nicht abhängig.

(2) In der Berechnung sind die Beträge der einzelnen Gebühren und Auslagen, Vorschüsse, eine kurze Bezeichnung des jeweiligen Gebührentatbestands, die Bezeichnung der Auslagen sowie die angewandten Nummern des Vergütungsverzeichnisses und bei Gebühren, die nach dem Gegenstandswert berechnet werden, auch dieser anzugeben. Bei Entgelten für Post- und Telekommunikationsdienstleistungen genügt die Angabe des Gesamtbetrags.

(3) Hat der Auftraggeber die Vergütung gezahlt, ohne die Berechnung erhalten zu haben, kann er die Mitteilung der Berechnung noch fordern, solange der Rechtsanwalt zur Aufbewahrung der Handakten verpflichtet ist.

a) Inhalt der Rechnung gem. § 14 Abs. 4 UStG

Des Weiteren muss der Rechtsanwalt gem. § 14 Abs. 4 UStG noch folgende Anforderungen an eine Rechnung berücksichtigen: **62**
- Namen und Anschriften von Rechnungsaussteller und -empfänger,
- die Steuernummer oder die Umsatzsteuer-Identifikationsnummer,
- das Rechnungsdatum,
- die (fortlaufende) Rechnungsnummer,
- die Art der Lieferung oder sonstigen Leistung,
- den Zeitpunkt der Lieferung oder sonstigen Leistung,
- das Entgelt für die Lieferung oder sonstige Leistung und
- den auf das Entgelt entfallenden Steuerbetrag.

Die vorgenannten Rechnungsbestandteile müssen in jedem Fall enthalten sein, da deren **63**
Nichtangabe zum **Verlust des Vorsteuerabzuges** für den Rechnungsempfänger (A 192 Abs. 3 S. 10 UStR zu § 15 UStG) führen kann.

b) Begriff der Rechnung

Im Sinne von § 14 Abs. 1 UStG ist eine Rechnung jedes Dokument oder eine Mehrzahl **64**
von Dokumenten, mit denen über eine Lieferung oder sonstige Leistung abgerechnet wird.

Mit einer Rechnung rechnet der Rechtsanwalt seine Leistungen ab. Sie muss nicht ausdrücklich als solche bezeichnet werden, es genügt, wenn der Inhalt des Dokuments darauf schließen lässt, dass der Rechtsanwalt über seine erbrachte Leistung abrechnet.

Keine Rechnungen sind dagegen Dokumente, die nicht der Abrechnung einer Leistung dienen, sondern sich ausschließlich auf den Zahlungsverkehr beziehen (z.B. Mahnungen, Kontoauszüge).

Ist der Mandant damit einverstanden, ist eine Übersendung der Rechnung sowohl in Papierform als auch auf elektronischem Weg möglich. Dies setzt jedoch voraus, dass die Echtheit der Herkunft und die Unversehrtheit des Inhalts sichergestellt sind (z.B. mittels elektronischer Signatur oder mit qualifizierter elektronischer Signatur mit Anbieter-Akkreditierung nach dem Signaturgesetz). Die hierfür notwendige Zustimmung des Mandanten, die auch nachträglich erklärt werden kann, bedarf keiner gesonderten Form.

c) Angabe einer fortlaufenden Rechnungsnummer

Seit dem 01.01.2004 muss auf einer Rechnung auch eine fortlaufende Rechnungsnummer **65**
als »Identifikationsmerkmal« angegeben werden. Hiermit soll die Einmaligkeit einer Rechnung sichergestellt werden. Die Rechnungsnummer kann sich aus mehreren Zahlen- oder Buchstabenreihen oder einer Kombination aus Zahlen und Buchstaben zusammensetzen. Es ist auch möglich, dass verschiedene Nummernkreise (z.B. pro Rechtsanwalt oder pro Referat) mit jeweils einmaligen Rechnungsnummern vergeben werden. Allerdings muss gewährleistet sein, dass die vergebene Rechnungsnummer dem jeweiligen Nummernkreis zugeordnet werden kann.

Die Vergabe einer Rechnungsnummer gilt nur für »echte« Rechnungen, also nicht für **66**
- Kostenfestsetzungsanträge,
- Zwangsvollstreckungsmaßnahmen,
- den »internen Gebührenausgleich« zwischen Hauptbevollmächtigten/Unterbevollmächtigten,
- »Rechnungen« an den Gegner,

– »Rechnungen« an Rechtsschutzversicherer,
– »Rechnungen« über Gerichtskosten (Ausnahme: vgl. Rdn. 80).

67 Außerdem ist die Rechnungsnummer entbehrlich bei Kleinbetragsrechnungen gem. § 33 UStDV.

d) Angabe der Steuernummer/Umsatzsteuer-Identifikationsnummer

68 Gemäß § 14 Abs. 4 S. 1 Nr. 2 UStG muss der Rechtsanwalt in der Rechnung die ihm von seinem Finanzamt erteilte Steuernummer angeben. Will er das nicht, kann er beim Bundeszentralamt für Steuern (www.bzst.de) eine Umsatzsteuer-Identifikationsnummer beantragen und diese anstelle der Steuernummer auf seinen Rechnungen verwenden. Wurde dem Rechtsanwalt keine Umsatzsteuer-Identifikationsnummer erteilt, ist zwingend die erteilte Steuernummer anzugeben. Die Angabe der Steuernummer ist ausreichend, das zuständige Finanzamt muss nicht angegeben sein. Die Angabe der Steuernummer gilt auch für Rechtsanwälte, die gem. § 19 Abs. 1 UStG von der Umsatzsteuer befreit sind (BMF-Schreiben zur Rechnungsrichtlinie v. 29.01.2004, IV B 7 – S 7280–19/04).

e) Leistungszeitraum/Leistungszeitpunkt

69 Der Leistungszeitraum weicht i.d.R. vom Rechnungsdatum ab. Dennoch ist es insbesondere im Hinblick auf den anzuwendenden Steuersatz wichtig, den exakten Leistungszeitraum bzw. -zeitpunkt anzugeben. Hiermit ist der Zeitpunkt der vollständigen Leistungserbringung durch den Rechtsanwalt gemeint. Auch wenn der Leistungszeitpunkt ggf. umsatzsteuerrechtlich abweichend zu bestimmen ist, wird für die anwaltliche Vergütung auf die Fälligkeitsregelung des § 8 Abs. 1 RVG abzustellen sein. Hiernach führt die Erledigung des Auftrages oder die Beendigung der Angelegenheit zur Fälligkeit der Vergütung. In gerichtlichen Verfahren tritt die Fälligkeit auch ein, wenn
– eine Kostenentscheidung ergangen ist, oder
– der Rechtszug beendet ist oder
– das Verfahren länger als drei Monate ruht.

Der Rechtsanwalt sollte daher den Leistungszeitpunkt bzw. -zeitraum anhand der Fälligkeit seines Vergütungsanspruchs bestimmen und in seiner Rechnung angeben. Die Angabe des Kalendermonats ist insoweit ausreichend.

f) Rechnungsempfänger

70 Kostenschuldner der Vergütung des Rechtsanwalts – und damit Adressat der Rechnung – ist grundsätzlich immer der Auftraggeber (Mandant). Natürlich gibt es Ausnahmen, z.B. dann, wenn der Rechtsanwalt von der Haftpflichtversicherung beauftragt wird, sie selbst und ihren Versicherungsnehmer zu vertreten. In diesem Fall ist der Haftpflichtversicherer Adressat der Rechnung.

Grundsätzlich ist daher auch dem Mandanten die (auf ihn ausgestellte) Rechnung zu übermitteln, es sei denn, der Mandant wünscht die Übersendung der Rechnung an einen Dritten, z.B. die Rechtsschutzversicherung (Gerold/Schmidt/Müller-Rabe RVG § 10 Rn. 6). Hierbei ist jedoch zu berücksichtigen, dass Rechnungsadressat der Mandant ist oder zumindest ausdrücklich der Empfänger der anwaltlichen Dienstleistung in der Rechnung genannt wird, damit der Dritte nicht unbefugt den Vorsteuerabzug vornehmen kann (A192 Abs. 3 S. 6 UStR zu § 15 UStG). Gleiches gilt für den Fall der Beauftragung des Rechtsanwalts durch Vertreter des Mandanten (z.B. die Eltern, die den Minderjährigen vertreten, oder der Verwalter, der für die Wohnungseigentümergemeinschaft handelt). Kostenschuldner sind in diesen Fällen die Vertretenen. Bei Minderjährigen sollte die Übernahme des Mandates – sofern zulässig – davon abhängig gemacht werden, dass durch die gesetzlichen Vertreter eine persönliche Haftung für die Vergütung des Rechtsanwalts übernommen wird.

g) Pflicht zur Abrechnung

Nach der Neufassung des § 14 Abs. 2 UStG muss der Rechtsanwalt immer dann eine Rechnung erteilen, wenn er seine Leistungen für einen Unternehmer im Zusammenhang mit dessen Unternehmen erbracht hat. Die Rechnung ist in diesem Fall spätestens 6 Monate nach (vollständiger) Erbringung der Leistungen zu erteilen (§ 14 Abs. 2 S. 1 UStG). Ein Verstoß gegen diese Verpflichtung gilt als Ordnungswidrigkeit, die gem. § 26a Abs. 2 UStG mit einer Geldbuße von bis zu 5.000,00 € geahndet werden kann. 71

Die Verpflichtung zur Rechnungsstellung gilt auch, wenn eine Lieferung oder sonstige Leistung im Zusammenhang mit einem Grundstück abgerechnet wird. Der Rechnungsempfänger (Mandant) hat in diesem Fall, auch wenn er kein Unternehmer ist, die Abrechnung für die Dauer von 2 Jahren aufzubewahren. Auf diese Aufbewahrungspflicht hat der Rechnungsaussteller hinzuweisen. Dies gilt jedoch nur für ausgestellte Rechnungen eines Bauunternehmers, nicht jedoch für erbrachte Leistungen des Rechtsanwalts (BMF-Schreiben v. 24. 11. 2004 – IV A 5 – S 7280–21/04/IV A 5 – S 7295–1/04).

Im Vergütungsfestsetzungsverfahren gem. § 11 RVG, im Mahnbescheid und im Falle eines Rechtsstreits über die Rechtsanwaltsgebühren muss der Rechtsanwalt angeben, dass er eine Berechnung seiner Gebühren erstellt und dem Mandanten mitgeteilt hat. Fehlt diese Erklärung z.B. in seiner Klage, wird diese als unschlüssig abgewiesen. Die Berechnung der Gebühren kann zwar bis zur mündlichen Verhandlung nachgeholt werden, birgt jedoch die Gefahr der Kostentragung durch den Rechtsanwalt. 72

Der Mandant, der die Vergütung des Rechtsanwalts bezahlt, eine ordnungsgemäße Abrechnung jedoch nicht erhalten hat, hat einen Anspruch auf Mitteilung der Berechnung, solange der Rechtsanwalt verpflichtet ist, die Handakten aufzubewahren (§ 10 Abs. 3 RVG). Die Aufbewahrungsfrist für Handakten beträgt 5 Jahre nach Beendigung des Auftrages gem. § 50 Abs. 2 BRAO. 73

h) Besonderheit bei Reisekosten des Rechtsanwalts

Die Abrechnung von Reisekosten gegenüber dem Mandanten wirft in der Praxis hinsichtlich des Umsatzsteuerausweises und des Vorsteuerabzugs und der Weitergabe von Belegen immer wieder organisatorische Fragen auf, sodass nachstehend die korrekte Vorgehensweise dargestellt werden soll. 74

Der Rechtsanwalt bucht die von ihm gezahlten Reisekosten als Betriebsausgabe und »zieht« die Umsatzsteuer in der angefallenen Höhe, die Originalbelege bleiben demzufolge auch in seiner Buchhaltung. Bei der Abrechnung an den Mandanten nimmt er die angefallenen Reisekosten netto auf und berechnet hierauf 19 % Umsatzsteuer. Dies gilt auch für Kosten, die vom Rechtsanwalt mit lediglich 7 % enthaltener Umsatzsteuer bezahlt worden sind. 75

▶ **Beispiel 18:** 76

Der Anwalt nimmt einen Termin zur mündlichen Verhandlung in einem Berufungsverfahren vor dem Oberlandesgericht München für seinen Mandanten wahr. Es wird nach durchgeführter mündlicher Verhandlung ein Urteil verkündet, mit dem die Berufung des Gegners zurückgewiesen wurde. Der Gegenstand des Verfahrens wurde vom Gericht auf 28.500,00 € festgesetzt.

Dem Anwalt sind folgende Reisekosten entstanden:
Flug Berlin – München – Berlin gem. Rechnung des Reisebüros brutto 486,00 € MVV München Flughafen – Stachus 8,00 € MVV München Stachus – München Flughafen 8,00 €.
In der Rechnung des Reisebüros sind 19 % Umsatzsteuer, enthalten, den MVV-Belegen liegt der Steuersatz von 7 % zugrunde. Der Rechtsanwalt muss seinem Mandanten folgende Abrechnung erteilen:

Gegenstandswert: 28.500,00 €	
1,6 Verfahrensgebühr, Nr. 3200 VV RVG	1.212,80 €
1,2 Terminsgebühr, Nr. 3202 VV RVG	909,60 €
Postentgeltpauschale, Nr. 7002 VV RVG	20,00 €
Abwesenheitsentgelt, Nr. 7005 Nr. 3 VV RVG	60,00 €
Flug Berlin – München – Berlin netto	408,40 €
MVV-Kosten München gesamt netto	14,95 €
Zwischensumme netto	2.625,75 €
19 % Umsatzsteuer, Nr. 7008 VV RVG	498,89 €
Rechnungsbetrag	**3.124,64 €**

77 Die Reisekosten des Rechtsanwalts (Flugticket und MVV-Kosten) werden zunächst als Betriebsausgabe gebucht. Der Rechtsanwalt kann also die 19 % USt aus der Rechnung des Reisebüros und die 7 % aus den MVV-Belegen als Vorsteuer abziehen. Die Reisetätigkeit des Rechtsanwalts stellt eine Dienstleistung des Rechtsanwalts für seinen Mandanten dar. Daher müssen die Reisekosten dem Mandanten gegenüber mit 19 % versteuert werden. Eine Weitergabe der Originalbelege an den Mandanten kommt schon deswegen nicht in Frage, weil die umsatzsteuerlichen Anforderungen nicht erfüllt wären, da der Rechnungsempfänger mit Namen und Anschrift in der Rechnung angegeben sein muss.

78 Von der Weitergabe der Original-Belege ist schon aufgrund § 379 AO abzuraten.

79 Natürlich können der Abrechnung Kopien der Originalbelege beigefügt werden, damit der Mandant eine Möglichkeit der Überprüfung der Höhe der Kosten hat.

h) Vorsicht bei »steuerfreien Auslagen«

80 Die Weiterberechnung verauslagter Beträge (Gerichtskosten, Kosten für Handelsregister-, Einwohnermeldeamts- oder Gewerbeamtsanfragen) an den Mandanten kann unter Umständen der Umsatzsteuer unterliegen. Das Bayerische Oberste Landesgericht hatte in einer Entscheidung v. 27.10.2004, 3 ZBR 185/04 (MittBayNot 2005, 76) die Frage zu prüfen, ob die Gerichtskosten für eine Einsichtnahme in die elektronischen Grundbücher, die im Auftrag und Interesse des Mandanten erfolgt, dem Mandanten als »verauslagte Kosten« weitergegeben werden dürfen.

81 Nach Bekannt werden der Entscheidung wurden sowohl das BMF als auch das Bundesjustizministerium um Stellungnahme gebeten, ob die verauslagten Gerichtskosten bei der Weitergabe an den Mandanten mit Umsatzsteuer belegt werden müssten. Beide Ministerien bejahten dies unter Hinweis auf die Gebührenschuldnerschaft des Rechtsanwalts. Sofern der Notar oder Rechtsanwalt dem Leistungserbringer die in Rechnung gestellten Beträge schulde, so sei die Weitergabe an den Mandanten kein durchlaufender Posten, sondern eine steuerbare Leistung des Rechtsanwalts. Dies bedeutet, dass bei allen
- Einwohnermeldeamtsanfragen
- Handelsregisterauskünften
- Gewerbeamtsanfragen
- Grundbuchauszügen

unbedingt darauf zu achten ist, dass der jeweilige Gebührenbescheid bzw. die Rechnung den Kostenschuldner ausweist. Es sollte bereits bei der Antragstellung unbedingt angegeben werden, dass Namen und Anschrift des Mandanten, für den die Kosten verauslagt werden, mitgeteilt werden. Ohne diesen Nachweis können als »durchlaufende Posten« sog. Bagatellbeträge und Kosten (Gebühren und Auslagen), die Rechtsanwälte, Notare und Angehörige verwandter Berufe bei Behörden und ähnlichen Stellen für ihre Auftraggeber auslegen, anerkannt werden (vgl. Rau/Dürrwächter/Flick/Geist, Kommentar zum UStG § 3 Anm. 232–237 »Beweislast«).

Bei elektronischen Handelsregisterauskünften besteht die Möglichkeit, dass in dem Eingabefeld zur Eingabe der Aktennummer bzw. des Geschäftszeichens der Zusatz »Kostenschuldner: ……« aufgenommen wird, wenn die Kosten an den Mandanten weitergegeben werden sollen. 82

i) Auslagen

aa) Überblick

Die ihm in Ausübung des ihm übertragenen Mandates entstanden Auslagen kann der Rechtsanwalt von seinem Auftraggeber erstattet verlangen, soweit diese über die allgemeinen Geschäftskosten (z.B. Büromiete, Personalkosten, Kosten für Kopierer, Telefon-, Telefax- und Internetanschluss etc.) hinausgehen (Gerold/Schmidt/Müller-Rabe RVG Vorbem. 7 VV RVG Rn. 5 ff.). 83

bb) Aufwendungen nach § 675 BGB

Zu den zu ersetzenden Auslagen gehören gem. Vorbem. 7 VV RVG neben den in Teil 7 VV RVG aufgezählten besonderen Auslagen auch Aufwendungen, die der Rechtsanwalt über §§ 670, 675 BGB ersetzt verlangen kann (z.B. verauslagte Gerichts-, Gerichtsvollzieher- oder Sachverständigenkosten). 84

cc) Dokumentenpauschale

Der Rechtsanwalt kann unter verschiedenen Voraussetzungen eine »Dokumentenpauschale« (für die Herstellung und Überlassung von Dokumenten) verlangen, Nr. 7000 Nrn. 1a bis d VV RVG. Hierunter fallen auch Durchschriften, zusätzliche Ausdrucke, Fotokopien oder Faxkopien (Gerold/Schmidt RVG Nr. 7000 VV RVG Rn. 6). 85

Unter Nr. 7000 Nr. 1a VV RVG werden Ablichtungen aus Behörden- oder Gerichtsakten erfasst, sofern diese zur Bearbeitung der Angelegenheit erforderlich waren. Der Rechtsanwalt kann für solche Ablichtungen für die ersten 50 Seiten je 0,50 €, für jede weitere Seite 0,15 € abrechnen. Welche Kopien aus Behörden- oder Gerichtsakten zur Bearbeitung sachgemäß erscheint, entscheidet der Rechtsanwalt (Gerold/Schmidt/Müller-Rabe RVG Nr. 7000 VV RVG Rn. 22). 86

Ablichtungen, die »zur Zustellung oder Mitteilung an Gegner oder Beteiligte und Verfahrensbevollmächtigte aufgrund einer Rechtsvorschrift oder nach Aufforderung durch das Gericht, die Behörde oder die sonst das Verfahren führende Stelle« gefertigt wurden, können gem. Nr. 7000 Nr. 1b VV RVG abgerechnet werden, allerdings nur, soweit über 100 Ablichtungen erforderlich waren. Nachdem gem. § 133 ZPO Schriftsätzen die erforderliche Anzahl von Ablichtungen beigefügt werden soll, werden an das Gericht üblicherweise – neben dem Originalschriftsatz nebst Anlagen – je eine beglaubigte Abschrift (nebst Anlagen) und eine einfache Abschrift für jeden Gegner beigefügt. Jede Seite der beglaubigten Abschrift, der dieser beigefügten Anlagen sowie der einfachen Abschrift fällt unter die vorgenannte Vorschrift und sollte daher in der Akte erfasst werden. So 87 kann bei der Abrechnung der Akte überprüft werden, ob die 100 Ablichtungen überschritten und damit alle weiteren Ablichtungen, die die ersten nicht abrechenbaren 100 übersteigen, abgerechnet werden können (Enders RVG für Anfänger Rn. 172; Gerold/Schmidt/Müller-Rabe RVG Nr. 7000 VV RVG Rn. 62).

Ist die Wohnungseigentümergemeinschaft als solche aufgrund ihrer Teilrechtsfähigkeit Partei eines Verfahrens, sind Ablichtungen nur einmal, und zwar für deren Vertreter herzustellen. Nur wenn einzelne Wohnungseigentümer Partei eines Verfahrens sind und nicht durch eine Person vertreten werden, sind Abschriften in der erforderlichen Anzahl beizufügen (Gerold/Schmidt/Müller-Rabe RVG Nr. 7000 Rn. 48).

88 Gemäß Nr. 7000 Ziff. 1c VV RVG kann der Rechtsanwalt die Dokumentenpauschale für die zur notwendigen Unterrichtung des Auftraggebers gefertigten Kopien in Ansatz bringen, jedoch ebenfalls nur, soweit mehr als 100 Ablichtungen gefertigt wurden. Dazu zählen beispielsweise Ablichtungen von

- Schriftsätzen des Rechtsanwalts,
- gegnerischen Schriftsätzen (wenn diese nicht in ausreichender Anzahl zur Verfügung gestellt wurden) und deren Anlagen,
- dem wesentlichen Schriftwechsel mit der Gegenseite.

89 Werden vom Rechtsanwalt im Einverständnis mit dem Auftraggeber zusätzliche Kopien gefertigt (z.B. zur Unterrichtung eines Dritten wie der Rechtsschutzversicherung, des Steuerberaters, des Sachverständigen, Haftpflichtversicherung etc.), so kann der Rechtsanwalt gem. Nr. 7000 Nr. 1d VV RVG hierfür auch die Dokumentenpauschale in Ansatz bringen, anders als bei Nr. 7000 Nr. 1b und c VV RVG kann die Dokumentenpauschale jedoch in diesen Fällen bereits ab der 1. Kopie berechnet werden. Erstattungsfähig wird diese i.d.R. nicht sein.

90 Eine Pauschale gem. Nr. 7000 Nr. 2 VV RVG fällt an, wenn der Rechtsanwalt dem Mandanten auf dessen Wunsch ihm oder einem Dritten zusätzliche Ablichtungen in elektronischer Form überlässt. Die Pauschale beträgt 2,50 € pro Datei, die dann in Ansatz gebracht werden kann, wenn anstelle der Datei sonst Ablichtungen übersandt worden wären und hierfür eine Dokumentenpauschale gem. Nr. 7000 Nr. 1d VV RVG hätte in Ansatz gebracht werden können. Das Speichermedium (Diskette, CD-Rom, Festplatte usw.) und die Dateiart (*.jpg, *.tif, *.doc, *.pdf usw.) spielen dabei keine Rolle. Auch die einer E-Mail angehängte Datei kann unter die Pauschale fallen, wobei hier zu berücksichtigen ist, dass die Pauschale nur für jede der E-Mail angehängte Datei, nicht jedoch für die E-Mail selbst berechnet werden kann. Bei mehreren in einer ZIP-Datei »gepackten« Dateien handelt es sich jedoch um eine Datei, für die auch nur einmal die Pauschale in Ansatz gebracht werden kann (Enders JurBüro 2005, 396 m.w.N.). Wünscht der Mandant also, dass ihm beispielsweise Schriftsatzentwürfe zunächst vorab als E-Mail-Anhang übersandt werden, damit er Änderungs- oder Ergänzungswünsche einarbeiten und an den Rechtsanwalt zurückleiten kann, fällt hierfür die Pauschale in Höhe von 2,50 € pro Datei an (Enders a.a.O.).

Muster Handaktenbogen Fotokopien 91

Datum	Text	Kopien von Behörden- oder Gerichtsakten	beglaubigte Abschrift des Schriftsatzes nebst Anlagen, einfache Abschrift	Kopien für Mandant	Kopien für Dritte auf Wunsch des Mandanten	Elektronisches Dokument
Gesamt						
			hiervon über 100	hiervon über 100		
abzurechnen						

dd) Entgelte für Post- und Telekommunikationsdienstleistungen

Nach Nrn. 7001, 7002 VV RVG kann der Rechtsanwalt die ihm bei der Bearbeitung 92 eines Mandats entstehenden Porti und Telekommunikationsentgelte seinem Mandanten weiterbelasten. Hiervon ausgenommen sind die allgemeinen Geschäftskosten (z.B. Anschluss- oder Grundgebühren für Telefon, Telefax und Internet). Bei der Berechnung dieser Auslagen hat der Rechtsanwalt die Wahl. Er kann entweder die tatsächlich angefallenen Kosten gem. Nr. 7001 VV RVG (Einzelberechnung) oder die Pauschale der Nr. 7002 VV RVG (Postentgeltpauschale) in Ansatz bringen. Bei der Einzelberechnung sollte der Rechtsanwalt in der Lage sein, die Kosten nachzuweisen, wenn deren Höhe vom Auftraggeber bestritten wird. Bei der pauschalen Berechnung gem. Nr. 7002 VV RVG werden für Post- und Telekommunikationsdienstleistungen 20 % der gesetzlichen Gebühren berechnet, höchstens jedoch 20,00 €. Die Pauschale entsteht in jeder Angelegenheit, in gerichtlichen Verfahren in jedem Rechtszug. Hierbei wird nur der Betrag der Nettogebühren (ohne Auslagen) zugrunde gelegt.

93 ▶ **Beispiel 19:**

In einem gerichtlichen Verfahren sind folgende Gebühren und Auslagen entstanden:

<u>Gegenstandswert: 2.000,00 €</u>	
1,3 Verfahrensgebühr, Nr. 3100 VV RVG	172,90 €
1,2 Terminsgebühr, Nr. 3104 VV RVG	159,60 €
Dokumentenpauschale für 25 Fotokopien, Nr. 7000 Nr. 1b VV RVG	12,50 €

Die Postentgeltpauschale gem. Nr. 7002 VV RVG errechnet sich in Höhe von 20 % aus den Nettogebühren von 332,50 € (172,90 + 159,60) = 66,50 €, wobei die Dokumentenpauschale bei der Berechnung außer Betracht bleibt. Allerdings kann der Rechtsanwalt hier nur den Maximalbetrag in Höhe von 20,00 € in Ansatz bringen, da die Postentgeltpauschale auf 20,00 € maximal begrenzt ist.

94 Bei der pauschalen Berechnungsmethode muss ein Nachweis über die entstandenen Auslagen nicht geführt werden. Allerdings müssen Auslagen auch tatsächlich entstanden sein. Für eine ausschließlich mündliche Beratung können die vorgenannten Auslagen nicht entstehen.

95 Auch die Übersendung der Rechnung allein reicht nicht aus (Anm. zu Nr. 7001 VV RVG).

96 Grundsätzlich sollten alle Auslagen (Telefon, Telefax, Porti) zur Akte erfasst werden, damit eine Vergleichsrechnung vorgenommen werden und der Rechtsanwalt die für ihn günstigere Methode zur Abrechnung der Auslagen (pauschal oder einzeln) wählen kann.

ee) Reisekosten

97 Sofern der Rechtsanwalt für seinen Mandanten Geschäftsreisen unternimmt, kann er seine Aufwendungen von diesem ersetzt verlangen – entsprechender Auftrag des Mandanten vorausgesetzt. Eine Geschäftsreise liegt vor, wenn das Reiseziel des Rechtsanwalts »außerhalb der Gemeinde liegt, in der sich die Kanzlei oder die Wohnung des Rechtsanwalts befindet« (Vorbem. 7 Abs. 2 VV RVG), und zwar unabhängig davon, wie lang die Fahrtstrecke ist (Hansens/Braun/Schneider Praxis des Vergütungsrechts Teil 19 Rn. 69). Werden von einem Rechtsanwalt in einer größeren Stadt, wie beispielsweise München oder Berlin, öffentliche Verkehrsmittel benutzt, um einen Termin wahrzunehmen, schließt dies die Berechnung von Reisekosten aus (LG Berlin JurBüro 1980, 1078). Zu den Reisekosten des Rechtsanwalts gehören
– die Fahrtkosten (Nrn. 7003 und 7004 VV RVG),
– das Tage- und Abwesenheitsgeld und (Nr. 7005 VV RVG),
– die sonstigen Kosten (Nr. 7006 VV RVG).

98 Benutzt der Rechtsanwalt bei einer Geschäftsreise sein eigenes Fahrzeug (z.B. PKW, Motorrad, Moped, Mofa), kann er für jeden gefahrenen Kilometer die Pauschale der Nr. 7003 VV RVG in Höhe von 0,30 € abrechnen. Wie sich aus der Anm. zu Nr. 7003 VV RVG ergibt, sind mit der Pauschale auch alle übrigen Kosten, wie Anschaffungs-, Unterhaltungs- und Betriebskosten sowie die Abnutzung des Fahrzeugs abgegolten.

99 Reist der Rechtsanwalt mit anderen Verkehrsmitteln (Bahn, Taxi, Flugzeug), sind die ihm entstandenen Kosten in voller Höhe vom Auftraggeber zu erstatten, sofern diese angemessen sind. Der Rechtsanwalt sollte daher grundsätzlich das Beförderungsmittel wählen, das unter Einbeziehung des Tage- und Abwesenheitsgeldes und eventueller Übernachtungskosten das günstigste ist.

Zusätzlich erhält der Rechtsanwalt bei Geschäftsreisen ein Tage- und Abwesenheitsgeld gem. Nr. 7005 VV RVG, das nach Dauer der Abwesenheit gestaffelt wird. Hierbei ist die Zeit vom Verlassen der Kanzlei bis zur Rückkehr in die Kanzlei maßgeblich. Es beträgt bei einer Abwesenheit von **100**
- bis zu vier Stunden 20,00 €
- vier bis acht Stunden 35,00 €
- mehr als acht Stunden 60,00 €.

Ist der Rechtsanwalt im Ausland unterwegs, wird gem. Anm. zu Nr. 7005 VV RVG ein Zuschlag von 50 % erhoben, sodass sich das Abwesenheitsgeld wie folgt erhöht: **101**
- bis zu vier Stunden 30,00 €
- vier bis acht Stunden 52,50 €
- mehr als acht Stunden 90,00 €.

Mit dem Tage- und Abwesenheitsgeld soll der Rechtsanwalt sowohl für den Mehraufwand, der durch eine Geschäftsreise entsteht, als auch dafür entschädigt werden, dass er sonstige Geschäfte wegen der Geschäftsreise nicht ausüben kann (Gerold/Schmidt/Müller-Rabe RVG Nrn. 7005–7007 VV RVG Rn. 1). **102**

Zu den sonstigen Aufwendungen anlässlich einer Geschäftsreise i.S.d. Nr. 7006 VV RVG gehören vor allem die Übernachtungskosten des Rechtsanwalts. Diese kann er in voller Höhe vom Auftraggeber erstattet verlangen, sofern sie angefallen und angemessen sind. Hier ist jedoch zu prüfen, ob dem Rechtsanwalt die Rückreise am gleichen Tag zugemutet werden kann, wovon bei einer Reisezeit, die zwischen 6.00 Uhr und 22.00 Uhr liegt, ausgegangen werden kann (Hansens/Braun/Schneider Praxis des Vergütungsrechts Teil 19 Rn. 94; Göttlich/Mümmler (fortgef. von Rehberg/Xanke) RVG »Reisekosten des Rechtsanwalts« S. 818/819). In diesem Fall können Übernachtungskosten nicht in Ansatz gebracht werden. Gleiches gilt, wenn der Rechtsanwalt bei Freunden oder Verwandten übernachtet. Zu den Übernachtungskosten zählen die Hotelkosten (auch übliche Trinkgelder), nicht jedoch die Kosten für das Frühstück. Die hierfür entstandenen Kosten sind mit dem Tage- und Abwesenheitsgeld abgegolten (Göttlich/Mümmler (fortgef. von Rehberg/Xanke) RVG »Reisekosten des Rechtsanwalt« S. 819). **103**

Hält der Rechtsanwalt diese »pauschalen Entschädigungen« für nicht ausreichend, bleibt ihm die Möglichkeit, mit dem Auftraggeber eine gesonderte Vergütungsvereinbarung bezüglich der Reisekosten zu schließen. **104**

ff) Haftpflichtversicherungsprämie

Darüber hinaus kann der Anwalt die im Einzelfall gezahlte Prämie einer Haftpflichtversicherung für Vermögensschäden auf den Auftraggeber umlegen, soweit die Prämie auf Haftungsbeträge von mehr als 30 Mio. € entfällt. Die Prämie bis zu einem Haftungsrisiko von 30 Mio. € ist nach Vorbem. 7 Abs. 1 VV durch die allgemeinen Geschäftskosten abgedeckt (zur Berechnung s. AnwK-RVG/*N. Schneider* Nr. 7007 Rn. 16 ff.). **105**

gg) Umsatzsteuer

Der Rechtsanwalt gilt i.S.d. Umsatzsteuergesetzes als Unternehmer (§ 2 UStG), daher ist er grundsätzlich verpflichtet, die Umsatzsteuer auf seine Vergütung (§§ 1, 3a Abs. 4 Nr. 3 UStG) zu berechnen. Die Umsätze des Rechtsanwalts unterliegen dem vollen Steuersatz (§ 12 Abs. 1 UStG) von derzeit 19 %. Etwas anderes gilt für Einkünfte, die der Rechtsanwalt für Leistungen erhält, die dem UrhG unterliegen. Für solche Leistungen fällt gem. § 12 Abs. 2 Ziff. 7c UStG der ermäßigte Steuersatz von derzeit 7 % an (Gerold/Schmidt/Müller-Rabe RVG Nr. 7008 VV RVG Rn. 10; Hansens/Braun/Schneider Praxis des Ver- **106** gütungsrechts Teil 19 Rn. 141). Die auf die Vergütung entfallende Umsatzsteuer darf der Rechtsanwalt gem. Nr. 7008 VV RVG seinem Mandanten weiterbelasten. Dies gilt sowohl für die gesetzliche als auch die vereinbarte Vergütung. Der Umsatzsteuer unterliegen neben den Gebühren auch die Auslagen (Dokumenten- und Postentgeltpauschale, Reisekosten, Übernachtungskosten etc).

Nur wenn der Rechtsanwalt von der Umsatzsteuer gem. § 19 Abs. 1 UStG befreit ist oder der Mandant (der Unternehmer ist) seinen Sitz im Ausland hat (bei Privatpersonen: Sitz außerhalb der EU), wird keine Umsatzsteuer erhoben. Da jedoch gem. § 14 Abs. 4 S. 1 Nr. 8 UStG in der Rechnung der Steuersatz sowie der auf das Entgelt entfallende Steuerbetrag oder im Fall der Steuerbefreiung ein Hinweis auf die Steuerbefreiung anzubringen ist, sollte in den Fällen der Steuerbefreiung ein entsprechender Zusatz wie »Steuerbefreiung gem. § 19 Abs. 1 UStG« aufgenommen werden.

Wird der Rechtsanwalt in einer eigenen Angelegenheit tätig (z.B. Honorarklage), unterliegt diese Tätigkeit nicht der Umsatzsteuerpflicht (Gerold/Schmidt/Müller-Rabe RVG Nr. 7008 VV RVG Rn. 12).

II. Außergerichtliche Tätigkeit

1. Abgrenzung Beratung/Vertretung

107 Der Auftrag zur außergerichtlichen Tätigkeit des Rechtsanwalts kann auf Beratung oder Vertretung des Mandanten lauten. Oft ist der vom Mandanten erteilte Auftrag nicht klar gefasst, sodass die Abgrenzung zwischen einer beratenden Tätigkeit, für deren Abrechnung eine Gebührenvereinbarung zu treffen wäre, und einer, die eine Geschäftsgebühr nach Nr. 2300 VV RVG auslöst, Schwierigkeiten bereiten kann. Zwar kann man davon ausgehen, dass eine Geschäftsgebühr nach Nr. 2300 VV RVG immer dann entsteht, wenn der Rechtsanwalt nach außen hin tätig geworden ist, andererseits kann hieraus nicht im Umkehrschluss abgeleitet werden, dass sich immer dann der Abschluss einer Gebührenvereinbarung empfiehlt, wenn der Rechtsanwalt nicht nach außen hin tätig wird. So regelt Vorbem. 2.3 Abs. 3 VV RVG, dass die Geschäftsgebühr für die Mitwirkung bei der Gestaltung eines Vertrages entsteht. Entwirft also der Rechtsanwalt für seinen Mandanten einen Mietvertrag, entsteht hierfür eine Geschäftsgebühr der Nr. 2300 VV RVG (Hartmann, KostG, RVG VV 2300 Rn. 12). Prüft der Rechtsanwalt einen vom Mandanten oder einem Dritten entworfenen Vertrag, ist der Rechtsanwalt beratend tätig. Diese Tätigkeit wäre gem. § 34 RVG mittels Gebührenvereinbarung abzurechnen. Anders verhält es sich, wenn der Rechtsanwalt zusätzlich auch beauftragt wird, Änderungsvorschläge oder Ergänzungen zum Vertragsentwurf zu entwerfen. Dann liegt wiederum eine Tätigkeit vor, die mit der Geschäftsgebühr gem. Nr. 2300 VV RVG abgegolten wird (Gerold/Schmidt/Müller-Rabe RVG VV 2300 Rn. 13).

108 Zur Prüfung, ob der Rechtsanwalt beratend tätig oder ob für seine Tätigkeit eine Geschäftsgebühr angefallen ist, kann folgende Überlegung helfen:

»Bei einem Rat gibt der Rechtsanwalt punktuell eine Empfehlung, damit der Mandant oder ein Dritter die Angelegenheit selbst löst. Bei einer Tätigkeit i.S.d. Nr. 2300 VV RVG übernimmt der Anwalt Schritte zur Lösung des Problems für den Auftraggeber.«

2. Beratung

Die Gebühren des Anwalts für Beratungstätigkeiten finden sich in § 34 RVG. Daneben sind die allgemeinen Gebührenvorschriften nach Teil 1 VV RVG (Einigungsgebühr) ebenso anwendbar wie die Auslagentatbestände nach Teil 7 VV RVG. 109

Nach § 34 Abs. 1 S. 1 RVG soll der Anwalt für Beratungstätigkeiten mit seinem Auftraggeber eine Gebührenvereinbarung treffen. Es heißt an dieser Stelle zu Recht »Gebühren«-Vereinbarung und nicht »Vergütungs«-Vereinbarung, da nur die Gebühren für die Beratung entfallen sind. In welcher Art der Anwalt seine Gebührenvereinbarung trifft, bleibt ihm unbenommen. Üblich sind Pauschalen oder Zeithonorare. 110

Hat der Anwalt mit seinem Auftraggeber keine Gebührenvereinbarung getroffen, so gilt § 34 Abs. 1 S. 2 RVG. Der Anwalt erhält eine Vergütung nach den Vorschriften des bürgerlichen Rechts. Einschlägig ist in diesem Fall § 612 Abs. 2 BGB. Der Anwalt erhält also eine angemessene (ortsübliche) Vergütung. 111

Zu beachten ist, dass die BGB-Vergütung begrenzt ist, wenn der Anwalt einen Verbraucher berät. Der Begriff des Verbrauchers bestimmt sich nach § 13 BGB. 112

- Berät der Anwalt einen Verbraucher i.S.d. § 13 BGB, ist eine absolute Höchstgrenze von 250,00 € vorgesehen (§ 34 Abs. 1 S. 3, 1. Teils. RVG). Analog Nr. 1008 VV RVG wird man diese Höchstgrenze allerdings bei mehreren Auftraggebern um jeweils 30 %, also um 75,00 €, maximal um 200 %, also 500,00 €, anheben müssen.
- Im Falle eines ersten Beratungsgesprächs ist die Vergütung nach bürgerlichem Recht darüber hinaus sogar auf 190,00 € beschränkt, wenn der Auftraggeber Verbraucher ist (§ 34 Abs. 1, S. 3, 3. Teils. RVG). Auch hier besteht die Möglichkeit der Erhöhung bei Beratung mehrerer Auftraggeber.

Unter einem ersten Beratungsgespräch versteht man eine erste überschlägige »Einstiegsberatung«, eine pauschale überschlägige Information des Auftraggebers, die es ihm ermöglicht, sich einen ersten Überblick über die Rechtslage zu verschaffen, aufgrund dessen er dann beurteilen kann, ob er dem Anwalt ein weitergehendes Mandat erteilt oder nicht. Die Begrenzung greift grundsätzlich nicht ein, wenn es zu einem zweiten oder gar weiteren Beratungstermin kommt oder wenn (auch) schriftlich beraten wird. 113

▶ **Beispiel 20:** 114

Der Anwalt hatte den Auftraggeber, einen Verbraucher, beraten. Gegenstand war nur ein erstes Beratungsgespräch. Eine Gebührenvereinbarung ist nicht getroffen worden. Es können maximal 190,00 € abgerechnet werden. Eine Postentgeltpauschale dürfte bei bloßer mündlicher Beratung nicht angefallen sein.

Beratungsgebühr, § 34 Abs. 1 S. 2 RVG, § 612 BGB	190,00 €
Zwischensumme	190,00 €
19 % Umsatzsteuer, Nr. 7008 VV RVG	36,10 €
Gesamt	**226,10 €**

Unabhängig davon, ob der Anwalt mit dem Auftraggeber eine Gebührenvereinbarung getroffen hat oder ob sich die Vergütung für die Beratung nach bürgerlichem Recht richtet, ist die Gebühr, die der Anwalt für die Beratung erhält, nach § 34 Abs. 2 RVG auf die Gebühr einer nachfolgenden Tätigkeit anzurechnen. Diese Vorschrift ist allerdings dispositives Recht. Der Anwalt kann (und sollte) Abweichendes vereinbaren und die Anrechnung ganz oder teilweise ausschließen. Versäumt er den Ausschluss, gehen sämtliche Gebühren für die Beratung letztlich in der Gebühr der nachfolgenden Tätigkeit (außergerichtliche Vertretung, Vertretung im Rechtsstreit o.Ä.) auf. 115

116 ▶ **Beispiel 21:**

Der Mandant hatte sich vom Anwalt wegen einer Kündigung beraten lassen. Die Parteien hatten für die Beratung eine pauschale Gebühr i.H.v. 400,00 € zuzüglich Auslagen und Umsatzsteuer vereinbart. Nachdem Räumung erhoben wurde, beauftragte der Mandant den Anwalt, ihn im gerichtlichen Verfahren zu vertreten (Wert: 6.000,00 €).
Da nichts Abweichendes vereinbart worden ist, wird die Beratungsgebühr in voller Höhe auf die Vergütung im Rechtsstreit angerechnet.

Beratung	
Beratungsgebühr	400,00 €
Postentgeltpauschale, Nr. 7002 VV RVG	20,00 €
Zwischensumme	420,00 €
19 % Umsatzsteuer, Nr. 7008 VV RVG	79,80 €
Gesamt	499,80 €
Gerichtliche Vertretung	
1,3-Verfahrensgebühr, Nr. 3100 VV RVG (Wert: 6.000,00 €)	439,40 €
gem. § 34 Abs. 2 RVG anzurechnen	–400,00 €
1,2-Terminsgebühr, Nr. 3104 VV RVG (Wert: 6.000,00 €)	405,60 €
Postentgeltpauschale, Nr. 7002 VV RVG	20,00 €
Zwischensumme	465,00 €
19 % Umsatzsteuer, Nr. 7008 VV RVG	88,35 €
Gesamt	**553,35 €**

3. Außergerichtliche Vertretung

a) Überblick

117 Die Vergütung für die außergerichtliche Vertretungstätigkeit des Rechtsanwalts findet sich in Teil 2 Abschnitt 3 VV RVG, den Nrn. 2300 ff. VV RVG. Der Anwalt erhält für sämtliche in einer Angelegenheit anfallenden außergerichtlichen Tätigkeiten eine Geschäftsgebühr. Sie gilt für das Betreiben des Geschäfts einschließlich der Information und der Teilnahme an Besprechungen sowie das Mitwirken bei der Gestaltung eines Vertrages (Vorbem. 2.3 Abs. 3 VV RVG). Eine Besprechungs- und Beweisaufnahmegebühr, wie nach BRAGO (§ 118 Abs. 1 Nr. 2 und 3 BRAGO), gibt es nach dem RVG nicht mehr.

118 Neben der Geschäftsgebühr kann keine Terminsgebühr nach Nr. 3104 VV RVG anfallen (AG Altenkirchen AGS 2007, 557 = NJW-Spezial 2007, 556). Auch wenn Vorbem. 3 Abs. 3, 3. Var. VV RVG dazu verleitet, eine außergerichtliche Besprechung zur Vermeidung eines möglichen Rechtsstreits zum Anlass für eine Terminsgebühr zu nehmen, ist dies nicht möglich, weil die Gebühren nach Teil 3 VV RVG einen gerichtlichen Verfahrensauftrag voraussetzen (BGH AGS 2007, 166 = FamRZ 2007, 721 = AnwBl 2007, 381). Liegt aber ein gerichtlicher Verfahrensauftrag vor, so ist Teil 2 VV RVG gar nicht mehr anwendbar, so dass die Kombination Geschäftsgebühr und Terminsgebühr unmöglich ist.

b) Geschäftsgebühr

aa) Überblick

119 Die Geschäftsgebühr gem. Nr. 2300 VV RVG entsteht für das »Betreiben eines Geschäfts oder Mitwirken bei der Gestaltung eines Vertrages«. Bei der Geschäftsgebühr handelt es sich um eine Rahmengebühr, d.h. der Rechtsanwalt bestimmt die Gebühr nach billigem

Ermessen unter Berücksichtigung aller Umstände, insbesondere der in § 14 RVG benannten Kriterien innerhalb des Rahmens von 0,5 bis 2,5. Die Mittelgebühr beträgt 1,5.

Die Höhe des Gebührensatzes erfährt nach der Anm. zu 2300 VV RVG eine Einschränkung, wonach eine Gebühr von mehr als 1,3 nur gefordert werden kann, wenn die Tätigkeit des Rechtsanwalts umfangreich oder schwierig war. 120

Mit der Geschäftsgebühr wird die gesamte außergerichtliche Tätigkeit des Rechtsanwalts abgegolten. 121

▶ **Beispiel 22:** 122

Der Rechtsanwalt wird von seinem Mandanten beauftragt, Hausgeldrückstände in Höhe von 7900,00 € außergerichtlich geltend zu machen. Nach der Besprechung mit dem Mandanten fertigt der Rechtsanwalt ein außergerichtliches Aufforderungsschreiben, auf welches die Gegenseite Zahlung leistet. Die Angelegenheit ist weder umfangreich noch schwierig. Der Rechtsanwalt kann folgende Gebühren und Auslagen abrechnen:

Gegenstandswert: 7.900,00 €	
1,3 Geschäftsgebühr, Nr. 2300 VV RVG	535,60 €
Postentgeltpauschale, Nr. 7002 VV RVG	20,00 €
Zwischensumme netto	555,60 €
19 % Umsatzsteuer, Nr. 7008 VV RVG	105,56 €
Summe	**661,16 €**

In Wohnungseigentumssachen wird die Schwellengebühr von 1,3 nur ausnahmsweise in Betracht kommen. Die Tätigkeit des Rechtsanwalts, der z.B. im Rahmen von Beitreibungsangelegenheiten Wirtschaftsplan und Jahresabrechnung einer Überprüfung unterziehen muss, ist bereits als umfangreich und schwierig einzustufen (Riecke/Schmid WEG § 47 Rn. 2).

bb) Mitwirken an Mietverträgen und Mietaufhebungsverträgen

Die Geschäftsgebühr entsteht auch für die Mitwirkung beim Abschluss von Mietverträgen oder Mietaufhebungsverträgen. 123

▶ **Beispiel 23:** 124

Der Rechtsanwalt wird mit dem Entwurf eines Mietvertrages auf unbestimmte Dauer beauftragt. Die monatliche Miete beträgt 650,00 €, außerdem sind 100,00 € monatliche Nebenkostenvorauszahlungen zu leisten, über die jährlich abgerechnet wird. Der Rechtsanwalt entwirft den Mietvertrag und rechnet nach Fertigstellung seine Gebühren und Auslagen ab. Die Angelegenheit war weder umfangreich noch schwierig.

Gegenstandswert: 27.000,00 € (dreifacher Jahreswert der Miete, einschließlich aller Leistungen des Mieters, § 23 Abs. 3 S. 1 RVG i.V.m. § 25 Abs. 1 S. 2 KostO)	
1,3 Geschäftsgebühr, Nr. 2300 VV RVG	985,40 €
Postentgeltpauschale, Nr. 7002 VV RVG	20,00 €
Summe	1.005,40 €
19 % Umsatzsteuer, Nr. 7008 VV RVG	191,03 €
Summe	**1.196,43 €**

125 ▶ **Beispiel 24:**

Der Rechtsanwalt wird mit dem Entwurf eines Mietvertrages auf bestimmte Dauer beauftragt. Die Laufzeit des Vertrags soll 5 Jahre betragen, der Vertrag soll für den Fall des Zahlungsverzugs mit drei Monatsmieten ohne Einhaltung einer Kündigungsfrist kündbar sein. Die monatliche Miete beträgt 500,00 €, außerdem sind 60,00 € monatliche Nebenkostenvorauszahlungen zu leisten, über die jährlich abgerechnet wird. Der Rechtsanwalt entwirft den Mietvertrag und rechnet nach Fertigstellung seine Gebühren und Auslagen ab. Die Angelegenheit war weder umfangreich noch schwierig.

Gegenstandswert: 33.600,00 €	
(fünffacher Jahreswert der Miete, einschließlich aller Leistungen des Mieters, § 23 Abs. 3 S. 1 RVG i.V.m. § 25 Abs. 1 S. 1 KostO)	
1,3 Geschäftsgebühr, Nr. 2300 VV RVG	1.079,00 €
Postentgeltpauschale, Nr. 7002 VV RVG	20,00 €
Summe	1.099,00 €
19 % Umsatzsteuer, Nr. 7008 VV RVG	208,81 €
Summe	**1.307,81 €**

126 ▶ **Beispiel 25:**

Der Rechtsanwalt wird mit der außergerichtlichen Vertretung in einer mietrechtlichen Angelegenheit beauftragt. Gegenstand der Beauftragung ist das zwischen dem Mandanten und dessen Mieter bestehende Mietverhältnis, das auf die Dauer von 3 Jahren geschlossen wurde und dessen vorzeitige Beendigung der Mandant gerne herbeiführen möchte. Die Restlaufzeit des Mietverhältnisses beträgt zum Zeitpunkt der Beauftragung des Rechtsanwalts noch 2 Jahre. Die monatliche Miete beträgt 850,00 €, außerdem sind 150,00 € monatliche Nebenkostenvorauszahlungen zu leisten, über die jährlich abgerechnet wird. Nach umfangreichen Besprechungen mit dem Mieter unterzeichnet dieser schließlich einen Aufhebungsvertrag.
Auch in diesem Fall entsteht eine Geschäftsgebühr. Eine Einigungsgebühr ist nicht angefallen, da kein Streit und keine Ungewissheit bestand.
Der Rechtsanwalt rechnet folgende Gebühren und Auslagen ab:

Gegenstandswert: 24.000,00 €	
(850,00 € + 150,00 € = 1.000,00 € x 24 Monate = 24.000,00 €) § 23 Abs. 1 S. 3 RVG i.V.m. § 25 Abs. 1 S. 1 KostO	
1,5 Geschäftsgebühr, Nr. 2300 VV RVG	1.029,00 €
Postentgeltpauschale, Nr. 7002 VV RVG	20,00 €
Zwischensumme	2.078,00 €
19 % Umsatzsteuer, Nr. 7008 VV RVG	394,82 €
Summe	**2.472,82 €**

Anm.: Die Geschäftsgebühr wurde mit 1,5 in Ansatz gebracht, da die Angelegenheit wegen der Besprechungen mit dem Mieter umfangreich war.

Hätte ein Streit über das Bestehen des Mietverhältnisses bestanden, dann wäre auch eine Einigungsgebühr angefallen; allerdings wäre dann auch nur nach dem Jahreswert (§ 41 GKG) abzurechnen gewesen.

cc) Mieterhöhungsverlangen

127 Wird der Rechtsanwalt damit beauftragt, dem Mieter gegenüber ein Mieterhöhungsverlangen geltend zu machen, wird diese Tätigkeit ebenfalls mit der Geschäftsgebühr der Nr. 2300 VV RVG abgegolten.

▶ **Beispiel 26:**

Der Rechtsanwalt fordert im Auftrag seines Mandanten dessen Mieter zur Zustimmung einer Mieterhöhung von 550,00 € auf 580,00 € auf. Die Angelegenheit ist weder umfangreich noch schwierig. Der Rechtsanwalt rechnet folgende Gebühren und Auslagen ab:

Gegenstandswert: 360,00 €	
(30,00 € x 12 = 360,00 €, § 23 Abs. 1 S. 3 RVG i.V.m. § 41 Abs. 5 GKG)	
1,3 Verfahrensgebühr, Nr. 3100 VV RVG	58,50 €
Postentgeltpauschale, Nr. 7002 VV RVG	11,70 €
Zwischensumme	70,20 €
19 % Umsatzsteuer, Nr. 7008 VV RVG	13,34 €
Summe	**83,54 €**

dd) Kündigungsschreiben

Wird der Rechtsanwalt mit der außergerichtlichen Kündigung des Mietverhältnisses beauftragt, richtet sich seine Vergütung ebenfalls nach Nr. 2300 VV RVG. Der Gegenstandswert bemisst sich gem. § 23 Abs. 1 RVG i.V.m. § 41 Abs. 2 GKG nach dem Jahresmietwert (BGH JurBüro 2007, 358 = AGS 2007, 289 = NZM 2007, 396 = WuM 2007, 330 = NJW 2007, 2050 = ZMR 2007, 521 = BGHReport 2007, 737 = MDR 2007, 982 = DWW 2007, 214 = RVGreport 2007, 220 = Info M 2007, 142 = MietRB 2007, 172 = MietRB 2007, 172 = NJW-Spezial 2007, 339 = Rpfleger 2007, 509). 128

▶ **Beispiel 27:**

Der Rechtsanwalt wird von seinem Mandanten mit der außergerichtlichen fristgemäßen Kündigung eines Mietvertrages beauftragt. Die monatliche Miete beträgt 550,00 €, außerdem ist eine nicht abzurechnende Nebenkostenpauschale in Höhe von 75,00 € monatlich vereinbart. Die Sache ist nicht umfangreich und nicht schwierig.
Der Rechtsanwalt kann folgende Gebühren beanspruchen:

Gegenstandswert: 7.500,00 €	
(550,00 € + 75,00 € = 625,00 € x 12 = 7.500,00 € gemäß § 23 Abs. 3 RVG i.V.m. § 41 Abs. 2 GKG)	
1,3 Geschäftsgebühr, Nr. 2300 VV RVG	535,60 €
Postentgeltpauschale, Nr. 7002 VV RVG	20,00 €
Zwischensumme:	555,60 €
19 % Umsatzsteuer, Nr. 7008 VV RVG	105,56 €
Summe	**661,16 €**

In der vorgenannten Entscheidung hat der BGH weiter entschieden, dass eine Kündigung und das sich anschließende Räumungsverfahren denselben Gegenstand betreffen. Daher ist eine im Kündigungsverfahren entstandene Geschäftsgebühr auf die im nachfolgenden Räumungsverfahren anfallende Verfahrensgebühr anzurechnen. 129

c) Anrechnung der Geschäftsgebühr

Die Geschäftsgebühr ist zur Hälfte, maximal mit 0,75 auf eine Verfahrensgebühr für ein anschließendes gerichtliches Verfahren anzurechnen (Vorbem. 3 Abs. 4 VV RVG). 130

131 ▶ **Beispiel 28:**

Der Anwalt macht außergerichtlich eine Forderung in Höhe von 7.900,00 € geltend. Da der Gegner nicht zahlt, wird Klage erhoben. Ausgehend von einer weder umfangreichen noch schwierigen Tätigkeit ist eine 1,3-Geschäftsgebühr angefallen, die zur Hälfte auf die 1,3 Verfahrensgebühr der Nr. 3100 VV RVG anzurechnen ist.

Gegenstandswert: 7.900,00 €	
Außergerichtliche Vertretung	
1,3 Geschäftsgebühr, Nr. 2300 VV RVG	535,60 €
Postentgeltpauschale, Nr. 7002 VV RVG	20,00 €
Zwischensumme netto	555,60 €
19 % Umsatzsteuer, Nr. 7008 VV RVG	105,56 €
Summe	661,16 €
Rechtsstreit	
1,3 Verfahrensgebühr, Nr. 3100 VV RVG	535,60 €
Postentgeltpauschale, Nr. 7002 VV RVG	20,00 €
abzgl. 0,65 Geschäftsgebühr, Vorbem. 3 Abs. 4 VV RVG	– 267,80 €
Zwischensumme netto	287,80 €
19 % Umsatzsteuer, Nr. 7008 VV RVG	54,68 €
Summe	**342,48 €**

132 Die Anrechnung ist gem. § 15 Abs. 5 S. 2 RVG nicht mehr vorzunehmen, wenn zwischen der Erledigung des Auftrags und dem weiteren Tätigwerden mehr als zwei Kalenderjahre liegen (Rdn. 12).

133 Die Anrechnung der Geschäftsgebühr erfolgt nur aus dem Wert, der in das gerichtliche Verfahren übergegangen ist (Vorbem. 3 Abs. 4 S. 3 VV RVG).

134 ▶ **Beispiel 29:**

Der Rechtsanwalt hat für seinen Mandanten auftragsgemäß Mietrückstände in Höhe von 7.800,00 € außergerichtlich geltend gemacht. Die Gegenseite hat daraufhin einen Teilbetrag in Höhe von 3.500,00 € bezahlt. Für seine außergerichtliche Tätigkeit hat der Rechtsanwalt folgende Gebühren und Auslagen abgerechnet und vom Mandanten bereits erhalten:

Gegenstandswert: 7.800,00 €	
1,3 Geschäftsgebühr, Nr. 2300 VV RVG	535,60 €
Postentgeltpauschale, Nr. 7002 VV RVG	20,00 €
Zwischensumme netto	555,60 €
19 % Umsatzsteuer, Nr. 7008 VV RVG	105,56 €
Summe	**661,16 €**

Über den noch offenen Restbetrag erhebt der Rechtsanwalt auftragsgemäß Klage. Für die Erhebung der Klage kann der Rechtsanwalt noch folgende Gebühren und Auslagen beanspruchen:

Gegenstandswert: 4.300,00 €	
1,3 Verfahrensgebühr, Nr. 3100 VV RVG	354,90 €
Postentgeltpauschale, Nr. 7002 VV RVG	20,00 €
abzgl. 0,65 Geschäftsgebühr Vorbem. 3 Abs. 4 VV RVG	– 177,45 €
Zwischensumme netto	197,45 €
19 % Umsatzsteuer, Nr. 7008 VV RVG	37,52 €
Summe	**234,97 €**

Wäre die Teilzahlung des Gegners nicht erfolgt und hätte der Rechtsanwalt nach dem außergerichtlichen Auftrag wegen der weiter aufgelaufenen Mietrückstände Klageauftrag über 1.0920,00 € erhalten, hätte die Anrechnung aus dem Betrag zu erfolgen, der bereits Gegenstand der außergerichtlichen Tätigkeit des Rechtsanwalts war, also aus 7.800,00 €. Der Rechtsanwalt könnte für die Tätigkeit im gerichtlichen Verfahren noch wie folgt abrechnen: 135

▶ Beispiel 30: 136

Gegenstandswert: 10.920,00 €/7.800,00 €	
1,3 Verfahrensgebühr, Nr. 3100 VV RVG (Wert: 10.920,00 €)	683,80 €
Postentgeltpauschale, Nr. 7002 VV RVG	20,00 €
abzgl. 0,65 Geschäftsgebühr Vorbem. 3 Abs. 4 VV RVG (Wert: 7.800,00 €)	– 267,80 €
Zwischensumme netto	436,00 €
19 % Umsatzsteuer, Nr. 7008 VV RVG	82,84 €
Summe	**518,84 €**

Eine weitere Abwandlung ergibt sich, wenn der Gebührensatz im gerichtlichen Verfahren niedriger ist, als der der außergerichtlichen Tätigkeit. 137

▶ Beispiel 31: 138

Die außergerichtlichen Bemühungen des Rechtsanwalts, die Mietrückstände in Höhe von 7800,00 € beizutreiben, sind ergebnislos verlaufen. Der Mandant erteilt den Auftrag, wegen der Rückstände einen Mahnbescheid zu beantragen. Noch bevor der Rechtsanwalt den vorbereiteten Mahnbescheid in Auslauf geben kann, erhält er einen Anruf seines Mandanten, wonach die Forderung an diesen bezahlt wurde. Der Rechtsanwalt stellt seine Tätigkeit daraufhin weisungsgemäß ein und erteilt folgende Abrechnung:

Außergerichtliche Tätigkeit:	
Gegenstandswert: 7.800,00 €	
1,3 Geschäftsgebühr, Nr. 2300 VV RVG	535,60 €
Postentgeltpauschale, Nr. 7002 VV RVG	20,00 €
Zwischensumme netto	555,60 €
19 % Umsatzsteuer, Nr. 7008 VV RVG	105,56 €
Summe	661,16 €
Mahnverfahren:	
Gegenstandswert: 7.800,00 €	
0,5 Verfahrensgebühr, Nr. 3306 VV RVG	206,00 €
Postentgeltpauschale, Nr. 7002 VV RVG	20,00 €
abzgl. 0,5 Geschäftsgebühr, Vorbem. 3 Abs. 4 VV RVG (Wert: 7.800,00 €)	– 206,00 €
Zwischensumme netto	20,00 €
19 % Umsatzsteuer, Nr. 7008 VV RVG	3,80 €
Summe	**23,80 €**

Die Geschäftsgebühr ist zur Hälfte, maximal in Höhe von 0,75 auf die Verfahrensgebühr des anschließenden gerichtlichen Verfahrens anzurechnen. Ist diese geringer als der anzurechnende Gebührensatz, erfolgt die Anrechnung der Geschäftsgebühr nach dem Gebührensatz der für das gerichtliche Verfahren entstandenen Verfahrensgebühr (Enders RVG für Anfänger, Rn. 602 ff.). 139

140 Die Anrechnung erfolgt nur, wenn der Gegenstand der anwaltlichen Tätigkeit bezüglich der außergerichtlichen Vertretung und des sich anschließenden gerichtlichen Verfahrens identisch sind. Hier kommt es wiederum auf den vom Mandanten erteilten Auftrag an.

141 ▶ **Beispiel 32:**

Der Rechtsanwalt wird von seiner Mandantin mit der außergerichtlichen Geltendmachung rückständiger Mieten für die Monate Juli und August in Höhe von jeweils 700,00 € zzgl. einer jährlich abzurechnenden Nebenkostenvorauszahlung in Höhe von 180,00 € beauftragt. Der Rechtsanwalt fertigt zunächst ein außergerichtliches Aufforderungsschreiben, auf das sich der Gegner meldet und die Angelegenheit mehrfach mit dem Rechtsanwalt telefonisch bespricht.
Nachdem die Gegenseite die Zahlung weiterhin verweigert, erhält der Rechtsanwalt Klageauftrag. Eingeklagt werden neben den bereits außergerichtlich geltend gemachten Mieten Juli und August auch noch die Mieten für die Monate September und Oktober. Die außergerichtliche Tätigkeit des Rechtsanwalts war sehr umfangreich und schwierig, die finanziellen Verhältnisse des Auftraggebers sind ausgezeichnet, sodass der Ansatz einer 2,0 Geschäftsgebühr gerechtfertigt ist. Der Rechtsanwalt erteilt nach Einreichung der Klage folgende Abrechnung:

Außergerichtliche Tätigkeit
Gegenstandswert: 1.760,00 € (§§ 23 Abs. 1 S. 3 RVG, 48 Abs. 1 S. 1 GKG, 3 ZPO)

2,0 Geschäftsgebühr, Nr. 2300 VV RVG	266,00 €
Postentgeltpauschale, Nr. 7002 VV RVG	20,00 €
Summe	286,00 €
19 % Umsatzsteuer, Nr. 7008 VV RVG	54,34 €
Summe	**340,34 €**

Gerichtliche Tätigkeit

Gegenstandswert: 3.520,00 € (§§ 23 Abs. 1 S. 1 RVG, 48 I Abs. 1 S. 1 GKG, 3 ZPO)

1,3 Verfahrensgebühr, Nr. 3100 VV RVG	318,50 €
Postentgeltpauschale, Nr. 7002 VV RVG	20,00 €
Abzgl. 0,75 Geschäftsgebühr, Nr. 2300 VV RVG (Wert 1.760,00 €)	– 99,75 €
Summe	238,75 €
19 % Umsatzsteuer, Nr. 7008 VV RVG	45,36 €
Summe	**284,11 €**

142 Die Anrechnung erfolgt gem. Vorbem. 3 Abs. 4 VV RVG in Höhe von 0,75 aus dem Gegenstandswert 1.760,00 €, da nur bezüglich dieses Wertes die Ansprüche identisch sind.

143 ▶ **Beispiel 33:**

Der Rechtsanwalt wird mit der außergerichtlichen Geltendmachung der Mieten für die Monte Januar und Februar in Höhe von jeweils 700,00 € zzgl. einer jährlich abzurechnenden Nebenkostenvorauszahlung in Höhe von monatlich 150,00 € beauftragt. Nach dem außergerichtlichen Aufforderungsschreiben zahlt die Gegenseite. Anschließend wird der Rechtsanwalt mit der kombinierten Zahlungs- und Räumungsklage wegen der rückständigen Mieten für März, April, Mai und Juni beauftragt. Die außergerichtliche Tätigkeit des Rechtsanwalts war nicht umfangreich oder schwierig. Der Rechtsanwalt rechnet wie folgt ab:

Außergerichtliche Tätigkeit	
Gegenstandswert: 1.700,00 € (§§ 23 Abs. 1 S. 3 RVG, 48 Abs. 1 S. 1 GKG, 3 ZPO)	
1,3 Geschäftsgebühr, Nr. 2300 VV RVG	172,90 €
Postentgeltpauschale, Nr. 7002 VV RVG	20,00 €
Summe	192,90 €
19 % Umsatzsteuer, Nr. 7008 VV RVG	36,65 €
Summe	**229,55 €**

Gerichtliche Tätigkeit	
Gegenstandswert: 11.800,00 €	
(Wert Räumung: 700,00 € x 12 = 8.400,00 € + Zahlungsanspruch: 850,00 € x 4 = 3.400,00 €, insgesamt also: 11.200,00 €, §§ 23 Abs. 1 S. 1 RVG, 41 Abs. 2 S. 1 GKG, 5 ZPO)	
1,3 Verfahrensgebühr, Nr. 3100 VV RVG	683,80 €
Postentgeltpauschale, Nr. 7002 VV RVG	20,00 €
Summe	703,80 €
19 % Umsatzsteuer, Nr. 7008 VV RVG	133,72 €
Summe	**837,52 €**

In diesem Fall ist keine Anrechnung vorzunehmen, da die Gegenstände nicht identisch sind.

d) Die Berücksichtigung der Anrechnung im späteren Kostenfestsetzungsverfahren nach § 15a RVG

aa) Grundsatz

Nach § 15a Abs. 2 RVG kann sich ein erstattungspflichtiger Dritter grundsätzlich nicht auf eine Gebührenanrechnung berufen. Da die Geschäftsgebühr und die Verfahrensgebühr nach § 15a Abs. 1 RVG selbstständig entstehen, kann die im Rechtsstreit obsiegende Partei also grundsätzlich die Festsetzung der vollen Verfahrensgebühr verlangen und zwar unbeschadet der Anrechnung einer eventuell zuvor entstandenen Geschäftsgebühr. **144**

Der Erstattungspflichtige kann also nicht mehr – wie nach der Rspr. des VIII. Senats des BGH eine Zeit lang vertreten – einwenden, es sei auf Seiten des Erstattungsberechtigten zuvor eine Geschäftsgebühr entstanden, daher seien die Kosten des Rechtsstreits um den anzurechnenden Betrag vermindert. **145**

▶ **Beispiel 34:**

Der Beklagte war vorgerichtlich auf Zahlung in Höhe von 8.000,00 € in Anspruch genommen worden und hatte durch seinen Anwalt die Forderung abwehren lassen. Angefallen war insoweit eine 1,3-Geschäftsgebühr. Es kam hiernach zum Rechtsstreit. Die Klage wurde abgewiesen. Die Kosten des Rechtsstreits hatte der Kläger zu tragen. Während nach der zweitweise vom BGH vertretenen Rechtsprechung der Beklagte im Kostenfestsetzungsverfahren nur noch die Verfahrensgebühr abzüglich der nach Vorbem. 3 Abs. 4 VV RVG hälftig anzurechnenden Geschäftsgebühr (also 1,3–0,65 = 0,65) verlangen konnte, kann sich der Erstattungspflichtige nach dem neuen § 15a Abs. 2 RVG auf diese Anrechnung nicht mehr berufen.
Der Beklagte kann also anrechnungsfrei zur Festsetzung anmelden:

1,3-Verfahrensgebühr, Nr. 3100 VV RVG (Wert: 8.000,00 €)	535,60 €
1,2-Terminsgebühr, Nr. 3100 VV RVG (Wert: 8.000,00 €)	494,40 €
Postentgeltpauschale, Nr. 7002 VV RVG	20,00 €
Zwischensumme	1.050,00 €
19 % Umsatzsteuer, Nr. 7008 VV RVG	199,50 €
Gesamt	**1.249,50 €**

bb) Ausnahmen

(1) Überblick

146 Eine Anrechnung im Kostenfestsetzungsverfahren kommt nur in drei Ausnahmefällen in Betracht, nämlich dann,

- wenn der Erstattungspflichtige selbst die anzurechnende Gebühr bereits erfüllt – insbesondere bezahlt – hat (1. Var.),
- diese gegen ihn bereits tituliert ist (2. Var.) oder
- sie im selben Verfahren gegen ihn geltend gemacht wird (3. Var.).

147 In allen anderen Fällen ist eine Berufung des Erstattungspflichtigen auf eine beim Gegner vorzunehmende Gebührenanrechnung nicht zulässig.

(2) Anzurechnende Gebühr ist bereits erfüllt (§ 15a Abs. 2, 1. Var. RVG)

148 Hat der Erstattungspflichtige die Geschäftsgebühr bereits an den Erstattungsberechtigten gezahlt oder hat er dessen Erstattungsanspruch anderweitig erfüllt, etwa durch Aufrechnung, kann er sich im Kostenfestsetzungsverfahren auf die Anrechnung berufen.

▶ Beispiel 35:

Im Rechtsstreit klagt der Kläger die Hauptforderung (Wert: 8.000,00 €) sowie eine vorgerichtlich daraus entstandene 1,3-Geschäftsgebühr ein. Der Beklagte zahlt während des Rechtsstreits sowohl die Hauptforderung als auch die Geschäftsgebühr. Daraufhin wird der Rechtsstreit übereinstimmend in der Hauptsache für erledigt erklärt. Die Kosten wurden dem Beklagten auferlegt.
Da der Beklagte die Geschäftsgebühr bereits gezahlt hat, kann er sich jetzt im Kostenfestsetzungsverfahren auf die Anrechnung berufen. Der Kläger kann daher zur Festsetzung lediglich folgende Kosten anmelden:

1,3-Verfahrensgebühr, Nr. 3100 VV RVG (Wert: 8.000,00 €)	535,60 €
gem. Vorbem. 3 Abs. 4 VV RVG anzurechnen, 0,65 aus 8.000,00 €	– 267,80 €
1,2-Terminsgebühr, Nr. 3100 VV RVG (Wert: 8.000,00 €)	494,40 €
Postentgeltpauschale, Nr. 7002 VV RVG	20,00 €
Zwischensumme	782,20 €
19 % Umsatzsteuer, Nr. 7008 VV RVG	148,62 €
Gesamt	930,82 €

(3) Titulierung der Gebühr (§ 15a Abs. 2, 2. Var. RVG)

149 Ist die vorangegangene anzurechnende Gebühr gegen den Erstattungspflichtigen bereits tituliert, kann er sich ebenfalls im Kostenfestsetzungsverfahren auf die Anrechnung berufen.

▶ Beispiel 36:

Der Beklagte ist verurteilt worden, die Klageforderung in Höhe von 8.000,00 € zu zahlen sowie eine vorgerichtlich daraus entstandene 1,3-Geschäftsgebühr.
Auch jetzt kann sich der Beklagte auf die Anrechnung berufen. Er ist in der Hauptsache bereits zur Zahlung der Geschäftsgebühr verurteilt worden, muss also die 1,3-Geschäftsgebühr zahlen. Dann kann von ihm aber im Kostenfestsetzungsverfahren nicht noch einmal die 1,3-Verfahrensgebühr verlangt werden. Der Kläger kann daher zur Festsetzung wiederum lediglich folgende Kosten anmelden:

1,3-Verfahrensgebühr, Nr. 3100 VV RVG (Wert: 8.000,00 €)	535,60 €
gem. Vorbem. 3 Abs. 4 VV RVG anzurechnen, 0,65 aus 8.000,00 €	– 267,80 €
1,2-Terminsgebühr, Nr. 3100 VV RVG (Wert: 8.000,00 €)	494,40 €
Postentgeltpauschale, Nr. 7002 VV RVG	20,00 €
Zwischensumme	782,20 €
19 % Umsatzsteuer, Nr. 7008 VV RVG	148,62 €
Gesamt	**930,82 €**

(4) Problem: Gesamtvergleich

Problematisch ist die Frage, inwieweit eine Geschäftsgebühr später in der Kostenfestsetzung anzurechnen ist, wenn die Parteien einen »Gesamtvergleich« schließen. **150**

Dabei ist zu differenzieren: **151**
- Wird in dem Gesamtvergleich ausdrücklich auch die Geschäftsgebühr beziffert tituliert, bestehen keine Probleme. Dann muss wie bei einem Urteil die Geschäftsgebühr in der Kostenfestsetzung hälftig berücksichtigt werden.
- Gleiches gilt nach der Rechtsprechung, wenn die Geschäftsgebühr zwar nicht ausdrücklich tituliert ist, sich jedoch aus den Umständen ergibt, dass die Geschäftsgebühr mit der Vergleichssumme tituliert sein soll (OLG Koblenz AGS 2010, 465).
- Fehlen dagegen jegliche Angaben und ergibt sich auch aus den Umständen nicht, inwieweit die Geschäftsgebühr durch den Vergleich tituliert sein soll, so ist nach h.M. davon auszugehen, dass sie nicht tituliert ist und folglich in der Kostenfestsetzung auch nicht angerechnet wird (OLG Karlsruhe AGS 2010, 209 = NJW-Spezial 2010, 379 = RVGreport 2010, 227; OLG Köln AGS 2010, 462; OLG Naumburg AGS 2010, 211 = JurBüro 2010, 299; OLG Stuttgart AGS 2010, 212 = AnwBl 2010, 533; OLG Koblenz AGS 2010, 464; OLG Nürnberg AGS 2010, 463). Nach Auffassung anderer Gerichte ist dagegen von der Titulierung der Geschäftsgebühr auszugehen, so dass diese in voller Höhe anzurechnen ist (AG Bremen AGS 2009, 566; OLG Saarbrücken AGS 2010, 60 = JurBüro 2010, 194 = RVGreport 2010, 229 = NJW-Spezial 2010, 92).

▶ **Beispiel 37:**

Der Anwalt klagt für den Mandanten auf Zahlung einer Forderung in Höhe von 10.000,00 € nebst einer vorgerichtlich entstandenen 1,3-Geschäftsgebühr in Höhe von

1,3-Geschäftsgebühr, Nr. 2300 VV RVG	535,60 €
Postentgeltpauschale, Nr. 7002 VV RVG	20,00 €
Zwischensumme	555,60 €
19 % Umsatzsteuer, Nr. 7008 VV RVG	105,56 €
Gesamt	**661,16 €**

Der Beklagte erhebt eine Gegenforderung in Höhe 8.000,00 €. Im Termin zur mündlichen Verhandlung schließen die Parteien einen Vergleich, wonach der Beklagte zum Ausgleich der Klageforderung noch einen Betrag von 2.661,16 € zu zahlen habe.

Aus den Umständen ergibt sich, dass in der Vergleichssumme die volle Geschäftsgebühr enthalten ist:

Hauptforderung	10.000,00 €
vorgerichtliche Kosten	661,16 €
Aufrechnungsforderung	-8.000,00 €
Gesamt	**2.661,16 €**

Daher muss die Anrechnung der Geschäftsgebühr berücksichtigt werden. Festgesetzt werden können jetzt nur noch:

1,3-Verfahrensgebühr, Nr. 3100 VV RVG (Wert: 10.000,00 €)	631,80 €
gem. Vorbem. 3 Abs. 4 VV RVG anzurechnen, 0,75 aus 10.000,00 €	–486,00 €
1,2-Terminsgebühr, Nr. 3100 VV RVG (Wert: 10.000,00 €)	583,20 €
Postentgeltpauschale, Nr. 7002 VV RVG	20,00 €
Zwischensumme	749,00 €
19 % Umsatzsteuer, Nr. 7008 VV RVG	142,31 €
Gesamt	**891,31 €**

Beispiel 38:

Der Anwalt klagt für den Mandanten auf Zahlung einer Forderung in Höhe von 10.000,00 € nebst einer vorgerichtlich entstandenen 1,3-Geschäftsgebühr. Im Termin zur mündlichen Verhandlung schließen die Parteien einen Vergleich, wonach der Beklagte zum Ausgleich der Klageforderung einen Betrag in Höhe von 8.000,00 € zahle. Die Kosten des Verfahrens werden zu 80 % vom Beklagten übernommen und zu 20 % vom Kläger. Im Kostenfestsetzungsverfahren meldet der Kläger eine ungekürzte 1,3-Verfahrensgebühr zur Festsetzung an. Der Beklagte ist der Auffassung, im Vergleich sei die Geschäftsgebühr i.S.d. § 15a Abs. 2 RVG tituliert und müsse daher in der Kostenfestsetzung angerechnet werden.
Jetzt ergibt sich nicht, inwieweit die Geschäftsgebühr in der Vergleichssumme tituliert sein soll. Daher kann anrechnungsfrei festgesetzt werden.

1,3-Verfahrensgebühr, Nr. 3100 VV RVG (Wert: 10.000,00 €)	683,80 €
1,2-Terminsgebühr, Nr. 3100 VV RVG (Wert: 10.000,00 €)	583,20 €
Postentgeltpauschale, Nr. 7002 VV RVG	20,00 €
Zwischensumme	1.287,00 €
19 % Umsatzsteuer, Nr. 7008 VV RVG	244,53 €
Gesamt	**1.531,53 €**

Nach der Gegenauffassung wäre dagegen voll anzurechnen, so dass abzurechnen wäre wie im vorangegangenen Beispiel 37.

(5) Zeitgleiches Geltendmachen (§ 15a Abs. 2, 3. Var. RVG)

152 Schließlich kann sich ein Erstattungspflichtiger auch dann auf die Anrechnung berufen, wenn gleichzeitig beide Gebühren geltend gemacht werden, die aufeinander anzurechnen sind.

153 Damit ist nicht der Fall gemeint, dass die Geschäftsgebühr im Klageverfahren geltend gemacht wird und die Verfahrensgebühr im Kostenfestsetzungsverfahren. Vielmehr müssen Verfahrens- und Geschäftsgebühr entweder

- gleichzeitig im Klageverfahren oder
- gleichzeitig im Kostenfestsetzungsverfahren

geltend gemacht werden.

Beispiel 39:

Der Kläger hatte zur Feststellung von Mietmängeln (Wert: 8.000,00 €) zunächst ein selbstständiges Beweisverfahren eingeleitet. Nach Abschluss des Beweisverfahrens werden die Mängel beseitigt. Der Kläger klagt nunmehr als Schadensersatz die Kosten des Beweisverfahrens sowie die dazu gehörige vorgerichtliche 1,3-Geschäftsgebühr ein.

Auch jetzt muss der Kläger die Anrechnung gegen sich gelten lassen; er muss insgesamt nur verlangen:

Vorgerichtliche Vertretung	
1,3-Geschäftsgebühr, Nr. 2300 VV RVG (Wert: 8.000,00 €)	535,60 €
Postentgeltpauschale, Nr. 7002 VV RVG	20,00 €
Zwischensumme	555,60 €
19 % Umsatzsteuer, Nr. 7008 VV RVG	105,56 €
Gesamt	661,16 €
Selbstständiges Beweisverfahren	
1,3-Verfahrensgebühr, Nr. 3100 VV RVG (Wert: 8.000,00 €)	535,60 €
gem. Vorbem. 3 Abs. 4 VV RVG anzurechnen, 0,65 aus 8.000,00 €	-267,80 €
1,2-Terminsgebühr, Nr. 3100 VV RVG (Wert: 8.000,00 €)	494,40 €
Postentgeltpauschale, Nr. 7002 VV RVG	20,00 €
Zwischensumme	**782,20 €**
19 % Umsatzsteuer, Nr. 7008 VV RVG	148,62 €
Gesamt	930,82 €
Summe	**1.591,98 €**

▶ **Beispiel 40:**

Der Anwalt vertritt den Kläger in einem Schlichtungsverfahren nach § 15a EGZPO wegen einer Forderung in Höhe von 500,00 €. Hiernach kommt es zum Rechtsstreit vor dem AG. Der Klage wird stattgegeben. Die Kosten werden dem Beklagten auferlegt. Der Kläger beantragt daraufhin neben der Festsetzung der Verfahrensgebühr auch die Festsetzung der im Schlichtungsverfahren angefallenen Geschäftsgebühr.
Die Geschäftsgebühr für das Schlichtungsverfahren nach Nr. 2303 VV RVG kann nach zutreffender Ansicht gem. §§ 103 ff. ZPO festgesetzt werden (OLG Köln AGS 2010, 46 = ZfSch 2010, 45 = Rpfleger 2010, 164 = MDR 2010, 295 = JurBüro 2010, 206 = NJW-RR 2010, 431 = RVGreport 2010, 191; OLG Düsseldorf AGS 2009, 352 = JurBüro 2009, 366 = OLGR 2009, 520 = GuT 2009, 131; OLG Karlsruhe AGS 2009, 98 = OLGR 2008, 761 = JurBüro 2008, 538 = Justiz 2009, 7). Diese Gebühr ist allerdings gem. Vorbem. 3 Abs. 4 VV RVG zur Hälfte auf die Verfahrensgebühr des nachfolgenden gerichtlichen Verfahrens anzurechnen. Daher können zwar die beiden Gebühren zur Festsetzung angemeldet werden, allerdings nur um den Anrechnungsbetrag gekürzt.
Der Kläger kann also zur Festsetzung anmelden:

Schlichtungsverfahren	
1,5-Verfahrensgebühr, Nr. 2303 VV RVG (Wert: 500,00 €)	67,50 €
Postentgeltpauschale, Nr. 7002 VV RVG	13,50 €
Zwischensumme	81,00 €
19 % Umsatzsteuer, Nr. 7008 VV RVG	15,39 €
Gesamt	**96,39 €**
Rechtsstreit	
1,3-Verfahrensgebühr, Nr. 3100 VV RVG (Wert: 500,00 €)	58,50 €
gem. Vorbem. 3 Abs. 4 VV RVG anzurechnen, 0,75 aus 500,00 €	-33,75 €
1,2-Terminsgebühr, Nr. 3100 VV RVG (Wert: 500,00 €)	54,00 €
Postentgeltpauschale, Nr. 7002 VV RVG	20,00 €
Zwischensumme	98,75 €
19 % Umsatzsteuer, Nr. 7008 VV RVG	18,76 €
Gesamt	117,51 €
Summe	**213,90 €**

4. Güte- und Schlichtungsverfahren

a) Überblick

154 Wird der Anwalt in einem der nach § 17 Nr. 7 RVG genannten Güte- oder Schlichtungsverfahren tätig (insbesondere in einem Schlichtungsverfahren nach § 15a Abs. 3 EGZPO), so handelt es sich um eine eigene Angelegenheit i.S.d. § 15 RVG. Soweit der Anwalt außergerichtlich tätig wird, im Schlichtungsverfahren und im nachfolgenden Rechtsstreit, liegen also drei Angelegenheiten vor, nämlich

- die außergerichtliche Vertretung (Nr. 2300 VV RVG),
- die Vertretung im Güte- und Schlichtungsverfahren (Nr. 2303 VV RVG) und
- die Tätigkeit im nachfolgenden Rechtsstreit (Nrn. 3100 ff. VV RVG).

b) Geschäftsgebühr

155 Für seine Tätigkeit im Güte- oder Schlichtungsverfahren erhält der Anwalt eine 1,5-Geschäftsgebühr nach Nr. 2303 VV RVG. Es handelt sich insoweit – im Gegensatz zu Nr. 2300 VV RVG – um einen festen Gebührensatz, der in allen Fällen gilt. Weder ist hier eine sog. Schwellengebühr vorgesehen noch eine Ermäßigung bei vorzeitiger Erledigung. Unabhängig davon, ob die Sache umfangreich und schwierig ist und unabhängig von den sonstigen Kriterien des § 14 Abs. 1 RVG ist immer eine 1,5-Geschäftsgebühr anzusetzen. Auch ist eine der Nr. 2303 VV RVG vergleichbare Reduzierung nicht vorgesehen. Vertritt der Anwalt allerdings mehrere Auftraggeber wegen desselben Gegenstands, erhöht sich auch diese Geschäftsgebühr gem. Nr. 1008 VV RVG um 0,3 je weiteren Auftraggeber, höchstens um 2,0.

156 Für eine Terminsteilnahme entsteht weder eine weitere Gebühr noch erhöht sich der Gebührensatz der Geschäftsgebühr.

5. Anrechnung auf Geschäftsgebühr

157 Ist der Vertretung im Güte- oder Schlichtungsverfahren eine außergerichtliche Vertretung vorangegangen, wird die vorangegangene Geschäftsgebühr der Nr. 2300 VV RVG zur Hälfte, höchstens zu 0,75 angerechnet (Anm. zu Nr. 2303 VV RVG).

158 ▶ **Beispiel 41:**

Der Anwalt wird beauftragt, eine Forderung in Höhe von 400,00 € außergerichtlich geltend zu machen. Die Sache ist weder umfangreich noch schwierig. Anschließend wird das obligatorische Streitschlichtungsverfahren nach § 15a EGZPO durchgeführt. Dort wird eine Einigung erzielt.

Außergerichtliche Vertretung (Wert: 400,00 €)	
1,3-Geschäftsgebühr, Nr. 2300 VV RVG	58,50 €
Postentgeltpauschale, Nr. 7002 VV RVG	11,70 €
Zwischensumme	70,20 €
19 % Umsatzsteuer, Nr. 7008 VV RVG	13,34 €
Gesamt	83,54 €
Schlichtungsverfahren (Wert: 400,00 €)	
1,5-Geschäftsgebühr, Nr. 2303 Nr. 1 VV RVG	67,50 €
gem. Anm. zu Nr. 2303 VV RVG anzurechnen, 0,65 aus 400,00 €	-29,25 €
1,5-Einigungsgebühr, Nr. 1000 VV RVG	67,50 €
Postentgeltpauschale, Nr. 7002 VV RVG	20,00 €
Zwischensumme	125,75 €
19 % Umsatzsteuer, Nr. 7008 VV RVG	23,89 €
Gesamt	**149,64 €**

6. Einigungsgebühr

Neben der Geschäftsgebühr kann der Anwalt eine Einigungsgebühr verdienen, die sich grundsätzlich auf 1,5 beläuft (Nr. 1000 VV RVG), da in diesem Stadium der Gegenstand i.d.R. noch nicht anhängig ist. 159

▶ **Beispiel 42:**

Der Anwalt vertritt den Mandanten in einem Schlichtungsverfahren (Gegenstandswert: 2.500,00 €). Es kommt zu einer Einigung.

1,5-Geschäftsgebühr, Nr. 2303 Nr. 1 VV RVG (Wert: 2.500,00 €)	241,50 €
1,5-Einigungsgebühr, Nr. 1000 VV RVG (Wert: 2.500,00 €)	241,50 €
Postentgeltpauschale, Nr. 7002 VV RVG	20,00 €
Zwischensumme	503,00 €
19 % Umsatzsteuer, Nr. 7008 VV RVG	95,57 €
Gesamt	598,57 €

7. Anrechnung der Geschäftsgebühr

Kommt es nach einem Güte- oder Schlichtungsverfahren zur Durchführung eines gerichtlichen Verfahrens, ist die im Güte- oder Schlichtungsverfahren angefallene Geschäftsgebühr hälftig, also mit 0,75 anzurechnen. Bei mehreren Auftraggebern bleibt die Anrechnung auch hier auf 0,75 begrenzt. 160

War der Anwalt sowohl außergerichtlich tätig, im Güte- oder Schlichtungsverfahren und im nachfolgenden gerichtlichen Verfahren, so ist jede Geschäftsgebühr jeweils auf die nachfolgende Angelegenheit anzurechnen. 161

▶ **Fortsetzung Beispiel 42:** 162

Das Schlichtungsverfahren ist erfolglos, so dass sich der Rechtsstreit anschließt, in dem verhandelt wird.
Außergerichtliche Vertretung und Schlichtungsverfahren (wie Beispiel 41)

Rechtsstreit (Wert: 400,00 €)	
1,3-Verfahrensgebühr, Nr. 3100 VV RVG	58,50 €
gem. Vorbem. 3 Abs. 4 VV RVG anzurechnen, 0,75 aus 400,00 €	-33,75 €
1,2-Terminsgebühr, Nr. 3104 VV RVG	54,00 €
Postentgeltpauschale, Nr. 7002 VV RVG	20,00 €
Zwischensumme	98,75 €
19 % Umsatzsteuer, Nr. 7008 VV RVG	18,76 €
Gesamt	117,51 €

8. Einigungsgebühr

Wirkt der Rechtsanwalt ursächlich an einer Einigung der Parteien mit, erhält er hierfür eine Einigungsgebühr. In außergerichtlichen Angelegenheiten entsteht sie gem. Nr. 1000 VV RVG in Höhe von 1,5, ist über den Gegenstand der Einigung ein anderes als ein selbstständiges Beweisverfahren anhängig, entsteht die Gebühr gem. Nr. 1003 VV RVG in Höhe von 1,0. Im Berufungs- oder Revisionsverfahren erhöht sich die Einigungsgebühr auf eine 1,3 Gebühr gem. Nr. 1004 VV RVG. 163

Aus der Vorbem. 1 VV RVG ergibt sich, dass die Einigungsgebühr neben den in anderen Teilen bestimmten Gebühren entstehen kann. Die Einigungsgebühr fällt an, wenn 164

- Streit oder Ungewissheit über ein Rechtsverhältnis besteht,
- der Streit oder die Ungewissheit durch die Einigung beigelegt wird,
- die Einigung nicht in einem ausschließlichen Anerkenntnis oder Verzicht besteht,
- der Rechtsanwalt an der Einigung ursächlich mitgewirkt hat,
- die Einigung wirksam zustande gekommen ist, also z.B. nicht mehr unter einer aufschiebenden Bedingung steht oder widerrufen werden kann.

165 ▶ **Beispiel 43:**

Der Rechtsanwalt wird von seinem Mandanten wegen einer Forderung über Renovierungskosten in Höhe von 4750,00 € mit der außergerichtlichen Vertretung beauftragt. Nach einem Aufforderungsschreiben des Rechtsanwalts meldet sich der Gegner und bespricht mit ihm die Möglichkeit einer außergerichtlichen Einigung. Auf Vorschlag des Rechtsanwalts einigen sich die Parteien anschießend darauf, dass der Gegner noch einen Betrag in Höhe von 3500,00 € zu zahlen hat und damit alle Ansprüche erledigt sind. Die Tätigkeit des Rechtanwalts war weder umfangreich noch schwierig, sodass eine 1,3 Geschäftsgebühr in Ansatz gebracht wird.

Gegenstandswert: 4.750,00 €	
1,3 Geschäftsgebühr, Nr. 2400 VV RVG	391,30 €
1,5 Einigungsgebühr, Nr. 1000 VV RVG	451,50 €
Postentgeltpauschale, Nr. 7002 VV RVG	20,00 €
Zwischensumme netto	862,80 €
19 % Umsatzsteuer, Nr. 7008 VV RVG	163,93 €
Summe	1.026,73 €

166 Unbedingt zu beachten ist, dass die Einigungsgebühr immer aus dem Wert des Gegenstandes entsteht, **über den** (nicht worauf) die Parteien sich geeinigt haben.

Ist über den Gegenstand der Einigung ein anderes gerichtliches Verfahren als ein selbständiges Beweisverfahren anhängig, entsteht die Einigungsgebühr gem. Nr. 1003 VV RVG nur in Höhe von 1,0.

167 ▶ **Beispiel 38:**

Der Rechtsanwalt wird von seinem Mandanten mit der Abwehr einer Klageforderung i.H.v. 24.500,00 € beauftragt. Der Rechtsanwalt verhandelt mit dem gegnerischen Prozessbevollmächtigten und erzielt mit diesem einen Vergleich, dass lediglich noch 12.000,00 € bezahlt werden und damit die Angelegenheit erledigt ist. Es wurde Kostenaufhebung und Klagerücknahme vereinbart. Der Vergleich kommt unwiderruflich zustande. Der Rechtsanwalt kann – neben den im Verfahren entstandenen Gebühren – nur eine 1,0 Einigungsgebühr aus 24.500,00 € berechnen, da über den Gegenstand des Vergleichs bereits ein Klageverfahren anhängig war.

Es kommt vor, dass bei der Einigung oder dem Vergleich rechtshängige und nicht rechtshängige Ansprüche zusammentreffen. § 15 Abs. 3 1. Halbs. RVG regelt für diesen Fall, dass der Rechtsanwalt für die verschiedenen Teile des Gegenstandes (rechtshängige und nicht rechtshängige Ansprüche) gesonderte Gebühren berechnen darf, allerdings maximal begrenzt auf die nach dem Gesamtbetrag der Wertteile nach dem höchsten Gebührensatz berechneten Gebühren.

168 ▶ **Beispiel 44:**

Der Rechtsanwalt wird von seinem Mandanten mit der klageweisen Geltendmachung einer Forderung in Höhe von 12500,00 € beauftragt. Im Termin zur mündlichen Verhandlung schließen die Parteien eine Vergleich mit welchem neben der Klageforderung auch weitere, bisher nicht rechtshängige Ansprüche über 6500,00 € mit verglichen werden.

▶ Im Hinblick auf die Einigungsgebühr (bezüglich der Auswirkungen auf andere Gebühren, vgl. Rdn. 232) ergäbe sich demnach folgende Berechnung: 169

1,0 Einigungsgebühr, Nr. 1003 VV RVG (aus dem Wert der rechtshängigen Ansprüche: 12500,00 €)	526,00 €
1,5 Einigungsgebühr, Nr. 1000 VV RVG (aus dem Wert der nicht rechtshängigen Ansprüche: 6500,00 €)	562,50 €
Summe	**1.088,50 €**

Gemäß § 15 Abs. 3 2. Halbs. RVG ist zu prüfen, ob eine 1,5 Gebühr (höchster Gebührensatz) aus 19000,00 € (Gesamtbetrag der Wertteile) höher oder niedriger ist, als die zuvor ermittelte Summe.

1,5 Gebühr (Wert: 19.000,00 €)	909,00 €

Da die nach § 15 Abs. 3 2. Halbs. RVG ermittelte Gebühr niedriger ist, als die beiden einzeln berechneten Gebühren, sind diese auf insgesamt 909,00 € zu kürzen.

Beim Zusammentreffen von rechtshängigen und nicht rechtshängigen Ansprüchen sind bei der Berechnung zunächst die für die einzelnen Teile des Gegenstands angefallenen Gebühren zu ermitteln und anschließend der nach dem höchsten Gebührensatz aus dem Gesamtbetrag der einzelnen Teile berechneten Gebühr gegenüberzustellen. Ist die nach dem höchsten Gebührensatz aus dem Gesamtbetrag der Wertteile ermittelte Gebühr geringer, ist die Differenzverfahrensgebühr so weit zu kürzen, dass die Obergrenze nicht überschritten wird. 170

III. Beratungshilfe

1. Überblick

In Beratungshilfemandaten erhält der Anwalt seine Gebühren ausschließlich nach Teil 2 VV RVG, und zwar nach Abschnitt 5 (Nrn. 2500 ff. VV RVG). Gebühren anderer Abschnitte können nicht entstehen (Vorbem. 2.5 VV RVG). Anzuwenden sind jedoch die allgemeinen Gebühren nach Teil 1 VV RVG, soweit Teil 2 Abschnitt 5 VV RVG keine vorrangigen Regelungen enthält (z.B. in Nr. 2508 VV RVG). 171

Neben den Gebühren erhält der Anwalt Ersatz seiner **Auslagen** nach Teil 7 VV RVG, soweit sie notwendig waren (§ 46 RVG). 172

Soweit Beratungshilfe gewährt wird, darf der Anwalt den Auftraggeber (genannt »der Rechtsuchende«) hinsichtlich der für das Mandat anfallenden Gebühren und Auslagen nicht in Anspruch nehmen. Es steht ihm lediglich nach Nr. 2500 VV RVG eine **Beratungshilfegebühr** in Höhe von 10,00 € zu. Diese Gebühr schuldet ausschließlich der Rechtsuchende, nicht auch die Staatskasse (§ 44 S. 2 RVG). Die Gebühr kann dem Rechtsuchenden **erlassen** werden (Anm. S. 2 zu Nr. 2500 VV RVG). 173

In der Beratungshilfegebühr sind alle **Auslagen** bereits enthalten (Anm. S. 1 zu Nr. 2500 VV RVG), also auch die Umsatzsteuer. Die Beratungshilfe versteht sich damit als Bruttogebühr. 174

Vertritt der Anwalt im Rahmen der Beratungshilfe **mehrere Rechtsuchende**, so gilt für die Beratungshilfegebühr nicht die Erhöhung nach Nr. 1008 VV RVG. Vielmehr schuldet jeder Rechtsuchende die Beratungshilfegebühr gesondert (AnwK-RVG/N. Schneider, Nr. 2500 Rn. 3). 175

2. Umfang der Angelegenheit

176 Beratung und außergerichtliche Vertretung sind auch im Rahmen der Beratungshilfe stets verschiedene Angelegenheiten i.S.d. § 15 RVG, wie sich schon aus der Anrechnungsvorschrift der Anm. zu Nr. 2501 VV RVG ergibt.

177 Darüber hinaus können auch mehrere Beratungen oder mehrere Vertretungen verschiedene Angelegenheiten darstellen, wenn sie unterschiedliche Gegenstände betreffen. Grundsätzlich gilt auch hier § 15 Abs. 1 RVG, wonach nur dann von einer Angelegenheit auszugehen ist, wenn

- der Tätigkeit des Anwalts ein einheitlicher Auftrag zugrunde liegt,
- die Tätigkeit sich im gleichen Rahmen hält und
- zwischen den einzelnen Handlungen oder Gegenständen der anwaltlichen Tätigkeit ein innerer Zusammenhang besteht.

178 Hier ist jedoch zu beobachten, dass der Rahmen in verfassungsrechtlich bedenklicher Weise (BVerfG AGS 2002, 273 = NJW 2002, 429) ausgedehnt wird und aus fiskalischen Gründen Zusammenhänge zwischen einzelnen Tätigkeiten bejaht werden, die an sich als verschiedene Angelegenheiten anzusehen sind (s. hierzu AnwK-RVG/N. Schneider Vor Nr. 2501 ff. Rn. 25 ff. sowie die ausführlichen Nachweise aus der Rechtsprechung in Rn. 33 ff.).

Rechtsprechungsüberblick

Die Gewährung von Beratungshilfe für eine »Mietangelegenheit« umfasst sowohl Nebenkostenabrechnung als auch überzahlten Mietzins. Gehören mehrere Gegenstände objektiv innerlich zusammen, so liegt nur eine Angelegenheit i.S.d. § 13 Abs. 2 BRAGO vor.

LG Darmstadt JurBüro 1985, 556

Die Gewährung von Beratungshilfe für Angelegenheiten, die demselben Mietverhältnis entspringen, stellt dieselbe Angelegenheit i.S.d. § 13 Abs. 2 BRAGO dar.

LG Kleve JurBüro 1986, 886

Der Begriff der »Angelegenheit« in der Beratungshilfe ist nicht identisch mit dem Gegenstand der anwaltlichen Tätigkeit. Der gebührenrechtliche Begriff »Angelegenheit« will eine Vielzahl von anwaltlichen Tätigkeiten zu einer gebührenrechtlichen Einheit zusammenfassen. Entscheidendes Kriterium ist allein, ob die Gegenstände objektiv innerlich zusammengehören. Von daher sind die aus einem einheitlichen Mietverhältnis resultierenden Fragen zur Wirksamkeit einer Mietvertragskündigung und eines Mieterhöhungsverlangens als eine »Angelegenheit« zu werten, für die die Gebühren des § 132 BRAGO nur einmal entstehen können.

LG Koblenz JurBüro 1995, 201= Rpfleger 1995, 219 u. 366

Es wird im Rahmen der Beratungshilfe von einer einheitlichen Angelegenheit ausgegangen, wenn eine gleichzeitige Auftragserteilung erfolgte, ein gleichartiges Verfahren vorliegt und ein innerer Zusammenhang der Beratungsgegenstände gegeben ist, wie z.B. zwischen Nebenkostenabrechnung, Mängeln und Kündigung des Mietverhältnisses.

AG Vechta, Beschl. v. 04.02.2008–4 II 1940/07

Die zeitgleich erfolgende Beratung des Mieters wegen zweier Nebenkostenabrechnungen des Vermieters ist auch dann nur eine Angelegenheit i. S. d. §§ 2, 6 BerHG,

§ 15 RVG, wenn gegenüber den beiden Abrechnungen unterschiedliche Einwendungen erhoben werden und der Anwalt seine Stellungnahme auf zwei verschiedene Briefe an den Vermieter aufteilt.

OLG Köln, AGS 2010, 188 = Rpfleger 2010, 378 = RVGreport 2010, 184 = MDR 2010, 474

3. Gebühren

a) Überblick

Der Anwalt kann im Rahmen der Beratungshilfe erhalten: 179

- Beratungsgebühren (Nrn. 2501 f. VV RVG),
- Geschäftsgebühren (Nrn. 2502 ff. VV RVG),
- Einigungs- und Erledigungsgebühren (Nr. 2508 VV RVG).

Bei allen Gebühren handelt es sich um **Festgebühren.**

b) Beratungsgebühr

Für eine Beratung, die nicht mit einer anderen gebührenpflichtigen Tätigkeit zusammenhängen darf (Anm. Abs. 1 zu Nr. 2501 VV RVG), erhält der Anwalt nach Nr. 2501 VV RVG eine Gebühr in Höhe von **30,00 €**. 180

Bei Beratung **mehrerer Auftraggeber** erhöht sich die Gebühr nach Nr. 1008 VV RVG um 30 % je weiterem Auftraggeber (AnwK-RVG/N. Schneider Nr. 2501 Rn. 3; a.A. KG AGS 2007, 312 = RVGreport 2007, 143). Eine gemeinschaftliche Beteiligung ist nicht erforderlich, da es sich um eine Festgebühr handelt. 181

Schließt sich an die Beratungstätigkeit eine weitere Tätigkeit an, etwa eine außergerichtliche Vertretung oder eine Vertretung im Rechtsstreit, so ist die Beratungsgebühr der Nr. 2501 VV RVG in voller Höhe auf die Gebühren einer nachfolgenden Angelegenheit **anzurechnen** (Anm. Abs. 2 zu Nr. 2501 VV RVG). 182

c) Geschäftsgebühr

Entsprechend der Geschäftsgebühr des Wahlanwalts nach den Nrn. 2300 bis 2303, 2400, 2401 VV RVG erhält der Anwalt in der Beratungshilfe ebenfalls eine Geschäftsgebühr, die sich aus Nr. 2503 VV RVG ergibt. Sie beträgt **70,00 €** und entsteht für das **Betreiben des Geschäfts** einschließlich der Entgegennahme der Information (Anm. Abs. 1 zu Nr. 2503 VV RVG). Sie entsteht auch im obligatorischen Güteverfahren nach § 15a EGZPO (§ 1 Abs. 1 BerHG). 183

Wird der Anwalt für **mehrere Rechtsuchende** tätig, erhöht sich die Geschäftsgebühr gem. Nr. 1008 VV RVG um 30 % je weiterem Auftraggeber (KG AGS 2007, 466 = RVGreport 2007, 299 = JurBüro 2007, 543; OLG Düsseldorf AGS 2006, 244; OLG Oldenburg AGS 2007, 45 = JurBüro 2007, 140 = RVGreport 2006, 465). 184

▶ **Beispiel 45:**

Der Anwalt vertritt ein Vermieterehepaar auf Abwehr einer Kündigung.
Die Geschäftsgebühr ist um 30 % zu erhöhen.

Geschäftsgebühr, Nrn. 2503, 1008 VV RVG	112,00 €
Postentgeltpauschale, Nr. 7002 VV RVG	20,00 €
Zwischensumme	132,00 €
19 % Umsatzsteuer, Nr. 7008 VV RVG	25,08 €
Gesamt	**157,08 €**

Ist der Vertretung eine Beratung vorangegangen, so ist die Beratungsgebühr der Nr. 2501 VV RVG in voller Höhe auf die Gebühren **anzurechnen** (Anm. Abs. 2 zu Nr. 2501 VV RVG).

185 Die Geschäftsgebühr der Nr. 2503 VV RVG ist gem. Anm. Abs. 2 S. 1 zu Nr. 2503 VV RVG **zur Hälfte** auf die Gebühren eines nachfolgenden behördlichen oder gerichtlichen Verfahrens **anzurechnen**.

▶ **Beispiel 41:**

Der Anwalt wird vom Rechtsuchenden beauftragt, ihn wegen einer Forderung in Höhe von 1.500,00 € außergerichtlich zu vertreten. Nach Scheitern der außergerichtlichen Bemühungen wird Klage erhoben, über die mündlich verhandelt wird.

Außergerichtliche Vertretung	
Geschäftsgebühr, Nr. 2503 VV RVG	70,00 €
Postentgeltpauschale, Nr. 7002 VV RVG	14,00 €
Zwischensumme	84,00 €
19 % Umsatzsteuer, Nr. 7008 VV RVG	15,96 €
Gesamt	**99,96 €**
Gerichtliche Vertretung	
1,3-Verfahrensgebühr, Nr. 3100 VV RVG (Wert: 1.500,00 €)	136,50 €
gem. Anm. Abs. 1 S. 2 zu Nr. 2503 VV RVG anzurechnen	– 35,00 €
1,2-Terminsgebühr, Nr. 3104 VV RVG (Wert: 1.500,00 €)	126,00 €
Postentgeltpauschale, Nr. 7002 VV RVG	20,00 €
Zwischensumme	247,50 €
19 % Umsatzsteuer, Nr. 7008 VV RVG	47,03 €
Gesamt	**294,53 €**

d) Einigungs- und Erledigungsgebühr

186 Führt die Beratungs- oder Geschäftstätigkeit im Rahmen der Beratungshilfe zu einer Einigung i.S.d. Nr. 1000 VV RVG oder zu einer Erledigung i.S.d. Nr. 1002 VV RVG, so erhält der Anwalt auch eine Einigungs- oder Erledigungsgebühr nach Nr. 2508 VV RVG. Deren Höhe beläuft sich stets auf 125,00 €.

▶ **Beispiel 46:**

Der Mandant erscheint mit einem Beratungshilfeschein und beauftragt den Anwalt, eine Forderung abzuwehren. Der Anwalt erzielt eine Einigung mit dem Gegner.

Geschäftsgebühr, Nr. 2503 VV RVG	70,00 €
Einigungsgebühr, Nr. 2508 VV RVG	125,00 €
Postentgeltpauschale, Nr. 7002 VV RVG	20,00 €
Zwischensumme	215,00 €
19 % Umsatzsteuer, Nr. 7008 VV RVG	40,85 €
Gesamt	**255,85 €**

e) Auslagen

187 Zu den vorstehend aufgeführten Gebühren kommen Auslagen nach Teil 7 VV RVG hinzu; es sei denn, sie waren zur sachgemäßen Durchführung der Angelegenheit nicht erforderlich (§ 46 Abs. 1 RVG). Zu übernehmen sind also z.B. notwendige Kopiekosten (Nr. 7000 VV RVG), Reisekosten (Nr. 7003 VV RVG) etc.

Auch eine **Postentgeltpauschale** nach Nr. 7002 VV RVG ist aus der Staatskasse zu übernehmen, sofern Postentgelte angefallen sind. Die Pauschale berechnet sich nach den Beratungshilfegebühren (OLG Düsseldorf AGS 2007, 630; OLG Bamberg JurBüro 2007, 645). 188

Da die **Umsatzsteuer** als Auslagentatbestand behandelt wird (Nr. 7008 VV RVG), erhält der Anwalt nach § 46 RVG i.V.m. Nr. 7008 VV RVG auch die auf die Vergütung anfallende Umsatzsteuer. Ob der Rechtsuchende gegebenenfalls zum Vorsteuerabzug berechtigt ist, ist unerheblich. 189

IV. Mahnverfahren

1. Überblick

Soweit in mietrechtlichen Angelegenheiten oder WEG-Sachen ein Mahnverfahren eingeleitet wird, fallen hierfür die Gebühren nach Teil 3, Abschnitt 3, Unterabschnitt 2 VV RVG an. Daneben kann die Terminsgebühr nach Nr. 3104 VV RVG entstehen (Vorbem. 3.2.2 VV RVG). 190

2. Vertretung des Antragstellers im Mahnverfahren

a) Verfahrensgebühr

Der Rechtsanwalt erhält für die Vertretung des Antragstellers im Mahnverfahren eine 1,0-Verfahrensgebühr gem. Nr. 3305 VV RVG (Mahnverfahrensgebühr). Mit der Mahnverfahrensgebühr der Nr. 3305 VV RVG wird die gesamte Tätigkeit des Rechtsanwalts abgegolten. Die Gebühr entsteht mit dem ersten Tätigwerden des Rechtsanwalts nach Erteilung des Auftrages, also i.d.R. durch die Entgegennahme der erforderlichen Information (Vorbem. 3 Abs. 2 VV RVG). Zu den mit der Gebühr der Nr. 3305 VV RVG abgegoltenen Tätigkeiten gehört insbesondere das Einreichen des Mahnbescheidsantrags, das Beantworten eventueller Monierungen des Gerichts oder die Widerspruchsnachricht an den Auftraggeber. Die Gebühr fällt in voller Höhe mit der Einreichung des Mahnbescheidsantrags bei Gericht an. Sie bleibt auch dann bestehen, wenn der Antrag zurückgenommen oder verworfen wird. 191

▶ **Beispiel 47:** 192

Der Rechtsanwalt wird vom Vermieter beauftragt, ein gerichtliches Mahnverfahren gegen den Mieter wegen einer rückständigen Mietforderung in Höhe von 580,00 € einzuleiten. Für die Vertretung der Antragsteller im Mahnverfahren kann der Rechtsanwalt folgende Gebühren abrechnen:

Gegenstandswert: 580,00 €	
1,0-Mahnverfahrensgebühr, Nr. 3305 VV RVG	45,00 €
Postentgeltpauschale, Nr. 7002 VV RVG	9,00 €
Zwischensumme netto	54,00 €
19 % Umsatzsteuer, Nr. 7008 VV RVG	10,26 €
Summe	**64,26 €**

Die Verfahrensgebühr erhöht sich bei Vertretung **mehrerer Auftraggeber** um 0,3 je weiteren Auftraggeber (Nr. 1008 VV RVG). 193

194 ▶ **Abwandlung zu Beispiel 47:**

Vermieter waren Eheleute, die den Anwalt beauftragt haben.
Jetzt erhöht sich die Verfahrensgebühr nach Nr. 1008 VV RVG um 0,3:

Gegenstandswert: 580,00 €	
1,3-Mahnverfahrensgebühr, Nrn. 3305, 1008 VV RVG	58,50 €
Postentgeltpauschale, Nr. 7002 VV RVG	11,70 €
Zwischensumme netto	70,20 €
19 % Umsatzsteuer, Nr. 7008 VV RVG	13,34 €
Summe	**83,54 €**

b) Ermäßigung der Mahnverfahrensgebühr

195 Die Mahnverfahrensgebühr ermäßigt sich gem. Nr. 3306 VV RVG auf 0,5, bzw. 0,8 bei zwei Auftraggebern (Nr. 1008 VV RVG), wenn der Auftrag endet, bevor der Rechtsanwalt den Antrag eingereicht hat.

196 ▶ **Beispiel 48:**

Der Rechtsanwalt wird von seiner Mandantin beauftragt, einen Mahnbescheid über 5000,00 € zu beantragen. Noch bevor der Mahnbescheid vom Rechtsanwalt zur Post gegeben wurde, teilt die Mandantin mit, dass die Gegenseite gezahlt und sich damit der Auftrag erledigt habe.
Der Rechtsanwalt kann folgende Gebühren und Auslagen abrechnen:

0,5-Mahnbescheidgebühr (vorzeitige Erledigung), Nrn. 3305, 3306 VV RVG	150,50 €
Postentgeltpauschale, Nr. 7002 VV RVG	20,00 €
Zwischensumme netto	170,50 €
19 % Umsatzsteuer, Nr. 7008 VV RVG	32,40 €
Summe	**202,90 €**

c) Anrechnung der Mahnverfahrensgebühr

197 Die Mahnverfahrensgebühr ist auf die Verfahrensgebühr in einem nachfolgenden Rechtsstreit anzurechen, vgl. Anm. zu Nr. 3305 VV RVG.

198 Von der Anrechnung unberührt bleibt die Postentgeltpauschale der Nr. 7002 VV RVG des Mahnverfahrens. Diese bleibt neben derjenigen im streitigen Verfahren bestehen, da lediglich die Gebühren aus dem Mahnverfahren anzurechnen sind, nicht jedoch die Auslagen (Gerold/Schmidt/Müller-Rabe RVG 7001 VV Rn. 36).

199 ▶ **Fortsetzung zu Beispiel 48:**

Gegen den vom Rechtsanwalt beantragten Mahnbescheid legt der Gegner jedoch Widerspruch ein. Auftragsgemäß wird der Anspruch begründet und die Abgabe an das Streitgericht beantragt. Dort findet ein Termin zur mündlichen Verhandlung statt, in dem verhandelt wird. Der Rechtsanwalt rechnet folgende Gebühren und Auslagen ab:

Mahnverfahren:	
1,0-Mahnverfahrensgebühr, Nr. 3305 VV RVG	45,00 €
Postentgeltpauschale, Nr. 7002 VV RVG	9,00 €
Zwischensumme netto	54,00 €
19 % Umsatzsteuer, Nr. 7008 VV RVG	10,26 €
Summe Mahnverfahren	**64,26 €**

Streitiges Verfahren:

Gegenstandswert: 580,00 €	
1,3-Verfahrensgebühr, Nr. 3100 VV RVG	58,50 €
abzgl. 1,0 Mahnverfahrensgebühr, Anm. zu Nr. 3305 VV RVG	-45,00 €
1,2-Terminsgebühr, Nr. 3104 VV RVG	54,00 €
Postentgeltpauschale, Nr. 7002 VV RVG	20,00 €
Zwischensumme netto	87,50 €
19 % Umsatzsteuer, Nr. 7008 VV RVG	16,63 €
Summe streitiges Verfahren	**104,13 €**

(Die Postentgeltpauschale berechnet sich aus dem Gebührenaufkommen vor Anrechnung.)

Eine Anrechnung scheidet aus, wenn zwischen Mahnverfahren und streitigem Verfahren mehr als zwei Kalenderjahre vergangen sind (noch zur BRAGO OLG München AGS 2001, 151 = MDR 2000, 785 = OLGR 2000, 200 = JurBüro 2000, 469 = Rpfleger 2000, 516 = AnwBl 2000, 698 = NJW-RR 2000, 1727). 200

▶ **Abwandlung zu Beispiel 48:** 201

Zwischen Mahnverfahren und streitigem Verfahren liegen mehr als zwei Kalenderjahre. Der Rechtsanwalt rechnet folgende Gebühren und Auslagen ab:

Mahnverfahren:

1,0-Mahnverfahrensgebühr, Nr. 3305 VV RVG	45,00 €
Postentgeltpauschale, Nr. 7002 VV RVG	9,00 €
Zwischensumme netto	54,00 €
19 % Umsatzsteuer, Nr. 7008 VV RVG	10,26 €
Summe Mahnverfahren	**64,26 €**

Streitiges Verfahren:

Gegenstandswert: 580,00 €	
1,3-Verfahrensgebühr, Nr. 3100 VV RVG	58,50 €
1,2-Terminsgebühr, Nr. 3104 VV RVG	54,00 €
Postentgeltpauschale, Nr. 7002 VV RVG	20,00 €
Zwischensumme netto	132,50 €
19 % Umsatzsteuer, Nr. 7008 VV RVG	25,18 €
Summe streitiges Verfahren	**157,68 €**

d) Vertretung des Antragstellers im Verfahren über den Erlass eines Vollstreckungsbescheides

Für die Vertretung des Antragstellers im Verfahren über den Erlass eines Vollstreckungsbescheides erhält der Rechtsanwalt eine weitere 0,5-Verfahrensgebühr gem. Nr. 3308 VV RVG (Vollstreckungsbescheidsgebühr). Das Verfahren über den Vollstreckungsbescheid ist keine neue Angelegenheit. Daher entsteht insgesamt nur eine Postentgeltpauschale nach Nr. 7002 VV RVG. 202

▶ **Beispiel 59:** 203

Nach Erlass des Mahnbescheides (Wert: 580,00 €) beantragt der Rechtsanwalt den Erlass des Vollstreckungsbescheides. Der Rechtsanwalt kann insgesamt folgende Vergütung abrechnen:

Gegenstandswert: 580,00 €	
1,0-Mahnverfahrensgebühr, Nr. 3305 VV RVG	45,00 €
0,5-Verfahrensgebühr, Nr. 3308 VV RVG	22,50 €

Postentgeltpauschale, Nr. 7002 VV RVG	13,50 €
Zwischensumme netto	81,00 €
19 % Umsatzsteuer, Nr. 7008 VV RVG	15,39 €
Summe	96,39 €

204 Die Vollstreckungsbescheidsgebühr ist bei mehreren Auftraggebern ebenfalls erhöhungsfähig, allerdings nur dann, wenn der Rechtsanwalt zuvor nicht schon eine erhöhte Mahnverfahrensgebühr verdient hat. Dies ergibt sich aus der Anm. zu Nr. 3308 VV RVG.

205 ▶ **Beispiel 50:**

Der Rechtsanwalt wird von Eheleuten beauftragt, einen Vollstreckungsbescheid gegen ihren Mieter wegen einer rückständigen Mietforderung in Höhe von 580,00 € zu beantragen. Den Antrag auf Erlass des Mahnbescheides
a) hat bereits der Anwalt gestellt.
b) haben die Eheleute selbst gestellt.
Für die Vertretung der Antragsteller kann der Rechtsanwalt folgende Vergütung abrechnen:

Fall a)
Nur die Mahnverfahrensgebühr ist zu erhöhen, nicht auch die Vollstreckungsbescheidsgebühr.

Gegenstandswert: 580,00 €	
1,3-Mahnverfahrensgebühr, Nrn. 3305, 1008 VV RVG	58,50 €
0,5-Verfahrensgebühr, Nr. 3308 VV RVG	22,50 €
Postentgeltpauschale, Nr. 7002 VV RVG	16,20 €
Zwischensumme netto	97,20 €
19 % Umsatzsteuer, Nr. 7008 VV RVG	18,47 €
Summe	115,67 €

Fall b)
Jetzt erhält der Anwalt nur die Vollstreckungsbescheidsgebühr, die nach Nr. 1008 VV RVG zu erhöhen ist.

Gegenstandswert: 580,00 €	
0,8-Verfahrensgebühr für den Antrag auf Erlass eines Vollstreckungsbescheides, Nrn. 3308 und 1008 VV RVG	36,00 €
Postentgeltpauschale, Nr. 7002 VV RVG	7,20 €
Zwischensumme netto	43,20 €
19 % Umsatzsteuer, Nr. 7008 VV RVG	8,21 €
Summe	51,41 €

206 Die Gebühr im Verfahren über den Vollstreckungsbescheid kann nur dann entstehen, wenn der gestellte Antrag auch zulässig ist, also nicht, wenn der Antrag auf Erlass des Vollstreckungsbescheides bereits vor Ablauf der Widerspruchsfrist gestellt wird. Da der Antrag erst am 15. Tag nach Zustellung des Mahnbescheides an den Schuldner gestellt werden darf, kann die Gebühr für den Antrag auch erst dann entstehen.

207 Die Vollstreckungsbescheidsgebühr fällt nur aus dem Wert der Hauptforderung an, die zum Zeitpunkt der Antragstellung noch offen ist. Sollten also nach Erlass des Mahnbescheides vom Gegner Zahlungen auf die Hauptforderung geleistet worden sein, sind diese entsprechend vom Gegenstandswert in Abzug zu bringen und die Verfahrensgebühr nur aus dem verbleibenden Wert zu berechnen, wenn der Antrag auf den Vollstreckungsbescheid entsprechend reduziert wird.

208 Die Vollstreckungsbescheidsgebühr ist **nicht** im nachfolgenden Rechtsstreit anzurechnen.

e) Terminsgebühr

Seit In-Kraft-Treten des Anhörungsrügengesetzes zum **1. 1. 2005** kann nunmehr auch im Mahnverfahren eine Terminsgebühr entstehen. Dies ergibt sich aus der Vorbem. 3.3.2 VV RVG. **209**

Für die Praxis relevant ist dies in den Fällen, in denen der Schuldner sich vor oder nach Zustellung des Mahnbescheides entweder selbst oder durch seinen Rechtsanwalt mit dem anwaltlichen Vertreter des Antragstellers in Verbindung setzt, um über die Zahlungsmodalitäten zu »verhandeln«. In diesem Fall entsteht die Terminsgebühr nach Maßgabe des Abschnitts 1 (des 3. Teils) VV RVG. Denn nach Vorbem. 3 Abs. 3 VV RVG erhält der Rechtsanwalt eine 1,2-Terminsgebühr für »die Mitwirkung an auf die Vermeidung oder Erledigung des Verfahrens gerichteten Besprechungen ohne Beteiligung des Gerichts«, also für Besprechungen mit dem Antragsgegner oder dessen Bevollmächtigten (OLG Nürnberg JurBüro 2007, 21; LG Lüneburg AGS 2007, 646 = NJW-Spezial 2007, 556; LG Bonn AGS 2007, 447). **210**

▶ **Beispiel 51:** **211**

Der Rechtsanwalt wird von seinem Mandanten beauftragt, wegen rückständiger Mietzinsforderungen in Höhe von 790,00 € einen Mahnbescheid zu beantragen. Der Antragsgegner legt hiergegen Widerspruch ein und meldet sich telefonisch zwecks Ratenzahlung. Der Rechtsanwalt kündigt an, dies mit seinem Mandanten zu besprechen. Dieser lehnt Ratenzahlung ab.
Der Rechtsanwalt rechnet folgende Gebühren und Auslagen ab:
Für das Mahnverfahren:

Gegenstandswert: 790,00 €	
1,0-Mahnverfahrensgebühr, Nr. 3305 VV RVG	65,00 €
1,2-Terminsgebühr, Nr. 3104 VV RVG	78,00 €
Postentgeltpauschale, Nr. 7002 VV RVG	20,00 €
Zwischensumme netto	163,00 €
19 % Umsatzsteuer, Nr. 7008 VV RVG	30,97 €
Summe	**193,97 €**

Die im Mahnverfahren angefallene Terminsgebühr, die aufgrund einer mit dem Gegner geführten Besprechung zur Erledigung des Mahnverfahrens oder Vermeidung des streitigen Verfahrens entstanden ist, kann auf Antrag des Antragstellers im Vollstreckungsbescheidsantrag mit aufgenommen werden. Der Rechtspfleger hat insoweit eine Schlüssigkeitsprüfung nur ansatzweise vorzunehmen (LG Lüneburg AGS 2007, 646 = NJW-Spezial 2007, 556; LG Bonn AGS 2007, 447). **212**

Nach Anm. Abs. 4 zu Nr. 3104 VV RVG ist eine im Mahnverfahren entstandene Terminsgebühr auf eine in einem nachfolgenden Prozessverfahren anfallende Terminsgebühr anzurechnen. **213**

▶ **Fortsetzung Beispiel 52:** **214**

Es schließt sich das streitige Verfahren an, in dem verhandelt wird.
Der Rechtsanwalt rechnet folgende Gebühren und Auslagen ab:

Für das Mahnverfahren (s. o.)	193,97 €
Für den Rechtsstreit:	
Gegenstandswert: 790,00 €	
1,3-Verfahrensgebühr, Nrn. 3100 VV RVG	84,50 €
gem. Anm. zu Nr. 3305 VV RVG anzurechnen	-65,00 €

1,2-Terminsgebühr, Nr. 3104 VV RVG	78,00 €
gem. Anm. Abs. 4 zu Nr. 3104 VV RVG anzurechnen	-78,00 €
Postentgeltpauschale, Nr. 7002 VV RVG	20,00 €
Zwischensumme	39,50 €
19 % Umsatzsteuer, Nr. 7008 VV RVG	7,51 €
Summe Rechtsstreit	**47,01 €**

(Die Postentgeltpauschale berechnet sich aus dem Gebührenaufkommen vor Anrechnung)

f) Einigungsgebühr

215 Auch im Mahnverfahren kann eine Einigungsgebühr entstehen. Meldet sich der Antragsgegner nach Zustellung des Mahnbescheides beim Rechtsanwalt, um die Angelegenheit einvernehmlich zu erledigen und einigen sich die Parteien, entsteht die Einigungsgebühr der Nr. 1003 VV RVG in Höhe von 1,0.

216 ▶ **Beispiel 53:**

Der Rechtsanwalt wird von seinem Mandanten beauftragt, wegen rückständiger Mietzinsforderungen in Höhe von 790,00 € einen Mahnbescheid zu beantragen. Der Antragsgegner legt hiergegen Widerspruch ein und meldet sich telefonisch zwecks Ratenzahlung, die dann auch vereinbart wird.
Der Rechtsanwalt rechnet folgende Gebühren und Auslagen ab:
Für das Mahnverfahren:

Gegenstandswert: 790,00 €	
1,0-Mahnverfahrensgebühr, Nr. 3305 VV RVG	65,00 €
1,2-Terminsgebühr, Nr. 3104 VV RVG	78,00 €
1,0-Einigungsgebühr, Nrn. 1000, 1003 VV RVG	65,00 €
Postentgeltpauschale, Nr. 7002 VV RVG	20,00 €
Zwischensumme netto 228,00 € 19 % Umsatzsteuer, Nr. 7008 VV RVG	43,32 €
Summe	**271,32 €**

217 Wurde zwischen den Parteien vereinbart, dass der Antragsgegner auch die Kosten der Einigung zu tragen hat, können diese im Antrag auf Erlass des Vollstreckungsbescheides mitberücksichtigt werden (OLG München JurBüro 2007, 593).

3. Vertretung des Antragsgegners

218 Für die Vertretung des Antragsgegners im Mahnverfahren erhält der Rechtsanwalt eine 0,5-Verfahrensgebühr (Widerspruchsgebühr) gem. Nr. 3307 VV RVG. Auch diese Gebühr ist – da sie als Verfahrensgebühr im RVG bezeichnet ist – bei mehreren Auftraggebern erhöhungsfähig. Sie entsteht mit dem ersten Tätigwerden des Rechtsanwalts des Antragsgegners nach Auftragserteilung, also grundsätzlich mit der Entgegennahme der erforderlichen Information.

219 ▶ **Beispiel 54:**

Der Anwalt legt für den Antragsgegner gegen den Mahnbescheid (Wert: 580,00 €) Widerspruch ein.
Der Rechtsanwalt kann folgende Gebühren abrechnen:

Gegenstandswert: 580,00 €	
0,5-Verfahrensgebühr, Nr. 3307 VV RVG	22,50 €
Postentgeltpauschale, Nr. 7002 VV RVG	4,50 €
Zwischensumme netto	27,00 €
19 % Umsatzsteuer, Nr. 7008 VV RVG	5,13 €
Summe	**32,13 €**

Die Gebühr entsteht auch dann, wenn der Rechtsanwalt des Antragsgegners erst nach der Einlegung des Widerspruchs durch den Mandanten mit der Vertretung im Mahnverfahren beauftragt wird. Eine Ermäßigung dieser Gebühr ist nicht vorgesehen, auch dann nicht, wenn der Auftrag für den Rechtsanwalt vorzeitig endet, selbst wenn es nicht einmal zum Widerspruch kommt. 220

▶ **Abwandlung zu Beispiel 54:** 221

Der Anwalt rät davon ab, Widerspruch einzulegen, so dass der Antragsgegner zahlt. Abzurechnen ist wie in Beispiel 51.

Die Gebühr der Nr. 3307 VV RVG ist auf die Verfahrensgebühr eines sich anschließenden streitigen Verfahrens anzurechnen (Anm. zu Nr. 3307 VV RVG). 222

▶ **Beispiel :** 223

Der Anwalt legt für den Antragsgegner gegen den Mahnbescheid (Wert: 580,00 €) Widerspruch ein. Hiernach kommt es zum streitigen Verfahren, in dem mündlich verhandelt wird.
Der Rechtsanwalt kann folgende Gebühren abrechnen:

Für das Mahnverfahren:	
Gegenstandswert: 580,00 €	
0,5-Verfahrensgebühr, Nr. 3307 VV RVG	22,50 €
Postentgeltpauschale, Nr. 7002 VV RVG	4,50 €
Zwischensumme netto	27,00 €
19 % Umsatzsteuer, Nr. 7008 VV RVG	5,13 €
Summe	**32,13 €**
Für den Rechtsstreit:	
Gegenstandswert: 580,00 €	
1,3-Verfahrensgebühr, Nrn. 3100 VV RVG	58,50 €
gem. Anm. zu Nr. 3305 VV RVG anzurechnen, 0,5 aus 580,00 €	-22,50 €
1,2-Terminsgebühr, Nr. 3104 VV RVG	54,00 €
Postentgeltpauschale, Nr. 7002 VV RVG	20,00 €
Zwischensumme	110,00 €
19 % Umsatzsteuer, Nr. 7008 VV RVG	20,90 €
Summe Rechtsstreit	**130,90 €**

(Die Postentgeltpauschale berechnet sich aus dem Gebührenaufkommen vor Anrechnung.)

Auch für den Anwalt des Antragsgegners kann im Mahnverfahren eine Terminsgebühr nach Nr. 3104 VV RVG entstehen (Vorbem. 3.2.2 VV RVG). Diese Gebühr ist nach Anm. Abs. 4 zu Nr. 3104 VV RVG anzurechnen, wenn es zu einem streitigen Verfahren kommt. Es gilt das gleiche wie beim Antragstellervertreter. 224

Ebenso kann auch der Anwalt des Antragsgegners eine Einigungsgebühr nach Nrn. 1000, 1003 VV RVG verdienen. 225

V. Rechtsstreit erster Instanz

1. Überblick

Die Vergütung in erstinstanzlichen gerichtlichen Verfahren richtet sich nach Teil 3 Abschnitt 1 VV RVG. Die Gebühren dieses Abschnitts entstehen in allen Verfahren, soweit keine gesonderten Gebühren bestimmt sind (Vorbem. 3.1 Abs. 1 VV RVG). Vorge- 226 sehen sind eine Verfahrensgebühr (Nr. 3100 VV RVG) sowie eine Terminsgebühr (Nr. 3104 VV RVG). Hinzu kommen kann eine Einigungsgebühr nach den Nrn. 1000 ff. VV RVG.

227 Welche Tätigkeiten zum Rechtszug gehören und damit durch die Gebühren der Nrn. 3100 ff. VV RVG mit abgegolten werden, ergibt sich aus § 19 Abs. 1 RVG. Danach gehören insbesondere Vorbereitungs-, Neben- und Abwicklungstätigkeiten mit zur Angelegenheit (z.B. außergerichtliche Verhandlungen einschließlich eines gerichtsnahen Mediationsverfahrens – § 19 Abs. 1 Nr. 2 RVG [OLG Rostock AGS 2007, 124; OLG Rostock AGS 2007, 126 = JurBüro 2007, 194 = RVGreport 2008, 54; OLG Braunschweig AGS 2007, 127 = AnwBl 2007, 88 = JurBüro 2007, 196; Zwischenstreite und Streitwertfestsetzung – § 19 Abs. 1 Nr. 3 RVG; die Entgegennahme von Entscheidungen und Rechtsmittelschriften – § 19 Abs. 1 Nr. 9 RVG; die Kostenfestsetzung – § 19 Abs. 1 Nr. 13 RVG).

2. Verfahrensgebühr

a) Überblick

228 Für das Betreiben des Geschäfts (Vorbem. 3 Abs. 2 VV RVG) erhält der Anwalt zunächst einmal eine Verfahrensgebühr nach Nr. 3100 VV RVG. Die Verfahrensgebühr deckt sämtliche Tätigkeiten im Rahmen des Verfahrens mit ab, insbesondere die nach § 19 RVG zum Rechtszug gehörenden Tätigkeiten, sowie Verfahren über Prozesskostenhilfe (§ 16 Nr. 2,3 G).

229 Die Höhe der Verfahrensgebühr beträgt nach Nr. 3100 VV RVG grundsätzlich 1,3. Allerdings ist nach Nr. 3101 VV RVG in bestimmten Fällen eine Ermäßigung auf 0,8 vorgesehen. Möglich ist auch, dass sowohl eine volle 1,3-Verfahrensgebühr als auch eine ermäßigte 0,8-Verfahrensgebühr anfällt. In diesem Fall ist dann die Begrenzung nach § 15 Abs. 3 RVG zu beachten.

230 Zu beachten ist, dass in vielen Fällen Gebühren vorangegangener Angelegenheiten auf die Verfahrensgebühr anzurechnen sind (s. Rdn. 243).

b) Volle Verfahrensgebühr

231 Nach Nr. 3100 VV RVG erhält der Anwalt grundsätzlich eine 1,3-Verfahrensgebühr. Systematisch ist die volle Verfahrensgebühr nicht an besondere Voraussetzungen geknüpft, sondern der Regelfall. Nur dann, wenn ein Ausnahmefall nach Nr. 3101 VV RVG vorliegt, ermäßigt sich die Verfahrensgebühr auf 0,8. Ist ein solcher Ermäßigungstatbestand nicht gegeben, bleibt es bei der 1,3-Verfahrensgebühr.

c) Ermäßigte Verfahrensgebühr

aa) Überblick

232 Nach Nr. 3101 VV RVG ermäßigt sich die Verfahrensgebühr unter den genannten Voraussetzungen auf 0,8. Entgegen der häufig anzutreffenden Ansicht handelt es sich bei Nr. 3101 VV RVG nicht um eine eigene Gebühr »Differenzverfahrensgebühr« o.ä., sondern nur um einen Ermäßigungstatbestand. Die Gebühr ist die der Nr. 3100 VV RVG, die sich lediglich um 0,5 ermäßigt.

233 Die Ermäßigung tritt ein, wenn
- der Auftrag endet, bevor der Rechtsanwalt die Klage, den ein Verfahren einleitenden Antrag oder einen Schriftsatz, der Sachanträge, Sachvortrag, die Zurücknahme der Klage oder die Zurücknahme des Antrags enthält, eingereicht oder bevor er einen gerichtlichen Termin wahrgenommen hat, Nr. 3101 Nr. 1 VV RVG,

- soweit lediglich beantragt ist, eine Einigung der Parteien oder der Beteiligten oder mit Dritten über in diesem Verfahren nicht rechtshängige Ansprüche zu Protokoll zu nehmen oder festzustellen (§ 278 Abs. 6 ZPO), Nr. 3101 Nr. 2, 1. Alt. VV RVG oder
- soweit lediglich Verhandlungen vor Gericht zur Einigung über solche Ansprüche geführt werden, Nr. 3101 Nr. 2, 2. Alt. VV RVG.

bb) Vorzeitige Beendigung

Diese Ermäßigung auf 0,8 tritt nach Nr. 3101 Nr. 1 VV RVG ein, wenn der Auftrag vorzeitig endet, also bevor der Rechtsanwalt **234**
- die Klage oder einen verfahrenseinleitenden Antrag eingereicht hat,
- einen Schriftsatz, der Sachanträge oder Sachvortrag, die Klagerücknahme oder die Zurücknahme eines Antrags enthält, eingereicht hat oder
- für seine Partei einen gerichtlichen Termin wahrgenommen hat.

Ein solcher Fall ist insbesondere dann gegeben, wenn sich die Sache für den Kläger vor **235** Einreichung der Klage erledigt oder wenn der Beklagtenanwalt sich zunächst nur bestellt und die Klage dann zurückgenommen wird, bevor er einen Zurückweisungsantrag gestellt hat. Die bloße Bestellung reicht noch nicht aus, um die volle Verfahrensgebühr auszulösen.

▶ **Beispiel 55:**

Der Anwalt erhält den Auftrag, eine Räumungsklage (Wert: 10.000,00 €) einzureichen. Er entwirft die Klageschrift. Diese wird jedoch nicht mehr eingereicht, da der Mieter zuvor doch noch auszieht.

0,8-Verfahrensgebühr, Nr. 3101 Nr. 1 VV RVG (Wert: 10.000,00 €)	388,80 €
Postentgeltpauschale, Nr. 7002 VV RVG	20,00 €
Zwischensumme	408,80 €
19 % Umsatzsteuer, Nr. 7008 VV RVG	77,67 €
Gesamt	486,47 €

cc) Bloßer Antrag auf Protokollierung einer Einigung der Parteien über nicht anhängige Gegenstände

Nach Nr. 3101 Nr. 2, 1. Alt. VV RVG ermäßigt sich die Verfahrensgebühr ebenfalls auf **236** 0,8, soweit der Rechtsanwalt lediglich damit beauftragt wird, eine Einigung der Parteien oder mit Dritten über in diesem Verfahren nicht rechtshängige Ansprüche zu Protokoll zu nehmen oder nach § 278 Abs. 6 ZPO feststellen zu lassen.

▶ **Beispiel 56:**

In einem Räumungsrechtsstreit über 10.000,00 € einigen sich die Parteien unter Mitwirkung ihrer Anwälte über die Räumung. Gleichzeitig wird eine zwischen den Parteien ohne Mitwirkung ihrer Anwälte geschlossene Einigung über weitergehende nicht anhängige 5.000,00 € (Übernahme der Einbauküche) mit protokolliert.
Aus dem Wert der Räumung (10.000,00 €) entsteht die 1,3-Verfahrensgebühr; aus dem Wert der weiteren Gegenstände (5.000,00 €) entsteht dagegen nur eine 0,8-Verfahrensgebühr nach Nr. 3101 Nr. 2, 1. Alt. VV RVG. Zu beachten ist § 15 Abs. 3 RVG.

1,3-Verfahrensgebühr, Nr. 3100 VV RVG (Wert: 10.000,00 €)	631,80 €
0,8-Verfahrensgebühr, Nr. 3101 Nr. 2 VV RVG (Wert: 5.000,00 €)	240,80 €
gem. § 15 Abs. 3 RVG nicht mehr als 1,3 aus 15.000,00 €	735,80 €

dd) Bloße Verhandlungen vor Gericht über nicht anhängige Gegenstände

237 Des Weiteren entsteht nur die 0,8-Verfahrensgebühr, soweit der Anwalt über Gegenstände, die in diesem Verfahren nicht anhängig sind, lediglich verhandelt (Nr. 3101 Nr. 2, 1. Alt. VV RVG). Hiervon erfasst sind also die erfolglosen Einigungsverhandlungen, bei denen es lediglich bei einem Verhandeln bleibt und es nicht zu einer Einigung kommt.

▶ **Beispiel 57:**

In einem Räumungsrechtsstreit (Wert: 10.000,00 €) versuchen sich die Parteien, unter Mitwirkung ihrer Anwälte im Termin über die Klageforderung und über weitergehende nicht anhängige 5.000,00 € (Nebenkosten, Renovierungskoten und Mietkaution) zu einigen. Eine Einigung kommt nicht zustande.
Aus dem Wert der eingeklagten Räumung (10.000,00 €) entsteht eine 1,3-Verfahrensgebühr; aus dem Wert der weitergehenden Gegenstände (5.000,00 €) nur eine 0,8-Verfahrensgebühr nach Nr. 3101 Nr. 2, 2. Alt. VV RVG. Zu beachten ist § 15 Abs. 3 RVG. Abzurechnen ist wie im vorangegangenen Beispiel 56.

238 Kommt es später zu einem gerichtlichen Verfahren über die lediglich mitverhandelten Gegenstände, ist die 0,8-Verfahrensgebühr bzw. der nach § 15 Abs. 3 RVG davon verbleibende Betrag auf das nachfolgende Verfahren anzurechnen (Anm. Abs. 1 zu Nr. 3101 VV RVG). S. dazu Rdn. 259 ff.

ee) Keine Ermäßigung bei Einigung im Termin über nicht anhängige Gegenstände

239 Wird im Termin über nicht anhängige Gegenstände verhandelt und eine Einigung erzielt, an der der Anwalt mitwirkt, so greift die Ermäßigung nach Nr. 3101 VV RVG nicht. Eine vorzeitige Beendigung nach Nr. 3101 Nr. 1 VV RVG liegt nicht vor, weil es zu einem gerichtlichen Termin gekommen ist; Nr. 3101 Nr. 2 VV RVG wiederum ist nicht anwendbar, da weder lediglich eine Einigung der Parteien protokolliert noch lediglich verhandelt worden ist (N. Schneider, AGS 2007, 277; Mayer/Kroiß/Mayer Nr. 3100 Rn. 45; Mayer Gebührenformulare, § 5 Rn. 79).

▶ **Beispiel:**

In einem Rechtsstreit über 2.000,00 € einigen sich die Parteien im Termin über die Klageforderung sowie über weitergehende nicht anhängige 10.000,00 €.
Es entsteht eine volle 1,3-Verfahrensgebühr aus dem Gesamtwert.

1,3-Verfahrensgebühr, Nr. 3100 VV RVG (Wert: 12.000,00 €)	683,80 €

d) Erhöhung bei Vertretung mehrerer Auftraggeber

240 Vertritt der Anwalt mehrere Auftraggeber wegen desselben Gegenstands, so erhöht sich die Verfahrensgebühr um 0,3 je weiteren Auftraggeber, höchstens jedoch um 2,0. Bei zwei Auftraggebern erhöht sich also die 1,3-Verfahrensgebühr der Nr. 3100 VV RVG auf 1,6 und die 0,8-Verfahrensgebühr nach Nr. 3101 VV RVG auf 1,1. Die Erhöhung greift auch dann, wenn der Anwalt bereits außergerichtlich tätig war und dort eine nach Nr. 1008 VV RVG erhöhte Geschäftsgebühr verdient hatte (LG Düsseldorf AGS 2007, 381 = JurBüro 2007, 480 = RVGreport 2007, 298; AG Stuttgart AGS 2007, 385; LG Ulm AGS 2008, 163 = AnwBl. 2008, 73).

241 Vertritt der Anwalt mehrere Auftraggeber wegen verschiedener Gegenstände, so kommt eine Erhöhung nach Nr. 1008 VV RVG nicht in Betracht. Stattdessen sind die Werte der *einzelnen Gegenstände nach* § 23 Abs. 1 S. 1 RVG i.V.m. § 39 Abs. 1 GKG zu addieren.

e) Gegenstandswert

Der Gegenstandswert der Verfahrensgebühr bemisst sich nach dem Wert aller Gegenstände, die im Verlaufe des Verfahrens anhängig waren. Es kommt nicht darauf an, dass diese zugleich anhängig waren (OLG Koblenz AGS 2007, 151 = WuM 2006, 45; OLG Hamm OLGR 2007, 324; KG AGS 2008, 188 = JurBüro 2008, 148; s.a. AnwK-RVG/N. Schneider § 22 Rn. 10; Gerold/Schmidt/Madert § 22 Rn. 14; a.A. OLG Dresden OLGR 2007, 470 = JurBüro 2007, 315). **242**

▶ Beispiel 58:

Der Anwalt erhält den Auftrag, Mieten in Höhe von jeweils 1.000,00 € für die Monate Januar, Februar und März geltend zu machen. Im Prozess stellt sich heraus, dass die Mieten für Januar und Februar bereits gezahlt waren, so dass insoweit die Klage zurückgenommen wird. Wegen zwischenzeitlich weiterer Rückstände für April und Mai wird die Klage erweitert.
Der Gegenstandswert der Verfahrensgebühr beläuft sich auf 5.000,00 €, da im Verlaufe des Rechtsstreites insgesamt fünf Mieten zu jeweils 1.000,00 € anhängig waren. Darauf, dass nie mehr als drei Mieten in Höhe von insgesamt 3.000,00 € zeitgleich anhängig waren, kommt es nicht an.
Der Gegenstandswert der Verfahrensgebühr kann niemals geringer sein als der einer anderen Gebühr, da jede Tätigkeit im Verfahren immer auch ein Betreiben des Geschäfts i.S.d. Vorbem. 3 Abs. 2 VV RVG darstellt.

f) Anrechnung auf die Verfahrensgebühr

Auf die Verfahrensgebühr des gerichtlichen Verfahrens können andere Gebühren anzurechnen sein: **243**

- Ist eine Beratung vorangegangen, so ist die Beratungsgebühr – unabhängig davon, ob sie sich nach BGB berechnet oder aus einer Vereinbarung ergibt – nach § 34 Abs. 2 RVG in voller Höhe anzurechnen, sofern nichts Abweichendes vereinbart ist (s. Rdn. 115 f.).
- Ist eine außergerichtliche Vertretung (auch im Schlichtungsverfahren, Nr. 2303 VV RVG) vorangegangen, so ist die dort angefallene Geschäftsgebühr gem. Vorbem. 3 Abs. 4 VV RVG hälftig auf die Verfahrensgebühr anzurechnen, höchstens jedoch zu 0,75 (s. Rdn. 160 ff. u. 130 ff.).
- War der Anwalt zuvor im Rahmen der Beratungshilfe tätig, so ist eine Beratungsgebühr voll (Anm. Abs. 2 zu Nr. 2501 VV RVG) und eine Geschäftsgebühr zur Hälfte (Anm. Abs. 2 zu Nr. 2503 VV RVG) anzurechnen.
- Ist ein Mahnverfahren vorangegangen, ist sowohl die 1,0-Verfahrensgebühr des Antragstellers (Nr. 3305 VV RVG) als auch die 0,5-Verfahrensgebühr des Antragsgegners (Nr. 3307 VV RVG) anzurechnen (Anm. zu Nr. 3305 VV RVG, Anm. zu Nr. 3307 VV RVG).
- Darüber hinaus ist die Verfahrensgebühr eines vorangegangenen Beweisverfahrens anzurechnen (Vorbem. 3 Abs. 5 VV RVG).
- Ebenso ist Verfahrensgebühr eines vorangegangenen Wechsel-, Scheck- oder Urkundenverfahrens anzurechnen (Anm. Abs. 2 zu Nr. 3100 VV RVG).
- Des Weiteren ist gem. Vorbem. 3 Abs. 6 VV RVG im Falle einer Zurückverweisung die Verfahrensgebühr aus dem vorangegangenen erstinstanzlichen Verfahren anzurechnen (s. Rdn. 353 ff.).
- Schließlich ist auch die ermäßigte Verfahrensgebühr der Nr. 3101 Nr. 2 VV RVG anzurechnen (Anm. Abs. 1 zu Nr. 3101 VV RVG), wenn es nach gescheiterten Einigungsverhandlungen in einem anderen Rechtsstreit über nicht anhängige Gegenstände zu einem Verfahren über diese kommt (s. Rdn. 259).

3. Terminsgebühr

a) Überblick

244 Neben der Verfahrensgebühr entsteht unter den Voraussetzungen der Vorbem. 3 Abs. 3 VV RVG oder der Anm. Abs. 1 zu Nr. 3104 VV RVG eine Terminsgebühr nach Nr. 3104 VV RVG.

Nach Vorbem. 3 Abs. 3 VV RVG entsteht die Terminsgebühr für
- die Vertretung in einem Verhandlungs-, Erörterungs- oder Beweisaufnahmetermin (Vorbem. 3 Abs. 3, 1. Var. VV RVG),
- die Wahrnehmung eines von einem gerichtlich bestellten Sachverständigen anberaumten Termins (Vorbem. 3 Abs. 3, 2. Var. VV RVG) oder
- die Mitwirkung an auf die Vermeidung oder Erledigung des Verfahrens gerichteten Besprechungen auch ohne Beteiligung des Gerichts (Vorbem. 3 Abs. 3, 3. Var. VV RVG).

245 Darüber hinaus entsteht die Terminsgebühr nach Anm. Abs. 1 Nr. 1 zu Nr. 3104 VV RVG auch ohne einen gerichtlichen Termin, wenn in einem Verfahren, für das eine mündliche Verhandlung vorgeschrieben ist,
- ohne mündliche Verhandlung entschieden wird, und zwar entweder
- im Einverständnis mit den Parteien oder
- gem. § 307 ZPO oder
- gem. § 495a ZPO

oder
- ein schriftlicher Vergleich geschlossen wird.

246 Der Anfall einer Terminsgebühr setzt nicht voraus, dass ein Verfahren bereits anhängig ist. Erforderlich ist nur ein Verfahrensauftrag, so dass sich die Vergütung nach Teil 3 VV RVG bestimmt (BGH AGS 2007, 166 = RVGreport 2007, 143 = AnwBl. 2007, 381 = JurBüro 2007, 241).

▶ Beispiel 59:

Der Anwalt erhält den Auftrag, eine Räumungsklage (Wert: 10.000,00 €) zu erheben. Bevor die Klage eingereicht wird, ruft der Gegenanwalt an. Die Anwälte verhandeln und erzielen eine Einigung, so dass es nicht mehr zum Rechtsstreit kommt.
Da die Klage noch nicht eingereicht war, ist lediglich eine 0,8-Verfahrensgebühr nach Nr. 3101 Nr. 1 VV RVG entstanden. Für die Besprechung ist jedoch bereits die volle 1,2-Terminsgebühr nach Nr. 3104 VV RVG entstanden (Vorbem. 3 Abs. 3, 3. Var. VV RVG), da bereits ein Klageauftrag bestand. Hinzu kommt eine 1,5-Einigungsgebühr.

0,8-Verfahrensgebühr, Nrn. 3100, 3101 Nr. 1 VV RVG (Wert: 10.000,00 €)	388,80 €
1,2-Terminsgebühr, Nr. 3104 VV RVG (Wert: 10.000,00 €)	583,20 €
1,5-Einigungsgebühr, Nr. 1000 VV RVG (Wert: 10.000,00 €)	729,00 €
Postentgeltpauschale, Nr. 7002 VV RVG	20,00 €
Zwischensumme	1.721,00 €
19 % Umsatzsteuer, Nr. 7008 VV RVG	326,99 €
Gesamt	**2.047,99 €**

b) Die einzelnen Fälle der Terminsgebühr

aa) Vertretung in einem Verhandlungs-, Erörterungs- oder Beweisaufnahmetermin

Die Terminsgebühr entsteht zunächst einmal bei Vertretung in einem Verhandlungs-, Erörterungs- oder Beweisaufnahmetermin (Vorbem. 3 Abs. 3, 1. Var. VV RVG). Für das Entstehen der Gebühr ist es unerheblich, ob verhandelt wird oder nicht. Die Teilnahme am Termin (nach Aufruf der Sache) genügt. Daher entsteht die Terminsgebühr auch dann, wenn die Klage im Termin zurückgenommen wird. Ebenso kann die Terminsgebühr anfallen, wenn im Termin die Hauptsache übereinstimmend für erledigt erklärt wird. Auch hier müssen die Gegenstände nicht anhängig sein. Die Gebühr entsteht auch dann, wenn über nicht anhängige Gegenstände erörtert wird. Dagegen entsteht keine Terminsgebühr, soweit im Termin lediglich eine Einigung der Parteien oder mit Dritten über nicht anhängige Gegenstände protokolliert wird (Anm. Abs. 3 zu Nr. 3104 VV RVG). War der Anwalt dagegen auch an den Einigungsverhandlungen im Termin beteiligt, entsteht die Terminsgebühr. 247

bb) Wahrnehmung eines von einem gerichtlich bestellten Sachverständigen anberaumten Termins

Die Terminsgebühr kann auch dann anfallen, wenn der Anwalt an einem von einem gerichtlichen Sachverständigen anberaumten Termin teilnimmt (Vorbem. 3 Abs. 3, 2. Var. VV RVG). Diese Variante hat nur Bedeutung, wenn es nicht mehr zu einem gerichtlichen Termin kommt oder der Anwalt daran nicht teilgenommen hatte. 248

▶ Beispiel 60:

In einem Rechtsstreit über Wohnungsmängel erlässt das Gericht nach § 358a ZPO vorbereitend einen Beweisbeschluss. Der Sachverständige beraumt daraufhin einen Ortstermin an, an dem beide Anwälte teilnehmen. Nach Erhalt des Gutachtens wird die Klage zurückgenommen.
Obwohl es nicht zu einem gerichtlichen Termin gekommen ist, haben beide Anwälte nach Vorbem. 3 Abs. 3, 2. Var. VV RVG die Terminsgebühr verdient, da sie an einem gerichtlichen Sachverständigentermin teilgenommen haben.

cc) Mitwirkung an auf die Vermeidung oder Erledigung des Verfahrens gerichteten Besprechungen auch ohne Beteiligung des Gerichts

Die Terminsgebühr entsteht auch dann, wenn der Anwalt mit dem Gegner oder einem Dritten eine Besprechung zur Erledigung des Verfahrens führt. Besprechungen mit dem Auftraggeber reichen nicht aus. Unerheblich ist, ob die Besprechung erfolgreich war, also ob sie tatsächlich zur Erledigung geführt hat oder nicht (BGH AGS 2007, 292 = AnwBl. 2007, 461 = JurBüro 2007, 303 = RVGreport 2007, 183). 249

dd) Entscheidung ohne mündliche Verhandlung

Wird im Einverständnis mit den Parteien (insbesondere nach § 128 Abs. 2 ZPO) oder gem. § 307 ZPO (Anerkenntnis im schriftlichen Verfahren) oder gem. § 495a ZPO ohne mündliche Verhandlung entschieden, entsteht ebenfalls die Terminsgebühr. Voraussetzung ist eine Entscheidung. Dabei muss es sich nicht um eine Endentscheidung handeln. Vielmehr genügt jede Entscheidung, durch die die beabsichtigte Endentscheidung wesentlich sachlich vorbereitet wird, wie z.B. ein Hinweis- oder Beweisbeschluss, nicht jedoch eine Entscheidung zur Prozess- und Sachleitung (AnwK-RVG/Onderka/Wahlen Nr. 3104 Rn. 25 ff.). Ist für das Verfahren eine mündliche Verhandlung nicht vorgeschrieben, kann eine Terminsgebühr nach Anm. Abs. 1 zu Nr. 3104 VV RVG nicht entstehen. 250

Das ist z.B. dann der Fall, wenn nur noch über die Kosten entschieden wird (BGH AGS 2007, 610 = RVGreport 2007, 460 = JurBüro 2008, 23 = NJW 2008, 668), da eine solche Entscheidung nach § 128 Abs. 3 ZPO ohne mündliche Verhandlung ergehen kann (§ 128 Abs. 3 ZPO). Gleiches gilt für die Verwerfung eines Einspruchs gegen einen Vollstreckungsbescheid nach §§ 700 Abs. 1, 341 Abs. 2 ZPO (AG Ansbach 2006, 544 = RVGreport 2006, 388).

ee) Schriftlicher Vergleich

251 Darüber hinaus entsteht die Terminsgebühr auch dann, wenn in einem Verfahren, für das eine mündliche Verhandlung vorgeschrieben ist, ein schriftlicher Vergleich geschlossen wird. Dies betrifft insbesondere den Fall der schriftlichen Vergleichsprotokollierung nach § 278 Abs. 6 ZPO (BGH AGS 2007, 341 = AnwBl. 2007, 462 = JurBüro 2007, 360 = RVGreport 2007, 229; BGH AGS 2006, 488 = AnwBl. 2006, 676 = RVGreport 2006, 387; BGH AGS 2005, 540 = AnwBl. 2006, 71 = JurBüro 2006, 73 = RVGreport 2005, 471). Ausreichend ist nach dem Wortlaut des Gesetzes aber auch ein privatschriftlicher Vergleich.

252 Die Terminsgebühr entsteht auch dann, wenn der Vergleich einen Mehrwert hat (OLG Saarbrücken AGS 2010, 161 = ErbR 2010, 162 = NJW-Spezial 2010, 188).

▶ **Beispiel 61:**

In einem Räumungsrechtsstreit (Wert: 10.000,00 €) unterbreitet der Anwalt des Klägers ein Einigungsangebot, in dem auch weitergehende nicht anhängige 5.000,00 € (Mietkaution, Nebenkosten und Renovierung) einbezogen sind. Der Anwalt des Beklagten stimmt der Einigung zu, deren Zustandekommen sodann dann nach § 278 Abs. 6 ZPO festgestellt wird.

Aus dem Wert der Räumung (10.000,00 €) ist die 1,3-Verfahrensgebühr, die 1,2-Terminsgebühr (Anm. Abs. 1 Nr. 1 zu Nr. 3104 VV RVG) und die 1,0-Einigungsgebühr entstanden.

Aus dem Wert der weitergehenden Gegenstände (5.000,00 €) ist unter Beachtung des § 15 Abs. 3 RVG wiederum nur eine 0,8-Verfahrensgebühr nach Nr. 3101 Nr. 1 VV RVG angefallen. Darüber hinaus ist aber die volle 1,2-Terminsgebühr entstanden und eine Einigungsgebühr i.H.v. 1,5 unter Beachtung des § 15 Abs. 3 RVG.

1,3-Verfahrensgebühr, Nr. 3100 VV RVG (Wert: 10.000,00 €)	631,80 €	
0,8-Verfahrensgebühr, Nr. 3101 Nr. 2 VV RVG (Wert: 5.000,00 €)	240,80 €	
gem. § 15 Abs. 3 RVG nicht mehr als 1,3 aus 15.000,00 €		735,80 €
1,2-Terminsgebühr, Nr. 3104 VV RVG (Wert: 15.000,00 €)		679,20 €
1,0-Einigungsgebühr, Nrn. 1000, 1003 VV RVG (Wert: 10.000,00 €)	486,00 €	
1,5-Einigungsgebühr, Nr. 1000 VV RVG (Wert: 5.000,00 €)	451,50 €	
gem. § 15 Abs. 3 RVG nicht mehr als 1,5 aus 15.000,00 €		849,00 €
Postentgeltpauschale, Nr. 7002 VV RVG		20,00 €
Zwischensumme		2.284,00 €
19 % Umsatzsteuer, Nr. 7008 VV RVG		433,96 €
Gesamt		**2.717,96 €**

c) Höhe der Terminsgebühr

aa) Grundsatz

Die Höhe der Terminsgebühr beläuft sich grundsätzlich auf 1,2 (Nr. 3104 VV RVG). Eine Unterscheidung zwischen streitiger und nicht streitiger Verhandlung kennt das RVG nicht. 253

bb) Ermäßigte Terminsgebühr

Lediglich in den Fällen der Nr. 3105 VV RVG ermäßigt sich die Terminsgebühr auf 0,5. 254
Die Ermäßigung tritt danach ein, wenn

- die Gegenpartei nicht erschienen oder nicht ordnungsgemäß vertreten ist und
- lediglich ein Antrag auf Erlass eines Versäumnisurteils oder zur Prozess- und Sachleitung gestellt wird (Nr. 3105 VV RVG) oder das Gericht von Amts wegen zur Prozess- und Sachleitung entscheidet (Anm. Abs. 1 zu Nr. 3105 VV RVG).

▶ **Beispiel 62:**

Im Termin zur mündlichen Verhandlung (Streitwert 8.000,00 €) erscheint der Beklagte nicht.
a) Der Kläger beantragt daraufhin den Erlass eines Versäumnisurteils.
b) Der Kläger beantragt daraufhin Vertagung.
c) Das Gericht vertagt von Amts wegen.
In allen drei Fällen entsteht nur eine 0,5-Terminsgebühr nach Nrn. 3104, 3105 VV RVG.

1,3-Verfahrensgebühr, Nr. 3100 VV RVG (Wert: 8.000,00 €)	535,60 €
0,5-Terminsgebühr, Nrn. 3104, 3105 VV RVG (Wert: 8.000,00 €)	206,00 €
Postentgeltpauschale, Nr. 7002 VV RVG	20,00 €
Zwischensumme	761,60 €
19 % Umsatzsteuer, Nr. 7008 VV RVG	144,70 €
Gesamt	**906,30 €**

Die Ermäßigung ist bei einer Entscheidung im schriftlichen Verfahren entsprechend anzuwenden (Anm. Abs. 2 zu Nr. 3105 VV RVG), also insbesondere im Falle eines Versäumnisurteils gem. § 331 Abs. 3 ZPO nach Ausbleiben der Verteidigungsanzeige. Der Anwalt erhält die Gebühr sogar dann, wenn das Gericht das Versäumnisurteil erlässt, obwohl kein entsprechender Antrag gestellt worden war (OLG Jena AGS 2006, 227 = JurBüro 2006, 254 = RVGreport 2006, 187).

▶ **Beispiel 63:**

Der Kläger reicht eine Klage über 8.000,00 € ein und beantragt für den Fall, dass die Verteidigungsbereitschaft nicht angezeigt wird, den Erlass eines Versäumnisurteils. Der Beklagte zeigt die Verteidigungsbereitschaft nicht an, so dass ein Versäumnisurteil im schriftlichen Vorverfahren ergeht.
Abzurechnen ist wie in Beispiel 62.
Die Vorschrift des § 333 ZPO (Nichtverhandeln trotz Erscheinens) ist nicht entsprechend anzuwenden (Anm. Abs. 3 zu Nr. 3105 VV RVG). In diesem Fall bleibt es bei der vollen 1,2-Terminsgebühr.

▶ **Beispiel 64:**

Der Anwalt des Beklagten erscheint im Termin zur mündlichen Verhandlung und erklärt, er trete heute nicht auf. Sodann ergeht gegen den Beklagten ein Versäumnisurteil.

Da die Reduzierung nach Nr. 3105 VV RVG nur eintritt, wenn der Beklagte nicht erschienen und auch nicht ordnungsgemäß vertreten ist, fällt die volle 1,2-Terminsgebühr an (KG AGS 2006, 117 = JurBüro 2006, 134 = RVGreport 2006, 66).
Strittig ist die Anwendung der Anm. Abs. 3 zu Nr. 3105 VV RVG im Falle einer Entscheidung im schriftlichen Verfahren nach § 128 Abs. 2 ZPO oder § 495a ZPO, wenn der Beklagte sich nicht meldet.

▶ **Beispiel 65:**

Das Gericht ordnet das schriftliche Verfahren nach § 495a ZPO an (Streitwert: 500,00 €). Der Beklagte meldet sich nicht, so dass das Gericht in diesem Verfahren ein endgültiges Urteil erlässt.

Zum Teil wird vertreten, nach Anm. Abs. 2 zu Nr. 3105 VV RVG i.V.m. Anm. Abs. 1 Nr. 1 zu Nr. 3104 VV RVG entstehe nur eine 0,5-Terminsgebühr (AG München AGS 2007, 442 m. abl. Anm. Schons; AG Cloppenburg JurBüro 2007, 79; AG Freising 2008, 71 m. abl. Anm. N. Schneider = JurBüro 2008, 142). Das ist jedoch unzutreffend, da hier gerade kein Antrag auf Erlass eines Versäumnisurteils gestellt wird und auch kein Versäumnisurteil ergeht, sondern ein endgültiges Urteil. Es fällt daher eine 1,2-Terminsgebühr an (AG Kleve 2006, 542; AnwK-RVG/Onderka Nr. 3105 VV RVG Rn. 34; Hartung/Römermann/Schons Nr. 3105 Rn. 18).

Wird vor Erlass eines Versäumnisurteils mit dem Gericht (KG AGS 2006, 117 = JurBüro 2006, 134 = RVGreport 2006, 66; OLG Koblenz AGS 2005, 190 = RVGreport 2005, 231) oder mit der zwar erschienenen, aber nicht postulationsfähigen Partei zunächst erörtert, greift die Ermäßigung ebenfalls nicht, da dann nicht »lediglich« ein Antrag auf Erlass eines Versäumnisurteils gestellt wird (BGH AGS 2007, 226 = AnwBl. 2007, 383 = JurBüro 2007, 304 = RVGreport 2007, 187).

▶ **Beispiel 66:**

Im Termin zur mündlichen Verhandlung vor dem LG erscheint der Beklagte persönlich, jedoch ohne anwaltliche Vertretung. Das Gericht erörtert die Sache dennoch mit den Parteien. Hiernach beantragt der Anwalt dann den Erlass eines Versäumnisurteils gegen den Beklagten.
Es entsteht die volle 1,2-Terminsgebühr nach Nr. 3104 VV RVG.

Kein Erörtern in diesem Sinne ist der bloße Hinweis des Gerichts, dass die Partei nicht postulationsfähig sei und keinen Antrag stellen könne. In diesem Fall entsteht nur die ermäßigte Terminsgebühr nach Nr. 3105 VV RVG (OLG Köln AGS 2007, 238 = NJW 2007, 1694 = RVGreport 2007, 188).

Ergeht zunächst im ersten Termin oder im schriftlichen Vorverfahren ein Versäumnisurteil, so dass hier nur die 0,5-Terminsgebühr nach Nr. 3105 VV RVG ausgelöst worden ist, und wird dann auf Einspruch ein neuer Termin anberaumt, zu dem der Beklagte oder sein Vertreter erscheint, so entsteht insgesamt nur eine 1,2-Terminsgebühr. Die zunächst angefallene 0,5-Terminsgebühr erstarkt dann zu einer 1,2-Gebühr und kann nicht gesondert neben der vollen Terminsgebühr verlangt werden.

Ergeht nach Einspruch ein zweites Versäumnisurteil, so entsteht ebenfalls eine 1,2-Terminsgebühr, wenn der Anwalt am ersten Versäumnisurteil beteiligt war. Das gilt unabhängig davon, ob das erste Versäumnisurteil im schriftlichen Vorverfahren (BGH AGS 2006, 366 = AnwBl. 2006, 674 = JurBüro 2006, 585 = RVGreport 2006, 304) oder in einem Termin ergangen ist (BGH AGS 2006, 487 = AnwBl. 2006, 675 = JurBüro 2006, 639). Lediglich dann, wenn der Anwalt am ersten Versäumnisurteil nicht beteiligt war oder das zweite Versäumnisurteil gem. §§ 700 Abs. 1, 345 ZPO auf einen Vollsteckungsbescheid hin ergeht, bleibt es bei einer 0,5-Terminsgebühr (OLG Köln AGS 2007, 296; AG Kaiserslautern JurBüro 2005, 475).

cc) Mischfälle

Möglich ist auch, dass aus einem Teil der Gegenstände die volle 1,2-Termisngebühr anfällt und aus einem andern Teil nur die ermäßigte 0,5-Terminsgebühr. In diesem Fall ist nach § 15 Abs. 3 RVG zu verfahren. 255

▶ **Beispiel 67:**

Gegen den beklagten Mieter ergeht im schriftlichen Vorverfahren ein Versäumnisurteil über 4.000,00 Mietrückstände und 6.000,00 € Schadensersatz. Er legt gegen das Urteil Einspruch nur hinsichtlich der Schadensersatzansprüche ein, also soweit er zu mehr als 4.000,00 € verurteilt worden ist.
Für den Anwalt des Klägers entsteht die Terminsgebühr zunächst in Höhe von 0,5 aus 10.000,00 €. Durch die Verhandlung erhöht sie sich auf 1,2 aus dem Teilwert von 6.000,00 €. Zu beachten ist § 15 Abs. 3 RVG.

1,3-Verfahrensgebühr, Nr. 3100 VV RVG (Wert: 10.000,00 €)	631,80 €
0,5-Terminsgebühr, Nrn. 3104, 3105 VV RVG (Wert: 4.000,00 €)	122,50 €
1,2-Terminsgebühr, Nr. 3104 VV RVG (Wert: 6.000,00 €) (der Höchstbetrag gem. § 15 Abs. 3 RVG, nicht mehr als 1,2 aus 10.000,00 € = 583,20 € ist nicht erreicht)	405,60 €
Postentgeltpauschale, Nr. 7002 VV RVG	20,00 €
Zwischensumme	1.179,90 €
19 % Umsatzsteuer, Nr. 7008 VV RVG	224,18 €
Gesamt	**1.404,08 €**

▶ **Beispiel 68:**

Im Termin zur mündlichen Verhandlung erscheint der Beklagte nicht und ist auch nicht anwaltlich vertreten. Das Gericht weist darauf hin, dass zwar der Klageantrag zu 1) über 4.000,00 € Mietrückstände schlüssig sei, nicht jedoch der Klageantrag zu 2) über 6.000,00 € Schadensersatz. Durch die Erörterung lässt sich das Gericht überzeugen und erlässt das Versäumnisurteil über die Gesamtforderung.
Aus dem Teilwert von 4.000,00 € ist nur die 0,5-Terminsgebühr nach Nrn. 3104, 3105 VV RVG angefallen, da insoweit nur ein Antrag auf Erlass eines Versäumnisurteils gestellt worden ist. Aus dem weiteren Teilwert von 6.000,00 € ist die 1,2-Terminsgebühr entstanden, da insoweit vor Erlass des Versäumnisurteils erörtert worden ist. Abzurechnen ist daher wie im vorangegangenen Beispiel 68.

Diese Abrechnung gilt auch, wenn nur über eine Nebenforderung erörtert oder verhandelt wird oder wenn die Klage insoweit zurückgenommen wird (OLG Köln AGS 2006, 24 = JurBüro 2006, 254 = RVGreport 2006, 104).

▶ **Beispiel 69:**

Im Termin zur mündlichen Verhandlung weist das Gericht darauf hin, dass die Klage in Höhe von 10.000,00 € zwar schlüssig sei, nicht jedoch der Zinsantrag (Streitwert: 500,00 €). Nach Erörterung wird der Zinsantrag zurückgenommen. Der Kläger beantragt im Übrigen ein Versäumnisurteil.
Angefallen ist eine 0,5-Terminsgebühr aus der Hauptsache und eine 1,2-Terminsgebühr aus dem Wert der Zinsen (§ 23 Abs. 1 S. 1 RVG i.V.m. § 43 Abs. 2 GKG). Insgesamt darf nicht mehr abgerechnet werden als eine 1,2-Terminsgebühr aus dem Gesamtwert, der sich nach § 23 Abs. 1 S. 1 RVG i.V.m. § 43 Abs. 1 GKG auf 10.000,00 € beläuft.

1,3-Verfahrensgebühr, Nr. 3100 VV RVG (Wert: 10.000,00 €)	631,80 €
1,2-Terminsgebühr, Nr. 3104 VV RVG (Wert: 500,00 €)	54,00 €
0,5-Terminsgebühr, Nrn. 3104, 3105 VV RVG (Wert: 10.000,00 €) (der Höchstbetrag gem. § 15 Abs. 3 RVG, nicht mehr als 1,2 aus 10.000,00 € = 631,20 € ist nicht erreicht)	243,00 €
Postentgeltpauschale, Nr. 7002 VV RVG	20,00 €
Zwischensumme	948,80 €
19 % Umsatzsteuer, Nr. 7008 VV RVG	180,27 €
Gesamt	**1.129,07 €**

d) Gegenstandswert

256 Der Gegenstandswert der Terminsgebühr bemisst sich nach dem Gesamtbetrag aller Gegenstände, aus denen im Verlaufe des Verfahrens die Gebühr ausgelöst worden ist. Der Wert kann geringer sein als der der Verfahrensgebühr, niemals aber höher, da mit jeder Teilnahme an einem Termin oder einer Besprechung zugleich auch das Verfahren i.S.d. Vorbem. 3 Abs. 2 VV RVG betrieben wird.

e) Anrechnung auf die Terminsgebühr

257 Auf die Terminsgebühr des gerichtlichen Verfahrens kann die Terminsgebühr eines vorangegangenen Verfahrens anzurechnen sein.

- Ist ein Mahnverfahren vorangegangen, ist eine dort nach Vorbem. 3.3.2 i.V.m. Vorbem. 3 Abs. 3, 3. Var. VV RVG angefallene 1,2-Terminsgebühr (Nr. 3104 VV RVG) anzurechnen (Anm. Abs. 4 zu Nr. 3104 VV RVG).
- Schließlich ist eine Terminsgebühr anteilig anzurechnen (Anm. Abs. 2 zu Nr. 3104 VV RVG), wenn es nach gescheiterten Einigungsverhandlungen in einem anderen Rechtsstreit über nicht anhängige Gegenstände zu einem Verfahren über diese kommt. S. dazu Rdn. 259 ff.

Weitere Anrechnungsfälle sind – im Gegensatz zur Verfahrensgebühr – nicht vorgesehen, insbesondere also nicht bei vorangegangenem Beweisverfahren, Wechsel-, Scheck- oder Urkundenverfahren oder im Falle einer Zurückverweisung. Hier bleibt die zuvor angefallene Terminsgebühr anrechnungsfrei bestehen.

4. Einigungsgebühr

258 Hinzu kommen kann noch eine Einigungsgebühr, wenn die Parteien im Rechtsstreit eine Einigung i.S.d. Nr. 1000 VV RVG treffen. Die Höhe der Einigungsgebühr beläuft sich auf 1,0, soweit die Gegenstände, über die die Parteien sich einigen, anhängig sind (Nr. 1003 VV RVG). Soweit nicht anhängige Gegenstände in die Einigung mit einbezogen werden, entsteht eine 1,5-Gebühr (Nr. 1000 VV RVG) und soweit die mit einbezogenen Gegenstände in einem Berufungs- oder Revisionsverfahren anhängig sind, eine 1,3-Einigungsgebühr (Nr. 1004 VV RVG). Auch hier ist wiederum § 15 Abs. 3 RVG zu berücksichtigen. Die Summe der Einigungsgebühren darf nicht höher liegen als eine Einigungsgebühr nach dem höchsten Gebührensatz aus dem Gesamtwert.

5. Anrechnung nach gescheiterten Einigungsverhandlungen

259 Haben die Parteien erfolglos versucht, sich in einem Rechtsstreit (auch) über nicht anhängige Gegenstände zu einigen, so entsteht aus diesem Mehrwert die Verfahrensgebühr der Nr. 3100 VV RVG nur zu 0,8 (Nr. 3101 Nr. 2, 2. Alt. VV RVG) sowie die 1,2-

Terminsgebühr nach Nr. 3104 VV RVG (s.o. 237 u. 249). Wird hinsichtlich dieser Gegenstände später anderweitig noch ein Rechtsstreit geführt, so sind zwei Anrechnungsbestimmungen zu beachten.

Nach Anm. Abs. 1 zu Nr. 3101 VV RVG wird von dem sich nach § 15 Abs. 3 RVG ergebenden Gesamtbetrag der die Verfahrensgebühr der Nr. 3100 VV RVG aus dem Wert der anhängigen Gegenstände übersteigende Betrag auf eine Verfahrensgebühr angerechnet, die wegen desselben Gegenstands in einer anderen Angelegenheit entsteht. Kommt es nicht zu einer Kürzung nach § 15 Abs. 3 RVG ist selbstverständlich erst recht anzurechnen, und zwar dann die komplette 0,8-Verfahrensgebühr aus Nrn. 3100, 3101 Nr. 2 VV RVG. Anzurechnen ist in beiden Fällen nach folgender Formel:

Anrechnungsformel Verfahrensgebühr (Anm. Abs. 1 zu Nr. 3101 VV RVG)

	1,3-Verfahrensgebühr aus dem Wert der anhängigen Gegenstände
+	0,8-Verfahrensgebühr aus dem Wert der nicht anhängigen Gegenstände (gegebenenfalls nach § 15 Abs. 3 RVG gekürzt)
–	1,3-Verfahrensgebühr aus dem Wert der anhängigen Gegenstände
=	anzurechnender Betrag

Auch bei der Terminsgebühr hat in diesem Fall eine Anrechnung zu erfolgen. Der Mehrbetrag der Terminsgebühr, der aus dem Mehrwert der nicht anhängigen Gegenstände entsteht, ist auf die Terminsgebühr des späteren Verfahrens anzurechnen, soweit diese aus demselben Gegenstand entsteht. Anzurechnen ist hier nach folgender Formel: **260**

Anrechnungsformel Terminsgebühr (Anm. Abs. 2 zu Nr. 3104 VV RVG) **261**

	1,2-Terminsgebühr aus dem Gesamtwert
–	1,2-Terminsgebühr aus dem Wert der anhängigen Gegenstände
=	anzurechnender Betrag

▶ **Beispiel 70:**

In einem Räumungsrechtsstreit (Wert: 10.000,00 €) wird im Termin zum Zwecke einer Gesamtbereinigung über die Räumung 10.000,00 € sowie weitere nicht anhängige 8.000,00 € Nebenkosten, Mietkaution und Renovierungskosten verhandelt. Eine Einigung kommt nicht zustanden. Es wird dann über die Räumung durch Urteil entschieden. Wegen der 8.000,00 € erhebt der Vermieter nunmehr Klage über die verhandelt wird.
Im Räumungsrechtsstreit entsteht neben der 1,3-Verfahrensgebühr nach Nr. 3100 VV RVG aus 10.000,00 € unter Beachtung des § 15 Abs. 3 RVG gem. Nrn. 3100, 3101 Nr. 2, 2. Alt. VV RVG eine 0,8-Verfahrensgebühr aus 8.000,00 € (s. Rdn. 237). Die Terminsgebühr entsteht dagegen von vornherein aus dem Gesamtwert von 18.000,00 € (s.o. Rdn. 249).
Für das nachfolgende Verfahren entstehen aus dem Wert von 8.000,00 € sowohl eine 1,3-Verfahrens- als auch eine 1,2-Terminsgebühr. Hier sind jetzt allerdings die Anrechnungsbestimmungen zu beachten.

Räumungsrechtsstreit		
1,3-Verfahrensgebühr, Nr. 3100 VV RVG (Wert: 10.000,00 €)	631,80 €	
0,8-Verfahrensgebühr, Nrn. 3100, 3101 Nr. 2, 2. Alt. VV RVG (Wert: 8.000,00 €)	329,60 €	
gem. § 15 Abs. 3 RVG nicht mehr als 1,3 aus 18.000,00 €		787,80 €
1,2-Terminsgebühr, Nr. 3104 VV RVG (Wert: 18.000,00 €)		727,20 €
Postentgeltpauschale, Nr. 7002 VV RVG		20,00 €
Zwischensumme		1.535,00 €

19 % Umsatzsteuer, Nr. 7008 VV RVG	291,65 €
Gesamt	1.826,65 €
Berechnung des Anrechnungsbetrags der Verfahrensgebühr (Anm. Abs. 1 zu Nr. 3101 VV RVG)	
Gesamtbetrag nach § 15 Abs. 3 RVG, 1,3 aus 18.000,00 €	787,80 €
./. 1,3-Verfahrensgebühr, Nr. 3100 VV RVG (Wert: 10.000,00 €)	– 631,80 €
Gesamt	156,00 €
Berechnung des Anrechnungsbetrags der Terminsgebühr (Anm. Abs. 2 zu Nr. 3104 VV RVG)	
1,2-Terminsgebühr aus 18.000,00 €	727,20 €
./. 1,2-Terminsgebühr aus 10.000,00 €	– 583,20 €
Gesamt	144,00 €
Nachfolgendes Verfahren	
1,3-Verfahrensgebühr, Nr. 3100 VV RVG (Wert: 8.000,00 €)	535,60 €
gem. Anm. Abs. 1 zu Nr. 3101 VV RVG anzurechnen	– 156,00 €
1,2-Terminsgebühr, Nr. 3104 VV RVG (Wert: 8.000,00 €)	494,40 €
gem. Anm. Abs. 2 zu Nr. 3104 VV RVG anzurechnen	– 144,00 €
Postentgeltpauschale, Nr. 7002 VV RVG	20,00 €
Zwischensumme	750,00 €
19 % Umsatzsteuer, Nr. 7008 VV RVG	142,50 €
Gesamt	**892,50 €**

Erreicht wird damit, dass der Anwalt im Falle erfolgloser Verhandlungen nicht mehr erhält, als wenn er beide Verfahren von vornherein gesondert geführt hätte.

VI. Gebühren im selbstständigen Beweisverfahren

262 Da das selbstständige Beweisverfahren seit Inkrafttreten des RVG gebührenrechtlich nicht mehr zum Rechtszug gehört, bildet es folglich eine eigene Angelegenheit i.S.d. § 15 RVG. Die Vergütung richtet sich nach Teil 3 VV RVG.

263 Der Anwalt erhält zunächst einmal die **1,3-Verfahrensgebühr** nach Nr. 3100 VV RVG. Vertritt er mehrere Auftraggeber wegen desselben Gegenstands, erhöht sich die Verfahrensgebühr nach Nr. 1008 VV um 0,3 je weiteren Auftraggeber.

264 Auch im selbstständigen Beweisverfahren kann der Anwalt eine **1,2-Terminsgebühr** nach Nr. 3104 VV RVG verdienen. Die Terminsgebühr entsteht nicht nur dann, wenn es in einem gerichtlichen Termin zu Verhandlungen oder Erörterungen kommt (Vorbem. 3 Abs. 3, 1. Var. VV RVG), etwa im Fall des § 492 Abs. 3 ZPO, sondern auch dann, wenn der Anwalt an einem von dem gerichtlichen Sachverständigen anberaumten Termin teilnimmt (Vorbem. 3 Abs. 3, 2. Var. VV RVG). Darüber hinaus kann im selbständigen Beweisverfahren die Terminsgebühr auch dadurch anfallen, dass der Anwalt an Besprechungen ohne Beteiligung des Gerichts mit dem Gegner teilnimmt, um das Beweisverfahren zu erledigen und/oder einen nachfolgenden Rechtsstreit zu vermeiden (Vorbem. 3 Abs. 3, 3. Var. VV RVG).

Beispiel 72: 265

Der Rechtsanwalt wird mit der Durchführung eines selbständigen Beweisverfahrens wegen der Bildung von Schimmel in den Wohnräumen des Mandanten beauftragt. Der vom Gericht beauftragte Sachverständige hat einen Termin zur Wohnungsbesichtigung bestimmt, an dem beide Parteien und deren Prozessbevollmächtigte teilgenommen haben. Der Gegenstandswert des selbständigen Beweisverfahrens wurde vom Gericht auf 2.000,00 € festgesetzt. Der Rechtsanwalt kann folgende Gebühren und Auslagen abrechnen:

Gegenstandswert: 2.000,00 €	
1,3-Verfahrensgebühr, Nr. 3100 VV RVG	172,90 €
1,2-Terminsgebühr, Nr. 3104 VV RVG	159,60 €
Postentgeltpauschale, Nr. 7002 VV RVG	20,00 €
Summe	352,50 €
19 % Umsatzsteuer, Nr. 7008 VV RVG	66,98 €
Summe	**419,48 €**

Kommt es im Beweisverfahren zu einer Einigung, so entsteht nach Nr. 1000 VV RVG eine **Einigungsgebühr**. Die Höhe der Einigungsgebühr beläuft sich auf 1,5, und zwar auch dann, wenn über die Gegenstände, über die sich die Parteien geeinigt haben, das Beweisverfahren anhängig ist (arg. e. Nr. 1003 VV RVG). Lediglich dann, wenn die Hauptsache bereits anhängig ist, entsteht die Einigungsgebühr nur zu 1,0 (Nr. 1003 VV) bzw. im Berufungs- oder Revisionsverfahren zu 1,3 (Nr. 1004 VV RVG). Auch ein Prozesskostenhilfeantrag, der nur für das Beweisverfahren, nicht aber für die Hauptsache gestellt ist, führt noch nicht zur Reduzierung der Einigungsgebühr nach Nr. 1003 VV RVG (Anm. Abs. 1 S. 1 zu Nr. 1003 VV RVG). 266

Fortsetzung zu Beispiel 73:

Nach durchgeführtem Ortstermin einigen sich die Parteien durch Abschluss eines Vergleichs. Der Rechtsanwalt kann folgende Gebühren und Auslagen abrechnen:

Gegenstandswert: 2.000,00 €	
1,3-Verfahrensgebühr, Nr. 3100 VV RVG	172,90 €
1,2-Terminsgebühr, Nr. 3104 VV RVG	159,60 €
1,5-Einigungsgebühr, Nr. 1000 VV RVG	199,50 €
Postentgeltpauschale, Nr. 7002 VV RVG	20,00 €
Summe	552,00 €
19 % Umsatzsteuer, Nr. 7008 VV RVG	104,88 €
Summe	**656,88 €**

Sofern über den Gegenstand des selbständigen Beweisverfahrens ein Rechtsstreit anhängig ist (oder wird), sind die Verfahrensgebühren des selbstständigen Beweisverfahrens des Rechtsstreits aufeinander anzurechnen. Eine Terminsgebühr wird dagegen nicht angerechnet. 267

Fortsetzung zu Beispiel 74: 268

Nach Abschluss des selbständigen Beweisverfahrens wird Hauptsacheklage erhoben und streitig verhandelt. Der Streitwert wird sowohl für das selbstständige Beweisverfahren als auch für das Hauptsacheverfahren auf 4200,00 € festgesetzt. Der Rechtsanwalt kann folgende Gebühren und Auslagen in Ansatz bringen:

Selbständiges Beweisverfahren	
Gegenstandswert: 4.200,00 €	
1,3-Verfahrensgebühr, Nr. 3100 VV RVG	354,90 €
1,2-Terminsgebühr, Nr. 3104 VV RVG	327,60 €
Postentgeltpauschale, Nr. 7002 VV RVG	20,00 €
Summe	702,50 €
19 % Umsatzsteuer, Nr. 7008 VV RVG	**133,48 €**
Summe	835,98 €
Streitverfahren	
Gegenstandswert: 4.200,00 €	
1,3-Verfahrensgebühr, Nr. 3100 VV RVG	354,90 €
anzurechnen gem. Abs. 5 Vorbem. 3 VV RVG, 1,3 Verfahrensgebühr aus 4200,00 €	– 354,90 €
1,2-Terminsgebühr, Nr. 3104 VV RVG	327,60 €
Postentgeltpauschale, Nr. 7002 VV RVG	20,00 €
Zwischensumme netto	347,60 €
19 % Umsatzsteuer, Nr. 7008 VV RVG	66,04 €
Summe	**413,64 €**

269 Liegen zwischen Abschluss des Beweisverfahrens und Einleitung des Hauptsacheverfahrens mehr als zwei Kalenderjahre, unterbleibt gem. § 15 Abs. 5 S. 2 RVG eine Anrechnung (noch zum inhaltsgleichen § 13 Abs. 5 S. 2 BRAGO: OLG Zweibrücken AGS 2000, 64).

270 Mitunter kommt es vor, dass Beweisverfahren und nachfolgender Rechtsstreit unterschiedliche Werte haben. Das gilt insbesondere dann, wenn sich im selbständigen Beweisverfahren nicht sämtliche Mängel bestätigen und daher nur wegen der vom Sachverständigen festgestellten Mängel Klage erhoben wird. Anzurechnen ist die Verfahrensgebühr des Beweisverfahrens dann nur nach dem geringeren Wert des Beweisverfahrens.

271 ▶ **Beispiel 75:**

Der Mieter macht fünf verschiedene Mängel im Umfang von 5.000,00 € (1.000,00 € je Mangel) geltend. Es wird ein Beweisverfahren durchgeführt, in dem der Anwalt am Sachverständigentermin teilnimmt. Der Sachverständige bestätigt lediglich drei Mängel im Umfang von 3.000,00 €, so dass auch insoweit lediglich Hauptsacheklage erhoben wird.

Im Beweisverfahren ist nach einem Gegenstandswert von 5.000,00 € abzurechnen, beim Rechtsstreit nach 3000,00 €. Anzurechnen ist die Verfahrensgebühr des Beweisverfahrens nur nach 3.000,00 €.

Selbständiges Beweisverfahren	
Gegenstandswert: 5.000,00 €	
1,3-Verfahrensgebühr, Nr. 3100 VV RVG	391,30 €
1,2-Terminsgebühr, Nr. 3104 VV RVG	361,20 €
Postentgeltpauschale, Nr. 7002 VV RVG	20,00 €
Summe	772,50 €
19 % Umsatzsteuer, Nr. 7008 VV RVG	146,78 €
Summe	**919,28 €**
Streitverfahren	
Gegenstandswert: 3.000,00 €	
1,3-Verfahrensgebühr, Nr. 3100 VV RVG	245,70 €
anzurechnen gem. Abs. 5 Vorbem. 3 VV RVG, 1,3-Verfahrensgebühr aus 3.000 €	– 245,70 €

1,2-Terminsgebühr, Nr. 3104 VV RVG	226,80 €
Postentgeltpauschale, Nr. 7002 VV RVG	20,00 €
Zwischensumme netto	246,80 €
19 % Umsatzsteuer, Nr. 7008 VV RVG	46,89 €
Summe	**293,69 €**

Zu beachten ist, dass in diesem Fall die gesamten Kosten des Beweisverfahrens, auch soweit sie nach dem höheren Gegenstandswert angefallen sind, zu den Kosten des Rechtsstreits gehören (BGH AGS 2005, 24 = NJW 2005, 294= NZBau 2005, 43 = Rpfleger 2005, 113= MDR 2005, 296 = BauRB 2005, 79 = BauR 2005, 429 = BauR 2005, 158 = NJW-Spezial 2005, 121 = GuT 2005, 28). Es ist daher darauf zu achten, dass hier gegebenenfalls nach § 96 ZPO die Kosten des Beweisverfahrens, soweit dieses erfolglos war, vorab dem Antragsteller auferlegt werden.

Umgekehrt kann es vorkommen, dass der Gegenstand des nachfolgenden Rechtsstreits höher liegt als der des Beweisverfahrens, etwa wenn weitergehende Ansprüche geltend gemacht werden oder nicht sämtliche Gegenstände beweisbedürftig waren. Dann ist die Verfahrensgebühr nur nach dem geringeren Wert des Beweisverfahrens anzurechnen. **272**

▶ **Beispiel 76:** **273**

Es wird ein Beweisverfahren wegen Mietmängeln im Umfang von 3.000,00 € durchgeführt. Hiernach kommt es zum Hauptsacheverfahren, in dem weitere Ansprüche in Höhe von 2.000,00 €, insgesamt also 5.000,00 € geltend gemacht werden.
Im selbständigen Beweisverfahren sind die Gebühren nach 3.000,00 € angefallen, im Rechtsstreit nach 5.000,00 €. Anzurechnen ist die Verfahrensgebühr des selbständigen Beweisverfahrens lediglich nach dem geringeren Wert von 3.000,00 €.

Selbständiges Beweisverfahren	
Gegenstandswert: 3.000,00 €	
1,3-Verfahrensgebühr, Nr. 3100 VV RVG	245,70 €
1,2-Terminsgebühr, Nr. 3104 VV RVG	226,80 €
Postentgeltpauschale, Nr. 7002 VV RVG	20,00 €
Summe	492,50 €
19 % Umsatzsteuer, Nr. 7008 VV RVG	93,58 €
Summe	**586,08 €**
Streitverfahren	
Gegenstandswert: 5.000,00 €	
1,3-Verfahrensgebühr, Nr. 3100 VV RVG	391,30 €
anzurechnen gem. Abs. 5 Vorbem. 3 VV RVG, 1,3-Verfahrensgebühr aus 3.000 €	– 245,70 €
1,2-Terminsgebühr, Nr. 3104 VV RVG	361,20 €
Postentgeltpauschale, Nr. 7002 VV RVG	20,00 €
Zwischensumme netto	526,80 €
19 % Umsatzsteuer, Nr. 7008 VV RVG	100,09 €
Summe	**626,89 €**

War dem selbstständigen Beweisverfahren eine außergerichtliche Tätigkeit vorangegangen, so ist die dortige Geschäftsgebühr hälftig, höchstens zu 0,75, anzurechnen (Vorbem. 3 Abs. 4 VV RVG). **274**

▶ **Beispiel 77:** **275**

Außergerichtlich hatte der Mieter Mängel in Höhe von 4.500,00 € geltend gemacht. Hiernach kommt es zum selbständigen Beweisverfahren.

Für die außergerichtliche Vertretung erhält der Anwalt des Mieters eine Geschäftsgebühr (hier soll von der 1,3-Schwellengebühr ausgegangen werden) aus 4.500,00 €. Im selbständigen Beweisverfahren entstehen die Gebühren nach den Nrn. 3100 ff. VV RVG. Auf die Verfahrensgebühr ist die Geschäftsgebühr gem. Vorbem. 3 Abs. 4 VV RVG hälftig anzurechnen.

Außergerichtliche Vertretung	
Gegenstandswert: 4.500,00 €	
1,3-Geschäftsgebühr, Nr. 2300 VV RVG	354,90 €
Postentgeltpauschale, Nr. 7002 VV RVG	20,00 €
Summe	365,90 €
19 % Umsatzsteuer, Nr. 7008 VV RVG	69,52 €
Summe	435,42 €

Selbständiges Beweisverfahren	
Gegenstandswert: 4.500,00 €	
1,3-Verfahrensgebühr, Nr. 3100 VV RVG	354,90 €
gem. Vorbem. 3 Abs. 4 VV RVG anzurechnen, 0,75 aus 4.500,00 €	-172,95 €
1,2-Terminsgebühr, Nr. 3104 VV RVG	327,60 €
Postentgeltpauschale, Nr. 7002 VV RVG	20,00 €
Summe	529,55 €
19 % Umsatzsteuer, Nr. 7008 VV RVG	100,61 €
Summe	**630,16 €**

276 Kommt es anschließend zum Rechtsstreit, dann ist die Verfahrensgebühr des Beweisverfahrens in voller Höhe auf die des Rechtsstreits anzurechnen. Dass diese Gebühr wegen der Anrechnung der Geschäftsgebühr letztlich nicht in voller Höhe verlangt werden kann, ist für die Anrechnung unerheblich.

277 ▶ **Fortsetzung zu Beispiel 77:**

Es kommt anschließend zum Hauptsacheverfahren. Abzurechnen ist wie folgt:

Außergerichtliche Vertretung	
Gegenstandswert: 4.500,00 €	
1,3-Geschäftsgebühr, Nr. 2300 VV RVG	354,90 €
Postentgeltpauschale, Nr. 7002 VV RVG	20,00 €
Summe	374,90 €
19 % Umsatzsteuer, Nr. 7008 VV RVG	71,23 €
Summe	**446,13 €**

Selbständiges Beweisverfahren	
Gegenstandswert: 4.500,00 €	
1,3-Verfahrensgebühr, Nr. 3100 VV RVG	354,90 €
gem. Vorbem. 3 Abs. 4 VV RVG anzurechnen, 0,75 aus 4.500,00 €	-172,95 €
1,2-Terminsgebühr, Nr. 3104 VV RVG	327,60 €
Postentgeltpauschale, Nr. 7002 VV RVG	20,00 €
Summe	529,55 €
19 % Umsatzsteuer, Nr. 7008 VV RVG	100,61 €
Summe	**630,16 €**

Streitverfahren	
Gegenstandswert: 4.500,00 €	
1,3-Verfahrensgebühr, Nr. 3100 VV RVG	354,90 €

anzurechnen gem. Abs. 5 Vorbem. 3 VV RVG, 1,3-Verfahrensgebühr	– 354,90 €
1,2-Terminsgebühr, Nr. 3104 VV RVG	327,60 €
Postentgeltpauschale, Nr. 7002 VV RVG	20,00 €
Zwischensumme netto	347,60 €
19 % Umsatzsteuer, Nr. 7008 VV RVG	66,04 €
Summe	**413,64 €**

Möglich ist, dass außergerichtliche Tätigkeiten und Rechtsstreit einen höheren Wert betreffen, als das dazwischen liegende selbständige Beweisverfahren. Dann ist der im selbstständigen Beweisverfahren nicht verbrauchte Anrechnungsbetrag im gerichtlichen Verfahren zu berücksichtigen. **278**

▶ **Beispiel 78:** **279**

Der Anwalt war zunächst nach einem Wert von 10.243,96 € außergerichtlich tätig. Anschließend wurde ein selbständiges Beweisverfahren über einen Teilbetrag in Höhe von 5.010,00 € geführt und danach der Rechtsstreit, wiederum über 10.243,96 € (Beispiel nach OLG München AGS 2009, 438).

Zunächst einmal war eine 1,3-Geschäftsgebühr Nr. 2300 VV RVG aus 10.243,96 € angefallen.

Im selbständigen Beweisverfahren ist eine Verfahrensgebühr nach Nr. 3100 VV RVG angefallen, allerdings nur aus dem geringeren Wert von 5.010,00 €. Darauf ist die Geschäftsgebühr hälftig anzurechnen, und zwar gem. Vorbem. 3 Abs. 4 S. 3 VV RVG aus dem Wert, der außergerichtlicher Vertretung und Beweisverfahren gemeinsam ist, also aus 5.010,00 €.

Im Rechtsstreit entsteht eine Verfahrensgebühr nach Nr. 3100 VV RVG aus dem Wert von 10.243,96 €. Darauf ist die Verfahrensgebühr des selbständigen Beweisverfahrens nach Vorbem. 3 Abs. 5 VV RVG anzurechnen, und zwar in voller Höhe. Des Weiteren ist noch zu berücksichtigen, dass die Geschäftsgebühr im Beweisverfahren bisher nur teilweise angerechnet worden ist, nämlich soweit sich der Gegenstand der außergerichtlichen Vertretung im Beweisverfahren fortgesetzt hat, also aus 5.010,00 €. Hinsichtlich des Mehrbetrages ist erst das gerichtliche Verfahren das »nachfolgende« Verfahren, so dass der verbliebene Restbetrag der Geschäftsgebühr noch anzurechnen ist. Hinzu kommt dann noch die Terminsgebühr.

Außergerichtliche Vertretung

1,3-Geschäftsgebühr, Nr. 2300 VV RVG (Wert: 10.243,96 €)	683,80 €
Postentgeltpauschale, Nr. 7002 VV RVG	**20,00 €**
Zwischensumme	703,80 €
19 % Umsatzsteuer, Nr. 7008 VV RVG	133,72 €
Gesamt	**837,52 €**

Selbständiges Beweisverfahren

1,3-Verfahrensgebühr, Nr. 3100 VV RVG (Wert: 5.010,00 €)	439,40 €
anzurechnen gem. Vorbem. 3 Abs. 4 VV RVG, 0,65 aus 5010,00 €	-219,70 €
Postentgeltpauschale, Nr. 7002 VV RVG	20,00 €
Zwischensumme	239,70 €
19 % Umsatzsteuer, Nr. 7008 VV RVG	45,54 €
Gesamt	**285,24 €**

Rechtsstreit		
1,3-Verfahrensgebühr, Nr. 3100 VV RVG (Wert: 10.243,96 €)		683,80 €
anzurechnen gem. Vorbem. 3 Abs. 5 VV RVG, 1,3 aus 5.010,00 €		-439,40 €
anzurechnen gem. Vorbem. 3 Abs. 4 VV RVG,		
– 0,65 aus 10.243,96 €	-341,40 €	
– bereits im Beweisverfahren angerechneter	219,70 €	
		–121,70 €
1,2-Terminsgebühr, Nr. 3104 VV RVG (Wert: 10.243,96 €)		631,20 €
Postentgeltpauschale, Nr. 7002 VV RVG		20,00 €
Zwischensumme		773,90 €
Umsatzsteuer, Nr. 7008 VV RVG		147,04 €
Gesamt		**920,94 €**

VII. Räumungsfristverfahren

1. Überblick

280 Wie die Tätigkeit des Anwalts in einem Verfahren über die Bewilligung auf Aufhebung oder Verkürzung einer Räumungsfrist zu vergüten ist, hängt davon ab, ob es sich um ein selbstständiges oder unselbstständiges Räumungsfristverfahren handelt.

281 Das unselbstständige Räumungsfristverfahren zählt nach § 19 Abs. 1 S. 2 Nr. 11 RVG (vorläufige Beschränkung der Zwangsvollstreckung) zum Gebührenrechtszug des Räumungsprozesses und wird durch die dortigen Gebühren (Nrn. 3100 ff., 3200 ff. VV RVG) abgegolten (AnwK-RVG/N. Schneider Nr. 3334 VV RVG Rn. 3).

282 Das selbständige Räumungsfristverfahren ist dagegen eine eigene Angelegenheit i.S.d. § 15 RVG und wird durch die Gebühren der Nrn. 3334, 3337 VV RVG, Vorbem. 3.3.6 VV RVG i.V.m. Nr. 3104 VV RVG vergütet (AnwK-RVG/N. Schneider Nr. 3334 VV RVG Rn. 3).

283 Ein unselbstständiges Räumungsfristverfahren liegt immer dann vor, wenn das Verfahren mit der Hauptsache verbunden ist. In Betracht kommen insoweit nur Verfahren nach § 721 Abs. 1 ZPO, da hier der Antrag vor Schluss der mündlichen Verhandlung zu stellen ist und das Gericht i.d.R. im Räumungsurteil zugleich auch über den Räumungsfristantrag entscheidet.

284 Ein selbstständiges Räumungsfristverfahren, also ein nicht verbundenes Verfahren i.S.d. Nr. 3334 VV RVG, liegt immer dann vor, wenn der Antrag auf Bewilligung, Verlängerung oder Verkürzung der Räumungsfrist erst nach Schluss der mündlichen Verhandlung gestellt wird und das Gericht ihn somit in seinem Urteil nicht mehr berücksichtigen kann.

- Dies sind zum einen die Fälle des § 721 Abs. 2 und 3 ZPO, da hier der Antrag erst nach Schluss der mündlichen Verhandlung gestellt werden kann und eine Verbindung daher nicht in Betracht kommt. Das gilt auch dann, wenn nach § 721 Abs. 4 ZPO das Berufungsgericht zuständig ist. Es entscheidet nämlich dann nicht im Rahmen der Berufung, sondern in einem selbstständigen Beschlussverfahren (Zöller/Stöber § 721 ZPO Rn. 8).
- Auch im Falle des § 721 Abs. 1 ZPO ist ein selbstständiges Verfahren i.S.d. Nr. 3334 VV RVG möglich, nämlich dann, wenn das Gericht seinen Willen zur Trennung zum Ausdruck gebracht hat. Das kann etwa durch gesonderte Verhandlung oder durch

gesonderte Beweiserhebung geschehen. Ebenso verhält es sich, wenn das Gericht zunächst über die Räumungsklage ein Teilurteil erlässt und dann erst über die Räumungsfrist verhandelt. In dem Erlass eines Teilurteils liegt dann eine Zäsur, die zur Trennung der beiden Verfahren führt. Gleiches gilt, wenn nach Erlass eines Teil-Anerkenntnisurteils zur Räumung über den Räumungsfristantrag gesondert verhandelt wird (Hartung/Römermann/Schons, Nr. 3334 Rn. 10)
- Ebenso zählt hierzu das Verfahren nach § 794a ZPO, das immer ein selbstständiges Verfahren ist.

2. Gebühren

a) Ausgangsverfahren

Im selbständigen Räumungsfristverfahren erhält der Anwalt nach Nr. 3334 VV RVG eine 1,0-Verfahrensgebühr. **285**

Erledigt sich die Angelegenheit vorzeitig, ist Anm. Nr. 1 zu Nr. 3337 VV RVG anzuwenden. Die Verfahrensgebühr reduziert sich auf 0,5. **286**

Bei mehreren Auftraggebern erhöht sich diese Verfahrensgebühr nach Nr. 1008 VV RVG um 0,3 je weiteren Auftraggeber. **287**

Für die Teilnahme an der Verhandlung über den Räumungsfristantrag oder an einem anderweitigen Termin i.S.d. Vorbem. 3 Abs. 3 VV RVG erhält der Anwalt die volle 1,2-Terminsgebühr nach Nr. 3104 VV RVG (Vorbem. 3.3.6 VV RVG), da Nr. 3334 VV RVG in Nr. 3332 VV RVG nicht erwähnt ist. **288**

Daneben kommt auch eine Einigungsgebühr nach Nr. 1000 VV RVG in Betracht. Da das Räumungsfristverfahren zur Anhängigkeit i.S.d. Nr. 1003 VV RVG führt, entsteht nur eine 1,0-Einigungsgebühr (AnwK-RVG/N. Schneider Nr. 3334 Rn. 15). **289**

Wird der Räumungsfristantrag im Berufungsverfahren gestellt (§ 721 Abs. 4, 2. Halbs. ZPO), so erhält der Anwalt die gleichen Gebühren wie im erstinstanzlichen Verfahren. Lediglich die Einigungsgebühr erhöht sich gem. Nr. 1004 VV RVG auf 1,3. Auch wenn das Räumungsfristverfahren selbst kein Berufungsverfahren ist, zählt es doch prozessual zur Berufungsinstanz, so dass der höhere Gebührensatz gerechtfertigt ist. Dieser entstünde ja auch dann, wenn die Einigung im verbundenen Verfahren erzielt wird. **290**

Der Gegenstandswert eines Räumungsfristverfahrens bemisst sich nach § 23 Abs. 1 S. 2 RVG, da im gerichtlichen Verfahren Festgebühren erhoben werden (§ 48 Abs. 1 GKG, § 3 ZPO). Im Rahmen dieser Vorschriften ist nach h.M. jedoch wiederum die Vorschrift des § 41 Abs. 1 GKG (§ 16 Abs. 1 GKG a.F.) als Orientierungshilfe heranzuziehen (OLG Braunschweig Rpfleger 1964, 66; LG Kempten AnwBl 1988, 58; AnwK-RVG/N. Schneider Nr. 3334 VV RVG Rn. 18f; Hansens BRAGO, § 50 Rn. 3). Maßgebend ist danach die auf die »streitige Zeit« entfallende Nutzungsentschädigung (OLG München NZM 2008, 839 = ZMR 2009, 372; Anders/Gehle/Kunze Streitwert-Lexikon, 4. Auflage 2002, »Miete und Pacht« Rn. 41), also die Nutzungsentschädigung für den beantragten Zeitraum (Da nach §§ 721 Abs. 5, 794a Abs. 3 ZPO nicht mehr als ein Jahr zugesprochen werden darf, wird dies auch i.d.R. der Höchstwert sein. Wird allerdings unzulässigerweise mehr beantragt, so ist dies maßgebend, da das Streitwertrecht nicht nach der Zulässigkeit des zu bewertenden Antrags fragt.). **291**

▶ Beispiel 79:

Die Parteien hatten im Rechtsstreit einen Räumungsvergleich geschlossen. Später beantragt der Räumungsschuldner nach § 794a Abs. 1 ZPO eine Räumungsfrist von sechs Monaten, die das Gericht bewilligt (Monatsmiete 600,00 €).

Es entsteht nur die gesonderte Verfahrensgebühr nach Nr. 3334 VV RVG. Der Gegenstandswert beläuft sich auf 6 x 600,00 € = 3.600,00 €.

1,0-Verfahrensgebühr, Nr. 3334 VV RVG (Wert: 3.600,00 €)	245,00 €
Postentgeltpauschale, Nr. 7002 VV RVG	20,00 €
Zwischensumme	265,00 €
19 % Umsatzsteuer, Nr. 7008 VV RVG	50,35 €
Gesamt	**315,35 €**

▶ **Beispiel 80:**

Im Räumungsrechtsstreit beantragt der Räumungsschuldner eine Räumungsfrist von sechs Monaten (Monatsmiete 600,00 €). Das Gericht bewilligt nach gesonderter Verhandlung gem. § 721 ZPO eine Räumungsfrist von drei Monaten.
Die Gebühren für das Räumungsfristverfahren entstehen gesondert (§ 19 Abs. 1 S. 2 Nr. 11 RVG). Der Gegenstandswert im Räumungsfristverfahren beträgt wiederum 3.600,00 €, da es auf den Antrag ankommt, nicht auf den bewilligten Zeitraum. Hinzu kommt die Terminsgebühr nach Vorbem. 3.3.6 i.V.m. Nr. 3104 VV RVG.

Hauptsacheverfahren (7.200,00 €)	
1,3-Verfahrensgebühr, Nr. 3100 VV RVG	535,60 €
1,2-Terminsgebühr, Nr. 3104 VV RVG	494,40 €
Postentgeltpauschale, Nr. 7002 VV RVG	20,00 €
Zwischensumme	1.050,00 €
19 % Umsatzsteuer, Nr. 7008 VV RVG	199,50 €
Gesamt	**1.249,50 €**

Räumungsfristverfahren (3.600,00 €)	
1,0-Verfahrensgebühr, Nr. 3334 VV RVG	245,00 €
1,2-Terminsgebühr, Vorbem. 3.3.6 i.V.m. Nr. 3104 VV RVG	294,00 €
Postentgeltpauschale, Nr. 7002 VV RVG	20,00 €
Zwischensumme	559,00 €
19 % Umsatzsteuer, Nr. 7008 VV RVG	106,21 €
Gesamt	**665,21 €**

▶ **Beispiel 81:**

In einem selbständigen Räumungsfristverfahren, in dem eine Räumungsfrist von sechs Monaten beantragt ist (Wert: 3.600,00 €), besprechen sich die Anwälte außergerichtlich und vereinbaren eine Räumungsfrist von drei Monaten.
Da die Vorbem. 3 Abs. 3, 3. Var. VV RVG auch hier gilt, entsteht die Terminsgebühr nach Vorbem. 3.3.6 i.V.m. Nr. 3104 VV RVG auch für außergerichtliche Besprechungen.
Für die Einigung fällt daneben eine 1,0-Einigungsgebühr an.

1,0-Verfahrensgebühr, Nr. 3334 VV RVG (Wert: 3.600,00 €)	245,00 €
1,2-Terminsgebühr, Vorbem. 3.3.6 i.V.m. Nr. 3104 VV RVG (Wert: 3.600,00 €)	294,00 €
1,0-Einigungsgebühr, Nrn. 1000, 1003 RVG (Wert: 3.600,00 €)	245,00 €
Postentgeltpauschale, Nr. 7002 VV RVG	20,00 €
Zwischensumme	804,00 €
19 % Umsatzsteuer, Nr. 7008 VV RVG	152,76 €
Gesamt	956,76 €

Werden mehrere selbständige Räumungsfristverfahren nacheinander eingeleitet, so handelt es sich jeweils um eigene Angelegenheiten i.S.d. § 15 RVG (AnwK-RVG/N. Schneider Nr. 3334 VV RVG Rn. 20). 292

b) Beschwerdeverfahren

Wird die Entscheidung im selbständigen Räumungsfristverfahren angefochten, ist nach § 721 Abs. 6 oder § 794a ZPO die sofortige Beschwerde gegeben (Schuschke, § 721 ZPO Rn. 19; Zimmermann § 721 Rn. 8). Es gelten dann die Nrn. 3500, 3501 VV RVG, und zwar sowohl für den Anwalt des Beschwerdeführers als auch für den Anwalt des Beschwerdegegners. Insoweit liegt immer eine besondere Angelegenheit vor (§ 18 Nr. 3 RVG). 293

c) Rechtsbeschwerdeverfahren

Sofern zugelassen, ist auch die Rechtsbeschwerde nach § 574 ZPO möglich (Zöller/Stöber § 794a ZPO Rn. 5; Schuschke § 721 Rn. 19; Zimmermann Rn. 8). Es handelt sich um eine eigene Gebührenangelegenheit (§ 15 Abs. 2 S. 2 RVG). Die Gebühren richten sich nach Nrn. 3502, 3516 VV RVG. 294

VIII. Die Vergütung im unselbstständigen Räumungsfristverfahren

Ist das Verfahren über die Räumungsfrist Teil des Hauptsacheverfahrens, dann liegt insgesamt nur eine Angelegenheit vor (§ 19 Abs. 1 S. 2 Nr. 11 RVG). Der Anwalt erhält nur die Gebühren nach Nrn. 3100 ff. VV RVG. Der Gebührentatbestand der Nr. 3334 VV RVG ist unanwendbar. Dies führt jedoch nicht dazu, dass der Anwalt für seine Tätigkeit im Verfahren über die Räumungsfrist keine zusätzliche Vergütung erhalten kann (so aber LG Frankfurt/M. Rpfleger 1984, 287; s. hierzu N. Schneider ZAP Fach 24, S. 137). 295

Der Gegenstandswert bemisst sich – da im gerichtlichen Verfahren keine Gebühren erhoben werden – analog § 23 Abs. 1 S. 2 RVG i.V.m. § 41 Abs. 2 GKG. Es kommt also auf die streitige Zeit an, also auf die Miete bzw. Nutzungsentschädigung für die Zeit, für die die Räumungsfrist, deren Verlängerung oder Bewilligung verlangt wird. 296

Der Antrag auf Räumungsfrist hat zwar einen eigenen Wert. Dieser wird jedoch dem Wert des Räumungsantrags nicht hinzugerechnet, da insoweit wirtschaftliche Identität besteht. Wenn schon der stärkere Antrag auf Fortsetzung eines Mietverhältnisses nicht zu einer Addition führt (§ 41 Abs. 3 GKG), dann gilt dies erst recht für den schwächeren Räumungsfristantrag. 297

IX. Prozesskostenhilfeprüfungsverfahren

1. Überblick

Für die Tätigkeit im Prozesskostenhilfeprüfungsverfahren ist eine gesonderte Vergütung vorgesehen. Diese gilt aber nur dann, wenn es nicht zur Hauptsache kommt oder der Anwalt dort nicht mehr tätig wird. Wird der Anwalt dagegen auch im Hauptsacheverfahren tätig, gilt § 16 Nr. 2 RVG. Das Prozesskostenhilfeprüfungsverfahren und das Hauptsacheverfahren sind eine einzige Angelegenheit. Die Gebühren des Prozesskostenhilfeprüfungsverfahrens gehen dann in denen der Hauptsache auf. 298

2. Verfahrensgebühr

299 Im Verfahren über die Bewilligung von Prozesskostenhilfe verdient der Anwalt nach Nr. 3335 VV RVG eine **1,0-Verfahrensgebühr**, sofern in der Hauptsache nicht geringere Gebühren vorgesehen sind (z.B. in in der Zwangsvollstreckung oder in einem Beschwerdeverfahren). In mehreren Prozesskostenhilfeverfahren desselben Rechtszugs erhält der Anwalt die Gebühren nur einmal (§ 16 Nr. 3 RVG).

300 **Erledigt sich der Auftrag** vorzeitig, so ermäßigt sich die Verfahrensgebühr der Nr. 3335 VV RVG nach Nr. 3337 VV RVG auf 0,5. Das gleiche gilt, soweit lediglich beantragt ist, eine Einigung der Parteien zu Protokoll zu nehmen (Anm. zu Nr. 3337 VV RVG).

301 Soweit der Anwalt **mehrere Auftraggeber** wegen desselben Gegenstands vertritt, erhöht sich die Verfahrensgebühr nach Nr. 1008 VV RVG um jeweils 0,3 je weiteren Auftraggeber, höchstens um 2,0.

3. Terminsgebühr

302 Kommt es im Prozesskostenhilfeprüfungsverfahren zu einem Termin i.S.d. Vorbem. 3 Abs. 3 VV RVG, erhält der Anwalt nach Vorbem. 3.3.6 VV RVG die Terminsgebühr nach Abschnitt 1, also nach Nr. 3104 VV RVG. Vergessen worden ist hier die Begrenzung auf die Höhe einer Terminsgebühr, die im Hauptsacheverfahren anfallen würde.

303 Eine Terminsgebühr nach Anm. Abs. 1 zu Nr. 3104 VV RVG kommt nicht in Betracht, da in diesem Verfahren keine mündliche Verhandlung vorgeschrieben ist. Nach Auffassung des KG soll die Terminsgebühr nach Anm. Abs. 1 Nr. 1 zu Nr. 3104 VV RVG im Prozesskostenhilfeprüfungsverfahren allerdings dann anfallen, wenn dort ein Vergleich nach § 278 Abs. 6 ZPO geschlossen wird (KG AGS 2008, 68 = JurBüro 2008, 29 = RVGreport 2007, 458 = NJW-Spezial 2007, 619 = KGR 2007, 1019)

▶ **Beispiel 82:**

Der Anwalt beantragt Prozesskostenhilfe für eine Klage über 8.000,00 €. Die beantragte Prozesskostenhilfe wird nach Erörterung abgelehnt.

1,0-Verfahrensgebühr, Nr. 3335 VV RVG (Wert: 8.000,00 €)	412,00 €
1,2-Terminsgebühr, Nr. 3104 VV RVG (Wert: 8.000,00 €)	494,40 €
Postentgeltpauschale, Nr. 7002 VV RVG	20,00 €
Zwischensumme	926,40 €
19 % Umsatzsteuer, Nr. 7008 VV RVG	176,02 €
Gesamt	**1.102,42 €**

4. Einigungsgebühr

304 Hinzu kommen kann auch eine Einigungsgebühr nach den Nrn. 1000 ff. VV RVG. Soweit sich die Parteien über die im Prozesskostenhilfeprüfungsverfahren anhängigen Gegenstände einigen, entsteht die Gebühr nur zu 1,0 (Anm. S. 1 zu Nr. 1003 VV RVG).

305 Soweit nicht anhängige Gegenstände in die Einigung einbezogen werden, entsteht unter Beachtung des § 15 Abs. 3 RVG eine 1,5-Einigungsgebühr.

5. Anschließendes Hauptsacheverfahren

Kommt es im Anschluss an das Bewilligungsverfahren zur Hauptsache, so geht die nach Nr. 3335 VV RVG verdiente Gebühr in der Verfahrensgebühr des Hauptsacheverfahrens auf. Dies gilt unabhängig davon, ob die Prozesskostenhilfe bewilligt worden ist oder nicht. 306

6. Beschwerdeverfahren

Das Verfahren über die Beschwerde gegen die Ablehnung der Prozesskostenhilfebewilligung ist eine gesonderte Angelegenheit (§ 18 Nr. 5 RVG). Dafür erhält der Anwalt die Gebühren nach Nrn. 3500, 3513 VV RVG. 307

7. Gegenstandswert

Im Verfahren auf Bewilligung oder Aufhebung der der Prozesskostenhilfe nach § 124 Nr. 1 ZPO beläuft sich der Gegenstandswert auf den Wert der Hauptsache (Anm. Abs. 1, 1. Halbs. zu Nr. 3335 VV RVG). Wird die Prozesskostenhilfe nur hinsichtlich eines Teils der Hauptsache beantragt, so ist dieser Wert maßgebend. In allen anderen Fällen ist der Wert gem. billigem Ermessen nach dem Kosteninteresse zu schätzen (Anm. Abs. 1 2. Halbs. zu Nr. 3335 VV RVG). 308

X. Prüfung der Erfolgsaussicht eines Rechtsmittels

1. Überblick

Wird der Anwalt ausschließlich mit der Prüfung der Erfolgssaussicht eines Rechtsmittels beauftragt, gilt Teil 2 Abschnitt 1 VV. Der Anwalt erhält die Gebühren der Nrn. 2100 ff. VV. Ihm darf allerdings noch kein unbedingter Prozessauftrag für das Rechtsmittelverfahren erteilt worden sein. Anderenfalls wird seine Tätigkeit durch die entsprechenden Verfahrensgebühren des Rechtsmittelverfahrens erfasst, die auch eine Prüfung mit abgelten (Vorbem. 3 Abs. 2 VV; § 19 Abs. 1 S. 1 RVG). 309

Ob der mit der Prüfung beauftragte Anwalt im vorangegangenen Verfahren bereits als Verfahrensbevollmächtigter beauftragt war, ist – anders als noch in § 20 Abs. 2 BRAGO – unerheblich. Die Gebühr nach Nr. 2100 VV kann insbesondere auch dann anfallen, wenn die Prüfung der Erfolgsaussicht eines Rechtsmittels durch den bisherigen Prozessbevollmächtigten erfolgt (OLG Düsseldorf AGS 2006, 482; LG Berlin AGS 2006, 73; AnwK-RVG/N. Schneider, Nr. 2100 Rn. 6; a.A. KG AGS 2006, 433 m. abl. Anm. N. Schneider). Ebenso ist es unerheblich, zu welchem Prüfungsergebnis der Anwalt gelangt und ob das Rechtsmittel nach der Prüfung eingelegt wird oder nicht. 310

2. Gebühren

Soll der Anwalt die Erfolgsaussicht eines Rechtsmittels für ein Verfahren prüfen, in dem sich die Gebühren nach dem Gegenstandswert richten (§ 2 Abs. 1 RVG oder § 3 Abs. 1 S. 2, Abs. 2 RVG), so erhält er eine Gebühr nach Nr. 2100 VV in Höhe von 0,5 bis 1,3 (Mittelgebühr 0,75) und wenn die Prüfung mit der Ausarbeitung eines schriftlichen Gutachtens verbunden sein soll, in Höhe von 1,3. Ist der Anwalt von mehreren Auftraggebern beauftragt, erhöhten sich die Gebühren nach Nr. 1008 VV, soweit der Gegenstand der Prüfung derselbe ist. 311

3. Anrechnung

312 Wird der Anwalt anschließend mit der Vertretung im Rechtsmittelverfahren beauftragt, ist die Prüfungsgebühr nach Anm. zu Nr. 2100 VV auf die Verfahrensgebühr des nachfolgenden Rechtsstreits anzurechnen (Anm. zu Nr. 2100 VV).

313 Wird nach der Prüfung das Rechtsmittel uneingeschränkt eingelegt, sind die Gegenstände von Prüfung und Rechtsmittel also identisch, wird in vollem Umfang angerechnet.

314 ▶ **Beispiel 83:**

Gegen seine erstinstanzliche Verurteilung in Höhe von 20.000,00 € will der Beklagte Berufung einlegen und lässt sich beraten, ob die Berufung Aussicht auf Erfolg hat. Der beauftragte Anwalt prüft dies und bejaht die Erfolgsaussicht, so dass ihm hiernach der Auftrag zur Berufung erteilt und diese auch durchgeführt wird.

Prüfung der Erfolgsaussicht (Wert: 20.000,00 €)	
0,75-Prüfungsgebühr, Nr. 2100 VV	484,50 €
Postentgeltpauschale, Nr. 7002 VV	20,00 €
Zwischensumme	504,50 €
19 % Umsatzsteuer, Nr. 7008 VV	95,86 €
Gesamt	**600,36 €**
Berufungsverfahren (Wert: 20.000,00 €)	
1,6-Verfahrensgebühr, Nr. 3200 VV	1.033,60 €
gem. Anm. zu Nr. 2100 VV anzurechnen 0,75 aus 20.000,00 €	– 484,50 €
1,2-Terminsgebühr, Nr. 3202 VV	775,20 €
Postentgeltpauschale, Nr. 7002 VV	20,00 €
Zwischensumme	1.344,30 €
19 % Umsatzsteuer, Nr. 7008 VV	255,42 €
Gesamt	**1.599,72 €**

315 Wird der Anwalt nach der Prüfung lediglich beauftragt, teilweise Rechtsmittel einzulegen, etwa weil er nur teilweise zum Rechtsmittel rät und i.Ü. abrät, so findet analog Vorbem. 3 Abs. 4 S. 3 VV eine Anrechnung nur nach dem entsprechenden Wert statt.

316 ▶ **Abwandlung zu Beispiel 83:**

Der Anwalt bejaht die Erfolgsaussicht jedoch nur in Höhe von 10.000,00 €. In dieser Höhe wird ihm der Auftrag zur Berufung erteilt und diese auch durchgeführt.

Prüfung der Erfolgsaussicht (Wert: 20.000,00 €)	
0,75-Prüfungsgebühr, Nr. 2100 VV	484,50 €
Postentgeltpauschale, Nr. 7002 VV	20,00 €
Zwischensumme	504,50 €
19 % Umsatzsteuer, Nr. 7008 VV	95,86 €
Gesamt	**600,36 €**
Berufungsverfahren (Wert: 10.000,00 €)	
1,6-Verfahrensgebühr, Nr. 3200 VV	777,60 €
gem. Anm. zu Nr. 2100 VV anzurechnen, 0,75 aus 10.000,00 €	– 364,50 €
1,2-Terminsgebühr, Nr. 3202 VV	583,20 €
Postentgeltpauschale, Nr. 7002 VV	20,00 €
Zwischensumme	1.016,30 €
19 % Umsatzsteuer, Nr. 7008 VV	193,10 €
Gesamt	**1.209,40 €**

XI. Berufung

1. Überblick

Im Berufungsverfahren erhält der Anwalt seine Gebühren nach Teil 3 Abschnitt 2 Unterabschnitt 1 VV RVG, also nach den Nrn. 3200 ff. VV RVG RVG. Hinzukommen kann eine Einigungsgebühr nach Nr. 1000 VV RVG, wobei sich die Höhe der Einigungsgebühr nach Nr. 1004 VV RVG richtet, soweit die Gegenstände im Berufungsverfahren anhängig sind. **317**

2. Umfang der Angelegenheit

Das Berufungsverfahren stellt gegenüber dem erstinstanzlichen Verfahren eine **eigene Angelegenheit** dar (§ 15 Abs. 2 S. 2 RVG). **Wechselseitig geführte Berufungen**, die miteinander verbunden werden, sind allerdings eine Angelegenheit. Die Gebühren entstehen dann insgesamt nur einmal aus dem Gesamtwert (§ 23 Abs. 1 S. 1 RVG i.V.m. § 45 Abs. 2 GKG). **318**

Soweit der Anwalt noch nicht den Auftrag hatte, die Berufung einzulegen, sondern zunächst die **Erfolgsaussicht der Berufung prüfen** sollte, ist nicht Teil 3 VV RVG, sondern Teil 2 VV RVG einschlägig. Der Anwalt erhält eine Prüfungsgebühr nach Nr. 2100 VV RVG i.H.v. 0,5 bis 1,0 und, wenn die Prüfung der Erfolgsaussicht mit der Ausarbeitung eines Gutachtens verbunden ist, eine 1,3-Gebühr nach Nr. 2101 VV RVG (s. Rdn. 309 ff.). **319**

3. Die Gebühren

a) Verfahrensgebühr

Für das Betreiben des Geschäfts (Vorbem. 3 Abs. 2 VV RVG) erhält der Anwalt nach Nr. 3200 VV RVG eine **1,6-Verfahrensgebühr.** **320**

Vertritt der Anwalt **mehrere Auftraggeber** gemeinschaftlich wegen desselben Gegenstands, erhöht sich die Verfahrensgebühr nach Nr. 1008 VV RVG um 0,3 je weiteren Auftraggeber. So beläuft sich die Verfahrensgebühr bei Vertretung zweier Auftraggeber auf 1,9. **321**

Erledigt sich das Berufungsverfahren vorzeitig, also bevor der Rechtsanwalt die Berufung eingelegt oder einen Schriftsatz, der Sachanträge, Sachvortrag, die Zurücknahme der Klage oder die Zurücknahme der Berufung enthält, eingereicht oder bevor er für seine Partei einen gerichtlichen Termin wahrgenommen hat, so reduziert sich die Verfahrensgebühr gem. Nr. 3201 Nr. 1 VV RVG auf 1,1. Der häufigste Anwendungsfall der vorzeitigen Erledigung ist beim Anwalt des Berufungsbeklagten gegeben, nämlich dann, wenn der Berufungskläger zunächst nur fristwahrend Berufung eingelegt, diese dann aber vor Ablauf der Begründungsfrist wieder zurückgenommen hat. Der Anwalt des Berufungsklägers, der sich in dieser Phase nur bestellt, aber noch nicht die Zurückweisung beantragt, erhält nur eine 1,1-Gebühr nach Nr. 3201 Nr. 1 VV RVG. **322**

▶ **Beispiel 84:** **323**

Gegen seine erstinstanzliche Verurteilung zur Zahlung von 15.000,00 € legt der Beklagte fristwahrend Berufung ein. Der Kläger beauftragt einen Anwalt, der sich im Berufungsverfahren zunächst nur bestellt.

Der Anwalt des Klägers erhält im Berufungsverfahren:

1,1-Verfahrensgebühr, Nr. 3201 Nr. 1 VV RVG (Wert: 15.000,00 €)	622,60 €
Postentgeltpauschale, Nr. 7002 VV RVG	20,00 €
Zwischensumme	642,60 €
19 % Umsatzsteuer, Nr. 7008 VV RVG	122,09 €
Gesamt	**764,69 €**

Ebenso entsteht neben der 1,6-Verfahrensgebühr eine 1,1-Verfahrensgebühr, soweit lediglich beantragt ist, eine Einigung der Parteien oder mit Dritten über in diesem Verfahren nicht rechtshängige Ansprüche zu Protokoll zu nehmen oder festzustellen (§ 278 Abs. 6 ZPO), oder soweit lediglich Verhandlungen zur Einigung über solche Ansprüche geführt werden (Nr. 3201 Nr. 2 VV RVG). In diesem Fall ist § 15 Abs. 3 RVG zu beachten. Die Summe aus der Verfahrensgebühr nach Nr. 3200 VV RVG und der aus Nr. 3201 VV RVG darf den Betrag einer 1,6-Gebühr aus dem Gesamtwert nicht übersteigen. Es gilt hier das gleiche wie in erstinstanzlichen Verfahren, so dass auf die dortigen Ausführungen verwiesen werden kann.

b) Terminsgebühr

324 Hinzukommen kann nach Nr. 3202 VV RVG eine **Terminsgebühr**. Diese Gebühr entsteht zunächst einmal unter den Voraussetzungen der Vorbem. 3 Abs. 3 VV RVG, also insbesondere bei **Wahrnehmung eines gerichtlichen Termins** (Vorbem. 3 Abs. 3, 1. Var. VV RVG) oder auch gem. Vorbem. 3 Abs. 3, 3. Var. VV RVG für die **Mitwirkung an auf die Vermeidung oder Erledigung des Berufungsverfahrens gerichteten Besprechungen** auch ohne Beteiligung des Gerichts (BGH AGS 2007, 292 = AnwBl 2007, 461 = RVGreport 2007, 183; BGH AGS 2007, 115 = JurBüro 2007, 26 = AnwBl 2007, 238).

325 ▶ **Beispiel 85:**

Gegen seine erstinstanzliche Verurteilung zur Zahlung von 15.000,00 € legt der Beklagte Berufung ein. Anschließend führen die Anwälte eine telefonische Besprechung, aufgrund derer die Berufung zurückgenommen wird.

1,6-Verfahrensgebühr, Nr. 3200 VV RVG (Wert: 15.000,00 €)	905,60 €
1,2-Terminsgebühr, Nr. 3202 VV RVG (Wert: 15.000,00 €)	679,20 €
Postentgeltpauschale, Nr. 7002 VV RVG	20,00 €
Zwischensumme	1.604,80 €
19 % Umsatzsteuer, Nr. 7008 VV RVG	304,91 €
Gesamt	**1.909,71 €**

326 Die Terminsgebühr entsteht ferner unter den Voraussetzungen der Anm. Abs. 1 zu Nr. 3202 VV RVG i.V.m. Anm. Abs. 1 zu Nr. 3104 VV RVG, wenn in einem Verfahren, für das mündliche Verhandlung vorgeschrieben ist, im Einverständnis mit den Parteien oder gem. § 307 ZPO **ohne mündliche** Verhandlung entschieden oder in einem solchen Verfahren ein schriftlicher Vergleich geschlossen wird. Kein Fall der Anm. Abs. 1 zu Nr. 3202 i.V.m. Anm. Abs. 1 zu Nr. 3104 VV RVG liegt vor, wenn das Gericht im Verfahren nach § 522 Abs. 2 ZPO entscheidet (BGH AGS 2007, 397 = AnwBl 2007, 631 = JurBüro 2007, 525 = RVGreport 2007, 271) oder wenn gem. § 128 Abs. 3 ZPO nur noch über die Kosten entschieden wird.

327 Die Terminsgebühr entsteht im Berufungsverfahren grundsätzlich zu 1,2 (Nr. 3202 VV RVG). Auch hier ist jedoch eine Ermäßigung vorgesehen (Nr. 3203 VV RVG). Erscheint der Anwalt des **Berufungsklägers** nicht und stellt der Anwalt des Berufungsbeklagten daraufhin lediglich einen Antrag

- auf Erlass eines Versäumnisurteils gegen den Berufungskläger oder
- zur Prozess- oder Sachleitung,

entsteht die Terminsgebühr lediglich in Höhe von 0,5 (Nrn. 3202, 3203 VV RVG). Das Gleiche gilt, wenn das Gericht von Amts wegen zur Prozess- oder Sachleitung entscheidet (Anm. Abs. 1 zu Nr. 3203 VV RVG i.V.m. Anm. Abs. 1 Nr. 1 zu Nr. 3105 VV RVG).

▶ **Beispiel 86:** 328

Gegen seine erstinstanzliche Verurteilung zur Zahlung von 15.000,00 € legt der Beklagte Berufung ein. Im Termin zur mündlichen Verhandlung erscheint sein Prozessbevollmächtigter nicht, so dass ein die Berufung zurückweisendes Versäumnisurteil ergeht. Der Anwalt des Berufungsbeklagten erhält:

1,6-Verfahrensgebühr, Nr. 3200 VV RVG (Wert: 15.000,00 €)	905,60 €
0,5-Terminsgebühr, Nrn. 3203, 3202 VV RVG (Wert: 15.000,00 €)	283,00 €
Postentgeltpauschale, Nr. 7002 VV RVG	20,00 €
Zwischensumme	1.208,60 €
19 % Umsatzsteuer, Nr. 7008 VV RVG	229,63 €
Gesamt	**1.438,23 €**

Bei der vollen Terminsgebühr bleibt es dagegen, wenn der **Anwalt des Berufungsbeklagten nicht erscheint** und gegen ihn ein Versäumnisurteil ergeht (arg. e. Nr. 3203 VV RVG). 329

c) Einigungsgebühr

Wird im Berufungsverfahren eine Einigung geschlossen, so erhalten die daran beteiligten Anwälte eine **Einigungsgebühr** nach Nr. 1000 VV RVG, und zwar in Höhe von 1,3 (Nr. 1004 VV RVG), soweit der Gegenstand der Einigung im Berufungsverfahren anhängig ist. 330

▶ **Beispiel 87:** 331

Der Beklagte legt gegen seine erstinstanzliche Verurteilung zur Zahlung von 15.000,00 € Berufung ein. In der mündlichen Verhandlung einigen sich die Parteien, dass zum Ausgleich der Klageforderung 8.000,00 € gezahlt werden.

1,6-Verfahrensgebühr, Nr. 3200 VV RVG	905,60 €
1,2-Terminsgebühr, Nr. 3202 VV RVG	679,20 €
1,3-Einigungsgebühr, Nrn. 1000, 1004 VV RVG	735,80 €
Postentgeltpauschale, Nr. 7002 VV RVG	20,00 €
Zwischensumme	2.340,60 €
19 % Umsatzsteuer, Nr. 7008 VV RVG	444,71 €
Gesamt	**2.785,31 €**

Werden weitergehende Ansprüche mit einbezogen, so hängt die Höhe der Einigungsgebühr insoweit davon ab, ob und wo die mit einbezogenen Ansprüche anhängig sind. Insoweit gilt das gleiche wie in erster Instanz.

4. Gegenstandswert

Der Gegenstandswert im Berufungsverfahren richtet sich nach den Anträgen des Berufungsführers (§ 47 S. 1 GKG). Endet das Verfahren ohne solche Anträge, ist die Beschwer maßgebend (§ 47 Abs. 1 S. 2 GKG). Das gilt auch, wenn vor Rücknahme einer Berufung rechtsmissbräuchlich ein beschränkter Antrag gestellt wird (OLG Schleswig SchlHA 2004, 191 = JurBüro 2004, 140 = OLGR 2004, 133). Zu beachten ist, dass der Streitwert des Rechtsmittelverfahrens durch den Streitwert der ersten Instanz beschränkt wird (§ 47 Abs. 2 S. 1 GKG), es sei denn, der Streitgegenstand wird in der Rechtsmittelinstanz erweitert (§ 47 Abs. 2 S. 2 GKG). 332

333 Wird von beiden Parteien wechselseitig Berufung eingelegt, berechnet sich der Streitwert des Berufungsverfahrens aus den zusammengerechneten Werten (§ 45 Abs. 2, Abs. 1 S. 1 GKG), es sei denn, es liegt derselbe Gegenstand zugrunde, dann gilt nur der höhere Wert, § 45 Abs. 2, Abs. 1 S. 3 GKG (LG Berlin JurBüro 1988, 462 = MDR 1988, 329 m. Anm. Herget).

XII. Verfahren auf Vollstreckbarerklärung

1. Überblick

334 Der Antrag auf Vollstreckbarerklärung der durch Rechtsmittelanträge nicht angefochtenen Teile eines Urteils (§§ 537, 558 ZPO) zählt grundsätzlich nach § 19 Abs. 1 S. 2 Nr. 9 RVG zum Rechtszug. Voraussetzung ist, dass der Gegenstand, hinsichtlich dessen die vorläufige Vollstreckbarkeit beantragt wird, Gegenstand des Rechtsmittelverfahrens ist oder war. Dies sind die Fälle,
- in denen der Rechtsmittelkläger sein Rechtsmittel auf den ursprünglich nicht angefochtenen Teil erweitert,
- der Rechtsmittelkläger das Rechtsmittel nachträglich beschränkt oder
- die Parteien sich auch über den nicht angegriffenen Teil des Urteils einigen und diesen somit zum Gegenstand des Rechtsmittelverfahrens machen (OLG Hamburg JurBüro 1982, 1512).

335 War der nicht angegriffene Teil des Urteils dagegen niemals Gegenstand des Rechtsmittelverfahrens gewesen, ist § 19 Abs. 1 S. 2 Nr. 9 RVG nicht anwendbar. Die Tätigkeit des Anwalts wird vielmehr gesondert vergütet (LG Bonn MDR 2001, 416 = BRAGOreport 2001, 58).

2. Die Vergütung

336 Der Anwalt erhält zunächst eine 0,5-Verfahrensgebühr (Nr. 3329 VV). Diese Gebühr deckt die gesamte Tätigkeit des Anwalts ab. Bei **mehreren Auftraggebern** erhöht sich die Gebühr nach Nr. 1008 VV um 0,3 je weiterem Auftraggeber.

337 Für die Wahrnehmung eines Termins entsteht zusätzlich eine **0,5-Terminsgebühr** nach Nr. 3332 VV in Höhe von 0,5.

338 Denkbar ist auch eine **Einigungsgebühr**, die sich dann nach Nr. 1004 VV richtet (Gebührensatz 1,3), da die Tätigkeit im Verfahren auf Vollstreckbarerklärung bereits zur Rechtsmittelinstanz zählt (OLG München AGS 1993, 12 = JurBüro 1993, 156; OLG Düsseldorf JurBüro 1980, 62).

Hinzu kommen wiederum Auslagen nach Teil 7 VV, insbesondere eine eigene Postentgeltpauschale (Nr. 7002 VV).

Der Gegenstandswert für die Gebühr der Nrn. 3329, 3332 VV richtet sich nach dem vollen Wert des für vorläufig vollstreckbar zu erklärenden Teils des Urteils ohne Nebenforderungen (LG Bonn MDR 2001, 416; AnwK-RVG/N. Schneider Nr. 3329 VV, Rn. 24 ff.)

▶ **Beispiel 88:**

Der Beklagte ist erstinstanzlich verurteilt worden, Schadensersatz wegen Beschädigung des geräumten Mietobjektes in Höhe von 8.000,00 € zu zahlen. Er legt Berufung ein und beschränkt diese auf einen Betrag in Höhe von 6.000,00 €, also soweit er zu mehr als 2.000,00 € verurteilt worden ist. Der Kläger beantragt daraufhin, das Urteil

hinsichtlich der 2.000,00 € für vorläufig vollstreckbar zu erklären. In der mündlichen Verhandlung wird der beantragte Beschluss erlassen.
Der Anwalt kann abrechnen:

Berufungsverfahren	
1,3-Verfahrensgebühr, Nr. 3200 VV (Wert 6.000,00 €)	439,40 €
1,2-Terminsgebühr, Nr. 3202 VV (Wert 6.000,00 €)	405,60 €
Postentgeltpauschale, Nr. 7002 VV	20,00 €
Zwischensumme	865,00 €
16 % Umsatzsteuer, Nr. 7008 VV	164,35 €
Gesamt	**1.029,35 €**
Verfahren auf Vollstreckbarerklärung	
0,5-Verfahrensgebühr, Nr. 3329 VV (Wert 2.000,00 €)	66,50 €
0,5-Terminsgebühr, Nr. 3332 VV (Wert 2.000,00 €)	66,50 €
Postentgeltpauschale, Nr. 7002 VV	20,00 €
Zwischensumme	153,00 €
19 % Umsatzsteuer, Nr. 7008 VV	29,07 €
Gesamt	**182,07 €**

XIII. Nichzulassungsbeschwerde

1. Überblick

Das Verfahren über die Nichtzulassungsbeschwerde nach § 574 ZPO stellt zunächst gegenüber dem Berufungsverfahren eine eigene gebührenrechtliche Angelegenheit dar (§ 15 Abs. 2 S. 2 RVG). Das sich an eine erfolgreiche Nichtzulassungsbeschwerde anschließende Revisionsverfahren stellt wiederum eine weitere Angelegenheit dar (§ 17 Nr. 9 RVG). Insgesamt können also **drei Angelegenheiten** gegeben sein: **339**
- das Berufungsverfahren,
- das Nichtzulassungsbeschwerdeverfahren und
- das Revisionsverfahren.

2. Die Gebühren

a) Verfahrensgebühr

Für das Betreiben des Verfahrens (Vorbem. 3 Abs. 2 VV RVG) erhält der Anwalt eine **2,3-Verfahrensgebühr** nach Nrn. 3506, 3508 VV RVG, da sich die Parteien nach § 78 Abs. 1 S. 4 ZPO nur durch einen am BGH zugelassenen Anwalt vertreten lassen können. **Endet der Auftrag vorzeitig** i.S.d. Anm. zu Nr. 3201 Nr. 1 VV RVG, so ermäßigt sich die Verfahrensgebühr auf 1,8 (Nrn. 3507, 3509 VV RVG). Vertritt der Anwalt **mehrere Auftraggeber**, so erhöht sich die Verfahrensgebühr um 0,3 je weiteren Auftraggeber, sofern diese am Streitgegenstand gemeinschaftlich beteiligt sind. **340**

Kommt es nach erfolgreicher Nichtzulassungsbeschwerde zur Durchführung der Revision, wird die Verfahrensgebühr der Nr. 3508 VV RVG nach Anm. zu Nr. 3506 VV RVG auf die Verfahrensgebühr des nachfolgenden Revisionsverfahrens **angerechnet** (s. Rdn. 348). **341**

Wird im Nichtzulassungsbeschwerdeverfahren der nicht postulationsfähige Anwalt der Vorinstanz für den Beschwerdegegner tätig, so erhält dieser nach der Rechtsprechung des BGH nur eine 0,8-Verfahrensgebühr nach Nr. 3403 VV RVG für eine Einzeltätigkeit **342**

(BGH AGS 2006, 491 = NJW 2006, 2266 = RVGreport 2006, 348 = JurBüro 2007, 27; AGS 2007, 298 = NJW 2007, 1461 = JurBüro 2007, 252 = RVGreport 2007, 269).

b) Terminsgebühr

343 Unter den Voraussetzungen der Vorbem. 3 Abs. 3 VV RVG erhält der Anwalt eine 1,2-Terminsgebühr nach Nr. 3516 VV RVG. Da im Verfahren nach § 574 ZPO eine mündliche Verhandlung nicht vorgesehen ist, wird die Gebühr i.d.R. nur bei der Mitwirkung an Gesprächen zur Erledigung oder Vermeidung des Verfahrens (Vorbem. 3 Abs. 3, 3. Var. VV RVG) anfallen (unzutreffend und dem Wortlaut des Gesetzes widersprechend: BGH AGS 2007, 298 = JurBüro 2007, 252 = RVGreport 2007, 269).

c) Einigungsgebühr

344 Kommt es im Verfahren der Nichtzulassungsbeschwerde zu einer Einigung, so entsteht zusätzlich eine Einigungsgebühr nach Nr. 1000 VV RVG. Zutreffenderweise wird man hier den 1,3-Gebührensatz der Nr. 1004 VV RVG anwenden müssen.

3. Gegenstandswert

345 Im Verfahren der Nichtzulassungsbeschwerde richtet sich der Gegenstandswert nach § 23 Abs. 1 S. 1 RVG i.V.m. § 47 Abs. 3 GKG. Es gelten die gleichen Regeln wie im Berufungsverfahren (s. Rdn. 388).

XIV. Revision

1. Überblick

346 Das Revisionsverfahren ist ein neuer Rechtszug (§ 15 Abs. 2 S. 2 RVG), auch gegenüber einem vorangegangenen Nichtzulassungsbeschwerdeverfahren (§ 16 Nr. 11 RVG). Wechselseitig geführte Revisionen, die miteinander verbunden werden, sind eine Angelegenheit. Die Gebühren entstehen nur einmal (§ 15 Abs. 2 S. 1 RVG).

2. Gebühren

a) Verfahrensgebühr

347 Der Anwalt erhält für das Betreiben des Geschäfts (Vorbem. 3 Abs. 2 VV RVG) eine 2,3-Verfahrensgebühr (Nrn. 3206, 3208 VV RVG), da sich die Parteien nach § 78 Abs. 1 S. 4 ZPO nur durch einen beim BGH zugelassenen Anwalt vertreten lassen können. Endet der Auftrag vorzeitig, so erhält der Anwalt nach Nrn. 3206, 3207, 3209 VV RVG lediglich eine 1,8-Verfahrensgebühr. Vertritt er mehrere Auftraggeber wegen desselben Gegenstands, so erhöht sich die Verfahrensgebühr um 0,3 je weiteren Auftraggeber.

348 Ist eine erfolgreiche Nichtzulassungsbeschwerde vorausgegangen, so ist die dort verdiente Verfahrensgebühr der Nrn. 2506, 3508 VV RVG RVG gem. Anm. zu Nr. 3506 VV RVG auf die Verfahrensgebühr des Revisionsverfahrens anzurechnen.

b) Terminsgebühr

349 Für die Wahrnehmung eines Termins i.S.v. Vorbem. 3 Abs. 3 VV RVG erhält der Anwalt nach Nr. 3210 VV RVG eine 1,5-Terminsgebühr. Darüber hinaus entsteht gem. Anm. zu Nr. 3210 VV RVG die Gebühr auch unter den Voraussetzungen der Anm. Abs. 1 zu Nr. 3104 VV RVG (s. hierzu Rdn. 247 ff.).

Erscheint der Anwalt des **Revisionsklägers** nicht oder ist der Revisionskläger nicht ordnungsgemäß vertreten und stellt der Anwalt des Revisionsbeklagten daraufhin lediglich einen Antrag 350

- auf Erlass eines Versäumnisurteils gegen den Revisionskläger oder
- zur Prozess- oder Sachleitung,

entsteht für ihn die Terminsgebühr lediglich in Höhe von 0,8 (Nr. 3211 VV RVG; Anm. zu Nr. 3211 VV RVG). Das Gleiche gilt, wenn das Gericht von Amts wegen zur Prozess- oder Sachleitung entscheidet (Anm. zu Nr. 3211 VV RVG i.V.m. Anm. Abs. 1 Nr. 1 zu Nr. 3105 VV RVG).

c) Einigungsgebühr

Wird im Revisionsverfahren eine Einigung über die dort anhängigen Ansprüche getroffen, so entsteht insoweit nach Nrn. 1000, 1004 VV RVG eine 1,3-Einigungsgebühr. 351

3. Gegenstandswert

Im Revisionsverfahren richtet sich der Gegenstandswert nach den Anträgen des Revisionsführers (§ 23 Abs. 1 S. 1 RVG i.V.m. § 47 S. 1 GKG). Es gilt das Gleiche wie im Berufungsverfahren (s. Rdn. 388). 352

4. Zurückverweisung durch das Rechtsmittelgericht

Hebt ein Rechtsmittelgericht die angefochtene Entscheidung auf und verweist es das Verfahren an das vorinstanzliche Gericht zurück, gilt § 21 Abs. 1 RVG. Das Verfahren nach Zurückverweisung ist eine neue Angelegenheit i.S.d. § 15 RVG, in der alle Gebühren erneut entstehen können. Lediglich hinsichtlich der Verfahrensgebühr ist eine Anrechnung vorgesehen (Vorbem. 3 Abs. 6 VV RVG), wenn an ein Gericht zurückverwiesen wird, das mit der Sache bereits befasst war. 353

▶ **Beispiel 89:** 354

Das AG hatte den Beklagten antragsgemäß zur Zahlung von 10.000,00 € verurteilt. Auf die Berufung hebt das LG das Urteil des AG auf und verweist die Sache an das AG zur erneuten Entscheidung zurück.
Das Verfahren nach Zurückverweisung stellt eine neue Angelegenheit dar (§ 21 Abs. 1 RVG). Allerdings wird die Verfahrensgebühr des Ausgangsverfahrens auf die Verfahrensgebühr des Verfahrens nach Zurückverweisung angerechnet (Vorbem. 3 Abs. 6 VV RVG).

Verfahren vor Zurückverweisung	
1,3-Verfahrensgebühr, Nr. 3100 VV RVG (Wert: 10.000,00 €)	631,80 €
1,2-Terminsgebühr, Nr. 3104 VV RVG (Wert: 10.000,00 €)	583,20 €
Postentgeltpauschale, Nr. 7002 VV RVG	20,00 €
Zwischensumme	1.235,00 €
19 % Umsatzsteuer, Nr. 7008 VV RVG	234,65 €
Gesamt	**1.469,65 €**

Verfahren nach Zurückverweisung	
1,3-Verfahrensgebühr, Nr. 3100 VV RVG (Wert: 10.000,00 €)	631,80 €
gem. Vorbem. 3 Abs. 6 VV RVG anzurechnen, 1,3 aus 10.000,00 €	– 631,80 €
1,2-Terminsgebühr, Nr. 3104 VV RVG (Wert: 10.000,00 €)	583,20 €
Postentgeltpauschale, Nr. 7002 VV RVG	20,00 €
Zwischensumme	603,20 €
19 % Umsatzsteuer, Nr. 7008 VV RVG	114,61 €
Gesamt	**717,81 €**

355 Wird nur teilweise zurückverwiesen, etwa, weil das Rechtsmittelgericht nur teilweise aufhebt, oder weil das Urteil nur teilweise angefochten worden ist, so ist auch nur teilweise anzurechnen.

▶ Beispiel 90:

Gegen seine Verurteilung in Höhe von 10.000,00 € hatte der Beklagte Berufung zum LG eingelegt, soweit er zu mehr als 6.000 € verurteilt worden ist. Das LG hebt das Urteil des AG auf und verweist die Sache an das AG zurück. Dort wird erneut verhandelt.
Im weiteren Verfahren nach Zurückverweisung entstehen die Gebühren nur aus 6.000 €. Angerechnet auch nur nach diesem Wert.

Verfahren vor Zurückverweisung	
1,3-Verfahrensgebühr, Nr. 3100 VV RVG (Wert: 10.000,00 €)	631,80 €
1,2-Terminsgebühr, Nr. 3104 VV RVG (Wert: 10.000,00 €)	583,20 €
Postentgeltpauschale, Nr. 7002 VV RVG	20,00 €
Zwischensumme	1.235,00 €
19 % Umsatzsteuer, Nr. 7008 VV RVG	234,65 €
Gesamt	**1.469,65 €**

Verfahren nach Zurückverweisung	
1,3-Verfahrensgebühr, Nr. 3100 VV RVG (Wert: 6.000,00 €)	439,40 €
gem. Vorbem. 3 Abs. 6 VV RVG anzurechnen, 1,3 aus 6.000,00 €	-439,40 €
1,2-Terminsgebühr, Nr. 3104 VV RVG (Wert: 6.000,00 €)	405,60 €
Postentgeltpauschale, Nr. 7002 VV RVG	20,00 €
Zwischensumme	425,60 €
19 % Umsatzsteuer, Nr. 7008 VV RVG	80,86 €
Gesamt	**506,46 €**

356 Erhöht sich der Streitwert nach Zurückverweisung, etwa infolge einer Klageerweitung oder einer Widerklage, so wird nur nach dem geringeren Wert der Zurückverweisung angerechnet.

▶ Beispiel 91:

Gegen die Abweisung der Klage in Höhe von 10.000,00 € hatte der Kläger Berufung zum LG eingelegt. Das LG hebt das Urteil des AG auf und verweist die Sache an das AG zurück. Dort wird eine Widerklage in Höhe von 5.000 € erhoben.
Das Verfahren nach Zurückverweisung ist wiederum eine neue Angelegenheit. Allerdings berechnen sich die Gebühren jetzt nach dem höheren Wert. Angerechnet wird jedoch nur nach dem geringeren Wert des Ausgangsverfahrens.

Verfahren vor Zurückverweisung	
1,3-Verfahrensgebühr, Nr. 3100 VV RVG (Wert: 10.000,00 €)	631,80 €
1,2-Terminsgebühr, Nr. 3104 VV RVG (Wert: 10.000,00 €)	583,20 €
Postentgeltpauschale, Nr. 7002 VV RVG	20,00 €
Zwischensumme	1.235,00 €
19 % Umsatzsteuer, Nr. 7008 VV RVG	234,65 €
Gesamt	**1.469,65 €**

Verfahren nach Zurückverweisung	
1,3-Verfahrensgebühr, Nr. 3100 VV RVG (Wert: 15.000,00 €)	735,80 €
gem. Vorbem. 3 Abs. 6 VV RVG anzurechnen, 1,3 aus 10.000,00 €	– 631,80 €
1,2-Terminsgebühr, Nr. 3104 VV RVG (Wert: 15.000,00 €)	679,20 €
Postentgeltpauschale, Nr. 7002 VV RVG	20,00 €

Zwischensumme	803,20 €
19 % Umsatzsteuer, Nr. 7008 VV RVG	152,61 €
Gesamt	**955,81 €**

Liegen zwischen der Beendigung des Ausgangsverfahrens und der Zurückverweisung mehr als zwei Kalenderjahre, so ist gem. § 15 Abs. 5 S. 2 RVG eine Anrechnung nach Vorbem. 3 Abs. 6 VV RVG ausgeschlossen (OLG München AGS 2006, 369 = OLGR 2006, 681 = AnwBl 2006, 588 = FamRZ 2006, 1561 = RVG-Letter 2006, 87; AnwK-RVG/N. Schneider § 21 Rn 9). 357

Beispiel 92:

Der Beklagte war im Dezember 2009 zur Zahlung von 10.000,00 € verurteilt worden. Das OLG hebt im Januar 2011 das Urteil des LG auf und verweist die Sache an das LG zurück.

Da zwischenzeitlich mehr als zwei Kalenderjahre vergangen sind, entstehen nach Zurückverweisung alle Gebühren erneut, ohne dass anzurechnen ist.

Verfahren vor Zurückverweisung	
1,3-Verfahrensgebühr, Nr. 3100 VV RVG (Wert: 10.000,00 €)	631,80 €
1,2-Terminsgebühr, Nr. 3104 VV RVG (Wert: 10.000,00 €)	583,20 €
Postentgeltpauschale, Nr. 7002 VV RVG	20,00 €
Zwischensumme	1.235,00 €
19 % Umsatzsteuer, Nr. 7008 VV RVG	234,65 €
Gesamt	**1.469,65 €**
Verfahren nach Zurückverweisung	
1,3-Verfahrensgebühr, Nr. 3100 VV RVG (Wert: 10.000,00 €)	631,80 €
1,2-Terminsgebühr, Nr. 3104 VV RVG (Wert: 10.000,00 €)	583,20 €
Postentgeltpauschale, Nr. 7002 VV RVG	20,00 €
Zwischensumme	1.235,00 €
19 % Umsatzsteuer, Nr. 7008 VV RVG	234,65 €
Gesamt	**1.469,65 €**

XV. Rechtsbeschwerde

Das Verfahren über eine Rechtsbeschwerde nach § 574 ZPO ist eine eigene selbständige Angelegenheit (§§ 18 Nr. 5, 15 Abs. 2 S. 2 RVG). Der BGH-Anwalt erhält eine 1,0-Verfahrensgebühr nach Nr. 3502 VV RVG in Höhe von 1,0. Bei vorzeitiger Beendigung des Auftrags ermäßigt sich die Gebühr der Nr. 3502 VV RVG auf eine 0,5-Gebühr (Nr. 3503 VV RVG). Die Anm. zu Nr. 3201 VV RVG gilt entsprechend (Anm. zu Nr. 3503 VV RVG). Sofern der Anwalt für mehrere Auftraggeber wegen desselben Gegenstands tätig wird, erhöht sich die Gebühr um 0,3 je weiteren Auftraggeber (Nr. 1008 VV RVG), höchstens um 2,0. 358

Hinzu kommen kann eine Terminsgebühr (Nr. 3516 VV RVG). Auch wenn hier kein gerichtlicher Termin vorgesehen ist und daher auch bei einer Entscheidung im schriftlichen Verfahren keine Terminsgebühr nach Anm. Abs. 1 zu Nr. 3104 VV RVG anfallen kann, können die Anwälte doch außergerichtliche Verhandlungen zur Vermeidung oder Erledigung i.S.d. Vorbem. 3. Abs. 3, 3. Var. VV RVG führen. 359

Des Weiteren kann eine Einigungsgebühr (Nr. 1000 VV RVG) anfallen. Deren Höhe ergibt sich aus Nr. 1003 VV RVG; eine analoge Anwendung der Nr. 1004 VV RVG dürfte hier nicht in Betracht kommen. 360

361 Des Weiteren kann eine Einigungsgebühr (Nr. 1000 VV RVG) anfallen. Deren Höhe ergibt sich aus Nr. 1003 VV RVG; eine analoge Anwendung der Nr. 1004 VV RVG dürfte hier nicht in Betracht kommen.

XVI. Beschwerde

1. Überblick

362 Beschwerdeverfahren sind nach § 18 Nr. 3 RVG gesonderte Angelegenheiten. Die Vergütung in Beschwerdeverfahren richtet sich nach Teil 3 Abschnitt 5 VV RVG.

2. Gebühren

a) Verfahrensgebühr

363 Der Anwalt erhält für das Betreiben des Geschäfts gem. Vorbem. 3 Abs. 2 VV RVG zunächst einmal eine 0,5-Verfahrensgebühr nach Nr. 3500 VV RVG.

▶ **Beispiel 93:**

Der Anwalt wird mit der Beschwerde gegen die Kostenfestsetzung wegen eines Betrages in Höhe von 1.500,00 € beauftragt.

0,5-Verfahrensgebühr, Nr. 3500 VV RVG (Wert: 1.500,00 €)	52,50 €
Postentgeltpauschale, Nr. 7002 VV RVG	10,50 €
Zwischensumme	63,00 €
19 % Umsatzsteuer, Nr. 7008 VV RVG	11,97 €
Gesamt	**74,97 €**

364 Eine Reduzierung der Gebühr ist nicht vorgesehen. Es bleibt auch bei vorzeitiger Erleding bei einer vollen 0,5-Verfahrensgebühr. Vertritt der Anwalt mehrere Auftraggeber wegen desselben Gegenstands, so erhöht sich die Verfahrensgebühr nach Nr. 1008 VV RVG um 0,3 je weiteren Auftraggeber.

365 Die Verfahrensgebühr entsteht auch hier bereits mit Entgegennahme der Information (Vorbem. 3 Abs. 2 VV RVG). Für die Entstehung dieser Gebühr ist eine irgendwie geartete Tätigkeit im Beschwerdeverfahren, insbesondere die Prüfung, ob etwas zu veranlassen ist, ausreichend. Die Einreichung eines Schriftsatzes ist nicht erforderlich. Für den Anwalt des Beschwerdegegners entsteht die Vergütung, sobald er auftragsgemäß in irgendeiner Form im Beschwerdeverfahren tätig wird. Die bloße Entgegennahme der Beschwerde und deren Mitteilung an die Partei genügt hierfür allerdings nicht, § 19 Abs. 1 S. 2 Nr. 9 RVG (LG Berlin JurBüro 1984, 62). Ausreichend ist es jedoch, wenn der Anwalt die Beschwerdeschrift entgegennimmt und prüft, ob etwas zu veranlassen ist, selbst dann, wenn er nichts Weiteres unternimmt (OLG Hamburg MDR 1994, 522; missverständlich im Leitsatz, zutreffend aber in der Begründung: OLG Koblenz AGS 2004, 67 m. Anm. N. Schneider = JurBüro 2004, 32). Voraussetzung ist allerdings immer ein **gesonderter Auftrag** für das Beschwerdeverfahren (AnwK-RVG/N. Schneider, Nr. 3500 Rn. 13 f.), der auch konkludent erteilt werden kann.

b) Terminsgebühr

366 Kommt es im Beschwerdeverfahren zu einem Termin, so erhält der Anwalt nach Nr. 3513 VV RVG eine 0,5-Terminsgebühr. Die Terminsgebühr kann in allen Fällen der Vorbem. 3 Abs. 3 VV RVG anfallen.

▶ **Beispiel 94:**

In einem Beschwerdeverfahren (Streitwert: 1.500,00 €) wird mündlich verhandelt.

0,5-Verfahrensgebühr, Nr. 3500 VV RVG (Wert: 1.500,00 €)	52,50 €
0,5-Terminsgebühr, Nr. 3513 VV RVG (Wert: 1.500,00 €)	52,50 €
Postentgeltpauschale, Nr. 7002 VV RVG	20,00 €
Zwischensumme	125,00 €
19 % Umsatzsteuer, Nr. 7008 VV RVG	22,75 €
Gesamt	**148,75 €**

Eine Terminsgebühr im schriftlichen Verfahren entsprechend Anm. Abs. 1 zu Nr. 3104 VV RVG ist hier nicht vorgesehen, zumal im Beschwerdeverfahren eine mündliche Verhandlung grundsätzlich nicht vorgeschrieben ist. Daher dürfte auch im Fall des § 278 Abs. 6 ZPO eine Terminsgebühr nicht in Betracht kommen. **367**

c) Einigungsgebühr

Hinzukommen kann eine Einigungsgebühr (Nr. 1000 VV RVG). Die Gebühr entsteht – soweit sie die im Beschwerdeverfahren anhängigen Gegenstände betrifft – zu 1,0 (Nr. 1003 VV RVG). Eine Erhöhung nach Nr. 1004 VV RVG für Beschwerdeverfahren, jedenfalls für allgemeine Beschwerdeverfahren, ist nicht vorgesehen. **368**

d) Gegenstandswert

Da in Beschwerdeverfahren Gerichtsgebühren unabhängig vom Ausgang des Verfahrens nicht erhoben werden oder sich nicht nach dem Wert richten und sich auch aus dem RVG nichts anderes ergibt, gilt § 23 Abs. 2 S. 1 RVG. Der Wert ist unter Berücksichtigung des Interesses des Beschwerdeführers nach § 23 Abs. 3 S. 2 RVG zu bestimmen. Er kann jedoch nicht höher liegen als der Wert des zugrunde liegenden Verfahrens (§ 23 Abs. 2 S. 1 RVG). Die Werte wechselseitiger Beschwerden werden zusammengerechnet (§ 23 Abs. 2 RVG i.V.m. §§ 39 Abs. 1, 45 Abs. 2 GKG). **369**

XVII. Erinnerung

1. Überblick

Erinnerungen in Verfahren nach Teil 3 VV RVG sind – ebenso wie die Beschwerdeverfahren – in Teil 3 Abschnitt 5 VV RVG, den Nrn. 3500 ff. VV RVG geregelt. **370**

Erinnerungen gegen Entscheidungen des Rechtspflegers sind eine eigene Angelegenheit (§ 18 Nr. 3 RVG). Sonstige Erinnerungen, also soweit sie sich nicht gegen Entscheidungen des Rechtspflegers richten, sind nach § 19 Abs. 1 S. 2 Nr. 5 RVG Teil des Hauptsacheverfahrens und werden neben den Gebühren der Hauptsache nicht gesondert vergütet. Hier kann der Anwalt die Vergütung nur verdienen, wenn er ausschließlich mit der Erinnerung beauftragt ist. **371**

2. Gebühren

Der Anwalt erhält zunächst einmal eine 0,5-Verfahrensgebühr nach Nr. 3500 VV RVG. Eine Reduzierung bei vorzeitiger Erledigung oder Einbeziehung nicht anhängiger Gegenstände ist nicht vorgesehen. Eine der Nr. 3101 VV RVG vergleichbare Regelung ist hier nicht vorgesehen. Vertritt der Anwalt mehrere Auftraggeber wegen desselben **372**

Gegenstands, so erhöht sich die Verfahrensgebühr um 0,3 je weiteren Auftraggeber (Nr. 1008 VV RVG), höchstens jedoch um 2,0.

373 Findet im Erinnerungsverfahren ausnahmsweise ein Termin i.S.d. Vorbem. 3 Abs. 3 VV RVG statt, so erhält der Anwalt nach Nr. 3513 VV RVG eine 0,5-Terminsgebühr.

374 Möglich ist auch eine Einigungsgebühr (Nrn. 1000, 1003 VV RVG), auch wenn diese die Ausnahme sein dürfte.

375 Hinzu kommen wiederum Auslagen nach Teil 7 VV RVG.

3. Gegenstandswert

376 Der Gegenstandswert des Erinnerungsverfahrens muss nicht mit dem des Hauptverfahrens identisch sein. Sofern keine gesetzliche Regelung besteht, ist das Interesse des Erinnerungsführers maßgebend, das dieser verfolgt (§ 23 Abs. 2 S. 3 i.V.m. Abs. 2 S. 1 u. 2, Abs. 3 S. 2 RVG).

XVIII. Einstweiliges Verfügungsverfahren

1. Überblick

377 Verfahren über einen Antrag auf Erlass einer einstweiligen Verfügung sind gem. § 17 Nr. 4 Buchst. b) RVG gegenüber dem Hauptsacheverfahren eine besondere Angelegenheit i.S.d. § 15 RVG. Mehrere, durch gesonderte Anträge eingeleitete einstweilige Verfügungsverfahren gelten jeweils als gesonderte Angelegenheiten. Mehrere Angelegenheiten liegen auch dann vor, wenn ein Verfügungsantrag wiederholt wird, etwa weil ein früheres Gesuch zurückgewiesen worden oder weil die zeitliche Befristung einer einstweiligen Verfügung oder die Vollziehungsfrist abgelaufen ist (OLG Hamburg JurBüro 1991, 1084).

378 Verfahren über die Abänderung oder Aufhebung einer einstweiligen Verfügung sind zwar ebenfalls gegenüber der Hauptsache gesonderte Angelegenheiten (§ 17 Nr. 4 Buchst d) RVG). Gegenüber dem zugrunde liegenden Anordnungsverfahren sind sie jedoch nicht gesondert abzurechnen; es liegt insoweit nur eine Angelegenheit vor (§ 16 Nr. 5 RVG).

2. Die Gebühren im erstinstanzlichen Verfahren

a) Überblick

379 Im erstinstanzlichen Arrest- und einstweiligen Verfügungsverfahren erhält der Anwalt die Gebühren nach den Nrn. 3100 ff. VV RVG. Dies gilt auch dann, wenn das erstinstanzliche Arrest- oder Verfügungsverfahren vor dem Berufungsgericht als Gericht der Hauptsache (§ 943 ZPO) stattfindet (Vorbem. 3.2 Abs. 2 S. 1 VV RVG).

b) Verfahrensgebühr

380 Ebenso wie im Erkenntnisverfahren erhält der Anwalt zunächst einmal eine 1,3-Verfahrensgebühr nach Nr. 3100 VV RVG. Hier gelten grundsätzlich keine Besonderheiten. Erledigt sich die Angelegenheit vorzeitig, also bevor der Antrag eingereicht, ein Sachantrag *gestellt oder ein Termin* wahrgenommen worden ist, entsteht nur eine 0,8-Verfahrensgebühr nach Nr. 3101 Nr. 1 VV RVG.

Eine (0,8-)Verfahrensgebühr entsteht insbesondere für den Rechtsanwalt auf Antragsgegnerseite, wenn er die Antragsschrift entgegen genommen hat, um die Rechtsverteidigung vorzubereiten und es infolge Antragsrücknahme nicht mehr zur Einreichung eines Schriftsatzes bei Gericht kommt (OLG Hamm AGS 2005, 338 = AnwBl 2005, 587 = JurBüro 2005, 593 = RVGreport 2005, 230), oder wenn er empfiehlt, die einstweilige Verfügung zu akzeptieren. 381

▶ Beispiel 95: 382

Der Mandant erscheint mit einer einstweiligen Verfügung, die ihm zugestellt worden ist. Der Anwalt empfiehlt, diese zu akzeptieren und nichts Weiteres zu veranlassen. Während dem Anwalt des Antragstellers eine 1,3-Verfahrensgebühr nach Nr. 3100 VV RVG zusteht, erhält der Anwalt des Antragsgegners nur eine 0,8-Verfahrensgebühr nach Nr. 3101 Nr. 1 VV RVG.

Vertritt der Anwalt mehrere Auftraggeber wegen desselben Gegenstands, erhöht sich die Verfahrensgebühr gem. Nr. 1008 VV RVG um 0,3 je weiteren Auftraggeber. 383

c) Terminsgebühr

Die Terminsgebühr (Nr. 3104 VV RVG) entsteht unter den gleichen Voraussetzungen wie im Erkenntnisverfahren (Vorbem. 3 Abs. 3 VV RVG). Insoweit kann auf die dortigen Ausführungen Bezug genommen werden (s. Rdn. 244 ff.). Möglich ist auch die ermäßigte Terminsgebühr nach Nr. 3105 VV RVG. 384

Eine Terminsgebühr nach Anm. Abs. 1 zu Nr. 3104 VV RVG kommt im Verfahren auf Erlass einer einstweiligen Verfügung nicht in Betracht, da ohne mündliche Verhandlung entschieden werden kann (§ 922 Abs. 1 ZPO). Daher entsteht auch dann keine Terminsgebühr, wenn ein Vergleich nach § 278 Abs. 6 ZPO geschlossen wird (OLG München AGS 2005, 486 = AnwBl 2006, 147 = RVGreport 2005, 427). Erst nach Widerspruch kommt eine Terminsgebühr nach Anm. Abs. 1 Nr. 1 zu Nr. 3104 VV RVG in Betracht, da dann mündlich verhandelt werden muss. 385

Maßgeblich für die Terminsgebühr ist auch hier nur der Wert, über den verhandelt oder erörtert wird. Ist z.B. gegen eine einstweilige Verfügung lediglich wegen eines Teils Widerspruch eingelegt worden oder nur wegen der Kosten, so gilt für die Verhandlung ein reduzierter Wert. 386

d) Einigungsgebühr

Auch die Einigungsgebühr nach den Nrn. 1000 ff. VV RVG kann in einstweiligen Verfügungsverfahren anfallen. Es gelten hier grundsätzlich keine Besonderheiten. 387

3. Berufung

Im Verfahren über die Berufung gegen den Erlass oder die Zurückweisung eines Arrest- oder Verfügungsantrags erhält der Anwalt die Gebühren nach Teil 3 Abschnitt 2 VV RVG (Nrn. 3200 ff. VV RVG), also eine 1,6-Verfahrensgebühr nach Nr. 3200 VV RVG, eine 1,2-Terminsgebühr nach Nr. 3202 VV RVG sowie eine 1,3-Einigungsgebühr (Nrn. 1000, 1003 VV RVG). S. Rdn. 317 ff. 388

4. Beschwerde

389 Weist das Gericht den Antrag auf Erlass einer einstweiligen Verfügung oder eines Arrestes ohne mündliche Verhandlung durch Beschluss zurück und wird hiergegen Beschwerde (§ 567 Abs. 1 ZPO) erhoben, stellt das Beschwerdeverfahren gem. § 15 Abs. 2 S. 2 RVG eine eigene Angelegenheit dar, die nach den Nrn. 3500 ff. VV RVG zu vergüten ist. Es entsteht insoweit zunächst eine 0,5-Verfahrensgebühr nach Nr. 3500 VV RVG und unter den Voraussetzungen der Vorbem. 3 Abs. 3 VV RVG eine 0,5-Terminsgebühr nach Nr. 3513 VV RVG. Wird allerdings vor dem Beschwerdegericht mündlich verhandelt, erhält der Anwalt die volle 1,2-Terminsgebühr nach Nr. 3514 VV RVG.

390 ▶ **Beispiel 96:**

Das AG lehnt den Erlass einer einstweiligen Verfügung (Wert: 5.000,00 €) ab. Im Beschwerdeverfahren beraumt das LG die mündliche Verhandlung an und entscheidet hiernach durch Urteil.
Der Anwalt erhält folgende Vergütung:

0,5-Verfahrensgebühr, Nr. 3500 VV RVG (Wert: 5.000,00 €)	150,50 €
1,2-Terminsgebühr, Nrn. 3513, 3514 VV RVG (Wert: 5.000,00 €)	361,20 €
Postentgeltpauschale, Nr. 7002 VV RVG	20,00 €
Zwischensumme	531,70 €
19 % Umsatzsteuer, Nr. 7008 VV RVG	101,02 €
Gesamt	**632,72 €**

5. Gegenstandswert

391 Der Streitwert für das einstweilige Verfügungsverfahren ist gesondert festzusetzen. Die Bewertung richtet sich nach § 53 Abs. 1 GKG. Keinesfalls darf ohne Weiteres der Wert der Hauptsache angesetzt werden. In aller Regel ist vom Wert der Hauptsache auszugehen und ein entsprechender Abschlag vorzunehmen. Dieser Wert gilt dann auch für die Anwaltsgebühren (§ 23 Abs. 1 S. 1 RVG).

6. Vollziehung

392 Für die Vollziehung einer einstweiligen Verfügung gelten die Gebühren der Zwangsvollstreckung nach den Nrn. 3309, 3310 VV RVG (Vorbem. 3.3.3 Nr. 4 VV RVG). Für die Vollziehung einer Gebots-, Verbots- oder Unterlassungsverfügung durch Zustellung steht dem Anwalt gem. §§ 18 Nr. 4, 19 Abs. 1 S. 2 Nr. 15 RVG allerdings keine gesonderte Gebühr zu. Diese Tätigkeit wird noch durch die Verfahrensgebühr des einstweiligen Verfügungsverfahrens abgegolten.

XIX. Terminsvertreter

1. Überblick

393 Der Rechtsanwalt, der lediglich beauftragt ist für den Mandanten einen Termin i.S.d. Vorbem. 3 Abs. 3 VV RVG wahrzunehmen, erhält seine Gebühren nach Teil 3 Abschnitt 4 VV RVG sowie ergänzend nach Teil 1 VV RVG.

394 Nimmt der Anwalt dagegen den Termin für den Hauptbevollmächtigten wahr, dann erwirbt er nur einen Anspruch gegen den Hauptbevollmächtigten, der frei vereinbar ist,

da im Verhältnis der Anwälte untereinander das RVG nicht anzuwenden ist (BGH AGS 2001, 302 = WM 2001, 167 = WRP 2001, 144 = NJW 2001, 753 = GRUR 2001, 256 = AnwBl 2001, 302 = BRAK-Mitt 2001, 140 = MDR 2001, 173 = BB 2000, 2544 = NJ 2001, 41 = DStZ 2001, 60 = BRAGOreport 2001, 26; AGS 2006, 471 = WRP 2006, 1221 = AnwBl 2006, 672 = BRAK-Mitt 2006, 229 = FamRZ 2006, 1523 = BGHR 2006, 1372 = GRUR 2006, 955 = NJW 2006, 3569 = JurBüro 2007, 19 = MDR 2007, 180 = WM 2007, 42 = NJW-Spezial 2006, 478 = RVGprof. 2006, 184 = RVGreport 2006, 438 = DAR 2006, 717). In diesem Fall erwirbt der Hauptbevollmächtigte unmittelbar über § 5 RVG selbst die Terminsgebühr.

Vorsicht ist geboten, wenn ein Kollege um ein Auftreten »kollegialiter« bittet. Damit ist **395** das unentgeltliche Tätigwerden gemeint (AG Saarbrücken 1999, 118).

2. Gebühren

a) Verfahrensgebühr

Der Anwalt erhält zunächst eine Verfahrensgebühr in Höhe der Hälfte der Verfahrensge- **396** bühr des Hauptbevollmächtigten (Nr. 3401 VV RVG), also erstinstanzlich in Höhe von 0,65 und im Berufungsverfahren in Höhe von 0,8. Vertritt der Terminsvertreter mehrere Auftraggeber, erhöht sich die Gebühr um 0,3 je weiteren Auftraggeber.

Endet der Auftrag für den Terminsvertreter vorzeitig, bevor es zur Terminswahrneh- **397** mung kommt, so ermäßigt sich die Gebühr der Nr. 3401 VV RVG nach Nr. 3405 Nr. 2 VV RVG auf 0,5, wobei sich diese Gebühr dann bei mehreren Auftraggebern wiederum um jeweils 0,3 erhöht.

b) Terminsgebühr

Daneben erhält der Terminsgebühr für die Wahrnehmung des Termins gem. Nr. 3402 VV **398** RVG eine Terminsgebühr in Höhe der einem Verfahrensbevollmächtigten zustehenden Terminsgebühr, also grundsätzlich eine 1,2-Terminsgebühr (Nrn. 3104, 3202 VV RVG). Im Falle der Nrn. 3105, 3203 VV RVG erhält der Anwalt nur eine 0,5-Gebühr.

c) Einigungsgebühr

Hinzu kommen kann eine Einigungsgebühr (Nr. 1000 VV RVG), wenn der Terminsver- **399** treter an einer Einigung mitwirkt (OLG München OLGR 2009, 688 = JurBüro 2009, 487 = RVGreport 2009, 315 = FamRZ 2009, 1782 = FamRB 2009, 345; AG Berlin-Mitte JurBüro 2006, 422 = AnwBl 2007, 91; AG Köln AGS 2007, 133 = AnwBl 2007, 239 = JurBüro 2007, 139). Die Höhe beläuft sich auf 1,0 (Nr. 1003 VV RVG) und auf 1,5, soweit nicht anhängige Gegenstände mit verglichen werden.

d) Gebühren des Hauptbevollmächtigten

Der Hauptbevollmächtigte erhält keine zusätzliche Vergütung für das Übertragen der **400** mündlichen Verhandlung. Das Übertragen wird für den Prozessbevollmächtigten durch die Verfahrensgebühr mit abgegolten.

Allerdings kann der Prozessbevollmächtigte auch neben dem Terminsvertreter eine Ter- **401** minsgebühr verdienen, wenn auch er an einem gerichtlichen Termin oder einem Sachverständigentermin teilnimmt oder wenn er Besprechungen mit dem Gegner führt (Vorbem. 3 Abs. 3 VV).

402 Des Weiteren kann der Hauptbevollmächtigte eine Einigungsgebühr verdienen, etwa wenn er während der Sitzungspause telefonisch an den Vergleichsverhandlungen beteiligt wird (OLG München AGS 2008, 52 u. 102 = JurBüro 2007, 595 = OLGR 2007, 1001 = RVGreport 2007, 392 = NJW-Spezial 2008, 60). Gleiches gilt, wenn er vom Widerruf eines vom Terminsvertreter geschlossenen Vergleichs abrät (AG Berlin-Mitte JurBüro 2006, 422 = AnwBl 2007, 91; OLG Frankfurt/M. AnwBl 1983, 186).

3. Abrechnungsbeispiele

403 ▶ **Beispiel 97:**

Rechtsanwalt M in München reicht Räumungsklage beim Amtsgericht in Köln ein. Mit der Wahrnehmung des Termins zur mündlichen Verhandlung beauftragt er Rechtsanwalt K aus Köln. Dieser nimmt den Termin vor dem Amtsgericht Köln wahr. Der Gegenstandswert des Verfahrens beträgt 4.440,00 €. Entstanden sind folgende Gebühren und Auslagen:

Rechtsanwalt M:	
Gegenstandswert: 4.440,00 €	
1,3-Verfahrensgebühr, Nr. 3100 VV RVG	354,90 €
Postentgeltpauschale, Nr. 7002 VV RVG	20,00 €
Summe	374,90 €
19 % Umsatzsteuer, Nr. 7008 VV RVG	71,23 €
Summe	**446,13 €**

Rechtsanwalt K:	
Gegenstandswert: 4100,00 €	
0,65-Verfahrensgebühr, Nrn. 3401, 3100 VV RVG	177,45 €
1,2-Terminsgebühr, Nrn. 3402, 3104 VV RVG	327,60 €
Postentgeltpauschale, Nr. 7002 VV RVG	20,00 €
Zwischensumme netto	525,05 €
19 % Umsatzsteuer, Nr. 7008 VV RVG	99,76 €
Summe	**624,81 €**

404 ▶ **Abwandlung zu Beispiel 97:**

Auftraggeber sind Eheleute.
Jetzt erhöhen sich beide Verfahrensgebühren gem. Nr. 1008 VV RVG um 0,3.

Rechtsanwalt M:	
Gegenstandswert: 4.100,00 €	
1,6-Verfahrensgebühr, Nrn. 3100, 1008 VV RVG	436,80 €
Postentgeltpauschale, Nr. 7002 VV RVG	20,00 €
Summe	456,80 €
19 % Umsatzsteuer, Nr. 7008 VV RVG	86,79 €
Summe	**543,59 €**

Rechtsanwalt K.:	
Gegenstandswert: 4.440,00 €	
0,95-Verfahrensgebühr, Nrn. 3401, 3100, 1008 VV RVG	259,35 €
1,2-Terminsgebühr, Nrn. 3402, 3104 VV RVG	327,60 €
Postentgeltpauschale, Nr. 7002 VV RVG	20,00 €
Summe	606,95 €
9 % Umsatzsteuer, Nr. 7008 VV RVG	115,32 €
Summe	**722,27 €**

Abwandlung zu Beispiel 97: 405

Im Termin wird in Anwesenheit der Partei ein Vergleich geschlossen.
Jetzt entsteht für Rechtsanwalt K auch eine Einigungsgebühr. Für Rechtsanwalt M entsteht dagegen keine weitere Gebühr, da er an der Einigung nicht mitgewirkt hat.

Rechtsanwalt M:	
Gegenstandswert: 4.100,00 €	
1,3-Verfahrensgebühr, Nr. 3100 VV RVG	354,90 €
Postentgeltpauschale, Nr. 7002 VV RVG	20,00 €
Summe	374,90 €
19 % Umsatzsteuer, Nr. 7008 VV RVG	71,23 €
Summe	**446,13 €**

Rechtsanwalt K:	
Gegenstandswert: 4.100,00 €	
0,65-Verfahrensgebühr, Nrn. 3401, 3100 VV RVG	177,45 €
1,2-Terminsgebühr, Nrn. 3402, 3104 VV RVG	327,60 €
1,0-Einigungsgebühr, Nr. 1003 VV RVG	273,00 €
Postentgeltpauschale, Nr. 7002 VV RVG	20,00 €
Zwischensumme netto	798,05 €
19 % Umsatzsteuer, Nr. 7008 VV RVG	151,63 €
Summe	**949,68 €**

Abwandlung zu Beispiel 97: 406

Vom Gericht wird der Abschluss eines Vergleiches angeregt. Anwalt K schließt daraufhin einen Vergleich, behält sich jedoch den Widerruf vor. Er teilt das Ergebnis des Verhandlungstermins Rechtsanwalt M mit, der den Vergleich mit dem Mandanten bespricht und von einem Widerruf abrät, so dass der Vergleich bestandskräftig wird. Jetzt verdient auch Rechtsanwalt M die Einigungsgebühr, da er am Abschluss der Einigung mitgewirkt hat.

Rechtsanwalt M:	
Gegenstandswert: 4.100,00 €	
1,3-Verfahrensgebühr, Nr. 3100 VV RVG	354,90 €
1,0-Einigungsgebühr, Nr. 1003 VV RVG	273,00 €
Postentgeltpauschale, Nr. 7002 VV RVG	20,00 €
Zwischensumme netto	647,90 €
19 % Umsatzsteuer, Nr. 7008 VV RVG	123,10 €
Summe	**771,00 €**

Rechtsanwalt K:	
Gegenstandswert: 4.100,00 €	
0,65-Verfahrensgebühr, Nrn. 3401, 3100 VV RVG	177,45 €
1,2-Terminsgebühr, Nrn. 3402, 3104 VV RVG	327,60 €
1,0-Einigungsgebühr, Nr. 1003 VV RVG	273,00 €
Postentgeltpauschale, Nr. 7002 VV RVG	20,00 €
Zwischensumme netto	798,05 €
19 % Umsatzsteuer, Nr. 7008 VV RVG	151,63 €
Summe	**949,68 €**

4. Erstattungsfähigkeit der Kosten des Unterbevollmächtigten

407 Grundsätzlich darf eine Partei einen an ihrem Wohn- oder Geschäftsort ansässigen Rechtsanwalt hinzuziehen (BGH JurBüro 2003, 202). Die Kosten des Unterbevollmächtigten sind dann erstattungsfähig, wenn die (fiktiven) Reisekosten des Hauptbevollmächtigten höher wären. Sind die fiktiven Reisekosten deutlich geringer, werden auch nur diese als erstattungsfähig festgesetzt. Es muss also jeweils eine Vergleichsrechnung zwischen den fiktiven Reisekosten und den Kosten des Unterbevollmächtigten vorgenommen werden. Ein Überschreiten der Terminsvertretungskosten um 110 % ist dabei zu tolerieren. Abzustellen ist zutreffender Weise auf die zu erwartenden Kosten, da sich die genaue Höhe und damit eine exakte Vergleichsberechnung erst im Nachhinein vornehmen lässt.

5. »Gebührenteilung«

408 Zwischen den Rechtsanwälten kann und wird in der Praxis üblicherweise auch die Teilung von Gebühren vereinbart.

409 In § 49b der BRAO ist in Abs. 3 S. 2 ff. geregelt, dass es zulässig ist, »eine über den Rahmen der Nummer 3400 der Anlage 1 zum Rechtsanwaltsvergütungsgesetz hinausgehende Tätigkeit eines anderen Rechtsanwalts angemessen zu honorieren. Die Honorierung der Leistung hat der Verantwortlichkeit sowie dem Haftungsrisiko der beteiligten Rechtsanwälte und den sonstigen Umständen Rechnung zu tragen. Die Vereinbarung einer solchen Honorierung darf nicht zur Voraussetzung einer Mandatserteilung gemacht werden. Mehrere beauftragte Rechtsanwälte dürfen einen Auftrag gemeinsam bearbeiten und die Gebühren in einem den Leistungen und der Verantwortlichkeit und dem Haftungsrisiko entsprechenden Verhältnis untereinander teilen«.

410 Die »übliche« Gebührenteilung sieht die Teilung aller anfallenden Gebühren – unabhängig von deren Erstattungsfähigkeit – vor. Auch andere Verteilungen sind möglich. Unzulässig ist es dagegen, nur die erstattungsfähige Gebühren zu teilen, wenn darin ein Verzicht gegenüber dem Mandanten auf die nicht erstattungsfähigen Gebühren liegen soll (BGH AGS 2006, 471 = WRP 2006, 1221 = AnwBl 2006, 672 = BRAK-Mitt 2006, 229 = FamRZ 2006, 1523 = BGHReport 2006, 1372 = GRUR 2006, 955 = NJW 2006, 3569 = JurBüro 2007, 19 = MDR 2007, 180 = WM 2007, 42 = NJW-Spezial 2006, 478 = RVGreport 2006, 438).

XX. Verkehrsanwalt

411 Der Rechtsanwalt, der lediglich die Korrespondenz für den Auftraggeber mit dem Prozessbevollmächtigten führt, erhält hierfür gem. Nr. 3400 VV RVG eine Verfahrensgebühr in Höhe der dem Prozessbevollmächtigten zustehenden Verfahrensgebühr, höchstens jedoch 1,0. Hinzukommen kann eine Einigungsgebühr nach Nr. 1000 VV RVG.

412 Der Hauptbevollmächtigte erhält daneben die vollen Gebühren der Nrn. 3100 ff. VV RVG.

413 ▶ **Beispiel 98:**

Die Partei wohnt in München und beauftragt dort Rechtsanwalt M, den Verkehr mit Rechtsanwalt K in Köln zu führen, der für eine Räumungsklage beim Amtsgericht in Köln als Prozessbevollmächtigter beauftragt ist und am Verhandlungstermin teilnimmt.

Rechtsanwalt K verdient die normalen Gebühren eines Prozessbevollmächtigten. Rechtsanwalt M verdient nur die Verfahrensgebühr nach Nrn. 3400, 3100 VV RVG.

Rechtsanwalt K:

Gegenstandswert: 4.440,00 €	
1,3-Verfahrensgebühr, Nr. 3100 VV RVG	354,90 €
1,2-Terminsgebühr, Nr. 3104 VV RVG	327,60 €
Postentgeltpauschale, Nr. 7002 VV RVG	20,00 €
Summe	702,50 €
19 % Umsatzsteuer, Nr. 7008 VV RVG	133,48 €
Summe	**835,98 €**

Rechtsanwalt M:

Gegenstandswert: 4.440,00 €	
1,0-Verfahrensgebühr, Nrn. 3400, 3100 VV RVG	273,00 €
Postentgeltpauschale, Nr. 7002 VV RVG	20,00 €
Summe	293,00 €
19 % Umsatzsteuer, Nr. 7008 VV RVG	55,67 €
Summe	**348,67 €**

▶ **Abwandlung zu Beispiel 99:** 414

Rechtsanwalt K schließt einen Vergleich unter Widerrufsvorbehalt. Rechtsanwalt M bespricht den Vergleich mit dem Mandanten und rät vom Widerruf ab, so dass der Vergleich bestandskräftig wird.
Jetzt haben beide Anwälte auch noch eine 1,0-Einigungsgebühr verdient.

Rechtsanwalt K:

Gegenstandswert: 4.440,00 €	
1,3-Verfahrensgebühr, Nr. 3100 VV RVG	354,90 €
1,2-Terminsgebühr, Nr. 3104 VV RVG	327,60 €
1,0-Einigungsgebühr, Nrn. 1000, 1003 VV RVG	273,00 €
Postentgeltpauschale, Nr. 7002 VV RVG	20,00 €
Summe	975,50 €
19 % Umsatzsteuer, Nr. 7008 VV RVG	185,35 €
Summe	**1160,85 €**

Rechtsanwalt M:

Gegenstandswert: 4.440,00 €	
1,0-Verfahrensgebühr, Nrn. 3400, 3100 VV RVG	273,00 €
1,0-Einigungsgebühr, Nrn. 1000, 1003 VV RVG	273,00 €
Postentgeltpauschale, Nr. 7002 VV RVG	20,00 €
Summe	566,00 €
19 % Umsatzsteuer, Nr. 7008 VV RVG	107,54 €
Summe	**673,54 €**

XXI. Zwangsvollstreckung

1. Überblick

Wird der Anwalt in der Zwangsvollstreckung beauftragt, erhält er die Gebühren nach Teil 3 Abschnitt 3 Unterabschnitt 3 VV RVG, also nach den Nrn. 3309, 3310 VV RVG. Hinzu kommen kann eine Einigungsgebühr nach Nrn. 1000 ff. VV RVG. Daneben erhält der Anwalt seine Auslagen nach Teil 7 VV RVG. 415

416 Die Gebühren der Nrn. 3309, 3310 VV RVG sind nicht nur auf die Vertretung des Gläubigers anwendbar, sondern auch auf die Vertretung des Schuldners (Bischof/Bräuer, Nrn. 3309 Rn 4), sogar dann, wenn gegen den Schuldner noch gar nicht vollstreckt wird, die Vollstreckung jedoch droht (LG Düsseldorf AGS 2007, 450 = JurBüro 2007, 527 = NJW-Spezial 2007, 524; OLG Düsseldorf AGS 2002, 53 = OLGR 2001, 214 – noch zur BRAGO).

417 Besondere Bedeutung hat in der Zwangsvollstreckung der Umfang der Angelegenheit. Grundsätzlich gilt jede Vollstreckungsmaßnahme zusammen mit den durch diese vorbereiteten weiteren Vollstreckungshandlungen bis zur Befriedigung des Gläubigers als eine Gebührenangelegenheit i.S.d. § 15 RVG (§ 18 Abs. 1 Nr. 1, 1. Halbs. RVG).

418 Hierzu zählt auch das Verfahren über die Vollstreckungserinnerung nach § 766 ZPO (§ 19 Abs. 2 Nr. 2 RVG). Darüber hinaus zählen auch Vollstreckungsschutzanträge weitgehend noch mit zur Angelegenheit. Anders verhält es sich dagegen bei Beschwerden. Diese sind auch in der Zwangsvollstreckung stets nach § 18 Abs. 1 Nr. 3 RVG gesonderte Angelegenheiten.

419 Der Gegenstandswert in der Zwangsvollstreckung bemisst sich nach § 25 RVG und ist gegebenenfalls im Verfahren nach § 33 RVG festzusetzen.

420 Die Kostenerstattung in Zwangsvollstreckungssachen folgt aus § 788 Abs. 1 ZPO. Die Kosten einer notwendigen Zwangsvollstreckungsmaßnahme hat der Schuldner zu tragen. Diese Kosten werden i.d.R. mit der Hauptsache beigetrieben. Sie können aber auch nach § 788 ZPO festgesetzt werden. S. Rdn. 503 ff.

2. Gegenstandswert

421 Der Gegenstandswert in der Zwangsvollstreckung bemisst sich nach § 25 RVG. Das GKG sieht keine Werte vor, da sich die Gerichtsgebühren in Vollstreckungsverfahren nicht nach dem Gegenstandswert richten. Es sind vielmehr Festgebühren oder gar keine Gebühren vorgesehen.

422 Bei **Geldforderungen** ist der Wert der zu vollstreckenden Forderung einschließlich der Nebenforderungen maßgebend (§ 25 Abs. 1 Nr. 1 RVG). Hierzu zählen insbesondere aufgelaufene Zinsen sowie die Kosten vorausgegangener Vollstreckungsversuche.

423 Beschränkt sich der Vollstreckungsauftrag darauf, einen bestimmten Gegenstand zu verwerten, so ist lediglich dieser Wert maßgebend, sofern er geringer als die zu vollstreckende Geldforderung ist.

424 Gleiches gilt bei einer Forderungspfändung. Auch hier kommt es nicht auf den (höheren) Wert der zu vollstreckenden Forderung an, sondern auf den Wert der Forderung, in die vollstreckt werden soll (OLG Köln Rpfleger 2001, 149 = InVo 2001, 148; AG Hamburg-Altona AGS 2007, 100). Nach a.A. soll der Gegenstandswert einer Forderungspfändung unabhängig von der Frage des Erfolgs nach dem Wert der zu vollstreckenden Geldforderung zu bestimmen sein (OLG Hamburg AnwBl 2006, 499; LG Düsseldorf AGS 2006, 86 = RVGreport 2006, 86; LG Kiel JurBüro 1991, 1198; LG Koblenz, Beschl. v. 13.06.2005–2 T 330/05), was aber an sich schon dem Wortlaut des Gesetzes widerspricht.

425 Im **Verteilungsverfahren** gem. § 858 Abs. 5, §§ 872 bis 877 und 882 ZPO richtet sich der Gegenstandswert grundsätzlich ebenfalls gem. § 25 Abs. 1 S. 1, 1. Halbs. RVG nach dem Betrag der zu vollstreckenden Forderung einschließlich Nebenforderungen. Er ist jedoch durch den zu verteilenden Geldbetrag nach oben begrenzt (§ 25 Abs. 1 Nr. 1, 4. Halbs.

RVG). Unter dem zu verteilenden Geldbetrag ist der hinterlegte Betrag nebst Zinsen zu verstehen. Die Kosten des Verfahrens sind nicht vorweg abzuziehen. Die Vorschrift des § 874 Abs. 2 ZPO gilt nicht im Rahmen des § 25 Abs. 1 Nr. 1, 4. Halbs. RVG.

Bei **Herausgabevollstreckungen** ist der Wert der herauszugebenden Sache maßgebend (§ 25 Abs. 1 Nr. 2 RVG). **426**

Zu beachten ist, dass der Gegenstandswert im Zwangsvollstreckungsverfahren nicht den Wert übersteigen darf, mit dem der Herausgabe- oder Räumungsanspruch nach den für die Berechnung der Gerichtskosten maßgeblichen Vorschriften zu bewerten ist. Solche Fälle kommen insbesondere dann vor, wenn in der Hauptsache ein privilegierter Wert gilt, wie etwa bei Herausgabe und Räumung einer Mietwohnung. **427**

▶ **Beispiel 100:**

Der Gläubiger hat gegen den Schuldner einen Titel auf Räumung und Herausgabe der Mietwohnung erstritten. Den Streitwert hat das Gericht gem. § 41 Abs. 1 GKG mit dem Jahresmietwert (12 x 500,00 € = 6.000,00 €) festgesetzt. Der Anwalt soll nunmehr die Räumungs- und Herausgabevollstreckung betreiben.
Maßgebend ist nicht der Wert der herauszugebenden Wohnung, sondern nach § 26 Nr. 2, 2. Halbs. RVG der Wert, der im Hauptsacheverfahren gilt, also der Wert von 6.000,00 €.

Bei der Vollstreckung **vertretbarer Handlungen, Duldungen oder Unterlassungen** richtet sich der Gegenstandswert gem. § 25 Abs. 1 Nr. 3 RVG nach dem Interesse des Gläubigers, also dem Erfüllungsinteresse und damit nach dem Wert der Hauptsache (AnwK-RVG/Wolf § 25 Rn 17; OLG Köln AGS 2005, 262; OLG Nürnberg Rpfleger 1963, 218). Die Höhe eines im Rahmen der §§ 888, 890 ZPO festgesetzten Zwangs- oder Ordnungsmittels ist für das Interesse ohne Bedeutung (AnwK-RVG/Wolf § 25 Rn 18; OLG Karlsruhe MDR 2000, 229 = InFo 2000, 253). **428**

▶ **Beispiel 100a:**

Der Gläubiger hatte ein Urteil auf Unterlassung erwirkt (Streitwert: 5.000,00 €). Zur Durchsetzung des Anspruchs wird im Zwangsgeldverfahren ein Zwangsgeld in Höhe von 1.000,00 € verhängt.
Der Gegenstandswert richtet sich nicht nach der Höhe des verhängten Zwangsgelds, sondern nach dem Wert des durchzusetzenden Anspruchs (§ 25 Abs. 1 Nr. 3 RVG) und beläuft sich somit auf 5.000,00 €.

Im Verfahren auf Abgabe der **eidesstattlichen Versicherung** nach den §§ 807, 901 ZPO ist der Wert der Forderung (einschließlich der Nebenforderungen, Zinsen und Kosten früherer Vollstreckungsmaßnahmen) maßgebend (§ 25 Abs. 1 Nr. 4, 1. Halbs. RVG). Der Wert darf jedoch höchstens 1.500,00 € betragen (§ 25 Abs. 1 Nr. 4, 2. Halbs. RVG). **429**

Soweit der Schuldner **Vollstreckungsschutzanträge** stellt, richtet sich der Gegenstandswert entsprechend dem Interesse des Antrag stellenden Schuldners nach billigem Ermessen (§ 25 Abs. 3 RVG). **430**

Bei einem Vollstreckungsschutzantrag gegen eine Räumungsvollstreckung mit dem Ziel einer zeitlich begrenzten Weiternutzung ist der Wert nach dem Mietwert der begehrten Zeit maßgebend (OLG Koblenz OLGR 1997, 34 und InVo 2005, 164 = JurBüro 2005, 384; LG Münster Rpfleger 1996, 166; LG Görlitz AGS 2003, 408). Bei unbestimmter Zeit ist auf den Jahresbetrag der Miete abzustellen (Koblenz OLGR 1997, 35; Schneider/Herget Rn 4458, offen 6115). Nach a. A. ist ein Abschlag vorzunehmen, da der Schuldner das Nutzungsentgelt weiterzahlen muss (AnwK-RVG/Wolf § 25 Rn 25). Darauf dürfte es **431** aber nicht ankommen, da auch bei dem Wert der Räumung die Zahlungspflicht des Schuldners unberücksichtigt bleibt.

▶ **Beispiel 101:**

Der Mieter ist verurteilt, das Mietobjekt zum 31.08.2010 zu räumen und herauszugeben (Mietwert 800,00 €). Er begehrt nach § 765a ZPO eine Räumungsfrist von drei Monaten, da er erst zum 01.12.2010 eine neue Wohnung gefunden hat.
Der Gegenstandswert beläuft sich gem. § 25 Abs. 2 RVG auf 3 x 800,00 € = 2.400,00 €.

432 Das maßgebliche Interesse des Schuldners im Rahmen eines Kontenpfändungsschutzverfahrens nach § 850k ZPO (i.d.F. bis zum 30.06.2010) beschränkt sich nicht auf die Freigabe eines bestimmten Guthabensbetrages, sondern erstreckt sich auf die gesamte Zeit, in der die Pfändungsmaßnahme voraussichtlich fortdauert und das den laufenden Einkünften entsprechende Guthaben erfassen würde. Das Interesse des Schuldners ist an der Höhe des durch § 850k ZPO geschützten Einkommens zu bemessen und die Dauer entsprechend § 42 Abs. 3 GKG auf den dreifachen Jahresbetrag zu begrenzen (OLG Frankfurt OLGR 2004, 241).

433 In **Beschwerdeverfahren** richtet sich der Gegenstandswert nach § 23 Abs. 2 S. 1 i.V.m. Abs. 3 S. 2 RVG. Maßgebend ist das mit der Beschwerde verfolgte Interesse unter Berücksichtigung der Wertvorschriften des § 25 Abs. 1 u. 2 RVG.

434 In **Erinnerungsverfahren** richtet sich der Wert nach § 23 Abs. 2 S. 3 i.V.m. Abs. 2 S. 1, Abs. 3 S. 2 RVG. Es gilt das gleiche wie in Beschwerdeverfahren (s. Rdn. 433).

3. Gebühren

a) Verfahrensgebühr

435 Für das Betreiben des Geschäfts einschließlich der Information (Vorbem. 3 Abs. 2 VV RVG) erhält der Anwalt in der Zwangsvollstreckung zunächst einmal nach Nr. 3309 VV RVG eine 0,3-Verfahrensgebühr, die sich bei Vertretung mehrerer Auftraggeber nach Nr. 1008 VV RVG erhöhen kann (s. hierzu Rdn. 34 ff.). Die Gebühr entsteht bereits mit Auftragserteilung.

▶ **Beispiel 102:**

Der Anwalt ist beauftragt, eine Mobiliarvollstreckung wegen einer Geldforderung in Höhe von 2.000,00 € durchzuführen.
Es entsteht eine 0,3-Verfahrensgebühr nach Nr. 3309 VV RVG aus dem Wert der zu vollstreckenden Forderung (§ 25 Abs. 1 Nr. 1 RVG).

0,3-Verfahrensgebühr, Nr. 3309 VV RVG (Wert: 2.000,00 €)	39,90 €
Postentgeltpauschale, Nr. 7002 VV RVG	7,98 €
Zwischensumme	47,88 €
19 % Umsatzsteuer, Nr. 7008 VV RVG	9,10 €
Gesamt	56,98 €

436 Eine Reduzierung der Verfahrensgebühr bei vorzeitiger Erledigung ist nicht vorgesehen.

437 Bei Minimalforderungen kann der Mindestbetrag einer Gebühr nach § 13 Abs. 2 RVG i.H.v. 10,00 € zu beachten sein.

438 Müssen zur Vorbereitung einer Vollstreckungsmaßnahme oder während der Vollstreckung Auskünfte eingeholt werden, z.B. beim Einwohnermeldeamt, beim Gewerbeamt, beim Grundbuchamt oder beim Handelsregister, so werden diese Tätigkeiten mit der

Verfahrensgebühr abgegolten und lösen keine gesonderte Vergütung aus (BGH AGS 2004, 99 = NJW 2004, 1101 = FamRZ 2004, 536 = BGHReport 2004, 560 = JurBüro 2004, 191 = InVo 2004, 164 = DGVZ 2004, 60 = Rpfleger 2004, 250 = WM 2004, 1296 = MDR 2004, 776 = VersR 2004, 1574 = RVGreport 2004, 108).

Da die Verfahrensgebühr bereits für das Betreiben des Geschäfts einschließlich der Information entsteht (Vorbem. 3 Abs. 2 VV RVG), erhält der Anwalt die Verfahrensgebühr auch dann schon, wenn er nur eine Vollstreckung androht (BGH AGS 2003, 561 = Rpfleger 2003, 596 = BGHReport 2003, 1251 = FamRZ 2003, 1742 = NJW-RR 2003, 1581 = MDR 2003, 1381 = InVo 2004, 35 = WM 2004, 353 = BRAGOreport 2003, 200 = BB 2003, 2428; bestätigt in FamRZ 2004, 101 = DGVZ 2004, 24; AnwK-RVG/Wolf Nr. 3309 Rn 14). 439

▶ **Beispiel 102a:**

Der Anwalt ist beauftragt, die Zwangsvollstreckung wegen einer Geldforderung anzudrohen. Hierauf zahlt der Schuldner.
Bereits die Vollstreckungsandrohung löst die Verfahrensgebühr nach Nr. 3309 VV RVG aus. Diese Gebühr ist auch nach § 788 ZPO zu erstatten.

Wird der Schuldner »außergerichtlich« zur Zahlung aufgefordert, liegt allerdings schon ein vollstreckbarer Titel vor, dann handelt es sich nicht um eine außergerichtliche Vertretung nach Vorbem. 2.3 Abs. 3 VV RVG, sondern bereits um eine die Zwangsvollstreckung vorbereitende Tätigkeit, die folglich nach Vorbem. 3 Abs. 2 VV RVG mit der Verfahrensgebühr nach Nr. 3309 VV RVG abgegolten wird. 440

b) Erhöhung bei Vertretung mehrerer Gläubiger

aa) Überblick

Bei Vertretung mehrerer Gläubiger ist zu differenzieren: 441

- Soweit zugleich, also für mehrere Gläubiger aufgrund eines einheitlichen Auftrags wegen desselben Gegenstands vollstreckt wird, liegt nur eine Angelegenheit vor. Der Anwalt erhält die Verfahrensgebühr nur einmal (§ 7 Abs. 1 RVG). Allerdings erhöht sich diese gem. Nr. 1008 VV RVG um 0,3 je weiteren Auftraggeber.
- Wird für mehrere Gläubiger aufgrund eines einheitlichen Auftrags wegen verschiedener Gegenstände vollstreckt, erhält der Anwalt die Verfahrensgebühr ebenfalls nur einmal (§ 7 Abs. 1 RVG). Eine Erhöhung nach. Nr. 1008 VV RVG kommt jetzt jedoch nicht in Betracht. Dafür werden die Werte der verschiedenen Gegenstände nach § 22 Abs. 1 RVG zusammengerechnet.
- Wird der Anwalt für mehrere Gläubiger aufgrund gesonderter Aufträge tätig, greift § 7 Abs. 1 RVG nicht. Der Anwalt kann gesondert abrechnen. Eine andere Frage ist dann, ob die dadurch entstehenden Mehrkosten nach § 788 ZPO erstattungsfähig sind und ob der Anwalt sich dadurch schadensersatzpflichtig gemacht hat, dass er sich nicht einen einheitlichen Auftrag hat erteilen lassen.

bb) Gesamtgläubiger

Vertritt der Anwalt mehrere Gesamtgläubiger aufgrund eines einheitlichen Auftrags, erhöht sich die Verfahrensgebühr gem. Nr. 1008 VV RVG um 0,3 je weiteren Auftraggeber (OLG Stuttgart AGS 2007, 33; LG Frankfurt/M. AGS 2005, 18 m. Anm. Mock = NZM 2004, 920 = NJW 2004, 3642 = ZMR 2005, 149 = InVo 2005, 165 = NJW-Spezial 2005, 53 = Info M 2005, 110; LG Hamburg AGS 2005, 497 = DGVZ 2005, 142; LG Köln MDR 2005, 1318 = ZMR 2006, 78; AG Singen JurBüro 2006, 329; LG Traunstein DGVZ 2007, 89; AG Wuppertal ZMR 2005, 742; s. hierzu auch N. Schneider Gebührenerhö- 442 hung in der Zwangsvollstreckung bei mehreren Auftraggebern, DGVZ 2005, 91). Die bei Inkrafttreten des RVG noch vertretene Auffassung, die Erhöhung würde nur 0,3 von 0,3, also 0,09 betragen (AG Recklinghausen AGS 2005, 154 = DGVZ 2005, 30 = RVGreport 2005, 226; AG Offenbach AGS 2005, 198 = DGVZ 2005, 47 = RVGreport 2005, 226), wird zu Recht nicht mehr vertreten. Zu den besonderen Problemen bei Vollstreckung für eine Gesellschaft bürgerlichen Rechts und eine Wohnungseigentümergesellschaft s. Rdn. 445 u. 446.

443 ▶ **Beispiel 103:**

Der Anwalt wird von dem Vermieterehepaar beauftragt, eine Mobiliarvollstreckung wegen rückständiger Mieten in Höhe von 2.000,00 € durchzuführen.
Die 0,3-Verfahrensgebühr der Nr. 3309 VV RVG erhöht sich nach Nr. 1008 VV RVG um 0,3 und beträgt 0,6.

0,6-Verfahrensgebühr, Nrn. 3309, 1008 VV RVG (Wert: 2.000,00 €)	79,80 €
Postentgeltpauschale, Nr. 7002 VV RVG	15,96 €
Zwischensumme	95,76 €
19 % Umsatzsteuer, Nr. 7008 VV RVG	18,19 €
Gesamt	113,95 €

444 Der Höchstbetrag der Erhöhung beläuft sich auf 2,0, so dass sich die Höchstgebühr damit auf 2,3 beläuft (LG Frankfurt/M. AGS 2005, 18 = NZM 2004, 920 = NJW 2004, 3642 = ZMR 2005, 149 = InVo 2005, 165 = NJW-Spezial 2005, 53 = Info M 2005, 110; LG Köln MDR 2005, 1318 = ZMR 2006, 78; AG Wuppertal ZMR 2005, 742). Die bei Inkrafttreten des RVG noch vertretene Auffassung, die Erhöhung könne maximal 0,6, die Gesamtgebühr also höchstens 0,9 betragen (AG Offenbach AGS 2005, 198 = DGVZ 2005, 47 = RVGreport 2005, 226), wird zu Recht nicht mehr vertreten.

cc) Gesellschaft bürgerlichen Rechts

445 Wird der Anwalt von einer Gesellschaft bürgerlichen Rechts beauftragt, liegt nur ein Auftraggeber vor, so dass nur die einfache Verfahrensgebühr anfällt. Wird er dagegen von den einzelnen Gesellschaftern beauftragt, so liegen mehrere Auftraggeber vor, so dass die nach Nr. 1008 VV RVG erhöhte Verfahrensgebühr entsteht. Das Problem liegt hier weniger in der Gebührenabrechnung als in der Frage der Erstattungsfähigkeit. Hier dürfte von Folgendem auszugehen sein:

- Lautet der zu vollstreckende Titel auf die BGB-Gesellschaft, so kann und muss diese in eigenem Namen den Vollstreckungsauftrag erteilen. Eine Erhöhung fällt nicht an, ist jedenfalls nicht erstattungsfähig.
- Lautet der zu vollstreckende Titel auf die einzelnen Gesellschafter und erteilen diese Vollstreckungsauftrag, entsteht die Gebührenerhöhung. Jetzt ist aber weiter zu differenzieren:
- Soweit bereits der Titel im Namen der BGB-Gesellschaft hätte erstritten werden können, dürfte die Erhöhung ebenso wenig wie im zugrunde liegenden Verfahren erstattungsfähig sein, sofern nicht ein besonderer Grund bestand, im Namen der Gesellschafter vorzugehen.
- Hätte der Titel nicht im Namen der BGB-Gesellschaft Erstritten werden können, etwa, weil bei Einleitung des Verfahrens die Rechtsprechung des BGH zur Rechtsfähigkeit der BGB-Gesellschaft nicht galt, so kann ungeachtet dessen die BGB-Gesellschaft in eigenem Namen den Vollstreckungsauftrag erteilen. Eine Erhöhung fällt auch dann nicht an, ist jedenfalls nicht erstattungsfähig.

dd) Wohnungseigentümergemeinschaft

Nach der Entscheidung des BGH v. 02.06.2005 (AGS 2005, 427 u. 545 = NJW 2005, 2061 = ZIP 2005, 1233 = ZMR 2005, 547 = DStR 2005, 1283 = ZfIR 2005, 506 = NZM 2005, 543 = WM 2005, 1423 = WuM 2005, 530 = GE 2005, 921 = BGHReport 2005, 1090 = WE 2005, 200 = BauR 2005, 1462 = Rpfleger 2005, 521 = ZNotP 2005, 381 = InVo 2005, 407 = NotBZ 2005, 327 = MDR 2005, 1156 = DNotZ 2005, 776 = ZWE 2005, 422 = DWW 2005, 375 = DGVZ 2005, 153 = JZ 2006, 258 = JR 2006, 237 = FGPrax 2005, 143 = IBR 2005, 517 = MietRB 2005, 233, 237 = NZG 2005, 712 = DB 2005, 2075 = Info M 2005, 199 = JurBüro 2005, 534 = GuT 2005, 229 = NZI 2005, 648) ist auch die Wohnungseigentümergemeinschaft teilweise rechts- und parteifähig und damit als nur ein Gläubiger anzusehen. **446**

Es entsteht daher keine Erhöhung nach Nr. 1008 VV RVG, wenn der Auftrag im Namen der Wohnungseigentümergemeinschaft erteilt wird (AG Wiesbaden DGVZ 2006, 118; AG Schorndorf DGVZ 2006, 62). Ein Antrag auf Durchführung der Zwangsvollstreckung für eine Wohnungseigentümergemeinschaft führt nicht zum Entstehen einer Gebührenerhöhung für den Verfahrensbevollmächtigten. Dies gilt auch dann, wenn im Zwangsvollstreckungstitel die Wohnungseigentümer einzeln aufgeführt sind (AG St. Ingbert DGVZ 2007, 46). **447**

Wird der Auftrag von den einzelnen Mitgliedern der Wohnungseigentümergemeinschaft erteilt, dann entsteht eine Gebührenerhöhung nach Nr. 1008 VV RVG um 0,3 ab dem zweiten Eigentümer, höchstens um 2,0, also auf 2,3. Die Erhöhung ist jedoch nicht notwendig und damit nicht erstattungsfähig. **448**

Die Erhöhung gehört nur dann zu den notwendigen und damit vom Schuldner zu erstattenden Kosten der Zwangsvollstreckung, wenn entweder die Gemeinschaft den fraglichen Anspruch nicht geltend machen konnte, weil er nicht in den Bereich der Teilrechtsfähigkeit fällt, oder wenn sonst der gemeinschaftlichen Geltendmachung des Anspruchs triftige Gründe entgegenstehen (AG Hanau DGVZ 2006, 118; AG Hamburg-Harburg DGVZ 2006, 118). **449**

Lautet ein Titel auf die einzelnen Wohnungseigentümer einer Gemeinschaft, sind nur diese berechtigt, aus dem Titel zu vollstrecken. Die Notwendigkeit der für die Tätigkeit ihres Rechtsanwalts im Vollstreckungsverfahren entstehenden Mehrvertretungsgebühr kann daher nach Auffassung des BGH (AGS 2007, 373 = DGVZ 2007, 68 = NZM 2007, 411 = InVo 2007, 293 = WM 2007, 1126 = WuM 2007, 403 = JurBüro 2007, 379 = NJW-RR 2007, 955 = Rpfleger 2007, 479 = BGHReport 2007, 683 = MDR 2007, 1161 = ZMR 2007, 875 = NJW-Spezial 2007, 294 = RVGreport 2007, 278 = MietRB 2007, 174 = ZfIR 2008, 34; AGS 2010, 152 = ZIP 2010, 202 = ZfIR 2010, 108 = WuM 2010, 108 = NZM 2010, 127 = ZWE 2010, 86 = BauR 2010, 497 = MDR 2010, 347 = NJW 2010, 1007 = WM 2010, 729 = DGVZ 2010, 81 = Rpfleger 2010, 293 = RVGreport 2010, 77 = Info M 2010, 83 = MietRB 2010, 76 = NJW-Spezial 2010, 227) nicht mit der Begründung verneint werden, die Gebühr wäre nicht angefallen, wenn die Wohnungseigentümergemeinschaft als teilrechtsfähiger Verband den Vollstreckungsauftrag erteilt hätte. Das dürfte unzutreffend sein, denn auch bei einem Titel, der auf die einzelnen Wohnungseigentümer einer Gemeinschaft lautet, kann der Vollstreckungsauftrag von der Gemeinschaft erteilt werden. Auftraggeber und Vertretener müssen nicht identisch sein. **450**

c) Terminsgebühr

Auch eine Terminsgebühr (Nr. 3310 VV RVG) kann in der Zwangsvollstreckung anfallen, allerdings nur dann, wenn der Anwalt an einem gerichtlichen Termin oder einem Termin zur Abgabe der eidesstattlichen Versicherung teilnimmt. Außergerichtliche Verhandlun- **451** gen oder Besprechungen reichen nicht aus. Der weitergehende Anwendungsbereich der Vorbem. 3 Abs. 3, 1. u. 3. Var. VV RVG ist durch Nr. 3310 VV RVG ausgeschlossen (AnwK-RVG/Wolf Nr. 3310 Rn. 79).

452 Die Höhe der Terminsgebühr beläuft sich stets auf 0,3.

d) Einigungsgebühr

453 Auch im Rahmen der Zwangsvollstreckung kann eine Einigungsgebühr nach Nr. 1000 VV RVG entstehen. Sie wird insbesondere ausgelöst, wenn der Gläubiger dem Schuldner bei sofortiger Zahlung einen Nachlass gewährt oder auch bei Vereinbarung einer Ratenzahlung (BGH AGS 2005, 140 = JurBüro 2005, 309 = AnwBl 2005, 365 = FamRZ 2005, 794 = Rpfleger 2005, 330 = MDR 2005, 897 = NJW-RR 2005, 1303 = RVGreport 2005, 263; AnwK-RVG/Wolf Nr. 3309 Rn. 88).

454 Hinsichtlich der Höhe der Gebühr ist zu differenzieren:

- Soweit die Hauptsache oder ein Vollstreckungsverfahren anhängig ist – dazu zählt auch ein Vollstreckungsauftrag an den Gerichtsvollzieher (Anm. S. 2 zu Nr. 1003 VV RVG) -, entsteht eine 1,0-Gebühr nach Nrn. 1000, 1003 VV RVG.
- Ist die Hauptsache in einem Berufungs- oder Revisionsverfahren anhängig, so entsteht die Gebühr zu 1,3 (Nr. 1004 VV RVG). Gleiches gilt bei Anhängigkeit in einem Beschwerde- oder Rechtsbeschwerdeverfahren nach Vorbem. 3.2.1, 3.2.2 VV RVG (Anm. Abs. 1 zu Nr. 1004 VV RVG).
- Soweit weder die Hauptsache noch ein Vollstreckungsverfahren anhängig ist – und auch kein Auftrag an den Gerichtsvollzieher erteilt ist -, etwa wenn bislang nur die Vollstreckung angedroht worden oder die Zwangsvollstreckungsmaßnahme bereits abgeschlossen ist, entsteht die Einigungsgebühr zu 1,5 (Nr. 1000 VV RVG).

▶ **Beispiel 104:**

Der Anwalt ist beauftragt, nach rechtskräftigem Abschluss des Rechtsstreits eine Mobiliarvollstreckung wegen einer Geldforderung i.H.v. 2.000,00 € anzudrohen. Nach Erhalt der Vollstreckungsandrohung einigen sich die Parteien und treffen eine Ratenzahlungsvereinbarung.

Bereits mit der Vollstreckungsandrohung beginnt die Zwangsvollstreckung (s. Rdn. 439), so dass die Verfahrensgebühr der Nr. 3309 VV RVG entsteht. Hinzu kommt eine Einigungsgebühr, die hier 1,5 beträgt (Nr. 1000 VV RVG). Eine Anhängigkeit im Rahmen der Zwangsvollstreckung war nicht gegeben, da ein Vollstreckungsverfahren (noch) nicht anhängig war. Dass die Forderung zuvor im Rechtsstreit anhängig gewesen war, ist unerheblich, da es nur auf den Zeitpunkt der Einigung ankommt.

455 Erklärt sich der Gläubiger allgemein dem Gerichtsvollzieher gegenüber mit der Gestattung von Ratenzahlungen durch den Schuldner einverstanden, löst dies keine Einigungsgebühr nach Nr. 1000 VV RVG aus (BGH AGS 2006, 496 = RVGReport 2006, 382 = FamRZ 2006, 1372 = DGVZ 2006, 133 = BGHReport 2006, 1392 = Rpfleger 2006, 674 = NJW 2006, 3640 = MDR 2006, 1373 = InVo 2007, 39 = JurBüro 2007, 24). Es entsteht nur eine Verfahrensgebühr nach Nr. 3309 VV RVG nebst Auslagen.

456 Lediglich eine 1,0-Einigungsgebühr wird auch dann ausgelöst, wenn die Hauptsache noch erstinstanzlich anhängig ist, etwa wenn ungeachtet eines Einspruchs aus einem Versäumnisurteil oder einem Vollstreckungsbescheid vollstreckt wird.

457 Ist die Hauptsache in einem Berufungs- oder Revisionsverfahren anhängig, entsteht eine 1,3-Einigungsgebühr (Nr. 1004 VV RVG), etwa wenn ungeachtet einer Berufung aus dem erstinstanzlichen Urteil vollstreckt wird.

Möglich ist auch, dass die Einigungsgebühr zu unterschiedlichen Sätzen anfällt, also dass z.B. neben der 1,0-Einigungsgebühr eine 1,5-Einigungsgebühr anfällt. **458**

▶ **Beispiel 105:**

Der Gläubiger vollstreckt durch den Gerichtsvollzieher aus einem Titel über fällige und zukünftige Mieten (§ 259 ZPO) wegen der derzeit fälligen Mieten in Höhe von 3.000,00 €. Während der Vollstreckung laufen weitere 2.000,00 € Mietrückstände auf. Insoweit ist allerdings noch kein Vollstreckungsauftrag erteilt. Die Parteien einigen sich über die offenen 5.000,00 €.
Die ursprünglich nur nach dem Wert von 3.000,00 € entstandene Verfahrensgebühr der Nr. 3309 VV RVG berechnet sich jetzt nach dem Gesamtwert von 5000,00 € (§ 22 Abs. 1 RVG). Eine Ermäßigung der Verfahrensgebühr, sog. »Verfahrensdifferenzgebühr«, ist in der Zwangsvollstreckung nicht vorgesehen.
Hinzu kommt die Einigungsgebühr zu 1,0 aus 3.000,00 €, weil insoweit ein Verfahren vor dem Gerichtsvollzieher anhängig ist (Anm. S. 2 zu Nr. 1003 VV RVG). In Höhe der weiteren 2.000,00 € entsteht die Einigungsgebühr zu 1,5, da es insoweit an einem Verfahren fehlt. Zu beachten ist § 15 Abs. 3 RVG.

0,3-Verfahrensgebühr, Nr. 3309 VV RVG (Wert: 5.000,00 €)	90,30 €
1,0-Einigungsgebühr, Nrn. 1000, 1003 VV RVG (Wert: 3.000,00 €)	189,00 €
1,5-Einigungsgebühr, Nr. 1000 VV RVG (Wert: 2.000,00 €)	199,50 €
(Die Höchstgrenze nach § 15 Abs. 3 RVG von nicht mehr als 1,5 aus 5.000,00 € = 451,50 € ist nicht erreicht.)	
Postentgeltpauschale, Nr. 7002 VV RVG	20,00 €
Zwischensumme	498,80 €
19 % Umsatzsteuer, Nr. 7008 VV RVG	94,77 €
Gesamt	593,57 €

Die notwendigen Kosten der Zwangsvollstreckung sind nach § 788 Abs. 1 S. ZPO vom Schuldner zu tragen. Dazu gehört auch die Einigungsgebühr, wenn der Schuldner die Kosten der Einigung übernommen hat (BGH AGS 2006, 214 = NJW 2006, 1598 = FamRZ 2006, 780 = DGVZ 2006, 68 = WM 2006, 1173 = InVo 2006, 251 = JurBüro 2006, 327 = BGHReport 2006, 882 = MDR 2006, 1133 = JR 2007, 116 = RVGreport 2006, 196). Fehlt es an einer Kostenübernahme durch den Schuldner, sind die Kosten der Einigung in entsprechender Anwendung von § 98 S. 1 ZPO als gegeneinander aufgehoben anzusehen (BGH AGS 2007, 302 = BGHReport 2007, 330 = FamRZ 2007, 555 = DGVZ 2007, 36 = NJW 2007, 1213 = JurBüro 2007, 216 = Rpfleger 2007, 271 = MDR 2007, 609 = InVo 2007, 294 = RVGreport 2007, 276). Ist die Einigungsgebühr danach erstattungsfähig, kann sie auch nach § 788 Abs. 2 ZPO festgesetzt werden. **459**

4. Auslagen

Die Auslagen in der Zwangsvollstreckung richten sich nach Teil 7 VV RVG, den Nrn. 7000 ff. VV RVG. Hier gelten keine Besonderheiten. Vorgelegte Gerichts- oder Gerichtsvollzieherkosten kann der Anwalt nach §§ 675 i.V.m. 670 BGB verlangen (Vorbem. 7 Abs. 1 S. 2 VV RVG). **460**

5. Umfang der Angelegenheit

a) Überblick

461 Nach § 18 Abs. 1 Nr. 1, 1. Hs. RVG zählt jede Vollstreckungsmaßnahme zusammen mit den durch diese vorbereiteten weiteren Vollstreckungshandlungen bis zur Befriedigung des Gläubigers als besondere Gebührenangelegenheit i.S.d. § 15 RVG.

462 Welche Vorbereitungshandlungen und Nebentätigkeiten noch zur Vollstreckung zählen, ergibt sich aus § 19 Abs. 2 RVG. Insbesondere Anfragen beim Einwohnermeldeamt, Gewerbeamt etc. sind durch die Verfahrensgebühr mit abgegolten.

463 Auch die Vollstreckungserinnerung nach § 766 ZPO zählt für den bereits tätigen Anwalt gem. §§ 18 Abs. 1 Nr. 1, 19 Abs. 2 Nr. 2 RVG zur Vollstreckungsangelegenheit.

464 Welche Tätigkeiten in der Zwangsvollstreckung dagegen als besondere Angelegenheiten gelten und damit die Gebühren nach Nrn. 3009, 3310 VV RVG erneut auslösen, ergibt sich aus § 18 Abs. 1 Nrn. 4 bis 21 RVG.

b) Vollstreckungsandrohung/Vollstreckungsankündigung

465 Bereits die Vollstreckungsandrohung oder Vollstreckungsankündigung löst die Verfahrensgebühr der Nr. 3309 VV RVG aus. Kommt es nach einer Vollstreckungsandrohung zur Durchführung der angedrohten Vollstreckungsmaßnahme, entsteht die Gebühr nicht erneut, sondern insgesamt nur einmal (AG Münster DGVZ 2006, 31; LG Kassel DGVZ 1996, 11; AG Herborn DGVZ 1993, 118; LG München Beschl. v. 19.12.2007–6 T 5058/07; Mayer/Kroiß/Rohn § 18 Rn. 29).

▶ **Beispiel 106:**

Der Anwalt ist beauftragt, eine Mobiliarvollstreckung wegen einer Geldforderung von 3.000,00 € anzudrohen. Da der Schuldner nicht zahlt, wird der Gerichtsvollzieher beauftragt.
Vollstreckungsandrohung und nachfolgende Vollstreckung sind eine Angelegenheit. Der Anwalt erhält nur eine 0,3-Verfahrensgebühr.

c) Vollstreckung gegen mehrere Schuldner

466 Die Vollstreckung gegen mehrere Schuldner beinhaltet grundsätzlich mehrere Angelegenheiten i.S.d. § 15 RVG. Nach § 18 Abs. 1 Nr. 1 RVG zählt jede Vollstreckungsmaßnahme als eigene Angelegenheit. Dies gilt sowohl für die Vollstreckung gegen mehrere Teilschuldner als auch gegen mehrere Gesamtschuldner, mag auch der Anspruch der gleiche und das wirtschaftliche Interesse dasselbe sein. Eine Streitgenossenschaft auf Schuldnerseite gibt es in der Zwangsvollstreckung grundsätzlich nicht, selbst dann nicht, wenn gegen die verschiedenen Schuldner aus demselben Titel vollstreckt wird (BGH AGS 2007, 71 = AnwBl 2006, 856 = BGHR 2006, 1506 = InVo 2007, 41 = RVGreport 2006, 461 (Antrag nach § 887 ZPO); OLG Frankfurt/M. AGS 2004, 69; LG Frankfurt/M. AGS 2003, 207 m. Anm. N. Schneider (hier Räumungsvollstreckung) = JurBüro 2003, 304; OLG Koblenz JurBüro 1986, 1838; OLG Hamm AnwBl 1988, 357; OLG Düsseldorf InVo 1997, 196; LG Berlin JurBüro 1995, 530; AG Singen JurBüro 2006, 329). Nur dann, wenn einheitlich vollstreckt werden muss, liegt nur eine Angelegenheit vor.

▶ **Beispiel 107:**

Der Gläubiger hat gegen die beiden Mieter als Gesamtschuldner ein Urteil über 10.000,00 € erwirkt. Er soll gegen beide Schuldner vollstrecken.
Es liegen zwei verschiedene Angelegenheiten vor. Der Anwalt erhält die Gebühren nach Nr. 3309 VV RVG zwei Mal aus dem Gesamtwert von 10.000,00 €.

Vollstreckung gegen Schuldner 1	
0,3-Verfahrensgebühr, Nr. 3309 VV RVG (Wert: 10.000,00 €)	145,80 €
Postentgeltpauschale, Nr. 7002 VV RVG	20,00 €
Zwischensumme	165,80 €
19 % Umsatzsteuer, Nr. 7008 VV RVG	31,50 €
Gesamt	**197,30 €**
Vollstreckung gegen Schuldner 2	
0,3-Verfahrensgebühr, Nr. 3309 VV RVG (Wert: 10.000,00 €)	145,80 €
Postentgeltpauschale, Nr. 7002 VV RVG	20,00 €
Zwischensumme	165,80 €
19 % Umsatzsteuer, Nr. 7008 VV RVG	31,50 €
Gesamt	**197,30 €**

Ebenso ist abzurechnen, wenn gegen mehrere Mieter ein Räumungstitel vorliegt. Auch dann sind mehrere Vollstreckungsangelegenheiten gegeben. **467**

d) Mehrere nacheinander folgende Vollstreckungsaufträge

Sind nach § 18 Abs. 1 Nr. 1, 4 bis 21 RVG mehrere Angelegenheiten gegeben, entstehen die Gebühren nach den Nrn. 3309, 3310 VV RVG mehrmals. **468**

Zu beachten ist, dass sich der Gegenstandswert einer folgenden Vollstreckungsangelegenheit jeweils um die Kosten der vorangegangenen Vollstreckungsmaßnahme erhöht. **469**

▶ **Beispiel 108:**

Der Anwalt wird beauftragt, wegen einer Geldforderung in Höhe von 1.900,00 € eine Gehaltspfändung auszubringen. Nachdem diese Maßnahme erfolglos geblieben ist, wird der Anwalt beauftragt, die Mobiliarvollstreckung zu betreiben. Für die Zustellung des Pfändungs- und Überweisungsbeschlusses waren Zustellungskosten in Höhe von 60,00 € angefallen.
Es liegen zwei verschiedene Angelegenheiten vor (§ 18 Abs. 1 Nr. 1 RVG), so dass die Gebühren zwei Mal entstehen.

Gehaltspfändung	
0,3-Verfahrensgebühr, Nr. 3309 VV RVG (Wert: 1.900,00 €)	39,90 €
Postentgeltpauschale, Nr. 7002 VV RVG	7,98 €
Zwischensumme	47,88 €
19 % Umsatzsteuer, Nr. 7008 VV RVG	9,10 €
Gesamt	**56,98 €**

Die Kosten der Gehaltspfändung erhöhen jetzt den Gegenstandswert der Mobiliarvollstreckung (§ 25 Abs. 1 Nr. 1 RVG). Dieser berechnet sich wie folgt:

Hauptforderung	1.900,00 €
Anwaltskosten Gehaltspfändung	56,98 €
Gerichtsgebühr, Nr. 2110 GKG-KostVerz. Gehaltspfändung	15,00 €
Zustellungskosten Gehaltspfändung	60,00 €
Gesamt	**2.031,98 €**

Mobiliarvollstreckung	
0,3-Verfahrensgebühr, Nr. 3309 VV RVG (Wert: 2031,98 €)	48,30 €
Postentgeltpauschale, Nr. 7002 VV RVG	9,66 €
Zwischensumme	57,96 €
19 % Umsatzsteuer, Nr. 7008 VV RVG	11,01 €
Gesamt	68,97 €

470 Wird ein sog. Kombi-Auftrag erteilt, liegen zwei Angelegenheiten vor, wenn die Mobiliarvollstreckung fruchtlos verläuft und es zum Verfahren auf Abgabe der eidesstattlichen Versicherung kommt. Hat dagegen die Mobiliarvollstreckung Erfolg, liegt nur eine Angelegenheit vor.

▶ **Beispiel 109:**

Der Anwalt wird beauftragt, eine Mobiliarvollstreckung wegen einer Geldforderung in Höhe von 2000,00 € durchzuführen und für den Fall, dass diese erfolglos ist, soll er das Verfahren auf Abgabe der eidesstattlichen Versicherung betreiben. Er stellt daraufhin einen sog. »Kombi-Auftrag«.

a) Die Mobiliarvollstreckung hat Erfolg.

b) Die Mobiliarvollstreckung bleibt erfolglos.

Es liegt ein unbedingter Auftrag zur Mobiliarvollstreckung vor und ein bedingter Auftrag für das Verfahren auf Abgabe der eidesstattlichen Versicherung. Mit Eintritt der Bedingung (§ 158 BGB), nämlich der Fruchtlosigkeit der Mobiliarvollstreckung, wird der weitere Auftrag wirksam und löst eine weitere Gebühr nach Nr. 3309 VV RVG aus. Zu beachten ist hier allerdings die Wertgrenze des § 25 Abs. 1 Nr. 4 RVG von 1.500,00 € für das Verfahren auf Abgabe der eidesstattlichen Versicherung.

Im Fall a) kann der Anwalt mangels Eintritt der Bedingung nur abrechnen:

Mobiliarvollstreckung	
0,3-Verfahrensgebühr, Nr. 3309 VV RVG (Wert: 2.000,00 €)	39,90 €
Postentgeltpauschale, Nr. 7002 VV RVG	7,98 €
Zwischensumme	47,88 €
19 % Umsatzsteuer, Nr. 7008 VV RVG	9,10 €
Gesamt	56,98 €

Im Fall b) kommt infolge des Eintritts der Bedingung jetzt noch hinzu:

Verfahren auf Abgabe der eidesstattlichen Versicherung	
0,3-Verfahrensgebühr, Nr. 3309 VV RVG (Wert: 1.500,00 €)	31,50 €
Postentgeltpauschale, Nr. 7002 VV RVG	6,30 €
Zwischensumme	37,80 €
19 % Umsatzsteuer, Nr. 7008 VV RVG	7,18 €
Gesamt	44,98 €

471 Werden nacheinander mehrere Forderungspfändungen gegen denselben Schuldner ausgebracht, mit der mehrere Forderungen gepfändet werden, so liegt hinsichtlich jeder einzelnen Forderungspfändungen eine eigene Angelegenheit vor, so dass die Vergütung gesondert entsteht.

472 Von mehreren selbständigen Vollstreckungsmaßnahmen zu unterscheiden ist der Fall, dass sich eine weitere Vollstreckungsmaßnahme nur als Fortsetzung der bereits begonnenen Maßnahme darstellt (so bereits schon bei Vollsteckungsandrohung oder -ankündigung und nachfolgender Vollstreckung, s. Rdn. 439). In diesem Fall entstehen die Gebühren nach den Nrn. 3309, 3310 VV RVG nur einmal.

Beispiel 110:

Gegen den Schuldner wird wegen einer Forderung über 10000,00 € zunächst ein vorläufiges Zahlungsverbot nach § 845 ZPO ausgebracht und hiernach der Erlass eines Pfändungs- und Überweisungsbeschlusses beantragt.
Das vorläufige Zahlungsverbot und die nachfolgende Forderungspfändung sind nur eine Angelegenheit i.S.d. § 18 Abs. 1 Nr. 1 RVG (AG Münster DGVZ 2006, 31; LG Kassel DGVZ 1996, 11; AG Herborn DGVZ 1993, 118; Mayer/Kroiß/Rohn § 18 Rn 40). Die Verfahrensgebühr nach Nr. 3309 VV RVG entsteht daher nur einmal.

Beispiel 111:

Gegen den Gläubiger wird wegen einer Forderung in Höhe von 5.000,00 € zunächst unter der Wohnanschrift vollstreckt. Nachdem diese fruchtlos ausfällt, wird der Auftrag zur Vollstreckung unter der Geschäftsadresse erteilt.
Auch hier liegt insgesamt nur eine Angelegenheit vor (BGH AGS 2005, 63 = WM 2005, 183 = DGVZ 2005, 6 = Rpfleger 2005, 165 = JurBüro 2005, 139 = BGHReport 2005, 400 = InVo 2005, 163 = MDR 2005, 475 = ZVI 2005, 225 = NJW-RR 2005, 706 = FamRZ 2005, 203 = RVGreport 2005, 34). Die weitere Vollstreckung stellt sich nur als Fortsetzung dar. Die Verfahrensgebühr entsteht nur einmal.

Beispiel 112:

Beim ersten Vollstreckungsversuch wegen einer Forderung i.H.v. 5.000,00 € stellt der Gerichtsvollzieher fest, dass der Schuldner verzogen ist. Nach Einholung einer Auskunft beim Einwohnermeldeamt wird unter der neuen Anschrift ein weiterer Vollstreckungsauftrag erteilt.
Auch hier liegt insgesamt nur eine Angelegenheit vor (Mayer/Kroiß/Rohn § 18 Rn 29). Die weitere Vollstreckung stellt sich nur als Fortsetzung dar. Die Verfahrensgebühr entsteht nur einmal. Auch für die Einwohnermeldeamtsanfrage entsteht keine weitere Vergütung.

Beispiel 113:

Die Zwangsvollstreckung (Wert: 5.000,00 €) unter der angegebenen Adresse verläuft fruchtlos (Kosten Gerichtsvollzieher 30,00 €). Eine neue Anschrift kann zunächst nicht in Erfahrung gebracht werden. Nach einem halben Jahr erfährt der Gläubiger die neue Anschrift und erteilt unter dieser Anschrift nunmehr einen weiteren Vollstreckungsauftrag.
Jetzt liegen zwei Angelegenheiten i.S.d. §§ 15, 18 Abs. 1 Nr. 1 RVG vor. Die erste Vollstreckungsmaßnahme war beendet. Die zweite Vollstreckung stellt sich nicht als Fortsetzung der ersten dar, sondern als neue Vollstreckungsmaßnahme. Die Vergütung fällt also für jede Vollstreckung gesondert an. Zu beachten ist, dass die Kosten der ersten (erfolglosen) Vollstreckung jetzt den Gegenstandswert für das zweite Vollstreckungsverfahren erhöhen, und zwar um die Anwalts- und Gerichtsvollzieherkosten. Im Falle einer verzinslichen Forderung würden auch noch weitere Zinsen hinzukommen.

Erste Mobiliarvollstreckung	
0,3-Verfahrensgebühr, Nr. 3309 VV RVG (Wert: 5.000,00 €)	90,30 €
Postentgeltpauschale, Nr. 7002 VV RVG	18,06 €
Zwischensumme	108,36 €
19 % Umsatzsteuer, Nr. 7008 VV RVG	20,59 €
Gesamt	128,95 €

Zweite Mobiliarvollstreckung	
0,3-Verfahrensgebühr, Nr. 3309 VV RVG (Wert: 5.128,95 €)	101,40 €
Postentgeltpauschale, Nr. 7002 VV RVG	20,00 €
Zwischensumme	121,40 €
19 % Umsatzsteuer, Nr. 7008 VV RVG	23,07 €
Gesamt	**144,47 €**

473 Muss im Verfahren auf Abgabe der eidesstattlichen Versicherung ein Haftbefehl beantragt werden, liegt ebenfalls nur eine Angelegenheit vor, in der die Gebühren nur einmal entstehen (AG Brake DGVZ 2008, 107).

▶ **Beispiel 114:**

Der Anwalt hat ein Verfahren auf Abgabe der eidesstattlichen Versicherung wegen einer Forderung von 5.000,00 € eingeleitet. Da der Schuldner zum Termin nicht erscheint, beantragt der Anwalt auftragsgemäß den Erlass eines Haftbefehls.
Es liegt nur eine Angelegenheit i.S.d. §§ 15, 18 Abs. 1 Nr. 1 RVG vor. Die Verfahrensgebühr entsteht nur einmal aus dem Höchstwert des § 25 Abs. 1 Nr. 4 RVG.

e) Vollstreckungsabwehr

aa) Überblick

474 Wird der Anwalt vom Schuldner beauftragt, eine drohende Zwangsvollstreckung abzuwehren, so ist umstritten, welche Gebühren er hierfür erhält.

475 Das OLG Düsseldorf (AGS 2002, 53 = OLGR 2001, 214 – noch zur BRAGO) ist davon ausgegangen, dass eine Geschäftsgebühr (damals § 118 Abs. 1 Nr. 1 BRAGO) nicht entstehe, sondern dass es sich um eine Vorbereitungstätigkeit im Rahmen der Zwangsvollstreckung handele. In dem entschiedenen Fall hatte der Gläubiger die Zwangsversteigerung angedroht. Der Anwalt des Schuldners war beauftragt, eine Stundung auszuhandeln. Das Gericht hat insoweit eine Gebühr nach § 68 Abs. 1 Nr. 1 BRAGO zugesprochen.

476 In einer weiteren Entscheidung (AGS 2007, 450 = JurBüro 2007, 527 = NJW Spezial 2007, 524) hat das LG Düsseldorf diese Auffassung bestätigt. In dem dortigen Fall war dem vermeintlichen Schuldner die Zwangvollstreckung angedroht worden. Der Anwalt hatte dann klargestellt, dass hier eine Namensverwechslung vorliege und der Mandant nicht der richtige Adressat sei.

477 Ebenso entschieden hat das OLG Hamm (JurBüro 1996, 249 = NJW-RR 1996, 763 = InVo 1996, 139 = OLGR 1996, 71) für den Fall, dass der Beklagte nach Zustellung eines Versäumnisurteils und erfolgtem Einspruch um Abstandnahme von der Vollstreckung bittet.

478 Gleicher Auffassung ist offenbar Müller-Rabe (Gerold/Schmidt/Müller-Rabe RVG, 19. Aufl. 2010, Nr. 3309 Rn. 24), der ebenfalls die Gebühr nach Nr. 3309 VV RVG zusprechen will, wenn der Anwalt den Schuldner im Zwangsvollstreckungsverfahren mit dem Ziel vertritt, die Durchführung der Zwangsvollstreckung zu verhindern.

479 Anders entschieden hatte das OLG Celle (AGS 2009, 63 = ZfS 2008, 647 = OLGR 2009, 366 = RVGReport 2008, 422). Es hat für die Abwehr einer drohenden Zwangsvollstreckung nicht eine Gebühr nach Nr. 3309 VV RVG zugesprochen, sondern eine Geschäftsgebühr nach Nr. 2300 VV RVG. Auch hier ging es darum, eine Stundung und einen Vollstreckungsaufschub auszuhandeln.

480 Wie immer dürfte es entscheidend auf den Auftrag ankommen. Zu fragen ist also, wie der Anwalt des Schuldners die »drohende Vollstreckung« verhindern soll. Dabei muss gleichzeitig auf die möglichen gerichtlichen Schritte geblickt werden.

bb) Einwendungen gegen die Art und Weise der Zwangsvollstreckung

Soll der Anwalt Einwendungen gegen die Art und Weise der Zwangsvollstreckung geltend machen, wären also im Falle einer gerichtlichen Inanspruchnahme zwangsvollstreckungsrechtliche Rechtsbehelfe zu ergreifen, insbesondere die Vollstreckungserinnerung nach § 766 ZPO, dann ist die Tätigkeit des Anwalts bereits der Zwangsvollstreckung zuzuordnen, so dass die Gebühr nach Nr. 3309 VV RVG anfällt. Ebenso wie die Vollstreckungsandrohung für den Gläubigeranwalt als Vorbereitungshandlung i.S.d. § 18 Abs. 1 Nr. 1 RVG bereits die 0,3-Verfahrensgebühr nach Nr. 3309 VV RVG auslöst (BGH AGS 2003, 561 = Rpfleger 2003, 596 = BGHReport 2003, 1251 = FamRZ 2003, 1742 = NJW-RR 2003, 1581 = MDR 2003, 1381 = InVo 2004, 35 = WM 2004, 353 = BRAGOreport 2003, 200 = BB 2003, 2428; bestätigt in FamRZ 2004, 101 = DGVZ 2004, 24; AnwK-RVG/Wolf Nr. 3309 Rn. 14), muss auch die Abwendung als Vorbereitungshandlung i.S.d. § 18 Abs. 1 Nr. 1 RVG angesehen werden. 481

▶ **Beispiel 115:**

Der Gläubiger droht die Zwangsvollstreckung an. Der Schuldner beauftragt daraufhin einen Anwalt, der die Zwangsvollstreckung abwehren soll, weil es bislang an der Vollstreckungsklausel fehlt.
Diese Einwendung des Schuldners wäre im gerichtlichen Verfahren mit der Vollstreckungserinnerung nach § 766 ZPO geltend zu machen, die nach § 19 Abs. 2 Nr. 2 RVG mit zur Vollstreckungsangelegenheit zählt. Daher ist die Abwehrtätigkeit bereits eine der Zwangsvollstreckung zuzuordnende Maßnahme und löst eine 0,3-Verfahrensgebühr nach Nr. 3309 VV RVG aus.

Gleiches gilt, wenn die vorgerichtliche Vertretung darauf zielt, außergerichtlich bereits dem Schuldner zustehende Schutzrechte durchzusetzen. 482

▶ **Beispiel 116:**

Das Girokonto des Schuldners ist gepfändet. Es geht eine Gehaltszahlung ein, deren Freigabe der Anwalt außergerichtlich erreichen soll.
Im gerichtlichen Verfahren wäre ein Antrag nach § 850k ZPO zu stellen. Die außergerichtliche Vertretung zählt daher bereits zur Zwangsvollstreckung und löst die 0,3-Verfahrensgebühr nach Nr. 3309 VV RVG aus.

▶ **Beispiel 117:** 483

Gegen den Schuldner ist ein Räumungsurteil ergangen. Der Anwalt soll einen Vollstreckungsaufschub erreichen, da sich der Bezug der neu angemieteten Wohnung verzögert.
Im gerichtlichen Verfahren wäre ein Antrag nach § 765a ZPO zu stellen. Die außergerichtliche Vertretung zählt daher bereits zur Zwangsvollstreckung und löst die 0,3-Verfahrensgebühr nach Nr. 3309 VV RVG aus.

cc) Materiell-rechtliche Einwände

Anders verhält es sich, wenn der Anwalt für den Schuldner materiell-rechtliche Einwände geltend machen soll. Dann handelt es sich nicht um eine vollstreckungsrechtliche Tätigkeit, so dass nicht Nr. 3309 VV RVG, sondern Nr. 2300 VV RVG greift. 484

▶ **Beispiel 118:**

Der Gläubiger droht dem Schuldner die Zwangsvollstreckung an. Der Anwalt des Schuldners soll die Zwangsvollstreckung abwehren, weil die titulierte Forderung zwischenzeitlich durch Aufrechnung erloschen sei.

In diesem Fall wendet sich der Schuldner nicht gegen die Art und Weise der Zwangsvollstreckung, sondern gegen den titulierten Anspruch. Im gerichtlichen Verfahren wäre hier die Vollstreckungsabwehrklage nach § 767 ZPO gegeben, nicht aber ein vollstreckungsrechtlicher Rechtsbehelf. Daher greift in einem solchen Fall nicht die Gebühr nach Nr. 3309 VV RVG. Hier kommt es auf den Auftrag an.

- Soll der Anwalt des Schuldners zunächst außergerichtlich tätig werden, so fällt eine Geschäftsgebühr nach Nr. 2300 VV RVG an.
- Hatte der Anwalt des Schuldners bereits den Auftrag für eine Vollstreckungsabwehrklage, soll er aber zuvor dem Gläubiger noch einmal Gelegenheit geben, von der Vollstreckung Abstand zu nehmen, fällt eine 0,8-Verfahrensgebühr nach Nrn. 3100, 3101 Nr. 1 VV RVG an.

485 Soll der Anwalt des Schuldners lediglich eine Stundung erreichen, dürfte mit dem OLG Celle (AGS 2009, 63 = ZfS 2008, 647 = OLGR 2009, 366 = RVGreport 2008, 422) eine Verfahrensgebühr nach Nr. 3309 VV RVG abzulehnen sein. Der Schuldneranwalt soll einen materiell-rechtlichen Einwand schaffen, nämlich eine Stundungsabrede. Der Gegenstand der anwaltlichen Tätigkeit hat keinen vollstreckungsrechtlichen Einschlag. Verhandlungen in diesem Stadium werden folglich durch die Geschäftsgebühr nach Nr. 2300 VV RVG abgegolten.

▶ Beispiel 119:

Der Gläubiger droht dem Schuldner die Zwangsvollstreckung an. Der Anwalt des Schuldners soll eine Stundung aushandeln.

Auch in diesem Fall wendet sich der Schuldner nicht gegen die Art und Weise der Zwangsvollstreckung, sondern gegen den titulierten Anspruch, so dass eine Geschäftsgebühr nach Nr. 2300 VV RVG anfällt. Der Gegenstandswert dürfte sich gem. § 23 Abs. 3 RVG nach dem Interesse der Stundung richten. Das wiederum entspricht den Zinsen und Kosten, die bei einer Finanzierung zur sofortigen Zahlung anfallen würden.

f) Schuldnerschutzanträge

aa) Überblick

486 Auch für Schuldnerschutzanträge gelten die Nrn. 3309 ff. VV RVG.

487 Grundsätzlich zählen Vollstreckungsschutzanträge mit zur Angelegenheit. Das folgt aus § 18 Abs. 1 Nr. 1 RVG, wonach jede Vollstreckungsmaßnahme bis zur vollständigen Befriedigung des Gläubigers als eine Angelegenheit gilt. Das schließt grundsätzlich auch Vollstreckungsschutzanträge des Schuldners mit ein.

488 Nur soweit im Gesetz angeordnet ist, dass ein Vollstreckungsschutzantrag eine neue Angelegenheit auslöst, erhalten die Anwälte eine gesonderte Vergütung. Eine solche Regelung findet sich in § 18 Abs. 1 S. 2 Nr. 6 RVG.

489 Kein Vollstreckungsschutzverfahren ist das Verfahren auf Bewilligung und Verlängerung einer Räumungsfrist nach §§ 721a, 794a ZPO. S. dazu Rdn. 280 ff.

490 Der Gegenstandswert richtet sich nach § 25 Abs. 2 RVG. Der Wert ist nach dem Interesse des Antragstellers nach billigem Ermessen zu bestimmen. S. dazu Rdn. 430 ff.

bb) Unselbstständige Vollstreckungsschutzverfahren

491 Grundsätzlich zählen Vollstreckungsschutzanträge mit zur Angelegenheit und lösen neben den Gebühren für die zugrunde liegende Vollstreckungsmaßnahme keine gesonderte Vergütung aus. Das bedeutet:

- War der Anwalt bereits im Vollstreckungsverfahren tätig (i.d.R. der Gläubigeranwalt), ist seine weitere Tätigkeit durch die bereits verdienten Gebühren abgegolten; es entstehen keine weiteren Gebühren, es sei denn, bestimmte, noch nicht entstandene Gebühren (Terminsgebühr oder Einigungsgebühr) werden erstmals im Verfahren über den Vollstreckungsschutzantrag ausgelöst.
- War der Anwalt noch nicht im Vollstreckungsverfahren tätig (i.d.R. beim Schuldneranwalt), löst die Tätigkeit im Verfahren über den Vollstreckungsschutzantrag erstmals die Gebühren nach den Nrn. 3309 ff. VV RVG aus, wobei ein geringerer Wert gelten kann, da der Wert des Vollstreckungsschutzantrags i.d.R. nicht dem Wert der Vollstreckung entspricht.
- Wird nach Abschluss des Verfahrens über den Vollstreckungsschutzantrag die Zwangsvollstreckung fortgesetzt,
- entsteht für den bereits zuvor in der Zwangsvollstreckung tätigen Anwalt keine weitere Vergütung.
- entstehen für den bereits zuvor in der Zwangsvollstreckung noch nicht tätigen Anwalt zwar keine neuen Gebühren; jedoch kann sich für ihn der Wert jetzt erhöhen.

▶ **Beispiel 120:**

Der Gläubiger hat gegen den Schuldner ein Urteil erstritten und lässt durch seinen Anwalt das Konto des Schuldners pfänden. Der Schuldner beantragt daraufhin im Wege des Pfändungsschutzes nach § 850k ZPO die Freigabe eines monatlichen Betrages i.H.v. 200,00 €.

Da der Anwalt des Gläubigers bereits in der Zwangsvollstreckung tätig war, erhält er für die Tätigkeit im Verfahren über den Vollstreckungsschutz keine weitere Vergütung. Diese Tätigkeit zählt für ihn vielmehr nach §§ 18 Abs. 1 Nr. 1, 19 Abs. 1 S. 1 RVG zur Vollstreckungsangelegenheit.

▶ **Beispiel 121:**

Wie vorangegangenes Beispiel 122. Der Schuldner hatte für den Antrag nach § 850k ZPO erstmals einen Anwalt beauftragt.

Für den Anwalt des Schuldners ist der Antrag auf Vollstreckungsschutz ebenfalls nach Nr. 3309 VV RVG zu vergüten. Er löst für ihn die Vergütung erstmals aus.

Der Gegenstandswert richtet sich nach § 25 Abs. 3 RVG i.V.m. § 42 Abs. 2 GKG analog und ist mit dem dreifachen Jahresbetrag des freizugebenden Betrages anzusetzen, also 84000,00 € (OLG Frankfurt/M. OLGR 2004, 241; AnwK-RVG/Wolf § 25 Rn. 23).

Hinzukommen kann auch hier eine Einigungsgebühr.

▶ **Beispiel 122:**

Der Gläubiger hat gegen den Schuldner ein Urteil über 150.000,00 € erstritten und lässt durch seinen Anwalt das Konto des Schuldners pfänden. Der Schuldner beantragt daraufhin im Wege des Pfändungsschutzes nach § 850k ZPO die Freigabe eines monatlichen Betrages i.H.v. 1.000,00 €. Hierauf vergleichen sich die Parteien über Freigabe des Kontos gegen Ratenzahlung.
Die Verfahrensgebühren berechnen sich wie in den vorangegangenen Beispielen. Beide Anwälte erhalten jetzt aber noch zusätzlich eine Einigungsgebühr nach Nr. 1000 VV RVG aus dem Wert des Vollstreckungsschutzverfahrens. Der Gebührensatz beträgt 1,3, da ein Verfahren vor dem Gerichtsvollzieher anhängig ist (Anm. Abs. 1 S. 2 zu Nr. 1003 VV RVG).

Abrechnung Gläubigeranwalt	
0,3-Verfahrensgebühr, Nr. 3309 VV RVG (Wert: 150.000,00 €)	475,50 €
1,0-Einigungsgebühr, Nrn. 1000, 1003 VV RVG (Wert: 36.000,00 €)	902,00 €
Postentgeltpauschale, Nr. 7002 VV RVG	20,00 €
Zwischensumme	1.397,50 €
19 % Umsatzsteuer, Nr. 7008 VV RVG	265,53 €
Gesamt	**1663,03 €**

Abrechnung Schuldneranwalt	
0,3-Verfahrensgebühr, Nr. 3309 VV RVG (Wert: 36.000,00 €)	270,60 €
1,0-Einigungsgebühr, Nrn. 1000, 1003 VV RVG (Wert: 36.000,00 €)	902,00 €
Postentgeltpauschale, Nr. 7002 VV RVG	20,00 €
Zwischensumme	1.192,60 €
19 % Umsatzsteuer, Nr. 7008 VV RVG	226,59 €
Gesamt	**1.419,19 €**

bb) Selbstständige Vollstreckungsschutzverfahren

492 Vollstreckungsschutzanträge nach den §§ 765a, 815b, 851a und § 841b ZPO und jedes Verfahren über Anträge auf Änderung oder Aufhebung der getroffenen Anordnungen sowie jedes Verfahren über Anträge nach §§ 1084 Abs. 1, 1096 oder 1109 ZPO sind gesonderte Angelegenheiten (§ 18 Abs. 2 Nr. 6 RVG).

493 Der Anwalt erhält hier neben den gegebenenfalls bereits für die Vollstreckung verdienten Gebühren eine weitere 0,3-Verfahrensgebühr nach Nr. 3309 VV RVG. Der Gegenstandswert richtet sich nach § 25 Abs. 2 RVG. Maßgebend ist das Interesse des Antragstellers, das nach billigem Ermessen zu bestimmen ist.

▶ **Beispiel 123:**

Nach der Pfändung laufender Mietforderungen i.H.v. 1.000,00 € monatlich beantragt der Schuldner durch seinen Anwalt im Wege des Pfändungsschutzes nach § 851b ZPO die Freigabe eines Teils der Mieten in Höhe von 300,00 €.
Der Antrag auf Vollstreckungsschutz ist nach Nr. 3309 VV RVG zu vergüten.

Für den Anwalt des Gläubigers entsteht gem. § 18 Abs. 1 Nr. 6 RVG neben der bereits für die Vollstreckung verdiente Gebühr aus Nr. 3309 VV RVG eine weitere Gebühr nach Nr. 3309 VV RVG.

Der Wert der Pfändung beläuft sich gem. § 25 Abs. 1 RVG auf den 3 1/2-fachen Jahresbetrag der gepfändeten Miete, somit 42.000,00 €, der Wert des Pfändungsschutzantrags gem. § 25 Abs. 3 RVG i.V.m. § 3 ZPO auf den 3 1/2-fachen Jahresbetrag desjenigen Teils der Miete, für den die Freigabe beantragt ist, somit auf 12.600,00 €.

494 ▶ **Beispiel 124:**

Nach der Pfändung laufender Mietforderungen i.H.v. 1.000,00 € monatlich beantragt der Schuldner durch seinen Anwalt im Wege des Pfändungsschutzes nach § 851b ZPO die Freigabe eines Teils der Mieten in Höhe von 300,00 €.
Der Antrag auf Vollstreckungsschutz ist wiederum nach Nr. 3309 VV RVG zu vergüten.
Für den Anwalt des Schuldners entsteht nur die Gebühr im Vollstreckungsschutzverfahren, nicht auch die für die Vollstreckung, da er dort nicht tätig war.

0,3-Verfahrensgebühr, Nr. 3309 VV RVG (Wert: 12.600,00 €)	157,80 €
Postentgeltpauschale, Nr. 7002 VV RVG	20,00 €
Zwischensumme	177,80 €
19 % Umsatzsteuer, Nr. 7008 VV RVG	33,78 €
Gesamt	211,58 €

- Lagen die Vollstreckungsvoraussetzungen bereits vor und ist lediglich eine Vollstreckung angedroht worden, dann ist das Vollstreckungsgericht zuständig, und zwar das, in dessen Bezirk die angedrohte Vollstreckungsmaßnahme durchgeführt worden wäre (LG München II Beschl. v. 19.12.2007–6 T 5058/07; KG AGS 2008, 315 = Rpfleger 2008, 145 = JurBüro 2008, 151 = KGR 2008, 309 = RVGreport 2008, 116; wohl auch BGH FamRZ 2004, 101 = DGVZ 2004, 24; a.A. OLG Düsseldorf JurBüro 2010, 438 = Rpfleger 2010, 435).
- Lagen die Vollstreckungsvoraussetzungen noch nicht vor, sondern sind diese erst durch die Maßnahme geschaffen worden (etwa Beibringungen einer Avalbürgschaft), dann ist das Prozessgericht zuständig (BGH AGS 2008, 200 = WM 2008, 276 = MDR 2008, 286 = Rpfleger 2008, 210 = BGHReport 2008, 344 = NJW-RR 2008, 515 = ZfSch 2008, 225 = JurBüro 2008, 214 = NJW-Spezial 2008, 91 = BauR 2008, 570 = RVGreport 2008, 115 = FoVo 2008, 119).
- Im Falle von Vollstreckungskosten, die aus Verfahren nach den §§ 887, 888 und 890 entstanden sind, entscheidet das Prozessgericht des ersten Rechtszugs.

Das Verfahren folgt den §§ 103 Abs. 2, 104, 107 ZPO. 507

XXII. Vergütungsvereinbarung

1. Überblick

Anstelle der gesetzlichen Vergütung kann der Anwalt mit seinem Auftraggeber grundsätzlich auch eine Vergütung frei vereinbaren. Die Zulässigkeit einer solchen Vergütungsvereinbarung ergibt sich nicht aus dem RVG, sondern aus dem Grundsatz der Vertragsfreiheit. Zu beachten sind allerdings einige Einschränkungen, die sich vornehmlich aus den §§ 3a ff. RVG, der BRAO und den allgemeinen Vorschriften des BGB ergeben. 508

2. Unzulässigkeit bei Beratungshilfe

Eine Vergütungsvereinbarung ist unzulässig, wenn dem Mandanten **Beratungshilfe** bewilligt worden ist (§ 3a Abs. 4 RVG; § 8 BerHG). Der Verstoß führt zwingend zur Nichtigkeit. Erhaltene Gelder sind zurückzuzahlen. 509

3. Eingeschränkte Zulässigkeit bei Prozesskostenhilfe

Zulässig sind dagegen Vergütungsvereinbarungen, wenn der Anwalt im Wege der **Prozesskostenhilfe** beigeordnet worden ist. Vereinbart werden darf dann allerdings keine höhere als die gesetzliche (Wahlanwalts-)Vergütung (§ 3a Abs. 3 S. 1 RVG). Bis zur Höhe der Wahlanwaltsvergütung ist eine Vereinbarung also zulässig. Wie der Anwalt diese allerdings angesichts des § 122 Abs. 1 Nr. 3 ZPO einfordern soll, ist unklar. Die gesetzlichen Regelungen des § 3a Abs. 3 S. 1 RVG einerseits und des § 122 Abs. 1 Nr. 3 ZPO andererseits sind nicht aufeinander abgestimmt. 510

4. Zeitpunkt der Vereinbarung

Eine Vergütungsvereinbarung kann jederzeit geschlossen werden. I.d.R. wird die Vereinbarung mit Abschluss des Mandats getroffen. Häufig wird schon die Übernahme des Mandats von dem Abschluss einer Vergütungsvereinbarung abhängig gemacht. Dann kommt der Anwaltsvertrag erst mit dem Abschluss der Vereinbarung zustande (AG 511

München AGS 2007, 549). Eine Vergütungsvereinbarung kann auch schon vor Mandatserteilung geschlossen werden. Ebenso ist es möglich, dass erst während eines Mandats eine Vereinbarung getroffen wird. Auch nach Beendigung des Mandats sind Vergütungsvereinbarungen noch möglich.

512 Unzulässig sind Vergütungsvereinbarungen, die zur »**Unzeit**« abgeschlossen werden (BGH AGS 2010, 267 = WM 2010, 673 = NJW 2010, 1364 = MDR 2010, 529 = AnwBl 2010, 362 = JurBüro 2010, 305; LG Gießen StV 1986, 494; AG Butzbach JurBüro 1986, 1034; N. Schneider Die Vergütungsvereinbarung, Rn. 1752 ff.). Der Auftraggeber muss die Möglichkeit haben, frei zu entscheiden, ob er eine Vereinbarung trifft oder nicht. Wird z.B. unmittelbar vor einem anstehenden Termin oder vor dem Ablauf einer wichtigen Frist vom Anwalt der Abschluss einer Vergütungsvereinbarung verlangt, ist dies nach der Rechtsprechung sittenwidrig und führt zur Nichtigkeit der Vereinbarung, insbesondere, wenn bei Nichtabschluss die Niederlegung des Mandats angedroht wird (LG Karlsruhe MDR 1991, 548; N. Schneider Die Vergütungsvereinbarung, Rn. 1755).

5. Formvorschriften

a) Überblick

513 Nach § 3a Abs. 1 S. 1 u. 2 RVG sind bei Abschluss einer Vereinbarung bestimmte Formen zu beachten. Das gilt allerdings nicht für bloße Gebührenvereinbarungen im Falle einer Beratung, eines Gutachten- oder eines Mediationsauftrags nach § 34 Abs. 1 S. 1 RVG (§ 3a Abs. 1 S. 3 RVG). S. dazu Rdn. 109 ff.

b) Textform

514 Nach § 3a Abs. 1 S. 1 RVG bedarf die Vereinbarung einer Vergütung der Textform. Es gilt insoweit § 126b BGB. Eine Vergütungsvereinbarung kann auch per Telefax oder durch wechselseitigen Austausch von Emails geschlossen werden. Eine eigenhändige Unterschrift – wie noch nach altem Recht (§ 4 RVG i.d.F. bis zum 30.06.2008) – ist nicht mehr erforderlich.

c) Bezeichnung als Vergütungsvereinbarung

515 Die Vergütungsvereinbarung muss als solche oder in vergleichbarer Weise bezeichnet werden (§ 3a Abs. 1 S. 2 RVG). Ein gleich lautender Begriff, etwa »Honorarvereinbarung«, ist unschädlich (AG Wolfratshausen AGS 2008, 11 = NJW-Spezial 2008, 28).

516 Bedenklich ist allerdings schon die Bezeichnung als »Gebührenvereinbarung«. Sofern darin nämlich auch Vereinbarungen über die Höhe von Auslagen getroffen werden, ist die Überschrift zumindest irreführend und kann schon daher die Unwirksamkeit nach sich ziehen (§ 305c BGB).

d) Deutliches Absetzen von sonstigen Vereinbarungen

517 Die Vergütungsvereinbarung muss von anderen Vereinbarungen deutlich abgesetzt sein (§ 3a Abs. 1 S. 2 RVG). Unzulässig sind danach insbesondere allgemeine Gerichtsstandsvereinbarungen, Haftungsbeschränkungen o.Ä.

518 Enthalten sein dürfen allerdings die Auftragserteilung und die nähere Ausgestaltung des Auftrags. Dies war nach der früheren Fassung des § 4 RVG a.F. nicht gestattet. Erlaubt sind nur solche Regelungen, die unmittelbar mit der Vergütungsvereinbarung in Zusammenhang stehen, also z.B. Regelungen zur Fälligkeit, zur Abrechnung bei vorzeitiger

Beendigung des Mandats, zur Vertretung durch Hilfspersonen o.ä. Dagegen sind allgemeine Gerichtsstandsvereinbarungen, Haftungsbeschränkungen o.ä. unzulässig. Ein sog. Empfangsbekenntnis ist dagegen unschädlich (BGH AGS 2009, 430 = NJW 2009, 3301 = FamRZ 2009, 1319 = JurBüro 2009, 483; gegen OLG Düsseldorf MDR 2000, 420 = OLGR 2000, 228; JurBüro 2003, 584 = AGS 2004, 10 = AnwBl 2004, 128).

e) Trennung von Vollmacht

Die Vergütungsvereinbarung darf **nicht in einer Vollmacht** enthalten sein (§ 3a Abs. 1 **519**
S. 2 RVG). Umgekehrt darf selbstverständlich in der Vergütungsvereinbarung keine Vollmacht erteilt werden.

f) Folgen bei Formverstößen

Sofern die Vereinbarung gegen eine der vorstehenden Formerfordernisse verstößt, ist **520**
die Vereinbarung unwirksam (§ 125 BGB). Es gilt die gesetzliche Vergütung. Der Anwalt kann allerdings nach Treu und Glauben an eine vereinbarte niedrigere Vergütung gebunden sein. Er kann dagegen gem. § 4b S. 1 RVG nie eine höhere Vergütung als die gesetzliche verlangen. Hat der Auftraggeber bereits gezahlt, so ist der Anwalt nach Bereicherungsrecht zur Rückzahlung verpflichtet (§ 4 Abs. 1 S. 2 RVG). Im Gegensatz zum früheren Recht darf der Anwalt die Vergütung auch dann nicht behalten, wenn der Auftraggeber freiwillig und ohne Vorbehalt gezahlt hat. Erst § 814 BGB – der aber in der Praxis kaum in Betracht kommen dürfte – führt zu einem Rückforderungsausschluss.

6. Hinweis auf eingeschränkte Kostenerstattung

Ferner muss der Anwalt darauf hinweisen, dass ein erstattungspflichtiger Gegner im **521**
Falle einer Kostenerstattung regelmäßig nicht mehr als die gesetzliche Vergütung erstatten muss (§ 3a Abs. 1 S. 3 RVG). Der fehlende Hinweis hat im Gegensatz zu einem Verstoß gegen die vorgenannten Formvorschriften des § 3 Abs. 1 S. 1 u. 2 RVG nicht die Unwirksamkeit der Vereinbarung zur Folge. Er kann aber Schadensersatzansprüche (Vertrauensschaden) auslösen, wenn der Mandant auf die Kostenerstattung vertraut hatte.

7. Verbot der Gebührenunterschreitung

Unzulässig ist es – abgesehen im Fall des § 4a RVG (s.u. Rdn. 530) -, in gerichtlichen Ver- **522**
fahren eine geringere Vergütung als die gesetzliche zu vereinbaren (§ 49 Abs. 1 S. 1 BRAO). In außergerichtlichen Tätigkeiten ist dagegen ein Unterschreiten zulässig (§ 4 Abs. 1 S. 1 RVG), solange die vereinbarte Vergütung der Leistung, der Verantwortung und dem Haftungsrisiko des Anwalts entspricht (§ 4 Abs. 1 S. 2 RVG).

8. Inhaltliche Gestaltung der Vereinbarung

Welche Art von Vergütungsvereinbarung abgeschlossen wird, ist den Parteien überlassen. **523**
Hier bieten sich vielfältige Möglichkeiten an, etwa
- ein Pauschalbetrag,
- nach Abschnitten gestaffelte Pauschalen,
- ein Vielfaches der gesetzlichen Gebühren oder die Festlegung auf einen bestimmten Satz oder Betrag bei Gebühren- oder Satzrahmen,

- die Vereinbarung eines bestimmten Gebührensatzes innerhalb des gesetzlichen Rahmens stellt bereits eine nach §§ 3a ff. RVG zu behandelnde Vergütungsvereinbarung dar, da sie die Vorschrift des § 14 Abs.1 RVG abbedingt (LG Zweibrücken AGS 2010, 238),
- ein prozentualer Aufschlag auf die gesetzlichen Gebühren,
- eine Zusatzgebühr zu den gesetzlichen Gebühren (BGH AnwBl 1978, 227) oder ein zusätzlicher Festbetrag (BGH NJW 1980, 1851),
- die Festlegung eines höheren Gegenstandswertes (OLG Hamm AnwBl 1986, 452; LG Düsseldorf JurBüro 1991, 530),
- die Vereinbarung mehrerer Angelegenheiten, obwohl nach dem RVG nur eine einzige Angelegenheit gegeben wäre (OLG Düsseldorf OLGR 1993, 160),
- Zeithonorare, i.d.R. Stundensätze (LG München I NJW 1975, 937 = AnwBl 1975, 63; OLG Frankfurt/M. OLGR 1993, 307; LG Düsseldorf AGS 1993, 38).

524 Die Vertragsparteien können auch vereinbaren, dass die Höhe der Vergütung in das **Ermessen des Vorstands der Rechtsanwaltskammer** gestellt wird (§ 4 Abs. 3 S. 1 RVG). Unzulässig ist es dagegen, die Höhe der Vergütung in das Ermessen eines Vertragsteils (§ 4 Abs. 3 S. 2 RVG) oder eines Dritten (arg. e § 4 Abs. 3 S. 1 RVG) zu stellen. Geschieht dies dennoch, gilt die gesetzliche Vergütung als vereinbart (§ 4 Abs. 3 S. 2 RVG).

525 Eine Vergütungsvereinbarung kann nicht nur über die Höhe der zu zahlenden Gebühren getroffen werden, sondern auch für **Auslagen**. Auch dann sind die §§ 3a ff. RVG zu beachten.

526 Über die vom Auftraggeber zu übernehmenden Auslagen sollte immer eine Vereinbarung getroffen werden. Zumindest sollte auf die gesetzlichen Auslagen verwiesen wird. Fehlt es an einer Regelung, gelten die Auslagen grundsätzlich als durch die vereinbarte Vergütung mit abgegolten (OLG Koblenz OLGZ 79, 230; LG Koblenz AnwBl 1984, 206; ausführlich N. Schneider Die Vergütungsvereinbarung, Rn. 1072).

527 Auch die Übernahme der Umsatzsteuer durch den Auftraggeber muss ausdrücklich vereinbart werden, da diese nach dem RVG einen Auslagentatbestand darstellt (vgl. Nr. 7008 VV RVG). Hinsichtlich der Umsatzsteuer sollte ausdrücklich der zum Zeitpunkt der Abrechnung geltende Umsatzsteuersatz vereinbart werde. Anderenfalls gilt der zum Zeitpunkt des Abschlusses der Vereinbarung geltende Steuersatz (LG München I AGS 2010, 284 = BRAK-Mitt 2010, 148).

9. Vereinbarkeit mit AGB-Recht

528 Darüber hinaus darf eine Vergütungsvereinbarung nicht den **§§ 307 ff. BGB** widersprechen. Verstöße führen zur Unwirksamkeit (§ 306 BGB). Ist eine Vergütungsvereinbarung zur mehrmaligen Verwendung bestimmt, findet eine AGB-Kontrolle nach den §§ 306 ff. BGB statt. Die Vereinbarung muss insbesondere bestimmt und transparent sein. Sie darf keine überraschenden Klauseln und auch keine unangemessene Benachteiligung enthalten. So führt nach der Rechtsprechung eine unbestimmte Vereinbarung (§ 307 Abs. 1 S. 2 BGB) zur Unwirksamkeit. Ein Empfangsbekenntnis ist dagegen unschädlich und verstößt nicht gegen § 309 Nr. 12 BGB (BGH AGS 2009, 430 = MDR 2009, 1011 = NJW 2009, 3301 = FamRZ 2009, 1319 = JurBüro 2009, 483; gegen die ständige Rechtsprechung des OLG Düsseldorf MDR 2000, 420; AGS 2004, 12 = JurBüro 2003, 584).

529 Strittig ist die Frage, in welchem Umfang sog. »Zeittakte« vereinbart werden dürfen. Das OLG Düsseldorf (AGS 2006, 530 = NJW-RR 2007, 129 = AnwBl 2006, 770 = RVGreport 2006, 420 = JurBüro 2006, 594; AGS 2010, 109 = BRAK-Mitt 2010, 90 = AnwBl 2010, 296) hält Zeittakte von jeweils angefangenen 15 Min. für unzulässig. Andere Gerichte haben keine Bedenken (LG München I AGS 2010, 284 = BRAK-Mitt 2010,

148; OLG Schleswig AGS 2009, 209 = AnwBl 2009, 554 = RVGreport 2009, 179). Nach Auffassung des BGH (AGS 2009, 209 = AnwBl 2009, 554) handelt es sich um eine Frage des Einzelfalls, die der grundsätzlichen Klärung nicht zugänglich ist. Der Anwalt sollte daher vorsichtig bei der Verwendung von Zeittaktklauseln sein.

10. Erfolgshonorar und Beteiligung am erstrittenen Betrag

Die Vereinbarung eines **Erfolgshonorars** oder einer Beteiligung am erstrittenen Betrag **530** ist zwar nach wie vor grundsätzlich unzulässig (§ 49b Abs. 2 BRAO); seit dem 01.07.2008 darf der Anwalt jedoch auch Erfolgshonorare vereinbaren (§ 4a RVG). Die Bedeutung dieser Vorschrift ist in der Praxis bislang allerdings äußerst gering geblieben und wird es wohl auch bleiben, da ein solches Erfolgshonorar nur unter besonderen Voraussetzungen zulässig ist.

Der **Begriff des Erfolgshonorars** ist in § 49b Abs. 2 S. 1 BRAO gesetzlich definiert. Ein **531** Erfolgshonorar liegt danach von, wenn die Vergütung oder ihre Höhe vom Ausgang der Sache oder vom Erfolg der anwaltlichen Tätigkeit abhängig gemacht wird oder der Rechtsanwalt einen Teil des erstrittenen Betrages als Honorar erhalten soll. Ein Erfolgshonorar liegt nicht vor, wenn lediglich vereinbart wird, dass sich die gesetzlichen Gebühren ohne weitere Bedingungen erhöhen (§ 49b Abs. 2 S. 2 BRAO). Daher ist z.B. die Vereinbarung eines Vielfachen der Einigungsgebühr (Nr. 1000 VV) noch kein Erfolgshonorar.

Ein Erfolgshonorar darf nach § 4a Abs. 1 S. 1 RVG **532**
- **nur im Einzelfall** vereinbart werden und
- setzt darüber hinaus voraus, dass der Auftraggeber aufgrund seiner wirtschaftlichen Verhältnisse bei verständiger Betrachtung ohne die Vereinbarung eines Erfolgshonorars **von der Rechtsverfolgung abgehalten** würde.

In einem gerichtlichen Verfahren dürfen dabei auch die gesetzlichen Gebühren unterschritten werden, aber auch nur dann, wenn für den Fall des Erfolgs gleichzeitig eine **533** höhere als die gesetzliche Vergütung vereinbart wird (§ 4a Abs. 1 S. 2 RVG). Unzulässig ist es für den Rechtsanwalt immer, sich zu verpflichten, Gerichtskosten, Verwaltungskosten oder Kosten anderer Beteiligter zu tragen (§ 49b Abs. 2 S. 2 BRAO).

Wird ein Erfolgshonorar vereinbart, muss die Vereinbarung nicht nur die Form des § 3a **534** Abs. 1 S. 1 u. 2 RVG beachten (s. Rdn. 513 ff.), sondern noch weitere Angaben enthalten:
- Zunächst einmal muss die **voraussichtliche gesetzliche Vergütung** und gegebenenfalls die **erfolgsunabhängige vertragliche Vergütung** angegeben werden, zu der der Rechtsanwalt bereit gewesen wäre, den Auftrag ohne Erfolgshonorar zu übernehmen (§ 4a Abs. 2 Nr. 1 RVG).
- Des Weiteren muss genau angegeben werden, unter welchen **Bedingungen** die erfolgsabhängige Vergütung verdient sein soll (§ 4a Abs. 2 Nr. 2 RVG).
- Anzugeben sind ferner die **wesentlichen Gründe**, die für die Bemessung des Erfolgshonorars bestimmend sind (§ 4a Abs. 3 S. 1 RVG).
- Darüber hinaus ist ein **Hinweis** aufzunehmen, dass die Vereinbarung keinen Einfluss auf die gegebenenfalls vom Auftraggeber zu zahlenden Gerichtskosten, Verwaltungskosten und die von ihm **zu erstattenden Kosten** anderer Beteiligter hat (§ 4a Abs. 3 S. 2 RVG).

Sind die Voraussetzungen für den Abschluss einer erfolgsabhängigen Vergütungsverein- **535** barung nach **§ 4a Abs. 1 RVG** nicht gegeben oder fehlen die nach **§ 4a Abs. 2 Nr. 1 u. 2 RVG** erforderlichen Angaben, kann der Anwalt wiederum keine höhere Vergütung als die gesetzliche verlangen (§ 4b S. 1 RVG). Dies bedeutet, dass bei Ausbleiben des vereinbarten Erfolgs der Anwalt an die Vereinbarung gebunden bleibt, soweit die misserfolgsabhängige Vergütung unter der gesetzlichen liegt. I.Ü. ist sein Vergütungsanspruch auf die Höhe der gesetzlichen Vergütung beschränkt. Hat der Auftraggeber bereits darüber hinaus gehende Zahlungen erbracht, kann dieser die Leistungen nach Bereicherungsrecht zurück verlangen, und zwar auch dann, wenn er freiwillig und vorbehaltlos geleistet hat (§ 4b S. 2 RVG). Verstöße gegen **§ 4a Abs. 3 Nr. 1 und 2 RVG** sind dagegen nicht sanktioniert. Sie führen also nicht zur Unwirksamkeit, können aber gegebenenfalls zu Beweisproblemen führen (im Fall des § 4a Abs. 2 Nr. 1 RVG) oder Schadensersatzansprüche des Mandanten auslösen (im Fall des § 4a Abs. 2 Nr. 1 RVG).

XXIII. Zurückverweisung durch das Rechtsmittelgericht

535 Hebt ein Rechtsmittelgericht die angefochtene Entscheidung auf und verweist es das Verfahren an das vorinstanzliche Gericht zurück, gilt des § 21 Abs. 1 RVG. Das Verfahren nach Zurückverweisung ist eine neue Angelegenheit i.S.d. § 15 RVG, in der alle Gebühren erneut entstehen können. Lediglich hinsichtlich der Verfahrensgebühr ist eine Anrechnung vorgesehen (Vorbem. 3 Abs. 6 VV RVG), wenn an ein Gericht zurückverwiesen wird, das mit der Sache bereits befasst war.

536 ▶ **Beispiel 126:**

Das AG hatte den Beklagten antragsgemäß zur Zahlung von 10.000,00 € verurteilt. Auf die Berufung hebt das LG das Urteil des AG auf und verweist die Sache an das AG zur erneuten Entscheidung zurück.

Das Verfahren nach Zurückverweisung stellt eine neue Angelegenheit dar (§ 21 Abs. 1 RVG). Allerdings wird die Verfahrensgebühr des Ausgangsverfahrens auf die Verfahrensgebühr des Verfahrens nach Zurückverweisung angerechnet (Vorbem. 3 Abs. 6 VV RVG).

Verfahren vor Zurückverweisung		
1,3-Verfahrensgebühr, Nr. 3100 VV RVG (Wert: 10.000,00 €)		631,80 €
1,2-Terminsgebühr, Nr. 3104 VV RVG (Wert: 10.000,00 €)		583,20 €
Postentgeltpauschale, Nr. 7002 VV RVG		20,00 €
Zwischensumme	1.235,00 €	
19 % Umsatzsteuer, Nr. 7008 VV RVG		234,65 €
Gesamt		1.469,65 €
Verfahren nach Zurückverweisung		
1,3-Verfahrensgebühr, Nr. 3100 VV RVG (Wert: 10.000,00 €)		631,80 €
gem. Vorbem. 3 Abs. 6 VV RVG anzurechnen, 1,3 aus 10.000,00 €		– 631,80 €
1,2-Terminsgebühr, Nr. 3104 VV RVG (Wert: 10.000,00 €)		583,20 €
Postentgeltpauschale, Nr. 7002 VV RVG		20,00 €
Zwischensumme	603,20 €	
19 % Umsatzsteuer, Nr. 7008 VV RVG		114,61 €
Gesamt		717,81 €

537 Wird nur teilweise zurückverwiesen, etwa, weil das Rechtsmittelgericht nur teilweise aufhebt, oder weil das Urteil nur teilweise angefochten worden ist, so ist auch nur teilweise anzurechnen.

▶ **Beispiel 127:**

Gegen seine Verurteilung in Höhe von 10.000,00 € hatte der Beklagte Berufung zum LG eingelegt, soweit er zu mehr als 6.000 € verurteilt worden ist. Das LG hebt das Urteil des AG auf und verweist die Sache an das AG zurück. Dort wird erneut verhandelt.
Im weiteren Verfahren nach Zurückverweisung entstehen die Gebühren nur aus 6.000 €. Angerechnet auch nur nach diesem Wert.

Verfahren vor Zurückverweisung		
1,3-Verfahrensgebühr, Nr. 3100 VV RVG (Wert: 10.000,00 €)		631,80 €
1,2-Terminsgebühr, Nr. 3104 VV RVG (Wert: 10.000,00 €)		583,20 €
Postentgeltpauschale, Nr. 7002 VV RVG		20,00 €
Zwischensumme	1.235,00 €	
19 % Umsatzsteuer, Nr. 7008 VV RVG		234,65 €
Gesamt		1.469,65 €
Verfahren nach Zurückverweisung		
1,3-Verfahrensgebühr, Nr. 3100 VV RVG (Wert: 6.000,00 €)		439,40 €
gem. Vorbem. 3 Abs. 6 VV RVG anzurechnen, 1,3 aus 6.000,00 €		–439,40 €
1,2-Terminsgebühr, Nr. 3104 VV RVG (Wert: 6.000,00 €)		405,60 €
Postentgeltpauschale, Nr. 7002 VV RVG		20,00 €
Zwischensumme	425,60 €	
19 % Umsatzsteuer, Nr. 7008 VV RVG		80,86 €
Gesamt		506,46 €

Erhöht sich der Streitwert nach Zurückverweisung, etwas in folge einer Klageerweitung oder einer Widerklage, so wird nur nach dem geringeren Wert der Zurückverweisung angerechnet. **538**

▶ **Beispiel 128:**

Gegen die Abweisung der Klage in Höhe von 10.000,00 € hatte der Kläger Berufung zum LG eingelegt. Das LG hebt das Urteil des AG auf und verweist die Sache an das AG zurück. Dort wird eine Widerklage in Höhe von 5.000 € erhoben.
Das Verfahren nach Zurückverweisung ist wiederum eine neue Angelegenheit. Allerdings berechnen sich die Gebühren jetzt nach dem höheren Wert. Angerechnet wird jedoch nur nach dem geringeren Wert des Ausgangsverfahrens.

Verfahren vor Zurückverweisung		
1,3-Verfahrensgebühr, Nr. 3100 VV RVG (Wert: 10.000,00 €)		631,80 €
1,2-Terminsgebühr, Nr. 3104 VV RVG (Wert: 10.000,00 €)		583,20 €
Postentgeltpauschale, Nr. 7002 VV RVG		20,00 €
Zwischensumme	1.235,00 €	
19 % Umsatzsteuer, Nr. 7008 VV RVG		234,65 €
Gesamt		1.469,65 €

Verfahren nach Zurückverweisung

1,3-Verfahrensgebühr, Nr. 3100 VV RVG (Wert: 15.000,00 €)		735,80 €
gem. Vorbem. 3 Abs. 6 VV RVG anzurechnen, 1,3 aus 10.000,00 €		– 631,80 €
1,2-Terminsgebühr, Nr. 3104 VV RVG (Wert: 15.000,00 €)		679,20 €
Postentgeltpauschale, Nr. 7002 VV RVG		20,00 €
Zwischensumme	803,20 €	
19 % Umsatzsteuer, Nr. 7008 VV RVG		152,61 €
Gesamt		955,81 €

539 Liegen zwischen der Beendigung des Ausgangsverfahrens und der Zurückverweisung mehr als zwei Kalenderjahre, so ist gem. § 15 Abs. 5 S. 2 RVG eine Anrechnung nach Vorbem. 3 Abs. 6 VV RVG ausgeschlossen (OLG München AGS 2006, 369 = OLGR 2006, 681 = AnwBl 2006, 588 = FamRZ 2006, 1561 = RVG-Letter 2006, 87; AnwK-RVG/N. Schneider § 21 Rn 9).

▶ Beispiel 129:

Der Beklagte war im Dezember 2009 zur Zahlung von 10.000,00 € verurteilt worden. Das OLG hebt im Januar 2011 das Urteil des LG auf und verweist die Sache an das LG zurück.

Da zwischenzeitlich mehr als zwei Kalenderjahre vergangen sind, entstehen nach Zurückverweisung alle Gebühren erneut, ohne dass anzurechnen ist.

Verfahren vor Zurückverweisung

1,3-Verfahrensgebühr, Nr. 3100 VV RVG (Wert: 10.000,00 €)		631,80 €
1,2-Terminsgebühr, Nr. 3104 VV RVG (Wert: 10.000,00 €)		583,20 €
Postentgeltpauschale, Nr. 7002 VV RVG		20,00 €
Zwischensumme	1.235,00 €	
19 % Umsatzsteuer, Nr. 7008 VV RVG		234,65 €
Gesamt		1.469,65 €

Verfahren nach Zurückverweisung

1,3-Verfahrensgebühr, Nr. 3100 VV RVG (Wert: 10.000,00 €)		631,80 €
1,2-Terminsgebühr, Nr. 3104 VV RVG (Wert: 10.000,00 €)		583,20 €
Postentgeltpauschale, Nr. 7002 VV RVG		20,00 €
Zwischensumme	1.235,00 €	
19 % Umsatzsteuer, Nr. 7008 VV RVG		234,65 €
Gesamt		1.469,65 €

38. Kapitel
Gerichtskosten

Übersicht

I. Gerichtskosten in gerichtlichen Verfahren

1. Überblick

1 Gerichtskosten (Gebühren und Auslagen) in Mietsachen und WEG-Verfahren richten sich ausschließlich nach dem GKG (§ 1 Abs. 1 Nr. 1 GKG).

2 Die Gerichtsgebühren richten sich dabei grundsätzlich nach dem Streitwert (§ 3 Abs. 1 GKG), womit der Gebührenstreitwert gemeint ist, der mit dem Zuständigkeits- oder Rechtsmittelstreitwert identisch sein kann, aber nicht muss. Das Verfahren der Wertfestsetzung ist in § 63 GKG geregelt, die Beschwerde in § 68 GKG.

3 Neben den wertabhängigen Gebühren sind im GKG auch Festgebühren vorgesehen, so insbesondere in Beschwerde- und Rechtsbeschwerdeverfahren sowie in der Zwangsvollstreckung.

4 Die nach dem Wert anfallenden Gerichtskosten und deren Satz ergeben sich gem. § 3 Abs. 2 GKG aus dem Kostenverzeichnis, das dem GKG als Anlage 1 beigefügt ist. Die Höhe der Gebührenbeträge ergibt sich aus der Tabelle nach § 34 Abs. 1 S. 3, die dem GKG als Anlage 2 beigefügt ist.

5 Neben den Gebühren werden auch Auslagen erhoben (Nrn. 9000 ff. KV GKG).

2. Fälligkeit

6 Mit der Einreichung der Klage, Klageerweiterung, Widerklage, Rechtsmittelschrift oder eines sonstigen Antrags werden die Gerichtskosten gem. § 6 Abs. 1 Nr. 1 GKG fällig. Maßgeblich ist der Zeitpunkt des Eingangs bei Gericht. Dies kann in schriftlicher oder elektronischer Form oder durch Erklärung zu Protokoll geschehen. Jede Handlung der Partei, die notwendig ist, um ein gerichtliches Verfahren in Gang zu setzen, ist geeignet (vgl. Hartmann § 6 GKG Rn. 4).

7 Ist dem streitigen Verfahren ein Mahnverfahren vorausgegangen, werden die Gerichtskosten für das streitige Verfahren mit dem Antrag auf Abgabe an das Streitgericht fällig.

8 Soll die Klage nur unter der Bedingung eingereicht werden, dass der Kläger Prozesskostenhilfe erhält, sollte der Rechtsanwalt dies eindeutig erklären. Geht dies aus der Antragsschrift nicht zweifelsfrei hervor, tritt bezüglich der Gerichtskosten für die Klage Fälligkeit ein. Es empfiehlt sich daher, die beigefügte Klageschrift mit »Entwurf« zu überschreiben.

3. Vorschuss/Vorauszahlung

a) Überblick

9 Das GKG unterscheidet zwischen der Vorauszahlungs- und der Vorschusspflicht. Ein Vorschuss kann nach Maßgabe des § 10 GKG nur im Geltungsbereich des GKG und nur dann gefordert werden, wenn Gerichtskosten zwar entstanden, aber noch nicht fällig sind. Eine Vorauszahlungspflicht besteht bei Fälligkeit der Gerichtskosten, bildet dann auch i.d.R. die Voraussetzung für eine gerichtliche Maßnahme (vgl. Binz/Dörndorfer/Petzold/Zimmermann § 10 GKG Rn. 1). Vorschüsse werden seitens des Gerichts dann angefordert, wenn Auslagen entstehen (z.B. für Zeugen oder Sachverständige).

b) Vorauszahlungspflicht in bürgerlichen Rechtsstreitigkeiten

Grundsätzlich sind die Gerichtskosten im Zivilprozess vorauszuzahlen (§§ 6 Abs. 1 S. 1, 12 Abs. 1 S. 1 GKG). Auch für das Mahnverfahren und die Zwangsvollstreckung sieht § 12 GKG Vorauszahlungen vor. Das bedeutet, dass mit der Einreichung der Klageschrift (auch einer Klageerweiterung) oder des Mahnbescheides auch die Gerichtskosten einzuzahlen sind. Lediglich beim maschinellen Mahnverfahren wird erst der Erlass des Vollstreckungsbescheides von der Einzahlung der Gerichtsgebühr abhängig gemacht (§ 12 Abs. 3 S. 2 GKG). Kostenschuldner ist insoweit der Kläger (Antragsteller). Zwar »soll« das Gericht Vorauszahlungen erheben, es bleibt ihm allerdings ein gewisser Spielraum bei der Entscheidung, ob weitere Maßnahmen von der Zahlung des Vorschusses abhängig gemacht werden. 10

Für die Widerklage ist eine Vorauszahlungspflicht nicht gegeben (§ 12 Abs. 2 Nr. 1 GKG). Weitere Ausnahmen von der Vorauszahlungspflicht finden sich in § 12 Abs. 2 Nr. 2 bis 6 GKG. 11

c) Vorauszahlung durch den Kläger

Mit der Einreichung einer Klage wird die Höhe der Verfahrensgebühr nach Nr. 1210 KV fällig und ist vorauszuzahlen. Soweit die Höhe selbst ermittelt werden kann, etwa bei Zahlungsansprüchen, kann die Gerichtsgebühr mit Antragstellung einbezahlt werden. Im Übrigen muss die vorläufige Wertfestsetzung des Gerichts (§ 63 Abs. 1 GKG) und die Anforderung der Gerichtskasse abgewartet werden. 12

Grundsätzlich sollte der Anwalt nie Gerichtsgebühren aus eigenen Mitteln vorlegen, da dies nicht nur einen unnötigen Buchungsaufwand bereitet, sondern er auch das Risiko eingeht, dass der Mandant zahlungsunfähig oder –unwillig ist oder wird und er dann auf diesen Kosten »sitzen bleibt«. Es empfiehlt sich daher, den Eingang der Gerichtskostenrechnung abzuwarten und diese dann dem Mandanten oder dem Rechtsschutzversicherer zur Zahlung zu übersenden. Auch dann, wenn die Sache dringlich ist, etwa weil eine Frist zu wahren ist (z.B. bei einer Mieterhöhungsklage), oder wenn die Verjährung zu unterbrechen ist, sollte der Anwalt die Kosten nicht aus eigenen Mitteln zahlen. Abgesehen davon, dass die Frist durch rechtzeitige Klageeinreichung auch dann noch gewahrt wird, wenn die Gerichtskosten umgehend nach Erhalt der Gerichtskostenrechnung eingezahlt werden, kann der Mandant dem Anwalt die vorauszuzahlenden Gerichtskosten vorab zur Verfügung stellen, so dass der Anwalt nur die Zahlung des Klägers weiter leiten muss. 13

Ist der Kläger mit der Höhe der angeforderten Gerichtsgebühren nicht einverstanden, kann er zwar keine Streitwertbeschwerde erheben. Er kann jedoch gegen den Kostenansatz Beschwerde nach § 67 Abs. 1 S. 1 GKG einlegen. In diesem Verfahren wird dann die Höhe des zugrunde liegenden Streitwerts inzidenter überprüft. 14

d) Ausnahmen von der Vorauszahlungspflicht

Ist der Kläger/Antragsteller von den Gerichtskosten gem. § 2 GKG befreit oder wurde ihm Prozesskostenhilfe bewilligt, entfällt die Vorauszahlungspflicht (§ 14 Nr. 1 und 2 GKG). Wenn die Prozesskostenhilfe nur teilweise bewilligt wird, muss der Kläger/Antragsteller den Differenzbetrag zwischen den von der PKH abgedeckten Gerichtskosten und dem Rest aus dem vollen Streitwert bezahlen. 15

16 ▶ **Beispiel 1:**

Der Antragsteller beantragt über seinen Prozessbevollmächtigten Prozesskostenhilfe wegen eines klageweise geltend zu machenden Betrages in Höhe von 12.000,00 €. Das Gericht bewilligt Prozesskostenhilfe nur für einen Teil des Anspruchs in Höhe von 5 000,00 €. Die Klage wird dennoch über 12 000,00 € eingereicht. Die Verfahrensgebühr gem. Nr. 1210 KV GKG (Wert: 12 000,00 €) in Höhe von 3,0 beträgt 657,00 €. Da PKH über 5 000,00 € bewilligt wurde, sind 363,00 € (3,0 Verfahrensgebühr aus Wert 5 000,00 €) in Abzug zu bringen, so dass der Differenzbetrag in Höhe von 294,00 € vom Kläger selbst zu zahlen ist.

17 Die Vorauszahlungspflicht kann gem. § 14 Nr. 3 lit. a) und b) GKG auch dann entfallen, wenn die beabsichtigte Rechtsverfolgung nicht aussichtslos oder mutwillig erscheint und wenn glaubhaft gemacht wird, dass dem Antragsteller die alsbaldige Zahlung der Kosten mit Rücksicht auf seine Vermögenslage oder aus sonstigen Gründen Schwierigkeiten bereiten oder eine Verzögerung dem Antragsteller einen nicht oder nur schwer zu ersetzenden Schaden bringen würde. Das bedeutet im Fall des § 14 Nr. 3 lit. a) GKG, dass – abgesehen davon, dass die beabsichtigte Rechtsverfolgung nicht aussichtslos oder mutwillig erscheinen darf – dem Antragsteller die alsbaldige Zahlung der Gerichtskosten Schwierigkeiten bereiten oder die Zahlung zu einem Schaden führen muss. Dies muss der Antragsteller mittels Vorlage von Unterlagen (z.B. Kontoauszügen oder Abgabe einer eidesstattlichen Versicherung) glaubhaft machen können (vgl. Binz/Dörndorfer/Petzold/Zimmermann GKG § 14 Rn. 7). Allerdings darf die finanzielle Situation des Antragstellers nicht so prekär sein, dass ihm die Zahlung der Gerichtskosten dauerhaft Schwierigkeiten bereitet, denn dann bestünde für ihn die Möglichkeit der Beantragung von Prozesskostenhilfe.

18 Ein Fall des § 14 Nr. 3 lit. b) GKG liegt dann vor, wenn – neben der Voraussetzung, dass die beabsichtigte Rechtsverfolgung nicht aussichtslos oder mutwillig erscheinen darf – der Antragsteller glaubhaft machen kann, dass eine Verzögerung für ihn zu einem nicht oder nur schwer zu ersetzenden Schaden führen würde, z.B. bei Verjährung, Vermögensuntergang, Wegzug des Gegners ins Ausland (vgl. Hartmann § 14 GKG Rn. 13). Tatsachen müssen hierzu vorgetragen werden, reine Behauptungen genügen nicht (Oestreich/Winter/Hellstab GKG Rn. 10 zu § 14 GKG) In beiden Fällen des § 14 Nr. 3 GKG ist ein Antrag erforderlich.

4. Einmaligkeit der Gerichtsgebühren

19 Die Einmaligkeit der Erhebung der Verfahrens- und Entscheidungsgebühr in jedem Rechtszug regelt § 35 GKG. Sie werden hinsichtlich eines jeden Teils des Streitgegenstandes nur einmal erhoben. Der Rechtszug i.S.d. GKG beginnt mit der Einreichung der Klage (des Antrags, der Rechtsmittelschrift) und endet mit der Entscheidung des Gerichts, durch Vergleich, Rücknahme der Klage, Rücknahme des Antrags oder des Rechtsmittels.

Die Gebühr erhöht sich – anders als bei Rechtsanwaltsgebühren – auch nicht, selbst wenn mehrere Kläger eine Klage erheben oder wenn mehrere Personen verklagt werden (vgl. Binz/Dörndorfer/Petzold/Zimmermann GKG § 35 Rn. 1).

5. Handlungen über Teile des Streitgegenstandes

20 *Werden Gerichtsgebühren für Handlungen*, die einen Teil des Streitgegenstandes betreffen, nach dessen Wert erhoben, ist gem. § 36 Abs. 2 GKG zu berücksichtigen, dass die

Obergrenze (Gebühr aus dem Gesamtstreitwert) nicht überschritten werden darf. Sofern für Teile des Gegenstands verschiedene Gebührensätze anzuwenden sind, sind – wie auch gem. § 15 Abs. 3 RVG – die Gebühren für die Teile gesondert zu berechnen, dürfen jedoch den höchsten Gebührensatz aus dem Gesamtbetrag der Wertteile nicht überschreiten. Diese Regelung findet sich in § 36 Abs. 3 GKG. Praktische Bedeutung hat diese Vorschrift kaum, da das GKG Stufenstreitwerte nur in Ausnahmefällen vorsieht.

Bedeutung hat § 36 Abs. 3 GKG beim Mehrvergleich, auf den diese Vorschrift analog **21**
anzuwenden ist. (OLG Köln AGS 2010, 337 = NJW-Spezial 2010, 443.)

6. Gerichtsgebühren im Mahnverfahren

Im Mahnverfahren entsteht nach Nr. 1110 KV GKG eine Gerichtsgebühr in Höhe von **22**
0,5 aus dem jeweiligen Streitwert. Sie wird mit Eingang des Antrags bei Gericht fällig und ist unabhängig von der Anzahl der Antragsteller oder Antragsgegner, auch wenn für diese weitere Vordrucke verwendet werden müssen.

Eine Ausnahme besteht bei maschineller Bearbeitung eines Mahnantrages. Hier ist eine Vorauszahlung nicht Pflicht (vgl. Binz/Dörndorfer/Petzold/Zimmermann GKG Nr. 1110 KV Rn. 2). Erst der Erlass der Vollstreckungsbescheides ist von der Einzahlung der Gerichtsgebühr abhängig (§ 12 Abs. 2 S. 3 GKG).

Die Mindestgebühr beträgt 23,00 €. Mit der Gebühr wird auch der Antrag auf Erlass des **23**
Vollstreckungsbescheides abgegolten.

Die Gerichtsgebühr des Mahnverfahrens ist gem. Anm. zu Nr. 1210 KV GKG auf die **24**
anschließende Verfahrensgebühr für das streitige Verfahren aus Nr. 1210 KV GKG anzurechnen. Siehe dazu Rdn. 32 ff.

7. Gerichtsgebühren im erstinstanzlichen Rechtsstreit

a) Überblick

Mit der Einreichung der Klage, bzw. des Antrags auf Abgabe des Mahnverfahrens (s. **25**
Rdn. 28 ff.) wird die Verfahrensgebühr der Nr. 1110 KV GKG fällig. Es ist daher bei Zugrundelegung des Streitwertes (§ 3 GKG) eine 3,0-Gebühr aus der Tabelle zu 34 GKG (Anlage 2 zum GKG) abzulesen.

▶ **Beispiel 1:** **26**

Der Rechtsanwalt wird von seiner Mandantin beauftragt, eine Forderung in Höhe von 50000,00 € einzuklagen. Mit Erhebung der Klage wird die Verfahrensgebühr der Nr. 1210 KV GKG gem. §§ 6 Abs. 1 S. 1, 12 Abs. 1 S. 1 GKG fällig. Die Gebühr für das Verfahren im Allgemeinen beträgt 3,0. Bei Zugrundelegung des Gegenstandswertes von 50000,00 € betragen die Gerichtskosten gem. Tabelle daher (456,00 € x 3 =) 1368,00 €.

Mit der allgemeinen Verfahrensgebühr der Nr. 1210 KV GKG wird das gesamte Prozess- **27**
verfahren des ersten Rechtszugs abgegolten. Eine gesonderte Urteilsgebühr entsteht nicht. Lediglich im Falle eines »Mehrvergleichs« kann die Vergleichsgebühr der Nr. 1900 KV GKG hinzukommen. Siehe dazu Rdn. 67 ff.

b) Vorangegangenes Mahnverfahren

aa) Fälligkeit und Höhe der Gebühr

28 Ist ein Mahnverfahren vorausgegangen, entsteht die Gerichtsgebühr für das streitige Verfahren gem. Anmerkung zu Nr. 1210 KV GKG zwar erst mit Eingang der Akten beim Streitgericht. Allerdings sieht § 12 Abs. 3 S. 3 GKG insoweit eine Vorschusspflicht vor, wonach die Abgabe an das Streitgericht erst nach Einzahlung der Gerichtsgebühr erfolgen soll.

29 Ausschlaggebend für die Wertberechnung der Gebühr der Nr. 1210 KV GKG ist der Wert, der in das streitige Verfahren gelangt. Hat sich die Forderung reduziert und wird die Überleitung in das streitige Verfahren nur noch wegen des reduzierten Wertes beantragt, wird die Gerichtsgebühr auch nur aus dem reduzierten Wert berechnet (OLG Hamm JurBüro 2002, 89).

30 ▶ **Beispiel 2:**

Nach dem Antrag auf Erlass eines Mahnbescheides über 16.000,00 € zahlt der Gegner einen Betrag in Höhe von 4.000,00 € und erhebt gleichzeitig Widerspruch gegen die Restforderung. Das Verfahren wird auf Antrag des Antragstellers wegen des Restbetrages in Höhe von 12.000 € an das Streitgericht abgegeben.
Die 0,5-Gebühr des Mahnverfahrens (Nr. 1110 KV GKG) berechnet sich aus dem Streitwert von 16.000,00 €. Die 3,0-Verfahrensgebühr des streitigen Verfahrens (Nr. 1210 KV GKG) ist dagegen nur aus dem Streitwert von 12.000,00 € zu berechnen.
Zur Anrechnung s. Rdn. 32 ff.:

31 Wird jedoch zunächst wegen des Gesamtbetrages die Überleitung in das streitige Verfahren beantragt und anschließend der Wert beispielsweise durch Teilrücknahme reduziert, ermäßigt sich dadurch die Gerichtsgebühr nicht. Sie ist in diesem Fall aus dem vollen Wert entstanden und kann nicht nachträglich entfallen. Möglich ist nur eine Gebührenermäßigung, wenn auch im Übrigen ein Erledigungstatbestand eintritt. S. Rdn. 38 ff.

bb) Anrechnung der Verfahrensgebühr des Mahnverfahrens

32 Ist ein Mahnverfahren vorangegangen, so wird die dort angefallene 0,5-Gebühr auf die 3,0-Gebühr des streitigen Verfahrens angerechnet. Es entsteht also die volle 3,0-Gebühr, von der dann die gezahlte 0,5-Gebühr abzuziehen ist. Unzutreffend wäre es, lediglich noch eine weitere 2,5-Gebühr zu erheben.

33 ▶ **Beispiel 3:**

Im Mahnverfahren wird eine Forderung in Höhe von 5000,00 € geltend gemacht. Nach Widerspruch kommt es zur Durchführung des streitigen Verfahrens.
Ausgehend davon, dass im Mahnverfahren bereits die 0,5-Gebühr gezahlt worden ist, entsteht im streitigen Verfahren noch folgende restliche Gebühr:

3,0-Gebühr (Nr. 1210 KV GKG) aus 5000,00 €	353,00 €
gem. Anmerkung zu Nr. 1210 KV GKG anzurechnender 0,5 aus 5000,00 €	-63,50 €
Gesamt	**289,50 €**

34 Wird das streitige Verfahren nur wegen eines geringeren Betrages durchgeführt, dann entsteht im streitigen Verfahren nur eine 3,0-Gebühr nach dem geringeren Wert. Angerechnet wird die im Mahnverfahren angefallene 0,5-Gebühr lediglich insoweit, als sie aus dem geringeren Streitwert angefallen wäre.

▶ **Abwandlung zu Beispiel 3:** 35

Der Antrag auf Durchführung des streitigen Verfahrens wird nur noch wegen einer Forderung in Höhe von 3000,00 € gestellt.
Jetzt entsteht im streitigen Verfahren die 3,0-Gebühr nur aus 3000,00 €. Darauf ist eine 0,5-Gebühr aus 3000,00 € anzurechnen.

3,0-Gebühr (Nr. 1210 KV GKG) aus 5.000,00 €	353,00 €
gem. Anmerkung zu Nr. 1210 KV GKG	-44,50 €
anzurechnender 0,5 aus 3.000,00 €	
Gesamt	**308,50 €**

Erhöht sich der Streitwert im gerichtlichen Verfahren, etwa weil weitere Ansprüche hinzukommen, dann entsteht die 3,0-Gebühr aus dem höheren Wert. Angerechnet wird darauf die 0,5-Gebühr des Mahnverfahrens aus dem geringeren Wert. 36

▶ **Weitere Abwandlung zu Beispiel 5:** 37

Mit der Anschlussbegründung werden noch weitere Ansprüche in Höhe von 3000,00 € geltend gemacht.
Jetzt entsteht die 3,0 Verfahrensgebühr aus dem Wert von 8000,00 €. Darauf ist die 0,5-Gebühr des Mahnverfahrens aus 5000,00 € anzurechnen.

3,0-Gebühr (Nr. 1210 KV GKG) aus 8000,00 €	498,00 €
gem. Anmerkung zu Nr. 1210 KV GKG	-63,50 €
anzurechnender 0,5 aus 5000,00 €	
Gesamt	**434,50 €**

c) Ermäßigung der Gerichtsgebühr

Die 3,0-Gebühr für das Verfahren im Allgemeinen kann sich unter den Voraussetzungen der Nr. 1211 KV GKG auf 1,0 ermäßigen. Danach tritt eine Ermäßigung ein 38
- in verschiedenen Fällen der Klagerücknahme (Nr. 1211 Nr. 1 lit. a – d),
- im Falle des Anerkenntnisurteils,
- im Falle des Verzichtsurteils,
- im Falle des Urteils, das nach § 313a Abs. 2 ZPO keinen Tatbestand und keine Entscheidungsgründe enthält,
- bei einem gerichtlichen Vergleich oder
- bei Erledigungserklärungen gem. § 91a ZPO, wenn keine Entscheidung über die Kosten ergeht oder die Entscheidung einer zuvor mitgeteilten Einigung der Parteien über die Kostentragung oder der Kostenübernahmeerklärung einer Partei folgt, es sei denn, dass bereits ein anderes als eines der in Nr. 1211 Nr. 2 KV GKG genannten Urteile (Anerkenntnis-, Verzichtsurteil bzw. abgekürztes Urteil nach § 313a Abs. 2 ZPO) ergangen ist.

Dies gilt jedoch nur, wenn das gesamte Prozessverfahren hierdurch erledigt wird. Teilermäßigungen sind nicht möglich.

Wird die Klagerücknahme bis zum Schluss der (letzten) mündlichen Verhandlung wirksam erklärt, führt dies zu einer Ermäßigung der Verfahrensgebühr gem. Nr. 1211 KV GKG. In Verfahren nach § 128 Abs. 2 ZPO kann die Ermäßigung dann eintreten, wenn die Rücknahme der Klage vor dem Zeitpunkt (wirksam) erfolgt, der dem Schluss der mündlichen Verhandlung entspricht. In den Verfahren gem. § 495a ZPO tritt die Ermäßigung ein, wenn die Klagerücknahme vor Ablauf des Tages, an dem eine Ladung zum Termin zur Verkündung des Urteils oder das schriftliche Urteil der Geschäftsstelle übermittelt wurde, erfolgt. 39

40 Aus der Anmerkung zu Nr. 1211 KV GKG ergibt sich, dass die Ermäßigung auch im Falle der Zurücknahme
- des Antrags auf Durchführung des streitigen Verfahrens,
- des Widerspruchs gegen den Mahnbescheid,
- des Einspruchs gegen den Vollstreckungsbescheid

eintritt.

41 In allen Fällen muss das gesamte Verfahren erledigt werden und es darf zuvor kein anderes als der in Nr. 1211 Nr. 2 KV GKG genannten Urteile (Anerkenntnis-, Verzichtsurteil bzw. abgekürztes Urteil nach § 313a Abs. 2 ZPO) vorausgegangen sein.

d) Gerichtskosten bei Versäumnisurteil

42 Das Versäumnisurteil gegen den Beklagten führt nie zu einer Ermäßigung der Verfahrensgebühr. Es bleibt hier bei einer 3,0-Gebühr gem. Nr. 1210 KV GKG. Ungeachtet dessen kann es bei erkennbarer Aussichtslosigkeit der Rechtsverteidigung aus Kostengründen geboten sein, den Mandanten zur Säumnis zu raten, auch wenn sich die Gerichtskosten im Falle des Versäumnisurteils nicht ermäßigen.

43 ▶ **Beispiel 4:**

Der Rechtsanwalt wird von seinem Mandanten mit der Abwehr eines Klageanspruchs in Höhe von 30.000,00 € beauftragt. Da die Frist zur Verteidigungsabsicht bereits am selben Tag abläuft, bestellt sich der Rechtsanwalt zunächst auftragsgemäß für den Beklagten. Nach Durchsicht der vom Mandanten übergebenen Unterlagen stellt der Rechtsanwalt jedoch fest, dass die Klageabwehr keine Aussicht auf Erfolg bietet. Es bestehen nun zwei Möglichkeiten:

1. Der Rechtsanwalt rät seinem Mandanten, ein Versäumnisurteil gegen sich ergehen zu lassen.
Die Gerichtsgebühren betragen beim Versäumnisurteil 3,0 gem. Nr. 1210 KV GKG aus dem Wert von 30.000,00 € = 1.020,00 €. Die Rechtsanwaltsvergütungen berechnen sich wie folgt:

1. Beklagtenvertreter

44

Gegenstandswert: 30.000,00 €	
0,8-Verfahrensgebühr, Nrn. 3100, 3101 Nr. 1 VV RVG	606,40 €
Auslagenpauschale, Nr. 7002 VV RVG	20,00 €
Zwischensumme	626,40 €
19% USt, Nr. 7008 VV RVG	119,02 €
Zwischensumme	745,42 €

2. Klägervertreter

45

Gegenstandswert: 30.000,00 €	
1,3-Verfahrensgebühr, Nr. 3100 VV RVG	985,40 €
0,5-Terminsgebühr, Nrn. 3104, 3105 VV RVG	379,00 €
Auslagenpauschale, Nr. 7002 VV RVG	20,00 €
Zwischensumme	1.384,40 €
19% USt, Nr. 7008 VV RVG	263,04 €
Zwischensumme	1647,44 €

Insgesamt entstehen für das Verfahren:

RA-Vergütung Kläger	1.647,44 €
RA-Vergütung Beklagter	745,42 €
Gerichtskosten	1.020,00 €
Gesamtbetrag	**3.412,86 €**

Da der Auftrag für den Beklagtenvertreter in diesem Fall endete, bevor er einen Schriftsatz mit Sachanträgen oder Sachvortrag eingereicht hat (es erfolgte lediglich die Anzeige der Verteidigungsabsicht), konnte nur eine ermäßigte Verfahrensgebühr der Nr. 3101 Nr. 1 VV RVG abgerechnet werden. Hätte der Rechtsanwalt auch gleichzeitig den Antrag auf kostenpflichtige Klageabweisung gestellt (entsprechender Auftrag des Mandanten vorausgesetzt), hätte auf Seiten des Beklagtenvertreters folgende Vergütung in Ansatz gebracht werden können:

Gegenstandswert: 30.000,00 €	
1,3-Verfahrensgebühr, Nr. 3100 VV RVG	985,40 €
Auslagenpauschale, Nr. 7002 VV RVG	20,00 €
Zwischensumme	1.005,40 €
19% USt, Nr. 7008 VV RVG	191,03 €
Zwischensumme	1.196,43 €

Insgesamt wären bei dieser Abwandlung folgende Kosten entstanden:

RA-Vergütung Kläger	1.647,44 €
RA-Vergütung Beklagter	1.196,43 €
Gerichtskosten	1.020,00 €
Gesamtbetrag	**3.863,87 €**

2. Der Rechtsanwalt rät seinem Mandanten, den Anspruch anzuerkennen. Die Gerichtsgebühren betragen beim Anerkenntnisurteil 1,0 gem. Nr. 1211 Nr. 2 KV GKG aus dem Wert von 30.000,00 € = 340,00 €. Die Rechtsanwaltsvergütungen berechnen sich wie folgt:

1. Beklagtenvertreter

Gegenstandswert: 30.000,00 €		46
1,3-Verfahrensgebühr, Nr. 3100 VV RVG	985,40 €	
1,2-Terminsgebühr, Nr. 3104 VV RVG	909,60 €	
Auslagenpauschale, Nr. 7002 VV RVG	20,00 €	
Zwischensumme	1.915,00 €	
19% USt, Nr. 7008 VV RVG	363,85 €	
Zwischensumme	2.278,85 €	

2. Klägervertreter

Gegenstandswert: 30.000,00 €		47
1,3-Verfahrensgebühr, Nr. 3100 VV RVG	985,40 €	
1,2-Terminsgebühr, Nr. 3104 VV RVG	909,60 €	
Auslagenpauschale, Nr. 7002 VV RVG	20,00 €	
Zwischensumme	1.915,00 €	
19% USt, Nr. 7008 VV RVG	363,85 €	
Zwischensumme	2.278,85 €	

Insgesamt entstehen für das Verfahren:

RA-Vergütung Kläger	2.278,85 €
RA-Vergütung Beklagter	2.278,85 €
Gerichtskosten	340,00 €
Gesamtbetrag	4.897,70 €

(vgl. auch König NJW 2005, 1243).

48 Da der Rechtsanwalt für seinen Mandanten den kostengünstigsten Weg gehen bzw. diesen bei mehreren gegebenen Möglichkeiten auf die Kostenfolgen hinweisen muss, sollten daher bei erkennbarer Aussichtslosigkeit der Rechtsverteidigung die verschiedenen Möglichkeiten durchgerechnet werden.

49 Ein klageabweisendes Versäumnisurteil gegen den Kläger wirkt dagegen in analoger Anwendung der Nr. 1211 KV GKG Gebühren ermäßigend, da dieses keine Schlüssigkeitsprüfung voraussetzt und faktisch einer Klagerücknahme gleich kommt (LG Köln AGS 2000, 256 = JurBüro 2001, 260; AG Siegburg JurBüro 2000, 424 = NJW-RR 2001, 287; aA KG KGR 2006, 198 = AGS 2006, 185 = JurBüro 2006, 205 = MDR 2006, 596 = RVGreport 2006, 75; KG RVGreport 2007, 159; LG Osnabrück NdsRpfl 2006, 279).

e) Beendigung des Verfahrens durch Vergleich

50 Mit der allgemeinen Verfahrensgebühr der Nr. 1210 KV GKG ist auch der Vergleich abgegolten, soweit der Wert des Streitgegenstandes mit dem Wert des Vergleichsgegenstandes identisch ist. Allerdings kann auch bei Abschluss eines gerichtlichen Vergleichs eine Ermäßigung der Verfahrensgebühr der Nr. 1210 KV GKG eintreten, unabhängig davon, ob der Vergleich in der mündlichen Verhandlung oder im Wege des § 278 Abs. 6 ZPO geschlossen wurde. Ausschlaggebend ist, dass das gesamte Verfahren durch den Vergleich erledigt wird, dass es sich um einen gerichtlichen Vergleich handelt und dass noch kein anderes als der in Nr. 1211 Nr. 2 KV GKG genannten Urteile (Anerkenntnis-, Verzichtsurteil bzw. abgekürztes Urteil nach § 313a Abs. 2 ZPO) vorausgegangen ist (§ 1211 Nr. 3 KV GKG).

8. Selbstständiges Beweisverfahren

51 Die Einleitung eines selbstständigen Beweisverfahrens löst mit dem Antrag eine Gerichtsgebühr in Höhe von 1,0 gem. Nr. 1610 KV GKG aus dem Wert des zu sichernden Anspruchs aus. Dies gilt für den Fall, dass das Beweisverfahren isoliert anhängig ist. Ist neben dem selbstständigen Beweisverfahren auch ein Zivilprozess anhängig, so ist dessen Wert auch für die Gerichtskosten des selbstständigen Beweisverfahrens zugrunde zu legen. Die Verfahrensgebühr des Beweisverfahrens wird nicht auf die Verfahrensgebühr des Zivilprozesses angerechnet. Jeder neue Antrag löst die Gebühr neu aus.

Dies gilt auch für Angelegenheiten nach dem WEG, da für diese seit 01.07.2007 die ZPO-Vorschriften maßgeblich sind.

9. Berufung

a) Grundsatz

52 Im Berufungsverfahren entsteht eine Verfahrensgebühr nach Nr. 1220 KV GKG in Höhe von 4,0 aus dem nach § 47 GKG zu ermittelnden Streitwert. Sie kann sich sowohl auf 1,0 als auch auf 2,0 oder 3,0 ermäßigen.

b) Ermäßigung vor Berufungsbegründung

Die 4,0-Gebühr ermäßigt sich gem. Nr. 1221 KV GKG auf eine 1,0 Gebühr, wenn sich vor Eingang der Begründung das gesamte Verfahren durch 53
- Zurücknahme des Rechtsmittels,
- Zurücknahme der Klage oder des Antrags

des Rechtsmittels bei Gericht erledigt. Das gilt auch dann, wenn die Begründungsfrist bereits abgelaufen ist. Die Ermäßigung tritt auch im Falle der Erledigungserklärung gem. § 91a ZPO ein, wenn keine Entscheidung über die Kosten ergeht, oder die Entscheidung einer zuvor mitgeteilten Einigung der Parteien über die Kostentragung oder der Kostenübernahmeerklärung einer Partei folgt.

c) Ermäßigung nach Berufungsbegründung vor Urteilsverkündung

Nach Eingang der Berufungsbegründung kann nur noch eine Ermäßigung auf eine 2,0-Gebühr hilfsweise gem. Nr. 1222 KV GKG eintreten, wenn die 54
- Zurücknahme des Rechtsmittels,
- Zurücknahme der Klage oder des Antrags,
- vor dem Schluss der mündlichen Verhandlung oder
- in den Fällen des § 128 Abs. 2 ZPO vor dem Zeitpunkt, der dem Schluss der mündlichen Verhandlung entspricht,

erfolgt.

Eine Ermäßigung auf 2,0 Gebühren tritt auch ein: 55
- im Falle des Anerkenntnisurteils,
- im Falle des Verzichtsurteils,
- im Falle des Urteils, das nach § 313a Abs. 2 ZPO keinen Tatbestand und keine Entscheidungsgründe enthält,
- bei einem gerichtlichen Vergleich oder
- bei Erledigungserklärungen gem. § 91a ZPO, wenn keine Entscheidung über die Kosten ergeht oder die Entscheidung einer zuvor mitgeteilten Einigung der Parteien über die Kostentragung oder der Kostenübernahmeerklärung einer Partei folgt, es sei denn, dass bereits ein anderes als eines der in Nr. 1222 Nr. 2 KV GKG genannten Urteile (Anerkenntnis-, Verzichtsurteil bzw. abgekürztes Urteil nach § 313a Abs. 2 ZPO) oder ein Beschluss in der Hauptsache ergangen ist.

Voraussetzung für die Ermäßigung auf 2,0 ist, dass das gesamte Prozessverfahren erledigt wird.

d) Ermäßigung nach Urteilsverkündung

Wird das Verfahren durch Urteil beendet, das nach § 313a ZPO weder Tatbestand noch Entscheidungsgründe enthält, also bei Verzicht auf Rechtsmittel, ermäßigen sich die Gerichtskosten auf 3,0. Voraussetzung ist auch hier, dass das gesamte Verfahren beendet wird und dass kein anderes als eines der in Nr. 1222 Nr. 2 genannten Urteile oder ein Beschluss in der Hauptsache erlassen wurde. 56

10. Nichtzulassungsbeschwerde

57 Im **Verfahren** über die Nichtzulassungsbeschwerde entsteht eine 2,0-Gebühr (Nr. 1242 KV GKG-KostVerz.), sofern die Beschwerde verworfen oder zurückgewiesen wird. Wird die Beschwerde vor der Entscheidung **zurückgenommen**, entsteht nur eine 1,0-Gebühr. Ist die Beschwerde erfolgreich, fallen ebenfalls keine gesonderten Gebühren an, da dann die Nichtzulassungsbeschwerde als Teil des Revisionsverfahrens gilt (§ 544 Abs. 6 S. 2 ZPO) und folglich die Gerichtskostenvorschriften für das Revisionsverfahren anzuwenden sind.

11. Revision

58 Im Revisionsverfahren entsteht eine 5,0-Gebühr für das Verfahren im Allgemeinen (Nr. 1230 KV GKG).

59 Ebenso wie im Berufungsverfahren ermäßigt sich die 5,0-Gebühr bei einer Erledigung vor Revisionsbegründung nach Nr. 1231 GKG-KostVerz. auf 1,0.

60 Nach Eingang der Revisionsbegründung ermäßigt sich die Gebühr nach Nr. 1232 GKG-KostVerz. auf 3,0 bei
- Zurücknahme des Rechtsmittels oder der Klage,
- Anerkenntnis- oder Verzichtsurteil,
- gerichtlichem Vergleich oder
- Erledigungserklärungen nach § 91a ZPO, wenn keine Entscheidung über die Kosten ergeht oder die Entscheidung einer zuvor mitgeteilten Einigung der Parteien über die Kostentragung oder der Kostenübernahmeerklärung einer Partei folgt.

12. Rechtsbeschwerde

a) Rechtsbeschwerde gegen einen Beschluss, durch den die Berufung als unzulässig verworfen wurde (§ 522 Abs. 1 S. 2 u. 3 ZPO)

61 Im Verfahren über eine Rechtsbeschwerde gegen einen Beschluss, durch den die Berufung als unzulässig verworfen wurde (§ 522 Abs. 1 S. 2 u. 3 ZPO), wird eine 2,0-Gebühr nach (Nr. 1820 KV GKG) erhoben. Bei Beendigung des gesamten Verfahrens durch Zurücknahme der Rechtsbeschwerde, bevor die Schrift zur Begründung der Rechtsbeschwerde bei Gericht eingegangen ist, ermäßigt sich die Gebühr auf 1,0 (Nr. 1822 KV GKG). Erledigungserklärungen nach § 91a ZPO stehen der Zurücknahme gleich, wenn keine Entscheidung über die Kosten ergeht oder die Entscheidung einer zuvor mitgeteilten Einigung der Parteien über die Kostentragung oder der Kostenübernahmeerklärung einer Partei folgt (Anm. zu Nr. 1822 KV GKG).

b) Verfahren über Rechtsbeschwerden gegen einen Beschluss nach § 91a Abs. 1, § 99 Abs. 2, § 269 Abs. 4 oder § 516 Abs. 3 ZPO

62 Im Verfahren über die Rechtsbeschwerde gegen einen Beschluss nach § 91a Abs. 1, § 99 Abs. 2, § 269 Abs. 4 oder § 516 Abs. 3 ZPO wird gem. Nr. 1823 KV GKG eine Festgebühr in Höhe von 150 € erhoben. Bei Beendigung des gesamten Verfahrens durch Zurücknahme der Rechtsbeschwerde ermäßigt sich die Gebühr nach Nr. 1824 KV GKG auf 50 € *und nach Nr. 1825 KV GKG auf 75 €.*

c) Verfahren über nicht besonders aufgeführte Rechtsbeschwerden

Im Verfahren über sonstige Rechtsbeschwerden wird für das Verfahren gem. Nr. 1826 KV GKG eine Festgebühr in Höhe von 100,00 € erhoben. Wird die Rechtsbeschwerde nur teilweise verworfen oder zurückgewiesen, kann das Gericht die Gebühr nach billigem Ermessen auf die Hälfte ermäßigen oder bestimmen, dass eine Gebühr nicht zu erheben ist (Anm. zu Nr. 1826 KV GKG). Wird das gesamte Verfahren durch Zurücknahme der Rechtsbeschwerde, des Antrags oder der Klage vor Ablauf des Tages, an dem die Entscheidung der Geschäftsstelle übermittelt wird, zurückgenommen, ermäßigt sich die Gebühr auf 50 € (Nr. 1827 KV GKG). 63

13. Beschwerden

a) Beschwerden gem. §§ 71 Abs. 2, 91a Abs. 2, 99 Abs. 2 und 269 Abs. 5 ZPO

In den Verfahren über Beschwerden über 64

- die Zulässigkeit einer Streithilfe (§ 71 Abs. 2 ZPO),
- die Kostenentscheidung bei Erledigung der Hauptsache (§ 91a Abs. 2 ZPO),
- die Kostenentscheidung bei Anerkenntnis (§ 99 Abs. 2 ZPO) und
- die Kostentragung bei Klagerücknahme (§ 269 Abs. 5 ZPO)

entsteht nach Nr. 1810 KV GKG eine Festgebühr in Höhe von 75,00 €. Der Wert des Beschwerdegegenstandes ist hier unbeachtlich. Die Gebühr wird mit der Einlegung der sofortigen Beschwerde fällig. Sie wird in der Praxis aber häufig erst nach Abschluss des Verfahrens erhoben, was im Hinblick auf Nr. 1811 KV GKG auch ökonomisch ist.

Wird das Beschwerdeverfahren ohne Entscheidung eines Richters beendet (z.B. durch Rücknahme, Erledigung oder Vergleich), ermäßigt sich die Gebühr gem. Nr. 1811 KV GKG auf von 50,00 €. Die Ermäßigung tritt auch im Fall der Zurücknahme der Beschwerde vor Ablauf des Tages, an dem die Entscheidung der Geschäftsstelle übermittelt wird, ein (Anm. Abs. 1 zu Nr. 1811 KV GKG). 65

b) Sonstige Beschwerden

In Verfahren über sonstige Beschwerden (etwa gegen einen Kostenfestsetzungsbeschluss, einen Beschluss im PKH-Bewilligungungsverfahren oder einen Streitwertbeschluss), in dem die sofortige Beschwerde zurückgewiesen oder verworfen wird, entsteht nach Nr. 1812 KV GKG eine Gebühr in Höhe von 50,00 €, die bei teilweisem Erfolg nach billigem Ermessen des Gerichts auf die Hälfte reduziert oder erlassen werden kann. 66

14. »Mehrvergleich«

Werden in einem gerichtlichen Vergleich weitergehende – in diesem Verfahren nicht rechtshängige – Ansprüche miterledigt, so fällt hierfür – neben der Verfahrensgebühr der Nr. 1210 KV GKG aus dem Streitwert der rechtshängigen Gegenstände – eine Vergleichsgebühr nach Nr. 1900 KV GKG in Höhe von 0,25 aus dem Mehrwert an. 67

68 ▶ **Beispiel 5:**

Im Rechtsstreit über 10000,00 € schließen die Parteien einen Vergleich über weitere nicht anhängige 5000,00 €
Jetzt entsteht die infolge des Vergleichs ermäßigte 1,0-Gebühr aus dem Wert von 10000,00 € sowie die 0,25-Gebühr aus 5000,00 € anzurechnen.

1,0-Gebühr (Nr. 1210 KV GKG) aus 10000,00 €	196,00 €
0,25-Gebühr (Nr. 1900 KV GKG) aus 5000,00 €	-30,25 €
Gesamt	**226,25 €**

Voraussetzung ist, dass die Parteien in einem gerichtlichen Verfahren einen gerichtlichen Vergleich schließen, dessen Gegenstand den Wert des Verfahrensgegenstandes übersteigt und der Vergleich rechtskräftig zustande gekommen ist. Ein Vergleich gem. § 278 Abs. 6 ZPO ist insoweit ausreichend. Ein außergerichtlicher Vergleich, der zur Erledigung des Verfahrens führt, löst dagegen noch keine Gebühr aus.

Zu beachten ist § 36 Abs. 3 GKG, wenn es zu einem Mehrvergleich kommt. Die Summe aus der jeweiligen Verfahrensgebühr und der Vergleichsgebühr darf den Betrag einer Verfahrensgebühr aus dem Gesamtwert nicht überschreiten.

69 ▶ **Beispiel 6:**

Im Rechtsstreit über 7200,00 € schließen die Parteien einen Vergleich über weitere nicht anhängige 1800,00 €
Jetzt entsteht die 3,0 Verfahrensgebühr aus dem Wert von 7200,00 €. Darauf ist die 0,5-Gebühr des Mahnverfahrens aus 5000,00 € anzurechnen.

1,0-Gebühr (Nr. 1210 KV GKG) aus 7200,00 €	166,00 €
0,25-Gebühr (Nr. 1900 KV GKG) aus 1800,00 €	-18,25 €
gem. § 36 Abs. 3 GKG nicht mehr als 1,0 aus 9000,00 €	**181,00 €**

15. Zwangsvollstreckung

70 Kostenschuldner für die Gerichtsgebühren in der Zwangsvollstreckung ist gem. § 22 GKG grundsätzlich der Antragsteller. In aller Regel besteht bezüglich der Gerichtsgebühren eine Vorauszahlungspflicht (§ 12 Abs. 5 GKG). Der Schuldner hat dem Gläubiger die **notwendigen** Kosten der Zwangsvollstreckung (alle Aufwendungen, die aus Anlass der Zwangsvollstreckung entstehen) gem. § 788 Abs. 1 S. 1 ZPO zu erstatten. Der Erstattungsanspruch kann im Rahmen der Zwangsvollstreckung mit der Hauptsache (aufgrund des Hauptsachetitels) beigetrieben werden (§ 788 Abs. 1 2. Hs. ZPO). Als »Nachweis« werden die Vollstreckungsbelege bei jedem weiteren Vollstreckungsversuch beigefügt. Obwohl es zur Beitreibung der notwendigen Kosten der Zwangsvollstreckung keines gesonderten Titels bedarf, besteht die Möglichkeit, die Vollstreckungskosten gem. § 788 Abs. 2 ZPO festsetzen zu lassen. Dies empfiehlt sich insbesondere deshalb, weil die Vollstreckungskosten in diesem Fall mit 5 Prozentpunkten über dem Basiszins ab Antragstellung zu verzinsen sind. Weitere Vorteile der Festsetzung bestehen darin, dass die Aufbewahrung der zum Teil sehr umfangreichen Vollstreckungsbelege entfällt und dass der Schuldner bei späteren Vollstreckungsversuchen nicht die Notwendigkeit einzelner Kostenpositionen bisheriger Vollstreckungsmaßnahmen bestreiten kann. Für den Antrag zuständig ist das Gericht, in dessen Bezirk die letzte Vollstreckungsmaßnahme stattgefunden hat (Gottwald Zwangsvollstreckung § 788 ZPO Rn. 12). Die Vollstreckungsbelege sind dem Antrag beizufügen. Diese werden vom Gericht geprüft und nach erfolgter Festsetzung vernichtet.

a) Erteilung einer weiteren vollstreckbaren Ausfertigung

Der Antrag auf Erteilung einer weiteren vollstreckbaren Ausfertigung (z.B. bei Verlust der ersten Ausfertigung oder Simultanvollstreckung an mehreren Orten) löst eine Gerichtsgebühr in Höhe von 15,00 € gem. Nr. 2110 KV GKG aus. Außerdem kommen noch die Schreibauslagen der Nr. 9000 KV GKG hinzu. 71

b) Pfändungs- und Überweisungsbeschluss

Für den Antrag auf Erlass eines Pfändungs- und Überweisungsbeschlusses wird eine Gebühr in Höhe von 15,00 € gem. Nr. 2111 KV GKG fällig. Dies gilt auch für den Fall, dass mehrere Forderungen des Schuldners gegen mehrere Drittschuldner in einem Antrag geltend gemacht werden. Für jeden Schuldner ist die Gebühr jedoch gesondert einzuzahlen. Die Gebühr wird mit Antragstellung fällig. Es besteht Vorauszahlungspflicht. 72

c) Herausgabevollstreckung

Sollen titulierte Ansprüche auf Herausgabe beweglicher oder unbeweglicher Sachen vollstreckt werden, die sich im Besitz eines nicht zur Herausgabe bereiten Dritten befinden, so ist hierzu ein Pfändungsantrag gem. § 886 ZPO erforderlich, der Gerichtskosten in Höhe von 15,00 € gem. Nr. 2111 KV GKG auslöst. Fälligkeit der Gebühr entsteht mit Antragstellung, es besteht Vorauszahlungspflicht (§ 12 Abs. 5 GKG). 73

d) Unterlassungen und Duldungen

Wurde eine Unterlassungs- oder Duldungsverpflichtung tituliert und handelt der Schuldner entgegen der titulierten Verpflichtung zuwider, kann auf Antrag des Gläubigers der Schuldner zu einem Ordnungsgeld und – falls nicht beitreibbar – zur Ordnungshaft verurteilt werden. In diesem Verfahren entsteht eine Gerichtsgebühr in Höhe von 15,00 € gem. Nr. 2111 KV GKG. Sofern der Schuldner nach einer bereits erfolgten Verurteilung erneut zu einem Ordnungsgeld (oder zur Ordnungshaft) verurteilt wird, löst dies neue Gebühren aus. Mehrere Verstöße, die gemeinsam gem. § 890 ZPO geahndet werden, gelten als ein Verfahren. Die Vollstreckung des festgesetzten Ordnungsgeldes oder der Ordnungshaft erfolgt von Amts wegen auf Kosten des Gläubigers. Für die Kosten der Ordnungshaft gilt Nr. 9011 KV GKG, wonach die Kosten in Höhe des Haftkostenbeitrages nach § 50 Abs. 2 und 3 StVollzG entstehen, jedoch nur angesetzt werden, wenn sie nach § 50 Abs. 1 StVollzG zu erheben wären: 74

»... 1) Als Teil der Kosten der Vollstreckung der Rechtsfolgen einer Tat (§ 464a Abs. 1 S. 2 der Strafprozessordnung) erhebt die Vollzugsanstalt von dem Gefangenen einen Haftkostenbeitrag. Ein Haftkostenbeitrag wird nicht erhoben, wenn der Gefangene 1. Bezüge nach diesem Gesetz erhält oder 2. ohne sein Verschulden nicht arbeiten kann oder 3. nicht arbeitet, weil er nicht zur Arbeit verpflichtet ist. Hat der Gefangene, der ohne sein Verschulden während eines zusammenhängenden Zeitraumes von mehr als einem Monat nicht arbeiten kann oder nicht arbeitet, weil er nicht zur Arbeit verpflichtet ist, auf diese Zeit entfallende Einkünfte, so hat er den Haftkostenbeitrag für diese Zeit bis zur Höhe der auf sie entfallenden Einkünfte zu entrichten. Dem Gefangenen muss ein Betrag verbleiben, der dem mittleren Arbeitsentgelt in den Vollzugsanstalten des Landes entspricht. Von der Geltendmachung des Anspruchs ist abzusehen, soweit dies notwendig ist, um die Wiedereingliederung des Gefangenen in die Gemeinschaft nicht zu gefährden.«

e) Vornahme vertretbarer/nicht vertretbarer Handlungen (§§ 887, 888 ZPO)

75 Die Vornahme vertretbarer Handlungen wird gem. § 887 ZPO, die nicht vertretbarer Handlungen nach § 888 ZPO vollstreckt. Unabhängig davon, um welche Art von Antrag es sich handelt, entsteht eine Gerichtsgebühr der Nr. 2111 KV GKG in Höhe von 15,00 € für das Verfahren über den Antrag. Mehrere Verfahren innerhalb eines Rechtszugs bezüglich desselben Anspruchs und desselben Gegenstands gelten als ein Verfahren. Wird ein gegen den Schuldner festgesetztes Zwangsgeld im Rahmen der Zwangsvollstreckung beigetrieben, können für die Zwangsvollstreckungsmaßnahme (z.B. Pfändungs- und Überweisungsbeschluss) wiederum Gerichtsgebühren anfallen. Für die Vollstreckung der Zwangshaft entstehen Kosten gem. Nr. 9010 KV GKG in Höhe des Haftkostenbeitrages nach § 50 Abs. 2 und 3 StVollzG.

(2) Der Haftkostenbeitrag wird in Höhe des Betrages erhoben, der nach § 17 Abs. 1 Nr. 3 des Vierten Buches Sozialgesetzbuch durchschnittlich zur Bewertung der Sachbezüge festgesetzt ist. Das Bundesministerium der Justiz stellt den Durchschnittsbetrag für jedes Kalenderjahr nach den am 1. Oktober des vorhergehenden Jahres geltenden Bewertungen der Sachbezüge, jeweils getrennt für das in Artikel 3 des Einigungsvertrages genannte Gebiet und für das Gebiet, in dem das Strafvollzugsgesetz schon vor dem Wirksamwerden des Beitritts gegolten hat, fest und macht ihn im Bundesanzeiger bekannt. Bei Selbstverpflegung entfallen die für die Verpflegung vorgesehenen Beträge. Für den Wert der Unterkunft ist die festgesetzte Belegungsfähigkeit maßgebend. Der Haftkostenbeitrag darf auch von dem unpfändbaren Teil der Bezüge, nicht aber zu Lasten des Hausgeldes und der Ansprüche unterhaltsberechtigter Angehöriger angesetzt werden.

(3) Im Land Berlin gilt einheitlich der für das in Artikel 3 des Einigungsvertrages genannte Gebiet geltende Durchschnittsbetrag.

Die jeweils vom Bundesjustizministerium festgestellten Haftkostenbeiträge werden jährlich im Bundesanzeiger veröffentlicht (vgl. Ausgabe Nr. 194 vom 17.10.2007, S. 7776).

f) Vollstreckungsschutzantrag gem. § 765a ZPO

76 Die Vollstreckungsschutzanträge nach § 765a Abs. 1 und 3 ZPO lösen eine Gebühr in Höhe von 15,00 € gem. Nr. 2112 KV GKG aus. Mehrere Verfahren innerhalb eines Rechtszugs bezüglich desselben Anspruchs und desselben Gegenstands, gelten als ein Verfahren. Wird im Beschwerdeverfahren die Beschwerde zurückgewiesen oder verworfen, fällt die Gebühr der Nr. 2121 KV GKG in Höhe von 25,00 € an.

g) Vollstreckungserinnerung gem. § 766 ZPO

77 Für die Vollstreckungserinnerung fällt keine Gerichtsgebühr an. Eventuell kommen Auslagen der Nrn. 9000–9002 KV GKG (Dokumentenpauschale) in Betracht. Für das Beschwerdeverfahren gilt das unter Rdn. 82 Gesagte.

h) Durchsuchungsanordnung und Nachtbeschluss

78 Gerichtsgebühren fallen für den Antrag auf Erlass der Durchsuchungsanordnung oder des Nachtbeschlusses nicht an. Die Kosten, die für das zwangsweise Öffnen von Türen oder die Hinzuziehung von Zeugen angefallen sind, werden vom Gerichtsvollzieher gem. Nr. 704 KVGr erhoben.

i) Eidesstattliche Versicherung

Im Verfahren über den Antrag der eidesstattlichen Versicherung gem. § 889 ZPO entsteht eine Gebühr in Höhe von 30,00 € gem. Nr. 2114 KV GKG. Hiermit ist nicht die eidesstattliche Offenbarungsversicherung, sondern die eidesstattliche Versicherung nach bürgerlichem Recht gemeint. **79**

Für den Antrag auf Abgabe der eidesstattlichen Offenbarungsversicherung gem. § 900 ZPO fallen keine Gerichtsgebühren an. Hat der Schuldner die eidesstattliche Versicherung bereits geleistet und beantragt ein (das EV-Verfahren nicht betreibender) Gläubiger eine Abschrift des Vermögensverzeichnisses, so entsteht eine Gebühr in Höhe von 15,00 € gem. Nr. 2115 KV GKG. Wird vom Drittgläubiger die Einsichtnahme in das Vermögensverzeichnis beantragt, entsteht eine Gebühr in Höhe von 15,00 € gem. Nr. 2116 KV GKG. Schreibauslagen entstehen im Falle der Erteilung einer Abschrift des Vermögensverzeichnisses wegen Abs. 3 der Anmerkung zu Nr. 9000 KV GKG nicht. Sowohl die Gebühr der Nr. 2115 KV GKG als auch die Gebühr der Nr. 2116 KV GKG fallen mit Antragstellung an. **80**

j) Vollstreckungserinnerung

Im Verfahren über die Vollstreckungserinnerung gem. § 11 Abs. 2 RPflG fallen Gerichtsgebühren nicht an (§ 11 Abs. 4 RPflG). Lediglich der Ansatz von Auslagen gem. Nr. 9000 KV GKG kann in Betracht kommen und – neben eventuell außergerichtlich entstandenen Auslagen – Gegenstand einer richterlichen Kostenentscheidung im Erinnerungsverfahren sein (vgl. Gottwald § 793 Rn. 38). **81**

k) Sofortige Beschwerde gem. §§ 793, 567 ZPO

Wird im Verfahren über die sofortige Beschwerde gem. §§ 793, 567 ZPO die Beschwerde zurückgewiesen oder verworfen, fällt die Gebühr der Nr. 2121 KV GKG in Höhe von 25,00 € an. Ist die Beschwerde ganz oder teilweise erfolgreich, kann das Gericht die Gebühr nach billigem Ermessen auf die Hälfte reduzieren oder anordnen, dass eine Gebühr nicht zu erheben ist. **82**

II. Gerichtskosten in sonstigen Angelegenheiten

1. Freiwillige Versteigerung von Wohnungseigentumsrechten

Für den Antrag auf freiwillige Versteigerung von Wohnungseigentumsrechten entsteht gem. § 53 Abs. 1 Nr. 1 KostO eine volle Gebühr aus dem Wert des Meistgebotes oder aus dem Wert des Grundstückseinheitswertes, wenn dieser höher ist. Mit der Gebühr werden die Entgegennahme des Antrags, die Prüfung der Antragsberechtigung, das Feststellen der Versteigerungsbedingungen, die Anberaumung des Versteigerungstermins sowie die entsprechenden Mitteilungen an die Verfahrensbeteiligten abgegolten. Neben der Gebühr des § 53 Abs. 1 Nr. 1 KostO entstehen i.d.R. noch die volle Gebühr für die Abhaltung des Versteigerungstermins des § 53 Abs. 1 Nr. 3 KostO und die volle Gebühr der Nr. 4 für die Beurkundung des Zuschlags. Nimmt das Gericht auf Antrag eine Schätzung auf, so entsteht hierfür zusätzlich die Hälfte der vollen Gebühr der Nr. 2. **83**

2. Eintragung eines Eigentümers oder Miteigentümers im Grundbuch

84 Bei Eintragung eines Eigentümers oder Miteigentümers im Grundbuch wird eine volle Gebühr gem. § 60 Abs. 1 KostO erhoben. Dies gilt auch für den Fall der Berichtigung des Eintrags, es sei denn, es handelt sich um Namensänderungen oder Teilungen o.Ä. (vgl. Korintenberg/Lappe/Bengel/Reimann § 60 Rn. 3). Der Wert ist gem. §§ 18 ff. KostO zu ermitteln, Zubehör bleibt bei der Wertberechnung außer Betracht. Die Gebühr ermäßigt sich gem. § 60 Abs. 2 und 3 KostO auf die Hälfte der vollen Gebühr, wenn Ehegatten, Lebenspartner oder Abkömmlinge des eingetragenen Eigentümers eingetragen werden.

3. Eintragung von Wohnungs- und Teileigentum

85 Wohnungs- und Teileigentum kann auf zweierlei Arten begründet werden, durch vertragliche Einräumung oder durch Teilungserklärung. Bei der vertraglichen Einräumung von Sondereigentum entsteht für die Eintragung in die Wohnungsgrundbücher und die Schließung des bisher geführten Grundstücksblattes die Hälfte der vollen Gebühr gem. § 76 Abs. 1 S. 1 KostO. Bei der Teilungserklärung wird mit der Gebühr die Schließung des bisher für das Grundstück geführten Blattes und die Eintragung des Wohnungseigentums in den Wohnungsgrundbüchern abgegolten (Assenmacher/Mathias KostO, »Wohnungseigentum«).

Für die Eintragung der Aufhebung des Sondereigentums und für die Anlegung des Grundbuchblatts für das Grundstück wird gem. § 76 Abs. 3 KostO die Hälfte der vollen Gebühr fällig. Wird der Inhalt des Sondereigentums geändert und eingetragen, ist gem. §§ 76 Abs. 2, 64 KostO anzuwenden, so dass ebenfalls die Hälfte der vollen Gebühr gem. § 64 Abs. 1 Nr. 1 KostO erhoben wird.

F.
Mediation/alternative Streitschlichtungsmöglichkeiten

39. Kapitel
Mediation/alternative Streitschlichtungsmöglichkeiten

Übersicht **Rdn.**

I. Einleitung

Eine lange Prozessdauer und eine Flut von voneinander abweichenden gerichtlichen Entscheidungen zu einzelnen Rechtsproblemen haben zu einer Verunsicherung der Rechtssuchenden geführt. Selbst für Fachanwälte ist es häufig schwierig, nicht nur aus Gründen der Beweislast, sondern auch im Hinblick auf eine interessenorientierte Rechtsprechung einen Prozessausgang präzise zu prognostizieren. Dies hat dazu geführt, dass alternative Streitbeilegungsmethoden an Bedeutung gewinnen. Die Alternativverfahren gründen sich auf das Prinzip der Parteiautonomie, das es ermöglicht, Vergleichsverhandlungen in zivilrechtlichen Streitigkeiten sowohl vom Verfahren her als auch von den Ergebnissen her im Einvernehmen zwischen den Parteien frei zu gestalten. Daraus ergibt sich eine große Flexibilität bei der Wahl und Kombination von Verfahrensgestaltungen. Die bekanntesten Verfahren sind die Streitschlichtungsverfahren vor den Gütestellen und Schiedsgerichten sowie die Mediation. 1

In § 278 ZPO hat der Gesetzgeber eine Vorschrift geschaffen, die dem Gedanken Rechnung trägt, dass eine von den Parteien getroffene Regelung den Rechtsfrieden eher herstellt und wahrt, als dies ein Urteil kann. Nach § 278 Abs. 2 ZPO soll der Richter vor der ersten mündlichen Verhandlung eine Güteverhandlung durchführen. Bei dieser Vorschrift hat der Gesetzgeber jedoch übersehen, dass i.d.R. bei anwaltlich vertretenen Parteien bereits außergerichtliche Vergleichsverhandlungen geführt worden sind, bevor das 2

Gericht angerufen wird. Sinnvoller wäre es daher, eine gesetzliche Vorschrift zu schaffen, die vorschreibt, dass das angerufene Gericht zunächst seine Rechtsmeinung kundtut, etwa durch einen Hinweisbeschluss oder in der mündlichen Verhandlung und den Parteien sodann noch einmal die Möglichkeit zum Abschluss eines gerichtlichen Vergleichs gegeben wird (A. Knauss Der »Zwang« zur gütlichen Einigung Für eine Reform des § 278 ZPO in ZRP 2009, 206; Schneider NJW 2001, 3756).

3 § 278 Abs. 5 ZPO enthält die Regelung, dass das Gericht den Parteien eine außergerichtliche Streitschlichtung in geeigneten Fällen vorschlagen kann. Der Gesetzgeber öffnet sich also bewusst der außergerichtlichen Streitbeilegung. Nach dem Wegfall des § 43 Abs. 1 WEG a.F. hat diese Vorschrift an Bedeutung gewonnen, weil gerade der Übergang vom FGG-Verfahren in das ZPO-Verfahren in Wohnungseigentumssachen von besonderer Bedeutung ist Mit diesem Paradigmenwechsel der Verfahrensgrundsätze bezweckt der Gesetzgeber zweierlei: Zum einen sollen gerichtliche und staatliche Ressourcen durch den Wegfall der Amtsermittlung geschont werden, was letztendlich zu einer Entlastung der öffentlichen Haushalte führen soll. Zum Anderen soll die verfahrensrechtliche Umorientierung den Wohnungseigentümern eine schnellere Durchführung der Verfahren ermöglichen. Die Öffnungsklausel und der Verweis auf außergerichtliche Streitbeilegung betonen auch den Grundsatz der Parteiautonomie. Das nach § 43 WEG zuständige Gericht muss den Sachverhalt nicht mehr von Amts wegen ermitteln, es gilt der Beibringungsgrundsatz. Die Anwendbarkeit der ZPO führt zu einem drastischen Wechsel der Verfahrensmaxime. Die Rechtsverfolgung und Rechtsverteidigung werden grundsätzlich den Parteien überantwortet, die weit umfassender als im früheren Recht über den Streitgegenstand verfügen können. Hierzu gehört auch das Ausschöpfen von außergerichtlichen Streitschlichtungsmöglichkeiten.

Gem. § 278 Abs. 5 S. 3 ZPO gelten die Vorschriften des § 251 ZPO (Ruhen des Verfahrens) für den Fall, dass sich die Parteien für eine entsprechende außergerichtliche Streitschlichtung entscheiden.

Selbst das Bundesverfassungsgericht (Beschluss v. 14.02.2007–1 BvR 1351/01) geht davon aus, dass die Konfliktlösung durch eine einverständliche Lösung auch in einem Rechtsstaat gegenüber der richterlichen Streitentscheidung grundsätzlich vorzugswürdig ist (NJW–RR 2007, 1073).

II. Abgrenzung Mediation und andere außergerichtliche Konfliktlösungsmodelle

1. Schlichtungsverfahren

4 Das Streitschlichtungsverfahren vor den Gütestellen **hatte** in der Praxis nicht die Relevanz, die sich der Gesetzgeber bei der Einführung des § 15a EGZPO mit dem Gesetz zur Förderung der außergerichtlichen Streitbeilegung versprochen hat (vgl. z.B. Bayerisches Gesetz zur obligatorischen außergerichtlichen Streitschlichtung in Zivilsachen und zur Änderung gerichtsverfassungsrechtlicher Vorschriften, Bayerisches Gesetz- und Verordnungsblatt Nr. 11/2000 S. 268 ff.). Neben dem Schlichtungsverfahren existiert ein anderes, gesetzlich bisher nicht definiertes Verfahren, das ebenfalls der außergerichtlichen Streitbeilegung dient: die Mediation.

2. Collaborative Law Verfahren

5 *Collaborative Law ist ein neues* Konfliktregelungsmodell, das seit den 90iger Jahren in Kanada und in den USA praktiziert wird und sich nun auch in Europa und in der

Schweiz verbreitet. Es stellt eine weitere Alternative dar zu den außergerichtlichen Konfliktlösungsmodellen, insbesondere zur Mediation.

Das Collaborative Law Verfahren unterscheidet sich von der Mediation in folgenden Punkten: 6

- Jede Partei beauftragt einen eigenen Anwalt, der die Verhandlungen begleitet und eine rechtliche Beratung gewährleistet.
- Die Verhandlungen werden gemeinsam mit den Parteien und den Anwälten geführt (nicht durch einen Mediator).
- Der Verhandlungsprozess ist in der sog. Collaborative-Law-Vereinbarung verbindlich festgelegt, die die Parteien und die Anwälte gemeinsam abgeschlossen haben.
- Es können jederzeit Dritte hinzugezogen werden, etwa Sachverständige, Psychologen und Coaches.

Das Verfahren versteht sich als kreative Ergänzung zur Mediation und grenzt sich wie 7
folgt durch die Mediation ab: Es wird eine vertragliche Vereinbarung der Parteien und der am Collaborative-Law-Verfahren teilnehmenden Anwälte abgeschlossen mit dem Inhalt, dass in dieser Konstellation zwischen den Konfliktparteien auf Klageerhebung und Verfolgung eines streitigen Verfahrens verzichtet wird.

Die Collaborative Law Anwälte sollten eine spezielle Ausbildung in Gesprächsführungs- 8
technik und im interessenzentriertem Verhandeln haben. Im Collaborative-Law-Vertrag wird vereinbart, dass es das Ziel der Verhandlung ist, auf eine außergerichtliche Lösung hinzuwirken und dass somit die Option der Einleitung des Gerichtsverfahrens ausgeschlossen wird. Das Verfahren kann so lange fortgesetzt werden, wie alle Parteien in gutem Glauben verhandeln. Unabhängig von den berufsrechtlichen Regelungen der Anwälte soll es auch erlaubt sein, mit der gegnerischen Naturalpartei zu verhandeln ohne Anwesenheitspflicht des jeweiligen Parteianwalts. Das Verfahren endet automatisch, wenn eine der beteiligten Personen mit gerichtlichen Schritten droht oder Schritte zur Einleitung eines gerichtlichen Verfahrens unternimmt.

Tritt diese Situation ein, so darf keiner der Anwälte, die im Collaborative-Law-Verfahren 9
tätig waren, die Parteien im Gerichtsprozess vertreten. Collaborative-Law-Anwälte sind in diesem Fall verhindert.. Die Parteien müssen dann andere Anwälte für das gerichtliche Verfahren beauftragen.

Hier liegt auch der entscheidende Nachteil: Es entstehen den streitenden Parteien dop- 10
pelte Anwaltskosten für den Fall, dass das Collaborative-Law-Verfahren scheitert. Dies hat sich bisher in der Praxis auch als Hürde dargestellt. Andererseits liegen die Vorteile des Collaborative-Law-Verfahrens darin, dass die Konfliktparteien außergerichtlich nicht nur von einer neutralen und unparteiischen dritten Person ohne Konfliktentscheidungskompetenz unterstützt werden, um strittige Punkte zu klären, sondern dass jede Partei einen eigenen Anwalt hat. Häufig fehlt anderenfalls juristische Unterstützung einer Partei während des Mediationsverfahrens. Ein emotionales und ökonomisches Ungleichgewicht zwischen den Parteien kann durch beiderseitige anwaltliche Unterstützung während des Konfliktlösungsprozesses vermieden werden. Insbesondere im Familienrecht hat das Collaborative-Law-Verfahren auch in Deutschland an Bedeutung gewonnen. (Vgl. www.challenging-conflict.de hierzu weitere Informationen zu aktuellen Fragen des Collaborative-Law-Verfahrens.)

3. Schiedsverfahren

Neben dem Schlichtungsverfahren kommt auch die Durchführung eines schiedsgerichtli- 11
chen Verfahrens in Betracht. Hierfür stellt die ZPO in den §§ 1029 ff. ausführliche Rege-

lungen zur Schiedsvereinbarung und Schiedsfähigkeit von Ansprüchen zur Verfügung. Die Bildung des Schiedsgerichts bestimmt sich nach den §§ 1034 ff. ZPO, die Durchführung nach § 1042 ZPO. Der Schiedsspruch nach § 1051 ZPO hat die Wirkung eines rechtskräftigen Urteils (§ 1055 ZPO). Die Vollstreckbarkeitserklärung bestimmt sich nach § 1060 ZPO. Der entscheidende Unterschied zur Mediation liegt beim schiedsgerichtlichen Verfahren darin, dass sich die Parteien der Schiedsvereinbarung bei der Konfliktschlichtung der Entscheidung des Schiedsgerichts unterwerfen und die Konfliktlösung auf einen Dritten delegieren, ebenso wie bei der Anrufung der Zivilgerichte.

12 Im Bereich des Mietrechts ist jedoch zu beachten, dass eine Schiedsvereinbarung über Rechtstreitigkeiten, die den Bestand eines Mietverhältnisses über Wohnraum im Inland betreffen, unwirksam ist (§ 1030 Abs. 2 ZPO, vgl. hierzu i.E. Kap. 32 Rdn. 253 ff.)

13 An verschiedenen Gerichten in der Bundesrepublik werden derzeit Modellversuche durchgeführt, bei denen das zuständige Streitgericht prüft, ob die Angelegenheit sich für eine gerichtsinterne Mediation eignet. Bejahen die Richter dies und stimmen die Parteien zu, so werden die Gerichtsakten an die »Mediationsabteilung« des Gerichts weitergegeben und es wird der Versuch gestartet, im Rahmen der gerichtsinternen Mediation zu einem Verfahrensabschluss zu kommen (zum Pilotprojekt am LG München I vgl. www.justiz.bayern.de/lgmuenchen1/gvp/mediation.htm). Die Gerichte ergreifen auf diesem Weg die Chance, die Möglichkeiten des § 278 ZPO auch in der gerichtlichen Praxis weiter auszugestalten.

III. Was ist Mediation?

14 Der Ausdruck »Mediation« hat seinen Ursprung im lateinischen Wort »mediator« (Vermittler). Bei der Mediation unterstützt also ein neutraler Dritter ohne eigene Entscheidungsmacht die beiden Konfliktpartner darin, ihre eigene gemeinsam getragene Entscheidung zu finden. Der Mediator vermittelt dabei zwischen ihnen, ohne dass ihm eine Entscheidungsbefugnis zusteht.

15 Die »mediation« ist in den USA als Bestandteil von »Alternative Dispute Resolution« (ADR) eine echte Bewegung (Movement) geworden, die nicht nur zur Alternative, sondern geradezu zur Konkurrenz gerichtlicher Entscheidungen geworden ist. In der Bundesrepublik Deutschland wird die Mediation zunehmend zu einem institutionalisierten Bestandteil der Konfliktbehandlung. Der Deutsche Anwaltsverein hat im Ausschuss für außergerichtliche Konfliktbeilegung das Schlichtungsmodell des sog »Verhandlungshelfers« entwickelt. Das Modell geht von der Erfahrung aus, dass es leichter ist, den Parteien Risiken und Aussichten eines Prozesses zu verdeutlichen, wenn nicht nur der eigene Anwalt darüber berät, sondern wenn ein Dritter, der als Anwalt über die gleichen Rechtskenntnisse und Prozesserfahrungen verfügt, unvoreingenommen seine Meinung zum Ausdruck bringt (Matschke AnwBl 1993, 259). In der Praxis wird das Modell des Verhandlungshelfers selten in Anspruch genommen. Im In- und Ausland gewinnt jedoch die Funktion von Schlichtern, Moderatoren, Ombudsmännern, Sonderbeauftragten oder einfach nur von befreundeten Dritten oder Nachbarn an Bedeutung. Die Ausgangsituation für die Mediation ist jeweils ein Konflikt, dessen kooperative Bewältigung durch Verhandlungen zwischen den Parteien gescheitert ist. Bei der Mediation handelt es sich um eine Fortsetzung gescheiterter Verhandlungen mit Hilfe des Einsatzes eines Dritten, der aber nur zwischen den Parteien vermitteln, nicht selbst entscheiden kann – im Gegensatz zum Richter. Es soll den Beteiligten selbst ermöglicht werden, eigenverantwortlich für anstehende Fragen und Konflikte die notwendige und richtige Lösung für ihr Problem zu erarbeiten.

Im Vordergrund bei der Mediation steht also die beratende Tätigkeit, nicht – wie häufig bei der anwaltlichen Betreuung – die vertretende Tätigkeit im außergerichtlichen oder gerichtlichen Verfahren. Durch den Mediator werden beide Parteien darin unterstützt, eine eigenständige Lösung zu finden. Dabei geht es auch entscheidend um die Frage, wie das Ergebnis zustande kommt. Der Mediator soll an folgenden Stellen unterstützend wirken: 16

- Herbeiführung der Dialogfähigkeit zwischen den Konfliktparteien,
- Unterstützung der Verhandlungsfähigkeit,
- Hilfe bei der Gestaltungsfähigkeit der Parteien beim Prozess der Vermittlung der auftretenden Fragen und Konflikte.

Das Ziel der Mediation soll in jedem Fall ein doppeltes Gewinnspiel sein. Bei Streitigkeiten soll es keine Gewinner und Verlierer mehr geben, damit soll verhindert werden, dass der Konflikt unterschwellig weiter schwelt. Die Mediation soll beim Finden einer angemessenen Lösung eine Brücke bilden. Der Mediator soll aus der Vergangenheit in die Zukunft führen, wobei die Parteien selbst Herren des Verfahrens sind und die Gestaltung der tatsächlichen und rechtlichen Regelung selbst in die Hand nehmen. Dabei bilden psychologische und rechtliche Beratung Stützpfeiler. Beide Parteien sollten außerhalb des Mediationsverfahrens getrennt anwaltlichen Rat einholen, um sich über ihre rechtliche Position ausreichende Kenntnis zu verschaffen (Schulz FamRZ 2000, 860 ff.). 17

Die Vermittlungstätigkeit des Mediators soll zu voller Interessenwahrung beider Parteien führen und nicht nur zu einer Positionswahrung der einen Seite auf Kosten der anderen. Die Aufgabe des Mediators besteht darin, mit den Parteien gemeinsam eine Lösung zu erarbeiten, die für beide ein tragfähiges Zukunftskonzept enthält. Demgegenüber führt die Zuweisung der Konfliktlösung an Anwälte und Richter häufig nur dazu, dass einer einen Vorteil gewinnt, der andere ihn verliert. Durch eine Gerichtsentscheidung wird beiden Parteien eine Entscheidung aufoktroyiert. Bei der Mediation liegt die Entscheidungsgewalt keineswegs in den Händen des Mediators, dieser ist nur Wegbereiter. Im Gegensatz zum gerichtlichen Verfahren muss die Mediation auch nicht zu einem Ergebnis führen. Sie kann auch scheitern. In diesem Fall bleibt nur der Weg zum Gericht. Wenn also die Parteien keine gemeinsame Lösung finden und sich nicht einigen können, muss im herkömmlichen Verfahren entschieden werden. 18

Der Wert der Mediation liegt unter anderem darin, dass im Gegensatz zum gerichtlichen Urteil nicht unbedingt ein Entweder-Oder-Ergebnis erzielt werden muss. Wertmaßstab für das Verhandlungsergebnis für eine Partei sollte auch nicht sein, inwieweit sie ihre ursprünglichen Positionen bewahrt hat, sondern inwieweit das dann tatsächlich erzielte Ergebnis ihren Interessen entspricht, auch unter Berücksichtigung von nicht nur juristischen, gegenwartsbezogenen Gesichtspunkten. Das Spannungsverhältnis zwischen Wertschöpfung und Wertverteilung soll in offener und kooperativer Verhandlung gefunden werden, dabei können beide Parteien ihre Interessen ausloten, ohne dass es zu dem gerichtlichen Entscheidungen häufig immanenten Nullsummenspiel führt: Was eine Partei gewinnt, verliert die andere. 19

Durch eine kreative Interessenlösung soll eine Langzeitentspannung zwischen den Streitbeteiligten herbeigeführt und damit tatsächlicher und rechtlicher Friede garantiert werden. 20

IV. Konfliktlösung durch Mediation

Das Besondere an der Mediation besteht darin, dass sie sich der »Streitbehandlung statt der Streitentscheidung« – im Gegensatz zur Justiz – zuwendet und damit Konflikte aufdeckt, ihre Ursachen erforscht und mit der Ursachenbeseitigung eine nachhaltige Kon- 21 fliktlösung anstrebt. Jeder Konflikt beruht auf einer unterschiedlichen Wahrnehmung des gleichen Sachverhaltes. Für die eine Partei ist das Wasserglas halb leer, für die andere Partei ist es halb voll. Die Kommunikation und Wahrnehmung der Parteien ist unterschiedlich. Dadurch ist ihre Kommunikation häufig gestört. Es kommt oft zu einem vorprogrammierten Missverstehen und einer Vermischung von Sach- und Beziehungsebene. Die dadurch eintretende Verschärfung des Konfliktes kann in den seltensten Fällen durch die normbezogene richterliche Entscheidung nachhaltig gelöst werden. Hierin liegt die große Chance der Mediation. Von einer durchgreifenden Akzeptanz durch eine Vielzahl von streitenden Parteien ist die Mediation noch weit entfernt. Sie hat durchaus viele Kritiker (vgl. Thiel Mediation – ein kritischer Zwischenruf in ZAP 2009, 799 ff.).

22 Kritiker der Mediation wenden ein, dass derjenige in der Mediation unterliege, der von Beginn an in fairer Weise seine Interessen darlege, und dass es häufig zu einem »Basarritual« komme zwischen den Parteien (»Sagt er 12, meint er 10, will er haben 8, wird es wert sein 6, möcht‘ ich geben 4, werd‘ ich sagen 2.« Arabische Einkäuferweisheit, Quelle: Managermagazin 10/97). Ein erfahrener Mediator sollte dafür sorgen, dass ein Gleichgewicht in den Verhandlungen zwischen den Parteien herrscht und dass sich der kooperative und nicht der aggressive Verhandlungsspiel durchsetzt (vgl. Duwe NJW-COR, 1–2/2003, 6 ff.). Beim Gelingen einer Mediation hängt vieles von der Person des Mediatiors, seinem Geschick und seiner Ausbildung ab.

V. Die Grundsätze der Mediation

1. Freiwilligkeit

23 Beide Parteien müssen bereit sein, ein Mediationsverfahren durchzuführen. Jede Partei kann es jederzeit beenden, wenn sie zu dem Ergebnis kommt, dass das Verfahren für sie keinen Sinn hat.

2. Neutralität

24 Der Mediator muss gegenüber beiden Parteien neutral sein. Als Mediator kommt daher nicht in Betracht, wer etwa als Anwalt die Interessen einer Partei zuvor einseitig wahrgenommen hat. Der Mediator soll beide Parteien darin unterstützen, eine faire, interessengerechte und für beide Seiten befriedigende Konfliktlösung zu finden und das Ergebnis in einer Vereinbarung niederzulegen.

3. Eigenverantwortlichkeit

25 Die Parteien nehmen ihre eigenen Interessen und Bedürfnisse jeweils selbst wahr. Jeder tritt für sich selbst ein und vertritt sich selbst. Der Mediator ist also nicht dazu da, die Interessen einer Partei zu unterstützen, wie dies etwa ein Anwalt tut.

4. Informiertheit

26 Um seine eigenen Interessen wahrnehmen zu können, muss der Partner, der an einer Mediation teilnimmt, informiert sein, dh, er muss seine Rechte kennen. Dies setzt häufig voraus, dass die Parteien jeweils getrennt Anwälte aufsuchen und sich über ihre rechtliche Situation getrennt beraten lassen. Diese Kenntnisse bringen sie dann in den Mediationsprozess ein, um ihrerseits untereinander die Interessen auszugleichen und eine gemeinsame Lösung zu finden. Hierbei entsteht zwischen den Personen oft eine ähnliche Dynamik wie im Gerichtsverfahren. Jede Partei sucht getrennt Rat bei ihrem Anwalt. Der Richter ist ersetzt durch den Mediator. Dieser hilft dabei, ein interessengerechtes Ergebnis zu finden. Voraussetzung für eine erfolgreiche Durchführung des Mediationsverfahrens ist, dass jeder bereit ist, alle für die Entscheidungsfindung wichtigen Daten und Fakten bekannt zu geben und offen zu legen.

5. Vertraulichkeit

Es sollte auch Vertraulichkeit im Mediationsverfahren vereinbart werden. Keine der Parteien sollte Informationen und Erkenntnisse aus dem Mediationsverfahren ohne ausdrückliche Zustimmung aller Beteiligten an Dritte, wie zum Beispiel Gutachter, Richter, Behörden usw. weitergeben. Auch darf sich der Mediator nicht als Zeuge, späterer anwaltlicher Vertreter einer Partei oder Sachverständiger für die Erstellung von Gutachten zur Verfügung stellen. Dies muss von Anfang an zwischen allen Beteiligten geklärt sein. i.d.R. wird zu diesem Zweck ein sog. Mediationsvertrag zwischen den Streitparteien und dem Mediator abgeschlossen. **27**

6. Vorteile des Mediationsverfahrens

Die Vorteile des Mediationsprozesses liegen darin, dass die Parteien ohne juristischen Druck oder Zeitdruck eine Lösung für ihre Konflikte finden können und dass sie am Ende nicht dem richterlichen Diktat unterworfen sind. **28**

7. Wer kommt als Mediator in Betracht?

Mediatoren sind in ihrem Herkunftsberuf meist Angehörige juristischer oder psychosozialer Berufsgruppen. Sie praktizieren Mediation i.d.R. im Rahmen ihrer herkömmlichen Tätigkeitsfelder. In Betracht kommen also Anwälte, Richter, Soziologen, Psychologen oder ausgebildete Mediatoren (vgl. Henssler/Koch Mediation in der Anwaltspraxis § 1 Einführung Rn 19 ff.). **29**

Wird ein Rechtsanwalt als Mediator tätig, so hat er den ihm von beiden Parteien unterbreiteten Sachverhalt neutral zu würdigen, nicht aber wie ein einseitiger Interessenvertreter einen von den Parteien ausdrücklich nicht mitgeteilten, für eine Partei möglicherweise günstigen Sachverhalt, zu erforschen (OLG Hamm v. 20.10.1998, Az. 28 U 79/97).

8. Welche Ausbildung braucht ein Mediator?

Über die Fragen, welche Ausbildungsstandards für Mediatoren zu fordern sind und wie eine Zertifizierung aussehen könnte, gehen die Meinungen jedoch noch erheblich auseinander. Der Deutsche Anwaltsverein hat sich dafür ausgesprochen, so wenig Anforderungen wie möglich zu normieren und das Berufsbild des Mediators offen zu halten. Dagegen sprechen die Interessen der Verbraucher durchaus für eine Festlegung von Standards und ein Verfahren, diese zu dokumentieren und zu kontrollieren. Gerade weil Mediatoren die unterschiedlichsten Quellberufe haben können, ist es wichtig, gemeinsame Mindeststandards zu definieren. Letztendlich hängen die Qualität und der Erfolg eines Mediationsverfahrens wesentlich von der Qualifikation des Mediators ab. **30**

9. Wie findet man einen Mediator?

31 In Deutschland gibt es eine Vielzahl von Instituten, die die Mediation anbieten. Diese sind teilweise regional gegliedert und arbeiten zusammen mit psychosozialen Einrichtungen oder in Vereinen. In der Bundesrepublik wird weitgehend nach den Standards der Bundesarbeitsgemeinschaft für Familienmediation (BAFM) ausgebildet. Diese Standards entsprechen den europäischen Richtlinien. Mindestens 200 Stunden Ausbildung in Seminaren und der Nachweis von supervidierten Fällen sind erforderlich nach den Standards für den Mediator. Die BAFM nimmt als ordentliche Mitglieder nur Mediatoren auf, die entsprechend ausgebildet sind, um einen Qualitätsstandard der Mediation zu sichern. Die Arbeitsgruppe der BRAK hat ebenfalls Empfehlungen für die Mediation herausgegeben (s. BRAK-Mitteilung 1999, 25; www.centrale-fuer-mediation.de/suchservice.htm). Der Verband der Immobilienverwalter Bayern e.V. hat Ende 2005 eine Gütestelle für WEG und Mietrechtsstreitigkeiten eingerichtet. Teilweise werden auf Länderebene Praxisführer für die Mediation in den einzelnen Regionen herausgegeben. Informationen hierzu sind beim Deutschen Anwaltverein, den Rechtsanwaltskammern und den Justizministerien zu erhalten.

10. Kosten der Mediation

32 Die Rechtsschutzversicherungen sind aus wirtschaftlichen Erwägungen daran interessiert, dass Rechtskonflikte ihrer Kunden erfolgreich und möglichst dauerhaft gelöst werden. Die Versicherer sehen es daneben auch als ihre sozialpolitische Aufgabe an, die Eigenverantwortlichkeit ihrer Kunden zu stärken und zu einer Entlastung der Gerichte beizutragen (van Bühren NJW 2007, 3606). Das hängt nicht zuletzt damit zusammen, dass die Rechtsschutzversicherer sich als Rechtsdienstleister im kundenorientierten Bereich verstehen und die Vorteile der Mediation zwischenzeitlich anerkannt und unbestritten sind.

Überlegungen, der gerichtlichen Mediation mittels Kostensanktionen zum Durchbruch zu verhelfen, stoßen auf Bedenken. Der Ansatz widerspricht dem freiwilligen und selbstbestimmten Grundsatz der Mediation. Die Rechtsschutzversicherer wenden sich gegen eine solche Gesetzesnormierung. Aus ihrer Sicht besteht das Risiko zusätzlicher Kosten, wenn Mediationen ohne ausreichende Motivation vermehrt erfolglos verlaufen und sich ein gerichtliches Verfahren anschließt, dessen Kosten zusätzlich anfallen (s. Pögel/Rohloff die Umsetzung der EU-Mediationrichtline, ZRP 2009, 209/2012).

Das RVG enthält in § 34 den Hinweis, dass der Rechtsanwalt, wenn er als Mediator tätig wird, auf eine Gebührenvereinbarung hinwirken soll. Tut er dies nicht, so unterliegt die Abrechnung für seine Tätigkeit den Kappungsgrenzen des § 34 RVG. Danach beträgt die Gebühr für die Beratung oder für die Ausarbeitung eines schriftlichen Gutachtens jeweils höchstens 250 € oder für ein erstes Beratungsgespräch 190 €. I.Ü. wird für den Fall, dass keine Vereinbarung getroffen worden ist, auf die Gebühren nach den Vorschriften des BGB verwiesen. Damit verweist die gesetzliche Bestimmung für den Bereich der Beratung und der Mediation auf § 612 Abs. 2 BGB. Die Vergütung bestimmt sich nach Ortsüblichkeit und Branchenüblichkeit.

Der übliche Rahmen für die Vergütungshöhe pro Stunde liegt zwischen 125 € bis 400 € zzgl. Mehrwertsteuer. Die Höhe der Vergütung hängt auch von Kompetenz und Erfahrung des Mediators ab.

In Streitfällen wird ein Gutachten der jeweiligen Rechtsanwaltskammer einzuholen sein. Um Unklarheiten sowohl für den beauftragten Mediator, als auch für die Partei zu vermeiden, empfiehlt es sich dringend, im Voraus eine klare Vereinbarung über die Gebühren zu treffen.

11. Zukünftige gesetzliche Regelung/Umsetzung der EU-Mediationsrichtlinie

Die Diskussion um Nutzen, Förderung und Ausgestaltung der Mediation hat Dynamik gewonnen durch die Notwendigkeit, die EU-Mediationsrichtlinie bis 2011 in nationales Recht umzusetzen (RL 2008/52/EG v. 21.05.2008 über bestimmte Aspekte der Mediation in Zivil- und Handelssachen vgl. zum Entstehungshintergrund der Richtlinie ausführlich Meyer-Cabri van Amelrode, in Greger/Unberath Die Zukunft der Mediation in Deutschland, 2008, S. 39 ff.). 33

Zwischenzeitlich besteht ein weitgehender Konsens darüber, dass nicht nur die EU-Richtlinie umgesetzt, sondern ein umfassendes deutsches Mediationsgesetz geschaffen werden soll.

Zu erwarten ist ein einheitliches Gesetz für grenzüberschreitende und innerstaatliche Mediationsverfahren, sowie Regelungen zur Vollstreckung, Verjährung und Vertraulichkeit im Zusammenhang mit einer Mediation. Der Referentenentwurf für ein Gesetz zur Förderung der Mediation und anderer Verfahren der außergerichtlichen Konfliktbeilegung ist im August in alle Bundesministerien sowie in die Länder und Verbände versandt worden. Er ist außerdem auf der Homepage des Bundesjustizministeriums veröffentlicht. Anlass hierfür war die Umsetzung der Europäischen Mediationsrichtlinie in das deutsche Recht, die bis zum 20.05.2011 zu erfolgen hat. Der Gesetzentwurf geht allerdings über die Anforderungen der Richtlinie hinaus (siehe hierzu mit kritischen Anmerkungen Greger, ZRP 2010, 209 Die Reglementierung der Selbstregulierung).

Nicht zu erwarten ist bei Umsetzung der Mediationsrichtlinie der in England im Rahmen der 1998 eingeführten Civil Procedure Rules (CPR) erfolgte Paradigmenwechsel des gerichtlichen Verfahrens als last resort (ultima ratio).

Die in der CPR in England enthaltenen Anreize für eine rasche und prozessökonomische Streiterledigung haben dort zu einem starken Anstieg außergerichtlicher Mediationen geführt. In Übereinstimmung mit dem Gutachten von Burkhard Hess für den 67. Juristentag hat sich für Mediationen bei schon anhängigen Gerichtsverfahren der Begriff »gerichtsinterne Mediation« für die von Mediationsrichtern durchgeführten Mediationen durchgesetzt. Hingegen der Begriff »gerichtsnahe Mediation« für von externen Mediatoren durchgeführte Mediationen zum Beispiel im Rahmen des § 278 Abs. 5 S. 2 ZPO. Alle anderen Mediationen werden als »außergerichtliche Mediationen« bezeichnet. Obwohl die Pilotprojekte für die gerichtsinterne Mediation in Deutschland weiter zunehmen, bleibt die Anzahl dieser Mediationen im Vergleich zu den anhängigen Verfahren gering. Ob- und inwieweit die gerichtsinterne Mediation zu einer sinnvollen und dauerhaften Einrichtung unter Anpassung der ZPO wird, bleibt abzuwarten, ebenso die Aufnahme entsprechender Bestimmungen in ein Mediationsgesetz.

12. Warum ist die Mediation für das Mietrecht und das Wohnungseigentumsrecht besonders geeignet?

Grundsätzlich sind die allgemeinen Methoden der Mediation für die Konflikte zwischen Nachbarn und Mietern geeignet. In Deutschland ist jedoch gerade im Bereich dieser Rechtsgebiete die Mediation noch selten. Bei Miet- und Nachbarschaftskonflikten führen Prozesse häufig zu einer Verschärfung des Konfliktes zwischen den Parteien und nicht zu einer nachhaltigen Konfliktlösung. Gerade wegen der dauernden räumlichen Nähe 34 der Streitparteien wäre eine Ursachenfindung und -bekämpfung erforderlich, um eine nachhaltige Lösung zu finden. Hinzu kommt, dass bei diesen Konflikten das juristische Instrumentarium kaum geeignet ist, die Gründe für die Spannungen aufzudecken, geschweige denn tatsächlich zu einer Entspannung zwischen den Parteien zu führen (Erwin Heller, Rolf A. Schulz Mediation im Wohnungseigentum, Wohnungswirtschaft und Mietrecht 12/2002, 659 ff.).

35 In der anwaltlichen Praxis führt dies dazu, dass der Klient in Anwaltsgesprächen stundenlang irrelevante Fakten ausbreitet oder aber dass er gezwungen wird, sich kurz zu fassen, ohne dass er Gelegenheit hat, den wahren Konflikt und seine Ursachen darzulegen, sodass nach wie vor sein hoher Leidensdruck bleibt. Wie auch immer sich der Anwalt verhält, eine solche Tätigkeit für Anwälte bleibt oft ineffizient im Hinblick darauf, dass nicht eine wirkliche Konfliktlösung erfolgt. Unabhängig davon ist sie auch i.d.R. unwirtschaftlich für die Anwälte im Hinblick auf die häufig sehr niedrigen Streitwerte.

36 Im Bereich des Miet-, Wohnungseigentums- und Nachbarschaftsrechts besteht ein hohes Konfliktpotential. Über 50 % aller Bundesbürger fühlen sich von einem Nachbarn gestört (Pfeifer Nachbarschaft – nicht immer Quell der Freude S. 18). Grund des Ärgers sind in den meisten Fällen Lärm durch Hämmern, Bohren, Stereoanlagen, Radio, Hundegebell, aber auch Schmutz im Treppenhaus, Essensgerüche, Probleme bei der gemeinsamen Gartennutzung, Störung durch Haustiere usw. Etwa 60 Mio. Menschen in der Bundesrepublik Deutschland sind Mieter oder Vermieter. Allein die Anzahl der Betroffenen zeigt, wie groß das Konfliktpotential auf dem Gebiet des Mietrechts ist. Hinzu kommt, dass die Rolle von Mieter und Vermieter durch sehr unterschiedliche Interessen definiert sein kann. Hier besteht schon von der gesetzlichen Situation her ein starkes Spannungsverhältnis. Dies zeigt sich darin, dass etwa 1/6 aller zivilrechtlichen Klageverfahren auf Nachbarschaftsstreitigkeiten und Wohnungsmietsachen entfällt.

37 Einerseits geht es um Mieterschutz und Sozialpflichtigkeit des Eigentums, auf der anderen Seite um Vertragsfreiheit und Marktgesetzlichkeit. Die Verhandlungspositionen von Mieter und Vermieter können sehr unterschiedlich sein. Sie hängen jedoch nicht zuletzt auch vom Markt ab, der sich dann zugunsten der Mieter verändert, wenn es ein Überangebot an Wohn- oder Gewerbemietraum gibt. In diesen Fällen hat der Mieter die stärkere Verhandlungsposition. Bei einem mangelnden Angebot an Mietraum hingegen hat der Vermieter zumindest bei der Auswahl seines Vertragspartners eine große Freiheit. Für die Gestaltung des Vertragsverhältnisses im Einzelnen bildet jedoch das Mietrecht einen deutlichen Rahmen und schränkt die Dispositionsfreiheit der Parteien sehr ein, nicht zuletzt eingedenk möglicher Verhandlungsungleichheit. Abweichende Regelungen zum Nachteil des Mieters sind unzulässig. Beweislastregelungen schaffen Prozesspositionen. Auch Frist- und Formvorschriften setzen Schranken.

38 Aus dem Gutachten des Berliner Instituts für Stadtforschung und Strukturpolitik ergibt sich, dass auch die Vermieterstruktur sehr unterschiedlich sein kann, je nachdem, ob es sich um private oder um städtische, genossenschaftliche oder sonstige Vermieter handelt (Rips/Eisenschmid Neues Mietrecht 2001, 357 ff.).

39 Diese Unterschiede allein in der Vermieterstruktur bedingen das Verhältnis von Nähe und Distanz zwischen Vermieter und Mieter und damit häufig auch die Grundstruktur der Konflikte, die zwischen den Parteien entstehen können. Dabei ist zu unterscheiden zwischen personenbezogenen, rollenbezogenen und normenbezogenen Konflikten. Bei personen- und rollenbezogenen Konflikten ist der Einsatz von Ratgebern und Vermittlern oder Schlichtern häufig das sozial adäquate Mittel zur Beilegung des Streits. Bei normenbezogenen Konflikten hingegen empfiehlt sich die Anrufung des Gerichts oder aber auch der Einsatz eines juristisch ausgebildeten Schlichters (Schiedsrichter oder Anwalt als Mediator). Soweit die Konflikte nicht ausschließlich normenbezogen sind, kommt es häufig dazu, dass permanente und im Grunde durch Kleinigkeiten aufrecht erhaltene Spannungen die Fronten verhärten. Mit prozessualen Mitteln ist es nicht leicht, in solchen Fällen eine Lösung zu finden.

Der Vorteil der Mediation bei derartigen Streitigkeiten liegt in Folgendem: Im Justizverfahren werden die rechtserheblichen Fakten eines Falles durch Anwälte und Richter herausgefiltert. Die soziale Problematik und die Komplexität des Konfliktes bleiben dabei i.d.R. auf der Strecke. Die verletzten Gefühle der Parteien und ihre oft Jahre währende Leidensgeschichte gehören nicht zur Sache, sind rechtlich nicht relevant. Gerade dieses Zuhören und Aufdecken von Konflikten ist jedoch in derartigen Situationen oft erforderlich, um den Streit definitiv beizulegen. Im Sinne einer effizienten juristischen Klärung müssen jedoch die Darlegung der Vorgeschichte und der Gefühle unterbleiben. Die Konsequenz ist, dass die Wurzeln von Konflikten unbearbeitet bleiben und dass sich der Unmut durch neue Konfliktherde Luft verschafft. Gerade in diesem Bereich führt die Verrechtlichung von Konflikten nicht zu ihrer Beilegung. Im Mediationsverfahren können die Streitparteien ihre Gefühle und Wünsche einbringen. Der Konflikt kann in seiner gesamten sozialen Komplexität bearbeitet und interessengerecht gelöst werden (vgl. dazu Kloster-Harz ZMR 2003, 82 ff.). **40**

Die Erfahrung in jüngster Zeit sind sehr ermutigend: Im Bereich des Nachbarschafts-, Miet- und Immobilienrechts waren im Rahmen eines Pilotprojektes 25 % aller Streitparteien bereit, den Weg in die Mediation zu beschreiten. Ähnlich viele waren es im Familien- und Erbrecht und beachtliche 15 % im Arbeitsrecht. Die Quote der Verfahren, bei denen zunächst eine grundsätzliche Bereitschaft zu einer konsensualen Streitbeilegung bestand, die aber letztendlich doch im streitigen Verfahren fortgeführt worden sind, ist mit weniger als 20 % sehr gering (Tögel in: Greger/Unberath Marktsituation und Nachfrage, 2008, S. 34).

13. Trennung von Fallannahme und Fallbearbeitung

Nach den BAFM-Standards, die im Wesentlichen für Scheidungspaare erarbeitet sind, die sich zur Mediation entschlossen haben, soll im Zusammenhang mit Fallannahme und Fallentwicklung zunächst ein getrenntes Fallannahmegespräch nacheinander mit den Ehepartnern geführt werden. In der Miet- und Nachbarschaftsrechtsmediation ruft i.d.R. eine Partei ohne Absprache mit der anderen die Mediationsstelle an. Der Mediator bahnt den Kontakt zur anderen Seite an und sucht im Einzelgespräch das Einverständnis zur Mediation. Grundsätzlich sollte jedoch die Fallannahme und Falldurchführung durch getrennte Mediatoren erfolgen, damit nicht eine Partei das Gefühl hat, der Mediator habe zunächst die Fallgeschichte zum ersten Mal einseitig durch den Sachvortrag der anderen Partei erfahren. Die Basis der Gleichheit sollte gewahrt bleiben. Beide Parteien sollten mit ihrem Mediator zum ersten Mal gemeinsam am Mediationstisch zusammenkommen. So können sie sicher sein, dass der Mediator nicht vorweg einseitige Informationen erhalten hat und von einer Partei »geimpft« ist mit der Konsequenz, dass seine Neutralität als Mediator nicht mehr gewahrt ist. In den USA hat sich deshalb eigens bei der gemeinwesenorientierten Meditation, der community mediation, ein zweistufiges System entwickelt: Die einen Mitarbeiter sind für die Fallannahme, die anderen für die Fallentwicklung (case manager) zuständig. Nach der Fallannahme, die mit dem Abschluss des Mediationsvertrages endet, wird den Parteien die Gelegenheit gegeben, ihre Konfliktgeschichte im Zusammenhang darzustellen, ohne dass durch die andere Partei unterbrochen werden darf. Diese Phase wird als Steam-off-Phase bezeichnet (hier kann Dampf abgelassen werden). Die Aufgabe des Media- **41** tors besteht in dieser Phase im aktiven Zuhören. Nach der Konfliktdarstellung folgt die Phase, in der der Mediator Übereinstimmung zwischen den Parteien feststellt und mit ihnen gemeinsam ein Modell zur Konfliktlösung erarbeitet. Bestenfalls ist dies eine Vereinbarung, die ggf. auch im Wege eines Anwaltvergleiches/Notarvertrages protokolliert werden kann.

14. Bearbeitungsdauer

42 Neben der Schulmediation ist die Fallbearbeitung im Miet- und Nachbarschaftsrecht – im Gegensatz zum Familienrecht – i.d.R. zeitlich kurz. Es reichen meist zwei Sitzungen à 1 1/2 Stunden aus. Im Vergleich dazu sind für die Scheidungsmediation ca. 10 Sitzungen erforderlich.

15. Besonderheiten der Mediation im Mietrecht

43 Gegen die Mediation im Mietrecht ist teilweise eingewandt worden, dass hier die Machtverhältnisse und auch die soziale Beziehung sehr unterschiedlich seien, sodass Zweifel am Sinn des Mediationsverfahrens in Mietstreitigkeiten bestünden. Die Bandbreite der im Mietrecht entstehenden Konflikte ist jedoch so weit, dass für die Mediation ein weites Tätigkeitsfeld entsteht. Das deutsche Mietrecht ist so ausgestaltet, dass es den Mietern so viel Schutz bietet, dass ein gut informierter Mieter keineswegs Auseinandersetzungen mit seinem Vermieter zu scheuen hat oder aber das Machtgefüge zwischen den Parteien eine Mediation beeinträchtigen würde.

44 Durch die Aktivitäten von Mieterschutzbund und Interessenverbänden der Vermieter gibt es gerade in Deutschland ein attraktives Angebot und eine Vielzahl von Möglichkeiten im Umgang mit Mietstreitigkeiten. Die Mediation hat dadurch erhebliche Konkurrenz in unserem System der außergerichtlichen Konfliktbeilegung. Für die betroffene Partei gibt es also eine Vielzahl von Alternativen dazu, wen sie als »Dritthelfer« auswählt. In Betracht kommen die Vertreter von Interessenverbänden und Rechtsanwälte, das gesetzliche Schlichtungsverfahren, der Prozess oder aber auch die Mediation. In Deutschland sind gerade im Bereich des Mietrechts die Mediation und ihre Konfliktlösungsmodelle noch nicht sehr bekannt. Anders ist es in den USA: Dort gibt es mediation advocats, die ihre Klienten auf die Mediationsgespräche vorbereiten mit dem Ziel, möglichst gleich starke und gleich gut informierte Streitbeteiligte zu haben, die ihren Konflikt gleichberechtigt lösen können. In Deutschland könnte diese aufklärende Funktion von Mieterschutzvereinen/Hausbesitzervereinen übernommen werden.

45 Die Mediation kann auch in der Form sinnvoll sein, dass sich mehrere Parteien eines größeren Mietshauses zusammenfinden und im Rahmen eines Mediationsverfahrens mit dem Vermieter anstehende Reparaturen oder sonstige die Gesamtheit der Mieter betreffende Fragen besprechen. Als Vermittler zwischen Vermieter und Mietern kann hier durchaus ein Mediator fungieren. In einem solchen »Sammelverfahren« könnten mehrere Einzelprozesse vermieden werden.

46 Besonders geeignet erscheint die Mediation, wenn Mieter und Vermieter im gleichen Haus wohnen und hier eine ähnlich soziale Dynamik vorliegt wie bei Nachbarschaftskonflikten. Je enger die persönliche Beziehung zwischen den Konfliktparteien ist, umso sinnvoller erscheint die Mediation: Sie kann die unter den auftauchenden Konflikten liegenden menschlichen Ursachen aufdecken und regulieren (Kloster-Harz ZMR 01/2003, 114).

Teilweise wird auch auf die Gefahren eines Mediationsverfahrens im Bereich des Nachbarschafts- und Mietrechts hingewiesen: Anders als bei Gericht, wo öffentlich verhandelt wird und die Konflikte auf rein sachlicher Ebene gelöst werden, werden in der Mediation Konflikte individualisiert und sollen unter Ausschluss der Öffentlichkeit beigelegt werden. Scheitert das Mediationsverfahren, so kann hier neues Konfliktpotenzial entstehen. 47

16. Möglichkeiten der Mediation bei Vertragsanpassungen Neuverhandlungen

Bei Dauerschuldverhältnissen, wie sie Miet- und Pachtverhältnisse darstellen, entsteht 48 eine langjährige Bindung zwischen den Parteien, die nach Möglichkeit nicht mit dem Konflikt eines Prozesses belastet werden sollte. Eine einvernehmliche Anpassung eines Vertrages birgt für beide Parteien Vorteile. Neuverhandlungen geben in solchen Fällen die Möglichkeit einer parteiautonomen Anpassung des Vertrages an veränderte Umstände, ohne dass es zu einer Vertragskündigung oder einem Prozess wegen Wegfalls der Geschäftsgrundlage führen muss (zu Mediation bei Neuverhandlungen im Privatrecht vgl. Breidenbach/Henssler Mediation für Juristen S. 195 ff.).

In der Literatur ist diskutiert worden, ob und unter welchen Voraussetzungen die 49 Mediation bei Neuverhandlungen sinnvoll ist (Zur Verhandlungsmacht und ihrer Bedeutung für Mediation Breidenbach Mediation S. 101 ff. und 248 ff.). Vor Durchführung einer Mediation soll der Mediator prüfen, ob die Situation für die Mediation geeignet ist und ob sich das Machtgefälle zwischen den Parteien durch eine besondere Ausgestaltung des Mediationsprozesses ausgleichen oder abmildern lässt. Grundsätzlich scheint auch bei Neuverhandlungen die Mediation ein sinnvolles Verfahren, um gemeinsame Interessen der Parteien zu fördern und die Chancen für eine einvernehmliche Lösung zu erhöhen. Es liegt im Interesse beider Parteien, einen möglichst effektiven, kontrollierbaren, vorausstrukturierten und kostengünstigen, zeitsparenden Prozess zu finden, in dem Meinungsverschiedenheiten über die Vertragsanpassung ohne gerichtliches Verfahren beigelegt werden können. Emotionale Spannungen, gegenseitiges Misstrauen und Kommunikationsstörungen können durch Einschaltung eines neutralen Dritten abgebaut werden, der das Vertrauen beider Seiten genießt. Der Vorteil der Mediation wird darin gesehen, dass der Zivilrichter nur begrenzt die tatsächlichen Interessen der Parteien erforschen und zur Grundlage einer Vertragsanpassung machen kann. Hier werden i.d.R. pauschale Lösungen gesucht, etwa durch Zugrundelegung des Mietspiegels. Je unbestimmter und komplexer der Inhalt des Anpassungsanspruches ist, desto größer ist die Vielfalt von denkbaren Lösungen. Hier bietet die Mediation die umfangreicheren Möglichkeiten, um eine Anpassung von Verträgen zu finden, ohne an starre und rechtliche Grundsätze und Regelungen gebunden zu sein. Der intensive Informationsaustausch zwischen den Parteien im Mediationsverfahren kann Lösungen fördern, die beiderseits vorteilhafte Anpassungslösungen ermöglichen. Beim Mediator kann jede Partei ihre wahren Interessen offen legen, ohne Gefahr zu laufen, dass diese Informationen von anderer Seite ausgenutzt werden oder aber ihren prozessualen Standpunkt aktuell verschlechtern. Hier liegt es am Geschick des Mediators, eine interessengerechte Lösung für beide Parteien zu fördern.

In diesem Zusammenhang ist auf den Gesichtspunkt der Verhandlungen aus der Sicht 50 von Ökonomik und Spieltheorie hinzuweisen. Verhandeln wird hier als Kommunikationsprozess zwischen zwei oder mehr Personen verstanden mit dem Ziel einer möglichen Einigung. Im Verlaufe dieses Kommunikationsprozesses muss sich jeder Beteiligte zwischen Einigungsoptionen (Was können wir gemeinsam tun?) und Nichteinigungsalternativen (Was kann ich allein oder mit Dritten tun?) entscheiden. Eine Einigung wird nur zustande kommen, wenn sie für alle Beteiligten vorteilhafter ist als ihre jeweiligen Nichteinhaltungsalternativen. Mediation lässt sich in diesem Fall als Versuch eines neutralen Dritten beschreiben, den Verhandelnden bei ihrem Kommunikations- und Entscheidungsprozess zu helfen. Die Verhandelnden können einen Kooperationsgewinn erzielen, sie können »Wert schöpfen« oder »den Kuchen vergrößern«. Dieser Kooperationsgewinn muss dann allerdings auch auf die Akteure verteilt werden. Die Rolle des Mediators besteht darin, in diesem Spannungsverhältnis zu vermitteln (vgl. Gardner Games for Business and Economics S. 336–339).

51 Bei Neuverhandlungen stellt sich regelmäßig die Frage, ob der Vertrag überhaupt anzupassen ist und, falls diese Frage bejaht wird, wie Inhalt und Ausmaß der Anpassung zu regeln sind. Hier kann auch zweistufig verhandelt werden und ggf. in der zweiten Stufe die Klärung durch einen Zivilprozess oder durch ein Schiedsverfahren herbeigeführt werden. In solchen Fällen kann es sinnvoll sein, dass sich die Parteien bei Scheitern der Neuverhandlungen auf ein ein- oder mehrstufiges Verfahren einigen, indem z.B. zunächst der Richter über das Ob der Anpassungspflicht entscheidet und anschließend, falls eine Anpassungspflicht besteht, ein Mediator versucht, eine Einigung der Parteien über das Wie der Anpassung herbeizuführen.

52 Mit der sog. Münchener Erklärung zur Mediation ist geplant, dass Anwälte in ihrer täglichen Praxis selbst jeweils die Vereinbarung von vertraglichen Mediationsklauseln zur Diskussion stellen und auch in streitigen Auseinandersetzungen die Möglichkeit alternativer Streitbeilegungsverfahren mit ihren Mandanten erörtern (Mitteilungen Rechtsanwaltskammer für den OLG-Bezirk München, IV 2007, S. 15).

53 Die Mediation bietet also gerade im Mietrecht mehr Möglichkeiten, eine sachgerechte Lösung zu finden, als dies bei einer richterlichen Entscheidung der Fall ist (vgl. Glenewinkel WuM 2002, 649 ff.). Vor einer Prozessführung sollte also bedacht werden, ob nicht die Mediation zum sachgerechteren Ergebnis führen kann, das beide Parteien mehr zufrieden stellt, als ein Gerichtsprozess.

54 Sollten sich die Parteien für eine Mediation entscheiden, so ist es wichtig, von vornherein darüber zu sprechen, ob bei erfolgreicher Mediation in der Ratifizierungsphase ein vollstreckbarer Titel geschaffen werden soll. Es empfiehlt sich, einen Juristen hinzuziehen, etwa einen Rechtsanwalt oder Notar, der einen entsprechenden Vertragsentwurf vorbereitet. Bei der Formulierung der Abschlussvereinbarung sollte auf jeden Fall darauf geachtet werden, dass die getroffene Vereinbarung aus Gründen der Beweisbarkeit schriftlich fixiert und von den Konfliktparteien unterschrieben wird. Soweit das Gesetz für bestimmte Vereinbarung die notarielle Beurkundung zwingend vorschreibt, ist die notarielle Beurkundung ohnehin erforderlich. Die Konfliktparteien sind gut beraten, wenn sie ihre Vereinbarungen durch die jeweils hinzugezogenen Anwälte oder einen Mediator, der als Anwalt zugelassen ist, formulieren lassen und sich dabei der juristischen Fachsprache bedienen. Andernfalls besteht bei einem erfolgreich abgeschlossenen Mediationsverfahren die Gefahr, dass die Vereinbarung nicht eindeutig und verbindlich ist und damit kein nachhaltiger Rechtsfrieden geschaffen werden kann.

55 Eine emotionale Klippe für Vereinbarungen kann die Vollstreckbarkeit solcher Verpflichtungen sein, etwa bei einer Vereinbarung über die Räumung einer Mietwohnung. Sowohl der Mediator als auch der beratende Anwalt sollte auf die entsprechenden Möglichkeiten hinweisen, damit die Medianten frei entscheiden können, ob sie vollstreckbare Titel schaffen wollen. Das Verlagen nach Unterwerfungsklauseln oder nach Einfügung einer Vollstreckbarkeitsklausel kann als handfestes Misstrauen verstanden werden. Dieser Punkt sollte also in den Mediationsverhandlungen – bevor sie zu einem Abschluss kommen oder auch bei Beginn, je nach Interessenlage – rechtzeitig angesprochen werden. Es ist Aufgabe des Mediators, darauf hinzuweisen, dass derartige Vertragsgestaltungen kein

Misstrauensantrag sind, sondern mit Klarheit und Erfolg der Mediation zu tun haben. Andernfalls besteht die Gefahr, dass die Konfliktbeteiligten, die sich eine vollstreckungsfähige Verpflichtung versprochen haben, sich letztendlich doch wieder vor Gericht treffen und gezwungen sind, die getroffene Vereinbarung einzuklagen. Schon bei Beginn der Mediationsverhandlungen sollte also über die Lösungsmöglichkeiten gesprochen werden und auch darüber, welcher Abschluss einem problemgerechten Interessenausgleich angemessen sein kann. Auf diese Weise kann verhindert werden, dass die Mediation nicht nur zu einem »Gentleman-Aggreement« führt, sondern dass das Mediationsverfahren einen verbindlichen Abschluss mit vollstreckungsfähigem Inhalt findet.

17. Vollstreckbarkeit und Verjährung

Grundsätzlich besteht nicht die Notwendigkeit, für alle Mediationen die Möglichkeit zu schaffen, eine Abschlussvereinbarung vollstreckbar zu machen. Im Bereich des Nachbarschaftsrechts ist schon der erfolgreiche Abschluss einer Mediation regelmäßig ausreichend. Überspitzt könnte man es so ausdrücken, dass eine Mediation, deren Ergebnis vollstreckt werden muss, ohnehin gescheitert ist. Für die Fälle, in denen eine Mediationsvereinbarung der Vollstreckung zugänglich ist und in denen ein vollstreckbarer Titel ausdrücklich benötigt wird, genügen grundsätzlich die bestehenden rechtlichen Möglichkeiten, vollstreckbare Titel zu schaffen, wie zum Beispiel der Anwaltsvergleich, gem. § 796a ZPO oder die notarielle Urkunde gem. § 794 Abs. 1 Nr. 5 ZPO. Eine Ergänzung erscheint nur insoweit erforderlich, als Ansprüche auf die Abgabe von Willenserklärungen und Vereinbarungen über den Bestand von Wohnraum betroffen sind, da diese Regelungskomplexe der Zwangsvollstreckung durch den Anwaltsvergleich oder durch notarielle Urkunde nicht zugänglich, in der Mediation aber nicht ohne Bedeutung sind. Für diese Fälle sollte ein für den Anwaltvergleich angelehntes Instrumentarium vom Gesetzgeber geschaffen werden. (Zu den entsprechenden Überlegungen des Bundesjustizministeriums vgl. Graf-Schlicker ZKM 2009, 83 (85), die für diese Fälle eine eingeschränkte Kontrolle durch Prozessgerichte oder Notare vorschlagen.) 56

Der Nachteil einer solchen Lösung besteht darin, dass er mit zusätzlichen Kosten verbunden ist, andererseits aber in komplizierten Fällen ohnehin Anwälte oder Notare eingeschaltet sind.

Zur Vermeidung von Rechtsunsicherheit und Rechtsunklarheit empfiehlt es sich, über die gesetzlichen Vorschriften des § 278 Abs. 5, § 251 ZPO hinaus weitere verbindliche Regelungen für die verjährungshemmende Wirkung der Mediation festzuschreiben. Verbraucher müssen sich darauf verlassen können, dass ihnen keinerlei Nachteile daraus entstehen, wenn sie sich auf eine Mediation einlassen. Sie werden dies oft zur Voraussetzung machen, überhaupt einer Mediation zuzustimmen.

Stichwortverzeichnis

Zahl in Fettdruck = Kapitel; Zahl in Normaldruck = Randziffer